KT-382-745

linguistics, grammar	**Ling**	
literal(ly)	**lit**	
literature, literary	**Lit**	
masculine	**m**	
mathematics	**Math, Mat**	
	Mec	mecánica
medicine	**Med**	medicina
meteorology	**Met**	meteorología
Mexican	**Mex, Méx**	mexicano
military	**Mil**	militar
mining	**Min**	minería
mineralogy	**Miner**	mineralogía
music	**Mus, Mús**	música
noun	**n**	nombre, sustantivo
nautical	**Naut, Náut**	náutica
negative	**neg**	negativo
number	**num, núm**	número
object	**obj**	objeto
ornithology	**Orn**	ornitología
oneself	**o.s.**	
pejorative	**pej**	
Peruvian	**Per**	peruano
personal	**pers**	personal
	pey	peyorativo
pharmacy	**Pharm**	
philosophy	**Phil**	
photography	**Phot**	
physics	**Phys**	
plural	**pl**	plural
poetic	**poet**	
politics	**Pol**	política
possessive	**poss, pos**	posesivo
past participle	**pp**	participio pasado
predicative	**pred**	predicativo
prefix	**pref**	prefijo
preposition	**prep**	preposición
present	**pres**	presente
pronoun	**pron**	pronombre
proverb	**Prov**	
present participle	**prp**	
psychology	**Psych, Psic**	psicología
past tense	**pt**	
	Quím	química
registered trade mark	®	marca registrada
radio	**Rad**	radio
religion	**Rel**	religión
River Plate region	**RPl**	Rioplatense
somebody	**sb**	
school	**Scol**	
Scottish	**Scot**	
sewing	**Sew**	
singular	**sg**	singular
sociology	**Sociol**	sociología
peninsular Spanish	**Sp**	español de España
something	**sth**	
subject	**subj**	
subjunctive	**subjun**	subjuntivo
suffix	**suf**	sufijo
	suj	sujeto
superlative	**superl**	superlativo
	Taur	tauromaquia
	tb	también
	Teat	teatro
technical	**Tech, Téc**	técnico
telecommunications	**Telec**	telecomunicaciones
theatre	**Theat**	
	Tip	tipografía
television	**TV**	televisión
typography	**Typ**	
university	**Univ**	universidad
United States	**US**	Estados Unidos
verb	**vb**	verbo
Venezuela	**Ven**	Venezuela
veterinary medicine	**Vet**	veterinaria
intransitive verb	**vi**	verbo intransitivo
reflexive verb	**vr**	verbo reflexivo
transitive verb	**vt**	verbo transitivo
zoology	**Zool**	zoología

DICCIONARIO ESPAÑOL-INGLÉS INGLÉS-ESPAÑOL SPANISH-ENGLISH ENGLISH-SPANISH DICTIONARY

COLLINS DICCIONARIO CONCISE ESPAÑOL~INGLÉS INGLÉS~ESPAÑOL

Mike Gonzalez

grijalbo
Barcelona • Buenos Aires • México

COLLINS CONCISE SPANISH~ENGLISH ENGLISH~SPANISH DICTIONARY

Mike Gonzalez

HarperCollins*Publishers*

First published 1985

© Copyright 1985 William Collins Sons & Co Ltd

Latest reprint/Última reimpresión 1991

ISBN 0 00 433434 5

CONTRIBUTING EDITORS/COLABORADORES

Alan Morley
Sheila Critchley
Mercedes Douglas
Janet Fraile
M J Fernández Prieto
Alicia Harland
Liam Kane

John Forry
Rubén León
John McIntyre
Jim McKelvie
Hilary Rollin
Luis Sainz Blanco
M J Sánchez Blanco

EDITORIAL STAFF/REDACCIÓN

Val McNulty
Jeremy Butterfield
Susan Dunsmore

Ediciones Grijalbo, S.A.
Aragón 385, Barcelona 08013

ISBN 84-253-1728-2

Reservados todos los derechos
para España y Latinoamérica

HarperCollins Publishers
P.O. Box, Glasgow G4 0NB, Great Britain
1995 Markham Road, Scarborough, Canada AM1B 5M8
10 East 53rd Street, New York, NY 10022

All rights reserved

Computer typeset by Morton Word Processing Ltd, Scarborough, Great Britain

Printed in Great Britain by
HarperCollins Manufacturing, Glasgow

INTRODUCCIÓN

Redactado por un grupo de expertos lingüistas y lexicógrafos españoles e ingleses, este diccionario, de una concepción totalmente nueva unida a un léxico de gran extensión y actualidad, va dirigido a todo aquel que desee aprender, leer y entender el inglés. Así, no solamente abarca una amplia gama de locuciones de uso corriente, tanto coloquiales como formales, sino que también dedica un amplio espacio a la terminología de los campos científico, tecnológico y comercial, propia de la vida moderna.

A fin de facilitar la comunicación en la lengua extranjera, se ha procurado explicar detenidamente las palabras básicas y de uso más frecuente en esa lengua, de manera que el lector pueda expresarse en forma correcta y moderna tanto en el lenguaje hablado como en el escrito.

La amplitud del léxico unida a la suma claridad, simplicidad y concisión de la traducción hacen de este libro de referencia un instrumento de trabajo perfectamente adaptado a las exigencias de la enseñanza escolar, el estudio y la vida profesional.

INDICE

INTRODUCTION

This entirely new dictionary provides the user whose aim is to learn, read and understand Spanish with wide-ranging and up-to-date coverage of current usage – from the colloquial to the more formal – as well as extensive treatment of all areas relevant to modern life.

To facilitate communication in the foreign language the basic, most frequently used words in the language are treated in depth, so that the user may express himself correctly and idiomatically – both orally and in writing.

Compiled by a team of experienced Spanish and English linguists and lexicographers this reference book combines comprehensive coverage with outstanding clarity, simplicity and economy, making it an ideal working tool for school, self-study and professional life.

TABLE OF CONTENTS

ESTRUCTURA DEL DICCIONARIO

Quien usa un diccionario bilingüe lo hace, bien para buscar el significado de una palabra extranjera que no conoce – en este caso una palabra inglesa –, bien para encontrar el equivalente de un vocablo español en la lengua extranjera. Estas dos operaciones son totalmente diferentes, e igualmente lo son los problemas con que puede uno enfrentarse al consultar una u otra sección del diccionario. Con el propósito de que pueda servirles de ayuda, hemos intentado explicar a continuación las principales características de este diccionario.

Las palabras cabezas de artículo, en negrilla, aparecen en orden alfabético. Cada artículo va introducido por la palabra cabeza de artículo en negrilla, y puede contener otros elementos en letra negrilla más pequeña, tales como ejemplos ilustrativos y palabras compuestas.

La sección 1. que exponemos a continuación, ilustra el modo en que estos elementos se ordenan en el interior de cada artículo, la sección 2. clarifica la estructura interna de los artículos más complejos, y la sección 3. señala la mejor manera de usar las distintas traducciones.

1. Dónde buscar

1.1 Derivados

Para hacer de la consulta de este diccionario una labor mas fácil, los derivados tales como 'happiness', 'caller', 'calling' o en español 'ratero', 'periodista', aparecen siempre como palabras cabezas de artículo.

1.2 Homógrafos

Los homógrafos, o palabras de idéntica grafía pero distinto significado, como por ejemplo en español **alto** (de gran estatura) y **alto** (deténgase etc), o en inglés **fine** (bonito etc) y **fine** (multa), aparecen en orden alfabético como palabras cabezas de artículo distintas, y siempre van marcados por un número alto. Ej: **alto**[1], **alto**[2].

1.3 Fraseología

Hemos intentado proporcionar una fraseología extensiva, que va desde ejemplos ilustrativos encaminados a ayudar al lector a comprender cómo son usadas las palabras en sus distintos contextos, hasta expresiones coloquiales y modismos. Al mismo tiempo, se han puesto especialmente de relieve tanto las construcciones básicas (véanse por ejemplo los artículos encabezados por los verbos **apply, agree**) como las locuciones verbales, como por ejemplo 'prender fuego', 'sacar adelante' e 'ir para'.

Las locuciones verbales formadas con los verbos más importantes (como **hacer**, **poner**, **tomar**, o, en inglés, **set**, **do**, **get** etc) aparecen en general bajo el sustantivo u otra palabra que sea parte importante de la oración. Por ejemplo, **to give the lie to** aparece bajo **lie**[1], y **to do somebody proud** aparece bajo **proud**.

HOW TO USE THE DICTIONARY

In using a bilingual dictionary, you will either want to check the meaning of a foreign word you don't know – here, a Spanish word – or find the correct word in the foreign language for an English word. These two operations are quite different, and so are the problems you may face when using one side of the dictionary or the other. In order to help you, we have tried to explain below the main features of this dictionary.

The 'wordlist' is the alphabetical list of all the items in large bold type, i.e. all the 'headwords'. Each 'entry', or article, is introduced by a headword, and may contain additional 'references' in smaller bold type, such as phrases and compound words.

Section 1. below deals with the way references are listed; section 2. explains the internal structure of complex entries; and section 3. advises on how best to use the translations provided.

1. Where to look

1.1 Derivatives

Derivatives such as 'happiness', 'caller', 'calling', or in Spanish 'ratero', 'periodista' all appear as headwords in this dictionary, for greater ease of reference.

1.2 Homographs

Homographs are words which are spelt in exactly the same way, like Spanish **alto** (high, tall) and **alto** (stop, halt), or English **fine** (nice etc) and **fine** (penalty). As a rule these are listed as separate headwords, distinguished by superior numbers.

1.3 Phrases

We have endeavoured to provide extensive phraseology, ranging from illustrative phrases meant to help the user understand how words are used in context, to idiomatic constructions and expressions. Particular emphasis is given to verbal phrases like 'prender fuego', 'sacar adelante', 'ir para', etc, and also to basic constructions (see for instance the entries for **apply, agree**).

Verbal phrases with the ten or so basic verbs (like **hacer, poner, tomar,** or English **set, do, get** etc) are generally listed under the noun, or other important part of speech. For instance, **to give the lie to** is entered under **lie**[1], and **to do somebody proud** is entered under **proud.**

Otras locuciones y modismos figuran bajo el primer elemento fundamental de la locución (es decir, no bajo la preposición o artículo con que a veces comienzan las mismas). Así, **de vez en cuando** lo encontraremos bajo **vez** y **to burn one's boats** bajo **burn**.

Other phrases and idioms are listed under the first set key word (i.e. not a preposition or article). For instance, **seguir adelante** is to be found under **seguir**, and in English **to burn one's boats** is under **burn**.

1.4 Abreviaturas y nombres propios

Para hacer más fácil la consulta del diccionario se ha decidido insertar en el texto, por orden alfabético, las abreviaturas, las siglas y los nombres propios, antes que relegarlos a los apéndices del final. Efectivamente, decir **M.O.T.** en inglés o **I.V.A.** en español equivale exactamente a decir 'certificate' o 'impuesto' respectivamente, y por tanto esas palabras reciben el mismo tratamiento que cualquier otro sustantivo.

1.4 Abbreviations and proper names

For easier reference, abbreviations, acronyms and proper names have been listed alphabetically in the wordlist, as opposed to being relegated to the appendices. **M.O.T.** is used in every way like 'certificate' or 'permit', **I.V.A.** like 'impuesto', and consequently these words are treated like any other noun.

1.5 Compuestos

Housewife, smoke screen, cortacésped y **lavaplatos** son compuestos. Los compuestos formados por una sola palabra, como por ejemplo 'housewife', no representan ningún problema puesto que no hay más que un lugar donde puedan aparecer. Sin embargo, cuando se trata de compuestos constituidos por dos palabras distintas o por dos palabras unidas por un guión, cada lengua presenta sus propios problemas.

1.5 Compounds

Housewife, smoke screen, cortacésped and **lavaplatos** are all compounds. One-word – or 'solid' – compounds like 'housewife' are not a problem when consulting the dictionary, since they can appear in only one place. When it comes to other compounds however – hyphenated compounds or compounds made up of separate words – each language presents its own peculiar problems.

1.5.1 Compuestos españoles

En español, unos compuestos están constituidos por una sola palabra (p. ej. **autoescuela, lavaplatos**), mientras que otros constan de dos palabras yuxtapuestas, como **coche cama**. Los compuestos de este segundo tipo aparecen bajo la primera palabra, es decir, **coche cama** aparecerá bajo **coche**.

1.5.1 Spanish compounds

Most compounds in Spanish are of the solid variety (e.g. **autoescuela, limpiaparabrisas**). There are also compounds made up of two juxtaposed words, e.g. **coche cama, azul marino**. Compounds made up of two separate words are listed under the first word, i.e. **coche cama** under **coche, azul marino** under **azul**.

1.5.2 Compuestos ingleses

En inglés la ubicación de compuestos presenta mayores dificultades, en cuanto que un mismo compuesto puede escribirse de tres formas distintas, ya sea en una sola palabra, en dos palabras unidas por un guión, o en dos palabras separadas, p. ej: 'airbed', 'air-bed', o 'air bed'.

Si la forma de uso más corriente es aquélla constituida por una sola palabra o por dos palabras unidas por un guión, el vocablo aparecerá en orden alfabético como encabezamiento de artículo. En cambio, si la forma más común es la constituida por dos o más palabras separadas, la expresión aparecerá bajo la primera palabra. Los compuestos de este último tipo aparecen en una categoría numerada dentro del artículo (ver por ejemplo 'bird' y 'black). En los casos en que se puede aplicar una traducción española a varios compuestos ingleses que no aparecen completos, esta categoría va precedida de la indicación 'cpd'. Ej: 'cherry'.

Puesto que la mayor parte de los compuestos ingleses pueden ser tanto de una forma como de la otra, aconsejamos al lector que haga la consulta de acuerdo con ambos sistemas, que ya hemos explicado más arriba.

1.5.2 English compounds

Listing here is less straightforward than with Spanish, because of less predictable spelling: is it 'airbed', 'air-bed' or 'air bed'?

If the preferred form is solid or hyphenated, the word will appear as a headword in strict alphabetical order. If on the other hand the usual form is made up of two or more separate words, the compound will appear within the entry for the first element. Compounds of this type are given as a rule in a separate numbered category (see for instance 'bird' and 'black'). The category is labelled 'cpd' where a single Spanish translation applies to various English compounds which are not given in full – e.g. 'cherry'.

As many English compounds have alternative forms, the user is advised to check according to both systems as explained above.

1.6 'Phrasal verbs' ingleses

Llamamos 'phrasal verbs' a verbos como **go off, blow up, cut down** etc. A menudo estos verbos presentan dificultades para el estudiante extranjero, quien a veces no logra distinguirlos de las construcciones normales con adverbios o preposiciones (p. ej. 'he came into the room', construcción normal con preposición, es distinta del 'phrasal verb' 'he came into money'). En este diccionario estas formas aparecen por orden alfabético al final del artículo encabezado por el verbo, puestas de relieve por medio de un rombo negro.

Los 'phrasal verbs' se dividen en las siguientes categorías:

vt + adverbio	es decir, 'phrasal verb' en una construcción del tipo de: 'the doctors managed to pull him through'
vi + adverbio	es decir, 'phrasal verb' en una construcción del tipo de: 'he's been very ill but I think he'll pull through'
vt + preposición	es decir, 'phrasal verb' en una construcción del tipo de: 'the doctors pulled him through the illness'
vi + preposición	es decir, 'phrasal verb' en una construcción del tipo de: 'he should pull through this bout of fever'

1.7 Formas irregulares

A fin de que sirva de ayuda al lector extranjero, hemos incluido en orden alfabético las principales formas irregulares de los verbos y sustantivos, haciendo referencia a la forma básica cuyo artículo trata la palabra en su totalidad. Por ejemplo, los participios pasados tales como 'blown' o 'got' o, en español, 'compuesto', 'hecho', y los plurales irregulares como 'feet' o 'geese' aparecen en orden alfabético, con una referencia al artículo principal. En el caso de los participios pasados, a veces puede ocurrir que, además de tener un uso puramente verbal, tengan también otro adjetival o nominal, como por ejemplo 'conocido'. Cuando esto sucede, estos participios de uso especial son tratados como palabras autónomas, aunque siempre irá incluida una referencia al verbo allí en donde sea apropiado (véase por ejemplo el artículo encabezado por 'cubierto').

2. Estructura del artículo

Todos los artículos, cualesquiera que sean su extension o complejidad, están estructurados de una manera sistemática, de acuerdo fundamentalmente con unos criterios de máxima claridad y simplicidad. Cabe subrayar que este diccionario proporciona al lector un sistema de indicaciones semánticas que sirve para guiarle en la elección de la traducción más apropiada en cada contexto específico.

1.6 English phrasal verbs

'Phrasal verbs' are verbs like **go off, blow up, cut down** etc. They often present problems for foreign learners, who are often unable to distinguish them from straightforward adverbial or prepositional constructions (i.e. 'he came into the room' vs. 'he came into money'). They have been listed in this dictionary at the end of the entry for the basic verb, in their own alphabetical sequence and highlighted by a solid lozenge.

Phrasal verbs are divided into the following categories:

vt + adverb	phrasal verb with the pattern: 'the doctors managed to pull him through'
vi + adverb	phrasal verb with the pattern: 'he's been very ill but I think he'll pull through'
vt + preposition	phrasal verb with the pattern: 'the doctors pulled him through the illness'
vi + preposition	phrasal verb with the pattern: 'he should pull through this bout of fever'

1.7 Irregular forms

In order to help the foreign user, we have listed irregular forms of nouns or verbs in their alphabetical order, with a cross-reference to the basic form where the word is fully treated. For instance, past participles such as 'blown' or 'got' or in Spanish 'escrito', 'hecho', and irregular plurals such as 'feet' or 'geese' can be found alphabetically. In the case of past participles, it sometimes happens that in addition to the purely verbal form there is an adjectival or noun use, for instance 'conocido'. These usages are translated as autonomous words, but they are also cross-referred to the verb whenever appropriate (see for instance the entry for 'resuelto').

2. Entry layout

All entries, however long or complex, are arranged in a systematic manner, with the emphasis on clarity and simplicity. In particular this dictionary provides the user with a sophisticated system of semantic 'signposting' which leads to the appropriate translation in each context.

2.1 Indicaciones de campo semántico

Si el lector busca en el diccionario una palabra inglesa y se encuentra frente a una serie de traducciones españolas, sin duda no tendrá mucha dificultad en reconocer la más apropiada en un contexto dado, puesto que evidentemente conocerá el significado del vocablo español y, además, el contexto donde se encuentre la palabra a traducir servirá para excluir automáticamente las traducciones no adecuadas. Pero el caso es muy distinto cuando de lo que se trata es de encontrar la traducción inglesa de la palabra 'corriente' en el contexto 'agua corriente' o 'cuenta corriente' y el lector se encuentra frente a un artículo de este tipo: 'running; topical; current; ordinary; normal.' Evidentemente se podrá recurrir al lado inglés/español del diccionario y comprobar el significado de todas y cada una de las palabras, pero ésta es una operación larga y que no siempre da buenos resultados. Es por ello que hemos introducido en el diccionario un sistema de indicaciones que sirven para guiar al lector hacia la traducción adecuada. Por ejemplo el artículo 'corriente' se desarrolla de la siguiente manera:

corriente 1 *adj* **(a)** *(agua)* running; *(estilo)* fluent, easy; *(dinero)* valid, accepted; *(cuenta)* current; *(noticia)* topical. **(b)** *(común)* common, everyday; ~ **y moliente** ordinary, run-of-the-mill; **aquí es ~ ver eso** it's common to see that here, that is a common sight here; **es una chica ~** she's an ordinary sort of girl. **2** *nm* **(a)** current month ...

En los dos ejemplos sugeridos mas arriba queda ahora claro que la traducción apropiada del primero es 'running' y la del segundo 'current'.

2.1 Signposting of meanings

If you look up a Spanish word and find a string of quite different English translations, you are unlikely to have much trouble finding out which is the relevant one in a given context, because you know what the English words mean, and the context will almost automatically rule out unsuitable translations. It is quite a different matter when you want to find the Spanish for, say, **lock** in the context 'we got to the lock around lunchtime', and are faced with an entry that reads 'cerradura; esclusa; mechón; retén'. You can of course go to the other side and check what each translation means. But this is time-consuming, and it doesn't always work. This is why we have provided the user with a system of indicators – signposts – which pinpoint the relevant translation. For instance with **lock**, the entry reads:

lock[1] [lɒk] *n (of hair)* mecha *f*, mechón *m; ~s (poet)* cabellos *mpl.*

lock[2] [lɒk] **1** *n* **(a)** *(on door, box etc)* cerradura *f, (LAm)* chapa *f; (Aut: on steering wheel)* tope *m*, retén *m; (bolt)* cerrojo *m; (also* **padlock***)* candado *m;* **under ~ and key** bajo siete llaves; **~, stock, and barrel** *(fig)* con todo. **(b)** *(on canal)* esclusa *f.* **(c)** *(Aut: steering ~)* ángulo *m* de giro. **2** *vt (door etc)* cerrar con llave *o* cerrojo *o* candado; *(Tech)* trabar; **to ~ sth/sb in a place** encerrar algo/a uno en un lugar; **they were ~ed in each other's arms** estaban unidos en un abrazo; **~ed in combat** luchando encarnizadamente. **3** *vi (door etc)* cerrarse (con llave *etc*); *(wheel etc)* trabarse.

For the context suggested above, it is now clear that 'esclusa' is the correct word.

2.2 Categorías gramaticales y semánticas

Los artículos más complejos se han subdividido en categorías gramaticales de acuerdo con las distintas partes de la oración, y a cada subdivisión se le ha asignado un número, p. ej. **lock**[1] **1** *n*, **2** *vt*, **3** *vi*. Cada categoría gramatical se subdivide a su vez en otras categorías de significado o semánticas, a consecuencia de lo cual las distintas acepciones de un vocablo irán precedidas de una letra en negrilla (véase más arriba **lock**[1]).

2.2 Grammatical categories and semantic categories

Complex entries are first broken down into grammatical categories according to the part of speech and numbered, e.g. **lock**[2] **1** *n*, **2** *vt*, **3** *vi*. Each grammatical category is then split where appropriate into the various meanings and preceded by a letter, as in **lock**[2] category 1 (above).

2.3 Tipos de indicaciones

Las indicaciones pueden ser de varios tipos: indicaciones contextuales, sinónimos (que actúan como sustitutos de la palabra cabeza de artículo) e indicaciones de campo semántico y de tono.

2.3 Types of semantic indicators

Indicators fall into three basic groups: contextual indicators, substitutes for the headword, and labels.

2.3.1 Indicaciones contextuales

Las indicaciones contextuales proporcionan al lector los contextos típicos en que puede encontrar o desea usar una traducción. De esta forma, estas indicaciones pueden ser, ya sea sujetos

2.3.1 Contextual indicators

Contextual indicators provide the user with typical contexts in which he may find or wish to use a translation. These may be typical noun subjects of an intransitive verb, typical noun objects

típicos en el caso de un verbo intransitivo, ya objetos típicos en el caso de un verbo transitivo, o bien sustantivos típicamente usados como complementos de un adjetivo o de otro sustantivo. Por ejemplo:

brood [bruːd] **1** *n* ... **2** *vi (bird)* empollar; *(fig: person)* ponerse melancólico/a.
calmar [1a] **1** *vt (gen)* to calm; *(individuo)* to calm *o* quieten (down); *(nervios)* to soothe, steady; *(dolor)* to relieve. **2** *vi* ...
delicado *adj* **(a)** *(gen)* delicate; *(máquina)* sensitive; *(tela)* fine; *(rasgos)* dainty; *(gusto)* refined; *(comida)* exquisite; *(distinción)* subtle ... **(b)**...
leaf [liːf] *n, pl* **leaves (a)** *(of plant)* hoja *f*. **(b)** *(of book)* página *f*; **to turn over a new ~** *(fig)* volver la hoja, hacer borrón y cuenta nueva; **to take a ~ out of sb's book** *(fig)* seguir el ejemplo de uno. **(c)** *(of table)* hoja *f* abatible.

2.3.2 Sinónimos

Los sinónimos o definiciones parciales de la palabra cabeza de artículo sirven para distinguir los distintos matices que puede asumir una traducción, por ejemplo:

ar·ti·choke [ˈɑːtɪtʃəʊk] *n (globe ~)* alcachofa *f*, alcaucil *m; (Jerusalem ~)* aguaturma *f*, *(LAm)* cotufa *f*.
ajetreo *nm (actividad)* bustle; *(labor)* drudgery, hard work; **es un continuo ~** there's constant coming and going.

2.3.3 Indicaciones semánticas y de tono

2.3.3.1 Indicaciones de campo semántico

Las indicaciones de campo semántico (como por ejemplo *Sport, Mil, Náut* etc) se usan para diferenciar los distintos significados de la palabra cabeza de artículo de acuerdo con una subdivisión específica dentro del campo semántico, por ejemplo:

bobina *nf (Téc)* bobbin; *(Fot)* spool, reel; *(Aut, Elec)* coil; **~ de encendido** ignition coil.

También se usan estas indicaciones cuando el significado está claro en la lengua de origen pero puede resultar ambiguo en la lengua de llegada, por ejemplo:

bancal *nm (Agr)* terrace.

2.3.3.2 Indicaciones de tono

Todas las palabras que no pertenecen al lenguaje 'standard' se han marcado según dos consideraciones:
(i) uso formal *(frm)*, o informal o coloquial *(fam)*
(ii) uso literario o poético *(poet)*
Tanto la lengua de origen como la de llegada reciben este tipo de indicaciones, las cuales sirven fundamentalmente para poner en guardia al lector extranjero sobre el uso de una determinada palabra, por ejemplo:

here·by [ˌhɪəˈbaɪ] *adv (frm)* por este medio.
cojonudo *adj (Sp fam)* marvellous, brilliant *(fam)*.
whence [wens] *adv (poet: from where)* de donde; *(interrog)* ¿de dónde?

of a transitive verb, or typical noun complements of an adjective or another noun. For instance:

sigh [saɪ] **1** *n* ... **2** *vi (person)* suspirar; *(wind)* susurrar.
calmar [1a] **1** *vt (gen)* to calm; *(individuo)* to calm *o* quieten (down); *(nervios)* to soothe, steady; *(dolor)* to relieve. **2** *vi* ...
delicado *adj* **(a)** *(gen)* delicate; *(máquina)* sensitive; *(tela)* fine; *(rasgos)* dainty; *(gusto)* refined; *(comida)* exquisite; *(distinción)* subtle ... **(b)**...
leaf [liːf] *n, pl* **leaves (a)** *(of plant)* hoja *f*. **(b)** *(of book)* página *f*; **to turn over a new ~** *(fig)* volver la hoja, hacer borrón y cuenta nueva; **to take a ~ out of sb's book** *(fig)* seguir el ejemplo de uno. **(c)** *(of table)* hoja *f* abatible.

2.3.2 Substitutes for the headword

Substitutes take the form of synonyms or partial definitions, for instance:

ar·ti·choke [ˈɑːtɪtʃəʊk] *n (globe ~)* alcachofa *f*, alcaucil *m; (Jerusalem ~)* aguaturma *f*, *(LAm)* cotufa *f*.
ajetreo *nm (actividad)* bustle; *(labor)* drudgery, hard work; **es un continuo ~** there's constant coming and going.

2.3.3 Labels

2.3.3.1 Field labels

Field labels (i.e. *Sport, Mil, Naut* etc) are used to differentiate various meanings of the headword according to specific semantic fields, for instance:

bobina *nf (Téc)* bobbin; *(Fot)* spool, reel; *(Aut, Elec)* coil; **~ de encendido** ignition coil.

They are also used when the meaning in the source language is clear but may be ambiguous in the target language, for instance:

bancal *nm (Agr)* terrace.

2.3.3.2 Style labels

All words which are not standard language have been labelled according to two separate registers:
(i) formal *(frm)* and informal or colloquial usage *(fam)*
(ii) old-fashioned *(old)* and literary or poetic usage *(poet)*
This labelling is given for both source and target languages and serves primarily to provide a warning to the non-native speaker, for instance:

here·by [ˌhɪəˈbaɪ] *adv (frm)* por este medio.
cojonudo *adj (Sp fam)* marvellous, brilliant *(fam)*.
whence [wens] *adv (poet: from where)* de donde; *(interrog)* ¿de dónde?

Para más información sobre los usos coloquiales véase el párrafo 3.4, que exponemos más abajo.

3. Cómo usar las traducciones

3.1 Género

En el lado inglés-español del diccionario se han incluido todas las desinencias femeninas de los adjetivos españoles. Igualmente, hemos incluido la traducción femenina de vocablos como **driver, teacher, researcher** etc cuando se trata de una palabra de uso frecuente en español.

3.2 Plurales

Los plurales irregulares e invariables se han incluido como palabras cabezas de artículo en ambas secciones del diccionario.

3.3 Verbos irregulares

Cuando los verbos irregulares aparecen como traducciones, no se han indicado como tales, y en caso de duda el lector deberá referirse a las tablas de los verbos irregulares en el apéndice del diccionario. En la parte de inglés-español todas las formas irregulares de los verbos fuertes ingleses se han incluido, tanto bajo el verbo a la cabeza del artículo como en el lugar que les corresponde por orden alfabético. En cuanto a la parte de español-inglés, se incluyen en ella todos los participios pasados irregulares en el lugar que les corresponde por orden alfabético.

3.4 Lenguaje coloquial y vulgar

Por principio el lector deberá proceder con gran cautela cuando use expresiones coloquiales o vulgares en una lengua extranjera. Cuando a un vocablo o frase se le ha asignado la indicación (*fam*), es decir, familiar o coloquial, la traducción tendrá un equivalente grado de informalidad. Pero si al vocablo se le ha asignado la indicación (*fam!*), o si una traducción va seguida de (*fam!*), el lector deberá proceder con extrema cautela e incluso evitar su uso, a no ser que se encuentre entre amigos, puesto que se tratará de una expresión vulgar.

3.5 'Tú' y 'Usted'

A lo largo del diccionario, tanto en los ejemplos como en sus traducciones, se ha usado en general el pronombre **tú**, que es la forma familiar y, hoy en día, de uso más frecuente, reservándose **Ud.** para los casos en que el contexto hace necesario el uso de la forma cortés.

3.6 Traducciones 'aproximadas' y equivalentes culturales

No siempre es posible proporcionar una traducción que corresponda exactamente a la palabra original, como por ejemplo puede ser el caso de palabras españolas que designen objetos o instituciones para los que no existe un equivalente en los países de habla inglesa. De ahí que en estos casos sólo se pueda proporcionar una traducción aproximada o, en su defecto, una explicación. Tales equivalentes culturales van precedidos del signo ≃, mientras que las explicaciones aparecen en cursiva. Véanse por ejemplo los artículos encabezados por **speaker** (*Brit Parliament*), **blitz**, y en la parte de español-inglés **santero** y **sucre**.

For further advice on colloquial usage see 3.4 below.

3. Using the translations

3.1 Gender

All feminine endings for Spanish adjectives have been given on the English-Spanish side of the dictionary. The feminine version is also given as a translation of words like **driver, teacher, researcher** etc where appropriate.

3.2 Plurals

Irregular plural forms are shown on both sides of the dictionary for headwords.

3.3 Irregular verbs

Irregular verbs appearing as translations have not been marked as such, and the user should refer to the verb tables at the end of the dictionary when in doubt. On the English-Spanish side, all English strong verbs have their irregular forms shown both at the main entry and at their alphabetical position, while on the Spanish-English side all irregular past participles appear at their alphabetical position.

3.4 Colloquial language

You should as a rule proceed with great caution when handling foreign language which has a degree of informality. When a word or phrase has been labelled *(fam)*, i.e. familiar or colloquial, you must assume that the translation belongs to a similar level of informality. If the item has been labelled *(fam!)*, or if a translation is followed by (*fam!*) you should exercise extreme caution, or better still avoid it unless with close friends!

3.5 'Tú' versus 'Usted'

Throughout the dictionary, in phrases and in the translation of phrases, 'you' singular has been rendered by **tú**, which is the familiar form. **Usted** has only been used when the context clearly demands the polite form.

3.6 'Approximate' translations and cultural equivalents

It is not always possible to give a genuine translation, when for instance an English word denotes a thing or institution which either doesn't exist in Spanish speaking countries, or is quite different. Therefore only an approximate equivalent can be given, or else an explanation. Such equivalents are preceded by a ≃, and explanations are shown in italics. See for instance the entries for **speaker** *(Brit Parliament)*, **blitz**, and on the Spanish-English side **santero, sucre**.

3.7 Variantes de la traducción

Todas las traducciones que vayan separadas por una coma se pueden considerar intercambiables respecto al significado indicado entre paréntesis. Cuando un contexto diferente requiere una traducción también diferente, hemos utilizado indicaciones en la lengua de origen para señalar estas diferencias semánticas.

A veces en el interior de un artículo puede aparecer una referencia al sistema de indicaciones de otro artículo, como por ejemplo ocurre con ciertos derivados. En este caso, aunque las distintas traducciones van separadas por un punto y coma solamente (y no seguido éste de una indicación), éstas no deberán considerarse intercambiables. Véase por ejemplo el artículo encabezado por la palabra **sensitivity**, y en la parte de español-inglés **secuestro**.

3.7 Alternative translations

As a rule, translations separated by commas can be regarded as interchangeable for the meaning indicated. Whenever a different context warrants a different translation, it has been shown by means of indicating words – signposts – in the source language.

There is occasionally a reference from an entry to the signposting structure of another, in the case for instance of nominalizations. In this case only, alternative translations may be separated by semi-colons, and should not be regarded as interchangeable. See for instance the entry for **sensitivity** and on the Spanish-English side **secuestro**.

Trademarks
Words which we have reason to believe constitute registered trademarks are designated as such. However, neither the presence nor the absence of such designation should be regarded as affecting the legal status of any trademark.

Marcas Registradas
Las palabras que creemos que constituyen marcas registradas las denominamos como tales. Sin embargo, no debe considerarse que la presencia o ausencia de esta designación tenga que ver con la situación legal de ninguna marca.

Phonetic Transcription of Spanish

Consonants

[p]	**paso, hipo**	[ʎ]	**llover, calle**
[b]	**beso, vale**	[m]	**mudo, bomba**
[ß]	**labor, ave**	[n]	**nada, joven**
[t]	**tris, alto**	[ɲ]	**ñoño, añadir**
[d]	**delta, andar**		
[ð]	**piedra, verdad**		
[k]	**caso, rico**		**Semi-consonants**
[g]	**gusano, goma**	[j]	**bien, labio**
[ɣ]	**agua, agrio**	[w]	**bueno, buitre**
[f]	**finto, grifo**		
[θ]	**cepo, voces, lápiz, zarza**		
[s]	**sitio, casa**		**Vowels**
[x]	**gente, giro, jaleo**	[i]	**vino, iris**
[tʃ]	**macho, chulo**	[e]	**sed, espera**
[r]	**ardiente, penar**	[a]	**amor, luna**
[rr]	**perro, agarra**	[o]	**tos, loco**
[l]	**lustre, fiel**	[u]	**huraño, burla**

Transcripción fonética del inglés

Vocales y diptongos

[iː]	**bead, see**	[f]	**fin, raffle**
[ɑː]	**bard, calm**	[v]	**vine, river**
[ɔː]	**born, cork**	[s]	**pots, sit, rice**
[uː]	**boon, fool**	[z]	**pods, buzz**
[ɜː]	**burn, fern, work**	[θ]	**thin, maths**
[ɪ]	**sit, pity**	[ð]	**this, other**
[e]	**set, less**	[ʃ]	**ship, sugar**
[æ]	**sat, apple**	[ʒ]	**measure**
[ʌ]	**fun, come**	[tʃ]	**chance**
[ɒ]	**fond, wash**	[dʒ]	**just, edge**
[ʊ]	**full, soot**	[l]	**little, place**
[ə]	**composer, above**	[r]	**ran, stirring**
[eɪ]	**bay, fate**	[m]	**ram, mummy**
[aɪ]	**buy, lie**	[n]	**ran, nut**
[ɔɪ]	**boy, voice**	[ŋ]	**rang, bank**
[əʊ]	**no, ago**	[h]	**hat, reheat**
[aʊ]	**now, plough**	[j]	**yet, million**
[ɪə]	**tier, beer**	[w]	**wet, bewail**
[ɛə]	**tare, fair**	[x]	**loch**
[ʊə]	**tour**		

Consonantes

[p]	**pat, pope**		Las letras en bastardilla representan sonidos que pueden o no ser pronunciados
[b]	**bat, baby**	[ʳ]	Este signo indica que la *r* escrita en posición final sólo viene pronunciada cuando le sigue una palabra que comience por vocal
[t]	**tab, strut**		
[d]	**dab, mended**		
[k]	**cot, kiss, chord**	[ˈ]	acento principal
[g]	**got, agog**	[ˌ]	acento secundario

SPANISH/ENGLISH
ESPAÑOL/INGLÉS

A

A, a [a] *nf (letra)* A, a.

A. *abr de* **aprobado.**

a *prep* **(a)** *(dirección)* to; **ir ~ Madrid** to go to Madrid; **llegar ~ Madrid** to reach Madrid; **ir al parque** to go to the park; **voy ~ la tienda** I'm going to the shop; **subir ~ un tren** to get on a train; **mirar al norte** to look northwards; **de cara al norte** facing north; **torcer ~ la derecha** to turn (to the) right.

(b) *(distancia)* away; **está ~ 7 km de aquí** it is 7 km (away) from here.

(c) *(situación)* at, on; **al lado de** at the side of; **al final de la calle** at the end of the street; **estaba sentado ~ su mesa de trabajo** he was sitting at his desk; **~ orillas de** on the banks of; **~ la izquierda/derecha** on the left/right; **al margen de** on the margin(s) of.

(d) *(tiempo)* at; **~ las 8** at 8 o'clock; **¿~ qué hora?** at what time?; **~ la mañana siguiente** the following morning; **~ los 55 años** at the age of 55; *(LAm)* **al año/~ la semana** a year/week later; **~ los pocos días** after a few days, a few days later.

(e) *(modo)* **~ la americana** in the American fashion; **~ pie/caballo** on foot/horseback; **~ escape** at full speed; **~ oscuras** in the dark, in darkness; **~ petición de** at the request of; **~ solicitud** on request; **tres ~ tres** three at a time, in *o* by threes; **~ lápiz** in pencil; **cocina ~ gas** gas stove; **~ puñetazos** with (blows of) one's fists; **~ mano** by hand; **bordado ~ mano** hand-embroidered.

(f) *(medida)* **~ un precio elevado** at a high price; **~ 30 ptas el kilo** at *o* for 30 pesetas a kilo; **al 5 por ciento** at 5%; **~ 50 km por hora** at 50 km an hour; **poco ~ poco** little by little; **palmo ~ palmo** inch by inch.

(g) *(dativo)* to; **se lo di ~ él** I gave it to him; **le di dos ~ Pepe** I gave two to Joe, I gave Joe two.

(h) *(procedencia)* **se lo compré ~ él** I bought it from him.

(i) *(con complemento pers: no se traduce)* **le vi al jefe** I saw the boss.

(j) *(con verbos)* to; **empezó ~ cantar** he began to sing; **voy ~ verle** I'm going to see him; **sabe ~ queso** it tastes of cheese; **huele ~ vino** it smells of wine.

(k) (**al** + *infin*) **al verle** on seeing him, when I saw him; *véase* **al.**

(l) (~ + *infin*) **asuntos ~ tratar** agenda, items to be discussed; **el criterio ~ adoptar** the criterion to be adopted.

(m) *(si)* **~ no ser esto así** if this were not so; **~ saberlo ellos** if they had known; **~ que no sabes** bet you don't know; **~ decir verdad...** to tell the truth... .

abacería *nf* grocer's (shop).

abacero *nm* grocer.

ábaco *nm* abacus.

abad *nm* abbot.

abada *nf* rhinoceros.

abadejo *nm* **(a)** *(pez)* codfish. **(b)** *(insecto)* Spanish fly. **(c)** *(Orn)* kinglet.

abadesa *nf* **(a)** *(Rel)* abbess. **(b)** *(LAm: de burdel)* madam, brothel keeper.

abadía *nf* **(a)** *(convento)* abbey. **(b)** *(oficio)* abbacy.

abajeño/a *(LAm)* **1** *adj* lowland, coastal. **2** *nm/f* lowlander, coastal dweller.

abajo 1 *adv (situación)* (down) below; *(LAm: debajo)* underneath; *(planta)* downstairs; *(dirección)* down(wards); *(: en casa etc)* downstairs; **aquí ~** down here; **desde ~** from below; **hacia ~** down(-wards); **más ~** lower *o* further down; **cuesta ~** downhill; **río ~** downstream; **del rey ~** from the king down. **2 ~ de** *prep* below, under. **3 de ~** *adj:* **la parte de ~** the lower part, the underside; **el piso de ~** the next floor down; *(LAm)* the bottom *o* lower floor; **los de ~** the underdogs, the downtrodden. **4** *interj* down with!; **¡~ los explotadores!** down with the exploiters!

abalanzar [1f] **1** *vt* **(a)** *(balanza)* to balance. **(b)** *(lanzar)* to hurl, throw. **2 abalanzarse** *vr* **(a)** to rush forward; **~ sobre** to rush; *(ave)* to pounce on. **(b)** *(RPl: caballo)* to rear up.

abalear [1a] *vt (LAm)* to fire at, shoot up *(fam)*.

abalorio *nm* glass bead; **no vale un ~** it's worthless.

abanderado *nm* standard bearer.

abanderar [1a] *vt (Náut)* to register.

abandonado *adj (gen)* abandoned; *(edificio etc)* deserted, derelict; *(persona)* deserted, neglected; *(fig: jardín etc)* neglected, uncared-for.

abandonamiento *nm* = **abandono.**

abandonar [1a] **1** *vt (gen)* to leave; *(persona)* to abandon, desert; *(cosa)* to abandon, leave behind; *(: descuidar)* to neglect; *(fig: intento)* to drop, give up; **abandonaron a sus hijos** they deserted their children; **tuvo que ~ el cargo** he had to give up the post. **2** *vi (Dep: renunciar)* to resign, concede; *(: Boxeo)* to throw in the towel. **3 abandonarse** *vr* **(a)** to give in *o* up; *(descuidarse)* to let o.s. go, get slovenly. **(b)** to give o.s. over to; **~ al alcohol** to take to drink.

abandono *nm* **(a)** *(acto)* abandonment; *(de un deber)* dereliction; *(de esposa etc)* desertion; *(renuncia)* giving up, renunciation; *(Dep)* withdrawal, retirement; **ganar por ~** to win by default. **(b)** *(estado: gen)* abandon, neglect; *(descuido)* neglect, slovenliness; *(vicio etc)* indulgence (*a* in); **darse al ~** to go downhill.

abanicar [1g] **1** *vt* to fan. **2 abanicarse** *vr* to fan o.s.

abanico *nm* fan; *(Náut)* derrick; **~ de chimenea** fire screen; **en ~** *(forma)* fan-shaped; *(extensión)* fanning out.

abaniqueo *nm* fanning (movement).

abaniquero *nm* **(a)** *(fabricante)* fan maker. **(b)** *(vendedor)* fan seller.

abaratamiento *nm* price reduction.

abaratar [1a] **1** *vt (artículo)* to make cheaper, lower the price of. **2** *vi,* **abaratarse** *vr* to get cheaper, come down (in price).

abarca *nf* sandal.

abarcar [1g] *vt (comprender)* to include, take in; *(contener)* to contain, comprise; *(tarea)* to under-

take, take on; *(Méx)* to monopolize, corner (the market in); **el capítulo abarca 3 siglos** the chapter covers 3 centuries.
abarrancadero *nm* tight spot, jam.
abarrancarse [1g] *vr (gen, tb fig)* to get bogged down.
abarrotar [1a] **1** *vt* **(a)** *(trancar)* to bar, fasten with bars. **(b)** *(Náut)* to stow, pack tightly; *(Com)* to overstock; **abarrotado de** bursting with, stuffed full of. **2 abarrotarse** *vr (LAm)* to glut the market.
abarrote *nm* **(a)** *(Náut)* packing. **(b) ~s** *(LAm)* groceries; **tienda de ~s** grocer's (shop), grocery store.
abarrotería *nf (Méx)* grocer's (shop), grocery store.
abarrotero/a *nm/f (LAm)* grocer.
abastardar [1a] **1** *vt* to degrade, debase. **2** *vi* to degenerate.
abastecedor(a) 1 *adj* supplying. **2** *nm/f* supplier.
abastecer [2d] *vt* to supply, provide (*de* with).
abastecimiento *nm (acto)* supplying, provision; *(servicio)* supply, provision; **~ de agua** water supply.
abastero *nm (LAm)* wholesaler.
abasto *nm (provisión)* supply; *(abundancia)* abundance; **dar ~ a** to supply; **dar ~ a un pedido** to fill an order, meet an order; **no da ~** there isn't enough (to go round); **no puedo dar ~ (a)** *(LAm fig)* I can't cope *o* keep up (with).
abatatarse [1a] *vr (RPl)* to be shy, be bashful.
abatible *adj:* **asiento ~** tip-up seat; **mesa de alas ~s** gate-leg(ged) table.
abatido *adj (gen)* dejected; *(cara)* crestfallen; *(despreciable)* despicable; *(Com, Fin)* depreciated; **estar muy ~** to be very depressed.
abatimiento *nm (depresión)* depression, dejection; *(moral)* contemptible nature; *(humillación)* humiliation.
abatir [3a] **1** *vt* **(a)** *(Arquit etc)* to demolish, knock down; *(tienda de campaña)* to take down; *(árbol)* to cut down, fell; *(ave)* to shoot *o* bring down; *(bandera)* to lower, strike; *(individuo)* to knock down. **(b)** *(fig: desanimar)* to depress, discourage; *(: humillar)* to humble, humiliate. **2 abatirse** *vr* **(a)** *(Aer etc)* to swoop, dive; **~ sobre** to swoop on. **(b)** *(fig)* to be depressed, get discouraged.
abdicación *nf* abdication.
abdicar [1g] **1** *vt* to renounce, relinquish; **~ la corona** to give up the crown. **2** *vi* to abdicate; **~ de algo** to renounce *o* relinquish sth; **~ en uno** to abdicate in favour of sb.
abdomen *nm* abdomen.
abdominal *adj* abdominal.
abecé *nm* ABC, alphabet; *(fig)* rudiments, basic elements.
abecedario *nm* alphabet; *(libro)* primer, spelling book.
abedul *nm* birch; **~ plateado** silver birch.
abeja *nf* bee; **~ machiega** *o* **maestra** *o* **reina** queen bee; **~ macho/obrera** drone/worker bee.
abejar *nm* apiary.
abejarrón *nm* bumblebee.
abejaruco *nm* bee-eater.
abejera *nf (LAm)* beehive.
abejón *nm* drone.
abejorro *nm* bumblebee.
aberración *nf* aberration.
aberrante *adj* aberrant.
abertura *nf (gen)* opening, gap; *(agujero)* hole; *(grieta)* crack; *(corte)* slit; *(Geog)* cove; *(Cos)* vent; *(fig: franqueza)* openness.
abetal *nm* fir wood.
abeto *nm* fir; **~ blanco** silver fir; **~ falso** *o* **rojo** spruce.
abetunar [1a] *vt (zapatos)* to polish, shine.
abierto 1 *pp de* **abrir. 2** *adj (gen)* open; *(fig: carácter etc)* open, frank; *(LAm)* generous; **la puerta estaba ~a** the door was *o* stood open; **muy ~** wide open; **una brecha muy ~a** a gaping hole; **dejar un grifo ~** to leave a tap running.
abigarrado *adj (gen)* multi-coloured *o (US)* -colored; *(fig)* motley.
abigarramiento *nm (de colores)* variety; *(fig: de color)* vividness, colourfulness.
abigarrar [1a] *vt* to paint *etc* in a variety of colours.
abigeato *nm*, **abigeo** *nm* cattle-rustling.
abintestato *adj* intestate.
abiselar [1a] *vt* to bevel.
abismal *adj* abysmal.
abismar [1a] **1** *vt (humillar)* to cast down, humble; **~ a uno en la tristeza** to plunge sb into sadness; **estar abismado en** to be lost *o* sunk in. **2 abismarse** *vr* **(a)** *(LAm)* to be amazed. **(b) ~ en** to plunge into; **~ en el dolor** to abandon o.s. to grief.
abismo *nm (gen)* abyss, chasm; *(fig)* depth(s); *(Rel)* hell; **estar en el borde del ~** to be on the brink of ruin.
abjurar [1a] **1** *vt* to abjure, forswear. **2** *vi:* **~ de** to abjure, forswear.
ablandamiento *nm (gen)* softening (up); *(moderación)* moderation.
ablandar [1a] **1** *vt (gen)* to soften; *(Mil etc)* to soften up; *(Aut)* to run in; *(vientre)* to loosen; *(mitigar)* to mitigate, temper; *(calmar)* to soothe; *(conmover)* to touch; *(Culin)* to tenderize. **2** *vi (Met: frío)* to become less severe; *(: viento)* to moderate. **3 ablandarse** *vr (gen)* to soften (up), get soft(er); *(fig: ceder)* to relent.
ablande *nm (Aut)* running-in.
ablativo *nm* ablative; **~ absoluto** ablative absolute.
ablución *nf* ablution.
abnegación *nf* self-denial, abnegation.
abnegado *adj* self-denying, self-sacrificing.
abnegarse [1h, 1k] *vr* to deny o.s., go without.
abobado *adj* stupid-looking, bewildered.
abobamiento *nm (estupidez)* silliness, stupidity; *(asombro)* bewilderment.
abobar [1a] **1** *vt (gen)* to make stupid; *(asombrar)* to daze, bewilder. **2 abobarse** *vr* to get stupid.
abocado *adj (jerez)* medium-sweet.
abocar [1g] **1** *vt (asir)* to seize *o* catch in one's mouth; *(acercar)* to bring nearer; *(verter)* to pour out, decant; **verse abocado a un peligro** to see danger looming ahead. **2** *vi (Náut)* to enter a river *o* channel. **3 abocarse** *vr* to approach; **~ con uno** to meet sb on business.
abocinar [1a] **1** *vt (gen)* to shape like a trumpet; *(Cos)* to flare. **2** *vi* to fall flat on one's face.
abochornar [1a] **1** *vt (sofocar)* to suffocate; *(apenar)* to shame, embarrass. **2 abochornarse** *vr* to get flushed, get overheated; *(sonrojar)* to blush; *(Bot)* to wilt; **~ de** to feel ashamed at, get embarrassed about.
abofetear [1a] *vt* to slap, hit (in the face).
abogacía *nf* legal profession.
abogaderas *nfpl*, **abogaderías** *nfpl (LAm)* specious arguments.
abogado/a *nm/f (gen)* lawyer; *(notario)* solicitor; *(asesor)* counsel; *(en tribunal)* barrister, advocate, *(US)* attorney; **~ del diablo** devil's advocate; **~ defensor** defending counsel; **~ de seca-**

no shady solicitor; **ejercer de ~** to practise law; **recibirse de ~** to qualify as a solicitor *etc.*
abogar [1h] *vi* to plead; **~ por** to plead for, defend; *(fig)* to advocate, champion.
abolengo *nm (linaje)* ancestry, lineage; *(patrimonio)* inheritance.
abolición *nf* abolition.
abolir [3a; *imperfecto*] *vt* to abolish.
abolsado *adj* baggy.
abolsarse [1a] *vr* to be baggy.
abolladura *nf (Téc: metal etc)* dent; *(Arte)* embossing.
abollar [1a] *vt (Téc: metal etc)* to dent; *(Med)* to raise a bump on; *(Arte)* to emboss.
abombado *adj* **(a)** *(gen)* convex; *(fig)* bulging. **(b)** **estar ~** *(Méx)* to be tight.
abombar [1a] **1** *vt* **(a)** *(Téc)* to make convex; *(deformar)* to cause to bulge. **(b)** *(fam: aturdir)* to stun. **2 abombarse** *vr (LAm)* **(a)** to decompose, smell bad. **(b)** *(Méx fam)* to get tight.
abominable *adj* abominable.
abominación *nf* abomination.
abominar [1a] **1** *vt* to abominate, detest. **2** *vi:* **~ de** to curse.
abonable *adj* payable, due.
abonado/a 1 *adj (Com etc)* paid(-up); *(Agr)* fertilised. **2** *nm/f (revista, Telec)* subscriber; *(Teat, Ferro)* season-ticket holder.
abonar [1a] **1** *vt* **(a)** *(gen)* to pay; *(Com: cuenta etc)* to credit (*en* to); *(periódico etc)* to take out a subscription to. **(b)** *(Agr)* to fertilise, manure. **(c)** *(avalar)* to vouch for, guarantee. **2 abonarse** *vr (periódico etc)* to subscribe; *(Ferro, Teat)* to take out *o* buy a season ticket.
abonaré *nm* credit note.
abono *nm* **(a)** *(Agr)* manure, fertilizer. **(b)** *(Com: gen)* payment; *(: a periódico etc)* subscription; *(Teat, Ferro)* season ticket. **(c)** *(aval)* guarantee.
abordable *adj (sitio)* accessible; *(fig: persona)* approachable; *(precio)* within everyone's means.
abordaje *nm (Náut: choque)* collision; *(invasión)* boarding.
abordar [1a] **1** *vt* **(a)** *(Náut: atacar)* to board; *(chocar con)* to collide with. **(b)** *(asunto)* to raise. **(c)** *(individuo)* to tackle, approach. **2** *vi (Náut)* to dock.
aborigen *adj, nm* native.
aborrascarse [1g] *vr* to get stormy.
aborrecer [2d] *vt (gen)* to loathe, detest; *(Orn)* to desert, abandon.
aborrecible *adj* loathsome, detestable.
aborrecimiento *nm* hatred, abhorrence.
aborregado *adj:* **cielo ~** mackerel sky.
abortar [1a] **1** *vt* to abort, cause to miscarry. **2** *vi* **(a)** *(malparir)* to have a miscarriage; *(deliberadamente)* to have an abortion. **(b)** *(fig)* to miscarry, fail.
abortero/a *nm/f,* **abortista** *nmf* abortionist.
abortivo *adj* abortive.
aborto *nm* **(a)** *(Med: accidental)* miscarriage; *(provocado)* abortion; **~ ilegal** illegal abortion. **(b)** *(Bio)* monster, freak. **(c)** *(fig)* failure.
abotagarse [1h] *vr* to swell up, become bloated.
abotonar [1a] **1** *vt* to button up, do up. **2** *vi (Bot)* to bud. **3 abotonarse** *vr (gen)* to button up.
abovedado 1 *adj* vaulted, arched. **2** *nm* vaulting.
abovedar [1a] *vt* to vault, arch.
aboyar [1a] *vt (Náut)* to mark with buoys.
abozalar [1a] *vt* to muzzle.
abra *nf (Geog)* small bay, inlet; *(: entre montañas)* (mountain) pass; *(Geol)* fissure; *(RPl)* clearing.
abracadabra *nm* abracadabra.
abrasador *adj* burning, scorching; *(fig)* withering.
abrasar [1a] **1** *vt* **(a)** *(gen)* to burn (up); *(Agr: plantas)* to dry up, parch. **(b)** *(fig: gastar)* to squander, waste; *(: avergonzar)* to fill with shame. **2 abrasarse** *vr* to burn (up); *(Agr)* to be parched; **~ de amores** to be passionately in love; **~ de sed** to have a raging thirst.
abrasión *nf (gen)* abrasion; *(Med)* graze.
abrasivo *adj, nm* abrasive.
abrazadera *nf* bracket, clamp.
abrazar [1f] **1** *vt (gen)* to embrace, hug; *(fig)* to include, take in; *(fe etc)* to adopt, embrace. **2 abrazarse** *vr* to embrace *o* hug (each other); **~ a** *(niño)* to cling to, clutch.
abrazo *nm* embrace, hug; *(en cartas)* **un ~ (afectuoso** *o* **cordial)** with best wishes *o* kind regards.
abrecartas *nm inv* letter opener, paper knife.
ábrego *nm* south-west wind.
abrelatas *nm inv* tin *o* can opener.
abrevadero *nm (Zool: natural)* watering place; *(Agr)* drinking trough.
abrevar [1a] **1** *vt (animal)* to water, give a drink to; *(tierra)* to water, irrigate; *(pieles)* to soak; *(Arte etc)* to size. **2 abrevarse** *vr (Zool)* to drink.
abreviación *nf* abridgement, shortening.
abreviado *adj (breve)* brief; *(reducido)* shortened, abridged.
abreviar [1b] **1** *vt (palabra)* to abbreviate; *(texto)* to abridge, reduce; *(discurso, estancia etc)* to shorten, cut short; *(fecha etc)* to bring forward. **2** *vi (apresurarse)* to be quick; **bueno, para ~** well, to cut a long story short.
abreviatura *nf* abbreviation, contraction.
abridor *nm (de botellas)* bottle opener; *(abrelatas)* tin *o* can opener.
abrigada *nf,* **abrigadero** *nm* shelter, windbreak.
abrigar [1h] **1** *vt* **(a)** *(proteger)* to shelter, protect (*de* against, from); *(: suj: ropa etc)* to keep warm, protect; *(apoyar)* to help, support. **(b)** *(fig: duda)* to entertain; *(esperanza)* to cherish, nurse. **2 abrigarse** *vr (gen)* to take shelter *o* protect o.s. (*de* from); *(con ropa)* to cover up (warmly), wrap (o.s.) up.
abrigo *nm* **(a)** *(lugar protegido)* shelter; *(protección)* protection; *(auxilio)* help, support; *(cobertura)* covering, protection; **al ~ de** in the shelter of; **ropa de mucho ~** warm *o* heavy clothing. **(b)** *(ropa)* (over)coat; **~ de pieles/visón** fur/mink coat. **(c)** *(Náut)* harbour, haven.
abril *nm* April; **en el ~ de la vida** in the springtime of one's life; **una niña de 15 ~es** a girl of 15 summers; **estar hecho un ~** to be dressed to kill; *véase tb* **se(p)tiembre.**
abrillantar [1a] *vt (diamante etc)* to cut; *(pulir)* to polish, burnish; *(fig)* to enhance, add lustre to.
abrir [3a; *pp* **abierto**] **1** *vt (gen)* to open (up); *(Med)* to cut open; *(mapa etc)* to open *o* spread out; *(camino etc)* to clear, open up; *(perforación)* to make, bore; *(pozo)* to sink; *(grifo)* to turn on; *(apetito)* to whet, stimulate; *(lista)* to head; **~ una puerta con llave** to unlock a door; **~ algo cortándolo** to cut sth open; **~ de par en par** to open wide; **~ una información** *(Jur)* to begin proceedings; **en un ~ y cerrar de ojos** in the twinkling of an eye. **2** *vi* to open; *(Bot: flor)* to open, unfold; **¡abre!** open up! **3 abrirse** *vr (gen)* to open; *(extenderse)* to open out, unfold, spread (out); *(Met)* to clear (up); **~ a** *o* **con uno** to confide in sb.
abrochador *nm* buttonhook.
abrochar [1a] **1** *vt (con botones)* to button (up); *(con broche)* to do up, fasten (up). **2 abrocharse** *vr (LAm)* to struggle, wrestle; **~ los zapatos** to tie one's laces *o* shoes.

abrogación *nf* abrogation, repeal.
abrojo *nm (Bot)* thistle; *(Mil)* caltrop; **~s** *(Náut)* submerged rocks, reefs.
abroquelarse [1a] *vr:* **~ con** *o* **de** to shield o.s. with.
abrumador *adj (agobiante)* crushing; *(pesado)* burdensome; *(Pol: mayoría)* overwhelming.
abrumar [1a] **1** *vt (agobiar)* to overwhelm; *(oprimir)* to oppress, weigh down; *(cansar)* to wear out, exhaust; *(LAm: molestar)* to annoy, bother; **~ a uno de trabajo** to swamp sb with work. **2 abrumarse** *vr (Met)* to get foggy, get misty.
abrupto *adj (cuesta)* steep; *(terreno)* rough, rugged.
abrutado *adj* brutish, brutalized.
absceso *nm* abscess.
absenta *nf* absinth(e).
absentismo *nf (de obreros)* absenteeism; *(de terrateniente)* absentee landlordism.
ábside *nm* apse.
absolución *nf (Rel)* absolution; *(Jur)* acquittal.
absoluta *nf* **(a)** *(declaración)* dogmatic statement. **(b)** *(Mil)* discharge.
absolutamente *adv (completamente)* completely, absolutely; *(neg)* not at all, by no means.
absolutismo *nm* absolutism.
absolutista *adj, nmf* absolutist.
absoluto *adj* **(a)** *(gen)* absolute; *(total)* utter, complete; *(fe)* complete, implicit; **lo ~** the absolute. **(b)** *(neg)* **en ~** by no means; **¡en ~!** certainly not!, not at all!; **no sabía nada en ~ de eso** I knew nothing at all about it.
absolutorio *adj:* **fallo ~** verdict of not guilty.
absolver [2h; *pp* **absuelto**] *vt (Rel)* to absolve; *(Jur)* to acquit, clear *(de una acusación* of a charge*)*.
absorbencia *nf* absorbency.
absorbente 1 *adj* **(a)** *(Quím)* absorbent. **(b)** *(fig: interesante)* interesting, absorbing; *(exigente)* demanding. **2** *nm* absorbent.
absorber [2a] **1** *vt (gen)* to absorb, soak up; *(información)* to absorb, take in; *(lectura etc)* to absorb, engross. **2 absorberse** *vr:* **~ en** to become absorbed *o* engrossed in.
absorción *nf* absorption.
absorto *adj* absorbed; **estar ~** to be amazed; **estar ~ (en los pensamientos)** to be lost in thought.
abstemio/a 1 *adj* teetotal. **2** *nm/f* teetotaler.
abstención *nf* abstention.
abstencionismo *nm (Pol)* abstention; *(gen)* non-participation.
abstencionista *nmf (gen)* abstainer, non-participant.
abstenerse [2l] *vr (gen)* to abstain; **~ de hacer algo** to refrain from doing sth.
abstinencia *nf (gen)* abstinence; *(Rel)* fasting.
abstracción *nf* **(a)** *(gen)* abstraction; *(pey: despiste)* absent-mindedness. **(b) hacer ~ de** to leave aside, except.
abstracto *adj* abstract; **en ~** in the abstract.
abstraer [2p] **1** *vt* to abstract. **2** *vi:* **~ de** to leave aside, exclude. **3 abstraerse** *vr* to be lost in thought *o* preoccupied.
abstraído *adj* absent-minded, preoccupied.
abstruso *adj* abstruse.
absuelto *pp de* **absolver.**
absurdidad *nf* absurdity.
absurdo 1 *adj (gen)* absurd; **es ~ que ...** it is absurd that ...; **lo ~ es que ...** the ridiculous thing is that ... . **2** *nm* absurdity, (piece of) nonsense.
abuchear [1a] *vt* to boo, jeer at; **ser abucheado** *(Teat etc)* to get hissed at, get the bird *(fam)*.
abucheo *nm* booing, jeering; **ganarse un ~** *(Teat etc)* to get booed, get the bird *(fam)*.
abuela *nf* grandmother; *(fig)* old woman, old lady; **¡cuéntaselo a tu ~!** do you think I was born yesterday?
abuelita *nf* granny, grandma.
abuelo *nm* grandfather; *(fig)* old man; *(antepasado)* ancestor, forbear; **~s** grandparents.
abulia *nf* lack of willpower, ennui, lethargy.
abúlico *adj* lacking in willpower, lethargic.
abultado *adj (gen)* bulky, unwieldy; *(labios)* thick; *(Med)* swollen; *(fig)* exaggerated.
abultamiento *nm (gen)* bulkiness, (large) size; *(Med)* swelling; *(fig)* exaggeration.
abultar [1a] **1** *vt (aumentar)* to increase; *(agrandar)* to enlarge; *(fig)* to exaggerate. **2** *vi* to be bulky, be big; *(fig)* to increase in importance.
abundancia *nf* abundance, plenty; **en ~** in abundance, in plenty.
abundante *adj (gen)* abundant, plentiful; *(cosecha)* heavy; **~ en** *(repleto de)* abounding in; *(que produce)* productive of.
abundar [1a] *vi (gen)* to abound, be plentiful; **~ de** *o* **en** to abound in *o* with, be rich in; **~ en la opinión de uno** to share sb's opinion wholeheartedly.
abur *interj* so long!
aburguesamiento *nm (Pol)* embourgeoisement.
aburrido *adj (con ser)* boring, tedious; *(con estar)* bored; **un libro ~** a boring book; **una espera ~a** a tedious wait.
aburrimiento *nm* boredom, tedium.
aburrir [3a] **1** *vt (gen)* to bore; *(cansar)* to tire, weary. **2 aburrirse** *vr* to be *o* get bored *(con, de, por* with*)*; **~ como una almeja** *o* **ostra** to be bored stiff.
abusado *(Méx fam)* **1** *interj* look out!, careful! **2** *adj* brilliant.
abusar [1a] *vi* to go too far, overstep the mark *(fam)*; **~ de** *(amistad)* to abuse, take unfair advantage of; *(amigo)* to impose upon; *(autoridad etc)* to abuse; *(tabaco, alcohol)* to overdo, overuse.
abusivo/a 1 *adj (gen)* improper; *(Com: precio)* exorbitant. **2** *nm/f (fam)* chancer *(fam)*.
abuso *nm (gen)* abuse; *(de amistad etc)* imposition, unfair demand; *(de poderes)* misuse; **~ de confianza** betrayal of trust.
abyecto *adj* wretched, abject.
A.C. *abr de* **Año de Cristo** A.D.
a/c *abr de* **al cuidado de** c/o.
acá *adv* **(a)** *(lugar)* (over) here; **~ y allá** *o* **acullá** here and there; **pasearse de ~ para allá** to walk up and down *o* to and fro; **tráelo más ~** move it this way, bring it closer; **¡ven** *o* **vente para ~!** come over here! **(b)** *(tiempo)* at this time, now; **de** *o* **desde ayer ~** since yesterday; **¿de cuándo ~?** since when?
acabado 1 *adj* **(a)** *(completo)* finished, complete; *(perfecto)* perfect; *(fig: magistral)* consummate, masterly; *(: refinado)* polished. **(b)** *(viejo)* old, worn out; *(Med)* ruined in health, wrecked. **2** *nm (Téc)* finish; **~ satinado** matt finish.
acabamiento *nm (acto)* finishing, completion; *(final)* end; *(LAm: agotamiento)* exhaustion; *(: muerte)* death.
acabar [1a] **1** *vi (gen)* to finish, complete; *(dar el toque final a)* to round off; *(matar)* to kill; *(LAm: hablar mal de)* to speak ill of.

2 *vi* **(a)** *(gen)* to finish, end; *(morir)* to die; *(LAm fam!: sexualmente)* to come *(fam!)*; **y no acaba** and there's no sign of it coming to an end; **es cosa de nunca ~** there's no end to it; **~ mal** to come to a sticky end; **la palabra acaba con** *o* **por Z** the word ends in a Z. **(b) ~ con** *(gen)* to put an end to, stop; *(esperanzas)* to put paid to; *(reservas etc)* to exhaust, use up; **esto acabará conmigo** this will be the end of me. **(c) ~ de hacer** to have just done; **acabo de verle** I have just seen him; **acababa de hacerlo** I had just done it. **(d) ~ haciendo algo, ~ por hacer algo** to end up by doing sth.

3 acabarse *vr* **(a)** *(gen)* to finish, come to an end; *(morir)* to die; *(LAm: envejecer)* to age, decline; *(fig: esp LAm)* to wear o.s. out; *(reservas)* to run out, be exhausted; **¡se acabó!** it's all over! **(b)** *(locuciones)* **se me acabó el tabaco** I ran out of cigarettes; **se nos acabará la gasolina** we shall soon be out of petrol; **se me acabó la paciencia** my patience is exhausted.

acabóse *nm:* **esto es el ~** this is the last straw.

acacia *nf* acacia; **~ falsa** locust tree.

acachetear [1a] *vt* to slap, punch.

academia *nf (gen)* academy; *(Escol)* (private) school; **~ de baile** dancing academy; **~ militar** military academy; **~ de música** school of music, conservatoire; **la Real A~** the Spanish Academy.

académico/a 1 *adj (gen)* academic; *(título etc)* university *(atr)*. **2** *nm/f* academician, member (of an academy).

acaecer [2d] *vi* to happen, occur.

acaecimiento *nm* happening, occurrence.

acalorado *adj (gen)* heated, hot; *(fig: discusión)* heated; *(: partidario)* passionate.

acaloramiento *nm (gen)* heat; *(pasión)* vehemence, passion.

acalorar [1a] **1** *vt (gen)* to make hot, warm up; *(fig)* to inflame, excite. **2 acalorarse** *vr (gen)* to get hot, become overheated; *(airarse)* to get excited *o* worked up; *(discusión)* to become heated.

acallar [1a] *vt (gen)* to silence, quieten; *(fig: furia)* to assuage, pacify; *(Med: dolor)* to ease.

acampanado *adj* bell-shaped; *(pantalón)* flared.

acampar [1a] **1** *vi* to camp; *(Mil)* to encamp. **2 acamparse** *vr* to camp.

acanalado *adj (gen)* grooved, furrowed; *(Arquit)* fluted; *(Téc: hierro)* corrugated.

acanaladura *nf (gen)* groove, furrow; *(Arquit)* fluting.

acanalar [1a] *vt (véase adj)* to groove, furrow; to flute; to corrugate.

acanallado *adj* disreputable, low.

acantilado 1 *adj (risco)* steep, sheer; *(Náut)* shelving. **2** *nm* cliff.

acanto *nm* acanthus.

acantonar [1a] *vt (Mil)* to billet, quarter (*en* on).

acaparador(a) 1 *adj (monopolista)* monopolistic; *(que guarda)* hoarding. **2** *nm/f (gen)* monopolizer, monopolist; *(quien guarda cosas)* hoarder.

acaparamiento *nm (véase vt)* monopolizing, cornering the market (*de* in); hoarding.

acaparar [1a] *vt (Com: bienes)* to monopolize, corner the market in; *(: víveres)* to hoard; *(fig)* to hog, keep for o.s.; *(interés)* to hold.

acápite *nm (LAm)* paragraph; **punto ~** full stop, new paragraph.

acaracolado *adj* spiral *(atr)*, winding, twisting.

acaramelado *adj (Culin: sabor)* toffee-flavoured; *(color)* toffee-coloured; *(fig: dulce)* sugary, oversweet.

acardenalar [1a] **1** *vt* to bruise. **2 acardenalarse** *vr* to get bruised, go black and blue.

acariciador *adj* caressing.

acariciar [1b] *vt (gen)* to caress; *(sobar)* to fondle, stroke; *(animal)* to pat, stroke; *(rozar)* to brush; *(fig: esperanzas)* to cherish, cling to.

acarraladura *nf (LAm: en medias)* run, ladder.

acarrear [1a] *vt* **(a)** *(transportar)* to haul, carry; *(arrastrar)* to carry along. **(b)** *(fig: causar)* to cause, bring in its train *o* wake; **le acarreó muchos disgustos** it brought him lots of problems.

acarreo *nm (flete)* haulage, carriage; **gastos de ~** transport charges.

acartonado *adj (superficie etc)* like cardboard; *(fig: enjuto)* wizened.

acartonarse [1a] *vr* to grow stiff; *(fig)* to become wizened.

acaso 1 *adv* **(a)** perhaps, maybe; **por si ~** just in case. **(b)** *(LAm)* **¿~ yo lo sé?** how would I know? **2** *nm* chance, accident.

acatamiento *nm (respeto)* respect (*a* for); *(obediencia)* deference.

acatar [1a] *vt (gen)* to respect; *(ley)* to obey, observe.

acatarrar [1a] **1** *vt (LAm: molestar)* to annoy, bother. **2 acatarrarse** *vr (Med)* to catch (a) cold; *(RPl: emborracharse)* to get boozed up *(fam)*.

acato *nm* = **acatamiento.**

acaudalado *adj* well-off, affluent.

acaudalar [1a] *vt* to acquire, accumulate.

acaudillar [1a] *vt* to lead, command.

acceder [2a] *vi* to accede, agree (*a* to); **~ a hacer algo** to agree to do sth.

accesibilidad *nf* accessibility (*to* a).

accesible *adj (lugar)* accessible; *(persona)* approachable; **~ a** open to, accessible to.

accesión *nf* **(a)** *(consentimiento)* assent (*a* to). **(b)** *(Jur, Pol)* accession. **(c)** *(entrada)* access, entry.

accésit *nm, pl* **accésits** second prize.

acceso *nm* **(a)** *(entrada)* entry, access; *(permiso de entrada)* admittance; **'~ prohibido', 'prohibido el ~'** 'no entry *o* admittance'. **(b)** *(camino)* access, approach; *(Aer)* approach. **(c)** *(Med)* attack, fit; *(fig: de cólera)* outburst, explosion. **(d)** *(Pol)* accession. **(e)** *(Comput)* access; **~ aleatorio/secuencial** random/sequential access.

accessorio/a 1 *adj (gen)* accessory; *(gastos)* incidental. **2** *nm (extra)* attachment, extra; **~s** *(Aut)* spare parts; *(Teat)* props. **3 accessoria** *nf (Arquit)* annexe.

accidentado/a 1 *adj* **(a)** *(terreno)* rough, uneven; *(vida)* troubled, eventful. **(b)** *(Med)* in a faint, in a fit. **2** *nm/f (LAm)* accident victim.

accidental *adj (gen)* accidental, unintentional; *(encuentro etc)* casual, chance *(atr)*.

accidentarse [1a] *vr* **(a)** to have an accident. **(b)** *(Med)* to faint.

accidente *nm* **(a)** *(gen)* accident; **por ~** by accident, by chance; **~ de carretera** road accident; **una vida sin ~s** an uneventful life; **sufrir un ~** to have *o* meet with an accident. **(b)** *(Med)* faint, swoon. **(c) ~s** *(de terreno)* unevenness *sg*, ruggedness *sg*.

acción *nf* **(a)** *(gen)* action; *(acto)* act, deed; **buena ~** good deed, kind act; **hombre de ~** man of action; **~ de gracias** thanksgiving; **de ~ retardada** delayed-action *(atr)*; **unir la ~ a la palabra** to suit the deed to the word. **(b)** *(Mil)* action, engagement; **entrar en ~** to go into action. **(c)** *(Teat)* action, plot, story line. **(d)** *(Jur)* action, lawsuit; **promover una ~** to bring an action. **(e)** *(Com, Fin)* share; **~es** stock(s), shares; **~ ordinaria** ordinary share, *(US)* common stock; **capital en ~es** share capital.

accionamiento *nm (Mec)* operation.

accionar [1a] **1** *vt (Mec)* to drive, propel. **2** *vi* to gesticulate; *(LAm)* to act, be active.

accionista *nmf* shareholder, stockholder.

acebo *nm* holly (tree).

acebuche *nm* **(a)** *(Bot)* wild olive tree. **(b)** *(fig*

fam) yokel, *(US)* hick.
acecinar [1a] **1** *vt (carne)* to salt, cure. **2 acecinarse** *vr* to shrivel (with age).
acechadera *nf (escondite)* hiding place.
acechador(a) *nm/f* watcher, observer.
acechanza *nf* = **acecho.**
acechar [1a] *vt (observar)* to spy on, watch; *(esperar)* to lie in wait for; *(caza)* to stalk.
acecho *nm (acto de espiar)* spying, watching; *(Mil)* ambush; **estar al** *o* **en** ~ to lie in wait; **cazar al** ~ to stalk.
acedar [1a] **1** *vt* to make bitter; *(fig)* to sour, embitter. **2 acedarse** *vr* to turn sour; *(Bot)* to wither, yellow.
acedera *nf* sorrel.
acedía *nf (Culin)* acidity, sourness; *(Med)* heartburn; *(fig)* unpleasantness.
acedo *adj (Culin)* acid, sour; *(fig)* unpleasant.
aceitar [1a] *vt* to oil.
aceite *nm (gen)* oil; *(Sp:* ~ *de oliva)* olive oil; ~ **de soja/de girasol/de linaza** soya/sunflower/linseed oil; ~ **alcanforado** camphorated oil; ~ **combustible** fuel oil; ~ **de hígado de bacalao** cod-liver oil.
aceitera *nf (Culin)* oil bottle; *(Aut etc)* oilcan.
aceitero 1 *adj* oil *(atr)*. **2** *nm* oil merchant.
aceitoso *adj* oily.
aceituna *nf* olive; ~ **rellena** stuffed olive.
aceitunado *adj (gen)* olive *(atr)*; *(de tez ~a)* olive-skinned.
aceitunero/a *nm/f (Com)* dealer in olives; *(Agr)* olive-picker.
aceituno 1 *adj (LAm)* olive-coloured. **2** *nm* olive tree.
aceleración *nf (Mec etc)* acceleration; *(fig)* speeding-up, hastening.
acelerada *nf* acceleration, speed-up.
acelerador *nm* accelerator.
acelerar [1a] **1** *vt (Mec etc)* to accelerate, speed up; *(paso)* to quicken; ~ **la marcha** to go faster, accelerate. **2 acelerarse** *vr* to hurry, hasten; *(LAm: pasarse)* to go too far.
acelga *nf* beet.
acémila *nf* beast of burden, mule.
acendrado *adj* pure, unblemished.
acendrar [1a] *vt (gen)* to purify; *(Téc)* to refine.
acento *nm (gen)* accent; *(énfasis)* stress, emphasis; *(modulación)* tone, inflection; ~ **agudo** acute accent; ~ **ortográfico** written accent; ~ **tónico** tonic accent; ~ **cerrado** strong accent.
acentuación *nf* accentuation.
acentuar [1e] **1** *vt (Ling etc)* to accent, stress; *(subrayar)* to emphasize, accentuate. **2 acentuarse** *vr* to become more noticeable, be accentuated.
aceña *nf* water mill.
aceñero *nm* miller.
acepción *nf* **(a)** *(Ling)* sense, meaning. **(b)** *(en el trato)* preference; **sin** ~ **de persona** impartially.
acepilladora *nf* planing machine.
acepilladura *nf* shaving.
acepillar [1a] *vt (Téc)* to plane, shave; *(LAm fam)* to suck up to *(fam)*.
aceptabilidad *nf* acceptability.
aceptable *adj* acceptable.
aceptación *nf (gen)* acceptance; *(aprobación)* approval; *(Com)* **mandar algo a la** ~ to send sth on approval.
aceptar [1a] **1** *vt (gen)* to accept. **2** *vi:* ~ **a hacer algo** to agree to do sth.
acequia *nf* irrigation ditch *o* channel; *(LAm: riachuelo)* stream; *(: alcantarilla)* sewer.
acera *nf* pavement, *(US)* sidewalk.
acerado *adj (Téc)* steel *(atr)*; *(fig)* sharp, cutting.
acerar [1a] *vt* **(a)** *(Téc)* to make into steel; *(fig)* to make sharp, make biting. **(b)** *(Arquit)* to pave.
acerbidad *nf* acerbity, harshness.
acerbo *adj (sabor)* bitter, sour; *(fig)* harsh, scathing.
acerca de *prep* about, on, concerning.
acercamiento *nm* **(a)** approach *(a* to). **(b)** *(fig)* reconciliation; *(Pol)* rapprochement.
acercar [1g] **1** *vt* to bring near(er) *o* over; ~ **algo al oído** to put sth to one's ear. **2 acercarse** *vr* to approach, come *o* draw near; *(personas)* to approach one another; ~ **a** to approach; *(fig)* to verge on; ~ **a uno** to go up to sb.
acería *nf* steelworks, steel mill.
acerico *nm* pincushion.
acero *nm* steel; ~ **bruto/fundido/inoxidable** crude/cast/stainless steel; **tener buenos ~s** to be ravenously hungry.
acerolo *nm* hawthorn.
acérrimo *adj (partidario)* staunch; *(enemigo)* bitter.
acerrojar [1a] *vt* to bolt.
acertado *adj (correcto)* correct, right; *(idea)* bright, good; *(plan)* well-conceived; *(dicho)* apt, fitting; **eso no me parece muy** ~ that doesn't seem right to me.
acertante *adj (quiniela etc)* winning.
acertar [1k] **1** *vt (blanco)* to hit; *(solución)* to get (right), guess correctly; **a ver si lo acertamos esta vez** let's see if we can get it right this time. **2** *vi* **(a)** *(dar en el blanco)* to hit the mark; *(fig)* to hit the nail on the head. **(b)** ~ **a hacer algo** to manage to do sth, succeed in doing sth. **(c)** ~ **con algo** to happen *o* hit on sth. **(d)** *(Bot)* to flourish, do well.
acertijo *nm* riddle, puzzle.
acervo *nm* heap, pile; ~ **común** undivided estate.
acetato *nm* acetate.
acético *adj* acetic.
acetileno *nm* acetylene.
acetona *nf* acetone.
aciago *adj* ill-fated, fateful, black *(fam)*.
aciano *nm* cornflower.
acíbar *nm* aloes; *(fig)* sorrow, bitterness.
acibarar [1a] *vt (fig)* to embitter; ~ **la vida a uno** to make sb's life a misery.
acicalado *adj (metal)* polished, bright and clean; *(persona)* smart, spruce.
acicalar [1a] **1** *vt (metal)* to polish, burnish; *(pelo)* to groom; *(vestir)* to dress up. **2 acicalarse** *vr* to get dressed up.
acicate *nm (fig)* incentive.
acidez *nf (Quím)* acidity; *(Culin)* sourness.
acidia *nf* indolence, laziness.
acidificar [1g] **1** *vt* to acidify. **2 acidificarse** *vr* to acidify.
ácido 1 *adj* sour, acid. **2** *nm* **(a)** *(Quím)* acid; ~ **carbólico/carbónico/nítrico/sulfúrico** carbolic/carbonic/nitric/sulphuric acid. **(b)** *(fam: droga)* L.S.D., acid *(fam)*.
acierto *nm* **(a)** *(éxito)* success; *(tino)* good shot, hit; *(al adivinar)* good guess; **fue un** ~ **suyo** it was a sensible choice on his part. **(b)** *(capacidad)* skill, ability; *(cordura)* aptness, wisdom; **obrar con** ~ to act sensibly.
aclamación *nf* acclamation; **~es** applause *sg*, acclaim *sg*.
aclamar [1a] *vt (gen)* to acclaim; *(aplaudir)* to applaud; ~ **a uno por jefe** to acclaim *o* hail sb as leader.
aclaración *nf* **(a)** clarification, explanation. **(b)** *(Met)* brightening, clearing up.

aclarar [1a] **1** *vt* **(a)** *(ropa)* to rinse; *(líquido)* to thin (down); *(voz)* to clear. **(b)** *(fig: asunto)* to clear up, explain; *(: dudas)* to resolve, remove. **2** *vi (Met)* to brighten, clear up. **3 aclararse** *vr* **(a)** *(Met)* to clear (up). **(b)** *(explicarse)* to understand; *(fig)* to become clear.
aclaratorio *adj* explanatory.
aclimatación *nf* acclimatization; *(LAm: aire acondicionado)* air conditioning.
aclimatizar [1f] **1** *vt* to acclimatize. **2 aclimatizarse** *vr* to acclimatize o.s., get acclimatized.
acné *nf* acne.
acobardamiento *nm* intimidation.
acobardar [1a] **1** *vt* to intimidate, cow; *(fig)* to overawe, unnerve. **2 acobardarse** *vr (atemorizarse)* to be intimidated *o* frightened; *(echarse atrás)* to flinch, shrink back *(ante* from, at*)*.
acobrado *adj* copper-coloured, coppery.
acocear [1a] *vt* to kick; *(fig)* to ill-treat.
acocil *nm (Méx)* freshwater shrimp.
acochinar [1a] *vt (fam)* to bump off *(fam)*.
acodalar [1a] *vt* to shore *o* prop up.
acodar [1a] **1** *vt (brazo)* to lean, rest; *(tubo)* to bend; *(Agr)* to layer. **2 acodarse** *vr* to lean *(en* on*)*; **acodado en** leaning on.
acogedor *adj (gen)* welcoming; *(ambiente)* friendly, warm; *(cuarto)* snug, cosy.
acoger [2c] **1** *vt (gen)* to welcome; *(refugiado etc)* to take in, give refuge to; *(criminal)* to harbour; *(hecho nuevo)* to accept, admit. **2 acogerse** *vr* to take refuge; ~ **a** *(fig: pretexto)* to take refuge in; *(: ley etc)* to resort to.
acogida *nf (gen)* welcome, reception; *(aprobación)* acceptance, admittance; *(Pol etc)* refuge, asylum; **dar ~ a** to accept; **tener buena ~** to be welcomed, be well received.
acogollar [1a] *(Agr)* **1** *vt* to cover up, protect. **2** *vi* to sprout.
acogotar [1a] *vt* to fell, poleaxe.
acojinar [1a] *vt (Téc)* to cushion.
acojonante *adj (Sp fam)* tremendous, brilliant *(fam)*.
acolada *nf* accolade.
acolchado *adj* padded.
acolchar [1a] *vt (Téc)* to quilt, pad; *(sonido)* to muffle.
acólito *nm (Rel)* acolyte; *(monaguillo)* server, altar boy; *(fig)* acolyte, minion.
acollador *nm (Náut)* lanyard.
acollarar [1a] *vt (bueyes)* to yoke, harness; *(perro etc)* to put a collar on.
acomedido *adj (LAm)* helpful, obliging.
acometedor *adj* energetic, enterprising; *(Com)* go-ahead *(fam)*.
acometer [2a] *vt* **(a)** *(gen)* to attack, set upon. **(b)** *(tarea)* to undertake, attempt. **(c)** *(suj: sueño etc)* to overcome; *(: miedo)* to seize, take hold of; *(: dudas)* to assail.
acometida *nf* **(a)** attack, assault. **(b)** *(Elec etc)* connection.
acometimiento *nm (gen)* attack; *(Téc: de cañería)* outlet.
acometividad *nf* **(a)** *(energía)* energy, enterprise. **(b)** *(agresividad)* aggressiveness; *(RPl)* touchiness.
acomodación *nf (gen)* accommodation; *(acuerdo)* agreement; *(arreglo)* arrangement.
acomodadizo *adj (gen)* accommodating, obliging; *(manejable)* pliable.
acomodado *adj* **(a)** *(apto)* suitable, fit; *(precio)* moderate. **(b)** *(rico)* well-to-do, well-off.
acomodador(a) *nm/f (Teat etc)* usher/usherette.
acomodamiento *nm (conveniencia)* suitability, convenience; *(acuerdo)* agreement; *(arreglo)* preparation.
acomodar [1a] **1** *vt* **(a)** *(ajustar)* to adjust; ~ **a uno con algo** to supply sb with sth. **(b)** *(colocar)* to fit in, find room for; *(Teat)* to show to a seat; *(LAm: emplear)* to take on, employ. **(c)** *(adaptar)* to suit, adapt *(a* to*)*; *(visita)* to make feel at home; *(enfermo)* to make comfortable; *(niño)* to settle. **(d)** *(conciliar)* to reconcile. **2** *vi* to be suitable. **3 acomodarse** *vr* **(a)** *(conformarse)* to comply, conform. **(b)** *(hacerse cómodo)* to settle down; **¡acomódese a su gusto!** make yourself comfortable! **(c)** *(RPl)* to get o.s. a soft job. **(d)** ~ **a hacer algo** to settle down to do sth; ~ **con** *(llegar a un acuerdo con)* to come to an agreement with; *(conformarse con)* to comply *o* conform with.
acomodaticio *adj* = **acomodadizo.**
acomodo *nm* **(a)** *(arreglo)* arrangement; *(acuerdo)* agreement, understanding. **(b)** *(puesto)* post, job. **(c)** *(LAm)* bribe.
acompañado *adj* **(a) estar** *o* **ir ~** to go accompanied, go with sb. **(b)** *(lugar)* busy, frequented.
acompañamiento *nm* **(a)** *(gen)* accompaniment; **sin ~** unaccompanied, alone. **(b)** *(escolta)* escort; *(comitiva)* retinue; *(Teat)* extras; *(LAm: de sepelio)* funeral procession; *(: de boda)* wedding party *etc.* **(c)** *(Mús)* accompaniment; **cantar sin ~** to sing unaccompanied.
acompañanta *nf* female companion, chaperon; *(Mús)* accompanist.
acompañante *nm* companion, escort; *(Mús)* accompanist.
acompañar [1a] **1** *vt* **(a)** *(gen)* to accompany, go with; *(señora)* to escort; *(señorita)* to chaperone; **¿quieres que te acompañe?** do you want me to come with you?; ~ **a uno a la puerta** to see sb to the door *o* out. **(b)** *(Mús)* to accompany *(a, con* on*)*. **(c)** *(adjuntar)* to enclose, attach. **(d) ~ lo que se ha dicho con** *o* **de pruebas** to support what one has said with evidence. **(e) ~ a uno en** to join (with) sb in, to share with sb in; **le acompaño en el sentimiento** please accept my condolences. **2 acompañarse** *vr (Mús)* to accompany o.s. *(con, de* on*)*.
acompasado *adj (gen)* rhythmic, regular; *(medido)* measured; *(lento)* slow, deliberate.
acompasar [1a] *vt* **(a)** *(Mat)* to measure with a compass. **(b)** *(Mús etc)* to mark the rhythm of; *(fig)* to match, keep in step with.
acomplejado *adj* neurotic, full of complexes.
acomplejar [1a] **1** *vt* to make neurotic, give a complex to. **2 acomplejarse** *vr* to become neurotic *(con, por* about*)*.
acomunarse [1a] *vr* to join forces.
aconchabarse [1a] *vr* to gang up *(contra* on*)*.
aconchar [1a] **1** *vt* **(a)** *(abrigar)* to push to safety. **(b)** *(Náut)* to beach, run aground. **2 aconcharse** *vr (Náut)* to run aground.
acondicionado *adj:* **bien ~** *(afable)* genial, nice; *(Téc)* in good condition; **aire ~** air conditioning.
acondicionador *nm (gen)* conditioner; *(Com)* shopfitter; ~ **de aire** air conditioner.
acondicionamiento *nm (gen)* conditioning; *(Com)* shopfitting; ~ **de aire** air conditioning.
acondicionar [1a] *vt* **(a)** *(arreglar)* to arrange, prepare; *(Com)* to fit out; *(Téc, pelo)* to condition. **(b)** *(poner aire acondicionado en)* to air-condition.
acongojado *adj* distressed, anguished.
acongojar [1a] **1** *vt* to distress, grieve. **2 acongojarse** *vr* to become distressed; **¡no te acongojes!** don't get upset!
aconsejable *adj (gen)* advisable; *(sensato)* sen-

sible, politic; **nada** *o* **poco** ~ inadvisable.
aconsejado *adj (RPl)* **bien** ~ sensible; **mal** ~ ill-advised.
aconsejar [1a] **1** *vt (dar consejos a)* to advise, counsel; ~ **a uno hacer algo** to advise sb to do sth. **2 aconsejarse** *vr* to seek *o* take advice; ~ **con** *o* **de** to consult; ~ **mejor** to think better of it.
acontecer [2d] *vi* to happen, occur.
acontecimiento *nm* event, happening; **fue realmente un** ~ it was an event of some importance; **fue todo un** ~ it was quite an affair.
acopiar [1b] *vt (gen)* to gather (together), collect; *(Com)* to buy up, get a monopoly of.
acopio *nm* **(a)** *(acción)* gathering, collecting. **(b)** *(cantidad)* collection; *(suministro)* store, stock; *(RPl)* abundance.
acoplado *nm* **(a)** *(LAm)* trailer. **(b)** *(RPl)* hanger-on.
acopladura *nf (Aer)* docking.
acoplamiento *nm (Mec)* coupling; *(Elec)* connection; *(Telec, TV)* link-up, hook-up; ~ **en serie** series connection; ~ **universal** universal joint.
acoplar [1a] **1** *vt (Téc)* to couple; *(Elec)* to connect, join up; *(carros etc)* to join *o* hook up; *(Zool)* to mate, pair; *(Dep etc)* to coordinate. **2 acoplarse** *vr* **(a)** *(Zool)* to mate, pair. **(b)** *(Aer)* to dock.
acoquinar [1a] **1** *vt* to scare, intimidate, cow. **2 acoquinarse** *vr* to get scared, take fright.
acorazado 1 *adj* armour-plated, armoured. **2** *nm* battleship.
acorazar [1f] **1** *vt* to armour-plate. **2 acorazarse** *vr (fig)* to steel o.s. (*contra* against).
acorazonado *adj* heart-shaped.
acorchado *adj (gen)* spongy, cork-like; *(Med)* numb.
acorcharse [1a] *vr (gen)* to become spongy, become like cork; *(Med)* to go numb.
acordado *adj (gen)* agreed; *(sensato)* sensible.
acordar [1m] **1** *vt* **(a)** *(decidir)* to decide, resolve; *(aceptar)* to agree; *(: precio)* to agree upon. **(b)** *(LAm: conceder)* to grant, accord. **(c)** *(opiniones)* to reconcile; *(Mús)* to tune; *(Arte)* to blend, harmonize. **(d)** ~ **algo a uno** to remind sb of sth. **2** *vi* to agree, correspond. **3 acordarse** *vr* **(a)** *(ponerse de acuerdo)* to agree, come to an agreement (*con* with); **se acordó hacerlo** it was agreed to do it. **(b)** *(recordar)* to remember, recall, recollect; **no me acuerdo** I don't remember; **si mal no me acuerdo** if my memory serves me right; ~ **de algo** to remember sth; **¡acuérdate de mí!** remember me!; **¿te acuerdas de mí?** do you remember me?
acorde 1 *adj* **(a)** **estar** ~**s** to be agreed, be in agreement; *(fig)* to be in tune (*con* with). **(b)** *(Mús)* harmonious; **estar** ~ to be in tune. **2** *nm (Mús)* chord.
acordeón *nm* accordion.
acordeonista *nmf* accordionist.
acordonado *adj (Cos etc)* ribbed; *(calle etc)* cordoned-off; *(moneda)* milled.
acordonar [1a] *vt* **(a)** *(zapatos etc)* to tie *o* lace up. **(b)** *(lugar: con guardias etc)* to cordon off; *(: cercar)* to surround. **(c)** *(moneda)* to mill.
acornar [1m] *vt*, **acornear** [1a] *vt* to gore.
acorralar [1a] *vt (Agr: ganado)* to pen, corral; *(arrinconar)* to corner; *(fig)* to intimidate.
acorrer [2a] **1** *vt* to help, go to the aid of. **2** *vi* to run up.
acortar [1a] **1** *vt (hacer más corto)* to shorten; *(reducir)* to reduce; *(relato)* to cut short. **2 acortarse** *vr (gen)* to shrink, reduce; *(fig)* to shrink, be shy.
acosar [1a] *vt (perseguir)* to pursue relentlessly; *(fig: asediar)* to hound, harass; ~ **a uno a preguntas** to pester sb with questions.
acosijar [1a] *vt (Méx)* = **acosar.**
acoso *nm* relentless pursuit; *(fig)* hounding, harassment.
acostar [1m] **1** *vt* **(a)** *(tender)* to lay down. **(b)** *(en cama)* to put to bed. **(c)** *(Náut)* to bring alongside. **2 acostarse** *vr* **(a)** *(tumbarse)* to lie down; *(ir a dormir)* to go to bed; *(LAm)* to be confined, give birth; **nos acostamos tarde** we go to bed late; **A se acostó con B** A went to bed *o* slept with B. **(b)** *(inclinarse)* to lean, bend.
acostumbrado *adj (usual)* usual, customary; ~ **a** used *o* accustomed to.
acostumbrar [1a] **1** *vt:* ~ **a uno a algo** to get sb used to sth. **2** *vi:* ~ **(a) hacer algo** to be accustomed to doing sth, be in the habit of doing sth. **3 acostumbrarse** *vr* **(a)** ~ **a algo** to get accustomed *o* used to sth; **se acostumbró a tomar chocolate** he *etc* got into the habit of drinking chocolate; **está acostumbrado a verlas venir** he's not easily fooled. **(b)** *(LAm)* **aquí no se acostumbra decir eso** people don't say that *o* that isn't said here; **no se acostumbra** it isn't customary *o* usual.
acotación *nf* **(a)** *(linde)* boundary mark; *(Geog)* elevation mark. **(b)** *(Tip)* marginal note; *(Teat)* stage direction.
acotar [1a] *vt* **(a)** *(terreno)* to survey, mark out; *(poner cotos en)* to limit, set bounds to; *(caza)* to fence in, protect. **(b)** *(página)* to annotate; *(mapa)* to mark elevations on. **(c)** *(fig: aceptar)* to accept, adopt; *(: avalar)* to vouch for.
acotillo *nm* sledgehammer.
acracia *nf* anarchy.
ácrata *adj, nmf* anarchist, libertarian.
acre[1] *adj (sabor)* sharp, bitter; *(olor)* acrid, pungent; *(fig: crítica etc)* biting, mordant.
acre[2] *nm (Agr)* acre.
acrecentamiento *nm* increase, growth.
acrecentar [1k] **1** *vt* to increase, augment. **2 acrecentarse** *vr* to increase, grow.
acrecer [2d] *vi* to increase.
acreditación *nf* accreditation.
acreditado *adj (Pol etc)* accredited; *(estimado)* reputable; **nuestro representante** ~ our official agent; *(Com)* **una casa** ~**a** a reputable firm.
acreditar [1a] **1** *vt (dar reputación a)* to do *o* give credit to; *(avalar)* to vouch for, guarantee; *(probar)* to prove; *(autorizar)* to sanction, authorize; *(Com)* to credit; *(Pol: embajador)* to accredit. **2 acreditarse** *vr* to prove one's worth; ~ **de** to get a reputation for.
acreedor(a) 1 *adj:* ~ **a** worthy *o* deserving of. **2** *nm/f* creditor; ~ **hipotecario** mortgagee.
acreencia *nf (LAm Fin)* credit balance.
acribar [1a] *vt* to sift, sieve.
acribillar [1a] *vt* **(a)** to riddle, pepper; ~ **a balazos** to riddle with bullets. **(b)** *(fig)* to pester, badger.
acrílico *adj* acrylic.
acriminación *nf* accusation.
acriminador(a) 1 *adj* incriminating. **2** *nm/f* accuser.
acriminar [1a] *vt (Jur)* to accuse; *(fig: falta)* to exaggerate.
acrimonia *nf (olor)* acridness, pungency; *(sabor)* sharpness, sourness; *(fig)* acrimony.
acrimonioso *adj* acrimonious.
acrisolado *adj (refinado)* pure; **una fe** ~**a** a faith tried and tested.
acrisolar [1a] *vt (Téc)* to purify, refine; *(fig)* to bring out, prove.
acritud *nf* = **acrimonia.**

acrobacia *nf* acrobatics; ~ **aérea** aerobatics.
acróbata *nmf* acrobat.
acrobático *adj* acrobatic.
acta *nf* **(a)** *(Com: relación)* minutes, record; *(Univ)* transactions; *(Pol)* certificate of election; *(Jur: documento)* deed; *(LAm: ley)* act, law; ~ **de bautismo** certificate of baptism; ~ **de defunción/de matrimonio/de nacimiento** death/marriage/birth certificate; ~ **notarial** affidavit; **levantar** ~ *(Jur: jurar)* to make a formal statement; *(: preparar documento)* to draw up a deed; **levantar** ~ **de** to take the minutes of, minute; **tomar** ~ *(RPl)* to take note; **tomar** ~ **de algo** *(RPl)* to bear sth in mind. **(b)** ~**s** minutes, proceedings; *(Rel)* ~**s de un santo** life of a saint.
actitud *nf* **(a)** *(postura)* posture, pose. **(b)** *(fig: opinión)* attitude; *(: posición)* position; **la** ~ **del gobierno** the government's attitude; **adoptar una** ~ **firme** to take a firm stand; **estar en** ~ **de hacer algo** to be getting ready to do sth.
activar [1a] *vt (gen)* to activate; *(trabajo etc)* to speed up, hurry along.
actividad *nf* **(a)** *(gen)* activity; *(dinamismo)* liveliness; *(~ callejera)* movement, bustle; **estar en** ~ to be active, be in operation; *(volcán)* to be active; **estar en plena** ~ to be in full swing. **(b)** ~**es** activities; **sus** ~**es políticas** his political activities.
activista *nmf* activist.
activo 1 *adj (gen)* active; *(vivo)* lively, energetic. **2** *nm* **(a)** *(Com)* assets; ~ **y pasivo** assets and liabilities; ~ **de la quiebra** bankrupt's estate. **(b)** *(Mil etc)* **estar en** ~ to be on active service.
acto *nm (gen)* act, action; *(ceremonia)* ceremony, function; *(Teat)* act; **A~s de los Apóstoles** Acts (of the Apostles); ~ **reflejo** reflex action; ~ **continuo**, ~ **seguido** next; ~ **seguido de** immediately (after); **en el** ~ immediately, there and then; **hacer** ~ **de presencia** *(asistir)* to attend (formally), be present; *(dejarse ver)* to show up, put in an appearance.
actor(a) 1 *adj (Jur)* **parte** ~**a** prosecution. **2** *nm/f (gen)* actor/actress; *(Jur)* plaintiff; *(fig)* protagonist.
actriz *nf* actress.
actuación *nf* **(a)** *(conducta)* conduct, behaviour; *(Dep, Teat)* performance; *(LAm)* role; **la** ~ **de la policía** the actions of the police. **(b)** ~**es** legal proceedings.
actual *adj (gen)* current, present; *(de hoy día)* present (day); *(de actualidad)* current, topical; **el 6 del** ~ the 6th of this month.
actualidad *nf* **(a)** present (time); **en la** ~ at present, nowadays; **cuestión de palpitante** ~ highly topical question; **ser de gran** ~ to be topical *o* of moment; **perder (su)** ~ to lose interest, get stale. **(b)** ~**es** current affairs; *(noticias)* (current) news; *(Cine)* newsreel.
actualización *nf (acto)* updating; *(TV etc)* update.
actualizar [1f] *vt* to bring up to date, update.
actualmente *adv (gen)* at present; *(hoy día)* nowadays; ~ **está fuera** he's away at the moment.
actuar [1e] **1** *vt (hacer funcionar)* to work, operate. **2** *vi (Mec)* to work, operate; *(persona)* to perform; *(: Teat etc)* to act; ~ **de** to act as; **actuó bien el árbitro Sr X** Mr X refereed well.
actuarial *adj* actuarial.
actuario *nm (Jur)* clerk; *(Fin)* actuary.
acuadrillar [1a] **1** *vt* **(a)** to form into a band. **(b)** *(RPl)* to set upon. **2 acuadrillarse** *vr* to band together.
acuarela *nf* watercolour, *(US)* watercolor.
acuarelista *nmf* watercolourist, *(US)* watercolorist.
acuario *nm* aquarium; **A~** Aquarius.
acuartelamiento *nm (Mil)* quartering, billeting; *(disciplina)* confinement to barracks.
acuartelar [1a] **1** *vt (Mil)* to quarter, billet; *(disciplinar)* to confine to barracks. **2 actuartelarse** *vr* to withdraw to barracks.
acuático *adj* aquatic, water *(atr)*.
acuatinta *nf* aquatint.
acuatizar [1f] *vi (LAm Aer)* to come down *o* land on water.
acucia *nf (diligencia)* keenness; *(anhelo)* keen desire, longing.
acuciador *adj*, **acuciante** *adj* pressing.
acuciar [1b] *vt* **(a)** *(estimular)* to urge on; *(acosar)* to harass. **(b)** *(anhelar)* to desire keenly, long for.
acucioso *adj (diligente)* zealous, keen; *(urgente)* pressing.
acuclillarse [1a] *vr* to squat down.
acuchillado/a *adj* **(a)** *(cortado)* slashed. **(b)** *(fig)* experienced, wary.
acuchillar [1a] *vt* **(a)** *(gen)* to knife, stab; *(Cos)* to slash. **(b)** *(Téc)* to plane down, smooth.
acudir [3a] *vi* **(a)** *(asistir)* to attend; *(inesperadamente)* to turn up; *(llegar)* to come; ~ **al teléfono** to come *o* go to the phone; ~ **a una cita** to keep *o* turn up for an appointment; ~ **a una llamada** to answer a call; **pero no acudió** but he didn't come. **(b)** *(para ayudar)* to come *o* go to the rescue, go to help. **(c)** ~ **a** *(fig)* to turn to, have recourse to; ~ **al médico** to consult one's doctor; **no tener** *o* **saber a quién** ~ to have nobody to turn to. **(d)** *(caballo)* to answer, obey.
acueducto *nm* aqueduct.
acuerdo *nm* **(a)** *(gen)* agreement; *(electoral etc)* pact; *(implícito)* understanding, accord; ~ **verbal** verbal agreement; **¡de** ~**!** I agree!, agreed!; **de** ~ **con** in accordance with; **de** ~ **con el artículo 2 del código** as laid down in article 2 of the code; **de común** ~ with one accord, unanimously; **estar de** ~ *(persona)* to agree, be in agreement *(con* with); *(cosas)* to agree, correspond; **llegar a un** ~ to come to an understanding *(con* with); **ponerse de** ~ to reach agreement, agree. **(b)** *(Pol etc)* resolution; **tomar un** ~ to pass a resolution. **(c)** *(Arte)* harmony. **(d)** *(memoria)* memory, recollection. **(e)** *(cordura)* **estar en su** ~ to be in one's right mind; **volver en su** ~ to come to one's senses.
acuidad *nf* sharpness.
acuilmarse [1a] *vr (CAm)* to get depressed.
acuitar [1a] **1** *vt* to distress, grieve. **2 acuitarse** *vr* to grieve, be grieved *(por* at, by).
acullá *adv* over there, yonder.
acumulación *nf (gen)* accumulation; *(reserva)* pile, stock.
acumulador 1 *adj* accumulative. **2** *nm* storage battery.
acumular [1a] **1** *vt (gen)* to accumulate; *(datos)* to amass, gather; *(bienes)* to pile (up), hoard. **2 acumularse** *vr* to accumulate, gather, pile up.
acumulativo *adj* cumulative.
acunar [1a] *vt* to rock (to sleep).
acuñación *nf* coining, minting.
acuñar [1a] *vt (moneda)* to coin, mint; *(medalla)* to strike.
acuosidad *nf (gen)* wateriness; *(de fruta)* juiciness.
acuoso *adj (gen)* watery; *(fruta)* juicy.
acupuntura *nf* acupuncture.
acurrucarse [1g] *vr* to huddle up, curl up.
acusación *nf (gen)* accusation; *(Jur: cargo)*

charge, indictment; *(: acusador)* prosecution; **negar la ~** to deny the charge.
acusado/a 1 *adj* **(a)** *(Jur etc)* accused. **(b)** *(fig: saliente)* marked, pronounced; *(acento)* strong; *(contraste)* marked, striking. **2** *nm/f* accused, defendant.
acusador(a) 1 *adj* accusing, reproachful. **2** *nm/f* accuser.
acusar [1a] **1** *vt* **(a)** *(Jur etc)* to accuse (*de* of), charge (*de* with); **¿me acusas a mí?** are you accusing me?; **~ a uno de haber hecho algo** to accuse sb of having done sth. **(b)** *(denunciar)* to denounce; *(inculpar)* to point to, proclaim the guilt of. **(c)** *(indicar)* to show, reveal; *(fig: emoción etc)* to show, betray; **su rostro acusó extrañeza** his face registered surprise. **(d) ~ recibo** to acknowledge receipt. **2 acusarse** *vr* to confess; **~ de un crimen** to confess to a crime.
acusativo *nm* accusative.
acusatorio *adj* accusatory, accusing.
acuse *nm:* **~ de recibo** acknowledgement of receipt.
acusete *nmf,* **acusón/ona** *nm/f (LAm)* telltale, sneak.
acústico/a 1 *adj* acoustic. **2 acústica** *nf* acoustics.
achacar [1g] *vt:* **~ algo a** to attribute sth *o* put sth down to; **~ (la culpa) a uno** to lay the blame on sb.
achacoso *adj* **(a)** *(Med)* sickly, ailing. **(b)** *(Téc)* defective, faulty.
achahual *nm (Méx)* sunflower.
achantar [1a] **1** *vt (fam)* to scare, frighten; *(fam!)* **¡achanta la muy!** shut it! *(fam),* belt up! *(fam).* **2 achantarse** *vr* to back down, eat one's words.
achaparrado *adj (Bot)* dwarf, stunted; *(LAm fig: persona)* stocky, thickset.
achaque *nm* **(a)** *(Med)* ailment, malady; *(fam)* period, monthlies; **~s mañaneros** morning sickness. **(b)** *(defecto)* defect, fault. **(c)** *(pretexto)* pretext; **con ~ de** under the pretext of.
achares *nmpl* jealousy; **dar ~ a uno** to make sb jealous.
acharolado *adj* polished, varnished.
achatamiento *nm* flattening.
achatar [1a] **1** *vt* to flatten. **2 achatarse** *vr* to get flat.
achicado *adj* childish.
achicar [1g] **1** *vt* **(a)** *(gen)* to make smaller; *(fig)* to dwarf; *(Cos)* to shorten, take in; *(descontar)* to minimize. **(b)** *(Náut etc)* to scoop, bale (out). **(c)** *(humillar)* to humiliate. **2 achicarse** *vr* **(a)** to get smaller; *(ropa)* to shrink. **(b)** *(fig)* to humble o.s., eat humble pie. **(c)** *(LAm)* to minimize one's importance.
achicoria *nf* chicory.
achicharradero *nm* inferno.
achicharrante *adj:* **calor ~** sweltering heat.
achicharrar [1a] **1** *vt* **(a)** *(gen)* to scorch, overheat; *(Culin)* to fry crisp; *(demasiado)* to burn. **(b)** *(fam: fastidiar)* to bother, plague. **(c)** *(LAm: aplastar)* to flatten, crush. **2 achicharrarse** *vr* to get burnt.
achichiguar [1i] *vt (Méx)* to act as nursemaid to; *(: fig)* to cosset, spoil.
achichinque *nm (LAm)* miner; *(Méx)* minion.
achiguarse [1i] *vr (RPl: persona)* to get fat; *(: pared etc)* to bulge, sag.
achinado *adj* **(a)** *(RPl)* half-caste; *(fig)* coarse, common. **(b)** *(Per)* half-Chinese. **(c)** *(ojos)* slanting; *(pelo)* kinky, curly.
achinar [1a] **1** *vt* to scare. **2 achinarse** *vr (RPl)* to coarsen, get common.
achiquillado *adj (Méx)* childish.
achiquitar [1a] *vt (LAm)* to make smaller, reduce.
achispado *adj (fam)* tight.
achisparse [1a] *vr (fam)* to get tight.
achocar [1g] *vt* **(a)** *(tirar)* to throw *o* dash against a wall. **(b)** *(pegar)* to hit, thump *(fam).* **(c)** *(fam: dinero)* to hoard, stash away *(fam).*
achocolatado *adj* **(a)** *(color)* chocolate-brown. **(b)** *(Sp fam: colocado)* stoned *(fam).*
achocharse [1a] *vr* to get doddery, become senile.
acholado *adj (LAm)* half-caste, part-Indian.
acholarse [1a] *vr (Per: indígenas)* to abandon native dress and culture.
achubascarse [1g] *vr (cielo)* to cloud over, become overcast.
achucutado *adj (LAm)* abashed, ashamed.
achucutarse [1a] *vr (LAm)* to be abashed, feel ashamed.
achuchado *adj (fam)* hard, difficult.
achuchar [1a] *vt* **(a)** *(aplastar)* to crush, squeeze flat. **(b)** *(empujar)* to shove, jostle. **(c) ~ un perro contra uno** to set a dog on sb.
achuchón *nm* **(a)** *(empujón),* shove, push. **(b) tener un ~** *(Med)* to be ill, be poorly.
achulado *adj,* **achulapado** *adj* **(a)** *(presumido)* jaunty, cocky. **(b)** *(grosero)* common, uncouth.
achumado *adj (LAm)* drunk.
achumarse [1a] *vr (LAm)* to get drunk.
achura *nf (LAm)* offal.
achurar [1a] *vt (LAm animal)* to gut; *(: persona)* to kill, wound.
adagio *nm (proverbio)* adage, proverb; *(Mús)* adagio.
adalid *nm* leader, champion.
adamado *adj (hombre)* effeminate, soft; *(mujer)* elegant, chic.
adamascado *adj* damask.
adamascar [1g] *vt* to damask.
adán *nm* scruffy fellow; **estar hecho un ~** to be terribly shabby.
adaptable *adj (gen)* adaptable, versatile; *(Tip)* compatible.
adaptación *nf (gen)* adaptation; *(montaje)* fitting.
adaptador *nm (Elec)* adapter.
adaptar [1a] **1** *vt (gen)* to adapt; *(encajar)* to fit, make suitable (*para* for); *(Comput)* to convert (*para,* to); *(ajustar)* to adjust. **2 adaptarse** *vr* to adapt o.s. (*a* to).
adarga *nf* (oval) shield.
adarme *nm:* **ni un ~** not a whit; **por ~s** in driblets.
adecentar [1a] **1** *vt* to tidy up. **2 adecentarse** *vr* to tidy o.s. up.
adecuación *nf* adaptation, fitting.
adecuado *adj (apto)* fit, suitable (*para* for); *(oportuno)* appropriate; **los documentos ~s** the appropriate *o* relevant papers; **el hombre ~ para el puesto** the right man for the job.
adecuar [1d] *vt (adaptar)* to adapt, fit; **tenía cualidades que le adecuaban para el puesto** he *etc* had qualities which made him suitable for the job.
adefesio *nm* **(a)** *(absurdo)* piece of nonsense, absurdity; **hablar ~s** to talk nonsense. **(b)** *(persona rara)* queer bird, oddball *(fam)*; **estaba hecha un ~** she looked a fright. **(c)** *(ropa)* outlandish *o* ridiculous attire.
adehala *nf (propina)* gratuity, tip; *(Com etc)* bonus.
a. de J.C. *abr de* **antes de Jesucristo** B.C.
adelantado *adj* **(a)** *(avanzado)* advanced. **(b)** *(precoz)* precocious. **(c)** *(Com etc)* **pagar por ~** to pay in advance. **(d)** *(atrevido)* bold, forward. **(e)** *(reloj)* fast.
adelantamiento *nm (avance)* advance; *(promoción)* advancement, promotion; *(progreso)* progress; *(Aut)* overtaking.
adelantar [1a] **1** *vt* **(a)** *(avanzar)* to move forward

o on, advance; *(Dep: balón)* to pass forward. **(b)** *(apresurar: paso)* to speed up, quicken; *(: plan)* to hurry, speed up. **(c)** *(pagar anticipado)* to pay in advance. **(d)** *(reloj)* to put forward. **(e)** *(Aut)* to overtake, pass; **no le gusta dejarse ~** he doesn't like being overtaken. **(f)** *(promover)* to advance, promote; **~ una idea** to put forward an idea.

2 *vi* **(a)** *(ir delante)* to go ahead; *(progresar)* to improve, progress; **el enfermo adelanta** the patient is improving. **(b)** *(Aut)* to overtake; **'prohibido ~'** 'no overtaking'. **(c)** *(reloj)* to be fast, gain; **mi reloj adelanta 5 minutos** my watch is 5 minutes fast.

3 adelantarse *vr* **(a)** *(tomar la delantera)* to go forward, go ahead; *(progresar)* to improve, progress. **(b)** *(reloj)* to be fast, gain. **(c) ~ a uno** to get ahead of *o* outstrip sb; *(fig)* to beat sb to it; *(Aut)* to overtake sb. **(d) ~ a los deseos de uno** to anticipate sb's wishes.

adelante *adv* **(a)** *(lugar)* forward(s), ahead; **más ~** further on; **ir ~** to go on *o* ahead; **seguir ~** to carry on. **(b)** *(cantidad)* **de 100 ptas en ~** from 100 ptas up. **(c)** *(tiempo)* **en ~, de aquí** *o* **de hoy en ~** in future, from now on; **más ~** *(LAm)* later (on), afterwards. **(d) ¡~!** *(interj: siga)* go on!, carry on!; *(: entre)* come in!; *(Mil etc: avance)* forward!; *(RPl)* bravo!, that's the way! **(e)** *(locuciones)* **sacar ~** *(niño)* to give a good education to; *(negocio)* to bring off; **salir ~** to get by, manage.

adelanto *nm* **(a)** *(progreso)* advancement, progress. **(b)** *(paso adelante)* advance, step forward; **los ~s de la ciencia** the advances of science. **(c)** *(dinero)* advance.

adelfa *nf* rosebay, oleander.

adelgazador *adj* slimming.

adelgazamiento *nm* slimming.

adelgazar [1f] **1** *vt (gen)* to make thin, make slender; *(palo)* to pare, whittle; *(kilos)* to lose, take off; *(voz)* to raise the pitch of; *(punta)* to sharpen. **2** *vi (enflaquecerse)* to grow thin; *(con régimen)* to slim, lose weight; *(fig)* to split hairs. **3 adelgazarse** *vr* to grow thin, lose weight.

ademán *nm* **(a)** *(de mano)* gesture, movement; *(postura)* posture, position; **en ~ de hacer algo** as if to do sth, getting ready to do sth; **hacer ~ de hacer** to make as if *o* to make a move to do. **(b) ~es** manners.

además 1 *adv* besides; *(frm)* moreover, furthermore; **y ~ la pegó** what's more he beat her; **creo ~ que ...** moreover I think that ... . **2 ~ de** *prep* in addition to, not to mention ...; **~ de eso** moreover.

ademe *nm (Min)* prop.

adentellar [1a] *vt* to sink one's teeth into.

adentrarse [1a] *vr:* **~ en** to go into, get inside; *(penetrar)* to penetrate into; **~ en la selva** to go deep(er) into the forest; **~ en el ritmo de la marcha** to fall into step.

adentro 1 *adv* **(a) = dentro. (b) mar ~** out at sea, out to sea; **tierra ~** inland; **¡~!** come in! **2** *nm* **(a)** *(RPl)* indoors, inside the house. **(b) dijo para sus ~s** he said to himself.

adepto/a *nm/f (gen)* follower, supporter; *(Rel)* adept, initiate.

aderezar [1f] **1** *vt (preparar)* to prepare, get ready; *(vestir)* to dress up; *(adornar)* to embellish, adorn; *(Culin: sazonar)* to season, garnish: *(: ensalada)* to dress; *(Mec)* to repair. **2 aderezarse** *vr* to dress up, get ready.

aderezo *nm* **(a)** *(preparación)* preparation; *(adorno)* decoration. **(b)** *(Culin)* seasoning, dressing; *(Cos)* adornment; **~ de diamantes** set of diamonds; **dar el ~ definitivo a algo** to put the finishing touch to sth.

adeudar [1a] **1** *vt* to owe; **~ una suma en una cuenta** to debit an account for a sum. **2** *vi* to become related by marriage. **3 adeudarse** *vr* to run into debt.

adeudo *nm (deuda)* debt; *(en aduana)* customs duty; *(en cuenta)* debit, charge.

adeveras *(LAm)*: **de ~** *adv* = **de veras;** *véase* **veras.**

adherencia *nf (gen)* adherence; *(acción de pegar)* adhesion; *(fig: vínculo)* bond, connection; *(Aut)* road holding.

adherente 1 *adj:* **~ a** adhering to. **2** *nmf* adherent, follower.

adherido/a *nm/f* adherent, follower.

adherir [3i] *vi,* **adherirse** *vr* to adhere, stick (*a* to); **~ a** *(fig)* to follow.

adhesión *nf (Téc)* adhesion; *(fig)* adherence, support.

adhesivo 1 *adj* adhesive, sticky. **2** *nm* adhesive.

adición *nf (Mat)* addition; *(Jur)* acceptance; *(sumar)* adding up; *(RPl)* bill, *(US)* check.

adicional *adj* additional, extra.

adicionar [1a] *vt (gen)* to add (*a* to); *(Mat)* to add (up).

adicto/a 1 *adj* **(a) ~ a** devoted to, attached to; **las personas ~as a él** those who follow him, his supporters. **(b)** *(dado a)* given to, addicted to. **2** *nm/f (seguidor)* supporter, follower *(: Dep)* fan; *(LAm)* addict.

adiestrado *adj* trained.

adiestramiento *nm (de perro)* training; *(Mil, Dep)* drilling, practice.

adiestrar [1a] **1** *vt (animal)* to train; *(Mil etc)* to drill; *(fig: guiar)* to guide, lead. **2 adiestrarse** *vr* to practise, train o.s.; **~ a hacer** to teach o.s. to do.

adifés *adv (CAm)* on purpose.

adinerado *adj* wealthy, well-off.

adinerarse [1a] *vr* to get rich.

adiós 1 *interj (gen)* goodbye!; *(¡hola!)* hullo! **2** *nm* goodbye, farewell; **decir(se) los ~es** to say one's farewells.

adiposo *adj* adipose, fat.

aditivo *nm* additive.

adivinación *nf (predicción)* prophecy, divination; *(conjeturas)* guessing; *(solución)* solving; **por ~** by guesswork; **~ de pensamientos** mind reading.

adivinador(a) *nm/f* fortune-teller.

adivinanza *nf* riddle, conundrum.

adivinar [1a] *vt (predecir)* to prophesy, foretell; *(conjeturar)* to guess; *(encontrar solución a)* to solve; *(pensamientos)* to read; **adivina quién** guess who.

adivino/a 1 *nm/f* fortune-teller. **2** *nm (Zool)* praying mantis.

adjetivo 1 *adj* adjectival. **2** *nm* adjective.

adjudicación *nf (gen)* award; *(en subasta)* knocking down, sale.

adjudicado *interj (Com)* sold!

adjudicar [1g] **1** *vt* to award, adjudge (*a* to); **~ algo al mejor postor** to knock sth down to the highest bidder. **2 adjudicarse** *vr:* **~ algo** to appropriate sth.

adjuntar [1a] *vt (incluir)* to append, attach; *(en carta)* to enclose; **adjuntamos factura** we enclose our account.

adjunto 1 *adj* **(a)** *(incluido)* attached (*a* to); *(en carta)* attached, enclosed; **remitir algo ~** to enclose sth. **(b)** *(ayudante)* assistant. **2** *nm (añadidura)* addition, adjunct.

adminículo *nm* gadget; **~s** emergency kit.

administración *nf (gen)* administration; *(dirección)* management, running; *(central)* headquarters, central office; **en ~** in trust; **~ pública** civil service, *(US)* public administration; **A~ de Correos** General Post Office.
administrador(a) *nm/f (gen)* administrator; *(Com)* manager; *(Agr)* (land) agent, bailiff; **~ de aduanas** chief customs officer; **~ de correos** postmaster/-mistress.
administrar [1a] *vt (gen)* to administer; *(Com etc)* to manage, run.
administrativo/a 1 *adj* administrative. **2** *nm/f* white-collar worker, administrator.
admirable *adj* admirable.
admiración *nf* **(a)** *(gen)* admiration; **mi ~ por ti** my admiration for you. **(b)** *(asombro)* amazement, wonder.
admirador(a) *nm/f* admirer.
admirar [1a] **1** *vt* **(a)** *(mostrar admiración)* to admire, look up to. **(b)** *(asombrar)* to astonish, surprise; **esto admiró a todos** this astonished everyone. **2 admirarse** *vr* to be astonished *o* surprised; **se admiró de saberlo** he was amazed to hear it.
admirativo *adj* admiring, full of admiration.
admisibilidad *nf* admissibility.
admisible *adj (gen)* admissible; *(factible: excusa etc)* plausible; *(legítimo)* legitimate; **eso no es ~** that cannot be allowed.
admisión *nf (gen)* admission (*a* to); *(reconocimiento)* acceptance; *(Mec)* intake, inlet; **~ de aire** *(Mec)* air intake.
admitir [3a] *vt* to admit (*a* to, *en* into); *(aceptar)* to accept, allow; *(dudas etc)* to leave room for; **esto no admite demora** this allows no delay; **no admite otra explicación** it allows of *o* lends itself to no other explanation; **¿admite la Academia la palabra?** does the Academy accept the word?
admonición *nf* warning; **~ oral/escrita** verbal/written warning.
admonitorio *adj* warning *(atr)*.
adobado *nm (carne)* pickled pork.
adobar [1a] *vt (gen)* to prepare, dress; *(cocinar)* to cook; *(carne)* to season, pickle; *(pieles)* to tan.
adobe *nm (tabique)* adobe, sun-dried brick.
adobo *nm* **(a)** *(preparación)* preparation, dressing; *(guisar)* cooking; *(de pieles)* tanning. **(b)** *(Culin)* pickle, sauce; *(para pieles)* tanning mixture.
adocenado *adj* common-or-garden *(fam)*.
adoctrinamiento *nm* indoctrination.
adoctrinar [1a] *vt* to indoctrinate (*en* with).
adolecer [2d] *vi* to fall ill; **~ de** *(Med)* to be ill with; *(fig)* to suffer from.
adolescencia *nf* adolescence.
adolescente *adj, nmf* adolescent.
adonde *conj* where.
adónde 1 *adv interrog* where? **2** *conj* where.
adondequiera *adv* wherever.
adopción *nf* adoption.
adoptar [1a] *vt* to adopt.
adoptivo *adj (padres)* adoptive; *(hijo)* adopted; **patria ~a** country of adoption.
adoquín *nm* **(a)** paving stone; *(LAm)* flagstone, cobble. **(b)** *(fam)* idiot, clod.
adoquinado *nm* paving; *(LAm)* cobbles, flags.
adoquinar [1a] *vt* to pave, cobble.
adorable *adj* adorable.
adoración *nf* adoration, worship.
adorar [1a] *vt* to adore, worship.
adormecedor *adj* that sends one to sleep, soporific.
adormecer [2d] **1** *vt* to make sleepy, send to sleep; *(fig)* to calm, lull. **2 adormecerse** *vr* **(a)** *(amodorrarse)* to become sleepy *o* drowsy; *(dormirse)* to fall asleep, go to sleep; *(miembro)* to go numb. **(b) ~ en** *(fig)* to persist in.
adormecido *adj (gen)* sleepy, drowsy; *(miembro)* numb.
adormecimiento *nm (véase vr)* sleepiness, drowsiness; numbness.
adormidera *nf* poppy.
adormilarse [1a] *vr*, **adormitarse** [1a] *vr* to doze.
adornar [1g] *vt (gen)* to adorn, decorate (*de* with); *(Cos)* to trim (*de* with); *(Culin)* to garnish (*de* with); *(persona: dotar)* to endow, bless (*de* with).
adorno *nm (gen)* adornment, decoration; *(Cos)* trimming; *(Culin)* garnish.
adquirir [3l] *vt (gen)* to acquire, obtain; *(comprar)* to buy, purchase; *(fig: costumbre)* to get into, form.
adquisición *nf (gen)* acquisition; *(compra)* buy, purchase.
adquisitivo *adj* acquisitive; **poder** *o* **valor ~** purchasing power.
adrede *adv* on purpose, deliberately.
adrenalina *nf* adrenalin.
Adriático *nm:* **(Mar) ~** Adriatic (Sea).
adscribir [3a; *pp* **adscrito**] *vt:* **~ a** to appoint to, assign to; **estuvo adscrito al servicio de ...** he was attached to ....
aduana *nf (gen)* customs; *(oficina)* customs house; **derecho de ~** customs duty; **libre de ~** duty-free; **pasar por la ~** to go through customs.
aduanero/a 1 *adj* customs *(atr)*. **2** *nm/f* customs officer.
aducir [3d] *vt* to adduce, offer as proof.
adueñarse [1a] *vr:* **~ de** to take possession of.
adulación *nf* flattery, adulation.
adulador(a) 1 *adj* flattering, fawning. **2** *nm/f* flatterer.
adular [1a] *vt* to flatter.
adulón/ona 1 *adj* fawning, crawling. **2** *nm/f* toady, crawler.
adulonería *nf (LAm)* flattering, fawning.
adulteración *nf* adulteration.
adulterado *adj* adulterated.
adulterar [1a] **1** *vt* to adulterate. **2** *vi* to commit adultery.
adulterio *nm* adultery.
adúltero/a 1 *adj* adulterous **2** *nm/f* adulterer/adulteress.
adulto/a *adj, nm/f* adult, grown-up.
adustez *nf* harshness, severity.
adusto *adj* harsh, severe.
advenedizo/a *adj, nm/f* upstart; *(LAm)* novice.
advenimiento *nm* advent, arrival; **~ al trono** accession to the throne.
adventicio *adj* adventitious.
adverbial *adj* adverbial; **locución** *u* **oración ~** adverbial phrase.
adverbio *nm* adverb.
adversario/a 1 *adj* opposing, rival. **2** *nm/f* adversary, opponent.
adversidad *nf (problemas)* adversity; *(una ~)* setback, mishap.
adverso *adj (lado)* opposite, facing; *(resultado etc)* adverse; *(suerte)* bad.
advertencia *nf (gen)* warning; *(consejo)* piece of advice; *(prefacio)* preface, foreword.
advertido *adj* sharp, wide-awake.
advertir [3i] *vt* **(a)** *(observar)* to notice, observe; **~ que ...** to observe that ... . **(b)** *(indicar)* to point out, draw attention to. **(c)** *(aconsejar)* to advise; *(prevenir)* to warn; **te advierto que no pienso ir** let me point out that I'm not going.

Adviento *nm* Advent.
adyacencia *nf (RPl)* nearness, proximity.
adyacente *adj* adjacent.
aéreo *adj (Fot etc)* aerial; *(tráfico etc)* air; *(Ferro)* overhead, elevated.
aero... *pref* aero... .
aeróbica *nf* aerobics.
aerobús *nm* shuttle.
aeroclub *nm* flying club.
aerodeslizador *nm* hovercraft.
aerodinámica *nf* aerodynamics.
aerodinámico *adj (gen)* aerodynamic; *(forma)* streamlined.
aerodinamizar [1f] *vt* to streamline.
aeródromo *nm* aerodrome, *(US)* airdrome.
aerofaro *nm (Aer)* beacon.
aerofoto *nf* aerial photograph.
aerógrafo *nm* airbrush.
aerograma *nm* aerogram, airmail letter.
aeromodelismo *nm* aeromodelling, making model aeroplanes.
aeromotor *nm* aero-engine.
aeronauta *nmf* aeronaut.
aeronáutica *nf* aeronautics.
aeronáutico *adj* aeronautical.
aeronaval *adj* air-sea *(atr)*.
aeronave *nf* airship; ~ **espacial** spaceship.
aeropuerto *nm* airport; ~ **de paso** stopover.
aerosol *nm* aerosol.
aeróstato *nm* balloon, acrostat.
aerotransportado *adj* airborne.
afabilidad *nf* affability, geniality.
afable *adj* affable, good-natured, genial.
afamado *adj* famous, noted *(por* for*)*.
afamar [1a] **1** *vt* to make famous. **2 afamarse** *vr* to become famous, make a reputation.
afán *nm* **(a)** *(industria)* hard work, industry; *(labor)* toil. **(b)** *(deseo)* desire, urge; *(entusiasmo)* zeal, eagerness; **el ~ de** the desire *o* urge for; **~ de lucro** profit motive; **~ de victoria** will to win; **con ~** zealously, keenly.
afanador *nm (RPl)* thief; *(Méx)* menial worker.
afanar [1a] **1** *vt* **(a)** *(gen)* to harass, bother. **(b)** *(RPl fam)* to pinch *(fam)*, swipe *(fam)*. **(c)** *(CAm: dinero)* to earn, make. **2 afanarse** *vr* to toil, labour *(en* at*)*; **~ por hacer algo** to strive to do sth.
afanoso *adj (trabajo: duro)* hard, heavy; *(: pesado)* tough, uphill; *(concienzudo)* industrious; *(febril)* feverish, hectic.
afarolado *adj (LAm: emocionado)* excited, worked up; *(: colérico)* angry.
afarolarse [1a] *vr (LAm: emocionarse)* to get excited *o* worked up; *(enfadarse)* to get angry.
afasia *nf* aphasia.
afásico *adj* mute, dumb.
afear [1a] *vt* **(a)** *(gen)* to make ugly, disfigure. **(b)** *(fig)* to condemn, censure.
afección *nf* **(a)** *(cariño)* affection, fondness. **(b)** *(Med)* trouble, disease; **~ cardíaca** heart trouble; **~ hepática** liver complaint.
afeccionarse [1a] *vr (RPl)* **~ a** to take a liking to, become fond of.
afectación *nf* affectation.
afectado *adj* **(a)** *(gen)* affected. **(b)** *(Med)* **estar ~ del corazón** to have heart trouble; **estar ~ (del pecho)** *(Méx)* to be consumptive.
afectar [1a] *vt* **(a)** *(gen)* to affect, have an effect on; **por lo que afecta a esto** as far as this is concerned. **(b)** *(fingir)* to affect, pretend, put on a show of; **~ ignorancia** to feign ignorance. **(c)** *(LAm: dañar)* to hurt, damage; *(tomar: forma)* to take, assume.
afectísimo *adj* affecionate; **suyo ~** yours truly.
afectivo *adj* affective.
afecto 1 *adj* **(a)** affectionate; **~ a** attached to. **(b)** **~ a** *(Jur)* subject to, liable for. **(c)** *(Med, fig)* **~ de** afflicted with. **2** *nm* affection, fondness *(a* for*)*; **tomar ~ a uno** to become attached to sb.
afectuosidad *nf* affection.
afectuoso *adj* affectionate.
afeitado *nm* **(a)** *(gen)* shave. **(b)** *(Taur)* blunting of the horns.
afeitadora *nf* electric razor *o* shaver.
afeitar [1a] **1** *vt* **(a)** *(barba)* to shave; *(cola)* to trim; *(Taur)* to trim the horns of. **(b)** *(mujer)* to make up, apply cosmetics to. **2 afeitarse** *vr* **(a)** *(hombre)* to shave, have a shave. **(b)** *(mujer)* to make o.s. up, put one's make-up on.
afelpado *adj* plush, velvety.
afeminación *nf* effeminacy.
afeminado 1 *adj* effeminate. **2** *nm* effeminate man, poof *(fam)*.
afeminamiento *nm* effeminacy.
afeminarse [1a] *vr* to become effeminate.
aferrado *adj* stubborn; **seguir ~ a** to stick to, stand by.
aferrar [1k] **1** *vt (asir)* to grasp, seize; *(Náut: barco)* to moor. **2 aferrarse** *vr* **(a)** *(Náut)* to anchor, moor. **(b)** *(agarrarse)* to cling *o* hang on. **(c) ~ a** *o* **en** *(obstinarse en)* to stick to, stand by; **~ a un principio** to stick to a principle; **~ a una esperanza** to cling to a hope; **~ a su opinión** to remain firm in one's opinion.
Afganistán *nm* Afghanistan.
afgano/a *adj, nm/f* Afghan.
afianzamiento *nm* **(a)** *(Téc)* strengthening, securing. **(b)** *(Fin etc)* guarantee, security; *(Jur)* surety, bond.
afianzar [1f] **1** *vt* **(a)** *(reforzar)* to strengthen, secure; *(apoyar)* to support, prop up; *(: fig)* to support, back. **(b)** *(avalar)* to guarantee, vouch for. **2 afianzarse** *vr* to steady o.s.; *(fig: establecerse)* to become strong, become established; **~ a** to catch hold of; **la reacción se afianzó después de la guerra** the reaction set in after the war.
afición *nf* **(a)** *(gen)* fondness, liking *(a* for*)*; *(inclinación)* inclination *(a* towards*)*; **tomar ~ a** to take a liking to; **tener ~ a** to like, be fond of. **(b)** *(pasatiempo)* hobby, pastime; **¿qué ~es tiene?** what are his interests? **(c) la ~** *(Dep)* the fans; **aquí hay mucha ~** support is strong here.
aficionado/a 1 *adj* **(a)** *(entusiasta)* keen, enthusiastic; **~ a** keen on, fond of. **(b)** *(Dep: no profesional)* amateur. **2** *nm/f (gen)* enthusiast; *(no profesional)* amateur; *(adicto)* fan, supporter; **gritaban los ~s** the fans were shouting; **todos los ~s a la música** all music lovers; **función de ~s** amateur performance.
aficionar [1a] **1** *vt:* **~ a uno a algo** to interest sb in sth. **2 aficionarse** *vr:* **~ a algo** to get fond of *o* take a liking to sth.
afiche *nm (LAm)* poster.
áfido *nm* aphid.
afiebrado *adj* feverish.
afiladera *nf* grindstone, whetstone.
afilado *adj (gen)* sharp; *(punta)* tapering, sharp.
afilador *nm (persona)* knife-grinder; *(Téc)* steel, sharpener; *(correa)* razor strop.
afiladura *nf* sharpening.
afilalápices *nm inv* pencil sharpener.
afilar [1a] **1** *vt* **(a)** *(gen)* to sharpen, put an edge on; *(punta)* to put a point on; *(cuchillo)* to whet, grind; *(navaja)* to strop. **(b)** *(LAm)* to flatter, court. **2 afilarse** *vr* **(a)** *(cara)* to sharpen, grow thin;

(dedos) to taper. **(b)** *(LAm)* to get ready.
afiliación *nf (gen)* affiliation; *(LAm: de sindicatos etc)* membership.
afiliado/a 1 *adj* affiliated (*a* to), member *(atr)*; *(Com)* subsidiary. **2** *nm/f (LAm)* member.
afiliarse [1b] *vr:* ~ **a** to affiliate to, join.
afiligranado *adj (Cos)* filigreed; *(fig)* delicate, fine.
afilón *nm (de navaja)* strop; *(de cuchillo)* steel.
afín 1 *adj* **(a)** *(lindante)* bordering, adjacent. **(b)** *(relacionado)* similar. **2** *nmf* relation by marriage.
afinación *nf (gen)* refining, polishing; *(fin)* completion; *(Mús)* tuning; *(LAm Aut)* tuning(-up).
afinado *adj (acabado)* finished, polished; *(Mús)* in tune.
afinador *nm (Mús)* tuning key; ~ **de pianos** piano tuner.
afinar [1a] **1** *vt (perfeccionar)* to put the finishing touch to, complete; *(pulir)* to polish; *(Téc)* to purify, refine; *(Mús)* to tune; *(LAm Aut)* to tune up. **2** *vi* to sing in tune, play in tune. **3 afinarse** *vr* **(a)** *(pulirse)* to become polished. **(b)** *(adelgazar)* to get thinner.
afincarse [1g] *vr* to establish o.s., settle (in a town *etc*).
afinidad *nf (gen)* affinity; *(parentesco)* relationship; *(parecido)* similarity.
afirmación *nf* affirmation.
afirmado *nm (RPl)* paved surface; *(Aut)* road surface.
afirmar [1a] **1** *vt* **(a)** *(reforzar)* to make secure, strengthen. **(b)** *(declarar)* to assert, state; ~ **que ...** to affirm that .... **(c)** *(LAm: golpe)* to deal, give. **2 afirmarse** *vr* **(a)** to steady o.s. **(b)** ~ **en lo dicho** to stand by what one has said.
afirmativo/a 1 *adj* affirmative, positive; **en caso** ~ if that is the case. **2 afirmativa** *nf* affirmative answer, yes *(fam)*.
aflautado *adj* high, fluty.
afflicción *nf* affliction, sorrow.
aflictivo *adj* **(a)** *(Jur)* **pena ~a** corporal punishment. **(b)** *(LAm)* distressing.
afligido 1 *adj* grieving, heartbroken; *(Med)* ~ **por** stricken with. **2** *nm:* **los ~s** the afflicted; *(por deceso)* the bereaved.
afligir [3e] **1** *vt (gen)* to afflict; *(Méx)* to beat, thrash; *(: apenar)* to pain, distress. **2 afligirse** *vr* to grieve (*con, de, por* about, at); **no te aflijas tanto** you must not let it affect you like this; *(LAm)* don't get so worked up *(fam)*.
aflojamiento *nm (véase vt) (gen)* loosening, slackening; *(de esfuerzo, presión)* weakening.
aflojar [1a] **1** *vt (gen)* to loosen, slacken; *(presión)* to relax; *(Aut: freno)* to release; *(LAm fam: dinero)* to fork out, cough up *(fam)*. **2** *vi (cuerda)* to slacken; *(Met: viento)* to let up; *(Fin: precios)* to fall. **3 aflojarse** *vr (gen)* to slacken (off *o* up); *(tuerca etc)* to come *o* work loose; *(Med: fiebre)* to abate; *(interés)* to flag; *(precio)* to go down, weaken.
aflorar [1a] *vi (Geol)* to crop out, outcrop; *(surgir, tb fig)* to come to the surface, emerge.
afluencia *nf* **(a)** *(gen)* influx, flow; *(tropel)* rush; *(gentío)* crowd, jam; **la ~ de turistas** the influx of tourists. **(b)** *(abundancia)* abundance, plenty. **(c)** *(elocuencia)* eloquence, fluency.
afluente 1 *adj* **(a)** *(que afuye)* inflowing. **(b)** *(elocuente)* eloquent, fluent. **2** *nm (Geog)* tributary.
afluir [3g] *vi (gen)* to flow (*a* into); *(gente)* to flock (*a* into, to).
aflujo *nm (Med)* afflux, congestion; *(Mec)* inflow, inlet.
afmo *abr de* **afectísimo.**
afónico *adj* voiceless; *(LAm: ronco)* hoarse; **estar** ~ to have lost one's voice.
aforar [1a] *vt (Téc)* to gauge; *(fig)* to appraise, value.
aforismo *nm* aphorism.
aforístico *adj* aphoristic.
aforo *nm* **(a)** *(Téc)* gauging; *(fig)* appraisal, valuation. **(b)** *(Teat etc)* capacity; **el teatro tiene un ~ de 2.000** the theatre can seat 2,000.
afortunadamente *adv* fortunately, luckily.
afortunado *adj (gen)* fortunate, lucky; *(fig)* happy; **poco** ~ unsuccessful.
afrancesado/a 1 *adj* frenchified; *(Pol)* pro-French, supporting the French. **2** *nm/f* frenchified person; *(Pol)* pro-French person.
afrecho *nm* bran; ~ **remojado** mash.
afrenta *nf* affront, insult.
afrentar [1a] **1** *vt (gen)* to affront, insult; *(desacreditar)* to dishonour. **2 afrentarse** *vr* to be ashamed (*de* of).
afrentoso *adj (gen)* insulting, outrageous; *(vergonzoso)* shameful.
África *nf* Africa; ~ **del Norte/del Sur** North/South Africa.
africano/a *adj, nm/f* African.
afrodisíaco *adj, nm* aphrodisiac.
afrontamiento *nm* confrontation.
afrontar [1a] *vt* **(a)** *(dos personas)* to bring face to face. **(b)** *(peligro etc)* to confront, face up to.
aftosa *nf (tb* **fiebre** ~*)* foot-and-mouth (disease).
afuera 1 *adv* out, outside; **de** ~ from outside; **por** ~ on the outside. **2** ~ **de** *prep (LAm)* outside. **3** *nf:* **~s** outskirts.
afufa *nf (fam)* flight, escape; **tomar las ~s** to beat it *(fam)*.
afusilar [1a] *vt (LAm)* to shoot.
agachada *nf (fam)* trick, dodge; **~s** *(fam)* excuses, sob-story *(fam)*.
agachadiza *nf (Orn)* snipe; **hacer la** ~ to duck.
agachar [1a] **1** *vt (cabeza)* to bend, bow; ~ **las orejas** *(fam)* to hang one's head. **2 agacharse** *vr* **(a)** *(gen)* to stoop, bend down *o* over; *(acuclillarse)* to squat; *(bajar la cabeza)* to duck. **(b)** *(fig: esconderse)* to go into hiding, lie low. **(c)** *(LAm: ceder)* to give in, submit. **(d)** *(Méx)* ~ **algo** to keep sth under one's hat.
agalbanado *adj* lazy, shiftless.
agalla *nf* **(a)** *(Bot)* gall; ~ **de roble** oak apple. **(b)** *(de pez)* gill. **(c)** **~s** *(Anat)* tonsils; *(Med)* tonsillitis. **(d)** **~s** *(fam)* pluck, guts. **(e)** *(LAm)* **tener ~s** to be greedy.
agalludo *(RPl) adj* **(a)** *(valiente)* daring, bold. **(b)** *(tacaño)* mean, stingy.
agarrada *nf* scrap, brawl.
agarradera *nf (LAm),* **agarradero** *nm* **(a)** handle, grip. **(b)** **~s** pull, influence; **tener buenas ~s** to have friends in the right places.
agarrado *adj* mean, stingy.
agarrar [1a] **1** *vt* **(a)** *(tomar con la mano)* to grasp, catch hold of; *(retener)* to grip, clutch. **(b)** *(muñequearse)* to wangle. **(c)** *(LAm)* = **coger;** ~ **un autobús** to catch a bus; ~ **un resfriado** to catch a cold. **2** *vi* **(a)** *(gen)* to take hold *(de* of*)*; *(Bot etc)* to take root; *(color)* to stick. **(b)** *(LAm)* ~ **para** to strike out for. **3 agarrarse** *vr* **(a)** *(meterse uno con otro)* to grapple (with each other); *(LAm: pelear)* to fight it out; **se agarraron a tiros** they shot it out. **(b)** *(asirse)* to hold on; **¡agárrate bien!** hold on!, hold tight!; ~ **a** *o* **de** to hold on to, grip, seize; ~ **al camino** *(Aut)* to hold the road. **(c)** **se le agarró la fiebre** the fever took hold of him. **(d)**

~**la con uno** *(LAm)* to pick on sb.
agarre *nm (LAm)* grasp, hold; *(fig: valor)* guts, toughness.
agarroch(e)ar [1a] *vt (Taur)* to prick with a pike.
agarrón *nm (LAm)* **(a)** *(tirón)* jerk, pull, tug. **(b)** = **agarrada.**
agarrotamiento *nm (apretón)* tightening; *(estrangulamiento)* strangling; *(Aut)* seizing up.
agarrotar [1a] **1** *vt (atar)* to tie tight; *(Jur)* to garrotte; **esta corbata me agarrota** this tie is strangling me. **2 agarrotarse** *vr (Med)* to stiffen, get numb; *(Aut etc)* to seize up.
agasajado/a *nm/f* chief guest, guest of honour.
agasajar [1a] *vt* to entertain, fête.
agasajo *nm (acogida)* royal welcome; *(regalo)* gift; ~**s** hospitality.
ágata *nf* agate.
agave *nf* agave, American aloe.
agavilladora *nf* binder.
agavillar [1a] **1** *vt* to bind (in sheaves). **2 agavillarse** *vr* to gang up, band together.
agazapar [1a] **1** *vt (coger)* to grab hold of, nab. **2 agazaparse** *vr (agacharse)* to crouch down, duck (down).
agencia *nf* agency, office, bureau; *(Chi)* pawnshop; ~ **de colocaciones** employment agency; ~ **de noticias** *o* **prensa** news agency; ~ **de patentes** patents office; ~ **de publicidad** advertising agency; ~ **de viajes** travel agency.
agenciar [1b] **1** *vt (efectuar)* to bring about, effect; *(maniobrar)* to engineer; *(procurarse)* to obtain, procure (*a uno* for sb); *(negociar)* to negotiate. **2 agenciarse** *vr* to look after o.s.; **bien sabe agenciárselas** he takes good care of number one.
agenciero *nm (RPl)* agent, representative; *(Chi)* pawnbroker.
agencioso *adj* active, diligent.
agenda *nf* diary, notebook.
agente *nm* **(a)** *(gen)* agent; *(policía)* policeman; *(LAm: oficial)* officer, official; ~ **de bolsa** stockbroker; ~ **femenino** policewoman; ~ **inmobiliario** estate agent, *(US)* real estate broker; ~ **de negocios** business agent, broker; ~ **provocador** agent provocateur; ~ **de seguros** *(LAm)* insurance agent; ~ **de turismo** travel agent; ~ **viajero** *(LAm)* commercial traveller, salesman. **(b)** *(Quím)* agent.
agible *adj* feasible, workable.
agigantado *adj* gigantic, huge; **a pasos ~s** by leaps and bounds.
agigantar [1a] **1** *vt* to enlarge, increase greatly; ~ **algo** to exaggerate sth. **2 agigantarse** *vr* to seem huge.
ágil *adj* agile, nimble.
agilidad *nf* agility, nimbleness.
agilitar [1a] **1** *vt (hacer ágil)* to make agile; *(fig: facilitar)* to facilitate; *(LAm: hacer mover)* to get going. **2 agilitarse** *vr* to limber up.
agio *nm* speculation.
agiotaje *nm* speculation.
agiotista *nm (especulador)* speculator.
agitación *nf* **(a)** *(de mano etc)* waving, flapping; *(de bebida etc)* shaking, stirring; *(Náut)* roughness. **(b)** *(fig)* agitation; *(emoción)* excitement.
agitado *adj* **(a)** *(mar etc)* rough, choppy; *(aire)* turbulent. **(b)** *(fig: trastornado)* agitated, upset; *(emocionado)* excited.
agitador(a) 1 *nm (Mec)* agitator, shaker. **2** *nm/f (Pol)* agitator.
agitanado *adj* gipsy-like.
agitar [1a] **1** *vt* **(a)** *(gen)* to wave; *(ala)* to flap; *(arma)* to brandish; *(botella)* to shake; *(líquido)* to stir; **agitaba un pañuelo** she was waving a handkerchief; **agítese antes de usar** shake *o* stir well before using. **(b)** *(fig: excitar)* to stir up; *(despertar)* to rouse; *(inquietar)* to worry, upset. **2 agitarse** *vr* **(a)** *(gen)* to sway; *(bandera etc)* to flap; *(mar)* to get rough *o* choppy; *(barco)* to roll. **(b)** *(emocionarse)* to get excited *o* worked up; *(niño)* to fidget; *(inquietarse)* to get worried *o* upset.
aglomeración *nf* agglomeration; ~ **de tráfico/gente** traffic jam/mass of people.
aglomerado *adj* massed together, in a mass; **viven ~s** they live on top of each other.
aglomerar [1a] **1** *vt* to agglomerate, crowd together. **2 aglomerarse** *vr* to agglomerate, form a mass; *(apiñarse)* to crowd together.
aglutinación *nf* agglutination.
aglutinar [1a] *vt*, **aglutinarse** *vr* to agglutinate.
agnosticismo *nm* agnosticism.
agnóstico/a *adj, nm/f* agnostic.
agobiador *adj*, **agobiante** *adj (calor)* oppressive; *(pena)* unbearable; *(labor)* backbreaking; *(responsabilidad)* overwhelming; *(pobreza)* grinding.
agobiar [1b] **1** *vt (gen)* to weigh down; *(oprimir)* to oppress, burden; **sentirse agobiado por** to be overwhelmed by. **2 agobiarse** *vr:* ~ **con** *o* **de** to be weighed down with *o* by.
agobio *nm (peso)* burden, weight; *(cansancio)* exhaustion; *(fig)* oppression; *(Med)* nervous strain, anxiety.
agolpamiento *nm* throng, crush.
agolparse [1a] *vr (apiñarse)* to throng, crowd together; *(acumularse: problemas etc)* to come one on top of another; *(: lágrimas)* to come in a flood; ~ **en torno a uno** to crowd round sb.
agonía *nf* **(a)** death agony *o* throes; **acortar la ~ a un animal** to put an animal out of its misery. **(b)** *(fig: angustia)* anguish; *(: deseo)* desire, yearning; *(: últimos momentos)* dying moments.
agónico *adj* dying.
agonizante 1 *adj* dying. **2** *nmf* dying person.
agonizar [1f] *vi* to be dying, be in one's death throes.
agorar [1n] *vt* to predict, prophesy.
agorero/a 1 *adj* ominous; **ave ~a** bird of ill omen. **2** *nm/f* soothsayer, fortune-teller.
agostar [1a] **1** *vt (quemar)* to parch, burn up; *(fig: marchitarse)* to wither, kill before time. **2 agostarse** *vr (secarse)* to dry up, shrivel; *(fig)* to die, fade away.
agosto *nm* August; *(fig)* harvest; **hacer su ~** to feather one's nest, make one's pile; *véase tb* **se(p)tiembre.**
agotado *adj:* **estar ~** *(persona)* to be exhausted *o* worn out; *(Com)* to be sold out; *(Téc: pila)* to be flat.
agotador *adj* exhausting.
agotamiento *nm (gen)* exhaustion; *(de reservas)* depletion, draining; ~ **nervioso** nervous strain.
agotar [1a] **1** *vt (gen)* to exhaust, use up, finish; *(reservas etc)* to drain, empty; *(individuo: cansar)* to exhaust, tire out. **2 agotarse** *vr* to become exhausted; *(estar acabado)* to be finished, be used up; *(paciencia etc)* to give out, run out; *(individuo)* to exhaust *o* wear o.s. out.
agraciado *adj (atractivo)* graceful, attractive; *(suertudo)* lucky; **salir ~** to be lucky, be the winner; **estar ~ de** to be blessed with.
agraciar [1b] *vt* **(a)** *(adornar)* to adorn; *(ceder)* to grace; *(hacer más atractivo)* to make more attractive. **(b)** *(preso)* to pardon. **(c)** ~ **a uno con algo** to bestow sth on sb.
agradable *adj (gen)* pleasant, agreeable; **es un sitio ~** it's a nice place; **el cadáver no era muy ~ para la vista** the body was not a pretty sight; **ser**

~ **al gusto** to taste good, be tasty.

agradar [1a] **1** *vt (esp LAm)* to please, be pleasing to; **¿le agrada la carne?** do you like meat?; **esto no me agrada** I don't like this. **2** *vi* to please; **su presencia siempre agrada** your presence is always welcome. **3 agradarse** *vr* to like each other.

agradecer [2d] **1** *vt (dar las gracias a)* to thank; *(sentirse agradecido)* to be grateful for; **(te) agradezco tu ayuda** thanks for your help; **se lo agradezco** thank you; *(frm)* I am much obliged to you; **un favor que él no agradecería nunca lo bastante** a favour he can never thank you enough for; **le agradecería me enviara ...** I would be obliged *o* grateful if you would send me .... **2 agradecerse** *vr*: **¡se agradece!** much obliged!, thanks very much!; **una copita de jerez siempre se agradece** a glass of sherry is always welcome.

agradecido *adj (gen)* grateful; *(lleno de aprecio)* appreciative; **muy** ~ thanks a lot, thanks for everything; *(LAm)* thank you very much.

agradecimiento *nm (gen)* gratitude; *(aprecio)* appreciation.

agrado *nm* **(a)** *(cualidad)* affability. **(b) ser del ~ de uno** to be to sb's liking.

agrandar [1a] **1** *vt* to make bigger, enlarge; *(fig: dificultades etc)* to exaggerate, magnify. **2 agrandarse** *vr* to get bigger.

agranujado *adj* pimply, spotty.

agrario *adj* agrarian; **política/reforma ~a** agricultural policy/land reform.

agrarismo *nm (Méx)* peasant movement.

agrarista *(Méx)* **1** *adj*: **movimiento** ~ peasant revolutionary movement. **2** *nmf* peasant revolutionary.

agravación *nf*, **agravamiento** *nm (empeoramiento)* worsening; *(Med)* change for the worse.

agravante 1 *adj* aggravating. **2** *nf* additional problem; **con la ~ de que ...** with the further difficulty that ....

agravar [1a] **1** *vt (pesar sobre)* to weigh down, make heavier; *(impuesto)* to increase; *(dolor)* to make worse; *(situación)* to aggravate; *(fig: oprimir)* to oppress, burden. **2** *vi*, **agravarse** *vr (empeorar)* to worsen, get worse.

agraviar [1b] **1** *vt (dañar)* to wrong; *(insultar)* to offend, insult. **2 agraviarse** *vr* to be offended, take offence *(de, por* at).

agravio *nm (daño)* wrong, injury; *(insulto)* offence, insult; **~s de hecho** assault and battery.

agravioso *adj* offensive, insulting.

agraz *nm* **(a)** *(uva)* sour grape; *(jugo)* sour grape juice; **en** ~ prematurely, before time. **(b)** *(fig)* bitterness, ill-feeling.

agredir [3a; *imperfecto*] *vt* to assault, set upon; *(verbalmente etc)* to attack.

agregado *nm* **(a)** *(Téc etc)* aggregate. **(b)** *(profesor etc)* assistant. **(c)** *(Pol)* ~ **cultural/militar** cultural/military attaché. **(d)** *(LAm)* sharecropper.

agregar [1h] *vt* **(a)** *(gen)* to add *(a* to); *(unir)* to join *(a* to). **(b)** *(recoger)* to gather, collect. **(c)** *(emplear)* to appoint, attach *(a* to, to the staff of).

agresión *nf (gen)* aggression; *(atraco)* attack, assault; **pacto de no** ~ non-aggresion pact.

agresividad *nf* aggressiveness.

agresivo *adj* aggressive.

agresor(a) *nm/f (gen)* aggressor, attacker; *(Jur)* assailant.

agreste *adj* **(a)** *(gen)* rural, country. **(b)** *(flor)* wild. **(c)** *(fig: tosco)* rough, uncouth.

agrete *adj* sourish.

agriado *adj (fig)* sour, resentful.

agriar [1b *o* 1c] **1** *vt* **(a)** *(amargarse)* to turn sour. **(b)** *(fig)* to sour; *(fastidiar)* to vex, annoy. **2 agriarse** *vr* **(a)** to turn sour. **(b)** *(fig)* to get cross, get exasperated.

agrícola *adj* agricultural, farming *(atr)*.

agricultor(a) 1 *adj* agricultural, farming *(atr)*. **2** *nm/f* farmer.

agricultura *nf* agriculture, farming.

agricultural *adj (LAm)* agricultural, farming *(atr)*.

agridulce *adj* bittersweet.

agriera *nf (LAm)* heartburn.

agrietar [1a] **1** *vt (gen)* to crack (open); *(Med: piel)* to chap. **2 agrietarse** *vr (gen)* to crack; *(Med: piel)* to become chapped.

agrimensor *nm* surveyor.

agrimensura *nf* surveying.

agrio 1 *adj* **(a)** *(al gusto)* sour, tart; *(fig)* bitter, disagreeable. **(b)** *(material)* brittle; *(color)* garish. **2** *nm* sour juice; **~s** citrus fruits.

agro *nm* agriculture.

agroindustria *nf* agroindustry.

agronomía *nf* agronomy, agriculture.

agrónomo 1 *adj*: **ingeniero** ~ agricultural scientist. **2** *nm* agronomist, agricultural expert.

agropecuario *adj* farming *(atr)*; **sector** ~ agriculture and fishing; **política ~a** farming policy.

agrupación *nf* **(a)** *(grupo)* group, association; *(reunión)* gathering; *(Mús)* ensemble. **(b)** *(acción)* grouping; *(reunión)* coming together.

agrupar [1a] **1** *vt (gen)* to group (together); *(gente, datos etc)* to gather, assemble. **2 agruparse** *vr (Pol)* to form a group; *(juntarse)* to gather *o* come together *(en torno a* round).

agrura *nf* sourness, tartness.

agua *nf* **(a)** *(gen)* water; *(lluvia)* rain; *(Náut)* leak; *(Arquit)* slope of a roof, pitch; *(LAm: jugo)* fruit juice; **¡hombre al ~!** man overboard!

(b) *(con adj)* ~ **bendita** holy water; ~ **corriente** running water; ~ **destilada** distilled water; ~ **dulce** fresh water; ~ **de espliego** lavender water; ~ **hirviendo** *o* **hirviente** boiling water; ~ **llovediza** *o* **(de) lluvia** rainwater; ~ **del mar** sea water; ~ **potable** drinking water; ~ **salada** salt *o* sea water.

(c) *(locuciones)* **¡~, que se quema la casa!** I'm dying for a drink!; **¡~ va!** look out!, timber!; **¡~s!** *(LAm)* look out, watch out; **sin decir ~ va** without any warning; ~ **pasada no mueve molino** it's no good crying over spilt milk; **bailar el ~ a uno** to dance attendance on sb; **coger ~ en cesto** to labour in vain; **echar un barco al** ~ to launch a boat; **echar el ~ a su molino** to be on the make; **echarse al** ~ to dive in; *(fig)* to take the plunge; **estar con el ~ al cuello** to be up to one's neck (in sth); **hacer** ~ *(Náut)* to leak, take in water; **se me hace la boca** ~ my mouth is watering; **quedar en ~ de borrajas** to fail, come to nothing; **retener el** ~ to hold water.

(d) *(comparación)* **como** ~ like water, freely; **estar como ~ en banasta** *o* **hornero** to be unsafe; **ser como el ~ por San Juan** to be harmful; **venir como ~ de mayo** to be a godsend.

(e) **~s** waters; *(Náut)* tide; *(Med)* water, urine; **~s abajo/arriba** downstream, downriver/upstream, upriver *(de* from); **~s de consumo** water supply, drinking water; **~s territoriales** territorial waters; **~s mayores** excrement, faeces; **~s menores** water, urine; **~s residuales** sewage; **hacer** ~ to make water, relieve o.s.; **estar** *o* **nadar entre dos ~s** to sit on the fence; **tomar las ~s** to take the waters.

aguacate *nm* **(a)** *(fruto)* avocado pear; *(árbol)*

avocado pear tree. **(b)** *(CAm fam)* idiot, fool.
aguacero *nm* (heavy) shower, downpour.
aguachento *adj (LAm: aguado)* watery.
aguachirle *nf* **(a)** *(bebida)* slops. **(b)** *(cosa baladí)* trifle.
aguada *nf* **(a)** *(Agr)* watering place. **(b)** *(Náut)* water supply. **(c)** *(Min)* flood.
aguado *adj* watered-down, thin; *(LAm: débil)* weak.
aguafiestas *nmf inv* spoilsport, killjoy.
aguafuerte *nf* etching; **grabar algo al ~** to etch sth.
aguafuertista *nmf* etcher.
aguaitar [1a] *vt (LAm: espiar)* to spy on.
aguaje *nm* **(a)** *(Náut: marea)* spring tide; *(: estela)* wake. **(b)** *(aguada)* water supply; *(Agr)* watering place. **(c)** *(CAm: aguacero)* downpour.
aguamanil *nm (jarro)* water jug; *(jofaina)* wash-basin.
aguamar *nm* jellyfish.
aguamarina *nf* aquamarine.
aguamiel *nf* mead; *(Méx)* agave juice.
aguanieve *nf* sleet.
aguanoso *adj* **(a)** waterlogged. **(b)** *(Méx: individuo)* wet *(fam)*.
aguantable *adj* bearable, tolerable.
aguantaderas *nfpl (LAm)* **tener ~** to be patient, put up with a lot.
aguantar [1a] **1** *vt* **(a)** *(gen)* to stand, put up with; *(afrenta)* to swallow; *(dolor)* to endure, bear; *(tormenta)* to weather; **no aguanto más** I can't bear it any longer. **(b)** *(Arquit)* to hold up, sustain; *(respiración)* to hold; **esta mesa no aguanta el peso** *(LAm)* this table can't take the weight. **2** *vi* to last, hold out; **no sé cómo aguanta** I don't know how he can take it; **¡aguanta!** *(LAm)* hang on a minute! *(fam)*. **3 aguantarse** *vr* to restrain o.s., hold o.s. back; **¡ahora te aguantas!** you'll just have to put up with it now!
aguante *nm (paciencia)* patience; *(resistencia)* endurance, fortitude; *(: de objeto)* strength; *(Dep)* stamina.
aguar [1i] *vt* **(a)** *(vino etc)* to water (down). **(b)** *(fig)* to spoil, mar; **~ la fiesta a uno** to spoil sb's fun.
aguardar [1a] **1** *vt (esperar)* to wait for, await; *(LAm: con ansias)* to expect. **2** *vi* to wait; **aguarde Ud** I'm coming to that; **¡aguarda te digo!** hold your horses! *(fam)*.
aguardentoso *adj (alcohólico)* alcoholic; *(fig: voz)* husky, gruff, fruity, beery.
aguardiente *nm* brandy, liquor; **~ de caña** rum; **~ de cerezas** cherry brandy.
aguarrás *nm* turpentine.
aguate *nm (Méx)* prickle, spine.
aguatero *nm (LAm)* water seller.
aguatocha *nf (Náut)* pump.
aguazal *nm* swamp.
aguazar [1f] **1** *vt* to flood, waterlog. **2 aguazarse** *vr* to flood, become waterlogged.
agudeza *nf* **(a)** *(gen)* acuteness, sharpness. **(b)** *(ingenio)* wit, wittiness. **(c)** *(una ~)* witticism.
agudización *nf (gen)* sharpening; *(de crisis)* deterioration, worsening.
agudizar [1f] **1** *vt (gen)* to sharpen, make more acute; *(crisis)* to aggravate. **2 agudizarse** *vr* to sharpen, worsen; **el problema se agudiza** the problem is becoming more acute.
agudo *adj* **(a)** *(filo etc)* sharp; *(Med, Mat, Ling)* acute. **(b)** *(Mús: nota)* high, high-pitched; *(: voz)* piercing. **(c)** *(fig: inteligencia)* sharp, keen; *(: crítica)* penetrating; *(: pregunta)* acute, searching. **(d)** *(gracioso)* witty.
agüero/a 1 *nm* omen, sign; **de buen/mal ~** lucky/of ill omen, unlucky; **ser de buen ~** to augur well; **pájaro de mal ~** bird of ill omen. **2** *nm/f (LAm)* soothsayer, fortune-teller.
aguerrido *adj* hardened, veteran.
aguerrir [3a; *imperfecto*] *vt* to inure, harden.
aguijada *nf*, **aguijadera** *nf* goad.
aguijar [1a] **1** *vt* to goad; *(fig)* to urge *o* spur on. **2** *vi (apresurar)* to hurry along.
aguijón *nm* goad; *(Zool)* sting; *(Bot)* prickle, spine; *(fig)* stimulus, incitement; **dar coces contra el ~** to kick against the pricks.
aguijonear [1a] *vt* = **aguijar 1.**
águila *nf* **(a)** *(Orn)* eagle; **~ pescadora** osprey; **~ real** golden eagle; **~ ratonera** buzzard. **(b)** *(fig)* **ser un ~** to be a genius, be terribly clever.
aguileño *adj (nariz)* aquiline; *(rostro)* sharp-featured.
aguilera *nf* eagle's nest, eyrie.
aguilón *nm* **(a)** *(Orn)* large eagle. **(b)** *(Téc)* jib; *(Arquit)* gable.
aguilucho *nm (Orn)* eaglet, young eagle.
aguinaldo *nm* Christmas box *o* bonus; *(LAm: villancico)* Christmas carol.
aguita *nf (Per)* money.
aguja *nf* **(a)** *(gen)* needle; *(de sombrero)* hatpin; **~ capotera** darning needle; **~ de gancho** crochet hook; **~ de hacer calceta** knitting needle; **~ hipodérmica** hypodermic needle; **~ magnética** *o* **imantada** compass (needle). **(b)** *(de reloj)* hand; *(Téc: indicador)* pointer, hand; *(Mil)* firing pin. **(c)** *(LAm Agr)* fence post. **(d)** *(Arquit)* spire, steeple. **(e) ~s** *(Anat)* ribs; *(carne)* shoulder, rib. **(f) ~s** *(Ferro)* points. **(g)** *(pez)* marlin.
agujereado *adj (con muchos agujeros)* full of holes; *(con uno)* with a hole in it.
agujerear [1a] *vt (gen)* to make holes *o* a hole in; *(penetrar)* to pierce; *(Min)* to perforate.
agujero *nm* **(a)** *(gen)* hole; **hacer un ~ en** to make a hole in. **(b)** *(Cos)* pincushion.
agujetas *nfpl* **(a)** *(Med)* stitch *sg.* **(b)** *(Méx)* shoe-laces.
agur *interj (fam)* cheerio! *(fam)*, so long!
agusanarse [1a] *vr* to get maggoty.
agusando *adj* maggoty, wormy; *(fig)* old hat *(fam)*.
aguzamiento *nm* sharpening.
aguzanieves *nf inv* wagtail.
aguzar [1f] *vt* **(a)** *(gen)* to sharpen. **(b)** *(fig)* to incite, stir up; *(apetito)* to whet; **~ el oído** to prick up one's ears; **~ la vista** to keep one's eyes peeled *(fam)*.
ah *interj* ah!; ha!; **¡~ del barco!** ship ahoy!
ahechaduras *nfpl* chaff *sg.*
ahechar [1a] *vt* to sift *o* winnow.
aherrojar [1a] *vt* to put in irons, fetter; *(fig)* to oppress.
aherrumbrarse [1a] *vr (metal)* to rust, get rusty; *(color etc)* to take on the colour of iron.
ahí *adv* there; **¿de ~?** well? so what?; **de ~ que ...** and so ..., so that ...; **de ~ se deduce que ...** from that it follows that ...; **por ~** *(dirección)* that way; *(lugar)* over there; **200 pesos o por ~** 200 pesos or thereabouts; **está por ~** *(objeto)* it's round there somewhere; *(individuo)* he's knocking around somewhere; **¡hasta ~ hemos llegado!** so it has come to this!; **¡~ va!** *(objeto)* here it comes *o* goes!; *(individuo)* there he goes!; **~ fue ello** that was the start of it; **~ donde le ve** as sure as he's standing there.
ahijado/a *nm/f* godson/goddaughter; *(fig)* protégé(e).
ahijar [1a] *vt* to adopt; *(fig)* **~ algo a uno** to attribute sth to sb.

ahilar [1a] **1** *vi* to go in single file. **2 ahilarse** *vr (Med)* to faint with hunger; *(Bot)* to wilt; *(vino etc)* to turn sour, go off.
ahincado *adj* emphatic.
ahincar [1g] **1** *vt* to press, urge. **2 ahincarse** *vr* to hurry up.
ahinco *nm (gen)* earnestness, intentness; *(empeño)* effort; **con ~** eagerly, hard.
ahitar [1a] **1** *vt* to fill. **2 ahitarse** *vr* to stuff o.s. (*de* with); *(Med)* to give o.s. indigestion.
ahito 1 *adj* **(a)** *(repleto)* gorged, satiated. **(b)** *(fig)* **estar ~ de** to be fed up with. **2** *nm* surfeit, satiety; *(Med)* indigestion.
ahogadero *nm* **(a)** *(Agr)* throatband, halter; *(de la horca)* hangman's rope. **(b)** *(fig)* **esto es un ~** it's stifling in here.
ahogado/a 1 *adj* **(a)** *(en agua)* drowned; *(por falta de aire)* suffocated; **perecer ~** *(en agua)* to drown; *(por falta de aire)* to suffocate. **(b)** *(mal ventilado)* stifling. **(c)** *(emoción)* pent-up; *(grito)* muffled, half-smothered. **(d) estar** *o* **verse ~** to be in a tight spot. **2** *nm/f* drowned person. **3** *nm (LAm Culin)* sauce.
ahogar [1h] **1** *vt* **(a)** *(en agua)* to drown; *(asfixiar)* to suffocate; *(fuego)* to smother, put out; *(plan etc)* to kill. **(b)** *(grito, sollozo)* to choke back, stifle. **(c)** *(rebelión)* to crush, put down. **2 ahogarse** *vr (en agua)* to drown; *(asfixiarse)* to suffocate; *(suicidarse)* to drown o.s.
ahogo *nm* **(a) perecer por ~** to drown. **(b)** *(Med)* breathlessness. **(c)** *(fig)* distress. **(d)** *(Fin)* financial difficulty.
ahondar [1a] **1** *vt* **(a)** to deepen, make deeper. **(b)** *(fig)* to probe, study in depth. **2** *vi:* **~ en** to study thoroughly, explore. **3 ahondarse** *vr* to go *o* sink in more deeply.
ahora 1 *adv (gen)* now; *(hace poco)* just now; *(LAm)* in a minute; *(dentro de poco)* soon, right now; **desde ~** from now on; **hasta ~** up till now; **¡hasta ~!** see you soon!; **por ~** for the moment; **~ mismito** *(hace poco)* just a moment ago; **~ mismo** right now, this very minute. **2** *conj* now (then), on the other hand; **~ bien** well now; *(por otra parte)* on the other hand; **~ pues** well then; **~ ... ~** either ... or; **~ que** *(LAm)* as soon as.
ahorcado/a *nm/f* hanged person.
ahorcadura *nf* hanging.
ahorcajarse [1a] *vr* to sit astride; **~ en** to straddle.
ahorcar [1g] **1** *vt (gen)* to hang; **a la fuerza ahorcan** there is no alternative; **¡que me ahorquen ...!** cross my heart ...! **2 ahorcarse** *vr* to hang o.s.
ahorita *adv (esp LAm)* right now, this very minute.
ahormar [1a] *vt* **(a)** *(gen)* to shape, mould; *(zapatos nuevos)* to break in, stretch; *(carácter)* to mould. **(b)** *(fig)* **~ a uno** to make sb see sense.
ahorquillado *adj* forked.
ahorrar [1a] **1** *vt (gen)* to save; *(reservar)* to put by; *(evitar: molestias etc)* to save, avoid; *(esclavo)* to free. **2** *vi* to save, economize. **3 ahorrarse** *vr:* **~ molestias** to save o.s. trouble, to spare o.s. effort; **no ~las con nadie** to be afraid of nobody.
ahorrativo *adj* thrifty; *(LAm: tacaño)* stingy, mean.
ahorro *nm (acto)* saving; *(cuidado)* thrift; **~s** savings; **caja** *o* **banco de ~s** savings bank; **es un ~ ir en tren** going by train saves money.
ahuchar[1] [1a] *vt* to hoard, put by.
ahuchar[2] [1a] *vt (LAm)* = **azuzar.**
ahuecar [1g] **1** *vt* **(a)** *(excavar)* to hollow (out). **(b)** *(Agr)* to loosen, soften; *(Cos)* to fluff out. **(c)** *(voz)* to deepen, give a solemn tone to. **(d) ~ el ala** to make o.s. scarce. **2** *vi:* **¡ahueca!** *(LAm: fam)* beat it! *(fam)*, piss off *(fam!)*. **3 ahuecarse** *vr* to give o.s. airs.
ahuesarse [1a] *vr (LAm: mercancías)* to get spoiled; *(: Med)* to get thin.
ahuizote *nm (CAm, Méx)* pain (in the neck) *(fam)*, nuisance.
ahumado 1 *adj* **(a)** *(Culin)* smoked; *(lleno de humo)* smoky. **(b)** *(fam)* drunk, tight. **2** *nm* smoking, curing.
ahumar [1a] **1** *vt* **(a)** *(Culin)* to smoke, cure. **(b)** *(Téc)* to smoke; *(sala etc)* to fill with smoke. **2** *vi* to smoke, give out smoke. **3 ahumarse** *vr* **(a)** *(Culin)* to acquire a smoky flavour. **(b)** *(fam: emborracharse)* to get tight.
ahusado *adj* tapering.
ahusarse [1a] *vr* to taper.
ahuyentar [1a] **1** *vt* **(a)** *(espantar)* to frighten off *o* away, put to flight; *(mantener a distancia)* to keep off. **(b)** *(fig: dudas etc)* to banish, dispel. **2 ahuyentarse** *vr* to run away.
aimará *adj, nmf* = **aymará.**
aindiado *adj (LAm)* Indian-like, Indianized.
airado *adj* **(a)** *(iracundo)* angry. **(b)** *(depravado)* immoral, depraved.
airar [1a] **1** *vt* to annoy. **2 airarse** *vr* to get angry (*de, por* at).
aire *nm* **(a)** *(gen)* air; *(corriente)* draught; *(viento)* wind; **~ colado** cold draught; **~ comprimido** compressed air; **~ puro** clean air; **~ viciado** stale *o* foul air; **~ acondicionado** *o* **artificial** air conditioning; **con ~ acondicionado** air-conditioned; **al ~ libre** in the open air, outdoors; **azotar el ~** to waste one's efforts; **beber los ~s por** to be madly in love with; **cortarlas en el ~** to be very sharp; **echar al ~** to bare, uncover; **en el ~** in the air, unresolved; **hace mucho ~** *(LAm)* it's very draughty *o* windy; **lanzar algo al ~** to throw sth up; **mudarse a cualquier ~** to be fickle; **tomar el ~** to go for a stroll; **¡vete a tomar el ~!** get lost! *(fam)*; **¿qué ~s te traen por aquí?** what brings you here? **(b)** *(aspecto)* air, appearance; **darse ~(s)** to give o.s. airs; **darse ~s de** to boast of being; **tener ~ de** to give the appearance *o* have the air of; **tener ~ de salud** to look healthy. **(c)** *(parecido)* resemblance; **~ de familia** family likeness; **tener ~ de** to look like, resemble. **(d)** *(humor)* humour, mood; **estar de buen/mal ~** to be in a good/bad mood; **seguir el ~ a uno** to humour sb. **(e)** *(garbo)* elegance, gracefulness. **(f)** *(Mús)* tune, air.
aireación *nf* ventilation.
airear [1a] **1** *vt (gen)* to air, ventilate; *(fig)* to raise, air; **~ la atmósfera** to clear the air. **2 airearse** *vr* to take the air; *(Med)* to catch a chill.
airecito *nm (LAm)* breeze, gentle wind.
airosidad *nf* grace, elegance.
airoso *adj* **(a)** *(ventilado)* airy; *(Met)* windy, blowy. **(b)** *(fig)* graceful, elegant; **quedar** *o* **salir ~** to be successful, come out with flying colours.
aislación *nf* insulation; **~ de sonido** soundproofing **~ térmica** insulation.
aislacionismo *nm* isolationism.
aislado *adj* **(a)** *(remoto)* isolated; *(incomunicado)* cut off (*de* from); **'con inodoro ~'** 'with separate WC'. **(b)** *(Elec etc)* insulated.
aislador 1 *adj (Elec)* insulating. **2** *nm (Elec)* insulator.
aislamiento *nm* **(a)** *(gen)* isolation. **(b)** *(Elec etc)* insulation.
aislante *nm (Elec)* insulator.
aislar [1a] **1** *vt* **(a)** *(gen)* to isolate; *(apartar)* to separate; *(desarmar)* to detach; *(Mil etc)* to cut

off. **(b)** *(Elec etc)* to insulate. **2 aislarse** *vr* to isolate o.s., cut o.s. off (*de* from).
ajá *interj* splendid!
ajar[1] *nm (Bot)* garlic field.
ajar[2] [1a] **1** *vt* **(a)** *(tela)* to crumple, crush. **(b)** *(despreciar)* to abuse, disparage. **2 ajarse** *vr* to get crumpled, get messed up; *(Bot)* to wither, fade; *(fig: piel)* to get wrinkled.
ajarafe *nm (Geog)* tableland; *(Arquit)* flat roof.
ajardinar [1a] *vt* to landscape.
ajedrea *nf (Bot)* savory.
ajedrez *nm* chess; **un ~** a chess set.
ajedrezado *adj* chequered, *(US)* checkered.
ajenjo *nm (Bot)* wormwood; *(bebida)* absinth(e).
ajeno *adj* **(a)** *(de otro)* somebody else's, other people's; **un coche ~** a car belonging to somebody else; **meterse en lo ~** to interfere with the affairs of others. **(b)** *(extraño)* foreign, alien (*a* to); *(impropio)* inappropriate (*a, de* for, to); **¡no te metas en lo ~!** mind your own business; **por razones ~s a nuestra voluntad** for reasons beyond our control. **(c) ~ de cuidados** free from care, without a care. **(d)** *(inconsciente)* unaware; *(ignorante)* uninformed, ignorant (*de* of). **(e) estar ~ de sí** to be beside o.s. (with rage).
ajetreado *adj* busy.
ajetrearse [1a] *vr (atarearse)* to bustle about, be busy; *(fatigarse)* to tire o.s. out.
ajetreo *nm (actividad)* bustle; *(labor)* drudgery, hard work; **es un continuo ~** there's constant coming and going.
ají *nm, pl* **ajíes** *o* **ajises** *(LAm)* chili, red pepper; *(Culin)* chili sauce; **estar hecho un ~** to be hopping mad.
ajilimoje *nm,* **ajilimójili** *nm* sauce of garlic and pepper; **~s** *(fam)* odds and ends.
ajo *nm* **(a)** *(Bot)* garlic; *(: diente de ~)* clove of garlic; *(salsa)* garlic sauce. **(b)** *(fig)* shady deal, secret affair; **harto de ~s** ill-bred, common; **(tieso) como un ~** stuck-up *(fam)*, snobbish; **andar** *o* **estar en el ~** to be mixed up in it; **revolver el ~** to stir up trouble.
ajobar [1a] *vt* to carry on one's back, hump.
ajobo *nm* load; *(fig)* burden.
ajorca *nf* bracelet, bangle.
ajornalar [1a] *vt* to employ by the day.
ajotar [1a] **(a)** *vt (CAm)* = **azuzar. (b)** *(Cu)* to scorn, reject.
ajuar *nm (muebles)* household furnishings; *(de novia)* trousseau; *(: dote)* dowry.
ajuiciado *adj* sensible.
ajuiciar [1b] *vt* to bring to one's senses.
ajustado *adj* **(a)** *(correcto)* right, fitting; *(precio)* agreed. **(b)** *(ropa)* close- *o* tight-fitting; **muy ~** too tight.
ajustador *nm* **(a)** *(chaleco)* tight waistcoat. **(b)** *(Téc)* fitter; *(Tip)* compositor.
ajustamiento *nm (Fin)* settlement.
ajustar [1a] **1** *vt* **(a)** *(Téc etc)* to fit (*a* to, into). **(b)** *(Mec)* to adjust, regulate; *(fig)* to adjust, adapt (*a* to); *(error)* to put right. **(c)** *(acuerdo)* to reach; *(boda)* to arrange; *(diferencias)* to settle; **~ cuentas** to settle accounts. **(d)** *(precio)* to fix. **(e)** *(empleado)* to hire, take on. **(f)** *(Tip)* to compose. **(g) ~ un golpe a uno** *(LAm)* to give sb a blow. **2** *vi* to fit; **~ bien** to be a good fit. **3 ajustarse** *vr* **(a)** to fit (*a* into); **~ el cinturón** to tighten one's belt. **(b)** *(adaptarse)* to adapt, adjust (*a* to); *(conformarse)* to conform (*a* to), comply (*a* with); **~ a las reglas** to abide by the rules. **(c)** *(llegar a un acuerdo)* to come to an agreement (*con* with).
ajuste *nm* **(a)** *(Téc)* fitting; *(: cambio)* adjustment; *(Cos)* fitting; **mal ~** maladjustment. **(b)** *(Fin)* settlement; *(reconciliación)* reconciliation; *(acuerdo)* compromise. **(c)** *(empleo)* hiring, engagement. **(d)** *(Tip)* composition. **(e)** *(LAm Aut)* overhaul.
ajusticiar [1b] *vt* to execute, put to death.
al = **a + el; ~ entrar** on entering; **~ entrar yo** when I came in; **~ verlo** on seeing it.
ala *nf* **(a)** *(lit, Aer, Pol)* wing; **de cuatro ~s** four-winged; **con ~s en delta** delta-winged; **con ~s en flecha** swept-wing. **(b)** *(de sombrero)* brim; *(Arquit)* wing; *(: del techo)* eaves; *(de mesa)* leaf, flap. **(c)** *(Dep: banda)* wing; *(: jugador)* wing(er); **~ izquierda/derecha** outside-left/-right. **(d)** *(locuciones)* **ser como ~ de mosca** to be transparent; **arrastrar el ~** to be courting; **se le cayeron las ~s del corazón** his heart fell; **andar con el ~ caída** to be downcast; **cortar las ~s a uno** to clip sb's wings; **dar ~s a uno** to encourage sb; **volar con las propias ~s** to stand on one's own feet.
alabador *adj* eulogistic.
alabanza *nf (tb* **~s***)* praise, praises; **en ~ de** in praise of; **cantar las ~s de uno** to sing sb's praises.
alabar [1a] **1** *vt* to praise. **2 alabarse** *vr* to boast; **~ de** to boast of being.
alabastro *nm* alabaster.
álabe *nm (Mec)* wooden cog, tooth; *(de noria)* bucket; *(rama)* drooping branch.
alabeo *nm* warping; **tomar ~** to warp.
alacena *nm* cupboard, *(US)* closet.
alacrán *nm* scorpion.
alacranear [1a] *vi* to gossip, spread scandal.
alacre *adj (Méx)* agile, nimble.
alacridad *nf* alacrity; **con ~** readily.
alado/a 1 *adj* winged; *(fig)* swift. **2 alada** *nf* flap, flutter.
alambicado *adj (gen)* intricate; *(teoría etc)* complicated; *(estilo)* precious; *(modales)* affected.
alambicamiento *nm* **(a)** *(destilación)* distilling. **(b)** *(fig)* preciosity, affectation.
alambicar [1g] *vt* **(a)** *(destilar)* to distil. **(b)** *(fig: estilo etc)* to complicate unnecessarily. **(c)** *(escudriñar)* to scrutinize, investigate.
alambique *nm* still; **dar algo por ~** to give sth sparingly; **pasar algo por ~** to go through sth with a (fine) toothcomb.
alambrada *nf* wire fence; *(Mil)* barbed-wire entanglement.
alambrado *nm (Agr etc)* wire fencing; *(Elec)* wiring, wiring system.
alambrar [1a] *vt (Elec)* to wire; *(Agr etc)* to fence with wire.
alambre *nm* wire; **~ cargado** live wire; **~ de púas** barbed wire; **~ forrado** covered wire; **~ de tierra** earth wire, *(US)* ground wire; **estar hecho un ~** to be as thin as a rake.
alambrera *nf (red)* wire netting, chicken wire; *(cobertera)* wire cover; *(para chimenea)* fireguard.
alambrista *nmf* tightrope walker.
alameda *nf (Bot)* poplar grove; *(avenida)* avenue, boulevard.
álamo *nm* poplar; **~ blanco/negro** white/black poplar; **~ de Italia** Lombardy poplar; **~ temblón** aspen.
alancear [1a] *vt* to spear, lance.
alano *nm* mastiff.
alar *nm* eaves *pl.*
alarde *nm (Mil)* review, march-past; *(fig)* show, display; **~s** *(LAm)* boasts; **hacer ~ de** *(afectar)* to make a show of; *(ostentar)* to flaunt, parade; *(jactarse de)* to boast of.
alardear [1a] *vi* to boast, brag (*de* about).

alardeo *nm* boasting, bragging.
alargamiento *nm (gen)* lengthening; *(prórroga)* prolongation; *(Arquit etc)* extension.
alargar [1h] **1** *vt* **(a)** *(gen)* to lengthen; *(prorrogar)* to prolong, extend; *(cuello)* to crane; *(mano)* to stretch out; *(relato)* to spin out. **(b)** *(cable etc)* to pay out. **(c)** *(dar)* to hand, pass *(a to)*. **(d)** *(sueldo)* to increase, raise. **(e)** *(paso)* to hasten. **2 alargarse** *vr* **(a)** to lengthen, get longer; *(días etc)* to grow longer; *(relato)* to drag out; **se alargó en la charla** he spun his talk out. **(b)** *(fig)* to digress.
alarido *nm* shriek, yell; **dar ~s** to shriek, yell.
alarma *nf* alarm; **~ aérea** air-raid warning; **falsa ~** false alarm; **~ de incendios** fire alarm; **voz de ~** warning note; **dar la ~** to raise the alarm.
alarmante *adj* alarming.
alarmar [1a] **1** *vt* to alarm; *(Mil etc)* to alert, rouse. **2 alarmarse** *vr* to get alarmed, be alarmed; **¡no te alarmes!** don't be alarmed!
alarmista **1** *adj* jumpy, nervous. **2** *nmf* alarmist.
alazán/ana *adj, nm/f (caballo)* sorrel.
alba *nf* **(a)** dawn, daybreak; **al ~** at dawn; **al romper el ~** at daybreak. **(b)** *(Rel)* alb.
albacea *nmf* executor/executrix.
albahaca *nf* basil.
albanés/esa **1** *adj, nm/f* Albanian. **2** *nm (Ling)* Albanian.
Albania *nf* Albania.
albañal *nm* drain, sewer.
albañil *nm* bricklayer, mason.
albañilería *nf (material)* brickwork, masonry; *(oficio)* bricklaying.
albar *adj* white.
albarán *nm (Com)* delivery note, invoice.
albarda *nf* packsaddle; *(LAm)* saddle.
albardar [1a] *vt* to saddle, put a packsaddle on.
albardilla *nf* **(a)** *(silla de montar)* small saddle; *(almohadilla)* cushion, pad. **(b)** *(Arquit)* coping. **(c)** *(Culin)* lard.
albareque *nm* dragnet.
albaricoque *nm* apricot.
albaricoquero *nm* apricot tree.
albarrada *nf* dry-stone dyke.
albatros *nm inv* albatross.
albayalde *nm* white lead.
albedrío *nm (gen)* will; *(capricho)* whim; **libre ~** free will; **¡hágalo a su ~!** have it your way!
albéitar *nm* veterinary surgeon, *(US)* veterinarian.
albeitería *nf* veterinary medicine.
alberca *nf (depósito)* tank, reservoir; *(LAm)* swimming pool.
albergar [1h] **1** *vt* **(a)** *(gen)* to shelter, give shelter to; *(alojar)* to house, put up. **(b)** *(esperanza)* to cherish. **2 albergarse** *vr (refugiarse)* to shelter; *(alojarse)* to stay, lodge.
albergue *nm* shelter, refuge; *(alojamiento)* lodging; *(Zool)* lair, den; **~ de carretera** roadhouse; **~ para jóvenes** youth hostel; **dar ~ a uno** to take sb in.
albero *nm* dishcloth.
albina[1] *nf* salt marsh.
albino/a[2] *adj, nm/f* albino.
albis *adv:* **quedarse en ~** not to know a thing, not have a clue.
albóndiga *nf* meatball.
albor *nm* **(a)** *(color)* whiteness. **(b)** *(luz)* dawn (light); **~ de la vida** childhood, youth.
alborada *nf (alba)* daybreak, dawn; *(Mil)* reveille.
alborear [1a] *vi* to dawn.
albornoz *nm* **(a)** *(de árabes)* burnous(e). **(b)** *(bata)* bathrobe.
alborotadizo *adj* excitable.
alborotado *adj (excitado)* agitated, excited; *(precipitado)* hasty; *(mar)* rough; *(revuelto)* riotous.
alborotador(a) **1** *adj* boisterous, noisy; *(Pol)* seditious. **2** *nm/f* agitator, troublemaker; *(alumno)* unruly element.
alborotar [1a] **1** *vt (agitar)* to disturb, agitate; *(amotinar)* to incite to rebel; *(excitar)* to excite. **2** *vi* to make a racket, make a row. **3 alborotarse** *vr (individuo)* to get excited *o* worked up; *(multitud)* to riot; *(mar)* to get rough.
alboroto *nm* **(a)** *(gen)* disturbance; *(vocerío)* racket, row; *(jaleo)* uproar; *(motín)* riot. **(b)** *(susto)* scare, alarm. **(c) ~s** *(CAm)* popcorn *sg*.
alborozar [1f] **1** *vt* to gladden, fill with joy. **2 alborozarse** *vr* to be overjoyed, rejoice.
alborozo *nm* joy, merriment.
albricias **1** *nfpl* gift; **en ~ de** as a token of. **2** *interj* congratulations!
álbum *nm, pl* **álbums** *o* **álbumes** album; **~ de recortes** scrapbook; **~ de sellos** stamp album.
albumen *nm* white of egg; *(Bot)* albumen.
albur *nm* **(a)** *(pez)* dace. **(b)** *(riesgo)* chance, risk. **(c)** *(Méx)* slang, swearword.
alca *nf* razorbill.
alcachofa *nf* artichoke.
alcahuete *nm* **(a)** *(chulo)* procurer, pimp; *(de objetos robados)* fence *(fam)*. **(b)** *(Teat)* drop-curtain.
alcahuetear [1a] *vi (con mujeres etc)* to procure, pimp; *(con objetos robados)* to fence *(fam)*.
alcahuetería *nf (de mujeres)* pimping; *(fig)* complicity.
alcaide *nm (de cárcel etc)* governor.
alcaidía *nf (cargo)* governorship; *(casa)* governor's residence.
alcalde *nm* mayor; *(juez)* magistrate.
alcaldesa *nf* mayoress.
alcaldía *nf* mayoralty, office of mayor; *(oficina)* mayor's office.
álcali *nm* alkali.
alcalino *adj* alkaline.
alcaloide *nm* alkaloid.
alcance *nm* **(a)** *(gen)* reach; **estar al ~ de uno** *(lit)* to be within one's reach; *(fig)* to be within one's powers; **el que está más al ~** the nearest (one); **estar fuera del ~ de uno** *(lit)* to be out of *o* beyond one's reach; *(fig)* to be over one's head; *(Com)* to be too expensive; **al ~ del oído** within earshot; **al ~ de la voz/mano** within call/reach. **(b)** *(Mil etc)* range; *(fig)* importance, significance; **al ~** within range; **de gran ~** *(Mil)* long-range; *(fig)* far-reaching. **(c)** *(búsqueda)* chase, pursuit; **dar ~ a** to catch up (with), overtake; **seguir el ~ a** *(Mil)* to pursue; **andar** *o* **ir a los ~s de uno** to be on sb's tracks, tail sb. **(d)** *(Fin)* adverse balance, deficit. **(e)** *(en periódico)* stop-press (news). **(f) de cortos ~s** not very bright.
alcancía *nf* moneybox.
alcanfor *nm* camphor.
alcanforado *adj* camphorated.
alcantarilla *nf (boca)* drain; *(cloaca)* sewer; *(conducto)* culvert, conduit; *(LAm)* public fountain.
alcantarillado *nm* drains *pl*.
alcantarillar [1a] *vt* to lay drains in.
alcanzado *adj* hard up, broke.
alcanzar [1f] **1** *vt* **(a)** *(en carrera etc)* to catch, catch up (with); **cuando le alcancé** when I caught up with him. **(b)** *(suj: bala etc)* to hit, strike; **un obús alcanzó la lancha** the launch was hit by a shell. **(c)** *(llegar a)* to reach; *(sumar)* to amount to; **la producción ha alcanzado las 20 toneladas**

production has reached 20 tons; **el libro ha alcanzado 20 ediciones** the book has run into 20 editions. **(d)** *(entender)* to grasp, understand. **(e)** *(dar)* to pass, put within reach.

2 *vi* **(a)** to reach, extend *(a, hasta* to, as far as*)*; ~ **para todos** to be enough (for everybody), go round. **(b)** ~ **a hacer algo** to manage to do sth; **no alcanzo a ver cómo ...** I can't see how ... . **(c)** *(ser suficiente)* to be enough; **¿te alcanza para el bus?** have you got enough money for the bus?

alcaparra *nf (Bot)* caper.

alcaravea *nf* caraway.

alcatraz *nm* gannet.

alcazaba *nf* citadel, castle.

alcázar *nm (Mil)* fortress, citadel; *(palacio)* royal palace; *(Náut)* quarter-deck.

alce[1] *nm (Zool)* moose, elk.

alce[2] *nm (Naipes)* cut; **no dar ~ a uno** *(Arg)* to give sb no chance.

alción *nm (Orn)* kingfisher; *(Mitología)* halcyon.

alcista *(Com, Fin)* **1** *adj*: **mercado ~** bull market, rising market; **la tendencia ~** the upward trend. **2** *nm* bull, speculator.

alcoba *nf* bedroom; *(LAm; en tren)* couchette; ~ **de huéspedes** spare room.

alcohol *nm* alcohol; ~ **absoluto** absolute *o* pure alcohol; ~ **metilado** *o* **metílico** methylated spirit; **lámpara de ~** spirit lamp.

alcohólico/a 1 *adj* alcoholic; **no ~** *(bebida)* non-alcoholic, soft. **2** *nm/f* alcoholic.

alcoholismo *nm* alcoholism.

alcoholizado/a *nm/f* alcoholic; **morir ~** to die of alcoholism.

alcoholizar [1f] **1** *vt* to alcoholize. **2 alcoholizarse** *vr* to drink heavily.

alcoholómetro *nm* breathalyser.

alcor *nm* hill.

Alcorán *nm* Koran.

alcornoque *nm* **(a)** cork tree. **(b)** *(fam)* idiot.

alcorza *nf (Culin)* icing.

alcorzar [1f] *vt (Culin)* to ice.

alcotana *nf* pickaxe.

alcubilla *nf (gen)* tank; *(en rascacielos)* water tower.

alcurnia *nf* ancestry, lineage.

alcuza *nf* olive-oil bottle, cruet.

aldaba *nf (de puerta)* (door) knocker; *(cerrojo)* bolt, latch; **tener buenas ~s** to have friends in the right places.

aldabada *nf* knock (on the door); **dar ~s en** to knock at.

aldabilla *nf* latch.

aldabón *nm (aldaba)* large (door) knocker; *(asa)* handle.

aldabonazo *nm* bang, loud knock (on the door); **dar ~s en** to bang at.

aldea *nf* (small) village, hamlet.

aldeano/a 1 *adj (de pueblo)* village *(atr)*; *(de campo)* rustic; **gente ~a** country people. **2** *nm/f* villager; **los ~s** the villagers.

aleación *nf (proceso)* alloying; *(efecto)* alloy.

alear[1] [1a] *vt (Téc)* to alloy.

alear[2] [1a] *vi* **(a)** *(Orn)* to flutter, flap (its wings). **(b)** *(Med)* to convalesce, recuperate.

aleatorio *adj* random, contingent.

alebrarse [1k] *vr* to lie flat; *(fig)* to cower.

aleccionador *adj* instructive, enlightening; *(castigo etc)* exemplary.

aleccionamiento *nm (gen)* instruction, enlightenment; *(Pol etc: euf)* repression.

aleccionar [1a] *vt (gen)* to instruct, enlighten; *(castigar)* to teach a lesson to; *(regañar)* to lecture.

alechado *adj (LAm)* milky.

alechugar [1h] *vt* to frill.

aledaño/a 1 *adj* adjoining, bordering. **2** *nm* boundary, limit; **~s** outskirts.

alegación *nf (Jur etc)* allegation.

alegar [1h] **1** *vt* **(a)** *(Jur etc)* to allege; ~ **que ...** to claim *o* assert that ... . **(b)** *(citar: dificultad etc)* to plead; *(: autoridad)* to quote; *(: razones)* to put forward, adduce. **(c)** *(LAm)* to argue against, dispute. **2** *vi (LAm)* to argue.

alegato *nm (Jur: escrito)* indictment; *(: oral)* allegation; *(declaración)* statement, assertion.

alegoría *nf* allegory.

alegórico *adj* allegoric(al).

alegrar [1a] **1** *vt* **(a)** *(gen)* to cheer (up), gladden; **eso les alegró a tope** that made them very happy. **(b)** *(fig: avivar)* to enliven, brighten up; *(fuego)* to poke. **(c)** *(toro)* to excite, stir up. **2 alegrarse** *vr* **(a)** *(estado)* to be glad *o* happy; **me alegro muchísimo** I'm delighted; ~ **con** *o* **de** *o* **por** to be glad about; ~ **de hacer algo** to be glad *o* be happy to do sth; **me alegro de saberlo** I am glad to hear it. **(b)** *(acto)* to cheer up (*de* at); **con esto empezó a ~** at this he began to cheer up. **(c)** *(fam)* to get merry *o* tipsy.

alegre *adj* **(a)** *(individuo: estado)* happy, glad; *(carácter)* cheerful; *(música etc)* cheerful; *(noticia)* good, cheering; ~ **de corazón** light-hearted. **(b)** *(atrevido)* bold, reckless. **(c)** *(chiste)* risqué, blue. **(d)** *(vida)* fast, immoral. **(e)** *(fam)* **estar ~** to be merry *o* tipsy.

alegría *nf* **(a)** *(gen)* happiness, joy; *(satisfacción)* gladness; *(optimismo)* cheerfulness; *(regocijo)* merriment; *(fig: dolores)* brightness; **¡qué ~!** how marvellous!, that's splendid!; ~ **vital** joie de vivre; **saltar de ~** to jump for joy. **(b)** *(Méx fam)* mistress. **(c)** **~s** public rejoicings, festivities.

alegrón *nm* **(a)** *(en fuego)* sudden blaze, flare-up. **(b)** *(fig)* sudden joy.

alejamiento *nm (entre amigos)* estrangement; *(Pol)* removal; *(acto)* withdrawal; *(característica)* aloofness.

alejar [1a] **1** *vt* **(a)** *(gen)* to remove, move away (*de* from); *(Pol)* to sack, dismiss; *(sospechas)* to divert; *(deshacerse de)* to get rid of. **(b)** *(fig)* to cause a rift between; *(separar)* to keep apart, separate. **2 alejarse** *vr* to move *o* go away (*de* from); *(no participar)* to remain aloof; *(dejar de participar)* to distance o.s.; *(peligro)* to recede; *(ruido)* to grow fainter.

alelado *adj (atontado)* stupefied, bewildered; *(bobo)* foolish, stupid.

alelamiento *nm* bewilderment.

alelar [1a] **1** *vt* to stupefy, bewilder. **2 alelarse** *vr* to be stupefied *o* bewildered.

aleluya 1 *nm o nf (Mús)* hallelujah. **2** *nm (Pascuas)* Easter time. **3** *nf (Arte)* Easter print; *(LAm)* frivolous excuse; **estar de ~** to rejoice.

alemán/ana 1 *adj, nm/f* German. **2** *nm (Ling)* German.

Alemania *nf* Germany.

alentada *nf* big *o* deep breath; **de una ~** in one go.

alentado *adj* brave; *(RPl)* strong, vigorous.

alentador *adj* encouraging.

alentar [1k] **1** *vt* **(a)** *(gen)* to encourage, hearten; *(oposición)* to stiffen; *(esperanzas)* to raise. **(b)** *(LAm)* to clap, applaud. **2 alentarse** *vr* **(a)** to take heart, cheer up. **(b)** *(Med)* to get well. **(c)** *(CAm)* to give birth (*de* to).

alerce *nm* larch (tree).

alergia *nf* allergy.

alérgico *adj* allergic (*a* to).

alero *nm (Arquit)* eaves; *(Aut)* mudguard, *(US)* fender, wing.
alerón *nm* aileron.
alerta 1 *interj* watch out! **2** *adj, adv* alert, watchful; **estar (ojo) ~** to be on the alert; **todos los servicios de auxilio están ~(s)** all the rescue services are on stand-by. **3** *nm* alert.
alertar [1a] *vt* to alert.
aleta *nf (Aut)* wing; *(Aer, Mec)* blade; *(de pez)* fin; *(de foca)* flipper.
aletargado *adj* drowsy, lethargic.
aletargamiento *nm* drowsiness, lethargy.
aletargar [1h] **1** *vt* to make drowsy, make lethargic. **2 aletargarse** *vr* to grow drowsy, become lethargic.
aletear [1a] *vi (ave)* to flutter, flap its wings; *(pez)* to move its fins; *(individuo)* to wave one's arms.
aleteo *nm (ave)* fluttering, flapping (of the wings); *(pez)* movement of the fins; *(fig)* palpitation.
aleudar [1a] **1** *vt* to leaven. **2 aleudarse** *vr* to rise.
alevín *nm*, **alevino** *nm* fry, young fish.
alevosía *nf* treachery; *(Jur)* premeditation; **con ~** cold-bloodedly.
alevoso/a 1 *adj* treacherous. **2** *nm/f* traitor.
alfa *nf* alpha.
alfabético *adj* alphabetic(al).
alfabetización *nf (gen)* teaching people to read and write; **campaña de ~** literacy campaign *o* drive.
alfabetizar [1f] *vt* **(a)** *(clasificar)* to arrange alphabetically. **(b)** *(enseñar)* to teach to read and write.
alfabeto *nm* alphabet; **~ Morse** Morse code.
alfalfa *nf* lucerne, alfalfa.
alfandoque *nm* **(a)** *(LAm Culin)* cheesecake. **(b)** *(LAm Mús)* maraca.
alfanje *nm* cutlass; *(Méx Agr)* machete.
alfaque *nm (Náut)* bar, sandbank.
alfar *nm (taller)* potter's workshop; *(arcilla)* clay.
alfarería *nf (arte)* pottery; *(tienda)* pottery shop.
alfarero *nm* potter.
alféizar *nm (Arquit: gen)* splay, embrasure; *(: tablilla)* window-sill.
alfeñicarse [1g] *vr (fam)* **(a)** *(enflaquecerse)* to get terribly thin. **(b)** *(remilgarse)* to be very prim and proper.
alfeñique *nm* **(a)** *(Culin)* barley sugar. **(b)** *(fam)* seven-stone weakling *(fam)*. **(c)** *(remilgo)* affectation, primness.
alferecía *nf* epilepsy.
alférez *nm (Mil)* second lieutenant, subaltern; *(LAm Rel)* official standard bearer (in processions); **~ de navío** *(Náut)* sub-lieutenant.
alfil *nm (Ajedrez)* bishop.
alfiler *nm (gen)* pin; *(brocha)* brooch, clip; **~es** pin money; **~ de corbata** tiepin; **~ de gancho** *(Arg)* safety pin; **~ de sombrero** hatpin; **aquí ya no cabe ni un ~** you can't squeeze anything else in; **prendido con ~es** shaky, hardly hanging together; **vestido con 25 ~es** dressed up to the nines.
alfilerar [1a] *vt* to pin together, pin up.
alfilerazo *nm* pinprick.
alfiletero *nm* needle case.
alfombra *nf (gen)* carpet; *(pequeña)* rug, mat; **~ de baño** bathmat.
alfombrado *nm* carpeting.
alfombrar [1a] *vt* to carpet.
alfombrero *nm (fabricante)* carpet maker; *(vendedor)* carpet dealer.
alfombrilla *nf* **(a)** rug, mat. **(b)** *(Med)* German measles; *(Méx)* smallpox.
alforfón *nm* buckwheat.
alforja *nf (gen)* saddlebag; *(en bicicleta)* pannier; **~s** *(fig)* provisions (for a journey).
alforza *nf (Cos)* pleat, tuck; *(fig)* slash, scar.
alforzar [1f] *vt (Cos)* to pleat, tuck.
alga *nf* seaweed, alga.
algalia *nf* **(a)** *(perfume)* civet. **(b)** *(Med)* catheter.
algarabía *nf* **(a)** *(Hist)* Arabic. **(b)** *(fam: habla)* double Dutch *(fam)*, gibberish; *(griterío)* hullabaloo.
algarada *nf (Mil)* raiding party; *(gritería)* outcry; **hacer** *o* **levantar una ~** to kick up a tremendous fuss.
algarrobo *nm* carob tree, locust tree.
algazara *nf* din, uproar.
álgebra *nf* algebra.
algebraico *adj* algebraic.
álgido *adj* icy, chilly; *(momento etc)* crucial, decisive.
algo 1 *pron* **(a)** something; **habrá ~ para ti** there will be something for you; **~ es ~** something is better than nothing; **¡por ~ será!** *(gen)* there must be a reason behind *o* for it; *(de individuo)* he *etc* can't have done it for no reason at all; **sé ~ de inglés** I know a little English. **(b)** *(frases interrogativas y negativas)* anything; **¿pasa ~?** is anything the matter?; **¿hay ~ para mí?** is there anything for me? **2** *adv* rather, somewhat; **es ~ difícil** it's a bit awkward.
algodón *nm (tela)* cotton; *(Med)* swab; *(Bot)* cotton plant; *(tb* **~ hidrófilo**) cotton wool, *(US)* absorbent cotton; *(de azúcar)* candy floss; **~ pólvora** guncotton; **~ en rama** raw cotton; **se crió entre ~es** he was always pampered.
algodonal *nm* cotton plantation.
algodonero 1 *adj* cotton *(atr)*. **2** *nm* **(a)** *(Com)* cotton dealer. **(b)** *(Bot)* cotton plant.
algodonosa *nf* cotton grass.
alguacil *nm (Hist)* governor; *(Jur)* bailiff, constable; *(Taur)* mounted official.
alguien *pron (gen)* someone, somebody; *(en frases interrogativas y negativas)* anybody; **si ~ viene** if somebody *o* anybody comes; **¿viste a ~?** did you see anybody?; **para ~ que conozca la materia** for anyone who is familiar with the subject.
alguno/a 1 *adj* (**algún** *before m sing n*) **(a)** *(precediendo n)* some, any; **algún obispo lo dijo** some bishop said so; **hubo ~as dificultades** *(varias)* there were some difficulties; *(pocas)* there were a few difficulties; **algún libro que otro** some book or other; **por ~a que otra razón** for some reason or other. **(b)** *(en frases negativas o después de n)* **no tiene talento ~** he has no talent, he hasn't any talent, he has no talent at all; **sin duda ~a** definitely, without a shadow of a doubt; **sin interés ~** without the slightest interest.
2 *pron* **(a)** some; *(alguien)* someone, somebody; **~ de ellos** one of them; **~ que otro** one or two; **~ dijo que ...** someone *o* somebody said that .... **(b) ~s** some, a few; **~s son buenos** some are good; **vimos ~s** we saw a few.
alhaja *nf (joya)* jewel, gem; *(fig)* treasure, gem.
alharaca *nf* fuss; **hacer ~s** to make a fuss, make a great song and dance.
alhelí *nm* wallflower, stock.
alheña *nf (Bot)* privet.
alhóndiga *nf* corn exchange.
alhucema *nf* lavender.
aliacán *nm* jaundice.
aliado/a 1 *adj* allied. **2** *nm/f* ally; **los A~s** the Allies.
alianza *nf* **(a)** *(gen)* alliance; **A~** *(Rel)* Covenant. **(b)** *(anillo)* wedding ring.

aliar [1c] **1** *vt* to ally, bring into an alliance. **2 aliarse** *vr* to form an alliance; ~ **con** to ally o.s. with, side with.
alias *adv, nm inv* alias.
alicaído *adj (Med)* drooping, weak; *(fig)* downcast, depressed.
alicates *nmpl* pliers, pincers.
aliciente *nm* incentive, inducement; **ofrece el ~ de ...** it has the attraction of ... .
alienación *nf* alienation; *(Med)* alienation, mental derangement.
alienado/a 1 *adj* insane, mentally ill. **2** *nm/f* lunatic, mad person.
alienar [1a] *vt véase* **enajenar.**
alienista *nmf* specialist in mental illness, psychiatrist.
aliento *nm* **(a)** *(un ~)* breath; *(Med)* breathing, respiration; ~ **fétido** bad breath; **de un ~** *(lit)* in one breath; *(fig)* in one go; **aguantar** *o* **contener el ~** to hold one's breath; **dar los últimos ~s** to breathe one's last; **estar sin ~** to be out of breath; **tomar ~** to pause, take breath. **(b)** *(fig)* courage, spirit; **cobrar ~** to take heart; **dar ~ a** to encourage.
alifafe *nm (fam)* ailment.
aligación *nf* bond, tie.
aligeramiento *nm* **(a)** *(véase vt)* lightening; easing, alleviation. **(b)** *(aceleración)* speeding-up.
aligerar [1a] **1** *vt* to lighten; *(dolor)* to ease, relieve, alleviate; *(abreviar)* to shorten; *(acelerar)* to quicken. **2 aligerarse** *vr (darse prisa)* to hurry; *(carga)* to get lighter; ~ **de ropa** to put on lighter clothing.
aligustre *nm* privet.
alijadora *nf* electric sander.
alijar[1] [1a] *vt (Téc)* to sand.
alijar[2] [1a] *vt (aligerar)* to lighten; *(barco)* to unload.
alijo *nm* **(a)** *(Náut)* unloading. **(b)** *(contrabando)* contraband, smuggled goods.
alimaña *nf (Zool)* pest; *(fam: persona)* bloodsucker *(fam)*.
alimentación *nf* **(a)** *(acción)* feeding, nourishment; *(comida)* food; *(fig)* nurture, fostering; ~ **insuficiente** malnutrition. **(b)** *(Téc)* feed; *(Elec)* supply; **bomba de ~** feed pump.
alimentador *nm (Téc)* feeder.
alimentar [1a] **1** *vt* **(a)** *(dar de comer a)* to feed; *(suj: comida)* to nourish, be nourishing. **(b)** *(fig: familia)* to maintain, support; *(: esperanza)* to cherish; *(: ideas)* to foster; *(: pasión)* to feed, add fuel to. **(c)** *(Téc)* to feed; *(horno)* to feed, stoke *(de* with*)*; *(Elec)* to supply. **2 alimentarse** *vr* to feed *(con, de* on*)*.
alimenticio *adj* **(a)** *(nutritivo)* nourishing, nutritive. **(b)** *(relativo a comida)* food *(atr)*.
alimentista *nmf* pensioner.
alimento *nm* **(a)** *(gen)* food. **(b)** *(apoyo)* encouragement, support. **(c)** ~**s** maintenance allowance *sg*, *(US)* alimony *sg*.
alindar[1] [1a] *vt* to embellish, beautify.
alindar[2] [1a] **1** *vt (finca etc)* to mark out the boundaries of. **2** *vi* to adjoin, be adjacent.
alineación *nf* **(a)** *(Téc)* alignment; **estar fuera de ~** to be out of alignment, be out of true. **(b)** *(Dep etc)* line-up.
alineado *adj*: **países no ~s** non-aligned countries.
alineamiento *nm* = **alineación.**
alinear [1a] **1** *vt (Téc)* to align; *(alumnos etc)* to line up, put into line; *(Mil)* to form up; *(fig)* to bring into line *(con* with*)*. **2 alinearse** *vr* to line up; *(Mil)* to fall in.
aliñar [1a] *vt* **(a)** *(adornar)* to adorn, embellish. **(b)** *(preparar)* to prepare; *(Culin)* to dress, season. **(c)** *(Chi, RPl: hueso)* to set.
aliño *nm (adorno)* adornment, embellishment; *(aseo)* neatness; *(preparación)* preparation; *(Culin)* dressing, seasoning.
aliquebrado *adj* crestfallen.
alisadura *nf* smoothing; ~**s** shavings.
alisar [1a] *vt (vestidos)* to smooth (down); *(pelo)* to smooth, sleek; *(Téc)* to polish.
alisios *nmpl*: **vientos ~** trade winds.
aliso *nm* alder (tree).
alistamiento *nm (gen)* enrolment; *(Mil)* enlistment.
alistar [1a] **1** *vt* **(a)** *(registrar)* to list, put on a list; *(matricular)* to enrol; *(Mil)* to enlist. **(b)** *(preparar)* to prepare, make ready. **2 alistarse** *vr* **(a)** *(matricularse)* to enrol; *(Mil)* to enlist, join up. **(b)** *(prepararse)* to get ready; *(LAm: vestirse)* to dress up.
aliteración *nf* alliteration.
alitranca *nf (Chi, Per)* brake.
aliviadero *nm* overflow channel.
aliviar [1b] **1** *vt* **(a)** *(aligerar)* to lighten; *(dolor)* to ease, relieve; *(fig: consolar)* to soothe. **(b)** *(acelerar)* to speed up; *(paso)* to quicken. **2 aliviarse** *vr* **(a)** *(dolor)* to diminish, ease off; *(enfermo)* to get better, recover; **¡que se alivie!** get better soon! **(b)** *(fig)* to unburden o.s. *(de* of*)*.
alivio *nm* relief; *(de dolor)* easing; *(de penas)* alleviation; *(mejora)* improvement; *(medicina)* remedy; ~ **de luto** half-mourning; **¡que siga el ~!** I hope you continue to improve!
aljaba *nf* **(a)** quiver. **(b)** *(LAm)* fuchsia.
aljibe *nm* **(a)** *(tanque)* cistern, tank; *(Náut)* tanker. **(b)** *(Per)* dungeon.
aljófar *nm* pearl; *(rocío)* dewdrop.
aljofifa *nf* floorcloth.
aljofifar [1a] *vt* to wash, mop.
alma *nf* **(a)** *(gen)* soul; *(espíritu)* spirit. **(b) un pueblo de 2,000 ~s** a village of 2,000 inhabitants. **(c)** *(persona)* soul, person; **¡~ mía!** my darling; ~ **bendita** innocent, simple soul. **(d)** *(fig)* lifeblood, life and soul. **(e)** *(Bot)* pith; *(Téc: de cable)* core; *(de cañón)* bore. **(f)** *(locuciones)* **le arrancó el ~** he was deeply shocked; **se le cayó el ~ a los pies** he became very disheartened; **se echó el ~ a las espaldas** he wasn't in the least worried; **entregar el ~** to pass away *o* on; **estar con el ~ en la boca** to be scared to death; **hablar al ~** to speak from the heart; **hacer algo con toda el ~** to do sth with all one's heart; **se le fue el ~ tras la muñeca** she would have sold her soul for the doll; **me llegó al ~** it really struck home; **rompe el ~ verlo** it breaks one's heart to see it; **lo siento en el ~** I am truly sorry; **estar con** *o* **tener el ~ en un hilo** to have one's heart in one's mouth; **tener mucha ~, tener el ~ bien puesta** to be undaunted; **no tener ~** to be pitiless; **le volvió el ~ al cuerpo** he recovered his composure. **(g) estar como ~ en pena** to suffer, be terribly sad; **estar como un ~ perdida** to be lost; **ir como ~ que lleva el diablo** to go at breakneck speed.
almacén *nm* **(a)** *(depósito)* warehouse, store; ~ **de depósito** bonded warehouse; **tener algo en ~** to have sth in store. **(b)** *(Mec, Mil etc)* magazine. **(c)** *(Com)* shop, store; **(grandes) ~es** department store *sg*; **A~es Pérez** Pérez Department Store.
almacenaje *nm* **(a)** *(servicio)* storage, storing; ~ **frigorífico** cold storage. **(b)** *(gastos)* storage charge.
almacenamiento *nm* warehousing; *(Comput)* storage.

almacenar [1a] *vt* **(a)** *(como negocio)* to store, warehouse; *(Comput)* to store; *(suj: cliente)* to put into storage. **(b)** *(guardar)* to keep, collect; *(rencor)* to store up.
almacenero *nm* storekeeper, warehouseman; *(LAm)* shopkeeper.
almacenista *nm* wholesaler.
almáciga *nf*, **almácigo** *nm* plantation, nursery.
almádena *nf* sledgehammer.
almadreña *nf* wooden shoe, clog.
almagre *nm* red ochre.
almanaque *nm* almanac; **hacer ~s** to muse; **echar a uno vendiendo ~s** *(RPl)* to send sb away with a flea in his ear.
almazara *nf* oil mill, oil press.
almeja *nf* clam.
almenara *nf* beacon.
almenas *nfpl* battlements.
almendra *nf* **(a)** *(Bot)* almond; **~ amarga/garapiñada** bitter/sugar almond. **(b)** *(semilla)* kernel, stone.
almendrada *nf* almond milk shake.
almendrado 1 *adj* almond-shaped; **de ojos ~s** almond-eyed. **2** *nm* macaroon.
almendral *nm* almond orchard.
almendro *nm* almond tree.
almiar *nm* hayrick.
almíbar *nm* syrup; **peras en ~** pears in syrup; **estar hecho un ~** to be all sweet and kind.
almibarado *adj* syrupy; *(dulce)* honeyed, oversweet; *(meloso)* sugary.
almibarar [1a] *vt* to preserve *o* serve in syrup; **~ las palabras** to use honeyed words.
almidón *nm* starch.
almidonado *adj* starched; *(fig)* dapper, spruce.
almidonar [1a] *vt* to starch.
almilla *nf* **(a)** *(jubón)* bodice. **(b)** *(Téc)* tenon. **(c)** *(Culin)* breast of pork.
alminar *nm* minaret.
almirantazgo *nm* admiralty.
almirante *nm* admiral.
almirez *nm* mortar.
almizcle *nm* musk.
almizclera *nf* muskrat, musquash.
almizclero *nm* musk deer.
almocafre *nm* weeding hoe.
almodrote *nm* cheese and garlic sauce; *(fig)* hotch-potch.
almohada *nf* *(gen)* pillow; *(funda)* pillowcase; **~ neumática** air cushion; **aconsejarse con la ~, consultar algo con la ~** to sleep on sth.
almohadilla *nf* small pillow; *(LAm)* pincushion; *(Téc)* pad, cushion; **~ de entintar** inkpad.
almohadillado 1 *adj (acolchado)* padded, stuffed; *(Arquit)* dressed. **2** *nm* dressed stone.
almohadón *nm* large pillow, bolster; *(Rel)* hassock.
almohaza *nf* currycomb.
almoneda *nf (subasta)* auction; *(liquidación)* clearance sale.
almoned(e)ar [1a] *vt* to auction.
almorranas *nfpl (Med)* piles.
almorzar [1f, 1m] **1** *vt (a mediodía)* to have for lunch, lunch on; *(desayunar)* to have for breakfast *o* brunch. **2** *vi (a mediodía)* to lunch, have lunch; *(desayunar)* to have breakfast.
almuecín *nm*, **almuédano** *nm* muezzin.
almuercería *nf (Méx)* lunch counter.
almuerzo *nm (a mediodía)* lunch; *(desayuno)* breakfast, brunch.
alocado/a 1 *adj (loco)* crazy, mad; *(irresponsable)* wild; *(distraído)* scatterbrained. **2** *nm/f* madcap.
alocar [1g] **1** *vt* to drive mad. **2 alocarse** *vr* to fly off the handle *(fam)*.
alocución *nf* allocution.
áloe *nm (Bot)* aloe; *(Farm)* aloes.
alojado/a *nm/f (LAm)* guest, lodger.
alojamiento *nm (gen)* lodging(s); *(Mil)* billet, quarters; **buscarse ~** to look for lodgings.
alojar [1a] **1** *vt (hospedar)* to lodge, accommodate; *(Mil)* to billet, quarter. **2 alojarse** *vr* to lodge, be lodged; *(Mil)* to be billeted *o* quartered; **~ en** to stay *o* put up at.
alón *nm* wing (of chicken *etc*).
alondra *nf* lark, skylark.
alopecia *nf* alopecia.
alpaca *nf (animal, lana)* alpaca.
alpargata *nf* rope-soled *o* canvas sandal.
alpargatilla *nmf* crafty person.
alpende *nm* shed, lean-to.
Alpes *nmpl* Alps.
alpestre *adj* Alpine; *(fig)* mountainous.
alpinismo *nm* mountaineering, climbing.
alpinista *nmf* mountaineer, climber.
alpino *adj* Alpine.
alpiste *nm* **(a)** *(semillas)* birdseed, canary seed. **(b)** *(LAm fam: dinero)* brass; *(RPl fam: alcohol)* drink, booze.
alquería *nf* farmhouse, farmstead.
alquiladizo/a 1 *adj* for rent, for hire. **2** *nm/f* hireling.
alquilador(a) *nm/f* **(a)** *(usuario: de aparato)* renter, hirer; *(: de oficina etc)* tenant, lessee. **(b)** *(propietario: de inmuebles)* landlord; *(: de aparatos)* owner.
alquilar [1a] **1** *vt* **(a)** *(suj: propietario: inmuebles)* to let, rent (out); *(Aut)* to hire (out); *(TV)* to rent (out). **(b)** *(suj: usuario: inmuebles)* to rent; *(Aut)* to hire; *(TV)* to rent. **2 alquilarse** *vr* **(a)** *(inmuebles)* to be let (*en* at, for); **'se alquila'** 'to let', *(US)* 'for rent'. **(b)** *(taxi etc)* to be for hire. **(c)** *(individuo)* to hire o.s. out.
alquiler *nm* **(a)** *(acción: inmuebles)* letting, renting; *(Téc)* plant hire; *(Aut etc)* hire, hiring; **de ~** for *o* on hire. **(b)** *(precio: gen)* rent, rental; *(: Aut etc)* hire charge; **control de ~es** rent control; **exento de ~es** rent-free; **pagar el ~** to pay the rent; **subir el ~ a uno** to raise sb's rent.
alquimia *nf* alchemy.
alquimista *nm* alchemist.
alquitara *nf* still.
alquitarar [1a] *vt* to distil.
alquitrán *nm* tar; **~ de hulla** *o* **mineral** coal tar.
alquitranado 1 *adj* tarred, tarry. **2** *nm (de carretera)* tarmac; *(lienzo)* tarpaulin.
alquitranar [1a] *vt* to tar; *(carretera)* to tarmac.
alrededor 1 *adv* around, about; **todo ~** all around. **2** *prep* **(a) ~ de** around, about; **todo ~ de la iglesia** all around the church; **mirar ~ de sí** to look about one. **(b) ~ de** *(aproximadamente)* about, in the region of; **~ de 200** about 200. **3** *nm*: **mirar a su ~** to look about one; **~es** surroundings, neighbourhood *sg*; *(de ciudad)* outskirts, environs; **en los ~es de Londres** in the area round London.
alta *nf (Med)* (certificate of) discharge from hospital; **dar a uno de ~** *(Med)* to discharge sb; *(Mil)* to pass sb (as) fit; **darse de ~** to join, enrol; *(Med)* to return to duty; *(Dep)* to declare o.s. fit.
altanería *nf* **(a)** *(altivez)* haughtiness, arrogance. **(b)** *(Caza)* hawking, falconry.
altanero *adj* **(a)** *(altivo)* haughty, arrogant. **(b)** *(Orn)* high-flying.
altar *nm* altar; **~ mayor** high altar; **quedarse para adornar ~es** to be left on the shelf.
altavoz *nm (Rad)* loudspeaker; *(Elec)* amplifier.

alterabilidad *nf* changeability.
alteración *nf* **(a)** *(cambio)* alteration, change. **(b)** *(aturdimiento)* upset, disturbance; *(Med)* irregularity of the pulse; ~ **del orden público** breach of the peace. **(c)** *(riña)* quarrel, dispute.
alterado *adj (gen)* changed; *(orden etc)* disturbed; *(enfadado)* angry; *(Med)* upset, disordered.
alterar [1a] **1** *vt* **(a)** *(cambiar)* to alter, change; *(Med)* to change for the worse. **(b)** ~ **el orden etc**) to disturb the peace, be disruptive. **(c)** *(agitar)* to stir up, agitate; *(enfadar)* to anger. **2 alterarse** *vr* **(a)** *(cambiar)* to alter, change. **(b)** *(comida)* to go bad, go off; *(leche etc)* to go sour. **(c)** *(voz)* to falter. **(d)** *(agitarse)* to get upset, become agitated; *(LAm: enfadarse)* to get angry; **siguió sin** ~ he went on unabashed; **¡no te alteres!** keep calm!
altercación *nf*, **altercado** *nm* argument, altercation.
altercar [1g] *vi* to argue, quarrel.
álter ego *nm* alter ego.
alternación *nf* alternation.
alternado *adj* alternate.
alternador *nm (Elec)* alternator.
alternante *adj* alternating.
alternar [1a] **1** *vt* to alternate, vary; *(Agr)* to rotate. **2** *vi* **(a)** to alternate (*con* with); *(Téc)* to alternate, reciprocate; *(hacer turno)* to take turns, change about; *(rutina etc)* to vary; ~ **a los mandos** to take turns at the controls. **(b)** *(participar)* to mix, socialize; ~ **con un grupo** to mix *o* go around with a group; ~ **con la gente bien** to hobnob with top people; ~ **de igual a igual** to be on an equal footing.
alternativa *nf* **(a)** *(opción)* option, choice; **no tener** ~ to have no alternative. **(b)** *(sucesión)* alternation; *(trabajo de turnos)* shift work; ~ **de cosechas** crop rotation. **(c)** *(Taur)* **tomar la** ~ to become a fully qualified bullfighter.
alternativo *adj (Elec etc)* alternating.
alterno *adj (Bot, Mát etc)* alternate; *(Elec)* alternating.
alteza *nf* **(a)** *(altura)* height. **(b)** *(fig)* sublimity; ~ **de miras** high-mindedness. **(c)** *(título)* **A~** Highness; **Su A~ Real** His *o* Her Royal Highness; **sí, A~** yes, your Highness.
altibajos *nmpl* ups and downs.
altilocuencia *nf* grandiloquence.
altilocuente *adj*, **altílocuo** *adj* grandiloquent.
altillo *nm* **(a)** *(Geog)* small hill, hillock. **(b)** *(LAm)* attic.
altímetro *nm* altimeter.
altiplanicie *nf* plateau, meseta.
altiplano *nm (LAm: de las Andes)* high Andean plateau, high Andes; *(gen)* plateau.
altísimo *adj* very high; **el A~** the Almighty.
altisonante *adj* high-flown, high-sounding.
altitud *nf (Aer)* height, altitude; *(Geog)* elevation; **a una ~ de** at a height of.
altivarse [1a] *vr* to give o.s. airs.
altivez *nf* haughtiness, arrogance.
altivo *adj* haughty, arrogant.
alto[1] **1** *adj* **(a)** *(gen)* high; *(edificio, individuo)* tall; *(clase, cuerpo legislativo)* upper; *(Escol etc)* advanced; **el muro tiene 5 metros de** ~ the wall is 5 metres high; **él tiene 1,80 de** ~ he is 1.80 metres tall; **lanzar algo de lo** ~ to throw sth down (from above); **desde lo** ~ **del árbol** from the top of the tree; **estar en (lo)** ~ to be up high, be high up, be up on top; **estar en lo** ~ **de la escalera** to be at the top of the stairs; **pasó por lo** ~ it passed overhead. **(b)** *(Geog)* upper; **en ~a mar** on the high seas; **pesca de ~a mar** deep-sea fishing; **el A~ Rin** the Upper Rhine. **(c)** **estar** ~ *(río)* to be in spate, be swollen; *(mar)* to be rough. **(d)** *(fig)* lofty, elevated; **un** ~ **sentido del deber** a high sense of duty. **(e)** *(hora)* late, advanced; **en las ~as horas** in the small hours. **(f)** *(sonido)* high, loud; **en ~a voz** *(leer)* aloud, out loud; *(hablar)* in a loud voice. **(g)** *(Mús: nota)* sharp; *(: voz)* alto. **(h)** *(Hist, Ling)* high; ~ **antiguo alemán** Old High German.

2 *adv* **(a)** high (up); **lanzar algo** ~ to throw sth high. **(b)** **hablar** ~ *(lit)* to speak loudly; *(fig)* to speak out (frankly); **poner la radio más** ~ to turn the radio up; **¡más ~, por favor!** louder, please!

3 *nm* **(a)** *(Geog)* hill, height. **(b)** *(Arquit)* upper floor. **(c)** *(LAm)* pile, stock. **(d)** *(Mús)* alto. **(e)** **~s y bajos** ups and downs. **(f)** **pasar por** ~ *(sin querer)* to overlook, forget; *(a propósito)* to pass over, ignore.
alto[2] **1** *nm* halt, stop; **dar el** ~ **a uno** to order sb to halt; **hacer** ~ to halt, stop. **2** *interj* halt!, stop!; **¡~ ahí!** halt!; **¡~ el fuego!** cease fire!
altoparlante *nm (LAm)* loudspeaker.
altramuz *nm* lupin.
altruísmo *nm* altruism.
altruísta **1** *adj* altruistic. **2** *nmf* altruist.
altura *nf* **(a)** *(gen)* height; *(Aer)* altitude; *(agua)* depth; ~ **de la vegetación** timber line; **a una ~ de 600 m** at a height of 600 m; **tiene 5 m de** ~ it is 5 m high; **él tiene 1,80 m de** ~ he is 1.80 m tall; **ganar** *o* **tomar** ~ *(Aer)* to climb, gain height. **(b)** *(fig)* **estar a la** ~ **de una tarea** to be up *o* equal to a task; **estar a la** ~ **de las circunstancias** to rise to the occasion; **estar a la** ~ **del tiempo** to be abreast of the times. **(c)** *(Geog)* latitude; **a la ~ de** on the same latitude as. **(d)** *(Náut)* high seas, open sea; **pesca de** ~ deep-sea fishing. **(e)** *(Mús)* pitch. **(f)** *(fig)* sublimity, loftiness; **ha sido un partido de gran** ~ it has been a really excellent game. **(g)** **~s** *(Geog)* heights; *(Rel)* heaven *sg;* **a estas ~s** *(tiempo)* at this point, at this stage; *(estando aquí)* having come this far.
alubia *nf* kidney bean.
alucinación *nf* hallucination, delusion.
alucinador *adj (ilusorio)* hallucinatory; *(engañoso)* deceptive.
alucinar [1a] **1** *vt (engañar)* to delude, deceive; *(hipnotizar)* to fascinate. **2** *vi* to hallucinate. **3 alucinarse** *vr* to delude o.s.
alucinógeno/a **1** *adj* hallucinogenic. **2** *nm/f (fam)* acid-head *(fam)*. **3** *nm (Med)* hallucinogen.
alud *nm* avalanche; *(fig)* wave.
aludido *adj* aforesaid, above-mentioned; **darse por** ~ to take the hint.
aludir [3a] *vi:* ~ **a** to allude to, mention.
alumbrado/a **1** *adj (fam)* drunk. **2** *nm* lighting, illumination; ~ **público** street lighting. **3** *nm/f (Rel)* **los A~s** the Illuminati.
alumbramiento *nm* **(a)** *(Elec: acción)* lighting-up; *(: sistema)* lighting, illumination. **(b)** *(Med)* childbirth; **tener un feliz** ~ to have a safe delivery.
alumbrar [1a] **1** *vt* **(a)** *(Elec)* to light (up), illuminate. **(b)** *(individuo)* to light the way for. **(c)** *(ciego)* to give sight to. **(d)** *(fig: asunto)* to shed light on; *(: individuo)* to enlighten. **(e)** *(agua)* to find, strike. **2** *vi* **(a)** to give light, shed light; **esto alumbra bien** this gives a good light. **(b)** *(Med)* to give birth, have a baby. **3 alumbrarse** *vr* to get drunk.
alumbre *nm* alum.
aluminio *nm* aluminium.
alumnado *nm (Univ)* student body; *(Escol)* roll, pupils.

alumno/a *nm/f (Escol)* pupil; *(Univ)* student; ~ **externo** day pupil; ~ **interno** boarder; **antiguo** ~ *(Escol)* old boy, former pupil; *(Univ)* old *o* former student, *(US)* alumnus.
alusión *nf (gen)* allusion; *(mención)* mention, reference; *(indirecta)* hint; **hacer ~ a** to allude to.
alusivo *adj* allusive.
aluvial *adj* alluvial.
aluvión *nf* **(a)** *(Geol)* alluvium; **tierras de ~** alluvial soil(s). **(b)** *(fig)* flood; ~ **de improperios** torrent of abuse.
álveo *nm* riverbed.
alveolar *adj* alveolar.
alvéolo *nm (Anat)* alveolus; *(de panal)* cell; *(fig)* network, honeycomb.
alza *nf* **(a)** *(Fin etc)* rise; **al** *o* **en** ~ *(precio)* rising; **jugar al** ~ *(Fin)* to speculate on a rising market; **cotizarse** *o* **estar en** ~ *(Fin)* to rise, advance; **estar en** ~ *(LAm)* to go up in the world. **(b)** *(Mil)* sight; **~s fijas/graduables** fixed/adjustable sights.
alzada *nf* **(a)** *(de caballos)* height. **(b)** *(Jur)* appeal.
alzado 1 *adj* **(a)** *(gen)* raised, elevated. **(b)** *(Fin: precio)* fixed; *(: quiebra)* fraudulent; **por un tanto** ~ for a lump sum. **(c)** *(Méx: altivo)* proud, haughty; *(Pol)* mutinous. **2** *nm (Arquit)* elevation; *(Tip)* gathering.
alzamiento *nm* **(a)** *(gen)* lifting, raising; *(Com: precio)* rise, increase; *(: en subasta)* higher bid. **(b)** ~ **de bienes** fraudulent bankruptcy. **(c)** *(Pol)* rising, revolt.
alzaprima *nf* **(a)** *(palanca)* lever, crowbar; *(calce)* wedge. **(b)** *(Mús)* bridge.
alzaprimar [1a] *vt* to lever up; *(fig)* to arouse, stir up.
alzar [1f] **1** *vt (gen)* to lift (up), raise (up); *(con grúa etc)* to hoist (up); *(edificio)* to raise; *(mantel)* to remove, put away; *(prohibición)* to lift. **2 alzarse** *vr* **(a)** *(levantarse)* to rise, get up; *(precios etc)* to rise; *(LAm: enorgullecerse)* to pull o.s. up. **(b)** *(amotinarse)* to rise, revolt. **(c)** *(Fin)* to go fraudulently bankrupt. **(d)** ~ **algo,** ~ **con algo** *(LAm)* to steal sth; ~ **con el premio** to carry off the prize.
allá *adv* **(a)** *(lugar)* there, over there; *(dirección)* to that place; ~ **arriba** up there; ~ **en Sevilla** down *o* over in Seville; **más** ~ further away, further over; **más ~ de** beyond; **cualquier número más ~ de** 7 any number higher than 7; **no sabe contar más ~ de 10** she can't count above *o* beyond 10; **el más** ~ the (great) beyond; **por** ~ thereabouts; **vamos** ~ let's go there; **¡~ voy!** I'm coming!; ~ **lo veremos** *(fig)* we'll sort that one out later. **(b)** ~ **tú** that's up to you, that's your problem; **¡~ él!** that's his lookout! *(fam)*, that's his problem! **(c)** *(tiempo)* ~ **en 1600** (way) back in 1600, as long ago as 1600; ~ **por el año 60** round about 1960.
allanamiento *nm* **(a)** *(nivelación)* levelling; *(alisadura)* smoothing; *(de casa)* search. **(b)** *(Jur)* submission (*a* to). **(c)** ~ **de morada** housebreaking, breaking and entering, burglary.
allanar [1a] **1** *vt* **(a)** *(nivelar)* to level (out), make even; *(alisar)* to smooth (down); *(Mil)* to raze, level to the ground. **(b)** *(problema)* to smooth away, iron out. **(c)** *(Jur: casa: robar)* to break into, burgle; *(: entrar en)* to enter and search. **2 allanarse** *vr* **(a)** *(nivelarse)* to level out *o* off. **(b)** *(derrumbarse)* to fall *o* tumble down. **(c)** *(fig)* to submit, give way; ~ **a** to accept, conform to.
allegado/a 1 *adj* **(a)** near, close; **según fuentes ~as al ministro** according to sources close to the minister. **(b)** *(pariente)* closely related, near; **los más ~s y queridos** one's nearest and dearest. **2** *nm/f* **(a)** *(pariente)* relation, relative. **(b)** *(partidario)* follower.
allegar [1h] **1** *vt* **(a)** *(gen)* to gather (together), collect. **(b)** ~ **una cosa a otra** to put sth near sth else. **(c)** *(añadir)* to add. **2 allegarse** *vr* **(a)** to arrive, approach; ~ **a uno** to go up to sb. **(b)** *(fig)* ~ **a una opinión** to adopt a view.
allende *(Lit)* **1** *adv* on the other side. **2** *prep* beyond; ~ **los mares** beyond the seas; ~ **los Pirineos** on the other side of the Pyrenees; ~ **de eso** besides that.
allí *adv* there; ~ **arriba/dentro** up/in there; **de** ~ from there; *(fig)* and so *o* thus; **de ~ a poco** shortly afterwards; **hasta** ~ as far as that, up to that point; **hasta ~ nomás** *(LAm)* that's the limit; **por** ~ *(lit)* over there, round there; *(fig)* thereabouts.
ama *nf* **(a)** *(gen)* lady of the house, mistress; ~ **de casa** housewife; **¿está el ~?** is the lady in? **(b)** *(dueña)* owner, proprietress; *(de pensión)* landlady; ~ **de llaves** housekeeper. **(c)** foster mother; ~ **de brazos** *(LAm)*, ~ **de cría** *o* **de leche** wet-nurse; ~ **seca** nurse, nursemaid.
amabilidad *nf* kindness; *(cortesía)* courtesy; **tuvo la ~ de acompañarme** he was kind *o* good enough to come with me.
amable *adj* kind, nice; **es Ud muy** ~ you are very kind; **sea tan** ~ *o* **si es tan ~ (como para) ...** *(LAm)* please be so kind as to ...; **ser ~ con uno** to be kind *o* good to sb; **¡qué ~ ha sido Ud en traerlo!** how kind of you to bring it!
amachinarse [1a] *vr (LAm)* to set up house together; **estar** *o* **vivir amachinado con** to live together with.
amado/a 1 *adj* dear, beloved. **2** *nm/f* lover, sweetheart.
amador(a) 1 *adj* loving, fond. **2** *nm/f* lover.
amaestrado *adj (animal)* trained; *(: de circo)* performing.
amaestramiento *nm* training.
amaestrar [1a] *vt* to train, teach; *(caballo)* to break in.
amagar [1h] **1** *vt (amenazar)* to threaten, portend. **2** *vi (gen)* to threaten, be impending; *(Med)* to show the first signs; *(Esgrima etc)* to feint; ~ **a hacer algo** to threaten to do sth, show signs of doing sth. **3 amagarse** *vr* **(a)** *(RPl)* to adopt a threatening posture. **(b)** *(fam: esconderse)* to hide.
amago *nm* **(a)** *(amenaza)* threat; *(fig)* beginning. **(b)** *(Med etc)* sign, symptom. **(c)** *(Esgrima etc)* feint.
amainar [1a] **1** *vt (vela)* to take in, shorten. **2** *vi*, **amainarse** *vr (Met, fig)* to abate; *(esfuerzo etc)* to slacken.
amaitinar [1a] *vt* to spy on.
amalgama *nf* amalgam.
amalgamación *nf* amalgamation.
amalgamar [1a] **1** *vt (Quím etc)* to amalgamate; *(fig)* to combine, blend. **2 amalgamarse** *vr* to amalgamate.
amamantar [1a] *vt* to suckle, nurse.
amancebamiento *nm* common-law union, cohabitation.
amancebarse [1a] *vr* to live together, cohabit.
amanecer 1 *nm* dawn, daybreak; **al** ~ at dawn. **2** [2d] *vi* **(a)** to dawn, begin to get light. **(b)** *(fig)* to appear, begin to show. **(c)** *(persona)* to wake up (in the morning); **amaneció acatarrado** he woke up with a cold.
amanecida *nf* dawn, daybreak.
amanerado *adj* mannered, affected.
amaneramiento *nm* affectation.

amanerarse [1a] *vr* to become affected.
amanezca *nf (Méx)* dawn.
amansa *nf (Chi)* breaking-in.
amansador(a) **1** *nm/f* tamer, trainer. **2** *nm* horse breaker. **3 amansadora** *nf (Arg fig)* waiting room.
amansamiento *nm (de fieras)* taming; *(de caballos)* breaking-in.
amansar [1a] **1** *vt (caballo)* to break in; *(fiera)* to tame; *(individuo)* to tame, subdue; *(pasión etc)* to soothe. **2 amansarse** *vr (individuo)* to calm down; *(pasión etc)* to moderate, abate.
amanse *nm (LAm: véase vt)* breaking-in; taming.
amante **1** *adj* loving, fond; **nación ~ de la paz** peace-loving nation. **2** *nmf* lover. **3** *nf* mistress; **él tuvo muchas ~s** he had many mistresses.
amanuense *nm (gen)* scribe; *(copista)* copyist; *(Pol)* secretary.
amañado *adj* **(a)** *(diestro)* skilful, clever. **(b)** *(falso)* fake, faked.
amañar [1a] **1** *vt* **(a)** *(gen)* to do skilfully, perform cleverly. **(b)** *(pey: resultado etc)* to alter, tamper with; *(: elección)* to rig; *(Fot)* to fake. **2 amañarse** *vr* **(a)** to be skilful, be expert; **~ a hacer algo** to settle down to do sth; **~ con** to get along with. **(b)** *(LAm)* to become accustomed to; **ya se amaña en Quito** he's beginning to feel at home in Quito.
amaño *nm* **(a)** *(habilidad)* skill, expertness; **tener ~ para** to have an aptitude for, be good *o* clever at. **(b)** **~s** *(Téc)* tools; *(fig)* tricks, guile *sg*.
amapola *nf* poppy; **ponerse como una ~** to turn as red as a beetroot.
amar [1a] *vt* to love.
amaraje *nm (Aer)* landing (on the sea); *(de nave espacial)* splashdown, touchdown; **~ forzoso** ditching.
amarar [1a] *vi (Aer)* to land (on the sea); *(nave espacial)* to splash down, touch down; *(forzosamente)* to ditch.
amarchantarse [1a] *vr (LAm Com)* **~ en** to deal regularly with.
amargado *adj* bitter, embittered.
amargar [1h] **1** *vt (comida)* to make bitter, sour; *(vida, persona)* to embitter; **~le la vida a uno** to make sb's life a misery. **2** *vi* to be bitter, taste bitter. **3 amargarse** *vr* **(a)** *(gen)* to get bitter. **(b)** *(persona)* to become embittered.
amargo **1** *adj* **(a)** *(sabor)* bitter, tart; **más ~ que tueras** terribly bitter. **(b)** *(fig)* bitter, embittered. **2** *nm* **(a)** bitterness, tartness. **(b)** **~s** bitters. **(c)** *(LAm: té)* bitter (Paraguayan) tea.
amargón *nm* dandelion.
amargor *nm,* **amargura** *nf* **(a)** *(sabor)* bitterness, tartness. **(b)** *(fig)* bitterness; *(pena)* grief, distress.
amaricado *(fam)* **1** *adj* effeminate, queer *(fam)*. **2** *nm* nancy boy *(fam)*, queer *(fam)*.
amarillear [1a] *vi* **(a)** *(tirar a amarillo)* to be yellowish. **(b)** *(volverse amarillo)* to go yellow.
amarillecer [2d] *vi* to turn yellow.
amarillento *adj* yellowish; *(tez)* pale, sallow.
amarillez *nf* yellow, yellowness; *(tez)* paleness, sallowness.
amarillismo *nm (de prensa)* sensationalist journalism.
amarillista *adj (prensa)* sensationalist.
amarillo **1** *adj* yellow; *(semáforo)* amber; *(sindicato)* company *(atr)*. **2** *nm* yellow.
amarra *nf* **(a)** *(Náut)* mooring line; *(LAm)* rope. **(b)** **~s** *(Náut)* moorings; **cortar** *o* **romper las ~s** to break loose, cut adrift; **echar las ~s** to moor. **(c)** **~s** *(fig)* protection *sg;* **tener buenas ~s** to have good connections.
amarradero *nm (poste)* post, bollard; *(para barco)* berth, mooring.
amarrado *adj (LAm)* mean, stingy.
amarradura *nf* mooring.
amarraje *nm* mooring charges.
amarrar [1a] **1** *vt (gen)* to fasten, tie up; *(barco)* to moor, tie up; *(Naipes)* to stack. **2** *vi (fam)* to get down to it in earnest.
amarrocar [1g] *vt (Arg)* to scrimp together.
amartelado *adj* lovesick; **andar** *o* **estar ~ con** to be in love with.
amartelamiento *nm* lovesickness, infatuation.
amartelar [1a] **1** *vt* **(a)** *(dar celos a)* to make jealous. **(b)** *(enamorar)* to make fall in love. **2 amartelarse** *vr* to fall in love (*de* with).
amartillar [1a] *vt (gen)* to hammer; *(rifle etc)* to cock.
amasadera *nf* kneading trough.
amasador *nm* baker.
amasadora *nf* kneading machine.
amasamiento *nm (Culin)* kneading; *(Med)* massage.
amasandería *nf (LAm)* bakery, baker's shop.
amasandero *nm (LAm)* baker.
amasar [1a] *vt (Culin: pan)* to knead; *(harina, yeso)* to mix, prepare; *(Fin etc)* to amass; *(Med)* to massage; *(fig fam)* to cook up, concoct.
amasiato *nm (Méx, Per)* common-law marriage.
amasijo *nm* **(a)** *(Culin: acción)* kneading; *(Téc)* mixing. **(b)** *(material)* mixture; *(mezcla)* hotchpotch, medley.
amateur *adj, nm/f* amateur.
amatista *nf* amethyst.
amatorio *adj* love *(atr)*.
amazacotado *adj* heavy, awkward; *(Lit etc)* ponderous, stodgy.
amazona *nf (Lit)* amazon; *(Dep)* horsewoman, rider; *(traje)* riding suit.
Amazonas *nm* Amazon.
amazónico *adj* Amazon *(atr)*, Amazonian.
ambages *nmpl:* **hablar sin ~** to come straight to the point.
ámbar *nm* amber; **~ gris** ambergris.
ambarino *adj* amber.
Amberes *nm* Antwerp.
ambición *nf* ambition.
ambicionar [1a] *vt (gen)* to aspire to, seek; *(codiciar)* to lust after, covet; **~ ser algo** to have an ambition to be sth.
ambicioso/a **1** *adj* **(a)** *(gen)* ambitious. **(b)** *(pey: egoísta)* proud, self-seeking. **2** *nm/f* ambitious person; *(oportunista)* careerist; **~ de figurar** social climber.
ambidextro *adj* ambidextrous.
ambientación *nf (Cine, Lit etc)* setting; *(Rad)* sound effects.
ambiental *adj* environmental.
ambientar [1a] **1** *vt* **(a)** *(gen)* to give an atmosphere to, add colour to. **(b)** *(Lit etc)* to set; **la novela está ambientada en una sociedad de ...** the novel is set in a society of ... . **2 ambientarse** *vr* to orientate o.s., get one's bearings; *(fig)* to adjust.
ambiente **1** *adj* ambient, surrounding; **medio ~** environment. **2** *nm (gen)* atmosphere; *(Téc)* environment; **~ artificial** *(LAm)* air conditioning; **voy a cambiar de ~** I'm going to move to new surroundings.
ambigú *nm* buffet.
ambigüedad *nf* ambiguity.
ambiguo *adj* ambiguous; *(fam: sexualidad)* bisexual; *(Ling)* common.
ámbito *nm* **(a)** *(campo)* compass, field; *(límite)*

boundary, limit; **dentro del ~ de** within the limits *o* in the context of; **en el ~ nacional y extranjero** at home and abroad. **(b)** *(fig)* scope, range; **~ de acción** sphere of activity; **buscar mayor ~** to look for greater scope.

ambivalencia *nf* ambivalence.

ambivalente *adj* ambivalent.

ambo *nm (Arg)* two-piece suit.

ambos *adj, pron* both; **~ a dos** both (of them), both together.

ambulancia *nf* ambulance; *(Mil)* field hospital.

ambulanciero/a *nm/f* ambulance man/woman.

ambulante 1 *adj (que anda)* walking; *(circo)* travelling; *(biblioteca)* mobile. **2** *nmf (LAm)* street-seller.

ambulatorio *nm* national health clinic.

ameba *nf* amoeba.

amedrentar [1a] **1** *vt (asustar)* to scare, frighten; *(intimidar)* to intimidate. **2 amedrentarse** *vr* to be scared, be intimidated.

amelonado *adj* **(a)** melon-shaped. **(b) estar ~** *(fam)* to be lovesick.

amén 1 *nm inv* amen; **decir ~ a todo** to agree to everything; **en un decir ~** in a trice. **2** *interj* amen! **3** *prep* **(a) ~ de** *(salvo)* except for, aside from. **(b) ~ de** *(además de)* in addition to, besides.

amenaza *nf* threat, menace.

amenazador *adj*, **amenazante** *adj* threatening, menacing.

amenazar [1f] **1** *vt* to threaten, menace; **~ a uno de muerte** to threaten sb with death. **2** *vi* to threaten, impend; **~ hacer algo, ~ con hacer algo** to threaten to do sth.

amenguar [1i] *vt* **(a)** *(gen)* to lessen, diminish. **(b)** *(fig)* to belittle.

amenidad *nf* pleasantness, agreeableness.

amenizar [1f] *vt* to make pleasant; *(conversación etc)* to enliven, liven up; *(estilo)* to brighten up.

ameno *adj (gen)* pleasant, agreeable, nice; *(estilo)* graceful, elegant; *(libro)* readable; **es un sitio ~** it's a nice spot; **la vida aquí es más ~a** life is pleasanter here.

amento *nm* catkin.

América *nf* America; *(LAm)* South America; **~ del Norte/del Sur** North/South America; *véase* **Centroamérica ..., Latinoamérica ...** .

americanizar [1f] **1** *vt* to americanize. **2 americanizarse** *vr* to become americanized.

americano/a 1 *adj, nm/f* American. **2 americana** *nf* (sports) jacket.

ameritar [1a] *vt (LAm)* to deserve.

amerizaje *nm (Aer)* landing (on the sea); *(de nave espacial)* splashdown, touchdown.

amerizar [1f] *vi (véase nm)* to land (on the sea); *(de nave espacial)* to splash down.

ametrallador *nm* machine gunner.

ametralladora *nf* machine gun.

ametrallar [1a] *vt* to machine-gun.

amianto *nm* asbestos.

amiga *nf (gen)* friend; *(novia)* girlfriend, sweetheart; *(amante)* lover.

amigable *adj* friendly, sociable; *(Jur)* **~ componedor** arbitrator.

amigarse [1h] *vr* to get friendly, become friends.

amígdala *nf* tonsil.

amigdalitis *nf* tonsillitis.

amigo 1 *adj* friendly; **ser ~ de** *(fig)* to be fond of; **son muy ~s** they are close friends. **2** *nm (gen)* friend; *(novio)* boyfriend, sweetheart; *(amante)* lover; **pero ¡~!** look here, my friend!; **~ de lo ajeno** thief; **~ del alma** *o* **de confianza** close friend, soul mate; **~ corresponsal** penfriend; **~ en la prosperidad** fair-weather friend; **hacerse ~s** to become friends; **hacerse ~ de** to make friends with.

amigote *nm* mate *(fam)*, sidekick *(fam)*, *(US)* buddy.

amiláceo *adj* starchy.

amilanar [1a] **1** *vt* to scare, intimidate. **2 amilanarse** *vr* to get scared, be intimidated.

aminoácido *nm* amino acid.

aminorar [1a] *vt (gen)* to lessen, diminish; *(precio etc)* to cut down; *(velocidad)* to reduce.

amistad *nf* **(a)** friendship; **estrechar ~ con** to get friendly with; **hacer las ~es** to make it up; **romper las ~es** to fall out. **(b) ~es** *(amigos)* friends; *(relaciones)* acquaintances; **invitar a las ~es** to invite one's friends.

amistar [1a] **1** *vt (hacer amigos)* to bring together, make friends of; *(reconciliar)* to bring about a reconciliation between. **2 amistarse** *vr* to become friends (*con* with), establish a friendship (*con* with); *(reconciliarse)* to make it up.

amistoso *adj* friendly, amicable.

amnesia *nf* amnesia; **~ temporal** blackout.

amnistía *nf* amnesty.

amnistiado/a *nm/f* amnestied person.

amnistiar [1c] *vt* to amnesty, grant an amnesty to.

amo *nm* **(a)** *(gen)* master; **~ de casa** householder. **(b)** *(propietario)* owner. **(c)** *(jefe)* boss, employer; **ser el ~** to be the boss.

amoblado 1 *adj* furnished. **2** *nm (CAm, Méx)* furniture.

amoblar [1m] *vt* to furnish.

amodorramiento *nm* sleepiness, drowsiness.

amodorrarse [1a] *vr (gen)* to get sleepy *o* drowsy; *(con alcohol etc)* to fall into a stupor.

amohinar [1a] **1** *vt* to vex, annoy. **2 amohinarse** *vr* to sulk.

amojosado *adj (Chi, RPl)* rusty.

amoladera *nf* whetstone, grindstone.

amolador 1 *adj* annoying. **2** *nm* knife-grinder.

amoladura *nf* grinding, sharpening.

amolar [1m] **1** *vt* **(a)** *(Téc)* to grind, sharpen. **(b)** *(fastidiar)* to pester, annoy. **(c)** *(arruinar)* to damage, ruin. **2 amolarse** *vr (LAm: enojarse)* to get cross, take offence; *(: estropearse)* to be ruined.

amoldar [1a] **1** *vt (gen)* to mould *(a, según* on*)*; *(conducta)* to fashion; *(fig)* to adapt, adjust (*a* to). **2 amoldarse** *vr* to adapt *o* adjust o.s. (*a* to).

amondongado *adj* fat, flabby.

amonedado *adj (Méx)* rich.

amonedar [1a] *vt* to coin, mint.

amonestación *nf* **(a)** *(gen)* reprimand; *(advertencia)* warning; *(Ftbl)* yellow card; *(Jur)* caution. **(b)** *(Rel)* marriage banns; **correr las ~es** to publish the banns.

amonestador *adj* warning, cautionary.

amonestar [1a] *vt* **(a)** *(gen)* to reprimand; *(Dep)* to caution, warn; *(avisar)* to advise. **(b)** *(Rel)* to publish the banns of.

amoníaco 1 *adj* ammoniac(al). **2** *nm* ammonia; **~ líquido** liquid ammonia.

amontillado *nm* amontillado (wine).

amontonado *adj* heaped (up), piled up; **viven ~s** they live on top of each other.

amontonamiento *nm (gen)* heaping, piling up; *(de dinero)* hoarding; *(de datos)* accumulation; *(de gente)* (over)crowding.

amontonar [1a] **1** *vt (gen)* to heap (up), pile (up); *(datos)* to gather, collect; *(dinero)* to hoard. **2 amontonarse** *vr* **(a)** *(gen)* to pile up, get piled up; *(nubes)* to gather; *(datos)* to accumulate; *(desastres)* to come one on top of another; *(gente)* to crowd (together); *(: Méx)* to gang up. **(b)** *(fam)* to fly off the handle *(fam)*.

amor *nm* **(a)** *(pasión)* love (*a* for, *de* of); ~ **fracasado** disappointment in love; ~ **interesado** cupboard love; ~ **maternal** mother love; ~ **propio** amour propre, self-respect; **picar a uno en el ~ propio** to wound sb's pride; **por el ~ de** for the love of; **por (el) ~ de Dios** for God's sake; **casarse por ~** to marry for love; **hacer el ~** to make love; **hacer el ~ a** *(cortejar)* to court; *(en relación sexual)* to make love to. **(b)** *(persona)* love, lover; **mi ~, ~ mío** my love, my darling; **¡eres un ~!** you're a love!, you ARE sweet! **(c)** *(locuciones)* **hacer algo con ~** to do sth lovingly *o* with love; **ir al ~ del agua** to go with the current; **estar al ~ de la lumbre** to be close to the fire. **(d) ~es** love affair *sg*, romance *sg*; **¡con mil ~es!** I'd love to!, gladly!

amoral *adj* amoral.

amoratado *adj (de frío)* blue; *(golpeado)* black and blue, bruised; **ojo ~** black eye, shiner *(fam)*.

amoratarse [1a] *vr (de frío)* to turn blue; *(: por golpes)* to turn black and blue.

amordazar [1f] *vt (persona)* to gag; *(perro)* to muzzle; *(fig)* to gag, silence.

amorfo *adj* amorphous, shapeless.

amorío *nm* love affair, romance.

amoroso *adj (gen)* loving, affectionate; *(mirada)* amorous; *(carta etc)* love *(atr)*; *(persona: agradable)* charming; **en tono ~** in an affectionate tone.

amortajar [1a] *vt* to shroud.

amortecer [2d] **1** *vt (ruido)* to deaden, muffle; *(luz)* to dim. **2** *vi (Med)* to faint, swoon.

amortiguación *nf* = **amortiguamiento.**

amortiguador 1 *adj (ruido)* deadening, muffling; *(luz)* softening. **2** *nm (Mec)* shock absorber; *(Ferro)* buffer; *(Elec)* damper; ~ **de luz** dimmer; ~ **de ruido** silencer.

amortiguamiento *nm (véase vt)* deadening, muffling; cushioning, absorption; damping; toning down; dimming.

amortiguar [1i] **1** *vt* **(a)** *(ruido)* to deaden, muffle; *(choque)* to cushion, absorb; *(fuego)* to damp down; *(color)* to tone down; *(luz)* to dim. **(b)** *(fig)* to alleviate. **2 amortiguarse** *vr (luz)* to grow dim; *(ruido)* to die down.

amortizable *adj (Fin)* redeemable.

amortización *nf (Fin: de bono)* redemption; *(: de préstamo)* repayment; *(: de bienes)* depreciation; *(de puesto)* abolition; *(Jur)* amortization.

amortizar [1f] *vt (Fin: capital)* to write off; *(: bono)* to redeem; *(: préstamo)* to pay off, repay; *(puesto)* to abolish; *(Jur)* to amortize.

amoscarse [1g] *vr* to get cross.

amotinado 1 *adj* riotous, violent; *(Mil)* mutinous. **2** *nm* rioter; *(Mil)* rebel, mutineer.

amotinamiento *nm (civil)* riot; *(Pol)* rising, insurrection; *(Mil, Náut)* mutiny.

amotinar [1a] **1** *vt* to incite to riot *o* mutiny *etc.* **2 amotinarse** *vr* to riot; *(Pol)* to rise up; *(Mil, Náut)* to mutiny.

amovible *adj (Téc)* removable, detachable; *(empleo)* temporary.

amparador(a) 1 *adj* protecting, protective. **2** *nm/f* protector/protectress; *(de criminal)* harbourer.

amparar [1a] **1** *vt* to protect (*de* from), shelter; *(ayudar)* to help; *(Jur)* to harbour. **2 ampararse** *vr* **(a)** to seek protection *o* help; ~ **con** *o* **de** to seek the protection of. **(b)** *(de la lluvia etc)* to shelter.

amparo *nm (ayuda)* help; *(protección)* protection; *(abrigo)* refuge, shelter.

amperímetro *nm* ammeter.

amperio *nm* ampère, amp.

ampliable *adj (Comput)* expandable.

ampliación *nf (gen)* extension; *(Fot)* enlargement; *(fig)* expansion.

ampliadora *nf* enlarger.

ampliar [1c] *vt (gen)* to extend; *(Fot)* to enlarge; *(Com)* to expand; *(sonido)* to amplify; *(idea)* to elaborate.

amplificación *nf* amplification.

amplificador *nm* amplifier.

amplificar [1g] *vt (Téc)* to amplify; *(idea etc)* to develop; *(problemas)* to magnify.

amplio *adj* **(a)** *(sala)* spacious, roomy; *(ropa: grande)* big; *(falda)* full. **(b)** *(sentido)* broad; *(poderes)* wide, extensive; *(tierras)* vast.

amplitud *nf (Arquit)* spaciousness; *(ropa)* fullness; *(tierras)* expanse, extent; *(conocimientos)* breadth, depth; ~ **de miras** broadmindedness; **de gran ~** far-reaching, ambitious.

ampo *nm* dazzling whiteness.

ampolla *nf (gen)* blister; *(Med: de inyección)* ampoule.

ampollarse [1a] *vr* to blister, form blisters.

ampolleta *nf* hourglass; *(LAm)* small bulb.

ampulosidad *nf* bombast, pomposity.

ampuloso *adj* bombastic, pompous.

amputación *nf* amputation.

amputar [1a] *vt* to amputate, cut off.

amueblado *adj* furnished (*con, de* with).

amueblar [1a] *vt* to furnish (*de* with).

amuinar [1a] *(Méx)* **1** *vt* to make cross, irritate. **2 amuinarse** *vr* to get cross.

amujerado *adj* effeminate.

amulatado *adj* mulatto-like.

amuleto *nm* amulet, charm.

amura *nf (Náut)* bow.

amurallado *adj* walled.

amurallar [1a] *vt* to wall, fortify.

amurrarse [1a] *vr (LAm)* to get depressed.

amusgar [1h] *vt (orejas)* to lay back, throw back; *(ojos)* to screw up, narrow.

anacarado *adj* mother-of-pearl *(atr)*.

anacardo *nm* cashew (nut).

anaconda *nf* anaconda.

anacrónico *adj* anachronistic.

anacronismo *nm* anachronism.

ánade *nm* duck; ~ **real** mallard.

anadear [1a] *vi* to waddle.

anafe *nm* portable cooker.

anagrama *nm* anagram.

anal *adj* anal.

anales *nmpl* annals.

analfabetismo *nm* illiteracy.

analfabeto/a 1 *adj* illiterate. **2** *nm/f* illiterate (person).

analgesia *nf* analgesia.

analgésico *adj, nm* analgesic.

análisis *nm inv* analysis; ~ **de mercados** market research; ~ **de sangre** blood test.

analista *nm (gen)* analyst; *(Pol, Hist)* chronicler, annalist.

analítico *adj* analytic(al).

analizar [1f] *vt* to analyse.

analogía *nf (correspondencia)* analogy; *(semejanza)* similarity; **por ~ con** on the analogy of.

analógico *adj* analogical; *(Comput)* analog.

análogo 1 *adj* analogous, similar (*a* to). **2** *nm* analogue; **añadir frutas o ~** add fruit or something similar.

ananá(s) *nm* pineapple.

anaquel *nm* shelf.

anaquelería *nf* shelves, shelving.

anaranjado 1 *adj* orange(-coloured). **2** *nm* orange (colour).
anarquía *nf* anarchy.
anárquico *adj* anarchic(al).
anarquismo *nm* anarchism.
anarquista 1 *adj* anarchist(ic). **2** *nmf* anarchist.
anarquizar [1f] *vt (LAm)* to produce anarchy in, cause utter disorder in.
anatema *nm* anathema.
anatematizar [1f] *vt (Rel)* to anathematize; *(fig)* to curse.
anatomía *nf (lit, fig)* anatomy; *(Med: disección)* dissection.
anatómico *adj* anatomical.
anatomizar [1f] *vt* to dissect.
anca *nf* rump, haunch; **~s** *(fam)* behind *sg;* **llevar a uno en ~(s)** to carry sb behind one, to let sb ride pillion; **esto lleva el desastre en ~(s)** *(LAm fig)* this will bring disaster in its wake; **no sufre ~s** *(fam)* he can't take a joke.
ancestral *adj* ancestral.
ancestro *nm (LAm)* ancestor.
ancianidad *nf* old age.
anciano/a 1 *adj* old, aged. **2** *nm/f* old man/woman; *(Rel)* elder.
ancla *nf* anchor; **~ de salvación** *(fig)* last hope; **echar ~s** to drop anchor; **estar al ~** to be *o* lie *o* ride at anchor; **levar ~s** to weigh anchor.
ancladero *nm* anchorage.
anclaje *nm* mooring charge.
anclar [1a] *vi* to anchor, drop anchor.
ancón *nm (Náut)* cove; *(Méx)* corner.
áncora *nf* anchor.
ancho 1 *adj* **(a)** wide, broad; **~ de 4 cm, 4 cm de ~** 4 cm wide. **(b)** *(ropa)* big; *(falda)* full; **me viene algo ~** it's on the big side for me; **le viene muy ~ el cargo** *(fig)* the job is too much for him. **(c)** *(fig)* liberal; **~ de miras** broadminded; **ponerse ~** to get conceited; **quedarse tan ~** to go on as if nothing had happened. **(d) estar a sus ~as** to be at one's ease, feel at home. **2** *nm* width, breadth; *(Ferro)* gauge; **~ normal** standard gauge.
anchoa *nf* anchovy.
anchura *nf (gen)* width, breadth; *(de ropa)* bigness, looseness; *(de falda)* fullness; *(fam: cara)* cheek; **~ de conciencia** lack of scruple.
anchuroso *adj (gen)* wide, broad; *(Arquit)* spacious.
andadas *nfpl (Caza)* tracks; *(LAm)* walk, stroll; *(aventuras)* adventures; **volver a las ~** to backslide.
andaderas *nfpl* babywalker.
andado *adj* worn, well-trodden; *(corriente)* common, ordinary; *(ropa)* old, worn.
andador(a) 1 *adj* **(a)** fast-walking; **es ~** he's a good walker. **(b)** *(Arg: caballo)* well-paced. **2** *nm/f* walker. **3** *nm:* **~es** *(de niño)* reins. **4 andadora** *nf (Méx)* prostitute.
andadura *nf (acción)* walking; *(manera)* gait, walk; *(de caballo)* pace.
Andalucía *nf* Andalusia.
andaluz(a) *adj, nm/f* Andalusian.
andamiaje *nm* scaffolding; *(fig)* framework, structure.
andamio *nm (gen)* scaffold; *(tablado)* stage, stand.
andana *nf* row, line; **llamarse ~** to go back on one's word.
andanada *nf* **(a)** *(Mil)* broadside; *(fig)* reprimand, rocket *(fam)*; **soltar la ~ a uno** to give sb a rocket *(fam)*. **(b)** *(Dep)* (grand)stand; *(Taur)* section of cheap seats.
andante 1 *adj (gen)* walking; *(caballero)* errant. **2** *nm (Mús)* andante.
andanza *nf* fortune; **~s** deeds, adventures.
andar [1q] **1** *vt (distancia)* to cover, travel; *(camino etc)* to go along, walk; *(ir a pie)* to walk.
2 *vi* **(a)** *(ir a pie)* to walk; *(moverse)* to move; *(viajar)* to go about, travel; **~ a caballo** to ride; **~ tras algo** to yearn for sth; **venimos andando** we walked, we came on foot. **(b)** *(Mec)* to go; **el reloj anda bien** the clock keeps good time; **¿cómo anda esto?** *(fig)* how are things going? **(c)** *(estar)* to be; **anda por aquí** it's around here somewhere; **~ alegre** to be *o* feel cheerful; **¿en qué andas?** what are you up to?; **andamos mal de dinero** we're badly off for money. **(d) anda en** *o* **por los 50** he's about 50. **(e)** *(tiempo)* to pass, elapse. **(f)** *(locuciones)* **¡anda!** *(¡no me digas!)* get along with you!; *(¡despabílate!)* go on!, come on!; **¡anda, anda!** don't be silly!; **¡ándale!** *(Méx)* go on!, hurry up!; **¡andando!** now we can get on with it!; **anda que te anda** never letting up for a moment, non-stop. **(g) ~ haciendo algo** to be doing sth; **¿qué andas buscando?** what are you looking for?
3 andarse *vr* **(a)** *(irse)* to go off *o* away. **(b) ~ con** to use, make use of; **~ en** to indulge in; **~ por las ramas** to beat about the bush; **no ~ con rodeos** to speak bluntly, call a spade a spade *(fam)*; **todo se andará** all in good time, hold your horses *(fam)*.
4 *nm* walk, gait; **a largo ~** in due course; **a más** *o* **todo ~** at full speed; **estar a un ~** to be on the same footing.
andariego *adj* fond of travelling, restless.
andarivel *nm (Téc)* cable ferry; *(Náut: salvavidas)* lifeline; *(LAm)* rope bridge.
andas *nfpl (Med)* stretcher *sg; (Rel)* portable platform *sg; (féretro)* bier *sg.*
ándele *interj (Méx)* come on!, hurry up!
andén *nm (Ferro)* platform; *(de autopista)* hard shoulder; *(LAm)* pavement, *(US)* sidewalk; *(Náut)* quayside.
Andes *nmpl* Andes.
andinismo *nm (LAm)* mountaineering, climbing; **hacer ~** to go mountaineering, go climbing.
andinista *nmf (LAm)* mountaineer, climber.
andino *adj* Andean, of the Andes.
andito *nm* balcony, upper walk.
andorga *nf* belly.
Andorra *nf* Andorra.
andorrano/a *adj, nm/f* Andorran.
andrajo *nm* rag, tatter.
andrajoso *adj* ragged, in tatters.
andrómina *nf* fibs *pl,* tales *pl.*
andullo *nm (LAm)* plug of tobacco.
andurriales *nmpl* out-of-the-way place *sg;* **en esos ~** in that godforsaken spot.
anea *nf* bulrush.
anécdota *nf* anecdote, story.
anecdótico *adj* anecdotal.
anegación *nf* flooding.
anegadizo *adj* subject to flooding, frequently flooded.
anegar [1h] **1** *vt* **(a)** *(ahogar)* to drown. **(b)** *(inundar)* to flood; *(fig)* to overwhelm, destroy. **2 anegarse** *vr* **(a)** to drown. **(b)** to flood, be flooded; **~ en llanto** to dissolve into tears. **(c)** *(Náut)* to sink, founder.
anejo 1 *adj* attached (*a* to), joined on (*a* to). **2** *nm (Arquit)* annexe, outbuilding; *(de libro)* supplement, appendix.
anemia *nf* anaemia.
anémico *adj* anaemic.
anémona *nf,* **anémone** *nf* anemone; **~ de mar** sea anemone.
anestesia *nf* anaesthesia.

anestesiar [1b] *vt* to anaesthetize, give an anaesthetic to.
anestésico *adj, nm* anaesthetic.
anestesista *nmf* anaesthetist.
anexar [1a] *vt* **(a)** *(Pol)* to annex. **(b)** *(documento etc)* to attach, append.
anexión *nf (RPl),* **anexionamiento** *nm* annexation.
anexo 1 *adj (gen)* attached; *(en carta)* enclosed; **llevar** *o* **tener algo ~** to have sth attached. **2** *nm (Arquit)* annexe; *(Rel)* dependency; *(de carta)* enclosure.
anfibio 1 *adj (Zool)* amphibious; *(avión, vehículo)* amphibian. **2** *nm* amphibian; **los ~s** the amphibia.
anfiteatro *nm* amphitheatre; *(Univ)* lecture theatre; *(Teat)* dress circle; **~ anatómico** dissecting room.
anfitrión/ona *nm/f* host/hostess.
ánfora *nf* amphora; *(LAm Pol)* ballot box.
anfractuosidad *nf (gen)* roughness, unevenness; *(de camino)* bend; *(Anat)* fold, convolution; **~es** *(LAm)* rough places.
angarillas *nfpl (de albañil)* handbarrow *sg; (en bicicleta)* panniers; *(Culin)* cruet stand.
angas *nfpl:* **por ~ o por mangas** *(Méx)* by hook or by crook.
ángel *nm* **(a)** angel; **~ caído** fallen angel; **~ custodio, ~ de la guarda** guardian angel. **(b) tener ~** to have charm, be very charming; **tener mal ~** to be a nasty piece of work.
angélica *nf* angelica.
angelical *adj,* **angélico** *adj* angelic(al).
ángelus *nm* angelus.
angina *nf* angina; *(Méx)* tonsil; **~ de pecho** angina pectoris; **tener ~s** to have a sore throat.
anglicano/a *adj, nm/f* Anglican.
anglicismo *nm* anglicism.
anglo... *pref* anglo...
anglófilo/a *adj, nm/f* anglophile.
anglófobo/a *adj, nm/f* anglophobe.
anglosajón/ona *adj, nm/f* Anglo-Saxon.
angora *nmf* angora.
angostar [1a] **1** *vt* to narrow. **2 angostarse** *vr* to narrow, get narrow(er).
angosto *adj* narrow.
angostura *nf* **(a)** *(estrechez)* narrowness. **(b)** *(Náut)* narrows *pl, strait; (Geog)* narrow pass.
angra *nf* cove, creek.
anguila *nf* eel; **~s** *(Náut)* slipway *sg.*
angular *adj* angular.
ángulo *nm (gen)* angle; *(esquina)* corner; *(curva)* bend, turning; *(Mec)* knee, bend; **~ agudo/obtuso/recto** acute/obtuse/right angle; **de** *o* **en ~ recto** right-angled; **~ del ojo** corner of one's eye; **~ de subida** *(Aer)* angle of climb; **de ~ ancho** *(Fot)* wide-angle; **en ~** at an angle; **formar ~ con** to be at an angle to.
anguloso *adj (cara etc)* angular, sharp; *(camino)* winding.
angurria *nf (RPl)* **(a)** desperate hunger; **comer con ~** to eat greedily. **(b)** *(tacañería)* stinginess.
angurriento *adj,* **angurrioso** *adj (RPl)* **(a)** *(glotón)* greedy. **(b)** *(tacaño)* mean, stingy.
angustia *nf* anguish, distress; **~ vital** *(Med)* anxiety state; **dar ~ a** to distress, upset.
angustiar [1b] **1** *vt* to distress; *(preocupar)* to worry. **2 angustiarse** *vr* to be distressed *(por* at, on account of); *(preocuparse)* to worry, get worried.
angustioso *adj (angustiado)* distressed, anguished; *(decisión etc)* distressing, agonizing.
anhelante *adj* **(a)** *(jadeante)* panting. **(b)** *(fig)* eager; **esperar ~ algo** to long for sth.
anhelar [1a] **1** *vt* to long *o* yearn for, crave. **2** *vi* **(a)** *(Med)* to gasp, pant. **(b)** *(fig)* **~ hacer algo** to be eager to do sth, long to do sth; **~ por algo** to long for *o* hanker after sth.
anhelo *nm* longing, desire *(de, por* for); **con ~** longingly; **tener ~s de** to be eager for, long for.
anheloso *adj* **(a)** *(Med)* gasping, panting; *(respiración)* heavy, difficult. **(b)** *(fig)* eager, anxious.
anidar [1a] **1** *vt* to take in, shelter. **2** *vi (Orn)* to nest, make its nest; *(fig)* to live, make one's home.
anilina *nf* aniline.
anilla *nf* curtain ring; *(Orn)* ring.
anillar [1a] *vt (dar forma de anillo a)* to make into a ring, make rings in; *(sujetar)* to fasten with a ring; *(Orn)* to ring.
anillo *nm (gen)* ring; **~ de boda** wedding ring; **~ de compromiso** engagement ring; **venir como ~ al dedo** to be just right, suit to a tee.
ánima *nf* **(a)** *(Rel)* soul; **~ en pena, ~ del purgatorio** soul in purgatory; **las ~s** angelus *sg.* **(b)** *(Mil)* bore.
animación *nf (gen)* liveliness, life; *(actividad)* bustle, movement; *(Cine)* animation; **había poca ~** it was very quiet; **una escena llena de ~** a scene full of life.
animado *adj* **(a)** *(vivo)* lively; *(concurrido)* bustling, busy; *(alegre)* in high spirits. **(b)** *(Zool)* animate.
animador(a) *nm/f (TV)* host, hostess; *(Dep)* cheerleader.
animadversión *nf* ill will, antagonism.
animal 1 *adj* **(a)** animal. **(b)** *(persona: tonto)* stupid; *(: torpe)* rough. **2** *nm* **(a)** animal. **(b)** *(tonto)* fool, idiot; **¡~!** *(tonto)* you idiot!; *(torpe)* clumsy oaf!; **el ~ de Juan** that idiot John.
animalada *nf (gen)* silly thing (to do *o* say *etc*); *(ultraje)* disgrace; *(Pol etc)* outrage.
animalidad *nf* animality.
animalizarse [1f] *vr (LAm)* to become brutalized.
animar [1a] **1** *vt* **(a)** *(Bio)* to animate, give life to. **(b)** *(charla, reunión)* to enliven, liven up; *(escena etc)* to brighten up. **(c)** *(persona: alegrar)* to cheer up; *(: alentar)* to encourage *(a hacer algo* to do sth), put new heart into. **2 animarse** *vr* **(a)** *(fiesta etc)* to liven up. **(b)** *(individuo: cobrar ánimo)* to cheer up; *(decidirse)* to make up one's mind *(a hacer algo* to do sth); **¡anímate!** cheer up!, buck up!; **¿te animas?** are you game?
ánimo *nm* **(a)** *(mente)* mind; *(alma)* soul, spirit. **(b)** *(valor)* courage, nerve; *(energía)* energy; **caer(se) de ~** to lose heart, get disheartened; **cobrar ~** to take heart, pluck up courage; **dar ~(s) a, infundir ~ a** to encourage; **tener muchos ~s** to be full of life. **(c)** *(propósito)* intention, purpose; **con ~ de hacer algo** with the intention *o* idea of doing sth; **estar con ~ de hacer algo** to feel like doing sth; **tener ~s para algo** to be in the mood for sth. **(d) ¡~!** cheer up!
animosidad *nf* animosity, ill will.
animoso *adj* brave.
aniñado *adj (aspecto)* childlike; *(conducta)* childish, puerile.
aniquilación *nf,* **aniquilamiento** *nm* annihilation, destruction.
aniquilar [1a] **1** *vt (gen)* to annihilate, destroy; *(fig: Dep)* to crush; *(LAm: matar)* to kill. **2 aniquilarse** *vr* **(a)** *(Mil etc)* to be annihilated *o* wiped out. **(b)** *(fig)* to deteriorate, decline; *(riqueza)* to be frittered away.
anís *nm* **(a)** *(Bot)* anise, aniseed. **(b)** *(bebida)* anisette; **estar hecho un ~** *(LAm)* to be dressed up to the nines; **llegar a los anises** to turn up late.
anisado *adj* aniseed-flavoured.

anisete *nm* anisette.
aniversario *nm* anniversary; *(cumpleaños)* birthday.
ano *nm* anus.
anoche *adv* yesterday evening, last night; **antes de ~** the night before last.
anochecedor(a) *nm/f (fig)* night owl.
anochecer [2d] **1** *vi* **(a)** *(gen)* to get dark. **(b)** *(llegar)* to arrive at nightfall; **anochecimos en Toledo** we got to Toledo as night was falling. **2** *nm* nightfall, dusk; **al ~** at nightfall.
anochecida *nf* nightfall, dusk.
anodino *adj, nm* anodyne.
ánodo *nm* anode.
anomalía *nf* anomaly.
anómalo *adj* anomalous.
anonadación *nf*, **anonadamiento** *nm (véase vt)* **(a)** annihilation, destruction. **(b)** discouragement; humiliation.
anonadar [1a] **1** *vt* **(a)** *(destruir)* to annihilate, destroy. **(b)** *(abatir)* to discourage, depress; *(humillar)* to humiliate. **2 anonadarse** *vr* to be crushed, be overwhelmed.
anonimato *nm* anonymity.
anónimo 1 *adj (gen)* anonymous; *véase* **sociedad (c)**. **2** *nm* **(a)** *(anonimato)* anonymity; **conservar el ~** to remain anonymous. **(b)** *(individuo)* anonymous person. **(c)** *(carta)* anonymous letter; *(: maliciosa)* poison-pen letter.
anorak *nm* anorak.
anorexia *nf* anorexia (nervosa).
anormal *adj (gen)* abnormal; *(Med)* subnormal, mentally handicapped.
anormalidad *nf (gen)* abnormality; *(Med)* subnormality, mental handicap.
anotación *nf (acto)* annotation; *(nota)* note; *(LAm Dep)* score.
anotar [1a] *vt (apuntar)* to note (down), take down; *(persona: en lista)* to register, put down; *(texto)* to annotate.
anquilosado *adj (fig)* stale, out of date.
anquilasamiento *nm (fig)* paralysis, stagnation.
anquilasarse [1a] *vr* to become paralyzed, stagnate.
anquilostoma *nm* hookworm.
ánsar *nm* goose.
ansarino *nm* gosling.
ansia *nf* **(a)** *(preocupación)* anxiety, worry; *(angustia)* anguish. **(b)** *(anhelo)* yearning, longing (*de* for). **(c) ~s** *(Med)* nausea *sg*.
ansiado *adj* longed-for; **el momento tan ~** the moment we *etc* had waited for.
ansiar [1b] *vt* to long *o* yearn for.
ansiedad *nf* **(a)** *(preocupación)* anxiety, worry. **(b)** *(Med)* nervous tension.
ansioso *adj (preocupado)* anxious, worried; *(deseoso)* eager, solicitous; **esperábamos ~s** we waited anxiously; **~ de** *o* **por algo** greedy for sth.
anta *nf* **(a)** elk, moose. **(b)** *(LAm)* tapir.
antagónico *adj* antagonistic; *(opuesto)* opposing.
antagonismo *nm* antagonism.
antagonista *nmf* antagonist, opponent.
antaño *adv* long ago, in years past *o* gone by.
antártico 1 *adj* Antarctic. **2** *nm*: **el A~** the Antarctic.
Antártida *nf* Antarctica.
ante[1] *nm* **(a)** *(Zool)* elk, moose. **(b)** *(piel)* suede.
ante[2] *prep (individuo)* before, in the presence of; *(peligro etc)* in the face of, faced with; **~ todo** above all; **~ esta posibilidad** in view of this possibility; **~ tantas posibilidades** faced with so many possibilities.
anteado *adj* buff-coloured, fawn.
anteanoche *adv* the night before last.
anteayer *adv* the day before yesterday.
antebrazo *nm* forearm.
antecámara *nf (Arquit)* anteroom, antechamber; *(sala de espera)* waiting room; *(en parlamento)* lobby.
antecedente 1 *adj* previous, preceding; **visto lo ~** in view of the foregoing. **2** *nm* **(a)** *(gen)* antecedent. **(b) ~s** record *sg*, history *sg*; **¿cuáles son sus ~s?** what's his background?; **~s penales** criminal record; **estar en ~s** to be well informed; **poner a uno en ~s** to put sb in the picture; **no tener ~s** to have a clean record.
anteceder [2a] *vt* to precede, go before.
antecesor(a) *nm/f (en cargo etc)* predecessor; *(antepasado)* ancestor, forebear.
antecocina *nf* scullery.
antedatar [1a] *vt* to antedate.
antediluviano *adj* antediluvian.
antelación *nf* predating; **con ~** in advance, beforehand.
antelina *nf* suede.
antellevar [1a] *vt (Méx, Aut)* to run over, knock down.
antemano: de ~ *adv* in advance, beforehand.
antena *nf* **(a)** *(Zool)* feeler, antenna. **(b)** *(Náut)* lateen yard. **(c)** *(Rad)* aerial, antenna; **~ direccional/emisora/receptora** directional/transmitting/receiving aerial.
antenatal *adj* antenatal, prenatal.
antenombre *nm* title.
anteojera *nf* **(a)** spectacle case. **(b) ~s** blinkers.
anteojo *nm* **(a)** spyglass, (small) telescope; **~ de larga vista** telescope. **(b) ~s** *(esp LAm: gafas)* glasses; *(Aut, Téc etc)* goggles; *(prismáticos)* binoculars; *(gemelos)* opera glasses; *(de caballo)* blinkers.
antepagar [1h] *vt* to prepay.
antepasado 1 *adj* previous, before last. **2** *nm*: **~s** ancestors.
antepatio *nm* forecourt.
antepecho *nm (de puente)* rail, parapet; *(de ventana)* ledge, sill.
antepenúltimo *adj* last but two, antepenultimate.
anteponer [2r] **1** *vt* **(a)** to place in front (*a* of). **(b)** *(fig)* to prefer (*a* to). **2 anteponerse** *vr* **(a)** to be in front (*a* of). **(b) ~ a** *(fig)* to overcome.
anteportal *nm* porch.
anteproyecto *nm* preliminary plan; *(esp fig)* blueprint; **~ de ley** draft bill.
anterior *adj* **(a)** *(parte etc)* front, fore; **en la parte ~ del coche** on the front part of the car. **(b)** *(orden: página etc)* preceding, previous; *(Ling)* anterior; **cada uno mejor que el ~** each (one) better than the last. **(c)** *(tiempo)* previous (*a* to), earlier (*a* than); **un texto ~ a 1140** a text earlier than 1140; **el día ~** the day before.
anterioridad *nf* priority; **con ~** previously, beforehand.
anteriormente *adv* previously, before; **~, lo hacíamos así** we used to do it like this.
antes 1 *adv* **(a)** *(gen)* before; *(primero)* first; *(antaño)* previously, formerly; *(hasta ahora)* before now; **3 días ~** 3 days before *o* earlier; **no quiso venir ~** he didn't want to come any earlier; **la planta existió aquí ~** the plant used to grow here; **lo vio ~ que yo** he saw it first, he saw it before I did; **~ hoy que mañana** the sooner the better; **lo ~ posible, cuanto ~** as soon as possible; **mucho ~** long before; **poco ~** shortly before. **(b)** *(preferencias)* sooner, rather; **~ muerto que esclavo** better dead than enslaved.

2: ~ **de** *prep* before; ~ **de 1900** before 1900; ~ **de hacerlo** before doing it.
3: ~ **(de) que** *conj* before; ~ **de que te vayas** before you go.

antesala *nf* anteroom, antechamber; **en la** ~ **de** *(fig)* on the verge *o* threshold of; **hacer** ~ *(lit)* to wait to go in *(to see sb/do sth etc)*; *(fig)* to cool one's heels.
antiácido *adj, nm* antacid.
antiadherente *adj* non-stick.
antiaéreo *adj* anti-aircraft.
antialcohólico *adj (Med)* **centro** ~ detoxification unit; **grupo** ~ alcoholics anonymous.
antibiótico *adj, nm* antibiotic.
anticiclón *nm* anticyclone.
anticipación *nf (reacción)* anticipation; *(Com, Fin)* advance; **hacer algo con** ~ to do sth in good time; **reservar con** ~ to book in advance, book early; **llegar con** ~ to arrive early, arrive in good time.
anticipado *adj*: **pago** ~ advance payment; **gracias** ~**as** thanks in advance.
anticipar [1a] **1** *vt* **(a)** *(fecha)* to bring forward; **anticiparon las vacaciones** they took their holiday early. **(b)** *(factura etc)* to pay in advance. **(c)** ~ **algo con placer** to look forward to sth; ~ **las gracias a uno** to thank sb in advance. **(d)** *(prever)* to anticipate, foresee. **2 anticiparse** *vr* **(a)** *(acontecimiento)* to take place early. **(b)** ~ **a un acontecimiento** to anticipate an event; ~ **a uno** to beat sb to it; **Ud se ha anticipado a mis deseos** you have anticipated my wishes; ~ **a una época** to be ahead of one's time.
anticipo *nm* **(a)** *(gen)* anticipation; **fue el** ~ **del fin** it was the beginning of the end; **esto es sólo un** ~ this is just a foretaste. **(b)** *(Com, Fin)* advance payment. **(c)** *(Jur)* retaining fee.
anticlerical *adj, nmf* anticlerical.
anticlericalismo *nm* anticlericalism.
anticoagulante *adj, nm* anticoagulant.
anticomunista *adj, nmf* anticommunist.
anticoncepción *nf* contraception.
anticonceptivo 1 *adj* birth-control *(atr)*, contraceptive; **métodos** ~**s** contraceptive devices. **2** *nm* contraceptive.
anticongelante *adj, nm* antifreeze.
anticonstitucional *adj* unconstitutional.
anticorrosivo *adj* anticorrosive, antirust.
anticristo *nm* Antichrist.
anticuado *adj (gen)* antiquated; *(moda)* old-fashioned, out-of-date; *(técnica)* obsolete.
anticuario *nm (aficionado)* antiquarian, antiquary; *(Com)* antique dealer.
anticuarse [1d] *vr (Ling etc)* to become antiquated, get out of date; *(técnica)* to become obsolete.
anticucho *nm (Per)* ≃ kebab.
anticuerpo *nm* antibody.
antidemocrático *adj* undemocratic.
antideportivo *adj* unsporting, unsportsmanlike.
antideslizante 1 *adj (Aut)* non-skid. **2** *nm (LAm)* non-skid tyre.
antideslumbrante *adj* anti-glare.
antidetonante *adj (Aut)* antiknock.
antídoto *nm* antidote (*contra, de* against, for, to).
antiestético *adj* unsightly, ugly.
antifascismo *nm* antifascism.
antifascista *adj, nmf* antifascist.
antifaz *nm* mask.
antigás *adj*: **careta** ~ gasmask.
antígeno *nm* antigen.
antigualla *nf (objeto)* old thing, relic; *(cuento)* old story; *(individuo)* has-been; ~**s** old things, junk *sg*.
antigüedad *nf* **(a)** *(época)* antiquity; *(edad)* antiquity, age; *(en empleo)* seniority. **(b)** *(objeto)* antique.
antiguo 1 *adj* **(a)** *(gen)* old; *(Hist)* ancient; **a la** ~**a** in the old-fashioned way; **de** ~ from time immemorial; **en lo** ~ in olden *o* ancient times. **(b)** *(Univ etc)* former, old; *(Pol etc)* ex-; ~ **alumno** old pupil; ~ **Ministro de Hacienda** ex-Treasury Minister. **(c) más** ~ *(rango)* senior; **socio más** ~ senior partner. **2** *nm*: ~**s** the ancients.
antihigiénico *adj* unhygienic, insanitary.
antihistamínico *adj, nm* antihistamine.
antiinflacionista *adj* anti-inflationary.
antílope *nm* antelope.
antillano/a 1 *adj* of the Antilles, West Indian. **2** *nm/f* native *o* inhabitant of the Antilles, West Indian.
Antillas *nfpl* Antilles, West Indies.
antimateria *nf* antimatter.
antimísil *adj* antimissile; **mísil** ~ antimissile missile.
antimonio *nm* antimony.
antimonopolios *adj inv*: **ley** ~ anti-trust law.
antinacional *adj* unpatriotic.
antinatural *adj* unnatural.
antioxidante *adj* antirust.
antipara *nf* screen.
antiparras *nfpl (fam)* glasses, specs *(fam)*.
antipatía *nf (sentimiento)* antipathy *(hacia* towards, *entre* between), dislike *(hacia* for); *(actitud)* unfriendliness *(hacia* towards).
antipático *adj* disagreeable, unpleasant; **me es muy** ~ I don't like him at all; **es de lo más** ~ he's horrible.
antipatriótico *adj* unpatriotic.
antípodas *nfpl* antipodes.
antiquísimo *adj* ancient.
antirreglamentario *adj (gen)* unlawful; *(Pol etc)* unconstitutional.
antirrobo *nm* anti-theft device.
antisemita *nmf* anti-Semite.
antisemítico *adj* anti-Semitic.
antisemitismo *nm* anti-Semitism.
antiséptico *adj, nm* antiseptic.
antisocial *adj* antisocial.
antitanque *adj* antitank.
antítesis *nf inv* antithesis.
antitético *adj* antithetic(al).
antojadizo *adj (caprichoso)* capricious; *(poco fiable)* unpredictable.
antojarse [1a] *vr* **(a)** ~ **algo** to take a fancy to sth, want sth. **(b)** ~ **que ...** to imagine that ...; **se me antoja que no estará** I have the feeling that he won't be in. **(c)** ~ **hacer algo** to have a mind to do sth; **no se lo antojó decir otra cosa** it didn't occur to him to say anything else; **no se me antoja ir** I don't feel like going.
antojo *nm* **(a)** *(gen)* whim; **hacer a su** ~ to do as one pleases. **(b)** *(de embarazada)* craving. **(c)** *(Anat)* birthmark.
antología *nf* anthology.
antónimo *nm* antonym.
antonomasia *nf* antonomasia; **por** ~ par excellence.
antorcha *nf* torch; *(fig)* mentor.
antracita *nf* anthracite.
ántrax *nm* anthrax.
antro *nm* cavern; ~ **de corrupción** *(fig)* den of iniquity.
antropofagía *nf* cannibalism.
antropófago/a 1 *adj* man-eating, cannibalistic. **2** *nm/f* cannibal.
antropología *nf* anthropology.

antropológico *adj* anthropological.
antropólogo/a *nm/f* anthropologist.
antropomorfismo *nm* anthropomorphism.
antuvión *nm* sudden blow, bump; **de ~** suddenly, unexpectedly.
anual *adj, nm* annual.
anualidad *nf (Fin)* annual payment.
anuario *nm (gen)* yearbook, annual; *(Telec, Com: guía)* directory.
anubarrado *adj* cloudy, overcast.
anublar [1a] **1** *vt (cielo)* to cloud (over); *(luz)* to obscure. **2 anublarse** *vr* **(a)** *(cielo)* to cloud over, become overcast. **(b)** *(Bot)* to wither, dry up; *(fig)* to fade away.
anudar [1a] **1** *vt (gen)* to knot, tie; *(fig: empezar)* to begin; *(: unir)* to join. **2 anudarse** *vr* **(a)** *(cinta etc)* to get into knots. **(b)** *(Bot)* to remain stunted. **(c) se me anudó la voz** I got a lump in my throat.
anuencia *nf* consent.
anulación *nf (de contrato)* annulment, cancellation; *(de ley)* repeal.
anular[1] [1a] *vt (contrato)* to annul, cancel; *(decisión)* to override; *(ley)* to repeal; *(efecto)* to cancel out.
anular[2] **1** *adj* ring-shaped, annular. **2** *nm* ring *o* third finger.
anunciación *nf* announcement; **A~** *(Rel)* Annunciation.
anunciador(a) *nm/f (TV etc)* announcer; *(Com)* advertiser.
anunciante *nmf (Com)* advertiser.
anunciar [1b] **1** *vt (gen)* to announce; *(augurar)* to forebode; *(Com)* to advertise. **2 anunciarse** *vr*: **el festival se anuncia animado** the festival looks like being lively.
anuncio *nm* **(a)** *(declaración)* announcement; *(presagio)* sign, omen. **(b)** *(Com etc)* advertisement; *(Teat etc)* bill; **~s por palabras** classified *o* small ads.
anverso *nm* obverse.
anzuelo *nm* fish hook; *(fig)* bait, lure; **picar en** *o* **tragar el ~** to swallow the bait.
añadido *nm* **(a)** *(Tip)* addition. **(b)** *(pelo)* hairpiece.
añadidura *nf (gen)* addition; *(Com)* extra; **dar algo de ~** to give sth extra; **con algo de ~** with sth into the bargain; **por ~** in addition, on top of all that.
añadir [3a] *vt (gen)* to add *(a* to); *(aumentar)* to increase.
añagaza *nf (Caza)* lure, decoy; *(fig)* ruse.
añal 1 *adj (Agr)* year-old. **2** *nm* yearling.
añejar [1a] **1** *vt* to age. **2 añejarse** *vr* to mature, age.
añejo *adj (gen)* old; *(vino)* vintage; *(jamón)* well-cured.
añicos *nmpl* pieces, fragments; **hacer un vaso ~** to smash a glass to bits *o* to smithereens; **hacerse ~** to shatter.
añil *nm (Bot)* indigo; *(color)* indigo (blue); *(para lavado)* blue, bluing.
añinos *nmpl* lamb's wool.
año *nm* **(a)** year; **~ bisiesto** leap year; **~ civil** *o* **común** calendar year; **el ~ 66 de Cristo** 66 A.D.; **~ económico/escolar** *o* **lectivo/luz** tax/school/light year; **A~ Nuevo** New Year; **¡feliz ~ nuevo!** happy new year!; **día de A~ Nuevo** New Year's Day; **el ~ verde** *(LAm)* never; **¡mal ~ para él!** good riddance to him!; **el ~ pasado/que viene** last/next year; **estar de buen ~** to be in good shape; **en el ~ 1980** in 1980; **en los ~s 60** in the sixties; **en estos últimos ~s** in recent years; **en el ~ de la nana** in the year dot, way back; **¡por muchos ~s!** many happy returns! **(b) cumplir los 21 ~s** to reach 21; **cumplir ~s** to have a birthday; **¿cuántos ~s tienes?** how old are you?; **tengo 9 ~s** I'm 9; **con los ~s que yo tengo** at my age.
añojal *nm* fallow land.
añoranza *nf (recuerdos)* nostalgia *(de* for); *(por pérdida)* sense of loss.
añorar [1a] **1** *vt (país)* to miss, be homesick for; *(difunto)* to mourn. **2** *vi* to pine, grieve.
añublo *nm* blight, mildew.
aojar [1a] *vt* to put the evil eye on.
aojo *nm* evil eye.
aorta *nf* aorta.
aovado *adj* oval, egg-shaped.
aovar [1a] *vi* to lay eggs.
apa *interj (Méx)* goodness me!
apabullar [1a] *vt (lit, fig)* to crush, squash.
apacentadero *nm* pasture.
apacentar [1k] **1** *vt* **(a)** *(Agr)* to graze, feed. **(b)** *(discípulos)* to teach; *(mente)* to give food for thought to; *(deseos)*, to gratify. **2 apacentarse** *vr* **(a)** *(Agr)* to graze, feed. **(b)** *(fig)* to feed *(con, de* on).
apacibilidad *nf (véase adj)* gentleness; calmness.
apacible *adj (gen)* gentle, mild; *(tiempo)* calm; **es un tío muy ~** he's a very even-tempered *o* mild-mannered chap.
apaciguamiento *nm (gen)* calming down; *(Pol)* appeasement.
apaciguar [1i] **1** *vt (gen)* to calm down; *(Pol)* to appease. **2 apaciguarse** *vr* to calm *o* quieten down.
apachar [1a] *vt (Per)* to steal.
apache *nm* Apache (Indian); *(fig)* crook, bandit.
apacheta *nf (LAm Rel)* cairn, wayside shrine; **hacer la ~** *(fam)* to make one's pile *(fam)*.
apachurrar [1a] *vt (LAm: aplastar)* to crush, squash; *(: romper)* to smash.
apadrinamiento *nm (Rel)* sponsorship; *(fig)* backing, support.
apadrinar [1a] *vt (Rel)* to act as godfather to; *(Dep)* to second; *(fig)* to back, support.
apagado *adj* **(a)** *(volcán)* extinct; **estar ~** *(fuego, Elec etc)* to be out. **(b)** *(sonido)* muted, muffled; *(voz)* quiet. **(c)** *(color)* dull.
apagador *nm* **(a)** *(de incendios)* (fire) extinguisher. **(b)** *(Mec)* silencer, muffler; *(Mús)* damper.
apagar [1h] **1** *vt* **(a)** *(fuego)* to put out, extinguish; *(aparato)* to put out, turn *o* switch off; *(sed)* to quench. **(b)** *(sonido)* to muffle, deaden; *(Mús)* to mute. **(c)** *(color)* to tone down, soften. **(d)** *(dolor)* to kill. **2 apagarse** *vr* **(a)** *(luz, fuego)* to go out; *(con avería)* to go on the blink *(fam)*. **(b)** *(sonido)* to die away. **(c)** *(ira)* to subside.
apagón *nm (gen)* blackout; *(Elec: avería)* power failure; *(: racionamiento)* power cut.
apalabrar [1a] **1** *vt* to agree to; **estar apalabrado** to be committed, have given one's word. **2 apalabrarse** *vr* to come to an agreement *(con* with).
apalabrear [1a] *(LAm)* = **apalabrar.**
apalancamiento *nm* leverage.
apalancar [1g] *vt (levantar)* to lever up; *(forzar)* to pry open.
apaleamiento *nm* beating, thrashing.
apalear [1a] *vt (zurrar)* to beat, thrash; *(moqueta)* to beat; *(Agr)* to winnow; **~ oro** *o* **plata** to be rolling in money.
apaleo *nm (Agr)* winnowing; *(paliza)* beating.
apanalado *adj* honeycombed.
apandillar [1a] **1** *vt* to form into a gang. **2 apandillarse** *vr* to gang up, band together.
apando *nm (Méx)* punishment cell.
apandorgarse [1h] *vr (Per)* to lose heart, get

scared.
apantallar [1a] *vt (LAm)* to overwhelm, frighten; **no te dejes ~** don't be afraid of it.
apantanar [1a] *vt* to flood.
apañado *adj (hábil)* skilful, clever; *(práctico)* handy.
apañar [1a] **1** *vt* **(a)** *(asir)* to take hold of, grasp; *(recoger)* to pick up; *(fam: robar)* to steal. **(b)** *(vestir)* to dress (up); *(abrigar)* to wrap up. **(c)** *(Méx)* to forgive, excuse. **2 apañarse** *vr* to be skilful, be clever; **~ para hacer algo** to contrive *o* manage to do sth; **~las por su cuenta** to look after number one *(fam)*.
apaño *nm* **(a)** *(Cos)* patch, mend. **(b)** *(maña)* skill, dexterity. **(c) esto no tiene ~** there's no answer to this one.
aparador *nm (mueble)* sideboard; *(esp LAm: escaparate)* shop window; *(Téc)* workshop.
aparato *nm* **(a)** *(gen)* (piece of) equipment *o* apparatus; *(Mec)* machine; *(Rad, TV)* set; *(Telec)* instrument; *(electrodoméstico)* appliance; *(Med)* bandage; *(Teat)* properties; *(Anat)* system; **~ antirrobo** anti-theft device; **~ auditivo** hearing aid; **~ dental** brace; **~ eléctrico** *(Met)* electrical storm; **~ fotográfico** camera; **~s de mando** *(Aer etc)* controls; **~ de relojería** clockwork mechanism; **~ respiratorio** respiratory system; **~s sanitarios** bathroom fittings. **(b)** *(pompa)* display, show; **sin ~** unostentatiously, without ceremony.
aparatosidad *nf* showiness, ostentation.
aparatoso *adj (gen)* showy, ostentatious; *(afectado)* pretentious; *(incidente)* spectacular.
aparcamiento *nm (acción)* parking; *(sitio)* car park, *(US)* parking lot.
aparcar [1g] *vt, vi (Aut)* to park.
aparcería *nf (Com)* partnership.
aparcero *nm (Com)* co-owner, partner.
aparear [1a] **1** *vt* **(a)** *(objetos)* to pair, match. **(b)** *(Agr)* to mate, pair. **2 aparearse** *vr* **(a)** *(objetos)* to form a pair, go together. **(b)** *(Agr)* to mate, pair.
aparecer [2d] *vi*, **aparecerse** *vr (gen)* to appear; *(visita etc)* to show up, turn up; *(libro)* to come out; *(fantasma)* to appear, walk; **apareció borracho** he turned up drunk.
aparecido *nm* ghost.
aparejado *adj (apto)* fit, suitable; *(listo)* ready (*para* for); **ir ~ con** to go hand in hand with.
aparejador *nm* clerk of works.
aparejar [1a] **1** *vt (gen)* to prepare, get ready; *(caballo)* to saddle, harness; *(Náut)* to fit *o* rig out; *(cuadro)* to size, prime. **2 aparejarse** *vr* to get ready.
aparejo *nm* **(a)** *(proceso)* preparation. **(b)** *(herramientas)* gear, equipment. **(c)** *(poleas)* lifting gear, block and tackle. **(d)** *(Arquit)* bond, bonding. **(e)** *(Arte)* sizing, priming.
aparentar [1a] *vt* **(a)** *(simular)* to feign, affect. **(b)** *(edad)* to look, seem to be. **(c) ~ hacer algo** to make as if to do sth.
aparente *adj* **(a)** *(gen)* apparent. **(b)** *(patente)* visible, evident. **(c)** *(conveniente)* suitable, proper.
aparición *nf* **(a)** *(publicación)* appearance, publication; **un libro de próxima ~** a forthcoming book. **(b)** *(fantasma)* apparition, spectre.
apariencia *nf* (outward) appearance; **en ~** outwardly, apparently; **por todas las ~s** to all appearances; *véase* **salvar.**
apartadero *nm (Aut)* lay-by; *(Ferro)* siding.
apartado 1 *adj (separado)* separated; *(remoto)* remote, out-of-the-way. **2** *nm* **(a) A~ postal** Post Office box. **(b)** *(párrafo)* paragraph; *(Jur etc)* (sub-)section.
apartamento *nm* apartment, flat.
apartamiento *nm* **(a)** *(proceso)* separation. **(b)** *(aislamiento)* seclusion, isolation; *(sitio)* secluded spot.
apartar [1a] **1** *vt (separar)* to separate, divide (*de* from); *(quitar)* to remove, move away; *(Min)* to extract; *(Ferro)* to shunt; *(Jur)* to set aside, waive; *(LAm: guardar)* to put aside, keep; **~ a uno para decirle algo** to take sb aside to tell him sth; **~ a uno de un propósito** to dissuade sb from sth; **apartó el plato con la mano** he pushed his plate aside.

2 apartarse *vr* **(a)** *(separarse: gente)* to part, separate; *(objetos)* to become separated. **(b)** *(irse)* to move away (*de* from); *(mantenerse aparte)* to keep away (*de* from); **~ de un camino** to stray from a path; **nos hemos apartado bastante de la ruta** we've got rather a long way off the route. **(c)** *(Jur)* to withdraw from a suit.
aparte 1 *adv (gen)* apart, aside; *(por separado)* separately; **tendremos que considerar eso ~** we shall have to consider that separately; **poner algo ~** to put sth aside; **eso ~** apart from that. **2** *prep*: **~ de** apart from. **3** *nm* **(a)** *(Teat)* aside. **(b)** *(Tip)* (new) paragraph; **'(punto y) ~'** 'new paragraph'.
apasionado/a 1 *adj* **(a)** *(gen)* passionate; *(discurso)* impassioned; *(aficionado)* fervent, enthusiastic; **~ a** *o* **por** passionately fond of. **(b)** *(parcial)* biassed, prejudiced. **2** *nm/f* admirer, devotee.
apasionamiento *nm (entusiasmo)* passion, enthusiasm; *(fervor)* vehemence, intensity; **hacer algo con ~** to do sth with passion.
apasionante *adj* exciting, thrilling.
apasionar [1a] **1** *vt (gen)* to excite; *(gozar de)* to enjoy greatly; **le apasiona el micro** he *etc* is completely taken with his computer; **me apasiona el fútbol** I'm football-crazy. **2 apasionarse** *vr* to get excited; **~ de** *o* **por** *(persona)* to fall madly in love with; *(pasatiempo etc)* to get wildly enthusiastic about.
apatía *nf* apathy; *(Med)* listlessness.
apático *adj* apathetic; *(Med)* listless.
apátrida *adj* stateless.
Apdo. *abr de* **Apartado postal** P.O. box.
apeadero *nmf* **(a)** *(poyo)* mounting block, step. **(b)** *(Ferro)* halt, stopping place. **(c)** *(fig)* parting of the ways.
apear [1a] **1** *vt* **(a)** *(ayudar a bajar)* to help down, help to alight (*de* from); *(dejar)* to drop. **(b)** *(caballo)* to hobble; *(rueda)* to chock. **(c)** *(Arquit)* to prop up. **(d)** *(problema)* to solve, work out; *(dificultad)* to overcome. **(e) ~ a uno de su opinión** to persuade sb that his opinion is wrong; **~ el tratamiento a uno** to drop sb's title. **2 apearse** *vr* **(a)** *(jinete)* to dismount; *(Aut)* to get out, alight (*en* at); *(Ferro)* to get off, get out. **(b) ~ en** to stay at, put up at. **(c) no ~ del burro** to refuse to climb down, be adamant.
apechugarse [1h] *vr (LAm)* **~ con algo** to face up to sth, take the consequences of sth.
apedrear [1a] **1** *vt (como castigo)* to stone; *(en pelea)* to throw stones at. **2** *vi (granizar)* to hail.
apedreo *nm* stoning; *(Bot)* damage by hail.
apegado *adj* attached *o* devoted (*a* to).
apegarse [1h] *vr*: **~ a** to become attached to.
apego *nm* attachment (*a* to), devotion (*a* to).
apelación *nf* **(a)** *(Jur)* appeal; **sin ~** without appeal, final; **presentar su ~** to present one's appeal. **(b)** *(fig)* help, remedy; **no hay ~, esto no tiene ~** it's a hopeless case.

apelante *nmf* appellant.
apelar [1a] *vi* to appeal (*de* against); ~ **a** *(fig)* to resort to, have recourse to.
apelativo *nm (Ling)* appellative; *(LAm)* surname.
apelmazado *adj (gen)* compact, solid; *(Culin)* thick, lumpy; *(estilo)* clumsy.
apelmazar [1f] **1** *vt* to compress. **2 apelmazarse** *vr* to get lumpy.
apelotonar [1a] **1** *vt* to roll into a ball. **2 apelotonarse** *vr (colchón)* to become lumpy; *(animal)* to curl up; *(gente)* to mass, crowd together.
apellidar [1a] **1** *vt* to call. **2 apellidarse** *vr* to be called; **¿cómo se apellida Ud?** what is your surname?
apellido *nm* surname, family name; ~ **de soltera** maiden name.
apenar [1a] **1** *vt (doler)* to grieve, cause pain to; *(LAm: avergonzar)* to shame. **2 apenarse** *vr* to grieve, distress o.s.; *(LAm)* to be ashamed; ~ **de** *o* **por algo** to grieve about sth; *(LAm)* to be ashamed about sth.
apenas 1 *adv* hardly, scarcely; ~ **nadie** hardly anybody; ~ **si pude levantarme** I could hardly get up. **2** *conj*: ~ **hube llegado cuando ...** no sooner had I arrived than ..., I had only just arrived when ...; ~ **llega** *(LAm)* as soon as he arrives.
apendectomía *nf* appendectomy.
apéndice *nm (Anat, Lit)* appendix; *(Jur)* schedule.
apendicitis *nf* appendicitis.
apeo *nm* **(a)** *(Jur)* surveying. **(b)** *(Arquit)* prop, support. **(c)** *(Agr)* felling.
aperar [1a] *vt* **(a)** *(Agr)* to make. **(b)** *(caballo)* to harness; ~ **a uno de herramientas** to provide sb with tools.
apercibimiento *nm* **(a)** *(preparación)* preparation. **(b)** *(aviso)* warning. **(c)** *(Jur)* caution.
apercibir [3a] **1** *vt* **(a)** *(preparar)* to prepare; *(proveer)* to furnish. **(b)** *(avisar)* to warn, advise. **(c)** *(Jur)* to caution. **(d)** *(LAm: ver)* to notice, see. **2 apercibirse** *vr* to prepare (o.s.), get ready (*para* for); ~ **de** *(proveerse)* to provide o.s. with; *(LAm: percibir)* to notice.
apergaminado *adj (piel)* dried up, wrinkled; *(cara)* wizened.
apergaminarse [1a] *vr* to dry up, get yellow and wrinkled.
aperitivo *nm (comida)* appetizer; *(bebida)* aperitif.
apero *nm (Agr)* implement; *(LAm)* riding outfit; *(Méx)* ploughing team; ~**s** *(Agr)* farm equipment *sg*.
aperreado *adj* wretched, lousy *(fam)*.
aperreador *adj* bothersome, tiresome.
aperrear [1a] **1** *vt* to set the dogs on; *(fig)* to plague. **2 aperrearse** *vr* to slave away, overwork.
aperreo *nm* overwork.
apersogar [1h] *vt* to tether, tie up.
apersonado *adj*: **bien** ~ presentable, nice-looking; **mal** ~ unprepossessing.
apersonarse [1a] *vr* to appear in person.
apertura *nf (gen)* opening; *(Pol: proceso)* liberalisation; *(Teat etc)* beginning; *(Jur: de testamento)* reading.
apesadumbrado *adj* sad, distressed.
apesadumbrar [1a] **1** *vt* to grieve, sadden. **2 apesadumbrarse** *vr* to be grieved, distress o.s. (*con, de* about, at).
apesgar [1h] *vt* to weigh down.
apestado *adj* **(a)** *(LAm)* pestilential; *(Med)* plague-ridden. **(b) estar** ~ **de** to be infested with.
apestar [1a] **1** *vt* **(a)** *(Med)* to infect (with the plague). **(b)** *(fam: fastidiar)* to plague. **(c)** *(con olor)* to stink out. **2** *vi* to stink (*a* of). **3 apestarse** *vr (Med)* to catch the plague; *(LAm Bot)* to be blighted; *(: resfriarse)* to catch a cold.
apestoso *adj* **(a)** *(hediondo)* stinking; *(olor)* awful. **(b)** *(asqueroso)* sickening, nauseating.
apetecer [2d] **1** *vt* **(a)** *(desear)* to crave, long for. **(b)** *(atraer)* to appeal to; **me apetece un helado** I feel like an ice cream; **¿te apetece?** how about it?, would you like to? **2** *vi* to attract, be welcome; **un vaso de jerez siempre apetece** a glass of sherry is always welcome.
apetecible *adj* attractive, tempting.
apetencia *nf (lit, fig)* hunger (*de* for).
apetito *nm* **(a)** appetite (*de* for); **abrir el** ~ to whet one's appetite; **¿tienes** ~**?** *(LAm)* are you hungry? **(b)** *(fig)* desire, relish (*de* for).
apetitoso *adj (gustoso)* appetizing; *(sabroso)* tasty; *(fig)* tempting, attractive.
apiadar [1a] **1** *vt* to move to pity. **2 apiadarse** *vr*: ~ **de** to pity, take pity on.
apicararse [1a] *vr* to go off the rails *(fam)*.
ápice *nm* **(a)** *(punta)* apex, top. **(b)** *(de problema)* crux. **(c)** *(fig)* **ni** ~ not a whit; **no ceder un** ~ not to yield an inch.
apicultor(a) *nm/f* beekeeper, apiarist.
apicultura *nf* beekeeping.
apilar [1a] **1** *vt* to pile up, heap up. **2 apilarse** *vr* to pile up.
apimplado *adj (LAm fam)* drunk, pissed *(fam!)*.
apiñado *adj* **(a)** *(apretado)* crammed, packed (*de* with). **(b)** *(forma)* cone-shaped, pyramidal.
apiñar [1a] **1** *vt (agrupar)* to crowd *o* bunch together; *(apretar)* to pack in. **2 apiñarse** *vr* to crowd *o* press together; **la multitud se apiñaba alrededor de él** the crowd pressed round him.
apio *nm* celery.
apiparse [1a] *vr (fam)* to stuff o.s. *(fam)*.
apisonadora *nf (con rodillo)* steamroller, road roller; *(pisón)* tamp-hammer.
apisonar [1a] *vt (con rodillo)* to roll (flat); *(con pisón)* to tamp *o* ram down.
apitonar [1a] **1** *vt (cáscara)* to pierce, break through. **2** *vi (cuernos)* to sprout; *(animal)* to begin to grow horns. **3 apitonarse** *vr (fam)* to go into a huff *(fam)*.
apizarrado *adj* slate-coloured.
aplacar [1g] *vt (gen)* to appease, placate; *(hambre, sed)* to satisfy.
aplanacalles *nm inv (LAm)* idler, layabout.
aplanamiento *nm (nivelación)* levelling, flattening; *(derrumbe)* collapse.
aplanar [1a] **1** *vt* **(a)** *(nivelar)* to level, make even; ~ **las calles** *(LAm)* to loaf about. **(b)** *(fam: asombrar)* to bowl over (with surprise). **2 aplanarse** *vr* **(a)** *(edificio)* to collapse. **(b)** *(persona)* to get discouraged.
aplastante *adj* overwhelming, crushing.
aplastar [1a] **1** *vt* **(a)** *(insecto etc)* to squash, crush (flat). **(b)** *(fig: vencer)* to crush, overwhelm; *(: con argumentos)* to floor. **2 aplastarse** *vr* **(a)** to be squashed; *(coche)* to crash, smash (*contra* on, against). **(b)** *(fig)* to flatten o.s.; **se aplastó contra la pared** he flattened himself against the wall.
aplaudir [3a] *vt* to applaud, clap; *(fig)* to welcome, approve.
aplauso *nm* applause; *(fig)* approval, acclaim; ~**s** applause *sg*, clapping *sg*.
aplazamiento *nm (gen)* postponement; *(Fin)* deferment.
aplazar [1f] *vt* **(a)** *(reunión)* to postpone; *(pago)* to

defer. **(b)** *(citar)* to set a time *o* date for; *(convocar)* to summon, convene.

aplicable *adj* applicable (*a* to).

aplicación *nf* **(a)** *(gen)* application; **enviar su ~** *(LAm)* to send in one's application. **(b)** *(asiduidad)* industry, application; **le falta ~** he doesn't work hard enough.

aplicar [1g] **1** *vt (gen)* to apply *(a* to); *(poner en vigor)* to put into effect; *(esfuerzos, tiempo)* to devote (*a* to); *(recursos)* to assign *(a, para* to); **~ sanciones** to apply *o* impose sanctions. **2 aplicarse** *vr* **(a)** *(ley, regla)* to apply (*a* to), be applicable (*a* to). **(b)** *(individuo)* to apply *o* devote o.s. (*a* to); **~ en hacer algo** to work hard at doing sth.

aplique *nm* wall lamp.

aplomar [1a] **1** *vt* **(a)** *(Arquit)* to plumb. **(b)** *(Chi)* to embarrass. **2 aplomarse** *vr* **(a)** *(Arquit)* to collapse, cave in. **(b)** *(Chi)* to get embarrassed. **(c)** *(ganar aplomo)* to gain confidence.

aplomo *nm* self-possession, assurance; **dijo con el mayor ~** he said with the utmost assurance; **perder su ~** to get worried *o* rattled.

apocado *adj (tímido)* timid; *(humilde)* lowly.

Apocalipsis *nm* Apocalypse.

apocalíptico *adj* apocalyptic.

apocamiento *nm (timidez)* timidity; *(humildad)* lowliness.

apocar [1g] **1** *vt* **(a)** *(reducir)* to make smaller, reduce. **(b)** *(humillar)* to belittle, humiliate. **2 apocarse** *vr (sentirse humillado)* to feel small *o* humiliated; *(humillarse)* to humble o.s.

apocopar [1a] *vt* to apocopate, shorten.

apócope *nf (Ling)* apocopation.

apócrifo *adj* apocryphal.

apodar [1a] *vt* to nickname, dub.

apoderado *nm (gen)* agent, representative; *(Jur)* proxy.

apoderar [1a] **1** *vt* **(a)** *(gen)* to authorize, empower. **(b)** *(Jur)* to grant power of attorney to. **2 apoderarse** *vr:* **~ de** to seize, take possession of.

apodo *nm* nickname.

apogeo *nm (Astron)* apogee; *(fig)* peak, height.

apolillado *adj* moth-eaten.

apolilladura *nf* moth-hole.

apolillar [1a] **1** *vi (RPl fam)* to sleep. **2 apolillarse** *vr* to get moth-eaten.

apolítico *adj (gen)* apolitical; *(de interés general)* non-political.

apología *nf (defensa)* defence; *(elogio)* eulogy; *(LAm)* apology.

apologista *nmf* apologist.

apoltronado *adj* lazy, idle.

apoltronarse [1a] *vr (gen)* to get lazy; *(profesor etc)* to go through the motions.

apoplejía *nf* apoplexy, stroke.

apoplético *adj* apoplectic.

apoquinar [1a] *vt (fam)* to fork out, cough up *(fam)*.

aporrar [1a] **1** *vi (fam)* to dry up *(fam)*, get stuck *(in a speech etc)*. **2 aporrarse** *vr (fam)* to become a bore.

aporreamiento *nm* beating.

aporrear [1a] **1** *vt* **(a)** *(pegar)* to beat, club; *(dar una paliza a)* to beat up. **(b)** *(con el puño)* to thump (on), pound (on). **(c)** *(LAm: vencer)* to beat, defeat. **2 apporrearse** *vr (pelear)* to lay into each other; *(trabajar)* to slave away, slog.

aporreo *nm* thumping, pounding.

aportación *nf* contribution.

aportar [1a] **1** *vt (gen)* to furnish, contribute; *(pruebas)* to bring forward, adduce. **2** *vi (Náut)* to reach port; *(fig)* to show up, arrive. **3 aportarse** *vr (LAm)* to appear, approach.

aporte *nm (LAm)* contribution.

aposentar [1a] **1** *vt* to lodge, put up. **2 aposentarse** *vr* to lodge, put up (*en* at).

aposento *nm (cuarto)* room; *(hospedaje)* lodging; *(LAm)* bedroom.

aposición *nf* apposition; **en ~** in apposition.

apósito *nm (Med)* dressing.

aposta *adv*, **apostadamente** *adv* on purpose.

apostadero *nm (Mil)* posting; *(Náut)* naval station.

apostador(a) *nm/f* better, punter.

apostar[1] [1a] *vt (Mil)* to station, post.

apostar[2] [1m] **1** *vt* **(a)** *(dinero)* to stake, bet (*a* on). **(b) ~las a** *o* **con uno** to compete with sb. **2** *vi* to bet *(a, por* on, *a que* that); **apuesto a que sí** I bet it is.

apostasía *nf* apostasy.

apóstata *nmf* apostate.

apostatar [1a] *vi (Rel)* to apostatize (*de* from); *(fig)* to change sides.

apostilla *nf* footnote.

apostillar [1a] *vt* to add notes to, annotate.

apóstol *nm* apostle.

apostólico *adj* apostolic.

apostrofar [1a] *vt* **(a)** *(gen)* to apostrophize, address. **(b)** *(injuriar)* to insult.

apóstrofe *nm* **(a)** *(en retórica)* apostrophe. **(b)** *(injuria)* insult.

apóstrofo *nm (Ling)* apostrophe.

apostura *nf (esmero)* neatness; *(elegancia)* elegance.

apoteósico *adj* huge, tremendous.

apoteosis *nf* apotheosis.

apoyar [1a] **1** *vt* **(a)** *(descansar)* to lean, rest (*en, sobre* on, against); *(poner)* to put, rest; *(Arquit, Téc)* to hold up, support; **~ una escalera contra una pared** to lean a ladder against a wall. **(b)** *(amigo etc)* to support, back; *(teoría)* to base (*en* on); *(proposición)* to second, support. **2** *vi:* **~ en** to rest on, be supported by. **3 apoyarse** *vr* **(a) ~ en** *(Arquit)* to rest on, be supported by; *(persona)* to lean on. **(b) ~ en** *(fiarse de)* to rely on; *(basarse en: argumento)* to be based on; *(: escritor etc)* to base o.s. on.

apoyo *nm (gen)* support; *(ayuda)* backing, help; *(aprobación)* approval; **contamos con su ~** we rely on your support.

apreciable *adj* **(a)** *(gen)* appreciable; *(perceptible)* noticeable; **~ al oido** audible. **(b)** *(cantidad)* considerable; *(persona)* worthy.

apreciación *nf (gen)* appreciation, appraisal; *(Com, Fin)* valuation; **según nuestra ~** according to our estimation.

apreciar [1b] *vt* **(a)** *(Com, Fin etc)* to value, assess (*en* at). **(b)** *(estimar)* to esteem, value *(por* for); **aprecio mucho su amistad** I greatly value his friendship. **(c)** *(LAm: agradecer)* **lo aprecio mucho** I'm very grateful; **aprecia a los niños** he likes children. **(d)** *(comida, música etc)* to appreciate.

apreciativo *adj* appreciative.

aprecio *nm* **(a)** *(Com, Fin etc)* valuation, appraisal. **(b)** *(fig)* appreciation; **tener a uno en gran ~** to hold sb in high regard; **en señal de mi ~** as a token of my esteem.

aprehender [2a] *vt* **(a)** *(individuo)* to apprehend, detain; *(bienes)* to seize. **(b)** *(Filos)* to understand.

aprehensión *nf* **(a)** *(de individuo)* apprehension, capture; *(de bienes)* seizure. **(b)** *(Filos)* understanding.

apremiante *adj* urgent, pressing.

apremiar [1b] **1** *vt (apurar)* to urge (on), press; *(obligar)* to force; ~ **a uno a hacer algo,** ~ **a uno para que haga algo** to press sb to do sth. **2** *vi* to be urgent; **el tiempo apremia** time presses.
apremio *nm* **(a)** *(gen)* urgency, pressure; *(obligación)* compulsion; **por** ~ **de tiempo** because time is pressing; **por** ~ **de trabajo** because of pressure of work; ~ **de pago** demand note; **procedimiento de** ~ compulsory procedure. **(b)** *(Jur)* writ, judgment.
aprender [2a] *vt, vi* to learn *(a hacer algo* to do sth).
aprendiz(a) *nm/f* **(a)** *(novato)* beginner, novice; ~ **de conductor** *(Aut)* learner-driver. **(b)** *(de oficio)* apprentice; *(Com etc)* trainee; ~ **de comercio** business trainee; **estar de** ~ **con uno** to be apprenticed to sb.
aprendizaje *nm (gen)* apprenticeship; *(Com etc)* training period; **hacer su** ~ to serve one's apprenticeship; **pagar su** ~ *(fam)* to learn the hard way.
aprensión *nf (miedo)* apprehension, fear; *(reparo)* misgiving.
aprensivo *adj* apprehensive, worried.
apresador(a) *nm/f* captor.
apresamiento *nm* capture.
apresar [1a] *vt (criminal)* to catch, capture; *(suj: animal)* to seize; *(buque)* to take.
aprestar [1a] **1** *vt (gen)* to prepare, get *o* make ready; *(Arte)* to prime, size; ~ **el oído** to prick up one's ears. **2 aprestarse** *vr* to prepare, get ready *(a o para hacer algo* to do sth).
apresto *nm* **(a)** *(gen)* preparation. **(b)** *(Arte: proceso)* priming, sizing; *(: sustancia)* size.
apresurado *adj* hurried, hasty; *(paso)* quick.
apresuramiento *nm* hurry, haste.
apresurar [1a] **1** *vt (gen)* to speed up; *(paso)* to quicken. **2 apresurarse** *vr* to hurry *(a o por hacer algo* to do sth), make haste; **me apresuré a sugerir que ...** I hastily suggested that ... .
apretadera *nf* strap.
apretado *adj* **(a)** *(nudo)* tight. **(b)** *(compacto)* compact, solid; *(escritura)* cramped; *(espacio)* full, chock-a-block; **estaba** ~ **a presión** it was full to bursting. **(c)** *(difícil)* difficult, dangerous; **es uno caso** ~ it's a tricky business; **estar** ~ to be in a difficult situation. **(d)** *(fam: tacaño)* tight-fisted, stingy; *(: pobre)* poor.
apretar [1k] **1** *vt* **(a)** *(tornillo, tuerca)* to tighten (up); *(mano)* to clasp, grip; *(dientes)* to grit; *(botón)* to press; *(suj: ropa)* to be too tight for; *(: zapatos)* to pinch; ~ **a uno entre los brazos** to hug sb in one's arms; ~ **la mano a uno** to shake sb's hand; ~ **el paso** to quicken one's step. **(b)** *(contenido)* to pack *o* squeeze in. **2** *vi* **(a)** *(ropa)* to be too tight; *(zapatos)* to pinch, hurt. **(b)** *(dolor, frío)* to get worse; *(LAm: viento, esfuerzo)* to intensify. **(c)** ~ **con el enemigo** to close with the enemy. **3 apretarse** *vr* **(a)** *(en tren etc)* to crowd together, squeeze up; *(contra el frío)* to huddle together. **(b)** ~ **el cinturón** to tighten one's belt.
apretón *nm* **(a)** *(gen)* squeeze; ~ **de manos** handshake. **(b)** *(apuro)* difficulty, jam; **estar en un** ~ to be in a fix. **(c)** *(carrera)* dash, sprint; *(euf)* urgent call of nature.
apretujar [1a] *vt* to press *o* squeeze hard; **estar apretujado entre dos personas** to be sandwiched between two people.
apretujón *nm* hard squeeze.
apretura *nf* **(a)** = **apretón. (b)** *(pobreza)* poverty.
aprieto *nm* **(a)** = **apretón (a). (b)** *(fig)* difficulty, fix; **estar** *o* **verse en un** ~ to be in a jam; **ayudar a uno a salir de un** ~ to help sb out of trouble.
aprisa *adv* quickly, hurriedly.
aprisco *nm* sheepfold.
aprisionar [1a] *vt (gen)* to imprison; *(atar)* to bind, tie.
aprobación *nf* **(a)** approval; **dar su** ~ to give one's consent. **(b)** *(Univ etc)* pass mark.
aprobado 1 *adj* approved. **2** *nm:* **A**~ *(Univ etc)* pass.
aprobar [1m] **1** *vt (gen)* to approve; *(amistad etc)* to approve of, consent to; *(ley)* to pass; *(Escol, Univ: candidato, materia)* to pass. **2** *vi* to pass; **aprobé en francés** I passed in French.
aprobatorio *adj:* **una mirada** ~**a** an approving look.
aproches *nmpl (Mil)* approaches; *(LAm: vecindad)* neighbourhood *sg.*
aprontamiento *nm* quick delivery.
aprontar [1a] **1** *vt (preparar)* to prepare without delay; *(entregar)* to deliver at once. **2** *vi (LAm: pagar)* to pay in advance.
apropiación *nf* appropriation; ~ **ilícita** illegal seizure, misappropriation.
apropiado *adj* appropriate *(a, para* to), suitable *(a, para* for).
apropiar [1b] **1** *vt* to adapt *(a* to), fit *(a* to). **2 apropiarse** *vr:* ~ **(de) algo** to appropriate sth.
aprovechable *adj* useful, serviceable.
aprovechado/a 1 *adj* **(a)** *(trabajador)* industrious, hardworking. **(b)** *(frugal)* thrifty. **(c)** *(egoísta)* unscrupulous, selfish. **(d)** *(dinero, tiempo)* well-spent. **2** *nm/f* opportunist.
aprovechamiento *nm* **(a)** *(uso)* use, exploitation; ~ **de recursos naturales** exploitation of natural resources. **(b)** ~**s** products.
aprovechar [1a] **1** *vt (utilizar)* to make (good) use of, use; *(explotar)* to exploit; *(oferta etc)* to take advantage of; *(experiencia)* to profit by *o* from; *(oportunidad)* to make the most of. **2** *vi* **(a)** *(ser útil)* to be of use, be useful; **eso aprovecha poco** that is little use; **no** ~ **para nada** to be completely useless, be no help at all; **¡que aproveche!** bon appétit! **(b)** *(progresar)* to progress, improve. **3 aprovecharse** *vr* to take advantage *(de* of), make the most *(de* of).
aprovisionamiento *nm (gen)* supply; *(Com)* purchasing, buying.
aprovisionar [1a] *vt* to supply.
aproximación *nf* **(a)** *(gen)* approximation *(a,* to). **(b)** *(proximidad)* nearness, closeness. **(c)** *(Pol)* rapprochement. **(d)** *(en lotería)* consolation prize.
aproximado *adj (gen)* approximate; *(cálculo etc)* rough.
aproximar [1a] **1** *vt* to bring near(er) *(a* to; ~ **una silla** to bring a chair over. **2 aproximarse** *vr* to come near *o* closer; *(persona: edad)* to be nearly *o* getting on for.
aproximativo *adj (cálculo etc)* rough.
aptitud *nf* **(a)** *(conveniencia)* suitability, fitness *(para* for). **(b)** *(capacidad)* aptitude, ability; ~ **para los negocios** business sense; **carece de** ~ he hasn't got the talent; **demonstrar tener** ~**es** to show promise.
apto *adj* **(a)** *(gen)* suitable *(para* for, to), fit *(para* for, to); **ser** ~ **a** *o* **para aprender** to be quick to learn; ~ **para desarrollar** suitable for developing; ~**/no** ~ **(para menores)** *(Cine)* suitable/unsuitable for children. **(b)** *(hábil)* competent, capable.
apuesta *nf* bet, wager.
apuesto *adj* neat, elegant.
apuntación *nf (gen)* note; *(Mús)* notation.
apuntado *adj* **(a)** *(Arquit)* pointed. **(b)** *(escrito)* **lo tengo** ~ **en alguna parte** I have it written down

somewhere.
apuntador *nm (Teat)* prompter.
apuntalamiento *nm* propping-up, underpinning.
apuntalar [1a] *vt (Min etc)* to prop *o* shore up; *(Mec)* to strut; *(respaldar)* to support, back.
apuntamiento *nm* **(a)** *(de arma)* aiming. **(b)** *(nota)* note. **(c)** *(Jur)* judicial report.
apuntar [1a] **1** *vt* **(a)** *(arma)* to aim (*a* at), point (*a* at); *(cañón)* to train (*a* on); ~ **a un blanco** to aim at a target. **(b)** *(señalar)* to point at *o* to; *(indicar)* to point out; *(sugerir)* to hint at. **(c)** *(anotar)* to note (down), make *o* take a note of; *(registrar)* to record; ~ **una cantidad en la cuenta de uno** to charge a sum to sb's account. **(d)** *(lápiz etc)* to sharpen. **(e)** *(remendar)* to mend, stitch. **(f)** *(apostar)* to stake, bet. **(g)** *(Teat)* to prompt.
2 *vi* **(a)** *(día)* to dawn, break; *(barba, planta)* to sprout. **(b)** ~ **a** *(pronóstico)* to point to; *(medida)* to aim at *(hacer algo* doing sth*)*. **(c)** *(Teat)* to prompt. **(d)** ~ **y no dar** to fail to keep one's word.
3 apuntarse *vr* **(a)** ~ **un tanto** to score *o* chalk up a point; *(fig)* to stay one up. **(b)** *(vino)* to turn sour. **(c)** ~ **en un curso** to enrol in a course; ~ **a una sociedad** to join a club.
apunte *nm* **(a)** *(nota)* note; *(Com)* entry; *(Arte)* sketch; **llevar el** ~ **a** *(Arg)* to pay attention to. **(b)** *(Teat)* prompt book. **(c)** *(Naipes: jugador)* punter; *(: puesta)* stake.
apuñalar [1a] *vt*, **apuñalear** [1a] *vt (LAm)* to stab, knife; ~ **a uno por la espalda** *(fig)* to stab sb in the back.
apuñar [1a] *vt* to seize (in one's fist).
apuñear [1a] *vt*, **apuñetear** [1a] *vt* to punch, strike.
apurado *adj* **(a)** *(pobre)* needy, hard up. **(b)** *(difícil)* difficult; *(peligroso)* dangerous; **estar en una situación** ~**a** to be in a tight spot. **(c)** *(agotado)* exhausted. **(d)** *(exacto)* precise, exact. **(e)** *(LAm)* hurried, rushed; **estar** ~ to be in a hurry.
apurar [1a] **1** *vt* **(a)** *(Téc)* to purify, refine. **(b)** *(bebida)* to drain, drink up; *(agotar)* to use up. **(c)** *(detalles)* to check on; *(cuestión: estudiar)* to study minutely; *(: desentrañar)* to get to the bottom of. **(d)** *(fastidiar)* to annoy; *(avergonzar)* to embarrass. **(e)** *(esp LAm)* to rush, hurry up; **no te quiero** ~ I don't want to rush you. **2 apurarse** *vr* **(a)** *(preocuparse)* to worry, upset o.s. *(por* about, over*)*; **¡no te apures!** don't worry! **(b)** *(esforzarse)* to make an effort, go hard at it; ~ **por hacer algo** to strive to do sth. **(c)** *(esp LAm)* to hurry (up); **¡apúrate!** get a move on!
apuro *nm* **(a)** *(aprieto)* financial difficulty; **pasar** ~**s** to suffer hardship(s). **(b)** *(dificultad)* fix, jam; **colocar a uno en** ~**s** to put sb on the spot; **estar en el mayor** ~ to be in a jam; **sacar a uno de un** ~ to get sb out of a jam. **(c)** *(LAm: prisa)* haste, urgency.
aquejar [1a] *vt* **(a)** *(afligir)* to bother, trouble; **¿qué le aqueja?** what's up with him *etc*? **(b)** *(Med)* to afflict; **le aqueja una grave enfermedad** he suffers from a serious disease.
aquelarre *nm* witches' coven.
aquel(la) *adj dem* that; **aquellos/as** *(pl)* those.
aquél(la) *pron dem* that (one); **aquéllos/as** *(pl)* those (ones); **éstos son negros mientras aquéllos son blancos** the latter are black whereas the former are white; ~ **que está en el escaparate** the one that's in the window; **todo** ~ **que ...** anyone who ... .
aquello *pron dem indef* that; ~ **no tiene importancia** that's not important; **no me gusta** ~ I don't care for that; ~ **de mi hermano** that business about my brother.
aquerenciarse [1b] *vr:* ~ **a un lugar** *(animal)* to become attached to a place.
aquí *adv* **(a)** *(espacio)* here; ~ **dentro** in here; ~ **mismo** right here, on this very spot; **a 2km de** ~ 2 km from here; **andar de** ~ **para allá** to walk up and down *o* to and fro; **hasta** ~ so far, as far as here; **venga por** ~ come this way; **por** ~ **(cerca)** round here (somewhere). **(b)** *(tiempo)* **de** ~ **en adelante** from now on; **de** ~ **a un mes** a month from now; **hasta** ~ up till now. **(c) de** ~ **que ...** and so ..., that's why ... .
aquiescencia *nf* acquiescence.
aquietar [1a] **1** *vt (gen)* to quieten *o* calm (down); *(temor)* to allay. **2 aquietarse** *vr* to calm (down).
aquilatar [1a] *vt* **(a)** *(metal)* to assay. **(b)** *(fig)* to size *o* weigh up.
ara[1] *nf (altar)* altar; *(piedra)* altar stone; **en** ~**s de** in honour of.
ara[2] *nm (LAm)* parrot.
árabe 1 *adj* Arab; **lengua** ~ Arabic; **estilo** ~ *(Arquit)* Mauresque. **2** *nmf* Arab; *(Méx)* hawker, street vendor. **3** *nm (Ling)* Arabic; *(fig)* double Dutch, Greek.
arabesco *adj, nm* arabesque.
Arabia *nf* Arabia; ~ **Saudita** Saudi Arabia.
arábigo 1 *adj (numeral)* Arabic. **2** *nm (Ling)* Arabic; **está en** ~ *(fig)* it's Greek to me; **hablar en** ~ *(fig)* to talk double Dutch.
arable *adj (esp LAm)* arable.
arácnido *nm* arachnid.
arada *nf (Agr: acción)* ploughing; *(: tierra)* ploughed land *(: jornada)* day's ploughing.
arado *nm* plough, *(US)* plow.
arador *nm* ploughman, *(US)* plowman.
Aragón *nm* Aragon.
aragonés/esa *adj, nm/f* Aragonese; **terco como un** ~ pig-headed, stubborn as a mule.
araguato *nm (LAm Zool)* howler monkey.
arambel *nm (andrajo)* rag.
arana *nf* swindle.
arancel *nm* tariff, duty.
arancelario *adj* tariff *(atr)*, customs *(atr)*.
arándano *nm* bilberry, blueberry.
arandela *nf* **(a)** *(Téc)* washer. **(b)** *(chorrera)* frill, flounce.
araña *nf* **(a)** *(Zool)* spider; **matar la** ~ *(fig)* to take the edge off one's appetite. **(b)** *(candelabro colgante)* chandelier. **(c)** *(fam: persona)* resourceful person; *(LAm)* prostitute.
arañar [1a] *vt* **(a)** *(herir)* to scratch. **(b)** *(recoger)* to scrape together; **pasó los exámenes arañando** *(Arg)* he just scraped through the exams.
arañazo *nm* scratch.
arar [1a] *vt (Agr)* to plough; *(fig)* to mark, wrinkle.
araucano/a *adj, nm/f* Araucanian.
arbitrador(a) *nm/f* arbiter, arbitrator.
arbitraje *nm* **(a)** *(gen)* arbitration; ~ **industrial** industrial arbitration. **(b)** *(Com)* arbitrage. **(c)** *(Dep)* refereeing, handling.
arbitral *adj* of a referee *o* an umpire; **una decisión** ~ a referee's ruling.
arbitrar [1a] **1** *vt* **(a)** *(gen)* to arbitrate in; *(Tenis)* to umpire; *(Ftbl)* to referee. **(b)** *(recursos)* to bring together; *(fondos)* to raise. **2** *vi* to arbitrate; *(Dep)* to umpire, referee. **3 arbitrarse** *vr* to get along, manage.
arbitrariedad *nf* **(a)** *(cualidad)* arbitrariness. **(b)** *(acto)* arbitrary act; *(ultraje)* outrage.
arbitrario *adj* arbitrary.
arbitrio *nm* **(a)** *(libre albedrío)* free will. **(b)** *(medio)* means. **(c)** *(Jur)* decision, judgment; **al** ~ **de** at the discretion of; **dejar al** ~ **de uno** to leave to sb's discretion. **(d)** ~**s** *(Fin)* excise

taxes.
árbitro *nm (Jur)* arbiter, arbitrator; *(Tenis)* umpire; *(Ftbl)* referee.
árbol *nm* **(a)** *(Bot)* tree; ~ **frutal/genealógico** fruit/family tree; ~ **de Navidad** Christmas tree; ~ **de la ciencia** tree of knowledge (of good and evil). **(b)** *(Mec)* shaft; ~ **del cigüeñal/de levas/motor** crankshaft/camshaft/driving shaft. **(c)** *(Náut)* mast; ~ **mayor** mainmast.
arbolado 1 *adj* wooded, tree-covered. **2** *nm* woodland.
arboladura *nf (Náut)* rigging.
arbolar [1a] **1** *vt (bandera)* to hoist, raise; *(buque)* to fit with masts. **2 arbolarse** *vr (caballo)* to rear up.
arboleda *nf* grove, coppice.
arbóreo *adj* **(a)** *(Zool)* arboreal, tree *(atr)*. **(b)** *(forma)* tree-like, tree-shaped.
arbotante *nm* flying buttress.
arbusto *nm* shrub, bush.
arca *nf* **(a)** *(cofre)* chest; *(caja fuerte)* safe; **ser como un ~ abierta** to be a dreadful gossip. **(b)** *(Rel)* **A~ de la Alianza** Ark of the Covenant; **A~ de Noé** Noah's Ark.
arcada *nf* **(a)** *(serie de arcos)* arcade. **(b)** *(de puente)* arch, span; **de una sola ~** single-span. **(c) ~s** *(Med)* retching *sg*.
arcaduz *nm (caño)* pipe, conduit; *(de noria)* bucket.
arcaico *adj* archaic.
arcaísmo *nm* archaism.
arcaizante *adj (estilo)* old-fashioned; *(tono)* nostalgic.
arcángel *nm* archangel.
arcano 1 *adj* arcane, recondite. **2** *nm* secret, mystery.
arcar [1g] = **arquear.**
arce *nm* maple (tree).
arcediano *nm* archdeacon.
arcén *nm (de autopista)* hard shoulder; *(de carretera)* verge.
arcilla *nf* clay.
arcilloso *adj* clayey.
arcipreste *nm* archpriest.
arco *nm* **(a)** *(Anat, Arquit)* arch; ~ **de herradura** horseshoe *o* Moorish arch. **(b)** *(arma, Mús)* bow. **(c)** *(Mat, Elec)* arc; ~ **voltaico** arc lamp; ~ **iris** rainbow. **(d)** *(LAm Dep)* goal.
arcón *nm* large chest.
archiconocido *adj* extremely well-known, famous.
archidiácono *nm* archdeacon.
archidiócesis *nf inv* archdiocese.
archiduque(sa) *nm/f* archduke/archduchess.
archienemigo *nm* arch-enemy.
archipámpano *nm (fam)* big shot *(fam)*.
archipiélago *nm* archipelago.
archisabido *adj* extremely well-known; **un hecho ~** common knowledge.
archivador *nm* filing cabinet.
archivar [1a] *vt* **(a)** *(gen)* to file, store away; *(poner en el archivo)* to place in the archives. **(b)** *(fig: plan)* to shelve.
archivero/a *nm/f (de oficina)* filing clerk; *(bibliotecario)* archivist, keeper (of archives); *(~ público)* registrar.
archivo *nm* **(a)** *(sitio)* archive(s); **A~ Nacional** Public Record Office. **(b)** *(documentos)* **~s** files; **~s policíacos** police files *o* records. **(c) de ~** *(fam)* out of date, ancient.
ardentía *nf (Med)* heartburn; *(Náut)* phosphorescence.
arder [2a] **1** *vt* **(a)** to burn. **(b)** *(LAm Med)* to sting, smart. **2** *vi (gen)* to burn; ~ **sin llama** to smoulder; ~ **de ira** to seethe with anger; **la cosa está que arde** things are coming to a head. **3 arderse** *vr* to burn up.
ardid *nm* ruse; **~es** tricks, wiles.
ardiente *adj (gen)* burning; *(deseo)* keen; *(aficionado)* passionate; *(partidario)* fervent, ardent; *(color)* blazing.
ardilla *nf* **(a)** squirrel; ~ **listada** *o* **rayada** chipmunk; **andar como una ~** to be always on the go. **(b)** *(LAm)* clever businessman, wheeler-dealer *(fam)*.
ardimiento[1] *nm (ardor)* burning.
ardimiento[2] *nm (valor)* courage, dash.
ardite *nm:* **(no) me importa un ~** I don't give a damn; **no vale un ~** it's not worth a brass farthing.
ardor *nm* **(a)** *(calor)* heat. **(b)** *(Med)* ~ **de estómago** heartburn. **(c)** *(fig)* ardour, eagerness.
ardoroso *adj* hot, burning; *(fig)* ardent.
arduo *adj* arduous, hard.
área *nf* **(a)** *(gen)* area. **(b)** *(Dep)* ~ **de castigo** *o* **pénalty** penalty area.
arena *nf* **(a)** *(Geol)* sand; **~s movedizas** quicksands; **~s de oro** *(fig)* gold dust; **sembrar en ~** *(fig)* to labour in vain. **(b)** *(Med)* **~s** stones. **(c)** *(Dep etc)* arena.
arenal *nm* **(a)** *(terreno)* sandy spot. **(b)** *(Golf)* bunker.
arenga *nf* **(a)** *(gen)* harangue; *(fam)* sermon *(fam)*. **(b)** *(RPl)* argument, quarrel.
arengar [1h] *vt* to harangue.
arenillas *nfpl (Med)* stones.
arenisca *nf* sandstone.
arenoso *adj* sandy.
arenque *nm* herring
areómetro *nm* hydrometer.
arepa *nf (LAm)* corn pancake.
arete *nm* earring.
argamasa *nf* mortar.
argamasar [1a] **1** *vt* to mortar. **2** *vi* to mix (mortar).
árgana *nf* crane.
Argel *nm* Algiers.
Argelia *nf* Algeria.
argelino/a *adj, nm/f* Algerian.
argentado *adj (Téc)* silver-plated; *(fig)* silvery.
argentar [1a] *vt* to silver-plate.
argentería *nf* silver *o* gold embroidery.
Argentina *nf:* **la ~** the Argentine, Argentina.
argentino[1] *adj* silvery.
argentino[2]**/a** *adj, nm/f* Argentine, Argentinian.
argolla *nf (anilla)* ring; *(gargantilla)* choker; *(LAm: anillo: de boda)* wedding ring; *(: de novios)* engagement ring.
argón *nm* argon.
argot [ar'go] *nm, pl* **argots** [ar'go] slang; ~ **pasota** dropout slang.
argucia *nf* sophistry, hair-splitting; **~s** nitpicking *sg (fam)*.
argüir [3g] **1** *vt* **(a)** *(gen)* to argue, contend; *(inferir)* to deduce; **esto arguye su poco cuidado** this indicates his lack of care. **(b)** *(acusar)* to reproach; **me argüían con vehemencia** they vehemently reproached me. **2** *vi* to argue *(contra* against, with).
argumentación *nf (acción)* arguing; *(razonamiento)* argument, reasoning.
argumentador *adj* argumentative.
argumentar [1a] *vt, vi* to argue.
argumentista *nmf (TV etc)* scriptwriter.
argumento *nm* **(a)** *(gen)* argument; *(razonamiento)* reasoning, thinking. **(b)** *(Lit, Teat)* plot; *(TV*

etc) script, storyline. **(c)** *(LAm: discusión)* argument, quarrel.
aria *nf* aria.
aridecer [2d] *vi* to dry up, become arid.
aridez *nf (lit, fig)* aridity.
árido 1 *adj* arid, dry. **2** *nm:* **~s** *(Com)* dry goods.
Aries *nm* Aries.
ariete *nm* battering ram; *(Dep)* striker.
arisco *adj (animal)* unfriendly; *(individuo)* unsociable, standoffish; *(LAm: tímido)* reserved.
arista *nf (Bot)* beard; *(Geom)* edge; *(Geog)* arête.
aristocracia *nf* aristocracy.
aristócrata *nmf* aristocrat.
aristocrático *adj* aristocratic.
aritmético/a 1 *adj* arithmetical. **2** *nm/f* arithmetician. **3 aritmética** *nf* arithmetic.
arlequín *nm (fig)* buffoon; *(Culin)* Neapolitan ice cream.
arlequinada *nf* (piece of) buffoonery.
arlequinesco *adj (fig)* grotesque, ridiculous.
arma *nf* **(a)** *(instrumento)* arm, weapon; **~ atómica** atomic weapon; **~ blanca** cold steel; **~s cortas** small arms; **~ de fuego** firearm, gun; **¡a las ~s!** to arms!; **¡~s al hombro!** shoulder arms!; **pasar a uno por las ~s** to execute sb; **¡presenten ~s!** present arms!; **rendir las ~s** to lay down one's arms; **de ~s tomar** frightening. **(b)** *(rama)* branch, service.
armada *nf* **(a)** *(gen)* navy; *(escuadra)* fleet; **un oficial de la ~** a naval officer. **(b)** *(RPl)* lasso.
armadijo *nm* trap, snare.
armadillo *nm* armadillo.
armado *adj* **(a)** *(provisto de armas)* armed. **(b)** *(montado)* mounted, assembled. **(c)** *(hormigón)* reinforced.
armador *nm* **(a)** *(Náut)* shipowner; *(Hist)* privateer. **(b)** *(Mec)* fitter, assembler. **(c)** *(vestido)* jerkin; *(: LAm)* waistcoat.
armadura *nf* **(a)** *(Mil, Hist)* armour; **una ~** a suit of armour. **(b)** *(Téc)* framework; *(: en hormigón)* reinforcing bars; *(de gafas)* frame; *(Anat)* skeleton; *(Elec)* armature; **~ de la cama** bedstead. **(c)** *(Mús)* key signature.
armamento *nm* **(a)** *(Mil)* armament; **~s** armaments, arms; *véase* **carrera (c). (b)** *(Náut)* fitting-out.
armar [1a] **1** *vt* **(a)** *(soldado)* to arm (*con, de* with). **(b)** *(bayoneta)* to fix; *(rifle etc)* to load; *(trampa)* to set. **(c)** *(disponer)* to prepare, get ready; *(Mec)* to assemble, put together; *(Náut)* to fit out, equip; *(hormigón)* to reinforce; *(Cos)* to stiffen. **(d)** *(pleito)* to bring; *(jaleo)* to stir up; **~la** to start a row, make trouble. **2 armarse** *vr* **(a)** to arm o.s. (*con, de* with); **~ de valor** to summon up one's courage. **(b)** *(estallar)* to break out; **se está armando una crisis** a crisis is brewing; **se va a ~ la de Dios es Cristo** the fur is going to fly. **(c)** *(LAm: obstinarse)* to refuse point blank; *(: animal)* to balk, shy.
armario *nm* cupboard; **~ (para libros)** bookcase; **~ (ropero)** wardrobe.
armatoste *nm (objeto)* monstrosity; *(persona)* idiot.
armazón *nf (gen)* frame; *(fig)* framework; *(Aer, Aut)* body, chassis; *(LAm)* shelving.
Armenia *nf* Armenia.
armenio/a *adj, nm/f* Armenian.
armería *nf* **(a)** *(museo)* military museum. **(b)** *(tienda)* gunsmith's (shop). **(c)** *(oficio)* gunmaking.
armero *nm* **(a)** *(obrero)* gunsmith; *(industrial)* arms manufacturer. **(b)** *(armario)* gun rack.
armiño *nm* ermine.
armisticio *nm* armistice.
armonía *nf* harmony; **en ~** in harmony *o* keeping (*con* with).
armónico/a 1 *adj* harmonic. **2** *nm (Mús)* harmonic. **3 armónica** *nf* harmonica, mouth organ.
armonio *nm* harmonium.
armonioso *adj* harmonious.
armonizar [1f] **1** *vt (Mús)* to harmonize; *(diferencias)* to reconcile. **2** *vi* to harmonize (*con* with); *(fig)* **~ con** to harmonize *o* be in keeping with; **~ con** *(colores)* to tone in with.
arnero *nm (LAm)* sieve.
arnés *nm* **(a)** *(Mil, Hist)* armour. **(b) ~es** harness *sg*, trappings.
aro *nm (de tonel)* ring, hoop; *(de rueda)* rim; *(LAm: arete)* earring; *(: anillo)* ring; *(servilletero)* napkin ring; **~ de émbolo** piston ring; **entrar por el ~** *(fam)* to have no option.
aroma *nm (gen)* aroma, scent; *(de vino)* bouquet.
aromático *adj* aromatic, sweet-scented.
aromatizador *nm* air-freshener.
aromatizar [1f] *vt (gen)* to scent; *(aire)* to freshen; *(Culin)* to spice, flavour with herbs.
arpa *nf* harp; **tocar el ~** *(fam)* to be a thief.
arpado *adj* serrated.
arpar [1a] *vt (arañar)* to scratch, claw (at); *(hacer pedazos)* to tear to pieces.
arpegio *nm (Mús)* arpeggio.
arpero *nm (Méx)* thief.
arpía *nf (Mitología)* harpy; *(fig)* bag *(fam)*.
arpillera *nf* sacking, sackcloth.
arpista *nmf* harpist.
arpón *nm* harpoon.
arponar [1a] *vt*, **arponear** [1a] *vt* to harpoon.
arquear [1a] **1** *vt* **(a)** *(doblar)* to arch, bend. **(b)** *(lana)* to beat. **(c)** *(Náut)* to gauge; *(LAm Com)* to tote up. **2** *vi (Med)* to retch. **3 arquearse** *vr* to arch, bend.
arqueo *nm* **(a)** *(gen)* arching. **(b)** *(Náut)* capacity; *(Com)* filling *o* cashing up; **~ bruto** gross tonnage.
arqueología *nf* archaeology.
arqueológico *adj* archaeological; **investigación ~a** dig.
arqueólogo/a *nm/f* archaeologist.
arquería *nf* arcade, series of arches.
arquero *nm* **(a)** *(Mil)* bowman, archer. **(b)** *(Com)* cashier. **(c)** *(LAm Dep)* goalkeeper.
arquetipo *nm* archetype.
arquitecto/a *nm/f* architect; **~ de jardines** *o* **paisajista** landscape gardener.
arquitectónico *adj* architectural.
arquitectura *nf* architecture.
arrabal *nm* suburb; **~es** outskirts.
arrabalero *adj* **(a)** suburban. **(b)** *(fig)* common, coarse.
arracada *nf* pendant earring.
arracimado *adj* clustered, in a cluster.
arracimarse [1a] *vr* to cluster together.
arraigado *adj (costumbre)* deep-rooted; *(creencia)* deep-seated; *(persona)* property-owning.
arraigar [1h] **1** *vt* **(a)** *(fig)* to establish. **(b)** *(LAm Jur)* to place under partial arrest. **2** *vi (Bot)* to take root. **3 arraigarse** *vr (gen)* to take root; *(fig: establecerse)* to settle, establish o.s.
arraigo *nm* **(a)** *(Bot)* rooting; **de fácil ~** easily-rooted. **(b)** *(bienes)* land, real estate; **hombre de ~** man of property. **(c)** *(fig: de creencia etc)* deep-seatedness; *(: influencia)* hold, influence.
arrancaclavos *nm inv* claw hammer.
arrancada *nf (arranque)* sudden start; *(aceleración)* sudden acceleration; *(sacudida)* jerk, jolt; *(LAm: fuga)* sudden dash, escape attempt.

arrancadero *nm* starting point.
arrancador *nm (Aut)* starter.
arrancamiento *nm (de árbol)* uprooting; *(de cosecha)* lifting, picking; *(de dientes)* extraction; *(robo)* snatching.
arrancar [1g] **1** *vt* **(a)** *(sacar de raíz)* to pull up; *(diente)* to extract, pull; *(pelo)* to pluck out; *(botón etc)* to tear off; *(página)* to tear *o* rip out; *(suspiro)* to heave. **(b)** *(tomar)* to snatch away (*a, de* from); *(: con violencia)* to wrench, wrest (*a, de* from); **lograron ~le el cuchillo** they managed to wrest the knife from him. **(c) ~ a uno de un vicio** to wean sb away from a bad habit. **(d)** *(apoyo)* to win, get; *(victoria)* to snatch, wrest (*a* from); **~ información a uno** to extract information from sb. **(e)** *(Aut etc)* to start.
2 *vi* **(a)** *(gen)* to start, set off; *(Aut)* to start; *(Náut)* to set sail; *(marcharse)* to leave; **~ a correr** to start running. **(b)** *(LAm: fugar)* to escape, run away. **(c) ~ de** to spring from, originate in; **esto arranca del siglo XV** this goes back to the 15th century.
3 arrancarse *vr (LAm fam)* to kick the bucket *(fam)*.
arrancón *nm (Méx)* = **arrancada.**
arranque *nm* **(a)** *(sacudida)* jerk, jolt. **(b)** *(Mec)* starter; **~ automático** *(Aut)* starter motor. **(c)** *(comienzo)* beginning, starting point. **(d)** *(arrebato)* (emotional) outburst; **~ de cólera** fit of anger; **en un ~** impulsively. **(e)** *(ocurrencia)* witty remark.
arrapiezo *nm* **(a)** *(harapo)* rag, tatter. **(b)** *(mocoso)* whippersnapper.
arras *nfpl (Fin, Com)* pledge *sg*, security *sg*.
arrasar [1a] **1** *vt* **(a)** *(gen)* to level; *(edificio)* to demolish; *(: esp en guerra)* to raze to the ground; *(suj: ciclón, terremoto)* to devastate. **(b)** *(llenar)* to fill to the brim. **2** *vi (Met)* to clear. **3 arrasarse** *vr (Met)* to clear; **se le arrasaron los ojos de** *o* **en lágrimas** her eyes filled with tears.
arrastradizo *adj* dangling, trailing.
arrastrado/a 1 *adj* **(a) llevar algo ~** to drag sth along. **(b)** *(pobre)* poor, miserable; **andar ~** to have a wretched life. **(c)** *(pícaro)* wily, rascally. **(d)** *(LAm)* cringing, servile. **2** *nm/f* rogue, rascal. **3 arrastrada** *nf (fam)* whore, *(US)* hooker.
arrastradora *nf (Per)* prostitute.
arrastrar [1a] **1** *vt* **(a)** *(objeto pesado, pies)* to drag; *(carro)* to pull. **(b)** *(llevar: suj: viento)* to blow away; *(: río)* to sweep away *o* along; *(: emoción)* to carry away. **(c)** *(público)* to win over. **(d)** *(dificultad, problemas)* to give rise to. **2** *vi* to drag, trail along the ground. **3 arrastrarse** *vr* **(a)** *(Zool)* to crawl, creep; *(gente)* to drag o.s. along; *(fig: humillarse)* to grovel; **se arrastró hasta la puerta** he dragged himself to the door. **(b)** *(vestido)* to trail along the ground.
arrastre *nm* **(a)** *(acción)* dragging, pulling; *(Aer)* drag. **(b)** *(Méx, CAm)* influence; **tener mucho ~** to have friends in high places. **(c)** *(Taur)* removal of dead animal; **estar para el ~** *(fig)* to be knackered *(fam)*.
arrayán *nm* myrtle.
arre *interj* gee up!
arreada *nf (LAm Agr)* roundup; *(Jur)* cattle-rustling; *(Mil)* press-ganging.
arreador *nm (LAm)* long whip.
arrear [1a] **1** *vt* **(a)** *(estimular)* to drive, urge on. **(b)** *(poner arreos a)* to harness. **(c)** *(LAm: robar)* to steal; *(: el ganado)* to rustle. **2** *vi* to hurry along; **¡arrea!** get moving!
arrebañaduras *nfpl* leftovers.
arrebañar [1a] *vt (juntar)* to scrape together; *(comida)* to eat up, clear up.
arrebatadizo *adj* excitable, hot-tempered.
arrebatamiento *nm* **(a)** *(acción)* snatching (away), seizure. **(b)** *(éxtasis)* ecstasy, rapture; *(ira)* anger.
arrebatar [1a] **1** *vt* **(a)** to snatch away, wrench (*a* from); *(vida)* to take; *(suj: viento etc)* to carry off *o* away; **le arrebataron la victoria** they snatched victory from under his *etc* very nose. **(b)** *(conmover)* to stir; *(cautivar)* to captivate. **2 arrebatarse** *vr* **(a)** to get carried away, get excited; **~ de cólera** to be overcome with anger. **(b)** *(Culin)* to burn, overcook.
arrebato *nm (ira)* rage; **en un ~ de cólera/entusiasmo** in an outburst of anger/in a sudden fit of enthusiasm.
arrebol *nm (colorete)* rouge; *(Met)* red glow; **~es** red clouds.
arrebolar [1a] **1** *vt* to redden. **2 arrebolarse** *vr* **(a)** *(pintarse)* to apply rouge. **(b)** *(enrojecer)* to blush.
arrebujar [1a] **1** *vt* **(a)** *(objetos)* to jumble together *o* up. **(b)** *(niño etc)* to wrap up, cover. **2 arrebujarse** *vr* to wrap o.s. up (*con* in, with).
arreciar [1b] **1** *vi (Met)* to get worse; *(: viento)* to get stronger. **2 arreciarse** *vr* **(a)** = **1. (b)** *(Med)* to get stronger, pick up.
arrecife *nm* reef; **~ de coral** coral reef.
arrechera *nf* **(a)** *(LAm: de animal)* heat, mating urge. **(b)** *(Méx)* whim, fancy.
arrechucho *nm* **(a)** *(gen)* sudden impulse; *(de cólera)* fit, outburst. **(b)** *(Med)* turn.
arredrar [1a] **1** *vt* **(a)** *(hacer retirarse)* to drive back; *(apartar)* to move away. **(b)** *(asustar)* to scare. **2 arredrarse** *vr* **(a)** *(apartarse)* to draw back, move away (*de* from). **(b)** *(intimidarse)* to be scared; **~ ante algo** to shrink away from sth.
arregazado *adj (falda)* tucked up; *(nariz)* snub.
arregazar [1f] *vt* to tuck up.
arreglado *adj* **(a)** *(ordenado)* neat, orderly; *(moderado)* moderate, sensible; **una vida ~a** a well-regulated life; **conducta ~a** good *o* orderly behaviour; **está ~** it's all arranged; **un precio ~** a reasonable price. **(b) ~ a** in accordance with.
arreglar [1a] **1** *vt* **(a)** *(gen)* to arrange; *(detalles)* to settle; *(cita)* to fix up; *(error etc)* to put right, correct; **yo lo arreglaré** I'll see to it, I'll take care of it. **(b)** *(Mec etc)* to fix, repair. **(c)** *(poner en orden)* to tidy up, smarten up; *(preparar)* to get ready. **(d)** *(LAm: deuda)* to (re)pay. **2 arreglarse** *vr* **(a)** *(ponerse de acuerdo)* to come to terms (*a, con* with), reach an understanding; **~ a** to conform to. **(b)** *(LAm: vestirse)* to get dressed up; *(: esmerarse)* to tidy o.s. up; **~ el pelo** to have one's hair done. **(c)** *(dificultad etc)* to work out, be solved; **por fin el asunto se arregló** everything worked out in the end. **(d)** *(LAm: tener suerte)* to have a stroke of luck; *(: amantes)* to hit it off. **(e) ~las** to get by, manage (*para hacer algo* to do sth).
arreglo *nm* **(a)** *(acción)* arrangement, settlement; **esto no tiene ~** there's no solution to this. **(b)** *(order)* rule, order; **vivir con ~** to live an orderly life. **(c)** *(acuerdo)* agreement, understanding; **con ~ a** in accordance with; **llegar a un ~** to reach a compromise. **(d)** *(Mús)* setting, arrangement.
arregostarse [1a] *vr:* **~ a** to take a fancy to.
arrejuntarse [1a] *vr (Méx)* to set up house together, cohabit.
arrellanarse [1a] *vr*, **arrellenarse** [1a] *vr* to lounge, sprawl; **~ en el asiento** to lie back in one's chair.

arremangar [1h] **1** *vt (mangas)* to roll up; *(faldas)* to tuck up. **2 arremangarse** *vr* **(a)** to roll up one's sleeves. **(b)** *(fig)* to take a firm line.
arremeter [2a] **1** *vt* **(a)** *(atacar)* to attack, assail. **(b)** *(caballo)* to spur on. **2** *vi* to rush forth, attack; **~ a** *o* **contra uno** to attack *o* launch o.s. at sb.
arremetida *nf* **(a)** *(gen)* attack, assault; *(empujón)* shove, push. **(b)** *(de caballo)* sudden start.
arremolinarse [1a] *vr (gente)* to crowd around, mill around; *(corriente)* to swirl, eddy.
arrendador(a) *nm/f* **(a)** *(propietario)* landlord/landlady; *(Jur)* lessor; *(Com)* franchisor. **(b)** *(arrendatario: gen)* tenant; *(: Jur)* lessee; *(: Com)* franchisee.
arrendajo *nm (Orn)* jay; *(fig)* mimic.
arrendamiento *nm* **(a)** *(gen)* renting; *(de casa)* leasing; *(el alquilar)* hiring; **tomar una casa en ~** to rent a house. **(b)** *(precio)* rent, rental. **(c)** *(contrato)* contract, agreement; *(Com: concesión)* franchise.
arrendar[1] [1k] *vt* **(a)** *(suj: propietario: inmuebles)* to let, lease; *(: máquinas etc)* to hire out. **(b)** *(suj: usuario: inmuebles)* to rent, lease; *(: máquinas)* to hire.
arrendar[2] [1k] *vt (caballo)* to tie, tether (by the reins).
arrendatario/a *nm/f (gen)* tenant; *(Jur)* lessee, leaseholder; *(Aut etc)* hirer.
arreo *nm* **(a)** *(adorno)* adornment. **(b) ~s** harness *sg*, trappings; *(fig)* gear *sg*. **(c)** *(LAm: animales)* drove (of cattle); *(: acto)* roundup.
arrepentido/a 1 *adj (gen)* sorry; *(Rel)* repentant; **estar ~ de algo** to regret *o* be sorry about sth. **2** *nm/f (Rel)* penitent.
arrepentimiento *nm* regret; *(Rel)* repentance.
arrepentirse [3i] *vr* to repent, be repentant; **~ de algo/de haber hecho algo** to regret sth/doing *o* having done sth.
arrestado *adj* bold, daring.
arrestar [1a] **1** *vt* to arrest, detain; **~ en el cuartel** *(Mil)* to confine to barracks. **2 arrestarse** *vr:* **~ a algo** to rush boldly into sth; **~ a todo** to be afraid of nothing.
arresto *nm* **(a)** *(Jur: acción)* arrest; *(: detención)* remand; *(Mil)* detention, confinement; **~ domiciliario** house arrest; **estar bajo ~** to be under arrest. **(b) ~s** daring *sg*.
arriada *nf* flood.
arriar [1c] **1** *vt (bandera)* to lower, strike; *(vela)* to haul down; *(cable)* to loosen. **2 arriarse** *vr* to flood, become flooded.
arriate *nm* **(a)** *(Bot)* bed, border. **(b)** *(camino)* road.
arriba 1 *adv* **(a)** *(situación: gen)* up there, above; *(Náut)* aloft; *(en casa)* upstairs; *(sentido)* up, upwards; **~ de** *(LAm)* above, over; **'este lado ~'** 'this side up'; **de ~ abajo** from top to bottom, from head to foot; **desde ~** from (up) above; **hacia ~** up(wards); **está más ~** it's higher *o* further up; **de 10 dólares para ~** from 10 dollars upwards; **de la cintura (para) ~** from the waist up; *veáse* **corriente, cuesta, patas. (b) la parte de ~** the upper part, the top side; **los de ~** the people on top. **2** *interj:* **¡~!** up!; **¡manos ~!** hands up!; **¡~ España!** Spain for ever!, long live Spain!
arribada *nf (Náut)* arrival; **~ forzosa** unscheduled stop; **entrar de ~** to put into port.
arribaje *nm (Náut)* arrival, entry into harbour.
arribar [1a] *vi (gen)* to arrive; *(Náut)* to put into port; *(LAm)* to prosper; **~ a** to reach.
arribismo *nm* social climbing.
arribista *nmf* upstart, arriviste.
arribo *nm* arrival; **hacer su ~** to arrive.
arriendo *nm* = **arrendamiento.**
arriero *nm* muleteer.
arriesgado *adj* **(a)** *(acto)* risky, hazardous; **unas ideas ~as** some dangerous ideas; **me parece ~ prometerlo** I would be rash to promise it. **(b)** *(individuo)* bold, daring.
arriesgar [1h] **1** *vt (gen)* to risk, hazard; *(oportunidad etc)* to endanger, put at risk. **2 arriesgarse** *vr* to take a risk, expose o.s. to danger; **~ a hacer algo** to risk doing sth.
arrimadero *nm* support.
arrimadizo/a 1 *adj (fig)* parasitic. **2** *nm/f* parasite, hanger-on.
arrimado 1 *adj* close. **2** *nm (Méx)* parasite.
arrimar [1a] **1** *vt* **(a)** *(acercar)* to bring close, draw up (*a* to); **hay que ~lo todavía más** you'll have to bring it closer still; **lo arrimamos a la ventana** we put it against the window; **~ las espuelas a un caballo** to dig one's spurs into a horse; **~ un golpe a uno** to strike sb a blow. **(b)** *(arrinconar)* to lay aside, shelve; *(individuo)* to ignore, push aside; **el plan quedó arrimado** the plan was shelved; **~ los libros** *(fig)* to give up studying, drop out.
2 arrimarse *vr* **(a)** *(gen)* to come closer; *(juntarse)* to gather; **~ a** *(acercarse)* to come close(r), to get near(er) to; *(apoyarse)* to lean against *o* on; **arrímate a mí** cuddle up to me. **(b) ~ a** *(fig)* to join, keep company with; *(buscar ayuda)* to seek the protection of.
arrimo *nm* **(a)** *(apoyo)* support. **(b)** *(fig: ayuda)* help, protection. **(c)** *(apego)* attachment. **(d)** *(Méx Arquit)* partition.
arrinconado *adj (olvidado)* forgotten, neglected; *(marginado)* out in the cold *(fam)*.
arrinconar [1a] **1** *vt* **(a)** *(objeto)* to put in a corner; *(Mil etc)* to corner. **(b)** *(abandonar)* to lay aside, discard; *(apartar)* to push aside; *(marginar)* to leave out in the cold *(fam)*. **2 arrinconarse** *vr* to become a recluse.
arriscado *adj* **(a)** *(Geog)* craggy. **(b)** *(fig)* bold, resolute.
arriscamiento *nm* boldness, resolution.
arriscar[1] [1g] **1** *vt* to risk. **2 arriscarse** *vr* to take a risk.
arriscar[2] [1g] **1** *vt (LAm)* to turn up. **2** *vi (LAm)* to amount (*a* to). **3 arriscarse** *vr* **(a)** to get conceited. **(b)** *(LAm)* to dress up to the nines.
arroba *nf (peso)* 25 pounds; *(fig)* tons *(fam)*, loads *(fam)*; **tiene talento por ~s** he has loads of talent.
arrobador *adj* entrancing, enchanting.
arrobamiento *nm (gen)* ecstasy, rapture; *(Rel)* trance.
arrobar [1a] **1** *vt* to entrance, enchant. **2 arrobarse** *vr* to go into ecstasies, be enraptured; *(místico etc)* to go into a trance.
arrobo *nm* = **arrobamiento.**
arrocero *adj* rice *(atr)*; **cultivo ~** rice cultivation.
arrodajarse [1a] *vr (CAm)* to sit cross-legged.
arrodillarse [1a] *vr* to kneel (down), go down on one's knees; **estar arrodillado** to be kneeling (down), be on one's knees.
arrogancia *nf* arrogance; *(orgullo)* pride.
arrogante *adj* arrogant; *(altanero)* haughty.
arrogarse [1h] *vr:* **~ algo** to assume sth, take sth on o.s.
arrojadizo *adj:* **arma ~a** missile, projectile.
arrojado *adj (valiente)* daring, dashing; *(temerario)* reckless.
arrojar [1a] **1** *vt* **(a)** *(gen)* to throw, hurl; **~ algo de sí** to fling sth aside. **(b)** *(emitir)* to give out, emit; *(Bot)* to put out; *(individuo)* to throw out; *(esp LAm: vomitar)* to bring up, vomit; **este estudio**

arroja alguna luz sobre el tema this study throws *o* casts some light on the subject. **(c)** *(Com, Fin, Mat)* to give, produce, yield; *(: resultado)* to show. **2 arrojarse** *vr* **(a)** to throw *o* hurl o.s. (*a* into, on; *por* out of, through); ~ **al agua** to jump into the water. **(b)** *(fig)* ~ **a** *o* **en** to rush into, fling o.s. into.
arrojo *nm* daring, fearlessness; **con** ~ boldly.
arrollador *adj (fig)* sweeping, devastating; **por una mayoría ~a** by an overwhelming majority; **un ataque** ~ a crushing attack.
arrollar [1a] *vt* **(a)** *(enrollar)* to roll up; *(Elec etc)* to coil, wind. **(b)** *(suj: río etc)* to sweep away, wash away; *(Mil)* to rout; *(Dep)* to crush; *(Aut etc)* to run over, knock down. **(c)** *(persona: en debate)* to crush.
arromar [1a] *vt* to blunt, dull.
arropar [1a] **1** *vt* **(a)** *(vestir)* to wrap up (with clothes); *(en cama)* to tuck up (in bed). **(b)** *(fig)* to protect. **2 arroparse** *vr* to wrap o.s. up; **¡arrópate bien!** wrap up warm!
arrope *nm* syrup.
arrorró *nm (LAm)* lullaby.
arrostrar [1a] **1** *vt (consecuencias)* to face (up to); *(peligro)* to brave, face. **2 arrostrarse** *vr:* ~ **con uno** to face up to sb.
arroyo *nm* **(a)** *(gen)* stream, brook; *(cauce)* watercourse; *(LAm)* river. **(b)** *(fig)* gutter; **poner a uno en el** ~ to turn sb onto the streets.
arroyuelo *nm* small stream, brook.
arroz *nm* rice; ~ **con leche** rice pudding.
arrozal *nm* ricefield, paddy.
arruga *nf* **(a)** *(piel)* wrinkle, line; *(en ropa)* crease. **(b)** *(LAm fam)* trick, swindle.
arrugar [1h] **1** *vt (cara)* to wrinkle; *(ceño)* to knit; *(papel)* to crumple, screw up; *(ropa)* to ruck up, crumple; ~ **la cara** to screw up one's face; ~ **la frente** to knit one's brow, frown. **2 arrugarse** *vr* **(a)** *(cara)* to wrinkle (up), get wrinkled; *(ropa)* to crease, get creased; *(Bot)* to shrivel up. **(b)** *(Méx)* to get scared.
arruinamiento *nm* ruin, ruination.
arruinar [1a] **1** *vt (gen)* to ruin; *(destruir)* to wreck, destroy. **2 arruinarse** *vr (Fin etc)* to be ruined; *(fig)* to go to rack and ruin; *(edifico)* to fall into ruins.
arrullar [1a] **1** *vt (niño)* to lull *o* sing to sleep; *(amante)* to say sweet nothings to. **2** *vi* to coo. **3 arrullarse** *vr* to bill and coo.
arrullo *nm (Orn)* cooing; *(fig)* billing and cooing; *(canción)* lullaby.
arrumaco *nm* **(a)** *(caricia)* caress. **(b)** *(halago)* piece of flattery.
arrumaje *nm (Náut)* stowage.
arrumar [1a] **1** *vt (Náut)* to stow. **2 arrumarse** *vr (Náut)* to become overcast.
arrumbar[1] [1a] *vt* **(a)** *(objeto)* to put aside, discard. **(b)** *(individuo)* to silence, floor.
arrumbar[2] [1a] *(Náut)* **1** *vi* to set course *(hacia* for*)*. **2 arrumbarse** *vr* to take one's bearings.
arrurruz *nm* arrowroot.
arsenal *nm (Náut)* naval dockyard; *(Mil)* arsenal; *(fig)* storehouse, mine.
arsénico *nm* arsenic.
arte *nm o nf (gen m = sg, f = pl)* **(a)** art; **~s** *(Univ)* arts; **bellas ~s** fine arts; **~s gráficas** graphic arts; **por ~ de magia** (as if) by magic; ~ **mecánico** mechanical skill; **~s y oficios** arts and crafts; ~ **poética** poetics; ~ **de los trucos** conjuring. **(b)** *(habilidad)* skill; *(astucia)* craftiness; **malas ~s** trickery *sg.* **(c)** *(artificio)* workmanship, artistry; **sin** ~ clumsy. **(d) no tener ~ ni parte en algo** to have nothing whatsoever to do with a matter.
artefacto *nm* **(a)** *(Téc)* device, appliance; **~s de alumbrado** light fittings *o* fixtures; ~ **nuclear** nuclear device. **(b)** *(Arqueol)* artefact.
artejo *nm* knuckle.
artería *nf* cunning, artfulness.
arteria *nf* artery; **la ~ principal de una ciudad** the main thoroughfare of a town.
arterial *adj* arterial.
artero *adj* cunning, crafty.
artesa *nf* trough.
artesanal *adj* craft *(atr)*; **industria** ~ craft industry.
artesanía *nf (arte)* craftmanship; *(productos)* (handi)crafts *pl;* **~s** arts and crafts.
artesano/a *nm/f* craftsman/craftswoman, artisan.
artesiano *adj:* **pozo** ~ artesian well.
ártico *adj, nm* Arctic.
articulación *nf* **(a)** *(Anat)* articulation, joint. **(b)** *(Mec)* joint; ~ **esférica/universal** ball-and-socket/universal joint. **(c)** *(Ling)* articulation.
articulado *adj* **(a)** *(persona)* articulate. **(b)** *(Anat, Mec)* articulated, jointed.
articular [1a] *vt* **(a)** *(Ling)* to articulate; *(Mec)* to articulate, join together. **(b)** *(Jur)* to article.
articulista *nmf* columnist, contributor (to a paper).
artículo *nm* **(a)** *(Com)* article, item; **~s** commodities, goods; **~s alimenticios** foodstuffs; ~ **de comercio** commodity; **~s de consumo** consumer goods; **~s de marca** branded goods; **~s de tocador** toiletries. **(b)** *(escrito)* article; *(TV)* feature, report; ~ **de fondo** leader, editorial. **(c)** *(Ling)* article; ~ **definido/indefinido** definite/indefinite article.
artífice *nm (gen)* artist, craftsman; *(hacedor)* maker; **el ~ de la victoria** the architect of victory.
artificial *adj* artificial; **fuegos ~es** fireworks.
artificio *nm* **(a)** *(arte)* art, craft; *(truco)* artifice. **(b)** *(aparato)* device, appliance.
artificioso *adj* **(a)** *(genial)* skilful, ingenious. **(b)** *(disimulado)* artful.
artilugio *nm* gadget, contraption.
artillería *nf* artillery; ~ **antiaérea** anti-aircraft guns; ~ **pesada** heavy artillery.
artillero *nm (Mil)* artilleryman; *(Aer, Náut)* gunner.
artimaña *nf* **(a)** *(Caza)* trap, snare. **(b)** *(fig)* cunning.
artista *nmf* artist; *(Teat etc)* artist, artiste; ~ **de cine** film actor/actress.
artístico *adj* artistic.
artrítico *adj* arthritic.
artritis *nf* arthritis; ~ **reumatoidea** rheumatoid arthritis.
arveja *nf* **(a)** *(Bot)* vetch. **(b)** *(RPl)* pea.
arzobispado *nm* archbishopric.
arzobispo *nm* archbishop.
as *nm* **(a)** *(Naipes)* ace; *(dominó)* one; ~ **de espadas** ace of spades. **(b)** *(fam)* ace; ~ **del fútbol** star player.
asa[1] *nf (gen)* handle.
asa[2] *nf (Bot)* juice.
asadero 1 *adj* roasting, for roasting. **2** *nm* **(a)** *(Elec)* spit roaster; *(fig)* oven. **(b)** *(Méx)* cottage cheese.
asado 1 *adj* roast, roasted; **carne ~a** roast meat; ~ **al horno/a la parrilla** baked/broiled, grilled; **bien/poco** ~ well done/rare. **2** *nm* roast, joint.
asador *nm* **(a)** *(varilla)* spit. **(b)** *(aparato)* spit roaster; ~ **a rotación** rotary spit.

asaduras *nfpl* entrails, offal; *(Culin)* chitterlings; **echar las** ~ *(fig)* to bust a gut *(fam)*.

asaetear [1a] *vt* **(a)** to shoot, hit (with an arrow). **(b)** *(fig)* to bother, pester.

asalariado/a 1 *adj* wage-earning. **2** *nm/f* wage earner.

asalariar [1b] *vt* to employ.

asaltador(a) *nm/f*, **asaltante** *nmf (de individuo)* attacker, assailant; *(de banco etc)* raider.

asaltar [1a] *vt* **(a)** *(persona)* to attack, assault; *(Mil)* to storm; *(banco etc)* to break into, raid. **(b)** *(suj: dudas etc)* to assail; *(: idea)* to cross one's mind.

asalto *nm* **(a)** *(Mil)* attack, assault; **tomar por** ~ to take by storm. **(b)** *(Boxeo)* round; ~ **de armas** fencing bout. **(c)** *(LAm)* surprise party.

asamblea *nf (mitin)* meeting; *(congreso)* congress, assembly; **A~ Nacional** National Assembly.

asambleísta *nmf* assemblyman/-woman.

asar [1a] **1** *vt* **(a)** to roast; ~ **al horno/a la parrilla** to bake/grill. **(b)** *(fig)* to pester, plague *(con* with). **2 asarse** *vr (fig)* **me aso de calor** I'm roasting; **aquí se asa uno vivo** it's boiling hot here.

asbesto *nm* asbestos.

ascendencia *nf* **(a)** ancestry; *(origen)* origin. **(b)** *(LAm)* ascendancy.

ascendente *adj* ascending; **en una curva** ~ in an upward curve; **la carrera** ~ **del pistón** the up-stroke of the piston.

ascender [2g] **1** *vt* to promote; **fue ascendido a teniente** he was promoted (to) lieutenant. **2** *vi* **(a)** *(gen)* to ascend, rise, go up. **(b)** *(Dep)* to be promoted *(a* to); **Málaga asciende a primera división** Málaga goes up to the first division. **(c)** ~ **a** *(suma)* to amount to.

ascendiente 1 *adj* = **ascendente**. **2** *nmf* ancestor. **3** *nm* ascendancy *(sobre* over).

ascensión *nf* **(a)** *(montañismo)* ascent. **(b)** *(de empleado etc)* promotion *(a* to, to the rank of). **(c)** *(Rel)* **la A~** the Ascension.

ascensionista *nmf* balloonist.

ascenso *nm* promotion *(a* to, to the rank of).

ascensor *nm* lift, *(US)* elevator; *(Téc)* elevator.

ascensorista *nmf* lift attendant, *(US)* elevator operator.

asceta *nmf* ascetic.

ascético *adj* ascetic.

ascetismo *nm* asceticism.

asco *nm* **(a)** *(sensación)* disgust, revulsion; **¡qué ~!** how awful *o* revolting!; **cobrar** ~ **a algo** to get sick of sth; **dar** ~ **a uno** to sicken *o* disgust sb; **me dan** ~ **las aceitunas** I loathe olives; **hacer ~s de algo** to turn up one's nose at sth. **(b)** *(objeto)* **es un** ~ it's disgusting; **estar hecho un** ~ to be filthy; **poner a uno de** ~ *(Méx)* to call sb all sorts of names.

ascua *nf* live coal, ember; **¡~s!** ouch!; **arrimar el** ~ **a su sardina** to look after number one; **estar como** ~ **de oro** to be shining bright; **estar en ~s** to be on tenterhooks; **sacar el** ~ **con la mano del gato** *o* **con mano ajena** to get somebody else to do the dirty work.

aseado *adj (gen)* clean; *(pulido)* neat, smart.

asear [1a] **1** *vt (lavar)* to wash; *(limpiar)* to clean up; *(pulir)* to smarten up. **2 asearse** *vr* to tidy *o* smarten o.s. up.

asechanza *nf* trap, snare.

asechar [1a] *vt* to set a trap for.

asediar [1b] *vt* **(a)** *(Mil)* to besiege; *(Náut)* to blockade. **(b)** *(molestar)* to bother, pester.

asedio *nm (Mil)* siege; *(Náut)* blockade.

asegurado/a 1 *adj* insured. **2** *nm/f* insured, policy-holder.

asegurador(a) 1 *adj* insurance *(atr)*. **2** *nm/f* insurer; ~ **indirecto** underwriter.

asegurar [1a] **1** *vt* **(a)** *(fijar)* to fasten, fix; ~ **algo con pernos** to secure sth with bolts. **(b)** *(fortalecer)* to make secure *(contra* against). **(c)** *(derechos)* to safeguard, guarantee. **(d)** *(declarar)* to assure; **le aseguro que ...** I assure you that ...; **aseguró que ...** he affirmed that ...; **se lo aseguro** take my word for it. **(e)** *(Com, Fin)* to insure *(contra* against); *(: vidas)* to assure *(contra* against). **2 aseguarse** *vr* **(a)** to make sure *(de* of); **para ~nos del todo** in order to make quite sure. **(b)** *(Com, Fin)* to insure o.s.

asemejar [1a] **1** *vt* **(a)** *(hacer parecido)* to make alike *o* similar. **(b)** *(comparar)* to compare *(a* to). **2 asemejarse** *vr* to be alike, be similar; ~ **a** to be like, resemble.

asendereado *adj* **(a)** *(camino)* beaten, well-trodden. **(b)** *(vida)* wretched.

asenderear [1a] *vt:* ~ **a uno** to chase sb relentlessly.

asenso *nm* assent; **dar su** ~ to assent.

asentada *nf* sitting; **de una** ~ at one sitting.

asentaderas *nfpl (fam)* behind *(fam)*, bottom.

asentado *adj* established, settled.

asentar [1k] **1** *vt* **(a)** *(sentar)* to seat, sit down; *(colocar)* to place, fix; *(ciudad etc)* to found. **(b)** *(tierra)* to tamp down, firm. **(c)** *(golpe)* to deal. **(d)** *(filo)* to sharpen. **(e)** *(fig)* to settle, establish; *(principio)* to lay down; *(opinión)* to assert; ~ **la cabeza** to settle down. **2** *vi* to be suitable, suit. **3 asentarse** *vr* **(a)** *(sentarse)* to sit down, seat o.s.; *(ave)* to alight; *(líquido)* to settle; *(Arquit)* to subside. **(b)** *(fig)* to settle, establish o.s.

asentimiento *nm* assent.

asentir [3i] *vi* **(a)** to assent, agree; ~ **con la cabeza** to nod (one's head). **(b)** ~ **a** to agree *o* consent to; *(pedido)* to grant.

asentista *nm* contractor, supplier.

aseo *nm* **(a)** *(acto)* washing, toilet; *(higiene)* cleanliness. **(b)** **~s** *(en bar etc)* toilet, *(US)* rest room.

aséptico *adj* germ-free.

asequible *adj (gen)* attainable; *(plan)* feasible; *(precio)* reasonable, within reach.

aserradero *nm* sawmill.

aserrador *nm* sawyer.

aserradora *nf* power *o* chain saw.

aserradura *nf* saw cut; **~s** sawdust *sg*.

aserrar [1k] *vt* to saw (through).

aserrín *nm* sawdust.

aserruchar [1a] *vt (LAm)* = **aserrar.**

aserto *nm* assertion.

asesinar [1a] *vt* to murder; *(Pol)* to assassinate.

asesinato *nm* murder; *(Pol)* assassination; ~ **legal** judicial murder.

asesino/a 1 *adj* murderous. **2** *nm/f* murder/murderess, killer; *(Pol)* assassin.

asesor(a) *nm/f* adviser, consultant.

asesorar [1a] **1** *vt* **(a)** *(Jur)* to advise, give legal *o* professional advice to. **(b)** *(Com etc)* to act as consultant to. **2 asesorarse** *vr:* ~ **con** *o* **de** to take advice from, consult.

asesoría *nf* **(a)** *(cargo)* consultancy. **(b)** *(honorario)* adviser's fee. **(c)** *(oficina)* consultant's office.

asestar [1a] *vt* **(a)** *(arma)* to aim *(a* at, in the direction of); *(tiro)* to fire. **(b)** *(golpe)* to deal.

aseveración *nf* assertion, contention.

aseverar [1a] *vt* to assert.

asexual *adj* asexual.

asfaltado 1 *adj* asphalt *(atr)*, asphalted. **2** *nm* **(a)** *(proceso)* asphalting. **(b)** *(superficie)* asphalt surface.

asfaltar [1a] *vt* to asphalt.
asfalto *nm* asphalt.
asfixia *nf* suffocation, asphyxiation; *(Med)* asphyxia.
asfixiador *adj*, **asfixiante** *adj* suffocating, asphyxiating.
asfixiar [1b] **1** *vt* to asphyxiate, suffocate; *(Mil)* to gas. **2 asfixiarse** *vr* to be asphyxiated, suffocate.
así 1 *adv* **(a)** *(gen)* so, in this way, thus; **lo hizo ~** he did it like this; **¡~!** that's right!, that's the way!; **~ ~, ~ asá, ~ asado** so-so, fair; **~ que asá** it makes no odds; **~ como ~, ~ que ~** anyway; **20 dólares o ~** 20 dollars or so, 20 dollars or thereabouts; **y ~ en adelante** and so on; **~ que ...** so ..., therefore ...; **~ nada más** just like that; **~ pues ...** and so ..., so then ...; **~ y todo** even so; **~ es que no fuimos** that's why we didn't go; **¿no es ~?** is it not so?, isn't it?; **¡~ sea!** so be it! **(b)** *(comparaciones)* **~ A como B** both A and B, A as well as B; **~ de pobre que ...** so poor that ...; **un baúl ~ de grande** a trunk as big as this.
2 *adj:* **un hombre ~** such a man, a man like that; **~ es la vida** such is life, that's life; **los franceses son ~** that's the way the French are.
3 *conj* **(a) ~ como, ~ que ...** as soon as .... **(b)** *(LAm)* **~ se esté muriendo de dolor** even though he might be dying of pain.
Asia *nf* Asia; **~ Menor** Asia Minor.
asiático/a *adj, nm/f* Asian, Asiatic.
asidero *nm* **(a)** *(asa)* handle. **(b)** *(pretexto)* pretext; *(base)* basis.
asiduidad *nf (véase adj)* assiduousness; regularity.
asiduo/a 1 *adj (gen)* assiduous; *(frecuente)* frequent, regular; **parroquiano ~** regular (customer). **2** *nm/f* regular customer; **era un ~ de café** he was an habitué of the café.
asiento *nm* **(a)** *(silla)* seat, chair; **~ trasero** *o* **de atrás** *(de coche)* rear seat; *(de moto)* pillion seat; **~ delantero** front seat; **~ expulsor** *(Aer)* ejector seat; **no ha calentado el ~** he hasn't stayed long. **(b)** *(sitio)* site, location. **(c)** *(Anat)* bottom. **(d)** *(Mec)* seating; **~ de válvula** valve seating. **(e)** *(poso)* sediment. **(f)** *(Arquit)* settling; **hacer ~** to settle, sink. **(g)** *(arraigo)* settling, establishment; **estar de ~** to be settled (in a place). **(h)** *(Méx)* mining town. **(i)** *(Com: contrato)* contract; *(: en libro)* entry. **(j)** *(estabilidad)* stability; *(juicio)* good sense, judgment; **hombre de ~** sensible man.
asignación *nf* **(a)** *(acto)* assignment, allocation; *(cita)* appointment. **(b)** *(Fin)* allowance.
asignar [1a] *vt (gen)* to assign; *(recursos etc)* to allocate, apportion; *(labor)* to set.
asignatario/a *nm/f (LAm)* heir/heiress, legatee.
asignatura *nf (Univ etc)* subject, course; **aprobar una ~** to pass (in) a subject.
asilar [1a] **1** *vt* **(a)** *(albergar)* to take in, give shelter to; *(LAm)* to give political asylum to. **(b)** *(Med)* to put into a home *o* an institution. **2 asilarse** *vr* to take refuge *(en* in); *(LAm)* to seek political asylum.
asilo *nm* **(a)** *(Pol etc)* asylum; *(fig: abrigo)* shelter, refuge; **pedir (el) ~ político** to ask for political asylum. **(b)** *(Med etc)* home, institution; **~ de ancianos** old people's home; **~ de huérfanos** orphanage; **~ de locos** lunatic asylum; **~ de pobres** poorhouse.
asimetría *nf (gen)* asymmetry; *(fig)* imbalance.
asimétrico *adj* asymmetric(al).
asimiento *nm* **(a)** *(acción)* seizing, grasping. **(b)** *(fig)* attachment.
asimilación *nf* assimilation.
asimilar [1a] **1** *vt* to assimilate. **2 asimilarse** *vr* **(a)** to become assimilated. **(b) ~ a** to resemble.
asimismo *adv (gen)* likewise, in the same way; *(también)* also.
asir [3a; *tiempo presente como* **salir**] **1** *vt* to grasp, take hold of *(con* with, *de* by); **ir asidos del brazo** to walk along arm-in-arm. **2** *vi (Bot)* to take root. **3 asirse** *vr* to take hold; **~ a** *o* **de** to seize; **~ de** *(fig)* to avail o.s. of, take advantage of; **~ con uno** to grapple with sb.
asistencia *nf* **(a)** *(Escol etc)* attendance, presence *(a* at); *(Teat)* audience. **(b)** *(ayuda)* help, assistance; *(Med)* care, nursing; **~ médica** medical care; **~ pública** *(LAm)* public health authority; **~ social** welfare *o* social work. **(c)** *(Méx)* study, office, *(US)* den. **(d) ~s** *(Fin)* allowance *sg*.
asistenta *nf* charwoman, daily help; **~ social** social worker.
asistente *nm* **(a)** assistant; *(Mil)* orderly, batman; **~ social** social worker. **(b) los ~s** those present.
asistir [3a] **1** *vt* **(a)** *(servir)* to serve, wait on. **(b)** *(ayudar)* to help, assist; *(Med)* to attend, care for; **el médico que le asiste** the doctor who attends him; **~ un parto** to deliver a baby. **(c)** *(LAm Jur)* to represent, appear for. **2** *vi* **(a)** to be present *(a* at), attend; *(Jur)* to witness, be a witness of *o* to; **¿vas a ~?** are you going? **(b)** *(Naipes)* to follow suit.
asma *nf* asthma.
asmático/a *adj, nm/f* asthmatic.
asnada *nf* silly thing.
asnal *adj* asinine, silly.
asno/a *nm/f* **(a)** *(Zool)* donkey/she-ass. **(b)** *(fig)* ass, fathead *(fam)*.
asociación *nf (gen)* association; *(sociedad)* society; *(Com, Fin)* partnership.
asociado/a 1 *adj* associated; *(miembro)* associate. **2** *nm/f* associate, member; *(Com, Fin)* partner.
asociar [1b] **1** *vt (gen)* to associate *(a, con* with*)*; *(recursos)* to pool, put together; *(Com, Fin)* to take into partnership. **2 asociarse** *vr* to associate; *(Com, Fin)* to become partners; **~ con uno** to team up with *o* join forces with sb.
asolador *adj* devastating.
asolar [1a] **1** *vt* to raze (to the ground), destroy. **2 asolarse** *vr (líquidos)* to settle.
asoleada *nf (LAm)* sunstroke.
asolear [1a] **1** *vt* to put in the sun. **2 asolearse** *vr* **(a)** *(gen)* to sunbathe; *(tostarse)* to get tanned. **(b)** *(LAm)* to get sunstroke.
asomada *nf* brief appearance.
asomar [1a] **1** *vt* to show, stick out; **~ la cabeza a la ventana** to put one's head out *o* lean out of the window; **~ la cara** to show one's face. **2** *vi* to appear, become visible; **asoman ya las nuevas plantas** the new plants are beginning to show. **3 asomarse** *vr* **(a)** *(cosa)* to show, stick out; **se asomaba el árbol por encima de la tapia** the tree showed above the wall. **(b)** *(individuo)* to show up, show o.s.; **~ a** *o* **por** to lean *o* look out of; **'¡prohibido ~!'** 'do not lean out of the window!'; **¡asómate!** show yourself!; **~ a ver algo** to take a look at sth.
asombrador *adj* amazing, astonishing.
asombrar [1a] **1** *vt* **(a)** *(pasmar)* to amaze, astonish; *(asustar)* to frighten. **(b)** *(hacer sombra)* to shade; *(color)* to darken. **2 asombrarse** *vr (sorprenderse)* to be amazed *o* astonished *(de* at); *(asustarse)* to take fright; **~ de saber algo** to be surprised to learn sth.
asombro *nm* **(a)** *(sorpresa)* astonishment, surprise; *(susto)* fear, fright. **(b)** *(maravilla)* won-

der. **(c)** *(fam)* spook *(fam)*.
asombroso *adj* amazing, astonishing.
asomo *nm* **(a)** *(aparición)* appearance. **(b)** *(indicio)* sign, indication; **ante cualquier ~ de discrepancia** at the slightest hint of disagreement; **sin ~ de violencia** without a trace of violence; **ni por ~** by no means.
asonada *nf* mob, rabble.
asonancia *nf* **(a)** *(Lit)* assonance. **(b)** *(fig: relación)* connection; **no tener ~ con** to bear no relation to.
asonante *adj, nf* assonant.
asonar [1m] *vi* to assonate.
asorocharse [1a] *vr (LAm)* to get mountain sickness.
aspa *nf (Rel etc)* St. Andrew's cross; *(Arquit)* crosspiece; *(de molino)* sail, arm; **en ~** X-shaped.
aspado *adj* X-shaped.
aspar [1a] **1** *vt* **(a)** *(Téc)* to reel, wind. **(b)** *(Rel)* to crucify; *(fig)* to vex, annoy; **¡que te aspen!** *(fam)* get lost! *(fam)*; **lo hago aunque me aspen** wild horses wouldn't stop me doing it. **2 asparse** *vr* to writhe.
aspaventero *adj* excitable, theatrical.
aspaviento *nm* exaggerated display of feeling; **hacer ~s** to make a great fuss.
aspecto *nm* **(a)** *(apariencia)* look, appearance; *(Geog etc)* aspect; **~ exterior** outward appearance; **un hombre de ~ feroz** a fierce-looking man. **(b)** *(fig)* aspect; **a(l) primer ~** at first sight; **bajo ese ~** from that point of view; **ver sólo un ~ de la cuestión** to see only one side to the question.
aspereza *nf (de terreno)* roughness, ruggedness; *(acidez)* sourness, bitterness; *(de carácter)* surliness; **contestar con ~** to answer harshly.
asperges *nm inv* **(a)** sprinkling; **quedarse ~** to come away empty-handed. **(b)** *(Rel)* hyssop.
asperjar [1a] *vt (gen)* to sprinkle; *(Rel)* to sprinkle with holy water.
áspero *adj* **(a)** *(al tacto)* rough; *(terreno)* rugged. **(b)** *(al gusto)* sour, tart. **(c)** *(clima)* hard; *(trato)* rough. **(d)** *(voz)* rough, rasping; *(tono)* surly, gruff.
asperón *nm* sandstone.
aspersión *nf* sprinkling; *(Agr)* spraying.
áspid *nm* asp.
aspidistra *nf* aspidistra.
aspillera *nf (Mil)* loophole.
aspiración *nf* **(a)** *(Zool, Med)* breathing in, inhalation; *(Ling)* aspiration; *(Mús)* short pause. **(b)** *(Mec)* air intake. **(c)** *(anhelo)* aspiration.
aspirado *adj* aspirate.
aspirador(a) **1** *adj:* **bomba ~a** suction pump. **2 aspiradora** *nf* vacuum cleaner, hoover ®; **pasar la ~a** to vacuum, hoover.
aspirante **1** *adj* aspiring. **2** *nmf* candidate, applicant (*a* for).
aspirar [1a] **1** *vt* **(a)** *(aire)* to breathe in, inhale; *(líquido)* to suck in, take in. **(b)** *(Ling)* to aspirate. **2** *vi:* **~ a algo** to aspire to sth; **no aspiro a tanto** I do not aim so high; **~ a hacer algo** to aspire *o* aim to do sth.
aspirina *nf* aspirin.
asquear [1a] **1** *vt* to disgust, sicken. **2 asquearse** *vr* to be nauseated, feel disgusted.
asquerosidad *nf (suciedad)* filth; *(dicho)* obscenity; *(truco)* dirty trick.
asqueroso *adj (gen)* disgusting; *(comida etc)* revolting; *(condición)* squalid; *(sucio)* filthy, dirty.
asta *nf (arma)* lance, spear; *(palo)* shaft; *(de banderas)* flagpole; *(de brocha)* handle; *(Zool)* horn, antler; **a media ~** at half mast; **dejar a uno en las ~s del toro** to leave sb in a jam.
astado **1** *adj* horned. **2** *nm* bull.
asterisco *nm* asterisk; **poner ~ a** to asterisk.
asteroide *nm* asteroid.
astigmático *adj* astigmatic.
astigmatismo *nm* astigmatism.
astil *nm (de herramienta)* handle, haft; *(de flecha)* shaft; *(de balanza)* beam.
astilla *nf* splinter, chip; **~s** kindling *sg;* **hacer algo ~s** to smash sth into little pieces; *véase* **palo** (a).
astillar [1a] **1** *vt* to splinter, chip. **2 astillarse** *vr* to splinter; *(fig)* to shatter.
astillero *nm* shipyard, dockyard.
astracán *nm* astrakhan.
astral *adj* astral, of the stars.
astringente **1** *adj* astringent, binding. **2** *nm* astringent.
astringir [3e] *vt* **(a)** *(Anat)* to constrict, contract; *(Med)* to bind. **(b)** *(fig)* to compel.
astro *nm* **(a)** *(Astron)* star, heavenly body. **(b)** *(Cine)* star.
astrofísica *nf* astrophysics.
astrología *nf* astrology.
astrológico *adj* astrological.
astrólogo/a *nm/f* astrologer.
astronauta *nmf* astronaut.
astronáutica *nf* astronautics.
astronave *nf* spaceship.
astronomía *nf* astronomy.
astronómico *adj* astronomical.
astrónomo/a *nm/f* astronomer.
astroso *adj* **(a)** *(sucio)* dirty; *(desaliñado)* untidy, shabby. **(b)** *(malhadado)* ill-fated. **(c)** *(vil)* contemptible.
astucia *nf* **(a)** *(gen)* astuteness, cleverness; *(maña)* guile, cunning. **(b) una ~** a clever trick.
asturiano/a *adj, nm/f* Asturian.
Asturias *nfpl* Asturias; **príncipe de ~** crown prince, ≃ Prince of Wales.
astuto *adj* astute, clever; *(mañoso)* crafty, sly.
asueto *nm* time off, break; **día de ~** day off; **tarde de ~** *(trabajo)* afternoon off; *(Escol)* half-holiday.
asumir [3a] *vt (responsabilidad)* to assume, take on; *(mando)* to take over; *(actitud)* to adopt.
asunción *nf* assumption; **A~** *(Rel)* Assumption.
asunto *nm (gen)* matter, issue; *(tema)* subject; *(argumento)* plot; **¡esto es ~ mío!** that's my business *o* affair; **¡~ concluido!** that's an end to the matter!; **~s exteriores** foreign affairs; **~s a tratar** agenda; **ir al ~** to get down to business; *véase* **Ministerio, Ministro.**
asurar [1a] *vt* **(a)** *(Culin)* to burn; *(Agr)* to parch. **(b)** *(fig)* to worry.
asustadizo *adj (gen)* easily frightened; *(nervioso)* nervy, jumpy; *(animal)* shy, skittish.
asustar [1a] **1** *vt (gen)* to frighten, scare; *(espantar)* to alarm, startle. **2 asustarse** *vr* to be frightened, get scared; **~ de algo** to be frightened at *o* get alarmed about sth; **¡no te asustes!** don't be alarmed!
atabal *nm* kettledrum.
atabalear [1a] *vi (caballo)* to stamp; *(con dedos)* to drum.
atacador(a) **1** *nm (Mil)* ramrod. **2** *nm/f* attacker, assailant.
atacante *nmf* attacker, assailant.
atacar [1g] *vt* **(a)** *(Mil etc)* to attack; *(individuo)* to assault; *(reputación)* to impugn. **(b)** *(Med etc)* to attack. **(c)** *(vestido)* to fasten. **(d)** *(recalcar)* to pack; *(Mil, Min)* to tamp.
atachable *adj (Méx Comput)* compatible (*a* with).
atachar [1a] **1** *vt (Méx Elec)* to plug in; **atáchame la terminal** plug that terminal in for me. **2** *vi:* **~ a** to

be compatible with.
ataché *nm (CAm)* paper clip.
atadero *nm (cuerda)* rope, fastening; *(sitio)* place for tying; *(Méx)* garter; **eso no tiene ~** you can't make head or tail of it.
atadijo *nm* loose bundle.
atado 1 *adj (fig)* shy, inhibited. **2** *nm* bundle; **~ de cigarillos** *(RPl)* packet of cigarettes.
atadura *nf* **(a)** *(acción)* tying, fastening. **(b)** *(cuerda)* string, rope; *(Agr)* tether; *(fig)* bond.
atajar [1a] **1** *vt* **(a)** *(gen)* to stop, intercept; *(ruta de fuga)* to cut off; *(Arquit)* to partition off; **~ un golpe** *(LAm)* to parry a blow. **(b)** *(debate)* to cut short; *(discurso etc)* to interrupt; **este mal hay que ~lo** we must put an end to this evil. **2** *vi* to take a short cut *(por* by way of, across*)*. **3 atajarse** *vr* to stop short.
atajo *nm* short cut; **echar por el ~** to seek a quick solution.
atalaya 1 *nf* **(a)** watchtower, observation post. **(b)** *(fig)* vantage point. **2** *nm* look out, observer.
atalayar [1a] *vt (gen)* to observe; *(espiar)* to spy on.
atañer [2f; *imperfecto: úsase sólo en tiempo pres; impers*] *vi:* **~ a** to concern, have to do with; **en lo que atañe a eso** with regard to that; **eso no me atañe** it's no concern of mine.
ataque *nm* **(a)** *(Mil etc)* attack *(a, contra* on*)*; **~ aéreo** air raid; **~ fingido/de frente/por sorpresa** sham/frontal/surprise attack. **(b)** *(Med etc)* attack *(de* of*)*, fit; **~ cardíaco** heart attack; **~ fulminante** stroke.
atar [1a] **1** *vt* **(a)** *(gen)* to tie, tie up; *(cautivo)* to bind; *(animal)* to tether; **~ corto a uno** *(fig)* to keep sb on a close rein; **~ la lengua a uno** *(fig)* to silence sb. **(b)** *(fig)* to stop, paralyze. **2** *vi:* **ni ata ni desata** this is getting us nowhere. **3 atarse** *vr* to stick *(a* to*)*; **~ en una dificultad** to get tied up in a difficulty.
atarantar [1a] **1** *vt* **(a)** to daze; **quedó atarantado** he was (left) unconscious. **(b)** *(fig)* to stun. **2 atarantarse** *vr* to be stunned.
atardecer 1 [2d] *vi* to get dark; **atardecía** night was falling. **2** *nm* dusk, evening; **al ~** at dusk.
atareado *adj* busy, rushed; **andar muy ~** to be very busy.
atarear [1a] **1** *vt* to assign a task to. **2 atarearse** *vr* to work hard, keep busy; **~ a hacer algo** to be busy doing sth.
atarjea *nf (gen)* duct; *(Elec)* cable duct; *(Téc)* waste-pipe; *(LAm)* water conduit; *(drenaje)* culvert.
atarragarse [1h] *vr (LAm)* to stuff o.s., overeat.
atarugar [1h] **1** *vt* **(a)** *(fijar)* to fasten with a peg *o* wedge. **(b)** *(tapar)* to plug. **2 atarugarse** *vr* **(a)** *(atragantarse)* to swallow the wrong way. **(b)** *(fig)* to get confused, be in a daze.
atascadero *nm* **(a)** *(lodazal)* mire, bog. **(b)** *(fig)* stumbling block.
atascar [1g] **1** *vt (agujero etc)* to plug; *(cañería)* to clog up; *(proceso)* to hinder. **2 atascarse** *vr* **(a)** *(en lodazal)* to get stuck (in the mud); *(Aut)* to get into a jam; *(: motor)* to stall. **(b)** *(fig)* to get bogged down *(en un problema* in a problem*)*; *(en discurso)* to dry up *(fam)*. **(c)** *(cañería)* to get clogged up.
atasco *nm (gen)* obstruction, blockage; *(Aut)* traffic jam.
ataúd *nm* coffin.
ataviar [1c] **1** *vt* to dress up, get up *(con, de* in*)*. **2 ataviarse** *vr* to dress up, get o.s. up *(con, de* in*)*.
atavío *nm* getup; **~s** finery *sg*.
atecomate *nm (Méx)* tumbler.
ateísmo *nm* atheism.
ateísta *adj* atheistic.
atejonarse [1a] *vr (Méx)* to hide.
atelaje *nm* **(a)** *(caballos)* team (of horses). **(b)** *(arreos)* harness.
atemorizar [1f] **1** *vt* to frighten, scare. **2 atemorizarse** *vr* to get scared *(de, por* at*)*.
Atenas *nm* Athens.
atenazar [1f] *vt:* **~ los dientes** to grit one's teeth.
atención *nf* **(a)** *(gen)* attention; **¡~!** *(Mil)* attention!; *(cuidado)* look out!, careful!; **¡~ a los pies!** mind your feet!; **'¡~! frenos potentes'** 'beware!: powerful brakes'; **'¡~ a los precios!'** *(Com)* 'look at our prices!' **(b)** *(cortesía)* kindness; **~es** kind gestures. **(c)** *(obligaciones)* **~es** duties, responsibilities. **(d) en ~ a esto** in view of this.
atender [2g] **1** *vt* **(a)** *(gen)* to attend to, pay attention to; *(aviso etc)* to heed; *(Mec)* to service, maintain; *(cliente, paciente)* to look after, care for; *(ruego)* to comply with; **~ sus compromisos** to meet one's obligations; **~ una orden** *(Com)* to attend to an order; **~ un giro** to honour a draft. **(b)** *(LAm: asistir)* to attend, be present at. **2** *vi* **(a)** **~ a** to attend to, pay attention to; *(detalles)* to take care of. **(b)** **~ por** to answer to the name of.
atenerse [2l] *vr* **(a)** **~ a** *(ley)* to abide by, obey; *(opinión)* to hold to; *(promesa)* to keep to. **(b)** **saber a qué ~** to know what to expect *o* where one stands.
ateniense *adj, nmf* Athenian.
atentado 1 *adj* prudent, cautious. **2** *nm (gen)* offence; *(Pol etc)* attempt *(a, contra la vida de uno* on sb's life*)*; **~ terrorista** terrorist outrage; **~ golpista** attempted coup; **~ contra la honra** indecent assault.
atentamente *adv:* **le saluda ~** yours faithfully.
atentar [1a] **1** *vt (crimen etc)* to attempt, try to commit. **2** *vi:* **~ a** *o* **contra** to commit an outrage against; **~ contra la honra de** to make an indecent assault on; **~ contra la vida de uno** to make an attempt on sb's life.
atento *adj* **(a)** *(gen)* attentive *(a* to*)*, watchful *(a* of*)*; **ser ~ a los peligros** to be mindful of the dangers. **(b)** *(cortés)* polite; *(afable)* thoughtful; **ser ~ con uno** to be kind to sb. **(c) su ~a (carta)** *(Com)* your esteemed letter. **(d) ~ a** in view of, in consideration of.
atenuación *nf (gen)* attenuation; *(Ling)* understatement; *(de efectos etc)* lessening; *(Jur)* extenuation.
atenuante 1 *adj* extenuating. **2** *nm (LAm)* excuse, plea.
atenuar [1e] **1** *vt (gen)* to attenuate; *(Jur)* to extenuate; *(importancia)* to minimize; *(impresión etc)* to tone down. **2 atenuarse** *vr* to weaken.
ateo/a 1 *adj* atheistic. **2** *nm/f* atheist.
aterciopelado *adj* velvety.
aterido *adj* stiff with cold.
aterirse [3a; *imperfecto; úsase sólo en infin y pp*] *vr* to get stiff with cold.
aterrador *adj* frightening, terrifying.
aterrar [1a] **1** *vt* to terrify, frighten. **2 aterrarse** *vr* to be terrified *(de* by*)*, be frightened *(de* at*)*.
aterrizaje *nm (Aer)* landing; **~ forzoso/violento** emergency *o* forced/crash landing.
aterrizar [1f] *vi (Aer)* to touch down, land.
aterronarse [1a] *vr* to get lumpy.
atesar [1k] *vt (LAm)* = **atiesar 1.**
atesorar [1a] *vt (gen)* to hoard, accumulate; *(fig: virtudes etc)* to possess.
atestación *nf (Jur)* attestation; *(Pol etc)* deposition.
atestado[1] *nm (Jur)* affidavit, statement.
atestado[2] *adj* packed, cram-full; **~ de** packed

with, full of.

atestar[1] [1a] *vt (Jur)* to attest, testify to; *(fig)* to vouch for.

atestar[2] [1k] **1** *vt (llenar)* to pack, stuff (*de* with). **2 atestarse** *vr* to stuff o.s.

atestiguar [1i] *vt (Jur)* to testify to, give evidence of; *(fig)* to attest, vouch for.

atezado *adj* **(a)** *(bronceado)* tanned. **(b)** *(negro)* black.

atiborrado *adj:* ~ **de** full of, stuffed *o* crammed with.

atiborrar [1a] **1** *vt* to fill, stuff (*de* with). **2 atiborrarse** *vr* to stuff o.s. (*de* with).

ático *nm* attic; ~ **superior, sobre** ~ attic flat.

atiesar [1a] **1** *vt* to tighten (up). **2 atiesarse** *vr* to tighten.

atigrado *adj* striped, marked like a tiger.

atildado *adj* elegant, stylish.

atildar [1a] **1** *vt* **(a)** *(Tip)* to put a tilde over. **(b)** *(componer)* to tidy, clean (up). **(c)** *(criticar)* to criticize, find fault with. **2 atildarse** *vr* to spruce o.s. up.

atinado *adj (correcto)* accurate, correct; *(sensato)* wise, sensible; **una decisión poco ~a** a rather unwise decision.

atinar [1a] **1** *vt (solución)* to hit upon, find; *(acertar)* to guess right. **2** *vi* to be right; ~ **al blanco** to hit the mark; ~ **a** *o* **con** *o* **en** *(solución etc)* to hit upon, find; ~ **a hacer algo** to succeed in doing sth.

atingencia *nf (LAm)* connection, relationship.

atingir [3c] *vt (LAm)* to concern, relate to.

atiplado *adj (voz)* high-pitched.

atiplarse [1a] *vr* to talk in a high *o* squeaky voice.

atirantar [1a] **1** *vt (LAm)* to tighten, tauten. **2 atirantarse** *vr (Méx)* to kick the bucket *(fam)*.

atisbador(a) *nm/f (guardia)* watcher; *(espía)* spy.

atisbar [1a] *vt* to spy on, watch.

atisbo *nm* **(a)** *(acción)* spying, watching. **(b)** *(fig)* inkling, indication.

atizador *nm* **(a)** poker. **(b)** *(fig)* ~ **de la guerra** warmonger.

atizar [1f] **1** *vt* **(a)** *(gen)* to poke, stir; *(horno)* to stoke. **(b)** *(discordia)* to stir up; *(pasión)* to fan, rouse. **(c)** *(fam: golpe)* to give. **2** *vi (fam)* **¡atiza!** gosh! **3 atizarse** *vr (LAm fam)* to smoke marijuana.

atizonar [1a] *vt (Bot)* to blight, smut.

atlántico 1 *adj* Atlantic. **2** *nm:* **el A~** the Atlantic (Ocean).

atlas *nm* atlas.

atleta *nmf* athlete.

atlético *adj* athletic.

atletismo *nm* athletics.

atmósfera *nf (gen)* atmosphere; **mala** ~ *(Rad)* atmospherics.

atmosférico *adj* atmospheric.

atoar [1a] *vt (Náut)* to tow.

atocinado *adj (fam)* fat, tubby *(fam)*.

atocinar [1a] **1** *vt* **(a)** *(Agr: cerdo)* to cut up; *(carne)* to cure. **(b)** *(fam)* to do in *(fam)*. **2 atocinarse** *vr* to fly off the handle.

atocha *nf* esparto.

atole *nm (LAm)* cornflour drink.

atolón *nm* atoll.

atolondrado *adj* bewildered, stunned.

atolondramiento *nm* bewilderment, amazement.

atolondrar [1a] **1** *vt* to bewilder, amaze. **2 atolondrarse** *vr* to be bewildered *o* amazed.

atolladero *nm* **(a)** *(lodazal)* mire, morass. **(b)** *(fig)* jam; **estar en un** ~ to be in a jam; **sacar a uno del** ~ to get sb out of a fix.

atollar [1a] *vi,* **atollarse** *vr* to get stuck in the mud, get bogged down.

atómico *adj* atomic.

atomización *nf (gen)* spraying; *(Pol etc)* atomization.

atomizador *nm* atomizer, spray.

atomizar [1f] *vt (gen)* to spray; *(Pol etc)* to atomize.

átomo *nm* atom; ~ **de vida** spark of life; **ni un** ~ **de** not a trace of.

atonal *adj* atonal.

atónito *adj* amazed, astounded (*con, de, por* at, by); **me miró** ~ he looked at me in amazement.

átono *adj* atonic, unstressed.

atontado *adj* **(a)** *(atolondrado)* stunned, bewildered. **(b)** *(tonto)* stupid, thick *(fam)*.

atontar [1a] **1** *vt* **(a)** *(Med etc)* to stupefy. **(b)** *(fig)* to stun, bewilder. **2 atontarse** *vr* to get bewildered *o* confused.

atorar [1a] **1** *vt* **(a)** *(gen)* to stop up, obstruct. **(b)** *(LAm)* to stop, hold up. **2 atorarse**[1] *vr (atragantarse)* to choke, swallow the wrong way.

atorarse[2] [1a] *vr (Arg)* to get wild, get fierce.

atormentador(a) 1 *adj* tormenting. **2** *nm/f* torturer.

atormentar [1a] **1** *vt (Mil etc)* to torture; *(fig)* to torment. **2 atormentarse** *vr* to torment o.s.

atornillar [1a] *vt* **(a)** *(Téc)* to screw down. **(b)** *(LAm)* to bother, annoy.

atoro *nm (LAm)* difficulty, fix.

atortolar [1a] *vt* to rattle, scare.

atosigar [1h] **1** *vt* **(a)** to poison. **(b)** *(fig)* to harass, pester. **2 atosigarse** *vr* to slog away *(fam)*.

atotonilco *nm (Méx)* hot spring.

atrabiliario *adj* bad tempered, irascible.

atrabilis *nf inv (fig)* bad temper.

atracadero *nm* pier.

atracador *nm (ladrón)* mugger; *(matón)* heavy *(fam)*, thug.

atracar [1g] **1** *vt* **(a)** *(robar: banco)* to hold up; *(: individuo)* to mug. **(b)** *(Náut)* to bring alongside. **(c)** *(hartar)* to stuff, cram (with food). **(d)** *(LAm: molestar)* to harass, pester; *(: pegar)* to thrash, beat. **2** *vi (Náut)* ~ **en el muelle** to berth at the quay. **3 atracarse** *vr* **(a)** *(hartarse)* to cram, stuff (*de* with). **(b)** *(Méx, CAm)* to brawl, fight.

atracción *nf* **(a)** *(gen)* attraction; ~ **sexual** sexual attraction; **~es** *(Teat)* attractions; *(juegos)* funfair. **(b)** *(Fís)* ~ **universal** gravity.

atraco *nm (de banco etc)* holdup, robbery; *(de paseante)* mugging *(fam)*.

atractivo 1 *adj* attractive. **2** *nm* attractiveness, appeal.

atraer [2p] *vt (gen)* to attract; *(fig: apoyo etc)* to win, draw; **dejarse** ~ **por** to allow o.s. to be drawn towards.

atragantarse [1a] *vr* **(a)** *(Med)* to choke (*con* on), swallow the wrong way. **(b)** *(en conversación)* to lose the thread of what one is saying. **(c)** *(fig fam)* **el tío ese se me atraganta** that guy gets up my nose *(fam)*.

atraillar [1a] *vt* to put on a leash.

atrancar [1g] **1** *vt (puerta)* to bar, bolt; *(cañería)* to clog, block up. **2** *vi* to stride along, take big steps. **3 atrancarse** *vr* **(a)** *(atascarse)* to get bogged down (*en* in); *(Mec)* to jam; *(fig)* to get stuck. **(b)** *(Méx)* to dig one's heels in, be stubborn.

atranco *nm* = **atascadero.**

atrapar [1a] *vt (gen)* to capture; *(resfriado etc)* to catch; ~ **un empleo** to land a job.

atrás *adv* **(a)** *(posición)* behind; *(dirección)* backwards; **¡~!** back!, get back!; **estar** ~ to be in the rear; **está más** ~ it's further back; **ir (hacia)** ~ to go back(wards); **marcha** ~ *(Aut etc)* reverse; **rueda de** ~ rear *o* back wheel. **(b)** *(tiempo)* previously; **días ~** days ago; **4 meses ~** 4 months back; **más ~** longer ago; **desde muy ~** for a very long time.

atrasado *adj* **(a)** *(gen)* late, behind (time); *(pago)* overdue; *(número de revista etc)* back *(atr)*; **andar** *o* **estar ~** *(reloj)* to be slow; **estar ~ en los pagos** to be in arrears; **estar ~ de medios** to be short of resources. **(b)** *(Pol)* backward; *(Med)* **un ~ mental** a mentally-retarded person.

atrasar [1a] **1** *vt (progreso)* to slow down; *(salida etc)* to delay; *(reloj)* to put back. **2** *vi (reloj)* to lose, be slow. **3 atarasarse** *vr (quedarse atrás)* to stay back, remain behind; *(tren etc)* to be late; *(reloj)* to be slow; **~ en los pagos** to be in arrears.

atraso *nm* **(a)** *(gen)* delay, time lag; *(de reloj)* slowness; *(de país etc)* backwardness; **el tren lleva ~** the train is late; **salir del ~** to catch up, make up lost time; **llegar con 20 minutos de ~** to arrive 20 minutes late. **(b) ~s** *(Com, Fin)* arrears; **cobrar ~s** to collect arrears.

atravesado *adj (bizco)* squinting, cross-eyed; *(Zool)* mongrel, cross-bred; *(Mil etc)* pierced, shot through; *(carácter)* treacherous.

atravesar [1k] **1** *vt* **(a)** *(gen)* to go across; *(calle etc)* to cross; *(estrecho etc)* to go through; *(fig)* to experience, go through. **(b)** *(bala etc)* to pierce, go through. **(c)** *(puente)* to cross, span. **(d)** *(obstáculo)* to lay *o* put across; **~ un tronco en el camino** to lay a trunk across the road. **(e)** *(dinero)* to bet, stake. **2 atravesarse** *vr* **(a)** *(obstáculo)* to come in between; *(espina etc)* to stick in one's throat. **(b) ~ en una conversación** to butt into a conversation; **~ en un negocio** to meddle in an affair.

atrayente *adj* attractive.

atrenzo *nm (LAm)* trouble, difficulty.

atreverse [2a] *vr* **(a)** to dare (*a hacer algo* to do sth); **no me atrevo, no me atrevería** I wouldn't dare; **¿te atreves?** are you game?, will you? **(b) ~ con uno, ~ contra uno** to be insolent to sb.

atrevido/a 1 *adj (gen)* bold, daring; *(insolente)* insolent, disrespectful; *(osado)* forward. **2** *nm/f* cheeky person.

atrevimiento *nm (gen)* boldness, daring; *(desacato)* insolence; *(osadía)* forwardness.

atribución *nf* **(a)** *(Lit etc)* attribution. **(b)** *(Pol)* powers, functions.

atribuible *adj* attributable (*a* to).

atribuir [3g] **1** *vt* **(a)** *(gen)* **~ a** to attribute to; *(excusa)* to put down to; *(Jur)* to impute to. **(b)** *(Pol)* **las funciones atribuidas a mi cargo** the powers conferred on me by my post. **2 atribuirse** *vr*: **~ algo** to claim sth for o.s.

atribular [1a] **1** *vt* to grieve, afflict. **2 atribularse** *vr* to grieve, be distressed.

atributivo *adj* attributive.

atributo *nm* attribute.

atril *nm (Rel etc)* lectern; *(Mús)* music stand.

atrincherar [1a] **1** *vt* to fortify with trenches. **2 atrincherarse** *vr* to entrench o.s., dig in.

atrio *nm (Rel)* vestibule, porch.

atrocidad *nf* **(a)** *(Mil etc)* atrocity, outrage. **(b)** *(fam: tontería)* foolish thing; **decir ~es** to say silly things.

atrochar [1a] *vi* to take a short cut.

atrofia *nf* atrophy.

atrofiar [1b] **1** *vt* to atrophy. **2 atrofiarse** *vr* to atrophy, be atrophied.

atrojarse [1a] *vr (Méx)* to be stumped *o* stuck (for an answer).

atrompetado *adj* bell-shaped.

atronador *adj* deafening.

atronar [1m] *vt* **(a)** *(Med)* to deafen. **(b)** *(Taur)* to fell with a blow on the neck. **(c)** *(fig)* to stun.

atropellado *adj (acto)* hasty, precipitate; *(estilo)* brusque, abrupt; *(ritmo)* violent.

atropellador(a) *nm/f* hooligan.

atropellar [1a] **1** *vt* **(a)** *(pisotear)* to trample underfoot; *(Aut etc)* to knock down, run over *o* down; *(celebridad)* to mob. **(b)** *(tarea)* to do hurriedly, hurry over; *(derechos)* to ride roughshod over; *(constitución)* to violate. **(c)** *(desgracias etc)* to crush. **2** *vi* **(a) ~ por** to push one's way violently through. **(b) ~ por** *(fig)* to disregard, ride roughshod over; **atropella por todo** he doesn't give a damn for anybody. **3 atropellarse** *vr (actos)* to rush; *(al hablar)* to splutter.

atropello *nm* **(a)** *(Aut)* accident, knocking down; *(empujón)* shove, push; *(codeo)* jostling. **(b)** *(fig)* abuse (*de* of), disregard (*de* for); **los ~s del dictator** the crimes of the dictator.

atroz *adj* **(a)** *(gen)* atrocious; *(cruel)* cruel, inhuman. **(b)** *(fam: enorme)* huge, terrific; *(horrible)* dreadful, awful.

atto *abr de* **atento.**

atuendo *nm* attire.

atufado *adj (gen)* cross, angry; *(LAm)* dazed.

atufar [1a] **1** *vt* **(a)** *(suj: olor)* to overcome. **(b)** *(molestar)* to irritate, vex. **2 atufarse** *vr* **(a)** *(vino)* to turn sour. **(b)** *(persona)* to be overcome *(with smell or fumes)*. **(c)** *(fig)* to get cross (*con, de, por* at, with).

atufo *nm* irritation.

atún *nm* tuna.

atunero 1 *adj* tuna *(atr)*. **2** *nm* tuna fisherman.

aturdido *adj* bewildered, dazed.

aturdimiento *nm* bewilderment, amazement.

aturdir [3a] **1** *vt* **(a)** *(gen)* to stun, daze; *(suj: ruido)* to deafen; *(: droga, movimiento, vino)* to make giddy. **(b)** *(fig)* to bewilder; **la noticia nos aturdió** the news stunned us. **2 aturdirse** *vr* to be stunned.

aturrullar [1a] **1** *vt* to bewilder, perplex. **2 aturrullarse** *vr* to get flustered.

atusar [1a] **1** *vt (pelo: cortar)* to trim; *(alisar)* to smooth (down). **2 atusarse** *vr* to dress up to the nines.

audacia *nf (gen)* boldness, audacity; *(descaro)* cheek.

audaz *adj* bold, audacious.

audibilidad *nf* audibility.

audible *adj* audible.

audición *nf* **(a)** *(Med)* hearing. **(b)** *(Teat)* audition; **dar ~ a uno** to audition sb. **(c)** *(Mús)* concert; **~ radiofónica** radio concert.

audiencia *nf* **(a)** *(Rel etc)* audience; **recibir a uno en ~** to grant sb an audience. **(b)** *(Jur: tribunal)* court; *(: palacio)* assizes; *(Pol)* **~ pública** public inquiry.

audífono *nm* hearing aid.

audiovisual *adj* audio-visual.

auditar [1a] *vt (CAm, Méx)* to audit.

auditivo *adj* auditory, hearing *(atr)*.

audito *nm (CAm, Méx)* audit.

auditor *nm (Jur)* judge advocate; *(Fin)* auditor.

auditorio *nm* **(a)** *(público)* audience. **(b)** *(local)* auditorium, hall.

auge *nm (cima)* peak, zenith; *(Astron)* apogee; *(Econ)* expansion; *(Com)* boom (*de* in); **estar en ~** to thrive; *(Com)* to be thriving *o* booming.

augurar [1a] *vt (suj: cosa)* to augur; *(: individuo)* to foresee.

augurio *nm* **(a)** *(presagio)* omen. **(b)** *(fig)* **~s** best wishes (*para* for).

augusto *adj* august.

aula *nf (Escol)* classroom; *(Univ)* lecture room; ~

magna assembly *o* main hall.
aulaga *nf* furze, gorse.
aullar [1a] *vi* to howl, yell.
aullido *nm* howl, yell; **dar ~s** to howl, yell.
aumentar [1a] **1** *vt (gen)* to increase; *(precio)* to put up; *(producción)* to step up; *(añadir a)* to add to, augment; *(Elec)* to boost; *(imagen)* to magnify; *(Fot)* to enlarge. **2** *vi*, **aumentarse** *vr* to increase, be on the increase.
aumentativo *adj, nm* augmentative.
aumento *nm* **(a)** *(gen)* increase; *(de precio)* increase, rise; *(de imagen)* magnification; *(Fot)* enlargement; *(Rad)* amplification; **~ de población** population increase; **~ de sueldo** (pay) rise; **ir en ~** to (be on the) increase. **(b)** *(Méx)* postscript.
aun *adv* even; **~ los que tienen dinero** even those who have money; **ni ~ si me lo reglas** not even if you give it to me; **~ (siendo esto) así** even so; **~ cuando** even if; **más ~** even more.
aún *adv* still, yet; **~ está aquí** he's still here; **~ no lo sabemos** we still don't know, we don't know yet; **¿no ha venido ~?** hasn't he come yet?
aunar [1a] **1** *vt* to join, unite. **2 aunarse** *vr* to unite.
aunque *conj* though, although, even though; **~ llueva vendremos** we'll come even if it rains; **~ no me creas** even though you may not believe me.
aúpa 1 *interj* up!, come on!; **¡~ Toboso!** up Toboso! **2** *adj (fam)* **una función de ~** a slap-up do; **una paliza de ~** a thrashing and a half.
aupar [1a] *vt (levantar)* to help up; *(fig)* to praise.
aura *nf (LAm Orn)* black vulture, urubu.
áureo *adj (lit)* golden.
aureola *nf*, **auréola** *nf (Rel)* halo, aureole; *(fig)* fame.
aurícula *nf* auricle.
auricular 1 *adj* aural, of the ear. **2** *nm* **(a)** *(Anat)* little finger. **(b)** *(Telec)* receiver; **~es** headphones, earphones.
aurora *nf (lit)* dawn; **~ boreal(is)** northern lights.
auscultación *nf* sounding, auscultation.
auscultar [1a] *vt* to sound, auscultate.
ausencia *nf* absence; **hacer buenas ~s de uno** to speak kindly of sb in his absence.
ausentarse [1a] *vr (marcharse)* to absent o.s. *(de* from); *(no acudir)* to stay away (*de* from).
ausente 1 *adj (gen)* absent (*de* from); *(fig)* daydreaming; **estar ~ de** to be absent *o* missing from; **estar ~ de su casa** to be away from home. **2** *nmf (Escol etc)* **absentee**; *(Jur)* missing person.
auspicios *nmpl (esp LAm)* auspices; **bajo los ~ de** under the auspices of, sponsored by.
auspicioso *adj (LAm)* auspicious.
austeridad *nf (Fin etc)* austerity; *(severidad)* severity.
austero *adj (Fin etc)* austere; *(severo)* severe.
austral *adj* southern.
Australia *nf* Australia.
australiano/a *adj, nm/f* Australian.
Austria *nf* Austria.
austríaco/a *adj, nm/f* Austrian.
autarquía *nf* autarchy.
auténtica *nf (Jur: gen)* certification; *(: copia)* authorized copy.
autenticar [1g] *vt* to authenticate.
autenticidad *nf* authenticity.
auténtico *adj* authentic; **un ~ espíritu de servicio** a true spirit of service; **es un ~ campeón** he's a real champion.
autentificar [1g] *vt* to authenticate.
autero *nm (LAm)* car thief.
autillo *nm* tawny owl.
autístico *adj* autistic.
auto[1] *nm (Aut)* car, *(US)* automobile.
auto[2] *nm* **(a)** *(Jur)* edict, judicial decree; **~ de comparecencia** summons, *(US)* subpoena; **~ de ejecución** writ of execution; **~ de prisión** warrant for arrest; **~s** proceedings, court record *sg.* **(b)** *(Teat, Rel)* mystery play; **~ del nacimiento** nativity play. **(c)** *(Hist)* **~ de fe** auto-da-fé.
auto... *pref* auto..., self... .
autoadhesivo *adj* self-adhesive.
autobiografía *nf* autobiography.
autobiográfico *adj* autobiographic(al).
autobomba *nf* fire engine.
autobombearse [1a] *vr* to blow one's own trumpet.
autobombo *nm* self-glorification; **hacerse el ~** to blow one's own trumpet.
autobús *nm* bus; *(LAm)* coach; **~ de dos pisos** double-decker (bus).
autocar *nm* coach; **~ de línea** long-distance *o* inter-city coach.
autoclave *nm* pressure cooker; *(Med)* sterilizing apparatus.
autocracia *nf* autocracy.
autócrata *nmf* autocrat.
autocrático *adj* autocratic.
autocrítica *nf* self-criticism.
autóctono *adj* indigenous.
auto-cuba *nm* tank wagon.
auto-choque *nm* bumper car, dodgem.
autodefensa *nf* self-defence.
autodeterminación *nf* self-determination.
autodidacto/a 1 *adj* self-taught. **2** *nm/f* autodidact.
autodisciplina *nf* self-discipline.
autódromo *nm* (motor-)racing circuit.
autoescuela *nf* driving school.
autogiro *nm* autogiro.
autógrafo *adj, nm* autograph.
automación *nf* automation.
autómata *nm* automation, robot; **~ industrial** industrial robot.
automaticidad *nf* automaticity.
automático 1 *adj* automatic. **2** *nm (Cos)* press stud.
automatización *nf* automation.
automatizar [1f] *vt* to automate.
automotor 1 *adj* self-propelled. **2** *nm (Ferro)* diesel train.
automóvil 1 *adj* self-propelled. **2** *nm* car, *(US)* automobile; **~ de carreras** racing car; **ir en ~** to drive, go *o* travel by car.
automovilismo *nm* motoring; **~ deportivo** motor racing.
automovilista *nm/f* motorist, driver.
automovilistico/a *adj* car *(atr)*, *(US)* auto *(atr)*; **industria ~a** car industry.
autonomía *nf* **(a)** *(gen)* autonomy; **Estatuto de A~** *(Sp)* Devolution Statute. **(b)** *(Aer, Náut)* range; **de gran ~** long range.
autonómico *adj (Pol)* self-governing; **región ~a** autonomous region.
autónomo *adj* autonomous.
autopista *nf* motorway, *(US)* freeway; **~ de peaje** toll road, *(US)* turnpike.
autopropulsión *nf* self-propulsion.
autopsia *nf* post mortem, autopsy.
autor(a) *nm/f (Lit)* author, writer; *(Jur: de crimen)* perpetrator (*de* of); **~ intelectual** originator, brains *(fam: de* behind); **~ de mis días** *(fig)* my father.
autoridad *nf (gen)* authority; **las ~es** the authorities; **~ de sanidad** health authorities *pl.*
autoritario/a *adj, nm/f* authoritarian.

autoritarismo *nm* authoritarianism.
autorización *nf* authorization, permission (*para hacer algo* to do sth).
autorizado *adj (oficial)* authorized, official; *(fiable)* authoritative; *(Com)* approved.
autorizar [1f] *vt (dar facultad a)* to authorize, empower; *(permitir)* to approve, license; *(Jur)* to legalise.
autorretrato *nm* self-portrait.
autoservicio *nm (tienda)* self-service store *o* shop; *(restaurante)* self-service restaurant.
autostop *nm* hitch-hiking; **hacer ~** to hitch-hike, thumb lifts.
autostopista *nmf* hitch-hiker.
autosuficiencia *nf (Econ)* self-sufficiency.
autosuficiente *adj (Econ)* self-sufficient.
autosugestión *nf* autosuggestion.
autotanque *nm* tanker, *(US)* tank truck.
auxiliar[1] **1** *adj (Univ etc)* assistant; *(Ling)* auxiliary; *(plantilla)* ancillary. **2** *nmf* auxiliary; *(Univ)* assistant lecturer; *(Aer)* steward/stewardess; *(Téc)* **~ de laboratorio** lab(oratory) assistant.
auxiliar[2] [1b] *vt (gen)* to help, assist; *(agonizante)* to attend; *(Pol etc)* to aid, give aid to.
auxilio *nm* help, aid, assistance; **~ social** welfare service; **primeros ~s** *(Med)* first aid; **acudir en ~ de uno** to come to sb's aid.
aval *nm (Com)* endorsement; *(de firma)* guarantee; **dar su ~ a** to be a guarantor for; *(Fin)* to underwrite.
avalancha *nf* avalanche.
avalar [1a] *vt (Fin)* to underwrite; *(: individuo)* to act as guarantor for; *(Com)* to endorse, guarantee.
avalentonado *adj* boastful, arrogant.
avalorar [1a] *vt* **(a)** *(Com)* to appraise. **(b)** *(fig)* to encourage.
avaluación *nf* valuation, appraisal.
avaluar [1e] *vt* to value, appraise.
avalúo *nm* valuation, appraisal.
avance *nm* **(a)** *(Mil, fig)* advance. **(b)** *(Fin)* advance payment; *(Com)* balance. **(c)** *(Elec)* lead.
avante *adv (esp LAm)* forward; *(Náut)* forward, ahead; **¡~!** forward!
avanzada *nf (Mil)* advance party *o* guard.
avanzado *adj (gen)* advanced; *(hora)* late; *(pómulo etc)* prominent; **de edad ~a, ~ de edad** advanced in years.
avanzar [1f] **1** *vt* **(a)** *(mover)* to advance, move forward. **(b)** *(dinero)* to advance. **(c)** *(empleado)* to promote. **(d)** *(LAm: opinión etc)* to put forward. **2 avanzarse** *vr* **(a)** *(gen)* to advance, move on. **(b)** *(plan etc)* to go forward, progress. **(c)** *(noche etc)* to draw on. **(d) ~ algo** *(CAm, Méx)* to steal sth.
avanzo *nm (Com)* balance sheet.
avaricia *nf* avarice.
avaricioso *adj*, **avariento** *adj* miserly, avaricious.
avaro/a 1 *adj* miserly, mean; **ser ~ de alabanzas** to be sparing in one's praise; **ser ~ de palabras** to be a person of few words. **2** *nm/f* miser, mean person.
avasallador *adj* overwhelming.
avasallamiento *nm* subjugation.
avasallar [1a] **1** *vt (sujetar)* to subjugate; *(dominar)* to dominate. **2 avasallarse** *vr* to submit, yield.
avatar *nm* change, transformation; **~es** ups and downs.
ave *nf* bird; **~ acuática** *o* **acuátil** water bird; **~ canora** *o* **cantora** songbird; **~ de corral** chicken, fowl; **~s de corral** poultry *sg;* **~ marina** sea bird; **~ de paso** bird of passage; **~ de presa, ~ de rapiña** bird of prey.
avecinarse [1a] *vr* to approach, come near.
avecindarse [1a] *vr* to take up one's residence, settle.
avefría *nf* lapwing.
avejentar [1a] *vt, vi,* **avejentarse** *vr* to age.
avellana *nf* **(a)** *(Bot)* hazelnut. **(b)** *(Per)* firecracker.
avellanado *adj* **(a)** *(color)* nutbrown. **(b)** *(piel)* shrivelled, wizened.
avellanar[1] *nm* hazel coppice.
avellanar[2] [1a] **1** *vt (Téc)* to countersink. **2 avellanarse** *vr* to become wrinkled.
avellanedo *nm* hazel wood.
avellano *nm* hazel, nut tree.
avemaría *nf* **(a)** *(Rel: cuenta)* rosary bead; *(: oración)* Ave Maria, Hail Mary. **(b) al ~** at dusk; **en un ~** in a twinkling; **saber algo como el ~** *(fam)* to know sth inside out.
avena *nf* oats; **~ loca** wild oats.
avenado *adj* half-crazy, touched *(fam).*
avenamiento *nm* drainage.
avenar [1a] *vt* to drain.
avenencia *nf (acuerdo)* agreement; *(Com)* deal.
avenida *nf* **(a)** *(calle)* avenue. **(b)** *(de río)* flood, spate.
avenir [3a] **1** *vt* to reconcile, bring together. **2** *vi* to come to pass. **3 avenirse** *vr* **(a)** *(Com etc)* to come to an agreement; *(hermanos etc)* to get on well together; **no se avienen** they don't get on. **(b) ~ con algo** *(estar de acuerdo)* to be in agreement with sth; *(resignarse)* to resign o.s. to sth; **~ con uno** to reach an agreement with sb. **(c) ~ a hacer algo** to agree to do sth.
aventadora *nf* winnowing machine.
aventajado *adj* outstanding; **~ de estatura** exceptionally tall.
aventajar [1a] *vt* **(a)** *(gen)* to surpass, excel; *(en carrera)* to outstrip. **(b)** *(mejorar)* to improve, better. **(c)** *(preferir)* to prefer.
aventar [1k] **1** *vt* **(a)** *(fuego)* to fan, blow (on); *(Agr)* to winnow. **(b)** *(tirar)* to chuck *o* throw out; *(LAm)* to throw. **2 aventarse** *vr* **(a)** *(vela etc)* to fill with air, swell up. **(b)** *(atacar)* to attack.
aventón *nm (Méx)* push, shove; **pedir ~** to hitch a lift.
aventura *nf* **(a)** *(gen)* adventure; **~ sentimental** love affair. **(b)** *(contingencia)* chance, contingency; **a la ~** at random. **(c)** *(riesgo)* risk, hazard.
aventurado *adj* risky, hazardous.
aventurar [1a] **1** *vt* to venture, risk; *(opinión etc)* to hazard. **2 aventurarse** *vr* to dare, take a chance; **~ a hacer algo** to venture to do sth, risk doing sth; **el que no se aventura no pasa la mar** nothing ventured, nothing gained.
aventurero/a 1 *adj* adventurous. **2** *nm/f* adventurer/adventuress. **3** *nm (Mil)* mercenary, soldier of fortune.
avergonzado *adj:* **estar ~** to be ashamed *(de, por* about, at*).*
avergonzar [1f, 1m] **1** *vt (gen)* to shame, put to shame; *(poner en un aprieto)* to embarrass. **2 avergonzarse** *vr (gen)* to be ashamed *(de, por* about, at, of*)*; *(sentirse incómodo)* to be embarrassed; **~ de hacer algo** to be ashamed to do sth; **se avergonzó de haberlo dicho** he was ashamed at having said it.
avería *nf* **(a)** *(Com etc)* damage; *(Mec)* breakdown; **el coche tiene una ~** there's something wrong with the car. **(b)** *(Náut)* average; **~ grue-**

sa general average.
averiado *adj (Mec)* broken down, faulty; '~' 'out of order'.
averiar [1c] **1** *vt (Mec)* to cause a breakdown *o* failure in; *(estropear)* to damage. **2 averiarse** *vr (gen)* to get damaged; *(Mec)* to have a breakdown.
averiguable *adj* verifiable.
averiguación *nf (gen)* verification; *(investigación)* inquiry, investigation.
averiguado *adj* certain, established; ~ **por la experiencia** borne out by experience.
averiguador(a) *nm/f* investigator.
averiguar [1i] **1** *vt (verificar)* to verify; *(descubrir)* to ascertain, discover; *(dato: buscar)* to look up; *(asunto)* to investigate, inquire into; ~ **las señas de uno** to find out sb's address; **eso es todo lo que se pudo** ~ that is all that could be discovered. **2** *vi (CAm, Méx: pelear)* to quarrel.
averigüetas *nmf inv (LAm)* snooper, nosey parker *(fam)*.
aversión *nf (gen)* aversion *(hacia algo, por algo* to sth, *a uno* for sb); *(aborrecimiento)* disgust, loathing; **cobrar** ~ **a** to take a strong dislike to.
avestruz *nm (Orn)* ostrich; ~ **de la pampa** rhea.
avetado *adj* veined, streaked.
avezar [1f] **1** *vt* to accustom, inure *(a* to). **2 avezarse** *vr* to become accustomed; ~ **a algo** to get used *o* hardened to sth.
aviación *nf* **(a)** *(gen)* aviation. **(b)** *(Mil)* air force; **la** ~ **francesa** the French air force.
aviado *adj* **(a) estar** ~ *(Arg)* to be well off, have all one needs. **(b) estar** ~ to be in a mess; **¡~s estamos!** what a mess we're in!
aviador(a) *nm/f* **(a)** *(Aer: piloto)* pilot; *(: tripulante)* crew member. **(b)** *(Méx fam)* phantom employee.
aviar [1c] **1** *vt* **(a)** *(preparar)* to get ready, prepare; *(ordenar)* to tidy up; *(proveer)* to supply *(de* with); *(LAm)* to advance money to. **(b)** ~ **a uno** to hurry *o* gee *(fam)* sb up. **2 aviarse** *vr* to get ready *(para hacer algo* to do sth).
avícola *adj* poultry *(atr)*; **granja** ~ poultry farm.
avicultor(a) *nm/f* poultry farmer.
avicultura *nf* poultry farming.
avidez *nf (entusiasmo)* avidity, eagerness *(de* for); *(codicia)* greed, greediness *(de* for); **con** ~ eagerly.
ávido *adj (gen)* avid, eager *(de* for); *(codicioso)* greedy *(de* for).
avieso 1 *adj (torcido)* distorted, crooked; *(perverso)* perverse, wicked. **2** *nm (Colombia)* abortion.
avilantarse [1a] *vr* to be insolent.
avilantez *nf* insolence.
avillanado *adj* boorish, uncouth.
avinagrado/a *adj (sabor)* sour, acid; *(fig)* sour, jaundiced.
avinagrar [1a] **1** *vt* to sour. **2 avinagrarse** *vr (individuo)* to be crochety; *(vino etc)* to turn sour.
avío *nm* **(a)** *(prevención)* preparation, provision. **(b)** *(LAm Agr)* loan. **(c) hacer su** ~ *(fam)* to make one's pile *(fam)*. **(d) ¡al ~!** get cracking!, get on with it! **(e)** ~**s** gear *sg*.
avión *nm* **(a)** *(Aer)* aeroplane, plane, aircraft, airplane *(US)*; ~ **de caza** *o* **de combate** fighter, pursuit plane; ~ **a** *o* **de reacción** jet plane; ~ **de despegue vertical** vertical takeoff plane; ~ **de pasajeros** passenger aircraft; **por** ~ *(Correos)* by airmail; **ir en** ~ to go by plane *o* air. **(b)** *(Orn)* martin.
avioneta *nf* light aircraft.
avisado *adj* sensible; **mal** ~ rash, ill-advised.
avisador *nm* electric bell; ~ **de incendios** fire alarm.
avisar [1a] *vt* **(a)** *(informar)* to inform, notify, tell; ~ **a uno con una semana de anticipación** to give sb a week's notice; **¿por qué no me avisó?** why didn't you let me know? **(b)** *(advertir)* to warn; *(fam: criminal etc)* to tip off *(fam)*; *(amonestar)* to admonish; ~ **al médico** to send for the doctor.
aviso *nm* **(a)** *(gen)* piece of information, tip; *(advertencia)* notice, warning; *(consejo)* advice; *(Com, Fin)* demand note; ~ **escrito** notice in writing; **con 15 días de** ~ at a fortnight's notice; **con poco tiempo de** ~ at short notice; **sin previo** ~ without warning *o* notice; **hasta nuevo** ~ until further notice; **salvo** ~ **en contrario** unless otherwise informed; **según (su)** ~ *(Com)* as per order, as you ordered; **mandar** ~ to send word. **(b)** *(Com: esp LAm)* advertisement; *(Pol)* announcement, statement; **'~s económicos'** 'classified advertisements'. **(c) estar sobre** ~ to be on the alert *o* the look-out.
avispa *nf* **(a)** *(insecto)* wasp. **(b)** *(persona)* sharp *o* clever person.
avispar [1a] **1** *vt (caballo)* to spur on; *(fig)* to prod. **2 avisparse** *vr (despabilarse)* to liven up; *(preocuparse)* to fret, worry; *(Méx)* to become alarmed.
avispero *nm* **(a)** *(lit)* wasp's nest. **(b)** *(Med)* carbuncle. **(c)** *(fam)* hornet's nest, mess.
avispón *nm* hornet.
avistar [1a] **1** *vt* to sight, catch sight of. **2 avistarse** *vr* to have an interview *(con* with).
avitaminosis *nf* vitamin deficiency.
avituallar [1a] *vt* to provision, supply with food.
avivar [1a] **1** *vt (fuego)* to stoke (up); *(color)* to brighten; *(dolor)* to intensify; *(pasión)* to excite, arouse; *(disputa)* to add fuel to; *(interés)* to stimulate; *(esfuerzo)* to revive. **2 avivarse** *vr* to revive, take on new life.
avizor *adj*: **estar ojo** ~ to be on the alert, be vigilant.
avizorar [1a] *vt* to watch, spy on.
avutarda *nf* great bustard.
axial *adj* axial.
axila *nf* armpit.
axioma *nm* axiom.
axiomático *adj* axiomatic.
ay 1 *interj* **(a)** *(dolor)* ow!, ouch! **(b)** *(pena)* oh!, oh dear!; **¡~ de mí!** whatever shall I do?; **¡~ del que lo haga!** woe betide the man who does it! **(c)** *(sorpresa)* oh!, goodness! **2** *nm* moan, groan; **un** ~ **desgarrador** a heartrending cry.
aya *nf* governess.
ayer 1 *adv* yesterday; *(fig)* formerly, in the past; ~ **no más** only yesterday; ~ **por la mañana** yesterday morning; **no es (cosa) de** ~ it's nothing new. **2** *nm* yesterday, past; **el** ~ **madrileño** Madrid in the past, old Madrid.
ayllu *nm (LAm)* Indian commune.
aymará *adj, nmf* Aymara.
ayo *nm* tutor.
ayote *nm (Méx, CAm: calabaza)* pumpkin; *(Méx: fiesta etc)* flop; **dar** ~**s a** to jilt.
ayuda 1 *nf* **(a)** *(gen)* help, assistance; ~ **económica** economic aid. **(b)** *(Med)* enema; *(LAm)* laxative. **2** *nm (paje)* page; ~ **de cámara** valet.
ayudante/a *nm/f (gen)* helper, assistant; *(Mil)* adjutant; *(Téc)* technician; ~ **del electricista** electrician's mate; ~ **de laboratorio** laboratory assistant *o* technician.
ayudar [1a] **1** *vt (gen)* to help, aid, assist; ~ **a uno a hacer algo** to help sb to do sth; ~ **a uno a bajar** to help sb down *o* out. **2 ayudarse** *vr (gen)* to help

each other; *(valerse de)* to make use of, use; **ayúdate y Dios te ayudará** God helps those who help themselves.
ayunar [1a] *vi* to fast (*a* on); *(fig)* to go without.
ayunas *nfpl:* **salir en ~** to go out without any breakfast; **estar** *o* **quedarse en ~** *(ser ignorante)* to be completely in the dark; *(no caer)* to miss the point.
ayuno 1 *adj* **(a)** *(Rel etc)* fasting. **(b)** *(fig: privado)* deprived; **estar ~ de** to know nothing about. **2** *nm* fast, fasting; **guardar ~** to fast; **día de ~** fast day.
ayuntamiento *nm* **(a)** *(corporación)* district *o* town *o* city council. **(b)** *(Casa Consistorial)* town *o* city hall. **(c)** *(cópula)* sexual intercourse.
azabachado *adj* jet-black.
azabache *nm (Min)* jet; **~s** jet trinkets.
azacanarse [1a] *vr* to drudge, slave away.
azada *nf* hoe.
azadón *nm* large hoe, mattock.
azadonar [1a] *vt* to hoe.
azafata *nf (Aer)* air hostess, stewardess.
azafate *nm* flat basket, tray.
azafrán *nm (Culin)* saffron.
azafranado *adj (color)* saffron-coloured; *(sabor)* saffron-flavoured.
azafranar [1a] *vt (Culin)* to colour *o* flavour with saffron.
azahar *nm* orange blossom.
azalea *nf* azalea.
azar *nm* **(a)** *(gen)* chance, fate; **al ~** at random; **por ~** accidentally, by chance. **(b)** *(desgracia)* accident, piece of bad luck.
azararse [1a] *vr* **(a)** to go wrong, go awry. **(b)** = **azorarse.**
azarear [1a] *vt*, **azarearse** *vr* = **azorar(se).**
azaroso *adj* **(a)** *(arriesgado)* risky, hazardous; *(vida)* eventful. **(b)** *(malhadado)* unlucky.
ázimo *adj (pan)* unleavened.
azogado 1 *adj* restless, fidgety. **2** *nm* silvering (of a mirror).
azogar [1h] **1** *vt* to coat with quicksilver; *(espejo)* to silver. **2 azogarse** *vr* to be restless *o* fidgety.
azogue *nm* mercury, quicksilver; **ser un ~** to be always on the go; **tener ~** to be restless, be fidgety.
azolve *nm (Méx)* sediment, deposit.
azor *nm* goshawk.
azorado *adj* alarmed, upset.
azoramiento *nm* embarrassment, fluster.
azorar [1a] **1** *vt* **(a)** *(sobresaltar)* to alarm. **(b)** *(turbar)* to embarrass, fluster. **(c)** *(animar)* to urge *o* egg on. **2 azorarse** *vr* **(a)** *(alarmarse)* to get alarmed *o* rattled. **(b)** *(sentirse violento)* to be embarrassed, get flustered.
Azores *nfpl* Azores.
azoro *nm* **(a)** *(esp LAm)* = **azoramiento. (b)** *(CAm)* ghost.
azotaina *nf* beating, spanking.
azotamiento *nm* whipping, flogging.
azotar [1a] **1** *vt* **(a)** *(latigar)* to whip, flog; *(zurrar)* to thrash, spank; *(Agr etc)* to beat; *(suj: lluvia etc)* to lash. **(b) ~ las calles** to loaf around the streets. **2** *vi (Méx)* to fall (down).
azote *nm* **(a)** *(instrumento)* whip, scourge. **(b)** *(golpe: de látigo)* stroke, lash; *(: de mano)* spanking; **~s y galeras** the same old stuff. **(c)** *(fig)* scourge.
azotea *nf* flat roof; *(LAm)* adobe house.
azotera *nf (LAm)* beating, thrashing.
aztatl *nm (Méx Orn)* white heron.
azteca *adj, nmf* Aztec.
azúcar *nm o nf* sugar; **~ blanquilla/fina/en terrón/morena** *o* **negra** *o* **Demerara** white/castor/lump/brown sugar.
azucarado *adj* sugary, sweet.
azucarar [1a] *vt* **(a)** to sugar, add sugar to. **(b)** *(fig)* to sweeten.
azucarería *nf* sugar refinery.
azucarero 1 *adj* sugar *(atr)*. **2** *nm*, **azucarera** *nf* sugar bowl.
azucena *nf* white lily.
azuela *nf* adze.
azufre *nm (Quím)* sulphur; *(Rel etc)* brimstone.
azufroso *adj* sulphurous.
azul 1 *adj* blue. **2** *nm (color)* blue; *(grado)* blueness; **~ celeste/marino** sky/navy blue.
azulado *adj* blue, bluish.
azular [1a] **1** *vt* to colour *o* dye blue. **2 azularse** *vr* to turn blue.
azulejar [1a] *vt* to tile.
azulejo *nm* glazed tile; *(en el suelo)* floor tile.
azulino *adj* bluish.
azurumbado *adj (CAm: tonto)* silly, stupid; *(: borracho)* drunk.
azuzar [1f] *vt* **(a) ~ a los perros a uno** to set the dogs on sb. **(b)** *(fig)* to egg on.

B

B, b [be] *nf (letra)* B, b.
baba *nf (saliva)* spittle, saliva; *(de niños)* dribble; *(Bio)* mucus; *(de babosas etc)* slime, secretion; **se le caía la ~** *(fig)* he was thrilled to bits; **echar ~** to drool, slobber.
babaza *nf* **(a)** slime, mucus. **(b)** *(Zool)* slug.
babear [1a] **1** *vi* **(a)** *(echar saliva)* to slobber; *(niño)* to dribble. **(b)** *(fig)* to drool (over women). **2 babearse** *vr* **(a)** *(RPl)* to feel flattered, bask in adulation. **(b)** *(Méx)* **~ por algo** to yearn for sth, drool at the thought of sth.
babel *nm o nf* bedlam.
babeo *nm* slobbering.
babero *nm* bib.
Babia *nf:* **estar en ~** to be daydreaming.
babieca 1 *adj* simple-minded, stupid. **2** *nmf* idiot, dolt.
bable *nm* Asturian dialect.
babor *nm* port (side); **a ~** to port, on the port side; **de ~** port *(atr)*.
babosa *nf* slug.
babosada *nf (Méx, CAm)* piece of stupidity; **decir**

~s to talk nonsense *o* rubbish.

babosear [1a] **1** *vt* **(a)** to slobber over. **(b)** *(fig)* to drool over. **2** *vi* to drool; *(Méx)* to say *o* do stupid things.

baboso/a 1 *adj* **(a)** *(gen)* drooling, slobbering; *(Zool)* slimy. **(b)** *(fig: sentimental)* mushy, foolishly sentimental; *(LAm: tonto)* silly. **2** *nm/f (Méx, CAm)* fool, idiot; *(pey)* drip *(fam)*.

babucha *nf* slipper; *(Méx)* moccasin; **~s** *(Cu)* rompers; **llevar algo a ~** *(RPl)* to carry sth on one's back.

baca *nf (Aut etc)* luggage *o* roof rack.

bacalao *nm* **(a)** cod(fish); **cortar el ~** to be the boss; **ir a Escocia llevando ~** to take coals to Newcastle. **(b) ser un ~** *(fam)* to be as thin as a rake.

bacán *nm (RPl)* sugar daddy *(fam)*.

bacanal *nf* orgy.

bacante *nf (Hist)* bacchante; *(fig)* lush *(fam)*.

bacar(r)á *nm* baccarat.

baceta *nf (naipes)* pack, stock.

bacía *nf (gen)* basin; *(de afeitar)* shaving bowl.

bacilo *nm* bacillus, germ.

bacín *nm* **(a)** *(orinal)* chamber pot; *(de pordiosero)* beggar's bowl. **(b)** *(miserable)* wretch, cur.

bacinica *nf* small chamber pot.

bacteria *nf* bacterium, germ; **~s** bacteria, germs.

bactericida 1 *adj* germ-killing. **2** *nm* germicide, germ killer.

bacteriología *nf* bacteriology.

bacteriólogo/a *nm/f* bacteriologist.

báculo *nm* **(a)** stick, staff; **~ pastoral** crozier, bishop's staff. **(b)** *(fig: apoyo)* prop, support.

bacha *nf (Méx: resto)* remnant, remains; *(: de cigarro)* stub, fag end *(fam)*; **~s** dregs.

bache *nm (en carretera etc)* rut, hole, pothole; *(fig: mal rato)* bad patch; *(Econ etc)* slump; **~ de aire** *(Aer)* air pocket; **salir del ~** to get moving again.

bachicha *nf* **(a)** *(Chi, RPl)* **la ~** *(fam)* Italian immigrants, *(Brit)* wops *(fam)*, *(US)* guineas *(fam)*. **(b)** *(Méx)* dregs.

bachiller 1 *adj* garrulous, talkative. **2** *nmf (Escol)* secondary *o (US)* high school graduate; *(Hist)* university graduate.

bachillerato *nm (Escol)* secondary *o (US)* high school leaving certificate; *(Hist)* bachelor's degree.

bachillería *nf (fam)* **(a)** *(cotorreo)* talk, prattle. **(b)** *(tontería)* piece of nonsense.

bachos *nmpl (Per)* fibs, tales.

badajada *nf*, **badajazo** *nm* stroke (of a bell), chime.

badajo *nm* **(a)** clapper (of a bell). **(b)** *(fam: parlanchín)* chatterbox.

badajocense, badajoceño/a 1 *adj* of Badajoz. **2** *nm/f* native *o* inhabitant of Badajoz.

badana *nf* sheepskin; **zurrar** *o* **sobar la ~ a uno** *(fam)* to thrash sb.

badilejo *nm (LAm)* builder's trowel.

bádminton *nm* badminton.

badulaque *nm* idiot, nincompoop.

badulaquear [1a] *vi* to act like an idiot.

bagaje *nm* **(a)** *(gen)* baggage, equipment. **(b)** *(Mil: mula)* pack mule; *(fig)* beast of burden.

bagatela *nf (objeto)* trinket, knick-knack; *(fig: nimiedad)* trifle.

bagayo *nm* **(a)** *(bulto)* bundle of clothing; *(carga)* heavy burden. **(b)** *(fig: inútil)* useless person.

bagazo *nm (LAm)* **(a)** *(del azúcar)* sugar cane pulp *o* mash. **(b)** *(fig: persona inútil)* useless person.

bagre 1 *adj* **(a)** *(LAm)* vulgar, coarse. **(b)** *(CAm)* clever, sharp. **2** *nm* **(a)** *(LAm: pez)* catfish. **(b)** *(LAm: mujer)* ugly woman; *(Méx)* hairless man.

bagual 1 *adj (LAm)* **(a)** *(caballo etc)* wild, untamed. **(b)** *(Chi: individuo)* loutish. **2** *nm* **(a)** *(LAm)* wild *o* untamed horse; **ganar los ~es** *(RPl)* to escape, get to safety. **(b)** *(Chi)* lout.

bah *interj (desdén)* bah!, that's nothing!, pooh!; *(incredulidad)* never!

baharí *nm* sparrowhawk.

bahía *nf* bay.

bailable 1 *adj:* **música ~** dance music. **2** *nm* dance number.

bailar [1a] **1** *vt (gen)* to dance; *(peonza)* to spin. **2** *vi (gen)* to dance; *(peonza)* to spin (round); *(fig)* to dance, jump about; **~ al son que tocan** to toe the line; **¿quieres ~?** shall we dance? **3 bailarse** *vr:* **~ a uno** *(Méx fam)* to do sb in *(fam)*.

bailarín/ina 1 *adj* dancing. **2** *nm/f* dancer. **3 bailarina** *nf (de ballet)* ballerina.

baile *nm* **(a)** *(gen)* dance; *(el bailar)* dancing; *(Teat)* dance, ballet; **~ clásico** ballet; **~ folklórico** folk dancing. **(b)** *(ocasión)* dance; *(: formal)* ball; **~ de fantasía** *(LAm) o* **de máscaras** masked ball; **~ de trajes** fancy-dress ball.

bailotear [1a] *vi* to dance *o* jump about.

baivel *nm* bevel.

baja *nf* **(a)** *(de precios etc)* drop, fall; *(Econ)* slump, recession; **una ~ del 5 por ciento** a fall of 5%; **una ~ de temperatura** a drop in temperature; **jugar a la ~** *(Fin)* to speculate on a fall in prices; **dar** *o* **ir de ~** to decline, lose value; **seguir en ~** to go from bad to worse. **(b)** *(Mil)* casualty; *(paro)* redundancy; *(Dep)* injury *(fam)*, injured player; **las ~s son grandes** the casualties are heavy; **dar de ~ a un empleado** to lay off an employee, make an employee redundant; **darse de ~** *(retirarse)* to drop out, withdraw; *(Med)* to go sick; *(dimitir)* to resign.

bajada *nf* **(a)** *(cuesta)* slope. **(b)** *(acto de bajar)* descent; **es más difícil la ~** it's more difficult going down; **durante la ~** on the way down.

bajamar *nf* low tide, low water.

bajar [1a] **1** *vt* **(a)** *(desde arriba)* to lower, let down; *(desde abajo)* to bring *o* take *o* get down; *(a una persona)* to help down, help out; **~ los equipajes al taxi** to take the luggage down to the taxi; **¿me ayuda a ~ esta maleta?** would you help me down with this case *o* help me to get this case down?; *(en autobus etc)* **¿me baja a la Plaza Mayor?** would you let me off at the Plaza Mayor? **(b)** *(vista etc)* to lower; *(cabeza)* to bow, bend; *(brazos)* to drop. **(c)** *(precio)* to reduce, lower; *(TV etc)* to turn down; *(voz)* to lower. **(d)** *(escalera etc)* to come *o* go down, descend. **(e)** *(fig)* to humble, humiliate; **~le los humos a uno** to cut sb down to size.

2 *vi* **(a)** to come *o* go down, descend. **(b)** *(apearse)* to get off *o* out; **~ de** to get off *o* out of. **(c)** *(Com, Met etc)* to fall.

3 bajarse *vr* **(a)** *(inclinarse)* to bend down, stoop; **~ a recoger algo** to bend down to pick sth up. **(b)** *(de bus etc)* to get off *o* out; **~ de** to get off *o* out of. **(c)** *(fig)* to lower *o* humble o.s.

bajel *nm (barco)* vessel, ship.

bajero *adj* lower, under-; **falda ~a** underskirt.

bajetón *adj (LAm)* short, small.

bajeza *nf* **(a)** vileness, baseness. **(b)** *(una ~)* mean *o* vile deed.

bajío *nm* **(a)** *(Náut)* shoal, sandbank. **(b)** *(LAm)* lowland.

bajista *nm* **(a)** *(Mús)* bassist. **(b)** *(Fin)* bear.
bajo 1 *adj* **(a)** *(gen)* low; *(de estatura)* short, small; *(parte)* lower, under; **planta ~a** ground floor; *(US)* first floor; **con la cabeza ~a** with bowed head; **con los ojos ~s** with downcast *o* lowered eyes; **en la parte ~a de la ciudad** in the lower part of the town; **los ~s fondos** the lower depths. **(b)** *(voz, tono)* low, deep; **hablar en voz ~a** to speak quietly *o* in a whisper; **decir algo por lo ~** to say sth under one's breath; **hacer algo por lo ~** to do sth secretly. **(c)** *(color)* dull. **(d)** *(metal)* base. **(e)** *(fig: humilde)* low, humble; *(Pol: clase)* lower; *(condición)* lowly; *(barrio)* poorer. **(f)** *(vulgar)* common.
2 *nm* **(a)** *(hondanada)* hollow. **(b)** *(Náut)* = **bajío (a)**. **(c)** *(Cos)* hemline. **(d)** *(Arquit)* **~s** ground floor, *(US)* first floor. **(e)** *(Mús)* bass.
3 *adv (gen)* low; *(voz, tono)* softly; *(sin gritar)* quietly; **¡más ~, por favor!** turn it down *o* quieter, please!
4 *prep* **(a)** under, underneath, below; **~ la lluvia** in the rain; **~ cuerda** *(fig)* under the counter. **(b)** *(fig)* under; **~ Napoleón** under Napoleon. **(c) libertad ~ palabra** parole; **~ pena de muerte** under sentence of death; **está ~ la tutela de su tío** she's a ward of her uncle.
bajón *nm* **(a)** *(gen)* fall, drop; *(Med)* decline, worsening; *(Com, Fin)* sharp fall in price; **dar un ~** to slump; *(Méx)* **dar un ~ a uno** to cut sb down to size. **(b)** *(Mús)* bassoon.
bajorrelieve *nm* bas-relief.
bajura *nf*: **pesca en ~** shallow-water *o* coastal fishing.
bakelita *nf* bakelite.
bala *nf* **(a)** *(gen)* bullet, shot; **a prueba de ~** bullet-proof; **~ de cañón** cannon-ball; **~ perdida** stray shot; **como una ~** like a shot; **ni a ~** *(LAm)* by no means, on no account; **no le entra ~** *(LAm)* he's as tough as nails *(fam)*. **(b)** *(de algodón)* bale.
balacear [1a] *vt (CAm, Méx)* to shoot (at).
balacera *nf (CAm, Méx)* shooting, exchange of shots.
balada *nf* ballad.
baladí *adj* trivial, paltry.
baladrar [1a] *vi* to scream, howl.
baladro *nm* scream, howl.
baladrón/ona 1 *adj* boastful. **2** *nm/f* braggart, bully.
baladronada *nf (dicho)* boast, brag; *(hecho)* piece of bravado.
baladronear [1a] *vi (decir)* to boast, brag; *(hacer)* to indulge in bravado.
balance *nm* **(a)** *(vaivén)* to-and-fro motion, rocking; *(Náut)* roll, rolling. **(b)** *(fig)* hesitation, vacillation. **(c)** *(Com)* balance (sheet); **~ de situación** *(LAm)* balance sheet; **hacer ~** to take stock.
balancear [1a] **1** *vt* to balance. **2** *vi*, **balancearse** *vr* **(a)** *(gen)* to move to and fro, to rock; *(péndulo)* to swing; *(Náut)* to roll. **(b)** *(fig)* to hesitate, waver.
balanceo *nm* = **balance (a)**.
balancín *nm (Náut)* outrigger; *(en circo)* balancing pole; *(columpio)* seesaw; *(de máquina)* beam.
balandrán *nm* cassock.
balandrista *nmf* yachtsman/-woman.
balandro *nm* sloop.
balanza *nf* **(a)** scales, weighing machine; *(Quím)* balance; **B~** Libra; **~ de cocina** kitchen scales; **estar en la ~** to be in the balance. **(b)** *(fig)* judgment. **(c)** *(Com, Pol etc)* balance; **~ comercial** *o* **de comercio** balance of payments; **~ de pagos** balance of payments; **~ de poder(es)** *o* **política** balance of power.
balaquear [1a] *vi (LAm)* to boast.
balar [1a] *vi* to bleat, baa.
balast(r)o *nm (LAm: gen)* ballast; *(: Téc)* aggregate.
balaustrada *nf* balustrade; *(pasamanos)* banister.
balaustre *nm* baluster; *(pasamanos)* banister.
balay *nm (LAm)* wicker basket.
balazo *nm (tiro)* shot; *(herida)* bullet wound.
balboa *nf Panamanian currency unit.*
balbucear [1a] *vt, vi* to stammer, stutter; *(niño)* to babble.
balbuceo *nm* stammering, stuttering; *(de niño)* babbling.
balbuciente *adj* stammering, stuttering; *(niño)* babbling.
balbucir [3f] *vt, vi* = **balbucear.**
balcón *nm (repisa)* balcony; *(balaustrada)* railing.
balconero *nm* cat burglar.
balda *nf (LAm: estante)* shelf.
baldado/a 1 *pp de* **baldar. 2** *adj* crippled, disabled. **3** *nm/f* cripple, disabled person. **4 baldada** *nf (RPl)* bucketful.
baldadura *nf* disablement.
baldaquín *nm* canopy.
baldar [1a] *vt* **(a)** *(dejar inválido)* to cripple, disable. **(b)** *(fig: estorbar)* to put out, inconvenience.
balde[1] *nm* bucket, pail.
balde[2] *nm* **(a) obtener algo de ~** to get sth free; **había muchos de ~** there were a lot left over; **estar de ~** *(estar de más)* to be unwanted; *(estorbar)* to be in the way; *(RPl)* to be out of work. **(b) en ~** in vain, to no purpose.
baldear [1a] *vt* **(a)** to wash (down), swill with water. **(b)** *(Náut)* to bale out.
baldío 1 *adj* **(a)** *(campo)* uncultivated; *(terreno)* waste. **(b)** *(perezoso)* lazy, idle **(c)** *(vano, inútil)* vain, useless. **2** *nm (Agr)* uncultivated *o* fallow land; *(solar)* wasteland.
baldón *nm* affront, insult.
baldonar [1a] *vt* to insult.
baldosa *nf (azulejo)* floor tile; *(grande)* flagstone; *(Méx: de calle)* paving stone; *(LAm)* tombstone.
balear[1] [1a] *(CAm, Méx)* **1** *vt* to shoot (at). **2 balearse** *vr* to exchange shots.
balear[2], **baleárico/a 1** *adj* Balearic. **2** *nm/f* native *o* inhabitant of the Balearic Isles.
Baleares *nfpl (tb* **Islas ~***)* Balearics, Balearic Islands.
baleo *nm* **(a)** *(felpudo)* mat. **(b)** *(abanico)* fan. **(c)** *(CAm, Méx: tiroteo)* shooting.
balero *nm (Mil)* bullet mould; *(Mec)* (ball) bearing.
balido *nm* bleat, baa.
balín *nm* pellet; **~es** buckshot *sg*.
balista *nf (Hist)* catapult.
balístico/a 1 *adj* ballistic. **2 balística** *nf* ballistics.
baliza *nf (Náut)* (lighted) buoy, marker; *(Aer)* beacon, marker.
balneario 1 *adj*: **estación ~a** spa. **2** *nm (Med)* spa, health resort; *(con playa)* seaside resort.
balompié *nm* soccer, (association) football.
balón *nm* **(a)** (large) ball, football; *(Quím etc)* bag (for gas); *(Met)* balloon; *(copa)* brandy glass; **~ neumático** *(Aut)* low-pressure tyre. **(b)** *(Com)* (large) bale.
baloncesto *nm* basketball.
balonmano *nm* handball.
balonvolea *nf* volleyball.
balota *nf* ballot.
balotaje *nm (LAm)* balloting, voting.
balsa[1] *nf* **(a)** *(Bot)* balsa (wood). **(b)** *(Náut)* raft; *(LAm: embarcadero)* ferry; **~ salvavidas** life-raft; **~ neumática** *(Aer etc)* rubber dinghy.

balsa[2] *nf (charca)* pool, pond; *(pantano)* marsh.
balsadera *nf*, **balsadero** *nm* ferry.
bálsamo *nm* balsam, balm; *(fig)* balm, comfort.
balsero *nm* ferryman.
balsón *nm (Méx)* swamp, bog.
báltico *adj* Baltic; **el Mar B~** the Baltic (Sea).
baluarte *nm (lit, fig)* bastion.
balumba *nf* pile, heap.
balumoso *adj (LAm)* bulky, cumbersome.
ballena *nf* **(a)** *(Zool)* whale. **(b)** *(Cos)* bone, stay.
ballenera *nf* whaler, whaling ship.
ballenero 1 *adj*: **industria ~a** whaling industry. **2** *nm* **(a)** *(pescador)* whaler. **(b)** *(barco)* whaling ship.
ballesta *nf* **(a)** *(Hist)* crossbow. **(b)** *(Aut etc)* spring; **~s** suspension *sg*.
ballet [ba'le] *nm, pl* **ballets** [ba'le] ballet.
bamba *nf (CAm, Ven)* one-peso silver coin; *(Méx)* fluke, lucky shot *o* throw.
bambalear [1a] *vi* = **bambolear.**
bambarria 1 *nf* fluke. **2** *nmf (fam)* idiot, fool.
bambolear [1a] *vi*, **bambolearse** [1a] *vr* *(gen)* to swing, sway; *(al andar)* to sway, roll, reel; *(muebles)* to wobble.
bamboleo *nm* swinging, swaying.
bambolla *nf* sham.
bambollero *adj* sham, bogus.
bambú *nm* bamboo.
banal *adj (gen)* banal; *(trivial)* trivial; *(vulgar)* ordinary, commonplace.
banalidad *nf (véase adj)* banality; triviality; ordinariness; **~es** small talk, trivialities.
banana *nf (esp LAm)* banana.
bananal *nm (LAm)* banana plantation.
bananero *adj (LAm)* **compañía ~a** banana company; *(Pol)* **República ~a** banana republic.
banano *nm* banana tree.
banasta *nf* large basket, hamper.
banasto *nm* round basket.
banca *nf* **(a)** *(asiento)* bench; *(puesto)* stand, stall. **(b)** *(Com, Fin)* banking; **la B~** the banks; **la nacionalización de la ~** the nationalization of the banks. **(c)** *(Naipes)* bank; **hacer saltar la ~** to break the bank. **(d)** *(RPl)* pull, influence.
bancal *nm (Agr)* terrace.
bancario *adj* bank *(atr)*, banking *(atr)*; **giro ~** bank draft.
bancarrota *nf (Fin)* bankrupcy; *(fracaso)* failure; **declararse en** *o* **hacer ~** to go bankrupt.
banco *nm* **(a)** *(gen)* bench, seat; *(en iglesia)* pew; *(Téc)* bench. **(b)** *(Geog, Náut)* bank, shoal; *(Geol)* stratum, layer; **~ de arena** sandbank; **~ de nieve** snowdrift. **(c)** *(de peces)* shoal, school. **(d)** *(Com, Fin)* bank; **~ de ahorros/de crédito** savings/credit bank; *(Méx)* **~ ejidal** cooperative bank; **~ de liquidación** clearing house; **~ de sangre** blood bank; **B~ Mundial** World Bank. **(e) ~ de datos** data bank.
banda *nf* **(a)** *(gen)* band; *(cinta)* ribbon; *(faja)* sash; *(tierra)* strip; *(de carretera)* lane; **~ de dibujos** comic strip; **~ magnética** magnetic tape; **~ de rodamiento** *(Aut)* tread; **~ de sonido** *o* **sonora** *(Cine)* sound track; **~ transportadora** conveyor belt. **(b)** *(Geog: orilla)* side, edge; *(Arg)* **la B~ Oriental** Uruguay; **de la ~ de acá** on this side. **(c)** *(Dep: Billar)* cushion; *(: Ftbl)* sideline; **fuera de ~** in touch. **(d)** *(pandilla)* gang; *(partidarios)* party, group; *(Orn)* flock. **(e)** *(Mús)* brass band.
bandada *nf* **(a)** *(Orn)* flock; *(de peces)* shoal. **(b)** *(LAm)* = **banda (d).**
bandeja *nf (gen)* tray; *(LAm: platón)* platter, salver; *(: fuente)* bowl; **servir algo a uno en ~ (de plata)** *(fig)* to hand sth to sb on a plate.
bandera *nf* **(a)** *(gen)* flag; *(estandarte)* banner, standard; *(Mil)* colours; **~ de esquina** corner flag; **~ de parlamento** flag of truce, white flag; **~ roja** red flag; **arriar la ~** *(Náut)* to strike one's colours; **alzar la ~** to call to arms; **izar la ~** to hoist the flag. **(b) de ~** *(fam)* terrific *(fam)*, marvellous.
bandería *nf* faction.
banderilla *nf* **(a)** *(Taur)* banderilla; **~ de fuego** banderilla with attached firecracker; **clavar ~s a uno** to goad sb; **¡éste no se despabila ni con ~ de fuego!** *(fam)* a bomb wouldn't wake him up! **(b)** *(LAm)* tapping *(fam)*, scrounging.
banderillero *nm* **(a)** *(Taur)* banderillero, bullfighter who uses the banderillas. **(b)** *(LAm: sableador)* scrounger.
banderín *nm* small flag, pennant.
banderola *nf* **(a)** banderole; *(Mil)* pennant. **(b)** *(RPl)* transom.
bandidaje *nm* banditry.
bandido *nm* **(a)** bandit, outlaw. **(b) ¡~!** you rogue!, you beast!
bando *nm* **(a)** *(gen)* edict, proclamation; **~s** *(Rel)* banns. **(b)** *(Pol)* faction, party; *(Dep)* side; **pasar al otro ~** to change sides.
bandola *nf (Mús)* mandolin.
bandolera *nf* bandoleer.
bandolerismo *nm* brigandage, banditry.
bandolero *nm* brigand, bandit; *(Hist)* highwayman.
bandolina *nf (LAm)* mandolin.
bandoneón *nm (RPl)* large accordion.
bandullo *nm*: **llenarse el ~** to stuff o.s.
banjo *nm* banjo.
banquear [1a] *vt (LAm)* to level, flatten out.
banqueo *nm* terraces *pl*, terracing.
banqueta *nf* **(a)** *(gen)* stool; *(banquillo)* low bench; **~ de piano** piano stool. **(b)** *(CAm, Méx)* pavement, *(US)* sidewalk.
banquete *nm* banquet, feast; **~ annual** annual dinner; **~ de boda** wedding breakfast; **~ de gala** state banquet.
banquillo *nm (gen)* bench; *(Jur)* dock.
bántam *nm (Dep)* bantamweight.
bantú *adj, nmf* Bantu.
bañada *nf (LAm: baño)* swim, dip; *(: de pintura)* coat (of paint).
bañadera *nf (LAm)* bathtub.
bañado *nm (LAm: pantano)* swamp, marshland; *(Téc)* bath.
bañador *nm* **(a)** *(traje)* bathing costume, swimsuit. **(b)** *(Téc)* bath, tank.
bañar [1a] **1** *vt* **(a)** *(niño)* to bath, *(US)* bathe; *(Med)* to bathe (*con, de* in, with); *(Culin, Téc)* to dip, cover (*de* with). **(b)** *(fig)* to bathe (*con, de, en*, in); *(suj: mar, olas)* to wash, lap. **(c)** *(suj: luz etc)* to bathe, flood. **2 bañarse** *vr (en bañera)* to take *o* have a bath; *(en el mar etc)* to bathe, swim; **ir a ~** to go bathing *o* swimming.
bañera *nf* bath, bathtub.
bañista *nmf* **(a)** *(en mar etc)* bather. **(b)** *(Med: en balneario)* patient.
baño *nm* **(a)** *(bañera)* bath, bathtub; *(Téc)* bath; **cuarto de ~** bathroom; *(LAm)* toilet, *(US)* washroom; *(LAm: ducha)* shower; **~ de María** bain-marie; **~ de sangre** *(fig)* blood bath; **~ turco** Turkish bath; **dar un ~ a uno** *(fig)* to teach sb a lesson. **(b)** *(acto)* bathing; *(aseo)* bath; *(en el mar etc)* swim, dip. **(c) ~s** *(Med)* spa *sg*; **ir a ~s** to take the waters. **(d)** *(Arte)* wash; *(Culin)* coating, covering; *(de pintura)* coat.
bao *nm (Náut)* beam.
baptista *adj, nmf* Baptist.

baque *nm* bump, thud.
baqueano *adj, nm véase* **baquiano.**
baquelita *nf* bakelite.
baqueta *nf* **(a)** *(Mil)* ramrod. **(b)** *(Mús)* drumstick. **(c) correr** *o* **pasar por ~s** to run the gauntlet; **mandar a ~** to rule tyrannically; **tratar a uno a (la) ~** to treat sb harshly.
baqueteado *adj* experienced.
baquetear [1a] *vt (fastidiar)* to annoy, bother; *(pegar)* to beat.
baquía *nf (LAm)* **(a)** *(conocimientos locales)* local expertise. **(b)** *(habilidad)* expertise, skill.
baquiano 1 *adj* **(a)** *(LAm: gen)* familiar with a region. **(b)** *(experto)* expert, skilful; **para hacerse ~ hay que perderse alguna vez** *(RPl)* one learns the hard way. **2** *nm* **(a)** *(RPl: guía)* guide, scout; *(Náut)* pilot. **(b)** *(LAm: experto)* expert.
bar *nm (gen)* bar; *(Brit)* pub, public house; *(en hotel)* lounge; *(café)* café.
barahúnda *nf* uproar, hubbub.
baraja *nf* **(a)** pack of cards; **jugar a** *o* **con dos ~s** *(fig)* to play a double game, double deal. **(b)** *(fig: riña)* fight, quarrel.
barajar [1a] **1** *vt* **(a)** *(naipes)* to shuffle. **(b)** *(fig)* to jumble *o* mix up; *(RPl)* to pass *o* hand round; *(LAm)* to confuse, delay. **2** *vi (discutir)* to quarrel, squabble. **3 barajarse** *vr* **(a)** *(LAm: pelear)* to fight, brawl. **(b)** *(mezclarse)* to get jumbled *o* mixed up.
baranda *nf* rail, railing.
barandal *nm*, **barandilla** *nf (gen)* rail, railing; *(en escalera)* banisters.
barata *nf (LAm)* **(a)** *(venta)* sale, bargain sale. **(b)** *(estafa)* swindle.
baratear [1a] *vt* to sell cheaply.
baratería *nf (Com)* swindle.
baratija *nf (objeto)* trinket; *(Com)* cheap novelty; *(fig)* trifle; **~s** *(Com)* cheap goods; *(pey)* trash *sg*, junk *sg*.
baratillo *nm* **(a)** *(artículos)* secondhand goods; *(gangos)* cheap goods. **(b)** *(tienda)* secondhand shop, junk shop.
barato 1 *adj (gen)* cheap; *(económico)* inexpensive; **dar algo de ~** *(fig)* to concede sth (for the sake of argument). **2** *adv* cheap, cheaply. **3** *nm (venta)* bargain sale.
baratura *nf (gen)* cheapness; *(artículo)* bargain.
baraúnda *nf* = **barahúnda.**
barba 1 *nf* **(a)** *(mentón)* chin. **(b)** *(pelo)* beard; **tener ~** *(LAm)* to be unshaven; **~ cerrada** *o* **bien poblada** thick beard; **~ de chivo** goatee; **a ~ regalada** abundantly, fully; **hacer algo en las ~s de** to do sth under the very nose of; **colgar ~s al santo** to give sb his due; **echar algo a las ~s de uno** to throw sth (back) in sb's face; **hacer la ~** to (have a) shave; **hacer la ~ a uno** *(lit)* to shave sb; *(molestar)* to pester *o* annoy sb; *(fig: adular)* to fawn on sb; **llevar ~** to have a beard; **mentir por la ~** to tell a barefaced lie; **reírse en las ~s de uno** to laugh in sb's face; **subirse a las ~s de uno** to be disrespectful to sb; **tener pocas ~s** to be young, be inexperienced. **(c)** *(Orn)* wattle. **(d)** *(Bot)* beard.
2 *nm (Teat)* character actor.
barbacoa *nf* **(a)** *(gen)* barbecue; *(CAm, Méx, Ven)* barbecued meat. **(b)** *(LAm)* makeshift bed, litter.
barbado 1 *adj* bearded, with a beard. **2** *nm* **(a)** man with a beard. **(b)** *(Bot)* cutting; **plantar de ~** to transplant, plant out.
barbar [1a] *vi* **(a)** to grow a beard. **(b)** *(Bot)* to strike root.
barbárico *adj* barbaric.
barbaridad *nf* **(a)** *(gen)* barbarity; *(barbarie)* barbarism; *(una ~)* atrocity, outrage; **es capaz de hacer cualquier ~** he's capable of anything, he will stop at nothing. **(b)** *(fig)* **¡qué ~!** how awful!; **~es** *(fam: dichos, hechos)* terrible things; **hablar ~es de uno** to tear strips off sb *(fam)*. **(c) una ~ de** *(fam)* loads *(fam) o* tons *(fam)* of; **había una ~ de gente** there were lots of people; **comimos una ~** we ate loads *(fam) o* tons *(fam)*; **cuesta una ~** it costs a fortune. **(d) una ~** *(fam: como adv)* a lot, lots; **nos gustó una ~** we liked it a lot; **nos divertimos una ~** we had a great time *(fam)*; **sabe una ~** he knows a lot.
barbarie *nf* **(a)** *(cualidad)* barbarism. **(b)** *(crueldad)* barbarity, cruelty.
barbarismo *nm* **(a)** *(Ling)* barbarism. **(b)** = **barbarie.**
bárbaro/a 1 *adj* **(a)** *(Hist)* barbarian. **(b)** *(fig: cruel)* barbarous, cruel; *(grosero)* rough, uncouth; *(inculto)* ignorant. **(c)** *(fam)* tremendous *(fam)*, smashing *(fam)*; **¡qué ~!** how marvellous!, terrific!; **un éxito ~** a tremendous success; **hace un frío ~** it's freezing *(fam)*. **2** *adv (fam)* marvellously; **lo pasamos ~** we had a tremendous time; **ella canta ~** she's a terrific singer. **3** *nm/f* **(a)** *(Hist)* barbarian. **(b)** *(inculto)* uncouth person.
barbarote *nm (fam)* brute, savage.
barbear [1a] *vt (LAm)* **(a)** to shave. **(b)** *(CAm, Méx: lisonjear)* to fawn on, flatter. **(c)** *(ganado)* to throw, fell. **(d)** *(alcanzar)* to come up to, be as tall as.
barbechar [1a] *vt* **(a)** *(dejar en barbecho)* to leave fallow. **(b)** *(arar)* to plough for sowing.
barbecho *nm* **(a)** *(terreno)* fallow land; **estar en ~** *(RPl fig)* to be in preparation; **firmar como en un ~** to sign a blank cheque. **(b)** *(preparación)* preparation for sowing.
barbería *nf* **(a)** *(tienda)* barber's (shop). **(b)** *(oficio)* hairdressing.
barbero *nm* **(a)** barber, hairdresser. **(b)** *(Guatemala, Méx)* flatterer.
barbicano *adj* white-bearded.
barbijo *nm (RPl)* **(a)** *(correa)* chinstrap; *(pañuelo)* headscarf. **(b)** *(cicatriz)* scar.
barbilampiño 1 *adj* **(a)** *(sin barba)* beardless; *(cara de niño)* baby-faced. **(b)** *(inexperto)* inexperienced. **2** *nm (fig)* novice, greenhorn.
barbilla *nf* (tip of the) chin.
barbitúrico *adj, nm* barbiturate.
barbo *nm*: **~ de mar** red mullet.
barbot(e)ar [1a] *vt* to mutter, mumble.
barboteo *nm* muttering, mumbling.
barbudo 1 *adj* bearded. **2** *nm (Cu Pol)* **los ~s** the guerrillas.
barbulla *nf* clamour, hubbub.
barbullar [1a] *vi* to jabber away, talk noisily.
barca *nf* (small) boat; **~ de pasaje** ferry; **~ pesquera** fishing boat.
barcada *nf* **(a)** *(carga)* boatload. **(b)** *(viaje)* boat trip.
barcaza *nf* barge; **~ de desembarco** *(Mil)* landing craft.
barcelonés/esa 1 *adj* of Barcelona. **2** *nm/f* native *o* inhabitant of Barcelona.
barco *nm (gen)* boat; *(navío)* ship; *(Com etc)* vessel; **~ almirante** flagship; **~ de carga** cargo boat; **~ cisterna** tanker; **~ de guerra** warship; **~ náufrago** wreck; **~ de vela** sailing ship; **ir en ~** to go by boat *o* ship.
barchilón/ona *nm/f (LAm: enfermero)* nurse; *(RPl: charlatán)* quack doctor.
bardana *nf* burdock.

bardar [1a] *vt* to thatch.
bardino *adj* reddish-grey.
baremo *nm* ready reckoner.
barillero *nm (Méx)* hawker, street vendor.
bario *nm* barium.
barítono *nm* baritone.
barlovento *nm* windward; **a ~** to windward; **de ~** windward *(atr)*.
barman *nm, pl* **barmans** barman, bartender.
barniz *nm* **(a)** *(gen)* varnish; *(Aer)* dope; *(para cerámica)* glaze; **~ para las uñas** nail varnish *o* polish; **dar de ~ a** to varnish. **(b)** *(fig)* veneer.
barnizado *nm* varnishing.
barnizar [1f] *vt (gen)* to varnish; *(cerámica)* to glaze; *(fig)* to put a gloss on.
barómetro *nm* barometer.
barón/onesa *nm/f* baron/baroness.
baronía *nf* barony.
barquero *nm (gen)* boatman; *(de embarcadero)* ferryman.
barquilla *nf* **(a)** *(Aer: cesta)* basket; *(: de dirigible)* gondola, car. **(b)** *(Náut)* log. **(c)** *(LAm)* = **barquillo.**
barquillo *nm* ice-cream cornet, cone.
barquinazo *nm (gen)* bump, jolt; *(vuelco)* overturning.
barra[1] *nf* **(a)** *(gen)* bar; *(Mec)* rod; *(pan)* stick, long loaf; *(de jabón)* cake; **beber en la ~** to drink at the bar; **(la bandera de) las ~s y estrellas** the Stars and Stripes; **~ de labios** lipstick; **~ de cortina** curtain rod; **a ~s derechas** honestly; **no pararse en ~s** to stick at nothing. **(b)** *(Náut)* bar, sandbank. **(c)** *(Jur)* bar, rail; *(: banquillo)* dock; **llevar a uno a la ~** to bring sb to justice. **(d)** *(LAm: hincha)* fans *pl*. **(e)** *(RPl: pandilla)* gang. **(f)** *(Mús)* bar.
barra[2] *nf (LAm)* the Bar, the legal profession.
barrabasada *nf* (piece of) mischief.
barraca[1] *nf* **(a)** *(gen)* hut, cabin; *(en Valencia)* thatched farmhouse. **(b)** *(en feria)* booth, stall; **~ de tiro al blanco** shooting gallery. **(c)** *(LAm: depósito)* large storage shed.
barraca[2] *nf (LAm Mil)* barracks.
barracón *nm* **(a)** *(caseta)* big hut; *(Cu)* farmworkers' dormitory. **(b)** *(en feria)* sideshow; **~ de espejos** *o* **de la risa** hall of mirrors.
barragana *nf* concubine.
barranca *nf* gully, ravine.
barranco *nm* **(a)** gully, ravine. **(b)** *(LAm: escarpado)* cliff. **(c)** *(fig)* difficulty, obstacle.
barr(e)ar [1a] *vt* to barricade.
barrecalles *nm inv* street-sweeping machine.
barredera *nf* street-cleaning lorry; **~ de alfombras** carpet sweeper.
barredura *nf* **(a)** sweep, sweeping. **(b) ~s** *(gen)* sweepings; *(basura)* rubbish, refuse.
barreminas *nm inv* minesweeper.
barrena *nf* **(a)** *(taladro)* drill, bit; **~ de guía** centre bit; **~ de mano** *o* **pequeña** gimlet. **(b)** *(Aer)* **entrar en ~** to go into a spin.
barrenar [1a] *vt* **(a)** *(taladrar)* to drill, bore; *(volar)* to blast. **(b)** *(fig: frustrar)* to foil, frustrate; *(Jur)* to infringe.
barrendero/a *nm/f* street-sweeper.
barreno *nm* **(a)** *(perforación)* borehole; *(Min)* blasthole; **dar ~ a un barco** to scuttle a ship. **(b)** *(fig)* vanity, pride. **(c)** *(LAm: manía)* mania, pet idea.
barreño *nm* washing-up bowl.
barrer [2a] **1** *vt* **(a)** *(gen)* to sweep; *(suelo)* to sweep (clean); *(cuarto)* to sweep out. **(b)** *(Mil, Náut)* to sweep, rake (with gunfire). **(c)** *(fig)* to sweep aside *o* away; *(LAm: vencer)* to beat, overwhelm; **~ con todo** to make a clean sweep. **2** *vi* **(a)** to sweep up. **(b)** *(fig)* **~ para** *o* **hacia dentro** to look after number one.
barrera[1] *nf* **(a)** *(gen)* barrier; *(Mil etc)* barricade; *(Aut etc)* roadblock; *(Ferro)* crossing gate; *(fila)* first row; **~ coralina** coral reef; **~ de peaje** tollgate, turnpike; **~ racial** colour bar; **~ del sonido** sound barrier. **(b)** *(Mil)* **~ de fuego** barrage. **(c)** *(fig)* barrier, obstacle; **poner ~s a** to hinder, obstruct.
barrera[2] *nf* claypit.
barrero *nm (gen)* muddy ground; *(LAm)* salt soil.
barriada *nf* quarter, district; *(LAm)* slum, shanty town.
barrica *nf* large barrel.
barricada *nf* barricade.
barrida *nf (LAm)* sweep, raid (by the police).
barrido *nm* sweep, sweeping; **vale tanto para un ~ como para un fregado** he can turn his hand to anything.
barriga *nf* **(a)** *(gen)* belly; *(panza)* paunch; *(vientre)* guts; **echar ~** to get middle age spread; **llenarse la ~** to stuff o.s. **(b)** *(comba)* bulge.
barrigón *adj*, **barrigudo** *adj* fat, potbellied.
barriguera *nf* (horse's) girth.
barril *nm (gen)* barrel; *(para cerveza etc)* keg; **cerveza de ~** draught beer.
barrilería *nf* cooperage.
barrilero *nm* cooper.
barrilete *nm* **(a)** keg, cask. **(b)** *(Téc)* clamp. **(c)** *(revólver)* chamber. **(d)** *(Méx Jur)* junior barrister.
barrio *nm* district, area (of a town), *(US)* neighborhood; **~s bajos** poor quarter; **~ comercial** *(negocios)* business quarter; *(tiendas)* shopping district; **~ gótico** Gothic quarter; **~ de mala fama** *o (LAm)* **de tolerancia** red-light district.
barrizal *nm* mire.
barro *nm* **(a)** *(gen)* mud. **(b)** *(masa)* potter's clay; **vasija de ~** earthenware vessel. **(c)** *(loza)* earthenware; **~s** earthenware, crockery. **(d)** *(RPl)* **hacer un ~** to drop a clanger. **(e)** *(Anat)* pimple.
barroco 1 *adj (Arquit etc)* baroque; *(Lit)* mannered; *(fig)* elaborate. **2** *nm* baroque (style); *(periodo)* baroque period.
barroquismo *nm* baroque (style); *(fig)* excess.
barroso *adj* **(a)** *(gen)* muddy. **(b)** *(color)* mud-coloured; *(ganado)* reddish. **(c)** *(Anat)* pimply.
barrote *nm* thick bar.
barruntar [1a] *vt (adivinar)* to guess, conjecture; *(sospechar)* to suspect.
barrunto *nm (adivinanza)* guess, conjecture; *(indicio)* sign, indication; *(sospecha)* suspicion.
bartola *nf*: **echarse** *o* **tenderse** *o* **tumbarse a la ~** to be lazy, take it easy.
bartolina *nf (CAm, Méx)* jail.
bártulos *nmpl* things, belongings; *(Téc)* tools; **liar los ~** to pack up one's belongings.
barullento *adj (RPl)* noisy, rowdy.
barullo *nm* **(a)** row, uproar, din. **(b) a ~** in abundance, in great quantities.
basa *nf* **(a)** *(Arquit)* base (of a column). **(b)** *(fig: fundamento)* basis, foundation.
basalto *nm* basalt.
basamento *nm* base.
basar [1a] **1** *vt (gen)* to base (*sobre* on). **2 basarse** *vr* **(a) ~ en** *(tener como base)* to be based on, rest on. **(b) ~ en** *(partir de)* to base o.s. on, rely on.
basca *nf* **(a)** *(Med: esp* **~s***)* nausea, sick feeling; **dar ~s a uno** to turn sb's stomach; **le entraron ~s, tuvo una ~** he felt nauseated *o* sick. **(b)** *(fig)* fit of rage, tantrum.
bascosidad *nf (mugre)* filth, dirt; *(asco)* nausea,

squeamishness.
bascoso *adj (delicado)* squeamish, easily upset; *(Med)* queasy; *(LAm: que da asco)* nauseating, sick-making *(fam)*; *(: obsceno)* obscene.
báscula *nf* (platform) scales, weighing machine; *(para camiones)* weighbridge; ~ **de baño** bathroom scales.
basculante *nm* tipper, dumper.
báscula-puente *nf* weighbridge.
bascular [1a] *vi (inclinarse)* to tilt, tip up; *(Pol etc)* to swing.
base *nf* **(a)** *(gen)* base; *(Pol)* rank and file; **de** ~ grass roots *(atr)*; ~ **aérea/naval** airforce/naval base. **(b)** *(fig)* basis, foundation; **a** ~ **de** *(basándose en)* on the basis of; *(mediante)* by means of; **a** ~ **de muchos esfuerzos** by *o* after making great efforts; **a** ~ **de bien** in abundance; **partir de la** ~ **de que** to take as one's starting point.
básico *adj (gen)* basic; *(fig)* fundamental.
Basilea *nf* Basle.
basílica *nf* basilica, large church.
basilisco *nm (Méx)* iguana; **estar hecho un** ~ to be terribly angry.
basquear [1a] *vi* to be nauseated, feel sick; **hacer** ~ **a uno** to turn sb's stomach.
básquet *nm (LAm: tb* **pelota** ~*)* basketball.
basquiña *nf* skirt.
basta *nf (hilván)* tacking stitch; *(colchón)* quilting.
bastante 1 *adj (gen)* enough, sufficient *(para* for; *para hacer algo* to do sth); *(LAm: mucho)* (quite) a lot of; *(: muchos)* quite a few; **hay** ~ **gente** there are quite a lot of people. **2** *adv* **(a)** enough, sufficiently; ~ **grande** big enough, sufficiently large; **es** ~ **alto (como) para alcanzarlo** he's tall enough to reach it. **(b)** ~ **bueno** fairly *o* quite good. **(c)** *(LAm)* very; **es un hombre** ~ **rico** he's a pretty rich man.
bastar [1a] **1** *vt, vi* to be enough, be sufficient, suffice; **¡basta!** that's enough!, that will do!; **¡basta ya!** that's quite enough of that!; **basta decir que ...** suffice it to say that ...; **nos basta saber que ...** it is enough for us to know that ...; ~ **a** *o* **para hacer algo** to be enough *o* sufficient to do sth. **2 bastarse** *vr:* ~ **a sí mismo** to be self-sufficient.
bastardear [1a] **1** *vt* to debase, adulterate. **2** *vi* to degenerate.
bastardía *nf* **(a)** *(calidad)* bastardy. **(b)** *(fig: bajeza)* meanness, baseness.
bastardilla *nf (Tip)* italic type, italics; **en** ~ in italics; **poner en** ~ to italicize.
bastardo/a 1 *adj* **(a)** *(gen)* bastard. **(b)** *(mezquino)* mean, base. **(c)** *(híbrido)* hybrid, mixed. **2** *nm/f* bastard.
bastear [1a] *vt* to tack, baste.
bastidor *nm* **(a)** *(gen)* frame, framework; *(de ventana)* sash; *(Arte)* stretcher; *(Aut)* chassis; *(LAm: celosía)* lattice window. **(b)** *(Teat)* wing; **entre** ~**es** behind the scenes; **dirigirlo entre** ~**es** to pull the strings.
bastilla *nf* hem.
bastimento *nm* **(a)** supply (of provisions). **(b)** *(Náut)* vessel.
bastión *nm* bastion.
basto 1 *adj* coarse; *(grosero)* rude, vulgar. **2** *nm* **(a)** *(Naipes)* ace of clubs; ~**s** clubs. **(b)** *(LAm)* pack-saddle.
bastón *nm (gen)* walking stick; *(de policía)* truncheon; *(Mil etc)* baton; *(fig: control)* control, command; ~ **de mando** baton, sign of authority; **empuñar el** ~ to take command; **meter el** ~ to intervene.
bastonazo *nm* blow with a stick.
bastonera *nf* umbrella-stand.
basura *nf* **(a)** *(gen)* rubbish, *(US)* garbage; *(Agr)* dung, manure; **cubo de** ~ *(en calle)* litter bin, *(US)* trash can; *(en casa)* dustbin, *(US)* trash can; **recolecta de** ~ refuse *o (US)* garbage collection. **(b)** *(fig)* trash, rubbish.
basural *nm (LAm)* rubbish dump.
basurero *nm* **(a)** *(persona)* dustman, *(US)* garbage man. **(b)** *(basural)* rubbish dump. **(c)** *(LAm: balde)* litter bin, *(US)* trash can.
basuriento *adj (LAm)* dirty, full of rubbish.
bata *nf (gen)* dressing gown; *(de playa etc)* wrap; *(cubretodo)* smock; *(Med, Téc etc)* white *o* lab(oratory) coat.
batacazo *nm (gen)* bump; *(porrazo)* thump.
batahola *nf (fam)* din, rumpus *(fam)*.
batalla *nf* **(a)** *(gen)* battle; *(fig: lucha)* fight, struggle; **librar** ~ to do battle; **trabar** ~ to join battle. **(b)** *(Aut etc)* wheelbase.
batallador 1 *adj* battling, fighting. **2** *nm* battler, fighter; *(Dep)* fencer.
batallar [1a] *vi* **(a)** *(luchar)* to battle, fight *(con* with, against, *por* about, over); *(Dep)* to fence. **(b)** *(fig: vacilar)* to waver, vacillate.
batallón *nm* battalion.
batanar [1a] *vt* **(a)** *(Téc)* to full. **(b)** *(fam)* to beat, thrash.
batanear [1a] *vt* = **batanar (b).**
batata *nf* **(a)** *(LAm Bot)* sweet potato, yam. **(b)** *(RPl)* bashfulness, embarrassment.
batatazo *nm (fam: suerte)* stroke of luck, fluke.
batayola *nf (Náut)* rail.
bate *nm (esp LAm)* (baseball) bat.
batea *nf* **(a)** *(gen)* tray; *(Min)* washing pan. **(b)** *(Ferro)* flat car, low wagon. **(c)** *(Náut)* flat-bottomed boat, punt.
bateador *nm (LAm)* batter.
batear [1a] **1** *vt (LAm)* to hit. **2** *vi (LAm)* to bat.
batel *nm* small boat, skiff.
batelón *nm (LAm)* canoe.
batería *nf* **(a)** *(gen)* battery; *(Teat)* footlights; *(Mús)* drums; *(: de orquesta)* percussion instruments; ~ **de cocina** kitchen utensils, pots and pans; ~ **seca** dry battery. **(b)** *(LAm Béisbol)* hit, stroke. **(c)** *(Méx)* **dar** ~ to raise a rumpus.
batey *nm (Cu)* sugar refinery's outbuildings.
batiburrillo *nm* hotchpotch.
baticola *nf (LAm: taparrabo)* loincloth; *(: pañal)* nappy, *(US)* diaper.
batida *nf* **(a)** *(Caza)* beating; *(Mil)* reconnaissance; *(LAm: de policía)* raid (by the police). **(b)** *(LAm: tb* **leche** ~*)* milk shake.
batido 1 *pp de* **batir. 2** *adj* **(a)** *(camino)* well-trodden, beaten. **(b)** *(seda)* shot. **3** *nm (Culin)* batter; ~ **(de leche)** milk shake.
batidor *nm* **(a)** *(Caza)* beater; *(Mil)* scout. **(b)** *(peine)* comb. **(c)** *(Culin)* whisk, mixer.
batidora *nf (Culin: de mano)* whisk; *(: mecánico)* mixer; *(Téc)* beater; ~ **eléctrica** food mixer, blender.
batifondo *nm (RPl)* uproar, tumult.
batín *nm* (man's) dressing gown.
batintín *nm* gong.
batir [3a] **1** *vt* **(a)** *(gen)* to beat; *(martillear)* to hammer, pound (on); *(moneda)* to mint; *(alas)* to flap; *(palmas)* to clap. **(b)** *(demoler)* to knock down; *(Mil)* to batter down. **(c)** *(suj: olas)* to beat on, dash against; *(: sol)* to beat down on. **(d)** *(Culin)* to beat, whisk. **(e)** *(Mil: reconocer)* to reconnoitre; *(: derrotar)* to defeat. **(f)** *(LAm: enjuagar)* to rinse (out). **2** *vi (Med)* to beat violently. **3 batirse** *vr* to fight, have a fight; ~ **con uno** to fight sb; ~ **en duelo** to fight a duel.

batista *nf* cambric, batiste.
bato *nm* yokel *(fam)*, *(US)* hick *(fam)*.
batuque *nm (RPl)* uproar.
batuquear [1a] *vt (LAm)* to shake (up).
baturrillo *nm* hotchpotch.
baturro/a 1 *adj (rudo)* uncouth, rough. **2** *nm/f* Aragonese peasant.
batuta *nf (Mús)* baton; **llevar la ~** *(fig)* to be the boss, be firmly in command.
batzoki *nm (vasco)* political party headquarters.
baúl *nm* **(a)** trunk; **~ armario** *o* **ropero** wardrobe trunk; **~ camarote** cabin trunk; **~ de viaje** portmanteau. **(b)** *(Aut)* boot, *(US)* trunk. **(c)** *(fam)* spare tyre *(fam)*.
bausa *nf (LAm: pereza)* laziness, idleness.
bausán *nm* loafer *(fam)*, skiver *(fam)*.
bautismal *adj* baptismal.
bautismo *nm* **(a)** baptism, christening; **~ de fuego** baptism of fire. **(b) romper el ~ a uno** *(fam)* to kick sb's head in *(fam)*.
Bautista *adj, nm/f* Baptist; **San Juan ~** St John the Baptist.
bautizar [1f] *vt* **(a)** *(Rel)* to baptise, christen. **(b)** *(fig)* to christen, name; *(dar apodo)* to nickname, dub. **(c)** *(diluir)* to water, dilute.
bautizo *nm* baptism, christening.
bauxita *nf* bauxite.
bávaro/a *adj, nm/f* Bavarian.
Baviera *nf* Bavaria.
baya *nf* berry.
bayeta *nf* **(a)** *(tela)* flannel; *(: verde)* baize. **(b)** *(trapo)* floorcloth, cleaning rag. **(c)** *(LAm: pañal)* nappy, *(US)* diaper.
bayetón *nm* thick flannel.
bayo 1 *adj* bay. **2** *nm* **(a)** *(caballo)* bay (horse). **(b)** *(Méx)* bean.
bayoneta *nf* bayonet; **~s caladas** fixed bayonets.
baza *nf* **(a)** *(Naipes)* trick; **hacer 3 ~s** to make 3 tricks. **(b)** *(fig)* **hacer ~** to get on; **meter ~** to butt in; **meter ~ en** to interfere in.
bazar *nm (mercado)* bazaar; *(RPl)* hardware store; *(Méx)* secondhand shop.
bazo 1 *adj* yellowish-brown. **2** *nm (Anat)* spleen.
bazofia *nf* **(a)** left-overs, scraps of food. **(b)** *(fig)* pigswill, *(US)* hogwash.
bazooka *nf*, **bazuca** *nf* bazooka.
bazucar [1g] *vt*, **bazuquear** [1a] *vt* to shake.
be *nf name of the letter B; (LAm)* **~ larga** *o (Méx)* **grande/chica** B/V; **~ por ~** in detail.
beatería *nf* affected piety.
beatificación *nf* beatification.
beatificar [1a] *vt* to beatify.
beatífico *adj* beatific.
beatitud *nf* beatitude.
beato/a 1 *adj* **(a)** *(feliz)* happy. **(b)** *(Rel: beatificado)* blessed. **(c)** *(piadoso)* devout, pious; *(santurrón)* sanctimonious. **2** *nm/f* **(a)** lay brother/sister. **(b)** devout *o* pious person. **(c)** holy Joe *(fam)*.
beba *nf (RPl)* baby girl.
bebé *nm* baby.
bebedero 1 *adj* drinkable, good to drink. **2** *nm* **(a)** *(Agr)* drinking trough. **(b)** *(de jarro)* spout. **(c)** *(Per)* watering hole *(fam)*.
bebedizo 1 *adj* drinkable. **2** *nm (Med)* potion; *(filtro mágico)* love potion, philtre.
bebedor(a) 1 *adj* hard-drinking. **2** *nm/f* hard drinker.
bebendurria *nf* **(a)** *(RPl: juerga)* drinking party. **(b)** *(LAm: borrachera)* drunkenness.
beber 1 *nm* drink, drinking. **2** [2a] *vt, vi (gen)* to drink (up); *(ser bebedor)* to drink; *(fig: absorber)* to drink in, absorb; **~ de** to drink from *o* out of; **~ con la lengua** to lap up; **~ a sorbos/tragos** to sip/gulp; **no bebe alcohol** he doesn't drink, he's a teetotaller; **se lo bebió todo** he drank it all up; **el problema que tiene es que bebe** his problem is that he drinks.
beberaje *nm (RPl)* drink.
bebible *adj* drinkable, good to drink.
bebido/a 1 *pp de* **beber. 2** *adj* drunk. **3 bebida** *nf* **(a)** *(gen)* drink, beverage. **(b)** *(alcohólico)* (alcoholic) drink; **~a alcohólica** alcoholic drink, liquor; **dado a la ~a** hard-drinking; **darse a la ~a** to take to drink.
beca *nf* scholarship, grant.
becado/a *nm/f (LAm)*, **becario/a** *nm/f* scholarship holder.
becerrillo *nm* calfskin.
becerro *nm* **(a)** *(animal)* yearling calf, bullock; **~ de oro** golden calf. **(b)** *(piel)* calfskin.
becuadro *nm (Mús)* natural sign.
beduino/a *adj, nm/f* Bedouin.
befa *nf* jeer, taunt.
befar [1a] *vt* to jeer at, taunt.
befo 1 *adj* **(a)** *(gen)* thick-lipped. **(b)** *(zambo)* knock-kneed. **2** *nm (labio)* lip.
begonia *nf* begonia.
beige [beis] *adj, nm* beige.
béisbol *nm* baseball.
beisbolero *nm*, **beisbolista** *nm (LAm)* baseball player.
bejuco *nm* **(a)** *(LAm: caña)* reed, cane; *(: Bot)* liana; **no sacar ~** *(Ven)* to fail to get what one wanted. **(b)** *(LAm: fuete)* whip.
bejuquear [1a] *vt (LAm: zurrar)* to beat, thrash.
beldad *nf (cualidad, mujer)* beauty.
beldar [1k] *vt* to winnow (with a fork).
Belén *nf* Bethlehem.
belén *nm* **(a)** *(de Navidad)* nativity scene, crib. **(b)** *(fig: confusión)* bedlam; *(lugar)* madhouse; **meterse en ~es** *(LAm)* to get involved in other people's troubles.
belfo *adj, nm* = **befo.**
belga *adj, nmf* Belgian.
Bélgica *nf* Belgium.
belicista 1 *adj* warmongering, belligerent. **2** *nmf* warmonger.
bélico *adj* **(a)** *(actitud)* warlike. **(b)** *(material etc)* war *(atr)*.
belicoso *adj (guerrero)* warlike; *(agresivo)* bellicose, aggressive.
beligerancia *nf (Mil)* belligerency; *(agresividad)* militancy.
beligerante *adj, nmf* belligerent; **no ~** nonbelligerent.
belitre *nm* rogue, scoundrel.
bellaco 1 *adj (gen: malo)* wicked; *(astuto)* cunning, sly. **2** *nm* scoundrel, rogue; *(LAm: caballo)* untamed horse.
belladona *nf* deadly nightshade.
bellaquear [1a] *vi* **(a)** *(engañar)* to cheat, be crooked. **(b)** *(LAm: caballo)* to shy; *(fig: ser terco)* to dig one's heels in.
bellaquería *nf* **(a)** *(acto)* dirty trick. **(b)** *(astucia)* cunning, slyness.
belleza *nf* **(a)** beauty, loveliness. **(b)** *(una ~)* beauty, beautiful woman; **es una ~ de mujer** she's a beautiful woman. **(c) de ~** beauty *(atr)*; **concurso de ~** beauty competition.
bello *adj (gen)* beautiful, lovely; **es una ~ a persona** he's a wonderful person; **B~as Artes** Fine Art.
bellota *nf (Bot)* acorn.
bembo *adj (LAm)* thick-lipped; *(Méx fam)* stupid, thick *(fam)*.

bemol *nm (Mús)* flat; **esto tiene muchos** *o* **tres ~es** *(fam)* this is a tough one.
bencedrina *nf* Benzedrine ®.
benceno *nm* benzene.
bencina *nf* benzine; *(Chi)* petrol, *(US)* gasoline.
bendecir [*aprox* 3p] *vt (gen)* to bless; *(consagrar)* to consecrate; *(loar)* to praise; **~ la comida** *o* **la mesa** to say grace.
bendición *nf* **(a)** *(gen)* blessing, benediction; **~ de la mesa** grace; **~es nupciales** wedding ceremony; **echar la ~** to give one's blessing (*a* to); **será mejor echar la ~ a eso** *(fam)* it will be best to have nothing more to do with it. **(b) lo hace que es una ~** he does it splendidly.
bendito/a 1 *adj* **(a)** *(gen)* blessed; *(santo)* saintly; *(agua)* holy. **(b)** *(fig)* blessed. **(c)** *(dichoso)* happy; *(afortunado)* lucky. **(d)** *(de pocas luces)* simple, simple-minded. **(e)** *(locuciones)* **¡~ sea Dios!** thank goodness!; **como pan ~** like hot cakes. **2** *nm/f* **(a)** *(santo)* saint. **(b)** *(bobo)* simpleton, simple soul; **es un ~** he's sweet; **dormir como un ~** to sleep like a log.
benedictino *adj, nm* Benedictine; **es obra de ~s** it's a huge task.
beneficencia *nf* **(a)** *(virtud)* doing good. **(b)** *(tb* **sociedad de ~***)* charity, charitable organization.
beneficiar [1b] **1** *vt* **(a)** *(gen)* to benefit, be of benefit to. **(b)** *(RPl: tierra)* to cultivate; *(Min: explotar)* to exploit, work; *(: mineral)* to process, treat. **(c)** *(Com)* to sell at a discount. **(d)** *(fam: empleo)* to buy one's way into. **2** *vi* to be of benefit. **3 beneficiarse** *vr* to benefit, profit.
beneficiario/a *nm/f* beneficiary; *(de cheque etc)* payee.
beneficio *nm* **(a)** *(gen)* benefit; **a ~ de** for the benefit of; **en ~ propio** to one's own advantage. **(b)** *(donación)* benefaction. **(c)** *(Teat)* benefit (performance). **(d)** *(Rel)* living, benefice. **(e)** *(Com, Fin)* profit; **~ bruto/neto** gross/net profit. **(f)** *(Agr)* cultivation; *(Min)* exploitation; *(: tratamiento)* processing, treatment. **(g)** *(LAm: de ganado)* slaughter(ing).
beneficioso *adj (gen)* beneficial; *(Com)* profitable.
benéfico *adj (gen)* charitable; *(fig)* beneficial; **sociedad ~a** charity (organization).
benemérito *adj* **(a)** worthy, meritorious. **(b) un ~ de la patria** a national hero; **la B~a** the Civil Guard.
beneplácito *nm* approval, consent; **dar su ~** to give one's blessing *o* consent.
benevolencia *nf* benevolence, kindness.
benevolente *adj,* **benévolo** *adj* benevolent, kind.
bengala *nf (Mil etc)* flare; *(fuego)* Bengal light; *(Bot)* rattan.
benignidad *nf (de individuos)* kindness; *(Met, Med etc)* mildness.
benigno *adj (individuos)* kind, gentle; *(clima)* mild; *(Med: tumor)* benign, non-malignant.
benjamín *nm* baby of the family, youngest child.
beodez *nf* drunkenness.
beodo/a 1 *adj* drunk. **2** *nm/f* drunk *(fam)*, drunkard.
berbén *nm (Méx)* scurvy.
berberecho *nm* cockle.
berbiquí *nm* carpenter's brace; **~ y barrena** brace and bit.
berengo *nm (Méx)* idiot.
berenjena *nf* aubergine, eggplant.
berenjenal *nm* **(a)** aubergine bed. **(b)** *(fig)* mess, trouble; **en buen ~ nos hemos metido** we've got ourselves into a fine mess.
bergante *nm* scoundrel, rascal.
bergantín *nm* brig.
beriberi *nm (LAm Med)* beriberi (fever).
berilo *nm (Min)* beryl.
Berlín *nf* Berlin.
bermejo *adj* reddish, ginger; *(Cu, Méx: ganado)* light brown.
bermellón *nm* vermilion.
Bermudas *nfpl (tb* **Islas Bermuda***)* Bermuda.
berrear [1a] *vi (Zool)* to bellow; *(niño)* to howl, bawl.
berrenchín *nm* = **berrinche.**
berrido *nm (Zool)* lowing; *(de niño)* howl; **~s** bawling *sg*.
berrinche *nm (fam)* rage, tantrum *(fam)*.
berrinchudo *adj (de mal carácter)* cross, bad-tempered.
berro *nm* watercress.
berza *nf* cabbage; **~ lombarda** red cabbage.
berzal *nm* cabbage patch.
besamanos *nm inv (Hist)* royal audience; *(fig)* forelock-touching.
besar [1a] **1** *vt* **(a)** to kiss; **~ la mano** *(fig)* to pay one's humble respects (*a* to). **(b)** *(fig)* to graze, touch. **2 besarse** *vr* **(a)** to kiss (one another). **(b)** *(fig)* to bump heads.
beso *nm* **(a)** *(gen)* kiss; **dar un ~ volado a, echar** *o* **tirar un ~ a** to blow a kiss to. **(b)** *(choque)* bump, collision.
bestia 1 *nf (Zool)* beast, animal; **~ de carga** beast of burden. **2** *nmf* idiot, *(US)* jerk; **¡~!** you brute!; **¡no seas ~!** don't be an idiot! **3** *adj (fam: tonto)* stupid; **Juan es muy ~** John is pretty thick *(fam)*.
bestial *adj* **(a)** beastly, bestial. **(b)** *(fam)* terrific.
bestialidad *nf* **(a)** *(cualidad)* beastliness, bestiality. **(b)** *(fig)* (piece of) stupidity.
besugo *nm* **(a)** sea bream; **ojos de ~** bulging eyes. **(b)** *(fam)* idiot.
besuguera *nf (Culin)* fish pan.
besuquear [1a] **1** *vt* to cover with kisses. **2 besuquearse** *vr* to kiss (each other) a lot; *(fam)* to neck *(fam)*.
besuqueo *nm* necking *(fam)*.
betabel *nm (Méx),* **betarraga** *nf,* **betarrata** *nf* beetroot.
betel *nm* betel.
betún *nm* **(a)** *(para zapatos)* shoe polish; **dar de ~ a** to polish; **darse ~** *(fam)* to show off. **(b)** *(Quím)* bitumen.
bi... *pref* bi... .
biaba *nf (RPl)* punch; **dar la ~ a** *(golpear)* to beat up; *(derrotar)* to defeat, crush.
biberón *nm* feeding *o* baby's bottle.
Biblia *nf* Bible; **la Santa ~** the Holy Bible; **saber la ~** *(fig)* to know everything.
bíblico *adj* biblical.
bibliófilo *nm* bibliophile.
bibliografía *nf* bibliography.
bibliográfico *adj* bibliographic(al).
bibliógrafo/a *nm/f* bibliographer.
biblioteca *nf* **(a)** *(gen)* library; **~ circulante/pública/de consulta** lending/public/reference library. **(b)** *(estantes)* bookcase, bookshelves.
bibiotecario/a *nm/f* librarian.
bicarbonato *nm:* **~ sódico** *o* **de sosa** bicarbonate of soda.
bicentenario *nm* bicentenary.
bíceps *nm inv* biceps.
bici *nf (fam)* bike *(fam)*.
bicicleta *nf* bicycle, cycle; **montar** *o* **ir en ~** to cycle; **(saber) montar en ~** to be able to ride a bike.
bicoca *nf* **(a)** *(nimiedad)* trifle, mere nothing; *(Sp*

fam) cushy job *(fam)*. **(b)** *(LAm: de cura)* biretta. **(c)** *(LAm: bofetada)* slap, punch on the head.
bicolor *adj* two-colour; *(Aut)* two-tone.
biche 1 *adj (Arg)* weak; *(Colombia)* stunted, immature. **2** *nm (Per)* large cooking pot.
bichear [1a] *vt (RPl: gen)* to observe, watch closely; *(: espiar)* to spy on.
bichería *nm (LAm)* insects, bugs.
bichero *nm* boat hook.
bicho *nm* **(a)** *(Zool etc)* small animal; *(insecto)* bug, creepy-crawly *(fam)*; *(Cu, RPl)* maggot, grub; *(Taur)* bull; **~s** vermin, pests. **(b) ~ raro** *(fam)* queer fish *(fam)*, oddball *(fam)*; **es un mal ~** he's a nasty piece of work. **(c)** *(CAm, Méx: fam!)* prick *(fam!)*.
bichoco *adj (LAm)* old, useless; *(Méx)* toothless.
bidé *nm*, **bidet** [bi'ðe] *nm* bidet.
bidel *nm (LAm)* small bathtub.
bidón *nm (grande)* drum; *(pequeño)* can.
biela *nf* connecting rod.
bien 1 *adv* **(a)** *(gen)* well; *(correctamente)* properly, right; *(con éxito)* successfully; **hablas ~ (el español)** you speak (Spanish) well; **hacer algo ~** to do sth well *o* properly; **contestar ~** to answer correctly; **estar ~ de salud/dinero** to be well/ well off; **lo sé muy ~** I know that perfectly well; **no veo muy ~** I can't see very well; **~ que mal** one way or another; **de ~ en mejor** better and better; **aquí se está ~** it's nice here; **¿estás ~?** are you all right?; **estar a ~ con uno** to be on good terms with sb; **hacer ~ en preguntar** to be right *o* do well to ask; **tener a ~ hacer algo** to see fit to do sth. **(b)** *(de buena gana)* willingly, readily; **yo ~ iría, pero** ... I'd gladly go, but ... **(c)** *(con adj)* very, quite; **un cuarto ~ caliente** a nice warm room; *(LAm)* a very warm room; **eso es ~ tonto** that's pretty silly; **un coche ~ caro** a very expensive car; **~ temprano** very early. **(d)** *(fácilmente)* easily; **~ se ve que ...** it is easy to see that ...; **~ es verdad que ...** it is of course true that ... . **(e)** *(locuciones)* **~ ... ~ ...** whether ... or ...; **~ por avión, ~ en tren** either by air or by train; **~ se levantó, ~ se sentó** whether he stood up or sat down; **~ así como** just as, just like; **más ~** rather; **más ~ bajo (que alto)** on the short side; **o ~** or else; **pues ~** well, well then. **(f)** *(como interj etc)* **¡~!** all right, O.K.! **¡muy ~!** *(aprobando discurso)* hear hear!; **¡~ hecho!** well done!; **¡hizo muy ~!** and he was quite right too!; **¡muy ~ (por) usted!** good for you!

2 *conj* **(a) ~ que, si ~** although, even though. **(b) no ~ llegó, empezó a llover** no sooner had he arrived than it started to rain.

3 *adj:* **gente de ~** top people, upper class; **de casa ~** well brought up.

4 *nm* **(a)** *(gen)* good; *(provecho)* advantage, benefit; **hombre de ~** honest man; **el ~ público** the common good; **sumo ~** highest good; **en ~ de** for the good *o* benefit of; **hacer algo para el ~ de** to do sth for the well-being of. **(b) mi ~** my dear, my darling. **(c)** *(Com)* **~es** goods; *(propiedad)* property, possessions; *(riqueza)* riches, wealth; **~es de capital/consumo** capital/consumer goods; **~es de consumo duraderos** consumer durables; **~es inmuebles** *o* **raíces** real estate; **~es muebles/públicos** personal/government *o* state property. **(d) decir mil ~es de uno** to speak highly of sb.
bienal *adj* biennial.
bienandanza *nf (dicha)* happiness; *(Com etc)* prosperity.
bienaventurado *adj* **(a)** *(gen)* happy, fortunate; *(Rel)* blessed. **(b)** *(fig: ingenuo)* naïve.
bienaventuranza *nf* **(a)** *(Rel)* (eternal) bliss; **las ~s** the Beatitudes. **(b)** *(fig: dicha)* happiness: *(bienestar)* well-being, prosperity.
bienestar *nm (gen)* well-being, welfare; *(confort)* comfort; **estado de ~** welfare state.
bienhablado *adj* well-spoken.
bienhadado *adj* lucky.
bienhechor(a) 1 *adj* beneficient, generous. **2** *nm/f* benefactor/benefactress.
bienintencionado *adj* well-meaning.
bienio *nm* two-year period; *(Hist)* **el B~ Negro** the Second (Spanish) Republic.
bienoliente *adj* sweet-smelling, fragrant.
bienquerencia *nf* affection.
bienquerer [2u] *vt* to like, be fond of.
bienquistar [1a] **1** *vt* to reconcile. **2 bienquistarse** *vr* to become reconciled, make (it) up.
bienquisto *adj* well-thought-of.
bienvenida *nf* **(a)** *(gen)* welcome; *(saludo)* greeting; **dar la ~ a uno** to welcome sb. **(b)** *(llegada)* safe arrival.
bienvenido *adj, interj:* **¡~!** welcome!; **¡~s a bordo!** welcome on board!
bifásico *adj (Elec)* two-phase.
bife *nm (RPl)* **(a)** (beef)steak. **(b)** *(fig)* slap.
bifocal *adj* bifocal.
biftec *nm* (beef)steak.
bifurcación *nf (de calle: división)* fork; *(: empalme)* junction; *(Comput, Ferro)* branch.
bifurcado *adj* forked.
bifurcarse [1g] *vr* to fork, branch off.
bigamia *nf* bigamy.
bígamo/a 1 *adj* bigamous. **2** *nm/f* bigamist.
bigardear [1a] *vi (fam)* to loaf around.
bigardo *nm* loafer, idler.
bigote *nm (tb* **~s**) moustache; *(Zool)* whiskers; **~s de foca** walrus moustache.
bigotudo *adj* with a big moustache.
bigudí *nm* (hair-)curler.
bikini *nm* **(a)** bikini. **(b)** *(bocadillo)* giant hotdog.
bilateral *adj* bilateral.
bilateralismo *nm* bilateralism.
bilbaíno/a 1 *adj* of Bilbao. **2** *nm/f* native *o* inhabitant of Bilbao.
biliar *adj:* **cálculo ~** gallstone.
bilingüe *adj* bilingual.
bilingüismo *nm* bilingualism.
bilioso *adj* bilious.
bilis *nf (gen)* bile; **descargar la ~** to vent one's spleen (*contra* on).
bilongo *nm (Cu)* evil eye; **tener ~** to bristle with difficulties.
billar *nm* **(a)** *(juego)* billiards; **~ automático** pin table. **(b)** *(mesa)* billiard table. **(c)** *(sala)* billiard hall.
billete *nm* **(a)** *(Sp Ferro etc)* ticket; **~ de abono** season ticket; **~ de ida y vuelta/sencillo** return *o* *(US)* round-trip ticket/single *o* *(US)* one-way ticket; **~ kilométrico** runabout ticket; **medio ~** half fare; **sacar (un) ~** to get a ticket. **(b)** *(Fin)* banknote, *(US)* bill; **un ~ de 5 libras** a five-pound note; **un ~ de 100 dólares** a 100-dollar bill. **(c)** note, short letter; **~ amoroso** love letter.
billetera *nf*, **billetero** *nm* wallet, *(US)* billfold.
billón *nm* billion *(Brit)*, trillion *(US)*.
bimba[1] *nf* top hat.
bimba[2] *nf (Méx: borrachera)* drunkenness.
bimensual *adj* fortnightly.
bimestral *adj* bimonthly, two-monthly.
bimestre *nm (período)* two-month period.
bimotor *nm* twin-engined plane.
binario *adj* binary; *(Mús)* two-four.

bincha *nf (LAm)* hairband.
bingo *nm* bingo.
binóculo *nm (tb* **~s)** binoculars; *(Teat)* opera glasses.
binza *nf (gen)* membrane; *(de cebolla)* skin.
biofísica *nf* biophysics.
biografía *nf* biography, life.
biográfico *adj* biographic(al).
biógrafo/a *nm/f* biographer.
biología *nf* biology.
biológico *adj* biological; **guerra ~a** biological warfare.
biólogo *nm* biologist.
biombo *nm* folding screen.
biopsia *nf* biopsy.
bioquímica *nf* biochemistry.
bioquímico/a 1 *adj* biochemical. **2** *nm/f* biochemist.
biotecnología *nf* biotechnology.
bióxido *nm* dioxide; **~de carbono** carbon dioxide.
bipartido *adj,* **bipartito** *adj* bipartite.
bipartidismo *nm (Pol)* two-party system.
bípedo *nm* biped.
biplano *nm* biplane.
birimbao *nm* jew's-harp.
birlar [1a] *vt* **(a)** *(pegar)* to knock down with one blow. **(b)** *(fam: quitar)* to swindle *o* do *(fam)* out of.
birlibirloque *nm:* **por arte de ~** (as if) by magic.
birlocha *nf* paper kite.
Birmania *nf* Burma.
birmano/a *adj, nm/f* Burmese.
birome *nf (RPl)* propelling pencil.
birreactor *nm* twin-jet (plane).
birreta *nf* biretta, cardinal's hat.
birrete *nm* **(a)** *(Univ)* mortarboard; *(Jur)* judge's cap. **(b)** *(Rel)* = **birreta.**
birria *nf* **(a)** *(fam)* mess; **la casa era una ~** the house was (like) a pigsty *(fam)*; **la novela es una ~** the novel is rubbish. **(b)** *(Méx Culin)* stew. **(c)** *(LAm: manía)* set idea, mania.
bis 1 *adv (dos veces)* twice; *(señas)* **vive en el 24 ~** he lives at 24B. **2** *interj (Teat)* encore! **3** *nm (Teat)* encore.
bisabuelo/a *nm/f* great-grandfather/-grandmother; **~s** great-grandparents.
bisagra *nf* hinge.
bisar [1a] **1** *vt* to give as an encore, repeat. **2** *vi* to give an encore.
bisbisar [1a] *vt* to mutter, mumble.
bisbiseo *nm* muttering, mumbling.
bisecar [1g] *vt* to bisect.
bisel *nm* bevel (edge).
biselar [1a] *vt* to bevel.
bisexual *adj, nmf* bisexual.
bisiesto *adj:* **año ~** leap year.
bisnieto/a *nm/f* great-grandson/-granddaughter; **~s** great-grandchildren.
bisojo *adj* = **bizco.**
bisonte *nm* bison.
bisoñé *nm* toupée.
bisoño 1 *adj (principiante)* green, inexperienced; *(Mil)* raw. **2** *nm (gen)* greenhorn; *(Mil)* raw recruit, rookie *(fam)*.
bisté *nm,* **bistec** *nm* (beef)steak.
bisturí *nm* scalpel.
bisutería *nf* imitation jewellery.
bit *nm (Comput)* bit.
bitongo *adj:* **niño ~** hooray Henry *(fam)*.
bitoque *nm (de barril)* bung, spigot; *(LAm: jeringa)* injection tube; *(RPl, Méx)* tap, *(US)* faucet.
bivalvo *adj, nm* bivalve.
bizantino/a 1 *adj* **(a)** Byzantine. **(b)** *(fig: baldío)* idle, pointless. **2** *nm/f* Byzantine.
bizarría *nf* **(a)** *(gen)* gallantry, bravery. **(b)** *(generosidad)* generosity.
bizarro *adj* **(a)** *(gen)* gallant, brave. **(b)** *(generoso)* generous.
bizcar [1g] **1** *vt (guiñar)* to wink. **2** *vi* to squint, be cross-eyed.
bizco 1 *adj* cross-eyed, squinting; **dejar a uno ~** to leave sb open-mouthed; **ponerse ~** to squint; **quedarse ~** to be flabbergasted. **2** *adv:* **mirar ~** to squint.
bizcochería *nf (Méx)* pastry shop.
bizcocho *nm* **(a)** *(Culin)* sponge cake; *(Náut)* hardtack. **(b)** *(cerámica)* biscuit ware.
bizcornear [1a] *vi (LAm)* to squint.
bizma *nf* poultice.
bizquear [1a] *vi* to squint.
bizquera *nf (LAm)* squint.
blanca *nf* **(a)** white woman; **trato de ~s** white slave trade. **(b)** *(Hist)* copper *o* silver coin; **estar *o* quedarse sin ~** to be broke *(fam)*. **(c)** *(Mús)* minim.
Blancanieves *nf* Snow White.
blanco 1 *adj* **(a)** *(gen)* white; *(tez)* fair; **más ~ que el jazmín *o* la nieve** as white as snow. **(b)** *(página, espacio)* blank.
2 *nm* **(a)** *(gen)* white; **~ de España** whiting; **~ del huevo** white of egg; **calentar al ~** to make white-hot; **poner los ojos en ~** to roll one's eyes; **poner lo ~ negro** to make out that white is black. **(b)** *(hombre)* white man; **los ~s** white people. **(c)** *(Zool)* white spot *o* patch. **(d)** *(intervalo)* interval, gap. **(e)** *(Tip etc)* blank (space); **2 páginas en ~** two blank pages; **cheque en ~** blank cheque; **dejar un ~** to leave a space; **dejar en ~** to leave blank; **firmar en ~** to sign a blank cheque; **votar en ~** to spoil one's vote. **(f)** *(meta)* aim; *(Mil, fig)* target; **tiro al ~** target shooting; **ser el ~ de las burlas** to be the butt of jokes; **dar en el ~** to hit the mark; **hacer ~ en** to hit, strike. **(g)** *(locuciones)* **dejar a uno en ~** to disappoint sb; **pasar la noche en ~** to have a sleepless night; **quedarse en ~** to miss the point, not get it *(fam)*.
blancor *nm,* **blancura** *nf* whiteness.
blancuzco *adj (gen)* whitish; *(sucio)* dirty-white, off-white.
blandear[1] [1a] *vt* = **blandir 1.**
blandear[2] [1a] **1** *vt (fig: convencer)* to convince, persuade. **2** *vi,* **blandearse** *vr (ceder)* to yield, give way; **~ con** to humour.
blandengue *adj (fam)* soft, weak.
blandir [3a; *defectivo*] **1** *vt* to brandish, flourish. **2** *vi,* **blandirse** *vr* to wave to and fro, swing.
blando/a 1 *adj* **(a)** *(gen)* soft; **~ de carnes** flabby; **~ al tacto** soft to the touch; **vida ~a** easy life. **(b)** *(suave)* gentle; *(clima)* mild; *(tierno)* tender; *(vacío)* bland; **~ de corazón** sentimental. **(c)** *(indulgente)* soft, indulgent. **(d)** *(cobarde)* cowardly. **2** *nm/f (Pol etc)* soft-liner, moderate; *(Mil)* dove.
blanducho *adj (gen)* soft; *(pey)* flabby.
blandura *nf* **(a)** *(gen)* softness; *(Met)* mildness; *(dulzura)* gentleness, tenderness. **(b)** *(carácter)* moral softness.
blanqueada *nf (LAm: gen)* whitening; *(encalado)* whitewashing.
blanquear [1a] **1** *vt (gen)* to whiten; *(encalado)* to whitewash; *(ropa)* to bleach. **2** *vi* to turn white, whiten.
blanquecer [2d] *vt* = **blanquear 1.**
blanquecino *adj* whitish.
blanqueo *nm (gen)* whitening; *(Arquit)* whitewashing; *(de ropa)* bleaching.
blanquillo 1 *adj* whitish; **azúcar/trigo ~** white

sugar/wheat. **2** *nm (CAm, Méx: huevo)* egg; *(Chi, Per: durazno)* white peach.

blasfemador(a) 1 *adj* blasphemous. **2** *nm/f* blasphemer.

blasfemar [1a] *vi (Rel)* to blaspheme (*contra* against); *(fig)* ~ **de** to curse, swear about *o* at.

blasfemia *nf* **(a)** *(Rel)* blasphemy; *(injuria)* insult. **(b)** *(palabra etc)* curse.

blasfemo/a *adj, nm/f* = **blasfemador(a).**

blasón *nm* **(a)** *(gen)* coat of arms. **(b)** *(fig)* honour, glory.

blasonar [1a] **1** *vt* to emblazon; *(fig)* to praise, extol. **2** *vi* to boast (about).

bledo *nm:* **(no) me importa un** ~ I couldn't care less (*de* about).

blindado *adj (Mil)* armour-plated; *(antibala)* bullet-proof; *(Mec)* shielded; **carro** ~ armoured car.

blindaje *nm (Mil)* armour plating; *(Téc)* shield.

blindar [1a] *vt (Mil)* to armour-plate; *(Téc)* to shield.

bloc *nm, pl* **blocs** *(gen)* (writing) pad; *(Escol)* jotter, exercise book; ~ **de dibujos** sketch pad.

blocao *nm* pillbox.

blocar [1g] *vt (Dep etc)* to intercept, block.

blof *nm (LAm)* bluff; **hacer un** ~ **a uno** to bluff sb.

blofear [1a] *vi (LAm)* to boast, brag.

blofista *nmf (LAm)* bluffer.

blondo *adj* blond(e), fair.

bloque *nm* **(a)** *(gen)* block; *(de helado)* brick; ~ **de casas** *o* **viviendas** block (of houses); ~ **de cilindros** cylinder block; ~ **de papel** = **bloc. (b)** *(Pol)* bloc, group; **el** ~ **comunista** the communist bloc; **en** ~ en bloc.

bloquear [1a] *vt* **(a)** *(poner obstáculos)* to block, obstruct. **(b)** *(Mec)* to block, jam; **está bloqueado** it's jammed *o* stuck. **(c)** *(aislar)* to cut off; **la inundación bloqueó el pueblo** the flood cut off the village. **(d)** *(Aut)* to brake, pull up. **(e)** *(Mil)* to blockade. **(f)** *(Com, Fin)* to freeze; **fondos bloqueados** frozen assets.

bloqueo *nm* **(a)** *(Mil)* blockade; **burlar** *o* **forzar el** ~ to run the blockade. **(b)** *(Com, Fin)* ~ **de fondos** freezing of assets.

blufar [1a] *vi* = **blofear.**

bluejean *nm inv* jeans *pl*, denims *pl*.

blusa *nf (gen)* blouse; *(mono)* overalls; *(Escol)* smock; *(LAm: chaqueta)* blouson.

blusón *nm* long *o* loose shirt.

boa *nf* boa.

boato *nm* show, ostentation.

bob *nm* bobsleigh.

bobada *nf* silly *o* stupid thing; **decir** ~**s** to talk nonsense.

bobalicón/ona 1 *adj* utterly stupid. **2** *nm/f* nitwit, clot.

bobelas *nmf inv (fam)* idiot, chump *(fam)*.

bobera *nf* = **bobada, bobería.**

bobería *nf* **(a)** *(cualidad)* silliness, idiocy. **(b)** = **bobada.**

bóbilis *adv:* **de** ~ *(gen)* free, for nothing; *(sin esfuerzo)* without lifting a finger.

bobina *nf (Téc)* bobbin; *(Fot)* spool, reel; *(Aut, Elec)* coil; ~ **de encendido** ignition coil.

bobinar [1a] *vt* to wind.

bobo/a 1 *adj (tonto)* silly, stupid; *(ingenuo)* simple, naïve; **estar** *o* **andar** ~ **con algo** to be crazy about sth. **2** *nm/f* idiot, fool; *(Teat)* clown, funny man.

boca *nf* **(a)** *(Anat)* mouth; ~ **de dragón** *(Bot)* snapdragon; ~ **de escorpión** *(fig)* wicked tongue; **en la** ~ **del lobo** in the lion's den; **a** ~ verbally, by word of mouth; **a pedir de** ~ to one's heart's content; **todo salió a pedir de** ~ it all turned out perfectly; **en** ~ **de** *(LAm)* according to; ~ **abajo/arriba** face down(ward)/up(ward); **poner a uno** ~ **arriba** to turn sb on to his back; **andar en** ~ **de la gente** to be talked about; **la cosa anda de** ~ **en** ~ the story is going the rounds; **calentarse la** ~ to get worked up; **¡cállate la** ~**!** *(fam)* shut up!; **sin decir esta** ~ **es mía** without a word to anybody; **hablar por** ~ **de ganzo** to talk through one's hat; **se me hace la** ~ **agua** my mouth is watering; **írsele la** ~ **a uno** to let one's tongue run away with one; **quedarse con la** ~ **abierta** to be dumbfounded; **tapar la** ~ **a uno** to shut sb's mouth. **(b)** *(fig)* mouth; *(entrada)* entrance, opening; *(Comput)* slot; ~ **de riego** hydrant; ~ **del estómago** pit of the stomach; **a** ~ **de invierno** at the start of winter; **a** ~ **de jarro** *(beber)* excessively; *(Mil: disparar)* at point-blank range; ~ **de metro** underground *o (US)* subway entrance; ~ **de mina** pithead, mine entrance; ~ **de río** river mouth, estuary. **(c)** *(de arma)* muzzle, mouth; **a** ~ **de cañón** at close range. **(d)** *(Zool)* pincer; *(de útil)* cutting edge. **(e)** *(de vino)* flavour, taste; *(de tonel)* bunghole.

bocacalle *nf* (entrance to a) street; **la primera** ~ the first turning.

bocacha *nf (fam)* bigmouth *(fam)*.

bocadillo *nm (Sp)* sandwich; **tomar un** ~ to have a snack.

bocadito *nm* morsel, bit; **a** ~**s** *(fig)* piecemeal.

bocado *nm* **(a)** *(gen)* mouthful; *(fig)* snack; **no hay para un** ~ that's not nearly enough; **no he pasado** *o* **probado** ~ **en todo el día** I've not had a bite to eat all day. **(b)** *(para caballo)* bit. **(c)** ~ **de Adán** Adam's apple.

bocajarro *adv:* **a** ~ *(Mil)* at point-blank range; **decir algo a** ~ to say sth bluntly *o* without mincing words.

bocal *nm (jarro)* pitcher, jar.

bocallave *nf* keyhole.

bocamanga *nf (Cos)* cuff, wristband.

bocamina *nf (Min)* pithead, mine entrance.

bocana *nf (LAm)* estuary.

bocanada *nf* **(a)** *(de vino etc)* mouthful, swallow. **(b)** *(de tabaco)* puff; *(de viento)* gust, blast. **(c) echar** ~**s** to boast, brag.

bocarada *nf (LAm)* = **bocanada.**

bocazas *nmf inv (fam)* bigmouth *(fam)*.

boceras *nmf inv (fam)* idiot, fool.

boceto *nm (lit, fig)* sketch, outline; *(maqueta)* model, mock-up.

bocina *nf (Mús, Aut)* horn; *(megáfono)* megaphone; *(Méx Telec)* mouthpiece; ~ **de niebla** foghorn; **tocar (la)** ~ *(Aut)* to sound *o* blow one's horn.

bocinazo *nm (Aut)* toot, blast (of the horn).

bocio *nm* goitre.

bocón/ona 1 *adj (fig)* big-mouthed *(fam)*, boastful; *(LAm)* loud-mouthed; *(Méx)* indiscreet, bigmouthed. **2** *nm/f* braggart; **¡**~**!** loudmouth! *(fam)*.

bocoy *nm* hogshead, large cask.

bocha *nf* bowl; **juego de las** ~**s** bowls.

bochar [1a] *vt (LAm)* to rebuff, reject; ~ **a uno** to give sb a dressing-down.

boche *nm* **(a)** *(Chi)* husks, chaff. **(b)** *(LAm)* snub; **dar** ~ **a uno** to snub sb.

bochinche *nm* **(a)** *(jaleo)* uproar, commotion. **(b)** *(Méx)* dance, party.

bochinchear [1a] *vi (LAm)* to make a commotion.

bochinchero 1 *adj (LAm)* rowdy, brawling. **2** *nm (LAm)* brawler.

bochorno *nm* **(a)** *(Met)* sultry *o* stuffy *(fam)* weather; *(atmósfera)* stifling atmosphere. **(b)** *(Med)* hot flush. **(c)** *(fig)* embarrassment, (feel-

ing of) shame; **¡qué ~!** how embarrassing!
bochornoso *adj* **(a)** *(Met)* close *(fam)*, stuffy *(fam)*, thundery. **(b)** *(fig)* embarrassing; **es un espectáculo ~** it is a degrading spectacle.
boda *nf (tb ~s) (gen)* wedding, marriage; *(fiesta)* wedding reception; **~s de diamante/de oro/de plata** diamond/golden/silver wedding (anniversary).
bodega *nf* wine cellar; *(tienda de vinos, licores)* wine shop; *(depósito)* storeroom, warehouse; *(Náut)* hold; *(LAm: bar)* bar; *(: restaurante)* restaurant; *(: almacén)* grocery store.
bodegón *nm* **(a)** cheap restaurant. **(b)** *(Arte)* still life.
bodeguero *nm (oficio)* cellarman; *(Com)* vintner; *(LAm: tendero)* grocer.
bodoque *nm* **(a)** *(de ballesta)* small ball, pellet. **(b)** *(LAm Med)* lump, swelling. **(c)** *(LAm: idiota)* dolt *(fam)*, dimwit *(fam)*.
bodorrio *nm (Méx)* rowdy party.
bodrio *nm* **(a)** *(gen)* mess. **(b)** *(Culin)* black pudding.
bofe *nm (Zool)* **~s** lungs; **echar los ~s** to slog, slave.
bofetada *nf* slap in the face; *(puñetazo)* punch; **dar de ~s a uno** to hit *o* punch sb.
bofetón *nm* punch (in the face).
boga[1] *nf* vogue, fashion; **estar en ~** to be in fashion, be popular.
boga[2] *nf* rowing.
bogar [1h] *vi* to row.
bogavante *nm* **(a)** *(Náut)* stroke, first rower. **(b)** *(Zool)* lobster.
bogotazo *nm (LAm)* Bogotá rising of 1948.
bohemio/a *adj, nm/f (fig)* bohemian.
bohío *nm (LAm)* hut, shack.
boicot *nm, pl* **boicots** *(gen)* boycott; *(sindical)* boycott, *(Brit)* blacking.
boicotear [1a] *vt* to boycott; *(sindicato)* to boycott, *(Brit)* to black.
boina *nf* beret.
boiquira *nf (Méx)* rattlesnake.
boite *nf* [bwat] nightclub.
boj *nm (Bot)* box; *(madera)* boxwood.
bojote *nm* **(a)** *(LAm: paquete)* bundle, package. **(b)** *(LAm fig)* **un ~ de** a lot of, a great many of.
bol *nm* **(a)** *(platón)* bowl; *(ponchera)* punchbowl. **(b)** *(Dep)* ninepin. **(c)** *(Pesca)* dragnet.
bola *nf* **(a)** *(gen)* ball; *(canica)* marble; *(Chi fam)* nut *(fam)*; **~s** *(Mec)* ball bearings; *(RPl Agr)* bolas; *(Dep)* shot(putting); **~ de naftalina** mothball; **~ de nieve** snowball; **~ de cristal** crystal ball; **juego de (las) ~s** American skittles; **¡dale ~!** come off it!; **dar en** *o* **darle en la ~** *(LAm)* to hit the mark; **no dar ~ a uno** *(RPl)* to ignore sb; **dejar que ruede la ~** to let things take their course; **escurrir la ~** to take French leave; **tragar la ~** *(fig)* to rise to the bait. **(b)** *(Naipes)* (grand) slam; **media ~** small slam. **(c)** *(betún)* shoe polish. **(d)** *(embuste)* fib, tale; *(Per)* (piece of) gossip. **(e)** *(Méx: jaleo)* row, hubbub; *(: gentío)* crowd (of people).
bolada *nf* **(a)** throw (of a ball); *(Atletismo)* putt. **(b)** *(LAm: suerte)* piece of luck, lucky break; *(: Com)* bargain; *(: broma)* joke.
bolado *nm (LAm: asunto)* deal, affair.
bolardo *nm* bollard.
bolazo *nm* **(a)** *(RPl)* silly remark, piece of nonsense. **(b)** *(Méx)* **de ~** at random.
bolchevique *adj, nm/f* Bolshevik.
bolchevismo *nm* Bolshevism.
boleada[1] *nf (RPl)* hunt, hunting expedition (with bolas).
boleada[2] *nf (Méx)* shoeshine.
boleadoras *nfpl (RPl)* bolas, lasso with balls.
bolear [1a] **1** *vt* **(a)** *(tirar)* to throw. **(b)** *(LAm: cazar)* to catch with bolas; *(fig: engañar)* to play a mean trick on. **(c)** *(LAm: rechazar)* to vote against, blackball; *(Univ etc)* to fail. **(d)** *(Méx: zapatos)* to polish, shine. **2** *vi* **(a)** to play for fun. **(b)** *(fam)* to tell fibs. **3 bolearse** *vr* **(a)** *(RPl: caballo)* to rear; *(Aut)* to overturn. **(b)** *(LAm: fig)* to get confused *o* bewildered.
bolera *nf* bowling *o* skittle alley.
bolero[1] *adj* truant.
bolero[2] *nm (Mús etc)* bolero.
bolero[3] *nm (Méx)* bootblack, shoeshine boy.
boleta *nf* **(a)** *(gen)* pass, permit; *(billete)* ticket; *(RPl, Chi: Jur)* draft; *(LAm: de voto)* ballot, voting paper. **(b)** *(Mil)* billet.
boletería *nf (LAm)* **(a)** *(gen)* ticket agency *o* office; *(Ferro etc)* booking office; *(Teat)* box office. **(b)** *(Dep)* gate, takings.
boletero *nm (LAm)* ticket clerk *o* seller.
boletín *nm (gen)* bulletin; *(Univ etc)* journal, review; *(Escol)* report; **~ de inscripción** registration form; **~ meteorológico** weather report *o* forecast; **~ de noticias** news bulletin; **~ oficial** official gazette; **~ de prensa** press release.
boleto *nm* **(a)** *(LAm)* ticket; **~ de ida y vuelta** return ticket, *(US)* round-trip ticket. **(b)** *(quinielas)* coupon; **~ de apuestas** betting slip.
boli *nm abr de* **bolígrafo.**
boliche[1] *nm* **(a)** *(juego)* bowls, bowling. **(b)** *(bola)* jack.
boliche[2] *nm (LAm: tenducha)* small grocery store; *(RPl: café)* cheap snack bar; *(Chi: sala de juego)* gambling den.
bolichero *nm (LAm)* grocer, shopkeeper.
bólido *nm* **(a)** meteorite. **(b)** *(Aut)* racing car.
bolígrafo *nm* ball-point pen.
bolillo *nm* **(a)** *(Cos)* bobbin (for lacemaking). **(b)** *(LAm Mús)* drumstick. **(c)** *(Méx)* bread roll; **~s** toffee bars.
bolina *nf* **(a)** *(Náut)* bowline; **navegar de ~** to sail close to the wind. **(b)** *(fam)* racket, row, uproar.
bolista *nm (Méx)* troublemaker.
bolívar *nm Venezuelan currency unit.*
Bolivia *nf* Bolivia.
boliviano/a *adj, nm/f* Bolivian.
bolo[1] *nm* **(a)** ninepin, skittle; **(juego de) ~s** ninepins, skittles; **echar a rodar los ~s** *(fig)* to create a disturbance. **(b)** *(Med)* large pill. **(c)** *(Naipes)* slam. **(d)** *(Méx)* scramble. **(e)** *(LAm: tonto)* stupid.
bolo[2] *adj (CAm)* drunk.
bolón *nm* **(a)** *(RPl: piedra)* quarry stone. **(b)** *(Cu, Méx)* mob, disorderly crowd.
bolsa *nf* **(a)** *(gen)* bag; *(Zool)* pouch; *(de mujer)* handbag, *(US)* purse; *(monedero)* purse, *(US)* pocketbook; *(LAm: bolsillo)* pocket; **~ de agua caliente** hot-water bottle; **~ de la compra** shopping bag; **~ de plástico** plastic *o* carrier bag; **~ para tabaco** tobacco pouch; **no abre fácilmente la ~** he's pretty mean; **hacer algo de ~** *(Chi)* to do sth at somebody else's expense; **volver a uno ~** *(Méx)* to swindle sb. **(b)** *(Téc, Mil)* pocket; **~ de aire/gas** air pocket/pocket of gas. **(c)** *(Anat)* cavity, sac. **(d)** *(Com, Fin)* stock exchange *o* market; **~ de granos** corn exchange; **'B~ de la propiedad'** 'Property Mart', 'Property for sale'; **~ de trabajo** labour *o* employment bureau; **jugar a la ~** to speculate, play the market.
bolsear [1a] *vi (CAm, Méx)* to pick pockets.
bolsillo *nm* **(a)** *(gen)* pocket; *(monedero)* purse, *(US)* pocketbook; **guardar algo en el ~** to put sth

in one's pocket; **meterse a uno en el ~** to get sb eating out of one's hand; *(Pol fam)* to buy sb off. **(b) de ~** pocket *(atr)*, pocket-size; **edición de ~** pocket edition.

bolsista *nm* **(a)** stockbroker. **(b)** *(CAm, Méx)* pickpocket.

bolso *nm (gen)* bag; *(de mujer)* handbag, *(US)* purse; **~ de viaje** travelling bag.

bolsón *nm* **(a)** *(Per)* handbag, *(US)* purse. **(b)** *(Bolivia)* lump of ore. **(c)** *(Méx)* lagoon. **(d)** *(LAm: de escuela)* satchel, schoolbag.

bolladura *nf (hacia dentro)* dent; *(hacia fuera)* bump, lump.

bollería *nf* baker's *o* pastry shop.

bollero *nm* baker, pastrycook.

bollo *nm* **(a)** *(Culin: gen)* bread roll; *(: dulce)* scone, bun; **no pela ~** *(Ven)* he never gets it wrong. **(b)** *(Mec)* = **bolladura. (c)** *(Med)* bump, lump. **(d)** *(confusión)* confusion, mix-up. **(e)** *(RPl: golpe)* punch. **(f) ~s** *(LAm: problemas)* troubles.

bollón *nm (tachuela)* stud; *(pendiente)* stud earring.

bomba 1 *nf* **(a)** *(Mil etc)* bomb; *(proyectil)* shell; **~ atómica** atomic bomb; **~ incendiaria** incendiary (bomb *o* device); **~ lacrimógena** tear-gas bomb; **~ de profundidad** depth charge; **~ de relojería** *o* **de retardo** time bomb; **a prueba de ~s** bombproof; **atacar con ~s** to bomb. **(b)** *(fig: sorpresa)* surprise; *(LAm: noticia falsa)* hoax. **(c)** *(Téc)* pump; *(Mús)* slide; **~ de aire** air pump; **~ de alimentación** feed pump; **~ de engrase** grease gun; **~ de gasolina** *(motor)* fuel pump; *(gasolinera)* petrol *o (US)* gas pump; **~ de inyección (de combustible)** fuel pump; **~ de incendios** fire engine; **dar a la ~** to (work the) pump. **(d)** *(de lámpara)* glass, globe. **(e)** *(burbuja)* soap bubble. **(f)** *(LAm: globo)* balloon. **(g)** *(LAm: sombrero)* top hat. **(h)** *(LAm: borrachera)* drunkenness.
  2 *adj*: **noticia ~** *(fam)* bombshell *(fam)*; **éxito ~** *(fam)* phenomenal success.
  3 *adv (fam)* **pasarlo ~** to have a great time.

bombacho/a 1 *adj (LAm)* baggy, loose-fitting. **2** *nm (Méx)* baggy trousers. **3 bombacha** *nf (RPl)* baggy trousers.

bombardear [1a] *vt (gen)* to bomb; *(Mil)* to bombard, shell; *(Fís, fig)* to bombard (*de* with).

bombardeo *nm (gen)* bombing; *(tb fig)* bombardment; *(Mil)* shelling; *(Aer)* **~ aéreo** air raid *o* attack (*contra, de* on); **~ en picado** dive bombing.

bombardero 1 *adj* bombing. **2** *nm (Aer)* bomber.

bombástico *adj* bombastic, pompous.

bombear [1a] **1** *vt* **(a)** *(Mil)* to shell; *(Aer)* to bomb. **(b)** *(Téc)* to pump. **(c)** *(Cos)* to pad. **(d)** *(fig)* to praise up. **(e)** *(Ftbl)* to lob. **(f)** *(LAm: espiar)* to spy on; *(RPl Univ)* to fail. **2 bombearse** *vr (Arquit)* to camber; *(madera)* to warp, bulge.

bombeo *nm (comba)* camber; *(de madera)* warping, bulging.

bombero *nm* **(a)** fireman; **(cuerpo de) ~s** fire brigade. **(b)** *(RPl)* spy, scout. **(c)** *(Náut etc)* pumpman.

bombilla *nf* **(a)** *(Elec)* bulb; *(Fot)* **~ de flash** flash bulb. **(b)** *(LAm)* tube for drinking maté. **(c)** *(Méx)* ladle.

bombillo *nm* **(a)** *(CAm: Elec)* bulb. **(b)** *(Téc)* U-bend, trap.

bombín *nm* bowler hat, *(US)* derby.

bombo 1 *adj* **(a)** *(atontado)* dumbfounded, stunned. **(b)** *(LAm: tibio)* lukewarm; *(: insípido)* tasteless, insipid. **2** *nm* **(a)** *(Mús)* bass drum; *(Téc, sorteos)* drum; **hacer algo a ~ y platillos** to make a great song and dance about sth; **tengo la cabeza hecha un ~** I've got a splitting headache. **(b)** *(Náut)* barge, lighter. **(c)** *(fam)* exaggerated praise; *(Teat etc)* hype *(fam)*; **darse el ~ mutuo** to be a mutual admiration society *(fam)*. **(d) irse al ~** *(LAm)* to come to grief, fail.

bombón *nm* **(a)** *(dulce)* sweet, *(US)* candy; *(de chocolate)* chocolate. **(b)** *(belleza)* beauty, gem; *(chica)* peach *(fam)*, smasher *(fam)*.

bombona *nf* **(a)** carboy. **(b) ~ de butano** gas cylinder.

bombonera *nf* sweet box.

bombonería *nf* sweetshop, confectioner's (shop).

bonachón/ona *adj* good-natured, easy-going; *(ingenuo)* simple, naïve.

bonaerense 1 *adj* of Buenos Aires. **2** *nmf* native *o* inhabitant of Buenos Aires.

bonanza *nf* **(a)** *(Náut)* fair weather, calm conditions; **ir en ~** *(Náut)* to have fair weather; *(fig)* to go well, prosper. **(b)** *(Min)* bonanza. **(c)** *(fig)* prosperity, boom; **estar en ~** *(Com)* to be booming.

bonche *nm (Méx)* bunch.

bondad *nf (gen)* goodness; *(amabilidad)* kindness; **tener la ~ de decirme** to be so kind as to tell me, be good enough to tell me; **tenga la ~ de pasar** please go in; **tenga la ~ de no fumar** be so kind as not to smoke.

bondadoso *adj (gen)* kind, good; *(apacible)* good-natured.

bonete *nm (Rel)* hat, biretta; *(Univ)* cap, mortarboard.

bonetería *nf (LAm)* haberdasher's shop.

bongo *nm (LAm)* large canoe.

boniato *nm (LAm Bot)* sweet potato, yam.

bonificación *nf* **(a)** *(esp Agr)* improvement. **(b)** *(Com)* allowance, discount.

bonificar [1g] **1** *vt* **(a)** *(Agr)* to improve. **(b)** *(Com)* to allow, discount. **2 bonificarse** *vr* to improve.

bonísimo *adj superl de* **bueno.**

bonitamente *adv (con delicadeza)* nicely, neatly; *(con maña)* craftily.

bonito[1] **1** *adj* **(a)** *(bello)* pretty, nice-looking. **(b)** *(bueno)* pretty good; **una ~a cantidad** a tidy little sum; **¡qué ~!** *(asombro)* very nice!; *(furia)* that's just fine! **2** *adv (LAm fam)* well, nicely; **ella canta ~** she sings nicely; **se te ve ~** it looks good on you.

bonito[2] *nm (pez)* striped tunny, bonito.

bono *nm* **(a)** *(vale)* voucher, certificate; **~ de billetes de metro** booklet of metro tickets. **(b)** *(Fin)* bond; **~ del estado** government bond.

boom *nm* [bum] boom.

boqueada *nf* gasp; **dar la última ~** to be at death's door.

boquear [1a] **1** *vt (decir)* to say, utter. **2** *vi* **(a)** *(quedar boquiabierto)* to gape, gasp. **(b)** *(estar expirando)* to be at one's last gasp; *(fig: terminar)* to be in its final stages.

boquera *nf* **(a)** *(Agr)* sluice. **(b)** *(Med)* lip sore.

boquerón *nm* **(a)** *(hoyo)* wide opening. **(b)** *(pez)* (kind of) anchovy.

boquete *nm (hoyo)* gap, opening; *(brecha)* breach.

boquetear [1a] *vt (Méx)* to burgle, *(US)* burglarize.

boquiabierto *adj* open-mouthed; **estar ~** to stand open-mouthed *o* gaping (in astonishment); **quedar ~** to be left aghast *o* gaping.

boquilla *nf (Mús)* mouthpiece; *(de manga)* nozzle; *(de horno)* burner; *(de biberón)* teat, *(US)* nipple; *(de pipa)* stem; *(para cigarillos)* cigarette holder; **cigarros con ~** (filter) tipped cigarettes.

boquirrubio *adj (gen)* loose-tongued; *(ingenuo)* simple, naïve.

bórax *nm* borax.

borboll(e)ar [1a] *vi* **(a)** *(burbujear)* to bubble, boil up. **(b)** *(fig)* to splutter.
borbollón *nm (gen)* bubbling, boiling; **hablar a ~es** to talk in a torrent; **reírse a ~es** to bubble with laughter; **salir a ~es** *(agua)* to gush out.
borbollonear [1a] *vi* = **borboll(e)ar.**
borbónico *adj* Bourbon.
borbotar [1a] *vi (gen)* to bubble; *(al hervir)* to boil (up), boil over; *(nacer)* to gush forth, well up.
borceguí *nm* (baby's) bootee.
borda *nf (Náut)* **(a)** gunwale, rail; **motor de fuera de ~** outboard motor; **echar** *o* **tirar algo por la ~** to throw sth overboard. **(b)** *(vela)* mainsail.
bordada *nf (Náut)* tack; **dar ~s** to tack.
bordado *nm* embroidery, needlework.
bordadora *nf* needlewoman.
bordadura *nf* = **bordado.**
bordar [1a] *vt* to embroider.
borde *nm (gen)* edge, border; *(de recipiente)* brim, rim, lip; *(de ventana)* ledge; *(Cos)* edge, hem; *(Náut)* board; **~ de la acera** kerb; **~ de la carretera** roadside, verge; *(en autopista)* hard shoulder; **~ del mar** seaside, seashore; **al ~ de** *(lit)* at the edge *o* side of; *(fig)* on the brink *o* verge of.
bordear [1a] **1** *vt* **(a)** to skirt (round). **(b)** *(lindar con)* to border on; *(fig)* to verge on. **(c)** *(Méx, Chi: tema etc)* to broach *o* approach. **2** *vi (Náut)* to tack.
bordillo *nm* kerb.
bordo *nm* **(a)** *(Náut)* side, board; **a ~** aboard, on board; **'bienvenidos a ~'** 'welcome aboard'; **ir a ~** to go on board; *(Aer)* to board; **al ~** alongside; **buque de alto ~** big ship, seagoing vessel; *(fig)* **personaje de alto ~** V.I.P. **(b)** *(Náut)* tack; **dar ~s** to tack. **(c)** *(LAm Agr)* roughly-built dam.
bordón *nm* **(a)** pilgrim's staff; *(fig)* helping hand. **(b)** *(Mús)* bass string. **(c)** *(Lit)* refrain; *(fig)* pet word *o* phrase.
bordonear [1a] **1** *vt (Mús)* to strum. **2** *vi (LAm: zumbar)* to hum.
bodoneo *nm* strumming.
boreal *adj* northern.
Borgoña *nf* Burgundy.
borgoña *nm:* **vino de ~** burgundy.
bórico *adj* boric.
boricua *adj,* **borinqueño/a** *adj, nm/f* Puerto Rican.
borla *nf (gen)* tassel; *(de gorro)* pompon; **~ (de empolvarse)** powder puff.
borlote *nm (Méx)* row, uproar.
borne *nm (Elec)* terminal.
bornear [1a] **1** *vt* **(a)** *(torcer)* to twist, bend. **(b)** *(Arquit)* to put in place, align. **2 bornearse** *vr* to warp, bulge.
borneo *nm* **(a)** *(torcer)* twisting, bending. **(b)** *(Arquit)* alignment.
borona *nf* **(a)** *(maíz)* maize, *(US)* corn; *(mijo)* millet. **(b)** *(CAm)* crumb.
borra *nf* **(a)** *(gen)* thick wool; *(para cojines)* stuffing. **(b)** *(pelusa)* fluff; *(Bot)* down; **~ de seda** floss silk. **(c)** *(Zool)* yearling ewe. **(d)** *(fam)* empty talk.
borrachera *nf* **(a)** *(gen)* drunkenness; **quitarse la ~** to sober up; **pegarse** *o (Méx)* **ponerse una ~** to get drunk. **(b)** *(fig)* spree, binge.
borracho/a 1 *adj* **(a)** *(gen)* drunk; *(ebrio)* intoxicated; *(habitualmente)* drunken, hard-drinking; **estar ~ como un trompo** to be as drunk as a lord. **(b)** *(fig)* drunk, blind (*de* with). **(c)** *(Culin: pastel)* tipsy; *(: fruta)* marinated. **2** *nm/f* drunkard, drunk *(fam)*.
borrador *nm* **(a)** *(versión)* first draft, rough copy. **(b)** *(cuaderno)* scribbling *o (US)* scratch pad; *(Com)* daybook. **(c)** *(goma)* rubber, eraser; *(para pizarra)* duster.
borradura *nf* erasure, crossing out.
borrajear [1a] *vt, vi* to scribble, scrawl.
borrar [1a] *vt* **(a)** *(gen)* to erase, rub out; *(tachar)* to delete, cross out; *(cinta etc)* to wipe out, clean; *(Pol etc: euf)* to deal with, dispose of. **(b)** *(Fot etc)* to blur.
borrasca *nf* **(a)** *(tormenta)* storm; *(: en el mar)* squall; **tras la ~ viene el buen tiempo** *(fig)* every cloud has a silver lining. **(b)** *(fig)* peril, hazard. **(c)** *(fam)* orgy.
borrascoso *adj* **(a)** *(gen)* stormy; *(viento)* squally, gusty. **(b)** *(fig)* stormy, tempestuous.
borrego/a 1 *nm/f* **(a)** lamb; *(LAm)* sheep. **(b)** *(fig)* simpleton. **2** *nm (Cu, Méx)* hoax, false news.
borricada *nf* piece of nonsense.
borrico/a 1 *nm/f* donkey; *(fig)* fool. **2** *nm (Téc)* sawhorse.
borriquete *nm* = **borrico 2.**
borrón *nm* **(a)** *(mancha)* blot, stain; *(fig)* blemish; **~ y cuenta nueva** let bygones be bygones. **(b)** *(Lit)* rough draft; *(Arte)* sketch.
borronear [1a] *vt* **(a)** = **borrajear. (b)** to make a rough draft of.
borroso *adj* **(a)** *(Fot)* blurred, indistinct; *(escrito)* smudgy; *(Arte)* woolly. **(b)** *(líquido)* muddy, thick. **(c)** *(fig)* vague, hazy.
borujo *nm (Agr)* cattle-cake.
borujón *nm (Med)* bump, lump.
boscaje *nm* thicket, grove.
boscoso *adj* wooded.
bosque *nm (gen)* wood; *(: denso)* forest; *(LAm fam: selva)* jungle, rain forest.
bosquecillo *nm* copse, small wood.
bosquejar [1a] *vt (Arte: pintura)* to sketch, *(: escultura)* to model in rough; *(Téc)* to design; *(fig)* to sketch, outline; *(plan etc)* to draft.
bosquejo *nm (gen)* sketch, outline; *(maqueta)* rough model; *(plan etc)* draft.
bosta *nf* dung, manure.
bostezar [1f] *vi* to yawn.
bostezo *nm* yawn.
bota *nf* **(a)** *(gen)* boot; **~s de esquí/de montar/de fútbol** ski/riding/football boots; **~s de goma** gumboots; **ponerse las ~s** *(fam)* to strike it rich. **(b)** *(de vino)* leather bottle. **(c)** *(tonel)* large barrel.
botadero *nm (LAm)* **(a)** *(vado)* ford. **(b)** *(tiradero)* rubbish dump.
botado/a 1 *adj* **(a)** cheeky. **(b)** *(Méx Com)* dirt cheap. **2** *nm/f* **(a)** *(LAm: tb* **niño ~***)* foundling. **(b)** *(Méx)* drunkard. **3 botada** *nf (LAm: acción)* throwing away; *(: fam: cese)* boot *(fam)*, sacking *(fam)*.
botador *nm* **(a)** *(Náut)* (punt) pole. **(b)** claw hammer. **(c)** *(de dentista)* forceps.
botadura *nf* **(a)** *(Náut)* launching. **(b)** *(LAm)* = **botada.**
botalón *nm (Náut)* outrigger; **~ de foque** jib-boom.
botana *nf (LAm)* hors d'oeuvres.
botánico/a 1 *adj* botanical. **2** *nm/f* botanist. **3 botánica** *nf* botany.
botanista *nmf* botanist.
botar [1a] **1** *vt* **(a)** *(tirar)* to throw. **(b)** *(Náut)* to launch; *(virar)* to put over. **(c)** *(LAm: gen)* to throw away *o* out; *(: despedir)* to fire, sack *(fam)*; *(: derrechar)* to fritter away, squander. **2** *vi (pelota)* to bounce; *(Aut etc)* to bump, jolt; *(caballo)* to rear. **3 botarse** *vr (LAm: acostarse)* to lie down.
botarate *nm* **(a)** *(loco)* madcap, wild fellow. **(b)**

(imbécil) idiot. **(c)** *(LAm: gastador)* spendthrift.

bote[1] *nm* **(a)** *(de pelota)* bounce; *(de bala)* ricochet; *(Aut etc)* bump, jolt; *(salto)* jump, leap; *(caballo)* buck; **de ~ y voleo** instantly; **dar un ~** to jump; **dar ~s** *(Aut etc)* to bump; **pegar un ~** to start (with surprise). **(b) estar de ~ en ~** to be jam-packed *(fam)*.

bote[2] *nm* **(a)** *(gen)* tin, *(US)* can; *(de cristal)* jar. **(b)** *(Naipes)* jackpot. **(c)** *(LAm fam: cárcel)* nick *(Brit fam)*, can *(US fam)*. **(d) darse el ~** to run off; **pegarse el ~ con uno** to get on like a house on fire with sb.

bote[3] *nm (Náut)* boat; **~ salvavidas** lifeboat.

botella *nf* bottle; **~ termos** Thermos ® (flask); **en ~** bottled; **~ de vino** *(contenido)* bottle of wine; *(recipiente)* wine bottle.

botica *nf* chemist's (shop), *(US)* pharmacy, drugstore; **de todo como en ~** everything under the sun.

boticario *nm* chemist, druggist; *(Hist)* apothecary.

botija 1 *nf* **(a)** earthenware jug; **estar como** *o* **hecho una ~** to be as round as a ball; **poner a uno como ~ verde** *(CAm)* to insult sb. **(b)** *(CAm: tesoro)* buried treasure. **2** *nmf (RPl: niño)* baby, child.

botijuela *nf (LAm)* **(a)** *(jarro)* earthenware jug. **(b)** *(tesoro)* buried treasure.

botín[1] *nm (Mil etc)* booty, plunder; *(de ladrón)* loot.

botín[2] *nm* **(a)** legging, spat. **(b)** *(Chi)* sock.

botina *nf* high shoe; *(de bebé)* bootee.

botiquín *nm* **(a)** medicine cabinet; **~ de emergencia** first-aid kit. **(b)** *(LAm)* retail wine store.

boto *adj (punta)* blunt; *(fig: torpe)* dull, dim.

botón *nm* **(a)** *(gen)* button; **~ (de camisa)** collar stud; **~ (de puerta)** doorknob, doorhandle; **~ de presión** push-button; **~ de arranque** *(Aut etc)* starter; **pulsar el ~** to press the button. **(b)** *(Bot)* bud; **~ de oro** buttercup.

botonadura *nf* (set of) buttons.

botones *nm inv* bellboy, *(US)* bellhop.

botulismo *nm* botulism, food poisoning.

bóveda *nf (Arquit)* vault, dome; **~ craneal** cranial cavity.

bovino *adj* bovine; *(Agr)* **ganado ~** cattle.

boxeador *nm* boxer.

boxear [1a] *vi* to box.

boxeo *nm*, **box** *nm (LAm)* boxing.

bóxer *nm* boxer (dog).

boya *nf* **(a)** *(Náut)* buoy; *(Pesca)* float. **(b)** *(LAm: bolladura)* dent.

boyante *adj (Náut)* buoyant; *(feliz)* buoyant; *(próspero)* prosperous.

boyar [1a] *vi* to float.

boyera *nf*, **boyeriza** *nf* ox stable.

boyero *nm* oxherd, drover.

bozal 1 *adj* **(a)** *(gen)* new, green; *(animal)* wild, untamed. **(b)** *(bruto)* stupid. **2** *nm (de animal)* muzzle; *(LAm)* halter.

bozo *nm* **(a)** *(pelusa)* fuzz, youthful whiskers. **(b)** *(boca)* mouth, lips. **(c)** = **bozal 2.**

bracear [1a] *vi (gen)* to swing one's arms; *(nadar)* to swim, crawl; *(fig)* to wrestle, struggle.

bracero *nm (peón)* labourer, navvy; *(jornalero)* farmhand, farm labourer.

bracete *adv:* **de ~** arm-in-arm.

braco 1 *adj* pug-nosed. **2** *nm:* **perro ~** setter.

braga *nf* **(a)** *(de niño)* nappy, *(US)* diaper; **~s** *(de mujer)* knickers, panties. **(b)** *(Náut, Téc)* sling, rope (for hoisting).

bragado *adj* energetic, tough.

bragadura *nf (Cos)* crotch.

bragazas *nm inv* henpecked husband.

braguero *nm (Med)* truss.

bragueta *nf (Cos)* fly, flies.

braguetazo *nm (LAm)* marriage for money.

braguetero 1 *adj* lecherous. **2** *nm* lecher.

braguillas *nm inv* brat.

brama *nf (Zool)* rut, rutting season.

bramadero *nm (LAm)* tethering post; *(Zool)* rutting site.

bramante *nm* twine, string.

bramar [1a] *vi (gen)* to roar; *(animal)* to bellow, roar; *(viento)* to howl, roar; *(mar)* to thunder.

bramido *nm (véase vi)* roar(ing); bellow(ing); howl(ing).

branquia *nf* gills.

brasa *nf* live *o* hot coal; **carne a la ~** grilled *o* barbecued meat; **estar en ~s** to be on tenterhooks.

brasero *nm* brazier; *(Hist)* stake; *(Méx)* fireplace.

Brasil *nm* Brazil.

brasileño/a *adj, nm/f* Brazilian.

brava *adv:* **a la ~** *(CAm, Méx)* by force.

bravata *nf (amenaza)* threat; *(fanfarronada)* boast, brag; **echar ~s** to boast, talk big.

bravear [1a] *vi* to boast, talk big.

braveza *nf* **(a)** *(ferocidad)* ferocity, savageness; *(viento etc)* fury, violence. **(b)** *(valor)* bravery.

bravío 1 *adj* **(a)** *(Zool: feroz)* ferocious, savage; *(: indómito)* wild, untamed; *(Bot)* wild. **(b)** *(fig: rudo)* uncouth, coarse. **2** *nm* ferocity.

bravo 1 *adj* **(a)** *(valiente)* brave, spirited. **(b)** *(excelente)* fine, excellent. **(c)** *(animal)* ferocious; *(mar etc)* rough, stormy; *(paisaje)* rugged; *(persona: malhumorado)* bad tempered; *(: valentón)* boastful, swaggering. **(d)** *(LAm Culin)* hot, spicy. **2** *interj* bravo!, well done! **3** *nm* thug.

bravucón/ona 1 *adj* swaggering. **2** *nm/f* braggart.

bravuconada *nf (calidad)* bluster; *(dicho)* brag.

bravura *nf* **(a)** *(ferocidad)* ferocity. **(b)** *(valor)* bravery.

braza *nf (Náut)* ≈ fathom.

brazada *nf* **(a)** *(gen)* movement of the arms; **a una ~** at arm's length. **(b)** *(remo)* stroke. **(c)** *(Natación)* stroke, style. **(d)** *(cantidad)* armful. **(e)** *(LAm Náut)* ≈ fathom.

brazado *nm* armful.

brazal *nm* **(a)** armband. **(b)** *(Agr)* irrigation channel.

brazalete *nm* **(a)** bracelet. **(b)** = **brazal (a).**

brazo *nm* **(a)** *(gen)* arm; *(Zool)* foreleg; *(Bot)* limb, branch; *(río)* branch; **~ derecho** *(fig)* right-hand man; **~ de lámpara** lamp bracket; **~ de mar** inlet, sound; **~ de toma de sonido** pickup arm; **ir cogidos** *o* **tomados del ~**, *(LAm)* **ir del ~** to walk arm-in-arm; **cruzarse de ~s** *(tb fig)*to fold one's arms; **estarse con los ~s cruzados** *(fig)* to sit back and do nothing; **no dar su ~ a torcer** not to give way easily; **huelga de ~s caídos** sit-down strike; **luchar a ~ partido** to give no quarter. **(b)** *(fig: fuerza)* energy, enterprise; *(: valor)* courage. **(c) ~s** hands, workers.

brea *nf (gen)* tar, pitch; *(cubierta)* tarpaulin.

brebaje *nm* brew, concoction.

brécoles *nmpl* broccoli.

brecha *nf (Mil, fig)* breach; *(hoyo, vacío)* gap, opening; **hacer ~ en** *(fig)* to make an impression on.

brega *nf* **(a)** *(lucha)* struggle; **andar a la ~** to slog away. **(b)** *(riña)* quarrel, row. **(c) dar ~ a** to play a trick on.

bregar [1h] *vi* **(a)** *(luchar)* to struggle, fight. **(b)** *(reñir)* to quarrel. **(c)** *(trabajar mucho)* to slog away.

bren *nm* bran.

breña *nf*, **breñal** *nm* scrub, rough ground.
breque *nm (LAm)* **(a)** *(carroza)* break. **(b)** *(Ferro)* guard's van, *(US)* baggage car. **(c)** *(Mec)* brake.
Bretaña *nf* Brittany.
brete *nm* **(a)** *(cepo)* shackles. **(b)** *(fig)* predicament; **estar en un ~** to be in a jam; **poner a uno en un ~** to put sb on the spot.
bretón/ona *adj, nm/f* Breton.
bretones *nmpl* Brussels sprouts.
breva *nf* **(a)** *(Bot)* early fig. **(b)** *(puro)* flat cigar. **(c)** *(fam)* stroke of luck; **¡no caerá esa ~!** no such luck!
breve 1 *adj (gen)* short, brief; *(estilo)* concise; **en ~** *(pronto)* shortly, before long; *(en pocas palabras)* in short, to sum up. **2** *nm (Rel)* papal brief. **3** *nf (Mús)* breve.
brevedad *nf (gen)* shortness, brevity; *(de estilo)* conciseness; **con** *o* *(LAm)* **a la mayor ~** as soon as possible; **bueno, para mayor ~ ...** well, to cut a long story short ... .
brevete *nm (membrete)* heading; *(nota)* memorandum; *(Per)* driving licence.
breviario *nm (Rel)* breviary; *(compendio)* compendium.
brezal *nm* moor, heath.
brezo *nm* heather.
briba *nf* idle life; **andar** *o* **vivir a la ~** to loaf around, *(US)* be on the bum.
bribón/ona 1 *adj* idle, lazy. **2** *nm/f* loafer. **3 bribona** *nf (fam)* bitch *(fam)*; **¡~a!** you bitch!
bribonada *nf* dirty trick.
brida *nf* **(a)** *(freno)* bridle; **ir a toda ~** to go at top speed; **tener a uno a ~ corta** to keep sb on a short leash. **(b)** *(Téc: gen)* clamp; *(: de tubería)* flange.
bridge [briʒ] *nm (Naipes)* bridge.
brigada 1 *nf (gen)* brigade; *(de obreros)* gang; *(de policía etc)* squad. **2** *nm (Mil)* warrant officer.
brigadier *nm* brigadier(-general).
brigante *nm (LAm)* brigand, outlaw.
brigantino/a 1 *adj* of Corunna. **2** *nm/f* native *o* inhabitant of Corunna.
brillante 1 *adj* **(a)** *(gen)* bright, brilliant; *(color)* vivid, bright; *(joya)* sparkling. **(b)** *(persona, idea)* brilliant; *(admirable)* splendid; *(sobresaliente)* outstanding. **2** *nm* diamond.
brillantez *nf* **(a)** *(color etc)* brightness; *(boato)* splendour. **(b)** *(fig)* brilliance.
brillantina *nf* brilliantine, hair cream.
brillar [1a] *vi* **(a)** *(gen)* to shine; *(joyas)* to sparkle; *(oro)* to glitter, gleam. **(b)** *(fig: de alegría)* to glow, light up. **(c)** *(fig: sobresalir)* to shine, be outstanding; **~ por su ausencia** to be conspicuous by one's absence.
brillo *nm* **(a)** *(resplandor)* brilliance, brightness; *(de joyas etc)* sparkle, glitter; *(lustre)* shine; *(tela)* sheen; **sacar ~ a** to polish, shine. **(b)** *(fig)* splendour, brilliance.
brilloso *adj (LAm)* = **brillante 1.**
brincar [1g] **1** *vt* **(a)** *(niño)* to bounce, dandle. **(b)** *(lectura)* to skip, miss out. **2** *vi* **(a)** *(esp LAm: gen)* to jump, leap; *(: rebotar)* to bounce; *(: de un pie)* to hop; *(animales)* to skip about, gambol. **(b)** *(fig)* **~ de cólera** to fly into a rage.
brinco *nm (gen)* jump, leap; *(al correr)* skip; **a ~s** by fits and starts; **de un ~** at one bound; **dar ~s** to hop, jump *etc;* **quitar los ~s a uno** *(LAm)* to take sb down a peg.
brindar [1a] **1** *vt* **(a)** *(gen)* to offer, present; **bríndame un cigarro** *(LAm)* give me a cigarette; **me brindó una copa** *(LAm)* he bought me a drink; **le brinda la ocasión** it offers *o* affords him the opportunity. **(b)** *(Taur)* to dedicate (*a* to). **(c) ~ a uno a hacer algo** to invite sb to do sth. **2** *vi:* **~ a** *o* **por** to drink to, toast; **¡brindemos por la unidad!** here's to unity! **3 brindarse** *vr:* **~ a hacer algo** to offer to do sth.
brindis *nm inv* toast; *(Taur)* (ceremony of) dedication.
brío *nm (gen)* spirit, verve; *(resolución)* determination; *(elegancia)* elegance; **cortar los ~s a uno** to clip sb's wings.
brioso *adj (gen)* spirited, full of verve; *(resuelto)* determined; *(elegante)* elegant.
briqueta *nf* briquette.
brisa *nf* breeze.
británico/a 1 *adj* British. **2** *nm/f* British person, Briton, *(US)* Britisher.
brizna *nf* **(a)** *(hebra)* strand, thread; *(de hierba)* blade. **(b)** *(trozo)* piece, fragment. **(c)** *(LAm)* drizzle.
briznar [1a] *vi (LAm)* to drizzle.
broca *nf* **(a)** *(Cos)* reel, bobbin. **(b)** *(Mec)* drill bit. **(c)** *(clavo)* tack.
brocado *nm* brocade.
brocha *nf* (large) paintbrush; **~ de afeitar** shaving brush; **pintor de ~ gorda** *(lit)* painter and decorator; *(fig)* bad painter.
brochada *nf*, **brochazo** *nm* brush-stroke; **a grandes ~s** *(fig)* in general terms.
broche *nm (Cos)* clasp, fastener; *(joya)* brooch; *(LAm)* paperclip.
brocheta *nf* skewer; **~s** *(LAm)* kebabs.
broma *nf* **(a)** *(gen)* fun, merriment; **tomar algo a ~** to take sth as a joke; **en ~** in fun, as a joke; **ni en ~** never, not on any account; **lo decía en ~** I was only joking *o* kidding *(fam)*. **(b)** *(una ~)* joke; *(inocentada)* practical joke; **entre ~s y veras** half-joking(ly); **¡déjate de ~s!** quit fooling!, joke over!; **no está para ~s** he's in no mood for jokes; **gastar ~s** to tell jokes; **gastar una ~ a uno** to play a joke on sb.
bromear [1a] *vi* to joke, crack jokes *(fam)*; **creía que bromeaba** I thought he was joking.
bromista 1 *adj* fond of joking. **2** *nmf* joker.
bromuro *nm* bromide.
bronca *nf* **(a)** *(gen)* row; **armar una ~** to kick up a fuss; **se armó una tremenda ~** there was an almighty row *(fam)*; **dar una ~ a uno** *(Teat, Taur etc)* to give sb the bird. **(b)** *(regañada)* ticking-off; **nos echó una ~ fenomenal** he came down on us like a ton of bricks.
bronce *nm* **(a)** bronze; **~ de campana** bell metal; **~ dorado** ormolu. **(b)** *(fig: latón)* brass; *(Mús)* brass instruments. **(c)** *(Arte)* bronze (statue). **(d)** *(moneda)* copper coin.
bronceado 1 *adj* **(a)** bronze (coloured). **(b)** *(tostado)* tanned. **2** *nm* **(a)** *(Téc)* bronze finish. **(b)** (sun)tan.
broncear [1a] **1** *vt (Téc)* to bronze. **2 broncearse** *vr* to get a (sun)tan.
bronco *adj* **(a)** *(superficie)* rough, coarse. **(b)** *(metal)* brittle. **(c)** *(voz)* gruff, hoarse; *(Mús)* rasping, harsh. **(d)** *(caballo)* unbroken.
bronquedad *nf (véase adj)* **(a)** roughness. **(b)** brittleness. **(c)** gruffness, harshness.
bronquial *adj* bronchial.
bronquitis *nf inv* bronchitis.
broqueta *nf* skewer.
brota *nf* bud, shoot.
brotar [1a] **1** *vt (tierra)* to produce, yield; *(planta)* to sprout, put out. **2** *vi* **(a)** *(Bot)* to sprout, bud. **(b)** *(agua)* to spring up, gush forth; *(lágrimas)* to well up; *(río)* to rise. **(c)** *(Med, fig)* to break out, appear; **el movimiento brotó en enero** the movement began *o* arose in January.
brote *nm* **(a)** *(Bot)* bud, shoot. **(b)** *(Med, fig)* out-

break.
broza *nf* **(a)** *(Bot)* dead leaves *o* wood. **(b)** *(fig)* rubbish, trash. **(c)** *(brocha)* hard brush.
bruces *adv:* **de ~** face down; **caer de ~** to fall flat *o* headlong.
bruja 1 *nf* **(a)** witch. **(b)** *(fam)* old hag. **(c)** *(Orn)* barn owl. **2** *adj (Méx)* **estar ~** *(fam)* to be broke *(fam)*.
brujería *nf* witchcraft, sorcery, (black) magic.
brujo *nm* wizard, magician; *(LAm)* shaman, medicine man *(fam)*.
brújula *nf* compass; **perder la ~** to lose one's bearings.
brulote *nm* **(a)** *(Náut)* fireship. **(b)** *(LAm)* rude *o* dirty word; *(RPl)* offensive remark.
bruma *nf* (sea) mist.
brumoso *adj* misty, foggy.
bruno *adj* dark brown.
bruñido 1 *adj* polished, burnished. **2** *nm* **(a)** *(acto)* polish, polishing. **(b)** *(brillo)* shine, gloss.
bruñidor(a) *nm/f* polisher, burnisher.
bruñir [3h] **1** *vt* **(a)** to polish, shine. **(b)** *(LAm: molestar)* to pester. **2 bruñirse** *vr (fam)* to make up.
brusco *adj* **(a)** *(gen)* sudden, brusque; *(cambio)* abrupt, violent; *(curva, declive etc)* sharp. **(b)** *(grosero)* short, brusque.
Bruselas *nf* Brussels.
brusquedad *nf* **(a)** *(cambio etc)* suddenness. **(b)** *(conducta)* brusqueness, abruptness; **hablar con ~** to speak sharply.
brutal *adj* **(a)** *(gen)* brutal. **(b)** *(fam)* terrific *(fam)*.
brutalidad *nf* **(a)** *(gen)* brutality. **(b)** *(una ~)* brutal act, crime. **(c)** *(estupidez)* stupidity.
brutalizarse [1f] *vr* to become brutalized.
bruto 1 *adj* **(a)** *(brutal)* brutish. **(b)** *(estúpido)* stupid, ignorant; *(inculto)* uncouth; **Pepe es muy ~** Joe is pretty thick *(fam)*. **(c)** *(materias)* crude, raw; **en ~** *(gen)* rough; *(diamantes)* uncut; **petróleo ~** crude oil; **hierro (en) ~** crude *o* pig iron; **a la ~a** *o* **lo ~** *(LAm)* roughly, crudely. **(d)** *(medidas)* gross; **peso ~** gross weight; *véase* **producto. 2** *nm* **(a)** *(animal)* brute, beast; **¡~!** you beast! **(b)** *(idiota)* idiot.
bruza *nf* coarse brush.
Bs.As. *abr de* **Buenos Aires.**
bu *nm (fam)* bogeyman; **hacer el ~ a uno** to scare sb.
búa *nf* pimple.
buba *nf*, **bubo** *nm* tumour, bubo.
bucal *adj* oral, of the mouth; **por vía ~** *(Med)* orally, internally.
bucanero *nm* buccaneer.
buccino *nm* whelk.
buceador *nm* skin-diver.
bucear [1a] *vi* **(a)** *(gen)* to dive, swim under water; *(buzo)* to work as a diver. **(b)** *(fig)* to explore, look below the surface.
buceo *nm* (skin) diving.
bucle *nm* **(a)** curl, ringlet. **(b)** *(fig)* curve, bend; *(Aer)* loop.
buchaca *nf (LAm)* saddlebag; *(Billar)* billiard pocket.
buche *nm* **(a)** *(Orn)* crop; *(Zool)* maw; *(fam)* belly. **(b)** *(fig)* inner thoughts; **sacar el ~** *(fam)* to show off; **sacar el ~ a uno** to make sb talk. **(c)** *(trago)* mouthful. **(d)** *(Cos)* wrinkle, pucker; **hacer ~** to wrinkle up. **(e)** *(LAm Med)* goitre.
Buda *nm* Buddha.
budín *nm* **(a)** pudding; *(LAm)* trifle, moist cake. **(b)** *(Per)* brothel.
budismo *nm* Buddhism.
budista *adj, nmf* Buddhist.
buen *veáse* **bueno.**
buenamente *adv* **(a)** *(fácilmente)* easily, without difficulty. **(b)** *(de buena gana)* willingly, voluntarily.
buenaventura *nf* good luck *o* fortune; **decir** *o* **echar la ~ a uno** to tell sb's fortune.
buenazo/a 1 *adj* good-natured. **2** *nm/f* good-natured person; **ser un ~** to be (too) kind-hearted, be soft *(fam)*.
bueno 1 *adj* **(buen** *before m sg noun***)** **(a)** *(gen)* good; *(tiempo)* fine, good, fair; *(salud)* strong, sound; *(sociedad)* polite; **~s días** good morning; **sé ~** be good; **los ~s** decent people; *(Cine)* the goodies *(fam)*; **el ~ de Manolo** good old Manolo; **lo ~ es que ...** the best part is that ...; **¡qué ~!** *(LAm)* good!, great!; **~ fuera que ...** it would be fine if ...; **¡~ está!** that's enough! **(b)** *(amable)* kind, nice; **fue muy ~ conmigo** he was very good to me. **(c)** *(apto)* **en el momento ~** at the proper time; **ser ~ para** to be suitable *o* good for. **(d)** *(Med)* **estar ~** to be well; **no estar ~ de la cabeza** to be weak in the head. **(e)** *(locuciones: iro)* fine, pretty; **¡buen conductor!** a fine driver you are!; **¡ésa sí que es ~a!** that's a good one! **(f) está ~a** she's hot stuff *(fam)*; **¡estaba buenísima!** she looked a real treat!; **¿adónde ~?** where are you off to?; **¡cuánto ~ por aquí!** long time no see! *(fam)*. **(g)** *(frases con* **buenas***)* **~as tardes** good evening; **¡~as!** 'afternoon! *(fam)*; **de ~as a primeras** *(del principio)* straight away, from the start; **decir una noticia a uno de ~as a primeras** to spring a piece of news on sb; **por las ~as** *o* **de ~a gana** gladly, willingly; **por las ~as o por las malas** like it or not, by hook or by crook.
2 *adv, interj:* **¡~!** all right!, O.K.!; *(iro)* come off it!; *(LAm Telec)* hello!; **~, resulta que ...** well, it happens that ...; **~, ¿y qué?** well, so what?
Buenos Aires *nm* Buenos Aires.
buey *nm* **(a)** *(Zool)* ox; **~ marino** manatee; **~ del Tibet** yak. **(b) ¡~!** *(Méx)* imbecile!; **~ corneta** *(RPl)* busybody; **es un ~ para el trabajo** he's a tremendous worker; **hablar de ~es perdidos** *(RPl)* to flog a dead horse; **sacar el ~ de la barranca** *(Méx)* to bring off something difficult.
búfalo *nm* buffalo.
bufanda *nf* scarf, muffler.
bufar [1a] **1** *vi (gen)* to snort; *(gato)* to spit. **2 bufarse** *vr (Méx: pared)* to bulge.
bufé *nm*, **buffet** *nm* **(a)** *(mueble)* sideboard. **(b)** *(comida)* buffet supper.
bufete *nm* **(a)** *(mesa)* desk. **(b)** *(despacho de abogado)* lawyer's office; **establecer su ~** to set up in legal practice.
bufido *nm* snort.
bufo *adj* slapstick, knockabout; **ópera ~a** comic opera.
bufón 1 *adj* funny, comical. **2** *nm (payaso)* clown; *(Hist)* jester.
bufonada *nf (dicho)* jest; *(hecho)* piece of buffoonery; *(Teat)* farce.
bufonearse [1a] *vr (gastar chistes)* to joke, jest; *(hacer bufonadas)* to clown, play the fool.
bugle *nm* bugle.
buharda *nf*, **buhardilla** *nf* **(a)** *(ventana)* dormer window; *(: LAm)* skylight. **(b)** *(desván)* loft.
búho *nm* **(a)** *(Orn)* (long-eared) owl. **(b)** *(fig)* unsociable person, hermit.
buhonero *nm* pedlar, *(US)* peddler, hawker.
buitre *nm* vulture.
buja *nf (Méx Aut)*, **buje** *nm (Aut)* axle box.
bujía *nf* **(a)** *(vela)* candle; *(candelero)* candlestick. **(b)** *(Elec)* candle power. **(c)** *(Aut)* spark plug.

bula *nf* (papal) bull; **no poder con la** ~ *(fam)* to be knackered *(fam)*.
bulbo *nm (gen)* bulb.
bulboso *adj* bulbous.
bule *nm (Méx Bot)* gourd; *(cántaro)* water pitcher.
bulevar *nm* boulevard, avenue.
Bulgaria *nf* Bulgaria.
búlgaro/a 1 *adj, nm/f* Bulgarian. **2** *nm (Ling)* Bulgarian.
bul(l)dog *nm (Zool)* bulldog.
bul(l)dozer *nm* bulldozer.
bulo *nm* hoax.
bulto *nm* **(a)** *(tamaño)* size, bulk; *(volumen)* volume; **de** ~ obvious, striking; **de gran** ~ *(Com)* bulky; **de mucho** ~ *(lit)* heavy, sizeable; *(fig)* important; **de poco** ~ *(lit)* small; *(fig)* unimportant; **hacer** ~ *(lit)* to take up space; *(fig)* to be of little real use. **(b)** *(forma)* shape, form; *(silueta)* vague *o* indistinct shape; **a** ~ roughly, broadly; **decir algo a** ~ to come right out with sth; **ir** *o* **tirar al** ~ to come straight to the point; **escurrir el** ~ to make o.s. scarce; *(fig)* to dodge the issue; **menear el** ~ **a uno** to thrash sb. **(c)** *(paquete)* package, bundle; *(maleta)* piece of luggage; *(LAm)* satchel. **(d)** *(Med)* lump, swelling.
bulla *nf* **(a)** *(gen)* uproar, racket; *(LAm: ruido)* noise; *(: bronca)* quarrel, brawl; **armar** *o* **meter** ~ to kick up a row. **(b)** *(concurrencia)* crowd, mob.
bullanga *nf* disturbance, riot.
bullebulle *nmf* busybody.
bullero *adj (LAm)* = **bullicioso.**
bullicio *nm (gen: ruido)* din, hubbub; *(movimiento)* activity, bustle; *(disturbio)* disturbance, riot.
bullicioso *adj (gen)* noisy, rowdy; *(calle etc)* busy, bustling; *(situación)* turbulent, riotous.
bullir [3h] **1** *vt* to move, stir. **2** *vi* **(a)** *(hervir)* to boil; *(agitarse)* to bubble (up). **(b)** *(moverse)* to move, stir. **(c)** *(insectos)* to swarm; ~ **de** *(fig)* to teem *o* seethe with; **bullía de indignación** he was seething with indignation; **la ciudad bullía de actividad** the town was humming with activity. **3 bullirse** *vr* to move, stir.
bumerang [bume'ran] *nm, pl* **bumerangs** [bume'ran] boomerang.
búngalow ['boŋgalo, buŋga'lo] *nm, pl* **búngalows** ['boŋgalo, buŋga'lo] bungalow.
búnker ['buŋker] *nm, pl* **búnkers** ['buŋker] *(gen)* bunker.
buñolería *nf* doughnut *o (US)* donut shop.
buñuelo *nm* **(a)** ≈ doughnut, fritter. **(b)** *(fam: mal trabajo)* botched job, mess.
buque *nm* **(a)** *(gen)* ship, boat; ~ **de abastecimiento/de carga** *o* **carguero/de desembarco** supply ship/freighter/landing craft; ~ **cisterna** tanker; ~ **de guerra** warship; *(Hist)* man-of-war; ~ **insignia** flagship; ~ **mercante** merchantman, merchant ship; ~ **nodriza** mother ship; ~ **de vapor** steamer, steamship; ~ **de vela** *o* **velero** sailing ship; **ir en** ~ to go by ship. **(b)** *(cabida)* capacity. **(c)** *(casco)* hull.
burbuja *nf* bubble; **hacer** ~**s** *(gen)* to bubble; *(gaseosa)* to fizz.
burbujear [1a] *vi (gen)* to bubble; *(gaseosa)* to fizz.
burbujeo *nm* bubbling.
burdel *nm* brothel.
burdo *adj (gen)* coarse, rough; *(fig: mentira etc)* clumsy.
bureo *nm* entertainment, amusement; **ir de** ~ *(fam)* to go out on the tiles *(fam)*.
burgalés/esa 1 *adj* of Burgos. **2** *nm/f* native *o* inhabitant of Burgos.
burgués/esa 1 *adj* middle-class; *(Pol, pey)* bourgeois; **pequeño** ~ lower middle-class; *(Pol, pey)* petty bourgeois. **2** *nm/f* middle-class person; *(Pol, pey)* bourgeois; **pequeño** ~ lower middle-class person; *(Pol, pey)* petty bourgeois.
burguesía *nf* middle-class, bourgeoisie; **alta** ~ upper middle-class; **pequeña** ~ lower middle-class; *(Pol, pey)* petty bourgeosie.
buril *nm* engraver's chisel.
burilar [1a] *vt* to engrave.
burla *nf* **(a)** *(mofa)* gibe, taunt; ~**s** mockery *sg*, ridicule *sg;* **hacer** ~ **de** to make fun of, mock. **(b)** *(broma)* joke; ~**s** joking *sg*, fun *sg;* **de** ~**s** in fun; ~ **burlando** tongue in cheek; **gastar** ~**s con uno** to make fun of sb; **fue una** ~ **cruel** it was a cruel trick.
burladero *nm (Aut)* traffic island; *(Taur)* covert; *(en túnel)* recess.
burlador(a) 1 *adj* mocking. **2** *nm/f* **(a)** *(cínico)* mocker. **(b)** *(bromista)* practical joker. **3** *nm* Don Juan.
burlar [1a] **1** *vt* **(a)** *(engañar)* to deceive, trick; *(enemigo)* to outwit. **(b)** *(frustrar)* to cheat, frustrate. **(c)** *(seducir)* to seduce. **2** *vi*, **burlarse** *vr* **(a)** to joke, banter. **(b)** ~**se de** to ridicule, make fun of.
burlesco *adj* **(a)** *(cómico)* funny, comic. **(b)** *(Lit)* burlesque.
burlete *nm* draught excluder.
burlón/ona 1 *adj* mocking, teasing; *(voz etc)* sardonic. **2** *nm/f* joker. **3** *nm (Méx fam)* mockingbird.
buró *nm (escritorio)* bureau, (roll-top) desk; *(Méx)* bedside table; *(Pol)* **B**~ **Político** Politburo.
burocracia *nf* bureaucracy.
burócrata *nmf* bureaucrat.
burocrático *adj* bureaucratic.
burrada *nf* **(a)** drove of donkeys. **(b)** *(fig)* stupid act; **decir** ~**s** to talk nonsense.
burro/a 1 *adj* stupid. **2** *nm* **(a)** *(Zool)* donkey; *(fig)* ass, idiot; ~ **de carga** *(fig)* glutton for work; **caerse del** ~ to realize one's mistake; **esto comió** ~ *(RPl)* it got lost, it vanished; **no ver tres en un** ~ to be as blind as a bat. **(b)** *(Téc)* sawhorse; *(Méx)* stepladder. **3 burra** *nf* **(a)** *(Zool)* (she-)donkey. **(b)** *(fig: necia)* stupid woman; *(: sufrida)* drudge, slave.
bursátil *adj* stock-exchange *(atr)*, stock-market *(atr)*.
burundanga *nf (Cu)* piece of junk; **de** ~ worthless.
bus *nm* bus.
busca *nf (gen)* search, hunt (*de* for); **en** ~ **de** in search of.
buscabulla *nm (Cu, Méx)* troublemaker.
buscador(a) *nm/f* searcher, seeker; ~ **de oro** *(lit)* gold prospector; *(fig, fam)* gold digger *(fam)*.
buscapié *nm (gen)* hint; *(indirecta)* dig *(fam)*.
buscapiés *nm inv (Brit)* jumping jack, *(US)* firecracker.
buscapleitos *nmf inv (LAm)* troublemaker.
buscar [1g] **1** *vt* **(a)** *(gen)* to look *o* search for, try to find; *(dato etc)* to hunt for; *(objeto perdido)* to have a look for; *(enemigo)* to seek out; *(riña)* to be asking for; *(beneficio)* to seek, be out for; **ir a** ~ to go and look for; *(traer)* to bring, fetch; **ven a** ~**me a la oficina** come and pick me up at the office; **nadie nos buscará aquí** nobody will look for us here; ~**le 3** *o* **4 pies al gato** to split hairs, nitpick *(fam)*. **(b)** *(LAm)* to ask for. **(c)** *(Méx: provocar)* to provoke.

2 *vi* **(a)** to look, search, hunt; **buscó en el bolsillo** he felt in his pocket. **(b)** *(LAm)* ~ **hacer algo** to attempt to do sth.

3 buscarse *vr* **(a)** **'se busca', 'búscase'** 'wanted'. **(b)** ~**la** *(fam: arreglárselas)* to manage,

get along; *(provocar)* to be looking for trouble; **se la buscó** he asked for it.
buscas *nfpl (LAm)* perks *(fam)*.
buscavidas *nmf inv* **(a)** snooper, nosey parker *(fam)*. **(b)** *(persona ambiciosa)* go-getter.
buscón/ona 1 *adj* thieving, crooked. **2** *nm/f* petty thief. **3 buscona** *nf* whore.
busilis *nm (fam)* difficulty, snag; **ahí está el ~** that's the rub; **dar en el ~** to reach the crux of.
búsqueda *nf* = **busca.**
busto *nm (Anat)* chest; *(escultura)* bust.
butaca *nf* armchair, easy chair; *(Teat)* stall.
butano *nm* butane (gas); **bomba/bombona de ~** small/large *(Brit)* Calor ® *o* butane gas cylinder.
butifarra *nf* **(a)** Catalan sausage. **(b)** *(Per)* meat-and-salad roll. **(c)** *(RPl)* **tomar a uno para la ~** to make a laughing stock of sb.
butiondo *adj* lewd, lustful.
buzo *nm* diver.
buzón *nm* **(a)** *(gen)* letterbox; *(en calle)* pillar box, *(US)* mailbox; **echar al ~** to post. **(b)** *(tapón)* plug; *(Téc)* sluice. **(c)** *(LAm Pol)* courier.
byte [bait] *nm (Comput)* byte.

C

C, c [θe, *(esp LAm)* se] *nf (letra)* C, c.
C *abr de* **compañía.**
C/ *abr de* **calle** St.
c *abr de* **capítulo.**
ca *interj* not a bit of it!, never!
cabal 1 *adj (gen)* exact; *(perfecto)* perfect; *(acabado)* finished, complete. **2** *adv* exactly; **¡~!** perfectly correct!, right! **3** *nm*: **estar en sus ~es** to be in one's right mind; **hacer algo por sus ~es** to do sth properly.
cábala *nf* **(a)** *(Rel)* cab(b)ala; *(fig)* cabal, intrigue. **(b) ~s** guess, supposition.
cabalgadura *nf (de montar)* mount, horse; *(de carga)* beast of burden.
cabalgar [1h] **1** *vt* **(a)** *(suj: jinete)* to ride. **(b)** *(suj: potro)* to cover, serve. **2** *vi* to ride; **~ en mula** to ride (on) a mule; **~ sin montura** to ride bareback.
cabalgata *nf* cavalcade, mounted procession.
cabalista *nm* schemer, intriguer.
cabalístico *adj* cabalistic; *(fig)* occult, mysterious.
caballa *nf* mackerel.
caballada *nf* **(a)** *(Zool)* herd of horses. **(b)** *(LAm)* stupid action.
caballar *adj* horse *(atr)*, equine; **cara ~** horse-face; **ganado ~** horses.
caballejo *nm* poor horse, nag.
caballeresco *adj* **(a)** *(Hist)* knightly, chivalric; **orden ~a** order of chivalry. **(b)** *(sentimiento)* fine, noble; *(conducta)* chivalrous.
caballería *nf* **(a)** *(animal: gen)* mount, steed. **(b)** *(Mil)* cavalry; **~ ligera** light cavalry. **(c)** *(Hist)* chivalry, knighthood; **~ andante** knight-errantry. **(d) andarse en ~s** to overdo the compliments. **(e)** *(Agr: Méx, CAm)* ≃ 43 hectares; *(Cu)* ≃ 13.5 hectares.
caballeriza *nf* **(a)** *(cuadra)* stable; *(de fomento)* stud, horse-breeding establishment; **~ de alquiler** livery stable. **(b)** *(plantilla)* stable hands, grooms.
caballerizo *nm* groom, stableman; **~ del rey** equerry.
caballero 1 *nm* **(a)** *(Mil)* cavalryman. **(b)** *(hombre)* gentleman; **cosas indignas de un ~** things unworthy of a gentleman; **~ de industria** swindler; **'C~s'** 'Gents', 'Men'; **de ~ a ~** as one gentleman to another; **ser todo un ~** to be a real gentleman. **(c)** *(Hist)* knight; **~ andante** knight-errant; **~ de Santiago** Knight of (the Order of) Santiago; **el C~ de la Triste Figura** the Knight of the Doleful Countenance *(Don Quixote)*; **armar ~ a uno** to knight sb, dub sb knight. **(d)** *(trato directo)* sir; **¿quién es Ud, ~?** who are you, sir?
2 *adj*: **iba ~ en una mula** he was riding a mule.
caballerosidad *nf* gentlemanliness, chivalry.
caballeroso *adj* gentlemanly, chivalrous; **poco ~** ungentlemanly.
caballete *nm (Agr)* ridge; *(de tejado)* ridge; *(Arte)* easel; *(Téc)* trestle; *(Anat)* bridge (of the nose); **~ de aserrar** sawhorse.
caballista *nmf* horseman/-woman.
caballito *nm* **(a)** little horse, pony; **~ de niño** rocking horse, hobby-horse; *(insecto)* **~ del diablo** dragonfly; *(Zool)* **~ de mar, ~ marino** sea horse. **(b) ~s** merry-go-round.
caballo *nm* **(a)** *(Zool)* horse; **~ de aros** vaulting horse; **~ de balancín** rocking horse; **~ de batalla** *(fig)* forte, speciality; **es su ~ de batalla** it's a constant theme of his; **~ de blanco** *(Fin)* backer; **~ de buena boca** *(fig)* obliging chap; **~ de carga** packhorse; **~ de carrera(s)** racehorse; **~ de caza** hunter; **~ entero** stallion; **~ de guerra** warhorse, charger; **~ de tiro** cart-horse, draught horse; **a ~** on horseback; **andar** *o* **ir** *o* **montar a ~** to ride, go on horseback; **estar a ~ de algo** to be astride sth; **subir a ~** to mount, get on one's horse; **ir a mata ~** to go at breakneck speed; **a ~ regalado no le mires el diente** don't look a gift horse in the mouth; **como ~ desbocado** *(fig)* rashly, hastily; **estar como el ~ de Don Quijote** to be terribly thin; **tropas de a ~** mounted troops. **(b)** *(Ajedrez)* knight; *(Naipes)* queen. **(c) ~ de fuerza, ~ de vapor** horsepower; **un motor de 18 ~s** an 18 horsepower engine; **¿cuántos ~s tiene este coche?** what horsepower is this car? **(d)** *(LAm: bruto)* fool, idiot.
caballón *nm (Agr)* ridge.
caballuno *adj* horse-like, horsy.
cabanga *nf (CAm)* blues.
cabaña *nf* **(a)** *(choza)* hut, cabin; **~ de madera** log cabin. **(b)** *(Billar)* baulk. **(c)** *(Agr)* (large) flock. **(d)** *(RPl)* cattle-breeding ranch.
cabaré *nm* cabaret.
cabaret [kaβa're] *nm, pl* **cabarets** [kaβa're] cabaret, night club.
cabaretera *nf* cabaret entertainer.
cabe *nm*: **~ de pala** windfall, lucky break; **dar un ~ a** to do harm to; **dar un ~ al bolsillo** to make a hole in one's pocket.
cabeceada *nf (LAm)* nod (of the head).
cabecear [1a] **1** *vt* **(a)** *(Cos)* to bind (the edge of).

(b) *(vino)* to blend. **(c)** *(balón)* to head. **2** *vi* **(a)** *(al dormir)* to nod; *(negar)* to shake one's head; *(caballo)* to toss its head. **(b)** *(Náut)* to pitch; *(Aut etc)* to lurch, sway.

cabeceo *nm* **(a)** *(al dormir)* nod, nodding; *(negativa)* shake of the head; *(de caballo)* toss of the head. **(b)** *(Náut)* pitching; *(Aut etc)* lurching.

cabecera *nf* **(a)** *(gen)* head; *(asiento)* seat of honour; ~ **de río** headwaters of a river. **(b)** *(de cama)* headboard; *(fig)* bedside; **libro de** ~ bedside book; **médico de** ~ family doctor; **estar a la** ~ **de uno** to be at sb's bedside. **(c)** *(Tip)* heading, title; *(LAm: en periódico)* headline. **(d)** *(Pol: puesto)* leadership; *(pueblo)* capital.

cabecilla *nm (Mil, Pol)* ringleader.

cabellera *nf* **(a)** (head of) hair; *(postiza)* wig, hairpiece. **(b)** *(Astron)* tail.

cabello *nm* **(a)** hair; ~**s** (head of) hair; ~ **de Venus** *(Bot)* maidenhair; **estar en** ~**s** to be bareheaded; **estar pendiente de un** ~ to hang by a thread; **asirse de un** ~ to latch on to any excuse; **una comparación traída por los** ~**s** a far-fetched simile. **(b)** *(LAm)* ~**s de ángel** candy floss, *(US)* cotton candy.

cabelludo *adj* hairy, shaggy; *(Bot)* fibrous.

caber [2m] *vi* **(a)** *(gen)* to go, fit *(en* in, into*)*; **no cabe el libro** the book won't fit, there's no room for the book; **caben 3 más** there's room for 3 more, we can get 3 more in; **en esta maleta no cabe** it won't go into this case; **en este depósito caben 20 litros** this tank holds 20 litres; **¿cabe uno más?** is there room for one more?, can you get one more in?; **¿cabemos todos?** is there room for us all? **(b)** *(Mat)* **¿cuántas veces cabe 5 en 20?** how many times does 5 go into 20? **(c)** *(fig)* to be possible; **los compro todos y más, si cabe** I'll buy them all and more, if (that is) possible; **no cabe en él hacerlo** it is not in him to do it. **(d)** *(locuciones)* **no cabe más** *(fig)* that's the lot, that's the limit; **no** ~ **en sí** to be beside o.s.; **no** ~ **en sí de contento** to be overjoyed; **no cabe perdón** it's inexcusable; **cabe preguntar si ...** one might *o* could ask whether...; ~ **a uno** to fall to one's lot; **le cupieron 120 pesetas** his share was 120 pesetas, he got 120 pesetas (as his share); **no me cupo tal suerte** I had no such luck.

cabestrar [1a] *vt* to put a halter on.

cabestrillo *nm (Med)* sling; **con el brazo en** ~ with one's arm in a sling.

cabestro *nm* halter; **llevar a uno del** ~ *(fig)* to lead sb by the nose.

cabeza *nf* **(a)** *(gen)* head; ~ **atómica** atomic warhead; ~ **de biela** *(Mec)* big end; ~ **de chorlito** *(fam)* scatterbrain; ~ **de dragón** *(Bot)* snapdragon; ~ **explosiva,** ~ **de guerra** warhead; ~ **de turco** scapegoat, *(US)* fall guy; **estoy de** ~ I'm hard at it; **caer de** ~ to fall head first *o* headlong; **ir de** ~ *(fam)* to be snowed under; **meterse de** ~ **en algo** to plunge into sth; **5 dólares por** ~ 5 dollars a head; **por encima de la** ~ over one's head, overhead; **alzar** *o* **levantar la** ~ to get on one's feet again; **andar en** ~ *(LAm)* to go bareheaded; **asentir con la** ~ to nod (one's head); **calentarse la** ~ to get tired out; **me duele la** ~ my head aches, I've got a headache; **se me fue de la** ~ it went right out of my mind; **jugarse la** ~ to risk one's life; **lavarse la** ~ to wash one's hair; **por fin se lo metimos en la** ~ we finally got it into his head *(que* that*)*; **jamás se me pasó por la** ~ it never entered my head; **perder la** ~ to lose one's head; **quitar algo de la** ~ **a uno** to get sth out of sb's head; **ella me ha quitado la** ~ I'm crazy about her; **me está rodando la** ~ I feel giddy; **romperse la** ~ to rack one's brains; **le saca la** ~ **a su hermano** he is taller by a head than his brother; **sentar la** ~ to settle down; **el vino se me subió a la** ~ the wine went to my head; **tener la** ~ **como un bombo** to have a splitting headache; **tocado de la** ~ crazy, nuts *(fam)*; **traer de** ~ **a uno** to upset *o* bother sb; **volver la** ~ to look round, turn one's head. **(b)** *(individuo)* head; ~ **de familia** head of the household. **(c)** *(Geog)* top, summit; *(Dep: de liga etc)* head, top; **ir a la** ~ **de la lista** to be at the top of the list; **ir en** *o* **a la** ~ to be in the lead. **(d)** *(LAm: de río)* source. **(e)** ~ **de ajo** bulb of garlic; ~ **de plátanos** *(LAm)* bunch of bananas. **(f)** *(fig)* origin, beginning.

cabezada *nf* **(a)** *(cabezazo)* butt; *(porrazo etc)* blow on the head. **(b)** *(cabeceo)* shake of the head; **dar** ~**s** to nod (sleepily); **darse de** ~**s** to rack one's brains.

cabezal *nm (almohada)* bolster; *(Med)* pad, compress.

cabezazo *nm (gen)* butt; *(Dep)* header.

cabezón 1 *adj* = **cabezudo. 2** *nm (Cos)* neck, yoke; **llevar a uno de los** ~**es** to force sb to go.

cabezudo *adj* **(a)** bigheaded, with a big head. **(b)** *(fig)* pigheaded. **(c)** *(vino)* heady.

cabezuela *nf (Bot)* head.

cabida *nf (gen)* space, room; *(Náut etc)* capacity; *(terreno)* extent, area; **con** ~ **para 50 personas** with space for 50 people; **dar** ~ **a** to make room for; **tener** ~ **para** to have room for, hold.

cabildear [1a] *vi (presionar)* to lobby; *(conspirar)* to intrigue.

cabildeo *nm (véase vi)* lobbying; intriguing, intrigues.

cabildo *nm (Rel)* chapter; *(Pol)* town council.

cabillo *nm (Bot)* stalk, stem.

cabina *nf (gen)* cabin; *(de camión)* cab; *(Aer)* cabin, cockpit; *(Cine)* projection room; ~ **altimática,** ~ **a presión** pressurized cabin; ~ **electoral** voting booth; ~ **telefónica** (tele)phone booth *o* kiosk.

cabinera *nf (LAm)* air hostess, stewardess.

cabio *nm (Arquit: gen)* joist; *(: en puerta, ventana)* lintel.

cabizbajo *adj* dejected, downcast.

cable *nm (Náut etc)* cable, hawser; *(TV)* cable; *(de televisor, estéreo)* lead; **programas por** ~ cable programmes; *(Elec)* ~ **aéreo** overhead cable; ~ **de remolque** towline, towrope; **echar un** ~ **a uno** to give sb a helping hand; **enviar un** ~ **a uno** to cable sb.

cablear [1a] *vt (Telec)* to cable, wire (up); *(Téc)* to twist.

cablegrafiar [1c] *vi* to cable.

cablegrama *nm* cable(gram).

cabo *nm* **(a)** *(gen)* end, extremity; **de** ~ **a rabo** from beginning to end; **(b)** *(de proceso etc)* end, conclusion; **al** ~ finally, in the end; **al** ~ **de 3 meses** after (the lapse of) 3 months, 3 months later; **dar** ~ **a** to finish off; **dar** ~ **de** to put an end to; **estar al** ~ to be nearing one's end; *(terminar)* to finish; **estar al** ~ **de la calle** *(fig)* to know what's what; **llevar a** ~ to carry out, execute; **ponerse al** ~ **de algo** to get up to date on sth. **(c)** *(de objeto)* end, stump, butt; ~ **de lápiz** stub of a pencil. **(d)** *(hilo)* strand; *(Téc)* thread; *(Náut)* rope, cable; ~ **suelto** loose end; **atar** ~**s** to tie up the loose ends; **no dejar ningún** ~ **abierto** to leave no stone unturned. **(e)** *(de herramienta)* handle, haft. **(f)** *(Geog)* cape, point; **C**~ **de Buena Esperanza** Cape of Good Hope; **C**~ **de Hornos** Cape Horn. **(g)** *(Mil)* corporal; **ser como** ~ **de escuadra** to be despotic *o* brutal; ~ **de mar** petty officer. **(h)** ~**s** *(Cos)* accessories; *(fig)* odds and

ends.
cabotaje *nm* coastal traffic *o* trade.
cabra *nf* **(a)** *(Zool)* (she-)goat, nanny goat; ~ **montés** wild goat; *(fig)* **la ~ tira al monte ahora** now he is showing his true colours. **(b)** *(LAm)* loaded dice.
cabrear [1a] **1** *vt* to piss off *(fam!)*, annoy. **2** **cabrearse** *vr* to fly off the handle.
cabrero 1 *adj (RPl)* bad-tempered; **ponerse ~** to fly off the handle. **2** *nm* goatherd.
cabrestante *nm* capstan.
cabrío 1 *adj* goatish; **macho ~** he-goat, billy goat. **2** *nm* herd of goats.
cabriola *nf* gambol, skip; **hacer ~s** to caper about, prance around.
cabriolar [1a] *vi* to caper (about), gambol.
cabritilla *nf* kid(skin).
cabrito *nm* **(a)** *(Zool)* kid; **a ~** astride. **(b)** **~s** *(Chi)* popcorn.
cabro *nm (Chi)* kid, lad.
cabrón *nm* **(a)** *(cornudo)* cuckold. **(b)** *(fam!)* **¡~!** you bastard! *(fam!)*; **el muy ~ le robó el coche** the bastard *(fam!)* stole his car; **el tío ~ ese** that bastard *(fam!)*.
cabronada *nf (fam)* dirty trick; **hacer una ~ a uno** to play a dirty trick on sb.
cabruno *adj* goatish, goat *(atr)*.
cábula *nf (LAm)* **(a)** *(complot)* cabal, intrigue. **(b)** *(trampa)* trick, stratagem.
cabuya *nf (LAm Bot)* agave, pita; *(fibra)* pita fibre; *(Náut)* rope, cord; **ponerse en la ~** to cotton on *(fam)*.
caca *nf (fam!)* shit *(fam!)*, dirt; **hacer ~** *(fam!)* to have a crap *(fam!)*; **¡~!** don't touch!
cacahual *nm* cacao plantation.
cacahuete *nm* peanut, monkey nut.
cacao *nm (Bot)* cacao; *(bebida)* cocoa; **pedir ~** *(fig)* to give in, ask for mercy; **no valer un ~** to be worthless.
cacaraña *nf* pockmark.
cacarear [1a] **1** *vt* to boast about, make much of; **ese triunfo tan cacareado** that much trumpeted triumph. **2** *vi (gallina)* to cackle.
cacareo *nm* crowing, cackling; *(fig)* boasting.
cacarizo *adj (Méx)* pitted, pockmarked.
cacatúa *nf* cockatoo.
cacera *nf* irrigation channel.
cacería *nf* **(a)** *(gen)* hunting, shooting. **(b)** *(partida)* hunt, shoot, shooting party; **~ de zorros** fox hunt. **(c)** *(Arte)* hunting scene.
cacerola *nf (perola)* pan; *(cazuela)* casserole.
cacicazgo *nm*, **cacicato** *nm* fiefdom.
cacimba *nf (LAm)* well.
cacique *nm (LAm Hist)* chief, headman; *(Pol)* local party boss; *(fig)* petty tyrant, despot.
caciquismo *nm (Pol)* boss system; *(fig)* petty tyranny, despotism.
caco *nm* **(a)** *(ladrón)* pickpocket, thief. **(b)** *(fam: cobarde)* coward.
cacofonía *nf* cacophony.
cacto *nm* cactus.
cacumen *nm* acumen, brains.
cacha *nf* **(a)** *(mango)* handle; **hasta las ~s** *(fam!)* up to the hilt, completely. **(b)** *(Anat: carrillo)* cheek; *(: nalga)* buttock.
cachaco *nm (Per)* cop *(fam)*.
cachada *nf* **(a)** *(LAm Taur)* goring. **(b)** *(RPl)* joke, leg-pull.
cachañar [1a] *vt (Chi)* **(a)** = **cachar**[1]. **(b)** **~ a uno** to pull sb's leg.
cachar[1] [1a] *vt* **(a)** *(romper)* to smash, break in pieces; *(madera)* to split; *(Agr)* to plough up. **(b)** *(LAm)* to butt, gore. **(c)** *(RPl: mofar)* to deride, ridicule. **(d)** *(RPl: fam!)* to screw *(fam!)*.
cachar[2] [1a] *vt* **(a)** *(RPl: camión etc)* to catch. **(b)** *(CAm)* to get, obtain; *(Chi, Méx)* to catch in the act.
cacharpas *nfpl (LAm)* lumber, junk.
cacharpaya *nf (LAm)* farewell banquet.
cacharrería *nf* crockery shop.
cacharro *nm* **(a)** *(vasija)* earthenware pot, crock; **~s** earthenware, coarse pottery. **(b)** *(pedazo)* piece of pottery, potsherd. **(c)** *(LAm: fam)* useless object, piece of junk; *(: Aut)* old crock.
cachaza *nf* **(a)** *(gen)* slowness; *(flema)* calmness, phlegm. **(b)** *(LAm)* ≃ rum.
cachazudo/a 1 *adj (gen)* slow; *(flemático)* calm, phlegmatic. **2** *nm/f* slowcoach *(fam)*.
cachear [1a] *vt* **(a)** *(RPl: pejar)* to punch, slap. **(b)** *(registrar)* to search, frisk (for weapons).
cacheo *nm* searching, frisking (for weapons).
cachetada *nf (LAm)* slap, box on the ear.
cachete *nm* **(a)** *(Anat)* (fat) cheek; *(Med)* swollen cheek. **(b)** *(golpe)* punch in the face. **(c)** *(puñal)* dagger.
cachetear [1a] *vt (LAm)* to slap, box on the ear.
cachetero *nm* dagger.
cachetina *nf* punch-up *(fam)*.
cachetudo *adj* chubby-cheeked.
cachimba *nf* **(a)** *(LAm: pipa)* pipe. **(b)** *(cartucho)* empty cartridge. **(c)** *(RPl)* shallow well. **(d)** *(Cu)* tart *(fam)*.
cachimbo *nm* **(a)** *(LAm)* pipe; **chupar ~** *(Ven)* to smoke a pipe. **(b)** *(Per Univ)* freshman.
cachipolla *nf* mayfly.
cachiporra *nf* truncheon.
cachito *nm* a bit, a little; **a ~s** bit by bit.
cachivache *nm* **(a)** *(vasija)* pot, utensil. **(b)** *(individuo)* worthless *o* useless fellow. **(c)** **~s** *(fig)* trash *sg*, junk *sg*.
cacho 1 *adj* bent, crooked. **2** *nm* **(a)** crumb, bit; **¡~ de gloria!** my precious!; **¡~ de ladrón!** you thief! **(b)** *(LAm: cuerno)* horn; *(: racimo)* bunch. **(c)** *(locuciones)* **empinar el ~** *(Chi)* to drink; **estar fuera de ~** to be in safe keeping; **raspar el ~ a uno** *(Chi)* to tell sb off.
cachón *nm* wave, breaker.
cachondearse [1a] *vr (fam)* to joke; **~ de uno** to tease sb.
cachondeo *nm (gen)* joking; *(guasa)* laugh *(fam)*; **hacer algo en plan de ~** *(fam)* to do sth for a lark *o* a laugh; **tomar a ~** to treat as a joke.
cachondez *nf* **(a)** *(Zool)* heat, readiness to mate. **(b)** *(de persona)* randiness.
cachondo *adj* **(a)** *(Zool)* on heat, in rut. **(b)** *(persona)* randy; *(: gracioso)* funny.
cachorro/a *nm/f* **(a)** *(Zool: gen)* cub; *(: perro)* pup(py). **(b)** *(LAm)* uncouth person; **¡~!** you brute!
cachudo *adj* **(a)** *(Méx)* horned, with horns. **(b)** *(Colombia)* wealthy. **(c)** *(RPl)* suspicious, distrustful.
cachuela *nf* **(a)** *(Culin)* stew, fricassee. **(b)** *(LAm)* rapids *pl*.
cada *adj inv* each; *(antes de número)* every; **~ día** each day, every day; **~ uno** every one; *(de dos)* both, each one; **~ 3 meses** every 3 months; **~ cuando** every now and then; **~ y cuando que ...** whenever ...; **~ y siempre que ...** as soon as ...; **~ cierta distancia por la carretera** every so often along the road, at intervals along the road; **¿~ cuánto?** how often?
cadalso *nm (Jur)* gallows; *(Téc)* stand, platform.
cadáver *nm* (dead) body, corpse, *(US)* cadaver; *(animal)* body, carcass; **ingresó ~** he was dead on arrival (at hospital).

cadavérico *adj* cadaverous; *(pálido)* deathly pale.
cadena *nf* **(a)** *(gen)* chain; *(fig)* bond, link; *(serie)* series, sequence; ~ **antideslizante** tyre chain; ~ **de hoteles** chain of hotels; ~ **de montaje** assembly *o* production line; ~ **de oruga** caterpillar track; ~ **de reloj** watch chain; **reacción en** ~ chain reaction. **(b)** *(Jur Hist)* chain gang. **(c)** *(Jur)* ~ **perpetua** life imprisonment. **(d)** *(Arquit)* pier, buttress.
cadencia *nf* cadence, rhythm.
cadencioso *adj* rhythmic(al), cadenced.
cadeneta *nf (Cos)* chain stitch; ~ **de papel** paper chain.
cadera *nf* hip.
cadete *nm* cadet.
Cádiz *nm* Cadiz.
cadmio *nm* cadmium.
caducar [1g] *vi* **(a)** *(viejo)* to become senile. **(b)** *(Comm, Jur)* to expire, lapse; **esta oferta caduca el 31 de mayo** valid until May 31, this offer runs until May 31; **el abono ha caducado** the season ticket has expired.
caducidad *nf* lapse, expiry; **fecha de** ~ expiry date.
caduco *adj* **(a)** *(viejo)* senile, decrepit. **(b)** *(Bot)* deciduous. **(c)** *(fig: placer etc)* fleeting. **(d)** *(Com, Jur)* lapsed, invalid; **quedar** ~ to lapse, be out of date.
CAE *abr de* **cóbrese al entregar** COD.
caedizo *adj* unsteady; *(Bot)* deciduous.
caer [2o] *vi*, **caerse** *vr* **(a)** *(gen)* to fall (down); *(edificio)* to tumble (down), collapse; *(Aer)* to crash, come down; *(cortina etc)* to hang; *(pelo)* to hang down; ~ **al suelo** to fall to the ground; **el edificio se está cayendo** the building is falling down; ~ **sobre** *(fig)* to pounce on; **cayó un rayo en la torre** the tower was struck by lightning; **estar al** ~ to be due to happen; **dejar** ~ to drop, let fall; **dejarse** ~ to let o.s. fall; **hacer** ~ to knock down; **se me cayó el guante** I dropped my glove; ~ **enfermo** to fall ill; ~ **en un error** to fall into error; ~ **redondo** to fall in a heap; ~**se de miedo** to be terrified; **se cae de viejo** he's so old he can hardly walk. **(b)** *(Mil: pueblo etc)* to fall, be captured; **ha caído el gobierno** the government has fallen; ~ **como chinches,** ~ **como moscas** to die like flies. **(c)** *(precio etc)* to fall, go down; *(conversación)* to flag. **(d)** *(viento etc)* to die down, drop; *(día)* to decline, draw to its close; *(noche)* to fall, close in; **al** ~ **de la noche** at nightfall. **(e)** *(sitio)* to lie, be located; **cae en el segundo tomo** it comes in the second volume; **eso cae más hacia el este** that lies further to the east. **(f)** *(suj: ventana etc)* ~ **a,** ~ **hacia** to look over *o* look out on. **(g)** *(fecha)* to fall; *(Com, Fin)* to fall due; **el aniversario cae en martes** the anniversary falls on a Tuesday; *(herencia)* ~ **a** to fall to. **(h)** *(locuciones)* **no caigo** I don't get it; **ya caigo** I see, now I understand; ~ **en que ...** to realize that ...; ~ **en la cuenta** to realize; ~ **bien a uno** *(ropa)* to suit sb, look well on sb; **el traje le caía mal** the suit was not right for him; *(gente)* **A no le cayó bien a B** A did not make a good impression on B; **me cae mal el tío ése** I can't stand that guy. **(i)** *(LAm)* to come, drop in; **él suele** ~ **por aquí** he usually drops in.
café *nm* **(a)** *(Bot, bebida)* coffee; ~ **instantáneo/descafeinado** instant/decaffeinated coffee; ~ **con leche** (large) white coffee, coffee with milk; ~ **molido** ground coffee; ~ **cortado** (small) white coffee; ~ **negro** *(LAm)*, ~ **solo** (small) black coffee; ~ **torrefacto** roasted coffee; ~ **americano** *(Méx)* (large) black coffee. **(b)** *(local)* café, coffee house. **(c)** *(RPl)* ticking-off.
cafeína *nf* caffein(e).
cafetal *nm* coffee plantation.
cafetalero *(LAm)* **1** *adj* coffee *(atr)*, coffee-growing; **industria** ~**a** coffee industry. **2** *nm* coffee grower.
cafetera *nf* coffee pot; ~ **filtradora** percolator.
cafetería *nf (gen)* café; *(Ferro)* buffet, refreshment car; *(LAm)* retail coffee shop.
cafetero 1 *adj* addicted to coffee. **2** *nm (dueño de café)* café proprietor *o* owner; *(comerciante)* coffee merchant.
cafeto *nm (LAm)* coffee tree.
cáfila *nf* group, large number; **una** ~ **de disparates** a string of inanities.
cafre *nmf* Kaffir; **como** ~**s** *(fig)* like savages, like beasts.
cagada *nf* **(a)** *(fam!)* shit *(fam!)*; *(fig: cosa fatal)* a load of crap *(fam!) o* balls *(fam!)*. **(b)** *(disparate)* blunder.
cagadero *nm (fam!)* bog *(fam)*, *(US)* john *(fam)*, lavatory.
cagado *adj (fam!)* yellow, shit-scared *(fam!)*.
cagalera *nf (fam!)* runs *(fam)*, diarrhoea; **¡brava** ~**!** what a mess!
cagar [1h] *(fam!)* **1** *vt* **(a)** to shit *(fam!)*. **(b)** *(fig)* to bungle, mess up. **2** *vi* to have a shit *(fam!)*. **3 cagarse** *vr* **(a)** = **2. (b)** *(locuciones)* **¡ me cago en diez!** *(fam!)* Christ! *(fam!)*.
cagarruta *nf* pellet, dropping.
cagatintas *nm inv* penpusher.
caída *nf* **(a)** *(gen)* fall; *(de jinete etc)* tumble, spill; *(fig)* collapse, downfall; *(Teat)* flop, failure; **la C**~ *(Rel)* the Fall; **la** ~ **del gobierno** the fall of the government; **la** ~ **de los dientes** the loss of one's teeth; ~ **de agua** waterfall; ~ **de cabeza** fall headfirst, header; **a la** ~ **del sol** at sunset; **sufrir una** ~ to have a fall *o* tumble. **(b)** *(de precio etc)* fall, drop. **(c)** *(de terreno)* drop, slope; *(Geol)* dip; *(de hombros)* slope. **(d)** *(de cortina)* fold(s); *(de ropa)* set, hang. **(e)** *(fam)* witty remarks; **¡qué** ~**s tiene!** isn't he witty?
caído 1 *adj* **(a)** *(gen)* fallen; *(cabeza)* drooping; *(fig)* crestfallen, dejected. **(b)** ~ **del cielo** out of the blue. **2** *nm*: **los** ~**s** the fallen.
caigo *etc véase* **caer.**
caimán *nm* **(a)** *(LAm)* alligator, caiman; *(Bolivia)* iguana. **(b)** *(Méx fam)* wide boy *(fam)*.
caimiento *nm (gen)* fall; *(Med)* decline.
Caín *nm* Cain; **pasar las de** ~ to have a terrible time; **venir con las de** ~ to have evil intentions.
cairel *nm (peluca)* wig; *(Cos)* fringe.
Cairo *nm*: **el** ~ Cairo.
caja *nf* **(a)** *(gen)* box; *(para ropa etc)* chest; *(para mercancías)* case, crate; *(ataúd)* coffin, *(US)* casket; ~ **de colores** paintbox; ~ **de herramientas** toolbox; ~ **de música** musical box; ~ **de sorpresa** jack-in-the-box; **un cuarto como** ~ **de muerto** a poky little room. **(b)** *(Mec)* casing, housing; *(de coche etc)* body; ~ **de cambios** gearbox; ~ **del cigüeñal** crankcase. **(c)** *(Elec)* box; *(TV)* box, tube; ~ **de empalmes** junction box; ~ **de fusibles** fuse box. **(d)** *(Arquit: de escalera)* well; *(de ascensor)* well, shaft; ~ **de registro** manhole. **(e)** ~ **(de fusil)** stock. **(f)** *(Bot)* seed case, capsule. **(g)** *(Com, Fin: en banco)* cashier's desk; *(en supermercado)* till, checkout; *(máquina)* till; ~ **de alquiler** safe-deposit box; ~ **de caudales** strongbox, safe; ~ **fuerte** strongroom, bank vault; ~ **de (gastos) menores** petty cash; ~ **registradora** cash register, till; **metálico en** ~ cash in hand; **hacer** ~ *(banco)* to cash up; *(tienda)* to do the till,

till up; **ingresar en ~** to be paid in. **(h)** *(Fin)* fund; **~ de ahorros** savings bank; **~ de jubilaciones** *o* **pensiones** pension fund; **~ de resistencia** *(Pol)* strike fund. **(i)** *(Mús)* drum; *(de piano)* case; *(de violín)* body, case; *(Rad)* cabinet; **~ de resonancia** soundbox; *(fig)* sounding board; **despedir** *o* **echar a uno con ~s destempladas** to send sb away with a flea in his ear. **(j)** *(Tip)* case; **~ alta/baja** upper/lower case.

cajero/a 1 *nm/f (gen)* cashier; *(en banco)* (bank) teller; *(en supermercado etc)* checkout operator. **2** *nm:* **~ automático** cash dispenser.

cajete *nm (Méx)* pan, casserole.

cajetilla *nf* small box; **~ de cigarrillos** *(LAm)* packet *o (US)* pack of cigarettes.

cajista *nmf* compositor, typesetter.

cajita *nf* small box; **~ de cerillas** box of matches, matchbox.

cajón *nm* **(a)** *(gen)* big box, crate; **~ de embalaje** packing case. **(b)** *(LAm)* coffin, *(US)* casket. **(c)** *(en mueble)* drawer; *(Com)* till; **~ de sastre** *(fig)* odds and ends; **estar como ~ de sastre** to be in a terrible mess. **(d)** *(Com: puesto)* stall; *(Méx)* clothes shop. **(e)** *(LAm Geog)* box canyon. **(f) eso es de ~** that goes without saying.

cal *nf* lime; **~ apagada** *o* **muerta** slaked lime; **~ viva** quicklime; **cerrar algo a ~ y canto** to shut sth firmly *o* securely; **de ~ y canto** firm, strong.

cala *nf* **(a)** *(Geog)* cove. **(b)** *(Náut)* hold. **(c)** *(Culin: de fruta)* sample slice. **(d)** *(Med: supositorio)* suppository; *(sonda)* probe.

calabacera *nf* pumpkin (plant), gourd.

calabacín *nm* **(a)** *(Bot)* baby marrow, courgette, *(US)* zucchini. **(b)** *(fig)* dolt.

calabaza *nf* **(a)** *(Bot)* pumpkin; *(recipiente)* gourd, calabash. **(b)** *(fig)* dolt. **(c) dar ~s a** *(candidato)* to fail; *(amigo etc)* to snub, cold-shoulder; *(amante)* to jilt; **llevarse ~s, recibir ~s** *(Univ)* to fail; **salir ~** to be a flop, prove a miserable failure.

calabazo *nm* pumpkin, gourd.

calabobos *nm* drizzle.

calabozo *nm (prisión)* prison; *(celda)* prison cell; *(esp Hist)* dungeon.

calabrote *nm (Náut)* cable, hawser.

calada *nf* **(a)** *(gen)* soaking. **(b)** *(de red)* lowering. **(c)** *(de ave)* swoop, dive. **(d)** *(de tabaco)* puff, drag *(fam)*. **(e)** *(regañada)* ticking-off; **dar una ~ a uno** to tick sb off.

calado 1 *adj:* **estar ~ (hasta los huesos)** to be soaked (to the skin). **2** *nm* **(a)** *(Téc)* fretwork; *(Cos)* openwork. **(b)** *(Náut)* depth of water; *(de barco)* draught; **en iguales ~s** on an even keel.

calamaco *nm (Méx Culin)* kidney bean.

calamar *nm* squid, cuttlefish.

calambre *nm (tb ~s)* cramp; **~ de los escribientes** writer's cramp.

calambur *nm (LAm)* pun.

calamidad *nf* calamity, disaster; *(persona)* **es una ~** he's a dead loss; **estar hecho una ~** to be in a very bad way; **¡vaya ~!** what bad luck!

calamina *nf* calamine.

calamita *nf* lodestone.

calamitoso *adj* calamitous, disastrous.

cálamo *nm (Bot)* stem, stalk; *(Mús)* reed; *(Mús Hist)* flute; *(fig)* pen.

calamoco *nm* icicle.

calamorra *nf (fam)* nut *(fam)*, head.

calandrajo *nm* **(a)** *(andrajo)* rag, tatter. **(b)** *(fam: persona)* weed *(fam)*.

calandria[1] *nf (Orn)* calandra lark.

calandria[2] *nf (Téc)* mangle.

calaña *nf* model, pattern; *(fig)* nature, kind, stamp.

calar[1] **1** *adj* calcareous, lime *(atr)*. **2** *nm* limestone quarry.

calar[2] [1a] **1** *vt* **(a)** *(individuo)* to soak, drench; *(material)* to soak into, saturate, permeate. **(b)** *(penetrar)* to penetrate, pierce, go through. **(c)** *(Téc)* to do fretwork on; *(Cos)* to do openwork on. **(d)** *(carácter)* to size up; *(intención)* to see through; **¡nos ha calado!** he's rumbled us! **(e)** *(bayoneta)* to fix; *(red, puente)* to lower, let down. **(f)** *(fruta)* to cut a sample slice of; *(LAm: cosecha)* to take a sample of. **2 calarse** *vr* **(a)** *(gen)* to get soaked, get drenched *(hasta los huesos* to the skin*)*. **(b)** *(ave)* to swoop (down) *(sobre* on*)*. **(c) ~ el sombrero** to put one's hat on firmly; **~ las gafas** to stick one's glasses on.

calatear [1a] *vt (Per)* to undress.

calato *adj (Per)* naked; *(fig)* penniless, broke.

calavera *nf (Anat)* skull; *(Méx, Aut)* tail-light.

calca *nf (Per)* barn, granary.

calcado *nm (Téc)* tracing; *(fam: multa)* spot fine.

calcañal *nm*, **calcañar** *nm*, **calcaño** *nm* heel.

calcar [1g] *vt* **(a)** *(Téc)* to trace, make a tracing of. **(b)** *(plagiar)* **~ A en B** to model *o* base A on B. **(c)** *(fam: multar)* to fine on the spot.

calcáreo *adj* calcareous.

calce *nm* **(a)** *(Mec)* (wheel) rim. **(b)** *(Méx Tip)* foot (of a document). **(c)** *(RPl)* chance, opportunity.

calceta *nf* **(a)** *(Cos)* (knee-length) stocking. **(b)** *(Jur)* fetter, shackle. **(c) hacer ~** to knit.

calcetería *nf* **(a)** *(oficio)* hosiery. **(b)** *(tienda)* hosier's (shop).

calcetero/a *nm/f* hosier.

calcetín *nm (media)* sock; *(fam: condón)* condom, rubber *(fam)*.

calcificar [1g] *vt*, **calcificarse** *vr* to calcify.

calcinar [1a] *vt* **(a)** *(gen)* to burn, reduce to ashes. **(b)** *(fam: fastidiar)* to bother, annoy.

calcio *nm* calcium.

calco *nm* **(a)** *(Téc)* tracing. **(b)** *(Ling)* calque *(de* on*)*, loan translation *(de* from*)*.

calcomanía *nf* transfer.

calculable *adj* calculable.

calculador(a) 1 *adj* calculating. **2 calculadora** *nf* calculator.

calcular [1a] *vt* to calculate, work out; **~ que ...** to reckon that ... .

cálculo *nm* **(a)** *(gen)* calculation, reckoning; *(conjetura)* estimate, conjecture; *(Mat)* calculus; **~ de costo** costing; **~ diferencial** differential calculus; **libro de ~s hechos** ready reckoner; **~ mental** mental arithmetic; **ségun mis ~s** by my reckoning; **obrar con mucho ~** to act cautiously. **(b)** *(Med)* stone, gallstone.

caldas *nfpl* hot springs, hot mineral baths.

caldeamiento *nm* warming, heating.

caldear [1a] **1** *vt* to warm (up), heat (up); **estar caldeado** to be very hot. **2 caldearse** *vr* to get very hot, get overheated.

caldeo *nm* warming, heating.

caldera *nf (Téc)* boiler; *(Culin)* kettle.

calderero *nm* boilermaker; **~ remendón** tinker.

caldereta *nf* **(a)** small boiler. **(b)** *(Rel)* holy-water vessel. **(c)** *(Culin)* fish stew.

calderilla *nf (Fin)* small change, coppers.

calderón *nm* **(a)** *(Téc)* large boiler, cauldron. **(b)** *(Tip)* paragraph sign, section mark; *(Mús)* pause (sign).

caldo *nm* **(a)** *(Culin: gen)* stock; *(: sopa)* consommé, clear soup; *(: aderezo)* dressing, sauce; **~ gallego** broth; **~ de cultivo** *(Bio)* culture medium; **~ de teta** *(fig)* milk; **estar a ~** to be broke *(fam)*; **hacer el ~ gordo** to take advantage of a situation; **hacer el ~ gordo a uno** to play into

sb's hands; **poner a ~ a uno** to tear sb off a strip. **(b) ~s** *(Com)* oil, wine, cider *(and other vegetable juices)*; **los ~s jerezanos** the wines of Jerez, sherries.
calefacción *nf* heating; **~ central** central heating; **sistema de ~** heating (system).
calefaccionar [1a] *vt* to heat.
calefón *nm (RPl)* gas water-heater.
cale(i)doscopio *nm* kaleidoscope.
calendario *nm* calendar; **~ de taco** tear-off calendar.
caléndula *nf* marigold.
calentador *nm* heater; **~ eléctrico** electric fire; **~ a gas** gas heater; *(de agua)* geyser, water heater; **~ de inmersión** immersion heater.
calentamiento *nm* heating, warming.
calentar [1k] **1** *vt* **(a)** *(agua etc)* to heat (up); *(cuarto etc)* to warm (up); **~ al blanco/al rojo** to make white-/red-hot. **(b)** *(animar)* to speed up, get moving. **(c)** *(fam: excitar)* to turn on *(fam)*. **(d)** *(LAm: enfurecer)* to make angry. **2 calentarse** *vr* **(a)** *(gen)* to heat *o* warm up; *(al hogar etc)* to warm o.s. **(b)** *(fig: disputa etc)* to get heated. **(c)** *(Zool)* to be on heat; *(fam: gente)* to get randy *(fam)*. **(d)** *(LAm)* to get cross.
calentón *adj (fam)* randy *(fam)*, horny *(fam)*.
calentura *nf* **(a)** *(Med)* fever, (high) temperature; **estar con** *o* **tener ~** to be feverish, have a temperature. **(b)** *(Chi)* tuberculosis. **(c)** *(fam)* randiness *(fam)*, horniness *(fam)*. **(d)** *(LAm: furia)* anger.
calenturiento *adj (Med)* feverish.
calenturón *nm* high fever.
calenturoso *adj (Med)* feverish.
calera *nf (cantera)* limestone quarry; *(horno)* lime kiln.
calés *nmpl (fam)* money.
calesita *nf (LAm)* merry-go-round.
caletre *nm* insight.
calibrador *nm (gen)* gauge; *(de mordazas)* caliper(s).
calibrar [1a] *vt (Téc)* to calibrate; *(fig etc)* to gauge, measure.
calibre *nm (Mil)* calibre, bore; *(Ferro)* gauge; *(Téc)* diameter; *(fig)* calibre; **de grueso ~** large-bore.
calicó *nm* calico.
caliche *nm (LAm)* saltpetre.
calidad *nf* **(a)** *(gen)* quality; *(grado)* grade; **de ~** quality; **de mala ~** low-quality. **(b)** *(condición)* position, capacity; **en ~ de** in the capacity of. **(c)** *(Jur)* stipulation, term; **a ~ de que ...** provided that .... **(d)** *(fig)* rank, importance. **(e) ~es** (moral) qualities.
cálido *adj (gen)* hot; *(fig: aplausos etc)* warm.
calidoscopico *adj* kaleidoscopic.
calidoscopio *nm* kaleidoscope.
calienta-platos *nm inv* hotplate.
caliente *adj* **(a)** *(gen)* warm, hot. **(b)** *(fig)* fiery, spirited; *(discusión etc)* heated. **(c) estar ~** *(Zool)* to be on heat; *(gente)* to feel randy. **(d) en ~** at once, immediately; *(Téc)* hot.
califa *nm* caliph.
califato *nm* caliphate.
calificación *nf* **(a)** *(gen)* qualification; *(evaluación)* assessment; *(descripción)* description, label. **(b)** *(Escol etc)* grade, mark; **~ de sobresaliente** first-class mark.
calificado *adj* **(a)** *(gen)* qualified, competent; *(obrero)* skilled. **(b)** *(Jur: prueba)* undisputed; *(robo)* proven.
calificar [1g] *vt* **(a)** *(gen)* to qualify. **(b)** *(evaluar)* to assess; *(Escol etc)* to grade, mark. **(c) ~ a uno** to distinguish sb; **~ a uno de tonto** to call *o* label sb silly.
calificativo 1 *adj* qualifying. **2** *nm* qualifier, epithet.
California *nf* California.
californiano/a *adj, nm/f* Californian.
caligrafía *nf* calligraphy.
caligráfico *adj* calligraphic.
calilla *nf (CAm, Méx)* bore, tedious person.
calimocho *nm* wine and cola.
calina *nf* haze, mist.
calinoso *adj* hazy, misty.
calipso *nm* calypso.
cáliz *nm* **(a)** *(Bot)* calyx. **(b)** *(Rel)* chalice, communion cup; *(copa)* goblet; **~ de amargura** cup of bitterness.
caliza *nf* limestone.
calma *nf* **(a)** *(Met, Náut)* calm (weather); **~ chicha** dead calm; **estar en ~** to be calm. **(b)** *(Com, Fin)* calm, lull *(de* in). **(c)** *(de temperamento)* calm, calmness; **¡~!, ¡con ~!** calm down!, take it easy!; **hacer algo con ~** to do sth calmly; **tomarlo con ~** to take things gently.
calmante 1 *adj* soothing, sedative. **2** *nm* sedative, tranquillizer.
calmar [1a] **1** *vt (gen)* to calm; *(individuo)* to calm *o* quieten (down); *(nervios)* to soothe, steady; *(dolor)* to relieve. **2** *vi (Met: viento etc)* to abate, fall calm. **3 calmarse** *vr* to calm down, calm o.s.; **¡cálmese!** calm down!, don't get so worked up!
calmoso *adj* calm, quiet.
caló *nm (Ling)* gipsy dialect, ≈ Romany; *(argot)* slang.
calor *nm (intenso)* heat; *(suave)* warmth; *(: de discusión etc)* heat, passion; **un ~ agradable** a pleasant warmth; **un ~ excesivo** an excessive heat; **~ blanco/rojo** white/red heat; **¡qué ~!** isn't it hot!, how hot it is!; **entrar en ~** to get warm; *(Dep)* to warm up; **hace (mucho) ~** it's (very) hot; **tener ~** to be *o* feel hot.
caloría *nf* calorie.
calorífero 1 *adj* heat-producing, heat-giving. **2** *nm* heater, radiator; **~ mural** wall radiator.
calorífico *adj* calorific; **potencia ~a** calorific value.
calorífugo *adj (resistente)* heat-resistant, non-conducting; *(incombustible)* fire-proof.
calorro/a *nm/f (fam)* gipsy.
caluma *nf (Per)* gap, pass.
calumnia *nf (gen)* calumny; *(Jur: oral)* slander *(de* of); *(: escrito)* libel *(de* on).
calumniador(a) *nm/f* slanderer, libeller.
calumniar [1b] *vt* to slander, libel.
calumnioso *adj* slanderous, libellous.
caluroso *adj (gen)* warm, hot; *(fig)* enthusiastic.
calva *nf (calvicie)* bald patch; *(forestal)* clearing.
Calvario *nm* **(a)** *(Rel: gen)* Calvary; *(via crucis)* Stations of the Cross. **(b) c~** *(fig)* cross, heavy burden.
calvicie *nf* baldness; **~ precoz** premature baldness.
calvinismo *nm* Calvinism.
calvinista 1 *adj* Calvinistic. **2** *nmf* Calvinist.
calvo 1 *adj* **(a)** *(persona)* bald; **quedarse ~** to go bald; **ni tanto ni tan ~** *(fig)* pull the other one *(fam)*. **(b)** *(terreno)* bare, barren; *(ropa)* threadbare. **2** *nm* bald man.
calza *nf* **(a)** wedge; **poner ~ a** to wedge, scotch. **(b)** *(fam)* stocking; **~s** breeches; **estar en ~s prietas** to be in a fix.
calzada *nf* roadway, tarmac; *(LAm: avenida)* avenue.
calzado 1 *adj* shod, wearing shoes; **~ de** shod with, wearing. **2** *nm* footwear.

calzador *nm* shoehorn.
calzar [1f] **1** *vt* **(a)** *(zapatos etc)* to wear; **calzaba zapatos verdes** she was wearing green shoes; **¿qué número calza Ud?** what size do you wear *o* take? **(b)** *(niño etc)* to put shoes on. **(c)** *(Mil etc: armas)* to carry, take. **(d)** *(Téc: rueda etc)* to scotch, chock. **(e)** *(LAm: diente)* to fill. **2** *vi:* **calza bien** he wears good shoes. **3 calzarse** *vr* to put on one's shoes.
calzo *nm* **(a)** *(gen)* wedge, chock; *(Mec)* shoe; *(Náut)* skid, chock. **(b)** *(Fútbol)* professional foul *(euf)*.
calzón *nm* **(a)** *(pantalón corto)* shorts *pl, (LAm)* trousers *pl, (US)* pants *pl;* **amarrarse los ~es** *(LAm)* to act resolutely; **hablar a ~ quitado** to call a spade a spade; **ponerse los ~es** to wear the trousers. **(b)** *(LAm: de mujer)* pants *pl*, knickers *pl; (: de hombre)* pants.
calzoncillos *nmpl* underpants, *(US)* shorts.
calzoneras *nfpl (Méx)* trousers buttoned down the sides.
callada *nf*: **a la ~, de ~** on the quiet, secretly; **dar la ~ por respuesta** to say nothing in reply.
callado *adj* **(a)** *(carácter)* quiet, reserved. **(b)** *(silencioso)* quiet, silent; **todo estaba muy ~** everything was very quiet; **tener algo ~** to keep quiet about sth; **¡qué ~ se lo tenía Ud!** you kept pretty quiet about it!
callampa *nf (Chi: hongo)* mushroom; *(fam: paraguas)* umbrella; *(población)* shanty town.
callar [1a] **1** *vt* **(a)** *(persona)* to silence, shut up *(fam)*. **(b)** *(secreto)* to keep; *(omitir)* to pass over in silence, not to mention; *(dato)* to keep to o.s., keep secret; *(asunto delicado)* to keep quiet about. **2** *vi,* **callarse** *vr (gen)* to keep quiet, remain silent; *(ruido)* to stop; *(dejar de hablar)* to stop talking; **¡calla!, ¡cállate! ¡cállese!** shut up!, be quiet!; **¡cállate la boca!** shut your mouth!, button your lip! *(fam)*; **calla, calle** say no more, enough said; **¡calla!** *(fig)* you don't mean to say!, well!; **hacer ~ a uno** to make sb be quiet.
calle *nf* **(a)** street, road; **~ arriba/abajo** up/down the street; **~ de la amargura** *(fig)* difficult situation, jam; **~ de dirección única** *o (Méx)* **de un sentido** one-way street; **~ mayor** high *o* main street; **dejar a uno en la ~** to put sb out of a job; **echarse a la ~** to go out into the street; **hacer la ~** *(euf)* to be on the game *(fam)*; **poner a uno (de patitas) en la ~** to kick sb out, chuck sb out; **quedarse en la ~** not to have a penny to one's name. **(b)** *(fam)* **¡~!** make way!; **abrir** *o* **hacer ~** to make way, clear the way. **(c)** *(Dep: gen)* lane; *(Golf)* fairway.
callejear [1a] *vi* to wander (about) the streets.
callejero 1 *adj* **(a)** *(gen)* street *(atr)*; **accidente ~** street accident; **disturbios ~s** disturbances in the streets. **(b)** *(individuo)* fond of walking about the streets. **2** *nm* street directory.
callejón *nm* alley, passage; *(Colombia)* main street; *(Geog)* narrow pass; **~ sin salida** cul-de-sac; *(fig)* blind alley; **las negociaciones están en un ~ sin salida** the negotiations are deadlocked.
callejuela *nf (gen)* side street; *(fig)* way out (of the difficulty).
callista *nmf* chiropodist.
callo *nm* **(a)** *(Med: de pie)* corn; *(de mano)* callus, callosity; **criar ~s** to be callous. **(b) ~s** *(Culin)* tripe; **~s al ajo** tripe with garlic.
callosidad *nf* callosity.
calloso *adj* horny, rough.
cama *nf* **(a)** *(gen)* bed; **~ de campaña** campbed; **~ de columnas** *o* **imperial** four-poster bed; **~s gemelas** twin beds; **~ de matrimonio** double bed; **~ de soltero** single bed; **~ plegable** *o* **de tijera** folding bed, campbed; **caer en (la) ~** to fall ill; **estar en ~** *(Med)*, **guardar ~** to be ill in bed; **hacer la ~** to make the bed; **hacer** *o* **poner la ~ a uno** *(fig)* to scheme against sb; *(Dep)* to obstruct sb; **quien mala ~ hace en ella se yace** having made your bed you must lie on it; **ir a la ~** to go to bed; **levantarse por los pies de la ~** to get out of bed on the wrong side. **(b)** *(Zool)* den, lair. **(c)** *(Geol)* layer, stratum; *(Culin)* layer.
camada *nf (Zool)* litter, brood; *(pandilla)* gang, band; **son lobos de una ~** they are birds of a feather.
camafeo *nm* cameo.
camaleón *nm* chameleon.
camándula *nf* rosary; **tener muchas ~s** to be full of tricks, be a sly sort.
camandulería *nf* hypocrisy, false devotion.
camandulero/a 1 *adj (gen)* hypocritical, falsely devout; *(LAm)* intriguing. **2** *nm/f (gen)* hypocrite; *(beato)* holy Willie; *(LAm)* intriguer.
cámara *nf* **(a)** *(gen)* room; *(vestíbulo)* hall; **~ acorazada** strongroom, vault; **~ mortuoria** funeral chamber; **~ frigorífica** cold-storage room; **música de ~** chamber music. **(b)** *(esp Hist)* royal chamber; **médico de ~** royal doctor. **(c)** *(Náut)* wardroom; **~ de cartas** chartroom; **~ de motores** engine room. **(d)** *(Pol etc)* chamber, house; **~ alta/baja** upper/lower house; **~ de comercio** chamber of commerce. **(e)** *(Mec, Fís)* chamber; **~ de aire/de combustión/de compresión** air/combustion/compression chamber; **~ de gas** gas chamber; **~ de oxígeno** oxygen tent. **(f)** *(Aut etc: tb* **~ de aire, ~ neumática***)* tyre, inner tube; **sin ~** tubeless. **(g)** *(Anat)* cavity. **(h)** *(Fot)* camera; **~ de cine** *o* **cinematográfica** cine camera, film camera; **a ~ lenta** in slow motion; **~ oscura** camera obscura; **~ de televisión** television camera. **(i) ~s** *(Med)* diarrhoea; **tener ~s en la lengua** *(fam)* to gossip a lot, tell tales (out of school).
camarada *nm (gen)* comrade, companion; *(Pol)* comrade.
camaradería *nf (gen)* comradeship; *(Mil)* camaraderie; *(Dep)* team spirit.
camarero/a 1 *nm/f* **(a)** *(en restaurán)* waiter/waitress. **(b)** *(Náut)* steward/stewardess. **2** *nm (Hist)* chamberlain. **3 camarera** *nf (muchacha)* maid.
camarilla *nf (gen)* pressure group; *(Pol)* (party) caucus; *(en cuerpo legislativo)* lobby.
camarín *nm* **(a)** *(Teat)* dressing room. **(b)** *(Rel)* niche for an image. **(c)** *(LAm: de tren)* sleeping compartment; *(: de barco)* cabin.
camarón *nm* **(a)** *(Zool)* shrimp, prawn. **(b)** *(Per)* turncoat; **hacer ~** to change sides.
camarote *nm (Náut)* cabin, stateroom.
camayo *nm (Per Agr)* factor.
cambalache *nm* **(a)** *(trueque)* swap, exchange. **(b)** *(LAm)* secondhand shop.
cámbaro *nm* crayfish.
cambiable *adj* **(a)** *(variable)* changeable, variable. **(b)** *(Com, Fin etc)* exchangeable.
cambiadiscos *nm inv* record changer.
cambiador *nm* moneychanger; *(LAm: Ferro)* switchman.
cambiante 1 *adj* changing, variable. **2** *nm* moneychanger.
cambiar [1b] **1** *vt* **(a)** *(gen)* to change; *(transformar)* turn *(en* into). **(b)** *(Fin, Com etc)* to change, exchange *(con, por* for); **~ libras en francos** *o* **por francos** to change pounds into francs; **~ saludos** to exchange greetings; **~**

sellos to swap stamps. **(c)** *(trasladar)* to shift, move; **¿lo cambiamos a otro sitio?** shall we move it somewhere else?

2 *vi* **(a)** to change, alter; ~ **a un nuevo sistema** to change *o* switch to a new system; **no ha cambiado nada** nothing has changed; **está muy cambiado** he's changed a lot. **(b)** ~ **de** to change; ~ **de dueño** to change hands; ~ **de idea/de ropa** to change one's mind/clothes. **(c)** *(Met: viento)* to veer, change direction.

3 cambiarse *vr* **(a)** *(gen)* to change; *(Met: viento)* to veer, change round. **(b)** ~ **en** to change into, be changed into.

cambio *nm* **(a)** *(gen)* change, alteration; *(sucesión)* changeover; *(de dirección)* switch, shift; *(Dep)* substitution; *(de sitio)* shift, move *(a* to); **ha habido muchos** ~**s** there have been many changes; **el** ~ **se efectuó en 1970** the changeover took place in 1970; ~ **de domicilio** change of address; ~ **de guardia** changing of the guard; ~ **de marchas,** ~ **de velocidades** gear-lever, *(US)* gearshift; **con** ~ **de marchas automático** with automatic gearbox; ~ **de la marea** turn of the tide; ~ **de vía** *(Ferro)* points. **(b)** *(Fin)* (small) change; **¿tienes** ~ **encima?** have you any change on you? **(c)** *(trueque)* exchange, barter; **libre** ~ free trade; **'admitimos su coche usado a** ~**'** 'we take your old car in part exchange'; **a** ~ **de** in exchange *o* return for; **en** ~ *(Com)* in exchange; *(por otra parte)* on the other hand.

cambista *nm* moneychanger.

Camboya *nf* Cambodia, Kampuchea.

camboyano/a *adj, nm/f* Cambodian, Kampuchean.

cambullón *nm (LAm)* swindle.

cambur *nm (Ven)* banana.

cambuto *adj (Per)* small, squat.

camelar [1a] *vt* **(a)** *(mujer)* to flirt with. **(b)** *(persuadir)* to cajole. **(c)** *(Méx)* to spy on.

camelia *nf* camellia.

camelista *nmf* **(a)** *(cuentista)* joker. **(b)** *(halagador)* flatterer.

camelo *nm* **(a)** *(flirteo)* flirtation. **(b)** *(cuento)* joke, hoax; **dar** ~ **a uno** to make fun of sb; **me huele a** ~ it smells fishy *(fam)*.

camello *nm* **(a)** *(Zool)* camel. **(b)** *(fam: traficante)* pusher, dealer *(fam)*.

cameraman *nm, pl* **cameramen** cameraman.

camerino *nm (Teat)* dressing room.

camilla *nf* sofa, couch; *(Med)* stretcher.

camillero *nm* stretcher-bearer.

caminante *nmf* traveller, wayfarer.

caminar [1a] **1** *vt (recorrido)* to cover, travel. **2** *vi (gen)* to walk; *(viajar)* to travel, journey; *(LAm: funcionar)* to work.

caminata *nf (gen)* long walk; *(campestre)* hike, ramble; *(recorrido)* stretch.

caminero *adj:* **péon** ~ navvy, road labourer.

camino *nm* **(a)** *(carretera)* road; *(sendero)* track, path; ~ **de acceso** approach road; ~ **forestal** forest track; ~ **trillado** well-trodden path; *(fig)* beaten track; ~ **vecinal** country road, lane; **C~s, Canales y Puertos** *(Univ)* Civil Engineering.

(b) *(ruta)* way, road *(de* to), route; *(fig)* path, course; **el** ~ **a seguir** the route to follow; **el** ~ **de La Paz** the La Paz road; **es el** ~ **del desastre** that is the road to disaster; **el** ~ **de en medio** *(fig)* the middle way; ~ **de** *o* **a Lima** on the way to Lima; **a medio** ~ halfway (there); **en el** ~ on the way, en route; **está en** ~ **de desaparecer** it's on its way out; **nos quedan 20 kms de** ~ we still have 20 kms to go; **es mucho** ~ it's a long way; **ir por buen** ~ *(fig)* to be on the right track; **¿vamos por buen** ~**?** are we on the right road?; **traer a uno por buen** ~ *(fig)* to put sb on the right track *o* road; **allanar el** ~ to pave the way *(a uno* for sb); **echar** ~ **adelante** to strike out; **errar el** ~ to lose one's way; **llevar a uno por mal** ~ *(fig)* to lead sb astray; **ponerse en** ~ to set out, start.

camión *nm (Aut: gen)* lorry, *(esp US)* truck; *(: Méx)* bus; ~ **de la basura** dustcart, refuse lorry; ~ **blindado** troop carrier; ~ **de bomberos** fire engine; ~ **frigorífico** refrigerator lorry.

camionaje *nm* haulage, cartage.

camionera *nf (Méx)* coach *o (US)* bus station.

camionero *nm (Aut: gen)* lorry driver, *(US)* truckdriver; *(: Méx)* bus-driver.

camioneta *nf (camión)* van, light truck, *(LAm)* estate car, station wagon.

camisa *nf* **(a)** shirt; ~ **de deporte** sports shirt; ~ **de fuerza** straitjacket; **estar en (mangas de)** ~ to be in one's shirt-sleeves; **no le llegaba la** ~ **al cuerpo** he was simply terrified; **meterse en** ~ **de once varas** to bite off more than one can chew. **(b)** *(Bot)* skin. **(c)** *(Mec)* case, casing; ~ **de agua** water jacket; ~ **de gas** gas mantle. **(d)** *(de libro)* dust jacket.

camisería *nf* outfitter's (shop).

camisero *nm* shirt maker, outfitter.

camiseta *nf (gen)* T-shirt; *(Dep)* shirt, top; *(ropa interior)* vest, singlet.

camisón *nm (de noche: femenino)* nightdress, nightgown; *(de hombre)* nightshirt; *(LAm)* blouse.

camomila *nf* camomile.

camorra *nf* quarrel; **armar** ~ to kick up a row.

camote *nm (LAm Bot)* sweet potato; *(Méx)* tuber, bulb.

camotear [1a] **1** *vt (Arg)* to take for a ride *(fam)*. **2** *vi (Méx)* to wander about aimlessly.

campal *adj:* **batalla** ~ pitched battle.

campamento *nm* camp, encampment; ~ **de trabajo** labour camp.

campana *nf* **(a)** *(Rel etc)* bell; **a** ~ **tañida, a toque de** ~ to the sound of bells; **echar las** ~**s a vuelo** to peal the bells; **oír** ~**s y no saber dónde** to get hold of the wrong end of the stick; **tañer** *o* **tocar las** ~**s** to peal the bells. **(b)** *(Téc)* bell-shaped object; ~ **de buzo** diving bell; ~ **de cristal** bell glass, glass cover. **(c)** *(LAm: con ladrones)* thieves' look-out man.

campanada *nf* **(a)** *(Mús)* stroke, peal (of a bell). **(b)** *(fig)* sensation; **dar una** ~ to create a stir, cause a great surprise.

campanario *nm* bell *o* church tower; **espíritu de** ~ parish-pump attitude.

campaneo *nm* pealing, chimes.

campanero *nm (Téc)* bell founder; *(Mús)* bell ringer.

campanilla *nf* **(a)** *(Rel etc)* small bell, handbell; *(eléctrica)* electric bell; **de muchas** ~**s** big, grand. **(b)** *(burbuja)* bubble. **(c)** *(Anat)* uvula. **(d)** *(Cos)* tassel. **(e)** *(Bot)* bell flower.

campanillear [1a] *vi* to ring, tinkle.

campanilleo *nm* ringing, tinkling.

campante *adj* self-satisfied, smug; **siguió tan** ~ he went on as if nothing had happened; **allí estaba tan** ~ there he sat as cool as a cucumber.

campanudo *adj (Téc)* bell-shaped; *(Cos: falda)* wide, spreading; *(fig: estilo)* high-flown, bombastic; *(: orador)* pompous, windy.

campánula *nf* bell flower, campanula; ~ **azul** bluebell.

campaña *nf* **(a)** *(Geog: gen)* countryside; *(: llano)* plain; **batir** *o* **correr la** ~ to reconnoitre. **(b)** *(Mil, Pol)* campaign; **de** ~ *(Mil)* field *(atr)*; **tienda de** ~

tent; **hacer ~** to campaign (*en pro* for, *contra* against). **(c)** *(de pesca etc)* expedition, trip.
campañol *nm* vole.
campar [1a] *vi* **(a)** *(Mil etc)* to camp. **(b)** *(sobresalir)* to stand out, excel; **~ por sus derechos** to stick to one's guns.
campear [1a] *vi* **(a)** *(Agr)* to go out to pasture. **(b)** *(Bot)* to show green. **(c)** *(Mil)* to reconnoitre.
campechanería *nf*, **campechanía** *nf* heartiness, cheerfulness.
campechano *adj* hearty, cheerful, genial.
campeón/ona *nm/f* champion.
campeonato *nm* championship; **de ~** *(fig)* tremendous *(fam)*, stupendous.
campera *nf (Arg)* windcheater, bomber jacket *(fam)*.
campero *adj* unsheltered, (out) in the open; **ganado ~** stock that sleeps out in the open.
campesinado *nm* peasantry, peasants.
campesino/a 1 *adj (rural)* country *(atr)*, rural; *(gente)* peasant *(atr)*; **ratón ~** field mouse. **2** *nm/f* peasant; *(rural)* countryman/-woman.
campestre *adj* country *(atr)*, rural.
camping ['kampin] *nm, pl* **campings** ['kampin] **(a)** *(actividad)* camping; **hacer ~** to go camping. **(b)** *(local)* camping site *o* ground.
campiña *nf* countryside.
campirano/a *nm/f (LAm)* peasant.
campista *nmf* camper.
campo *nm* **(a)** *(Geog)* country(side); **~ abierto** *o* **raso** open country; **a ~ raso** in the open; **ir ~ travieso** to go across country; **ir al ~** to go into the country; **¿te gusta el ~?** do you like the country(side)?; **el ~ está espléndido** the countryside looks lovely. **(b)** *(Agr etc)* field; *(Dep)* field, ground, pitch; **~ de aterrizaje** landing field; **~ de batalla** battlefield; **~ de ejercicios** *(Mil)* drilling ground; **~ de fútbol** football pitch; **~ de golf** golf course *o* links *pl*; **~ magnético** magnetic field; **~ de minas** minefield; **~ santo** cemetery, churchyard; **~ de tiro** firing range; **~ visual** field of vision; **abandonar el ~** to give sth up as a bad job; **reconocer el ~** to reconnoitre; **dejar el ~ libre** to leave the field open (*para* for); **quedar en el ~ de batalla** to fall in battle. **(c)** *(Arte)* (back)ground. **(d)** *(Mil)* camp; **~ de concentración/de internación/de trabajo** concentration/internment/labour camp; **levantar el ~** to strike camp; *(fig)* to give up. **(e)** *(fig)* range, sphere; **el ~ de aplicación del invento** the scope of the invention; **dar ~ a** to give free range to; **en el ~ de las ciencias** in the field of science.
camposanto *nm* cemetery, churchyard.
campus *nm inv (LAm Univ)* campus.
camuesa *nf* pippin.
camueso *nm* pippin tree.
camuflaje *nm* camouflage.
camuflar [1a] *vt* to camouflage.
can *nm* **(a)** *(hum)* dog, mutt *(fam)*. **(b)** *(Mil)* trigger.
cana *nf (tb* **~s***)* white *o* grey hair; **echar una ~ al aire** *(fam)* to have a fling; **faltar a las ~s** to show a lack of respect for one's elders.
Canadá *nm:* **el ~** Canada.
canadiense *adj, nmf* Canadian.
canal[1] *nm* **(a)** *(Náut)* canal; **C~ de Panamá** Panama Canal. **(b)** *(Náut: de puerto)* navigation channel. **(c)** *(Geog)* channel, strait; **C~ de la Mancha** English Channel. **(d)** *(Anat)* duct, tract. **(e)** *(TV)* channel. **(f)** *(Arquit)* gutter; **~es** guttering. **(g)** *(Téc)* pipe, conduit.
canal[2] *nf* dressed carcass; **abrir en ~** to slit from top to bottom.
canalete *nm* paddle.
canalización *nf* **(a)** *(Geog etc)* canalization, channelling. **(b)** *(Téc)* piping; *(Elec)* wiring; *(de gas etc)* mains *pl.*
canalizar [1f] *vt (gen)* to channel, direct; *(por tubería)* to pipe; *(río)* to canalise.
canalizo *nm* navigable channel.
canalón *nm* **(a)** *(Arquit)* drainpipe. **(b)** **~es** *(Culin)* cannelloni.
canalla 1 *nf* rabble, riffraff. **2** *nm* swine, blackguard; **¡~!** you swine!
canallada *nf (hecho)* dirty trick, despicable act; *(dicho)* nasty remark, vile thing (to say).
canallesco *adj* mean, despicable.
canana *nf* cartridge belt; **~s** *(LAm)* handcuffs.
canapé *nm* **(a)** *(sofá)* sofa, couch. **(b)** *(Culin)* canapé.
Canarias *nfpl (tb* **Islas ~***)* Canaries, Canary Isles.
canario[1]**/a 1** *adj* of the Canary Isles. **2** *nm/f* Canary Islander.
canario[2] *nm* **(a)** *(Orn)* canary. **(b)** *(fam!)* prick *(fam!)*.
canasta *nf* **(a)** *(gen)* (round) basket; *(para comida)* hamper. **(b)** *(Baloncesto)* basket; *(Naipes)* canasta.
canastero *nm* basket maker.
canastilla *nf (gen)* small basket; *(de nino)* (baby's) layette.
canasto *nm* **(a)** large basket. **(b)** *(Colombia)* servant.
cancamurria *nf (fam)* blues, gloom.
cancanear [1a] *vi* **(a)** *(vagar)* to loiter, loaf about. **(b)** *(RPl)* to dance the cancan. **(c)** *(CAm, Méx)* to stammer.
cáncano *nm* louse; **andar como ~ loco** to go round in circles.
cancel *nm (gen)* storm door; *(LAm: mampara)* folding screen; *(: tabique)* partition, thin wall.
cancela *nf* wrought-iron gate.
cancelación *nf* cancellation.
cancelar [1a] *vt (gen)* to cancel; *(deuda)* to write off, wipe out; *(decisión)* to cancel, annul; *(fig)* to dispel, banish (from one's mind).
cancelaría *nf* papal chancery.
cáncer *nm* **(a)** *(Med)* cancer; **~ de pulmón** lung cancer. **(b)** **C~** *(Astron)* Cancer.
cancerado *adj (Med)* cancerous; *(fig)* corrupt.
cancerarse [1a] *vr* **(a)** *(Med: tumor)* to become cancerous; *(persona)* to get cancer. **(b)** *(fig)* to become corrupt.
canceroso *adj* cancerous.
canciller *nm* chancellor.
canción *nf (gen)* song; *(Lit)* lyric, song; **~ de amor** love song; **~ cuartelera** barrack-room ballad; **~ de cuna** lullaby; **~ infantil** nursery rhyme; **¡siempre la misma ~!** the same old story!
cancionero *nm (Mús)* song book, collection of songs; *(Lit)* anthology, collection of verse.
cancionista *nmf* (singer-)songwriter.
cancro *nm (Bot)* canker; *(Med)* cancer.
cancha[1] *nf (gen)* field, ground; *(de fútbol)* pitch; *(de tenis, pelota)* court; *(hipódromo)* racecourse; **¡~!** gangway!; **~ de aterrizaje** landing ground; **abrir** *o* **hacer ~** to make way, make room; **estar en su ~** *(Chi, RPl)* to be in one's element; **en la ~ se ven los pingos** actions speak louder than words; **tener ~** *(RPl)* to be experienced.
cancha[2] *nf (LAm: maíz)* toasted maize, popcorn.
canchero/a 1 *adj (RPl)* experienced. **2** *nm/f (Dep)* groundsman/-woman.
candado *nm (gen)* padlock; **poner algo bajo siete ~s** to lock sth safely away.

candar [1a] *vt* to lock (up).
candeal *adj:* **pan ~** white bread.
candela *nf* **(a)** *(vela)* candle; *(Fís)* candle power; **en ~** *(Náut)* vertical; **arrimar ~ a uno** to give sb a hiding. **(b)** *(esp LAm)* fire; *(para cigarro)* light; **dar ~** to be a nuisance, be trying; **echar ~** to sparkle. **(c)** *(Bot)* blossom.
candelabro *nm* candelabra.
Candelaria *nf* Candlemas.
candelero *nm* candlestick.
candente *adj (rojo)* red-hot; *(blanco)* white-hot; *(fig: cuestión)* burning; *(ambiente)* charged, electric.
candidato *nm (gen)* candidate (*a* for); *(para puesto)* applicant (*a* for).
candidatura *nf* candidature.
candidez *nf* **(a)** *(simpleza)* simplicity, ingenousness; *(inocencia)* naïveté. **(b)** *(una ~)* silly remark.
cándido *adj (gen)* simple, ingenuous; *(inocente)* naïve.
candil *nm* **(a)** *(lámpara)* oil lamp; *(Méx: araña)* chandelier. **(b)** *(Zool)* tine, small horn.
candileja *nf* oil reservoir of a lamp; **~s** *(Teat)* footlights.
candiota *nf* wine cask.
candonga *nf (gen)* teasing; **dar ~ a uno** to tease *o* kid sb.
candonguear [1a] *vi* to shirk, skive *(fam)*.
candor *nm (inocencia)* innocence, guilelessness; *(candidez)* frankness, candidness.
candoroso *adj (inocente)* innocent, guileless; *(franco)* frank, candid.
candungo *nm (Per)* idiot.
canear [1a] *vt* to hit, beat.
caneca *nf (Arg)* wooden vessel, bucket; *(Méx)* glazed earthenware bottle.
canela *nf* cinnamon.
canelero *nm* cinnamon tree.
canelo 1 *adj* cinnamon(-coloured). **2** *nm* cinnamon tree; **hacer el ~** to act the fool.
canelón *nm* **(a)** = **canalón (b)**. **(b)** *(carámbano)* icicle.
canesú *nm (Cos)* yoke.
caney *nm (LAm)* log cabin, hut.
cangilón *nm* **(a)** *(jarro)* pitcher; *(de noria)* bucket, scoop. **(b)** *(LAm)* cart track, rut.
cangrejo *nm* **(a) ~ (de mar)** crab; **~ (de río)** crayfish. **(b)** *(Náut)* gaff. **(c)** *(Per)* rogue.
canguelo *nm* funk *(fam)*.
canguro *nm* **(a)** *(Zool)* kangaroo. **(b)** *(fam: de niños)* child-minder; *(: de noche)* baby-sitter.
caníbal 1 *adj* cannibal(istic); *(fig)* fierce, savage. **2** *nmf* cannibal.
canibalismo *nm* cannibalism; *(fig)* fierceness, savageness.
canica *nf* marble.
canicie *nf* greyness, whiteness (of hair).
canícula *nf* dog days *pl*, midsummer heat.
canicular 1 *adj:* **calores ~es** midsummer heat. **2** *nm:* **~es** dog days.
caniche *nm* poodle.
canijo *adj (endeble)* weak, sickly; *(Méx: astuto)* sly.
canilla *nf* **(a)** *(Anat)* long bone; *(Orn)* wing bone. **(b)** *(Téc)* bobbin, reel. **(c)** *(LAm: grifo)* tap, *(US)* faucet; *(de tonel)* spout, cock. **(d)** *(de tela)* rib. **(e)** *(Méx)* strength; **a ~** by force.
canillera *nf* **(a)** *(Dep)* shin guard. **(b)** *(LAm)* fear, cowardice.
canillón *adj (LAm)*, **canilludo** *adj (LAm)* long-legged.
canino 1 *adj* canine, dog *(atr)*; **hambre ~a** ravenous hunger. **2** *nm* canine (tooth).
canje *nm (gen)* exchange; *(trueque)* swap.
canjear [1a] *vt (gen)* to exchange; *(trocar)* to swap.
cano *adj* grey-haired, white-haired.
canoa *nf* **(a)** *(gen)* canoe; **~ automóvil** motor boat, launch. **(b)** *(fam: porro)* joint.
canódromo *nm* dog track.
canoero/a *nm/f (LAm)*, **canoísta** *nmf* canoeist.
canon *nm* **(a)** *(Rel, Mús, Arte)* canon; *(Fin)* tax, levy; *(Agr)* rent. **(b) ~es** *(Rel)* canon law *sg*.
canonicato *nm* canonry.
canónico *adj* canonical; **derecho ~** canon law.
canóniga *nf* nap before lunch.
canónigo *nm* canon.
canonización *nf* canonization.
canonizar [1f] *vt (Rel)* to canonize; *(fig)* to applaud, show approval of.
canoro *adj:* **ave ~a** songbird.
canoso *adj (gen)* grey-haired, white-haired; *(barba)* grizzled, hoary.
cansado *adj* **(a)** *(gen)* tired; *(fatigado)* weary (*de* of); *(ojos)* tired, strained; **con voz ~a** in a weary voice; **estar ~** to be tired; **estoy ~ de hacerlo** I'm sick of doing it. **(b)** *(aburrido)* tedious. **(c) a las ~as** *(RPl)* after much delay, after a long wait.
cansador *adj (LAm)* tiring, wearisome.
cansancio *nm (gen)* tiredness; *(fatiga)* weariness; *(Med)* fatigue, exhaustion; **estar muerto de ~** to be dead tired.
cansar [1a] **1** *vt (gen)* to tire (out), weary; *(Med)* to fatigue, exhaust; *(ojos)* to tire, strain; *(paciencia)* to try, wear out; *(Agr: tierra)* to exhaust; *(aburrir)* to bore; *(fastidiar)* to badger, bother (*con* with). **2** *vi* to be tiring. **3 cansarse** *vr (gen)* to tire, get tired, grow weary (*con, de* of); *(fatigarse)* to tire o.s. out; **~ de hacer algo** to get tired of *o* bored with doing sth.
cansera *nf (fam)* bother.
Cantabria *nf (gen)* Cantabria; *(frec)* Santander.
cantábrico *adj* Cantabrian; **Mar C~** Bay of Biscay.
cantada *nf (fam)* **(a)** *(fallo)* bloomer *(fam)*. **(b)** *(Méx)* squealing *(fam)*, grassing *(fam)*.
cantador(a) *nm/f* folksinger.
cantaletear [1a] *vt (LAm)* to repeat ad nauseam, say over and over.
cantalupo *nm* cantaloupe.
cantante 1 *adj* singing. **2** *nmf* (professional) singer, vocalist; **~ de ópera** opera singer.
cantaor(a) *nm/f* Flamenco singer.
cantar [1a] **1** *vt (gen)* to sing; *(alabar)* to sing the praises of; *(misa)* to sing, say; **~las claras** to call a spade a spade. **2** *vi* **(a)** *(Mús)* to sing; *(sin música)* to chant; *(grillo etc)* to chirp; **~ a dos voces** to sing a duet. **(b)** *(fam: confesar)* to squeal, grass *(fam)*; **~ de plano** to make a full confession. **(c)** *(oler mal)* to smell bad, stink *(fam)*. **3** *nm (Rel etc)* song; *(Lit)* poem (set to music); **C~ de los C~es** Song of Songs; **~ de gesta** epic poem; **~ a uno los cuarenta** to tell sb a few home truths; **eso es otro ~** that's another story.
cántara *nf* large pitcher.
cantárida *nf (insecto)* Spanish fly; *(Med)* cantharides.
cantarín/ina 1 *adj (indviduo)* fond of singing; *(voz)* singsong, lilting. **2** *nm/f* singer.
cántaro *nm* pitcher, jug; **a ~s** in plenty; **llover a ~s** to rain buckets *o* cats and dogs.
cantata *nf* cantata.
cante *nm:* **~ flamenco** *o* **jondo** Flamenco singing.
cantegriles *nmpl* slums.
cantera *nf* **(a)** *(Min)* quarry, pit; *(LAm: bloque)* block of stone; **~ de arena** sandpit; **~ de piedra** stone quarry. **(b)** *(fig)* nursery, breeding

ground; **Escocia es una ~ de futbolistas** Scotland produces many talented footballers.

cantería *nf* **(a)** *(Min)* quarrying, stone cutting. **(b)** *(Arquit)* masonry, stonework.

cantero *nm* **(a)** *(Arquit)* stonemason. **(b) ~ de pan** crust of bread. **(c)** *(RPl: de plantas)* bed, plot.

cántico *nm (Rel)* canticle; *(fig)* song.

cantidad 1 *nf (gen)* quantity; *(Mat)* amount, number; *(Fin)* amount, sum; **~ alzada** lump sum; **en ~** in quantity; **~ de** lots of; **tengo (una) ~ de cosas que hacer** I've lots of things to do. **2** *adv (fam)* a lot, very much.

cantilena *nf* ballad, song; **la misma ~** *(fig)* the same old stuff.

cantimplora *nf (para agua)* water bottle, canteen; *(para licores)* hip flask.

cantina *nf* **(a)** *(Ferro)* buffet, refreshment room; *(Mil etc)* canteen; *(café-bar)* snack bar; *(LAm)* bar, saloon; *(RPl)* cheap restaurant. **(b)** *(sótano)* wine cellar. **(c)** *(caja)* hamper; **~s** *(Méx)* saddlebags.

cantinero *nm* barman, publican.

canto[1] *nm (Mús)* **(a)** *(arte: gen)* singing; *(: sin música)* chanting. **(b)** *(pieza)* song; **~ llano** plainsong; **al ~ del gallo** at cockcrow, at daybreak. **(c)** *(Lit)* song, lyric; *(capítulo)* canto.

canto[2] *nm* **(a)** *(Téc)* edge, rim; *(de cuchillo)* back; *(de pan)* crust; **ni un ~ de uña** absolutely nothing; **estar de ~** to be on edge, be on end; **le faltó el ~ de un duro** he had a narrow shave; **tener 3 cm de ~** to be 3 cm thick. **(b)** *(Min)* stone, pebble; **~ rodado** boulder.

cantón[1] *nm (esquina)* corner; *(Pol)* canton; *(Mil)* cantonment.

cantón[2] *nm (Cos)* cotton material.

cantonal *adj* cantonal.

cantonero *nm* loafer, idler.

cantor(a) 1 *adj*: **ave ~a** songbird. **2** *nm/f* singer.

cantuja *nf (Per)* underworld slang.

canturrear [1a] *vt, vi (sin voz)* to hum; *(cantar)* to sing softly.

canturreo *nm* humming, soft singing.

canutazo *nm (fam)* phone call, buzz *(fam)*.

canuto *nm* **(a)** *(Cos)* pin case. **(b)** *(tubo)* small tube; *(fam: porro)* joint.

caña *nf* **(a)** *(Bot: planta)* reed; *(: tallo)* stem, stalk; *(esp LAm)* sugar cane; **~ de pescar** fishing rod; **~ del timón** tiller, helm. **(b)** *(Anat)* long bone, *(esp)* shinbone; *(de bota)* leg; *(de ancla)* shank. **(c)** *(vaso)* tumbler; **~ de cerveza** glass of (draught) beer; **'¡dos ~s!'** 'two beers please'. **(d)** *(aguardiente)* rum, brandy. **(e)** *(Min)* gallery. **(f)** *(Aut fam)* **dar** *o* **meter ~** to step on it *(fam)*.

cañada *nf* **(a)** *(Geog)* gully, ravine. **(b)** *(Agr)* cattle track.

cañamazo *nm* (coarse) canvas.

cañamelar *nm* sugar-cane plantation.

cañamiel *nf* sugar-cane.

cáñamo *nm (Bot)* hemp; *(Cos)* hempen cloth; **~ indio** *(CAm)* Indian hemp, marijuana.

cañavera *nf* reed grass.

cañaveral *nm (Bot)* reedbed; *(Agr)* sugar-cane field *o* plantation.

cañería *nf (tubería)* pipes, piping; *(tubo)* pipe.

cañizal *nm*, **cañizar** *nm* reedbed.

caño *nm* **(a)** *(tubo)* tube, pipe; *(Mús)* pipe; *(de fuente)* jet. **(b)** *(Min)* gallery.

cañón *nm* **(a)** *(tubo)* tube, pipe; *(Mús)* (organ) pipe; *(de ascensor)* shaft; *(de escalera)* well; *(de fusil)* barrel; *(de pipa)* stem; **escopeta de dos ~es** double-barrelled gun; **~ rayado** rifled barrel; **ni a ~es** *(Chi, Per)* by no means. **(b)** *(Mil)* gun; *(esp Hist)* cannon; **~ de agua** water cannon; **~ antiaéreo** anti-aircraft gun. **(c)** *(Geog)* canyon, gorge. **(d)** *(LAm)* path (in mountain country).

cañonazo *nm (Mil)* gunshot; *(Ftbl)* shot, volley; **~s** gunfire, shellfire; **salva de 21 ~s** 21-gun salute.

cañonear [1a] *vt* to shell, bombard.

cañoneo *nm* shelling, gunfire.

cañonera *nf* **(a)** *(Náut: tb* **lancha ~***)* gunboat. **(b)** *(LAm)* holster.

caoba *nf* mahogany.

caolín *nm* kaolin.

caos *nm* chaos.

caótico *adj* chaotic.

capa *nf* **(a)** cloak, cape; **~ del cielo** canopy of heaven; **~ de ladrones** *(fig)* fence; **~ rota** *(fig)* secret emissary; **~ torera** bullfighter's cape; **abrirse de ~** to pluck up courage; **andar de ~ caída** to be in a bad way; **echar la ~ al toro** to make a final desperate effort; **de ~ y espada** cloak-and-dagger *(atr)*. **(b)** *(fig)* cloak, mask; **so ~ de** on *o* under the pretext of. **(c)** *(Geol)* layer, bed, stratum; *(Met, Anat etc)* layer; *(de polvo)* layer, film; *(Culin)* coating; *(de pintura)* coat; **primera ~** undercoat, first coat; **~s sociales** social groups; **madera de tres ~s** three-ply wood. **(d)** *(Náut)* **estar** *o* **ponerse a la ~** to lie to.

capacidad *nf* **(a)** *(Fís, Com etc)* capacity; *(cabida)* capaciousness, size; **una sala con ~ para 900** a hall that can hold 900; **~ adquistiva** purchasing power; **~ de carga** carrying capacity; **~ financiera** financial standing; **~ de ganancia** earning power; **~ útil** effective capacity. **(b)** *(talento)* ability, talent; *(habilidad)* competence, efficiency; **tener ~ para** to have an aptitude for; **no tiene ~ para los negocios** he has no business sense.

capacitación *nf* training; **centro de ~** technical school.

capacitado *adj* qualified; **estar ~ para hacer algo** to be qualified to do sth.

capacitar [1a] *vt* **(a) ~ a uno para algo** *(Univ etc)* to qualify sb for sth; *(Téc)* to train sb for sth. **(b)** *(LAm Jur)* **~ a uno para hacer algo** to empower *o* authorize sb to do sth.

capacha *nf* **(a)** basket. **(b)** *(Chi, RPl)* jail.

capacho *nm* **(a)** wicker basket; *(Téc)* hod; *(LAm)* saddlebag. **(b)** *(RPl)* old hat.

capar [1a] *vt* to castrate, geld.

caparazón *nm* **(a)** *(para caballo)* nosebag. **(b)** *(Zool)* shell.

caparrosa *nf* vitriol; **~ azul** copper sulphate.

capataz *nm* foreman, overseer.

capaz *adj* **(a)** *(amplio)* roomy, large; **~ de** *o* **para** with room for, that holds. **(b)** *(persona)* able, capable; *(: eficaz)* efficient, competent; **ser ~ de hacer algo** to be capable of doing sth; **es ~ de cualquier tontería** he's capable of the stupidest things; **ser ~ para un trabajo** to be qualified for the job.

capazo *nm* Moses basket.

capcioso *adj* wily, deceitful; **pregunta ~a** trick question.

capear [1a] **1** *vt* **(a)** *(Taur)* to play with the cape; *(fig)* to take in, deceive. **(b)** *(Náut, fig: temporal)* to ride out, weather. **2** *vi (Náut)* to ride out the storm.

capellán *nm* chaplain; **~ castrense** military chaplain, padre *(fam)*.

capellanía *nf* chaplaincy.

caperuza *nf (de vestido)* (pointed) hood; *(Mec)* hood, cowling; *(de bolígrafo)* cap, top; **~ de chimenea** chimney cowl.

capia *nf (LAm)* white maize flower.

capicúa *nf* palindrome.

capilar 1 *adj* hair *(atr)*; **tubo ~** capillary. **2** *nm* capillary.
capilla *nf* **(a)** *(Rel)* chapel; **~ ardiente** funeral chapel; **~ mayor** choir, chancel; **estar en (la) ~** *(fig)* to be in suspense *o* on tenterhooks. **(b)** *(Mús)* choir. **(c)** *(Tip)* proof sheet; **estar en ~s** to be in proof. **(d)** *(camarilla)* clan, club.
capillo *nm* **(a)** baby's bonnet. **(b)** = **capullo (b, c).**
capirote *nm* **(a)** *(Univ, Orn)* hood. **(b)** *(golpe)* flip, flick. **(c) tonto de ~** dunce.
capirucho *nm* hood.
capitación *nf* poll tax, capitation.
capital 1 *adj (gen)* capital; *(pecado)* mortal; *(característica)* chief, principal; *(importancia)* supreme, paramount; **lo ~** the main thing, the essential point. **2** *nm (Fin)* capital; **~ activo/en acciones** working/share capital; **~ físico** *(LAm)* capital assets; **~ social** share capital; **inversión de ~es** capital investment. **3** *nf* capital (city); **~ de provincia** provincial capital.
capitalino/a *(LAm)* **1** *adj* of the capital. **2** *nm/f* native *o* inhabitant of the capital.
capitalismo *nm* capitalism.
capitalista *adj, nmf* capitalist.
capitalización *nf* capitalization.
capitalizar [1f] *vt* to capitalize.
capitán *nm (gen)* captain; *(fig)* leader, chief; **~ de corbeta** lieutenant-commander; **~ de fragata** commander; **~ de navío** captain; **~ del puerto** harbour master.
capitana *nf* flagship.
capitanear [1a] *vt (equipo)* to captain; *(rebeldes etc)* to lead, command.
capitanía *nf* **(a)** *(Mil etc)* captaincy. **(b)** *(Náut)* harbour dues.
capitel *nm (Arquit)* capital.
capitoné *nm (Com)* removal van.
capitoste *nm (fam)* big wheel *(fam)*.
capitulación *nf* **(a)** *(Mil)* capitulation, surrender; **~ sin condiciones** unconditional surrender. **(b)** *(convenio)* agreement, pact; **~es (de boda** *o* **matrimoniales)** marriage settlement.
capitular [1a] **1** *vt (Jur)* to charge (*de* with), impeach. **2** *vi (Mil)* to capitulate, surrender.
capituleo *nm (LAm Pol)* lobbying.
capítulo *nm* **(a)** *(Lit)* chapter. **(b)** *(reprensión)* reproof, reprimand; **~ de culpas** charge. **(c)** *(tema)* subject, matter; **ganar ~** to make one's point. **(d) ~s matrimoniales** marriage contract *sg o* settlement *sg*. **(e)** *(Rel)* chapter; **llamar a uno a ~** to call sb to account.
capó *nm (Aut)* bonnet, *(US)* hood.
capón[1] *nm* rap on the head.
capón[2] **1** *adj* castrated. **2** *nm (Zool)* capon; *(fam: hombre)* eunuch.
caponera *nf (Agr)* chicken coop.
caporal *nm (Mil)* corporal; *(fig)* chief, leader; *(LAm)* foreman.
capot [ka'po] *nm (Aut)* = **capó.**
capota *nf* **(a)** *(prenda)* bonnet. **(b)** *(Aer)* cowling; *(Aut)* hood, *(US)* top.
capotar [1a] *vi (Aut etc)* to turn over, overturn; *(Aer)* to nose-dive.
capote *nm* **(a)** *(capa)* cloak with sleeves; *(Taur)* bullfighter's cloak; *(Mil)* greatcoat; **a** *o* **para mi ~** to my way of thinking; **de ~** *(Méx)* on the sly, in an underhand way; **darse ~** *(Méx)* to acknowledge defeat; **echar un ~ a uno** to give sb a helping hand. **(b)** *(ceño)* frown, scowl; *(Met)* mass of dark clouds. **(c)** *(Naipes)* slam. **(d)** *(LAm: paliza)* beating.
capotear [1a] *vt* **(a)** *(Taur)* to play with the cape; *(engañar)* to deceive, bamboozle. **(b)** *(esquivar)* to dodge.
capotera *nf (LAm)* clothes rack.
Capricornio *nm* Capricorn.
capricho *nm* **(a)** *(gen)* whim, (passing) fancy; **es un ~ nada más** it's just a passing whim. **(b)** *(cualidad)* whimsicality, fancifulness. **(c)** *(fam: amante)* plaything *(fam)*. **(d)** *(Mús)* caprice, capriccio.
caprichoso *adj (gen)* capricious; *(voluntarioso)* wilful.
cápsula *nf (Med etc)* capsule; *(de botella)* cap; **~ espacial** space capsule; **~ fulminante** percussion cap.
capsular *adj* capsular; **en forma ~** in capsule form.
captar [1a] *vt* **(a)** *(atención, apoyo)* to win, attract; *(voluntad)* to gain control over. **(b)** *(Téc: aguas)* to harness. **(c)** *(Rad: onda)* to tune in to; *(fig: sentido)* to get, pick up.
captura *nf* capture.
capturar [1a] *vt* to capture.
capucha *nf* **(a)** *(esp Rel)* hood, cowl. **(b)** *(Ling)* circumflex accent.
capuchino/a 1 *nm/f (Rel)* Capuchin. **2** *nm* **(a)** *(LAm Zool)* Capuchin monkey. **(b)** *(café)* capuccino (coffee). **3 capuchina** *nf* nasturtium.
capullada *nf (fam)* daft thing to do *o* say.
capullo *nm* **(a)** *(Zool)* cocoon. **(b)** *(Bot)* bud; **~ de rosa** rosebud. **(c)** *(Anat)* prepuce, foreskin.
caqui *nm* khaki; **marcar el ~** to do national service.
cara *nf* **(a)** *(Anat)* face; **~ de cuchillo** hatchet face; **~ a ~** face to face; **a ~ descubierta** openly; **de ~** opposite, facing; **de ~ al norte** facing north; **mirar a uno a la ~** to look sb in the face; **asomar la ~** to show one's face; **se le caía la ~ de vergüenza** he blushed with shame; **dar la ~** to face the consequences of what one has done; **dar la ~ por otro** to answer for somebody else; **dar ~ a** to face up to; **decir algo en** *o* **por la ~ de uno** to say sth to sb's face; **echar algo en ~ a uno** to reproach sb for sth; **hacer a dos ~s** to engage in double-dealing; **hacer ~ a** to face; *(enemigo etc)* to face up to, stand up to; **no mirar la ~ a uno** *(fig)* to be at daggers drawn with sb; **sacar la ~ por uno** to stick up for sb; **no volver la ~ atrás** not to flinch.

(b) *(aspecto)* look, appearance; **tener ~ de** to look like; **tener ~ de querer hacer algo** to look as if one would like to do sth; **tener ~ de aburrirse** to look bored; **~ de aleluya** cheerful look; **tener ~ de pocos amigos** to have a hangdog look; **~ de chiste** ridiculous expression; **~ dura** cheek, nerve; **mala ~** wry face, grimace; **poner mala ~** to grimace, make a (wry) face; **tener ~ de monja boba** to look all innocent; **~ de pascua(s)** smiling face; **~ de pijo** gormless expression; **~ de viernes** sad look; **~ de vinagre** sour expression.

(c) *(descaro)* cheek, nerve; **¡que ~ tienes!** what a cheek you've got; **tener ~ para hacer algo** to have the nerve to do sth; **tener más ~ que un elefante con paperas** *(fam)* to have the cheek of the devil.

(d) *(Geom)* face; *(de disco)* side; *(de moneda)* face, obverse; **~ o cruz** heads or tails; **echar** *o* **jugar** *o* **sortear algo a ~ o cruz** to toss up for sth.
carabina *nf* **(a)** *(Mil)* carbine, rifle. **(b)** *(persona)* chaperone; **hacer de ~, ir de ~** to go as chaperone.
carabinero *nm (Mil)* rifleman; *(de aduana)* customs officer; *(LAm)* gendarme.
caracol *nm* **(a)** *(Zool)* snail; *(concha)* sea shell. **(b)** *(rizo)* curl. **(c)** *(Arquit)* spiral; **escalera de ~**

spiral *o* winding staircase.
caracolear [1a] *vi (caballo)* to prance about.
carácter *nm, pl* **caracteres (a)** *(gen)* character; *(tipo)* nature, kind, condition; **de ~ totalmente distinto** of quite a different kind. **(b)** *(de gente)* character; **tener buen/mal ~** to be good-/ill-tempered; **no tiene ~** he lacks firmness, he's a weak character. **(c)** *(Bio)* feature, characteristic; **~ hereditario/adquirido** inherited/acquired characteristic. **(d)** *(Tip)* caracter; **~ de letra** handwriting; **~es de imprenta** type(face).
característico/a 1 *adj* characteristic, typical *(de* of*)*. **2** *nm/f (Teat)* character actor/actress. **3 característica** *nf* characteristic, feature.
caracterizar [1f] **1** *vt* **(a)** *(gen)* to characterize; *(distinguir)* to distinguish, set apart. **(b)** *(Teat: papel)* to play with great effect. **2 caracterizarse** *vr (Teat)* to make up, dress for the part.
caracho *adj* violet-coloured.
caradura 1 *nmf* cheeky *o* brazen person. **2** *nf* cheek *(fam)*.
carajillo *nm* ≃ Irish coffee.
carajo *nm (fam!)* **¡~!** hell!, damn it all!; **ir al ~** to go to pot; **no valer un ~** to be completely worthless; **¡vete al ~!** go to hell!
caramba *interj* good gracious!
carámbano *nm* icicle.
carambola *nf (juego)* billiards; *(golpe)* cannon; *(fig)* trick, ruse; **por ~** by a lucky chance.
caramelo *nm (gen)* sweet, *(US)* candy; *(Culin)* caramel; **de ~** *(fam)* brilliant *(fam)*, magic(al) *(fam)*.
caramillo *nm* **(a)** *(Mús)* flageolet. **(b)** *(montón)* untidy heap. **(c)** *(chisme)* piece of gossip.
carancho *nm (Per)* owl; *(RPl)* vulture.
carapacho *nm* shell, carapace.
caraqueño/a 1 *adj* of Caracas. **2** *nm/f* native *o* inhabitant of Caracas.
carátula *nf* **(a)** *(careta)* mask. **(b)** *(Méx: de reloj)* face, dial. **(c)** *(LAm Tip)* title page.
caravana *nf* **(a)** *(Hist)* caravan; *(Aut: de camiones)* convoy; *(: cola)* tailback. **(b)** *(remolque)* caravan, *(US)* trailer.
caray *interj* good heavens!
carbohidrato *nm* carbohydrate.
carbólico *adj* carbolic.
carbón *nm* **(a)** *(Min)* coal; **~ bituminoso** soft coal; **~ de leña** charcoal. **(b)** *(Tip: tb* **papel ~***)* carbon paper; **copia al ~** carbon copy. **(c)** *(Elec)* carbon. **(d) ¡se acabó el ~!** that's that, then!
carbonada *nf (LAm)* meat stew.
carbonato *nm* carbonate; **~ de calcio** calcium carbonate; **~ sódico** sodium carbonate.
carboncillo *nm (Arte)* charcoal; *(Aut)* carbon.
carbonera *nf* **(a)** *(mina)* coalmine. **(b)** *(de casa)* coal bunker. **(c)** *(Téc)* charcoal kiln.
carbonería *nf* coalyard.
carbonero 1 *adj* coal *atr*. **2** *nm* **(a)** *(individuo)* coal merchant, coalman. **(b)** *(Náut)* collier, coal ship.
carbónico *adj* carbonic.
carbonilla *nf (Min)* coaldust, dross; *(LAm Arte)* charcoal.
carbonizar [1f] **1** *vt (Quím)* to carbonize; *(madera)* to make charcoal of; **quedar carbonizado** to be charred, be burnt to a cinder; *(Elec)* to be electrocuted. **2 carbonizarse** *vr (Quím)* to carbonize.
carbono *nm* carbon.
carbunclo *nm (Min)*, **carbunco** *nm (Med)* carbuncle.
carburador *nm* carburettor.
carburante *nm* fuel.
carburar [1a] *vi (fam)* to work, go well.
carburo *nm* carbide.
carca *adj, nmf inv (fam)* reactionary.
carcaj *nm (gen)* quiver; *(Méx)* rifle case.
carcajada *nf* (loud) laugh, guffaw; **reírse a ~s** to roar with laughter; **soltar la ~** to burst out laughing.
carcajear [1a] *vi*, **carcajearse** *vr* to roar with laughter.
carcamal *nm (fam)* old fogey *(fam)*.
cárcel *nf* **(a)** prison, jail; **~ modelo** model prison; **poner** *o (LAm)* **meter en la ~** to (send to) jail, put in prison. **(b)** *(Téc)* clamp.
carcelario *adj* prison *(atr)*.
carcelero 1 *adj* prison *(atr)*. **2** *nm* warder, jailer.
carcinoma *nm* carcinoma.
carcoma *nf* **(a)** *(insecto)* woodworm. **(b)** *(fig: cuidado)* anxiety, perpetual worry; *(: individuo)* spendthrift.
carcomer [2a] **1** *vt* **(a)** *(gen)* to bore into, eat into *o* away. **(b)** *(fig: salud etc)* to undermine. **2 carcomerse** *vr* **(a)** *(Arquit etc)* to get worm-eaten. **(b)** *(Med)* to waste away; *(fig: riqueza)* to be eaten away.
carcomido *adj (gen)* infested with woodworm; *(fig)* rotten, decayed.
carda *nf* **(a)** *(Bot)* teasel; *(Téc)* teasel, card. **(b)** *(acto)* carding. **(c) dar una ~ a uno** to rap sb over the knuckles.
cardán *nm* universal joint.
cardar [1a] *vt* **(a)** *(Téc)* to card, comb. **(b) ~ la lana a** to tell off, rap over the knuckles.
cardenal *nm* **(a)** *(Rel)* cardinal. **(b)** *(Med)* bruise, mark, weal. **(c)** *(Chi)* geranium.
cardenillo *nm* verdigris.
cárdeno *adj* purple, violet; *(agua)* opalescent.
cardíaco *adj* cardiac, heart *(atr)*; **ataque ~** heart attack.
cardinal *adj* cardinal.
cardiograma *nm* cardiogram.
cardiología *nf* cardiology.
cardiólogo/a *nm/f* cardiologist, heart specialist.
cardo *nm* thistle.
cardume(n) *nm* **(a)** *(Pesca)* shoal. **(b)** *(LAm)* great number, mass; **un ~ de gente** a lot *o* a crowd of people.
carear [1a] **1** *vt (textos etc)* to compare. **2 carearse** *vr* to come face to face.
carecer [2d] *vi*: **~ de** to lack, be without; *(necesitar)* to need, want; **carece de talento** he lacks talent, he has no talent; **no carecemos de dinero** we're not short of money; **eso carece de sentido** that doesn't make sense.
carencia *nf (gen)* lack *(de* of*)*, shortage *(de* of*)*; *(Econ)* scarcity; *(Med etc)* deficiency.
carente *adj*: **~ de** lacking (in), devoid of.
carestía *nf (escasez)* scarcity, shortage; *(Com)* high price(s), high cost; **época de ~** *(gen)* period of shortage; *(Com etc)* time of rising prices.
careta *nf* mask; **~ antigás** gasmask; **quitar la ~ a uno** to unmask sb.
carey *nm (materia)* tortoiseshell; *(Zool)* turtle.
carga *nf* **(a)** *(gen)* load; *(Náut)* cargo; *(Ferro)* freight; *(Aut)* tare, permitted load; *(fig)* burden, weight; *(Comput)* loading; **la ~ fiscal** the tax burden; **a ~s** in abundance, galore; **en plena ~** under full load; **bestia de ~** beast of burden. **(b)** *(Elec)* charge; **~ máxima** peak load; **hilo con ~** live wire. **(c)** *(Mec)* load; **~ fija** *o* **muerta** dead load; **~ de pago** *o* **útil** payload. **(d)** *(explosivo)* charge; **~ explosiva** explosive charge; **~ de profundidad** depth charge. **(e)** *(Fin)* tax, duty. **(f)** *(Jur)* duty, obligation; *(Pol)* responsibility; **~ de familia** dependent relative; **~ personal** per-

sonal commitments; **llevar la ~** *(fam)* to carry the can *(fam)*. **(g)** *(Mil: ataque)* charge, attack; **~ de caballería** cavalry charge; **volver a la ~** *(fig)* to return to the fray. **(h)** *(acto)* loading; **andén de ~** loading platform; **'permitido ~ y descarga'** 'loading and unloading'.

cargada *nf* **(a)** *(Arg)* unpleasant practical joke. **(b)** *(Méx Univ fam)* string of 'fails'; **ir a la ~** to jump on the bandwagon.

cargadero *nm* loading platform.

cargado 1 *pp de* **cargar. 2** *adj* **(a)** *(gen)* loaded, under load; *(esp fig)* laden, burdened (*de* with); **estar ~ (de vino)** to be drunk; **estar ~ de años** to be very old, be weighed down with age. **(b)** *(Elec)* live, charged. **(c)** *(Mil)* **~ (con bala)** live. **(d)** *(café etc)* strong. **(e)** *(cielo)* overcast; *(atmósfera)* heavy, close.

cargador *nm* **(a)** *(persona)* loader; *(Náut)* docker, stevedore; *(: de horno)* stoker. **(b)** *(de arma)* chamber; *(de bolígrafo)* filler; **~ de acumuladores** *o* **de baterías** battery charger.

cargamento *nm (Aut)* load; *(Náut)* cargo; **un ~ de botellas** *(fam)* masses of bottles.

cargante *adj (gen)* annoying; *(tarea)* irksome; *(persona)* trying.

cargar [1h] **1** *vt* **(a)** *(gen)* to load (*de* with, *a, en* on); *(esp fig)* to burden, weigh down (*de* with); **~ a uno de deudas** to encumber sb with debts. **(b)** *(Elec)* to charge. **(c)** *(Téc: horno)* to stoke. **(d)** *(peso)* to cause to bear down more heavily. **(e)** *(impuesto)* to impose, lay (*sobre* on). **(f)** *(Com, Fin)* to charge, debit (*en cuenta a* to, to the account of). **(g)** *(culpa)* to lay (*a* on); *(obligación)* to entrust (*a* to), place *(a* on). **(h)** *(acusar)* to charge, accuse. **(i)** *(Mil)* to charge, attack. **(j)** *(LAm)* to carry, use; **~ anteojos** to wear glasses; **~ revólver** to pack a gun *(fam)*. **(k)** *(fam: fastidiar)* to annoy, vex; **esto me carga** this gets on my nerves.

2 *vi* **(a)** *(Aut)* to load (up); *(Náut)* to take on (a) cargo; **~ (demasiado** *o* **mucho)** to overeat/drink too much. **(b) ~ con** *(objeto: levantar)* to pick up; *(: llevarse)* to carry *o* take away; *(fig: culpa, responsabilidad)* to bear. **(c)** *(Ling: acento)* to fall *(en, sobre* on). **(d) ~ en** *o* **sobre** to lean on *o* against; *(Arquit etc)* to rest on, be supported by. **(e)** *(fastidiar)* to pester, be annoying.

3 cargarse *vr* **(a) ~ algo** to take sth on o.s.; **~ de algo** to be full of *o* loaded with sth; *(fig)* to get one's fill of sth; **~ de años** to get very old; **el árbol se carga de manzanas** the tree produces apples in abundance. **(b)** *(Elec)* to become charged, become live. **(c)** *(cielo)* to become overcast; *(atmósfera)* to become oppressive. **(d)** *(romperse)* to smash, break. **(e)** *(fam: pescarse)* to land *o* get o.s.

cargazón *nf* **(a)** *(Náut)* cargo, shipment; *(fig)* dead weight. **(b)** *(Med)* heaviness. **(c)** *(Met)* mass of heavy cloud.

cargo *nm* **(a)** *(carga)* load, weight. **(b)** *(fig)* burden; **~ de conciencia** burden on one's conscience. **(c)** *(Com)* charge, debit; **una cantidad en ~ a uno** a sum to be charged to sb; **girar a ~ de, librar a ~ de** to draw on. **(d)** *(empleo)* post, office; *(Teat, fig)* part; **~ estelar** star role. **(e)** *(obligación)* duty, responsibility; *(custodia)* charge, care; **a ~ de** in the charge of; **tener algo a su ~** to be in charge of sth; **hacerse ~ de** to take charge of *o* responsibility for; **el ejército se hizo ~ del poder** the army took (over) power. **(f)** *(Jur)* charge.

cargosear [1a] *vt (LAm)* to pester, annoy.

cargoso *adj (LAm)* annoying.

carguero *nm* **(a)** *(Náut)* cargo boat; *(Aer)* freight plane; **~ militar** (military) transport craft. **(b)** *(LAm)* beast of burden.

cariacontecido *adj* crestfallen, down in the mouth.

cariado *adj* decayed.

caribe 1 *adj* Caribbean; **Mar C~** Caribbean (Sea). **2** *nmf* Carib.

caricatura *nf (gen)* caricature; *(en periódico etc)* cartoon.

caricaturista *nmf (gen)* caricaturist; *(de periódico etc)* cartoonist.

caricaturesco *adj* absurd, ridiculous.

caricaturizar [1f] *vt* to caricature.

caricia *nf* **(a)** *(a persona)* caress; *(a animal)* pat, stroke; **hacer ~s** to caress, stroke. **(b)** *(fig)* endearment.

caridad *nf* charity; **hacer ~ a uno** to give alms to sb.

caries *nf inv* **(a)** *(Med)* dental decay, caries. **(b)** *(Agr)* blight.

carilargo *adj* long-faced.

carilla *nf (Tip)* page.

cariño *nm* **(a)** *(afecto)* affection, fondness *(a, por* for); **hecho con ~** done with love; **sentir ~ por uno, tener ~ a uno** to like sb, be fond of sb; **tomar ~ a** to take a liking to, get fond of. **(b)** *(LAm: caricia)* caress, stroke; *(: regalo)* gift, token (of affection). **(c) ~s** *(en carta)* love.

cariñoso *adj* affectionate.

carioca *adj (LAm)* of Rio de Janiero.

carisma *nm* charisma.

carismático *adj* charismatic.

caritativo *adj* charitable (*con, para* to).

cariz *nm (gen)* look, aspect; *(Met, fig)* outlook; **este asunto toma mal ~** I don't like the look of this.

carlinga *nf* cockpit, cabin.

carmelita *adj, nmf* Carmelite.

Carmen *nm (Rel)* Carmelite Order.

carmenar [1a] *vt* **(a)** *(lana)* to card, teasel; *(pelo)* to disentangle. **(b)** *(fam)* to fleece, swindle.

carmesí *adj, nm* crimson.

carmín *nm* **(a)** *(color)* carmine; **~ de labios** lipstick. **(b)** *(Bot)* dog rose.

carnada *nf* bait.

carnal *adj* **(a)** *(Rel)* carnal, of the flesh. **(b)** *(pariente)* full, blood; **hermano ~** full brother; **primo ~** first cousin.

carnaval *nm* carnival; **martes de ~** Shrove Tuesday.

carne *nf* **(a)** *(Anat)* flesh; **~ de gallina** *(fig)* gooseflesh; **de ~ y hueso** flesh and blood; **de abundantes** *o* **muchas/pocas ~s** fat/thin; **en ~ viva** on the raw; **en ~s** naked, with nothing on; **cobrar** *o* **criar** *o* **echar ~s** to put on weight. **(b)** *(Culin)* meat; **~ de cerdo** *o (LAm)* **de chancho/de cordero/de ternera/de vaca** *o (LAm)* **de res** pork/lamb/veal/beef; **~ cruda/asada/congelada** raw/roast/frozen meat; **~ picada** mince; **~ de cañón** *(fig)* cannon-fodder. **(c)** *(Bot)* flesh, pulp; *(LAm: madera)* heart(wood). **(d)** *(Rel)* flesh, carnality.

carné *nm* = **carnet.**

carneada *nf (Arg)* slaughter(ing).

carnear [1a] *vt* **(a)** *(LAm: ganado)* to slaughter (and dress); *(fig)* to murder, butcher. **(b)** *(Chi)* to deceive, take in *(fam)*.

carnerada *nf* flock of sheep.

carnero *nm* **(a)** *(Zool)* sheep, ram; **~ marino** seal; **no hay tales ~s** it's nothing of the sort. **(b)** *(Culin)* mutton. **(c)** *(piel)* sheepskin. **(d)** *(RPl)* blackleg, scab *(fam)*.

carnestolendas *nfpl* Shrovetide.

carnet [kar'ne] *nm, pl* **carnets** [kar'ne] *(librito)* notebook; *(de banco)* bank book; **~ de conducir** driv-

ing licence; ~ **de identidad/de socio** identity/membership card.
carnicería *nf* **(a)** *(Com)* butcher's (shop). **(b)** *(fig)* slaughter, carnage; **hacer una ~ de** to massacre, slaughter.
carnicero 1 *adj* **(a)** *(Zool)* carnivorous, flesh-eating; *(Orn)* of prey. **(b)** *(fig)* cruel, bloodthirsty. **2** *nm* **(a)** *(gen)* butcher. **(b)** *(Zool)* carnivore.
carnívoro 1 *adj* carnivorous, flesh-eating. **2** *nm* carnivore.
carnosidad *nf* **(a)** *(gen)* fleshiness; *(gordura)* corpulence. **(b)** *(Med)* proud flesh.
carnoso *adj* meaty.
caro 1 *adj* **(a)** *(querido)* dear, beloved; **las cosas que nos son tan ~as** the things which are so dear to us. **(b)** *(Com)* dear, expensive. **2** *adv* dear, dearly; **le costó muy ~** it cost him dear; **eso sale bastante ~** that comes rather expensive; **vender ~** to sell at a high price.
carota *nmf (fam)* cool customer *(fam)*.
carozo *nm* **(a)** *(de maíz)* cob of maize, *(US)* corncob. **(b)** *(de fruta)* stone, core.
carpa[1] *nf (pez)* carp; ~ **dorada** goldfish.
carpa[2] *nf (LAm)* tent; *(: lona)* awning.
carpanta *nf* **(a)** *(hambre)* ravenous hunger. **(b)** *(Méx)* gang.
carpeta *nf* **(a)** *(para guardar papeles)* folder, file; *(cartera)* briefcase. **(b)** *(de mesa)* table cover. **(c)** *(LAm)* table, desk.
carpetazo *nm:* **dar ~ a** to shelve, do nothing about.
carpidor *nm*, **carpidora** *nf (LAm)* weeding hoe.
carpintería *nf* **(a)** *(arte, oficio)* carpentry, joinery; *(afición)* woodwork. **(b)** *(taller)* carpenter's shop.
carpintero *nm* **(a)** *(Téc)* carpenter; ~ **de blanco** joiner. **(b)** *(Orn)* woodpecker.
carraca *nf (coche)* old crock; *(barco)* tub.
carral *nm* vat.
carraspear [1a] *vi (hablar)* to be hoarse, have a frog in one's throat; *(aclararse)* to clear one's throat.
carraspera *nf* hoarseness.
carrasposo *adj* **(a)** *(Med)* hoarse, having a sore throat. **(b)** *(LAm)* rough, harsh.
carrera *nf* **(a)** *(acción)* run(ning); **a ~ tendida** at full speed, all out; **a la ~** at (full) speed; **de ~** hastily; **partir de ~** to proceed rashly; **dar ~ libre a** to give free rein to; ~ **del oro** goldrush. **(b)** *(Béisbol)* run. **(c)** *(Dep)* race; **~s** races, racing; **caballo de ~(s)** racehorse; **coche de ~s** racing car; ~ **de armamentos** arms race; ~ **de caballos** horse race; ~ **corta** dash, sprint; ~ **de fondo** long-distance race; ~ **pedestre** walking race; ~ **de relevos** relay race; ~ **de vallas** *(de corredores)* hurdle race, hurdles; *(de caballos)* steeplechase; **abrir ~** to set the pace. **(d)** *(línea)* row, line; *(de ladrillos)* course; *(de pelo)* parting; *(en medias)* run, ladder; *(Astron)* course; **la ~ del sol** the course of the sun. **(e)** *(viga)* beam, girder. **(f)** *(Aut: de taxi)* ride, journey. **(g)** *(de pistón)* stroke. **(h)** *(fig)* career; profession; **diplomático de ~** career diplomat; **hacer ~** to get on in the world, make headway. **(i)** *(Univ)* course, studies; **cuando termine la ~** when he qualifies.
carrerista *nmf* racegoer; *(que apuesta)* punter.
carreta *nf (gen)* waggon, cart; *(LAm)* wheelbarrow.
carretada *nf* cart load; **a ~s** in loads, galore.
carrete *nm (Fot)* reel, spool; *(Cos)* reel, bobbin; *(Elec)* coil; *(Pesca)* reel; ~ **de encendido** *(Aut)* ignition coil; ~ **de inducción** *(Elec)* induction coil.
carretear [1a] *vt* to cart, haul.
carretel *nm* reel, bobbin.
carretera *nf* (main) road, highway; **por ~** by road; ~ **de acceso** approach road; ~ **de circunvalación** *o* **periférica** bypass, ring road; ~ **nacional** primary *o* A road.
carretero *nm* cartwright, wheelwright; **jurar como un ~** to swear like a trooper.
carretilla *nf* **(a)** *(tb* ~ **de mano***)* handcart, barrow; *(Agr)* wheelbarrow; *(en tienda)* trolley; ~ **de horquilla** fork-lift truck. **(b)** *(buscapiés)* squib, cracker. **(c)** *(RPl)* jaw, jawbone. **(d)** *(LAm)* lot, series. **(e) saber algo de ~** to know sth by heart.
carretón *nm* small cart; ~ **de remolque** trailer.
carricuba *nf* water cart.
carril *nm* **(a)** *(huella)* rut, track; *(camino)* cart track, lane; *(Aut, Dep)* lane; *(Agr)* furrow; **entrar en (el) ~** *(fig)* to get on the right track. **(b)** *(Ferro)* rail; **~es** track *sg*.
carrilero *nm (LAm)* railwayman.
carrillo *nm* **(a)** *(Anat)* cheek, jowl; **comer a dos ~s** to eat greedily, stuff o.s. **(b)** *(Téc)* pulley.
carrito *nm* trolley, *(US)* cart.
carrizal *nm* reedbed.
carrizo *nm* reed.
carro *nm* **(a)** cart, wagon; *(Hist: tb* ~ **de guerra***)* chariot; *(LAm: coche)* car, automobile; *(: autobús)* bus, coach; *(Mil)* tank; ~ **alegórico** float; ~ **blindado** armoured car; ~ **cuba** tank truck; ~ **fúnebre** hearse; ~ **de mudanzas** removal van; **aguantar ~s y carretas** to put up with anything; **apearse del ~** to leave off, give it a rest *(fam)*; **¡pare Ud el ~!** hold your horses!; **tirar del ~** *(fig)* to do all the donkey work; **untar el ~ a uno** to grease sb's palm. **(b)** *(carga)* cartload. **(c)** *(Tip)* carriage.
carrocería *nf* **(a)** *(taller)* coachbuilder's. **(b)** *(Aut etc)* bodywork, coachwork.
carrocero *nm* coachbuilder.
carrocha *nf* eggs *(of insect)*.
carroña *nf* carrion.
carroza *nf* **(a)** (state) coach, carriage; *(de carnaval)* float; ~ **fúnebre** hearse. **(b)** *(Náut)* awning. **(c)** *(fam)* old fogey *(fam)*.
carruaje *nm* carriage.
carrusel *nm* merry-go-round, roundabout.
carta *nf* **(a)** *(gen)* letter; ~ **abierta/adjunta/aérea** open/covering/air letter; ~ **de ajuste** *(TV)* test card; ~ **amorosa** *o* **de amor** love letter; **~s credenciales** credentials; ~ **de crédito** letter of credit; ~ **de emplazamiento** summons; ~ **de pedido** *(Com)* order; ~ **de pésame** letter of condolence; ~ **de porte** bill of lading; ~ **postal** *(LAm)* postcard; ~ **de recomendación** letter of introduction *(para* to); ~ **de solicitud** application; ~ **urgente** special-delivery letter; **echar una ~ al correo** to post a letter. **(b)** *(Jur)* document, deed; *(Hist, Pol)* charter; ~ **blanca** carte blanche; ~ **de ciudadanía** naturalization papers; ~ **de pago** receipt, discharge in full; ~ **de venta** bill of sale; **a ~ cabal** thoroughly, in every respect; **¡~ canta!** there it is in black and white! **(c)** *(Geog)* map; ~ **marítima** chart. **(d)** *(Naipes)* playing card; ~ **de figura** picture card; **a ~s vistas** openly, honestly; **echar las ~s a uno** to tell sb's fortune (with cards); **enseñar las ~s** *(fig)* to show one's hand; **no saber a qué ~ quedarse** not to know what to think, be undecided. **(e)** *(Culin)* menu; ~ **de vinos** wine list; **a la ~** à la carte.
cartabón *nm (de dibujante)* set square; *(Mil)* quadrant.
cartapacio *nm (cuaderno)* notebook; *(Escol)*

satchel.

cartear [1a] **1** *vi (Naipes)* to play low. **2 cartearse** *vr* to correspond (*con* with).

cartel *nm (Pol etc)* poster; *(Teat etc)* bill; *(Escol)* wall chart; *(Cine)* list of credits; ~ **de escaparate** window card; **torero de** ~ star bullfighter; **tener** ~ to be a hit, be all the rage; **'se prohibe fijar ~es'** 'post no bills'.

cártel *nm (Com)* cartel, trust.

cartelera *nf (gen)* hoarding, billboard; *(en periódico)* entertainments, what's on section *(fam)*; **se mantuvo en la ~ durante 3 años** it ran for 3 years.

carteo *nm* correspondence, exchange of letters.

cárter *nm (Mec)* housing, case; ~ **de cigüeñal** crankcase.

cartera *nf* **(a)** *(gen)* wallet, pocketbook; *(Cos)* pocket flap; *(LAm)* handbag, *(US)* purse; ~ **de bolsillo** wallet; ~ **de mano** briefcase. **(b)** *(Pol)* portfolio, ministerial post. **(c)** *(Fin)* portfolio, holdings; **efectos en** ~ holding, stocks.

carterista *nmf* pickpocket.

carterita *nf:* ~ **de fósforos** book of matches.

cartero *nm* postman, *(US)* mailman.

cartílago *nm* cartilage.

cartilla *nf* **(a)** *(Escol)* primer, first reader; **cantar** *o* **leer la ~ a uno** to give sb a severe ticking off. **(b)** ~ **de ahorros** bank book. **(c)** *(Rel)* certificate of ordination; *(Mil)* record; *(Méx)* identity card.

cartografía *nf* cartography, mapmaking.

cartógrafo/a *nm/f* cartographer, mapmaker.

cartomancia *nf* fortunetelling.

cartón *nm* **(a)** *(material)* cardboard; *(de libro)* board; ~ **ondulado** corrugated cardboard; ~ **piedra** papier mâché. **(b)** *(Arte)* cartoon. **(c)** *(caja)* (cardboard) box; *(esp de tabaco)* carton.

cartoné *nm:* **en** ~ *(libro)* (bound) in boards.

cartuchera *nf* cartridge belt.

cartucho *nf* **(a)** *(Mil)* cartridge; ~ **en blanco** blank cartridge. **(b)** *(bolsita)* paper cone; *(de monedas)* roll.

cartujano *adj, nm* Carthusian.

cartulina *nf* fine cardboard, card.

casa *nf* **(a)** *(gen)* house; *(piso)* flat, apartment; *(edificio)* building; ~ **de asistencia** *(Méx)* boarding house; ~ **de azotea** penthouse; ~ **de campo** country house; ~ **de citas** *o* **de putas** *(fam)* brothel; ~ **consistorial** town hall; ~ **de corrección** reformatory, remand home; ~ **de correos** post office; ~ **de huéspedes** boarding house; ~ **de juego** gambling house; ~ **de orates** asylum; ~ **de maternidad** maternity hospital; ~ **de pisos** block of flats; ~ **de socorro** first-aid post; ~ **de vecindad** block of tenements.

(b) *(hogar)* home; *(residencia)* residence, house; ~ **y comida** board and lodging; **¿dónde tiene Ud su ~?** where is your home?; ~ **Dios** *(fam)* miles away *(fam)*, far away; ~ **paterna** family home; ~ **solariega** family seat, ancestral home; **es una ~ alegre** it's a happy home; **ir a ~** to go home; **ir hacia ~** to head for home; **ir a ~ de Juan** to go to John's (house); **salir de ~** to leave home; **estar en ~** to be at home, be in; **¿está la señora en ~?** is the lady in?; **estar fuera de ~** to be out, be away from home; **estar por la ~** to be about the house; **de ~** home *(atr)*, household; *(ropa)* indoor; *(animal)* pet; **estar de ~** to be in one's ordinary clothes.

(c) *(hogar: locuciones)* **abandonar la ~** to leave home, move out; **echar la ~ por la ventana** *(gastar)* to spare no expense; *(pasarlo bien)* to have a wild time; **franquear la ~ a uno** to open one's house to sb; **hacer ~** to get rich; **llevar la ~** to keep house, run the house; **poner ~** to set up house; **sentirse como en su ~** to feel at home; **no tener ~ ni hogar** to be homeless.

(d) *(Dep)* home (ground); **equipo de ~** home team.

(e) *(Com, Fin)* firm, business house; ~ **armadora** shipbuilding company; ~ **bancaria** *o* **de banca** banking house; ~ **central** head office; ~ **editorial** publishing house; ~ **de (la) moneda** mint.

(f) *(linaje)* line, family; ~ **real** royal house.

casabe *nm* cassava.

casaca *nf* dress coat; ~ **de montar** riding coat; **cambiar de ~** to be a turncoat.

casacón *nm* greatcoat.

casadero *adj* marriageable.

casado/a 1 *adj* married; **mal ~** unhappily married; **estar ~** to be married (*con* to); **estar ~ a media carta** to live in sin. **2** *nm/f* married man/woman; **los recién ~s** the newlyweds. **3** *nm (Tip)* imposition.

casamentero/a *nm/f* matchmaker.

casamiento *nm* marriage, wedding (ceremony); ~ **por amor** love match; ~ **a la fuerza** shotgun wedding.

casapuerta *nf* vestibule.

casar[1] *nm* hamlet.

casar[2] [1a] **1** *vt* **(a)** *(suj: cura)* to marry, join in wedlock. **(b)** *(suj: padre)* to marry (off), give in marriage (*con* to). **(c)** *(fig)* to pair, match; *(Tip)* to impose. **(d)** *(Jur)* to quash. **2** *vi* **(a)** = **3. (b)** *(fig)* to match, harmonize. **3 casarse** *vr* **(a)** to marry, get married; **A se casó con B** A married B; **¿cuándo te vas a casar?** when are you getting married?; **volver a ~, ~ en segundas nupcias** to marry again; ~ **por lo civil** to have a civil wedding; **¡cásate y verás!** you'll live to regret it! **(b)** *(fig)* to match, harmonize.

casca *nf* **(a)** *(corteza)* bark (for tanning). **(b)** *(de uvas)* grape skins.

cascabel *nm* **(a)** *(campana)* (little) bell; **echar** *o* **soltar el ~** to drop a hint. **(b)** *(serpiente)* rattlesnake.

cascabelear [1a] **1** *vt* to take in *(fam)*, beguile. **2** *vi* **(a)** *(LAm)* to jingle, tinkle. **(b)** *(fig)* to act recklessly.

cascabeleo *nm* jingling, tinkling.

cascabillo *nm (Bot)* husk.

cascada *nf* waterfall, cascade.

cascado *adj* **(a)** *(gen)* broken (down); *(individuo)* infirm, worn out. **(b)** *(voz)* cracked; *(piano etc)* tinny.

cascajo *nm* **(a)** *(guijo)* (piece of) gravel; *(de vasija)* fragments, sherds. **(b)** *(trastos)* junk, rubbish; **estar hecho un ~** to be a wreck.

cascanueces *nm inv* nutcracker; **un ~** a pair of nutcrackers.

cascar [1g] **1** *vt* **(a)** *(gen)* to split, break (open); *(nuez)* to crack. **(b)** *(fam: matar)* to bump off *(fam)*. **(c)** *(fam: pegar)* to bash; *(Dep)* to wipe the floor with. **2** *vi* to chatter, talk too much. **3 cascarse** *vr* **(a)** *(gen)* to crack, break (open). **(b)** *(salud)* to crack up; *(voz)* to break, crack.

cáscara *nf (gen)* shell; *(de grano)* husk; *(de fruta)* rind, skin; ~ **de huevo** eggshell; ~ **de limón** lemon peel; **patatas cocidas con ~** potatoes in their jackets; **no hay más ~s** there's no other way out *(fam)*; **dar ~s de novillo a** *(LAm)* to thrash.

cascarón *nm* (broken) eggshell.

cascarrabias *nmf inv* quick-tempered person.

cascarriento *adj (Arg)* filthy, greasy.

casco *nm* **(a)** *(Mil etc)* helmet; *(copa de sombrero)* crown; ~ **de acero** steel helmet; ~ **protector** crash helmet. **(b)** *(Anat)* skull; *(fam)* nut *(fam)*; **ligero de ~s** scatterbrained, frivolous; **romperse los ~s** to rack one's brains; **sentar los ~s** to settle down; **tener los ~s a la jineta** to be scatterbrained. **(c)** *(de vasija)* fragment, sherd. **(d)** *(de cebolla)* skin, coat. **(e)** *(tonel)* cask, barrel; *(botella)* returnable bottle. **(f)** *(Náut)* hull. **(g)** *(Zool)* hoof. **(h)** *(Mec)* casing. **(i)** *(Arquit)* inner city; *(LAm: de estancia)* main building.

cascote *nm* (piece of) rubble.

cáseo *nm* curd.

caseoso *adj* cheesy.

caserío *nm* country house.

casero/a 1 *adj* **(a)** *(gen)* domestic, household *(atr)*; *(Culin)* home-made; *(ropa)* house *(atr)*, indoor. **(b)** *(persona)* home-loving. **2** *nm/f (propietario)* landlord/landlady; *(Com)* house agent.

caserón *nm* large (ramshackle) house.

caseta *nf (de mercado)* booth, stall; *(de feria)* stand; *(Dep)* changing room; *(casita)* cottage; ~ **de perro** kennel, *(US)* doghouse; ~ **del timón** *(Náut)* wheelhouse.

casi *adv* almost, nearly; ~ ~ very nearly; **está ~ terminado** it's almost finished; ~ **nada** next to nothing; ~ **nunca** almost never, hardly ever.

casilla *nf* **(a)** hut, cabin, shed; *(en parque, jardín zoológico etc)* keeper's lodge; *(en mercado)* booth, stall. **(b)** *(cabina)* cab. **(c)** *(Teat)* box office. **(d)** *(para cartas)* pigeonhole; *(de caja)* compartment; *(de papel)* ruled column, section; *(Ajedrez)* square; *(LAm)* ~ **(postal)** post office box (number). **(e) sacar a uno de sus ~s** to shake sb out of his complacency; **salir de sus ~s** to fly off the handle.

casillero *nm* **(a)** (set of) pigeonholes. **(b)** *(Ftbl fam)* scorer.

casimir *nm* cashmere.

casino *nm (Pol etc)* club; *(de juego)* casino.

casita *nf* small house, cottage.

caso *nm* **(a)** *(Ling)* case. **(b)** *(Med)* case; **es un ~ perdido** he's a dead loss. **(c)** *(cuestión)* case, instance; *(suceso)* event, happening; *(circunstancias)* circumstances; ~ **de autos** *(Jur)* case in hand; ~ **fortuito** act of God; **en ~ de** in the event of; ~ **que venga, en (el) ~ de que venga** in case he should come, should he come; **y en (el) ~ contrario** and if not; **en el mejor de los ~s** at best; **en tal ~** in such a case; **en todo ~** in any case, at all events; **en último ~** as a last resort; **según el ~** as the case may be; **dado el ~ que ...** supposing (that) ...; **el ~ es que ...** the fact is that ...; **hablar al ~** to speak to the point; **venir al ~** to be relevant; **no venir al ~** to be beside the point; **pongamos por ~ que ...** let us suppose that ...; **servir para el ~** to serve one's purpose; **¡vamos al ~!** let's get to the point!; **verse en el ~ de hacer algo** to be compelled to do sth. **(d)** *(atención)* notice; **hacer ~ a** to heed, notice; **no me hacen ~** they don't pay me any attention; **¡no haga Ud ~!** take no notice!; **hacer ~ de** *(escuchar)* to pay attention to; *(tener en cuenta)* to take into account; **sin hacer ~ de eso** regardless of that; **hacer ~ omiso de** to fail to mention, deliberately pass over.

caspa *nf* dandruff.

Caspio *adj*: **Mar** ~ Caspian Sea.

casquete *nm (Mil)* helmet; *(Mec)* cap; *(LAm)* toupee; ~ **de hielo** icecap.

casquillo *nm* **(a)** *(Téc)* ferrule, tip; *(Mil)* cartridge case. **(b)** *(LAm)* horseshoe.

casquivano *adj* scatterbrained.

cassette [ka'set] *nf* cassette.

casta *nf (Rel etc)* caste; *(raza)* breed, race; *(fig)* class; **de ~** of quality; **eso le viene de ~** that comes naturally to him.

castaña *nf* **(a)** *(fruto)* chestnut; ~ **del Brasil,** ~ **de Pará** Brazil nut; ~ **de Indias** horse chestnut; **sacar a uno las ~s del fuego** to get sb off the hook. **(b)** *(moño)* bun, chignon. **(c)** *(fam: golpe)* punch; **¡toma ~!** take that!

castañar *nm* chestnut grove.

castañero/a *nm/f* chestnut seller.

castañeta *nf* **(a)** *(con dedos)* snap (of the fingers). **(b) ~s** *(Mús)* castanets.

castañetear [1a] **1** *vt* **(a)** *(dedos)* to snap. **(b)** *(Mús)* to play on the castanets. **2** *vi* **(a)** *(dedos)* to snap, click; *(dientes)* to chatter, rattle; *(huesos)* to crack. **(b)** *(Mús)* to play the castanets.

castañeteo *nm* **(a)** *(de dedos)* snapping; *(de dientes)* chattering; *(de huesos)* cracking. **(b)** *(Mús)* sound of the castanets.

castaño 1 *adj* chestnut(-coloured), brown. **2** *nm* chestnut tree; ~ **de Indias** horse chestnut tree; **esto pasa de ~ oscuro** this is beyond a joke.

castañuelas *nfpl* castanets; **estar como unas ~s** to be as happy as Larry.

castellano/a 1 *adj (Pol)* Castilian; *(Ling etc)* Spanish. **2** *nm/f* Castilian. **3** *nm (Ling)* Castilian, Spanish.

casticidad *nf*, **casticismo** *nm* **(a)** *(Ling)* purity, correctness. **(b)** *(de costumbres)* traditional character, authenticity.

casticista *adj, nmf* purist.

castidad *nf* chastity, purity.

castigador *nm* ladykiller.

castigar [1h] *vt* **(a)** *(gen)* to punish *(de, por* for*)*; *(Dep)* to penalize *(por* for*)*; *(Escol)* to keep in. **(b)** *(fig)* to castigate; *(Rel: carne)* to mortify. **(c)** *(escrito)* to revise. **(d)** *(gastos)* to cut down, reduce.

castigo *nm* **(a)** *(gen)* punishment; *(Dep, Jur)* penalty; **area de ~** penalty area *o* box. **(b)** *(fig)* castigation; *(Rel)* mortification. **(c)** *(Lit)* correction, revision.

Castilla *nf* Castile; ~ **la Nueva/la Vieja** New/Old Castile; **¡ancha es ~!** it takes all sorts!

castillejo *nm* **(a)** *(Arquit)* scaffolding. **(b)** *(de niño)* babywalker.

castillo *nm* castle; ~ **de fuego** firework set piece; ~ **de naipes** house of cards.

castizo *adj* **(a)** *(Ling)* pure, correct. **(b)** *(fig)* traditional; *(auténtico)* pure, authentic; **es un tipo ~** he's one of the best.

casto *adj* chaste, pure.

castor *nm* beaver.

castración *nf* **(a)** *(Zool)* castration, gelding. **(b)** *(Bot)* pruning.

castrado 1 *adj* castrated. **2** *nm* eunuch.

castrar [1a] *vt* **(a)** *(Zool: gen)* to castrate, geld; *(gato)* to doctor. **(b)** *(Bot)* to prune, cut back. **(c)** *(fig)* to impair, weaken.

castrense *adj* army *(atr)*, military.

casual *adj* accidental, chance.

casualidad *nf* chance, accident; **fue una pura ~** it was sheer coincidence; **por ~** by chance *o* accident; **¿tienes por ~ una pluma?** do you have a pen, by any chance?; **un día entró de ~** one day he dropped in; **da la ~ que ...** it (so) happens that ...; **dio la ~ que ...** as luck would have it ...; **¡qué ~!** what a coincidence!

casualmente *adv* by chance, fortuitously; ~ **le vi ayer** I happened to see him yesterday.

casuca *nf*, **casucha** *nf* hovel.

casuista *nmf* casuist.

casuística *nf* casuistry.

cata[1] *nm o nf* **(a)** *(gen)* tasting, sampling. **(b)** *(porción)* sample.
cata[2] *nf (LAm)* parrot.
catacaldos *nm inv* **(a)** *(Arte etc)* dilettante. **(b)** *(entrometido)* busybody, meddler.
cataclismo *nm* cataclysm.
catacumbas *nfpl* catacombs.
catador *nm (gen)* taster, sampler; *(fig)* connoisseur.
catadura *nf* **(a)** *(catar)* tasting, sampling. **(b)** *(aspecto)* looks, appearance.
catafalco *nf* catafalque.
catalán/ana 1 *adj, nm/f* Catalan, Catalonian. **2** *nm (Ling)* Catalan.
catalejo *nm* spyglass, telescope.
catalizador *nm* catalyst.
catalogación *nf* cataloguing.
catalogar [1h] *vt (gen)* to catalogue; *(fig)* to classify *(de* as*)*.
catálogo *nm* catalogue.
Cataluña *nf* Catalonia.
catamarán *nm* catamaran.
cataplasma *nf* **(a)** *(Med)* poultice. **(b)** *(fam)* bore.
cataplum *interj* bang!, crash!
catapulta *nf* catapult.
catar [1a] *vt* **(a)** *(Culin etc)* to taste, sample; *(examinar)* to examine, inspect. **(b)** *(mirar)* to look at; **¡cata!, ¡cátale!** just look at him! **(c)** *(colmenas)* to extract honeycombs from.
catarata *nf* **(a)** *(Geog)* waterfall, cataract; **C~s de Niágara** Niagara Falls. **(b)** *(Med)* cataract.
catarriento *adj (LAm)* = **catarroso.**
catarro *nm (Med: gen)* cold; *(: mucosidad)* catarrh; **pescarse un ~** to catch a cold.
catarroso *adj* having a cold.
catarsis *nf* catharsis.
catártico *adj* cathartic.
catástrofe *nf* catastrophe.
catastrófico *adj* catastrophic.
catavinos *nm inv (profesión)* wine taster; *(fam)* boozer.
catch *nm* wrestling; **luchador de ~** wrestler.
cate *nm (fam)* punch, knuckle sandwich *(fam)*; **dar ~** *(Univ)* to fail.
catear [1a] *vt* **(a)** *(buscar)* to search. **(b)** *(LAm: probar)* to test, try. **(c)** *(LAm Min)* to prospect.
catecismo *nm* catechism.
catecúmeno/a *nm/f* catechumen.
cátedra *nf* **(a)** *(Univ)* chair, professorship; *(Escol)* principal teacher's post; *(asignatura)* subject, class; **explicar una ~** to hold a chair *(de* of*)*; **hacer oposiciones para una ~, opositar a una ~** to try to win a chair *etc* by public competitive examination; **sentar ~ sobre un argumento** to take one's stand on an argument. **(b)** *(aula)* lecture room.
catedral *nf* cathedral; **como una ~** *(fam)* enormous, gigantic.
catedrático/a *nm/f* **(a)** *(Univ)* professor; **~ de Inglés** Professor of English. **(b)** *(Escol)* principal teacher; **~ de Inglés** principal English teacher.
categoría *nf (gen)* category; *(clase)* class, group; *(rango)* rank, standing; *(calidad)* quality; **de ~** *(importante)* important; *(de lujo)* luxury; *(distinguido)* distinguished, high-ranking; **es hombre de cierta ~** he is a man of some standing; **de baja ~** low-class *(atr)*; *(oficial etc)* low-ranking; *(mercancía)* low-grade; **de segunda ~** second-rate; **no tiene ~** he has no standing.
categórico *adj (gen)* categorical; *(mentira)* outright; *(orden)* express.
cateo *nm* search, raid.
catequizar [1f] *vt* **(a)** *(Rel)* to catechize, instruct in Christian doctrine. **(b)** *(fam)* to win over, talk round.
caterva *nf* throng, crowd.
cateto/a *nm/f* yokel, *(US)* hick.
catoche *nm (Méx)* bad temper.
cátodo *nm* cathode.
catolicismo *nm* (Roman) Catholicism.
católico/a 1 *adj (Rel)* (Roman) Catholic; **no ~** non-Catholic; **no estar muy ~** not to be quite right; *(Med)* to be under the weather. **2** *nm/f* Catholic.
catorce 1 *adj* **(a)** *(cardinal)* fourteen. **(b)** *(ordinal)* fourteenth. **2** *nm (número)* fourteen; *(fechas)* fourteenth; *véase tb* **seis.**
catorceavo *adj*, **catorceno** *adj* fourteenth; *véase tb* **sexto.**
catre *nm* cot; *(fam)* bed; **~ de tijera** campbed, folding bed.
catrecillo *nm* folding seat.
catrera *nf (Arg)* bunk, bed.
cauce *nm (Geog)* riverbed; *(Agr)* irrigation channel; *(fig)* channel, means.
caución *nf* **(a)** *(cautela)* caution, wariness. **(b)** *(Jur)* security, bond; **admitir a uno a ~** to grant sb bail.
caucionar [1a] *vt* to bail, go bail for.
cauchal *nm* rubber plantation.
cauchera *nf* rubber plant *o* tree.
cauchero 1 *adj* rubber *(atr)*; **industria ~a** rubber industry. **2** *nm (LAm)* worker in a rubber plantation.
caucho *nm* **(a)** *(gen)* rubber; **~ natural/sintético** natural/synthetic rubber. **(b)** *(LAm Aut)* tyre; **quemar ~** *(fam)* to step on it *(fam)*.
caudal *nm* **(a)** *(de río)* volume, flow. **(b)** *(abundancia)* abundance, wealth; *(riqueza)* fortune, wealth.
caudaloso *adj* **(a)** *(río)* mighty, large. **(b)** *(abundante)* copious, abundant; *(rico)* wealthy, rich.
caudillaje *nf* leadership.
caudillo *nm* **(a)** *(Mil etc)* leader, chief. **(b)** *(Pol)* boss *(fam)*.
causa *nf* **(a)** *(gen)* cause; *(motivo)* reason, motive; *(de queja)* grounds; **veamos qué ~ tiene esto** let us see what is the reason for this; **a** *o* **por ~ de** on account of, because of; **por poca ~, sin ~** for no good reason. **(b)** *(Pol etc)* cause; **hacer ~ común con** to make comon cause with. **(c)** *(Jur)* lawsuit; **instruir ~** to take legal proceedings.
causal 1 *adj* causal. **2** *nf* reason, grounds.
causalidad *nf* causality, causation.
causante 1 *adj* causing, originating; **el coche ~ del accidente** the car which caused the accident. **2** *nmf* **(a)** cause, originator. **(b)** *(Méx)* taxpayer.
causar [1a] *vt (gen)* to cause; *(impresión, trabajo)* to create, make; *(protesta)* to provoke; *(placer)* to give.
causear [1a] *vi (Chi)* to have a snack.
cáustico/a 1 *adj* caustic. **2 cáustica** *nf* caustic.
cautela *nf* caution, wariness; **con mucha ~** very cautiously; **tener la ~ de hacer algo** to take the precaution of doing sth.
cautelarse [1a] *vr* to be on one's guard *(de* against*)*.
cauteloso *adj* cautious, wary.
cauterizar [1f] *vt* **(a)** *(Med)* to cauterize. **(b)** *(fig)* to eradicate.
cautivar [1a] *vt* **(a)** *(Mil etc)* to capture, take prisoner. **(b)** *(hechizar)* to charm, win over.
cautiverio *nm*, **cautividad** *nf* captivity; *(fig)* bondage, serfdom.
cautivo/a *adj, nm/f* captive.

cauto *adj* cautious, wary.
cava *nf* digging.
cavador *nm* digger.
cavadura *nf* digging, excavation.
cavar [1a] **1** *vt (gen)* to dig; *(pozo)* to sink; *(Agr)* to dig over. **2** *vi* **(a)** *(gen)* to dig. **(b)** *(fig)* to delve *(en* into), go deeply *(en* into); *(meditar)* to meditate profoundly *(en* on).
caverna *nf* cave, cavern.
cavernícola 1 *adj* cave-dwelling, cave *(atr)*; **hombre ~** caveman. **2** *nmf* cave dweller.
cavernoso *adj (gen)* cavernous; *(voz)* resounding, deep.
caviar *nm* caviar(e).
cavidad *nf* cavity.
cavilación *nf* deep thought, rumination.
cavilar [1a] *vi* to ponder, consider closely.
caviloso *adj* brooding, suspicious.
cayado *nm (Agr)* crook; *(Rel)* crozier.
cayo *nm (Antillas)* islet, key; **C~ Hueso** Key West.
caza 1 *nf* **(a)** *(acción: gen)* hunting; *(: con fusil)* shooting; *(una ~)* hunt; *(: con fusil)* shoot; *(: persecución)* chase, pursuit; **~ de brujas** witchhunt; **~ furtiva** poaching; **~ de grillos** fool's errand, wild-goose chase; **~ del hombre** manhunt; **coto de ~** hunting estate; **~ con papelillos** paper chase; **~ submarina** underwater fishing; **~ del tesoro** treasure hunt; **andar a (la) ~ de** to go hunting for; **dar ~ a** to give chase to, go in pursuit of; **dar ~ a** to hunt down; **ir a la ~, ir de ~** to go hunting, go (out) shooting. **(b)** *(animales)* game; **~ mayor/menor** big/small game; **levantar la ~** to put up the game; *(fig)* to start the ball rolling. **2** *nm (Aer)* fighter(-plane).
caza-bombardero *nm* fighter-bomber.
cazaclavos *nm inv* pliers.
cazadero *nm* hunting ground.
cazador(a) 1 *nm/f (gen)* hunter; *(de a caballo)* huntsman/-woman; **~ de pieles** trapper; **~ furtivo** poacher. **2 cazadora** *nf* bomber jacket, jerkin.
cazar [1f] *vt* **(a)** *(buscar)* to hunt; *(perseguir)* to chase, go after; *(esp fig)* to hunt *o* track down. **(b)** *(prender)* to catch; *(matar)* to bag; *(fig: puesto etc)* to land, get; **~las al vuelo** to be pretty sharp.
cazasubmarinos *nm inv* **(a)** *(Náut: gen)* destroyer; *(: sumergible)* hunter-killer. **(b)** *(Aer)* anti-submarine craft.
cazo *nm* **(a)** *(gen)* saucepan; **~ de cola** gluepot; **~ eléctrico** electric kettle. **(b)** *(cucharón)* ladle.
cazoleta *nf (gen)* (small) pan; *(de pipa)* bowl; *(de espada)* guard.
cazón *nm* dogfish.
cazuela *nf* **(a)** *(vasija: de metal)* pan; *(: de barro)* casserole; *(guiso)* stew, casserole. **(b)** *(Teat)* gods.
cazurro *adj* surly, sullen.
c/d *abr de* **en casa de** c/o.
ce *nf name of the letter* C; **~ por be** down to the tiniest detail; **por ~ o por be** somehow or other.
ceba *nf* **(a)** *(Agr)* fattening. **(b)** *(de arma)* priming. **(c)** *(de horno)* stoking.
cebada *nf* barley; **~ perlada** pearl barley.
cebadal *nm* barley field.
cebadera *nf* nosebag.
cebadero *nm* **(a)** *(Com)* barley dealer. **(b)** *(mula)* leading mule. **(c)** *(Téc)* furnace mouth.
cebadura *nf* = **ceba (a).**
cebar [1a] **1** *vt* **(a)** *(Agr)* to fatten *o* feed (up) *(con* on). **(b)** *(horno)* to feed, stoke (up); *(arma)* to prime. **(c)** *(trampa)* to bait. **(d)** *(RPl: maté)* to make, brew. **2** *vi (tuerco)* to grip, catch; *(clavo etc)* to go in. **3 cebarse** *vr*: **~ en** to vent one's fury on.
cebellina *nf (Zool)* sable.
cebo *nm* **(a)** *(Agr)* feed, food. **(b)** *(de arma)* charge, priming; *(Téc)* fuel, oven load. **(c)** *(Pesca)* bait; *(fig)* bait, lure.
cebolla *nf* onion; *(de tulipán)* bulb; *(fam: cabeza)* nut *(fam)*.
cebolleta *nf* chive.
cebollina *nf*, **cebollino** *nm* spring onion.
cebolludo/a *adj (Bot)* bulbous; *(fam: personas)* vulgar.
cebón 1 *adj* fat, fattened. **2** *nm* fattened animal.
cebra *nf* zebra; **paso de ~** zebra crossing.
ceca *nf*: **andar** *o* **ir de la ~ a la Meca** to chase about all over the place.
cecear [1a] *vi (gen)* to lisp; *(Ling) to pronounce* [s] *as* [θ].
ceceo *nm (gen)* lisp; *(Ling) pronunciation of* [s] *as* [θ].
ceceoso *adj* lisping, having a lisp.
cecina *nf* cured *o* smoked meat; *(RPl)* jerked meat; **estar como una ~** to be terribly thin.
ceder [2a] **1** *vt (gen)* to hand over, give up; *(territorio)* to cede; *(propiedad)* to transfer, make over; *(balón)* to pass; **'ceda el paso'** *(Aut)* 'give way'. **2** *vi* **(a)** to give in *(a* to), yield *(a* to); **no cede a nadie en experiencia** he is inferior to none in experience. **(b)** *(viento)* to drop; *(temperatura)* to go down; *(fiebre etc)* to abate. **(c)** *(barrera etc)* to give (way), sag.
cedilla *nf* cedilla.
cedro *nm* cedar.
cédula *nf (gen)* document; *(ficha)* index card; *(Com)* warrant; **~ de aduana** customs permit; **~ en blanco** blank cheque; **~ personal** identity card; **dar ~ a uno** to license sb.
CEE *abr de* **Comunidad Económica Europea** EEC.
cefalea *nf* migraine.
cefálico *adj* cephalic.
céfiro *nm* zephyr.
cegador *adj* blinding.
cegar [1h, 1k] **1** *vt* **(a)** to blind; *(encandilar)* to dazzle. **(b)** *(tubería etc)* to block up, stop up; *(Arquit)* to wall up. **2** *vi* to go blind, become blind(ed). **3 cegarse** *vr* to be blinded *(de* by).
cegato *adj*, **cegatón** *adj* short-sighted.
ceguedad *nf*, **ceguera** *nf* blindness; *(fig)* short-sightedness; **~ para los colores** colour blindness.
ceja *nf* **(a)** *(Anat)* eyebrow; **~s pobladas** bushy *o* thick eyebrows; **arquear las ~s** to raise one's eyebrows; **fruncir las ~s** to knit one's brows, frown; **meterse algo entre ~ y ~** to get sth firmly into one's head; **quemarse las ~s** to burn the midnight oil; **tomar a uno entre ~ y ~** to take a dislike to sb. **(b)** *(Téc)* rim, flange; *(Cos)* edging; *(Arquit)* projection; *(Geog)* brow, crown; *(Mús)* bridge.
cejar [1a] *vi (retroceder)* to move *o* go back; *(ceder)* to give way, back down; *(en discusión)* to climb down; *(aflojar)* to slacken, weaken; **no ~** to keep it up, keep going; **sin ~** unflinchingly; **no ~ en sus esfuerzos** to keep up one's efforts.
cejijunto *adj* with bushy eyebrows; *(fig)* scowling, frowning.
cejudo *adj* with bushy eyebrows.
celada *nf* **(a)** ambush, trap; *(fig)* trick, ruse; **caer en la ~** to fall into the trap. **(b)** *(Mil Hist)* helmet.
celador(a) 1 *nm/f (Escol)* monitor; *(de cárcel)* warder; *(de museo)* attendant. **2** *nm (sereno)* watchman; *(Téc)* maintenance man.
celaje *nm* **(a)** *(Met)* sky with coloured clouds; *(Náut)* clouds; **~s** sunset clouds. **(b)** *(Arte)* cloud effect. **(c)** *(Arquit)* skylight. **(d)** *(fig)* (promising) sign, token.

celar[1] [1a] **1** *vt* to watch over; *(Escol)* to invigilate; ~ **la justicia** to see that justice is done. **2** *vi:* ~ **por** *o* **sobre** to watch over.
celar[2] [1a] *vt* to conceal, hide.
celda *nf* cell.
celdilla *nf (de colmena)* cell; *(Arquit)* niche.
celebérrimo *adj superl de* **célebre.**
celebración *nf* **(a)** *(de misa etc)* celebration; *(de reunión)* holding. **(b)** *(fig)* applause, welcome.
celebrante *nm (Rel)* celebrant, officiating priest.
celebrar [1a] **1** *vt* **(a)** *(aniversario etc)* to celebrate; *(reunión)* to hold; *(tratado)* to conclude; *(boda)* to perform, solemnize; *(misa)* to say. **(b)** *(loar)* to praise; *(aplaudir)* to applaud, welcome; *(chiste)* to laugh at, find amusing; **lo celebro** I'm very glad about it; **lo celebro mucho por él** I'm very glad for his sake. **2** *vi* to say mass. **3 celebrarse** *vr (Rel)* to fall, occur; *(reunión)* to be held, take place.
célebre *adj* famous, celebrated, noted *(por* for*)*.
celebridad *nf* **(a)** *(fama)* celebrity, fame. **(b)** *(persona)* celebrity.
celeridad *nf* speed, swiftness; **con** ~ quickly, promptly.
celeste *adj (Astron)* heavenly; *(color)* sky blue.
celestial *adj (Rel)* celestial; *(fig)* heavenly.
celestina *nf* bawd, procuress.
celibato *nm* celibacy.
célibe *adj, nmf* celibate.
celo *nm* **(a)** *(entusiasmo)* zeal, fervour; *(cuidado)* conscientiousness; *(Rel)* religious fervour. **(b)** *(Zool)* rut, heat; **estar en** ~ to be on heat *o* in season. **(c)** ~**s** jealousy *sg;* **dar** ~**s** to cause jealousy; **dar** *o* **infundir** ~**s a uno** to make sb jealous; **tener** ~**s de uno** to be jealous of sb.
celofán *nm* cellophane.
celosía *nf* lattice (window).
celoso *adj* **(a)** *(gen)* zealous *(de* for*)*, keen *(de* about, on*)*; *(cuidadoso)* conscientious; *(entusiástico)* eager. **(b)** *(desconfiado)* suspicious, distrustful. **(c)** *(que tiene celos)* jealous *(de* of*)*.
celta 1 *adj* Celtic. **2** *nmf* Celt.
céltico *adj* Celtic.
célula *nf* **(a)** *(Bio etc)* cell; ~ **fotoeléctrica** photoelectric cell; ~ **nerviosa/sanguínea** nerve/blood cell. **(b)** *(Pol)* cell.
celular *adj* cellular, cell *(atr)*; **tejido** ~ cell tissue.
celuloide *nm* celluloid; **llevar algo al** ~ to make a film of sth.
celulosa *nf* cellulose.
cellisca *nf* sleet.
cementar [1a] *vt (Téc)* to case-harden, cement.
cementerio *nm* cemetery, graveyard; ~ **de coches** used-car dump.
cemento *nm (Anat, Téc)* cement; *(LAm: pegamento)* glue.
cena *nf (comida ligera)* supper; *(extensa)* evening meal; *(formal etc)* dinner; **la C**~, **la Última C**~ the Last Supper.
cenáculo *nm* group, coterie.
cenador *nm* arbour, *(US)* arbor.
cenagal *nm (pantano)* bog, quagmire; *(fig)* mess, nasty business.
cenagoso *adj* muddy, boggy.
cenar [1a] *(véase* **cena***)* **1** *vt* to have for supper *etc.* **2** *vi* to have one's supper *o* dinner; **invitar a** ~ to invite to dinner.
cenceño *adj* thin, skinny.
cencerrada *nf* rowdy music, din.
cencerrear [1a] *vi (campanillas etc)* to jangle; *(aparato)* to rattle, clatter; *(puerta etc)* to creak; *(Mús)* to make a dreadful noise.
cencerro *nm* cowbell; **a** ~**s tapados** stealthily, on the sly; **estar como un** ~ *(fam)* to be round the bend *(fam)*.
cenefa *nf (Cos)* edging, border; *(Arquit)* border.
cenicero *nm* ashtray.
Cenicienta *nf* Cinderella.
ceniciento *adj* ashen, ash-coloured.
cenit *nm* zenith.
ceniza *nf* ash(es); **huir de las** ~**s y dar en las brasas** to jump out of the frying pan into the fire; **reducir algo a** ~**s** to reduce sth to ashes.
cenizo 1 *adj* ashen, ash-coloured. **2** *nm* **(a)** *(Bot)* goosefoot. **(b)** *(fam: gafe)* jinx.
cenotafio *nm* cenotaph.
cenote *nm (CAm, Méx)* natural well.
censar [1a] *vt* to take a census of.
censo *nm* **(a)** *(demográfico)* census; ~ **de tráfico** traffic census *o* count; **levantar el** ~ **de** to take a census of. **(b)** *(Fin: impuesto)* tax; *(: pago anual)* (annual) ground rent. **(c)** *(Pol)* ~ **electoral** electoral roll.
censor *nm* **(a)** *(Pol)* censor. **(b)** *(Com, Fin)* ~ **de cuentas** auditor; ~ **jurado de cuentas** chartered accountant. **(c)** *(fig)* critic.
censual *adj* **(a)** *(demografía)* census *(atr)*, relating to a census. **(b)** *(Fin)* mortgage *(atr)*.
censura *nf* **(a)** *(supresión)* censorship; **someter a la** ~ to censor. **(b)** *(corrección)* censure, criticism; **digno de** ~ reprehensible, blameworthy. **(c)** *(Com, Fin)* ~ **de cuentas** auditing.
censurable *adj* reprehensible.
censurar [1a] *vt* **(a)** *(Pol)* to censor. **(b)** *(criticar)* to censure, condemn.
centavo 1 *adj* hundredth. **2** *nm* **(a)** *(gen)* hundredth (part). **(b)** *(Fin)* cent.
centella *nf (chispa)* spark; *(rayo)* flash of lightning.
centelleante *adj (véase vi)* sparkling; gleaming, glinting; twinkling; flickering.
centell(e)ar [1a] *vi* to sparkle; *(metal)* to gleam, glint; *(estrella)* to twinkle; *(fuego)* to flicker.
centelleo *nm (gen)* sparkling; *(de metal)* glinting.
centena *nf* hundred; *véase tb* **seiscientos.**
centenal[1] *nm,* **centenar**[1] *nm* hundred; **a** ~**es** by the hundred, in (their) hundreds.
centenal[2] *nm,* **centenar**[2] *nm (Agr)* rye field.
centenario/a 1 *adj* centenary, centennial. **2** *nm/f* centenarian. **3** *nm* centenary.
centeno *nm* rye.
centesimal *adj* centesimal.
centésimo/a 1 *adj* hundredth. **2** *nm* hundredth (part); *véase tb* **sexto.**
centígrado *adj* centigrade.
centigramo *nm* centigram.
centilitro *nm* centilitre.
centímetro *nm* centimetre.
céntimo 1 *adj* hundredth. **2** *nm* hundredth part *(esp of a peseta)*, cent; **no vale un** ~ it's worthless.
centinela *nmf (Mil)* sentry, guard; *(de asaltantes)* look-out man; **estar de** ~ to be on guard.
centolla *nf* (large) crab.
centón *nm* **(a)** *(Cos)* patchwork quilt. **(b)** ~ **de conocimientos** walking encyclopaedia.
central 1 *adj* central. **2** *nf (Com)* head office, headquarters; *(Pol: de sindicatos)* (union) confederation; *(Téc)* plant, station; ~ **azucarera** *(Cu)* sugar mill; ~ **nuclear** nuclear power station; ~ **de teléfonos automática** automatic telephone exchange.
centralismo *nm* centralism.
centralista *adj, nmf* centralist.
centralita *nf (Telec)* switchboard.
centralización *nf* centralization.
centralizar [1f] *vt* to centralize.

centrar [1a] *vt (gen)* to centre (*en* on); *(fig, Fot)* to focus (*en* on).
céntrico *adj* central, middle; **es muy ~** it's very central, it's very convenient.
centrifugar [1h] *vt (ropa)* to spin-dry.
centrífugo/a 1 *adj* centrifugal. **2 centrífuga** *nf* centrifuge.
centrípeto *adj* centripetal.
centro *nm* **(a)** *(gen)* centre, middle; *(de actividad)* hub; *(de incendio)* seat; **~ de atracción** main attraction; **~ demográfico** centre of population; **~ docente** teaching institution; **~ de gravedad** centre of gravity; **~ neurálgico** nerve centre; **~ de rastreo** *(Astron)* tracking centre; **~ social** community centre; **estar en su ~** *(fig)* to be in one's element; **ir al ~** to go into the centre (of town). **(b)** *(fig)* goal, objective. **(c)** *(Dep)* centre; **~ delantero** centre-forward.
Centroamérica *nf* Central America.
centroamericano/a *adj, nm/f* Central American.
centrocampista *nmf (Dep)* midfielder; **los ~s** the midfield.
centurión *nm* centurion.
ceñido *adj (ropa)* tight-fitting, figure-hugging; *(tejanos)* skintight; *(curva)* tight.
ceñir [3h, 3l] **1** *vt* **(a)** *(gen)* to encircle, surround; *(Mil)* to besiege. **(b)** *(espada)* to gird on; *(cinturón)* to put on. **(c)** *(suj: ropa)* to fit tight; *(cortar más)* to take up *o* in; **el vestido ciñe bien** the dress fits well. **(d)** *(fig: recortar)* to cut down. **2 ceñirse** *vr* **(a)** *(ropa etc)* **~ algo** to put sth on; **se ciño la espada** he put his sword on. **(b)** *(hacer economías)* to tighten one's belt; **~ al asunto** to stick to the matter in hand.
ceño *nm* frown, scowl; **arrugar** *o* **fruncir el ~** to frown, knit one's brows.
ceñudo *adj* frowning, scowling.
cepa *nf* **(a)** *(Bot)* stump; *(de vid)* stock; *(Arquit)* pier. **(b)** *(fig)* stock; **de buena ~ castellana** of good Castilian stock. **(c)** *(Bio)* strain.
cepillado *nm* brush; **se elimina con un suave ~** it goes away with a gentle brush.
cepillar [1a] *vt* **(a)** *(gen)* to brush; *(Téc)* to plane (down). **(b)** *(Univ fam)* to fail. **(c)** *(fam: adular)* to flatter, butter up.
cepillo *nm* **(a)** *(gen)* brush; **~ de dientes** toothbrush; **~ para el pelo/la ropa/las uñas** hair-/clothes-/nailbrush. **(b)** *(Téc)* plane.
cepo *nm* **(a)** *(Bot)* branch, bough. **(b)** *(Caza)* trap, snare; *(Aut)* (tyre) clamp. **(c)** *(Rel)* poorbox, alms box.
cera *nf* **(a)** wax; **~ de abejas** beeswax; **~ de lustrar** wax polish; **~ de los oídos** earwax. **(b)** **~s** honeycomb *sg*.
cerafolio *nm* chervil.
cerámica *nf* **(a)** *(Arte)* ceramics, pottery. **(b)** *(artefactos)* pottery.
cerámico *adj* ceramic.
ceramista *nmf* potter.
cerbatana *nf (Mil etc)* blowpipe; *(juguete)* peashooter; *(Med)* ear trumpet.
cerca[1] *nf* fence, wall; **~ viva** hedge.
cerca[2] **1** *adv* near, nearby, close; **de ~** close up, closely; *(Mil)* at close range; **aquí ~** near here; **por aquí ~** nearby, hereabouts. **2** *prep* **(a)** **~ de** *(sitio)* near, close to; **estar ~ de hacer algo** to be on the point of doing sth. **(b)** **~ de** *(cantidad)* nearly, about; *(tiempo)* nearly; **hay ~ de 8 toneladas** there are about 8 tons; **son ~ de las 6** it's nearly 6 o'clock. **(c)** **embajador ~ de la corte de Ruritania** ambassador to the court of Ruritania. **3** *nm (Arte)* **~s** objects in the foreground.
cercado *nm* **(a)** enclosure; *(huerto)* enclosed garden, orchard. **(b)** *(valla)* fence, wall.
cercanía *nf* **(a)** nearness, proximity. **(b)** **~s** *(alrededores)* neighbourhood *sg*, vicinity *sg*. **(c)** **~s** *(suburbios)* outskirts, suburbs; **tren de ~s** suburban *o* commuter train.
cercano *adj (pueblo etc)* nearby, neighbouring; *(pariente)* close; *(muerte etc)* approaching; **~ a** near to, close to; **C~ Oriente** Near East.
cercar [1g] *vt* **(a)** *(poner vallas)* to fence *o* wall in; *(Agr etc)* to enclose; *(rodear)* to surround, ring (*de* with). **(b)** *(Mil: pueblo)* to surround, besiege; *(tropas)* to cut off, encircle.
cercenar [1a] *vt* **(a)** *(gen)* to cut *o* trim the edges of; *(miembro)* to cut off, amputate. **(b)** *(fig: gastos)* to cut down, reduce; *(texto)* to shorten, cut down.
cerciorar [1a] *vt*, **cerciorarse** *vr* to make sure; **~ de** to find out about, ascertain.
cerco *nm* **(a)** *(Agr etc)* enclosure; *(LAm)* fence, hedge. **(b)** *(Téc: de rueda)* rim; *(: de tonel)* hoop; *(Arquit)* casing, frame. **(c)** *(Astron, Met)* halo. **(d)** *(corillo)* social group, circle. **(e)** *(Mil)* siege; **poner ~ a** to lay siege to.
cerdada *nf* dirty trick.
cerdear [1a] *vi* **(a)** *(Mús)* to rasp, grate. **(b)** *(fam: aplazar)* to put things off.
Cerdeña *nf* Sardinia.
cerdo/a *nm/f (Zool)* pig/sow; **~ marino** porpoise; **carne de ~** pork.
cerdoso *adj* bristly.
cereal 1 *adj* cereal, grain *(atr)*. **2** *nm* cereal; **~es** cereals, grain.
cerealista 1 *adj* grain-producing. **2** *nm* cereal farmer; *(Com)* grain dealer.
cerebelo *nm* cerebellum.
cerebral *adj* cerebral, brain *(atr)*.
cerebro *nm* brain; *(fig)* brains *pl*, intelligence; **~ electrónico** electronic brain; **estrujar el ~** to rack one's brains.
ceremonia *nf* **(a)** *(gen)* ceremony; *(Rel)* ceremony, service; **hacer ~s** to stand on ceremony. **(b)** *(ademán)* ceremoniousness; *(pompa)* formality; **falta de ~** informality; **reunión de ~** formal meeting; **por ~** as a matter of form; **hablar sin ~** to speak plainly; **hacer algo sin ~** to do sth without fuss.
ceremonial *adj, nm* ceremonial.
ceremonioso *adj (gen)* ceremonious; *(reunión)* formal.
cereza *nf* cherry; **un sueter rojo ~** a cherry-red jumper; **~ silvestre** wild cherry.
cerezal *nm* cherry orchard.
cerezo *nm* cherry tree.
cerilla *nf* **(a)** *(fósforo)* match; *(Rel etc)* wax taper. **(b)** *(Anat)* earwax.
cerillera *nf* matchbox.
cerillo *nm (LAm)* match.
cerne *nm (Bot: de árbol)* heart(wood).
cernedor *nm* sieve.
cerneja *nf* fetlock.
cerner [2g] **1** *vt* **(a)** *(Téc)* to sift, sieve. **(b)** *(fig)* to scan, watch. **2** *vi* **(a)** *(Bot)* to bud, blossom. **(b)** *(Met)* to drizzle. **3 cernerse** *vr* **(a)** *(Orn)* to hover; *(Aer)* to circle; **~ sobre** *(fig)* to threaten, hang over. **(b)** *(al andar)* to waddle.
cernícalo *nm* **(a)** *(Orn)* kestrel. **(b)** *(fam: torpe)* lout, dolt.
cernidor *nm* sieve.
cernidura *nf* sifting.
cero *nm (gen)* nothing, nought; *(Fís etc)* zero; *(Dep: gen)* nil; **por 3 goles a ~** by 3 goals to nil; *(Tenis)* **estamos a 40 contra ~** we're at 40-love; **~ absoluto** absolute zero; **8 grados bajo ~** 8

degrees below zero; **es un ~ a la izquierda** he's useless; **a partir de ~** from scratch.

ceroso *adj* waxen, waxy.

cerote *nm* **(a)** *(Téc)* (shoemaker's) wax. **(b)** *(fam: miedo)* panic.

cerquillo *nm* **(a)** *(LAm)* fringe. **(b)** *(Téc)* seam, welt.

cerquita *adv* quite near, close by.

cerrado *adj* **(a)** *(gen)* closed, shut; *(con llave)* locked; *(puño)* clenched; '**~ por obras**' 'closed for repairs *o* alterations'. **(b)** *(sentido)* hidden. **(c)** *(Met: cielo)* cloudy, overcast; *(: atmósfera)* heavy; *(: noche)* dark, black. **(d)** *(curva)* sharp, tight. **(e)** *(barba)* thick, full. **(f)** *(reservado)* quiet, uncommunicative; **~ de mollera** dense, dim. **(g)** *(Ling: vocal)* close; *(: acento)* broad, marked; **habló con ~ acento gallego** he spoke with a strong Galician accent. **(h)** *(LAm: porfiado)* pigheaded. **(i) a puerta ~a** *(Jur)* in camera; *(Pol: reunión)* behind closed doors.

cerradura *nf* **(a)** *(acción: gen)* closing, shutting; *(: con llave)* locking. **(b)** *(Mec)* lock; **~ de combinación/de muelle/de seguridad** combination/spring/safety lock.

cerraja *nf (Mec)* lock.

cerrajería *nf* **(a)** *(oficio)* locksmith's craft *o* trade. **(b)** *(Com)* locksmith's (shop).

cerrajero *nm* locksmith.

cerrar [1k] **1** *vt* **(a)** *(gen)* to close, shut; *(puño)* to clench; *(carta)* to seal; **~ algo con llave** to lock sth. **(b)** *(brecha)* to block *o* stop (up); *(frontera, puerto)* to close; *(paso)* to block, bar; *(cercar)* to enclose, close off; *(grifo)* to turn off. **(c)** *(fábrica)* to close (down). **(d)** *(marcha)* to bring up the rear of. **(e)** *(cuento etc)* to close; *(programa)* to end, be the final item in.

2 *vi* **(a)** *(gen)* to close, shut; **la puerta cierra mal** the door doesn't close properly; **cerramos a las 9** we close at 9. **(b)** *(invierno, noche)* to close in. **(c) ~ con uno** to grapple with sb; **~ con el enemigo** to come to close quarters with the enemy.

3 cerrarse *vr* **(a)** *(gen)* to close, shut; *(herida)* to heal; *(Mil)* to close ranks. **(b)** *(Met)* to cloud over, become overcast. **(c) ~ en hacer algo** to persist in doing sth.

cerrazón *nf* **(a)** *(Met)* threatening sky, storm clouds *pl*. **(b)** *(fig: torpeza)* denseness.

cerrero *adj (animal)* untamed, unbroken; *(individuo)* rough, uncouth; *(LAm: lucha)* bitter.

cerril *adj* **(a)** *(terreno)* rough, mountainous. **(b) = cerrero.**

cerro *nm* **(a)** *(Geog)* hill; **andar** *o* **echarse** *o* **ir por los ~s de Úbeda** to wander from the point, digress. **(b)** *(Zool)* back; **en ~** bareback.

cerrojo *nm* bolt, latch; **echar el ~** to bolt the door.

certamen *nm* competition, contest; **~ de belleza** beauty contest.

certero *adj* **(a)** *(gen)* accurate, sure. **(b)** *(tiro)* well-aimed; *(decisión)* excellent; *(tirador)* sure, crack.

certeza *nf* **(a)** *(gen)* certainty; **tener la ~ de que ...** to know for certain that ... . **(b)** *(precisión)* accuracy; *(fig)* good timing, aptness.

certidumbre *nf* certainty; *(confianza)* conviction.

certificable *adj* certifiable.

certificación *nf* certification; *(Correos)* registration; *(Jur)* affidavit.

certificado 1 *adj* certified; *(Correos)* registered. **2** *nm* **(a)** certificate; **~ de aptitud** testimonial; **~ médico** medical certificate. **(b)** *(Correos)* registered item.

certificar [1g] *vt* **(a)** *(Jur)* to guarantee, vouch for; **~ que ...** to certify that ... . **(b)** *(Correos)* to register.

certitud *nf* certainty, certitude.

cerúleo *adj* sky blue.

cerumen *nm* earwax.

cervantino *adj* Cervantine; **estudios ~s** Cervantes studies, studies of Cervantes.

cervato *nm* fawn.

cervecería *nf* **(a)** *(fábrica)* brewery. **(b)** *(bar)* bar, public house.

cervecero *nm* brewer.

cerveza *nf* beer; **~ de barril** draught beer; **~ embotellada** bottled beer; **~ rubia/negra** lager/stout; **una caña de ~** a glass of beer/lager.

cervical *adj* cervical.

cerviz *nf* nape of the neck; **de dura ~** stubborn, headstrong; **bajar** *o* **doblar la ~** to submit, bow down.

cesación *nf* cessation, suspension; **~ de pagos** suspension of payments.

cesante 1 *adj (gen)* redundant; *(funcionario)* suspended; *(embajador)* recalled. **2** *nmf* redundant worker.

cesantía *nf (gen)* unemployment; *(paga)* redundancy money *o* payment; *(de funcionario)* suspension.

cesar [1a] **1** *vt* **(a)** *(gen)* to cease, stop; *(pagos etc)* to stop, suspend. **(b)** *(esp LAm)* to sack, fire. **2** *vi* **(a)** to cease, stop; **~ de hacer algo** to stop doing sth; **no cesa de hablar** she never stops talking; **sin ~** incessantly. **(b)** *(empleado)* to leave, quit.

cesárea *nf (Med)* Cesarean (section).

cese *nm* **(a)** *(gen)* suspension, stoppage; **~ de alarma** *(Mil)* all-clear signal; **~ de fuego** ceasefire; **~ de pagos** suspension of payments. **(b)** *(despido)* dismissal, sacking *(fam)*; **dar el ~ a uno** to sack sb.

cesión *nf* **(a)** *(Pol etc)* cession. **(b)** *(Jur)* granting, transfer; **~ de bienes** surrender of property.

césped *nm (gen)* lawn; *(Dep)* pitch.

cesta *nf (gen)* basket; *(en pelota)* racket; **~ para compras** shopping basket; **llevar la ~** *(fam)* to play gooseberry.

cestada *nf* basketful.

cestería *nf* **(a)** *(arte)* basketmaking. **(b)** *(artefactos)* wickerwork, basketwork; **silla de ~** wicker (-work) chair. **(c)** *(tienda)* basket shop.

cestero/a *nm/f* basketmaker.

cestillo *nm* small basket; *(de globo)* basket.

cesto *nm* (large) basket, hamper; **~ de la colada** linen *o* clothes basket.

cesura *nf* caesura.

cetrería *nf* falconry, hawking.

cetrero *nm* **(a)** *(Caza)* falconer. **(b)** *(Rel)* verger.

cetrino *adj (tez)* sallow; *(fig)* melancholy.

cetro *nm* sceptre; *(fig)* sway, dominion; **empuñar el ~** to ascend the throne.

Cía *abr de* **compañía.**

cía *nf* hip bone.

cianotipo *nm* blueprint.

cianuro *nm* cyanide; **~ potásico** potassium cyanide.

ciar [1c] *vi* **(a)** *(gen)* to go backwards; *(Náut)* to go astern. **(b)** *(fig)* to back down, back out.

ciático/a 1 *adj* sciatic. **2 ciática** *nf* sciatica.

cibernética *nf* cybernetics.

cicatear [1a] *vi* to be stingy *o* mean.

cicatería *nf* stinginess, meanness.

cicatero/a 1 *adj* stingy, mean. **2** *nm/f* miser, skinflint.

cicatriz *nf* scar.

cicatrización *nf* healing, knitting *(fam)*.

cicatrizar [1f] **1** *vt* to heal. **2 cicatrizarse** *vr* to

heal (up), form a scar.
ciclamen *nm*, **ciclamino** *nm* cyclamen.
cíclico *adj* cyclic(al).
ciclismo *nm (gen)* cycling; *(Dep)* cycle racing.
ciclista *nmf* cyclist.
ciclo *nm (Fís etc)* cycle; *(Univ etc)* course, programme.
ciclón *nm* cyclone.
cicuta *nf* hemlock.
cidra *nf* citron.
cidro *nm* citron (tree).
ciego/a 1 *adj* **(a)** *(gen)* blind; *(cegado)* blinded; **a ~as** blindly; **andar** *o* **caminar a ~as** to grope one's way; **volar a ~as** to fly blind; **quedar ~** to go blind; **quedó ~ después del accidente** he was blinded in the accident; **más ~ que un topo** as blind as a bat. **(b)** *(fig)* blind; **~ a** *o* **para** blind to; **~ de ira** blind with rage. **(c)** *(Arquit)* blind; *(Téc: tubo etc)* blocked, choked. **(d)** *(fam: borracho)* pissed *(fam!)*, plastered *(fam)*; *(colocado)* stoned *(fam)*. **2** *nm/f* blind man/woman; **los ~s** the blind, blind people. **3** *nm (borrachera)* drunken state.
cielo *nm* **(a)** *(Met etc)* sky; **~ encopetado** overcast sky; **~ máximo** *(Aer)* ceiling; **a ~ abierto** *o* **raso** in the open air; **mina a ~ abierto** opencast mine; **a ~ descubierto** in the open; **mover ~ y tierra** to move heaven and earth; **se vino el ~ abajo** it rained cats and dogs, the heavens opened. **(b)** *(Arquit: tb* **~ raso***)* ceiling: *(de boca)* roof; *(de cama)* canopy. **(c)** *(Rel)* heaven; **¡~s!** good heavens!; **ganar el ~** to win salvation; **ganar el ~ con rosario ajeno** to use other people's efforts to one's own advantage; **ir al ~** to go to heaven; **poner a uno en el ~** to praise sb to the skies; **ver el ~ abierto** to see one's way out of a difficulty. **(d) ¡mi ~!, ¡~ mío!** my love, sweetheart.
ciempiés *nm inv* centipede.
cien *adj (apócope de* **ciento,** *antes de n)* **(a)** a hundred; **~ mil** a hundred thousand; **las últimas ~ páginas** the last hundred pages. **(b) 10 por ~** ten per cent; **~ por ~** *(fig)* a hundred per cent; **es español ~ por ~** he's Spanish through and through; **lo apoyo ~ por ~** I support it wholeheartedly; *véase tb* **seis.**
ciénaga *nf* marsh, swamp.
ciencia *nf (gen)* science; *(esp fig)* knowledge, learning; **hombre de ~** scientist; **~ del hogar** home economics; **~s naturales** natural sciences; **a ~ y paciencia de uno** with sb's knowledge and agreement; **saber algo a ~ cierta** to know sth for certain *o* for a fact.
ciencia-ficción *nf* science fiction.
cieno *nm (gen)* mud, mire; *(depósito fluvial)* silt.
científico/a 1 *adj* scientific. **2** *nm/f* scientist.
ciento *adj, nm* (one) hundred; **~ veinte** a hundred and twenty; **en su año ~** in its hundredth year; **~ por ~** a hundred per cent; **hay un 5 por ~ de descuento** there is a 5 per cent discount; **por ~s** in hundreds, by the hundred; **de ~ en boca** tiny, insignificant; **dar ~ y raya al más pintado** to be a match for anyone; **había ~ y la madre** there were far too many; *véase tb* **seis.**
cierne *nm* blossoming, budding; **en ~(s)** *(Bot)* in blossom; *(fig)* in its infancy; **es un ajedrecista en ~s** he's a budding chess champion.
cierre *nm* **(a)** *(acto: gen)* closing, shutting; *(: con llave)* locking; *(Rad, TV)* close-down; **~ patronal** lockout. **(b)** *(Téc)* locking device; *(de vestido)* (snap) fastener; *(de cinturón)* buckle, clasp; *(Aut)* choke; **~ de cremallera, ~ relámpago** *(LAm)* zip fastener, zipper; **~ metálico** roll shutter, metal blind. **(c) precios de ~** *(Fin)* closing prices. **(d) echar el ~ a uno** *(fam)* to shut sb up; **¡echa el ~, Robespierre!** *(fam)* give it a rest!
cierto *adj* **(a)** *(gen)* sure, certain; *(promesa)* definite; **¡~!** certainly!; **por ~** certainly; **no, por ~** certainly not; **¡sí, por ~!** yes of course!; **es ~** it *o* that is true; **¿es ~ eso?** is that really so?; **es ~ que ...** it is certain that ...; **lo ~ es que ...** the fact is that ...; **lo único ~ es que ...** the only sure thing is that ...; **estar ~** to be sure; **¿estás ~?** are you sure?; **estar ~ de hacer algo** to be certain to do sth; **estar en lo ~** to be right; **¿no es ~?** don't you think? **(b)** *(algún)* a certain; **~s** some, certain; **~ día de mayo** one day in May; **~a persona que yo conozco** a certain person I know.
ciervo 1 *nm* stag; *(Zool etc)* deer; **~ común** red deer. **2 cierva** *nf* hind.
cierzo *nm* north wind.
cifra *nf* **(a)** *(Mat)* number, numeral; **~s** figures, statistics; **~ arábiga/romana** Arabic/Roman numeral; **escribirlo en ~s y palabras** to write it down in figures and in words. **(b)** *(cantidad)* quantity, amount; **~ global** lump sum; **la ~ de los muertos** the death toll *o* tally. **(c)** *(Mil etc)* code, cipher; **en ~** in code; *(fig)* mysteriously, enigmatically. **(d)** *(monograma)* monogram; **en ~** in brief, briefly.
cifrado *adj* coded, in code.
cifrar [1a] *vt* **(a)** *(mensaje)* to write in code; *(fig)* to summarize. **(b)** *(esperanzas)* to place (*en* on).
cigarra *nf* cicada.
cigarrera *nf* cigar case.
cigarrería *nf (LAm)* tobacconist's (shop).
cigarrero *nm (fabricante)* cigar maker; *(vendedor)* cigar seller.
cigarrillo *nm* cigarette; **cajetilla** *o* **paquete** *o* **cartón de ~s** pack(et)/box of cigarettes; **liar un ~** to roll a cigarette.
cigarro *nm (tb* **~ puro***)* cigar; *(esp LAm)* cigarette; **~ habano** Havana cigar.
cigoto *nm* zygote.
cigüeña *nf* **(a)** *(Orn)* stork. **(b)** *(Mec)* crank, handle; *(Náut)* winch, capstan. **(c)** *(CAm)* barrel organ.
cigüeñal *nm* crankshaft.
cilantro *nm (Bot, Culin)* coriander.
cilicio *nm* hair shirt.
cilindrada *nf* cylinder capacity.
cilindradora *nf* steamroller, road roller.
cilindrar [1a] *vt* to roll (flat).
cilíndrico *adj* cylindrical.
cilindrín *nm (fam)* cigarette; **incinerar el ~** to light up.
cilindro *nm (Mat, Téc)* cylinder; *(en máquina de escribir)* roller; *(Méx)* barrel organ; **~ compresor** steamroller, road roller.
cima *nf (de árbol)* top; *(de cerro etc)* peak, summit; *(fig)* height; **dar ~ a** to complete, carry out successfully.
cimarrón/ona 1 *adj* **(a)** *(LAm: Bot, Zool)* wild; *(fig)* rough, uncouth. **(b)** *(RPl: mate)* bitter, unsweetened. **2** *nm/f* runaway slave. **3** *nm (RPl)* unsweetened maté.
címbalo *nm* cymbal.
cimbel *nm (gen)* decoy; *(fam!)* prick *(fam!)*.
cimbor(r)io *nm (Arquit)* dome; *(Min)* roof.
cimbrear [1a] **1** *vt* **(a)** *(vara etc)* to swish, swing; *(curvar)* to bend. **(b) ~ a uno** to thrash sb *(de* with*)*. **2** *vi (LAm)* to swing round. **3 cimbrearse** *vr* to sway, swing.
cimbreño *adj* pliant, flexible.
cimbreo *nm* swaying, swinging.
cimbrón *nm (LAm)* vibration.
cimentación *nf* **(a)** *(obra)* foundation. **(b)** *(acción)* laying of foundations.

cimentar [1k] *vt (Arquit)* to lay the foundations of *o* for; *(fig: fundar)* to found, establish; *(: fortalecer)* to strengthen, cement.
cimera *nf* crest.
cimero *adj* topmost.
cimiento *nm (Arquit)* foundation, groundwork; *(fig)* source; **abrir los ~s** to dig the foundations; **echar los ~s de** to lay the foundations for.
cimitarra *nf* scimitar.
cinc *nm* zinc.
cincel *nm* chisel.
cincelador *nm (en metal)* engraver; *(en piedra)* stone cutter.
cincelar [1a] *vt* to chisel.
cinco 1 *adj (gen)* five; *(fecha)* fifth; **las ~** five o'clock; **estar sin ~** *(fam)* to be broke *(fam)*; **no estar en sus ~** *(fam)* to be off one's rocker *(fam)*; **le dije cuántas son ~** I told him a thing or two; **saber cuántas son ~** to know what's what; **tener los ~ muy listos** *(fam)* to be light-fingered; **¡vengan esos ~!** shake on it! **2** *nm* **(a)** *(gen)* five; *(fecha)* fifth. **(b)** *(LAm)* 5-stringed guitar; *véase tb* **seis.**
cincuenta *adj (gen)* fifty; *(ordinal)* fiftieth; *véase tb* **seis.**
cincuentavo *adj, nm* fiftieth; *véase tb* **sexto.**
cincuenteno/a 1 *adj* fiftieth; *véase tb* **sexto. 2 cincuentena** *nf* fifty; **una ~a de** fifty-odd, fifty or so.
cincuentón/ona 1 *adj* fifty-year old, fiftyish. **2** *nm/f* person in his/her fifties.
cincha *nf* girth, saddle strap; **a revienta ~s** at breakneck speed.
cinchar [1a] *vt (gen)* to girth; *(Téc)* to band, hoop.
cincho *nm (gen)* belt, girdle; *(aro)* iron hoop, metal band.
cine *nm* **(a)** *(arte)* cinema, *(Brit)* pictures, *(US)* movies; *(obra)* film; **el ~ español actual** the contemporary Spanish cinema; **~ mudo** silent films; **hacer ~** to make films. **(b)** *(edificio)* cinema, *(US)* movie theater; **ir al ~** to go to the cinema *o (Brit)* the pictures *(US) o* the movies.
cineasta *nmf (gen)* film-maker; *(crítico)* critic; *(aficionado)* film buff; *(director)* director.
cine-club *nm, pl* **cine-clubs** film club.
cinemateca *nf* film library.
cinematografía *nf* cinematography.
cinematografiar [1a] *vt* to film.
cinematográfico *adj* cine-, film *(atr)*.
cinematógrafo *nm* **(a)** *(local)* cinema. **(b)** *(Téc)* (film) projector.
cineración *nf* incineration.
cinerama *nm* cinerama.
cinéreo *adj* ash-grey, ashen.
cinética *nf* kinetics *sg.*
cinético *adj* kinetic.
cínico/a 1 *adj* **(a)** *(gen)* cynical. **(b)** *(descarado)* brazen, shameless. **2** *nm/f* **(a)** *(gen)* cynic. **(b)** *(sinvergüenza)* brazen individual.
cinismo *nm* **(a)** *(gen)* cynicism. **(b)** *(descaro)* brazenness, effrontery.
cinta *nf* **(a)** *(gen)* band, strip; *(magnética)* tape; *(Cos)* ribbon; *(Cine)* film; **~ adhesiva** adhesive tape; **~ de freno** brake lining; **~ de goma** rubber band; **~ de llegada** *(Dep)* (finishing) tape; **~ en blanco** blank tape; **grabar en ~** to tape; **~ de cortometraje** short (film); **~ métrica** tape measure; **~ de pelo** hairband; **~ transportadora** *o* **de transporte** conveyor belt. **(b)** *(Arquit)* fillet, scroll. **(c)** *(de acera)* kerb. **(d)** *(Méx)* **~s** shoelaces.
cintillo *nm* hatband.
cinto *nm (Mil)* belt; **armas de ~** side arms.
cintura *nf* **(a)** *(Anat)* waist; *(medida)* waistline; **~ de avispa** wasp waist; **de la ~ (para) arriba** from the waist up. **(b)** *(Cos)* belt; **meter a uno en ~** to bring *o* keep sb under control.
cinturón *nm* **(a)** *(gen)* belt; **~ salvavidas** lifebelt; **~ de seguridad** safety belt; **apretarse el ~** *(fig)* to tighten one's belt. **(b)** *(fig)* belt, zone; **el ~ industrial de Madrid** the Madrid industrial belt. **(c)** *(Dep)* belt.
cipo *nm* milestone.
cipote 1 *adj* stupid. **2** *nm* **(a)** *(LAm)* lad, youngster. **(b)** *(LAm fam!)* prick *(fam!)*.
ciprés *nm* cypress (tree).
cipresal *nm* cypress grove.
circo *nm* **(a)** *(Arquit)* circus, amphitheatre. **(b)** *(espectáculo)* circus.
circuir [3g] *vt* to encircle, surround.
circuito *nm (contorno)* circumference, distance round; *(viaje)* tour; *(Elec etc)* circuit; *(Dep)* lap; **~ en bucle** loop; **~ cerrado** closed circuit, loop; **~ interno de TV, TV por ~ cerrado** closed-circuit TV; **corto ~** short circuit.
circulación *nf* **(a)** *(gen)* circulation; **~ fiduciaria** paper money; **~ sanguínea, ~ de la sangre** circulation of the blood; **poner algo en ~** to issue sth, put sth into circulation. **(b)** *(Aut)* (movement of) traffic; **~ rodada** vehicular traffic; **'cerrado a la ~ rodada'** 'closed to vehicles'; **calle de gran ~** busy street.
circulante *adj (gen)* circulating; *(Fin: capital)* working; *(biblioteca etc)* mobile.
circular 1 *adj (gen)* circular, round; *(billete)* return, round-trip. **2** *nf* circular. **3** [1a] *vt* to circulate. **4** [1a] *vi* **(a)** *(gen)* to circulate; *(Fin)* to be in circulation; **hacer ~ una carta** to circulate a letter. **(b)** *(gente)* to move about, walk around *(por* in*)*; **¡circulen!** move along!; **hacer ~ a la gente** to move people along. **(c)** *(Aut)* to drive; **~ por la izquierda** *(país)* to drive on the left; *(en calle)* to keep to the left; **hacer ~ los coches** to keep the cars moving. **(d)** *(autobús etc)* to run; **no circula los domingos** it does not run on Sundays.
circulatorio *adj* circulatory.
círculo *nm* **(a)** *(Mat etc)* circle; **C~ Polar Ártico/ Polar Antártico** Arctic/Antarctic Circle; **~ vicioso** vicious circle. **(b)** *(grupo)* circle, group; *(centro)* clubhouse; *(Per, RPl)* social gathering; *(Pol)* political group, faction; **~s** circles; **en los ~s íntimos del ministro ...** sources close to the minister ...
circun... *pref* circum...
circuncidar [1a] *vt* to circumcise.
circuncisión *nf* circumcision.
circunciso/a 1 *adj* circumcised. **2** *nm/f* circumcised man/woman.
circundante *adj* surrounding.
circundar [1a] *vt* to surround.
circunferencia *nf* circumference.
circunferir [3i] *vt* to limit.
circunflejo *nm* circumflex.
circunlocución *nf,* **circunloquio** *nm* circumlocution, roundabout expression.
circunscribir [3a: *pp* **circunscrito**] **1** *vt (gen)* to circumscribe; *(fig)* to limit, restrict *(a* to*)*. **2 circunscribirse** *vr (fig)* to be limited, be confined *(a* to).
circunscripción *nf (gen)* circumscription; *(Mil etc)* district; *(Pol)* constituency, electoral district.
circunspección *nf* circumspection, prudence.
circunspecto *adj (gen)* circumspect, prudent; *(palabras)* carefully chosen.
circunstancia *nf* circumstance; **~s agravantes/**

atenuantes aggravating/extenuating circumstances; **en las ~s** in *o* under the circumstances; **estar a la altura de las ~s** to rise to the occasion.
circunstanciado *adj* detailed.
circunstancial *adj* circumstantial.
circunstante *nmf* onlooker, bystander; **los ~s** those present.
circunvalación *nf*: **carretera de ~** bypass, ring road.
circunvecino *adj* surrounding, neighbouring.
cirio *nm (Rel)* (wax) candle; *(fam: jaleo)* squabble.
cirquero *nm (Méx)* circus performer, acrobat; *(Com)* circus impresario.
cirrosis *nf* cirrhosis.
ciruela *nf* plum; **~ claudia, ~ verdal** greengage; **~ damascena** damson; **~ pasa** *o* **seca** prune.
ciruelo *nm* **(a)** *(Bot)* plum tree. **(b)** *(fam!: picha)* prick *(fam!)*.
cirugía *nf* surgery; **~ estética** *o* **plástica** plastic surgery.
cirujano *nm* surgeon.
ciscar [1g] **1** *vt* **(a)** *(gen)* to dirty, soil. **(b)** *(Cu, Méx)* to put to shame. **2 ciscarse** *vr* **(a)** *(gen)* to soil o.s. **(b)** *(Cu, Méx)* to feel ashamed.
cisco *nm* **(a)** *(Min)* coaldust, dross; **estar hecho ~** to be a wreck, be all in. **(b)** *(fam: rollo)* row, shindy; **armar un ~** to kick up a row.
cisma *nm* schism; *(Pol etc)* split; *(fig)* discord, disagreement.
cismático *adj (Rel)* schismatic(al); *(fig)* troublemaking, dissident.
cisne *nm* **(a)** *(Orn)* swan. **(b)** *(RPl)* powder puff.
Cister *nm* Cistercian Order.
cisterciense *adj, nm* Cistercian.
cisterna *nf* cistern, tank; **buque ~** tanker.
cistitis *nf* cystitis.
cita *nf* **(a)** *(gen)* appointment, meeting; *(de novios)* date; **acudir a una ~** to turn up for an appointment; **se dieron (una) ~ para las 8** they agreed to meet at 8; **faltar a una ~** to miss an appointment; **tener una ~ con** to have an appointment with. **(b)** *(Lit etc)* quotation (*de* from); **con largas ~s probatorias** with long quotations in support.
citación *nf* **(a)** *(Lit etc)* quotation. **(b)** *(Jur)* summons, citation; **~ a licitadores** invitation to tender.
citado *adj* aforementioned; **en el ~ país** in the aforementioned country.
citar [1a] **1** *vt* **(a)** *(gen)* to make an appointment with; *(novia etc)* to make a date with; **la cité para las 9** I arranged to meet her at 9. **(b)** *(Jur)* to call, summon; **tiene facultades para ~ testigos** he has the power to call witnesses. **(c)** *(Taur)* to incite, provoke. **(d)** *(Lit etc)* to quote, cite (*de* from). **2 citarse** *vr*: **~ con uno** to arrange to meet sb.
cítara *nf* zither.
cítrico *adj* citric.
ciudad *nf* city, town; **C~ del Cabo** Cape Town; **~ satélite** *(Brit)* new town, *(US)* satellite city; **~ universitaria** university campus; **es el mejor café de la ~** it's the best café in town; **hoy vamas a la ~** we're going (in)to town today.
ciudadanía *nf* citizenship; **~ de honor** freedom of a city.
ciudadano/a 1 *adj* civic, city *(atr)*; **el orgullo ~** civic pride. **2** *nm/f* **(a)** *(de ciudad)* city dweller, townsman/townswoman. **(b)** *(Pol etc)* citizen; **~ de honor** freeman of city; **~s de segunda clase** second-class citizens.
ciudadela *nf* **(a)** *(Mil)* citadel, fortress. **(b)** *(LAm)* tenement.
civeto *nm* civet.
cívico 1 *adj (gen)* civic; *(fig)* public-spirited, patriotic. **2** *nm (LAm)* policeman.
civil 1 *adj* **(a)** *(Pol etc)* civil; **derechos ~es** civil rights; **guerra ~** civil war; **casarse por lo ~** to have a civil wedding. **(b)** *(Mil)* **población ~** civil *o* civilian population. **(c)** *(fig)* civil, courteous. **(d)** *(Rel)* secular. **2** *nm* **(a)** *(fam: guardia)* civil guard. **(b)** *(Mil)* civilian. **(c)** *(Culin)* pickled herring.
civilidad *nf* civility, politeness.
civilización *nf* civilization.
civilizador *adj* civilizing.
civilizar [1f] **1** *vt* to civilize. **2 civilizarse** *vr* to become civilized.
civismo *nm* community spirit.
cizalla *nf* **(a)** *(herramienta)* wire cutters. **(b)** *(fragmento)* shaving.
cizaña *nf* **(a)** *(Bot)* darnel; *(Biblia)* tares. **(b)** *(fig)* discord; **sembrar ~** to sow discord *(entre* among*)*.
cizañero/a *nm/f* troublemaker.
clamar [1a] **1** *vt* to clamour for, cry out for. **2** *vi* to cry out, clamour; **~ contra** to protest against; **~ por** to clamour for; **esto clama al cielo** this cries out to heaven (to be reformed *etc*).
clamor *nm* **(a)** *(grito)* cry, shout; *(ruido)* noise, clamour. **(b)** *(de campana)* tolling, knell. **(c)** *(fig)* clamour, outcry.
clamorear [1a] **1** *vt* = **clamar 1**. **2** *vi (campana)* to toll.
clamoreo *nm (gen)* clamour(ing); *(ruegos)* pestering.
clamoroso *adj* **(a)** *(fig)* noisy, loud, clamorous. **(b)** *(fig: éxito etc)* resounding, enormous.
clan *nm (Hist etc)* clan; *(fig: de gángsters)* family, mob *(fam)*.
clandestinidad *nf* secrecy; **en la ~** in secrecy; *(Pol)* underground.
clandestino *adj (gen)* secret, clandestine; *(Pol)* clandestine, underground; *(agente)* secret, undercover.
claque *nf* claque.
clara *nf* **(a)** *(Culin)* white of an egg; *(bebida)* (lager) shandy. **(b)** *(Anat)* bald spot; *(en tela)* bare patch. **(c)** *(Met)* bright interval.
claraboya *nf* skylight.
clarear [1a] **1** *vt* **(a)** *(color)* to make lighter. **(b)** *(fig)* to clarify, make clear(er). **2** *vi* **(a)** *(Met)* to clear *o* brighten up. **(b)** *(día)* to dawn, break; *(cielo)* to grow light. **3 clarearse** *vr* **(a)** *(tela)* to be transparent *o* see-through *(fam)*. **(b)** *(fam: traicionarse)* to give the game away.
clareo *nm*: **darse un ~** *(pasear)* to go for a stroll; *(largarse)* to leave, go away.
clarete *nm* claret.
claridad *nf* **(a)** *(Met etc)* brightness, light. **(b)** *(fig)* clearness, clarity; **lo explicó todo con mucha ~** he explained it all very clearly. **(c) ~es** home truths.
clarificación *nf* **(a)** *(Téc)* illumination, lighting (up). **(b)** *(fig)* clarification.
clarificar [1g] *vt* **(a)** *(Téc)* to illuminate, light (up). **(b)** *(líquidos)* to clarify. **(c)** *(fig)* to clarify.
clarín *nm (instrumento)* bugle, trumpet; *(músico)* bugler; *(esp fig)* clarion.
clarinazo *nm (fig)* warning signal.
clarinete *nm* clarinet.
clarión *nm* chalk, white crayon.
clarividencia *nf (gen)* clairvoyance; *(fig)* farsightedness.
clarividente 1 *adj* far-sighted. **2** *nmf* clairvoyant.
claro 1 *adj* **(a)** *(ojos etc)* bright; *(sala)* light, well-lit. **(b)** *(agua)* clear, transparent. **(c)** *(color)* light; **una tela verde ~** a light-green cloth. **(d)**

(voz etc) clear, distinct; **tan ~ como la luz del día** as plain as a pikestaff; **más ~ que el sol** as clear as day(light). **(e)** *(líquidos)* thin; *(té etc)* weak. **(f)** *(prueba etc)* clear, evident; **todo queda muy ~** it's all very clear; **¡~!** naturally!, of course!; **¡pues ~!** I quite agree with you!; **¡~ que sí!** yes of course!; **¡~ que no!** of course not!; **~ que no es verdad** of course it isn't true; **está ~ que ...** it is plain that ..., it is obvious that ...; **a las ~as** openly; **¡ lo tienes ~!** *(fam)* you don't say! *(fam)*.

2 *adv* clearly; **hablar ~** *(fig)* to speak plainly *o* bluntly; **poner algo en ~** to clear up *o* clarify sth; **no sacamos nada en ~** we couldn't get anything definite; **pasar la noche en ~** to have a sleepless night.

3 *nm* **(a)** *(gen)* opening; *(Tip)* gap, space; *(en discurso)* pause; *(en bosque)* clearing, glade. **(b)** *(Arquit)* skylight. **(c)** *(Arte)* highlight. **(d)** *(Met)* break in the clouds.

claroscuro *nm* chiaroscuro.

clase *nf* **(a)** *(gen)* class; *(tipo)* kind, sort; **con toda ~ de** with all kinds of, with every sort of; **gente de toda ~** people of every kind, all sorts of people; **de esta ~** of this kind; **de otra ~** of another sort; **les deseo toda ~ de felicidades** I wish you every kind of happiness. **(b)** *(Ferro etc)* class; **primera/tercera ~** first/third class; **~ turista** tourist class. **(c)** *(Escol etc)* class; **~ nocturna** evening class; **~ particular** private class *o* lesson; **~ de conducción** driving lesson; **dar ~s** to teach; **faltar a ~** to miss class, not go to class. **(d)** *(aula: Escol)* classroom; *(: Univ)* lecture room. **(e)** *(Pol)* class; **~ alta/media/obrera/baja** upper/middle/working/lower class; **de la ~ obrera** working-class; **las ~s acomodadas** the well-to-do, the moneyed classes. **(f)** *(Mil)* **~s de tropa** non-commissioned officers.

clasicismo *nm* classicism.

clásico 1 *adj* **(a)** *(Arte)* classical. **(b)** *(fig: gen)* classic; *(: destacado)* outstanding, remarkable; *(: coche etc)* vintage; *(: institución)* traditional, typical; **le dio el ~ saludo** he gave him the time-honoured salute. **2** *nm* classic.

clasificable *adj* classifiable.

clasificación *nf (gen)* classification; *(Dep: liga)* table, league; *(: torneo)* qualification; **~ nacional del disco** hit parade.

clasificador *nm* filing cabinet; **~ de cartas** letter file.

clasificar [1g] **1** *vt (gen)* to classify (*en la B* under B); *(Com etc)* to grade, class; *(Correos)* to sort. **2 clasificarse** *vr* **(a)** *(gen)* to occupy a position; **mi equipo se clasificó en segundo lugar** my team came second. **(b)** *(Dep: torneo)* to qualify; **no se clasificó el equipo para la final** the team did not qualify for the final.

clasista 1 *adj (Pol)* class *(atr)*; *(fam: actitud)* snobbish. **2** *nmf* snob.

claudicar [1g] *vi* **(a)** *(Med)* to limp. **(b)** *(LAm)* to give in.

claustro *nm* **(a)** *(Rel)* cloister. **(b)** *(Univ)* staff, *(US)* faculty; *(junta)* senate. **(c)** *(Anat)* **~ materno** womb.

claustrofobia *nf* claustrophobia.

cláusula *nf* clause.

clausura *nf* **(a)** *(Pol etc)* formal closing, closing ceremony. **(b)** *(Rel)* cloister; **convento de ~** enclosed convent.

clausurar [1a] *vt* **(a)** *(debate etc)* to close, bring to a close; *(Pol etc)* to adjourn. **(b)** *(cerrar)* to close (down).

clavado *adj* **(a)** *(gen)* nailed; *(fijo)* firmly fixed; **quedó ~ en la pared** it stuck in the wall; **el reloj estaba ~ en las 7** the watch was stopped at 7. **(b)** *(mueble)* studded with nails. **(c)** *(ropa)* just right, exactly fitting. **(d) dejar a uno ~** to leave sb speechless; **quedó ~** he was dumbfounded. **(e) a las 5 ~as** at 5 sharp *o* on the dot. **(f) es Domingo ~** he's the spitting image of Domingo. **(g) ¡~!** exactly!, precisely!

clavar [1a] **1** *vt* **(a)** *(clavo)* to drive in *o* home; *(fijar)* to fasten, fix; *(con alfiler)* to pin; *(tablas etc)* to nail (together); *(cuchillo)* to stick, thrust (*en* into), bury (*en* in); **~ un anuncio a *o* en la puerta** to nail an announcement to the door. **(b)** *(joya)* to set, mount. **(c)** *(mirada)* to fix (*en* on), rivet (*en* to). **(d)** *(fam: estafar)* to cheat; **me clavaron 50 dólares** they stung me for 50 dollars. **2 clavarse** *vr* **(a)** *(clavo etc)* to penetrate, go in. **(b)** *(con puñal etc)* to stab o.s.; **~ una astilla en dedo** to get a splinter in one's finger; **~ una espina** to prick o.s. on a thorn. **(c)** *(LAm)* to fall into a trap.

clave 1 *nf* **(a)** *(de cifra etc)* key; **la ~ del problema** the key to the problem. **(b)** *(Mús)* clef; **~ de fa/de sol** bass/treble clef. **(c)** *(Arquit)* keystone. **2** *nm (Mús)* harpsichord. **3** *adj* key *(atr)*; **cuestión ~** key question; **posición ~** key position.

clavel *nm (Bot)* carnation; **no tener un ~** *(fam)* to be broke *(fam)*.

clavellina *nf (Bot)* pink.

clavero[1] *nm (Bot)* clove tree.

clavero[2] *nm* key-holder.

claveteado *nm* studding.

clavetear [1a] *vt* to decorate with nails.

clavicémbalo *nm* harpsichord.

clavicordio *nm* clavichord.

clavícula *nf* collar bone, clavicle.

clavija *nf (Carpintería)* peg, dowel, pin; *(Mús)* peg; *(Elec)* plug; **~ hendida, ~ de dos patas** cotter pin; **apretar las ~s a uno** to put the screws on sb *(fam)*.

clavijero *nm (Mús)* pegbox; *(percha)* clothes rack.

clavillo *nm* **(a)** *(Téc)* pivot, pin. **(b)** *(Bot)* clove.

clavo *nm* **(a)** *(Téc)* nail; *(de adorno)* stud; **verdad de ~ pasado** platitude, truism; **dar en el ~** *(fig)* to hit the nail on the head; **estar como un ~** to be as thin as a rake; **remachar el ~** *(fig)* to go on and on. **(b)** *(Bot)* clove. **(c)** *(Med: jaqueca)* migraine; *(: callo)* corn. **(d)** *(RPl)* **es un ~** it's a real pain.

claxon *nm, pl* **claxons** ['klakson] *(Aut)* horn, hooter; **tocar el ~** to sound one's horn, hoot.

claxonazo *nm (Aut)* hoot, toot (on the horn).

clemátide *nf* clematis.

clemencia *nf (gen)* mercy, clemency; *(Jur)* leniency.

clemente *adj (gen)* merciful, clement; *(Jur)* lenient.

cleptomanía *nf* kleptomania.

cleptómano/a *nm/f* kleptomaniac.

clerecía *nf* **(a)** *(estado)* priesthood. **(b)** *(cuerpo)* clergy.

clerica *adj* clerical.

clericalismo *nm* clericalism.

clericato *nm*, **clericatura** *nf* priesthood.

clérigo *nm* priest.

clero *nm* clergy.

cliché *nm* **(a)** *(Tip)* stencil. **(b)** *(Lit)* cliché. **(c)** *(Fot)* negative.

cliente *nmf (Com)* customer; *(Jur)* client; *(Med)* patient.

clientela *nf (Com)* clientele, customers *pl; (Med)* practice, patients *pl*.

clima *nm* climate; **~ artifical** air conditioning.

climático *adj* climatic.

climatización *nf* air conditioning.

climatizado *adj* air-conditioned.

climatología *nf* climatology.
clímax ['klimas] *nm inv* climax.
clínica *nf* **(a)** *(gen)* clinic; ~ **ambulatoria** health centre; ~ **de reposo** convalescent home. **(b)** *(Univ)* clinical training.
clínico 1 *adj* clinical; **hospital** ~ teaching hospital. **2** *nm* consultant.
clip [kli *o* klip] *nm, pl* **clips** [klis] *(gen)* clip; *(para papeles)* paper clip; *(LAm)* earring.
clisar [1a] *vt* to stereotype, stencil.
clisé *nm (Tip)* cliché, stereotype plate; *(Fot)* negative.
clisos *nmpl* eyes, peepers.
clo *nm* cluck.
cloaca *nf* sewer, drain.
cloquear [1a] *vi* to cluck.
cloqueo *nm* clucking.
clorhídrico *adj* hydrochloric.
cloro *nm* chlorine.
clorofila *nf* chlorophyl(l).
cloroformar [1a] *vt (LAm),* **cloroformizar** [1f] *vt* to chloroform.
cloroformo *nm* chloroform.
cloruro *nm* chloride; ~ **sódico** sodium chloride.
clown [klawn] *nm, pl* **clowns** [klawn] clown.
club [klu *o* kluß] *nm, pl* **clubs** [klus *o* klußs] *o* **clubes** *(LAm)* club; ~ **campestre** country club; ~ **de fútbol** football club.
clubista *nmf* club member.
clueca *nf* broody hen.
co... *pref* co... .
coacción *nf* coercion, compulsion; **con** ~ under duress.
coaccionar [1a] *vt* to coerce, compel.
coactivo *adj* coercive, compelling.
coacusado/a *nm/f* co-defendant.
coadjuvar [1a] *vt* to help, assist.
coagulación *nf (gen)* coagulation; *(de sangre)* clotting.
coagulante *nm* coagulant.
coagular [1a] *vt,* **coagularse** *vr* to coagulate; *(sangre)* to clot, congeal; *(leche)* to curdle.
coágulo *nm* clot, congealed lump.
coalición *nf* coalition; **gobierno de** ~ coalition government.
coartada *nf* alibi; **alegar una** ~ to produce an alibi.
coartar [1a] *vt* to limit, restrict.
coautor(a) *nm/f* joint author, coauthor.
coba *nf* soft soap; **dar** ~ **a uno** to soft-soap sb.
cobalto *nm* cobalt.
cobarde 1 *adj* cowardly. **2** *nmf* coward.
cobardear [1a] *vi* to be a coward.
cobardía *nf* cowardliness.
cobaya *nf,* **cobayo** *nm* guinea pig.
cobertera *nf* **(a)** *(tapadera)* lid, cover; *(de reloj)* watchcase. **(b)** *(Bot)* white water lily.
cobertizo *nm (gen)* shed, lean-to; ~ **de aviación** hangar; ~ **de coche** carport.
cobertor *nm* bedspread, coverlet.
cobertura *nf* **(a)** *(acción)* covering. **(b)** *(Fin)* coverage; ~ **del seguro** insurance cover.
cobija *nf* **(a)** *(Arquit)* coping tile. **(b)** *(LAm)* blanket; ~**s** bedclothes.
cobijar [1a] **1** *vt* **(a)** *(cubrir)* to cover (up). **(b)** *(fig: proteger)* to protect, shelter; *(hospedar)* to take in, give shelter to; *(Pol, Jur etc)* to harbour. **2 cobijarse** *vr* to (take) shelter.
cobista *nmf (fam)* crawler *(fam)*, toady *(fam)*.
cobra[1] *nf (Zool)* cobra.
cobra[2] *nf (Caza)* retrieval.
cobrable *adj,* **cobradero** *adj (cheque)* cashable; *(precio)* chargeable; *(suma)* recoverable.
cobrador(a) *nm/f* **(a)** *(Com)* collector. **(b)** *(en bus etc)* conductor/conductress.
cobranza *nf* **(a)** = **cobro. (b)** *(Caza)* retrieval.
cobrar [1a] **1** *vt* **(a)** *(recuperar)* to recover; *(Caza)* to retrieve; *(cuerda)* to pull in. **(b)** *(precio)* to charge; **cobran 200 dólares por componerlo** they charge 200 dollars to repair it; **¿cuánto me va Ud a** ~? what are you going to charge me? **(c)** *(suma)* to collect, receive; *(cheque)* to cash; *(salario)* to earn; *(retirar)* to draw; **fue a la oficina a** ~ **el sueldo** he went to the office to get his wages; **cantidades por** ~ sums payable, sums due; **¡cóbrame!** *(en bar etc)* what's the damage? *(fam)*; **cuenta por** ~ unpaid bill. **(d)** *(fama etc)* to acquire, gain; *(valor etc)* to summon up, muster; ~ **cariño a uno** to take a liking to sb; ~ **fama de** to acquire a reputation as *o* for being.

2 *vi (Fin)* to draw one's pay, collect one's salary; **cobra los viernes** he gets paid on Fridays.

3 cobrarse *vr (Med: recuperar)* to recover, get well; *(: volver en sí)* to come to.
cobre *nm* **(a)** *(Min)* copper. **(b)** *(Culin)* copper pans. **(c)** *(Mús)* brass; **batir(se) el** ~ to work with a will.
cobrizo *adj* coppery, copper-coloured.
cobro *nm* **(a)** *(Caza)* recovery, retrieval. **(b)** *(Fin)* collection; *(de cheque)* encashment; *(pago)* payment; ~ **a la entrega** collect on delivery; **poner al** *o* **en** ~ make payable; *(factura)* to send out. **(c)** *(fig)* safe place; **poner algo en** ~ to put sth in a safe place *o* out of harm's way; **ponerse en** ~ to take refuge, get to safety.
coca[1] *nf* **(a)** *(cabeza)* head, nut *(fam)*. **(b)** *(golpe)* rap on the head. **(c)** *(de pelo)* bun, coil. **(d)** *(en cuerda)* kink.
coca[2] *nf* **(a)** *(Bot)* coca; *(droga)* coke *(fam)*, snow *(fam)*. **(b)** *(Méx)* **de** ~ free, gratis.
cocada *nf (Bolivia, Per)* coca plug.
cocaína *nf* cocaine.
cocal *nm* coca plantation.
cocción *nf (Culin: gen)* cooking; *(: el hervir)* boiling; *(Téc)* firing.
cocear [1a] *vt, vi* to kick.
cocer [2b, 2h] **1** *vt* **(a)** *(Culin: gen)* to cook; *(: hervir)* to boil. **(b)** *(Téc)* to bake, fire. **2** *vi (gen)* to boil; *(vino)* to ferment.
cocido 1 *adj* **(a)** boiled, cooked; **bien** ~ well done. **(b) estar** ~ *(fam)* to be pissed *(fam!)*. **2** *nm* stew; **ganarse el** ~ to earn one's living.
cociente *nm (Mat)* quotient; *(Dep)* goal *etc* average.
cocina *nf* **(a)** *(pieza)* kitchen; **de** ~ kitchen *(atr)*. **(b)** *(aparato)* stove, cooker; ~ **eléctrica/de gas** electric/gas cooker; ~ **de petróleo** oil stove. **(c)** *(arte)* cuisine; ~ **casera** plain *o* home cooking; **la** ~ **valenciana** the Valencian cuisine; **libro de** ~ cookery book, *(US)* cookbook.
cocinar [1a] **1** *vt* to cook. **2** *vi* **(a)** *(guisar)* to cook, do the cooking. **(b)** *(fig)* to meddle.
cocinero/a *nm/f* cook.
cocinilla *nf* **(a)** *(cuarto)* small kitchen, kitchenette. **(b)** *(Mec: gen)* small cooker; *(: de alcohol)* spirit stove.
coco[1] *nm (Med)* coccus; *(insecto)* grub, maggot.
coco[2] *nm* **(a)** *(fantasma)* bogeyman; **parece un** ~ he's an ugly devil. **(b)** *(mueca)* face, grimace.
coco[3] *nm* **(a)** *(Bot: fruto)* coconut; *(: árbol)* coconut alm. **(b)** *(fam: cabeza)* head, nut *(fam)*; **comer el** ~ **a uno** *(fam)* to brainwash sb; **comerse el** ~ **por algo** to get neurotic about sth.
cocodrilo *nm* crocodile.
cócora *nmf* pain, bore.

cocotal *nm* coconut plantation.
cocotero *nm* coconut palm.
cóctel ['koktel *o* 'kotel] *nm, pl* **cóctels** *o* **cócteles (a)** *(bebida)* cocktail. **(b)** *(reunión)* cocktail party. **(c)** ~ **(Molotov)** petrol bomb.
coctelera *nf* cocktail shaker.
cochambre *nm (mugre)* filth; *(objeto)* disgusting object; *(fig)* rubbish.
cochambroso *adj* filthy.
cochayuyo *nm (LAm)* edible seaweed.
coche *nm* **(a)** *(Aut)* car, *(US)* automobile; ~ **ambulancia** ambulance; ~ **de alquiler** hire car; ~ **blindado** armoured car; ~ **de bomberos** fire engine; ~ **de carreras** racing car; ~ **deportivo** sports car; ~ **fúnebre** hearse; ~ **de turismo** private car; **ir en** ~ to go by car, drive; **ir en el** ~ **de San Fernando** to go on shank's pony, ride shank's mare. **(b)** *(Ferro)* coach, car, carriage; ~ **cama/comedor** sleeping/dining *o* restaurant car; ~ **de correos** mail van; ~ **directo** through carriage; ~ **de equipajes** luggage van, *(US)* baggage car; ~ **de literas** couchette car; ~ **de viajeros** passenger coach. **(c)** *(Hist)* coach, carriage.
cochecito *nm* **(a)** *(juguete)* toy car; *(para bebé)* pram; *(para niño)* pushchair. **(b)** *(Med)* wheelchair.
cochera *nf* **(a)** *(de carruajes)* coach house; ~ **de alquiler** livery stable. **(b)** *(Aut)* garage, carport.
cochero 1 *adj:* **puerta** ~**a** carriage entrance. **2** *nm* coachman; ~ **de punto** cabman, cabby *(fam)*; **hablar (en)** ~ *(Méx)* to use coarse language.
cochinada *nf* **(a)** *(suciedad)* filth, filthiness; *(comentario)* filthy language. **(b)** *(cosa)* filthy object. **(c)** *(fig)* dirty trick.
cochinear [1a] *vi* to talk smut.
cochinería *nf* = **cochinada.**
cochinilla *nf* **(a)** *(Zool)* woodlouse. **(b)** *(Culin)* cochineal. **(c) de** ~ *(Cu, Méx)* trivial.
cochinillo *nm* piglet, sucking-pig.
cochino/a 1 *adj* **(a)** *(sucio)* filthy, dirty. **(b)** *(fig)* rotten; **esta vida** ~**a** this wretched life. **2** *nm/f* **(a)** pig. **(b)** *(fig)* **realmente es un** ~ he really is a swine. **3** *nm* boar. **4 cochina** *nf* sow.
cochiquera *nf,* **cochitril** *nm* pigsty.
cochura *nf* **(a)** = **cocción. (b)** *(cantidad)* batch (of loaves *etc)*.
codal *nm* **(a)** *(Bot)* vine shoot. **(b)** *(Arquit)* strut, prop.
codazo *nm* **(a)** dig, nudge (with one's elbow). **(b)** *(Méx)* tip, hint.
codear [1a] **1** *vi* to elbow, jostle; **abrirse paso codeando** to elbow one's way through. **2 codearse** *vr:* ~ **con** to hobnob *o* rub shoulders with.
codeína *nf* codeine.
codeo *nm (LAm)* sponging.
codera *nf* elbow patch.
codeso *nm* laburnum.
códice *nm* manuscript, codex.
codicia *nf* greed, covetousness; ~ **de** lust for; ~ **de conocimiento** thirst for knowledge.
codiciado *adj* sought-after, coveted.
codiciar [1b] *vt* to covet.
codicilo *nm* codicil.
codicioso *adj* greedy, covetous; **ser** ~ **de** to be greedy for, covet.
codificación *nf* codification.
codificar [1g] *vt* to codify.
código *nm* **(a)** *(Jur etc)* code, rules *pl;* ~ **de (la) circulación** *o* **del tránsito** highway code; ~ **de leyes** statute book; ~ **militar** military law; ~ **penal** penal code. **(b)** *(Telec etc)* code; **mensaje en** ~ coded message.
codillo *nm (Zool)* knee; *(Bot)* stump; *(Téc)* elbow.
codo *nm* **(a)** *(Anat)* elbow; *(Zool)* knee; ~ **con** ~ neck and neck; **comerse los** ~**s de hambre** to be utterly destitute; **dar con el** *o* **dar de(l)** ~ **a uno** to nudge sb; **empinar el** ~ to booze; **hablar por los** ~**s** to talk 19 to the dozen; **mentir por los** ~**s** to tell huge lies; **morderse el** ~ *(Méx, RPl)* to restrain o.s.; **pelarse** *o* **romperse los** ~**s** to swot *(fam)*; **ser del** ~**, ser duro de** ~ *(CAm)* to be mean. **(b)** *(Téc)* elbow, bend. **(c)** *(fig)* **hacer más** ~**s** to put more elbow grease into it.
codorniz *nf* quail.
coeducación *nf* coeducation.
coeducacional *adj* coeducational.
coeficiente *nm (Mat)* coefficient; *(Econ etc)* rate; *(Med)* degree; ~ **de incremento** rate of increase; ~ **de inteligencia** intelligence quotient, IQ.
coercer [2b] *vt* to coerce.
coerción *nf* coercion.
coercitivo *adj* coercive.
coetáneo/a *adj, nm/f* contemporary.
coexistencia *nf* coexistence; ~ **pacífica** peaceful coexistence.
coexistir [3a] *vi* to coexist (*con* with).
cofia *nf* hair net; *(de enfermera)* (white) cap.
cofradía *nf (Rel)* brotherhood, fraternity; *(gremio)* guild; *(de ladrones etc)* gang.
cofre *nm (gen)* chest; *(para joyas etc)* box, case.
cofrecito *nm* casket.
cogedor *nm* dustpan.
coger [2c] **1** *vt* **(a)** *(gen: esp Sp)* to take *o* catch hold of; *(por fuerza)* to seize, grasp; *(balón etc)* to catch; *(vestido)* to gather up; *(libro)* to pick up; ~ **a uno de la mano** to take sb by the hand; **cogidos de la mano** hand-in-hand. **(b)** *(robar)* to pinch. **(c)** *(flor)* to pick; *(fruta)* to gather, collect. **(d)** *(persona)* to catch; *(Jur)* to arrest; *(Mil)* to take prisoner; **¡por fin te he cogido!** caught you at last!; ~ **a uno en una mentira** to catch sb lying *o* in a lie; ~ **a uno en la hora tonta,** ~ **a uno detrás de la puerta** to catch sb at a disadvantage; ~ **a uno desprevenido** to take sb unawares. **(e)** *(suj: toro)* to gore, toss. **(f)** *(billete etc)* to get, acquire; **he cogido el billete del avión** I've got my air ticket. **(g)** *(Med)* to catch; *(fig: costumbre)* to get into; **el niño cogió sarampión** the child got *o* caught measles; **ha cogido la manía de las quinielas** he's caught the pools craze. **(h)** *(suj: emoción)* to take; ~ **aversión/cariño a** to take a dislike/liking to; ~ **celos a** to become jealous of. **(i)** *(sentido)* to get, understand; *(frase)* to catch; *(aprender: acento)* to pick up. **(j)** *(oportunidad)* to take (advantage of). **(k)** *(Ferro etc)* to take, catch, go by; **vamos a** ~ **el tren** let's take the train. **(l)** *(suj: recipiente)* to hold, take; *(área)* to cover. **(m)** *(LAm fam!)* to lay *(fam)*, screw *(fam!)*.

2 *vi* **(a)** *(Bot)* to take. **(b)** *(caber)* to fit; **aquí no coge** there's no room for it here.

3 cogerse *vr* **(a)** *(gen)* to catch; ~ **los dedos en la puerta** to catch one's fingers in the door; ~ **a uno** to cling to sb; ~ **una mona** *(fam) o* **trompa** *(fam)* to get pissed *(fam!) o* plastered *(fam)*. **(b)** *(robar)* ~ **algo** to steal sth.
cogestión *nf* co-partnership.
cogida *nf* **(a)** *(Agr)* gathering, picking. **(b)** *(Taur)* goring, tossing. **(c)** *(LAm fam!)* hump *(fam!)*, lay *(fam)*.
cognado *adj, nm* cognate.
cognición *nf* cognition.
cogollo *nm* **(a)** *(Bot: tallo)* shoot, sprout; *(: de lechuga)* heart. **(b) el** ~ **de la sociedad** the cream

of society. **(c)** *(fig)* core, nucleus.
cogote *nm* back of the neck, nape.
cohabitación *nf* cohabitation.
cohabitar [1a] *vi* to live together, cohabit.
cohechar [1a] *vt* to bribe.
cohecho *nm* bribe, bribery.
coherencia *nf (gen)* coherence; *(Fís)* cohesion.
coherente *adj* coherent.
cohesión *nf* cohesion.
cohesivo *adj* cohesive.
cohete *nm* **(a)** *(gen)* rocket; ~ **espacial** (space) rocket; ~ **luminoso** *o* **de señales** flare, distress signal. **(b)** *(Méx fam: pistola)* piece *(fam)*, pistol. **(c)** *(RPl)* **al** ~ to no effect.
cohibición *nf (Jur etc)* restraint; *(Med)* inhibition.
cohibido *adj (Jur etc)* restrained; *(Med)* inhibited; *(tímido)* shy; **sentirse** ~ to feel embarrassed.
cohibir [3a] **1** *vt (Jur etc)* to restrain, restrict; *(Med)* to inhibit; *(incomodar)* to embarrass. **2 cohibirse** *vr (Med etc)* to feel inhibited; *(incomodarse)* to feel embarrassed.
cohombro *nm* cucumber.
cohonestar [1a] *vt* **(a)** *(acto)* to explain away, whitewash. **(b)** *(diferencias)* to reconcile.
cohorte *nf* cohort.
coima *nf* **(a)** *(mujer)* concubine. **(b)** *(de garitero)* rake-off. **(c)** *(LAm)* bribe.
coime *nm* gambling operator.
coincidencia *nf (gen)* coincidence; *(acuerdo)* agreement, conformity; **en** ~ **con** in agreement with.
coincidir [3a] *vi* **(a)** *(sucesos)* to coincide *(con* with). **(b)** *(estar de acuerdo)* to agree *(en que* that).
coito *nm* intercourse, coitus.
cojear [1a] *vi (al andar)* to limp, hobble (along); *(estado)* to be lame *(de* in); *(mueble)* to wobble; **cojean del mismo pie** they both have the same faults.
cojera *nf* lameness, limp.
cojín *nm* cushion.
cojinete *nm* **(a)** *(almohadilla)* small cushion, pad. **(b)** *(Mec)* bearing; ~ **de bolas/de rodillos** ball/roller bearing. **(c)** *(Ferro)* chair.
cojo[1] *etc véase* **coger.**
cojo[2]**/a 1** *adj* **(a)** *(gen)* lame, crippled; *(Dep etc)* limping; *(muebles)* wobbly; ~ **de un pie** lame in one foot. **(b)** *(fig)* lame, weak. **2** *nm/f* cripple.
cojón *nm (fam!)* ball *(fam!)*, testicle.
cojonudo *adj (Sp fam)* marvellous, brilliant *(fam)*.
cojudo *adj* **(a)** *(animal)* entire, not castrated. **(b)** *(LAm)* simple-minded, gullible.
col *nf* cabbage; ~ **de bruselas** (Brussels) sprouts; ~ **roja** red cabbage; **entre** ~ **y** ~, **lechuga** a change is as good as a rest.
cola[1] *nf* **(a)** *(Zool)* tail. **(b)** *(de frac etc)* tail; *(de vestido)* train. **(c)** *(posición)* tail end; **venir a la** ~ to come last; **estar arrimado a la** ~ *(Pol)* to be a reactionary. **(d)** *(línea)* queue, line; **hacer** ~ to queue (up); **¡a la** ~**!, ¡haga Ud** ~**!** get in the queue! **(e)** *(Téc)* ~ **de milano** *o* **de pato** dovetail. **(f)** *(fig)* **tener** *o* **traer** ~ to have grave consequences.
cola[2] *nf (adhesivo)* glue, gum; *(Arte)* size; **pintura a la** ~ distemper; *(Arte)* tempera; **eso no pega ni con** ~ that has nothing whatsoever to do with it.
colaboración *nf* **(a)** *(gen)* collaboration. **(b)** *(en periódico)* contribution *(a, en* to).
colaboracionismo *nm* collaboration.
colaboracionista *nmf (Pol)* collaborator.
colaborador(a) *nm/f (gen)* collaborator, co-worker; *(Lit etc)* contributor.
colaborar [1a] *vi* **(a)** *(gen)* to collaborate *(en algo* on sth). **(b)** ~ **en un periódico** to contribute (articles) to *o* write for a newspaper.
colación *nf* **(a)** *(comparación)* collation, comparison; **sacar a** ~ to bring up. **(b)** *(Culin)* collation; *(LAm)* box of sweets. **(c)** *(Univ)* conferral.
colacionar [1a] *vt* to collate, compare.
colada *nf* **(a)** *(lavado)* washing; **día de** ~ washday; **tender la** ~ to hang out the washing. **(b)** *(lejía)* bleach, lye. **(c)** *(Geol)* outflow.
coladero *nm*, **colador** *nm* strainer, colander; **dejar como un** ~ to riddle with bullets.
colado *adj* **(a)** *(metal)* cast. **(b) aire** ~ draught. **(c) estar** ~ **por** *(fam)* to be madly in love with.
coladura *nf* **(a)** *(filtración)* straining. **(b)** ~**s** grounds, dregs. **(c)** *(fam: pata)* clanger.
colapso *nm* **(a)** *(Med)* collapse; ~ **nervioso** nervous breakdown. **(b)** *(fig)* breakdown.
colar [1m] **1** *vt* **(a)** *(verduras)* to strain (off); *(café)* to filter; *(metal)* to cast, pour. **(b)** *(ropa)* to bleach. **(c)** ~ **algo por un sitio** to slip sth through a place. **(d)** ~ **algo a uno** to foist *o* palm sth off on sb; ~ **una moneda** to pass a (false) coin; **¡a mí no me la cuelas!** I'm not going to swallow that!
2 *vi* **(a)** *(líquidos)* to filter through; *(aire)* to get in *(por* through). **(b) esa noticia no cuela** that news item doesn't wash. **(c)** *(fam: beber)* to booze, tipple.
3 colarse *vr* **(a)** *(gen)* to slip in; *(en mitin)* to sneak in; *(en fiesta)* to gatecrash; *(en cola)* to jump the queue. **(b)** *(equivocarse)* to slip up; *(meter la pata)* to put one's foot in it.
colateral *adj* collateral.
colcrén *nm* cold cream.
colcha *nf* bedspread, counterpane.
colchón *nm* mattress; ~ **de aire** airbed; *(Téc)* air cushion; ~ **de muelles** spring mattress; ~ **de plumas** feather bed.
cole *nm (fam)* = **colegio.**
colear [1a] **1** *vt* **(a)** *(Taur: toro)* to hold on to the tail of. **(b)** *(LAm)* to harass. **2** *vi* **(a)** *(perro)* to wag its tail; *(caballo etc)* to swish its tail; *(pez)* to wriggle. **(b)** *(fig)* **el asunto todavía colea** the affair is still not settled; **vivito y coleando** alive and kicking.
colección *nf* collection.
coleccionador(a) *nm/f* collector.
coleccionar [1a] *vt, vi* to collect.
coleccionista *nmf* collector.
colecta *nf* **(a)** *(gen)* collection (for charity). **(b)** *(Rel)* collect.
colectar [1a] *vt* to collect.
colectivero *nm (LAm)* (mini-)bus driver.
colectividad *nf (gen)* collectivity; *(grupo)* group, community; **en** ~ collectively.
colectivizar [1f] *vt* to collectivize.
colectivo 1 *adj* collective; *véase* **convenio. 2** *nm (LAm: bus)* mini-bus, (small) bus *(: taxi)* taxi.
colector *nm* **(a)** *(individuo)* collector. **(b)** *(Elec)* collector; *(Mec)* sump, trap.
colega *nmf (gen)* colleague; *(fam)* mate, pal, *(US)* buddy.
colegial(a) 1 *adj* **(a)** *(Escol etc)* school *(atr)*, college *(atr)*. **(b)** *(Rel)* collegiate. **(c)** *(Méx)* raw, inexperienced. **2** *nm/f* schoolboy/schoolgirl.
colegiata *nf* collegiate church.
colegio *nm* **(a)** *(Escol)* secondary *o (US)* high school; ~ **de internos** boarding school; **ir al** ~ to go to school. **(b)** *(Univ)* college. **(c)** *(gremio etc)* ~ **de abogados** bar (association); **C**~ **de cardenales** College of Cardinals; ~ **electoral** electoral college.
colegir [3c, 3l] *vt* **(a)** *(juntar)* to collect, gather. **(b)** *(inferir)* to infer, conclude *(de* from).
cólera 1 *nf* **(a)** *(ira)* anger, rage; **descargar la** ~

en to vent one's anger on. **(b)** *(Anat)* bile. **2** *nm (Med)* cholera.
colérico *adj (furioso)* angry, furious; *(malhumorado)* irritable, bad-tempered.
colesterol *nm* cholesterol.
coleta *nf* **(a)** *(trenza)* plait; *(Taur)* pigtail; **gente de ~** bullfighters, bullfighting people; **cortarse la ~** to quit, retire. **(b)** *(adición)* postscript, afterthought.
coletazo *nm* **(a)** *(de animal)* lash, blow with the tail. **(b)** *(Aut)* swaying movement; **dar ~s** to sway about. **(c)** *(fig)* **~s** death throes.
coletilla *nf* afterthought.
coleto *nm* **(a)** *(Hist)* doublet, jerkin. **(b)** *(fam)* **decir para su ~** to say to o.s.; **echarse un libro al ~** to devour a book.
colgadero *nm (gancho)* peg; *(percha)* hanger.
colgadizo 1 *adj* hanging, loose. **2** *nm* lean-to shed.
colgado 1 *pp de* **colgar. 2** *adj* **(a)** *(gen)* hanging; *(ahorcado)* hanged, hung; *(: asunto)* pending. **(b)** *(locuciones)* **dejar ~ a uno** to let sb down; *(en cita)* to stand sb up; **estar ~** *(fam)* to be stoned *(fam)*; **quedarse ~** to be disappointed.
colgadura *nf* hangings *pl.*
colgajo *nm* **(a)** *(trapo)* tatter, shred. **(b)** *(Bot)* bunch. **(c)** *(Med)* flap of flesh.
colgante 1 *adj* hanging; **con la lengua ~** with his tongue hanging out. **2** *nm* **(a)** *(joya)* pendant; *véase* **puente. (b)** *(Arquit)* festoon.
colgar [1h, 1m] **1** *vt* **(a)** *(cuadro etc)* to hang (up) (*de* from, *en* on); *(reo)* to hang; *(colada)* to hang out. **(b)** *(pared)* to decorate with hangings, drape (*de* with). **(c)** *(achacar)* to attribute (*a* to); **~ la culpa a uno** to pin the blame on sb. **(d)** *(Univ fam)* to fail. **2** *vi (gen)* to hang, be suspended (*de* on, from); *(Telec)* to hang up, ring off.
colibrí *nm* hummingbird.
cólico *nm* colic.
coliflor *nf* cauliflower.
coligado/a 1 *adj:* **estar ~s** to be allied *o* in league. **2** *nm/f* ally, confederate.
coligarse [1h] *vr* to make common cause (*con* with).
colilla *nf* cigarette *o (Brit)* fag end.
colina *nf* hill.
colindante *adj* adjacent, adjoining.
colindar [1a] *vi* to adjoin, be adjacent; **~ con** to border on.
colisión *nf* **(a)** *(Aut etc)* crash, smash; **~ de frente** head-on collision. **(b)** *(fig)* clash.
colmado 1 *adj* full (*de* of); **una carrera ~a de incidentes** an eventful race. **2** *nm* grocer's shop.
colmar [1a] *vt* **(a)** *(vaso etc)* to fill to the brim *o* to overflowing *(with* de); *(cuchara etc)* to heap (*de* with). **(b)** *(ambición etc)* to fulfil, realize. **(c)** *(fig)* **~ a uno de honores/improperios** to shower *o* heap honours/abuse (up)on sb.
colmena *nf* **(a)** *(de abejas)* beehive; *(fig)* hive. **(b)** *(Méx)* bee.
colmenar *nm* apiary.
colmenero/a *nm/f* beekeeper.
colmillo *nm* **(a)** *(Anat)* eye tooth, canine (tooth); *(Zool)* fang; *(de elefante)* tusk. **(b)** *(fig)* **enseñar los ~s** to show one's teeth; **escupir por el ~** to talk big, brag; **tener el ~ torcido** to be an old fox.
colmo *nm (fig)* height, extreme; **el ~ de la elegancia** the height of elegance; a ~ in abundance; **para ~ de desgracias** to cap it all; **¡eso ya es el ~!** that's beyond a joke!, that's the limit!; **sería el ~ si ...** it would be the end if ... .
colocación *nf* **(a)** *(acto)* placing, positioning; *(Com)* investment. **(b)** *(empleo)* job; **no encuentro ~** I can't find a job. **(c)** *(situación)* place, position.
colocado *adj (fam) (bebido)* drunk; *(colgado)* stoned *(fam)*.
colocar [1g] **1** *vt* **(a)** *(gen)* to place, put, position; *(arreglar)* to arrange; **~ la quilla de un buque** to lay down a ship's keel; **~ un satélite en órbita** to put *o* place a satellite in orbit. **(b)** *(emplear)* to place (in a job), find a post for. **(c)** *(Fin)* to invest. **(d)** *(fam: detener)* to arrest, huckle *(fam)*. **2 colocarse** *vr* **(a)** *(gen)* to place *o* station o.s. **(b)** *(Dep)* to be (placed); **el equipo se ha colocado en quinto lugar** the team has climbed to fifth position. **(c)** *(conseguir trabajo)* to get a job.
colofón *nm* colophon.
colofonia *nf* rosin, colophony.
colombiano/a *adj, nm/f* Colombian.
Colón *nm* Columbus.
colon *nm (Anat)* colon.
colonia[1] *nf* **(a)** *(Bio, Pol etc)* colony; *(esp LAm Geog)* district, area; **~ Quintanilla del D.F.** the Quintanilla area of the capital; **~ escolar** summer camp *(for schoolchildren)*; **~ obrera** working-class housing scheme; **~ penal** penal settlement; **~ veraniega** holiday camp. **(b)** *(cinta)* silk ribbon.
colonia[2] *nf* eau-de-Cologne.
coloniaje *nm (LAm: época)* colonial period; *(: sistema)* colonial government.
colonial *adj* colonial; *(Com)* overseas, imported.
colonialismo *nm* colonialism.
colonialista *adj, nmf* colonialist.
colonización *nf* colonization, settlement.
colonizador(a) 1 *adj* colonizing. **2** *nm/f* colonist, colonizer.
colonizar [1f] *vt* to colonize, settle.
colono *nm* **(a)** *(Pol)* colonist, settler. **(b)** *(Agr)* tenant farmer.
coloquial *adj* colloquial, familiar.
coloquio *nm (charla)* conversation, talk; *(Univ etc)* conference; *(Lit)* dialogue.
color *nm* **(a)** *(gen)* colour, *(US)* color; *(esp fig)* hue, shade; **a ~, en ~es** *(film)* in colour, colour *(atr)*; **a todo ~** in full colour; **gente de ~** coloured people; **zapatos de ~** brown shoes; **el suceso tuvo ~es trágicos** the event had its tragic aspect; **~ base** basic colour; **~ muerto** *o* **quebrado/sólido** dull/fast colour; **un vestido de ~ malva** a mauve (-coloured) dress; **verlo todo ~ de rosa** to see everything through rose-coloured spectacles; **me puse de mil ~es** I went bright red with embarrassment; **le salieron los ~es** she blushed. **(b)** *(Arte)* colour, paint; *(Téc)* dye, colouring matter; *(fig: tono)* tone; *(tendencia)* tendency. **(c)** **~es** *(Mil)* colours; **los ~es nacionales** the (national) flag. **(d)** *(fam: droga)* dope *(fam)*.
coloración *nf* coloration, colouring; *(Zool etc)* markings *pl.*
colorado 1 *adj* coloured, *(US)* colored, *(esp)* red; *(tez)* ruddy; **poner ~ a uno** to make sb blush; **ponerse ~** to blush. **2** *nm* red.
colorante *adj, nm* colouring, *(US)* coloring.
colorar [1a] *vt (gen)* to colour; *(teñir)* to dye, tint; **~ algo de amarillo** to colour *o* dye *etc* sth yellow.
colorear [1a] **1** *vt* **(a)** = **colorar. (b)** *(fig)* to justify, whitewash. **2** *vi* **(a)** *(frutos)* to ripen. **(b)** *(tirar a rojo)* to be reddish; *(ponerse colorado)* to redden.
colorete *nm* rouge.
colorido *nm* colour(ing).
colorín *nm* **(a)** *(color)* bright colour; **y ~, colorado, este cuento ha acabado** and they all lived happily ever after; **¡qué ~es tiene el niño!** what rosy cheeks the little fellow has! **(b)** *(Orn)* linnet. **(c)** *(Med)* measles.

colorir [3a; *defectivo*] *vt* **(a)** to colour. **(b)** = **colorear (b).**
colosal *adj* colossal.
coloso *nm* colossus.
columbrar [1a] *vt* **(a)** *(divisar)* to make out. **(b)** *(fig)* to guess.
columna *nf* **(a)** *(Arquit, Téc, Tip)* column; ~ **de dirección** steering column. **(b)** *(Mil)* column; ~ **blindada** armoured column; **quinta** ~ fifth column. **(c)** *(Anat)* ~ **vertebral** spine, spinal column. **(d)** *(fig)* pillar; **una** ~ **de la religión** a pillar of religion.
columnata *nf* colonnade.
columnista *nmf* columnist.
columpiar [1b] **1** *vt* to swing, push (on a swing). **2 columpiarse** *vr* **(a)** *(mecerse)* to swing; *(al andar)* to waddle. **(b)** *(equivocarse)* to blunder; *(meter la pata)* to put one's foot in it.
columpio *nm* swing; *(LAm)* rocking chair; ~ **basculante** *o* **de tabla** seesaw.
colusión *nf* collusion.
colza *nf (Bot)* rape, colza; **aceite de** ~ rape-seed oil.
collage [ko'la:ʒ] *nm* collage.
collar *nm* **(a)** *(adorno)* necklace; *(insignia)* chain (of office); *(Zool etc)* collar; ~ **de perlas** pearl necklace. **(b)** *(Mec)* collar, ring.
collera *nf* **(a)** *(Agr)* horse collar. **(b)** *(LAm)* ~**s** cufflinks.
coma[1] *nm (Med)* coma.
coma[2] *nf (Tip)* comma; **sin faltar una** ~ dotting the 'i's and crossing the 't's.
comadre *nf* **(a)** *(madrina)* godmother. **(b)** *(vecina)* neighbour; *(chismosa)* gossip. **(c)** *(Med)* midwife. **(d)** *(alcahueta)* go-between, procuress.
comadrear [1a] *vi* to chat, gossip.
comadreja *nf* weasel.
comadreo *nm*, **comadrería** *nf* gossip(ing).
comadrona *nf* midwife.
comal *nm (LAm)* shallow cooking pot.
comandancia *nf* **(a)** *(función)* command. **(b)** *(grado)* rank of major. **(c)** *(central)* headquarters.
comandante *nm* **(a)** commandant, commander; ~ **en jefe** commander-in-chief. **(b)** *(grado)* major.
comandita *nf* sleeping *o (US)* silent partnership.
comando *nm (Mil: mando)* command; *(: soldado)* commando; *(: grupo)* commando unit *o* group; *(de terroristas)* active service unit.
comarca *nf* district, *(US)* county.
comarcal *adj* local.
comatoso *adj* comatose.
comba *nf* **(a)** *(gen)* bend; *(en viga)* warp, sag. **(b)** *(juguete)* skipping rope; **saltar a la** ~ to skip. **(c)** *(juego)* skipping.
combadura *nf (Aut)* camber.
combar [1a] **1** *vt* to bend, curve. **2 combarse** *vr (hacer curva)* to bend, curve; *(alabearse)* to bulge, warp.
combate *nm (gen)* fight; *(Mil)* combat; *(Boxeo)* contest, fight; *(fig)* battle, struggle; ~ **naval** naval battle; ~ **singular** single combat; **estar fuera de** ~ *(lit, fig)* to be out of action; *(Boxeo)* to be knocked out.
combatiente *nmf* combatant; **no** ~ non-combatant.
combatir [1a] **1** *vt (Mil)* to attack; *(fig)* to combat, fight. **2** *vi* to fight.
combatividad *nf (gen)* fighting spirit; *(agresividad)* aggressiveness.
combativo *adj (gen)* full of fight, spirited; *(Pol)* militant.
combi *nf (fam)* **(a)** *(vestido)* slip. **(b)** *(engaño)* fiddle, setup. **(c)** *(Méx)* minibus.
combinación *nf* **(a)** *(acción)* combination. **(b)** *(Quím)* compound; *(bebida)* cocktail. **(c)** *(quinielas)* permutation; ~ **métrica** *(Lit)* stanza form, rhyme scheme. **(d)** *(plan)* setup, scheme.
combinar [1a] **1** *vt (gen)* to combine; *(colores)* to match; *(plan)* to devise. **2 combinarse** *vr (gen)* to combine; *(conspirar)* to conspire.
combustible 1 *adj* combustible. **2** *nm* fuel.
combustión *nf* combustion.
comedero 1 *adj* eatable, edible. **2** *nm* **(a)** *(Agr)* trough, manger. **(b)** *(comedor)* dining room. **(c) limpiar a uno el** ~ to deprive sb of his bread and butter.
comedia *nf* **(a)** comedy; *(Hist)* play; ~ **en un acto** one-act play; ~ **de enredos** comedy of intrigue. **(b)** *(fig)* farce; **hacer la** ~ to put on an act.
comediante/a *nm/f* **(a)** *(Teat)* (comic) actor/actress. **(b)** *(hipócrita)* hypocrite.
comedido *adj (moderado)* moderate, restrained; *(cortés)* courteous; *(LAm)* obliging.
comedimiento *nm (véase adj)* moderation, restraint; courtesy; *(LAm)* helpfulness.
comedirse [3l] *vr* **(a)** to be courteous; ~ **en las palabras** to choose one's words carefully. **(b)** *(LAm)* ~ **a hacer algo** to offer *o* volunteer to do sth.
comedón *nm* blackhead.
comedor *nm* **(a)** *(en casa)* dining room; *(Ferro)* restaurant; *(Escol, de fábrica)* canteen; *(Univ)* refectory. **(b)** *(muebles)* dining-room suite.
comefuegos *nmf inv* fire eater.
comehostias *nmf inv (fam)* Jesus freak *(fam)*.
comemierdas *nmf inv (fam)* creep *(fam)*.
comején *nm (insecto)* termite, white ant.
comendador *nm* knight commander *(of a military order)*.
comensal *nmf* fellow diner; **me lo dijo mi** ~ the man sitting next to me at dinner told me so.
comentador(a) *nm/f* commentator.
comentar [1a] *vt (hacer comentarios sobre)* to comment on; *(comentar)* to discuss.
comentario *nm* **(a)** *(observación)* comment, remark; **y ahora sin más** ~ **...** and now without further ado ... . **(b)** *(Lit)* commentary. **(c)** ~**s** gossip *sg*, tittle-tattle *sg*; **dar lugar a** ~**s** to cause gossip; **hacer** ~**s** to pass (nasty) remarks.
comentarista *nmf* commentator.
comenzar [1f, 1k] *vt, vi* to begin, start, commence; ~ **protestando** to begin by protesting; ~ **a hacer algo** to begin *o* start to do sth, start doing sth; ~ **por hacer algo** to begin by doing sth.
comer [2a] **1** *vt* **(a)** *(gen)* to eat. **(b)** *(almorzar)* to eat *o* have for lunch; *(cenar)* to eat *o* have for dinner. **(c)** *(Quím)* to corrode; *(color)* to fade; *(Geol)* to erode; *(Med)* to itch. **(d)** ~ **el coco a** *(fam)* to brainwash; **le come la envidia** she is eaten up with envy.

2 *vi* **(a)** *(gen)* to eat; *(almorzar)* to have lunch; *(cenar)* to have dinner; ~ **con los ojos** to have eyes bigger than one's stomach. **(b)** ~ **de** to eat, have some of; **dar de** ~ to feed, give to eat.

3 comerse *vr* **(a)** *(comida)* to eat up; **se lo comió todo** he ate it all up; **está para** ~**la** she's nice enough to eat. **(b)** *(capital)* to consume, devour. **(c)** *(párrafo etc)* to skip; *(palabra)* to slur. **(d)** ~ **a uno por pies** to take sb in completely; **se comen unos a otros** they're at daggers drawn.
comerciable *adj* **(a)** *(Com)* marketable, saleable. **(b)** *(fig)* sociable.
comercial *adj* commercial.
comercialización *nf* commercialization.

comercializar [1f] *vt* to commercialize.
comerciante *nm (gen)* merchant, dealer; *(tendero)* shopkeeper; ~ **al por mayor/menor** wholesaler/retailer.
comerciar [1b] *vi (dos empresos)* to have dealings; *(naciones)* to trade; ~ **con** *(empresa)* to do business with; *(país)* to trade with.
comercio *nm* **(a)** *(gen)* commerce, trade; *(negocio)* business; ~ **de** *o* **en** trade *o* traffic in; dealings in; **el ~ español** Spanish trade; ~ **de exportación/importación** export/import trade; ~ **exterior/interior** foreign *o* overseas/domestic trade. **(b)** *(grandes empresas)* big business. **(c)** *(tienda)* shop, *(US)* store. **(d)** *(fam: comida)* grub *(fam)*, *(US)* chow *(fam)*.
comestible 1 *adj* eatable, edible. **2** *nm* **(a)** ~**s** food *sg*, foodstuffs. **(b)** *(Com)* ~**s** groceries, provisions; **tienda de** ~**s** grocer's (shop), *(US)* grocery.
cometa[1] *nm (Astron)* comet.
cometa[2] *nf* kite.
cometer [2a] *vt* **(a)** *(crimen)* to commit; *(error)* to make. **(b)** *(tarea)* to entrust *(a* to*)*.
cometido *nm (encargo)* assignment; *(obligación)* commitment.
comezón *nf* **(a)** *(Med)* itch, itching; **tener** ~ to itch, be itching. **(b)** *(fig)* itch *(por* for*)*; **sentir ~ de hacer algo** to feel an itch to do sth.
comible *adj* eatable, fit to eat.
comicastro *nm* ham (actor).
comicidad *nf* funniness, comicalness.
comicios *nmpl* elections, voting *sg*.
cómico/a 1 *adj* **(a)** *(gracioso)* comic(al), funny. **(b)** *(Teat)* comedy *(atr)*; **autor** ~ playwright. **2** *nm/f (Teat)* (comic) actor/actress; *(de cabaret etc)* comedian/comedienne.
comida *nf* **(a)** *(alimentos)* food. **(b)** *(acción)* eating; *(una ~)* meal, *(esp)* lunch; **bendecir la** ~ to say grace. **(c)** ~ **y casa** board and lodging.
comidilla *nf* hobby, special interest; **ser la ~ de la ciudad** *etc* to be the talk of the town.
comienzo *nm (gen)* beginning, start; *(de plan etc)* inception; *(Med)* onset; **al** ~ at the start, at first; **en los ~s de este siglo** at the beginning of this century; **dar ~ a un acto** to begin a ceremony; **dar ~ a una carrera** to start a race (off).
comilón/ona 1 *adj* greedy. **2** *nm/f (gen)* big eater; *(tragón)* glutton, pig. **3 comilona** *nf* feast, blowout *(fam)*.
comillas *nfpl (de cita)* quotation marks; *(de ironía etc)* inverted commas; **entre** ~ in inverted commas.
comino *nm* cumin (seed); **(no) me importa un** ~ I couldn't give a damn *(de* about*)*.
comisaría *nf* **(a)** *(de policía)* police station, *(US)* precinct. **(b)** *(Mil)* commissariat.
comisario *nm (Mil etc)* commissary; *(Pol)* commissar; ~ **de policía** police superintendent.
comiscar [1g] *vt* to nibble (at).
comisión *nf* **(a)** *(encargo)* assignment, mission. **(b)** *(Pol etc)* commission; ~ **mixta/permanente** joint/standing committee. **(c)** *(Fin: junta)* board; **C~es Obreras** Workers' Commissions. **(d)** *(Com)* commission; ~ **sobre las ventas** sales commission; **a** ~ on a commission basis. **(e)** *(ejecución)* commission; *(de ultraje)* perpetration.
comisionado/a *nm/f (gen)* commissioner; *(Pol)* committee member; *(Com, Fin)* board member.
comisionar [1a] *vt* to commission.
comisionista *nm* commission agent.
comiso *nm* seizure, confiscation.
comistrajo *nm* hotchpotch.
comisura *nf* join; ~ **de los labios** corner of the mouth.
comité *nm* committee; **C~ Directivo** *(Dep)* board (of management).
comitiva *nf* suite, retinue; ~ **fúnebre** cortège, funeral procession.
cómix *nm inv* underground comic.
como 1 *adv (semejanza)* as, like; *(equivalencia)* such as; *(más o menos)* about, approximately; **es ~ un pez** it's like a fish; **hay peces, ~ truchas y salmones** there are fish, such as trout and salmon; **juega ~ yo** he plays as I do *o* like me; **lo dice ~ juez** he says it (in his capacity) as a judge; ~ **éste hay pocos** there are few like this; **la manera ~ sucedió** the way (in which) it happened; **había ~ cincuenta** there were about fifty; **sentía una ~ tristeza** she felt a sort of sadness.
2 *conj* **(a)** *(+ indic: ya que)* as, since; ~ **no tenía dinero** as *o* since *o* because I had no money; ~ **que ...** because ..., since ... . **(b)** *(+ indic: cuando)* as soon as; ~ **nos vio lanzó un grito** as soon as he saw us he shouted. **(c)** ~ **si no hubiera pasado nada** as though nothing had happened. **(d)** *(+ subjun: a menos que)* if, unless; ~ **no lo haga en seguida** unless he does it at once; ~ **sea** as the case may be; ~ **no sea para hacer algo** unless it is to do sth, except to do sth.
cómo 1 *adv interrog (gen)* how?; *(¿ por qué?)* why?; **¿~ lo hace?** how does he do it?; **¿~ son?** what are they like?; **¿~ están mis nietos?** how are my grandchildren?; **¿~ está Ud?** how are you?; **¿~ es de alto?** how tall is it?, what height is it?; **¿a ~ son las peras?** how much are the pears?; **¿~ eso?** how can that be?, how come?; **¿~ no?** why not?; **no sé ~ hacerlo** I don't know how to do it; **no había ~ alcanzarlo** there was no way of reaching it.
2 *interj:* **¿~?** *(aclaración)* I beg your pardon?, what?, eh?; *(sorpresa)* what was that?; *(ira)* how dare you!; **¡~!, ¡~ no!** of course!
3 *nm:* **el por qué y el ~ de** the whys and wherefores of.
cómoda *nf* chest of drawers.
comodidad *nf* **(a)** *(gen)* comfort; *(ventaja)* convenience; **venga a su** ~ come at your convenience. **(b)** ~**es** comforts, amenities; ~**es de la vida** good things of life.
comodín *nm (Naipes)* joker.
cómodo *adj* **(a)** *(mueble)* comfortable; *(cuarto)* cosy, snug; *(útil)* convenient. **(b)** *(individuo)* comfortable; *(: egoísta)* smug; **así estarás más** ~ you'll be more comfortable this way; **ponerse** ~ to make o.s. comfortable.
comodón *adj* comfort-loving.
comodoro *nm* commodore.
comoquiera *conj* **(a)** ~ **que** *(+ indic)* since, in view of the fact that. **(b)** ~ **que** *(+ subjun)* in whatever way; ~ **que sea eso** however that may be.
compacidad *nf* compactness.
compactar [1a] *vt* to compact, compress.
compacto *adj (gen)* compact; *(denso)* dense; *(apretado)* close.
compadecer [2d] **1** *vt (apiadarse de)* to pity, be sorry for; *(simpatizar con)* to sympathize with. **2 compadecerse** *vr:* ~ **con** to fit, square with; ~ **de = 1**.
compadrazgo *nm* status of godfather; *(esp LAm)* close friendship.
compadre *nm* **(a)** *(padrino)* godfather. **(b)** *(fam: esp LAm)* friend, pal, *(esp US)* buddy. **(c)** *(RPl)* bully.
compadrear [1a] *vi* **(a)** *(amigos)* to be mates *(fam) o (US)* buddies *(fam)*. **(b)** *(RPl)* to brag.

compadrito *nm (LAm)* = **compadre (c).**
compaginar [1a] **1** *vt* **(a)** *(gen)* to put in order. **(b)** *(Tip)* to make up. **(c)** ~ **A con B** to bring A into line with B. **2 compaginarse** *vr* to agree, tally; ~ **con** *(concordar)* to tally with; *(colores)* to blend with.
compañerismo *nm (gen)* comradeship; *(Dep etc)* team spirit.
compañero/a *nm/f* **(a)** *(gen)* companion; *(Dep, Naipes)* partner; *(Dep: equipos)* team-mate; ~ **de armas** comrade-in-arms; ~ **de baile** dancing partner; ~ **de clase/de cuarto** schoolmate/roommate; ~ **de viaje** fellow traveller; **es un ~ divertido** he's good company. **(b) dos calcetines que no son ~s** two odd socks; **¿dónde está el ~ de éste?** where is the one that goes with this? **(c)** *(Pol)* brother/sister; **¡~s!** comrades.
compañía *nf* **(a)** *(gen)* company; **hacer ~ a uno** to keep sb company; **andar en malas ~s** to keep bad company. **(b)** *(Com, Teat etc)* company; **C~ de Jesús** Society of Jesus; **Pérez y C~** Perez and Company; ~ **inversionista** investment trust; ~ **de seguros** insurance company.
comparable *adj* comparable (*a* to, *con* with).
comparación *nf* **(a)** *(gen)* comparison; **en ~ con** in comparison with, beside; **es superior a toda ~** it is beyond compare. **(b)** *(Lit)* simile.
comparado *adj (estudio etc)* comparative.
comparar [1a] *vt* to compare (*a* to, *con* with), liken (*con* to).
comparativo *adj, nm* comparative.
comparecencia *nf (Jur)* appearance (in court); **su no ~** his non-appearance; **orden de ~** summons, *(US)* subpoena.
comparecer [2d] *vi* to appear (in court); ~ **ante un juez** to appear before a judge.
comparendo *nm (Jur)* summons, *(US)* subpoena.
comparsa 1 *nf (carnaval etc)* group, procession. **2** *nmf (Cine, Teat)* extra.
comparsería *nf (Cine, Teat)* extras *pl.*
compartimiento *nm* **(a)** *(acción)* division, sharing. **(b)** *(Náut, etc)* compartment; ~ **de bombas** *(Aer)* bomb bay; ~ **estanco** watertight compartment.
compartir [3a] *vt (distribuir)* to divide (up), share (out); *(cuarto, opinión)* to share (*con* with); **no comparto ese criterio** I do not share that view.
compás *nm* **(a)** *(ritmo)* beat, rhythm; *(división)* bar; ~ **de 2 por 4** 2/4 time; ~ **de vals** waltz time; **a ~** in time; **al ~ de la música** in time to the music; **fuera de ~** off beat; **llevar/perder el ~** to keep time/lose the beat. **(b)** *(Mat etc)* compass, pair of compasses. **(c)** *(Náut etc)* compass.
compasado *adj* measured, moderate.
compasión *nf* pity, compassion; **¡por ~!** for pity's sake!; **tener ~ de** to take pity on.
compasivo *adj* compassionate, sympathetic.
compatibilidad *nf* compatibility.
compatible *adj* compatible (*con* with).
compatriota *nmf* compatriot, fellow countryman/-woman.
compeler [2a] *vt* to compel.
compendiar [1b] *vt* to abridge.
compendio *nm (gen)* abridgement; *(Univ, Téc etc)* summary, abstract; **en ~** briefly, in brief.
compendioso *adj* brief, succinct.
compenetración *nf (fig)* mutual understanding.
compenetrarse [1a] *vr* **(a)** *(Quím etc)* to interpenetrate, fuse. **(b)** *(fig)* to understand one another.
compensación *nf* **(a)** *(gen)* compensation; *(Jur)* reparation, damages *pl;* **en ~** in exchange, as compensation. **(b)** *(Fin)* clearing; **cámara de ~** clearing house.
compensar [1a] *vt (gen)* to compensate (*de* for); *(pérdida)* to redeem, make up (for); *(error)* to make amends for; *(Mec etc)* to balance; **le compensaron con 10 dólares** they gave him 10 dollars' compensation.
compensatorio *adj* compensatory.
competencia *nf* **(a)** *(Com etc)* competition; ~ **desleal** unfair competition; **estar en ~ con** to be in competition with. **(b)** *(Jur, habilidad)* competence. **(c)** *(cargo)* field, province; **no es de mi ~** that is not my responsibility.
competente *adj* **(a)** *(Jur)* competent; **esto se elevará al ministerio ~** this will be sent to the appropriate ministry. **(b)** *(apto)* fit, suitable.
competer [2a] *vi:* ~ **a** to be the responsibility of, fall to; **le compete castigarlos** it is up to him to punish them.
competición *nf* competition.
competidor(a) 1 *adj* competing, rival. **2** *nm/f (gen)* competitor; *(Com etc)* rival (*a* for); *(TV etc)* contestant.
competir [3l] *vi* **(a)** to compete (*con* against, with, *en* in, *para* for). **(b)** ~ **con** *(fig)* to rival, vie with; **en cuanto a resistencia A no compite con B** A cannot match B for stamina.
competitivo *adj* competitive.
compilación *nf* compilation.
compilador(a) *nm/f* compiler.
compilar [1a] *vt* to compile.
compinche *nm* mate, *(esp US)* buddy.
complacencia *nf* **(a)** *(gen)* pleasure, satisfaction. **(b)** *(agrado)* willingness; **lo hizo con ~** he did it gladly. **(c)** *(indulgencia)* indulgence; **tiene excesivas ~s con los empleados** he is too indulgent towards his employees.
complacer [2x] **1** *vt (gen)* to please; *(cliente etc)* to help, oblige; *(deseo)* to indulge; **¿en qué puedo ~le?** *(Com etc)* can I help you? **2 complacerse** *vr:* ~ **en hacer algo** to take pleasure in doing sth.
complacido *adj* pleased, satisfied.
complaciente *adj* **(a)** *(gen)* obliging, helpful; **ser ~ con** to be helpful to. **(b)** *(marido)* complaisant.
complejidad *nf* complexity.
complejo 1 *adj (gen)* complex; *(Mat)* compound. **2** *nm* complex; ~ **de Edipo** Oedipus complex.
complementar [1a] *vt* to complement, complete.
complementario *adj* complementary.
complemento *nm* **(a)** *(Mat etc)* complement. **(b)** *(Ling)* complement, object; ~ **directo/indirecto** direct/indirect object. **(c)** *(fig)* **sería el ~ de su felicidad** it would complete her happiness.
completar [1a] *vt (gen)* to complete; *(Méx)* to match.
completo *adj* **(a)** *(gen)* complete; *(acabado)* perfect, finished; *(tarifa)* inclusive, all-in; **por ~** completely, utterly. **(b)** *(autobús, hotel)* full.
complexión *nf* constitution.
complicación *nf* complication.
complicado *adj (gen)* complicated, complex; *(fractura)* compound; *(estilo etc)* elaborate; *(Jur)* involved, implicated.
complicar [1g] **1** *vt* **(a)** *(gen)* to complicate. **(b)** *(Jur)* to involve (*en* in). **2 complicarse** *vr* **(a)** *(gen)* to get complicated. **(b)** ~ **en un asunto** to get involved *o* entangled in a matter.
cómplice *nmf* accomplice.
complicidad *nf* complicity, involvement (*en* in).
complot [kom'plo] *nm, pl* **complots** [kom'plo] plot, conspiracy.
componenda *nf* shady deal.
componente 1 *adj* component, constituent. **2** *nm (gen)* component; *(Culin etc)* ingredient.

componer [2r; *pp* **compuesto**] **1** *vt* **(a)** *(formar)* to put together. **(b)** *(constituir)* to constitute, make up; **componen el jurado 12 personas** 12 persons make up the jury. **(c)** *(Lit, Mús)* to compose, write. **(d)** *(Culin)* to prepare. **(e)** *(Mec)* to repair, fix; *(Med: hueso)* to set; *(: estómago)* to settle. **(f)** *(disputa)* to settle, resolve. **(g)** *(arreglar)* to arrange; *(adornar)* to adorn. **2 componerse** *vr* **(a)** *(equipo etc)* ~ **de** to be composed *o* made up of; **se compone de 6 partes** it consists of 6 parts. **(b)** *(mujer etc)* to dress (up). **(c)** ~ **con uno** to reach an agreement with sb. **(d)** ~**las** to manage, get along; ~**las para hacer algo** to contrive to do sth.

comportamiento *nm* behaviour, *(US)* behavior, conduct.

comportar [1a] **1** *vt* **(a)** *(soportar)* to bear, put up with. **(b)** *(significar)* to involve; **no comporta obligación alguna** it carries no obligation. **2 comportarse** *vr* to behave; ~ **mal** to misbehave, behave badly.

composición *nf* **(a)** *(Mús etc)* composition. **(b)** *(de disputa)* settlement; *(arreglo)* arrangement; *(acuerdo)* agreement.

compositor(a) *nm/f (Mús)* composer.

compostelano/a 1 *adj* of Santiago de Compostela. **2** *nm/f* native *o* inhabitant of Santiago de Compostela.

compostura *nf* **(a)** *(estructura)* composition, structure. **(b)** *(Mec etc)* mending, repair; **estar en** ~ to be undergoing repairs. **(c)** *(Culin)* condiment, seasoning. **(d)** *(arreglo)* arrangement. **(e)** *(convenio)* agreement. **(f)** *(dignidad)* composure.

compota *nf* compote, preserve.

compra *nf* **(a)** *(proceso)* purchasing, buying; ~ **al contado/a plazos** cash/hire purchase; **ir de** ~**s** to go shopping, shop. **(b)** *(artículo)* purchase; ~**s** purchases, shopping *sg*.

comprador(a) *nm/f (Com)* buyer, purchaser; *(de por menor)* shopper, customer.

comprar [1a] *vt* **(a)** *(gen)* to buy, purchase *(a, de* from*)*; ~ **al contado** to pay cash for; ~ **(al) fiado** to buy on credit; ~ **a plazos** to buy on hire purchase. **(b)** *(euf: sobornar)* to buy off, bribe.

compraventa *nf* **(a)** *(gen)* buying and selling, dealing. **(b)** *(Jur)* contract of sale.

comprender [2a] *vt, vi* **(a)** *(incluir)* to include, take in; **todo comprendido** everything included, all in. **(b)** *(entender)* to understand, see; ~ **que ...** to understand that ..., see that ...; **¿comprendes?** see?, understand?; **no comprendo cómo** I don't see how; **comprendió que yo no iba** he realized *o* saw I was not going; **compréndase bien que ...** let it be clearly understood that ... .

comprensible *adj* understandable, comprehensible *(para* to); **no es** ~ **que ...** I *etc* cannot understand how ... .

comprensión *nf* **(a)** *(universalidad)* comprehensiveness, inclusiveness. **(b)** *(entendimiento)* understanding, grasp. **(c)** *(simpatía)* understanding (attitude), sympathy.

comprensivo *adj* **(a)** *(precio etc)* comprehensive, inclusive. **(b)** *(persona)* understanding, sympathetic.

compresa *nf* compress; ~ **higiénica** sanitary towel *o (US)* napkin.

compresión *nf* compression.

compresor *nm* compressor.

comprimido 1 *adj* compressed. **2** *nm (Med)* pill, tablet.

comprimir [3a] **1** *vt* **(a)** *(Téc etc)* to compress *(en* into); *(prensar)* to press *(down etc)*. **(b)** *(fig)* to control, restrain; *(lágrimas)* to keep back. **2 comprimirse** *vr (fig)* to control *o* contain o.s; **tuve que** ~**me para no reír** I had to keep myself from laughing; **tendremos que** ~**nos** *(Fin)* we shall have to tighten our belts.

comprobable *adj* verifiable; **un alegato fácilmente** ~ an allegation which is easy to check.

comprobación *nf (proceso)* checking, verification; *(datos)* proof; **en** ~ **de ello** as proof of this; **de difícil** ~ hard to check.

comprobante 1 *adj:* **documento** ~ supporting document. **2** *nm (Jur)* proof; *(Com)* receipt, voucher.

comprobar [1m] *vt (averiguar)* to check, verify; *(demostrar)* to prove; ~ **que ...** to establish that ...; ~ **si ...** to check whether ... .

comprometedor *adj* compromising.

comprometer [2a] **1** *vt* **(a)** *(individuo)* to compromise, put in an awkward situation; *(Jur)* to involve, implicate. **(b)** *(reputación)* to risk. **(c)** ~ **a uno a algo** to hold sb to sth; ~ **a uno a hacer algo** to force sb to do sth. **2 comprometerse** *vr* **(a)** *(gen)* to compromise o.s.; *(meterse)* to get involved *(en* in). **(b)** ~ **a hacer algo** to undertake *o* promise to do sth; **se compromete a todo** he'll say yes to anything.

comprometido *adj* **(a)** *(situación)* awkward, embarrassing. **(b)** *(arte)* engaged, committed. **(c) estar** ~ **para hacer algo** to be obliged to do sth.

compromiso *nm* **(a)** *(gen)* obligation, commitment; *(Jur)* undertaking; *(cita)* engagement, date; **por** ~ out of a sense of duty; **libre de** ~ *(Com)* without obligation; **adquirir un** ~ **de hacer algo** to commit o.s. to doing sth; **atender** *o* **cumplir sus** ~**s** to meet one's obligations; **tener muchos** ~**s** to have many commitments. **(b)** *(acuerdo)* agreement; ~ **verbal** gentlemen's agreement. **(c)** *(aprieto)* fix; **estar en un fuerte** ~ to be in a real jam; **salir de un** ~ to get out of a jam.

compuerta *nf* **(a)** *(en canal)* sluice, floodgate. **(b)** *(Comput)* gate.

compuesto 1 *pp de* **componer; estar** ~ **de** to consist of, be made up of. **2** *adj* **(a)** *(Mat, Fin etc)* compound; *(Bot)* composite. **(b)** *(elegante)* elegant. **(c)** *(fig)* composed, calm. **3** *nm (Quím etc)* compound; *(Med)* preparation.

compulsa *nf* **(a)** *(cotejo)* checking, comparison. **(b)** *(Jur)* certified true copy.

compulsar [1a] *vt* **(a)** *(comparar)* to collate, compare. **(b)** *(Jur)* to make an attested copy of.

compulsión *nf* compulsion.

compulsivo *adj* compulsive.

compunción *nf (arrepentimiento)* regret; *(tristeza)* sorrow.

compungir [3c] **1** *vt* to make remorseful. **2 compungirse** *vr* to feel remorseful *(por* about, because of), feel sorry *(por* for).

computación *nf* **(a)** *(cálculo)* calculation. **(b)** *(Comput)* computing.

computador *nm*, **computadora** *nf* computer.

computar [1a] *vt* to calculate, compute.

cómputo *nm* calculation, computation.

comulgante *nmf* communicant.

comulgar [1h] **1** *vt* to administer communion to. **2** *vi* to take communion.

comulgatorio *nm* communion rail.

común 1 *adj* **(a)** *(gen)* common *(a* to); *(público)* public, belonging to all; **los intereses** ~**es** common interests; **de** ~ **con** in common with; **en** ~ in common; **hacer algo en** ~ to do sth jointly *o* together. **(b)** *(universal)* common, general; **es**

costumbre muy ~ it is a very widespread custom. **(c)** *(corriente)* common or garden *(fam)*, ordinary; **fuera de lo ~** out of the ordinary; **por lo ~** generally. **2** *nm* **(a) el ~** the community, the people (at large); **bienes del ~** public property. **(b) el ~ de la gentes** most people. **(c)** *(fam: retrete)* toilet. **(d) Cámara de los C~es** *(Brit Pol)* the House of Commons.

comuna *nf (LAm)* district, *(US)* county.

comunal *adj* communal, community *(atr)*.

comunicable *adj* **(a)** *(gen)* communicable. **(b)** *(individuo)* sociable.

comunicación *nf* **(a)** *(gen)* communication; **no hemos tenido más ~ con él** we have had no further contact with him. **(b)** *(mensaje)* message; *(informe)* report; *(Pol)* communiqué. **(c)** *(Telec)* **póngame en ~ con el Sr Q** please put me through to Mr Q.

comunicado *nm* communiqué.

comunicar [1g] **1** *vt* **(a)** *(gen)* to communicate, pass on *(a* to); *(noticia)* to convey, tell *(a* to); *(enfermedad)* to give *(a* to); *(costumbre etc)* to pass on; **nos comunicó su miedo** his fear infected us. **(b)** *(Arquit)* to connect, join. **2** *vi* **(a)** to send a report *(de* from); **comunican desde Lisboa que ...** it is reported from Lisbon that .... **(b)** *(Telec)* **estar comunicando** to be engaged. **(c)** *(Arquit)* **~ con** to connect with. **3 comunicarse** *vr* **(a)** *(personas: gen)* to communicate (with each other); *(: por carta)* to correspond. **(b)** *(Med etc)* to spread, be transmitted; **el miedo se comunicó a todos** the fear affected everybody. **(c)** *(Arquit)* to be connected.

comunicativo *adj* **(a)** *(gen)* communicative. **(b)** *(risa)* infectious.

comunidad *nf* community; **C~ Económica Europea** European Economic Community; **de ~** *(Jur)* jointly.

comunión *nf* communion.

comunismo *nm* communism.

comunista *adj, nmf* communist.

con 1 *prep* **(a)** *(gen)* with; **atado ~ cuerda** tied with string; **~ su ayuda** with his help; **~ el tiempo** in the course of time; **andar ~ muletas** to walk on *o* with crutches; **¡~ lo difícil que es todo esto!** what with all this being so difficult! **(b)** *(pese a)* in spite of; **~ todo, él la quiere mucho** in spite of it all, he loves her dearly. **(c)** *(hacia: tb* **para ~**) to, towards; **amable ~ todos** kind to everybody; **ser insolente ~ el jefe** to be disrespectful to the boss. **(d)** *(+ infin)* **~ llegar tan tarde** (by) arriving so late; **~ confesarlo se libró del castigo** by owning up he escaped punishment; **~ decirle que no voy** when I tell you I'm not going; **~ llegar a las 6 estará bien** if you come at 6 it will be all right. **(e)** *(locuciones)* **~ arreglo a** in accordance with; **~ mucho gusto** certainly; **~ tal que** so long as; **¡vaya ~ este niño!** *(fam)* you cheeky monkey! *(fam)*.

2 ~ que *conj* and so, so then; **¿~ que Ud es el jefe?** so you're the boss?; **~ que fuimos a la cama** and so we went to bed.

conato *nm* attempt; **~ de robo** attempted robbery.

concatenación *nf* concatenation, linking; **~ de circunstancias** chain of circumstances.

concatenar [1a] *vt* to link together.

concavidad *nf* concavity.

cóncavo *adj* concave.

concebible *adj* conceivable, thinkable; **no es ~ que ...** it is unthinkable that ... .

concebir [3l] **1** *vt (gen)* to conceive; *(imaginar)* to imagine; **~ una antipatía hacia** *o* **por** to take a dislike to; **no concibo que ...** I cannot understand how *o* why ... . **2** *vi* to conceive, become pregnant.

conceder [2a] *vt (gen)* to concede, grant; *(honor etc)* to confer *(a* on), bestow *(a* on); *(descuento)* to allow; **~ que ...** to concede *o* admit that ... .

concejal(a) *nm/f* town councillor.

concejil *adj* council *(atr)*, municipal.

concejo *nm* town council.

concentración *nf* concentration.

concentrado 1 *adj* concentrated. **2** *nm* extract, concentrate.

concentrar [1a] **1** *vt* to concentrate *(en* in, on). **2 concentrarse** *vr* **(a)** *(Mil etc)* to concentrate, be concentrated. **(b)** *(fig)* to concentrate *(en hacer algo* on doing sth).

concéntrico *adj* concentric.

concepción *nf* **(a)** *(Bio)* conception; **la Purísima C~** the Immaculate Conception. **(b)** *(idea)* conception, idea.

concepto *nm* **(a)** *(idea)* concept, notion; **formarse un ~ de algo** to get an idea of sth. **(b)** *(opinión)* view, judgment; **¿qué ~ has formado de él?** what do you think of him?; **tener buen ~ de uno, tener en buen ~ a uno** to think highly of sb. **(c)** *(en cuenta)* heading, section; **bajo ningún ~** under no circumstances; **bajo todos (los) ~s, por todos ~s** from every point of view; **en** *o* **por ~ de** as, by way of; **se le pagó esa cantidad por ~ de derechos** he was paid that amount as royalties; **por ningún ~** in no way. **(d)** *(Lit)* conceit.

conceptual *adj* conceptual.

conceptuar [1e] *vt* to judge, deem; **le conceptúo poco apto para eso** I think him unsuited for that; **~ a uno de** *o* **como** *o* **por** to deem sb to be.

concerniente *adj:* **~ a** concerning, relating to; **en lo ~ a** with regard to, as for.

concernir [3i; *defectivo*] *vi:* **~ a** to relate *o* refer to; **en lo que concierne a** with regard to, concerning.

concertado *adj* concerted.

concertar [1k] **1** *vt* **(a)** *(Mús: voces)* to harmonize, bring into harmony; *(: instrumentos)* to tune (up). **(b)** *(planes)* to coordinate; *(diferencias)* to reconcile; **~ a varias personas para que contribuyan** to get various people to agree to contribute. **(c)** *(tratado)* to conclude *(con* with); *(precio)* to agree, fix *(en* at); **~ una venta en 20 dólares** to agree to sell sth for 20 dollars; **~ hacer algo** to agree to do sth. **2** *vi* **(a)** *(Mús)* to harmonize, be in tune. **(b)** *(Ling, fig)* to agree. **3 concertarse** *vr* to reach agreement, come to terms; **~ para hacer algo** to conspire together to do sth.

concertina *nf* concertina.

concertino *nm* first violin, *(US)* concertmaster.

concertista *nmf* soloist, solo performer.

concesión *nf (acción)* concession, granting; *(Jur)* award; *(Com: fabricación)* licence; *(: de venta)* franchise; *(: de transporte etc)* concession, contract.

concesionario/a *nm/f (Com: gen)* licence holder, licensee; *(: de venta)* franchisee; *(: de transportes etc)* contractor.

conciencia *nf* **(a)** *(moralidad)* conscience; **a ~** conscientiously; **en ~** honestly, in truth; **gusanillo de la ~** *(fig)* (guilty) conscience; **libertad de ~** freedom of worship; **acusarle** *o* **remorderle a uno la ~** to have a guilty conscience; **tener la ~ tranquila** to have a clear conscience. **(b)** *(conocimiento)* awareness, consciousness; **tener plena ~ de** to be fully aware of; **tomar ~ de** to become aware of.

concienzudo *adj* conscientious.

concierto *nm* **(a)** *(acuerdo)* agreement; **de ~ con**

in concert with. **(b)** *(Mús: función)* concert; *(: obra)* concerto; ~ **sinfónico** symphony concert. **(c)** *(fig)* chorus.

conciliable *adj* reconcilable.

conciliación *nf* conciliation; **tribunal de** ~ conciliation board *o* tribunal.

conciliador(a) **1** *adj* conciliatory. **2** *nm/f* conciliator.

conciliar[1] [1b] **1** *vt* **(a)** *(enemigos)* to reconcile; *(ideas)* to harmonize, bring into line. **(b)** ~ **el sueño** to get to sleep. **2 conciliarse** *vr:* ~ **algo** to win *o* gain sth.

conciliar[2] **1** *adj (Rel)* of a council, council *(atr)*. **2** *nm* council member.

conciliatorio *adj* conciliatory.

concilio *nm (Rel)* council; **el Segundo C~ Vaticano** the Second Vatican Council.

concisión *nf* conciseness, brevity.

conciso *adj* concise, brief.

concitar [1a] *vt* to stir up, incite (*contra* against).

conciudadano/a *nm/f* fellow citizen.

cónclave *nm* conclave.

concluir [3g] **1** *vt* **(a)** *(acabar)* to conclude, finish. **(b)** *(inferir)* to infer, deduce. **(c)** *(convencer)* to convince. **2** *vi* to conclude, finish; *(palabra)* to end (*con, en, por* in); ~ **por hacer algo** to end up by doing sth; **todo ha concluido** it's all over. **3 concluirse** *vr* to end, conclude.

conclusión *nf* conclusion; **en** ~ in conclusion, finally; **llegar a la** ~ **de que ...** to come to the conclusion that ... .

concluyente *adj* conclusive, decisive.

concomitante *adj* concomitant.

concordancia *nf* **(a)** *(gen)* agreement. **(b)** *(Ling)* concord, agreement. **(c)** *(Mús)* harmony. **(d)** ~**s** *(Lit)* concordance *sg*.

concordar [1m] **1** *vt (gen)* to reconcile, bring into line; *(Ling)* to make agree. **2** *vi (gen)* to agree (*con* with), tally (*con* with); **esto no concuerda con los hechos** this does not square with *o* fit in with the facts.

concordato *nm* concordat.

concorde *adj:* **estar** ~**s** to be agreed *o* in agreement; **estar** ~ **en hacer algo** to agree to do sth.

concordia *nf* **(a)** *(armonía)* concord, harmony. **(b)** *(sortija)* double ring.

concreción *nf (Fís)* concretion; *(Med)* stone.

concretamente *adv* specifically, to be exact; **¿qué dijo** ~**?** what did he in fact say?; **se refirió** ~ **a dos** he referred specifically to two; ~ **eran 39** to be exact there were 39.

concretar [1a] **1** *vt (lo abstracto)* to express in concrete terms; *(problema)* to pinpoint; *(tema)* to reduce to essentials; *(esperanzas)* to pin (*en* on); **en la reunión no concretamos nada** we didn't settle anything in the meeting. **2 concretarse** *vr* **(a)** *(idea etc)* to take shape; ~ **a** to come down specifically to. **(b)** ~ **a hacer algo** to confine o.s. to doing sth.

concreto **1** *adj (gen)* concrete; *(específico)* actual, specific; **en este caso** ~ in this particular instance; **no me dijo ninguna hora** ~**a** he didn't tell me any definite *o* particular time; **en** ~ to be exact; **en** ~ **había 7** there were 7 to be exact; **no hay nada en** ~ there's nothing you can put your finger on. **2** *nm* **(a)** *(gen)* concretion. **(b)** *(LAm)* concrete.

concubina *nf* concubine.

concubinato *nm* concubinage.

concupiscencia *nf* **(a)** *(avaricia)* greed. **(b)** *(lujuria)* lustfulness.

concupiscente *adj* **(a)** *(avaro)* greedy. **(b)** *(lujurioso)* lustful.

concurrencia *nf* **(a)** *(coincidencia)* concurrence. **(b)** *(reunión)* gathering; *(público: Dep)* spectators; *(: Cine, Teat)* audience; **había una numerosa** ~ there was a big attendance *o* turnout. **(c)** *(Com)* competition.

concurrente **1** *adj* **(a)** *(que coincide)* concurrent. **(b)** *(Com etc)* competing. **2** *nmf* **(a)** *(gen)* person attending; *(Dep)* spectator; *(Teat)* theatregoer; *(Cine)* cinemagoer, *(US)* moviegoer; **los** ~**s** those present, the audience. **(b)** *(competidor)* competitor.

concurrido *adj (local)* crowded; *(calle)* busy; *(Teat etc)* popular.

concurrir [3a] *vi* **(a)** *(converger)* to meet, come together (*en* at). **(b)** *(reunirse)* to meet, gather (*a* at, *en* in); ~ **a un baile/a las urnas** to go to a dance/the polls. **(c)** *(contribuir)* ~ **al éxito de una empresa** to contribute to the success of an enterprise. **(d)** *(cualidades etc)* to be found, be present; **concurren en ella muchas buenas cualidades** she has many good qualities. **(e)** ~ **en una opinión** to concur in an opinion. **(f)** *(sucesos)* to coincide (*con* with). **(g)** *(Com)* to compete.

concursar [1a] **1** *vt* **(a)** to declare insolvent, declare bankrupt. **(b)** to compete in *o* for; **va a** ~ **la vacante** he is going to apply for the vacancy. **2** *vi* to compete, participate.

concurso *nm* **(a)** *(Com)* tender. **(b)** ~ **de acreedores** *(Jur)* meeting of creditors. **(c)** *(coincidencia)* coincidence. **(d)** *(ayuda)* cooperation; **con el** ~ **de** with the help of; **prestar su** ~ to help, collaborate. **(e)** *(Dep etc)* competition, contest; *(examen)* examination, open competition; *(TV etc)* quiz; ~ **de belleza** beauty contest; ~ **radiofónico** radio quiz (show).

concusión *nf* **(a)** *(Med)* concussion. **(b)** *(Pol)* kickback.

concusionario *nm* extortioner.

concha *nf* **(a)** *(Zool)* shell; *(carey)* tortoiseshell; **meterse en su** ~ to retire into one's shell; **tener muchas** ~**s** to be very sharp, be a sly one. **(b)** *(de porcelana)* flake, chip. **(c)** *(Teat)* prompt box. **(d)** *(Anat fam!)* = **coño.**

conchabanza *nf* plot.

conchabar [1a] **1** *vt* to mix, blend. **2 conchabarse** *vr* to gang up (*contra* on), conspire (*para hacer algo* to do sth).

concho[1] *nm (LAm: poso)* dregs, sediment; ~**s** *(sobras)* left-overs; **hasta el** ~ to the very end.

concho[2] *nm (fam!)* = **coño.**

condado *nm* county; *(Hist)* earldom.

condal *adj:* **Ciudad C~** Barcelona.

conde *nm* earl, count.

condecoración *nf (acción)* decoration; *(insignia)* decoration, medal.

condecorar [1a] *vt* to decorate (*con* with).

condena *nf (pronunciamiento)* sentence, conviction; *(extensión)* term (of imprisonment); ~ **a perpetuidad** life sentence; **cumplir una** ~ to serve a sentence.

condenable *adj* reprehensible.

condenación *nf* **(a)** *(gen)* condemnation; *(Rel)* damnation. **(b)** = **condena.**

condenado/a **1** *adj* **(a)** *(Jur)* condemned, convicted; *(Rel)* damned. **(b)** *(fig)* doomed; **el buque** ~ the doomed vessel. **(c)** *(fam: maldito)* damned, flaming *(euf)*; **aquel** ~ **teléfono** tnat ruddy telephone. **2** *nm/f* **(a)** *(Jur)* convicted person, prisoner; **el** ~ **a muerte** the condemned man. **(b)** *(Rel)* damned soul.

condenar [1a] **1** *vt* **(a)** *(gen)* to condemn. **(b)** *(Jur: gen)* to convict, find guilty; *(: a pena capital)* to condemn; ~ **a uno a 3 meses de cárcel** to sen-

tence sb to 3 months in jail; **le condenaron por ladrón** they found him guilty of robbery. **(c)** *(Rel)* to damn. **(d)** *(Arquit)* to wall up. **2 condenarse** *vr* **(a)** *(Jur etc)* to confess (one's guilt), own up. **(b)** *(Rel)* to be damned.
condensación *nf* condensation.
condensado *adj* condensed.
condensador *nm* condenser.
condensar [1a] **1** *vt* to condense. **2 condensarse** *vr* to condense, become condensed.
condesa *nf* countess.
condescendencia *nf* obligingness, affability; **aceptar algo por ~** to accept sth so as not to hurt feelings.
condescender [2g] *vi* to acquiesce; **~ a** to consent to, say yes to; **~ a los ruegos de uno** to agree to sb's requests; **~ en hacer algo** to agree to do sth.
condescendiente *adj* obliging.
condición *nf* **(a)** *(naturaleza)* nature, condition; *(genio)* temperament, character; **la ~ humana** the human condition; **de ~ perversa** of a perverse nature. **(b)** *(rango)* social class, rank; **persona de ~** person of rank; **de humilde ~** low (in) status; **una boda de personas de distinta ~** a wedding between people of different social background. **(c)** *(cualidades)* **~es** qualities; **ella no tiene ~es para pintora** she is not cut out to be a painter. **(d)** *(estado)* **~es** condition, state; **~es de trabajo** working conditions; **nuestras ~es económicas** our economic circumstances; **el coche está en malas ~es** the car is in a bad state; **no está en ~es para salir** it is not fit to go out; **no estamos en ~es para hacerlo** we are not in a position to do it. **(e)** *(Jur etc)* provision, stipulation; **las ~es del contrato** the terms of the contract; **a ~ de que ...** on condition that ..., provided that ...; **con esta ~** on this condition; **ayuda sin ~es** help with no strings attached; **rendición sin ~es** unconditional surrender.
condicionado *adj* conditioned.
condicional *adj* conditional.
condicionamiento *nm* conditioning.
condicionar [1a] *vt* to condition.
condimentar [1a] *vt* to flavour, season.
condimento *nm* seasoning, flavouring.
condiscípulo/a *nm/f* fellow student.
condolencia *nf* condolence, sympathy.
condolerse [2h] *vr*: **~ de** *o* **por** to sympathize with, feel sorry for.
condominio *nm (Jur)* joint ownership; *(Pol)* condominium.
condón *nm (fam)* sheath, *(US)* rubber.
condonar [1a] *vt (Jur: reo)* to reprieve; *(Fin: deuda)* to cancel.
cóndor *nm* condor.
conducción *nf* **(a)** *(acción: gen)* leading; *(: Com)* management; *(: transporte)* transport(ation); *(: de líquidos)* piping; *(: Fís)* conduction. **(b)** *(Aut)* driving; **~ a derecha** right-hand drive; **~ descuidada** reckless driving. **(c)** *(Téc: tubo)* pipe; *(: cable)* cabling.
conducente *adj*: **~ a** conducive to, leading to.
conducir [3o] **1** *vt* **(a)** *(líquidos)* to take, convey; *(Elec etc)* to carry. **(b)** *(Aut etc)* to drive; **~ por la derecha** to drive on the right. **(c)** *(individuo)* to take, lead (*a* to); **me condujeron por un pasillo** they led me along a passage. **(d)** *(negocio)* to manage; *(Mil)* to lead. **2** *vi* **(a)** *(Aut)* to drive; **aprender a ~** to learn to drive. **(b) ~ a** *(fig)* to lead to; **¿a qué conduce?** what's the point?; **no conduce a ninguna parte** this is getting us nowhere. **3 conducirse** *vr* to behave.
conducta *nf* **(a)** *(comportamiento)* conduct, behaviour; **mala ~** misconduct, misbehaviour; **cambiar de ~** to mend one's ways. **(b)** *(Com)* direction, management.
conductibilidad *nf* conductivity.
conducto *nm* **(a)** *(de agua etc)* pipe, conduit; *(Anat)* duct, canal; *(Elec)* lead, cable; **~s** *(Aut)* leads; **~ biliar/lacrimal** bile/tear duct; **~ de desagüe** drain; **~ de humo** flue. **(b)** *(fig)* channel; **por ~ de** through, by means of.
conductor(a) **1** *adj* **(a)** *(gen)* leading, guiding. **(b)** *(Fís)* conductive. **2** *nm/f* **(a)** *(Aut)* driver; *(de coche)* motorist; *(Ferro)* inspector; *(LAm)* conductor/conductress. **(b)** *(fig)* leader. **3** *nm* conductor.
conectado *adj (Elec etc)* connected; **estar ~** to be on, be live.
conectar [1a] *vt* **(a)** *(Téc)* to connect (up); *(enchufar)* to plug in; *(computador etc)* to hook up; *(encender)* to switch on; **~ a tierra** to earth. **(b)** *(LAm)* **~ a uno con otra persona** to put sb in touch with somebody else.
coneja *nf* doe rabbit.
conejar *nm* (rabbit) hutch.
conejera *nf* **(a)** *(madriguera)* warren, burrow; *(conejar)* rabbit hutch. **(b)** *(fam: tasca etc)* den.
conejillo *nm* young rabbit, bunny; **~ de Indias** guinea-pig.
conejo *nm (Zool)* rabbit; **~ casero** tame rabbit.
conexión *nf (gen)* connection, connexion; *(Comput)* interface.
conexionarse [1a] *vr* to make connections, establish contacts.
conexo *adj* connected, related.
confabulación *nf* plot, dubious scheme.
confabularse [1a] *vr* to plot, conspire (*para hacer algo* to do sth).
confección *nf* **(a)** *(preparación)* making-up, preparation. **(b)** *(industria)* clothing. **(c)** *(artículo)* made-up article; *(Farm)* preparation; *(vestido)* ready-made *o* off-the-peg garment; **es una ~ Pérez** it's a Pérez creation.
confeccionado *adj* off-the-peg, ready-to-wear; **~ a la medida** made to measure.
confeccionar [1a] *vt (lista)* to make out; *(Cos)* to make (up); *(Culin)* to make, bake.
confederación *nf* confederation.
confederado/a *adj, nm/f* confederate.
confederarse [1a] *vr* to confederate, form a confederation.
conferencia *nf* **(a)** *(Pol etc)* conference, meeting; **~ (en la) cumbre** summit (conference). **(b)** *(Univ)* lecture; **dar una ~** to give a lecture. **(c)** *(Telec)* call; **~ de cobro revertido** reversed-charge call; **~ interurbana** *o* **de larga distancia** long-distance call.
conferenciante *nmf* lecturer.
conferenciar [1b] *vi* to confer (*con* with).
conferencista *nmf (LAm)* lecturer.
conferir [3i] **1** *vt* **(a)** *(premio)* to award (*a* to); *(honor)* to confer (*a* on), bestow (*a* on). **(b)** *(fig)* to lend, give (*a* to). **2** *vi* to confer (*con* with), consult (*con* with).
confesar [1k] **1** *vt* **(a)** *(error)* to acknowledge; *(crimen)* to own up to; *(pecados)* to confess. **(b)** *(Rel)* to confess, hear the confession of. **2** *vi*, **confesarse** *vr (gen)* to confess, own up; *(Rel)* to confess (*a, con* to), make one's confession; **~ de sus pecados** to confess one's sins.
confesión *nf* confession.
confes(i)onario *nm* confessional (box).
confeso **1** *adj* **(a)** *(Jur etc)* self-confessed. **(b)** *(Hist: judío)* converted. **2** *nm (Hist)* converted Jew; *(Rel)* lay brother.

confesor *nm* confessor.
confeti *nm* confetti.
confiable *adj* reliable, trustworthy.
confiado *adj* **(a)** *(gen)* trusting; *(crédulo)* gullible. **(b)** *(seguro)* confident; ~ **en sí mismo** self-confident, self-reliant; **estar muy** ~ to be excessively hopeful. **(c)** *(presumido)* presumptuous.
confianza *nf* **(a)** *(gen)* trust (*en* in), reliance (*en* on); **margen de** ~ credibility gap; **persona de (toda)** ~ reliable *o* trustworthy person; **decir algo en** ~ to say sth in confidence; **defraudar la** ~ **de uno** to let sb down; **poner su** ~ **en** to put one's trust in. **(b)** *(ánimo)* confidence; ~ **en sí mismo** self-confidence; **con toda** ~ with complete confidence; **infundir** ~ **a uno** to give sb confidence. **(c)** *(presunción)* presumption. **(d)** *(familiaridad)* intimacy, familiarity *(con* with); **amigo/reunión de** ~ close friend/intimate gathering; **en tono de** ~ in a confidential tone; **tener** ~ **con uno** to be on close terms with sb.
confiar [1c] **1** *vt:* ~ **algo a** *o* **en uno** to entrust sth to sb/sb with sth; ~ **algo al azar** to leave sth to chance. **2** *vi (gen)* to trust (*en* in); *(contar con)* to rely (*en* on), count (*en* on); ~ **en el éxito de algo** to feel confident about the success of sth; ~ **en que** ... to hope *o* trust that ... . **3 confiarse** *vr (gen)* to put one's trust (*en* in); *(confesar)* to confide *(a* in).
confidencia *nf* confidence, secret; **hacer** ~**s a uno** to confide in sb.
confidencial *adj* confidential.
confidente/a *nm/f* **(a)** *(amigo)* confidant(e), intimate friend. **(b)** *(Jur)* informer.
configuración *nf* shape, configuration; **la** ~ **del terreno** the lie of the land.
configurar [1a] *vt* to shape, form.
confín *nm (gen)* boundary; *(horizonte)* horizon; ~**es** confines, limits.
confinado *adj (Pol)* exiled.
confinar [1a] **1** *vt (Jur etc)* to confine *(a, en* in); *(Pol)* to banish, exile (*a* to). **2** *vi:* ~ **con** to border on. **3 confinarse** *vr* to shut o.s. away.
confirmación *nf* confirmation.
confirmar [1a] *vt (Rel etc)* to confirm; *(Jur etc)* to corroborate; ~ **a uno de** *o* **como** *o* **por** to confirm sb as; **la excepción confirma la regla** the exception proves the rule.
confiscación *nf* confiscation.
confiscar [1g] *vt* to confiscate.
confitar [1a] *vt (conservar: en almíbar)* to preserve (in syrup); *(: con azúcar)* to candy.
confite *nm* sweet, *(US)* candy.
confitería *nf* **(a)** *(arte)* confectionery. **(b)** *(tienda)* confectioner's (shop), sweetshop, *(US)* candy store.
confitero/a *nm/f* confectioner.
confitura *nf (mermelada)* preserve, jam; *(fruta escarchada)* crystallized fruit.
conflagración *nf* conflagration; *(fig)* flare-up, outbreak; ~ **bélica** outbreak of war.
conflictivo *adj* conflicting.
conflicto *nm* **(a)** *(gen)* conflict; ~ **de intereses** clash of interests; ~ **laboral** labour dispute. **(b)** *(fig)* difficulty, fix; **estar en un** ~ to be in a jam.
confluencia *nf* confluence.
confluente *adj* confluent.
confluir [3g] *vi (Geog: ríos etc)* to meet, come together; *(gente)* to gather.
conformación *nf* shape, form.
conformar [1a] **1** *vt (formar)* to shape; *(adaptar)* to adjust (*a* to), bring into line (*a* with); *(enemigos)* to reconcile. **2** *vi* to agree *(con* with). **3 conformarse** *vr* to conform; *(resignarse)* to resign o.s.; ~ **con** *(ley)* to comply with, observe; *(política)* to fall into line with; *(contentarse)* to put up with; **no me conformo con hacerlo así** I do not agree to doing it your way.
conforme 1 *adj* **(a)** *(correspondiente)* consistent *(con* with); **un premio** ~ **con sus méritos** a prize in keeping with his merits. **(b)** *(acorde)* agreed, in agreement; **¡**~**(s)!** agreed!, all right!; **estar** ~**s** to be agreed; **estamos** ~**s en que ...** we agree that ...; **declararse** ~ **con algo** to consent to sth. **(c)** *(satisfecho)* satisfied, content *(con* with); **quedarse** ~ **con** to be happy *o* satisfied with.
2 *adv:* ~ **a** in accordance with; ~ **a la muestra** as per sample; **lo hicieron** ~ **a sus instrucciones** they acted according to their instructions.
3 *conj* as; **todo sigue** ~ **estaba** everything is as it was; ~ **lo iban sacando** as they were taking it out; ~ **... así ...** as ... so ... .
4 *nm* agreement; **dar el** ~ to agree.
conformidad *nf* **(a)** *(semejanza)* similarity. **(b)** *(acuerdo)* agreement; *(consentimiento)* approval, consent; **de** ~ by common consent; **de/en** ~ **con** in accordance/compliance with; **no** ~ nonconformity; **dar su** ~ to consent. **(c)** *(resignación)* resignation *(con* to); **soportar algo con** ~ to resign o.s. to putting up with sth.
conformismo *nm* conformism, conventionality.
confort [kon'foɹ(t)] *nm, pl* **conforts** [kon'foɹ(t)] comfort; **'todo** ~**'** 'all mod cons'.
confortable *adj* comfortable.
confortante *adj* **(a)** *(gen)* comforting. **(b)** *(Med)* invigorating.
confortar [1a] *vt* **(a)** *(gen)* to comfort. **(b)** *(Med etc)* to invigorate, act as a tonic to.
confortativo 1 *adj* **(a)** *(gen)* comforting. **(b)** *(Med etc)* invigorating. **2** *nm (Med etc)* tonic, restorative.
confraternidad *nf* fraternity, brotherhood.
confrontación *nf* **(a)** *(gen)* confrontation. **(b)** *(Lit)* comparison.
confrontar [1a] **1** *vt* **(a)** *(enfrentar)* to confront, face (up to). **(b)** *(carear)* to bring face to face. **(c)** *(textos)* to compare, collate. **2** *vi* to border *(con* on). **3 confrontarse** *vr:* ~ **con** to confront, face.
confundible *adj:* **fácilmente** ~ easily mistaken *(con* for), easily confused *(con* with).
confundir [3a] **1** *vt* **(a)** *(borrar)* to blur. **(b)** *(despistar)* to confuse, muddle; ~ **A con B** to mistake A for B, confuse A with B; **ha confundido todos los sellos** he has mixed up all the stamps. **(c)** *(dejar boquiabierto)* to confound; *(turbar)* to bewilder, perplex; ~ **a uno con atenciones** to overwhelm sb with kindness. **(d)** *(humillar)* to put to shame.
2 confundirse *vr* **(a)** *(hacerse borroso)* to become blurred. **(b)** *(turbarse)* to get confused, get in a muddle; *(equivocarse)* to make a mistake; **Ud se ha confundido de número** *(Telec)* you have the wrong number. **(c)** *(avergonzarse)* to feel ashamed. **(d)** *(mezclarse)* to mix; **se confundió con la multitud** he disappeared in the crowd; **los policías se confundieron con los manifestantes** the police mingled with the demonstrators.
confusión *nf* confusion; **no hagamos** ~**es** let's be clear about this, let's get this straight.
confusionismo *nf* confusion, uncertainty; **sembrar el** ~ **y desconcierto** to spread alarm and despondency.
confuso *adj (gen)* confused; *(desordenado)* mixed up, jumbled up; *(recuerdo)* hazy; *(estilo)* obscure; *(ruido)* indistinct; *(imagen)* blurred; **estar** ~ *(turbado)* to be confused *o* bewildered.
conga *nf (LAm Mús)* conga.
congelación *nf* **(a)** *(gen)* freezing. **(b)** *(Med)*

frostbite. **(c)** *(Fin etc)* freeze, freezing; **~ de créditos** credit freeze.
congelado *adj* **(a)** *(carne)* frozen, chilled. **(b)** *(Med)* frostbitten. **(c)** *(Fin etc)* frozen, blocked.
congelador *nm* freezer.
congelar [1a] **1** *vt* **(a)** *(gen)* to freeze; *(sangre)* to congeal. **(b)** *(Med)* to affect with frostbite. **(c)** *(Fin etc)* to freeze, block. **2 congelarse** *vr* **(a)** *(gen)* to freeze; *(sangre)* to congeal. **(b)** *(Med)* to get frostbitten.
congénere *nm* fellow, person *etc* of the same sort; **el criminal y sus ~s** the criminal and others like him.
congeniar [1b] *vi* to get on (well) (*con* with).
congénito *adj* congenital.
congestión *nf* congestion; **~ pulmonar** pneumonia.
congestionado *adj* *(Med)* congested; *(rostro)* flushed, red.
congestionar [1a] **1** *vt* to congest, produce congestion in. **2 congestionarse** *vr* to become congested; **se le congestionó la cara** his face became flushed.
conglomeración *nf* conglomeration.
conglomerado *nm (Geol, Téc)* conglomerate; *(fig)* conglomeration.
conglomerar [1a] *vt*, **conglomerarse** *vr* to conglomerate.
Congo *nm*: **el ~** the Congo.
congoja *nf* anguish, distress.
congraciador *adj* ingratiating.
congraciar [1b] **1** *vt* to win over. **2 congraciarse** *vr* to ingratiate o.s. (*con* with).
congratulaciones *nfpl* congratulations.
congratular [1a] **1** *vt* to congratulate (*por* on). **2 congratularse** *vr* to congratulate o.s., be pleased; **de eso nos congratulamos** we are glad about that.
congregación *nf* *(asamblea)* gathering, assembly; *(Rel)* congregation; **la ~ de los fieles** Christendom.
congresal *nmf (LAm)* = **congresista.**
congresista *nmf* delegate, member (of a congress).
congreso *nm* congress; **C~** *(Pol)* Congress *(US)*.
congrio *nm* conger (eel).
congruencia *nf* **(a)** *(Mat etc)* congruence. **(b)** *(oportunidad)* suitability.
congruente *adj*, **congruo** *adj* **(a)** *(gen)* congruent, congruous (*con* with). **(b)** *(oportuno)* suitable.
cónico *adj (gen)* conical; *(sección etc)* conic.
conífero/a 1 *adj* coniferous. **2 conífera** *nf* conifer.
conjetura *nf* conjecture, surmise; **por ~** by guesswork.
conjetural *adj* conjectural.
conjeturar [1a] *vt* to guess (at), surmise (*de, por* from, *que* that).
conjugación *nf* conjugation.
conjugar [1h] **1** *vt* **(a)** *(Ling)* to conjugate. **(b)** *(fig)* to combine; **es difícil ~ los deseos de los dos** it is difficult to please them both. **2 conjugarse** *vr* **(a)** *(Ling)* to be conjugated. **(b)** *(fig)* to fit together, blend.
conjunción *nf* conjunction.
conjuntado *adj (Dep fam)* tightly-knit *(fam)*.
conjuntero/a *nm/f (Mús fam)* band member.
conjuntivitis *nf* conjunctivitis.
conjunto 1 *adj* combined, joint. **2** *nm* **(a)** *(gen)* whole; **en ~** as a whole, altogether; **en su ~** in its entirety; **formar un ~** to form a whole. **(b)** *(vestido)* ensemble. **(c)** *(Mús: de cámara)* ensemble; *(: pop)* group. **(d)** *(Teat)* chorus. **(e)** *(muebles etc)* suite.
conjura *nf*, **conjuración** *nf* plot, conspiracy.
conjurado/a *nm/f* plotter, conspirator.
conjurar [1a] **1** *vt* **(a)** *(Rel)* to exorcise. **(b)** *(peligro)* to ward off; *(pensamiento)* to rid o.s. of. **(c)** *(rogar)* to entreat. **2** *vi*, **conjurarse** *vr* to plot, conspire (together).
conjuro *nm* **(a)** *(Rel)* exorcism; *(fig)* spell. **(b)** *(ruego)* entreaty.
conllevar [1a] *vt* to bear, put up with.
conmemoración *nf* commemoration.
conmemorar [1a] *vt* to commemorate.
conmemorativo *adj* commemorative.
conmigo *pron (gen)* with me; **atento ~** kind to *o* towards me; **se portó muy bien ~** he was very good to me.
conminar [1a] *vt* **(a)** *(amenazar)* to threaten (*con* with). **(b)** *(avisar)* to warn (officially).
conminatorio *adj* threatening, warning.
conmiseración *nf* sympathy, commiseration.
conmoción *nf* **(a)** *(Geol)* shock, tremor. **(b)** *(Med)* **~ cerebral** concussion. **(c)** *(fig)* shock; *(Pol)* disturbance; **una ~ social** a social upheaval.
conmovedor *adj (gen)* moving; *(enternecedor)* poignant; *(emocionante)* exciting.
conmover [2h] **1** *vt* **(a)** *(Geol)* to shake. **(b)** *(fig: enternecer)* to move, touch; *(: turbar)* to upset. **2 conmoverse** *vr* **(a)** *(Geol)* to shake, be shaken. **(b)** *(fig)* to be moved.
conmutador *nm (Elec)* switch.
conmutar [1a] *vt* **(a)** *(trocar)* to exchange (*con, por* for). **(b)** *(Jur)* to commute (*en, por* to).
connatural *adj* innate, inherent.
connivencia *nf* connivance; **estar en ~ con** to be in collusion with.
connotación *nf* connotation.
connotado *adj (LAm)* famous.
connotar [1a] *vt* to connote.
cono *nm* cone.
conocedor(a) 1 *adj* expert (*de* in), knowledgeable (*de* about). **2** *nm/f* expert (*de* in), connoisseur (*de* of); **es buen ~ de ganado** he's a good judge of cattle.
conocer [2d] **1** *vt* **(a)** *(gen)* to know; *(llegar a ~)* to meet, get acquainted with; **~ a uno de vista** to know sb by sight; **conozco las dificultades** I know (about) the difficulties; **la conocí en Sevilla** I met her in Seville; **conoce su oficio** he knows his job; **dar a ~** *(informe etc)* to release (to the press *etc*); *(indebidamente)* to leak; **darse a ~** *(presentarse)* to make o.s. known; *(hacerse famoso)* to make a name for o.s. **(b)** *(distinguir)* to tell, recognize (*en, por* by); **~ a uno por su modo de andar** to know sb by *o* from his walk; **conocieron el peligro** they recognized the danger; **¿de qué le conoces?** how do you recognize him?; **no me conoce de nada** he doesn't know me from Adam.
2 *vi* **(a)** **~ de** to know about. **(b)** *(Jur)* **~ de** *o* **en una causa** to try a case.
3 conocerse *vr* **(a)** *(individuo)* to know o.s. **(b)** *(ser conocidos)* to know each other; *(llegar a ~)* to get to know each other, get acquainted; **se conocieron en un baile** they met at a dance. **(c)** **se conoce que ...** *(parece)* apparently ...; *(es obvio)* you can tell ... .
conocible *adj* knowable.
conocido/a 1 *adj (dato)* known; *(persona)* well-known; **un médico ~** a well-known doctor. **2** *nm/f* acquaintance.
conocimiento *nm* **(a)** *(gen)* knowledge; **hablar con ~ de causa** to know what one is talking about; **hacer ~ de un tema** to learn about a subject; **ha llegado a mi ~ que ...** it has come to

my notice *o* attention that ...; **poner algo en ~ de uno** to bring sth to sb's attention; **tener ~ de** to know about, have knowledge of; **al tenerse ~ del suceso** as soon as the event became known. **(b) ~s** knowledge *sg (de* of*)*; **~s elementales** basics *(fam)*; **mis pocos ~s de filosofía** my small knowledge of philosophy. **(c)** *(conocido)* acquaintance. **(d)** *(sensatez)* good sense. **(e)** *(Med)* consciousness; **estar sin ~** to be unconscious; **perder el ~** to lose consciousness. **(f)** *(Náut)* **~ de embarque** bill of lading.

conque *conj (fam)* so (then); **¿~ te pillaron?** so they caught you?

conquista *nf* conquest; **ir de ~** *(fig)* to be dressed up to kill.

conquistador(a) 1 *adj* conquering. **2** *nm/f* conqueror. **3** *nm* **(a)** *(Hist)* conquistador. **(b)** *(fam)* ladykiller.

conquistar [1a] *vt* **(a)** *(Mil)* to conquer *(a* from*)*. **(b)** *(puesto, simpatía)* to win; *(adversario)* to win round *o* over; *(enamorar)* to win the heart of.

consabido *adj* **(a)** *(gen)* well-known; *(frase etc)* old, oft-repeated. **(b)** *(citado)* above-mentioned.

consagración *nf (Rel)* consecration, dedication; *(de costumbre)* establishment.

consagrado *adj* **(a)** *(Rel)* consecrated *(a* to*)*, dedicated *(a* to*)*. **(b)** *(fig)* hallowed, traditional; **según la expresión ~a** in the time-honoured phrase.

consagrar [1a] **1** *vt* **(a)** *(Rel)* to consecrate, dedicate *(a* to*)*. **(b)** *(fig: vida etc)* to devote, dedicate *(a* to*)*; *(monumento)* to put up *(a* to*)*. **(c)** *(fama etc)* to confirm; **este triunfo le consagra como un cirujano excepcional** this success confirms him as a really exceptional surgeon. **2 consagrarse** *vr:* **~ a** to devote o.s. to.

consanguinidad *nf* blood relationship, consanguinity.

consciente *adj* **(a)** *(gen)* conscious; **estar ~ de** to be conscious *o* aware of. **(b)** *(Med)* **estar ~** to be conscious. **(c)** *(Jur)* fully responsible.

conscripción *nf (LAm)* conscription.

conscripto *nm (LAm)* conscript.

consecución *nf (gen)* obtaining; *(de meta)* attainment; **de difícil ~** hard to come by *o* get hold of.

consecuencia *nf* **(a)** *(gen)* consequence; *(resultado)* outcome, result; **a ~ de eso** as a result of that; **como** *o* **en ~** in consequence, accordingly; **aceptar las ~s** to take the consequences; **¡pues aténgase a las ~s!** then you'd better watch out!; **no tuvo ~s** nothing bad came of it. **(b)** *(peso)* importance; **de ~** of importance, of some weight; **ser de ~** to be important. **(c)** *(firmeza)* consistency; **su ~ con sus principios le llevó a la cárcel** his faithfulness to his beliefs landed him in jail.

consecuente *adj* **(a)** *(gen)* consistent *(con* with*)*. **(b)** *(Filos)* consequent.

consecutivo *adj* consecutive.

conseguir [3d, 3l] *vt* **(a)** *(gen)* to get, obtain; *(puesto etc)* to land; *(entradas)* to get one's hands on; **~ hacer algo** to succeed in doing sth, manage to do sth; **~ que uno haga algo** to get sb to do sth. **(b)** *(meta)* to attain, achieve.

conseja *nf* old wives' tale.

consejero/a *nm/f (gen)* adviser; *(Téc etc)* consultant; *(Com)* director; *(en comisión)* member (of a board *etc*); *(Pol)* councillor; **~ de publicidad** advertising consultant.

consejo *nm* **(a)** *(gen)* advice; **un ~** a piece of advice; **~s** advice *sg;* **fue muy útil tu ~** your tip was very useful; **¿qué ~ me das?** what would you suggest? **(b)** *(Pol etc)* council; *(Com)* board; **~ de administración** board of directors; **~ de ministros** *(entidad)* cabinet; *(reunión)* cabinet meeting; **~ de guerra** court-martial.

consenso *nm (consentimiento)* consent; *(esp Pol)* consensus.

consentido *adj* **(a)** *(mimado)* spoiled. **(b)** *(marido)* complaisant.

consentimiento *nm* consent.

consentir [3i] **1** *vt* **(a)** *(gen)* to consent to; *(permitir)* to allow *(que uno haga algo* sb to do sth*)*; **aquí no consienten hablar** they don't let you speak here. **(b)** *(soportar)* to stand, bear; **la plataforma no consiente más peso** the platform will not bear any more weight. **(c)** *(mimar)* to spoil. **2** *vi:* **~ en hacer algo** to agree to do sth. **3 consentirse** *vr* to break, give (way).

conserje *nm (gen)* porter; *(de hotel)* hall-porter; **~ automático** entry phone.

conserjería *nf* porter's office *o* lodge.

conserva *nf* **(a)** *(proceso)* preserving. **(b)** *(Culin)* preserve(s); **~s alimenticias** tinned *o* canned goods; **~s de carne** canned meat; **en ~** preserved. **(c)** *(Náut)* convoy; **navegar en (la) ~** to sail in convoy.

conservación *nf (gen)* conservation; *(Culin)* preservation; **~ refrigerada** cold storage; **~ de suelos** soil conservation; **gastos de ~** maintenance costs.

conservador(a) 1 *adj (Pol)* conservative, *(: Brit)* Tory. **2** *nm/f* **(a)** *(Pol)* conservative; *(: Brit)* Tory. **(b)** *(de museo etc)* curator, keeper.

conservadurismo *nm (Pol etc)* conservatism.

conservar [1a] **1** *vt* **(a)** *(gen)* to preserve; *(Culin: en vinagre)* to pickle; *(: en lata)* to tin, can. **(b)** *(energía)* to conserve, save. **(c)** *(costumbre)* to retain; *(secreto)* to keep; **'conserve su derecha'** 'keep to the right'; **conservo varias cartas suyas** I (still) have a few letters of his. **2 conservarse** *vr* **(a)** *(costumbre)* to survive. **(b)** *(individuo)* to keep (well); **~ con** *o* **en salud** to keep well; **¡consérvese bien!** look after yourself!

conservatismo *nm* conservatism.

conservatorio *nm* **(a)** *(Mús)* conservatoire. **(b)** *(LAm)* greenhouse.

conservero *adj* canning *(atr)*; **la industria ~a** the canning industry.

considerable *adj* considerable.

consideración *nf* **(a)** *(deliberación)* consideration; **está en ~** it is under consideration; **tomar en ~** to take into account. **(b)** *(atención)* consideration, regard; **en ~ a** considering, in consideration of; **sin ~ a** irrespective of; **no le tengan Uds ninguna ~** don't give him any special treatment. **(c)** *(respeto)* respect; **por ~ a** out of respect for; **tengo una gran ~ por él** I hold him in high esteem. **(d) ~es** kindness *sg;* **tener ~es con uno** to be kind *o* considerate to sb. **(e) de ~** important; **una herida de ~** a serious wound; **de poca ~** unimportant, of no account.

considerado *adj* **(a)** *(respetado)* respected, esteemed. **(b)** *(atento)* considerate, thoughtful.

considerar [1a] *vt* **(a)** *(gen)* to consider; *(meditar)* to think about; **~ que ...** to consider *o* think that .... **(b)** *(tener en cuenta)* to take into account; **considera que ...** bear in mind that ..., don't forget that .... **(c)** *(juzgar)* to consider, deem; **lo considero imposible** I consider it (to be) impossible. **(d)** *(respetar)* to esteem, respect.

consigna *nf* **(a)** *(orden)* order; *(Mil)* watchword; *(eslogan)* slogan, motto; **~s de batalla** rules of engagement. **(b)** *(Ferro)* left-luggage office, *(US)* checkroom.

consignación *nf* **(a)** *(Com)* consignment, shipment. **(b)** *(Fin)* appropriation; ~ **de créditos** allocation of credits. **(c)** *(Méx Jur)* remand.

consignar [1a] *vt* **(a)** *(Com)* to send, dispatch *(a* to*)*. **(b)** *(Fin)* to deposit; *(créditos)* to allocate. **(c)** *(registrar)* to record, register; *(escribir)* to set down, state; **el hecho no quedó consignado en ningún libro** the fact was not recorded *o* set down in any book.

consignatario *nm (Com)* consignee; *(Náut)* broker, agent; *(Jur)* trustee.

consigo *pron (gen)* with him/her; *(usted(es))* with you; *(~ mismo)* with one(self) *etc;* **no lleva nada** ~ he wasn't taking anything with him; **hablaba** ~ **misma** she was talking to herself.

consiguiente *adj* consequent; **por** ~ therefore, consequently.

consistencia *nf* consistence, consistency.

consistente *adj* **(a)** *(gen)* consistent; *(argumento)* sound, valid. **(b)** *(Culin etc)* thick. **(c)** ~ **en** consisting of.

consistir [3a] *vi* **(a)** ~ **en** *(componerse)* to consist of, be composed of; **¿en qué consiste?** what does it consist of? **(b)** ~ **en** *(estribar)* to lie in, be due to; **no consiste en eso la dificultad** the difficulty does not lie in that.

consistorial *adj (Rel)* consistorial; **casa** ~ town hall.

consistorio *nm (Rel)* consistory; *(Pol)* town council.

consola *nf (mesa)* console table; *(Comput, Mús)* console.

consolación *nf* consolation.

consolador(a) 1 *adj* consoling, comforting. **2** *nm/f* consoler, comforter. **3** *nm* dildo.

consolar [1m] **1** *vt* to console, comfort. **2 consolarse** *vr* to console o.s. *(por* about*)*.

consolidación *nf* consolidation.

consolidar [1a] *vt (gen)* to consolidate, strengthen; *(Arquit)* to shore up; *(Fin)* to schedule.

consomé *nm* consommé, clear soup.

consonancia *nf* **(a)** *(Mús etc)* consonance, harmony; **en** ~ **con** in accordance *o* harmony with. **(b)** *(Lit)* consonance, rhyme.

consonante 1 *adj* **(a)** *(Mús etc)* consonant, harmonious. **(b)** *(Ling)* consonantal. **(c)** *(Lit)* rhyming. **2** *nf (Ling)* consonant.

consonántico *adj* consonantal.

consonar [1m] *vi* **(a)** *(Mús, fig)* to be in harmony. **(b)** *(Lit)* to rhyme *(con* with*)*.

consorcio *nm* **(a)** *(Com)* consortium, syndicate. **(b)** *(unión)* relationship.

consorte *nmf* **(a)** *(esposo/a)* consort, spouse; **príncipe** ~ prince consort. **(b)** *(fig)* partner, companion. **(c)** ~**s** *(Jur: que litigan)* colitigants; *(: cómplices)* accomplices.

conspicuo *adj* eminent, famous.

conspiración *nf* conspiracy.

conspirador(a) *nm/f* conspirator.

conspirar [1a] *vi* to conspire, plot *(con* with, *contra* against*)*; ~ **a hacer algo** to conspire to do sth *(tb fig)*.

constancia *nf* **(a)** *(gen)* constancy; *(firmeza)* firmness, steadfastness. **(b)** *(certeza)* certainty; *(prueba)* proof, evidence; **no hay** ~ **de ello** there is no certainty of it; **dejar** ~ **de algo** to place sth on record. **(c)** *(LAm Jur)* deposition.

constante 1 *adj (gen)* constant; *(amigo etc)* loyal, faithful. **2** *nf (Mat, fig)* constant.

constar [1a] *vi* **(a)** ~ **que** to be clear *o* evident that; **consta que ...** it is a fact that ...; **me consta que ...** I have evidence that ...; **consta por ...** as is shown by .... **(b)** ~ **(en)** to appear (in), be given (in *o* on); **no consta en el catálogo** it is not listed in the catalogue; **en el carnet no consta su edad** his age is not stated on the licence; **hacer** ~ to put on record. **(c)** ~ **de** to consist of, be composed of.

constatar [1a] *vt (gen)* to verify; *(manifestar)* to state.

constelación *nf* constellation.

constelado *adj (Met etc)* starry, full of stars; *(fig)* bespangled *(de* with*)*.

consternación *nf* consternation, dismay.

consternar [1a] **1** *vt* to dismay. **2 consternarse** *vr* to be dismayed *(con* by*)*.

constipación *nf* **(a)** *(Med)* constipation. **(b)** = **constipado 2.**

constipado 1 *adj:* **estar** ~ to have a cold. **2** *nm (Med)* cold, catarrh; **coger un** ~ to catch a cold.

constiparse [1a] *vr* to catch a cold.

constitución *nf* constitution.

constitucional *adj* constitutional.

constituir [3g] **1** *vt* **(a)** *(formar)* to constitute, form; **lo constituyen 12 miembros** it consists of 12 members, it is made up of 12 members. **(b)** *(ser)* to be; **eso no constituye estorbo** that doesn't amount to an obstacle; **para mí constituye un placer** for me it is a pleasure. **(c)** *(fundar: gen)* to create, set up, establish; *(: escuela etc)* to found. **(d)** ~ **una nación en república** to make a country into a republic; ~ **a uno en árbitro** to set sb up as arbiter. **2 constituirse** *vr* **(a)** ~ **en algo** to set o.s. up as sth. **(b)** *(Jur)* ~ **en un lugar** to present o.s. at a place. **(c)** *(Pol etc: cuerpo)* to be composed *(de* of*)*; *(: fundarse)* to be established *(en* in*)*.

constituyente *adj (Pol)* constituent.

constreñir [3h, 3l] *vt* **(a)** *(limitar)* to restrict. **(b)** ~ **a uno a hacer algo** to compel *o* force *o* constrain sb to do sth. **(c)** *(Med)* to constrict.

constricción *nf* constriction.

construcción *nf* **(a)** *(proceso)* construction, building; *(estructura)* structure; *(rama)* construction industry; ~ **de buques,** ~ **naval** shipbuilding; **en (vía de)** ~ under construction. **(b)** *(Ling)* construction.

constructivo *adj* constructive.

constructor 1 *adj* building, construction *(atr)*. **2** *nm* builder; ~ **de buques,** ~ **naval** shipbuilder.

construir [3g] *vt* **(a)** *(gen)* to construct; *(Arquit)* to build, put up. **(b)** *(Ling)* to construe.

consuelo *nm* solace, comfort; **llorar sin** ~ to weep inconsolably.

consuetudinario *adj* **(a)** *(usual)* habitual, customary. **(b)** *(Jur)* **derecho** ~ common law.

cónsul *nm* consul.

consulado *nm (cargo)* consulship; *(sede)* consulate.

consular *adj* consular.

consulta *nf* **(a)** *(acción)* consultation. **(b)** *(Med: consultorio)* surgery, consulting room; *(: cita)* examination; **horas de** ~ surgery hours; **la** ~ **es de 5 a 8** the surgery is from 5 to 8; ~ **a domicilio** home visit. **(c) obra de** ~ reference book.

consultación *nf* consultation.

consultar [1a] *vt* **(a)** *(experto)* to consult *(acerca de* about, *sobre* on*)*; ~ **a un médico** to consult *o* see a doctor. **(b)** *(asunto)* to discuss, raise *(con* with*)*; **lo consultaré con mi abogado** I will take that up with my lawyer; ~ **algo con la almohada** to sleep on sth. **(c)** *(libro)* to consult, look up; *(cita etc)* to look up.

consultivo *adj* consultative.

consultor(a) *nm/f* consultant.

consultorio *nm (Med)* surgery; *(de abogado)* office; *(de revista)* problem page.

consumación *nf (gen)* consummation; *(Jur)* com-

mission, perpetration.
consumado 1 *adj (gen)* consummate, perfect; *(imbécil etc)* thorough, out-and-out. **2** *nm* loot.
consumar [1a] *vt (acabar)* to complete; *(crimen)* to commit; *(sentencia etc)* to carry out; *(matrimonio)* to consummate.
consumición *nf* **(a)** *(acción)* consumption. **(b)** *(bebida)* drink; ~ **mínima** cover charge.
consumido *adj* **(a)** *(flaco)* skinny. **(b)** *(fig)* easily upset.
consumidor(a) *nm/f* consumer.
consumir [3a] **1** *vt* **(a)** *(comida)* to consume, eat; *(utilizar)* to use; *(incendio etc)* to burn, consume. **(b)** *(material)* to wear away; *(paciencia)* to wear down; *(salud etc)* to waste away. **(c)** *(fig)* **le consumen los celos** he is eaten up with jealousy; **me consume su terquedad** his obstinacy is getting on my nerves. **2 consumirse** *vr* **(a)** *(Téc: líquidos)* to boil away; *(: sólidos)* to burn (up *o* out). **(b)** *(Med)* to waste away; *(fatigarse)* to wear o.s. out; ~ **de fastidio** to be bored stiff.
consumo *nm* consumption; **bienes de** ~ consumer goods.
consunción *nf (Med)* consumption.
contabilidad *nf* **(a)** *(práctica)* accounting, book-keeping. **(b)** *(profesión)* accountancy; ~ **de costos** cost accounting.
contabilizar [1f] *vt* to enter in the accounts.
contable 1 *adj* countable. **2** *nm (gen)* book-keeper; *(licenciado)* accountant.
contacto *nm* **(a)** *(gen)* contact, touch; **lentes de** ~ contact lenses; **estar en** ~ **con** to be in touch with; **entrar en** ~ **con** to come into contact with; **ponerse en** ~ **con** to get into touch with, contact. **(b)** *(Elec etc)* contact; *(Méx)* plug.
contado 1 *adj* **(a)** counted, numbered; **tiene los días** ~**s** his days are numbered. **(b)** ~**s** few, scarce; ~**as veces** seldom, rarely; **son** ~**s los que ...** there are few who ... . **2** *nm (Com)* **al** ~ for cash, cash down; **pago al** ~ cash payment.
contador(a) 1 *adj* counting; **tablero** ~ abacus. **2** *nm/f (Com)* book-keeper, accountant; *(Jur)* receiver. **3** *nm* **(a)** *(Náut)* ~ **(de navío)** purser. **(b)** *(Téc)* meter; ~ **de gas/agua** gas/water meter; **C~ Geiger** Geiger counter. **(c)** *(Com)* counter.
contaduría *nf* **(a)** *(profesión)* accountancy. **(b)** *(oficina)* accountant's office; *(Teat)* box office.
contagiar [1b] **1** *vt* **(a)** *(Med: enfermedad)* to pass on, transmit, give (*a* to); *(: víctima)* to infect (*con* with). **(b)** *(fig)* to contaminate (*con* with). **2 contagiarse** *vr* **(a)** *(Med: enfermedad)* to be contagious *o* catching; *(víctima)* to become infected; ~ **de** to become infected with, catch. **(b)** *(fig)* ~ **de** to be tainted with.
contagio *nm* infection, contagion; *(fig)* contamination.
contagioso *adj (enfermedad)* contagious; *(enfermo)* infected, infectious; *(fig)* catching.
contaminación *nf (gen)* contamination; *(textual)* corruption; *(Met etc)* pollution; ~ **del aire** air pollution.
contaminar [1a] **1** *vt* **(a)** *(gen)* to contaminate; *(ambiente)* to pollute; *(texto)* to corrupt. **(b)** *(fig)* to taint, infect. **2 contaminarse** *vr* to be(come) contaminated (*con* with, *de* by).
contante *adj:* **dinero** ~ **(y sonante)** cash.
contar [1m] **1** *vt* **(a)** *(Mat)* to count; *(incluir)* to include, count in; **cuenta 18 años** she is 18; ~ **con los dedos** to count on one's fingers. **(b)** *(considerar)* to consider; **al niño le cuentan por medio** they count the child as half; **le cuento entre mis amigos** I reckon him among my friends; **sin** ~ not counting, not to mention. **(c)** *(tener en cuenta)* to remember, bear in mind; **cuenta que es más fuerte que tú** don't forget he's stronger than you are. **(d)** *(relato etc)* to tell; **es muy largo de** ~ it's a long story; **¡cuéntaselo a tu abuela!** pull the other one! *(fam)*; **¿qué me cuentas?** what's new?
2 *vi* **(a)** *(Mat)* to count (up); ~ **hasta 20** to count (up) to 20. **(b)** *(fig)* to count; **esos puntos no cuentan** those points don't count; **no cuenta para nada** he doesn't count at all. **(c)** ~ **con** *(fiarse de)* to rely *o* count on; *(gozar de)* to have; **cuenta conmigo** count on me, you can rely on me; **cuenta con varias ventajas** it has a number of advantages; **no contábamos con eso** we had not bargained for that.
3 contarse *vr* **(a)** *(incluirse)* to be counted, figure *(entre* among); **se le cuenta entre los más famosos** he is reckoned among the most famous. **(b)** *(relato)* to be told; **cuéntase que ...** it is said that ...; **¿qué te cuentas?** *(fam)* how's things? *(fam)*.
contemplación *nf* **(a)** *(gen)* contemplation; *(meditación)* meditation. **(b)** ~**es** indulgence; **no andarse con** ~**es** not to stand on ceremony; **tratar a uno con** ~**es** to treat sb leniently; **no me vengas con** ~**es** don't come to me with excuses.
contemplar [1a] **1** *vt* **(a)** *(gen)* to contemplate. **(b)** *(complacer)* to be (too) lenient with. **2** *vi (Rel)* to meditate.
contemplativo *adj* contemplative.
contemporáneo/a *adj, nm/f* contemporary.
contemporizador(a) 1 *adj* excessively compliant. **2** *nm/f* temporiser.
contemporizar [1f] *vi* to temporise (*con* with).
contención *nf* **(a)** *(Mil etc)* containing, containment; **muro de** ~ retaining wall. **(b)** *(contienda)* contention. **(c)** *(Jur)* suit.
contencioso *adj (Jur etc)* contentious; *(carácter)* captious.
contender [2g] *vi (gen)* to contend (*con* with, *sobre* over); *(competir)* to compete; *(Mil etc)* to fight.
contendiente 1 *adj* contending. **2** *nmf* contestant, contender.
contener [2l] **1** *vt* **(a)** *(recipiente)* to hold, contain. **(b)** *(Mil etc)* to contain; *(caballo etc)* to hold back, restrain; *(respiración)* to hold; *(emoción)* to choke back, bottle up; *(risa)* to smother; *(tendencia)* to check, curb. **2 contenerse** *vr* to control *o* restrain o.s.
contenido 1 *adj* **(a)** *(individuo)* restrained, controlled. **(b)** *(risa etc)* suppressed. **2** *nm (gen)* contents; *(Téc)* content.
contentadizo *adj (tb* **bien** ~*)* easy to please; **mal** ~ hard to please.
contentamiento *nm* contentment.
contentar [1a] **1** *vt* **(a)** *(gen)* to satisfy, content. **(b)** *(Com)* to endorse. **(c)** *(LAm)* to reconcile. **2 contentarse** *vr:* ~ **con** to be contented *o* satisfied with, make do with; ~ **con hacer algo** to content o.s. with doing sth.
contento 1 *adj (satisfecho)* contented, satisfied; *(alegre)* glad, happy; **estar** ~ **con** *o* **de** to be satisfied with, be happy about; **están** ~**s con el coche** they are pleased with the car; **viven muy** ~**s** they live very happily; **¿estás** ~**?** are you happy?; **estar tan** ~ **como unas castañuelas** to be as happy as a lark. **2** *nm* contentment, joy; **a** ~ to one's satisfaction; **no caber en sí de** ~ to be overjoyed.
contera *nf* **(a)** *(Téc)* (metal) tip, ferrule. **(b) por** ~ to crown it all.
contertuliano/a *nm/f*, **contertulio/a** *nm/f* ≃ drinking companion; ~**s de café** café companions.

contestable *adj* questionable, debatable.
contestación *nf* **(a)** *(respuesta)* answer, reply; ~ **a la demanda** *(Jur)* defence plea; **dejar una carta sin** ~ to leave a letter unanswered. **(b)** *(debate)* dispute, controversy.
contestador *nm:* ~ **automático** answering machine, ansafone ®.
contestar [1a] *vt, vi* **(a)** *(gen)* to answer, reply; *(dar labia)* to answer back; *(saludo etc)* to return; ~ **una carta** to reply to a letter; ~ **el teléfono** to answer the telephone; **contestó que sí** he replied that it was *o* he would *etc;* **abstenerse de** ~ to make no reply. **(b)** *(Jur)* to corroborate, confirm.
contexto *nm* context.
contextura *nf* **(a)** *(Téc)* contexture. **(b)** *(Anat)* build, physique.
contienda *nf* contest, struggle.
contigo *pron* with you; *(Rel)* with thee.
contigüidad *nf* contiguity.
contiguo *adj* adjacent, contiguous (*a* to); **en un cuarto** ~ in an adjoining room.
continencia *nf* continence.
continental *adj* continental.
continente 1 *adj* continent. **2** *nm* **(a)** *(Geog)* continent. **(b)** *(recipiente)* container. **(c)** *(fig)* bearing; **de** ~ **distinguido** with an air of distinction; **de** ~ **duro** harsh-looking.
contingencia *nf (gen)* contingency; *(posibilidad)* eventuality, possibility.
contingente 1 *adj* contingent. **2** *nm* **(a)** *(Mil etc)* contingent. **(b)** *(Com etc)* quota.
continuación *nf (gen)* continuation; *(Lit etc)* sequel; **a** ~ next, immediately after; **según lo expuesto a** ~ as set out below, as follows; **a** ~ **de** after, following.
continuar [1e] **1** *vt (gen)* to continue, go on with; *(reanudar)* to resume. **2** *vi* to continue, go on, carry on; **'continuará'** 'to be continued'; ~ **hablando** to continue talking *o* to talk, go on talking.
continuidad *nf* continuity.
continuo 1 *adj* **(a)** *(serie etc)* unbroken, continuous. **(b)** *(constante)* continual, constant; **sus ~as quejas** his continual complaints. **(c)** *(Fís: movimiento)* perpetual; *(Elec: corriente)* direct. **2** *nm* continuum.
contonearse [1a] *vr (hombre)* to swagger; *(mujer)* to swing *o* wiggle one's hips.
contoneo *nm (de hombre)* swagger; *(de mujer)* hip-swinging, waggle.
contorno *nm* **(a)** *(perfil)* outline; *(Geog)* contour; *(perímetro)* perimeter; **en** ~ round about, all around. **(b)** *(medida)* girth. **(c)** ~s neighbourhood *sg,* surrounding area *sg;* **Caracas y sus** ~s Caracas and its environs.
contorsión *nf* contortion; **hacer** ~es to writhe.
contorsionista *nmf* contortionist.
contra 1 *prep (gen)* against; *(enfrente)* opposite, facing; *(Com: giro)* on; **apoyar algo** ~ **la pared** to lean sth against the wall; **hablar en** ~ **de** to speak against; **en** ~ **de lo que habíamos pensado** contrary to what we had thought; **ir en** ~ **de algo** to go against sth. **2** *adj, nmf (Pol fam)* counter-revolutionary. **3** *nf* **(a)** *(Esgrima)* counter. **(b)** *(quid)* rub, snag. **(c) hacer** *o* **llevar la** ~ **a uno** to oppose sb. **(d)** *(LAm)* antidote.
contraalmirante *nm* rear admiral.
contraatacar [1g] *vt, vi* to counter-attack.
contraataque *nm* counter-attack.
contrabajo *nm* double bass.
contrabalancear [1a] *vt* to counterbalance.
contrabalanza *nf* counterbalance.
contrabandear [1a] *vi* to smuggle.
contrabandista *nmf* smuggler; ~ **de armas** gun-runner.
contrabando *nm* **(a)** *(actividad)* smuggling; ~ **de armas** gun-running. **(b)** *(mercancías)* contraband, smuggled goods; **pasar** *o* **introducir algo de** ~ to smuggle sth in.
contracarril *nm (Ferro)* guard rail.
contracción *nf* contraction.
contracifra *nf* key (to a code).
contracorriente *nf* cross-current.
contractual *adj* contractual.
contrachapado *nm* plywood.
contradecir [3p] **1** *vt* to contradict. **2 contradecirse** *vr* to contradict o.s.
contradicción *nf (gen)* contradiction; *(fig)* discrepancy, anomaly; **espíritu de** ~ contrariness.
contradictorio *adj* contradictory.
contraer [2p] **1** *vt* **(a)** *(Téc)* to contract. **(b)** *(deuda etc)* to contract; *(hábito)* to acquire, pick up; ~ **parentesco con** to become related to. **2 contraerse** *vr* **(a)** *(Med etc)* to contract. **(b)** ~ **a** to limit o.s. to.
contraespionaje *nm* counter-espionage.
contrafirma *nf* counter-signature.
contrafuerte *nm (Arquit)* buttress; *(Geog)* spur; *(de calzado)* stiffener.
contragolpe *nm* counter-blow; *(fig)* backlash, reaction.
contrahacer [2s] *vt (copiar)* to copy, imitate; *(moneda)* to counterfeit; *(documento)* to forge, fake; *(individuo)* to take off, impersonate.
contrahaz *nm (de tela)* wrong side.
contrahecho *adj* **(a)** *(gen)* fake; *(moneda)* counterfeit; *(documento)* forged. **(b)** *(Anat)* hunchbacked.
contrahuella *nf (Arquit)* riser.
contrainteligencia *nf* counter-intelligence.
contralto *nmf* contralto.
contraluz *nf (Fot etc)* back-lighting; **a** ~ against the light.
contramaestre *nm (Náut)* boatswain; *(Téc)* foreman.
contramandar [1a] *vt* to countermand.
contramandato *nm* counter-order.
contramanifestación *nf* counterdemonstration.
contramano *nm:* **a** ~ *(Aut)* the wrong way.
contramarcha *nf* **(a)** *(Mil)* countermarch. **(b)** *(Aut etc)* reverse.
contramarchar [1a] *vi* to countermarch.
contraofensiva *nf* counter-offensive.
contraorden *nf* countermand.
contrapartida *nf* **(a)** *(Com, Fin)* balancing entry. **(b)** *(fig)* compensation; **como** ~ **de** as *o* in compensation for, in return for.
contrapelo *nm:* **a** ~ the wrong way; **todo lo hace a** ~ he does everything the wrong way round.
contrapesar [1a] *vt (gen)* to counterbalance (*con* with); *(fig)* to offset, compensate for.
contrapeso *nm* **(a)** *(Téc)* counterpoise, counterweight; *(Com)* makeweight; *(de equilibrista)* balancing pole. **(b)** *(fig)* counterweight.
contraponer [2r] *vt* **(a)** *(cotejar)* to compare, set against each other. **(b)** *(oponer)* to oppose; ~ **A a B** to set up A against B; **a esta idea ellos contraponen su teoría de que ...** against this idea they set up their theory that ... .
contraposición *nf (cotejo)* comparison; *(oposición)* contrast, clash; **en** ~ **a** in contrast to.
contraproducente *adj* self-defeating, counterproductive; **tener un resultado** ~ to backfire.
contrapuerta *nf* storm door.
contrapunto *nm* counterpoint.
contrariar [1c] *vt* **(a)** *(contradecir)* to contradict;

(oponer) to oppose, go against; *(dificultar)* to impede, thwart. **(b)** *(fastidiar)* to vex, annoy.

contrariedad *nf* **(a)** *(obstáculo)* obstacle; *(contratiempo)* setback, trouble. **(b)** *(disgusto)* vexation, annoyance. **(c)** *(oposición)* contrary nature.

contrario/a 1 *adj* **(a)** *(carácter etc)* opposed, different; **son ~s en sus aficiones** they differ widely in tastes. **(b)** *(sentido etc)* opposite; **en sentido ~** the other way, in the other direction; **en sentido ~ del que realmente tiene** in the opposite sense to its true one. **(c)** *(dañino)* harmful, damaging (*a* to); **~ a los intereses del país** contrary to the nation's interests. **(d)** *(opinión)* opposed. **(e)** *(locuciones)* **al ~, por el ~** on the contrary; **al ~ de** unlike; **todo salió al ~ de lo que habíamos previsto** it all turned out differently from what we had expected; **lo ~** the opposite, the reverse; **de lo ~** otherwise; **todo lo ~** quite the reverse; **llevar la ~a** to maintain an opposite point of view. **2** *nm/f (enemigo)* enemy, adversary; *(Dep etc)* opponent. **3** *nm* obstacle, snag.

Contrarreforma *nf* Counter-Reformation.

contrarréplica *nf* rejoinder.

contrarrestar [1a] *vt* **(a)** *(resistir)* to resist; *(oponerse)* to oppose; *(efecto etc)* to counter. **(b)** *(pelota)* to return.

contrarrevolución *nf* counter-revolution.

contrarrevolucionario/a *adj, nm/f* counter-revolutionary.

contrasentido *nm* **(a)** *(gen)* contradiction; *(disparate)* piece of nonsense. **(b)** *(Lit etc)* mistranslation.

contraseña *nf* **(a)** *(gen)* countersign, secret mark; *(Mil etc)* watchword, password. **(b)** *(Teat)* pass-out ticket.

contrastar [1a] **1** *vt* **(a)** *(resistir)* to resist. **(b)** *(metal)* to assay; *(medidas)* to check. **2** *vi* to contrast (*con* with).

contraste *nm* **(a)** *(gen)* contrast; **en ~ con** in contrast to; **por ~** in contrast; **hacer ~ con** to contrast with. **(b)** *(Téc: de metales)* assay; *(: de medidas)* inspection, check; **(marca del) ~** hallmark. **(c)** *(oficial)* inspector of weights and measures.

contrata *nf* **(a)** *(Jur)* written contract. **(b)** *(empleo)* hiring.

contratación *nf* **(a)** *(gen)* hiring, employment. **(b)** *(Jur)* contracting. **(c)** *(Dep)* signing-on terms.

contratante *nmf* contracting party.

contratar [1a] *vt (Com)* to sign a contract for; *(empleado)* to hire, engage; *(jugador)* to sign (up).

contratiempo *nm* **(a)** *(gen)* setback, reverse; *(accidente)* mishap, accident. **(b)** *(Mús)* **a ~** off-beat.

contratista *nmf* contractor.

contrato *nm* contract (*de* for).

contravención *nf* contravention, violation.

contraveneno *nm* antidote (*de* to).

contravenir [3s] *vi:* **~ a** to contravene, infringe.

contraventana *nf* shutter.

contribución *nf* **(a)** *(gen)* contribution; **su ~ a la victoria** his contribution to the victory, his part in the victory. **(b)** *(Fin)* tax; **~es** taxes, taxation; **~ directa** direct tax; **~ municipal** rates; **exento de ~es** tax-free, *(US)* tax-exempt.

contribuidor(a) *nm/f* contributor.

contribuir [3g] *vt, vi* **(a)** *(gen)* to contribute (*a* to, *para* towards); **~ con una cantidad** to contribute a sum; **~ a hacer algo** to help to do sth. **(b)** *(Fin)* to pay (in taxes).

contribuyente *nmf (gen)* contributor; *(Fin)* taxpayer.

contrición *nf* contrition.

contrincante *nm* opponent, rival.

contristar [1a] **1** *vt* to sadden. **2 contristarse** *vr* to grieve.

contrito *adj* contrite.

control *nm* **(a)** *(gen)* control; **bajo/fuera de ~** under/out of control; **~ de cambio** exchange control; **~ de la circulación** traffic control; **~ a distancia** remote control; **~ de precios** price control; **~ de sí mismo** self control. **(b)** *(Jur etc)* inspection, check; *(Com, Fin)* audit(ing); *(Dep)* checkpoint; **~ de frontera** frontier checkpoint; **~ de pasaportes** passport inspection.

controlar [1a] *vt* **(a)** *(gen)* to control. **(b)** *(Jur etc)* to inspect, check; *(Com, Fin)* to audit.

controversia *nf* controversy.

controvertible *adj (gen)* controversial; *(decisión etc)* debatable.

controvertir [3i] **1** *vt* to dispute, question. **2** *vi* to argue.

contubernio *nm* ring, conspiracy.

contumacia *nf* obstinacy, stubborn disobedience.

contumaz *adj (gen)* obstinate, stubbornly disobedient; *(Jur)* guilty of contempt (of court).

contundente *adj* **(a)** *(arma)* offensive, for striking a blow with; **instrumento ~** blunt instrument. **(b)** *(fig: argumento)* forceful, convincing; *(prueba)* conclusive; *(derrota)* crushing, overwhelming.

contundir [3a] *vt* to bruise, contuse.

conturbar [1a] **1** *vt* to dismay, perturb. **2 conturbarse** *vr* to be troubled, become uneasy.

contusión *nf* bruise, contusion.

contusionar [1a] *vt (magullar)* to bruise; *(dañar)* to hurt, damage.

contuso *adj* bruised.

convalecencia *nf* convalescence.

convalecer [2d] *vi* to convalesce, recover (*de* from).

convaleciente *adj, nmf* convalescent.

convección *nf* convection.

convecino/a *nm/f* (close) neighbour *o (US)* neighbor.

convencer [2b] *vt, vi* to convince; **¡convéncete!** *(¡créeme!)* believe you me!; *(hazte a la idea)* you'll have to get used to the idea!; **~ a uno para que haga algo** to persuade sb to do sth; **no me convence del todo** I'm not fully convinced; **no me convence ese tío** I don't really trust that chap; **dejarse ~** to allow o.s. to be persuaded.

convencimiento *nm* **(a)** *(acto)* convincing, persuasion. **(b)** *(creencia)* conviction, certainty; **llegar al ~ de** to become convinced of; **tener el ~ de que ...** to be convinced that ... .

convención *nf* convention.

convencional *adj* conventional.

convencionalismo *nm* conventionalism.

convenible *adj* **(a)** *(precio)* fair, reasonable. **(b)** *(individuo)* accommodating.

conveniencia *nf* **(a)** *(aptitud)* suitability, fitness; *(provecho)* usefulness, advantageousness; *(oportunidad)* advisability; **ser de la ~ de uno** to suit sb. **(b)** *(acuerdo)* agreement. **(c) ~s** *(Fin)* property.

conveniente *adj (adecuado)* suitable; *(correcto)* fit, proper; *(útil)* useful; *(aconsejable)* advisable; **no es ~ que ...** it is not advisable that ...; **creer** *o* **estimar** *o* **juzgar ~** to think *o* see fit; **juzgar ~ hacer algo** to see fit to do sth.

convenio *nm* agreement, treaty; **~ colectivo** collective agreement; **~ comercial** trade agreement.

convenir [3s] **1** *vi* **(a)** *(estar de acuerdo)* to agree (*con* with, *en* about); ~ **(en) hacer algo** to agree to do sth; ~ **en que ...** to agree that ...; **'sueldo a ~'** 'salary to be agreed'. **(b)** *(ser adecuado)* to suit, be suited to; **si le conviene** if it suits you; **me conviene quedarme aquí** it is best for me to stay here, the best thing is for me to stay here; **te convendría olvidarlo** you would be best advised to forget it. **(c)** *(impersonal)* **conviene hacer algo** it is important to do sth; **conviene recordar que ...** it is to be remembered that ...; **no conviene que se publique eso** it is not desirable that that should be published; **conviene a saber** namely, that is. **2 convenirse** *vr* to agree, come to an agreement (*en* on, about).
conventillo *nm (LAm)* tenement house.
convento *nm* monastery; ~ **(de monjas)** convent, nunnery.
convergencia *nf* convergence; **C~ i Unió** Catalan Nationalist Party.
convergente *adj* convergent, converging.
converger [2c] *vi*, **convergir** [3c] *vi* **(a)** *(Mat etc)* to converge (*en* on). **(b)** *(fig)* to tend in the same direction (*con* as); **sus esfuerzos convergen a un fin común** their efforts are directed towards the same objective.
conversación *nf* conversation, talk; **cambiar de ~** to change the subject; **trabar ~ con uno** to strike up a conversation with sb.
conversador(a) 1 *adj* talkative, chatty. **2** *nm/f* conversationalist.
conversar [1a] *vi* to talk, chat.
conversión *nf* **(a)** *(gen)* conversion. **(b)** *(Mil)* wheel.
converso/a 1 *adj* converted. **2** *nm/f (gen)* convert; *(Hist: esp)* converted Jew(ess).
conversor *nm (Fis)* converter.
convertibilidad *nf* convertibility.
convertible *adj* convertible.
convertidor *nm (Elec, Metal)* converter.
convertir [3i] **1** *vt* **(a)** *(gen)* to convert; *(transformar)* to transform, turn (*en* into); ~ **a uno al catolicismo** to convert sb to Catholicism. **(b)** *(Fin)* to (ex)change (*en* into, for). **2 convertirse** *vr (gen)* to be transformed, be changed (*en* into); *(Rel)* to be converted, convert (*a* to).
convexidad *nf* convexity.
convexo *adj* convex.
convicción *nf* conviction.
convicto 1 *adj* convicted. **2** *nm (LAm)* convict.
convidado/a 1 *nm/f* guest. **2 convidada** *nf* round (of drinks); **dar** *o* **pagar una ~a** to stand a round.
convidar [1a] **1** *vt* **(a)** *(gen)* to invite; ~ **a uno a hacer algo** to invite sb to do sth; ~ **a uno a una cerveza** to treat sb to a beer; ~ **a uno con un café** to offer sb a cup of coffee. **(b)** *(fig)* ~ **a** to stir to, move to; **el ambiente convida a la meditación** the atmosphere is conducive to meditation. **2 convidarse** *vr* to invite o.s. along.
convincente *adj* convincing.
convite *nm* **(a)** *(acción)* invitation. **(b)** *(función)* banquet, feast.
convivencia *nf (gen)* cohabitation, living together; *(fig, Pol)* coexistence.
convivir [3a] *vi (gen)* to live together *(esp* in harmony*)*; *(coexistir)* to coexist.
convocación *nf* convocation, convening.
convocar [1g] *vt* to summon, convoke.
convocatoria *nf* **(a)** *(gen)* summons; *(anuncio)* notice of a meeting; **'C~s para hoy'** 'Today's Meetings'. **(b)** = **convocación. (c)** *(Univ etc)* examination diet.
convoy *nm* **(a)** *(Náut)* convoy; *(Ferro)* train; *(séquito)* retinue. **(b)** *(vinagrera)* cruet stand.
convoyar [1a] *vt* to escort.
convulsión *nf (gen)* convulsion; *(Geol)* tremor; *(Pol etc)* upheaval.
convulsionar [1a] *vt* to convulse.
convulsivo *adj* convulsive.
convulso *adj* convulsed (*de* with).
conyugal *adj* conjugal, married; **vida ~** married life.
cónyuge *nmf* spouse, partner.
coña *nf (fam!)* piss-taking *(fam!)*; **ser la ~** to be the limit, be beyond a joke; **tomar algo a ~** to take sth as a joke.
coñac [ko'ɲa] *nm, pl* **coñacs** [ko'ɲas] brandy, cognac.
coñazo *nm (fam)* pain *(fam)*; **dar el ~** to be a real pain.
coñearse [1a] *vr* to take the piss *(fam!)*.
coñete *adj (Chi, Per)* mean.
coño *(fam!)* **1** *nm* cunt *(fam!)*. **2** *interj (enfado)* shit! *(fam!)*; *(sorpresa)* Jesus!, Christ!; **¡ay qué ~!** what a pain!
cooperación *nf* cooperation.
cooperador(a) 1 *adj* cooperative. **2** *nm/f* collaborator, co-worker.
cooperar [1a] *vi* to cooperate (*a, en* in, *con* with); ~ **a hacer algo** to cooperate in doing sth; ~ **a un mismo fin** to work for a common aim; ~ **en** to collaborate in, work together on.
cooperativo/a 1 *adj* cooperative. **2 cooperativa** *nf* cooperative, co-op *(fam)*; **~a agrícola/industrial** agricultural/industrial cooperative.
coordenada *nf (Mat)* coordinate.
coordinación *nf* coordination.
coordinador(a) 1 *adj* coordinating. **2** *nm/f* coordinator.
coordinar [1a] *vt* to coordinate.
copa *nf* **(a)** *(gen)* (stemmed) glass; *(poet)* goblet; *(Dep)* cup, trophy; **tomarse unas ~s** to have a drink or two; **C~ del Rey** ≃ F.A. Cup. **(b)** *(de sombrero)* crown; *(de árbol)* top. **(c)** *(Naipes)* **~s** hearts; **la ~** the ace of hearts.
copal *nm (CAm, Méx)* resin.
copar [1a] *vt (Mil)* to surround, cut off; *(fig)* to corner; *(Naipes)* to win (all the tricks); *(Pol, fig)* to win hands down.
copartícipe *nmf* partner.
copear [1a] *vi (fam)* to booze, tipple *(fam)*.
copete *nm* **(a)** *(de persona)* tuft (of hair), quiff; *(de caballo)* forelock; *(Orn)* tuft, crest; **estar hasta el ~** *(Méx)* to be utterly fed up. **(b)** *(fig)* pride; **de alto ~** aristocratic, upper-crust *(fam)*.
copetón *adj (LAm)* = **copetudo (a)**.
copetudo *adj* **(a)** *(Zool)* tufted, crested. **(b)** *(fig)* haughty, stuck-up.
copia *nf* **(a)** *(gen)* copy; *(Arte)* replica, reproduction; *(Fin etc)* duplicate; ~ **al carbón** carbon copy; ~ **fotostática** photostat; ~ **en limpio** fair copy; ~ **de seguridad** *(Comput)* back-up copy. **(b)** *(abundancia)* abundance, plenty; **con gran ~ de** with an abundance of, with a great deal of.
copiadora *nf* photocopier, Xerox ® machine.
copiante *nmf* copyist.
copiar [1b] *vt (gen)* to copy (*de* from); *(dictado)* to take down; ~ **por las dos caras** *(Téc)* to make a double-sided copy; ~ **al pie de la letra** to copy word for word.
copiloto *nm (Aut)* co-driver; *(Aer)* co-pilot.
copioso *adj (gen)* copious, abundant; *(lluvia)* heavy; *(cabello)* flowing.
copista *nmf* copyist.
copla *nf* **(a)** *(Lit)* verse *(esp* of 4 lines*)*; *(Mús)* popular song, ballad; **~s** verses; **~s de ciego**

doggerel; **la misma** ~ *(fam)* the same old song *(fam)*. **(b)** *(LAm: Téc)* pipe joint.
copo *nm* **(a)** *(de lino etc)* small bundle; ~ **de algodón** cotton ball; ~**s de maíz** cornflakes; ~ **de nieve** snowflake. **(b)** *(LAm)* tree top.
coproducción *nf (Cine etc)* joint production.
copropietario/a *nm/f* co-owner, joint owner.
copudo *adj (Bot)* bushy, thick.
cópula *nf* **(a)** *(Bio)* copulation. **(b)** *(Ling)* conjunction.
copularse [1a] *vr* to copulate (*con* with).
coque *nm (Min)* coke.
coqueluche *nf (Med)* whooping cough.
coqueta 1 *adj* flirtatious, coquettish. **2** *nf* **(a)** *(mujer)* flirt, coquette. **(b)** *(mueble)* dressing table.
coquetear [1a] *vi* to flirt (*con* with).
coqueteo *nm*, **coquetería** *nf* **(a)** *(cualidad)* flirtatiousness, coquetry. **(b)** *(acto)* flirtation.
coquetón *adj* **(a)** *(objeto)* neat *(fam)*. **(b)** *(individuo)* flirtatious.
coquitos *nmpl:* **hacer** ~ to make faces (*a* at).
coracha *nf* leather bag.
coraje *nm* **(a)** *(valor)* courage, fortitude. **(b)** *(ira)* anger; **dar** ~ **a** to make angry, enrage.
corajina *nf* fit of rage.
corajudo *adj* quick-tempered; *(LAm)* brave, gutsy *(fam)*.
coral[1] *(Mús)* **1** *adj* choral. **2** *nm* chorale. **3** *nf* choir, choral group.
coral[2] *nm (Zool)* coral.
coralino *adj* coral *(atr)*, coralline.
Corán *nm* Koran.
coránico *adj* Koranic.
coraza *nf* **(a)** *(Mil, Hist)* cuirass; *(fig)* protection. **(b)** *(Náut)* armour-plating. **(c)** *(Zool)* shell.
corazón *nm* **(a)** *(Anat, fig)* heart; **de** ~ willingly; **de todo** ~ wholeheartedly; **de buen** ~ kindhearted; **¡hijo de mi** ~**!** my precious child!; **duro de** ~ hard-hearted; **sin** ~ heartless; **con el** ~ **en la mano** frankly; **estar mal del** ~ to have heart trouble; **arrancar** *o* **partir** *o* **romper el** ~ **a uno** to break sb's heart; **no caberle a uno el** ~ **en el pecho** to be bursting with joy; **meter a uno el** ~ **en un puño** *o* **en la boca** to put the wind up sb; **morir con el** ~ **destrozado** to die of a broken heart; **no tener** ~ to be heartless. **(b)** *(Bot)* core. **(c)** *(Naipes)* ~**es** hearts.
corazonada *nf* **(a)** *(presentimiento)* hunch. **(b)** *(impulso)* impulsive act.
corbata *nf* tie, *(US)* necktie; ~ **de lazo** bow tie.
corbatín *nm* bow tie.
corbeta *nf* corvette.
Córcega *nf* Corsica.
corcel *nm* steed, charger.
corcova *nf* hump, hunchback.
corcovado/a 1 *adj* hunchbacked. **2** *nm/f* hunchback.
corcovar [1a] *vt* to bend (over), crook.
corcovear [1a] *vi (caballo)* to buck, plunge.
corcovo *nm* **(a)** *(de caballo)* buck, plunge. **(b)** *(fig)* crookedness.
corchea *nf (Mús)* quaver.
corchero *adj* cork *(atr)*; **industria** ~**a** cork industry.
corcheta *nf (Cos)* eye.
corchete *nm* **(a)** *(Cos: broche)* hook and eye; *(: macho)* hook. **(b)** *(Tip)* ~**s** square brackets.
corcho *nm (gen)* cork; *(Pesca)* float; **de** ~ cork *(atr)*; **sacar el** ~ to draw the cork, uncork.
cordaje *nm (Náut)* rigging.
cordal *nm* wisdom tooth.
cordel *nm* cord, line; **a** ~ in a straight line.
cordelería *nf* **(a)** *(cuerdas)* cordage, ropes; *(Náut)* rigging. **(b)** *(oficio)* ropemaking.
corderillo *nm* lambskin.
cordero/a 1 *nm/f* **(a)** *(Zool)* lamb; **C**~ **de Dios** Lamb of God; **¡no hay tales** ~**s!** it's nothing of the sort! **(b)** *(fig)* meek and mild person. **2** *nm (piel)* lambskin.
cordial 1 *adj* **(a)** *(gen)* cordial. **(b)** *(Med)* tonic, invigorating. **2** *nm* cordial, tonic.
cordialidad *nf* warmth, cordiality.
cordillera *nf* (mountain) range *o* chain.
cordillerano *adj (Chi, RPl)* Andean.
Córdoba *nf (Sp)* Cordova, *(Arg)* Cordoba.
cordobán *nm* cordovan (leather).
cordobés/esa *adj, nm/f* Cordovan.
cordón *nm* **(a)** *(gen)* cord, string; *(Náut)* strand; *(de zapato)* lace; *(Mil)* braid; *(Elec)* flex, *(US)* wire; **lana de 3** ~**es** 3-ply wool. **(b)** *(Anat)* cord; ~ **umbilical** umbilical cord. **(c)** *(Mil fig)* cordon; ~ **sanitario** cordon sanitaire. **(d)** *(RPl)* kerb.
cordoncillo *nm (de tela)* rib; *(Cos)* braid, piping; *(de moneda)* milled edge.
cordura *nf (Med)* sanity; *(fig)* good sense, wisdom; **con** ~ sensibly, wisely.
Corea *nf* Korea; ~ **del Norte/del Sur** North/South Korea.
coreano/a *adj, nm/f* Korean.
corear [1a] **1** *vt* to chorus. **2** *vi* to sing in chorus.
coreografía *nf* choreography.
coreógrafo *nm* choreographer.
corifeo *nm (fig)* leader, spokesman.
corista 1 *nmf (Rel, Mús)* chorister. **2** *nf (Teat etc)* chorus girl.
cormorán *nm* cormorant.
cornada *nf (Taur etc)* butt, goring; **dar una** ~ **a** to gore.
cornadura *nf*, **cornamenta** *nf* horns; *(de ciervo)* antlers.
cornamusa *nf* bagpipe.
córnea *nf* cornea.
corneja *nf* crow.
córneo *adj* horny, corneous.
córner ['korne] *nm, pl* **córners** ['korne, 'kornes] *(Dep)* corner (kick); **tirar un** ~ to take a corner.
corneta 1 *nf* bugle; ~ **acústica** ear trumpet; ~ **de llaves** cornet. **2** *nm* bugler.
cornetín *nm* **(a)** *(instrumento)* cornet. **(b)** *(artista)* cornet player.
cornezuelo *nm (Bot)* ergot.
cornisa *nf* cornice.
cornisamento *nm* entablature.
corno *nm (Mús)* horn; ~ **de caza** hunting horn; ~ **inglés** cor anglais.
cornucopia *nf* cornucopia, horn of plenty.
cornudo 1 *adj* **(a)** *(Zool)* horned. **(b)** *(marido)* cuckolded. **2** *nm* cuckold.
cornúpeta *nm* **(a)** *(Taur)* bull. **(b)** *(fig)* cuckold.
coro *nm* **(a)** *(Mús, Teat)* chorus; **cantar el** ~ **de** to sing the chorus of; **cantar las partes a** ~**s** to sing the parts alternately; **decir algo a** ~ to say sth in a chorus *o* in unison; **hacer** ~ **de** *o* **a las palabras de uno** to echo sb's words. **(b)** *(Mús, Rel)* choir; **niño de** ~ choirboy.
corola *nf* corolla.
corolario *nm* corollary.
corona *nf* **(a)** crown; ~ **de espinas** crown of thorns; **ceñirse la** ~ to take the crown. **(b)** *(Astron)* corona; *(Met)* halo. **(c)** *(de flores)* garland; ~ **funeraria** wreath. **(d)** *(Anat)* crown, top of the head; *(Rel)* tonsure.
coronación *nf* **(a)** *(de rey)* coronation. **(b)** *(fig)* crowning, completion.
coronamiento *nm* **(a)** *(fig)* crowning, com-

pletion. **(b)** *(Arquit)* crown.
coronar [1a] *vt* **(a)** to crown; ~ **a uno (por) rey** to crown sb king. **(b)** *(fig)* to complete, round off; ~ **algo con éxito** to crown sth with success.
coronario *adj* coronary.
coronel *nm* colonel; ~ **de aviación** group captain, *(US)* colonel.
coronilla *nf* crown, top of the head; **andar** *o* **bailar** *o* **ir de** ~ to bend over backwards to please sb; **dar de** ~ to bump one's head; **estar hasta la** ~ to be utterly fed up (*de* with).
corpacho *nm*, **corpanchón** *nm*, **corpazo** *nm* *(fam)* carcass *(fam)*.
corpiño *nm* bodice.
corporación *nf* corporation.
corporal *adj* corporal, bodily; **pena** ~ corporal punishment.
corporativo *adj* corporate.
corpóreo *adj* corporeal, bodily.
corpulencia *nf* burliness, stoutness; **cayó con toda su** ~ he fell with his full weight.
corpulento *adj* burly, heavily-built.
Corpus *nm* Corpus Christi.
corpúsculo *nm* corpuscle.
corral *nm* **(a)** *(Agr: de aves)* poultry yard; *(redil)* pen, *(US)* corral; *(de pesca)* weir; *(patio)* farmyard. **(b)** *(de niño)* playpen. **(c)** ~ **de vacas** *(fam)* pigsty.
corralón *nm (gen)* large yard; *(LAm)* timberyard; *(Per)* vacant lot.
correa *nf* **(a)** *(gen)* leather strap, thong; *(Téc etc)* belt; *(de perro)* leash; ~ **sin fin** endless belt; ~ **transportadora** conveyor belt; ~ **de ventilación** *(Aut etc)* fan belt. **(b)** *(flexibilidad)* give, elasticity; **tener** ~ to be easy-going.
correaje *nm (Agr)* harness; *(Mil etc)* leathers.
corrección *nf* **(a)** *(acto: gen)* correction; *(: Tip)* proofreading. **(b)** *(censura)* rebuke, reprimand. **(c)** *(calidad)* correctness; *(cortesía)* courtesy, good manners.
correccional *nm* reformatory.
correctivo *adj, nm* corrective.
correcto *adj* **(a)** *(respuesta etc)* correct, right; **¡~!** right!, O.K.! **(b)** *(individuo)* correct; *(conducta)* courteous; **estuvo muy** ~ **conmigo** he was very polite to me.
corrector(a) *nm/f (Tip)* proofreader.
corredera *nf* **(a)** *(Téc)* slide; *(ranura)* track, rail, runner; **puerta de** ~ sliding door. **(b)** *(Náut)* log. **(c)** *(insecto)* cockroach. **(d)** *(Dep)* racetrack. **(e)** *(Med: fam)* the runs *(fam)*.
corredizo *adj (gen)* sliding; *(nudo)* running, slip *(atr)*; **techo** ~ *(Aut)* sun roof.
corredor(a) **1** *nm/f* **(a)** *(Dep)* runner; ~ **automovilista** racing driver; ~ **de pista** track athlete. **(b)** *(Com)* agent, broker; ~ **de bienes raíces** real-estate broker; ~ **de bolsa** stockbroker. **2** *nm* **(a)** *(Arquit)* corridor, passage. **(b)** *(Méx Caza)* beater.
corredura *nf* overflow.
correduría *nf* brokerage.
corregible *adj* rectifiable.
corregidor *nm (Hist)* chief magistrate.
corregir [3c, 3l] **1** *vt* **(a)** *(gen)* to correct; *(Mec)* to adjust; *(Tip: pruebas)* to read. **(b)** *(reprender)* to rebuke, reprimand. **2 corregirse** *vr* to reform, mend one's ways; ~ **de su terquedad** to stop being obstinate.
correlación *nf* correlation.
correlacionar [1a] *vt* to correlate.
correlativo *adj, nm* correlative.
correligionario/a *nm/f (Rel)* co-religionist; *(Pol)* sympathizer.
correlón *adj (Méx, Ven)* cowardly.
correntada *nf (Arg)* rapids *pl*, strong current.
correntoso *adj (LAm: río)* strong-flowing, rapid.
correo *nm* **(a)** *(mensajero)* courier; *(cartero)* postman, *(US)* mailman; *(Mil)* dispatch rider. **(b)** *(servicio)* post, mail; ~ **aéreo** airmail; ~ **certificado** registered post; ~ **de primera clase** first-class mail; ~ **urgente** special delivery; **echar al** ~**, poner en el** ~ to post, *(esp US)* mail; **a vuelta de** ~ by return (of post); **por** ~ by post, through the post. **(c)** **~s** post office *sg*; **Administración General de C~s** General Post Office; **ir a ~s** to go to the post office.
correosidad *nf (Culin)* toughness, leatheriness; *(flexibilidad)* flexibility.
correoso *adj (Culin)* tough, leathery; *(flexible)* flexible.
correr [2a] **1** *vt* **(a)** *(distancia)* to cover, travel over; *(terreno)* to pass over; **ha corrido medio mundo** he's been over half the world. **(b)** *(Dep)* to run. **(c)** *(objeto)* to push along; *(silla)* to pull *o* draw up; *(cerrojo)* to shoot, draw; *(cortina)* to draw; *(nudo)* to undo, untie. **(d)** *(caballo)* to race, run; *(toro)* to fight; *(caza)* to chase. **(e)** *(riesgo)* to run; *(aventura)* to have. **(f)** *(persona)* *(tb* **dejar corrido***)* to embarrass. **(g)** ~ **la clase** to cut class, play hooky. **(h)** *(echar)* ~ **a uno** to chuck sb out.

2 *vi* **(a)** *(gen)* to run; **corrió a decírselo** he ran to tell him; **¡no corras tanto!** don't run so hard!, not so fast!; ~ **a todo** ~ to run as hard as one can; **echar a** ~ to break into a run; **dejar** ~ **las cosas** to let things take their course. **(b)** *(agua etc)* to run, flow; *(aire)* to flow; **el río corre muy crecido** the river is running very high; **corre mucho viento** there's a strong wind blowing; **dejar** ~ **la sangre** to let the blood flow. **(c)** *(tiempo)* to pass (quickly), elapse; *(período)* to extend; **el tiempo corre** time is passing *o* presses; **el mes que corre** the current month; **durante lo que corre del año** for the remainder of the year. **(d)** *(dinero)* to be legal tender; *(rumor)* to go round; *(creencia)* to be commonly held. **(e)** *(sueldo etc)* to be payable. **(f)** ~ **con la casa** to run *o* manage the house; ~ **con los gastos** to pay *o* meet *o* bear the expenses; **eso corre de mi cuenta** I'll take care of that; **él corre con eso** he is responsible for that.

3 correrse *vr* **(a)** *(objeto)* to slide, move along; *(peso)* to shift; **se ha corrido unos centímetros el tablero** the board has moved a few centimetres. **(b)** *(colores, medias)* to run; *(hielo)* to melt. **(c)** *(fig: estar confuso)* to get embarrassed; *(fam: tener orgasmo)* to come *(fam)*.
correría *nf (Mil)* raid, foray; *(fig)* adventure; **~s** travels.
correspondencia *nf* **(a)** *(gen)* correspondence. **(b)** *(cartas)* correspondence, letters; ~ **entrante** incoming mail; ~ **particular** private correspondence; **curso por** ~ correspondence course; **estar en** ~ **con uno** to be in correspondence with sb. **(c)** *(comunicación)* communications, contact; *(Ferro etc)* connection (*con* with). **(d)** *(reciprocidad)* reciprocation, return; **mis ofertas no tuvieron** ~ my offers met with no response.
corresponder [2a] **1** *vi* **(a)** *(Mat etc)* to correspond (*a* to, *con* with), tally (*con* with). **(b)** *(ser apto)* to be suitable *o* fitting; *(pertenecer)* to belong; ~ **a** *(muebles etc)* to match; **ese libro no corresponde aquí** that book doesn't belong here; **la llave corresponde a esta cerradura** the key fits this lock; **el resultado no ha correspondido a nuestras esperanzas** the result did not come up

to our hopes. **(c)** ~ **a** *(pago)* to fall to the lot of, be the share of; **le dieron lo que le correspondía** they gave him his share. **(d)** ~ **a** *(deber)* to concern; *(tarea)* to rest with, devolve upon; **'a quien corresponda'** 'to whom it may concern'; **no me corresponde criticarle** it is not for me to criticize him. **(e)** *(contestar)* to respond, reply; ~ **a** *(afecto)* to return, reciprocate; *(favor)* to repay; ~ **dignamente a** to make a fitting reply to; **ella le correspondió con una corbata** she gave him a tie in return; **amor no correspondido** unrequited love. **(f)** *(Ferro)* to connect (*con* with). **(g)** *(Arquit)* to communicate (*con* with).

2 corresponderse *vr* **(a)** *(amarse)* to love one another; *(fig: colores etc)* to go together. **(b)** *(cartearse)* to correspond (*con* with).

correspondiente *adj (gen)* corresponding (*a* to); *(respectivo)* respective.

corresponsal *nm* (newspaper) correspondent; ~ **extraordinario/de guerra** special/war correspondent.

corretaje *nm* brokerage.

corretear [1a] **1** *vt* **(a)** *(LAm)* to harass. **(b)** *(CAm)* to scare off. **2** *vi* **(a)** *(ir de prisa)* to run about. **(b)** *(vagar)* to loiter, hang about the streets.

correve(i)dile *nmf (Escol)* tell-tale.

corrida *nf* **(a)** *(gen)* run; **dar una** ~ to make a dash; **decir algo de** ~ to rattle off sth from memory; **en una** ~ in an instant. **(b)** ~ **de toros** bullfight. **(c)** *(fam!)* screw *(fam!)*.

corrido 1 *adj* **(a)** *(seguido)* consecutive; **tres noches ~as** three nights running; **hasta muy ~a la noche** far into the night. **(b)** *(peso etc)* extra (large); **un kilo** ~ a good kilo. **(c)** *(Arquit)* continuous. **(d)** *(fig: confuso)* abashed, embarrassed; ~ **de vergüenza** covered with shame. **(e)** *(experimentado)* experienced (in the wicked ways of the world), wise, sharp, knowing. **(f)** *(estilo)* confident; **de** ~ fluently; **decir algo de** ~ to rattle sth off. **2** *nm* **(a)** *(Méx)* ballad. **(b)** *(Per)* fugitive from justice.

corriente 1 *adj* **(a)** *(agua)* running; *(estilo)* fluent, easy; *(dinero)* valid, accepted; *(cuenta)* current; *(noticia)* topical. **(b)** *(común)* common, everyday; ~ **y moliente** ordinary, run-of-the-mill; **aquí es** ~ **ver eso** it's common to see that here, that is a common sight here; **es una chica** ~ she's an ordinary sort of girl.

2 *nm* **(a)** current month; **el 9 del** ~ the 9th of the current month, the 9th inst. **(b) al** ~ up-to-date. **(c) estar al** ~ **de** to be informed about, be well up with; **mantenerse al** ~ to keep up to date (*de* with); **tener a uno al** ~ **de** to keep sb informed about.

3 *nf* **(a)** *(río etc)* current; **C~ del Golfo** Gulf Stream; ~ **de lava** lava flow; ~ **submarina** undercurrent. **(b)** ~ **de aire** draught; ~ **de aire caliente** flow of warm air. **(c)** *(Elec)* current; ~ **alterna/directa** alternating/direct current. **(d)** *(fig: tendencia)* course, tendency; **dejarse llevar de la** ~ to drift along, follow the crowd; **las ~s modernas del arte** modern trends in art.

corrillo *nm (gen)* huddle, small group; *(fig)* clique, coterie.

corrimiento *nm* **(a)** *(Geol)* slip; ~ **de tierras** landslide. **(b)** *(Med)* discharge. **(c)** *(fig)* embarrassment.

corro *nm* **(a)** *(de gente)* ring, circle; **la gente hizo** ~ the people formed a ring. **(b)** *(baile)* ring-a-ring-a-roses; **los niños cantan esto en** ~ the children sing this in a ring. **(c)** *(espacio)* circular space; **hacer** ~ to make room, leave a circular space.

corroboración *nf* corroboration.

corroborar [1a] *vt* to corroborate.

corroborativo *adj* corroborative.

corroer [2a] **1** *vt (Téc)* to corrode; *(Geol)* to erode; *(fig)* to corrode, eat away; **le corroen los celos** he is eaten up with jealousy. **2 corroerse** *vr* to corrode, become corroded.

corromper [2a] **1** *vt* **(a)** *(madera)* to rot; *(alimentos)* to turn bad. **(b)** *(pervertir)* to corrupt, pervert; *(sobornar)* to bribe. **2 corromperse** *vr* **(a)** *(madera)* to rot; *(alimentos)* to go bad, be spoiled. **(b)** *(personas)* to become corrupted.

corrompido *adj* **(a)** *(cosas)* rotten, putrid. **(b)** *(personas)* corrupt.

corrosión *nf (Quím)* corrosion; *(Geol)* erosion.

corrosivo *adj, nm* corrosive.

corrte. *abr de* **corriente** inst.

corrupción *nf* **(a)** *(Bot)* rot. **(b)** *(fig)* corruption; *(Jur)* corruption, graft.

corruptela *nf* **(a)** *(gen)* corruption. **(b)** *(una* ~*)* corrupt practice, abuse.

corruptible *adj* **(a)** *(persona)* corruptible. **(b)** *(alimentos)* perishable.

corrupto *adj* corrupt.

corruptor(a) 1 *adj* corrupting. **2** *nm/f* corrupter, perverter.

corsario *nm* privateer, corsair.

corsé *nm* corset.

corso/a *adj, nm/f* Corsican.

corta *nf* felling, cutting.

cortaalambres *nm inv* wire cutters.

cortabolsas *nm inv* pickpocket.

cortacésped *nm* lawnmower.

cortacircuitos *nm inv* circuit breaker.

cortacorriente *nm* switch.

cortada *nf (LAm: corte)* cut; *(: atajo)* short cut.

cortadillo *nm* **(a)** *(vaso)* tumbler. **(b)** ~ **de azúcar** sugar lump. **(c)** *(ligue)* affair.

cortado 1 *adj* **(a)** *(gen)* cut; ~ **a pico** steep, sheer, precipitous. **(b)** *(leche)* sour. **(c)** *(estilo)* disjointed. **(d)** *(tímido)* shy; *(confuso)* embarrassed; **dejar** ~ to cut short. **(e) estar** ~ *(esp LAm)* to be broke. **2** *nm* coffee with a little milk.

cortador(a) 1 *adj* cutting. **2** *nm/f* cutter. **3 cortadora** *nf:* **~a de césped** lawnmower.

cortadura *nf* **(a)** *(incisión)* cut; *(grande)* slash, slit. **(b)** *(Geog)* narrow pass, defile. **(c) ~s** cuttings, clippings.

cortafrío *nm* cold chisel.

cortalápices *nm inv* pencil sharpener.

cortante 1 *adj* **(a)** *(instrumento)* cutting, sharp. **(b)** *(viento)* cutting, biting; *(frío)* bitter. **2** *nm* cleaver, chopper; *(Arg)* scissors.

cortapapeles *nm inv* paper knife.

cortapicos *nm inv* earwig.

cortapisa *nf* **(a)** *(restricción)* restriction, condition; **sin ~s** without strings attached. **(b)** *(traba)* snag, obstacle; **se pone ~s para sí mismo** he makes obstacles for himself; **hablar sin ~s** to talk freely. **(c)** *(gracia)* charm, wit.

cortaplumas *nm inv* penknife.

cortapuros *nm inv* cigar cutter.

cortar [1a] **1** *vt* **(a)** *(gen)* to cut; *(pelo)* to cut, trim; *(cabeza)* to cut off; *(árbol)* to fell; *(carne)* to carve, cut up; *(pan)* to slice; *(diseño etc)* to cut out; ~ **por la mitad** to cut down the middle. **(b)** *(Mat)* to cut; *(Geog)* to cut (across); **esa línea corta la provincia en dos** that line cuts the province in two. **(c)** *(Dep: balón)* to cut, slice. **(d)** *(piel)* to chap, crack. **(e)** *(baraja)* to cut. **(f)** *(comunicación)* to cut off; *(corriente)* to cut off; **la carretera está cortada** the road is cut; **quedaron cortados por la nieve** they were cut off by snow. **(g)** *(discurso* *etc)* to cut short; *(conversación)* to interrupt, break into. **(h)** *(suprimir)* to cut out, excise.

2 *vi* **(a)** *(gen)* to cut; **este cuchillo no corta** this knife doesn't cut; ~ **por lo sano** to settle things once and for all. **(b)** *(Naipes)* to cut. **(c)** *(Met: viento)* to be biting. **(d)** ~ **con el pasado** to (make a) break with the past. **(e) ¡corta, Drácula, que llevo escapulario!** *(fam)* give it a rest!

3 cortarse *vr* **(a)** *(persona)* to cut o.s.; ~ **el pelo** to have one's hair cut. **(b)** *(manos)* to get chapped; *(material)* to split, come apart. **(c)** *(leche)* to curdle, turn (sour). **(d)** *(fig)* to become embarrassed.

cortavidrios *nm inv* glass cutter.

corte[1] *nm* **(a)** *(acto)* cut(ting); *(Cos)* cutting out; ~ **y confección** dressmaking; ~ **de pelo** haircut. **(b)** *(herida)* cut. **(c)** *(Tip etc)* cut, deletion; **el censor lo dejó sin ~s** the censor did not cut it. **(d)** *(Elec etc)* cut; ~ **de corriente** power cut. **(e)** *(Téc)* section; ~ **transversal** cross section. **(f)** *(Cos: cantidad)* piece, length; ~ **de vestido** dress length. **(g)** *(Cos: arte)* tailoring; *(: estilo)* cut, style; **un traje de ~ muy moderno** a suit of very modern cut. **(h)** *(Tip etc)* edge; **con ~s dorados** with gilt edges; **dar ~ a** to sharpen, put an edge on. **(i)** *(réplica)* retort; **¡qué ~ le di!** I left him *etc* with no comeback!

corte[2] *nf* **(a)** *(real)* (royal) court. **(b)** *(capital)* capital (city); **La C~** Madrid. **(c)** *(séquito)* retinue. **(d) C~s** Spanish parliament. **(e) hacer la ~ a** to woo, court. **(f)** *(LAm)* law court; **C~ Suprema** Supreme Court.

cortedad *nf* **(a)** *(de tiempo)* shortness, brevity. **(b)** *(de espacio)* smallness. **(c)** *(fig: escasez)* dearth, lack; *(: timidez)* bashfulness; ~ **de ánimo** diffidence.

cortejar [1a] *vt* to court, woo.

cortejo *nm* **(a)** *(Pol etc)* entourage, retinue. **(b)** *(Rel etc)* procession; ~ **fúnebre** funeral cortège *o* procession; ~ **nupcial** wedding party. **(c)** *(acción)* wooing, courting.

cortés *adj* courteous, polite.

cortesanía *nf* politeness, good manners.

cortesano/a 1 *adj* of the court, courtly; **ceremonias ~as** court ceremony. **2** *nm* courtier. **3 cortesana** *nf* courtesan.

cortesía *nf* **(a)** *(conducta)* courtesy, politeness; **visita de ~** courtesy call; **por ~** as a courtesy. **(b)** *(de carta)* formal ending. **(c)** *(dádiva)* present, gift. **(d)** *(tratamiento)* title. **(e)** *(reverencia)* bow, curtsy. **(f)** *(Com)* **30 días de ~** 30 days' grace.

corteza *nf* **(a)** *(Bot: de árbol)* bark; *(: de fruta)* peel, skin; *(Culin: de queso)* rind; *(: de pan)* crust. **(b)** *(fig: exterior)* outside, outward appearance. **(c)** *(rusticidad)* roughness, coarseness.

cortijo *nm* farmhouse.

cortina *nf (gen)* curtain; *(Téc)* retaining wall; *(fig)* screen; ~ **de fuego** *(Mil)* barrage; ~ **de hierro** iron curtain; ~ **de humo** smoke screen; **correr la ~** *(fig)* to draw a veil over sth.

cortinilla *nf* lace curtain.

cortisona *nf* cortisone.

corto 1 *adj* **(a)** *(espacio)* short; *(tiempo)* brief, short; *(Com, Rad)* short; **a la ~a o a la larga** sooner or later; **el vestido le ha quedado ~** the dress has got too short for her. **(b)** *(suministro)* scanty; *(ración)* small; ~ **de oído** hard of hearing; ~ **de vista** shortsighted; **se quedó ~ en la comida** she did not provide enough food. **(c)** *(tímido)* bashful, shy. **(d)** *(tb* ~ **de alcances)** dim(-witted). **2** *nm (Cine)* short.

cortocircuito *nm* short-circuit.

cortometraje *nm (Cine)* short.

Coruña *nf*: **La ~** Corunna.

coruñés/esa 1 *adj* of Corunna. **2** *nm/f* native *o* inhabitant of Corunna.

corva *nf* back of the knee.

corvadura *nf (gen)* curvature; *(Arquit)* arch.

corvejón *nm (Zool)* hock; *(Orn)* spur.

corveta 1 *adj (CAm)* bow-legged. **2** *nf* curvet, prance.

corvo *adj (gen)* curved, bent; *(nariz)* hooked.

corzo/a *nm/f* roe deer.

cosa *nf* **(a)** *(gen)* thing; **hay una ~ que no me gusta** there is something I don't like; **alguna ~** something; **¿alguna ~ más?** anything else?; **20 kilos o ~ así** 20 kilos or thereabouts; **ni ~ que le parezca** nor anything else of the kind; **otra ~** anything *o* something else; **ésa es otra ~** that's another matter (altogether); **no me queda otra ~** I have no alternative; **poca ~** nothing much; **es poca ~, no es gran ~** it's not important; **como si tal ~** as cool as you please; **la ~ es que ...** the trouble is that ...; **no es ~ que lo dejes todo** there's no reason for you to give it all up; **tal como están las ~s** as things stand; **¡no hay tal ~!** nothing of the sort!; **las ~s van mejor** things are going better; **decir cuatro ~s a uno** to give sb a piece of one's mind. **(b)** *(locuciones con adj etc)* **es ~ de nunca acabar** there's no end to it; **no es ~ de broma** *o* **risa** it's no laughing matter; **~(s) de comer** eatables, food; **es ~ distinta** that's another matter; **es ~ fácil** it's easy; **¿has visto ~ igual?** did you ever see the like?; **~ rara** strange thing; **¡(qué) ~ más rara!** how strange!; **y, ~ rara, nadie lo vio** and, oddly enough, nobody saw it; **es ~ de ver** it's worth seeing; **ésa es ~ vieja** that's old history. **(c)** *(asunto)* affair, business; **meterse en ~s ajenas** to stick one's nose in, interfere; **ésa es ~ tuya** that's your affair, that's up to you. **(d) ~s** *(fig)* odd ideas, wild notions; **¡~s de muchachos!** boys will be boys!; **¡son ~s de Juan!** that's John all over!; **¡qué ~s dices!** what dreadful things you say! **(e) ~ de** about, more or less; **~ de 8 días** about a week; **en ~ de 10 minutos** in about 10 minutes; **es ~ de unas 4 horas** it takes about 4 hours.

cosaco/a *adj, nm/f* Cossack.

coscoja *nf* kermes oak.

coscorrón *nm* **(a)** *(golpe)* bump on the head. **(b)** *(fig)* setback, knock.

cosecha *nf (frutas)* crop, harvest; *(producción)* yield; *(acto)* harvesting; *(temporada)* harvest time; **la ~ de 1972** *(vino)* the 1972 vintage; **de ~ propia** home-grown, home-produced; **cosas de su propia ~** *(fig)* things of one's own invention.

cosechadora *nf* combine harvester.

cosechar [1a] *vt* **(a)** *(gen)* to harvest, gather (in); *(cereales)* to reap; *(frutas)* to pick; *(cultivar)* to grow, cultivate; **aquí no cosechan sino patatas** the only thing they grow here is potatoes. **(b)** *(fig)* to reap, win.

cosechero/a *nm/f* harvester, reaper.

coseno *nm* cosine.

coser [2a] **1** *vt* **(a)** *(vestido)* to sew (up); *(botón etc)* to sew on, stitch on; *(Med)* to stitch (up); *(Náut)* to lash; ~ **con grapas** to staple. **(b)** *(fig)* to unite, join closely *(con* to). **(c) es cosa de ~ y cantar** it's straightforward. **(d) ~ a uno a balazos** to riddle sb with bullets; **le encontraron cosido a puñaladas** they found him cut to pieces. **2** *vi* to sew. **3 coserse** *vr*: ~ **con uno** to stick close to sb; *(Dep)* to mark sb.

cosido *nm* sewing, needlework.

cosignatario/a *nm/f* cosignatory.

cosmético *adj, nm* cosmetic.
cósmico *adj* cosmic.
cosmografía *nf* cosmography.
cosmología *nf* cosmology.
cosmonauta *nmf* cosmonaut.
cosmopolita *adj, nmf* cosmopolitan.
cosmos *nm inv* cosmos.
coso[1] *nm (recinto)* enclosure, *(esp)* bullring.
coso[2] *nm (insecto)* deathwatch beetle, woodworm.
coso[3] *nm* thing, what-d'you-call-it.
cosquillar [1a] *vt* to tickle.
cosquillas *nfpl* tickling (sensation); **buscar las ~ a uno** to tease sb; **me hace ~** it tickles; **hacer ~ a uno** to tickle sb; **tener ~** to be ticklish; **no sufre ~** he's touchy.
cosquillear [1a] *vt* to tickle.
cosquilleo *nm* tickling (sensation).
cosquilloso *adj* **(a)** *(gen)* ticklish. **(b)** *(fig)* touchy, easily offended.
costa[1] *nf (Fin)* cost, price; **~s** *(Jur)* costs; **a ~** *(Com)* at cost; **a ~ de** at the expense of; **a toda ~** at any price; **condenar a uno en ~s** *(Jur)* to order sb to pay the costs.
costa[2] *nf* **(a)** *(Geog)* coast(line); *(RPl)* riverbank, lake-side; **ir a la ~** to go to the seaside. **(b) C~ de Marfil** Ivory Coast; **C~ Blanca/Brava/Dorada/del Sol** Almería/Barcelona/Tarragona/Málaga coast.
costado *nm* **(a)** *(gen)* side; *(Mil)* flank; **de ~** on one's side. **(b)** *(Méx: Ferro)* platform. **(c) ~s** ancestors; **español por los 4 ~s** Spanish through and through.
costal *nm* sack, bag; **~ de huesos** *(fig)* bag of bones.
costalada *nf (caída)* bad fall; *(golpe)* violent blow.
costanera *nf* **(a)** *(cuesta)* slope. **(b) ~s** *(Arquit)* rafters.
costar [1m] *vt, vi* **(a)** *(Com, Fin)* to cost; **¿cuánto cuesta?** how much does it cost?; *(en tienda)* how much is it? **(b)** *(fig)* to cost (dear *o* dearly); **cueste lo que cueste** at all costs; **le ha costado caro** it has cost him dear; **es un trabajo que cuesta unos minutos** it's a job which takes a few minutes; **me cuesta hablar alemán** I find it difficult to speak German; **me cuesta creerlo** I find that hard to believe.
Costa Rica *nf* Costa Rica.
costarriqueño/a *adj, nm/f* Costa Rican.
coste *nm* cost, price; **a ~ y costas** at cost (price); **~ de la vida** cost of living.
costear[1] [1a] **1** *vt (gen)* to pay for; *(Com etc)* to finance; *(Rad, TV etc)* to sponsor; **costea los estudios a su sobrino** he is paying for his nephew's education. **2 costearse** *vr (negocio)* to pay for itself, cover its costs.
costear[2] [1a] *vt (Náut)* to sail along the coast of; *(fig)* to skirt, go along the edge of.
costear[3] [1a] *vt (RPl)* to pasture.
costeño *adj* coastal.
costera *nf* **(a)** *(de bala etc)* side. **(b)** *(Geog)* slope. **(c)** *(Náut)* fishing season.
costero *adj* coastal.
costilla *nf* **(a)** *(Anat)* rib. **(b)** *(Culin)* cutlet. **(c) ~s** back, shoulders; **todo carga sobre mis ~s** I get all the burdens; **medir las ~s a uno** to give sb a hiding. **(d)** *(fam: mujer)* wife, better half.
costo *nm* cost; **~ efectivo** actual cost; **~ de expedición** shipping charges; **~, seguro y flete** cost, insurance and freight; **~ de (la) vida** cost of living.
costoso *adj* costly, expensive.
costra *nf (corteza)* crust; *(Med)* scab.
costroso *adj (Med)* scabby; *(fig fam)* filthy; *(Culin etc)* crusty.
costumbre *nf* custom, habit; **~s** customs, ways; *(fig)* morals; **las ~s de esta provincia** the customs of this province; **de ~** *(adj)* usual; *(adv)* usually; **como de ~** as usual; **más que de ~** more than usual; **tener la ~ de hacer algo, tener por ~ hacer algo** to be in the habit of doing sth; **novela de ~s** novel of (local) customs and manners.
costumbrismo *nm (Lit)* literature of manners.
costumbrista 1 *adj (Lit)* of local) customs and manners. **2** *nmf* writer about (local) customs and manners.
costura *nf* **(a)** *(puntadas)* seam; **medias de ~ francesa** fully-fashioned stockings; **sentar las ~s** to press the seams. **(b)** *(labor)* sewing, needlework; *(confección)* dressmaking; **alta ~** haute couture, high fashion; **la ~ italiana** Italian fashions.
costur(e)ar [1a] *vt, vi (LAm)* = **coser.**
costurera *nf* dressmaker, seamstress.
costurero *nm* sewing box.
cota[1] *nf (Hist)* **~ de malla** coat of mail.
cota[2] *nf* **(a)** = **cuota. (b)** *(Geog)* height above sea level.
coteja *nf (LAm)* equal, match.
cotejar [1a] *vt* to compare, collate.
cotejo *nm* comparison, collation.
cotense *nm (LAm)* coarse hemp fabric.
coterráneo/a 1 *adj* from the same country *o* region. **2** *nm/f* compatriot, fellow-countryman/-woman; **un ~ le dio trabajo a Reilly en México** a fellow-countryman gave Reilly work in Mexico.
cotidiano *adj* daily.
cotilla *nmf* busybody, gossip.
cotillear [1a] *vi* to gossip.
cotilleo *nm* gossip(ing).
cotillo *nm (Téc)* (hammer) face *o* head.
cotiza *nf (LAm)* sandal.
cotización *nf* **(a)** *(Fin)* quotation, price; **~ de apertura/de cierre** opening/closing price. **(b)** *(de club)* dues.
cotizado *adj* in demand, sought-after; *(fig)* valued, esteemed.
cotizar [1f] **1** *vt* **(a)** *(Fin: acción)* to quote, price *(en* at). **(b)** *(fijar)* to fix; *(pagar)* to pay. **2 cotizarse** *vr* **(a)** *(Com, Fin)* **~ a** to sell at *o* for; *(Bolsa)* to stand at, be quoted at; **éste es el que se cotiza más** this one fetches the highest *o* best price of all. **(b)** *(fig)* to be valued *o* esteemed; **tales conocimientos se cotizan mucho** such knowledge is highly valued.
coto[1] *nm* **(a)** *(Agr)* enclosure; *(Caza)* estate, reserve; **~ cerrado** *(fig)* closed shop; **~ redondo** large estate. **(b)** *(hito)* boundary stone; *(fig)* limit; **poner ~ a** to put a stop to. **(c)** *(Com)* price-fixing agreement.
coto[2] *nm (LAm Med)* goitre.
cotón *nm* **(a)** *(tela)* printed cotton. **(b)** *(LAm)* shirt.
cotona *nf (LAm)* strongly-made shirt; *(Méx)* leather jacket.
cotorra *nf* **(a)** *(Orn: loro)* parrot; *(: urraca)* magpie. **(b)** *(fam: persona)* windbag.
cotorrear [1a] *vi* to chatter, gabble.
cotorreo *nm* chatter, gabble.
coturno *nm* buskin; **de alto ~** *(fig)* lofty, elevated.
covacha *nf* **(a)** *(Geog)* small cave. **(b)** *(LAm)* porter's lodge.
covadera *nf (LAm)* guano deposit.
cowboy *nm* cowboy.
coxcojilla *nf* hopscotch.
coy *nm (Náut)* hammock.
coyotaje *nm (Méx: gen)* fixing *(fam)*; *(: préstamos)*

sharking *(fam)*; ~ **vendeplazas** job-selling.
coyote *nm* **(a)** *(Zool)* coyote, prairie wolf. **(b)** *(Méx: gen)* middleman, fixer; *(: sablista)* con man.
coyotear [1a] *vi (CAm, Méx: Com, Fin)* to deal *o* speculate in shares; *(: ser intermediario)* to act as go-between; *(: ser sablista)* to be a con man *(fam)*.
coyuntura *nf* **(a)** *(Anat)* joint. **(b)** *(fig)* juncture, occasion; ~ **crítica** critical moment; **esperar una ~ favorable** to await a favourable moment.
coz *nf* **(a)** *(patada)* kick; **dar coces, dar de coces a** to kick; **dar coces contra el aguijón** to kick against the pricks. **(b)** *(de fusil: retroceso)* recoil, kick; *(: culata)* butt. **(c)** *(fig)* insult, rude remark; **tratar a uno a coces** to treat sb like dirt.
crac[1] *nm* **(a)** *(Com, Fin)* crash; **el viernes del C~** Black Friday. **(b)** *(fig)* crack-up.
crac[2] *interj* snap!, crack!; **hizo ¡~! y se abrió** it went crack! and it opened out.
crack *nm (Dep)* star, top player.
crampón *nm* crampon.
cranearse [1a] *vr (Chi)* to swot *(fam)*.
cráneo *nm* skull, cranium.
crápula 1 *nf (embriaguez)* drunkenness; *(disipación)* dissipation. **2** *nm* wastrel.
crapuloso *adj (borracho)* drunken; *(fig)* dissipated.
craque *nm* = **crac**[1].
craquear [1a] *vt (Téc)* to crack.
crasitud *nf* fatness.
craso *adj* **(a)** *(gordo)* fat. **(b)** *(grasiento)* greasy, thick. **(c)** *(fig: error)* gross, crass.
cráter *nm* crater.
crawl *nm (Dep)* (front) crawl.
creación *nf* creation.
creador(a) 1 *adj* creative. **2** *nm/f (gen)* creator; *(inventor)* inventor; **el C~** the Creator.
crear [1a] **1** *vt (gen)* to create; *(oficial)* to make; *(inventar)* to invent; *(originar)* to originate; *(establecer)* to found, establish. **2 crearse** *vr (gen)* to make *o* create for o.s.; *(comité etc)* to be set up.
crecer [2d] **1** *vi (gen)* to grow, increase; *(precio)* to rise; *(días)* to get longer; *(luna)* to wax; **dejar ~ la barba** to grow a beard. **2 crecerse** *vr* **(a) 'se crece un punto'** 'increase by one stitch'. **(b)** *(cobrar ánimo)* to grow bolder, acquire greater confidence; *(engreírse)* to get cocky *(fam)*.
creces *nfpl* **(a)** *(gen)* increase *sg*. **(b)** *(Cos)* room to let out. **(c) con ~** amply, fully; *(fig)* with a vengeance; **devolver algo con ~** to return *o* repay sth with interest.
crecida *nf (de río)* spate, flood.
crecido *adj* **(a)** *(persona)* full-grown; **ya eres ~ para eso** you're too big for that now. **(b)** *(cantidad)* large. **(c) estar ~** *(río)* to be in flood. **(d)** *(fig)* vain, conceited.
creciente 1 *adj (gen)* growing, increasing; *(paro etc)* rising; **luna ~** crescent *o* waxing moon. **2** *nm* crescent. **3** *nf* flood; ~ **del mar** flood tide.
crecimiento *nm (acción)* growth; *(aumento)* increase, rise; *(Fin)* rise.
credenciales *nfpl* credentials.
credibilidad *nf* credibility.
crediticio *adj (Fin)* credit *(atr)*.
crédito *nm* **(a)** *(fe)* credit, credence; **dar ~ a** to believe (in), credit; **apenas daba ~ a sus oídos** he could scarcely believe his ears. **(b)** *(fama)* standing, reputation; **persona (digna) de ~** reliable person; **tiene ~ de muy escrupuloso** he has the reputation of being thoroughly honest. **(c)** *(Com, Fin)* credit; ~ **a largo/corto plazo** long-/short-term credit; **a ~** on credit; **abrir ~ a** to give credit to.
credo *nm* creed, credo; **en un ~, en menos que se canta un ~** in a jiffy.
credulidad *nf* credulity.
crédulo/a 1 *adj* credulous, gullible. **2** *nm/f* sucker *(fam)*.
creederas *nfpl*: **tiene buenas ~** he'll swallow anything.
creencia *nf* belief (*en* in); **en la ~ de que ...** in the belief that ... .
creer [2e] **1** *vt, vi* **(a)** *(gen)* to think, believe; **~ que ...** to think that ..., believe that ...; **creo que sí, lo creo** I think so; **creo que no, no creo** I don't think so; **¡ya lo creo!** *(por supuesto)* of course!; *(iro)* pull the other one!; **créame** believe me, take my word for it; **no se vaya Ud a ~ que ...** don't go thinking that ...; **es difícil, no creas** it's hard enough, I'm telling you. **(b) ~ en** to believe in. **(c)** *(considerar)* to think, consider; **no le creo tan culpable** I don't think him so much to blame; **lo creo de mi deber** I consider it (to be) my duty. **2 creerse** *vr* to believe *o* consider o.s. (to be); **se cree muy astuto** he thinks he's pretty clever; **¿qué te crees?** who do you think you are?
creíble *adj* believable, credible; **¿es ~ que ...?** is it conceivable that ...?
creído *adj (LAm)* credulous, trusting.
crema 1 *nf* **(a)** *(Culin: gen)* cream; *(: natillas)* custard; ~ **batida** whipped cream. **(b) ~ de afeitar** shaving cream; ~ **de belleza** beauty cream; ~ **dental** toothpaste; ~ **hidratante** moisturizer. **(c)** *(betún)* shoe polish. **(d)** *(fig)* cream, best; **la ~ de la sociedad** the cream of society. **2** *adj* cream(-coloured).
cremación *nf* cremation.
cremallera *nf* **(a)** *(tb* **cierre de ~***)* zip (fastener), zipper; **echar la ~** *(fam)* to shut *o* button up *(fam)*. **(b)** *(Téc)* rack; ~ **y piñón** rack and pinion.
crematorio *adj* **(horno) ~** crematorium.
crémor *nm (tb ~* **tártaro***)* cream of tartar.
cremoso *adj* creamy.
crencha *nf (de pelo)* parting.
creosota *nf* creosote.
crepe *nf* pancake.
crepé *nm* **(a)** *(gen)* crêpe. **(b)** *(Méx fig)* wig.
crepitación *nf* crackling.
crepitar [1a] *vi* to crackle.
crepuscular *adj* twilight, crepuscular; **luz ~** twilight.
crepúsculo *nm* twilight, dusk.
crespo 1 *adj* **(a)** *(pelo)* fuzzy, curly; *(hoja etc)* curled. **(b)** *(estilo)* involved, tortuous. **2** *nm* curl, ringlet.
crespón *nm* crape, crêpe.
cresta *nf* **(a)** *(Orn)* crest, comb. **(b)** *(Geog)* crest. **(c) alzar la ~** to put on airs.
crestón *nm (de celada)* crest; *(Min)* outcrop.
creta *nf* chalk.
cretáceo *adj* cretaceous.
cretinismo *nm* cretinism.
cretino/a 1 *adj* cretinous. **2** *nm/f* cretin.
cretona *nf* cretonne.
creyente *nmf* believer.
cría *nf* **(a)** *(Agr)* rearing, breeding; ~ **de ganado** cattle breeding, stock raising; **hembra de ~** breeding female. **(b)** *(Zool: camada)* litter; *(: individuo)* young; *(Orn)* brood.
criadero *nm* **(a)** *(Bot)* nursery. **(b)** *(Zool)* breeding place; ~ **de ostras** oyster bed; ~ **de peces** fish hatchery. **(c)** *(Geol)* vein, seam.
criadilla *nf (Culin)* fry, testicles; **~s de tierra** truffles.
criado/a 1 *adj* reared, brought up; **bien ~** well-bred. **2** *nm/f* servant.

criador *nm* breeder.
criandera *nf (LAm)* nursemaid, wet-nurse.
crianza *nf* **(a)** *(Agr etc)* rearing, breeding. **(b)** *(Med)* lactation. **(c)** *(fig)* breeding; **mala** ~ lack of breeding; **sin** ~ ill-bred.
criar [1c] **1** *vt* **(a)** *(niños)* to suckle, feed; ~ **al biberón/al pecho** to bottle-/breast-feed. **(b)** *(plantas)* to grow. **(c)** *(ganado)* to rear, raise, breed. **(d)** *(tierra etc)* to bear, grow, produce; **esta tierra no cría hierba** this soil is not suitable for grass; **los perros crían pulgas** dogs have *o* get fleas; ~ **carnes** to put on weight. **(e)** *(educar)* to bring up, raise. **(f)** *(locuciones)* **Dios los cría y ellos se juntan** birds of a feather flock together; ~ **cuervos** to nourish a viper in one's bosom. **2 criarse** *vr* to grow (up); **se criaron juntos** they grew up together; ~ **en buena cuna** *o* **en buenos pañales** to be born with a silver spoon in one's mouth.
criatura *nf* **(a)** *(gen)* creature. **(b)** *(niño)* infant, baby; **todavía es una** ~ she's only a child still; **¡no seas** ~**!** be *o* act your age!
criba *nf* sieve, screen.
cribar [1a] *vt* to sieve, sift, screen.
cric *nm (Mec)* jack.
crimen *nm* crime; ~ **de guerra** war crime.
criminal *adj, nmf* criminal.
criminalidad *nm* **(a)** *(gen)* criminality. **(b)** *(índice)* crime rate.
criminalista *nm* **(a)** *(Univ)* criminologist. **(b)** *(Jur)* criminal lawyer.
criminología *nf* criminology.
criminólogo/a *nm/f* criminologist.
crin *nm (Zool)* mane; *(Téc etc)* horsehair.
crinolina *nf* crinoline.
crío/a *nm/f* kid *(fam)*, child.
criollo/a 1 *adj* **(a)** *(gen)* Creole. **(b)** *(LAm)* native (to America), national. **2** *nm/f* **(a)** *(gen)* Creole. **(b)** *(LAm)* native American.
cripta *nf* crypt.
criptografía *nf* cryptography.
criptográfico *adj* cryptographic(al).
criptógrafo/a *nm/f* cryptographer.
criptograma *nm* cryptogram.
crisálida *nf* chrysalis.
crisantemo *nm* chrysanthemum.
crisis *nf inv* crisis; ~ **económica** economic crisis; ~ **nerviosa** nervous breakdown; ~ **de la vivienda** housing shortage; **llegar a la** ~ to come to a head.
crisma *nf* **(a)** *(Rel)* chrism, holy oil. **(b)** *(fam)* **romper la** ~ **a uno** to knock sb's block off *(fam)*.
crisol *nm (Téc)* crucible; *(fig)* melting pot.
crispar [1a] **1** *vt (músculo)* to cause to twitch *o* contract; *(nervios)* to set on edge; **con el rostro crispado por la ira** with his face contorted with anger; **eso me crispa los nervios** that gets on my nerves. **2 crisparse** *vr (músculo)* to twitch, contract; *(cara)* to contort; *(nervios)* to get all on edge.
cristal *nm* **(a)** *(Quím etc)* crystal; ~ **de roca** rock crystal. **(b)** *(vidrio)* glass; *(fino)* crystal; *(Aut)* window; **un** ~ a pane *o* sheet of glass; ~ **ahumado/cilindrado/inastillable/de seguridad/tallado** smoked/plate/splinterproof/safety/cut glass; **de** ~ glass *(atr)*; **puerta de** ~**es** glass door. **(c)** *(espejo)* mirror. **(d)** *(Tec: lente)* lens.
cristalería *nf* **(a)** *(arte)* glass making. **(b)** *(fábrica)* glassworks; *(tienda)* glassware shop. **(c)** *(objetos)* glassware.
cristalino *adj (Fís)* crystalline; *(fig)* clear, translucent.
cristalizar [1f] *vt, vi,* **cristalizarse** *vr* to crystallize.
cristalografía *nf* crystallography.
cristianar [1a] *vt* to christen, baptize.
cristiandad *nf* Christendom.
cristianismo *nm* Christianity.
cristiano/a 1 *adj* **(a)** *(Rel)* Christian. **(b) vino** ~ unwatered wine. **2** *nm/f (Rel)* Christian; ~ **nuevo** *(Hist)* converted Jew *o* Moor; ~ **renacido** born-again Christian. **3** *nm* **(a)** *(persona)* person, (living) soul; **eso lo sabe cualquier** ~ any idiot knows that. **(b) hablar en** ~ to speak in proper Spanish.
Cristo *nm* Christ; **el año 41 antes de** ~ 41 BC; **el año 80 después de** ~ 80 AD; **donde** ~ **perdió el gorro** at the back of beyond.
cristo *nm* crucifix.
Cristóbal *nm* Christopher; ~ **Colón** Christopher Columbus.
criterio *nm* **(a)** *(norma)* criterion; *(medida)* yardstick. **(b)** *(enfoque)* attitude, approach; **depende del** ~ **de cada uno** it depends on the individual's viewpoint. **(c)** *(juicio)* discernment; **lo dejo a su** ~ I leave it to your discretion. **(d)** *(punto de vista)* view, opinion; **en mi** ~ in my opinion.
criticar [1g] *vt* to criticize.
crítico/a 1 *adj* critical. **2** *nm* critic. **3 crítica** *nf* **(a)** *(gen)* criticism. **(b)** *(Teat etc)* review, notice; *(Pol etc)* critique; **la** ~**a** the critics *pl.* **(c)** *(censura)* faultfinding.
criticón/ona 1 *adj* hypercritical, faultfinding. **2** *nm/f* carping critic, faultfinder.
croar [1a] *vi* to croak.
croata *adj, nmf* Croat(ian).
crocitar [1a] *vi* to crow, caw.
croché *nm*, **crochet** [kro'tʃe] *nm* crochet.
cromado *nm* chromium plating, chrome.
cromático *adj* chromatic.
cromo *nm* **(a)** *(Quím)* chromium, chrome. **(b)** *(Tip)* coloured print; *(tarjeta)* picture card.
cromosoma *nm* chromosome.
crónica *nf* **(a)** *(Hist)* chronicle; *(fig)* account. **(b)** *(de periódico)* feature, article; ~ **deportiva** sports page; **'C~ de sucesos'** 'News in Brief'.
crónico *adj (Med, fig)* chronic; *(vicio)* ingrained.
cronista *nmf* **(a)** *(Hist)* chronicler. **(b)** *(de periódico)* reporter, columnist.
cronología *nf* chronology.
cronológico *adj* chronological.
cronometrador *nm* timekeeper.
cronometraje *nm* timing.
cronómetro *nm (Téc etc)* chronometer; *(Dep)* stopwatch.
croqueta *nf* croquette, rissole.
croquis *nm inv* sketch.
cross [kros] *nm inv* cross-country running.
crótalo *nm* **(a)** *(Zool)* rattlesnake. **(b)** *(Mús)* ~**s** castanets.
cruce *nm* **(a)** *(acto)* crossing. **(b)** *(Mat etc)* (point of) intersection. **(c)** *(Aut etc)* junction, intersection; ~ **de carreteras** crossroads; ~ **a nivel** level *o (US)* grade crossing; ~ **de peatones** pedestrian crossing. **(d)** *(Telec)* crossed line. **(e)** *(Bio: proceso)* crossbreeding; *(: ente)* cross, hybrid. **(f)** *(Elec)* short-circuit; *(Aut)* **luces de** ~ dipped headlights; **poner luz de** ~ to dip one's lights.
crucero *nm* **(a)** *(Mil)* cruiser. **(b)** *(Náut: barco)* cruise ship, liner; *(: viaje)* cruise. **(c)** *(Arquit: de templo)* transept. **(d)** *(viga)* crosspiece. **(e)** *(Aut etc)* junction, intersection; *(Téc)* **velocidad de** ~ cruising speed. **(f)** *(Astron)* **C~ (Austral)** Southern Cross.
cruceta *nf* **(a)** *(viga)* crosspiece; *(Náut)* crosstree. **(b)** *(Mec)* crosshead.

crucial *adj* crucial.
crucificar [1g] *vt (Rel)* to crucify; *(fig)* to torment, torture.
crucifijo *nm* crucifix.
crucifixión *nf* crucifixion.
crucigrama *nm* crossword.
crudeza *nf* **(a)** *(Culin: de carne)* rawness; *(: de frutas)* unripeness. **(b)** *(de agua)* hardness. **(c)** *(rigor)* harshness. **(d)** *(aspereza)* crudeness, coarseness.
crudo/a 1 *adj* **(a)** *(carne)* raw; *(frutas)* green, unripe. **(b)** *(agua)* hard. **(c)** *(materiales)* raw; *(Téc)* untreated. **(d)** *(clima etc)* harsh. **(e)** *(descripción)* crude, coarse. **(f)** *(LAm)* hungover. **2 cruda** *nf (LAm)* hangover.
cruel *adj* cruel (*con, para* to).
crueldad *nf* cruelty.
cruento *adj (lit)* bloody, gory.
crujía *nf (pasillo)* corridor, gallery; *(Med)* ward; *(de cárcel)* wing; **pasar ~** to have a tough time of it.
crujido *nm (de papel etc)* rustle; *(de gozne)* creak; *(de nudillos)* crack; *(de dientes)* grinding, gnashing.
crujiente *adj (seda)* rustling; *(gozne)* creaking; *(galleta)* crunchy.
crujir [3a] *vi (papel, seda)* to rustle; *(gozne)* to creak; *(nudillo)* to crack; *(grava)* to crunch.
crustáceo *nm* crustacean.
cruz *nf* **(a)** *(gen)* cross; **~ gamada** swastika; **~ de hierro** iron cross; **C~ del Sur** Southern Cross; **C~ Roja** Red Cross; **¡~ y raya!** that's quite enough!, no more!; **en ~** cross-shaped; **con los brazos en ~** with arms crossed; **firmar con una ~** to make one's mark; **hacerse cruces** *(Rel)* to cross o.s; *(fig)* to show one's surprise; **quedar en ~** to be in an agonizing situation. **(b)** *(de espada)* hilt; *(de ancla)* crown; *(de moneda)* tails; *(Zool)* withers. **(c)** *(fig)* cross, burden; **cada uno lleva su ~** each of us has his cross to bear.
cruzada *nf* crusade.
cruzado 1 *adj* **(a)** *(cheque etc)* crossed; **palabras ~as** crossword. **(b)** *(Cos)* double-breasted. **(c)** *(Zool)* crossbred, hybrid. **2** *nm* **(a)** *(Hist)* crusader. **(b)** *(Agr)* cross.
cruzamiento *nm* crossing.
cruzar [1f] **1** *vt* **(a)** *(gen)* to cross; *(Arquit etc)* to cut across, intersect; **~ un palo sobre otro** to place a stick across another; **~ el lago a nado** to swim across a lake. **(b)** *(palabras)* to have, exchange. **(c)** *(estar cruzado)* to lie across; *(rayar)* to draw across, score. **2 cruzarse** *vr* **(a)** *(líneas etc)* to cross each other, intersect. **(b) ~ de brazos** to fold one's arms. **(c)** *(peatones)* to pass each other; **~ con uno en la calle** to pass sb in the street.
csf *abr de* **costo, seguro y flete** c.i.f.
cte. *abr de* **corriente** inst.
cu *nf* Q, name of the letter Q.
cuaco *nm (LAm)* horse.
cuadernillo *nm (gen)* booklet; **~ de sellos** book of stamps; **~ de papeles de fumar** packet of cigarette papers.
cuaderno *nm (gen)* notebook; *(Escol)* jotter, exercise book; *(fam: baraja)* pack of cards; **~ de bitácora** *(Náut)* logbook.
cuadra *nf* **(a)** *(Agr)* stable; **~ de carreras** racing stable. **(b)** *(Med)* ward. **(c)** *(Mil)* hut. **(d)** *(sala)* hall, large room. **(e)** *(LAm)* (city) block. **(f)** *(Zool)* croup.
cuadrado 1 *adj* **(a)** *(Mat etc)* square. **(b)** *(Cos etc)* with squares, chequered. **(c)** *(corpulento)* broad, square-shouldered. **(d)** *(retrato)* full-face *(atr)*; *(cabal)* complete. **(e) tenerlos ~s** *(fam!)* to have balls *(fam!)*. **2** *nm* **(a)** *(Mat, Geom)* square. **(b)** *(regla)* ruler. **(c)** *(Téc)* die. **(d)** *(Cos)* gusset.
Cuadragésima *nf* Quadragesima.
cuadragésimo *adj* fortieth; *véase tb* **sexto.**
cuadrangular *adj* quadrangular.
cuadrángulo 1 *adj* quadrangular. **2** *nm* quadrangle.
cuadrante *nm* **(a)** *(Mat, Náut)* quadrant. **(b)** *(indicador)* dial; *(de reloj)* face; **~ solar** sundial.
cuadrar [1a] **1** *vt* **(a)** *(Mat)* to square. **(b)** *(Téc)* to square (off). **(c)** *(fig)* to please; **si le cuadra** if it suits you. **2** *vi:* **~ con** *(cuenta etc)* to square *o* tally with; *(muebles etc)* to match, go with; *(ropa)* to suit. **3 cuadrarse** *vr* **(a)** *(Mil)* to stand to attention. **(b)** *(fig)* to dig one's heels in.
cuadrícula *nf (Tip etc)* grid, ruled squares.
cuadriculado *adj:* **papel ~** squared *o* graph paper.
cuadricular 1 *adj (papel)* ruled in squares. **2** [1a] *vt* to rule squares on.
cuadrilátero 1 *adj* quadrilateral, four-sided. **2** *nm (Mat)* quadrilateral; *(Boxeo)* ring.
cuadrilongo *adj, nm* oblong.
cuadrilla *nf (amigos)* party, group; *(pandilla)* band, gang; *(obreros)* gang, team; *(Taur)* quadrille; **~ de demolición** demolition squad.
cuadrito *nm* cube; **cortar en ~s** to dice.
cuadro *nm* **(a)** *(Mat)* square; **~ de vidrio** pane of glass; **2 metros en ~** 2 metres square; **diseño a ~s** chequered pattern, check (pattern). **(b)** *(Téc)* frame; **~ de bicicleta** bicycle frame. **(c)** *(Arte)* picture, painting; **dos ~s de Velázquez** two Velazquez paintings. **(d)** *(Teat, fig)* scene; **~s vivos** tableau. **(e)** *(Lit)* description, picture; **~ de costumbres** scene of local colour. **(f)** *(Agr)* bed, plot; **~ alpino** rock garden. **(g)** *(Elec etc)* panel; **~ de instrumentos** instrument panel; *(Aut)* dashboard; **~ de mandos** control panel. **(h)** *(Mil: formación)* square; **formar el ~** *(fig)* to resolve to stand together. **(i)** *(gráfico: tb* **~ sinóptico***)* table, chart, diagram. **(j)** *(personal: gen)* staff; *(: Dep)* line-up, team; *(: Pol)* cadre.
cuadrúpedo *nm* quadruped.
cuádruple *adj* quadruple, fourfold.
cuadruplicar [1g] *vt*, **cuadruplicarse** *vr* to quadruple.
cuádruplo 1 *adj* fourfold, quadruple. **2** *nm* quadruple.
cuajada *nf (de leche)* curd; *(requesón)* cottage cheese.
cuajado *adj* **(a)** *(leche)* curdled; *(sangre)* coagulated, congealed. **(b) ~ de** *(fig)* full of, filled with; **una situación ~a de peligros** a situation fraught with dangers; **un texto ~ de problemas** a text bristling with problems. **(c) estar ~** *(fig)* to be dumbfounded. **(d) quedarse ~** *(fig)* to fall asleep.
cuajar [1a] **1** *vt* **(a)** *(leche)* to curdle; *(sangre)* to coagulate, clot; *(grasa)* to congeal; *(gelatina)* to set. **(b)** *(adornar)* to cover, adorn (*de* with); **una música que cuaja el ambiente de alegría** music which fills the air with joy. **2** *vi* **(a)** *(nieve)* to lie. **(b)** *(fig)* to become set, become established; *(plan etc)* to take shape; *(truco)* to come off, work; *(idea)* to be received, be acceptable; **el noviazgo no cuajó** the engagement was not a success. **3 cuajarse** *vr* **(a)** *(leche)* to curdle; *(sangre)* to congeal, coagulate; *(gelatina)* to set. **(b) ~ de** *(fig)* to fill (up) with. **(c)** *(fig)* to go fast asleep.
cuajarón *nm* clot (of blood).
cuajo *nm* **(a)** *(Zool)* rennet. **(b)** *(fig)* phlegm, calmness; **tiene mucho ~** he's very phlegmatic.

(c) arrancar algo de ~ to tear sth out by its roots; **extirpar un vicio de** ~ to eradicate a vice completely. **(d)** *(Méx: charla)* chatter; *(: mentira)* harmless fib; *(: Escol)* playtime.

cual 1 *adj (lit)* such as, of the kind (that); *(Jur)* said, aforementioned; **los ~es bienes** the said property, which property; **las ceremonias fueron ~es convenían a su importancia** the ceremonies were such as befitted his importance.

2 *pron* **(a) cada** ~ each one; **allá cada** ~ every man to his own taste; **son a** ~ **más gandul** each is as idle as the other; ~ **más,** ~ **menos** some more, some less. **(b)** *(relativo)* **el** *etc* ~ *(cosas)* which; *(gente)* who; **al** *etc* ~ *(cosas)* to which; *(obj pers: directo)* whom; *(: indirecto)* to whom; **ese edificio, el** ~ **se construyó en el siglo XV** that building, which was built in the 15th century; **había ocho chicos, tres de los ~es hablaban en inglés** there were eight boys, three of whom were speaking in English. **(c) lo** ~ *(relativo)* which; **se rieron mucho, lo** ~ **me disgustó** they laughed a lot, which upset me; **con lo** ~ at which, whereupon; **por lo** ~ (and) so, on account of which.

3 *adv, conj (con n)* like, as; *(con vb)* (just) as; **brillaba** ~ **estrella** it shone like a star; ~ **... tal** *o* **así ...** like ... like ...; *(verbo)* just as ..., so ...; ~ **el padre, tal el hijo** like father like son; ~ **llega el día tras la noche** just as day follows night; ~ **si ...** as if.

cuál *pron interrog* what, which (one); **¿~ quieres?** which (one) do you want?; **¿~ es el que dices?** which one are you talking about?; **ignora** ~ **será el resultado** he does not know what the outcome will be.

cualidad *nf (gen)* quality; *(atributo)* attribute, characteristic; *(Fís etc)* property; **tiene buenas ~es** he has good qualities.

cualificado *adj (obrero)* skilled, qualified; **obrero no** ~ unskilled worker.

cualitativo *adj* qualitative.

cualquier(a), *pl* **cualesquier(a) 1** *adj indef* **(a)** any; ~ **hombre de los de aquí** any man from these parts; **en** ~ **momento** at any time; **en** ~ **sitio donde lo busques** in whatever place you look for it. **(b)** *(después de n)* any (old), ordinary; **un día** ~ an ordinary day. **2** *pron indef* **(a)** *(personas: suj)* anyone, anybody; *(: obj)* whoever; *(cosas: suj)* whatever; *(: obj)* whichever; **te lo diría** ~ anyone would tell you the same; ~ **puede hacer eso** anybody can do that. **(b)** ~ **que sea** *(persona)* whover he *etc* is; *(cosa)* whichever it is. **(c) es un** ~ he's a nobody; **yo no me caso con un** ~ I'm not marrying just anybody. **(d) una ~a** a loose woman.

cuán *adv* how; **¡~ agradable fue todo eso!** how delightful it all was!

cuando 1 *adv, conj* **(a)** *(tiempo)* when; ~ **nos veamos** when we meet again; ~ **iba allí le veía** whenever I went there I saw him; **ven** ~ **quieras** come when(ever) you like; **me acuerdo de** ~ ... I remember the time when ...; **lo dejaremos para** ~ **estés mejor** we'll leave it until you're better. **(b)** *(condicional)* (even) if, although; ~ **lo dice él, será verdad** if he says so, it must be true; ~ **no sea así** even if it is not so; ~ **más** at (the) most; ~ **menos** at least; ~ **no** if not, otherwise. **(c)** *(locuciones)* **aun** ~ even if; **cada** ~ every so often; **de** ~ **en** ~**, de vez en** ~ from time to time; **¡hasta** ~**!** see you!

2 *prep* at the time of; **eso fue** ~ **la guerra** that was during the war; ~ **niño** as a child, when I *etc* was a child.

cuándo *adv, conj interrog* when; **¿~ lo perdiste?** when did you lose it?; **no sé** ~ **será** I don't know when it will be; **¿de** ~ **acá?** since when?; *(fig)* how come?; **¿desde** ~ **es esto así?** how long has it been like this?

cuantía *nf (cantidad)* quantity, amount; *(alcance)* extent; *(importancia)* importance; **se ignora la** ~ **de las pérdidas** the extent of the losses is not known.

cuántico *adj:* **teoría ~a** quantum theory.

cuantimás *adv (fam)* all the more so.

cuantioso *adj (grande)* large, substantial; *(abundante)* abundant.

cuantitativo *adj* quantitative.

cuanto/a 1 *adj* all that, whatever; **tiene todo** ~ **desea** he has all he wishes for; **daremos ~s créditos se precisen** we will give whatever credits are needed; **~s hombres la ven la quieren** all the men that see her fall in love with her; **unos ~s libros** a few books, some books; **~s más invitados vengan tantas más comidas habrá que preparar** the more guests come, the more meals will have to be cooked.

2 *pron* all that (which), as much as; **~s** all those that, as many as; **tiene** ~ **desea** he has all (that) he wants; **tome** ~ **quiera** take all you want, take as much as you want; **~s más, mejor** the more the merrier.

3 *adv, conj* **(a) en** ~ inasmuch as; **él, en** ~ **erudito, ...** he, as a scholar, ...; **en** ~ *(conj)* as soon as, immediately, directly; **en** ~ **lo supe me fui** as soon as I heard it I left; **en** ~ **a** as for, with regard to; **por** ~ and so, hence. **(b)** ~ **más/menos** at most/least; ~ **antes** as soon as possible; ~ **más ...** the more ...; ~ **más gana menos gasta** the more he earns the less he spends; ~ **más calor que hace, más tiempo paso en la playa** the warmer it is, the more time I spend at the beach; ~ **más que resultó ser mujer** all the more so because it turned out to be a woman.

cuánto/a *adj, pron, adv* **1** *interj* **(a)** *(+ vb)* **¡~ has crecido!** how you've grown!; **¡~ trabajas!** how hard you work!; **¡~ has gastado!** what a lot you've spent!; **¡~ me alegro!** I'm so glad! **(b)** *(+ n)* **¡~a gente!** what a lot of people!; **¡~ tiempo perdido!** what a lot of time wasted!, the time you've wasted! **2** *interrog* **(a)** *(sg)* how much?; **¿~ has gastado?** how much have you spent?; **¿~ tiempo?** how long?; **¿~ durará esto?** how long will this last?; **¿~ hay de aquí a Bilbao?** how far is it from here to Bilbao?; **¿a** ~ **están las peras?** how much are (the) pears?; **¿cada** ~**?** how often? **(b) ¿~s?** how many?; **¿~as personas había?** how many people were there?; **¿a ~s estamos?** what's the date? **(c) el señor no sé ~s** Mr So-and-So; **el señor Anastasio no sé ~s** Mr Anastasius Something.

cuáquero/a *adj, nm/f* Quaker.

cuarcita *nf* quartzite.

cuarenta *adj (gen)* forty; *(cuadragésimo)* fortieth; **ésas son otras** ~ *(Arg, Per)* that's a different story; *véase tb* **seis.**

cuarentena *nf* **(a)** *(conjunto)* forty(-odd); **una** ~ **de** some forty, forty or so. **(b)** *(Med etc)* quarantine.

cuarentón/ona 1 *adj* forty-year-old, fortyish. **2** *nm/f* person of about forty.

cuaresma *nf* Lent.

cuaresmal *adj* Lenten.

cuarta *nf* **(a)** *(Mat)* quarter, fourth (part). **(b)** *(palmo)* span. **(c)** *(Náut)* point (of the compass). **(d)** *(LAm)* whip. **(e)** *(de cerveza)* small bottle of beer.

cuartago *nm* pony.

cuartear [1a] **1** *vt* **(a)** *(gen)* to quarter; *(Mat)* to divide into four. **(b)** *(carretera)* to zigzag up. **2** *vi (Taur)* to dodge, step aside. **3 cuartearse** *vr* **(a)** *(agrietarse)* to crack, split. **(b)** *(Taur)* to dodge, step aside.
cuartel *nm* **(a)** *(cuarta)* quarter; *(distrito)* quarter, district. **(b)** *(Mil)* barracks; **~es** quarters; **~ general** headquarters *pl.* **(c) no dar ~** to give no quarter; **no hubo ~ para los revoltosos** no mercy was shown to the rioters.
cuartelazo *nm* coup.
cuarterón/ona 1 *nm* **(a)** *(peso)* quarter pound. **(b)** *(de ventana)* shutter; *(de puerta)* panel. **2** *nm/f (LAm)* quadroon.
cuarteta *nf* quatrain.
cuarteto *nm* **(a)** *(Mús)* quartet(te). **(b)** *(Lit)* quatrain.
cuartilla *nf* **(a)** *(hoja)* sheet (of paper); **~s** *(Tip)* copy. **(b)** *(de caballo)* pastern.
cuarto 1 *adj* fourth; *véase tb* **sexto. 2** *nm* **(a)** *(Mat etc)* quarter, fourth part; **~s de final** quarter finals; **~ de hora** quarter of an hour; **las 6 y/menos ~** a quarter past/to 6; **tardó tres ~s de hora** he took three-quarters of an hour; **~ de luna** quarter of the moon; **de tres al ~** insignificant, worthless. **(b)** *(Zool)* quarters; **~ trasero** hindquarters. **(c)** *(Tip)* quarto. **(d) ~s** *(fam: dinero)* dough *(fam)*; **por 5 ~s** for a song; **no tener un ~** to be broke *(fam)*; **aflojar los ~s** *(fam)* to cough up *(fam)*. **(e)** *(Arquit)* room; **~ de baño** bathroom; **~ de estar** living room; **~ oscuro** *(Fot)* darkroom; **poner ~** to set up house. **(f) estar de ~** *(Mil)* to be on watch.
cuarzo *nm* quartz.
cuartones *nmpl* dressed timber, beams, planks.
cuás *nm (Méx)* bosom pal.
cuate *(CAm, Méx)* **1** *adj* twin. **2** *nm* **(a)** *(gemelo)* twin. **(b)** *(compadre)* pal, *(esp US)* buddy.
cuaternario *adj, nm* quaternary.
cuatrero *nm (RPl)* rustler, stock thief.
cuatrillizos/as *nmpl/nfpl* quadruplets.
cuatrimotor 1 *adj* four-engined. **2** *nm* four-engined plane.
cuatro 1 *adj (gen)* four; *(fechas)* fourth; **las ~** four o'clock; **más de ~ lo creen** quite a few people believe it. **2** *nm* **(a)** *(gen)* four; *(ordinal)* fourth; **cada ~ días** every four days; **el ~ de octubre** (on) the fourth of October, (on) October the fourth; *véase tb* **seis. (b)** *(LAm)* four-stringed guitar. **(c)** *(Méx: ardid)* trick, fraud; *(: disparate)* blunder.
cuatrocientos/as *adj, nmpl/nfpl* four hundred; *véase tb* **seiscientos.**
Cuba *nf* Cuba.
cuba *nf* **(a)** *(tonel)* cask, barrel; *(tina)* tub, vat. **(b)***(panzudo)* pot-bellied person. **(c)** *(borracho)* drunkard, boozer; **estar hecho una ~** to be as drunk as a lord.
cubalibre *nm (gen)* (white) rum and coke ®; **~ de ginebra** gin and coke ®.
cubano/a *adj, nm/f* Cuban.
cubata *nm* = **cubalibre.**
cubero *nm* cooper.
cubertería *nf* cutlery.
cubeta *nf (tonel)* keg, small cask; *(manual)* pail; *(Fot)* tray; **~ de siembra** seed box.
cubicar [1g] *vt* **(a)** *(Mat)* to cube. **(b)** *(Fís)* to determine the volume of.
cúbico *adj* cubic.
cubículo *nm* cubicle.
cubierta *nf* **(a)** *(gen)* cover(ing); *(Tip)* cover, jacket; *(Arquit)* roof; *(Téc)* casing; *(Aut etc)* tyre, outer cover; *(sobre)* envelope; **~ de cama** coverlet; **~ de lona** tarpaulin. **(b)** *(Náut)* deck; **~ de aterrizaje** *o* **vuelo** flight deck. **(c)** *(Méx)* sheath. **(d)** *(fig)* cover, pretext.
cubierto 1 *pp de* **cubrir** *adj.* **2** *(gen)* covered; *(cielo)* overcast; *(vacante)* filled. **3** *nm* **(a)** *(abrigo)* cover; **a** *o* **bajo ~** under cover; **a ~ de** safe from; **ponerse a ~** to shelter *(de* from*)*. **(b)** *(servicio de mesa)* place (at table); *(menú)* menu; **~s** cutlery *sg;* **precio del ~** cover charge.
cubil *nm* den, lair.
cubilete *nm* **(a)** *(vaso)* tumbler; *(de dados)* cup. **(b)** *(hielo)* ice cube. **(c)** *(Culin)* pastry tray.
cubiletear [1a] *vt* to intrigue, scheme.
cubismo *nm* cubism.
cubista *adj, nmf* cubist.
cubito *nm* **(a)** *(de niño)* bucket, beach pail. **(b) ~ de hielo** ice cube.
cubo *nm* **(a)** *(Mat)* cube. **(b)** *(cubeta)* bucket, pail; **~ de (la) basura** dustbin, *(US)* ashcan; **~ para el carbón** coal scuttle. **(c)** *(Mec)* barrel, drum. **(d)** *(de rueda)* hub.
cuboflash *nm (Fot)* flashcube.
cubrecama *nf* coverlet, bedspread.
cubrecorsé *nm* camisole.
cubrerrueda *nf* mudguard, *(US)* fender.
cubretetera *nf* tea cosy.
cubrir [3a; *pp* **cubierto**] **1** *vt* **(a)** *(gen)* to cover (in, over, up; *con, de* with); *(Arquit)* to roof; **lo cubrieron los aguas** the waters closed over it; **el agua casi me cubría** I was almost out of my depth. **(b) ~ a uno con un revólver** to cover sb with a revolver. **(c)** *(emoción)* to conceal; **cubre su tristeza con una falsa alegría** she covers up her sadness with a false cheerfulness; **~ las formas** to keep up appearances. **(d) ~ a uno de improperios** to shower sb with insults; **~ a uno de alabanzas** to heap praises on sb; **~ a uno de besos** to smother sb with kisses. **(e)** *(proteger)* to cover, protect; *(ocultar)* to cover up for. **(f)** *(distancia)* to travel, do; **~ 80 kms en una hora** to cover 80 kms in an hour. **(g)** *(vacante)* to fill. **(h)** *(Bio)* to cover, mate with. **(i)** *(gastos)* to meet, cover; *(deuda)* to repay; **esto cubre todas nuestras necesidades** this meets all our needs.

2 cubrirse *vr* **(a)** *(ponerse el sombrero)* to put on one's hat. **(b)** *(fig)* **~ de gloria** to cover o.s. with glory. **(c) ~ contra un riesgo** to cover *o* protect o.s. against a risk. **(d)** *(Met: cielo)* to become overcast. **(e)** *(Fin: gastos)* to be met *o* paid; *(: deuda)* to be covered.
cucaña *nf* **(a)** *(hueso)* cinch *(fam)*, easy thing. **(b)** *(diversión)* greasy pole.
cucañero/a *nm/f (fam)* smart cookie *(fam)*.
cucar [1g] *vt* to wink.
cucaracha *nf* cockroach.
cuclillas *nfpl:* **en ~** squatting, crouching; **sentarse en ~** to squat, sit on one's heels.
cuclillo *nm* **(a)** *(Orn)* cuckoo. **(b)** *(fam)* cuckold.
cuco/a 1 *adj* **(a)** *(taimado)* sly, crafty. **(b)** *(mono)* pretty, cute. **2** *nm/f (fam)* wily bird *(fam)*. **3** *nm* **(a)** *(Orn)* cuckoo. **(b)** *(oruga)* grub, caterpillar. **(c) ~s** *(fam)* panties.
cucú *nm (canto)* cuckoo.
cucurucho *nm* **(a)** *(Culin etc)* paper cone, cornet. **(b)** *(Rel)* penitent's hood.
cuchara *nf* **(a)** *(gen)* spoon; *(cucharón)* ladle; *(Téc)* scoop, bucket; **~ de café** teaspoon; **~ de palo** wooden spoon; **~ sopera** soup spoon; **meter su ~** to butt in, shove one's oar in; **despacharse** *o* **servirse con la ~ grande** *(esp LAm)* to look after number one; **soplar ~** *(fam)* to eat. **(b)** *(LAm: llana)* flat trowel; **albañil de ~** skilled bricklayer. **(c)** *(CAm, Chi)* pout; **hacer ~** to pout. **(d)**

(Méx) pickpocket.
cucharada *nf* spoonful; ~ **colmada** heaped spoonful; ~ **de café** teaspoonful; ~ **de sopa** tablespoonful.
cucharadita *nf* teaspoonful.
cucharear [1a] *vt* to spoon *o* ladle out.
cucharetear [1a] *vi* **(a)** *(Culin etc)* to stir (with a spoon). **(b)** *(fig)* to meddle.
cucharilla *nf*, **cucharita** *nf (tb* ~ **de té***)* small spoon, teaspoon.
cucharón *nm (Culin etc)* ladle; *(Téc)* scoop, bucket; **tener el** ~ **por el mango** *(fig)* to have the situation well in hand.
cuchí *nm (Per)* pig, *(US)* hog.
cuchichear [1a] *vi* to whisper (*a* to).
cuchicheo *nm* whispering.
cuchilla *nf* **(a)** *(Culin etc)* (large kitchen) knife; *(de carnicero)* chopper, cleaver; *(Téc)* blade; ~ **de afeitar** razor blade. **(b)** *(Geog)* ridge, crest; *(LAm)* line of low hills.
cuchillada *nf* **(a)** *(herida)* slash, knife wound; ~ **de cien reales** long gash; **dar una** ~ to stab. **(b)** *(Cos)* slash, slit.
cuchillero *nm* cutler.
cuchillo *nm* **(a)** *(gen)* knife; ~ **de monte** hunting knife; ~ **de trinchar** carving knife; **pasar a** ~ to put to the sword. **(b)** *(Arquit)* upright, support. **(c)** ~ **de aire** sharp draught.
cuchipanda *nf* feed *(fam)*, blow-out *(fam)*.
cuchitril *nm* hovel, pigsty, dump *(fam)*.
cucho *adj (Méx)* harelipped.
cuchufleta *nf* joke, crack *(fam)*.
cueca *nf (LAm) popular Chilean dance.*
cuelgacapas *nm inv (en pared)* coat rack; *(en soporte)* coat stand.
cuello *nm* **(a)** *(Anat)* neck; **cortar el** ~ **a uno** to cut sb's throat; **levantar el** ~ *(fig)* to get on one's feet again *(fig)*. **(b)** *(de prenda)* collar; *(talle)* (collar) size. **(c)** *(de botella)* neck.
cuenca *nf* **(a)** *(Anat)* eye socket. **(b)** *(Geog)* bowl, deep valley; *(fluvial)* basin; **la** ~ **del Ebro** the Ebro basin; ~ **minera** coalfield.
cuenco *nm* **(a)** *(concavidad)* hollow; ~ **de la mano** hollow of the hand. **(b)** *(recipiente)* earthenware bowl.
cuenta *nf* **(a)** *(acción)* counting; *(resultado)* count; *(esp fig)* reckoning; *(Boxeo)* count; ~ **de la vieja** counting on one's fingers; ~ **atrás** countdown; **a esa** ~ at that rate; **por la** ~ apparently, as far as one can tell; **beber más de la** ~ to have one over the eight; **caer en la** ~ to catch on (*de* to), see the point (*de* of); **perder la** ~ **(de)** to lose count (of); **tener en** ~ to take into account.

(b) *(Fin)* account; ~ **de ahorros,** ~ **a plazo (fijo)** deposit account; ~ **corriente** current *o* *(US)* checking account; **abrir una** ~ to open an account; **a** ~ on account; **tomar un coche a** ~ to take a car in part payment; **abonar una cantidad en** ~ **a uno** to credit a sum to sb's account.

(c) *(Com: factura)* account, bill; *(de restaurante)* bill, *(US)* check; ~ **de gastos** expense account; ~ **pendiente** unpaid bill, outstanding account; **la** ~ **es la** ~ business is business; **ajustar** *o* **liquidar una** ~ to settle an account; **echar las** ~**s** to reckon up; **llevar la** ~ **de** to keep an account of; **pasar la** ~ to send the bill.

(d) *(fam: de disputa)* score, account; **ajustar** ~**s** to settle up (*con* with); **ajustar** ~**s viejas con uno** to settle old scores with sb; **voy a ajustar** ~**s con él** I'm going to have it out with him; **¡vamos a** ~**s!** let's get down to business!

(e) *(fig: partida)* report, statement; **en resumidas** ~**s** in short, in a nutshell, all in all; **dar** ~ **de** to give an account of, report on; **dar** ~ **a uno de sus actos** to account to sb for one's actions; **no tiene que dar** ~**s a nadie** he's not answerable to anyone; **dar buena** ~ **de sí** *(hacer bien algo)* to give a good account of o.s.; *(defenderse)* to give as good as one gets; **darse** ~ **de** to realize *(que* that*)*; **sin darse** ~ without realizing it, without noticing; **rendir** ~**s a uno** to report to sb.

(f) *(fig: asunto)* affair, business; **ésa es** ~ **mía** that's my affair, that's up to me; **de** ~ **y riesgo de uno** at one's own risk; **por** ~ **propia, por su propia** ~ on one's own account; **por mi** ~ in my opinion, as for me; **eso corre de** *o* **por mi** ~ that's my affair; **éste corre por mi** ~ this one's on me; **no querer** ~**s con uno** to want nothing to do with sb.

(g) ~**s** plans; **echar** ~**s** to reflect, take stock; **echar** ~ **de hacer algo** to plan to do sth; **le salieron fallidas las** ~**s** his plans went wrong.

(h) *(fig: importe)* importance; **de (mucha)** ~ important; **no tiene** ~ **hacer algo** there is no point in doing sth.

(i) *(Rel)* bead.

(j) *(Med fam)* the curse *(fam)*, period.
cuentacorrentista *nmf* current account holder.
cuentagotas *nm inv (Med)* dropper.
cuentakilómetros *nm inv* **(a)** *(de distancias)* milometer, clock. **(b)** *(velocímetro)* speedometer.
cuentarrevoluciones *nm inv* rev counter.
cuentista *nmf* **(a)** *(Lit)* short-story writer; *(narrador)* storyteller. **(b)** *(chismoso)* gossip. **(c)** *(esp LAm fam)* confidence trickster.
cuento[1] *nm* **(a)** *(gen)* story, tale; *(Lit)* short story; ~ **de hadas** fairy tale; ~ **de viejas** old wives' tale; **tener más** ~ **que siete viejas** to have the gift of the gab; **es un** ~ **largo** it's a long story; **es el** ~ **de nunca acabar** it's an endless business; **estar en el** ~ to be in the know; **ir a uno con el** ~ to go off and tell sb; **va de** ~ **que ...** the story goes that ..., it is said that ...; **traer algo a** ~ to bring sth up; **eso no viene a** ~ that's irrelevant; **vivir del** ~ to live by one's wits. **(b) sin** ~ countless. **(c)** *(fábula)* story, tale, fib; **¡puro** ~**!** a likely story!; ~ **chino** tall story. **(d)** ~**s** *(fig)* trouble, difficulties; **han tenido no se qué** ~**s entre ellos** they've had some upset among themselves. **(e)** *(fam: exageración)* fuss, exaggeration.
cuento[2] *nm (de bastón etc)* point, tip.
cuerda *nf* **(a)** *(gen)* rope; *(delgado)* string, cord; ~ **arrojadiza** lasso; ~ **floja** tightrope; ~ **de plomada** plumbline; ~ **de salvamento,** ~ **salvavidas** lifeline; ~ **para tender la ropa** clothesline; **aflojar la** ~ *(fig)* to ease up; **apretar la** ~ *(fig)* to tighten up; **bailar en la** ~ **floja** to sit on the fence; **estirar la** ~ *(fig)* to go too far, overdo it; **son de la misma** ~ they're all as bad as each other; **bajo** ~ in an underhand way. **(b)** *(Mec)* clockwork mechanism; *(de reloj)* spring; **dar** ~ **al reloj** to wind up one's watch; **dar** ~ **a uno** to wind sb up *(fam)*; **un coche de** ~ a clockwork car. **(c)** *(Mús: de violín etc)* string; *(: fig)* vocal range. **(d)** *(Mat, Anat)* chord; ~**s vocales** vocal cords. **(e)** *(Dep: atletismo)* inside; *(: de hipódromo)* rails; ~**s** *(Boxeo)* ropes. **(f)** *(de presos)* chain gang.
cuerdo *adj* **(a)** *(persona)* sane. **(b)** *(acto)* sensible, prudent.
cuereada *nf (LAm)*, **cueriza** *nf (LAm)* tanning *(fam)*, leathering *(fam)*.
cuerna *nf* **(a)** *(Zool: gen)* horns; *(: de ciervo)* antlers. **(b)** *(vaso)* drinking horn. **(c)** *(Caza)* (hunting) horn.
cuerno 1 *nm (Zool: gen)* horn; *(: de ciervo)* antler; ~ **de la abundancia** horn of plenty; **estar en los**

~**s (del toro)** to be in a jam; **poner los ~s a** to cuckold; **oler** *o* **saber a ~ quemado** to leave a nasty taste; **esto me sabe a ~ quemado** this makes my blood boil. **2** *interj* rubbish!, garbage!

cuero *nm* **(a)** *(Zool)* skin, hide; *(Téc etc)* leather; **~ adobado** tanned skin; **~ cabelludo** scalp; **~ charolado** patent leather; **andar en ~s** to go about stark naked; **dejar a uno en ~s** *(fig)* to take the shirt from sb's back. **(b)** *(odre)* wineskin; **estar hecho un ~** to be as drunk as a lord. **(c)** *(de grifo)* washer. **(d)** *(LAm)* whip; **arrimar el ~ a uno** to give sb a beating. **(e)** *(Dep)* ball.

cuerpear [1a] *vi (RPl)* to dodge.

cuerpo *nm* **(a)** *(Anat etc)* body; *(talle)* figure, build; *(cadáver)* corpse; *(Dep)* length; **luchar ~ a ~** to fight hand-to-hand; **de ~ entero** *(retrato etc)* full-length; *(auténtico)* thoroughgoing, out-and-out; **de medio ~** half-length; **en ~ y alma** fully; **dar con el ~ en tierra** to fall down; **echar el ~ atrás** to lean suddenly backwards; **estar de ~ presente** to lie in state; **ganar por 4 ~s** to win by 4 lengths; **hacer del ~** to relieve o.s.; **hurtar el ~** to dodge, move (one's body) out of the way; **vivir a ~ de rey** to live like a king. **(b)** *(Jur etc: colección)* body; **~ de doctrina** body of teaching. **(c)** *(personal: gen)* body, force; *(Mil)* corps; **~ de baile** corps de ballet; **~ legislativo** legislature; **~ de bomberos** fire brigade, *(US)* fire department; **~ diplomático** diplomatic corps; **~ de intendencia** service corps. **(d)** *(Quím)* body, substance; **~ compuesto** compound; **~ simple** element; **~ extraño** foreign body. **(e)** *(Astron, Fís)* body; *(Téc: de cohete)* stage; **de un solo ~** single-stage *(atr)*. **(f)** *(tronco)* trunk; *(fig)* main part; **el ~ de un libro** the main part of a book; **un vino de mucho ~** a full-bodied wine; **dar ~ a un líquido** to thicken a liquid; **tomar ~** to swell, get bigger; *(plan etc)* to take shape. **(g)** *(Tip: de letra)* size; *(: de papel)* thickness.

cuervo *nm (Orn)* raven; *(fam: cura)* priest; **~ marino** cormorant; *véase* **criar 1 (f).**

cuesco *nm* **(a)** *(Bot)* stone. **(b)** fart *(fam!)*.

cuesta *nf* **(a)** *(Geog)* slope; *(colina)* hill; **~ abajo** downhill; **ir ~ abajo** *(fig)* to decline, go downhill; **~ arriba** uphill; **se me hace ~ arriba hacer algo** I find it hard to do sth; **hemos vencido la ~ ya** we're on the home straight now. **(b) a ~s** on one's back; **echar algo a ~s** to put sth on one's back; *(fig)* to take on the burden of sth.

cuestación *nf* charity collection.

cuestión *nf* **(a)** *(tema)* matter, question, issue; *(Mat etc)* problem; **~ batallona** vexed question; **~ clave** key question; **~ candente** burning question; **la cosa en ~** the matter at issue; **en ~ de** about, concerning; **es ~ de** it is a matter of; **eso es otra ~** that's another matter. **(b)** *(riña)* quarrel, dispute; *(dificultad)* trouble, complication; **hay ~ sobre si ...** there's an argument about whether ...; **la ~ es que ...** the trouble is that ...; **no quiero ~es con los empleados** I don't want trouble with the staff.

cuestionable *adj* questionable.

cuestionar [1a] **1** *vt* to question, dispute. **2** *vi* to argue.

cuestionario *nm (de sondeo etc)* questionnaire; *(Univ etc)* question paper.

cueva *nf (Geog)* cave; *(Arquit)* cellar, vault; **~ de ladrones** den of thieves.

cuévano *nm* pannier.

cuezo *nm* hod.

cui *nm (LAm)* guinea-pig.

cuico/a *nm/f (Arg, Chi)* foreigner, outsider.

cuidado *nm* **(a)** *(preocupación)* worry, concern; **dar ~** to cause concern; **estar con ~** to be anxious *o* worried; **estar de ~** to be in a bad way; **¡no haya ~!, ¡pierda Ud ~!** don't worry!; **eso me tiene sin ~** I'm not worried about that. **(b)** *(atención)* care, carefulness; **¡~!** look out!, watch out!; **¡ ~ con el paquete!** careful with the parcel!; **¡ ~ con el perro** beware of the dog!; **¡ ~ con perderlo!** mind you don't lose it!; **andarse con ~** to go carefully, watch out; **poner mucho ~ en algo** to take great care over sth; **tener ~** to be careful, take care; **hay que tener ~ con él** you have to handle him carefully; **¡ten ~!** careful! **(c)** *(dependencia)* charge, care; *(asunto)* affair, business; **¡allá ~s!** let others worry about that!, that's their funeral! *(fam)*; **'al ~ del Sr A'** 'care of Mr A'; **lo dejo a su ~** I leave it to you; **está al ~ de la computadora** he's in charge of the computer.

cuidador *nm (Boxeo)* second; *(de caballos etc)* trainer.

cuidadoso *adj* **(a)** *(atento)* careful (*con* about, with). **(b)** *(solícito)* anxious, concerned *(de, por* about*)*. **(c)** *(prudente)* wary, cautious.

cuidar [1a] **1** *vt* **(a)** *(asistir)* to take care of, look after; *(detalles etc)* to pay attention to; **ella cuida a los niños** she minds the children; **no cuidan la casa** they don't look after the house. **(b)** *(Med)* to care for. **2** *vi:* **~ de** to take care of, look after; **~ de una obligación** to attend to a duty; **~ de que ...** to take care that ..., see (to it) that ...; **cuidó de que todo saliera bien** he ensured that everything should go smoothly. **3 cuidarse** *vr* **(a)** *(Med etc)* to look after *o* take care of o.s.; **ella ha dejado de ~** she's let herself go. **(b) ~ de algo** to worry about sth; **~ de hacer algo** to be careful to do sth; **no se cuida del qué dirán** she doesn't worry about what people will think. **(c) ~ muy bien de hacer algo** to take good care not to do sth.

cuita *nf (preocupación)* worry, trouble; *(pena)* grief, affliction; **contar sus ~s a uno** to tell sb one's troubles.

cuitado *adj* **(a)** *(preocupado)* worried, troubled. **(b)** *(tímido)* timid.

cuitla *nf (Méx)* poultry manure.

culantro *nm* coriander.

culata *nf* **(a)** *(Mec: de fusil)* butt; *(: de cañón)* breech; *(: de cilindro)* head. **(b)** *(Zool)* haunch, hindquarters. **(c)** *(fig)* rear, back.

culatazo *nm* kick, recoil.

culebra *nf* **(a)** *(Zool)* snake; **~ de anteojos** cobra; **~ de cascabel** rattlesnake; **hacer ~** to zigzag, stagger along. **(b)** *(Méx)* money belt.

culebrear [1a] *vi (gen)* to slither, wriggle (along); *(carretera etc)* to zigzag; *(río)* to wind, meander.

culebreo *nm* wriggling; *(carretera etc)* zigzag; *(río)* winding, meandering.

culebrina *nf (Met)* forked lightning.

culero 1 *adj* lazy. **2** *nm* nappy, *(US)* diaper.

culí *nm* coolie.

culinario *adj* culinary, cooking *(atr)*.

culminación *nf* culmination.

culminante *adj (Geog etc)* highest, topmost; *(momento)* culminating; *(fig)* outstanding.

culminar [1a] *vi* to culminate (*en* in).

culo *nm* **(a)** *(asentaderas)* backside *(fam)*, *(Brit)* bum *(fam)*, *(US)* fanny *(fam)*; *(ano)* arse(hole) *(fam!)*, *(US)* ass(hole) *(fam!)*; **dar a uno un puntapié en el ~** to kick sb's backside; **ser un ~ de mal asiento** to be restless *o* fidgety; **ir con el ~ a rastras** to be in a jam. **(b)** *(de vaso etc)* bottom.

culpa *nf* **(a)** *(gen)* fault, blame; *(Jur)* guilt; **por ~ de** through the fault of; **no le alcanza ~** no blame attaches to him; **echar la ~ a uno** to blame sb *(de* for*)*; **tener la ~** to be to blame (*de* for); **Ud tiene**

la ~ it's your fault; **la** ~ **fue de los frenos** the brakes were to blame; **es** ~ **suya** it's his fault. **(b)** ~**s** sins; **pagar las** ~**s ajenas** to pay for somebody else's sins.

culpabilidad *nf (gen)* culpability; *(Jur etc)* guilt; *(esp fig)* responsibility.

culpable 1 *adj (gen)* **la persona** ~ the person to blame *o* at fault; *(Jur)* the guilty person, the culprit; **confesarse** ~ to plead guilty; **declarar** ~ **a uno** to find sb guilty. **2** *nmf (gen)* culprit; *(Jur etc)* offender, guilty party.

culpar [1a] *vt* to blame, accuse; ~ **a uno de algo** to blame sb for sth; ~ **a uno de descuidado** to accuse sb of carelessness.

cultismo *nm (Ling)* learned word.

cultivable *adj* cultivable, arable.

cultivador(a) 1 *nm/f* farmer, grower; ~ **de vino** winegrower; ~ **de café** coffee planter. **2 cultivadora** *nf (Téc)* Rotavator ®.

cultivar [1a] *vt* **(a)** *(Agr: tierra)* to cultivate, till; *(: cosecha)* to raise, grow. **(b)** *(fig: amistad etc)* to cultivate; *(: talento)* to develop, improve.

cultivo *nm* **(a)** *(Agr: acto)* cultivation, growing. **(b)** *(cosecha)* crop; **el** ~ **principal de la región** the chief crop of the area; **rotación de** ~**s** rotation of crops. **(c)** *(Bio)* culture; **caldo de** ~ culture medium.

culto 1 *adj* **(a)** *(gen)* cultured, educated. **(b)** *(Ling)* learned; **palabra** ~**a** learned word. **2** *nm (Rel)* worship; *(Pol etc)* cult *(a* of); ~ **a la personalidad** personality cult; **rendir** ~ **a** to worship; *(fig)* to pay homage *o* tribute to.

cultura *nf* culture; ~ **física** physical culture; **la** ~ **popular** popular culture.

cultural *adj* cultural.

culturismo *nm* body building.

culturista *nmf* body builder.

cumbre *nf (Geog)* summit, top; *(fig)* top, height; **conferencia (en la)** ~ summit (conference); **está en la** ~ **de su poderío** he is at the height of his power.

cume *nm*, **cumiche** *nm (CAm)* baby of the family.

cumpleaños *nm inv* birthday; **¡feliz** ~**!** many happy returns!, happy birthday!

cumplido 1 *adj* **(a)** *(cabal)* complete, full; **un** ~ **caballero** a perfect gentlemen. **(b)** *(ropa)* full, extra large. **(c)** *(Dep)* accomplished; *(pago)* full; *(promesa)* fulfilled. **(d) tiene 60 años** ~**s** he is all of 60, he is at least 60. **2** *nm* compliment; ~**s** politeness; **visita de** ~ courtesy call; **por** ~ out of politeness, as a matter of courtesy; **¡sin** ~**s!** no ceremony, please!; **andarse con** ~**s, estar de** ~**, usar** ~**s** to stand on ceremony, be formal; **he venido por** ~ I came out of a sense of duty.

cumplidor *adj* reliable, trustworthy.

cumplimentar [1a] *vt* **(a)** *(dar parabién)* to congratulate *(por* on*)*. **(b)** *(órdenes)* to carry out.

cumplimiento *nm* **(a)** *(gen)* execution, performance; *(de compromiso)* fulfilment; *(de ley etc)* enforcement; *(acatamiento)* observance. **(b)** *(cortesía)* courtesy, politeness. **(c)** *(Com etc)* expiry, end.

cumplir [3a] **1** *vt* **(a)** *(gen)* to do; *(promesa etc)* to keep, carry out, fulfil; *(lo estipulado)* to comply with; *(ley)* to observe, obey; *(compromiso)* to honour. **(b)** *(condena)* to serve. **(c)** *(años)* to reach, attain; **hoy cumple 8 años** she's 8 today; **cuando cumpla los 21 años** when you're 21. **2** *vi* **(a)** *(plazo)* to end, expire; *(pago)* to fall due. **(b)** *(persona)* to keep one's word; *(: Mil)* to complete national service; **siempre cumple con sus compromisos** he *etc* always honours his *etc* commitments; ~ **con la iglesia** to fulfil one's religious obligations. **3 cumplirse** *vr* **(a)** *(plan etc)* to be fulfilled; *(vaticinio)* to come true. **(b)** *(plazo)* to expire, end; *(aniversario)* to be.

cumulativo *adj* cumulative.

cúmulo *nm* **(a)** *(montón)* heap, accumulation; *(fig)* pile, lot. **(b)** *(Met)* cumulus.

cuna *nf* **(a)** *(camita)* cradle, cot; ~ **portátil** carry-cot; **canción de** ~ lullaby. **(b)** *(inclusa)* foundling hospital. **(c)** *(familia)* family, stock; **de** ~ **humilde** of humble origin; **criarse en buena** ~ to be born with a silver spoon in one's mouth. **(d)** *(fig)* cradle, birthplace. **(e)** ~**s** cat's-cradle.

cundir [3a] *vi* **(a)** *(gen)* to spread; *(multiplicarse)* to increase; **la noticia cundió** the news spread; **van cundiendo los efectos del paro** the effects of unemployment are multiplying. **(b)** *(arroz etc)* to swell.

cunear [1a] **1** *vt* to rock, cradle. **2 cunearse** *vr* to rock, sway.

cuneco/a *nm/f (Ven)* baby of the family.

cuneiforme *adj* cuneiform.

cuneta *nf (de carretera)* ditch; *(de calle)* gutter; *(arcén)* hard shoulder.

cuña *nf* **(a)** *(de rueda)* chock. **(b) meter** ~ to sow discord. **(c)** *(fam: palanca)* influence; **tener** ~**s** *(Chi, RPl)* to have pull.

cuñado/a *nm/f* brother-/sister-in-law.

cuñete *nm* keg.

cuño *nm* **(a)** *(Téc)* die-stamp; **de nuevo** ~ *(fig)* newly-coined. **(b)** *(fig)* stamp, mark.

cuota *nf* **(a)** *(gen)* quota, share; *(tarifa)* tariff. **(b)** *(de club etc)* fee, dues; ~ **del gremio** union dues; ~ **de socio** membership fee. **(c)** *(importe)* cost; ~ **de instalación** installation charge. **(d)** *(LAm)* **venta por** ~**s** hire purchase.

cupé *nm (Aut)* coupé.

cupo *nm* **(a)** *(Fin etc)* quota, share; ~ **de azúcar** sugar quota. **(b)** *(Méx)* capacity. **(c)** *(Mil)* draft, intake.

cupón *nm (gen)* coupon; *(de lotería)* ticket; ~ **de respuestas internacional** international reply coupon.

cúpula *nf* **(a)** *(Arquit)* dome, cupola. **(b)** *(Náut)* turret.

cuquería *nf* craftiness.

cura[1] *nm (Rel)* priest; ~ **párroco** parish priest; **sí, señor** ~ yes, father.

cura[2] *nf (Med)* treatment; **primera** ~ first aid; ~ **de reposo** rest cure; ~ **de urgencia** emergency treatment, first aid; **tiene** ~ it can be cured, it is curable.

curable *adj* curable.

curaca *nm (LAm)* Indian chief.

curación *nf (Med: proceso)* cure, healing; *(: aplicación)* dressing; *(: tratamiento)* treatment; **primera** ~ first aid.

curado *adj* **(a)** *(Culin etc)* cured; *(pieles)* tanned, prepared. **(b)** *(LAm)* drunk. **(c)** *(endurecido)* hardened, inured.

curador(a) *nm/f (Jur: tutor)* guardian; *(: administrador)* executor; *(de museo)* curator.

curalotodo *nm* cure-all.

curandero/a *nm/f* quack (doctor).

curar [1a] **1** *vt* **(a)** *(Med: gen)* to cure *(de* of*)*; *(: herida)* to treat, dress; *(: enfermedad)* to treat *(con* with*)*. **(b)** *(fig: mal)* to remedy, put right. **(c)** *(Culin)* to cure, salt; *(pieles)* to tan; *(tela)* to bleach. **2** *vi (Med)* to get well *(de* after*)*, recover *(de* from*)*. **3 curarse** *vr* **(a)** *(Med)* to recover, get better; *(: herida)* to heal up. **(b)** ~ **de** to take notice of, heed; *(ocuparse de)* to look after. **(c)** *(LAm)* to get drunk; *(Méx)* to have a hair of the dog *(fam)*.

curasán *nm* croissant.
curato *nm* curacy, parish
curazao *nm* curaçao.
curda *adj (fam)* pissed *(fam!)*, drunk; **estar ~** to be sozzled.
curia *nf* **(a)** *(Rel: tb* **~ romana***)* papal Curia. **(b)** *(Jur)* legal profession, the Bar.
curiana *nf* cockroach.
curiosear [1a] **1** *vt* to look over *o* round. **2** *vi (en tienda etc)* to look *o* wander round; *(explorar)* to poke about; *(entremeterse)* to snoop, pry.
curiosidad *nf* **(a)** *(gen)* curiosity; *(indiscreción)* inquisitiveness; **despertar la ~ de uno** to arouse sb's curiosity; **la ~ de noticias me llevó allí** the quest for news took me there; **estar muerto de ~** to be dying of curiosity. **(b)** *(objeto)* curiosity, curio; **~es** sights, attractions; **visitar las ~es** to see the sights. **(c)** *(aseo)* neatness, cleanliness. **(d)** *(cuidado)* care(fulness), conscientiousness.
curioso/a 1 *adj* **(a)** *(persona: gen)* curious; *(: indiscreto)* inquisitive; **estar ~ por saber** to be curious to know. **(b)** *(objeto etc)* curious, odd; **¡qué ~!** how odd! **(c)** *(aseado)* neat, clean, tidy. **(d)** *(cuidadoso)* careful, conscientious. **2** *nm/f* bystander, onlooker.
curriculum *nm:* **~ vitae** curriculum vitae.
currante *nmf (fam)* worker.
currar [1a] *vi (fam)*, **currelar** [1a] *vi (fam)* to work.
currelo *nm (fam)* work, job.
curro *nm* **(a) = currelo. (b) dar un ~** to beat up.
curry *nm* curry.
cursante *nmf (LAm)* student.
cursar [1a] *vt* **(a)** *(orden etc)* to send, dispatch; *(solicitud)* to deal with. **(b)** *(Univ etc)* to study; **~ Matemáticas** to read Maths.
cursi 1 *adj (gen)* pretentious; *(esnob)* genteel, pseudo-refined; *(amanerado)* affected. **2** *nmf* = **cursilón.**
cursilería *nf (vulgaridad)* bad taste, vulgarity; *(presunción)* pretentiousness; *(amaneramiento)* affectation.
cursilón/ona *nm/f* pretentious person.
cursillo *nm (Univ etc)* short course; *(conferencias)* short series (of lectures).
cursivo/a 1 *adj (gen)* cursive; *(Tip)* italic. **2 cursiva** *nf (Tip)* italics.
curso *nm* **(a)** *(gen: dirección)* course, direction; **~ de agua** watercourse; **dar libre ~ a** to give free rein to. **(b)** *(fig)* progress; **el ~ de la enfermedad** the course *o* the progress of the disease; **dejar que las cosas sigan su ~** to let matters take their course; **en el ~ de la vida** in the course of a lifetime; **en ~ (de realización)** under way. **(c)** *(Com)* **moneda de ~ legal** legal tender. **(d)** *(Escol)* school year; *(Univ)* academic year; **apertura/clausura de ~** beginning/end of term. **(e)** *(Univ etc: carrera)* course; **~ acelerado** *o* **intensivo** crash course; **~ por correspondencia** correspondence course.
cursor *nm (Téc)* slide; *(Comput)* cursor.
curtido 1 *adj* **(a)** *(cuero)* tanned; *(cara: por sol)* tanned; *(: por intemperie)* weather-beaten. **(b)** *(fig)* **estar ~ en** to be expert at, be skilled in; **estar ~ contra** to be inured to. **2** *nm* tanning.
curtidor *nm* tanner.
curtiduría *nf*, **curtiembre** *nf (LAm)* tannery.
curtir [3a] **1** *vt* **(a)** *(cuero)* to tan. **(b)** *(piel)* to tan, bronze. **(c)** *(fig)* to harden, inure. **2 curtirse** *vr* **(a)** *(por sol)* to become tanned; *(por intemperie)* to get weather-beaten. **(b)** *(fig: acostumbrarse)* to become inured (*contra* to).
curva *nf* **(a)** *(gen)* curve; *(Aut etc)* bend; **~ en herradura** hairpin bend; **~ de nivel** contour line. **(b) ~s** *(fam)* vital statistics.
curvatura *nf* curvature.
curvilíneo *adj* curved, curvilinear.
curvo *adj (gen)* curved, bent.
cuscurro *nm* crouton.
cusma *nf (LAm)* sleeveless shirt, tunic.
cúspide *nf* **(a)** *(Anat)* cusp. **(b)** *(Geog)* summit, peak; *(fig)* pinnacle, apex. **(c)** *(Mat)* apex.
cusqui *nf:* **hacer la ~** *(fam)* to bug *(fam)*, annoy.
custodia *nf* **(a)** *(cuidado)* care, safekeeping, custody; **~ preventiva** protective custody; **bajo la ~ de** in the care *o* custody of. **(b)** *(escolta)* guard, escort. **(c)** *(Rel)* monstrance.
custodiar [1b] *vt (conservar)* to take care of, look after; *(proteger)* to defend; *(vigilar)* to guard, watch over.
custodio 1 *adj:* **ángel ~** guardian angel. **2** *nm* custodian.
cutama *nf* **(a)** *(Arg)* blanket. **(b)** *(Chi)* bag, sack.
cutáneo *adj* cutaneous, skin *(atr)*.
cúter *nm (Náut)* cutter.
cutícula *nf* cuticle.
cutis *nm* skin, complexion.
cuy *nm (LAm)* guinea-pig.
cuyano/a *adj, nm/f* from Mendoza; *(Chi fam)* Argentinian.
cuyo *adj rel* **(a)** *(gen)* whose; *(persona)* of whom; *(objeto)* of which; **la señora en ~a casa nos hospedábamos** the lady in whose house we were staying; **el asunto ~s detalles conoces** the matter of which you know the details. **(b) en ~ caso** in which case; **por ~a razón** and for this reason.
cuz *interj:* **¡~~!** *(al perro)* here boy!

CH

Ch, ch [tʃe] *nf (letra)* Ch, ch.
chabacanear [1a] *vi (LAm)* to say/do coarse things.
chabacanería *nf* vulgarity, bad taste.
chabacano[1] *adj (chiste etc)* vulgar, coarse, in bad taste; *(objeto)* cheap; *(trabajo)* shoddy.
chabacano[2] *nm (Méx)* apricot (tree).
chabola *nf* shack; *(LAm)* **~s** shanty town.
chacal *nm* jackal.
chacalín/ina *nm/f (CAm)* kid *(fam)*, child.
chácara[1] *nf* **(a)** *(LAm)* sore, ulcer. **(b)** *(CAm)* large (leather) bag.
chácara[2] *nf (LAm)* = **chacra.**
chacarero *nm (LAm)* small farmer; *(aparcero)* sharecropper.
chacolotear [1a] *vi* to clatter.
chacota *nf* fun (and games), high jinks; **estar de ~** to be in a joking mood; **echar** *o* **tomar algo a ~** to make fun of sth.
chacotear [1a] **1** *vi* to have fun. **2 chacotearse**

vr: ~ **de algo** to make fun of sth.
chacotero *adj*, **chacotón** *adj (RPl)* fond of a laugh, merry.
chacra *nf (LAm)* small farm, smallholding.
chacuaco 1 *adj (LAm)* coarse, rough. **2** *nm (CAm)* roughly-made cigar; *(CAm, Méx)* cigar stub.
chacha *nf* maid, nursemaid.
chachalaca *nf (CAm, Méx)* chatterbox.
chachar [1a] *vt (LAm: coca)* to chew.
cháchara *nf* **(a)** chatter, small talk; ~ **amorosa** sweet nothings. **(b)** ~**s** *(LAm)* junk *sg*.
chacharear [1a] **1** *vt (Méx)* to deal in. **2** *vi* to chatter, gab *(fam)*.
chacharero/a 1 *adj* chattering, garrulous. **2** *nm/f (fam)* chatterbox.
chacho *nm* **(a)** boy, lad. **(b)** *(Méx)* servant. **(c)** *(CAm)* twin.
chafallar [1a] *vt* to botch (up).
chafallo *nm* botched job.
chafar [1a] *vt* **(a)** *(aplastar)* to flatten; *(arrugar)* to crumple, crease. **(b)** ~ *o* **dejar chafado a uno** to crush *o* floor sb. **(c)** *(negocio)* to ruin, spoil. **(d)** *(Chi: empleado)* to fire *(fam)*. **(e)** *(Arg: engañar)* to hoax, deceive.
chafarrinada *nf* spot, stain.
chafarrinar [1a] *vt* to blot, stain.
chaflán *nm* bevel.
chaguar [1i] *vt (RPl: ordeñar)* to milk; *(ropa)* to wring (out).
cháguar *nm (LAm: fibra)* agave fibre, hemp.
chagüe *nm (CAm)* swamp, bog.
chagüite *nm (CAm, Méx: pantano)* swamp; *(: plantación)* banana plantation.
chaira *nf (de afilar)* sharpening steel; *(de zapatero)* shoemaker's knife.
chal *nm* shawl.
chala *nf* **(a)** *(LAm)* tender leaf of maize. **(b)** *(RPl)* money, dough *(fam)*; **pelar la ~ a uno** to fleece sb.
chalado *adj (fam)* crazy *(fam)*; **¡estás ~!** are you mad?; **estar ~ por** to be crazy about.
chalán *nm* **(a)** (horse) dealer; *(estafador)* shady businessman, shark. **(b)** *(LAm)* horse breaker.
chalanear [1a] **1** *vt* **(a)** *(persona)* to beat down; *(negocio)* to bring off. **(b)** *(LAm: adiestrar)* to break in, tame. **2** *vi* to bargain shrewdly.
chalar [1a] *(fam)* **1** *vt* to drive crazy *o* round the bend *(fam)*. **2 chalarse** *vr* to go crazy *o* off one's rocker *(fam)*; ~ **por** to be crazy about.
chaleco *nm* waistcoat, *(US)* vest; *(LAm)* short-sleeved pullover; ~ **salvavidas/antibala** life jacket/bulletproof vest; ~ **de fuerza** *(LAm)* straitjacket.
chalecón *adj (Méx)* tricky, deceitful.
chalequear [1a] *vt (Méx)* to steal.
chalet [tʃa'le] *nm*, *pl* **chalets** [tʃa'les] *(rural)* villa, cottage; *(en costa)* bungalow; *(en sierra)* chalet; *(en ciudad)* detached house; *(Dep)* clubhouse.
chalina *nf* cravat(e).
chalona *nf (LAm)* dried meat, dried mutton.
chalupa[1] *nf (embarcación)* launch, boat; *(LAm)* canoe; ~ **salvavidas** lifeboat.
chalupa[2] *nf (Méx)* maize cake.
chamaco/a *nm/f* boy/girl.
chamaril(l)ero *nm* secondhand dealer.
chamarra *nf* sheepskin jacket; *(LAm: saco)* short jacket; (: *poncho)* blanket.
chamarro *nm (LAm)* coarse woollen blanket.
chamba[1] *nf (LAm)* **(a)** *(tierra)* turf, sod. **(b)** *(charco)* pond, pool; *(zanja)* ditch. **(c)** *(trabajo)* work, business, occupation; *(hueso)* sinecure, cushy number *(fam)*.
chamba[2] *nf* fluke, lucky break; **por ~** by a fluke.
chambear [1a] *(Méx)* **1** *vt* to exchange, swap, barter. **2** *vi* to work (for money).
chambón 1 *adj* **(a)** *(patoso)* clumsy. **(b)** *(suertudo)* lucky. **2** *nm (fam)* jammy *o* fluky player.
chambonada *nf* **(a)** *(torpeza)* awkwardness, clumsiness. **(b)** *(suerte)* fluke. **(c)** *(error)* blunder.
chambonear [1a] *vi* to have a stroke of luck, win by a fluke.
chambra *nf* housecoat.
chamelicos *nmpl (LAm)* lumber *sg*, junk *sg*.
chamizo *nm* thatched hut; *(chabola)* shack.
chamorro *adj* shorn, close-cropped.
champa *nf (LAm)* **(a)** *(tierra)* sod, turf. **(b)** *(melena etc)* tangled mass.
champán *nm*, **champaña** *nm* champagne.
champiñón *nm* mushroom.
champú *nm* shampoo; ~ **anticaspa/condicionador** anti-dandruff/conditioning shampoo.
champurrado *nm* mixture of liquors, cocktail; *(fig)* mess.
champurrar [1a] *vt (bebidas)* to mix.
chamuchina *nf (LAm)* rabble, mob.
chamullar [1a] *vt, vi (fam)* to speak, talk; **chamullaban en árabe** they were jabbering away in Arabic.
chamuscar [1g] **1** *vt* **(a)** *(quemar)* to scorch, singe. **(b)** *(Méx: vender barato)* to sell cheap. **2 chamuscarse** *vr* to get scorched, singe.
chamusquina *nf* **(a)** *(quemadura)* singeing, scorching. **(b)** *(riña)* row, quarrel; **esto huele a ~** there's trouble brewing.
chanada *nf (fam)* trick, swindle.
chancaca *nf* **(a)** *(CAm: de maíz)* maize cake, wheat cake. **(b)** *(LAm: azúcar)* brown sugar.
chancadora *nf (LAm)* grinder, crusher.
chancar [1g] *vt (LAm)* to grind, crush; *(fig)* to beat, ill-treat.
chance *nm (LAm: oportunidad)* chance; *(suerte)* good luck; **dale ~** let him have a go.
chancear [1a] *vi*, **chancearse** *vr (bromear)* to joke, make jokes (*de* about); *(jugar)* to fool about, play around (*con* with); ~**se de uno** to make fun of sb.
chancero *adj* fond of a joke.
chancla *nf (LAm: zapato viejo)* old shoe; *(: chancleta)* sandal, slipper.
chancleta 1 *nf* **(a)** slipper. **(b)** *(LAm)* baby girl. **2** *nmf (fam)* good-for-nothing.
chancletero *adj*, **chancletudo** *adj (LAm)* common, low-class.
chanclo *nm (zueco)* clog; *(de goma)* overshoe, galosh.
chancha *nf (LAm)* sow; **hacer la ~** to play truant *o (US)* hooky.
chanchería *nf (LAm)* pork-butcher's shop.
chanchero *nm (LAm)* pork butcher.
chanchi *(fam)* **1** *adj* marvellous, smashing; **¡estás ~!** I think you're marvellous! **2** *adv* marvellously; **me fue ~** I had a smashing time *(fam)*.
chancho 1 *adj (LAm)* dirty, filthy. **2** *nm (LAm)* pig, hog; *(carne)* pork; ~ **salvaje** wild boar.
chanchullero *(fam)* **1** *adj* crooked, bent *(fam)*. **2** *nm* crook.
chanchullo *nm (fam)* fiddle *(fam)*, wangle *(fam)*; **andar en ~s** to be on the fiddle, be engaged in something shady.
chandal *nm* tracksuit.
chanfaina *nf (Culin)* tripe(s); *(fig)* mess.
chanfle *nm* **(a)** *(RPl: fam)* cop *(fam)*. **(b)** *(Méx)* = **chaflán**.
chanflón *adj* misshapen; *(fig)* crude, coarse.
changa *nf (RPl)* **(a)** *(servicio)* portering. **(b)** *(pro-*

pina) tip, payment.
changador *nm (RPl)* porter.
changango *nm (RPl)* **(a)** *(guitarra)* small guitar. **(b)** *(fiesta)* low-class party. **(c)** *(alegría)* merriment.
changarro *nm* **(a)** *(fam)* old car, jalopy. **(b)** *(Méx)* small shop.
chango/a *(Méx)* **1** *adj* quick, sharp; *(juguetón)* mischievous; *(tonto)* silly; **¡ponte ~!** wake up! **2** *nm/f (Méx)* small monkey.
changüi *nm (fam)* **(a)** *(gen)* joke. **(b)** *(engaño)* trick; **dar ~ a** to trick; *(tomar el pelo)* to tease.
chantaje *nm* blackmail(ing); **hacer ~ a uno** to blackmail sb.
chantajear [1a] *vt* to blackmail.
chantajista *nmf* blackmailer.
chantar [1a] *vt* **(a)** *(ropa)* to put on. **(b)** *(insertar)* to thrust, stick. **(c) ~ algo a uno** to tell sb sth to his face. **(d)** *(Per, RPl)* to throw, chuck; *(LAm: echar)* **~ a uno en la cárcel** to throw *o* put sb in jail. **(e)** *(RPl)* to leave in the lurch.
chantre *nm (Rel)* precentor.
chantung *nm (seda)* shantung.
chanza *nf* joke; **~s** fun *sg;* **de** *o* **en ~** in fun, as a joke; **estar de ~** to be joking.
chao *interj (fam)* cheerio *(fam)*.
chapa *nf* **(a)** *(metal)* plate, sheet; **~ acanalada** *o* **ondulada** corrugated iron (sheet). **(b)** *(madera)* board, panel, sheet; *(acabado)* finish, veneer; **madera de 3 ~s** 3-ply wood. **(c)** *(disquito de metal)* small metal plate, disc, tally; **~ de matrícula** *(RPl)* licence plate. **(d)** *(Méx)* lock. **(e)** *(chapeta)* rouge. **(f)** *(sentido común)* good sense, prudence; **hombre de ~** sensible man.
chapado *adj (metal)* plated; *(muebles etc)* finished, veneered.
chapalear [1a] *vi* to splash (about).
chapaleo *nm* splash(ing).
chapapote *nm* tar, pitch, asphalt.
chapar [1a] *vt* **(a)** *(metal)* to plate; *(muebles etc)* to veneer, finish (in); *(pared)* to tile. **(b)** *(frase etc)* to come out with.
chaparra *nf* kermes oak.
chaparrada *nf* = **chaparrón.**
chaparrear [1a] *vi* to pour in torrents.
chaparreras *nfpl (Méx)* chaps.
chaparro/a 1 *adj* squat. **2** *nm* dwarf oak. **3** *nm/f (fig)* short chubby person; *(Méx)* child, kid *(fam)*.
chaparrón *nm* downpour, cloudburst.
chapear [1a] *vt* **(a)** = **chapar. (b)** *(LAm Agr)* to weed. **(c)** *(sonar)* to rattle.
chapeta *nf* = **chapa (e).**
chapetón *(LAm)* **1** *adj* new (in a job). **2** *nm* **(a)** European greenhorn. **(b)** *(Méx)* horse brass. **(c)** *(lluvia)* downpour.
chapetonada *nf* **(a)** *(Chi, Per)* illness caused by a change of climate. **(b)** *(LAm)* blunder.
chapín *nm* clog.
chapitel *nm (Arquit: columna)* capital; *(: torre)* spire.
chapo *adj (Méx)* stunted, dwarfed.
chapodar [1a] *vt* to prune, trim.
chapote *nm (CAm)* pitch, asphalt.
chapotear [1a] **1** *vt (lavar)* to sponge (down); *(humedecer)* to wet, moisten. **2** *vi* to splash about.
chapoteo *nm (véase* **chapotear***)* **(a)** sponging; moistening. **(b)** splashing.
chapucear [1a] *vt* **(a)** to bungle, make a mess of. **(b)** *(Méx)* to swindle.
chapucería *nf* **(a)** shoddiness. **(b)** *(una ~)* botched job, shoddy piece of work.
chapucero 1 *adj (artefacto)* rough, crude; *(trabajo)* slapdash; *(persona)* clumsy. **2** *nm* bungler.
chapurr(e)ar [1a] *vt* **(a)** *(bebidas)* to mix. **(b)** *(lengua)* to speak badly.
chapuz *nm* **(a)** ducking; **dar ~ a** to duck. **(b)** = **chapuza.**
chapuza *nf* **(a)** botched job. **(b)** *(Méx)* trick, swindle.
chapuzar [1f] **1** *vt* to duck. **2** *vi,* **chapuzarse** *vr* to dive (in).
chaqué *nm* morning coat.
chaqueta *nf* jacket; **~ de cuero/de smoking** leather/dinner jacket; **cambiar la ~** *(fig)* to change sides.
chaquetar [1a] *vi (Méx),* **chaquetear** [1a] *vi* to change sides, be a turncoat.
chaquete *nm* backgammon.
chaquetero *nm* turncoat.
chaquetón *nm* donkey jacket.
charamusca *nf (LAm: tb ~s)* firewood, kindling.
charanga *nf* **(a)** hullabaloo *(fam)*, racket *(fam)*. **(b)** *(Mús, Mil)* brass band.
charango *nm (LAm)* small guitar.
charca *nf,* **charco** *nm* pool, puddle.
charcutería *nf* pork butcher's.
charla *nf (gen)* talk, chat; *(chismes)* gossip; *(conferencia)* talk, lecture.
charlador(a) 1 *adj* talkative. **2** *nm/f* gossip.
charladuría *nf (tb ~s)* prattle.
charlar [1a] *vi* to chat *(de* about); *(chismear)* to gossip.
charlatán/ana 1 *adj* talkative; gossipy. **2** *nm/f* **(a)** *(hablador)* chatterbox. **(b)** *(estafador)* (confidence) trickster, con man *(fam)*.
charlatanear [1a] *vi* to chatter away.
charlatanería *nf* **(a)** *(habladuría)* talkativeness, garrulousness. **(b)** *(engaños)* quackery, charlatanism. **(c)** *(de vendedor)* sales talk, patter.
charlatanismo *nm* = **charlatanería (a).**
charnela *nf* hinge.
charol *nm (barniz)* varnish; *(cuero)* patent leather; **darse ~** to brag.
charola *nf (LAm)* tray.
charolar [1a] *vt* to varnish.
charquear [1a] *vt (LAm)* **(a)** *(carne)* to dry, jerk. **(b)** *(tajar)* to slash, wound severely; *(golpear)* to beat (up).
charqui *nm (LAm)* dried beef, jerky; *(RPl)* dried fruit *o* vegetables.
charrada *nf* **(a)** *(adorno)* flashy ornament. **(b)** *(torpeza)* coarseness. **(c)** *(Mús)* country dance.
charrán *nm* rascal, villain.
charranada *nf* dirty trick.
charrasca *nf (LAm)* sharp weapon.
charrasquear [1a] *vt (LAm, Méx)* to stab.
charreada *nf (Méx)* = rodeo.
charrería *nf (Méx)* horsemanship.
charretera *nf* epaulette.
charrismo *nm (Méx Pol)* corrupt trades unionism.
charro 1 *adj* **(a)** *(gente)* rustic. **(b)** *(ropa etc)* loud, gaudy. **(c)** *(Méx Pol)* corrupt. **(d)** *(Méx: costumbres)* traditional. **2** *nm* **(a)** rustic. **(b)** *(Méx: vaquero)* horseman, cowboy. **(c)** *(Méx Pol)* corrupt union leader.
chárter *adj inv:* **vuelo ~** charter flight.
chasca *nf (LAm)* mop of hair.
chascar [1g] **1** *vt* **(a)** *(lengua)* to click; *(dedos)* to snap; *(látigo)* to crack; *(grava)* to crunch. **(b)** *(comida)* to swallow. **2** *vi (de madera etc)* to crack.
chascarillo *nm* funny story.
chasco *nm* **(a)** *(desilusión)* disappointment; **dar un ~ a uno** to disappoint sb; **llevarse (un) ~** to be disappointed *o* let down; **¡vaya ~ que me llevé!** I was just sick about that! **(b)** *(broma)* trick, joke; **dar ~ a uno** to pull sb's leg; **dar un ~ a uno** to play

a trick on sb.
chasis *nm inv (Aut etc)* chassis; *(Fot)* plateholder.
chasquear[1] [1a] *vt* **(a)** *(decepcionar)* to disappoint, let down. **(b)** *(engañar)* to play a trick on, fool. **(c)** *(promesa)* to break.
chasquear[2] [1a] *vt, vi* = **chascar.**
chasqui *nm (LAm)* messenger, courier.
chasquido *nm (de lengua)* click; *(de dedos)* snap; *(de madera)* crack; *(de galletas etc)* crunch.
chata *nf* **(a)** bedpan. **(b)** *(Náut)* barge. **(c)** *(RPl: Ferro)* flatcar; *(: Aut)* transporter.
chatarra *nf* scrap (iron).
chatarrero *nm* scrap dealer *o* merchant.
chato 1 *adj* **(a)** *(nariz)* snub. **(b)** *(objeto)* flattened, blunt; *(barco etc)* flat; *(Arquit)* low, squat. **(c)** *(LAm)* ordinary, commonplace. **(d) dejar ~ a uno** *(LAm)* to crush sb; *(Méx)* to swindle sb; **quedarse ~ con algo** to appropriate sth. **2** *nm* wine tumbler, tumbler (of wine).
chau *interj* = **chao.**
chaucha 1 *adj inv* **(a)** *(LAm Agr etc)* ripening early. **(b)** *(RPl)* poor-quality. **2** *nf* **(a)** *(LAm)* early potato; *(RPl)* string bean; *(Per)* food. **(b)** *(Chi, Per)* money.
chauchau *nm (Chi, Per)* food, chow *(fam).*
chauchera *nf (Chi, Per)* purse, pocketbook.
chauvinismo *nm* chauvinism.
chauvinista *adj, nmf* chauvinist.
chaval(a) *nm/f (fam)* lad/lass, boy/girl, kid *(fam)*; **es un ~** he's only a kid (still).
chaveta *nf* cotter (pin); *(Méx)* broad-bladed knife; **perder la ~** *(fam)* to go off one's rocker *(fam).*
chavija *nf (Méx Elec)* plug.
chavo *nm (Méx: fam)* boy, kid *(fam)*; **no tener** *o* **estar sin un ~** to be skint *(fam)*, *(US)* be stone-broke.
chayote *nm* **(a)** chayote, *(US)* vegetable pear. **(b)** *(LAm: fig)* dope, dunce.
che *interj (RPl)* hey!; *(en conversación)* man, boy, friend.
checar [1g] *vt (Méx etc)* = **chequear.**
checo/a *adj, nm/f* Czech.
checoslovaco/a *adj, nm/f* Czechoslovakian.
Checoslovaquia *nf* Czechoslovakia.
chechón *adj (Méx: niño)* spoilt, pampered.
chelo *adj (Méx)* fair, blond(e).
chepa 1 *nf* hump. **2** *nm* hunchback.
cheque *nm* cheque, *(US)* check; **~ abierto/en blanco/cruzado** open/blank/crossed cheque; **~ al portador** cheque payable to bearer; **~ de viajero** traveller's cheque; **pagar con ~** to pay by cheque.
chequear [1a] *vt (gen)* to check; *(investigar)* to check (up) on; *(CAm: cheque)* to issue, write; *(LAm: equipaje etc)* to register; *(Méx Aut)* to service.
chequeo *nm* check; *(Med)* check-up; *(Aut)* servicing.
chequera *nf* cheque book.
cherife *nm (LAm)* sheriff *(US).*
chévere *adj (LAm)* great, fabulous *(fam).*
chic 1 *adj inv* chic, smart. **2** *nm* elegance.
chica *nf* girl; *(criada)* maid, servant.
chicana *nf (LAm)* chicanery.
chicanear [1a] *vi (LAm)* to use trickery, be cunning.
chicanero *adj (LAm)* tricky, crafty.
chicano *adj* chicano, Mexican-American.
chicle *nm* chewing gum; **~ de globo** bubble gum.
chiclear [1a] *vi (CAm, Méx)* **(a)** *(cosechar)* to extract gum. **(b)** *(masticar)* to chew gum.
chiclero *nm (Méx, CAm)* gum collector.
chico 1 *adj* small, little; **quedarse ~** to be humiliated; **dejar ~ a uno** to put sb in the shade. **2** *nm* boy, lad; **es (un) buen ~** he's a good lad; **~ de oficina** office boy; **como ~ con zapatos nuevos** as happy as a sandboy.
chicolear [1a] **1** *vi (fam)* to flirt, say nice things. **2 chicolearse** *vr (LAm)* to amuse o.s.
chicoleo *nm* **(a)** *(piropo)* compliment, flirtatious remark; **decir ~s** to say nice things. **(b)** *(fam: flirteo)* flirting.
chicoria *nf* chicory.
chicotazo *nm (LAm)* lash.
chicote *nm* **(a)** *(Náut)* piece of rope, rope end; *(LAm)* whip, lash. **(b)** *(fam: puro)* cigar.
chicotear [1a] *(LAm)* **1** *vt (latigar)* to whip, lash; *(aporrear)* to beat up. **2** *vi (cola etc)* to lash about.
chicha *nf (LAm)* maize liquor, *(US)* corn liquor; **~ de uva** unfermented grape juice; **ni ~ ni limonada** neither fish nor fowl; **sacar la ~ a uno** *(RPl)* to drive sb into the ground.
chícharo *nm (guisante)* pea; *(garbanzo)* chickpea.
chicharra *nf* **(a)** harvest bug, cicada; **es como ~ en verano** it's nasty, it's unpleasant; **canta la ~** it's terribly hot, it's roasting *(fam).* **(b)** *(fig)* chatterbox. **(c)** *(Elec)* bell, buzzer.
chicharrero *nm* oven, hothouse; *(fig: calor)* suffocating heat.
chicharrón *nm* (pork) crackling; **estar hecho un ~** to be burnt to a cinder.
chiche 1 *adj, adv (CAm)* easy, simple; *(adv)* easily; **está ~** it's a cinch *(fam).* **2** *nm (LAm)* **(a)** *(pecho)* breast, teat. **(b)** *(fig: joya)* trinket; *(: juguete)* small toy. **3** *nf (Méx)* nursemaid.
chichear [1a] *vt, vi* to hiss.
chicheo *nm* hiss, hissing.
chichería *nf* chicha tavern *o* shop *o* bar; *(fábrica)* chicha factory.
chichero *nm* chicha vendor *o* maker.
chichi *nf (Méx)* **(a)** *(teta)* teat. **(b)** *(niñera)* nursemaid.
chichón *nm (bulto)* lump, swelling.
chichonear [1a] *vi (RPl)* to joke.
chifa *nf (Per)* Chinese restaurant.
chifla *nf (Dep etc)* hissing, whistling.
chiflado/a *(fam)* **1** *adj* barmy, round the bend *(fam) o* twist *(fam)*; **estar ~ con** *o* **por** to be crazy about. **2** *nm/f* crazy person.
chifladura *nf* **(a)** = **chifla.** **(b)** *(fam)* craziness; *(: una ~)* crazy idea, wild scheme; **su ~ es el ajedrez** his mania is chess, he is crazy about chess.
chiflar [1a] **1** *vt* **(a)** *(Teat)* to hiss, boo, whistle at; *(pito)* to blow. **(b)** *(fam: beber)* to drink, knock back *(fam).* **(c)** *(fam: encantar)* to entrance, captivate; *(: volver loco)* to drive crazy; **esa chica le chifla** *o* **tiene chiflado** he's crazy about that girl. **2** *vi* to whistle, hiss; *(Méx: aves)* to sing. **3 chiflarse** *vr* **(a)** *(fam)* to go barmy *(fam)*, go crazy; **~ con** *o* **por** to be/go crazy about. **(b) ~las** *(CAm)* to die.
chiflido *nm (silbido)* whistle; *(siseo)* hiss.
chiflón *nm (LAm)* draught (of air).
Chile *nm* Chile.
chile *nm* **(a)** *(Bot, Culin)* chili pepper. **(b)** *(CAm fig)* lie.
chileno/a *adj, nm/f* Chilean.
chilla[1] *nf (tabla)* thin board, weatherboard, *(US)* clapboard.
chilla[2] *nf (RPl: zorro)* fox.
chilla[3] *nf (Méx)* **(a)** *(Teat)* gods, gallery. **(b)** *(pobreza)* poverty; **estar en la ~** to be very poor.
chillador *adj*, **chillante** *adj* howling, screeching.
chillar [1a] **1** *vi* **(a)** *(fiera)* to howl; *(ratón)* to squeak; *(cerdo)* to squeal; *(ave)* to screech,

squawk; *(persona)* to shriek, scream; *(radio)* to blare; *(frenos)* to screech, squeal. **(b)** *(colores)* to scream, jar, be loud. **(c)** *(LAm fig)* to shout, protest; **no ~** *(Arg)* to keep one's mouth shut, not say a word. **2 chillarse** *vr (LAm)* to complain (*con* to), protest (*con* to).

chillería *nf* row, hubbub.

chillido *nm (veáse* **chillar***)* howl; squeak; squeal; screech, squawk; shriek, scream.

chillón *adj* loud; *(sonido)* shrill.

chimar [1a] *vt (LAm)* to annoy, bother.

chimba *nf (LAm)* opposite bank (of a river).

chimenea *nf* **(a)** chimney; *(Náut etc)* funnel; *(Min)* shaft; **~ de aire** air shaft; **~ refrigeradora** cooling tower. **(b)** *(hogar)* hearth, fireplace; **~ (francesa)** fireplace, mantelpiece.

chimiscolear [1a] *vi (Méx: chismear)* to gossip; *(: vagar)* to wander about.

chimpancé *nm* chimpanzee.

China *nf* China.

china[1] *nf (Culin etc)* china(ware).

china[2] *nf (Geol)* pebble; **le tocó la ~** he had bad luck.

china[3] *nf (LAm)* **(a)** *(india)* Indian girl *o* woman; *(niñera)* nursemaid; *(criada)* servant girl. **(b)** *(Téc)* fan, blower.

chinampa *nf (Méx)* floating garden.

chinchar [1a] *(fam)* **1** *vt* to pester, annoy; **me chincha tener que hacerlo** it upsets me to have to do it. **2 chincharse** *vr* to get cross, get upset; **¡para que te chinches!** so there!

chincharrero *nm (LAm)* fishing boat.

chinche *nm o nf* **(a)** bug, *(esp)* bedbug; **caer** *o* **morir como ~s** to die like flies. **(b)** *(clavo)* drawing pin, *(US)* thumbtack. **(c)** *(fig: molestia)* nuisance.

chincheta *nf* drawing pin, *(US)* thumbtack.

chinchilla *nf* chinchilla.

chinchín *nm* **(a)** street music. **(b)** *(RPl)* baby's rattle.

chinchona *nf* quinine.

chinchorrería *nf* **(a)** *(pesadez)* fussiness. **(b)** *(chisme)* piece of gossip.

chinchorrero *adj* **(a)** *(pesado)* fussy (about details). **(b)** *(chismoso)* gossipy.

chinchorro *nm* **(a)** *(red)* dragnet. **(b)** *(chalupa)* rowing boat, dinghy. **(c)** *(LAm)* hammock.

chinchoso *adj* **(a)** full of bugs. **(b)** = **chinchorrero. (c)** *(pesado)* tiresome.

chinear [1a] *vt (CAm: niño)* to carry in one's arms; *(: cuidar)* to care for; *(: mimar)* to spoil.

chinela *nf (zapatilla)* slipper; *(chanclo)* clog.

chinero *nm* china cupboard.

chinga *nf (CAm)* fag end, cigar stub; *(fig)* drop, small amount; **una ~ de agua** a drop of water.

chingadura *nf (Chi)* failure.

chingana *nf* **(a)** *(LAm)* dive *(fam)*, tavern, cheap dance hall. **(b)** *(RPl)* wild party.

chinganear [1a] *vi (LAm)* to go on the town, live it up *(fam)*.

chingar [1h] **1** *vt* **(a)** *(CAm)* to dock, cut the tail of. **(b)** *(Méx fam!)* to fuck (up) *(fam!)*; **no chingues** *(fam)* don't mess me around *(fam)*. **2** *vi* **(a)** to drink too much. **(b)** *(CAm)* to joke. **3 chingarse** *vr* **(a)** *(fam)* to get sozzled *(fam)*. **(b)** *(LAm)* to fail, fall through, come to nothing; **la fiesta se chingó** the party was a disaster *(fam)*.

chingo 1 *adj (CAm: vestido)* short; *(: cuchillo)* blunt; *(: animal)* tailless. **2** *nm* **(a)** *(LAm: caballo)* colt; *(: barco)* small boat. **(b)** *(CAm)* **~s** underclothes.

chingón *nm (Méx fam!)* (mother)fucker *(fam!)*.

chingue *(Chi)* **1** *adj* stinking, repulsive. **2** *nm* skunk.

chino[1]**/a 1** *adj, nm/f* Chinese. **2** *nm* **(a)** *(individuo)* Chinaman. **(b)** *(Ling)* Chinese; *(fig)* Greek, double Dutch.

chino[2] *nm (Geol)* pebble, stone.

chino[3] **1** *adj* **(a)** *(CAm: calvo)* bald. **(b)** *(Méx: crespo)* curly. **(c)** *(CAm, Cu)* angry, furious; **estar ~** to be angry. **(d)** *(euf)* **barrio ~** red-light district. **2** *nm (LAm)* **(a)** *(mestizo)* half-breed; *(criado)* servant; **quedar como un ~** *(RPl)* to come off badly; **trabajar como un ~** *(RPl)* to work like a slave. **(b)** *(Méx)* pig. **(c) ~s** *(Méx)* curls. **(d)** *(rabia)* anger; **le salió el ~** he got angry.

chipe 1 *adj (CAm: enfermizo)* weak, sickly. **2** *nmf (CAm, Méx)* baby, child.

chipear [1a] *vt (CAm)* to bother, pester.

chipichipi *nm (LAm)* drizzle.

chipirón *nm* squid.

chipotear [1a] *vt (CAm)* to slap.

Chipre *nf* Cyprus.

chipriota, chipriote *adj, nmf* Cypriot.

chiquear [1a] **1** *vt (Méx)* to spoil, indulge. **2 chiquearse** *vr* **(a)** *(Méx)* to demand flattery. **(b)** *(CAm)* to swagger along.

chiqueo *nm* **(a)** *(Méx)* piece of flattery; **~s** flattery *sg*, toadying *sg*. **(b)** *(CAm)* swagger.

chiquero *nm (lit, fig)* pigsty; *(Taur)* bull pen; *(RPl)* hen run.

chiquillada *nf* childish prank; **eso son ~s** that's kid's stuff *(fam)*.

chiquillería *nf*: **una ~** a crowd of youngsters.

chiquillo/a *nm/f* kid *(fam)*, youngster, child.

chiquitín/ina 1 *adj* tiny. **2** *nm/f* tiny tot.

chiquito/a 1 *adj* tiny. **2** *nm/f* kid *(fam)*; **andarse en ~as** to beat about the bush. **3** *nm (RPl)*: **un ~** a bit, a little.

chiribita *nf* **(a)** spark; **echar ~s, estar que echa ~s** to be furious. **(b) ~s** *(fam)* spots before the eyes. **(c)** *(Bot)* daisy.

chiribitil *nm (desván)* attic, garret; *(cuchitril)* cubbyhole.

chirigota *nf* joke; **hacer de uno una ~** to make a laughing stock out of sb.

chirimbolo *nm* thingummyjig *(fam)*; **~s** things, gear *sg*.

chirimía *nf* hornpipe.

chirimoya *nf* custard apple.

chiringuito *nf* refreshment stall *o* stand.

chirinola *nf* **(a)** *(discusión)* heated discussion. **(b)** *(nimiedad)* trifle, triviality.

chiripa *nf (Billar)* lucky break; *(fig)* fluke, stroke of luck; **de ~** *(LAm)*, **por ~** by a fluke, by chance.

chiripá *nm (RPl)* Amerindian breeches *pl;* **gente de ~** country people, peasants.

chirle *adj* insipid.

chirola *nf (LAm)*, **chirona** *nf (fam)* clink *(fam)*, jail; **estar en ~** to be in the clink.

chirriar [1b] *vi* **(a)** *(grillo)* to chirp, sing; *(ave)* to screech, squawk; *(gozne, puerta)* to creak, squeak; *(frenos)* to screech, squeal. **(b)** *(LAm: de frío etc)* to shiver.

chirrido *nm (véase* **chirriar***)* *(gen)* shrill sound; screech(ing), squawk(ing); creak(ing), squeak (-ing).

chirrionar [1a] *vt (Méx)* to whip, lash.

chis *interj* sh!

chiscón *nm* hovel.

chisme *nm* **(a)** *(gen)* gadget; **~s** things, gear *sg*. **(b)** *(fig: cosa)* thing, thingummyjig *(fam)*; **~s** *(fig)* paraphernalia *sg*. **(c)** *(fig: habladuría)* piece of gossip, tale; **~s** gossip *sg*. **(d) es un ~** he's a dead loss *(fam)*.

chismear [1a] *vi* to gossip, spread scandal.

chismería *nf*, **chismerío** *nm (RPl)* gossip, scandal.
chismorrear [1a] *vi* = **chismear.**
chismorreo *nm* = **chismería.**
chismoso/a 1 *adj* gossiping, scandalmongering. **2** *nm/f* gossip.
chispa 1 *nf* **(a)** spark; *(fig)* sparkle, gleam; **echar ~s** *(fig)*, **estar que echa ~s** *(fig)* to be hopping mad. **(b)** *(gota)* drop. **(c)** *(hoja)* flake. **(d)** *(fig: pizca)* bit, tiny amount; **ni ~** not the least bit. **(e)** *(fig: genio)* wit; **dar ~s** to show o.s. to be bright; **no da ~** it's awfully dull. **(f)** *(fam: borrachera)* drunkenness; **coger** *o* **pillar una ~** to get tight *(fam)*. **2** *adj inv (fam)* **(a) estar ~** to be tight. **(b)** *(Méx)* funny, amusing.
chispazo *nm* **(a)** spark; **primeros ~s** *(fig)* first signs. **(b)** = **chisme (c).**
chispeante *adj (fig)* sparkling, scintillating.
chispear [1a] *vi* **(a)** to spark. **(b)** *(fig)* to sparkle, scintillate. **(c)** *(Met)* to drizzle.
chisporrotear [1a] *vi* to throw out sparks; *(aceite)* to hiss, splutter; *(carne)* to sizzle; *(leña)* to crackle.
chistar [1a] *vi:* **no ~** not to say a word.
chiste *nm* joke, funny story; **~ verde** blue joke, dirty story; **caer en el ~** to get the point of the story, get it; **dar en el ~** to guess right; **hacer ~ de algo, tomar algo a ~** to take sth as a joke; **no tiene ~** *(LAm)* there's no point (in it).
chistera *nf* **(a)** fish basket; *(Dep) variety of pelota racket.* **(b)** *(fam)* top hat.
chistoso/a 1 *adj* funny, amusing. **2** *nm/f* wit, amusing person.
chistu *nm* = **txistu.**
chistulari *nm* = **txistulari.**
chita[1]: **a la ~ callando** *adv* unobtrusively.
chita[2] *nf* **(a)** anklebone; **dar en la ~** to hit the nail on the head. **(b)** *(Méx)* net bag.
chito, chitón *interj* sh!
chiva *nf* **(a)** *(Zool)* kid; *(LAm: cabra)* nanny goat; *(: oveja)* sheep. **(b)** *(LAm: barba)* goatee (beard). **(c)** *(CAm)* blanket, bedcover. **(d)** *(RPl)* rage, tantrum.
chivar [1a] *(LAm)* **1** *vt (enfadar)* to annoy, upset; *(estafar)* to swindle. **2 chivarse** *vr* **(a)** to get annoyed. **(b)** = **chivatear (a).**
chivatazo *nm (fam)* tip-off; **dar ~** to inform, give a tip-off.
chivatear [1a] *vi* **(a)** *(fam)* to grass *(fam)* *(contra* on), inform *(contra* on), squeal *(fam)*. **(b)** *(RPl)* to shout.
chivato *nm* **(a)** *(Zool)* kid. **(b)** *(fam)* informer. **(c)** *(LAm)* child, kid *(fam)*. **(d)** *(LAm Aut)* stop light, warning light.
chivearse [1a] *vr (Méx)* to get scared.
chivo *nm* **(a)** *(Zool)* billy goat; **esto huele a ~** *(RPl)* this smells suspicious. **(b)** *(RPl: rabia)* fit of anger. **(c)** *(fig, Rel)* **~ (expiatorio)** scapegoat.
chocante *adj* **(a)** *(llamativo)* startling, striking; *(notorio)* noteworthy; **lo ~ es que ...** the odd thing about it is that ... . **(b)** *(escandaloso)* shocking, scandalous. **(c)** *(LAm: pesado)* tiresome; *(: desagradable)* offensive, unpleasant; *(: persona)* disagreeable, nasty.
chocar [1g] **1** *vt* **(a)** to shock; *(sorprender)* to startle, surprise; *(asquear)* to disgust; **me choca que no lo hayan hecho** I am surprised that they haven't done it. **(b)** *(Elec)* to give a shock to. **(c)** *(vasos)* to clink; *(manos)* to shake; **¡chócala!** *(fam)* put it there! *(fam)*; **~ la mano con uno** to shake hands with sb. **2** *vi* **(a)** to shock; *(sorprender)* to be surprising; **no es de ~** it's not all that surprising. **(b)** *(Aut etc)* to collide, crash; *(vasos)* to clink; *(platos)* to clatter; *(Mil, fig)* to clash; **~ con** to collide with, crash into, smash against; **los coches chocaron** the cars crashed (into each other); **chocaron las dos personalidades** their personalities clashed.
chocarrería *nf* **(a)** coarseness, vulgarity. **(b)** *(una ~)* coarse joke, dirty story.
chocarrero *adj* coarse, vulgar.
choclo[1] *nm* clog; **meter el ~** *(Méx)* to put one's foot in it.
choclo[2] *nm (LAm)* ear of (tender) maize, cob of sweet corn.
choco[1] *(Chi)* **1** *adj* curly-haired. **2** *nm* poodle.
choco[2] *adj (LAm)* dark red.
choco[3] *(LAm)* **1** *adj (manco)* one-armed; *(cojo)* one-legged; *(tuerto)* one-eyed. **2** *nm* **(a)** *(Chi)* stump. **(b)** *(sombrero)* top hat.
choco[4] *nm (Zool)* cuttlefish.
chocolate 1 *adj (LAm)* chocolate-coloured. **2** *nm* **(a)** chocolate. **(b)** *(fam)* dope *(fam)*, marijuana.
chocolatera *nf* **(a)** chocolate pot. **(b)** *(fam)* piece of junk; *(Aut)* old crock; *(Náut)* hulk.
chocolatería *nf* chocolate factory *o* shop.
chocolatero *adj* fond of chocolate.
chochear [1a] *vi* **(a)** to dodder, be senile. **(b)** *(fig)* to be soft.
chochera *nf*, **chochez** *nf* **(a)** senility. **(b)** *(una ~)* sentimental act.
chocho[1] *adj* **(a)** *(senil)* doddering, senile. **(b)** *(fig)* sentimental; *(RPl)* delighted, pleased.
chocho[2] *nm* candy stick; **~s** sweets, *(US)* candies.
chófer *nm, pl* **chóferes,** *(LAm)*, **chofer** *nm, pl* **chofers** driver; *(de bus)* bus driver.
cholgas *nfpl (RPl)* mussels.
cholo/a 1 *adj* **(a)** *(LAm)* half-breed *(fam)*, mestizo. **(b)** *(Chi)* cowardly. **2** *nm/f (LAm)* person of mixed race, mestizo.
cholla *nf* **(a)** *(fam)* nut *(fam)*, head; *(fig)* brains. **(b)** *(CAm)* wound.
chollo *nm (fam)* bargain, snip *(fam)*.
chompa *nf (LAm)* jumper, sweater.
chongo *nm* **(a)** *(Méx, CAm: moño)* bun; **~s** *(: trenzas)* pigtails. **(b)** *(Méx: dulce)* sweet curds.
chontal *adj (CAm)* wild, uncivilized.
chopo *nm* **(a)** *(Bot)* black poplar; **~ de Italia** *o* **lombardo** Lombardy poplar. **(b)** *(Mil fam)* gun; **cargar con el ~** *(fig)* to join up.
choque *nm* **(a)** impact; *(explosión)* blast, shock wave. **(b)** *(ruido)* crash; *(platos etc)* clatter; *(vasos)* clink. **(c)** *(Aut, Ferro etc)* crash, smash; **~ de frente** head-on collision; **~ de trenes** rail smash. **(d)** *(Elec, Med)* shock. **(e)** *(Mil, fig)* conflict; **entrar en ~** to clash; **estar en abierto ~ con** to conflict openly with.
choquezuela *nf* kneecap.
chorear [1a] *(LAm)* **1** *vi* to grumble, complain. **2 chorearse** *vr* to get annoyed.
choreo *nm (Chi)* complaint.
chorizo *nm* **(a)** *(Culin)* hard pork sausage, salami. **(b)** *(en circo)* balancing pole. **(c)** *(fam!)* wank(er) *(fam!)*, *(US)* jerk *(fam)*. **(d)** *(RPl)* **bife de ~** rump steak.
chorote *nm (Méx, Ven)* drinking chocolate (with brown sugar).
chorra *nf* luck; **¡qué ~ tiene!** how jammy can you get! *(fam)*.
chorrada *nf* **(a)** *(liquidos)* extra drop. **(b)** *(adorno)* unnecessary adornment *o* detail. **(c)** *(tonterías)* drivel *(fam)*.
chorrear [1a] **1** *vt* **(a)** *(Mil fam)* to tick off, dress down. **(b)** *(verter)* to pour. **(c)** *(RPl: robar)* to pinch *(fam)*. **2** *vi* **(a)** *(salir a chorros)* to gush (forth), spout (out); *(gotear)* to drip; **~ de sudor**

to run with sweat; **la ropa chorrea todavía** his clothes are still wringing wet. **(b)** *(fig)* to trickle (in, away *etc)*. **3 chorrearse** *vr*: ~ **algo** *(fam)* to pinch sth.

chorreo *nm* **(a)** *(flujo)* gushing, spouting; *(goteo)* dripping. **(b)** *(fig)* constant drain (on resources *etc)*.

chorrera *nf* **(a)** spout. **(b)** ~**s** *(Cos)* frill *sg*. **(c)** *(LAm fig)* string, stream; **una** ~ **de** a lot of.

chorretada *nf* **(a)** squirt, jet. **(b)** = **chorrada (a)**.

chorrillo *nm (fig)* steady trickle.

chorro *nm* **(a)** jet; *(caudalito)* dribble, trickle; **llover a** ~**s** to pour; **salir a** ~**s** to gush forth, come spurting out. **(b)** *(Téc)* jet, blast; *(Aer)* jet; ~ **de arena** sandblast; ~ **de vapor** steam jet; **con propulsión a** ~ jet-propelled. **(c)** *(fig)* stream; **un** ~ **de palabras** a torrent of words; **a** ~**s** in plenty, in abundance; **hablar a** ~**s** to talk nineteen to the dozen. **(d)** *(RPl fam)* thief, pickpocket.

chotear [1a] *(LAm)* **1** *vt* to make fun of. **2 chotearse** *vr* to joke.

choteo *nm (CAm)* kidding, joking; **de** ~ in fun.

choto 1 *adj (CAm)* abundant, plentiful; **estar** ~ **de** to be full of *o* loaded with; **de** ~ free, for nothing. **2** *nm* **(a)** *(cabrito)* kid; *(ternero)* calf. **(b)** *(RPl fam!)* prick *(fam!)*.

choza *nf* hut, shack.

chozno/a *nm/f* great-great-grandchild.

chrisma ['krisma] *nf*, **christma(s)** ['krisma] *nm*, *pl* **christmas** ['krismas] Christmas card.

chubasco *nm* **(a)** *(Met)* squall, sudden rainstorm; ~ **de nieve** (brief) snowstorm. **(b)** *(fig)* setback; **aguantar el** ~ *(fig)* to weather the storm.

chubasquero *nm* oilskins *pl*.

chúcaro *adj (LAm: salvaje)* wild, untamed; *(: tímido)* shy.

chucear [1a] *vt (LAm)* to prick, goad.

chucrút *nm*, **chucruta** *nf* sauerkraut.

chucha *nf* **(a)** *(Zool)* bitch. **(b)** *(fam)* sweetheart.

chuchada *nf (CAm)* trick, swindle.

chuchear[1] [1a] *vt* to hunt, trap.

chuchear[2] [1a] *vi* = **cuchichear.**

chuchería *nf* **(a)** *(adorno)* trinket. **(b)** *(bocada)* titbit, sweet.

chucho 1 *adj* **(a)** *(gente)* wrinkled. **(b)** *(CAm)* mean. **2** *nm* **(a)** *(Zool)* mongrel; **¡**~**!** down boy! **(b)** *(fam)* sweetheart. **(c)** *(pastel)* custard-filled doughnut.

chuchumeco *nm* **(a)** *(mezquino)* skinflint. **(b)** *(Chi: enfermo)* sickly person; *(: enano)* dwarf, runt.

chueca *nf* **(a)** *(Bot)* stump. **(b)** *(Anat)* round head of a bone. **(c)** *(fig)* practical joke, prank; **gastar una** ~ **a uno** to play a joke on sb.

chueco *adj (LAm: gen, fig)* crooked, bent; *(: pierna)* bandy-legged.

chufa *nf* chufa, earth almond; **horchata de** ~ drink made from chufas.

chufeta *nf* = **chufleta.**

chufla *nf* joke, merry quip; **tomar algo a** ~ to take sth as a joke.

chuflarse [1a] *vr* to joke, make jokes.

chufleta *nf* joke; *(mofa)* taunt.

chufletear [1a] *vi* to joke; *(mofar)* to jeer.

chula *nf* **(a)** coarse woman, flashy female, brassy girl. **(b)** *(LAm)* girlfriend.

chulada *nf* **(a)** *(grosería)* coarse thing; *(truco)* mean trick. **(b)** = **chulería (a)**.

chulear [1a] *vt (fam)* **(a)** to make fun of. **(b)** to pinch *(fam)*, swipe *(fam)*.

chulería *nf* **(a)** *(encanto)* natural charm, winning ways; *(vulgaridad)* commonness, vulgarity. **(b)** *(una* ~*)* = **chulada (a)**.

chulesco *adj* = **chulo 1**.

chuleta *nf* **(a)** chop, cutlet; ~ **de puerco/de ternera** pork/veal chop. **(b)** *(Cos)* insert. **(c)** *(golpe)* punch, bash *(fam)*. **(d)** *(Escol etc: fam)* crib *(fam)*, *(US)* trot. **(e)** ~**s** *(fam)* side-whiskers.

chulo 1 *adj* **(a)** amusing; *(encantador)* charming. **(b)** *(apariencias)* smart; *(vulgar)* flashy, vulgar. **(c)** *(aire)* proud; *(paso)* jaunty, swaggering; **iba muy** ~ he swaggered along. **(d)** *(conducta)* bold; *(pey)* overbold, fresh; **no te pongas** ~ **conmigo** don't get fresh with me. **(e)** *(carácter)* rascally. **(f)** *(CAm, Méx: bonito)* pretty; *(: elegante)* attractive, elegant. **2** *adv (CAm, Méx)* well; **jugar** ~ to play well. **3** *nm* **(a)** working-class Madrilenian. **(b)** *(rufián)* layabout, rascal; ~ **de putas** pimp.

chumacera *nf (Mec)* ball bearing; *(Náut)* rowlock, *(US)* oarlock.

chumarse [1a] *vr (RPl)* to get drunk.

chumbar [1a] *vt (RPl: suj: perro)* to attack, go for; **¡chúmbale!** at him, boy!

chumbe *nm (LAm)* sash.

chumbera *nf*, **chumbimba** *nf (LAm)* prickly pear.

chumbo *nm* prickly pear.

chuncho/a *(Per)* **1** *adj* savage; rustic. **2** *nm/f* savage Indian.

chunga *nf (fam)* fun; **contar** ~**s** to crack jokes *(fam)*; **estar de** ~ to be in a merry mood; **en plan** ~ for a laugh.

chungar [1h] *vi*, **chunguear** [1a] *vi*, **chungarse** *vr*, **chunguearse** *vr (fam)* to gag, crack jokes *(fam)*; ~ **de uno** to make fun of sb.

chuño *nm (LAm)* (dish made with) potato starch.

chupa[1] *nf*: **poner a uno como** ~ **de dómine** to give sb a tremendous ticking off.

chupa[2] *nf (LAm)* drunkenness.

chupacirios *nmf (fam)* holy Willie *(fam)*.

chupada *nf* suck; *(en pipa)* pull, puff; ~**s** sucking *sg*, suction *sg*.

chupado *adj* **(a)** *(flaco)* skinny, emaciated; ~ **de cara** with a gaunt face. **(b)** *(falda)* tight. **(c) estar** ~ **de frío** to be pinched with cold. **(d)** *(LAm)* **estar** ~ to be drunk. **(e)** *(fam)* **está** ~ it's simple, it's dead easy *(fam)*.

chupador *nm* **(a)** teething ring. **(b)** *(LAm)* drunkard.

chupaflor *nm*, **chupamirto** *nm (LAm)* hummingbird.

chupar [1a] **1** *vt* **(a)** to suck; *(sacar)* to suck (out *o* up); *(absorber)* to absorb, take in *o* up; *(sorber)* to sip; *(extraer)* to extract; *(pipa)* to puff at. **(b)** *(LAm)* to drink (habitually). **(c)** *(fig)* to milk; **el trabajo le chupa la salud** his work is undermining his health. **2** *vi* to suck. **3 chuparse** *vr* **(a)** *(fam)* **¡chúpate eso!** put that in your pipe and smoke it! *(fam)*. **(b)** ~ **el dedo** to suck one's finger; **para** ~ **los dedos** mouthwatering. **(c)** *(LAm)* ~ **un insulto** to put up with an insult. **(d)** *(Med)* to waste away.

chupatintas *nm inv* penpusher.

chupete *nm* **(a)** dummy, *(US)* pacifier; *(de biberón)* teat; *(LAm)* lollipop. **(b)** *(LAm)* suck. **(c) de** ~ delicious.

chupo *nm (LAm)* boil.

chupón *nm* **(a)** *(Bot)* sucker. **(b)** *(fam: parásito)* sponger *(fam)*. **(c)** *(dulce)* lollipop, sucking sweet; ~ **de caramelo** toffee apple. **(d)** *(LAm)* dummy, *(US)* pacifier; *(biberón)* baby's bottle.

churdón *nm* raspberry.

chureca *nf* sweet pea.

churrasco *nm (LAm)* barbecue, barbecued meat; *(RPl)* steak.

churrería *nf* fritter stall *o* shop.
churrero/a *nm/f* fritter maker *o* seller.
churrete *nm* grease spot, dirty mark.
churretear [1a] *vt (LAm)* to stain, dirty.
churriento *adj* filthy.
churrigueresco *adj* **(a)** *(Arquit)* baroque. **(b)** *(fig)* excessively ornate.
churro 1 *adj (lana)* coarse. **2** *nm* **(a)** *(Culin)* fritter. **(b)** *(chapuza)* botch, mess; **el dibujo ha salido un ~** the sketch came out all wrong. **(c)** *(suerte)* fluke.
churrullero *adj* talkative, gossipy.
churruscar [1g] **1** *vt* to fry crisp. **2** *vi* to sizzle. **3 churruscarse** *vr* to burn.
churrusco *nm* burnt toast.
churumbel *nm (fam)* kid *(fam)*.
churumbela *nf* **(a)** *(Mús)* flageolet. **(b)** *(CAm)* mate cup.
chus: no decir ~ ni mus not to say a word.
chuscada *nf* funny remark, joke.
chusco *adj* funny, droll.
chuse *nm (Arg)* coarse woollen cloth; *(Per)* blanket.
chusma *nf* rabble, mob, riffraff.
chusmaje *nm (LAm)* = **chusma.**
chuspa *nf (LAm)* bag, pouch.
chut *nm (Dep)* shot (at goal).
chutar [1a] *vi (Dep)* to shoot (at goal).
chuzón *adj* **(a)** *(astuto)* wily. **(b)** *(ingenioso)* witty, amusing.
chuzonada *nf* piece of tomfoolery.

D

D, d [de] *nf (letra)* D, d.
D. *abr de* **Don.** Esq.
Da. *abr de* **Doña.**
dable *adj* possible, feasible; **en lo que sea ~** as far as possible.
daca *interj* hand it over!
dacrón ® *nm* Dacron ®.
dactilar *adj*: **huellas ~es** fingerprints.
dactilografía *nf* typing, typewriting.
dactilógrafo/a *nm/f* typist.
dadista *nm (Méx)* gambler.
dádiva *nf (regalo)* gift; *(compensación)* sop.
dadivoso *adj* generous, open-handed.
dado[1] *nm* **(a)** *(en juegos)* die; **~s** dice; **el ~ está tirado** the die is cast. **(b)** *(Arquit)* dado. **(c)** *(Mec)* block.
dado[2] **1** *pp de* **dar. 2** *adj* **(a) en un momento ~** at a certain point; **~as estas circunstancias** in view of these circumstances. **(b) ser ~ a** to be given to *o* very fond of *(hacer algo* doing sth). **(c) ~ que** *(+ subjun)* provided (that); *(+ indic)* given that.
dador(a) *nm/f (gen)* giver, donor; *(de carta)* bearer; *(Com)* drawer; **~ de sangre** blood donor.
daga *nf* dagger; *(Méx)* machete.
dalia *nf* dahlia.
daltoniano *adj* colour-blind.
daltonismo *nm* colour blindness.
dama *nf* **(a)** *(gen)* lady; *(noble)* gentlewoman; *(amante)* mistress; **primera ~** *(Teat)* leading lady; *(Pol)* president's wife, *(US)* first lady; **~ de honor** *(de reina)* lady-in-waiting; *(de novia)* bridesmaid; **~ regidora** carnival queen. **(b)** *(Ajedrez, Naipes)* queen; *(Damas)* king. **(c) ~s** *(juego)* draughts, *(US)* checkers.
damajuana *nf*, *(LAm)* **damasana** *nf* demijohn.
damasco *nm* **(a)** *(tela)* damask. **(b)** *(fruta)* damson; *(LAm)* apricot.
damasquin(ad)o *adj (metal)* damask.
damasquinar [1a] *vt (metales)* to damask.
damnificar [1g] *vt (frm: persona)* to injure, harm; *(cosa)* to damage; **los damnificados** the victims.
dancing ['dansin] *nm (esp LAm: salón de baile)* dance hall; *(: discoteca)* night club.
danés/esa 1 *adj* Danish. **2** *nm/f* Dane. **3** *nm (idioma)* Danish.
danza *nf* **(a)** *(gen)* dancing; *(una ~)* dance; **~ de figuras/guerrera** square-/war dance. **(b)** *(fam: negocio sucio)* shady affair; *(: lío)* mess. **(c)** *(fam: jaleo)* row, rumpus *(fam)*; **armar una ~** to kick up a row.
danzante/a *nm/f* **(a)** dancer. **(b)** *(fam: persona activa)* live wire *(: entrometido)* busybody; *(: casquivano)* scatterbrain.
danzar [1f] **1** *vt* to dance. **2** *vi* **(a)** to dance *(tb fig)*. **(b)** *(fam: entrometerse)* to meddle.
danzarín/ina *nm/f* **(a)** dancer; *(profesional)* professional dancer. **(b) = danzante (b).**
dañado *adj (lit)* damaged; *(fig)* bad, wicked.
dañar [1a] **1** *vt (objeto)* to damage; *(persona)* to harm, hurt; *(estropear)* to spoil. **2 dañarse** *vr* **(a)** *(véase vt)* to get damaged; to get hurt; to spoil. **(b)** *(comestibles etc)* to rot, go bad; *(Med)* to hurt o.s., do o.s. harm.
dañino *adj* harmful *(para* to); **animales ~s** vermin, pests.
daño *nm* **(a)** *(a objeto)* damage; *(a persona)* hurt, harm, injury; **en ~ de** to the detriment of; **por mi ~** to my cost; **hacer ~ a** to damage, harm; *(Med)* to hurt, injure; **no hace ~** it doesn't hurt; **el ajo me hace ~** garlic disagrees with me; **hacerse ~** to hurt o.s.; **se hizo ~ en el pie** he hurt his foot. **(b)** *(Med)* trouble; **los médicos no saben dónde está el ~** the doctors cannot tell where the trouble is. **(c)** *(Jur)* **~s y perjuicios** damages. **(d)** *(hechicería)* witchcraft.
dañoso *adj* harmful.
dar [1r] **1** *vt* **(a)** *(gen)* to give; *(entregar: objeto)* to hand, pass; *(: mensaje)* to deliver; *(fiesta)* to have, hold; *(golpe)* to strike; *(grito, alarido etc)* to let out; *(naipes)* to deal (out); *(noticias)* to tell, break; *(olor)* to give off; *(obra: de teatro)* to perform, put on; *(: musical)* to play; *(película)* to show, screen; *(Escol: examen)* to sit, take; *(: lección)* to teach; **déme 2 kilos** I'll have 2 kilos; **~ de beber/comer a uno** to give sb something to drink/eat; **~ los buenos días** *etc* **a uno** to wish sb good-morning *o* good-day *etc*, say hello to sb; **el reloj dio las tres** the clock struck 3 o'clock; **ya han dado las 8** it's past *o* gone 8 o'clock. **(b)** *(producir: cosecha)* to produce; *(: flores)* to bear; *(: ganancias, intereses)* to yield; *(fig)* **me da asco/miedo/pena** *o* **lástima** it sickens/frightens/saddens me; **da gusto hablar con él** it's a great pleasure to talk to him; **le dio un fuerte dolor de**

costado he felt a sudden sharp pain in his side. **(c)** *(considerar)* ~ **como** *o* **por** to consider, regard as; **doy el asunto por concluido** I regard the matter as settled. **(d) lo mismo da** it makes no difference *o* odds; **lo mismo me da** it's all the same to me, I don't mind; **¡qué más da!,** *(LAm)* **¡da igual!** what does it matter!, never mind! **(e) ¡dale!** *(gen)* go on!; *(Dep: ¡anda!)* come on!, get on with it!; *(: ¡otra vez!)* not again!; *(: ¡pégale!)* hit him!; *(en una persecución)* after him!; **estar/seguir dale que dale** to go/keep on and on. **(f)** ~ **a conocer** *(persona)* to introduce, present; *(informe)* to release; *(sin autorización)* to leak; ~ **a entender (que)** to give to understand (that); *(insinuar)* to imply (that).

2 *vi* **(a)** ~ **a** *o* **sobre** *(cuarto, ventana)* to look out on, overlook; *(casa)* to face (towards). **(b)** ~ **con** *(persona: topar)* to meet, run into; *(: hallar)* to find; *(idea, solución)* to hit on; **no doy con el nombre** I can't think of the name; **dio consigo en la cárcel** he ended up in jail. **(c)** ~ **de cabeza** to fall on one's head; **el barco dio contra el puente** the ship struck the bridge. **(d)** ~ **de palos/puñetazos a uno** to beat/punch sb; ~ **de sí** *(cuero, tela)* to give, stretch. **(e)** ~ **en** *(blanco, suelo)* to hit; *(broma)* to catch on to, see; *(error)* to fall into; *(solución)* to hit on; ~ **en hacer algo** to take to *o* get into the habit of doing sth; **el sol me da en la cara** the sun is shining right in my face. **(f)** ~**le a uno por hacer algo** to take it into one's head to do sth, begin *o* decide to do sth; **al chico le daba por dormirse en la clase** the boy was apt to fall asleep in class. **(g)** ~ **que hablar** to set people talking; **una película que da en qué pensar** a thought-provoking film. **(h)** ~ **para** to be enough for.

3 darse *vr* **(a)** *(entregarse)* to surrender, give in. **(b)** *(suceso)* to happen; *(Bio)* to exist, occur; *(Agr)* to grow, come up. **(c)** ~ **a** to take to; *(pey)* to abandon o.s. to. **(d) dárselas de** to pose as; **se los da de experto** he fancies himself as an expert. **(e)** ~ **por** to consider o.s. as; **me doy por vencido** I give up; **no se dio por aludido** he didn't take the hint. **(f) no se me** *etc* **da un higo** *o* **bledo** *o* **rábano** I *etc* don't care two hoots. **(g) se me dan muy bien/mal los idiomas** I am very good/bad at languages.

dardo *nm* dart, shaft.

dares *nmpl:* ~ **y tomares** *(fam)* arguments, bickering; **andar en** ~ **y tomares con uno** to bicker with sb.

dársena *nf* dock.

data *nf* **(a)** *(fecha)* date. **(b)** *(Com)* item.

datar [1a] **1** *vt* to date, put a date on. **2** *vi:* ~ **de** to date from *o* back to.

dátil *nm (Bot)* date.

datilera *nf* date palm.

dativo *nm (Ling)* dative.

dato *nm* fact, piece of information; *(Mat)* datum; ~**s** data, facts, information; **no tenemos todos los** ~**s** we do not have all the facts; ~**s estadísticos** statistics; ~**s personales** personal particulars.

d. de J. C. *abr de* **después de Jesucristo** A. D.

DDT *nm abr* DDT.

de *prep* **(a)** *(posesión, pertenencia)* of; **el coche** ~ **mi amigo/mis amigos** my friend's car *o* the car of my friend/my friends' car; **la llave** ~ **mi cuarto** the key to my room; *(aposición)* **la ciudad** ~ **Madrid** the city of Madrid; **uno** ~ **nosotros** one of us; **el más caro del negocio/mundo** the most expensive in the shop/world; **las calles** ~ **Madrid** the Madrid streets, the streets of Madrid; **un libro** ~ **Unamuno** a book by Unamuno.

(b) *(origen, distancia)* from; **vuelo 507** ~ **Londres** flight 507 from London; **es** ~ **Sevilla** she's from Seville; ~ **A a B hay 5 kms** it is 5 kms from A to B; **tiene 3 hijos** ~ **su primera mujer** he has 3 children by his first wife; **salir** ~ **casa** to go out, leave the house.

(c) *(causa, manera, modo)* **estar loco** ~ **alegría** to be crazy with joy; **morir** ~ **hambre** to die of *o* from starvation; ~ **puro cansado** out of sheer tiredness; **trabaja** ~ **empleado** he works as a clerk; ~ **un salto** at *o* with one bound; **mejor** ~ **salud** better in health; ~ **niño** as a child.

(d) *(característica, material)* **vestido** ~ **azul** dressed in blue; **una cadena** ~ **oro** a gold chain; **pintado** ~ **rojo** painted red; **la niña** ~ **pelo largo** the girl with long hair; **una clase** ~ **francés** a French class; **un libro** ~ **biología** a biology book, a book on *o* about biology; **una cocina** ~ **gas** a gas stove; **es abogado** ~ **profesión** he's a lawyer by profession.

(e) *(uso)* **goma** ~ **mascar** chewing gum; **máquina** ~ **coser** sewing machine.

(f) *(medida, valor)* **un chico** ~ **15 años** a boy of 15, a 15-year-old boy; **un viaje** ~ **2 días** a journey of two days, a two-day journey; **tiene 1 metro** ~ **alto** it's a metre high; **una moneda** ~ **5 pesos** a 5-peso coin.

(g) *(con números)* **3** ~ **cada 4** three out of every four; **más/menos** ~ **7** more/less than 7.

(h) *(tiempo)* **a las 7** ~ **la mañana** at 7 o'clock in the morning, at 7 a.m.; ~ **día/noche** by day/by *o* at night.

(i) *(condicional)* ~ **ser posible** if possible; ~ **no ser así** if it were not so, were it not so.

(j) *(contenido)* **una copa** ~ **vino** a glass of wine; **una cajita** ~ **bombones** a box of chocolates.

(k) *(en oraciones pasivas)* **fue amado** ~ **todos** he was loved by all.

(l) *(locuciones)* **el bueno/pobre** ~ **Pedro** good/poor old Peter; **aquel imbécil** ~ **Fernández** that idiot Fernández.

(m) *(+ infin)* **un problema fácil** ~ **resolver** a problem that is easily solved; **un libro grato** ~ **leer** a nice book to read.

dé *véase* **dar.**

deambular [1a] *vi* to saunter, stroll (*por* along, in, through); *(vagar)* to wander (about).

deán *nm (Rel)* dean.

debacle *nf* debacle, disaster.

debajo 1 *adv* (*tb* **por** ~) underneath, below; on the underside. **2 (por)** ~ **de** *prep* under, below, beneath.

debate *nm (gen, Pol)* debate; *(discusión)* discussion, argument.

debatir[1] [3a] *vt* to debate; *(discutir)* to discuss, argue about.

debatir[2] [3a] *vi,* **debatirse** *vr (combatir)* to struggle; *(forcejar)* to writhe.

debe *nm (en cuenta)* debit side; ~ **y haber** debit and credit; **asentar algo al** ~ **de uno** to debit sth to sb.

deber [2a] **1** *vt (dinero, respeto)* to owe; **me debes 5 dólares** you owe me 5 dollars; **esto lo debe a influencia francesa** he owes this to French influence.

2 *vi* **(a)** *(+ infin)* **debo hacerlo** I must do it, I have to do it; **no debes comer tanto** you shouldn't eat so much; **debiera ir** he ought to go, he should go; **deberá cambiarse cada mes** it should be changed every month; **debíamos partir ayer** we were to have *o* should have left yesterday; **he**

debido perderlo I must have lost it; **hubieras debido traerlo** you ought to have *o* should have brought it. **(b) debe de ser así** it must be like that, that's how it must be; **debe de ser brasileño** he must be a Brazilian; **no debe de ser muy caro** it can't be very dear; **debe de haber ido** he must have gone; **debió de perderlo** he must have lost it.

3 deberse *vr:* ~ **a** to be owing *o* due to *o* because of; **se debe a que no hay carbón** it is because (of the fact that) there's no coal; **¿a qué se debe esto?** what is the explanation of this?, why is this?

4 *nm* **(a)** *(obligación)* duty, obligation; **últimos ~es** last rites. **(b)** *(deuda)* debt. **(c) ~es** *(Escol)* homework *sg*.

debidamente *adv* properly; *(rellenar: documento, solicitud)* duly.

debido *adj* **(a)** *(correcto)* proper, due; *(justo)* right, correct; **en ~a forma** duly; **como** *o* **según es ~** as is (only) right and proper; **una fiesta como es ~** a real party. **(b) ~ a** owing to, due to, because of; **~ a ello** because of this; **~ a que ...** because (of the fact that) ... .

débil *adj (gen)* weak; *(persona: físicamente)* feeble, frail; *(salud)* poor; *(esfuerzo)* feeble, half-hearted; *(voz, ruido)* faint; *(luz)* dim.

debilidad *nf (véase adj)* weakness; feebleness, frailty; poor health; feebleness; half-heartedness; faintness; dimness; **~ senil** senility, senile decay; **tener ~ por uno** to have a soft spot for sb.

debilitación *nf* weakening, debilitation.

debilitar [1a] **1** *vt (gen)* to weaken; *(Med)* to debilitate. **2 debilitarse** *vr (lit, fig)* to grow weak(er), weaken.

debitar [1a] *vt (Com)* to debit.

débito *nm (Com: debe)* debit; *(: deuda)* debt.

debut [de'ßu] *nm, pl* **debuts** [de'ßus] début.

debutante 1 *nmf (principiante)* beginner. **2** *nf (en sociedad)* debutante.

debutar [1a] *vi* to make one's debut.

década *nf* decade.

decadencia *nf (estado)* decadence; *(proceso)* decline, decay.

decadente *adj* decadent.

decaer [2o] *vi* to decay, decline; *(debilitarse: fuerzas)* to weaken; *(: salud)* to fail; *(negocio)* to fall off.

decaimiento *nm (gen)* decay; *(declinación)* decline; *(Med: empeoramiento)* weakening; *(Com)* falling-off; *(desaliento)* discouragement.

decanato *nm (cargo)* deanship; *(despacho)* dean's office.

decano/a *nm/f* **(a)** *(Univ etc)* dean. **(b)** *(de junto, grupo)* doyen(ne), senior member.

decantar[1] [1a] *vt (vino)* to decant; *(líquidos)* to pour off.

decantar[2] [1a] *vt* to praise.

decapitar [1a] *vt* to behead, decapitate.

decena *nf (diez)* ten; *(alrededor de diez)* (about) ten; **~s** *(Mat)* tens; **una ~ de barcos** about *o* some ten ships; **~s de miles de** tens of thousands of.

decencia *nf* **(a)** *(gen)* decency; *(decoro)* decorum; *(honestidad)* respectability. **(b)** *(aseo)* cleanliness, tidiness.

decenio *nm* decade.

decente *adj* **(a)** *(gen)* decent; *(correcto)* proper; *(honesto)* respectable. **(b)** *(aseado)* clean, tidy.

decepción *nf* disappointment.

decepcionante *adj* disappointing.

decepcionar [1a] *vt* to disappoint.

deceso *nm (LAm)* decease, passing.

decibel *nm*, **decibelio** *nm* decibel.

decible *adj* expressible, communicable.

decidido *adj* decided; *(resuelto)* resolute.

decidir [3a] **1** *vt* **(a)** *(persona)* to decide, persuade; **esto le decidió a dejarlo** this decided him *o* made him decide to give it up; **esto por fin le decidió** this finally made his mind up (for him). **(b)** *(asunto, problema, resultado)* to decide, settle. **2** *vi* to decide (*de, en* about, *hacer algo* to do sth); **~ en favor de uno** to decide in sb's favour; **~ sobre cuál conviene más** to decide *o* choose which is more suitable. **3 decidirse** *vr* to decide, take the decision, make up one's mind (*a hacer algo* to do sth); **~ por** to decide *o* settle on, choose.

decidor *adj* **(a)** *(gracioso)* witty, amusing. **(b)** *(elocuente)* fluent, eloquent.

décima *nf* **(a)** *(Mat)* tenth; *(esp en lotería)* tenth part. **(b)** *(Rel)* tithe.

decimación *nf* decimation.

decimal 1 *adj* decimal. **2** *nm* decimal. **3** *nf:* **~ periódica pura** recurring decimal.

décimo *adj, nm* tenth; *véase tb* **sexto.**

decimoctavo *adj* eighteenth; *véase tb* **sexto.**

decimocuarto *adj* fourteenth; *véase tb* **sexto.**

decimonónico *adj (hum, pey)* nineteenth-century *(atr)*.

decimonono *adj*, **decimonoveno** *adj* nineteenth; *véase tb* **sexto.**

decimoquinto *adj* fifteenth; *véase tb* **sexto.**

decimoséptimo *adj* seventeenth; *véase tb* **sexto.**

decimosexto *adj* sixteenth; *véase tb* **sexto.**

decimotercero *adj*, **decimotercio** *adj* thirteenth; *véase tb* **sexto.**

decir [3p; *pp* **dicho**] **1** *vt, vi* **(a)** *(palabras)* to say; **'tengo prisa' dijo** 'I'm in a hurry,' he said; **¿digo algo?** have I said something?; **~ para** *o* **entre sí** to say to o.s.; **como dicen los madrileños** as they say in Madrid; **¿como ha dicho Ud?** pardon, what did you say?; **eso digo (yo)** that's (just) what I say; **no hay más que ~** there's no more to be said (about it); **no sé qué ~** I (just) don't know what to say; **¡qué digo!** what am I saying?

(b) ~ que to say that; **¿viene? — dice que sí** is she coming? — she says she is *o* she says so; **el cartel dice claramente que** the sign says clearly *o* clearly states that; **~ que sí/no** to say yes/no; **no hay que ~ que, ni que ~ tiene que** *(frm)* it goes without saying that; **sabe lo que dice** he knows what he's talking about.

(c) ~ algo a uno to tell sb sth, say sth to sb; **~ a uno que** to tell sb that, say to sb that; **tengo algo que ~te** there's something I want *o* I've got something to tell you; *(ordenar)* **me dice que lo haga ahora** he's telling me to do it now; **le dije que fuera más tarde** I told her to go later; **¿quién te lo dijo?** who told you (so)?

(d) *(mentiras, secreto)* to tell; *(verdad)* to speak, tell; *(tonterías)* to talk; *(misa)* to say; *(texto)* to say, read; *(indicar)* to show, indicate; *(revelar)* to reveal; *(fam: nombrar)* to call; **no me dice nada este libro** this book leaves me cold.

(e) *(convenir)* to suit; **~ con** to go with, match.

(f) *(locuciones: gen)* **pero dice mal** but he is wrong; **y dice bien** and he is right; **no lo digo por ti** I'm not referring to you, I'm not getting at you; **como quien dice, como si dijéramos** so to speak; *(aproximadamente)* in a way, more or less; **como quien no dice nada** quite casually, as though it wasn't important; **¿cómo diríamos?** how shall I put it?; **¡lo que he dicho!** I stand by what I said!; **¡quién lo diría!** would you believe it!, did you ever? *(fam)*.

(g) *(locuciones con infin)* **al ~ de** according to, in the opinion of; **es ~** that is to say, I mean;

querer ~ to mean; **¿qué quiere ~ 'spatha'?** what does 'spatha' mean?; **¿qué quiere Ud ~ con eso?** what do you mean by that?; **dar que ~ (a la gente)** to make people talk, set the tongues wagging; **no hay para qué ~ ...** of course ...; **~ por ~** to talk for talking's sake; **o por mejor ~** or rather; **por ~lo así** so to speak.

(h) *(locuciones con futuro)* **dirá Ud aquel otro** you must mean that other one; **Ud dirá** it's for you to say; *(sirviendo bebida)* how much do you like?, say when *(fam)*; **el qué dirán** gossip, what people will say.

(i) *(locuciones con subjun)* **¡diga!, ¡dígame!** *(en tienda etc)* can I help you?, yes sir?; *(Telec)* hullo?; **digámoslo así** so to speak, for want of a better word; **¡no me digas!** *(sorpresa)* you don't say!, well I'm blowed!; *(incredulidad)* come off it!; **¡y que lo digas!** you can say that again!; **y no digamos de ...** not to mention ...; **no es un pintor, que digamos** he's not what you could really call a painter; **es, digamos, un comerciante** he's a dealer, for want of a better word; **me lo hubieras dicho** you might have told me.

(j) *(con pp)* **mejor dicho** rather; **¡lo dicho dicho!** I stand by what I said!; **¡dicho y hecho!** no sooner said than done!; **¡haberlo dicho!** you might have told me!

2 decirse *vr* **(a) yo sé lo que me digo** I know what I'm talking about.

(b) esta plaza se dice de la Revolución this is called Revolution Square; **¿cómo se dice en inglés 'cursi'?** what's the English for 'cursi'?, how do you say 'cursi' in English?

(c) se dice it is said, they *o* people say; *(se cuenta)* the story goes; **se me ha dicho que ...** I have been told that ... .

(d) hablar portugués, lo que se dice hablar, no sé I can't really talk Portuguese; **esto es lo que se dice un queso** this is what you really call a cheese.

3 *nm* saying; *(gracia)* witty remark; **es un ~** it's just a phrase; **a ~ de todos** by all accounts; **al ~ de X** according to X.

decisión *nf* **(a)** decision; *(Jur)* judgment; **forzar una ~** to force the issue; **tomar una ~** to make *o* take a decision. **(b)** *(firmeza)* decisiveness; *(voluntad)* determination.

decisivo *adj (gen)* decisive; *(argumento)* overriding; *(voto)* casting.

declamación *nf* **(a)** declamation; *(cualidad)* delivery. **(b)** *(pey)* ranting.

declamar [1a] **1** *vt (gen)* to declaim; *(versos etc)* to recite. **2** *vi* **(a)** *(criticar)* to speak out (*contra* against). **(b)** *(pey)* to rant, carry on.

declaración *nf* **(a)** *(gen)* declaration; *(afirmación)* statement; *(explicación)* explanation; *(de matrimonio)* proposal (of marriage); **~ de derechos** *(Pol)* bill of rights; **~ de ingresos** *o* **de renta** *o* *(Méx)* **fiscal** income tax return. **(b)** *(Naipes)* bid. **(c)** *(Jur: deposición)* statement; *(: testimonio)* evidence; **~ jurada** sworn statement, affidavit.

declarado *adj (intención)* avowed; *(opinión)* professed; *(ateo etc)* (self-)confessed.

declarante *nmf* **(a)** *(Jur)* person making a statement, person giving evidence. **(b)** *(Naipes)* bidder.

declarar [1a] **1** *vt* **(a)** *(gen)* to declare; *(manifestar)* to state (*que* that); *(explicar)* to explain; **~ la guerra** to declare war (*a* on). **(b)** *(Naipes)* to bid. **(c)** *(Jur)* **~ culpable/inocente a uno** to find sb guilty/innocent. **2** *vi* **(a)** to declare. **(b)** *(Naipes)* to bid. **(c)** *(Jur: deponer)* to make a statement; *(atestiguar)* to testify, give evidence. **3 declararse** *vr* **(a)** *(opinión)* to make one's opinion *o* position *etc* known; *(a una chica)* to propose; **~ por** *o* **a favor de** to come out in favour of, side with. **(b)** *(Jur)* **~ culpable/inocente** to plead guilty/not guilty. **(c)** *(guerra, incendio)* to break out.

declinación *nf* **(a)** *(decaimiento)* decline, falling-off. **(b)** *(Astron, Náut)* declination. **(c)** *(Ling)* declension.

declinar [1a] **1** *vt* **(a)** *(honor)* to decline; *(Jur)* to reject. **(b)** *(Ling)* to decline. **2** *vi* **(a)** *(decaer)* to decline, decay; *(día)* to draw to a close. **(b)** *(terreno)* to slope (away *o* down). **(c)** *(Ling)* to decline.

declive *nm* **(a)** slope, incline; *(Ferro)* gradient; **en ~** sloping, on a slope; **estar en ~** to slope. **(b)** *(fig: Fin etc: tb ~* **económico***)* slump.

decolorar [1a] **1** *vt* to discolour, fade. **2 decolorarse** *vr* to get discoloured, fade.

decomisar [1a] *vt* to seize, confiscate.

decoración *nf* **(a)** decoration; **~ de escaparate** window display; **~ de escaparates** window dressing; **~ del hogar** *o* **de interiores** interior decorating. **(b)** *(tb ~***es***: Teat)* scenery, set.

decorado *nm (Cine, Teat)* scenery, set.

decorador(a) *nm/f* **(a)** *(de interiores)* (interior) decorator. **(b)** *(Teat)* stage *o* set designer. **(c) ~ de escaparates** window dresser.

decorar [1a] *vt* to decorate, adorn (*de* with).

decorativo *adj* decorative, ornamental.

decoro *nm* **(a)** decorum, decency. **(b)** *(honor)* honour, respect.

decoroso *adj* decorous.

decrecer [2d] *vi (gen)* to decrease; *(nivel de agua)* to subside, go down; *(días)* to draw in.

decreciente *adj* decreasing, diminishing.

decrecimiento *nm*, **decremento** *nm* decrease.

decrépito *adj* decrepit.

decretar [1a] *vt* **(a)** *(por decreto)* to decree; *(ordenar)* to order. **(b)** *(premio)* to award.

decreto *nm* decree, order; *(Pol)* act.

decreto-ley *nm, pl* **decretos-leyes** bill, law.

decúbito *nm (Med)* **~ prono/supino** prone/supine position.

décuplo 1 *adj* tenfold. **2** *nm*: **es el ~ de antes** it is ten times what it was.

dedada *nf (de dedal)* thimbleful; *(cantidad)* very small quantity; *(de mermelada etc)* spot, dab.

dedal *nm* thimble.

dedalera *nf* foxglove.

dédalo *nm* **(a)** *(laberinto)* labyrinth. **(b)** *(fig)* tangle, mess.

dedicación *nf* **(a)** *(acto)* dedication; *(fig)* dedication, devotion. **(b)** *(Rel)* consecration. **(c) con** *o* **en ~ exclusiva** *o* **plena** full-time.

dedicar [1g] **1** *vt* **(a)** to dedicate; *(Rel)* to consecrate; *(ejemplar de libro)* to autograph. **(b)** *(esfuerzo, tiempo)* to devote, give; **dedico un día a la semana a pescar** I spend one day a week fishing. **2 dedicarse** *vr*: **~ a** to devote o.s. to (*hacer algo* doing sth); *(carrera, estudio)* to go in for, take up; **se dedicó a la cerámica** he took up pottery; **¿a qué se dedica Ud?** what do you do (for a living)?, what business are you in?

dedicatoria *nf* inscription, dedication.

dedicatorio *adj* dedicatory.

dedillo *nm*: **saber algo al ~** to have sth at one's fingertips.

dedo *nm* **(a)** finger; *(del pie)* toe; **~ anular** ring finger; **~ chico/gordo** little/big toe; **ligero de ~s** light-fingered; **comerse los ~s** to get very impatient; **contar con los ~s** to count on one's fingers; **chuparse los ~s** to eat with relish; *(fig)* to smack one's lips; **dale un ~ y se toma hasta el codo** give him an inch and he'll take a mile; **entrar a ~** to get in *o* get a job by pulling strings; **hacer ~s** *(Mús)* to practise, do scales; **no se mama el ~** he's pretty smart; **poner el ~ en la llaga** to put one's finger on it; **no se ven los ~s de la mano** it's pitch-dark. **(b)** *(fig: gota)* bit, drop; *(: medida)* finger; **¡dos ~s nada más!** *(bebida)* just a tiny drop!; **estar a dos ~s de** to be within an inch *o* on the verge of; **no tiene dos ~s de frente** he's pretty dim.

deducción *nf* **(a)** deduction; *(razonamiento)* inference. **(b)** *(Com)* deduction.

deducible *adj* **(a)** *(que se puede deducir)* deducible, inferable (*de* from). **(b)** *(Fin)* deductible; *(para impuestos)* allowable.

deducir [3o] *vt* **(a)** to deduce, infer (*de* from); *(fórmula)* to derive. **(b)** *(descontar)* to deduct; **deducidos los gastos** less charges.

deductivo *adj* deductive.

defecar [1g] *vi* to defecate.

defección *nf* defection, desertion.

defectivo *adj (gen, Ling)* defective.

defecto *nm* **(a)** *(en máquina)* defect, fault; *(en argumento, tela)* flaw. **(b)** *(falta)* lack, absence; **en ~ de** for lack *o* want of. **(c)** *(de carácter)* shortcoming, failing; *(de cara)* imperfection; **~ de pronunciación** speech impediment.

defectuoso *adj* defective, faulty.

defender [2g] **1** *vt (gen)* to defend; *(proteger)* to protect, shelter; *(ideas)* to uphold; *(causa)* to champion; *(amigos)* to stand up for. **2 defenderse** *vr* **(a)** to defend o.s.; **~ bien** to give a good account of o.s. **(b)** *(fig)* **me defiendo en inglés** I can get by in English; **¿qué tal? — hombre, nos defendemos** how are things? — we're managing.

defendible *adj* defensible.

defensa 1 *nf* **(a)** *(gen)* defence (*contra, de* against); *(protección)* protection, shelter; **en ~ propia** in self-defence. **(b)** *(Náut)* fender; *(Dep)* shinpad, leg pad. **(c) ~s** *(Mil)* defences. **2** *nm (Dep)* back, fullback.

defensivo 1 *adj* defensive. **2** *nm* defence, safeguard. **3 defensiva** *nf* defensive; **estar a la ~a** to be on the defensive.

defensor(a) *nm/f* defender; *(protector)* protector; *(de causa)* upholder; *(Jur: tb* **abogado ~***)* defending counsel.

deferencia *nf* deference; **en** *o* **por ~ a** in deference to.

deferente *adj* deferential.

deferir [3l] **1** *vt (Jur)* to refer, delegate. **2** *vi:* **~ a** to defer to.

deficiencia *nf (falta)* deficiency; *(defecto)* defect (*de* in, of).

deficiente *adj* deficient (*en* in); *(imperfecto)* defective.

déficit *nm, pl* **déficits** *(Com, Fin)* deficit; *(fig)* lack, shortage.

definible *adj* definable.

definición *nf* definition; **por ~** by definition.

definido *adj (tb Ling)* definite; **bien ~** well *o* clearly defined.

definir [3a] *vt (gen)* to define; *(explicar)* to clarify; *(decidir)* to determine.

definitivo *adj (edición, texto)* definitive; *(decisión)* final; *(prueba)* conclusive; *(fecha)* definite; **en ~a** definitively; *(en conclusión)* finally; *(en resumen)* in short.

deflación *nf* deflation.

deflacionar [1a] *vt* to deflate.

deflacionario *adj,* **deflacionista** *adj* deflationary.

deflector *nm (Téc)* baffle, baffle plate.

deformación *nf* deformation; *(Rad etc)* distortion; *(Mec)* strain; *(de madera etc)* warping.

deformar [1a] **1** *vt* to deform; *(cara, cuerpo)* to disfigure; *(Rad, verdad)* to distort; *(Mec)* to strain; *(madera)* to warp. **2 deformarse** *vr (véase vt)* to become deformed; to get distorted; to warp.

deforme *adj (de forma anormal)* deformed; *(mal hecho)* misshapen; *(feo)* ugly.

deformidad *nf* **(a)** *(forma anormal)* deformity, malformation. **(b)** *(fig: defecto)* (moral) shortcoming.

defraudación *nf* **(a)** *(desfalco)* defrauding; *(engaño)* deceit; **~ fiscal** *o* **de impuestos** tax evasion. **(b)** *(decepción)* disappointment.

defraudar [1a] *vt* **(a)** *(acreedores)* to cheat, defraud; **~ impuestos** to evade taxes, fiddle one's income tax *(fam)*. **(b)** *(decepcionar)* to disappoint; *(esperanzas)* to dash, disappoint. **(c)** *(Fís)* to intercept, cut off.

defuera *adv (tb* **por ~***)* outwardly, on the outside.

defunción *nf* decease.

degeneración *nf* **(a)** *(proceso)* degeneration (*en* into). **(b)** *(estado)* (moral) degeneracy.

degenerado/a 1 *adj* degenerate. **2** *nm/f* (sexual) pervert.

degenerar [1a] *vi (gen)* to degenerate (*en* into); *(decaer)* to decline; *(empeorar)* to get worse.

deglutir [3a] *vt, vi* to swallow.

degollación *nf* throat cutting; *(Jur)* beheading, execution; *(fig: masacre)* massacre.

degolladero *nm* **(a)** *(Anat)* throat. **(b)** *(cadalso)* scaffold. **(c)** *(matadero)* slaughterhouse.

degollar [1n] *vt* **(a)** *(cortar la garganta de)* to cut *o* slit the throat of; *(animal)* to slaughter; *(decapitar)* to behead; *(fig: masacrar)* to massacre. **(b)** *(fig: arruinar)* to destroy.

degradación *nf* **(a)** degradation. **(b)** *(Mil etc)* demotion.

degradar [1a] **1** *vt* **(a)** to degrade, debase. **(b)** *(Mil etc)* to demote, downgrade. **2 degradarse** *vr* to demean o.s.

degüello *nm* **(a) entrar a ~ en una ciudad** to put the people of a city to the sword. **(b)** *(de arma)* shaft.

degustación *nf* tasting, sampling.

degustar [1a] *vt* to taste, sample.

deidad *nf (dios)* deity; *(divinidad)* divinity.

deificación *nf* deification.

deificar [1g] *vt* **(a)** *(lit)* to deify. **(b)** *(fig)* to exalt.

deísmo *nm* deism.

deísta 1 *adj* deistic(al). **2** *nmf* deist.

dejadez *nf (véase adj)* slovenliness; carelessness.

dejado *adj* **(a)** *(desaliñado)* slovenly. **(b)** *(negligente)* careless.

dejamiento *nm* = **dejadez.**

dejar [1a] **1** *vt* **(a)** *(gen)* to leave; *(omitir)* to leave out; *(actividad, empleo)* to give up; *(dinero: en un banco)* to deposit; **¡déjalo!** *(¡no hagas eso!)* stop it!; *(no te preocupes)* forget it!, don't worry about it!; **¡déjame (en paz)!** leave me alone!; **~ a un lado** to set aside; **te dejo en tu casa** I'll drop you off at your place; **~ atrás a** *(fig)* to outstrip; **el negocio le deja justamento con que vivir** the business brings in just enough for him to live on; **~ algo para mañana** to leave sth *o* put sth off till tomorrow; **lo dejamos por muy difícil** we gave it up because it was too hard; **~ caer** *(objeto)* to drop; *(comentario)* to slip in; **¡deja eso!** stop that!, drop that!, chuck it! *(fam)*; **se lo dejo en la conserjería** I'll leave it for you at the porter's office; **~ así las cosas** to leave things as they are;

dejémoslo así let's leave it at that; **dejó dicho que ...** he left a message that ...; **deja mucho que desear** it leaves a lot to be desired. **(b)** *(permitir)* to let, allow; **quiero pero no me dejan** I want to but they won't let me; **no me dejan hacerlo** they won't let me do it *o* allow me to do it; ~ **entrar/salir** to let in/out; ~ **pasar** to let in *o* through *o* past *etc;* ~ **que las cosas vayan de mal en peor** to let things go from bad to worse.

2 *vi* **(a) deja que acabe de llover** wait for it to stop raining. **(b) dejó de comer** she stopped *o* left off eating; **no puedo** ~ **de fumar** I can't give up smoking. **(c) no dejes de visitarles** don't fail to visit them; **no dejes de comprar un billete** make sure you buy a ticket. **(d) no puedo** ~ **de asombrarme** I cannot help being astonished; **yo había dejado de oírle tocar desde hacía 5 años** I had not heard him play for 5 years.

3 dejarse *vr* **(a)** *(abandonarse)* to let o.s. go. **(b)** ~ + *infin* to allow o.s. *o* let o.s. be + *pp;* ~ **persuadir** to allow o.s. to be persuaded; ~ **rogar** to play hard to get. **(c)** ~ **de hacer algo** to stop doing sth; **¡déjese de eso!** stop that!, cut it out!; **¡déjate de tonterías!** stop messing about *o* being silly.

deje *nm* (trace of) accent.

dejo *nm* **(a)** *(sabor)* aftertaste. **(b)** *(fig)* touch. **(c)** *(Ling)* (trace of) accent.

del = **de** + **el.**

delación *nf* denunciation.

delantal *nm* apron; ~ **de niña** pinafore.

delante 1 *adv (tb* **por** ~*)* in front; *(adelante)* ahead; *(enfrente)* opposite; **la parte de** ~ the front part; **la casa no tiene nada** ~ the house has nothing opposite; **estando otros** ~ with others present; **abierto por** ~ open in front; **¡las damas** ~**!** ladies first!; **tenemos todavía 4 horas por** ~ we still have 4 hours in front of us. **2** ~ **de** *prep (gen)* in front of; *(tiempo)* before, ahead of; **esperaba** ~ **del cine** he was waiting outside the cinema.

delantero/a 1 *adj (gen)* front *(atr)*; *(patas de animal)* fore; *(Dep: línea, posición)* forward. **2** *nm/f (Dep)* forward. **3 delantera** *nf* **(a)** *(de casa, vestido)* front (part); *(Teat)* front row; *(Dep)* forward line. **(b) coger** *o* **tomar a uno la** ~**a** *(en carrera)* to take the lead over sb; *(anticipar)* to beat sb to it; **llevar la** ~**a** to be in the lead.

delatar [1a] *vt* **(a)** to denounce, inform against; **los delató a la policía** he reported them to the police. **(b)** *(fig)* to betray, give away.

delator(a) *nm/f* informer.

delectación *nf* delectation.

delegación *nf* **(a)** *(acto, delegados)* delegation; ~ **de poderes** *(Admin)* devolution. **(b)** *(Com)* local office; *(oficina estatal)* local office of a government department.

delegado/a *nm/f (gen)* delegate; *(Com)* agent, representative.

delegar [1h] *vt* to delegate (*a o en uno* to sb).

deleitar [1a] **1** *vt* to delight, charm. **2 deleitarse** *vr* to delight (*con, en* in).

deleite *nm* delight, pleasure.

deletrear [1a] *vt* **(a)** *(decir letra por letra)* to spell (out). **(b)** *(descifrar)* to decipher, interpret.

deletreo *nm (véase vt)* **(a)** spelling. **(b)** decipherment.

deleznable *adj* **(a)** *(arcilla)* crumbly; *(superficie)* slippery. **(b)** *(argumento)* weak; *(pasajero)* fleeting.

delfín *nm* dolphin.

delgadez *nf (véase adj)* **(a)** thinness; slimness. **(b)** delicateness; tenuousness. **(c)** sharpness.

delgado 1 *adj* **(a)** *(gen)* thin; *(persona: esbelto)* slim; *(: flaco)* thin. **(b)** *(delicado)* delicate; *(tenue)* tenuous; *(terreno)* poor. **(c)** *(agudo)* sharp, clever. **2** *adv:* **hilar (muy)** ~ *(fig)* to split hairs.

deliberación *nf* deliberation.

deliberado *adj* deliberate.

deliberar [1a] **1** *vt* to debate; ~ **hacer algo** to decide to do sth. **2** *vi* to deliberate (*sobre* on).

deliberativo *adj* deliberative.

delicadez *nf* **(a)** = **delicadeza. (b)** *(debilidad física)* weakness. **(c)** *(sensibilidad excesiva)* hypersensitiveness.

delicadeza *nf* **(a)** *(gen)* delicacy; *(de rasgos)* daintiness; *(de gustos)* refinement. **(b)** *(sensibilidad excesiva)* hypersensitiveness; *(tacto)* tactfulness; **falta de** ~ tactlessness.

delicado *adj* **(a)** *(gen)* delicate; *(máquina)* sensitive; *(tela)* fine; *(rasgos)* dainty; *(gusto)* refined; *(comida)* exquisite; *(distinción)* subtle; *(situación: difícil)* tricky; *(: violento)* embarrassing; *(punto, tema)* sore; **está** ~ **del estómago** he has a delicate stomach. **(b)** *(persona: difícil de contentar)* hard to please, fussy; *(: sensible)* hypersensitive; *(: discreto)* tactful; *(: atento)* considerate; **es muy** ~ **en el comer** he's very choosy about his food *(fam)*.

delicia *nf* delight; **tiene un jardín que es una** ~ he has a delightful garden.

delicioso *adj (gen)* delightful; *(comida)* delicious.

delictivo *adj* criminal *(atr)*.

delimitar [1a] *vt* to delimit.

delincuencia *nf* delinquency; ~ **juvenil** *o* **de menores** juvenile delinquency; **cifras de la** ~ incidence of crime.

delincuente 1 *adj* delinquent. **2** *nmf* delinquent; *(criminal)* criminal, offender; ~ **sin antecedentes penales** first offender; ~ **habitual** hardened criminal; ~ **juvenil** juvenile delinquent.

delinear [1a] *vt (gen)* to delineate; *(contornos)* to outline.

delinquir [3e] *vi* to commit an offence.

delirante *adj (Med)* delirious, raving; *(idea)* crazy.

delirar [1a] *vi (Med)* to be delirious; *(desatinar)* to rave, talk nonsense.

delirio *nm* **(a)** *(Med, fig)* delirium; *(palabras insensatas)* nonsense. **(b)** *(frenesí)* frenzy; *(manía)* mania; ~ **de grandezas** megalomania; ~ **de persecución** persecution mania. **(c)** *(fam)* **con** ~ madly; **¡fue el** ~**!** it was great! *(fam)*; **cuando acabó de hablar fue el** ~ when he finished speaking there were scenes of wild enthusiasm.

delito *nm* **(a)** *(gen)* crime; *(infracción)* offence; ~ **común/político** common/political crime; ~ **de mayor/menor cuantía** felony/misdemeanour. **(b)** *(fig)* misdeed.

delta 1 *nm (Geog)* delta. **2** *nf (letra)* delta.

deludir [3a] *vt* to delude.

demacrado *adj* emaciated.

demacrarse [1a] *vr* to become emaciated.

demagogia *nf* demagogy, demagoguery.

demagógico *adj* demagogic.

demagogo *nm* demagogue.

demanda *nf* **(a)** request (*de* for); *(pregunta)* inquiry; *(reivindicación)* claim; ~ **de pago** demand for payment; **escribir en** ~ **de ayuda** to write asking for help. **(b)** *(Teat)* call. **(c)** *(Com)* demand; **hay mucha** ~ **de cerillas** matches are in great demand; **tener** ~ to be in demand. **(d)** *(Elec)* load; ~ **máxima** peak load. **(e)** *(Jur)* action, lawsuit; **entablar** ~ to bring an action, sue; **presentar** ~ **de divorcio** to sue sb for divorce.

demandado/a *nm/f* defendant; *(en divorcio)*

respondent.
demandante *nmf* claimant; *(Jur)* plaintiff.
demandar [1a] *vt* **(a)** *(gen)* to demand. **(b)** *(Jur)* to sue, file a suit against, start proceedings against; ~ **a uno por calumnia/daños y perjuicios** to sue sb for libel/damages.
demarcación *nf* demarcation; **línea de** ~ demarcation line.
demarcar [1g] *vt* to demarcate.
demás 1 *adj:* **los** ~ **libros** the other *o* remaining books, the rest of the books; **y** ~ **gente de ese tipo** and other people of that sort. **2** *pron:* **lo** ~ the rest (of it); **los/las** ~ the others, the rest (of them); **por lo** ~ for the rest; **todo lo** everything else; **todos los** ~ everybody *o* everyone else. **3** *adv* **(a)** = **además. (b) por** ~ moreover; *(en vano)* in vain; **y** ~ etcetera, and so on.
demasía *nf* **(a)** excess; **con** *o* **en** ~ too much, excessively. **(b)** *(fig: atropello)* outrage; *(: ofensa)* affront; *(: insolencia)* insolence.
demasiado 1 *adj* **(a)** too much; *(excesivo)* overmuch, excessive; **eso es** ~ that's too much; **con** ~ **cuidado** with excessive care; **hace** ~ **calor** it's too hot; **¡esto es** ~**!** that's the limit!; **no tengo** ~ **tiempo** I'm short of time. **(b)** ~**s** too many. **2** *adv* too (much), excessively; *(LAm: mucho)* a lot, a great deal; **comer** ~ to eat too much; **es** ~ **pesado para levantar** it is too heavy to lift; ~ **lo sé** I know it only too well.
demediar [1b] **1** *vt* to divide in half. **2** *vi* to be divided in half.
demencia *nf* madness, dementia.
demente 1 *adj* mad, demented. **2** *nmf* lunatic; *(en hospital)* mental patient.
demérito *nm* **(a)** *(falta)* fault. **(b)** *(LAm: depreciación)* depreciation.
democracia *nf* democracy.
demócrata *nf* democrat.
democrático *adj* democratic.
democratizar [1f] *vt* to democratize.
demografía *nf* demography.
demográfico *adj* demographic, population *(atr)*; **la explosión** ~**a** the population explosion.
demoledor *adj (fig: argumento)* overwhelming; *(: ataque)* shattering.
demoler [2h] *vt (lit, fig)* to demolish; *(edificio)* to pull down.
demolición *nf* demolition.
demoníaco *adj* demoniacal, demonic.
demonio *nm* **(a)** *(lit)* devil, demon. **(b) ese** ~ **de sereno** that devil of a night watchman; **ir como el** ~ to go like the devil, to go hell for leather; **esto pesa como el** ~ this is hellishly heavy; **¡vete al** ~**!** go to the devil!; **¡que se lo lleve el** ~**!** to hell with it!; **tener el** ~ **en el cuerpo** to be always on the go. **(c)** *(frases exclamativas)* **¡(qué)** ~**!** *(ira)* hell!, damn it!; *(sorpresa)* well, I'll be blowed!, what the devil ...?; **¿qué** ~**s será?** what the devil can that be?; **¿dónde** ~ **lo habré dejado?** where the devil can I have left it?
demora *nf* **(a)** *(atraso)* delay; **sin** ~ without delay. **(b)** *(Náut)* bearing.
demorar [1a] **1** *vt* to delay; *(llegada, terminación etc)* to hold up, hold back. **2** *vi (detenerse)* to stay *o* linger on; *(perder tiempo)* to waste time. **3 demorarse** *vr* **(a)** = *vi.* **(b)** to take a long time (*en hacer algo* to do sth), be slow (*en hacer algo* in doing sth).
demorón *adj (LAm: lento)* slow; *(: moroso)* late, overdue; **ser** ~ **en hacer algo** to take a long time to do sth, be slow in doing sth.
demostrable *adj* demonstrable.
demostración *nf* **(a)** *(gen, Mat)* demonstration; *(de teorema)* proof. **(b)** *(de cariño, fuerza)* show; *(de amistad)* gesture; *(de cólera, gimnasia)* display; ~ **comercial** commercial *o* trade exhibition.
demostrar [1m] *vt* to demonstrate; *(emoción)* to show; *(teoría)* to prove; ~ **cómo se hace algo** to demonstrate how sth is done; ~ **que ...** *(gen)* to show that ...; *(probar)* to prove that ...; **Ud no puede** ~**me nada** you can't prove anything against me.
demostrativo 1 *adj* demonstrative. **2** *nm (Ling)* demonstrative.
demótico *adj* demotic.
demudado *adj (fig)* upset, distraught.
demudar [1a] **1** *vt* to change, alter. **2 demudarse** *vr* **(a)** *(expresión)* to change, alter. **(b)** *(fig: perder color)* to change colour, *(: alterarse)* to look upset; **continuó sin** ~ he went on quite unaffected *o* unabashed.
denegación *nf (véase vt)* refusal, rejection; denial.
denegar [1h, 1k] *vt (rechazar)* to refuse, reject; *(negar)* to deny; *(Jur: petición)* to refuse to allow.
dengoso *adj (véase nm)* affected; coy.
dengue *nm* **(a)** *(afectación)* affectation; *(coquetería)* coyness; **ne me vengas con esos** ~**s** I don't want to hear your silly complaints. **(b)** *(Med)* fever.
denier *nm* denier.
denigrante *adj (injurioso)* insulting; *(deshonroso)* degrading.
denigrar [1a] *vt (difamar)* to denigrate, run down; *(injuriar)* to insult.
denodado *adj* bold, brave.
denominación *nf* **(a)** *(acto)* naming. **(b)** *(nombre)* name, designation; *(clase)* denomination; ~ **social** *(Méx)* firm's official name.
denominador *nm* denominator; ~ **común** common denominator.
denominar [1a] *vt* to name, designate.
denostar [1m] *vt* to insult.
denotar [1a] *vt (significar)* to denote; *(indicar)* to indicate, show.
densidad *nf (véase adj)* density; compactness; thickness; solidity; ~ **de población** population density.
denso *adj (gen)* dense; *(compacto)* compact; *(humo, líquido)* thick; *(apretado)* solid.
dentado *adj (rueda)* cogged; *(filo)* jagged; *(sello)* perforated; *(Bot)* dentate.
dentadura *nf* (set of) teeth *pl;* ~ **postiza** false teeth *pl*, denture(s); **tener mala** ~ to have bad teeth.
dental *adj* dental.
dentar [1k] **1** *vt* to put teeth on; *(filo)* to make jagged; *(Téc)* to indent; *(sello)* to perforate. **2** *vi (niño)* to teethe, cut one's teeth.
dentellada *nf* **(a)** *(mordisco)* bite, nip; **partir algo a** ~**s** to sever sth with one's teeth. **(b)** *(señal)* tooth mark.
dentellar [1a] *vi (dientes)* to chatter; **estaba dentellando** his teeth were chattering.
dentellear [1a] *vt* to bite, nibble (at).
dentera *nf* **(a)** the shivers *pl*, the shudders *pl;* **dar** ~ **a uno** to set sb's teeth on edge, give sb the shivers. **(b)** *(envidia)* envy, jealousy; *(deseo)* great desire; **dar** ~ **a uno** to make sb jealous.
dentición *nf* **(a)** *(acto)* teething; **estar con la** ~ to be teething. **(b)** *(Anat)* dentition.
dentífrico 1 *adj* tooth *(atr)*; **pasta** ~**a** toothpaste. **2** *nm* dentifrice, toothpaste.
dentina *nf* dentine.
dentista *nmf* dentist.

dentón *adj* toothy.
dentro 1 *adv* **(a)** *(estar, ir)* in, inside; *(en casa)* indoors; *(sentir, pensar)* inwardly, inside; **allí ~** in there; **de** *o* **desde ~** from inside; **está ~** she's inside; **por ~** (on the) inside. **(b) meter para ~** to push in; **vamos ~** let's go in(side). **2** *prep* **(a) ~ de** *(estar)* in, inside, within; **~ de la casa** inside the house. **(b) ~ de** *(meter etc)* into, inside; **lo metió ~ del cajón** he put it into the drawer. **(c) ~ de** *(tiempo)* within, inside; **~ de 3 meses** inside *o* within 3 months; **llegará ~ de poco** he'll be here shortly. **(d) ~ de lo posible** as far as one *etc* can, as far as (is) possible; **~ de todo** all in all, all things considered.
denudar [1a] *vt* to denude, to lay bare.
denuedo *nm (audacia)* boldness; *(valentía)* bravery.
denuesto *nm* insult.
denuncia *nf (de accidente)* report; *(delación)* denunciation; *(acusación)* accusation; **~ de accidente** report of an accident; **~ falsa** false accusation; **hacer una ~** to report an incident to the police.
denunciable *adj* indictable, punishable.
denunciación *nf* denunciation.
denunciador(a) *nm/f*, **denunciante** *nmf* accuser; *(delator)* informer; **el ~ del accidente** the person who reported the accident.
denunciar [1b] *vt (delito, infracción)* to report; *(guerra, armisticio)* to proclaim; *(censurar)* to denounce, condemn; *(Jur: delatar)* to denounce, inform against *o* on; *(pey)* to betray; **el accidente fue denunciado a la policía** the accident was reported to the police; **esto denunciaba la presencia del gas** this betrayed *o* indicated the presence of gas.
denuncio *nm* = **denuncia.**
deparar [1a] *vt (brindar)* to provide *o* furnish with; **nos deparó la ocasión para ...** it gave us a chance to ...; **los placeres que el viaje nos deparó** the pleasures which the trip afforded us.
departamental *adj* departmental.
departamento *nm* **(a)** *(sección administrativa)* department, section; *(oficina)* office; **~ jurídico** legal department; **~ de visados** visa section. **(b)** *(de caja, Ferro)* compartment; **~ de (no) fumadores** (non-)smoking compartment; **~ de primera** first-class compartment. **(c)** *(Náut)* **~ de máquinas** engine room. **(d)** *(LAm: piso)* flat, apartment; *(: distrito)* department, province.
departir [1a] *vi* to talk, converse (*con* with, *de* about).
dependencia *nf* **(a)** *(gen)* dependence (*de* on); reliance (*de* on). **(b)** *(parentesco)* relationship, kinship. **(c)** *(Pol etc)* dependency. **(d)** *(Com: sección)* section, office; *(sucursal)* branch office. **(e)** *(Arquit: cuarto)* room; **~s** outbuildings. **(f)** *(Com: personal etc)* personnel, employees.
depender [2a] *vi* to depend; **~ de** to depend on; *(contar con)* to rely on; *(de autoridad)* to be under *o* answerable to; **depende** it (all) depends; **depende de lo que haga ella** it depends on what she does; **no depende de mí** it does not rest with me *(frm)*, it's not up to me; **el departamento depende de ella** she is responsible for *o* in charge of the department; **todos dependemos de ti** we are all relying on you.
dependienta *nf* salesgirl, saleswoman, shop assistant.
dependiente 1 *adj* dependent (*de* on). **2** *nm* employee; *(oficinista)* clerk; *(en tienda)* salesman, shop assistant.
depilar [1a] *vt (piernas)* to depilate; *(cejas)* to pluck.
depilatorio 1 *adj* depilatory. **2** *nm* depilatory, hair remover.
deplorable *adj* deplorable.
deplorar [1a] *vt* to deplore; *(censurar)* to condemn; **lo deploro mucho** I'm extremely sorry.
deponer [2r] **1** *vt* **(a)** *(armas)* to lay down; *(quitar)* to remove, take down. **(b)** *(rey)* to depose; *(gobernante)* to oust, overthrow; *(ministro)* to remove from office. **2** *vi* **(a)** *(Jur)* to give evidence; *(: declarar)* to make a statement. **(b)** *(CAm, Méx)* to vomit.
deportación *nf* deportation.
deportar [1a] *vt* to deport.
deporte *nm (gen)* sport; *(juego)* game; *(pasatiempo)* pastime; **~s acuáticos** water sports; **~ hípico** horse-riding; **~s de invierno** winter sports; **~ de la vela** sailing; **es muy aficionada a los ~s** she is very fond of sport.
deportista 1 *adj* sports *(atr)*, sporting; **el público ~** the sporting public. **2** *nmf (atleta)* sportsman/sportswoman; *(aficionado)* sports fan *(fam)*.
deportivo 1 *adj* **(a)** *(club, periódico)* sports *(atr)*. **(b)** *(actitud)* sporting, sportsmanlike. **2** *nm (Aut)* sports car.
deposición *nf* **(a)** *(de funcionario etc)* removal from office. **(b)** *(Jur: testimonio)* deposition, evidence.
depositador(a) *nm/f*, **depositante** *nmf (Com, Fin)* depositor.
depositar [1a] **1** *vt (dinero)* to deposit; *(colocar)* to place; *(mercancías)* to put away, (put into) store; **~ la confianza en uno** to place one's trust in sb. **2 depositarse** *vr (líquido)* to settle.
depositario/a *nm/f* depository, trustee; *(de secreto)* repository.
depósito *nm* **(a)** *(gen)* deposit; *(Quím)* sediment; *(Com, Fin)* **~ bancario** bank deposit; **dejar una cantidad en ~** to leave a sum as a deposit. **(b)** *(Com etc: almacén)* store, warehouse, depot; *(de animales, coches)* pound; *(Mil)* depot; *(de desechos)* dump; **~ afianzado** bonded warehouse; **~ de cadáveres** mortuary, morgue; **~ de locomotoras** engine shed; **~ de maderas** timber yard. **(c)** *(de agua, gasolina)* tank; *(en retrete)* cistern.
depravación *nf* depravity, corruption.
depravado *adj* depraved, corrupt.
depravar [1a] **1** *vt* to deprave, corrupt. **2 depravarse** *vr* to become depraved.
depreciación *nf* depreciation.
depreciar [1b] **1** *vt* to depreciate, reduce the value of. **2 depreciarse** *vr* to depreciate, lose value.
depredación *nf (malversación)* depredation; *(saqueo)* pillage.
depredar [1a] *vt* to pillage.
depresión *nf* **(a)** *(gen)* depression; *(hueco)* hollow; *(en horizonte, camino)* dip. **(b)** *(acto)* lowering; *(merma)* drop, fall (*de* in); **~ del mercurio** fall in temperature *o* pressure. **(c)** *(Econ)* slump, recession. **(d)** *(Med)* depression; **~ nerviosa** nervous breakdown.
depresivo *adj (carácter)* depressive.
deprimente *adj* depressing.
deprimido *adj* depressed.
deprimir [3a] **1** *vt* **(a)** *(gen)* to depress; *(apretar)* to press down; *(nivel)* to lower. **(b)** *(fig: humillar)* to humiliate; *(despreciar)* to belittle. **2 deprimirse** *vr* to get depressed.
deprisa *adv véase* **prisa.**
depuración *nf* **(a)** *(purificación)* purification. **(b)** *(Pol etc)* purge.
depurador *nm* purifier.

depurar [1a] *vt* **(a)** to purify; *(sangre)* to purge. **(b)** *(Pol etc)* to purge.
derecha *nf* **(a)** *(mano)* right hand; *(lado)* right(-hand) side; **estar a la ~ de** to be on the right of; **torcer a la ~** to turn (to the) right; **conducción a ~** *(Aut)* right-hand drive; **de la ~** on the right; **seguir por la ~** to keep (to the) right. **(b)** *(Pol)* **la D~, las D~s** the Right. **(c) a ~s** rightly, correctly.
derechazo *nm (Boxeo)* right; *(Tenis)* forehand drive; *(Taur) a pass with the cape.*
derechista 1 *adj* rightist, right-wing. **2** *nmf* rightist, right-winger.
derecho 1 *adj* **(a)** *(mano)* right; *(bolsillo etc)* right-hand; *(fig)* **brazo ~** right-hand man. **(b)** *(para escribir)* right-handed. **(c)** *(recto)* straight; *(vertical)* upright; **más ~ que una vela** as straight as a die; **poner algo ~** to stand sth upright. **(d)** *(LAm: honrado)* honest, straight; *(: suertudo)* lucky.
2 *adv* **(a)** *(verticalmente)* straight, upright. **(b)** *(directamente)* straight, directly; **ir ~ a** to go straight to; **siga ~** carry straight on.
3 *nm* **(a)** *(lado: de tela, papel)* right side. **(b)** *(gen)* right; *(título)* claim, title; **~s civiles** civil rights; **~ de propiedad literaria** copyright; **~ de votar** right to vote, franchise; **con ~** rightly, justly; **'reservados todos los ~s'** 'all rights reserved', 'copyright'; **¡no hay ~!** it's not fair!; **tener ~ a** to have a right to (*hacer algo* do sth). **(c)** *(Jur: leyes)* law; *(: justicia)* justice; **~ civil/criminal** Civil/Criminal Law; **Facultad de D~** Faculty of Law; **lo que manda el ~ en este caso** what justice demands in this case. **(d)** *(Fin)* **~s** due(s); *(profesionales)* fee(s); *(impuestos)* tax(es); *(de autor)* royalties; **franco de ~s** duty-free; **~s de aduana** *o* **arancelarios** customs duty; **~s de peaje** *(Aut)* toll.
derechura *nf* **(a)** *(honestidad)* straightness; *(franqueza)* directness; **en ~** *(hablar)* plainly; *(hacer)* right away. **(b)** *(justicia)* rightness, justice. **(c)** *(LAm)* (good) luck.
deriva *nf (Náut)* drift; **a la ~** *(buque)* adrift; *(fig)* aimlessly; **ir** *o* **estar a la ~** to drift, be adrift.
derivación *nf* **(a)** derivation; *(origen)* origin. **(b)** *(Elec)* shunt; **en ~** shunt *(atr)*.
derivado 1 *adj* derived. **2** *nm* **(a)** *(Ling)* derivative. **(b)** *(Industria, Quím)* by-product.
derivar[1] [1a] **1** *vt* to derive; *(encaminar)* to direct. **2** *vi,* **derivarse** *vr* to derive, be derived (*de* from); *(consecuencia)* to spring (*de* from).
derivar[2] [1a] *vi (Náut)* to drift.
derivativo *adj, nm* derivative.
dermatología *nf* dermatology.
dermatólogo/a *nm/f* dermatologist.
dérmico *adj* skin *(atr)*.
derogación *nf* repeal.
derogar [1h] *vt (ley)* to repeal; *(contrato)* to revoke.
derramamiento *nm* **(a)** *(gen)* spilling; *(rebosamiento)* overflowing; **~ de sangre** bloodshed. **(b)** *(esparcimiento)* scattering. **(c)** *(fig)* squandering.
derramar [1a] **1** *vt* **(a)** *(involuntariamente)* to spill; *(verter)* to pour (out); *(lágrimas)* to weep, shed; *(sangre, luz)* to shed; **~ una taza de café** to spill a cup of coffee. **(b)** *(esparcir)* to scatter, spread (about). **(c)** *(fig)* to squander, waste; *(: regalos)* to lavish (*en* on). **2 derramarse** *vr* **(a)** *(agua)* to spill; *(harina, etc)* to pour *o* spill out; *(pluma)* to leak; **llenar una taza hasta ~** to fill a cup to overflowing. **(b)** *(esparcirse)* to spread, scatter.
derrame *nm* **(a)** *(acto)* = **derramamiento. (b)** *(salida)* overflow; *(pérdida)* leakage. **(c)** *(Med)* discharge; **~ sinovial** water on the knee.
derredor *nm:* **al** *o* **en ~ (de)** around, about; **en su ~** round about him.
derrengado *adj* **(a)** *(torcido)* bent, twisted. **(b)** *(cojo)* crippled, lame; **estar ~** *(fig)* to ache all over; **dejar ~ a uno** *(fig)* to wear sb out.
derrengar [1h] *vt* **(a)** *(torcer)* to bend, twist. **(b) ~ a uno** *(deslomar)* to break sb's back; *(fig)* to wear sb out.
derretido *adj* **(a)** *(gen)* melted; *(metal)* molten; *(nieve)* thawed. **(b) estar ~ por uno** to be crazy about sb.
derretimiento *nm* **(a)** *(gen)* melting; *(de nieve)* thawing. **(b)** *(fig: derroche)* squandering.
derretir [3l] **1** *vt* **(a)** *(gen)* to melt; *(nieve)* to thaw. **(b)** *(fig)* to squander. **(c)** *(fam: aburrir)* to bore to tears; *(: exasperar)* to exasperate. **2 derretirse** *vr* **(a)** to melt. **(b)** *(fig)* to fall in love easily; **~ por uno** to be crazy about sb. **(c)** *(fam: inquietarse)* to get worked up.
derribar [1a] **1** *vt* **(a)** *(edificio)* to knock down, pull down; *(puerta)* to batter down. **(b)** *(persona)* to knock down; *(: Boxeo)* to floor. **(c)** *(Aer)* to shoot down, bring down. **(d)** *(Caza)* to shoot, bag. **(e)** *(fig: gobierno)* to bring down, topple. **2 derribarse** *vr* **(a)** to fall down, collapse. **(b)** *(tirarse al suelo)* to throw o.s. down.
derribo *nm* **(a)** knocking down, demolition. **(b)** *(Lucha)* throw. **(c)** *(Aer)* shooting down. **(d)** *(Pol)* overthrow. **(e) ~s** rubble *sg,* debris *sg.*
derrocamiento *nm (de edificio)* demolition; *(de gobierno)* overthrow.
derrocar [1g] **1** *vt* **(a)** *(despeñar)* to hurl down; *(edificio)* to knock down, demolish. **(b)** *(Pol: gobierno)* to overthrow, topple; *(: ministro)* to oust. **2 derrocarse** *vr:* **~ por un precipicio** to throw o.s. over a cliff.
derrochador(a) *adj, nm/f* spendthrift.
derrochar [1a] *vt (dinero, recursos)* to squander, waste; *(energía, salud)* to be bursting with *o* full of.
derroche *nm* **(a)** *(despilfarro)* squandering, waste; *(exceso)* extravagance; **con un formidable ~ de recursos** with a lavish use of resources. **(b)** *(abundancia)* abundance.
derrota[1] *nf* **(a)** *(camino, vereda)* route, track. **(b)** *(Náut)* course.
derrota[2] *nf (gen, Mil)* defeat; *(fuga)* rout; *(desastre: tb fig)* disaster; **sufrir una grave ~** to suffer a serious defeat; *(fig)* to suffer a grave setback.
derrotado *adj* **(a)** defeated; *(equipo)* beaten, losing. **(b)** *(fig: vestidos, persona)* shabby.
derrotar [1a] *vt (gen)* to defeat; *(poner en fuga)* to rout, put to flight.
derrotero *nm (Náut, fig)* course; **tomar otro ~** *(fig)* to adopt a different course.
derrotismo *nm* defeatism.
derrotista *adj, nmf* defeatist.
derruir [3g] *vt* to demolish, tear down.
derrumbamiento *nm* **(a)** *(caída)* plunge. **(b)** *(demolición)* demolition; *(desplome)* collapse; *(de piedras)* fall; **~ de tierra** landslide. **(c)** *(fig)* collapse; *(: de precios)* sharp fall.
derrumbar [1a] **1** *vt* **(a)** *(despeñar)* to fling *o* hurl down. **(b)** *(edificio)* to knock down, demolish. **(c)** *(volcar)* to upset, overturn. **2 derrumbarse** *vr* **(a)** *(precipitarse: persona)* to fling o.s., hurl o.s. (*por* down, over). **(b)** *(hundirse)* to collapse, fall down; *(: techo)* to fall in, cave in. **(c)** *(fig: esperanzas)* to collapse; **se han derrumbado los precios** prices have tumbled.
derrumbe *nm* = **derrumbamiento.**
des... *pref* de..., des...; un... .
desabastecido *adj:* **estar ~ de algo** to be short *o*

out of sth.
desabotonar [1a] **1** *vt* to unbutton, undo. **2** *vi (Bot)* to blossom. **3 desabotonarse** *vr* to come undone.
desabrido *adj* **(a)** *(comida)* tasteless, insipid; *(tiempo)* unpleasant. **(b)** *(persona: áspero)* surly; *(tono)* harsh; *(respuesta)* sharp.
desabrigado *adj (sin abrigo)* not sufficiently protected; *(fig)* exposed.
desabrigar [1h] **1** *vt* **(a)** *(quitar ropa a)* to remove the clothing of; *(descubrir)* to uncover. **(b)** *(fig)* to deprive of protection. **2 desabrigarse** *vr* to take off one's (outer) clothing; ~ **en la cama** to throw off one's bedcovers.
desabrigo *nm* **(a)** *(acto)* uncovering. **(b)** *(fig)* lack of protection.
desabrochar [1a] **1** *vt* **(a)** *(ropa, zapatos)* to undo, unfasten: *(: de otro)* to loosen the clothing of. **(b)** *(fig)* to penetrate, expose. **2 desabrocharse** *vr (fig)* to confide, unburden o.s.
desacatar [1a] *vt (ley)* to disobey.
desacato *nm (falta de respeto)* disrespect; *(Jur)* (act of) contempt; ~ **a la justicia** contempt of court.
desacertado *adj (opinión)* mistaken, wide of the mark; *(medida)* unwise.
desacertar [1k] *vi (errar)* to be mistaken, be wrong; *(desatinar)* to act unwisely.
desacierto *nm (error)* mistake; *(dicho)* unfortunate remark; **ha sido un ~ elegir este sitio** it was a mistake to choose this place.
desacomodado *adj* **(a)** *(parado)* unemployed, out of a job. **(b)** *(pobre)* badly off. **(c)** *(incómodo)* awkward, inconvenient.
desacomodar [1a] **1** *vt (incomodar)* to put out, inconvenience. **2 desacomodarse** *vr* to lose one's post.
desaconsejable *adj* inadvisable.
desaconsejar [1a] *vt* to dissuade, advise against.
desacoplar [1a] *vt (Elec)* to disconnect; *(Mec)* to take apart, uncouple.
desacorde *adj* **(a)** *(Mús)* discordant. **(b)** *(fig: opiniones)* conflicting; *(: colores)* clashing.
desacostumbrado *adj* unusual.
desacostumbrar [1a] **1** *vt:* **~ a uno de** to break sb of the habit of. **2 desacostumbrarse** *vr:* **~ de** to break o.s. of the habit of.
desacreditar [1a] **1** *vt* **(a)** to discredit, bring into disrepute. **(b)** *(denigrar)* to disparage, run down. **2 desacreditarse** *vr* to become discredited.
desactivar [1a] *vt* to deactivate, defuse.
desacuerdo *nm* **(a)** disagreement, discord; **~ amistoso** agreement to differ; **en ~** out of keeping *o* at variance (*con* with). **(b)** *(error)* error, blunder.
desadorno *nm* bareness.
desadvertido *adj* careless.
desafecto 1 *adj* disaffected; **~ a** hostile to. **2** *nm* disaffection.
desaferrar [1k] *vt* **(a)** *(soltar)* to loosen, unfasten; *(Náut: ancla)* to weigh. **(b)** *(disuadir)* to dissuade, bring round.
desafiador(a) 1 *adj (insolente)* defiant; *(retador)* challenging. **2** *nm/f* challenger.
desafiar [1a] *vt* **(a)** to challenge, dare (*a uno a hacer algo* sb to do sth). **(b)** *(peligro)* to defy; *(enfrentarse)* to face (up to). **(c)** *(competir)* to challenge, compete with. **(d)** *(Méx)* to fight.
desafilar [1a] **1** *vt* to blunt, dull. **2 desafilarse** *vr* to get blunt.
desafinado *adj* out of tune.
desafinar [1a] *vi* **(a)** *(instrumento etc)* to be out of tune; *(cantar)* to sing out of tune. **(b)** *(hablar inoportunamente)* to speak out of turn.
desafío *nm* **(a)** challenge; *(combate)* duel. **(b)** *(fig)* challenge; *(provocación)* defiance; *(competencia)* competition, rivalry; **es un ~ a todos nosotros** it is a challenge to us all.
desaforadamente *adv:* **gritar ~** to shout one's head off.
desaforado *adj* **(a)** *(comportamiento)* outrageous. **(b)** *(enorme)* huge; *(grito)* ear-splitting.
desafortunado *adj* unfortunate, unlucky.
desagraciado *adj* graceless, unattractive.
desagradable *adj* disagreeable, unpleasant; **ser ~ con uno** to be rude to sb.
desagradar [1a] **1** *vt (no agradar)* to displease; *(molestar)* to bother; **me desagrada ese olor** I don't like that smell; **me desagrada tener que hacerlo** I dislike having to do it. **2** *vi* to be unpleasant.
deagradecido *adj* ungrateful (*con, para con* to).
desagradecimiento *nm* ingratitude.
desagrado *nm (disgusto)* displeasure; *(desconformidad)* dissatisfaction; **con ~** unwillingly.
desagraviar [1b] **1** *vt* **(a)** *(persona)* to make amends to (*de* for); *(: compensar)* to indemnify; *(: disculparse con)* to apologize to. **(b)** *(agravio)* to make amends for. **2 desagraviarse** *vr (vengarse)* to get one's own back.
desagravio *nm (satisfacción)* amends *pl; (compensación)* compensation; **en ~ de** as amends for.
desagregar [1h] **1** *vt* to disintegrate. **2 desagregarse** *vr* to disintegrate.
desaguadero *nm (lit, fig)* drain (*de* on).
desaguar [1i] **1** *vt* **(a)** *(líquido)* to drain. **(b)** *(fig)* to squander. **2** *vi* **(a)** to drain away, drain off. **(b)** *(río)* **~ en** to drain *o* flow into.
desagüe *nm* **(a)** *(acto)* drainage, draining. **(b)** *(canal)* drainage channel; *(caño)* drainpipe; *(salida)* outlet, drain; **tubo de ~** drainpipe, waste pipe.
desahogado *adj* **(a)** *(habitación, vestido)* roomy, large; *(espacio)* clear, free. **(b)** *(vida)* comfortable; *(persona: holgado)* comfortably off; *(: descarado)* brazen, impudent.
desahogar [1h] **1** *vt* **(a)** *(dolor)* to ease, relieve; *(ira)* to vent (*en* on). **(b)** *(persona)* to console. **2 desahogarse** *vr* **(a)** *(recobrarse)* to recover; *(distenderse)* to relax. **(b)** *(librarse)* to get out of a difficulty/debt. **(c)** *(desfogarse)* to let off steam *(fam)*; *(confesarse)* to confess, get sth off one's chest *(fam)*.
desahogo *nm* **(a)** *(comodidad)* comfort, ease; **vivir con ~** to be comfortably off. **(b)** *(alivio)* relief; *(recuperación)* recovery; *(medio)* outlet. **(c)** *(libertad)* freedom; *(descaro)* brazenness, impudence.
desahuciado *adj* hopeless.
desahuciar [1b] **1** *vt* **(a)** *(inquilino)* to evict; *(Chi)* to dismiss. **(b)** *(quitar esperanza a)* to deprive of hope; *(enfermo)* to declare past recovery. **2 desahuciarse** *vr* to lose all hope.
desahucio *nm (véase vt (a))* eviction, ejection; *(Chi)* dismissal.
desairado *adj* **(a)** *(menospreciado)* disregarded; *(sin éxito)* unsuccessful; **quedar ~** to come off badly. **(b)** *(desgarbado)* unattractive.
desairar [1a] *vt* **(a)** *(persona)* to slight, snub; *(cosa)* to disregard; **lo haré por no ~** I'll do it rather than cause offence. **(b)** *(Com)* to default on.
desaire *nm* **(a)** *(menosprecio)* slight, snub; **dar** *o* **hacer un ~ a uno** *(rechazar)* to snub sb; *(ofender)* to offend sb; **¿me va Ud a hacer ese ~?** *(invitación)* I won't take no for an answer! **(b)** *(falta de*

garbo) unattractiveness.

desajustar [1a] **1** *vt (desarreglar)* to disarrange; *(máquina)* to put out of order; *(fig: planes)* to upset. **2 desajustarse** *vr* **(a)** *(estropearse)* to get out of order, go wrong; *(aflojarse)* to get loose, loosen. **(b)** *(estar en desacuerdo)* to disagree, fall out; *(desdecirse)* to break a contract.

desajuste *nm* **(a)** *(desarreglo)* disorder; *(avería)* breakdown. **(b)** *(de situación)* imbalance, lack of balance. **(c)** *(desacuerdo)* disagreement; *(de planes)* upsetting.

desalar [1a] **1** *vt* to clip the wings of. **2 desalarse** *vr (apresurarse)* to rush, hasten along.

desalentar [1k] **1** *vt (lit)* to make breathless; *(fig)* to discourage. **2 desalentarse** *vr* to get discouraged, lose heart.

desaliento *nm (fig)* discouragement; *(abatimiento)* depression, dejection.

desalinar [1a] *vt*, **desalinizar** [1f] *vt* to desalinate.

desalinización *nf* desalination.

desaliñado *adj* **(a)** *(descuidado)* slovenly; *(raído)* shabby; *(desordenado)* untidy, dishevelled. **(b)** *(negligente)* careless, slovenly.

desaliño *nm* **(a)** *(descuido)* slovenliness; *(pobreza)* shabbiness; *(desorden)* untidiness. **(b)** *(negligencia)* carelessness.

desalmado *adj* cruel, heartless.

desalojamiento *nm (véase vt)* **(a)** removal; ejection; ousting; displacement. **(b)** evacuation; abandonment; clearing.

desalojar [1a] **1** *vt* **(a)** *(gen)* to remove, expel; *(inquilino)* to evict, eject; *(Mil)* to dislodge, oust; *(Náut)* to displace. **(b)** *(desocupar)* to evacuate; *(: casa)* to abandon, move out of *o* away from; **la policía desalojó el local** the police cleared people out of the place. **2** *vi* to move out.

desalquilar [1a] **1** *vt* to vacate, move out of. **2 desalquilarse** *vr* to become vacant.

desamarrar [1a] *vt* to untie; *(Náut)* to cast off.

desamparado *adj* **(a)** *(sin protección)* helpless, defenceless; *(abandonado)* abandoned; **los niños ~s de la ciudad** the city's waifs and strays; **sentirse ~** to feel helpless. **(b)** *(lugar: expuesto)* exposed; *(: desierto)* deserted.

desamparar [1a] *vt* **(a)** *(persona)* to desert, abandon. **(b)** *(sitio)* to leave, abandon; *(: indefenso)* to leave defenceless.

desamparo *nm* **(a)** *(acto)* desertion, abandonment. **(b)** *(estado)* helplessness.

desamueblado *adj* unfurnished.

desandar [1q] *vt:* **~ lo andado** *o* **el camino** *(lit, fig)* to retrace one's steps; **no se puede ~ lo andado** what's done can't be undone.

desangramiento *nm* bleeding; **morir de ~** to bleed to death.

desangrar [1a] **1** *vt* **(a)** *(persona)* to bleed; *(lago)* to drain. **(b)** *(fig)* to bleed white. **2 desangrarse** *vr (morir)* to bleed to death.

desangre *nm (LAm)* bleeding, loss of blood.

desanimado *adj* **(a)** *(sin ánimos)* downhearted, dejected. **(b)** *(espectáculo, fiesta)* dull, lifeless.

desanimar [1a] **1** *vt (desalentar)* to discourage; *(deprimir)* to depress, sadden. **2 desanimarse** *vr* to get discouraged, lose heart.

desánimo *nm* **(a)** despondency; *(abatimiento)* dejection. **(b)** *(falta de animación)* dullness.

desanudar [1a] *vt* to untie, undo; *(fig)* to clear up, sort out; **~ la voz** to find one's voice.

desapacible *adj (gen)* unpleasant; *(persona)* surly; *(tono)* harsh; *(discusión)* bitter, bad-tempered.

desaparecer [2d] *vi (gen)* to disappear, vanish; *(~ de vista)* to drop out of sight; *(efectos, señales)* to wear off.

desaparecido *adj (gen)* missing; *(especie)* extinct; **número de muertos, heridos y ~s** number of dead, wounded and missing.

desaparejar [1a] *vt* **(a)** *(caballo)* to unharness, unhitch. **(b)** *(Náut)* to unrig.

desaparición *nf (gen)* disappearance; *(de especie etc)* extinction.

desapasionado *adj* dispassionate, impartial.

desapego *nm (frialdad)* coolness, indifference *(a* towards); *(distancia)* detachment.

desapercibido *adj* **(a)** *(gen)* unnoticed; **marcharse ~** to slip away (unseen); **pasar ~** to go unnoticed. **(b)** *(desprevenido)* unprepared.

desaplicado *adj* slack, lazy.

desapoderado *adj (precipitado)* headlong, precipitate; *(violento)* wild, violent.

desaprender [2a] *vt* to forget; *(lo aprendido)* to unlearn.

desaprensión *nf* unscrupulousness.

desaprensivo *adj* unscrupulous.

desaprobación *nf (véase vt)* disapproval; condemnation; rejection.

desaprobar [1m] *vt (gen)* to disapprove of; *(condenar)* to condemn; *(rechazar)* to reject, dismiss.

desaprovechado *adj* **(a)** *(oportunidad, tiempo)* wasted. **(b)** *(alumno, estudiante)* slack.

desaprovechar [1a] **1** *vt (gen)* to fail to take advantage of; *(oportunidad)* to waste, miss; *(talento)* not to use to the full. **2** *vi (perder terreno)* to lose ground, slip back.

desarmador *nm (de fusil)* hammer; *(Méx)* screwdriver.

desarmar [1a] **1** *vt* **(a)** *(Mil)* to disarm. **(b)** *(Mec)* to take apart *o* to pieces; *(tienda de campaña)* to take down. **(c)** *(fig: persona)* to disarm; *(: ira)* to calm. **2** *vi* to disarm.

desarme *nm* disarmament.

desarraigado *adj (persona)* without roots.

desarraigar [1h] *vt* **(a)** *(árbol)* to uproot, dig up. **(b)** *(fig: costumbre)* to root out, eradicate; *(: pueblo)* to uproot; *(: persona)* to banish.

desarraigo *nm (véase vt)* eradication; uprooting; banishment.

desarrajar [1a] *vt (LAm)* = **descerrajar (a)**.

desarreglado *adj* **(a)** *(Mec)* out of order; *(desordenado)* untidy, in disorder. **(b)** *(comportamiento)* disorderly; *(aspecto)* slovenly; *(hábitos)* irregular, unsystematic.

desarreglar [1a] **1** *vt* to mess up; *(planes)* to upset; *(Mec)* to put out of order; **el viento le desarregló el peinado** the wind made a mess of her hairdo; **siempre desarreglas tu cuarto** you always make your room untidy. **2 desarreglarse** *vr* to get disarranged, get untidy; *(Mec)* to break down.

desarreglo *nm (desorden)* disorder, confusion; *(de ropa)* untidiness; *(Mec)* trouble; *(Med)* upset; *(de cuarto)* mess; **viven en el mayor ~** they live in complete chaos.

desarrollado *adj* developed.

desarrollar [1a] **1** *vt* **(a)** *(rollo etc)* to unroll; *(mapa)* to unfold, open (out). **(b)** *(Mat)* to expand. **(c)** *(fig, tb Mec)* to develop; *(teoría)* to explain, expound; **aquí desarrollan un trabajo muy importante** they carry on *o* out very important work here. **2 desarrollarse** *vr* **(a)** *(rollo)* to unroll; *(mapa)* to open (out). **(b)** *(fig)* to develop, grow; *(comedia, novela)* to unfold; *(tener lugar)* to take place; **la industria se desarrolla rápidamente** the industry is developing rapidly; **la acción se desarrolla en Roma** *(Cine etc)* the scene is set *o* the action takes place in Rome.

desarrollo *nm (gen)* development; *(de acontecimientos)* unfolding; *(de industria, mercado)* expansion, growth; ~ **en línea** ribbon development; **país en vías de** ~ developing country; **la industria está en pleno** ~ industry is expanding steadily.

desarroparse [1a] *vr (desnudarse)* to undress; *(quitarse ropa)* to take off one's clothes.

desarrugar [1h] *vt (alisar)* to smooth (out); *(ropa)* to remove the creases from.

desarticulado *adj* disjointed.

desarticular [1a] *vt (desarmar)* to take apart *o* to pieces; *(huesos)* to dislocate, put out of joint.

desaseado *adj (sucio)* dirty; *(desaliñado)* untidy, unkempt.

desaseo *nm* messiness.

desasimiento *nm* **(a)** *(gen)* loosening, undoing; *(soltar)* release. **(b)** *(desapego)* detachment (*de* from); *(indiferencia)* indifference (*de* to).

desasir [3a, *presente como* **salir**] **1** *vt* to loosen, undo. **2 desasirse** *vr* **(a)** to extricate o.s. (*de* from). **(b)** ~ **de** *(ceder)* to let go, give up; *(deshacerse de)* to rid o.s. of.

desasnar [1a] *vt (civilizar)* to civilize; *(instruir)* to make less stupid.

desasosegado *adj* uneasy, anxious.

desasosegar [1h, 1k] **1** *vt* to disturb, make uneasy. **2 desasosegarse** *vr* to become uneasy, get perturbed.

desasosiego *nm (inquietud)* uneasiness, anxiety; *(intranquilidad)* restlessness; *(Pol etc)* unrest.

desastrado *adj* **(a)** *(sucio)* dirty; *(harapiento)* shabby, ragged. **(b)** *(desgraciado)* unlucky.

desastre *nm* disaster; **¡un** ~**!** how awful!; **la función fue un** ~ the show was a shambles; **como pintor es un** ~ he's a totally useless painter.

desastroso *adj* disastrous, calamitous.

desatado *adj (fig)* wild; *(descontrolado)* uncontrolled.

desatar [1a] **1** *vt* **(a)** *(nudo)* to untie, undo; *(perro)* to unleash; *(Quím)* to dissolve. **(b)** *(odio, represión)* to unleash; *(misterio)* to solve, unravel. **2 desatarse** *vr* **(a)** to come untied *o* undone. **(b)** ~ **de un compromiso** to get out of an agreement. **(c)** *(tormenta)* to break, burst; *(entusiasmo)* to break all bounds; *(desastre)* to fall (*sobre* on); ~ **en injurias** to pour out a stream of insults. **(d)** *(perder control de sí)* to lose self-control; *(delirar)* to talk wildly.

desatascar [1g] *vt* **(a)** *(carro)* to pull out of the mud; ~ **a uno** *(fig)* to get sb out of a jam. **(b)** *(cañería)* to clear, unblock.

desatención *nf* **(a)** *(descuido)* inattention; *(distracción)* absent-mindedness. **(b)** *(descortesía)* discourtesy.

desatender [2g] *vt (gen)* to disregard, pay no attention to; *(deber)* to neglect; *(persona: ofender)* to slight, offend.

desatentado *adj* **(a)** *(irreflexivo)* thoughtless, rash. **(b)** *(desmesurado)* excessive, extreme.

desatento *adj* **(a)** *(descuidado)* heedless, careless. **(b)** *(descortés)* discourteous.

desatinado *adj* silly, foolish.

desatinar [1a] **1** *vt* to perplex, bewilder. **2** *vi (al actuar)* to act foolishly; *(decir tonterías)* to talk nonsense.

desatino *nm* **(a)** *(cualidad)* foolishness, silliness; *(torpeza)* tactlessness. **(b)** *(tontería)* foolish act; *(error)* blunder, mistake; ~**s** nonsense *sg;* **¡qué** ~**!** how silly!, what rubbish!

desatornillar [1a] *vt* to unscrew.

desatracar [1g] *vi (Náut)* to cast off.

desatrancar [1g] *vt* **(a)** *(puerta)* to unbolt. **(b)** *(cañería)* to unblock.

desautorizado *adj (gen)* unauthorized; *(informe)* repudiated.

desautorizar [1f] *vt* **(a)** *(persona)* to deprive of authority. **(b)** *(desmentir)* to deny, issue a denial of.

desavenencia *nf (desacuerdo)* disagreement; *(riña)* quarrel.

desavenido *adj (opuesto)* contrary; *(reñidos)* in disagreement; **ellos están** ~**s** they are at odds.

desavenir [3s] **1** *vt (enemistar)* to make trouble between. **2 desavenirse** *vr* to fall out (*con* with).

desaventajado *adj (desfavorable)* disadvantageous.

desayunar [1a] *vi*, **desayunarse** *vr* to have breakfast; ~ **con café** to have coffee for breakfast, breakfast on coffee; ~ **con algo** to get the first news of sth.

desayuno *nm* breakfast.

desazón *nf* **(a)** *(falta de sabor)* tastelessness. **(b)** *(Med)* discomfort. **(c)** *(disgusto)* displeasure; *(angustia)* anxiety.

desazonar [1a] **1** *vt* **(a)** *(comida)* to make tasteless. **(b)** *(disgustar)* to annoy, displease; *(angustiar)* to worry. **2 desazonarse** *vr* **(a)** *(Med)* to be out of sorts. **(b)** *(irritarse)* to be annoyed; *(preocuparse)* to worry.

desbancar [1g] **1** *vt (quitar el puesto a)* to oust; *(suplantar)* to supplant (in sb's affections). **2** *vi (Naipes)* to go bust *(fam)*.

desbandada *nf* rush (to get away); ~ **general** mass exodus; **a la** ~ in disorder.

desbandarse [1a] *vr* **(a)** *(Mil)* to disband. **(b)** *(fig)* to flee in disorder.

desbarajustar [1a] *vt (causar confusión)* to throw into confusion; *(desordenar)* to mess up.

desbarajuste *nm* confusion, chaos; **¡qué** ~**!** what a mess!

desbaratamiento *nm* **(a)** *(el arruinar)* ruin; *(de planes etc)* thwarting; *(de teoría)* destruction. **(b)** *(Mil)* rout. **(c)** *(Med)* ~ **de vientre** bowel upset. **(d)** *(derroche)* squandering.

desbaratar [1a] **1** *vt* **(a)** *(gen)* to mess up; *(plan)* to spoil; *(arruinar)* to ruin; *(frustrar)* to thwart; *(teoría)* to destroy; *(fortuna)* to squander. **(b)** *(Mil)* to rout. **2** *vi* to talk nonsense. **3 desbaratarse** *vr* **(a)** *(Mec)* to break down. **(b)** *(persona: irritarse)* to fly off the handle *(fam)*.

desbastar [1a] **1** *vt* **(a)** *(Téc)* to plane (down), smooth (down). **(b)** *(persona)* to knock the corners off, lick into shape. **2 desbastarse** *vr (fig)* to acquire some polish.

desbaste *nm* **(a)** *(Téc)* planing, smoothing. **(b)** *(de persona)* polishing.

desbloquear [1a] *vt (Com, Fin)* to unfreeze, unblock.

desbocado *adj* **(a)** *(caballo)* runaway. **(b)** *(herramienta)* worn. **(c)** *(persona: malhablado)* foul-mouthed *(: descarado)* cheeky. **(d)** *(LAm: río)* overflowing.

desbocar [1g] **1** *vt (vasija)* to break the rim *o* mouth of. **2** *vi* = **desembocar. 3 desbocarse** *vr* **(a)** *(caballo)* to bolt. **(b)** *(persona: soltar injurias)* to let out a stream of insults.

desbordamiento *nm* **(a)** *(de río)* overflowing. **(b)** *(de cólera)* outburst; *(de entusiasmo)* upsurge.

desbordar [1a] **1** *vt (exceder)* to pass, go beyond; **el proyecto desborda los límites señalados** the plan goes well beyond the limits which were set; **esto desborda mi tolerancia** this is more than I can bear. **2** *vi*, **desbordarse** *vr* **(a)** *(río)* to flood, burst its banks; *(líquido)* to overflow, spill (over). **(b)** *(persona)* to get carried away; ~**(se) de alegría** to be bursting with happiness.

desbravador *nm* horse-breaker.

desbravar [1a] **1** *vt (caballo)* to break in; *(animal)* to tame. **2** *vi,* **desbravarse** *vr (animal)* to get less wild; *(licor)* to lose its strength.

desbrozar [1f] *vt (camino)* to clear (of rubbish); *(terreno)* to clear of scrub.

descabellado *adj (plan, idea)* crazy, preposterous.

descabellar [1a] *vt* **(a)** *(pelo)* to ruffle. **(b)** *(Taur)* to kill with a thrust in the neck.

descabello *nm (Taur)* final thrust, coup de grâce.

descabezado *adj* **(a)** *(sin cabeza)* headless. **(b)** *(insensato)* wild.

descabezar [1f] **1** *vt* **(a)** *(persona)* to behead; *(árbol)* to lop. **(b)** *(dificultad)* to surmount. **2 descabezarse** *vr* **(a)** *(Bot)* to shed the grain. **(b)** *(persona)* to rack one's brains.

descacharrado *adj (CAm)* dirty, slovenly.

descafeinado *adj* decaffeinated.

descalabrado *adj:* **salir ~** to come out the loser (*de* in).

descalabrar [1a] **1** *vt* **(a)** to smash, damage; *(persona)* to hit, hurt, *(esp)* to hit on the head; *(Náut)* to cripple, disable. **(b)** *(dañar)* to harm, damage. **2 descalabrarse** *vr* to hurt one's head.

descalabro *nm (contratiempo)* blow, setback; *(Mil)* defeat; **~ electoral** disaster at the polls.

descalificación *nf* disqualification.

descalificar [1g] *vt* to disqualify.

descalzar [1f] **1** *vt:* **~ a uno** to take off sb's shoes *etc;* **A no vale para ~ a B** A can't hold a candle to B. **2 descalzarse** *vr* **(a)** to take off one's shoes *etc;* **~ los guantes** to take off one's gloves. **(b)** *(caballo)* to cast a shoe.

descalzo *adj* barefoot(ed); **estar (con los pies) ~(s)** to be barefooted, have no shoes *etc* on.

descaminado *adj (proyecto)* misguided; **ir ~** *(fig)* to be on the wrong track; **andar ~ en** to be mistaken in *o* about; **en eso no anda Ud muy ~** you're not far wrong there.

descaminar [1a] **1** *vt (hacer perderse)* to misdirect, put on the wrong road; *(fig)* to lead astray. **2 descaminarse** *vr (en camino)* to go the wrong way; *(fig)* to go astray.

descampado *nm* open space, piece of empty ground; **comer al ~** to eat in the open air; **vivir en ~** to live in open country.

descansadero *nm* stopping place, resting place.

descansado *adj* **(a)** *(persona)* rested, refreshed. **(b)** *(sitio)* restful.

descansar [1a] **1** *vt* **(a)** *(apoyar)* to rest, support, lean (*sobre* on). **(b)** *(dar descanso a)* to rest; **esto descansa la vista más** this rests one's eyes better. **(c)** *(ayudar)* to help, give a hand to. **(d) ~ sus penas en uno** to tell sb one's troubles. **2** *vi* **(a)** *(no trabajar)* to (take a) rest, have a break (*de* from); *(acostarse)* to lie down; *(cadáver, restos)* to lie; **necesito ~ un rato** I need to rest a bit; **~ en paz** to rest in peace; **no descansé en todo el día** I didn't have a moment's rest all day; **¡que Ud descanse!, ¡descanse bien!** sleep well! **(b)** *(Agr)* to lie fallow. **(c) ~ en** *(Arquit)* to be supported by; *(argumento)* to be based on. **3 descansarse** *vr:* **~ en uno** to rely on sb.

descansillo *nm (Arquit)* landing.

descanso *nm* **(a)** *(gen)* rest; *(alivio)* relief; *(período)* break; **tomarse unos días de ~** to take a few days' leave *o* rest; **día de ~** day off; **~ de enfermedad/maternidad** sick/maternity leave. **(b)** *(Dep)* half-time; *(Teat)* interval. **(c)** *(Téc)* rest, support.

descapotable *adj, nm (Aut)* convertible.

descarado *adj (sinvergüenza)* shameless; *(mentira)* barefaced; *(insolente)* cheeky.

descarga *nf* **(a)** *(de barco, carro)* unloading. **(b)** *(Mil)* firing, discharge. **(c)** *(Elec)* discharge.

descargadero *nm* wharf.

descargado *adj (vaciado)* empty, unloaded; *(pilas)* flat.

descargador *nm (de barcos)* docker.

descargar [1h] **1** *vt* **(a)** *(barco, carro etc)* to unload, empty. **(b)** *(arma)* to fire; *(golpe)* to deal; **~ golpes sobre la mesa** to beat the table; **~ un golpe contra la censura** to strike a blow against censorship. **(c)** *(Elec)* to discharge; *(pila)* to run down. **(d)** *(cólera)* to vent (*en, sobre* on); *(conciencia)* to relieve. **(e)** *(Com)* to take up. **(f)** *(persona: de una obligación)* to release; *(: de una deuda)* to free; *(Jur)* to clear, acquit (*de* of). **2** *vi* **(a)** *(río)* to flow (*en* into). **(b)** *(Elec)* to discharge. **(c)** to burst, break. **3 descargarse** *vr* **(a)** to unburden o.s.; **~ de algo** to get rid of sth; **~ con** *o* **en uno de algo** to unload sth on to sb. **(b)** *(Jur)* to clear o.s. (*de* of). **(c)** *(dimitir)* to resign.

descargo *nm* **(a)** *(descarga)* unloading; *(fig: de obligación)* release. **(b)** *(Com: recibo)* receipt; *(: de deuda)* discharge. **(c)** *(Jur)* **~s** *(pruebas)* evidence *sg; (de acusado)* plea *sg;* **testigo de ~** witness for the defence; **~ de una acusación** acquittal on a charge.

descarnado *adj (cara)* lean; *(estilo)* straightforward.

descaro *nm (insolencia)* cheek, nerve; **tuvo el ~ de decirme que ...** he had the nerve to tell me that ...; **¡qué ~!** what cheek!, what a nerve!

descarriar [1c] **1** *vt* **(a)** *(descaminar)* to misdirect. **(b)** *(fig)* to lead astray. **2 descarriarse** *vr* **(a)** *(persona)* to lose one's way; *(res)* to stray. **(b)** *(fig)* to go astray.

descarrilamiento *nm* derailment.

descarrilar [1a] *vi, (LAm)* **descarrilarse** *vr* **(a)** *(Ferro)* to be derailed. **(b)** *(fig)* to get off the track.

descartar [1a] **1** *vt (gen)* to discard; *(Naipes)* to throw away *o* down; *(poner de lado)* to put aside; *(rechazar)* to reject; *(posibilidad)* to rule out. **2 descartarse** *vr* **(a)** *(Naipes)* to discard. **(b)** to excuse o.s. (*de* from).

descarte *nm (rechazo)* rejection; *(fig)* excuse.

descascar [1g] **1** *vt* = **descascarar 1. 2 descascarse** *vr* **(a)** *(romperse)* to smash to pieces. **(b)** *(fam: charlar mucho)* to chatter.

descascarar [1a] **1** *vt (naranja, limón)* to peel; *(nueces, huevo duro)* to shell. **2 descascararse** *vr* to peel (off).

descendencia *nf* **(a)** *(origen)* descent, origin. **(b)** *(descendientes)* descendants *pl;* **morir sin dejar ~** to die without issue.

descendente *adj* descending, downward; *(cantidad)* diminishing; **tren ~** down train.

descender [2g] **1** *vt* **(a)** *(bajar)* to lower, let down; *(equipaje)* to get down. **(b)** *(escalera)* to descend. **2** *vi* **(a)** to descend. **(b)** *(fiebre, temperatura)* to drop, fall. **(c)** *(líquido)* to run, flow. **(d)** *(cortina etc)* to hang. **(e)** *(fuerzas, persona)* to fail, get weak; **~ de** *o* **en energía** to suffer a loss of energy. **(f) ~ a** to stoop to. **(g) ~ de** to descend *o* come from, be descended from; *(derivarse)* to be derived from.

descendiente *nmf* descendant; **~s** issue *sg,* descendants.

descendimiento *nm* descent; *(acto)* lowering.

descenso *nm* **(a)** *(acto)* descent, going down; *(de fiebre, temperatura etc)* drop, fall; *(de producción)* downturn; *(de calidad)* decline, falling-off. **(b)** *(Min etc)* collapse, subsidence. **(c)** *(Med)* rupture; **~ del útero** prolapse. **(d)** *(bajada)* slope, drop; el ~ **hacia el río** *(bajada)* the slope down to the river. **(e)** *(fig: decadencia)* decline.

descentrado *adj* **(a)** *(pieza de una máquina)* off-centre, off-beam; *(rueda)* out of true. **(b)** *(persona)* all-at-sea, bewildered; *(inadaptado)* maladjusted; *(desequilibrado)* unbalanced; *(problema)* out of focus; **todavía está algo** ~ he is still somewhat out of touch.

descentralizar [1f] *vt* to decentralize.

descentrar [1a] *vt* to put off centre; *(fam)* to put off one's stroke.

descerrajar [1a] *vt* **(a)** *(cerradura, puerta)* to break open, force. **(b)** *(tiro)* to let off, fire (*a* at).

descifrable *adj (gen)* decipherable; *(letra)* legible.

descifrar [1a] *vt (escritura)* to decipher; *(mensaje en cifra)* to decode; *(problema)* to puzzle out; *(misterio)* to solve.

descocado *adj (descarado)* cheeky; *(chica)* brazen.

descocarse [1g] *vr (descararse)* to be cheeky.

descoco *nm (descaro)* cheek; *(atrevimiento)* brazenness.

descolar [1a] *vt (Méx)* to snub, slight.

descolgar [1h, 1m] **1** *vt (cuadro etc)* to take *o* get down; *(desde una posición alta)* to lower, let down; *(teléfono)* to lift, pick up; *(de una pared etc)* to unhook; **dejó el teléfono descolgado** he left the phone off the hook. **2 descolgarse** *vr* **(a)** *(bajar por una cuerda)* to let o.s. down, lower o.s.; ~ **de** *(bajar rápidamente)* to come *o* rush down; ~ **por** *(bajar escurriéndose)* to slip *o* slide down; *(pared)* to climb down. **(b)** *(aparecer inesperadamente: persona)* to turn up unexpectedly; *(: Met)* to come on suddenly. **(c)** ~ **con** *(estupidez etc)* to come out with, blurt out.

descolonización *nf* decolonization.

descoloramiento *nm* discoloration; *(de color, tela etc)* fading; *(de pelo)* bleaching.

descolorar [1a] *vt* = **decolorar 1.**

descolorido *adj* **(a)** *(gen)* discoloured; *(color, tela)* faded; *(pálido)* pale. **(b)** *(fig: estilo)* colourless.

descollante *adj* outstanding.

descollar [1m] *vi (sobresalir)* to stand out, be outstanding; *(montaña etc)* to rise, tower; **la obra que más descuella de las suyas** his most outstanding work.

descomedido *adj* **(a)** *(excesivo)* excessive, immoderate. **(b)** *(persona)* rude, insolent (*con* to, towards).

descomedimiento *nm* rudeness, insolence.

descomedirse [3l] *vr* to be rude, be disrespectful (*con* to, towards).

descompaginar [1a] *vt* to disarrange, mess up.

descompasado *adj (excesivo)* excessive; *(sin proporción)* out of all proportion; *(hora)* unearthly; **de tamaño** ~ extra big.

descompasarse [1a] *vr* = **descomedirse.**

descomponer [2r; *pp* **descompuesto**] **1** *vt* **(a)** *(gen, Ling, Mat)* to break down (into parts), split up; *(Quím)* to decompose. **(b)** *(materia orgánica)* to rot, decompose. **(c)** *(Mec)* to break; *(mecanismo)* to put out of order; *(facciones)* to distort; *(estómago etc)* to upset; *(peinado)* to disarrange. **(d)** *(orden)* to disarrange, disturb; *(planes)* to mess up, upset; *(calma)* to ruffle; *(persona)* to shake up; *(irritar)* to anger. **2 descomponerse** *vr* **(a)** *(pudrirse)* to rot, decompose. **(b)** *(Mec)* to break down; *(estómago)* to get upset; *(tiempo)* to change (for the worse). **(c)** *(irritarse)* to lose one's temper; ~ **con uno** to fall out with sb.

descomposición *nf* **(a)** *(gen)* breakdown; *(Quím)* decomposition. **(b)** *(putrefacción)* rotting. **(c)** *(Med)* ~ **de vientre** stomach upset, diarrhoea. **(d)** *(de cara)* distortion.

descompostura *nf* **(a)** *(Téc etc)* breakdown, fault; *(desorden)* disorder; *(desorganización)* disorganization; *(desaliño)* untidiness. **(b)** *(de cara)* discomposure. **(c)** *(fig: descaro)* brazenness.

descompresión *nf* decompression.

descompuesto 1 *pp de* **descomponer. 2** *adj* **(a)** *(corrompido)* decomposed; *(reloj)* broken; *(motor)* broken down, out of order. **(b)** *(alterado: rostro)* distorted; *(sistema)* disorganized; *(cuarto)* untidy; *(aspecto)* slovenly; *(furioso)* angry; *(descarado)* brazen; *(descortés)* rude; *(LAm: medio ebrio)* tipsy.

descomunal *adj (enorme)* huge, enormous; *(fam: película)* fantastic.

desconcentrar [1a] *vt (industria)* to decentralize.

desconcertado *adj (turbado)* disconcerted, bewildered.

desconcertador *adj*, **desconcertante** *adj* disconcerting, upsetting.

desconcertar [1k] **1** *vt* **(a)** *(Mec etc)* to put out of order, damage; *(Anat)* to dislocate; *(orden)* to disturb; *(proyecto)* to upset. **(b)** *(persona: incomodar)* to disconcert, upset; *(: azorar)* to embarrass; *(: confundir)* to baffle, bewilder. **2 desconcertarse** *vr* **(a)** *(Mec etc)* to break down; *(Anat)* to be dislocated. **(b)** *(persona: turbarse)* to be disconcerted *o* upset; *(: azorarse)* to get embarrassed; *(: confundirse)* to be bewildered; **sin** ~ quite unruffled.

desconcierto *nm* **(a)** *(gen)* disorder; *(daño)* damage. **(b)** *(fig: inquietud)* uneasiness; *(: desorientación)* uncertainty; *(: turbación)* embarrassment; *(: confusión)* bewilderment.

desconchar [1a] **1** *vt (pared)* to strip off, peel off; *(loza)* to chip off. **2 desconcharse** *vr* to peel off; to chip.

descondensador *nm* demister.

desconectar [1a] *vt (Elec, Mec)* to disconnect; *(enchufe)* to take *o* pull out; *(desenchufar)* to unplug; *(radio, televisor etc)* to switch off, turn off; **estar desconectado de** to have no contact with.

desconfiado *adj* distrustful, suspicious (*de* of).

desconfianza *nf* distrust, mistrust; **voto de** ~ vote of no confidence.

desconfiar [1c] *vi (ser desconfiado)* to be distrustful; *(sentirse inseguro)* to lack confidence; ~ **de** *(sospechar)* to distrust, mistrust; *(no tener confianza en)* to have no faith *o* confidence in; **desconfío de ello** I doubt it; **desconfíe de las imitaciones** *(Com)* beware of imitations; **desconfío de que llegue a tiempo** I cannot be sure that he will arrive in time.

desconformar [1a] *vi*, **desconformarse** *vr* to disagree, dissent.

desconforme *adj* = **disconforme.**

descongelar [1a] **1** *vt (nevera)* to defrost; *(comida)* to thaw; *(Aut)* to de-ice; *(Econ, Fin: créditos etc)* to unfreeze. **2 descongelarse** *vr (alimentos congelados)* to thaw.

descongestión *nf* relief, relieving.

descongestionar [1a] *vt (cabeza)* to clear; *(calle, ciudad)* to relieve congestion in; *(fig: despejar)* to clear.

desconocer [2d] *vt* **(a)** *(ignorar)* not to know, be ignorant *o* unaware of; *(no recordar)* to fail to remember. **(b)** *(no reconocer)* not to recognize; *(: fingiendo)* to pretend not to know. **(c)** *(obra)* to disown; *(no aceptar)* to deny.

desconocido/a 1 *adj* **(a)** unknown, not known (*de, para* to); *(que no se conoce)* unfamiliar; *(no reconocido)* unrecognized; **lo** ~ the unknown. **(b) está**

~ he is hardly recognizable. **(c)** *(ingrato)* ungrateful. **2** *nm/f* stranger; *(recién llegado)* newcomer.
desconocimiento *nm* **(a)** *(falta de conocimientos)* ignorance. **(b)** *(repudio)* disregard. **(c)** *(ingratitud)* ingratitude.
desconsiderado *adj (descuidado)* inconsiderate; *(insensible)* thoughtless.
desconsolado *adj (afligido)* disconsolate; *(cara)* sad; *(desanimado)* dejected.
desconsolador *adj* distressing, grievous.
desconsolar [1m] **1** *vt* to distress. **2 desconsolarse** *vr* to despair.
desconsuelo *nm (pena)* distress, grief; *(tristeza)* sadness; *(desesperación)* despair.
descontado *adj:* **por** ~ of course; **dar por** ~ to take for granted.
descontaminar [1a] *vt* to decontaminate.
descontar [1m] *vt* **(a)** *(deducir)* to deduct, take away; *(Com)* to discount, deduct. **(b)** *(rebajar)* to discount; *(dar por cierto)* to take for granted.
descontentadizo *adj (difícil de contentar)* hard to please.
descontentar [1a] *vt* to displease.
descontento 1 *adj (insatisfecho)* dissatisfied, discontented (*de* with); *(disgustado)* disgruntled (*de* about, at). **2** *nm* **(a)** *(insatisfacción)* dissatisfaction; *(desagrado)* displeasure; *(disgusto)* disgruntlement. **(b)** *(Pol etc)* discontent, unrest.
descontinuar [1e] *vt* to discontinue.
descontrolado *adj (LAm)* uncontrolled.
desconvenir [3s] *vi* **(a)** *(personas)* to disagree (*con* with). **(b)** *(no corresponder)* not to fit *o* match. **(c)** *(no convenir)* to be inconvenient.
descorazonador *adj* discouraging, disheartening.
descorazonar [1a] **1** *vt* to discourage, dishearten. **2 descorazonarse** *vr* to get discouraged, lose heart.
descorchador *nm* corkscrew.
descorchar [1a] *vt* **(a)** *(alcornoque)* to remove the bark from. **(b)** *(botella)* to uncork, open. **(c)** *(cofre)* to force, break open.
descorrer [2a] *vt (cerrojo, cortina)* to draw back; *(velo)* to remove.
descortés *adj (mal educado)* discourteous; *(grosero)* rude, impolite.
descortesía *nf (gen)* discourtesy; *(grosería)* rudeness, impoliteness.
descortezar [1f] *vt* **(a)** *(árbol)* to strip the bark from; *(pan)* to cut the crust off; *(fruta)* to peel. **(b)** *(fig: desbastar)* to polish up a bit.
descoser [2a] **1** *vt* **(a)** *(costura)* to unstitch, unpick. **(b)** *(despegar)* to separate, part. **2 descoserse** *vr* **(a)** *(deshacerse)* to come apart (at the seam). **(b)** *(fam: descubrir un secreto)* to blurt out a secret. **(c)** ~ **de risa** to split one's sides laughing.
descosido 1 *adj* **(a)** *(Cos)* unstitched, torn; *(desastrado)* shabby. **(b)** *(discurso etc)* disconnected. **(c)** *(hablador)* talkative; *(indiscreto)* bigmouthed. **2** *nm* **(a)** *(Cos)* open seam. **(b) como un** ~ *(obrar)* wildly; *(beber, comer)* to excess; *(estudiar etc)* like mad.
descoyuntar [1a] **1** *vt* **(a)** *(Anat)* to dislocate. **(b)** *(fig: cansar mucho)* to tire out; *(molestar)* to bother. **(c)** *(hechos)* to twist; **estar descoyuntado** to be double-jointed. **2 descoyuntarse** *vr* **(a)** *(Anat)* ~ **un hueso** to put a bone out of joint. **(b)** ~ **de risa** *(fam)* to split one's sides laughing.
descrédito *nm (desprestigio)* discredit, disrepute; **caer en** ~ to fall into disrepute; **ir en** ~ **de** to be to the discredit of.
descreencia *nf* unbelief.
descreído/a 1 *adj (incrédulo)* incredulous; *(falto de fe)* unbelieving; *(pey)* godless. **2** *nm/f* unbeliever.
descremar [1a] *vt (LAm: leche)* to skim.
describir [3a; *pp* **descrito**] *vt (gen)* to describe.
descripción *nf* description; **supera a toda** ~ it is indescribable.
descriptible *adj* describable.
descriptivo *adj* descriptive.
descrismar [1a] *(fam)* **1** *vt:* ~ **a uno** to bash sb on the head. **2 descrismarse** *vr* **(a)** *(trabajar)* to slave away; *(pensar)* to rack one's brains. **(b)** *(fig fam: encolerizarse)* to blow one's top.
descrito 1 *pp de* **describir. 2** *adj (narrado)* described; *(trazado)* traced; **no es para** ~ it is indescribable.
descuajar [1a] *vt* **(a)** *(disolver)* to melt, dissolve. **(b)** *(arrancar)* to uproot; *(sacar)* to pull out. **(c)** *(extirpar)* to eradicate, wipe out. **(d)** *(desanimar)* to dishearten.
descuajaringarse [1h] *vr (LAm)* to fall to bits.
descuartizar [1f] *vt (animal)* to carve up, cut up; *(fig: hacer pedazos algo)* to tear apart.
descubierta 1 *nm (Mil)* scout. **2** *nf* **(a)** *(Mil)* reconnoitring, patrolling. **(b) a la** ~ *(sin disfraz)* openly; *(sin protección)* in the open.
descubierto 1 *pp de* **descubrir. 2** *adj (gen)* uncovered; *(situación)* open, exposed; *(Mil)* under fire; *(cabeza, cuerpo)* bare; *(sin sombrero)* bareheaded, hatless; *(cielo)* clear; *(coche)* open; *(campo)* treeless. **3** *nm* **(a)** *(lugar)* open space; **al** ~ *(al raso)* (out) in the open; *(sin rodeos)* openly; **poner al** ~ to lay bare, expose to view; **quedar al** ~ to be exposed, come out into the open. **(b)** *(Com: en cuenta corriente)* deficit; *(: en el presupuesto)* shortage; *(saldo deudor)* overdraft; **a** ~ short; **vender al** ~ to sell short; **estar en** ~ to be overdrawn *o* in the red *(fam)*; **girar en** ~ to overdraw.
descubridor(a) 1 *nm/f* discoverer. **2** *nm (Mil)* scout.
descubrimiento *nm (hallazgo)* discovery; *(de criminal, fraude)* detection; *(de secreto etc)* disclosure, revelation; *(de estatua etc)* unveiling.
descubrir [3a; *ptp* **descubierto**] **1** *vt* **(a)** *(país, remedio etc)* to discover; *(criminal, fraude)* to detect; *(encontrar: mina de oro, tesoro)* to find; *(: petróleo)* to strike; *(destapar)* to uncover; *(cacerola)* to take the lid off; *(naipes)* to lay down; *(sacar a luz: crimen)* to bring to light; *(enterarse de: causa, solución)* to find out, learn; ~ **su juego** to show one's hand *o* one's cards. **(b)** *(divisar)* to see, make out. **(c)** *(estatua, placa)* to unveil. **(d)** *(poner al descubierto)* to expose to view; *(revelar)* to show, reveal; *(delatar)* to give away, betray; ~ **el estómago** to uncover *o* bare one's stomach; ~ **su pecho a uno** to open one's heart to sb.
2 descubrirse *vr* **(a)** to be discovered; *(mostrarse)* to reveal *o* show o.s.; *(verse)* to come into sight. **(b)** *(quitarse el sombrero)* to take off one's hat; *(para saludar)* to raise one's hat (in greeting). **(c)** ~ **a** *o* **con uno** *(franquearse)* to confide in sb. **(d)** *(fig: salir a luz)* to come out *o* to light.
descuento *nm* discount, rebate; ~ **del 3%** 3% off; ~ **jubilatorio** retirement pension; ~ **por no declaración de siniestro** no-claims bonus; **a** ~ below par; **al** *o* **con** ~ at a discount.
descuidado *adj* **(a)** *(sin cuidado)* careless; *(negligente)* slack; *(olvidadizo)* forgetful; *(despreocupado)* casual. **(b)** *(aspecto)* untidy, slovenly. **(c)** *(desprevenido)* unprepared, off (one's) guard. **(d)** *(tranquilo)* easy in one's mind; **puedes estar**

~ you needn't worry, you can relax. **(e)** *(abandonado)* neglected.

descuidar [1a] **1** *vt (desatender: deberes)* to neglect; *(: consejos)* to disregard; *(olvidar)* to overlook. **2** *vi,* **descuidarse** *vr* **(a)** *(no prestar atención)* to be careless, be negligent; *(desprevenirse)* to feel safe, drop one's guard; **si te descuidas** if you don't watch out. **(b)** *(no preocuparse)* not to worry; **¡descuida!** don't worry!, it's all right!; **~se de** not to bother (*de algo* about sth; *de hacer* to do). **(c)** *(abandonarse)* to let o.s. go.

descuidero/a *nm/f* sneak thief, pickpocket.

descuido *nm* **(a)** *(gen)* carelessness; *(negligencia)* slackness; *(olvido)* forgetfulness; **al ~** *(con descuido afectado)* casually; *(sin cuidado)* carelessly; **al menor ~** if my *etc* attention wanders for a minute; **con ~** thoughtlessly; **tuvo el ~ de no cerrar la puerta** he neglected to close the door. **(b)** *(desaseo)* untidiness.**(c)** *(un ~)* oversight; **en un ~** *(LAm)* when least expected; **por ~** by an oversight, inadvertently.

desde 1 *prep* **(a)** *(lugar)* from; **~ Burgos hay 30 km** it's 30 km from Burgos; **~ A hasta M** from A to M. **(b)** *(tiempo)* from, since; **~ ahora** from now on; **~ entonces** since then; **~ el siglo XV para acá** from the 15th century onward; **~ 1960 no existe** it ceased to exist in 1960; **llueve ~ hace 3 días** it's been raining for 3 days; **~ hace 2 años no le vemos** we haven't seen him for 2 years; **¿~ cuándo es esto así?** how long has it been like this? **(c) ~ niño** since childhood, since I *etc* was a child.

2 ~ que *conj* since; **~ que llovió** since it rained; **~ que puedo recordar** ever since I can remember, (for) as long as I can remember.

desdecir [3p] **1** *vi* **(a) ~ de** to be unworthy of; *(no merecer)* **esta novela no desdice de las otras** this novel is well up to the standard of the others. **(b) ~ de** *(no corresponder)* to clash with. **2 desdecirse** *vr (retractarse)* to go back on what one has said; **~ de algo** to go back on sth.

desdén *nm* scorn, disdain; **al ~** carelessly.

desdentado *adj* toothless.

desdeñable *adj* contemptible; **nada ~** far from negligible.

desdeñar [1a] **1** *vt* to scorn, disdain; *(rechazar)* to turn up one's nose at. **2 desdeñarse** *vr:* **~ de hacer algo** to scorn to do sth.

desdeñoso *adj* scornful, disdainful.

desdibujado *adj* blurred.

desdibujar [1a] **1** *vt* to blur (the outlines of). **2 desdibujarse** *vr* to get blurred, fade (away); **el recuerdo se ha desdibujado** the memory has become blurred.

desdicha *nf* **(a)** *(gen)* unhappiness; *(miseria)* wretchedness. **(b)** *(una ~)* misfortune. **(c)** *(fig fam: persona, cosa inútil)* dead loss *(fam)*.

desdichado/a 1 *adj* **(a)** *(infeliz)* unhappy; *(desgraciado)* unlucky. **(b)** *(día)* ill-fated. **2** *nm/f (pobre desgraciado)* poor devil.

desdinerar [1a] **1** *vt* to impoverish. **2 desdinerarse** *vr (fam)* to cough up *(fam)*.

desdoblado *adj (personalidad)* split.

desdoblar [1a] *vt* **(a)** *(desplegar)* to unfold; *(extender)* to spread out; *(alambre)* to untwist. **(b)** *(Quím)* to break down (*en* into). **(c)** *(duplicar)* to double; **~ un cargo** to split the functions of a post.

desdorar [1a] *vt (lit, fig)* to tarnish.

desdoro *nm (fig)* stigma, dishonour; **lo consideran un ~ trabajar** they think it dishonourable to work; **hablar en ~ de** to speak disparagingly of.

deseable *adj* desirable.

desear [1a] *vt* to want, desire, wish (for); **le deseo toda clase de éxito** I wish you every success; **¿qué desea la señora?** *(Com etc)* what can I do for you, madam?; **estoy deseando que esto termine** I'm longing for this to finish; **~ hacer algo** to want *o* wish to do sth.

desecación *nf* desiccation.

desecar [1g] **1** *vt (gen)* to dry up; *(estanque, terreno)* to drain. **2 desecarse** *vr* to dry up.

desechable *adj* disposable.

desechar [1a] *vt* **(a)** *(basura)* to throw out; *(lo inútil)* to scrap, get rid of. **(b)** *(consejo, miedo)* to cast aside; *(oferta)* to reject; *(plan)* to drop.

desecho *nm* **(a)** *(residuo)* residue; *(prenda de vestir)* cast-off; *(carne)* offal; **~s** *(materiales inservibles)* rubbish *sg*, scrap *sg; (industriales)* waste *sg;* **de ~** *(hierro)* scrap; *(producto)* waste; *(ropa)* cast-off. **(b)** *(desprecio)* contempt; *(lo peor)* dregs *pl;* **ese tío es un ~** that bloke is a dead loss. **(c)** *(LAm: atajo)* short cut.

desembalar [1a] *vt* to unpack.

desembarazado *adj* **(a)** *(libre)* clear, free. **(b)** *(desenvuelto)* free and easy.

desembarazar [1f] **1** *vt* **(a)** *(camino, cuarto)* to clear, free (*de* of). **(b)** *(piso)* to vacate. **(c) ~ a uno de algo** to rid sb of sth. **2 desembarazarse** *vr:* **~ de algo** to get rid of sth, free o.s. of sth.

desembarazo *nm* **(a)** *(acto)* clearing. **(b)** *(LAm: parto)* birth. **(c)** *(desenfado)* ease, naturalness.

desembarcadero *nm* quay, landing stage.

desembarcar [1g] **1** *vt (personas)* to land, put ashore; *(mercancías)* to unload. **2** *vi,* **desembarcarse** *vr* **(a)** *(de barco)* to land, go ashore; *(de avión)* to disembark. **(b)** *(esp LAm)* to alight (*de* from), get out (*de* of).

desembarco *nm* landing.

desembargar [1h] *vt (gen)* to free; *(Jur)* to remove the embargo on.

desembarque *nm (gen)* disembarkation; *(de pasajeros)* landing; *(de mercancías)* unloading.

desembarrar [1a] *vt* to clear of mud.

desembaular [1a] *vt* **(a)** *(desembalar)* to unpack; *(sacar)* to take out. **(b)** *(fig)* to get off one's chest.

desembocadero *nm,* **desembocadura** *nf (salida)* outlet; *(de río)* mouth; *(de calle)* opening, end.

desembocar [1a] *vi* **(a) ~ en** *(río)* to flow *o* run into; *(calle)* to join, lead into. **(b) ~ en** *(terminar en)* to end *o* result in.

desembolsar [1a] *vt (pagar)* to pay out; *(gastar)* to lay out.

desembolso *nm (gen)* payment; *(gastos)* outlay, expenditure; **~ inicial** deposit; **para cubrir ~s** to cover expenses.

desembozar [1f] *vt (lit, fig)* to unmask.

desembragar [1h] **1** *vt (Mec)* to disengage, disconnect; *(embrague)* to release, let out. **2** *vi (Aut)* to declutch, let out the clutch.

desembrague *nm* disengagement; *(Aut: acto)* declutching; *(: mecanismo)* clutch release.

desembrollar [1a] *vt (madeja)* to unravel; *(asunto, malentendido)* to sort out.

desembuchar [1a] **1** *vt* to disgorge; *(fig)* to come out with. **2** *vi (confesar)* to spill the beans *(fam)*; **¡desembucha!** out with it! **3 desembucharse** *vr (Chi)* to be sick.

desemejante *adj* dissimilar, unlike; **A es ~ de B** A is different from *o* unlike B.

desemejanza *nf* dissimilarity.

desemejar [1a] **1** *vt (cambiar)* to alter, change (for the worse). **2** *vi (diferenciarse)* to be dissimilar.

desempacar [1g] *vt* to unpack.

desempacharse [1a] *vr* **(a) se desempachó** his stomach settled down (after its upset). **(b)** *(per-*

der la timidez) to come out of one's shell.
desempacho *nm (soltura)* ease; *(despreocupación)* unconcern; *(pey)* forwardness.
desempañar [1a] *vt (cristal)* to clean, de-mist.
desempaquetar [1a] *vt* to unpack, unwrap.
desempatar [1a] *vi:* **volvieron a jugar para ~** they held a play-off.
desempate *nm* play-off.
desempeñar [1a] **1** *vt* **(a)** *(lo empeñado)* to redeem, get out of pawn. **(b) ~ a uno** to get sb out of debt, pay sb's debts; *(sacar del apuro)* to get sb out of a jam. **(c)** *(cargo)* to occupy, hold; *(deber, función)* to perform, carry out; *(papel: tb en teatro)* to play. **2 desempeñarse** *vr* to get out of debt; *(fig)* to get o.s. out of a jam.
desempeño *nm* **(a)** *(de lo empeñado)* redeeming, redemption. **(b)** *(de deudas)* payment. **(c)** *(cargo)* occupation; *(Teat, fig)* performance, acting.
desempleado/a 1 *adj* unemployed, out of work. **2** *nm/f* unemployed man/woman; **los ~s** the unemployed.
desempleo *nm* unemployment.
desempolvar [1a] *vt (muebles etc)* to dust; *(lo olvidado)* to revive.
desencadenar [1a] **1** *vt* **(a)** *(quitar las cadenas de)* to unchain; *(perro)* to unleash. **(b)** *(desatar: ira etc)* to unleash; *(provocar)* to cause, set off. **2 desencadenarse** *vr* **(a)** *(soltarse)* to break loose. **(b)** *(estallar: tormenta)* to burst; *(guerra)* to break out; **se desencadenaron los aplausos** a storm of clapping broke out; **se desencadenó una lucha violenta** a violent struggle arose.
desencajado *adj (cara)* twisted, contorted; *(ojos)* wild.
desencajar [1a] **1** *vt* **(a)** *(hueso)* to throw out of joint, dislocate. **(b)** *(Mec)* to disconnect, disengage. **2 desencajarse** *vr (cara)* to become distorted (with fear); *(ojos)* to look wild.
desencantar [1a] *vt* to disillusion, disenchant.
desencanto *nm* disillusion(ment), disenchantment.
desencoger [2c] **1** *vt (extender)* to spread out; *(desdoblar)* to smooth out. **2 desencogerse** *vr* to lose one's timidity.
desenconar [1a] **1** *vt* **(a)** *(inflamación)* to reduce. **(b)** *(cólera)* to calm down, soothe. **2 desenconarse** *vr (odio)* to die down; *(persona)* to calm down.
desenchufar [1a] *vt* to disconnect, unplug.
desendeudar [1a] *vi (LAm)* to pay one's debts, get out of the red.
desenfadado *adj (aire, carácter)* free, uninhibited; *(despreocupado)* free-and-easy, carefree; *(desenvuelto)* self-confident; *(pey: descarado)* forward; *(en el vestir)* casual.
desenfadar [1a] **1** *vt* to pacify, calm down. **2 desenfadarse** *vr* to calm down.
desenfado *nm (libertad)* freedom, lack of inhibition; *(despreocupación)* free-and-easy manner; *(pey: descaro)* forwardness; *(desenvoltura)* self-confidence.
desenfocado *adj* out of focus.
desenfrenado *adj (frenético)* wild; *(inmoderado)* immoderate; *(apetito, pasiones)* unbridled.
desenfrenarse [1a] *vr* **(a)** *(persona: desmandarse)* to lose all self-control; *(multitud)* to run riot. **(b)** *(tempestad)* to burst; *(viento)* to rage.
desenfreno *nm (de pasiones)* unleashing; *(libertinaje)* licentiousness.
desenganchar [1a] *vt (gen)* to unhook; *(Ferro)* to uncouple; *(Mec)* to disengage; *(caballo)* to unhitch.
desengañado *adj* disillusioned.
desengañar [1a] **1** *vt (desilusionar)* to disillusion; *(decepcionar)* to disappoint; *(abrir los ojos a)* to open the eyes of, enlighten; **es mejor no ~la** it is best not to disillusion her *o* not to take away her hopes. **2 desengañarse** *vr* **(a)** *(desilusionarse)* to become disillusioned (*de* about); *(decepcionarse)* to be disappointed. **(b)** *(abrir los ojos)* to see the light, see things as they really are; **¡desengáñate!** don't you believe it!
desengaño *nm (desilusión)* disillusion(ment); *(decepción)* disappointment; *(revelación)* eye-opener; **sufrir un ~ amoroso** to be disappointed in love.
desengrasar [1a] *vt* to degrease.
desenlace *nm (resultado)* outcome; *(Lit)* ending, dénouement *(frm)*; **el libro tiene un ~ feliz** the book has a happy ending.
desenlatar [1a] *vt (LAm) (latas)* to open.
desenlazar [1f] **1** *vt* **(a)** *(desatar)* to untie. **(b)** *(problema)* to solve; *(aclarar: asunto)* to unravel. **2 desenlazarse** *vr* **(a)** *(desatarse)* to come undone. **(b)** *(Lit)* to end, turn out.
desenmarañar [1a] *vt (lo enredado)* to disentangle; *(aclarar)* to unravel, clear up.
desenmascarar [1a] *vt (fig)* to unmask, expose.
desenredar [1a] **1** *vt (pelo etc)* to unravel; *(dificultad, problema)* to straighten out. **2 desenredarse** *vr (fig)* to extricate o.s. (*de* from).
desenredo *nm* **(a)** *(acto)* unravelling. **(b)** *(Lit)* dénouement.
desenrollar [1a] *vt* to unroll, unwind.
desenroscar [1g] *vt (LAm: tornillo etc)* to unscrew.
desensillar [1a] *vt* to unsaddle.
desentenderse [2g] *vr* **(a) ~ de** *(simular ignorancia)* to pretend not to know about. **(b) ~ de** to wash one's hands of, want nothing to do with; **se ha desentendido del asunto** he wants nothing to do with the matter.
desentendido *adj:* **hacerse el ~** to pretend not to notice; **se hizo el ~** he didn't take the hint; **no te hagas el ~** don't pretend you haven't heard.
desenterrar [1k] *vt* **(a)** *(cadáver)* to disinter; *(tesoro)* to unearth. **(b)** *(cosas olvidadas)* to rake up.
desentonado *adj* **(a)** *(Mús)* out of tune. **(b)** *(color)* clashing.
desentonar [1a] **1** *vi* **(a)** *(Mús)* to be out of tune. **(b)** *(no encajar)* to be out of place; *(colores)* to clash *(con* with); **el edificio desentona con el entorno** the building doesn't fit in with the surroundings. **2 desentonarse** *vr (descomedirse)* to be rude.
desentorpecer [2d] *vt* **(a)** *(miembro)* to stretch, loosen up. **(b)** *(fam: persona)* to polish up.
desentrañar [1a] *vt (misterio)* to get to the bottom of; *(significado)* to puzzle out.
desentrenado *adj* out of training.
desentumecer [2d] *vt (miembro)* to stretch; *(Dep: músculos)* to loosen up.
desenvainar [1a] *vt (espada)* to draw, unsheathe; *(suj: animal: uñas)* to show, put out.
desenvoltura *nf (de movimientos)* ease; *(falta de timidez)* (self-)confidence; *(al hablar)* fluency; *(pey)* forwardness, brazenness.
desenvolver [2h; *pp* **desenvuelto**] **1** *vt* **(a)** *(paquete)* to unwrap; *(rollo)* to unwind, unroll; *(lana)* to disentangle, unravel. **(b)** *(teoría)* to develop. **2 desenvolverse** *vr (suceder)* to go off; *(desarrollarse)* to develop; *(prosperar)* to prosper; **el nuevo gobierno se desenvuelve de manera satisfactoria** the new government is coping satisfactorily.
desenvolvimiento *nm (desarrollo)* development; *(de idea)* exposition.

desenvuelto 1 *pp de* **desenvolver. 2** *adj (suelto)* easy; *(desenfadado)* confident; *(al hablar)* fluent; *(pey)* forward.

deseo *nm* wish, desire; ~ **de algo/hacer algo** wish *o* desire for sth/to do sth; ~ **de saber** thirst for knowledge; **buen** ~ good intentions; **arder en** ~**s de algo** to yearn for sth; **tener** ~ **de hacer algo** to want *o* yearn to do sth.

deseoso *adj:* **ser** ~ **de hacer algo** to be anxious *o* eager to do sth.

desequilibrado/a *adj* **1** *adj (lit, fig)* unbalanced; *(desigual)* one-sided, lop-sided. **2** *nm/f* unbalanced person; ~ **mental** mentally disturbed person.

desequilibrar [1a] *vt (mente)* to unbalance; *(objeto)* to throw out of balance; *(persona)* to throw off balance.

desequilibrio *nm* **(a)** *(de mente)* unbalance; *(entre cantidades)* imbalance. **(b)** *(Med)* unbalanced mental condition.

deserción *nf* desertion.

desertar [1a] **1** *vt* **(a)** *(gen)* to desert. **(b)** *(Jur: derecho de apelación)* to forfeit. **2** *vi:* ~ **de** *(Mil etc)* to desert; ~ **del hogar** to abandon one's home; ~ **de sus deberes** to neglect one's duties.

desértico *adj (árido)* desert-like, barren; *(vacío)* deserted.

desertor(a) *nm/f* deserter.

deservicio *nm* disservice.

desesperación *nf* **(a)** despair, desperation; **con** ~ despairingly. **(b) nadar con** ~ to swim furiously. **(c) es una** ~ it's maddening; **es una** ~ **tener que ...** it's unfuriating to have to ... .

desesperado 1 *adj* **(a)** *(persona: sin esperanza)* desperate, despairing; *(caso, situación)* hopeless; **estar** ~ **de** to have no hope of. **(b)** *(esfuerzo)* furious, frenzied. **2** *nm:* **como un** ~ like mad. **3 desesperada** *nf:* **hacer algo a la** ~**a** to do sth as a last resort *o* in desperation.

desesperante *adj (exasperante)* infuriating; *(persona)* hopeless.

desesperanzar [1f] **1** *vt* to drive to despair. **2 desesperanzarse** *vr* to lose hope, despair.

desesperar [1a] **1** *vt* to deprive of hope, drive to despair; *(fam: irritar)* to drive to distraction. **2** *vi* to despair (*de* of), lose hope; ~ **de hacer algo** to give up all hope of doing sth. **3 desesperarse** *vr* to despair, lose hope.

desespero *nm (esp LAm)* despair, desperation.

desestimar [1a] *vt* **(a)** *(menospreciar)* to have a low opinion of. **(b)** *(Jur: demanda)* to reject.

desfachatado *adj* cheeky.

desfachatez *nf* cheek, nerve.

desfalcar [1g] *vt* to embezzle.

desfalco *nm* embezzlement.

desfallecer [2d] **1** *vt* to weaken. **2** *vi (perder las fuerzas)* to get weak; *(desmayarse)* to faint; ~ **de ánimo** to lose heart.

desfallecido *adj (débil)* weak.

desfallecimiento *nm* weakness.

desfasado *adj (anticuado)* behind the times; *(Téc)* out of phase; *(Anat)* uncoordinated.

desfasar [1a] *vt* to phase out.

desfase *nm (fig: diferencia)* gap.

desfavorable *adj* unfavourable.

desfavorecer [2d] *vt (suj: ropa: sentar mal)* not to suit, not to look well on.

desfiguración *nf*, **desfiguramiento** *nm (de persona)* disfigurement; *(de monumento)* defacement; *(Fot)* blurring.

desfigurado *adj (persona)* disfigured; *(sentido)* distorted; *(Fot)* blurred.

desfigurar [1a] *vt (cara)* to disfigure; *(cuerpo)* to deform; *(cuadro, monumento)* to deface; *(Fot)* to blur; *(sentido)* to twist; *(suceso)* to misrepresent; **una cicatriz le desfigura la cara** a scar disfigures his face; **la niebla lo desfigura todo** the fog makes everything look strange.

desfiladero *nm* defile, gorge.

desfilar [1a] *vi (Mil)* to parade; **desfilaron ante el general** they marched past the general; **los manifestantes desfilaron por la calle principal** the demonstrators marched down the main street.

desfile *nm (gen)* procession; *(Mil)* parade, march-past; ~ **de modelos** fashion show *o* parade.

desflorar [1a] *vt* **(a)** *(mujer)* to deflower. **(b)** *(arruinar)* to tarnish. **(c)** *(asunto)* to touch on.

desfogar [1h] **1** *vt (fig)* to vent (*con, en* on). **2** *vi (Náut: tormenta)* to burst. **3 desfogarse** *vr (cólera)* to vent one's anger, let off steam.

desgaire *nm* **(a)** *(desaliño)* slovenliness. **(b)** *(actitud)* nonchalance. **(c)** *(con descuido)* sloppily; *(con descuido afectado)* nonchalantly.

desgajar [1a] **1** *vt* **(a)** *(rama)* to tear off; *(hoja de papel)* to tear out; *(naranja)* to split into segments. **(b)** ~ **a uno de** to tear sb away from. **2 desgajarse** *vr* to come off, break off.

desgana *nf* **(a)** *(falta de apetito)* lack *o* loss of appetite. **(b)** *(displicencia)* unwillingness, reluctance; **hacer algo a** ~ to do sth reluctantly.

desganado *adj (sin apetito)* not hungry; *(sin entusiasmo)* half-hearted; **estar** ~ to have no appetite.

desganarse [1a] *vr* **(a)** *(perder el apetito)* to lose one's appetite. **(b)** *(cansarse)* to lose interest (*de* in), get fed up (*de* with).

desgañitarse [1a] *vr* to shout o.s. hoarse.

desgarbado *adj (sin gracia)* clumsy, ungainly.

desgarbo *nm* ungainliness.

desgarrador *adj* heartbreaking, heartrending.

desgarrar [1a] *vt* **(a)** *(vestido)* to tear, rip. **(b)** *(corazón)* to break.

desgarro *nm* **(a)** *(en tela)* tear, rip. **(b)** *(descaro)* impudence. **(c)** *(jactancia)* boastfulness. **(d)** *(LAm)* phlegm.

desgastar [1a] **1** *vt* **(a)** to wear away *o* down; *(Geol)* to erode; *(cuerda)* to fray; *(metal)* to corrode; ~ **la ropa** to wear one's clothes out. **(b)** *(fig)* to spoil, ruin. **2 desgastarse** *vr* **(a)** *(véase vt)* to wear away; to erode; to fray; to corrode; to get worn out. **(b)** *(agotarse)* to wear o.s. out.

desgaste *nm* **(a)** *(de motor, objeto)* wear (and tear) (*de* on); *(de roca)* erosion; *(de cuerda)* fraying; *(de metal)* corrosion. **(b)** *(desperdicio)* waste; *(Med)* weakening; ~ **económico** drain on one's resources.

desglosar [1a] *vt* to detach.

desgobernado *adj* undisciplined.

desgobernar [1k] *vt* **(a)** *(Pol)* to misgovern, misrule; *(asunto)* to handle badly. **(b)** *(Anat)* to dislocate.

desgobierno *nm (véase vt)* **(a)** misgovernment, misrule; bad handling. **(b)** dislocation.

desgracia *nf* **(a)** *(gen)* misfortune; *(contratiempo)* accident; *(mala suerte)* (piece of) bad luck; **por** ~ unfortunately; **¡qué** ~**!** what bad luck!; **en el accidente no hay que lamentar** ~**s personales** there were no casualties in the accident; **tener la** ~ **de** to be unlucky enough to. **(b) caer en** ~ to lose favour.

desgraciadamente *adv* unfortunately, unluckily; **¡**~**!** more's the pity!

desgraciado/a 1 *adj* **(a)** *(sin suerte)* unlucky, luckless; *(infeliz)* unhappy; *(lamentable)* unfortunate; **era** ~ **en su matrimonio** he was unhappy in his marriage; **una vida ~a** a wretched life. **(b)** **ese día ~** that ill-fated day. **(c)** *(falto de gracia)* graceless, lacking charm. **(d)** *(desagradable)* unpleasant. **2** *nm/f (malo)* swine; *(infeliz)* poor creature.

desgraciar [1b] **1** *vt* **(a)** *(estropear)* to spoil. **(b)** *(ofender)* to displease. **2 desgraciarse** *vr* **(a)** *(estropearse)* to be spoiled *o* be ruined; *(plan etc)* to fall through. **(b) ~ con uno** to fall out with sb.

desgranar [1a] **1** *vt* **(a)** *(trigo)* to thresh; *(guisantes)* to shell; **~ un racimo** to pick the grapes from a bunch. **(b) ~ las cuentas del rosario** to tell one's beads. **(c) ~ mentiras** to come out with a string of lies. **2 desgranarse** *vr* **(a)** *(trigo)* to shed its grain; *(planta)* to drop its seeds. **(b)** *(cuentas)* to come unstrung.

desgravar [1a] *vt (producto)* to reduce the tax *o* duty on.

desgreñado *adj* dishevelled, tousled.

desguarnecer [2d] *vt* **(a)** *(Téc)* to strip down; *(quitar los adornos de)* to remove the accessories from; *(caballo)* to unharness; **~ un barco de velas** to remove the sails from a boat. **(b)** *(Mil: pueblo)* to remove the garrison from; *(: plaza fuerte)* to dismantle.

deshabitado *adj* uninhabited.

deshabitar [1a] *vt (casa)* to leave empty; *(despoblar)* to depopulate.

deshacer [2s; *pp* **deshecho**] **1** *vt* **(a)** *(lo hecho)* to undo, unmake. **(b)** *(projectos: arruinar)* to spoil, ruin; *(Mec: desmontar)* to take apart; *(romper)* to pull to pieces; *(dividir)* to cut *o* carve up; **los chicos han deshecho la casa** the kids have messed up the house. **(c)** *(cama)* to strip; *(maleta)* to unpack; *(paquete)* to unwrap; *(nudo)* to untie; *(costura)* to unpick. **(d)** *(camino, pasos)* to retrace; *(tratado)* to break; *(contrato)* to annul; *(enemigo)* to rout.

2 deshacerse *vr* **(a)** *(desatarse)* to come undone *o* untied; *(estropearse)* to be spoiled *o* ruined; *(descomponerse)* to fall to pieces; **cuando lo levanté, se me deshizo todo** when I lifted it up it all fell to bits. **(b)** *(derretirse)* to melt, dissolve; *(desvanecerse)* to vanish. **(c)** *(afligirse)* to grieve; *(impacientarse)* to get impatient. **(d)** *(Med: enflaquecer)* to get weak; *(: consumirse)* to waste away. **(e) ~ de** *(gen)* to get rid of; *(de mala gana)* to part with; *(Com)* to dump, unload. **(f) ~ en** *(lágrimas)* to burst into; *(cumplidos, elogios)* to be lavish with. **(g) ~ por algo** to be crazy about sth; **~ por hacer algo** to strive *o* do one's utmost to do sth.

desharrapado *adj* ragged, tattered.

deshebrar [1a] *vt* to unthread.

deshecho 1 *pp de* **deshacer. 2** *adj* **(a)** *(lazo, nudo)* undone; *(roto)* smashed; *(despedazado)* in pieces; *(cama)* unmade; **estoy ~** I'm shattered. **(b)** *(Med: persona)* weak, emaciated; *(: salud)* broken.

deshelador *nm (Aer)* de-icer.

deshelar [1k] **1** *vt (tubería)* to thaw; *(heladera)* to defrost; *(avión, coche)* to de-ice. **2** *vi*, **deshelarse** *vr* to thaw, melt.

desherbar [1k] *vt* to weed.

desheredar [1a] *vt* to disinherit.

deshidratación *nf* dehydration.

deshidratado *adj* dehydrated.

deshidratar [1a] *vt* to dehydrate.

deshielo *nm (gen)* thaw; *(de heladera)* defrosting.

deshilachar [1a] *vt*, **deshilacharse** *vr* to fray.

deshilada *nf*: **a la ~** *(Mil)* in single file; *(fig)* secretly, stealthily.

deshilar [1a] **1** *vt (hilo)* to unravel; *(carne)* to shred. **2** *vi (adelgazar)* to get thin. **3 deshilarse** *vr* to get worn, fray.

deshilvanado *adj (fig)* disjointed, incoherent.

deshinchar [1a] **1** *vt* **(a)** *(neumático)* to let down; *(quitar la hinchazón de)* to reduce (the swelling of). **(b)** *(fig)* to give vent to. **2 deshincharse** *vr* **(a)** *(neumático)* to go flat; *(hinchazón)* to go down. **(b)** *(fig)* to get down off one's high horse.

deshojar [1a] **1** *vt (árbol)* to strip the leaves off; *(flor)* to pull the petals off; *(LAm: maíz)* to husk; *(: fruta)* to peel. **2 deshojarse** *vr* to lose its leaves *etc*.

deshollinar [1a] *vt* **(a)** *(chimenea)* to sweep. **(b)** *(fig)* to take a close look at.

deshonestidad *nf (falta de honradez)* dishonesty; *(indecencia)* indecency.

deshonesto *adj (no honrado)* dishonest; *(indecente)* indecent.

deshonor *nm* **(a)** dishonour, disgrace. **(b)** *(un ~)* insult, affront *(de* to); **no es un ~ trabajar** it is no disgrace to work.

deshonorar [1a] *vt* to dishonour, disgrace.

deshonra *nf* **(a)** *(deshonor)* dishonour, disgrace; *(vergüenza)* shame; **lo tiene a ~** he thinks it beneath him. **(b)** *(acto)* shameful act.

deshonrar [1a] *vt* **(a)** to dishonour, disgrace. **(b)** *(afrentar)* to insult. **(c)** *(mujer)* to seduce.

deshonroso *adj* dishonourable, disgraceful, ignominious.

deshora *nf*: **a ~** at an inconvenient time; *(llegar)* unexpectedly; *(acostarse)* at some unearthly hour; *(hacer)* at the wrong moment.

deshuesar [1a] *vt (carne)* to bone; *(fruta)* to stone.

desidia *nf* **(a)** *(pereza)* idleness. **(b)** *(en el vestir)* slovenliness.

desidioso *adj (véase nf)* **(a)** idle. **(b)** slovenly.

desierto 1 *adj* **(a)** *(isla, región)* desert; *(paisaje)* bleak, desolate; *(calle, casa)* deserted. **(b)** **declarar ~** *(oposiciones, premio)* to declare void. **2** *nm* desert; **clamar en el ~** to preach in the wilderness.

designación *nf* **(a)** *(para un cargo)* appointment. **(b)** *(nombre)* designation.

designar [1a] *vt (nombrar)* to designate, appoint; *(elegir)* to select; *(fecha, lugar)* to fix.

designio *nm* plan, design; **con el ~ de** with the intention of.

desigual *adj* **(a)** *(gen)* unequal; *(diferente)* different; *(lucha)* unequal; *(tratamiento)* unfair. **(b)** *(cambiadizo: tiempo)* changeable; *(: carácter)* unpredictable. **(c)** *(escritura)* uneven; *(terreno)* rough.

desigualdad *nf* **(a)** *(Econ, Pol)* inequality. **(b)** *(de carácter, tiempo)* unpredictability. **(c)** *(de escritura)* unevenness; *(de terreno)* roughness.

desilusión *nf (pérdida de ilusiones)* disillusion(ment); *(decepción)* disappointment; **caer en la ~** to get disillusioned; **sufrir una ~** to suffer a disappointment.

desilusionar [1a] **1** *vt (hacer perder las ilusiones)* to disillusion; *(decepcionar)* to disappoint, let down. **2 desilusionarse** *vr (desengañarse)* to get disillusioned; *(decepcionarse)* to be disappointed.

desinencia *nf (Ling)* ending.

desinfectante *adj, nm* disinfectant.

desinfectar [1a] *vt* to disinfect.

desinfestar [1a] *vt* to decontaminate.

desinflado *adj (neumático)* flat.

desinflar [1a] **1** *vt* to deflate, let the air out of. **2 desinflarse** *vr (neumático)* to go down *o* flat; *(fig)* **se desinfló** the wind went out of his sails.

desintegración *nf* disintegration; **~ nuclear** nuclear fission.

desintegrar [1a] **1** *vt* *(gen)* to disintegrate; *(átomo)* to split; *(grupo)* to break up. **2 desintegrarse** *vr* to disintegrate; to split; to break up.
desinterés *nm (imparcialidad)* disinterestedness; *(altruismo)* unselfishness.
desinteresado *adj (imparcial)* disinterested; *(altruista)* unselfish.
desintoxicar [1g] **1** *vt* to detoxify. **2 desintoxicarse** *vr (de rutina, trabajo)* to get away from.
desistir [3a] *vi* to desist; ~ **de** *(empresa)* to give up; *(derecho)* to waive; ~ **de hacer algo** to desist from *o* give up doing sth.
deslavar [1a] *vt* **(a)** *(lavar a medias)* to half-wash. **(b)** *(desteñir)* to fade.
deslavazado *adj (lacio)* limp; *(desteñido)* faded; *(insípido)* colourless; *(incoherente)* disjointed.
desleal *adj* disloyal (*a, con* to); *(Com: competencia)* unfair.
deslealtad *nf (gen)* disloyalty; *(Com)* unfairness.
desleído *adj (fig: idea)* weak, woolly.
desleír [3m] **1** *vt (lo sólido)* to dissolve; *(lo líquido)* to dilute. **2 desleírse** *vr* to dissolve; to become diluted.
deslenguado *adj (malhablado)* foul-mouthed.
deslenguarse [1i] *vr (hablar: demasiado)* to shoot one's mouth off; *(: groseramente)* to pour out obscenities.
desliar [1c] **1** *vt (desatar)* to untie, undo; *(paquete)* to open. **2 desliarse** *vr* to come undone.
desligado *adj* loose, free; **vive ~ de todo** he lives in a world of his own.
desligar [1h] **1** *vt* **(a)** *(gen)* to untie, undo. **(b)** *(separar)* to detach; *(desenredar: asunto)* to unravel. **(c)** *(absolver)* to absolve, free (*de* from); ~ **a uno de una promesa** to release sb from a promise. **2 desligarse** *vr (objeto)* to come undone; *(persona)* to extricate o.s. (*de* from).
deslindar [1a] *vt* **(a)** *(señalar las lindes de)* to mark out, fix the limits *o* boundaries of. **(b)** *(fig)* to define.
desliz *nm* **(a)** *(de persona)* slip; *(de objeto)* sliding; *(Aut)* skid. **(b)** *(equivocación)* slip; *(indiscreción)* indiscretion; ~ **de lengua** slip of the tongue; **cometer un ~** to slip up.
deslizadero *nm* **(a)** *(sitio)* slippery spot. **(b)** *(Téc)* chute, slide.
deslizador *nm* **(a)** *(Náut)* small speedboat. **(b)** *(Aer)* glider.
deslizamiento *nm (de cosas)* sliding; *(de persona)* slipping; *(Aut)* skid; ~ **de tierra** landslide.
deslizar [1f] **1** *vt* **(a)** *(gen)* to slide, slip (*en* into, *por* along, through). **(b)** ~ **una propina a uno** to slip sb a tip; ~ **un secreto** to let slip a secret. **2 deslizarse** *vr* **(a)** *(resbalar)* to slip (*en* on); *(por nieve etc)* to slide (*por* along); *(Aut)* to skid. **(b)** *(secreto)* to slip out; *(error)* to creep in. **(c)** *(serpiente)* to slither; *(barco)* to glide; *(agua)* to flow gently; *(tiempo)* to pass; *(persona: irse)* to slip away; ~ **en un cuarto** to slip into a room; ~ **fuera de un agujero** to wriggle out of a hole; **la anguila se deslizaba entre mis manos** the eel slipped through my fingers. **(d)** *(equivocarse)* to slip up, blunder.
deslomar [1a] **1** *vt (romper el lomo de)* to break the back of; *(fig)* to wear out; ~ **a uno a garrotazos** to beat sb mercilessly. **2 deslomarse** *vr (fig fam)* to work one's guts out.
deslucido *adj* **(a)** *(deslustrado)* tarnished; *(raído)* shabby. **(b)** *(sin vida)* dull; *(actuación)* undistinguished; **la fiesta resultó ~a** the party was a flop. **(c)** *(sin gracia)* graceless. **(d)** *(fracasado)* unsuccessful; **quedar ~** to make a poor impression.
deslucimiento *nm* **(a)** *(de muebles, vestidos)* shabbiness. **(b)** *(falta de brillantez)* dullness. **(c)** *(falta de gracia)* gracelessness. **(d)** *(fracaso)* failure.
deslucir [3f] **1** *vt* **(a)** *(deslustrar)* to tarnish; *(estropear)* to spoil, ruin; **la lluvia deslució el acto** the rain ruined the ceremony. **(b)** *(persona)* to discredit. **2 deslucirse** *vr (fracasar)* to fail, be unsuccessful.
deslumbrador *adj*, **deslumbrante** *adj (lit, fig)* dazzling.
deslumbrar [1a] *vt* **(a)** *(con la luz)* to dazzle; *(: cegar)* to blind. **(b)** *(impresionar)* to dazzle; *(dejar perplejo a)* to puzzle, confuse; **deslumbró a todos con su oratoria** he captivated everyone with his oratory.
deslustrado *adj* **(a)** *(vidrio)* frosted, ground; *(loza)* unglazed. **(b)** *(sin lustre: tb fig)* dull; *(reputación)* tarnished.
deslustrar [1a] *vt* **(a)** *(vidrio)* to frost. **(b)** *(quitar lustre a)* to dull. **(c)** *(reputación)* to sully.
desmalezar [1f] *vt (LAm)* to weed.
desmallar [1a] **1** *vt (puntos)* to pull out; *(medias)* to ladder. **2 desmallarse** *vr* to ladder.
desmán *nm (exceso)* excess; *(ultraje)* outrage; **cometer un ~** to commit an outrage (*contra* on).
desmandado *adj* **(a)** *(desobediente)* unruly; *(desenfrenado)* unbridled; *(incontrolable)* out of hand. **(b)** *(caballo)* runaway.
desmandarse [1a] *vr* **(a)** *(excederse)* to get out of hand; *(portarse mal)* to behave badly. **(b)** *(caballo)* to bolt, run away.
desmantelar [1a] **1** *vt* **(a)** *(Mil)* to raze; *(máquina)* to strip down; *(andamio)* to take down; *(casa)* to strip of its contents; *(Náut)* to unrig. **(b)** *(organización)* to disband. **2 desmantelarse** *vr (casa)* to fall into disrepair.
desmaña *nf* clumsiness.
desmañado *adj* clumsy.
desmayado *adj* **(a)** *(Med)* unconscious. **(b)** *(débil)* faint; *(carácter)* dull, lacklustre. **(c)** *(color)* pale.
desmayar [1a] **1** *vi (persona)* to lose heart; *(esfuerzo)* to falter, flag. **2 desmayarse** *vr (Med)* to faint.
desmayo *nm* **(a)** *(Med: acto)* faint, fainting fit; *(: estado)* unconsciousness; **sufrir un ~** to have a fainting fit, faint. **(b)** *(de voz)* faltering; *(depresión)* dejection, depression; **tenía un ~ en todo el cuerpo** he felt limp all over; **hablar con ~** to talk in a small voice, speak falteringly.
desmedido *adj (excesivo)* excessive; *(desproporcionado)* out of all proportion; *(ambición)* boundless.
desmedirse [3l] *vr* to go too far.
desmedrado *adj* **(a)** *(estropeado)* impaired. **(b)** *(Med)* run down.
desmedrar [1a] **1** *vt (perjudicar)* to impair. **2** *vi*, **desmedrarse** *vr* **(a)** *(deteriorarse)* to fall off, decline. **(b)** *(Med)* to get weak.
desmedro *nm (véase vb)* **(a)** impairment; decline. **(b)** *(Med)* weakness.
desmejorado *adj:* **está muy ~a** *(Med)* she's not looking at all well.
desmejoramiento *nm* deterioration.
desmejorar [1a] **1** *vt* **(a)** *(dañar)* to impair, damage. **(b)** *(Med)* to weaken. **2 desmejorarse** *vr* **(a)** *(situación)* to deteriorate. **(b)** *(Med)* to get worse (in health).
desmembración *nf (lit)* dismemberment; *(fig)* break-up.
desmembrar [1k] *vt (lit)* to dismember; *(fig)* to break up.

desmemoriado *adj* absent-minded.
desmentida *nf* denial; **dar una ~ a** to deny.
desmentir [3i] **1** *vt (acusación)* to deny, refute; *(rumor)* to scotch; *(teoría)* to refute; *(carácter, orígenes)* to belie; **~ rotundamente una acusación** to deny a charge flatly. **2** *vi*: **~ de** to belie, clash with. **3 desmentirse** *vr (contradecirse)* to contradict o.s.; *(desdecirse)* to go back on one's word.
desmenuzable *adj* crumbly.
desmenuzar [1f] **1** *vt* **(a)** *(pan)* to crumble (up); *(carne)* to chop. **(b)** *(examinar)* to examine minutely. **2 desmenuzarse** *vr* to crumble (up).
desmerecer [2d] **1** *vt* to be unworthy of. **2** *vi* **(a)** *(deteriorarse)* to deteriorate; *(perder valor)* to lose value. **(b) ~ de** to compare unfavourably with; **ésta no desmerece de sus otras películas** this is every bit as good as his earlier films.
desmesurado *adj* **(a)** *(desmedido)* disproportionate; *(enorme)* enormous; *(ambición)* boundless. **(b)** *(descarado)* insolent.
desmesurarse [1a] *vr (descomedirse)* to become insolent.
desmigajar [1a] *vt*, **desmigar** [1h] *vt* to crumble.
desmilitarización *nf* demilitarization.
desmilitarizar [1f] *vt* to demilitarize.
desmirriado *adj* weedy.
desmochar [1a] *vt (árbol)* to lop; *(texto)* to cut, hack about.
desmoche *nm (de árbol)* lopping.
desmontable 1 *adj (gen)* which can be taken apart; *(que se quita)* detachable; *(en compartimientos)* sectional; *(que se puede plegar etc)* collapsible. **2** *nm* tyre lever.
desmontar [1a] **1** *vt* **(a)** *(gen)* to dismantle; *(motor)* to strip down; *(máquina)* to take apart *o* to pieces; *(edificio)* to knock down; *(escopeta)* to uncock; *(artillería)* to knock out; *(tienda de campaña)* to take down. **(b)** *(terreno)* to level; *(quitar los árboles a)* to clear. **(c)** *(jinete)* to throw, unseat; **~ a uno de un vehículo** to help sb down from a vehicle. **2** *vi*, **desmontarse** *vr* to dismount, alight (*de* from).
desmonte *nm* **(a)** *(acto: véase vt (a))* levelling; clearing; **los trabajos exigirán el ~ de X metros cúbicos** the work will necessitate the removal of X cubic metres. **(b)** *(terreno)* levelled ground. **(c)** *(Ferro)* cutting, *(US)* cut.
desmoralizador *adj* demoralizing.
desmoralizar [1f] *vt (gen)* to demoralize; *(costumbres)* to corrupt.
desmoronado *adj (casa, edificio)* tumbledown, in ruins.
desmoronamiento *nm (lit, fig)* crumbling, collapse.
desmoronar [1a] **1** *vt (desgastar)* to wear away; *(fig: erosionar)* to erode. **2 desmoronarse** *vr (Geol)* to crumble, fall apart; *(casa)* to fall into disrepair; *(fig: decaer)* to decay.
desmovilización *nf* demobilization.
desmovilizar [1f] *vt* to demobilize.
desmultiplicar [1g] *vt (Mec)* to gear down.
desnacionalización *nf* denationalization.
desnacionalizado *adj (industria)* denationalized; *(persona)* stateless.
desnacionalizar [1f] *vt* to denationalize.
desnatar [1a] *vt (leche)* to skim; *(fig: tomar lo mejor)* to take the cream off; **leche sin ~** whole milk.
desnaturalizado *adj* **(a) alcohol ~** methylated spirits. **(b)** *(persona)* unnatural.
desnaturalizar [1f] **1** *vt* **(a)** *(Quím)* to denature. **(b)** *(corromper)* to pervert; *(sentido de algo, sucesos)* to distort, misrepresent. **2 desnaturalizarse** *vr (perder la nacionalidad)* to give up one's nationality.
desnivel *nm* **(a)** *(de terreno)* unevenness. **(b)** *(Pol, Sociol)* inequality; *(diferencia)* difference (*entre* between).
desnivelado *adj* **(a)** *(terreno)* uneven. **(b)** *(fig: desequilibrado)* unbalanced.
desnivelar [1a] *vt* **(a)** *(terreno)* to make uneven. **(b)** *(fig: desequilibrar)* to unbalance; *(balanza)* to tip.
desnuclearizado *adj*: **región ~a** nuclear-free area.
desnudar [1a] **1** *vt (despojar)* to strip (*de* of); *(persona)* to strip, undress; *(brazo)* to bare; *(espada)* to draw; *(Geol)* to denude; *(descubrir)* to uncover. **2 desnudarse** *vr* **(a)** *(persona)* to undress, get undressed; **~ hasta la cintura** to strip to the waist. **(b) ~ de algo** to get rid of sth; **el árbol se está desnudando de sus hojas** the tree is shedding *o* losing its leaves.
desnudez *nf* **(a)** *(de persona)* nudity, nakedness. **(b)** *(fig)* bareness.
desnudo 1 *adj* **(a)** *(cuerpo)* naked, nude; *(árbol, brazo)* bare; *(paisaje)* flat, featureless; **en las paredes ~as** on the bare walls; **cavar con las manos ~as** to dig with one's bare hands. **(b)** *(estilo)* unadorned; *(verdad)* plain, unvarnished; **~ de** devoid *o* bereft of. **(c)** *(pobre)* penniless; *(arruinado)* ruined, bankrupt. **2** *nm* **(a)** *(Arte)* nude; **la retrató al ~** he painted her in the nude. **(b) poner al ~** *(fig)* to lay bare.
desnutrición *nf* malnutrition, undernourishment.
desnutrido *adj* undernourished.
desobedecer [2d] *vt, vi* to disobey.
desobediencia *nf* disobedience.
desobediente *adj* disobedient.
desocupación *nf* **(a)** *(paro)* unemployment. **(b)** *(ocio)* leisure.
desocupado *adj* **(a)** *(asiento)* empty; *(piso)* unoccupied; *(mesa en restaurante)* free. **(b)** *(tiempo)* spare, free. **(c)** *(persona: libre)* free, not busy; *(Econ: parado)* unemployed; **después de las ocho estoy ~** I'm free after 8 o'clock.
desocupar [1a] **1** *vt* **(a)** *(casa, piso)* to vacate, move out of; *(recipiente)* to empty. **(b)** *(contenido)* to remove, take out. **2 desocuparse** *vr (quedar libre)* to be free; **cuando me desocupe, te llamo** I'll call you when I'm free; **se ha desocupado aquella mesa** that table's free now.
desodorante *nm* deodorant.
desodorizar [1f] *vt* to deodorize.
desoír [3q] *vt* to ignore, disregard.
desojarse [1a] *vr* to strain one's eyes.
desolación *nf (lit, fig)* desolation.
desolado *adj* **(a)** *(lugar)* desolate. **(b)** *(persona)* distressed.
desolador *adj (que aflige)* distressing; *(epidemia)* devastating.
desolar [1a] **1** *vt (ciudad, poblado)* to lay waste; *(afligir)* to desolate. **2 desolarse** *vr* to grieve, be distressed.
desolladero *nm* slaughterhouse.
desollado *adj (fam: descarado)* cheeky.
desolladura *nf (de reses)* skinning; *(Med)* graze.
desollar [1m] *vt* **(a)** *(quitar la piel a)* to skin. **(b) ~ vivo a** *(vender caro a)* to fleece; *(criticar)* to criticize unmercifully.
desorbitado *adj* **(a)** *(excesivo)* disproportionate; *(precio)* exorbitant. **(b) con los ojos ~s** popeyed.
desorbitar [1a] **1** *vt* **(a)** *(exagerar)* to exaggerate.

(b) *(interpretar mal)* to misinterpret, get out of perspective. **2 desorbitarse** *vr (persona)* to lose one's sense of proportion; *(asunto)* to get out of hand.

desorden *nm* **(a)** *(gen)* disorder; *(confusión)* confusion; *(de casa, cuarto)* mess; **en ~** *(gente)* in confusion; *(objetos)* in a mess; **poner las cosas en ~** to upset things; **la casa está en un ~ total** the house is in a complete mess. **(b) ~es** *(alborotos)* disturbances; *(excesos)* excesses.

desordenado *adj* **(a)** *(habitación, persona)* untidy; *(objetos: revueltos)* in a mess, jumbled. **(b)** *(conducta)* disorderly; *(carácter: poco metódico)* unmethodical; *(niño)* unruly.

desordenar [1a] *vt* **(a)** *(gen)* to disarrange; *(pelo)* to mess up; *(cuarto)* to make a mess in; *(causar confusión a)* to throw into confusion. **(b)** *(Mec etc)* to put out of order.

desorganización *nf* disorganization.

desorganizar [1f] *vt* to disorganize.

desorientar [1a] **1** *vt* **(a)** *(extraviar)* **~ a uno** to make sb lose his way, disorientate sb; **me desorientó el nuevo edificio de la esquina** the new building on the corner made me lose my bearings *o* threw me out. **(b)** *(despistar)* to lead astray; *(confundir)* to confuse. **2 desorientarse** *vr (véase vt)* **(a)** to lose one's way *o* bearings. **(b)** to go astray; to get confused.

desovar [1m] *vi (peces)* to spawn; *(insectos)* to lay eggs.

desoxidar [1a] *vt* to deoxidize.

despabilado *adj* **(a)** *(despierto)* wide-awake. **(b)** *(despejado)* sharp, quick (on the uptake).

despabilar [1a] **1** *vt* **(a)** *(vela)* to snuff; *(mecha)* to trim. **(b)** *(despertar)* to wake up; *(avivar el ingenio de)* to liven up, brighten up. **(c)** *(fortuna)* to squander rapidly; *(comida)* to eat up; *(trabajo)* to get through quickly. **(d)** *(fam: afanar)* to pinch *(fam)*. **2** *vi*, **despabilarse** *vr (lit)* to wake up; *(fig)* to get a move on; **¡despabílate!** get a move on!, jump to it!

despacio *adv* **(a)** *(lentamente)* slowly; *(sin esforzar)* gently; *(poco a poco)* gradually; **¡~!** gently does it!, take it easy! **(b)** *(en voz baja)* softly, in a low voice; **habla ~** he's soft-spoken.

despacito *adv (fam)* slowly; *(suavemente)* softly; **¡~!** slowly does it!

despachaderas *nfpl* **(a)** *(brusquedad)* surliness; *(recursos)* resourcefulness *sg*; **tener buenas ~** to be on the ball. **(b)** *(descaro)* insolence.

despachado *adj* **(a)** *(eficiente)* businesslike; **ir bien ~ de** to be well off for *o* well provided with. **(b)** *(descarado)* brazen, insolent.

despachador(a) *nm/f* dispatcher, sender.

despachar [1a] **1** *vt* **(a)** *(terminar: tarea, negocio)* to complete; *(resolver: problema)* to settle; *(correspondencia)* to deal with, attend to; **~ asuntos con el gerente** to settle matters with the manager; **medio capítulo llevo despachado ya** I've already knocked off half a chapter; **quiero ~ este asunto hoy** I want to get this matter settled *o* out of the way today. **(b)** *(fam: comida)* to polish off *(fam)*; *(: bebida)* to knock back *(fam)*. **(c)** *(billete)* to issue. **(d)** *(enviar: mensaje, persona)* to dispatch (*a* to). **(e)** *(persona)* **cuando me pidió dinero, lo despaché** when he asked me for money, I sent him packing; **han despachado a Julita** they've fired Julita. **(f)** *(matar)* to do in *(fam)*. **(g)** *(Com: mercancías)* to sell, deal in; *(: cliente)* to attend to; **en seguida le despacho** I'll attend to you at once.

2 *vi* **(a)** *(Com)* **no despacha los domingos** he doesn't do business on Sundays; **¿quién despacha?** is anybody serving? **(b)** *(decidirse)* to get things settled; **¡despacha de una vez!** make up your mind! **(c)** *(apresurarse)* to hurry up; **¡despacha!** get on with it!

3 despacharse *vr* **(a)** to finish off; **me despacho a las 5** I knock off at 5; **~ de algo** to get rid *o* clear of sth. **(b)** *(apresurarse)* to hurry (up). **(c) ~ a su gusto con uno** to give sb a piece of one's mind.

despachero/a *nm/f (Chi)* shopkeeper.

despacho *nm* **(a)** *(envío)* dispatch, sending (out); *(de negocio)* settling. **(b)** *(rapidez)* promptness; **tener buen ~** to be on top of one's job. **(c)** *(Com: venta)* sale (of goods); **géneros sin ~** unsaleable goods; **tener buen ~** to find a ready sale. **(d)** *(mensaje)* message; *(Mil, diplomático)* dispatch; **~ telegráfico** telegram. **(e)** *(oficina: Com, Pol)* office; *(: en una casa)* study; **~ de billetes** *o* *(LAm)* **de boletos** booking office; **~ de localidades** box office; **~ de telégrafos** telegraph office. **(f)** *(Com: tienda)* shop; *(Chi)* general stores. **(g)** *(Mil)* **~ de oficial** commission.

despachurrar [1a] *vt (aplastar)* to crush; *(cuento)* to mangle; *(persona)* to flatten.

despampanante *adj (fam: chica)* stunning.

despampanar [1a] **1** *vt* **(a)** *(vid)* to prune, trim. **(b)** *(fig fam)* to stun. **2 despampanarse** *vr (fig fam)* to give o.s. a nasty knock.

desparejado *adj*, **desparejo** *adj* odd.

desparpajar [1a] **1** *vt* **(a)** *(desbaratar)* to spoil, mess up. **(b)** *(CAm, Méx: desparramar)* to scatter. **2** *vi*, **desparpajarse** *vr* to talk nineteen to the dozen.

desparpajo *nm* **(a)** *(desenvoltura)* self-confidence; *(pey)* nerve. **(b)** *(CAm: confusión)* muddle.

desparramar [1a] **1** *vt* **(a)** *(gen)* to scatter (*por* over); *(líquido: sin querer)* to spill. **(b)** *(fortuna)* to squander; *(atención)* to spread too widely. **2 desparramarse** *vr* **(a)** to scatter; to spill, be spilt. **(b)** *(fam: divertirse)* to have a whale of a time.

despatarrado *adj (lit)* sprawling; *(fig)* flabbergasted.

despatarrar [1a] **1** *vt (asombrar)* to amaze, dumbfound. **2 despatarrarse** *vr* **(a)** *(abrir las piernas)* to open one's legs wide; *(caerse)* to tumble. **(b)** *(fig)* to be flabbergasted.

despavorido *adj* terrified.

despectivo *adj* contemptuous, derogatory; *(Ling)* pejorative; **hablar de uno en términos ~s** to speak disparagingly of sb.

despechar [1a] **1** *vt* **(a)** *(provocar ira a)* to enrage. **(b)** *(fam: destetar)* to wean. **2 despecharse** *vr* to get angry.

despecho *nm* **(a)** *(ojeriza)* spite; **por ~** out of (sheer) spite. **(b) a ~ de** in spite of, despite. **(c)** *(fam: destete)* weaning.

despedazar [1f] *vt* **(a)** *(hacer pedazos)* to tear apart *o* to pieces. **(b)** *(corazón)* to break.

despedida *nf* **(a)** *(adiós)* goodbye, farewell; *(antes de viaje)* send-off; *(ceremonia)* farewell ceremony; **cena/función de ~** farewell dinner/performance; **regalo de ~** parting gift; **~ de soltero/soltera** stag/hen party. **(b)** *(del trabajo)* dismissal, sacking *(fam)*. **(c)** *(en carta)* closing formula.

despedir [3l] **1** *vt* **(a)** *(gen)* to say goodbye to; *(visita)* to see out; *(cliente)* to show out; **fuimos a ~le a la estación** we went to see him off at the station. **(b)** *(empleado)* to dismiss, sack *(fam)*; *(inquilino)* to evict. **(c) ~ algo de sí** to get rid of sth; **~ un pensamiento de sí** to put a thought out of one's mind. **(d)** *(arrojar: objeto)* to hurl, fling;

(olor) to give off *o* out; *(calor)* to give out; ~ **el espíritu** to give up the ghost.

2 despedirse *vr (decir adiós)* to say goodbye, take one's leave; *(dejar un empleo)* to give up one's job; **se despidieron** they said goodbye to each other; ~ **de uno** to say goodbye to *o* take one's leave of sb; *(a la estación)* to see sb off; **¡ya puedes despedirte de ese dinero!** you can say goodbye to that money!

despegado/a 1 *adj* **(a)** *(separado)* detached, loose. **(b)** *(persona: poco afectuoso)* cold, indifferent. **2** *nm/f*: **es un** ~ he has cut himself off from his family.

despegar [1h] **1** *vt (cosas pegadas)* to unstick; *(separar)* to detach; *(sobre)* to open; **sin** ~ **los labios** without uttering a word. **2** *vi (avión)* to take off; *(cohete)* to blast off. **3 despegarse** *vr* **(a)** *(objeto)* to come unstuck. **(b)** *(persona: apartarse)* to become alienated (*de* from); ~ **de los amigos** to break with one's friends; ~ **del mundo** to renounce worldly things. **(c)** *(fam)* ~ **con** not to go well with.

despego *nm* = **desapego.**

despegue *nm (de avión, tb fig)* takeoff; *(de cohete)* blast-off; ~ **vertical** vertical takeoff.

despeinado *adj (pelo)* ruffled, messed up.

despeinar [1a] *vt (pelo)* to ruffle; **¡me has despeinado todo!** you've completely ruined my hairdo!

despejado *adj* **(a)** *(camino, mente)* clear; *(campo)* open; *(habitación, plaza)* spacious. **(b)** *(cielo)* cloudless. **(c)** *(despierto)* (wide-)awake. **(d)** *(persona: despabilado)* bright, smart.

despejar [1a] **1** *vt* **(a)** *(lugar)* to clear; **los bomberos despejaron el teatro** the firemen cleared the theatre (of people). **(b)** *(Dep: balón)* to clear. **(c)** *(misterio)* to clear up; *(Mat: incógnita)* to find. **2** *vi (Dep, Met)* to clear; **¡despejen!** *(moverse)* move along!; *(salirse)* everybody out! **3 despejarse** *vr* **(a)** *(Met: cielo)* to clear; **se está despejando** the weather's clearing. **(b)** *(persona: despabilarse)* to brighten up; *(: esparcirse)* to relax; **me lavé la cara con agua fría para ~me** I washed my face with cold water to wake myself up. **(c)** *(misterio)* to become clearer.

despeje *nm (Dep)* clearance.

despejo *nm (acto)* clearing; *(desenvoltura)* self-confidence.

despeluzar [1f] **1** *vt* **(a)** *(pelo)* to tousle, rumple. **(b)** *(fig)* ~ **a uno** to horrify sb, make sb's hair stand on end. **2 despeluzarse** *vr* **(a)** *(pelo)* to stand on end. **(b)** *(persona)* to be horrified.

despellejar [1a] *vt* **(a)** *(animal)* to skin. **(b)** *(criticar)* to criticize unmercifully. **(c)** *(fam: arruinar)* to fleece.

despenar [1a] *vt (matar)* to kill.

despensa *nf* **(a)** *(armario)* pantry, larder; *(Náut)* storeroom. **(b)** *(provisión de comestibles)* stock of food.

despeñadero *nm (Geog)* cliff, precipice.

despeñar [1a] **1** *vt (arrojar)* to fling *o* hurl down. **2 despeñarse** *vr* to fling *o* hurl o.s. down; *(caer)* to fall headlong.

despepitarse [1a] *vr* **(a)** *(gritar)* to bawl, shriek (one's head off); *(actuar)* to act wildly. **(b)** ~ **por algo** to long for sth; ~ **por hacer algo** to long to do sth.

desperdiciar [1b] *vt (comida, tiempo)* to waste; *(oportunidad)* to throw away.

desperdicio *nm* **(a)** *(de tiempo)* waste. **(b)** ~**s** *(basura)* rubbish *sg*, refuse *sg; (residuos)* waste *sg; (Bio, Téc)* waste products; ~**s de cocina** kitchen scraps; ~**s de hierro** scrap iron, junk. **(c) el libro no tiene** ~ the book is excellent from beginning to end; **esta carne no tiene** ~ all this meat can be eaten.

desperdigar [1h] **1** *vt (esparcir)* to scatter, disperse; *(energía)* to spread too widely, dissipate. **2 desperdigarse** *vr* to scatter.

desperezarse [1f] *vr* to stretch (o.s.).

desperfecto *nm (defecto)* flaw, imperfection; *(daño)* slight damage; **sufrió algunos ~s en el accidente** it suffered slight damage in the accident.

despersonalizar [1f] *vt* to depersonalize.

despertador(a) 1 *nm* alarm clock; ~ **de viaje** travelling clock. **2** *nm/f (persona)* knocker-up.

despertar [1k] **1** *vt* **(a)** *(del sueño)* to wake (up), awaken. **(b)** *(esperanzas)* to raise; *(recuerdo)* to revive; *(sentimiento)* to arouse. **2** *vi*, **despertarse** *vr* to wake up, awaken; **siempre me despierto temprano** I always wake up early; ~ **a la realidad** to wake up to reality. **3** *nm* awakening.

despiadado *adj (gen)* cruel; *(ataque)* merciless; *(persona)* heartless.

despido *nm* dismissal, sacking *(fam)*.

despierto *adj* **(a)** *(no dormido)* awake. **(b)** *(listo)* sharp; *(alerta)* alert.

despilfarrado/a 1 *adj (malgastador)* wasteful; *(con dinero)* spendthrift. **2** *nm/f* spendthrift.

despilfarrador(a) *adj, nm/f* = **despilfarrado.**

despilfarrar [1a] *vt (gen)* to waste; *(dinero)* to squander.

despilfarro *nm* **(a)** *(acción)* wasting, squandering. **(b)** *(calidad)* extravagance, wastefulness.

despintar [1a] **1** *vt* **(a)** *(quitar pintura a)* to take the paint off. **(b)** *(hechos)* to distort. **(c)** *(LAm)* **no ~ a uno** not to let sb out of one's sight. **2** *vi*: **A no despinta de B** A is in no way inferior to B. **3 despintarse** *vr* **(a)** *(desteñir)* to fade. **(b) no se me despinta que ...** I never forget that ... .

despiojar [1a] *vt (quitar los piojos a)* to delouse.

despistado/a 1 *adj* **(a)** *(distraído)* vague, absent-minded; *(poco práctico)* unpractical. **(b)** *(confuso)* confused, muddled; *(desorientado)* off the track; **ando muy ~ con todo esto** I'm terribly muddled about all this. **2** *nm/f; (tipo: distraído)* scatterbrain, absent-minded person; *(: poco práctico)* unpractical type; **es un** ~ he's hopeless, he's a dreamer.

despistar [1a] **1** *vt* **(a)** *(perro)* to throw off the scent. **(b)** *(confundir)* to mislead, fox; **esa pregunta está hecha para** ~ that question is designed to mislead you; **lograron ~ a sus perseguidores** they managed to shake off *o* give the slip to their pursuers. **2 despistarse** *vr (extraviarse)* to take the wrong route *o* road; *(confundirse)* to get confused.

despiste *nm* **(a)** *(Aut etc)* swerve. **(b)** *(error)* slip. **(c)** *(distracción)* absent-mindedness; **¡qué ~ tienes!** what a clot you are!; **tiene un terrible** ~ he's terribly absent-minded.

desplantador *nm* trowel.

desplantar [1a] *vt (planta)* to pull up, uproot.

desplante *nm* **(a)** *(del cuerpo)* bad posture. **(b)** *(dicho)* outspoken remark; **dar un ~ a uno** to be short with sb.

desplazado/a a 1 *adj* **(a)** *(pieza)* wrongly placed. **(b) sentirse un poco** ~ to feel rather out of place. **2** *nm/f (inadaptado)* misfit; *(Pol)* displaced person.

desplazamiento *nm* **(a)** *(Fís, Náut)* displacement; *(de tropas)* movement; ~ **de tierras** landslip. **(b)** *(viaje)* journey. **(c)** *(de opinión, votos)* shift, swing.

desplazar [1f] **1** *vt (gen)* to move; *(Fís, Náut, Téc)* to displace; *(tropas)* to transfer; *(suplantar)* to take the place of. **2 desplazarse** *vr* **(a)** *(objeto)* to move, shift. **(b)** *(persona, vehículo)* to go, travel; **tiene que ~ todos los días 25 kms** he has to travel 25 kms every day; **el avión se desplaza a más de 1500 mph** the aircraft travels at more than 1500 mph. **(c)** *(votos, opinión)* to shift, swing; **se ha desplazado un 4 por 100 de los votos** there has been a swing of 4% in the voting.

desplegar [1h, 1k] **1** *vt* **(a)** *(gen)* to unfold; *(periódico)* to open (out); *(alas)* to spread; *(bandera, velas)* to unfurl; *(Mil)* to deploy. **(b)** *(manifestar)* to display. **(c)** *(misterio)* to clarify. **2 desplegarse** *vr (flor)* to open (out); *(alas)* to spread (out); *(Mil)* to deploy.

despliegue *nm (véase vt)* unfolding; opening; deployment; display.

desplomarse [1a] *vr* **(a)** *(inclinarse)* to lean, tilt. **(b)** *(gobierno, persona)* to collapse; *(derrumbarse)* to topple over; *(precios)* to slump, tumble; *(Aer)* to make a pancake landing; *(caer a plomo: objeto)* to plummet down; **se ha desplomado el techo** the ceiling has fallen in; **¡se desploma el cielo!** it's incredible!

desplome *nm* **(a)** *(acción: véase vr)* leaning, tilting; collapse; slump; pancake landing. **(b)** *(Alpinismo, Arquit, Geol etc)* overhang.

desplomo *nm* = **desplome (b).**

desplumar [1a] **1** *vt (ave)* to pluck. **2 desplumarse** *vr* to moult.

despoblación *nf* depopulation; **~ rural** *o* **del campo** drift from the land.

despoblado 1 *adj (con insuficientes habitantes)* underpopulated; *(con pocos habitantes)* depopulated; *(sin habitantes)* unpopulated. **2** *nm* deserted spot.

despoblar [1m] *vt (suj: epidemia, guerra: zona etc)* to depopulate; *(despojar)* to clear; **~ una zona de árboles** to clear an area of trees.

despojar [1a] **1** *vt (gen)* to strip, leave bare; *(de honores, títulos)* to divest; *(Jur)* to dispossess; **habían despojado la casa de muebles** they had cleared all the furniture out of the house; **verse despojado de su autoridad** to find o.s. stripped of one's authority. **2 despojarse** *vr (desnudarse)* to undress; **~ de** *(ropa)* to take off; *(hojas)* to shed; *(poderes)* to relinquish, give up.

despojo *nm* **(a)** *(robo)* plundering; *(acción)* stripping. **(b)** *(Mil: botín)* plunder, loot. **(c) ~s** *(gen)* waste *sg; (de comida)* left-overs; *(de animal)* offal; *(de edificio)* rubble *sg; (Geol)* debris; **~s de hierro** scrap iron; **~s mortales** mortal remains.

despolvorear [1a] *vt* to dust.

desportillar *vt,* **desportillarse** *vr* [1a] to chip (off).

desposado *adj* recently married; **los ~s** the bridal couple, the newly-weds.

desposar [1a] **1** *vt (suj: sacerdote: pareja)* to marry. **2 desposarse** *vr (formalizar noviazgo)* to get engaged *(con* to); *(casarse)* to marry, get married *(con)* to.

desposeer [2e] **1** *vt* to dispossess *(de* of); **~ a uno de un puesto** to oust sb from his post; **~ a uno de su autoridad** to strip sb of his authority. **2 desposeerse** *vr:* **~ de** to give up, relinquish.

desposeído/a *nm/f:* **los ~s** the have-nots.

desposorios *nmpl (esponsales)* betrothal *sg; (boda)* marriage (ceremony) *sg.*

déspota *nmf* despot.

despótico *adj* despotic.

despotismo *nm* despotism.

despotricar [1g] *vi (hablar)* to rant on; *(criticar)* to moan, complain *(contra* about).

despreciable *adj (moralmente)* despicable, contemptible; *(objeto)* worthless, valueless; *(cantidad)* negligible; **una suma nada ~** a far from negligible amount.

despreciar [1b] **1** *vt (gen)* to scorn, despise; *(oferta)* to spurn, reject; *(peligros)* to scorn; **desprecian a los extranjeros** they look down on foreigners; **no hay que ~ tal posibilidad** one should not underestimate such a possibility. **2 despreciarse** *vr:* **~ de** to think it beneath o.s. to do sth.

despreciativo *adj (observación, tono)* scornful, contemptuous; *(comentario)* derogatory.

desprecio *nm* **(a)** *(desdén)* scorn, contempt; **lo miró con ~** he looked at it contemptuously. **(b)** *(desaire)* slight, snub; **le hicieron el ~ de no acudir** they snubbed him by not coming.

desprender [2a] **1** *vt* **(a)** *(soltar)* to loosen; *(separar)* to detach. **(b)** *(gas, olor)* to give off; *(piel)* to shed.

2 desprenderse *vr* **(a)** *(pieza)* to become detached, work loose; *(botón)* to fall off. **(b)** *(librarse)* **~ de un estorbo** to extricate o.s. from a difficulty; **la serpiente se desprende de la piel** the snake sheds its skin. **(c) ~ de algo** *(ceder)* to give sth up, part with sth; *(desembarazarse)* to get rid of sth; **se desprendío de sus joyas** she parted with her jewels; **tendremos que desprendernos del coche** we shall have to get rid of the car; **se desprendió de su autoridad** he relinquished his authority. **(d)** *(gas, olor)* to be given off, issue; **de la pared se desprende humedad** there is damp coming from the wall; **del fuego se desprendían chispas** sparks were shooting out from the fire. **(e)** *(sentido)* **~ de** to follow from, be implied by; **se desprende que ...** it follows that ...; **se desprende de esta declaración que ...** it is clear from this statement that ...; **por fin se desprendió que ...** finally it transpired that ... .

desprendido *adj* **(a)** *(pieza)* loose, detached; *(sin abrochar)* unfastened. **(b)** *(desinteresado)* disinterested. **(c)** *(generoso)* generous.

desprendimiento *nm* **(a)** *(gen)* loosening; **~ de tierras** landslide. **(b)** *(de gas)* release, emission; *(de piel)* shedding. **(c)** *(desinterés)* disinterestedness.

despreocupación *nf* **(a)** *(falta de preocupación)* unconcern; *(tranquilidad)* nonchalance; *(negligencia)* sloppiness. **(b)** *(imparcialidad)* impartiality; *(miras anchas)* broad-mindedness, *(indiferencia)* indifference.

despreocupado *adj* **(a)** *(sin preocupación)* unworried, unconcerned; *(tranquilo)* nonchalant. **(b)** *(en el vestir)* casual; *(pey)* careless, sloppy. **(c)** *(desprejuiciado)* impartial.

despreocuparse [1a] *vr (descuidarse)* not to bother; *(dejar de inquietarse)* to stop worrying; *(ser indiferente)* to be unconcerned.

desprestigiar [1b] **1** *vt (criticar)* to disparage, run down; *(desacreditar)* to discredit. **2 desprestigiarse** *vr* to lose (one's) prestige.

desprestigio *nm (denigración)* disparagement; *(descrédito)* discredit, loss of prestige; *(impopularidad)* unpopularity.

desprevenido *adj (no preparado)* unready, unprepared; **coger a uno ~** to catch sb unawares *o* off his guard.

desproporción *nf* disproportion, lack of proportion.

desproporcionado *adj* disproportionate, out of proportion.

despropósito *nm (salida de tono)* irrelevant remark; *(disparate)* piece of nonsense.

desprovisto *adj:* **~ de** devoid of, without; **estar ~**

de to lack, be lacking in; **estar ~ de medios** to be without means.
después 1 *adv* **(a)** *(gen)* afterwards, later; *(desde entonces)* since (then); *(luego)* next; **años ~** years later; **¿qué pasó ~?** what happened then?; **poco ~** soon after, shortly after; **nos vemos ~** I'll see you afterwards *o* later; **me encontré con él el año pasado, pero ~ no lo ví más** I bumped into him last year, but I haven't seen him since. **(b)** *(orden)* next, after; **¿y ~?** and what comes next?; **nuestra casa viene ~** and then our house is next.
2 *prep* **(a) ~ de** *(tiempo)* after, since; **~ de esa fecha** *(pasado)* since that date; *(futuro)* from *o* after that date; **~ de verlo** after seeing it; **no ~ de** not later than; **~ de cerrada la puerta** after *o* once the door was *o* had been closed; **~ de todo** after all. **(b) ~ de** *(orden)* next (to); **mi nombre está ~ del tuyo** my name comes next to *o* after yours; **es el primero ~ de éste** it's the next one after this.
3 *conj:* **~ (de) que** after; **~ (de) que lo escribí** after *o* since I wrote it, after writing it.
despuntado *adj* blunt.
despuntar [1a] **1** *vt (lápiz)* to blunt. **2** *vi* **(a)** *(Bot: plantas)* to sprout; *(flores)* to bud. **(b)** *(alba)* to break; *(día)* to dawn. **(c)** *(persona: descollar)* to excel, stand out; **despunta en matemáticas** he shines at maths; **despunta por su talento** her talent is outstanding.
desquiciar [1b] *vt* **(a)** *(puerta)* to take off its hinges. **(b)** *(descomponer)* to upset. **(c)** *(persona: turbar)* to disturb, upset; *(volver loco a)* to unhinge.
desquitarse [1a] *vr (tomar satisfacción)* to obtain satisfaction; *(Com, Fin)* to recover a debt; *(fig: vengarse de)* to get even (*con* with), get one's own back (*con* on); **~ de una pérdida** to make up for a loss; **~ de una mala pasada** to get one's own back for a dirty trick.
desquite *nm (satisfacción)* satisfaction; *(recompensa)* compensation; *(venganza)* revenge, retaliation; *(Dep: tb* **partido de ~**) return match; **tomar el ~** to get one's own back; **tomar el ~ de algo** to make up for sth.
desrazonable *adj* unreasonable.
desrielar [1a] *vt (LAm)* to derail.
destacado *adj (gen)* outstanding.
destacamento *nm (Mil)* detachment.
destacar [1g] **1** *vt* **(a)** *(Arte: hacer resaltar)* to make stand out; *(subrayar)* to emphasize; *(poner de relieve)* to throw into relief; **quiero ~ que ...** I wish to emphasize that ...; **sirve para ~ su belleza** it serves to show off her beauty. **(b)** *(Mil)* to detach, detail. **2** *vi,* **destacarse** *vr* **(a)** to stand out; **~ contra** *o* **en** *o* **sobre** to stand out *o* be outlined against; **la torre se destaca contra el cielo** the tower is silhouetted against the sky. **(b)** *(persona: sobresalir)* to be outstanding *o* exceptional.
destajar [1a] *vt* **(a)** *(Naipes)* to cut. **(b)** *(LAm: cortar)* to cut up. **(c)** *(trabajo)* to contract for.
destajero/a *nm/f,* **destajista** *nmf* pieceworker.
destajo *nm (gen)* piecework; *(un ~)* job; **a ~** *(por pieza)* by the job; *(con afán)* eagerly; **trabajar a ~** *(lit)* to do piecework; *(fig)* to work one's fingers to the bone; **trabajo a ~** piecework; **hablar a ~** *(fam)* to talk nineteen to the dozen.
destapar [1a] **1** *vt* **(a)** *(descubrir)* to uncover; *(botella)* to open, uncork; *(quitar la tapa a: cacerola, caja)* to take the lid off; *(persona: en la cama)* to take the bedclothes from. **(b)** *(relevar)* to reveal. **2 destaparse** *vr* **(a)** *(descubrirse)* to get uncovered. **(b)** *(revelarse)* to show one's true character. **(c)** *(fig)* to open one's heart (*con uno* to sb).
destape *nm (tolerancia)* permissiveness; **el ~ español** process of liberalization in Spain after Franco's death.
destaponar [1a] *vt* to uncork.
destartalado *adj (casa: grande, mal dispuesta)* large and rambling; *(: ruinoso)* tumbledown; *(coche)* rickety.
destejer [2d] *vt* **(a)** *(deshacer)* to undo, unravel; *(labor de punto)* to take the stitches out of. **(b)** *(fig)* to upset.
destellar [1a] *vi (diamante)* to sparkle; *(metal)* to glint; *(estrella)* to twinkle.
destello *nm* **(a)** *(véase vi)* sparkle; glint; twinkling. **(b)** *(Téc)* signal light. **(c)** *(atisbo)* atom, particle; **no tiene un ~ de verdad** there's not a grain of truth in it. **(d) tiene a veces ~s de inteligencia** he sometimes shows a glimmer of intelligence.
destemplado *adj* **(a)** *(Mús: instrumento)* out of tune; *(: voz)* harsh, unpleasant. **(b)** *(cuadro)* inharmonious. **(c)** *(Med)* out of sorts. **(d)** *(carácter: malhumorado)* ill-tempered; *(: áspero)* harsh. **(e)** *(Met)* unpleasant.
destemplanza *nf* **(a)** *(Mús)* tunelessness. **(b)** *(falta de armonía)* lack of harmony. **(c)** *(Med)* indisposition. **(d)** *(falta de moderación)* intemperance, harshness. **(e)** *(Met)* unpleasantness, inclemency.
destemplar [1a] **1** *vt* **(a)** *(Mús)* to put out of tune. **(b)** *(alterar)* to upset, disturb. **2 destemplarse** *vr* **(a)** *(Mús)* to get out of tune. **(b)** *(descomponerse)* to get out of order; *(persona: irritarse)* to get upset; *(Med)* to get out of sorts. **(c)** *(LAm)* **con eso me destemplo** that sets my teeth on edge.
desteñido *adj* faded, discoloured.
desteñir [3l] **1** *vt (quitar el color a)* to fade, discolour; *(manchar)* to stain. **2** *vi,* **desteñirse** *vr* **(a)** *(perder color)* to fade. **(b)** *(colores)* to run; **'esta tela no destiñe'** 'this fabric will not run'.
desternillarse [1a] *vr:* **~ de risa** to split one's sides laughing.
desterrado/a *nm/f (exiliado)* exile.
desterrar [1k] *vt* **(a)** *(exiliar)* to exile, banish. **(b)** *(desechar)* to dismiss; **~ una sospecha** to banish a suspicion from one's mind. **(c)** *(Agr, Min)* to remove the soil from.
destetar [1a] *vt* to wean.
destiempo *nm:* **a ~** at the wrong time.
destierro *nm* **(a)** *(exilio)* exile, banishment; **vivir en el ~** to live in exile. **(b)** *(lugar alejado)* remote spot.
destilación *nf* distillation.
destiladera *nf* still.
destilador *nm* **(a)** *(alambique)* still. **(b)** *(persona)* distiller.
destilar [1a] **1** *vt* **(a)** *(alcohol)* to distil; *(pus, sangre)* to ooze. **(b)** *(fig: rebosar)* to exude; *(: revelar)* to reveal; **la carta destilaba odio** the letter exuded hatred. **2** *vi (gotear)* to drip; *(rezumar)* to ooze (out).
destilatorio *nm* still.
destilería *nf* distillery; **~ de petróleo** oil refinery.
destinar [1a] *vt* **(a)** *(gen)* to destine (*a, para* for, to); *(fondos)* to set aside, earmark (*a* for); **me habían destinado una habitación elegante** they had assigned me an elegant room; **le destinan al sacerdocio** they intend him for the priesthood; **es un libro destinado a los niños** it is a book (intended *o* meant) for children; **una carta que viene destinada a Ud** a letter for you, a letter addressed to you; **ir destinado a** *(Náut etc)* to be

bound for; **estaba destinado a morir joven** he was destined to die young. **(b)** *(designar: funcionario)* to appoint, assign (*a* to); *(Mil etc)* to post (*a* to); **le han destinado a Lima** they have appointed him to Lima.

destinatario/a *nm/f (de carta)* addressee; *(de giro)* payee.

destino *nm* **(a)** *(suerte)* destiny, fate; **es mi ~ no encontrarlo** I am fated not to find it; **el ~ lo quiso así** it was destiny. **(b)** *(de avión, viajero etc)* destination; **van con ~ a Londres** they are going to London; *(Náut)* they are bound for London; **salir con ~ a** to leave for; **con ~ a Londres** *(avión, barco)* bound for London; *(pasajeros)* for London; *(carta)* to London. **(c)** *(puesto)* job, post; **~ público** public appointment; **buscarse un ~ de sereno** to look for a job as night watchman. **(d) dar ~ a algo** to put sth to good use, find a use for sth.

destitución *nf* dismissal, removal.

destituir [3g] *vt* **(a)** *(despedir)* to dismiss, sack *(fam)* (*de* from); *(: ministro, funcionario)* to remove from office. **(b) ~ a uno de algo** to deprive sb of sth.

destorcer [2b, 2h] **1** *vt (cuerda)* to untwist, take the twists out of; *(vara etc)* to straighten. **2 destorcerse** *vr (Náut)* to get off course.

destornillado *adj (fam: atolondrado)* nutty *(fam)*.

destornillador *nm* screwdriver.

destornillar [1a] **1** *vt* to unscrew. **2 destornillarse** *vr (lit)* to become unscrewed; *(fam: enloquecer)* to go round the bend *(fam)*.

destrabar [1a] **1** *vt* to untie, unfetter. **2 destrabarse** *vr (liberarse)* to be freed; *(separarse)* to come apart.

destreza *nf (habilidad)* skill; *(agilidad)* dexterity.

destripar [1a] *vt* **(a)** *(animal)* to gut; *(persona)* to disembowel. **(b)** *(reventar)* to mangle; *(cuento)* to spoil.

destronamiento *nm (de rey)* dethronement; *(fig)* overthrow.

destronar [1a] *vt (rey)* to dethrone; *(fig)* to overthrow.

destroncar [1g] *vt* **(a)** *(árbol)* to chop off, lop (the top off); *(LAm: desarraigar: planta)* to uproot. **(b)** *(persona: lisiar)* to maim; *(: agotar)* to tire out. **(c)** *(proyectos)* to ruin; *(discurso)* to interrupt.

destrozar [1f] *vt* **(a)** *(romper)* to smash, break to pieces; *(destruir)* to destroy; *(ropa, zapatos)* to ruin; *(Mil: ejército, enemigo)* to smash; *(carne)* to mangle; *(nervios)* to shatter. **(b)** *(arruinar: persona, vida)* to ruin; *(dejar abatido a)* to shatter; *(corazón)* to break; **~ a uno en una discusión** to crush sb in an argument; **le ha destrozado en que no quisiera casarse con él** her refusal to marry him broke him up *o* shattered him.

destrozo *nm (acción)* destruction; *(de ejército)* rout; *(de personas)* massacre; **~s** *(pedazos)* debris *sg; (daños)* havoc *sg;* **causar ~s** to create havoc (*en* in).

destrucción *nf* destruction.

destructible *adj* destructible.

destructivo *adj* destructive.

destructor 1 *adj* destructive. **2** *nm (Náut)* destroyer.

destruir [3g] **1** *vt* **(a)** *(gen)* to destroy; *(arruinar)* to ruin; *(casa)* to demolish. **(b)** *(equilibrio)* to upset; *(proyecto)* to spoil; *(esperanzas)* to dash; *(argumento)* to demolish. **2 destruirse** *vr (Mat)* to cancel (each other) out.

desuello *nm* **(a)** *(de reses)* skinning. **(b)** *(descaro)* insolence. **(c)** *(fam: robo)* extortion; **¡es un ~!** it's daylight robbery!

desunión *nf* **(a)** *(separación)* separation. **(b)** *(discordia)* disunity.

desunir [3a] *vt* **(a)** *(separar)* to separate; *(Téc)* to disconnect. **(b)** *(malquistar)* to cause a rift between.

desusado *adj* **(a)** *(anticuado)* obsolete, antiquated. **(b)** *(inusitado)* unusual, unwonted.

desuso *nm* disuse; **caer en ~** to fall into disuse, become obsolete; **una expresión caída en ~** an obsolete expression; **dejar en ~** to cease to use.

desvaído *adj* **(a)** *(color)* pale, washed-out. **(b)** *(contorno)* vague, blurred. **(c)** *(persona: soso)* characterless; *(personalidad)* flat, dull.

desvainar [1a] *vt* to shell.

desvalido *adj (sin fuerzas)* helpless; *(desprotegido)* destitute; **los ~s** *(Pol)* the underprivileged; **niños ~s** waifs and strays.

desvalijar [1a] *vt (persona)* to rob; *(cajón, maleta)* to rifle; *(casa, tienda)* to burgle, ransack.

desvalorización *nf* devaluation.

desvalorizar [1f] *vt* to devalue.

desván *nm* loft, attic.

desvanecer [2d] **1** *vt* **(a)** *(gen)* to make disappear; *(duda)* to dispel; *(recuerdo, temor)* to banish. **(b)** *(colores)* to tone down; *(contorno)* to blur; *(Fot)* to mask. **2 desvanecerse** *vr* **(a)** *(humo)* to disappear; *(duda)* to be dispelled. **(b)** *(Quím)* to evaporate. **(c)** *(color)* to fade; *(Med)* to faint (away); *(recuerdo, sonido)* to fade away.

desvanecido *adj* **(a)** *(Med)* faint; **caer ~** to fall in a faint. **(b)** *(vanidoso)* vain; *(presumido)* smug.

desvanecimiento *nm* **(a)** *(gen)* disappearance; *(de dudas)* dispelling; *(de contornos)* blurring; *(Fot)* masking. **(b)** *(evaporación)* evaporation; *(Med)* fainting fit. **(c)** *(de colores, recuerdo, sonido)* fading. **(d)** *(fig)* vanity.

desvariar [1c] *vi* **(a)** *(Med)* to be delirious. **(b)** *(delirar)* to talk nonsense.

desvarío *nm* **(a)** *(Med)* delirium. **(b)** *(desatino)* absurdity; *(casa inaudita)* extravagant *o* strange notion; *(capricho)* whim; **~s** ravings.

desvelado *adj* **(a)** unable to get to sleep. **(b)** *(vigilante)* watchful, vigilant.

desvelar [1a] **1** *vt* to keep awake; **el café me desvela** coffee keeps me awake. **2 desvelarse** *vr* **(a)** *(no poder dormir)* to stay awake, have a sleepless night. **(b)** *(vigilar)* to be watchful, keep one's eyes open; **~ por algo** *(inquietarse)* to be anxious about sth; *(poner gran cuidado)* to take great care over sth; **~ por hacer algo** to do everything possible to do sth; **se desvela porque no nos falte nada** she works hard so that we should not go short of anything.

desvelo *nm* **(a)** *(falta de sueño)* lack of sleep, sleeplessness. **(b)** *(vigilancia)* watchfulness. **(c) ~s** *(preocupación)* anxiety *sg*, effort *sg;* **gracias a sus ~s** thanks to his efforts.

desvencijado *adj (casa)* ramshackle; *(silla)* rickety; *(máquina)* broken-down.

desvencijar [1a] **1** *vt* **(a)** *(romper)* to break; *(soltar)* to loosen. **(b)** *(persona: agotar)* to exhaust. **2 desvencijarse** *vr* **(a)** *(romperse)* to come apart, fall to pieces. **(b)** *(Med)* to rupture o.s.

desventaja *nf (gen)* disadvantage; *(inconveniente)* drawback; **en ~** at a disadvantage; **el equipo tiene una ~ de tres goles** the team is three goals down.

desventajoso *adj* disadvantageous, unfavourable.

desventura *nf* misfortune.

desventurado *adj (desgraciado)* unfortunate; *(de poca suerte)* ill-fated.

desvergonzado/a 1 *adj (sin vergüenza)* shameless; *(descarado)* insolent. **2** *nm/f* shameless person.

desvergonzarse [1f, 1m] *vr* **(a)** *(perder la vergüenza)* to lose all sense of shame. **(b)** *(ser insolente)* to be insolent (*con* to). **(c)** **~ a pedir algo** to have the nerve to ask for sth.

desvergüenza *nf (mala conducta)* shamelessness; *(descaro)* effrontery, impudence; **esto es una ~** this is disgraceful, this is shameful; **¡qué ~!** what a nerve!; **tener la ~ de hacer algo** to have the impudence *o* nerve to do sth.

desvestir [3l] **1** *vt* to undress. **2 desvestirse** *vr* to undress.

desviación *nf* **(a)** *(gen)* deviation (*de* from); *(de un golpe)* deflection (*de* from); **~ normal** standard deviation; **es una ~ de sus principios** it is a deviation *o* departure from his principles. **(b)** *(Pol, Med)* deviation. **(c)** *(Aut: rodeo)* diversion, detour; *(carretera de circunvalación)* bypass, ring road; **~ de la circulación** traffic diversion.

desviadero *nm (Ferro)* siding.

desviado *adj* **(a)** *(oblicuo)* oblique. **(b)** *(lugar)* off the beaten track; **~ de** remote from.

desviar [1c] **1** *vt* **(a)** *(balón, flecha, golpe)* to deflect; *(pregunta)* to parry; *(ojos)* to avert, turn away; *(avión, circulación)* to divert (*por* through); *(Ferro)* to switch (into a siding); **~ el cauce de un río** to alter the course of a river. **(b)** *(fig)* to turn aside (*de* from); **le desviaron de su propósito** they dissuaded him from his intention; **~ a uno de su vocación** to turn sb from his (true) vocation; **~ a uno de su pensamiento** to sidetrack sb from his theme; **~ a uno del buen camino** *(fig)* to lead sb astray.

2 desviarse *vr (apartarse del camino)* to turn aside *o* away (*de* from); *(carretera)* to branch off; *(Náut)* to sail off course; *(Aut: dar un rodeo)* to make a detour; **~ de un tema** to wander from the point.

desvincular [1a] **1** *vt* to free, release. **2 desvincularse** *vr (aislarse)* to be cut off; *(alejarse)* to cut o.s. off (*de* from).

desvío *nm* **(a)** *(acción)* deflection, deviation (*de* from). **(b)** *(Aut: rodeo)* detour; *(: obligatorio)* diversion; *(Ferro)* siding.

desvirgar [1h] *vt* to deflower.

desvirtuar [1e] **1** *vt (estropear)* to impair, spoil; *(argumento, razonamiento)* to detract from; *(efecto)* to counteract; *(sentido)* to distort; **la cláusula secreta desvirtuó el objetivo del tratado** the secret clause nullified the aim of the treaty. **2 desvirtuarse** *vr (estropearse)* to go off.

desvivirse [3a] *vr:* **~ por algo** *(desear)* to crave sth, long for sth; *(chiflarse por)* to be crazy about sth; **~ por los amigos** to do anything for one's friends; **~ por salir** to be dying to go out; **se desvivió por ayudarme** he leant over backwards *o* went out of his way to help me.

detalladamente *adv (con detalles)* in detail; *(extensamente)* at great length.

detallado *adj (informe, relato)* detailed; *(declaración)* circumstantial; *(conocimiento)* intimate.

detallar [1a] *vt* **(a)** *(contar con detalles)* to detail; *(asunto por asunto)* to itemize. **(b)** *(cuento)* to tell in detail. **(c)** *(Com)* to (sell) retail.

detalle *nm* **(a)** detail; **al ~** in detail; **con todo ~, con todos los ~s** in detail, with full particulars; **hasta en sus menores ~es** down to the last detail; **no pierde ~** he doesn't miss a trick; **me observaba sin perder ~** he watched my every move. **(b)** *(atención)* token (of appreciation), gesture; **¡qué ~!** what a nice gesture, how thoughtful!; **tiene muchos ~s** he is very considerate; **lo que importa es el ~** it's the thought that counts. **(c)** *(Com)* **al ~** retail *(atr)*; **vender al ~** to sell retail; **comercio al ~** retail trade.

detallista 1 *adj* **(a)** *(meticuloso)* meticulous. **(b)** retail *(atr)*; **comercio ~** retail trade. **2** *nmf* retailer, retail trader.

detección *nf* detection.

detectar [1a] *vt* to detect.

detective *nm* detective; **~ de la casa/privado** house/private detective.

detector *nm (Náut, Téc etc)* detector; **~ de mentiras/de minas** lie/mine detector.

detención *nf* **(a)** *(acción)* stopping; *(estancamiento)* stoppage; *(retraso)* holdup, delay; **~ de juego** *(Dep)* stoppage of play; **una ~ de 15 minutos** a 15-minute delay. **(b)** *(Jur: arresto)* arrest; *(: prisión)* detention; **~ ilegal** unlawful detention; **~ en masa** mass arrest. **(c)** *(cuidado)* care.

detener [2l] **1** *vt* **(a)** *(gen)* to stop; *(retrasar)* to hold up, delay; **~ el progreso de** to hold up the progress of; **no quiero ~le** I don't want to delay you. **(b)** *(objeto)* to keep; *(aliento)* to hold. **(c)** *(Jur: arrestar)* to arrest; *(: encarcelar)* to detain. **2 detenerse** *vr (gen)* to stop; *(demorarse)* to delay, linger (*en* over); **se detuvo a mirarlo** he stopped to look at it; **¡no te detengas!** don't hang about!; **se detiene mucho en eso** he's taking a long time over that.

detenidamente *adv (minuciosamente)* carefully, thoroughly; *(extensamente)* at great length.

detenido/a 1 *adj* **(a)** *(arrestado)* arrested, under arrest; *(preso)* in custody. **(b)** *(cuento, estudio)* detailed; *(examen)* thorough. **2** *nm/f* person under arrest; *(en cárcel)* prisoner.

detenimiento *nm* care; **con ~** thoroughly.

detentar [1a] *vt* **(a)** *(Dep)* to hold. **(b)** *(sin derecho: título)* to hold unlawfully; *(: puesto)* to occupy unlawfully.

detentor(a) *nm/f (Dep)* holder; **~ de marca/trofeo** record/cup holder.

detergente *adj, nm* detergent.

deteriorado *adj (estropeado)* damaged; *(desgastado)* worn.

deteriorar [1a] **1** *vt (estropear)* to spoil, damage; *(Mec)* to cause wear and tear to. **2 deteriorarse** *vr (estropearse)* to get damaged; *(Mec)* to wear, get worn; **se está deteriorando su salud** her health is getting worse.

deterioro *nm (empeoramiento)* deterioration; *(daño)* damage; *(Mec)* wear (and tear); **en caso de ~ de las mercancías** should the goods be imperfect in any way.

determinación *nf* **(a)** decision; **tomar una ~** to take a decision. **(b)** *(calidad)* determination, resolution. **(c)** *(de fecha, precio)* settling, fixing.

determinado *adj* **(a)** *(preciso)* fixed, set; **un día ~** on a certain *o* given day; **hay ~s límites** there are fixed limits; **no hay ningún tema ~** there is no particular theme. **(b)** *(Ling: artículo)* definite. **(c)** *(persona: resuelto)* determined, resolute.

determinar [1a] **1** *vt* **(a)** *(gen)* to determine; *(fecha, plazo)* to fix, set; *(precio)* to settle; *(peso)* to work out. **(b)** *(daños, impuestos)* to assess; *(pleito)* to decide; **el reglamento determina que ...** the rule lays it down *o* states that .... **(c)** *(causar)* to cause; **aquello determinó la caída del gobierno** that brought about the fall of the government. **(d)** *(persona)* **esto le determinó** this decided him; **~ a uno a hacer algo** to determine *o* lead sb to do sth. **2 determinarse** *vr* **(a)** *(asunto)* to be decided. **(b)** *(persona)* to decide, make up one's mind; **~ a hacer algo** to determine to do sth; **no se determina a marcharse** he can't make up his mind to go.

determinismo *nm* determinism.
detersión *nf* cleaning.
detestable *adj (persona)* hateful; *(costumbre)* detestable; *(sabor, tiempo)* foul.
detestar [1a] *vt* to detest, hate, loathe.
detonación *nf (acción)* detonation; *(ruido)* explosion.
detonador *nm* detonator.
detonar [1a] *vi* to detonate, explode.
detracción *nf (denigración)* disparagement.
detractor(a) 1 *adj* disparaging. **2** *nm/f* detractor.
detraer [2p] *vt* **(a)** *(quitar)* to remove. **(b)** *(denigrar)* to disparage, knock *(fam)*.
detrás 1 *adv* behind; ~ **la foto lleva una dedicatoria** the photo has a dedication on the back; **salir de** ~ to come out from behind; **por** ~ behind; **atacar a uno por** ~ to attack sb from behind; **los coches de** ~ the cars at the back *o* in the rear; **paso yo adelante y tú vienes** ~ I'll go first and you come after. **2** *prep:* ~ **de** behind, *(US)* back of; ~ **del colegio** behind the school; **por** ~ **de uno** *(fig)* behind sb's back; **salir de** ~ **de un árbol** to come out from behind a tree.
detrimento *nm (daño)* harm, damage; *(de honor, intereses)* detriment; **en** ~ **de** to the detriment of.
detritus *nm inv (Geol etc)* detritus; **los** ~ *(desperdicios)* waste *sg.*
deuda[1] *nf* **(a)** *(condición)* indebtedness, debt; **estar en** ~ **con uno** *(deber dinero)* to be in debt to sb; *(fig)* to be indebted to sb. **(b)** *(una ~)* debt; ~ **a largo plazo** long-term debt; ~**s activas/pasivas** assets/liabilities; ~ **exterior/pública** foreign/national debt; ~ **incobrable** bad debt; **contraer** ~**s** to get into debt; **estar lleno de** ~**s** to be heavily in debt. **(c)** *(Rel)* **perdónanos nuestras** ~**s** forgive us our trespasses.
deudo/a[2] *nm/f* relative.
deudor(a) 1 *adj* **(a) saldo** ~ debit balance, adverse balance. **(b) le soy muy** ~ I am greatly indebted to you. **2** *nm/f* debtor; ~ **moroso** slow payer.
devaluación *nf* devaluation.
devaluar [1e] *vt* to devalue.
devanado *nm (Elec)* winding.
devanador *nm (carrete)* spool, bobbin.
devanar [1a] **1** *vt (hilo)* to wind. **2 devanarse** *vr* **(a)** ~ **los sesos** to rack one's brains. **(b)** *(Méx)* ~ **de dolor/risa** to double up with pain/laughter.
devanear [1a] *vi* to rave, talk nonsense.
devaneo *nm* **(a)** *(Med)* delirium; *(desatino)* nonsense. **(b)** *(fruslería)* idle pursuit. **(c)** *(amorío)* flirtation.
devastación *nf* devastation.
devastador *adj (lit, fig)* devastating.
devastar [1a] *vt* to devastate.
devengado *adj (sueldo)* due, outstanding; *(intereses)* accrued.
devengar [1h] *vt (salario: ganar)* to earn; *(: tener que cobrar)* to be due; *(intereses)* to bring in, to bear.
devenir [3s] **1** *vi:* ~ **en** to become, turn into. **2** *nm (movimiento progresivo)* process of development; *(transformación)* transformation.
devoción *nf* **(a)** *(Rel)* devotion, devoutness; **con** ~ devoutly; **la** ~ **a esta imagen** the veneration for this image. **(b)** *(gen)* devotion (*a* to); *(afición)* strong attachment (*a* to); **sienten** ~ **por su general** they are devoted to their general; **estar a la** ~ **de uno** to be completely under sb's thumb; **tener gran** ~ **a uno** to be wholly devoted to sb; **tener por** ~ **hacer algo** to be in the habit of doing sth.
devocionario *nm* prayer book.
devolución *nf (gen)* return; *(Com)* repayment, refund; *(restitución)* giving back; *(Jur)* devolution; **sin** ~ non returnable; **pidió la** ~ **de los libros** he asked for the books to be given back.
devolver [2h; *pp* **devuelto**] **1** *vt* **(a)** *(gen)* to return; *(lo extraviado, prestado)* to give back; *(a su sitio)* to put back; *(Com: dinero)* to repay, refund; *(: mercancía)* to take back; ~ **un florero a su sitio** to put a vase back in its place; ~ **mal por bien** to return ill for good; **¿cuándo me vas a** ~ **el dinero que te presté?** when are you going to pay me back the money I lent you?; **'devuélvase al remitente'** 'return to sender'. **(b)** *(cumplido, favor)* to return; *(salud, vista)* to restore; **han devuelto la casa a su antiguo esplendor** they have restored the house to its former glory; ~ **la pelota a uno** to give sb tit for tat. **(c)** *(fam: vomitar)* to be sick, throw up *(fam)*.
2 devolverse *vr (LAm: regresar)* to return, come *o* go back.
devorador *adj (pasión)* devouring; *(fuego)* all-consuming; *(hambre)* ravenous.
devorar [1a] *vt* **(a)** *(suj: animal)* to devour; *(comer ávidamente)* to gobble up, wolf (down) *(fam)*. **(b)** *(fig: gen)* to devour; *(: fortuna)* to run through; **un coche que devora los kilómetros** a car which eats up the miles; ~ **con los ojos** to eye greedily; **todo lo devoró el fuego** the fire consumed everything; **devora las novelas de amor** she laps up love stories; **le devoran los celos** he is consumed with jealousy.
devoto/a 1 *adj* **(a)** *(Rel: persona)* devout; *(: obra)* devotional. **(b)** *(amigo)* devoted (*de uno* to sb); **su muy** ~ your devoted servant. **2** *nm/f* **(a)** *(Rel)* devout person; **los** ~**s** the faithful; *(en iglesia)* the congregation *sg.* **(b)** *(fig)* devotee; **la estrella y sus** ~**s** the star and her fans *(fam)*.
devuelto *pp de* **devolver.**
dextrosa *nm* dextrose.
di *etc véase* **dar.**
día *nm* **(a)** *(período de tiempo)* day; **(llegará) el** ~ **2 de mayo** (he'll arrive on) the second of May; **ocho** ~**s** a week; **quince** ~**s** a fortnight; **cuatro** ~**s** *(fig)* a couple of days; **¿qué** ~ **es?** what's the date today?; **¡buenos** ~**s!** good morning!, good day!; ~ **y noche** night and day.
(b) *(expresiones con art, adj)* **el** ~ **de hoy** today; **el** ~ **de mañana** *(lit)* tomorrow; *(fig)* at some future date; **el mejor** ~ some fine day; **el** ~ **menos pensado** when you least expect it; **un buen** ~ *(fig)* one fine day; **un** ~ **de éstos** one of these days; **un** ~ **sí y otro no,** ~ **(de) por medio** *(LAm)* every other day; ~ **tras** ~ day after day; **algún** ~ some day, sometime; **cada** ~ each *o* every day; **otro** ~ some other day *o* time; **dejémoslo para otro** ~ let's leave it for the moment; **todos los** ~**s** every day, daily; **todo el santo** ~ the whole blessed day.
(c) *(con prep)* **a** ~**s** at times, once in a while; **a los pocos** ~**s** within *o* after a few days, a few days later; **al otro** ~ (on) the following day; **al** ~ **siguiente** on the following day; **7 veces por** *o* **al** ~ 7 times a day, 7 times daily; **de** ~ **en** ~ from day to day; **del** ~ *(estilos)* fashionable, up-to-date; *(menú)* today's; **de un** ~ **para otro** any day now; **en su** ~ in due time; **¡hasta otro** ~**!** so long!
(d) *(expresiones con vb)* **dar los buenos** ~**s a uno** to say good morning to sb; **dar los** ~**s a uno** to wish sb many happy returns; **estar al** ~ *(al tanto)* to be up to date; *(de moda)* to be with it; **hace buen** ~ it's a fine day; **poner al** ~ *(diario)* to write up; *(texto, persona)* to bring up to date; **vivir al** ~ to live from hand to mouth.

(e) *(con adj)* ~ **de asueto** day off; ~ **feriado** *o* **festivo** *o* **de fiesta** holiday; ~ **hábil/inhábil** working/non-working day; ~ **de inocentes** *(28 December)* ≃ All Fools' Day *(1 April)*; ~ **del Juicio (Final)** Judgment Day; ~ **laborable** working day, weekday; ~ **lectivo** teaching day; ~ **libre** free day, day off; ~ **malo** off day; ~ **de paga** payday; **D~ de la Raza** Columbus Day *(12 October)*; **D~ de Reyes** Epiphany *(6 January)*; ~ **útil** *o* **de trabajo** working day, weekday.

(f) *(horas de luz)* daytime; **antes del** ~ before dawn; **de** ~ by day, during the day(time); **en pleno** ~ in broad daylight.

diabetes *nf* diabetes.
diabético/a *adj, nm/f* diabetic.
diabla *nf*: **a la** ~ any old how.
diablillo *nm (fam)* imp, monkey.
diablo *nm (lit, fig)* devil; **ahí será el** ~ there'll be the devil to pay; **pobre** ~ poor devil; **algún pobre** ~ **de cartero** some poor devil of a postman; **hace un frío de todos los** ~**s** it's hellishly cold *(fam)*.
diablura *nf (travesura)* prank; ~**s** mischief *sg*.
diabólico *adj* diabolical, devilish.
diácono *nm* deacon.
diadema *nf (lit, fig)* diadem; *(joya)* tiara.
diáfano *adj (tela)* diaphanous; *(agua)* crystal-clear.
diafragma *nm (gen)* diaphragm; *(Med)* (Dutch) cap.
diagnosis *nf inv* diagnosis.
diagnosticar [1g] *vt* to diagnose.
diagnóstico **1** *adj* diagnostic. **2** *nm* diagnosis.
diagonal *adj, nf* diagonal.
diagrama *nm* diagram; ~ **de circulación** flow chart.
dialectal *adj* dialectal, dialect *(atr)*.
dialecto *nm* dialect.
dialogar [1h] **1** *vt* to write in dialogue form. **2** *vi (conversar)* to have a conversation; ~ **con** *(Pol etc)* to engage in a dialogue with.
diálogo *nm* dialogue; *(conversación)* conversation.
diamante *nm* **(a)** *(joya)* diamond; ~ **en bruto** uncut diamond; ~ **falso** paste. **(b)** ~**s** *(Naipes)* diamonds.
diamantífero *adj* diamond-bearing.
diamantista *nm (tallador)* diamond cutter; *(vendedor)* diamond merchant.
diametral *adj* diametrical.
diametralmente *adv* diametrically; ~ **opuesto a** diametrically opposed to.
diámetro *nm* diameter; ~ **de giro** *(Aut)* turning circle; **faros de gran** ~ wide-angle headlights.
diana *nf* **(a)** *(Mil)* reveille. **(b)** *(de blanco)* centre, bull's-eye; **hacer** ~ to score a bull's-eye.
diantre *nm (fam: euf)* **¡~!** oh hell!
diapasón *nm* **(a)** *(Mús)* diapason range. **(b)** *(de violín etc)* fingerboard. **(c)** ~ **normal** tuning fork. **(d)** *(de voz)* tone; **bajar/subir el** ~ to lower/raise one's voice.
diapositiva *nf* slide; ~ **en color** colour slide.
diariamente *adv* daily, every day.
diario **1** *adj* daily, everyday; **cien pesetas** ~**as** a hundred pesetas a day. **2** *adv (LAm)* daily, every day. **3** *nm* **(a)** *(periódico)* newspaper, daily; *(libro diario)* diary; *(Com)* daybook; ~ **de navegación** *(Náut)* logbook; ~ **hablado** *(Rad)* news (bulletin); ~ **dominical/matinal** *o* **de la mañana/de la noche** Sunday/morning/evening paper; ~ **de sesiones** parliamentary report. **(b)** *(Fin)* daily expenses *pl*. **(c)** **a** ~ daily; **de** *o* **para** ~ everyday.
diarismo *nm (LAm)* journalism.
diarista *nmf* **(a)** *(de libro diario)* diarist. **(b)** *(LAm: periodista)* journalist.
diarrea *nf* diarrhoea.
diatriba *nf* diatribe, tirade.
dibujante *nm* **(a)** *(de bosquejos)* sketcher; *(de dibujos animados etc)* cartoonist. **(b)** *(Téc)* draughtsman/-woman; *(de moda)* designer; ~ **de publicidad** commercial artist.
dibujar [1a] **1** *vt* **(a)** *(Arte)* to draw, sketch. **(b)** *(Téc)* to design. **(c)** *(describir)* to sketch, describe. **2** **dibujarse** *vr* **(a)** *(perfilarse)* to be outlined (*contra* against). **(b)** *(emoción)* to show, appear; **el sufrimiento se dibujaba en su cara** suffering showed in his face.
dibujo *nm* **(a)** *(actividad)* drawing, sketching. **(b)** *(bosquejo)* drawing, sketch; *(Téc)* design; *(en papel, tela)* pattern; *(en periódico)* cartoon, caricature; ~ **animado,** ~**s animados** *(Cine)* cartoon (film); ~ **del natural** drawing from life; ~ **(hecho) a pulso** freehand drawing; **con** ~ **a rayas** with a striped pattern. **(c)** *(fig)* description, depiction.
dicción *nf* **(a)** *(gen)* diction. **(b)** *(una ~)* word.
diccionario *nm* dictionary; ~ **enciclopédico** encyclopaedia; ~ **geográfico** gazetteer.
diciembre *nm* December; *véase tb* **se(p)tiembre.**
dicotomía *nf* dichotomy.
dictado *nm* **(a)** dictation; **escribir al** ~ to take dictation; **escribir algo al** ~ to take sth down (as it is dictated). **(b)** *(fig)* **los** ~**s de la conciencia** the dictates of conscience. **(c)** *(título)* honorific title.
dictador *nm* dictator.
dictadura *nf* dictatorship.
dictáfono *nm* Dictaphone ®.
dictamen *nm (opinión)* opinion; *(informe)* report; *(Jur)* legal opinion; ~ **contable** *(Méx)* auditor's report; ~ **facultativo** *(Med)* medical report; **tomar** ~ **de** to consult with.
dictaminar [1a] **1** *vt (juicio)* to pass. **2** *vi* to pass judgment, give an opinion (*en* on).
dictar [1a] *vt* **(a)** *(carta)* to dictate (*a* to). **(b)** *(sentencia)* to pass, pronounce; *(decreto)* to issue. **(c)** **lo que dicta el sentido común** what common sense suggests. **(d)** *(LAm: clase)* to give; *(: conferencia)* to deliver.
dictatorial *adj,* **dictatorio** *adj* dictatorial.
dicterio *nm* taunt.
dicha *nf* **(a)** *(felicidad)* happiness. **(b)** *(buena suerte)* good luck; **por** ~ by chance, fortunately.
dicharachero/a **1** *adj (gracioso)* witty; *(parlanchín)* talkative. **2** *nm/f* wit; *(parlanchín)* chatterbox.
dicharacho *nm* coarse remark.
dicho **1** *pp de* **decir. 2** *adj (este)* this, the said; *(susodicho)* aforementioned; ~**s animales** the said animals; **en** ~ **país** in this (same) country; **las avispas propiamente** ~**as** true wasps, wasps in the strict sense; ~ **y hecho** no sooner said than done; *véase tb* **decir 1 (j). 3** *nm (gen)* saying; *(proverbio)* proverb; *(ocurrencia)* bright remark; *(insulto)* insult; ~ **gordo** rude remark; **del** ~ **al hecho hay mucho** *o* **gran trecho** there's many a slip 'twixt cup and lip; **es un** ~ it's just a saying; **tomarse los** ~**s** to get engaged.
dichoso *adj* **(a)** *(feliz)* happy; **me siento** ~ **de hacer algo** I feel privileged to do sth. **(b)** *(afortunado)* lucky, fortunate. **(c)** *(fam)* **¡aquel** ~ **coche!** that blessed car!
didáctico *adj* didactic.
diecinueve *adj, nm* nineteen; *(fecha)* nineteenth; *véase tb* **seis.**
dieciochesco *adj* eighteenth-century.
dieciocho *adj, nm* eighteen; *(fecha)* eighteenth;

véase tb **seis.**

dieciséis *adj, nm* sixteen; *(fecha)* sixteenth; *véase tb* **seis.**

diecisiete *adj, nm* seventeen; *(fecha)* seventeenth; *véase tb* **seis.**

diente *nm* **(a)** *(Anat, tb de peine, sierra)* tooth; *(de elefante etc)* tusk; *(de reptil)* fang; ~ **canino/de leche** canine (tooth)/milk tooth; ~ **incisivo/molar** incisor/molar; ~**s postizos** false teeth. **(b)** *(locuciones)* **más cerca están mis ~s que mis parientes** charity begins at home; **daba ~ con ~** his teeth were chattering; **enseñar los ~s** *(fig)* to show one's claws, turn nasty; **hablar entre ~s** to mumble, mutter; **hincar el ~ en** *(comida)* to bite into; *(fig)* to get one's knife into; **pelar el ~** *(LAm)* to smile affectedly; **tener buen ~** to be a hearty eater. **(c)** *(Mec)* cog; *(de hebilla)* tongue. **(d)** *(de ajo)* clove; ~ **de león** dandelion.

diéresis *nf* diaeresis.

Diesel *nm (tb* **motor** ~*)* Diesel engine.

dieseleléctrico *adj* diesel-electric.

diestro/a 1 *adj* **(a)** *(derecho)* right; **a ~ y siniestro** *(sin método)* wildly, at random; **repartir golpes a ~ y siniestro** to throw out punches right and left. **(b)** *(hábil)* skilful; *(: con las manos)* handy. **(c)** *(astuto)* shrewd; *(pey)* sly. **2** *nm* **(a)** *(Taur)* matador. **(b)** *(correa)* bridle. **3 diestra** *nf* right hand.

dieta *nf* **(a)** *(Med)* diet; ~ **láctea** milk diet; **estar a ~** to diet, be on a diet. **(b)** ~**s** subsistence allowance *sg*, expenses.

dietético/a 1 *adj* dietetic, dietary. **2** *nm/f* dietician.

dietista *nmf* dietician.

diez *adj, nm* ten; *(fecha)* tenth; **hacer las ~ de últimas** *(Naipes)* to sweep the board; *(fig)* to queer one's own pitch; *véase tb* **seis.**

diezmar [1a] *vt (lit, fig)* to decimate.

diezmillo *nm (Méx)* = **solomillo.**

diezmo *nm* tithe.

difamación *nf (hablando)* slander (*de* of); *(por escrito)* libel (*de* on).

difamador(a) 1 *adj (palabra)* slanderous; *(escrito)* libellous. **2** *nm/f* slanderer; *(chismoso)* scandalmonger.

difamar [1a] *vt (Jur: hablando)* to slander; *(: por escrito)* to libel.

difamatorio *adj (véase vt)* slanderous; libellous.

diferencia *nf (gen)* difference (*de* in); ~ **de edades** age difference; **a ~ de** unlike, in contrast to; **con corta** *o* **poca** ~ more or less; **hacer ~ entre** to make a distinction between; **partir la ~** to split the difference; **partir la ~ con uno** *(fig)* to meet sb halfway; **no veo ~ de A a Z** I see nothing to choose between A and Z.

diferencial 1 *adj (gen, Mat)* differential; *(rasgos)* distinguishing, distinctive. **2** *nm (Aut)* differential. **3** *nf (Mat)* differential.

diferenciar [1b] **1** *vt (gen)* to differentiate; ~ **entre A y B** to distinguish *o* differentiate between A and B. **2** *vi* to disagree (*en algo* over *o* about sth). **3 diferenciarse** *vr* **(a)** *(ser diferente)* to differ, be different (*de* from); **no se diferencian en nada** they do not differ at all. **(b)** *(destacarse)* to distinguish o.s.

diferente *adj* **(a)** different (*de algo* from sth). **(b)** ~**s** several, various.

diferir [3i] **1** *vt (gen)* to defer; *(Jur: fallo)* to reserve. **2** *vi* to differ, be different (*de* from, *en* in).

difícil *adj* **(a)** *(gen)* difficult; *(tiempos, vida)* hard; *(situación)* delicate; ~ **de hacer** hard *o* difficult to do; **es ~ que venga** he is unlikely to come; **lo encuentro ~ decidir** I find it hard to decide, I find difficulty in deciding. **(b)** *(persona)* **es un hombre ~** he's a difficult man to get on with; **niño ~** problem child. **(c)** *(fam: raro)* odd, ugly.

difícilmente *adv (con dificultad)* with difficulty; *(apenas)* hardly; ~ **se podrá hacer** it can hardly be done.

dificultad *nf (gen)* difficulty; *(problema)* trouble; *(objeción)* objection; **sin ~ alguna** without the least difficulty; **tuvieron algunas ~es para llegar a casa** they had some trouble getting home; **poner ~es** to raise objections; **me pusieron ~es para darme el pasaporte** they made it awkward for me to get a passport.

dificultar [1a] *vt* **(a)** *(camino)* to obstruct; *(tráfico)* to hold up; *(poner obstáculos a)* to put obstacles in the way of; **las restricciones dificultan el comercio** the restrictions hinder trade *o* make trade difficult. **(b)** ~ **que suceda algo** to make it unlikely that sth will happen.

dificultoso *adj* **(a)** difficult, hard. **(b)** *(fam: cara)* odd, ugly. **(c)** *(persona: exigente)* fussy.

difteria *nf* diphtheria.

difundir [3a] **1** *vt (calor, luz)* to diffuse; *(Rad)* to broadcast, transmit; *(gas etc)* to give off *o* out; ~ **una noticia** to spread a piece of news. **2 difundirse** *vr (teoría etc)* to spread; *(calor, luz)* to become diffused.

difunto/a 1 *adj* deceased; **el ~ ministro** the late minister. **2** *nm/f* deceased (person).

difusión *nf (de calor, luz)* diffusion; *(de noticia, teoría)* dissemination; *(de programa)* broadcasting; *(programa)* broadcast.

difuso *adj* **(a)** *(luz)* diffused; *(conocimientos)* widespread. **(b)** *(estilo, explicación)* wordy.

digerible *adj* digestible.

digerir [3i] *vt* **(a)** *(gen)* to digest; *(tragar)* to swallow. **(b)** *(asimilar)* to absorb, assimilate; *(reflexionar sobre)* to think over; **no puedo ~ a ese tío** I can't stand that chap.

digestible *adj* digestible.

digestión *nf* digestion.

digestivo *adj* digestive.

digesto *nm* digest.

digitación *nf (Mús)* fingering.

digital 1 *adj (ordenador, reloj)* digital; *(dactilar)* finger *(atr)*. **2** *nf (Bot)* foxglove; *(droga)* digitalis.

dígito *nm (Mat etc)* digit; ~ **binario** *(Comput)* bit.

dignarse [1a] *vr* **(a)** to deign *o* condescend (*hacer algo* to do sth). **(b) dígnese venir a esta oficina** please (be so good as to) come to this office.

dignatario *nm* dignitary.

dignidad *nf* **(a)** *(gen)* dignity; *(de sí mismo)* self-respect; **herir la ~ de uno** to offend sb's self-respect. **(b)** *(rango)* rank; **tiene ~ de ministro** he has the rank of a minister. **(c)** *(persona)* dignitary.

dignificar [1g] *vt* to dignify.

digno *adj* **(a)** *(gen)* worthy; *(correspondiente)* fitting, appropriate; ~ **de** worthy of, deserving; ~ **de elogio** praiseworthy; ~ **de mención** worth mentioning; **es ~ de verse** it is worth seeing. **(b)** *(persona: honesto)* honourable; *(: grave)* dignified. **(c)** *(decoroso)* decent.

digresión *nf* digression.

dije[1] *etc véase* **decir.**

dije[2] *nm* **(a)** *(relicario)* locket; *(amuleto)* charm. **(b)** *(fig)* gem, treasure.

dilación *nf* delay; **sin ~** without delay, immediately.

dilapidar [1a] *vt* to squander, waste.

dilatación *nf (véase vt)* dilation; expansion; enlargement; protraction, prolongation.

dilatado *adj (pupila)* dilated; *(extenso)* extensive; *(período)* long.

dilatar [1a] **1** *vt* **(a)** *(gen)* to dilate; *(metales)* to expand; *(ampliar)* to enlarge. **(b)** *(prolongar)* to protract, prolong. **(c)** *(diferir)* to delay. **2 dilatarse** *vr* **(a)** *(pupila)* to dilate; *(agua)* to expand; **el valle se dilata en aquella parte** the valley widens *o* spreads out at that point. **(b)** *(al hablar)* to be long-winded. **(c)** *(LAm)* to take a long time *o* be slow (*en hacer algo* to do sth).
dilatorias *nfpl* delaying tactics; **andar con ~** to drag things out.
dilección *nf* affection.
dilema *nm* dilemma.
diletante *nmf* dilettante.
diligencia *nf* **(a)** *(esmero)* diligence; *(rápidez)* speed. **(b)** *(encargo)* errand; **hacer una ~** to run an errand; **hacer las ~s de costumbre** to take the usual steps (*para hacer algo* to do sth). **(c)** *(Jur)* **~s** formalities; **~s judiciales** judicial proceedings; **~s previas** inquest. **(d)** *(carruaje)* stagecoach.
diligenciar [1b] *vt* to take steps to obtain.
diligente *adj (aplicado)* diligent; *(pronto)* speedy; **poco ~** slack.
dilucidar [1a] *vt (aclarar)* to elucidate, clarify; *(misterio)* to clear up.
dilución *nf* dilution.
diluir [3g] *vt (líquidos)* to dilute; *(aguar)* to water down; *(fig)* to water down.
diluviar [1b] *vi* to pour with rain.
diluvio *nm (lit, fig)* flood; **un ~ de cartas** a deluge of letters; **¡fue el ~!** it was chaos!; **¡esto es el ~!** what a mess!
dimanar [1a] *vi:* **~ de** to arise *o* spring from.
dimensión *nf (gen)* dimension; **~es** size *sg;* **de grandes ~es** of great size; **tomar las ~es de** to take the measurements of.
dimes *nmpl:* **andar en ~ y diretes con uno** to bicker *o* squabble with sb.
diminuendo *nm (Mús)* diminuendo.
diminutivo *adj, nm* diminutive.
diminuto *adj* tiny, diminutive.
dimisión *nf* resignation.
dimitente 1 *adj* outgoing, retiring. **2** *nmf* person resigning.
dimitir [3a] **1** *vt (cargo)* to resign; **~ la jefatura del partido** to resign (from) the party leadership. **2** *vi* to resign (*de* from).
Dinamarca *nf* Denmark.
dinámica *nf* dynamics.
dinámico *adj (lit, fig)* dynamic.
dinamita *nf* dynamite.
dinamitar [1a] *vt* to dynamite.
dínamo *nf,* **dinamo** *nf* dynamo.
dinastía *nf* dynasty.
dinástico *adj* dynastic.
dinerada *nf,* **dineral** *nm* fortune; **habrá costado un ~** it must have cost a bomb.
dinerillos *nmpl:* **tiene sus ~** she's got a bit of money (put by).
dinero *nm (gen)* money; *(~ en circulación)* currency; **persona de ~** wealthy person; **es hombre de ~** he is a man of means; **~ contante** cash; **~ contante y sonante** hard cash; **~ de curso legal** legal tender; **~ en caja** cash in hand; **el ~ lo puede todo** money can do anything, money talks; **andar mal de ~** to be short of money; **el negocio no da ~** the business does not pay; **ganar ~ a espuertas** *o* **a porrillo** to make money hand over fist; **hacer ~** to make money.
dinosaurio *nm* dinosaur.
dintel *nm* lintel; *(LAm: umbral)* threshold.
diñar [1a] *vt (fam)* to give; **~la** to kick the bucket.
diocesano *adj* diocesan.
diócesi(s) *nf, pl* **diócesis** diocese.
Dios *nm* **(a)** God; **~ delante** with God's help; **~ mediante** God willing; **a ~ gracias** thank heaven; **a la buena de ~** any old how; **una de ~ es Cristo** an almighty row; **armar la de ~ es Cristo** to raise hell; **~ los cría y ellos se juntan** birds of a feather flock together; **~ dirá** time will tell; **como ~ manda** as is proper; **cuando ~ quiera** all in God's good time; **~ sabe** God knows; **sólo ~ sabe** God alone knows; **vaya con ~** good-bye, may God be with you; *(iro)* and good riddance; **le vino ~ a ver** he struck lucky. **(b) ¡~ mío!** good gracious!; **¡por ~!** for God's sake!; **¡~ le ampare** *o* **asista!** and the best of luck!; **¡~ te bendiga!** God bless you!; **¡~ me libre!** Heaven forbid!; **¡válgame ~!** bless my soul!
dios(a) *nm/f* god/goddess.
diploma *nm* diploma.
diplomacia *nf* diplomacy.
diplomado/a 1 *adj* qualified, trained. **2** *nm/f* holder of a diploma; *(Univ)* graduate.
diplomarse [1a] *vr (LAm)* to graduate (from college *etc*).
diplomático/a 1 *adj (cuerpo)* diplomatic; *(que tiene tacto)* tactful. **2** *nm/f* diplomat.
dipsomanía *nf* dipsomania.
dipsomaníaco/a *nm/f,* **dipsómano/a** *nm/f* dipsomaniac.
diptongo *nm* diphthong.
diputación *nf* **(a)** deputation; **~ permanente** *(Pol)* standing committee. **(b) ~ provincial** ≃ county council.
diputado/a *nm/f (delegado)* delegate; *(Pol)* ≃ *(Brit)* member of parliament, *(US)* representative.
diputar [1a] *vt* to delegate, depute.
dique *nm* **(a)** dyke; *(rompeolas)* breakwater; **~ de contención** dam; **~ flotante/seco** floating/dry dock; **entrar en ~, hacer ~** to dock. **(b)** *(fig)* **es un ~ contra la expansión** it is a barrier to expansion.
diré *etc véase* **decir**.
dirección *nf* **(a)** *(lit, fig: sentido)* direction; *(fig: tendencia)* course, trend; **con** *o* **en ~ a** in the direction of, towards; '**~ prohibida/única**' *(Aut)* 'no entry'/'one-way street'; **¿podría Ud indicarme la ~ de ...?** could you please direct me to ...?; **ir en ~ contraria** to go the other way. **(b)** *(gobierno)* guidance; *(control)* control; *(de empresa)* running, management; *(de periódico)* editorship; *(de partido)* leadership; **le han confiado la ~ de la obra** he has been put in charge of the work; **tomar la ~ de una empresa** to take over the running of a company. **(c)** *(personal directivo)* **la ~** the management; *(junta)* board of directors; *(de partido político)* leadership, top men. **(d)** *(cargo: en empresa)* post of manager; *(: en escuela)* headship; *(: en periódico)* editorship; *(Admin)* post of chief executive. **(e)** *(Aut etc: mecanismo)* steering; **~ asistida** power-assisted steering. **(f)** *(oficina principal)* (head) office; *(despacho)* director's/manager's/headmaster's/editor's office; **D~ General de Seguridad/Turismo** State Security/Tourist office. **(g)** *(señas)* address; **~ particular** home address; **poner la ~ en una carta** to address a letter.
directa *nf (Aut)* top gear.
directiva *nf (de empresa)* board of directors; **~s** guidelines.
directivo 1 *adj (junta)* managing; *(función)* managerial, administrative; *(clase)* executive. **2** *nm (Com etc)* manager, executive.
directo 1 *adj* **(a)** *(gen)* direct; *(línea)* straight; *(inmediato)* immediate. **(b)** *(tren)* through;

(vuelo) non-stop. **(c)** *(TV)* live; **transmitir en ~** to broadcast live. **2** *nm (Boxeo)* straight punch; *(Tenis)* forehand shot.

director(a) 1 *adj (idea)* leading; *(principio)* guiding; *(plan)* master; *(Téc: fuerza)* controlling. **2** *nm/f (en banco, empresa, fábrica: encargado)* manager(ess); *(: administrador)* director; *(de compañía)* president; *(Admin)* head; *(de escuela)* headmaster/-mistress, *(US)* principal; *(de periódico)* editor; *(de Academia)* president; *(de prisión)* governor; *(Mús)* conductor; *(Cine, TV)* director; **~ adjunto** assistant manager; **~ de escena** stage manager; **~ espiritual** father confessor; **~ de funeraria** undertaker; **~ gerente** managing director.

directorial *adj (Com etc)* managing, executive; **clase ~** managers, management.

directorio *nm* **(a)** *(norma)* directive. **(b)** *(junta)* (board of) directors. **(c)** *(libro)* directory; **~ de teléfonos** *(Méx)* telephone directory.

directrices *nfpl* guidelines.

dirigencia *nf (Pol etc)* leadership.

dirigente 1 *adj* leading. **2** *nm (Pol etc)* leader; **~ de la oposición** leader of the opposition; **los ~s del partido** the party leaders.

dirigible 1 *adj (Aer, Náut)* steerable. **2** *nm* airship.

dirigido *adj (misil)* guided.

dirigir [3c] **1** *vt* **(a)** *(gen)* to direct (*a, hacia* at, to, towards); *(acusación)* to level (*a* at), make (*a* against); *(carta, comentario, pregunta)* to address (*a* to); *(mirada)* to turn (*a* on); *(pistola, telescopio)* to aim, point (*a* at); **me dirigió al teatro** he directed me *o* told me the way to the theatre; **dirigieron sus quejas al jefe** they addressed their complaints to the boss. **(b)** *(Com: empresa)* to manage, run; *(expedición)* to lead; *(sublevación)* to head; *(periódico)* to edit. **(c)** *(guiar)* to guide, advise (*en* about, in); **hay que ~ todos nuestros esfuerzos a ese fin** we must direct all our efforts to this end. **(d)** *(Aut, Naút)* to steer; *(Aut)* to drive. **(e)** *(Mús)* to conduct. **(f)** *(Cine, Teat)* to produce, direct.

2 dirigirse *vr;* **(a) ~ a** *(ir hacia)* to go to, make one's way to; *(Náut etc)* to steer for; **se dirigía a su oficina cuando lo arrestaron** he was on his way to the office when they arrested him. **(b) ~ a** *(hablar a)* to speak to, address; **~ a uno solicitando algo** to apply to sb for sth; **'diríjase a ...'** 'apply to ...', 'write to...'; **el programa se dirije a los adultos** the programme is aimed at adults.

dirigismo *nm* management, control; **~ estatal** state control.

dirimir [3a] *vt (contrato, matrimonio)* to dissolve, annul.

discernimiento *nm* discernment.

discernir [3l] **1** *vt* **(a)** to discern. **(b)** *(Jur: tutor)* to appoint. **(c)** *(esp LAm: premio)* to award (*a* to). **2** *vi* to distinguish (*entre* between).

disciplina *nf* **(a)** *(gen)* discipline. **(b)** *(azote)* whip.

disciplinar [1a] *vt* **(a)** *(gen)* to discipline. **(b)** *(enseñar)* to school, train; *(Mil)* to drill. **(c)** *(azotar)* to whip.

disciplinario *adj* disciplinary.

discípulo/a *nm/f* **(a)** *(Rel, Fil)* disciple; *(seguidor)* follower. **(b)** *(Escol)* pupil, student.

disco *nm* **(a)** disk, disc; *(Dep)* discus; *(Ferro)* signal; *(Telec)* dial; *(Mús)* record; **~ flexible** *o* **floppy** *(Comput)* floppy disk. **(b)** *(fam: lata)* **es un ~** it's a bore, it's so boring.

discóbolo *nm* discus thrower.

discográfico *adj* record *(atr)*.

díscolo *adj (rebelde)* unruly; *(niño)* mischievous.

disconforme *adj* differing; **estar ~** to be in disagreement (*con* with), not agree.

disconformidad *nf* disagreement.

discontinuo *adj* discontinuous.

discordancia *nf (Mús)* discordance; *(de opiniones)* conflict.

discordante *adj (Mús)* discordant; *(opiniones)* clashing.

discordar [1m] *vi* **(a)** *(Mús)* to be out of tune. **(b)** *(estar en desacuerdo)* to disagree (*de* with); *(colores, opiniones)* to clash.

discorde *adj (sonido)* discordant; *(opiniones)* clashing; **estar ~s** to disagree, be in disagreement (*de* with).

discordia *nf* discord, disagreement.

discoteca *nf (lugar de baile)* disco(thèque); *(LAm: tienda)* record shop.

discreción *nf* **(a)** *(gen)* discretion; *(tacto)* tact; *(prudencia)* prudence; **hay que averiguar con ~** we must investigate discreetly. **(b) a ~** at one's discretion; **añadir azúcar a ~** *(Culin)* add sugar to taste; **comer a ~** to eat as much as one likes; **¡a ~!** *(Mil)* stand easy!; **rendirse a ~** *(Mil)* to surrender unconditionally.

discrecional *adj (poder)* discretionary; *(facultativo)* optional; **parada ~** request stop.

discrepancia *nf* discrepancy; *(desacuerdo)* disagreement.

discrepante *adj* divergent; **hubo varias voces ~s** there were some dissenting voices.

discrepar [1a] *vi* to differ (*de* from), disagree (*de* with); **discrepamos en varios puntos** we disagree on a number of points.

discreto *adj* **(a)** *(diplomático)* discreet; *(prudente)* prudent; *(listo)* shrewd. **(b)** *(color, vestido)* sober, unobtrusive; *(advertencia)* discreet, tactful. **(c)** *(mediano)* average, middling; **de inteligencia ~a** reasonably intelligent; **le daremos un plazo ~** we'll allow him a reasonable time; **la película es ~a** the film is quite good.

discriminación *nf* discrimination (*contra* against); **~ racial** racial discrimination.

discriminar [1a] *vi* to discriminate (*contra* against).

discriminatorio *adj* discriminatory.

disculpa *nf (pretexto)* excuse; *(pedir perdón)* apology; **pedir ~s a/por** to apologize to/for.

disculpar [1a] **1** *vt (perdonar)* to excuse, forgive; **disculpa el que venga tarde** forgive me for coming late; **¡discúlpeme!** I'm sorry! **2 disculparse** *vr* to apologize (*con* to); **se disculpó conmigo por haber llegado tarde** he apologized (to me) for arriving late.

discurrir [3a] **1** *vt (inventar)* to think up; **esos chicos no discurren nada bueno** these lads are up to no good. **2** *vi* **(a)** *(recorrer)* to roam, wander (*por* about, along). **(b)** *(río)* to flow. **(c)** *(tiempo)* to pass; **la sesión discurrió sin novedad** the meeting went off quietly. **(d)** *(meditar)* to meditate (*en* about, on); *(hablar)* to discourse (*sobre* about, on).

discurso *nm* **(a)** speech; **~ de clausura** closing speech; **pronunciar** *o (LAm)* **dictar un ~** to make *o* deliver a speech. **(b)** *(escrito)* discourse, treatise; *(razonamiento)* reasoning power. **(c)** *(tiempo)* **en el ~ del tiempo** with the passage of time; **en el ~ de 4 generaciones** in the space of 4 generations.

discusión *nf (diálogo)* discussion; *(riña)* argument; **estar en ~** to be pending *o* under discussion.

discutible *adj* debatable, arguable; **de mérito ~**

of dubious worth.
discutido *adj* controversial.
discutir [3a] **1** *vt (plan, proyecto, idea)* to discuss; *(precio)* to argue about; *(contradecir)* to argue against; **~ a uno lo que está diciendo** to contradict what sb is saying. **2** *vi (gen)* to discuss, talk; *(disputar)* to argue (*de, sobre* about, over); **~ de política** to argue about *o* talk politics; **¡no discutas!** don't argue!
disecar [1g] *vt* **(a)** *(Med, fig)* to dissect. **(b)** *(para conservar: animal)* to stuff; *(: planta)* to preserve, mount.
disección *nf (véase vt)* **(a)** dissection. **(b)** stuffing; preservation, mounting.
diseminación *nf* dissemination, spread(ing); **la ~ de esta idea** the spread of this idea.
diseminar [1a] *vt* to disseminate, spread.
disensión *nf* dissension.
disentería *nf* dysentery.
disentimiento *nm* dissent, disagreement.
disentir [3i] *vi* to dissent (*de* from), disagree (*de* with).
diseñador(a) *nm/f* designer.
diseñar [1a] *vt (Téc)* to design; *(Arte)* to draw, sketch.
diseño *nm (Téc)* design; *(Arte)* drawing, sketch; *(Cos)* pattern; **de ~ italiano** Italian-designed.
disertación *nf* dissertation.
disertar [1a] *vi* to discourse (*acerca de, sobre* upon).
disforme *adj (deformado)* deformed; *(enorme)* huge.
disfraz *nm (gen)* disguise; *(traje)* fancy dress; *(Mil)* camouflage; *(pretexto)* blind (*de* for); **bajo el ~ de** under the cloak of.
disfrazado *adj* disguised (*de* as); **ir ~ de** to masquerade as.
disfrazar [1f] **1** *vt (lit, fig)* to disguise (*de* as); *(ocultar)* to cover up, conceal; *(Mil)* to camouflage; **lo disfrazaron de soldado** they disguised him as a soldier. **2 disfrazarse** *vr (persona)* to dress (o.s.) up, disguise o.s. (*de* as).
disfrutar [1a] **1** *vt (gozar de)* to enjoy; *(aprovechar)* to make use of. **2** *vi* **(a)** *(pasarlo bien)* to enjoy o.s.; **¡cómo disfruto!** this is the life!; **¡qué disfrutes!** have a good time!; **~ con algo** to enjoy sth. **(b) ~ de buena salud** to enjoy good health.
disfrute *nm (véase vt)* enjoyment; use.
disgregación *nf* disintegration.
disgregar [1h] **1** *vt (gen)* to disintegrate; *(manifestantes)* to disperse. **2 disgregarse** *vr* to disintegrate, break up (*en* into).
disgustar [1a] **1** *vt (molestar)* to annoy, upset; *(desagradar)* to displease; **me disgusta tener que repetirlo** it annoys me to have to repeat it, I don't like having to repeat it; **estaba muy disgustado con el asunto** he was very upset about the affair. **2 disgustarse** *vr* **(a)** *(enfadarse)* to be annoyed (*con, de* about); *(molestarse)* to be displeased, be offended (*con* about); *(hartarse)* to get bored (*de* with). **(b)** *(amigos)* to fall out (*con uno* with sb).
disgusto *nm* **(a)** *(enfado)* annoyance; *(desagrado)* displeasure; *(tristeza)* sorrow; *(tedio)* boredom; **hacer algo a ~** to do sth unwillingly; **me causó un gran ~** it upset me very much; **matar a uno a ~s** to drive sb to distraction. **(b)** *(riña)* quarrel, row; **tener un ~ con uno** to fall out with sb.
disidencia *nf (Pol)* dissidence; *(Rel)* dissent; *(desacuerdo)* disagreement.
disidente 1 *adj (Pol)* dissident. **2** *nmf (Pol)* dissident; *(Rel)* dissenter, nonconformist.
disidir [3a] *vi* to dissent.
disimulación *nf (doblez)* dissimulation; *(ocultación)* concealment.
disimulado *adj (solapado)* furtive, underhand; *(taimado)* sly; *(oculto)* covert; **hacerse el ~** to pretend not to notice; **hacer la ~a** to feign ignorance.
disimular [1a] **1** *vt* **(a)** *(gen)* to hide; *(intención)* to conceal; **no pudo ~ lo que sentía** he couldn't hide *o* conceal what he felt. **(b)** *(perdonar)* to excuse, overlook. **2** *vi* to dissemble, pretend.
disimulo *nm* **(a)** *(fingimiento)* dissimulation; **con ~** cunningly, craftily. **(b)** *(tolerancia)* tolerance.
disipación *nf (gen)* dissipation.
disipado *adj* **(a)** *(gen)* dissipated. **(b)** *(manirroto)* extravagant.
disipador(a) *nm/f* spendthrift.
disipar [1a] **1** *vt* **(a)** *(niebla)* to dispel; *(nubes)* to disperse. **(b)** *(duda, temor)* to dispel, remove; *(esperanza)* to destroy. **(c)** *(dinero)* to fritter away (*en* on). **2 disiparse** *vr* **(a)** *(niebla)* to lift; *(nubes)* to disperse. **(b)** *(dudas)* to be dispelled.
dislate *nm (absurdo)* absurdity; **~s** nonsense *sg.*
dislexia *nf* dyslexia.
dislocación *nf (Med)* dislocation; *(de estado)* dismemberment.
dislocar [1g] *vt (gen)* to dislocate; *(tobillo)* to sprain.
disloque *nm (fam)* **es el ~** it's the last straw.
disminución *nf* decrease (*de* of), fall (*de* in); **continuar sin ~** to continue unchecked *o* unabated; **ir en ~** to diminish, (be on the) decrease.
disminuir [3g] **1** *vt* **(a)** *(gen)* to reduce, decrease; *(temperatura)* to lower; *(gastos, raciones)* to cut down; *(fuerzas)* to diminish; *(precios)* to bring down. **(b)** *(dolor)* to relieve, lessen; *(autoridad, prestigio)* to weaken; *(entusiasmo)* to damp. **2** *vi (fuerzas, raciones)* to diminish; *(días)* to grow shorter; *(precios, temperatura)* to drop, fall; *(velocidad)* to slacken; *(población)* to decrease; *(beneficios, número)* to fall off, dwindle; *(memoria, vista)* to fail.
disociación *nf* dissociation.
disociar [1b] **1** *vt* to dissociate (*de* from). **2 disociarse** *vr* to dissociate o.s. (*de* from).
disoluble *adj* soluble, dissolvable.
disolución *nf* **(a)** *(acto)* dissolution. **(b)** *(Quím)* solution. **(c)** *(Com)* liquidation. **(d)** *(moral)* dissoluteness, dissipation.
disoluto *adj* dissolute.
disolver [2h; *pp* **disuelto**] **1** *vt* **(a)** *(azúcar, sal)* to dissolve. **(b)** *(contrato, matrimonio, parlamento)* to dissolve; *(manifestación)* to break up. **2 disolverse** *vr* **(a)** to dissolve. **(b)** *(Com)* to go into liquidation.
disonancia *nf* **(a)** *(Mús)* dissonance. **(b)** *(fig)* discord; **hacer ~ con** to be out of harmony with.
disonante *adj (Mús)* dissonant; *(fig)* discordant.
disonar [1m] *vi* **(a)** *(Mús)* to be out of tune. **(b)** *(fig)* **~ con** to be out of keeping with, clash with.
dispar *adj* unlike, disparate.
disparada *nf (LAm)* **ir a la ~** to go at full speed; **irse a la ~** to be off like a shot.
disparadero *nm* trigger (mechanism); **poner a uno en el ~** to drive sb to distraction.
disparado *adj*: **entrar ~** to shoot in; **salir ~** to shoot out, be off like a shot; **ir ~** to go like mad.
disparador 1 *adj (Méx)* lavish. **2** *nm (de arma)* trigger; *(Fot, Téc)* release; *(de reloj)* escapement; **~ atómico** aerosol, spray; **~ de bombas** bomb release.
disparar [1a] **1** *vt (arma de fuego)* to shoot, fire; *(piedra)* to hurl, let fly (*contra* at); *(balón)* to shoot (*a* at, *en* into). **2** *vi* **(a)** to shoot, fire; **¡disparad!** fire! **(b)** = **disparatar. (c)** *(Méx: gastar mucho)* to

spend lavishly. **3 dispararse** *vr* **(a)** *(arma de fuego)* to go off; *(pestillo)* to be released. **(b)** *(persona: marcharse)* to rush off, dash away. **(c)** *(caballo)* to bolt. **(d)** *(enojarse)* to lose control, blow one's top *(fam)*.

disparatado *adj* crazy, nonsensical.

disparatar [1a] *vi (decir disparates)* to talk nonsense; *(hacer disparates)* to blunder.

disparate *nm* **(a)** *(comentario)* foolish remark; *(acción)* absurd thing (to do); *(error)* blunder; **¡no digas ~s!** don't talk nonsense!; **¡qué ~!** ;what rubbish!, how absurd!; **hiciste un ~ protestando** it was silly of you to complain. **(b) reírse un ~** to laugh a lot; **costar un ~** to cost a hell of a lot *(fam)*.

disparidad *nf* disparity.

disparo *nm* **(a)** *(tiro)* shot; *(estampido)* report; *(acto)* firing; *(Dep)* shot; **~s** shooting, (exchange of) shots; **~ inicial** *(de cohete)* blast-off. **(b)** *(Mec)* release. **(c)** *(disparate)* silly thing.

dispendio *nm* waste.

dispensación *nf* dispensation.

dispensar [1a] *vt* **(a)** *(Jur, Med)* to dispense; *(ayuda)* to give; *(honores)* to grant. **(b)** *(eximir)* to exempt (*de* from); *(perdonar)* to excuse; **¡Ud dispense!, ¡dispénseme Ud!** I beg your pardon!, sorry!; **~ a uno de una obligación/de hacer algo** to excuse sb (from) an obligation/from doing sth.

dispensario *nm (clínica)* community clinic; *(de hospital)* outpatients' department.

dispepsia *nf* dyspepsia.

dispersar [1a] **1** *vt* to disperse, scatter; *(Mil)* to rout; *(manifestación)* to break up. **2 dispersarse** *vr* to disperse, scatter; to break up.

dispersión *nf (gen, Fís)* dispersion; *(de multitud)* dispersal.

disperso *adj* scattered, dispersed.

displicencia *nf (mal humor)* peevishness; *(desgana)* lack of enthusiasm.

displicente *adj (malhumorado)* peevish; *(poco entusiasta)* unenthusiastic.

disponer [2r; *pp* **dispuesto**] **1** *vt* **(a)** *(arreglar)* to arrange; *(mesa)* to lay; **dispuso tostadas y mermelada en la mesa** she put toast and jam on the table. **(b)** *(preparar)* to prepare, get ready. **(c)** *(mandar)* to order; **la ley dispone que ...** the law provides that ...; **el general dispuso que nadie saliera** the general gave an order that nobody was to go out. **2** *vi* **(a) ~ de** *(tener)* to have; **dispone de 2 coches** he has 2 cars; **disponemos de poco tiempo** we have very little time (at our disposal *o* available). **(b) no puede ~ de esos bienes** she cannot dispose of those properties. **3 disponerse** *vr:* **~ a** *o* **para** to prepare *o* get ready to do sth.

disponibilidad *nf* **(a)** availability. **(b)** *(Com)* **~es** resources, financial assets.

disponible *adj (gen)* available; *(tiempo)* spare; *(dinero)* on hand.

disposición *nf* **(a)** *(arreglo)* arrangement; *(de casa)* layout. **(b)** *(ley)* order; *(cláusula)* provision; **según las ~es del código** according to the provisions of the statute; **última ~** last will and testament. **(c) tomar las ~es para** to make preparations for. **(d) a su ~** at your service; **tener algo a su ~** to have sth at one's disposal *o* available; **poner algo a la ~ de uno** to put sth at sb's disposal. **(e)** *(temperamento)* disposition; **~ de ánimo** attitude of mind; **no tener ~ para** to have no aptitude for.

dispositivo *nm* device, mechanism; **~ de arranque** starting mechanism; **~ de seguridad** safety catch.

dispuesto 1 *pp de* **disponer. 2** *adj* **(a)** *(arreglado)* arranged; **todo está ~** everything's ready; **una casa bien ~** a well designed *o* well laid out house. **(b)** *(persona)* **bien ~a** well-disposed (*hacia* towards); **mal ~** ill-disposed; *(Med)* ill, indisposed. **(c) estar ~/poco ~ a hacer algo** to be inclined/reluctant to do sth. **(d)** *(persona: dinámico)* bright, go-ahead.

disputa *nf (discusión)* dispute, argument; *(controversia)* controversy; **los asuntos en ~** the matters in dispute *o* at issue.

disputar [1a] **1** *vt* **(a)** *(discutir)* to dispute, question. **(b)** *(premio, posesión)* to contend for. **2** *vi* **(a)** to debate, argue (*con* with, *de, sobre* about). **(b) ~ con uno por un premio** to contend with sb for a prize. **3 disputarse** *vr:* **~ un premio** to contend for a prize.

disquero *adj* record *(atr)*.

distancia *nf (gen)* distance; *(de tiempo)* interval; **~ de despegue** *(Aer)* length of takeoff; **~ de parada** braking distance; **~ del suelo** *o* **sobre el suelo** *(Aut etc)* height off the ground, clearance; **a ~** at a distance; **a gran** *o* **a larga ~** long-distance; **mantenerse a ~** to keep one's distance; *(fig)* to remain aloof; **cada cierta ~** every so often, at intervals; **guardar las ~s** to keep one's distance.

distanciado *adj* **(a)** *(remoto)* remote (*de* from); *(separado)* widely separated. **(b)** *(fig: alejado)* far apart; **ella está ~a de su familia** she has grown apart from her family; **estamos ~s en ideas** our ideas are poles apart.

distanciamiento *nm* **(a)** *(acto)* spacing out. **(b)** *(estado)* remoteness, isolation; *(fig)* distance.

distanciar [1b] **1** *vt* **(a)** *(objetos)* to space out, separate. **(b)** *(en carrera)* to outdistance. **(c)** *(enemistar)* to cause a rift between. **2 distanciarse** *vr (dos personas)* to fall out, become estranged; **~ de un rival** to get ahead of a rival.

distante *adj (lit, fig)* distant; **~ de 10 kms** 10 kms away.

distar [1a] *vi* **(a) dista 5 kms de aquí** it is 5 kms from here; **¿dista mucho?** is it far? **(b) dista mucho de la verdad** it's very far from *o* a long way off the truth.

distender [2g] *vt* to distend, stretch.

distensión *nf* distension, stretching; *(Med)* strain.

distinción *nf* **(a)** *(gen)* distinction; **a ~ de** unlike, in contrast to; **sin ~** indiscriminately; **sin ~ de personas** without respect to persons; **sin ~ de edades** irrespective of age; **hacer una ~ entre** to make a distinction between, differentiate between. **(b)** *(claridad)* clarity, distinctness.

distingo *nm (salvedad)* reservation; *(distinción)* subtle distinction.

distinguido *adj* **(a)** distinguished; *(famoso)* prominent, well-known. **(b)** *(elegante)* elegant, refined.

distinguir [3d] **1** *vt* **(a)** *(gen)* to distinguish; *(divisar)* to make out; **distingo los dos aspectos del problema** I separate *o* make a distinction between the two aspects of the problem. **(b)** *(diferencias)* to distinguish (*de* from, *entre* between), tell (*de* from); **no distingo cuál es el mío** I can't tell which is mine. **(c)** *(caracterizar)* to mark out, distinguish; **eso los distingue de los demás** this makes them stand out from the others. **(d)** *(honrar)* **me distingue con su amistad** he honours me with his friendship.

2 *vi:* **no ~** to be undiscriminating; **es un hombre que sabe ~** he is a discerning *o* discriminat-

ing person.
3 distinguirse *vr* **(a)** *(diferenciarse)* to be distinguished (*de* from), differ (*de* from). **(b)** *(destacarse)* to distinguish o.s. **(c) a lo lejos no se distingue** it's not visible from a distance.

distintivo 1 *adj* distinctive; *(signo)* distinguishing. **2** *nm (de policía etc)* badge; *(fig)* characteristic.

distinto *adj* **(a)** *(perfil, vista)* clear, distinct. **(b)** *(diferente)* different, distinct (*a, de* from); **son muy ~s** they are very different; **eso es ~** that's a different matter. **(c) ~s** several, various; **hay ~as opiniones sobre eso** there are various opinions about that.

distorsión *nf* **(a)** *(Anat)* twisting. **(b)** *(Rad etc)* distortion.

distracción *nf* **(a)** *(esparcimiento)* recreation, distraction; **es mi ~ favorita** it's my favourite pastime; **lo hace como ~ nada más** he only does it as a hobby. **(b)** *(despiste)* forgetfulness, absentmindedness; **por ~** absent-mindedly. **(c) fue una ~ mía** it was an oversight on my part.

distraer [2p] **1** *vt* **(a)** *(atención)* to distract (*de* from); **~ a uno de su dolor** to take sb's mind off his grief; **~ a uno de su pensamiento** to divert sb from his train of thought. **(b)** *(entretener)* to amuse, relax; **la música me distrae** I find music relaxing. **(c)** *(Fin)* to embezzle. **2** *vi* to be relaxing; **el pescar distrae** fishing is a relaxation. **3 distraerse** *vr* **(a)** *(entretenerse)* to amuse o.s., entertain o.s.; **me distraigo pescando** I find fishing relaxing. **(b)** *(despistarse)* **me distraje un momento** my attention wandered for a moment; **no te distraigas** don't let yourself be distracted.

distraído 1 *adj* **(a)** *(persona: despistado)* absent-minded, vague; *(: destatento)* inattentive; **iba yo algo ~** I was rather absorbed in other things; **con aire ~** idly, casually; **me miró ~a** she gave me a casual glance. **(b)** *(divertido)* amusing, entertaining. **(c)** *(LAm: desaliñado)* slovenly. **2** *nm:* **hacerse el ~** to pretend not to notice.

distribución *nf* **(a)** *(gen)* distribution; *(entrega)* delivery; **~ de premios** prize giving. **(b)** *(en estadística)* distribution, incidence; **la ~ de los impuestos** the incidence of taxes. **(c)** *(Arquit)* layout, ground plan. **(d)** *(Aut, Téc)* distribution.

distribuido *adj:* **una casa bien ~a** a well laid out house.

distribuidor(a) 1 *nm/f (persona: gen)* distributor; *(: Correos)* sorter; *(: Com)* dealer, stockist; **su ~ habitual** your regular dealer. **2** *nm* **(a) ~ automático** slot machine. **(b)** *(Aut)* distributor. **3 distribuidora** *nf (Téc)* spreader.

distribuir [3g] *vt* **(a)** *(gen)* to distribute; *(prospectos)* to hand out; *(cartas)* to deliver; *(trabajo)* to allocate. **(b)** *(premios)* to give out, award; *(dividendos)* to pay; *(peso)* to distribute. **(c)** *(Arquit)* to plan, lay out.

distributivo *adj* distributive.

distrito *nm* district; *(Jur)* circuit; **~ electoral** constituency, electoral area, *(US)* precinct; **~ postal** postal district.

distrofia *nf:* **~ muscular** (progressive) muscular dystrophy.

disturbio *nm (gen)* disturbance; *(desorden)* riot; **los ~s** the troubles; **~ aerodinámico** *(Aer)* wash, slipstream.

disuadir [3a] *vt:* **~ a uno de hacer algo** to dissuade *o* deter sb from doing sth.

disuasión *nf* dissuasion; *(Mil etc)* deterrent.

disuasivo *adj* dissuasive; **arma ~a** deterrent.

disuasorio *adj (Mil)* deterrent.

disuelto *pp de* **disolver.**

disyuntiva *nf (dilema)* dilemma.

disyuntor *nm (Elec)* circuit breaker.

dita *nf (garantía)* surety, security; *(LAm: deuda)* debt.

diurético *adj, nm* diuretic.

diurno *adj* diurnal, day *(atr)*.

diva *nf* prima donna.

divagación *nf* digression; **~es** wanderings, ramblings.

divagar [1h] *vi (salir del tema)* to digress; *(hablar vagamente)* to ramble.

diván *nm* divan.

divergencia *nf* divergence.

divergente *adj (lit, fig)* divergent.

divergir [3c] *vi* **(a)** *(líneas)* to diverge. **(b)** *(opiniones)* to differ; *(personas)* to disagree.

diversidad *nf* diversity.

diversificación *nf* diversification.

diversificar [1g] *vt* to diversify.

diversión *nf* **(a)** *(entretenimiento)* entertainment; *(pasatiempo)* hobby, pastime; **~es de salón** indoor games. **(b)** *(Mil)* diversion.

diverso *adj* **1 (a)** *(variado)* diverse, varied. **(b)** *(diferente)* different (*de* from). **(c) ~s** several, various; **está en ~s libros** it figures in several books; **en ~as oportunidades** on several occasions. **2** *nmpl:* **~s** *(Com)* sundries.

divertido *adj* **(a)** *(libro, película)* entertaining, amusing; *(chiste, persona)* funny, amusing; *(fiesta)* enjoyable. **(b)** *(iro)* **está ~** this is going to be fun; **¡estamos ~s!** we've had it!

divertimiento *nm (Mil)* diversion; *(Mús)* divertissement.

divertir [3i] **1** *vt* **(a)** *(entretener)* to entertain; **¡me divirtío mucho la película** I enjoyed the film a lot; **Luis me divierte** I find Luis amusing. **(b)** *(atención)* to divert, distract. **2 divertirse** *vr (distraerse)* to amuse o.s.; *(pasarlo bien)* to have a good time, enjoy o.s.; **¡que se diviertan!** have a good time!

dividendo *nm* dividend.

dividir [3a] *vt (gen, Mat)* to divide (*en* into, *por* by); *(repartir)* to share out; **~ 12 por 4** to divide 12 by 4; **~ algo en 5 partes** to divide sth into 5 parts; **~ algo por mitad** to halve sth; **~ algo por la mitad** to divide sth down the middle.

divieso *nm (Med)* boil.

divinidad *nf* **(a)** *(esencia divina)* divinity; **la D~** God. **(b)** *(mujer)* beautiful woman.

divino *adj (lit)* divine; *(fig)* divine, lovely; **la nueva casa es ~a** the new house is lovely.

divisa *nf* **(a)** emblem, badge. **(b) ~s** *(Fin)* foreign currency *sg o* exchange *sg;* **control de ~s** exchange control.

divisar [1a] *vt* to make out, distinguish.

divisible *adj* divisible.

división *nf (gen, Mat, Mil)* division; *(Pol: de partido)* split; *(de país)* partition.

divisivo *adj* divisive.

divisorio *adj (línea)* dividing; **línea ~a de las aguas** watershed.

divorciado/a 1 *adj* divorced; *(opinión)* divided. **2** *nm/f* divorcé(e).

divorciar [1b] **1** *vt* **(a)** *(cónyuge)* to divorce. **(b)** *(fig)* to divorce, separate (*de* from). **2 divorciarse** *vr* to get divorced, get a divorce (*de* from).

divorcio *nm* **(a)** divorce. **(b)** *(fig)* split.

divulgación *nf (véase vt)* spreading; popularizing; disclosure.

divulgar [1h] **1** *vt (ideas)* to spread; *(popularizar)* to popularize; *(secreto)* to divulge, disclose. **2 divulgarse** *vr (secreto)* to leak out; *(rumor)* to get about.

dobladillo *nm (de vestido)* hem; *(de pantalón: vuelta)* turn-up(s), *(US)* cuff(s).

doblado *adj* **(a)** *(carta, tela)* folded. **(b)** *(robusto)* stocky, thickset. **(c)** *(superficie)* rough. **(d)** *(taimado)* sly. **(e)** *(Cine)* dubbed.

dobladura *nf* fold, crease.

doblaje *nm (Cine)* dubbing.

doblar [1a] **1** *vt* **(a)** *(duplicar)* to double; ~ **el sueldo a uno** to double sb's salary. **(b)** *(carta, tela)* to fold (up *o* over); *(cabeza, rodilla)* to bend; *(LAm: matar)* to shoot down; ~ **a uno a palos** to beat sb up. **(c)** *(esquina)* to turn. **(d)** *(Cine)* to dub. **(e)** *(Teat)* ~ **dos papeles** to take two parts; ~ **a uno** to understudy (for) sb. **2** *vi* **(a)** *(torcer)* to turn; **hay que ~ a la izquierda/derecha** you have to turn left/right. **(b)** *(campana)* to toll. **(c)** *(actor)* to stand in (*a* for). **3 doblarse** *vr* **(a)** *(cantidad)* to double. **(b)** *(plegarse)* to fold (up), crease; *(encorvarse)* to bend.

doble 1 *adj* **(a)** *(gen)* double; *(nacionalidad)* dual; *(fondo)* false; *(ventaja)* twofold; *(cuerda)* thick; ~ **o nada** double or quits. **(b)** *(falso)* two-faced. **2** *nm* **(a)** double (quantity); **el** ~ twice the quantity *o* amount *o* as much; **hoy gana el** ~ today he earns double *o* twice as much; **su sueldo es el ~ del mío** his salary is twice (as much as) mine; **un ~ de cerveza** a big glass of beer. **(b)** *(Cos)* fold, crease. **(c)** *(de campana)* toll(ing), knell. **(d)** ~**s** *(Tenis)* doubles; *(Bridge)* double. **3** *nmf (Cine)* double, stand-in; **ser el ~ de uno** *(fig)* to be sb's double.

doblegar [1h] **1** *vt* **(a)** *(doblar)* to fold, crease. **(b)** *(arma)* to brandish. **(c)** ~ **a uno** to make sb give in. **2 doblegarse** *vr (fig)* to yield, give in.

doblemente *adv (lit)* doubly; *(fig)* insincerely.

doblez 1 *nm (pliegue)* fold, hem; *(dobladillo)* turn-up(s), *(US)* cuff(s). **2** *nf (falsedad)* duplicity.

doc. *abr de* **docena** doz.

doce 1 *adj* twelve; *(fecha)* twelfth; **las** ~ twelve o'clock. **2** *nm* twelve; *véase tb* **seis.**

docena *nf* dozen; ~ **del fraile** baker's dozen; **a ~s** by the dozen, in great numbers; **por ~(s)** by the dozen, in dozens.

doceno *adj* twelfth; *véase tb* **sexto.**

docente *adj:* **centro/personal** ~ teaching institution/staff.

dócil *adj* docile; *(manso)* gentle, mild.

docilidad *nf (véase adj)* docility; gentleness, mildness.

docto/a 1 *adj* learned, erudite. **2** *nm/f* scholar, learned person.

doctor *nm (Med, Univ)* doctor; *(Rel)* father, saint; ~ **en filosofía** doctor of Philosophy.

doctora *nf (Med)* woman doctor; *(Univ)* doctor.

doctorado *nm* doctorate.

doctoral *adj* doctoral.

doctorarse [1a] *vr* to get a doctorate.

doctrina *nf* doctrine; *(enseñanza)* teaching; *(Escol)* catechism; **no saber la** ~ to know nothing at all.

doctrinal *adj* doctrinal.

doctrinario/a 1 *adj* doctrinaire. **2** *nm/f* doctrinarian.

documentación *nf* **(a)** *(el documentar)* documentation. **(b)** *(papeles)* papers, documents; ~ **del barco** ship's papers; **la ~, por favor** your papers, please.

documental *adj, nm* documentary.

documentar [1a] **1** *vt* to document. **2 documentarse** *vr* to gather information; *(fig)* to do one's homework.

documento *nm* document; *(certificado)* certificate; *(Jur)* exhibit; ~ **justificativo** voucher, certificate; ~ **nacional de identidad** identity card; ~**s** papers.

dogal *nm (para animal)* halter; *(para ahorcar)* noose; **estar con el ~ al cuello** to be in a terrible fix *o* jam.

dogma *nm* dogma.

dogmático *adj* dogmatic.

dogmatismo *nm* dogmatism.

dogo *nm* bulldog.

dola *nf (fam)* = **pídola.**

dólar *nm* dollar.

dolencia *nf (achaque)* ailment; *(dolor)* ache.

doler [2h] **1** *vt, vi* **(a)** *(Med)* to hurt; **me duele el brazo** my arm hurts *o* aches; **me duele el estómago** I've got stomach ache. **(b)** *(afligir)* to grieve, distress; **le duele aún la pérdida** he still feels the loss; **no me duele el dinero** I don't mind about the money, the money doesn't bother me; **¡ahí (le) duele!** you've put your finger on it! **2 dolerse** *vr* **(a)** *(afligirse)* to grieve (*de* about, for), feel sorry (*de* about, for); ~ **de haber hecho algo** to regret having done sth; ~ **de los pecados** to repent (of) one's sins. **(b)** *(quejarse)* to complain; **lo sufre todo sin** ~ he puts up with everything without complaining.

doliente 1 *adj* **(a)** *(enfermo)* sick, ill; *(dolorido)* aching. **(b)** *(triste)* sorrowful; **la familia** ~ the bereaved family. **2** *nmf (Med)* sick person.

dolor *nm* **(a)** *(físico)* pain; ~ **de estómago** stomach ache; ~ **de cabeza** headache; ~ **de oídos** earache; ~ **sordo** dull ache; **estar con mucho ~, tener mucho** ~ to be in great pain. **(b)** *(pesar)* grief, sorrow; **le causa mucho**~ it causes him great distress; **es un** ~ it's a shame, it's a pity.

dolorido *adj* **(a)** *(Med)* sore; **la parte ~a** the part which hurts. **(b)** *(persona)* distressed, upset. **(c)** pained.

doloroso *adj (Med)* painful; *(fig)* painful, distressing.

doma *nf* = **domadura.**

domador(a) *nm/f* tamer; *(que adiestra)* trainer; ~ **de caballos** horse-breaker.

domadura *nf* **(a)** taming; *(adiestramiento)* training; *(de caballos)* breaking-in. **(b)** *(fig)* mastering.

domar [1a] *vt* **(a)** *(animal: amansar)* to tame; *(: adiestrar)* to train; *(caballo)* to break in. **(b)** *(emoción)* to master, control.

domesticado *adj (amansado)* tame; *(de casa)* pet.

domesticar [1g] **1** *vt (amansar)* to tame, domesticate; *(tener en casa)* to make a pet of. **2 domesticarse** *vr* to become tame, become domesticated.

domesticidad *nf* domesticity, (state of being in) captivity; **el lobo no vive bien en** ~ the wolf does not take to captivity.

doméstico/a 1 *adj* **(a)** domestic *(atr)*; **economía ~a** home economy, housekeeping; **gastos ~s** household expenses. **(b)** *(animal)* pet. **2** *nm/f* servant.

domiciliar [1b] **1** *vt* **(a)** to domicile. **(b)** *(Méx: carta)* to address. **2 domiciliarse** *vr* to take up (one's) residence.

domiciliario *adj:* **arresto** ~ house arrest.

domicilio *nm (casa)* home; *(frm)* domicile, residence; ~ **particular** private residence; ~ **social** *(Com)* head office; **servicio a** ~ delivery service; **sin ~ fijo** of no fixed abode.

dominación *nf (gen)* domination; *(Mil)* commanding position.

dominador *adj* dominating; *(carácter)* domineering.

dominante *adj* **(a)** *(gen, Mús)* dominant; **la ten-**

dencia ~ the dominant *o* prevailing tendency. **(b)** *(carácter)* domineering.

dominar [1a] **1** *vt* **(a)** *(gen)* to dominate; *(países)* to rule (over); *(adversario)* to overpower; *(caballo, nervios, emoción)* to control; *(incendio, epidemia)* to check, bring under control; **le domina la envidia** he is ruled by envy. **(b) domina bien la materia** she has a good grasp of the subject; **domina 7 idiomas** he's fluent in 7 languages. **(c) la catedral domina toda la ciudad** the cathedral dominates *o* towers above the whole town. **2** *vi (edificio)* to dominate; *(color, rasgo)* to stand out; *(opinión, tendencia)* to predominate, prevail. **3 dominarse** *vr* to control o.s.

domingo *nm* Sunday; **D~ de Ramos** Palm Sunday; **D~ de Resurrección** Easter Sunday; **hacer ~** to take a day off; *véase* **sábado.**

dominguero *adj* Sunday *(atr)*.

dominical *adj* Sunday *(atr)*; **periódico ~** Sunday newspaper.

dominicano/a *adj, nm/f (Geog, Rel)* Dominican.

dominico *nm*, **domínico** *nm (LAm)* Dominican.

dominio *nm* **(a)** *(soberanía)* dominion, power; *(autoridad)* authority (*sobre* over); *(supremacía)* supremacy; **~ público** public property, national property; **ser del ~ público** to be widely known, be common knowledge; **~ de** *o* **sobre sí mismo** self-control; **es impresionante su ~ del inglés** his command of *o* fluency in English is staggering. **(b)** *(terreno)* domain; *(Pol)* dominion.

dominó *nm (pieza)* domino; *(juego)* dominoes; **un ~** *(estuche)* a set of dominoes; **juego de ~** dominoes.

don[1] *nm* **(a)** *(en sobre)* **Señor D~ Juan Gómez** J Gómez Esq. **(b)** *(antepuesto a nombre de pila: no se traduce)* **~ Alfredo** Alfred; **el rey ~ Pedro** King Peter.

don[2] *nm* **(a)** *(regalo)* gift. **(b)** *(deseo)* wish; **el hada le concedió 3 ~es** the fairy gave him 3 wishes. **(c)** *(talento)* gift (*de* for); **tener ~ de gentes** to know how to handle people; **~ de lenguas** gift for languages; **~ de mando** (qualities of) leadership, *(Mil)* generalship; **~ de palabra** gift of the gab *(fam)*.

donación *nf* donation; *(Jur)* gift.

donado/a *nm/f* lay brother/sister.

donador(a) *nm/f* donor; **~ de sangre** blood donor.

donaire *nm (en el hablar)* wit, cleverness; *(elegancia)* elegance; *(un ~)* witticism.

donante *nmf* donor; **~ de sangre** blood donor.

donar [1a] *vt* to donate.

donativo *nm* donation.

doncella *nf* **(a)** *(criada)* maidservant. **(b)** *(virgen)* virgin.

donde 1 *rel adv* where; **el sitio ~ lo encontré** the place where I found it; **a ~** to where, to which; **fue a ~ estaban** he went to (the place) where they were; **es a ~ vamos nosotros** that's where we're going; **el país de ~ vienen** the country they come from; **la caja de ~ lo sacó** the box he took it out of, the box from which he took it; **el pueblo en ~ vive** the village where *o* in which he lives; **la puerta por ~ se entra** the door you go in by. **2** *prep* **(a) es allí ~ el farol** it's over there by the lamppost. **(b)** *(LAm)* at the house *etc* of; **están cenando ~ mi madre** they are having dinner at my mother's (house).

dónde *interrog adv* **(a)** where?; **¿~ lo dejaste?** where did you leave it?; **¿a ~ vás?** where are you going (to)?; **¿de ~ vienes?** where have you come from?; **¿en ~?** where?; **¿por ~ se va al estadio?** how do I get to the stadium?; **¿por ~ queda la estación?** whereabouts *o* which way is the station? **(b)** where; **no sé ~ lo puse** I don't know where I put it.

dondequiera 1 *adv* anywhere; **por ~** everywhere, all over the place. **2** *conj* anywhere, wherever; **~ que lo busques** wherever you look for it.

donoso *adj (gracioso)* witty; **¡~a idea!** *(iro)* highly amusing I'm sure!

donostiarra 1 *adj* of San Sebastián. **2** *nmf* native *o* inhabitant of San Sebastián.

Don Quijote *nm* Don Quixote.

doña *nf*: **D~ Alicia** Alice.

dopar [1a] *vt* to dope, drug.

doping ['dopin] *nm* doping, drugging.

doquier *adv (frm)* **por ~** all over, everywhere.

dorado 1 *adj* golden; *(Téc)* gilt, gilded. **2** *nm (Téc)* gilding, gilt.

dorar [1a] *vt (Téc)* to gild; *(Culin)* to brown, cook lightly; **~ la píldora** to sweeten the pill.

dormida *nf (LAm)* sleep.

dormidero *nm (LAm: de ganado)* sleeping place; *(: de gallinas)* roost.

dormilón/ona 1 *adj* fond of sleeping. **2** *nm/f* sleepyhead; *(pey)* sleepy sort. **3 dormilona** *nf (silla)* deckchair; *(arete)* sleeper.

dormir [3k] **1** *vt* **(a) ~ la siesta** to have an afternoon nap, have a doze. **(b) ~la** *(fam)* to sleep it off; **~ la mona** *(fam)* to sleep off a hangover. **(c)** *(hacer dormir)* to put *o* send to sleep; **nos cuesta ~ al niño** we have trouble getting the child to sleep. **2** *vi* to sleep; **dormí en casa de mi tío** I stayed overnight at my uncle's; **~ como un lirón** *o* **tronco** to sleep like a log; **~ como un santo** to be fast asleep; **~ a pierna suelta** *o* **tendida** to sleep soundly. **3 dormirse** *vr* **(a)** *(persona)* to go to sleep, fall asleep. **(b)** *(brazo, pierna)* to go to sleep.

dormitar [1a] *vi* to doze, snooze.

dormitorio *nm (cuarto: esp LAm)* bedroom; *(muebles)* bedroom suite; *(en colegio etc)* dormitory.

dorsal 1 *adj* dorsal. **2** *nm (Dep)* number.

dorso *nm* back; **escribir algo al ~** to write sth on the back; **'véase al ~'** 'see other side', 'please turn over'.

dos 1 *adj* **(a)** two; *(fecha)* second; **~ a ~** two against two; **cada ~ por tres** every 5 minutes; **de ~ en ~** in twos, two by two; **los ~ libros** both books; **como ése no hay ~** they don't come any better than that. **(b) los ~** the two of them, both (of them); **es para los ~** it's for both of you; **para entre los ~** (strictly) between you and me. **2** *nm* two; **estamos a ~** *(Tenis)* the score is deuce; **en un ~ por tres** in no time at all; *véase tb* **seis.**

doscientos/as *adj nmpl/nfpl* two hundred; *véase tb* **seiscientos.**

dosel *nm* canopy.

dosificación *nf* dosage.

dosificar [1g] *vt (Culin, Med, Quím)* to measure out; *(no derrochar)* to be sparing with.

dosis *nf inv* **(a)** *(Med)* dose; *(Quím)* proportion; **a** *o* **en pequeña ~** in small doses. **(b)** *(fig: cantidad)* dose; **en pequeñas ~** in small doses.

dos piezas *nm inv* two-piece.

dotación *nf* **(a)** *(dinero)* endowment. **(b)** *(plantilla)* staff, personnel; *(Náut)* crew; **la ~ es insuficiente** we are under-staffed.

dotado *adj* **(a)** *(persona)* gifted; **los niños excepcionalmente ~s** exceptionally gifted children; **bien ~** highly talented. **(b) ~ de** *(persona)* endowed with; *(máquina)* equipped with, fitted with.

dotar [1a] *vt* **(a)** *(mujer)* to endow (*con* with), give a dowry to; **la dotó con** *o* **en un millón** he gave her a million as a dowry. **(b)** *(fig)* to endow (*con, de* with); **la naturaleza le dotó de buenas cualidades** nature endowed him with good qualities. **(c)** *(destinar bienes a)* to endow; **son necesarias X pesetas para ~ estos puestos de enseñanza** X pesetas are needed to pay for these teaching posts; **la Academia ha dotado 2 premios** the Academy has set aside funds for 2 prizes. **(d)** *(Mec)* to fit (*de* with). **(e)** *(barco)* to man (*de* with); *(barco, oficina)* to staff (*de* with).

dote *nf* **(a)** *(de novia)* dowry; **con un millón de ~** with a dowry of a million. **(b) ~s** gifts, talents; **tiene excelentes ~s** she has great gifts; **~s de adherencia** *(Aut)* road-holding qualities.

doy *véase* **dar.**

dracma *nf* **(a)** *(Farm)* drachm, dram. **(b)** *(moneda)* drachma.

draga *nf (máquina)* dredge; *(barco)* dredger.

dragado *nm* dredging.

dragaminas *nm inv* minesweeper.

dragar [1h] *vt* to dredge; *(minas)* to sweep.

dragón *nm* **(a)** dragon. **(b)** *(Mil)* dragoon. **(c)** *(Bot)* snapdragon.

dragonear [1a] *vi (LAm)* to boast, brag; **~ de** to pose as.

drama *nm (lit, fig)* drama; *(obra)* play.

dramática *nf* drama, dramatic art.

dramático 1 *adj (lit, fig)* dramatic. **2** *nm (autor)* dramatist.

dramatizar [1f] *vt* to dramatize.

dramaturgo/a *nm/f* dramatist, playwright.

drástico *adj* drastic.

drenaje *nm* drainage.

drenar [1a] *vt* to drain.

dribl(e)ar [1a] *vt, vi (Dep)* to dribble; **~ a uno** to dribble past sb.

drible *nm* dribble.

dril *nm (material)* drill; **~ de algodón** denim.

droga *nf* **(a)** *(Med)* drug; *(Dep)* dope; **~ milagrosa** wonder drug; **el problema de la ~** the drug problem. **(b)** *(fam: engaño)* hoax; *(: mentira)* fib. **(c)** *(fam)* **es (mucha) ~** it's a dreadful nuisance. **(d)** *(LAm: deuda)* debt; **hacer ~** to refuse to pay up.

drogadicto/a *nm/f* drug addict.

drogado *nm* doping.

drogar [1h] **1** *vt* to drug; *(Dep)* to dope. **2 drogarse** *vr* to take drugs.

droguería *nf* hardware store.

droguero/a *nm/f* **(a)** *(de tienda)* hardware merchant. **(b)** *(fam: tramposo)* cheat, crook; *(LAm: de deuda)* slow payer.

droguista *nmf* = **droguero.**

dromedario *nm* dromedary.

dual *adj, nm (Ling)* dual.

dualidad *nf* duality.

dualismo *nm* dualism.

ducado *nm* duchy, dukedom.

ducal *adj* ducal.

ducentésimo *adj* two hundredth *véase tb* **sexto.**

duco *nm* thick paint, lacquer; **pintar al ~** to lacquer.

dúctil *adj (metal)* ductile; *(persona)* easily influenced.

ducha *nf (gen)* shower; *(Med)* douche; **tomarse una ~** to have a shower; **dar una ~ de agua fría a un proyecto** *(fig)* to pour cold water on a plan.

duchar [1a] **1** *vt* to give a shower to; *(Med)* to douche. **2 ducharse** *vr* to have a shower.

ducho *adj:* **~ en** *(experimentado)* experienced in; *(hábil)* skilled at.

duda *nf* **(a)** *(gen)* doubt; **fuera de toda ~** beyond all doubt; **sin ~** no doubt, doubtless; **¡sin ~!** of course!; **sin ~ alguna** without a shadow of a doubt; **no cabe ~** there is no doubt about it; **no cabe ~ de que vendrá** there can be no doubt he'll come; **no le quepa ~** make no mistake about it; **surge una ~** a question arises; **estar en ~** to be in doubt; **no quiero poner en ~ su conducta** I don't want to call his behaviour into question; **sacar a uno de la ~** to settle sb's doubts. **(b) al principio tuve muchas ~s** I had a lot of misgivings at first; **tengo una ~** I have a query.

dudar [1a] **1** *vt* to doubt; **lo dudo** I doubt it, I have my doubts about it; **a no ~lo** undoubtedly.

2 *vi* **(a)** to doubt, have doubts; **~ acerca de algo** to be uncertain about sth; **no dudo de su capacidad** I don't doubt *o* question his ability; **dudo de sus motivos** I mistrust his reasons. **(b) dudó en comprarlo** he hesitated to buy it; **dudamos entre ir en autobús o en taxi** we were not sure whether to go by bus or taxi; **dudaba entre los dos** she couldn't decide between the two. **(c)** *(+ que, si)* **dudan que sea verdad** they doubt whether *o* if it's true; **dudo si ha echado la carta al correo** I'm not sure whether he has posted the letter.

dudoso *adj* **(a)** doubtful; *(resultado)* indecisive; **es un caso ~** it's a doubtful case. **(b)** *(persona: vacilante)* hesitant; *(conducta)* dubious.

duelo[1] *nm (Mil)* duel; **batirse en ~** to fight a duel.

duelo[2] *nm* **(a)** *(dolor)* grief, sorrow; **~s** sufferings. **(b)** *(luto)* mourning; *(personas)* mourners *pl.*

duende *nm* **(a)** goblin, elf; *(niño travieso)* imp. **(b) tiene ~** he has a certain magic.

dueño/a *nm/f* **(a)** *(gen: propietario)* owner; *(de negocio)* proprietor/proprietress; *(de pensión, taberna)* landlord/landlady; *(de casa, perro)* master/mistress; *(empresario, patrón)* employer; **¿quién es el ~ del caballo?** who is the owner of *o* owns the horse? **(b) ser ~ de sí mismo** to have self-control; *(libre)* to be one's own boss; **eres ~ de hacer como te parezca** you're free to do as you think fit; **es Ud muy ~** you're very welcome; **cambiar de ~** to change hands; **hacerse ~ de una situación** to take command of a situation.

duermevela *nf (fam)* nap, snooze.

dulce 1 *adj (gen)* sweet; *(metal, sonido, voz)* soft; *(carácter, clima)* gentle, mild; *(música)* sweet; **esto vino es muy ~** this wine is very sweet. **2** *adv* gently, softly; **habla muy ~** she speaks very softly. **3** *nm* sweet, *(US)* candy; **~s** sweets; **~ de almíbar** preserved fruit.

dulcería *nf* confectioner's, sweetshop, *(US)* candy store.

dulcificar [1g] *vt (fig)* to soften.

dulzarrón *adj* **(a)** *(demasiado dulce)* sickly-sweet. **(b)** *(fig: empalagoso)* cloying.

dulzura *nf (gen)* sweetness; *(de carácter)* mildness; **con ~** sweetly, softly.

dumping ['dumpin] *nm (Com)* dumping; **hacer ~** to dump goods.

dunas *nfpl* dunes.

dúo *nm* duet, duo.

duodécimo *adj* twelfth; *véase tb* **sexto.**

duodeno *nm* duodenum.

dúplex *nm inv (piso)* flat on two floors; *(Telec)* link-up.

duplicación *nf* duplication.

duplicado 1 *adj* duplicate; **número 14 ~** No. 14[A]. **2** *nm* duplicate; **por ~** in duplicate.

duplicar [1g] **1** *vt (copias)* to duplicate; *(repetir)* to repeat; *(cantidad)* to double. **2 duplicarse** *vr (cifra, ganancias)* to double.

duplicidad *nf* duplicity, deceitfulness.

duplo *adj* double; **12 es ~ de 6** 12 is twice 6.
duque(sa) *nm/f* duke/duchess.
durable *adj* durable, lasting.
duración *nf (gen)* length; *(Aut, Mec)* life; **la ~ del disco** the length of the record; **~ media de la vida** average life expectancy; **de larga ~** *(enfermedad)* lengthy; *(pila)* long-life; *(disco)* long-playing; **de poca ~** short.
duradero *adj (tela)* hard-wearing; *(paz)* lasting.
durante *prep* during; **~ toda la noche** all through the night, all night long; **habló ~ una hora** he spoke for an hour.
durar [1a] *vi (gen)* to last; *(ropa)* to wear (well); **la película duró 5 horas** the film lasted 5 hours *o* was 5 hours long; **no va a ~ mucho más** it'll soon be over.
duraznero *nm* peach tree.
durazno *nm (fruta)* peach; *(árbol)* peach tree.
dureza *nf* **(a)** *(véase adj (a))* hardness; staleness; toughness; stiffness; harshness. **(b)** *(Med)* hard patch.
durmiente 1 *adj* sleeping. **2** *nmf* sleeper. **3** *nm (Ferro)* sleeper, *(US)* tie.
duro 1 *adj* **(a)** *(gen)* hard; *(pan)* stale; *(carne)* tough; *(cuello, puerta)* stiff; *(clima, luz)* harsh; **un problema ~** a difficult problem; **más ~ que una piedra** as hard as nails; **tomar las ~as con las maduras** to take the rough with the smooth. **(b)** *(actitud, prueba)* tough; **el sector ~ del partido** the hardliners in the party; **ser ~ con uno** to be tough with *o* on sb. **(c) ~ de mollera** *(torpe)* dense; **~ de oído** *(sordo)* hard of hearing; *(Mús)* tone-deaf; **es muy ~ de pelar** it's a hard nut to crack. **2** *adv* hard; **trabajar ~** to work hard. **3** *nm (moneda)* five-peseta coin; **estar sin un ~** to be broke *(fam)*.

E

E, e [e] *nf (letra)* E, e.
E. *abr de* **este.**
e *conj (before words beginning with* **i** *and* **hi,** *but not* **hie)** and; *véase tb* **y.**
ebanista *nm* cabinetmaker, carpenter.
ebanistería *nf* **(a)** *(oficio)* cabinetmaking. **(b)** *(taller)* cabinetmaker's (work shop).
ébano *nm* ebony.
ebriedad *nf* intoxication, drunkenness.
ebrio *adj* **(a)** intoxicated, drunk. **(b)** *(fig)* blind *(de* with); **~ de alegría** beside o.s. with joy.
ebullición *nf* **(a)** *(de líquidos)* boiling; **punto de ~** boiling point. **(b)** *(fig: alboroto)* turmoil; *(: emoción)* ferment; **la juventud está en ~** youth is boiling over (with excitement).
eclesiástico 1 *adj* ecclesiastic(al); *(autoridades etc)* church *(atr)*. **2** *nm* clergyman, ecclesiastic.
eclipsar [1a] *vt (Astron)* to eclipse; *(fig)* to overshadow.
eclipse *nm (Astron, fig)* eclipse.
eco *nm* **(a)** echo; **hacer ~** to (awaken an) echo. **(b)** *(reacción)* echo; **despertar** *o* **encontrar un ~** to produce a response *(en* from); **hacer ~** to make an impression; **hacerse ~ de una opinión** to echo an opinion; **tener ~** to catch on, arouse interest.
ecología *nf* ecology.
ecológico *adj* ecological.
ecologista *nmf*, **ecólogo/a** *nm/f* ecologist, environmentalist.
economato *nm (tienda)* cooperative *o* cut-price store; *(: de empresa)* company store; *(Mil)* ≃ *(Brit)* NAAFI, *(US)* PX.
economía *nf* **(a)** economy; **~ dirigida** planned economy; **~ doméstica** housekeeping, *(US)* home economics; **~ política** political economy. **(b)** *(estudio)* economics. **(c)** *(una ~)* economy; **hacer ~s** to economize. **(d)** *(cualidad)* economy, thrift.
económico *adj* **(a)** *(gen)* economic; *(año etc)* fiscal, financial; **la situación ~a** the economic position, the state of the economy. **(b)** *(persona)* thrifty; *(pey)* miserly. **(c)** *(Com, Fin)* economical, inexpensive; **edición ~a** cheap *o* popular edition.
economista *nmf* economist.
economizar [1f] **1** *vt* to economize (on), save. **2** *vi* to economize; *(ahorros)* to save up; *(pey)* to be miserly, skimp.
ecuación *nf* equation.
ecuador *nm* equator.
Ecuador *nm:* **el ~** Ecuador.
ecuánime *adj (carácter)* level-headed; *(estado de ánimo)* calm; *(juicio etc)* impartial.
ecuanimidad *nf (véase adj)* level-headedness; calmness; impartiality.
ecuatorial *adj* equatorial.
ecuatoriano/a *adj, nm/f* Ecuador(i)an.
ecuestre *adj* equestrian.
ecuménico *adj* (o)ecumenical.
eczema *nm* eczema.
echacuervos *nm inv* **(a)** *(chulo)* pimp. **(b)** *(tramposo)* cheat, impostor.
echada *nf* **(a)** *(tiro)* throw; *(de moneda)* toss. **(b)** *(Méx)* boast.
echadizo/a 1 *adj* **(a)** *(persona)* sent to spy. **(b)** *(información)* secretly spread. **(c)** *(desperdicios)* waste. **2** *nm/f* spy.
echar [1a] **1** *vt* **(a)** *(gen)* to throw; *(con violencia)* to fling; *(ancla, anzuelo)* to cast; *(moneda)* to toss; *(mirada)* to cast, give; *(suertes)* to cast, draw; *(dados)* to throw. **(b)** *(Culin etc)* to put in; **~ un poco de azúcar al líquido** add a little sugar to the liquid. **(c)** *(bebidas)* to pour out; *(comida)* to serve (out); **échame agua** give *o* pour me some water. **(d)** to emit; *(gas)* to give off *o* out; *(sangre)* to lose, shed; *(cartas)* to deal; *(maldiciones)* to mutter. **(e)** *(persona)* to eject, throw *o* chuck out; *(empleado)* to fire *(fam)*; *(de un club etc)* to expel; *(desperdicios)* to throw away *o* out; *(Náut)* to jettison; *(piel)* to slough; **~ algo de sí** to get rid of sth; **cuando protesté me echaron** when I protested they threw me out; **¡que le echen fuera!** chuck him out! **(f)** *(pelo etc)* to grow, begin to grow *o* have; *(dientes)* to cut; *(Bot: hojas etc)* to put forth, sprout. **(g)** *(llave)* to turn; *(cerrojo)* to shoot; *(pestillo)* to slide, work. **(h)** *(empujar)* to move, push; **~ a uno a un lado** to push sb aside; **~ atrás a la multitud** to push the crowd back. **(i) ~ abajo** *(edificio)* to demolish, pull down; *(fig)* to overthrow. **(j)** *(discurso)* to give, make; *(reprimenda)* to deal out; *(decreto)* to issue. **(k)** *(carta)* to put in

the post, mail. **(l)** *(impuesto)* to lay, impose (*a* on). **(m)** *(atribuir)* to attribute, ascribe (*a* to); *(pey)* to impute (*a* to); *(culpa)* to lay (*a* on). **(n)** *(cuenta)* to make up, balance; *(freno)* to put on; *(pitillo)* to have, smoke; *(buenaventura)* to tell; *(cimientos)* to lay; *(raíces)* to strike; *(juego)* to have, play; *(obra)* to put on, perform. **(o) ~la de** to pose as, claim to be.

2 *vi* **(a) ~ por una dirección** to go *o* turn in a direction; **~ por una calle** to go down a street; **echemos por aquí** let's go this way. **(b) ~ a hacer algo** to begin *o* start doing sth *o* to do sth; **~ a reír** to burst out *o* start laughing; **~ a correr** to break into a run; *(escapar)* to run off; *véase* **ver 1 (f)**.

3 echarse *vr* **(a) ~ un pitillo** to have a smoke; **~ una novia** to get o.s. a girlfriend; **~ una siestecita** to have a doze. **(b)** to throw *o* fling o.s.; **~ atrás** to throw o.s. back(wards); *(fig)* to go back on what one has said; **~ en brazos de uno** to throw o.s. into sb's arms. **(c)** *(acostarse)* to lie down; *(estirarse)* to stretch out; **se echó en el suelo** he lay down on the floor. **(d) ~ a hacer algo** to begin doing sth. **(e) ~las de** to pose as.

echarpe *nm* (woman's) stole, scarf.

echazón *nf (Náut)* jetsam.

echón *nm (LAm)* braggart, swank *(fam)*.

edad *nf* **(a)** *(de persona)* age; **¿qué ~ tiene?** what age *o* how old is he?; **a la ~ de 8 años** at the age of 8; **de ~** elderly; **de corta ~** young, of tender years; **de ~ madura, de mediana ~** middle-aged; **avanzado de ~** advanced in years; **a una ~ avanzada** late in life; **ser mayor de ~** to be of age, be adult; **llegar a mayor ~, cumplir la mayoría de ~** to come of age; **ser menor de ~** to be under age; **~ adulta** adulthood; **la ~ del pavo** *o* *(LAm)* **del chivateo** the awkward age; **~ viril** prime of life; **~ crítica** change of life; **~ escolar** school age; **ella no aparenta la ~ que tiene** she doesn't look her age; **¿qué ~ le das?** how old do you think she is?

(b) *(Hist)* age, period; **E~es Bárbaras** Dark Ages; **E~ Media** Middle Ages.

Edén *nm* Eden, Paradise; **es un e~** it's an earthly paradise.

edición *nf* **(a)** *(acto)* publication, issue; *(industria)* publishing. **(b)** *(libro etc)* edition; **~ aérea** airmail edition; **~ de bolsillo/extraordinaria** pocket/special edition; **'al cerrar la ~'** *(Tip)* 'stop-press'. **(c)** *(Com)* **E~es Ramírez** Ramirez Publications.

edicto *nm* edict, proclamation.

edificación *nf* **(a)** *(Arquit)* construction, building. **(b)** *(fig)* edification.

edificante *adj* edifying; **una escena poco ~** an unedifying spectacle.

edificar [1g] *vt* **(a)** *(Arquit)* to build. **(b)** *(fig)* to edify.

edificio *nm* building; *(fig)* edifice, structure.

Edimburgo *nm* Edinburgh.

editar [1a] *vt* **(a)** *(publicar)* to publish. **(b)** *(corregir el texto de)* to edit.

editor(a) 1 *adj* publishing *(atr)*; **casa ~a** publishing house. **2** *nm/f* **(a)** publisher. **(b)** *(redactor)* editor, compiler. **(c)** *(LAm: de diario)* newspaper editor.

editorial 1 *adj* **(a)** *(relativo a la industria del libro)* publishing *(atr)*; **casa ~** publishing house. **(b)** *(función, política)* editorial. **2** *nm* leading article, editorial. **3** *nf* publishing house.

editorialista *nmf* leader-writer.

edredón *nm* eiderdown.

educable *adj* educable, teachable.

educación *nf* **(a)** *(gen)* education; *(adestramiento)* training; *(cría)* upbringing; **~ física** physical education; **~ de la voz** elocution lessons. **(b)** *(buenos modales)* (good) manners; **mala ~** bad manners, incivility; **es de mala ~ escupir** it's bad manners *o* ill-mannered to spit; **sin ~** badly-bred, ill-mannered; **¡qué falta de ~!** how rude!

educacional *adj* educational.

educacionista *nmf* education(al)ist.

educado *adj (de buenos modales)* well-mannered, polite; *(instruido)* cultivated; **mal ~** ill-mannered, rude.

educador(a) *nm/f* educator, teacher.

educando/a *nm/f* pupil.

educar [1g] *vt (gen)* to educate; *(adiestrar)* to train; *(hijos)* to raise, bring up.

educativo *adj* educative.

EEUU *abr de* **Estados Unidos** USA.

efectismo *nm* straining after effect.

efectista 1 *adj* showy, sensational. **2** *nmf* sensationalist.

efectivamente *adv (verdaderamente)* really; *(de hecho)* in fact; *(como respuesta)* exactly, precisely.

efectivo 1 *adj* **(a)** effective; **hacer algo ~** to put sth into effect; **hacer ~ un cheque** to cash a cheque. **(b)** *(poder etc)* actual, real. **(c)** *(trabajo)* regular, permanent. **2** *nm* **(a)** cash; **con 50 libras en ~** with £50 in cash; **~ en caja** *o* **en existencia** cash in hand. **(b) ~s** *(Mil etc)* forces.

efecto *nm* **(a)** effect; **~s sonoros** sound effects; **~ útil** *(Mec)* efficiency, output; **hacer ~** to take effect; **hacer** *o* **surtir ~** to have the desired effect; *(idea etc)* to get across; **poner en ~** to carry out; **tener ~** to take effect; *(acontecimiento)* to take place; **en ~** in fact, really; *(como respuesta)* yes indeed. **(b)** *(resultado)* result; **tener por ~** to have as a result. **(c)** *(objetivo)* purpose, end; **a este** *o* **a tal ~** to this end; **a cuyo ~** to which end; **a ~s de hacer algo** with a view to doing sth; **construido al ~** (specially) built for the purpose. **(d)** *(impresión)* effect, impact; **hacer ~** to make an impression. **(e)** *(de pelota)* spin; **dar ~ a una pelota** to put spin on a ball. **(f) ~s** *(Fin)* bills, securities; **~s a cobrar** bills receivable. **(g) ~s** *(personales)* effects; *(Fin)* assets; *(Com)* goods, merchandise *sg;* **~s de consumo** consumer goods.

efectuación *nf* accomplishment.

efectuar [1e] *vt (gen)* to effect; *(plan, reparación)* to carry out; *(mejoría, viaje, visita, parada)* to make; *(censo)* to take.

efervescencia *nf* **(a)** *(de líquidos)* fizziness; **entrar** *o* **estar en ~** to effervesce. **(b)** *(fig: alboroto)* commotion; *(: ánimo)* high spirits.

efervescente *adj* **(a)** *(bebida)* fizzy, bubbly. **(b)** *(fig: animado)* high-spirited.

eficacia *nf* efficacy, effectiveness.

eficaz *adj* efficacious, effective.

eficiencia *nf* efficiency.

eficiente *adj* efficient.

efigie *nf* effigy.

efímera *nf* mayfly.

efímero *adj* ephemeral.

eflorescente *adj* efflorescent.

efusión *nf* **(a)** *(lit, fig)* outpouring; **~ de sangre** bloodshed. **(b)** *(en el trato)* warmth, effusiveness; *(pey)* gushing manner; **con ~** effusively.

efusivo *adj (gen)* effusive; *(pey)* gushing; **mis más ~as gracias** my warmest thanks.

Egeo *adj*: **Mar ~** Aegean Sea.

égida *nf*: **bajo la ~ de** under the aegis of.

egipcio/a *adj, nm/f* Egyptian.

Egipto *nm* Egypt.
egiptología *nf* Egyptology.
eglantina *nf* eglantine.
egocéntrico *adj* egocentric(al), self-centred.
egoísmo *nm* egoism, selfishness.
egoísta 1 *adj* egoistical, selfish. **2** *nmf* egoist, selfish person.
egolatra *adj* big-headed.
egolatría *nf* self-worship.
egotismo *nm* egotism.
egotista 1 *adj* egotistic(al). **2** *nmf* egotist.
egregio *adj* eminent, distinguished.
egresado/a *nm/f (LAm)* graduate.
egresar [1a] *vi (LAm)* **(a)** to go out, leave; ~ **de** to go away from. **(b)** *(Univ)* to graduate.
egreso *nm (LAm)* **(a)** departure. **(b)** *(Univ)* graduation.
eh *interj* hey!, hi!
eider *nm* eider duck.
Eire *nm* Eire.
eje *nm* **(a)** *(Geog, Mat)* axis; **partir a uno por el** ~ *(fam)* to muck up sb's plans. **(b)** *(Mec: de rueda)* axle; ~ **delantero/trasero** front/rear axle; *(: de máquina)* shaft, spindle; **untar el** ~ *(fam)* to grease sb's palm. **(c)** *(Pol, fig)* axis, main line; *(núcleo)* core, central idea.
ejecución *nf* **(a)** *(gen)* performance, carrying out; *(realización)* fulfilment; **poner en** ~ to carry out. **(b)** *(Jur)* attachment. **(c)** *(Mús)* performance. **(d)** *(matar)* execution.
ejecutable *adj* feasible, practicable.
ejecutante *nmf (Mús)* performer.
ejecutar [1a] *vt* **(a)** *(orden)* to execute, carry out; *(deseos)* to perform, fulfil; *(hecho)* to execute. **(b)** *(Jur)* to attach, distrain on. **(c)** *(Mús)* to perform, render, play. **(d)** *(matar)* to execute.
ejecutivo 1 *adj* **(a)** *(función, poder)* executive. **(b)** *(petición etc)* pressing, insistent; *(respuesta)* prompt. **2** *nm* **(a)** *(Pol)* executive. **(b)** *(Com)* executive.
ejecutor *nm (tb* ~ **testamentario***)* executor.
ejecutoria *nf* **(a)** letters patent of nobility; *(fig)* pedigree. **(b)** *(Jur)* final judgment.
ejemplar 1 *adj* exemplary, model. **2** *nm* **(a)** *(gen)* example; *(Zool etc)* speciment, example; *(de libro)* copy; *(de revista)* number, issue; ~ **gratuito** free copy; ~ **de regalo** complimentary copy. **(b) sin** ~ unprecedented.
ejemplaridad *nf* exemplariness.
ejemplarizador *adj (LAm)* exemplary.
ejemplarizar [1f] *vt (esp LAm)* to set an example to.
ejemplificar [1g] *vt* to exemplify, illustrate.
ejemplo *nm (gen)* example; *(caso)* instance; **por** ~ for example *o* instance; **sin** ~ unprecedented, unparalleled; **dar** ~ to set an example; **tomar algo por** ~ to take sth as an example.
ejercer [2b] **1** *vt (gen)* to exercise; *(influencia)* to exert, bring to bear; *(poder)* to wield; *(profesión)* to practise; *(negocio etc)* to manage, run; *(funciones)* to perform. **2** *vi* to practise *(de* as).
ejercicio *nm* **(a)** *(gen)* exercise; *(práctica)* practice; *(Mil)* drill, training; ~ **acrobático** *(Aer)* stunt; ~ **de castigo** *(Escol)* punishment exercise; ~ **de defensa contra incendios** fire drill; ~**s gimnásticos** gymnastic exercises; **hacer** ~**s** to take exercise; *(Mil)* to drill, train. **(b)** *(de cargo)* tenure. **(c)** *(Com, Fin)* fiscal year, financial year.
ejercitar [1a] **1** *vt* to exercise; *(profesión)* to practise; *(ejército)* to drill, train. **2 ejercitarse** *vr* to exercise; to practise; *(Mil)* to drill, train.
ejército *nm* army; ~ **de ocupación** army of occupation; ~ **permanente** standing army; **E**~ **de Salvación** Salvation Army.
ejido *nm* common land.
ejote *nm (CAm, Méx)* string bean.
el[1], **la, los, las** *art def* the **La India** India; **en el México de hoy** in present-day Mexico; **me gusta el fútbol** I like football; **está en la cárcel** he's in jail; **el General Prim** General Prim; **¿qué manda la señora?** what would madam like?; **a las ocho** at eight o'clock; **a los quince días** after a fortnight.
el[2], **la, los, las** *pron dem:* **mi libro y** ~ **de Ud** my book and yours; **este jugador y** ~ **de la camisa azul** this player and the one in the blue shirt; ~ **de Pepe es mejor** Joe's is better; **y** ~ **de todos los demás** and that of everybody else, and everybody else's.
el[3], **la, los, las** *pron rel:* ~ **que** he who, whoever; the one(s) that; ~ **que quiera, que lo haga** whoever wants to can get on with it; **los que hacen eso son tontos** those who do so are foolish; ~ **que compramos no vale** the one we bought is no good; **a los que mencionamos añádase éste** add this one to the ones we mentioned.
él *pron pers m* **(a)** *(suj: persona)* he; *(: cosa)* it. **(b)** *(después de prep: persona)* him; *(: cosa)* it; **esto es para** ~ this is for him; **vamos sin** ~ let's go without him. **(c)** *(después de* de*: persona)* his; *(: cosa)* its; **mis libros y los de** ~ my books and his; **todo eso es de él** all that is his, all that belongs to him.
elaboración *nf (véase vt)* elaboration; manufacture; working; working-out.
elaborar [1a] *vt (materia prima)* to elaborate; *(producto)* to make, manufacture; *(metal, madera etc)* to work; *(proyecto etc)* to work on *o* out.
elación *nf* **(a)** *(orgullo)* haughtiness, pride. **(b)** *(de estilo)* pomposity. **(c)** *(LAm)* elation.
elasticidad *nf* **(a)** elasticity; *(de madera)* spring. **(b)** *(fig)* elasticity.
elástico 1 *adj (lit, fig)* elastic; *(principio)* flexible; *(superficie etc)* springy. **2** *nm* elastic.
elección *nf* **(a)** *(selección)* choice, selection; **su patria de** ~ his chosen country. **(b)** *(Pol etc)* election *(a* for); ~**es parciales** by-election; ~**es generales** general election.
eleccionario *adj (LAm)* electoral, election *(atr)*.
electivo *adj* elective.
electo *adj* elect; **el presidente** ~ the president-elect.
elector(a) *nm/f* elector, voter.
electorado *nm* electorate, voters.
electoral *adj* electoral; **potencia** ~ voting power.
electricidad *nf* electricity.
electricista *nm* electrician.
eléctrico *adj* electric(al).
electrificación *nf* electrification.
electrificar [1g] *vt* to electrify.
electrizante *adj (fig)* electrifying.
electrizar [1f] *vt (lit, fig)* to electrify.
electro... *pref* electro... .
electrocardiograma *nm* electrocardiogram.
electrocución *nf* electrocution.
electrocutar [1a] *vt* to electrocute.
electrochapado *adj* electroplated.
electrodinámica *nf* electrodynamics.
electrodo *nm* electrode.
electrodomésticos *nmpl* electrical household appliances.
electroimán *nm* electromagnet.
electrólisis *nf* electrolysis.
electromagnético *adj* electromagnetic.
electromotor *nm* electric motor.
electrón *nm* electron.

electrónica *nf* electronics.
electrónico *adj* electronic; *(microscopio)* electron *(atr)*.
electrotecnia *nf* electrical engineering.
electrotermo *nm* immersion heater.
elefante/a *nm/f* elephant; ~ **blanco** *(LAm)* white elephant.
elegancia *nf (gen)* elegance.
elegante *adj (gen)* elegant; *(traje, fiesta, tienda)* fashionable, smart; *(sociedad)* fashionable, elegant; *(decoración)* tasteful; *(frase etc)* elegant, well-turned, polished.
elegantemente *adv (véase adj)* elegantly; fashionably, smartly; tastefully.
elegantoso *adj (LAm)* = **elegante.**
elegía *nf* elegy.
elegíaco *adj* elegiac.
elegibilidad *nf* eligibility.
elegible *adj* eligible.
elegido *adj* **(a)** *(escogido)* chosen, selected. **(b)** *(Pol etc)* elect, elected.
elegir [3c, 3l] *vt* **(a)** to choose, select; **café con bizcochos a** ~ coffee with a choice of cakes. **(b)** *(Pol etc)* to elect.
elemental *adj* elementary; *(de los elementos)* elemental.
elemento *nm* **(a)** element; **los cuatro** ~**s** the four elements; **estar en su** ~ to be in one's element. **(b)** *(Quím etc)* element; *(fig)* ingredient, constituent (part); *(factor)* element, factor; ~**s** material, ingredients. **(c)** *(Elec)* element; *(de pila)* cell. **(d)** *(LAm)* person, individual; **vino a verle un** ~ someone came to see you. **(e)** *(LAm)* dimwit *(fam)*, ass. **(f)** *(tipo raro)* odd person, eccentric. **(g)** *(Sp pey)* undesirable. **(h)** ~**s** *(de una materia)* elements, first principles.
elenco *nm* catalogue, list; *(Teat)* cast.
elevación *nf* **(a)** *(acción)* elevation *(a* to), raising, lifting; *(Rel)* elevation; *(de precio, tipo etc)* rise. **(b)** *(Geog etc)* height, altitude. **(c)** *(de estilo, mente)* elevation; *(de persona)* exaltation; *(: pey)* conceit, pride. **(d)** *(éxtasis)* rapture.
elevadamente *adv* loftily, sublimely.
elevado 1 *adj* **(a)** *(subido)* elevated, raised; *(edificio)* high, tall; *(precio, tipo etc)* high; *(puesto)* exalted, high; **a precios elevadísimos** at terribly high prices. **(b)** *(pensamientos, estilo etc)* elevated, lofty; **de pensamientos** ~**s** of noble thoughts. **2** *nm (Cu)* overhead railway.
elevador *nm* elevator, hoist, *(LAm)* lift, *(US)* elevator.
elevar [1a] **1** *vt* **(a)** *(subir)* to raise, lift (up), elevate; *(precio, tipo)* to raise; *(producción)* to step up; *(Elec)* to boost; *(Mat)* to raise *(a una potencia* to a power; *(persona)* to promote; *(alabar)* to exalt; *(estilo)* to raise the tone of. **(b)** *(informe etc)* to present, submit *(a* to). **2 elevarse** *vr* **(a)** *(subirse)* to rise, go up; *(edificio etc)* to rise, soar; **la cantidad se eleva a ...** the quantity amounts to ... . **(b)** *(extasiarse)* to go into raptures. **(c)** *(pey)* to get conceited.
elidir [3a] **1** *vt* to elide. **2 elidirse** *vr* to elide, be elided.
eliminación *nf* elimination, removal; ~ **progresiva** *(Dep)* knockout.
eliminar [1a] **1** *vt (gen)* to eliminate; *(necesidad etc)* to remove; *(escombros, olor)* to get rid of; *(Dep)* to eliminate, knock out. **2 eliminarse** *vr (Méx)* to go away.
eliminatoria *nf (Dep: partido)* heat, qualifying round; *(: concurso)* knockout competition.
elipse *nf* elipse.
elipsis *nf inv* ellipsis.
elíptico *adj* elliptic(al).
elisión *nf* elision.
elite [e'lite] *nf* elite.
elixir *nm* elixir.
elocución *nf* elocution.
elocuencia *nf* eloquence.
elocuente *adj* eloquent; *(fig)* significant; **un dato** ~ a fact which speaks for itself.
elogiar [1b] *vt* to praise, eulogize.
elogio *nm (gen)* praise; *(homenaje)* tribute; **queda por encima de todo** ~ it's beyond praise; **hacer** ~ **de** to sing the praises of; **hizo un caluroso** ~ **del héroe** he paid a warm tribute to the hero.
elogiosamente *adv* with warm approval; **comentó** ~ **sus cualidades** he spoke very favourably of his qualities.
elogioso *adj* highly favourable; **en términos** ~**s** in highly favourable terms.
elote *nm (CAm, Méx)* maize; **coger a uno asando** ~**s** to catch sb red-handed.
elucidación *nf* elucidation.
elucidar [1a] *vt* to elucidate.
eludible *adj* avoidable.
eludir [3a] *vt* to elude, evade.
elusivo *adj (LAm)* evasive, tricky.
ella *pron pers f* **(a)** *(suj: persona)* she; *(: cosa)* it. **(b)** *(después de prep: persona)* her, *(: cosa)* it; **estuve con** ~ I was with her. **(c)** *(después de* de: *persona)* hers; *(: cosa)* its; **mi sombrero y el de** ~ my hat and hers; **nada de esto es de** ~ none of this is hers.
ellas *véase* **ellos.**
ello *pron 'neutro'* **(a)** it; ~ **es difícil** it's awkward. **(b)** *(modismos)* **es por** ~ **que ...** *(LAm)* that is why ...; **luego será** ~ there'll be trouble later; ~ **dirá** the event will show; **¡a por** ~**!** here goes!; **¡aquí fue** ~**!** and then it started, and that was it.
ellos/as *pron pers m/fpl* **(a)** *(sujeto)* they. **(b)** *(después de prep)* them. **(c)** *(después de* de) theirs; *véase tb* **él, ella.**
emanación *nf* emanation; *(olor)* smell.
emanar [1a] *vi*: ~ **de** to emanate from, come from.
emancipación *nf* emancipation.
emancipado *adj (liberado)* emancipated; *(libre)* independent, free.
emancipar [1a] **1** *vt* to emancipate; *(fig)* to free. **2 emanciparse** *vr* to become emancipated *(de* from); *(fig)* to free o.s. *(de* from).
emascular [1a] *vt* to castrate; *(fig)* to emasculate.
embadurnar [1a] *vt* to daub, smear *(de* with).
embajada *nf* **(a)** *(lugar)* embassy. **(b)** *(cargo)* ambassadorship. **(c)** *(fig)* errand, message.
embajador *nm* ambassador *(en* in, *cerca de* to).
embajadora *nf* (woman) ambassador; *(mujer de embajador)* ambassador's wife.
embalador(a) *nm/f* packer.
embaladura *nf (LAm)*, **embalaje** *nm* packing.
embalar [1a] **1** *vt* to pack, parcel up, wrap; *(mercancías pesadas)* to crate. **2** *vi* **(a)** *(Dep)* to sprint, make a dash; *(Aut)* to step on it. **(b)** *(LAm)* to run off, escape. **3 embalarse** *vr (LAm Aut)* to coast at high speed.
embaldosado *nm* tiled floor.
embaldosar [1a] *vt* to tile, pave with tiles.
embalsamar [1a] *vt* to embalm.
embalsar [1a] *vt* **(a)** *(río)* to dam (up); *(agua)* to retain, collect. **(b)** *(Náut)* to sling, hoist.
embalse *nm (presa)* dam; *(lago)* reservoir.
embanastar [1a] *vt* to put into a basket; *(fig)* to jam in, overcrowd.
embanderar [1a] *vt* to deck with flags.
embarazada 1 *adj* pregnant; **dejar** ~ **a una** to get a girl pregnant, put a girl in the family way

(fam). **2** *nf* pregnant woman.
embarazar [1f] *vt* **(a)** *(estorbar)* to hamper, hinder. **(b)** *(mujer)* to make pregnant, put in the family way *(fam)*.
embarazo *nm* **(a)** *(estorbo)* obstacle, hindrance. **(b)** *(de mujer)* pregnancy.
embarazoso *adj (molesto)* awkward, inconvenient; *(violento)* embarrassing.
embarcación *nf* **(a)** boat, craft, (small) vessel; ~ **de arrastre** trawler; ~ **de cabataje** coasting vessel; ~ **de recreo/de vela** pleasure/sailing boat. **(b)** *(acto)* embarkation.
embarcadero *nm* **(a)** *(de barcos)* pier, jetty. **(b)** *(LAm Ferro)* goods station.
embarcar [1g] **1** *vt* **(a)** *(personas)* to embark, put on board; *(carga)* to ship, stow. **(b)** *(fig)* ~ **a uno en una empresa** to launch sb on an enterprise. **2 embarcarse** *vr* **(a)** to embark, go on board; *(marinero)* to sign on; ~ **para** to sail for. **(b)** *(LAm Ferro etc)* to get on, get in; **se embarcó en el autobús** he got on the bus. **(c)** *(fig)* ~ **en un asunto** to get involved in a matter.
embarco *nm* embarkation.
embargar [1h] *vt* **(a)** *(estorbar)* to impede, hinder; *(frenar)* to restrain. **(b)** *(sentidos)* to overpower. **(c)** *(Jur)* to seize, impound.
embargo *nm* **(a)** *(Jur)* seizure, distraint; *(Com etc)* embargo; **sin** ~ still, however, nonetheless; **sin** ~ **de** notwithstanding, in spite of. **(b)** *(Med)* indigestion.
embarnizar [1f] *vt* to varnish.
embarque *nm* shipment, loading.
embarradura *nf* smear, daub.
embarrancar [1g] **1** *vt, vi* **(a)** *(Náut)* to run aground. **(b)** *(Aut etc)* to run into a ditch. **2 embarrancarse** *vr* **(a)** to run aground. **(b)** to run into a ditch.
embarrar [1a] *vt* **(a)** to smear (*de* with); *(de barro)* to splash with mud. **(b)** *(LAm: pared)* to cover with mud; *(: enyesar)* to plaster. **(c)** *(CAm, Méx)* ~ **a uno** to involve sb in a shady affair.
embarrialarse [1a] *vr* **(a)** *(CAm, Ven)* to get covered with mud. **(b)** *(CAm Aut)* to get stuck.
embarullador *adj* bungling.
embarullar [1a] *vt* to bungle, mess up.
embastar [1a] *vt* to stitch, tack.
embaste *nm* stitching, tacking.
embate *nm* **(a)** *(de mar, viento)* beating, violence. **(b)** *(fig)* ~**s de la fortuna** blows of fate.
embaucador(a) *nm/f (estafador)* trickster, swindler; *(impostor)* impostor.
embaucamiento *nm* swindle, swindling.
embaucar [1g] *vt* to trick, fool, lead up the garden path.
embaular [1a] *vt* **(a)** to pack (into a trunk). **(b)** *(fam: comida)* to stuff o.s. with.
embeber [2a] **1** *vt* **(a)** *(absorber)* to absorb, soak up. **(b)** *(Cos)* to take in, gather. **(c)** *(fig: absorber)* to imbibe; *(: meter)* to insert, introduce (*en* into); *(: abarcar)* to contain, incorporate. **2** *vi (tela)* to shrink. **3 embeberse** *vr* **(a)** to be absorbed, become engrossed (*en* in), be enraptured (*en* with). **(b)** ~ **de** to imbibe, become well versed in.
embelecar [1g] *vt* to deceive, cheat.
embeleco *nm*, *(LAm)* **embelequería** *nf* deceit, fraud.
embelesado *adj* spellbound, enraptured.
embelesador *adj* enchanting, entrancing.
embelesar [1a] **1** *vt* to enchant, entrance. **2 embelesarse** *vr* to be enchanted *o* enraptured.
embeleso *nm* enchantment, delight.
embellecedor *nm (Aut)* hub cap.
embellecer [2d] *vt* to embellish, beautify.
embestida *nf* **(a)** assault, onslaught; *(de toro etc)* charge. **(b)** *(fig)* importunate demand.
embestir [3l] **1** *vt* **(a)** *(agredir)* to assault, attack; *(abalanzarse sobre)* to rush at *o* upon; *(toro)* to charge. **(b)** *(fig)* ~ **a uno** to pester sb for a loan. **2** *vi* to attack; *(toro)* to rush, charge; ~ **con** *o* **contra** to rush upon; *(toro etc)* to charge down on.
embetunar [1a] *vt (zapatos)* to polish.
emblandecer [2d] **1** *vt* to soften; *(fig)* to mollify. **2 emblandecerse** *vr* to soften, get soft; *(fig)* to relent.
emblanquecer [2d] **1** *vt* to whiten, bleach. **2 emblanquecerse** *vr* to turn white, bleach.
emblema *nm* emblem.
emblemático *adj* emblematic.
embobamiento *nm (fascinación)* fascination; *(perplejidad)* bewilderment.
embobar [1a] **1** *vt (asombrar)* to amaze; *(fascinar)* to fascinate; **esa niña me emboba** that girl is driving me crazy. **2 embobarse** *vr* to be amazed (*con, de, en* at); to be fascinated (*con, de, en* by); **reírse embobado** to laugh like mad.
embobecer [2d] **1** *vt* to make silly. **2 embobecerse** *vr* to get silly.
embocadura *nf* **(a)** *(entrada)* narrow entrance; *(de río)* mouth; *(Náut)* passage, narrows. **(b)** *(Mús)* mouthpiece; *(de cigarillo etc)* tip; *(de brida)* bit. **(c)** *(de vino)* flavour. **(d)** *(Teat)* proscenium arch.
embocar [1g] *vt* **(a)** ~ **algo** to put sth into sb's mouth; ~ **algo en un agujero** to insert sth into a hole; ~ **la comida** to wolf one's food. **(b)** ~ **un negocio** to undertake a piece of business. **(c)** ~ **algo a uno** *(fig)* to put one over on sb.
embochinchar [1a] *vt (LAm)* to throw into confusion, create chaos in.
embolado *nm* **(a)** *(Teat)* bit part, minor role. **(b)** *(fam)* trick.
embolador *nm (LAm)* bootblack.
embolar [1a] *vt* **(a)** *(Taur: cuernos)* to tip with wooden balls. **(b)** *(LAm: zapatos)* to black. **(c)** *(CAm, Méx)* to make drunk.
embolía *nf (Med)* embolism; ~ **cerebral** clot on the brain.
embolismo *nm* **(a)** *(lío)* muddle, confusion. **(b)** *(chismes)* gossip. **(c)** *(engaño)* hoax.
émbolo *nm* plunger; *(Mec)* piston.
embolsar [1a] *vt*, **embolsicar** [1g] *vt (LAm)* to (put into one's) pocket; *(dinero, ganancias etc)* to collect, take in.
embonar [1a] *vt* **(a)** *(Méx: tierra)* to manure. **(b)** *(fig)* to improve. **(c)** *(Náut)* to sheathe. **(d)** *(Méx)* **le embona el sombrero** the hat suits him.
emboque *nm (fam)* trick, hoax.
emboquillado *adj (cigarillo)* tipped.
emboquillar [1a] *vt (cigarillo)* to tip.
emborrachar [1a] **1** *vt* to make drunk. **2 emborracharse** *vr* to get drunk (*con, de* on).
emborrar [1a] *vt* **(a)** *(rellenar)* to stuff (*de* with). **(b)** *(fam: comida)* to cram, wolf.
emborrascarse [1g] *vr* **(a)** *(Met)* to get stormy. **(b)** *(fig)* to get cross. **(c)** *(Com: negocio)* to fail. **(d)** *(RPl, Méx: mina)* to peter out.
emborronar [1a] **1** *vt (manchar)* to blot, make blots on; *(escribir)* to scribble on. **2** *vi* to make blots; to scribble.
emboscada *nf* ambush; **tender una** ~ **a** to lay an ambush for.
emboscarse [1g] *vr* to lie in ambush; **estaban emboscados cerca del camino** they were in ambush near the road.
embotado *adj* dull, blunt.

embotamiento *nm* **(a)** *(acto)* dulling, blunting *(tb fig)*. **(b)** *(estado)* dullness, bluntness *(tb fig)*.

embotar [1a] *vt* **(a)** *(objeto)* to blunt. **(b)** *(sentidos)* to dull, blunt; *(debilitar)* to weaken, enervate.

embotellado 1 *adj* bottled; *(discurso etc)* prepared (beforehand). **2** *nm* bottling.

embotellador *nm* bottler.

embotellamieto *nm* **(a)** *(Aut)* traffic jam. **(b)** *(sitio)* bottleneck.

embotellar [1a] **1** *vt* **(a)** to bottle. **(b)** *(Mil etc)* to bottle up. **(c)** *(LAm: discurso)* to prepare beforehand, memorize. **2 embotellarse** *vr (Aut: tráfico)* to get into a jam *(: coche)* to get caught in a traffic jam.

embotijar [1a] **1** *vt* to put into *o* keep in jars. **2 embotijarse** *vr (fig)* to fly into a passion.

embovedar [1a] *vt* to arch, vault.

embozadamente *adv* covertly, stealthily.

embozado *adj* **(a)** muffled up (to the eyes). **(b)** *(fig)* covert, stealthy.

embozar [1f] **1** *vt* **(a)** to muffle (up). **(b)** *(fig)* to cloak. **2 embozarse** *vr* to muffle o.s. up (*con, de* in).

embozo *nm* **(a)** muffler, mask; **quitarse el ~** *(fig)* to drop the mask, end the play-acting. **(b)** *(de sábana)* turn over. **(c)** *(astucia)* cunning; *(ocultamiento)* concealment; **sin ~** frankly, openly.

embragar [1h] **1** *vt (Aut, Mec)* to engage; *(partes)* to connect, couple; *(Náut)* to sling. **2** *vi (Aut etc)* to put the clutch in.

embrague *nm (Aut, partes)* clutch.

embravecer [2d] **1** *vt* to enrage, infuriate. **2** *vi (Bot)* to flourish. **3 embravecerse** *vr* **(a)** *(mar)* to get rough. **(b)** *(persona)* to get furious.

embravecido *adj* **(a)** *(mar)* rough; *(viento etc)* wild. **(b)** *(persona)* furious, enraged.

embrear [1a] *vt* to cover with tar *o* pitch; **~ y emplumar a uno** to tar and feather sb.

embretar [1a] *vt (LAm: animales)* to pen, corral.

embriagador *adj* intoxicating; *(vino etc)* heady, strong.

embriagar [1h] **1** *vt* **(a)** to make drunk. **(b)** *(fig)* to delight. **2 embriagarse** *vr* to get drunk.

embriaguez *nf* **(a)** *(borrachera)* drunkenness. **(b)** *(fig)* rapture, delight.

embridar [1a] *vt* **(a)** *(caballo)* to bridle, put a bridle on. **(b)** *(fig)* to check, restrain.

embrión *nm* embryo; **en ~** in embryo.

embrionario *adj* embryonic.

embrocación *nf* embrocation.

embrocar [1g] *vt* **(a)** *(zapatos)* to tack. **(b)** *(líquido)* to pour from one container into another. **(c)** *(volcar)* to turn upside down, invert.

embrollar [1a] **1** *vt (asunto)* to muddle, confuse; *(personas)* to involve, embroil (*en* in). **2 embrollarse** *vr* to get into a muddle *o* mess; **~ en un asunto** to get involved in a matter.

embrollo *nm (confusión)* muddle, confusion; *(apuro)* fix, jam; *(fraude)* fraud, trick.

embrollón(a) *nm/f* troublemaker.

embromado *adj*: **estar ~** to be in a fix; *(Med)* to be in a bad way; *(Fin)* to be in financial trouble.

embromar [1a] **1** *vt* **(a)** *(burlarse de)* to tease, make fun of. **(b)** *(engañar)* to hoodwink. **(c)** *(LAm: molestar)* to annoy; *(perjudicar)* to harm, set back. **2 embromarse** *vr (LAm)* to get cross *o* bored.

embrujado *adj (persona)* bewitched; *(sitio)* haunted; **una casa ~a** a haunted house.

embrujar [1a] *vt (persona)* to bewitch, put a spell on; *(sitio)* to haunt.

embrutecer [2d] **1** *vt* to stupefy, dull the senses of. **2 embrutecerse** *vr* to be stupefied.

embuchacarse [1g] *vr (CAm, Méx)* **~ algo** to pocket sth *(tb fig)*.

embuchado *nm* **(a)** *(Culin)* sausage. **(b)** *(fam)* pretext, blind.

embuchar [1a] *vt* **(a)** *(Culin)* to stuff with minced meat. **(b)** *(fam: comida)* to wolf, bolt.

embudar [1a] *vt* **(a)** *(Téc)* to put a funnel into. **(b)** *(fig)* to trick.

embudo *nm* **(a)** *(para líquidos)* funnel. **(b)** *(fig)* trick, fraud.

embullar [1a] *(LAm)* **1** *vt* **(a)** *(excitar)* to excite, disturb. **(b)** *(enemigo)* to put to flight. **2 embullarse** *vr* **(a)** *(excitarse)* to get excited. **(b)** *(divertirse)* to have a good time.

embullo *nm (CAm: ruido)* noise, excitement; *(: diversión)* revelry.

embuste *nm* **(a)** *(engaño)* trick; *(mentira)* lie; *(: hum)* fib, story. **(b) ~s** trinkets.

embustería *nf (engaños)* trickery; *(mentiras)* lying.

embustero/a 1 *adj* **(a)** *(engañoso)* deceitful. **(b)** *(mentiroso)* lying. **2** *nm/f (estafador)* cheat; *(mentiroso)* liar; *(hum)* fibber, storyteller; **¡~!** *(con cariño)* you rascal!

embutido *nm* **(a)** *(Culin)* sausage. **(b)** *(Téc)* inlay, inlaid work, marquetry. **(c)** *(Méx, RPl, Ven)* lace insert.

embutir [3a] **1** *vt* **(a)** to insert (*en* into); *(fam)* to pack tight, stuff, cram (*de* with, *en* into); *(fam: comida)* to cram, scoff *(fam)*; **~ algo a uno** to make sb swallow sth; **ella estuvo embutida en un vestido apretadísimo** she had been poured into a terribly close-fitting dress. **(b)** *(Téc)* to inlay; *(metal)* to hammer, work. **2 embutirse** *vr (fam)* to stuff o.s. (*de* with).

emergencia *nf* **(a)** *(acción)* emergence. **(b)** *(accidente etc)* emergency; **de ~** emergency *(atr)*.

emergente *adj* resultant, consequent.

emerger [2c] *vi* to emerge; *(submarino)* to surface.

emético *adj, nm* emetic.

emigración *nf* emigration; *(de aves)* migration.

emigrado/a *nm/f* emigrant; *(Pol etc)* émigré(e).

emigrante *adj, nmf* emigrant.

emigrar [1a] *vi* to emigrate; *(aves)* to migrate.

eminencia *nf* **(a)** *(Geog)* height, eminence. **(b)** *(fig)* eminence. **(c)** *(en títulos)* **Su E~** His Eminence; **Vuestra E~** Your Eminence.

eminente *adj* **(a)** *(alto)* high, lofty. **(b)** *(destacado)* eminent, distinguished.

emir *nm* emir.

emisario *nm* emissary.

emisión *nf* **(a)** emission; *(Fin etc)* issue. **(b)** *(Rad, TV: difusión)* broadcasting; *(: programa)* broadcast, programme; **~ deportiva** sports programme; **~ publicitaria** commercial, advertising spot.

emisor *nm* transmitter; **~ de radar** radar station.

emisora *nf* radio *o* broadcasting station.

emisor-receptor *nm* walkie-talkie.

emitir [3a] *vt* **(a)** *(sonido, olor etc)* to emit, give off *o* out. **(b)** *(dinero, sellos, bonos etc)* to issue; *(dinero falsificado)* to circulate; *(préstamo)* to give. **(c)** *(opinión)* to express; *(voto)* to cast. **(d)** *(Rad, TV)* to broadcast; *(señal)* to send out.

emoción *nf* **(a)** *(gen)* emotion; *(sentimiento)* feeling; **sentir una honda ~** to feel a deep emotion. **(b)** *(excitación)* excitement; **¡qué ~!** *(lit)* how exciting!; *(iro)* what a thrill!; **la ~ de la película no disminuye** the excitement *o* tension of the film does not flag.

emocionado *adj* deeply moved, stirred.

emocional *adj* emotional.

emocionante *adj* exciting, thrilling.

emocionar [1a] **1** *vt (excitar)* to excite, thrill; *(conmover)* to touch, move. **2 emocionarse** *vr* to get excited, be thrilled; to be moved; **¡no te emociones tanto!** don't get so worked up!
emolumento *nm* emolument.
emotivo *adj* emotive, emotional.
empacadora *nf (Agr)* baler.
empacar [1g] **1** *vt (gen)* to pack; *(en caja)* to bale, crate. **2 empacarse** *vr* **(a)** *(enfadarse)* to get rattled, get confused. **(b)** *(LAm: caballo)* to balk, shy; *(fig)* to be obstinate.
empachado *adj* **(a)** clogged; *(estómago)* upset. **(b)** *(avergonzado)* embarrassed. **(c)** *(torpe)* awkward, clumsy.
empachar [1a] **1** *vt* **(a)** *(bloquear)* to stop up, clog; *(Med: estómago)* to upset; *(persona)* to give indigestion to. **(b)** *(impedir)* to impede. **2 empacharse** *vr* **(a)** to get stopped up, get clogged; *(Med)* to get indigestion. **(b)** *(sentirse incómodo)* to get embarrassed, feel awkward.
empacho *nm* **(a)** *(traba)* hindrance, obstacle. **(b)** *(Med)* indigestion. **(c)** *(incomodidad)* embarrassment, awkwardness; *(timidez)* bashfulness; **sin ~** without ceremony; **no tener ~ en hacer algo** to have no objection to doing sth.
empachoso *adj* **(a)** *(comida)* cloying, indigestible. **(b)** *(fig)* embarrassing *(censo)*.
empadronamiento *nm* census; *(de electores)* electoral register.
empadronar [1a] *vt (censar)* to take a census of; *(: como elector)* to register.
empajar [1a] *vt* to cover *o* fill with straw.
empalagar [1h] **1** *vt* **(a)** *(suj: comida)* to cloy. **(b)** *(hartar)* to pall on, bore. **2** *vi* to pall. **3 empalagarse** *vr* to get sick *(de* of).
empalago *nm* **(a)** *(de comida)* cloying, palling. **(b)** *(aburrimiento)* boredom.
empalagoso *adj* **(a)** *(dulce etc)* cloying. **(b)** *(fig)* boring.
empalizada *nf* fence; *(Mil etc)* palisade, stockade.
empalmar [1a] **1** *vt* **(a)** to join, connect; *(cuerdas)* to splice. **(b)** *(fig)* to combine, put together. **2** *vi (Ferro etc: vías)* to join; *(: trenes)* to connect *(con* with).
empalme *nm* **(a)** *(Téc)* joint, connection. **(b)** *(combinación)* combination. **(c)** *(de vías, carreteras)* junction; *(de trenes)* connection.
empamparse [1a] *vr (LAm)* **(a)** to get lost on the pampas; *(fig)* to lose one's way. **(b)** *(asombrarse)* to be amazed.
empanada *nf* **(a)** (meat) pie, patty. **(b)** *(fig)* fraud, piece of shady business.
empanado *adj (Culin)* cooked *o* rolled in breadcrumbs *o* pastry.
empanar [1a] *vt* **(a)** *(Culin)* to cook *o* roll in breadcrumbs *o* pastry. **(b)** *(RPl)* to sow with wheat.
empantanado *adj* flooded, swampy.
empantanar [1a] **1** *vt* **(a)** *(lit)* to flood, swamp. **(b)** *(negociación)* to bog down. **2 empantanarse** *vr* **(a)** to be flooded, get swamped. **(b)** *(fig)* to be held up; **~ en un asunto** to get bogged down in a matter.
empañado *adj (ventana etc)* misty, steamed-up; *(contorno)* blurred; *(superficie)* tarnished; *(voz)* faint, unsteady; *(honra)* tarnished.
empañar [1a] **1** *vt* **(a)** *(nene)* to swaddle, wrap up. **(b)** *(ventana etc)* to mist, steam up; *(contorno)* to dim, blur; *(superficie, honra)* to tarnish. **2 empañarse** *vr* **(a)** *(cristales)* to get steamed up; *(voz)* to falter. **(b)** *(fig)* to become sad.
empañetar [1a] *vt (LAm: enyesar)* to plaster; *(: encalar)* to whitewash.
empapar [1a] **1** *vt* **(a)** *(mojar)* to soak, drench; *(fig)* to steep *(de, en* in). **(b)** *(absorber)* to soak up, absorb. **2 empaparse** *vr* **(a)** to soak. **(b) ~ de** to soak up, soak in. **(c) ~ de** *o* **en** *(fig)* to steep o.s. in.
empapelado *nm (acto)* papering, paperhanging; *(LAm: papel)* wallpaper.
empapelador *nm* paperhanger.
empapelar [1a] *vt (objeto)* to wrap in paper; *(caja)* to line with paper; *(cuarto, pared)* to paper.
empaque *nm* **(a)** *(acción)* packing. **(b)** *(fam: aspecto)* look, appearance; *(: modales)* manner. **(c)** *(fig: distinción)* solemness; pomposity. **(d)** *(LAm)* nerve, effrontery.
empaquetador(a) *nm/f* packer.
empaquetadura *nf* packing; *(Mec)* gasket.
empaquetar [1a] *vt* to pack *o* parcel (up); *(Com)* to package.
emparamarse [1a] *vr (LAm)* to go numb with *o* die of cold.
emparedado *nm* sandwich.
emparedar [1a] *vt* to confine.
emparejar [1a] **1** *vt* **(a)** *(dos cosas)* to pair, match. **(b)** *(nivelar)* to (make) level. **2** *vi* **(a)** to catch up *(con* with). **(b)** to be even *(con* with). **3 emparejarse** *vr* to match.
emparentado *adj* related by marriage *(con* to).
emparentar [1k] *vi* to become related by marriage *(con* to); **~ con una familia** to marry into a family.
emparrado *nm* trained vine.
emparrandarse [1a] *vr (LAm)* to go on a binge *(fam)*.
empastado *adj* **(a)** *(Tip)* clothbound. **(b)** *(diente)* filled.
empastar [1a] *vt* **(a)** *(engomar)* to paste. **(b)** *(Tip)* to bind in stiff covers. **(c)** *(diente)* to fill, stop. **(d)** *(LAm)* to convert into pasture land.
empaste *nm* filling.
empatar [1a] **1** *vt (LAm)* to connect. **2** *vi (Dep)* to draw, tie; *(carreras)* to tie, have a dead heat; *(votación)* to tie; **los equipos empataron a 2** the teams drew 2-all.
empate *nm* draw, tie; **un ~ a 0** a 0-0 draw.
empavesado *nm* bunting.
empavesar [1a] *vt (adornar)* to deck, adorn; *(barco)* to dress.
empavonarse [1a] *vr (CAm)* to dress up.
empecatado *adj (fam)* damned.
empecinado *adj (LAm)* stubborn, pigheaded.
empecinamiento *nm (LAm)* stubbornness, pigheadedness.
empecinarse [1a] *vr (LAm)* to be stubborn; **~ en algo** to be stubborn about sth; **~ en hacer algo** to persist in doing sth.
empedarse [1a] *vr (Méx, RPl)* to get drunk.
empedernido *adj* **(a)** *(persona)* heartless, cruel. **(b)** *(vicio)* hardened, inveterate; **un fumador ~** a heavy smoker; **un pecador ~** an unregenerate sinner.
empedernir [3a: *defectivo*] **1** *vt* to harden. **2 empedernirse** *vr (fig)* to harden one's heart, resolve to be tough.
empedrado 1 *adj (superficie)* paved; *(fig)* pitted *(de* with); *(cara)* pockmarked; *(color)* dappled, flecked; *(cielo)* cloud-flecked. **2** *nm* paving.
empedrar [1k] *vt* to pave.
empegado *nm* tarpaulin.
empeine *nm* **(a)** *(de pie, zapato)* instep; *(vientre)* groin. **(b) ~s** *(Med)* impetigo.
empelotado *adj (LAm: desnudo)* naked, stripped.
empelotar [1a] **1** *vt (LAm: desvestir)* to undress, strip to the skin. **2 empelotarse** *vr* **(a)** *(fam)* to get into a row. **(b)** *(LAm)* to strip naked.
empella *nf* **(a)** *(de zapato)* upper. **(b)** *(LAm)* lard.

empellar [1a] *vt* to push, jostle.
empellón *nm* push, shove; **mover a ~es** to shove, move by pushing; **abrirse paso a ~es** to push roughly past; **dar ~es** to shove, jostle.
empenachar [1a] *vt* to adorn with plumes.
empeñado *adj* **(a)** *(objeto de valor)* pawned. **(b)** **estar ~ hasta los ojos** to be deeply in debt. **(c)** *(persona)* determined; **estar ~ en hacer algo** to be determined to do sth. **(d)** *(discusión)* bitter, heated.
empeñar [1a] **1** *vt* **(a)** *(objeto de valor)* to pawn, pledge. **(b)** *(palabra)* to give; *(persona)* to engage, compel. **(c)** *(batalla)* to join; *(discusión)* to start. **2 empeñarse** *vr* **(a)** *(prometer)* to bind o.s., pledge o.s. **(b)** *(endeudarse)* to get into debt. **(c)** **~ en algo** to insist on sth; **~ en hacer algo** to be set on doing sth; **se empeña en que es así** he insists that it is so. **(d)** **~ en una lucha** to engage in a fight; **~ en una discusión** to get involved in a heated argument. **(e)** **~ por uno** to intercede for sb.
empeñero *nm (Méx)* pawnbroker, moneylender.
empeño *nm* **(a)** *(objeto)* pledge. **(b)** *(promesa)* obligation, undertaking. **(c)** *(resolución)* determination (*en hacer algo* to do sth); **con ~** insistently; *(con celo)* eagerly, keenly; **tener ~ en hacer algo** to be bent on doing sth. **(d)** *(tienda)* pawnshop.
empeoramiento *nm* deterioration, worsening.
empeorar [1a] **1** *vt* to make worse, worsen. **2** *vi*, **empeorarse** *vr* to get worse, worsen.
empequeñecer [2d] *vt* **(a)** *(hacer parecer más pequeño)* to dwarf, make (seem) smaller. **(b)** *(minimizar)* to minimize, belittle.
emperador *nm* emperor.
emperatriz *nf* empress.
emperejilarse [1a] *vr* to dress up, doll o.s. up.
empernar [1k] *vt* to bolt, secure with a bolt.
emperramiento *nm* stubbornness.
emperrarse [1a] *vr* to get stubborn, be obstinate; **~ en algo** to persist in sth.
empertigar [1h] *vt (Chi: caballo)* to hitch up.
empezar [1f, 1k] *vt, vi* to begin, start; **empezó a llover** it started to rain; **empezó diciendo que ...** he began by saying that ...; **empezaré por limpiar todo** I'll begin by cleaning everything; **¡no empieces!** *(a regañar etc)* don't start; **bueno, para ~** well, to start with.
empicotar [1a] *vt* to pillory.
empiezo *nm (LAm)* = **comienzo.**
empilonar [1a] *vt (LAm)* to pile up.
empinada *nf (Aer)* steep climb.
empinado *adj* **(a)** *(cuesta)* steep; *(edificio)* high, lofty. **(b)** *(fig)* proud.
empinar [1a] **1** *vt* **(a)** to raise; *(botella)* to tip up; **~ el codo** to booze *(fam)*. **(b)** *(enderezar)* to straighten. **2** *vi (fam)* to drink, booze. **3 empinarse** *vr* **(a)** *(persona)* to stand on tiptoe; *(caballo)* to rear up; *(edificio)* to tower, soar; *(Aer)* to zoom upwards. **(b)** *(LAm)* to overeat.
empingoratado *adj (fam)* stuck-up *(fam)*.
empiparse [1a] *vr* to stuff o.s. with food.
empírico 1 *adj* empiric(al). **2** *nm* empiricist.
empirismo *nm* empiricism.
empizarrado *nm* slate roof.
empizarrar [1a] *vt* to roof with slates.
emplastar [1a] *vt* **(a)** *(Med)* to put a plaster/poultice on. **(b)** *(cara)* to make up. **(c)** *(negocio)* to block.
emplasto *nm* **(a)** *(Med)* poultice. **(b)** *(fig)* makeshift arrangement. **(c)** *(débil)* weakling. **(d)** *(LAm)* bore, tedious person.
emplazamiento *nm* **(a)** *(Jur)* summons. **(b)** *(sitio)* location; *(Mil)* (gun) emplacement.
emplazar [1f] *vt* **(a)** *(convocar)* to summon, convene; *(Jur)* to summons. **(b)** *(ubicar)* to site, place; *(estatua etc)* to erect.
empleado/a *nm/f* *(gen)* employee; *(oficinista)* clerk, office worker; *(LAm: criado)* servant; **~ bancario** *o* **de banco** bank clerk; **~ de confianza** confidential clerk; **~ de correos** post-office worker; **~ de pompas fúnebres** undertaker's assistant, *(US)* mortician's assistant; **~ público** civil servant; **~ de ventanilla** booking office clerk.
emplear [1a] **1** *vt (herramienta, palabra etc)* to use, employ; *(persona)* to employ; *(tiempo)* to occupy, spend; *(dinero)* to invest; **~ mal** to misuse; **~ mal el tiempo** to waste time. **2 emplearse** *vr* to be used, be employed; **¡bien se te emplea!** it serves you right!
empleo *nm* **(a)** *(de algo)* use; *(de tiempo)* spending; *(Com)* investment; **'modo de ~'** 'instructions for use'. **(b)** *(trabajo)* employment, work; **pleno ~** full employment. **(c)** *(puesto)* job, employment, post; **buscar un ~** to look for a job; **estar sin ~** to be unemployed; **'solicitan ~'** 'situations wanted'.
emplomadura *nf* lead covering; *(RPl: de diente)* filling.
emplomar [1a] *vt (vidrieras)* to lead; *(revestir)* to cover *o* line *o* weight with lead; *(precintar)* to seal with lead; *(RPl: diente)* to fill.
emplumar [1a] **1** *vt* **(a)** to adorn with feathers; *(como castigo)* to tar and feather; **¡que te emplumen!** *(fam)* get lost! *(fam)*. **(b)** *(LAm: estafar)* to swindle. **(c)** *(LAm: zurrar)* to beat up, thrash. **(d)** *(Chi)* **~las** to run away. **2** *vi* **(a)** to grow feathers. **(b)** *(LAm)* take to one's heels.
emplumecer [2d] *vi* to grow feathers.
empobrecer [2d] **1** *vt* to impoverish. **2 empobrecerse** *vr* to become poor.
empobrecimiento *nm* impoverishment.
empolvado *adj (sustancia)* powdery; *(superficie)* dusty.
empolvar [1a] **1** *vt (cara)* to powder; *(superficie)* to cover with dust. **2 empolvarse** *vr* **(a)** to powder one's face; *(superficie)* to get dusty. **(b)** *(Méx)* to get rusty, get out of practice. **(c)** *(LAm)* to run away.
empollar [1a] **1** *vt* **(a)** to incubate, sit on. **(b)** *(Univ etc fam: asignatura)* to swot up *(fam)*. **2** *vi* **(a)** *(gallina)* to sit, brood. **(b)** *(insectos)* to breed. **(c)** *(Univ etc fam)* to swot *(fam)*, cram.
empollóna/ona *nm/f (Univ etc fam)* swot *(fam)*.
emponchado *adj (LAm)* **(a)** *(vestido de poncho)* wearing a poncho, covered with a poncho. **(b)** *(sospechoso)* suspicious.
emponcharse [1a] *vr (LAm)* to put on one's poncho.
emponzoñamiento *nm* poisoning.
emponzoñar [1a] *vt (lit, fig)* to poison.
emporcar [1g, 1m] *vt* to soil.
emporio *nm* emporium, trading centre; *(LAm)* large department store.
emporroso *adj (CAm)* annoying.
empotrado *adj (armario etc)* built-in; *(Mec)* fixed, integral.
empotrar [1a] **1** *vt (gen)* to embed, fix; *(armario etc)* to build in. **2 empotrarse** *vr*: **el coche se empotró en la tienda** the car embedded itself in the shop.
empotrerar [1a] *vt* **(a)** *(LAm: ganado)* to (put out to) pasture. **(b)** *(RPl, Cu: tierra)* to convert into fenced pasture.
empozarse [1f] *vr (RPl, Per)* to form pools.

emprendedor(a) 1 *adj* enterprising, go-ahead. **2** *nm/f (Fin)* entrepreneur.

emprender [2a] *vt* **(a)** *(trabajo)* to undertake; *(viaje)* to embark on; ~ **marcha a** to set out for; ~ **el regreso** to return; ~ **la retirada** to retreat. **(b)** ~**la** to start, set out; ~**la con uno** to have a row with sb; **la emprendieron con el árbitro a botellazos** they attacked the referee by throwing bottles at him.

empreñar [1a] **1** *vt (mujer)* to make pregnant; *(animal)* to mate with. **2 empreñarse** *vr* to become pregnant.

empresa *nf* **(a)** *(de espíritu etc)* enterprise; ~ **libre/privada** free/private enterprise. **(b)** *(Com, Fin: sociedad)* firm, company; ~ **colectiva** joint venture; ~ **funeraria** undertaker's; ~ **particular** private company; ~ **de servicios públicos** public utility company. **(c)** *(esp Teat: dirección)* management; **la** ~ **lamenta que ...** the management regrets that ....

empresarial *adj (función, clase etc)* managerial.

empresario *nm (Téc)* manager; *(Mús: de opera etc)* impresario; *(Boxeo)* promoter; *(Com)* contractor; ~ **de pompas fúnebres** undertaker, *(US)* mortician; ~ **de transporte** *(LAm)* shipping agent.

emprestar [1a] *vt (LAm: dar prestado)* to lend; *(: pedir prestado)* to borrow.

empréstito *nm* (public) loan; ~ **de guerra** war loan.

empujada *nf (LAm)* push, shove.

empujadora-niveladora *nf* bulldozer.

empujar [1a] *vt* **(a)** *(gen)* to push; *(con fuerza)* to shove, thrust (*en* into); *(Mec)* to drive; *(bicicleta)* to push; *(botón)* to press; **'empujad'** *(en puertas)* 'push'; **¡no empujen!** stop pushing! **(b)** *(fam: persona)* to sack *(fam)*. **(c)** ~ **algo** *(fam)* to work behind the scenes for sth.

empujatierra *nf* bulldozer.

empuje *nm* **(a)** *(gen)* pressure; *(Mec, Fís)* thrust. **(b)** *(un* ~*)* push, shove. **(c)** *(fig)* push, drive; **le falta** ~ he lacks drive; **en un espíritu de** ~ in a thrustful spirit.

empujón *nm* push, shove; **abrirse paso a** ~**es** to shove one's way through; **avanzar a** ~**es** to go forward in fits and starts.

empulgueras *nfpl* thumbscrew.

empuñadura *nf* **(a)** *(de espada)* hilt; *(de herramienta etc)* handle. **(b)** *(de cuento)* start, opening.

empuñar [1a] *vt* **(a)** to grasp, clutch; *(Chi: puño)* to clench. **(b)** *(fig)* ~ **las armas** to take up arms; ~ **el bastón** to take command.

empurrarse [1a] *vr (CAm)* to get angry.

emú *nm* emu.

emulación *nf* emulation.

emulador(a) 1 *adj* emulous (*de* of). **2** *nm/f* rival.

émulo/a *nm/f* rival, competitor.

emulsión *nf* emulsion.

emulsionar [1a] *vt* to emulsify.

en *prep* **(a)** *(sitio)* in; *(dirección)* into; *(sobre)* on, upon; **está** ~ **el cajón** it's in the drawer; **meter algo** ~ **el bolsillo** to put sth in (to) one's pocket; **está** ~ **el suelo** it's on the floor; **está** ~ **Argentina** he's in Argentina; **está** ~ **algún lugar de la Mancha** he's at some place in La Mancha; ~ **casa** at home; **te esperé** ~ **la estación** I waited for you at the station; **trabaja** ~ **la tienda** she works in the shop; **ir de puerta** ~ **puerta** to go from door to door. **(b)** *(tiempo)* in, on; ~ **1605** in 1605; ~ **el siglo X** in the 10th century; ~ **aquella ocasión** on that occasion; **lo terminaron** ~ **3 semanas** they finished it in 3 weeks. **(c)** *(precio)* at, for; **lo vendió** ~ **5 dólares** he sold it at *o* for 5 dollars. **(d)** *(tipo)* by; **reducir algo** ~ **una tercera parte** to reduce sth by a third; **ha aumentado** ~ **un 20 por ciento** it has increased by 20%. **(e)** *(manera)* **le conocí** ~ **el andar** I recognized him by his walk; **ir** ~ **avión** to go by air; **vine** ~ **el autobús** I came by bus. **(f)** *(con verbo)* ~ **viéndole se lo dije** the moment I saw him I told him.

enaceitar [1a] *vt (RPl)* to oil.

enagua *nf (LAm)*, **enaguas** *nfpl* petticoat.

enaguazar [1f] *vt* to flood.

enajenación *nf*, **enajenamiento** *nm* **(a)** *(Jur etc)* alienation; ~ **forzosa** expropriation. **(b)** *(distracción)* absentmindedness; *(éxtasis)* rapture, trance; ~ **mental** mental derangement.

enajenar [1a] **1** *vt* **(a)** *(Jur etc: propiedad)* to alienate, transfer; *(: derechos)* to dispose of. **(b)** *(persona)* to alienate, estrange. **(c)** *(fig)* to enrapture, carry away. **2 enajenarse** *vr* **(a)** ~ **algo** to deprive o.s. of sth; ~ **las simpatías** to make o.s. disliked. **(b)** *(amigos)* to become estranged. **(c)** *(extasiarse)* to be enraptured, get carried away.

enaltecer [2d] *vt* to extol.

enamoradizo *adj* who easily falls in love.

enamorado *adj* **(a)** in love; **estar** ~ to be in love (*de* with). **(b)** *(RPl, Chi)* = **enamoradizo.**

enamoramiento *nm* falling in love.

enamorar [1a] **1** *vt* to win the love of. **2 enamorarse** *vr* to fall in love (*de* with).

enamoricarse [1g] *vr*, **enamoriscarse** [1g] *vr* *(LAm)* to be just a bit in love (*de* with).

enangostar [1a] **1** *vt* to narrow. **2 enagostarse** *vr* to narrow, get narrower.

enano/a 1 *adj* dwarf *(atr)*. **2** *nm/f* dwarf, midget; *(pey)* runt.

enarbolar [1a] **1** *vt (bandera etc)* to hoist; *(espada etc)* to flourish. **2 enarbolarse** *vr* **(a)** *(persona)* to get angry. **(b)** *(caballo)* to rear up.

enarcar [1g] *vt* **(a)** *(Téc)* to put a hoop on. **(b)** *(cejas)* to raise; *(lomo)* to arch; *(pecho)* to throw out.

enardecer [2d] **1** *vt (pasión)* to inflame; *(persona)* to fill with enthusiasm. **2 enardecerse** *vr* **(a)** *(Med)* to become inflamed. **(b)** *(fig)* to get excited, get enthusiastic (*por* about).

enarenar [1a] **1** *vt* to cover with sand. **2 enarenarse** *vr (Náut)* to run aground.

enastado *adj* horned.

encabalgamiento *nm (Lit)* enjambement.

encabestrar [1a] **1** *vt* **(a)** *(caballo)* to put a halter on. **(b)** *(fig)* to overcome. **2 encabestrarse** *vr (LAm)* to dig one's heels in.

encabezado 1 *adj (vino)* fortified. **2** *nm (Méx: en periódico)* heading, headline.

encabezamiento *nm* **(a)** *(en periódico)* headline, caption; *(preámbulo)* foreword, preface; *(Com)* bill head, letterhead. **(b)** *(registro)* roll, register.

encabezar [1f] *vt* **(a)** *(movimiento, revolución etc)* to lead, head. **(b)** *(lista, liga etc)* to head, be at the top of. **(c)** *(papel, documento)* to put a heading to; *(artículo)* to head, entitle; *(dibujo etc)* to caption. **(d)** *(población)* to register (for tax purposes *etc*). **(e)** *(vino)* to fortify.

encabritarse [1a] *vt (caballo)* to rear up.

encabronar [1a] *vt (LAm)* to make angry.

encachar [1a] **1** *vt (Taur: cabeza)* to lower before charging. **2** *vi (Méx)* to get o.s. a sweetheart.

encachilarse [1a] *vr (RPl)* to get furious.

encachorrarse [1a] *vr (LAm)* to get angry.

encadenar [1a] *vt* **(a)** *(atar con cadenas)* to chain (together); *(poner grilletes a)* to fetter, shackle. **(b)** *(enlazar: ideas)* to connect, link.

encajadura *nf* **(a)** *(acto)* insertion. **(b)** *(hueco)* socket; *(ranura)* groove.

encajar [1a] **1** *vt* **(a)** *(ajustar)* to insert, fit (*en* into); *(meter a la fuerza)* to push in, thrust in; *(máquina etc)* to house, encase; *(partes)* to join, fit together. **(b)** *(comentario)* to get in; *(fam: cuento)* to come out with; *(insinuación)* to drop. **(c)** **~ algo a uno** to palm *o* foist sth off on sb; **~ una historia a uno** to force sb to listen to a (disagreeable) story. **(d)** *(fam: golpe)* to give, deal; **le encajó un bofetón** he gave him a punch. **(e)** *(fam: insulto)* to hurl (*a* at).

2 *vi* **(a)** *(ajustar)* to fit; **esto no encaja bien** this doesn't fit properly. **(b)** *(corresponder a)* to fit, correspond; **esto no encaja con lo que dijo antes** this does not tally with what he said before.

3 encajarse *vr* **(a)** *(fam: introducirse)* to squeeze (o.s.) in; *(fiesta)* to (gate)crash. **(b)** *(fam)* to butt in. **(c)** **~ una chaqueta** to put on a jacket.

encaje *nm* **(a)** *(acto)* insertion, fitting. **(b)** *(hueco)* socket; *(ranura)* groove; *(Mec)* housing. **(c)** *(taracea)* inlay, mosaic; *(Cos)* lace; **~ de aplicación** appliqué (work). **(d)** *(LAm Fin)* reserve, stock; **~ de oro** gold reserve.

encajera *nf* lacemaker.

encajetillar [1a] *vt (Méx)* to pack in boxes, box.

encajonar [1a] **1** *vt* **(a)** to box (up), put in a box; *(Mec)* to box in. **(b)** *(río)* to canalize. **(c)** *(meter en un sitio estrecho)* to squeeze in *o* through. **2 encajonarse** *vr (LAm: río)* to run between steep banks.

encalabrinar [1a] **1** *vt* **(a)** *(suj: vino)* to go to one's head. **(b)** **~ a uno** to get sb worked up. **(c)** *(fam)* **~ a una** to attract a girl. **2 encalabrinarse** *vr (fam)* **~ de una** to get infatuated with a girl.

encalambrarse [1a] *vr (LAm)* to get cramp.

encalar [1a] *vt (pared)* to whitewash.

encalmado *adj* **(a)** *(Náut)* becalmed. **(b)** *(Com, Fin)* quiet, slack.

encalmarse [1a] *vr* to calm down.

encalvecer [2d] *vi* to go bald.

encalladero *nm* shoal, sandbank.

encallar [1a] *vi* **(a)** *(Náut)* to run aground, get stranded (*en* on). **(b)** *(fracasar)* to fail; *(en gestiones etc)* to get bogged down.

encallecido *adj* hardened.

encamar [1a] **1** *vt (CAm, Méx)* to take to hospital, hospitalize. **2 encamarse** *vr* **(a)** to take to one's bed; **~ con uno** *(Arg, Per)* to go to bed with sb; **estar encamado** to be confined to bed. **(b)** *(maíz etc)* to be flattened. **(c)** *(animal)* to crouch, hide.

encaminar [1a] **1** *vt* **(a)** *(poner en camino)* to direct, set on the right road (*a* to); **pude ~le** I was able to tell him the way to go. **(b)** *(vehículo, expedición etc)* to route (*por* via). **(c)** *(atención, fuerza etc)* to direct (*a* towards); **el proyecto está encaminado a ayudarles** the plan is directed towards helping them *o* is designed to help them. **2 encaminarse** *vr* **(a)** **~ a** *(dirigirse a)* to set out for, take the road to. **(b)** **~ a** *(tener como objetivo)* to be directed towards, be intended for.

encamotado *adj (LAm)* **estar ~** to be in love (*de* with).

encamotarse [1a] *vr (LAm)* to fall in love (*de* with).

encampanado *adj* bell-shaped.

encampanar [1a] *(LAm)* **1** *vt (elevar)* to raise. **2 encampanarse** *vr (jactarse)* to boast, brag.

encanallarse [1a] *vr (rebajarse)* to degrade o.s.; *(soltar la lengua)* to become coarse.

encandecer [2d] *vt* to make white-hot.

encandilado *adj* high, erect.

encandilar [1a] **1** *vt* **(a)** *(deslumbrar)* to dazzle. **(b)** *(lumbre)* to stir, poke. **(c)** *(persona)* to daze, bewilder. **(d)** *(fig: emoción)* to kindle, stimulate. **2 encandilarse** *vr* **(a)** *(ojos)* to light up. **(b)** *(LAm: asustarse)* to get scared; *(Méx: enfadarse)* to get angry.

encanecer [2d] *vi*, **encanecerse** *vr* **(a)** *(pelo)* to go grey; *(persona)* to go grey, look old. **(b)** *(fig)* to go mouldy.

encanijado *adj* weak, puny.

encanijarse [1a] *vr* to grow weak, become emaciated.

encantado *adj* **(a)** *(hechizado)* bewitched; *(casa)* haunted; *(sitio)* romantic. **(b)** *(muy contento)* delighted, pleased; **¡~!** *(presentación)* how do you do!, pleased to meet you; **estoy ~ de conocerle** I'm delighted to meet you; **yo, ~** it's all right with me. **(c)** *(distraído)* absent-minded; **parecer estar ~** to seem to be in a trance.

encantador(a) **1** *adj (persona)* charming, delightful; *(sitio)* lovely. **2** *nm/f* magician, enchanter/enchantress; **~ de serpientes** snake charmer.

encantamiento *nm* enchantment.

encantar [1a] *vt* **(a)** *(hechizar)* to bewitch, cast a spell on *o* over. **(b)** *(gustar mucho)* to charm, delight; *(cautivar)* to captivate, fascinate; **nos encanta la casa** we are delighted with the house; **me encantan las flores** I love flowers.

encanto *nm* **(a)** *(magia)* charm, spell; **como por ~** as if by magic; *(fig)* in a flash. **(b)** *(atractivo)* charm; *(gozo)* delight; **la playa es un ~** the beach is delightful; **¡qué ~ de jardín!** what a lovely garden! **(c)** *(expresión de ternura)* sweetheart, my love; **¡oye, ~!** hullo gorgeous! *(fam)*.

encantoso *adj (Méx)* = **encantador 1.**

encañada *nf* ravine.

encañado *nm* pipe.

encañar [1a] **1** *vt* **(a)** *(agua)* to pipe. **(b)** *(planta)* to stake. **(c)** *(tierra)* to drain.

encañizado *nm* wire netting fence.

encañonar [1a] **1** *vt* **(a)** *(agua)* to pipe. **(b)** *(fam: asaltar con arma)* to stick up *(fam)*, hold up; *(amenazar)* to cover (with a gun). **2** *vi (pájaros)* to grow feathers.

encapotado *adj* **(a)** *(con capa)* wearing a cloak. **(b)** *(cielo)* cloudy, overcast.

encapotarse *vr (fruncir el ceño)* to frown; *(Met)* to become cloudy *o* overcast.

encapricharse [1a] *vr* to take a fancy (*con o por algo* to sth).

encapuchado *adj* hooded.

encarado *adj:* **bien ~** good-looking; **mal ~** plain; *(LAm)* wicked-looking.

encaramar [1a] **1** *vt* **(a)** *(subir)* to raise, lift up. **(b)** *(alabar)* to praise, extol. **2 encaramarse** *vr (subir)* to perch, sit up high; **~ a** *(árbol etc)* to climb (up *o* on to).

encarar [1a] **1** *vt* **(a)** *(arma)* to aim, point. **(b)** *(estar de cara a)* to face; *(LAm: afrontar)* to face up to. **2 encararse** *vr:* **~ a** *o* **con** to confront, come face to face with; **se encaró en seguida con el problema** he immediately faced up to the problem.

encarcelación *nf*, **encarcelamiento** *nm* imprisonment.

encarcelar [1a] *vt* to imprison, jail.

encarecer [2d] **1** *vt* **(a)** *(Com)* to put up the price of. **(b)** *(alabar)* to praise, extol; *(persona)* to recommend; *(dificultad)* to stress, emphasize; *(exagerar)* to exaggerate; **le encarezco que lo haga** I urge you to do it. **2** *vi*, **encarecerse** *vr (Com)* to get dearer.

encarecidamente *adv* insistently, earnestly.

encarecimiento *nm* **(a)** *(de precio)* price increase. **(b)** *(alabanza)* extolling; *(insistencia)* stressing, emphasizing; *(exageración)* exaggeration; **con ~** insistently, strongly.

encargado/a 1 *adj:* **el empleado ~ de estos géneros** the employee in charge of these stocks. **2** *nm/f (agente)* agent, representative; *(persona responsable)* person in charge; **~ de negocios** *(Pol)* chargé d'affaires; *(Méx)* agent; **~ de relaciones públicas** public relations officer; **~a de vestuario** *(Teat)* wardrobe mistress.

encargar [1h] **1** *vt (confiar)* to entrust; *(aconsejar)* to recommend, advise; *(pedir)* to ask for; *(Com)* to order; **~ algo a uno** to put sb in charge of sth. **2 encargarse** *vr* **(a) ~ de algo** to take charge of sth, take sth over; **él se encarga del negocio** he looks after the business. **(b) ~ de hacer algo** *(ver de)* to see about doing sth, undertake to do sth.

encargo *nm* **(a)** *(tarea)* assignment, job; *(puesto)* post; *(orden)* commission; *(responsabilidad)* responsibility; **hacer ~s** to run errands. **(b)** *(Com)* order (*de* for). **(c) estar de ~** *(LAm)* to be pregnant.

encariñado *adj:* **estar ~ con** to be fond of.

encariñarse [1a] *vr:* **~ con** to grow fond of, get attached to.

encarnación *nf (Rel)* incarnation; *(personificación)* embodiment.

encarnadino *adj* blood-red.

encarnado *adj* **(a)** *(diablo)* incarnate. **(b)** *(color)* red; *(tez)* ruddy; *(: pey)* florid; **ponerse ~** to blush. **(c)** *(uña)* ingrown, ingrowing.

encarnar [1a] **1** *vt* **(a)** *(gen)* to personify; *(Teat: papel)* to play, bring to life. **(b)** *(anzuelo)* to bait. **2** *vi* **(a)** *(Rel etc)* to become incarnate. **(b)** *(Med)* to heal (up). **(c)** *(cuchillo etc)* to enter the flesh.

encarnizadamente *adv (fig)* bloodily, fiercely.

encarnizado *adj* **(a)** *(herida)* red, inflamed; *(ojo)* bloodshot. **(b)** *(batalla)* bloody, fierce.

encarnizar [1f] **1** *vt (enfadar)* to enrage; *(volver cruel)* to make cruel. **2 encarnizarse** *vr* **(a) ~ en** *(atracarse)* to gorge o.s. on. **(b)** *(luchar)* to fight fiercely; **~ con** *o* **en** to be cruel to.

encarpetar [1a] *vt* **(a)** *(papeles)* to file away; *(proyecto etc)* to shelve, bury. **(b)** *(LAm: moción)* to propose.

encarrilar [1a] *vt* **(a)** *(tren)* to put back on the rails. **(b)** *(fig)* to put on the right track; *(corregir)* to correct; *(dirigir)* to direct, guide.

encartar [1a] *vt* **(a)** to enrol, enter (on a list); *(Jur)* to summon. **(b)** *(criminal)* to outlaw.

encartuchar [1a] *vt (LAm: papel)* to roll up into a cone.

encasar [1a] *vt (hueso)* to set.

encasillado 1 *adj (actor)* typecast. **2** *nm* (set of) pigeonholes.

encasillar [1a] *vt* **(a)** *(poner en casillas)* to pigeonhole; *(clasificar)* to classify; *(archivar)* to file. **(b)** *(Teat etc)* to typecast.

encasquetar [1a] *vt* **(a)** *(sombrero)* to pull down tight. **(b) ~ una idea a uno** to put an idea into sb's head.

encasquillador *nm (LAm)* blacksmith.

encasquillar [1a] *vt (LAm: caballo)* to shoe.

encastillado *adj* **(a)** *(Arquit)* castellated. **(b)** *(soberbio)* haughty; *(obstinado)* stubborn.

encauchar [1a] *vt* to rubberize, waterproof.

encausar [1a] *vt* to prosecute, sue.

encauzar [1f] *vt* **(a)** *(agua, río)* to channel. **(b)** *(fig)* to channel, direct; **las protestas se pueden ~ a fines buenos** the protests can be guided into useful channels.

encefalitis *nf* encephalitis; **~ (letárgica)** sleeping sickness.

enceguecer [2d] *(LAm)* **1** *vt* to blind. **2** *vi*, **enceguecerse** *vr* to go blind.

encelar [1a] **1** *vt* to make jealous. **2 encelarse** *vr* to become jealous.

encenagarse [1h] *vr* **(a)** to get muddy. **(b)** *(fig)* to become depraved.

encendedor *nm* **(a)** *(mechero)* lighter; **~ de cigarrillos/a gas** cigarette/gas lighter; **~ del gas** gas poker. **(b)** *(persona)* lamplighter.

encender [2g] **1** *vt* **(a)** *(gen)* to light; *(pegar fuego a)* to set alight *o* on fire, set fire to; *(cerilla)* to strike; *(luz, radio)* to turn *o* switch *o* put on. **(b)** *(avivar: pasiones etc)* to inflame; *(despertar: entusiasmo)* to arouse; *(: celos, odio)* to awake; *(guerra)* to spark off. **2 encenderse** *vr* **(a)** *(gen)* to light; *(prenderse)* to catch (fire), ignite; *(arder más)* to flare up; **¿cuándo se encienden las luces?** when is lighting-up time? **(b)** *(iluminarse: cara)* to light up; *(inflamarse)* to get excited; *(ruborizar se)* to blush; *(estallar)* to break out; **~ de ira** to flare up with rage.

encendidamente *adv* passionately, ardently.

encendido 1 *adj* **(a)** *(gen)* alight; *(colilla, fuego)* lighted, lit; *(ardiendo)* burning, on fire; *(luz, radio)* (switched) on; *(hilo)* live. **(b)** *(rojo vivo)* bright red; *(mejillas)* glowing (*de* with); *(cara: por el vino etc)* flushed; *(: por la ira)* purple; *(mirada)* fiery, passionate. **2** *nm (de faroles etc)* lighting; *(de cohete)* firing; *(Aut)* ignition.

encerado 1 *adj (suelo)* waxed, polished; *(de color cera)* wax-coloured. **2** *nm* **(a)** *(hule)* oilcloth; *(Náut)* tarpaulin. **(b)** *(Med)* sticking plaster. **(c)** *(Escol etc)* blackboard.

encerador(a) 1 *nm/f (persona)* polisher. **2 enceradora** *nf* polishing machine.

encerar [1a] *vt (suelo)* to wax, polish.

encercamiento *nm (LAm)* encirclement.

encercar [1g] *vt (LAm)* to encircle.

encerotar [1a] *vt (hilo)* to wax.

encerradero *nm* fold, pen.

encerrar [1k] **1** *vt* **(a)** to shut in; *(con llave)* to lock in *o* up; *(cercar)* to enclose; *(confinar)* to confine. **(b)** *(abarcar)* to include, comprise; **el libro encierra profundas verdades** the book contains deep truths. **(c)** *(implicar)* to involve, imply. **2 encerrarse** *vr* to shut *o* lock o.s. up *o* in; *(aislarse)* to go into seclusion; **~ en el silencio** to maintain a total silence.

encespedar [1a] *vt* to turf.

encía *nf* gum.

encíclica *nf* encyclical.

enciclopedia *nf* encyclopaedia.

enciclopédico *adj* encyclopaedic.

encierro *nm* **(a)** *(acto de encerrar)* shutting-in, locking; *(cercado)* confinement. **(b)** *(reclusión)* enclosure; *(cárcel)* prison; *(Agr)* pen; *(Taur)* bull pen. **(c)** *(Taur)* penning.

encima 1 *adv* **(a)** *(lugar)* above; **hay una torre con dos estatuas ~** there's a tower with two statues on top; **ves el cierro y ~ la iglesia** you can see the hill and at the top the church; **el avión pasó por ~** the plane passed overhead; **póngalo ~** put it on top. **(b) echarse algo ~** to take sth upon o.s.; **la guerra está ~** war is imminent; **leer algo muy por ~** to skim through sth; **no llevo dinero ~** I haven't any money on me; **tienes bastante ~** you've got enough to worry about; **se me vino ~** *(sorpresa)* it took me by surprise. **(c)** *(además)* as well, besides; **le regalaron una máquina fotográfica y ~ 5 carretes** they gave him a camera and 5 rolls of film as well; **no viniste y ~ no me llamaste** you didn't come and on top of that you didn't ring me.

2 *prep* **(a)** ~ **de** *(sobre)* on (top of); *(más arriba)* above; ~ **de la puerta colgaba una cruz** a cross hung above the door; **quedamos por** ~ **de aquello** we are above that sort of thing. **(b)** ~ **de** *(además)* besides, in addition to; **y luego** ~ **de todo eso** and then, to cap it all.
encimar [1a] *(LAm)* **1** *vt* to give as a bonus. **2** *vi* *(Naipes)* to add a new stake.
encina *nf* ilex, holm oak.
encinta *adj* pregnant; *(Zool)* with young; **mujer** ~ pregnant woman; **dejar a una** ~ to put a girl in the family way.
encintado *nm* (kerb)stone.
encizañar [1a] *vt, vi* to sow discord *o* create trouble (among).
enclaustrar [1a] *vt (Rel)* to cloister; *(fig)* to hide away.
enclavar [1a] *vt* **(a)** *(clavar)* to nail; *(traspasar)* to pierce, transfix. **(b)** *(empotrar)* to embed, set; *(edificio)* to place; **las ruinas están enclavadas en un valle** the ruins are set in a valley. **(c)** *(fam: engañar)* to swindle.
enclave *nm (Pol etc)* enclave.
enclenco *adj (LAm)*, **enclenque** *adj* weak, sickly.
encobar [1a] *vi*, **encobarse** *vr (gallina)* to brood.
encoger [2c] **1** *vt* **(a)** *(tejidos)* to shrink. **(b)** *(acobardar)* to intimidate. **2** *vi (tela)* to shrink. **3** **encogerse** *vr* **(a)** to shrink. **(b)** ~ **de hombros** to shrug one's shoulders. **(c)** *(acobardarse)* to cringe; *(desanimarse)* to get discouraged; *(avergonzarse)* to be shy *o* timid.
encogidamente *adv (fig)* shyly, bashfully.
encogido *adj* **(a)** *(tejido)* shrunken; *(marchito)* shrivelled. **(b)** *(tímido)* shy, bashful.
encogimiento *nm* **(a)** *(de tejidos)* shrinking. **(b)** ~ **de hombros** shrug (of the shoulders). **(c)** *(timidez)* shyness, bashfulness.
encohetarse [1a] *vr (LAm)* to get furious.
encojar [1a] **1** *vt* to lame, cripple. **2** **encojarse** *vr* to go lame; *(fam: fingir enfermedad)* to pretend to be ill.
encolar [1a] *vt (engomar)* to glue, paste; *(aprestar)* to size; *(pegar)* to stick down *o* together.
encolerizar [1f] **1** *vt* to anger, provoke. **2** **encolerizarse** *vr* to get angry.
encomendar [1k] **1** *vt* to entrust, commend (*a* to, to the charge of). **2** **encomendarse** *vr:* ~ **a** to entrust o.s. to.
encomendería *nf (Per)* grocery store.
encomendero *nm (Per)* grocer.
encomiar [1b] *vt* to praise, pay tribute to.
encomienda *nf* **(a)** *(encargo)* charge; *(elogio)* praise. **(b)** *(LAm Correo: paquete)* parcel; *(: servicio)* parcel post; ~ **contra reembolso** parcel sent cash on delivery.
encomio *nm* praise, eulogy.
encomioso *adj (LAm)* laudatory,eulogistic.
enconado *adj* **(a)** *(Med: inflamado)* inflamed; *(: dolorido)* sore. **(b)** *(discusión)* bitter.
enconar [1a] **1** *vt* **(a)** *(Med: inflamar)* to inflame; *(: provocar dolor a)* to make sore. **(b)** *(fig)* to anger, irritate. **2** **enconarse** *vr* **(a)** *(Med)* to become inflamed; *(: supurar)* to fester. **(b)** *(persona)* to get angry *o* irritated; *(agravio)* to fester, rankle.
enconcharse [1a] *vr (LAm)* to go into one's shell.
encono *nm* **(a)** *(rencor)* rancour, spite(fulness); *(mala leche)* bad blood. **(b)** *(LAm)* inflammation, soreness.
enconoso *adj* **(a)** *(Med)* sensitive. **(b)** *(fig)* resentful, malevolent. **(c)** *(LAm: planta)* poisonous.
encontrado *adj (situación)* conflicting.
encontrar [1m] **1** *vt* **(a)** *(hallar)* to find; **lo encontró bastante fácil** he found it pretty easy; **no sé lo que le encuentran** I don't know what they see in her. **(b)** *(topar con)* to meet, encounter; ~ **dificultades** to run into trouble.
2 **encontrarse** *vr* **(a)** *(personas)* to meet (each other); ~ **con uno** to meet *o* run across sb; ~ **con un obstáculo** to encounter an obstacle; **me encontré con que no tenía gasolina** I found I was out of petrol. **(b)** *(vehículos)* to crash, collide; *(opiniones etc)* to clash, conflict. **(c)** *(situarse)* to be (situated *o* located), stand; **se encuentra en la plaza principal** it is in the main square. **(d)** *(persona)* to find o.s., be; **se encuentra enferma** she is ill; **¿cómo te encuentras ahora?** how are you now?; **no se encuentra en este momento** he's not in at the moment. **(e)** **si le haces te la encuentras** *(fam)* if you do that you'll have it coming to you *(fam)*.
encontrón *nm*, **encontronazo** *nm* collision, crash.
encopetado *adj (altanero)* haughty; *(presumido)* conceited; *(eminente)* posh.
encopetarse [1a] *vr* to get conceited, give o.s. airs.
encorchar [1a] *vt* **(a)** *(botella)* to cork. **(b)** *(abejas)* to hive.
encordado *nm (Boxeo)* ring.
encordar [1m] **1** *vt* **(a)** *(Mús)* to fit strings to. **(b)** *(atar)* to bind, tie (with ropes). **(c)** *(espacio)* to rope off. **2** **encordarse** *vr (alpinistas)* to rope themselves together.
encornar [1m] *vt* to gore.
encorralar [1a] *vt* to pen, corral.
encorvado *adj (doblado)* curved, bent; *(inclinado)* stooping; *(torcido)* crooked.
encorvadura *nf (curva)* curve, curvature; *(torcedura)* bend.
encorvar [1a] **1** *vt (doblar)* to bend, curve; *(inclinar)* to bend down *o* over. **2** **encorvarse** *vr* **(a)** *(inclinarse)* to stoop. **(b)** *(combarse)* to sag; *(torcerse)* to buckle.
encrespado *adj* curly.
encrespador *nm* curling tongs.
encrespar [1a] **1** *vt* **(a)** *(pelo)* to curl; *(plumas)* to ruffle; *(agua)* to ripple; *(mar)* to make rough. **(b)** *(irritar)* to anger, irritate. **2** **encresparse** *vr* *(véase vt)* **(a)** to curl; to ripple; to get rough. **(b)** *(fig)* to get cross, get irritated.
encrucijada *nf (lit, fig)* crossroads; *(empalme)* intersection.
encuadernación *nf* **(a)** binding; ~ **en cuero** *o* **piel/tela** leather/cloth binding. **(b)** *(taller)* binder's.
encuadernador(a) *nm/f* bookbinder.
encuadernar [1a] *vt* to bind (*en* in); **libro sin** ~ unbound book.
encuadrar [1a] **1** *vt* **(a)** *(cuadro)* to (put in a) frame. **(b)** *(encajar)* to fit, insert (*en* into). **(c)** *(fig: comprender)* to contain. **(d)** *(LAm)* to summarize, give a synthesis of. **2** *vi (RPl)* to fit, square (*con* with).
encubierta *nf* fraud.
encubierto **1** *pp de* **encubrir**. **2** *adj (oculto)* hidden; *(turbio)* underhand; *(secreto)* undercover.
encubridor(a) **1** *adj* concealing. **2** *nm/f (de lo robado)* receiver, fence *(fam)*; *(que encubre delito)* accessory (after the fact).
encubrimiento *nm (gen)* concealment; *(Jur)* complicity.
encubrir [3a; *pp* **encubierto**] *vt* to hide; *(delincuen-*

te) to harbour; *(delito)* to conceal; *(ayudar)* to be an accomplice in.
encuentro *nm* **(a)** *(gen)* meeting; **un ~ fortuito** a chance meeting; **ir** *o* **salir al ~ de uno** to go to meet sb. **(b)** *(Mil)* encounter; *(: escaramuza)* skirmish. **(c)** *(Dep: partido)* match; **~ cumbre** *(Boxeo)* main bout. **(d)** *(Aut etc)* collision, crash; *(de opiniones etc)* clash; **llevarse a uno de ~** *(LAm)* to knock sb down.
encuerado *adj (LAm)* naked.
encuerar [1a] **1** *vt (LAm)* **(a)** to strip (naked). **(b)** *(fig)* to skin, fleece. **2 encuerarse** *vr (LAm)* to strip off, get undressed.
encuesta *nf* **(a)** *(gen)* inquiry, investigation (*de* into); **~ judicial** postmortem. **(b)** *(sondeo)* public opinion poll; **E~ Gallup** Gallup Poll.
encuestador(a) *nm/f* pollster.
encumbrado *adj* **(a)** *(edificio)* towering, high. **(b)** *(persona)* exalted; *(: pey)* haughty.
encumbramiento *nm* **(a)** *(acto)* raising, elevation. **(b)** *(altura)* height, loftiness.
encumbrar [1a] **1** *vt* **(a)** *(levantar)* to raise, elevate. **(b)** *(persona)* to elevate, exalt (*a* to); *(ensalzar)* to extol. **2 encumbrarse** *vr* **(a)** *(edificio)* to rise, tower. **(b)** *(fig)* **~ sobre** to be far superior to. **(c)** *(engreírse)* to be proud *o* haughty.
encurtido *nm* pickle.
encurtir [3a] *vt* to pickle.
enchapado *nm (de metal)* plating; *(de madera)* veneer.
enchapar [1a] *vt (con metal)* to plate; *(con madera)* to veneer.
enchaquetarse [1a] *vr (LAm)* to put one's jacket on.
encharcada *nf* pool, puddle.
encharcado *adj (terreno)* swamped.
encharcar [1g] **1** *vt (tierra)* to swamp, flood. **2 encharcarse** *vr* **(a)** *(tierra)* to swamp, get flooded. **(b)** *(agua: estancarse)* to become stagnant.
enchicharse [1a] *vr (LAm)* to get drunk on *chicha.*
enchilada *nf (Méx)* rolled filled tortilla.
enchilado 1 *adj* **(a)** *(LAm Culin)* seasoned with chili. **(b)** *(Méx: rojo)* bright red. **2** *nm (Méx)* stew with chili sauce.
enchilar [1a] **1** *vt* **(a)** *(LAm Culin)* to season with chili. **(b)** *(Méx)* to annoy. **2** *vi (Méx)* to sting, burn.
enchiloso *adj (LAm Culin)* hot.
enchinar [1a] **1** *vt (Méx)* to curl, frizzle. **2 enchinarse** *vr:* **~ el cuerpo** to get gooseflesh.
enchinchar [1a] **1** *vt* **(a)** *(LAm)* to put out, bother. **(b)** *(Méx: asunto)* to delay. **2 enchincharse** *vr* **(a)** *(LAm)* to get infested with bugs. **(b)** *(RPl: enfadarse)* to get bad-tempered.
enchiquerar [1a] *vt (LAm)* to pen, corral.
enchisparse [1a] *vr (LAm)* to get tight *(fam).*
enchufable *adj (fam)* plug-in.
enchufar [1a] *vt* **(a)** *(Téc etc)* to join, fit together *o* in; *(Elec)* to plug in. **(b)** *(Com, Fin)* to merge.
enchufe *nm* **(a)** *(Téc etc)* joint; *(manguito)* sleeve; *(encaje)* socket. **(b)** *(Elec)* plug; *(caja de enchufe)* point, socket. **(c)** *(fam: influencia)* useful contact; **tiene un ~ en el ministerio** he can pull strings at the ministry. **(d)** *(fam: puesto)* cushy job *(fam).*
enchufismo *nm (fam)* wirepulling *(fam).*
enchufista *nm (fam)* wirepuller *(fam).*
ende *adv (frm)* **por ~** hence, therefore.
endeble *adj (Med)* feeble, weak; *(razón)* feeble.
endémico *adj (Med)* endemic; *(mal social)* rife, chronic.
endemoniado *adj* **(a)** *(poseído)* possessed (of the devil). **(b)** *(travieso)* devilish, fiendish; *(perverso)* perverse.
endemoniar [1b] **1** *vt (fam)* to provoke. **2 endemoniarse** *vr (fam)* to get angry.
endentar [1k] *vt, vi (Mec)* to engage, mesh (*con* with).
endentecer [2d] *vi* to teethe, cut one's teeth.
enderezado *adj (adecuado)* appropriate; *(propicio)* favourable.
enderezar [1f] **1** *vt* **(a)** to straighten (out *o* up); *(destorcer)* to unbend. **(b)** *(poner de pie)* to set upright, stand vertically; *(Náut)* to right. **(c)** *(arreglar)* to put in order. **(d)** *(dirigir)* to direct; **las medidas están enderezadas a** *o* **para corregirlo** the measures are designed to correct it. **(e)** *(fig)* **~ a uno** to correct sb's faults. **2 enderezarse** *vr* **(a)** to straighten up, draw o.s. up; *(Náut)* to right itself; *(Aer)* to flatten out. **(b) ~ a un lugar** to set out for a place. **(c) ~ a hacer algo** to take steps to do sth.
endespués *adv (LAm)* = **después.**
endeudarse [1a] *vr* to get into debt (*con* with).
endiablado *adj* **(a)** *(diabólico)* devilish, diabolical. **(b)** *(hum)* impish, mischievous. **(c)** *(feo)* ugly. **(d)** *(enfadado)* furious, angry. **(e)** *(LAm: carretera)* difficult, dangerous; *(: asunto)* tricky.
endibia *nf* endive.
endilgar [1h] *vt (fam)* **(a)** *(enviar)* to send; *(encaminar)* to guide. **(b)** *(golpe)* to fetch. **(c) ~ algo a uno** to spring sth on sb; **~ un sermón a uno** to give sb a lecture.
endiosado *adj (vanidoso)* stuck-up *(fam),* conceited; *(reservado)* stand-offish.
endiosarse [1a] *vr* **(a)** *(engreírse)* to give o.s. airs; *(ser reservado)* to be stand-offish. **(b)** *(engolfarse)* **~ en algo** to be(come) absorbed in sth.
enditarse [1a] *vr (LAm)* to get into debt.
endocrino/a 1 *adj* endocrine *(atr).* **2 endocrina** *nf* endocrine (gland).
endomingado *adj* in one's Sunday best.
endomingarse [1h] *vr* to put on one's Sunday best.
endorsar [1a] *vt (cheque, propuesta)* to endorse, back; *(confirmar)* to confirm.
endosante *nmf* endorser.
endosar [1a] *vt* **(a)** *(cheque)* to endorse. **(b)** *(fam)* **~ algo a uno** to lumber sb with sth.
endosatario/a *nm/f* endorsee.
endoso *nm* endorsement; **sin ~** unendorsed.
endrogarse [1h] *vr (LAm)* to get into debt.
endulzar [1f] *vt (lit, fig)* to sweeten; *(suavizar)* to soften.
endurecer [2d] **1** *vt* **(a)** *(gen)* to harden, make hard; *(hacer más fuerte)* to toughen; *(barro etc)* to harden, cake. **(b)** *(acostumbrar)* to toughen; **~ a uno a los peligros** to inure sb to dangers. **2 endurecerse** *vr* **(a)** *(véase vt)* to harden, get hard; to toughen; to cake, set (firm); *(Fin: precio)* to harden. **(b)** *(volverse insensible)* to become cruel. **(c) ~ a los peligros** to inure o.s. to danger.
endurecido *adj* **(a)** *(véase vt)* hard; tough; hardened, caked. **(b)** *(resistente)* hardy, tough; **~ a** used to. **(c)** *(cruel)* cruel, hard-hearted; *(terco)* obdurate.
endurecimiento *nm* **(a)** *(acto)* hardening; **~ de las arterias** hardening of the arteries. **(b)** *(dureza)* hardness, toughness. **(c)** *(crueldad)* cruelty, callousness.
enebro *nm* juniper.
enema *nf* enema.
enemigo/a 1 *adj* enemy, hostile; *(poco amistoso)* unfriendly; **ser ~ de** *(persona)* to dislike, be hostile to; *(tendencia)* to be inimical to. **2** *nm/f* enemy; *(adversario)* foe, opponent; **el ~ (malo)**

the devil; **pasarse al** ~ to go over to the enemy.

enemistad *nf* enmity.

enemistar [1a] **1** *vt* to make enemies of, cause a rift between. **2 enemistarse** *vr* to become enemies; ~ **con uno** to fall out with sb.

energético *adj (LAm)* = **enérgico.**

energía *nf* **(a)** *(vigor)* energy, drive; *(empuje)* push, go; **reaccionar con** ~ to react vigorously. **(b)** *(Téc)* power, energy; ~ **atómica** atomic energy; ~ **hidráulica/nuclear** water/nuclear power.

enérgico *adj (persona)* energetic, vigorous; *(manera)* forceful, forthright; *(gesto, habla, tono etc)* emphatic; *(esfuerzo)* determined; *(ejercicio)* strenuous; *(campaña)* vigorous, high-pressure; *(medida)* bold, drastic; *(ataque)* vigorous, strong; **ponerse** ~ **con uno** to get tough with sb.

energúmeno/a *nm/f* demon, madman/madwoman.

enero *nm* January; *véase tb* **se(p)tiembre.**

enervar [1a] *vt (debilitar)* to enervate, weaken; *(poner nervioso a)* to get on sb's nerves.

enésimo *adj* **(a)** *(Mat)* n^{th}; **elevado a la ~a potencia** raised to the nth power; *(fig)* to the nth degree. **(b)** *(fig)* **por ~a vez** for the umpteenth time.

enfadar [1a] **1** *vt* **(a)** *(gen)* to anger, irritate; *(ofender)* to offend. **(b)** *(LAm)* to bore. **2 enfadarse** *vr* **(a)** to get angry *o* cross *o* annoyed (*con* with, *de* about, at); **de nada sirve enfadarte** it's no good getting cross. **(b)** *(LAm)* to be *o* get bored.

enfado *nm* **(a)** *(irritación)* annoyance, anger. **(b)** *(molestia)* trouble, bother.

enfadoso *adj (molesto)* annoying; *(pesado)* tedious.

enfangar [1h] **1** *vt* to cover with mud. **2 enfangarse** *vr* **(a)** to get muddy *o* covered in mud. **(b)** *(fig: ensuciarse)* to dirty one's hands.

enfardar [1a] *vt* to bale.

énfasis *nm (gen)* emphasis; *(insistencia)* stress; **hablar con** ~ to speak emphatically; **poner el** ~ **en** to stress.

enfático *adj* emphatic; *(positivo)* positive; *(habla)* heavy; **dijo** ~ he said emphatically.

enfatizar [1f] *vt* to emphasize, stress.

enfermar [1a] **1** *vt (Med)* to make ill; **su actitud me enferma** her attitude makes me sick. **2** *vi*, **enfermarse** *vr* to fall *o* be taken ill (*de* with); ~ **del corazón** to develop heart trouble.

enfermedad *nf* **(a)** *(indisposición)* illness, sickness; **durante esta** ~ during this illness; **ausentarse por** ~ to be off sick. **(b)** *(afección)* illness, disease; *(mal)* complaint, malady; ~ **contagiosa/profesional/venereal** contagious/occupational/venereal disease; ~ **de la piel** skin infection; ~ **del sueño** sleeping sickness; ~ **por virus** virus infection; **pegar una** ~ **a uno** to give sb a disease.

enfermera *nf* nurse; ~ **ambulante** visiting nurse; ~ **jefa** matron.

enfermería *nf (hospital)* infirmary; *(Escol etc)* sick bay.

enfermero *nm (en hospital)* male nurse; *(Mil)* medical orderly.

enfermizo *adj (persona: enclenque)* sickly; *(mente)* morbid; *(pasión)* morbid, unhealthy.

enfermo/a 1 *adj* ill, sick, unwell; ~ **de amor** lovesick; **caer** *o* **ponerse** ~ to fall ill (*de* with); **estar** ~ **de gravedad/de peligro** to be seriously/dangerously ill. **2** *nm/f (gen)* invalid, sick person; *(en hospital)* patient.

enfermoso *adj (LAm)* = **enfermizo.**

enfiestarse [1a] *vr (LAm)* to have a good time.

enfilar [1a] *vt* **(a)** *(Mil)* to rake with fire. **(b)** *(colocar en fila)* to line up, put in a row; *(cuentas)* to thread. **(c)** *(calle)* to go straight along *o* down.

enflaquecer [2d] **1** *vt (adelgazar)* to make thin; *(debilitar)* to weaken, sap the strength of. **2** *vi*, **enflaquecerse** *vr* **(a)** to get thin, lose weight. **(b)** *(esfuerzo)* to flag; *(desanimarse)* to lose heart.

enflaquecido *adj* thin.

enflatarse [1a] *vr* **(a)** *(LAm)* to grow sad. **(b)** *(Méx)* to fly into a rage.

enflautar [1a] *vt (LAm)*: ~ **algo a uno** to unload sth on to sb.

enfocar [1g] **1** *vt* **(a)** *(Fot etc)* to focus (*a, sobre* on). **(b)** *(cuestión, problema)* to consider, look at; **no me gusta su modo de** ~ **la cuestión** I do not like his approach to the question. **2** *vi*, **enfocarse** *vr* to focus (*a, sobre* on).

enfoque *nm* **(a)** *(Fot: acto)* focusing; *(: resultado)* focus. **(b)** *(aumento)* magnification; **potencia de** ~ magnifying power. **(c)** *(óptica)* approach.

enfrascar [1g] **1** *vt* to bottle. **2 enfrascarse** *vr* **(a)** ~ **en un libro** to bury o.s. in a book. **(b)** ~ **en un problema** to get deeply involved in a problem.

enfrenar [1a] *vt (caballo)* to bridle; *(Mec)* to brake.

enfrentamiento *nm (conflicto)* confrontation; *(encuentro)* (face to face) meeting *o* encounter.

enfrentar [1a] **1** *vt* **(a)** *(carear)* to put face to face. **(b)** *(probema, dificultad)* to face, confront. **2** *vi* to face. **3 enfrentarse** *vr*: ~ **con** *(problema)* to face (up to), confront; *(persona)* to stand up to; *(ejército)* to meet, face; *(Dep: equipos)* to play against, meet; **hay que** ~ **con el peligro** one must face the danger squarely.

enfrente 1 *adv (en el lado opuesto)* opposite; *(delante)* in front, facing; *(en contra)* in opposition; **la casa de** ~ the house opposite, the house across the street. **2** ~ **de** *prep (frente a)* opposite (to), facing; *(en contra de)* opposed to, against.

enfriadera *nf* cooling jar.

enfriadero *nm* cold storage.

enfriador *nm* cooler, cooling plant.

enfriamiento *nm* **(a)** *(acción)* cooling. **(b)** *(Med)* cold, chill.

enfriar [1c] **1** *vt* **(a)** *(poner frío: vino etc)* to cool, chill; *(lo caliente)* to cool down. **(b)** *(pasión)* to cool down; *(entusiasmo)* to dampen. **(c)** *(LAm)* to kill. **2 enfriarse** *vr* **(a)** to cool (down *o* off); **déjelo hasta que se enfríe** leave it to cool down; **se te va a enfriar el café** your coffee's going to get cold. **(b)** *(pasión)* to cool off. **(c)** *(Med)* to catch a chill.

enfrijolarse [1a] *vr (Méx: negocio)* to get messed up.

enfundar [1a] *vt (espada)* to sheathe; *(gafas, violín)* to put in its case; *(diente)* to cap.

enfurecer [2d] **1** *vt* to enrage, madden. **2 enfurecerse** *vr* **(a)** *(persona)* to get furious, fly into a rage. **(b)** *(mar)* to get rough.

enfurruñarse [1a] *vr (fam)* **(a)** to get angry. **(b)** *(estar mohino)* to sulk. **(c)** *(cielo)* to become cloudy.

engaitar [1a] *vt (fam)* ~ **a uno** to talk sb round.

engalanar [1a] **1** *vt* to adorn, deck (*de* with). **2 engalanarse** *vr* to adorn o.s., dress up.

enganchar [1a] **1** *vt* **(a)** *(pez)* to hook; *(caballo)* to harness; *(carro, remolque)* to hitch up; *(ropa)* to hang up; *(Mec)* to couple, connect; *(dos vagones)* to couple up. **(b)** *(fam: atraer: persona)* to rope in; *(: marido)* to land. **(c)** *(Mil)* to recruit. **2 engancharse** *vr* **(a)** *(quedarse prendido)* to get hooked up, catch (*en* on); *(Mec)* to engage (*en* with). **(b)** *(Mil)* to enlist, join up.

enganche *nm* **(a)** *(acto)* hooking (up); *(de remol-*

que) hitching. **(b)** *(gancho)* hook. **(c)** *(Mec)* coupling, connection; *(Ferro)* coupling. **(d)** *(Mil)* recruitment, enlistment.
engañadizo *adj* gullible.
engañador(a) 1 *adj* deceiving, cheating; *(cosa)* deceptive. **2** *nm/f (persona)* impostor.
engañapichanga *nf (LAm)* trick, hoax.
engañar [1a] **1** *vt* **(a)** *(embaucar)* to deceive, trick; *(despistar)* to mislead; *(con promesas vanas)* to delude; *(estafar)* to cheat, swindle; **engaña a su mujer** he's unfaithful to his wife; **a mí no me engaña nadie** you can't fool me; **no te dejes engañar** don't let yourself be taken in. **(b) necesito picar algo para ~ el hambre hasta que cenemos** I need to nibble at sth to stop me feeling hungry until we have dinner; **~ el tiempo** to kill time.

2 *vi:* **las apariencias engañan** appearances are misleading.

3 engañarse *vr* **(a)** *(equivocarse)* to be wrong, be mistaken; **en eso te engañas** you're wrong there. **(b)** *(ocultarse la verdad)* to delude o.s., fool o.s.; **no te engañes** don't kid yourself.
engañifa *nf (fam)* trick, swindle.
engaño *nm* **(a)** *(acción)* deception; *(trampa)* trick, swindle; *(decepción)* delusion; **todo es ~** it's all a sham. **(b)** *(malentendido)* mistake, misunderstanding; **padecer ~** to labour under a misunderstanding. **(c) ~s** *(astucia)* wiles, tricks.
engañoso *adj (persona)* deceitful, dishonest; *(apariencia)* deceptive; *(consejo)* misleading.
engaratusar [1a] *vt (LAm)* = **engatusar.**
engarce *nm* **(a)** *(de piedra)* setting, mount. **(b)** *(fig)* linking, connection.
engarrotarse [1a] *vr (LAm: miembros)* to get stiff, go numb.
engarzar [1f] **1** *vt* **(a)** *(joya)* to set, mount; *(cuentas)* to thread; *(pelo)* to curl. **(b)** *(ideas)* to link, connect. **2 engarzarse** *vr (Chi, RPl)* to get tangled, get stuck.
engastar [1a] *vt (joya)* to set, mount.
engatusar [1a] *vt* to coax, wheedle; **no me vas a ~** you're not going to get round me; **~ a uno para que haga algo** to coax sb into doing sth.
engendrar [1a] *vt* **(a)** *(Bio)* to beget, breed. **(b)** *(Mat)* to generate. **(c)** *(problemas, situación)* to cause.
engendro *nm* **(a)** *(Bio)* foetus; *(pey)* runt. **(b)** *(obra mal hecha)* bungled job. **(c)** *(idea)* brainchild; **el proyecto es el ~ del ministro** the plan is some brainchild of the minister. **(d)** *(fam)* **¡mal ~!, ¡~ del diablo!** little monster!
engestarse [1a] *vr (Méx)* to make a wry face.
englobar [1a] *vt* **(a)** *(comprender)* to include, comprise. **(b)** *(incluir)* to lump together.
engolfarse [1a] *vr* **(a)** *(Náut)* to sail out to sea. **(b) ~ en** *(política)* to get deeply involved in; *(estudio)* to bury o.s. in.
engolosinar [1a] **1** *vt* to tempt, entice. **2 engolosinarse** *vr (encariñarse)* to grow fond (*con* of).
engolletarse [1a] *vr* to give o.s. airs.
engomar [1a] *vt* to gum, glue.
engorda *nf* **(a)** *(LAm: cebadura)* fattening (up). **(b)** *(Méx: animales)* fattened animals.
engordar [1a] **1** *vt* to fatten (up). **2** *vi* **(a)** *(ponerse gordo)* to get fat; *(subir de peso)* to put on weight; *(Agr)* to fatten. **(b)** *(fam)* to get rich.
engorde *nm* fattening (up).
engorrar [1a] *vt (LAm)* to annoy.
engorro *nm* bother, nuisance.
engorroso *adj* bothersome, trying.
engrampar [1a] *vt (LAm)* to clip together, staple.
engranaje *nm (un ~)* gear; *(conjunto)* gears *pl; (dientes)* gear teeth *pl*, cogs *pl*; **~ de distribución** timing gear.
engranar [1a] **1** *vt* to gear; **~ con** to engage. **2** *vi* to interlock; *(Mec)* to engage (*con una rueda* a wheel), mesh (*con* with). **3 engranarse** *vr (LAm Mec)* to seize up, jam.
engrandecer [2d] *vt* **(a)** *(aumentar)* to enlarge, magnify. **(b)** *(ensalzar)* to speak highly of; *(exagerar)* to exaggerate.
engrane *nm* **(a)** mesh(ing). **(b)** *(LAm Mec)* seizing, jamming.
engrasación *nf*, **engrasado** *nm* greasing, lubrication.
engrasador *nm* grease cup; **~ de compresión** *o* **de pistón** grease gun.
engrasamiento *nm* greasing, lubrication.
engrasar [1a] *vt* **(a)** *(Mec)* to grease, oil. **(b)** *(manchar)* to stain with grease. **(c)** *(Arg)* to manure.
engrase *nm* greasing, lubrication.
engreído *adj* **(a)** *(vanidoso)* vain, stuck-up *(fam)*. **(b)** *(LAm: consentido)* spoiled.
engreimiento *nm* vanity, conceit.
engreír [3l] **1** *vt* **(a)** *(poner vanidoso)* to make vain *o* conceited. **(b)** *(LAm: niño)* to spoil, pamper. **2 engreírse** *vr* **(a)** to get conceited. **(b)** *(LAm: consentirse)* to get spoiled, be pampered; *(: encariñarse)* to grow fond (*a, con* of).
engrifarse [1a] *vr (fam)* to get high on drugs.
engrosar [1m] **1** *vt (ensanchar)* to enlarge; *(cantidad)* to increase; *(espesar)* to thicken. **2** *vi (engordar)* to get fat. **3 engrosarse** *vr* to increase, swell.
engrudar [1a] *vt* to paste.
engrudo *nm* paste.
enguantado *adj (mano)* gloved.
enguaracarse [1g] *vr (CAm)* to hide o.s. away.
enguijarrado *nm* cobbles *pl.*
engullir [3a, 3h] *vt* to gobble, gulp (down).
enhebrar [1a] *vt* to thread.
enhiesto *adj* **(a)** *(derecho)* erect, upright. **(b)** *(bandera)* raised; *(edificio)* lofty, towering.
enhilar [1a] *vt* **(a)** *(aguja)* to thread. **(b)** *(ideas)* to put in order.
enhorabuena 1 *nf* congratulations *pl;* **¡~!** the best of luck!; **dar la ~ a uno** to congratulate sb. **2** *adv:* **¡~!** all right!; **~ que ...** thank heavens that ... .
enhoramala *interj:* **¡~!** good riddance!; **¡vete ~!** go to the devil!
enigma *nm* enigma; *(misterio)* mystery.
enigmático *adj* enigmatic.
enjabonar [1a] *vt* **(a)** *(manos, ropa)* to soap, wash; *(barba)* to lather. **(b)** *(fam: adular)* to soft-soap; *(: reprender)* to give sb a dressing-down.
enjaezar [1f] *vt* to harness, saddle up.
enjalbegado *nm*, **enjalbegadura** *nf* whitewashing.
enjalbegar [1h] *vt (pared)* to whitewash; *(cara)* to make up.
enjambrar [1a] **1** *vt* to hive. **2** *vi* to swarm.
enjambre *nm (lit, fig)* swarm.
enjaranarse [1a] *vr (CAm)* to get into debt.
enjaretar [1a] *vt (LAm)* **(a) ~ algo a uno** to lumber sb with sth. **(b)** *(trabajo)* to rush.
enjaular [1a] *vt* to (put in a) cage; *(encerrar)* to coop up; *(fam: encarcelar)* to jail, lock up.
enjetarse [1a] *vr (LAm)* to get cross.
enjuagadientes *nm inv* mouthwash.
enjuagar [1h] *vt (ropa)* to rinse (out); *(boca)* to wash out.
enjuague *nm* **(a)** *(enjuagadientes)* mouthwash. **(b)** *(de ropa)* rinsing; *(de boca)* washing. **(c)** *(fig:*

intriga) scheme.
enjugar [1h] **1** *vt* **(a)** *(sudor)* to wipe (off); *(lágrimas)* to wipe away; *(platos)* to wipe (up), dry; *(líquido)* to wipe *o* mop up. **(b)** *(deuda)* to wipe out. **2 enjugarse** *vr*: ~ **la frente** to wipe *o* mop one's brow.
enjuiciamiento *nm* **(a)** *(acción)* judgment. **(b)** *(Jur)* ~ **civil** lawsuit; ~ **criminal** trial.
enjuiciar [1b] *vt* **(a)** *(juzgar)* to judge, pass judgment on. **(b)** *(Jur: acusar)* to indict; *(: procesar)* to prosecute; *(: sentenciar)* to sentence.
enjundia *nf* **(a)** *(grasa)* animal fat. **(b)** *(fuerza)* strength; *(meollo)* essence.
enjundioso *adj* **(a)** *(grasiento)* fat. **(b)** *(fig)* substantial, meaty.
enjuto *adj (seco)* dry, dried; *(flaco)* lean, skinny.
enlace *nm* **(a)** *(relación)* connection, relationship; *(encuentro)* rendezvous. **(b)** *(Elec)* linkage; *(Quím)* bond; *(de tren)* connection; *(Mil)* liaison. **(c)** *(matrimonio: tb* ~ **matrimonial***)* marriage. **(d)** ~ **sindical** shop steward.
enlardar [1a] *vt (Culin)* to baste.
enlatado *nm* canning, tinning.
enlatar [1a] *vt* to can, tin.
enlazar [1f] **1** *vt* **(a)** *(unir con lazos)* to bind together; *(atar)* to tie. **(b)** *(ideas)* to link, connect. **(c)** *(LAm)* to lasso. **2** *vi (Ferro)* to connect (*con* with). **3 enlazarse** *vr (gen)* to be linked; *(ideas)* to be connected; *(novios)* to get married; *(dos familias)* to become related by marriage.
enlistar [1a] *vt (LAm)* = **alistar.**
enlodar [1a], **enlodazar** [1f] **1** *vt* **(a)** to cover in mud. **(b)** *(fig)* to stain. **2 enlodarse** *vr*, **enlodazarse** *vr* to get muddy.
enloquecedor *adj* maddening; *(dolor de cabeza)* splitting; *(dolor)* excruciating.
enloquecer [2d] **1** *vt (volver loco)* to drive mad; *(enfurecer)* to madden, drive crazy. **2** *vi*, **enloquecerse** *vr* to go mad, go out of one's mind.
enlosado *nm* flagstone pavement.
enlosar [1a] *vt* to pave (with flagstones).
enlozado *adj (LAm)* enamelled, glazed.
enlozar [1f] *vt (LAm)* to enamel, glaze.
enlucido *nm* plaster.
enlucidor *nm* plasterer.
enlucir [3f] *vt (pared)* to plaster; *(metal)* to polish.
enlutado *adj (persona)* in *o* wearing mourning; *(ciudad)* stricken.
enlutar [1a] **1** *vt* **(a)** *(persona)* to put into mourning. **(b)** *(ciudad, país)* to plunge into mourning; *(entristecer)* to sadden, grieve. **(c)** *(oscurecer)* to darken. **2 enlutarse** *vr (vestirse de luto)* to dress in mourning.
enmaderar [1a] *vt (revestir)* to timber; *(cerrar)* to board (up).
enmalezarse [1f] *vr* to get overgrown with *o* covered in scrub.
enmanigurarse [1i] *vr* to get overgrown with trees.
enmarañar [1a] **1** *vt* **(a)** *(enredar)* to tangle (up), entangle. **(b)** *(complicar)* to complicate; *(confundir)* to confuse, perplex; **sólo logró** ~ **más el asunto** he only managed to make a still worse mess of the matter. **2 enmarañarse** *vr* **(a)** *(enredarse)* to get tangled (up), become entangled. **(b)** *(complicarse)* to get more involved; *(confundirse)* to get confused; ~ **en un asunto** to get entangled in an affair. **(c)** *(cielo)* to cloud over.
enmarcar [1g] *vt* **(a)** *(encuadrar)* to frame. **(b)** *(fig)* to provide the setting for.
enmascarar [1a] **1** *vt* **(a)** *(cubrir con máscara)* to mask. **(b)** *(intenciones)* to disguise. **2 enmascararse** *vr* **(a)** to put on a mask. **(b)** *(fig)* ~ **de** to masquerade as.
enmendación *nf* emendation, correction.
enmendar [1k] **1** *vt* **(a)** *(texto)* to emend, correct; *(ley)* to amend. **(b)** *(moral)* to reform. **(c)** *(pérdida)* to make good, compensate for. **2 enmendarse** *vr (persona)* to mend one's ways.
enmienda *nf* **(a)** *(corrección)* emendation, correction; *(Jur, Pol etc)* amendment. **(b)** *(de comportamiento)* reform. **(c)** *(compensación)* compensation, indemnity.
enmohecer [2d] **1** *vt* **(a)** *(metal)* to rust. **(b)** *(Bot etc)* to make mouldy. **2 enmohecerse** *vr* to rust, get rusty; to get mouldy.
enmohecido *adj* **(a)** *(metal)* rusty, rust-covered. **(b)** *(planta)* mouldy, mildewed.
enmonarse [1a] *vr (LAm)* to get tight.
enmontarse [1a] *vr (LAm)* to get overgrown.
enmudecer [2d] **1** *vt* to silence. **2 enmudecerse** *vr (callarse)* to remain silent, say nothing; *(por miedo)* to be struck dumb.
enmugrar [1a] *vt (LAm)*, **enmugrecer** [2d] *vt*, **enmugrentar** [1a] *vt (Chi)* to soil, dirty.
ennegrecer [2d] **1** *vt (poner negro)* to blacken; *(fig)* to darken. **2** *vi*, **ennegrecerse** *vr* to turn black; to get dark, darken.
ennoblecer [2d] *vt* **(a)** *(gen)* to ennoble. **(b)** *(adornar)* to embellish.
enojada *nf (Méx)* (fit of) anger.
enojadizo *adj* irritable, short-tempered.
enojado *adj* angry, cross; **dijo** ~ he said angrily.
enojar [1a] **1** *vt (encolerizar)* to anger; *(molestar)* to upset, annoy. **2 enojarse** *vr* to get angry, lose one's temper; *(irritarse)* to get annoyed *o* cross (*con, contra* with, *de* at, about).
enojo *nm* **(a)** *(ira)* anger; *(irritación)* annoyance; **decir con** ~ to say angrily. **(b) tener prontos** *o* **repentinos** ~**s** to be quick to anger, be easily upset. **(c)** ~**s** troubles, trials.
enojón *adj (LAm)* = **enojadizo.**
enojoso *adj* irritating, annoying.
enorgullecer [2d] **1** *vt* to fill with pride. **2 enorgullecerse** *vr* to be proud (*de* of), to pride o.s. (*de* on).
enorme *adj* **(a)** *(gen)* enormous, huge; *(masivo)* massive. **(b)** *(muy malo)* monstrous.
enormemente *adv*: **me gustó** ~ I enjoyed it enormously *o* tremendously.
enormidad *nf* **(a)** *(inmensidad)* enormousness, hugeness. **(b)** *(de crimen)* enormity. **(c)** *(acto)* wicked *o* monstrous thing. **(d)** *(fam)* **me gustó una** ~ I liked it enormously.
enrabiar [1b] **1** *vt* to enrage. **2 enrabiarse** *vr* to get enraged.
enraizar [1f] *vi* to take root.
enramada *nf* **(a)** *(cobertizo)* arbour. **(b)** *(RPl)* cover made of branches.
enrarecer [2d] **1** *vt* **(a)** *(aire)* to rarefy. **(b)** to make scarce. **2 enrarecerse** *vr* **(a)** *(aire)* to become rarefied, get thin. **(b)** *(escasear)* to become scarce.
enrarecido *adj* rarefied.
enrastrojarse [1a] *vr (LAm)* to get covered in scrub.
enredadera *nf (Bot)* climbing plant, creeper; ~ **(de campo)** bindweed.
enredador(a) **1** *adj (niño)* mischievous; *(que causa riñas)* troublemaking; *(chismoso)* gossipy. **2** *nm/f (lioso)* troublemaker; *(chismoso)* gossip; *(entrometido)* busybody.
enredar [1a] **1** *vt* **(a)** *(animal)* to (catch in a) net; *(entrelazar)* to intertwine; *(pey: enmarañar)* to entangle, tangle (up). **(b)** *(situación)* to confuse,

complicate; *(desordenar)* to make a mess of; *(: comprometer: persona)* to involve; *(meter cizaña)* to cause trouble *o* sow discord among *o* between; *(entretener)* to delay, hold up.

2 *vi (hacer travesuras)* to play about, get into mischief; ~ **con** *(juguetear)* to fiddle *o* tinker with.

3 enredarse *vr* **(a)** *(enmarañarse)* to get entangled *o* tangled (up); ~ **en** *(cuerda)* to catch on; *(Náut: ancla)* to foul. **(b)** *(complicarse: asunto)* to get muddled *o* complicated; *(persona: involucrarse)* to get involved (*con* with); *(: amancebarse)* to have an affair; **no se enrede Ud** don't you get mixed up in this.

enredista *nmf (LAm)* = **enredador 2.**

enredo *nm* **(a)** *(maraña)* tangle; **un ~ de pelos** a tangle of hair. **(b)** *(lío)* muddle, mess; *(confusión)* mix-up; *(laberinto)* maze; *(apuro)* jam; *(asunto turbio)* shady business. **(c)** *(amorío)* love affair. **(d)** *(envolvimiento)* involvement. **(e)** *(trama: de novela etc)* plot. **(f)** **~s** *(fam: trastos)* odds and ends, stuff *sg*.

enredoso *adj* **(a)** *(complicado)* complicated; *(tramposo)* tricky. **(b)** *(Méx)* = **enredador 1.**

enrejado *nm* grating; *(de ventana)* lattice; *(en jardín)* trellis; *(Cos)* openwork; *(verja)* railings; *(de jaula)* bars; ~ **de alambre** wire netting (fence).

enrejar [1a] *vt* **(a)** *(poner rejilla)* to put a grating on; *(cercar)* to fence. **(b)** *(LAm: poner el ronzal)* to put a halter on. **(c)** *(Méx: zurcir)* to darn, patch.

enrevesado *adj (asunto)* difficult, complex.

enrielar [1a] *vt (LAm: poner rieles a)* to lay rails on; *(: fig)* to put on the right track.

enriquecer [2d] **1** *vt* to make rich, enrich. **2 enriquecerse** *vr* to get rich; *(prosperar)* to prosper; ~ **a costa ajena** to do well at other people's expense.

enriquecimiento *nm* enrichment.

enriscado *adj* craggy, rocky.

enristrar [1a] *vt* **(a)** to (put on a) string. **(b)** *(dificultad)* to straighten *o* iron out. **(c)** *(sitio)* to go straight to.

enrizar [1f] **1** *vt* to curl. **2 enrizarse** *vr* to curl.

enrojecer [2d] **1** *vt* to redden, turn red; *(persona)* to make blush; *(metal)* to make red-hot. **2** *vi,* **enrojecerse** *vr (ruborizarse)* to blush; *(de ira)* to go red (with anger); *(hierro)* to get red-hot.

enrolar [1a] *(LAm)* **1** *vt (reclutar)* to enrol, sign on *o* up; *(Mil)* to enlist. **2 enrolarse** *vr* to enrol, sign on; *(Mil)* to enlist, join up.

enrollamiento *nm* roll; *(Elec etc)* coil.

enrollar [1a] *vt (periódico)* to roll (up); *(hilo)* to wind (up); *(cable)* to coil.

enronquecer [2d] **1** *vt* to make hoarse. **2** *vi,* **enronquecerse** *vr* to grow hoarse.

enroscado *adj (veáse vt)* coiled; twisted.

enroscar [1g] **1** *vt* **(a)** *(arrollar)* to coil (round); *(torcer)* to twist; *(formar espirales)* to curl (up). **(b)** *(tornillo)* to screw in. **(c)** *(rodear)* to wreathe (*de* in). **2 enroscarse** *vr* to coil; to twist; to curl (up); ~ **alrededor de un árbol** to twine round a tree.

enrular [1a] *vt (LAm)* to curl.

enrumbar [1a] *vi (LAm)* to set off.

ensacar [1g] *vt* to put into bags.

ensalada *nf* **(a)** *(Culin)* salad; ~ **de patatas** potato salad. **(b)** *(mescolanza)* hotchpotch; *(lío)* mix-up.

ensaladera *nf* salad bowl.

ensaladilla *nf* diced vegetable salad.

ensalmado *adj (LAm)* magic.

ensalmador *nm* quack.

ensalmar [1a] *vt (hueso)* to set; *(enfermedad)* to treat by quack remedies.

ensalmo *nm* spell, charm; *(Med)* quack remedy *o* treatment; **(como) por** ~ as if by magic.

ensalzar [1f] *vt (elevar)* to exalt; *(alabar)* to praise, extol.

ensamblador *nm (carpintero)* joiner; *(ajustador)* fitter.

ensambladura *nf,* **ensamblaje** *nm (acción)* assembly; *(unión)* joint.

ensamblar [1a] *vt (madera etc)* to join; *(montar)* to assemble.

ensanchador *nm (Téc)* stretcher.

ensanchar [1a] **1** *vt (agrandar)* to enlarge, widen; *(estirar)* to stretch; *(aumentar)* to expand; *(Cos)* to let out. **2 ensancharse** *vr* **(a)** to get wider, expand; to stretch. **(b)** *(fig)* to give o.s. airs.

ensanche *nm (de ciudad)* enlargement; *(de calle)* widening, expansion; *(de elástico)* stretch(ing); *(barrio)* suburban development; *(Cos)* room to let out.

ensangrentado *adj* bloodstained.

ensangrentar [1k] **1** *vt* to stain with *o* cover in blood. **2 ensangrentarse** *vr (enfurecer)* to get angry; ~ **con** *o* **contra** to be cruel to, be vindictive towards.

ensañamiento *nm (cólera)* rage; *(crueldad)* cruelty.

ensañar [1a] **1** *vt* to enrage. **2 ensañarse** *vr:* ~ **con** *o* **en** to treat brutally.

ensarnarse [1a] *vr (RPl)* to get mangy.

ensartar [1a] **1** *vt* **(a)** *(cuentas)* to string; *(aguja)* to thread; *(carne)* to spit. **(b)** *(ideas)* to string together; *(disculpas)* to reel off. **2 ensartarse** *vr (LAm: meterse en un aprieto)* to get into a jam.

ensayar [1a] **1** *vt* **(a)** *(probar)* to test, try (out). **(b)** *(metal)* to assay. **(c)** *(Mús, Teat)* to rehearse. **2 ensayarse** *vr* to rehearse; ~ **a hacer algo** to practise doing sth.

ensayista *nmf* essayist.

ensayo *nm* **(a)** *(prueba)* test, trial; *(experimento)* experiment; *(intento)* attempt; **de** ~ experimental; **pedido de** ~ *(Com)* trial order; **viaje de** ~ trial run; **vuelo de** ~ test flight; **hacer ~s** to practise (*en* on), train. **(b)** *(de metal)* assay. **(c)** *(Lit, Escol etc)* essay. **(d)** *(Mús, Teat)* rehearsal; ~ **general** dress rehearsal.

ensenada *nf* inlet, cove.

enseña *nf* ensign, standard.

enseñado *adj* trained, educated; **bien** ~ *(perro)* house-trained.

enseñanza *nf* **(a)** *(educación)* education; *(acción, profesión)* teaching; *(entrenamiento)* training; **primera ~, ~ primaria** elementary education; **segunda ~, ~ secundaria** secondary education; **~ superior/universitaria** higher/university education; **~ de los niños atrasados** remedial teaching; ~ **programada** programmed learning. **(b)** *(doctrina)* teaching, doctrine; **la ~ de la Iglesia** the teaching of the Church.

enseñar [1a] **1** *vt* **(a)** to teach, educate; *(entrenar)* to train; **~ a uno a hacer algo** to teach sb (how) to do sth; **enseña francés** he teaches French. **(b)** *(mostrar)* to show; *(señalar)* to point out *o* to; ~ **con el dedo** to point out; **nos enseñó el museo** he showed us (over) the museum. **2** *vi* to teach, be a teacher. **3 enseñarse** *vr* **(a)** *(LAm)* to learn. **(b)** *(LAm: acostumbrarse)* to accustom o.s. (*a* to); **no me enseño aquí** I can't settle down here.

enseres *nmpl (efectos personales)* goods and chattels; *(avíos)* equipment *sg;* ~ **domésticos** household goods.

ensiladora *nf* silo.

ensillar [1a] *vt* to saddle (up).

ensimismarse [1a] *vr* **(a)** to be(come) lost in

thought. **(b)** *(LAm)* to get conceited.

ensoberbecer [2d] **1** *vt* to make proud. **2 ensoberbecerse** *vr* **(a)** *(persona)* to become proud *o* arrogant. **(b)** *(mar)* to get rough.

ensoñador(a) 1 *adj* dreamy. **2** *nm/f* dreamer.

ensopar [1a] *(LAm)* **1** *vt* to soak, drench; *(galleta)* to dip, dunk. **2 ensoparse** *vr (persona)* to get soaked.

ensordecedor *adj* deafening.

ensordecer [2d] **1** *vt (persona)* to deafen; *(ruido)* to muffle. **2** *vi* to go deaf.

ensortijar [1a] **1** *vt* **(a)** *(pelo)* to curl. **(b)** *(nariz)* to fix a ring in. **2 ensortijarse** *vr* to curl.

ensuciamiento *nm* soiling, dirtying.

ensuciar [1b] **1** *vt* **(a)** to dirty, make dirty; **el hollín ensucia todo** the soot makes everything dirty. **(b)** *(fig: deshonrar)* to defile. **2 ensuciarse** *vr* to get dirty.

ensueño *nm* **(a)** dream, fantasy; *(soñando despierto)* reverie; **de ~** dream-like; **una cocina de ~** a dream kitchen. **(b) ~s** visions, fantasies; **¡ni por ~s!** never!

entabicar [1g] *vt (LAm)* to partition off.

entablado *nm (tablas)* boarding, planking; *(suelo)* floorboards *pl.*

entablar [1a] **1** *vt* **(a)** *(poner tablas)* to board (in *o* up). **(b)** *(Ajedrez)* to set up. **(c)** *(Med)* to (put in a) splint. **(d)** *(conversación)* to strike up; *(negocio)* to enter into; *(proceso)* to file; *(reclamación)* to put in. **2** *vi (Ajedrez)* to draw. **3 entablarse** *vr (viento)* to settle.

entablillar [1a] *vt (Med)* to (put in a) splint.

entalladura *nf (corte)* slot, groove.

entallar [1a] **1** *vt* **(a)** *(esculpir)* to sculpt, carve; *(grabar)* to engrave; **~ el nombre en un árbol** to carve one's name on a tree. **(b)** *(hacer un corte en)* to notch, cut a groove in. **(c)** *(Cos)* to cut, tailor. **2** *vi* to fit (well); **un traje que entalla bien** a well-cut suit.

entallecer [2d] *vi*, **entallecerse** *vr* to shoot, sprout.

entapizar [1f] *vt* **(a)** *(silla)* to upholster (*de* with, in); *(pared)* to hang with tapestries. **(b)** *(Bot)* to grow *o* spread over.

entarascar [1a] *vt*, **entarascarse** *vr* to dress *o* doll up.

entarimado *nm* parquet floor.

entarimar [1a] *vt* to parquet.

entarugado *nm* block flooring.

ente *nm* **(a)** *(organizacion: gubernamental, oficial)* body, organization; *(compañía)* company. **(b)** *(Fil)* entity, being. **(c)** *(fam: sujeto)* odd sort.

enteco *adj* weak, sickly, frail.

entechar [1a] *vt (LAm)* to roof.

entejar [1a] *vt* to tile.

entelerido *adj (LAm)* upset.

entendederas *nfpl (fam)* brains; **ser corto de ~** to be pretty dim.

entender [2g] **1** *vt* **(a)** to understand; *(darse cuenta)* to realize; **no entiendo palabra** I don't understand a word; **no entendió jota *o* una patata** he didn't understand a word of it; **~ mal** to misunderstand; **dar a ~ que ...** to give to understand that ...; **según él da a ~** according to what he says; **hacer ~ algo a uno** to make sb understand sth; **hacerse ~** to make o.s. understood; **logré ~ lo que me decía** I managed to grasp what he was telling me. **(b)** *(querer decir)* to mean; **¿qué entiendes con eso?** what do you mean by that? **(c)** *(creer)* to think, believe; **entiendo que sería mejor decírselo** I think it would be better to tell him.

2 *vi* **(a)** to understand; **¿entiendes?** (do you) understand?; **a mi ~** in my opinion. **(b) ~ de** to be an expert on, know all about; **yo no entiendo de vinos** I'm no judge of wines. **(c) ~ en un asunto** to be in charge of an affair.

3 entenderse *vr* **(a)** *(comprenderse)* to be understood; **no se entendió el mensaje** the message was not understood; **¿qué se entiende por estas palabras?** what is meant by these words?; **se entiende que ...** it is understood that ... . **(b) yo me entiendo** I know what I'm up to; **~ con algo** to know how to deal with sth. **(c)** *(2 personas)* to get along (well) together; **~ con uno** *(ponerse de acuerdo)* to come to an arrangement with sb; *(llevarse bien)* to get on *o* along with sb. **(d) eso no se entiende conmigo** that doesn't concern me.

entendido/a 1 *adj* **(a)** understood; **¡~!** *(convenido)* agreed!; **bien ~ que ...** on the understanding that ...; **no darse por ~** to pretend not to understand; **según tenemos ~** as far as we can gather. **(b)** *(experto)* expert; *(perito)* skilled; *(sabio)* wise; *(enterado)* well-informed; **ser ~ en** to be well up on. **2** *nm/f* expert; **según el juicio de los ~s** according to the experts; **el whisk(e)y de los ~s** the connoisseur's whisky.

entendimiento *nm* **(a)** *(comprensión)* understanding. **(b)** *(inteligencia)* mind, intellect. **(c)** *(juicio)* judgment.

entenebrecer [2d] **1** *vt* **(a)** *(oscurecer)* to darken, obscure. **(b)** *(asunto)* to cloud, obscure. **2 entenebrecerse** *vr* to get dark.

enterado *adj (informado)* knowledgeable, well-informed; **estar ~** to be informed *o* in the know; **estar ~ de** to be aware of; **estar ~ de que ...** to know that ...; **no darse por ~** to pretend not to understand.

enteramente *adv* entirely, completely.

enterar [1a] **1** *vt* **(a)** to inform (*de* about, of), tell (*de* about). **(b)** *(LAm: dinero)* to pay; *(: cantidad)* to make up, complete. **2 enterarse** *vr* **(a)** *(llegar a saber)* to find out, get to know; **me enteré de tu accidente por Juan** I heard about your accident from John; **¿se entera?** do you get it?; **¡entérate!, ¡entérese!** listen! **(b)** *(LAm)* to recoup one's losses.

entereza *nf* **(a)** *(totalidad)* entirety. **(b)** *(integridad)* integrity; *(firmeza)* firmness; **~ de carácter** strength of character.

enteritis *nf* enteritis.

enterizo *adj* in one piece, one-piece *(atr)*.

enternecedor *adj* touching.

enternecer [2d] **1** *vt (ablandar)* to soften; *(afectar)* to affect, move (to pity). **2 enternecerse** *vr (ceder)* to relent; *(conmoverse)* to be affected, be moved (to pity).

entero 1 *adj* **(a)** entire, complete; **la cantidad ~a** the whole sum; **por el mundo ~** over the whole world; **por ~** wholly, fully. **(b)** *(Mat)* whole, integral. **(c)** *(Bio)* entire. **(d)** *(honrado)* upright; *(firme)* resolute. **(e)** *(fuerte)* sound; *(tela etc)* strong. **(f)** *(LAm)* identical, similar. **2** *nm* **(a)** *(Mat)* integer. **(b)** *(Com, Fin)* point; **las acciones han subido dos ~s** the shares have gone up two points. **(c)** *(LAm)* payment.

enterrador *nm* gravedigger.

enterramiento *nm* burial, interment.

enterrar [1k] *vt* **(a)** *(gen)* to bury. **(b)** *(LAm: arma)* to thrust (*en* into). **(c)** *(olvidarse de)* to bury, forget.

entibiar [1b] **1** *vt* **(a)** *(lo caliente)* to cool. **(b)** *(ira)* to cool (down). **2 entibiarse** *vr* **(a)** *(lo caliente)* to become lukewarm. **(b)** *(ira, amistad)* to cool off.

entidad *nf* **(a)** entity; *(Admin, Pol)* body, organization; *(Comm, Fin)* firm, company. **(b) de ~** of importance.

entierro *nm* **(a)** *(acto)* burial, interment. **(b)** *(funeral)* funeral; **asistir al ~** to go to the funeral. **(c)** *(tumba)* grave. **(d)** *(LAm)* (buried) treasure.

entintar [1a] *vt (tampón)* to ink; *(manchar)* to stain with ink.

entoldado *nm* awning.

entoldar [1a] **1** *vt (cubrir con toldo)* to put an awning over. **2 entoldarse** *vr (Met)* to become overcast.

entomología *nf* entomology.

entomólogo/a *nm/f* entomologist.

entonación *nf* **(a)** *(Ling)* intonation. **(b)** *(fig: arrogancia)* conceit.

entonado *adj* **(a)** *(Mús)* in tune. **(b)** *(fig)* haughty, arrogant.

entonar [1a] **1** *vt* **(a)** *(Mús: canción)* to intone; *(: nota)* to give, set; *(: órgano)* to blow. **(b)** *(fig: alabanzas)* to sound. **(c)** *(Arte, Fot)* to tone. **(d)** *(Med)* to tone up. **2** *vi* **(a)** *(Mús: cantar afinadamente)* to be in tune (*con* with). **(b)** *(colores)* to match. **3 entonarse** *vr (engreírse)* to give o.s. airs.

entonces *adv* **(a)** *(tiempo)* then; **desde ~** since then; **en aquel ~** at that time; **las costumbres de ~** the customs of the time; **el ~ embajador de España** the then Spanish ambassador. **(b)** *(concesivo)* (and) so; **~, ¿qué hacemos?** so, what shall we do?; **¿~ cómo no viniste?** then why didn't you come?

entono *nm* **(a)** *(Mús)* intoning. **(b)** *(arrogancia)* haughtiness.

entornado *adj (ojos)* half-closed; *(puerta)* ajar.

entornar [1a] *vt (ojos)* to half-close; *(puerta)* to leave ajar.

entorpecer [2d] *vt* **(a)** *(entendimiento)* to dull; *(aletargar)* to make lethargic. **(b)** *(estorbar)* to obstruct, hinder; *(proyectos etc)* to set back; *(tráfico)* to slow down *o* up; *(trabajo)* to delay.

entorpecimiento *nm* **(a)** *(de entendimiento)* dullness; *(entumecimiento)* numbness. **(b)** *(estorbo)* obstruction; *(retraso)* delay.

entrada *nf* **(a)** *(gen)* entrance, way in (*de* to) *(puerta)* gate(way); *(medio de acceso)* access; *(de casa)* doorway; *(vestíbulo)* entrance hall; *(de cueva, túnel)* mouth; **~ lateral/principal** side/main entrance; **~ de artistas** *(Teat)* stage door; **~ de servicio** tradesman's entrance. **(b)** *(Mec)* inlet, intake. **(c)** *(acción)* entry, entrance (*en* into); *(en academia, club etc)* admission; *(derecho)* right of entry; *(Mil)* invasion; **~ en escena** *(Teat)* entrance (on stage); **~ a viva fuerza** forced entry; **'~ gratis'** 'admission free'; **'prohibida la ~'** 'no entry', 'keep out'; **dar ~ a** *(admitir)* to admit; *(conducir)* to lead into. **(d)** *(Teat: billete)* ticket; **~ de abono/favor** season/complimentary ticket. **(e)** *(público: Teat)* house, audience; *(: Dep)* gate, crowd. **(f)** *(lo recaudado: Fin, Teat)* receipts *pl*, takings *pl; (: Dep)* gate money. **(g)** *(principio: de año, discurso, libro)* beginning, start; **~ en materia** introduction; **de ~** right away, from the outset; **de primera ~** at first sight. **(h)** *(Culin)* entrée; *(: LAm)* hors d'oeuvre, first course. **(i)** *(Dep)* innings. **(j)** *(Com: en libro mayor)* entry; *(en diccionario)* headword, entry. **(k)** *(desembolso inicial: para club)* entrance *o* membership fee; *(: al alquilar departamento)* key money, deposit; **'sin ~'** 'no down payment'. **(l)** *(Fin: ingresos)* **~s** income; **~s brutas** gross receipts; **~s y salidas** income and expenditure.

entrado *adj:* **~ en años** elderly; **hasta muy ~a la noche** until late at night

entramado *nm (Arquit)* framework.

entrampar [1a] **1** *vt* **(a)** to trap, snare; *(fig: engañar)* to snare, trick. **(b)** *(fig: enredar)* to make a mess of. **(c)** *(Com)* to burden with debts. **2 entramparse** *vr (fig)* **(a)** to get into a mess. **(b)** *(Com)* to get into debt.

entrante 1 *adj* **(a)** next; **la semana ~** next week. **(b)** *(ministro, presidente)* new, incoming. **2** *nm (Geog)* inlet; *(Arquit)* recess.

entraña *nf* **(a) ~s** *(Anat)* entrails, bowels; **echar las ~s** *(fam)* to puke *(fam)*; **en las ~ de la Tierra** in the bowels of the Earth. **(b)** *(lo esencial: tb ~s)* core; **arrancar las ~s a uno** *(fig)* to break sb's heart; **dar hasta las ~s** to give one's all; **no tener ~s** to be heartless.

entrañable *adj (amigo)* dear, close; *(amistad)* deep.

entrañar [1a] **1** *vt (contener)* to contain; *(acarrear)* to entail. **2 entrañarse** *vr* to become deeply attached (*con* to); **~ en** to reach to the very heart of.

entrar [1a] **1** *vt (objeto)* to bring in; *(persona)* to show in; *(Mil)* to invade; **hágalo ~** show him in; **hay que ~ unas sillas más** we need to bring in some more chairs.

2 *vi* **(a)** to go *o* come in, enter; **entré en** *o* *(LAm)* **a la casa** he went into the house; **¡entre!** come in!; **no entra en mis cálculos** it doesn't enter *o* come into my calculations; **entré sin más** I went straight in. **(b)** *(encajar)* **el paquete no entra en el saco** the parcel won't go *o* fit into the bag; **el enchufe entra en esa toma** the plug fits into that point; **¿entra uno más?** is there room for one more?; **este pantalón no me entra** these trousers don't fit (me). **(c)** *(comenzar)* **el año que entra** next year; **le entraron deseos de correr** he felt a sudden urge to run; **entraron a reír** they began to laugh. **(d) ~ en una sociedad/profesión** to join a society/take up a profession. **(e)** *(soportar)* to bear; *(entender)* to get the hang of; **ese tío no me entra** I can't bear *o* stand that fellow; **no le entra el álgebra** he can't get the hang of algebra.

entre *prep* **(a)** *(gen)* between; **~ las montañas y el mar** between the mountains and the sea; **~ la una y las dos** between one and two o'clock; **~ azul y verde** midway between blue and green. **(b)** *(en medio de)* among, amongst; **lo vi ~ los que aplaudían** I saw him among *o* in the midst of those who were clapping; **la cuento ~ mis amigas** I count her as one of my friends; **~ todos los que conozco, es el más barato** it's the cheapest out of all the ones I know; **~ otras cosas** among other things. **(c)** *(por)* **se abrieron paso ~ la multitud** they forced their way through the crowd. **(d)** *(relación)* between; *(más de dos cosas)* among; **~ tú y yo** between you and me; **dividir 4 ~ 2** to divide 4 by 2; **lo dividieron ~ los tres** they shared it out among the three of them; **~ todos había doce personas** there were twelve people in all *o* all told. **(e)** *(locuciones)* **~ una cosa y la otra, ~ unas cosas y otras** what with one thing and another; **decir ~ sí** to say to o.s.

entre... *pref* inter... .

entreabierto 1 *pp de* **entreabrir. 2** *adj* half-open; *(puerta etc)* ajar.

entreabrir [3a; *pp* **entreabierto**] *vt (gen)* to half-open; *(puerta)* to leave ajar.

entreacto *nm* interval, entr'acte.

entrecano *adj (pelo)* greyish, greying; *(persona)* going grey.

entrecejo *nm:* **arrugar** *o* **fruncir el ~** to frown.

entrecerrar [1k] *vt (LAm)* to half-close; *(: puerta)* to leave ajar.

entrecortado *adj (respiración)* laboured, difficult; *(habla)* faltering, hesitant; **en voz ~a** in a faltering voice.
entrecortar [1a] *vt (objeto)* to cut halfway through; *(interrumpir)* to cut off, interrupt.
entrecruzar [1f] **1** *vt* **(a)** *(entrelazar)* to interlace, interweave. **(b)** *(Bio)* to cross, interbreed. **2 entrecruzarse** *vr (Bio)* to interbreed.
entredicho *nm (prohibición)* prohibition, ban; *(Jur)* injunction; **estar en ~** to be banned; **levantar el ~ a** to raise the ban on.
entredós *nm (Cos)* insertion, panel.
entrefino *adj (tela)* medium(-quality).
entrefuerte *adj (LAm: tabaco)* medium strong.
entrega *nf* **(a)** *(de cartas, mercancías)* delivery; *(rendición)* surrender; *(de premios)* presentation; '**~ a domicilio**' 'we deliver'; **~ contra pago** *o* **reembolso** cash on delivery. **(b)** *(de novela)* instalment; *(de revista)* number.
entregar [1h] **1** *vt* **(a)** *(dar)* to hand, give; *(ejercicios)* to hand in; *(poderes)* to hand over; *(pedido, carta)* to deliver; *(ceder)* to surrender; **me entregó la carta hoy** he gave me the letter today; **hay que ~ este trabajo mañana** this work has to be handed in tomorrow. **(b)** *(Com)* **a ~** to be supplied; **~ algo a un abogado** to refer sth to a lawyer; **~la** *(fam)* to kick the bucket *(fam)*. **2 entregarse** *vr* **(a)** *(Mil)* to surrender, give in. **(b)** *(dedicarse)* to devote o.s. (*a* to); *(pey: a la bebida, vicio)* to indulge (*a* in).
entrelazar [1f] *vt*, **entrelazarse** *vr* to entwine, interlace.
entremedias 1 *adv (en medio)* in between, halfway; *(mientras tanto)* in the meantime. **2 ~ de** *prep* between, among.
entremés *nm (Culin)* side dish; **~es** hors d'oeuvres.
entremeter [2a] *vt (inserir)* to insert; *(poner entre)* to put between.
entremeterse *etc véase* **entrometerse** *etc.*
entremezclar [1a] *vt*, **entremezclarse** *vr* to intermingle.
entrenador(a) 1 *nm/f* trainer, coach. **2** *nm*: **~ de pilotaje** flight simulator.
entrenamiento *nm* training, coaching.
entrenar [1a] **1** *vt (Dep)* to train, coach; *(caballo)* to exercise; **estar entrenado** to be in training, be fit. **2 entrenarse** *vr* to train.
entreoír [3q] *vt* to half-hear.
entrepierna *nf* (*tb* **~s**) crotch, crutch.
entresacar [1g] *vt (seleccionar)* to pick out; *(pelo, plantas)* to thin out.
entresemana *nf* midweek; *(LAm)* working days of the week; **de ~** midweek *(atr)*.
entresijo *nm (secreto)* secret; *(dificultad)* difficulty; **esto tiene muchos ~s** this is very complicated; **él tiene sus ~s** he's a deep one.
entresuelo *nm* mezzanine, entresol.
entretanto 1 *adv* meanwhile, meantime. **2** *nm* meantime; **en el ~** in the meantime.
entretejer [2a] *vt (hilos)* to interweave; *(entrecruzar)* to entwine; *(fig)* to interweave.
entretela *nf* **(a)** *(Cos)* interlining. **(b) ~s** heartstrings.
entretener [2l] **1** *vt* **(a)** *(divertir)* to entertain, amuse; *(distraer)* to distract. **(b)** *(decisión)* to delay; *(persona)* to detain, keep waiting; *(ocupar)* to keep occupied; **nos entretuvo en conversación** he kept us talking; **~ a los acreedores** to keep one's creditors at bay; **pues no le entretengo más** then I won't keep you any longer. **(c)** *(hambre)* to stave off; *(dolor)* to allay; *(tiempo)* to while away. **(d)** *(Mec)* to maintain. **2 entretenerse** *vr* **(a)** *(divertirse)* to amuse o.s.; *(pasar el rato)* to while away the time. **(b)** *(tardar)* to dally; **¡no te entretengas!** don't hang about!
entretenido *adj (libro, obra de teatro)* entertaining, amusing; *(trabajo)* demanding.
entretenimiento *nm* **(a)** *(diversión)* entertainment, amusement; *(recreo)* recreation; **es un ~ nada más** it's just an amusement. **(b)** *(Mec etc)* upkeep, maintenance.
entrever [2v] *vt (ver apenas)* to glimpse, catch a glimpse of; *(adivinar)* to guess.
entreverado *adj (mezclado)* mixed; *(tocino)* streaky.
entreverar [1a] **1** *vt (confundir)* to mix up. **2 entreverarse** *vr* to be intermingled.
entrevero *nm (LAm)* confusion, disorder.
entrevía *nf (Ferro)* gauge; **~ angosta** narrow gauge.
entrevista *nf* interview; *(reunión)* meeting, conference; **celebrar una ~ con** to have an interview with.
entrevistar [1a] **1** *vt* to interview. **2 entrevistarse** *vr* to have an interview, meet (*con* with); **el ministro se entrevistó con la reina ayer** the minister saw the queen yesterday.
entristecer [2d] **1** *vt* to sadden, grieve. **2 entristecerse** *vr* to grow sad, grieve.
entrometerse [2a] *vr* to meddle, interfere (*en* in, with).
entrometido/a 1 *adj* meddlesome, interfering. **2** *nm/f* busybody, meddler.
entromparse [1a] *vr (LAm)* to get cross.
entroncar [1g] **1** *vt* to connect, establish a relationship between. **2** *vi (tener parentesco)* to be related, be connected (*con* to, with); *(LAm: vías)* to join, connect (*con* with).
entronque *nm* **(a)** *(parentesco)* relationship, link. **(b)** *(LAm Ferro)* junction.
entrucharse *vr (Méx)* to stick one's nose into other people's affairs.
entuerto *nm* **(a)** *(injusticia)* wrong, injustice. **(b) ~s** *(Med)* afterpains.
entumecer [2d] **1** *vt* to numb. **2 entumecerse** *vr* **(a)** *(miembro)* to get numb, go to sleep. **(b)** *(río)* to swell; *(mar)* to surge.
entumecido *adj* numb, stiff.
enturbiar [1b] **1** *vt* **(a)** *(líquido)* to muddy; *(hacer menos claro)* to make cloudy. **(b)** *(asunto)* to confuse; *(mente, persona)* to unhinge. **2 enturbiarse** *vr* **(a)** to get muddy; to become cloudy. **(b)** to become obscured.
entusiasmar [1a] **1** *vt* to fire with enthusiasm; **no le entusiasma mucho la idea** he's not very keen on the idea. **2 entusiasmarse** *vr (tener entusiasmo)* to get enthusiastic, get excited (*con, por* about); **se ha quedado entusiasmada con el vestido** she raved about the dress.
entusiasmo *nm* enthusiasm (*por* for); **con ~** enthusiastically.
entusiasta 1 *adj* enthusiastic (*de* about), keen (*de* on). **2** *nmf* enthusiast, fan *(fam)*.
entusiástico *adj* enthusiastic.
enumeración *nf* enumeration.
enumerar [1a] *vt (nombrar)* to enumerate; *(contar)* to count, reckon up.
enunciación *nf (de teoría)* enunciation; *(declaración)* declaration.
enunciar [1b] *vt (teoría)* to enunciate; *(idea)* to put forward.
enuresis *nf* enuresis, bedwetting.
envainar [1a] *vt (arma)* to sheathe; **¡envájnala!** *(fam)* shut your trap! *(fam)*.
envalentonamiento *nm (valor)* boldness; *(pey)*

Dutch courage.
envalentonar [1a] **1** *vt (dar valor a)* to make bold. **2 envalentonarse** *vr (animarse)* to pluck up courage; *(jactarse)* to brag.
envanecer [2d] **1** *vt* to make conceited. **2 envanecerse** *vr* to get conceited.
envanecido *adj* conceited, stuck-up *(fam)*.
envanecimiento *nm* conceit, vanity.
envasar [1a] **1** *vt* **(a)** *(empaquetar)* to pack, wrap; *(embotellar)* to bottle; *(poner en latas)* to can, tin. **(b)** *(fam: vino)* to knock back, put away. **(c)** *(esp LAm)* ~ **un puñal en uno** to plunge a dagger into sb. **2** *vi (fam)* to tipple.
envase *nm* **(a)** *(acto: véase vt)* packing, wrapping; bottling; canning. **(b)** *(recipiente)* container; *(embalaje)* package, wrapping; *(botella)* bottle; *(LAm: botella vacía)* empty; *(lata)* can, tin; *(barril)* barrel; *(bolsa)* bag; **precio con** ~ price including packing; **géneros sin** ~ loose *o* unwrapped goods.
envasijar [1a] *vt (LAm)* = **envasar 1.**
envejecer [2d] **1** *vt* to age, make (seem) old. **2** *vi*, **envejecerse** *vr (volverse viejo)* to age, get *o* grow old; *(parecer viejo)* to look old; **en 2 años ha envejecido mucho** he's aged a lot these last two years.
envejecido *adj* old, aged; *(de aspecto)* old-looking; **está muy** ~ he looks terribly old.
envenenador(a) *nm/f* poisoner.
envenenamiento *nm* poisoning.
envenenar [1a] **1** *vt* to poison; *(amargar)* to embitter. **2 envenenarse** *vr* to poison o.s., take poison.
enverdecer [2s] *vi* to turn green.
envergadura *nf* **(a)** *(extensión)* expanse, spread; *(Náut)* breadth; *(Aer, Orn)* wingspan; *(de boxeador)* reach. **(b)** *(importancia)* scope; **un programa de gran** ~ a wide-ranging programme.
envés *nm (de tela)* back, wrong side; *(de espada)* flat; *(Anat fam)* back.
enviado/a *nm/f (Pol)* envoy; ~ **especial** *(de periódico, TV)* special correspondent.
enviar [1b] *vt* to send; ~ **a uno a hacer algo** to send sb to do sth; ~ **por el médico** to send for the doctor.
enviciar [1b] **1** *vt* to corrupt. **2 enviciarse** *vr (corromperse)* to get corrupted; ~ **con** *o* **en** to get addicted to.
envidar [1a] *vt, vi (Naipes)* to bid.
envidia *nf* envy, jealousy; **tener** ~ **a** to envy.
envidiable *adj* enviable.
envidiar [1b] *vt* to envy; *(codiciar)* to desire, covet; ~ **algo a uno** to envy sb sth, begrudge sb sth.
envidioso *adj* envious, jealous; *(codicioso)* covetous.
envilecer [2d] **1** *vt* to debase, degrade. **2 envilecerse** *vr* to degrade o.s., lower o.s.
envilecimiento *nm* degradation, debasement.
envinarse [1a] *vr (Méx: emborracharse)* to get drunk (on wine).
envío *nm* **(a)** *(acción: gen)* sending; *(: Com)* dispatch; *(: en barco)* shipment; ~ **contra reembolso** cash on delivery; **gastos de** ~ (cost of) postage and packing. **(b)** *(de mercancías)* consignment, lot; *(Náut)* shipment; *(de dinero)* remittance.
envión *nm* push, shove.
envite *nm* **(a)** *(apuesta)* stake. **(b)** *(ofrecimiento)* offer, bid. **(c)** *(empujón)* push, shove; **al primer** ~ from the very start.
enviudar [1d] *vi* to become a widow(er), be widowed; ~ **de su primera mujer** to lose one's first wife.
envoltijo *nm*, **envoltorio** *nm* bundle, package.
envoltura *nf (gen)* cover; *(de papel)* wrapper, wrapping; *(Aer, Bot)* envelope; *(de niño)* ~**s** swaddling clothes.
envolver [2h; *pp* **envuelto**] **1** *vt* **(a)** *(con papel)* to wrap (up), do up; *(con ropa)* to wrap, cover; **envuelto en una capa** muffled up in a cloak; **¿quiere que se lo envuelva?** shall I wrap it (up) for you? **(b)** *(Mil)* to encircle, surround. **(c)** *(suponer)* to imply, mean; *(persona)* to involve, implicate (*en* in). **2 envolverse** *vr* **(a)** *(abrigarse)* to wrap o.s. up (*en* in). **(b)** *(involucrarse)* to become involved (*en* in).
envolvimiento *nm* **(a)** *(acción)* wrapping. **(b)** *(Mil)* encirclement. **(c)** *(fig)* involvement. **(d)** *(asunto)* to envelop, shroud.
envuelto *pp de* **envolver.**
enyesado *nm*, **enyesadura** *nf* plastering.
enyesar [1a] *vt* **(a)** *(pared)* to plaster. **(b)** *(Med)* to put in a plaster cast.
enyugar [1h] *vt* to yoke.
enzarzar [1f] **1** *vt (fig)* to involve (in a dispute). **2 enzarzarse** *vr* to get involved in a dispute.
enzima *nf* enzyme.
epicentro *nm* epicentre.
épico/a 1 *adj* epic. **2 épica** *nf* epic poetry.
epicúreo *adj, nm* epicurean.
epidemia *nf* epidemic.
epidémico *adj* epidemic.
epidermis *nf* epidermis.
Epifanía *nf* Epiphany, Twelfth Night.
epígrafe *nm* epigraph.
epigrama *nm* epigram.
epilepsia *nf* epilepsy.
epiléptico/a *adj, nm/f* epileptic.
epílogo *nm* epilogue.
episcopado *nm* **(a)** *(cargo)* bishopric. **(b)** *(obispos)* bishops *(collectively)*.
episcopal *adj* episcopal.
episcopaliano/a *adj, nm/f* episcopalian.
episódico *adj* episodic.
episodio *nm (gen)* episode, incident; *(de cuento)* episode, part.
epístola *nf* epistle.
epitafio *nm* epitaph.
epíteto *nm* epithet.
epítome *nm* summary, résumé.
época *nf (gen)* age, epoch; *(temporada)* season, time; **la** ~ **de Carlos III** the age of Charles III; **en aquella** ~ at that time, in that period; ~ **de celo** *(Zool)* mating *o* rutting season; **muebles de** ~ period furniture; **coche de** ~ vintage car; **anticiparse a su** ~ to be ahead of one's time; **hacer** ~ to be epoch-making; **todos tenemos** ~**s así** we all go through spells like that.
epopeya *nf (lit, fig)* epic.
equidad *nf (justicia)* equity, fairness; *(de precio)* reasonableness.
equidistante *adj* equidistant.
equilátero *adj* equilateral.
equilibrado *adj (persona: sensato)* level-headed; *(: ecuánime)* well-balanced; *(dieta)* balanced.
equilibrar [1a] **1** *vt (gen)* to balance; *(una cosa con otra)* to counterbalance. **2 equilibrarse** *vr (persona)* to balance o.s. (*en* on); *(fuerzas)* to counterbalance each other.
equilibrio *nm* **(a)** *(gen)* balance; *(Fís)* equilibrium; ~ **político** balance of power; **mantener el** ~ to keep the balance (*entre* between); **perder el** ~ to lose one's balance. **(b)** *(serenidad)* poise.
equilibrista *nmf (funámbulo)* tightrope walker; *(acróbata)* acrobat.
equino 1 *adj* equine, horse *(atr)*. **2** *nm* sea urchin.
equinoccio *nm* equinox.

equipaje *nm* **(a)** *(el ~)* luggage, *(US)* baggage; *(un ~)* piece of luggage *o (US)* baggage; *(avíos)* equipment, kit; ~ **de mano** hand luggage; **hacer el** ~ to pack, do the packing. **(b)** *(Náut)* crew.
equipar [1a] *vt (gen)* to equip, *(con, de* with); *(Náut)* to fit out.
equiparable *adj* comparable *(con* to, with).
equiparación *nf* comparison.
equiparar [1a] **1** *vt (igualar)* to put on the same level; *(comparar)* to compare *(con* with). **2 equipararse** *vr:* ~ **con** to be on a level with.
equipo *nm* **(a)** *(conjunto de cosas)* equipment; *(para deportes)* kit; *(industrial)* plant; *(de turbinas etc)* set; ~ **de caza** hunting gear; ~ **cinematográfico móvil** mobile film unit; ~ **de novia** trousseau; ~ **de reparaciones** repair kit; ~ **rodante** *(Ferro)* rolling stock. **(b)** *(grupo)* team; *(turno)* shift; ~ **de día** day shift; ~ **médico** medical team *o* unit. **(c)** *(Dep)* team, side; ~ **de fuera/local** away/home team.
equis *nf* **(a)** *name of the letter* X; **averiguar la** ~ to find the value of X. **(b)** *(LAm)* **estar en la** ~ to be all skin and bones.
equitación *nf* **(a)** *(acto)* riding; **escuela de** ~ riding school. **(b)** *(arte)* horsemanship.
equitativo *adj (gen)* fair; *(precio)* reasonable; **trato** ~ fair *o* square deal.
equivalencia *nf* equivalence.
equivalente 1 *adj* equivalent *(a* to). **2** *nm* equivalent.
equivaler [2q] *vi:* ~ **a** to be equivalent to, be equal to; *(en grado, nivel)* to rank as.
equivocación *nf (error)* mistake, error; *(descuido)* oversight; *(malentendido)* misunderstanding; **por** ~ by mistake; **ha sido por** ~ it was a mistake.
equivocado *adj* wrong, mistaken; *(afecto, confianza)* misplaced; **Ud está** ~ you are mistaken.
equivocar [1g] **1** *vt* to mistake *(con* for); ~ **el camino** to take the wrong road. **2 equivocarse** *vr (no tener razón)* to be wrong, be mistaken; *(cometer un error)* to make a mistake; ~ **de casa** to go to the wrong house; ~ **en una elección** to choose wrongly.
equívoco 1 *adj* equivocal, ambiguous; *(LAm)* mistaken. **2** *nm (ambigüedad)* ambiguity; *(malentendido)* misunderstanding; *(LAm)* mistake.
era[1] *etc véase* **ser.**
era[2] *nf* era, age; ~ **atómica** atomic age; ~ **cristiana** Christian era.
era[3] *nf (Agr)* threshing floor; *(para flores)* bed; *(para hortalizas)* patch.
erario *nm* treasury.
erección *nf (gen)* erection; *(acto de levantar)* raising; *(fundación)* establishment.
erguido *adj (cuerpo)* erect, straight.
erguir [3n] **1** *vt (levantar)* to raise, lift. **2 erguirse** *vr* **(a)** *(enderezarse)* to straighten up. **(b)** *(envanecerse)* to swell with pride.
erial *nm* uncultivated land.
erigir [3c] **1** *vt* **(a)** *(monumento)* to erect; *(edificio)* to build. **(b)** *(fundar)* to establish, found. **(c)** ~ **a uno en algo** to set sb up as sth. **2 erigirse** *vr:* ~ **en algo** to set o.s. up as sth.
erizado *adj* **(a)** bristly; ~ **de espinas** covered with thorns. **(b)** ~ **de problemas** bristling with problems.
erizarse [1f] *vr (pelo: de perro)* to bristle; **se me erizó el pelo** my hair stood on end.
erizo *nm* **(a)** *(Zool)* hedgehog; ~ **de mar** *o* **marino** sea urchin. **(b)** *(Bot)* burr. **(c)** *(fam)* grumpy sort.
ermita *nf* hermitage.
ermitaño/a *nm/f* hermit.
erogación *nf (LAm: gasto)* expenditure.
erogar [1h] *vt* **(a)** *(propiedad)* to distribute. **(b)** *(LAm: pagar)* to pay (out); *(: deuda: saldar)* to settle.
erosión *nf (Geol etc)* erosion; *(Med)* graze; **causar** ~ **en** to erode.
erosionar [1a] *vt* to erode.
erosivo *adj* erosive.
erótico *adj* erotic; *(versos)* love *(atr).*
erotismo *nm* eroticism.
errabundo *adj* wandering, roving.
erradicación *nf* eradication.
erradicar [1g] *vt* to eradicate.
errado *adj (equivocado)* mistaken, wrong; *(tiro)* wide of the mark.
errante *adj* **(a)** wandering; *(animal)* stray. **(b)** *(fig)* errant.
errar [1l] **1** *vt* **(a)** *(tiro)* to miss with; *(blanco)* to miss; *(vocación etc)* to miss, mistake. **(b)** *(persona)* to fail (in one's duty to). **2** *vi (vagar)* to wander; *(equivocarse)* to be mistaken. **3 errarse** *vr* to err, be mistaken; ~ **es cosa humana** to err is human.
errata *nf* misprint, printer's error.
errático *adj* erratic.
erre *nf name of the letter* R; ~ **que** ~ stubbornly.
erróneo *adj (equivocado)* mistaken; *(falso)* untrue.
error *nm (gen)* error, mistake; *(defecto)* fault ~ **de copia** clerical error; ~ **de imprenta** *o* **tipográfico** misprint; ~ **judicial** miscarriage of justice; ~ **de tecla** typing error; **por** ~ by mistake.
eructar [1a] *vi* to belch.
eructo *nm* belch.
erudición *nf* erudition, learning.
erudito/a 1 *adj* erudite, learned. **2** *nm/f* scholar; **los ~s en esta materia** those who are expert in this subject; ~ **a la violeta** *(pey)* pseudo-intellectual.
erupción *nf* **(a)** *(Geol)* eruption; ~ **solar** solar flare; **estar en** ~ to be erupting. **(b)** *(Med:* ~ **cutánea)** rash. **(c)** *(de violencia)* outbreak; *(de ira)* outburst.
esa, ésa *etc véase* **ese, ése.**
esbelto *adj (delgado)* slim, slender; *(gracioso)* graceful.
esbirro *nm* henchman.
esbozar [1f] *vt (Arte)* to sketch; *(fig)* to outline.
esbozo *nm (Arte)* sketch; *(fig)* outline.
escabechar [1a] *vt* **(a)** *(Culin)* to pickle, souse. **(b)** *(canas)* to dye. **(c)** *(fam)* to do in *(fam).* **(d)** *(Univ fam)* to plough *(fam).*
escabeche *nm* (liquid) pickle, brine.
escabel *nm* (foot)stool.
escabrosidad *nf (véase adj)* roughness; unevenness; harshness; difficulty.
escabroso *adj* **(a)** *(tierra)* rough; *(superficie)* uneven. **(b)** *(sonido)* harsh; *(problema)* tough, difficult. **(c)** *(chiste)* risqué.
escabullarse [1a] *vr (LAm),* **escabullirse** [3a] *vr* to slip away *o* off, clear out; ~ **por** to slip through.
escafandra *nf (buzo)* diving suit; *(~ espacial)* spacesuit *o* helmet.
escafandrismo *nm* skin-diving.
escafandrista *nmf (buzo)* diver; *(con autorespirador)* skin-diver.
escala *nf* **(a)** *(escalera de mano)* ladder; ~ **de cuerda** *o* **viento** *(Náut)* rope ladder. **(b)** *(Mat, Mús, fig)* scale; *(de colores, velocidades etc)* range; ~ **móvil** sliding scale; ~ **de sueldos** salary scale; **una investigación a** ~ **nacional** a nation wide inquiry; **en gran(de)** ~ in a big way, on a large scale; **un plan en gran** ~ a large-scale plan; **reproducir según** ~ to reproduce to scale. **(c)**

(parada) stopping place; *(Náut)* port of call; **hacer ~ en** to stop (off) at; *(Náut)* to put in at.
escalación *nf (Mil, Pol)* escalation.
escalada *nf* **(a)** *(de montaña)* climb, climbing; *(de pared)* scaling; *(de casa)* break-in; **~ en rocas** rock climbing. **(b)** *(Mil, Pol)* escalation.
escalador(a) *nm/f* **(a)** *(alpinista)* climber, mountaineer; **~ en rocas** rock climber. **(b)** *(ladrón)* burglar.
escalafón *nm* **(a)** *(de empleados, soldados)* roll. **(b)** *(de salarios)* salary *o* wage scale.
escalamiento *nm* = **escalada.**
escalar [1a] **1** *vt* **(a)** *(montaña)* to climb, scale. **(b)** *(casa)* to burgle, *(US)* to burglarize, break into. **2** *vi* **(a)** *(alpinista)* to climb. **(b)** *(Náut)* to call, put in (*en* at). **(c)** *(Mil, Pol)* to escalate.
escaldado *adj (receloso)* wary, caútious.
escaldar [1a] **1** *vt* **(a)** *(quemar)* to scald; *(metal)* to make red-hot. **(b)** *(escarmentar)* to teach a lesson. **2 escaldarse** *vr (quemarse)* to scald o.s; *(bebé)* to get nappy rash.
escalera *nf* **(a)** *(de casa)* stairs *pl; (de camión)* tailboard; **~ de caracol** spiral *o* winding staircase; **~ doble** *o* **de mano** *o* **de tijera** steps, stepladder; **~ de incendios** fire escape; **~ mecánica** *o* **móvil** escalator; **~ de servicio** backstairs. **(b)** *(Naipes)* run, sequence.
escalerilla *nf* small ladder; *(Náut: en barco)* gangway.
escalfar [1a] *vt (huevo)* to poach.
escalinata *nf* (flight of) steps *pl*; *(exterior)* outside staircase.
escalofriante *adj (espeluznante)* bloodcurdling; *(aterrador)* frightening.
escalofrío *nm* **(a)** *(Med)* (feverish) chill. **(b)** *(fig)* **~s** shivers.
escalón *nm* **(a)** *(peldaño)* step, stair; *(de escalera de mano)* rung; *(de cohete)* stage. **(b)** *(fig: paso)* step; *(al éxito)* ladder; *(paso)* stepping stone.
escalonar [1a] *vt* to spread out at intervals; *(tierra)* to terrace; *(horas de trabajo)* to stagger.
escalope *nm (Culin)* escalope; **~ de ternera** escalope of veal.
escalpelo *nm* scalpel.
escama *nf* **(a)** *(Bot, Zool)* scale; *(de jabón)* flake. **(b)** *(resentimiento)* resentment; *(sospecha)* suspicion.
escamado *adj* **(a)** *(desconfiado)* wary, cautious. **(b)** *(RPl)* wearied.
escamar [1a] **1** *vt* **(a)** *(pez)* to scale. **(b)** *(producir recelo)* to make wary; **eso me escama** that makes me suspicious. **2 escamarse** *vr* **(a)** to scale (off), flake off. **(b)** to get wary.
escamoso *adj (pez)* scaly; *(sustancia)* flaky.
escamoteador *nm (prestidigitador)* conjurer, juggler; *(pey)* swindler.
escamot(e)ar [1a] *vt* **(a)** *(carta)* to palm. **(b)** *(fam: robar)* to lift *(fam)*. **(c)** *(dificultad: esquivar)* to shirk; *(: hacer deparerecer)* to make vanish.
escamoteo *nm* **(a)** *(destreza)* sleight of hand; *(ilusionismo)* conjuring. **(b)** *(un ~)* conjuring trick. **(c)** *(fam: robo)* lifting *(fam)*; *(: un ~)* swindle.
escampar [1a] **1** *vt (sitio)* to clear out. **2** *vi* **(a)** *(cielo)* to clear; *(lluvia)* to stop; *(tiempo)* to clear up. **(b)** *(LAm: abrigarse)* to shelter from the rain. **(c)** *(LAm: fam)* to clear off *(fam)*.
escanciar [1b] **1** *vt (vino)* to pour (out), serve; *(copa)* to drain. **2** *vi* to drink wine.
escandalizar [1f] **1** *vt* to scandalize, shock. **2** *vi* to make a fuss. **3 escandalizarse** *vr* to be shocked (*de* at, by), be scandalized *(de* at, by*)*.
escándalo *nm* **(a)** scandal; **¡es un ~!** it's outrageous *o* shocking! **(b)** *(alboroto)* row, uproar; **armar un ~** to make a scene. **(c)** *(asombro)* astonishment.
escandaloso *adj (gen)* scandalous, shocking; *(delito)* flagrant; *(risa)* hearty; *(niño)* noisy.
Escandinavia *f* Scandinavia.
escandinavo/a *adj, nm/f adj* Scandinavian.
escantillón *nm* pattern, template.
escaño *nm (banco)* bench; *(Pol)* seat.
escapada *nf* **(a)** *(huida)* escape, flight; **en una ~** in a jiffy. **(b)** *(Carreras, Dep)* breakaway. **(c)** *(viaje)* quick trip; **hice una ~ a la capital** I made a quick trip to the capital. **(d)** *(pey)* escapade.
escapado *adj, adv* at top speed, in a rush; **irse/salir/volverse ~** to rush off/out/back.
escapar [1a] **1** *vt (caballo)* to drive hard. **2** *vi* **(a)** to escape, run away; **~ a uno** to escape from sb; **~ de la cárcel** to escape from prison. **(b)** *(Carreras, Dep)* to break away. **3 escaparse** *vr* **(a)** *(persona)* to escape, run *o* get away; **~ por un pelo** to have a narrow escape. **(b)** *(gas etc)* to leak (out), escape. **(c)** *(noticias)* to leak out; **se me escapa su nombre** his name escapes me; **se le escapó la fecha de la reunión** he let the datc of the meeting slip out.
escaparate *nm* **(a)** (shop) window; *(vitrina)* showcase; **mirar ~s** to go window-shopping. **(b)** *(LAm)* wardrobe.
escapatoria *nf* **(a)** *(huida)* flight; *(fam: escapada)* secret trip; **~ del trabajo** escape from work. **(b)** *(rendija)* loophole; *(pretexto)* excuse.
escape *nm* **(a)** *(huida)* escape, flight; **a ~** at full speed; **salir a ~** to rush out. **(b)** *(de gas etc)* leak(age), escape. **(c)** *(Téc)* exhaust; **gases de ~** exhaust (fumes).
escapismo *nm* escapism.
escapista *adj, nmf* escapist.
escápula *nf* scapula, shoulder blade.
escarabajear [1a] **1** *vt (fam: preocupar)* to bother, worry. **2** *vi* **(a)** *(agitarse)* to wriggle, squirm. **(b)** *(garabatear)* to scribble.
escarabajo *nm* **(a)** *(insecto)* beetle; **~ del Colorado** *o* **de la patata** Colorado beetle. **(b)** *(Téc)* flaw. **(c)** *(fam: persona)* dwarf. **(d) ~s** *(fam: garabatos)* scribble.
escaramuza *nf* **(a)** *(Mil)* skirmish, brush. **(b)** *(fig)* brush.
escaramuzar [1f] *vi* to skirmish.
escarapela *nf* **(a)** *(insignia)* rosette. **(b)** *(fam: riña)* brawl, shindy.
escarbadientes *nm inv* toothpick.
escarbador *nm* scraper.
escarbar [1a] **1** *vt* **(a)** *(tierra)* to scratch; *(fuego)* to poke; *(dientes)* to pick. **(b)** *(averiguar)* to investigate; *(curiosear)* to pry into. **2** *vi* **(a)** to scratch. **(b) ~ en** = **1 (b).**
escarcear [1a] *vi (LAm)* to prance.
escarcela *nf* **(a)** *(Caza)* pouch, bag. **(b) ~ para limosnas** collecting tin.
escarcha *nf* (hoar)frost.
escarchar [1a] **1** *vt (Culin: tarta)* to ice; *(: fruta)* to crystallize. **2** *vi:* **escarcha** it's frosty, it's freezing.
escarda *nf (acción)* weeding; *(herramienta)* weeding hoe.
escardar [1a] *vt (lit, fig)* to weed (out).
escardillo *nm* weeding hoe.
escarlata 1 *adj inv* scarlet. **2** *nf (color)* scarlet; *(tela)* scarlet cloth.
escarlatina *nf* scarlet fever.
escarmentado *adj* wary, cautious.
escarmentar [1k] **1** *vt* to punish severely. **2** *vi* to learn one's lesson; **¡para que escarmientes!**

that'll teach you!
escarmiento *nm (castigo)* punishment; *(aviso)* lesson, warning; **que esto te sirva de ~** let this be a lesson *o* warning to you.
escarnecer [2d] *vt* to scoff at, mock.
escarnio *nm (insulto)* jibe; *(burla)* ridicule.
escarola *nf (Bot)* endive.
escarpa *nf* **(a)** *(cuesta)* slope; *(Geog, Mil)* scarp, escarpment. **(b)** *(Méx)* pavement.
escarpado *adj (pendiente)* steep, sheer; *(rocas)* craggy.
escarpín *nm (zapato)* pump; *(pantufla)* slipper.
escasamente *adv* **(a)** *(insuficientemente)* scantily, sparingly. **(b)** *(apenas)* scarcely, hardly.
escasear [1a] **1** *vt* to be sparing with, skimp. **2** *vi* to be *o* get scarce.
escasez *nf* **(a)** *(gen)* scarcity, lack; *(pobreza)* poverty; **~ de dinero** shortage of funds; **vivir con ~** to live in poverty. **(b)** *(tacañería)* meanness, stinginess.
escaso *adj* **(a)** *(comida)* scarce; *(recursos)* scanty; *(cosecha, público)* sparse; *(posibilidad)* slim; *(recompensa)* meagre; *(visibilidad)* poor; **~ de dinero** short of money; **~ de recursos naturales** poor in natural resources. **(b) hay 2 toneladas ~as** there are barely 2 tons; **tenemos una media hora ~a** we have only half an hour; **ganar por una cabeza ~a** to win by a short head. **(c)** *(tacaño)* mean, stingy.
escatimar [1a] *vt* to skimp, be sparing with; **no ~ esfuerzos (para)** to spare no effort (to); **no escatimaba sus alabanzas de ...** he was unstinting in his praise of ... .
escatología *nf* eschatology.
escayola *nf (Med)* plaster.
escayolar [1a] *vt* to put in plaster; **con la pierna escayolada** with his leg in plaster.
escena *nf* **(a)** *(gen)* scene; **una ~ conmovedora** a touching scene; **~ retrospectiva** *(Cine)* flashback. **(b)** *(escenario)* stage; **entrar en ~** to enter, come on; **poner en ~** to stage, put on. **(c)** *(decorado)* scenery.
escenario *nm* **(a)** *(Teat)* stage; **en el ~** on (the) stage. **(b)** *(Cine: plató)* set. **(c)** *(fig)* scene; **el ~ del crimen** the scene of the crime; **el ~ político** the political scene.
escénico *adj* scenic.
escenografía *nf* scenography, stage design.
escenógrafo/a *nm/f* stage designer.
escepticismo *nm* scepticism.
escéptico/a **1** *adj* sceptical. **2** *nm/f* sceptic.
escindir [3a] **1** *vt* to split; **el partido está escindido** the party is split. **2 escindirse** *vr* to split *(en* into); *(facción)* to split off.
escisión *nf* **(a)** *(Med)* excision; **~ nuclear** nuclear fission. **(b)** *(fig)* split, division; **la ~ del partido** the split in the party.
esclarecer [2d] **1** *vt (dilucidar)* to explain, shed light on; *(explicar)* to enlighten. **2** *vi* to dawn.
esclarecido *adj* illustrious, distinguished.
esclarecimiento *nm (explicación)* explanation; *(información)* enlightenment.
esclavatura *nf (LAm Hist: esclavos)* slaves; *(: período)* period of slavery *(: esclavitud)* slavery.
esclavina *nf* short cloak, cape.
esclavitud *nf (lit, fig)* slavery.
esclavizar [1f] *vt* to enslave.
esclavo/a **1** *nm/f (lit, fig)* slave. **2 esclava** *nf (pulsera)* bangle.
esclerosis *nf* sclerosis.
esclusa *nf (de canal)* lock; *(compuerta)* floodgate; **~ de aire** airlock.
escoba *nf* **(a)** broom; **pasar la ~** to sweep up. **(b)** *(Bot)* broom.
escobar [1a] *vt* to sweep (out).
escobazo *nm (golpe)* blow with a broom; *(barrido rápido)* quick sweep; **dar un ~** to have a quick sweep-up; **echar a uno a ~s** to kick sb out.
escobilla *nf* **(a)** *(escoba)* small broom; *(cepillo)* brush. **(b)** *(Aut, Elec)* dynamo brush.
escobillón *nm (Mec, Med)* swab.
escobón *nm* long-handled broom.
escocer [2b, 2h] **1** *vt (irritar)* to annoy, upset. **2** *vi (picar)* to smart, sting; **esto me escuece la lengua** it makes my tongue smart. **3 escocerse** *vr* to chafe, get sore.
escocés/esa **1** *adj (persona)* Scottish; *(whisky)* Scotch; **tela ~a** tartan, plaid. **2** *nm* Scot, Scotsman; *(Ling)* Scots; **los ~es** the Scots. **3 escocesa** *nf* Scot, Scotswoman.
Escocia *f* Scotland.
escofina *nf* rasp, file.
escoger [2c] *vt, vi* to choose, select; *(Pol)* to elect; **hay que ~ entre los dos** you must choose between the two.
escogido *adj (mercancías)* choice, select; *(obras)* selected.
escogimiento *nm* selection, choice.
escolar **1** *adj (éxitos)* scholastic; *(edad, vacaciones)* school *(atr)*; **año ~** school year. **2** *nm/f* schoolboy/schoolgirl, pupil.
escolaridad *nf* schooling; **~ obligatoria** compulsory schooling; **el porcentaje de ~ es elevado** the proportion of those in school is high.
escolástico *adj* scholastic.
escoleta *nf (Méx: banda)* amateur band.
escolopendra *nf (Zool)* centipede.
escolta *nf* escort; **dar ~ a** to escort, accompany.
escoltar [1a] *vt (gen)* to escort; *(proteger)* to guard; *(Náut)* to escort, convoy.
escollera *nf* breakwater, jetty.
escollo *nm* **(a)** *(arrecife)* reef, rock. **(b)** *(fig: obstáculo)* pitfall, stumbling block.
escombrera *nf (vertedero)* dump; *(Min)* slag heap.
escombros *nmpl (basura)* rubbish *sg; (restos: de edificio etc)* debris *sg*, rubble *sg; (Min)* slag *sg*.
esconder [2a] **1** *vt* to hide *(de* from), conceal *(de* from). **2 esconderse** *vr* to hide (o.s.), conceal o.s.; *(estar escondido)* to be hidden, lurk.
escondidas *nfpl (LAm)* hide-and-seek; **a ~** secretly, by stealth; **hacer algo a ~ de uno** to do sth behind sb's back.
escondite *nm* **(a)** *(escondrijo)* hiding place. **(b)** *(juego)* hide-and-seek; **jugar al ~ con** *(fig)* to play hide-and-seek with.
escondrijo *nm (escondite)* hiding place, hideout; *(rincón)* nook.
escopeta *nf* shotgun; **~ de aire comprimido** airgun; **~ de dos cañones** *o* **de tiro doble** double-barrelled gun.
escopetazo *nm* **(a)** *(disparo)* gunshot; *(herida)* gunshot wound. **(b)** *(noticia)* blow, bombshell.
escopetero *nm* gunsmith.
escoplear [1a] *vt* to chisel.
escoplo *nm* chisel.
escor *nm (Dep)* score.
escorar [1a] *vi (Náut)* to list.
escoria *nf* **(a)** *(de alto horno)* slag, dross. **(b)** *(fig)* scum, dregs *pl*.
escorial *nm* dump, slag heap.
Escorpio *nm* Scorpio.
escorpión *nm* scorpion; **E~** Scorpio.
escotado **1** *adj (vestido)* low-cut. **2** *nm* = **escotadura.**
escotadura *nf (de vestido)* low neck(line).
escotar [1a] **1** *vt (vestido: ajustar)* to cut to fit;

(cuello de vestido) to cut low. **2** *vi (pagar su parte)* to pay one's share, chip in.
escote *nm* **(a)** *(de vestido)* low neck(line). **(b)** share; **ir** *o* **pagar a** ~ to share the expenses, go fifty-fifty; *(pareja)* to go Dutch.
escotilla *nf (Náut)* hatchway.
escotillón *nm* trap door.
escozor *nm (dolor)* sting(ing); *(sentimiento)* grief, heartache.
escribanía *nf* **(a)** *(mueble)* writing desk. **(b)** *(Jur: cargo)* clerkship; *(: despacho)* clerk's office.
escribano *nm (secretario judicial)* court clerk, lawyer's clerk; *(notario)* notary; ~ **municipal** town clerk.
escribiente *nm* clerk; ~ **en jefe** chief *o* head clerk.
escribir [3a; *pp* **escrito**] **1** *vt, vi* **(a)** to write; *(cheque)* to write *o* make out; *(música)* to compose; ~ **a mano** to write in longhand; ~ **a máquina** to type. **(b)** *(ortografiar)* to spell; **¿cómo se escribe eso?** how is that spelled?, how do you spell that? **2 escribirse** *vr (cartearse)* to write to each other, correspond.
escrito 1 *pp de* **escribir. 2** *adj* written, in writing; *(examen)* written; **lo arriba** ~ what has been said above. **3** *nm (gen) (documento)* document; *(Jur)* brief; ~**s** *(Lit)* writings, works; **por** ~ in writing; **poner** ~ *o* **tomar por** ~ to write down.
escritor(a) *nm/f* writer; ~ **de material publicitario** copywriter.
escritorio *nm (mueble)* desk, bureau; *(despacho)* office.
escritura *nf* **(a)** *(gen)* writing; *(de individuo)* (hand)writing; **tiene malísima** ~ her writing is terrible; ~ **corrida** *o* **normal** longhand; ~ **fonética** phonetic script; ~ **a máquina** typing. **(b) Sagrada E**~ (Holy) Scripture. **(c)** *(Jur)* deed, document; ~ **de propiedad** title deed.
escriturar [1a] *vt (Jur: documentos)* to formalize legally.
escroto *nm* scrotum.
escrúpulo *nm* scruple; **falta de** ~**s** unscrupulousness; **sin** ~ unscrupulous; **no hizo** ~ **de hacerlo** he did not scruple *o* hesitate to do it.
escrupuloso *adj (gen)* scrupulous; *(minucioso)* particular, precise.
escrutador(a) 1 *adj (mirada)* searching, penetrating. **2** *nm/f (Pol: de votos)* returning officer, scrutineer.
escrutar [1a] *vt* **(a)** *(examinar)* to scrutinize, examine. **(b)** *(votos)* to count.
escrutinio *nm* **(a)** *(examen atento)* scrutiny, examination. **(b)** *(Pol: de votos)* count, counting.
escuadra *nf* **(a)** *(instrumento)* square; ~ **de delineante** set square; **a** ~ square, at right angles; **fuera de** ~ out of true. **(b)** *(Mil)* squad; *(Náut)* squadron; *(de coches)* fleet; ~ **de fusilamiento** firing squad.
escuadrar [1a] *vt (Téc)* to square.
escuadrilla *nf (Aer)* wing, squadron; *(LAm: de obreros)* gang.
escuadrón *nm* squadron.
escuálido *adj (sucio)* squalid; *(persona: muy delgado)* skinny, scraggy.
escualo *nm* shark, dogfish.
escucha 1 *nf* **(a)** *(acción)* listening; **estar a la** ~ to listen in; **estar de** ~ to spy, eavesdrop. **(b)** *(Rel)* chaperon. **2** *nm (Mil)* scout; *(Rad: sistema de detección)* monitor; *(: oyente)* listener.
escuchar [1a] **1** *vt* to listen to; *(LAm: oír)* to hear; *(consejo)* to heed, pay attention to; **se escucha muy mal** *(LAm Telec)* it's a very bad line. **2** *vi* to listen.
escudar [1a] **1** *vt (lit,fig)* to shield. **2 escudarse** *vr* to shield o.s.
escudero *nm* squire.
escudilla *nf* bowl, basin.
escudo *nm (lit, fig)* shield; ~ **de armas** coat of arms.
escudriñar [1a] *vt (investigar)* to inquire into, investigate; *(examinar)* to scrutinize.
escuela *nf* **(a)** *(gen)* school; ~ **primaria** *o* **de primera enseñanza** primary school; ~ **normal** teacher's training college; ~ **de párvulos** infant school, kindergarten; **ir a la** ~ to go to school. **(b)** *(del pensamiento, pintura)* school; **gente de la vieja** ~ people of the old school; **formarse en una** ~ **dura** to learn in a tough school.
escuelante *nm (Méx)* schoolmaster.
escuerzo *nm* toad.
escueto *adj (verdad)* plain; *(estilo)* simple; *(explicación, presentación)* concise.
escuincle *nm (Méx)* child.
esculpir [3a] *vt (piedra)* to sculpt; *(madera)* to carve.
escultor(a) *nm/f* sculptor/sculptress.
escultura *nf* sculpture, carving; ~ **en madera** wood carving.
escultural *adj* sculptural.
escupidera *nf* **(a)** *(para escupir)* spittoon. **(b)** *(LAm: orinal)* chamberpot.
escupir [3a] **1** *vt (sangre)* to spit; *(llamas)* to belch out; *(fam: dinero)* to cough up. **2** *vi* to spit *(a uno* at sb); ~ **a la cara de uno** to spit in sb's face.
escurreplatos *nm inv* plate rack.
escurridero *nm* draining board, *(US)* drainboard.
escurridizo *adj (carácter, superficie)* slippery; *(idea)* elusive.
escurridor *nm (para ropa)* wringer; *(de platos)* plate rack; *(colador)* colander.
escurriduras *nfpl* dregs.
escurrir [3a] **1** *vt (ropa)* to wring (out); *(platos)* to drain; *(verduras)* to strain. **2** *vi* **(a)** *(líquido)* to drip. **(b)** *(superficie)* to be slippery. **3 escurrirse** *vr* **(a)** *(líquido)* to drip; **se me escurrió de entre las manos** it slipped out of my hands. **(b)** *(observación)* to slip out; *(persona: esfumarse)* to slip away, sneak off.
escúter *nm* (motor) scooter.
ese[1] *nf* **(a)** *name of the letter* S. **(b) hacer** ~**s** *(carretera)* to zigzag, twist and turn; *(borracho)* to reel about.
ese[2]**/a** *dem adj* that; **esos/as** those; ~**a casa** that house; **esos dibujos** those drawings.
ése/a *dem pron* **(a)** that one; **ésos/as** those (ones); *(los anteriores)* the former; **prefiero ésos** I prefer those (ones); ~ **es el mío** that one is mine; **ésos que te compré yo** the ones I bought you. **(b) en** ~**a** in your town; **en una de** ~**as** one of these days; **ni por** ~**as** *(de ningún modo)* on no account; *(aun así)* even so; **¡no me vengas con** ~**as!** don't give me any more of that nonsense.
esencia *nf (gen)* essence; *(de asunto)* heart; **en** ~ essentially, in essence.
esencial 1 *adj (imprescindible)* essential; *(principal)* chief, main; **lo** ~ the main thing. **2** *nm* essential.
esfera *nf* **(a)** *(Geog, Mat)* sphere; ~ **terrestre** globe; **en forma de** ~ spherical. **(b)** *(instrumento)* dial; *(de reloj)* face. **(c)** *(campo)* sphere, field; ~ **de acción** scope, range; ~ **de actividad** sphere of activity.
esférico *adj* spherical.
esfinge *nf (lit, fig)* sphinx.
esforzado *adj (enérgico)* vigorous, energetic;

(fuerte) strong, tough; *(emprendedor)* enterprising; *(valiente)* brave.

esforzar [1f, 1m] **1** *vt (fortalecer)* to strengthen; *(alentar)* to encourage. **2 esforzarse** *vr* to exert o.s., make an effort; **hay que ~ más** you must try harder; **~ en** *o* **por tener éxito** to struggle *o* strive to succeed.

esfuerzo *nm* **(a)** *(gen)* effort; *(vigor)* spirit, vigour; **sin ~** effortlessly, without strain; **no perdonar ~s** to spare no effort (*para* to). **(b)** *(Mec)* stress.

esfumar [1a] **1** *vt (Arte)* to tone down, soften. **2 esfumarse** *vr (apoyo, esperanzas)* to fade away, melt away; *(persona)* to vanish, make o.s. scarce.

esgrima *nf (Dep)* fencing; *(arte)* swordsmanship.

esgrimidor *nm (Dep)* fencer.

esgrimir [3a] **1** *vt (espada)* to wield; *(argumento)* to use. **2** *vi* to fence.

esguince *nm* **(a)** swerve, dodge; **dar un ~** to swerve, duck. **(b)** *(Med)* sprain.

eslabón *nm (lit, fig)* link; *(para afilar)* steel; **~ perdido** *(Bio, fig)* missing link.

eslabonar [1a] *vt (lit)* to link (together, up); *(fig)* to interlink, connect.

eslavo/a 1 *adj* Slav, Slavonic. **2** *nm/f* Slav. **3** *nm (Ling)* Slavonic.

eslip *nm, pl* **eslips = slip.**

eslogan *nm, pl* **eslogans = slogan.**

eslora *nf (Náut)* length.

esmaltar [1a] *vt* **(a)** *(gen)* to enamel; *(uñas)* to varnish, paint. **(b)** *(fig)* to adorn (*con, de* with).

esmalte *nm* **(a)** *(Anat, Téc)* enamel; *(objeto)* enamelwork; **~ de uñas** nail varnish *o* polish. **(b)** *(fig)* lustre.

esmerado *adj (trabajo)* careful, neat; *(persona)* careful, painstaking.

esmeralda *nf* emerald.

esmerar [1a] **1** *vt* to polish. **2 esmerarse** *vr (aplicarse)* to take great pains (*en* over); *(hacer lo mejor)* to do one's best; **~ en hacer algo** to take great pains to do sth.

esmeril *nm* emery.

esmero *nm (cuidado)* care, carefulness; *(aseo)* neatness; **poner ~ en** to take great care over.

esmirriado *adj* puny.

esmoquin *nm* dinner jacket, *(US)* tuxedo.

esnob 1 *adj inv (persona)* snobbish. **2** *nmf, pl* **esnobs** [ez'no] snob.

esnobismo *nm* snobbery, snobbishness.

eso *dem pron* that; **~ no me gusta** I don't like that; **¿qué es ~?** what's that?; **~ de su coche** that business about his car; **~ es** that's it, that's right; **no es por ~** that's not the reason; **nada de ~** nothing of the kind, far from it; **¡nada de ~!** not a bit of it!; **¿no es ~?** isn't that so?; **~ sí** yes, of course; **el coche es viejo, ~ sí** the car is certainly old; **a ~ de las 2** at about 2 o'clock, round about 2; **en ~** thereupon, at that point; **por ~** therefore, and so; **por ~ no vine** that's why I didn't come; **y ~ que llovía** in spite of the fact it was raining.

esófago *nm* oesophagus, gullet.

esotérico *adj* esoteric.

espabilar [1a] *vt,* **espabilarse** *vr* = **despabilar.**

espaciador *nm* space bar.

espacial *adj inv* **(a)** *(Mat etc)* spatial. **(b)** space *(atr)*; **viajes ~es** space travel.

espaciar [1b] **1** *vt (gen)* to space (out); *(noticia)* to spread; *(pagos)* to spread out, stagger. **2 espaciarse** *vr* **(a)** *(noticia)* to spread; **~ en un tema** to enlarge on a subject. **(b)** *(esparcirse)* to relax.

espacio *nm* **(a)** *(gen)* space; **~ libre** room, clear space; **~ muerto** clearance; **en el ~ de una hora** in the space of one hour; **por ~ de** during, for; **ocupar mucho ~** to take up a lot of room. **(b)** *(Aer, Geog)* space; **~ exterior** *o* **extraterrestre** outer space. **(c)** *(Tip)* space, spacing; **a dos ~s, a doble ~** double-spaced. **(d)** *(Mús)* interval; *(Rad, TV)* short programme; **~ publicitario** advertising spot, commercial.

espacioso *adj* **(a)** *(cuarto, casa)* spacious, roomy. **(b)** *(movimiento)* slow, deliberate.

espada 1 *nf* **(a)** sword; **estar entre la ~ y la pared** to be between the devil and the deep blue sea; **estar hecho una ~** to be as thin as a rake; **poner a ~** to put to the sword. **(b) ~s** *(Naipes)* spades. **2** *nm* swordsman; *(Taur)* matador.

espadachín *nm (esgrimidor)* skilled swordsman; *(pey)* bully, thug.

espadaña *nf* bulrush.

espadero *nm* swordsmith.

espadín *nm* dress *o* ceremonial sword.

espaguetis *nmpl* spaghetti *sg.*

espalda *nf* **(a)** back; *(hombros)* shoulder(s); **a ~s de uno** behind sb's back; **eso ha quedado ya a la ~** that's all behind us now; **~ con ~** back to back; **de ~s** from behind; **estar de ~s** to have one's back turned; **de ~s a la marcha** facing backwards, with one's back to the engine; **volverse de ~s a** to turn one's back on; **echar algo sobre las ~s** to take sth on, take charge of sth; **volver la ~** to turn away; *(pey)* to turn tail; **volver las ~s a uno** to cold-shoulder sb. **(b)** *(Dep)* backstroke.

espaldar *nm* **(a)** *(de silla)* back. **(b)** *(para plantas)* trellis, espalier.

espaldarazo *nm (apoyo)* backing.

espaldera *nf* trellis, espalier.

espaldilla *nf* shoulder blade.

espantada *nf* **(a)** *(miedo)* sudden scare; **dar la ~ a uno** to scare the wits out of sb. **(b)** *(huida: de gente)* stampede.

espantadizo *adj* shy, easily scared (off).

espantajo *nm (espantapájaros)* scarecrow; *(persona)* sight, fright.

espantapájaros *nm inv* scarecrow.

espantar [1a] **1** *vt* to frighten, scare; *(ahuyentar)* to frighten off; *(horrorizar)* to appal. **2 espantarse** *vr (asustarse)* to get frightened, get scared (*de* at, of); *(horrorizarse)* to be appalled (*de* at).

espanto *nm* **(a)** *(susto)* fright; *(asombro)* astonishment. **(b)** *(amenaza)* threat, menace. **(c)** *(LAm: fantasma)* ghost. **(d)** *(fam)* **¡qué ~!** how awful!, goodness!

espantoso *adj (aterrador)* frightening, terrifying; *(malo)* appalling; *(ruido)* dreadful.

España *nf* Spain; **la ~ de pandereta** touristy Spain.

español(a) 1 *adj* Spanish. **2** *nm/f* Spaniard; **los ~es** the Spaniards, the Spanish. **3** *nm (Ling)* Spanish.

españolismo *nm (amor a lo español)* love of Spain; *(carácter español)* Spanishness; *(Ling)* Hispanicism.

españolizar [1f] **1** *vt* to make Spanish, Hispanicize. **2 españolizarse** *vr* to adopt Spanish ways; **se españolizó por completo** he became completely Spanish.

esparadrapo *nm* sticking plaster.

esparcido *adj* **(a)** *(desparramado)* scattered; *(extendido)* widespread. **(b)** *(fig: alegre)* cheerful.

esparcimiento *nm* **(a)** *(dispersión)* spreading. **(b)** *(descanso)* relaxation; *(recreo)* amusement.

esparcir [3b] **1** *vt* **(a)** *(desparramar)* to spread, scatter; *(divulgar)* to disseminate. **(b)** *(distraer)* to amuse, divert. **2 esparcirse** *vr* **(a)** *(desparramarse)* to spread (out), scatter. **(b)** *(descansar)* to

relax; *(divertirse)* to amuse o.s.
espárrago *nm* asparagus; **estar hecho un ~** to be as thin as a rake; **¡vaya a freír ~s!** *(fam)* go to hell!
espartal *nm* esparto field.
espartano/a *adj (fig)* spartan.
espartillo *nm (LAm)* esparto (grass).
esparto *nm* esparto (grass); **estar como el ~** to be all dried up.
espasmo *nm* spasm.
espasmódico *adj* spasmodic.
espástico/a *adj, nm/f* spastic.
espátula *nf (Med)* spatula; *(Arte)* palette knife; *(Culin)* fish slice.
especia *nf* spice.
especiado *adj* spiced, spicy.
especial *adj* special, especial; **en ~** especially, particularly.
especialidad *nf (gen, Culin)* speciality; *(Univ: ramo)* specialism, special field; **no es de mi ~** it's not in my line.
especialista *nmf* specialist.
especializado *adj* specialized; *(obrero)* skilled, trained; **mano de obra ~a** skilled labour.
especializarse [1f] *vr* to specialize (*en* in).
especialmente *adv* (e)specially, particularly.
especie *nf* **(a)** *(Bio)* species. **(b)** *(clase)* kind, sort; *(asunto)* matter; *(noticia)* piece of news; **con la ~ de que ...** on the pretext that ...; **corre la ~ de que ...** there is a rumour about that ...; **pagar en ~** to pay in kind.
especificación *nf* specification.
especificar [1g] *vt* to specify.
específico 1 *adj* specific. **2** *nm (Med)* specific; *(medicina fabricada)* patent medicine.
espécimen *nm, pl* **especímenes** *o* **especimens** specimen.
especioso *adj (argumento)* specious, plausible; *(engañoso)* deceitful.
espectacular *adj* spectacular.
espectáculo *nm* spectacle; *(Teat)* show; *(: función)* performance; **~ de variedades** variety show; **dar un ~** to make a scene.
espectador(a) *nm/f (Cine, Dep, Teat)* spectator; *(de acontecimiento)* onlooker; **los ~es** *(Dep)* the spectators; *(Teat)* the audience *sg*.
espectral *adj* **(a)** *(Fís)* spectral. **(b)** *(fig)* ghostly.
espectro *nm* **(a)** *(Fís)* spectrum. **(b)** *(fantasma)* spectre, ghost; **el ~ del hambre** the spectre of famine.
espectroscopio *nm* spectroscope.
especulación *nf (gen)* speculation; **~ bursátil** speculation on the stock exchange.
especulador(a) *nm/f* speculator.
especular [1a] *vi* to speculate (*en* in, *sobre* on).
especulativo *adj* speculative.
espejado *adj (brilloso)* glossy; *(claro)* bright.
espejear [1a] *vi* to gleam, glimmer.
espejismo *nm (lit, fig)* mirage.
espejo *nm* mirror; **~ de cuerpo entero/retrovisor,** full-length/rear-view mirror; **mirarse al ~** to look at o.s. in the mirror.
espejuelos *nm pl (anteojos)* spectacles.
espeleología *nf* potholing.
espeleólogo/a *nm/f* potholer.
espeluznante *adj* hair-raising, horrifying.
espera *nf* **(a)** wait; **estar a la ~ de algo** to be expecting sth; **la cosa no tiene ~** the affair is most urgent; **en ~ de su contestación** awaiting your reply. **(b)** *(Jur)* stay, respite.
esperanto *nm* Esperanto.
esperanza *nf* **(a)** hope; *(expectativa)* expectation; **un jugador de ~s** a promising player; **con la ~ de/de que** in the hope of/that; **¡qué ~!** *(LAm)* some hope!; not on your life! *(fam)*. **(b) hay pocas ~s de que venga** there is little prospect of his coming; **dar ~s de** to hold out a prospect of; **tener ~s de** to have hopes of.
esperanzador *adj* hopeful, encouraging.
esperanzar [1f] *vt* to give hope to.
esperar [1a] **1** *vt* **(a)** *(tener esperanza de)* to hope for; **no esperaba yo menos, no se podía ~ menos** it was the least that could be expected; **~ que uno haga algo** to hope that sb does sth; **espero que sea así** I hope it is *o* will be so; **espero que te haya gustado** I hope you liked it; **espero que vengas** I hope you'll come. **(b)** *(aguardar)* to wait for, await; **~ un bebé** to be expecting; **~ el avión** to wait for the plane; **espero la llamada en cualquier momento** I expect his call at any moment; **ir a ~ a uno** to go and meet sb; **no me esperes después de las 7** don't wait for me after 7.

2 *vi* **(a)** *(tener esperanza)* to hope; **~ hacer algo** to hope to do sth; **espera que pague yo** he expects me to pay; **~ en uno** to put one's hopes *o* trust in sb; **~ en Dios** to trust in God; **~ desesperando** to hope against hope. **(b)** *(estar en espera)* to wait; **esperaré aquí** I'll wait here; **¡espera un momento!** wait a moment!, just a minute!; **~ que salga uno** to wait for sb to come out; **~ a** *o* **hasta que uno haga algo** to wait for sb to do sth, wait until sb does sth; **hacer ~ a uno** to make sb wait, keep sb waiting; **espera y verás** wait and see.

3 esperarse *vr* **(a) como podía ~** as was to be expected; **no fue tan bueno como se esperaba** it was not as good as expected; **se espera que** it is hoped. **(b) no es lo que me esperaba!** it isn't what I expected; **¡me lo esperaba!** I was expecting this!
esperma *nm o nf* sperm; **~ de ballena** spermaceti.
espermaceti *nm* spermaceti.
esperpento *nm (persona)* fright, sight; *(disparate)* (piece of) nonsense.
espesar [1a] **1** *vt* to thicken. **2 espesarse** *vr (líquido)* to thicken, get thicker; *(bosque)* to get denser.
espeso *adj* **(a)** *(gen)* thick; *(bosque)* dense; *(nieve)* deep; *(pasta)* stiff. **(b)** *(sucio)* dirty.
espesor *nm* thickness; *(de nieve)* depth; **tiene medio metro de ~** it is half a metre thick.
espesura *nf* **(a)** thickness. **(b)** *(Bot)* thicket. **(c)** *(suciedad)* dirtiness.
espetar [1a] *vt* **(a)** *(carne)* to skewer, spit; *(persona)* to run through. **(b)** *(orden)* to rap out; **~ algo a uno** to spring sth on sb.
espetón *nm (broqueta)* skewer; *(asador)* spit.
espía *nmf* spy.
espiar [1c] **1** *vt (observar)* to spy on; *(LAm: mirar)* to look at, watch. **2** *vi* to spy.
espichar[1] [1a] **1** *vt (pinchar)* to prick. **2** *vi (fam)* to peg out *(fam)*. **3 espicharse** *vr (LAm: adelgazar)* to get thin; *(avergonzarse)* to feel ashamed.
espichar[2] [1a] *vi (LAm: pronunciar un discurso)* to make a speech.
espiche[1] *nm (estaquilla)* peg.
espiche[2] *nm (LAm: discurso)* speech.
espiga *nf (Bot: de trigo)* ear; *(: de flores)* spike; *(clavija)* peg.
espigado *adj (Bot)* ripe; *(fig)* tall, slender.
espigar [1h] **1** *vt (Agr, fig)* to glean; *(Téc)* to pin, peg. **2** *vi (cereales)* to come into ear. **3 espigarse** *vr (muchachos)* to shoot up.
espigón *nm* **(a)** *(Bot)* ear; *(de herramienta)*; sharp point, spike. **(b)** *(Náut)* breakwater.
espiguero *nm (Méx)* granary.
espina *nf* **(a)** *(Bot)* thorn; *(astilla)* splinter; **estar en ~s** to be on tenterhooks *o* all on edge; **me da**

mala ~ it makes me suspicious; **sacarse la ~** *(fig)* to get even. **(b)** *(de pez)* bone; *(Anat: tb ~* **dorsal***)* spine. **(c)** *(problema)* worry.
espinaca *nf* spinach.
espinal *adj* spinal.
espinar [1a] **1** *vt (pinchar)* to prick; *(fig)* to sting, hurt. **2** *nm* **(a)** *(matorral)* thicket. **(b)** *(fig: dificultad)* difficulty.
espinazo *nm* spine, backbone; **partirse el ~** *(fig)* to break one's back.
espinilla *nf* **(a)** *(Anat: tibia)* shin(bone). **(b)** *(en la piel)* blackhead.
espinillera *nf* shinpad, *(US)* shin guard.
espino *nm* hawthorn; **~ negro** blackthorn, sloe.
espinoso 1 *adj* **(a)** *(planta)* thorny, prickly; *(pez)* bony. **(b)** *(problema)* knotty. **2** *nm* stickleback.
espionaje *nm* spying, espionage; **novela de ~** spy story.
espira *nf (Mat)* spire; *(Zool)* whorl, ring; *(Elec)* turn.
espiráculo *nm* blow-hole.
espiral 1 *adj* spiral. **2** *nm (de reloj)* hairspring. **3** *nf* spiral; **la ~ inflacionista** the inflationary spiral; **el humo subía en ~** the smoke went spiralling up.
espirar [1a] **1** *vt (aire, humo)* to breathe out, exhale; *(olor)* to give off. **2** *vi* to breathe (out).
espiritismo *nm* spiritualism.
espiritista *adj, nmf* spiritualist.
espiritoso *adj* **(a)** *(bebida)* alcoholic. **(b)** *(persona)* spirited, lively.
espíritu *nm* **(a)** *(gen)* spirit; **~ de cuerpo** esprit de corps; **~ de equipo/de lucha** team/fighting spirit; **levantar el ~ de uno** to raise sb's spirits. **(b)** *(mente)* mind; *(inteligencia)* intelligence; **con ~ amplio** with an open mind; **edificar el ~ de uno** to improve sb's mind. **(c)** *(Rel)* spirit, soul; **E~ Santo** Holy Ghost; **dar** *o* **rendir el ~** to give up the ghost. **(d)** *(aparecido)* spirit, ghost. **(e)** *(alcohol)* spirits *pl*, liquor; **~ de vino** spirits of wine.
espiritual *adj (vida, patria, poderes)* spiritual.
espita *nf* **(a)** tap, *(US)* faucet. **(b)** *(fam: borracho)* drunkard.
esplendidez *nf (magnificencia)* splendour, magnificence; *(generosidad)* generosity.
espléndido *adj* **(a)** *(magnífico)* splendid, magnificent. **(b)** *(generoso)* lavish, generous.
esplendor *nm* splendour, magnificence; *(resplandor)* brilliance.
esplendoroso *adj (magnífico)* magnificent; *(resplandeciente)* brilliant, radiant.
espliego *nm* lavender.
espolear [1a] *vt (caballo)* to spur (on); *(fig)* to spur on, stimulate.
espoleta *nf* **(a)** *(Mil)* fuse. **(b)** *(Anat)* wishbone.
espolón *nm* **(a)** *(Zool: de gallo)* spur; *(: de caballo)* fetlock. **(b)** *(Geog)* spur. **(c)** *(Náut: proa)* stem. **(d)** *(malecón)* sea wall; *(contrafuerte)* buttress. **(e)** *(paseo)* promenade.
espolvorear [1a] *vt* to dust, sprinkle (*de* with).
esponja *nf* **(a)** sponge; **beber como una ~** to drink like a fish. **(b)** *(fam: gorrón)* sponger *(fam)*.
esponjar [1a] **1** *vt* to make spongy; *(lana)* to fluff up. **2 esponjarse** *vr* **(a)** to become spongy; *(lana)* to fluff up. **(b)** *(rebosar de salud)* to glow with health; *(engreírse)* to swell with pride.
esponjoso *adj* spongy.
esponsales *nmpl* betrothal *sg*.
espontanearse [1a] *vr (confesar)* to own up; *(hablar con franqueza)* to speak frankly.
espontaneidad *nf* spontaneity.
espontáneo *adj (gen)* spontaneous; *(improvisado)* impromptu; *(persona: natural)* natural.
espora *nf* spore.
esporádico *adj* sporadic.
esportillo *nm* basket.
esportivo *adj (LAm)* sporty.
esportón *nm* large basket; **a ~es** in vast quantities.
esposa *nf* **(a)** wife. **(b) ~s** handcuffs; *(grillos)* manacles; **poner las ~s a uno** to handcuff sb.
esposar [1a] *vt* to handcuff.
esposo *nm* husband; **los ~s** husband and wife, the couple.
esprint *nm, pl* **esprints** [es'prin] sprint.
esprínter *nmf* sprinter.
espuela *nf* **(a)** *(lit, fig)* spur. **(b)** *(fam: trago)* last drink, one for the road.
espuelear [1a] *vt (LAm)* to spur (on).
espuerta *nf* basket, pannier; **a ~s** in vast quantities, by the ton.
espulgar [1h] *vt* **(a)** *(quitar la pulgas a)* to delouse, get the lice *o* fleas out of. **(b)** *(fig)* to scrutinize.
espuma *nf (de agua)* foam, spray; *(de olas)* surf; *(de cerveza)* froth, head; *(de jabón)* lather; **~ de caucho** foam rubber; **echar ~** to foam, froth.
espumadera *nf,* **espumador** *nm (LAm: Culin)* skimming ladle.
espumar [1a] **1** *vt (quitar espuma a)* to skim off. **2** *vi (cerveza)* to froth, foam; *(vino)* to sparkle.
espumarajo *nm* froth, foam; **echar ~s (de rabia)** to splutter with rage.
espumilla *nf (LAm)* meringue.
espumoso *adj* frothy; *(vino)* sparkling.
espurio *adj* spurious; *(niño)* bastard.
esputar [1a] *vt, vi* to spit (out).
esputo *nm (saliva)* spit, spittle; *(Med)* sputum.
esqueje *nm (de planta)* cutting.
esquela *nf* **(a)** *(nota)* note; **~ amorosa** love letter. **(b)** *(anuncio)* notice; **~ de defunción** *o* **mortuoria** announcement of death.
esquelético *adj* skeletal.
esqueleto *nm* **(a)** *(Anat)* skeleton. **(b)** *(fig)* skeleton; *(lo esencial)* bare bones (of a matter); *(LAm: trazado)* draft; **en ~** unfinished.
esquema *nm* **(a)** *(diagrama)* diagram, plan; *(proyecto)* scheme; *(esbozo)* sketch. **(b)** *(Rel)* schema.
esquemático *adj* schematic.
esquí *nm, pl* **esquís (a)** *(objeto)* ski. **(b)** *(deporte)* skiing; **~ acuático** water-skiing; **hacer ~** to go skiing.
esquiador(a) *nm/f* skier.
esquiar [1c] *vi* to ski.
esquife *nm* skiff.
esquila[1] *nf (campanilla)* small bell; *(cencerro)* cowbell.
esquila[2] *nf (Agr: de ovejas)* shearing.
esquilar [1a] *vt* to shear.
esquilmar [1a] *vt* **(a)** *(cosecha)* to harvest. **(b)** *(tierra, tb fig)* to impoverish. **(c)** *(fam: jugador)* to skin *(fam)*.
esquimal 1 *adj, nmf* Eskimo. **2** *nm (Ling)* Eskimo.
esquina *nf* **(a)** corner *(tb Dep)*; **doblar la ~** to turn the corner; **hacer ~** *(edificio)* to be on the corner; *(calles)* to meet. **(b)** *(LAm: tienda)* corner shop, village store.
esquinar [1a] **1** *vt* **(a)** *(hacer esquina)* to form a corner with; *(estar en la esquina)* to be on the corner of. **(b)** *(madera)* to square (off). **(c)** *(LAm)* to put in a corner. **2** *vi:* **~ con** *(hacer esquina)* to form a corner with; *(estar en la esquina)* to be on the corner of. **3 esquinarse** *vr* **(a)** *(pelearse)* to quarrel (*con* with). **(b)** *(estar mohino)* to sulk.
esquinazo *nm:* **dar ~ a uno** to give sb the slip,

shake sb off.
esquirla *nf* splinter.
esquirol *nm* scab *(fam)*, strikebreaker.
esquivada *nf (LAm)* evasion.
esquivar [1a] **1** *vt (evitar)* to avoid, shun; *(evadir)* to dodge, side-step; ~ **el contacto con uno** to avoid meeting sb; ~ **un golpe** to dodge a blow; ~ **hacer algo** to avoid *o* be chary of doing sth. **2 esquivarse** *vr (retraerse)* to withdraw; *(hurtar el cuerpo)* to dodge.
esquivez *nf (timidez)* shyness; *(despego)* unsociability; *(desdén)* scorn.
esquivo *adj* **(a)** *(tímido)* shy; *(huraño)* unsociable; *(evasivo)* evasive. **(b)** *(despreciativo)* scornful.
esquizofrenia *nf* schizophrenia.
esquizofrénico/a *adj, nm/f* schizophrenic.
esquizoide *adj, nmf* schizoid.
esta, ésta *etc véase* **este**[2], **éste.**
estabilidad *nf* stability.
estabilización *nf* stabilization.
estabilizador *nm* stabilizer.
estabilizar [1f] **1** *vt (gen)* to stabilize; *(fijar)* to make steady; *(precios)* to peg. **2 estabilizarse** *vr* to become stable.
estable *adj (firme)* stable, steady; *(habitual)* regular.
establecer [2d] **1** *vt* to establish; *(fundar)* to set up, found; *(colonos)* to settle; *(alegación)* to justify; *(récord)* to set (up); *(domicilio)* to take up. **2 establecerse** *vr* to establish o.s., settle; *(Com)* to start a business; *(sucursal)* to open a branch.
establecimiento *nm* **(a)** *(acto)* establishment; *(fundación)* institution; *(de colonias)* settlement. **(b)** *(local)* establishment; *(RPl)* works; ~ **central** head office; ~ **comercial** business house. **(c)** *(Jur)* statute.
establo *nm* cowshed, stall; *(esp LAm)* barn.
estaca *nf* **(a)** *(poste)* stake, post; *(de tienda de campaña)* peg; *(porra)* cudgel. **(b)** *(Agr)* cutting. **(c)** *(LAm)* mining property.
estacada *nf* **(a)** *(cerca)* fence; *(Mil)* stockade; *(LAm)* dyke; **dejar a uno en la** ~ *(fig)* to leave sb in the lurch; **estar** *o* **quedar en la** ~ *(estar en apuro)* to be in a jam; *(fracasar)* to fail disastrously. **(b)** *(LAm)* wound.
estacar [1g] **1** *vt* **(a)** *(tierra, pertenencia)* to stake (out *o* off); *(cercar)* to fence with stakes. **(b)** *(animal)* to tie to a post. **(c)** *(LAm: herir)* to wound, prick. **2 estacarse** *vr* to stand rooted to the spot.
estación *nf* **(a)** *(gen)* station; ~ **balnearia** *(medicinal)* spa; *(de mar)* seaside resort; ~ **depuradora** sewage works; ~ **terminal** terminus; ~ **transmisora** transmitter; ~ **emisora/meteorológica** broadcasting/weather station; ~ **de autobuses/ferrocarril/servicio** bus/railway/service *o* petrol station. **(b)** *(Rel)* **E~es del vía Crucis** Stations of the Cross. **(c)** *(temporada)* season; ~ **muerta** off season.
estacional *adj* seasonal.
estacionamiento *nm* stationing; *(Aut: acción)* parking; *(: LAm)* car park.
estacionar [1a] **1** *vt* to station, place; *(Aut)* to park. **2 estacionarse** *vr* to station o.s.; *(Aut)* to park; *(no moverse)* to remain stationary.
estacionario *adj* stationary; *(Com, Fin)* slack.
estacionómetro *nm (Méx)* parking meter.
estacón *nm (LAm)* prick, jab.
estadía *nf (LAm)* stay.
estadio *nm* **(a)** *(fase)* stage, phase. **(b)** *(Mat)* furlong. **(c)** *(Dep)* stadium.
estadista *nm* **(a)** *(Pol)* statesman. **(b)** *(Mat)* statistician.
estadística *nf (ciencia)* statistics *sg;* **una** ~ a figure, a statistic.
estadístico/a 1 *adj* statistical. **2** *nm/f* statistician.
estado *nm* **(a)** *(gen)* state, condition; ~ **de ánimo** state of mind; ~ **de sitio** state of siege; **estar en ~ de buena esperanza** to be pregnant, be in the family way; **estar en buen** ~ to be in good condition. **(b)** *(categoría)* ~ **civil** marital status. **(c)** *(Mil)* ~ **mayor** staff. **(d)** *(Pol)* state; ~ **benefactor** *o* **de previsión** welfare state; **hombre de** ~ statesman. **(e)** *(lista)* list (of employees). **(f)** *(resumen)* summary; *(informe)* report; ~ **de cuenta(s)** statement of account.
Estados Unidos *nmpl* United States.
estadounidense 1 *adj* United States *(atr)*, American. **2** *nmf* United States citizen, American.
estafa *nf (timo)* swindle; *(Com, Fin)* racket.
estafador(a) *nm/f* swindler; *(Com, Fin)* racketeer.
estafar [1a] *vt* to swindle, defraud; ~ **algo a uno** to swindle sb out of sth.
estafeta *nf* **(a)** *(correo)* post; ~ **diplomática** diplomatic bag. **(b)** *(oficina)* (sub-)post office.
estafetero *nm* post-office clerk.
estalactita *nf* stalactite.
estalagmita *nf* stalagmite.
estalladura *nf* **(a)** (*véase* **estallar**) explosion; eruption; shattering; crack; outbreak. **(b)** *(Aut)* burst, blow-out.
estallar [1a] *vi (gen)* to explode; *(bomba)* to explode, go off; *(volcán)* to erupt; *(neumático)* to burst; *(vidrio)* to shatter; *(látigo)* to crack; *(epidemia, guerrra, conflicto)* to break out; *(sublevación)* to break out; ~ **en llanto** to burst into tears; **cuando estalló la guerra** when the war broke out.
estallido *nm (explosión)* explosion; *(de látigo, trueno)* crack; *(comienzo)* outbreak.
estambre *nm* **(a)** *(tela)* worsted. **(b)** *(Bot)* stamen.
estamento *nm (estrato)* stratum, layer; *(estado)* state.
estameña *nf* serge.
estampa *nf* **(a)** *(imagen)* print; *(en libro)* picture. **(b)** *(imprenta)* printing; **dar a la** ~ *(imprimir)* to print; *(publicar)* to publish. **(c) de buena/mala** ~ decent-/shady-looking; **ser la propia ~ de uno** to be the very image of sb.
estampado 1 *adj (gen)* printed. **2** *nm (impresión)* printing; *(vestido)* print dress.
estampar [1a] *vt (imprimir)* to print; *(marcar)* to stamp; *(grabar)* to engrave; *(fig: grabar)* to stamp, imprint (*en* on); **quedaba estampado en la memoria** it was stamped on one's memory.
estampida *nf (Agr, Zool: esp LAm)* stampede; *(ruido)* bang.
estampido *nm* bang; ~ **sónico** sonic boom.
estampilla *nf* **(a)** *(sello de goma)* seal, (rubber) stamp. **(b)** *(LAm Correos)* stamp.
estampillado *nm (LAm)* stamp duty.
estampillar [1a] *vt* to rubber-stamp.
estancado *adj (agua)* stagnant; *(negociaciones)* at a standstill.
estancamiento *nm (de agua, asunto)* stagnation; *(de negociaciones)* deadlock.
estancar [1g] **1** *vt* **(a)** *(aguas)* to hold back, stem. **(b)** *(progreso)* to hold up; *(negociación)* to deadlock; *(Com)* to establish a monopoly in. **2 estancarse** *vr (gen)* to stagnate.
estancia *nf* **(a)** *(permanencia)* stay; *(domicilio)* dwelling, abode. **(b)** *(LAm)* farm, cattle ranch. **(c)** *(Lit)* stanza.
estanciero *nm (LAm)* farmer, rancher.
estanco 1 *adj* watertight. **2** *nm (monopolio)* state

monopoly; *(tienda)* tobacconist's (shop), *(US)* cigar store.
estándar *adj, nm* standard.
estandar(d)ización *nf* standardization.
estandar(d)izar [1f] *vt* to standardize.
estandarte *nm* banner, standard.
estanque *nm (lago: ornamental)* lake; *(: pequeño)* pool, pond; *(depósito)* tank; ~ **de juegos** paddling pool.
estanquero/a *nm/f* tobacconist.
estante *nm* **(a)** *(anaquel)* shelf. **(b)** *(soporte)* rack, stand; ~ **(para libros)** bookcase.
estantería *nf* shelving, shelves *pl.*
estañar [1a] *vt (Téc)* to tin; *(soldar)* to solder.
estaño *nm* tin.
estaquilla *nf (de madera)* peg; *(clavo largo)* spike, long nail; *(para tienda)* tent peg.
estar [1p] **1** *vi* **(a)** *(gen)* to be; **¿está Juan?** is John in?; **no está** he is not here, he's out; **está fuera** *(de casa)* she's out; *(de ciudad)* she's away *o* out of town; **el monumento está en la plaza** the monument is *o* stands in the square.

(b) *(estado transitorio)* ~ **bien/enfermo** *o* **malo** to be *o* feel well/ill; **¿cómo estás?** how are you (keeping)?; **¡qué elegante estás!** how smart you're looking!

(c) *(con ger)* **estoy leyendo un libro** I am reading a book; **estaba corriendo** he was running.

(d) *(pasivo)* **está envasado en papel** it is wrapped in paper; **estaba terminado para las 5** it was finished for *o* by 5 o'clock.

(e) *(+ a)* **las uvas están a 5 pesetas** grapes are (selling) at 5 pesetas; **estamos a 8 de junio** it is the 8th of June, today is the 8th of June; **¿a cuántos estamos?** what's the date?; **¿a cuánto estamos de Madrid?** how far are we from Madrid?

(f) *(+ con)* **está con la gripe** he's down with flu.

(g) *(+ de)* **está de camarero** he's working as a waiter; **estaba de uniforme** he was (dressed) in uniform; **éstan de vacaciones** they are (away) on holiday; **estoy así de nervioso** I'm so nervous.

(h) *(+ en)* **el problema está en que ...** the problem lies in the fact that ...; **en eso está** that's the reason; **no está en sí** he's not in his right mind; **no está en mí hacerlo** it's not in my power to do it.

(i) *(+ para)* **está para salir** he's about to leave; **no estoy para bromas** I'm not in the mood for joking.

(j) *(+ por)* ~ **por** *(moción)* to be in favour of; *(persona)* to side with; **está por escribir** it has yet to be written; **está por llover** *(LAm)* it's about to rain.

(k) *(+ sin)* **está sin vender** it's unsold, it hasn't been sold.

(l) *(modismos)* **¿estamos?** *(comprender)* right?; *(estar listo)* ready?; *(de acuerdo)* are we agreed?; **¿cómo estamos?** how do we stand?; *(Dep)* what's the score?; **¿está Ud?** do you get it?, understand?; **¡ya está!** that's it!, that's done!; **¡ya está bien!** that will do!, that's enough!; **ya que estamos** while we are at it.

2 estarse *vr* **(a) se estaba muriendo** he was (gradually) dying.

(b) *(quedarse)* to stay, remain.

(c) ¡estate quieto! keep still!, stop fidgeting!
estarcido *nm* stencil.
estarcir [3b] *vt* to stencil.
estatal *adj* state *(atr)*.
estático *adj* static.
estatificar [1g] *vt* to nationalize.
estatización *nf (LAm)* nationalization.
estatizar [1f] *vt (LAm)* to nationalize.
estatua *nf* statue.
estatuario *adj* statuesque.
estatuilla *nf* statuette, figure.
estatuir [3g] *vt (establecer)* to establish; *(ordenar)* to ordain.
estatura *nf* stature, height; **un hombre de 1,80m de** ~ a man 1.80m in height.
estatutario *adj* statutory.
estatuto *nm (gen)* statute; *(de ciudad)* bylaw; *(de comité)* (standing) rule.
este[1] *(Geog)* **1** *adj (parte)* east; *(dirección)* easterly; *(viento)* east, easterly. **2** *nm* **(a)** east; **en la parte del** ~ in the eastern part; **al** ~ **de Toledo** to the east of Toledo, on the east side of Toledo. **(b)** *(viento)* east wind.
este[2]**/a** *dem adj* this; **estos/as** these; **esta silla** this chair.
éste/a *dem pron* this, this one; *(el último)* the latter; **éstos/as** these; *(los últimos)* the latter; **en ésta** in this town (from where I am writing); **jurar por éstas** to swear by all that is holy.
estela *nf (Náut)* wake, wash; *(Aer)* slipstream, trail; *(fig)* trail.
estelar *adj* **(a)** *(Astron)* stellar. **(b)** *(Teat)* star *(atr)*.
estemple *nm* pit prop.
estenografía *nf* shorthand.
estenógrafo/a *nm/f* shorthand writer.
estepa *nf (Geog)* steppe.
estera *nf (alfombra)* mat; *(tejido)* matting; ~ **de baño** bathmat.
estercolar [1a] *vt* to manure.
estercolero *nm* manure heap, dunghill.
estéreo *adj, nm* stereo.
estereofonía *nf* stereo(phony).
estereofónico *adj* stereo(phonic), in stereo.
estereoscópico *adj* stereoscopic.
estereotipado *adj* stereotyped.
estereotipar [1a] *vt (lit, fig)* to stereotype.
estereotipo *nm* stereotype.
estéril *adj* **(a)** *(terreno)* sterile, barren. **(b)** *(esfuerzo)* vain, futile.
esterilidad *nf* **(a)** *(de terreno)* sterility, barrenness. **(b)** *(fig)* futility, uselessness.
esterilización *nf* sterilization.
esterilizar [1f] *vt* to sterilize.
esterilla *nf (alfombrilla)* small mat; *(estera de junco)* rush matting; **silla de** ~ wicker chair.
esterlina *adj:* **libra** ~ pound sterling.
esternón *nm* breastbone, sternum.
estero *nm (estuario)* estuary; *(LAm)* swamp, marsh.
estertor *nm* death rattle.
esteta *nmf* aesthete.
estética *nf* aesthetics *sg.*
estético *adj* aesthetic.
estetoscopio *nm* stethoscope.
estevado *adj* bow-legged, bandy-legged.
estibador *nm* stevedore.
estibar [1a] *vt (Náut)* to stow.
estiércol *nm* dung, manure.
estigma *nm (lit, fig)* stigma; ~**s** *(Rel)* stigmata.
estigmatizar [1f] *vt* to stigmatize.
estilar [1a] *vi*, **estilarse** *vr (estar de moda)* to be in fashion; *(usarse)* to be used.
estilete *nm (arma)* stiletto.
estilista *nmf (Lit etc)* stylist; *(Téc)* designer.
estilístico *adj* stylistic.
estilización *nf (Téc)* styling.
estilizado *adj* stylized.

estilizar [1f] *vt* to stylize; *(Téc)* to design, style.
estilo *nm* **(a)** *(gen)* style; **el ~ del escritor** the writer's style; **~ de vida** way of life; **un comedor ~ Luis XV** a dining-room suite in Louis XV style; **al ~ de** in the style of; **algo por el ~** something of the sort *o* along these lines; **no tenemos nada por ese ~** we have nothing in that line. **(b)** *(Natación)* stroke; **~ libre** freestyle; **~ (de) pecho** breast-stroke. **(c)** *(para escribir)* stylus.
estilográfica *nf* fountain pen.
estima *nf* **(a)** *(aprecio)* esteem, respect; **tener a uno en gran ~** to hold sb in high esteem. **(b)** *(Náut)* dead reckoning.
estimable *adj* estimable; *(cantidad)* considerable.
estimación *nf* **(a)** *(acción)* estimation. **(b)** *(evaluación)* estimate, valuation. **(c)** *(aprecio)* esteem, regard; **~ propia** self-esteem.
estimado *adj* esteemed, respected; **'~ Señor'** 'Dear Sir'.
estimar [1a] **1** *vt* **(a)** *(evaluar)* to estimate; *(valorar)* to value *(en at)*; **~ que ...** to think *o* reckon that .... **(b)** *(respetar)* to esteem, respect; **~ a uno en mucho/poco** to have a high/low opinion of sb. **2 estimarse** *vr* **(a)** *(objeto)* to be estimated (*en* at), be valued (*en* at). **(b) ¡se estima!** thanks very much!, I appreciate it! **(c)** *(uno mismo)* to have a high opinion of o.s.
estimulante 1 *adj* stimulating. **2** *nm* stimulant.
estimular [1a] *vt (apetito)* to stimulate; *(esfuerzos, persona)* to encourage (*a hacer algo* to do sth); *(discusión)* to promote.
estímulo *nm* stimulus; *(incentivo)* incentive.
estío *nm* summer.
estipendio *nm* salary.
estipulación *nf* stipulation, condition.
estipular [1a] *vt* to stipulate.
estirado *adj* **(a)** *(alargado)* stretched. **(b)** *(fig: tieso)* stiff, starchy; *(engreído)* stuck-up *(fam)*. **(c)** *(tacãno)* tight-fisted.
estirar [1a] **1** *vt* **(a)** *(gen)* to stretch; *(brazos)* to stretch out; *(cuello)* to crane; *(ropa)* to run the iron over. **(b)** *(dinero)* to eke out; *(discurso)* to spin out. **(c)** *(LAm fam)* to bump off; **~ la pata** to kick the bucket. **2 estirarse** *vr* to stretch.
estirón *nm (tirón)* pull, tug; **dar un ~** *(niño)* to shoot up.
estirpe *nf* stock, lineage.
estival *adj* summer *(atr)*.
esto *dem pron* this; **~ es difícil** this is difficult; **~ es, ...** that is (to say), ...; **~ de la boda** this business about the wedding; **durante ~** in the meantime; **en ~** *(entonces)* at this *o* that point; *(después)* whereupon; **por ~** for this reason; **¿qué es ~?** what's all this?; **y ~ ¿qué es?** whatever is this?
estocada *nf (acción)* stab, thrust; *(herida)* stab wound; *(Taur)* death blow.
estofa *nf* **(a)** *(tela)* quilted material. **(b)** *(fig)* quality; **de baja ~** poor-quality.
estofado 1 *adj* **(a)** *(Culin)* stewed. **(b)** *(Cos)* quilted. **2** *nm* stew, hotpot.
estofar [1a] *vt* **(a)** *(Culin)* to stew. **(b)** *(Cos)* to quilt.
estoicismo *nm* stoicism.
estoico/a 1 *adj* stoic(al). **2** *nm/f* stoic.
estola *nf* stole.
estólido *adj* stupid.
estomacal *adj* stomach *(atr)*; **trastorno ~** stomach upset.
estomagar [1h] *vt* **(a)** to give indigestion to. **(b)** *(fig)* to annoy.
estómago *nm* stomach; **dolor de ~** stomach ache; **revolver el ~ a uno** to revolt sb; *(molestar)* to annoy sb; **tener buen ~** *(ser insensible)* to be thick-skinned; *(ser poco escrupuloso)* to have an elastic conscience.
estopa *nf (del cáñamo)* tow; *(harpillera)* burlap; **~ de acero** steel wool.
estoque *nm* **(a)** *(arma)* rapier, sword. **(b)** *(Bot)* gladiolus.
estorbar [1a] **1** *vt (obstaculizar)* to hinder, be *o* get in the way of; *(dificultar)* to interfere with; *(molestar)* to bother. **2** *vi* to be in the way.
estorbo *nm (gen)* hindrance; *(molestia)* nuisance; **no hay ~ para que se haga** there is no obstacle to its being done.
estornino *nm* starling.
estornudar [1a] *vi* to sneeze.
estornudo *nm* sneeze.
estoy *véase* **estar.**
estrabismo *nm* squint.
estrada *nf* road, highway; **batir la ~** *(Mil)* to reconnoitre.
estrado *nm (tarima)* platform; *(Mús)* bandstand; **~s** law courts.
estrafalario *adj* **(a)** *(excéntrico)* odd, eccentric. **(b)** *(traje)* slovenly.
estragar [1h] *vt* to ruin; *(corromper)* to corrupt.
estrago *nm (ruina)* ruin; *(corrupción)* corruption; **~s** havoc *sg;* **hacer ~s en** *o* **entre** to play havoc with.
estragón *nm (Bot, Culin)* tarragon.
estrambólico *adj (LAm),* **estrambótico** *adj* odd, outlandish.
estrangulación *nf* strangulation.
estrangulador(a) 1 *nm/f (persona)* strangler. **2** *nm (Mec)* throttle; *(Aut)* choke.
estrangulamiento *nm (Aut)* bottleneck.
estrangular [1a] *vt (persona)* to strangle; *(Mec)* to throttle; *(Aut)* to choke.
estraperlista *nmf* black marketeer.
estraperlo *nm* black market.
estratagema *nf* stratagem.
estratega *nm* strategist.
estrategia *nf* strategy.
estratégico *adj* strategic.
estratificar [1g] *vt* to stratify.
estrato *nm* stratum.
estratosfera *nf* stratosphere.
estraza *nf* rag; **papel de ~** brown *o* wrapping paper.
estrechar [1a] **1** *vt* **(a)** *(calle)* to narrow; *(vestido)* to take in; *(lazos)* to tighten. **(b)** *(abrazar: persona)* to hug, embrace; **~ la mano a uno** to shake sb's hand. **(c)** *(obligar)* to compel. **2 estrecharse** *vr* **(a)** *(calle)* to narrow, get narrow. **(b)** *(2 personas)* to embrace (one another), hug; **se estrecharon la mano** they shook hands. **(c)** *(lazos)* to become closer; **~ con uno** to get very friendly with sb.
estrechez *nf* **(a)** *(angostura)* narrowness; *(de ropa)* tightness. **(b)** *(pobreza)* poverty; **estrecheces** financial difficulties. **(c)** *(de amistad)* closeness; *(rigidez)* strictness; **~ de conciencia** small-mindedness.
estrecho 1 *adj* **(a)** *(gen)* narrow; *(zapato, ropa)* (too) tight. **(b)** *(amistad, relación)* close. **(c)** *(moral)* strict; *(carácter: pey)* mean; **~ de miras** narrow-minded. **2** *nm* **(a)** *(Geog)* strait(s); **E~ de Gibraltar** Straits of Gibraltar. **(b)** *(apuro)* jam *(fam)*.
estrechura *nf* **(a) = estrechez. (b) = estrecho 2.**
estregadera *nf (cepillo)* scrubbing brush.
estregar [1h, 1k] *vt (frotar)* to rub; *(con cepillo)* to scrub; *(rascar)* to scrape.

estrella *nf (gen)* star; ~ **fugaz** shooting star; ~ **de mar** starfish; ~ **del cine** film *o* movie star; **nacer con** ~ to be born lucky; **poner a uno por** *o* **sobre las** ~**s** to praise sb to the skies; **tener (buena)/mala** ~ to be lucky/unlucky.
estrelladera *nf* slice.
estrellado *adj* **(a)** *(en forma de estrella)* star-shaped; *(cielo)* starry; *(vestido)* spangled. **(b)** *(hecho pedazos)* smashed, shattered. **(c)** *(huevos)* fried.
estrellamar *nf* starfish.
estrellar [1a] **1** *vt* **(a)** *(decorar con estrellas)* to spangle, cover with stars. **(b)** *(hacer pedazos)* to smash, shatter; **lo estrelló contra la pared** he smashed it against the wall. **(c)** *(huevos)* to fry. **2 estrellarse** *vr* **(a)** to smash, shatter; **el coche se estrelló contra el muro** the car crashed into the wall. **(b)** *(fig)* to fail.
estrellato *nm* stardom.
estrellón *nm (LAm Aer)* crash.
estremecer [2d] **1** *vt (lit, fig)* to shake. **2 estremecerse** *vr (edificio)* to shake, vibrate; *(persona: de miedo)* to tremble (*ante* at, *de* with); *(: horror)* to shudder (*de* with); *(: frío)* to shiver (*de* with).
estremecimiento *nm (sacudida)* shake; *(temblor)* trembling; *(de frío)* shiver(ing); *(sobresalto)* shock.
estrenar [1a] **1** *vt* **(a)** *(gen)* to use for the first time; *(ropa etc)* to wear *o* put on for the first time. **(b)** *(Cine: película)* to give its premiere; *(: distribuir)* to release, put on release; *(Teat)* to perform for the first time. **2** *vi (Teat)* **aquí estrenan mucho** they put on a lot of new plays here. **3 estrenarse** *vr* **(a)** *(persona)* to make one's debut. **(b)** *(película)* to have its premiere; *(obra)* to open.
estreno *nm* **(a)** *(gen)* first use. **(b)** *(de persona)* debut, first appearance. **(c)** *(Cine)* premiere; *(Teat)* premiere, first night *o* performance; ~ **general** general release; **riguroso** ~ world premiere.
estreñido *adj* constipated.
estreñimiento *nm* constipation.
estreñir [3h, 3l] **1** *vt* to constipate. **2 estreñirse** *vr* to get constipated.
estrépito *nm (alboroto)* noise, racket; *(bulla)* fuss; **reírse con** ~ to laugh uproariously.
estrepitoso *adj* noisy; *(persona, fiesta)* rowdy; **con aplausos** ~**s** with loud applause.
estria *nf* groove.
estriado *adj* grooved.
estriar [1c] *vt* to groove, make a groove in.
estribación *nf (Geog)* spur; ~**es** foothills.
estribar [1a] *vi:* ~ **en** to rest on, be supported by; *(fig)* to rest on; **la dificultad estriba en el texto** the difficulty lies in the text.
estribera *nf* **(a)** *(estribo)* stirrup. **(b)** *(LAm)* saddle strap.
estribillo *nm (Lit)* refrain; *(Mús)* chorus; *(fig)* pet word *o* phrase; **¡siempre (con) el mismo** ~! the same old story!
estribo *nm* **(a)** *(de jinete)* stirrup; *(Aut etc)* running board; **perder los** ~**s** *(fig: enfadarse)* to lose one's temper; *(: agitarse)* to get hot under the collar. **(b)** *(Téc)* brace. **(c)** *(Arquit: de edificio)* buttress; *(: de puente)* pier. **(d)** *(fig)* foundation.
estribor *nm* starboard.
estricnina *nf* strychnine.
estricto *adj* strict.
estridente *adj* strident, raucous.
estro *nm* inspiration.
estrofa *nf* verse, strophe.
estropajo *nm* **(a)** *(para fregar)* scourer, scouring pad; **poner a uno como un** ~ to make sb feel a heel. **(b)** *(persona)* dead loss; *(cosa)* rubbish.
estropajoso *adj* **(a)** *(carne)* tough. **(b)** *(habla)* indistinct. **(c)** *(persona)* slovenly.
estropear [1a] **1** *vt (comida, cosecha)* to ruin; *(proyecto, vida)* to mess up; *(máquina)* to damage; *(persona)* to hurt, injure; *(sentido)* to distort. **2** *vi (proyecto)* to fail; *(máquina: deteriorarse)* to get damaged; *(coche)* to break down.
estropicio *nm* **(a)** *(rotura)* breakage, smashing. **(b)** *(efectos)* harmful effects *pl*; *(jaleo)* rumpus *(fam)*.
estructura *nf* structure; *(armazón)* frame(work).
estructural *adj* structural.
estructurar [1a] *vt* to structure, arrange.
estruendo *nm* **(a)** *(ruido: fuerte)* din; *(: brusco)* crash. **(b)** *(alboroto)* uproar, turmoil. **(c)** *(pompa)* pomp.
estruendoso *adj (ruidoso)* noisy; *(persona)* loud.
estrujar [1a] *vt (exprimir)* to squeeze; *(apretar)* to press; *(fig)* to drain, bleed white.
estuario *nm* estuary.
estucar [1g] *vt* to stucco, plaster.
estuco *nm* stucco, plaster.
estuche *nm (gen)* case; *(vaina)* sheath; ~ **de cigarros** cigar case; ~ **de joyas** jewel box.
estudiado *adj (fig)* studied.
estudiantado *nm (LAm)* students *pl*, student body.
estudiante *nmf* student; ~ **de derecho** law student; ~ **de ruso** student of Russian.
estudiantil *adj* student *(atr)*; **vida** ~ student life.
estudiantina *nf* student music group.
estudiar [1b] *vt, vi (gen)* to study; *(propuesta)* to think about *o* over; *(asignatura)* to read, study; ~ **para abogado** to study to become a lawyer, study law; **estudia todo el día en la biblioteca** he works all day in the library; **lo estudiaré** I'll think about it.
estudio *nm* **(a)** *(gen, Arte, Mús)* study; *(encuesta)* research, survey; *(investigación)* investigation (*de* into); *(proyecto preliminar)* plan, design (*de* for); ~ **del mercado** market reseach; ~ **de las posibilidades** feasibility study. **(b)** ~**s** studies; ~**s mayores** advanced studies; **sala de** ~**s** *(Escol)* study *o* prep room; **cursar** *o* **hacer** ~**s** to study; **estar en** ~ to be under consideration; **le pagaron los** ~**s** they paid for his schooling *o* education. **(c)** *(Cine, Rad etc)* studio; *(en casa)* study; *(piso)* bed-sit(ter); *(Arg: de abogado)* office. **(d)** *(aplicación)* studiousness, diligence; *(erudición)* learning.
estudioso/a 1 *adj* studious. **2** *nm/f* student, scholar.
estufa *nf* **(a)** stove, heater; ~ **eléctrica/de gas** electric/gas fire; ~ **de petróleo** oil stove. **(b)** *(Agr)* hot-house; **criar a uno en** ~ *(fig)* to pamper sb.
estufilla *nf* **(a)** *(brasero)* small stove, brazier. **(b)** *(para las manos)* muff.
estupefacción *nf* astonishment, stupefaction.
estupefaciente 1 *adj (sustancia)* narcotic *(atr)*. **2** *nm* narcotic, drug.
estupefacto *adj* astonished; **me miró** ~ he looked at me in amazement.
estupendo *adj* stupendous, marvellous, great *(fam)*; **¡~!** that's great!, splendid!; **es** ~ **para tocar la trompeta** he's great on the trumpet.
estupidez *nf* **(a)** *(cualidad)* stupidity, silliness. **(b)** *(acto)* stupid thing (to do); **fue una** ~ **mía** it was a silly mistake of mine; **cometer una** ~ to do something silly.

estúpido *adj* stupid, silly.
estupor *nm (Med)* stupor; *(fig)* amazement.
estuprar [1a] *vt* to rape.
estupro *nm* rape.
esturión *nm* sturgeon.
estuve *etc véase* **estar.**
etapa *nf* **(a)** *(de viaje)* stage; *(Dep)* leg, lap; *(Mil)* stopping place; **a cortas** *o* **pequeñas ~s** in easy stages. **(b)** *(fig)* stage, phase; **la segunda ~ del plan** the second phase of the plan; **lo haremos por ~s** we'll do it gradually *o* in stages.
etcétera *adv* etcetera; **gatos y perros ~, ~** cats and dogs and so on.
éter *nm* ether.
etéreo *adj* ethereal.
eternidad *nf* eternity.
eternizar [1f] **1** *vt* to perpetuate; *(pey)* to drag out. **2 eternizarse** *vr (discurso)* to be interminable; **~ en hacer algo** to take ages to do sth.
eterno *adj* eternal, everlasting; *(pey)* never-ending.
ético/a 1 *adj (Fil)* ethical. **2 ética** *nf* ethics.
etilo *nm* ethyl.
etimología *nf* etymology.
etimológico *adj* etymological.
etíope *adj, nmf* Ethiopian.
Etiopía *f* Ethiopia.
etiqueta *nf* **(a)** *(formalismo)* etiquette, ceremony; **de ~** formal; **'vestir de ~'** 'dress: formal'. **(b)** *(rótulo)* label; *(de paquete)* tag.
etiquetero *adj* formal, ceremonious.
étnico *adj* ethnic.
etnografía *nf* ethnography.
etnología *nf* ethnology.
eucalipto *nm* eucalyptus, gum tree.
Eucaristía *nf* Eucharist.
eufemismo *nm* euphemism.
eufemístico *adj* euphemistic.
euforia *nf* euphoria.
eufórico *adj* euphoric.
eunuco *nm* eunuch.
Europa *nf* Europe.
europeísta *adj, nmf* pro-European.
europeización *nf* Europeanization.
europeizante *(LAm)* = **europeísta.**
europeizar [1f] **1** *vt* to Europeanize. **2 europeizarse** *vr* to become Europeanized.
europeo/a *adj, nm/f* European.
éuscaro 1 *adj* Basque. **2** *nm (Ling)* Basque.
Euskadi *nm* the Basque Country.
euskerra *nf* Basque, the Basque language.
eutanasia *nf* euthanasia, mercy killing.
evacuación *nf* **(a)** *(gen)* evacuation. **(b)** *(Téc)* waste.
evacuado/a *nm/f* evacuee.
evacuar [1d] *vt* **(a)** *(gen)* to evacuate;*(Med: llaga)* to drain; **~ el vientre** to have a movement of the bowels. **(b)** *(consulta)* to carry out; *(negocio)* to transact.
evacuatorio *nm* public lavatory.
evadido/a *nm/f* escaped prisoner.
evadir [3a] **1** *vt* to evade, avoid. **2 evadirse** *vr (gen)* to escape; *(de cárcel)* to break out.
evaluación *nf* evaluation.
evaluar [1e] *vt* to evaluate.
evangélico *adj* evangelic(al).
evangelio *nm* gospel; **ser como el ~** to be certain.
evangelista *nm* evangelist.
evangelizar [1f] *vt* to evangelize.
evaporación *nf* evaporation.
evaporar [1a] **1** *vt* to evaporate. **2 evaporarse** *vr* to evaporate; *(fig)* to vanish.
evaporizar [1f] *vt,* **evaporizarse** *vr* to vapourize.
evasión *nf* escape; *(fig)* evasion; **~ fiscal** *o* **tributaria** tax evasion.
evasivo/a 1 *adj (respuesta)* evasive, non-committal. **2 evasiva** *nf (pretexto)* excuse; *(escapatoria)* loophole, way out; **contesar con ~as** not to give a straight answer.
evento *nm* **(a)** unforeseen happening; **a cualquier ~** whatever happens. **(b)** *(LAm: acontecimiento)* event; *(: Dep)* fixture.
eventual *adj* **(a)** *(casual)* fortuitous; *(posible)* possible. **(b)** *(trabajo, obrero)* temporary, casual; *(oficial)* acting; *(solución)* stopgap *(atr)*.
eventualidad *nf* eventuality.
eventualmente *adv (por casualidad)* by chance; *(posiblemente)* possibly.
evidencia *nf* **(a)** evidence, proof; **poner en ~** to make clear, show; **ponerse en ~** to put o.s. forward. **(b)** *(lo evidente)* obviousness.
evidenciar [1b] *vt (probar)* to prove, demonstrate; *(hacer ver)* to make evident; **~ de modo inconfundible** to give clear proof of.
evidente *adj* obvious, clear.
evitable *adj* avoidable, preventable.
evitación *nf* avoidance; **~ de accidentes** accident prevention.
evitar [1a] *vt (gen)* to avoid; *(precaver)* to prevent; *(peligro)* to escape; *(molestia)* to save, spare; *(tentación etc)* to shun; **no lo lograrán si puedo ~lo** they won't get away with that if I can help it; **~ hacer algo** to avoid doing sth.
evocación *nf* evocation; *(de espíritus)* invocation.
evocador *adj (sugestivo)* evocative; *(del pasado)* reminiscent (*de* of).
evocar [1g] *vt (recordar)* to evoke, conjure up; *(espíritus)* to invoke, call up.
evocativo *adj (LAm)* evocative.
evolución *nf* **(a)** *(Bio)* evolution; *(fig)* evolution, development. **(b)** *(Mil etc)* manoeuvre.
evolucionar [1a] *vi* **(a)** *(Bio)* to evolve; *(fig)* to evolve, develop. **(b)** *(Mil)* to manoeuvre; *(Aer)* to circle.
evolutivo *adj* evolutionary.
ex ... *pref* ex, former; **ex secretario** ex-secretary, former secretary.
exacción *nf (acto)* exaction; *(de impuestos)* demand.
exacerbar [1a] *vt* to irritate; *(fig)* to aggravate, exacerbate.
exactitud *nf (véase adj)* exactness; accuracy; precision, correctness.
exacto *adj* exact; *(acertado)* accurate; *(correcto)* precise, correct; **¡~!** exactly!, quite right!; **eso no es del todo ~** that's not quite right; **para ser ~** to be precise.
exageración *nf* exaggeration.
exagerado *adj (relato)* exaggerated, highly-coloured; *(precio)* excessive, steep; *(persona)* over-demonstrative; *(gesto)* theatrical.
exagerar [1a] **1** *vt* to exaggerate; *(exceder)* to overdo; *(aumentar)* to enlarge upon. **2** *vi* to exaggerate; *(pey)* to overdo it.
exaltación *nf* **(a)** exaltation. **(b)** *(sobreexcitación)* overexcitement, elation; *(fanatismo)* hotheadedness. **(c)** *(Pol)* extremism.
exaltado/a 1 *adj* **(a)** exalted. **(b)** *(estado, humor)* over-excited, elated; *(carácter)* excitable; *(fanático)* hot-headed; *(discurso)* impassioned. **(c)** *(Pol)* extreme. **2** *nm/f (fanático)* hothead; *(Pol)* extremist.
exaltar [1a] **1** *vt* **(a)** to exalt; *(enaltecer)* to raise (*a* to). **(b)** *(encomiar)* to extol, praise. **(c)** *(emocionar)* to excite, work up; *(emoción)* to intensify; *(imaginación)* to fire. **2 exaltarse** *vr (persona)* to

get excited, get worked up; *(emoción)* to run high; **¡no te exaltes!** don't get so worked up!
exalumno/a *nm/f (LAm Univ)* graduate, former student.
examen *nm (Escol, Med)* examination; *(encuesta)* inquiry (*de* into); *(de problema)* consideration; ~ **de admisión** *o* **de ingreso** entrance examination; ~ **de conductor** driving test; ~ **eliminatorio** qualifying examination; **presentarse a un** ~ to enter *o* go in for an examination.
examinado/a *nm/f* exam candidate.
examinador(a) *nm/f* examiner.
examinando/a *nm/f* exam candidate.
examinar [1a] **1** *vt (gen)* to examine; *(poner a prueba)* to test; *(inspeccionar)* to inspect, go over; *(indagar)* to inquire into. **2 examinarse** *vr* to take an examination, be examined (*en* in).
exangüe *adj* bloodless; *(fig)* weak.
exánime *adj* lifeless; *(fig)* exhausted.
exasperación *nf* exasperation.
exasperar [1a] **1** *vt* to exasperate, infuriate. **2 exasperarse** *vr* to get exasperated, lose patience.
Exca. *abr de* **Excelencia.**
excarcelar [1a] *vt* to release (from prison).
excavación *nf* excavation.
excavador(a) 1 *nm/f (persona)* excavator, digger. **2 excavadora** *nf (máquina)* digger.
excavar [1a] *vt* to excavate, dig (out).
excedente *adj, nm* excess, surplus.
exceder [2a] **1** *vt (superar)* to exceed, surpass; *(sobrepasar)* to outdo, excel. **2** *vi:* ~ **de** to exceed, surpass. **3 excederse** *vr* **(a)** *(sobrepasarse)* to excel o.s. **(b)** *(pey)* to go too far; ~ **en sus funciones** to exceed one's duty.
excelencia *nf* **(a)** excellence; **por** ~ par excellence. **(b) su E**~ his Excellency.
excelente *adj* excellent, superior.
excelso *adj* lofty, exalted, sublime.
excéntrico/a *adj, nm/f* eccentric.
excepción *nf* exception; **la** ~ **confirma la regla** the exception proves the rule; **a** *o* **con** ~ **de** with the exception of, except for.
excepcional *adj* exceptional.
excepto *prep* except (for), excepting.
exceptuar [1e] *vt* to except, exclude.
excesivo *adj (gen)* excessive; *(indebido)* unreasonable; **con generosidad** ~**a** over-generously.
exceso *nm (lit, fig)* excess; *(Com, Fin)* surplus; ~ **de equipaje** excess luggage *o (US)* baggage; ~ **de peso** excess weight; ~ **de velocidad** speeding; **en** *o* **por** ~ excessively, to excess; **llevar algo al** ~ to overdo sth.
excisión *nf* excision.
excitable *adj* excitable.
excitación *nf (emoción)* excitement; *(acción)* excitation.
excitante 1 *adj* exciting; *(Med)* stimulating. **2** *nm* stimulant.
excitar [1a] **1** *vt* **(a)** *(gen)* to excite; *(emoción)* to stir up; *(esperanzas)* to raise. **(b)** *(incitar)* to incite; ~ **a uno a hacer algo** to urge sb to do sth. **(c)** *(Elec)* to excite, energize. **2 excitarse** *vr* to get excited, get worked up.
exclamación *nf* exclamation; *(grito)* cry.
exclamar [1a] **1** *vi* to exclaim. **2 exclamarse** *vr* to complain (*contra* about).
exclamativo *adj,* **exclamatorio** *adj* exclamatory.
excluir [3g] *vt (gen)* to exclude (*de* from); *(solución)* to reject; *(posibilidad)* to rule out.
exclusión *nf* exclusion; **con** ~ **de** excluding.
exclusiva *nf* **(a)** *(Com)* sole right, sole agency; **tener la** ~ **de un producto** to be the sole agents for a product. **(b)** *(en periódicos etc)* exclusive story, scoop.
exclusive 1 *adv* exclusively. **2** *prep* exclusive of, not counting.
exclusividad *nf* exclusiveness; *(Com)* sole right.
exclusivo *adj* exclusive; **derecho** ~ sole *o* exclusive right.
excombatiente *nm* ex-serviceman, *(US)* veteran.
excomulgar [1h] *vt (Rel)* to excommunicate.
excomunión *nf* excommunication.
excoriar [1b] **1** *vt (desollar)* to graze. **2 excoriarse** *vr* to graze o.s.
excreción *nf* excretion.
excremento *nm* excrement.
excretar [1a] *vt* to excrete.
exculpación *nf* exoneration; *(Jur)* acquittal.
exculpar [1a] **1** *vt* to exonerate; *(Jur)* to acquit (*de* of). **2 exculparse** *vr* to exonerate o.s.
excursión *nf (paseo)* excursion, trip; *(Mil)* raid; ~ **campestre** picnic; ~ **a pie** walk, hike; **ir de** ~ to go (off) on a trip *o* an outing.
excursionar [1a] *vi (LAm)* to go on a trip, have an outing.
excursionista *nmf (en una excursión)* tripper; *(turista)* sightseer.
excusa *nf* excuse; **presentar sus** ~**s** to make one's excuses, excuse o.s.
excusado 1 *adj (inútil)* unnecessary; ~ **es decir que ...** needless to say ...; **estar** ~ **de** to be exempt from. **2** *nm* lavatory, toilet.
excusar [1a] **1** *vt* **(a)** *(disculpar)* to excuse; **excúsame con los otros** apologize to the others for me. **(b)** *(eximir)* to exempt (*de* from); *(evitar: disgustos)* to avoid, prevent; ~ **hacer algo** not to have to do sth. **2 excusarse** *vr (disculparse)* to apologize (*con uno* to sb, *de haber hecho algo* for having done sth).
execrar [1a] *vt* to loathe.
exención *nf* exemption (*de* from).
exentar [1a] *vt* to exempt.
exento *adj* **(a)** exempt (*de* from); free (*de* from, of); ~ **de derechos/impuestos,** duty-/tax-free, free of tax/duty. **(b)** *(lugar)* clear, open.
exequias *nfpl* funeral rites.
exhalación *nf* **(a)** *(acción)* exhalation; *(vapor)* fumes *pl.* **(b)** *(Astron)* shooting star; **pasar como una** ~ to flash past.
exhalar [1a] **1** *vt* to exhale; *(suspiro)* to breathe. **2 exhalarse** *vr* to hurry, run.
exhaustivo *adj* exhaustive.
exhausto *adj* exhausted; *(persona)* worn-out.
exhibición *nf (exposición)* exhibition; *(demostración)* show, display; *(de película)* showing; *(de equipo)* performance.
exhibicionismo *nm* exhibitionism; *(fam: tendencia patológica)* indecent exposure, flashing *(fam).*
exhibicionista 1 *adj, nmf* exhibitionist. **2** *nm* flasher *(fam).*
exhibir [3a] **1** *vt* **(a)** *(cuadros)* to exhibit, put on show; *(artículos)* to display; *(pasaporte)* to show; *(película)* to screen. **(b)** *(mostrar con orgullo)* to show off; *(hacer alarde de)* to let show. **(c)** *(Méx: cantidad)* to pay in cash. **2 exhibirse** *vr (mostrarse en público)* to show o.s. off; *(fam: indecentemente)* to expose o.s.
exhortación *nf* exhortation.
exhortar [1a] *vt* to exhort (*a* to).
exhumar [1a] *vt* to exhume, disinter.
exigencia *nf* demand; *(lo necesario)* requirement;

según las ~s de la situación as the situation requires.

exigente *adj (persona, trabajo)* demanding; **ser ~ con uno** to be hard on sb.

exigir [3c] *vt* **(a)** *(impuestos)* to exact, levy (*a* from). **(b)** *(requerir)* to demand, require (*a* of, from) to call for (*a* from); **~ el pago** to demand payment; **esto exige mucho cuidado** this needs *o* calls for a lot of care; **exige mucho** he's very demanding; **exija un recibo** insist on getting a receipt.

exiguo *adj (cantidad)* meagre *(objeto: pequeño)* tiny.

exilado/a 1 *adj* exiled, in exile. **2** *nm/f* exile.

exilar [1a], **exiliar** [1b] **1** *vt* to exile. **2 exilarse** *vr*, **exiliarse** *vr* to go into exile.

exiliado *(LAm)* = **exilado.**

exilio *nm* exile; **estar** *o* **vivir en el ~** to be in exile.

eximio *adj (persona)* distinguished; *(mercancía)* choice, select.

eximir [3a] **1** *vt (de impuestos, servicio militar)* to exempt (*de* from); *(de obligación)* to free (*de* from). **2 eximirse** *vr* to free o.s. (*de hacer algo* from doing sth).

existencia *nf* **(a)** existence; *(vida)* life; **amargar la ~ a uno** to make sb's life a misery. **(b)** *(Com)* **~s** stock *sg*, goods; **nuestras ~s de carbón** our coal stocks; **estar/tener en ~** to be/have in stock.

existencialismo *nm* existentialism.

existencialista *adj, nmf* existentialist.

existente *adj* **(a)** existing, in existence; *(situación)* present. **(b)** *(Com)* in stock.

existir [3a] *vi* to exist; **dejar de ~** *(persona: euf)* to pass away *(euf)*; **existe desde hace 90 años** it has been in existence for 90 years; **no existe tal cosa** there's no such thing.

éxito *nm* **(a)** *(resultado)* result, outcome; **tener buen/mal ~** to succeed/fail. **(b)** *(logro)* success; **con ~** successfully; **tener ~ en** to be successful in, make a success of. **(c)** *(Mús, Teat, fig)* success, hit; **~ editorial** *o* **~ de librería** bestseller; **~ rotundo** huge success; *(Mús etc)* smash hit.

exitoso *adj (LAm)* successful.

éxodo *nm* exodus; **el ~ rural** the drift from the land.

exonerar [1a] *vt* **(a)** to exonerate; **~ a uno de un deber** to free sb from a duty. **(b)** *(empleado)* to dismiss.

exorbitante *adj* exorbitant.

exorcismo *nm* exorcism.

exorcizar [1f] *vt* to exorcise.

exótico *adj* exotic.

expandir [3a] **1** *vt (Anat)* to expand; *(Com)* to expand, enlarge; *(fig)* to spread. **2 expandirse** *vr* to expand, spread.

expansión *nf* **(a)** (*véase* **expandir**) expansion; enlargement; spread(ing); **la ~ económica** economic growth. **(b)** *(recreo)* relaxation; *(efusión)* expansiveness.

expansionar [1a] **1** *vt* to expand. **2 expansionarse** *vr (dilatarse)* to expand; *(recrearse)* to relax; *(desahogarse)* to open one's heart (*con* to).

expansionista *adj (Pol etc)* expansionist.

expansivo *adj (lit, fig)* expansive; *(efusivo)* communicative.

expatriación *nf (emigración)* expatriation; *(exilio)* exile.

expatriado/a *nm/f (emigrado)* expatriate; *(exilado)* exile.

expatriarse [1b] *vr (emigrar)* to emigrate; *(Pol)* to go into exile.

expectación *nf (esperanza)* expectation; *(ilusión)* excitement; **~ de vida** life expectancy.

expectante *adj* expectant.

expectativa *nf* expectation; *(esperanza)* hope; **~ de vida** life expectancy; **estar a la ~** to wait and see (what will happen).

expectorar [1a] *vt, vi* to expectorate.

expedición *nf* **(a)** *(Geog, Mil)* expedition; **~ de salvamento** rescue expedition. **(b)** *(Com)* shipment; **gastos de ~** shipping charges. **(c)** *(prontitud)* speed.

expedicionario *adj* expeditionary.

expedidor *nm* shipping agent.

expediente *nm* **(a)** *(medio)* expedient, means. **(b)** *(Jur)* action; *(: papeles)* records of a case; **~ judicial** legal proceedings. **(c)** *(papeles)* record; *(ficha)* file; **~ policíaco** police dossier; **~ académico** *(Escol)* student's record.

expedienteo *nm (pey)* red tape.

expedir [3l] *vt (mercancías)* to send, ship off; *(documento)* to draw up; *(orden, billete)* to issue; *(negocio)* to deal with.

expeditar [1a] *vt (LAm)* to expedite, hurry along.

expeditivo *adj* expeditious.

expedito *adj* **(a)** *(pronto)* prompt, speedy. **(b)** *(camino)* clear, free. **(c)** *(LAm)* easy.

expeler [2a] *vt* to expel, eject.

expendedor(a) 1 *nm/f (al detalle)* dealer, retailer; *(de tabaco)* tobacconist; *(Teat)* ticket agent. **2** *nm:* **~ automático** vending machine.

expendeduría *nf (tienda)* retail shop; *(de tabaco)* tobacconist's (shop), *(US)* cigar store.

expender [2a] *vt (gastar)* to spend; *(moneda falsa)* to pass; *(mercancías)* to sell (retail).

expendio *nm (LAm)* = **expendeduría.**

expensas *nfpl* expenses; *(Jur)* costs; **a ~ de** at the expense of; **a mis ~** at my expense.

experiencia *nf* **(a)** experience; **saber por ~** to know by *o* from experience. **(b)** *(experimento)* experiment (*en* on).

experimentación *nf* experimentation.

experimentado *adj* experienced.

experimental *adj* experimental.

experimentar [1a] **1** *vt* **(a)** *(método, producto)* to test, try out. **(b)** *(cambio)* to experience, go through; *(pérdida, deterioro)* to suffer; *(aumento)* to show; *(sensación)* to feel; **las cifras han experimentado un aumento de un 5 por 100** the figures show an increase of 5%. **2** *vi* to experiment (*con* with, *en* on).

experimento *nm* experiment (*con* with, *en* on); **hacer ~s** to experiment (*con* with, *en* on).

experto/a 1 *adj (gen)* expert, skilled. **2** *nm/f* expert (*en algo* in *o* on sth).

expiación *nf* expiation, atonement.

expiar [1c] *vt* to expiate, atone for.

expiración *nf* expiration.

expirar [1a] *vi* to expire.

explanación *nf* **(a)** *(Téc)* levelling. **(a)** *(fig)* explanation.

explanada *nf (paseo)* esplanade; *(a orillas del mar)* sea front, promenade.

explanar [1a] *vt* **(a)** *(Ferro, Téc)* to level, grade. **(b)** *(fig)* to explain.

explayar [1a] **1** *vt* to extend. **2 explayarse** *vr (esparcirse)* to relax; *(en discurso)* to speak at length; **~ con uno** to confide in sb.

explicación *nf (gen)* explanation; *(motivo)* reason (*de* for); **sin dar ~es** without giving any reason.

explicar [1g] **1** *vt (gen)* to explain; *(teoría)* to expound; *(Escol: materia)* to lecture in. **2 explicarse** *vr* **(a)** *(persona)* to explain (o.s.); **se explica con claridad** he states things clearly. **(b) ~ algo** to understand sth; **no me lo explico** I can't understand it, I can't make it out. **(c) esto no se explica**

fácilmente this cannot be explained (away) easily.
explicativo *adj*, **explicatorio** *adj* explanatory.
explícito *adj* explicit.
exploración *nf* exploration; *(Mil)* reconnaissance; *(Radar)* scanning.
explorador(a) 1 *nm/f (Geog etc)* explorer; *(Mil)* scout. **2** *nm* **(a)** *(Med)* probe. **(b) (niño)** ~ (boy) scout. **3 exploradora** *nf* girl guide *o (US)* scout.
explorar [1a] **1** *vt (Geog, fig)* to explore; *(Med)* to probe; *(Radar)* to scan. **2** *vi* to explore; *(Mil)* to reconnoitre.
exploratorio *adj* exploratory.
explosión *nf (lit, fig)* explosion; *(de cólera)* outburst; **hacer** ~ to explode.
explosivo *adj, nm* explosive.
explotación *nf (pey)* exploitation; *(de planta)* running *(Min)* working; *(de recursos)* development; ~ **minera** mine; **gastos de** ~ operating costs *o* expenses.
explotar [1a] **1** *vt* **(a)** *(recursos, situación: tb pey)* to exploit; *(planta)* to run. **(b)** *(mina)* to work; *(bomba)* to explode. **2** *vi (bomba etc)* to explode, go off.
exponente 1 *nmf* exponent. **2** *nm (Mat)* index, exponent.
exponer [2r *pp* **expuesto**] **1** *vt* **(a)** *(gen, Rel, Fot)* to expose; *(cuadro)* to exhibit, put on show; *(cartel, mercancías)* to display. **(b)** *(teoría)* to expound; *(idea)* to explain; *(hechos)* to set out. **2 exponerse** *vr* to lay o.s. open (*a* to); ~ **a (hacer) algo** to run the risk of (doing) sth.
exportable *adj* exportable.
exportador(a) 1 *adj (país)* exporting. **2** *nm/f* exporter.
exportar [1a] *vt* to export.
exposición *nf* **(a)** *(Fot)* exposure; *(de cuadro)* showing; *(Com)* display; **exceso/falta de** ~ over-/underexposure. **(b)** *(de hechos)* statement; *(de teoría)* exposition. **(c)** *(Arte)* exhibition; *(Com)* show, fair; ~ **de modas/del automóvil** fashion/motor show.
exposímetro *nm (Fot)* exposure meter.
expósito/a *nm/f* foundling.
exprés 1 *adj (café)* espresso. **2** *nm* **(a)** *(LAm)* express train. **(b)** *(café)* espresso coffee.
expresado *adj* above-mentioned; **según las cifras** ~**as** according to these figures.
expresamente *adv (concretamente)* expressly; *(a propósito)* on purpose; **no lo dijo** ~ he didn't say so in so many words.
expresar [1a] **1** *vt (gen)* to express; *(redactar)* to phrase, put; *(sentimiento)* to show; **estaba expresado de otro modo** it was worded differently. **2 expresarse** *vr (persona)* to express o.s.; *(cifra, dato)* to be stated; **como abajo se expresa** as is stated below.
expresión *nf* **(a)** *(gen)* expression; ~ **familiar** colloquialism, conversational expression. **(b)** ~**es** greetings, regards.
expresivo *adj (gen)* expressive; *(cariñoso)* tender, affectionate.
expreso 1 *adj* **(a)** *(explícito)* express; *(exacto)* specific, clear. **(b)** *(tren)* fast. **2** *nm* **(a)** special messenger; **mandar algo por** ~ to send sth by express (delivery). **(b)** *(Ferro)* fast train.
exprimelimones *nm inv* lemon squeezer.
exprimidera *nf* squeezer.
exprimidor *nm* squeezer.
exprimir [3a] *vt* **(a)** *(limón)* to squeeze; *(jugo)* to squeeze out; *(ropa)* to wring out, squeeze dry. **(b)** *(pey: persona)* to exploit.
exprofeso *adv* on purpose.
expropiación *nf* expropriation.
expropiar [1b] *vt* to expropriate.
expuesto 1 *pp de* **exponer**; **según lo arriba** ~ according to what has been stated *o* set out above. **2** *adj* **(a)** *(lugar)* exposed. **(b)** *(cuadro, mercancías)* on show, on display. **(c) estar** ~ **a** to be exposed *o* open to.
expugnar [1a] *vt* to take by storm.
expulsar [1a] *vt (alumno)* to expel (*de* from); *(extranjero)* to expel, deport; *(jugador)* to send off; ~ **a uno a puntapiés** to kick sb out.
expulsión *nf* expulsion; *(de país)* deportation; *(Dep)* sending-off.
expulsor 1 *adj*: **asiento** ~ *(Aer)* ejector seat. **2** *nm (Téc)* ejector.
expurgar [1h] *vt* to expurgate.
exquisitez *nf* exquisiteness.
exquisito *adj* **(a)** *(belleza)* exquisite; *(comida)* delicious. **(b)** *(pey)* affected.
extasiar [1c] **1** *vt* to entrance, enrapture. **2 extasiarse** *vr* to go into ecstasies (*ante* over, about).
éxtasis *nm inv* ecstasy; *(trance)* trance; **estar en el** ~ to be in ecstasy.
extático *adj* ecstatic, rapturous.
extender [2g] **1** *vt* **(a)** *(gen)* to extend; *(agrandar)* to enlarge; *(mapa, tela)* to spread (out), open (out); *(naipes)* to lay down; *(brazo, mano)* to stretch out. **(b)** *(documento)* to draw up; *(cheque)* to write *o* make out; *(certificado)* to issue.

2 extenderse *vr* **(a)** *(terreno)* to stretch *o* spread (out); **sus terrenos se extienden sobre muchos kilómetros** his lands spread over many miles. **(b) las posibilidades se extienden de A a Z** the possibilities range from A to Z; **el libro se extiende a 400 páginas** the book runs to 400 pages. **(c)** *(en el tiempo)* to extend, last (*a* to, till, *de* from). **(d)** *(costumbre)* to spread, extend; *(guerra)* to escalate; ~ **sobre un tema** to enlarge on a subject.
extendido *adj* **(a)** *(tela)* spread out, open; *(brazos)* outstretched. **(b)** *(costumbre, conocimiento)* widespread; *(pey)* rife, rampant.
extensible *adj* extending.
extensión *nf* **(a)** *(acción: gen)* extension, stretching; *(de alas)* spreading; ~ **de plazo** *(Com)* extension. **(b)** *(superficie)* extent; *(de terreno, mar)* expanse, stretch; **por toda la** ~ **del paisaje** over the whole (expanse) of the countryside. **(c)** *(tiempo)* length, duration. **(d)** *(Mús)* range, compass. **(e)** *(de conocimientos)* extent, range; *(de programa)* scope. **(f)** *(LAm Telec)* extension.
extensivo *adj* extensive; **la crítica se hizo extensiva a toda la ciudad** the criticism applied to the whole city.
extenso *adj* **(a)** *(amplio)* extensive; *(cuarto)* big. **(b)** *(conocimientos)* widespread; *(reportaje)* full; **por** ~ in full, at length.
extenuado *adj (delgado)* emaciated; *(débil)* weak.
extenuar [1e] **1** *vt* to emaciate, weaken. **2 extenuarse** *vr* to become emaciated, get weak.
exterior 1 *adj* **(a)** exterior, external, outer; *(apariencia)* outward; *(habitación)* outside. **(b)** *(relaciones, deuda)* foreign; **asuntos** ~**es** foreign affairs; **comercio** ~ foreign *o* overseas trade. **2** *nm* **(a)** *(de casa)* exterior, outside; **con el** ~ **pintado de azul** with the outside painted blue. **(b)** *(países extranjeros)* abroad; **en el** ~ abroad; **noticias del** ~ foreign *o* overseas news. **(c)** *(Dep)* ~ **derecho/izquierdo** outside-right/left.
exterioridad *nf* outward appearance, externals *pl*.
exteriorizar [1f] *vt* to show, reveal.
exteriormente *adv* outwardly.

exterminar [1a] *vt* to exterminate.
exterminio *nm* extermination.
externalizar [1f] *vt* = **exteriorizar.**
externo/a 1 *adj* external, outside. **2** *nm/f* day pupil.
extinción *nf (gen)* extinction.
extinguido *adj (animal, volcán)* extinct; *(fuego)* out, extinguished.
extinguir [3d] **1** *vt* **(a)** *(fuego)* to extinguish, put out; *(deuda)* to wipe out. **(b)** *(Bio)* to exterminate, wipe out. **2 extinguirse** *vr* **(a)** *(fuego)* to go out. **(b)** *(Bio)* to die out, become extinct.
extinto *adj (volcán)* extinct; *(LAm: euf)* dead, deceased.
extintor *nm (tb* **~ de incendios***)* fire extinguisher.
extirpación *nf* extirpation, eradication; *(Med)* removal.
extirpar [1a] *vt (vicios)* to eradicate, stamp out; *(Med)* to remove (surgically).
extra[1] 1 *adj inv (tiempo)* extra; *(Com: vino)* first-rate; *(: gasolina)* high-octane. **2** *nmf (Cine)* extra. **3** *nm (cuenta)* extra; *(periódico)* special edition.
extra[2] ... *(pref) extra ....*
extracción *nf (gen)* extraction; *(sorteo)* draw; *(de carbón)* mining.
extracto *nm (Quím)* extract; *(Lit)* summary.
extractor *nm* extractor.
extradición *nf* extradition.
extradicionar [1a] *vt* to extradite.
extraer [2p] *vt (gen, Mat, Med)* to extract; *(muela)* to take *o* pull out; *(Min)* to mine.
extrafino *adj* superfine.
extralimitarse [1a] *vr* to exceed *o* abuse one's authority.
extranjerismo *nm* foreign word *o* phrase *etc.*
extranjero/a 1 *adj* foreign. **2** *nm/f* foreigner. **3** *nm* foreign country; **estar en el ~** to be abroad *o* overseas; **ir al ~** to go abroad.
extrañamiento *nm* **(a)** estrangement (*de* from). **(b)** = **extrañeza.**
extrañar [1a] **1** *vt* **(a)** *(hallar extraño)* to find strange; **extrañaba la falta de autobuses** she found the absence of buses strange; **me extrañaba que no hubieras venido** I was surprised you had not come; **eso me extraña** that surprises me, I find that odd. **(b)** *(LAm)* to miss. **2 extrañarse** *vr* **(a)** to be amazed, be surprised (*de* at); *(maravillarse de)* to marvel (*de* at). **(b)** *(amigos)* to become estranged.
extrañeza *nf* **(a)** *(rareza)* strangeness, oddness. **(b)** *(asombro)* surprise, amazement.
extrãno *adj* **(a)** strange, odd; **¡cosa ~a!** how strange!; **parece ~ que ...** it seems strange that .... **(b)** *(ajeno)* extraneous (*a* to).
extraoficial *adj* unofficial, informal.
extraordinario 1 *adj* extraordinary; *(insólito)* unusual; *(edición, numero, descuento)* special; *(cobro)* supplementary; **no tiene nada de ~** there's nothing special about it. **2** *nm* **(a)** treat; **invitar a uno a un ~** to stand sb a treat. **(b)** *(menú)* special dish. **(c)** *(Tip)* special issue.
extrarradio *nm* suburbs *pl.*
extraterrenal *adj (LAm),* **extraterreno** *adj (LAm)* unearthly, supernatural.
extraterrestre 1 *adj* from outer space. **2** *nmf* creature from outer space.
extravagancia *nf* **(a)** *(véase* **extravagante***)* *(calidad)* extravagance; outlandishness; oddness. **(b)** *(capricho)* whim; *(rareza)* peculiarity; **~s** *(tonterías)* nonsense *sg.*
extravagante *adj* extravagant; *(estrafalario)* outlandish; *(raro)* odd.
extraviado *adj* lost.
extraviar [1c] **1** *vt* **(a)** *(persona: desorientar)* to mislead, misdirect. **(b)** *(objeto)* to lose, mislay. **2 extraviarse** *vr* **(a)** *(persona)* to get lost; *(animal)* to stray; *(objeto)* to go missing *o* astray. **(b)** *(persona: moralmente)* to go astray.
extravío *nm (de objeto)* loss, mislaying; *(fig: moral)* misconduct.
extremado *adj* extreme, excessive.
extremar [1a] **1** *vt* to carry to extremes; **sin ~ el sentimentalismo** without overdoing the sentimentality. **2 extremarse** *vr* to do one's utmost (*en hacer algo* to do sth).
extremaunción *nf* extreme unction.
extremidad *nf (punta)* tip, extremity; *(fila)* edge.
extremismo *nm* extremism.
extremista *adj, nmf* extremist.
extremo 1 *adj (gen)* extreme; *(último)* last; *(sumo)* utmost; *(más alejado)* furthest; **en caso ~** as a last resort. **2** *nm* **(a)** *(límite)* end, extremity; **pasar de un ~ a otro** *(lit)* to go from one end to the other; *(fig)* to go from one extreme to the other. **(b)** *(situación)* extreme; **al ~ de, hasta el ~ de** to the point of; **con ~** in the extreme; **en último ~** as a last resort. **(c)** *(asunto)* point, matter. **(d)** *(Dep)* **~ derecho/izquierdo** outside-right/left.
Extremo Oriente *nm* Far East.
extrínseco *adj* extrinsic.
extrovertido/a 1 *adj* extrovert, outgoing. **2** *nm/f* extrovert.
exuberancia *nf* **(a)** exuberance. **(b)** *(Bot)* luxuriance, lushness.
exuberante *adj* **(a)** exuberant. **(b)** *(Bot)* luxuriant, lush.
exudar [1a] *vt, vi* to exude.
exultación *nf* exultation.
exultar [1a] *vi* to exult.
exvoto *nm* votive offering.
eyacular [1a] *vt, vi (Med)* to ejaculate.
eyector *nm (Téc)* ejector.

F

F, f ['efe] *nf (letra)* F, f.
fa *nm (Mús)* fa.
fabada *nf* ≈ Irish stew.
fábrica *nf* **(a)** *(gen)* factory; *(maquinaria)* works, plant; *(molino)* mill; **~ de cerveza** brewery; **~ de montaje/conservas** assembly/canning plant; **~ de gas** gasworks; **~ de moneda** mint; **~ de papel** paper mill; **marca de ~** trademark; **precio en ~** price ex-works. **(b)** *(proceso)* manufacture. **(c)** *(Arquit)* building, structure; *(material)* masonry.
fabricación *nf* manufacture, production; **de ~ casera** home-made; **de ~ nacional** home produced; **de ~ propia** our own make; **~ en serie** mass production.

fabricante *nmf* manufacturer, maker; **precio del ~** recommended price.

fabricar [1g] *vt* **(a)** *(gen)* to manufacture, make; *(construir)* to build, construct; **~ en serie** to mass-produce. **(b)** *(mentira)* to fabricate, concoct.

fabril *adj* manufacturing.

fábula *nf* **(a)** *(gen)* fable. **(b)** *(Lit: argumento)* story, plot. **(c)** *(hablilla)* rumour, piece of gossip; *(mentira)* fib. **(d)** *(hazmerreír)* laughing stock. **(e)** *(fam)* **de ~** splendid; **es de ~** it's fabulous *(fam)*.

fabuloso *adj* **(a)** *(gen)* fabulous; *(ficticio)* imaginary, fictitious. **(b)** *(fam: maravilloso)* fantastic.

facción *nf* **(a)** *(Pol)* faction. **(b)** *(Anat)* feature; **de ~es irregulares** with irregular features. **(c)** *(Mil)* **estar de ~** to be on duty.

faccioso/a 1 *adj (revoltoso)* rebellious. **2** *nm/f (rebelde)* rebel; *(agitador)* troublemaker.

faceta *nf* facet.

facial *adj* facial; **valor ~** face value.

fácil 1 *adj* **(a)** *(gen)* easy; *(sencillo)* simple, straightforward; **es ~ ver que ...** it is easy to see that ...; **~ de hacer** easy to do. **(b)** *(estilo etc)* fluent; *(respuesta)* facile, glib. **(c)** *(mujer)* easy, loose. **(d) es ~ que venga** he is quite likely to come; **no veo muy ~ que ...** I don't think it is at all likely that ... **2** *adv* easily.

facilidad *nf* **(a)** *(gen)* ease, easiness; *(sencillez)* simplicity; **con la mayor ~** with the greatest (of) ease. **(b)** *(habilidad)* facility, gift; *(: para hablar)* fluency, gift of the gab *(fam)*. **(c) ~es** facilities; **~es de crédito** credit facilities; **'~es de pago'** *(Com)* 'easy terms', 'credit available'.

facilitar [1a] *vt* **(a)** *(hacer fácil)* to facilitate, make easy; *(agilitar)* to expedite. **(b)** *(proporcionar)* to provide, furnish, supply; *(: documento)* to issue; **¿quién facilitó el dinero?** who put up the money?; **me facilitó un coche** he got me *o* let me have a car; *(Com)* **le agradecería me facilitara ...** I would be grateful if you could let me have ... . **(c)** *(RPl)* **~ algo** to play down the difficulty of sth.

facineroso/a *adj, nm/f* criminal.

facistol 1 *adj (LAm)* insolent. **2** *nm* **(a)** *(Rel)* lectern. **(b)** *(LAm)* insolent person.

facón *nm (RPl)* long gaucho knife.

facsímil *adj, nm* facsimile.

factible *adj* feasible; **es ~ que lo termine para mañana** he might (possibly) finish it for tomorrow.

facticio *adj* artificial.

factor *nm* **(a)** *(Mat)* factor. **(b)** *(elemento)* factor, element; **~ determinante/humano/de seguridad** determining/human/safety factor; **~ catalizador** catalyst. **(c)** *(Com: representante)* agent, factor. **(d)** *(Ferro)* freight clerk.

factoría *nf* **(a)** *(Com)* agency. **(b)** *(LAm: fábrica)* factory.

factótum *nm* jack-of-all-trades; *(Com etc)* agent, nominee.

factura *nf* **(a)** *(Com: cuenta)* bill; *(: nota de pago)* invoice; **~ simulada** pro forma invoice; **según ~** as per invoice; **presentar ~** to send an invoice. **(b)** *(RPl)* bun, cake.

facturación *nm* **(a)** *(Com)* invoicing. **(b)** *(Ferro, Aer etc)* registration, check-in.

facturar [1a] *vt* **(a)** *(Com)* to invoice. **(b)** *(Ferro, Aer etc)* to register, *(US)* check.

facultad *nf* **(a)** *(gen)* faculty. **(b)** *(autoridad)* power; **tener la ~ de hacer algo** to have the power to do sth; **tener ~ para hacer algo** to be authorized to do sth. **(c)** *(inteligencia)* **~es** faculties, powers; **~es del alma** mental powers. **(d)** *(Univ)* faculty, school; **F~ de Filosofía y Letras/de Ciencias/de Derecho** Faculty *o* School of Arts/Science/Law.

facultar [1a] *vt* to authorize, empower; **~ a uno para hacer algo** to make sb one's proxy.

facultativo 1 *adj* **(a)** optional. **(b)** *(Univ)* faculty *(atr)*. **(c)** *(de un oficio)* professional; **dictamen ~** medical report; **prescripción ~a** medical prescription. **2** *nm* doctor.

facundia *nf* eloquence; *(labia)* gift of the gab *(fam)*.

facundo *adj* eloquent.

facha 1 *nf* **(a)** *(fam: aspecto)* look, appearance; *(cara)* face; **~ a ~** face to face; **tener ~ de** to look like; **tiene ~ de buena gente** he seems OK *(fam)*; **¡que ~s!** *(Méx)* what a mess! **(b)** *(Náut)* **ponerse en ~** to lie to. **2** *nmf (fam)* fascist, right-wing extremist.

fachada *nf* **(a)** *(Arquit)* façade; *(parte delantera)* front; **con ~ al parque** overlooking the park; **con 15 metros de ~** with a frontage of 15 metres. **(b)** *(Tip)* title page. **(c)** *(fig: apariencia)* façade, outward show; **no tiene más que ~** it's all just show with him.

fachenda *nf (fam)* vanity, conceit.

fachinal *nm (RPl)* swamp.

fachoso *adj* **(a)** *(raro)* ridiculous, odd-looking. **(b)** *(LAm)* elegant, smart.

faena *nf* **(a)** *(gen)* task, job, piece of work; *(Mil)* fatigue; **~ doméstica** housework; **~s** chores; **esto es una ~** this is a tough one; **estar en (plena) ~** to be hard at work; **tener mucha ~** to be terribly busy. **(b)** *(CAm, Méx)* overtime. **(c)** *(fam)* **mala ~** dirty trick. **(d)** *(Taur)* pass with cape.

faenar [1a] *vi (RPl)* to work, labour.

faenero *nm (Chi)* farm worker.

fagot *nm (instrumento)* bassoon; *(músico)* bassoonist.

faisán *nm* pheasant.

faja *nf* **(a)** *(tira)* strip, band; *(cinturón)* belt; *(: de tela)* sash; *(de mujer)* girdle, corset; *(Med)* bandage, support. **(b)** *(Geog: zona)* belt, zone. **(c)** *(Arquit)* band, fascia. **(d)** *(RPl Aut)* fanbelt.

fajar [1a] **1** *vt* **(a)** *(envolver)* to wrap; *(niño)* to swathe; *(vendar)* to bandage. **(b)** *(LAm: atacar)* to attack; *(: golpear)* to thrash. **(c)** *(LAm)* **¡que lo fajen!** tell him to wrap up! *(fam)*. **2** *vi*: **~ con uno** to go for *o* attack sb. **3 fajarse** *vr* **(a)** to put on one's belt *o* sash *etc*; *(fig)* to tighten one's belt. **(b)** *(LAm)* to come to blows; *(fam!: obj: mujer)* to fuck *(fam!)*.

fajilla *nf (LAm: correo)* wrapper.

fajín *nm (Mil)* sash.

fajina *nf* **(a)** *(Agr)* shock, pile, rick. **(b)** *(leña)* kindling. **(c)** *(LAm: faena)* task; *(: sobretiempo)* overtime; **tenemos mucha ~** we've a lot to do. **(d)** *(Méx)* lunch. **(e)** *(RPl)* **ropa de ~** working clothes.

fajo *nm* **(a)** *(de papeles)* bundle, sheaf; *(de billetes)* roll, wad. **(b) ~s** swaddling clothes. **(c)** *(Méx)* woman's belt.

falacia *nf* **(a)** *(engaño)* deceit, fraud. **(b)** *(falsedad)* deceitfulness.

falange *nf* **(a)** *(Mil)* phalanx; *(Pol)* **F~** Falangist party. **(b)** *(Anat)* phalange.

falangista *adj, nmf* Falangist.

falaz *adj (individuo)* false, deceitful; *(doctrina)* fallacious; *(apariencia)* deceptive, misleading.

falca *nf (de madera)* warp.

falda *nf* **(a)** *(ropa)* skirt; *(pliegue)* flap, fold; **~ escocesa** kilt; **está cosido a las ~s de su madre**

he's tied to his mother's apron strings. **(b)** *(Anat)* lap; **sentarse en la ~ de uno** to sit on sb's lap. **(c)** *(fam: tía)* bird *(fam)*; **ser muy aficionado a las ~s** to be fond of the ladies. **(d)** *(Geog: colina)* foothill; *(: pie de)* foot, bottom (of a slope). **(e)** *(de sombrero)* brim.

faldero *adj:* **perro ~** lapdog; **hombre ~** ladies' man.

faldillas *nfpl (de abrigo)* coat-tails; *(de camisa)* shirt-tails.

faldón *nm* **(a)** *(de vestido)* tail, skirt; *(Cos: pliegue)* flap. **(b)** *(Arquit)* gable.

falena *nf* moth.

falencia *nf* **(a)** *(error)* error, mistake. **(b)** *(LAm)* bankruptcy.

falibilidad *nf* fallibility.

falible *adj* fallible.

fálico *adj* phallic.

falo *nm* phallus.

falsario/a *nm/f (mentiroso)* liar; *(falseador)* forger, counterfeiter.

falseador(a) *nm/f* forger, counterfeiter.

falsear [1a] **1** *vt (gen)* to falsify; *(firma etc)* to forge, fake; *(moneda etc)* to counterfeit; *(cerrojo)* to pick; *(Téc)* to bevel. **2** *vi* **(a)** *(ceder)* to buckle, give way; *(fig)* to flag, slacken. **(b)** *(Mús)* to be out of tune.

falsedad *nf* **(a)** *(gen)* falseness, falsity; *(hipocresía)* hypocrisy, insincerity. **(b)** *(una ~)* a falsehood.

falsete *nm* **(a)** *(Téc)* plug, bung. **(b)** *(Mús)* falsetto.

falsía *nf* duplicity.

falsificación *nf* **(a)** *(acto)* falsification, forging. **(b)** *(objeto)* forgery.

falsificador(a) *nm/f* forger, counterfeiter.

falsificar [1g] *vt (gen)* to falsify; *(moneda)* to counterfeit; *(Arte)* to forge, fake; *(resultado etc)* to rig.

falso *adj* **(a)** *(mentira)* untrue, false; *(incorrecto)* wrong, incorrect; *(fabricado)* false, fake; *(moneda)* counterfeit, dud; *(firma, documento, cuadro)* forged, fake; *(joya)* imitation *(atr)*; *(caballo)* vicious; *(persona; insincero)* hollow, insincere; *(: poco honesto)* dishonest; *(: traicionero)* treacherous, false. **(b) en ~** falsely; **coger a uno en ~** to catch sb in a lie; **jurar en ~** to commit perjury; **dar un paso en ~** to trip; *(fig)* to take a false step.

falta *nf* **(a)** *(carencia)* lack, want; *(necesidad)* need; *(escasez)* shortage; *(Jur)* default; **~ de asistencia** non-attendance; **~ de pago** non-payment; **a ~ de** failing; **a** *o* **por ~ de** for want *o* lack of; **~ de dinero** shortage of money; **~ de peso** short weight; **~ de respeto** disrespect; **~ de seriedad** frivolity; **hacer ~** to be lacking, be wanting; **me hace (mucha) ~ una secretaria/una pluma** I (badly) need a secretary/a pen; **no nos hace ~ nada** there's nothing we need; **a este plato le hace ~ sal** this dish needs more salt; **lo que hace ~ aquí** what's needed here; **hace ~ que se lo digas** you should tell him, he needs to be told; **si hace ~, voy** if necessary, I'll go; **aquí no haces ~** you are not needed here; **¡~ hacía!** and about time too!; **hacer ~ hacer algo** to be necessary to do sth; **hace ~ pintarlo** it needs painting.

(b) *(falla)* failure, shortcoming; *(Téc, culpa)* fault; *(error)* mistake; *(ofensa)* offence; *(defecto)* flaw, defect; **~ de ortografía** spelling mistake; **~ garrafal** dreadful blunder; **sin ~** without fail; **sacar ~s a uno** to point out sb's defects.

(c) *(Dep)* foul, infringement; *(: tenis)* fault; **cometer una ~ contra uno** to foul sb.

faltar [1a] **1** *vt (LAm)* **~le a uno** to be rude to *o* show disrespect for sb.

2 *vi* **(a)** *(necesitar)* to be lacking *o* wanting; **le falta dinero** he needs money; **me falta un cuchillo** I need *o* I am missing a knife; **nos falta tiempo para hacerlo** we haven't the time to do it. **(b)** *(ausentarse)* to be absent *o* missing *(de* from); **faltaron 3 de la reunión** there were 3 missing *o* absent from the meeting; **~ a clase** to miss school *o* classes; **~ a una cita** to miss *o* break an appointment; **~ al trabajo** to stay away from work; **¿falta algo?** is anything missing?; **faltan 9** we are 9 short; **no falta quien opina que ...** there are some who think that ...; **en 8 años no he faltado ni una sola vez** I've not missed once in 8 years. **(c)** *(mecanismo: fallar)* to fail, break down. **(d) ~ a** *(principio)* to be false to; *(persona)* to fail; *(: ser infiel)* to be unfaithful to; **~ a la decencia** to offend against decency; **~ a una promesa** to go back on one's word; **~ al respeto** to be disrespectful *(a* to); **~ a la verdad** to lie, be untruthful; **~ en los pagos** to default on one's payments. **(e) ~ en hacer algo** to fail to do sth; **no faltaré en comunicárselo** I shall not fail to tell him. **(f)** *(tiempo, cantidad)* **faltan pocos minutos para el comienzo** it's only a few minutes to go to the start; **faltan 3 semanas para las elecciones** there are 3 weeks to go to the election; **falta poco para las 8** it's nearly 8 o'clock; **faltan 5 para las 7** *(LAm)* it's five to seven; **falta poco para terminar** it's almost over; **falta mucho todavía** there's plenty of time yet; **¿falta mucho?** is there long to go?; **falta todavía por hacer** it is still to be done. **(g)** *(locuciones)* **¡no faltaba más!** it's the last straw!; **¡es lo único que faltaba!** that's all I needed; **no faltaba** *o* **faltaría más** don't mention it. **(h)** *(esp LAm)* to be rude *o* disrespectful.

falto *adj* **(a)** *(gen)* short, deficient; **estar ~ de** to be short of; *(cualidad)* to be lacking in; **estar ~ de personal** to be understaffed. **(b)** *(mezquino)* wretched, mean.

faltón *adj* **(a)** *(gen)* neglectful, unreliable *(about carrying out duties)*; *(LAm: flojo)* work-shy. **(b)** *(irrespetuoso)* disrespectful.

faltriquera *nf (bolsillo)* fob, watch pocket; *(bolsa)* handbag; **rascarse la ~** to dig into one's pocket *(fig)*.

falúa *nf* launch.

falla *nf* **(a)** *(defecto)* fault, defect; *(LAm: de carácter)* failing; *(: error)* oversight, error; **~ en caja** cash shortage; **géneros que tienen ~s** *(Com)* seconds. **(b)** *(Geol)* fault. **(c)** *(Mec)* failure, breakdown; **~ de encendido** *(Aut)* ignition fault; **~ de tiro** *(Mil)* misfire. **(d) las F~s** Valencian carnival.

fallar [1a] **1** *vt* **(a)** *(Naipes)* to trump. **(b)** *(Jur)* to pronounce sentence on. **2** *vi* **(a)** *(gen)* to fail; *(proyectos)* to go wrong, miscarry; *(tiro)* to miss, go astray; *(piernas)* to give way; *(cuerda etc)* to break, snap, give way; *(fusil etc)* to misfire, fail to go off; *(motor)* to misfire, miss; **~ a uno** to fail sb, let sb down; **algo falló en sus planes** something went wrong with his plans. **(b)** *(Jur)* to pronounce sentence, pass judgment. **(c)** *(Naipes)* to trump (in).

fallecer [2d] *vi* to pass away, die.

fallecido/a 1 *adj* late. **2** *nm/f* deceased.

fallecimiento *nm* decease *(frm)*, death.

fallido 1 *adj* **(a)** *(gen)* vain, frustrated; *(esfuerzo)* unsuccessful; *(esperanza)* disappointed; *(Mec, Mil etc)* dud; *(deuda)* bad, irrecoverable. **(b)** *(Com)* bankrupt. **2** *nm* bankrupt.

fallo *nm* **(a)** *(avería)* failure, breakdown; *(Med)* failure; *(Dep)* mistake; *(falta)* fault, shortcoming. **(b)** *(Jur: sentencia)* sentence, verdict; *(: decisión)* decision, ruling; *(: de jurado etc)* findings.

falluto *adj (RPl)* unsuccessful, failed.

fama *nf* **(a)** *(renombre)* fame; *(reputación)* reputation, repute; **tener ~** to be famous; **mala ~** notoriety; **de mala ~** notorious, of ill repute; **este hombre tiene ~ de guapo** this man is said to be good looking; **este restaurán tiene ~ de barato** this restaurant is reputed to be cheap; **el libro que le dio ~** the book which made him famous, the book which made his name; **tus pasteles tienen ~** your cakes are famous. **(b)** *(rumor)* rumour; **corre la ~ de que ...** it is rumoured that ....

famélico *adj* starving, famished; **los ~s** the starving.

familia *nf (gen)* family; *(habitantes de casa)* household; **~ política** in-laws; **de buena ~** of good family; **tener mucha ~** to have lots of children; **eso viene de ~** that runs in the family.

familiar 1 *adj* **(a)** *(de la familia)* family *(atr)*; **los lazos ~es** family ties; **subsidio ~** family allowance. **(b)** *(conocido)* familiar *(a* to). **(c)** *(estilo)* homely, informal; *(Ling)* colloquial. **2** *nmf* relative, relation.

familiaridad *nf (gen)* familiarity *(con* with); *(de estilo)* homeliness, informality; **~es** familiarities.

familiarizar [1f] **1** *vt* to familiarize, acquaint *(con* with). **2 familiarizarse** *vr*: **~ con** to familiarize o.s. with, get to know.

famoso *adj (gen)* famous *(por* for); *(fam)* great *(fam)*, splendid.

fan *nmf, pl* **fans** *(gen)* fan *(fam)*; *(Cine)* buff.

fanal *nm (Náut)* (harbour) beacon; *(en casa)* lampshade.

fanático/a 1 *adj* fanatical. **2** *nm/f (gen)* fanatic; *(intransigente)* bigot; *(Cine etc)* fan *(fam)*; *(Dep: hincha)* supporter; **los ~s de la estrella** the star's admirers.

fanatismo *nm (gen)* fanaticism; *(intransigencia)* bigotry; *(entusiasmo)* enthusiasm.

fandango *nm* **(a)** *(Mús)* fandango. **(b)** *(fam: jaleo)* row, rumpus; **se armó un ~** there was a great row. **(c)** *(LAm)* rowdy party.

fanfarria *nf (fam)* bluster, bravado.

fanfarrón/ona 1 *adj* blustering, boastful. **2** *nm/f* blusterer, braggart.

fanfarronada *nf* bluster, bravado.

fanfarronear [1a] *vi* to bluster, boast, talk big *(fam)*.

fanfarronería *nf* = **fanfarronada.**

fangal *nm* bog, quagmire.

fango *nm (lodo)* mud, mire; *(fig)* mire, dirt.

fangoso *adj* muddy, miry.

fantasear [1a] *vi (soñar)* to dream, fantasize; *(imaginarse)* to imagine.

fantaseo *nm (LAm: véase vi)* dreaming; imagining.

fantasía *nf* **(a)** *(gen)* fantasy; *(imaginación)* imagination; **es obra de la ~** it is a work of the imagination. **(b)** *(Arte, Lit etc)* fantasy; *(cuento)* fantastic tale; *(Mús)* fantasia; *(LAm)* **tocar por ~** to improvise. **(c)** *(una ~)* whim, fancy. **(d)** *(afectación)* conceit, airs. **(e)** *(Com)* **de ~** fancy; **joyas de ~** costume jewellery.

fantasma 1 *nm* **(a)** *(gen)* ghost, phantom. **(b)** *(vanidoso)* vain person. **(c)** *(TV)* ghost image. **2** *adj* ghost, phantom; **embarazo ~** phantom pregnancy; **buque ~** ghost ship.

fantasmagoría *nf* phantasmagoria.

fantasmal *adj* ghostly.

fantástico *adj* **(a)** *(gen)* fantastic; *(extraño)* weird, unreal. **(b)** *(vanidoso)* vain. **(c)** *(RPl: caprichoso)* capricious; *(: fanfarrón)* boastful.

fantoche *nm (títere)* puppet, marionette; *(LAm fam)* mediocrity, nonentity.

faquir *nm* fakir.

farabute *nm (RPl)* rogue.

farallón *nm (Geog)* headland; *(Geol)* outcrop; *(RPl)* rocky peak.

faramalla *nf* **(a)** *(charla)* humbug, claptrap; *(cosa tirada)* trash. **(b)** *(LAm)* bragging, boasting.

faramallear [1a] *vi (LAm)* to brag, boast.

farándula *nf* **(a)** *(Teat: Hist)* troupe of strolling players. **(b)** *(fam)* patter, claptrap.

farandulero/a 1 *adj* **(a)** *(Teat: Hist)* theatre *(atr)*. **(b)** *(LAm)* = **farolero. 2** *nm/f* **(a)** *(Teat: Hist)* strolling player. **(b)** *(sablista)* confidence trickster.

faraónico *adj* Pharaonic; *(plan etc)* overambitious.

fardo *nm (gen)* bundle; *(bala)* bale, pack; *(fig)* burden; *(LAm)* **pasar el ~** to pass the buck.

farfulla 1 *nf (fam)* spluttering; *(LAm)* bragging, boasting. **2** *nmf (fam)* jabberer, gabbler.

farfullador *adj* spluttering; *(LAm)* bragging, boastful.

farfullar [1a] **1** *vi* to splutter; *(LAm)* to brag, boast. **2** *vt* to gabble.

farináceo *adj* starchy, farinaceous.

faringe *nf* pharynx.

faringitis *nf* pharyngitis.

fariña *nf (Per, RPl)* manioc gratings.

farisaico *adj* Pharisaic(al), hypocritical.

fariseo *nm* Pharisee, hypocrite.

farmacéutico/a 1 *adj* pharmaceutical. **2** *nm/f* chemist, pharmacist.

farmacia *nf (ciencia)* pharmacy; *(tienda)* chemist's (shop), *(US)* drugstore; **~ de guardia** *o* **de turno** all-night chemist's.

fármaco *nm* drug.

farmacología *nf* pharmacology.

farmacológico *adj* pharmacological.

farmacólogo/a *nm/f* pharmacologist.

faro 1 *nm* **(a)** *(Náut: torre)* lighthouse; *(señal)* beacon; **~ aéreo** air beacon. **(b)** *(Aut)* headlamp, headlight; **~ lateral** sidelight; **~ piloto** *o* **trasero** rear *o* tail light; **~ de marcha atrás** reversing light. **2** *adj (fam)* **idea ~** bright idea, brilliant idea.

farol *nm* **(a)** *(linterna)* lantern, lamp; *(Ferro)* headlamp; **~ de calle** *o* **público** street lamp; *(poste)* lamppost; **~ de viento** hurricane lamp. **(b)** *(Taur)* flourishing pass; *(Gimnasia)* handstand. **(c)** *(RPl)* bay window. **(d) echarse** *o* **marcarse un ~** *(fam)* to shoot a line *(fam)*, brag.

farola *nf* street lamp, lamppost.

farolear [1a] *vi (fam)* to brag, boast; *(Naipes)* to bluff.

farolero 1 *adj (fam)* boastful, vain. **2** *nm* **(a)** lamplighter. **(b)** *(presumido)* braggart; *(engañador)* line-spinner *(fam)*.

farolillo *nm* Chinese lantern.

farra[1] *nf (pez)* salmon trout.

farra[2] *nf* **(a)** *(LAm)* spree. **(b)** *(RPl)* mockery, teasing; **tomar a uno para la ~** to pull sb's leg.

fárrago *nm* hotchpotch.

farrear [1a] **1** *vi (LAm)* to make merry, carouse. **2 farrearse** *vr* **(a)** *(RPl)* **~ de uno** to tease sb. **(b)** *(obj: dinero)* to squander.

farrista *adj (LAm)* hard-drinking.

farruto *adj (LAm)* sickly, weak.

farsa *nf (Teat)* farce; *(fig)* farce, sham.

farsante *nmf (fam)* fraud, phoney *(fam)*.
farsear [1a] *vi (LAm: bromear)* to joke.
fas: por ~ o por nefas by hook or by crook.
fascículo *nm (gen)* part, instalment.
fascinación *nf* fascination.
fascinador(a) *adj*, **fascinante** *adj* fascinating.
fascinar [1a] *vt, vi (gen)* to fascinate; *(encantar)* to captivate; *(echar el mal de ojo a)* to cast the evil eye on.
fascismo *nm* fascism.
fascista *adj, nmf* fascist.
fase *nf (gen)* phase, stage; **estar fuera de ~** to be out of phase.
fastidiar [1b] **1** *vt* **(a)** *(molestar)* to annoy, bother; *(aburrir)* to bore; *(dar asco)* to disgust, sicken; **¡no fastidies!** you're kidding!; **¡no me fastidies!** stop bothering me! **(b)** *(dañar)* to harm, damage. **2 fastidiarse** *vr* **(a)** *(gen)* to get cross; *(aburrirse)* to get bored; **¡que se fastidie!** *(fam: aguante)* he'll just have to put up with it; *(: que vaya al diablo)* he can go to hell *(fam)*. **(b)** *(hacerse daño)* to harm o.s., do o.s. an injury.
fastidio *nm (molestia)* annoyance, bother; *(aburrimiento)* boredom; *(asco)* disgust, repugnance; **¡qué ~!** what a nuisance!
fastidioso *adj* **(a)** *(molesto)* annoying, bothersome; *(aburrido)* tedious, boring; *(asqueroso)* sickening. **(b)** *(LAm)* fastidious.
fastuoso *adj (espléndido)* magnificent, splendid; *(banquete etc)* lavish.
fatal 1 *adj* **(a)** *(mortal)* fatal. **(b)** *(inevitable)* fateful; *(plazo, cita)* unavoidable. **(c)** *(fam)* awful, rotten. **2** *adv* terribly; **cocina ~** he's a terrible cook.
fatalidad *nf* **(a)** *(destino)* fate; *(Mil etc)* fatality. **(b)** *(desdicha)* misfortune, ill-luck.
fatalismo *nm* fatalism.
fatalista 1 *adj* fatalistic. **2** *nmf* fatalist.
fatídico *adj (gen)* fateful, ominous.
fatiga *nf* **(a)** *(cansancio)* fatigue, weariness; **~ cerebral** mental fatigue; **~ del metal** *(Téc)* metal fatigue. **(b) ~s** hardships, troubles.
fatigar [1h] **1** *vt (cansar)* to tire, weary; *(molestar)* to annoy. **2 fatigarse** *vr* to tire, get tired, grow weary; **~ de andar** to wear o.s. out walking.
fatigoso *adj* **(a)** *(cansado)* tiring, exhausting. **(b)** *(Med)* painful, difficult; **respiración ~a** laboured breathing. **(c)** *(fastidioso)* trying.
fatuidad *nf (gen)* foolishness; *(vanidad)* conceit.
fatuo *adj (gen)* fatuous, foolish; *(vanidoso)* conceited.
fauces *nfpl (Anat)* fauces, gullet *sg; (fig)* jaws, maw *sg*.
faul *nm (LAm Dep)* foul.
faulear [1a] *vt (LAm Dep)* to foul.
fauna *nf* fauna.
fausto 1 *adj* fortunate, lucky. **2** *nm* splendour.
favor *nm* **(a)** *(ayuda)* favour, *(US)* favor, good turn; **~es** favours; **entrada de ~** complimentary ticket; **por ~** please; **haga el ~ de esperar** please wait; **¿me hace el ~ de pasar la sal?** would you be so kind as to pass the salt?; **~ que Ud me hace** you're very kind, it's good of you; **si hace ~** *(LAm)* if you don't mind; **si hace el ~ de pasar** please go in; **~ de venir puntualmente** please be punctual. **(b)** *(gracia)* good graces; **estar en ~** to be in favour; **gracias al ~ del rey** thanks to the king's protection. **(c) a ~** in favour; **¿estás a ~?** are you in favour *o* in agreement?; **a ~ de** in favour of; *(Com)* to the order of; **en ~ de** on behalf of; **a ~ de la marea** taking advantage of the tide; **a ~ de la noche** under cover of darkness.
favorable *adj (gen)* favourable, *(US)* favorable; *(condiciones etc)* advantageous.
favorecedor *adj (vestido)* becoming; *(retrato)* flattering.
favorecer [2d] *vt* **(a)** *(gen)* to favour, *(US)* to favor; *(amparar)* to help, protect; *(suj: destino etc)* to smile on. **(b)** *(vestido)* to become, look well on; *(retrato)* to flatter.
favoritismo *nm* favouritism, *(US)* favoritism.
favorito/a *adj, nm/f* favourite.
faz *nf (lit, fig)* face; *(de moneda)* obverse; **en la ~ de la tierra** on the face of the earth.
FC *abr de* **ferrocarril.**
fe *nf* **(a)** *(Rel)* faith (*en* in); **la ~ católica** the Catholic faith. **(b)** *(confianza)* faith, belief; **buena/mala ~** in good/bad faith; **de buena ~** *(Jur)* bona fide; **dar** *o* **prestar ~ a** to believe, place reliance on; **tener ~ en** to have faith in, believe in. **(c)** *(palabra)* assurance; **a ~** in truth; **en ~ de lo cual** in witness whereof; **dar ~ de** to testify to, bear witness to. **(d)** *(fidelidad)* fidelity. **(e)** *(Admin)* certificate; **~ de bautismo** certificate of baptism; **~ de erratas** errata.
fealdad *nf* ugliness, hideousness.
febrero *nm* February; *véase* **se(p)tiembre.**
febril *adj (gen)* fevered, feverish; *(movido)* hectic.
fecal *adj* faecal, *(US)* fecal.
fécula *nf* starch.
feculento *adj* starchy.
fecundación *nf* fertilization; **~ in vitro** test-tube fertilization.
fecundar [1a] *vt* to fertilize.
fecundidad *nf (gen)* fertility, fecundity; *(fig: productividad)* productiveness.
fecundizar [1f] *vt* to fertilize.
fecundo *adj (gen)* fertile; *(fig)* prolific; *(fructífero)* fruitful, productive.
fecha *nf* date; **~ tope** closing *o* last date; **a 30 días ~** *(Com)* at 30 days' sight; **con ~ del 15 de agosto** dated the 15th of August; **en ~ próxima** soon, at an early date; **hasta la ~** to date, so far; **para estas ~s** by this time; **por estas ~s** about now.
fechador *nm* date stamp.
fechar [1a] *vt* to date.
fechoría *nf* misdeed, villainy.
federación *nf* federation.
federal 1 *adj* federal; **Distrito F~** *(Méx)* Mexico City. **2** *nm:* **los ~s** *(Méx)* federal soldiers *o* police.
federalismo *nm* federalism.
federalista *nmf* federalist.
fehaciente *adj* reliable, authentic; **de fuentes ~s** from reliable sources.
felicidad *nf (gen)* happiness; *(suerte)* good fortune; *(fig fam)* **curva de la ~** pot belly, spare tyre *(fam)*; **~es** best wishes, congratulations; **¡muchas ~es!** *(cumpleaños)* many happy returns!; *(Año Nuevo)* Happy New Year!
felicitaciones *nfpl* congratulations.
felicitar [1a] *vt* to congratulate (*a uno por algo* sb on *o* about sth); **¡le felicito!** congratulations!, well done!
feligrés/esa *nm/f* parishioner.
feligresía *nf (parroquia)* parish; *(feligreses)* parishioners.
felino *adj* feline, catlike.
feliz *adj* **(a)** *(gen)* happy; **¡~ año nuevo!** happy new year!; **¡~ viaje!** bon voyage!; **y vivieron felices** and they lived happily ever after. **(b)** *(expresión)* felicitous, apt, fitting. **(c)** *(afortunado)* lucky, fortunate; **el asunto tuvo un fin ~** the affair turned out well.
felón/ona 1 *adj* wicked, treacherous. **2** *nm/f*

villain.
felonía *nf (LAm)* felony, crime.
felpa *nf (terciopelo)* plush; *(toalla)* (terry) towelling; *(fig fam: paliza)* hiding; **echarle una ~ a uno** to bawl sb out.
felpar [1a] *vt* to cover with plush; *(alfombrar)* to carpet.
felpear [1a] *vt (LAm)* to dress down.
felpilla *nf* chenille.
felpudo 1 *adj* plush. **2** *nm* doormat.
femenil *adj* feminine, womanly; *(LAm: Dep etc)* **equipo ~** women's team.
femenino 1 *adj (gen)* feminine; *(Zool etc)* female; **deporte ~** sport for women; **equipo ~** women's team. **2** *nm (Ling)* feminine.
feminidad *nf* femininity.
feminismo *nm* feminism.
feminista *nmf* feminist.
fémur *nm* femur.
fenecer [2d] **1** *vt* to finish. **2** *vi* **(a)** *(concluirse)* to come to an end, cease. **(b)** *(euf)* to pass away, die.
fénix *nm* phoenix.
fenol *nm* phenol.
fenomenal *adj (gen)* phenomenal; *(fam: estupendo)* tremendous, terrific *(fam)*.
fenómeno 1 *nm (gen)* phenomenon; *(fig)* freak, accident. **2** *adj (fam)* great *(fam)*, marvellous; **una chica ~a** a smashing girl. **3** *adv (fam)* **lo hemos pasado ~** we had a terrific time *(fam)*.
feo 1 *adj* **(a)** *(gen: aspecto)* ugly; *(horroroso)* hideous; **más ~ que Picio** *o* **un grajo** as ugly as sin. **(b)** *(desagradable)* nasty; *(jugada)* dirty, foul; **eso es muy ~** that's nasty; **el tiempo se está poniendo ~** the weather's *o* it's turning nasty; **esto se está poniendo ~** I don't like the look of this. **(c)** *(LAm: olor)* foul; *(: comida)* foul-tasting. **2** *nm (ofensa)* insult, slight; **hacer un ~ a uno** to offend sb. **3** *adv (LAm)* bad, badly; **oler ~** to smell bad; **cantar ~** to sing badly.
feote *adj (fam)* plug-ugly *(fam)*.
feraz *adj* fertile.
féretro *nm (caja)* coffin; *(andas)* bier.
feria *nf* **(a)** *(gen)* fair; *(mercado)* market; *(Agr)* show; **la F~ de Sevilla** the Seville Carnival; **~ de muestras** trade show *o* exhibition. **(b)** *(descanso)* holiday, day off. **(c)** *(Méx: cambio)* (small) change.
feriado *adj*: **día ~** holiday, day off; **día medio ~** half-holiday.
ferial *nm* fairground.
feriante *nmf (Com)* stallholder, trader; *(público)* fair-goer.
feriar [1b] **1** *vt* **(a)** *(Com)* to buy (in a market/at a fair); *(cambiar)* to trade, exchange. **(b)** *(LAm: vender barato)* to sell cheap(ly); *(: cambiar dinero)* to give change for. **2** *vi* to take time off.
ferino *adj*: **tos ~a** whooping cough.
fermentación *nf* fermentation.
fermentado *adj* fermented.
fermentar [1a] *vt, vi* to ferment.
fermento *nm* ferment.
ferocidad *nf* ferociousness, ferocity.
feroz *adj* **(a)** *(salvaje)* fierce, ferocious, savage; *(cruel)* cruel. **(b)** *(LAm)* ugly; *(fig)* fierce.
férreo *adj* **(a)** *(gen)* iron; *(Quím)* ferrous; **metal no ~** non-ferrous metal. **(b)** *(Ferro)* **vía ~a** railway, *(US)* railroad. **(c)** *(fig)* iron *(atr)*; **una voluntad ~a** an iron will.
ferrería *nf* ironworks, foundry.
ferretería *nf* **(a)** *(objetos)* ironmongery, hardware. **(b)** *(tienda)* ironmonger's (shop), hardware store. **(c)** = **ferrería.**
ferretero/a *nm/f* ironmonger, hardware dealer.
ferrocarril *nm* railway, *(US)* railroad; **~ elevado** overhead railway; **~ de vía estrecha/única** narrow-gauge/single-track railway; **por ~** by rail, by train.
ferrocarrilero *(LAm)* **1** *adj* railway *(atr)*, rail *(atr)*, *(US)* railroad *(atr)*. **2** *nm (LAm)* railwayman, *(US)* railroad worker.
ferrohormigón *nm* ferroconcrete.
ferroso *adj* ferrous; **metal no ~** non-ferrous metal.
ferroviario 1 *adj* railway *(atr)*, railroad *(atr)*, rail *(atr)*. **2** *nm* railwayman.
fértil *adj (gen)* fertile; *(productivo)* fruitful, productive; *(rico)* rich *(en* in).
fertilidad *nf (véase adj)* fertility; productivity; richness.
fertilizante *nm* fertilizer.
fertilizar [1f] *vt* to fertilize.
férula *nf* **(a)** *(vara)* birch, rod. **(b)** *(Med)* splint. **(c)** *(fig: dominio)* rule, domination.
férvido *adj* fervid, ardent.
ferviente *adj* fervent.
fervor *nm* fervour, passion.
fervoroso *adj* fervent, passionate.
festejar [1a] *vt* **(a)** *(divertir)* to wine and dine, fête. **(b)** *(celebrar)* to celebrate. **(c)** *(cortejar)* to woo, court. **(d)** *(Méx)* to thrash.
festejo *nm* **(a)** *(de huésped)* fêting. **(b)** *(de cumpleaños etc)* celebration; **~s** public festivities. **(c)** *(cortejo)* wooing, courtship.
festín *nm* feast, banquet.
festival *nm* festival.
festividad *nf* **(a)** *(ceremonia)* festivity. **(b)** *(Rel)* feast, holiday. **(c)** *(ingenio)* wit.
festivo *adj* **(a)** *(fiesta)* festive, merry. **(b)** **día ~** holiday. **(c)** *(agudo)* witty; *(Lit etc)* burlesque.
festón *nm (Cos)* festoon, scallop; *(de flores)* garland.
festonear [1a] *vt (Cos)* to festoon, scallop; *(de flores)* to garland.
fetiche *nm (gen)* fetish.
fetichismo *nm* fetishism.
fetidez *nf* smelliness, rankness; **~ de aliento** bad breath.
fétido *adj* foul-smelling, stinking.
feto *nm* **(a)** foetus. **(b)** *(fam)* plain *o* ugly girl.
feúcho *adj (fam)* plug-ugly.
feudal *adj* feudal.
feudalismo *nm* feudalism.
feudo *nm* fief, realm.
FFAA *véase* **fuerza (f).**
fiable *adj* reliable, trustworthy.
fiado *nm* **(a)** **al ~** on trust; *(Com)* on credit. **(b)** *(Jur)* **en ~** on bail.
fiador(a) 1 *nm/f* **(a)** *(Jur)* guarantor, *(US)* bondsman; **salir ~ por uno** to stand security for sb. **(b)** *(Mec)* (safety) catch. **2** *nm (fam)* bum *(Brit fam)*, fanny *(US fam)*.
fiambre 1 *adj* **(a)** *(Culin)* (served) cold. **(b)** *(fig: noticia etc)* old, stale. **2** *nm* **(a)** *(Culin)* cold meat, *(US)* cold cut. **(b)** *(fam: cadáver)* corpse, stiff *(fam)*. **(c)** *(RPl: fiesta)* lifeless party.
fiambrera *nf* **(a)** *(canasta)* lunch basket, *(US)* dinner pail. **(b)** *(RPl: nevera)* meat safe *o* store.
fiambrería *nf (LAm)* delicatessen.
fianza *nf* **(a)** *(gen)* surety, security; *(anticipo)* deposit; **~ de aduana** customs bond; **~ carcelera** bail. **(b)** = **fiador (a).**
fiar [1c] **1** *vt* **(a)** *(secreto etc)* to entrust, confide *(a* to). **(b)** *(Fin etc)* to guarantee, stand security for; *(Jur)* to go bail *o (US)* bond for. **(c)** *(Com)* to sell on credit; *(LAm)* **me fió la comida** he let me have the food on tick *(fam) o* credit. **2** *vi* to trust *(en* in);

ser de ~ to be reliable *o* trustworthy. **3 fiarse** *vr:* **~ de uno** to trust *o* rely on sb.
fiasco *nm* fiasco.
fibra *nf* **(a)** *(gen)* fibre; **~ artificial** man-made fibre; **~ de vidrio** fibre-glass. **(b)** *(Min)* vein. **(c)** *(fig: vigor)* vigour; **~s del corazón** heartstrings.
fibravidrio *nm* fibre-glass.
fibroso *adj* fibrous.
ficción *nf (gen)* fiction; *(mentira)* fabrication.
ficticio *adj (gen)* fictitious; *(inventado)* fabricated.
ficha *nf* **(a)** *(Telec etc)* token; *(en juegos)* counter, marker; *(en casino)* chip; *(Com, Fin)* tally, *(US)* check; **~ de ajedrez** chessman; **~ del dominó** domino. **(b)** *(tarjeta)* card; *(de archivo)* index card; *(en hotel)* registration form; **~ policíaca** police dossier.
fichaje *nm (Dep)* signing(-up).
fichar [1a] **1** *vt* **(a)** *(archivar)* to file, index; **~ a uno** *(LAm)* to put sb on file; **está fichado** he's got a record; **lo tenemos fichado a él** we've got our eye on him. **(b)** *(dominó)* to play. **(c)** *(Dep: jugador)* to sign (up). **2** *vi (Dep: jugador)* to sign (up); *(obrero)* to clock in *o* on.
fichero *nm (archivo)* card index; *(archivero)* filing cabinet; *(de policía)* (criminal) records.
fidedigno *adj* reliable, trustworthy; **fuentes ~as** reliable sources.
fideicomisario 1 *adj* trust *(atr)*; **banco ~** trust company. **2** *nm* trustee.
fideicomiso *nm* trust.
fidelidad *nf* **(a)** *(gen)* loyalty, fidelity (*a* to). **(b)** *(exactitud: dato etc)* accuracy. **(c) alta ~** high fidelity, hi-fi *(fam)*.
fideo *nm* **(a) ~s** *(Culin)* noodles, spaghetti *sg.* **(b)** *(fam: delgado)* beanpole *(fam)*.
fiduciario/a 1 *adj* fiduciary. **2** *nm/f* fiduciary, trustee.
fiebre *nf* **(a)** *(Med)* fever; **tener ~ (de)** to have a temperature (of); **~ amarilla/reumática/del heno** yellow/rheumatic/hay fever; **~ palúdica** malaria; **~ tifoidea** typhoid. **(b)** *(fig)* fever, excitement; **la ~ de oro** gold fever.
fiel 1 *adj* **(a)** *(gen)* faithful; *(leal)* loyal; *(fiable)* reliable, trustworthy; **seguir siendo ~ a** to remain loyal *o* true to. **(b)** *(traducción etc)* accurate, faithful. **2** *nm* **(a)** *(inspector)* inspector of weights and measures. **(b)** *(Téc: de balanza)* needle, pointer. **(c) los ~es** *(Rel)* the faithful.
fieltro *nm (gen)* felt; *(sombrero)* felt hat; **~ de la cerveza** beer mat.
fiera *nf* **(a)** *(Zool)* wild beast *o* animal; *(Taur)* bull. **(b)** *(fig)* fiend; **es una ~ para el deporte** he's a sports fiend; **es una ~ para el trabajo** he's a demon for work; **estar hecho una ~** to be furious, be beside o.s. with rage.
fiereza *nf* **(a)** *(ferocidad)* fierceness, ferocity; *(Zool)* wildness; *(crueldad)* cruelty. **(b)** *(fam: fealdad)* ugliness.
fiero 1 *adj* **(a)** *(feroz)* fierce, ferocious; *(Zool)* wild; *(cruel)* cruel. **(b)** *(fam: feo)* ugly. **2** *nm:* **echar** *o* **hacer ~s** to threaten, make threats.
fierro *nm* **(a)** *(gen)* iron; *(LAm: cuchillo)* knife; *(: Agr)* branding iron, brand. **(b)** *(RPl Aut)* accelerator.
fiesta *nf* **(a)** *(particular)* party; *(festejo)* celebration; *(festival)* festival; **~s** public holiday *o* festivities; **~s patrias** *(LAm)* independence day; **la ~ nacional** bullfighting; **organizar una ~ en honor de uno** to give a party in sb's honour; **¡se acabó la ~!** *(fig)* that's enough!, give it a rest! *(fam)*; **estar de ~s** to be in high spirits; **no estoy para ~s** I'm in no mood for jokes; **aguar la ~** to spoil the fun, be a killjoy; **para coronar la ~** to round it all off. **(b)** *(Rel)* feast day; **~s** holidays; **~ de la banderita** flag day; **~ de guardar** day of obligation; **F~ de la Hispanidad** *o* **de la Raza** Columbus Day; **~ nacional** public *o* bank holiday; **F~ del Trabajo** Labour Day; **~ movible/fija** movable/immovable feast; **mañana es ~** it's a holiday tomorrow; **guardar la ~** to observe the feast (*de* of); **hacer ~** to take a day off. **(c) ~s** soothing words, flattery *sg;* **hacer ~s a** to caress, fondle; *(fig)* to make a great fuss of, fawn on.
fifiriche *adj (CAm, Méx)* weak, sickly.
figulino *adj*: **arcilla ~a** potter's clay.
figura *nf* **(a)** *(gen)* figure; *(forma)* shape, form; *(imagen)* image; **de ~ entera** full-length. **(b)** *(individuo)* personality; **hacer una ~** to cut a figure. **(c)** *(rostro)* face; *(Naipes)* face card. **(d)** *(Mat)* drawing, diagram; *(Ling)* **~ retórica** figure of speech. **(e)** *(Teat)* character, role; **en la ~ de** in the role of. **(f)** *(Mús)* note.
figurable *adj* imaginable.
figurado *adj* figurative.
figurante *nmf (Teat)* extra.
figurar [1a] **1** *vt (formar)* shape, form; *(representar)* to represent, depict; *(fingir)* to feign. **2** *vi* **(a)** to figure (*como* as, *entre* among), appear; **los nombres no figuran aquí** the names are not here *o* do not figure here. **(b)** *(fig)* to show off. **3 figurarse** *vr (suponer)* to suppose; *(imaginarse)* to imagine; **¡figúrate!** just imagine!, imagine that!; **¿te figuras?** can you imagine?; **ya me lo figuraba** I thought as much; **~ que ...** to believe *o* think that ....
figurativo *adj* figurative.
figurín *nm (modelo)* model, dummy; *(revista)* fashion magazine; *(dibujo)* design.
figurinista *nmf (Teat)* costume designer.
figurón *nm* **(a)** huge figure; *(Teat)* character actor; **~ de proa** *(Náut)* figurehead. **(b)** *(fam)* pompous ass.
figuroso *adj (LAm)* showy, loud.
fija *nf* **(a)** *(Téc)* hinge; *(Arquit)* trowel. **(b)** *(LAm: Dep)* favourite; **es una ~** *(RPl)* it's a cert *(fam)*.
fijacarteles *nm inv* billposter.
fijación *nf* **(a)** *(acto: gen)* fixing; *(con clavos etc)* securing, fastening; *(con goma)* sticking (on), posting. **(b)** *(Psic)* fixation.
fijador *nm (Fot: etc)* fixative; *(para pelo)* setting lotion.
fijamente *adv* fixedly; **mirar ~ a uno** to stare at sb.
fijapelo *nm* hair lotion *o* cream.
fijar [1a] **1** *vt* **(a)** *(gen)* to fix; *(clavar)* to secure, fasten (on, down *etc*); *(con goma)* to glue (on); *(sello)* to affix, stick (on); *(cartel)* to post, put up; *(pelo)* to set. **(b)** *(fig: determinar)* to settle (on), decide, determine; *(fecha, hora etc)* to fix, set; **fijaron el precio en ...** they fixed the price at ....

2 fijarse *vr* **(a)** *(establecerse)* to become fixed, to settle. **(b)** *(prestar atención)* to notice, pay attention; **no me había fijado** I hadn't noticed; **fíjese bien** watch this carefully; **¡fíjate!** just imagine!; **me caí porque no me fijé** I fell because I wasn't watching; **¿te fijas?** *(LAm)* see what I mean *(fam)*? **(c) ~ en algo** to notice *o* pay attention to sth; *(mirar fijamente)* to stare at sth; **fíjate bien (en lo que dices)** watch what you're saying; **¡fíjense en los precios!** just look at these prices!
fijasello *nm* stamp hinge.
fijativo *nm* fixative.
fijeza *nf (gen)* firmness, stability; *(constancia)* constancy; *(de colores)* fastness; **mirar con ~ a uno** to stare at sb.

fijo *adj* **(a)** *(gen)* fixed; *(firme)* firm; *(seguro)* steady, secure; **de ~** certainly, for sure. **(b)** *(plantilla)* permanent; *(color)* fast.

fila *nm* **(a)** *(gen)* row, line; *(en marcha)* file; *(Teat etc)* row, tier (of seats); **una ~ de coches** a line of cars; **~ india** single file; **una chaqueta de dos ~s** a double-breasted jacket; **en ~** in a line; **ponerse en ~** to line up, get into line. **(b)** *(Mil)* rank; **¡en ~s!** fall in!; **cerrar las ~s** *(fig)* to close ranks; **romper ~s** to fall out, break ranks; **¡rompan ~s!** dismiss! **(c)** *(fam)* dislike, antipathy.

filamento *nm* filament.

filantropía *nf* philanthropy.

filantrópico *adj* philanthropic.

filántropo/a *nm/f* philanthropist.

filarmónico *adj* philharmonic.

filatelia *nf* philately, stamp collecting.

filatélico *adj* philatelic.

filatelista *nmf* philatelist, stamp collector.

filete *nm* **(a)** *(Culin: carne)* meat; *(: bistec)* steak; *(: de puerco)* tenderloin; *(: de pescado)* fillet. **(b)** *(Mec)* worm; *(rosca)* thread. **(c)** *(de caballo)* snaffle bit. **(d)** *(Cos)* narrow hem. **(e)** *(Tip)* ornamental bar *o* line.

filfa *nf (fam)* hoax.

filiación *nf* **(a)** *(a partido etc)* affiliation; *(de ideas etc)* connection, relationship. **(b)** *(señas)* particulars; *(Mil, de policía)* records.

filial 1 *adj* filial; *(Com)* subsidiary *(atr)*, affiliated. **2** *nf (Com)* subsidiary; *(sucursal)* branch.

filibusterismo *nm (LAm Pol)* filibustering.

filibustero *nm* pirate, freebooter.

filigrana *nf (Téc)* filigree (work); *(Tip)* watermark; *(Dep etc: fig)* subtle move.

filípica *nf* harangue, philippic.

Filipinas *nfpl:* **las (Islas) ~** the Philippines.

filipino/a *adj, nm/f* Philippine.

filisteo/a 1 *adj, nm/f* Philistine. **2** *nm (fig)* big man, giant.

film *nm, pl* **films** [film] *(Fot)* film; *(Cine, TV)* film, picture, *(US)* movie.

filmación *nf* filming, shooting.

filmar [1a] *vt* to film, shoot.

filme *nm* = **film.**

fílmico *adj* film *(atr)*, *(US)* movie *(atr)*.

filmografía *nf (Univ etc)* study of the film; *(catálogo)* filmography; **la ~ de la estrella** the star's screen career.

filmoteca *nf* film library *o* archive.

filo[1] *nm* **(a)** *(de navaja etc)* (cutting) edge, blade; *(línea)* dividing line; **~ del viento** *(Náut)* direction of the wind; **de dos ~s** double-edged; **al ~ de las 12** at 12 (o'clock) sharp; **por ~** exactly; **de ~** *(LAm)* resolutely; **dar (un)** *o* **sacar el ~ a** to sharpen; **herir a uno por los mismos ~s** to give tit for tat. **(b)** *(CAm, Méx)* hunger.

filo[2] *nm (Bio)* phylum.

filología *nf* philology.

filológico *adj* philological.

filólogo/a *nm/f* philologist.

filón *nm (Min)* vein, lode; *(fig)* gold mine.

filoso *adj (LAm)* sharp.

filosofar [1a] *vi* to philosophize.

filosofía *nf* philosophy; **~ moral/natural** moral/natural philosophy; *véase* **facultad (d).**

filosófico *adj* philosophic(al).

filósofo *nm* philosopher.

filtración *nf (Téc)* filtration; *(fig: de fondos)* misappropriation; *(: de datos)* leak.

filtrador *nm* filter.

filtrar [1a] **1** *vt (gen)* to filter; *(Culin)* to strain. **2** *vi,* **filtrarse** *vr* **(a)** *(gen)* to filter; **~ por** to spread *o* filter through; *(perderse)* to seep *o* leak through. **(b)** *(fig: dinero etc)* to disappear.

filtro *nm (Téc)* filter; *(Culin)* strainer; **~ de aceite/de aire** oil/air filter; **~ de café** coffee strainer; **cigarrillo con ~** filter-tipped cigarette.

filudo *adj (LAm)* sharp.

fimbria *nf (Cos)* border, hem.

fin *nm* **(a)** *(gen)* end; *(conclusión)* ending, conclusion; **~ de fiesta** *(Teat etc)* grand finale; **~ de semana** weekend; **a/hacia ~es del mes** at *o* about/towards the end of the month; **al ~** finally, in the end; **al ~ y al cabo** in the end, after all; **en ~, por ~** *(finalmente)* finally, at last; *(en resumen)* in short; **en ~** *(fig)* well (then); **¡en ~!** so that's that!, what next?; **en** *o* **a ~ de cuentas** in the last analysis; **sin ~** *(adv)* endlessly; *(adj)* endless; **correa sin ~** endless belt; **dar ~ a un discurso** to end *o* close a speech; **llevar algo a buen ~** to carry sth through to a successful conclusion; **poner ~ a** to stop, put a stop to. **(b)** *(objetivo)* aim, purpose, objective; **los ~es de este estudio** the aims of this study; **a ~ de hacer algo** in order to do sth; **a ~ de que ...** so that ...; **con el ~ de hacer algo** with the purpose of doing sth.

finado/a 1 *adj* late, deceased; **el ~ presidente** the late president. **2** *nm/f* deceased.

final 1 *adj (gen)* final, last; *(último)* ultimate. **2** *nm (gen)* end; *(de film)* ending; *(Mús)* finale; **al ~ de la calle** at the end of the street. **3** *nf (Dep)* final; **cuartos de ~** quarter-finals.

finalidad *nf* **(a)** *(propósito)* purpose, intention; **la ~ de este libro** the aim of this book; **perseguir algo como ~** to set sth as one's goal. **(b)** *(Fil etc)* finality.

finalista *nmf* finalist.

finalizar [1f] **1** *vt, vi* to end, finish. **2 finalizarse** *vr* to conclude, come to an end.

finalmente *adv* finally.

financiación *nf* financing.

financiamiento *nm* finance, financing, financial backing.

financiar [1b] *vt* to finance.

financiero 1 *adj* financial; **el mundo ~** the world of finance. **2** *nm* financier.

financista *nm (LAm: bolsista)* financier; *(: consejero)* financial expert.

finanzas *nfpl* finances.

finar [1a] **1** *vi* to pass away, die. **2 finarse** *vr* to long, yearn.

finca *nf* **(a)** *(bien inmueble)* property, land, real estate; **~ raíz** *(LAm)* real estate. **(b)** *(casa)* country house; *(LAm)* farm; **~ azucarera/cafetalera** sugar/coffee plantation; **cazar en ~ ajena** to poach; **pasan un mes en su ~** they're spending a month at their country place.

fincarse *vr (LAm)* **~ en** to rest *o* be based on.

finchado *adj (fam)* stuck-up *(fam)*.

fineza *nf* **(a)** *(cualidad)* fineness, excellence; *(pureza)* purity. **(b)** *(modales)* refinement. **(c)** *(acto)* kindness, nice thing (to say/do *etc*); *(dádiva)* small gift, token.

fingido *adj (falso)* feigned, false; **nombre ~** assumed name.

fingimiento *nm* pretence, feigning.

fingir [3c] **1** *vt, vi (simular)* to feign, simulate; *(hacer como si)* to pretend; **finge que duerme** *o* **dormir** he's pretending to be asleep; **~ desinterés** to pretend not to be interested. **2 fingirse** *vr:* **~ dormido** to pretend to be asleep; **~ muerto** to play *o* act dead.

finiquitar [1a] *vt (Fin: cuenta)* to settle and close, balance up.

finiquito *nm (Com, Fin)* settlement.

finito *adj* finite.
finlandés/esa 1 *adj* Finnish. **2** *nm/f* Finn. **3** *nm (Ling)* Finnish.
Finlandia *nf* Finland.
fino *adj* **(a)** *(de buena calidad)* fine, excellent; *(fruta etc)* choice, quality; *(tabaco)* select; *(Min)* refined; **oro ~** pure gold. **(b)** *(delgado)* thin; *(persona)* slender, slight; *(tela etc)* delicate. **(c)** *(punta)* sharp. **(d)** *(cortés)* polite, well-bred; *(refinado)* refined, cultured; *(piropo etc)* elegant, well-turned; **ponerse ~** to turn on the charm. **(e)** *(inteligencia)* shrewd, acute, penetrating; *(gusto)* discriminating; *(oído)* sharp. **(f)** *(sutil)* subtle, delicate.
finta *nf* feint; **hacer ~s** to feint, spar.
fintar [1a] *vi*, **fintear** [1a] *vi (LAm)* to feint, spar.
finura *nf* **(a)** *(buena calidad)* fineness, excellence; *(: de fruta, vino etc)* choiceness, high quality. **(b)** *(cortesía)* politeness, courtesy; *(elegancia)* elegance; **¡qué ~!** how charming! **(c)** *(agudeza)* shrewdness, acuteness. **(d)** *(sutileza)* subtlety, delicacy.
fiordo *nm* fiord.
fique *nm (LAm: fibra)* vegetable fibre, rope, cord.
firma *nf* **(a)** *(gen)* signature; *(acto)* signing; **es de mi ~** I signed that. **(b)** *(Com, Fin)* firm, company.
firmamento *nm* firmament.
firmante *adj, nmf* signatory (*de* to); **los abajo ~s** the undersigned.
firmar [1a] *vt, vi* to sign; **firmado y sellado** signed and sealed.
firme 1 *adj* **(a)** *(gen)* firm; *(estable)* steady, stable; *(duro)* hard; *(sólido)* solid, compact; *(color)* fast; *(decisión)* resolute; **estar en lo ~** to be in the right; **mantenerse ~** to hold one's ground. **(b)** *(persona: resuelta)* steadfast, resolute. **(c)** *(Mil)* **¡~s!** attention!; **estar en posición de ~s** to stand at attention; **ponerse ~s** to come to attention. **(d) de ~** firmly, strongly; **batir de ~** to strike hard; **resistir de ~** to resist strongly; **trabajar de ~** to work hard. **(e)** *(Com)* **oferta en ~** firm offer. **2** *nm (Aut)* roadbed, road surface; '**~ provisional**' 'temporary surface'; *(Arquit)* **~ del suelo** rubble base (of floor).
firmeza *nf* **(a)** *(gen)* firmness; *(estabilidad)* steadiness, stability; *(solidez)* solidity, compactness. **(b)** *(fig)* firmness; *(voluntad)* resolution.
fiscal 1 *adj (gen)* fiscal, tax *(atr)*. **2** *nm* **(a)** *(Jur)* prosecutor, district attorney *(US)*; **~ general** attorney-general. **(b)** *(fam)* busybody, meddler.
fiscalía *nf* attorney-general's office.
fiscalizar [1f] *vt* **(a)** *(controlar)* to control; *(registrar)* to inspect (officially). **(b)** *(fig: criticar)* to criticize, find fault with. **(c)** *(fam: hurgar)* to pry into.
fisco *nm (hacienda)* treasury, exchequer; **declarar algo al ~** to declare sth for tax purposes.
fisga *nf* **(a)** *(para pesca)* fish spear; *(Guatemala, Méx: Taur)* banderilla. **(b)** *(fig)* **hacer ~ a uno** to tease sb.
fisgar [1h] **1** *vt* **(a)** *(pez)* to spear, harpoon. **(b)** *(fig)* to pry into, spy on. **2** *vi* = **fisgonear.**
fisgón/ona *fam* **1** *adj (gen)* prying, nosey; *(burlador)* bantering, teasing. **2** *nm/f* **(a)** *(entrometido)* snooper, nosey-parker. **(b)** *(burlón)* banterer, tease.
fisgonear [1a] *vi (fam)* to snoop, *(fam)* be a nosey-parker *(fam)*.
física *nf* physics; **~ nuclear** nuclear physics.
físico/a 1 *adj* physical. **2** *nm/f (gen)* physicist; *(Hist)* physician. **3** *nm (Anat)* physique; *(aspecto)* appearance, looks *pl*; **de ~ regular** ordinary-looking.
fisiología *nf* physiology.
fisiológico *adj* physiological.
fisiólogo *nm* physiologist.
fisión *nf* fission; **~ nuclear** nuclear fission.
fisioterapia *nf* physiotherapy.
fisioterapista *nmf* physiotherapist.
fiso *nm (LAm fam)* clock *(fam)*, dial *(fam)*.
fisonomía *nf* physiognomy, features.
fistol *nm* **(a)** *(Méx)* tiepin. **(b)** *(fam: listo)* crafty fellow.
fisura *nf* fissure.
flaccidez *nf* softness, flabbiness.
fláccido *adj* flaccid, flabby.
flaco 1 *adj* **(a)** *(Anat)* thin, skinny; **años ~s** lean years; **tierras ~as** *(LAm)* infertile lands; **ponerse ~** to get thin. **(b)** *(fig: débil)* weak, feeble; *(: memoria)* bad, short; **su lado ~** his weak side, his weakness. **2** *nm (defecto)* weak spot, failing.
flacura *nf (gen)* thinness, skinniness; *(fig: debilidad)* weakness, feebleness.
flagelación *nf* flagellation, whipping.
flagelar [1a] *vt (gen)* to flagellate, whip; *(fig)* to flay, criticize severely.
flagelo *nm (gen)* whip, scourge; *(fig)* scourge, calamity.
flagrante *adj* flagrant; **en ~** in the act, red-handed.
flamante *adj (llameante)* brilliant, flaming; *(fig: estupendo)* brilliant, fabulous; *(: nuevo)* brand-new.
flameante *adj* flamboyant.
flamear [1a] *vi* **(a)** *(incendio)* to flame, blaze (up). **(b)** *(Náut: vela)* to flap; *(bandera)* to flutter.
flamenco[1] *nm (Orn)* flamingo.
flamenco/a[2] **1** *adj* **(a)** *(Geog)* Flemish. **(b)** *(Mús)* flamenco. **(c) ponerse ~** *(fam)* to get cocky *(fam)*. **2** *nm/f (persona)* Fleming; **los ~s** the Flemings, the Flemish. **3** *nm* **(a)** *(Mús)* flamenco. **(b)** *(Ling)* Flemish.
flámula *nf* streamer.
flan *nm (Culin)* creme caramel, egg custard; *(fam, fig)* patter *(fam)*.
flanco *nm (gen)* side, flank; **pillar a uno por el ~** to catch sb off guard.
flanero *nm* jelly mould.
flanquear [1a] *vt* **(a)** *(gen)* to flank. **(b)** *(Mil)* to outflank.
flaquear [1a] *vi (debilitarse)* to weaken, grow weak; *(: esfuerzo)* to slacken, flag; *(viga: ceder)* to give way; *(salud)* to get worse; *(persona: desanimarse)* to lose heart.
flaqueza *nf* **(a)** *(Anat)* thinness, leanness; *(debilidad)* feebleness, frailty. **(b)** *(una ~)* failing, weakness.
flash [flaʃ] *nm, pl* **flashes** *o* **flashs** [flaʃ] **(a)** *(TV etc)* newsflash. **(b)** *(Fot)* flash, flashlight.
flashback ['flaʃbak] *nm* flashback.
flato *nm* **(a)** *(Med)* flatulence, wind. **(b)** *(LAm: depresión)* gloom, depression; *(: temor)* fear, apprehension.
flatulencia *nf* flatulence.
flatulento *adj* flatulent.
flauta 1 *nf* flute; **estar hecho una ~** to be as thin as a rake; **pantalones de ~** drainpipe trousers. **2** *nm* flautist, flute player. **3** *interj (LAm)* gosh! *(fam)*; **¡la gran ~!** my God!
flautín *nm* piccolo.
flautista *nmf* flautist, flute player.
flebitis *nf* phlebitis.
fleco *nm (gen)* fringe; *(Cos)* tassel.
flecha *nf (gen)* arrow; *(en juego)* dart; **~ de mar**

squid; *(Arquit)* spire; **como una ~** like an arrow like a shot.

flechar [1a] *vt* **(a)** *(cuerda)* to draw, stretch. **(b)** *(matar)* to shoot (with an arrow). **(c)** *(fam)* to sweep sb off her *etc* feet *(fam)*. **(d)** *(Arg)* to prick (*esp* with a goad).

flechazo *nm* **(a)** *(acción)* bowshot; *(herida)* arrow wound. **(b)** *(fam: amor)* love at first sight.

flechero *nm* archer, bowman.

flejar *vt* to strap, secure with metal strips.

fleje *nm (Téc)* hoop, metal band; *(: resorte)* spring-clip.

flema *nf* phlegm.

flemático *adj (imperturable)* phlegmatic; *(tono, comportamiento)* matter-of-fact, unruffled.

flemón *nm* gumboil.

flequetero *adj (LAm)* tricky, dishonest.

flequillo *nm* fringe.

fletamento *nm* chartering; **contrato de ~** charter.

fletar [1a] **1** *vt* **(a)** *(avión, barco)* to charter; *(embarcar)* to load, freight. **(b)** *(LAm: Aut etc)* to hire. **(c)** *(RPl)* to fire *o* sack. **2 fletarse** *vr (LAm: correr)* to beat it *(fam)*; *(RPl)* to gatecrash.

flete *nm* **(a)** *(alquiler)* charter; **vuelo ~** charter flight. **(b)** *(carga)* freight, *(: Náut, Aer)* cargo; *(gastos)* freightage, carriage; **~ pagado** freight prepaid. **(c)** *(LAm: caballo)* fast horse; *(Chi)* old nag.

fletero 1 *adj (LAm)* hired, for hire; **camión ~** lorry for hire. **2** *nm (LAm: transportista)* haulier; *(: mozo)* porter.

flexibilidad *nf (gen)* flexibility; *(Téc)* pliability; *(fig)* flexibility, adaptability.

flexible 1 *adj (gen)* flexible; *(Téc)* pliable; *(sombrero)* soft; *(individuo)* compliant. **2** *nm* **(a)** soft hat. **(b)** *(Elec)* flex, cord.

flexión *nf* flexion; *(Ling)* inflexion.

flipado *adj (fam)* stoned *(fam)*.

fliparse *vr (fam)* **(a)** *(fumar)* to get stoned *(fam)*. **(b)** *(volverse loco)* to go round the bend *(fam)*.

flirteador(a) *nm/f* flirt.

flirtear [1a] *vi (fam)* to flirt (*con* with).

flirteo *nm (fam)* **(a)** *(gen)* flirting. **(b)** *(un ~)* flirtation.

flojear [1a] *vi (debilitarse)* to weaken; *(amainar)* to slacken, ease up; *(fam)* to skive *(fam)*.

flojedad *nf* **(a)** *(Téc)* looseness, slackness. **(b)** *(debilidad)* weakness, feebleness. **(c)** *(flaccidez)* limpness, flaccidity. **(d)** *(descuido)* slackness, negligence.

flojel *nm (Cos)* nap; *(Orn)* down.

flojera *nf* **(a)** *(fam)* = **flojedad. (b)** *(LAm)* **me da** *o* **tengo ~** I can't be bothered.

flojo *adj* **(a)** *(Téc: tuerca etc)* loose, slack; **cuerda ~** tightrope. **(b)** *(esfuerzo)* weak, feeble; *(viento)* light. **(c)** *(brazo etc)* limp; *(carnes)* flaccid. **(d)** *(té, vino)* weak; *(trabajo)* poor, feeble. **(e)** *(actitud)* slack, lax. **(f)** *(Fin: precio)* low, weak; *(: mercado)* dull. **(g)** *(LAm: poco trabajador)* lazy, idle.

flor 1 *nf* **(a)** *(Bot: gen)* flower, bloom; **~ de harina** wheatmeal; **~ de mano** artificial flower; **en ~** in flower, in bloom; **en plena ~** in full bloom. **(b)** *(de ciruela etc)* bloom. **(c)** *(de cuero)* grain. **(d)** *(fig)* flower, cream; **la ~ y nata de la sociedad** the cream of society; **la ~ de la canela** the crème de la crème; **en la ~ de la vida** in the prime of life; **frenar a uno en ~** to cut sb off in his prime. **(e)** *(Téc)* surface; **a ~ de** *(a nivel de)* level *o* flush with; *(sobre)* on the surface of; **a ~ del agua** at water level; **ajustado a ~** flush; **a ~ de cuño** in mint condition. **(f)** *(piropo)* compliment; **decir** *o* **echar ~es a** to pay compliments to. **2** *adj (LAm)* splendid, excellent.

flora *nf* flora.

floración *nf* flowering.

floral *adj* floral.

florar [1a] *vi* to flower, bloom.

floreado *adj* **(a)** *(tela)* flowery, flowered. **(b)** *(pan)* top quality. **(c)** *(Mús)* elaborate; *(estilo)* florid.

florear [1a] **1** *vt* **(a)** *(gen)* to adorn with flowers; *(fig)* to flatter. **(b)** *(harina)* to sift. **(c)** *(naipes)* to stack. **2** *vi* **(a)** *(LAm)* to flower, bloom. **(b)** *(Mús)* to play a flourish. **3 florearse** *vr* to perform brilliantly.

florecer [2d] **1** *vi* **(a)** *(Bot)* to flower, bloom. **(b)** *(fig)* to flourish, thrive. **2 florecerse** *vr* to go mouldy.

floreciente *adj* **(a)** *(Bot)* in flower, flowering, blooming. **(b)** *(fig)* flourishing, thriving.

florecimiento *nm* **(a)** *(Bot)* flowering, blooming. **(b)** *(fig)* flourishing, thriving.

Florencia *nf* Florence.

florentino/a *adj, nm/f* Florentine.

floreo *nm* **(a)** *(Esgrima, Mús)* flourish. **(b)** *(charla)* chit-chat *(fam)*; **andarse con ~s** to beat about the bush.

florería *nf* florist's (shop).

florero/a 1 *nm/f* **(a)** *(Com)* florist; *(: ambulante)* flower seller. **(b)** *(fam)* flatterer. **2** *nm (recipiente)* vase.

florescencia *nf* florescence.

floresta *nf (bosque)* wood, grove; *(LAm: selva)* forest, jungle.

florete *nm (Esgrima)* foil.

floricultura *nf* flower growing.

florido *adj* **(a)** *(campo etc)* full of flowers. **(b)** *(fig)* choice, select. **(c)** *(estilo)* flowery, florid.

florilegio *nm* anthology.

floripón *nm (LAm)*, **floripondio** *nm (LAm)* **(a)** *(Cos)* big flower. **(b)** *(fam: hombre)* pansy *(fam)*, effeminate person.

florista *nmf* florist.

florón *nm* **(a)** *(Bot)* big flower. **(b)** *(Arquit)* fleuron, rosette. **(c)** *(Tip)* tailpiece.

flota *nf* **(a)** *(de buques, aviones)* fleet; **~ mercante** merchant navy. **(b)** *(LAm)* long-distance bus.

flotación *nf (Fin)* flotation; *(Náut)* floating; **línea de ~** waterline.

flotador *nm (gen)* float; *(de cisterna)* ballcock.

flotante 1 *adj (gen)* floating; *(pieza)* loose. **2** *nm (Colombia)* braggart.

flotar [1a] *vi* **(a)** *(gen)* to float. **(b)** *(pieza etc)* to hang (loose); *(bandera)* to flutter; **~ al viento** *(cabello)* to stream in the wind.

flote *nm*: **estar a ~** to be afloat; **poner a ~** to float; **sacar a ~** to refloat, raise; *(fig)* to raise, bring into the open; **ponerse a ~** *(fig)* to get back on one's feet.

flotear [1a] *vi*: **~ en el aire** to hover.

flotilla *nf* flotilla, fleet of small ships.

fluctuación *nf* **(a)** *(gen)* fluctuation; **las ~es de la moda** the ups and downs of fashion. **(b)** *(indecisión)* uncertainty, hesitation.

fluctuante *adj* fluctuating.

fluctuar [1e] *vi* **(a)** *(gen)* to fluctuate. **(b)** *(vacilar)* to waver, hesitate.

fluente *adj* fluid, flowing.

fluidez *nf* **(a)** *(Téc)* fluidity. **(b)** *(fig)* fluency, smoothness.

fluido 1 *adj (Téc)* fluid; *(lenguaje)* fluent; *(estilo)* smooth. **2** *nm* **(a)** *(Téc)* fluid. **(b)** *(Elec)* current, juice *(fam)*.

fluir [3g] *vi (gen)* to flow, run; *(fig)* to spring.

flujo *nm* **(a)** *(gen)* flow, stream; *(de votantes)* swing; *(Náut)* rising tide, incoming tide; ~ **y reflujo** ebb and flood, *(fig)* ebb and flow. **(b)** *(Med)* ~ **de sangre/de vientre** haemorrhage/diarrhoea.
fluminense *adj, nmf (LAm)* native *o* inhabitant of Rio de Janeiro.
fluorescencia *nf* fluorescence.
fluorescente *adj* fluorescent.
fluorización *nf* fluoridation.
fluoruro *nm* fluoride.
flus *nm (Colombia, Ven)* suit of clothes.
fluvial *adj* fluvial, river *(atr)*; *(pez)* fresh-water.
flux [flus] *nm inv* **(a)** *(Naipes)* flush; ~ **real** royal flush. **(b)** *(CAm)* stroke of luck. **(c)** *(LAm)* **estar** *o* **quedarse a** ~ to be completely broke *(fam)*. **(d)** *(Colombia, Ven)* = **flus.**
FM *abr de* **frecuencia modulada** FM.
F.M.I. *abr* de **Fondo Monetario Internacional** I.M.F.
fobia *nf* phobia.
foca *nf* seal; ~ **de trompa** sea elephant.
focal *adj* focal.
foco *nm* **(a)** *(Mat etc)* focus; *(centro)* focal point, centre; *(fuente)* source; *(de incendio)* seat; *(LAm: guerrilla)* foco; **estar fuera de** ~ to be out of focus. **(b)** *(Elec)* floodlight; *(Teat etc)* spotlight; *(LAm)* electric lightbulb; *(: Aut)* headlamp.
focha *nf* coot.
fodongo *adj (Méx)* filthy, slovenly.
fofadal *nm (RPl)* bog, quagmire.
fofo *adj (esponjoso)* soft, spongy; *(fam: individuo)* flabby.
fogaje *nm* **(a)** *(LAm: calor)* scorching heat; *(: bochorno)* sultry weather. **(b)** *(LAm: sarpullido)* heat rash.
fogarada *nf*, **fogarata** *nf (RPl)*, **fogata** *nf (llamas)* blaze; *(hoguera)* bonfire.
fogón *nm* **(a)** *(Culin)* range; *(Ferro)* firebox; *(Náut)* galley. **(b)** *(LAm)* bonfire.
fogonazo *nm* **(a)** *(estallido)* flash, explosion. **(b)** *(Méx)* coffee with brandy.
fogonero *nm (Náut, Ferro)* stoker.
fogosidad *nf (gen)* spirit, mettle; *(ímpetu)* dash, verve; *(de caballo etc)* fieriness, friskiness.
fogoso *adj (gen)* spirited, ardent; *(caballo etc)* fiery, frisky.
fogueado *adj (LAm)* expert, experienced.
fogueo *nm*: **cartucho de** ~ blank cartridge.
foguista *nm (RPl)* = **fogonero.**
foja *nf* **(a)** *(Orn)* coot. **(b)** *(Jur)* folio. **(c)** *(LAm)* sheet (of paper).
foliación *nf* **(a)** *(Bot)* foliation. **(b)** *(Tip: de páginas)* numbering.
folio *nm (gen)* folio; *(hoja)* leaf, sheet; *(Tip)* running head; **al primer** ~ *(fig)* at first glance; **en** ~ in folio.
folklore [fol'klore] *nm* folklore.
folklórico *adj* folk *(atr)*, popular, traditional; **es muy** ~ it's very picturesque, it's full of local colour.
folklorista 1 *adj* folklore *(atr)*. **2** *nmf* folklorist, student of folklore.
follada *nf*: **dar una** ~ *(fam!)* to have a screw *(fam!)*.
follaje *nm* **(a)** *(Bot)* foliage, leaves; *(Arte)* leaf motif. **(b)** *(fig)* waffle *(fam)*, verbiage.
follar [1m] **1** *vt* to blow (on) with bellows. **2** *vt, vi (fam!)* to fuck *(fam!)*. **3 follarse** *vr (fam!)* to fart silently *(fam!)*.
folletín *nm* newspaper serial.
folletinesco *adj* melodramatic.
folletinista *nmf* pulp writer.
folletista *nmf* pamphleteer.
folleto *nm (Com)* brochure; *(Pol)* pamphlet; *(volatín)* leaflet; *(Escol etc)* handout.
follisca *nf (LAm)* shindy, brawl.
follón 1 *adj* **(a)** *(perezoso)* lazy, slack. **(b)** *(arrogante)* arrogant, puffed-up; *(fanfarrón)* blustering. **(c)** *(cobarde)* cowardly. **2** *nm* **(a)** *(Bot)* sucker. **(b)** *(individuo)* loafer, layabout. **(c)** *(fam!)* silent fart *(fam!)*. **(d)** *(fam)* rumpus, shindy; **hubo** *o* **se armó un tremendo** ~ there was a hell of a row.
follonarse [1a] *vr (LAm: fam!)* to fart silently *(fam!)*.
fomentar [1a] *vt* **(a)** *(Med)* to foment, warm. **(b)** *(fig: promover)* to promote, foster, encourage; *(odio etc)* to foment, stir up.
fomento *nm* **(a)** *(Med)* poultice. **(b)** *(fig: ayuda)* fostering, encouragement; *(Com: de ventas)* promotion; *(Pol etc)* fomentation; **Ministerio de F~** *ministry responsible for public works, agriculture, etc.*
fonda *nf (restaurante)* small restaurant; *(Hist)* inn, tavern; *(Ferro)* buffet.
fondeadero *nm (gen)* anchorage; *(en puerto)* berth.
fondeado *adj* **(a)** *(Náut)* **estar** ~ to be anchored, be at anchor. **(b) quedar** ~ *(RPl: roto)* to be broke *(fam)*.
fondear [1a] **1** *vt* **(a)** *(Náut: sondear)* to sound; *(barco)* to search; *(fig)* to examine. **(b)** *(CAm)* to provide with money. **2** *vi* to anchor, drop anchor. **3 fondearse** *vr* **(a)** *(LAm: enriquecerse)* to get rich. **(b)** *(: emborracharse)* to get drunk.
fondero *nm (LAm)* restaurant owner.
fondillos *nmpl (de pantalones)* (trouser) seat.
fondista *nmf* **(a)** *(de restaurante)* restaurant owner; *(Hist)* innkeeper. **(b)** *(Dep)* long-distance runner.
fondo *nm* **(a)** *(caja etc)* bottom; *(de sala etc)* back, far end; *(medida)* depth; **doble** ~ false bottom; ~ **del mar** sea bed *o* floor; **a** ~ *(adj)* thorough, *(adv)* thoroughly; **una investigación a** ~ a thorough investigation; **conocer algo a** ~ to know sth inside out; **de** ~ *(carrera de distancia)* long-distance; *(prueba de resistencia)* endurance *(atr)*; **en el** ~ *(fig)* at bottom, at heart; **sin** ~ bottomless; **dar** ~ to anchor; **irse al** ~ to sink, go to the bottom; **llegar al** ~ **de un misterio** to get to the bottom of a mystery. **(b)** *(Arte)* background, ground; *(Cos)* ground. **(c) los bajos** ~**s** *(fig)* the lower depths *(fig)*. **(d)** *(Com, Fin)* fund; ~**s** funds, resources; *(fig)* supply, reservoir; ~ **de amortización** sinking fund; **F~ Monetario Internacional** International Monetary Fund; ~**s bloqueados** frozen assets; ~ **de huelga** strike fund; **cheque sin** ~**s** bad cheque; **estar sin** ~**s** to have no money, be broke *(fam)*; **reunir** ~**s** to raise funds **tiene un** ~ **de energías** *(fig)* he has reserves of energy. **(e)** *(fig: carácter)* nature, disposition; **de** ~ **jovial** of cheery disposition; **tener buen** ~ to be good-natured.
fonducho *nm* cheap restaurant.
fonema *nm* phoneme.
fonética *nf* phonetics.
fonético *adj* phonetic.
fónico *adj* phonic.
fono *nm (Chi Telec: auricular)* earpiece; *(: número)* telephone number.
fonocaptor *nm (de tocadiscos)* pickup.
fonógrafo *nm (LAm)* gramophone, *(US)* phonograph.
fonología *nf* phonology.

fonológico *adj* phonological.
fontanal *nm*, **fontanar** *nm* spring.
fontanería *nf* plumbing.
fontanero *nm* plumber.
footing [futin] *nm* jogging.
F.O.P. *véase* **fuerza (f).**
foque *nm* jib.
foquillos *nmpl* fairy lights.
forajido *nm* outlaw, bandit.
foral *adj*: **parlamento ~** regional parliament; *véase* **fuero.**
foramen *nm (Méx)* hole.
foráneo/a 1 *adj* foreign. **2** *nm/f* outsider, stranger.
forastero/a 1 *adj* alien, strange. **2** *nm/f* stranger, outsider.
forcej(e)ar [1a] *vi (gen)* to struggle, wrestle; *(afanarse)* to strive.
forcej(e)o *nm* struggle.
fórceps *nm inv* forceps.
forense 1 *adj* forensic, legal. **2** *nmf* pathologist.
forestación *nf* afforestation.
forestal *adj (gen)* forest *(atr)*; *(industria)* timber *(atr)*.
forja *nf* **(a)** *(fragua)* forge; *(fundición)* foundry. **(b)** *(acción)* forging.
forjado *adj*: **hierro ~** wrought iron.
forjar [1a] *vt* **(a)** *(gen)* to forge, shape. **(b)** *(fig: formar)* to form, make; **~ un plan** to hammer out a plan; **tratamos de ~ un estado moderno** we are trying to build a modern state. **(c)** *(mentiras etc)* to invent, concoct.
forma *nf* **(a)** *(gen)* form, shape; **de ~ triangular** triangular (in shape); **en ~ de U** U-shaped. **(b)** *(Téc)* mould; *(de zapatero)* last. **(c)** *(Med)* fitness; **estar en ~** to be in (good) form, be fit; *(Dep)* to be on form. **(d)** *(modo)* way; *(método)* means, method; **la única ~ de hacerlo es ...** the only way to do it is ...; **me gusta más de esta ~** I like it better this way; **no hubo ~ de convencerle** it was impossible to persuade him; **no veo ~ de hacerlo** I can see no way of doing it; **~ de pago** *(Com)* manner *o* method of payment; **de esta ~** in this way; **de ~ que ...** so that ...; **de todas ~s** at any rate, in any case; **en debida ~** duly, in due form; **ver la ~ de hacer algo** to see one's way to do *o* doing sth. **(e) ~s** social forms, conventions; **buenas ~s** good manners. **(f)** *(Tip)* format.
formación *nf* **(a)** *(gen)* formation. **(b)** *(enseñanza)* training, education.
formado *adj* formed, shaped; **bien ~** nicely-shaped, well-formed; **hombre (ya) ~** grown man.
formal *adj* **(a)** *(serio)* serious; *(grave)* dignified; *(promesa)* express, definite; *(individuo: de fiar)* reliable, dependable; *(: puntual)* punctual; *(conducta)* steady, stable; **¿has sido ~?** did you behave yourself?; **¡estate~!** behave yourself!; **estuvo muy ~ conmigo** he treated me very properly. **(b)** *(LAm: ceremonioso)* formal.
formaldehido *nm* formaldehyde.
formaleta *nf (LAm)* bird trap.
formalidad *nf* **(a)** *(requisito)* formality; **son las ~es de costumbre** these are the usual formalities; **hay muchas ~es** there's a lot of red tape. **(b)** *(seriedad)* seriousness; *(dignidad)* dignity; *(fiabilidad)* reliability, dependable nature; *(puntualidad)* punctuality; *(estabilidad)* steadiness, stability; *(conducta)* proper behaviour; **hablar con ~** to speak in earnest; **¡niños, ~!** kids, behave yourselves!; **¡señores, un poco de ~!** gentlemen, let's be serious!
formalina *nf* formalin(e).
formalismo *nm (gen)* formalism; *(pey: burocracia)* red tape.
formalista *nmf* formalist.
formalizar [1f] **1** *vt (Jur)* to formalize; *(plan etc)* to formulate, draw up; *(situación etc)* to put in order, regularize; **~ sus relaciones** to become formally engaged. **2 formalizarse** *vr* **(a)** *(ponerse serio)* to grow serious. **(b)** *(ofenderse)* to take offence. **(c)** *(situación)* to be put in order, be regularized.
formar [1a] **1** *vt* **(a)** *(gen)* to form, shape; *(plan etc)* to make, fashion; *(reservas)* to build up. **(b)** *(constituir)* to make up, constitute; **está formado por** it is formed by *o* made up of. **(c)** *(enseñar)* to train, educate. **(d)** *(Mil)* to form up, parade. **2** *vi (Mil)* to fall in; *(Dep)* to line up; **¡a ~!** *(Mil)* fall in! **3 formarse** *vr* **(a)** *(gen)* to take form, be formed; *(desarrollarse)* to develop. **(b)** *(educarse)* to be trained, be educated. **(c)** *(Mil)* to fall in, get into line; *(Dep)* to line up; **¡fórmense!** fall in!; **el equipo se formó sin González** the team lined up without Gonzalez. **(d) ~ una opinión** to form an opinion.
formativo *adj* formative.
formato *nm (Tip)* format; *(tamaño: de papel)* size.
fórmica *nf* Formica ®.
fórmico *adj*: **ácido ~** formic acid.
formidable *adj* **(a)** *(gen)* formidable, redoubtable; *(enorme)* huge; *(impresionante)* forbidding. **(b)** *(fig)* terrific *(fam)*, tremendous *(fam)*.
formón *nm* chisel.
fórmula *nf (gen)* formula; *(Med etc)* prescription; **por pura ~** purely as a matter of form.
formulación *nf* formulation.
formular [1a] *vt (gen)* to formulate; *(plan etc)* to draw up, make out; *(pregunta)* to frame, pose; *(protesta)* to make, lodge; *(demanda)* to file, put in.
formulario *nm (para rellenar)* form; **~ de solicitud** application form; **~ de pedido** *(Com)* order form; **llenar un ~** to fill in *o* complete a form.
formulismo *nm* red tape.
fornicación *nf* fornication.
fornicador(a) 1 *adj* fornicating. **2** *nm/f* fornicator; *(adúltero)* adulterer/adulteress.
fornicar [1g] *vi* to fornicate.
fornido *adj* strapping, hefty.
fornitura *nf (Téc)* movement; *(Cos)* accessories *pl; (Mil)* cartridge belt.
foro *nm* **(a)** *(Pol, Hist)* forum. **(b)** *(Jur: tribunal)* court of justice; *(: abogados)* bar, legal profession. **(c)** *(Teat)* upstage area.
forrado *adj* **(a)** *(Cos etc)* lined; **~ de nilón** lined with nylon; **un coche ~ de ...** a car upholstered in ... **(b)** *(fam)* well-heeled *(fam)*, moneyed. **(c)** *(RPl)* **estar ~** to know one's stuff.
forraje *nm* **(a)** *(Agr)* forage, fodder. **(b)** *(acción)* foraging. **(c)** *(fam: mezcla)* hotchpotch, mixture.
forrajear [1a] *vi* to forage.
forrar [1a] **1** *vt (Cos etc)* to line (*de* with); *(libro)* to cover (*de* with), bind (*de* in); *(coche)* to upholster; *(Téc)* to lag. **2 forrarse** *vr (LAm)* **(a)** *(enriquecerse)* to line one's pockets. **(b)** *(comida)* to stuff o.s. (*de* with). **(c)** *(RPl Univ)* to swot for an exam.
forro *nm* **(a)** *(gen)* lining; *(relleno)* padding; *(Tip)* cover; *(Náut)* sheathing; *(Téc)* casing, lining; *(Aut)* upholstery; **con ~ de piel** fur-lined; **~ de freno** *(Aut)* brake lining; **ni por el ~** not by a long shot. **(b)** *(RPl)* rubber sheath. **(c)** *(LAm: fraude)* swindle, fraud.
fortalecer [2d] **1** *vt* **(a)** *(gen)* to strengthen; *(Mil)* to fortify. **(b) ~ a uno en una opinión** to encourage sb in a belief. **2 fortalecerse** *vr* **(a)** to fortify o.s. (*con* with). **(b)** *(opinión etc)* to become

stronger.
fortalecimiento *nm* **(a)** *(gen)* strengthening; *(Mil)* fortification. **(b)** *(fig: de creencia)* encouragement; *(: de decisión)* stiffening.
fortaleza *nf* **(a)** *(Mil)* fortress, stronghold. **(b)** *(fuerza)* strength, toughness; *(: moral)* fortitude, resolution. **(c)** *(LAm: mal olor)* stink, stench.
fortificación *nf* fortification.
fortificar [1g] *vi* to fortify; *(fig)* to strengthen.
fortín *nm (gen)* (small) fort; *(de hormigón)* pillbox.
fortísimo *adj superl de* **fuerte;** *(Mús)* fortissimo.
fortuito *adj (gen)* fortuitous; *(encuentro etc)* accidental, chance *(atr)*.
fortuna *nf* **(a)** *(gen)* fortune, chance; *(suerte)* (good) luck; **mala ~** misfortune; **por ~** luckily, fortunately; **tener la ~ de hacer algo** to have the good fortune to do sth; **probar ~** to have a shot. **(b)** *(Náut)* **correr ~** to ride out a storm. **(c)** *(Fin)* fortune.
forzado *adj (gen)* forced; *(obligatorio)* compulsory; **sonrisa ~a** forced smile; **trabajos ~s** hard labour *sg*.
forzar [1f, 1m] *vt* **(a)** to force, compel; **~ a uno a hacer algo** to force *o* make sb do sth. **(b)** *(puerta etc)* to force, break down *o* open; *(cerradura)* to force, pick; *(casa)* to break into; *(Mil)* to storm, take; *(violar)* to rape. **(c)** *(ojos etc)* to strain.
forzosamente *adv (gen)* necessarily; *(inevitablemente)* inevitably; *(por obligación)* compulsorily, by obligation; **~ tuvieron que cerrarlo** they had (no alternative but) to close it; **~ lo harás** you'll have no choice but to do it.
forzoso *adj (necesario)* necessary; *(inevitable)* inescapable, unavoidable; *(obligatorio)* compulsory; **es ~ que ...** it is inevitable that ...; **le fue ~ hacerlo** he had no choice but to do it.
forzudo 1 *adj (fuerte)* tough, brawny. **2** *nm (de circo)* strong man; *(pey: matón)* thug.
fosa *nf* **(a)** grave; **~ común** common grave; **~ de reparaciones** *(Aut)* inspection pit; **~ séptica** septic tank. **(b)** *(Anat)* cavity; **~s nasales** nasal cavities.
fosfato *nm* phosphate.
fosforecer [2d] *vi* to phosphoresce, glow.
fosforera *nf* **(a)** *(caja)* matchbox. **(b)** *(fábrica)* match factory.
fosforescencia *nf* phosphorescence.
fosforescente *adj* phosphorescent.
fosfórico *adj* phosphoric.
fósforo *nm* **(a)** *(Quím)* phosphorus. **(b)** *(LAm)* match.
fosforoso *adj* phosphorous.
fósil 1 *adj* fossil, fossilized. **2** *nm* fossil.
fosilizarse [1f] *vr (gen)* to become fossilized; *(fig)* to vegetate *(fam)*.
foso *nm (gen)* pit, hole; *(Teat)* pit; *(Mil)* moat; **~ de agua** *(Dep)* water jump; **irse** *o* **venirse al ~** *(Teat)* to flop, fail.
fotingo *nm (LAm)* old crock.
foto *nf* photo; **~ de conjunto** group photo; **sacar** *o* **tomar una ~** to take a photo *o* snap (*de* of).
fotocalco *nm* photoprint.
fotocontrol *nm (Dep)* **resultado comprobado por ~** photo finish.
fotocopia *nf* photocopy, print.
fotocopiadora *nf* photocopier.
fotocopiar [1b] *vt* to photocopy.
fotoeléctrico *adj* photoelectric; **célula ~a** photoelectric cell.
fotogénico *adj* photogenic.
fotograbado *nm* photogravure, photoengraving.
fotografía *nf* **(a)** *(gen)* photography; **~ aérea/en colores** aerial/colour photography. **(b)** *(una ~)* photograph; **~ en colores** colour photograph; **~ instantánea** snapshot; **sacar** *o* **tomar una ~ de** to take a photograph of, photograph; *véase tb* **foto.**
fotografiar [1c] **1** *vt* to photograph. **2 fotografiarse** *vr* to have one's photograph taken.
fotográfico *adj* photographic.
fotógrafo *nmf* photographer; **~ de prensa** press photographer.
fotómetro *nm* light meter.
fotón *nm* photon.
fotosíntesis *nf* photosynthesis.
fotostatar [1a] *vt* to photostat.
fotostato *nm* photostat.
fototeca *nf* collection of photographs.
foul [faul] *nm* = **faul.**
fox [fos] *nm inv* foxtrot.
frac *nm, pl* **fracs** *o* **fraques** dress coat, tails.
fracasado/a 1 *adj* failed, unsuccessful. **2** *nm/f* failure.
fracasar [1a] *vi (gen)* to fail, be unsuccessful; *(plan etc)* to fall through.
fracaso *nm (gen)* failure; *(de negociaciones etc)* collapse, breakdown: **ir a un ~** to court disaster; **¡es un ~!** he's a disaster!
fracción *nf* **(a)** *(Mat)* fraction; **~ decimal** fraction. **(b)** *(parte)* part, fragment. **(c)** *(Pol etc)* faction, splinter group. **(d)** *(repartición)* division, breaking-up (*en* into).
fraccionamiento *nm* **(a)** *(gen)* division, breaking-up (*en* into). **(b)** *(Méx)* housing estate; **~ de tierras** land distribution. **(c)** *(Téc: de petróleo)* cracking.
fraccionar [1a] *vt* to divide, break up, split up (*en* into).
fractura *nf* **(a)** *(gen)* fracture, break; **~ complicada** multiple fracture. **(b)** *(Jur)* **robo con ~** burglary.
fracturar [1a] **1** *vi (gen)* to fracture, break. **2 fracturarse** *vr* to fracture, break.
fragancia *nf* fragrance, perfume.
fragante *adj* **(a)** fragrant, scented. **(b)** = **flagrante.**
fragata *nf* frigate.
frágil *adj (gen)* fragile; *(Com)* breakable; *(fig)* frail, delicate.
fragilidad *nf (gen)* fragility; *(fig)* frailty, delicacy.
fragmentario *adj* fragmentary.
fragmento *nm (gen)* fragment; *(pedazo)* piece, bit; *(de discurso)* excerpt; *(de canción etc)* snatch.
fragor *nm (gen)* din, clamour; *(de trueno etc)* crash, clash; *(de máquina)* roar.
fragoso *adj (gen)* rough, uneven; *(terreno)* difficult; *(bosque)* dense.
fragua *nf* forge.
fraguado *nm* **(a)** *(de metal)* forging. **(b)** *(de hormigón etc)* hardening, setting.
fraguar [1i] **1** *vt* **(a)** *(metal)* to forge. **(b)** *(fig: plan etc)* to hatch, concoct. **2** *vi (hormigón etc)* to harden, set.
fraile *nm (Rel)* friar, monk; **~ de misa y olla** simple-minded friar.
frailecillo *nm (Orn)* puffin.
frailesco *adj*, **frailuno** *adj* monkish.
frambuesa *nf* rasberry.
frambueso *nm* raspberry cane.
francachela *nf (fam: comida)* spread *(fam)*; *(juerga)* spree.
francamente *adv* **(a)** *(abiertamente)* frankly, openly. **(b)** *(generosamente)* generously, liberally. **(c)** *(realmente)* really; **~ no lo sé** I don't really know; **~ eso está mal** frankly, that's wrong.
francés/esa 1 *adj* French; **a la ~a** in the French

manner *o* style; **tortilla ~a** plain omelette. **2** *nm/f* Frenchman/Frenchwoman. **3** *nm (Ling)* French.

francesilla *nf* **(a)** *(Bot)* buttercup. **(b)** *(Culin)* roll.

Francia *nf* France.

franciscano *adj, nm* Franciscan.

francmasón *nm* (free)mason.

francmasonería *nf* (free)masonry.

franco[1] *nm (Fin)* franc.

franco[2] *adj* **(a)** *(directo)* frank, forthright, candid; **seré ~ contigo** I will be frank with you; **para serte ~** to be honest (with you); **son ~as imposibilidades** they are downright impossible; **estar en ~a decadencia** to be in full decline. **(b)** *(liberal)* generous. **(c)** *(Com etc)* free, gratis; *(exento)* exempt; *(puerto)* free; **~ a bordo** free on board; **~ de derechos** duty-free; **~ de porte** *(Com)* carriage-free; *(Correos)* post-free. **(d)** *(LAm Mil)* on leave.

franco... *pref* franco...

francocanadiense *adj, nmf* French-Canadian.

francófilo/a *nm/f* francophile.

francófobo/a *nm/f* francophobe.

francote *adj* outspoken, blunt.

francotirador *nm (tirador aislado)* sniper; *(experto)* sharpshooter; *(fig)* freelance, free agent.

franchute/a *nm/f (fam)* Frenchy *(fam)*, frog *(fam)*.

franela *nf* **(a)** *(gen)* flannel. **(b)** *(LAm: camiseta)* vest, *(US)* undershirt.

frangollar [1a] *vt* to bungle, botch.

frangollero *adj (LAm)* bungling.

frangollo *nm* **(a)** *(LAm Culin)* corn mash; *(Méx, RPl)* carelessly-prepared meal, dog's dinner *(fam)*. **(b)** *(LAm Orn)* birdseed.

frangollón/ona *(LAm)* **1** *adj* bungling. **2** *nm/f* bungler.

franja *nf* **(a)** *(borde)* fringe, border, trimming; *(de uniforme)* stripe. **(b)** *(de tierra etc)* strip; **la ~ de Gaza** the Gaza strip.

franj(e)ar [1a] *vt* to fringe, trim (*de* with).

franqueadora *nf (Correos)* franking machine.

franquear [1a] **1** *vt* **(a)** *(esclavo)* to free, liberate; *(Com etc)* to free, exempt (*de* from). **(b)** *(derecho)* to grant, concede (*a* to). **(c)** *(camino etc)* to clear, open. **(d)** *(río)* to cross; *(obstáculo)* to negotiate, overcome. **(e)** *(Correos)* to frank, stamp; **una carta franqueada** a post-paid letter. **2 franquearse** *vr* **(a)** *(ceder)* to give way to sb. **(b) ~ a** *o* **con uno** *(abrirse)* to have a heart-to-heart talk with sb.

franqueo *nm (Correos)* franking; **con ~ insuficiente** with insufficient postage.

franqueza *nf* **(a)** *(gen)* frankness; *(candidez)* forthrightness; **con ~** frankly; **lo digo con toda ~** I say so quite openly. **(b)** *(liberalidad)* generosity.

franquía *nf (Náut)* room to manoeuvre.

franquicia *nf* exemption (*de* from); **~ aduanera** exemption from customs duties; **~ postal** freepost.

franquista 1 *adj (gen)* pro-Franco. **2** *nmf (gen)* supporter of Franco.

fraques *npl de* **frac.**

frasco *nm (botella)* flask, bottle; *(LAm: envase)* empty (bottle); **~ de campaña** *(LAm)* water bottle, canteen; **~ de perfume** scent bottle; **~ al vacío** vacuum flask.

frase *nf (Ling: oración)* sentence; *(: locución)* phrase, expression; **~ compleja** complex sentence; **~ hecha** idiom; *(pey)* cliché.

fraseo *nm (Mús)* phrasing.

fraseología *nf* phraseology.

fratás *nm* plastering trowel.

fraterna *nf (fam)* ticking-off.

fraternal *adj* brotherly, fraternal.

fraternidad *nf* brotherhood, fraternity.

fraternización *nf* fraternization.

fraternizar [1f] *vi* to fraternize.

fraterno *adj* brotherly, fraternal.

fratricida 1 *adj* fratricidal. **2** *nmf (individuo)* fratricide.

fratricidio *nm (crimen)* fratricide.

fraude *nm* **(a)** *(falta de honradez)* dishonesty, fraudulence. **(b)** *(engaño)* fraud, swindle; **por ~** under false pretences.

fraudulencia *nf* fraudulence.

fraudulento *adj* fraudulent, dishonest.

fray *nm* brother, friar; **F~ Juan** Brother *o* Friar John.

frazada *nf (LAm)* blanket.

frecuencia *nf* frequency; **con ~** frequently, often; *(Elec, Rad)* **de alta ~** high-frequency.

frecuentador(a) *nm/f* frequenter.

frecuentar [1a] *vt* to frequent, haunt.

frecuente *adj (gen)* frequent; *(costumbre)* common, prevalent; *(vicio)* rife.

fregada *nf (LAm)* nuisance.

fregadera *nm (LAm)* nuisance, annoyance.

fregadero *nm* (kitchen) sink.

fregado 1 *adj (LAm: molesto)* annoying; *(: obstinado)* stubborn; *(Méx: astuto)* cunning. **2** *nm* **(a)** *(gen)* scrubbing, scouring; *(de platos)* washing-up; **hacer el ~** to do the washing-up. **(b)** *(lío)* mess, messy affair. **(c)** *(LAm: riña)* row, tiff; **tener un ~ con uno** to have a row with sb; *(fam)* **dar un ~ a uno** to give sb a dressing down. **(d)** *(LAm)* **es un ~** he's a nuisance.

fregador(a) *nm/f* dishwasher.

fregandera *nf (Méx)* charwoman, cleaner.

fregar [1h, 1k] *vt* **(a)** *(gen)* to scrub, scour; *(suelo)* to mop, scrub; *(platos)* to wash (up). **(b)** *(LAm: fastidiar)* to bother, annoy; *(: usar mal)* to muck (sb) about; *(: hacer fracasar)* to screw up *(fam)*; *(: zurrar)* to thrash, beat up; **¡no friegues!** don't be a nuisance, leave me *etc* alone.

fregasuelos *nm inv* mop.

fregón *adj (LAm: molesto)* tiresome, annoying; *(: tonto)* silly.

fregona *nf (fig)* slave, skivvy *(fam)*.

freiduría *nf*: **~ (de pescado)** fried-fish shop.

freír [3m]; *pp* **frito**] **1** *vt* **(a)** *(gen)* to fry; **al ~ será el reír** he who laughs last laughs longest. **(b)** *(fig: molestar)* to annoy. **2 freírse** *vr* **(a)** *(gen)* to fry, be frying. **(b) ~la a uno** *(fam)* to plan to deceive sb.

fréjol *nm* = **fríjol.**

frenaje *nm (Aut)* braking.

frenar [1a] *vt* **(a)** *(Aut, Mec)* to brake, apply the brake to. **(b)** *(fig)* to check, curb.

frenesí *nm* frenzy.

frenético *adj* frantic, frenzied; **ponerse ~** to lose one's head.

freno *nm* **(a)** *(Aut, Mec etc)* brake; **~ de aire/de mano/de pedal** air/hand/foot brake; **~ de disco/tambor** disc/drum brake; **poner el ~** to apply the brake(s); **soltar el ~** to release the brake. **(b)** *(de caballo)* bit; **morder** *o* **tascar el ~** *(fig)* to champ at the bit. **(c)** *(fig: obstáculo)* check, restraint; **~s y equilibrios** *(Pol)* checks and balances; **poner ~ a** to curb, check. **(d)** *(RPl)* hunger.

frenología *nf* phrenology.

frentazo *nm (LAm)* **pegarse un ~** to suffer a disappointment.

frente 1 *nm* **(a)** *(parte delantera)* front (part); *(Arquit)* façade; ~ **de trabajo** *(Min)* working face; **al** ~ in front *(de* of); **al** ~ **de** *(fig)* at the head of; **ir de** ~ to go forward; **mirar de** ~ to look (straight) ahead; **sigue de** ~ *(LAm)* keep going (straight ahead); **chocar de** ~ to crash head-on; **en** ~ opposite; **la casa de en** ~ the house opposite; **hacer** ~ **a** to resist, stand *o* face up to; **hacer** ~ **a grandes gastos** to (have to) meet considerable expenses. **(b)** *(Mil, Pol)* front; ~ **de batalla** battle front, firing line; ~ **del oeste** western front; ~ **popular** popular front; ~ **unido** united front; **hacer un** ~ **común con uno** to make common cause with sb. **(c)** *(Met)* front; ~ **frío** cold front.

2 *nf (Anat)* forehead, brow; ~ **a** ~ face to face; **arrugar la** ~ to frown; **verlo escrito en la** ~ **de uno** to read sb's face like a book.

3 *prep:* ~ **a** *o (LAm)* **de** opposite (to), facing.

fresa *nf* **(a)** *(Bot: fruta)* strawberry; *(planta)* strawberry plant. **(b)** *(de dentista)* drill.

fresadora *nm* *(Mec)* milling machine; ~ **de roscar** thread cutter.

fresal *nm* strawberry bed *o* fields *pl.*

fresar [1a] *vt (Mec)* to mill.

fresca *nf* **(a)** *(aire)* fresh air; *(parte del día)* cool part of the day; **tomar la** ~ to go out for a breath of air. **(b)** *(fam)* **decir cuatro** ~**s a uno** to give sb a piece of one's mind.

frescachón *adj* **(a)** *(robusto)* glowing with health, ruddy. **(b)** *(niño)* bouncing, healthy. **(c)** *(mujer)* buxom.

frescales *nm inv (fam)* scamp, rascal.

fresco 1 *adj* **(a)** *(gen)* fresh; *(nuevo)* new; *(reciente)* recent; *(huevo)* new-laid. **(b)** *(bastante frío)* cool; **bebida** ~**a** cool *o* cold drink; **hace** ~ *(Met)* it's cool *o* fresh; *(LAm: brisa)* there's a bit of a breeze. **(c)** *(tela)* light, thin. **(d)** *(sereno)* cool, calm; **estar más** ~ **que una lechuga** to be as cool as a cucumber. **(e)** *(descarado)* cheeky, bad-mannered; **¡qué** ~**!** what a cheek!, what a nerve!

2 *nm* **(a)** *(aire)* fresh air, cool air; **al** ~ in the open air, out of doors; **tomar el** ~ to get some fresh air; **¡vete a tomar el** ~**!** *(fam)* get lost! *(fam)*. **(b)** *(Arte)* fresco; **pintar al** ~ to paint in fresco. **(c)** *(fam)* fresh guy *(US fam)*, bad-mannered person. **(d)** *(CAm: bebida)* fruit juice *o* drink.

frescor *nm* freshness; **gozar del** ~ **nocturno** to enjoy the cool night air.

frescura *nf* **(a)** *(gen)* freshness; *(frío)* coolness. **(b)** *(serenidad)* coolness, calmness; **con la mayor** ~ completely unmoved *o* unconcerned. **(c)** *(fam: descaro)* cheek, nerve; **¡qué** ~**!** what a nerve! **(d)** *(impertinencia)* impudent remark.

fresnada *nf* ash grove.

fresno *nm* ash (tree).

fresón *nm (Bot: fruto)* strawberry; *(planta)* strawberry plant.

fresquera *nf* meat safe, cold-room.

fresquería *nf (LAm)* refreshment stall.

freudiano/a *adj, nm/f* Freudian.

freza *nf* **(a)** *(de peces)* spawn; *(estación)* spawning. **(b)** *(Zool)* dung, droppings.

frezar [1f] *vi* to spawn.

friable *adj* friable.

frialdad *nf* **(a)** *(frío)* coldness, cold; *(fig)* chilliness. **(b)** *(indiferencia)* indifference, unconcern; **recibir a uno con** ~ to give sb a cool reception. **(c)** *(Méx: frigidez)* frigidity.

fricasé *nm* fricassee.

fricativa *nf* fricative.

fricativo *adj* fricative.

fricción *nf (friega)* rub, rubbing; *(Med)* massage; *(Mec)* friction; *(Pol, fig etc)* friction, trouble.

friccionar [1a] *vt (frotar)* to rub; *(Med)* to rub, massage.

friega *nf* **(a)** *(gen)* rub, rubbing; *(Med)* massage; *(Dep)* rub-down. **(b)** *(LAm: molestia)* nuisance, annoyance; *(: zurra)* thrashing.

friegaplatos *nm inv* dishwasher.

frigidez *nf* frigidity.

frígido *adj* frigid.

frigo *nm (fam)* fridge *(fam)*, refrigerator.

frigocentral *nm (RPl)* refrigeration plant.

frigorificación *nf (RPl)* refrigeration.

frigorífico 1 *adj (gen)* refrigerating; **instalación** ~**a** cold-storage plant. **2** *nm (gen)* refrigerator; *(RPl)* cold-storage plant, meat-packing depot; *(Náut)* refrigerator ship; *(camión)* freezer lorry *o (US)* truck.

fríjol *nm,* **frijol** *nm* **(a)** *(LAm: Bot)* kidney bean; *(: gen)* bean; ~ **de café** coffee bean; ~**es refritos** refried beans; ~**es** *(fam: dinero)* cash, *(US)* dough *(fam)*. **(b)** ~**es** *(LAm)* food; **meterse los** ~**es** *(Cu)* to eat, have a meal.

frío 1 *adj* **(a)** *(gen)* cold; **más** ~ **que el hielo** as cold as charity. **(b)** *(bala)* spent. **(c)** *(fig: indiferente)* unmoved, indifferent; *(poco entusiasta)* chilly, cool; **eso me deja** ~ that leaves me cold. **2** *nm* **(a)** cold; **¡qué** ~**!** how cold it is!; **hace (mucho)** ~ it's (very) cold; **pasar** ~ to be cold; **tener** ~ to be *o* feel cold; **no me da ni** ~ **ni calor** it's all the same to me. **(b)** *(indiferencia)* coldness, indifference.

friolento *adj* sensitive to cold.

friolera *nf* trifle, mere nothing.

friolero *adj* = **friolento.**

frisa *nf (tela)* frieze; *(: LAm)* nap (on cloth); **sacar a uno la** ~ *(Chi)* to tan sb's hide *(fam)*.

frisar [1a] **1** *vt (telas)* to frizz, rub. **2** *vi:* ~ **en** to border on, be *o* come close to; **frisa en los 50** she's getting on for 50.

friso *nm (Arquit)* frieze; *(: rodapié)* skirting board.

fritada *nf* fry, fry-up *(fam)*.

fritanga *nf (LAm)* **(a)** = **fritada. (b)** *(fig)* mess, hotchpotch.

fritar [1a] *vt* to fry.

frito 1 *pp de* **freír. 2** *adj* **(a)** *(gen)* fried; **patatas** *o (LAm)* **papas** ~**as** chips, *(US)* French fries. **(b)** **tener** ~ **a uno** *(fam)* to get on sb's nerves, be a nuisance to sb; **este trabajo me tiene** ~ this job's getting me down. **(c)** *(LAm)* **estar** ~ to be finished, be done for. **3** *nm* fry, fried dish; ~**s variados** mixed grill.

fritura *nf* **(a)** *(gen)* fry, fried dish. **(b)** *(Telec)* crackling, interference.

frivolidad *nf* frivolity, frivolousness.

frívolo *adj* frivolous.

fronda *nf* frond; ~**s** foliage, leaves.

frondoso *adj* leafy, luxuriant.

frontal *adj* frontal.

frontera *nf* **(a)** *(línea divisoria)* frontier, border; *(zona fronteriza)* frontier area, borderland. **(b)** *(Arquit)* façade.

fronterizo *adj* **(a)** frontier *(atr)*, border *(atr)*. **(b)** *(enfrente)* opposite, facing.

frontero *adj* opposite, facing.

frontis *nm (Arquit)* façade.

frontispicio *nm (de libro)* frontispiece; *(fam)* face, clock *(fam)*.

frontón *nm* **(a)** *(Arquit)* pediment. **(b)** *(Dep)* pelota court.

frotadura *nf,* **frotamiento** *nm (gen)* rub, rubbing; *(Mec)* friction.

frotar [1a] **1** *vt (gen)* to rub; *(fósforo)* to strike; **quitar algo frotando** to rub sth off. **2 frotarse** *vr* to rub, chafe; ~ **las manos** to rub one's hands (together).

frote *nm (acción)* rub.

fructífero *adj* **(a)** *(Bot etc)* productive, fruit-bearing. **(b)** *(fig)* fruitful.

fructificar [1g] *vi* **(a)** *(Bot)* to produce *o* bear fruit. **(b)** *(fig)* to yield a profit.

fructosa *nf* fructose.

fructuoso *adj* fruitful.

frufrú *nm* rustling.

frugal *adj* frugal.

frugalidad *nf* frugality.

fruición *nf (gen)* enjoyment; ~ **maliciosa** malicious pleasure.

frunce *nm (Cos)* gather, shirr.

fruncido 1 *adj* **(a)** *(Cos)* pleated, gathered; *(frente)* wrinkled, furrowed; *(ceño)* frowning. **(b)** *(RPl)* prudish, demure. **2** *nm* = **frunce.**

fruncir [3b] *vt (Cos)* to gather, shirr; *(ceño)* to frown; *(frente)* to wrinkle, knit; *(labios)* to purse.

fruslería *nf (chuchería)* trinket; *(fig: nimiedad)* trifle, triviality.

frustración *nf* frustration.

frustrar [1a] **1** *vt* to frustrate, thwart. **2 frustrarse** *vr (gen)* to be frustrated; *(plan etc)* to fail, miscarry.

fruta *nf* **(a)** *(gen)* fruit; ~ **prohibida** forbidden fruit; ~ **de sartén** fritter; ~ **seca** dried fruit. **(b)** *(fig)* consequence.

frutal 1 *adj* fruit-bearing, fruit *(atr)*. **2** *nm* **(árbol)** ~ fruit tree.

frutería *nf* fruiterer's (shop), fruit shop.

frutero/a 1 *adj* fruit *(atr)*; **plato** ~ fruit dish. **2** *nm/f* fruiterer. **3** *nm* fruit dish *o* bowl.

frutilla *nf (LAm)* strawberry.

fruto *nm* **(a)** *(gen)* fruit; ~ **del pan** breadfruit; ~**s del país** *(LAm)* agricultural products; **dar** ~ to fruit, bear fruit. **(b)** *(fig: resultado)* result, consequence; **el** ~ **de esta unión** the offspring of this marriage; **sacar** ~ **de** to profit from, derive benefit from.

fu 1 *nm (de gato)* spit *o* hiss. **2** *interj* ugh! **3: ni** ~ **ni fa** neither chalk nor cheese.

fuácata *nf (Méx)* **estar en la** ~ to be broke *(fam)*.

fucilazo *nm* (flash of) sheet lightning.

fucsia *nf* fuchsia.

fuego *nm* **(a)** *(gen)* fire; ~**s artificiales** fireworks; **encender** *o (LAm)* **prender/apagar el** ~ to light/put out the fire; **atizar el** ~ to poke the fire; **echar** ~ **por los ojos** to glare, look daggers; **marcar a** ~ to brand; **pegar** *o* **prender** ~ **a** to set fire to, set on fire; **poner un pueblo a** ~ **y sangre** to lay a village waste. **(b)** *(Culin: gas)* burner, ring; *(: Elec)* (hot) plate; *(: calor)* flame, heat; **hervir a** ~ **lento** to simmer. **(c)** *(Náut etc)* beacon, signal fire. **(d)** *(para cigarro)* light; **¿tienes** *o* **me das** ~? have you a light?; **le pedí** ~ I asked him for a light. **(e)** *(Mil)* fire; **¡alto el** ~! cease fire!; ~ **nutrido** heavy fire; **abrir** ~ to open fire; **hacer** ~ to fire *(sobre* at, on); **romper el** ~ to open fire; **estar entre dos** ~**s** *(fig)* to be in the crossfire. **(f)** *(Med)* rash; ~ **pérsico** shingles. **(g)** *(fig: pasión)* fire, passion; **apagar los** ~**s de uno** to damp down sb's ardour; **atizar el** ~ to stir things up, add fuel to the fire.

fuel-oil [fuel'oil] *nm* paraffin, *(US)* kerosene.

fuelle *nm* **(a)** *(gen)* bellows; *(de gaita)* bag; ~ **de pie** foot pump. **(b)** *(Aut)* folding hood, *(US)* folding top; ~ **quitasol** *(Fot)* hood. **(c)** *(fam: soplón)* grass *(fam)*.

fuente *nf* **(a)** *(gen)* fountain; *(ojo de agua)* spring; ~ **de beber** drinking fountain; ~ **termal** hot spring; ~ **de río** source of a river. **(b)** *(Culin)* serving dish. **(c)** *(fig: origen)* source, origin; **de** ~ **desconocida/fidedigna** from an unknown/reliable source; ~ **de suministro** source of supply.

fuer *nm:* **a** ~ **de** as a; **a** ~ **de caballero** as a gentleman.

fuera 1 *adv* **(a)** *(situación)* outside; *(dirección)* out; **¡**~! get out!; **ir** *o* **salir** ~ to go out; **el perro tenía la lengua** ~ the dog had his tongue hanging out; **la parte de** ~ the outside *o* outer part; **desde** ~ from outside; **por** ~ (on the) outside; **los de** ~ strangers, newcomers. **(b) estar** ~ to be away; *(en el extranjero)* to be abroad; **estuvo** ~ **8 semanas** he was away for 8 weeks. **(c)** *(Dep)* **estar** ~ to be in touch *o* out; **poner** ~ to put into touch; **jugar** ~ *(Ftbl etc)* to play away (from home); **el equipo de** ~ the away team.

2 *prep* **(a)** ~ **de** outside (of), out of; **estaba** ~ **de su jaula** it was out of its cage; **esperamos** ~ **de la puerta** we waited outside the door; ~ **de alcance** out of reach; ~ **de combate** *(Mil)* wounded; *(Boxeo)* K.O.ed; **estar** ~ **de sí** to be beside o.s. **(b)** ~ **de** *(fig)* in addition to, besides, beyond; **pero** ~ **de eso** but aside from that; ~ **de que** outside *o* beyond the fact that; **todo** ~ **de mentir** everything short of lying.

fuera-borda *nm inv,* **fuerabordo** *nm inv* outboard engine *o* motor.

fuereño/a *nm/f (Méx: gen)* outsider; *(: pey)* rustic, yokel.

fuero *nm* **(a)** *(carta municipal)* municipal charter; *(leyes municipales)* local *o* regional law code; *(privilegio)* privilege, exemption; **a** ~ according to law; **¿con qué** ~? by what right?; **de** ~ de jure, in law. **(b)** *(autoridad)* jurisdiction; **el** ~ **no alcanza a tanto** his authority does not extend that far. **(c)** *(fig)* **en mi** *etc* ~ **interno** in my *etc* heart of hearts ..., deep down ... .

fuerte 1 *adj (gen)* strong; *(robusto)* tough, sturdy; *(comida)* heavy; *(terreno)* rough, difficult; *(golpe)* hard, heavy; *(voz, ruido)* loud; *(dolor, calor)* intense, great; *(rigor)* excessive, extreme; **plato** ~ *(Culin)* main course; *(fig)* main event; **se hicieron** ~**s en la casa** they barricaded themselves in the house; **ser** ~ **en filosofía** to be strong *o* well up in philosophy. **2** *adv (gen)* strongly; *(golpear)* hard; *(hablar etc)* loud, loudly; **pegar** ~ **al enemigo** to hit the enemy hard; **¡más** ~! speak up!; **poner la radio más** ~ to turn the radio up. **3** *nm* **(a)** *(Mil)* fort, strongpoint. **(b)** *(Mús)* forte. **(c)** *(fig)* forte, strongpoint; **el canto no es mi** ~ singing is not my strong point.

fuerza *nf* **(a)** *(poder)* strength; *(dureza)* toughness; *(robustez)* sturdiness; *(vigor)* vigour; *(intensidad)* intensity; *(de argumento etc)* force, effect; **a** ~ **de** by dint *o* force of; **a viva** ~ by sheer strength; **entrada a viva** ~ forced entry; **cobrar** ~**s** to recuperate; *(Med)* to convalesce; **restar** ~**s a** to weaken; **no me siento con** ~**s para eso** I don't feel up to it; **tener** ~**s para hacer algo** to be strong enough to do sth. **(b)** *(Fís, Mec)* force, power; ~ **de arrastre** pulling power; ~ **de brazos** manpower; ~ **centrífuga/centrípeta** centrifugal/centripetal force; ~ **de gravedad** force of gravity; ~ **hidraúlica/motriz** hydraulic *o* water power/motive force; ~ **de sustentación** *(Aer)* lift. **(c)** *(Elec)* power, current; **han cortado la** ~ they've cut off the power. **(d)** *(obligación)* force, compulsion; ~ **mayor** force majeure; **por** ~ **mayor** by sheer force; **a la** *o* **por** ~ by force, under pressure; *(por necesidad)* of necessity; **en** ~ **de** by virtue of; **es** ~ **hacer algo** it is necessary to do sth. **(e)** *(violencia)* violence; ~ **bruta** brute force; **hacer ~ a una mujer** to rape a woman; **recurrir a la ~** to resort to force, use violence. **(f)** *(Mil)* force, forces; **~(s) aérea(s)** air force; **~s armadas (FFAA)** armed forces; **~ de Orden Público (F.O.P)** police (forces).

fuetazo *nm (LAm)* lash.

fuete *nm (LAm)* whip.

fuga[1] *nf* **(a)** *(gen)* flight, escape; *(de enamorados)* elopement; **~ de la cárcel** escape from prison, jailbreak; **darse a la** *o* **ponerse en ~** to flee, take to flight; **poner al enemigo en ~** to put the enemy to flight. **(b)** *(de gas etc)* leak, escape; **~ de cerebros** *(fig)* brain drain. **(c)** *(fig: ardor)* ardour, impetuosity. **(d)** *(esp LAm)* **le aplicaron la ley de ~** he was shot while trying to escape.

fuga[2] *nf (Mús)* fugue.

fugarse [1h] *vr* **(a)** *(gen)* to flee; *(preso)* to escape; *(niño)* to run away; *(enamorados)* to elope (*con* with). **(b)** *(gas etc)* to leak (out), escape.

fugaz *adj* **(a)** *(momento etc)* fleeting, brief. **(b)** **estrella ~** shooting star.

fugitivo/a **1** *adj* **(a)** fugitive, fleeing. **(b)** = **fugaz (a)**. **2** *nm/f* fugitive.

fui, fuimos *etc véase* **ser, ir.**

fuina *nf* marten.

fulana *nf* **(a)** **Doña F~** Mrs So-and-so. **(b)** *(fam)* tart *(fam)*.

fulano *nm* so-and-so, what's-his-name; **~ de tal, Don F~** Mr So-and-so, *(Brit)* Joe Bloggs, *(US)* John Doe; **~, zutano y mengano** Tom, Dick and Harry; **me lo dijo ~** somebody told me; **no te vas a casar con un ~** you're not going to marry just anybody.

fulbito *nm (RPl Dep)* five-a-side football.

fulcro *nm* fulcrum.

fulero *adj* **(a)** *(objeto)* useless, poorly made. **(b)** *(individuo: torpe)* blundering, incompetent; *(: astuto)* sly.

fulgente *adj*, **fúlgido** *adj* dazzling, brilliant.

fulgir [3c] *vi* to shine, glow.

fulgor *nm* brilliance, glow; *(fig)* splendour.

fulgurante *adj* **(a)** bright, shining. **(b)** *(fig)* shattering, stunning.

fulgurar [1a] *vi* to shine, glow.

fulmicotón *nm* guncotton.

fulminación *nf* fulmination; *(rayo)* bolt.

fulminante **1** *adj* **(a)** *(pólvora)* fulminating; **cápsula ~** percussion cap; *(fig: mirada)* withering. **(b)** *(Med)* fulminant; **ataque ~** stroke. **(c)** *(fam)* terrific *(fam)*, tremendous *(fam)*; **golpe ~** terrific blow; **tiro ~** *(Ftbl etc)* sizzling shot. **2** *nm* **(a)** *(RPl)* match. **(b)** *(LAm)* percussion cap.

fulminar [1a] **1** *vt* **(a)** *(gen)* to fulminate; *(amenazas)* to utter (*contra* against); **~ a uno con la mirada** to look daggers at sb. **(b)** *(con rayo)* to strike with lightning; *(fig)* to strike down. **2** *vi* to fulminate, explode.

fullería *nf* **(a)** *(Naipes etc)* cheating, cardsharping. **(b)** *(trampa)* trick.

fullero *nm (Naipes etc)* cheat, cardsharper; *(Méx: coyote)* con man *(fam)*.

fumada *nf (de cigarro)* puff, drag *(fam)*.

fumadero *nm* smoking room; **~ de opio** opium den; **este cuarto es un ~** this room is full of smoke.

fumador(a) *nm/f* smoker; **~ de pipa** pipe smoker; **no ~** non-smoker.

fumado *adj (fam)* **estar ~** to be stoned *(fam)*.

fumar [1a] **1** *vt, vi* to smoke; **'prohibido ~'** 'no smoking'; **él fuma en pipa** he smokes a pipe; **¿puedo ~?** may I smoke? **2 fumarse** *vr* **(a)** *(dinero)* to squander; *(clase)* to cut, miss. **(b)** **fumárselo a uno** *(LAm: ganar)* to outdo sb; *(: engañar)* **~ de uno** to trick *o* swindle sb.

fumarada *nf* **(a)** *(gen)* puff of smoke. **(b)** *(en pipa)* pipeful.

fumigación *nf* fumigation.

fumigar [1h] *vt* to fumigate; **¡que te fumiguen!** *(fam)* get lost! *(fam)*.

fumista *nm (RPl)* joker, tease.

fumosidad *nf* smokiness.

fumoso *adj* smoky.

funámbulo/a *nm/f* tightrope walker.

función *nf* **(a)** *(gen)* function; *(de máquina etc)* functioning, operation. **(b)** *(deberes)* duties; **presidente en ~es** acting president; **entrar en ~es** to take up one's duties; **excederse en sus ~es** to exceed one's duty. **(c)** *(Teat etc)* show; **~ benéfica/de despedida** charity/farewell performance; **~ de la tarde/la noche** matinée/evening performance; **~ de títeres** puppet show; **~ taquillera** box-office success, hit *(fam)*. **(d)** **en ~ de** on the basis of, in relation to; **retribución en ~ de la valía del candidato** remuneration to reflect the quality of the successful candidate.

funcional *adj* functional.

funcionalidad *nf* functional character.

funcionamiento *nm (gen)* functioning, operation; *(Mec, Téc)* operation, working, running; **sociedad en ~** going concern; **entrar en ~** to come into operation; **poner en ~** to bring into service.

funcionar [1a] *vt (gen)* to function; *(Mec, Téc)* to go, work, run; *(Aut etc)* to perform; **funcionando** in working *o* running order; **'no funciona'** 'out of order'; **hacer ~ una máquina** to operate a machine.

funcionario/a *nm/f* official, civil servant; **~ público** public official.

funda *nf* **(a)** case, cover; **~ (de almohada)** pillowcase, pillowslip; **~ de pistola** holster. **(b)** *(LAm: falda)* skirt.

fundación *nf* foundation.

fundado *adj (justificado)* well-founded, justified; **una pretensión mal ~a** an ill-founded claim.

fundador(a) *nm/f* founder.

fundamental *adj* fundamental, basic; *(esencial)* essential.

fundamentar [1a] *vt* **(a)** *(sentar las bases)* to lay the foundations of. **(b)** *(fig: basarse)* to base, found (*en* on).

fundamento *nm* **(a)** *(Arquit)* foundations. **(b)** *(fig: base)* foundation, basis; *(: razón)* grounds, reason; **eso carece de ~** that is groundless, that is completely unjustified; **creencia sin ~** groundless *o* unfounded belief. **(c)** *(moral)* reliability, trustworthiness. **(d)** *(Téc)* weft, woof.

fundar [1a] **1** *vt* **(a)** *(gen)* to found; *(crear)* to institute, set up, establish. **(b)** *(fig: basarse etc)* to base, found (*en* on). **2 fundarse** *vr* **(a)** to be founded *o* established. **(b)** **~ en** to be founded *o* based on; **me fundo en los siguientes hechos** I base my opinion on the following facts.

fundente *nm* flux.

fundición *nf* **(a)** *(acción)* smelting, founding. **(b)** *(Com: fábrica)* foundry, smelting plant; **~ de hierro** iron foundry. **(c)** *(Téc: colado)* casting; **~ de acero** steel casting. **(d)** *(Tip)* font, fount.

fundido *adj (LAm Com)* ruined, bankrupt.

fundidor *nm*, **fundidora** *nf* foundry.

fundillos *nmpl (LAm Cos)* trouser seat, *(US)* seat of the pants.

fundir [3a] **1** *vt* **(a)** *(fusionar)* to fuse (together); *(unir)* to join, unite. **(b)** *(Téc)* to melt (down), smelt; *(nieve etc)* to melt; *(Elec)* to fuse; *(colado)* to found, cast; *(Com)* to merge. **(c)** *(LAm)* to ruin. **2 fundirse** *vr* **(a)** *(gen)* to fuse (together);

(colores etc) to merge, blend (together). **(b)** *(derretirse)* to melt; *(Elec: fusible, lámpara etc)* to blow, burn out; **se le fundió el corazón** her heart melted. **(c)** *(LAm)* to be ruined.
fundo *nm* landed property, estate.
fúnebre *adj* **(a)** *(gen)* funeral *(atr)*; **coche ~** hearse; **pompas ~s** *(Brit)* undertaker's, *(US)* funeral parlor. **(b)** *(fig)* funereal; *(sonido etc)* mournful, lugubrious.
funeral 1 *adj* funeral *(atr)*. **2** *nm* funeral; **~es** funeral, obsequies.
funerala *nf*: **marchar a la ~** to march with reversed arms; **ojo a la ~** black eye.
funeraria *nf* undertaker's, *(US)* funeral parlor; **director de ~** undertaker, funeral director, *(US)* mortician.
funerario *adj* funeral *(atr)*.
funestidad *nf (Méx)* calamity.
funesto *adj (gen)* ill-fated, unfortunate; *(desastroso)* fatal, disastrous (*para* for).
fingir [3c] *vi (CAm, Méx: actuar)* to act (*de* as); *(: sustituirse)* to stand in (*a* for).
fungo *nm (Med)* fungus.
fungoso *adj* fungous.
funicular *nm* funicular (railway).
furgón *nm* wagon, truck; *(Ferro)* van; **~ de equipajes** luggage van, *(US)* baggage car.
furgoneta *nf (Aut, Com)* (transit) van, *(US)* pick-up (truck); *(coche)* estate (car).
furia *nf (gen)* fury, rage; *(violencia)* violence; **a toda ~** like fury; **a la ~** *(RPl)* at top speed; **estar hecho una ~** to be furious *o* raging.
furibundo *adj* furious, enraged.
furioso *adj (gen)* furious; *(violento)* violent; **estar ~** to be furious; **ponerse ~** to get furious, lose one's head.
furor *nm* **(a)** *(gen)* fury, rage; *(pasión)* frenzy, passion; **dijo con ~** he said furiously. **(b)** *(fig)* rage; **hacer ~** to be all the rage, be a sensation; **tener ~ por** *(LAm)* to have a passion for.
furquina *nf (LAm)* short skirt.
furriel *nm*, **furrier** *nm* quartermaster.
furriña *nf (Méx)* anger.
furtivo *adj (gen)* furtive, clandestine; **cazador** *o* **pescador ~** poacher.
furúnculo *nm (Med)* boil.
fuselado *adj* streamlined.
fuselaje *nm* fuselage.
fusible *nm* fuse.
fusil *nm* rifle, gun; **~ de juguete** toy gun.
fusilamiento *nm (Jur)* execution by firing squad; *(irregular)* summary execution.
fusilar [1a] *vt* to shoot, execute.
fusilero *nm* rifleman, fusileer.
fusión *nf (Fís etc)* fusion; *(unión)* joining, uniting; *(metal etc)* melting; *(Com)* merger, amalgamation.
fusionar [1a] **1** *vt* to fuse (together); *(Com)* to merge, amalgamate. **2 fusionarse** *vr* to fuse; *(Com)* to merge, amalgamate.
fusta *nf* **(a)** *(látigo)* riding whip. **(b)** *(leña)* brushwood, twigs *pl*.
fustán *nm* **(a)** *(tela)* fustian. **(b)** *(LAm: funda)* petticoat, underskirt; *(: falda)* skirt.
fuste *nm* **(a)** *(gen)* log, timber; **de ~** wooden. **(b)** *(de lanza)* shaft; *(de chimenea)* shaft; **de ~** *(fig)* important, of some consequence. **(c)** *(LAm Anat)* bottom.
fustigar [1h] *vt (gen)* to whip, lash; *(fig)* to upbraid, give a tongue-lashing to *(fam)*.
fútbol *nm* football, soccer; **~ americano** American football.
futbolín *nm* table football.
futbolista *nm* footballer.
futbolístico *adj* football *(atr)*.
futesa *nf* trifle, mere nothing; **~s** small talk.
fútil *adj* trifling, trivial.
futilidad *nf* triviality, unimportance.
futre *nm (LAm)* toff, *(US)* dude.
futurismo *nm* futurism.
futurístico *adj* futuristic.
futuro/a 1 *adj* future; **en lo ~** in (the) future; **~a madre** mother-to-be. **2** *nm* **(a)** future; **en el ~** in (the) future; **en un ~ próximo** in the very near future, very soon. **(b)** *(Ling)* future tense. **(c)** *(fam)* fiancé. **(d) ~s** *(Com)* futures. **3 futura** *nf* **(a)** *(Jur)* reversion. **(b)** *(fam)* fiancée.

G

G, g [xe] *nf (letra)* G, g.
gabacho/a 1 *adj* **(a)** *(Geog)* Pyrenean. **(b)** *(afrancesado)* frenchified. **(c) le salió ~a la cosa** the affair was a failure. **2** *nm/f* **(a)** *(Geog)* Pyrenean villager. **(b)** *(fam)* Frenchy *(fam)*, froggy *(fam)*; *(español)* frenchified Spaniard; *(Méx)* foreigner.
gabán *nm* overcoat, topcoat.
gabardina *nf (tela)* gabardine; *(sobretodo)* raincoat, mackintosh.
gabarra *nf (barcaza)* barge, flatboat.
gabarrero *nm (barquero)* bargeman.
gabarro *nm* **(a)** *(en una tela: defecto)* flaw, defect. **(b)** *(Vet: moquillo)* distemper, pip. **(c)** *(fig: en las cuentas)* error, miscalculation; *(obstáculo)* snag; *(molestia)* annoyance.
agabela *nf (impuesto)* tax, duty; *(carga)* burden.
gabinete *nm* **(a)** *(estudio)* study, library; *(sala de recibo)* private sitting room; *(tocador)* boudoir; *(Jur, Med)* office; *(Arte)* studio; **~ de consulta/de lectura** consulting/reading room. **(b)** *(Pol)* cabinet. **(c)** *(muebles)* suite of office furniture.
gablete *nm (Arquit)* gable.
gacel(a) *nm/f* gazelle.
gaceta *nf* **(a)** *(periódico)* gazette, official journal; *(LAm)* newspaper. **(b)** *(LAm: chismoso)* gossip, telltale; **mentir más que la ~** to be an inveterate liar.
gacetero *nm* **(a)** *(periodista)* newswriter. **(b)** *(vendedor de gacetas)* newspaper seller.
gacetilla *nf* **(a)** *(notas sociales)* gossip column; *(noticias generales)* section of local *o* miscellaneous news; **'G~'** *(titular)* 'News in Brief'. **(b)** *(fam: soplón)* gossip, scandalmonger; **ella es una ~ con dos patas** she's a dreadful gossip.
gacetillero *nm (reportero de sociales)* gossip columnist; *(pey: periodista mediocre)* hack.
gacha *nf* **(a)** thin paste, mush; **~s** *(Culin: papilla)* pap; **~s de avena** oatmeal porridge; **se ha hecho**

unas ~s *(fig)* she's turned all sentimental. **(b)** *(LAm: vasija)* earthenware bowl.

gachí *nf, pl* **gachís** *(fam: chica)* dame *(US fam)*, bird *(Brit fam)*.

gacho *adj* **(a)** *(encorvado)* bent down, turned downward; *(cuerno)* down-curved; *(sombrero)* with down-turned brim; *(orejas)* drooping, floppy; **sombrero ~** slouch hat. **(b)** *(Méx: desagradable)* unpleasant. **(c)** *(fam)* **ir a ~as** to go on all fours.

gachó 1 *nm, pl* **gachós** *(fam)* chap *(fam)*, bloke *(fam)*. **2** *interj* bravo!

gachón *adj (fam: que tiene gracia)* charming, sweet; *(niño)* spoilt.

gachupín *nm (LAm)* Spaniard.

gaditano/a 1 *adj* of Cadiz. **2** *nm/f* native *o* inhabitant of Cadiz.

gaélico/a 1 *adj* Gaelic. **2** *nm/f* Gael. **3** *nm (Ling)* Gaelic.

gafa *nf (grapa)* grapple; *(abrazadera)* clamp; *(anteojos)* **~s** glasses, spectacles; *(Dep)* goggles; **~s ahumadas/bifocales** *o* **graduadas** smoked glasses/bifocals; **~s de motorista/protectoras** motorcyclist's/protective goggles; **~s de** *o* **para sol** sunglasses.

gafar [1a] *vt* **(a)** *(arrebatar)* to hook, latch on to. **(b)** *(fam: traer mala suerte)* to put a jinx on; *(estropear)* to mess up.

gafe 1 *adj (fam)* **ser ~** to have constant bad luck. **2** *nm (fam)* bad luck.

gafete *nm* clasp, hook and eye.

gafo *adj (LAm)* footsore, dog-tired; *(Méx: adormecido)* numb.

gag [gax] *nm, pl* **gags** [gax] *(Teat)* gag.

gagá *adj*: **chicos ~s** upper-class youngsters.

gago/a 1 *adj* stammering. **2** *nm/f* stammerer.

gaguear [1a] *vi (LAm: tartamudear)* to stammer, stutter.

gaguera *nf (tartamudeo)* stammer, speech defect.

gaita *nf* **(a)** *(Mús: gen)* bagpipe(s); *(: flauta)* flute; *(: organillo)* hurdy-gurdy; **~ gallega** bagpipe; **ser como una ~** to be very demanding; **estar de ~** to be merry; **templar ~s a uno** to calm sb down. **(b)** *(fam: pescuezo)* neck; **sacar la ~** to stick one's neck out. **(c)** *(dificultad)* bother, nuisance; *(cosa engorrosa)* tough job. **(d)** *(fam: maula)* cheat, trickster.

gaitero 1 *adj* **(a)** *(colores)* gaudy, flashy. **(b)** *(ridículamente alegre)* inappropriately jocular *o* witty. **2** *nm (Mús)* (bag)piper.

gajes *nmpl (salario)* pay; *(gratificación)* perquisites; **~s del oficio** *(hum)* occupational hazards *o* risks.

gajo *nm* **(a)** *(rama)* torn-off branch *o* bough; *(de uvas)* small cluster, bunch; *(de naranja)* slice, segment. **(b)** *(de tenedor)* point, prong. **(c)** *(Geog)* spur.

gala *nf* **(a)** *(traje de etiqueta)* full dress; *(vestido lucido)* best dress; *(traje ceremonial)* court dress; **de ~** state *(atr)*, gala *(atr)*; **estar de ~** to be in full dress; *(bien vestido)* to be all dressed up; *(ciudad)* to be in festive mood. **(b) ~s** *(artículos de lujo)* finery, trappings; *(joyas)* jewels; **~s de novia** bridal attire. **(c)** *(garbo)* elegance, gracefulness; *(suntuosidad)* pomp; **hacer ~ de** to show off; *(jactarse)* to boast of, glory in; **tener algo a ~** to be proud of sth; **tener a ~ hacer algo** to be proud to do sth. **(d)** *(lo más selecto)* cream, pride; **es la ~ de la ciudad** it is the pride of the city; **llevarse las ~** to deserve *o* win applause.

galáctico *adj (Astron)* galactic.

galafate *nm (ladrón sagaz)* expert *o* sly thief.

galán *nm* **(a)** *(apuesto)* handsome fellow; *(Don Juan)* ladies' man; *(Hist)* young gentleman, courtier. **(b)** *(novio)* gallant, beau; *(pretendiente)* suitor. **(c)** *(Teat)* male lead; *(protagonista)* hero; **primer ~** leading man. **(d)** *(Bot)* **~ de noche** night jasmine.

galanas *nfpl (CAm)* **echar ~** *(jactarse)* to boast, brag; **hacer ~** to be wicked.

galano *adj* **(a)** *(primoroso)* smart, spruce; *(elegante)* elegant; *(gallardo)* gaily dressed. **(b)** *(LAm: tez)* mottled.

galante *adj* **(a)** *(hombre)* gallant; *(atento)* charming; *(cortés)* polite. **(b)** *(mujer)* flirtatious.

galantear [1a] *vt (enamorar)* to court, woo; *(coquetear)* to flirt with.

galanteo *nm (corte)* courtship, wooing; *(coqueteo)* flirting.

galantería *nf* **(a)** *(gen)* gallantry; *(atención)* attentiveness to women; *(gentileza)* politeness. **(b)** *(requiebro)* compliment; *(piropo)* charming thing to say.

galanto *nm (Bot)* snowdrop.

galanura *nf (gracia)* prettiness; *(encanto)* charm; *(gallardía)* elegance.

galápago *nm* **(a)** *(Zool: tortuga)* freshwater tortoise. **(b)** *(Agr: del arado)* mouldboard. **(c)** *(Téc)* ingot, pig. **(d)** *(montura)* light saddle; *(LAm: montura de lado)* sidesaddle.

Galápagos: Islas *nfpl* **de (los) ~** Galapagos Isles.

galardón *nm (Lit)* reward, prize.

galardonar [1a] *vt (premiar)* to reward, recompense (*de* with); *(Lit: una obra)* to give a prize to; **obra galardonada por la Academia** work which won an Academy prize.

galaxia *nf (Astron)* galaxy.

galbana *nf (pereza)* sloth, laziness; *(holgazanería)* shiftlessness.

galeno 1 *adj (viento)* moderate, soft. **2** *nm (fig)* physician.

galeón *nm (Náut)* galleon.

galeote *nm* galley slave.

galera *nf* **(a)** *(Náut)* galley; **echar a uno a ~s** to condemn sb to the galleys; **estar en ~s** to be in distress. **(b)** *(carro)* covered wagon. **(c)** *(Med)* hospital ward; *(Hist)* women's prison; *(CAm, Méx)* shed. **(d)** *(LAm)* top hat. **(e)** *(Tip)* galley.

galerada *nf* **(a)** *(carga)* wagonload. **(b)** *(Tip)* galley proof.

galería *nf (gen)* gallery; *(corredor)* passage, corridor; *(Min)* gallery; *(en la playa)* beach hut; *(en la piscina)* cubicle; *(balcón)* veranda(h); *(Arte)* gallery; *(fam: público)* audience; **~ de columnas** colonnade; **~ de popa** *(Náut)* stern gallery; **~ secreta** secret passage; **~ de tiro** shooting gallery.

galerita *nf (Orn)* crested lark.

galerón *nm (CAm)* shed; *(Méx)* big room.

Gales *nm* Wales.

galés/esa 1 *adj* Welsh. **2** *nm/f* Welshman/-woman. **3** *nm (Ling)* Welsh.

galga *nf* **(a)** *(Zool)* greyhound bitch. **(b)** *(Geol)* boulder, rolling stone; *(Téc: de molino de aceite)* millstone. **(c)** *(Agr: de carro)* hub brake.

galgo *nm* greyhound; **¡vaya Ud a espulgar un ~!** *(fam)* go to blazes!

Galia *nf* Gaul.

galiciano/a *adj, nm/f* Galician.

galicismo *nm* gallicism.

gálico *nm (Med)* syphilis.

galicoso/a *adj, nm/f* syphilitic.

Galilea *nf* Galilee.

galillo *nm (Anat)* uvula; *(fam: gaznate)* windpipe, throat.

galimatías *nm inv (asunto confuso)* rigmarole;

(lenguaje oscuro) gibberish, nonsense.
galo/a 1 *adj* Gallic. **2** *nm/f* Gaul.
galocha *nf* clog, patten.
galón[1] *nm (Cos)* braid; *(Mil)* stripe, chevron; **quitar los ~es a uno** to demote sb; **la acción le valió 2 ~es** the action got him a couple of stripes.
galón[2] *nm (medida)* gallon.
galonear [1a] *vt* to trim with braid.
galopada *nf* gallop.
galopante *adj (Med, fig)* galloping.
galopar [1a] *vi* to gallop; **echar a ~** to break into a gallop.
galope *nm* gallop; **a ~, al ~** *(LAm)*, **de ~** at a gallop; *(fig)* in great haste, in a rush; **a ~ tendido** at full gallop; **alejarse a ~** to gallop off; **llegar a ~** to gallop up; *(RPl: fácil)* to be easy to get.
galopín *nm (pícaro)* ragamuffin, urchin; *(bribón)* scoundrel; *(sabidillo)* smart-aleck *(fam)*; *(Náut: grumete)* cabin boy.
galpón *nm (LAm: cobertizo grande)* shed, storehouse; *(Aut)* garage; *(Colombia: adobería)* tileworks, pottery.
galvanizado *adj* galvanized.
galvanizar [1f] *vt (Fís)* to galvanize *(tb fig)*, electroplate.
gallada *nf (LAm: acto atrevido)* bold deed, great achievement; *(: jactancia)* piece of boasting.
gallardear [1a] *vi (actuar con gracia)* to act with ease and grace; *(comportarse)* to bear o.s. well.
gallardete *nm (banderola)* pennant, streamer.
gallardía *nf (gracia)* gracefulness; *(magnificencia)* fineness; *(valentía)* bravery; *(caballerosidad)* gallantry; *(nobleza)* nobleness.
gallardo *adj* graceful; *(magnífico)* fine; *(valiente)* brave; *(caballeroso)* gallant.
gallareta *nf (LAm)* South American coot.
gallear [1a] **1** *vt (suj: gallo)* to tread. **2** *vi* **(a)** *(descollar)* to excel, stand out. **(b)** *(envalentonarse)* to put on airs, strut; *(ufanarse)* to brag; *(alzar la voz)* to bawl.
gallego/a 1 *adj* **(a)** Galician. **(b)** *(LAm pey)* Spanish. **2** *nm/f* **(a)** Galician. **(b)** *(LAm pey)* Spaniard. **(c)** *(viento)* north-west wind. **3** *nm (Ling)* Galician.
gallera *nf (LAm)* cockpit; *(gallinero)* coop (for gamecocks).
gallería *nf* **(a)** *(Cu)* = **gallera. (b)** *(Cu: egoísmo)* egotism, selfishness.
gallero 1 *adj (LAm)* fond of cockfighting. **2** *nm (LAm: encargado)* man in charge of gamecocks *o* cockfighting; *(: aficionado)* cockfighting enthusiast.
galleta *nf* **(a)** *(Culin)* biscuit; *(: delgada)* wafer; *(Náut)* ship's biscuit, hardtack; **~ dulce** rusk; **~ de perro** dog biscuit. **(b)** *(fam: bofetada)* bash *(fam)*, slap. **(c)** *(LAm)* small bowl for drinking mate. **(d) colgar** *o* **dar la ~ a uno** *(RPl)* to sack sb *(fam)*; *(plantar)* to jilt sb; **hacerse una ~** *(RPl)* to get muddled. **(e) ~ del tráfico** *(Ven)* traffic jam.
galletear [1a] *vt (LAm)* **(a)** *(despedir)* to sack *(fam)*. **(b)** *(abofetear)* to bash *(fam)*, punch.
galletero *nm* **(a)** *(recipiente)* biscuit barrel *o* tin. **(b)** *(Chi)* quick-tempered person.
gallina 1 *nf* **(a)** *(Orn)* hen, fowl; **~ de agua** coot; **~ clueca** broody hen; **~ de Guinea** guinea fowl; **~ ponedora** laying hen; **acostarse con las ~s** to go to bed early; **estar como ~ con huevos** to be very distrustful; **estar como ~ en corral ajeno** to be like a fish out of water; **la ~ de arriba ensucia a la de abajo** *(LAm)* the underdog always suffers. **(b) jugar a la ~ ciega** to play blind man's buff. **2** *nmf (fam: cobarde)* coward.
gallinaza *nf* hen droppings.
gallinazo *nm (LAm: buitre)* turkey buzzard.
gallinería *nf* **(a)** flock of hens; *(Com)* poultry shop, chicken market. **(b)** *(fig: cobardía)* cowardice.
gallinero *nm* **(a)** *(criadero)* henhouse, coop; *(cesta)* poultry basket. **(b)** *(criador)* chicken farmer; *(pollero)* poulterer. **(c)** *(Teat)* gods, top gallery. **(d)** *(confusión)* babel, hubbub; *(griterío)* noisy gathering.
gallineta *nf (Orn)* sandpiper; *(LAm)* guinea fowl.
gallipavo *nm* **(a)** *(Orn)* turkey. **(b)** *(Mús)* false *o* wrong note.
gallito *nm* **(a)** *(Orn)* small cock. **(b)** *(fig: pendenciero)* troublemaker; **el ~ del mundo** the cock-o'-the walk, the top dog.
gallo *nm* **(a)** *(Orn)* cock, rooster; **~ lira** black grouse; **~ montés** *o* **silvestre** capercaillie; **~ de combate** *o* **pelea** *o* **riña** gamecock, fighting cock; **estar como ~ en gallinero** to be much esteemed, be well thought of; **en menos que canta un ~** in an instant; **otro ~ me cantara** that would be quite a different matter; **comer ~** *(LAm)* to suffer a blow; **haber comido ~** *(Méx)* to be in a fighting mood; **matar a uno el ~ en la mano** to floor sb in an argument, shut sb up; *véase* **pata.**
(b) *(fam)* boss; *(LAm: diestro)* expert, master; **yo he sido ~ en eso** I was a great one at that.
(c) alzar *o* **levantar el ~** *(fig)* to bawl, behave noisily; **tener mucho ~** to be cocky *(fam)*; **engreído como ~ de cortijo** as proud as a fighting cock.
(d) *(Pesca)* cork float.
(e) *(Mús)* false *o* wrong note; *(cambio de voz)* break in the voice; **soltar un ~** to sing a wrong note.
gallofero/a 1 *adj (holgazán)* idle, loafing; *(vagabundo)* vagabond. **2** *nm/f (holgazán)* idler, loafer; *(vago)* tramp; *(pordiosero)* beggar.
gama[1] *nf (Mús)* scale; *(fig: escala)* range, scale; **una extensa ~ de colores** an extensive range of colours; **~ de frecuencias/ondas/sonora** frequency/wave/sound range.
gama[2] *nf (Zool)* doe *(of fallow deer)*; **sentársele a uno la ~** *(Arg)* to get discouraged.
gamba *nf (marisco)* prawn; *(fam)* 100 pesetas; *(fam: pierna)* leg.
gambado *adj (LAm: patituerto)* knock-kneed.
gamberrada *nf (patanería)* piece of hooliganism, loutish thing (to do).
gamberrear [1a] *vi (hacer actos de malacrianza)* to go around causing trouble, act like a hooligan; *(hacer el gamberro)* to be a lout; *(gandulear)* to loaf.
gamberrismo *nm* hooliganism, loutishness.
gamberro 1 *adj (grosero)* ill-bred, loutish. **2** *nm (patán)* lout, hooligan, roughneck *(fam)*.
gambeta *nf (de caballo)* prance, caper; *(LAm: esguince)* dodge, evasive action; *(fig: pretexto)* dodge, pretext.
gambito *nm (Ajedrez)* gambit.
gambuza *nf (Náut)* store, storeroom.
gamella *nf (abrevadero)* trough; *(artesa)* washtub.
gamo *nm (Zool)* buck *(of fallow deer)*.
gamonal *nm (LAm)* = **cacique.**
gamonalismo *nm (LAm)* = **caciquismo.**
gamuza *nf* **(a)** *(Zool)* chamois. **(b)** *(piel)* chamois *o* wash leather; *(sacudidor)* duster.
gana *nf (gen)* desire, wish (*de* for); *(hambre)* appetite (*de* for); *(afán)* inclination, longing (*de* for); **¡las ~s!** you'll wish you had (agreed)!; **son ~s de joder** *o* **molestar** they're just trying to be awkward; **es ~** *(LAm)* it's a waste of time; **~ tiene de coles quien besa al hortelano** it's just cupboard

love; **donde hay ~ hay maña** where there's a will, there's a way; **con ~s** *(LAm)* with a will, enthusiastically; **de buena ~** willingly, readily; **¡de buena ~!** gladly!; **de mala ~** reluctantly, grudgingly; **comer con ~s** to eat heartily; **me da la ~ de hacer algo** I feel like doing sth, I want to do sth, I have an inclination to do sth; **esto da ~s de comerlo** it makes you want to eat it; **porque (no) me da la (real) ~** because I (don't) (damned well) want to; **como te dé la ~** just as you wish; **le entran ~s de hacer algo,** he feels the urge to do sth; **quedarse con las ~s** to be disappointed; **quitársele a uno las ~s de** to lose one's appetite for; **tener ~s de hacer algo** to feel like doing sth, have a mind to do sth.

ganadería *nf* **(a)** *(crianza)* cattle raising; *(: en estancia)* ranching. **(b)** *(estancia)* stock farm; *(rancho)* cattle ranch. **(c)** *(ganado)* cattle, livestock; *(raza)* breed, race of cattle.

ganadero 1 *adj* cattle *(atr)*, stock *(atr)*; *(pecuario)* cattle-raising *(atr)*. **2** *nm* *(que cría ganado)* stockbreeder; *(US: resero)* rancher; *(que trata en ganados)* cattle dealer.

ganado *nm* **(a)** *(gen)* livestock; *(LAm: vacuno)* cattle; *(un ~)* herd, flock; **~ asnal** donkeys; **~ caballar** horses; **~ cabrío** goats; **~ lanar** *u* **ovejuno** sheep; **~ mayor** cattle, horses and mules; **~ menor** sheep, goats and pigs; **~ porcino** pigs; **~ vacuno** cattle. **(b)** *(LAm)* **un ~ de** *(fig)* a crowd of, a mob of.

ganador(a) 1 *adj (vencedor)* winning, victorious; **el equipo ~** the winning team; **apostar a ~ y colocado** to back (a horse) each way, back for a win and a place. **2** *nm/f* winner; *(Fin)* earner; *(fig: que aventaja)* gainer, one who gains.

ganancia *nf* **(a)** *(beneficio)* gain; *(aumento)* increase; *(Com, Fin: utilidad)* profit; **~s** *(utilidades)* earnings; *(beneficios)* profits; **~s y pérdidas** profit and loss; **~ bruta** gross profit; **~s de capital** capital gains; **~ líquida** net profit; **sacar ~ de** to draw profit from. **(b)** *(LAm: propina)* extra, bonus.

ganancioso/a 1 *adj* **(a)** gainful; *(que produce beneficios)* profitable, lucrative. **(b)** *(triunfador)* winning; **salir ~** to emerge the winner; *(que saca provecho)* to be the gainer. **2** *nm/f* gainer, winner; **en esto el ~ es él** in this he is the gainer.

ganapán *nm* **(a)** *(mandadero)* messenger. **(b)** *(sin trabajo fijo)* casual labourer; *(que trabaja de vez en cuando)* odd-job man. **(c)** *(persona ruda)* lout, rough individual.

ganar [1a] **1** *vt* **(a)** *(gen)* to gain; *(lograr)* to get, acquire; *(Com, Fin)* to earn; *(interés)* to accrue; *(dinero)* to earn, make; *(premio)* to win; **¿cuánto ganas al mes?** how much do you earn *o* make a month?; **tierras ganadas al mar** land reclaimed *o* won from the sea. **(b)** *(Dep: carrera, concurso)* to win; *(un punto)* to score, win; *(oponente)* to beat; *(rival)* to outstrip, surpass; **~ unas oposiciones para un puesto** to win a post by public competition; **A le ganó a B esta vez** A beat B this time; **no hay quien le gane** there's nobody who can beat him; **A le ganó 5 duros a B** A won 5 duros from *o* off B. **(c)** *(Mil: plaza, pueblo)* to take, capture. **(d)** *(alcanzar)* to reach; **~ la orilla** to reach the shore; **~ la orilla nadando** to swim to the shore. **(e)** *(fig: conquistar)* to win over; *(apoyo, seguidores)* to win, get; **dejarse ~ por** to allow o.s. to be won over by; **no se deja ~ en ningún momento por la desesperación** he never gives way to despair.

2 *vi* **(a)** *(Dep)* to win; *(aventajar)* to gain. **(b)** *(fig: prosperar)* to thrive, improve.

3 ganarse *vr* to win, earn; **~ la vida** to earn one's living; **se lo ha ganado** he has earned it *o* deserves it.

ganchero *nm (Arg: ayudante)* helper, assistant; *(Chi: ganapán)* odd-job man.

ganchillo *nm* **(a)** small hook; *(Cos)* crochet hook. **(b)** *(trabajo)* crochet work; **hacer ~** to crochet.

gancho *nm* **(a)** *(gen)* hook; *(colgador)* hanger; *(Agr)* shepherd's crook; *(LAm: horquilla)* hairpin; **~ de carnicero** butcher's hook; **echar el ~ a** *(fig: capturar)* to hook, capture. **(b)** *(persona)* centre of attraction; *(pey: proxeneta)* pimp, procurer; *(pey: agente)* tout. **(c)** *(fam)* sex appeal, charm; **tiene muchísimo ~** she's got lots of sex appeal. **(d)** *(Boxeo: golpe)* hook. **(e)** *(LAm: ayuda)* help; *(: protección)* protection; **hacer ~** *(Arg)* to lend a hand.

ganchoso *adj*, **ganchudo** *adj (encorvado)* hooked.

gandul(a) 1 *adj (holgazán)* idle, slack; *(vago)* good-for-nothing. **2** *nm/f (tunante)* idler, slacker.

gandulear [1a] *vi (holgazanear)* to idle, loaf.

gandulería *nf (holgazanería)* idleness, loafing.

gang [gan] *nm, pl* **gangs** [gan] *(Policía: pandilla)* gang.

ganga *nf* **(a)** *(Com)* bargain; **¡una verdadera ~!** a genuine bargain! **(b)** *(fig: golpe de suerte)* windfall; *(cosa fácil)* cinch *(fam)*, gift *(fam)*; **esto es una ~** this is a gift.

ganglio *nm (Anat)* ganglion; *(hinchazón)* swelling.

gangoso *adj* nasal, twanging.

gangrena *nf (Med)* gangrene.

gangrenarse [1a] *vr* to become gangrenous.

gángster ['ganster] *nm, pl* **gángsters** ['ganster] *(US: forajido)* gangster, gunman.

gangsterismo [ganste'rizmo] *nm (dominio de los gángsters)* gangsterism.

ganguear [1a] *vi (hablar con la nariz)* to talk with a nasal accent, speak with a twang.

gangueo *nm* nasal accent, twang.

ganoso *adj* **(a)** *(afanoso)* anxious, keen; **~ de hacer algo** anxious to do sth, keen to do sth. **(b)** *(Chi: caballo)* spirited, fiery.

gansada *nf* stupid thing (to do), piece of stupidity.

ganso *nm* **(a)** *(Orn)* goose, gander; **~ salvaje** wild goose. **(b)** *(fam: torpe)* idiot, dimwit *(fam)*; *(persona rústica)* country bumpkin; **¡no seas ~!** don't be an idiot!

ganzúa 1 *nf (llave maestra)* picklock, skeleton key. **2** *nmf (ladrón)* burglar, thief; *(sonsacador)* inquisitive person.

gañán *nm* farmhand, labourer.

gañido *nm (aullido)* yelp, howl; *(graznido)* croak.

gañir [3h] *vi (perro)* to yelp, howl; *(pájaro)* to croak; *(persona)* to wheeze, croak.

gañón *nm*, **gañote** *nm (fam: gaznate)* throat, gullet.

garabatear [1a] **1** *vt* to scribble, scrawl. **2** *vi* **(a)** *(enganchar)* to throw out a hook. **(b)** *(al escribir)* to scribble, scrawl. **(c)** *(andar con rodeos)* to beat about the bush.

garabato *nm* **(a)** *(gancho)* hook; *(Náut)* grappling iron; **~ de carnicero** meat hook. **(b)** *(en un ejercicio de escritura)* pothook. **(c) ~s** scribble, scrawl.

garabito *nm* **(a)** *(en el mercado)* market stall. **(b)** *(vagabundo)* bum, tramp.

garaje *nm* garage; **~ de varios pisos** multi-storey car park.

garajista *nm (propietario)* garage owner; *(empleado)* garage man *o* attendant.

garambaina *nf* **(a)** *(adorno de mal gusto)* cheap *o* tawdry finery. **(b)** *(muy chillón)* gaudiness. **(c) ~s** affected grimaces; *(ademanes afectados)* absurd mannerisms; **¡déjate de ~s!** stop that silly simpering! **(d) ~s = garabato (c).**

garandumba *nf (Arg)* **(a)** *(balsa)* flatboat, flat river boat. **(b)** *(fam)* big woman.

garante 1 *adj (responsable)* responsible. **2** *nmf (Fin)* guarantor, surety.

garantía *nf (gen)* guarantee; *(seguridad)* pledge, security; *(compromiso)* undertaking; *(Jur: caución)* warranty; **bajo ~** under guarantee; **~s constitucionales** constitutional guarantees; **suspender las ~s** to suspend civil rights; **~ en efectivo** cash guarantee, surety; **de máxima ~** absolutely guaranteed.

garantir [3a; *defectivo*] *vt* to guarantee.

garantizado *adj* guaranteed.

garantizar [1f] *vt* to guarantee, warrant; *(responder)* to vouch for.

garañón *nm* **(a)** *(asno)* stud jackass; *(LAm: semental)* stallion. **(b)** *(Chi)* brothel keeper.

garapiña *nf* **(a)** *(almíbar)* sugar icing *o* coating. **(b)** *(LAm)* iced pineapple drink. **(c)** *(Méx)* theft.

garapiñar [1a] *vt (helado)* to freeze; *(crema, nata)* to clot; *(pastel)* to ice, coat with sugar; *(fruta)* to candy.

garapiñera *nf (congelador)* ice-cream freezer.

garapullo *nm* **(a)** *(rehilete)* dart, arrow. **(b)** *(Taur)* = **banderilla (a).**

garatusas *nfpl:* **hacer ~ a uno** *(carantoñas)* to coax *o* wheedle sb.

garba *nf (Agr: gavilla)* sheaf.

garbanzo *nm* **(a)** *(Bot)* chickpea; **ser el ~ negro** to be the black sheep of the family. **(b) de ~** *(vulgar)* ordinary, unpretentious; **gente de ~** humble folk, ordinary people.

garbear [1a] **1** *vt (fam: trampear)* to pinch *(fam)*, swipe *(fam)*. **2** *vi* **(a)** *(afectar garbo)* to affect elegance, show o.s. off. **(b) = 3. 3 garbearse** *vr* to get *o* rub along *(fam)*.

garbeo *nm* affected elegance, show; **darse un ~, pegarse un ~** to walk to show o.s. off.

garbillar [1a] *vt (Arg: cernir)* to sift, sieve; *(Min: limpiar)* to sift, screen.

garbillo *nm (para granos)* sieve; *(para minerales)* screen, riddle.

garbo *nm* **(a)** grace, elegance; *(porte)* graceful bearing; *(aire)* jauntiness; *(de mujer)* glamour, attractiveness; **andar con ~** to walk gracefully; **hacer algo con ~** to do sth with grace and ease *o* with style; **¡qué ~!** isn't she lovely? **(b)** *(largueza)* magnanimity, generosity.

garboso *adj* **(a)** *(elegante)* graceful, elegant; *(gallardo)* jaunty; *(encantador)* glamorous, alluring; *(con estilo)* stylish. **(b)** *(desinteresado)* magnanimous, generous.

garceta *nf (Orn)* egret.

gardenia *nf (Bot)* gardenia.

garduña[1] *nf (Zool)* marten.

garduño/a[2] *nm/f (ratero)* sneak thief.

garete *nm:* **estar** *o* **ir al ~** *(lit, fig)* to be adrift.

garfa *nf (garra)* claw.

garfio *nm (gancho)* hook; *(Téc: arpeo)* grappling iron, claw; *(Alpinismo: pico)* climbing iron; *(fam: dedos)* fingers.

gargajear [1a] *vi (expectorar)* to spit phlegm, hawk.

gargajo *nm (flema)* phlegm, sputum.

garganta *nf* **(a)** *(Anat)* throat, gullet; *(cuello)* neck; **le tengo atravesado en la ~** he sticks in my gullet; **tener el agua a la ~** to be in imminent danger; **mojar la ~** to wet one's whistle. **(b)** *(Anat: del pie)* instep. **(c)** *(Mús)* singing voice; **tener buena ~** to have a good singing voice. **(d)** *(de botella)* neck. **(e)** *(Geog: barranco)* ravine; *(: desfiladero)* narrow pass. **(f)** *(Arquit: de columna)* shaft.

gargantear [1a] *vi (Mús: hacer gorgoritos)* to trill.

gargantilla *nf* necklace, choker.

gárgara *nf* gargle, gargling; **hacer ~s** to gargle; **¡vaya Ud a hacer ~s!** *(fam)* go to blazes!

gargarismo *nm* **(a)** *(líquido)* gargle, gargling solution. **(b)** *(acto)* gargling.

gargarizar [1f] *vi* to gargle.

gárgol *nm (Téc: ranura)* groove.

gárgola *nf (Arquit)* gargoyle.

garguero *nm (garganta)* gullet; *(esófago)* windpipe.

garifo *adj* **(a)** *(rozagante)* spruce. **(b)** *(RPl)* lively, merry.

garita *nf (caseta)* cabin, box; *(Mil)* sentry box; *(de camión)* cab; *(de edificio)* porter's lodge; *(puesto de vigilancia)* look-out post; **~ de señales** *(Ferro)* signal box; **~ de control** checkpoint.

garitero *nm (timbero)* keeper of a gaming house; *(jugador)* gambler.

garito *nm* **(a)** *(timba)* gaming house *o* den. **(b)** *(ganancias del juego)* gambling profits.

garlador(a) 1 *adj* garrulous. **2** *nm/f (parlanchín)* chatterer, great talker.

garlito *nm (especie de nasa)* fish trap; *(celada)* snare, trap; **caer en el ~** to fall into the trap; **coger a uno en el ~** to catch sb in the act.

garlopa *nf (Carpintería: cepillo)* jack plane.

garnacha *nf* **(a)** *(Jur Hist)* gown, robe. **(b)** *(Méx Culin)* omelette. **(c)** *(CAm)* **a la ~** violently.

garra *nf* **(a)** *(Zool)* claw; *(fig)* hand, paw; *(LAm fig)* muscular strength; **echar la ~ a uno** to arrest *o* seize sb. **(b) ~s** *(Zool)* claws; *(fig)* grip, clutch; **caer en las ~s de uno** to fall into sb's clutches. **(c)** *(Téc)* claw, hook; *(Mec)* clutch; **~ de seguridad** safety clutch. **(d)** *(fig)* bite; **esa canción no tiene ~** that song has no bite to it. **(e)** *(LAm)* piece of hard old leather; **~s** *(LAm)* rags; **no hay cuero sin ~s** *(Méx)* nothing is ever perfect.

garrafa *nf* carafe, decanter.

garrafal *adj* enormous, terrific; *(error)* monumental, terrible.

garrafón *nm (damajuana)* carboy, demijohn.

garrancha *nf (fam: espada)* sword; *(Colombia: gancho)* hook.

garrapata *nf* **(a)** *(Zool)* tick. **(b)** *(Mil fam)* disabled *o* useless horse.

garrapatear [1a] *vi (garabatear)* to scribble, scrawl.

garrapaticida *nm (LAm)* insecticide.

garrido *adj* **(a)** *(galano)* neat, smart. **(b)** *(atractivo)* handsome; *(hermoso)* pretty.

garroba *nf* carob bean.

garrocha *nf (Agr)* goad; *(Taur)* spear; *(Dep)* vaulting pole.

garrón *nm (Orn: espolón)* spur; *(Zool)* paw; *(talón)* heel; *(de carne)* shank; *(Arg)* hock; *(Bot)* snag, spur; **vivir de ~** *(Arg)* = **garronear.**

garronear [1a] *vi (Arg)* to live in idleness; *(gorrear)* to sponge *(fam)*.

garrotazo *nm* blow with a stick *o* club.

garrote *nm* **(a)** stick, truncheon; **la ley del ~** *(LAm)* policy of the big stick. **(b)** *(Med)* tourniquet; *(Jur: estrangulación)* garrotte; **dar ~ a uno** to garrotte sb.

garrotear [1a] *vt (LAm: apalear)* to hit (with a stick); *(Arg: robar)* to steal.

garrotero 1 *adj* stingy. **2** *nm* **(a)** *(Méx)* brakeman. **(b)** *(LAm: matón)* bully; *(pendenciero)* brawler.

garrotillo *nm (Med: difteria)* croup.

garrucha *nf (polea)* pulley.

garrudo *adj (Méx)* tough, muscular.

garrulería *nf (palabrería)* chatter.

garrulidad *nf (charlatanería)* talkativeness.
gárrulo *adj (persona)* chattering, talkative; *(pájaro)* twittering; *(agua)* babbling; *(viento)* noisy.
garúa *nf (LAm)* drizzle.
garuar [1e] *vi (LAm)* to drizzle; **¡qué le garúe fino!** I wish you luck!
garulla *nf* **(a)** *(uvas desgranadas)* loose grapes. **(b)** *(fam: gentío)* mob, rabble. **(c)** *(fam: bribón)* urchin.
garullada *nf (fam: gentío)* mob, rabble.
garza *nf (tb* **~ real***)* heron; **~ imperial** purple heron.
garzo *adj* blue, bluish.
garzón *nm (Chi: joven)* young man.
gas *nm* **(a)** gas; *(vapores)* fumes *pl*; **~ butano** butane; **~es de escape** exhaust (fumes); **~ del alumbrado/tóxico/lacrimógeno/natural** coal/poison/tear/natural gas; **asfixiar con ~** to gas. **(b)** *(LAm: petróleo)* petrol, *(US)* gas; **ir a todo ~** *(Aut)* to go full out.
gasa *nf* gauze; *(de luto)* crêpe; *(de pañal)* nappy liner.
Gascuña *nf* Gascony.
gaseosa *nf* soda water; *(bebida efervescente)* fizzy drink; *(limonada)* fizzy lemonade.
gaseoso *adj (gen)* gaseous; *(agua)* aerated, carbonated; *(bebida)* fizzy.
gasfitería *nf (LAm: plomería)* plumber's (shop).
gasfitero *nm (LAm: plomero)* plumber.
gasista *nm* gas fitter, gasman.
gasoducto *nm* gas pipeline.
gas-oil [ga'soil] *nm*, **gasóleo** *nm* diesel oil.
gasolina *nf (Aut)* petrol, *(US)* gasoline, *(US)* gas; **~ de aviación** aviation spirit; **~ de alto octanaje** high octane petrol.
gasolinera *nf* **(a)** *(Náut)* motorboat. **(b)** *(Aut)* petrol *o (US)* gas station.
gasómetro *nm* gasometer.
gásquet *nm, pl* **gásquets** *(LAm)* gasket.
gastado *adj* **(a)** *(usado)* spent, used up. **(b)** *(decaído)* worn out; *(vestido)* shabby. **(c)** *(trillado)* hackneyed, trite; *(broma)* old, corny *(fam)*.
gastador(a) 1 *adj (extravagante)* extravagant; *(disipador)* wasteful. **2** *nm/f* **(a)** *(derrochador)* spender; *(pey: manirroto)* spendthrift. **(b)** *(Mil Hist)* sapper.
gastar [1a] **1** *vt* **(a)** *(esfuerzo, dinero, tiempo)* to spend; *(desembolsar)* to expend; *(disponer: dinero)* to lay out; **han gastado un dineral** they've spent a fortune. **(b)** *(consumir: gasolina, electricidad etc)* to use (up), consume; *(agotar: recursos)* to use up, exhaust; **mi coche gasta mucha gasolina** my car uses a lot of petrol; **las reservas se gastaron** the reserves are used up. **(c)** *(pey: desperdiciar)* to waste; **~ una semana en hacer algo** to waste a week doing sth; **~ palabras** to waste one's breath. **(d)** *(Mec)* to wear away *o* down; *(ropa, zapato: desgastar)* to wear out; *(: estropear)* to spoil. **(e)** *(vestir)* to wear; *(coche)* to run; **¿qué talle (de zapatos) gastas?** what size (of shoes) do you take?; **~ barba** to have *o* sport a beard. **(f)** *(broma)* to crack; *(burla)* to play *(a* on). **(g) ~las** *(fam)* to act, behave.
2 *vi* to spend.
3 gastarse *vr (consumirse)* to become exhausted; *(terminarse)* to run out; *(desgastarse)* to wear out; *(deteriorarse)* to waste, spoil.
gasto *nm* **(a)** *(acto)* spending, expenditure. **(b)** *(cantidad gastada)* outlay, expense; **ello supone un gran ~ para él** it means a considerable expense for him. **(c)** *(consumo)* consumption, use; *(Mec)* wear; *(desgaste)* waste; *(de gas)* flow, rate of flow. **(d) ~s** *(Com, Fin)* expenses; *(costos)* charge(s), cost(s); **~s de acarreo** transport charges, haulage; **~s bancarios** bank charges; **~s de mantenimiento** maintenance expenses; **~s de administración/defensa/explotación** administrative/defence/operating costs; **~s fijos** fixed charges; **~s de flete** freight charges; **~s generales** overheads; **~s menores (de caja)** petty cash; **cubrir ~s** to cover expenses; **meterse en ~s** to incur expense; **pagar los ~s** to foot the bill.
gástrico *adj (Anat)* gastric.
gastritis *nf (Med)* gastritis.
gastronomía *nf (arte culinaria)* gastronomy.
gastrónomo/a *nm/f* gastronome, gourmet.
gata *nf* **(a)** *(Zool)* she-cat. **(b)** *(fam: madrileña)* Madrid woman; *(Méx: sirvienta)* servant, maid. **(c)** *(Met)* hill cloud. **(d)** *(LAm Aut)* jack. **(e) andar a ~s** to go on all fours; *(gatear)* to creep, crawl; *(bebé)* to crawl.
gatada *nf* **(a)** *(cría)* litter of kittens. **(b)** *(acción vituperable)* sly trick.
gateado 1 *adj* **(a)** *(gatuno)* catlike, feline. **(b)** *(color)* streaked, striped. **2** *nm (acto: de gatear)* crawl; *(: de subir)* climb.
gatear [1a] **1** *vt* **(a)** *(arañar)* to scratch, claw. **(b)** *(fam: hurtar)* to pinch *(fam)*, swipe *(fam)*. **(c)** *(Méx: coquetear)* to flirt with. **2** *vi (trepar)* to climb, clamber *(por* up); *(andar a gatas)* to crawl, go on all fours.
gatera *nf* **(a)** *(aficionada a los gatos)* catlover. **(b)** cat hole *(tb Náut)*. **(c)** *(LAm: verdulera)* market woman, stallholder.
gatería *nf* **(a)** *(gatos)* collection of cats. **(b)** *(pandilla)* gang of louts. **(c)** *(simulación)* pretended humility.
gatillo *nm* **(a)** *(Mil)* trigger; *(Med)* dental forceps; *(Téc)* clamp. **(b)** *(Zool)* nape of the neck. **(c)** *(ratero)* young pickpocket.
gato *nm* **(a)** *(Zool)* cat, tomcat; **~ de algalia/de Angora/montés** civet/Angora/wild cat; **'El ~ con botas'** 'Puss in Boots'; **dar a uno ~ por liebre** to sell sb a pig in a poke; **el ~ escaldado del agua fría huye** once bitten twice shy; **aquí hay ~ encerrado** there's something fishy here; **no había más que 4 ~s** there was hardly anybody there; **jugar al ~ y ratón con uno** to play a cat-and-mouse game with sb; **pasar sobre algo como ~ sobre ascuas** to tread carefully round sth; *(LAm)* **estar para el ~** *(persona)* to be bushed *(fam)*; *(fiesta)* to be a flop *(fam)*; *véase* **pie (a)**. **(b)** *(Téc: Aut)* jack; *(torno)* clamp, vice; **~ de tornillo** screw jack. **(c)** *(Fin)* money bag. **(d)** *(fam: ladrón)* sneak *o* petty thief; *(: hombre sagaz)* slyboots *(fam)*. **(e)** *(madrileño)* native of Madrid. **(f)** *(Méx)* servant; *(RPl)* a popular folk dance.
gatuno *adj (felino)* catlike, feline.
gatuperio *nm* **(a)** *(embrollo)* hotchpotch. **(b)** *(chanchullo)* piece of underhand dealing.
gauchada *nf (RPl)* **(a)** gauchos *pl*. **(b)** *(hazaña de gaucho)* gaucho exploit *o* trick. **(c)** *(favor)* kind deed, favour.
gauchaje *nm (RPl)* gauchos *pl*; *(pey: gentuza)* riff-raff, rabble.
gauchear [1a] *vi (RPl)* to live like a gaucho.
gauchesco *adj (RPl)* gaucho *(atr)*, of the gauchos; **vida ~a** gaucho life.
gaucho 1 *nm* **(a)** *(LAm)* gaucho; *(vaquero)* cowboy, herdsman; *(Arg: de las pampas)* inhabitant of the coastal provinces. **(b)** *(Chi, RPl: buen jinete)* good rider, expert horseman. **2** *adj* **(a)** gaucho *(atr)*, gaucho-like. **(b)** *(LAm: grosero)* coarse; *(taimado)* sly.
gaudeamus *nm (fam: fiesta)* party.

gaveta *nf (cajón)* drawer, till; *(con llave)* locker.
gavia *nf* **(a)** *(Náut: vela)* main topsail. **(b)** *(Agr: zanja)* ditch. **(c)** *(cuadrilla)* squad of workmen.
gavilán *nm* **(a)** *(Orn)* sparrowhawk. **(b)** *(de pluma)* nib. **(c)** *(LAm: uñero)* ingrowing toenail.
gavilla *nf* **(a)** *(Agr)* sheaf. **(b)** *(fam: pandilla)* gang, band.
gaviota *nf (Orn)* seagull.
gaya *nf* **(a)** *(Orn: urraca)* magpie. **(b)** *(en tela)* coloured stripe.
gayo *adj* **(a)** *(alegre)* merry, gay; **~a ciencia** *(Lit Hist)* art of poetry. **(b)** *(vistoso)* bright, showy.
gayola *nf (jaula)* cage; *(fam: cárcel)* jail.
gaza *nf (lazo)* loop; *(Náut)* bend, bight.
gazapa *nf (fam: mentira)* fib, lie.
gazapatón *nm (fam: disparate)* blunder, slip.
gazapera *nf* **(a)** *(madriguera)* rabbit hole, warren. **(b)** *(fam, fig)* den of thieves. **(c)** *(riña)* brawl, shindy.
gazapo *nm* **(a)** *(Zool)* young rabbit. **(b)** *(taimado)* sly fellow; *(LAm)* liar. **(c)** *(disparate)* blunder *(fam)*; *(mentira)* lie; *(Tip: error)* printing-error.
gazmoñería *nf* **(a)** *(hipocresía)* hypocrisy. **(b)** *(remilgo)* prudery; *(mojigatería)* sanctimoniousness.
gazmoñero/a *adj*, **gazmoño/a 1** *adj* **(a)** hypocritical, canting. **(b)** *(remilgado)* prudish; *(beato)* sanctimonious. **2** *nm/f* **(a)** hypocrite. **(b)** prude, sanctimonious person.
gaznápiro/a *nm/f (zoquete)* dolt, simpleton.
gaznate *nm (pescuezo)* gullet; *(garganta)* windpipe; **remojar el ~** *(fam)* to wet one's whistle *(fam)*; **a ~ tendido** at the top of one's lungs.
gazpacho *nm (Culin)* cold soup of Andalucía.
gazuza *nf: (fam: hambre)* ravenous hunger.
géiser *nm (Geog)* geyser.
geisha ['geiʃa] *nf* geisha girl.
gelatina *nf (Culin)* gelatin(e), jelly; **~ explosiva** gelignite.
gelatinoso *adj* gelatinous.
gelignita *nf* gelignite.
gema *nf* **(a)** *(piedra preciosa)* gem, jewel. **(b)** *(Bot: botón)* bud.
gemelo/a 1 *adj (mellizo)* twin; **buque ~** sister ship; **hermanas ~as** twin sisters. **2** *nm/f* **(a)** twin. **(b) ~s de campo** field glasses, binoculars; **~s de teatro** opera glasses. **(c) ~s** *(Cos)* cuff-links. **(d) G~s** *(Astron)* Gemini.
gemido *nm (quejido)* groan, moan; *(lamento)* wail, howl.
Géminis *nm (Astron)* Gemini.
gemir [3l] *vi (quejarse)* to groan, moan; *(lamentarse)* to wail, howl; *(animal)* to whine; *(viento)* to howl; *(fig)* to moan; **'sí' dijo gimiendo** 'yes' he groaned.
gen *nm* gene.
gena *nf (droga)* hashish.
genciana *nf (Bot)* gentian.
gendarme *nm (LAm: policía)* policeman, gendarme.
gendarmería *nf (LAm)* police, gendarmerie.
genealogía *nf (ascendientes)* genealogy; *(árbol)* family tree; *(raza)* pedigree.
genealógico *adj* genealogical.
generación *nf* **(a)** *(acto)* generation. **(b)** *(grupo)* generation; **la ~ del '98** the '98 generation; **las nuevas ~es** the rising generation. **(c)** *(especie)* progeny; *(sucesión)* succession.
generador 1 *adj (que engendra)* generating. **2** *nm* generator.
general 1 *adj (gen)* general; *(amplio)* wide; *(común)* common; *(pey: corriente)* rife; *(frecuente)* usual; **es ~ por toda España** it is common throughout Spain; **de distribución ~** of general distribution; **en** *o* **por lo ~** generally, as a general rule; **el mundo en ~** the world in general *o* at large. **2** *nm (Mil, Rel)* general; **~ de brigada** brigadier-general; **~ de división** major-general. **3** *nf*: **~es** personal particulars.
generalato *nm (Mil, Rel)* generalship.
generalidad *nf* **(a)** generality; *(mayoría)* mass, majority; **la ~ de los hombres** the majority of *o* most men. **(b)** *(vaguedad)* vague answer, generalization. **(c)** *(Pol)* **la G~** *Catalan autonomous government of 1931-36.*
generalísimo *nm (Mil)* supreme commander; **el G~ Franco** General Franco.
generalización *nf* **(a)** *(acto)* generalization. **(b)** *(de un conflicto)* widening, escalation.
generalizar [1f] **1** *vt* **(a)** to generalize; *(hacer general una cosa)* to make more widely known. **(b)** *(Mil: ampliar)* to widen, escalate. **2** *vi* to generalise. **3 generalizarse** *vr* **(a)** to become general *o* universal; *(difundirse)* to become widely known *o* used. **(b)** *(Mil: extenderse)* to widen, escalate.
generar [1a] *vt* to generate.
generativo *adj* generative.
genérico *adj* generic.
género *nm* **(a)** *(clase)* class, kind; **~ humano** human race, mankind; **le deseo todo ~ de felicidades** I wish you all the happiness in the world. **(b)** *(Bio: especie)* genus. **(c)** *(Arte, Lit)* genre, type; **~ chico** genre of short farces; *(zarzuela)* Spanish operetta; **~ novelístico** novel genre, fiction; **pintor de ~** genre painter; **es todo un ~ de literatura** it is a whole type of literature. **(d)** *(Ling)* gender; **del ~ masculino** of the masculine gender. **(e)** *(Com)* cloth, material; **~s** *(productos)* goods; *(mercancías)* commodities; **~ de lino** linen goods; **~s de punto** knitwear; **le conozco el ~** I know his sort.
generosidad *nf* **(a)** *(largueza)* generosity; *(nobleza)* nobility, magnanimity. **(b)** *(Hist)* nobility; *(valor)* valour.
generoso *adj* **(a)** *(liberal)* generous (*con, para* to); *(noble)* noble, magnanimous. **(b)** *(Hist)* highborn; *(caballeresco)* gentlemanly; *(valiente)* brave; **de sangre ~a** of noble blood; **en pecho ~** in a noble heart. **(c)** *(vino)* rich, full-bodied.
genésico *adj* genetic.
génesis *nf* genesis; **G~** *(Rel)* Genesis.
genética *nf* genetics *sg.*
genético *adj* genetic.
genial *adj* **(a)** *(brillante)* brilliant, of genius; **escritor ~** writer of genius; **fue una idea ~** it was a brilliant idea. **(b)** *(estupendo)* fabulous, wonderful; **fue una película ~** it was a wonderful *o* marvellous film. **(c)** *(agradable)* pleasant, genial. **(d)** *(propio)* characteristic; *(singular)* individual; *(típico)* typical.
genialidad *nf* **(a)** *(singularidad)* genius; *(acto genial)* stroke of genius, brilliant stroke; **es una ~ suya** *(iro)* it's one of his brilliant ideas. **(b)** *(temperamento)* temperament. **(c)** *(singularidad)* peculiarity; *(excentricidad)* eccentricity.
genio *nm* **(a)** *(inclinación)* disposition, temper; **buen ~** good nature; **de ~ franco** of an open nature; **mal ~** bad temper; **~ vivo** quick *o* hot temper; **corto de ~** *(torpe)* dimwitted; *(tímido)* timid; **llevar el ~ a uno** to humour sb, not to dare to contradict sb; **~ y figura hasta la sepultura** the leopard can't change his spots. **(b)** *(cólera)* bad temper; **es una mujer de mucho ~** she's a quick-tempered woman; **tiene ~** he's tempera-

mental. **(c)** *(talento)* genius; **¡eres un ~!** you're a genius! **(d)** *(peculiaridad)* genius, peculiarities. **(e)** *(Rel etc)* spirit; *(espíritu)* genie; **~ del mal** evil spirit; **~ tutelar** guardian spirit.
genista *nf (Bot)* broom.
genital 1 *adj* genital. **2** *nm*: **~es** genitals, genital organs.
genitivo 1 *adj (reproductivo)* generative, reproductive. **2** *nm (Ling: caso)* genitive.
genocidio *nm* genocide.
Génova *nf* Genoa.
genovés/esa *adj, nm/f* Genoese.
gente *nf* **(a)** *(gen)* people; *(nación)* race, nation; *(Mil)* men, troops; *(fam: parientes)* relatives, folks; *(obreros)* workforce; **el rey y su ~** the king and his retinue; **mi ~** my people, my folks; **son ~ inculta** they're rough people; **hay muy poca ~** there are very few people; **~ baja** lower classes; **~ bien/de bien** upper-class *o (pey)* posh/decent people; **~ de capa parda** country folk; **~ de color** *(euf)* coloured people; **~ de mar** seafaring men; **~ menuda** *(humildes)* humble folk; *(niños)* children; **~ de pelo** well-to-do people; **~ de medio pelo** people of limited means; **~ de pluma** clerks, penpushers; **~ principal** nobility, gentry; **~ de trato** tradespeople; *véase* **don**[2]. **(b)** *(LAm)* upper-class people; **buena ~** nice *o* respectable people; **ser ~** to be somebody. **(c)** *(Méx)* person; **había dos ~s** there were two people.
gentecilla *nf* unimportant people; *(pey: gentuza)* rabble, riffraff.
gentil 1 *adj* **(a)** *(elegante)* graceful; *(guapo)* charming; *(fino)* courteous. **(b)** *(iro)* pretty, fine; **¡~ cumplido!** a fine compliment! **(c)** *(idólatra)* pagan, heathen; *(no judío)* gentile. **2** *nmf (véase adj)* pagan, heathen; gentile.
gentileza *nf* **(a)** *(gracia)* gracefulness; *(encanto)* charm; *(finura)* courtesy. **(b)** *(pompa)* splendour. **(c)** *(cortesía)* dash, gallantry.
gentilicio *adj (de las naciones)* national, tribal; *(familiar)* family *(atr)*; **nombre ~** family name.
gentilidad *nf*, **gentilismo** *nm (idolatría)* heathenism.
gentío *nm* crowd, throng.
gentuza *nf (pey: plebe)* rabble, mob; *(: chusma)* riffraff; **¡qué ~!** what a rabble! *(fam)*.
genuflexión *nf* genuflexion.
genuino *adj* **(a)** *(auténtico)* genuine; *(verdadero)* real, true. **(b)** *(Colombia: estupendo)* smashing *(fam)*.
geofísica *nf* geophysics.
geografía *nf* geography.
geográfico *adj* geographical.
geología *nf* geology.
geólogo *nm* geologist.
geometría *nf* geometry; **~ del espacio** solid geometry.
geométrico *adj* geometric(al).
geopolítica *nf* geopolitics.
geranio *nm (Bot)* geranium.
gerbo *nm (Zool)* gerbil.
gerencia *nf* **(a)** *(dirección)* management. **(b)** *(cargo)* post of manager. **(c)** *(oficina)* manager's office.
gerente *nmf* manager/manageress, director; *(ejecutivo)* executive; **~ general** managing director; **~ de personal** personnel manager.
geriatría *nf (Med)* geriatrics *sg*.
germanía *nf (jerga)* thieves' slang, underworld parlance.
germano *adj* Germanic.
germanófilo/a *nm/f* germanophile.
germen *nm* **(a)** *(Bio, Med)* germ; **~ plasma** germ plasma. **(b)** *(fig)* germ, seed; *(origen)* source; **el ~ de una idea** the germ of an idea.
germicida 1 *adj* germicidal. **2** *nm (desinfectante)* germicide.
germinación *nf* germination.
germinar [1a] *vi (nacer)* to germinate; *(brotar)* to sprout, shoot.
gerundense 1 *adj* of Gerona. **2** *nmf* native *o* inhabitant of Gerona.
gerundiano *adj (estilo)* bombastic.
gerundiar [1b] *vi* to speak *o* write meaninglessly.
gerundio *nm (Ling)* gerund; **~ adjetivado** gerundive.
gesta *nf* **(a)** *(acción heroica)* heroic deed. **(b)** *(Lit Hist)* epic poem; *véase* **cantar 3.**
gestación *nf* gestation.
Gestapo *nf* the Gestapo.
gestear [1a] *vi* = **gesticular.**
gesticulación *nf* **(a)** *(mímica)* gesticulation. **(b)** *(mueca)* grimace, wry face.
gesticular [1a] *vi* **(a)** to gesticulate, gesture. **(b)** *(hacer muecas)* to grimace, make a face.
gestión *nf* **(a)** *(Com)* management, conduct. **(b)** *(negociación)* negotiation. **(c)** *(medida)* step; *(acción)* action; *(esfuerzo)* effort; **~es** measures, steps; **hacer las ~es necesarias para hacer algo** to take the necessary steps to do sth; **hacer las ~es preliminares** to do the groundwork.
gestionar [1a] *vt* **(a)** *(conducir)* to manage, conduct. **(b)** *(negociar)* to negotiate (for). **(c)** *(hacer diligencias)* to try to arrange, work towards *o* for.
gesto *nm* **(a)** *(cara)* face; *(semblante)* expression on one's face; **poner mal** *o* **torcer el ~** to make a wry face; *(fruncirse)* to scowl, look cross. **(b)** *(mueca)* grimace, wry face; *(ceño)* scowl; **hacer ~s** to make faces (*a* at); **hizo un ~ de asco** he looked disgusted; **hizo un ~ de extrañeza** he looked surprised. **(c)** *(actitud)* gesture; *(ademán)* sign; **hacer ~s** to make gestures (*a* to); **con un ~ de cansancio** with a weary gesture.
gestor(a) 1 *adj (que gestiona)* managing. **2** *nm/f* manager/manageress; *(promotor)* promoter; *(agente)* business agent.
Ghana *nf* Ghana.
ghaneano/a *adj, nm/f* Ghanean.
giba *nf* **(a)** *(joroba)* hump. **(b)** *(fam: molestia)* nuisance, bother.
gibado *adj (jorobado)* with a hump, hunchback.
gibar [1a] *vt (fam: molestar)* to annoy, bother.
gibón *nm (mono)* gibbon.
Gibraltar *nm* Gibraltar.
gibraltareño/a 1 *adj* of Gibraltar. **2** *nm/f* native *o* inhabitant of Gibraltar.
gigante 1 *adj (muy alto)* giant *(atr)*, gigantic. **2** *nm* giant; *(fig)* superior.
gigantesco *adj* gigantic, giant *(atr)*.
gigantón *nm (muñeco grande)* giant carnival figure.
gigoló *nm* gigolo.
gijonés/esa 1 *adj* of Gijón. **2** *nm/f* native *o* inhabitant of Gijón.
gil *nm* = **gilipollas.**
gilipollada *nf (fam: estupidez)* silly thing.
gilipollas *nmf inv (fam: estúpido)* idiot; **¡~!** you idiot!
gillet(t)e [xi'lete] *nf* razor blade.
gimnasia *nf* gymnastics; *(entrenamiento)* physical training; **~ respiratoria** deep breathing; **confundir la ~ con la magnesia** to get things mixed up.
gimnasio *nm* gymnasium, gym *(fam)*.

gimnasta *nmf* gymnast.
gimnástico *adj* gymnastic.
gimotear [1a] *vi (gemir)* to whine; *(lamentar)* to wail; *(lloriquear)* to snivel.
gimoteo *nm (gemido)* whine, whining; *(lamento)* wailing; *(lloriqueo)* snivelling.
Ginebra *nf* Geneva.
ginebra *nf (bebida)* gin.
ginecología *nf* gynaecology.
ginecólogo *nm* gynaecologist.
ginfizz [ʒin'fiz] *nm inv* gin with mineral water.
gira *nf (Mús, Teat)* tour; *(viaje)* trip; **estar en ~** to be on tour; **~ artística** artistic tour; *véase tb* **jira**[2].
girado/a *nm/f (Com)* drawee.
girador(a) *nm/f (Com)* drawer.
giralda *nf*, **giraldilla** *nf* weathercock.
girar [1a] **1** *vt* **(a)** *(dar vuelta a)* to turn round, rotate; *(torcer)* to twist; *(revolver)* to spin; **~ la manivela 2 veces** to turn the crank twice. **(b)** *(volver)* to swing, swivel; **~ la vista** to look round. **(c)** *(Com)* to draw *(a cargo de, contra* on), issue.

2 *vi* **(a)** *(voltearse)* to turn round; *(dar vueltas)* to rotate; *(Mec)* to spin; *(rodar)* to wheel; *(Dep: pelota)* to spin; **~ hacia la derecha** to swing right; **gira a 1600 rpm** it rotates at 1600 rpm; **el satélite gira alrededor del mundo** the satellite circles the earth; **la conversación giraba en torno de las elecciones** the conversation turned on the election. **(b)** *(balancear)* to swing, swivel; *(sobre goznes)* to hinge; *(en equilibrio)* to pivot; **la puerta giró sobre sus goznes** the door swung on its hinges. **(c)** *(Com)* to draw; **~ en descubierto** to overdraw.
girasol *nm* sunflower.
giratorio *adj (gen)* revolving; *(puerta)* revolving; *(puente)* swing *(atr)*; *(silla)* swivel *(atr)*.
giro[1] *nm* **(a)** *(vuelta)* turn; *(rotación)* revolution, rotation; *(cambio de sentido)* change of direction; **hacer un ~** to make a turn; **el coche dio un ~ brusco** the car swung away suddenly. **(b)** *(fig: de sucesos)* trend, course; **la cosa ha tomado un ~ favorable** the affair has taken a favourable turn. **(c)** *(Ling)* turn of phrase, expression. **(d)** *(Com)* draft; *(letra)* bill of exchange; **~ en descubierto** overdraft; **~ postal** postal order; **~ a la vista** sight draft.
giro[2] *adj (LAm: gallo)* with some yellow colouring.
girocompás *nm* gyrocompass.
giroscopio *nm* gyroscope.
gis *nm* **(a)** *(LAm: tiza)* chalk; *(Colombia: pizarrín)* slate pencil. **(b)** *(Méx)* pulque.
gitanada *nf* **(a)** *(acción)* gipsy trick, mean trick. **(b)** *(halago)* wheedling, cajolery; *(embuste)* humbug.
gitanear [1a] *vt (halagar)* to wheedle, cajole.
gitanería *nf* **(a)** *(grupo)* band of gipsies. **(b)** *(vida)* gipsy (way of) life. **(c)** *(dicho)* gipsy saying.
gitano/a **1** *adj* **(a)** *(de gitanos)* gipsy *(atr)*; **las costumbres ~as** gipsy customs. **(b)** *(fig)* wheedling, cajoling. **(c)** *(astuto)* wily, sly. **(d)** *(sucio)* dirty. **2** *nm/f* gipsy; **~a** *(adivinadora)* fortune teller; **vivir como ~s** to lead an unsettled life.
glacial *adj* **(a)** *(masa de hielo)* glacial; *(viento)* icy, bitter. **(b)** *(fig)* icy, stony.
glaciar *nm* glacier.
gladiador *nm (Hist)* gladiator.
gladio *nm*, **gladíolo** *nm* gladiolus.
glándula *nf (Anat, Bot)* gland; **~ endocrina/pituitaria/prostática/tiroides** endocrine/pituitary/prostate/thyroid gland.
glandular *adj* glandular.
glaseado *adj (brillante)* glazed, glossy; *(tela)* glacé.
glasear [1a] *vt (papel)* to glaze.
glauco *adj (Lit: verde claro)* green, light-green.
glaucoma *nm (Med)* glaucoma.
gleba *nf (terrón)* clod.
glicerina *nf (Quím)* glycerin(e).
global *adj (en conjunto)* global; *(completo)* total, overall; *(investigación)* full, comprehensive; *(cantidad)* total, aggregate; *(suma)* lump *(atr)*.
globo *nm* **(a)** *(esfera)* globe, sphere; **~ de luz** spherical lamp; **~ terráqueo** globe. **(b)** *(con aire)* balloon; **~ aerostático** *(Aer)* balloon; **~ cautivo** observation balloon; **~ dirigible** airship, dirigible. **(c)** **en ~** as a whole; *(Com)* in bulk; *(fig)* broadly.
globoso *adj*, **globular** *adj* globular, spherical.
glóbulo *nm* **(a)** globule. **(b)** *(Anat)* corpuscle; **~ blanco/rojo** white/red corpuscle.
gloria *nf (fama)* glory; *(fig)* delight; *(delicia)* bliss; **una vieja ~** a has-been; **¡por la ~ de mi madre!** by all that's holy!; **estar en su ~** to be in one's element; **saber a ~** to taste heavenly; **Dios le tenga en su santa ~** God rest his soul.
gloriarse [1b] *vr:* **~ de algo** *(preciarse)* to boast of sth, be proud of sth; **~ en algo** *(complacerse)* to glory *o* rejoice in sth.
glorieta *nf* **(a)** *(pérgola)* bower; *(cenador)* summerhouse. **(b)** *(Aut)* roundabout, *(US)* traffic circle; *(plaza redonda)* circus; *(cruce)* junction, intersection.
glorificar [1g] **1** *vt (alabar)* to glorify, praise. **2** **glorificarse** *vr:* **~ de, ~ en** *(gloriarse)* to boast of, glory in.
glorioso *adj* **(a)** *(digno)* glorious; *(Rel: santo)* blessed, in glory; *(memoria)* blessed; **la G~a** *(Rel)* the Virgin. **(b)** *(vanidoso)* proud, boastful.
glosa *nf (explicación)* gloss; *(comentario)* comment, note.
glosar [1a] *vt (explicar)* to gloss; *(comentar)* to comment on, annotate; *(criticar)* to criticize.
glosario *nm* glossary.
glotis *nf inv (Anat)* glottis.
glotón/ona **1** *adj (tragón)* gluttonous, greedy. **2** *nm/f* glutton. **3** *nm (tb* **~ de América***)* wolverine.
glotonear [1a] *vi* to be greedy *o* gluttonous.
glotonería *nf* gluttony, greediness.
glucosa *nf (Quím)* glucose.
gluglú *nm* **(a)** *(de agua)* gurgle, gurgling; **hacer ~** to gurgle. **(b)** *(de pavo)* gobble, gobbling; **hacer ~** to gobble.
gluglutear [1a] *vi (pavo)* to gobble.
gluten *nm* gluten.
glúteo **1** *adj (Anat)* gluteal. **2** *nm (fam: nalgas)* buttocks *pl*, backside.
gnomo ['nomo] *nm* gnome.
gobelino *nm (tapiz)* hand-woven wall tapestry.
gobernable *adj* **(a)** *(Pol)* governable; **un pueblo difícilmente ~** an unruly people. **(b)** *(Náut)* navigable, steerable.
gobernación *nf* **(a)** *(acto)* governing, government; **Ministro de la G~** Minister of the Interior, *(Brit)* Home Secretary, *(US)* Secretary of the Interior. **(b)** *(residencia)* governor's residence *o* office.
gobernador(a) **1** *adj (que gobierna)* governing, ruling. **2** *nm/f (jefe político)* governor, ruler; **~ general** governor general.
gobernalle *nm (timón)* rudder, helm.
gobernanta *nf (LAm: niñera)* governess.
gobernante **1** *adj (que gobierna)* ruling. **2** *nmf*

(líder) ruler, governor; *(fig)* self-appointed leader.

gobernar [1k] **1** *vt* **(a)** *(Pol)* to govern, rule. **(b)** *(gen)* to govern; *(guiar)* to guide; *(controlar)* to manage, run; *(manejar)* to handle. **(c)** *(Náut)* to steer, sail. **2** *vi* **(a)** *(Pol)* to govern, rule; **~ mal** to misgovern. **(b)** *(Náut)* to handle, steer.

gobierno *nm* **(a)** *(Pol)* government; **el ~ español** the Spanish government; **~ fantasma** shadow cabinet. **(b)** *(gen)* guidance, direction; *(dirección)* management; *(manejo)* control, handling; **~ doméstico, ~ de la casa** housekeeping; **servir de ~ a** to act as a guide to. **(c)** *(puesto)* governorship. **(d)** *(Náut)* steering; *(timón)* helm; **buen ~** navigability; **de buen ~** navigable, easily steerable.

goce *nm (disfrute)* enjoyment; *(posesión)* possession.

gocho *nm (fam: cochino)* pig.

godo/a 1 *adj (gótico)* Gothic. **2** *nm/f* **(a)** *(Hist)* Goth. **(b)** *(LAm pey)* Spaniard; *(Pol: conservador)* conservative, reactionary.

gol *nm* goal; **¡~!** goal!

gola *nf* **(a)** *(Anat)* throat, gullet. **(b)** *(Mil Hist)* gorget; *(Cos Hist)* ruff. **(c)** *(Arquit)* cyma, ogee.

goleada *nf* avalanche of goals.

goleador *nm (Dep)* goal scorer; **el máximo ~ de la liga** the top goal scorer in the league.

golear [1a] **1** *vt (anotar tantos)* to score a goal against; **Eslobodia goleó a Ruritania por 13 a 0** Slobodia overwhelmed Ruritania by 13-0. **2** *vi (anotar)* to score a goal.

goleta *nf* schooner.

golf *nm* golf; **campo de ~** golf course; **~ miniatura** miniature golf.

golfear [1a] *vi (vagabundear)* to loaf, idle; *(vivir a la briba)* to live like a street urchin.

golfería *nf* **(a)** *(en conjunto)* loafers; *(vagos)* street urchins. **(b)** *(holgazanear)* loafing, idling; *(vida callejera)* street life. **(c)** *(trampa)* dirty trick.

golfista *nmf (Dep)* golfer.

golfo[1] *nm* **(a)** *(Geog: bahía)* gulf, bay; **G~ de Méjico** Gulf of Mexico; **G~ Pérsico** Persian Gulf. **(b)** *(el mar)* open sea. **(c)** *(fig)* gulf, abyss.

golfo[2]**/a 1** *nm (pilluelo)* street urchin; *(vago)* tramp; *(gorrón)* loafer. **2 golfa** *nf (fam: prostituta)* tart *(fam)*.

golilla *nf* **(a)** *(Cos Hist)* ruff. **(b)** *(LAm: bufanda)* scarf; **andar de ~** to be all dressed up; **ajustar la ~** to do one's duty. **(c)** *(Téc: de tubo)* flange. **(d)** *(LAm Orn)* collar, ruff.

golondrina *nf* **(a)** *(Orn)* swallow; **~ de mar** tern; **una ~ no hace verano** one swallow does not make a summer. **(b)** *(Chi)* furniture van.

golondrino *nm* **(a)** *(vagabundo)* tramp; *(Mil)* deserter. **(b)** *(Med)* tumour under the armpit.

golondro *nm (fam: antojo)* fancy, yen *(fam)*; **andar de ~s** to cherish foolish hopes; **campar de ~** to sponge *(fam)*.

golosina *nf* **(a)** *(manjar)* titbit, dainty; *(dulce)* sweet. **(b)** *(bagatela)* trifle; *(cosa inútil)* useless object. **(c)** *(deseo)* desire, longing; *(ganas)* fancy. **(d)** *(gula)* sweet tooth; *(glotonería)* greed.

goloso *adj* **(a)** *(de lo dulce)* sweet-toothed. **(b)** *(fam: glotón)* greedy.

golpe *nm* **(a)** *(gen)* blow; *(impacto)* hit, knock; *(manotazo)* smack; *(encuentro)* bump; *(con un remo)* stroke; *(del corazón)* beat, throb; *(de reloj)* tick; **se dio un ~ en la cabeza** he got a bump on his head; **A dio a B un ~ con un palo** A gave B a blow with his stick; **~ aplastante** crushing blow; **~ de gracia** coup de grâce *(tb fig)*; **~ mortal** death blow; **dar ~s en la puerta** to pound (at *o* on) the door; **descargar ~s sobre uno** to rain blows on sb; **no dar ~** not to do a stroke; **a ~ dado no hay quite** *(LAm)* what's done cannot be undone; **errar el ~** to fail in an attempt.

(b) *(Téc)* stroke; **~ de émbolo** piston stroke.

(c) *(Boxeo)* blow, punch; *(Fútbol)* kick; *(Béisbol, Golf, Tenis)* hit, shot; **~ de abajo arriba** *(Boxeo)* uppercut; **~ bajo** *(Boxeo, fig)* blow below the belt; **~ de acercamiento** *(Golf)* approach shot; **~ de castigo/franco** penalty/free kick; **~ de martillo** *(Tenis)* smash; **~ de salida** *(Golf)* drive, drive off.

(d) *(mala suerte)* blow, misfortune; *(choque)* shock, clash; *(sorpresa)* surprise, astonishment; **ha sufrido un ~ duro** he has had a hard knock.

(e) *(fam: atraco)* job *(fam)*; **dieron un ~ en un banco** they did a bank job.

(f) *(fig)* **~ de agua** heavy fall of rain; **~ de estado** coup d'état; **~ de fortuna/maestro** stroke of luck/genius; **~ de mano** rising, sudden attack; **~ de viento** gust of wind; **~ de vista** look, glance.

(g) *(locuciones + prep)* **a ~ seguro** without any risk; **ir a ~ de calcetín** *o* **de alpargata** *(fam)* to go on shanks's pony; **de ~ (y porrazo)** suddenly, unexpectedly; **de un ~** in one go; *(de una vez)* outright; *(de un tirón)* at a stretch; **la puerta se abrió de ~** the door flew open; **cerrar una puerta de ~** to slam a door.

(h) *(fig)* crowd, mass; *(abundancia)* abundance; **~ de gente** crowd of people.

(i) *(Mec: pestillo)* spring lock; **de ~** spring *(atr)*; **pestillo de ~** spring bolt.

(j) *(Cos: adorno)* pocket flap; *(Colombia: vuelta)* facing.

(k) *(Méx: mazo)* sledgehammer.

golpeador *nm (LAm: aldaba)* door knocker.

golpeadura *nf* = **golpeo.**

golpear [1a] **1** *vt (gen)* to strike, knock; *(persona, alfombra)* to beat; *(dar un puñetazo)* to punch; *(aporrear)* to thump; *(mesa)* to bang; *(con suavidad)* to tap; **ha sido golpeado por la vida** *(fig)* life has treated him badly. **2** *vi (latir)* to throb, tick; *(Aut, Mec)* to knock; **el ~ de las olas** the pounding of the sea.

golpecito *nm* (light) blow, tap; **dar ~s en** to tap (on), rap (on).

golpeo *nm* striking, knocking; *(en puerta, mesa)* beating, pounding; *(puñetazo)* punching; *(con fuerza)* thumping, banging; *(con suavidad)* tapping; *(Aut, Mec: vibración)* knock, knocking.

golpetear [1a] *vt, vi* to beat; *(martillar)* to knock, hammer; *(traquetear)* to rattle.

golpeteo *nm (golpes)* beating; *(martilleo)* drumming, tapping; *(traqueteo)* rattling.

golpiza *nf (LAm: paliza)* bashing *(fam)*, beating-up *(fam)*; **dar una ~ a uno** to beat sb up.

gollería *nf (golosina)* dainty, delicacy; *(gaje)* extra, special treat; **pedir ~s** to ask too much; **es un empleo con muchas ~s** the job has a lot of perks.

gollete *nm (garganta)* throat, neck; *(de botella)* neck; **estar hasta el ~** *(fam: harto)* to be up to here *(fam)*; *(: lleno)* to be full up.

goma *nf* **(a)** *(gen)* gum; *(caucho)* rubber; *(Cos)* elastic; **~ arábiga** gum arabic; **~ espumosa** foam rubber; **~ de mascar** chewing gum; **~ de pegar** gum, glue. **(b)** *(una ~)* rubber *o* elastic band; *(tira)* piece of elastic; *(Aut)* tyre; *(fam: preservativo)* condom, sheath; *(LAm)* **~s** galoshes **~ de borrar** rubber, eraser; **~ de borrar de máquina** typewriter rubber. **(c) estar de ~** *(CAm)* to have a hangover. **(d)** *(droga)* hashish.

goma-espuma *nf* foam rubber.

gomero 1 *adj* gum *(atr)*; *(de caucho)* rubber *(atr)*. **2** *nm* **(a)** *(Bot)* gum tree; *(caucho)* rubber tree. **(b)** *(persona)* rubber planter *o* producer; *(trabajador)* rubber-plantation worker. **(c)** *(frasco)* glue container.
gomina *nf (LAm)* hair lotion *o (US)* hair groom.
gomoso 1 *adj (pegajoso)* gummy, sticky. **2** *nm (fam: pisaverde)* toff *(fam)*, dandy.
gónada *nf* gonad.
góndola *nf (Náut)* gondola; *(Ferro)* goods wagon, *(US)* freight truck; *(LAm)* bus; ~ **de cable** cable-car; ~ **del motor** *(Aer)* engine casing.
gondolero *nm* gondolier.
gong [gon] *nm, pl* **gongs** [gon], **gongo** *nm* gong.
gonorrea *nf* gonorrhoea.
gordiflón *adj*, **gordinflón** *adj (fam)* podgy, chubby; ¡~! fatty! *(fam)*.
gordo/a 1 *adj* **(a)** *(persona)* fat; *(corpulento)* stout, plump; *(cosa)* big; *(lienzo, hilo)* coarse; *(hecho)* important, big; *(premio)* first, big; **en mi vida las he visto más ~as** *(fig)* I've never been in a tougher spot; **ni ~a** absolutely nothing; *véase* **gota, perra, sangre (b). (b)** *(comida, sustancia)* greasy, oily. **(c)** *(agua)* hard. **(d)** *(fam: antipático)* unpleasant; **ese tipo me cae ~** that chap gets on my nerves. **2** *adv (fam)* **hablar ~** to talk big *(fam)*. **3** *nm/f* fat man *o* woman; ¡~! fatty! *(fam)*. **4** *nm* **(a)** *(Culin)* fat, suet. **(b)** *(fam: premio)* first *o* big prize; **ganar el ~** to win the big prize; **sacarse el ~** *(fig)* to bring home the bacon *(fam)*. **5 gorda** *nf*: **se armó la ~a** all hell broke loose.
gordura *nf* **(a)** *(obesidad)* fat, fatness; *(corpulencia)* corpulence, stoutness. **(b)** *(Culin)* grease, fat.
gorgojo *nm* **(a)** *(insecto)* grub, weevil. **(b)** *(fig)* dwarf, runt.
gorgón *nm (Colombia: hormigón)* concrete.
gorgoritear [1a] *vi (gorjear)* to trill, warble.
gorgorito *nm (gorjeo)* trill, warble.
gorgotear [1a] *vi (hacer gárgaras)* to gurgle.
gorgoteo *nm (gárgara)* gurgle.
gori *nm*: **armar el ~** *(fam)* to make a row, kick up a fuss.
gorigori *nm (fam)* funeral chanting; *(fig)* wailing, gloomy chanting.
gorila 1 *nf (Zool)* gorilla. **2** *nm (fam)* tough *(fam)*, thug *(fam)*; *(guardaespaldas)* bodyguard; *(LAm: Pol)* right-winger; *(: Mil)* **los ~s** repressive forces.
gorja *nf (garganta)* throat, gorge; **estar de ~** *(fam)* to be very cheerful.
gorjear [1a] **1** *vi (trinar)* to chirp, trill. **2 gorjearse** *vr (niño)* to gurgle, burble.
gorjeo *nm (trino)* chirping, trilling; *(gorgoteo)* gurgling, burbling.
gorra 1 *nf (gen)* cap; *(de bebé)* bonnet; *(Mil)* bearskin, busby; *(Univ)* cap; ~ **de montar/de paño/de punto/de visera** riding/cloth/knitted/peaked cap. **2** *nmf (fam)* sponger *(fam)*, parasite; **andar** *o* **ir** *o* **vivir de ~** to sponge *(fam)*, scrounge *(fam)*; **colarse de ~** to gatecrash; **comer de ~** to scrounge a meal *(fam)*.
gorrear [1a] *vi (LAm)* to sponge *(fam)*, live as a parasite.
gorrero *nm (fam)* = **gorra 2.**
gorrinera *nf (pocilga)* pigsty.
gorrinería *nf* **(a)** *(porquería)* dirt. **(b)** *(fig)* dirty trick.
gorrino/a *nm/f* **(a)** *(cochinito)* small pig, sucking-pig. **(b)** *(fig)* dirty individual.
gorrión *nm* sparrow.
gorrista *nmf (fam)* = **gorra 2.**
gorro *nm (gen)* cap; *(de bebé, mujer)* bonnet; ~ **de baño/de dormir/de papel** bathing cap/nightcap/paper hat; **poner el ~ a uno** to cuckold sb; **estoy hasta el ~** I am fed up.
gorrón[1] *nm* **(a)** *(guijarro)* pebble, cobblestone. **(b)** *(Mec)* pivot, journal.
gorrón[2] *nm (fam)* = **gorra 2.**
gorrona *nf (ramera)* tart *(fam)*, whore.
gorronear [1a] *vi (fam)* to sponge *(fam)*, scrounge *(fam)*.
gota *nf* **(a)** *(de agua)* drop; *(de sudor)* bead; *(de pintura)* blob; **~s amargas** bitters; **~ a ~** drop by drop; **caer a ~s** to drip; **parecerse como dos ~s de agua** to be as like as two peas; **sudar la ~ gorda** to sweat blood; **no ver ~** to see nothing. **(b)** *(Med)* gout; **~ caduca** *o* **coral** epilepsy. **(c) ~ de leche** *(LAm: fig)* child welfare clinic. **(d)** *(droga)* liquid LSD.
goteado *adj* speckled, spotted.
gotear [1a] *vi (destilar)* to drip; *(escurrir)* to trickle; *(salirse)* to leak; *(vela)* to gutter; *(Met)* to rain lightly.
goteo *nm (gen)* dripping; *(Med)* drip.
gotera *nf* **(a)** *(gotas)* drip; *(chorrito)* trickle; *(agujero)* leak. **(b)** *(mancha)* stain *o* mark left by dripping water. **(c)** *(de colgadura)* valance. **(d)** *(Med: achaque)* chronic ailment; **estar lleno de ~s** to be full of aches and pains.
gotero *nm (LAm Med)* dropper.
gótico 1 *adj* Gothic; *(fig)* noble, illustrious. **2** *nm (Ling)* Gothic.
gotita *nf* droplet; **¡una ~ nada más!** *(de bebida)* just a drop!; **hubo dos ~s de lluvia** it rained a drop or two.
gotoso *adj* gouty.
gourmet [gur'me] *nm, pl* **gourmets** [gur'me] *(gastrónomo)* gourmet, connoisseur (of food).
gozar [1f] **1** *vt* **(a)** *(disfrutar)* to enjoy; *(poseer)* to have, possess. **(b)** *(mujer)* to have, seduce. **2** *vi (divertirse)* to enjoy o.s., have a good time; **~ de** to enjoy; *(tener)* to have; **~ de buena salud** to enjoy good health. **3 gozarse** *vr* to enjoy o.s.; **~ en hacer algo** to enjoy doing sth, take pleasure in doing sth.
gozne *nm* hinge.
gozo *nm* **(a)** *(placer)* enjoyment, pleasure; *(complacencia)* delight; *(júbilo)* joy, rejoicing; **¡mi ~ en el pozo!** it's gone down the drain!; **no caber (en sí) de ~** to be overjoyed; **da ~ escucharle** it's a pleasure to listen to him. **(b) ~s** *(Lit, Mús)* couplets in honour of the Virgin.
gozoso *adj* glad, delighted (*con, de* about).
grabación *nf* recording; **~ en cinta** *o* **magnetofónica** tape recording.
grabado 1 *adj (música)* recorded; *(en cinta)* on tape. **2** *nm (impresión)* engraving, print; *(en un libro)* illustration, print; **~ al agua fuerte** etching; **~ al agua tinta** aquatint; **~ en cobre** copperplate; **~ en madera** woodcut; **~ rupestre** rock carving.
grabador(a) 1 *nmf (persona)* engraver. **2 grabadora** *nf* **(a)** *(Téc)* graver, cutting tool. **(b)** *(Elec)* recorder; **~a de cinta** tape recorder; **~a de cassettes** cassette recorder.
grabadura *nf* engraving.
grabar [1a] *vt* **(a)** *(Arte)* to engrave; **~ al agua fuerte** to etch. **(b)** *(disco, cinta)* to record. **(c)** *(impresionar)* to engrave, impress; **~ algo en el ánimo de uno** to impress sth on sb's mind; **la escena está grabada en mi memoria** the scene is engraved on my memory.
gracejada *nf (LAm: estupidez)* clownish act, stupid and tasteless joke.

gracejo *nm* **(a)** *(al hablar)* charm, grace. **(b)** *(chispa)* wit, humour; *(conversación)* repartee.

gracia *nf* **(a)** *(garbo)* grace, gracefulness; *(atractivo)* attractiveness; **sin ~** graceless, unattractive. **(b)** *(beneficio)* favour, kindness; **de ~** free, gratis; **hacer a uno ~ de algo** to free sb from sth. **(c)** *(benevolencia)* graciousness. **(d)** *(agrado)* grace, favour; **caer de la ~ de uno** to lose sb's favour; **caer en ~ a uno** to find favour with *o* please sb. **(e)** *(Jur)* pardon, mercy. **(f)** *(chiste)* joke, witticism; *(humor)* humour; *(chispa)* wit; *(sentido)* point of a joke; **por ~** as a joke; **¡qué ~!** how funny! *(iro)* what a nerve!, the very idea!; **coger** *o* **pescar la ~** to see the point (of a joke); **dar en la ~ de decir algo** to harp on sth; **hacer ~ a uno** to amuse sb, strike sb as funny; **no nos hace ~** we are not amused; **no me hace ~ la idea** I'm not keen on the idea; **hacer una ~ a uno** to play a practical joke on sb; **tener ~** to be funny; *(encantar)* to be charming; **si lo haces se va la ~** if you do it, it breaks the spell. **(g)** *(fam: nombre)* name; **¿cuál es su ~?** what's your name? **(h)** *(Rel)* grace; **por la G~ de Dios** *(en una moneda)* by the grace of God; **estar en ~ (de Dios)** to be in a state of grace. **(i) en ~ a** for the sake of; **en ~ a la brevedad** to be brief. **(j)** *(agradecimiento)* **~s** thanks; **¡~s!** thank you!; **¡muchas ~s!, ¡muchísimas ~s!** thanks very much!; **~s a Dios** thank heaven; **~s a la ayuda de otros** thanks to the help of others; **~s a que ...** thanks to the fact that ...; **toma eso, ¡y ~s!** take that and be thankful!; **con anticipadas/repetidas ~s** thanking you in advance/again; **dar las ~s a uno por algo** to thank sb for sth. **(k)** *(Mitología)* **las ~s** the Three Graces.

graciable *adj* **(a)** *(benévolo)* gracious; *(afable)* affable. **(b)** *(concesión)* easily granted.

grácil *adj (sutil)* graceful; *(delgado)* slender; *(delicado)* delicate; **un coche de líneas ~es** a car of graceful lines.

gracioso 1 *adj* **(a)** *(garboso)* graceful; *(atractivo)* pleasing, elegant. **(b)** *(título)* gracious; **su ~a Majestad** her gracious Majesty. **(c)** *(chistoso)* funny, amusing; *(agudo)* witty; **una situación muy ~a** a very amusing situation; **¡qué ~!** how funny!; **es un tío de lo más ~!** he's a most amusing chap; **lo ~ de caso es que ...** the funny thing about it is that ... . **(d)** *(gratuito)* free. **2** *nm (Teat Hist)* comic character, fool.

grada *nf* **(a)** *(peldaño)* step, stair; *(Rel)* altar step; **~s** *(escalones)* flight of steps. **(b)** *(Dep, Teat)* tier, row of seats. **(c)** *(Náut)* **~s** slips, slipway; **~s de construcción** shipbuilding yard. **(d)** *(Agr: azada)* harrow; **~ de disco** disk harrow; **~ de mano** hoe, cultivator.

gradación *nf* **(a)** *(progresión)* gradation; *(serie)* graded series. **(b)** *(Retórica)* climax; *(Ling)* comparison.

gradar [1a] *vt (Agr: allanar)* to harrow; *(: cultivar)* to hoe.

gradería *nf*, **graderío** *nm* **(a)** *(escalón)* flight of steps. **(b)** *(Dep, Teat)* tiers, rows of seats; **~ cubierta** covered stand, grandstand.

grado *nm* **(a)** *(peldaño)* step. **(b)** degree; *(etapa)* stage, step; *(medida)* measure; *(nivel)* rate; **el ~ que ahora hemos alcanzado** the stage we have now reached; **está en el segundo ~ de elaboración** it is now in the second stage of production; **~ de velocidad** (rate of) speed; **de ~ en ~, por ~s** step by step; **en sumo ~, en ~ superlativo** in the highest degree. **(c)** *(calidad)* grade, quality; *(Mil)* rank; **de ~ superior** of superior quality. **(d)** *(Escol)* class, year, *(US)* grade. **(e)** *(Univ)* degree; **~ universitario** university degree; **colación de ~** conferment of degrees. **(f)** *(Geog, Mat, Fís)* degree; **~ de latitud** degree of latitude; **en un ángulo de 45 ~s** at an angle of 45 degrees; **la temperatura es de 40 ~s** the temperature is 40 degrees. **(g)** *(Ling)* degree of comparison. **(h)** *(de parentesco)* order of lineage. **(i)** *(gusto)* willingness; **de ~, de buen ~** willingly; **de mal ~, mal de mi ~** unwillingly. **(j)** **~s** *(Rel)* minor orders.

graduable *adj* adjustable.

graduación *nf* **(a)** *(acto)* gradation, grading; *(Univ)* graduation. **(b)** *(clasificación)* rating, grading; *(de una bebida)* alcoholic strength, proof grading; **~ octánica** octane rating. **(c)** *(Mil: rango)* rank; **de alta ~** of high rank.

graduado/a *nm/f* graduate.

gradual *adj* gradual.

graduar [1e] **1** *vt* **(a)** *(clasificar)* to grade, classify (*de, por* as); *(considerar)* to appraise; *(medir)* to gauge, measure; *(Téc)* to calibrate; *(visión)* to test; *(termómetro)* to graduate. **(b)** *(Univ)* to confer a degree on. **(c)** *(Mil)* to confer a rank on; **~ a uno de capitán** to confer the rank of captain on sb. **2 graduarse** *vr* **(a)** *(Univ)* to graduate, take one's degree; **~ de** to take the degree of. **(b)** *(Mil)* to take a commission (*de* as).

grafía *nf (escritura)* writing; *(ortografía)* spelling.

gráfica *nf (Mat)* graph; *(diagrama)* diagram; **~ de fiebre** *o* **de temperatura** *(Med)* temperature chart.

gráfico 1 *adj* **(a)** graphic; *(ilustrado)* pictorial, illustrated. **(b)** *(fig: vívido)* vivid, lively. **2** *nm* = **gráfica.**

grafito *nm (Miner)* graphite, black lead.

grafología *nf* graphology.

gragea *nf (confite)* small coloured sweets; *(Med)* sugar-coated pill.

grajear [1a] *vi (Orn)* to caw; *(bebé)* to crow, gurgle.

grajiento *adj (LAm)* sweaty, smelly; *(sucio)* dirty.

grajo *nm* **(a)** *(cuervo)* rook. **(b)** *(LAm)* body odour; *(mugre)* dirt.

grama *nf (esp LAm: Bot)* grass.

gramática *nf* **(a)** grammar. **(b)** **~ parda** native wit, horse sense; **andar a la ~** to look out for o.s.

gramatical *adj* grammatical.

gramático 1 *adj* grammatical. **2** *nm (persona)* grammarian.

gramil *nm (Téc)* gauge.

gramo *nm* gramme, *(US)* gram.

gramófono *nm* gramophone, *(US)* phonograph.

grampa *nf (LAm)* = **grapa.**

gran *véase* **grande.**

grana[1] *nf (Bot)* **(a)** *(semilla)* small seed; **dar en ~** to go to seed. **(b)** *(sembradura)* seeding time.

grana[2] *nf (Zool)* cochineal; *(tinte)* kermes; *(color)* scarlet; *(tela)* scarlet cloth; **de ~** scarlet, bright red; **ponerse como la ~** to go as red as a beetroot.

granada *nf* **(a)** *(Bot)* pomegranate. **(b)** *(Mil)* shell; *(bomba)* grenade; **~ de mano** hand grenade; **~ de metralla** shrapnel shell; **a prueba de ~** shell-proof.

granadero *nm (Mil)* grenadier; *(LAm: policía)* riot policeman.

granadilla *nf (pasionaria)* passionflower; *(fruto)* passion fruit.

granadino/a 1 *adj* of Granada. **2** *nm/f* native *o* inhabitant of Granada.

granado[1] *nm (Bot)* pomegranate tree.

granado[2] *adj* **(a)** *(selecto)* choice, select; *(maduro)* mature; *(notable)* distinguished; **lo más ~ de** the

cream of, the pick of. **(b)** *(alto)* full-grown.
granar [1a] *vi (maíz, arroz)* to seed.
granate *nm (Miner)* garnet.
Gran Bretaña *nf* Great Britain.
grande 1 *adj* (**gran** *before sg noun*) **(a)** *(de tamaño)* big, large; *(de estatura)* big, tall; *(número, velocidad)* high, great; **los zapatos le están muy ~s** the shoes are too big for her; **con gran placer** with great pleasure; **¿cómo es de ~?** how big *o* what size is it? **(b)** *(moral)* great; **un gran hombre/una gran hazaña** a great man/achievement. **(c)** *(impresionante)* grand, grandiose. **(d) en ~** *(en conjunto)* as a whole; *(en cantidad)* on a large scale; **pasarlo en ~** to have a tremendous time *(fam)*; **hacer algo en ~** to do sth in style; **vivir a lo ~** to live in style. **(e) grandísimo** *(iro)* big, huge; **un coche ~** a whacking big car *(fam)*; **¡grandísimo tunante!** you awful old rogue! **(f)** *(LAm: viejo)* old.
2 *adv (LAm: mucho)* much, a lot.
3 *nf* **(a)** *(Arg)* first *o* big prize (in a lottery). **(b)** *(LAm: delito)* misdeed.
grandeza *nf* **(a)** *(tamaño)* bigness; *(magnitud)* magnitude. **(b)** *(generosidad)* greatness. **(c)** *(esplendidez)* grandness, impressiveness; *(ostentación)* grandeur. **(d)** *(nobleza)* nobility.
grandilocuencia *nf* grandiloquence.
grandiosidad *nf* = **grandeza (c).**
grandioso *adj (magnífico)* grand, magnificent; *(pey: ostentoso)* grandiose.
grandote *adj* great big, huge.
grandullón *adj (muy crecido)* overgrown, oversized.
granear [1a] *vt* **(a)** *(semilla)* to sow. **(b)** *(Téc)* to grain, stipple.
granel *nm (montón)* heap; **a ~** in abundance; *(a montones)* by the ton; *(con profusión)* lavishly; *(Com)* in bulk, loose; **vino a ~** wine in bulk *o* in the barrel.
granero *nm (edificio)* granary, barn; *(fig)* corn-producing area.
granetario *nm* precision balance.
granete *nm (Téc)* punch.
granilla *nf* grain (in cloth).
granito[1] *nm (Geol)* granite.
granito[2] *nm (Agr)* small grain; *(Med)* pimple.
granizada *nf* **(a)** *(Met)* hailstorm. **(b)** *(fig)* hail; *(abundancia)* shower; **una ~ de balas** a hail of bullets.
granizado *nm (bebida)* iced drink; *(de hielo)* slush; **~ de café** iced coffee.
granizar [1f] *vi (Met)* to hail; *(fig)* to shower.
granizo *nm* hail.
granja *nf* farm; *(cortijo)* farmhouse; *(lechería)* dairy; **~ avícola** chicken *o* poultry farm; **~ colectiva** collective farm.
granjear [1a] **1** *vt (adquirir)* to gain, earn; *(ganar)* to win. **2 granjearse** *vr (voluntad, amistad)* to win *o* gain for o.s.
granjería *nf* **(a)** *(Com, Fin)* profit, earnings; *(Agr: producto)* farm earnings. **(b)** *(Agr: zootecnia)* farming, husbandry.
granjero *nm* farmer.
grano *nm* **(a)** *(Agr, Bot)* grain; *(semilla)* seed; **~s** corn, cereals; **~ de arroz/trigo** grain of rice/wheat; **~ de café** coffee bean; **tomarlo con un ~ de sal** to take it with a pinch of salt; **ir al ~** to get to the point; **¡vamos al ~!** let's get to the point! **(b)** *(partícula)* particle, grain; *(punto)* speck; **~ de arena** grain of sand; **no es ~ de anís** *o* **arena** it's not just a small thing; **apartar el ~ de la paja** to separate the wheat from the chaff. **(c)** *(en piedra, madera)* grain; **de ~ fino/gordo** fine-/coarse-grained. **(d)** *(Med)* pimple, spot. **(e)** *(Farm)* grain.
granoso *adj* granular, granulated.
granuja 1 *nf (uvas)* loose grapes; *(semilla)* grape seed. **2** *nm (pilluelo)* urchin, ragamuffin; *(bribón)* rogue.
granujería *nf (en conjunto)* urchins *pl*, rogues *pl.*
granulación *nf* granulation.
granular [1a] **1** *vt* to granulate. **2 granularse** *vr* **(a)** to granulate. **(b)** *(Med)* to break out in spots.
gránulo *nm* granule.
grapa *nf (para papel)* staple; *(sujetador)* clip, fastener; *(Mec)* dog clamp; *(Arquit)* cramp.
grasa 1 *nf* **(a)** *(gen)* grease; *(Culin)* fat; *(sebo)* suet; **~ de ballena** blubber; **~ de pescado** fish oil; **~ vegetal** vegetable fat. **(b)** *(Aut, Mec)* oil; *(lubricante)* grease; **~ para ejes** axle grease. **(c)** *(Anat)* fat; **tener mucha ~** to be very fat. **(d)** *(Méx)* shoe polish. **(e)** *(mugre)* greasy dirt, filth; *(Arg fam)* labourer. **(f) ~s** *(Min: escorias)* slag. **2** *adj (Arg fam: torpe)* stupid, slow.
grasiento *adj (grasoso)* greasy, oily; *(resbaloso)* slippery; *(mugriento)* filthy.
graso *adj (gen)* fatty; *(aceitoso)* greasy, oily.
grasoso *adj (graso)* fatty; *(grasiento)* greasy.
gratificación *nf* **(a)** *(recompensa)* reward, recompense; *(propina)* tip; *(aguinaldo)* gratuity; *(de sueldo)* bonus; *(prima)* bonus. **(b)** *(LAm: satisfacción)* pleasure, satisfaction.
gratificador *adj (LAm)* gratifying; *(satisfactorio)* satisfying.
gratificar [1g] *vt* **(a)** *(recompensar)* to reward, recompense; *(dar propina a)* to tip; *(primar el sueldo)* to give a bonus to; **'se gratificará'** 'a reward is offered'. **(b)** *(satisfacer)* to gratify; *(complacer)* to give pleasure to; *(un anhelo)* to indulge.
gratis *adv* free, for nothing; **'entrada ~'** 'admission free'.
gratitud *nf* gratitude.
grato *adj* **(a)** *(placentero)* pleasing, pleasant; *(agradable)* agreeable; *(satisfactorio)* welcome; **una decisión muy ~a para todos** a very welcome decision for everybody; **recibir una impresión ~a** to get a pleasing impression; **nos es ~ informarle que ...** we are pleased to inform you that ... . **(b)** *(LAm: agradecido)* grateful; **hay que ser ~** you must be grateful.
gratuito *adj* **(a)** *(gratis)* free. **(b)** *(comentario)* gratuitous, uncalled-for; *(acusación)* unfounded.
gratulatorio *adj (carta, discurso)* congratulatory.
grava *nf (guijos)* gravel; *(piedra molida)* crushed stone; *(en carreteras)* road metal.
gravamen *nm (carga)* burden, obligation; *(Jur)* lien, encumbrance; *(Fin)* tax; **libre de ~** free from encumbrances.
gravar [1a] *vt (pesar)* to burden, encumber (*de* with); *(Jur: propiedad)* to place a lien upon; *(Fin)* to assess for tax; **~ con impuestos** to burden with taxes.
gravativo *adj* burdensome.
grave *adj* **(a)** *(pesado)* heavy, weighty. **(b)** *(fig: serio)* grave, serious; *(espinoso)* critical; *(importante)* important, momentous; *(pérdida)* grave, grievous; **un deber muy ~** a very grave duty; **la situación es ~** the situation is grave *o* critical; **me es muy ~ tener que hacerlo** it is very hard for me to have to do it. **(c)** *(carácter)* serious, dignified; **y otros hombres ~s** and other worthy men. **(d)** *(Med: enfermedad, estado)* grave, serious; *(: herida)* severe; **estar ~** to be seriously ill. **(e)** *(Mús: nota, tono)* low, deep. **(f)** *(Ling: acento)* grave; *(: palabra)* stressed on the penultimate syllable.

gravedad *nf* **(a)** *(Fís: ley)* gravity. **(b)** *(fig)* gravity, seriousness; *(grandeza)* importance; *(severidad)* severity. **(c)** *(dignidad)* seriousness, dignity. **(d)** *(Med)* gravity; **estar enfermo de ~** to be seriously ill; **estar herido de ~** to be severely injured *o* wounded. **(e)** *(Mús)* depth.
gravemente *adv* gravely, critically; **habló ~** he spoke gravely; **estar ~ enfermo** to be critically ill.
grávido *adj* **(a)** *(embarazada)* pregnant; *(Zool)* carrying young. **(b)** *(fig)* full (*de* of), heavy (*de* with); **me sentí ~ de emociones** I was weighed down with emotions.
gravilla *nf* gravel.
gravitación *nf (Fís)* gravitation.
gravitar [1a] *vi* **(a)** *(Fís)* to gravitate (*hacia* towards). **(b) ~ sobre** to rest on; *(caer sobre)* to bear down on; *(fig: pesar sobre)* to be a burden to.
gravoso *adj* **(a)** *(molesto)* burdensome, oppressive; **ser ~ a** to be a burden to. **(b)** *(Fin)* costly; *(pesado)* burdensome; *(precio)* extortionate. **(c)** *(insufrible)* tiresome, vexatious.
graznar [1a] *vi (gen)* to squawk; *(cuervo)* to croak; *(ganso)* to cackle; *(pato)* to quack; *(pey: cantante)* to croak.
graznido *nm (véase vi)* squawk; croak; cackle; quack.
Grecia *nf* Greece.
greda *nf (Geol: arcilla)* clay; *(Téc)* fuller's earth.
gredal *nm* claypit.
gregario *adj* **(a)** *(en grupo)* gregarious; **instinto ~** herd instinct. **(b)** *(fig)* servile, slavish.
gregoriano *adj* Gregorian.
gremial 1 *adj* **(a)** *(Hist)* guild *(atr)*. **(b)** *(Pol: sindical)* trade-union *(atr)*; *(LAm)* trade *(atr)*. **2** *nm (miembro)* union member.
gremio *nm* **(a)** *(Hist)* guild, corporation. **(b)** *(Pol: sindicato)* (trade) union; *(asociación)* association, organization.
greña *nf* **(a)** (*tb* **~s**: *cabello revuelto*) shock *o* mat *o* mop of hair. **(b)** *(fig)* tangle; **andar a la ~** to bicker, squabble. **(c) en ~** *(Méx: seda)* raw; *(: plata)* unpolished.
greñudo *adj (cabello)* tangled, matted; *(persona)* dishevelled.
gres *nm* **(a)** *(Geol)* potter's clay. **(b)** *(alfarería)* earthenware, stoneware.
gresca *nf (bulla)* uproar; *(trifulca)* row; **andar a la ~** to brawl.
grey *nf (Rel, fig)* flock, congregation.
Grial *nm*: **Santo ~** Holy Grail.
griego/a 1 *adj* Greek, Grecian. **2** *nm/f* **(a)** Greek. **(b)** *(fam: fullero)* cheat. **3** *nm (Ling)* **(a)** Greek; **~ antiguo** ancient Greek. **(b)** *(fig)* gibberish, double Dutch; **hablar en ~** to talk double Dutch.
grieta *nf (fisura)* fissure, crack; *(hendidura)* chink; *(quiebra)* crevice; *(en la piel)* chap, crack; *(Pol)* rift.
grifa *nf (droga)* marijuana.
grifear [1a] *vi* to smoke marijuana.
grifo[1] *nm* **(a)** tap, *(US)* faucet; *(a presión)* cock; **cerveza (servida) al ~** draught beer. **(b)** *(Per)* petrol *o (US)* gas station; *(bar)* dive *(fam)*.
grifo[2] **1** *adj*: **estar ~** *(borracho)* to be drunk; *(loco)* to be mad; *(drogado)* to be high on pot *(fam)*. **2** *nm* **(a)** *(droga)* marijuana, pot *(fam)*. **(b)** *(adicto)* marijuana addict, pot smoker *(fam)*. **(c)** *(borracho)* drunkard.
grifo[3] **1** *adj* **(a)** *(cabello)* curly, kinky. **(b)** *(persona: euf)* coloured. **2** *nm* **(a)** *(crespo)* kinky hair. **(b)** *(euf)* Negro, coloured person.
grifota *nmf* marijuana smoker.
grilla *nf* **(a)** *(insecto)* female cricket; **¡ésa es ~ (y no canta)!** *(fam)* that's a likely story! *(iro)*. **(b)** *(riña)* row, slanging match *(fam)*.
grillado *adj (fam: chiflado)* barmy *(fam)*.
grillera *nf (jaula)* cage for crickets; *(nido)* cricket hole.
grillete *nm* fetter, shackle.
grillo *nm* **(a)** *(insecto)* cricket; **~ cebollero** *o* **real** mole cricket. **(b)** *(Bot: brote)* shoot, sprout. **(c) ~s** *(cadenas)* fetters, shackles; *(fig: estorbo)* shackles.
grima *nf (horror)* loathing; *(desagrado)* reluctance; *(desazón)* uneasiness; *(disgusto)* annoyance, irritation; **me da ~** it gets on my nerves, it sickens me.
gringada *nf*, **gringaje** *nm (RPl)* = **gringuería.**
gringo/a *(LAm)* **1** *adj* **(a)** *(pey: extranjero)* foreign. **(b)** *(idioma)* foreign, unintelligible. **(c)** *(LAm: rubio)* blond(e), fair. **2** *nm/f* **(a)** *(pey: extranjero)* foreigner. **(b)** *(LAm: rubio)* blond(e), fair-haired person. **3** *nm (griego)* gibberish; **hablar en ~** to talk double Dutch.
gringuería *nf (LAm pey)* group of gringos.
gripe *nf* influenza, flu.
gris 1 *adj (color)* grey; *(día, tiempo)* grey, dull; **~ perla** pearl-grey. **2** *nm (color)* grey; **hace un ~** there's a cold wind; *(esp fam)* member of the armed police; *véase* **oso.**
grisáceo *adj* greyish.
grisma *nf (LAm)* strand, shred.
grisú *nm (Min: gas)* firedamp.
grita *nf (gritería)* uproar, hubbub; *(vocerío)* shouting; *(Teat)* catcalls, booing; **dar ~ a** to boo, hoot (at).
gritar [1a] **1** *vt (gen)* to shout (*algo* sth, *a uno* at sb); *(abuchear)* to jeer (at), boo; **le gritaron que callara** they shouted at him to be quiet. **2** *vi (gen)* to shout; *(fuerte)* to yell, scream; *(abuchear)* to jeer, boo; **¡no grites!** stop shouting!
gritería *nf*, **griterío** *nm* shouting, uproar.
grito *nm* **(a)** *(clamor)* shout, yell; *(chillido)* scream, cry; *(abucheo)* hoot, boo; *(Zool)* cry, sound; *(Orn)* call, cry; **a ~s, a ~ pelado, a voz en ~** at the top of one's voice; **llorar a ~s** to weep and wail; **poner el ~ en el cielo** to scream blue murder *(fam)*; **es el último ~** *(de la moda)* it's the latest thing; **pegar** *o* **lanzar un ~** to cry out. **(b)** *(LAm)* proclamation; **~ de independencia** proclamation of independence; **el ~ de Dolores** *the proclamation of Mexican independence (1810)*.
gritón *adj* loud-mouthed.
groenlandés/esa 1 *adj* Greenland *(atr)*. **2** *nm/f* Greenlander.
Groenlandia *nf* Greenland.
groggy ['grogi] *adj*, **grogui** *adj (fam)* groggy.
grosella *nf* redcurrant; **~ epinosa** goose berry; **~ negra** blackcurrant.
grosería *nf* **(a)** *(gen)* rudeness, discourtesy; *(ordinariez)* coarseness, vulgarity; *(tosquedad)* roughness; *(estupidez)* stupidity. **(b)** *(comentario)* rude *o* vulgar remark; *(palabra)* swearword.
grosero *adj (descortés)* rude, discourteous; *(ordinario)* coarse, vulgar; *(tosco)* rough, loutish; *(error)* gross, stupid.
grosor *nm* thickness.
grotesco *adj (ridículo)* grotesque; *(absurdo)* bizarre, absurd.
grúa *nf (Téc)* crane; *(Náut)* derrick; *(camión)* tow truck; **~ corrediza** *o* **móvil/de pescante/puente/de torre** travelling/jib/overhead/tower crane.
gruesa *nf (cantidad)* gross, twelve dozen.
grueso 1 *adj* **(a)** *(espeso)* thick; *(voluminoso)* bulky, solid; *(pesado)* big, heavy; *(persona)* stout, thickset; *(grande)* large. **(b)** *(calidad)* coarse;

palabras ~as coarse language. **2** *nm* **(a)** *(espesor)* thickness; *(tamaño)* bulkiness, size; *(densidad)* density. **(b)** *(parte principal)* main part, major portion; *(de gente, tropa)* main body, mass; **el ~ del pelotón** *(carreras)* the main body of the runners. **(c)** *(Com)* **en ~** in bulk.
grujidor *nm* glass cutter, glazier.
grulla *nf (Orn: tb* **~ común**) crane.
grullo 1 *adj* **(a)** *(fam: grosero)* uncouth, rough. **(b)** *(Méx)* sponging *(fam)*. **(c)** *(LAm: caballo)* grey. **2** *nm (Méx)* grey horse; *(RPl: potro)* big colt.
grumete *nm (Náut)* cabin *o* ship's boy.
grumo *nm* **(a)** *(coágulo)* clot, lump; *(masa)* dollop; **~ de leche** curd. **(b)** *(de uvas)* bunch, cluster.
grumoso *adj (cuajado)* clotted; *(con grumos)* lumpy.
gruñido *nm (de animal)* grunt, growl; *(fig)* grouse *(fam)*, grumble; **dar ~s = gruñir.**
gruñir [3h] *vi (animal)* to grunt, growl; *(fig)* to grouse *(fam)*, grumble; *(puerta)* to creak.
gruñón/ona 1 *adj* grumpy, grumbling. **2** *nm/f* grumbler.
grupa *nf* crupper, hindquarters.
grupera *nf (de caballo)* pillion seat; **ir en la ~** to sit behind the rider.
grupo *nm* **(a)** *(gen)* group; *(de árboles)* cluster, clump; **~ del dólar** dollar block; **~ de presión** pressure group; **~ sanguíneo** blood group; **discusión en ~** group discussion. **(b)** *(Elec, Téc)* unit, plant; *(montaje)* assembly; **~ compresor** compressor unit; **~ electrógeno** *o* **generador** power plant.
gruta *nf* cavern, grotto.
gua *interj (LAm: preocupación)* oh dear!; *(sorpresa)* well!; *(desdén)* get away!
guaca *nf (LAm)* (Indian) tomb, funeral mound; *(tesoro)* buried treasure; *(riqueza)* wealth, money; **hacer ~** *(LAm)* to make one's pile *(fam)*; **hacer su ~** *(LAm)* to make hay while the sun shines.
guacal *nm (LAm: cajón)* wooden crate; *(: calabaza)* gourd, vessel.
guacamayo 1 *adj (LAm)* absurdly dressed. **2** *nm* **(a)** *(Orn)* macaw. **(b)** *(persona)* absurdly dressed person.
guachafita *nf* **(a)** *(LAm: batahola)* hubbub, din; *(desorden)* disorder. **(b)** *(Ven)* gambling joint *(fam)*.
guachafo *adj (LAm)* **(a) = cursi. (b)** *(ordinario)* vulgar.
guachapear [1a] **1** *vt* **(a)** *(en agua)* to dabble in, splash about in. **(b)** *(estropear)* to botch, mess up. **2** *vi (sonar)* to rattle, clatter.
guache *nm (LAm: golfo)* layabout, loafer.
guachimán *nm (LAm: guardián)* watchman.
guacho 1 *adj (LAm)* **(a)** *(persona)* homeless, orphaned; *(animal)* motherless. **(b)** *(zapato)* odd. **2** *nm* **(a)** *(polluelo)* baby bird, chick. **(b)** *(LAm: expósito)* homeless *o* abandoned child; *(huérfano)* orphan, foundling; *(Agr)* motherless animal.
guadalajareño/a 1 *adj* of Guadalajara. **2** *nm/f* native *o* inhabitant of Guadalajara.
guadamecí *nm (cuero)* embossed leather.
guadaña *nf (Agr)* scythe; **la ~** *(fig)* the Reaper, death.
guadañadora *nf* mowing machine.
guadañar [1a] *vt* to scythe, mow.
guadaño *nm (Cu, Méx)* small harbour boat.
guagua[1] *nf (Cu, Canarias: autobús)* bus.
guagua[2] **1** *adj (pequeño)* small, little. **2** *nf* **(a)** *(LAm)* baby. **(b)** *(bagatela)* trifle, small thing; **de ~** *(Cu, Méx: gratis)* free, for nothing.
guagüero/a 1 *adj* **(a)** *(gorrón)* sponging *(fam)*, parasitical. **(b)** *(Cu)* bus *(atr)*. **2** *nm/f* **(a)** *(Cu: chofer)* bus driver. **(b)** *(que saca provecho)* bargain hunter.
guaico *nm (LAm)* hollow, dip; *(abismo)* ravine; *(Per: alud)* avalanche; *(basurero)* dung heap, rubbish tip.
guaina 1 *nf (Arg: muchacha)* girl, young woman. **2** *nm (LAm: muchacho)* youth, young man.
guáiper *nm (CAm Aut)* windscreen *o (US)* windshield wiper.
guaira *nf* **(a)** *(CAm)* Indian flute. **(b)** *(LAm Min)* earthenware smelting furnace *(for silver ore)*. **(c)** *(Náut)* triangular sail.
guairo *nm (Cu, Ven: Náut)* small coastal vessel.
guajada *nf (Méx: necedad)* stupid thing.
guajalote *(Méx)* = **guajolote.**
guaje 1 *adj (Méx: estúpido)* silly, stupid; **hacer ~ a uno** *(engañar)* to fool sb. **2** *nm* **(a)** *(Méx)* gourd, calabash. **(b)** *(Méx: estúpido)* idiot, fool. **(c)** *(CAm: trasto)* old thing, piece of junk.
guajear [1a] *vi (Méx)* to play the fool.
guajería *nf (Méx)* **(a)** *(estupidez)* idiocy, foolishness. **(b)** *(acto)* stupid thing, foolish act.
guajolote *(Méx)* **1** *adj (estúpido)* silly, stupid. **2** *nm* **(a)** *(pavo)* turkey. **(b)** *(fam: tonto)* fool, idiot.
gualdo *adj* yellow, golden.
gualdrapa *nf* **(a)** *(Hist)* trappings *pl*. **(b)** *(fam: harapos)* tatter, ragged end.
gualdrapear [1a] *vi* **(a)** *(Náut: velas)* to flap. **(b)** *(Cu: caballo)* to walk slowly.
gualicho *nm* **(a)** *(LAm: diablo)* devil, evil spirit; *(: maleficio)* evil spell; *(: daño)* hurt, harm. **(b)** *(Arg: talismán)* good-luck charm.
guama *nf (LAm: mentira)* lie; *(: desastre)* calamity.
guanacada *nf (LAm: estupidez)* foolish act, silly thing.
guanaco 1 *adj (LAm: tonto)* simple, silly; *(: torpe)* slow. **2** *nm* **(a)** *(Zool)* guanaco. **(b)** *(LAm: tonto)* simpleton, dimwit *(fam)*; *(campesino)* rustic.
guanajo *nm (LAm)* **(a)** *(pavo)* turkey. **(b)** *(fam)* fool, idiot.
guanear [1a] **1** *vt* **(a)** *(Per Agr)* to fertilize with guano. **(b)** *(Bol: ensuciar)* to dirty, soil. **2** *vi (LAm: animales)* to defecate.
guanera *nf (LAm)* guano deposit.
guano[1] *nm (LAm)* **(a)** *(estiércol de aves marinas)* guano; *(Chi, Per: estiércol)* dung, manure. **(b)** *(Cu: fam)* money, brass *(fam)*; **meter ~** to work hard.
guano[2] *nm (palma)* palm tree; *(hoja)* palm leaf.
guantada *nf*, **guantazo** *nm* slap.
guante *nm* **(a)** glove; **~ de boxeo/cabritilla/goma** boxing/kid/rubber glove; **~ con puño** gauntlet; **se ajusta como un ~** it fits like a glove; **colgar los ~s** *(Boxeo)*; to quit boxing; *(fig)* to retire; **arrojar el ~** to throw down the gauntlet; **recoger el ~** to take up the challenge; **echar el ~ a uno** to catch hold of sb; *(fig: policía)* to catch sb. **(b)** *(Chi)* whip, cat-o'nine-tails. **(c) ~s** *(gratificación)* tip, commission.
guantear [1a] *vt (LAm)* to slap, hit.
guantelete *nm* gauntlet.
guantera *nf (Aut)* glove compartment.
guantería *nf* **(a)** *(tienda)* glove shop; *(fábrica)* glove factory. **(b)** *(fabricación)* glove making.
guantero *nm (persona)* glover.
guantón *nm (LAm)* slap, hit, blow.
guañusco *adj (Arg)* **(a)** *(marchito)* withered, faded. **(b)** *(chamuscado)* burned, burned up.
guapear [1a] *vi (fam)* **(a)** *(ostentar)* to cut a dash, dress flashily. **(b)** *(bravear)* to bluster, swagger.
guapetón = guapo.
guapeza *nf* **(a)** *(atractivo)* good looks, attrac-

tiveness. **(b)** *(elegancia)* smartness, elegance; *(pey: ostentación)* flashiness. **(c)** *(valentía)* boldness, dash; *(bravata)* bravado.

guapo 1 *adj* **(a)** *(atractivo)* good-looking; *(mujer)* pretty, attractive; *(hombre)* handsome; **¡oye, ~a!** hey, beautiful! **(b)** *(elegante)* smart, elegant; *(pey)* flashy, overdressed; **¡hombre, qué ~ estás!** how smart you're looking! **(c)** *(valiente)* bold, dashing. **2** *nm (bravucón)* bully, tough guy; *(fanfarrón)* braggart.

guaquear [1a] *vt (LAm: robar tumbas)* to rob (tombs).

guaqueo *nm (LAm)* tomb robbing.

guaquero *nm (LAm)* tomb robber.

guaraca *nf (LAm: honda)* sling; *(: azote)* whip; *(Chi: cachiporra)* cosh.

guarache *nm (Méx)* **(a)** *(sandalia)* sandal, light shoe. **(b)** *(Aut)* tyre patch.

guaragua *nf* **(a)** *(Per: adornos)* adornments; *(cursilerías)* tawdry finery. **(b)** *(mentira)* lie; *(treta)* hoax. **(c)** *(mentiroso)* liar, tale teller. **(d)** *(LAm: contoneo)* rhythmical movement (in dancing).

guarango *adj* **(a)** *(LAm: mal educado)* rude, ill-bred. **(b)** *(LAm: andrajoso)* ragged, dirty.

guaranguear [1a] *vi (LAm)* to act in an ill-bred way, be rude.

guaraní 1 *adj, nmf* Guarani. **2** *nm (Ling)* Guarani.

guaranismo *nm (Ling)* word *o* expression from the Guarani language.

guarapear [1a] *vi,* **guarapearse** *vr (Per)* to drink sugar-cane liquor; *(emborracharse)* to drink, get drunk.

guarapo *nm (LAm: bebida)* sugar-cane liquor; *(Ven)* fermented pineapple juice; **menear el ~** *(Cu, Ven)* to get things moving; **se le enfrió el ~** he lost the urge.

guarapón *nm (LAm: sombrero)* broad-brimmed hat.

guarda 1 *nm (guardián)* guard; *(cuidador)* keeper, custodian; *(Arg)* bus *o* tram conductor; *(LAm Ferro)* guard, brakeman; **~ de coto** *o* **forestal** gamekeeper; **~ de dique** lock keeper; **~ nocturno** night watchman. **2** *nf* **(a)** *(acto)* guard, guarding; *(depósito)* safekeeping; *(custodia)* custody. **(b)** *(de la ley)* observance. **(c)** *(de cerradura)* ward; *(de espada)* guard; *(Tip)* flyleaf, endpaper. **(d)** *(Per, RPl: Cos)* ribbing, trimming.

guarda(a)gujas *nm inv (Ferro)* switchman.

guarda(a)lmacén *nm (Com: tendero)* storekeeper.

guardabarrera *nm* **(a)** *(Ferro: persona)* crossing keeper. **(b)** *(Ferro: en paso)* level-crossing *o (US)* grade-crossing gate(s).

guardabarros *nm inv* mudguard, *(US)* fender.

guardabosque(s) *nm inv* gamekeeper; *(guardia)* ranger, forester.

guardabrisa *nf (Aut: parabrisa)* windscreen, *(US)* windshield.

guardacabo *nm (Náut)* thimble.

guardacalor *nm* cosy, cover.

guardacantón *nm (en las esquinas o caminos)* kerbstone; *(poste)* roadside post.

guardacartas *nm inv (carpeta)* letter file.

guardacoches *nmf inv (celador)* parking attendant.

guardacostas *nm inv* coastguard vessel, revenue cutter.

guardador 1 *adj* **(a)** *(protector)* protective. **(b)** *(de orden, ley)* observant, watchful. **(c)** *(pey: tacaño)* mean, stingy. **2** *nm* **(a)** *(cuidador)* keeper; *(guarda)* guardian; *(protector)* protector. **(b)** *(de la ley)* observer. **(c)** *(tacaño)* mean person.

guardaespaldas *nm inv* bodyguard, henchman.

guardafango *nm* mudguard, *(US)* fender.

guardafrenos *nm inv (Ferro)* guard, brakeman.

guardafuego *nm (alambrera)* fireguard; *(Náut: defensa)* fender.

guardajoyas *nm inv (joyero)* jewel case.

guardamano *nm* guard (of sword).

guardameta *nm* goalkeeper.

guardapapeles *nm inv (archivo)* filing cabinet.

guardapelo *nm (joya)* locket.

guardapolvo *nm* **(a)** *(cubierta)* dust cover *o* sheet. **(b)** *(ropa)* dust coat; *(mono)* overalls; *(sobretodo)* outdoor coat. **(c)** *(de reloj)* inner lid.

guardapuerta *nf (antepuerta)* outer *o* storm door.

guardar [1a] **1** *vt* **(a)** *(cuidar)* to guard; *(proteger)* to watch over, protect; *(preservar)* to maintain, preserve; *(rebaño)* to tend; **¡Dios guarde a la Reina!** God save the Queen!; **Dios os guarde** may God be with you. **(b)** *(retener)* to keep, hold; *(conservar)* to put away, store away; *(ahorrar)* to save; **~ algo para sí** to keep sth for o.s.; **lo guardó en el bolsillo** he put it away in his pocket; **te lo puedes ~** you can keep it; **guardo los sellos para mi hermano** I save the stamps for my brother. **(c)** *(promesa, secreto, mandamiento)* to keep; *(ley)* to observe, respect; *(respeto)* to have, show (*a* for); *(rencor)* to bear, have (*a* for, towards); *véase* **cama, silencio.**

2 *vi:* **¡guarda!** look out!, watch out!

3 guardarse *vr* **(a)** *(recelar)* to be on one's guard; *(precaverse)* to look out for o.s. **(b) ~ de algo** *(evitar)* to avoid sth; *(cuidarse)* to look out for sth; *(abstenerse)* to refrain from sth; *(protegerse)* to protect o.s. against sth; **~ de hacer algo** to be careful not to do sth, guard against doing sth; **guárdate de no ofenderle** take care not to upset him. **(c) ~la a uno** to have it in for sb.

guardarropa 1 *nm* **(a)** *(cuarto)* cloakroom, *(US)* checkroom. **(b)** *(ropero)* wardrobe. **2** *nmf (persona)* cloakroom attendant.

guardarropía *nf (Teat)* wardrobe; *(accesorios)* properties, props *(fam)*; **de ~** make-believe.

guardavalla *nm (LAm: portero)* goalkeeper.

guardavía *nm (Ferro)* linesman.

guardavidas *nm inv (Arg: en la playa)* lifeguard.

guardavista *nm (visera)* visor, sunshade.

guardería *nf:* **~ infantil** crèche, day nursery.

guardia 1 *nf* **(a)** *(gen)* custody, care; *(defensa)* defence, protection; *(Mil etc)* guarding; **estar de ~** to be on duty; *(vigilar)* to keep watch; **montar (la) ~** to mount guard; **poner a uno en ~** to put sb on his guard. **(b)** *(Mil)* guard; *(policía)* police; *(Náut)* watch; **~ de asalto** riot police; **G~ Civil** Civil Guard; **~ de cuartillo** *(Náut)* dog watch; **~s montadas** horse guards; **~ municipal** *o* **urbana** town *o* traffic police; **relevar la ~** to change guard. **(c)** *(esgrima: posición)* guard; **aflojar la ~** to lower one's guard; **estar en ~** to be on guard.

2 *nm (policía)* policeman; *(Mil)* guardsman; **~s de asalto** riot police; *(Mil)* shock troops; **~ de tráfico** *o* **urbano** traffic policeman; **~ civil** civil guard; **~ forestal** game warden, ranger; **~ marina** midshipman.

guardián/ana *nm/f (cuidador)* guardian, keeper; *(guarda)* warden; *(vigilante)* watchman; *(Zool)* keeper; **~ de niño(s)** baby-sitter; **~ de parque** park keeper; **~ de prisiones** warder.

guardilla *nf (buhardilla)* attic, garret; *(cuarto)* attic room.

guardoso *adj (ahorrador)* careful, thrifty; *(pey: mezquino)* mean.

guarecer [2d] **1** *vt (cobijar)* to protect, give shelter to; *(preservar)* to preserve. **2 guarecerse** *vr*

(*refugiarse*) to shelter, take refuge (*de* from).
guaricha *nf*: (*LAm: perversa*) nasty woman.
guaricho *nm* (*Ven: peón*) young farm labourer.
guarida *nf* (*Zool*) den, hideout; (*fig*) refuge, shelter; (*amparo*) cover; (*de persona*) haunt, hideout.
guarismo *nm* figure, numeral; **en ~ y por extenso** in figures and in words.
guarnecer [2d] *vt* **(a)** (*proveer*) to equip, provide (*de* with); (*adornar*) to adorn, garnish (*de* with); (*Cos*) to trim (*de* with); (*frenos*) to line; (*pared*) to plaster, stucco; (*joya*) to set, mount; (*caballo*) to harness; (*Téc*) to reinforce (*de* with). **(b)** (*Mil*) to man, garrison.
guarnecido *nm* plaster, plastering.
guarnición *nf* **(a)** (*acto: de proveer*) equipment, provision; (*: de engastar*) fitting; (*: de adornar*) adorning, embellishing. **(b)** (*adorno*) adornment; (*Cos*) trimming, binding; (*de frenos*) lining; (*de pared*) plastering; (*de joya*) setting, mount; (*de espada*) guard; (*Mec*) packing. **(c) ~es** harness; (*equipo*) gear; (*de casa*) fittings, fixtures; **~es del alumbrado** light fittings. **(d)** (*Mil*) garrison.
guarnicionar [1a] *vt* (*Mil*) to garrison, man.
guaro *nm* **(a)** (*CAm: ron*) rum. **(b)** (*Orn*) small parrot.
guarro/a 1 *adj* (*cochino*) dirty, filthy. **2** *nm/f* (*puerco*) pig, hog; (*fig*) dirty *o* slovenly person.
guasa *nf* **(a)** (*broma*) joke; (*chanza*) joking, teasing; **con ~, de ~** jokingly, in fun. **(b)** (*sosería*) dullness, insipidness. **(c)** (*Chi: campesina*) peasant woman. **(d) armar ~** to kick up a row.
guasada *nf* (*LAm*) = **guasería.**
guasanga *nf* (*CAm: bulla*) quarrel, squabble.
guasca *nf* (*LAm: correa*) leather strap, rawhide thong; **dar ~ a** (*LAm: azotear*) to whip, flog; (*Per: empujar*) to wind up; **pisarse la ~** (*LAm: pasarse*) to be too clever by half; **volverse ~** (*Colombia*) to be full of longing.
guascazo *nm* (*LAm: latigazo*) lash; (*puñetazo*) blow, punch.
guasearse [1a] *vr* (*bromearse*) to joke, tease.
guasería *nf* (*LAm: tosquedad*) coarseness, crudity.
guaserío *nm* (*LAm: campesinado*) peasantry.
guaso/a 1 *adj* (*grosero*) coarse, rough. **2** *nm/f* (*LAm: campesino*) peasant, countryman/-woman. **3** *nm* (*Cu: bulla*) merry din; (*escándalo*) revels.
guasón 1 *adj* **(a)** (*pícaro*) witty, humorous; (*burlón*) joking, teasing; **dijo ~** he said jokingly *o* teasingly. **(b)** (*soso*) dull, insipid; (*aburrido*) boring. **2** *nm* (*véase adj*) **(a)** joker, tease. **(b)** tedious person, bore.
guasqueada *nf* (*LAm: latigazo*) lash; (*azote*) whipping, flogging.
guasquear [1a] *vt* (*LAm: azotar*) to whip, flog.
guata[1] *nf* (*LAm: panza*) paunch, belly; (*: barriga*) stomach; (*Culin*) tripe; **echar ~** to get fat.
guata[2] *nf* **(a)** (*algodón*) raw cotton; (*relleno*) padding; (*LAm: cuerda*) twine, cord. **(b)** (*Cu: mentira*) lie, fib.
guataca 1 *nf* (*Cu: azada*) small hoe; (*: pala*) wooden shovel. **2** *nmf* (*lameculos*) bootlicker (*fam*).
guataco *adj* **(a)** (*Colombia: pey*) Indian, native. **(b)** (*Cu: grosero*) rough, coarse.
guatal *nm* (*CAm*) = **guate (a).**
guate *nm* **(a)** (*CAm: de maíz*) maize plantation. **(b)** (*Colombia: paisano*) inhabitant of the interior; (*Ven: serrano*) highlander. **(c)** (*amigo*) inseparable friend.
guatearse [1a] *vr* (*Chi*) to warp, bulge.
Guatemala *nf* Guatemala.
guatemalteco/a *adj, nmf* Guatemalan.
guateque *nm* (*fiesta*) party, binge (*fam*).
guatón *adj* (*LAm: barrigudo*) fat, pot-bellied.
guatuso *adj* (*CAm: rubio*) blond(e), fair.
guau 1 *interj* bow-wow! **2** *nm* (*ladrido*) bark.
guayaba *nf* **(a)** (*LAm Bot*) guava; (*jalea*) guava jelly. **(b)** (*fig, fam: LAm*) fib, lie; (*trampa*) hoax; (*CAm*) worthless object.
guayabal *nm* grove of guava trees.
guayabear [1a] **1** *vt* (*besar*) to kiss. **2** *vi* **(a)** (*CAm*) to pick/eat guavas. **(b)** (*LAm: mentir*) to lie, tell fibs.
guayabera *nf* (*LAm: chaquetilla*) light shirt.
guayabo *nm* **(a)** (*Bot*) guava tree. **(b)** (*Colombia: pena*) grief, sorrow; (*: murria*) nostalgia; (*fam: resaca*) hangover. **(c)** (*fam: guapa*) pretty girl, smasher (*fam*).
guayaca 1 *adj* (*Chi: torpe*) slow, dull; (*: simple*) simple-minded. **2** *nf* (*LAm: bolso*) bag, purse.
Guayana *nf* Guyana, Guiana.
guayanés/esa *adj, nm/f* Guyanese.
guayar [1a] **1** *vt* (*Culin*) to grate; (*raspar*) to scrape. **2** *vi* (*trabajar*) to work hard. **3 guayarse** *vr* (*LAm: emborracharse*) to get drunk.
gubernamental 1 *adj* governmental; (*facción*) loyalist. **2** *nmf* (*leal*) loyalist; (*Mil*) government soldier.
gubernativo *adj* governmental.
gubia *nf* (*Téc: formón*) gouge.
guedeja *nf* (*cabellera*) long hair, lock; (*de león*) mane.
güegüecho 1 *adj* **(a)** (*CAm, Colombia: tonto*) silly, stupid. **(b)** (*CAm, Méx: Med*) suffering from goitre. **2** *nm* **(a)** (*CAm, Méx: Med*) goitre. **(b)** (*CAm, Méx: Orn*) wattle; (*pavo*) turkey.
Guernesey *nm* Guernsey.
güero *adj* (*CAm, Méx*) blond(e), fair.
guerra *nf* **(a)** (*gen*) war; (*arte*) warfare; (*lucha*) struggle, conflict; **~ de agotamiento** *o* **desgaste** war of attrition; **~ atómica/bacteriológica/nuclear/de guerrilla** atomic/germ/nuclear/guerrilla warfare; **~ civil/fría** civil/cold war; **~ a muerte** war to the bitter end; **~ santa** holy war, crusade; **G~ de los Cien/Treinta Años** Hundred/Thirty Years' War; **G~ de la Independencia** (*Sp, LAm*) War of Independence; **G~ del Transvaal** Boer War; **Primera/Segunda G~ Mundial** First/Second World War; **de ~** military, war (*atr*); **Ministerio de G~** Ministry of War, (*Brit*) War office, (*US*) War Department; **estar en ~** to be at war (*con* with); **dar ~** to be a nuisance (*a* to), make trouble (*a* for); (*niño*) to carry on; **declarar la ~** to declare war (*a* on); **hacer la ~** to wage war (*a* on). **(b)** (*juego*) billiards.
guerrear [1a] *vi* (*pelear*) to wage war, fight; (*fig*) to put up a fight, resist.
guerrero 1 *adj* **(a)** (*belicoso*) war (*atr*); **espíritu ~** fighting spirit. **(b)** (*contrario*) warring. **(c)** (*de carácter*) warlike, martial; **un pueblo ~** a warlike people. **2** *nm* (*soldado*) warrior, soldier.
guerrilla *nf* **(a)** (*grupo*) guerrilla band; (*partidarios*) group of partisans. **(b)** (*guerra clandestina*) guerrilla warfare.
guerrillear [1a] *vi* to wage guerrilla warfare; (*pelear*) to fight as a guerrilla band.
guerrillero *nm* guerrilla (fighter); (*paisano*) partisan.
guía 1 *nf* **(a)** (*acto*) guidance; **~ vocacional** vocational guidance; **para que le sirva de ~** for your guidance. **(b)** (*Tip*) guidebook (*de* to); (*manual*) handbook; (*de teléfono*) directory; **~ de campo** (*Bio*) field guide; **~ de carga** (*Ferro*) waybill; ~

oficial de ferrocarriles *(Ferro)* official timetable; ~ **telefónica,** ~ **de teléfonos** telephone directory; ~ **del turista/del viajero** tourist/traveller's guide. **(c)** *(Mec)* guide; *(de bicicleta)* handlebars; *(caballo)* leader, front horse; ~**s** reins; ~ **sonora** *(Cine)* soundtrack. **2** *nmf (persona)* guide; *(dirigente)* leader; *(consejero)* adviser.

guiar [1c] **1** *vt* **(a)** *(gen)* to guide; *(dirigir)* to lead, direct; *(conducir)* to manage; *(orientar)* to advise. **(b)** *(Aut etc)* to drive; *(Náut)* to steer; *(Aer)* to pilot. **(c)** *(Bot: dirigir)* to train. **2 guiarse** *vr:* ~ **por** to be guided by, be ruled by, go by.

guija *nf (piedra)* pebble; *(en camino)* cobblestone.

guijarral *nm (con guijarros)* stony place; *(playa)* shingle, pebbles.

guijarro *nm (guija)* pebble; *(canto)* boulder; *(en camino)* cobblestone.

guijo *nm* **(a)** *(grava)* gravel; *(para caminos)* granite chips; *(en la playa)* shingle. **(b)** *(Mec: gorrón)* shaft of wheel.

güila *nf* **(a)** *(Méx: ramera)* whore. **(b)** *(Chi: andrajos)* rags, tatters.

guili *nm (fam: policía)* bobby *(fam)*, cop *(fam)*.

güilo *adj (Méx: tullido)* maimed, crippled; *(fig)* weak, sickly.

guillado *adj (fam: chiflado)* cracked, crazy; **estar** ~ to be cracked; *(enamorado)* to be in love.

guillame *nm (Téc)* rabbet plane.

guillarse [1a] *vr (fam: chiflarse)* to go crazy.

guillotina *nf* guillotine; *(para papel)* paper cutter; **ventana de** ~ sash window.

guillotinar [1a] *vt* to guillotine.

güincha *nf (LAm)* **(a)** *(ribete)* narrow strip of cloth; *(tira)* ribbon; *(cinta)* hair ribbon; *(Dep)* tape. **(b)** *(cinta métrica)* measuring tape, tape measure.

güinche *nm (LAm: torno)* winch, hoist; *(: grúa)* crane.

guinda *nf* **(a)** *(fruta)* mazzard *o* morello cherry; *(Per: licor)* cherry liqueur; **ponerse como una** ~ to turn scarlet. **(b)** *(Náut)* height of masts; ~ **salvavidas** life belt. **(c)** *(Cu: pico)* guttering, spout.

guindalejo *nm (LAm: ropa vieja)* old clothes, junk.

guindaleza *nf (Náut)* hawser.

guindar [1a] **1** *vt* **(a)** *(colgar)* to hoist, hang up (high); *(LAm: ahorcar)* to hang, string up *(fam)*. **(b)** *(fam: robar)* to pinch *(fam)*, swipe *(fam)*. **2 guindarse** *vr (fam: ahorcarse)* to hang o.s.; *(fam: morirse)* to kick the bucket *(fam)*.

guindaste *nm (Náut)* jib crane.

guindilla *nm* **(a)** *(fam)* bobby *(fam)*, cop *(fam)*. **(b)** *(Sp: pimiento)* chili, red *o* green pepper.

guindo *nm* mazzard *o* morello cherry tree.

guindola *nf (Náut)* lifebuoy.

Guinea *nf* Guinea.

guineo[1]**/a** *adj, nm/f* Guinea(n).

guineo[2] *nm (LAm Bot)* banana.

guiñada *nf* **(a)** *(guiño)* wink; *(pestañeo)* blink. **(b)** *(Aer, Náut)* yaw.

guiñapo *nm* **(a)** *(andrajo)* rag, tatter; **poner a uno como un** ~ to shower insults on sb. **(b)** *(dejado)* slovenly person; *(granuja)* ragamuffin; *(réprobo)* rogue, reprobate.

guiñar [1a] **1** *vt (parpadear)* to wink; *(pestañear)* to blink. **2** *vi* **(a)** to wink; to blink. **(b)** *(Aer, Náut)* to yaw.

guiño *nm* **(a)** *(parpadeo)* wink; *(muecas)* grimace, wry face; **hacer** ~**s a** to wink at; *(enamorados)* to make eyes at. **(b)** *(Aer, Náut)* yaw.

guiñol *nm (Teat)* puppet theatre, Punch and Judy show.

guión *nm* **(a)** *(Zool, persona)* leader. **(b)** *(Tip)* hyphen, dash. **(c)** *(Lit: esquema)* summary, outline; *(: aclaración)* explanatory text; *(Cine, Rad, TV)* script. **(d)** *(pendón)* royal standard; *(Rel)* processional cross *o* banner. **(e)** *(Orn)* ~ **de codornices** corncrake.

guionista *nmf (Cine)* scriptwriter.

guipuzcoano/a 1 *adj* of Guipúzcoa. **2** *nm/f* native *o* inhabitant of Guipúzcoa.

guirigay *nm* **(a)** *(lenguaje confuso)* gibberish, jargon. **(b)** *(gritería)* hubbub, uproar; *(confusión)* chaos, confusion; **¡esto es un** ~**!** the place is like a bear garden!

guirnalda *nf (corona)* garland; *(en entierro)* wreath; *(Arte)* garland, floral motif.

güiro *nm (LAm: cabeza)* head.

guisa *nf:* **a** ~ **de** *(modo)* as, like; **de tal** ~ in such a way *(que* that).

guisado *nm* stew; **estar uno mal** ~ to be discontented.

guisante *nm* pea; ~ **de olor** sweet pea.

guisar [1a] *vt* **(a)** *(preparar)* to prepare; *(ordenar)* to arrange. **(b)** *(Culin)* to cook; *(cocinar)* to stew.

guiso *nm* **(a)** cooked dish; *(guisado)* stew. **(b)** *(sazonador)* seasoning.

guisote *nm (pey: guiso)* hash, poor-quality stew; *(mezcla)* concoction; *(comida)* grub *(fam)*.

guita *nm* **(a)** *(cuerda)* twine; *(bramante)* packthread. **(b)** *(fam: dinero)* dough *(fam)*; **aflojar** *o* **soltar la** ~ to stump up *(fam)*, fork out *(fam)*.

guitarra *nf (Mús)* guitar; **ser como** ~ **en un entierro** to strike the wrong note; **chafar la** ~ **a uno** to queer sb's pitch; **estar con la** ~ **bien/mal templada** to be in a good/bad mood.

guitarrear [1a] *vi* to strum the guitar.

guitarrista *nmf* guitarist.

gula *nf* greed, gluttony.

gulusmear [1a] *vi (mordizquear)* to nibble titbits; *(golosinear)* to sniff the cooking.

gurrí *nm (LAm Orn)* wild duck.

gurrumina *nf* **(a)** *(LAm: molestia)* bother, vexation; *(: tristeza)* sadness. **(b)** *(Méx: fruslería)* trifle, mere nothing.

gurrumino 1 *adj* **(a)** *(débil)* weak, sickly; *(insignificante)* small, puny. **(b)** *(marido)* henpecked. **2** *nm* **(a)** *(marido)* henpecked husband. **(b)** *(Méx: chiquillo)* child.

gur(r)upié *nm* **(a)** *(LAm: en los garitos)* croupier. **(b)** *(Cu: en una subasta)* false bidder. **(c)** *(Ven: criado)* servant, family retainer.

gus *nm (Colombia: buitre)* turkey buzzard.

gusanera *nf* **(a)** *(nido)* nest *o* breeding ground for maggots. **(b)** *(fig: montón)* bunch, lot; **una** ~ **de chiquillos** a bunch of kids.

gusanillo *nm* small maggot *o* worm; **me anda el** ~ I feel peckish.

gusano *nm* **(a)** maggot, worm; *(de mariposa, polilla)* caterpillar; ~ **de luz/seda** glow-worm/silkworm; ~ **de la conciencia** remorse; **matar el** ~ to have a bite to eat; *(licor)* to drink to clear one's head; **criar** ~**s** to be dead and buried. **(b)** *(fig)* worm; *(ser despreciable)* contemptible person; *(persona dócil)* meek creature.

gusanoso *adj* maggoty, worm-eaten.

gustación *nf* tasting, trying.

gustado *adj (LAm: popular)* well-liked, popular.

gustar [1a] **1** *vt (probar)* to taste, sample.

2 *vi* **(a)** *(complacer)* to please, be pleasing; **es una película que siempre gusta** it's a film which always pleases; **la comedia no gustó** the play was not a success. **(b)** *(con complemento personal)* **me gusta el té** I like tea; **¿te gusta México?** do you like Mexico?; **no me gusta mucho** I don't like it much; **me gusta como anda** I like the way she walks. **(c)** *(frases de cortesía)* **¿gusta Ud?** would you like some?, may I offer you some?; **si Ud gusta** if you please, if you don't mind; **como Ud guste** as you wish. **(d) ~ de algo** to like *o* enjoy sth; **~ de hacer algo** to like to do sth, be fond of doing sth, enjoy doing sth.

gustazo *nm (fam: mucho placer)* great pleasure; *(: malsano)* unhealthy *o* nasty pleasure.

gustillo *nm (dejo)* touch, tang.

gusto *nm* **(a)** *(sentido)* taste; **agregue azúcar a ~** add sugar to taste.

(b) *(de comida)* taste, flavour; **tiene un ~ amargo** it has a bitter taste.

(c) *(Arte)* taste; *(estilo)* style, fashion; **buen/mal ~** good/bad taste; **de buen ~** in good taste; **es de un mal ~ extraordinario** it is in extraordinarily bad taste; **ser persona de ~** to be a person of taste; **sobre ~s no hay disputa, de ~s no hay nada escrito** there's no accounting for tastes.

(d) *(placer)* pleasure; **con mucho ~** with pleasure; *(con voluntad)* gladly; **comer con ~** to eat heartily; **aquí me encuentro a ~** I feel at home here; **acomodarse a su ~** to make o.s. at home; **sentirse mal a ~** to feel ill at ease; **correrse** *o* **morirse del ~** to feel great pleasure; **dar ~ a** to please, give pleasure to; **tener el ~ de hacer algo** to have the pleasure of doing sth; **tener ~ en hacer algo** to be glad to do sth.

(e) *(presentaciones)*, **¡mucho ~!, ¡tanto ~!** how do you do?, pleased to meet you; **el ~ es mío** how do you do?, the pleasure is mine; **tengo mucho ~ en presentar al Sr X** allow me to introduce Mr X.

(f) *(agrado)* liking *(por* for); **al ~ de** to the liking of; **ser del ~ de uno** to be to sb's liking; **tener ~ por** to have a liking for; **tomar ~ a** to take a liking to.

(g) *(antojo)* whim, fancy; **a ~** at will, according to one's fancy.

gustoso *adj* **(a)** *(sabroso)* tasty, nice. **(b)** *(agradable)* pleasant. **(c)** *(con voluntad)* willing, glad; **lo hizo ~** he did it gladly; **le ofrezco ~ una habitación de matrimonio** I am glad to be able to offer you a double room.

gutapercha *nf* gutta-percha.

gutural *adj* guttural *(tb Ling)*; *(de la garganta)* throaty.

H

H, h ['atʃe] *nf (letra)* H, h.

h(s) *abr de* **hora(s) h(s).**

ha *véase* **haber.**

haba *nf (legumbre)* (broad) bean; *(de café etc)* bean; **~ de las Indias** sweet pea; **son ~s contadas** it goes without saying; **en todas partes cuecen ~s** it's the same the whole world over.

Habana *nf*: **La ~** Havana.

habanero/a 1 *adj* of Havana. **2** *nm/f* native *o* inhabitant of Havana. **3 habanera** *nf (Mús)* habanera.

habano *nm* Havana cigar.

hábeas corpus *nm* habeas corpus.

haber [2k] **1** *vt* **(a)** *(Lit)* to catch, lay hands on.

(b) *(Rel)* **bien haya ...** blessed be ...; **X, que Dios haya** X, God rest his soul.

(c) *(Jur etc)* **todos los inventos habidos y por ~** all inventions present and future.

(d) *(locuciones)* **en el encuentro habido ayer** in the fight which occurred yesterday; **la lista de los caídos habidos** the list of casualties suffered.

2 *vb aux* **(a)** *(en tiempos compuestos)* to have; **he comido** I have eaten; **había ido al cine** he had gone to the cinema; **lo hubiéramos hecho** we would have done it; **antes de ~lo visto** before seeing him.

(b) ~ de to have to; **he de hacerlo** I have to do it; **¿qué he de hacer?** what am I to do?; **ha de llegar hoy** he is due to arrive today, *(LAm)* he should get here today; **han de ser las 9** it must be about 9 o'clock.

3 *vb impers* **(a)** *(gen)* **hay** there is, there are; **hay un hombre/2 hombres en la calle** there is one man/there are 2 men in the street; **ha habido problemas** there have been problems; **hay tanto que hacer** there is so much to be done; **no hay plátanos** we have no bananas; **no hubo discusión** there was no discussion; **¿habrá tiempo?** will there be time?; **tomará lo que haya** he'll take whatever there is; **lo que hay es que ...** it's like this ...; **hay sol** the sun is shining, it is sunny; **¿qué hay?** *(¿qué pasa?)* what's up?; *(¿qué tal?)* how's it going?; **no hay más que hablar** there's no more to be said; **¡no hay de qué!** don't mention it!, not at all!; **¿cuánto hay de aquí a Cuzco?** how far is it from here to Cuzco?

(b) hay que hacer algo it is necessary to do sth, one must do sth; **hay que trabajar más** you must work harder; **hay que hacerlo** it has to be done; **¡había que verlo!** you should have seen it!; **hay que ser fuertes** we must *etc* be strong.

(c) *(tiempo)* **3 años ha** 3 years ago.

4 haberse *vr*: **habérselas con uno** *(tener delante)* to be up against sb; *(enfrentarse)* to have it out with sb.

5 *nm (ingresos)* income, salary; *(bienes)* assets *pl*; *(en balance)* credit side; **~es** assets; **¿cuánto tengo en el ~?** how much have I to my credit *o* in my account?

habichuela *nf* bean; *(frijol)* kidney bean; **ganarse las ~s** to earn one's living.

hábil *adj* **(a)** *(listo)* clever; *(diestro)* skilful; *(capaz)* able, capable; *(experto)* good, expert *(en* at). **(b)** competent.

habilidad *nf* **(a)** *(gen)* cleverness, skill; *(capacidad)* ability, proficiency; *(destreza)* expertness, expertise; **hombre de gran ~ política** a man of great political skill; **tener ~ manual** to be clever with one's hands. **(b) ~ para** fitness (for). **(c)** *(Jur)* competence.

habilitación *nf* **(a)** qualification, entitlement. **(b)** *(de casa etc)* equipment, fitting out. **(c)** *(Fin)* financing; *(RPl Agr)* credit in kind; *(CAm, Méx)* loan. **(d)** *(oficina)* paymaster's office.

habilitado *nm* paymaster.

habilitar [1a] *vt* **(a)** *(gen)* to qualify, entitle *(para que haga* to do); *(permitir)* to enable *(para que haga* to do); *(autorizar)* to empower, authorize (*para que haga* to do). **(b)** *(preparar)* to equip, fit out. **(c)** *(financiar)* to finance. **(d)** *(RPl Com)* to take into partnership.

habitable *adj* inhabitable, that can be lived in.

habitación *nf* **(a)** *(vivienda)* dwelling, abode; *(alquilada)* lodging(s), apartment; *(Bio)* habitat, habitation. **(b)** *(cuarto)* room; ~ **doble** *o* **de matrimonio** double room; ~ **individual** single room.

habitado *adj* inhabited; *(satélite etc)* manned.

habitante *nmf (gen)* inhabitant; *(vecino)* resident; *(inquilino)* occupant, tenant.

habitar [1a] **1** *vt* to inhabit, live in; *(ocupar)* to occupy, be the occupant of. **2** *vi* to live.

habitat *nm, pl* **habitats** habitat.

hábito *nm* **(a)** habit, custom; ~**s de consumo** buying habits; **una droga que conduce al** ~ **morboso** a habit-forming drug; **tener el** ~ **de hacer algo** to be in the habit of doing sth. **(b)** *(Rel)* habit.

habituado/a *nm/f* habitué(e).

habituar [1e] **1** *vt* to accustom (*a* to). **2 habituarse** *vr*: ~ **a** to become accustomed *o* get used to.

habla *nf* **(a)** *(gen)* speech; **dejar a uno sin** ~ to leave sb speechless; **perder el** ~ to become speechless. **(b)** *(Ling: idioma)* language; *(dialecto)* dialect, speech; *(Lit)* language, style; **de** ~ **francesa** French-speaking. **(c)** *(el hablar)* talk; **¡García al** ~**!** *(Telec)* García speaking!; **estar al** ~ to be in contact; *(Telec)* to be on the line, be speaking (*con* to).

habladas *nfpl (LAm)* boasts.

hablado *adj* **(a)** spoken; **la palabra** ~**a** the spoken word. **(b) bien** ~ well-spoken; **mal** ~ coarse, foul-mouthed.

hablador(a) 1 *adj* **(a)** *(parlanchín)* talkative. **(b)** *(chismoso)* gossipy. **(c)** *(Méx: presumido)* boastful. **2** *nm/f* **(a)** chatterbox. **(b)** gossip.

habladuría *nf (gen)* rumour; *(injuria)* nasty remark; ~s gossip, scandal.

hablante 1 *adj* speaking. **2** *nmf* speaker.

hablar [1a] **1** *vt (gen)* to speak, talk; *(Méx Telec)* to (tele)phone; **habla bien el portugués** he speaks good Portuguese, he speaks Portuguese well; ~ **tonterías** to talk nonsense.

2 *vi* to speak, talk (*a, con* to, *de* about, of); **que hable él** let him speak; **¡hable!, ¡puede** ~**!** *(Telec)* you're through!; **¿quién habla?** *(Telec)* who is it?, who's calling?; **¿a dónde** *o* **con quién hablo?** *(LAm)* who is that?, who am I speaking to?; **de eso ni** ~ it's out of the question, no way *(fam)*, you're not on; ~ **alto/bajo/claro** to speak loudly/quietly/plainly *o* bluntly; ~ **por sólo** ~ to talk just for talking's sake; **los datos hablan por sí solos** the facts speak for themselves; ~ **a solas** to talk to o.s.; **dar que** ~ **a la gente** to cause (people to) gossip; **hacer** ~ **a uno** to make sb talk.

3 hablarse *vr*: **'se habla inglés'** 'English spoken here'; **se habla de que van a comprarlo** there is talk of their buying it; **no se hablan** they are not on speaking terms.

hablilla *nf* rumour, story.

habloteo *nm* incomprehensible talk.

hacedero *adj* practicable, feasible.

hacedor(a) *nm/f (gen)* maker; *(Lit)* poet; **el (Supremo) H**~ the Maker.

hacendado 1 *adj* landed, property-owning. **2** *nm (terrateniente)* landowner; *(LAm)* rancher.

hacendario *nm (CAm, Méx)* treasury.

hacendoso *adj* industrious, hard-working.

hacer [2s; *pp* **hecho**] **1** *vt* **(a)** *(fabricar)* to make; *(Téc)* to manufacture; *(construir)* to build, construct; *(crear)* to create; *(Lit, Mús)* to compose; *(dinero)* to earn; *(cama)* to make; *(comida)* to prepare, cook; *(maletas)* to pack; *(corbata)* to tie; *(objeción)* to raise; *(pregunta)* to put, ask; *(visita)* to pay; ~ **la guerra** to make war; ~ ~ **algo** to have sth made; ~ **el amor** to make love; ~ **el pelo a uno** to do sb's hair; ~ **un recado** to run an errand.

(b) *(sombra)* to cast; **el árbol hace sombra** the tree gives shade.

(c) *(gen)* to do; *(realizar)* to execute, perform, put into practice; *(teatro)* to do, perform; *(milagros etc)* to do, work; **no sé qué** ~ I don't know what to do; **haga lo que quiera** do as you please; **¿qué haces ahí?** what are you up to?; **¿qué le vamos a** ~**?**, what can we do about it?; *(LAm)* there's nothing you can do, what can you do!; ~ **por** ~ to do sth for the sake of doing it.

(d) *(remplazando otro verbo)* to do; **él protestó y yo hice lo mismo** he protested and I did the same; **no viene como lo solía** ~ he doesn't come as he used to (do).

(e) *(Teat)* ~ **un papel** to play a role *o* part; **hizo el malo** he played the villain.

(f) *(pensar)* to imagine, think; **yo le hacía más viejo** I thought he was older; **te hacíamos en el Perú** we assumed you were in Peru.

(g) *(acostumbrar)* to accustom, inure; ~ **el cuerpo al frío** to get one's body used to cold.

(h) *(+ infin)* to force, oblige; **les hice venir** I made them come; **yo haré que vengan** I'll see to it that they come; **hágale entrar** show him in; **me lo hizo saber** he informed *o* told me of it; ~ **construir una casa** to have a house built.

(i) *(Mat: sumar)* to make (up), amount to; **6 y 3 hacen 9** 6 and 3 make 9; **éste hace 100** this one makes 100.

(j) *(volver)* to make, turn, render; **el vino lo hizo borracho** the wine made him drunk; **la tinta lo hizo azul** the ink made *o* turned it blue; **esto lo hará más difícil** this will make *o* render it more difficult; ~ **polvo algo** to smash sth to pieces; ~ **polvo a uno** to exhaust sb.

2 *vi* **(a)** *(gen)* to act, behave; *(disimular)* to pretend; ~ **como que** *o* **como si ...** to act as if ...; ~ **de** to act as; *(Teat)* to act, play the part of; ~ **el muerto** to pretend to be dead; ~ **el tonto** to act *o* play the fool; ~ **las veces de** to act *o* serve as.

(b) dar que ~ to cause trouble; **daban que** ~ **a la policía** they gave the police trouble.

(c) ~ **para** *o* **por hacer algo** to try to do sth.

(d) no le hace it doesn't matter, never mind.

(e) *(ser apropiado)* to be suitable; **¿hace?** will it do?, is it all right?; **la llave hace a todas las puertas** the key fits all the doors.

3 *vb impers* **(a)** *(Met)* to be; **hace calor/frío** it's hot/cold; **¿qué tiempo hace?** what's the weather like?

(b) *(LAm)* **hace sed** I'm thirsty; **hace sueño** I'm sleepy.

(c) *(tiempo)* ago; **hace 3 años** 3 years ago; **desde hace 4 años** for (the last) 4 years; **hace poco** a short while back, a short time ago; **no hace mucho** not long ago; **hacía un año** a year previously; **¿cuánto se hace de aquí a París?** *(LAm)* how long does it take from here to Paris?

4 hacerse *vr* **(a)** to be made, be done *etc*; **todavía no se ha hecho** it still has not been done; **¡eso no se hace!** that's not done!

(b) *(personal)* **se hizo cortar el pelo** she had her hair cut; ~ **retratar** to have one's portrait painted.

(c) *(llegar a ser)* to become; *(disimular)* to pretend; **se hicieron amigos** they became friends; ~ **enfermera** to become a nurse; ~ **el sordo** to pretend not to hear, turn a deaf ear; ~ **el tonto** to act *o* play the fool.

(d) *(con adj)* to become, grow, get; **esto se hace pesado** this is becoming tedious; **si las cosas se hacen difíciles** if things get difficult; ~ **grande** to grow *o* get tall; **se hace tarde** it's getting late; ~ **viejo** to grow *o* get old; **se me hace imposible trabajar** I'm finding it impossible to work.

(e) ~ **a hacer algo** to get used to doing sth.

(f) se me hace que ... *(esp LAm)* it seems to me that ..., I get the impression that ... .

(g) ~ **con algo** to get hold of sth; **logró ~ con una copia** he managed to get hold of a copy.

(h) ~ **a un lado** to stand aside, move over; ~ **atrás** to move back.

hacia *prep* **(a)** *(lugar)* towards, in the direction of; ~ **abajo/arriba** downwards/upwards; **eso está más ~ el este** that's further (over) to the east; **vamos ~ allá** let's go in that direction, let's go over that way. **(b)** *(hora)* about; ~ **mediodía** about *o* towards noon. **(c)** *(actitud)* towards; **su hostilidad ~ la empresa** his hostility towards the firm.

hacienda *nf* **(a)** *(finca)* country estate; *(LAm)* ranch. **(b)** *(RPl)* cattle, livestock. **(c)** ~ **pública** public finance; **(Ministerio de) H~** Treasury, Exchequer. **(d)** ~**s** household chores.

hacina *nf* pile, heap.

hacinamiento *nm* heaping (up); *(Agr)* stacking; *(fig)* (over)crowding.

hacinar [1a] *vt* to pile (up), heap (up); *(Agr)* to stack; *(fig)* to overcrowd.

hacha[1] *nf* **(a)** *(gen)* axe; *(pequeña)* hatchet. **(b)** *(fig)* **¡es un ~!** he's right on the ball!; **ser un ~ para ...** he's an ace at ... . **(c)** *(locuciones)* **de ~ y tiza** *(RPl)* tough, virile; **de ~** *(Chi)* unexpectedly, without warning; **estar ~** *(Méx)* to be ready.

hacha[2] *nf* large candle; **como ~ de muerto** *(luz)* dim, weak.

hachar [1a] *vt (LAm)* = **hachear.**

hachazo *nm* **(a)** *(golpe)* blow with an axe. **(b)** *(LAm)* gash, open wound.

hache *nf name of the letter* H; **llámele Ud ~** call it what you will; **volverse ~s y erres** *(Colombia)*, **volverse ~s y cúes** *(Chi)* to come to nothing, fall through.

hachear [1a] **1** *vt* to hew, cut (down). **2** *vi* to wield an axe.

hachero *nm* woodman, lumberjack; *(Mil)* sapper.

hachís *nm* hashish.

hachón *nm* (large) torch, firebrand.

hada *nf* fairy; ~ **madrina** fairy godmother; **cuento de ~s** fairy tale.

hado *nm* fate, destiny.

haga, hago *etc véase* **hacer.**

haitiano/a *adj, nm/f* Haitian.

hala *interj* **(a)** *(oye)* hi!, hoy! **(b)** *(vamos)* come on!, let's go! **(c)** *(anda)* get on with it!, hurry up! **(d)** *(Náut)* heave!

halagar [1h] *vt* **(a)** *(mostrar afecto)* to show affection to. **(b)** *(agradar)* to please, gratify; *(atraer)* to allure, attract; **es una perspectiva que me halaga** it's a possibility which pleases me. **(c)** *(lisonjear)* to flatter.

halago *nm* **(a)** *(gusto)* pleasure, delight; *(satisfacción)* gratification; *(atracción)* attraction. **(b)** *(lisonjas)* flattery.

halagüeño *adj (gen)* pleasing; *(atractivo)* attractive; *(adulador)* flattering *(para* to); *(prometedor)* promising, rosy.

halar [1a] *vt, vi* = **jalar.**

halcón *nm* falcon; ~ **común** peregrine.

halconería *nf* falconry.

halconero *nm* falconer.

haleche *nm* anchovy.

halibut [ali'ßu] *nm, pl* **halibuts** [ali'ßu] halibut.

hálito *nm* breath.

halitosis *nf* halitosis, bad breath.

halo *nm* halo.

halón *nm (LAm)* = **jalón (c).**

hall [xol] *nm, pl* **halls** [xol] hall; *(Teat etc)* foyer.

hallador(a) *nm/f* finder.

hallar [1a] **1** *vt (gen)* to find; *(descubrir)* to discover; *(averiguar)* to find out; *(aprobación etc)* to meet with; *(oposición etc)* to meet with, run up against.

2 hallarse *vr (estar)* to be; *(encontrarse)* to find o.s.; **se hallaba fuera** he was away at the time; **¿dónde se halla la catedral?** where is the cathedral?; ~ **enfermo/mejor** to be ill/better; **no se halla** he feels out of place; **no se halla bien con el nuevo jefe** he doesn't get on with the new boss; ~ **con un obstáculo** to encounter an obstacle; **se halla en todo** he's mixed up in everything.

hallazgo *nm* **(a)** *(acto)* finding, discovery. **(b)** *(cosa hallada)* find, thing found. **(c)** *(rescate)* finder's reward; **'500 pesos de ~'** '500 pesos reward'.

hamaca *nf (cama)* hammock; *(RPl)* swing; ~ **plegable** deckchair.

hamacar [1g], **hamaquear** [1a] *(LAm)* **1** *vt* **(a)** to rock, swing. **(b)** *(Méx)* ~ **a uno** *(fig)* to keep sb waiting for a decision. **2 hamacarse** *vr*, **hamaquearse** *vr* to rock, swing.

hambre *nf* **(a)** *(gen)* hunger; *(escasez general)* famine; *(inanición)* starvation; **estar con ~, padecer** *o* **pasar ~** to be *o* go hungry, starve; **matar el ~** to satisfy one's hunger; **morir de ~** to starve to death; **hacer morir de ~ a uno** to starve sb to death; **tener ~** to be hungry; **vengo con mucha ~** I'm terribly hungry. **(b)** *(fig)* hunger, keen desire, longing *(de* for); **tener ~ de** to hunger *o* be hungry for.

hambrear [1a] **1** *vt* to starve. **2** *vi* to starve, be famished.

hambriento/a 1 *adj* **(a)** starving, hungry, famished. **(b)** *(fig)* ~ **de** hungry *o* longing for. **2** *nm/f* starving person; **los ~s** the hungry, the starving.

hambruna *nf (Arg)*, **hambrusia** *nf (Méx)* ravenous hunger; **tener ~** to be ravenously hungry.

Hamburgo *nm* Hamburg.

hamburguesa *nf* hamburger.

hampa *nf* criminal underworld.

hampesco *adj* underworld *(atr)*, criminal.

hampón *nm* thug.

hámster *nm, pl* **hámsters** hamster.

han *véase* **haber.**

handicap [andi'kap] *nm, pl* **handicaps** [andi'kap] handicap.

handicapar [1a] *vt* to handicap.

hangar *nm (Aer)* hangar.

haragán/ana 1 *adj* idle, lazy. **2** *nm/f* layabout, good-for-nothing.

haraganear [1a] *vi* to idle, waste one's time.

harakiri *nm* hara-kiri.

harapiento *adj* tattered, in rags.

harapo *nm* rag, tatter; **estar hecho un ~** to go about in rags; **poner a uno como un ~** to shower insults on sb.

haraposo *adj* = **harapiento.**

haraquiri *nm* = **harakiri.**

hardware ['xardwer] *nm* (computer) hardware.
harén *nm* harem.
harina *nf* flour; ~ **de avena/de huesos/leudante/de maíz/de trigo** oatmeal/bone meal/self-raising flour/cornflour, *(US)* corn starch/wheat flour; **eso es ~ de otro costal** that's another story; **estoy hecho ~** I'm exhausted.
harinero 1 *adj* flour *(atr)*. **2** *nm* **(a)** *(comerciante)* flour merchant. **(b)** *(recipiente)* flour bin.
harinoso *adj* floury.
harmonía *nf* = **armonía.**
harnear [1a] *vt (LAm)* to sieve, sift.
harnero *nm* sieve.
harpillera *nf* sacking, sackcloth.
harpillería *nf (LAm)* patchwork.
hartar [1a] **1** *vt* **(a)** *(satisfacer)* to satiate, satisfy *(con, de* with). **(b)** *(fig)* to sicken, tire, bore. **(c)** ~ **a uno de algo** *(fig)* to overwhelm sb with sth; ~ **a uno de palos** to rain blows on sb.
2 hartarse *vr* **(a)** to eat one's fill *(con* of), gorge *(con* on), be satiated; ~ **de uvas** to stuff o.s. with grapes. **(b)** *(fig)* to (get) weary *(de* of); ~ **de reír** to laugh fit to burst; **no se hartaron de reír** they couldn't stop laughing.
hartazgo *nm* surfeit, glut; **darse un ~** to eat one's fill *(de* of); *(fig)* to overdo, have too much *(de* of).
harto 1 *adj* **(a)** full, satiated. **(b)** *(fig)* **estar ~ de** to be fed up with, be tired of; **¡estamos ~s ya!** we're fed up!, enough is enough!; **¡estoy ~ de decírtelo!** I'm sick and tired of telling you (so)! **2** *adv (bastante)* enough; *(muy)* very; **una tarea ~ difícil** a very difficult task.
hartón *adj (CAm, Méx)* gluttonous.
hartura *nf* **(a)** *(gen)* surfeit, glut; *(abundancia)* abundance, plenty; **con ~** in abundance *o* plenty. **(b)** *(fig: deseo)* fulfilment.
has *véase* **haber.**
hasta 1 *adv* even; **y ~ la pegó** and he even hit her; ~ **en Valencia hiela a veces** even in Valencia it freezes sometimes.
2 *prep* **(a)** *(lugar)* as far as; *(subiendo)* up to; *(bajando)* down to; **lo llevó ~ la iglesia** he carried it as far as the church; **los árboles crecen ~ los 4.000 metros** the trees grow up to 4,000 metres. **(b)** *(tiempo, hora)* till, until, up to; **se quedará ~ el martes** she will stay till Tuesday; **siguió en pie ~ el siglo pasado** it stood until *o* up to *o* as late as the last century; ~ **ahora** see you soon *(fam)*; ~ **entonces** till *o* until then; ~ **luego** *o* **la vista** goodbye, see you *(fam)*; ~ **la otra** see you again; ~ **siempre** goodbye, farewell; *(Méx: neg)* **lo hizo ~ el martes** he didn't do it until Tuesday; ~ **la fecha** (up) to date; ~ **nueva orden** until further notice.
3 *conj*: ~ **que** till, until; ~ **que me lo des** until you give it to me.
hastial[1] *nm (Arquit)* gable end.
hastial[2] *nm* lout.
hastiar [1c] **1** *vt (fastidiar)* to weary, bore; *(asquear)* to sicken, disgust. **2 hastiarse** *vr*: ~ **de** to tire of.
hastío *nm (cansancio)* weariness; *(asco)* disgust.
hatajo *nm* lot, collection.
hato *nm* **(a)** *(enseres)* personal effects, possessions; **liar el ~** to pack up, get ready to go; **menear el ~ a uno** to beat sb up; **revolver el ~** to stir up trouble. **(b)** *(víveres)* provisions. **(c)** *(choza)* shepherd's hut. **(d)** *(Agr)* flock, herd; *(gente)* group, crowd. **(e)** *(LAm)* cattle ranch.
hawaiano/a *adj, nm/f* Hawaian.
hay, haya[1] *etc véase* **haber.**
Haya *nf*: **La ~** The Hague.
haya[2] *nf* beech tree.
hayal *nm*, **hayedo** *nm* beechwood.
haz[1] *nm* **(a)** *(de cosas)* bundle, bunch; *(Agr: de trigo)* sheaf. **(b)** ~ **de luz** beam of light.
haz[2] *nf (fig)* face, surface; *(: de tela)* right side; ~ **de la tierra** face of the earth.
haz[3] *véase* **hacer.**
hazaña *nf* feat, exploit, deed; **las ~s del héroe** the hero's exploits; **sería una ~** it would be a great achievement.
hazañería *nf* fuss.
hazmerreír *nm* laughing stock, joke.
he[1] *véase* **haber.**
he[2] *adv (frm)* ~ **aquí** here is, here are; **¡~me aquí!** here I am!; **¡~lo aquí!** here it is!; **¡~los allí!** there they are!; ~ **aquí la razón de que ...**, ~ **aquí por qué ...** that is why ... .
hebdomadario *adj, nm* weekly.
hebilla *nf* buckle, clasp.
hebra *nf (hilo)* thread; *(Bot etc)* strand; *(: fibra)* fibre; *(de madera)* grain; *(de metal)* vein; **tabaco de ~** loose tobacco; **de una ~** *(LAm)* all at once; **romperse la ~** *(Méx: amistades etc)* to break up, come to an end.
hebreo/a *adj, nm/f* Hebrew.
hebroso *adj (gen)* fibrous; *(carne)* stringy.
hecatombe *nf (fig)* slaughter, butchery.
hectárea *nf* hectare *(= 2.471 acres)*.
héctico *adj* consumptive.
hectogramo *nm* hectogramme, *(US)* hectogram.
hectolitro *nm* hectolitre, *(US)* hectoliter.
hechicera *nf* sorceress, witch.
hechicería *nf* **(a)** *(gen)* sorcery, witchcraft. **(b)** *(una ~)* spell. **(c)** *(fig)* spell, charm.
hechicero 1 *adj* magic(al); *(fig)* enchanting. **2** *nm* wizard, sorcerer.
hechizar [1f] *vt* **(a)** to bewitch, cast a spell on. **(b)** *(fig)* to fascinate.
hechizo 1 *adj* **(a)** *(falso)* artificial, false. **(b)** *(movible)* detachable. **(c)** *(Téc)* manufactured. **(d)** *(LAm)* home-made, locally produced, craft *(atr)*; *(Méx, Per: pey)* rough and ready. **2** *nm* **(a)** *(gen)* magic, witchcraft; *(un ~)* magic spell, charm. **(b)** *(fig)* spell, enchantment; **~s** *(femeninos)* charms.
hecho 1 *pp de* **hacer** done; **¡~!** *(de acuerdo)* agreed!, it's a deal!; **a lo ~ pecho** we must make the best of it; **lo ~ está ~** what's done cannot be undone; **bien/mal** *(gen)* ~ well/badly done; *(manufactura etc)* well/poorly made; **él, ~ un ...** he, like a ...; **ella, ~a una furia, se lanzó ...** she hurled herself furiously ...; **estar ~ a** to be used to.
2 *adj (gen)* complete, finished; *(Cos)* ready-made, ready-to-wear; ~ **a la medida** made-to-measure; **frase ~a** stock expression, idiom; **un hombre ~ y derecho** a real man.
3 *nm* **(a)** *(acto)* deed, act, action; **H~s de los Apóstoles** Acts of the Apostles; **~s y no palabras** actions speak louder than words; **un ~ consumado** a fait accompli. **(b)** *(gen)* fact; **es un ~** it's a fact; *(consumado)* it's done now *(fam)*; **el ~ es que ...** the fact *o* the position is that ...; **volvamos al ~** let's get back to the matter in hand; **de ~** in fact, as a matter of fact; *(Pol etc: adj, adv)* de facto; **de ~ y de derecho** de facto and de jure; **en ~ de verdad** as a matter of solid fact.
hechura *nf* **(a)** *(acto)* making, creation; **no tiene ~** it can't be done. **(b)** *(objeto)* creation, product; **somos ~ de Dios** we are God's handiwork. **(c)** *(forma)* form, shape; *(talle)* build; *(corte)* cut; **a ~ de** like, after the manner of; **tener ~s de algo** to show an aptitude for sth; **no tener una ~** *(LAm)* to be a dead loss. **(d)** *(Cos)* making-up,

confection; ~s cost of making up; **de ~ sastre** tailor-made. **(e)** *(Téc)* craftsmanship, workmanship. **(f)** *(fig)* creature, puppet; **él es una ~ del ministro** he is a creature of the minister.
heder [2g] *vi* **(a)** to stink, reek *(a* of). **(b)** *(fig: molestar)* to annoy, be unbearable.
hediondez *nf* **(a)** *(olor)* stink, stench. **(b)** *(cosa)* stinking thing.
hediondo *adj* **(a)** stinking, foul-smelling. **(b)** *(asqueroso)* repulsive. **(c)** *(fig: inaguantable)* annoying, unbearable.
hedonismo *nm* hedonism.
hedor *nm* stink, stench *(a* of).
hegemonía *nf* hegemony.
helada *nf* frost.
heladera *nf (RPl)* refrigerator; *(Méx)* ice-cream dish.
heladería *nf (esp LAm)* ice-cream stall *o* parlour.
heladero *nm (RPl)* ice-cream man.
helado 1 *adj* **(a)** *(gen)* frozen. **(b)** *(fig)* chilly. **(c) dejar ~ a uno** to dumbfound sb; **¡me deja Ud ~!** you amaze me! **2** *nm* ice cream.
helador *adj (viento etc)* icy, freezing.
heladora *nf* freezer; *(esp Chi, RPl)* refrigerator, icebox.
helar [1k] **1** *vt* **(a)** *(Met)* to freeze, ice (up); *(líquido)* to congeal; *(bebidas etc)* to ice, chill. **(b)** *(fig)* to dumbfound, amaze; *(desalentar)* to discourage. **2** *vi* to freeze. **3 helarse** *vr (Met)* to freeze; *(estado)* to be frozen; *(Aer, Ferro etc)* to ice (up), freeze up; *(líquido)* to congeal, set.
helecho *nm* bracken, fern.
hélice *nf* **(a)** *(espiral)* spiral; *(Anat, Elec, Mat)* helix. **(b)** *(Aer, Náut)* propeller.
helicóptero *nm* helicopter.
helio *nm* helium.
helipuerto *nm* heliport.
hembra *nf* **(a)** *(Bot, Zool)* female; *(mujer)* woman; **el pájaro ~** the hen bird; **5 hijos, esto es 2 varones y 3 ~s** 5 children, that is 2 boys and 3 girls. **(b)** *(Mec)* nut; **~ de terraja** die. **(c)** *(Cos)* eye; **macho y ~** hook and eye.
hemeroteca *nf* newspaper library.
hemisferio *nm* hemisphere.
hemofilia *nf* haemophilia.
hemofílico/a *nm/f* haemophiliac, bleeder.
hemoglobina *nf* haemoglobin.
hemorragia *nf* haemorrhage.
hemorroides *nfpl* haemorrhoids, piles.
henal *nm* hayloft.
henar *nm* meadow, hayfield.
henchir [3h] **1** *vt* to fill (up), stuff, cram *(de* with). **2 henchirse** *vr* **(a)** to swell; *(de comida)* to stuff o.s. (with food). **(b) ~ de orgullo** to swell with pride.
hendedura *nf (grieta)* crack, fissure; *(corte)* cleft, split.
hender [2g] *vt (gen)* to crack; *(cortar)* to cleave, split.
hendidura *nf* = **hendedura.**
hendija *nf (LAm)* crack, crevice.
hendir [3i] *vt (LAm)* = **hender.**
henequén *nm (LAm)* agave, henequen.
henil *nm* hayloft.
heno *nm* hay.
hepatitis *nf* hepatitis.
heráldica *nf* heraldry.
herbáceo *adj* herbaceous.
herbaje *nm* grass, pasture.
herbaj(e)ar [1a] **1** *vt* to graze, put out to pasture. **2** *vi* to graze.
herbario 1 *adj* herbal. **2** *nm* **(a)** *(colección)* herbarium, plant collection. **(b)** *(especialista)* herbalist; *(botánico)* botanist.
herbicida *nm* weed-killer.
herbolario 1 *adj (fig)* crazy, cracked. **2** *nm* herbalist.
hercúleo *adj* Herculean.
heredad *nf* country estate.
heredar [1a] *vt* **(a)** *(gen)* to inherit *(de* from). **(b)** *(nombrar)* to name as one's heir. **(c)** *(LAm)* to leave, bequeath *(a* to).
heredero/a *nm/f* heir/heiress *(de* to), inheritor *(de* of); **~ del trono** heir to the throne.
hereditario *adj* hereditary.
hereje *nmf* heretic; **¡~!** *(fam)* you brute!
herejía *nf* **(a)** *(Rel)* heresy. **(b)** *(fig)* dirty trick; *(injuria)* insult.
herencia *nf* **(a)** inheritance, legacy; *(fig)* heritage. **(b)** *(Bio)* heredity.
herético *adj* heretical.
herido/a 1 *adj* **(a)** injured; *(Mil etc)* wounded. **(b)** *(fig)* offended. **2** *nm/f* injured person, casualty; **los ~s** *(Mil)* the wounded; **el número de los ~s en el accidente** the number of casualties in the accident. **3 herida** *nf* **(a)** wound, injury. **(b)** *(fig)* insult.
herir [3i] *vt* **(a)** *(dañar)* to injure, hurt; *(Mil etc)* to wound; **~ a uno en el brazo** to wound sb in the arm. **(b)** *(golpear)* to beat, strike, hit; *(Mús)* to pluck, play; *(suj: el sol)* to beat down on; **un sonido hirió el oído** a sound reached *o* struck my ear. **(c)** *(fig: conmover)* to touch, move; *(causar ofensa)* to offend.
hermafrodita *adj, nm* hermaphrodite.
hermana *nf (gen)* sister; *véase tb* **hermano.**
hermanable *adj* fraternal.
hermanar [1a] *vt (hacer juego)* to match; *(unir)* to join; *(armonizar)* to harmonize, bring into harmony; *(Chi)* to put into pairs.
hermanastro/a *nm/f* stepbrother/stepsister.
hermandad *nf* **(a)** *(parentesco: gen, de hombres)* brotherhood; *(: de mujeres)* sisterhood. **(b)** *(sindicato etc)* association.
hermano 1 *adj* similar; *(barco)* sister. **2** *nm* **(a)** brother; **medio ~** half-brother; **primo ~** first cousin; **~ gemelo** twin brother; **~ de leche** foster brother; **~ político** brother-in-law; **mis ~s** my brothers, my brothers and sisters. **(b)** *(Rel, fig)* brother; **~s** brethren. **(c)** *(de par)* twin.
hermético *adj (gen)* hermetic, airtight; *(fig: teoría)* watertight; *(: misterio)* impenetrable.
hermosear [1a] *vt* to beautify, embellish.
hermoso *adj (gen)* beautiful, lovely; *(espléndido)* fine, splendid; *(hombre)* handsome; **un día ~** a fine *o* lovely day; **seis ~s toros** six magnificent bulls.
hermosura *nf* **(a)** *(gen)* beauty, loveliness; *(de hombre)* handsomeness. **(b)** *(mujer: una ~)* beauty.
hernia *nf* rupture, hernia.
héroe *nm* hero.
heroicidad *nf* **(a)** heroism. **(b)** *(una ~)* heroic deed.
heroico *adj* heroic.
heroína[1] *nf* heroine.
heroína[2] *nf (Farm)* heroin.
heroísmo *nm* heroism.
herpes *nmpl o nfpl (Med: gen)* herpes; *(: de la piel)* shingles.
herrador *nm* farrier, blacksmith.
herradura *nf* horseshoe; **curva en ~** *(Aut)* hairpin bend.
herraje *nm* **(a)** *(trabajos)* ironwork, iron fittings. **(b)** *(LAm)* horseshoe.

herramental *nm* toolkit, toolbag.
herramienta *nf* **(a)** *(gen)* tool; *(conjunto)* set of tools; ~ **de filo/de mano/mecánica** edge/hand/power tool. **(b)** *(de toro)* horns; *(dientes)* teeth.
herrar [1k] *vt (Agr: caballo)* to shoe; *(: ganado)* to brand; *(Téc)* to bind with iron, trim with ironwork.
herrería *nf* **(a)** *(taller)* smithy, blacksmith's (shop). **(b)** *(fábrica)* ironworks, forge. **(c)** *(oficio)* blacksmith's trade. **(d)** *(fig)* uproar, tumult.
herrerillo *nm (Orn)* tit.
herrero *nm* blacksmith, smith; ~ **de grueso** foundry worker.
herrete *nm (cabo)* metal tip, ferrule; *(LAm)* branding iron.
herrumbre *nf* **(a)** rust; **a prueba de** ~ rustproof. **(b)** *(Bot)* rust. **(c)** *(fig)* iron taste.
herrumbroso *adj* rusty.
hervidero *nm* **(a)** *(acto de hervir)* bubbling, seething. **(b)** *(manantial)* hot spring. **(c)** *(fig)* swarm; *(Pol etc)* hotbed.
hervido 1 *adj* boiled. **2** *nm (LAm)* stew.
hervidor *nm* kettle.
hervir [3i] **1** *vt (esp LAm)* to boil. **2** *vi* **(a)** *(gen)* to boil; *(burbujear)* to bubble, seethe; ~ **a fuego lento** to simmer; **dejar de/empezar a** ~ to go off/come to the boil. **(b)** *(fig)* ~ **de** *o* **en** to swarm with; **la cama hervía de pulgas** the bed was swarming with fleas.
hervoroso *adj* boiling, seething.
hesitar [1a] *vi* to hesitate.
heterodoxo *adj* heterodox, unorthodox.
heterogéneo *adj* heterogeneous.
heterosexual *adj, nmf* heterosexual.
hético *adj* consumptive.
hexágono *nm* hexagon.
hez *nf (esp* **heces** *pl: gen)* dregs.
hibernación *nf* hibernation.
hibernar [1a] *vi* to hibernate.
híbrido *adj, nm* hybrid.
hice *etc véase* **hacer.**
hidalgo/a 1 *adj (gen)* noble; *(fig: honrado)* honourable; *(generoso)* generous. **2** *nm/f* noble(man/woman).
hidalguía *nf (nobleza)* nobility; *(fig: honradez)* nobility, honourableness; *(generosidad)* generosity.
hidratante *adj*: **crema** ~ moisturizer, moisturizing cream.
hidratar [1a] *vt* to moisturize.
hidrato *nm* hydrate; ~ **de carbono** carbohydrate.
hidráulica *nf* hydraulics *sg.*
hidráulico *adj* hydraulic, water *(atr)*; **fuerza** ~**a** water *o* hydraulic power.
hidro... *pref* hydro..., water-...
hidroala *nf* hovercraft.
hidroavión *nm* seaplane, flying boat.
hidrocarburo *nm* hydrocarbon.
hidroelectricidad *nf* hydroelectricity.
hidroeléctrico *adj* hydroelectric.
hidrófilo *adj* absorbent; **algodón** ~ cotton wool.
hidrofobia *nf* hydrophobia, rabies.
hidrófugo *adj* water-repellent.
hidrógeno *nm* hydrogen.
hidrólisis *nf* hydrolysis.
hidroplano *nm* seaplane.
hidróxido *nm* hydroxide.
hiedra *nf* ivy.
hiel *nf* **(a)** *(Anat)* gall, bile; **echar la** ~ to sweat blood *(fam)*. **(b)** *(fig)* bitterness. **(c)** ~**es** *(fig)* troubles, upsets.
hielo *nm* **(a)** *(gen)* ice; **romper el** ~ *(fig)* to break the ice. **(b)** *(fig)* coldness.
hiena *nf* hyena.
hierba *nf (pasto)* grass; *(Med: planta)* herb, medicinal plant; ~**s** grass, pasture; **mala** ~ weed; *(fig)* evil influence; ~ **mate** mate; ~ **mora** nightshade; **y otras** ~**s** *(fig)* and so forth; **oír** *o* **sentir** *o* **ver crecer la** ~ to be pretty smart; **pisar mala** ~ to have bad luck.
hierbabuena *nf* mint.
hierra *nf (LAm)* branding.
hierro *nm* **(a)** *(metal)* iron; ~ **acanalado/bruto/colado/forjado/viejo** corrugated/pig/cast/wrought/scrap iron; **a** ~ **candente batir de repente** strike while the iron is hot; **de** ~ iron *(atr)*; **machacar en** ~ **frío** to flog a dead horse; **quitar** ~ to minimize sth; *(LAm) véase* **fierro. (b)** *(objeto)* iron object; *(herramienta)* tool; *(de flecha)* head; *(Agr)* branding-iron; *(Golf)* iron; ~**s** irons.
higa *nf (gesto)* rude sign, obscene gesture; *(fig)* scorn, derision.
hígado *nm* **(a)** liver; **echar los** ~**s** to wear o.s. out. **(b)** ~**s** *(fig)* guts, pluck *sg.* **(c)** *(CAm, Méx)* **ser un** ~ to be tedious, be a nuisance.
higiene *nf* hygiene.
higiénico *adj* hygienic, sanitary; **papel** ~ toilet paper; **paño** ~ sanitary towel.
higienizar [1f] *vt (LAm)* to clean up.
higo *nm (Bot)* fig, green fig; ~ **chumbo** *o* **de tuna** prickly pear; ~ **paso** *o* **seco** dried fig; **de** ~**s a brevas** once in a blue moon; **(no) me importa un** ~ I couldn't care less.
higuera *nf* fig tree; ~ **chumba** *o* **de tuna** prickly pear (cactus); **caer de la** ~ to come down to earth with a bump; **estar en la** ~ to be daydreaming.
hija *nf* daughter; *(uso vocativo)* dear; ~**, no te lo puedo decir** I can't tell you, dear; ~ **política** daughter-in-law.
hijastro/a *nm/f* stepson/stepdaughter.
hijo *nm* **(a)** *(varón)* son; *(gen)* child; ~**s** children, sons and daughters; **sin** ~**s** childless; **¿cuántos** ~**s tiene?** how many children has she?; **Juan Pérez,** ~ Juan Pérez Junior; ~ **de leche/natural** foster/illegitimate child; ~ **político** son-in-law; ~ **predilecto** favourite son; ~ **pródigo** prodigal son; **cada** ~ **de vecino** everyone, any Tom, Dick and Harry *(fam)*; ~ **de puta** *(fam!)* bastard *(fam!)*, son of a bitch *(fam!)*; **ser** ~ **de sus obras** to be a self-made man; ~ **de papá** daddy's boy, hooray Henry *(fam)*; ~ **de mamá** mummy's boy; ~ **de su madre** son of a bitch *(fam!)*.
(b) *(uso vocativo: con niño)* son, my boy; *(con adulto)* man, old chap; **¡**~ **de mi alma!**, my precious child!; **¡**~**(s)!, ¡híjole!** *(Méx)* Christ! *(fam)*, good God! *(fam)*.
(c) hacer a una un ~ to get sb with child.
hijuela *nf* **(a)** little girl. **(b)** *(Téc etc)* accessory. **(c)** *(Jur)* estate (of a deceased person); *(herencias)* list of bequests. **(d)** *(LAm)* rural property. **(e)** *(Agr)* small irrigation channel.
hijuelo *nm* **(a)** *(niño)* little boy; ~**s** small children; *(Zool)* young. **(b)** *(Bot)* shoot.
hijuna *interj (LAm)* you bastard! *(fam!)*.
hila *nf* **(a)** row, line; **a la** ~ in a row, in single file. **(b)** ~**s** *(Med)* lint *sg.*
hilacha *nf (hilo)* ravelled thread; *(fibra)* fibre, filament; ~**s** *(andrajos)* rags, tatters; ~ **de acero** steel wool; ~ **de vidrio** spun glass; ~**s** *(Med)* lint *sg*; **mostrar la** ~ *(RPl)* to show o.s. in one's true colours.
hilada *nf* row, line; *(Arquit)* course.
hilado 1 *adj* spun; **seda** ~**a** spun silk. **2** *nm* **(a)** *(acto)* spinning. **(b)** *(hilo)* thread, yarn.
hilador(a) *nm/f* spinner.
hilandería *nf* **(a)** *(oficio)* spinning. **(b)** *(fábrica)*

spinning mill; ~ **de algodón** cotton mill.
hilandero/a *nm/f* spinner.
hilar [1a] *vt* **(a)** *(lit)* to spin. **(b)** *(fig)* to reason, infer; ~ **(muy) delgado** *o* **fino** to split hairs.
hilarante *adj* hilarious; **gas** ~ laughing gas.
hilaridad *nf* hilarity.
hilaza *nf* yarn, coarse thread; **descubrir la** ~ to show o.s. in one's true colours.
hilera *nf* **(a)** row, line; *(Mil etc)* rank, file; *(Arquit)* course; *(Agr)* row, drill. **(b)** *(Cos)* fine thread.
hilo *nm* **(a)** *(Cos)* thread, yarn; *(Bot etc)* fibre, filament; ~ **bramante** twine; **a** ~ continuously; **colgar** *o* **pender de un** ~ to hang by a thread; **tela de** ~ *(LAm)* cotton cloth. **(b)** *(metal)* thin wire; *(Elec)* wire, flex; ~ **de tierra** earth wire, *(US)* ground wire; **el** ~ **rojo** *(Telec)* the hot line. **(c)** *(de líquido)* thin stream, trickle; *(de gente)* thin line; **irse tras el** ~ **de la gente** to follow the crowd. **(d)** *(tela)* linen; **traje de** ~ linen dress *o* suit. **(e)** *(fig: conversación)* thread, theme; *(vida)* course; *(pensamientos)* train.
hilván *nm (Cos)* tacking, basting.
hilvanar [1a] *vt* **(a)** *(Cos)* to tack, baste. **(b)** *(fig: trabajo)* to do hurriedly.
himen *nm* hymen, maidenhead.
himnario *nm* hymnal, hymnbook.
himno *nm* hymn; ~ **nacional** national anthem.
hincada *nf (LAm)* **(a)** *(hincadura)* thrust. **(b)** *(de rodillas)* genuflection.
hincadura *nf* thrust; ~ **de alfiler** pinprick.
hincapié *nm*: **hacer** ~ to make a stand, take a firm stand; **hacer** ~ **en** to emphasize, make a special point of.
hincar [1g] **1** *vt (meter)* to thrust *o* drive *o* push (in); *(diente)* to sink *(en* into); *(pie etc)* to set (firmly) *(en* on); **hincó la mirada en ella** he fixed his gaze on her. **2 hincarse** *vr*: ~ **de rodillas** to kneel (down).
hincha 1 *nf* ill will; **tener** ~ **a uno** to have a grudge against sb; **tomar** ~ **a uno** to take a dislike to sb. **2** *nmf* **(a)** *(Dep etc)* fan *(fam)*, supporter. **(b)** *(Per)* pal, chum.
hinchada *nf* supporters *pl*, fans *pl (fam)*.
hinchado *adj* **(a)** *(inflamado)* swollen. **(b)** *(fig: vanidoso)* arrogant, vain; *(: inflado)* pompous.
hinchar [1a] **1** *vt* **(a)** *(gen)* to swell; *(vientre)* to distend; *(globo etc)* to blow up, inflate, pump up. **(b)** *(fig)* to exaggerate. **2** *vi*: ~ **por** to shout for, root for. **3 hincharse** *vr* **(a)** *(gen)* to swell (up); *(vientre)* to get distended; *(llenarse)* to stuff o.s. *(de* with). **(b)** *(fig)* to get conceited, become vain. **(c)** ~ **a correr** *etc* to run *etc* hard; ~ **a reír** to have a good laugh.
hinchazón *nf* **(a)** *(Med etc)* swelling; *(protuberancia)* bump, lump. **(b)** *(fig)* arrogance; *(de estilo etc)* pomposity.
hindú *adj, nmf* Hindu.
hinojo[1] *nm (Bot)* fennel.
hinojo[2] *nm*: **de** ~**s** on bended knee.
hipar [1a] *vi* **(a)** to hiccup, hiccough. **(b)** *(perro)* to pant; ~ **por algo** to long for sth; ~ **por hacer algo** to long to do sth. **(c)** *(fig)* to be worn out, be exhausted. **(d)** [xi'par] to whine.
hiper... *pref* hyper...
hiperactivo *adj* hyperactive.
hipérbole *nf* hyperbole.
hiperbólico *adj* hyperbolic(al), exaggerated.
hipercrítico *adj* hypercritical; *(reparón)* carping.
hipermercado *nm* hypermarket.
hipersensible *adj* hypersensitive.
hipertensión *nf* hypertension.
hípico *adj* horse *(atr)*, equine; **club** ~ riding club.
hipnosis *nf* hypnosis.
hipnotismo *nm* hypnotism.
hipnotista *nmf* hypnotist.
hipnotizar [1f] *vt* to hypnotize, mesmerize.
hipo *nm* **(a)** hiccup(s), hiccough(s); **quitar el** ~ **a uno** to cure sb's hiccups; **tener** ~ to have hiccups. **(b)** *(fig: deseos)* longing, yearning; **tener** ~ **por** to long for, crave. **(c)** *(fig: aversión)* ill will; **tener** ~ **contra uno** to have a grudge against sb, have it in for sb.
hipo... *pref* hypo... .
hipocondria *nf* hypochondria.
hipocondríaco/a *adj, nm/f* hypochondriac.
hipocresía *nf* hypocrisy.
hipócrita 1 *adj* hypocritical. **2** *nmf* hypocrite.
hipodérmico *adj*: **aguja** ~**a** hypodermic needle.
hipódromo *nm* racetrack, racecourse.
hipopótamo *nm* hippopotamus.
hipoteca *nf* mortgage; **redimir una** ~ to pay off a mortgage.
hipotecar [1g] *vt* to mortgage.
hipotecario *adj* mortgage *(atr)*.
hipótesis *nf inv* hypothesis, supposition; **es una** ~ **(nada más)** that's just an idea *o* a theory.
hipotético *adj* hypothetic(al).
hiriente *adj (gen)* wounding; *(contraste)* striking.
hirsuto *adj* **(a)** *(peludo)* hairy, hirsute. **(b)** *(fig: brusco)* brusque, gruff.
hirviente *adj* boiling, seething.
hisopear [1a] *vt (Rel)* to sprinkle with holy water.
hisopo *nm* **(a)** *(Rel)* sprinkler, aspergillum. **(b)** *(Bot)* hyssop. **(c)** *(LAm: brocha)* paintbrush; *(: de algodón)* swab.
hispánico *adj* Hispanic, Spanish.
hispanidad *nf* **(a)** *(gen)* Spanishness, Spanish characteristics. **(b)** *(Pol)* Spanish world, Hispanic world; **Día de la H**~ Columbus Day *(12 October)*.
hispanista *nmf* **(a)** *(Univ etc)* Hispanicist. **(b)** *(hispanófilo)* lover of Spain.
hispanizar [1f] *vt* to Hispanicize.
hispano/a 1 *adj* Spanish, Hispanic. **2** *nm/f* Spaniard; *(US)* Spanish-speaking American.
hispano... *pref* Hispano-..., Spanish-... .
Hispanoamérica *nf* Spanish *o* Latin America.
hispanoamericano/a *adj, nm/f* Spanish *o* Latin American.
hispanófilo/a *nm/f* hispanophile.
hispanohablante, hispanoparlante *adj* Spanish-speaking.
histerectomía *nf* hysterectomy.
histeria *nf* hysteria.
histérico *adj* hysterical; **paroxismo** ~ hysterics.
histerismo *nm (Med)* hysteria; *(fig)* hysterics.
historia *nf* **(a)** *(gen)* story; *(cuento)* tale; ~**s** *(pey)* gossip *sg*; **la** ~ **es larga de contar** it's a long story; **dejarse de** ~**s** to come to the point; **no me vengas con** ~**s** don't think you can fool me *(fam)*. **(b)** *(estudio)* history; ~ **antigua/natural** ancient/ natural history; **es una mujer que tiene** ~ she's a woman with a past; **ser de** ~ to be famous; **pasar a la** ~ to go down in history *(como* as); **picar en** ~ to be a serious matter.
historiador(a) *nm/f* historian.
historial *nm (gen)* record; *(profesional)* curriculum vitae, c.v.; *(Med)* case history.
historiar [1b] *vt* **(a)** *(escribir)* to write the history of. **(b)** *(Arte etc)* to depict.
histórico *adj* historical; *(esp fig)* historic.
historieta *nf* tale; ~ **muda** strip cartoon.
histrionismo *nm* **(a)** *(Teat)* acting, art of acting. **(b)** *(fig)* histrionics.
hita *nf* **(a)** *(Téc)* headless nail. **(b)** = **hito.**
hito *nm* **(a)** boundary post; ~ **kilométrico** kilo-

metre stone. **(b)** *(fig)* landmark, milestone; **es un ~ en nuestra historia** it is a landmark in our history. **(c)** *(Dep)* quoits. **(d)** *(Mil)* target; *(fig: objetivo)* aim, goal; **a ~** fixedly; **dar en el ~** to hit the nail on the head. **(e) mirar a uno de ~ en ~** to look sb up and down.

Hnos. *abr de* **Hermanos** Bros.

hocicar [1g] **1** *vt (suj: cerdo)* to root among; *(suj: persona)* to nuzzle. **2** *vi (cerdo)* to root; *(persona)* to nuzzle; **~ con** *o* **en** to put one's nose against *o* into.

hocico *nm* **(a)** *(de animal)* snout, nose; *(fam: de persona: cara)* mug *(fam)*; *(: nariz)* snout *(fam)*; **caer** *o* **dar de ~s** to fall on one's face; **dar de ~s contra algo** to bump into sth; **estar de ~** to be in a bad mood; **meter el ~** to meddle, shove one's nose in. **(b)** *(fig: mueca)* angry face, grimace.

hockey ['oki, 'xoki] *nm* hockey; **~ sobre patines/ sobre hielo** roller hockey/ice hockey.

hogar *nm* **(a)** *(lit)* fireplace, hearth. **(b)** *(fig: casa)* home, house; *(: vida doméstica)* home life, family life; **artículos de ~** domestic goods; **los sin ~** the homeless.

hogareño *adj* home *(atr)*; *(gente)* home-loving.

hogaza *nf* large loaf.

hoguera *nf* bonfire; **la casa estaba hecha una ~** the house was ablaze; **murió en la ~** he died at the stake.

hoja *nf* **(a)** *(Bot)* leaf; *(: pétalo)* petal; *(: de hierba)* blade; **~ de parra** *(fig)* fig leaf; **de ~ ancha** broad-leaved; **de ~ caduca/perenne** deciduous/ evergreen. **(b)** *(papel)* leaf, sheet; *(página)* page; *(formulario)* form, document; **~ volante** leaflet, handbill; **doblar** *o* **volver la ~** *(fig)* to change the subject. **(c)** *(metal)* sheet; *(puerta)* leaf; *(espada, patín)* blade; *(vidrio)* sheet, pane; **~ de afeitar** razor blade; **~ de estaño** tinfoil; **~ de lata** tin(plate).

hojalata *nf* tin, tinplate.

hojalatero *nm* tinsmith; *(fontanero)* plumber.

hojalda *nf (LAm)*, **hojaldra** *nf (LAm)*, **hojaldre** *nm* puff pastry.

hojarasca *nf* **(a)** *(hojas)* dead leaves, fallen leaves. **(b)** *(fig)* rubbish, trash.

hojear [1a] *vt* to turn the pages of, leaf through.

hojoso *adj* leafy.

hojuela *nf* **(a)** *(Bot)* leaflet, little leaf. **(b)** *(hoja delgada)* flake; *(de metal)* foil, thin sheet; **~ de estaño** tinfoil. **(c)** *(Culin)* pancake.

hola *interj* hullo!, hello!

Holanda *nf* Holland.

holandés/esa 1 *adj* Dutch. **2** *nm/f* Dutchman/ -woman. **3** *nm (Ling)* Dutch.

holgado *adj* **(a)** *(ropa)* loose, comfortable; **demasiado ~** too big. **(b)** *(sin trabajo)* idle, unoccupied. **(c)** *(Fin)* comfortably off, well-to-do; **vida ~a** comfortable life, life of luxury.

holganza *nf* **(a)** *(gen)* idleness; *(descanso)* rest; *(ocio)* leisure, ease. **(b)** *(diversión)* amusement, enjoyment.

holgar [1h, 1m] **1** *vi* **(a)** *(descansar)* to rest; *(en paro)* to be idle *o* out of work; *(objeto)* to lie unused. **(b)** *(sobrar)* to be unnecessary, be superfluous; **huelga decir que ...** it goes without saying that .... **2** *vi*, **holgarse** *vr* to amuse *o* enjoy o.s.; **~(se) con algo** to take pleasure in sth.

holgazán/ana 1 *adj* idle, lazy. **2** *nm/f* idler, loafer.

holgazanear [1a] *vi* to laze around, loaf.

holgazanería *nf* laziness, loafing.

holgorio *nm* = **jolgorio.**

holgura *nf* **(a)** *(Cos)* looseness, fullness; *(Mec)* play, free movement. **(b)** *(ocio)* leisure, ease. **(c)** *(lujo)* comfortable living, luxury; **vivir con ~** to live in luxury.

holocausto *nm* holocaust.

hológrafo *nm* holograph.

hollar [1m] *vt* **(a)** *(gen)* to tread (on); *(pisotear)* to trample down. **(b)** *(fig)* to trample underfoot; *(humillar)* to humiliate.

hollín *nm* soot.

hombrada *nf* manly deed, brave act.

hombradía *nf* manliness.

hombre 1 *nm (gen)* man; *(raza humana)* mankind; **su ~** *(fam)* her man *o* husband; **de ~ a ~** man-to-man; **el ~ propone, pero Dios dispone** man proposes, but God disposes; **¡~ al agua** *o* **al mar!** man overboard!; **~ de bien** honest *o* good man; **~ de confianza** right-hand man; **~ de estado** statesman; **~ hecho** grown man; **~ de letras** man of letters; **el ~ medio** the average man, the man in the street; **~ de mundo** man of the world; **~ de negocios** businessman; **~ de pro** *o* **de provecho** worthy *o* honest man. **2** *interj* **(a)** old chap, man; **sí ~** yes (of course). **(b)** *(sorpresa)* you don't say! **(c)** *(protesta)* come now!

hombre-anuncio *nm, pl* **hombres-anuncio** sandwich-board man.

hombrear[1] [1a] **1** *vi (joven)* to act grown-up; *(hombre)* to act tough. **2** *vi*, **hombrearse** *vr*: **~(se) con uno** to try to keep up with sb.

hombrear[2] [1a] *vt* **(a)** to shoulder. **(b)** *(LAm)* to help, lend a hand to, back.

hombrera *nf (tirante)* shoulder strap; *(almohadilla)* shoulder pad; *(Mil)* epaulette.

hombre-rana *nm, pl* **hombres-rana** frogman.

hombría *nf* manliness.

hombro *nm* shoulder; **~ a** *o* **con ~** shoulder to shoulder; **¡armas al ~!** shoulder arms!; **arrimar** *o* **poner el ~** *(Arg)* to put one's shoulder to the wheel, lend a hand; **cargar algo sobre los ~s** to shoulder sth; **encogerse de ~s** to shrug one's shoulders.

hombruno *adj* mannish, butch *(fam)*.

homenaje *nm* **(a)** *(gen)* homage; **rendir ~ a** to do *o* pay homage to. **(b)** *(fig)* tribute; **en ~ a** in honour of; **rendir ~ a** to pay a tribute to; **una cena ~ para Don XY** a dinner in honour of Don XY; **partido ~** benefit match.

homeópata *nm* homeopath.

homeopatía *nf* homeopathy.

homicida 1 *adj* homicidal. **2** *nmf* murderer/murderess.

homicidio *nm (intencional)* murder, homicide; *(involuntario)* manslaughter.

homogeneidad *nf* homogeneity.

homogéneo *adj* homogeneous.

homónimo 1 *adj* homonymous. **2** *nm (Ling)* homonym; *(tocayo)* namesake.

homosexual *adj, nmf* homosexual.

homosexualidad *nf* homosexuality.

honda *nf* sling; *(LAm)* catapult.

hondear[1] [1a] *vt (Náut)* **(a)** *(sondear)* to sound. **(b)** *(descargar)* to unload.

hondear[2] [1a] *vt (LAm)* to hit with a catapult.

hondo 1 *adj* **(a)** *(gen)* deep; *(bajo)* low. **(b)** *(fig)* profound; **con ~ pesar** with deep regret, with profound sorrow. **2** *nm* depth(s).

hondón *nm* **(a)** *(fondo)* bottom. **(b)** *(de aguja)* eye.

hondonada *nf* **(a)** *(valle)* hollow, dip. **(b)** *(llano)* lowland.

hondura *nf* depth, profundity; **meterse en ~s** to get out of one's depth, get into deep water.

hondureño/a *adj, nm/f* Honduran.

honestidad *nf* **(a)** *(decencia)* decency. **(b)** *(pureza)* purity, chastity. **(c)** *(justicia)* fairness, justice. **(d)** *(nobleza)* honourableness; *(LAm:*

honradez) honesty.
honesto *adj (véase n)* **(a)** decent. **(b)** pure, chaste. **(c)** fair, just. **(d)** honourable; *(LAm)* honest.
hongo *nm* **(a)** *(Bot)* fungus; *(comestible)* mushroom; *(venenoso)* toadstool; **un enorme ~ de humo** an enormous mushroom of smoke. **(b)** *(sombrero)* bowler hat, *(US)* derby.
honor *nm (gen)* honour, *(US)* honor; *(fig)* glory; **~es** *(Mil etc)* honours; **~ profesional** professional etiquette; **en ~ a la verdad** to be fair; **hacer ~ a** to honour; **tener el ~ de hacer algo** to have the honour to do sth, to be proud to do sth.
honorable *adj* honourable, worthy.
honorario 1 *adj* honorary, honorific. **2** *nm* honorarium; **~s** (professional) fees, charges.
honorífico *adj* honourable; **mención ~a** honourable mention.
honra *nf (personal)* self-esteem; *(de mujer)* honour, virtue, good name; **~s fúnebres** funeral rites; **tener algo a mucha ~** to be proud of sth; **tener a mucha ~ hacer algo** to be proud to do sth.
honradez *nf (gen)* honesty; *(integridad)* uprightness, integrity.
honrado *adj (honesto)* honest; *(honorable)* honourable, upright; **hombre ~** honest *o* decent man.
honrar [1a] **1** *vt* **(a)** to honour; *(ser orgullo de)* to do credit to. **(b)** *(Com etc)* to honour. **2 honrarse** *vr*: **~ con algo** to be honoured by sth; **~ de hacer algo** to be honoured to do sth.
honrilla *nf*: **por la negra ~** out of concern for what people will say.
honroso *adj* honourable; *(respetable)* respectable.
hopa[1] *nf* cassock.
hopa[2] *interj (RPl)* stop it!
hopo ['xopo] *nm* (fox's) brush, tail.
hora *nf* **(a)** hour; *(tiempo)* time; **media ~** half an hour; **durante 2 ~s** for 2 hours; **esperamos ~s** we waited hours; **en la ~ de su muerte** at the moment of his death; **¿a qué ~?** at what time?; **¿qué ~ es?** what time is it?; **¡es la ~!** time's up!; **es ~ de hacer algo** it is time to do sth; **¡ya es ~ de que ...!** it is high time that ...!; **¡ya era ~!** and about time too!
(b) *(con adj o adv)* **en las altas ~s** in the small hours; **a una ~ avanzada** at a late hour; **a buena ~** opportunely; **en buena ~** fortunately; **~ de comer** mealtime; **a la ~ de comer** at lunchtime; **~s extra** *o* **extraordinarias** overtime; **~s libres** free *o* spare time; **en mala ~** unluckily; **~s de oficina** business *o* office hours; **a primera ~** first thing in the morning; **~s punta** peak *o* rush hours; **~ de recreo** playtime; **'última ~'** 'stop press'; **a última ~** at the last moment; **noticias de última ~** last-minute news; **dejar las cosas hasta última ~** to leave things until the last moment; **~ de verano** summertime; **a la ~ en punto** on the dot; **a la ~ justa** in the nick of time; **a estas ~s** now, at this time; **trabajar por ~s** to be paid by the hour.
(c) *(con verbo)* **dar ~** to fix a time; **dar la ~** to strike (the hour); **poner el reloj en ~** to set one's watch; **no ver la ~ de algo** to be scarcely able to wait for sth.
horadar [1a] *vt* to bore (through), drill.
hora-hombre *nf, pl* **horas-hombre** man-hour.
horario 1 *adj (cada hora)* hourly; *(huso)* time *(atr)*. **2** *nm* hour hand; *(Escol, Ferro etc)* timetable; **llegar a ~** *(LAm)* to arrive on time.
horca *nf* **(a)** gallows, gibbet. **(b)** *(Agr)* pitchfork. **(c)** *(de ajos etc)* string.
horcadura *nf* fork (of a tree).
horcajadas *nfpl*: **a ~** astride.
horcajo *nm* **(a)** *(Agr)* yoke. **(b)** *(de río)* fork.
horcar [1g] *vt (LAm)* = **ahorcar.**
horchata *nf* almond milk.
horda *nf* horde.
horita *adv (LAm)* = **ahorita.**
horizontal *adj* horizontal.
horizonte *nm* horizon; **línea del ~** skyline.
horma *nf* **(a)** *(Téc)* form, mould; **~ de sombrero** hat block; **~ (de calzado)** last, shoetree. **(b)** *(muro)* dry-stone wall *o* dyke.
hormiga *nf* **(a)** ant. **(b) ~s** *(Med)* itch *sg.* **(c)** *(LAm)* **ser una ~** to be hard-working.
hormigón *nm* concrete; **~ armado/pretensado** reinforced/pre-stressed concrete.
hormigonera *nf* concrete mixer.
hormiguear [1a] *vi* **(a)** *(piel etc)* to itch. **(b)** *(bullir)* to swarm, teem.
hormigueo *nm* **(a)** *(de piel etc)* itch, itching. **(b)** *(fig: inquietud)* anxiety, uneasiness. **(c)** *(bullición)* swarming.
hormiguero 1 *adj*: **oso ~** anteater. **2** *nm* ant hill.
hormiguillo *nm* = **hormigueo (a).**
hormona *nf* hormone.
hornada *nf* batch (of loaves *etc*).
hornear [1a] **1** *vt (LAm)* to cook, bake. **2** *vi* to bake; *(profesionalmente)* to be a baker.
hornero/a *nm/f* baker.
hornillo *nm (Téc)* small furnace; *(Culin)* cooker, stove; *(de pipa)* bowl; **~ eléctrico** hotplate; **~ de gas** gas ring.
horno *nm (Culin)* oven, stove; *(Téc)* furnace; *(para cerámica)* kiln; **~ microondas** microwave oven; **alto ~** blast furnace; **~ crematorio** crematorium; **~ de fundición** smelting furnace; **fuente de ~** ovenproof dish.
horóscopo *nm* horoscope.
horqueta *nf* fork.
horquilla *nf (para pelo)* hairpin, hairclip; *(Agr)* pitchfork; *(en bicicleta)* fork; *(Mec)* yoke; *(Telec)* rest, cradle; **~ (de cavar)** garden fork.
horrendo *adj* horrible, awful.
horrible *adj* **(a)** horrible, ghastly. **(b)** *(fig)* dreadful, nasty, terrible *(fam)*.
horripilante *adj* hair-raising, horrifying.
horripilar [1a] **1** *vt*: **~ a uno** to make sb's hair stand on end, horrify sb. **2 horripilarse** *vr* to be horrified.
horro *adj (carente)* lacking; *(libre)* free.
horror *nm* **(a)** *(gen)* horror, dread *(a* of); *(odio)* abhorrence *(a* of); **¡qué ~!** how awful *o* dreadful!; **tener ~ a algo** to have a horror of sth; **tener algo en ~** to detest *o* loathe sth. **(b)** *(acto)* atrocity.
horrorizar [1f] **1** *vt* to horrify. **2 horrorizarse** *vr* to be horrified.
horroroso *adj* **(a)** horrifying, terrifying. **(b)** *(fig)* ghastly *(fam)*.
hortaliza *nf* **(a)** *(verdura)* vegetable; **~s** vegetables, garden produce. **(b)** *(Méx)* vegetable garden.
hortelano *nm* gardener; *(Com)* market gardener, *(US)* truck farmer.
hortícola 1 *adj* horticultural. **2** *nmf* = **horticultor.**
horticultor(a) *nm/f* horticulturist.
horticultura *nf* horticulture.
hosco *adj* **(a)** *(oscuro)* dark; *(lúgubre)* gloomy. **(b)** *(persona)* sullen, morose.
hospedaje *nm* (cost of) board and lodging.
hospedar [1a] **1** *vt (alojar)* to put up, lodge; *(recibir)* to receive as a guest, entertain. **2 hospedarse** *vr* to stay, put up, lodge *(con* with, *en* at).
hospedería *nf* **(a)** *(edificio)* hostelry, inn. **(b)** *(habitación)* guest room.

hospedero/a *nm/f (anfitrión)* host/hostess; *(dueño)* landlord/landlady.
hospicio *nm* poorhouse; *(Rel)* hospice.
hospital *nm* hospital, infirmary.
hospitalario *adj* hospitable.
hospitalidad *nf* hospitality.
hospitalizar [1f] **1** *vt* to send *o* take to hospital, hospitalize. **2 hospitalizarse** *vr (LAm)* to go into hospital.
hostal *nm* small hotel.
hostelería *nf* hotel trade *o* business.
hostelero *nm* innkeeper, landlord.
hostería *nf* inn, hostelry.
hostia *nf* **(a)** *(Rel)* host, consecrated wafer. **(b)** *(fam)* punch; **le pegué dos ~s** *(fam)* I hit him a couple of times. **(c) no entiendo ni ~** I don't understand a word of it. **(d) ¡~!** damn it! *(fam)*.
hostigar [1h] *vt* **(a)** *(dar latigazos)* to lash, whip. **(b)** *(fig: molestar)* to harass.
hostil *adj* hostile.
hostilidad *nf* hostility; **romper las ~es** to start hostilities.
hostilizar [1f] *vt (Mil)* to harry, harass; *(fig)* to antagonize.
hotel *nm (gen)* hotel.
hotelero 1 *adj* hotel *(atr)*; **la industria ~a** the hotel trade. **2** *nm* hotelkeeper, hotel manager.
hoy *adv (gen)* today; *(ahora)* now, nowadays; **la juventud de ~** the youth of today; **~ (en) día** nowadays; *(LAm)* **~ día,** *(Sp)* **el día de ~** this very day; **~ por ~** right now; **de ~ en ocho (días)** a week today; **está para llegar de ~ a mañana** it might come any day now; **de ~ en adelante** from now on; **desde ~** from now on; **por ~** for the present.
hoya *nf* **(a)** *(agujero)* pit, hole; *(tumba)* grave; **~ de arena** *(Golf)* bunker. **(b)** *(Geog)* vale, valley.
hoyada *nf* hollow, depression.
hoyador *nm (LAm)* dibber, seed drill.
hoyanco *nm (Méx Aut)* pothole.
hoyito *nm (LAm)* dimple.
hoyo *nm* **(a)** *(esp LAm: gen)* hole; *(hondura)* pit; *(tumba)* grave. **(b)** *(Golf)* hole; **en el ~ 18** at the 18th hole. **(c)** *(Med)* pockmark.
hoyuelo *nm* dimple.
hoz *nf* **(a)** *(Agr)* sickle. **(b)** *(Geog)* gorge. **(c) de ~ y coz** wildly, recklessly.
huaca *nf* = **guaca.**
huacalón *adj (Méx)* **(a)** *(brusco)* rough-voiced, gruff. **(b)** *(gordo)* fat.
huaco 1 *adj (LAm)* toothless. **2** *nm (Per: cerámica)* clay figure *o* pot.
huachafo/a *nm/f (Per)* middle-class snob, would-be social climber.
huahua *nf (LAm)* = **guagua.**
huaica *nf (Per)* bargain sale.
huarache *nm (LAm)* sandal, loose slipper.
hube *etc véase* **haber.**
hucha *nf* **(a)** *(alcancía)* moneybox. **(b)** *(fig)* savings; **tener una buena ~** to have a nest egg.
hueco 1 *adj* **(a)** *(gen)* hollow; *(vacío)* empty; *(papel)* blank. **(b)** *(blando)* soft, spongy. **(c)** *(sonido)* resonant. **(d)** *(persona)* conceited; *(estilo)* pompous, affected. **2** *nm (agujero)* hole, gap; *(cavidad)* hollow; *(espacio)* empty space; *(Arquit)* recess; *(escalera)* well; *(de ascensor)* shaft; *(vacante)* vacancy; **~ de la mano** hollow of the hand.
huecograbado *nm (Tip)* photogravure.
huelga *nf* **(a)** *(Pol etc)* strike; **~ de hambre** hunger strike; **~ patronal** lockout; **~ por solidaridad** sympathy strike; **estar en ~** to be on strike; **declarar la ~, declararse** *o* **ponerse en ~** to come out *o* go on strike. **(b)** *(descanso)* rest, repose; *(ocio)* idleness. **(c)** *(Mec)* play, free movement.
huelgo *nm* **(a)** *(aliento)* breath. **(b)** *(espacio)* room, space. **(c)** *(Mec)* play, free movement.
huelguista *nmf* striker.
huella *nf* **(a)** *(rastro)* trace; *(marca)* imprint; *(de pie)* footprint; *(de coche, de pata)* track; **~ digital** fingerprint; **sin dejar ~** without leaving a trace; **seguir las ~s de uno** to follow in sb's footsteps. **(b)** *(en escalera, neumático)* tread. **(c)** *(acto de pisar)* tread, treading. **(d) ~ del sonido** *(Cine)* sound track.
huello *nm (paso)* pace; *(suela)* sole; **camino de buen/mal ~** well-/badly-surfaced road.
huérfano/a 1 *adj* orphan, orphaned; *(fig)* unprotected, defenceless. **2** *nm/f* orphan.
huero *adj* **(a)** *(huevo)* rotten. **(b)** *(fig)* empty, sterile. **(c)** *(LAm)* blond(e).
huerta *nf* **(a)** vegetable garden, kitchen garden; *(comercial)* (large) market garden, *(US)* truck farm. **(b)** *(esp Murcia, Valencia)* irrigated region.
huertero *nm (LAm)* gardener.
huerto *nm* kitchen garden; *(comercial)* (small) market garden *o (US)* truck farm; *(de árboles frutales)* orchard; *(en casa suburbana)* back garden.
huesa *nf* grave.
huesillo *nm (Chi, Per)* sun-dried peach.
hueso *nm* **(a)** *(Anat)* bone; **~ de la alegría** funny bone; **un ~ duro de roer** a hard nut to crack; **~ de la suerte** wishbone; **sin ~** boneless; **estar en los ~s** to be nothing but skin and bone; **tener los ~s molidos** to be fagged out *(fam)*, ache all over. **(b)** *(Bot)* stone, *(US)* pit. **(c)** *(fig)* hard work, drudgery. **(d)** *(CAm, Méx: sinecura)* government job, sinecure. **(e) ser un ~** *(fig)* to be terribly strict.
huésped(a) *nm/f* **(a)** *(invitado)* guest; *(en pensión)* lodger, boarder. **(b)** *(anfitrión)* host/hostess.
huesudo *adj* bony.
hueva *nf* (hard) roe; **~s** eggs, spawn *sg.*
huevada *nf* **(a)** *(LAm)* clutch of eggs. **(b)** *(Chi, Per)* foolish remark.
huevera *nf* eggcup.
huevo *nm* **(a)** egg; **~ en cáscara/pasado por agua/duro** boiled/soft-boiled/hard-boiled egg; **~ crudo** raw eggs; **~ estrellado** *o* **frito/escalfado** fried/poached egg; **~s revueltos** scrambled eggs; **~ tibios** *(Méx)* soft-boiled eggs. **(b)** *(fam!)* ball *(fam!)*, testicle; **me costó un ~** it took me a lot of trouble, it was hard work; **tener ~s** to have guts, be tough.
huevón 1 *adj (LAm: flojo)* lazy; *(: estúpido)* stupid, dim; *(: cobarde)* cowardly. **2** *nm (CAm, Méx)* idleness, laziness; *(Chi, Per)* stupidity; *(Chi)* cowardice.
huida *nf* **(a)** flight, escape. **(b)** *(de caballo)* shy, bolt.
huidizo *adj (tímido)* shy; *(esquivo)* elusive; *(fugaz)* fleeting.
huile *nm (Méx)* roasting grill.
huir [3g] **1** *vt (fugar)* to run away from, flee (from), escape (from); *(evadir)* to avoid, shun. **2** *vi,* **huirse** *vr* to run away, flee, escape; *(tiempo)* to fly; *(LAm)* to elope.
huisachero *nm* **(a)** *(CAm, Méx: leguleyo)* shyster lawyer, unqualified lawyer. **(b)** *(Méx: escribiente)* scribbler, pen-pusher.
hulado *nm (CAm)* oilskin, rubberized cloth.
hular *nm (Méx)* rubber plantation.
hule *nm* **(a)** *(goma)* rubber. **(b)** *(tela)* oilskin, oilcloth. **(c)** *(CAm, Méx: árbol)* rubber tree.
hulla *nf* coal, soft coal.
hullera *nf* colliery, coalmine.

hullero *adj* coal *(atr)*.
humanidad *nf* **(a)** *(género humano)* humanity, mankind. **(b)** *(cualidad)* humanity. **(c)** *(fam: gordura)* corpulence.
humanismo *nm* humanism.
humanista *nmf* humanist.
humanístico *adj* humanistic.
humanitario/a 1 *adj* humanitarian; *(benévolo)* humane. **2** *nm/f* humanitarian.
humanizar [1f] **1** *vt* to humanize, make more human. **2 humanizarse** *vr* to become more human.
humano 1 *adj* **(a)** human; **ser ~** human being. **(b)** *(benévolo)* humane. **2** *nm* human (being).
humareda *nf* cloud of smoke.
humeante *adj* smoking, smoky.
humear [1a] **1** *vt* **(a)** *(LAm: fumigar)* to fumigate. **(b)** *(LAm: golpear)* to beat, thrash. **2** *vi* **(a)** to smoke, give out smoke. **(b)** *(fig)* to give o.s. airs, be conceited.
humectador *nm* humidifier.
humedad *nf* humidity, damp(ness); *(rocío etc)* moisture; **a prueba de ~** damp-proof.
humedecer [2d] **1** *vt* to dampen, moisten. **2 humedecerse** *vr* to get damp *o* wet.
húmedo *adj (clima etc)* humid, damp; *(mojado)* wet, moist.
humero *nm* chimney, smokestack.
humildad *nf* **(a)** humbleness, humility. **(b)** *(fig)* lowliness.
humilde *adj* **(a)** humble. **(b)** *(clase etc)* low, modest; **son gente ~** they are humble *o* poor people.
humillación *nf (abatimiento)* humiliation; *(acto)* humbling.
humillante *adj* humiliating, degrading.
humillar [1a] **1** *vt* to humiliate, humble. **2 humillarse** *vr* to humble o.s.; **~ a** to grovel to.
humo *nm* **(a)** *(gen)* smoke; *(gases)* fumes; *(vapor)* vapour, steam; **hacer** *o* **echar ~** to smoke; **hacerse ~, irse todo en ~** to go up in smoke; *(fig)* to vanish without trace; **írsele al ~ a uno** *(LAm)* to jump sb *(fam)*; **quedó en ~ de pajas** it all came to nothing. **(b) ~s** *(fig: hogares)* homes. **(c) ~s** *(fig: aires)* conceit, airs; **bajar los ~s a uno** to take sb down a peg; **vender ~s** to brag, talk big.
humor *nm* **(a)** *(gen)* mood, humour, temper; **buen ~** good humour; **estar de buen/mal ~** to be in a good/bad mood *o* temper; **en un tono de mal ~** in an ill-tempered tone; **se levantó de mal ~** he got up in a bad mood; **seguir el ~ a uno** to humour sb. **(b)** *(gracia)* humour.
humorada *nf* **(a)** *(broma)* witticism. **(b)** *(capricho)* caprice, whim.
humorado *adj*: **bien ~** good-humoured, good-tempered; **mal ~** bad-tempered, cross.
humorismo *nm* humour.
humorista *nmf* humorist.
humorístico *adj* humorous, funny.
humus *nm* humus.
hundido *adj* sunken; *(ojos)* deep-set.
hundimiento *nm* **(a)** *(gen)* sinking. **(b)** *(colapso)* collapse, ruin; *(Min)* cave-in, subsidence.
hundir [3a] **1** *vt* **(a)** *(gen)* to sink; *(sumergir)* to submerge. **(b)** *(plan etc)* to ruin, destroy. **2 hundirse** *vr* **(a)** *(Náut)* to sink. **(b)** *(Min etc)* to collapse. **(c)** *(fig: arruinarse)* to be destroyed, be ruined; *(: desaparecer)* to disappear, vanish; **se hundió la economía** the economy collapsed; **el negocio se hundió** the business failed *o* went under *(fam)*; **se hundieron los precios** prices slumped; **se hundió en la meditación** he became lost in meditation.
húngaro/a 1 *adj, nm/f* Hungarian. **2** *nm (Ling)* Hungarian, Magyar.
Hungría *nf* Hungary.
huracán *nm* hurricane.
huraño *adj (tímido)* shy; *(esquivo)* shy, elusive.
hurgar [1h] **1** *vt* **(a)** *(tocar)* to poke, jab; *(: fuego)* to poke, rake. **(b)** *(LAm)* = **hurguetear. (c)** *(fig)* to stir up, provoke. **2 hurgarse** *vr (tb* **~ las narices***)* to pick one's nose.
hurgón *nm* **(a)** *(de fuego)* poker. **(b)** *(con arma)* thrust, stab *(with weapon)*.
hurgonada *nf*, **hurgonazo** *nm* poke, jab.
hurgonear [1a] *vt (fuego)* to poke; *(estoquear)* to thrust at.
hurguete *nm (RPl)* nosy parker.
hurguetear [1a] *vt (LAm: remover)* to finger, turn over, rummage (inquisitively) among; *(fisgonear)* to shove one's nose into, pry into.
hurón 1 *adj* **(a)** *(tímido)* shy, unsociable. **(b)** *(Chi)* greedy. **2** *nm* **(a)** *(Zool)* ferret. **(b)** *(fig)* shy person. **(c)** *(fisgón)* nosy parker, snooper.
huronear [1a] *vt (fig)* to ferret out.
huronera *nf (de hurón)* ferret hole; *(fig)* den, lair.
hurra *interj* hurray!, hurrah!
hurtadillas *nfpl*: **a ~** stealthily, on the sly.
hurtar [1a] **1** *vt* **(a)** *(robar)* to steal; *(plagiar)* to plagiarize, lift. **(b)** *(erosionar)* to eat away, erode. **(c) ~ el cuerpo** to dodge. **2 hurtarse** *vr* to lie low, keep out of the way.
hurto *nm* **(a)** *(acto)* theft; *(robo)* thieving, robbery; **~ doméstico** burglary, housebreaking; **a ~** stealthily, on the sly. **(b)** *(lo robado)* (piece of) stolen property, loot.
husillo *nm* **(a)** *(Mec)* spindle, shaft; *(de prensa etc)* screw, worm. **(b)** *(conducto)* drain.
husma *nf*: **andar a la ~** to go snooping around, go prying *(de* after, for).
husmear [1a] **1** *vt* **(a)** *(oler)* to scent, get wind of. **(b)** *(fig)* to pry into, sniff out. **2** *vi (carne)* to smell bad.
husmeo *nm* **(a)** scenting. **(b)** *(fig)* prying, snooping.
husmo *nm* strong smell; **estar al ~** to watch one's chance.
huso *nm (Téc)* spindle; *(de torno)* drum.
huy *interj (dolor)* ow!, ouch!; *(sorpresa)* well!; *(alivio)* phew!

I

I, i [i] *nf (letra)* letter I, i.
iba *etc véase* **ir.**
Iberia *nf* Iberia.
ibérico *adj* Iberian.
ibero/a *adj, nm/f*, **íbero/a** *adj, nm/f* Iberian.
Iberoamérica *nf* Latin America.

iberoamericano/a *adj, nm/f* Latin-American.
íbice *nm* ibex.
iceberg *nm* [iθe'ßer], *pl* **icebergs** [iθe'ßer] iceberg.
icono *nm* ikon, icon.
iconoclasta 1 *adj* iconoclastic. **2** *nmf* iconoclast.
ictericia *nf* jaundice.
ida *nf* **(a)** *(gen)* going, departure; **~s y venidas** comings and goings; **dejar las ~s por las venidas** to miss the boat; **(viaje de) ~** outward journey; **~ y vuelta** round trip. **(b)** *(Caza)* track, trail. **(c)** *(fig)* rash act.
idea *nf* **(a)** idea, notion; **~ genial** brilliant idea; **~ fija** fixed idea, obsession; **una persona de mala ~** a malicious person; **¡ni ~!** I haven't a clue!, search me! **meterse una ~ en la cabeza** to get an idea into one's head; **no tengo la menor** *o* **la más remota ~** I haven't the faintest *o* foggiest idea; **no tenía la menor ~ de que ...** I had no idea that .... **(b)** *(impresión)* opinion; **¿qué ~ tienes de él?** what impression do you have of him?; **darse una ~ de, hacerse una ~ de** to get an idea of, form an impression of. **(c)** *(propósito)* intention; **con la ~ de hacer algo** with the idea of doing sth; **cambiar** *o* **mudar de ~** to change one's mind.
ideación *nf* conception, thinking-out.
ideal 1 *adj* ideal; **nuestra casa ~** our dream house. **2** *nm* ideal.
idealismo *nm* idealism.
idealista 1 *adj* idealistic. **2** *nmf* idealist.
idealizar [1f] *vt* to idealize.
idear [1a] *vt (gen)* to think up; *(inventar)* to invent, devise.
ideario *nm* ideology.
ideático *adj (LAm)* eccentric.
ídem *pron* ditto, idem.
idéntico *adj* identical.
identidad *nf (gen)* identity; *(semejanza)* sameness, similarity; **carnet de ~** identity card.
identificación *nf* identification; **~ errónea** mistaken identity.
identificar [1g] **1** *vt* to identify; **víctima sin ~** unidentified victim. **2 identificarse** *vr*: **~ con** to identify (o.s.) with.
ideología *nf* ideology.
ideológico *adj* ideological.
ideólogo *nm* ideologue.
idílico *adj* idyllic.
idilio *nm* idyll.
idioma *nm* language.
idiomático *adj* idiomatic.
idiosincrasia *nf* idiosyncrasy.
idiota 1 *adj* idiotic, stupid. **2** *nmf* idiot; **¡~!** you idiot!
idiotez *nf* idiocy.
idiotismo *nm* **(a)** *(Ling)* idiom, idiomatic expression. **(b)** *(ignorancia)* ignorance.
idiotizar [1f] *vt (LAm)* **~ a uno** to drive sb crazy.
ido *adj (fam)* crazy *(fam)*, nuts *(fam)*; **estar ~ (de la cabeza)** to be crazy, be wild.
idólatra 1 *adj* idolatrous. **2** *nmf* idolator/-tress.
idolatría *nf* idolatry.
ídolo *nm* idol.
idoneidad *nf (gen)* suitability; *(capacidad)* aptitude, ability.
idóneo *adj* suitable, fit, fitting.
iglesia *nf* church; **I~ Católica** Catholic Church; **~ parroquial** parish church; **casarse por la ~** to get married in church; **casarse por detrás de la ~** to live together; **cumplir con la ~** to fulfil one's religious obligations; **¡con la ~ hemos topado!** now we're really up against it!
iglú *nm* igloo.
ignaro *adj* ignorant.
ignición *nf* ignition.
ignominia *nf* ignominy, disgrace.
ignominioso *adj* ignominious, disgraceful.
ignorado *adj (gen)* unknown; *(poco conocido)* obscure, little-known.
ignorancia *nf* ignorance; **por ~** through ignorance.
ignorante 1 *adj* ignorant. **2** *nmf* ignoramus.
ignorar [1a] *vt* **(a)** *(desconocer)* not to know, be ignorant *o* unaware of; **lo ignoro en absoluto** I've no idea; **ignoramos su paradero** we don't know his whereabouts. **(b)** *(LAm: no tener en cuenta)* to ignore.
ignoto *adj (gen)* unknown; *(no descubierto)* undiscovered.
igual 1 *adj* **(a)** *(gen)* equal *(a* to); *(semejante)* alike, similar; **no vi nunca cosa ~** I never saw the like; **A es ~ a B** A is like B, A is the same as B; **es ~** it makes no difference, it's all the same; **me es ~** it's all the same to me. **(b)** *(llano)* even, level; *(constante)* uniform, constant; *(invariable)* unchanging; *(liso)* smooth; **ir ~es** *(Dep)* to be level, be even. **(c) ~ que** like, the same as; **A, ~ que B, no sabe** A, like B, doesn't know. **(d) al ~ que** like, just like; **los chilenos, al ~ que los argentinos, estiman que ...** the Chileans, (just) like the Argentines, think that ... .
2 *nmf* equal; **al ~, por ~** equally, on an equal basis; **sin ~** peerless; **ser el ~ de** to be a match for; **no tener ~** to be unrivalled; **tratar a uno de ~ a ~** to treat sb as an equal.
3 *nm (Mat)* equals sign.
iguala *nf* **(a)** equalization. **(b)** *(Com)* agreement.
igualación *nf (gen)* equalization; *(nivelación)* evening up, levelling; *(Mat)* equating.
igualada *nf (Dep)* equalizer.
igualar [1a] **1** *vt* **(a)** *(hacer igual)* to equalize, make equal; *(Mat)* to equate *(a* to); *(fig)* to compare, match *(a* with). **(b)** *(allanar)* to level (off, up), even out; *(alisar)* to smooth; *(fig)* to even out, adjust. **(c)** *(Com)* to agree upon. **2** *vi*, **igualarse** *vr* **(a)** to be equal; **~ a, ~ con** to equal, be equal to, be the equal of. **(b)** *(Dep)* to equalize. **(c)** *(Com)* to come to an agreement.
igualatorio *nm (Med)* medical centre.
igualdad *nf* **(a)** *(gen)* equality; *(semejanza)* sameness; **en ~ de condiciones** on an equal basis. **(b)** *(de superficie)* evenness, levelness; *(de forma)* uniformity; **~ de ánimo** equanimity.
igualitario *adj* egalitarian.
igualmente *adv* **(a)** *(gen)* equally. **(b)** *(también)* likewise, also. **(c)** *(saludo)* the same to you.
iguana *nf* iguana.
ijada *nf* **(a)** *(Zool)* flank; *(Anat)* loin. **(b)** *(Med)* stitch, pain in the side.
ijar *nm (Zool)* flank, side.
ilación *nf (gen)* inference; *(nexo)* connection.
ilegal *adj* illegal, unlawful.
ilegalidad *nf* illegality, unlawfulness.
ilegible *adj* illegible.
ilegitimidad *nf* illegitimacy.
ilegítimo *adj* **(a)** *(gen)* illegitimate; *(ilegal)* unlawful. **(b)** *(fig)* false, spurious.
ileso *adj (sin daños)* unhurt, unharmed; *(sin tocar)* untouched; **salió ~** he got out unscathed.
iliberal *adj* illiberal.
ilicitano/a 1 *adj* of Elche. **2** *nm/f* native *o* inhabitant of Elche.
ilícito *adj* illicit, illegal, unlawful.
ilimitado *adj* unlimited, limitless.
ilógico *adj* illogical.
iluminación *nf* **(a)** *(gen)* illumination, lighting; *(en estadio etc)* flood lighting. **(b)** *(fig)* enlighten-

ment.
iluminado/a 1 *adj* illuminated, lighted, lit; *(fig)* enlightened. **2** *nm/f* visionary.
iluminar [1a] **1** *vt* **(a)** to illuminate, light (up); *(estadio etc)* to floodlight. **(b)** *(fig)* to enlighten. **2 iluminarse** *vr (LAm)* to get drunk.
ilusión *nf* **(a)** *(gen)* illusion; *(delirio)* delusion; **~ óptica** optical illusion. **(b)** *(fig)* unfounded hope, piece of wishful thinking; **con ~** hopefully; **el hombre de sus ~es** the man of her dreams; **su ~ era comprarlo** her dream was to buy it; **forjarse** *o* **hacerse ~es** to build up (false) hopes; **no te hagas ~es** don't get any false ideas. **(c)** *(emoción)* excitement, thrill; *(entusiasmo)* eagerness; **¡qué ~!** how exciting!; **comer con ~** to eat eagerly; **trabajar con ~** to work with a will; **el viaje me hace mucha ~** I am so looking forward to the trip; **tu carta me hizo mucha ~** I was thrilled to get your letter.
ilusionado/a, a 1 *adj (gen)* hopeful; *(entusiasmado)* excited, eager. **2** *nm/f* hopeful; **joven ~** young hopeful.
ilusionar [1a] **1** *vt (LAm)* to give grounds for false hopes to. **2 ilusionarse** *vr* to build castles in the air; **no te ilusiones** don't get any false ideas.
ilusionismo *nm* conjuring.
ilusionista *nmf* conjurer, illusionist.
iluso/a, 1 *adj (gen)* gullible; *(engañado)* deluded. **2** *nm/f* dreamer, visionary; **¡~!** you're hopeful!
ilusorio *adj (gen)* illusory, unreal; *(sin valor)* empty; *(sin efecto)* ineffectual.
ilustración *nf* **(a)** *(gen)* illustration. **(b)** *(Tip)* picture, drawing. **(c)** *(fig)* learning, erudition; **la I~** the Enlightenment.
ilustrado *adj* **(a)** *(gen)* illustrated. **(b)** *(culto)* learned, erudite; *(fig)* enlightened.
ilustrador(a) 1 *adj* illustrative; *(instructivo)* enlightening. **2** *nm/f* illustrator.
ilustrar [1a] **1** *vt* **(a)** *(gen)* to illustrate. **(b)** *(elucidar)* to explain, make clear. **(c)** *(instruir)* to instruct, enlighten. **2 ilustrarse** *vr* **(a)** to acquire knowledge. **(b)** *(hacerse famoso)* to become famous.
ilustre *adj* illustrious, famous.
illanco *nm (Per)* slow stream.
imagen *nf* **(a)** *(gen)* image; *(semejanza)* likeness; **ser la viva ~ de** to be the spitting *(fam) o* living image of; **a su ~** in one's own image. **(b)** *(Rel)* image, statue. **(c)** *(TV)* picture; *(Fot)* frame; **~ fantasma** ghost image. **(d)** *(Lit)* image; **imágenes** imagery.
imaginable *adj* imaginable, conceivable.
imaginación *nf (gen)* imagination; *(fig)* fancy; **ni por ~** on no account; **no se me pasó por la ~ que ...** it never even occurred to me that ... .
imaginar [1a] **1** *vt (gen)* to imagine; *(visualizar)* to visualize; *(concebir)* to think up, invent. **2** *vi*, **imaginarse** *vr* to imagine, fancy; **¡imagínate!** just imagine!, just fancy!; **imagínese que ...** suppose that ..., imagine that ...; **me imagino que ...** I suppose that ...; **sí, me imagino** yes, I can imagine; **me imagino que sí** I should think so.
imaginario *adj* imaginary, unreal.
imaginativa *nf (gen)* imagination, imaginativeness; *(sentido común)* common sense.
imaginativo *adj* imaginative.
imán *nm* magnet; **~ de herradura** horseshoe magnet.
iman(t)ación *nf* magnetization.
iman(t)ar [1a] *vt* to magnetize.
imbatible *adj* unbeatable.
imbatido *adj* unbeaten.
imbécil 1 *adj* **(a)** *(Med)* imbecile. **(b)** *(fig)* silly, stupid. **2** *nmf* **(a)** *(Med)* imbecile. **(b) ¡~!** you idiot!
imbecilidad *nf* **(a)** *(Med)* imbecility. **(b)** *(fig)* stupidity, idiocy; **decir ~es** to say silly things.
imberbe *adj* beardless.
imbibición *nf* imbibing.
imbornal *nm (Náut)* scupper; *(Arquit)* gutter.
imborrable *adj (gen)* indelible; *(inolvidable)* unforgettable.
imbricación *nf (Cos)* overlapping; *(fig)* interweaving, interdependence.
imbricar [1g] *vt*, **imbricarse** *vr (LAm)* to overlap.
imbuir [3g] *vt* to imbue, infuse (*de, en* with).
imbunchar [1a] *vt (Chi)* **(a)** *(encantar)* to bewitch. **(b)** *(estafar)* to swindle, cheat.
imitable *adj* imitable.
imitación *nf* **(a)** *(gen)* imitation; *(parodia)* mimicry; **a ~ de** in imitation of; **desconfíe de las ~es** *(Com)* beware of copies *o* imitations. **(b) de ~** imitation *(atr)*; **joyas de ~** imitation jewellery. **(c)** *(Teat)* imitation, impersonation.
imitador(a) 1 *adj* imitative. **2** *nm/f* imitator, follower; *(Teat)* mimic, impersonator.
imitar [1a] *vt* **(a)** *(gen)* to imitate; *(Teat etc)* to mimic, ape; *(copiar)* to follow. **(b)** *(falsificar)* to forge, counterfeit.
imitativo *adj* imitative.
impaciencia *nf* impatience.
impacientar [1a] **1** *vt* to make impatient; *(enfadar)* to irritate, exasperate. **2 impacientarse** *vr* to get impatient (*ante, por* about, at, *con* with), lose patience; *(agitarse)* to get worked up; *(inquietarse)* to fret.
impaciente *adj* impatient; *(inquieto)* anxious, fretful.
impacto *nm (gen)* impact; *(Mil)* hit; **~ político** political impact.
impagable *adj* unpayable.
impagado *adj* unpaid, still to be paid.
impago *(LAm)* **1** *adj* unpaid, still to be paid. **2** *nm* non-payment.
impalpable *adj* impalpable.
impar 1 *adj (Mat)* odd; *(fig)* unique; **los números ~es** the odd numbers. **2** *nm* odd number.
imparable *adj* unstoppable.
imparcial *adj* impartial, fair.
imparcialidad *nf* impartiality, fairness.
impartible *adj* indivisible.
impartir [3a] *vt* to impart, give.
impavidez *nf* **(a)** *(gen)* intrepidity, dauntlessness. **(b)** *(LAm fam: cara)* cheek(iness).
impávido *adj* **(a)** *(gen)* intrepid, dauntless. **(b)** *(LAm)* cheeky.
impecable *adj* impeccable, faultless.
impedido *adj* crippled, disabled; **estar ~ para algo** to be unfit for sth.
impedimenta *nf (Mil)* impedimenta.
impedimento *nm* **(a)** *(gen)* impediment, hindrance. **(b)** *(Med)* disability.
impedir [3l] *vt* **(a)** *(bloquear)* to impede, obstruct; **~ el tráfico** to block the traffic. **(b)** *(parar)* to stop, prevent; *(frustrar)* to thwart, hinder; **~ algo a uno** to keep sb from doing sth; **~ a uno hacer algo, ~ que uno haga algo** to stop sb doing sth, prevent sb (from) doing sth; **me veo impedido para ayudar** I find it impossible to help.
impeler [2a] *vt* **(a)** *(Mec)* to drive, propel. **(b)** *(fig)* to urge; **~ a uno a hacer algo** to drive *o* urge sb to do sth; **impelido por la necesidad** driven by need.
impenetrabilidad *nf* impenetrability.
impenetrable *adj (gen)* impenetrable; *(impermea-*

ble) impervious; *(fig)* obscure, incomprehensible.
impenitencia *nf* impenitence.
impenitente *adj* unrepentant.
impensable *adj* unthinkable.
impensado *adj* **(a)** *(imprevisto)* unexpected, unforeseen. **(b)** *(casual)* random, chance *(atr)*.
impepinable *adj (fam)* certain, inevitable.
imperante *adj* ruling, prevailing.
imperar [1a] *vi* **(a)** *(reinar)* to rule, reign. **(b)** *(fig)* to reign, prevail; *(precio etc)* to be in force, be current.
imperativo 1 *adj* **(a)** *(gen)* imperative. **(b)** *(tono etc)* imperious, commanding. **2** *nm (Ling)* imperative (mood).
imperceptible *adj* imperceptible, undiscernible.
imperdible *nm* safety pin.
imperdonable *adj* unforgivable, inexcusable.
imperecedero *adj* imperishable; *(fig)* undying.
imperfección *nf (gen)* imperfection; *(falla)* flaw, fault, blemish.
imperfecto 1 *adj* **(a)** *(Com)* imperfect, faulty. **(b)** *(tarea)* unfinished, incomplete. **(c)** *(Ling)* imperfect. **2** *nm (Ling)* imperfect (tense).
imperial 1 *adj* imperial. **2** *nf (en autobús)* top *o* upper deck.
imperialismo *nm* imperialism.
imperialista 1 *adj* imperialist(ic). **2** *nmf* imperialist.
impericia *nf (torpeza)* unskilfulness; *(inexperiencia)* inexperience; **a prueba de ~** foolproof.
imperio *nm* **(a)** empire; **I~ Español** Spanish Empire; **vale un ~, vale siete ~s** it's worth a fortune. **(b)** *(autoridad)* rule, authority. **(c)** *(orgullo)* haughtiness, pride.
imperioso *adj* **(a)** *(gen)* imperious. **(b)** *(urgente)* urgent; **necesidad ~a** absolute necessity, pressing need.
imperito *adj (gen)* inexpert, unskilled; *(novato)* inexperienced; *(torpe)* clumsy.
impermanente *adj* impermanent.
impermeabilidad *nf* impermeability, imperviousness.
impermeabilizar [1f] *vt* to waterproof, make watertight.
impermeable 1 *adj (gen)* impermeable, impervious *(a* to); *(agua)* waterproof. **2** *nm* raincoat, mac *(fam)*.
impersonal *adj* impersonal.
impersonalidad *nf* impersonality.
impertérrito *adj (gen)* unafraid; *(impávido)* unshaken, undaunted.
impertinencia *nf* **(a)** *(irrelevancia)* irrelevance. **(b)** *(insistencia)* fussiness. **(c)** *(insolencia)* impertinence.
impertinente *adj* **(a)** *(irrelevante)* irrelevant, not pertinent. **(b)** *(insistente)* touchy, fussy. **(c)** *(insolente)* impertinent.
imperturbable *adj (gen)* imperturbable; *(sereno)* unruffled, unflappable; *(impasible)* impassive.
impétigo *nm* impetigo.
ímpetu *nm* **(a)** *(gen)* impetus, impulse; *(Mec)* momentum. **(b)** *(acometida)* rush, onrush.
impetuosidad *nf (gen)* impetuousness, impulsiveness; *(violencia)* violence.
impetuoso *adj (gen)* impetuous, impulsive; *(voluntarioso)* headstrong; *(corriente etc)* rushing, violent; *(acto)* hasty, impetuous.
impiedad *nf (Rel)* impiety, ungodliness; *(crueldad)* cruelty, pitilessness.
impío *adj (Rel)* impious, ungodly; *(cruel)* cruel, pitiless.
implacable *adj* implacable, relentless.
implantación *nf (gen)* implantation; *(introducción)* introduction.
implantar [1a] *vt (gen)* to implant; *(introducir)* to introduce.
implementar [1a] *vt (LAm)* to implement.
implemento *nm (LAm)* means *pl*; *(herramienta)* tool, implement.
implicación *nf* **(a)** *(contradicción)* contradiction (in terms). **(b)** *(complicidad)* involvement, complicity. **(c)** *(LAm)* implication.
implicar [1g] *vt* **(a)** *(gen)* to implicate, involve. **(b)** *(significar)* to imply; **esto no implica que ...** this does not mean that ... .
implícito *adj* implicit, implied.
imploración *nf* supplication, entreaty.
implorar [1a] *vt* to implore, beg.
impolítico *adj* **(a)** *(imprudente)* tactless, undiplomatic. **(b)** *(descortés)* impolite.
impoluto *adj* unpolluted, pure.
imponderable 1 *adj* imponderable. **2** *nm*: **~s** imponderables.
imponencia *nf (LAm)* impressiveness.
imponente 1 *adj (impresionante)* imposing, impressive; *(maravilloso)* terrific *(fam)*, great *(fam)*. **2** *nmf (Com, Fin)* depositor.
imponer [2r; *pp* **impuesto**] **1** *vt* **(a)** *(gen)* to impose; *(carga)* to lay, thrust *(a* upon); *(tarea)* to set; *(impuesto)* to put, impose *(a, sobre* on). **(b)** *(obediencia etc)* to exact *(a* from), demand *(a* from); *(respeto)* to command *(a* from); *(miedo)* to inspire *(a* in). **(c)** *(informar)* to inform *(de* of). **(d)** *(Com, Fin)* to deposit.

2 imponerse *vr* **(a) ~ un deber** to assume a duty, take on a duty. **(b)** *(hacerse obedecer)* to assert o.s., get one's way; **~ a** to dominate, impose one's authority on. **(c)** *(prevalecer)* to prevail *(a* over); *(costumbre)* to grow up; **se impondrá el buen sentido** good sense will prevail. **(d)** *(ser necesario)* to be necessary; **la conclusión se impone** the conclusion is inescapable. **(e)** *(instruirse)* **~ de** to acquaint o.s. with.
imponible *adj (Fin)* taxable, subject to tax; *(importación)* dutiable, subject to duty; **no ~** tax-free, *(US)* tax-exempt.
impopular *adj* unpopular.
impopularidad *nf* unpopularity.
importación *nf* **(a)** *(acto)* importation, importing; **artículo de ~** imported article; **comercio de ~** import trade. **(b)** *(importaciones)* imports.
importador(a) *nm/f* importer.
importancia *nf (gen)* importance; *(peso)* significance, weight; *(valor)* size, magnitude; **de cierta ~** of some importance; **sin ~** insignificant, minor; **carecer de ~** to be unimportant; **conceder** *o* **dar mucha ~ a** to attach great importance to, put the emphasis on; **no dar ~ a** to consider unimportant; *(fig)* to make light of; **darse ~** to give o.s. airs; **no tiene ~** it's nothing, it's not important.
importante *adj* **(a)** *(gen)* important; *(trascendental)* significant, momentous; **lo ~ es ..., lo más ~ es ...** the main thing is ...; **poco ~** unimportant. **(b)** *(cantidad etc)* considerable, sizeable.
importar[1] [1a] *vt (Com)* to import *(a, en* into, *de* from).
importar[2] [1a] **1** *vt* **(a)** *(Fin)* to amount to; *(valer)* to cost, be worth. **(b)** *(implicar)* to involve, imply. **2** *vi* to be important, matter; **~ a** to concern; **no importa** it doesn't matter; **¡no importa!** never mind!; **¿qué importa?** what difference does it make?; **no le importa** he doesn't care, it doesn't bother him; **(no) me importa un bledo** *o* **rábano** I

couldn't care less (*de* about); **¿te importa prestármelo?** would you mind lending it to me?; **'no importa precio'** 'cost no object'; **lo comprará a no importa qué precio** he'll buy it at any price.
importe *nm* value, cost; ~ **total** final *o* grand total; **hasta el ~ de** up to the amount of; **el ~ de esta factura** the amount of this bill.
importunación *nf* pestering.
importunar [1a] *vt* to bother, pester.
importunidad *nf (acción)* pestering; *(efecto)* annoyance.
importuno *adj* **(a)** *(fastidioso)* troublesome, annoying. **(b)** *(inoportuno)* inopportune, ill-timed.
imposibilidad *nf* **(a)** impossibility. **(b) mi ~ para hacer algo** my inability to do sth.
imposibilitado *adj* **(a)** *(Med)* disabled, crippled; *(Fin)* helpless, without means. **(b) estar** *o* **verse ~ para hacer algo** to be unable to do sth, be prevented from doing sth.
imposibilitar [1a] *vt* **(a)** *(Med)* to disable; *(incapacitar)* to make unfit, incapacitate (*para* for). **(b)** *(impedir)* to make impossible, prevent.
imposible 1 *adj* **(a)** *(gen)* impossible; *(inaguantable)* intolerable, unbearable; **es ~** it's out of the question; **es ~ de predecir** it's impossible to forecast. **(b)** *(difícil)* difficult, awkward. **2** *nm* the impossible; **hacer los ~s** to do one's utmost (*para hacer algo* to do sth).
imposición *nf* **(a)** *(gen)* imposition. **(b)** *(Com, Fin)* tax. **(c)** *(Fin)* deposit; **efectuar una ~** to make a deposit. **(d)** *(Rel)* **~ de manos** laying on of hands.
impositor(a) *nm/f (Fin)* depositor.
impostor(a) *nm/f* **(a)** *(charlatán)* impostor, fraud. **(b)** *(calumniador)* slanderer.
impostura *nf* **(a)** *(gen)* imposture, fraud. **(b)** *(calumnia)* slur, slander.
impotable *adj* undrinkable.
impotencia *nf* **(a)** *(gen)* powerlessness, helplessness. **(b)** *(Med, fig)* impotence.
impotente *adj* **(a)** *(gen)* powerless, helpless. **(b)** *(Med, fig)* impotent.
impracticable *adj (carretera)* impassable.
imprecación *nf* imprecation, curse.
imprecar [1g] *vt* to curse.
imprecisión *nf* lack of precision, vagueness.
impreciso *adj* imprecise, vague.
impredecible *adj (CAm, Méx)*, **impredictible** *adj* unpredictable.
impregnación *nf* impregnation.
impregnar [1a] *vt (gen)* to impregnate; *(saturar)* to saturate (*de* with); *(fig)* to pervade.
imprenta *nf* **(a)** *(arte)* printing; **dar a la ~** to send for printing. **(b)** *(aparato)* press; *(taller)* printer's. **(c)** *(letra)* print, letterpress. **(d)** *(impresos)* printed matter.
imprescindible *adj* essential, indispensable; **cosas ~s** essentials; **es ~ que ...** it is imperative that ... .
impresión *nf* **(a)** *(gen)* impression; *(huella)* imprint; **~ digital** fingerprint. **(b)** *(Tip: gen)* printing; *(: una ~)* print-run; *(: letra)* print; *(: tirada)* edition, issue; **quinta ~** fifth impression; **una ~ de 5.000 ejemplares** an edition of 5,000 copies; **~ en color(es)** colour printing. **(c)** *(Fot)* print. **(d)** *(fig)* impression; **cambiar ~es** to compare notes; **da la ~ de hacer algo** it gives the impression of doing sth; **formarse una ~ de** to get an idea of; **hacer buena ~** to make a good impression, impress.
impresionable *adj* impressionable.
impresionado *adj* **(a)** *(gen)* impressed. **(b)** *(Fot)* exposed; **excesivamente ~** overexposed.
impresionante *adj (gen)* impressive; *(espectáculo)* striking; *(conmovedor)* moving, affecting.
impresionar [1a] **1** *vt* **(a)** *(disco)* to cut; *(Fot)* to expose; **película sin ~** unexposed film. **(b)** *(causar impresión a)* to impress, strike; *(conmover)* to move, affect; **me impresionó mucho** it greatly impressed me. **2** *vi (causar impresión)* to make an impression. **3 impresionarse** *vr* to be impressed; *(conmoverse)* to be moved, be affected.
impresionismo *nm* impressionism.
impresionista 1 *adj* impressionist(ic). **2** *nmf* impressionist.
impreso 1 *pp de* **imprimir. 2** *adj* printed. **3** *nm* **(a)** printed work. **(b) ~ de solicitud** application form. **(c) ~s** printed matter *sg*.
impresor *nm* printer.
imprevisible *adj (gen)* unforeseeable; *(individuo)* unpredictable.
imprevisión *nf (gen)* short-sightedness; *(irreflexión)* thoughtlessness.
imprevisto 1 *adj* unforeseen, unexpected. **2** *nm*: **~s** incidentals, unforeseen expenses.
imprimar [1a] *vt (Arte)* to prime.
imprimátur *nm (gen)* imprimatur; *(fig)* go-ahead *(fam)*.
imprimir [3a; *pp* **impreso**] *vt* **(a)** *(gen)* to imprint, impress, stamp (*a, en* on). **(b)** *(Tip)* to print.
improbabilidad *nf* improbability, unlikelihood.
improbable *adj* improbable, unlikely.
improbidad *nf* dishonesty.
improcedencia *nf (véase adj)* unsuitability, inappropriateness; unseemliness; inadmissibility.
improcedente *adj* **(a)** *(inadecuado)* unsuitable, inappropriate; *(indecoroso)* unseemly. **(b)** *(Jur)* inadmissible.
improductivo *adj* unproductive.
impronta *nf (de relieve)* rubbing; *(de hueco)* cast, mould; *(fig)* stamp, mark.
impronunciable *adj* unpronounceable.
improperio *nm* insult, taunt; **soltar ~s** to curse.
impropicio *adj* inauspicious, unpropitious.
impropiedad *nf* **(a)** *(inadecuación)* inappropriateness, unsuitability. **(b)** *(de estilo, palabras)* impropriety.
impropio *adj (gen)* improper; *(inadecuado)* inappropriate, unsuitable; **~ de** foreign to.
impróvido *adj* improvident.
improvisación *nf (gen)* improvisation; *(Mús)* extemporization, impromptu; *(Teat etc)* ad-lib *(fam)*.
improvisado *adj (gen)* improvised; *(reparación)* makeshift; *(Mús etc)* extempore, impromptu.
improvisar [1a] *vi (gen)* to improvise; *(Mús etc)* to extemporize; *(Teat etc)* to ad-lib *(fam)*; *(Culin: comida)* to rustle up *(fam)*.
improviso *adj* **(a)** *(inesperado)* unexpected, unforeseen. **(b) al ~, de ~** unexpectedly, suddenly; *(dicho)* off the cuff; *(hecho)* on the spur of the moment; **hablar de ~** to speak unprepared; **tocar de ~** to play impromptu.
improvisto *adj* unexpected, unforeseen; **de ~** unexpectedly, suddenly.
imprudencia *nf (gen)* imprudence, rashness; *(indiscreción)* indiscretion; *(descuido)* carelessness.
imprudente *adj (gen)* imprudent, rash; *(indiscreto)* indiscreet; *(impensado)* careless, ill-judged.
impublicable *adj* unprintable.
impudencia *nf* shamelessness, brazenness.
impudente *adj* shameless, brazen.
impudicia *nf* immodesty, shamelessness.
impúdico *adj* immodest, shameless.

impudor *nm* = **impudicia.**

impuesto 1 *pp de* **imponer; estar** *o* **quedar ~ de** to be informed about; **estar ~ en** to be well versed in. **2** *nm (gen)* tax; *(derecho)* duty, levy (*sobre* on); **~s** taxes, taxation; **sujeto a ~** taxable, dutiable; **~ sobre los bienes heredados** estate duty; **~ de plusvalía** capital gains tax; **~ sobre la propiedad** *(US)* rate; *(Brit)* property tax; **~ sobre la renta** income tax; **I~ del Valor Añadido (I.V.A.)** Value Added Tax (V.A.T.); **~ de venta** sales *o* purchase tax.

impugnar [1a] *vt (oponer)* to contest, challenge; *(refutar)* to refute.

impulsador *nm (Aer)* booster.

impulsar [1a] *vt* = **impeler.**

impulsión *nf* **(a)** impulsion; *(Mec)* propulsion, drive; **~ por correa** belt drive; **~ por reacción** jet propulsion. **(b)** *(fig)* impulse.

impulsividad *nf* impulsiveness.

impulsivo *adj* impulsive.

impulso *nm* **(a)** *(gen)* impulse; *(Mec)* drive, thrust; *(empuje)* impetus, momentum. **(b)** *(fig)* stimulus, urge; **los ~s del corazón** the promptings of the heart; **a ~s del miedo** driven on by fear.

impune *adj* unpunished.

impunemente *adv* with impunity.

impunidad *nf* impunity.

impureza *nf* **(a)** *(gen)* impurity. **(b)** *(fig)* unchastity, lewdness.

impuro *adj* **(a)** *(gen)* impure. **(b)** *(fig)* unchaste, lewd.

imputación *nf* imputation.

imputar [1a] *vt*: **~ a** to impute to, attribute to; **le imputaron el fracaso** they blamed the failure on him, they put the failure down to him.

inabordable *adj* unapproachable.

inacabable *adj* endless, interminable.

inacabado *adj* unfinished.

inaccesibilidad *nf* inaccessibility.

inaccesible *adj (gen)* inaccessible; *(fig: precio)* beyond one's reach *(fam)*, prohibitive; *(individuo)* aloof.

inacción *nf (gen)* inaction; *(ociosidad)* inactivity, idleness.

inacentuado *adj* unaccented, unstressed.

inaceptable *adj* unacceptable.

inactividad *nf (gen)* inactivity; *(pereza)* laziness, idleness; *(Com, Fin)* dullness.

inactivo *adj (gen)* inactive; *(perezoso)* lazy, idle; *(Com, Fin)* dull; *(población)* non-working.

inadaptable *adj* unadaptable.

inadaptación *nf (gen)* maladjustment; *(Med)* rejection.

inadaptado/a 1 *adj* maladjusted. **2** *nm/f* misfit.

inadecuación *nf (gen)* inadequacy; *(impropiedad)* unsuitability, inappropriateness.

inadecuado *adj (gen)* inadequate; *(inapto)* unsuitable, inappropriate.

inadmisibilidad *nf* inadmissibility.

inadmisible *adj* inadmissible.

inadvertencia *nf* **(a)** inadvertence; **por ~** inadvertently. **(b)** *(una ~)* oversight, slip.

inadvertido *adj* **(a)** *(despistado)* unobservant, inattentive; *(descuidado)* careless. **(b)** *(sin observar)* unnoticed, unobserved; **pasar ~** to escape notice, slip by.

inagotable *adj* inexhaustible.

inaguantable *adj* intolerable, unbearable.

inajenable *adj (Jur)* inalienable; *(billete)* not transferable.

inalámbrico *adj* wireless.

inalcanzable *adj* unattainable.

inalterable *adj (gen)* unchanging; *(color)* permanent, fast; *(cara)* impassive.

inalterado *adj* unchanged, unaltered.

inamovible *adj* fixed, immovable; *(Téc)* undetachable.

inanición *nf* starvation; *(Med)* inanition; **morir de ~** to die of starvation.

inanidad *nf* inanity.

inanimado *adj* inanimate.

inánime *adj* lifeless.

inapelable *adj (Jur)* unappealable; *(fig)* irremediable.

inapercibido *adj* unnoticed.

inapetencia *nf* lack of appetite.

inaplicable *adj* not applicable.

inaplicado *adj* slack, lazy.

inapreciable *adj* invaluable.

inaprehensible *adj* indefinite, hard to pin down.

inapto *adj* unsuited (*para* to).

inarmónico *adj* unharmonious; *(fig)* cacophonous.

inarrugable *adj* crease-resistant.

inarticulado *adj* inarticulate.

inasequible *adj (gen)* unattainable, out of reach; *(indisponible)* unobtainable.

inasistencia *nf* absence.

inastillable *adj* shatterproof.

inatacable *adj* unassailable.

inatención *nf* inattention.

inatento *adj* inattentive.

inaudible *adj* inaudible.

inaudito *adj (gen)* unheard-of; *(sin precedente)* unprecedented; *(increíble)* outrageous.

inauguración *nf (gen)* inauguration; *(Teat etc)* opening; **~ privada** *(Arte)* private view.

inaugural *adj (gen)* inaugural; *(Teat etc)* opening; *(viaje etc)* maiden *atr.*

inaugurar [1a] *vt (gen)* to inaugurate; *(exposición etc)* to open (formally); *(estatua)* to unveil.

inca *nmf* Inca.

incaico *adj* Inca.

incalculable *adj* incalculable.

incalificable *adj* indescribable, unspeakable.

incanato *nm (Per)* Inca period.

incandescencia *nf* incandescence.

incandescente *adj* incandescent; *(fam)* white hot.

incansable *adj* tireless, untiring.

incapacidad *nf (gen)* incapability; *(inaptitud)* unsuitability (*para* for); *(incompetencia)* inadequacy, incompetence; **su ~ para hacer algo** his inability to do sth.

incapacitado *adj (descalificado)* disqualified; *(inadecuado)* unfitted (*para* for); *(inválido)* handicapped, disabled.

incapacitar [1a] *vt (gen)* to incapacitate, handicap (*para* for); *(Jur)* to disqualify (*para* for).

incapaz *adj (gen)* incapable (*de* of); *(inadecuado)* unfit, inadequate; *(Jur)* incompetent; **~ de hacer algo** unable to do sth.

incario *nm (Per)* = **incanato.**

incásico *adj (LAm)* Inca.

incautación *nf* seizure, confiscation.

incautarse [1a] *vr*: **~ de** *(Jur)* to seize, confiscate, impound; *(intervenir)* to take possession of.

incauto *adj* unwary, incautious.

incendiar [1b] **1** *vt* to set on fire, set fire to, set alight; *(fig)* to kindle, inflame. **2 incendiarse** *vr* to catch fire.

incendiario/a 1 *adj* **(a)** incendiary; **bomba ~a** incendiary (device). **(b)** *(fig)* inflammatory. **2** *nm/f* fire-raiser, pyromaniac; **~ de la guerra** warmonger.

incendio *nm* fire, conflagration *(frm)*; ~ **intencionado** arson.
incensar [1k] *vt (Rel)* to cense, incense; *(fig)* to flatter.
incensario *nm* censer.
incentivo *nm* incentive.
incertidumbre *nf* uncertainty, doubt.
incesable *adj*, **incesante** *adj* incessant, unceasing.
incesto *nm* incest.
incestuoso *adj* incestuous.
incidencia *nf* **(a)** *(Mat etc)* incidence. **(b)** *(suceso)* incident.
incidente 1 *adj* incidental. **2** *nm* incident.
incidir [3a] **1** *vt (Med)* to incise. **2** *vi*: ~ **en** to fall upon; *(afectar)* to influence, affect; ~ **en un error** to fall into error; **el impuesto incide más en ellos** the tax affects them worst.
incienso *nm (Rel)* incense; *(fig)* flattery.
incierto *adj (dudoso)* uncertain, doubtful; *(inconstante)* inconstant; *(inseguro)* insecure.
incineración *nf* incineration; ~ **de cadáveres** cremation.
incinerador *nm* incinerator.
incinerar [1a] *vt* to incinerate, burn; *(cadáver)* to cremate.
incipiente *adj* incipient.
incircunciso *adj* uncircumcised.
incisión *nf* incision.
incisivo 1 *adj (gen)* sharp, cutting; *(fig)* incisive. **2** *nm* incisor.
inciso *nm (Ling)* clause, sentence; *(coma)* comma; *(Jur)* subsection.
incitación *nf* incitement.
incitante *adj* provocative.
incitar [1a] *vt* to incite, rouse, spur on; ~ **a uno a hacer algo** to urge sb to do sth.
incivil *adj* uncivil, rude.
incivilidad *nf* incivility, rudeness.
inclasificable *adj* unclassifiable, nondescript.
inclemencia *nf (Met)* harshness, inclemency.
inclemente *adj (Met)* harsh, inclement.
inclinación *nf* **(a)** *(gen)* inclination; *(declive)* slope, incline; *(Náut)* pitch, tilt; ~ **lateral** *(Aer)* bank. **(b)** *(reverencia)* bow; *(de cabeza)* nod. **(c)** *(fig)* inclination, bent.
inclinado *adj* **(a)** *(en ángulo)* inclined, sloping, slanting. **(b)** *(esp LAm: fig)* **estar ~ a hacer algo** to be inclined to do sth.
inclinar [1a] **1** *vt* **(a)** *(gen)* to incline; *(sesgar)* to slope, slant, tilt; *(cabeza: afirmar)* to nod; *(bajar)* to bow. **(b)** *(fig)* ~ **a uno a hacer algo** to persuade sb to do sth. **2** *vi*: ~ **a uno** to take after sb. **3 inclinarse** *vr* **(a)** *(gen)* to incline; *(ladearse)* to slope, slant; *(Náut, Téc)* to tilt. **(b)** *(encorvarse)* to stoop, bend; *(hacer una reverencia)* to bow; ~ **ante** *(fig)* to bow to, bow down before. **(c)** ~ **a uno** to take after sb. **(d)** ~ **a hacer algo** to be inclined to do sth; **me inclino a decir que ...** I am inclined to say that ... .
ínclito *adj* illustrious, renowned.
incluir [3g] *vt (gen)* to include; *(comprender)* to comprise, contain; *(en carta)* to enclose; **todo incluido** *(Com)* inclusive, all-in.
inclusa *nf* foundling hospital.
inclusero/a *nm/f* foundling.
inclusión *nf* inclusion; **con ~ de** including.
inclusive 1 *adv* inclusive, inclusively; *(siquiera)* even. **2** *prep* including.
inclusivo *adj* inclusive.
incluso 1 *adj (gen)* included; *(inserto)* enclosed. **2** *adv* **(a)** including. **(b)** *(siquiera)* even, actually; ~ **la pegó** he even hit her, he actually hit her.
incobrable *adj* irrecoverable; *(deuda)* bad.
incógnito/a 1 *adj* unknown. **2** *nm* incognito; **viajar de ~** to travel incognito. **3 incógnita** *nf (Mat)* unknown quantity; *(fig)* unknown quantity *o* factor; *(razón oculta)* hidden motive.
incoherencia *nf (gen)* incoherence; *(falta de conexión)* disconnectedness.
incoherente *adj (gen)* incoherent; *(inconexo)* disconnected.
incoloro *adj* colourless.
incólume *adj (gen)* safe; *(ileso)* unhurt, unharmed; **salir ~ del accidente** to emerge unharmed from the accident.
incombustible *adj (gen)* fire-resistant; *(telas)* fireproof.
incomestible *adj* inedible.
incomodar [1a] **1** *vt* to inconvenience, trouble. **2 incomodarse** *vr* **(a)** to put o.s. out, take trouble; **¡no se incomode!** don't bother! **(b)** *(enfadarse)* to get cross *o* annoyed *(con* with); ~ **con** to fall out with.
incomodidad *nf* **(a)** *(inoportunidad)* inconvenience; *(falta de comodidad)* discomfort. **(b)** *(fastidio)* annoyance.
incómodo 1 *adj (inoportuno)* inconvenient; *(poco cómodo)* uncomfortable; *(pesado)* tiresome, annoying; **sentirse ~** to feel ill at ease; **estar ~ con uno** *(Arg, Chi)* to be fed up with sb. **2** *nm* = **incomodidad (b)**.
incomparable *adj* incomparable.
incomparecimiento *nm (Jur etc)* failure to appear.
incompatibilidad *nf* incompatibility.
incompatible *adj* incompatible.
incompetencia *nf* incompetence.
incompetente *adj* incompetent.
incompleto *adj* incomplete, unfinished.
incomprensibilidad *nf* incomprehensibility.
incomprensible *adj* incomprehensible.
incomprensión *nf (gen)* incomprehension, lack of understanding; *(subestimación)* lack of appreciation.
incomunicación *nf (gen)* isolation; *(para presos)* solitary confinement.
incomunicado *adj (gen)* isolated, cut off; *(fig fam)* out of circulation *(fam)*; *(preso)* in solitary confinement, incommunicado.
incomunicar [1g] **1** *vt (gen)* to cut off, isolate; *(preso)* to put into solitary confinement. **2 incomunicarse** *vr* to drop out of circulation; *(fam)* to go into one's shell.
inconcebible *adj* inconceivable, unthinkable.
inconciliable *adj* irreconcilable.
inconcluso *adj* unfinished, incomplete.
inconcluyente *adj* inconclusive.
inconcuso *adj* indisputable, undeniable.
incondicional 1 *adj* **(a)** *(gen)* unconditional; *(fe, apoyo)* complete, unquestioning; *(afirmación)* unqualified; *(partidario etc)* staunch, stalwart. **(b)** *(LAm)* servile, fawning. **2** *nmf* **(a)** stalwart, staunch supporter. **(b)** *(LAm)* yes man *(fam)*.
inconexión *nf (véase adj)* unconnectedness; disconnectedness; incoherence.
inconexo *adj (gen)* unconnected; *(desarticulado)* disconnected, disjointed; *(incoherente)* incoherent.
inconfesable *adj* shameful, disgraceful.
inconfeso *adj* unconfessed; **un homosexual ~** a closet *(fam)* homosexual.
inconfortable *adj* uncomfortable.
inconfundible *adj* unmistakable.
incongruencia *nf* incongruity.
incongruente *adj*, **incongruo** *adj* incongruous.

inconmensurable *adj (gen)* immeasurable, vast; *(Mat)* incommensurate.
inconmovible *adj* unshakeable.
inconmutable *adj* immutable.
inconquistable *adj (gen)* unconquerable; *(irreductible)* impregnable; *(Dep fam)* unbeatable.
inconsciencia *nf* **(a)** *(Med)* unconsciousness. **(b)** *(fig)* unawareness. **(c)** *(irreflexión)* thoughtlessness.
inconsciente *adj* **(a)** *(Med)* unconscious; **le encontraron ~** they found him unconscious. **(b)** *(fig: ignorante)* unaware (*de* of), oblivious (*de* to); *(involuntario)* unwitting. **(c)** *(irresponsable)* thoughtless, reckless.
inconsecuencia *nf* inconsistency.
inconsecuente *adj* inconsistent.
inconsideración *nf (gen)* inconsiderateness, thoughtlessness; *(precipitación)* rashness, haste.
inconsiderado *adj (gen)* inconsiderate, thoughtless; *(precipitado)* rash, hasty.
inconsistencia *nf (gen)* inconsistency; *(Culin: de masa)* lumpiness.
inconsistente *adj (gen)* inconsistent; *(Culin)* lumpy, unmixed; *(tela)* flimsy.
inconsolable *adj* inconsolable.
inconstancia *nf (véase adj)* inconstancy; changeability; fickleness.
inconstante *adj* inconstant; *(tiempo)*, changeable; *(caprichoso)* fickle; **un amigo ~** a fair-weather friend.
inconstitucional *adj* unconstitutional.
incontable *adj* countless, innumerable.
incontenible *adj* uncontrollable, unstoppable.
incontestable *adj (irrefutable)* unanswerable; *(innegable)* undeniable, indisputable.
incontestado *adj (gen)* unanswered; *(fig: indiscutido)* unchallenged, unquestioned.
incontinencia *nf* incontinence.
incontinente 1 *adj* incontinent. **2** *adv* = **incontinenti.**
incontinenti *adv* at once, instantly, forthwith.
incontrastable *adj (dificultad)* insuperable; *(argumento)* unanswerable.
incontrolable *adj* uncontrollable.
incontrolado *adj* uncontrolled.
incontrovertible *adj* incontrovertible.
inconveniencia *nf* **(a)** *(gen)* unsuitability, inappropriateness; *(imprudencia)* inadvisability; *(desventaja)* inconvenience. **(b)** *(descortesía)* impoliteness. **(c)** *(dicho)* silly *o* tactless remark.
inconveniente 1 *adj* **(a)** *(gen)* unsuitable, inappropriate; *(imprudente)* inadvisable; *(inoportuno)* inconvenient. **(b)** *(descortés)* impolite. **2** *nm (obstáculo)* obstacle, difficulty; *(desventaja)* drawback; **el ~ es que ...** the trouble is that ..., the difficulty is that ...; **no hay ~ en** *o* **para hacer eso** there is no objection to doing that; **poner un ~** to raise an objection; **no tengo ~** I don't mind; **no veo ~** I see no objection.
inconvertibilidad *nf* inconvertibility.
inconvertible *adj* inconvertible.
incordiar [1b] *vt (fam)* to bother, bug *(fam)*; **¡déjate de ~!** give it a break *(fam)*!
incorporación *nf (gen)* incorporation; *(Mil)* induction; *(fig)* inclusion; **la ~ del ejército al gabinete** the inclusion of the Army in the Cabinet.
incorporado *adj (Téc)* built-in; **con antena ~a** with built-in aerial.
incorporal *adj* = **incorpóreo.**
incorporar [1a] **1** *vt* **(a)** *(incluir)* to incorporate (*a, con, en* into, in); *(abarcar)* to embody (*a, con, en* in); *(Culin)* to mix. **(b) ~ a uno** to make sb sit up (in bed). **2 incorporarse** *vr* **(a)** *(cuando se está acostado)* to sit up, raise o.s.; **~ en la cama** to sit up in bed. **(b) ~ a** to join; **se incorporó a la Legión Extranjera** he joined the Foreign Legion.
incorpóreo *adj* incorporeal, bodiless; *(intocable)* intangible.
incorrección *nf* **(a)** *(de datos)* incorrectness, inaccuracy. **(b)** *(descortesía)* discourtesy; **cometer una ~** to commit a faux pas.
incorrecto *adj* **(a)** *(dato)* incorrect, inaccurate, wrong. **(b)** *(conducta)* discourteous, bad-mannered; *(irregular)* improper; **ser ~ con** to take liberties with.
incorregible *adj* incorrigible.
incorruptible *adj* incorruptible.
incorrupto *adj (gen)* uncorrupted; *(fig)* pure, chaste.
incredibilidad *nf* incredibility.
incredulidad *nf* incredulity; *(fig)* scepticism.
incrédulo/a 1 *adj* incredulous; *(fig)* sceptical. **2** *nm/f* unbeliever, sceptic.
increíble *adj* incredible; **es ~ que ...** it is unbelievable that ... .
incrementar [1a] **1** *vt (aumentar)* to increase; *(alzar)* to raise. **2 incrementarse** *vr* to increase.
incremento *nm (gen)* increment; *(alza)* increase; **~ de temperatura** rise in temperature; **tomar ~** to increase.
increpación *nf* reprimand, rebuke.
increpar [1a] *vt* to reprimand, rebuke.
incriminación *nf* incrimination.
incriminar [1a] *vt* **(a)** *(Jur)* to incriminate. **(b)** *(falta)* to magnify.
incruento *adj* bloodless.
incrustación *nf* **(a)** *(gen)* incrustation. **(b)** *(Arte)* inlay, inlaid work. **(c)** *(Téc)* scale.
incrustar [1a] *vt (gen)* to incrust (*de* with); *(joyas etc)* to inlay (*de* with); *(fig)* to graft (*en* on to); *(Téc)* to set (*en* into).
incubación *nf* incubation.
incubadora *nf* incubator.
incubar [1a] *vt* to incubate, hatch.
incuestionable *adj* unchallengeable.
inculcar [1g] **1** *vt* to instil, inculcate (*en* in, into). **2 inculcarse** *vr* to be obstinate.
inculpable *adj* blameless, innocent.
inculpación *nf* charge, accusation.
inculpar [1a] *vt (Jur)* to charge (*de* with), accuse (*de* of); *(fig: achacar)* to blame (*de* for).
incultivable *adj* uncultivable, unworkable.
inculto *adj* **(a)** *(Agr)* uncultivated; **dejar un terreno ~** to leave land fallow. **(b)** *(fig)* uncultured; *(grosero)* uncouth.
incultura *nf* lack of culture.
incumbencia *nf* obligation, duty; **no es de mi ~** it is not my job.
incumbir [3a] *vi*: **~ a** to be incumbent upon; **no me incumbe a mí** it is no concern of mine; **le incumbe hacerlo** that's his job.
incumplido *adj (incompleto)* unfulfilled; *(persona: poco fiable)* unreliable.
incumplimiento *nm* non-fulfilment; **~ de contrato** breach of contract; **por ~** by default.
incurable 1 *adj (Med)* incurable; *(fig)* hopeless, irremediable. **2** *nmf* incurable.
incuria *nf* carelessness; **por ~** through negligence.
incurrir [3a] *vi*: **~ en** *(error)* to fall into; *(crimen etc)* to commit; *(deuda, odio)* to incur; *(desastre etc)* to bring on o.s.
incursión *nf* raid, incursion.
indagación *nf* investigation, inquiry.

indagar [1h] *vt (gen)* to investigate, inquire into; *(averiguar)* to find out, ascertain.
indebido *adj (gen)* undue; *(dicho)* improper; *(acto)* illegal, wrongful.
indecencia *nf* **(a)** *(gen)* indecency; *(obscenidad)* obscenity. **(b)** *(porquería)* filth.
indecente *adj* **(a)** *(gen)* indecent, improper; *(obsceno)* obscene. **(b)** *(asqueroso)* filthy; **algún empleadillo** ~ some wretched clerk; **es una persona** ~ he's a low sort, he's a mean character.
indecible *adj* unspeakable, indescribable; **sufrir lo** ~ to suffer terribly.
indecisión *nf* indecision, hesitation.
indeciso *adj* **(a)** *(gen)* undecided; *(fig: persona)* hesitant, irresolute; *(indefinido)* vague. **(b)** *(resultado etc)* indecisive.
indeclinable *adj* **(a)** *(Ling)* indeclinable. **(b)** *(inevitable)* unavoidable.
indecoroso *adj (gen)* unseemly, indecorous; *(vergonzoso)* indecent.
indefectible *adj* unfailing, infallible.
indefendible *adj* indefensible.
indefenso *adj* defenceless.
indefinible *adj* indefinable.
indefinido *adj (gen)* indefinite; *(vago)* undefined, vague; **por tiempo** ~ for an indefinite time, indefinitely.
indeleble *adj* indelible.
indemne *adj (objeto)* undamaged; *(persona)* unharmed, unhurt.
indemnidad *nf* indemnity.
indemnización *nf* **(a)** *(acto)* indemnification. **(b)** *(suma)* indemnity, compensation; ~**es** *(Mil, Pol)* reparations; ~ **de despido** severance pay; ~ **de cese** redundancy payment *o* money *(fam)*.
indemnizar [1f] *vt* to indemnify (*de* against, for), compensate (*de* for).
independencia *nf* independence.
independiente 1 *adj (gen)* independent; *(autosuficiente)* self-sufficient; *(piso etc)* self-contained; **hacerse** ~ to become independent. **2** *nmf* independent.
independizar [1f] **1** *vt* to make independent, grant independence to. **2 independizarse** *vr* to become independent (*de* of).
indescifrable *adj (Mil: código)* indecipherable; *(fig: misterio)* impenetrable.
indescriptible *adj* indescribable.
indeseable 1 *adj* undesirable. **2** *nmf* undesirable (person).
indesmallable *adj (medias)* run-proof.
indestructible *adj* indestructible.
indeterminado *adj (gen)* indeterminate; *(resultado)* inconclusive; *(Ling)* indefinite.
India *nf*: **la** ~ India; **las** ~**s** the Indies.
indiada *nf (LAm)* crowd of Indians.
indiano/a 1 *adj* (Spanish-)American. **2** *nm* Spaniard who has made good in America; ~ **de hilo negro** miser. **3 indiana** *nf* printed calico.
indicación *nf* **(a)** *(gen)* indication; *(Med)* sign, symptom. **(b)** *(sugerencia)* hint, suggestion; **por** ~ **de** at the suggestion of; **aprovechó la** ~ he took the hint. **(c)** *(dato)* piece of information; *(Téc: de termómetro etc)* reading. **(d)** ~**es** *(Com etc)* instructions, directions; ~**es para el empleo** instructions for use.
indicado *adj (apto)* right, appropriate; **el sitio más** ~ the most obvious place; **tú eres el menos** ~ **para hacerlo** you're the least suitable *o* last person to do it; **no es el momento más** ~ it isn't the best moment.
indicador *nm (gen)* indicator; *(Téc: aparato)* gauge, meter, dial; *(aguja)* hand, pointer; *(de carretera)* roadsign; ~ **de dirección** *(Aut)* indicator; ~ **de velocidades** speedometer.
indicar [1g] *vt* **(a)** to indicate, show; *(Téc: registrar)* to register, record, give a reading of. **(b)** *(señalar)* to point out to; *(mostrar)* to show; *(intimar)* to suggest, hint.
indicativo 1 *adj* indicative. **2** *nm* **(a)** *(Ling)* indicative. **(b)** *(Rad)* call sign; ~ **de nacionalidad** *(Aut)* national identification plate.
índice *nm* **(a)** *(gen)* index; *(catálogo)* (library) catalogue; ~ **de materias** table of contents. **(b)** *(Mat etc)* ratio, rate; ~ **del coste de (la) vida** cost-of-living index; ~ **de natalidad** birth rate; ~ **de vida** life expectancy. **(c)** *(Téc: aguja)* pointer, needle; *(manecilla)* hand. **(d)** *(Anat)* index finger, forefinger.
indicio *nm (gen)* indication, sign; *(fig)* token; *(Jur etc)* piece of evidence, clue (*de* to); *(vestigio)* trace, vestige.
indiferencia *nf (gen)* indifference; *(apatía)* apathy, lack of interest.
indiferente *adj* **(a)** *(gen)* indifferent (*a* to), unconcerned (*a* about); *(apático)* apathetic, uninterested. **(b)** *(fig)* immaterial; **me es** ~ it makes no difference to me.
indígena 1 *adj* indigenous (*de* to), native (*de* to); *(LAm)* Indian. **2** *nmf (gen)* native; *(LAm)* Indian.
indigencia *nf* poverty, destitution, indigence.
indigenismo *nm (LAm)* pro-Indian movement.
indigenista 1 *adj (LAm)* pro-Indian. **2** *nmf (LAm: estudiante)* student of Indian cultures; *(Pol etc)* promoter of Indian cultures.
indigente 1 *adj* destitute, indigent. **2** *nmf* poor person.
indigerible *adj* indigestible.
indigestar [1a] **1** *vt* to cause indigestion to. **2 indigestarse** *vr* **(a)** *(persona)* to get *o* have indigestion. **(b)** *(comida)* to cause indigestion. **(c)** *(fig)* to be insufferable; **se me indigesta ese tío** I can't stand that fellow.
indigestible *adj (gen)* indigestible; *(fig)* turgid.
indigestión *nf* indigestion.
indigesto *adj (gen)* undigested; *(fig)* muddled, badly thought-out.
indignación *nf* indignation, anger; **descargar la** ~ **sobre** to vent one's spleen on.
indignado *adj* indignant, angry (*con, contra* with, *por* at, about).
indignante *adj* outrageous, infuriating.
indignar [1a] **1** *vt* to anger, make indignant. **2 indignarse** *vr* to get angry; ~ **con uno** to get indignant with sb.
indignidad *nf* **(a)** *(falta de mérito)* unworthiness. **(b)** *(vileza)* unworthy act; *(insulto)* indignity, insult; **sufrir la** ~ **de hacer algo** to suffer the indignity of doing sth.
indigno *adj* **(a)** *(sin mérito)* unworthy (*de* of). **(b)** *(ruin)* contemptible, low.
índigo *nm* indigo.
indio/a 1 *adj* Indian. **2** *nm/f* **(a)** Indian. **(b) hacer el** ~ to play the fool.
indirecta *nf (gen)* hint; *(pey: insinuación)* insinuation, innuendo; **soltar una** ~ to drop a hint, make an insinuation.
indirecto *adj (gen)* indirect; *(ruta)* roundabout; *(fig: crítica etc)* oblique.
indisciplina *nf (gen)* indiscipline, lack of discipline; *(Mil etc)* insubordination.
indiscreción *nf (gen)* indiscretion; *(falta social)* gaffe, faux pas; **..., si no es** ~ ..., if I may say so; **cometió la** ~ **de decírmelo** he was tactless enough to tell me.
indiscreto *adj (gen)* indiscreet; *(dicho etc)* tact-

less.
indisculpable *adj* inexcusable, unforgivable.
indiscutible *adj* indisputable, unquestionable.
indisoluble *adj (Com etc)* indissoluble; *(fig: amigos etc)* inseparable.
indispensable *adj* indispensable, essential.
indisponer [2r] **1** *vt* **(a)** *(plan etc)* to spoil, upset. **(b)** *(Med)* to upset, make ill. **(c)** ~ **a uno con otro** to set sb against another person. **2 indisponerse** *vr* **(a)** *(Med)* to become *o* fall ill. **(b)** ~ **con uno** to fall out with sb.
indisponible *adj* not available, unavailable.
indisposición *nf* **(a)** *(Med)* indisposition. **(b)** *(desgana)* disinclination, unwillingness.
indispuesto *adj* indisposed, unwell; **sentirse** ~ to feel queer.
indisputable *adj* indisputable, unquestioned.
indistinguible *adj* indistinguishable (*de* from).
indistinto *adj (gen)* indistinct, vague; *(borroso)* faint, dim.
individual 1 *adj (gen)* individual; *(particular)* peculiar, special; *(cama, cuarto)* single. **2** *nm (Dep)* singles (match); ~ **femenino/masculino** women's/men's singles.
individualidad *nf* individuality.
individualismo *nm* individualism.
individualista 1 *adj* individualistic. **2** *nmf* individualist.
individualizar [1f] *vt*, **individuar** [1e] *vt* to individualize.
individuo 1 *adj* individual. **2** *nm* **(a)** individual; **el ~ en cuestión** the person in question. **(b)** *(socio etc)* member, fellow.
indivisible *adj* indivisible.
indiviso *adj* undivided.
indo/a *adj, nm/f* Hindu.
indo ... *pref* Indo ... .
indócil *adj (gen)* unmanageable, headstrong; *(rebelde)* disobedient.
indocto *adj* ignorant, unlearned.
indoctrinar [1a] *vt (LAm)* to indoctrinate; *(fig pey)* to brainwash.
Indochina *nf* Indochina.
indoeuropeo/a *adj, nm/f* Indo-European.
índole *nf* **(a)** *(naturaleza)* nature; *(carácter)* character. **(b)** *(tipo)* kind, sort.
indolencia *nf (gen)* indolence, laziness; *(abulia)* apathy.
indolente *adj (gen)* indolent, lazy; *(abúlico)* apathetic.
indoloro *adj* painless.
indomable *adj (espiritú)* indomitable; *(animal)* untameable; *(fig)* unmanageable, uncontrollable.
indomado *adj* wild, untamed.
indómito *adj* = **indomable.**
Indonesia *nf* Indonesia.
indonesio/a *adj, nm/f* Indonesian.
indubitable *adj* indubitable, undoubted.
inducción *nf* **(a)** *(Fil, Elec)* induction; **por** ~ by induction, inductively. **(b)** *(persuasión)* inducement, persuasion.
inducido *nm (Elec)* armature.
inducir [3o] *vt* **(a)** *(Elec)* to induce; *(Fil)* to infer. **(b)** *(persuadir)* to induce, persuade; ~ **a uno en el error** to mislead sb.
inductivo *adj* inductive.
indudable *adj* undoubted, indubitable; **es ~ que ...** there is no doubt that ... .
indulgencia *nf (gen)* indulgence; *(Jur etc)* leniency; **proceder sin ~ contra** to proceed ruthlessly against.
indulgente *adj* indulgent (*con* towards).
indultar [1a] *vt* **(a)** *(Jur: perdonar)* to pardon, reprieve (*de* from). **(b)** *(eximir)* to exempt, excuse (*de* from).
indulto *nm* **(a)** *(Jur: perdón)* pardon, reprieve. **(b)** *(exención)* exemption, excusal.
indumentaria *nf* **(a)** *(ropa)* clothing, dress. **(b)** *(estudio)* (history of) costume.
indumentario *adj* clothing *(atr)*; **elegancia ~a** sartorial elegance.
industria *nf* **(a)** *(Com etc)* industry; ~ **básica/clave/pesada** basic/key/heavy industry; ~ **agropecuaria** farming and fishing; ~ **automovilística** car *o (US)* auto industry. **(b)** *(cualidad)* industry, industriousness. **(c)** *(maña)* ingenuity, skill, expertise; **de** ~ on purpose.
industrial 1 *adj* industrial. **2** *nmf* industrialist, manufacturer.
industrialización *nf* industrialization; ~ **sustitutiva** import-substitution industrialisation.
industrializar [1f] **1** *vt* to industrialize. **2 industrializarse** *vr* to become industrialized.
industriarse [1b] *vr* to manage, find a way; **~las para hacer algo** to manage to do sth.
industrioso *adj* **(a)** *(trabajador)* industrious. **(b)** *(mañoso)* skilful, resourceful.
inédito *adj* **(a)** *(texto)* unpublished. **(b)** *(fig)* new.
ineducado *adj* **(a)** *(sin instrucción)* uneducated. **(b)** *(mal educado)* ill-bred, bad-mannered.
inefable *adj* indescribable, ineffable.
ineficacia *nf* **(a)** *(de medida)* ineffectiveness. **(b)** *(de proceso)* inefficiency.
ineficaz *adj* **(a)** *(medida)* ineffective, ineffectual. **(b)** *(proceso)* inefficient.
ineficiencia *nf* inefficiency.
ineficiente *adj* inefficient.
inelástico *adj* inelastic, rigid.
inelegible *adj* ineligible.
ineluctable *adj*, **ineludible** *adj* unavoidable, inescapable.
inenarrable *adj* inexpressible.
inencogible *adj* shrink-resistant.
inencontrable *adj* unobtainable.
inepcia *nf (gen)* ineptitude, incompetence; *(necedad)* stupidity.
ineptitud *nf* ineptitude, incompetence.
inepto *adj* inept, incompetent; *(necio)* stupid; ~ **de toda ineptitud** utterly incompetent.
inequívoco *adj (sin ambigüedad)* unequivocal, unambiguous; *(inconfundible)* unmistakable.
inercia *nf* **(a)** *(Fís)* inertia. **(b)** *(fig)* passivity; *(indolencia)* sluggishness.
inerme *adj (sin armas)* unarmed; *(fig: indefenso)* defenceless, unprotected.
inerte *adj* **(a)** *(Fís)* inert. **(b)** *(fig)* passive, inactive; *(indolente)* sluggish.
inescrupuloso *adj* unscrupulous.
inescrutable *adj* inscrutable.
inesperado *adj (gen)* unexpected, unforeseen; *(repentino)* sudden.
inesquivable *adj* unavoidable.
inestabilidad *nf* instability, unsteadiness.
inestable *adj* unstable, unsteady.
inestimable *adj* inestimable, invaluable.
inevitabilidad *nf* inevitability.
inevitable *adj* inevitable, unavoidable.
inexactitud *nf (imprecisión)* inaccuracy; *(falsedad)* incorrectness, wrongness.
inexacto *adj (detalles etc)* inaccurate; *(no cierto)* incorrect, untrue.
inexcusable *adj* **(a)** *(conducta)* inexcusable, unforgivable. **(b)** *(conclusión etc)* inevitable.
inexistencia *nf* non-existence.
inexistente *adj* non-existent.

inexorable *adj* inexorable.
inexperiencia *nf (gen)* inexperience; *(incompetencia)* lack of skill.
inexperto *adj (novato)* inexperienced; *(incompetente)* unskilled, inexpert.
inexplicable *adj* inexplicable, unaccountable.
inexplorado *adj (gen)* unexplored; *(Náut, fig: ruta)* uncharted.
inexpresable *adj* inexpressible.
inexpresivo *adj (gen)* inexpressive; *(ojos)* dull; *(cara)* wooden.
inexpugnable *adj* **(a)** *(Mil)* impregnable. **(b)** *(fig)* firm, unshakeable.
inextinguible *adj* eternal, inextinguishable.
inextricable *adj* inextricable.
infalibilidad *nf (Rel)* infallibility; *(certeza)* certainty.
infalible *adj (Rel)* infallible; *(indefectible)* certain, sure; *(aparato, plan)* foolproof; *(Mil: puntería)* unerring.
infamación *nf* defamation.
infamador(a) *nm/f* slanderer.
infamar [1a] *vt* to defame, slander.
infamatorio *adj* defamatory, slanderous.
infame *adj (gen)* infamous, odious; *(tarea)* thankless; **esto es ~** this is monstrous.
infamia *nf (gen)* infamy; *(descrédito)* disgrace.
infancia *nf (niñez)* infancy, childhood; *(fig)* infancy, beginnings.
infanta *nf (Hist)* infanta, princess.
infante *nm (Hist)* infante, prince; *(Mil Hist)* infantryman.
infantería *nf* infantry; **~ de marina** marines *pl.*
infanticida *nmf* child-killer.
infantil *adj* **(a)** child's, children's; **jardín ~** nursery (school); **de tamaño ~** child's size; **para el uso ~** for children (to use). **(b)** *(inocente)* childlike, innocent; *(pueril)* infantile, childish.
infarto *nm* heart attack, coronary.
infatigable *adj* tireless, untiring.
infatuación *nf* vanity, conceit.
infatuar [1d] **1** *vt* to make conceited. **2 infatuarse** *vr* to get conceited (*con* about).
infausto *adj (gen)* unlucky; *(funesto)* ill-starred, ill-fated.
infección *nf* infection.
infeccioso *adj* infectious.
infectar [1a] **1** *vt (gen)* to infect; *(contaminar)* to contaminate, corrupt; *(pervertir)* to pervert. **2 infectarse** *vr* to become infected (*de* with; *tb fig*).
infecto *adj (gen)* infected (*de* with); *(contaminado)* corrupt, tainted.
infecundidad *nf (véase adj)* infertility, barrenness; sterility.
infecundo *adj (tierra)* infertile, barren; *(mujer)* sterile.
infelicidad *nf* unhappiness, misfortune.
infeliz 1 *adj* **(a)** *(desgraciado)* unhappy; *(desdichado)* unfortunate, wretched. **(b)** *(bondadoso)* kindhearted, good-natured; *(inocente)* gullible. **2** *nmf* **(a)** *(desgraciado)* wretch. **(b)** *(inocentón)* good-natured simpleton.
inferencia *nf* inference; **por ~** by inference.
inferior 1 *adj* **(a)** *(situación)* lower (*a* than); **labio ~** bottom *o* lower lip; **el lado ~** the underside, the side underneath. **(b)** *(rango)* inferior (*a* to), lower (*a* than); **de calidad ~** of inferior quality. **(c)** *(Mat)* lower; **cualquier número ~ a 9** any number under *o* below *o* less than 9; **una cantidad ~** a lesser quantity. **2** *nm* inferior, subordinate.
inferioridad *nf* inferiority; **complejo de ~** inferiority complex.
inferir [3i] *vt* **(a)** *(gen)* to infer, deduce; **~ una cosa de** *o* **por otra** to infer one thing from another. **(b)** *(llevar a)* to lead to, cause, bring on.
infernáculo *nm* hopscotch.
infernal *adj* infernal; **un ruido ~** a dreadful racket *(fam).*
infértil *adj* infertile.
infestación *nf* infestation.
infestar [1a] *vt* to infest, overrun; *(fig)* to harass, beset.
inficionar [1a] *vt* = **infectar.**
infidelidad *nf* **(a)** infidelity, unfaithfulness; **~ conyugal** marital infidelity. **(b)** *(Rel)* unbelief, lack of faith.
infidencia *nf* disloyalty.
infiel 1 *adj* **(a)** *(desleal)* unfaithful, disloyal (*a, con, para* to). **(b)** *(Rel)* unbelieving, infidel. **(c)** *(fig: erróneo)* inaccurate; **la memoria le fue ~** his memory failed him. **2** *nmf (Rel)* unbeliever, infidel.
infiernillo *nm:* **~ de alcohol** spirit lamp *o* stove.
infierno *nm* hell, inferno; **¡vete al ~!** go to hell!; **está en el quinto ~** it's at the back of beyond.
infiltración *nf* infiltration.
infiltrar [1a] **1** *vt (gen)* to infiltrate (*en* into); *(fig: infundir)* to inculcate (*en* in). **2 infiltrarse** *vr* to infiltrate (*en* into), filter (*en* in, through); *(líquidos)* to percolate.
ínfimo *adj (más bajo)* lowest; *(peor)* worst; *(miserable)* wretched, mean; **precios ~s** cut-throat prices.
infinidad *nf* **(a)** *(Mat etc)* infinity. **(b)** *(fig)* great quantity, enormous number; **~ de** vast numbers of; **durante una ~ de días** for days on end; **~ de veces** countless times; **hay ~ de personas que creen ...** any number of people believe ... .
infinitesimal *adj* infinitesimal.
infinitivo 1 *adj* infinitive. **2** *nm* infinitive (mood).
infinito 1 *adj* **(a)** *(gen)* infinite. **(b)** *(fig)* boundless, limitless; **con paciencia ~a** with infinite patience; **hasta lo ~** ad infinitum. **2** *adv* infinitely, immensely. **3** *nm (Mat)* infinity; **el ~** *(Fil etc)* the infinite.
inflación *nf* **(a)** *(gen)* inflation; *(hinchazón)* swelling. **(b)** *(fig)* pride, conceit.
inflacionario *adj* inflationary; **una política económica ~a** an inflationary economic policy.
inflacionismo *nm (Econ)* inflation.
inflacionista *adj* inflationary.
inflador *nm (LAm)* bicycle pump.
inflamable *adj* inflammable.
inflamación *nf* **(a)** *(Fís)* ignition, combustion; **~ espontánea** spontaneous combustion. **(b)** *(Med)* inflammation.
inflamar [1a] **1** *vt* **(a)** *(prender fuego a)* to set on fire, ignite. **(b)** *(Med)* to inflame. **(c)** *(fig)* to inflame, arouse. **2 inflamarse** *vr* **(a)** *(Fís)* to catch fire, ignite. **(b)** *(Med)* to become inflamed. **(c)** *(fig)* to become inflamed (*de, en* with), get excited.
inflamatorio *adj* inflammatory.
inflar [1a] **1** *vt* **(a)** *(pneumático etc)* to inflate, blow up, pump air into. **(b)** *(fig)* to exaggerate; *(engreír)* to make conceited. **2 inflarse** *vr* **(a)** *(hincharse)* to swell. **(b)** *(engreírse)* to get conceited; **~ de orgullo** to swell with pride.
inflexibilidad *nf* inflexibility.
inflexible *adj* inflexible; *(fig)* unbending, unyielding; **regla ~** strict *o* hard-and-fast rule.
inflexión *nf* inflexion.
infligir [3c] *vt* to inflict (*a* on).
influencia *nf* influence (*sobre* on); **bajo la ~ de** under the influence of.

influenciar [1b] *vt* to influence.
influenza *nf (esp LAm)* influenza, flu.
influir [3g] **1** *vt* to influence; **A, influido por B ...** A, influenced by B .... **2** *vi* **(a)** to have influence, carry weight (*con* with). **(b)** ~ **en,** ~ **sobre** to influence, affect; *(contribuir a)* to have a hand in.
influjo *nm (influencia)* influence (*sobre* on); *(Econ etc)* ~ **de capitales** capital influx.
influyente *adj* influential.
información *nf* **(a)** *(gen)* information; *(noticias)* news; *(Mil)* intelligence; **una** ~ a piece of information. **(b)** *(informe)* report, account; *(rúbrica periodística)* section; ~ **deportiva** sports section; ~ **extranjera** foreign news. **(c)** *(Jur)* judicial inquiry, investigation; **abrir una** ~ to begin proceedings. **(d)** *(Comput: datos)* data; **tratamiento de la** ~ data processing; *(Telec)* **I**~ Directory Enquiries.
informador(a) *nm/f* informant.
informal *adj* **(a)** *(gen)* informal; *(conducta: descortés)* bad mannered; *(: poco usual)* unconventional. **(b)** *(individuo: poco fiable)* unreliable, untrustworthy; *(mal educado)* offhand, bad-mannered; *(frívolo)* frivolous.
informalidad *nf* **(a)** *(gen)* informality; *(mala educación)* rudeness. **(b)** *(poca formalidad)* unreliability; *(falta de educación)* bad manners; *(ligereza)* frivolity.
informar [1a] **1** *vt* **(a)** *(enterar)* to inform, tell (*de* of, *sobre* about). **(b)** *(dar forma a)* to form, shape. **2** *vi* **(a)** *(gen)* to report (*acerca de, de* on). **(b)** *(Jur: delator)* to inform (*contra* against); *(: abogado)* to plead. **3 informarse** *vr* to find out, inform o.s.; ~ **de** to find out about, inquire into.
informática *nf (Téc)* information technology; *(Univ etc)* computer science *o* studies.
informativo *adj (gen)* informative; *(TV etc)* **boletín** ~ news bulletin.
informe[1] *adj* shapeless.
informe[2] *nm* **(a)** *(gen)* report; *(Pol)* white paper; *(dictamen)* statement; *(Mil)* briefing; ~**s** information; *(datos)* data; **según mis** ~**s** according to my information; **dar** ~**s sobre** to give information about; **pedir** ~**s** to ask for information, make inquiries (*a* of, *sobre* about); **tomar** ~**s** to gather information. **(b)** *(Jur)* plea; ~ **del juez** summing-up.
infortunado *adj* unfortunate, unlucky.
infortunio *nm (gen)* misfortune, ill luck; *(accidente)* mishap.
infra ... *pref* infra ... .
infracción *nf (de ley etc)* infringement (*de* of); *(de acuerdo)* breach (*de* of); *(Aut etc)* offence (*de* against); ~ **de contrato** breach of contract.
infractor(a) *nm/f* offender (*de* against).
infraestructura *nf* infrastructure.
in fraganti *adv*: **pillar a uno** ~ to catch sb red-handed.
infrahumano *adj* subhuman.
infrangible *adj* unbreakable.
infranqueable *adj (Aut etc)* impassable; *(fig)* insurmountable.
infrarrojo *adj* infrared.
infrecuencia *nf* infrequency.
infrecuente *adj* infrequent.
infringir [3c] *vt* to infringe, break, contravene.
infructuoso *adj (inútil)* fruitless; *(fracasado)* unsuccessful.
ínfulas *nfpl* conceit; **darse** ~ to put on airs; **tener (muchas)** ~ **de** to fancy o.s. as.
infundado *adj* unfounded, baseless.
infundio *nm (fam)* fairy tale, fib.
infundir [3a] *vt* to instil (*a, en* into); ~ **ánimo a uno** to encourage sb; ~ **miedo a uno** to intimidate sb.
infusión *nf* infusion; ~ **de té** infusion of tea.
Ing. *abr de* **Ingeniero.**
ingeniar [1a] **1** *vt* to devise, think up, contrive. **2 ingeniarse** *vr* to manage, find a way, get along; ~ **con algo** to make do with sth; **ingeniárselas para hacer algo** to manage to do sth.
ingeniería *nf* engineering; ~ **genética** genetic engineering.
ingeniero *nm* engineer; ~ **de caminos, canales y puertos** civil engineer; ~ **de minas** mining engineer; ~ **naval** naval architect; ~ **químico** chemical engineer.
Ingeniero *nm (Méx, LAm)* graduate; *(título)* **Ing. Quintanilla** = Dr. Quintanilla.
ingenio *nm* **(a)** *(inventiva)* ingenuity, inventiveness; *(talento)* creativeness; **aguzar el** ~ to sharpen one's wits. **(b)** *(individuo)* clever *o* talented person. **(c)** *(Mec)* apparatus, device; *(Mil)* device; *(: fundición)* foundry; *(LAm: fábrica)* plant; ~ **nuclear** nuclear device; ~ **(de azúcar)** sugar refinery.
ingeniosidad *nf* ingenuity, ingeniousness.
ingenioso *adj* **(a)** *(mañoso)* clever, resourceful. **(b)** *(vivo)* witty.
ingenuidad *nf (gen)* ingenuousness, naïveté; *(sencillez)* simplicity.
ingenuo *adj* ingenuous, candid.
ingerir [3i] *vt (tragar)* to swallow; *(consumir)* to consume, take in.
ingestión *nf* ingestion.
Inglaterra *nf* England.
ingle *nf* groin.
inglés/esa 1 *adj* English. **2** *nm* **(a)** Englishman; **los** ~**es** the English. **(b)** *(Ling)* English. **3 inglesa** *nf* Englishwoman; **montar a la** ~**a** to ride sidesaddle.
ingobernable *adj* uncontrollable; *(Pol)* ungovernable.
ingratitud *nf* ingratitude.
ingrato *adj* **(a)** *(individuo)* ungrateful; ¡~! you wretch! **(b)** *(sabor)* disagreeable; *(tarea)* thankless.
ingravidez *nf* weightlessness.
ingrávido *adj* weightless.
ingrediente *nm* ingredient; ~**s** *(Arg: tapas)* appetizers.
ingresar [1a] **1** *vi* **(a)** to go in, enter; ~ **en** *(club)* to join; *(Mil, Univ)* to enrol in; ~ **en una sociedad** to join *o* become a member of a club; ~ **en la Academia** to be admitted to the Academy; ~ **en el ejército** to join the army, join up; ~ **en el hospital** to be admitted to hospital. **(b)** *(Fin: dinero)* to come in. **2 ingresarse** *vr (Méx)* to join, become a member; *(Méx Mil)* to join up.
ingreso *nm* **(a)** *(acto)* entry (*en* into); *(en club)* joining; *(Mil, Univ)* enrolment; *(en hospital etc)* admission (*en* to); **examen de** ~ entrance examination. **(b)** *(lugar)* entrance. **(c)** *(Com)* entry, deposit. **(d)** ~**s** *(Fin: renta)* income; *(: del Estado)* revenue; *(: entradas)* receipts, takings; ~**s accesorios** fringe benefits; ~**s brutos** gross receipts; **vivir con arreglo a los** ~**s** to live within one's income.
inhábil *adj* **(a)** *(torpe)* unskilful, clumsy; *(incompetente)* unfit (*para* for, *para hacer algo* to do sth). **(b) día** ~ non-working day.
inhabilidad *nf (torpeza)* unskilfulness, clumsiness; *(incompetencia)* unfitness (*para* for).
inhabilitación *nf* **(a)** *(Pol, Jur)* disqualification. **(b)** *(Med)* disablement.
inhabilitar [1a] *vt* **(a)** *(Pol, Jur)* to disqualify (*para hacer algo* from doing sth). **(b)** *(Med)* to disable,

render unfit (*para* for).
inhabitable *adj* uninhabitable.
inhabitado *adj* uninhabited.
inhabituado *adj* unaccustomed (*a* to).
inhalación *nf* inhalation.
inhalador *nm* inhaler.
inhalante *nm* inhalant.
inhalar [1a] *vt* to inhale.
inherente *adj* inherent (*a* in).
inhibición *nf* inhibition.
inhibir [3a] **1** *vt (gen)* to inhibit; *(Jur)* to restrain, stay. **2 inhibirse** *vr* to keep out (*de* of).
inhospitalario *adj (gen)* inhospitable; *(fig)* bleak, uninviting.
inhospitalidad *nf* inhospitality.
inhóspito *adj* inhospitable.
inhumación *nf* burial, interment.
inhumanidad *nf* inhumanity.
inhumano *adj (gen)* inhuman; *(fig)* inhumane.
iniciación *nf (Rel)* initiation; *(comienzo)* beginning.
iniciado/a 1 *adj* initiate(d). **2** *nm/f* initiate.
iniciador *nm* initiator, starter; *(pionero)* pioneer.
inicial 1 *adj* initial. **2** *nf* initial.
iniciar [1b] *vt* **(a)** *(gen)* to initiate (*en* into); **~ a uno en un secreto** to let sb into a secret. **(b)** *(comenzar)* to begin, start; *(dar origen a)* to originate.
iniciativa *nf (gen)* initiative; *(liderazgo)* leadership; **~ privada** private enterprise; **por ~ propia** on one's own initiative; **carecer de ~** to lack initiative; **tomar la ~** to take the initiative.
inicuo *adj* wicked, iniquitous.
inigualado *adj* unequalled.
inimaginable *adj* unimaginable.
inimitable *adj* inimitable.
ininteligible *adj* unintelligible.
ininterrumpido *adj (gen)* uninterrupted; *(proceso)* continuous; *(progreso)* steady, sustained.
iniquidad *nf (gen)* wickedness; *(injusticia)* injustice.
injerencia *nf* interference, meddling (*en* in).
injerir [3i] **1** *vt* **(a)** to insert, introduce (*en* into); *(Agr)* to graft (*en* on, on to). **(b)** = **ingerir. 2 injerirse** *vr* to interfere, meddle (*en* in).
injertar [1a] *vt (Agr, Med)* to graft (*en* on, on to); *(fig)* to inject (*en* into).
injerto *nm* **(a)** *(acción)* grafting. **(b)** *(Agr, Med)* graft; **~ de piel** skin graft.
injuria *nf* **(a)** *(gen)* insult; *(agravio)* affront (*para* to); **~s** abuse; **llenar a uno de ~s** to heap abuse on sb. **(b)** *(LAm)* injury.
injuriar [1b] *vt* **(a)** *(insultar)* to insult, abuse. **(b)** *(dañar)* to injure, damage, harm.
injurioso *adj* insulting, offensive.
injusticia *nf (gen)* injustice; *(fig, Dep)* unfairness; **una solemne ~** a terrible injustice; **con ~** unjustly.
injustificable *adj* unjustifiable.
injustificado *adj* unjustified, unwarranted.
injusto *adj (gen)* unjust, unfair; *(indebido)* wrong(ful); **ser ~ con uno** to be unjust to sb.
inmaculado *adj* immaculate; *(Rel)* **la Vírgen I~** the Immaculate Virgin.
inmadurez *nf* immaturity.
inmaduro *adj (individuo)* immature; *(fruta)* unripe.
inmanejable *adj* unmanageable.
inmarcesible *adj*, **inmarchitable** *adj* undying, unfading.
inmediaciones *nfpl* neighbourhood, environs; **en las ~ de** in the neighbourhood of.
inmediatamente *adv* immediately, at once.
inmediatez *nf* immediacy.
inmediato *adj* **(a)** *(gen)* immediate; *(rápido)* prompt; **de ~** immediately, promptly. **(b)** *(contiguo)* next, adjoining; **~ a** close to, next to.
inmejorable *adj* unsurpassable; *(precio etc)* unbeatable; **de calidad ~** of the very best quality.
inmemorable *adj*, **inmemorial** *adj* immemorial.
inmensidad *nf (gen)* immensity, vastness; *(cantidad)* vast numbers.
inmenso *adj* immense, vast.
inmensurable *adj* immeasurable.
inmerecido *adj* undeserved.
inmergir [3c] *vt* to immerse.
inmersión *nf* **(a)** *(gen)* immersion; *(buzo etc)* dive, plunge. **(b)** *(Téc, Fot etc)* **tanque de ~** bath.
inmerso *adj (gen)* immersed; *(fig)* involved (*en* in).
inmigración *nf* immigration.
inmigrante *adj, nmf* immigrant.
inmigrar [1a] *vi* to immigrate.
inminencia *nf* imminence.
inminente *adj* imminent, impending.
inmiscuirse [3g] *vr* to interfere, meddle (*en* in).
inmobiliaria *nf* property company.
inmobiliario *adj* real-estate *(atr)*, property *(atr)*; **agente ~** estate agent; **venta ~a** sale of property.
inmoderado *adj* immoderate, excessive.
inmodestia *nf* immodesty.
inmolar [1a] *vt* to immolate, sacrifice.
inmoral *adj* immoral.
inmoralidad *nf* immorality.
inmortal *adj, nmf* immortal.
inmortalidad *nf* immortality.
inmortalizar [1f] *vt* to immortalize.
inmotivado *adj (gen)* unmotivated; *(sospecha etc)* groundless.
inmóvil *adj* **(a)** *(inamovible)* immovable; *(sin mover)* motionless, still; **quedar ~** to remain *o* be *o* stand motionless; *(Aut etc)* to remain stationary. **(b)** *(fig)* steadfast, unshaken.
inmovilidad *nf* immobility.
inmovilizar [1f] *vt (gen)* to immobilize; *(fig: paralizar)* to paralyse, bring to a standstill; *(Fin: capital)* to tie up.
inmueble 1 *adj*: **bienes ~s** real estate, landed property. **2** *nm* property, building.
inmundicia *nf* filth, dirt; **~s** rubbish.
inmundo *adj (gen)* filthy, dirty; *(asqueroso)* foul.
inmune *adj* **(a)** *(Med)* immune (*contra* against, to). **(b)** *(fig)* exempt, free (*de* from).
inmunidad *nf* **(a)** *(Pol, Med)* immunity; **~ diplomática/parlamentaria** diplomatic/parliamentary immunity. **(b)** *(fisco)* exemption.
inmunizar [1f] *vt* to immunize.
inmunología *nf* immunology.
inmutable *adj* changeless.
inmutarse [1a] *vr* to lose one's self-possession; **se inmutó** his face fell; **siguió sin ~** he carried on unperturbed.
innato *adj* innate, inborn.
innatural *adj* unnatural.
innavegable *adj (río etc)* unnavigable; *(barco)* unseaworthy.
innecesario *adj* unnecessary.
innegable *adj* undeniable.
innoble *adj* ignoble.
innocuo *adj* innocuous, harmless.
innovación *nf* innovation; *(novedad)* novelty, new thing.
innovador(a) 1 *adj* innovatory. **2** *nm/f* innovator.
innovar [1a] *vt* to introduce.

innumerable *adj*, **innúmero** *adj* countless.
inobediencia *nf* disobedience.
inobediente *adj* disobedient.
inobjetable *adj (LAm)* unobjectionable.
inocencia *nf (gen)* innocence; *(sencillez)* naïveté.
inocentada *nf* **(a)** *(simpleza: dicho)* naïve remark; *(: hecho)* blunder. **(b)** *(engaño)* practical joke.
inocente 1 *adj* **(a)** *(gen)* innocent (*de* of); *(sin malicia)* harmless. **(b)** *(ingenuo)* simple, naïve. **2** *nmf* **(a)** innocent (person). **(b)** *(bobo)* simple soul.
inocentón/ona 1 *adj* gullible. **2** *nm/f* simple soul.
inocuidad *nf* harmlessness.
inoculación *nf* inoculation.
inocular [1a] *vt* to inoculate (*contra* against, *de* with).
inocuo *adj* = **innocuo.**
inodoro 1 *adj* odourless, having no smell. **2** *nm* toilet, lavatory.
inofensivo *adj* inoffensive, harmless.
inolvidable *adj* unforgettable.
inoperante *adj (gen)* inoperative; *(LAm)* unproductive.
inopia *nf* indigence, poverty.
inopinado *adj* unexpected.
inoportunidad *nf* **(a)** *(momento)* inopportuneness, untimeliness. **(b)** *(molestia)* inconvenience; *(impropiedad)* inappropriateness.
inoportuno *adj* **(a)** *(momento)* inopportune, untimely, ill-timed. **(b)** *(molesto)* inconvenient; *(inapropiado)* inappropriate.
inorgánico *adj* inorganic.
inoxidable *adj (gen)* rustless; *(acero)* stainless.
inquebrantable *adj* **(a)** unbreakable. **(b)** *(fig)* unshakeable, unyielding, unswerving.
inquietante *adj* worrying, disturbing.
inquietar [1a] **1** *vt* to worry, disturb. **2 inquietarse** *vr* to worry, upset o.s.; **¡no te inquietes!** don't panic!
inquieto *adj* **(a)** *(preocupado)* anxious, worried, uneasy; **estar ~ por** to be anxious *o* worried about. **(b)** *(agitado)* restless, unsettled.
inquietud *nf* **(a)** *(gen)* anxiety, disquiet. **(b)** *(desasosiego)* restlessness.
inquilinato *nm* **(a)** *(gen)* tenancy; *(Jur)* lease(hold). **(b)** *(alquiler)* rent; **(impuesto de) ~** rates. **(c)** *(Arg)* tenement.
inquilino/a *nm/f* tenant; *(Com)* lessee; *(Chi)* tenant farmer.
inquina *nf (aversión)* dislike, aversion; *(rencor)* ill will, spite; **tener ~ a uno** to have a grudge against sb.
inquirir [3i] **1** *vt* to investigate, look into. **2** *vi* to inquire.
inquisición *nf* inquiry, investigation; **la I~** the Inquisition.
inquisidor *nm* inquisitor.
inquisitorial *adj* inquisitorial.
insaciable *adj* insatiable.
insalubre *adj (gen)* unhealthy; *(fig: condiciones)* insanitary.
insania *nf* insanity.
insano *adj* **(a)** *(loco)* insane, mad. **(b)** *(malsano)* unhealthy.
insatisfacción *nf* dissatisfaction.
insatisfactorio *adj* unsatisfactory.
insatisfecho *adj (condición etc)* unsatisfied; *(estado de ánimo)* dissatisfied.
inscribir [3a; *pp* **inscrito**] **1** *vt (grabar)* to inscribe; *(listar)* to list, enter (on a list); *(matricular)* to enrol, register. **2 inscribirse** *vr* to enrol, register.
inscripción *nf* **(a)** *(en curso etc)* registration, enrolment. **(b)** *(grabado)* inscription; *(Tip)* lettering.
inscrito *pp de* **inscribir.**
insecticida *nm* insecticide.
insectívoro *adj* insectivorous.
insecto *nm* insect.
inseguridad *nf (gen)* insecurity; *(vacilación)* unsteadiness; *(incertidumbre)* uncertainty.
inseguro *adj (gen)* insecure; *(incierto)* uncertain.
inseminación *nf*: **~ artificial** artificial insemination.
inseminar [1a] *vt* to inseminate, fertilize.
insensatez *nf* foolishness, stupidity.
insensato *adj* senseless, stupid.
insensibilidad *nf* **(a)** *(gen)* insensitivity; *(indiferencia)* callousness. **(b)** *(Med)* unconsciousness; *(entumecimiento)* numbness.
insensibilizar [1f] *vt (gen)* to desensitize; *(Med)* to anaesthetise; *(euf)* to knock out *o* unconscious.
insensible *adj* **(a)** *(gen)* insensitive (*a* to); *(indiferente)* callous. **(b)** *(cambio etc)* imperceptible. **(c)** *(Med)* unconscious; *(entumecido)* numb.
inseparable *adj* inseparable.
inserción *nf* insertion.
insertar [1a] *vt* to insert.
inservible *adj (gen)* useless; *(Mec etc)* out of order.
insidioso *adj* insidious, deceptive.
insigne *adj (gen)* distinguished; *(famoso)* notable, famous.
insignia *nf* **(a)** *(señal)* badge, emblem. **(b)** *(estandarte)* flag, banner; *(Náut)* pennant. **(c) ~s** insignia.
insignificancia *nf* insignificance.
insignificante *adj (gen)* insignificant; *(nimio)* trivial, petty.
insinceridad *nf* insincerity.
insincero *adj* insincere.
insinuación *nf (gen)* hint; *(indirecta)* insinuation.
insinuar [1e] **1** *vt* **(a)** *(gen)* to insinuate, hint at; **~ que ...** to imply that .... **(b) ~ una observación** to slip in a comment. **2 insinuarse** *vr* **(a) ~ con uno** to ingratiate o.s. with sb. **(b) ~ en** to worm one's way into.
insipidez *nf* insipidness, tastelessness; *(fig)* dullness, flatness.
insípido *adj* insipid, tasteless; *(fig)* dull, tedious.
insistencia *nf* insistence (*en* on); **con ~ machacona** persistently, ad nauseam.
insistente *adj (individuo)* insistent; *(quejas etc)* persistent.
insistir [3a] *vi (gen)* to insist; *(persistir)* to persist; **~ en algo** to insist on sth; *(enfatizar)* to stress sth; **~ en una idea** to press an idea; **~ en hacer algo** to insist on doing sth; **~ en que se haga algo** to insist that sth should be done.
insobornable *adj* incorruptible.
insociabilidad *nf* unsociability.
insociable *adj* unsociable.
insolación *nf* **(a)** *(Met)* sunshine; **horas de ~** hours of sunshine. **(b)** *(Med)* sunstroke; **darse** *o* **coger una ~** to get sunstroke.
insoldable *adj* irremediable.
insolencia *nf* **(a)** *(descaro)* insolence, effrontery. **(b)** *(ultraje)* piece of rudeness.
insolentarse [1a] *vr* to be insolent (*con* to).
insolente *adj* **(a)** *(gen)* insolent, rude. **(b)** *(altivo)* haughty, contemptuous.
insólito *adj* unusual.
insoluble *adj* insoluble.
insolvencia *nf* insolvency, bankruptcy.
insolvente *adj* insolvent, bankrupt.
insomne 1 *adj* sleepless. **2** *nmf* insomniac.

insomnio *nm (desvelo)* sleeplessness; *(Med)* insomnia.
insondable *adj* bottomless; *(fig)* unfathomable.
insonorización *nf* soundproofing.
insonorizado *adj* soundproof; **estar ~** to be soundproofed.
insoportable *adj* unbearable, intolerable.
insoslayable *adj* unavoidable.
insospechado *adj* unsuspected.
insostenible *adj* untenable.
inspección *nf (gen)* inspection, examination; *(control)* check; **I~** inspectorate; **~ ocular** visual examination.
inspeccionar [1a] *vt (gen)* to inspect, examine; *(controlar)* to check; *(velar)* to supervise.
inspector *nm (gen)* inspector; *(supervisor)* supervisor.
inspectorado *nm* inspectorate.
inspiración *nf* inspiration; *(Med)* inhalation.
inspirador *adj* inspiring.
inspirar [1a] **1** *vt* **(a)** to inspire. **(b)** *(Med)* to inhale, breathe in. **2 inspirarse** *vr*: **~ en** to be inspired by, find inspiration in.
instalación *nf* **(a)** *(acto)* installation. **(b)** *(equipo)* fittings, equipment; **~ de fuerza** power plant; **~ sanitaria** sanitation, plumbing.
instalador *nm* fitter; **~ sanitario** plumber.
instalar [1a] **1** *vt (gen)* to install; *(equipar)* to set *o* fit up, lay on. **2 instalarse** *vr* to install *o* establish o.s., settle (down).
instancia *nf (gen)* request; *(solicitud)* application; *(Jur)* petition; **a ~ de** at the request of; **en última ~** as a last resort.
instantánea *nf (Fot)* snap(shot).
instantáneo *adj* instantaneous; **café ~** instant coffee.
instante *nm* instant, moment; **al ~** right now, at once; **(a) cada ~** all the time; **en un ~** in a flash; **por ~s** incessantly; **hace un ~** a moment ago.
instar [1a] **1** *vt* to urge, press. **2** *vi* to be urgent *o* pressing.
instauración *nf* **(a)** *(renovación)* restoration, renewal. **(b)** *(LAm)* establishment, setting-up.
instaurar [1a] *vt* **(a)** *(renovar)* to restore, renew. **(b)** *(LAm)* to establish, set up.
instigación *nf* instigation; **a ~ de** at the instigation of.
instigador(a) *nm/f* instigator; **~ de un delito** *(Jur)* accessory before the fact.
instigar [1h] *vt* to instigate; **~ a uno a hacer algo** to incite *o* induce sb to do sth.
instilar [1a] *vt* to instil *(a, en* into).
instintivo *adj* instinctive.
instinto *nm (gen)* instinct; *(impulso)* impulse, urge; **por ~** instinctively.
institución *nf* **(a)** *(acción)* establishment. **(b)** *(organismo)* institution; **~ benéfica** charitable foundation. **(c) ~es** *(bases)* principles.
institucional *adj* institutional.
instituir [3g] *vt (gen)* to institute, establish; *(fundar)* to found, set up.
instituto *nm* **(a)** *(gen)* institute, institution; **I~ Nacional del Bachillerato** state secondary school, *(US)* high school; **I~ Nacional de Industria (I.N.I.)** ≃ National Enterprise Board. **(b)** *(regla)* principle, rule.
institutriz *nf* governess.
instrucción *nf* **(a)** *(gen)* education, teaching; *(Mil etc)* training, drill; *(Dep)* coaching, training. **(b)** *(conocimientos)* knowledge, learning; **tener poca ~ en** to know little about. **(c)** *(Jur)* proceedings. **(d) ~es** instructions, orders; **de acuerdo con sus ~es** in accordance with your instructions; **~es para el uso** directions for use.
instructivo *adj (gen)* instructive; *(educativo)* educational.
instructor(a) *nm/f* instructor/-tress, teacher; *(Dep)* coach, trainer.
instruido *adj* well-informed.
instruir [3g] **1** *vt* **(a)** *(gen)* to instruct, teach *(de, en, sobre* in, about); *(enseñar)* to educate; *(Mil etc)* to train, drill; *(Dep)* to coach, train. **(b)** *(Jur: proceso)* to prepare, draw up. **2 instruirse** *vr* to learn, teach o.s. *(de, en, sobre* about).
instrumentación *nf* orchestration, scoring.
instrumental 1 *adj* instrumental. **2** *nm* (set of) instruments.
instrumentar [1a] *vt* to score, orchestrate.
instrumentista *nmf (músico)* instrumentalist; *(fabricante)* instrument maker.
instrumento *nm* **(a)** *(gen)* instrument; *(herramienta)* tool, implement; **~s científicos** scientific instruments; **~s de mando** *(Aer etc)* controls; **~ de precisión** precision instrument. **(b)** *(Mús)* instrument; **~ de percusión/cuerda/viento** percussion/string(ed)/wind instrument. **(c)** *(Jur)* deed, legal document.
insubordinación *nf (Mil etc)* insubordination; *(fig)* unruliness.
insubordinar [1a] **1** *vt* to stir up, rouse to rebellion. **2 insubordinarse** *vr* to rebel.
insuficiencia *nf* **(a)** *(gen)* insufficiency, inadequacy; *(carencia)* lack, shortage; **~ de franqueo** underpaid postage. **(b)** *(fig: incompetencia)* incompetence.
insuficiente *adj* **(a)** *(gen)* insufficient, inadequate. **(b)** *(fig: individuo)* incompetent. **(c)** *(nota)* unsatisfactory.
insufrible *adj* unbearable, insufferable.
insular *adj* insular, island *(atr)*.
insularidad *nf* insularity.
insulina *nf* insulin.
insulsez *nf* **(a)** *(de comida)* tastelessness. **(b)** *(fig)* flatness, dullness.
insulso *adj* **(a)** *(comida)* tasteless, insipid. **(b)** *(fig)* flat, dull.
insultante *adj* insulting, abusive.
insultar [1a] *vt* to insult.
insulto *nm* **(a)** insult *(para* to). **(b)** *(Arg, Ven)* fainting fit; *(Méx)* indigestion.
insumiso *adj* unsubmissive, rebellious.
insuperable *adj (problema)* insurmountable; *(precio)* unbeatable; *(calidad)* unsurpassable.
insuperado *adj* unsurpassed.
insurgente *adj, nmf* insurgent.
insurrección *nf* revolt, insurrection.
insurreccional *adj* insurrectionary.
insurreccionar [1a] **1** *vt* to incite to rebel. **2 insurreccionarse** *vr* to rebel, revolt.
insurrecto = **insurgente.**
insustancial *adj* insubstantial.
insustituible *adj* irreplaceable.
intacto *adj (sin tocar)* untouched; *(entero)* whole, intact; *(puro)* pure.
intachable *adj* faultless, perfect.
intangible *adj* intangible.
integración *nf* integration; **~ racial** racial integration.
integral 1 *adj (gen)* integral; *(Mec etc)* built-in; **pan ~** wholemeal bread. **2** *nf (Mat)* integral.
integrante 1 *adj* integral. **2** *nmf* member; **los ~s del conjunto** the members of the group.
integrar [1a] *vt* **(a)** to make up, compose, form; **y los que integran el otro grupo** and those who make up the other group. **(b)** *(Mat, fig)* to inte-

grate. **(c)** *(Fin)* to repay, reimburse; *(Arg, Méx)* to hand over.
integridad *nf* **(a)** *(totalidad)* wholeness, completeness; **en su ~** completely, as a whole. **(b)** *(fig: rectitud)* uprightness, integrity. **(c)** *(fig: virginidad)* virginity.
íntegro *adj* **(a)** *(gen)* whole, entire, complete; *(integral)* integral; *(texto)* uncut, unabridged. **(b)** *(honrado)* honest, upright.
intelecto *nm* intellect.
intelectual *adj, nmf* intellectual.
intelectualidad *nf* intelligentsia, intellectuals.
inteligencia *nf* **(a)** *(gen)* intelligence; *(intelecto)* mind, understanding. **(b)** *(fig: comprensión)* understanding; *(trato secreto)* collusion.
inteligente *adj* **(a)** *(gen)* intelligent; *(listo)* clever, brainy. **(b)** *(hábil)* skilful.
inteligibilidad *nf* intelligibility.
inteligible *adj* intelligible.
intemperancia *nf* intemperance, excess.
intemperante *adj* intemperate.
intemperie *nf* bad *o* rough weather; **estar a la ~** to be at the mercy of the elements; **una cara curtida a la ~** a face tanned by wind and weather.
intempestivo *adj* untimely, ill-timed.
intención *nf (gen)* intention, purpose; *(plan)* plan; **~ delictiva** criminal intent; **su ~ era muy otra** he had something very different in mind; **segunda ~** duplicity, underhandedness; **con ~** deliberately; **con segunda ~** in an underhand way; **con la ~ de hacer algo** with the idea of doing sth; **de ~** on purpose; **aceptar las ~es de uno** to accept sb's advances; **sin hacer la menor ~ de hacer algo** without making the least move to do sth; **tener la ~ de hacer algo** to intend to do sth, mean to do sth.
intencionado *adj* **(a)** *(intencional)* deliberate. **(b)** **bien ~** well-meaning; **mal ~** ill-disposed, hostile; *(malévolo)* malicious.
intencional *adj* intentional.
intendencia *nf* **(a)** *(dirección)* management, administration. **(b)** *(Mil: tb* **cuerpo de ~***)* ≈ service corps. **(c)** *(Arg)* mayoralty.
intendente *nm* **(a)** manager. **(b)** **~ de ejército** quartermaster general. **(c)** *(Arg)* mayor.
intensidad *nf (gen)* intensity; *(de recuerdo etc)* vividness; *(Elec, Téc)* strength.
intensificación *nf* intensification.
intensificar [1g] **1** *vt* to intensify. **2 intensificarse** *vr* to intensify.
intensivo *adj (gen)* intensive; *(curso)* crash.
intenso *adj (gen)* intense; *(emoción)* powerful, strong; *(recuerdo etc)* vivid, profound; *(color)* deep; *(Elec etc)* strong.
intentar [1a] *vt* to try, attempt; **~ algo** to try sth; **~ hacer algo** to try *o* attempt to do sth.
intento *nm* **(a)** *(propósito)* intention, intent, purpose; **al ~ de hacer algo** *(Arg, Chi)* with the aim of doing sth. **(b)** *(tentativa)* attempt; **~ fracasado** failed attempt.
intentona *nf* foolhardy attempt; *(Pol)* putsch, rising.
inter ... *pref* inter ... .
interacción *nf* interaction, interplay.
interamericano *adj* inter-American.
intercalación *nf* intercalation, insertion.
intercalar [1a] *vt* to intercalate, insert.
intercambiable *adj* interchangeable.
intercambiar [1b] *vt* to interchange; *(presos etc)* to exchange; *(sellos etc)* to swap.
intercambio *nm* interchange; *(canje)* exchange; *(trueque)* swap(ping).
interceder [2a] *vi* to intercede; **~ con A por B** to intercede with A on B's behalf, plead with A for B.
interceptación *nf (gen)* interception; *(Aut etc)* stoppage, holdup.
interceptar [1a] *vt (gen)* to intercept, cut off; *(Aut etc)* to stop, hold up.
interceptor *nm* **(a)** interceptor. **(b)** *(Mec)* trap, separator.
intercesión *nf* intercession.
interconectar [1a] *vt* to interconnect.
interconfesional *adj* interdenominational.
intercontinental *adj* intercontinental.
interdecir [3p] *vt* to forbid, prohibit.
interdependencia *nf* interdependence.
interdicto *nm* prohibition, ban; *(Jur, Rel)* interdict.
interés *nm* **(a)** *(gen)* interest; *(importancia)* concern; **con gran ~** with great interest; **de gran ~** very interesting; **su ~ en** *o* **por** his interest in. **(b)** *(participación)* interest, share, part; **~es** interests, affairs; **~es creados** vested interests; **en ~ de** in the interest of; **fomentar los ~es de uno** to promote sb's interests; **tener ~ en** to hold a share in, have a part in. **(c)** *(pey: egoísmo)* selfishness, egotism. **(d)** *(Com, Fin)* interest; **con un ~ del 9 por ciento** at an interest of 9%; **~ compuesto** compound interest; **~ simple** simple interest; **dar a ~** to lend at interest; **devengar ~es** to bear interest.
interesado/a 1 *adj* **(a)** *(gen)* interested; **estar ~ en** to be interested in, have an interest in. **(b)** *(parcial)* biassed, prejudiced. **(c)** *(egoísta)* selfish, self-seeking. **2** *nm/f* **(a)** person concerned, interested party. **(b)** *(firmante)* the undersigned.
interesante *adj* interesting; **hacerse el/la ~** to try to attract attention.
interesar [1a] **1** *vt* **(a)** *(gen)* to interest, be of interest to; *(cautivar)* to appeal to; **¿te interesa el fútbol?** are you interested in football?; **no me interesan los toros** bullfighting does not appeal to me; **logré ~le en mi idea** I succeeded in interesting him in my idea. **(b)** *(afectar)* to concern, involve; **el asunto interesa a todos** the matter concerns everybody. **2** *vi (gen)* to be of interest; *(importar)* to be important. **3 interesarse** *vr* to be interested, take an interest (*en*, *por* in).
interestatal *adj* inter-state.
interferencia *nf* **(a)** *(Rad etc)* interference; *(Mil)* jamming; *(Telec)* tapping. **(b)** *(fig)* interference (*en* in); **no ~** non-interference.
interferir [3i] **1** *vt* **(a)** *(Rad etc)* to interfere with; *(Mil)* to jam; *(Telec)* to tap. **(b)** *(fig)* to interfere with, affect. **2** *vi* to interfere (*en* in, with). **3 interferirse** *vr* to interfere (*en* in, with).
interfono *nm* intercom.
ínterin 1 *adv* meanwhile. **2** *nm* interim; **en el ~** in the meantime.
interino/a 1 *adj* **(a)** *(gen)* temporary; *(medida)* stopgap, interim. **(b)** *(empleado etc: provisional)* acting. **2** *nm/f* temporary holder of a post, acting official; *(Teat)* stand-in; *(Med)* locum.
interior 1 *adj (gen)* interior; *(pensamientos)* inward, inner; *(comercio)* domestic, internal; **ropa ~** underwear; **habitación ~** room without a view; **en la parte ~** inside, on the inside; **pista ~** inside track. **2** *nm* **(a)** *(gen)* interior, inside; *(parte interior)* inner part. **(b)** *(fig)* mind, soul; **en su ~** in one's heart; **dije para mí ~** I said to myself. **(c)** *(Geog)* interior, hinterland; *(Pol)* **Ministerio del I~** *(Brit)* Home Office, *(US)*

Justice Department. **(d)** *(Dep)* inside-forward; ~ **derecho/izquierdo** inside-right/-left. **(e)** ~**es** *(Anat)* insides.

interioridad *nf* **(a)** inwardness; **en su ~, sabe que ...** *(CAm)* in his heart he knows that ... . **(b)** ~**es** family secrets; *(detalles)* ins and outs; **explicó las ~es de la lucha** he explained the inner history of the struggle.

interiorizar [1f] *(LAm)* **1** *vt* to look into, investigate closely. **2 interiorizarse** *vr*: ~ **algo** to familiarize o.s. with sth.

interjección *nf* interjection.

interlocutor(a) *nm/f* speaker, interlocutor; *(al teléfono)* person at the other end (of the line); **mi** ~ the person I was speaking to, the person who spoke to me.

interludio *nm* interlude.

intermediario/a 1 *adj* **(a)** *(gen)* intermediary. **(b)** *(mediador)* mediating. **2** *nm/f* **(a)** intermediary, go-between; *(Com)* middle-man. **(b)** *(mediador)* mediator.

intermedio 1 *adj* **(a)** *(etapa)* intermediate, halfway (*entre* between). **(b)** *(tiempo)* intervening; **el período** ~ the interim, the period between. **2** *nm* interval; *(Pol)* recess.

intermezzo [inter'metso] *nm* intermezzo.

interminable *adj* endless, interminable.

intermisión *nf* intermission, interval.

intermitente 1 *adj* intermittent. **2** *nm (Aut)* flashing light, indicator.

internacional *adj, nmf* international.

internacionalismo *nm* internationalism.

internacionalizar [1f] *vt* to internationalize.

internada *nf (Dep)* attack.

internado/a 1 *nm/f (Mil etc)* internee; *(Escol)* boarder. **2** *nm* **(a)** *(colegio)* boarding school. **(b)** *(alumnos)* boarders.

internamiento *nm* internment.

internar [1a] **1** *vt (Mil)* to intern; ~ **a uno en un manicomio** to commit sb (to an asylum). **2 internarse** *vr* **(a)** *(avanzar)* to advance (deeply), penetrate; ~ **en** to go into *o* right inside; **se internó en el edificio** he disappeared into the building; ~ **en un país** to go into the interior of a country. **(b)** ~ **en un estudio** to study a subject in depth.

interno/a 1 *adj* internal, interior; **la política ~a** domestic politics; **por vía ~a** *(Med)* internally. **2** *nm/f* boarder; *(Med)* houseman.

interpelación *nf* appeal, plea.

interpelar [1a] *vt* **(a)** *(gen)* to beg for the aid of. **(b)** *(dirigirse a)* to address, speak to; *(Pol)* to ask for explanations, grill *(fam)*.

interpolación *nf* interpolation.

interpolar [1a] *vt (gen)* to interpolate; *(interrumpir)* to interrupt briefly.

interponer [2r] **1** *vt* **(a)** *(insertar)* to interpose, put in. **(b)** *(Jur: apelación)* to lodge, put in. **2 interponerse** *vr* to intervene.

interpretación *nf* **(a)** *(gen)* interpretation; **mala** ~ misinterpretation. **(b)** *(traducción)* translation. **(c)** *(Mús, Teat)* performance.

interpretar [1a] *vt* **(a)** *(gen)* to interpret; ~ **mal** to misinterpret. **(b)** *(Ling)* to interpret, translate. **(c)** *(Mús, Teat: pieza)* to perform; *(papel)* to play.

intérprete *nmf* **(a)** *(Ling)* interpreter, translator. **(b)** *(Mús)* performer; *(Teat)* artist(e).

interracial *adj* interracial.

interregno *nm (Hist, Pol)* interregnum; *(LAm)* interval, intervening period.

interrogación *nf* **(a)** *(Mil etc)* questioning, interrogation. **(b)** *(Ling: pregunta)* question. **(c)** *(Tip: signo de ~)* question mark.

interrogador(a) *nm/f* interrogator, questioner.

interrogante 1 *adj* questioning. **2** *nm* question mark; *(fig)* question mark, query.

interrogar [1h] *vt* to question, interrogate; *(Jur)* to examine.

interrogativo *adj, nm* interrogative.

interrogatorio *nm (gen)* interrogation, questioning; *(Mil)* debriefing; *(Jur)* examination.

interrumpir [3a] *vt (gen)* to interrupt; *(vacaciones)* to cut short; *(servicio)* to cut off; *(tráfico)* to block, hold up; *(Elec: apagar)* to switch off.

interrupción *nf (gen)* interruption; *(paro etc)* stoppage, holdup.

interruptor *nm (Elec)* switch; ~ **de dos direcciones** two-way switch.

intersección *nf* intersection; *(Aut)* crossing, junction.

intersticio *nm* interstice; *(grieta)* crack; *(intervalo)* interval, gap; *(Mec)* clearance.

interurbano *adj* inter-city; *(Telec)* long-distance.

intervalo *nm (Mús, tiempo)* interval; *(descanso)* break; *(espacio)* gap; **a ~s** at intervals; *(de vez en cuando)* every now and then.

intervención *nf* **(a)** *(gen)* supervision, control; *(LAm: de sindicatos etc)* government takeover. **(b)** *(Com)* audit, auditing. **(c)** *(Med)* operation; ~ **quirúrgica** surgical operation. **(d)** *(Telec)* tapping. **(e)** *(participación)* intervention (*en* in); **su ~ en la discusión** his contribution to the discussion; **la política de no** ~ the policy of non-intervention.

intervenir [3s] **1** *vt* **(a)** to supervise, control; *(LAm: sindicatos)* to instal government appointees in; **el gobierno intervino a los ferrocarrileros** the government took over the railworkers' union. **(b)** *(Com)* to audit. **(c)** *(Med)* to operate on. **(d)** *(Telec)* to tap. **2** *vi* **(a)** to be involved, intervene (*en* in); **no intervino en el debate** he did not take part in the debate. **(b)** *(mediar)* to mediate; ~ **por uno** to intercede for sb.

interventor *nm (gen)* inspector, supervisor; *(LAm)* government-appointed manager; *(Com)* auditor.

interviú *nf* interview; **hacer una ~ a uno** to interview sb.

interviu(v)ador(a) *nm/f* interviewer.

interviu(v)ar [1a] *vt* to interview.

intestado *adj* intestate.

intestinal *adj* intestinal.

intestino 1 *adj (interno)* internal; *(lucha etc)* internecine. **2** *nm* intestine, gut; ~ **delgado/grueso** small/large intestine.

intimación *nf* announcement, notification.

intimar [1a] **1** *vt (notificar)* to announce, notify (*a* to); *(mandar)* to order, require (*que* that). **2** *vi*, **intimarse** *vr* to become intimate *o* friendly (*con* with).

intimidación *nf* intimidation.

intimidad *nf* **(a)** intimacy, familiarity; **disfrutar de la ~ de uno** to be on close terms with sb; **entrar en ~ con uno** to become friendly with sb. **(b)** *(vida personal)* private life; *(Jur: derecho)* privacy.

intimidar [1a] **1** *vt* to intimidate, scare. **2 intimidarse** *vr (temer)* to be intimidated *o* frightened; *(asustarse)* to get scared.

íntimo *adj (gen)* intimate; *(estrecho)* close; *(pensamientos)* innermost; *(vida)* personal, private; **una boda ~a** a quiet wedding; **en lo más ~ de su corazón** in one's heart of hearts.

intitular [1a] *vt* to entitle, call.

intocable *adj, nmf* untouchable.

intolerable *adj* intolerable, unbearable.

intolerancia *nf (gen)* intolerance; *(Rel)* bigotry.
intolerante *adj (gen)* intolerant *(con, para* of); *(Rel)* bigoted *(en* about).
intoxicación *nf* poisoning; ~ **alimenticia** food poisoning.
intoxicar [1g] *vt* to poison.
intra ... *pref* intra ... .
intragable *adj* unpalatable.
intranquilidad *nf* worry, anxiety.
intranquilizar [1f] **1** *vt* to worry, make uneasy. **2 intranquilizarse** *vr* to get worried, feel uneasy.
intranquilo *adj (gen)* worried, anxious; *(desasosegado)* restless.
intranscendente *adj (LAm)* unimportant.
intransferible *adj* not transferable.
intransigencia *nf* intransigence.
intransigente 1 *adj (gen)* intransigent, uncompromising; *(fanático)* diehard. **2** *nm (Arg)* **los I~s** the Radicals, the Radical Party.
intransitable *adj* impassable.
intransitivo *adj* intransitive.
intratable *adj (problema)* intractable; *(dificultad)* awkward, tough; *(individuo)* unsociable; **¡son ~s!** they're impossible!
intravenoso *adj* intravenous.
intrepidez *nf* boldness.
intrépido *adj* intrepid, dauntless.
intriga *nf (gen)* intrigue; *(ardid)* plot, scheme; *(Teat)* plot; ~ **secundaria** subplot.
intrigante 1 *adj* **(a)** *(enredador)* scheming. **(b)** *(interesante)* intriguing, interesting. **2** *nmf* intriguer.
intrigar [1h] **1** *vt* to intrigue, interest. **2** *vi* to scheme, plot. **3 intrigarse** *vr (LAm)* to be intrigued, be puzzled.
intrincado *adj* **(a)** *(bosque)* dense, tangled. **(b)** *(fig)* intricate.
intrincar [1g] *vt* to confuse, complicate.
intríngulis *nm (fam)* hidden snag, catch *(fam)*.
intrínseco *adj* intrinsic.
intro ... *pref* intro ... .
introducción *nf (gen)* introduction; *(de monedas etc)* insertion.
introducir [3o] **1** *vt (gen)* to introduce; *(hacer pasar)* to bring in, show in; *(moneda etc)* to insert, put in; *(discordia etc)* to create, sow. **2 introducirse** *vr* **(a)** *(meterse)* to get *o* slip in; *(fig)* to worm one's way *(en* into). **(b)** *(entrometerse)* to interfere, meddle.
introito *nm (Teat)* prologue; *(Rel)* introit.
intromisión *nf* interference, meddling.
introspección *nf* introspection.
introspectivo *adj* introspective.
introversión *nf* introversion.
introvertido/a *adj, nm/f* introvert.
intrusión *nf (gen)* intrusion; *(Jur)* trespass.
intruso/a 1 *adj* intrusive. **2** *nm/f* intruder; *(extraño)* outsider; *(en fiesta)* gatecrasher; *(Jur)* trespasser.
intuición *nf* intuition; **por** ~ intuitively.
intuir [3g] **1** *vt* to know by intuition. **2 intuirse** *vr*: **eso se intuye** that can be guessed; **se intuye que** ... one can tell intuitively that ... .
intuitivo *adj* intuitive.
inundación *nf* flood, flooding.
inundar [1a] *vt* to flood, swamp *(de, en* with); ~ **el mercado de un producto** to flood the market with a product; **quedamos inundados de ofertas** we were inundated with offers, offers rained in on us.
inusitado *adj* unusual, rare.
inútil *adj (gen)* useless; *(vano)* fruitless, vain; **todo es ~** nothing is any use; **es ~ que Ud proteste** it's no good your protesting.
inutilidad *nf* uselessness.
inutilizar [1f] **1** *vt* to make *o* render useless; *(incapacitar)* to disable, put out of action; *(estropear)* to spoil, ruin. **2 inutilizarse** *vr* to become useless.
invadeable *adj (río)* unfordable; *(fig)* impassable.
invadir [3a] *vt (Mil etc)* to invade, overrun; *(fig: derechos)* to encroach upon.
invalidar [1a] *vt (gen)* to invalidate, nullify; *(Pol: leyes)* to repeal.
invalidez *nf* **(a)** *(Med)* disablement. **(b)** *(Jur)* invalidity, nullity.
inválido/a 1 *adj* **(a)** *(Med)* invalid, disabled. **(b)** *(Jur)* invalid, null and void. **2** *nm/f (Med)* invalid. **3** *nm (Mil Med)* disabled ex-serviceman.
invaluable *adj (LAm)* invaluable.
invariable *adj* invariable.
invasión *nf (gen)* invasion; *(fig)* encroachment *(de* on).
invasor(a) 1 *adj* invading. **2** *nm/f* invader, attacker.
invectiva *nf* invective; **una ~** a tirade.
invencibilidad *nf* invincibility.
invencible *adj (gen)* invincible; *(obstáculo)* insurmountable.
invención *nf (invento)* invention; *(hallazgo)* discovery, finding; *(mentira)* fabrication; *(Lit etc)* fiction, tale.
inventar [1a] *vt (gen)* to invent; *(plan)* to devise; *(excusa)* to make up, concoct.
inventario *nm (gen)* inventory; *(Com)* stocktaking.
inventiva *nf* inventiveness.
inventivo *adj* inventive.
invento *nm* invention.
inventor(a) *nm/f* inventor.
invernáculo *nm* greenhouse.
invernada *nf* **(a)** *(temporada)* winter season. **(b)** *(LAm)* winter pasture.
invernadero *nm* **(a)** = **invernáculo. (b)** *(LAm)* winter pasture. **(c)** *(lugar de recreo)* winter resort.
invernal *adj* wintry, winter *(atr)*.
invernar [1k] *vi* to winter, spend the winter; *(Zool)* to hibernate.
inverosímil *adj (improbable)* unlikely, improbable; *(increíble)* implausible.
inverosimilitud *nf* implausibility.
inversión *nf* **(a)** *(gen)* inversion; *(Elec)* reversal; *(Aut, Mec)* ~ **de marcha** reversing, backing; ~ **sexual** homosexuality. **(b)** *(Com, Fin)* investment *(en* in); ~ **de capitales** capital investment.
inversionista *nmf (Com, Fin)* investor.
inverso *adj (Mat)* inverse, inverted; *(cara)* reverse; **a la ~a** inversely, the other way round; *(fig)* vice versa; *(al contrario)* on the contrary.
inversor(a) *nm/f (LAm: Com, Fin)* investor.
invertebrado *adj, nm* invertebrate.
invertido 1 *adj* **(a)** inverted; *(al revés)* reversed. **(b)** homosexual. **2** *nm* homosexual.
invertir [3i] *vt* **(a)** *(Mat)* to invert; *(volcar)* to turn upside down; *(poner al revés)* to put the other way round; *(Aut, Mec)* to reverse. **(b)** *(Com, Fin)* to invest *(en* in).
investidura *nf (gen)* investiture.
investigación *nf* **(a)** *(gen)* investigation; *(indagación)* inquiry *(de* into); ~ **policíaca** police investigation. **(b)** *(Univ etc)* research (work) *(de* in, into).
investigador(a) *nm/f* **(a)** investigator. **(b)** *(Univ etc)* research worker, researcher.

investigar [1h] *vt* **(a)** to investigate, look into. **(b)** *(Univ etc)* to do research into.
investir [3l] *vt*: ~ **a uno con** *o* **de algo** to confer sth on sb.
inveterado *adj (gen)* inveterate; *(criminal)* hardened.
invicto *adj* unconquered, unbeaten.
invierno *nm* **(a)** winter(time). **(b)** *(Méx, CAm)* rainy season.
inviolabilidad *nf* inviolability; ~ **parlamentaria** parliamentary immunity.
inviolable *adj* inviolable.
inviolado *adj* inviolate.
invisibilidad *nf* invisibility.
invisible 1 *adj* invisible. **2** *nm (Arg)* hairpin; *(Méx)* hairnet.
invitación *nf* invitation (*a* to).
invitado/a *nm/f* guest.
invitar [1a] *vt* **(a)** *(gen)* to invite; ~ **a uno a hacer algo** to invite sb to do sth; *(invocar)* to call on sb to do sth; **invito yo** it's on me, be my guest. **(b)** to attract, entice.
invocar [1g] *vt* to invoke, call on; ~ **la ley** to invoke the law; ~ **la ayuda de uno** to beg for sb's help.
involucrar [1a] **1** *vt*: ~ **algo en un discurso** to bring sth irrelevant into a speech. **2 involucrarse** *vr (esp LAm)* to meddle, interfere (*en* in); *(interesarse en)* to get involved (*en* in).
involuntario *adj (gen)* involuntary; *(ofensa etc)* unintentional.
invulnerable *adj* invulnerable.
inyección *nf* injection, shot, jab *(fam)*; **hacerse** *o* **ponerse una** ~ to give o.s. an injection.
inyectable *nm* serum, vaccine.
inyectado *adj*: **ojos** ~**s** bloodshot eyes.
inyectar [1a] *vt* to inject (*en* into); ~ **algo en uno** to inject sb with sth.
inyector *nm (Aut)* injector; *(tobera)* nozzle.
ion *nm* ion.
iónico *adj* ionic.
ionizador *nm* (negative) ioniser.
ionosfera *nf* ionosphere.
iota *nf* iota.
ir [3t] **1** *vi* **(a)** *(gen)* to go; *(moverse)* to move; *(viajar)* to travel; *(a pie)* to walk; *(en coche)* to drive; *(: como pasajero)* to ride; ~ **a Quito** to go to Quito; **fui en coche** I went by car, I drove; **fui en tren** I went by train *o* rail; ~ **despacio** to go slow(ly); ~ **con tiento** to go carefully *o* cautiously; **vaya donde vaya, encontrará ...** wherever you go, you will find ...; **ya ha ido** *(fam)* you've had it *(fam)*; **¡voy!** I'm coming!, with you in a moment!; **¡vamos!** let's go!; **¿quién va?** *(Mil etc)* who goes there?; ~ **por** to fetch, go for; **voy por el médico** I'll call the doctor.

(b) *(locuciones)* ~ **de mal en peor** to go from bad to worse; **esto va de veras** this is serious; **en lo que va del año** so far this year; **a eso voy** I'm coming to that; **va para los 40** he's knocking on 40; **va para viejo** he's getting old; **con éste van 30** that makes 30.

(c) *(proceso)* to go; *(Med)* to be, get along; **¿cómo va eso?** how are things (going)?; **¿cómo le va?** how goes it?; **¿cómo va el ensayo?** how are you getting on with the essay?

(d) *(importancia)* **va mucho de A a B** there's a lot of difference between A and B; **va mucho en esto** a lot depends on it; **no le va la vida en esto** he can take it or leave it *(fam)*.

(e) *(intención)* **eso no va por Vd** I wasn't referring to you; **va para arquitecto** he's going to be an architect.

(f) *(apuestas)* **van 5 pesos a que no lo haces** I bet 5 pesos that you won't do it; **¿cuánto va?** how much do you bet?

(g) *(ropa)* to suit, become; **¿me va bien esto?** does this suit me?

(h) *(interj)* **¡vaya!** well!, I say!; **¡vaya coche!** what a car!, that's some car!; **¡vaya susto que me pegué!** what a fright I got!; **vaya con Dios** *(despido)* Godspeed; *(en misa)* God be with you; **¡vamos!** well!; **vamos, no es difícil** come now, it's not difficult; **¡qué va!** rubbish!; nonsense!; **¡vaya por Pepe!** here's to Joe!

(i) *(en tiempos continuos)* **iba anocheciendo** it was getting dark; **iban fumando** they were smoking; **voy comprendiendo que ...** I am beginning to see that ... .

(j) *(con pp)* **iba cansado** he was tired; **van escritas 3 cartas** that's 3 letters I've written; **va vendido todo** everything has been sold.

(k) *(ir a + infin)* **voy a hacerlo** I'm going to do it; **vamos a hacerlo** we are going to do it; **fui a verle** I went to see him; **¿qué le vamos a hacer?** what can we do about it?, what can you do?

2 irse *vr* **(a) por aquí se va a Jaca** this is the way to Jaca; **¿por dónde se va al aeropuerto?** which way to the airport?

(b) *(marcharse)* to go away, leave, depart; **se fueron** they went (off), they left; **es hora de irnos** it's time we went; **¡vete!** go away!, get out!; **¡vete ya!** piss off! *(fam!)*; **¡no te vayas!** don't go!; **¡vámonos!** let's go!, ~ **de algo** to discard sth.

(c) *(resbalar)* to slip, lose one's balance; *(pared)* to give way.

(d) *(euf: presente)* to be dying; *(pasado)* to die; **se nos va el amo** the master is dying; **se nos fue hace 3 años** he passed away 3 years ago.
ira *nf (rabia)* anger, rage; *(fig: de elementos)* fury.
iracundia *nf* irascibility.
iracundo *adj* irascible.
Irak *nm* Iraq.
irakí *véase* **iraquí.**
Irán *nm* Iran.
iranés/esa *adj, nm/f,* **iraní** *adj, nm/f,* **iranio/a** *adj, nm/f* Iranian.
iraquí *adj, nmf* Iraqi.
irascibilidad *nf* irascibility.
irascible *adj* irascible.
iridescente *adj* iridescent.
iris *nm inv (Met)* rainbow; *(Anat)* iris.
Irlanda *nf* Ireland; ~ **del Norte** Northern Ireland, Ulster.
irlandés/esa 1 *adj* Irish. **2** *nm/f* Irishman/-woman; **los** ~**es** the Irish. **3** *nm (Ling)* Gaelic, Irish.
ironía *nf* irony; **con** ~ ironically; *(tono)* sarcastically.
irónico *adj (gen)* ironic(al); *(mordaz)* sarcastic.
ironizar [1f] *vt* to ridicule.
irracional 1 *adj (gen)* irrational; *(actitud)* unreasoning. **2** *nm* brute (creature).
irracionalidad *nf (gen)* irrationality; *(actitud)* unreasonableness.
irradiación *nf* irradiation.
irradiar [1b] *vt (gen)* to irradiate; *(Med)* to scan.
irrazonable *adj* unreasonable.
irreal *adj* unreal.
irrealidad *nf* unreality.
irrealizable *adj (gen)* unrealizable; *(meta)* unrealistic, impossible.
irrebatible *adj* irrefutable.
irreconciliable *adj* irreconcilable.
irreconocible *adj* unrecognizable.
irrecuperable *adj* irrecoverable, irretrievable.
irreembolsable *adj (Com, Fin)* non-returnable.

irreemplazable *adj* irreplaceable.
irreflexión *nf (gen)* thoughtlessness; *(ímpetu)* rashness, impetuosity.
irreflexivo *adj (gen)* thoughtless, unthinking; *(acto)* rash, ill-considered.
irrefrenable *adj* uncontrollable.
irrefutable *adj* irrefutable, unanswerable.
irregular *adj (gen)* irregular; *(situación)* abnormal; *(sueño)* fitful; *(pulso)* erratic.
irregularidad *nf (gen)* irregularity; *(anomalía)* abnormality.
irrelevante *adj (LAm)* irrelevant.
irremediable *adj (gen)* irremediable; *(vicio)* incurable.
irremisible *adj* unpardonable.
irreparable *adj* irreparable.
irreprimible *adj* irrepressible.
irreprochable *adj* irreproachable.
irresistible *adj* irresistible.
irresolución *nf* hesitation, indecision.
irresoluto *adj* **(a)** *(perplejo)* hesitant, undecided. **(b)** *(sin resolver)* unresolved.
irrespetuoso *adj* disrespectful.
irresponsabilidad *nf* irresponsibility.
irresponsable *adj* irresponsible.
irreverencia *nf* disrespect.
irreverente *adj* disrespectful.
irreversible *adj* irreversible.
irrevocable *adj* irrevocable.
irrigación *nf* irrigation.
irrigador *nm* sprinkler.
irrigar [1h] *vt* to irrigate.
irrisible *adj* laughable, absurd; *(fig: precio)* absurdly low, bargain.
irrisión *nf* **(a)** *(mofa)* derision, ridicule. **(b)** *(hazmerreír)* laughing stock.
irrisorio *adj (ridículo)* derisory, ridiculous; *(fig: precio)* absurdly low, bargain *atr.*
irritabilidad *nf* irritability.
irritable *adj* irritable.
irritación *nf* irritation.
irritador *adj* irritating.
irritante 1 *adj* irritating. **2** *nm* irritant.
irritar [1a] **1** *vt* **(a)** *(gen)* to irritate, exasperate. **(b)** *(fig)* to stir up, inflame. **(c)** *(Med)* to irritate. **2 irritarse** *vr* to get angry, lose one's temper *(de* about, at, with).
irrompible *adj* unbreakable.
irrumpir [3a] *vi*: ~ **en** to burst *o* rush into.
irrupción *nf (gen)* irruption; *(Mil etc)* invasion.
isla *nf* **(a)** *(Geog)* island, isle; **I~s Británicas** British Isles; **I~s Filipinas/Malvinas/Canarias** Philippines/Falklands/Canaries. **(b)** *(Arquit)* block; *(Aut)* traffic island. **(c)** *(Méx)* isolated cluster of trees.
Islam *nm* Islam.
islámico *adj* Islamic.
islandés/esa 1 *adj* Icelandic. **2** *nm/f* Icelander. **3** *nm (Ling)* Icelandic.
Islandia *nf* Iceland.
isleño/a 1 *adj* island *(atr)*. **2** *nm/f* islander.
isleta *nf* islet.
islote *nm* small island.
iso ... *pref* iso ... .
isobara *nf* isobar.
isoca *nf (RPl)* caterpillar, grub.
isoterma *nf* isotherm.
isótopo *nm* isotope.
Israel *nm* Israel.
israelí *adj, nmf* Israeli.
istmo *nm* isthmus; ~ **de Panamá** Isthmus of Panama.
itacate *nm (Méx)* food, provisions.
Italia *nf* Italy.
italiano, a *adj, nm/f* Italian.
ítem 1 *nm* item. **2** *adv* also, likewise.
itemizar [1f] *vt (LAm)* to itemize, list.
iterar [1a] *vt* to repeat.
itinerante *adj (gen)* travelling; *(embajador)* roving.
itinerario *nm* itinerary, route.
I.V.A. *nm abr de* **impuesto al valor añadido** VAT.
izar [1f] *vt (bandera)* to hoist, run up.
izcuinche *nm (Méx)* mangy dog, mongrel.
izquierda *nf* **(a)** *(mano)* left hand; *(lado)* left(-hand) side; **estar a la ~ de** to be on the left of; **conducción por la ~** *(Aut)* left-hand drive; **seguir por la ~** to keep (to the) left; **es un cero a la ~** *(fam)* he is a nonentity. **(b)** *(Pol)* left (wing).
izquierdista 1 *adj* leftist, left-wing. **2** *nmf* leftist, left-winger.
izquierdo *adj* **(a)** *(gen)* left(-hand). **(b)** *(zurdo)* left-handed. **(c)** *(fig)* crooked, twisted.

J

J, j ['xota] *nf (letra)* J, j.
ja *interj* ha!
jaba *nf* **(a)** *(LAm)* basket. **(b)** *(Méx)* crate.
jabalí *nm* wild boar.
jabalina *nf* **(a)** *(Zool)* wild sow. **(b)** *(Dep)* javelin.
jábega *nf* **(a)** *(red)* sweep net. **(b)** *(barca)* fishing smack.
jabón *nm* **(a)** soap; *(un ~)* piece *o* cake of soap; ~ **de afeitar** shaving soap; ~ **en escama** soapflakes; ~ **de tocador** toilet soap; ~ **(en polvo)** soap *o* washing powder. **(b)** *(fam: adulación)* flattery; **dar ~ a uno** to soft-soap sb.
jabonada *nf (LAm)* **(a)** = **jabonadura (a)**. **(b)** *(regaño)* telling-off.
jabonado *nm* **(a)** *(acto)* soaping. **(b)** *(cosas lavadas)* wash, laundry.
jabonadura *nf* **(a)** *(acto)* soaping. **(b)** ~**s** lather *sg,* soapsuds. **(c)** *(fam: regaño)* telling-off; **dar una ~ a uno** to tell sb off.
jabonar [1a] *vt* **(a)** to soap; *(ropa)* to wash; *(barba)* to lather. **(b)** *(fam)* to tell off, dress down.
jaboncillo *nm* (piece of) toilet soap.
jabonera *nf* soapdish.
jaca *nf* pony, small horse.
jacal *nm (Méx)* shack, hut.
jacalón *nm (Méx)* shed; *(Teat)* fleapit.
jacarandoso *adj* merry, jolly; *(airoso)* spirited, lively.
jácena *nf* girder.
jacinto *nm (Bot)* hyacinth; *(Min)* jacinth.
jactancia *nf (autoalabanza)* boasting; *(orgullo)* boastfulness.

jactarse [1a] *vr* to boast, brag; ~ **de** to boast about *o* of; ~ **de hacer algo** to boast of doing sth.
jade *nm* jade.
jadeante *adj* panting, gasping.
jadear [1a] *vi* to pant, gasp for breath.
jadeo *nm* panting, gasping.
jaez *nm* **(a)** harness; **jaeces** trappings. **(b)** *(fig)* kind, sort.
jaguar *nm* jaguar.
jagüel *nm*, **jagüey** *nm (LAm)* pool.
jai alai *nm* pelota.
jaiba *nf (LAm)* crab.
jáibol *nm (LAm)* highball *(US)*.
jáilaif *nf (LAm)* high life.
jalada *nf (Méx)* **(a)** pull, tug, heave. **(b)** *(reprimenda)* rebuke.
jalar [1a] **1** *vt* **(a)** *(LAm: gen)* to pull; *(: arrastrar: tb Náut)* to haul. **(b)** *(trabajar duro)* to work hard at. **(c)** *(fam)* = **jamar. 2** *vi* **(a)** *(LAm)* to go off; ~ **para su casa** to go off home. **(b)** *(CAm)* to be courting. **3 jalarse** *vr* **(a)** *(LAm)* to get drunk. **(b)** = **2 (a)**. **(c)** *(LAm fam!)* to toss off *(fam!)*, masturbate.
jalbegar [1h] *vt* to whitewash.
jalbegue *nm (pintura)* whitewash; *(acto)* whitewashing.
jalde *adj*, **jaldo** *adj* bright yellow.
jalea *nf* jelly; ~ **de guayaba** guava jelly.
jalear [1a] **1** *vt* **(a)** *(perros)* to urge on; *(bailarina etc)* to encourage. **(b)** *(Chi, Méx: molestar)* to pester; *(Méx: burlarse)* to tease, mock. **2** *vi (Méx)* to amuse o.s. noisily.
jaleo *nm* **(a)** *(juerga)* binge *(fam)*; **estar de** ~ to have a good time. **(b)** *(ruido)* racket, uproar; **armar un** ~ to kick up a row *o* din. **(c)** *(Mús)* shouting and clapping.
jalón *nm* **(a)** *(poste)* stake, pole. **(b)** *(etapa)* stage. **(c)** *(LAm)* pull, tug; **hacer algo de un** ~ *(Méx)* to do sth in one go.
jalonar [1a] *vt* to stake *o* mark out; *(fig)* to mark.
jalonear [1a] **1** *vt (Méx)* to pull, tug. **2** *vi (CAm, Méx)* **(a)** to pull, tug. **(b)** *(regatear)* to haggle.
jamar [1a] *vt (fam)* to stuff o.s. with.
jamás *adv* never; *(con vb neg, tb interrog)* ever; **¿se vio** ~ **tal cosa?** did you ever see such a thing?; **¡**~**!** never!
jamba *nf* jamb; ~ **de puerta** jamb, door post.
jambarse [1a] *vr (CAm, Méx)* to overeat.
jamelgo *nm* wretched horse, nag.
jamón *nm* **(a)** *(sin cocer)* bacon; *(cocido)* ham; ~ **dulce/serrano** boiled/smoked ham; **y un** ~ **(con chorreras)!** you're not on! **(b)** *(fam)* **una mujer** ~ a knockout (of a woman).
jamona *nf* buxom (middle-aged) woman.
jangada[1] *nf (Náut)* raft.
jangada[2] *nf (trampa)* dirty trick.
Japón *nm* Japan.
japonés/esa 1 *adj, nm/f* Japanese. **2** *nm (Ling)* Japanese.
jaque *nm (Ajedrez)* check; *(fam: matón)* bully; ~ **mate** checkmate; **dar** ~ **a** to check; **dar** ~ **mate a** to checkmate, mate; **tener en** ~ *(fig)* to hold a threat over.
jaquear [1a] *vt (Ajedrez)* to check; *(Mil, fig)* to harass.
jaqueca *nf* (severe) headache, migraine; *(RPl)* hangover.
jara *nf* **(a)** *(Bot)* rockrose. **(b)** *(dardo)* dart; *(Méx: flecha)* arrow. **(c)** *(Méx fam)* **la** ~ the cops *(fam)*.
jarabe *nm* syrup; ~ **de arce** maple syrup; ~ **para la tos** cough syrup *o* mixture; **dar** ~ **a uno** *(fam)* to butter sb up *(fam)*.
jaral *nm* **(a)** thicket. **(b)** *(fig)* difficult affair, thorny question.
jarana *nf* **(a)** *(juerga)* spree *(fam)*, rumpus, row; **andar/ir de** ~ to be/go on a spree. **(b)** *(trampa)* trick, deceit; *(LAm)* practical joke, hoax. **(c)** *(Mús: Per)* dance; *(: Méx)* small guitar.
jaranear [1a] **1** *vt (LAm)* to cheat, swindle. **2** *vi* **(a)** to be *o* go on a spree, have a high old time. **(b)** *(Per)* to make merry.
jaranero *adj* merry, roistering.
jarcia *nf (de pescar)* fishing tackle; *(Náut: tb* ~**s)** rigging; *(Cu, Méx)* rope.
jardín *nm* (flower) garden; ~ **botánico** botanical garden; ~ **de niños** *o* **de la infancia** kindergarten, nursery school; ~ **zoológico** zoo.
jardinera *nf* **(a)** *(mujer)* (woman) gardener. **(b)** *(de ventana)* window box.
jardinería *nf* gardening.
jardinero *nm* gardener.
jarea *nf (Méx)* hunger, keen appetite.
jarearse [1a] *vr (Méx)* **(a)** *(de hambre)* to be dying of hunger. **(b)** *(huir)* to flee. **(c)** *(columpiarse)* to rock, sway.
jareta *nf* **(a)** *(Náut)* cable, rope. **(b)** *(Cos)* casing.
jarra *nf* jar, pitcher; *(de leche)* churn; *(de cerveza)* mug, tankard; **de** *o* **en** ~**s** with arms akimbo.
jarrada *nf (LAm)* jarful, jugful.
jarrete *nm (Anat)* back of the knee; *(Zool)* hock.
jarro *nm* jug, pitcher; **echar un** ~ **de agua fría a una idea** to pour cold water on an idea.
jarrón *nm* vase; *(Arqueol)* urn.
jaspeado *adj* mottled, speckled.
Jauja *nf*: **¡esto es** ~**!** this is the life!; **Tierra de** ~ land of milk and honey.
jaula *nf* cage; *(embalaje)* crate; *(de loco)* cell; *(Aut)* lock-up garage; *(Méx Ferro)* cattle truck.
jauría *nf* pack of hounds.
jazmín *nm* jasmine.
J.C. *abr de* **Jesucristo.**
jebe *nm* **(a)** *(LAm Bot)* rubber plant. **(b)** *(RPl)* elastic.
jeep [jip] *nm* jeep.
jefa *nf* woman head *o* boss.
jefatura *nf* **(a)** *(liderato)* leadership. **(b)** *(sede)* central office; ~ **de policía** police headquarters.
jefe *nm (dueño)* boss; *(director)* chief, head; *(Pol)* leader; *(Com)* manager; *(Mil)* officer in command; ~ **de bomberos** fire officer; ~ **de camareros** head waiter; ~ **de cocina** chef; ~ **de estación** stationmaster; ~ **de estado** head *o* chief of state; ~ **de estado mayor** chief of staff; ~ **supremo** commander-in-chief; ~ **de taller** foreman; **sí, mi** ~ yes sir *o* boss.
jején *nm* **(a)** *(LAm)* gnat. **(b)** *(Méx: abundancia)* great number, lot.
jengibre *nm* ginger.
jeque *nm* sheik(h).
jerarca *nm* chief, leader.
jerarquía *nf* hierarchy; **una persona de** ~ a high-ranking person.
jerárquico *adj* hierarchic(al).
jerez *nm* sherry.
jerga[1] *nf (tela)* coarse cloth, sackcloth; *(Méx)* floorcloth, rag; *(LAm)* horse blanket.
jerga[2] *nf (lengua)* jargon.
jergón *nm* palliasse, straw mattress.
jerigonza *nf* **(a)** = **jerga**[2]. **(b)** *(galimatías)* gibberish.
jeringa *nf* **(a)** syringe; ~ **de engrase** grease gun. **(b)** *(LAm)* annoyance, bother.
jeringar [1h] *vt* **(a)** to syringe; *(inyectar)* to inject. **(b)** *(LAm)* to annoy, plague.
jeringazo *nm* syringing; *(inyección)* injection;

(chorro) squirt.
jeringón *nm (LAm)* pest, annoying person.
jeringuilla *nf* hypodermic (syringe).
jeroglífico *nm* hieroglyph(ic); *(fig)* puzzle.
jersé *nm*, **jersei** *nm*, **jersey** [xer'sei] *nm, pl* **jerseys** [xer'seis] *(género)* jersey; *(suéter)* jersey, pullover.
Jerusalén *nf* Jerusalem.
Jesucristo *nm* Jesus Christ.
jesuita *adj, nm* Jesuit.
Jesús *nm* Jesus; ¡~! good heavens!; *(al estornudar)* bless you!; **en un decir** ~ before one can say Jack Robinson.
jeta *nf* **(a)** thick lips; **poner** ~ to pout. **(b)** *(Zool)* snout; *(fam: cara)* face, dial *(fam)*; **estirar la** ~ *(Chi, RPl)* to die; *(Arg)* to make a wry face. **(c)** *(fam: insolencia)* **¡qué** ~ **tienes!** you've got a nerve!
jibia *nf* cuttlefish.
jícama *nf (Méx, CAm)* sweet turnip.
jícara *nf* **(a)** *(para chocolate)* chocolate-cup. **(b)** *(CAm, Méx: calabaza)* gourd; *(CAm: cabeza)* head.
jicote *nm (CAm, Méx)* wasp.
jicotera *nf (CAm, Méx)* wasps' nest; **armar una** ~ to kick up a row.
jifero 1 *adj (fam)* filthy. **2** *nm* **(a)** *(persona)* slaughterer, butcher. **(b)** *(cuchillo)* butcher's knife.
jifia *nf* swordfish.
jilguero *nm* goldfinch.
jilipollas *nm inv (fam!)* asshole *(fam!)*.
jindama *nf* fear, funk *(fam)*.
jinete/a *nm/f* horseman/-woman, rider.
jinetear [1a] **1** *vt (LAm)* to ride; ~ **la burra** *(CAm)* to go the whole hog. **2** *vi* to ride around.
jipe *nm*, **jipi** *nm (LAm)* straw hat.
jipijapa *(LAm)* **1** *nf* fine woven straw. **2** *nm (LAm)* straw hat.
jira[1] *nf (tela)* strip.
jira[2] *nf* excursion, outing; *(Mús, Pol)* tour; **ir de** ~ to go on an outing; **estar de** ~ to be (away) on a tour *o* trip.
jirafa *nf* giraffe; *(TV etc)* boom.
jirón *nm* **(a)** rag, tatter; **en** ~**es** in shreds; **hacer algo** ~**es** to tear sth to shreds. **(b)** *(fig)* bit, shred. **(c)** *(Per)* avenue, boulevard.
jitomate *nm (Méx)* tomato.
jockey ['joki] *nm, pl* **jockeys** ['jokis] jockey; *(LAm)* jockey cap.
joco *adj (CAm, Méx)* sharp, bitter.
jocoque *nm (Méx)* sour milk, sour cream.
jocosidad *nf* humour; **una** ~ a joke.
jocoso *adj* humorous, jocular.
joda *nf (LAm fam!)* **(a)** *(molestia)* bloody nuisance *(fam!)*. **(b)** *(chiste)* joke; **lo dijo en** ~ he said it as a joke.
joder [2a] *(fam!)* **1** *vt* **(a)** to fuck *(fam!)*, screw *(fam!)*; ¡~! damn it! *(fam)*. **(b)** *(fig: molestar)* to annoy, upset; **¡no jodas!** *(¡no molestes!)* don't annoy me!; *(sorpresa)* you're kidding me! **(c)** *(fig: dañar)* to harm, spoil. **2** *vi* to fuck *(fam!)*, screw *(fam!)*. **3 joderse** *vr* **(a) ¡que te jodas!** get stuffed! *(fam)*. **(b)** *(fracasar)* to fail; **se jodió todo** everything was spoiled.
jodido *adj (fam!)* **(a)** *(difícil)* awkward, difficult; **es un libro** ~ it's a very difficult book. **(b)** *(fig: cansado)* **estoy** ~ I'm knackered *(fam) o* buggered *(fam!)*. **(c) todo está** ~ it's all ruined, everything's in a mess.
jofaina *nf* washbasin.
jolgorio *nm (juerga)* fun, revelry; **un** ~ binge; **ir de** ~ to go on a binge.
jolín, jolines *interj (euf)* crikey! *(euf)*.
jombado *adj (Méx)* hunchbacked.
jonrón *nm (LAm: béisbol)* home run.
jorguinería *nf* sorcery, witchcraft.
jornada *nf* **(a)** *(día de trabajo)* working day; *(fig: vida)* lifetime, span of life; ~ **de 8 horas** 8-hour day; **trabajar en** ~**s reducidas** to work short-time. **(b)** *(día de viaje)* day's journey; *(etapa)* stage. **(c)** *(Mil)* expedition.
jornal *nm (sueldo)* (day's) wage; *(trabajo)* day's work; **política de** ~**es y precios** prices and incomes policy.
jornalero *nm* (day) labourer.
joroba *nf* **(a)** hump. **(b)** *(fig)* nuisance.
jorobado/a 1 *adj* hunchbacked. **2** *nm/f* hunchback.
jorobar [1a] **1** *vt* to annoy, pester, bother; **esto me joroba** I'm fed up with this; **¡no me jorobes!** get off my back! **2 jorobarse** *vr (molestarse)* to get cross, get worked up; *(cansarse)* to get fed up; **¡hay que** ~**!** to hell with it!
jorongo *nm (Méx)* (sleeveless) poncho.
jota *nf* **(a)** *name of the letter* J. **(b)** *(fig)* jot, iota; **no entendió** ~ he didn't understand a word of it; **sin faltar una** ~ to a T; **no saber** ~ to have no idea.
joto *nm (Méx)* effeminate person.
joven 1 *adj (gen)* young; *(aspecto etc)* youthful. **2** *nmf* young man/young woman.
jovencito/a *nm/f* youngster.
jovial *adj* jolly, cheerful.
jovialidad *nf* jolliness, cheerfulness.
joya *nf* **(a)** jewel, gem; ~ **de familia** heirloom. **(b)** ~**s** jewels, jewellery; *(de novia)* trousseau; ~ **de fantasía** costume *o* imitation jewellery. **(c)** *(fig)* gem, treasure.
joyería *nf* **(a)** *(joyas)* jewellery, jewels. **(b)** *(tienda)* jeweller's (shop).
joyero *nm* **(a)** *(persona)* jeweller. **(b)** *(estuche)* jewel case.
Juan *nm* John; **un buen** ~ a good-natured fool.
juan *nm* undistinguished man; *(LAm Mil)* common soldier.
juanear [1a] *vt (RPl)* to swindle.
juanete *nm* bunion; *(pómulo)* prominent cheekbone.
jubilación *nf* **(a)** *(retiro)* retirement. **(b)** *(pensión)* retirement pension.
jubilado/a 1 *adj* retired; **vivir** ~ to live in retirement. **2** *nm/f* retired person, pensioner.
jubilar [1a] **1** *vt* **(a)** *(gen)* to pension off, retire. **(b)** *(fig: gente)* to put out to grass; *(objeto)* to discard. **2** *vi* to rejoice. **3 jubilarse** *vr* to retire, take one's pension.
júbilo *nm* joy, rejoicing; **con** ~ joyfully, with jubilation.
jubiloso *adj* jubilant.
judaico *adj* Jewish, Judaic.
judaísmo *nm* Judaism.
Judas *nm* **(a)** Judas; *(fig)* traitor, betrayer. **(b)** *(LAm)* Easter effigy, guy.
judas *nm (LAm)* peephole.
judía *nf* **(a)** Jewess, Jewish woman. **(b)** *(Bot)* kidney bean; ~ **blanca** haricot bean; ~ **escarlata** runner bean; ~ **de la peladilla** Lima bean; ~ **verde** French *o* string bean.
judicatura *nf* **(a)** *(cuerpo de jueces)* judiciary. **(b)** *(cargo de juez)* office of judge.
judicial *adj* judicial; **recurrir a la vía** ~ to go to law.
judío 1 *adj* **(a)** Jewish. **(b)** *(fig, pey)* usurious. **2** *nm* Jew.
judo *nm* judo.

juego[1] *etc véase* **jugar.**
juego[2] *nm* **(a)** *(acto de jugar)* play, playing; *(deporte)* sport; *(diversión)* fun, amusement; **los niños en el ~** children at play; **~ duro** rough play; **~ limpio/sucio** fair/foul *o* dirty play; **el balón está en ~** the ball is in play; **entrar en ~** to take a hand; **estar fuera de ~** *(jugador)* to be offside; *(balón)* to be out of play; **poner algo en ~** to bring sth into play; **por ~** in fun, for fun.
(b) *(recreo)* game, sport; **~ de azar** game of chance; **~ de cartas** *o* **naipes** card game; **~ de damas** draughts, *(US)* checkers; **~ de destreza** game of skill; **~s infantiles** children's games; **~s malabares** juggling; **~s de manos** conjuring; **~ de palabras** pun, play on words.
(c) *(~ terminado)* (complete *o* finished) game; *(Tenis)* game; **~, set y partido** game, set and match.
(d) *(la apuesta)* gambling, gaming; **lo que está en ~** what is at stake.
(e) *(Mec)* play, movement; **estar en ~** to be in gear.
(f) *(de luz)* play.
(g) *(conjunto)* set; *(vajilla)* set, service; *(muebles)* suite; *(herramientas)* kit; **~ de café** coffee set; **~ de comedor** dining-room suite; **~ de mesa** dinner service; **con falda a ~** with skirt to match; **hacen ~** they match, they go well together.
juerga *nf* binge *(fam)*; **ir de ~** to go out for a good time.
juerguista *nm* reveller.
jueves *nm inv* Thursday; *véase* **sábado.**
juez *nm* **(a)** *(gen)* judge; **~ árbitro** arbitrator, referee; **~ de instrucción** examining magistrate; **~ de paz** justice of the peace. **(b)** *(Dep)* judge; **~ de línea** linesman; **~ de salida** starter.
jugada *nf* **(a)** *(gen)* play. **(b)** *(Dep)* piece of play; *(Ftbl etc)* move; *(golf)* stroke, shot; **una bonita ~** a lovely move. **(c) (mala) ~** dirty trick. **(d)** *(Méx)* dodge, duck.
jugador(a) *nm/f* *(gen)* player; *(de apuestas)* gambler; **~ de bolsa** gambler on the stock exchange; **~ de fútbol** footballer.
jugar [1h, 1o] **1** *vt* **(a)** *(carta etc)* to play; **¡me la han jugado!** *(fam)* they've done me! **(b)** *(apostar)* to gamble, stake; **~ 5 dólares a una carta** to stake *o* put 5 dollars on a card.
2 *vi* **(a)** to play *(con* with, *contra* against); **~ limpio/sucio** to play fair/unfairly *o* dirty; **~ al tenis** to play tennis; **solamente está jugando contigo** he's just having a game with you. **(b)** *(mover)* to make a move; **¿quién juega?** whose move is it?, whose turn is it? **(c)** *(apostar)* to gamble; *(Fin)* to speculate. **(d)** *(Mec)* to move about. **(e)** *(hacer juego)* to match, go together.
3 jugarse *vr* to gamble (away), risk; **se jugó 500 dólares** he staked 500 dollars; **jugársela**s to stick one's neck out; **~ el todo por el todo** to stake one's all, go for bust *(fam)*.
jugarreta *nf* **(a)** *(mala jugada)* bad move, poor piece of play. **(b)** *(trampa)* dirty trick; **hacer una ~ a uno** to play a dirty trick on sb.
jugo *nm* **(a)** juice; *(savia)* sap; *(de carne)* gravy; **~ de naranja** orange juice. **(b)** *(fig)* essence, substance; **sacar el ~ a uno** to pick sb's brains.
jugoso *adj* **(a)** juicy, succulent. **(b)** *(fig)* substantial, important; *(rentable)* profitable.
juguete *nm* **(a)** toy; **un cañón de ~** a toy gun. **(b)** *(fig)* toy, plaything. **(c)** *(chiste)* joke.
juguetear [1a] *vi* to play, sport.
jugueteo *nm* playing, romping.
juguetería *nf* **(a)** *(Com)* toy business. **(b)** *(tienda)* toyshop.
juguetón *adj* playful.
juicio *nm* **(a)** judgment, reason. **(b)** *(razón)* sanity, reason; *(sabiduría)* wisdom; **lo dejo a su ~** I leave it to your discretion; **estar en su (cabal) ~** to be in one's right mind; **estar fuera de ~** to be out of one's mind; **perder el ~** to go mad; **no tener ~** to lack common sense. **(c)** *(opinión)* opinion; **~ de valor** value judgment; **a mi ~** in my opinion. **(d)** *(Jur: proceso)* trial; *(: veredicto)* verdict, judgment; **pedir a uno en ~** to sue sb; **J~ Final** Last Judgment.
juicioso *adj* judicious, wise.
julepear [1a] *(LAm)* **1** *vt* to scare, terrify. **2 julepearse** *vr* to get scared.
julio *nm* July; *véase* **se(p)tiembre.**
jumadera *nf (Méx)* drunkenness, drunken state.
jumado *adj (LAm)* drunk.
jumarse [1a] *vr (LAm)* to get drunk.
jumento *nm* donkey; *(fig)* dolt.
jumo *adj (LAm)* drunk.
juncal 1 *adj* **(a)** rushy, reedy. **(b)** *(fig)* willowy, lissom. **2** *nm* = **juncar.**
juncar *nm* ground covered in rushes.
junco[1] *nm* rush, reed.
junco[2] *nm (Náut)* junk.
jungla *nf* jungle.
junio *nm* June; *véase* **se(p)tiembre.**
junquera *nf* rush, bulrush.
junta *nf* **(a)** *(asamblea)* meeting, assembly; *(sesión)* session. **(b)** *(consejo)* council, committee; *(Com, Fin)* board; *(Pol, Mil)* junta; **~ directiva** board of management. **(c)** *(punto de unión)* junction. **(d)** *(Téc)* joint.
juntamente *adv (conjuntamente)* together; *(al mismo tiempo)* together, at the same time.
juntar [1a] **1** *vt* **(a)** *(gen)* to join; *(unir)* to unite; *(montar)* to assemble, put together; *(coleccionar)* to collect, gather (together). **(b)** *(puerta)* to half-close, leave ajar. **2 juntarse** *vr* **(a)** to join, come together; *(gente)* to meet, assemble, gather (together); *(arrimarse)* to approach, draw closer; **se juntó con ellos en la estación** he joined them at the station. **(b)** *(Zool)* to mate, copulate.
junto 1 *adj* **(a)** *(gen)* joined; *(unido)* united; **~s** together; **tenía los ojos muy ~s** his eyes were very close together. **(b) ~s** *(LAm: los dos)* both. **2** *adv* near, close; **(de) por** *o* **en ~** in all, all together; *(Com)* wholesale; **ocurrió todo ~** it happened all at once. **3** *prep:* **~ a** *(cerca de)* near (to), close to; *(al lado de)* next to; **~ con** together with.
juntura *nf* join, junction; *(Anat, Téc)* joint.
jura *nf* oath, pledge.
jurado *nm* **(a)** *(Jur: cuerpo)* jury; *(en TV etc)* panel (of judges). **(b)** *(Jur: persona)* juror; *(en TV etc)* member of a panel.
juramentar [1a] **1** *vt* to swear in, administer the oath to. **2 juramentarse** *vr* to be sworn in, take the oath.
juramento *nm* **(a)** oath; **bajo ~** on oath; **prestar ~** to take the oath *(sobre* on); **tomar ~ a uno** to swear sb in. **(b)** *(palabrota)* oath, curse; **decir ~s a uno** to swear at sb.
jurar [1a] **1** *vt, vi* to swear; **~ decir la verdad** to swear to tell the truth; **~ en falso** to commit perjury. **2 jurarse** *vr*: **jurársela**s **a uno** to have it in for sb.
jurídico *adj* juridical, legal.
jurisdicción *nf* **(a)** jurisdiction. **(b)** *(distrito)* district, administrative area.
jurisprudencia *nf* jurisprudence.
jurista *nmf* jurist.
justamente *adv* **(a)** *(con justicia)* justly, fairly.

(b) *(precisamente)* just, precisely, exactly; **son ~ las que no se venden** they are precisely the ones which are not for sale.

justicia *nf* **(a)** *(gen)* justice; *(equidad)* fairness, equity; *(derecho)* right; **de ~** justly, deservedly; **es de ~ añadir que ...** it is only right to add that ...; **en ~** by rights; **hacerse ~ por sí mismo** to take the law into one's own hands. **(b) ~s y ladrones** *(fam)* cops and robbers *(fam)*.

justiciero *adj* (strictly) just, righteous.

justificable *adj* justifiable.

justificación *nf* justification.

justificante *nm* voucher.

justificar [1g] *vt* to justify; *(probar)* to verify, substantiate; *(declarar inocente)* to clear *(de* of*)*.

justo 1 *adj* **(a)** *(correcto)* just, fair, right; **me parece muy ~** it seems perfectly fair to me; **más de lo ~** more than is proper. **(b)** *(exacto)* exact, correct; **el peso ~** the correct weight; **¡~!** that's it!, correct!, right! **(c)** *(ropa)* tight; **el traje me viene muy ~** the suit is tight for *o* on me. **(d)** *(tiempo)* **llegaste muy ~** you just made it. **2** *adv* **(a)** *(con justicia)* justly. **(b)** *(exactamente)* right. **(c)** *(con dificultad)* tightly; **vivir muy ~** to be hard up, have only just enough to live on.

juvenil *adj* youthful; **obra ~** early work; **de aspecto ~** youthful in appearance.

juventud *nf* **(a)** *(época)* youth, early life. **(b)** *(jóvenes)* young people; **la ~ de hoy** young people today, today's youth; *(Pol)* **J~es Comunistas** *etc* Young Communists *etc.*

juzgado *nm* court.

juzgar [1h] *vt, vi* to judge; **~ mal** to misjudge; **júzguelo Ud mismo** see for yourself, form your own judgment; **lo juzgo mi deber** I consider *o* deem it my duty; **juzgue Ud mi sorpresa cuando me enteré** imagine my surprise when I found out.

K

K, k [ka] *nf (letra)* K, k.

ka *nf name of the letter* K.

kaki *nm (LAm)* = **caqui.**

karate *nm* karate.

karting *nm* go-kart racing.

kayac *nm*, **kayak** *nm* kayak, canoe.

Kenia *nf* Kenya.

kerosén *nm*, **kerosene** *nm*, **kerosín** *nm (CAm)*, **kerosina** *nf (CAm)* kerosene, paraffin.

kg *abr of* **kilogramo** kg.

kilate *nm* = **quilate.**

kilo *nm* kilo.

kilociclo *nm* kilocycle.

kilogramo *nm* kilogramme, *(US)* kilogram.

kilolitro *nm* kilolitre, *(US)* kiloliter.

kilometraje *nm* distance *o* rate in kilometres, ≃ mileage.

kilométrico *adj* **(a)** kilometric; **(billete) ~** *(Ferro)* mileage ticket. **(b)** *(fam)* very long; **palabra ~a** very long *o* multisyllabic word.

kilómetro *nm* kilometre, *(US)* kilometer.

kilovatio *nm* kilowatt.

kilovatios-hora *nmpl* kilowatt-hours.

kimona *nf (Cu, Méx)*, **kimono** *nm (RPl)* kimono.

kiosco *nm* = **quiosco.**

klaxon *nm (Méx)* horn; **tocar el ~** to blow the horn, toot.

knock-out ['nokau] *nm*, **K.O.** [kao] *nm (gen)* knockout; *(golpe)* knockout blow; **dejar** *o* **poner a uno ~** to knock sb out; *véase tb* **noqueo** *etc.*

k.p.h *abr de* **kilómetros por hora** ≃ m.p.h.

k.p.l. *abr de* **kilómetros por litro** ≃ m.p.g.

L

L, l ['ele] *nf (letra)* L, l.

la[1] *art def f* the; **~ mujer** the woman; **La India** India; *véase tb* **el**[1].

la[2] *pron pers* her; *(Ud)* you; *(cosa)* it.

la[3] *pron dem*: **mi casa y ~ de Ud** my house and yours; **esta chica y ~ del sombrero verde** this girl and the one in the green hat; *véase tb* **el**[2].

la[4] *pron rel véase* **el**[3].

la[5] *nm (Mús)* la.

laberíntico *adj* labyrinthine; *(edificio)* rambling.

laberinto *nm* **(a)** labyrinth, maze. **(b)** *(LAm)* uproar.

labia *nf* glib tongue; **tener mucha ~** to have the gift of the gab *(fam)*.

labial *adj, nf* labial.

labio *nm* lip; *(de vasija etc)* edge, rim; *(fig)* tongue; **~s** lips, mouth; **~ inferior/superior** lower/upper lip; **~ leporino** harelip; **no descoser los ~s** to keep one's mouth shut; **sin despegar los ~s** without uttering a word.

labiolectura *nf* lip-reading.

labor *nf* **(a)** *(trabajo)* labour, work; *(una ~)* job, task, piece of work; **~ de equipo** teamwork. **(b)** *(Agr)* ploughing. **(c)** *(CAm)* small farm. **(d)** *(costura)* sewing; *(bordado)* embroidery; *(punto)* knitting; **una ~** a piece of sewing *etc*; **~ de aguja, ~es femeninas** needlework; **~ de ganchillo** crochet, crocheting. **(e) ~es** *(Min)* workings.

laborable *adj (gen)* workable; *(Agr)* arable; **día ~** working day, weekday.

laboral *adj* labour *(atr)*.

laborar [1a] **1** *vt* to work; *(Agr)* to till. **2** *vi (CAm)* to work.

laboratorio *nm* laboratory.

laborear [1a] *vt* to work.

laboreo *nm (Agr)* tilling; *(Min)* exploitation.

laboriosidad *nf (trabajo)* industry; *(pesadez)* laboriousness.

laborioso *adj (individuo)* hard-working, industrious; *(trabajo)* hard, laborious.

laborismo *nm* Labourism.

laborista 1 *adj*: **Partido L~** Labour Party. **2** *nmf (Brit Pol)* Labour Party member *o* supporter.

labradío *adj* arable.

labrado 1 *adj (gen)* worked; *(metal)* wrought; *(madera)* carved; *(tela)* patterned, embroidered. **2** *nm* cultivated field; **~s** cultivated land.

labrador *nm* (peasant) farmer.

labrantío *adj* arable.

labranza *nf (cultivo)* cultivation; *(trabajo)* work.

labrar [1a] *vt (gen)* to work; *(metal)* to work; *(madera)* to carve; *(tierra)* to work, farm, till; *(tela)* to embroider; *(fig)* to cause, bring about.

labriego/a *nm/f* farmhand.

laburno *nm* laburnum.

laburo *nm (RPl)* work; **¡qué ~!** what a job!

laca *nf* shellac; *(barniz)* lacquer; *(de pelo)* hair-spray; **~ de** *o* **para uñas** nail polish *o* varnish.

lacayo *nm (criado)* footman; *(fig)* lackey.

lacear [1a] *vt* **(a)** to adorn with bows. **(b)** *(Caza)* to snare, trap. **(c)** *(LAm)* to lasso; *(Arg)* to whip.

laceración *nf* laceration.

lacerar [1a] *vt* to lacerate; *(fig)* to damage, spoil.

laceria *nf* poverty, want.

lacio *adj (Bot)* withered, faded; *(pelo)* lank, straight; *(fig)* limp, languid.

lacónico *adj* laconic, terse.

lacra *nf (Med)* mark, scar; *(LAm)* sore, ulcer; *(fig)* blot, blemish.

lacrar[1] [1a] *vt (Med, fig)* to injure, harm; *(: contagiar)* to infect.

lacrar[2] [1a] *vt* to seal.

lacre 1 *adj (LAm)* bright red. **2** *nm* sealing wax.

lacrimógeno *adj* **(a)** tear-producing; **gas ~** tear gas. **(b)** *(fig)* tearful, highly sentimental; **comedia ~a** tear-jerker.

lacrimoso *adj* tearful, lachrymose.

lacrosse [la'kros] *nf* lacrosse.

lactación *nf*, **lactancia** *nf* lactation; *(de niño)* breast-feeding.

lactante *adj*: **mujer ~** nursing mother.

lactar [1a] *vt, vi* to suckle, breast-feed.

lácteo *adj*: **productos ~s** dairy products.

ladeado *adj* **(a)** tilted, leaning, inclined. **(b)** *(Arg: descuidado)* slovenly; *(: astuto)* wily; **andar ~** to be in a bad temper.

ladear [1a] **1** *vt* **(a)** *(gen)* to tilt, tip; *(Aer)* to bank, turn. **(b)** *(montaña etc)* to skirt, go round the side of. **2** *vi* to tilt, tip, lean. **3 ladearse** *vr* **(a)** to lean, incline (*a* towards); *(Dep etc)* to swerve; *(Aer)* to bank, turn. **(b) ~ con** to be equal to, be even with. **(c)** *(Chi)* to fall in love (*con* with).

ladeo *nm (gen)* tilting; *(Aer)* banking, turning; *(fig)* inclination.

ladera *nf* slope, hillside.

ladero 1 *adj* side *(atr)*, lateral. **2** *nm (Arg)* helper, backer.

ladilla *nf* crab louse.

ladino 1 *adj* **(a)** smart, shrewd. **(b)** *(LAm: indio)* Spanish-speaking. **(c)** *(CAm, Méx)* half-breed, mestizo. **2** *nm (LAm)* Spanish-speaking Indian; *(CAm, Méx)* half-breed, mestizo; *(CAm: blanco)* non-Indian.

lado *nm* **(a)** *(gen)* side; **~ débil** weak spot; **~ izquierdo** left(-hand) side; **~ a ~** side by side; **al ~** near, at hand; **al ~ de** by the side of, beside; **estuvo a mi ~** she was at my side, she was beside me; **al otro ~ de la calle** on the other side of *o* across the street; **la casa de al ~** the house next door; **viven al ~ de nosotros** they live next door to us; **poner algo de ~** to put sth sideways *o* edgeways; **por el ~ de Madrid** in the direction of Madrid; **por todos ~s** on all sides, all round; **por un ~ ..., por otro ...** on the one hand ..., on the other ...; **dejar a un ~** *(omitir)* to skip, omit, pass over; *(dejar)* to leave aside; **echar a un ~** to cast aside; **hacer ~** to make room (*a* for); **hacerse a un ~** to stand aside; **poner a un ~** to put aside.

(b) *(Mil)* flank.

(c) *(Dep)* end; **cambiar de ~** to change ends.

(d) *(Pol etc)* faction; **ponerse al ~ de uno** to side with sb.

(e) favour, protection; **tener buenos ~s** to have good connections.

ladrar [1a] *vi* to bark.

ladrido *nm* bark, barking; *(fig)* slander, scandal.

ladrillado *nm* brick floor; *(de azulejos)* tile floor.

ladrillar 1 *nm* brickworks. **2** [1a] *vt* to brick, pave with bricks.

ladrillera *nf* brickworks.

ladrillo *nm (gen)* brick; *(azulejo)* tile; *(de chocolate)* block.

ladrón/ona 1 *adj* thieving. **2** *nm/f* thief; **~ de corazones** ladykiller; **¡al ~!** stop thief!

ladronera *nf* den of thieves.

lagar *nm (Agr)* (wine *o* oil) press.

lagarta *nf (reptil)* lizard; *(mariposa)* gipsy moth; *(fig)* sly woman; **¡~!** you bitch!; **¡~, ~!** look out!

lagartera *nf* lizard hole.

lagartija *nf* (small) lizard, wall lizard.

lagarto *nm* **(a)** *(Zool)* lizard; **~ de Indias** alligator; **¡~, ~!** look out!; *(LAm)* God forbid! **(b)** *(persona)* sharp customer.

lagartón *adj* sharp, shrewd.

lago *nm* lake; *(escocés)* loch; **los Grandes L~s** the Great Lakes.

lágrima *nf (gen)* tear; *(gota)* drop; **beberse las ~s** to hold back one's tears; **deshacerse en ~s** to burst into tears; **se me soltaron las ~s** tears came to my eyes; **llorar a ~ viva** to sob one's heart out.

lagrimear [1a] *vi (gente)* to shed tears easily; *(ojos)* to water.

lagrimoso *adj (gente)* tearful; *(ojos)* watery.

laguna *nf* **(a)** *(Geog)* pool; *(costal)* lagoon. **(b)** *(Lit etc)* gap, lacuna; *(en proceso)* hiatus, gap.

lagunoso *adj* marshy, swampy.

laicizar [1f] *vt* to laicize.

laico/a 1 *adj* lay. **2** *nm/f* layman/-woman.

laja *nf (LAm)* slab, flagstone.

lama[1] *nf* **(a)** mud, slime, ooze. **(b)** *(LAm: moho)* mould, verdigris; *(Min)* crushed ore.

lama[2] *nf (Cos)* lamé.

lama[3] *nm (Rel)* lama.

lambarear [1a] *vi (Cu)* to wander aimlessly about.

lambeculo *nmf (LAm)* creep *(fam)*, toady.

lamber [2a] *vt (LAm)* **(a) = lamer. (b)** to fawn on, toady to, suck up to *(fam)*.

lambeta *nmf (RPl)* creep *(fam)*, toady.

lambetada *nf (LAm)* servile action; **~s** crawling *(fam)*.

lambiche *adj (Méx)* **= lambiscón.**

lambido *adj (LAm)* affected, vain; *(Méx, CAm: cínico)* shameless, cynical.

lambioche *adj (Méx)* fawning.

lambiscón *adj (Méx, Per)* **(a)** *(glotón)* greedy, gluttonous. **(b) = lambioche. (c)** *(afectado)* prim, affected.

lambisconear [1a] *(LAm)* **1** *vt (fig)* to suck up to *(fam)*. **2** *vi (fig)* to crawl.

lambisconería *nf (Méx, Per)* **(a)** *(gula)* greediness, gluttony. **(b)** *(coba)* crawling *(fam)*,

fawning. **(c)** *(afectación)* primness, affectation.
lambisquear [1a] *vt, vi (Méx, Per)* = **lambisconear.**
lambrijo *adj (Méx)* very thin.
lameculos *nmf inv (fam)* arselicker *(fam!)*, crawler *(fam)*.
lamedura *nf* lick, licking.
lamentable *adj* lamentable; **es ~ que ...** it is regrettable that ... .
lamentablemente *adv (LAm)* unfortunately.
lamentación *nf* lamentation; **ahora no sirven ~es** it's no good crying over split milk.
lamentar [1a] **1** *vt* to be sorry about, regret; *(pérdida)* to lament, bewail; *(difunto)* to mourn; **~ que ...** to be sorry that ..., regret that ...; **lamento lo que pasó** I'm sorry about what happened. **2 lamentarse** *vr* to lament, wail, moan *(de, por* about, over); *(difunto)* to mourn *(de, por* over); *(quejarse)* to complain *(de, por* about).
lamento *nm* lament; **~s** lamentation.
lamentoso *adj* **(a)** = **lamentable. (b)** plaintive.
lameplatos *nmf inv* **(a)** person who eats scraps. **(b)** *(Méx)* toady.
lamer [2a] *vt (gen)* to lick; *(olas)* to lap (against).
lamido 1 *adj* very thin. **2** *nm (Téc)* lapping.
lámina *nf (gen)* sheet; *(Fot, Tip)* plate; *(grabado)* engraving; **~s de acero** sheet steel.
laminadero *nm*: **~ de hierro** steel rolling mill.
laminado *adj* laminate(d); *(Téc)* sheet, rolled; **cobre ~** sheet *o* rolled copper.
laminador *nm* rolling mill.
laminar [1a] *vt* to laminate; *(Téc)* to roll.
lampa *nf (Chi, Per)* hoe.
lampalagua *nf (RPl)* boa constrictor.
lámpara *nf* lamp, light; *(bombilla)* bulb; **~ de alcohol/gas** spirit/gas lamp; **~ de bolsillo** torch, flashlight; **~ de lectura/de pie** reading/standard lamp; **~ de soldar** blow-lamp, blow torch; **~ solar ultravioleta** sun-ray lamp; **~ plegable** angle-poise lamp.
lamparazo *nm (Méx)* gulp.
lamparilla *nf* **(a)** nightlight. **(b)** *(Bot)* aspen.
lamparín *nm (Chi)* candle; *(Per)* paraffin lamp; *(Rel)* light bracket.
lamparón *nm (Med)* scrofula; *(mancha)* large grease spot.
lampazo[1] *nm (Bot)* burdock.
lampazo[2] *nm (LAm: escobilla)* floor mop; *(: latigazo)* whipping.
lampiño *adj* hairless; *(afeitado)* clean-shaven.
lamprea *nf* **(a)** *(pez)* lamprey. **(b)** *(Med)* sore, ulcer.
lamprear [1a] *vt (CAm)* to whip.
lana *nf* **(a)** wool; *(vellón)* fleece; *(tela)* woollen cloth; **~ de acero** steel wool; **(hecho) de ~** wool, woollen. **(b)** *(Méx: dinero)* money, dough *(fam)*; *(mentira)* lie.
lanar *adj* wool-bearing; **ganado ~** sheep.
lance *nm* **(a)** *(de red etc)* throw, cast. **(b)** *(Pesca)* catch. **(c)** *(Dep etc)* move, piece of play. **(d)** *(episodio)* incident, event; **el libro tiene pocos ~s** not much happens in the book; **tirarse (a) un ~** *(RPl)* to take a chance. **(e)** *(momento)* critical moment. **(f)** *(riña)* row, quarrel. **(g)** *(Com)* **de ~** secondhand.
lancear [1a] *vt* to spear.
lanceta *nf* **(a)** *(Med etc)* lancet; **abrir con ~** to lance. **(b)** *(LAm)* goad.
lancinante *adj (dolor)* piercing.
lancinar [1a] *vt* to lance, pierce.
lancha *nf (gen)* (small) boat; *(de motor)* launch; **~ de carga** lighter, barge; **~ de carreras** speedboat; **~ de desembarco** landing craft; **~ motora** motorboat, speedboat; **~ neumática** *(Aer etc)* rubber dinghy; **~ salvavidas** *o* **de socorro** lifeboat.
lanchaje *nm (Méx)* freight charge.
lanchero *nm* boatman.
lanchón *nm* lighter, barge.
lanería *nf (mercancías)* woollen goods *pl*; *(tienda)* wool shop.
lanero 1 *adj*: **la industria ~a** the wool industry. **2** *nm* **(a)** *(persona)* wool dealer. **(b)** *(almacén)* wool warehouse.
lángara *nmf (Méx)* untrustworthy individual.
lángaro *adj (CAm: vago)* vagrant; *(Méx: hambriento)* starving, poverty-stricken; *(astuto)* sly.
langosta *nf (de mar)* lobster; *(insecto)* locust.
langostera *nf* lobster pot.
langostín *nm*, **langostino** *nm (de mar)* prawn; *(de agua dulce)* crayfish.
languidecer [2d] *vi* to languish, pine (away).
languidez *nf (cansancio)* languor, lassitude; *(abulia)* listlessness.
lánguido *adj (gen)* languid; *(débil)* weak, listless.
languso *adj (Méx)* sly, shrewd.
lanilla *nf* nap; *(tela)* thin flannel cloth.
lanolina *nf* lanolin(e).
lanudo *adj* **(a)** woolly, fleecy. **(b)** *(Méx)* well-to-do.
lanza 1 *nf* **(a)** *(Mil)* lance, spear; **estar ~ en ristre** to be ready for action; **medir ~s** to cross swords; **ser una ~** to be pretty sharp; *(Méx)* to be sly, be a rogue. **(b)** *(en carruajes)* shaft. **(c)** *(en manga)* nozzle. **2** *nm (LAm)* dishonest dealer, shark *(fam)*.
lanzabombas *nm inv (Aer)* bomb release; *(Mil)* mortar.
lanzacohetes *nm inv* rocket launcher.
lanzadera *nf* shuttle.
lanzador *nm* **(a)** thrower; *(Dep)* bowler, *(US)* pitcher; **~ de cuchillos** knife-thrower. **(b)** *(Com, Fin)* promoter.
lanzaespumas *nm inv* foam extinguisher.
lanzallamas *nm inv* flamethrower.
lanzamiento *nm* **(a)** *(gen)* throw, cast; *(acto)* throwing, casting, hurling; *(Aer)* jump, descent; **~ de pesos** putting the shot. **(b)** *(Aer, Náut)* launch, launching. **(c)** *(Com, Fin)* promotion. **(d)** *(Jur)* eviction.
lanzaminas *nm inv* minelayer.
lanzar [1f] **1** *vt* **(a)** *(gen)* to throw, cast; *(con violencia)* to fling, hurl; *(Dep: balón)* to bowl, *(US)* pitch (*a* at, to); *(: peso)* to put; *(Aer)* to drop; *(desafío)* to throw out *o* down. **(b)** *(grito)* to give, utter; *(vistazo)* to give, cast (*a* at). **(c)** *(Aer, Náut)* to launch. **(d)** *(Bot: hojas)* to put forth. **(e)** *(Com, Fin)* to launch, promote. **(f)** *(Jur)* to evict. **2 lanzarse** *vr* **(a)** to throw *o* hurl *o* fling o.s. (*a, en* into, *sobre* on); *(ataque)* to rush (*sobre* at, on), fly (*sobre* at); *(Aer)* to jump, bale out; **se lanzó al río** he dived into the river. **(b) ~ a** *(fig)* to embark upon, undertake.
laña *nf* clamp.
lañar [1a] *vt* to clamp (together).
lapa *nf (Zool)* limpet; *(Méx)* scrounger *(fam)*.
lapalada *nf (Méx)* drizzle.
lapicera *nf (RPl)* ballpoint pen.
lapicero *nm* propelling pencil; *(LAm)* penholder, pen; *(: bolígrafo)* ballpoint pen.
lápida *nf* memorial tablet *o* stone; **~ mortuoria** headstone, gravestone; **~ sepulcral** tombstone.
lapidar [1a] *vt (persona)* to stone, throw stones at; *(LAm: joyas)* to cut; *(Téc)* to polish, lap.
lapidario *adj, nm* lapidary.
lápiz *nm* **(a)** *(gen)* pencil; *(de color)* crayon; **~ de cejas** eyebrow pencil; **~ de labios** lipstick;

escribir algo a *o* con ~ to write sth in pencil. **(b)** *(Min)* blacklead, graphite.
lapo *nm* **(a)** *(fam)* punch; **de un** ~ *(LAm)* at one go. **(b)** *(LAm)* drink, swig *(fam)*.
lapón/ona *nm/f* Lapp, Laplander.
lapso *nm (gen)* lapse; *(error)* mistake, error; ~ **de tiempo** interval of time.
laquear [1a] *vt* to lacquer; *(uñas)* to varnish.
lard(e)ar [1a] *vt* to lard, baste.
lardo *nm* lard, animal fat.
largamente *adv* **(a)** for a long time; *(relatar etc)* at length, fully. **(b)** *(vivir)* comfortably, at ease.
largar [1a] **1** *vt* **(a)** *(soltar)* to let go, let loose, release; *(aflojar)* to loosen, slacken; *(cuerda)* to let out, pay out; *(Náut)* to unfurl. **(b)** *(golpe)* to give, fetch, deal. **(c)** *(insulto)* to let fly. **(d)** *(LAm: lanzar)* to throw, hurl; *(echar)* to throw out; *(deshacerse de)* to get rid of; *(prestar)* to give, lend. **2 largarse** *vr* **(a)** *(fam)* to beat it *(fam)*, hop it *(fam)*; **¡lárgate!** clear off! **(b)** *(Náut)* to set sail, start out. **(c)** *(LAm)* to start, begin; ~ **a hacer algo** to start to do sth.
largo 1 *adj* **(a)** *(gen)* long; ~ **de uñas** light-fingered; **después de una ~a demora** after a lengthy delay; **es muy ~ de contar** it's a long story; **a ~ plazo** in the long term.
(b) *(fam)* **¡~ (de aquí)!** clear off!
(c) *(de ~)* **ponerse de** ~ to put on grown-up clothes; **pasar de** ~ to pass by, go by (without stopping); **dejar pasar a uno de** ~ to give sb a wide berth.
(d) *(lo ~)* **a lo más** ~ at the most; **a lo** ~ *(posición)* lengthways; *(relatar)* at great length, lengthily; *(ver)* in the distance, far off; **a lo ~ de** along; *(al lado de)* alongside; *(tiempo)* all through, throughout; **a todo lo ~ del río** all along the river.
(e) *(cantidades)* full, good; **tardó media hora ~a** he took a good *o* full half-hour; **los aventajó en un minuto** ~ he beat them by a full minute.
(f) *(larga)* **a la ~a** in the long run; **me dio ~as con una promesa** she put me off with a promise; **saberla ~a** to have no flies on one *(fam)*.
(g) *(generoso)* generous; **tirar de** ~ to spend lavishly.
(h) *(Agr etc)* abundant.
(i) *(astuto)* sharp, shrewd.
(j) *(cuerda)* loose, slack.
2 *nm* **(a)** length; **el ~ de las faldas** the length of skirts; **tiene 9 metros de** ~ it is 9 metres long; **¿cuánto tiene de ~?** how long is it?
(b) *(Mús)* largo.
largometraje *nm* full-length *o* feature film.
largor *nm* length.
largucho *adj (LAm)* lanky.
larguero 1 *adj* **(a)** *(RPl)* long, lengthy; *(individuo)* slow-working. **(b)** *(Chi)* generous. **2** *nm (Arquit)* main beam, chief support; *(de puerta)* jamb; *(Dep)* crossbar; *(en cama)* bolster.
larguesa *nf* generosity.
larguirucho *adj* lanky, gangling.
largura *nf* length.
laringe *nf* larynx.
laringitis *nf* laryngitis.
larva *nf* larva, grub.
las *véase* **los**.
lasca *nf* chip of stone.
lascadura *nf (Méx)* sore, abrasion.
lascar [1g] **1** *vt* **(a)** *(Náut)* to slacken. **(b)** *(Méx)* to graze, bruise; *(piedra)* to chip off. **2** *vi (Méx)* to chip *o* flake off.
lascivia *nf (gen)* lewdness, lasciviousness; *(lujuria)* lust, lustfulness; *(fig)* playfulness.
lascivo *adj* lewd, lascivious; *(lujurioso)* lustful; *(fig)* playful.
láser *nm* laser; **rayo** ~ laser beam.
lasitud *nf* lassitude, weariness.
laso *adj (gen)* weary; *(lánguido)* languid.
lástima *nf* **(a)** *(gen)* pity; *(compasión)* compassion; **¡qué ~!** what a shame!, that's too bad!; **¡qué ~ de hombre!** isn't he pitiful?; **es una** ~ it's a shame; **es ~ que ...** it's a pity that ...; **dar** ~ to be pitiful; **eso me da mucha** ~ I feel very sorry about that; **tener ~ de** to feel sorry for. **(b) estar hecho una** ~ to be a sorry sight. **(c)** *(queja)* complaint.
lastimador *adj* harmful, injurious.
lastimadura *nf (LAm)* wound, injury.
lastimar [1a] **1** *vt (gen)* to hurt, injure; *(herir)* to wound; *(ofender)* to offend, distress. **2 lastimarse** *vr* to hurt *o* injure o.s.; **se lastimó el brazo** he hurt his arm; ~ **de** to complain about.
lastimero *adj* **(a)** harmful, injurious. **(b)** = **lastimoso.**
lastimoso *adj* pitiful, pathetic.
lastrar [1a] *vt* to ballast.
lastre *nm* **(a)** *(Náut, Téc)* ballast. **(b)** *(fig)* dead weight. **(c)** *(sentido común)* good sense, steadiness.
lata *nf* **(a)** *(metal)* tinplate; *(envase)* tin, can; **sardinas en** ~ tinned *o* canned sardines. **(b)** *(fam)* nuisance, pain *(fam)*; **es una ~ tener que ...** it's a nuisance having to ...; **¡vaya una ~!, ¡qué ~!** what a nuisance *o* bore *(fam)*; **dar la** ~ to be a nuisance *o* pain *(fam)*.
latente *adj* latent.
lateral 1 *adj* lateral; **calle** ~ side street. **2** *nm (Teat)* wings *pl*.
laterío *nm (Méx)* tinned *o* canned goods *pl*.
latero *nm (LAm: oficio)* tinsmith; *(: fig)* bore, tedious person.
látex *nm* latex.
latido *nm* **(a)** *(de corazón)* beat, beating; *(de herida)* throb, throbbing. **(b)** *(de perro)* yelp.
latifundia *nf* latifundia, large estates *pl*.
latifundio *nm* latifundium, large estate.
latifundista *nm* owner of a large estate.
latigazo *nm* **(a)** *(golpe)* lash; *(chasquido)* crack. **(b)** *(fig: insultos)* verbal lashing. **(c)** *(de bebida)* swig *(fam)*.
látigo *nm* whip.
latiguear [1a] *vt (LAm)* to whip, thrash.
latiguillo *nm (Teat)* hamming.
latín *nm* Latin; **saber (mucho)** ~ *(fam)* to be pretty sharp.
latinajo *nm* dog Latin; **echar ~s** to come out with learned quotations and references.
latino/a *adj, nm/f* Latin.
Latinoamérica *nf* Latin America.
latinoamericano/a *adj, nm/f* Latin-American.
latir [3a] *vi* **(a)** *(corazón)* to beat; *(herida etc)* to throb. **(b)** *(perro)* to yelp.
latitud *nf (Geog, fig)* latitude; *(area)* area, extent.
lato *adj* broad, wide.
latón *nm* **(a)** *(metal)* brass. **(b)** *(RPl)* large tin container.
latoso *adj (molesto)* annoying; *(pesado)* boring, tedious.
latrocinio *nm* robbery, theft.
lauco *adj (Chi)* bald, hairless.
laucha *nf (LAm)* mouse; *(Arg)* dirty old man; **ser una** ~ *(RPl)* to be very sharp; **aguaitar** *o* **catear la** ~ *(RPl)* to await a favourable opportunity.
laúd *nm (Mús)* lute.
laudable *adj* laudable, praiseworthy.
laudatorio *adj* laudatory.
laudo *nm (Jur)* decision, finding.

laurear [1a] *vt* to honour, reward.
laurel *nm (Bot)* laurel; *(fig)* laurels; *(: premio)* honour, reward; **(hojas de)** ~ *(Culin)* bay (leaves).
lava[1] *nf (Geol)* lava.
lava[2] *nf (Min)* washing; **camisa de ~ y pon** drip-dry shirt.
lavable *adj* washable.
lavabo *nm* **(a)** *(jofaina)* washbasin. **(b)** *(retrete)* lavatory, *(US)* washroom, *(Brit)* toilet.
lavacaras *nmf inv (fam)* toady, creep *(fam)*.
lavacoches *nm inv* car wash.
lavada *nf (LAm)* wash, washing.
lavadedos *nm inv* finger bowl.
lavadero *nm* **(a)** *(lavandería)* laundry, wash house; *(en río)* washing place. **(b)** *(LAm Min)* gold-bearing sands *(in river)*.
lavado *nm* **(a)** *(acto)* wash, washing; ~ **de cabeza** shampoo; ~ **de cerebro** brainwashing; ~ **en seco** dry cleaning. **(b)** *(ropa)* wash, laundry.
lavador *nm (RPl)* washbasin.
lavadora *nf* washing machine; ~ **de coches** car wash; ~ **de platos** dish-washer.
lavadura *nf (lavado)* washing; *(agua sucia)* dirty water.
lavaje *nm (RPl)* **(a)** = **lavadura. (b)** *(Med)* enema.
lavamanos *nm inv* washbasin.
lavanda *nf* lavender.
lavandera *nf* laundress, washerwoman.
lavandería *nf* laundry; ~ **automática** launderette.
lavandero *nm* launderer, laundryman.
lavándula *nf* = **lavanda.**
lavaojos *nm inv* eye bath.
lavaplatos *nm inv* **(a)** *(aparato)* dish-washer. **(b)** *(empleado)* washer-up. **(c)** *(Chi, Méx)* sink.
lavar [1a] **1** *vt* **(a)** to wash; ~ **y marcar** *(pelo)* to shampoo and set; ~ **en seco** to dry-clean; ~ **la cabeza** to wash one's hair. **(b)** *(fig)* to wipe away *o* out. **2 lavarse** *vr* to wash, have a wash; ~ **las manos** to wash one's hands; *(fig)* to wash one's hands of it.
lavativa *nf* **(a)** *(Med)* enema. **(b)** *(fig)* nuisance.
lavatorio *nm* **(a)** washstand. **(b)** *(LAm)* lavatory, *(US)* washroom. **(c)** *(Med)* lotion.
lavavajillas *nm inv* dishwasher.
lavazas *nfpl* dishwater, dirty water.
lavoteo *nm (fam)* quick wash.
laxante *adj, nm* laxative.
laxar [1a] *vt* to ease, slacken; *(vientre)* to loosen.
laxitud *nf* laxity, slackness.
laxo *adj* lax, slack.
laya *nf* **(a)** spade; ~ **de puntas** (garden) fork. **(b)** *(fig)* kind, sort; **de esta ~** of this kind.
lazada *nf* bow, knot.
lazar [1f] *vt* **(a)** to lasso, rope. **(b)** *(Méx)* = **enlazar 1.**
lazariento *adj (LAm)* leprous.
lazarillo *nm* blind man's guide.
lazarino 1 *adj* leprous. **2** *nm* leper.
lazo *nm* **(a)** *(gen)* bow, knot; *(Agr)* lasso, lariat; ~ **corredizo** slipknot; ~ **de zapato** bootlace. **(b)** *(Caza, fig)* snare, trap; **caer en el ~** to fall into the trap. **(c)** *(Aut)* hairpin bend. **(d)** *(fig: vínculo)* link, bond, tie; **los ~s familiares** the family bond, the ties of blood.
le *pron pers* **(a)** *(dir: él)* him; *(: Ud)* you; **no le veo** I don't see him; **¿le ayudo?** shall I help you? **(b)** *(indir: a él)* (to) him, (to) her, (to) it; *(: Ud)* (to) you; **le hablé** I spoke to him *o* her; **quiero darle esto** I want to give you this; **le he comprado esto** I bought this for you.
leal *adj* loyal, faithful.
lealtad *nf* loyalty, fidelity.
lebrel *nm* greyhound.
lebrón *adj (Méx: astuto)* sharp; *(: arrogante)* boastful; *(: hábil)* sly.
lección *nf* **(a)** *(gen)* lesson; *(Escol)* lesson, class; *(Univ)* lecture, class; ~ **práctica** object lesson (*de* in); **dar ~es** to teach, give lessons; **dar una ~ a uno** *(fig)* to teach sb a lesson; **¡que te sirva de ~!** let that be a lesson to you! **(b)** *(Lit, en Biblia)* reading.
leco *adj (Méx)* crazy, stupid.
lectivo *adj*: **año** ~ school year.
lector(a) *nm/f* **(a)** reader. **(b)** *(Escol, Univ)* (conversation) assistant.
lectura *nf (gen)* reading; *(obra)* reading matter; **una persona de mucha** ~ a well-read person; **dar ~ a** to read (publicly); **sala de** ~ reading room.
lechada *nf* **(a)** *(lavado)* whitewash; *(para fijar)* paste, grout; *(para papel)* pulp. **(b)** *(LAm)* milking.
lechar [1a] *vt* **(a)** *(LAm)* to milk. **(b)** *(CAm, Méx)* to whitewash.
lechazo *nm* young lamb.
leche *nf* **(a)** milk; ~ **condensada/desnatada/pasteurizada** condensed/skimmed/pasteurised milk; ~ **de magnesia** milk of magnesia; ~ **en polvo** powdered milk; **estar con** *o* **tener la ~ en los labios** *(fig)* to be wet behind the ears *(fig)*. **(b)** *(Bot)* milk, milky juice; *(Bol)* rubber. **(c)** *(fam!)* semen, spunk *(fam!)*. **(d) ¡~!** hell!; **mala** ~ bad blood, ill-feeling; **tener mala** ~ to be vindictive, be nasty; **hay mucha mala ~ entre ellos** there's a lot of bad blood between them. **(e)** *(LAm: suerte)* good luck.
lechear [1a] *vt (LAm)* to milk.
lechecillas *nfpl* sweetbreads.
lechera *nf* **(a)** *(persona)* milkmaid, dairymaid. **(b)** *(recipiente)* milk can, milk churn. **(c)** *(LAm)* cow.
lechería *nf* **(a)** *(lugar)* dairy, creamery. **(b)** *(Chi: vacas)* cows. **(c)** *(LAm)* meanness.
lecherita *nf* milk jug.
lechero 1 *adj* **(a)** milk *(atr)*; **producción ~a** milk production; **vaca ~a** milk *o* milch cow. **(b)** *(LAm: suertudo)* lucky. **(c)** *(LAm: mezquino)* mean, stingy. **2** *nm (granjero)* dairyman; *(distribuidor)* milkman.
lechigada *nf* litter, brood; *(fig)* gang.
lecho *nm* **(a)** bed; *(Agr)* bedding; ~ **mortuorio** deathbed. **(b)** *(de río)* bed; *(Geol)* layer; ~ **de roca** bedrock.
lechón *nm* piglet, sucking pig.
lechona *nf* **(a)** sow. **(b)** *(fig)* pig.
lechoso *adj* **(a)** milky. **(b)** *(LAm)* lucky.
lechudo *adj (LAm)* lucky.
lechuga 1 *nf* **(a)** lettuce. **(b)** *(Cos)* frill, flounce. **2** *nm (fam)* rotter.
lechuguino *nm* **(a)** young lettuce. **(b)** *(fam)* fashion-conscious youth.
lechuza *nf (Orn)* owl; ~ **común** barn owl.
leer [2a] *vt, vi* to read; ~ **en la boca** to lip-read; ~ **entre líneas** to read between the lines.
legación *nf* legation.
legado *nm* **(a)** legate. **(b)** *(Jur)* legacy, bequest.
legajo *nm* file, bundle (of papers).
legal *adj* **(a)** *(gen)* legal, lawful; *(hora)* standard. **(b)** *(individuo)* trustworthy, truthful; *(: Méx)* upright.
legalidad *nf* legality, lawfulness.
legalización *nf* legalization; *(de documentos)* authentication.
legalizar [1f] *vt (gen)* to legalize, make lawful; *(documentos)* to authenticate.
légamo *nm* slime, mud; *(arcilla)* clay.

legamoso *adj* slimy, oozy.
legaña *nf* sleep *(in eyes)*, rheum.
legañoso *adj* bleary.
legar [1h] *vt* to bequeath, leave (*a* to).
legatario/a *nm/f* legatee.
legendario *adj* legendary.
legibilidad *nf* legibility.
legible *adj* legible.
legión *nf* legion; **L~ Extranjera** Foreign Legion; **L~ de Honor** Legion of Honour *o (US)* Honor.
legionario 1 *adj* legionary. **2** *nm* legionary; *(soldado activo)* legionnaire.
legislación *nf* legislation; *(leyes)* laws.
legislador(a) *nm/f* legislator.
legislar [1a] *vi* to legislate.
legislatura *nf (LAm)* legislature, legislative body.
legista 1 *nm* jurist; *(estudiante)* law student. **2** *adj (LAm)* **médico ~** forensic expert.
legitimar [1a] **1** *vt (gen)* to legitimize; *(Jur)* to legalize. **2 legitimarse** *vr* to establish one's title *o* claim.
legitimidad *nf* legitimacy.
legítimo *adj* legitimate, rightful; *(auténtico)* authentic.
lego/a 1 *adj* **(a)** *(Rel)* lay. **(b)** *(fig)* ignorant, uninformed. **2** *nm/f* lay brother/sister; **los ~s** the laity.
legración *nf*, **legrado** *nm (Med)* scrape.
leguleyo *nm* pettifogging *o (US)* shyster lawyer.
legumbre *nf* vegetable, legume.
leíble *adj* legible.
leída *nf (LAm)* reading; **de una ~** in one reading, at one go; **dar una ~ a** to read.
leído *adj (individuo)* well-read; *(libro)* widely read.
lejanía *nf (distancia)* distance, remoteness; *(lugar)* remote place.
lejano *adj* distant, remote, far off; **L~ Oriente** Far East.
lejía *nf* **(a)** bleach. **(b)** *(fam)* dressing-down.
lejos 1 *adv* far away *o* off; **a lo ~** in the distance, far off; **de ~, desde ~** from afar, from a long way off; **más ~** further (off); **está muy ~** it's a long way (away); **¿está ~?** is it far?; **eso queda demasiado ~** that's too far (away); **para no ir más ~** *(fig)* to take an obvious example. **2** *prep*: **~ de** far from; **estoy muy ~ de pensar que ...** I am very far from thinking that ... . **3** *nm* distant view; *(de cuadro)* background; **tiene buen ~** it looks all right at a distance.
lele *adj (LAm)*, **lelo** *adj* silly, stupid.
lema *nm* motto, device; *(Pol etc)* slogan.
lémur *nm* lemur.
lencería *nf* **(a)** *(telas)* linen, drapery; *(ropa interior)* lingerie. **(b)** *(tienda)* draper's (shop). **(c)** *(armario)* linen cupboard.
lencero *nm* draper.
lendroso *adj* lousy.
lengua *nf* **(a)** *(Anat, fig)* tongue; **mala ~, (LAm) ~ larga** *o* **de trapo** gossip; **de ~ en ~** from mouth to mouth; **andar en ~s** to be the talk of the town; **atar la ~ a uno** *(fig)* to silence sb; **beber con la ~** to lap up; **dar a la ~** to chatter, talk too much; **estar con la ~ fuera** *(fig)* to be dead beat; **hacerse ~s de** to praise to the skies; **irsele a uno la ~** to let the cat out of the bag; **morderse la ~** to hold one's tongue; **sacar la ~ a uno** *(fig)* to cock a snook at sb; **soltar la ~** *(fam)* to spill the beans *(fam)*; **se le trabó la ~** he was tongue-tied. **(b)** *(en campana)* clapper. **(c)** *(Geog)* **~ de tierra** spit *o* tongue of land. **(d)** *(Ling)* language, tongue; **~ franca** lingua franca; **~ materna** mother tongue.
lenguado *nm (pez)* sole.
lenguaje *nm* **(a)** *(gen)* language; *(facultad)* (faculty of) speech. **(b)** *(forma de hablar)* parlance, (mode of) speech; **~ comercial** business language; **~ periodístico** journalese; **en ~ llano** ≃ in plain English. **(c)** *(Lit)* style, diction.
lenguaraz *adj* talkative; *(mal hablado)* foul-mouthed.
lenguaz *adj* garrulous.
lengüeta *nf* **(a)** *(gen)* tab, small tongue; *(de zapatos, Mús)* tongue; *(Anat)* epiglottis; *(de balance etc)* needle, pointer; *(en flecha)* barb. **(b)** *(LAm: parlanchín)* chatterbox; *(chismoso)* gossip.
lengüetada *nf* lick.
lengüetazo *nm (LAm)* lick.
lengüetear [1a] *(LAm)* **1** *vt* to lick. **2** *vi* to stick one's tongue out.
lengüeterías *nfpl (LAm)* gossip *sg*, tales.
lenguón/ona *(LAm)* **1** *adj* garrulous. **2** *nm/f* gossip, talebearer.
lenidad *nf* lenience.
lenocinio *nm* pimping, procuring; **(casa de) ~** brothel.
lente *nm o nf* lens; **~s** *(LAm)* spectacles; **~ de aumento** magnifying glass; **~s de contacto** contact lenses.
lenteja *nf* lentil.
lentejuela *nf* spangle, sequin.
lentilla *nf* contact lens.
lentitud *nf* slowness; **con ~** slowly.
lento *adj* slow; *(persona)* slow, dull; **cocer a fuego ~** to simmer.
leña *nf* **(a)** firewood; **echar ~ al fuego** to add fuel to the flames *o* fire. **(b)** *(fam)* thrashing; **cargar** *o* **hartar de ~, dar ~ a** to thrash; **repartir ~** to lash out.
leñador *nm* woodcutter, woodman.
leñe *interj (fam)* shit! *(fam!)*.
leñera *nf* woodshed.
leñero *nm* **(a)** *(comerciante)* dealer in wood. **(b)** *(lugar)* woodshed.
leño *nm* **(a)** log, timber. **(b)** *(fam)* dolt *(fam)*.
leñoso *adj* woody.
Leo *nm* Leo.
León *nm* Leon; **~ (de Francia)** Lyons.
león *nm* lion; *(LAm)* puma; **~ marino** sea lion; **estar hecho un ~** to be furious.
leona *nf* **(a)** lioness. **(b)** *(Chi)* confusion, mix-up.
leonado *adj* tawny.
leonera *nf* **(a)** *(jaula)* lion's cage; *(cueva etc)* lion's den; **parece una ~** it's shockingly dirty. **(b)** *(fam)* gambling den; *(Méx)* bawdy house; *(RPl)* communal prison cell.
leonino *adj* leonine; *(Com, Jur)* unfair, one-sided.
leontina *nf* watch chain.
leopardo *nm* leopard; **~ cazador** cheetah.
leopoldina *nf* fob, short watch chain.
leotardo *nm* leotard; **~s** tights.
Lepe *nm*: **saber más que ~** to be pretty smart.
leperada *nf (CAm, Méx)* coarse remark.
lepra *nf* leprosy.
leprosería *nf* leper colony.
leproso/a 1 *adj* leprous. **2** *nm/f* leper.
lerdear [1a] *vi (LAm)* to be slow (about doing things).
lerdez *nf*, **lerdeza** *nf (CAm)* slowness; *(estupidez)* slow-wittedness; *(torpeza)* clumsiness.
lerdo *adj (lento)* slow; *(de pocas luces)* slow-witted; *(torpe)* clumsy.
lerdura *nf (RPl)* = **lerdez.**
les *pron pers* **(a)** *(dir)* them; *(: Uds)* you. **(b)** *(indir)* (to) them; *(: Uds)* (to) you; *para uso véase* **le.**
lesbiana *nf* lesbian.
lesbianismo *nm* lesbianism.

lésbico *adj*, **lesbio** *adj* lesbian.
lesión *nf* wound, lesion; *(Dep)* injury; *(fig)* damage.
lesionado *adj* hurt; *(Dep)* injured.
lesionar [1a] **1** *vt (dañar)* to hurt, injure; *(herir)* to wound. **2 lesionarse** *vr* to get hurt.
lesivo *adj* harmful, damaging.
lesna *nf* awl.
leso *adj* **(a)** *(ofendido)* hurt, injured, offended. **(b)** *(LAm)* simple, stupid.
lesura *nf (Chi)* stupidity.
letal *adj* deadly, lethal.
letanía *nf (Rel)* litany; *(fig)* rigmarole; *(: retahíla)* long list.
letárgico *adj* lethargic.
letargo *nm* lethargy.
letra *nf* **(a)** *(Tip etc)* letter; ~ **gótica** Gothic script; ~ **de imprenta** print; ~ **inicial/mayúscula/minúscula** initial/capital/small letter; ~ **bastardilla/negrilla** italics/bold *o* heavy type; **en ~s de molde** in block letters.
(b) *(fig)* letter, literal meaning; **a la** ~ to the letter; **lo tomó al pie de la** ~ he took it literally.
(c) *(escritura)* handwriting; ~ **cursiva** cursive writing; **tiene buena** ~ his writing is good.
(d) *(Com)* letter, bill, draft; ~ **abierta** letter of credit; ~ **de cambio** bill (of exchange), draft; **pagar a ~ vista** to pay on sight.
(e) *(Mús)* words, lyric(s).
(f) **~s** *(fig)* letters, learning; *(Univ)* Arts; **Filosofía y L~s** humanities; **primeras ~s** elementary education, the three Rs.
letrado 1 *adj* learned; *(despectivo)* pedantic. **2** *nm* lawyer.
letrero *nm (gen)* sign, notice; *(Pol)* placard, poster; *(Com)* label; ~ **luminoso** neon sign.
letrina *nf* latrine, privy; *(fig)* pit *(fam)*, hole *(fam)*.
letrista *nmf* songwriter.
leucemia *nf* leukaemia.
leudante *adj véase* **harina.**
leudar [1a] **1** *vt* to leaven. **2 leudarse** *vr (pan etc)* to rise.
leva *nf* **(a)** *(Náut)* weighing anchor. **(b)** *(Mil)* levy. **(c)** *(Mec)* cam; *(palanca)* lever.
levadizo *adj*: **puente** ~ drawbridge.
levadura *nf* yeast, leaven; ~ **de cerveza** brewer's yeast; ~ **en polvo** baking powder.
levantador *nm*: ~ **de pesos** weight lifter.
levantamiento *nm* **(a)** raising, lifting; ~ **de pesos** weight lifting. **(b)** *(Pol)* rising, revolt. **(c)** *(Geog)* survey.
levantar [1a] **1** *vt* **(a)** *(gen)* to raise, lift (up); *(elevar)* to elevate; *(recoger)* to pick up; *(Arquit)* to build, erect; *(ejército)* to recruit; *(censo)* to take; *(casa)* to move; *(sesión)* to adjourn; **levantó la mano** he raised *o* put up his hand; ~ **los ojos** to look up, raise one's eyes; **¡no levantes la voz!** keep your voice down!; **fue imposible ~lo** it was impossible to lift it. **(b)** *(mesa)* to clear away; *(campamento)* to strike; *(tienda)* to take down. **(c)** *(prohibición)* to raise, lift. **(d)** *(fig: persona)* to rouse, arouse; *(: ánimo)* to lift, uplift, raise.
2 levantarse *vr* **(a)** *(gen)* to rise; *(incorporarse)* to get up, stand up, rise to one's feet; ~ **(de la cama)** to get up, get out of bed. **(b)** *(Met: niebla)* to lift; *(: viento)* to rise. **(c)** *(sesión)* to be adjourned, conclude. **(d)** *(Pol)* to rise, revolt, rebel.
levante *nm (Geog)* **(a)** *(gen)* east. **(b)** *(viento)* east wind.
levantino/a 1 *adj* of the eastern coast *o* provinces of Spain. **2** *nm/f*: **los ~s** the people of the east of Spain.
levantisco *adj* restless, turbulent.
levar [1a] **1** *vt (Mil)* to levy, recruit (by force); *(Náut)* ~ **anclas** to weigh anchor. **2 levarse** *vr* to weigh anchor, set sail.
leve *adj (gen)* light; *(mínimo)* slight; *(sin importancia)* trivial, unimportant; **una herida** ~ a slight wound.
levedad *nf* lightness; *(fig)* levity.
levita *nf* frock coat.
léxico 1 *adj* lexical. **2** *nm* lexicon, dictionary; *(vocabulario)* vocabulary.
lexicografía *nf* lexicography.
ley *nf* **(a)** *(gen)* law; *(Jur)* act; *(Dep etc)* rule, law; *(Pol)* **proyecto de** ~ bill, measure; **decreto-**~ decree law; ~ **no escrita** unwritten law; ~ **natural** law of nature; **a ~ de** on the word of; **de acuerdo con** *o* **según la** ~ in accordance with the law, by law, in law; **recurrir a la** ~ to go to law. **(b)** *(fig)* loyalty, devotion; **tener/tomar ~ a** to be/become devoted to. **(c)** *(para metales)* legal standard of fineness; **oro de** ~ pure *o* standard gold; **bajo de** ~ base; **de buena** ~ *(fig)* genuine, reliable; **de mala** ~ *(fig)* base, disreputable; **en buena** ~ really.
leyenda *nf* **(a)** legend; **la ~ negra** the black legend. **(b)** *(Tip)* legend, inscription.
lezna *nf* awl.
liana *nf (LAm)* liana.
liar [1a] **1** *vt (gen)* to tie (up), do up; *(atar)* to bind; *(envolver)* to wrap (up); *(cigarillo)* to roll; *(fig)* to confuse; **~las** *(fam: irse)* to beat it *(fam)*; *(: morir)* to kick the bucket *(fam)*. **2 liarse** *vr* **(a)** to get tied up; *(envolverse)* to wrap o.s. up. **(b)** *(fig)* to get involved (*con* with). **(c)** ~ **a hostias** *(fam)* to come to blows.
libanés/esa *adj, nm/f* Lebanese.
Líbano *nm*: **el** ~ the Lebanon.
libar [1a] *vt* to suck.
libelo *nm* **(a)** lampoon, satire (*contra* of). **(b)** *(Jur)* libel.
libélula *nf* dragonfly.
liberación *nf (gen)* liberation; *(de preso)* release.
liberado *adj* liberated; *(Com, Fin)* paid-up, *(US)* paid-in; *(Pol: obrero)* full-time.
liberal *adj, nmf* liberal.
liberalidad *nf* liberality, generosity.
liberalismo *nm* liberalism.
liberalizar [1f] *vt* to liberalize.
liberar [1a] *vt* **(a)** to free, liberate. **(b)** *(LAm)* ~ **a uno de una obligación** to release sb from a duty.
líbero *nm (Dep)* sweeper.
libertad *nf (gen)* liberty, freedom; *(privilegio)* licence; **estar en ~ condicional** *o* **vigilada** to be on probation; ~ **de cultos** freedom of worship; ~ **de imprenta/de (la) palabra** freedom of the press/of speech; **estar en** ~ to be free; **poner a uno en** ~ to set sb free; **tomarse una** ~ to take a liberty.
libertador(a) 1 *adj* liberating. **2** *nm/f* liberator.
libertar [1a] *vt (gen)* to set free, liberate, release (*de* from); *(de un deber etc)* to exempt (*de* from); *(salvar)* to deliver (*de* from); ~ **a uno de la muerte** to save sb from death.
libertinaje *nm* licentiousness.
libertino/a 1 *adj* permissive. **2** *nm/f* permissive person.
Libia *nf* Libya.
libidinoso *adj* lustful, libidinous.
libido *nf* libido.
libio/a *adj, nm/f* Libyan.
Libra *nf* Libra.
libra *nf* pound; ~ **esterlina** pound sterling.

librado/a *nm/f (Com)* drawee.
librador(a) *nm/f (Com)* drawer.
libramiento *nm* rescue, delivery (*de* from); *(Com)* order of payment.
libranza *nf (Com)* draft, bill of exchange; ~ **de correos** *o* **postal** *(LAm)* postal *o* money order.
librar [1a] **1** *vt* **(a)** to save, free, rescue (*de* from); *(Jur)* to exempt, release (*de* from); ~ **a uno de una obligación** to free sb from an obligation; **¡líbreme Dios de ...!** Heaven forbid that I ...! **(b)** *(confianza)* to place (*en* in). **(c)** *(sentencia)* to pass; *(decreto etc)* to issue; *(secreto)* to reveal. **(d)** *(Com)* to draw; *(cheque)* to make out; ~ **a cargo de** to draw on. **(e)** *(combate)* to fight, wage. **2** *vi* **(a)** to give birth. **(b)** ~ **bien/mal** to succeed/fail. **3 librarse** *vr* to free o.s., escape; **de buena nos hemos librado** we're well out of that.
libre 1 *adj* **(a)** *(gen)* free (*de* from, of); *(plaza)* vacant, unoccupied; *(tiempo)* spare, free; **¿estás ~?** are you free?; **por fin estamos ~s de él** at last we're rid of him; ~ **de derechos** duty-free; **al aire** ~ in the open air. **(b)** *(comportamiento)* licentious, loose, immoral; **de vida** ~ loose-living, immoral. **(c)** *(Natación)* free-style; *(Ftbl)* **tiro** *o* **saque** ~ free kick. **2** *nm* **(a)** *(Dep)* = **líbero. (b)** *(Méx)* taxi.
librea *nf* livery, uniform.
librecambio *nm* free trade.
librecambista 1 *adj* free-trade *(atr)*. **2** *nm* free-trader.
librepensador(a) *nm/f* freethinker.
librera *nf (LAm)* bookcase.
librería *nf* **(a)** *(tienda)* bookshop; ~ **anticuaria** antiquarian bookshop; ~ **de ocasión** *o* **de viejo** secondhand bookshop. **(b)** *(estante)* bookcase. **(c)** *(comercio)* book trade.
librero *nm* **(a)** bookseller; ~ **de viejo** secondhand bookseller. **(b)** *(LAm)* bookcase.
libresco *adj* bookish.
libreta *nf* **(a)** notebook; *(Com)* account book; ~ **de banco** *o* **de ahorros** bank *o* pass book. **(b)** *(pan)* one lb loaf.
libro *nm* book; ~ **de apuntes** notebook; ~ **de cabecera** bedside book; ~ **de cocina** cookery book, *(US)* cookbook; ~ **de consulta** reference book; ~ **de cuentas** account book; ~ **de cuentos** storybook; ~ **escolar** school report; ~ **de honor** *o* **visitas** visitors' book; ~ **de imágenes** picture book; ~ **de lectura** reader; ~ **mayor** ledger; ~ **de pedidos** *o* **encargos** order book; ~ **de reclamaciones** complaints book; **L~ Rojo** *(Pol)* White Paper; ~ **en rústica** *o* **de bolsillo/en pasta** *o* **encuadernado** paperback/hardback (book); ~ **de texto** textbook; ~ **de vuelos** *(Aer)* logbook; **ahorcar los ~s** *(fig)* to give up studying; **llevar los ~s** *(Com)* to keep the books *o* accounts; **hacer ~ nuevo** to turn over a new leaf.
librote *nm* big book, tome.
Lic *abr de* **Licenciado.**
licencia *nf* **(a)** *(gen)* licence, permission; **sin mi ~** without my permission. **(b)** *(documento)* licence, permit; ~ **de armas** gun licence; ~ **de manejar** *(LAm)* driving licence; ~ **de matrimonio** marriage licence. **(c)** *(Mil etc)* leave, *(US)* furlough; ~ **por enfermedad** sick leave; ~ **sin sueldo** unpaid leave; **ir de** ~ to go on leave. **(d)** *(Mil)* ~ **absoluta** discharge. **(e)** *(moral)* licence, licentiousness; ~ **poética** poetic licence. **(f)** *(Univ)* degree; ~ **en Derecho/Ciencias** Law/Science degree.
licenciado/a *nm/f* **(a)** *(Univ)* graduate, bachelor; **L~ en Filosofía y Letras** Bachelor of Arts. **(b)** *(LAm)* lawyer; *(título)* ≃ Dr; **El L~ Papacostas nos dice que ...** Dr Papacostas tells us that ... .
licenciar [1b] **1** *vt* **(a)** *(dar permiso)* to license, grant a permit *o* licence to. **(b)** *(permitir)* to permit, allow. **(c)** *(Mil)* to discharge. **(d)** *(Univ)* to confer a degree on. **2 licenciarse** *vr* to graduate; ~ **en Derecho** to take a degree in Law.
licenciatura *nf* **(a)** *(título)* degree. **(b)** *(estudios)* degree course.
liceo *nm* lyceum; *(LAm)* secondary school.
licitador *nm* bidder; *(LAm)* auctioneer.
licitar [1a] **1** *vt* **(a)** to bid for. **(b)** *(LAm)* to sell by auction. **2** *vi* to bid.
lícito *adj* lawful, legal, licit; *(justo)* fair, just; **si es ~ preguntarlo** if one may ask.
licitud *nf (legalidad)* legality; *(justicia)* fairness, justness.
licor *nm* **(a)** *(líquido)* liquid. **(b)** *(alcohol: gen)* spirits, *(US)* liquor; *(: con hierbas etc)* liqueur; **~es espiritosos** hard liquor.
licoroso *adj (vino etc)* strong; *(aromático)* aromatic.
licuado *nm (LAm)* milk shake.
licuar [1d] *vt* to liquefy, turn into liquid; *(Culin)* to liquidize.
licuefacción *nf* liquefaction.
lid *nf (gen)* fight, combat; *(disputa)* dispute, controversy; **en buena** ~ in (a) fair fight.
líder *nm* leader.
liderato *nm*, **liderazgo** *nm* leadership.
lidia *nf* **(a)** struggle, fight. **(b)** *(Taur)* bullfighting; *(una ~)* bullfight; **toro de** ~ fighting bull. **(c)** *(LAm)* trouble, nuisance; **dar** ~ to be trying, be a nuisance.
lidiador *nm* fighter; *(Taur)* bullfighter.
lidiar [1a] **1** *vt (Taur)* to fight. **2** *vi* to fight (*con, contra* against, *por* for).
liebre *nf (Zool)* hare; *(fig)* coward; ~ **corrida** *(Méx)* old hand; **dar gato por** ~ to con *(fam)*, fool; **levantar la** ~ to blow the gaff.
liendre *nf* nit.
lienzo *nm* **(a)** linen; *(Arte)* canvas; *(pañuelo)* handkerchief. **(b)** *(Arquit)* wall; *(fachada)* face, front; *(LAm: valla etc)* section; *(Méx)* corral, pen.
liga *nf* **(a)** *(Pol etc)* league. **(b)** *(faja)* suspender, garter; *(elástica)* elastic band. **(c)** *(Metal)* alloy. **(d)** *(Bot)* mistletoe. **(e)** *(sustancia viscosa)* birdlime. **(f)** *(CAm, Méx)* binding. **(g)** *(RPl)* piece of luck. **(h)** *(fam)* pick-up *(fam)*.
ligadura *nf* bond, tie.
ligamento *nm* ligament.
ligamiento *nm* tying; *(fig)* harmony.
ligar [1h] **1** *vt* **(a)** *(gen)* to tie, bind; *(metales)* to alloy, mix; *(Med)* to bind up; *(fig)* to join, bind together; *(bebidas)* to mix; *(fam: chicas etc)* to pick up, get off with *(fam)*; **estar ligado por contrato a** to be bound by contract to. **(b)** *(LAm)* to pinch *(fam)*. **2** *vi* to mix (well), blend, go well together. **3 ligarse** *vr* **(a)** *(unirse)* to unite, band together. **(b)** *(fig)* to bind *o* commit o.s.
ligazón *nf* **(a)** *(Náut)* rib, beam. **(b)** *(fig)* bond, tie.
ligereza *nf* **(a)** *(gen)* lightness. **(b)** *(rapidez)* swiftness, speed. **(c)** *(agilidad)* agility, nimbleness. **(d)** *(carácter)* fickleness; *(una ~: dicho)* flippant remark; *(: hecho)* indiscretion.
ligero 1 *adj* **(a)** *(gen)* light; *(tela)* lightweight, thin; *(té)* weak; **más ~ que un corcho** *o* **una pluma** as light as a feather. **(b)** *(rápido)* swift, quick, rapid; ~ **de pies** light-footed, quick; **corrió ~ por el puente** she ran quickly over the bridge. **(c)** *(ágil)* agile, quick, nimble. **(d)** *(carácter: superficial)* shallow, superficial; *(: inconstante)* fickle; **juzgar a la ~a** to judge hastily, jump to conclusions; *(superficial)* **un ~ conocimiento** a slight

acquaintance. **2** *adv* quickly, swiftly.

ligón *nm (fam)* ladies' man, wolf *(fam)*, Romeo *(fam)*.

liguero 1 *nm* suspender belt, *(US)* garter belt. **2** *adj* league *(atr)*.

lija *nf* **(a)** *(Zool)* dogfish. **(b)** *(Téc: papel de ~)* sandpaper.

lijar [1a] *vt* to sandpaper.

lila[1] *nf (Bot)* lilac.

lila[2] *nm* **(a)** *(color)* lilac. **(b)** *(idiota)* twit *(fam)*.

liliquear [1a] *vi (Chi)* to tremble nervously, shake.

lima[1] *nf (Bot)* lime, sweet-lime tree.

lima[2] *nf* **(a)** *(Téc)* file; ~ **de** *o* **para las uñas** nail file. **(b)** *(pulido)* filing, polishing. **(c)** *(fig)* polish, finish; **comer como una** ~ to eat like a horse.

limadura *nf* **(a)** filing, polishing. **(b)** ~**s** filings.

limar [1a] *vt (Téc)* to file (down *o* off); *(alisar)* to smooth (over); *(fig)* to polish (up), put the final polish on.

limaza *nf* slug.

limazo *nm* slime, sliminess.

limbo *nm (Bot, Mat)* limb; *(Rel, fig)* limbo; **estar en el** ~ to be in limbo; *(fig)* to be distracted.

limeño/a 1 *adj* of Lima. **2** *nm/f* native *o* inhabitant of Lima.

limero *nm* lime (tree).

limeta *nf* **(a)** *(RPl)* broad brow, domed forehead. **(b)** *(LAm)* flagon.

limitación *nf (gen)* limitation; *(límite)* limit; ~ **de velocidad** speed limit; **sin** ~ unlimited.

limitado *adj* **(a)** limited; **sociedad** ~**a** *(Com)* limited company. **(b)** *(lerdo)* slow-witted, dim.

limitar [1a] **1** *vt (restringir)* to limit, restrict; *(reducir)* to cut down, reduce; ~ **a uno a hacer algo** to limit sb to doing sth. **2** *vi*: ~ **con** to border on. **3 limitarse** *vr* to limit *o* restrict o.s.; ~ **a hacer algo** to limit *o* confine o.s. to doing sth.

límite *nm (gen)* limit; *(final)* end; *(Geog, Pol)* boundary, border; ~ **forestal** tree line; ~ **de velocidad** speed limit; **como** ~ at (the) most; *(fecha)* at the latest; **sin** ~**s** limitless; **poner un** ~ **a** to set a limit to; *(fig)* to draw the line at; **no tener** ~**s** to know no bounds.

limítrofe *adj* bordering, neighbouring.

limo *nm* **(a)** slime, mud. **(b)** *(LAm)* lime tree.

limón *nm* lemon.

limonada *nf* lemonade; ~ **natural** lemon juice *o* squash; **ni chicha ni** ~ neither chalk nor cheese.

limonado *adj* lemon, lemon-coloured.

limonar *nm* lemon grove.

limonero *nm* lemon tree.

limosna *nf* alms; **pedir** ~ to beg; **vivir de** ~ to live by begging.

limosnear [1a] *vi* to beg, ask for alms.

limosnero/a 1 *adj* charitable. **2** *nm/f (LAm)* beggar.

limoso *adj* slimy, muddy.

limpia 1 *nf* cleaning; *(CAm, Méx: Agr)* weeding; *(fig: Pol etc)* clean-up, purge. **2** *nm (fam)* bootblack.

limpiabotas *nm inv* bootblack.

limpiacristales *nm inv* window cleaner.

limpiachimeneas *nm inv* chimney-sweep.

limpiada *nf* **(a)** *(LAm)* clean, clean-up. **(b)** *(RPl)* treeless area.

limpiadientes *nm inv* toothpick.

limpiador(a) 1 *adj* cleaning, cleansing. **2** *nm/f* cleaner.

limpiadura *nf* **(a)** cleaning, cleaning-up. **(b)** ~**s** dirt, dust, scourings.

limpiamanos *nm inv (CAm, Méx)* hand towel.

limpiametales *nm inv* metal polish.

limpiaparabrisas *nm inv* windscreen wiper, *(US)* windshield wiper.

limpiapipas *nm inv* pipe-cleaner.

limpiar [1b] **1** *vt* **(a)** *(gen)* to clean; *(enjugar)* to wipe; *(borrar)* to wipe off *o* clean; *(zapatos)* to shine, polish; *(casa)* to tidy (up); ~ **en seco** to dry-clean; ~ **las narices a un niño** to wipe a child's nose. **(b)** *(fig)* to cleanse, purify; *(Mil etc)* to mop up; *(Policía)* to clean up; *(Bot)* to prune, cut back. **(c)** *(fam: juego)* to clean out *(fam)*. **(d)** *(fam)* to swipe *(fam)*. **(e)** *(Arg, Méx)* to hit, beat. **2 limpiarse** *vr* to clean *o* wipe o.s.; ~ **las narices** to wipe one's nose.

límpido *adj* limpid.

limpieza *nf* **(a)** *(acción: gen)* cleaning, cleansing; *(zapatos)* shining, polishing; ~ **en seco** dry cleaning; ~ **de primavera** spring cleaning; **hacer la** ~ to clean (up). **(b)** *(Pol etc)* purge; *(Mil)* mopping-up; *(Policía)* clean-up. **(c)** *(estado)* cleanness, cleanliness; ~ **de sangre** racial purity. **(d)** *(moral)* purity; *(integridad)* integrity, honesty. **(e)** *(destreza)* skill; *(Dep)* fair play.

limpio 1 *adj* **(a)** *(gen)* clean; *(ordenado)* neat, tidy; *(despejado)* clear; *(líquidos)* pure; ~ **de** free from, clear of; **más** ~ **que el oro** as clean as can be. **(b)** *(moral)* pure; *(honesto)* honest; *(Dep)* fair, clean. **(c)** *(Fin)* clear, net; **50 dólares de ganancia** ~**a** 50 dollars of clear profit. **(d)** *(locuciones)* **a puñetazo** ~ with bare fists; **estar** ~ *(fam)* not to know a single thing; **quedar(se)** ~ *(fam)* to be cleaned out *(fam)*.

2 *nm (Dep)* fair, clean; **en** ~ clearly; *(Fin)* clear, net; **copia en** ~ fair copy; **estar** *o* **quedar en** ~ to be broke; **pasar** *o* **poner algo en** ~ to make a fair copy of sth; **quedó en** ~ **que ...** it was clear that ...; **sacar algo en** ~ to make sense of sth.

3 *adv*: **jugar** ~ to play fair.

linaje *nm* **(a)** lineage, family; **de** ~ **de reyes** descended from royalty, of royal descent. **(b)** *(clase)* class, kind; ~ **humano** mankind; **de otro** ~ of another kind.

linajudo *adj* highborn, noble.

linaza *nf* linseed.

lince 1 *nm* **(a)** *(Zool)* lynx; *(CAm, Méx)* wild cat. **(b)** *(fig)* **ser un** ~ to be very observant; *(astuto)* to be shrewd, be crafty. **2** *adj*: **ojos** ~**s** sharp eyes; **es muy** ~ he's very observant; *(astuto)* he's pretty shrewd.

linchamiento *nm* lynching.

linchar [1a] *vt* to lynch.

lindante *adj* bordering (*con* on), adjacent (*con* to).

lindar [1a] *vi* to border (*con* on), adjoin, be adjacent (*con* to); *(Arquit)* to abut (*con* on).

linde *nm o nf* boundary.

lindero 1 *adj* adjoining, bordering. **2** *nm (borde)* edge, border; *(linde)* boundary.

lindeza *nf* **(a)** *(gen)* prettiness; *(elegancia)* elegance. **(b)** *(esp LAm)* niceness; *(excelencia)* excellence. **(c)** *(gracia)* witticism. **(d)** ~**s** pretty things; *(modalidades)* charming ways. **(e)** ~**s** *(insultos)* insults, improprieties.

lindo 1 *adj (esp LAm)* **(a)** pretty; *(exquisito)* exquisite. **(b)** *(iro)* fine, pretty. **(c)** *(bonito)* nice, lovely; *(excelente)* fine, excellent; **un** ~ **coche** a nice car; **un** ~ **partido** a first-rate game; **un** ~ **concierto** a marvellous concert; **de lo** ~ a lot, a great deal; **es de** ~ *(LAm)* it's fine, it's marvellous. **2** *adv (LAm)* nicely, well; **baila** ~ she dances beautifully.

lindura *nf (LAm)* = **lindeza.**

línea *nf* **(a)** *(gen)* line; *(Elec)* line, cable; ~ **aérea** *(Aer)* airline; *(Elec)* overhead cable; ~ **de alto el fuego** ceasefire line; ~ **de banda** sideline, touchline; ~ **de carga** load line; ~ **de medio campo** *o* **de centro** halfway line; ~ **delantera** forward line; ~ **derivada** *(Telec)* extension; ~ **divisoria** dividing line; ~ **férrea** railway; ~ **de flotación** water line; ~ **de fuego** firing line; ~ **de gol** *o* **de meta** *o* **de puerta** goal line; ~ **de montaje** assembly *o* production line; **primera** ~ front line; ~ **recta** straight line; **explicar algo a grandes** ~**s** *o* **en sus** ~**s generales** to set sth out in broad outline; **de** ~ *(Mil)* regular, front-line; **en** ~ in (a) line, in a row; **leer entre** ~**s** to read between the lines; **tirar una** ~ to draw a line.

(b) *(talle)* figure; *(Náut: perfil)* lines, outline; *(moda)* **la** ~ **de 1984** the 1984 look.

(c) *(moral, Pol etc)* line; ~ **de conducta** course of action; ~ **dura** *(Pol)* hard line; ~ **de partido** party line; **ser de (una** *o* **una sola)** ~ *(RPl)* to be honest, be absolutely straight.

lineal *adj* linear; *(Comput)* on-line; **dibujo** ~ line drawing.

linfa *nf* lymph.

linfático *adj* lymphatic.

lingote *nm* ingot.

lingüista *nmf* linguist, language specialist.

lingüística *nf* linguistics.

lingüístico *adj* linguistic.

linimento *nm* liniment.

lino *nm* **(a)** *(Bot)* flax. **(b)** *(RPl)* linseed. **(c)** *(ropa fina)* linen; *(Náut)* canvas.

linóleo *nm* lino, linoleum.

linotipia *nf* linotype.

linotipista *nm* linotypist.

linterna *nf* lantern, lamp; *(Elec)* spotlight; ~ **eléctrica** *o* **a pila** torch, *(US)* flashlight.

lío *nm* **(a)** *(gen)* bundle; *(paquete)* package, parcel; *(Arg)* truss. **(b)** *(fam: jaleo)* row, fuss; *(: confusión)* mix-up, confusion, muddle; **armar un** ~ to make *o* kick up a fuss; **hacerse un** ~ to get all mixed up, get into a muddle; **meterse en un** ~ to get into a jam. **(c)** *(fam)* affair, liaison; **tener un** ~ **con uno** to be having an affair with sb. **(d)** *(LAm)* tale, piece of gossip; **no me venga con** ~**s** don't come telling tales to me.

lipe *nm (LAm: piedra ~)* vitriol.

liquen *nm* lichen.

liquidación *nf* **(a)** *(Quím)* liquefaction. **(b)** *(Com, Fin)* liquidation, winding-up; *(cuenta)* settlement; **entrar en** ~ to go into liquidation. **(c)** *(venta de ~)* (clearance) sale; **vender en** ~ to sell up. **(d)** *(Pol)* liquidation.

liquidar [1a] **1** *vt* **(a)** *(Quím)* to liquefy. **(b)** *(Com, Fin)* to liquidate; *(cuenta)* to settle; *(empresa)* to wind up; *(deudas)* to settle, pay off, clear; *(existencias)* to sell off, sell up. **(c)** *(Pol)* to liquidate. **2 liquidarse** *vr (Quím)* to liquefy.

liquidez *nf* liquidity, fluidity.

líquido 1 *adj* **(a)** *(gen)* liquid, fluid. **(b)** *(Com)* net; **ganancia** ~**a** net profit. **(c)** *(LAm)* exact; **4 varas** ~**as** exactly 4 yards. **2** *nm* **(a)** *(gen)* liquid, fluid. **(b)** *(Fin: efectivo)* ready cash *o* money; *(Com, Fin)* net amount *o* profit; ~ **imponible** net taxable income.

lira *nf (Mús)* lyre.

lírica *nf* lyric(al) poetry.

lírico *adj* **(a)** *(Lit)* lyric(al); *(Teat)* musical. **(b)** *(LAm: soñador)* dreamy; *(plan, idea)* Utopian, fantastic.

lirio *nm* iris; ~ **de los valles** lily of the valley.

lirismo *nm* **(a)** lyricism; *(sentimentalismo)* sentimentality. **(b)** *(LAm)* fantasy, dreams; *(manera de ser)* Utopianism.

lirón *nm (Zool)* dormouse; *(fig)* sleepyhead.

lisamente *adv* evenly.

Lisboa *nf* Lisbon.

lisiado/a 1 *adj (gen)* injured, hurt; *(cojo)* lame, crippled. **2** *nm/f* cripple; ~ **de guerra** wounded ex-serviceman.

lisiar [1b] *vt (gen)* to injure (permanently), hurt (seriously); *(tullir)* to cripple, maim.

liso *adj* **(a)** *(gen)* smooth, even; *(pelo)* straight; *(mar)* calm; *(carrera)* flat; **los 400 metros** ~**s** the 400-metre flat race. **(b)** *(fig)* plain, unadorned; ~ **y llano** plain, simple; ~**a y llanamente** plainly, in plain language.

lisonja *nf* flattery.

lisonjear [1a] *vt* **(a)** *(alabar)* to flatter. **(b)** *(agradar)* to please, delight.

lisonjero/a 1 *adj* **(a)** flattering. **(b)** *(agradable)* pleasing, agreeable. **2** *nm/f* flatterer.

lista *nf* **(a)** *(gen)* list; *(catálogo)* catalogue; *(Mil)* roll (call); *(Escol)* roll, register; ~ **de comidas** *o* **de platos** menu; ~ **de correos** poste restante; ~ **electoral** electoral roll, register of voters; ~ **de pagos,** *(Méx)* ~ **de raya** payroll; ~ **de tandas** duty roster, rota; **pasar** ~ *(Mil)* to call the roll; *(Escol)* to call the register. **(b)** *(tela)* strip; *(papel)* slip. **(c)** *(raya)* stripe; **tela a** ~**s** striped material.

listado *adj* striped.

listar [1a] *vt* to list, enter on a list.

listín *nm* telephone directory.

listo *adj* **(a)** *(gen)* ready, prepared; ~ **para usar** ready-to-use; **¿estás** ~**?** are you ready? **(b) ¡**~**!** *(interj: LAm: ¡bien!)* all right!, OK!; *(: ¡se acabó!)* that's the lot!, it's all over! **(c)** *(astuto)* clever, smart; **¡**~**!** wake up!; **ser más** ~ **que el hambre** to be as smart as they come; **pasarse de** ~ to be too clever by half.

listón *nm (Cos)* ribbon; *(de madera)* strip, lath; *(Dep)* bar; *(de metal)* strip.

lisura *nf* **(a)** *(gen)* smoothness, evenness; *(de pelo)* straightness. **(b)** *(sinceridad)* sincerity.

lisurero *adj (Per)* impudent.

litera *nf (Hist)* litter; *(en alcoba)* bunk, bunk bed; *(Náut, Ferro)* bunk, berth.

literal *adj* literal.

literario *adj* literary.

literatura *nf* literature.

litigación *nf* litigation.

litigante *nmf* litigant.

litigar [1h] **1** *vt* to dispute at law. **2** *vi (Jur)* to go to law; *(fig)* to argue, dispute.

litigio *nm (gen)* litigation; *(pleito)* lawsuit; *(fig)* dispute; **en** ~ at stake, in dispute.

litio *nm* lithium.

litografía *nf* **(a)** *(proceso)* lithography. **(b)** *(cuadro etc)* lithograph.

litografiar [1c] *vt* to lithograph.

litoral 1 *adj* coastal, littoral. **2** *nm* seaboard, littoral, coast.

litro[1] *nm* litre, *(US)* liter.

litro[2] *nm (Chi)* coarse woollen *o (US)* woolen cloth.

liturgia *nf* liturgy.

litúrgico *adj* liturgical.

liviandad *nf (véase adj)* fickleness; lewdness; lightness.

liviano *adj* **(a)** *(inconstante)* fickle. **(b)** *(lascivo)* lewd. **(c)** *(LAm: ligero)* light.

lividez *nf* **(a)** lividness. **(b)** *(LAm)* paleness, pallor.

lívido *adj* **(a)** *(morado)* livid; *(amoratado)* black and blue. **(b)** *(LAm: pálido)* pale, pallid.

living ['lißin] *nm, pl* **livings** ['lißin] living room.

lo[1] *art def neutro* **(a)** ~ **bello** the beautiful, what is beautiful, that which is beautiful; ~ **difícil** what is difficult; ~ **difícil es que ...** the difficult thing about it is that ...; **quiero** ~ **justo** I want what is just; **defiendo ~ mío** I defend what is mine; **visto ~ ocurrido** in view of what has happened; **~ mejor de la película** the best thing about the film; **sufre ~ indecible** she suffers terribly. **(b)** *(estilo: a ~)* **construido a ~ campesino** built in peasant style; **viste a ~ americano** he dresses in the American style, he dresses like an American. **(c)** *(cuán)* **no saben ~ aburrido que es** they don't know how boring it is; **me doy cuenta de ~ amables que ellas son** I realize how kind they are.

lo[2] *pron* **(a)** *(individuo)* him; *(cosa)* it; **~ tengo aquí** I have it here; **~ creo** I think so; **~ veo** I see; **~ sé** I know; **ya ~ creo** I should think so; **guapa sí que ~ es** she's certainly very pretty. **(b)** *(LAm)* = **le.**

lo[3] *pron dem*: **~ de** that matter of, that business about; **~ de ayer** what happened yesterday; **~ de siempre** the same old story; **~ de Rumasa** the Rumasa affair.

lo[4] *pron rel* **(a) ~ que** what, that which; **~ que digo es ...** what I say is ...; **toma ~ que quieras** take what(ever) you want; **~ que hay** *o* **pasa es que ...** what's happening is that ..., it's like this ...; **empezó a tocar, ~ que le fastidió** she began to play, which made him cross. **(b)** *(locuciones)* **~ que sea** whatever; **~ que es eso** as for that; **¡~ que has tardado!** how late you are!; **¡~ que es saber otomí!** isn't it wonderful to speak Otomí?; **¡~ que he dicho!** I stand by what I said!; **¡~ que ves!** can't you see?, it's there for you to see!

loa *nf* praise.

loable *adv* praiseworthy, laudable.

loar [1a] *vt* to praise.

loba *nf* **(a)** *(Zool)* she-wolf. **(b)** *(Agr)* ridge (between furrows).

lobanillo *nm* wen, cyst.

lobato *nm*, **lobezno** *nm* wolf cub.

lobero *adj*: **perro ~** wolfhound.

lobo 1 *adj (Méx)* shrewd, cunning; *(Chi)* shy. **2** *nm* wolf; **~ de mar** old salt, sea dog; *(Chi)* seal; **~ marino** seal; **son ~s de una camada** they're birds of a feather; **ir a paso de ~** to creep along; **pillar un ~** *(fam)* to get plastered *(fam)* *o* pissed *(fam!)*.

lóbrego *adj* dark, gloomy.

lobreguez *nf* darkness, gloom(iness).

lóbulo *nm* lobe.

lobuno *adj* wolfish, wolflike.

local 1 *adj* local; **equipo ~** home team. **2** *nm (gen)* place; *(oficina etc)* premises; *(Com)* **en el ~** on the premises.

localidad *nf* **(a)** locality; *(pueblo)* town. **(b)** *(Teat)* seat.

localización *nf* location.

localizar [1f] *vt* **(a)** *(gen)* to locate; *(colocar)* to place, site; *(hallar)* to find, track down; **¿dónde se puede ~ al Sr Gómez?** where can I find Mr Gómez? **(b)** *(Med etc)* to localize.

locatario/a *nm/f (LAm)* tenant, lessee.

locería *nf (LAm)* china, chinaware.

locero/a *nm/f (LAm)* potter.

loción *nf* lotion, wash; **~ para el cabello** hair restorer; **~ para después del afeitado** after-shave lotion.

lock-out ['lokaut] *nm, pl* **lock-outs** ['lokaut] lock-out.

loco/a 1 *adj* **(a)** *(gen)* mad, crazy; *(fig)* wild, mad; **~ de atar, ~ rematado** *(LAm)* raving mad; **~ de verano** *(Arg)* cracked *(fam)*, crazy; **más ~ que una cabra** as mad as a hatter; **ando ~ con el examen** the exam is driving me crazy; **estar ~ de alegría** to be mad with joy; **estar ~ por una chica** to be mad about a girl; **esto me tiene** *o* **trae ~** it's driving me crazy; **volver ~ a uno** to drive sb mad *o* round the bend; **volverse ~** to go mad; **estar para volverse ~** to be at one's wits' end. **(b) a lo ~** without rhyme or reason. **(c)** *(Mec)* loose, free. **(d)** *(fam: enorme)* huge, tremendous; **un éxito ~** a huge success.

2 *nm/f* lunatic, loony *(fam)*, madman/madwoman; **correr como un ~** to run like mad; **gritar como un ~** to shout like a madman.

locomoción *nf* locomotion.

locomotora *nf (Ferro)* engine, locomotive.

locro *nm (LAm)* meat and vegetable stew.

locuacidad *nf* loquacity, talkativeness.

locuaz *adj* loquacious, talkative.

locución *nf* expression, idiom.

locura *nf* **(a)** madness, lunacy, insanity; **¡qué ~!** it's madness!; **es una casa de ~** *(fam)* it's a smashing house *(fam)*. **(b)** *(acto)* mad *o* crazy thing; **~s** folly *sg*; **es capaz de hacer cualquier ~** he is capable of any madness.

locutor(a) *nm/f (Rad)* announcer; *(comentarista)* commentator; *(TV)* newscaster, newsreader.

locutorio *nm (Telec)* telephone box *o* booth; **~ radiofónico** studio.

lodazal *nm* bog.

lodo *nm* mud, mire; *(Min)* sludge; **~s** *(Med)* mud-bath.

lodoso *adj* muddy.

logaritmo *nm* logarithm.

logia *nf* **(a)** *(Mil, de masones)* lodge. **(b)** *(Arquit)* loggia.

lógica *nf* logic.

lógico 1 *adj (gen)* logical; *(correcto)* natural; *(razonable)* reasonable; **es ~ que ...** it stands to reason that ... . **2** *nm* logician.

logística *nf* logistics *pl.*

lograr [1a] *vt* **(a)** *(gen)* to get, obtain; *(conseguir)* to achieve, attain; **por fin lo logró** eventually he managed it; **logra cuanto quiere** he gets whatever he wants. **(b) ~ hacer algo** to manage to do sth, succeed in doing sth; **~ que uno haga algo** to (manage to) get sb to do sth.

logrero *nm* **(a)** moneylender. **(b)** *(LAm)* sponger *(fam)*, parasite.

logro *nm* **(a)** *(éxito)* achievement, attainment; **uno de sus mayores ~s** one of his greatest successes. **(b)** *(Com, Fin)* profit; *(usura)* usury; **a ~** at (a high rate of) interest.

loma *nf* hillock, low ridge; **en la ~ del diablo** *(Arg)* at the back of beyond.

lomada *nf (LAm)* = **loma.**

lombarda *nf (Agr)* red cabbage.

lombriciento *adj (LAm)* suffering from worms.

lombriz *nf* worm, earthworm; **~ solitaria** tapeworm.

lomería *nf*, **lomerío** *nm (CAm, Méx)* low hills.

lomo *nm* **(a)** *(Anat)* back; *(de cerdo)* (tender)loin; **~s** ribs; **iba a ~s de una mula** he was riding a mule, he was mounted on a mule. **(b)** *(Agr)* balk, ridge; *(Ferro)* gradient. **(c)** *(de libro)* spine, back.

lona *nf (gen)* canvas; *(Náut)* sailcloth; *(Méx, RPl)* sackcloth.

loncha *nf* = **lonja**[1].

lonchería *nf (LAm)* lunch counter, snack bar.

londinense *adj* London *(atr)*, of London.

loneta *nf (RPl)* thin canvas.

longanimidad *nf* forbearance, magnanimity.

longánimo *adj* forbearing, magnanimous.

longaniza *nf long pork sausage.*

longevidad *nf* longevity.

longevo *adj* long-lived.

longitud *nf* **(a)** length; **~ de onda** wave length; **salto de ~** *(Dep)* long jump. **(b)** *(Geog)* longitude.

lonja[1] *nf* **(a)** slice; *(de tocino)* rasher. **(b)** *(RPl:*

cuero) strip of leather; *(: de látigo)* tip of a whiplash; **sacar ~s a uno** to thrash sb severely.
lonja[2] *nf (Com)* market, exchange; **~ de granos** corn exchange; **~ de pescado** fish market; **manipular la ~** to rig the market.
lonjear [1a] *vt (RPl: cuero)* to cut into strips; *(zurrar)* to thrash severely.
lontananza *nf (Arte)* background; **en ~** far away, in the distance.
loor *nm* praise.
loquera *nf* **(a)** *(manicomio)* madhouse, lunatic asylum. **(b)** *(LAm)* madness.
loquería *nf (LAm)* madhouse, lunatic asylum.
loquero *nm* psychiatric nurse.
lor *nm* lord.
loro/a 1 *adj* dark brown. **2** *nm/f* parrot.
los[1] *art def mpl*, **las**[1] *fpl* the; *para uso véase* **el**[1].
los[2], **las**[2] *pron* them; **¿los hay?** are there any?; **los hay** there are some.
los[3], **las**[3] *pron dem*: **mis libros y los de Ud** my books and yours; **las de Juan son verdes** John's are green; **una inocentada de las de niño pequeño** a practical joke typical of a small child; *véase* **el**[2].
los[4], **las**[4] *pron rel véase* **el**[3].
losa *nf* (stone) slab, flagstone; **~ sepulcral** gravestone, tombstone.
losange *nm* diamond (shape); *(Mat)* rhomb; *(Dep)* diamond.
lote *nm* **(a)** portion, share; *(Com etc)* lot. **(b)** *(LAm: de tierra)* piece of land; *(: solar)* lot.
lotear [1a] *vt (RPl)* to divide into lots.
lotería *nf* lottery; **le cayó** *o* **le tocó la ~** he won a big prize in the lottery; *(fig)* he struck lucky; **L~ Nacional** National Lottery.
lotero/a *nm/f* seller of lottery tickets.
loto *nm* lotus.
loza *nf* crockery; **~ fina** china, chinaware; **hacer la ~** to wash up.
lozanear [1a] *vi (Bot)* to flourish, do well; *(fig)* to be full of life, be vigorous, flourish.
lozanía *nf* **(a)** *(Bot)* lushness, luxuriance; *(fig)* vigour, liveliness. **(b)** *(orgullo)* haughtiness, pride.
lozano *adj* **(a)** *(Bot)* lush, luxuriant; *(fig)* vigorous, lively. **(b)** *(orgulloso)* haughty, proud.
lubina *nf (LAm)* sea bass.
lubricación *nf* lubrication.
lubricador 1 *adj* lubricating. **2** *nm* lubricator.
lubricante 1 *adj* lubricant, lubricating. **2** *nm* lubricant.
lubricar [1g] *vt* to lubricate, oil, grease.
lubricidad *nf* **(a)** *(lo grasoso)* slipperiness. **(b)** *(lujuria)* lewdness, lubricity.
lúbrico *adj* **(a)** slippery. **(b)** *(fig)* lewd, lubricious.
lubrificar [1f] *vt etc* = **lubricar** *etc.*
lucas *adj inv (Méx)* crazy, cracked *(fam)*.
lucera *nf* skylight.
lucerna *nf* chandelier.
lucero *nm* **(a)** *(Astron)* bright star, *(esp)* Venus; **~ del alba/de la tarde** morning/evening star. **(b)** *(fig)* brilliance, radiance.
lucidez *nf* lucidity, clarity.
lúcido *adj* lucid, clear.
lucido *adj* **(a)** *(gen)* splendid, brilliant; *(elegante)* elegant; *(exitoso)* successful. **(b) estar** *o* **quedar(se) ~** to make a mess of things.
luciérnaga *nf* glow-worm.
Lucifer *nm* Lucifer.
lucimiento *nm (gen)* brilliance, lustre, splendour; *(triunfo)* success; **hacer algo con ~** to do sth outstandingly well.
lucio[1] *nm (pez)* pike.
lucio[2] *adj* = **lúcido.**
lución *nm* slow-worm.
lucir [3f] **1** *vt* **(a)** *(echar luz a)* to illuminate, light up. **(b)** *(ostentar)* to show off, display; **~ las habilidades** to show off one's talents; **lucía traje nuevo** he was sporting a new suit. **(c)** *(LAm)* to look; **(te) luce lindo** it looks pretty (on you). **2** *vi* **(a)** *(gen)* to shine. **(b)** *(fig)* to shine, be brilliant; **no lucía en los estudios** he did not shine at his studies. **3 lucirse** *vr* **(a)** to dress up, dress elegantly; *véase vi* **(b)**. **(b)** to make a fool of o.s.
lucrarse [1a] *vr* to do well out of a deal.
lucrativo *adj* lucrative, profitable; **institución no ~a** non-profitmaking institution.
lucro *nm* profit; **~s y daños** *(Fin)* profit and loss.
luctuoso *adj* mournful, sad, tragic.
lúcuma *nf (Chi) a pear-shaped fruit*; *(fam)* head.
lucha *nf* **(a)** *(gen)* fight, struggle (*por* for); **~ de clases** class struggle. **(b)** *(Dep)* **~ de la cuerda** tug-of-war; **~ libre** wrestling.
luchador(a) 1 *adj* combative. **2** *nm/f (gen)* fighter; *(Dep)* wrestler.
luchar [1a] *vi* **(a)** *(gen)* to fight, struggle (*por algo* for sth, *por hacer* to do); **luchaba con los mandos** he was struggling *o* wrestling with the controls; **~ con** *o* **contra uno** to fight (against) sb. **(b)** *(Dep)* to wrestle (*con* with).
ludibrio *nm* mockery, derision.
ludir [3a] *vt* to rub (*con, contra* against).
luego *adv (gen)* then, next; *(pronto)* presently, soon; *(más tarde)* later (on), afterwards; *(LAm: en seguida)* at once, instantly, immediately; *(: más tarde)* later; **¿y ~?** what next?, what happened then?; **desde ~** naturally, of course; **desde ~ que no** of course not; **¡hasta ~!** see you later!, so long!; **~ de eso** immediately after that; **~ de haberlo dicho** immediately after saying it; **~ que ...** as soon as ...; **luego ~** *(Méx)* straight *o* right away.
lueguito *adv* **(a)** *(LAm)* at once, right now. **(b)** *(Chi, CAm, Méx)* near; **aquí ~** right here, near here.
lúes *nf* syphilis.
lugar *nm* **(a)** *(gen)* place, spot; *(posición)* position; **~ seguro** safe place; **en ~ de** instead of, in place of; **en primer ~** in the first place, firstly; **yo en su ~** if I were him; **estar fuera de ~** *(th fig)* to be out of place; **devolver un libro a su ~** to put a book back (in its place); **ocupar el ~ de** to take the place of; **poner las cosas en su ~** *(fig)* to put things straight; **póngase en mi ~** put yourself in my place; **tener ~** to take place, happen, occur. **(b)** *(espacio)* room, space; **¿hay ~?** is there any room?; **hacer ~ para** to make room for, make way for. **(c)** *(pueblo)* village, town, place. **(d)** *(fig: razón)* reason (*para* for), cause; *(ocasión)* opportunity; **no hay ~ para preocupaciones** there is no cause for concern; **si se me da el ~** if I have the chance; **dar ~ a** to give rise to, occasion; **dejar ~ a** to allow, permit of. **(e) ~ común** commonplace, cliché, platitude.
lugareño/a 1 *adj* village *(atr)*. **2** *nm/f* villager.
lugarteniente *nm* deputy.
lúgubre *adj* mournful, lugubrious.
lujo *nm* **(a)** *(gen)* luxury; **de ~** de luxe, luxury *(atr)*; **vivir en el ~** to live in luxury. **(b)** *(fig)* profusion, wealth, abundance; **con ~ de fuerza** with an excessive show of force.
lujoso *adj* luxurious.
lujuria *nf* lust, lechery, lewdness; *(fig)* excess.
lujuriante *adj* **(a)** *(rico)* luxuriant, lush. **(b)** *(lujurioso)* lustful.

lujuriar [1b] *vi* to lust.
lujurioso *adj* lustful, lecherous.
lulo *(Chi)* **1** *adj* **(a)** *(objeto)* long and cylindrical; *(individuo)* lank, slender. **(b)** *(carácter)* dull, colourless. **2** *nm* cylindrical object.
lumbago *nm* lumbago.
lumbre *nf* **(a)** fire; **cerca de la ~** near the fire, at the fireside; **echar ~** to be furious. **(b)** *(para cigarro etc)* light; **¿tienes ~?, ¿me das ~?** have you got a light? **(c)** *(luz)* light; *(brillo)* brightness, brilliance, splendour; *(Arquit)* (sky)light; **~ del agua** surface of the water.
lumbrera *nf* **(a)** *(Arquit)* skylight. **(b)** *(Mec)* vent, port; **~ de escape** exhaust vent. **(c)** *(fig)* leading light. **(d)** *(Méx: Taur, Teat)* box.
luminar *nm* = **lumbrera (c).**
luminaria *nf* altar lamp; **~s** illuminations, lights.
luminosidad *nf* **(a)** *(gen)* brightness, luminosity. **(b)** *(fig)* brightness, brilliance.
luminoso *adj* **(a)** *(gen)* bright, luminous, shining; *(letrero)* illuminated. **(b)** *(fig: idea etc)* bright, brilliant.
luna *nf* **(a)** moon; **~ creciente/llena/media/nueva/menguante** crescent/full/half-/new/waning moon; **~ de miel** honeymoon; **estar en la ~ de Valencia** to be in dreamland; **eso es hablar de la ~** that's nonsense; **vivir en la ~** to have one's head in the clouds. **(b)** *(vidrio: escaparate)* plate glass; *(: espejo)* mirror; *(: lente)* lens.
lunar 1 *adj* lunar. **2** *nm (Anat)* mole, spot; *(fig)* defect, flaw, blemish; *(moral)* stain, blot; **~ postizo** beauty spot.
lunático/a *adj, nm/f* lunatic.
lunes *nm inv* Monday; **hacer San L~** *(LAm)* to stay away from work on Monday; **no ocurre cada ~ y cada martes** it doesn't happen every day of the week; *véase* **sábado.**
luneta *nf* **(a)** lens, glass (of spectacles). **(b)** half-moon shape, crescent. **(c)** *(Méx Teat)* stall.
lunfardo *nm local slang of Buenos Aires.*
lupa *nf* magnifying glass.
lupanar *nm* brothel.
lúpulo *nm (Bot)* hop, hops.
lurio *adj (Méx)* in love; *(loco)* crazy, cracked *(fam).*
lusitano/a *adj, nm/f* Portuguese.
luso *adj* = **lusitano.**
lustrabotas *nm inv (LAm)* bootblack.
lustrada *nm (LAm: acto)* shoeshine.
lustrador *nm* **(a)** *(Téc)* polisher. **(b)** *(LAm: limpiabotas)* bootblack.
lustrar [1a] *vt* to shine, polish.
lustre *nm* **(a)** *(brillo)* shine, gloss, lustre; **dar ~ a** to polish, put a shine on. **(b)** *(sustancia)* polish; **~ para calzado/metales** shoe/metal polish. **(c)** *(fig)* lustre, glory.
lustrina *nf* **(a)** *(RPl)* shiny material of alpaca. **(b)** *(Chi)* shoe polish.
lustro *nm* period of five years.
lustroso *adj* glossy, bright, shining.
luteranismo *nm* Lutheranism.
luterano/a *adj, nm/f* Lutheran.
luto *nm* **(a)** *(gen)* mourning; *(duelo)* grief, sorrow; **~ riguroso** deep mourning; **estar de** *o* **vestir(se) de ~** to be in mourning (*por* for); **dejar el ~** to come out of mourning. **(b) ~s** mourning (clothes).
Luxemburgo *nm* Luxembourg.
luz *nf* **(a)** *(gen)* light; **~ y sombra** light and shade; **la ~ del día** the light of day; **a la ~ del día** *(fig)* in the cold light of day; **~ eléctrica** electric light; **~ de la luna/del sol** *o* **solar** moonlight/sunlight; **a la ~ de una vela** by the light of a candle; **a primera ~** at first light; **espectáculo de ~ y sonido** son et lumière show; **dar a ~ un niño** to give birth to a child; **dar a ~ un libro** to publish a book; **negar la ~ del día a uno** to concede absolutely nothing to sb; **quitar la ~ a uno** to stand in sb's light; **sacar a ~** to bring to light; *(libro)* to publish; **salir a ~** *(hecho)* to come to light; *(libro)* to come out; **ver la ~** to appear, come out; *(nacer)* to be born.
(b) *(Elec: fam)* electricity; **les cortaron la ~** their (electricity) supply was cut off.
(c) *(fig)* light; **a la ~ de** in the light of; **a la ~ de un nuevo descubrimiento** in the light of a new discovery; **a todas luces** by any reckoning.
(d) *(Elec etc)* light, lamp; **~ de costado** sidelight; **~ de cruce** dipped headlight; **~ intermitente/trasera** flashing/rear light; **luces de freno/de estacionamiento/de tráfico** brake/parking/traffic lights; **~ roja/verde** red/green light; **poner** *o* **encender/apagar la ~** to switch *o* turn *o* put the light on/off; **~ relámpago** *(Fot)* flashlight.
(e) *(Arquit)* space, span; *(RPl)* distance between two objects; **dar ~ a uno** *(RPl Dep)* to give sb a start.
(f) luces *(fig)* intelligence *sg*; **corto de luces, de pocas luces** dim, stupid; **el Siglo de las Luces** the Age of Enlightenment.

LL

Ll, ll ['eʎe] *nf (letra)* Ll, ll.
llaga *nf* **(a)** wound; *(úlcera)* ulcer, sore; **¡por las ~s!** damnation! **(b)** *(fig)* affliction, torment; **las ~s de la guerra** the havoc of war.
llagar [1h] *vt* to make sore; *(herir)* to wound, injure.
llama[1] *nf (Zool)* llama.
llama[2] *nf* **(a)** flame; **~ piloto** pilot light; **arder sin ~** to smoulder; **en ~s** burning, ablaze, in flames; **estallar en ~s** to burst into flames. **(b)** *(fig)* passion, ardour.
llamada *nf* **(a)** call; *(a la puerta: golpe)* knock; *(: timbre)* ring; *(Mil)* call to arms; **~ interurbana** *o* **a larga distancia** long-distance *o* trunk call; **~ a cobro revertido** reverse-charge call; **~ al orden** call to order. **(b)** *(gesto)* signal, sign, gesture. **(c)** *(Tip)* reference mark.
llamado 1 *adj* so-called. **2** *nm* = **llamada (a).**
llamador *nm* **(a)** *(visita)* caller. **(b)** *(aldaba)* door-knocker; *(timbre)* bell.
llamamiento *nm* call; **hacer un ~ a uno para que haga algo** to appeal to sb to do sth.
llamar [1a] **1** *vt* **(a)** *(nombrar)* to call, name; **le llamaron el Gordo** they called him Tubby; **¿cómo le van a ~?** what are they going to call him? **(b)** to call; *(convocar)* to summon; *(invocar)* to invoke, call upon; *(atraer con gesto)* to beckon;

(*Telec: tb* ~ **por teléfono**) to call, ring up, telephone (to); **¿quién me llama?** who's asking for me?; **que me llamen a las 7** please have them call me at 7; **le llamaron a palacio** they called *o* summoned him to the palace; **están llamando** *(LAm Telec)* the line is busy. **(c)** *(atraer)* to draw, attract; **me llamó la atención su traje** his suit attracted my attention; **el policía me llamó la atención** *(LAm)* the policeman gave me a warning *o* gave me a ticking-off *(fam)*; **no me llama la atención** *(fam)* I don't fancy it *(fam)*.

2 *vi* **(a)** *(gen)* to call; **¿quién llama?** *(Telec)* who's calling?, who's that?; ~ **por ayuda** to call for help. **(b)** *(a la puerta: aldaba)* to knock; *(: timbre)* to ring; ~ **a la puerta** to knock at the door; **¿quién llama?** who's there?

3 llamarse *vr* to be called, be named; **me llamo Mimi** my name is Mimi; **¿cómo te llamas?** what's your name?; **¡eso sí que se llama hablar!** now you're talking!, that's more like it!; **¡como me llamo Rodríguez, que lo haré!** as sure as my name's Rodríguez, I'll do it!

llamarada *nf* flare-up, sudden blaze; *(en rostro)* flush; *(fig)* flare-up, outburst.

llamativo *adj (ostentoso)* gaudy, flashy; *(color)* loud; **de modo** ~ in such a way as to draw attention.

llamear [la] *vi* to blaze.

llampo *nm (LAm)* ore.

llana *nf* **(a)** *(Geog)* plain. **(b)** *(Arquit)* trowel.

llanada *nf* flat ground.

llanamente *adv* **(a)** *(lisamente)* smoothly, evenly. **(b)** *(sin ostentaciones)* plainly, simply; *(sinceramente)* openly, frankly; *véase* **liso.**

llanca *nf (LAm)* copper ore; *(Per)* earthworm.

llanero *nm* plainsman.

llaneza *nf (fig: simplicidad)* plainness, simplicity; *(: franqueza)* openness, frankness.

llano 1 *adj* **(a)** *(superficie)* level, flat, smooth, even. **(b)** *(fig: sencillo)* plain, simple; *(: franco)* open, frank; **en lenguaje** ~ in plain language; **a la** ~**a** simply; **decir algo por lo** ~ to put matters bluntly; **de** ~ openly. **2** *nm* plain, flat ground.

llanta[1] *nf (esp LAm)* tyre; *(Sp)* inner tube; *(de rueda)* rim; ~ **de oruga** caterpillar track.

llanta[2] *nf (Bol, Per)* sunshade, awning.

llanto *nm* weeping, tears *pl*; *(fig)* lamentation; *(Lit)* dirge, lament; **dejar el** ~ to stop crying.

llanura *nf* **(a)** *(lisura)* flatness, smoothness, evenness. **(b)** *(Geog)* plain; *(pampa)* prairie.

llapa *nf véase* **yapa.**

llave *nf* **(a)** key; ~ **de contacto** *(Aut)* ignition key; ~ **maestra** skeleton *or* master key; **bajo** ~ under lock and key; **cerrar con** ~ to lock; **echar (la)** ~ **(a)** to lock up; **tener las** ~**s de la caja** *(fig)* to hold the purse strings. **(b)** *(de gas, agua)* tap, *(US)* faucet; *(Elec)* switch; ~ **de cierre** stopcock. **(c)** *(Mec)* spanner; ~ **ajustable** adjustable spanner; ~ **inglesa** monkey wrench.

llavero *nm* key ring.

llavín *nm* latch key.

llegada *nf* arrival, coming.

llegar [1h] **1** *vt* to bring up, bring over, draw up.

2 *vi* **(a)** to arrive; **por fin llegamos** we're here at last; **avíseme cuando llegue** tell me when he comes; **llegará en tren/bus** he will come by train/bus; **no llegues tarde** don't be late. **(b)** *(alcanzar)* to reach; *(bastar)* to be enough; *(sumar)* to amount to, equal; **esta cuerda no llega** this rope isn't long enough; **el importe llega a 50 pesos** the total is 50 pesos; **con ese dinero no va Ud a** ~ you won't have enough money; **hacer** ~ **el sueldo** to make (both) ends meet (on one's salary). **(c)** *(con verbo)* ~ **a hacer algo** *(gen)* to reach the point of doing sth; *(lograr)* to manage to do sth, succeed in doing sth; **por fin llegó a hacerlo** he managed to do it eventually; **llegué a creerlo** I believed it in the end; ~ **a saber algo** to find sth out; ~ **a ser famoso/el jefe** to become famous/the boss.

3 llegarse *vr* to come near, approach.

llenar [la] **1** *vt* **(a)** to fill *(de* with); *(superficie)* to cover *(de* with); *(espacio, tiempo)* to fill, take up *(de* with); *(documento)* to fill in, *(US)* fill out. **(b)** *(deber)* to fulfil; *(deseo)* to satisfy. **(c)** *(fig)* ~ **a uno de elogios** to heap praises on sb. **2 llenarse** *vr* **(a)** to fill (up) *(de* with); *(fam)* to stuff o.s. *(de* with). **(b)** *(fig)* to get cross, get annoyed.

lleno 1 *adj* full *(de* of), filled *(de* with); *(Ferro etc)* full up; **estar** ~ **a reventar** to be full to bursting; **estar** ~ **de sí mismo** to be full of o.s.; **de** ~ fully, entirely; **le dio de** ~ **en la cara** it hit him full in the face. **2** *nm* **(a)** *(fam)* abundance, plenty. **(b)** *(Teat)* full house, sellout. **(c)** *(Astron)* full moon.

llevadero *adj* bearable, tolerable.

llevar [la] **1** *vt* **(a)** *(gen)* to carry, take, transport; **¿me llevas esta carta?** will you take this letter for me?; **yo llevaba la maleta** I was carrying the case; ~ **adelante** *(fig)* to carry forward *o* out.

(b) *(ropa etc)* to wear; *(título etc)* to bear; **llevaba traje azul** he wore a blue suit; **no llevo dinero encima** *o* **conmigo** I have no money on me; **lleva un rótulo que dice ...** it has a label which says ...; **el tren no lleva coche-comedor** the train has no dining car.

(c) *(gente)* to take *(a* to); *(conducir)* to lead *(a* to); **este camino nos lleva a Bogotá** this road takes us to Bogotá; **le llevamos al teatro** we took him to the theatre; ~ **a uno de la mano** to lead sb by the hand.

(d) *(ruta)* to follow, keep to; **¿qué dirección llevaba?** what direction was he going in?

(e) *(premio etc)* to win, get, carry off.

(f) *(Agr)* to bear, produce; *(Com, Fin)* to bear, carry; **los bonos llevan un 8 por cien de interés** the bonds bear interest at 8%.

(g) *(vida)* to lead; ~ **una vida tranquila** to live *o* lead a quiet life.

(h) *(aguantar)* to bear, stand, put up with; ~ **las desgracias con paciencia** to bear misfortunes patiently.

(i) *(tiempo)* to spend; **¿cuánto tiempo llevas aquí?** how long have you been here?; **el tren lleva una hora de retraso** the train is an hour late.

(j) *(vb aux)* **llevo 3 meses buscándolo** I have been looking for it for 3 months.

(k) *(negocio etc)* to conduct, direct, manage; ~ **una finca** to manage an estate; ~ **los libros** *(Com)* to keep the books.

(l) ella me lleva 2 años she's 2 years older than I am; ~ **la ventaja** to be winning *o* in the lead; **les llevamos una gran ventaja** we have a great advantage over them.

(m) *(Mat)* to carry.

(n) ~ **a uno a creer que ...** to lead sb to think that ... .

(o) *(locuciones)* **la lleva hecha** he's got it all worked out; **llevo las de perder** I'm likely to lose, I'm in a bad way; **no las lleva todas consigo** he's not all there.

2 *vi (carretera)* to go, lead; **esta carretera lleva a La Paz** this road goes to La Paz.

3 llevarse *vr* **(a)** to carry off, take away, remove; **se lo llevaron al cine** they took him off to the cinema; **los ladrones se llevaron la caja** the thieves took the safe (away).

(b) ~ **bien** to get on well (together); **no se**

lleva bien con el jefe he doesn't get on *o* along with the boss.
(c) ~ a uno por delante *(LAm: ofender)* to offend sb; *(: maltratar)* to ride roughshod over sb.
lloquena *nf (LAm)* fish spear, harpoon.
llorar [la] **1** *vt* to weep over *o* for, cry about; *(lamentar)* to bewail, lament; *(difunto etc)* to mourn. **2** *vi* **(a)** to cry, weep; **¡no llores!** don't cry!; **~ a moco tendido** to sob one's heart out, cry uncontrollably. **(b)** *(ojos)* to water. **(c)** *(Chi)* to suit, be becoming, look nice *(a* on). **(d)** *(LAm)* to be very unbecoming.
lloricón/ona *nm/f* crybaby.
lloriquear [la] *vi* to snivel, whimper.
lloriqueo *nm* snivelling, whimpering.
llorisquear [la] *vi (LAm)* = **lloriquear.**
llorón/ona 1 *adj* weeping, tearful. **2** *nm/f* tearful person. **3 llorona** *nf* professional mourner.
lloroso *adj* weeping, tearful; *(triste)* sad.
llovedizo *adj* **(a)** *(techo)* leaky. **(b) agua ~a** rain-water.
llover [2h] *vi* **(a)** to rain; **llueve, está lloviendo** it is raining; **~ a cántaros** *o* **a cubos** *o* **a mares** to rain cats and dogs, pour (down); **ser una cosa llovida del cielo** to be a godsend; **llueve sobre mojado** it never rains but it pours. **(b)** *(fig)* to rain; **le llovieron regalos encima** he was showered with gifts.
llovida *nf (LAm)* rain, shower.
llovido *nm* stowaway.
llovizna *nf* drizzle.
lloviznar [la] **1** *vi* to drizzle. **2 lloviznarse** *vr* to get wet.
llueca *nf* broody hen.
lluvia *nf* rain; *(cantidad)* rainfall; *(fig: balas etc)* hail, shower; **día de ~** rainy day; **~ menuda** drizzle; **~ radiactiva** (radioactive) fallout; **una ~ de regalos** a shower of gifts.
lluvioso *adj* rainy, wet.

M

M, m ['eme] *nf (letra)* M, m.
m *abr de* **metro**[1] m; **minuto** m.
maca *nf (defecto)* flaw; *(mancha)* spot; *(en fruta)* bruise.
macabro *adj* macabre.
macaco 1 *adj (LAm: deforme)* deformed, misshapen; *(: feo)* ugly. **2** *nm* **(a)** *(Zool)* rhesus monkey. **(b)** *(Méx)* bogeyman; *(: fam)* runt, squirt.
macadán *nm* macadam.
macagua *nf (LAm)* macaw.
macana *nf (LAm: porra)* club, truncheon; *(: fig: mentira)* lie, fib; *(: tontería)* piece of nonsense; **¡qué ~!** *(RPl)* what a bind!; **¡~!** *(LAm)* it's all lies!
macanear [1a] *vi (LAm: mentir)* to lie, tell tall stories; *(: decir tonterías)* to talk nonsense *o* rubbish *(fam)*.
macanudo *adj (LAm fam)* great *(fam)*, superb.
macarrón[1] *nm (tb* **~ de almendras**) macaroon.
macarrón[2] *nm (Náut)* bulwark, stanchion.
macarrones *nmpl* macaroni.
macarse [1g] *vr* to go bad, rot.
macear [1a] **1** *vt* to hammer, pound. **2** *vi* = **machacar 2.**
maceración *nf* maceration; *(fig)* mortification.
macerar [1a] *vt* to macerate; *(avergonzar)* to mortify.
maceta 1 *adj (RPl)* slow, sluggish. **2** *nf* **(a)** *(tiesto)* flower *o* plant pot; *(LAm)* bouquet, bunch of flowers. **(b)** *(martillo)* mallet. **(c)** *(asa)* handle.
macetero *nm* flowerpot stand *o* holder; *(LAm: maceta)* flowerpot.
macetón *nm (para plantas)* tub.
macicez *nf* massiveness, solidity; *(gordura)* stoutness.
macilento *adj (pálido)* pale, wan; *(demacrado)* haggard, emaciated.
macillo *nm (Mús)* hammer.
macis *nf (Culin)* mace.
macizo 1 *adj (de una pieza)* solid; *(sólido, fuerte)* solidly made; *(: persona)* solid, stoutly built; *(grande)* massive. **2** *adv (CAm, Méx)* quickly, fast. **3** *nm* **(a)** mass; *(trozo)* lump, solid piece. **(b)** *(Geog)* massif. **(c)** *(de plantas)* bed, plot. **(d)** *(Aut)* solid tyre. **(e)** *(Arquit)* stretch, section (of a wall); *(: de edificios)* group.
macolla *nf* bunch, cluster.
macro... *pref* macro... .
macuco 1 *adj (LAm: astuto)* crafty, cunning; *(: grande)* big, great; *(: demasiado grande)* overgrown. **2** *nm (LAm: grandullón)* overgrown boy.
mácula *nf* **(a)** *(gen, fig)* stain, blemish; *(Anat)* blind spot. **(b)** *(fig: trampa)* trick.
macular [1a] *vt* to stain, spot.
macuto *nm (Mil)* knapsack.
machaca 1 *nf (aparato)* crusher, pounder. **2** *nmf (persona)* nag(ger).
machacadora *nf* crushing machine.
machacar [1g] **1** *vt* **(a)** *(hacer polvo)* to crush, pound; *(moler)* to grind (up); *(aplastar)* to mash. **(b)** *(hacer pedazos)* to knock to bits; *(enemigo)* to maul, crush; *(en discusión)* to crush, flatten; *(precio)* to slash. **2** *vi* **(a)** *(insistir)* to go on, keep on (about sth); *(regañar)* to nag; *véase* **hierro. (b)** *(Univ etc)* to swot *(fam)*. **3 machacarse** *vr (fam)* **~ el verano** to spend the summer swotting *(fam)*.
machacón/ona 1 *adj (pesado)* tiresome; *(insistente)* insistent; *(monótono)* monotonous. **2** *nm/f* pest, bore.
machado *nm* hatchet.
machamartillo: a ~ *adv:* **creer a ~** *(firmemente)* to believe firmly; *(ciegamente)* to believe blindly; **cumplir a ~** to carry out a task to the letter.
machaqueo *nm* crushing, pounding.
machaquería *nf (molestia)* tiresomeness; *(insistencia)* insistence, harping on (a subject); *(monotonía)* monotony.
machetazo *nm (LAm)* blow *o* slash with a machete.
machete *nm (LAm)* machete, cane knife, big knife.
machetear [1a] **1** *vt (LAm: caña etc)* to cut down with a machete; *(: persona)* to slash *o* wound *o* stab with a machete. **2** *vi* **(a)** *(LAm: insistir)* to insist, be stubborn. **(b)** *(Méx: trabajar)* to work; *(: estu-*

diante) to plod on.

machetero *nm* **(a)** *(LAm Agr)* cane cutter. **(b)** *(Méx: esclavo)* slave, drudge. **(c)** *(estudiante)* plodding student.

machi *nm,* **machí** *nm (LAm)* medicine man.

machiega *nf* queen bee.

machihembrado *nm* dovetail (joint).

machihembrar [1a] *vt* to dovetail.

machina *nf (grúa)* crane, derrick; *(martinete)* pile driver.

machismo *nm* (cult of) virility *o* masculinity.

machista *nm* male chauvinist.

macho 1 *adj* **(a)** *(Bio)* male. **(b)** *(fig: varonil)* masculine; *(fuerte)* strong, tough. **(c)** *(Mec)* male. **2** *nm* **(a)** *(Bio)* male; *(mulo)* mule; ~ **cabrío** he-goat, billy-goat. **(b)** *(Mec: perno)* pin, peg; *(Elec)* pin, plug; *(Cos)* hook. **(c)** *(Téc)* sledgehammer. **(d)** *(Arquit)* buttress. **(e)** *(fig: persona)* tough guy *(US fam)*, he-man *(fam)*. **(f)** *(LAm)* **parar el ~ a uno** *(retener)* to restrain sb; *(desanimar)* to take the wind out of sb's sails.

machón *nm* buttress.

machota *nf* **(a)** *(Téc)* hammer, mallet. **(b) a la ~** *(LAm)* carelessly; *(CAm)* rudely, roughly.

machote *nm* **(a)** *(fam)* tough guy *(US fam)*, he-man *(fam)*. **(b)** *(LAm: borrador)* rough draft; *(: modelo)* model. **(c)** *(Méx: forma en blanco)* blank form.

machucar [1g] *vt* **(a)** *(aplastar)* to pound, crush; *(golpear)* to beat; *(magullar)* to dent; *(dañar)* to knock about, damage. **(b)** *(Med)* to bruise. **(c)** *(LAm: caballo)* to tire out.

machucón *nm (LAm)* bruise.

machucho *adj* **(a)** *(mayor)* elderly. **(b)** *(juicioso)* prudent. **(c)** *(LAm: astuto)* cunning, sly.

madama *nf (LAm)* madam, brothel keeper.

madeja *nf (de lana)* skein, hank; *(de pelo)* mass, mop; **se está enredando la ~** the plot thickens.

madera *nf* **(a)** wood; **~ (de construcción)** timber; **una ~** a piece of wood; **~ contrachapada** *o* **laminada** plywood; **~ de deriva** driftwood; **~ fósil** lignite. **(b)** *(Zool)* horny part of hoof. **(c)** *(fig)* nature, temperament; *(: aptitud)* aptitude; **tiene buena ~** he's made of solid stuff; **tiene ~ de futbolista** he's got the makings of a footballer.

maderable *adj:* **árbol ~** tree useful for its wood.

maderaje *nm,* **maderamen** *nm* timber, wood; *(trabajo)* woodwork, timbering.

maderero 1 *nm* timber merchant, lumberman. **2** *adj* timber, wood.

madero *nm* **(a)** *(viga)* beam; *(tronco)* log; *(madera)* (piece of) timber. **(b)** *(fig)* ship, vessel. **(c)** *(fam)* oaf, blockhead.

Madona *nf* Madonna.

madrastra *nf* stepmother; *(fig)* unloving mother.

madre 1 *adj* **(a)** mother; **lengua ~** native language. **(b)** *(LAm fam)* tremendous *(fam)*, terrific *(fam)*.

2 *nf* **(a)** mother; *(en asilo etc)* matron; **~ adoptiva** foster mother; **~ política** mother-in-law; **~ de Dios** Mother of God; **¡~ de Dios!** good heavens!; **~ soltera** unmarried mother; **futura ~** expectant mother, mother-to-be; **su señora ~** your mother; **sin ~** motherless; **¡~ mía!** oh dear!; **ahí está la ~ del cordero** that's just the trouble. **(b)** *(fam!)* **¡la ~!, ¡tu ~!** fuck off *(fam!)*, fuck you *(fam!)*; **mentar la ~ a uno** to insult sb violently. **(c)** *(fig: origen)* origin, cradle. **(d)** *(en juegos)* **la ~** home. **(e)** *(Anat)* womb. **(f)** *(de río)* bed; **sacar de ~ a uno** to upset sb; **salirse de ~** *(río)* to burst its banks; *(persona)* to lose all self-control; *(proceso etc)* to go beyond its normal limits. **(g)** *(de vino etc)* dregs, sediment. **(h)** *(Agr: acequia)* main channel, main irrigation ditch; *(Téc: alcantarilla)* main sewer.

madreperla *nf* mother-of-pearl.

madrero *adj:* **es muy ~** he's tied to his mother's apron strings.

madreselva *nf* honeysuckle.

madrigal *nm* madrigal.

madriguera *nf* **(a)** *(Zool)* den, burrow. **(b)** *(fig)* den.

madrileño/a 1 *adj* of Madrid. **2** *nm/f* native *o* inhabitant of Madrid.

Madriles *nmpl:* **Los ~** *(fam)* Madrid.

madrina *nf* **(a)** godmother; *(de empresa etc)* patron(ess), protectress; **~ de boda** bridesmaid. **(b)** *(Arquit etc)* prop, shore; *(Téc)* brace. **(c)** *(Agr)* leading mare. **(d)** *(LAm)* tame animal *(used in breaking in or catching others)*.

madroño *nm (Bot)* strawberry tree, arbutus; *(borla)* tassel.

madrugada *nf* early morning, small hours; *(alba)* dawn, daybreak; **a las 4 de la ~** at 4 o'clock in the morning, at 4 a.m.

madrugador(a) 1 *adj* early rising, who gets up early. **2** *nm/f* early riser; *(fig)* early bird.

madrugar [1h] **1** *vt (LAm)* **~ a uno** to forestall *o* get in ahead of sb. **2** *vi* **(a)** to get up early; *(de costumbre)* to be an early riser. **(b)** *(anticiparse)* to get a head start, get in first; *(Dep, fig)* to jump the gun.

madrugón *nm:* **darse** *o* **pegarse un ~** to get up terribly early.

maduración *nf* ripening, maturing.

madurar [1a] **1** *vt* **(a)** *(fruta)* to ripen. **(b)** *(fig: persona)* to mature; *(: hacer fuerte)* to toughen (up); *(: proyecto etc)* to think out. **2** *vi* **(a)** *(fruta)* to ripen. **(b)** *(fig)* to mature. **3 madurarse** *vr* to ripen.

madurez *nf* **(a)** ripeness. **(b)** *(fig: carácter, edad)* maturity; *(sabiduría)* sageness, wisdom.

maduro 1 *adj* **(a)** *(fruta)* ripe; **poco ~** unripe, underripe. **(b)** *(fig: carácter)* mature; *(: tranquilo)* mellow; **de edad ~a** middle-aged; **el divieso está ~** the boil is about to burst. **2** *nm (LAm)* banana.

maesa *nf* queen bee.

maestra *nf* **(a)** *(lit, fig)* teacher. **(b)** *(abeja)* queen bee. **(c)** *(Arquit)* guide line.

maestranza *nf* **(a)** *(Mil)* arsenal, armoury; *(Náut)* naval dockyard. **(b)** *(personal)* staff of an arsenal/dockyard. **(c)** *(LAm)* machine shop.

maestrear [1a] *vt* **(a)** *(dirigir)* to direct, manage. **(b)** *(Agr: podar)* to prune.

maestría *nf (dominio)* mastery; *(habilidad)* skill, expertise; *(Univ)* Master's degree.

maestro 1 *adj* **(a)** masterly; *(perito)* skilled, expert. **(b)** *(Téc: principal)* main, principal; *(llave, viga)* master *(atr)*; **obra ~a** masterpiece. **(c)** *(abeja)* **abeja ~a** queen bee. **(d)** *(animal)* trained. **2** *nm* **(a)** master; *(profesor)* teacher; *(autoridad)* authority; *(Téc)* master craftsman. **(b) ~ albañil/sastre** master mason/tailor. **(c)** *(Mús)* maestro. **(d) ~ de armas** *o* **de esgrima** fencing master; **~ de cocina** chef; **~ de obras** master builder, foreman. **(e)** *(LAm)* skilled workman, craftsman.

Mafia *nf* Maf(f)ia; *(camarilla)* closed circle, clique; *(traficantes)* gang, ring.

mafioso *nm (LAm)* gangster.

Magallanes *nm:* **Estrecho de ~** Magellan Strait.

maganto *adj* **(a)** *(macilento)* wan, wasted. **(b)** *(fig: preocupado)* worried; *(triste)* lifeless, dull.

maga(n)zón *nm (LAm)* lazy person, idler, loafer.

magia *nf* magic; **por arte de ~** (as if) by magic.

mágico 1 *adj* magic, magical. **2** *nm* magician.
magín *nm (fam: fantasía)* fancy, imagination; *(: mente)* mind; **todo eso salió de su ~** it's all a figment of his imagination.
magisterio *nm* **(a)** *(enseñanza)* teaching; *(profesión)* teaching profession; *(maestros)* teachers *(collectively)*. **(b)** *(fig: pedantería)* pompousness, pedantry.
magistrado *nm* magistrate, judge.
magistral 1 *adj* magisterial; *(fig: dominante)* masterly; *(: pedante)* pompous, pedantic. **2** *nm* wall clock.
magistratura *nf* magistracy.
magnanimidad *nf* magnanimity.
magnánimo *adj* magnanimous.
magnate *nm* magnate, tycoon; **~ de la prensa** press baron.
magnavoz *nm (Méx)* loudspeaker.
magnesia *nf* magnesia.
magnesio *nm (Quím)* magnesium; *(Fot)* flash.
magnético *adj* magnetic.
magnetismo *nm* magnetism.
magnetizar [1f] *vt* to magnetize.
magneto *nf* magneto.
magnetofón *nm*, **magnetófono** *nm* tape recorder.
magnetofónico *adj*: **cinta ~a** recording tape.
magnificar [1g] *vt* to praise, extol.
magnificencia *nf* **(a)** splendour, magnificence. **(b)** *(generosidad)* lavishness, generosity.
magnífico *adj* splendid, wonderful, magnificent; **¡~!** splendid!, that's great!
magnitud *nf* magnitude *(tb Astron)*; **de primera ~** *(Astron)* of the first magnitude.
magnolia *nf* magnolia.
mago *nm* magician, wizard; **los Reyes M~s** the Magi, the Three Wise Men.
magra *nf* **(a)** *(de carne)* lean part. **(b)** *(tajada)* slice, rasher.
magrear [1a] *vt (fam)* to touch up.
magrez *nf* leanness.
magro *adj* **(a)** *(persona)* thin, lean. **(b)** *(carne)* lean; *(porción)* meagre. **(c)** *(tierra)* poor, thin.
magrura *nf* leanness.
maguarse [1i] *vr (LAm)* **(a)** *(fiesta)* to be a failure, be spoiled. **(b)** *(persona: decepcionarse)* to suffer a disappointment; *(deprimirse)* to get depressed.
maguey *nm (Bot)* maguey.
magulladura *nf* bruise.
magullar [1a] *vt (amoratar)* to bruise; *(dañar)* to hurt, damage; *(fam: golpear)* to batter.
magullón *nm (LAm)* bruise.
mahometanismo *nm* Mahommedanism.
mahometano/a *adj, nm/f* Mahommedan.
maicena *nf (LAm)* cornflour, *(US)* corn starch.
maicero *adj* maize *(atr)*, *(US)* corn *(atr)*.
maillot [ma'jot] *nm* swimming costume; *(Dep)* jersey, vest.
maitines *nmpl* matins.
maître ['maitre] *nm* head waiter.
maíz *nm* maize, *(US)* corn, sweet corn, Indian corn.
maizal *nm* maize field, *(US)* cornfield.
majada *nf* **(a)** *(corral)* sheepfold. **(b)** *(estiércol)* dung.
majaderear [1a] *vt (LAm)* to nag.
majadería *nf* **(a)** *(tontería)* silliness; *(sin sentido)* absurdity. **(b) una ~** a silly thing, an absurdity; **~s** nonsense *sg*.
majadero/a 1 *adj (tonto)* silly, stupid; *(asqueroso)* rotten *(fam)*, lousy *(fam)*. **2** *nm/f* **(a)** *(tonto)* idiot, fool; *(sinvergüenza)* villain; **¡~!** you idiot! **(b)** *(Téc)* pestle. **(c)** *(canilla)* bobbin.
majador *nm* pestle.
majar [1a] *vt* **(a)** *(aplastar)* to pound, crush, mash; *(Med)* to bruise. **(b)** *(fam: molestar)* to bother, pester.
majareta *adj (fam)* cracked, potty *(fam)*.
majestad *nf* majesty; **Su M~** His/Her Majesty; **(Vuestra) M~** Your Majesty.
majestuosidad *nf* majesty.
majestuoso *adj* majestic, stately, imposing.
majo *adj* **(a)** nice; *(guapo)* attractive, good-looking. **(b)** *(elegante)* smart, natty; *(pey: ostentoso)* flashy.
mal 1 *adv* **(a)** badly; *(equivocadamente)* wrongly; *(con dificultad)* with difficulty; **me cae ~ su amigo** I don't like his friend; **hablar ~ de uno** to speak ill of sb; **hace ~ en mentir** he is wrong to lie; **oigo/veo ~** I can't hear/see very well; **huele ~** it smells bad; **sabe ~** it tastes nasty; **estar ~** to be ill; **sentirse ~** to feel ill *o* bad; *(mareado)* to feel sick; **está muy ~ escrito** it's very badly written; **lo hice lo menos ~ que pude** I did it as well as I could; **me entendió ~** he misunderstood me; **~ puedo hablar yo de este asunto** I'm hardly the right person to talk to about this. **(b)** *(locuciones)* **~ que bien** one way or another; **por bien o por ~** rightly or wrongly; **ir de ~ en peor** to go from bad to worse, get worse; **¡menos ~!** that's a relief!; **menos ~ que ...** it's just as well (that) ..., it's a good job (that) ...; **si ~ no recuerdo** if my memory serves me right.

2 *conj*: **~ que le pese** whether he likes it or not.

3 *adj véase* **malo 1.**

4 *nm* **(a)** evil, wrong; **el bien y el ~** good and evil; **caer en el ~** to fall into evil ways; **el ~ está en que ...** the trouble is (that) ...; **estar a ~ con uno** to be on bad terms with sb; **no hay ~ que por bien no venga** it's an ill wind that blows nobody any good; **parar en ~** to come to a bad end. **(b)** *(daño)* harm, damage; *(desgracia)* misfortune; **hablar ~ de uno** to speak ill of sb; **llevar** *o* **tomar algo a ~** to take sth badly. **(c)** *(Med: enfermedad)* disease, illness; *(fig: sufrimiento)* suffering; **~es** *(fig)* ills; **~ caduco** epilepsy; **~ de mar** seasickness; **~ de ojo** evil eye; **~ de la tierra** homesickness; **hacer ~ a uno** to be bad for sb; **darse ~** to torment o.s. **(d)** *(LAm Med)* epileptic fit.
mala *nf (saco)* mailbag; *(correo)* mail, post.
malabar *adj*: **juegos ~es** juggling *sg*.
malabarismo *nm* **(a)** juggling, conjuring. **(b) ~s** *(fig)* juggling *sg*, balancing act *sg*.
malabarista *nmf* juggler, conjurer.
malacate *nm* winch, capstan; *(CAm)* spindle; **parece ~** *(LAm)* he's always on the go.
malaconsejado *adj* ill-advised.
malacostumbrado *adj* **(a)** *(de malos hábitos)* having bad habits. **(b)** *(consentido)* spoiled.
malacostumbrar [1a] *vt (CAm)* **~ a uno** to get sb into bad habits.
malacrianza *nf (LAm)* = **malcriadez.**
malagradecido *adj* ungrateful.
malagueño/a 1 *adj* of *o* from Málaga. **2** *nm/f* native *o* inhabitant of Málaga.
malanga *nf (CAm) tuber resembling a sweet potato.*
malapata *nmf (fam)* pest, nuisance.
malaria *nf* malaria.
Malasia *nf* Malaysia.
malasombra *nmf (fam)* = **malapata.**
malavenido *adj* incompatible; **estar ~s** to be in disagreement *o* in conflict.
malaya[1] *interj (LAm)* damn!
malayo/a[2] **1** *adj* Malay(an). **2** *nm/f* Malay. **3** *nm (idioma)* Malay.

malbaratar [1a] *vt (Com: malvender)* to sell off cheap, sell at a loss; *(fig: malgastar)* to squander.
malcarado *adj* ugly, grim-faced.
malcasado *adj (infeliz)* unhappily married; *(infiel)* errant, unfaithful.
malcontento/a 1 *adj* discontented. **2** *nm/f* malcontent.
malcriadez *nf (LAm)* bad breeding, lack of breeding.
malcriado *adj (grosero)* rude, bad-mannered; *(consentido)* spoiled.
malcriar [1c] *vt* to spoil, pamper.
maldad *nf* **(a)** evil, wickedness. **(b) una ~** a wicked thing.
maldecir [3p] **1** *vt* **(a)** to curse. **(b)** *(odiar)* to loathe, detest. **2** *vi* **(a) ~ de** to speak ill of. **(b) ~ de** *(fig: quejarse)* to complain bitterly of.
maldiciente 1 *adj (quejumbroso)* that speaks ill of everything, forever criticizing; *(grosero)* foul-mouthed. **2** *nmf* grumbler.
maldición *nf* curse; **¡~!** curse it!, damn!
maldispuesto *adj* ill-disposed; *(Med)* ill, indisposed.
maldita *nf (lengua)* tongue; **soltar la ~** *(hablar demasiado)* to talk too much; *(expresarse con enojo)* to explode angrily, blow up *(fam)*.
maldito 1 *adj* **(a)** damned, accursed. **(b)** *(condenado)* damned; **¡~ sea!** damn it!; **ese ~ niño** wretched child; **~ lo que me importa** I don't care a damn; **no le hace ~ (el) caso** he doesn't take a blind bit of notice. **(c)** *(maligno)* wicked. **(d)** *(Méx: astuto)* crafty. **2** *nm* **(a) el ~** the devil. **(b)** *(Teat)* extra.
maleable *adj* malleable.
maleante 1 *adj (malo)* wicked; *(pícaro)* villainous, rascally; *(indeseable)* unsavoury. **2** *nmf (malhechor)* crook, villain, malefactor *(frm)*; *(vago)* vagrant.
malear [1a] **1** *vt (arruinar)* to damage, spoil; *(tierra)* to sour; *(fig: corromper)* to corrupt, pervert. **2 malearse** *vr (dañarse)* to spoil, be harmed; *(corromperse)* to be corrupted.
malecón *nm* pier, jetty.
maledicencia *nf* slander, scandal.
maleficiar [1b] *vt* **(a)** *(hechizar)* to bewitch, cast an evil spell on. **(b)** *(dañar)* to harm, damage.
maleficio *nm (hechizo)* curse, spell; *(brujería)* witchcraft.
maléfico *adj* harmful, evil.
malentendido *nm* misunderstanding.
malestar *nm* **(a)** *(Med: incomodidad)* discomfort; *(: enfermedad)* indisposition; **siento un ~ en el estómago** my stomach is upset. **(b)** *(fig: inquietud)* uneasiness; *(: irritación)* annoyance; *(Pol etc)* unrest.
maleta[1] *adj* **(a)** *(LAm: travieso)* naughty, mischievous; *(: malo)* wicked. **(b)** *(RPl: tonto)* stupid, useless; *(: astuto)* sly. **(c)** *(LAm: vago)* lazy.
maleta[2] **1** *nf* **(a)** (suit)case; *(saco)* travelling bag; **hacer la(s) ~(s)** to pack (up); **ya puede ir preparando las ~s** *(fig)* he's on his way out, he'll not last much longer. **(b)** *(Aut)* boot, *(US)* trunk. **(c)** *(LAm: flojo)* lazy person, idler. **(d)** *(RPl: de caballo)* saddlebag. **(e)** *(CAm: fajo de ropa)* bundle of clothes; *(: joroba)* hump. **2** *nm (fam, Taur)* bungler, clumsy beginner; *(Dep)* poor player; *(Teat)* ham.
maletera *nf* **(a)** *(LAm Aut)* boot, *(US)* trunk. **(b)** *(LAm: de caballo etc)* saddlebag.
maletero *nm* **(a)** *(Aut)* boot, *(US)* trunk. **(b)** *(persona)* porter.
maletín *nm (maleta)* small case; *(portafolio)* briefcase, attaché case; **~ de excursiones** picnic case; **~ de grupa** *(Mil)* saddlebag.
maletudo *(LAm)* **1** *adj* hunchbacked. **2** *nm* hunchback.
malevo/a *nm/f (RPl)* malefactor.
malevolencia *nf* malevolence, spite.
malévolo *adj* malevolent, spiteful.
maleza *nf* **(a)** *(Agr)* weeds. **(b)** *(matas)* scrub, undergrowth; *(zarza)* thicket.
malgastador(a) 1 *adj* spendthrift, wasteful. **2** *nm/f* spendthrift.
malgastar [1a] *vt (tiempo)* to waste; *(recursos)* to squander; *(salud)* to ruin.
malgeniado *adj*, **malgenio(so)** *adj (LAm)* bad-tempered.
malhablado *adj (grosero)* coarse, rude; *(que dice groserías)* foul-mouthed.
malhaya *interj (LAm)* damn!
malhecho *nm* misdeed.
malhechor(a) *nm/f* malefactor, criminal.
malhumorado *adj* bad-tempered, cross.
malicia *nf* **(a)** *(maldad)* wickedness. **(b)** *(intención)* spite, malice; **lo dije sin ~** I said it without malice. **(c)** *(de animal)* viciousness, vicious nature; *(de niño: travesura)* mischief; *(: carácter)* mischievous nature. **(d)** *(de mirada, chiste etc)* roguishness, naughtiness, provocative nature. **(e)** *(astucia)* slyness, guile. **(f) ~s** suspicions.
maliciarse [1b] *vr* to suspect, have one's suspicions.
malicioso *adj* **(a)** *(malo)* wicked, evil. **(b)** *(malintencionado)* ill-intentioned; *(rencoroso)* spiteful, malicious. **(c)** *(violento)* vicious; *(travieso)* mischievous. **(d)** *(pícaro)* roguish, naughty. **(e)** *(astuto)* sly, crafty.
malignidad *nf* **(a)** *(Med)* malignancy. **(b)** *(maldad)* evil nature, viciousness; *(daño)* harmfulness; *(rencor)* malice.
maligno 1 *adj* **(a)** *(Med)* malignant, pernicious. **(b)** *(malo)* evil, vicious; *(dañino)* pernicious, harmful; *(rencoroso)* malicious. **2** *nm:* **el ~** the devil.
malintencionado *adj (comentario)* hostile; *(persona)* malicious.
malísimo *adj* very bad, dreadful, appalling.
malmandado *adj (desobediente)* disobedient; *(terco)* obstinate, bloody-minded *(fam)*.
malmirado *adj* **(a) estar ~** to be disliked. **(b)** *(desconsiderado)* thoughtless, inconsiderate.
malnutrido *adj* undernourished.
malo/a 1 *adj* **(mal** *before m sg noun)* **(a)** bad; *(calidad)* poor; *(miserable)* wretched; *(espantoso)* dreadful; *(parte del cuerpo)* sore; *(niño)* naughty, disobedient; **este papel es ~ para escribir** this paper is no good for writing; **ir por mal camino** to be on the wrong road; **¡no seas ~!** don't be naughty!, behave yourself!; **soy ~ para las matemáticas** I'm no good at maths. **(b)** *(Med)* **estar ~** to be ill; **sentirse ~** to feel ill *o* bad; **ponerse ~ de risa** to die laughing. **(c)** *(difícil)* difficult, hard; **es un animal ~ de domesticar** it's a difficult animal to tame. **(d)** *(locuciones)* **¡~!** oh dear!, that's bad!; **lo ~ es que ...** the trouble is that ...; **a la ~a** if the worst comes to the worst; *(LAm: a la fuerza)* by force, forcibly; *(: en forma traicionera)* treacherously; **andar a ~as con uno** to be on bad terms with sb; **ponerse a ~as con uno** to fall out with sb; **estar de ~as** *(sin suerte)* to be out of luck; *(de mal humor)* to be in a bad mood; **venir de ~as** to have evil intentions; **por las ~as** by force, willy-nilly.
2 *nm* **(a)** *(Rel)* **el ~** the devil. **(b)** *(Teat)* villain; *(Cine)* bad guy *(fam)*.
3 mala *nf* spell of bad luck.

malogrado *adj* **(a)** *(proyecto etc)* abortive; *(esfuerzo etc)* wasted. **(b)** *(persona)* who died before his time.
malograr [1a] **1** *vt (arruinar)* to spoil, upset; *(desperdiciar)* to waste. **2 malograrse** *vr* **(a)** *(proyecto etc)* to fail, miscarry. **(b)** *(LAm: máquina etc)* to go wrong. **(c)** *(persona)* to die before one's time, die early.
malogro *nm* **(a)** *(fracaso)* failure; *(desperdicio)* waste. **(b)** *(muerte)* early death, untimely end.
maloliente *adj* stinking, smelly.
malón *nm (LAm: gamberro)* tough, bully.
malparado *adj:* **salir ~** to come off badly *o* worst.
malparar [1a] *vt (dañar)* to damage, harm; *(debilitar)* to impair; *(maltratar)* to ill-treat.
malparir [3a] *vt* to have a miscarriage.
malparto *nm* miscarriage.
malpensado *adj* evil-minded.
malquerencia *nf* dislike.
malquistar [1a] **1** *vt:* **~ a dos personas** to cause a rift between two people. **2 malquistarse** *vr* **(a)** **~ con uno** to fall out with sb. **(b)** *(dos personas)* to fall out, become estranged.
malquisto *adj:* **estar ~** to be disliked, be unpopular; **los dos están ~s** the two are estranged.
malsano *adj* **(a)** *(clima etc)* unhealthy. **(b)** *(Med)* sickly; *(mente)* sick, morbid.
malsonante *adj (palabra)* nasty, rude.
malsufrido *adj* impatient.
Malta *nf* Malta.
malta *nf* malt.
malteada *nf (tb* **leche ~***)* milk shake.
maltés/esa *adj, nm/f* Maltese.
maltraer [2p] *vt* **(a)** *(abusar)* to insult, abuse. **(b)** *(maltratar)* to ill-treat.
maltraído *adj (LAm)* shabby, untidy.
maltratamiento *nm* = **maltrato.**
maltratar [1a] *vt* **(a)** *(persona)* to ill-treat, maltreat; *(cosas)* to handle roughly, damage. **(b)** *(tb* **~ de palabra***)* to abuse, insult.
maltrato *nm* **(a)** *(de persona)* rough treatment; *(daño)* damage. **(b)** *(abuso)* abuse, insults.
maltrecho *adj (golpeado)* battered, damaged; *(lastimado)* injured.
malucho *adj (Med fam)* poorly, under the weather.
malva *nf* mallow; **~ loca** *o* **real** *o* **rósea** hollyhock; **(de) color de ~** mauve.
malvado 1 *adj* evil, wicked. **2** *nm* villain.
malvavisco *nm* marshmallow.
malvender [2a] *vt* to sell off cheap *o* at a loss.
malversación *nf* embezzlement, misappropriation.
malversador *nm* embezzler.
malversar [1a] *vt:* **~ fondos** to embezzle *o* misappropriate funds.
Malvinas *adj:* **Islas** *nfpl* **~** Falkland Islands.
malviviente *nmf (Méx)* = **maleante 2.**
malvón *nm (LAm)* geranium.
malla *nf* **(a)** *(de una red)* mesh; *(red)* network; **~ de alambre** wire mesh *o* netting; **hacer ~** to knit. **(b)** *(para ballet etc)* leotard. **(c) ~ (de baño)** swimming costume. **(d)** *(medias etc)* tights. **(e)** *(Dep)* **las ~s** the net *sg.*
mallo *nm* mallet.
Mallorca *nf* Majorca.
mallorquín/ina *adj, nm/f* Majorcan.
mama *nf (Med)* mammary gland; *(de mujer)* breast; *(de animal)* teat.
mamá *nf (fam)* **(a)** mummy *(fam)*, mum *(fam)*, *(US)* mom, *(gen US)* mamma. **(b)** *(LAm)* mother; **futura ~** expectant mother, mother-to-be.
mamada *nf* **(a)** *(chupada)* suck; *(hora)* feeding time. **(b)** *(LAm: cosa fácil)* cinch *(fam)*; *(: trabajo)* soft job, sinecure; *(: ganga)* bargain.
mamadera *nf (LAm: teta)* rubber teat; *(: biberón)* feeding bottle.
mamado *adj (LAm)* drunk.
mamagrande *nf (LAm)* grandmother.
mamandurria *nf (LAm)* = **mamada (b).**
mamantear [1a] *vt (CAm)* **(a)** *(mamar)* to nurse, feed, suckle. **(b)** *(fig: mimar)* to spoil, pamper.
mamar [1a] **1** *vt* **(a)** *(chupar)* to suck. **(b)** *(fig: asimilar)* to absorb, assimilate. **(c)** *(fam: comida)* to wolf, bolt; *(: recursos)* to milk, suck dry; *(: fondos)* to pocket (illegally); **¡cómo la mamamos!** this is the life!, we never had it so good! **2** *vi* to suck; **dar de ~ a** to feed, suckle. **3 mamarse** *vr* **(a)** *(ventaja, puesto etc)* to wangle *(fam)*, fiddle *(fam)*; *(: conseguirse)* to land, manage to get. **(b) ~ un susto** to get a fright. **(c) ~ a uno** *(aventajar)* to get the best of sb; *(LAm: engañar)* to cheat sb. **(d)** *(esp LAm: emborracharse)* to get tight.
mamario *adj* mammary.
mamarracha *nf*, **mamarracho** *nm* mess, botch; *(persona)* sight, scarecrow.
mameluco *nm* **(a)** *(fam)* chump *(fam)*, idiot. **(b)** *(LAm: mono)* overalls; *(tb* **~s de niño***)* rompers.
mamey *nm (LAm)* mamey, mammee.
mamífero 1 *adj* mammalian, mammal *(atr)*. **2** *nm* mammal.
mamola *nf:* **dar** *o* **hacer la ~ a uno** to chuck sb under the chin; *(fig)* to make a sucker out of sb *(fam)*.
mamón 1 *adj* small, baby *(atr)*. **2** *nm* **(a)** small baby, baby still at the breast. **(b)** *(Bot)* sucker, shoot. **(c)** *(RPl)* papaya tree/fruit. **(d)** *(LAm: chupada)* suck. **(e)** *(Méx fam)* sucker.
mamotreto *nm* **(a)** hefty volume, whacking great book *(fam)*. **(b)** *(LAm: objeto)* bulky object.
mampara *nf* screen, partition.
mamparo *nm (Náut)* bulkhead.
mamporro *nm (fam)* clout; *(al caer)* bump.
mampostería *nf* masonry; *(sin labrar)* rubblework.
mampuesto *nm* **(a)** *(piedra)* rough stone. **(b)** *(muro)* wall, parapet. **(c)** *(LAm: de fusil)* rest. **(d) de ~** spare, emergency *(atr)*, extra.
mamut *nm* mammoth.
mana *nf (LAm)* spring, fountain.
maná *nm* manna.
manada *nf* **(a)** *(Zool)* herd, flock; *(de lobos)* pack; *(de leones)* pride. **(b)** *(fam)* **llegaron en ~** they came in droves.
manager ['manaʒer] *nm, pl* **managers** ['manaʒer] manager.
manantial 1 *adj:* **agua ~** running water. **2** *nm* **(a)** spring, fountain. **(b)** *(fig)* source.
manar [1a] **1** *vt* to run *o* flow with. **2** *vi* **(a)** *(líquido)* to run, flow; *(: a chorros)* to pour out; *(surgir)* to well up. **(b)** *(fig: abundar)* to abound, be plentiful.
manatí *nm* sea cow.
manaza *nf* **(a)** big hand. **(b) ser un ~s** to be clumsy.
manazo *nm (LAm)* slap.
mancar [1g] *vt* **(a)** to maim, cripple. **(b)** *(RPl)* **~ el tiro** to miss.
mancarrón *nm* **(a)** *(RPl: caballo)* worn-out horse, nag. **(b)** *(LAm: obrero)* disabled workman.
manceba *nf (puta)* whore; *(amante)* lover, mistress.
mancebo *nm* **(a)** *(joven)* youth, young man. **(b)** *(soltero)* bachelor. **(c)** *(Com: dependiente)* clerk; assistant.
mancilla *nf* stain, blemish.
mancillar [1a] *vt* to stain, sully.
manco/a 1 *adj* **(a)** *(de una mano)* one-handed,

one-armed; *(sin brazos)* armless; *(inválido)* crippled, maimed. **(b)** *(fig: fallado)* defective, faulty. **(c) no ser ~** to be useful *o* active; *(fam)* to be light-fingered. **2** *nm/f (véase adj)* one-armed person; armless person; cripple.

mancomunadamente *adv (tb* **de mancomún***) (en conjunto)* jointly, together; *(por voluntad común)* by common consent.

mancomunar [1a] **1** *vt (personas)* to unite, associate; *(intereses)* to combine; *(recursos)* to pool; *(Jur)* to make jointly responsible. **2 mancomunarse** *vr* to unite, merge.

mancomunidad *nf (unión)* union, association; *(comunidad)* community; *(Jur)* joint responsibility.

mancuernas *nfpl (CAm)* cufflinks.

mancha *nf* **(a)** spot, mark, stain; *(Zool)* patch; *(Med: gen)* spot; *(: moretón)* bruise; *(de tinta)* blot; *(de vegetación)* patch. **(b)** *(fig: imperfección)* stain, blemish, blot.

manchado *adj (sucio)* dirty, stained; *(animal)* spotted, dappled; *(ave)* speckled; *(tinta)* smudged; *(cutis)* spotty.

manchar [1a] **1** *vt* **(a)** *(marcar)* to mark; *(ensuciar)* to soil, stain; *(de tinta)* to smudge. **(b)** *(fig: honor)* to stain, sully. **2 mancharse** *vr* **(a)** to get dirty. **(b)** *(fig)* to dirty one's hands.

manda *nf* **(a)** *(testamento)* bequest. **(b)** *(LAm: voto)* religious vow.

mandadero *nm (mensajero)* messenger, errand boy; *(de oficina)* office boy.

mandado *nm* order; *(recado)* commission, errand; **hacer** *o* **ir a los ~s** to run errands.

mandamás 1 *adj (fam)* bossy. **2** *nmf inv* boss *(fam)*, big shot *(fam)*.

mandamiento *nm* **(a)** *(orden)* order, command. **(b)** *(Jur: expediente)* writ, warrant; **~ de entrada y registro** search warrant; **~ judicial** warrant; **~ de venir** summons. **(c)** *(Rel)* commandment.

mandar [1a] **1** *vt* **(a)** *(ordenar)* to order; **~ a uno hacer algo** to order sb to do sth; **~ hacer un traje** to order a suit, have a suit made; **~ reparar el coche** to get *o* have the car repaired; **~ llamar** *o* **traer a uno** to send for sb. **(b)** *(enviar)* to send; **le manda muchos recuerdos** he sends you warmest regards; **se lo mandaremos por correo** we'll post it to you; **~ a uno a paseo** *o (LAm)* **a la porra** to tell sb to go to hell. **(c)** *(Com: pedir)* to order, ask for; **¿qué manda Ud?** what can I do for you?; **¿manda Ud algo más?** is there anything else? **(d)** *(Mil etc)* to lead, command; *(estar a cargo)* to be in charge of; *(país)* to rule (over). **(e)** *(por testamento)* to bequeath. **(f)** *(LAm: echar)* to throw, hurl; *(: tirar, botar)* to throw away. **(g)** *(LAm: golpe)* to give, strike; *(: persona)* to hit, punch.

2 *vi* **(a)** *(estar a cargo)* to be in charge *o* command; *(controlar)* to be in control; **aquí mando yo** I'm the boss here. **(b)** *(LAm)* **¡mande Ud!** at your service!, what can I do for you?; **¿mande?** pardon?, what did you say?; *(como respuesta)* yes? **(c)** *(pey)* to be bossy, boss people about.

3 mandarse *vr* **(a)** *(Med)* to get about by oneself, manage unaided. **(b)** *(Arquit: cuartos)* to communicate. **(c)** *(LAm)* **~ cambiar** *o* **mudar** to go away, leave; **¡mándese mudar!** get out! **(d)** *(LAm)* **~ con uno** to boss sb around. **(e)** *(LAm: comer)* **~ algo** to eat sth up.

mandarín *nm* **(a)** *(pey)* petty bureaucrat. **(b)** *(LAm: mandón)* domineering person.

mandarina *nf* **(a)** *(Bot)* tangerine, mandarin (orange). **(b)** *(Ling)* Mandarin.

mandatario *nm* **(a)** *(Jur)* agent, attorney. **(b)** *(LAm Pol)* leader.

mandato *nm* **(a)** *(orden)* order; *(Jur: expediente)* writ, warrant; *(: poder)* power of attorney; **~ judicial** (search) warrant; **~ de prisión** warrant of arrest. **(b)** *(Pol: programa)* mandate; *(: presidencia etc)* term (of office). **(c)** *(Comput)* command.

mandíbula *nf (Anat, Téc)* jaw; *(Zool)* mandible.

mandil *nm* **(a)** *(de albañil)* (leather) apron; *(de mujer)* pinafore dress. **(b)** *(LAm)* horse blanket.

mandilón *nm (fam)* coward.

mandinga *nm* **(a)** *(LAm: diablo)* devil; *(: duende)* evil spirit. **(b)** *(CAm: negro)* Black.

mandioca *nf* cassava, tapioca, manioc.

mando *nm* **(a)** *(Mil)* command; *(de país)* rule; *(liderazgo)* leadership; *(período de ~)* term of office; **los altos ~s** the high command *sg*; **al ~ de** in charge of; **ejercer el** *o* **estar al ~** to be in charge *o* command. **(b)** *(en carrera)* lead; **tomar el ~** to take the lead. **(c)** *(Mec)* drive, control; **~ a la izquierda** left-hand drive; **~ a distancia** *o* **remoto** remote control; **~ por botón** push-button control; **palanca de ~** control lever; *(de avión)* joystick. **(d)** *(Rad, Téc etc)* **~s** controls.

mandoble *nm* **(a)** *(golpe)* two-handed blow. **(b)** *(espada)* broadsword. **(c)** *(fam)* ticking-off.

mandolina *nf* mandolin(e).

mandón 1 *adj* bossy, domineering. **2** *nm (RPl)* mine foreman.

mandria 1 *adj* worthless. **2** *nm* useless individual.

mandril[1] *nm (Zool)* mandrill.

mandril[2] *nm (Téc)* mandrel.

manducar [1g] *vt (fam)* to scoff *(fam)*, stuff oneself with.

manea *nf* hobble, fetter.

maneador *nm (LAm)* hobble; *(RPl)* whip; *(Méx)* halter.

manear [1a] *vt* to hobble.

manecilla *nf* **(a)** *(Téc)* pointer; *(de reloj)* hand; **~ grande/pequeña** minute/hour hand. **(b)** *(libro)* clasp.

maneco *adj (LAm: deformado)* maimed, deformed.

manejable *adj* manageable; *(fácil de usar)* handy, easy to use; *(avión etc)* manoeuvrable.

manejador(a) 1 *adj* manipulative. **2** *nm/f (LAm Aut)* driver, motorist.

manejar [1a] **1** *vt* **(a)** *(útiles, animales)* to handle; *(máquina)* to work, operate; *(casa, empresa)* to run, manage. **(b)** *(persona)* to manage, push about. **(c)** *(LAm Aut)* to drive. **2** *vi* **(a)** **'~ con cuidado'** 'handle with care'. **(b)** *(LAm)* to drive. **3 manejarse** *vr* **(a)** *(comportarse)* to act, behave. **(b)** *(arreglárselas)* to manage; **se maneja bien con los chiquillos** she manages all right with the kids. **(c)** *(Med)* to get about unaided.

manejo *nm* **(a)** handling; *(de máquina)* working, operation; *(de casa, empresa)* management; **~ a distancia** remote control; **~ doméstico** *o* **de la casa** housekeeping. **(b)** *(seguridad)* confidence, ease of manner. **(c)** *(de idioma)* command; **tengo un buen ~ del francés** I have a good command of French. **(d)** *(pey: trampa)* intrigue; *(: negocio sucio)* shady deal. **(e)** *(LAm Aut)* driving.

manera *nf* **(a)** way, manner, fashion; **~ de obrar** way of going about things, conduct; **tu ~ de ser** the way you are; **no hay ~** there's nothing one can do; **no hay ~ de hacer algo** there's no way of doing sth; **no había ~ de convencerle** there was no convincing him; **¡qué ~ de hacerlo!, ¡vaya una ~ de hacerlo!** what a way to do sth! **(b)** *(locuciones con prep)* **a la ~ de** in the manner of, after the fashion of; **a mi ~ de ver** in my view, as I see it; **de esta/la misma ~** (in) this/the same way; **de la ~ que sea** however you *etc* like; **de mala ~** really, properly *(fam)*; **de otra ~** otherwise, if not; **de ninguna ~** by no means, not at all; **¡de ninguna ~!** certainly not!, never!; **de ~ que ...** so (that) ...; **¿de ~ que esto no le gusta?** so you don't like it?; **de todas ~s** at any rate; **en cierta ~** up to a point; **en gran ~** to a large extent; **sobre ~** exceedingly. **(c)** *(Lit: género)* kind, sort. **(d)** *(Arte, Lit etc: estilo)* manner, style. **(e) ~s** *(modales)* manners; **tener ~s** *(LAm)* to have good manners.

manflor(ita) *nm (LAm: afeminado)* pansy *(fam)*, queer *(fam)*.

manga *nf* **(a)** sleeve; **~ de camisa** shirtsleeve; **estar en ~s de camisa** to be in one's shirtsleeves; **de ~ corta/larga** short-/long-sleeved; **sin ~s** sleeveless; **estar de ~** *(fig)* to be in league; **ser de** *o* **tener ~ ancha** to be easy-going *o* broad-minded; *(pey)* to be unscrupulous; **andar ~ por hombro** to be terribly poor; **pegar las ~s** *(fam)* to kick the bucket *(fam)*; **traer algo por la ~** to have sth up one's sleeve. **(b)** (*tb* **~ de riego**) hose, hosepipe; **~ de incendios** fire hose. **(c)** *(Culin)* strainer. **(d)** *(Aer)* windsock, wind gauge. **(e)** *(bolsa)* portmanteau. **(f)** *(Met: chaparrón)* cloudburst; **~ marina** waterspout; **~ de viento** whirlwind. **(g)** *(Náut)* beam, breadth. **(h)** *(Bridge)* game; **ir a ~** to go to game. **(i)** *(LAm: multitud)* crowd, mob, swarm; *(: Agr)* funnel, narrow entrance (to a corral *etc*). **(j)** *(CAm)* poncho, coarse blanket; **~ de agua** raincape.

mangana *nf* lasso, lariat.

manganear [1a] *vt* **(a)** *(coger con lazo)* to lasso. **(b)** *(Per)* to bother, annoy.

manganeso *nm* manganese.

manganeta *nf (LAm)*, **manganilla** *nf (Méx) (desaparición)* disappearing trick; *(fig)* swindle, dodge, racket.

mangante 1 *adj (descarado)* brazen. **2** *nm (mendigo)* beggar, scrounger *(fam)*; *(vivo)* sharp customer.

mangar [1h] **1** *vt* **(a)** *(unir)* to plug in, fit together. **(b)** *(fam: birlar)* to swipe *(fam)*, pinch *(fam)*; *(: mendigar)* to beg (for), scrounge *(fam)*. **2** *vi (RPl)* to live by scrounging *(fam)*, live on graft.

mangazón *adj (LAm)* lazy.

manglar *nm* mangrove swamp.

mango[1] *nm (Bot)* mango.

mango[2] *nm* **(a)** *(asa)* handle, haft; **~ de escoba** broomstick; *(Aer)* joystick; **~ de pluma** penholder. **(b)** *(RPl fam: dinero)* money, dough *(fam)*.

mangón *nm (LAm: prado)* pasture; *(: estancia)* cattle ranch.

mangoneador *nm* **(a)** *(entrometido)* meddler, interfering sort; *(mandón)* bossy individual. **(b)** *(LAm: oficial vendido)* corrupt official.

mangonear [1a] **1** *vt* **(a)** *(persona)* to boss about. **(b)** *(fam: birlar)* to swipe *(fam)*, pinch *(fam)*. **(c)** *(LAm: pillar)* to pillage, plunder. **2** *vi* **(a)** *(entrometerse)* to meddle, interfere (*en* in); *(interesarse por)* to dabble (*en* in). **(b)** *(ser mandón)* to boss people about. **(c)** *(LAm: estafar)* to graft, be on the fiddle *(fam)*.

mangoneón, mangonero 1 *adj (entrometido)* meddlesome, interfering; *(mandón)* bossy; *(descarado)* brazen. **2** *nm* busybody; *(entrometido)* bossy individual; *(descarado)* brazen sort.

mangosta *nf* mongoose.

manguear [1a] **1** *vt (RPl, Méx: ganado)* to drive; *(: caza)* to beat. **2** *vi (LAm)* to pretend to be working.

manguera *nf* **(a)** *(de riego)* hose, hosepipe; *(tubo)* pipe, tube; **~ de aspiración** suction pump; **~ de incendios** fire hose. **(b)** *(Met)* waterspout. **(c)** *(RPl)* corral, yard.

manguito *nm* **(a)** muff. **(b)** *(Téc)* sleeve, coupling; **~ incandescente** gas mantle.

maní *nm, pl* **maníes** *o* **manises (a)** *(LAm: cacahuete)* peanut; *(: planta)* groundnut plant. **(b)** *(fam: dinero)* dough *(fam)*, money.

manía *nf* **(a)** *(Med)* mania. **(b)** *(fig)* mania; *(: moda)* rage, craze; *(: capricho)* whim, fad; *(: peculiaridad)* peculiarity, oddity; **la ~ del fútbol** the football craze; **tiene ~s** she's a bit fussy. **(c)** *(antipatía)* dislike; *(malicia)* spite, ill will; **tener ~ a uno** to dislike sb; **tengo ~ a los bichos** I can't stand insects.

maniabierto *adj (LAm)* lavish, generous.

maníaco/a 1 *adj* maniac(al). **2** *nm/f* maniac.

maniacodepresivo/a *adj, nm/f* manic-depressive.

maniatar [1a] *vt (persona: atar las manos)* to tie the hands of; *(esposar)* to handcuff; *(animal: manear)* to hobble.

maniático/a 1 *adj* **(a)** maniacal. **(b)** *(fig: loco)* crazy; *(: excéntrico)* odd, eccentric; *(: delicado)* fussy; *(: terco)* stubborn. **2** *nm/f* **(a)** maniac. **(b)** *(fig)* maniac; *(: excéntrico)* eccentric; **es un ~ del fútbol** he's football crazy.

manicero *nm (LAm)* peanut seller.

manicomio *nm* lunatic asylum, mental hospital.

manicuro/a 1 *nm/f* manicurist. **2 manicura** *nf* manicure.

manida *nf* lair, den.

manido *adj* **(a)** *(carne)* high, gamy; *(: maloliente)* smelly. **(b)** *(tema etc)* trite, stale.

manifestación *nf* **(a)** *(de emoción etc)* display, show; *(señal)* manifestation, sign. **(b)** *(Pol: desfile etc)* demonstration; *(: concentración)* mass meeting; *(: declaración)* manifesto.

manifestante *nmf* demonstrator.

manifestar [1k] **1** *vt* **(a)** *(emociones etc)* to show, display; *(revelar)* to reveal. **(b)** *(declarar)* to state; *(expresar)* to express. **2 manifestarse** *vr* **(a)** to show, become apparent; **~ en** to become evident in *o* from, be shown by. **(b)** *(Pol: desfilar)* to demonstrate; *(: reunirse)* to hold a mass meeting.

manifiesto 1 *adj* clear, manifest; *(patente)* evident, obvious; *(error)* glaring, obvious; **poner algo de ~** *(aclarar)* to make sth clear; *(revelar)* to reveal sth; **quiero poner de ~ que ...** I wish to state that ...; **quedar ~** to be plain *o* clear. **2** *nm* **(a)** *(Náut)* manifest. **(b)** *(Pol, Arte: programa)* manifesto.

manigua *nf (LAm: pantano)* swampy scrubland; *(: selva)* jungle; *(: campo)* countryside; **irse a la ~** to take to the hills (in revolt).

manigueta *nf* **(a)** *(mango)* handle, haft; *(manivela)* crank; *(RPl Aut)* starting handle. **(b)** *(maniota)* hobble.

manija *nf* **(a)** handle. **(b)** *(Mec)* clamp, collar; *(Ferro)* coupling. **(c)** *(Agr)* hobble.

manilargo *adj* **(a)** *(generoso)* open-handed, generous. **(b)** *(LAm: ladrón)* light-fingered, thievish.

manilla *nf* **(a)** *(pulsera)* bracelet; **~s (de hierro)** handcuffs, manacles. **(b)** *(de reloj)* hand. **(c)** *(LAm: mango)* handle.

manillar *nm* handlebars.

maniobra *nf* **(a)** manoeuvring; *(manejo)* handling; *(operación)* operation; *(Ferro)* shunting; **hacer ~s** to manoeuvre; *(Ferro)* to shunt. **(b)** *(Náut: marinería)* seamanship; *(: aparejo)* gear, rigging. **(c) ~s** *(Mil)* manoeuvres. **(d)** *(fig: movi-*

da) manoeuvre, move; *(: estratagema)* trick, stratagem.

maniobrar [1a] **1** *vt (manejar)* to handle, operate; *(mover)* to manoeuvre; *(Ferro)* to shunt. **2** *vi (lit, fig)* to manoeuvre.

maniota *nf* hobble.

manipulación *nf* manipulation; *(Com)* handling.

manipulador(a) 1 *nm/f* manipulator; handler. **2** *nm (Elec, Telec)* key, tapper.

manipular [1a] *vt* to manipulate; *(Com)* to handle.

manipuleo *nm (gen)* manipulation; *(pey)* fiddling.

maniquí 1 *nm* **(a)** *(de sastre)* dummy, manikin. **(b)** *(fig: títere)* puppet. **2** *nf* mannequin, model.

manirroto/a 1 *adj* lavish, extravagant. **2** *nm/f* spendthrift.

manita *nf* little hand; **~s de cerdo** *etc* pig's *etc* trotters; **~s de plata** *o* **de oro** delicate *o* artistic hands; **echar una ~ a uno** to lend sb a hand.

manito *nm (Méx) (en conversación)* mate *(fam)*, chum.

manivela *nf* crank; *(LAm: asa)* handle; **~ de arranque** starting handle.

manjar *nm* (tasty) dish, special dish; **~ blanco** *(Sp)* blancmange; *(LAm)* fudge.

mano[1] *nf* **(a)** *(Anat)* hand; *(Zool: de cuadrúpedo)* foot, forefoot, paw; *(: de ave)* foot, claw(s); *(: de halcón)* talon(s).

(b) *(fig: locuciones)* hand; **Pedro es mi ~ derecha** Pedro is my right-hand man; **~ de santo** sure remedy; **última ~** finishing touch(es); **¡~s a la obra!** to work!, let's get on with it!; **¡~s quietas!** hands off!; **¡qué ~!** *(LAm: suerte)* what luck!; *(: sorpresa)* what a surprise!; *(: horroroso)* how horrid! *(fam)*.

(c) *(con prep)* **a ~** by hand; **hecho a ~** handmade; **estar a (la) ~** *(cerca)* to be at hand *o* handy; *(asequible)* to be within one's grasp; **robo a ~ armada** armed robbery; **a ~ salva** without risk; **estar** *o* **quedar a ~** *(LAm)* to be quits *o* even; **a ~s llenas** lavishly, generously; **dirigir una carta a ~s de uno** to send a letter care of sb; **morir a ~s de** to die at the hands of; **llegó a mis ~s** it reached me, it came into my hands; **llegar a las ~s** to come to blows; **si a ~ viene** when it comes to the point; *(sin embargo)* yet; **¡arriba las ~s!** hands up!; **bajo ~** *(secretamente)* in secret; *(de modo turbio)* in an underhand way; **coger a uno con las ~s en la masa** to catch sb red-handed; **de ~** hand *(atr)*; **de la ~** hand-in-hand; **llevar a uno de la ~** to lead sb by the hand; **de buena ~** on good authority; **de primera/segunda ~** (at) first-/second-hand; **de ~s de** at the hands of; **de ~s a boca** unexpectedly; **dar de ~** to stop working; **darse de ~s con uno** to come across sb; **dejar a uno de la ~** to abandon sb; **ponerse de ~s** *(caballo)* to rear (up); **está en tus** *etc* **~s** it's up to you *etc;* **ha hecho cuanto ha estado en su ~** he has done all in his power *(para hacer algo* to do sth); **traer un asunto entre ~s** to have a matter in hand; *(estar ocupado en)* to have a matter on one's hands; **¡fuera las ~!** hands off!; **estar ~ sobre ~** to be idle, be out of work.

(d) *(con vb)* **alzar la ~ a** *o* **contra** to raise one's hand against; **cargar la ~** *(exagerar)* to overdo it; *(Com: cobrar demasiado)* to overcharge; *(Culin)* to put too much spice in; **darse la ~** *o* **las ~s** to shake hands; **echar una ~** to lend a hand (*a* to); **echar ~ a** to lay hands on; **echar ~ de** to make use of, resort to; **estrechar la ~ a uno** to shake sb's hand; **hacerse la(s) ~(s)** to get one's hand in; **se le fue la ~** *(lit)* his hand slipped; *(fig)* he went too far, he overdid it; **meter ~ a una** to make a pass at a girl; **no hay quien le meta ~** there's nobody to touch him; **pasar la ~ a uno** *(LAm)* to flatter sb *o* suck up to sb *(fam)*; **sentar la ~ a uno** to beat sb; *(fig)* to bring sb to heel; *(Com: cobrar mucho)* to overcharge sb; **tener buena ~** to have the knack; **tener mala ~** to be clumsy; **tener ~ para** to be clever at; **tener las ~s largas** to be light-fingered; **untar la ~ a uno** to grease sb's palm; **¡venga esa ~!** shake!, put it there!

(e) *(Dep)* handling, handball; **¡~!** handball!

(f) *(de reloj)* hand.

(g) *(de pintura)* coat; *(de jabón)* wash, soaping.

(h) *(Naipes etc)* hand, round, game; **ser** *o* **tener la ~** to lead; **soy ~** it's my lead.

(i) *(Mús)* scale.

(j) *(lote)* lot, series; *(LAm: grupo)* group of things of the same kind; *(: de plátanos)* bunch, hand.

(k) ~ de obra labour, manpower; *(obreros)* **~ de obra especializada** skilled labour.

(l) ~s *(fig)* hands, workmen; **contratar ~s** to sign up workmen.

mano[2] *nm (Méx: en conversación)* mate *(fam)*, chum.

manojo *nm* handful, bunch; *(fam: grupo)* bunch; **~ de hierba** tuft of grass; **~ de llaves** bunch of keys.

manómetro *nm* (pressure) gauge; **~ de aceite/combustible** oil/fuel gauge.

manopla *nf* **(a)** *(paño)* flannel, face flannel. **(b)** *(guante)* gauntlet. **(c)** *(LAm)* knuckleduster.

manoseado *adj (fig)* hackneyed, well-worn.

manosear [1a] *vt* **(a)** *(tocar)* to handle, touch; *(desordenar)* to rumple, mess up; *(jugar con)* to fiddle with; *(LAm: acariciar)* to fondle, feel *o* touch up *(fam)*. **(b)** *(insistir en)* to overwork, repeat.

manoseo *nm (véase vt)* **(a)** handling, touching; rumpling; *(LAm)* fondling. **(b)** overworking, repetition.

manotada *nf* **(a)** slap, smack. **(b)** *(LAm: puñado)* handful, fistful.

manotazo *nm* slap, smack.

manotear [1a] **1** *vt (dar palmadas)* to slap, smack. **2** *vi (gesticular)* to gesticulate, move *o* use one's hands; *(LAm)* to bag-snatch.

manoteo *nm* gesticulation.

manquedad *nf*, **manquera** *nf* **(a)** *(incapacidad)* disablement. **(b)** *(fig)* defect.

mansalva *nf*: **a ~** without risk; **le dispararon a ~** they shot him before he could defend himself.

mansarda *nf (LAm)* attic.

mansedumbre *nf* **(a)** *(de persona)* gentleness, meekness. **(b)** *(de animal)* tameness.

mansión *nf* mansion.

manso *adj* **(a)** *(persona)* meek, gentle. **(b)** *(animal)* tame.

manta *nf* **(a)** *(de cama etc)* blanket; *(rebozo)* shawl; **~ eléctrica** electric blanket. **(b)** *(LAm: tela)* coarse cotton cloth; *(: poncho)* poncho. **(c)** *(fam)* hiding.

mantear [1a] *vt* to toss in a blanket.

manteca *nf* (animal) fat; *(RPl)* butter; **~ de cacahuete/cacao** peanut/cocoa butter; **~ de cerdo** lard; **~ de vaca** butter.

mantecado *nm* ice cream.

mantecoso *adj* fat, greasy; **queso ~** soft cheese.

mantel *nm* tablecloth; *(Rel)* altar cloth; **levantar/poner los ~es** to clear/lay the table.

mantelería *nf* table linen.

mantener [2l] **1** *vt* **(a)** *(Arquit, Téc etc)* to hold up, support; **~ algo en equilibrio** to keep something balanced. **(b)** *(idea, opinión etc)* to maintain, defend; *(persona)* to keep, support. **(c)** *(fuego)* to keep in, keep going; *(alimentar)* to sustain. **(d)** *(Fin)* to maintain, support. **(e)** *(Mec etc)* to maintain, service. **(f)** *(costumbre etc)* to keep up, maintain. **(g)** *(conservar)* to keep; ~ **algo caliente** to keep sth hot.

2 mantenerse *vr* **(a) el edificio se mantiene todavía en pie** the building is still standing. **(b)** ~ **firme** to hold one's ground; ~ **a distancia** to keep one's distance; ~ **en vigor** to stand, remain in force. **(c)** *(alimentarse)* to subsist.

mantenimiento *nm* maintenance.

mantequera *nf* **(a)** *(para batir)* churn. **(b)** *(para servir)* butter dish.

mantequería *nf (lechería)* dairy, creamery; *(ultramarinos)* grocer's (shop).

mantequilla *nf* butter.

mantilla *nf* **(a)** mantilla. **(b)** ~**s** baby clothes; **estar en** ~**s** *(persona)* to be terribly innocent; *(proyecto)* to be in its infancy.

mantillo *nm* humus, mould.

mantis *nf inv:* ~ **religiosa** praying mantis.

manto *nm* **(a)** *(capa)* cloak; *(Rel, Jur etc)* robe, gown. **(b)** *(Zool)* mantle. **(c)** *(Arquit: tb* ~ **de chimenea***)* mantel. **(d)** *(Min)* layer, stratum. **(e)** *(fig)* cloak, mantle.

mantón *nm* shawl.

manuable *adj* handy, easy to handle.

manual 1 *adj* manual, hand *(atr)*; **habilidad** ~ manual skill; **tener habilidad** ~ to be clever with one's hands; **trabajo** ~ manual labour. **2** *nm* manual, guide(book).

manubrio *nm* **(a)** handle, crank; *(torno)* winch. **(b)** *(LAm)* handlebar(s). **(c)** *(Mús)* barrel organ.

manufactura *nf* **(a)** *(fabricación, producto)* manufacture. **(b)** *(fábrica)* factory.

manufacturar [1a] *vt* to manufacture.

manufacturero/a 1 *adj* manufacturing. **2** *nm/f (LAm)* manufacturer.

manuscrito 1 *adj* handwritten. **2** *nm* manuscript.

manutención *nf (gen, Mec)* maintenance; *(sustento)* support; *(pensión)* keep, board.

manzana *nf* **(a)** apple; ~ **de la discordia** *(fig)* bone of contention. **(b)** *(LAm Anat)* ~ **de Adán** Adam's apple. **(c)** *(Arquit: esp LAm)* block (of houses). **(d)** *(Arg) land measure,* = 2.5 *acres; (CAm) land measure,* = 1.75 *acres.*

manzanal *nm* **(a)** *(huerto)* apple orchard. **(b)** *(manzano)* apple tree.

manzanar *nm* apple orchard.

manzanilla *nf* **(a)** camomile; *(infusión)* camomile tea. **(b)** *(jerez)* manzanilla sherry.

manzano *nm* apple tree.

maña *nf* **(a)** *(habilidad)* skill, dexterity; *(ingeniosidad)* ingenuity; *(pey)* craft, guile; **con** ~ craftily, slyly; **darse** ~ **para hacer algo** to contrive to do sth. **(b) una** ~ trick, knack; **(malas)** ~**s** bad habits, vices; *(de niño etc)* naughty ways.

mañana 1 *adv* **(a)** tomorrow; ~ **por la** ~**/noche** tomorrow morning/night; **¡hasta** ~**!** see you tomorrow!; **pasado** ~ the day after tomorrow; ~ **será otro día** tomorrow's another day. **(b)** *(en otro momento)* later, some other time. **2** *nm* future; **el día de** ~ (at) some time in the future. **3** *nf* morning; **la** ~ **siguiente** (on) the following morning; **a las 7 de la** ~ at 7 o'clock, at 7 a.m.; **de** *o* **por la** ~ in the morning; **muy de** ~ very early in the morning; **de la noche a la** ~ overnight.

mañanero/a 1 *adj* early-rising. **2** *nm/f* early riser.

mañanita *nf* **(a)** early morning; **de** ~ very early in the morning, at the crack of dawn. **(b)** *(chal)* bed jacket. **(c)** ~**s** *(LAm: canción)* serenade.

mañero *adj* = **mañoso (a).**

mañosear [1a] *vi (LAm: ser quisquilloso)* to be difficult *(esp about food)*.

mañoso *adj* **(a)** *(hábil)* clever, ingenious; *(pey: astuto)* crafty, cunning. **(b)** *(LAm: violento)* vicious; *(: terco)* obstinate; *(: nervioso)* nervous; *(: flojo)* lazy; *(: quisquilloso)* fussy, difficult.

maoísmo *nm* Maoism.

maoísta *nmf* Maoist.

mapa *nm* map; ~ **meteorológico/en relieve/mural** weather/relief/wall map.

mapache *nm* rac(c)oon.

mapamundi *nm* globe, world map.

maque *nm* lacquer.

maquear [1a] *vt* to lacquer.

maqueta *nf* (scale) model, mock-up.

maquiavélico *adj* Machiavellian.

maquillador(a) *nm/f (Teat etc)* make-up man/girl.

maquillaje *nm (pintura)* make-up; *(acto)* making-up.

maquillar [1a] **1** *vt* to make up. **2 maquillarse** *vr* to make up.

máquina *nf* **(a)** machine; *(Ferro)* engine, locomotive; *(de escribir)* typewriter; *(motor)* engine; *(Fot)* camera; *(fam: bicicleta)* bike *(fam)*; ~ **de afeitar** (safety) razor; ~ **de afeitar eléctrica** electric shaver; ~ **copiadora** copier; ~ **de coser** sewing machine; ~ **de direcciones** Addressograph ®; ~ **tragaperras** fruit machine, one-armed bandit; *(Com)* slot machine; ~ **fotográfica** camera; ~ **herramienta** machine tool; ~ **de lavar** washing machine; ~ **de matasellar** franking machine; ~ **de tejer** *o* **de hacer punto** *o* **de tricotar** knitting machine; ~ **registradora** *(LAm)* cash register; ~ **de vapor** steam engine; **a toda** ~ at full speed; **acabar** *o* **coser a** ~ to machine; **escribir a** ~ to type; **escrito a** ~ typed, typewritten; **entrar en** ~ to go to press. **(b)** *(fig: mecanismo)* machinery, workings; *(: esquema)* scheme of things; *(: proyecto)* plan, project.

maquinación *nf* machination, plot.

maquinador(a) *nm/f* schemer, plotter.

maquinar [1a] *vt, vi* to plot, machinate.

maquinaria *nf* **(a)** machinery; *(equipo)* plant. **(b)** *(de reloj etc)* mechanism, works.

maquinilla *nf* small machine; *(torno)* winch; *(tijeras eléctricas)* clippers; ~ **para liar cigarrillos** cigarette(-rolling) machine.

maquinista *nm (Ferro)* engine driver, *(US)* engineer; *(Náut etc)* engineer; *(Téc)* operator, machinist.

mar *nm o nf* **(a)** *(gen)* sea; *(océano)* ocean; *(marea)* tide; ~ **de fondo** groundswell; ~ **gruesa** heavy sea; ~ **llena** high tide; ~ **adentro/afuera** out at/out to sea; **de alta** ~ *(buque)* seagoing, ocean-going; *(pesca)* deep-water *(atr)*; **en alta** ~ on the high seas; **por** ~ by sea *o* boat; **arar en el** ~ to labour in vain; **es hablar de la** ~ it's just a dream; **hacerse a la** ~ to put to sea. **(b) un** ~ **de** lots of, many; **la** ~ **de** very, extremely; **estar la** ~ **de bien** to be very well, in the best of health; **hay un** ~ **de diferencia** there's a world of difference; **llorar a** ~**es** to weep buckets; **a** ~**es** in abundance; **llover a** ~**es** to rain cats and dogs. **(c)** *(fam)* **la** ~ *(adv)* a lot; **la** ~ **de cosas** lots *o* no end of things; **es la** ~ **de guapa** she's awfully pretty *(fam)*; **estar la** ~ **de contento** to be very happy.

maraca *nf* **(a)** *(LAm)* maraca, rattle. **(b)** *(persona inútil)* useless person.

maraña *nf* **(a)** *(maleza)* thicket, tangle of plants. **(b)** *(enredo, tb fig)* mess, tangle. **(c)** *(fam: truco)* trick, ruse.

maraquear [1a] *vt (LAm)* to shake, rattle.

marasmo *nm* **(a)** *(Med)* wasting, atrophy. **(b)**

(fig) paralysis, stagnation.

maravilla *nf* **(a)** *(objeto)* marvel, wonder; *(sentimiento)* wonderment; **hacer ~s** to work wonders; **a (las mil) ~(s)** wonderfully well, marvellously; **lo hace de ~** he does it perfectly *o* splendidly. **(b)** *(Bot)* marigold.

maravillar [1a] **1** *vt* to astonish, amaze. **2 maravillarse** *vr* to be astonished *o* amazed.

maravilloso *adj* wonderful, marvellous.

marbete *nm* **(a)** *(etiqueta)* label, tag; **~ engomado** sticker. **(b)** *(Cos)* edge, border.

marca 1 *nf* **(a)** mark; *(Com)* make, brand; *(sello)* stamp; *(de pie)* footprint, footmark; *(en papel: tb* **~ de agua)** watermark; *(de ganado)* brand; *(: acto)* branding; **~ de fábrica** trademark; **~ de ley** hallmark; **~ registrada** registered trademark; **de ~** excellent, outstanding. **(b)** *(Náut)* seamark; *(: boya)* marker, buoy; *(: lugar conocido)* landmark. **(c)** *(Dep)* record; **batir** *o* **mejorar la ~** to break the record. **(d)** *(Naipes)* bid. **(e)** *(útil)* stamp. **2** *nm (Dep: remero)* stroke.

marcación *nf (Náut)* bearing.

marcado 1 *adj* marked, pronounced; *(evidente)* distinct. **2** *nm* hairnet.

marcador *nm* **(a)** marker; *(de libro)* bookmark; **~ de caminos** road sign. **(b)** *(Dep)* scoreboard; *(: persona)* scorer; **abrir el ~** to open the scoring.

marcar [1g] **1** *vt* **(a)** to mark *(de* with); *(ganado etc)* to brand, stamp; *(tierra etc)* to mark off *o* out; *(ropa)* to put one's name on. **(b)** *(fig)* to mark, indicate; *(suj: cuadrante)* to show; *(: termómetro)* to register; **mi reloj marca las 2** it's 2 o'clock by my watch; **mi reloj marca la hora exacta** my watch keeps exact time. **(c)** *(números, tanteo)* to keep the tally *o* score of. **(d)** *(Mús)* **~ el compás** to keep *o* beat time. **(e)** *(Telec)* to dial. **(f)** *(Naipes)* to bid. **(g)** *(Dep: tanto)* to score *(tb fig)*. **(h)** *(tarea)* to assign; *(política)* to lay down. **(i)** *(Com)* to put a price on. **(j)** *(pelo)* to set.

2 *vi* **(a)** *(Dep)* to score. **(b)** *(Telec)* to dial; *(: llamar)* to be ringing.

3 marcarse *vr* **(a)** *(Náut)* to take one's bearings. **(b)** *(Dep)* to score. **(c)** *(fam: resaltar)* to make one's mark, stand out.

marcial *adj (ley)* martial; *(comportamiento etc)* military.

marco *nm* **(a)** frame; **~ de chimenea** mantelpiece; **poner ~ a un cuadro** to frame a picture. **(b)** *(Dep)* goal posts. **(c)** *(fig)* setting; *(contexto)* framework. **(d)** *(Fin)* mark. **(e)** *(peso etc)* standard.

marcha *nf* **(a)** *(Mil, Mús)* march; **~ forzada** forced march; **a ~s forzadas** *(fig)* with all speed; **abrir la ~** to be at the head of the procession; **cerrar la ~** to bring up the rear; **¡en ~!** *(Mil)* forward march!; *(fig)* let's go!; *(: a otro)* get going!, get moving!; *(: adelante)* here goes!; **estar en ~** *(lit)* to be in motion; *(Náut)* to be under way; *(fig)* to be on the move; **poner en ~** *(lit)* to start; *(fig)* to set in motion; **ponerse en ~** to start, get going.

(b) *(Dep)* walk.

(c) *(velocidad)* speed; **'~ moderada'** *(Aut)* 'drive slowly'; **moderar la ~** to slow down; **a toda ~** *(lit)* at full speed; *(fig)* at full blast, full-blast.

(d) *(Mec: funcionamiento)* working, operation.

(e) *(Aut, Mec)* gear; **primera ~** first *o* bottom gear; **~ directa/atrás** top/reverse gear; **dar ~ atrás, poner en ~ atrás** to reverse, put into reverse.

(f) *(fig: progreso)* progress; *(: paso)* march; *(: curso, sentido)* trend, course; *(de huracán)* path; **la ~ de los acontecimientos** the course of events; **hacer algo sobre la ~** to do sth as you *etc* go along.

(g) *(Méx Aut)* self-starter.

marchantaje *nm (LAm)* clients, clientele.

marchante/a *nm/f (LAm)* **(a)** *(comerciante)* dealer, merchant; *(: ambulante)* pedlar. **(b)** *(cliente)* client, customer.

marchar [1a] **1** *vi* **(a)** *(ir)* to go; *(moverse)* to move, travel; *(LAm: andar)* to walk; *(Mil)* to march. **(b)** = **marcharse. (c)** *(Mec)* to go, work; **el motor marcha mal** the engine is running badly; **~ en vacío** to tick over; **el reloj marcha atrasado** the watch is slow. **(d)** *(fig)* to go, proceed; **todo marcha bien** everything is going well; **el proyecto marcha** the plan is working (out); **¿cómo marcha eso** *o* **marchan las cosas?** *(LAm)* how's it going?, how are things?

2 marcharse *vr* to go (away), leave; **~ de la capital** to leave the capital; **¿os marcháis?** are you leaving?, must you go?; **con permiso me marcho** if you don't mind I must go.

marchitar [1a] **1** *vt* to wither, dry up. **2 marchitarse** *vr* **(a)** *(Bot)* to wither, fade. **(b)** *(fig: languidecer)* to languish, fade away.

marchito *adj* withered, faded.

marea *nf* **(a)** tide; **~ alta/baja/creciente/menguante/muerta/viva** high/low/rising/ebb/neap/spring tide. **(b)** *(fig)* tide; **la ~ de la rebelión** the tide of revolt. **(c)** *(brisa)* light sea breeze.

mareado *adj* **(a) estar ~** *(nauseado)* to feel sick; *(aturdido)* to feel dizzy; *(Náut)* to be *o* feel seasick. **(b) estar ~** *(fam)* to be a bit drunk.

mareaje *nm* **(a)** *(marinería)* navigation, seamanship. **(b)** *(rumbo)* ship's course.

marear [1a] **1** *vt* **(a)** *(Náut)* to sail, navigate. **(b)** *(Med)* **~ a uno** to make sb (feel) sick; *(aturdir)* to make sb (feel) dizzy. **(c)** *(fig: irritar)* to annoy; *(: cargar)* to burden. **(d)** *(Méx)* to cheat. **2 marearse** *vr* **(a)** *(Med)* to feel sick; *(: en barco)* to be *o* get *o* feel seasick; *(aturdirse)* to feel dizzy; *(desvanecerse)* to feel faint. **(b) no te marees con esto** don't bother your head about this. **(c)** *(fam)* to get a bit drunk.

marejada *nf* **(a)** *(Náut)* swell, heavy sea. **(b)** *(fig: de descontento)* undercurrent.

maremagno *nm*, **maremágnum** *nm (fig)* ocean, abundance.

maremoto *nm* tidal wave.

mareo *nm* **(a)** *(Med)* sick feeling; *(: en viaje)* travel sickness, seasickness; *(: aturdimiento)* dizziness, giddiness. **(b)** *(fig)* irritation; *(: confusión)* confusion; *(: nervios)* nervy state; *(: aburrimiento)* boredom. **(c)** *(lata)* nuisance, bore.

marfil *nm* ivory.

marga *nf* marl, loam.

margarina *nf* margarine.

margarita *nf* **(a)** *(Bot)* daisy. **(b)** *(perla)* pearl; **echar ~s a los cerdos** to cast pearls before swine. **(c)** *(Zool)* winkle.

margen 1 *nm* **(a)** *(borde)* border, edge; *(de papel, Tip)* margin; **al ~** in the margin. **(b)** *(fig)* margin; *(blanco)* gap, space; *(libertad de acción)* leeway; **~ de beneficio** *o* **de ganancia** profit margin; **~ de confianza** credibility gap; **~ de error** margin of error; **hay un ~ de aproximación de 8 días** we allow a week each way. **(c)** *(fig)* **al ~ de lo que digas** despite what you say; **dejar a uno al ~** to leave sb out (in the cold); **mantener a uno al ~** to keep sb out (of things); *(fig: ocasión)* **dar ~ para** to give an opportunity for.

2 *nf (de río etc)* bank.

marginado/a *nm/f* outcast.

marginal *adj* marginal.

marginar [1a] *vt* **(a)** *(apartar)* to exclude, edge out. **(b)** *(texto)* to write notes in the margin of.
mariachi 1 *adj (Méx)* mariachi. **2** *nm* mariachi band.
marica 1 *nf (urraca)* magpie. **2** *nm* **(a)** *(fam)* sissy. **(b)** *(fam)* = **maricón.**
Maricastaña *nf:* **en los días** *o* **en tiempos de ~** way back, in the good old days.
maricón *nm (fam)* queer *(fam)*, poof *(fam)*.
maridaje *nm* **(a)** *(vida)* conjugal life; *(unión)* marriage ties. **(b)** *(fig: asociación)* marriage, close association. **(c)** *(conjura)* collusion.
marido *nm* husband.
marijuana *nf (tb* **mariguana, marihuana***)* marijuana, cannabis, Indian hemp.
marimacho *nm (fam)* mannish woman.
marimba *nf (Mús)* kind of drum; *(: LAm)* marimba, kind of xylophone.
marimoña *nf* buttercup.
marimorena *nf* fuss, row; **armar la ~** to kick up a row.
marina *nf* **(a)** *(Geog)* coast, coastal area. **(b)** *(marinería)* seamanship; *(navegación)* navigation. **(c)** *(barcos: tb* **~ de guerra***)* navy; **~ mercante** merchant navy. **(d)** *(Arte)* seascape.
marinar [1a] *vt* to marinade, marinate.
marinería *nf* **(a)** seamanship. **(b)** *(tripulación)* ship's crew.
marinero/a 1 *adj* **(a)** = **marino 1. (b)** *(gente)* sea *(atr)*, seafaring; *(barco)* seaworthy. **2** *nm (gen)* sailor, mariner; *(hombre de mar)* seafarer; **~ de agua dulce/de cubierta/de primera** landlubber/deckhand/able seaman. **3 marinera** *nf* **(a)** *(blusa)* sailor blouse. **(b)** *(LAm)* dance.
marino 1 *adj* sea *(atr)*, marine. **2** *nm* sailor, seaman.
marioneta *nf* marionette, puppet.
mariposa *nf* **(a)** butterfly; **~ (nocturna)** moth; **~ de la col** cabbage white butterfly; **~ cabeza de muerte, ~ de calavera** death's head moth. **(b)** *(natación)* butterfly (stroke).
mariposear [1a] *vi* **(a)** *(revolotear)* to flutter about, flit to and fro. **(b)** *(ser inconstante)* to be fickle, act capriciously; *(coquetear)* to flirt; **~ alrededor de uno** to dance attendance on sb.
mariquita 1 *nf* **(a)** *(insecto)* ladybird. **(b)** *(Orn)* parakeet. **2** *nm* = **marica 2.**
mariscal *nm (Mil)* major-general; **~ de campo** field marshal.
mariscos *nmpl* shellfish *sg*, seafood *sg*.
marisma *nf (pantano)* marsh, swamp; *(tierras de arena)* mud flats.
marisquería *nf* shellfish bar, seafood restaurant.
marítimo *adj (de barcos, costeño)* maritime; *(del mar)* marine, sea *(atr)*; *(de navegación)* shipping *(atr)*; **ciudad ~a** coastal town; **ruta ~a** ocean route, seaway.
marjal *nm* marsh, fen, bog.
marmita *nf* **(a)** *(Culin)* pot; *(Mil)* mess tin; *(Méx)* kettle. **(b)** *(Geol)* **~ de gigante** pothole.
mármol *nm* marble.
marmóreo *adj* marble *(atr)*, marmoreal.
marmota *nf* **(a)** *(Zool)* marmot; **~ de Alemania** hamster; **~ de América** woodchuck; **dormir como una ~** to sleep like a log. **(b)** *(fig)* sleepyhead.
maroma *nf* **(a)** *(cuerda)* rope. **(b)** *(LAm: cuerda floja)* tightrope; *(: acrobacia)* **~s** acrobatics, acrobatic stunts; **hacer ~s** = **maromear.**
maromear [1a] *vi (LAm)* **(a)** *(en cuerda floja)* to walk (on) a tightrope. **(b)** *(Pol, fig)* to do a balancing act.
maromero *nm (LAm)* **(a)** *(acróbata)* tightrope walker, acrobat. **(b)** *(fig: político etc)* opportunist (politician).
marqués *nm* marquis.
marquesa *nf* marchioness.
marquesina *nf (cobertizo)* glass canopy, porch; *(techo)* glass roof, cantilever roof; *(de tienda de campaña)* flysheet.
marquetería *nf* marquetry, inlaid work.
marrajo 1 *adj (toro)* vicious, dangerous; *(persona)* sly. **2** *nm* **(a)** *(tiburón)* shark. **(b)** *(Méx)* skinflint.
marrana *nf* **(a)** *(Zool)* sow. **(b)** *(fam)* slut.
marranada *nf*, **marranería** *nf* **(a)** *(inmundicia)* filthiness. **(b) una ~** a dirty trick.
marrano 1 *adj* filthy, dirty. **2** *nm* **(a)** *(Zool)* pig, hog. **(b)** *(fam: malo)* swine; *(: sucio)* dirty pig.
marrar [1a] **1** *vt:* **~ el tiro** to miss; **~ el golpe** to miss *(with a blow)*. **2** *vi* **(a)** to miss; *(fig)* to miss the mark. **(b)** *(fig)* to fail, miscarry.
marras *adv* **(a) de ~** (the same) old; **es el problema de ~** it's the same old problem. **(b)** *(LAm)* **hace ~ que no le veo** it's ages since I saw him.
marrazo *nm (pico)* mattock; *(cuchilla)* short machete; *(Méx)* bayonet.
marrón 1 *adj (color café)* chestnut, brown; *(color vino)* maroon. **2** *nm* **(a)** chestnut (colour); maroon. **(b)** *(Culin)* marron glacé.
marroquí 1 *adj, nmf* Moroccan. **2** *nm (Téc)* morocco (leather).
Marruecos *nm* Morocco.
marrullería *nf* **(a)** *(soltura)* smoothness, glibness. **(b) una ~** a plausible excuse.
marrullero 1 *adj (lenguaraz)* smooth, glib; *(exigente)* cajoling, wheedling. **2** *nm* smooth type.
marsopa *nf* porpoise.
marsupial *adj, nm* marsupial.
marta *nf (animal)* (pine) marten; *(piel)* sable; **~ cebellina** sable.
martajar [1a] *vt (LAm: maíz)* to pound, grind.
Marte *nm* Mars.
martellina *nf* sledgehammer.
martes *nm inv* Tuesday; **~ de carnaval** *o* **de carnestolandas** Shrove Tuesday; *véase* **sábado.**
martillada *nf* hammer blow.
martillar [1a] *vt* **(a)** to hammer; *(machacar)* to pound. **(b)** *(fig: aquejar)* to worry, torment.
martillazo *nm* (heavy) blow with a hammer; **a ~s** by hammering.
martillear [1a] **1** *vt* = **martillar. 2** *vi (motor)* to knock.
martilleo *nm* hammering; *(machaqueo)* pounding.
martillero *nm (LAm)* auctioneer.
martillo *nm* **(a)** hammer; *(de presidente de asamblea, comité)* gavel; **~ de madera** mallet; **~ mecánico** power hammer; **~ de orejas** *o* **sacaclavos** claw hammer; **~ picador** pneumatic drill. **(b)** *(Com)* auction room. **(c)** *(Arquit)* projecting part; *(LAm: ala)* wing (of a building). **(d)** *(fig: persona)* hammer, scourge.
martín *nm:* **~ pescador** kingfisher.
martinete *nm (mazo)* drop hammer, pile driver; *(Mús)* hammer.
martingala *nf (fam: habilidad)* knack, trick; *(LAm: artimaña)* trick, fiddle *(fam)*.
mártir *nmf* martyr.
martirio *nm* **(a)** *(Rel)* martyrdom. **(b)** *(fig)* torment.
martirizador *adj (fig)* agonizing, excruciating.
martirizar [1f] *vt* **(a)** *(Rel)* to martyr. **(b)** *(fig)* to torture, torment.
marxismo *nm* Marxism.

marxista *adj, nmf* Marxist.

marzo *nm* March; *véase tb* **se(p)tiembre.**

mas *conj* but.

más *adv, adj* **1 (a)** *(comp)* more; **A es ~ difícil que B** A is more difficult *o* harder than B; **tiene ~ dinero que yo** he has more money than me *o* I (do); **~ de** more than; **~ de 10** more than ten; **~ de lo que queremos** more than we want; **con ~ dinero de lo que creíamos** with more money than we thought; **cada vez ~ difícil** more and more difficult, harder and harder; **~ y ~, de ~ en ~** more and more.

(b) *(superl)* (the) most; **él es el ~ inteligente** he is the most intelligent (one); **es él que sabe ~** he's the one who knows most; **un libro de lo ~ divertido** a most *o* highly amusing book; **es de lo ~ viejo** it's as old as they come; **un hombre de lo ~ honrado** a completely honest man.

(c) ¿algo ~? anything else?; **¿quién ~?** anybody else?; **nada ~** nothing else, that's all.

(d) *(otro)* another, more; **un hombre/botella ~** another man/bottle; **un kilómetro ~** one more kilometre.

(e) no ~ only, just; *(LAm)* **así no ~** just like that; **ayer no ~** just yesterday; **¡pase no ~!** *(entre)* (do) go in; *(venga)* (do) come in.

(f) ~ bien rather; **lo hizo, o ~ bien lo intentó** he did it, or rather he tried.

(g) *(ejemplos con vb)* **correr ~** to run faster; **durar ~** to last longer; **¡no faltaba ~!** *(LAm)* don't mention it!; **trabajar ~** to work harder; **ha viajado ~** he has travelled more (widely); **~ quiero hacer algo** I would rather do sth, I would prefer to do sth; **por lo que ~ quieras** by everything you hold dear; **~ vale tarde que nunca** better late than never; **~ vale hacerlo en seguida** it's better to do it right now; **¡~ vale!** *(LAm)* just as well, so much the better.

(h) *(con adj)* **¡qué perro ~ feo!** what an ugly dog!; **¡qué cena ~ rica!** what a splendid supper!; **¡es ~ bueno!** *(fam)* he's (ever) so kind!

(i) *(comparaciones)* **no veo ~ solución que ...** I see no other solution than to *o* but to ...; **hace no ~ de 3 semanas** only 3 weeks ago.

(j) *(locuciones con prep y otras)* **~ o menos** more or less; **los ~** most people; **los ~ de** most of, the majority of; **es ~ ...** furthermore ...; **a ~ (de)** in addition (to), besides; **a lo ~** at (the) most; **a las 8 a ~ tardar** at 8 o'clock at the latest; **a ~ no poder** to the utmost *o* limit; **está nevando a ~ y mejor** it really is snowing; **trabaja tanto como el que ~** he works as hard as anyone; **de ~** extra; *(demasiado)* too much; *(demasiados)* too many; **estar de ~** to be unnecessary *o* superfluous; **hasta no ~** to the utmost; **ocurrió nada ~ iniciado el partido** it happened when the game had scarcely begun; **ni ~ ni menos** neither more nor less, just; **va a cenar con el Rey, ni ~ ni menos** he's going to dine with the King, no less; **por ~ que se esfuerce** however much *o* hard he tries, no matter how (hard) he tries; **por ~ que quisiera ayudar** much as I should like to help; **¡que ~ da!** what does it matter?, it's all the same; **sin ~ (ni ~)** without more ado; **todo lo ~** at (the) most; *véase* **allá, bien 1 (e), cuento[1] (a), nunca.**

2 *conj (al sumar)* and, plus; *(junto con)* (together) with; **2 ~ 3 son 5** 2 and *o* plus 3 are 5.

3 *nm* **(a)** *(Mat)* plus, plus sign.

(b) tiene sus ~ y sus menos it has its good and bad points.

masa[1] *nf* **(a)** *(Culin)* dough. **(b)** *(RPl)* small bun, teacake.

masa[2] *nf* **(a)** *(Fís etc)* mass; *(fig)* mass, bulk; *(volumen)* volume, quantity; **las ~s** the masses; **en ~** en masse; **reunir(se) en ~** to mass; **de ~** mass *(atr)*. **(b)** *(Elec)* earth, *(US)* ground.

masacrar [1a] *vt* to massacre.

masacre *nf* massacre.

masaje *nm* massage; **dar ~ a** to massage.

masajista *nmf* masseur/masseuse.

masato *nm (LAm) drink made from fermented maize, bananas, yucca etc.*

mascada *nf* **(a)** *(LAm: tabaco)* plug of chewing tobacco. **(b)** *(CAm: ahorrar)* nest egg; *(: reprimenda)* rebuke. **(c)** *(Méx: pañuelo)* silk handkerchief.

mascadura *nf* chewing.

mascar [1g] **1** *vt* **(a)** to chew. **(b)** *(fam: palabras)* to mumble, mutter; **~ un asunto, dar mascado un asunto** *(fam)* to explain sth in very simple terms. **2** *vi* to chew; *(LAm)* to chew tobacco.

máscara 1 *nf* **(a)** mask; **~ antigás** gas mask; **~ de oxígeno** oxygen mask. **(b) ~s** masque *sg*, masquerade *sg*. **(c)** *(fig)* mask; *(: disfraz)* disguise. **2** *nmf* masked person.

mascarada *nf* **(a)** masque, masquerade. **(b)** *(fig)* masquerade; *(: farsa)* farce, charade.

mascarilla *nf* mask *(tb Med)*; *(vaciado)* plaster cast (of the face); *(maquillaje)* facepack; **~ mortuoria** death mask.

mascarón *nm* large mask; **~ de proa** figurehead.

mascota *nf* mascot.

masculinidad *nf* masculinity, manliness.

masculino 1 *adj* masculine; *(macho)* manly; *(Bio)* male; **ropa ~a** men's clothing. **2** *nm (Ling)* masculine.

mascullar [1a] *vt* to mumble, mutter.

masilla *nf* putty.

masivo *adj (grande, fuerte)* massive; *(en masa)* en masse, general; *(de masa)* mass *(atr)*; *(general)* wholesale, mass.

masón *nm* (free)mason.

masonería *nf* (free)masonry.

masónico *adj* masonic.

masoquismo *nm* masochism.

masoquista 1 *adj* masochistic. **2** *nmf* masochist.

mastate *nm (CAm, Méx)* loincloth; *(faja)* short skirt.

mastectomía *nf* mastectomy.

masticación *nf* mastication.

masticar [1g] *vt* to masticate, chew.

mástil *nm* **(a)** pole, post; *(para bandera)* flagpole; *(Náut)* mast. **(b)** *(Mús)* neck. **(c)** *(pluma)* shaft.

mastín *nm* mastiff; **~ danés** Great Dane.

mastique *nm (yeso)* plaster; *(cemento)* cement; *(masilla)* putty.

mastitis *nf* mastitis.

masto *nm (Agr, Bot)* stock.

mastoides *adj, nf inv* mastoid.

mastuerzo *nm* cress; **~ de agua** watercress.

masturbación *nf* masturbation.

masturbarse [1a] *vr* to masturbate.

mata *nf* **(a)** *(arbusto)* bush, shrub; *(LAm: planta)* plant; *(: en cubo etc)* potted plant; **a salto de ~** *(día a día)* from day to day; *(al azar)* haphazardly. **(b)** *(ramita)* sprig; *(manojo)* tuft, blade; *(raíz)* clump, root; *(ramo)* bunch. **(c) ~s** scrub *sg*. **(d)** *(Agr: terreno)* field. **(e)** *(LAm: arboleda)* group (of trees), grove; *(: bosque)* forest, jungle; **~ de bananos** clump of banana trees, banana plantation. **(f) ~ de pelo** head *o* mop of hair.

matadero *nm* **(a)** slaughterhouse, abattoir. **(b)** *(fig: trabajo)* drudgery; *(: Mil)* exposed position. **(c)** *(LAm: prostíbulo)* brothel.

matador(a) 1 *adj* **(a)** killing. **(b)** *(fam)* **te ves ~** you look great. **2** *nm/f* killer. **3** *nm (Taur)* matador, bullfighter.

matafuego *nm* fire extinguisher.

mátalas callando *nm inv (fam)* wolf in sheep's clothing.

matalón *nm* broken-down old horse.

matamoscas *nm (palo)* fly swat; *(papel)* flypaper.

matanza *nf* slaughter, killing; *(Agr)* slaughtering, *(esp)* pig-killing; *(temporada)* slaughtering season; *(fig)* slaughter.

matar [1a] **1** *vt* **(a)** *(persona)* to kill, murder; *(animal)* to slaughter; ~ **a uno a disgustos** to heap troubles on sb; **así me maten ...** for the life of me ...; **que me maten si ...** I'll eat my hat if ...; ~**las callando** to go about things slyly. **(b)** *(fig: tiempo, pelota)* to kill; *(: hambre)* to stay; *(: polvo)* to lay; *(: borde etc)* to file down; *(: color)* to tone down.

2 *vi* **(a)** to kill; **estar a ~ con uno** to be at daggers drawn with sb. **(b)** *(Ajedrez)* to mate.

3 matarse *vr* **(a)** *(suicidarse)* to kill o.s., commit suicide; *(morir)* to be *o* get killed. **(b)** *(fig: gastarse)* to wear o.s. out, kill o.s.; ~ **trabajando** to kill o.s. with work, overwork; ~ **por hacer algo** to struggle *o* strain to do sth.

matarife *nm* slaughterman.

matarratas *nm* rat poison; *(fig: alcohol)* hooch, bad liquor.

matasanos *nm inv (fam)* quack (doctor).

matasellos *nm inv* cancellation, postmark.

matasuegras *nm inv* streamer.

match [maʃ] *nm, pl* **matchs** [maʃ] *(Dep)* match.

mate[1] *adj* dull, matt, unpolished.

mate[2] *nm (Ajedrez)* **dar ~ a** to mate, checkmate.

mate[3] *nm (LAm)* **(a)** mate, Paraguayan tea. **(b)** *(vasija)* gourd, mate pot; **pegar ~** *(CAm)* to go crazy; **tener mucho ~** to be sly *o* sharp.

matemáticas *nfpl* mathematics.

matemático/a 1 *adj* mathematical. **2** *nm/f* mathematician.

materia *nf* **(a)** matter; *(Med)* matter, pus; *(tela)* material, stuff; ~ **colorante** dyestuff; ~ **prima** raw material. **(b)** *(tema)* (subject) matter; *(Escol)* subject; **índice de ~s** table of contents; **en ~ de** on the subject of; *(en cuanto a)* as regards; **entrar en ~** to get down to business.

material 1 *adj* **(a)** material. **(b)** *(físico)* physical; **la presencia ~ de uno** sb's physical *o* bodily presence; **daños ~es** physical damage. **(c)** *(real)* real, true; *(literal)* literal.

2 *nm* **(a)** material; ~ **bélico** *o* **de guerra** war material; ~ **de construcción** building material; ~**es de derribo** rubble. **(b)** *(equipo)* equipment, plant; ~ **escolar/de limpieza** teaching/cleaning materials; ~ **móvil** *o* **rodante** rolling stock. **(c)** *(Tip)* copy. **(d)** *(LAm)* **de ~** made of adobe; *(de tabique)* brick-built.

materialidad *nf (naturaleza)* (material) nature; *(apariencia)* outward appearance; **percibe solamente la ~ del asunto** he sees only the surface of the question.

materialismo *nm* materialism.

materialista 1 *adj* materialist(ic). **2** *nmf* materialist. **3** *nm (Méx)* lorry driver, *(US)* truck-driver.

materializar [1f] **1** *vt* to materialize. **2 materializarse** *vr* to materialize.

materialmente *adv* **(a)** materially; *(físicamente)* physically. **(b)** *(absolutamente)* absolutely; *(textualmente)* literally; **nos es ~ imposible** it is quite *o* absolutely impossible for us.

maternal *adj* motherly, maternal.

maternidad *nf* **(a)** motherhood, maternity. **(b)** (*tb* **casa de ~**) maternity hospital.

materno *adj (lengua etc)* mother *(atr)*; *(casa etc)* mother's; **abuelo ~** maternal grandfather.

matinal *adj* morning *(atr)*.

matiz *nm* **(a)** *(de color)* shade, tint. **(b)** *(de sentido)* shade, nuance; *(ironía etc)* touch.

matizado *adj*: ~ **de** *o* **en** tinged *o* touched with *(tb fig)*.

matizar [1f] *vt* **(a)** *(contraste, intensidad de colores)* to tone down; *(un color de otro: tb fig)* to tinge (*de* with); ~ **un discurso de ironía** to give a speech an ironical slant. **(b)** *(fig: variar)* to vary; *(: suavizar)* to tone down.

matón *nm* bully, thug.

matorral *nm (arbusto)* thicket; *(matas)* brushwood, scrub.

matraca 1 *nf* **(a)** rattle. **(b)** *(fam)* nuisance, bore; *(: burla)* teasing, banter; **dar ~ a uno** to pester *o* tease sb. **2** *nmf (fam: persona)* nuisance, bore.

matraquear [1a] *vt* **(a)** to rattle. **(b)** *(fam)* = **dar matraca a**; *véase* **matraca 1 (b)**.

matraz *nm (Quím)* flask.

matrero 1 *adj* **(a)** cunning, sly. **(b)** *(LAm)* suspicious, distrustful. **2** *nm (LAm: bandido)* bandit, brigand; *(: tramposo)* trickster.

matriarca *nf* matriarch.

matriarcado *nm* matriarchy.

matriarcal *adj* matriarchal.

matricida *nmf (persona)* matricide.

matricidio *nm (acto)* matricide.

matrícula *nf* **(a)** *(registro)* register, list. **(b)** *(Náut)* registration; *(Escol: inscripción)* registration, matriculation; **un buque de ~ extranjera** a foreign ship; **un barco con ~ de Bilbao** a boat registered in Bilbao. **(c)** *(licencia)* licence; *(Aut)* registration number; *(: placa)* licence plate.

matriculación *nf (véase vt)* registration; enrolment; licensing.

matricular [1a] **1** *vt (registrar)* to register; *(inscribir)* to enrol; *(autorizar)* to license. **2 matricularse** *vr* to register, enrol.

matrimonial *adj* matrimonial; **enlace ~** link by marriage; **cama ~** double bed.

matrimonio *nm* **(a)** *(gen)* marriage, matrimony; *(acto)* marriage; ~ **civil/clandestino** civil/secret marriage; ~ **de conveniencia** *o* **de interés** marriage of convenience; **contraer ~ (con)** to marry. **(b)** *(pareja)* (married) couple; **el ~ García** the Garcías, Mr and Mrs García.

matriz 1 *nf* **(a)** *(Anat)* womb, uterus. **(b)** *(Téc)* mould, die; *(Tip)* matrix. **(c)** *(de libreta de cheques etc)* stub. **(d)** *(Jur)* original, master copy. **2** *adj*: **casa ~** *(Com: sede)* head office; *(: compañía)* parent company.

matrona *nf* **(a)** matron. **(b)** *(Med)* midwife.

matronal *adj* matronly.

matute *nm* smuggling, contraband; **de ~** *(Com)* smuggled *o* contraband (goods); *(adv)* secretly, stealthily.

matutero *nm* smuggler.

matutino *adj* morning *(atr)*.

maula 1 *adj (LAm: animal)* useless, lazy; *(: persona)* good-for-nothing, unreliable. **2** *nf (Cos)* remnant; *(trasto)* piece of junk; *(persona)* dead loss *(fam)*; *(truco)* dirty trick. **3** *nmf* **(a)** *(vago)* idler, slacker. **(b)** *(tramposo)* cheat; *(Fin: que paga con atraso)* bad payer.

maulería *nf* cunning, trickiness.

maulero *nm (tramposo)* cheat; *(engañador)* smooth and deceitful type.

maullar [1a] *vi* to mew, miaow.

maullido *nm* mew, miaow.

mausoleo *nm* mausoleum.

maxilar 1 *adj* maxillary. **2** *nm* jaw, jawbone.

máxima *nf* maxim.
máxime *adv (sobre todo)* especially; *(principalmente)* principally.
máximo 1 *adj* maximum; *(primero)* top; *(sumo)* highest, greatest; **es lo ~ en la moda juvenil** *(fam)* it's the most in young people's fashions *(fam)*. **2** *nm* maximum; **como ~** at most, at the outside; **al ~** to the utmost.
maya[1] *nf* **(a)** *(Bot)* daisy. **(b)** May Queen.
maya[2] *adj, nmf* Maya(n).
mayal *nm* flail.
mayo *nm* **(a)** *(mes)* May; *véase tb* **se(p)tiembre. (b)** *(palo)* maypole.
mayonesa *nf* mayonnaise.
mayor 1 *adj* **(a)** *(principal)* main, major; *(más grande)* larger. **(b)** *(altar, misa, calle etc)* high; *véase* **libro. (c)** *(Mús)* major. **(d)** *(adulto)* grown up, adult; *(Jur)* of age; *(de edad avanzada)* elderly; **~ de edad** over age. **(e)** *(jefe)* head, chief.
2 *adj comp* **(a)** *(tamaño)* bigger, larger, greater (*que* than). **(b)** *(edad)* older (*que* than), elder; *(rango)* senior (*que* to).
3 *adj superl* **(a)** *(tamaño)* biggest, largest, greatest *(tb fig)*; **su ~ problema** his biggest problem. **(b)** *(edad)* oldest; *(rango)* most senior; **mi hijo ~** my eldest son.
4 *nmf* **(a)** *(rango)* chief, superior; *(oficina)* chief clerk. **(b) ~ de edad** adult, person legally of age; **~es** grown-ups, adults; *(antepasados)* ancestors, forefathers. **(c) llegar a ~es** *(situación)* to get out of hand, get out of control.
5 *nm:* **al por ~** wholesale *(tb fig)*.
mayoral *nm (capataz)* foreman, overseer; *(Agr)* head shepherd; *(mayordomo)* farm manager.
mayorazgo *nm* **(a)** *(institución)* primogeniture. **(b)** *(tierras)* entailed estate. **(c)** *(hijo)* eldest son.
mayordomo *nm* steward; *(de casa)* butler.
mayoreo *nm (LAm)* wholesale (trade).
mayoría *nf* **(a)** *(gen)* majority; *(mayor parte)* greater *o* larger part; **la ~ de las veces** usually, on most occasions; **en la ~ de los casos** in most cases; **en su ~** on the whole; **la abrumadora** *o* **inmensa ~** the overwhelming *o* vast majority; **una ~ de 20 por ciento** a 20% majority; **las grandes ~s** the masses, the mass of the people. **(b) ~ de edad** majority, adult age; **cumplir** *o* **llegar a la ~ de edad** to come of age.
mayorista *nmf* wholesaler.
mayoritario *adj* majority *(atr)*; **gobierno ~** majority government.
mayormente *adv (principalmente)* chiefly, mainly; *(especialmente)* especially.
mayúscula *nf* capital (letter).
mayúsculo *adj* **(a)** *(letra)* capital. **(b)** *(fig: enorme)* big, tremendous; **un susto ~** a big scare.
maza *nf* **(a)** *(arma)* mace; *(Dep)* bat; *(Polo)* stick, mallet; *(Mús)* drumstick; *(billar etc: taco)* thick end; *(Téc)* flail; **~ de fraga** drop hammer; **~ de gimnasia** Indian club. **(b)** *(fam: molestia)* pest, bore. **(c)** *(LAm: de rueda)* hub.
mazacote *nm* **(a)** hard mass; *(Culin)* dry doughy food; *(Arquit: hormigón)* concrete; **el arroz se ha hecho un ~** the rice has gone lumpy. **(b)** *(Arte, Lit etc)* mess, hotchpotch. **(c)** *(fig fam: lata)* bore; *(: monstruosidad)* eyesore.
mazada *nf* bash *(fam)*, blow (with a club); **dar ~ a** *(fig)* to hurt, injure.
mazamorra *nf (LAm: de maíz)* maize mush *o* porridge; *(pey)* mush.
mazapán *nm* marzipan.
mazmorra *nf* dungeon.
mazo *nm* **(a)** *(martillo)* mallet; *(de mortero)* pestle; *(Dep)* club, bat; *(Agr)* flail; **a Dios rogando y con el ~ dando** God helps those who help themselves. **(b)** *(manojo)* bunch, handful; *(fardo)* bundle, packet; *(de papeles)* sheaf *o* bundle; *(de naipes)* stack; *(de billetes)* wad. **(c)** *(fam)* bore.
mazorca *nf* **(a)** *(Bot)* spike; *(: de maíz)* cob, ear; **~ de maíz** corncob; **maíz en la ~** corn on the cob. **(b)** *(Téc)* spindle.
me *pron pers* **(a)** *(dir)* me. **(b)** *(indir)* (to) me; **¡dámelo!** give it to me!; **me lo compró** *(de mí)* he bought it from me; *(para mí)* he bought it for me; **me rompí el brazo** I broke my arm. **(c)** *(reflexivo)* (to) myself; **me lavé** I washed (myself); **me marcho** I am going.
mear [1a] *(fam!)* **1** *vt* to piss on *(fam!)*. **2** *vi* to piss *(fam!)*, have a piss *(fam!)*. **3 mearse** *vr* to wet o.s.; **~ de risa** to piss o.s. laughing *(fam!)*.
mecachis *interj* oh hell! *(fam)*.
mecánica *nf* **(a)** mechanics *sg*. **(b)** *(mecanismo)* mechanism, works.
mecánico 1 *adj* **(a)** mechanical; *(con motor)* power-driven, power-operated; *(de máquinas)* machine *(atr)*. **(b)** *(repetitivo)* repetitive. **2** *nm* mechanic; *(operario)* machinist; *(ajustador)* fitter, repair man; *(Aut)* driver, chauffeur; *(Aer)* rigger, fitter.
mecanismo *nm* **(a)** mechanism, works, machinery; *(engranaje)* gear. **(b)** *(movimiento)* action, movement. **(c)** *(fig)* mechanism.
mecanización *nf* mechanization.
mecanizar [1f] *vt* to mechanize.
mecanografía *nf* typing; **~ al tacto** touch-typing.
mecanografiado 1 *adj* typewritten, typescript. **2** *nm* typescript.
mecanografiar [1c] *vt* to type.
mecanógrafo/a *nm/f* typist.
mecate *nm (LAm)* **(a)** *(cuerda burda)* rope, twine. **(b)** *(persona)* coarse individual.
mecatear [1a] **1** *vt (LAm: atar)* to tie up; *(: flagelar)* to lash, whip. **2 mecatearse** *vr (Méx)* **~las** to run away, beat it *(fam)*.
mecedor 1 *adj* rocking, swinging. **2** *nm* **(a)** swing. **(b)** *(LAm)* rocking chair.
mecedora *nf* rocking chair.
mecenas *nm inv* patron.
mecenazgo *nm* patronage.
mecer [2b] **1** *vt* **(a)** to swing; *(cuna, niño etc)* to rock; *(rama etc)* to sway. **(b)** *(líquido)* to stir, shake (up). **2 mecerse** *vr (véase vt)* to swing; to rock; to sway.
meco *adj (Méx: vulgar)* coarse, rough.
mecha *nf* **(a)** *(gen)* wick; *(Mil etc)* fuse; **~ tardía** time fuse; **aguantar (la) ~** *(fig)* to grin and bear it; **a toda ~** at full speed. **(b)** *(tocino)* slice of bacon. **(c)** *(LAm)* scare, fright.
mechar [1a] *vt (Culin: poner manteca)* to lard; *(: rellenar)* to stuff.
mechero *nm (encendedor)* cigarette lighter; *(estufa)* burner, jet; **~ Bunsen** Bunsen burner; **~ piloto** *o* **encendedor** pilot light.
mechón *nm (de pela)* tuft, lock; *(hilos)* bundle.
mechudo *adj (LAm: pelo)* tousled, unkempt.
medalla *nf (condecoración)* medal; *(joya)* medallion, pendant.
medallón *nm* **(a)** *(medalla)* medallion. **(b)** *(relicario)* locket. **(c)** *(Tip)* inset.
médano *nm*, **medaño** *nm (en tierra)* sand dune; *(de mar)* sandbank.
media *nf* **(a)** stocking; *(LAm: de hombre)* sock; **~ de malla** net stocking; **~s panti** tights. **(b) de ~** knitting *(atr)*; **hacer ~** to knit. **(c)** *(Dep)* halfback line. **(d)** *(Mat: promedio)* mean. **(e)** *(trozo)* a half piece; **a ~s** barely; **lo oigo a ~** I can

barely hear it.

mediación *nf* mediation.

mediado *adj* **(a)** *(local)* half full; *(trabajo)* halfway through, half completed. **(b) a ~s de marzo** in the middle of *o* halfway though March; **a ~s del siglo pasado** in the mid-nineteenth century.

mediador(a) *nm/f* mediator.

medialuna *nf* croissant.

medianamente *adv (moderadamente)* moderately, fairly; *(regularmente)* moderately well.

medianería *nf* **(a)** *(pared)* party wall. **(b)** *(LAm: sociedad)* partnership; *(Agr)* sharecropping.

medianero 1 *adj* **(a)** *(pared)* party *(atr)*, dividing; *(valla)* boundary *(atr)*. **(b)** *(vecino)* adjacent, next. **2** *nm (de casa)* owner of the adjoining house *o* property; *(Agr)* sharecropper.

medianía *nf* **(a)** *(promedio)* average; *(término medio)* halfway point. **(b)** *(persona mediocre)* mediocrity, second-rater.

mediano *adj (regular)* middling, average; *(indiferente)* indifferent, undistinguished; *(euf)* mediocre; *(euf: no muy bueno)* rather poor; **(de tamaño) ~** medium-sized.

medianoche *nf* midnight.

mediante *prep* by means of, through, by.

mediar [1b] *vt* **(a)** *(estar en medio)* to be in the middle, be halfway through; *(llegar a la mitad)* to get to the middle, get halfway (through); *(tiempo)* to elapse, pass; **entre A y B median 30 kms** 30 kms separate A from B; **entre los dos sucesos mediaron varios años** several years elapsed between the two events. **(b)** *(ocurrir)* to come up, happen; *(intervenir)* to intervene; *(existir)* to exist; **media el hecho de que ...** there is the fact that .... **(c)** *(interceder)* to mediate, intervene; **~ con uno** to intercede with sb.

médica *nf* woman doctor.

medicación *nf* medication, treatment.

medicamento *nm (tratamiento)* medication; *(medicina)* medicine; *(droga)* drug.

medicina *nf* medicine; **~ forense** *o* **legal** forensic medicine.

medicinal *adj* medicinal.

medicinar [1a] **1** *vt (tratar)* to treat, prescribe for. **2 medicinarse** *vr* to dose o.s.

medición *nf* measurement, measuring.

médico 1 *adj* medical; **receta ~a** prescription. **2** *nm* doctor, medical practitioner, physician; **~ de cabecera** family doctor; **~ dentista/forense** dental/forensic surgeon; **~ general** general practitioner; **~ partero** obstetrician; **~ pediatra** paediatrician; **~ residente** house physician, *(US)* intern.

medida *nf* **(a)** *(Mat)* measurement; *(medición)* measuring, measurement; **a la ~** *(proporcionado)* in proportion; *(apto)* suitable, just right; **una caja a la ~** a specially made box, a box made for the purpose; **un traje (hecho) a la ~** a made-to-measure suit; **a ~ de** *(de acuerdo con)* in proportion to, in keeping with; **a ~ que ...** *(at the same time)* as ...; **a ~ que vaya bajando el agua** as the water goes down; **en cierta ~** up to a point, in a way; **en gran ~** to a great extent; **~s vitales** vital statistics; **tomar las ~s a uno** to measure sb, take sb's measurements; *(fig)* to size sb up.

(b) *(sistema, recipiente)* measure; **pesos y ~s** weights and measures; **~ para áridos/para líquidos** dry/liquid measure; **esto colma la ~** *(fig)* this is the last straw.

(c) *(de camisa, zapato etc)* size, fitting; *(LAm)* **¿cual es tu ~?** what size are you?

(d) *(disposición)* measure, step; **~ preventiva/represiva** preventive/repressive measures; **tomar ~s** to take steps.

(e) *(fig)* **con ~** with restraint; **sin ~** immoderately, in an unrestrained fashion.

medidor *nm (LAm)* meter, gauge; **~ de lluvia** rain gauge.

medieval *adj* medieval.

medio 1 *adj* **(a)** half (a).

(b) ~a naranja half an orange, a half orange; **~a hora** half an hour; **~a pensión** half-board; **nos queda ~a botella** we've half a bottle left; **~a luz** half-light; **vino ~ mundo** lots (and lots) of people came.

(c) *(punto etc)* mid(way), middle; **a ~ camino** halfway (there); **clase ~** middle class(es); **a ~a tarde** halfway through the afternoon; **café de ~a mañana** (mid-)morning coffee; *(Dep)* **~ tiempo** half-time.

(d) *(Mat: promedio)* mean, average; *(fig)* average; **el hombre ~** the man in the street; **término ~** average; *(fig)* compromise.

(e) a ~as half, by halves; **lo dejó hecho a ~as** he left it half-done; **ir a ~as** to go fifty-fifty, divide the costs *etc* equally; **verdad a ~as** half-truth.

2 *adv* **(a)** half; **~ dormido** half asleep; **está ~ borracha** she is half drunk; **está a ~ escribir/terminar** *etc* it is half-written/finished *etc*.

(b) *(LAm fam: bastante)* quite, pretty *(fam)*; **fue ~ difícil** it was pretty hard.

3 *nm* **(a)** *(centro)* middle, centre; *(término medio)* halfway point *etc; (Mat: promedio)* mean; **justo ~** happy medium, fair compromise; **equivocarse de ~ a ~** to be completely wrong; **en ~** *(gen)* in the middle; *(entre)* in between; **la casa de en ~** the middle house, the house in between; **quitar algo de en ~** to get sth out of the way; **quitarse de en ~** to get out of the way; **pasar por ~ de** to go through (the middle of); **de por ~** in between; **hay dificultades de por ~** there are snags in the way; **meterse de por ~** to intervene; **día (de) por ~** *(LAm)* every other day.

(b) *(Dep)* half-back; **~ centro** centre-half.

(c) *(Espiritismo)* medium.

(d) *(método)* means *pl*, way; *(ambiente)* medium; *(medida)* measure, expedient; **~ de transporte** means of transport; **por ~ de** by (means of), through; **por todos los ~s** in every possible way; **no hay ~ de conseguirlo** there is no way of getting it; **poner todos los ~s** *o* **no regatear ~ para hacer algo** to spare no effort to do sth.

(e) ~s *(Econ, Fin)* means, resources.

(f) *(atmósfera)* atmosphere; *(contorno)* milieu, ambience; *(círculo)* circle; *(Bio: tb* **~ ambiente***)* environment; **~ de cultivo** culture medium; **en los ~s financieros** in financial circles; **encontrarse en su ~** to be in one's element.

mediocre *adj* middling, average; *(pey)* mediocre.

mediocridad *nf* middling quality; *(pey)* mediocrity.

mediodía *nm* **(a)** midday, noon; **a ~** at noon. **(b)** *(Geog)* south.

Medio Oriente *nm* Middle East.

mediopensionista *nmf* day pupil *o* student.

medir [3l] **1** *vt* **(a)** *(gen)* to measure; *(tierra)* to survey, plot; **~ a uno (con la vista)** *(fig)* to size sb up. **(b)** *(plan, posibilidad etc)* to weigh up; *(LAm)* **~ las calles** to be out of a job.

2 *vi* to measure, be; **el papel mide 20 cms de ancho** the paper is 20 cms wide; **¿cuánto mides? — mido 1,50 m** how tall are you? — I am 1.50 m tall; **mide 88 cms de pecho** her bust measurement is 88 cms.

3 medirse *vr* **(a) ~ con uno** to measure up against sb. **(b)** *(fig: moderarse)* to be moderate, act with restraint. **(c)** *(LAm: Dep)* to play each other, meet; *(: pelearse)* to quarrel, come to blows.
meditabundo *adj* pensive, thoughtful.
meditación *nf* meditation.
meditar [1a] **1** *vt (pensar)* to ponder, think over, meditate (on); *(plan etc)* to think out, work out. **2** *vi* to ponder, think, meditate; *(considerar)* to muse.
Mediterráneo *nm:* **el ~** the Mediterranean.
mediterráneo *adj* Mediterranean.
médium *nm, pl* **médiums** *(persona)* medium.
medra *nf (véase vi)* increase, growth; improvement; prosperity.
medrar [1a] *vi (aumentarse)* to increase, grow; *(mejorar)* to improve, do well; *(Econ: prosperar)* to prosper, thrive; *(animal, planta etc)* to grow, thrive.
medroso *adj* fearful, timid.
médula *nf,* **medula** *nf* **(a)** *(Anat)* marrow; **~ espinal** spinal cord; **hasta la ~** *(fig)* to the core; through and through. **(b)** *(Bot)* pith. **(c)** *(fig)* essence, substance.
medusa *nf* jellyfish.
megáfono *nm* megaphone.
megalítico *adj* megalithic.
megalomanía *nf* megalomania.
megalómano/a *nm/f* megalomaniac.
megatón *nm* megaton.
megavatio *nm* megawatt.
megavoltio *nm* megavolt.
mejicano *etc véase* **mexicano** *etc.*
mejilla *nf* cheek.
mejillón *nm* mussel.
mejor 1 *adj* **(a)** *(comp)* better (*que* than). **(b)** *(superl)* best; *(oferta etc)* highest; **es el ~ de todos** he's the best of all; **lo ~** the best thing, the best part *etc;* **lo ~ de** the best thing about, the best part of; **lo ~ de la vida** the prime of life; **hice lo ~ que pude** I did the best I could, I did my best; **llevar lo ~** to get the best of it; **a lo ~** *(probablemente)* probably; *(tal vez)* maybe; **a lo ~ viene mañana** he might come tomorrow.

2 *adv* **(a)** *(comp)* better; **A canta ~ que B** A sings better than B; **~ quisiera hacer algo** I would rather do sth; **¡~!** good!, that's fine!; **~ que ~** better and better, all the better; **~ dicho** or rather, to be precise; **tanto ~** all the better, so much the better. **(b)** *(superl)* best.
mejora *nf* **(a)** improvement; **~s** *(arreglos)* improvements, alterations. **(b)** *(en subasta)* higher bid. **(c)** *(Méx Agr)* weeding, cleaning.
mejoramiento *nm* improvement.
mejorana *nf* marjoram.
mejorar [1a] **1** *vt* **(a)** to improve, make better; *(realzar)* to enhance; *(oferta etc)* to raise, improve; *(récord)* to break. **(b) ~ a** to be better than. **2** *vi,* **mejorarse** *vr* **(a)** *(situación)* to improve, get better; *(Met)* to improve, clear up; *(Fin etc)* to do well, prosper; *(enfermo)* to recover; **los negocios mejoran** business is picking up. **(b)** *(subasta)* to raise one's bid.
mejoría *nf* improvement; *(restablecimiento)* recovery; **ha habido una gran ~ en el servicio** service has greatly improved.
mejunje *nm* **(a)** *(mezcla)* brew, concoction. **(b)** *(fam: fraude)* fraud. **(c)** *(LAm: lío)* mess.
melado 1 *adj (color)* honey-coloured. **2** *nm (melaza)* treacle, syrup; *(LAm: de caño)* cane syrup.
melancolía *nf* melancholy, sadness.
melancólico *adj* melancholy, sad; *(soñador)* dreamy, wistful.
melaza *nf (tb ~s)* molasses, treacle.
melcocha *nf* molasses, treacle; *(azúcar de cande)* candy.
melcochado *adj (fruta etc)* candied; *(color)* golden, honey-coloured.
melcocharse [1a] *vr (Culin)* to thicken.
mêlée [me'le] *nf (Rugby)* scrum.
melena *nf (de hombre)* long hair; *(de mujer)* loose hair, flowing hair; *(pey: greña)* mop of hair, mane; *(cola de caballo)* ponytail; *(Zool)* mane; **soltar la ~** *(fig)* to let one's hair down.
melenudo *adj* long-haired.
melifluo *adj* mellifluous, sweet.
melindre *nm* **(a)** sweet cake; *(buñuelo)* honey fritter. **(b) ~s** daintiness *sg,* dainty ways; *(pey: afectación)* affected ways; *(mojigatería)* prudery *sg,* prudishness *sg.*
melindrear [1a] *vi (ser afectado)* to be affected; *(ser mojigato)* to be prudish; *(ser quisquilloso)* to be terribly fussy.
melindroso *adj (afectado)* affected; *(mojigato)* prudish; *(quisquilloso)* finicky, fussy.
melocotón *nm* peach.
melocotonero *nm* peach tree.
melodía *nf* **(a) una ~** melody, tune, air. **(b)** *(cualidad)* melodiousness.
melódico *adj* melodic.
melodioso *adj* melodious, tuneful.
melodrama *nm* melodrama.
melodramático *adj* melodramatic.
melón *nm* **(a)** *(Bot)* melon. **(b)** *(fam: cabeza)* head, nut; *(: tonto)* idiot.
melosidad *nf* **(a)** sweetness; *(pey: lo empalagoso)* sickliness. **(b)** *(fig: dulzura)* sweetness; *(pey)* smoothness.
meloso *adj* **(a)** *(dulce)* honeyed, sweet; *(empalagoso)* sickly, cloying. **(b)** *(fig: voz etc)* sweet, musical; *(pey: zalamero)* smooth, soapy.
mella *nf* **(a)** *(rotura)* nick, notch; *(de dientes etc)* gap; **hacer ~** *(fig)* to make an impression, sink in. **(b)** *(fig: daños)* harm, damage.
mellado *adj (borde)* jagged, nicked; *(persona)* gap-toothed.
mellar [1a] *vt* **(a)** *(hacer muescas en)* to nick, dent, notch; *(astilla)* to take a chip out of. **(b)** *(fig: dañar)* to damage, harm.
mellizo/a *adj, nm/f* twin.
membrana *nf* membrane; **~ mucosa** mucous membrane.
membrete *nm* letterhead, heading.
membrillo *nm* quince; **(carne de) ~** quince jelly.
memo 1 *adj* silly, stupid. **2** *nm* idiot.
memorable *adj* memorable.
memorándum *nm, pl* **memorándums (a)** *(cuaderno)* notebook. **(b)** *(memorial)* memorandum.
memoria *nf* **(a)** memory; **de buena** *o* **feliz ~** of happy memory; **digno de ~** memorable; **falta de ~** forgetfulness; **aprender algo de ~** to learn sth by heart; **se le fue de la ~** he forgot it, it slipped his mind; **la peor tormenta de que hay ~** the worst storm in living memory *o* on record; **hacer ~ de algo** to recall sth; **no queda ~ de eso** there is no memory *o* record of that; **tener buena/mala ~** to have a good/bad memory; **si tengo buena ~** if my memory serves me right; **traer algo a la ~** to recall sth; **venir a la ~** to come to mind.

(b) *(informe)* note, report; *(relación)* record; *(memorandum)* aide-mémoire, memorandum; *(petición)* petition; *(artículo)* (learned) paper; **~ anual** annual report; **~s** *(personales)* memoirs;

(de sociedad) transactions. **(c)** **~s** *(a persona)* regards.
memorial *nm* memorial, petition; *(Jur)* brief.
memorioso *adj*, **memorista** *adj (LAm)* having a retentive memory.
memorización *nf (LAm)* memorizing.
memorizar [1f] *vt (LAm)* to memorize.
mena *nf* ore.
menaje *nm* **(a)** *(muebles)* furniture, furnishings. **(b)** *(tareas domésticas)* housework. **(c)** *(Com etc: utensilios domésticos)* household equipment; **sección de ~** *(tienda)* hardware and kitchen department.
mención *nf* mention; **hacer ~ de** to mention.
mencionado *adj* aforementioned.
mencionar [1a] *vt (referirse a)* to mention, refer to; *(nombrar)* to name; **sin ~ ...** let alone ... .
mendacidad *nf* **(a)** *(mentir)* untruthfulness. **(b)** **una ~** untruth, gross lie.
mendaz *adj* lying, untruthful.
mendicidad *nf* begging.
mendigar [1h] **1** *vt* to beg (for). **2** *vi* to beg (for alms).
mendigo/a *nm/f* beggar.
mendrugo *nm* **(a)** *(de pan)* crust of bread. **(b)** *(fam: tonto)* chump *(fam)*.
menear [1a] **1** *vt* **(a)** *(cabeza etc)* to move, shake; *(líquido)* to stir; *(pelo)* to toss; *(cola)* to wag; *(cadera)* to swing; **sin ~ el dedo** without lifting a finger. **(b)** *(asunto)* to get on with, get moving; *(negocio)* to handle, conduct. **2 menearse** *vr* **(a)** *(gen)* to move, shake; *(cola)* to wag; *(contonearse)* to swing, waggle. **(b)** *(LAm: apurarse)* to get a move on; **¡~!** get going!, jump to it!
meneo *nm* **(a)** *(movimiento)* movement; *(: repentino)* shake, toss; *(: de cola)* wag; *(de líquido)* stir, stirring; *(de caderas etc)* swing(ing); *(sacudida)* jerk, jolt. **(b)** *(fam)* hiding.
menester *nm* **(a)** **ser ~** to be necessary; **es ~ hacer algo** it is necessary to do sth, we *etc* must do sth. **(b)** *(trabajo)* job, piece of business; *(recado)* errand; **~es** *(deberes)* duties, business; *(ocupación)* occupation; *(función)* function; **hacer sus ~es** *(euf)* to do one's business *(euf)*. **(c)** **~es** *(Téc)* gear *sg*, tackle *sg*, tools.
menesteroso *adj* needy.
menestra *nf* **(a)** *(sopa)* vegetable soup, stew. **(b)** *(legumbres)* **~s** dried vegetables.
mengano/a *nm/f* Mr/Mrs/Miss So-and-so; *véase* **fulano.**
mengua *nf* **(a)** *(disminución)* decrease, diminishment; *(decadencia)* decay, decline; **sin ~** *(íntegro)* complete, whole; *(intacto)* untouched. **(b)** *(falta)* lack, want; *(pérdida)* loss. **(c)** *(pobreza)* poverty. **(d)** *(persona: debilidad)* spinelessness. **(e)** *(descrédito)* discredit; **en ~ de** to the detriment of.
menguado *adj* **(a)** *(disminuido)* decreased, diminished. **(b)** *(fig)* wretched, miserable; *(: débil)* weak; *(: tacaño)* mean; *(: tonto)* foolish.
menguante 1 *adj* decreasing, diminishing; *(decadente)* decaying; *(luna)* waning; *(marea)* ebb *(atr)*. **2** *nf* **(a)** *(Náut)* ebb tide, low water. **(b)** *(luna)* waning. **(c)** *(fig)* decay, decline.
menguar [1i] **1** *vt* **(a)** *(disminuir)* to lessen, reduce; *(labor de punto)* to decrease (by). **(b)** *(fig)* to discredit. **2** *vi* **(a)** *(disminuirse)* to decrease; *(número, marea etc)* to go down; *(luna)* to wane. **(b)** *(fig)* to wane, decay, decline.
meningitis *nf* meningitis.
menopausia *nf* menopause.
menor 1 *adj (Mús, Rel)* minor.
2 *adj comp* **(a)** *(tamaño)* smaller (*que* than); less, lesser; **en ~ número** in smaller numbers. **(b)** (*tb* **~ de edad**) younger (*que* than), junior (*que* to); **el hermano ~** the younger brother; **Juanito es ~ que Pepe** Johnnie is younger than Joe.
3 *adj superl* **(a)** *(tamaño)* smallest; *(número)* least; **éste es el ~ de todos** this is the smallest of the lot; **no tengo la ~ idea** I haven't the least *o* slightest idea. **(b)** *(edad)* youngest; **ella es la ~ de todas** she is the youngest of all.
4 *nmf (joven)* young person, juvenile; *(Jur)* minor; **un ~ de 14** an under-14; **los ~es de edad** those who are under age, the juveniles; **apto para ~es** *(Cine)* for all ages; **no apto para ~es** *(Cine)* not suitable for juveniles.
5 *nm* **(a)** **al por ~** *(Com)* retail. **(b)** **contar algo por ~** to recount sth in detail.
menoría *nf* **(a)** *(Jur)* minority. **(b)** *(inferioridad)* inferiority; *(subordinación)* subordination.
menorista *(LAm)* **1** *adj* retail *(atr)*. **2** *nmf* retailer.
menos 1 *adj* **(a)** *(comp)* less; *(número)* fewer; **con ~ ruido** with less noise; **aquí hay ~ gente** there are fewer people here; **éste es ~ coche que el anterior** *(fam)* this is not such a good car as the old one. **(b)** *(superl)* least; **es el que ~ culpa tiene** he is (the) least to blame.
2 *adv* **(a)** *(comp)* less; **A es ~ caro que B** A is less expensive than B; **hoy se va ~** people don't go so much nowadays, nowadays people go less; **~ de** less than; **~ de 9** less than 9; **~ de lo que piensas** less than you think. **(b)** *(superl)* least; **es el ~ inteligente de los 4** he is the least intelligent of the 4; **es él que habla ~** he's the one who talks (the) least. **(c)** **no quiero alquilarlo ni ~ comprarlo** I don't want to rent it and still less to buy it; **¿qué ~?** *(fam)* what else did you expect?; **fue nada ~ que un rey** he was a king no less; **hay 7 de ~** we're 7 short, there are 7 missing; **me dieron un paquete con medio kilo de ~** they gave me a packet which was half a kilo short *o* under weight; **me han pagado 2 libras de ~** they have underpaid me by £2. **(d)** *(locuciones con lo)* **lo ~ 10** 10 at least; **lo ~ posible** as little as possible; **eso es lo de ~** that's the least of it; **es lo ~ que se puede esperar** it's the least one can expect; **al** *o* **a lo** *o* **por lo ~** at least. **(e)** *(locuciones)* **a ~ de** without; **tener a ~ hacer algo** to consider it beneath o.s. to do sth; **ir** *o* **venir a ~** to come down in the world; **darse de ~** to underestimate o.s.; **no es rico, ni mucho ~** he's far from being rich; **echar de ~ (a uno)** to miss (sb); **hacer a uno de ~** to despise *o* belittle sb; **no se quedó en ~** he was not to be outdone; **¡~ mal!** just as well!, that's good!; *véase* **cuando, mucho, poder.**
3 *prep* **(a)** except; **todos ~ él** everybody except him; **¡todo ~ eso!** anything but that! **(b)** *(cifras)* minus, less; **5 ~ 2** 5 minus *o* less 2; **7 ~ 2 son 5** 2 from 7 leaves 5, 7 take away 2 leaves 5; **las 7 ~ 20** *(hora)* 20 to 7.
4 *conj*: **a ~ que ...** unless ... .
5 *nm (Mat)* minus sign.
menoscabar [1a] *vt* **(a)** *(disminuir)* to lessen, reduce; *(dañar)* to damage, impair. **(b)** *(desacreditar)* to discredit.
menoscabo *nm (véase vt)* lessening, reduction; damage; **con** *o* **en ~ de** to the detriment of; **sin ~** unimpaired.
menospreciable *adj* contemptible.
menospreciar [1b] *vt* **(a)** *(despreciar)* to scorn, despise. **(b)** *(ofender)* to slight. **(c)** *(subestimar)* to underrate.
menosprecio *nm* **(a)** *(desdén)* scorn, contempt. **(b)** *(subestimación)* underrating, under-

valuation. **(c)** *(falta de respeto)* disrespect.
mensaje *nm* message.
mensajero/a *nm/f* messenger.
menso *adj (Méx)* silly, stupid.
menstruación *nf* menstruation.
menstrual *adj* menstrual.
menstruar [1e] *vi* to menstruate.
menstruo *nm* menstruation.
mensual *adj* monthly; **50 dólares ~es** 50 dollars a month.
mensualidad *nf (salario)* monthly salary; *(Com)* monthly instalment *o* payment.
mensurable *adj* measurable.
menta *nf* mint; **~ romana** *o* **verde** spearmint.
mentado *adj* **(a)** *(mencionado)* aforementioned. **(b)** *(famoso)* well-known, famous.
mental *adj* mental; *(capacidad, trabajo etc)* intellectual.
mentalidad *nf* mentality, mind.
mentar [1k] *vt* to mention, name; **~ la madre a uno** *(Méx)* to swear at sb.
mentas *nfpl (RPl)* **(a)** *(fama)* reputation. **(b)** *(chismos)* rumours, gossip.
mente *nf* mind; *(inteligencia)* intelligence, understanding; **~ consciente/subconsciente** conscious/subconscious mind; **cambiar de ~** to change one's mind; **no está en mi ~ hacer algo, no tengo en ~ hacer algo** it is not in my mind to *o* it is not my intention to do sth; **se le fue completamente de la ~** it completely slipped his mind; **traer/venir a la ~** to call/come to mind.
mentecato/a 1 *adj* silly, stupid. **2** *nm/f* idiot, fool.
mentir [3l] *vi* to (tell a) lie, tell lies; *(engañar)* to be deceptive; **¡miento!** sorry, I'm wrong!, my mistake!
mentira *nf* **(a)** *(una ~)* lie, falsehood; *(acto de mentir)* lying, deceitfulness; **¡~!** it's a lie!; **una ~ como una casa** a whopping great lie *(fam)*; **~ piadosa** white lie; **¡parece ~!** well (I never)!; **parece ~ que ...** it seems impossible that ...; **coger a uno en una ~** to catch sb in a lie. **(b)** *(uñas)* white mark (on fingernail).
mentirilla *nf* fib, white lie.
mentiroso/a 1 *adj* lying; *(que engaña)* deceitful; *(falso)* deceptive, false. **2** *nm/f* liar; deceiver.
mentís *nm inv* denial; **dar el ~ a** to refute, deny.
mentolado *adj* mentholated.
mentón *nm* chin.
menú *nm* menu; *(LAm)* set meal.
menudear [1a] **1** *vt* **(a)** *(repetir)* to repeat frequently; *(relato etc)* to tell in great detail. **(b)** *(LAm)* to sell retail. **2** *vi* **(a)** *(ser frecuente)* to be frequent, happen frequently. **(b)** *(detallar)* to go into great detail. **(c)** *(LAm: abundar)* to abound; *(: proliferar)* to increase, grow in number.
menudencia *nf* **(a)** *(bagatela)* trifle, small thing; **~s** odds and ends. **(b)** *(minuciosidad)* meticulousness. **(c) ~s** *(de puerco)* pork products, offal *sg.*
menudeo *nm (Com)* retail trade; **vender al ~** to sell retail.
menudillos *nmpl* giblets.
menudo 1 *adj* **(a)** *(pequeño)* small, minute; *(fig)* slight, insignificant; **moneda ~a** small change. **(b)** *(persona)* exact, meticulous. **(c)** *(iro)* fine, some; **¡~ negocio!** a fine deal!; **~ viento hizo anoche!** that was some wind last night! **(d)** *(con prep)* **a ~** frequently, often; **contar algo por ~** to tell sth in detail. **2** *nm* **(a)** small change. **(b) ~s** offal *sg.*
meñique *nm:* **dedo ~** little finger.
meollo *nm* **(a)** *(Anat: médula)* marrow. **(b)** *(de pan)* soft part, inside, crumb. **(c)** *(fig: de persona)* brains. **(d)** *(fig: nucleo)* gist, essence, core.
meón/ona 1 *adj (niño)* that constantly wets itself. **2** *nm/f* baby (boy/girl).
mequetrefe *nm* good-for-nothing, whippersnapper.
mercachifle *nm* **(a)** *(pey: comerciante)* smalltime trader *o* dealer. **(b)** *(fig: rapaz)* moneygrubber.
mercadear [1a] *vt* to deal, trade.
mercadeo *nm* marketing.
mercader *nm (esp Hist)* merchant.
mercadería *nf* commodity; **~s** goods, merchandise *sg.*
mercado *nm* market; **M~ Común** Common Market; **~ exterior/interior** *o* **nacional/libre** overseas/home/free market; **~ de valores** stock market; **~ de viejo** flea market; **inundar el ~ de** to flood the market with.
mercadotecnia *nf* marketing; **estudios de ~** market research.
mercancía 1 *nf* commodity; **~s** goods, merchandise *sg.* **2: ~s** *nm inv* goods train, *(US)* freight train.
mercante 1 *adj* merchant *(atr)*, commercial. **2** *nm (buque)* merchantman, merchant ship.
mercantil *adj* mercantile, commercial.
merced *nf* **(a) hacer la ~ hacer algo** to do the favour of doing sth; **tenga la ~ de hacerlo** please be so good as to do it. **(b) ~ a** thanks to. **(c) estar a la ~ de** to be at the mercy of.
mercenarío *adj, nm* mercenary.
mercería *nf* **(a)** *(artículos)* haberdashery, *(US)* notions. **(b)** *(tienda)* haberdasher's (shop), *(US)* notions store; *(LAm: lencería)* draper's (shop), *(US)* dry-goods store.
mercero *nm* haberdasher; *(LAm)* draper.
mercurio *nm* mercury.
merdoso *adj (fam!: inmundo)* filthy; *(: puerco)* sluttish.
merecedor *adj* deserving, worthy (*de* of); **~ de confianza** trustworthy.
merecer [2d] **1** *vt (gen)* to deserve, merit; **~ hacer algo** to deserve to do sth; **merece la pena** it's worth it. **2** *vi* to be deserving, be worthy. **3 merecerse** *vr:* **~ algo** to earn sth.
merecido 1 *adj (premio etc)* well deserved, fully deserved; **bien ~ lo tiene** it serves him right. **2** *nm:* **llevarse su ~** to get one's deserts.
merecimiento *nm* **(a)** *(lo merecido)* deserts *pl.* **(b)** *(méritos)* merit, worthiness.
merendar [1k] **1** *vt* **(a)** to have for tea. **(b)** *(fig: cartas, libro etc)* to take a (sly) look at, peep at. **2** *vi* to have tea; *(en el campo)* to picnic, take tea out. **3 merendarse** *vr (fam)* **(a) ~ algo** to wangle sth *(fam)*. **(b) ~ una fortuna** to squander a fortune. **(c) ~ a uno** *(LAm: matar)* to kill sb.
merendero *nm (café)* tearoom; *(en el campo)* picnic spot.
merengue *nm* **(a)** *(Culin)* meringue. **(b)** *(LAm: enfermizo)* sickly person, invalid.
mergo *nm* cormorant.
meridiano/a 1 *adj (calor, hora etc)* midday *(atr)*, noon *(atr)*. **2** *nm (Astron, Geog)* meridian. **3 meridiana** *nf (cama)* couch.
meridional 1 *adj* southern. **2** *nmf* southerner.
merienda *nf* tea, afternoon snack; *(de viaje)* packed meal; *(en el campo)* (picnic) meal; **~ de negros** *(fam: confusion)* bedlam, free-for-all; *(: chanchullo)* crooked deal.
merino *adj, nm* merino.
mérito *nm (valor)* merit, worth, value; *(excelencia)* excellence; **~s de guerra** mention in dispatches; **hacer ~ de** to mention; **hacer ~s** to make

efforts, put o.s. out; **restar ~ de** to detract from.
meritocracia *nf* meritocracy.
meritorio/a 1 *adj (que merita)* deserving; *(: alabanza)* praiseworthy. **2** *nm/f* unpaid trainee, *(esp)* office junior.
merluza *nf* **(a)** hake. **(b)** *(fam)* **coger una ~** to get sozzled *(fam)*; **estar (con la) ~** to get boozed up.
merma *nf* decrease; *(pérdida)* wastage, loss.
mermar [1a] **1** *vt (disminuir)* to reduce, lessen; *(cortar)* to cut down. **2** *vi*, **mermarse** *vr (disminuirse)* to decrease, dwindle; *(liquido)* to go down; *(fig)* to waste away.
mermelada *nf* jam; **~ de manzanas** apple sauce; **~ de naranjas amargas** marmalade.
mero 1 *adj* **(a)** *(gen)* mere, simple. **(b)** *(Méx: exacto)* real; **la ~a verdad** the simple truth; **el ~ Jaime** Jaime himself; **en la ~a esquina** right on the corner. **2** *adv (Méx: justo)* just, right; **aquí ~** *(exacto)* right here, near here; **ahora ~** right now; *(pronto)* in a minute; **¡ya ~!** *(fam)* just coming; **él va ~ adelante** he's just ahead.
merodeador 1 *adj* marauding, prowling. **2** *nm (Mil etc)* marauder, raider; *(nocturno)* prowler.
merodear [1a] *vi* **(a)** *(Mil etc)* to maraud; *(de noche)* to prowl (about); *(curiosear)* to snoop around. **(b)** *(Méx)* to make money by illicit means.
mes *nm* **(a)** month; **al ~ llegó él** he came a month later; **50 dólares al** *o* **por ~** 50 dollars a month; **~ civil/lunar** calendar/lunar month; **el ~ corriente** this *o* the current month; **el ~ que viene** next month. **(b)** *(Fin: sueldo)* month's pay; *(: pago)* monthly payment; **el treceavo ~** the annual bonus.
mesa *nf* **(a)** table; *(tb* **~ de trabajo***)* desk; *(Com)* counter; **~ de alas abatibles** gate-leg(ged) table, table with flaps; **~ de noche/de tijera/de operaciones** *u* **operatoria** bedside/folding/operating table; **alzar** *o* **levantar** *o (LAm)* **quitar la ~** to clear away; **poner la ~** to lay the table; **sentarse a la ~** to sit down to table; **servir a la ~** to wait at table. **(b)** *(pensión)* **~ y cama** bed and board. **(c)** *(Geog)* meseta, tableland, plateau. **(d)** *(Arquit)* landing. **(e)** *(de útil, hoja)* side, flat. **(f)** *(tb* **~ directiva**: *de empresa)* presiding committee, board; *(: en mitin)* platform.
mesarse [1a] *vr* **(a)** *(2 personas)* to pull each other's hair. **(b) ~ el pelo** *o* **los cabellos** to tear one's hair.
mesero/a *nm/f (Méx)* waiter/waitress.
meseta *nf* **(a)** *(Geog)* meseta, tableland, plateau. **(b)** *(Arquit)* landing.
mesilla *nf* small *o* side *o* occasional table; **~ de chimenea** mantelpiece; **~ de noche/plegable** bedside/folding table; **~ de ruedas** trolley.
mesón *nm* **(a)** *(hostería)* inn. **(b)** *(LAm)* counter.
mesteño *(Méx)* **1** *adj (caballo)* wild, untamed. **2** *nm* mustang.
mestizaje *nm* **(a)** *(cruce)* crossbreeding. **(b)** *(gente)* mestizos *pl.*
mestizo/a 1 *adj* racially mixed; *(Zool: cruzado)* crossbred, mongrel; *(híbrido)* hybrid. **2** *nm/f (persona)* mestizo; *(animal)* crossbreed.
mesura *nf* **(a)** *(calma)* calm. **(b)** *(moderación)* moderation, restraint. **(c)** *(cortesía)* courtesy.
mesurado *adj (véase nf)* **(a)** calm. **(b)** moderate, restrained. **(c)** courteous.
mesurar [1a] **1** *vt* **(a)** *(contener)* to restrain, temper. **(b)** *(LAm: medir)* to measure. **2 mesurarse** *vr* to restrain o.s., act with restraint.
meta 1 *nf* **(a)** *(Ftbl)* goal; *(Carrera)* winning post, finishing line; *(Atletismo)* tape. **(b)** *(fig)* goal, aim, objective. **2** *nm (portero)* goalkeeper.
metabólico *adj* metabolic.
metabolismo *nm* metabolism.
metafísica *nf* metaphysics *sg.*
metafísico *adj* metaphysical.
metáfora *nf* metaphor.
metafórico *adj* metaphoric(al).
metal *nm* **(a)** metal; *(Mús)* brass; *(Méx)* ore; **~ en láminas** *o* **laminado** sheet metal; **el vil ~** filthy lucre. **(b)** *(de voz)* timbre; *(fig)* quality.
metálico 1 *adj* metallic, metal *(atr)*. **2** *nm (en barra)* bullion; *(moneda)* coin; *(contante)* cash; **pagar en ~** to pay (in) cash.
metalista *nm* metalworker.
metalurgia *nf* metallurgy.
metalúrgico 1 *adj* metallurgic(al); **industria ~a** engineering industry. **2** *nm* metallurgist.
metamorfosear [1a] **1** *vt* to metamorphose, transform *(en* into). **2 metamorfosearse** *vr* to be metamorphosed, be transformed.
metamorfosis *nf inv* metamorphosis, transformation.
metano *nm* methane.
metate *nm (CAm, Méx)* flat stone for grinding.
metedor *nm* **(a)** *(de bebé)* nappy liner. **(b)** *(contrabandista)* smuggler.
metedura *nf* **(a)** *(fam: acto de meter)* putting, placing. **(b)** *(fam)* **~ de pata** *(fam)* blunder, clanger.
metelón *adj (Méx)* meddling.
meteórico *adj* meteoric.
meteorito *nm* meteor, meteorite.
meteoro *nm* meteor.
meteoroide *nm* meteoroid.
meteorología *nf* meteorology.
meteorológico *adj* meteorological, weather *(atr)*.
meteorólogo/a *nm/f* meteorologist; *(Rad, TV)* weatherman *(fam)*/female weather reporter.
meter [2a] **1** *vt* **(a)** *(colocar)* to put, place; *(introducir)* to insert, introduce *(en* in, into); *(encajar)* to fit in; *(: con dificultad)* to squeeze in; *(Culin: ingrediente)* to add *(en* to); *(útil)* to use; **a todo ~** as fast as possible.

(b) *(Dep: gol)* to score.

(c) *(Com: tb* **~ de contrabando***)* to smuggle (in).

(d) *(hacer, provocar)* to make, cause; **~ ruido** to make a noise; *(fig)* to cause a stir; **~ miedo a uno** to scare *o* frighten sb; **~ un susto a uno** to put the wind up sb *(fam)*; **~ prisa a uno** to make sb get a move on.

(e) *(dinero: apostar)* to stake, wager; *(: invertir)* to invest.

(f) *(persona)* to involve; **tú me metiste en este lío** you got me into this mess.

(g) ~a uno a un oficio to put sb to a trade; **~ una chica de monja** to send a girl to a convent.

(h) *(Cos: achicar etc)* to take in, take up.

(i) *(fam: golpe)* to give, deal.

(j) *(fam)* **~ algo a uno** to palm sth off on sb; **nos metió un largo discurso** he gave us a terribly long speech; **le metieron 5 años de cárcel** they did him for 5 years *(fam)*; **nos van a ~ más trabajo** they're going to lumber us with more work; **no me meta esas peras** don't try to foist those pears off on me; **¿quién le metió esas ideas en la cabeza?** who gave him those ideas?

2 meterse *vr* **(a) ~ en** *(entrar)* to go *o* get into, enter; *(negocio, situación etc)* to take part *o* get involved in; **se metió en la tienda** he went into the shop; **~ en explicaciones** to enter into explanations; **~ en dificultades** to get into difficulties; **¿dónde se habrá metido el lápiz?** where can the pencil have got to?

(b) *(Geog: cabo)* to extend, project; *(río)* to flow into.

(c) ~ en *(fig)* to interfere *o* meddle in; **¡no se meta en lo que no le importa!, ¡no se meta donde no le llaman!** mind your own business!; **¿por qué te metes?** what's it to you?

(d) ~ con uno *(provocar)* to provoke sb, pick a quarrel with sb; *(abordar)* to accost *o* molest sb.

(e) ~ (a) monja/escritor to become a nun/writer.

(f) ~ a hacer algo to start doing sth *o* to do sth.

meticuloso *adj* meticulous, thorough; *(esp LAm: pey)* fussy, petty.

metiche *adj (Méx)* meddling, meddlesome.

metido 1 *adj* **(a) ~ en sí** *o* **para adentro** introspective. **(b) estar muy ~ en un asunto** to be deeply involved in a matter. **(c) ~ en años** elderly, advanced in years; **~ en carnes** plump. **(d) estar muy ~ con uno** to be well in with sb. **(e)** *(LAm: entrometido)* meddling, meddlesome.

2 *nm (fam)* **(a)** *(reprimenda)* ticking-off; **dar** *o* **pegar un ~ a uno** to give sb a dressing-down. **(b) pegar un ~ a uno** to touch sb for money *(fam)*.

metilado *adj:* **alcohol ~** methylated spirits.

metódico *adj* methodical.

metodismo *nm* Methodism.

metodista *adj, nmf* Methodist.

método *nm* method.

metodología *nf* methodology.

metomentodo *nm* meddler, busybody.

metraje *nm (Cine)* length; **(cinta de) largo/corto ~** full-length film/short.

metralla *nf* shrapnel.

metralleta *nf* sub-machine *o* tommy gun.

métrico *adj* metric(al).

metro[1] *nm* **(a)** *(medida)* metre, *(US)* meter; **~ cuadrado/cúbico** square/cubic metre. **(b)** *(instrumento)* rule, ruler; **~ de cinta** tape measure.

metro[2] *nm (Ferro)* underground, tube, *(US)* subway; **~ aéreo** overhead *o* elevated railway.

metrónomo *nm* metronome.

metrópoli *nf* metropolis; *(de colonia)* colonial power.

metropolitano 1 *adj* metropolitan. **2** *nm* **(a)** *(Rel)* metropolitan. **(b)** *(Ferro)* = **metro**[2].

mexicano/a *adj, nm/f (LAm)* Mexican.

México *nm (LAm)* Mexico.

mezcla *nf* **(a)** *(acto)* mixing. **(b)** *(sustancia)* mixture; *(fig)* blend, combination; *(Cos)* tweed; **sin ~** pure, unadulterated; *(bebida)* neat. **(c)** *(Arquit)* mortar.

mezclador *nm* mixing bowl.

mezcladora *nf* **(a)** *(Culin)* mixer. **(b) ~ de hormigón** concrete mixer.

mezclar [1a] **1** *vt* **(a)** *(gen)* to mix, mix up (together); *(armonizar)* to blend; *(combinar)* to merge, combine; *(naipes)* to shuffle. **(b)** *(fig: envolver)* to involve; *(: introducir)* to bring *o* drag in; **~ a A con B** to get A into trouble with B. **2 mezclarse** *vr* **(a)** *(véase vt)* to mix (*con* with); to blend (*con* with); to get mixed up *o* involved (*en* in). **(b)** *(entrometerse)* to meddle (*en* in); **hizo mal en ~ con esa familia** she did wrong to marry into that family.

mezcolanza *nf* hotchpotch, jumble.

mezquinar [1a] *(LAm)* **1** *vt* to be stingy with, give sparingly. **2** *vi* to be mean, be stingy.

mezquindad *nf* **(a)** *(cicatería)* meanness, stinginess; *(miras estrechas)* pettiness; *(vileza)* ignoble nature; *(insignificancia)* paltriness, wretchedness. **(b)** *(acto)* mean action, petty deed.

mezquino/a 1 *adj* **(a)** *(tacaño)* mean, stingy. **(b)** *(de miras estrechas)* small-minded, petty; *(interesado)* materialistic, lacking the finer sentiments. **(c)** *(miserable)* miserable, paltry. **2** *nm/f* **(a)** *(avaro)* mean person, miser; *(miserable)* petty individual, wretch. **(b)** *(LAm: verruga)* wart.

mezquita *nf* mosque.

mi *adj pos* my.

mí *pron (después de prep)* me, myself; **¡a ~!** help!; **¡a ~ con ésas!** come off it!, tell me another!; **¿y a ~ qué?** so what?, what has that got to do with me?; **para ~ no hay duda** I don't believe there can be any doubt; **por ~ puede ir** so far as I'm concerned she can go; **por ~ mismo** by myself, on my own account.

miaja *nf (gen)* crumb; **ni (una) ~** *(fig)* not the least little bit.

miau *nm* mew, miaow.

mica[1] *nf (Miner)* mica.

mico/a[2] *nm/f* **(a)** *(Zool)* monkey, *(esp)* long-tailed monkey. **(b)** *(fam: feo)* ugly devil; *(: engreído)* conceited person, swank *(fam)*; *(cachondo)* lecher, sex maniac *(fam)*; **¡~!** *(a niño)* you little monkey! **(c) dar** *o* **hacer ~** to miss a date *o* appointment, stand sb up; **dar el ~** *(engañar)* to cheat; *(decepcionar)* to disappoint; **volverse ~ para hacer algo** to be at one's wit's end to know how to do sth.

micro... *pref* micro... .

micro[1] *nm (Rad)* mike *(fam)*, microphone.

micro[2] *nm (Chi, Per)* bus; *(LAm)* minibus.

microbio *nm* microbe.

microbiología *nf* microbiology.

microbiólogo *nm* microbiologist.

microbús *nm* minibus.

microcircuito *nm* microcircuit.

mícrocomputadora *nf* microcomputer.

microchip *nm* microchip.

microficha *nf* microfiche.

microfilm *nm, pl* **microfilms** microfilm.

micrófono *nm* microphone; *(Telec)* mouthpiece.

microlentillas *nfpl* contact lenses.

micrómetro *nm* micrometer.

microonda *nf* microwave; **horno ~s** microwave oven.

microordenador *nm* microcomputer.

microorganismo *nm* microorganism.

microplaquita *nf:* **~ de silicio** silicon chip.

microprocesador *nm* microprocessor.

microscópico *adj* microscopic.

microscopio *nm* microscope.

microtécnica *nf,* **microtecnología** *nf* microtechnology.

micho *nm,* **micha** *nf (fam)* puss, pussy cat.

miedo *nm* **(a)** *(gen)* fear, dread (*a, de* of); *(recelo)* apprehension, nervousness; **~ cerval** *o* **espantoso** great fear; **~ al público** *(Teat)* stage fright; **por ~ a** *o* **de** for fear of; **por ~ de que ...** for fear that ...; **dar** *o* **infundir** *o* **meter ~ a** to scare, frighten; **me da ~** it scares me *o* makes me nervous; **que da ~** *(adj)* fearsome; *(adv)* dreadfully, terribly; **tener ~** to be afraid (*a* of); **tener ~ de** *o* **a hacer algo** to be afraid to do sth, be afraid *o* nervous of doing sth. **(b)** *(fam)* **¡qué ~!** how awful! *(fam)*; **de ~** *(adj, adv)* wonderful(ly), marvellous(ly); *(pey)* awful(ly); **es un coche de ~** it's a smashing car *(fam)*; **hace un frío de ~** it's terribly cold *(fam)*.

miedoso *adj (cobarde)* fearful, fainthearted; *(tímido)* nervous, shy.

miel *nf* **(a)** honey; *(esp LAm: tb* **~ de caña** *o* **negra)**

molasses. **(b)** *(locuciones)* **es ~ sobre hojuelas** better still; **no hay ~ sin hiel** there's no rose without a thorn; **dejar a uno con la ~ en los labios** to spoil sb's fun; **hacerse de ~** to be too kind.

mielga *nf* alfalfa.

miembro 1 *nm* **(a)** *(Anat)* limb, member; **~ viril** male member, penis. **(b)** *(Ling, Mat etc)* member. **(c)** *(de club)* member; *(de institución)* fellow. **2** *adj* member; **los países ~s** the member countries.

mientes *nfpl*: **¡ni por ~!** never!, not on your life!; **parar ~ en** to reflect on; **traer a las ~** to recall; **se le vino a las ~** it occurred to him.

mientras 1 *conj* **(a)** while, when, as long as; **~ duraba la guerra** as long as the war lasted; **~ él estaba fuera** while he was abroad; **no podemos comenzar ~ no venga** we can't start until he comes. **(b) ~ (que)** whereas; **~ más tienen más quieren** the more they have the more they want. **2** *adv* *(entre tanto: tb* **y ~, ~ tanto***)* meanwhile, meantime; *(todo el tiempo)* all the while.

miércoles *nm inv* Wednesday; **~ de ceniza** Ash Wednesday; *véase* **sábado.**

mierda *nf (fam!)* **(a)** shit *(fam!)*, *(US)* crap *(fam!)*; *(fig)* filth, dirt. **(b)** *(fig)* **es un don M~** he's a nobody; **coger** *o* **pillar una ~** to get sozzled *(fam)*; **¡vaya Ud a la ~!** go to hell! *(fam)*.

mies *nf* **(a)** (ripe) corn, wheat, grain. **(b)** *(temporada)* harvest time. **(c) ~es** cornfields.

miga *nf* **(a)** crumb; *(fig)* bit; **~s** *(Culin)* fried breadcrumbs. **(b)** *(fig: médula)* core, essence; **esto tiene su ~** there's more to this than meets the eye. **(c) hacer algo ~s** to break *o* smash sth into little pieces; **hacer ~s a uno** to leave sb in a sorry state; **hacer buenas ~s** to get on well, hit it off.

migajas *nfpl (de pan)* crumbs; *(gen)* bits; *(fig)* leavings.

migar [1h] *vt* to crumble, break up.

migración *nf* migration.

migratorio *adj* migratory.

mijo *nm* millet.

mil *adj, nm* a *o* one thousand; **tres ~ coches** three thousand cars; **~ doscientos dólares** one thousand two hundred dollars; **~ veces** hundreds of times; **a las ~** at some ungodly hour; *véase tb* **seis.**

milagro *nm* miracle; **¡ni de ~!** no way! *(fam)*; **salvarse de ~** to escape miraculously *o* by the skin of one's teeth; **vivir de ~** to have a hard time of it, scrape by; **hacer ~s** *(fig)* to work wonders.

milagroso *adj* miraculous.

milano *nm (Orn)* kite.

mildeu *nm (tb* **mildiu, mildiú***)* mildew.

milenario 1 *adj* millennial; *(fig)* very ancient, age-old. **2** *nm* millennium.

milenio *nm* millennium.

milésimo 1 *adj* thousandth. **2** *nm* thousandth; *véase* **sexto.**

mili *nf (fam)* military service; **hacer la ~** to do one's military service.

milicia *nf* **(a)** militia; *(militares)* military. **(b)** *(arte)* art of war; *(profesión)* soldiering, military profession; *(servicio militar)* (period of) military service.

miliciano *nm* militiaman.

milico *nm (LAm pey)* soldier.

miligramo *nm* milligramme, *(US)* milligram.

mililitro *nm* millilitre, *(US)* milliliter.

milimetro *nm* millimetre, *(US)* millimeter.

militante *adj, nmf* militant.

militar 1 *adj* military; *(guerrero)* warlike; **ciencia ~** art of war. **2** *nm (soldado)* soldier, military man; *(: en la mili)* serviceman. **3** [1a] *vi* **(a)** *(Mil)* to serve (in the army). **(b)** *(fig)* **~ en un partido** to belong to *o* be active in a party. **(c)** *(fig)* **~ contra/a favor de** *(hecho)* to militate against/for; *(persona)* to fight against/for.

militarada *nf* military rising, putsch.

militarismo *nm* militarism.

militarista 1 *adj* militaristic. **2** *nmf* militarist.

militarizar [1f] *vt* to militarize.

milonga *nf (RPl)* **(a)** *kind of dance; (fiesta)* party. **(b)** *(chismes)* gossip.

milpa *nf (CAm, Méx)* maize field, *(US)* cornfield.

milpear [1a] *(CAm, Méx)* **1** *vt* to prepare for the sowing of maize. **2** *vi* **(a)** to make a maize field. **(b)** *(maíz: brotar)* to sprout.

milpero *nm (CAm, Méx)* maize grower.

milla *nf* mile; **~ marina** nautical mile.

millar *nm* thousand; **a ~es** in thousands, by the thousand.

millo *nm (CAm, Méx) (variety of)* millet.

millón *nm* a *o* one million; **un ~ de sellos** a million stamps; **3 ~es de niños** 3 million children; **¡un ~ de gracias!** thanks a million!

millonada *nf (fam)* million.

millonario/a *nm/f* millionaire/millionairess.

millonésimo *adj, nm* millionth.

mimado *adj* spoiled.

mimar [1a] *vt (niño etc)* to spoil, pamper; *(al poderoso)* to humour, flatter.

mimbre *nmf* **(a)** *(Bot)* osier, willow. **(b)** *(material)* wicker; **de ~** wicker *(atr)*, wickerwork.

mimbrearse [1a] *vr* to sway.

mimeografiar [1c] *vt* to mimeograph.

mimeógrafo *nm* mimeograph.

mimetismo *nm* mimicry.

mimetizarse [1f] *vr (LAm, Zool)* to change colour; *(tb Mil)* to camouflage o.s.

mímica *nf* **(a)** *(lenguaje)* sign language; *(gesto)* gesticulation. **(b)** *(imitación)* mimicry; **una ~** mime.

mímico *adj* mimic; **lenguaje ~** sign language.

mimo *nm* **(a)** *(Teat)* mime; **hacer ~ de** to mime, mimic. **(b)** *(caricia)* affectionate caress; *(piropo)* nice remark *etc*; *(gen)* pampering; **dar ~s a un niño** to spoil a child; **hacer ~s a uno** to make a (great) fuss of *o* over sb.

mina *nf* **(a)** *(Min)* mine; **~ de carbón** *o* **hullera** coalmine. **(b)** *(galería)* gallery; *(pozo)* shaft. **(c)** *(Mil, Náut)* mine. **(d)** *(de lápiz)* lead, refill. **(e)** *(fig)* (gold) mine, storehouse. **(f)** *(LAm: mujer)* girl, woman.

minador *nm* **(a)** *(Mil)* sapper; *(Min)* mining engineer. **(b)** *(Náut: tb* **buque ~***)* minelayer.

minar [1a] *vt* **(a)** *(Mil, Min, Náut)* to mine. **(b)** *(fig)* to undermine, sap.

minarete *nm* minaret.

mineral 1 *adj* mineral. **2** *nm (Geol)* mineral; *(Min)* ore; **~ de hierro** iron ore.

mineralogía *nf* mineralogy.

mineralogista *nmf* mineralogist.

minería *nf* mining.

minero 1 *adj* mining. **2** *nm* miner.

minga[1] *nf (fam!)* prick *(fam!)*.

minga[2] *nf (LAm)* **(a)** *(trabajo)* voluntary communal labour, cooperative work. **(b)** *(equipo)* crew, gang (of cooperative workers).

mingar [1h] *vt (LAm)* **(a)** *(trabajar)* to work communally on, contribute cooperatively to. **(b)** *(trabajadores)* to call together for a communal task.

mingitorios *nmpl (Méx)* toilets, urinals.

mini... *pref* mini... .

miniatura 1 *adj* miniature; *(perro etc)* toy. **2** *nf* miniature.
minifalda *nf* miniskirt.
minifundio *nm* smallholding, small farm.
minimizar [1f] *vt* to minimize.
mínimo 1 *adj (gen)* minimum; *(insignificante)* minimal; *(el más pequeño)* smallest, slightest, least; **cifra ~a** minimum number; **en lo más ~** not at all *o* in the least; **no me importa en lo más ~** it doesn't matter to me in the least *o* slightest; **precio/salario ~** minimum price/wage. **2** *nm* minimum; **como ~** as a minimum, at the very least; **lo ~ que pueden hacer** the least they can do; **~ de presión** *(Met)* low-pressure area, trough.
mínimum *nm* minimum.
ministerial *adj* ministerial.
ministerio *nm* **(a)** *(gen)* ministry; *(esp US)*; department; **~ de Asuntos Exteriores** Foreign Office *(Brit)*, State Department *(US)*; **~ de (la) Gobernación** *o* **del Interior** ≈ Home Office *(Brit)*, Department of the Interior *(US)*; **~ de Hacienda** Treasury. **(b)** *(Jur)* **el ~ público** the Prosecution, the State Prosecutor *(US)*.
ministro/a *nm/f* **(a)** *(en gobierno)* minister, *(esp US)* secretary; **~ de la Iglesia** minister of religion; **primer ~** prime minister; **~ sin cartera** minister without portfolio; **~ de Asuntos Exteriores** Foreign Secretary *(Brit)*, Secretary of State *(US)*; **~ de Hacienda** Chancellor of the Exchequer *(Brit)*, Secretary of the Treasury *(US)*; **~ de (la) Gobernación** *o* **del Interior** ≈ Home Secretary *(Brit)*, Secretary of the Interior (US). **(b)** *(Pol)* **consejo de ~s** cabinet.
minorar [1a] *vt* to reduce, diminish.
minoría *nf* minority; **~ de edad** minority.
minorista *nm (LAm)* retailer, retail trader.
minoritario *adj* minority *(atr)*.
minucia *nf (detalle insignificante)* trifle, insignificant detail; *(bagatela)* mere nothing; *(pedazo)* morsel, tiny bit; **~s** petty details, minutiae.
minuciosidad *nf (meticulosidad)* thoroughness, meticulousness; *(detalle)* detailed nature; *(carácter pequeño)* minuteness.
minucioso *adj (véase nf)* thorough, meticulous; very detailed; minute.
minúscula *nf* small letter.
minúsculo *adj* tiny, minute, minuscule; *(Tip)* small.
minusválido/a 1 *adj* physically handicapped *o* disabled. **2** *nm/f* disabled person; **los ~s** the disabled.
minuta *nf* **(a)** *(borrador)* rough draft, first draft; *(copia)* carbon copy. **(b)** *(apunte)* note, memorandum. **(c)** *(lista)* list, roll. **(d)** *(Culin)* menu; **a la ~** *(LAm)* rolled in breadcrumbs.
minutar [1a] *vt* to draft.
minutero *nm* minute hand.
minuto *nm* minute; **al ~** a minute later; **dentro de un ~** in a minute.
miñón *adj (LAm)* sweet, cute.
mío *adj y pron pos* mine, of mine; **es ~, es el ~** it is mine; **lo ~** (what is) mine, what belongs to me; **no es amigo ~** he's no friend of mine; **¡Dios ~!** My God!, good heavens!; **¡hijo ~!** my dear boy!; **los ~s** my people, my relations, my family.
miope 1 *adj* near- *o* short-sighted, myopic. **2** *nmf* short-sighted person.
miopía *nf* near- *o* short-sightedness, myopia.
mira *nf* **(a) estar a la ~** to be on the look-out, keep watch *(de* for). **(b)** *(Mil, Téc etc)* sight(s); **~ de bombardeo** bombsight; **~ telescópica** telescopic sight; **con la ~ puesta en** *(fig)* with one's sights set on. **(c)** *(Mil)* watchtower, look-out post. **(d)** *(fig)* aim, intention; **con la ~ de hacer algo** with the aim of doing sth; **con ~s a** with a view to; **poner la ~ en** to aim at. **(e)** *(fig)* **de amplias/estrechas ~s** broad-/narrow-minded *o* bigoted.
mirada *nf* **(a)** look, glance; **~ fija** stare, gaze; **~ de soslayo** sidelong glance; **~ perdida** *o* **vaga** vague *o* distant look; **apartar la ~** to look away *(de* from); **apuñalar a uno con la ~** to look daggers at sb; **echar una ~ a** *(mirar)* to glance at; *(vigilar)* to keep an eye on; **lanzar una ~ a** to (cast a) glance at; **levantar/bajar la ~** to look up/down; **resistir la ~ de uno** to stare sb out. **(b)** *(expresión)* look, expression.
miradero *nm* **(a)** *(lugar)* vantage point. **(b)** *(atracción)* centre of attention *o* attraction.
mirado *adj* **(a) bien ~** well *o* highly thought of; **no está bien ~ que ...** it is not thought proper that ...; **mal ~** disliked; *véase tb* **malmirado. (b)** *(sensato)* sensible; *(cauto)* cautious, careful; *(considerado)* considerate, thoughtful. **(c)** *(pey)* finicky, fussy. **(d) bien ~** *(adv)* all in all, all things considered.
mirador *nm* **(a)** *(ventana)* bay window; *(balcón)* (enclosed) balcony. **(b)** *(LAm: lugar de observación)* viewpoint, vantage point.
miramiento *nm* **(a)** *(consideración)* considerateness; *(cortesía)* courtesy. **(b)** *(circunspección)* care; *(pey: timidez)* timidity. **(c) ~s** respect *sg;* **sin ~s** unceremoniously; **tratar sin ~ a uno** to ride roughshod over sb.
mirar [1a] **1** *vt* **(a)** to look at; *(observar)* to watch; *(LAm: ver)* to see; **miraba la foto** she was looking at the photo; **la miré subir la escalera** I watched her go *o* going upstairs; **le miraron la cartera** they looked at his wallet; **~ fijamente** to stare *o* gaze at; **~ algo/a uno por encima del hombro** to look down on sth/sb; **~ algo/a uno de reojo** *o* **de través** to look askance at sth/sb. **(b)** *(fig: reflexionar sobre)* to consider, think over, think carefully about; **lo hago mirando el porvenir** I do it with the future in mind; **no mira las dificultades** he doesn't take account of the difficulties; **mirándolo bien** *(en definitiva)* all in all; *(pensándolo bien)* on second thoughts; **¡mira lo que haces!** mind what you're doing!; **¡mira con quien hablas!** just remember who you're talking to! **(c)** *(fig)* **~ a uno/algo como ...** to look on sb/sth as ... . **(d)** *(fig. vigilar)* to watch, keep an eye on; *(: cuidar)* to be careful about. **(e)** *(fig)* **~ bien** to think highly of; **~ mal** to have a poor opinion of.

2 *vi* **(a)** to look; *(~ de reojo)* to glance; *(LAm: ver)* to see; **¡mira!** look!; *(protesta)* look here!; **¡mira que no tenemos dinero!** remember that we haven't any money; *(LAm)* **¿lo miras?** can you see it?; **¡mira que si es mentira!** what if it's not true?; **~ alrededor** to look around; **~ atrás** *(fig)* to look back, think about the past; **~ hacia otro lado** to look the other way; **~ por la ventana** to look out of the window; **~ por un agujero** to look through a hole; **~ de través** to squint. **(b)** *(Arquit)* to face, look *o* open on to; **la casa mira al sur** the house faces south. **(c)** *(fig)* **~ a** to aim at, have in mind. **(d) por lo que mira a** as for, as regards. **(e)** *(fig)* **~ por** to look after, take care of.

3 mirarse *vr* **(a)** to look at o.s.; **~ al espejo** to look at o.s. in the mirror. **(b)** *(2 personas)* to look at one another *o* each other; **~ a los ojos** to look into each other's eyes. **(c) ~ muy bien de hacer algo** to think carefully before doing sth.
mirasol *nm* sunflower.
mirilla *nf (agujero)* peephole, spyhole; *(Fot)*

viewer.

miriópodo *nm* millipede.

mirlo *nm* **(a)** *(Orn)* blackbird. **(b)** ~ **blanco** *(fig)* rare bird. **(c)** *(fig: gravedad)* self-important air, pompousness.

mirón/ona 1 *adj* inquisitive, curious. **2** *nm/f (espectador)* onlooker, watcher, observer; *(pey)* nosey-parker; **estar de** ~ to look on (without doing anything); **ir de** ~ to go along just to watch.

mirra *nf* myrrh.

mirtilo *nm* bilberry, whortleberry.

mirto *nm* myrtle.

misa *nf* mass; ~ **del gallo** midnight mass *(on Christmas Eve)*; ~ **de difuntos** requiem mass; ~ **mayor/rezada/de prima** high/low/early mass; **como en** ~ in dead silence; **ir a** *o* **oír** ~ to go to mass *o* church; **estos datos van a** ~ *(fig)* these facts are utterly trustworthy.

misantropía *nf* misanthropy.

misantrópico *adj* misanthropic.

misántropo *nm* misanthrope, misanthropist.

miscelánea *nf* **(a)** miscellany. **(b)** *(Méx)* small shop, *(esp)* hardware store.

misceláneo *adj* miscellaneous.

miserable 1 *adj* **(a)** *(cicatero)* mean, stingy; *(avaro)* miserly; *(sueldo etc)* miserable, paltry. **(b)** *(carácter)* rotten *(fam)*, vile, despicable; **¡~!** you wretch! **(c)** *(lugar, habitación etc)* squalid, sordid. **2** *nm* **(a)** *(indigente)* wretch, poor person. **(b)** *(perverso)* swine.

miseria *nf* **(a)** *(pobreza)* poverty, destitution; *(carencia)* want; *(tristeza)* misery; **vivir en la** ~ to live in abject poverty. **(b)** *(condiciones)* squalor, squalid conditions. **(c)** *(pulgas, piojos)* vermin; **estar lleno de** ~ to be covered with vermin. **(d)** **una** ~ a (mere) pittance. **(e)** *(avaricia)* meanness, stinginess.

misericordia *nf* **(a)** *(compasión)* pity, compassion. **(b)** *(perdón)* forgiveness, mercy.

misericordioso *adj (véase nf)* **(a)** compassionate. **(b)** forgiving, merciful.

mísero *adj* = **miserable 1.**

mísil *nm* missile; ~ **balístico/autodirigido** ballistic/guided missile.

misión *nf* mission; *(tarea)* job, duty; *(Pol)* assignment; **~es** *(Rel)* overseas missions, missionary work *sg;* ~ **de buena voluntad** goodwill mission.

misionero/a *nm/f* missionary.

misiva *nf* missive.

mismamente *adv (fam: sólo)* only, just; *(: textualmente)* literally; **ayer** ~ **vino** it was only yesterday he came.

mismísimo *adj superl* selfsame, very (same); **por mis ~s ojos** with my very own eyes; **estuvo el** ~ **obispo** the bishop himself was there; **es el** ~ **que yo perdí** it's the very (same) one I lost.

mismo 1 *adj* **(a)** same (*que* as, that); **el** ~ **coche** the same car; **es el** ~ **que vi ayer** it's the same one (as) I saw yesterday; **quedar en las ~as** to be back where one started, be no further forward.

(b) (*con* lo) **lo** ~ the same (thing); *(en un bar etc)* the same again; **es** *o* **da lo** ~ it's all the same, it makes no difference; **me da lo** ~ *o* **lo** ~ **me da** I don't mind, it's all the same to me; **no es lo** ~ it's not the same (at all); *(LAm)* **da lo** ~ **que vengas hoy o mañana** it doesn't matter whether you come today or tomorrow; **por lo** ~ for the same reason; **lo** ~ **A que B** both A and B; **lo** ~ **si viene que si no viene** whether he comes or not; *véase* **dar 1 (d).**

(c) *(con pron pers)* -self; **yo** ~ I myself; **ella ~a no sabe qué hacer** she herself doesn't know what to do; **lo hizo por si** ~ he did it by himself; **perjudicarse a sí** ~ to harm one's own interests.

(d) *(enfático)* very, selfsame; **en ese** ~ **momento** at that very moment; **en Argentina ~a, en la ~a Argentina** in Argentina itself; **ella es la generosidad ~a** she is generosity itself *o* the soul of generosity; **eso** ~ **digo yo** that's just what I say.

2 *adv* right; **ahora** ~ right away; **aquí** ~ right here, on this very spot; **ayer** ~ only yesterday; **delante** ~ **de la casa** right in front of the house.

3 *conj:* **lo** ~ **que** just like, just as (if); **lo** ~ **que Ud es médico yo soy ingeniero** just as you are a doctor I am an engineer; **nos divertimos lo** ~ **que si hubiéramos ido al baile** we had just as good a time as if we had gone to the dance.

misoginia *nf* misogyny.

misógino *nm* misogynist.

miss [mis] *nf* beauty queen; **M~ España 1984** Miss Spain 1984.

misterio *nm* **(a)** mystery; *(enigma)* enigma, puzzle; *(técnica, pericia profesionales)* mystique; **no hay** ~ there's no mystery about it. **(b)** *(lo secreto)* secrecy; **obrar con** ~ to go about sth secretly.

misterioso *adj* mysterious; *(inexplicable)* mystifying, puzzling.

mística[1] *nf*, **misticismo** *nm* mysticism.

místico/a[2] **1** *adj* mystic(al). **2** *nm/f* mystic.

mistificación *nf (broma)* hoax, practical joke; *(misterio)* mystification.

mistificar [1g] *vt* **(a)** *(engañar)* to hoax, play a practical joke on. **(b)** *(falsificar)* to falsify. **(c)** *(mezclar)* to mix up, make a mess of.

mitad *nf* **(a)** half; ~ **(y)** ~ half-and-half; *(fig)* so-so, yes and no; **paguemos** ~ **y** ~ let's go halves; **es** ~ **blanco y** ~ **rojo** it's half white and half red; **me queda la** ~ I have half left; **a** ~ **de precio** half-price; **reducir en una** ~ to cut by half, halve. **(b)** *(centro)* middle; **a** ~ **de** halfway along *o* through *etc;* **a** ~ **de camino entre A y Z** halfway between A and Z; **estar a** ~ **de camino** to be halfway there; **cortar por la** ~ to cut down the middle; **partir a uno por la** ~ *(fig)* to upset sb's plans, queer sb's pitch; *see* **dividir.**

mítico *adj* mythical.

mitigación *nf (véase vb)* mitigation; relief; quenching; appeasement; tempering; reduction.

mitigar [1h] *vt (gen)* to mitigate; *(dolor)* to relieve, ease; *(sed)* to quench; *(ira)* to appease; *(dureza)* to temper, mitigate; *(preocupación)* to allay; *(calor)* to reduce; *(soledad)* to alleviate, relieve.

mitin *nm (esp Pol)* meeting; ~ **popular** rally.

mito *nm* myth.

mitología *nf* mythology.

mitológico *adj* mythological.

mitra *nf* mitre.

mixomatosis *nf* myxomatosis.

mixto 1 *adj* mixed; *(comité)* joint. **2** *nm* **(a)** *(fósforo)* match; *(Mil)* explosive compound. **(b)** *(Ferro)* passenger and goods train.

mixtura *nf* mixture.

mnemotécnico *adj* mnemonic.

mobiliario *nm (muebles)* furniture; *(artículos domésticos)* household goods; *(juego)* suite (of furniture).

moblaje *nm* = **mobiliario.**

mocedad *nf* **(a)** *(juventud)* youth; **en mis ~es** in my young days. **(b)** **~es** *(travesuras)* youthful pranks; *(vida licenciosa)* wild living; **pasar las ~es** to sow one's wild oats.

mocetón/ona *nm/f* strapping boy/girl.

moción *nf* **(a)** motion, movement. **(b)** *(Parlamen-*

to etc) motion; ~ **de censura** motion of censure, censure motion; **hacer** *o* **presentar una** ~ to propose a motion.

mocionante *nmf (LAm)* proposer (of a motion).

mocionar [1a] *vt (LAm)* to move, propose.

mocito/a 1 *adj* very young. **2** *nm/f* youngster.

moco *nm* **(a)** mucus, snot *(fam)*; **limpiarse los ~s** to blow one's nose; **llorar a ~ tendido** *o* **a ~ y baba** to sob one's heart out, cry one's eyes out; **soltar el ~** to burst into tears. **(b)** *(Orn)* crest; **no es ~ de pavo** it's no trifle *o* not to be sneezed at. **(c)** *(pábilo)* snuff, burnt wick; *(cera derretida)* candle grease; **a ~ de candil** by candlelight. **(d)** *(Téc)* slag.

mocoso/a 1 *adj* snivelling; *(fig)* ill-bred, rude. **2** *nm/f (fam)* brat; *(LAm: fig)* child.

mochar [1a] *vt* **(a)** *(LAm: cortar)* to chop off, hack off (clumsily); *(: brazo etc)* to amputate. **(b)** *(RPl)* to pinch *(fam)*, nick *(fam)*.

mochila *nf* rucksack, knapsack; *(Mil)* pack.

mocho 1 *adj* **(a)** *(truncado)* cut off, short; *(muñón)* stubby; *(desafilado)* blunt; *(árbol)* lopped; *(vaca)* hornless, polled; *(persona: rapado)* scalped *(fam)*, shorn. **(b)** *(CAm, Méx)* reactionary. **2** *nm* **(a)** *(de utensilio etc)* blunt end, thick end; *(de cigarrillo)* butt (end). **(b)** *(fam: tarea)* burden, chore; *(: culpa)* blame; **cargar el ~** to carry the can *(fam)*.

mochuelo *nm (Orn: tb* **~ común***)* little owl; **cada ~ a su olivo** time to go home.

moda *nf* fashion; *(estilo)* style; **a la** *o* **de ~** *(adj)* in fashion, fashionable; *(adv)* fashionably; **a la ~ de** after the fashion of; **estar a la ~** to be in fashion *o* fashionable; **ponerse a la ~** to smarten up, get some new clothes; **vestido a la última ~** trendily dressed; **pasado** *o* **fuera de ~** out of fashion, old-fashioned, outdated; **pasarse de ~** to go out of fashion; **ponerse de ~** to become fashionable; **estar muy de ~** to be in fashion.

modal 1 *adj* modal. **2** *nm*: **~es** manners.

modalidad *nf (clase)* kind, variety; *(moda)* fashion; *(manera)* way; **hay varias ~es del juego** there are several ways of playing the game.

modelado *nm* modelling.

modelador(a) *nm/f* modeller.

modelar [1a] **1** *vt* **(a)** to model *(sobre, según* on). **(b)** *(dar forma a)* to shape, form. **2 modelarse** *vr*: **~ sobre** to model o.s. on.

modelo 1 *nm (gen)* model; *(patrón)* pattern; *(norma)* standard; **presentar algo como un ~** to hold sth up as a model; **~ de maridos** model husband. **2** *nmf (Arte, Fot, Moda etc)* model; **desfile de ~s** fashion show *o* parade. **3** *adj* model; **empresa ~** pilot plant.

moderación *nf* moderation; **con ~** in moderation.

moderado *adj* moderate.

moderar [1a] **1** *vt* to moderate; *(violencia)* to restrain, control; *(velocidad)* to reduce. **2 moderarse** *vr (fig: contenerse)* to restrain *o* control o.s.; *(: tranquilizarse)* to calm down.

modernidad *nf* modernity.

modernismo *nm* modernism.

modernización *nf* modernization.

modernizar [1f] **1** *vt* to modernize, bring up to date, update. **2 modernizarse** *vr* to modernize o.s., get up to date, move with the times.

moderno *adj (gen)* modern; *(actual)* present-day; *(equipo etc)* up-to-date; **a la ~a** in the modern way; **lo ~** up-to-date things, the new.

modestia *nf* modesty.

modesto *adj* modest.

módico *adj (gen)* reasonable, moderate; *(precio, suma)* low, modest.

modificación *nf* modification.

modificar [1g] *vt* to modify.

modismo *nm* idiom.

modista *nf* dressmaker; **~ de sombreros** milliner.

modisto *nm* fashion designer, couturier.

modo *nm* **(a)** way, manner; *(estilo)* fashion; *(método)* mode, method; **'~ de empleo'** *(en etiqueta)* 'instructions for use'; **~ de gobierno** form of government; **a mi ~ de ver** *o* **pensar** in my view, as I see it; **¡ni ~!** *(Méx)* what can you do! **(b)** *(locuciones con prep)* **a mi/tu** *etc* **~** in my/your *etc* (own) way; **lo interpretan a su ~** they interpret it each in his own way; **a ~ de** like; **uno a ~ de saco** a sort of bag, some kind of bag; **de este ~** (in) this way, like this; **del mismo** *o* **de igual ~ (que)** in the same way *o* just (as); **de igual ~ ...** in the same way ...; **de un ~ u otro** (in) one way or another, by some means or other. **(c) ~s** *(de persona)* manners; **buenos ~s** good manners; **contestar con buenos ~s/de mal ~** to answer courteously/rudely. **(d)** *(Comput, Mús)* mode. **(e)** *(Ling)* mood; **~ imperativo/indicativo/subjuntivo** imperative/indicative/subjunctive mood. **(f)** *(fig)* moderation.

modorra *nf* drowsiness, heaviness.

modorro *adj* **(a)** drowsy, heavy. **(b)** *(fruta)* soft. **(c)** *(fam: tonto)* dull, stupid.

modoso *adj (educado)* quiet, well-mannered; *(niña)* demure.

modulación *nf* modulation; **~ de frecuencia** *(Rad)* frequency modulation.

modular [1a] *vt* to modulate.

mofa *nf* **(a)** *(gen)* mockery, ridicule; **hacer ~ de** to scoff *o* jeer at, make fun of. **(b)** *(una ~)* jibe, taunt, sneer.

mofador(a) 1 *adj* mocking, scoffing, sneering. **2** *nm/f* mocker, scoffer.

mofar [1a] **1** *vi* to mock, scoff, sneer. **2 mofarse** *vr*: **~ de** to mock, scoff at.

mofeta *nf* **(a)** *(Zool)* skunk. **(b)** *(Min)* firedamp. **(c)** *(fam)* fart *(fam!)*.

mofle *nm (Méx Aut)* silencer.

moflete *nm* **(a)** fat cheek, chubby cheek. **(b) ~s** *(fig)* chubbiness *sg*.

mofletudo *adj* fat-cheeked, chubby.

mogollón *nm (fam: sableador)* sponger *(fam)*, hanger-on; **colarse de ~ en un sitio** to get into a place without paying; **comer de ~** to scrounge a meal *(fam)*.

mohair ['moer] *nm* mohair.

mohín *nm (mueca)* (wry) face, grimace; *(pucheros)* pout.

mohina *nf* **(a)** *(enfado)* annoyance, displeasure. **(b)** *(una ~)* grudge. **(c)** *(mal humor)* the sulks, sulkiness; **ser fácil a las ~s** to be easily depressed.

mohino *adj (triste)* gloomy, depressed; *(malhumorado)* sulky, sullen.

moho *nm* **(a)** *(en metal)* rust. **(b)** *(Bot)* mould, mildew; **cubierto de ~** mouldy, mildewed. **(c)** *(pereza)* laziness; **no cría ~** he's always on the go.

mohoso *adj* **(a)** *(oxidado)* rusty. **(b)** *(cubierto de moho)* mouldy, mildewed; *(olor, sabor)* musty. **(c)** *(fig: chiste etc)* stale.

Moisés *nm* Moses.

mojada *nf* **(a)** *(al mojarse)* wetting, soaking. **(b)** *(puñalada)* stab (wound).

mojado *adj* wet; *(húmedo)* damp, moist; *(empapado)* drenched, soaked; **llueve sobre ~** it never rains but it pours.

mojar [1a] **1** *vt* **(a)** to wet; *(humedecer)* to damp(en), moisten; *(empapar)* to drench, soak; ~ **la ropa (en un líquido)** to soak *o* steep clothes (in a liquid); ~ **el pan en el café** to dip *o* dunk one's bread in one's coffee. **(b)** *(apuñalar)* to stab. **(c)** *(LAm)* ~ **la cabeza al niño** to wet the baby's head. **2** *vi:* ~ **en** *(entrometerse)* to meddle *o* get involved in. **3 mojarse** *vr* to get wet; ~ **hasta los huesos** to get soaked to the skin.

mojarra *nf (LAm)* short bread knife.

mojicón *nm* **(a)** *(Culin: bizcocho)* sponge cake; *(bollo)* bun. **(b)** *(fam: bofetada)* punch in the face, slap.

mojigatería *nf (véase adj)* hypocrisy; sanctimoniousness; prudery, prudishness.

mojigato/a 1 *adj (hipócrita)* hypocritical; *(santurrón)* sanctimonious; *(gazmoño)* prudish, strait-laced. **2** *nm/f (véase adj)* hypocrite; sanctimonious person; prude.

mojinete *nm* **(a)** *(de techo)* ridge; *(de muro)* coping. **(b)** *(RPl: aguilón)* gable.

mojón *nm (hito)* landmark; *(piedra)* boundary stone; *(tb* ~ **kilométrico***)* milestone; *(señal)* signpost; *(montón)* heap.

mola *nf* rounded mountain.

molar *nm* molar.

molde *nm* **(a)** *(Culin, Téc)* mould, shape; *(vaciado)* cast. **(b)** *(Cos: patrón)* pattern; *(aguja)* knitting needle. **(c)** *(fig)* model. **(d) de** ~ perfect, just right; **venir de** ~ to be just the thing, fit the bill.

moldear [1a] *vt* **(a)** *(gen)* to mould, shape; *(en yeso etc)* to cast. **(b)** *(fig)* to mould, shape, form.

moldura *nf* moulding, *(US)* molding.

mole[1] *nf (masa)* mass, bulk; *(edificio)* pile; **se sentó con toda su** ~ he sat down with his full weight.

mole[2] *nm (LAm)* thick chile sauce; *(: plato)* meat in chile sauce.

molécula *nf* molecule.

molecular *adj* molecular.

moledor 1 *adj* **(a)** *(que muele)* grinding, crushing. **(b)** *(fam: aburrido)* boring. **2** *nm* **(a)** *(Téc: aparato)* grinder, crusher; *(: de rodillo)* roller. **(b)** *(fam: persona aburrida)* bore.

moler [2h] *vt* **(a)** *(café etc)* to grind; *(machacar)* to crush; *(pulverizar)* to pound; *(trigo etc)* to mill; *(fam)* to chew (up); ~ **a uno a palos** to give sb a beating. **(b)** *(fig: cansar)* to tire out, weary, exhaust; *(fastidiar)* to annoy; *(aburrir)* to bore.

molestar [1a] **1** *vt* to annoy; *(fastidiar)* to bother, irritate; *(incomodar)* to inconvenience, put out; *(perturbar)* to trouble, upset; *(doler)* to trouble, hurt; **me molesta ese ruido** that noise upsets me *o* gets on my nerves; **¿le molesta el ruido?** do you mind the noise?, does the noise bother you?; **me molesta tener que repetirlo** I hate having to repeat it; **¿le molesta que abra la ventana/que fume?** do you mind if I open the window/if I smoke?; **estos zapatos me molestan** these shoes hurt; **siento** ~**le** I'm sorry to trouble you.

2 *vi* to be a nuisance; *(estorbar)* **no quiero** ~ I don't want to intrude *o* be in the way.

3 molestarse *vr* **(a)** to bother (*con* about); *(incomodarse)* to go to a lot of trouble, put o.s. out; ~ **en hacer algo** to bother to do sth; **¡no se moleste!** don't bother, don't trouble yourself! **(b)** *(enfadarse)* to get cross; *(ofenderse)* to take offence, get upset.

molestia *nf (gen)* bother, trouble; *(estorbo)* nuisance; *(incomodidad)* inconvenience; *(Med)* discomfort; **es una** ~ it's a nuisance; **¡no es ninguna** ~**!** it's no trouble at all!; **ahorrarse** ~**s** to save trouble, spare o.s. effort; **darse** *o* **tomarse la** ~ **de hacer algo** to take the trouble to do sth *o* go out of one's way to do sth.

molesto *adj* **(a)** *(que fastidia)* troublesome, annoying; *(pesado)* trying, tiresome; *(incómodo)* inconvenient; *(tarea: difícil)* irksome; *(olor, sabor)* nasty; **si no es** ~ **para Ud** if it's no trouble to you; **es una persona muy** ~**a** he's a very trying person. **(b)** *(descontento)* discontented; *(inquieto)* restless; *(incómodo)* ill-at-ease, uncomfortable; *(ofendido)* upset, offended; *(azorado)* embarrassed; **estar** ~ *(Med)* to be in some discomfort; **estar** ~ **con uno** to be cross with sb; **me sentí** ~ I felt embarrassed.

molestoso *adj (LAm)* annoying.

molicie *nf* **(a)** softness. **(b)** *(fig: vida)* soft *o* luxurious living.

molido *adj* **(a)** *(machacado)* ground, crushed; *(pulverizado)* powdered. **(b) estar** ~ *(fig)* to be exhausted *o* dead beat.

molienda *nf* **(a)** *(acto)* grinding; *(de trigo etc)* milling. **(b)** *(cantidad)* quantity of grain to be ground. **(c)** *(molino)* mill. **(d)** *(fam: cansancio)* weariness; *(: molestia)* nuisance.

molinero *nm* miller.

molinillo *nm* **(a)** hand mill; ~ **de café** coffee mill *o* grinder; ~ **de carne** mincer. **(b)** *(juguete)* (toy) windmill.

molino *nm* **(a)** *(gen)* mill; *(trituradora)* grinder; ~ **de agua/de viento** watermill/windmill. **(b)** *(fam: persona: inquieto)* fidget; *(aburrido)* bore.

molusco *nm* mollusc.

mollar *adj* **(a)** *(fruta)* soft; *(: pasado)* mushy, rotten. **(b)** *(carne)* lean. **(c)** *(fam: crédulo)* gullible.

molledo *nm* **(a)** *(Anat)* fleshy part. **(b)** *(de pan)* crumb.

molleja *nf* gizzard; ~**s** sweetbreads.

mollera *nf (Anat)* crown of the head; *(fam: seso)* brains *pl*, sense; **cerrado** *o* **duro de** ~ *(estúpido)* thick, dim; *(terco)* pig-headed; **secar la** ~ **a uno** to drive sb crazy.

mollete *nm (Culin)* (fried) roll.

momentáneo *adj* momentary.

momento *nm* **(a)** moment; *(instante)* instant; *(tiempo)* time; **al** ~ at once; **a cada** ~ all the time; **de** ~ at *o* for the moment; **no los vi de** ~ I didn't see them at first; **de un** ~ **a otro** at any moment; **en el** ~ **oportuno** at the right *o* proper time; **en este** ~ at the moment, right now; **por el** ~ for the time being; **está cambiando por** ~**s** it is changing all the time; **atravesamos un** ~ **difícil** we are going through a difficult time; **ha llegado el** ~ **de hacer algo** the time has come to do sth. **(b)** *(Mec)* momentum, moment. **(c)** *(importancia)* consequence, importance; **de poco** ~ unimportant.

momia *nf* mummy.

momificar [1g] *vt* to mummify.

momio 1 *adj (magro)* lean. **2** *nm (ganga)* bargain; *(suplemento)* extra; *(sinecura)* cushy job *(fam)*; **de** ~ free.

mona *nf* **(a)** *(Zool: hembra)* female monkey; *(: especie)* Barbary ape; **estar hecho una** ~ to be embarrassed. **(b)** *(fam: copión)* copycat *(fam)*. **(c)** *(fam: borracho)* drunk *(fam)*; *(: resaca)* hangover; **coger** *o* **pillar una** ~ to get tight; **dormir la** ~ to sleep it off.

monacato *nm* monastic life.

monada *nf* **(a)** *(comportamiento)* monkeying around; *(tontería)* silly habit *o* trick. **(b)** *(de niño)* charming habit, sweet little way. **(c)** *(carácter tonto)* silliness, childishness. **(d)** *(cosa primorosa)* lovely thing; *(chica)* pretty girl; **la casa es una** ~ the house is lovely; **¡qué** ~**!** isn't it cute?, isn't it lovely? **(e)** *(fam: zalamería)* ~**s** flattery *sg*.

monago *nm*, **monaguillo** *nm* acolyte, altar boy.

monarca *nm* monarch, ruler.
monarquía *nf* monarchy.
monarquismo *nm* monarchism.
monarquista *nm* monarchist.
monasterio *nm* monastery.
monástico *adj* monastic.
monda[1] *nf* **(a)** *(poda)* pruning; *(: de árbol)* lopping; *(: de fruta)* peeling. **(b)** *(peladura)* peel, peelings; *(cáscara)* skin. **(c)** *(LAm: paliza)* beating.
monda[2] *nf (fam)* **(a)** **¡es la ~!** *(fantástico)* it's great! *(fam)*; *(el colmo)* it's the limit! **(b)** **¡es la ~!** *(persona: gracioso)* he's a knockout *(fam)*; *(: terrible)* he's a shocker *o* terror.
mondadura *nf* **(a)** = **monda**[1]. **(b)** *(limpieza)* cleaning, cleansing. **(c)** **~s** peel.
mondar [1a] **1** *vt* **(a)** *(árbol)* to prune, lop, trim. **(b)** *(fruta)* to peel, skin; *(patata)* to peel; *(nueces, guisantes)* to shell; *(palo)* to pare. **(c)** *(limpiar)* to clean. **(d)** *(fam: pelar)* to fleece, clean out *(fam)*. **(e)** *(fam)* **¡que te monden!** get away!, rubbish! **(f)** *(LAm: pegar)* to beat (up). **2 mondarse** *vr*: **~ los dientes** to pick one's teeth.
mondo *adj* **(a)** *(limpio)* clean; *(puro)* pure; *(sencillo)* plain. **(b)** *(sin añadidura)* bare, plain; **me ha quedado ~** I'm cleaned out *(fam)*, I haven't a cent; **~ y lirondo** *(fam)* plain, pure and simple.
mondongo *nm* guts *pl*, insides *pl*; *(LAm)* tripe.
monear [1a] *vt* **(a)** *(comportarse como mono)* to act like a monkey; *(hacer muecas)* to make faces. **(b)** *(LAm: presumir)* to boast, swank *(fam)*.
moneda *nf* **(a)** *(gen)* currency, money; *(metálico)* coinage; **~ blanda/dura** soft/hard currency; **~ corriente** legal tender; **~ menuda** *o* **suelta** small change; **en ~ española** in Spanish money; **pagar a uno con** *o* **en la misma ~** to pay sb back in his own coin; **es ~ corrienta** *(fig)* it's common knowledge; **(casa de) la ~** the mint. **(b)** *(una ~)* coin; **~ falsa** false *o* dud coin; **una ~ de 5 dólares** a 5-dollar piece.
moned(e)ar [1a] *vt* = **amonedar.**
monedero *nm* **(a)** **~ falso** counterfeiter. **(b)** *(portamonedas)* purse.
monetario *adj* monetary, financial.
monigote *nm* **(a)** *(muñeco)* rag doll; *(títere)* puppet; *(figura ridícula)* grotesque figure; **~ de nieve** snowman. **(b)** *(sin personalidad)* colourless individual. **(c)** *(caricatura)* humorous sketch, cartoon; *(pey)* bad painting.
monitor *nm* monitor.
monitorio *adj* admonitory.
monja *nf* nun.
monje *nm* monk.
mono[1] *nm* **(a)** *(Zool)* monkey, ape; **¡~!** *(a niño)* you little monkey! **(b)** *(imitador)* mimic; **~ de imitación** *(niño)* copycat *(fam)*. **(c)** *(fam: maricón)* pansy; *(: hombre feo)* ugly devil. **(d)** *(figura)* cartoon *o* caricature figure; *véase tb* **monigote (c).** **(e)** *(Naipes: comodín)* joker. **(f)** *(locuciones)* **no lo aguantaría ni que fuera yo un ~** I wouldn't put up with it at any price; **estar de ~s** to be at odds; **meter los ~s a uno** *(LAm)* to put the wind up sb.
mono[2] *adj (bonito)* pretty, lovely, attractive; *(simpático)* nice, charming, cute; **una chica muy ~a** a very pretty *o* attractive girl.
mono[3] *nm (overoles)* overalls, boiler suit; *(de niño)* rompers.
mono[4] *adj (LAm: castaño)* reddish-brown; *(: amarillo)* yellow; *(: rubio)* blonde.
mono... *pref* mono... .
monocarril *nm* monorail.
monocromo *adj, nm* monochrome.
monóculo *nm* monocle.
monocultivo *nm* single crop farming, monoculture.
monogamia *nf* monogamy.
monógamo *adj* monogamous.
monograma *nm* monogram.
monolingüe *adj* monolingual.
monolítico *adj* monolithic.
monolito *nm* monolith.
monologar [1h] *vt* to soliloquize.
monólogo *nm* monologue.
monomanía *nf (idea fija)* monomania; *(obsesión)* mania, obsession.
monoplano *nm* monoplane.
monopolio *nm* monopoly.
monopolizar [1f] *vt* to monopolize.
monosabio *nm (Zool)* trained monkey.
monosilábico *adj* monosyllabic.
monosilabo 1 *adj* monosyllabic. **2** *nm* monosyllable.
monoteísmo *nm* monotheism.
monotipia *nf* Monotype ®.
monotonía *nf (sonido)* monotone; *(fig)* monotony; *(: tristeza)* dreariness.
monótono *adj (sonido)* on one note; *(fig)* monotonous; *(triste)* dreary.
monóxido *nm* monoxide; **~ de carbono** carbon monoxide.
monseñor *nm* monsignor.
monserga *nf (lenguaje confuso)* gibberish; *(tonterías)* drivel.
monstruo 1 *nm (gen)* monster; *(Bio)* freak; *(espectáculos etc)* idol, wonder boy. **2** *adj inv (fam)* fantastic, fabulous *(fam)*.
monstruoso *adj (gen)* monstrous; *(enorme)* huge; *(Bio)* freakish, freak *(atr)*; *(fig)* monstrous, hideous.
monta *nf* **(a)** *(acto de montar)* mounting. **(b)** *(Mat)* total, sum. **(c)** *(valor)* value; **de poca ~** unimportant.
montacargas *nm inv* service lift, hoist, *(US)* freight elevator.
montado *adj* **(a)** *(a caballo)* mounted. **(b)** *(Téc: empotrado)* built-in.
montador *nm* **(a)** *(para montar)* mounting block. **(b)** *(profesión)* fitter; *(Cine)* film editor.
montadura *nf* **(a)** *(acto)* mounting. **(b)** = **montura (b), (c).**
montaje *nm* **(a)** *(Mec etc)* assembly; *(: organización)* fitting-up; *(Arquit)* erection. **(b)** *(Rad)* hookup. **(c)** *(Arte, Cine, Fot)* montage; *(Teat: escenografía)* stage designing, décor.
montante *nm* **(a)** *(poste)* upright, post; *(soporte)* stanchion; *(Arquit: de puerta)* transom; *(: de ventana)* mullion. **(b)** *(LAm: suma)* total, amount.
montaña *nf* **(a)** mountain; *(sierra)* mountains, mountainous area; **~ rusa** roller-coaster. **(b)** *(LAm: bosque)* forest.
montañero/a 1 *adj* mountain *(atr)*. **2** *nm/f* mountaineer, climber.
montañés/esa 1 *adj (de montaña)* mountain *(atr)*; *(de tierras altas)* highland. **2** *nm/f* highlander.
montañismo *nm* mountaineering, climbing.
montañoso *adj* mountainous.
montaplatos *nm inv* service lift, *(US)* dumbwaiter.
montar [1a] **1** *vt* **(a)** *(subir a: caballo, bicicleta)* to mount, get on; *(bicicleta, caballo)* to ride; **estar montado en bicicleta/caballo** to be riding a bicycle/horse; **hoy monta mi caballo** she's riding my horse today. **(b)** *(Téc: armar)* to assemble, put together; *(: construir)* to erect, put up; **~ una casa** to set up house; **~ guardia** to mount guard; **~ una tienda** to open a shop; **~ un negocio** to start up in business. **(c)** *(dar cuerda a)* to wind

(up). **(d)** *(Cos)* to cast on. **(e)** *(Cine: película)* to edit; *(Teat: obra)* to stage, put on. **(f)** *(Culin: batir)* to whip, beat. **(g)** *(Bio: aparear)* to mate, cover. **(h)** **~ a uno sobre algo** to lift sb on to sth. **(i)** *(engarzar: joya)* to set. **(j)** *(LAm: sumar)* **~ (a)** to amount (to).

2 *vi* **(a)** *(a caballo, en bicicleta etc)* to ride; *(: subir a)* to mount *o* get onto. **(b)** *(sobresalir)* to overlap. **(c)** **~ en cólera** to fly into a rage. **(d)** *(Fin)* **~ a** to amount *o* come to. **(e)** **tanto monta** it makes no odds.

3 montarse *vr* = **2 (a), (b), (c).**

montaraz 1 *adj* **(a)** *(de montaña)* mountain *(atr)*; *(de tierras altas)* highland *(atr)*. **(b)** *(salvaje)* wild, untamed; *(tosco)* rough, coarse; *(esquivo)* unsociable. **2** *nm (guardabosques)* gamekeeper, game warden.

monte *nm* **(a)** *(montaña)* mountain; *(cerro)* hill; **echarse al ~** to take to the hills. **(b)** *(bosque)* woodland; *(despoblado)* wild country; **~ (alto/bajo)** forest/scrub *o* brush; **batir el ~** to beat for game, go hunting. **(c)** **~ de piedad** (state-owned) pawnshop. **(d)** *(LAm: alrededores)* outskirts, surrounding country; *(: hierba)* grass, pasture. **(e)** *(Naipes: baraja)* pile; *(: banca)* bank; *(: juego) a card game.* **(f)** *(fam: obstáculo)* obstacle, snag; **todo se le hace un ~** he makes mountains out of molehills.

montear [1a] *vt* to hunt.

montecillo *nm* mound, hump.

montepío *nm* **(a)** *(sociedad)* friendly society. **(b)** *(LAm: monte de piedad)* pawnshop.

montera *nf (sombrero)* cloth cap; *(de torero)* bullfighter's hat.

montería *nf* **(a)** *(arte)* hunting; *(caza)* hunt, chase. **(b)** *(LAm: animales)* animals, game; *(: lugar)* hunting ground.

montero/a *nm/f* huntsman, hunter.

montés *adj* wild.

monto *nm* total, amount.

montón *nm* **(a)** heap, pile; *(de nieve)* drift. **(b)** **un ~ de** lots *o* heaps *o* masses of; **un ~ de gente** a crowd of people; **a ~** all jumbled together; **a ~es** by the score, galore.

montonera *nf (LAm)* **(a)** *(guerrilla)* band of guerrilla fighters. **(b)** *(montón)* pile, heap.

montonero *adj (LAm: autoritario)* overbearing.

montuoso *adj* hilly, mountainous.

montura *nf* **(a)** *(cabalgadura)* mount. **(b)** *(silla)* saddle; *(arreos)* harness, trappings. **(c)** *(de joya)* mounting, setting; *(de gafas)* frame.

monumental *adj* monumental; *(fam: excelente)* tremendous *(fam)*, terrific *(fam)*.

monumento 1 *nm* **(a)** *(lit, fig)* monument; *(de conmemoración)* memorial. **(b)** **~s** *(documentos históricos)* documents, source material *sg.* **2** *adj (fam)* **un éxito ~** a tremendous *o* huge success.

monzón *nm o nf* monsoon.

moña *nf* **(a)** *(lazo)* hair ribbon, bow; *(cinta)* ribbon. **(b)** *(fam: muñeca)* doll. **(c)** *(fam)* **estar con la ~** to be tight *(fam)*.

moño *nm* **(a)** *(de pelo)* bun, chignon; *(LAm: cabello)* hair; **agarrarse del ~** to pull each other's hair; **estar hasta el ~** *(fam)* to be fed up to the back teeth; **ponerse ~s** *(fam)* to give o.s. airs, put it on. **(b)** *(Orn)* crest. **(c)** = **moña (a).** **(d)** **~s** *(fig)* fripperies. **(e)** *(LAm: altivez)* pride, haughtiness; **bajar el ~ a uno** to take sb down a peg.

moqueta *nf* fitted carpet.

moquete *nm* punch on the nose.

moquillo *nm (Vet)* distemper.

mora[1] *nf (Bot)* mulberry; *(: zarzamora)* blackberry.

mora[2] *nf (Fin: Jur)* delay; **ponerse en ~** to default, get into arrears.

morada *nf* **(a)** *(gen)* dwelling; *(casa)* abode, home; **última ~** (last) resting place; **no tener ~ fija** to be of no fixed abode. **(b)** *(estadía)* stay.

morado 1 *adj* purple, violet; **pasarlas ~as** to have a tough time of it. **2** *nm* bruise.

morador(a) *nm/f* inhabitant.

moradura *nf* bruise.

moral[1] *nm (Bot)* mulberry tree.

moral[2] **1** *adj* moral. **2** *nf* **(a)** *(moralidad)* morals *pl*, morality; *(ética)* ethics *pl.* **(b)** *(estado de ánimo)* morale; **tener baja la ~** to be in low spirits.

moraleja *nf* moral.

moralidad *nf* **(a)** morals *pl*, morality. **(b)** *(moraleja)* moral.

moralista 1 *adj* moralistic. **2** *nmf* moralist.

moralizar [1f] *vt* to moralize.

morapio *nm (fam)* cheap red wine, plonk *(fam)*.

morar [1a] *vi* to live, dwell.

moratoria *nf* moratorium.

morbido *adj* **(a)** *(enfermo)* morbid, diseased. **(b)** *(suave)* soft, delicate.

morbo *nm* disease, illness.

morbosidad *nf* **(a)** morbidity, morbidness; *(mala salud)* unhealthiness. **(b)** *(estadísticas)* medical statistics.

morboso *adj* **(a)** *(enfermo)* morbid, sickly; *(que causa enfermedad)* likely to cause disease(s). **(b)** *(fig: enfermizo)* diseased, morbid.

morcilla *nf* **(a)** *(Culin)* blood sausage, black pudding. **(b)** *(Teat)* ad lib.

mordacidad *nf (de crítica)* sharpness.

mordaga *nf (fam)*, **mordaguera** *nf*: **coger** *o* **pillar una ~** to get sloshed *(fam)*.

mordaz *adj (crítica)* sharp, scathing.

mordaza *nf* **(a)** *(en la boca)* gag. **(b)** *(Téc)* clamp, jaw.

mordedura *nf (acción, herida)* bite.

mordelón *adj (CAm, Méx: sobornable)* given to taking bribes.

morder [2h] **1** *vt* **(a)** to bite; *(pinchar)* to nip; *(mordisquear)* to nibble (at). **(b)** *(Quím)* to corrode, eat away; *(recursos etc)* to eat into. **(c)** *(Mec: embrague etc)* to catch. **(d)** *(fam: satirizar)* to gossip about, run down. **(e)** *(CAm, Méx: exigir soborno)* to exact a bribe from. **2** *vi* to bite; **está que muerde** he's hopping mad. **3 morderse** *vr* to bite; **~ la lengua** to hold one's tongue.

mordicar [1g] *vi* to smart, sting.

mordida *nf* **(a)** *(LAm)* bite. **(b)** *(CAm, Méx: dinero etc)* bribe; *(: el soborno)* graft, bribery.

mordiscar [1g] **1** *vt (gen)* to nibble at; *(con fuerza)* to gnaw at; *(pinchar)* to nip; *(suj: caballo)* to champ. **2** *vi (gen)* to nibble; *(caballo)* to champ.

mordisco *nm* **(a)** *(mordedura)* bite, nip. **(b)** *(trozo)* bite.

mordisquear [1a] = **mordiscar.**

moreno/a 1 *adj (gen)* (dark) brown; *(persona: de pelo ~)* dark-haired; *(: de tez ~a)* dark(-skinned), swarthy; *(: euf)* coloured. **2** *nm/f (de tez)* dark(-skinned) man/woman; *(de pelo)* dark-haired man/woman; *(: negro)* black-haired man/woman.

morera *nf* mulberry tree.

moretón *nm* bruise.

morfema *nm* morpheme.

morfina *nf* morphia, morphine.

morfinómano/a 1 *adj* addicted to hard drugs. **2** *nm/f* drug addict.

morfología *nf* morphology.

morgue *nf (LAm)* morgue.

moribundo/a 1 *adj* dying; *(esp fig)* moribund. **2** *nm/f* dying person.

morir [3k; *pp* **muerto**] **1** *vt (sólo pp y pretérito perfecto)* to kill; **le han muerto** they have killed him; **fue muerto a tiros** he was shot (dead).

2 *vi* **(a)** *(gen)* to die (*de* of); ~ **ahogado/ahorcado/fusilado** to die of drowning/to be hanged/to be shot; ~ **de frío/hambre** to die of cold/to starve to death; ~ **joven** to die young; **¡muera al tirano!** down with the tyrant!; **y allí muere** *(LAm)* and that's all there is to it, there's no more to be said. **(b)** *(irse apagando: fuego)* to die down; *(: luz)* to get dim; *(apagarse)* to go out; **moría el día** night was falling. **(c)** *(Ferro etc: vías)* to end (*en* at); *(calle)* to come out (*en* at).

3 morirse *vr* **(a)** to die; **se le murió el tío** an uncle of his died; **¡me muero de hambre!** *(fig)* I'm starving!; **no es cosa de** ~ it's not as bad as all that. **(b)** *(fig)* to be dying; **me moría de vergüenza** I nearly died of shame; **me moría de miedo** I was half-dead with fright; **se van a** ~ **de risa** they'll die laughing; ~ **de ganas (de hacer)** to be dying (to do). **(c)** ~ **por algo** to be dying *o* desperate for sth; ~ **por uno** to be crazy about sb; **se muere por el fútbol** he's mad keen on football; ~ **por hacer algo** to be dying to do sth. **(d)** *(entumecerse)* to go to sleep, go numb.

morisco/a 1 *adj* Moorish; *(Arquit)* in the Moorish style. **2** *nm/f (Hist)* Moslem convert to Christianity.

morisqueta *nf (engaño)* fraud, dirty trick; *(mueca)* grimace.

mormón/ona *nm/f* Mormon.

moro/a 1 *adj* **(a)** Moorish. **(b)** *(caballo)* dappled, piebald. **2** *nm/f* **(a)** Moor; ~ **de paz** peaceful person; **¡hay ~s en la costa!** watch out!, the coast isn't clear. **(b)** *(LAm: caballo)* piebald horse.

morocho *(LAm)* **1** *adj* **(a)** *(pelo)* dark; *(persona: de piel ~a)* dark-skinned. **(b)** *(fuerte)* strong, tough; *(bien conservado)* well-preserved. **2** *nm* **(a)** hard maize, *(US)* corn. **(b)** *(persona fuerte)* tough person.

moronga *nf (CAm, Méx)* blood sausage, black pudding.

morosidad *nf (lentitud)* slowness; *(tardanza)* dilatoriness.

moroso 1 *adj* **(a)** *(lento)* slow, dilatory; *(Com, Fin)* **deudor** ~ slow payer, defaulter. **(b) delectación ~a** *(pey)* morbid *o* unhealthy enjoyment. **2** *nm (Com, Fin)* bad debtor, defaulter.

morrada *nf (cabezazo)* butt; *(bofetada)* bash *(fam)*, punch.

morral *nm* **(a)** *(mochila)* haversack, knapsack; *(de caza)* pouch, gamebag; *(de caballo)* nosebag. **(b)** *(fam: matón)* lout, rough type.

morrillo *nm (Zool)* fleshy part of the neck; *(fam: cuello)* neck.

morrina *nf* nostalgia, homesickness.

morrión *nm (Mil)* helmet, bearskin.

morro *nm* **(a)** *(Zool)* snout, nose; *(fam: labio)* (thick) lip; **andar de** ~ **con uno** to be at odds with sb; **estar de ~s (con uno)** to be in a bad mood (with sb); **¡cierra los ~s!** shut your trap! *(fam)*; **poner** *o* **torcer el** ~ to look cross. **(b)** *(Aer, Aut etc)* nose; **caer de** ~ to nose-dive. **(c)** *(Geog: promontorio)* headland, promontory. **(d)** *(guijarro)* pebble. **(e)** *(cerro)* small rounded hill.

morrocotudo *adj (fam)* **(a)** *(fantástico)* smashing, terrific *(fam)*; *(riña, golpe)* tremendous. **(b)** *(fuerte)* strong; *(pesado)* heavy. **(c)** *(difícil)* awkward; *(importante)* important. **(d)** *(LAm: grande)* big.

morrón *nm (LAm)* hot sweet red pepper; *(Sp fam)* blow.

morrudo *adj* **(a)** *(de labios gruesos)* thick-lipped. **(b)** *(RPl: fortachón)* tough, brawny.

morsa *nf* walrus.

mortaja *nf* **(a)** *(de muerto)* shroud. **(b)** *(Téc)* mortise. **(c)** *(LAm: papel)* cigarette paper.

mortal 1 *adj* **(a)** *(que muere)* mortal. **(b)** *(herida)* mortal, fatal; *(golpe)* deadly. **(c)** *(angustiante)* deadly, dreadful; *(interminable)* unending. **(d) quedarse** ~ to be utterly taken aback. **(e) salto** ~ somersault. **2** *nmf* mortal, human being.

mortalidad *nf* **(a)** *(condición de mortal)* mortality. **(b)** *(cantidad de muertos etc)* mortality, loss of life; *(mortandad)* death rate; ~ **infantil** (rate of) infantile mortality.

mortandad *nf (número de víctimas)* loss of life, number of victims; *(Mil)* slaughter, carnage.

mortecino *adj* **(a)** *(débil)* weak, failing. **(b)** *(luz)* dim, fading; *(color)* dull, faded.

mortero *nm* mortar.

mortífero *adj* deadly, lethal.

mortificación *nf (sufrimiento)* mortification; *(humillación)* humiliation.

mortificar [1g] **1** *vt* **(a)** *(Med)* to damage seriously. **(b)** *(atormentar)* to torment, plague; ~ **la carne** to mortify the flesh. **(c)** *(doler)* to mortify; *(humillar)* to humiliate. **2 mortificarse** *vr (Méx: avergonzarse)* to feel ashamed *o* embarrassed.

mortuorio *adj* mortuary, death *(atr)*.

morueco *nm (Zool)* ram.

mosaico *nm* mosaic; ~ **de madera** marquetry.

mosca *nf* **(a)** *(insecto)* fly; ~ **de burro** horsefly; ~ **muerta** *(fig)* hypocrite; **cazar** *o* **papar ~s** to daydream; **por si las ~s** just in case; **estar** ~ *(desconfiar)* to smell a rat; *(estar harto)* to be utterly fed up; **estar** ~ **con uno** to be cross with sb; **tener la** ~ **en** *o* **detrás de la oreja** to be wary; **¿qué** ~ **te ha picado?** what's eating you? **(b)** *(fam: plata)* dough *(fam)*; **aflojar** *o* **soltar la** ~ to fork out *(fam)*, stump up. **(c)** *(fam: persona pesada)* pest, bore. **(d)** *(pelo)* tuft of hair; *(barba)* small goatee beard. **(e) ~s** sparks; **~s volantes** spots before the eyes. **(f)** *(Méx: parásito)* sponger *(fam)*.

moscarda *nf* blowfly, bluebottle.

moscardón *nm* **(a)** *(moscarda)* blowfly; *(abejón)* hornet. **(b)** *(fam: persona molesta)* pest.

moscatel *adj, nm* muscatel.

moscón *nm* **(a) = moscarda. (b)** *(Bot)* maple. **(c)** *(fam)* pest, nuisance.

Moscú *nm* Moscow.

mosqueado *adj* spotted.

mosquearse [1a] *vr (fig: enfadarse)* to get cross, *(ofenderse)* to take offence.

mosquete *nm* musket.

mosquita *nf*: ~ **muerta** *(fig)* hypocrite; **hacerse la** ~ **muerta** to look as if butter would not melt in one's mouth.

mosquitero *nm* mosquito net.

mosquito *nm* mosquito; *(pequeño)* gnat.

mostaza *nf* mustard.

mosto *nm* must, unfermented grape juice.

mostrador *nm* **(a)** *(de tienda)* counter; *(de café etc)* bar. **(b)** *(de reloj)* face, dial.

mostrar [1m] **1** *vt (gen)* to show; *(exponer)* to display, exhibit; *(señalar)* to point out; *(explicar)* to explain; *(demostrar)* to demonstrate. **2 mostrarse** *vr* **(a)** to show o.s., appear. **(b)** *(con adj: parecer)* to appear, seem; *(resultar ser)* to turn out *o* prove to be.

mostrenco *adj* **(a)** *(sin dueño)* ownerless, unclaimed; *(animal)* stray; *(fam: persona: sin casa)* homeless, rootless. **(b)** *(fam: persona: lento)*

dense, slow; *(: gordo)* fat.
mota *nf* **(a)** *(partícula)* speck, tiny piece; *(de pelusa)* piece of fluff; ~ **de polvo** speck of dust. **(b)** **a** ~**s** *(dibujo)* dotted, of dots. **(c)** *(nudillo en paño)* burl, kink; *(fig: defecto)* fault, blemish. **(d)** *(colina)* hillock. **(e)** *(LAm: pelo)* tuft (of hair); *(: marijuana)* marijuana, grass *(fam)*. **(f)** *(CAm, Méx: para polvos)* powder puff.
mote[1] *nm (apodo)* nickname; *(sentencia)* motto.
mote[2] *nm (LAm)* boiled maize, *(US)* boiled corn.
moteado *adj (piel)* speckled, mottled, dappled *(de* with); *(tela)* dotted, with a design of dots.
motejar [1a] *vt* to nickname.
motel *nm* motel.
motín *nm (insurreción)* revolt, rising; *(disturbio)* riot, disturbance.
motivación *nf* motivation.
motivar [1a] *vt* **(a)** *(gen)* to motivate; *(causar)* to cause. **(b)** *(explicar)* to explain, justify *(con, en* by, by reference to).
motivo 1 *adj* motive. **2** *nm* **(a)** motive, reason *(de* for), cause *(de* of); ~**s de divorcio** grounds for divorce; ~ **oculto** ulterior motive; **con** ~ **de** *(debido a)* because of, owing to; *(en ocasión de)* on the occasion of; *(con el fin de)* in order to, for the purpose of; **con este** ~ for this reason; **por cuyo** ~ for which reason; **sin** ~ for no reason at all, without good reason; **tengo mis** ~**s** I have my reasons. **(b)** *(Arte, Mús)* motif; ~ **conductor** leitmotif.
moto *nf* (motor)bike; *(escúter)* scooter.
motobomba *nf* fire engine.
motocarro *nm* three-wheeler, light delivery van.
motocicleta *nf* motorcycle.
motociclismo *nm* motorcycling.
motociclista *nmf* motorcyclist; ~ **de escolta** outrider.
motonave *nf* motor ship, motor vessel.
motonáutica *nf* motorboat *o* speedboat racing.
motoniveladora *nf* bulldozer.
motor 1 *adj* **(a)** *(Téc)* motive; **potencia** ~**a** motive power. **(b)** *(Anat)* motor. **2** *nm* motor, engine; **con** ~ power-driven; **con 6** ~**es** 6-engined; ~ **de arranque** *o* **de puesta en marcha** starter, starting motor; ~ **de combustión interna** *o* **de explosión**/~ **a chorro** *o* **a reacción**/~ **Diesel** internal combustion/jet/Diesel engine; ~ **de fuera de borda** outboard motor.
motora *nf*, **motorbote** *nm* motorboat, speedboat.
motorismo *nm* motorcycling.
motorista *nm* **(a)** *(automovilista)* motorist; *(motociclista)* motorcyclist. **(b)** *(LAm: de tren)* engine driver, *(US)* motorman.
motorizado *adj* motorized; **estar** ~ *(fam)* to be mobile, have a car.
motorizar [1f] **1** *vt (Mil, Téc)* to motorize, mechanize. **2** **motorizarse** *vr (fam)* to get o.s. a car, become mobile.
motosierra *nf* mechanical saw.
motosilla *nf* moped.
motoso *adj (LAm: pelo)* kinky.
motriz *adj* motive, driving; **fuerza** ~ driving force.
movedizo *adj* **(a)** *(movible)* easily moved, movable; *(suelto)* loose; *(inseguro)* unsteady; *(arena)* shifting. **(b)** *(persona: cambiadizo)* fickle; *(situación)* unsettled, changeable.
mover [2h] **1** *vt* **(a)** *(gen)* to move; *(cambiar de lugar)* to shift; *(cabeza: para negar)* to shake; *(: para asentir)* to nod; *(cola)* to wag; *(té etc: con cuchara)* to stir. **(b)** *(Mec: accionar)* to drive, power, work; *(tren)* to pull; **el agua mueve la rueda** the water turns *o* drives the wheel. **(c)** *(fig: causar)* to cause, provoke; ~ **guerra a uno** to wage war on sb; ~ **pleito a uno** to take proceedings against sb; ~ **a uno a la risa/a lágrimas** to make sb laugh/cry; ~ **a uno a hacer algo** to move sb to do sth.
2 *vi* **(a)** *(Bot)* to bud, sprout. **(b)** *(fam: para irse)* to make a move.
3 moverse *vr* **(a)** *(gen)* to move; *(hacer lugar)* to move over; **no se ha movido de su asiento** he has not stirred from his place. **(b)** *(mar)* to get rough; *(viento)* to rise. **(c)** *(fig: apurarse)* to move o.s., get a move on; *(: transformarse)* to be on the move.
movible *adj* **(a)** *(no fijo)* movable; *(móvil)* mobile. **(b)** *(fig: cambiadizo)* changeable; *(: persona)* fickle.
movida *nf* move.
movido *adj* **(a)** *(Fot)* blurred. **(b)** *(persona: activo)* active; *(: inquieto)* restless, always on the go; *(agitado)* lively; *(mar)* rough, choppy; *(día)* hectic. **(c)** *(LAm: débil)* weak, feeble; *(CAm, Méx: lerdo)* slow, sluggish; *(: indeciso)* irresolute.
móvil 1 *adj* = **movible. 2** *nm (motivo)* motive *(de* for); *(incentivo)* incentive.
movilidad *nf* mobility.
movilización *nf* mobilization.
movilizar [1f] *vt (organizar)* to mobilize; *(LAm: mover)* to move.
movimiento *nm* **(a)** *(gen)* movement; *(Mec, Fís)* motion; *(de cabeza: para negar)* shake; *(para asentir)* nod; ~ **hacia arriba/hacia abajo** upward/downward movement; ~ **de mercancías** *(Com)* turnover, volume of business; ~ **obrero/sindical** workers'/trade union movement; ~ **sísmico** earth tremor; **mantener algo en** ~ to keep sth moving; **poner algo en** ~ to set sth in motion, start sth. **(b)** *(actividad)* activity; *(bullicio)* bustle, stir; *(Aut)* traffic; **de mucho** ~ *(tienda etc)* busy; ~ **máximo** *(Aut)* peak traffic. **(c)** *(Lit, Teat etc)* action. **(d)** *(Mús)* tempo. **(e)** *(emociones: cambio)* change, alteration; *(: de pasión, celos)* fit, outburst. **(f)** *(Lit, Pol etc)* movement.
moza *nf (chica)* girl; *(criada)* servant; **buena** ~ good-looking girl; ~ **de partido** prostitute.
mozo 1 *adj* **(a)** *(joven)* young. **(b)** *(soltero)* single, unmarried. **2** *nm (joven)* youth, young fellow, lad; *(criado)* servant; *(camarero)* waiter; **buen** ~ handsome fellow; ~ **de caballos** groom; ~ **de cuerda** *o* **estación** *o* **de equipajes** porter; ~ **de hotel** page, buttons, *(US)* bellhop.
mozuela *nf* girl; *(pey)* wench.
mozuelo *nm* (young) lad.
mucama *nf (LAm)* maid, servant; *(ama)* housekeeper.
mucamo *nm (RPl)* servant, houseboy.
mucosa *nf (membrana)* mucous membrane; *(secreción)* mucus.
mucosidad *nf* mucus.
mucoso *adj* mucous.
muchacha *nf* **(a)** *(chica)* girl. **(b)** *(tb* ~ **de servicio:** *criada)* maid.
muchachada *nf* **(a)** *(travesura)* childish prank. **(b)** *(pandilla)* group of kids.
muchachería *nf* **(a)** *(travesura)* childish prank. **(b)** *(muchachos)* boys and girls, kids *(fam)*; *(pandilla)* crowd of kids *(fam)*.
muchacho *nm* **(a)** *(chico)* boy, lad. **(b)** *(criado)* servant. **(c)** *(LAm: abrazadera)* clamp, holdfast.
muchedumbre *nf* crowd, mass, throng; *(pey)* mob, herd; *(de pájaros)* flock.
muchísimo *adj, adv (superl de* **mucho**) very much, a very great deal.
mucho 1 *adj* **(a)** *(cantidad de)* a lot of; *(grande)*

much, great; ~ **tiempo** a long time; ~ **dinero** a lot of money; **con** ~ **valor** with much *o* great courage; **hace** ~ **calor/frío** it's very hot/cold. **(b)** *(sg: colectivo)* **había** ~ **borracho** there were a lot *o* lots of drunks *(fam)*. **(c)** *(sg: fam: grande)* **es** ~ **jugador** he's a great player; **ésta es** ~**a casa para nosotros** this house is far too big for us. **(d)** *(pl)* ~**s** many, lots of; **hay** ~**s conejos** there are lots of rabbits; ~**s de los ausentes** many of those absent; **somos** ~**s** there are a lot of us; **se lo he dicho** ~**as veces** I've told him many times *o* many a time.

2 *pron:* **tengo** ~ **que hacer** I have a lot to do; ~**s dicen que ...** a lot of people say that ... .

3 *adv* **(a)** a lot, a great deal, much; ~ **más/menos** much *o* a lot less; **toca** ~ she plays a lot *o* a great deal; **me alegro/lo siento** ~ I'm very glad/sorry; **correr** ~ to run fast; **trabajar** ~ to work hard; **viene** ~ he comes a lot *o* often; **es** ~ it's a lot (of money), it's too much; **si no es** ~ **pedir** if that's not asking too much. **(b)** *(tiempo)* long; **¿te vas a quedar** ~? are you staying long? **(c)** *(como respuesta)* very; **¿estás cansado? ... ¡**~! are you tired? ... very *o* I certainly am. **(d)** *(locuciones)* **¡**~ **que sí!** I should jolly well think so! *(fam)*, of course!; **como** ~ at (the) most *o* the outside; **con** ~ far and away, by far; **con** ~ **el mejor** far and away the best; **ni con** ~ not nearly, nothing like, not by a long chalk; **ni** ~ **menos** far from it; **no es para** ~ it's not up to much; **tener a uno en** ~ to think highly of sb; **por** ~ **que** however much.

muda *nf* **(a)** *(de ropa)* change of clothing. **(b)** *(Orn, Zool)* moult; *(de serpiente)* slough. **(c)** *(temporada)* moulting season. **(d) está de** ~ *(chico)* his voice is breaking.

mudable *adj (variable)* changeable, variable; *(persona)* fickle.

mudanza *nf* **(a)** *(gen)* change. **(b)** *(de casa)* move, removal; **camión de** ~**s** removal van; **estar de** ~ to be moving. **(c)** *(Baile)* figure. **(d)** ~**s** *(fig: inconstancia)* fickleness *sg*, moodiness *sg*.

mudar [1a] **1** *vt* **(a)** *(cambiar)* to change, alter; *(transformar)* to change *o* turn *o* transform *(en* into). **(b)** *(Orn, Zool)* to shed; moult. **2** *vi* to change; *(LAm: moverse)* to move (from place to place); ~ **de ropa** to change one's clothes. **3 mudarse** *vr* **(a)** = **2. (b)** *(tb* ~ **de casa)** to move (house). **(c)** *(voz)* to break.

mudez *nf* dumbness.

mudo *adj* **(a)** *(sin facultad de hablar)* dumb; *(callado)* silent, mute; **quedarse** ~ **(de)** *(fig)* to be dumb (with); **quedarse** ~ **de asombro** to be speechless; **se quedó** ~ **durante 3 horas** he did not speak for 3 hours. **(b)** *(Ling: letra)* mute, silent; *(consonante)* voiceless. **(c)** *(película)* silent; **papel** ~ *(Teat)* walk-on part.

mueblaje *nm* = **mobiliario.**

mueble 1 *adj* **bienes** ~**s** movable *o* personal property. **2** *nm* piece of furniture; ~**s** furniture *sg (de tienda etc)* fittings; *(armario)* cabinet, dresser; **con/sin** ~**s** furnished/unfurnished; ~**s y enseres** furniture and fittings.

mueble-bar *nm* cocktail cabinet.

mueblería *nf (fábrica)* furniture factory; *(tienda)* furniture shop.

mueca *nf* (wry) face, grimace; **hacer** ~**s** to make faces *(a* at).

muela *nf* **(a)** *(Anat)* tooth; ~ **del juicio** wisdom tooth; **dolor de** ~**s** toothache; **está que echa las** ~**s** he's hopping mad. **(b)** *(Téc: de molino)* millstone; *(: de afilar)* grindstone. **(c)** *(Geog: cerro)* mound, hillock.

muelle[1] **1** *adj* **(a)** *(blando)* soft; *(delicado)* delicate; *(elástico)* springy, bouncy. **(b)** *(fig: vida)* soft, easy. **2** *nm (resorte)* spring; ~ **real** mainspring; **colchón de** ~**s** interior sprung mattress.

muelle[2] *nm* **(a)** *(Náut: puerto)* wharf, quay; *(malecón)* pier. **(b)** *(Ferro)* unloading bay.

muérdago *nm* mistletoe.

muerte *nf* **(a)** *(gen, fig)* death; *(homicidio)* murder; ~ **civil** loss of civil rights; ~ **violenta** *o* **a mano airada** violent death; **de vida o** ~ life-and-death; ~ **repentina** sudden death; **dar** ~ **a** to kill; **causar** *o* **producir la** ~ **a** *(en accidente)* to kill, cause the death of; **encontrar la** ~ to die, meet one's death; **estar a la** ~ to be at death's door; **pena de** ~ death sentence. **(b)** *(fig: locuciones)* **luchar a** ~ to fight to the death; **un susto de** ~ a terrible fright; **odiar a uno a** ~ to hate sb implacably; **aburrirse de** ~ to be bored to death; **de mala** ~ lousy *(fam)*, rotten *(fam)*; **un pueblo de mala** ~ a one-horse town; **es la** ~ it's deadly (boring).

muerto/a 1 *pp de* **morir. 2** *adj* **(a)** *(gen, fig)* dead; *(inactivo)* lifeless; **nacido** ~ stillborn; **naturaleza** ~**a** *(Arte)* still life; **más** ~ **que vivo** half-dead, more dead than alive; **dar por** ~ **a uno** to give sb up for dead; **no tener donde caerse** ~ to be utterly destitute, not have a penny to one's name. **(b)** *(fig)* **estar** ~ **de cansancio/de miedo/de hambre** to be dead tired/dead scared/dying of hunger. **(c)** *(color)* dull. **(d)** *(cal)* slaked. **3** *nm/f* dead man/woman; *(difunto)* deceased *(frm)*; *(cadáver)* corpse; **callarse como un** ~ to keep absolutely quiet; **cargar con el** ~ *(fam)* to carry the can *(fam)*; **echar el** ~ **a uno** to pass the buck *(fam)*; **hacer el** ~ *(nadando)* to float. **4** *nm (Naipes)* dummy.

muesca *nf (concavidad)* notch, nick; *(ranura)* groove, slot.

muestra *nf* **(a)** *(señal)* indication, sign; *(ejemplo)* example; *(demostración)* demonstration; *(prueba)* proof; *(testimonio)* token; *(exposición)* trade fair; **dar** ~**s** to show signs. **(b)** *(Com etc)* sample, specimen. **(c)** *(estadística)* sample. **(d)** *(modelo)* model, pattern, guide; *(Cos)* pattern. **(e)** *(reloj)* face. **(f)** *(tienda)* sign, signboard.

muestrario *nm* collection of samples; *(fig: exposición)* showcase.

muestreo *nm (acto)* sampling; *(números)* sample.

mugido *nm (de vaca)* moo, lowing; *(de toro)* bellow; *(de dolor)* roar, howl.

mugir [3c] *vi (véase nm)* to moo, low; to bellow; to roar, howl.

mugre *nf (LAm: suciedad)* dirt; *(Sp: inmundicia)* filth; *(grasa)* grease, grime.

mugriento *adj (véase nf)* dirty; filthy; greasy, grimy.

mugrón *nm (vid)* sucker, layer; *(vástago)* shoot, sprout.

mugroso *adj (LAm)* dirty, mucky *(fam)*.

muguete *nm* lily of the valley.

mujer *nf* **(a)** *(gen)* woman; ~ **de (mala) vida,** ~ **pública** prostitute; ~ **de la limpieza** help, cleaner; **ser muy** ~ **de su casa** to be very house-proud. **(b)** *(esposa)* wife. **(c) ¡**~! woman!

mujerero *adj (LAm)* fond of women.

mujeriego 1 *adj* **(a)** womanizing. **(b) cabalgar a** ~**as** to ride sidesaddle. **2** *nm* ladykiller; *(pey)* womanizer.

mujeril *adj* womanly.

mujerzuela *nf* whore.

mula *nf* **(a)** *(animal)* mule; **más terco que una** ~ as stubborn as a mule. **(b)** *(Méx: trastos)* trash, junk. **(c)** *(fuerte)* tough guy. **(d)** *(LAm)* **echar a uno la** ~ to give sb hell.

mulada *nf* drove of mules.

muladar *nm* dungheap.
mulato *adj, nm* mulatto.
mulero *nm* muleteer.
muleta *nf* **(a)** *(para andar)* crutch. **(b)** *(Taur) matador's stick with red cloth attached.* **(c)** *(fig: soporte)* prop, support.
muletilla *nf* **(a)** *(bastón)* cross-handled cane; *(Téc: botón)* wooden toggle *o* button. **(b)** *(palabra)* pet word, tag; *(de cómico etc)* catch phrase.
mulo *nm* mule.
multa *nf* fine; **echar** *o* **dar** *o* **imponer una ~ a** to fine *o* impose a fine on.
multar [1a] *vt* to fine; *(Dep)* to penalize; **~ a uno en 100 dólares** to fine sb 100 dollars.
multi... *pref* multi... .
multicanal *adj (TV)* multichannel.
multicolor *adj* multicoloured, many-coloured.
multicopista *nm* duplicator.
multiforme *adj* manifold, multiform.
multilaminar *adj*: **madera ~** plywood.
multilateral *adj*, **multilátero** *adj* multilateral, many-sided.
multimillonario/a *nm/f* multimillionaire/-millionairess.
multinacional *nf* multinational (company).
múltiple *adj* **(a)** *(Mat)* multiple; *(fig: variado)* many-sided. **(b) ~s** *(muchos)* many, numerous; *(variados)* manifold, multifarious.
multiplicación *nf* multiplication.
multiplicar [1g] **1** *vt (Mat, fig)* to multiply (*por* by); *(aumentar)* to increase; *(Mec)* to gear up. **2 multiplicarse** *vr* **(a)** *(Mat, Bio: reproducirse)* to multiply; *(: aumentarse)* to increase. **(b)** *(fig: estar en todas partes)* to be everywhere at once.
multiplicidad *nf* multiplicity.
multitud *nf (gentío)* crowd; **la ~** *(pey: la masa)* the multitude, the masses; **~ de** *(fam)* lots *o* heaps of.
multitudinario *adj (numeroso)* multitudinous; *(de masa)* mass *(atr)*.
mullido 1 *adj* **(a)** *(cama)* soft, sprung; *(hierba)* springy. **(b)** *(fam)* **dejar a uno ~** to wear sb out. **2** *nm (relleno)* stuffing, filling.
mullir [3a] *vt (almohada etc)* to fluff up; *(ablandar)* to soften; *(azadonar)* to hoe, loosen.
mullo *nm* (red) mullet.
mundanal *adj* worldly; **lejos del ~ ruido** far from the madding crowd.
mundanería *nf* worldliness.
mundano/a 1 *adj* **(a)** worldly, of the world. **(b)** *(de alta sociedad)* society *(atr)*; *(de moda)* fashionable. **2** *nm/f* society person, socialite.
mundial *adj (universal)* world-wide, universal; *(del mundo)* world *(atr)*; **la 1ª/2ª guerra ~** the 1st/2nd World War.
mundialmente *adv* worldwide, universally; **~ famoso** world-famous.
mundillo *nm* world, circle; **en el ~ teatral** in the theatre world, in theatrical circles; **vive enfrascado en su ~** *(pey)* he lives in a world of his own.
mundo *nm* **(a)** *(gen)* world; *(fig: ámbito)* world, realm; **Nuevo/Antiguo** *o* **Viejo M~** New/Old World; **en todo el ~** the (whole) world over; **el otro ~** the next world, the hereafter. **(b)** *(gente)* people; **todo el ~** everyone, everybody; **estaba medio ~** there were masses of people; **conoce medio ~** he knows everybody. **(c)** *(locuciones)* **no es nada del otro ~** it's nothing special *o* to write home about; **el ~ es un pañuelo** it's a small world; **desde que el ~ es ~** since time began; **así va el ~** that's the way it goes; **por nada del** *o* **en el ~** not for all the world; **no es el fin del ~** it's not the end of the world; **tener (mucho)/poco ~** to be experienced, know one's way about/be inexperienced; **se le cayó el ~ (encima)** his world fell apart. **(d)** *(ámbito)* world, circle; **en el ~ científico** in scientific circles; **el gran ~** high society; **el ~ del espectáculo** show business.
mundonuevo *nm* peep show.
munición *nf* **(a)** (*tb* **~es**) ammunition; *(balas)* munitions; *(provisiones)* stores, supplies; **~es de boca** provisions. **(b) de ~** army *(atr)*, service *(atr)*.
municipal 1 *adj (elección)* municipal; *(concejo)* town *(atr)*, local; *(piscina etc)* public. **2** *nm (guardia)* policeman.
municipalidad *nf* municipality; *(edificio)* town hall.
municipio *nm* **(a)** *(distrito)* municipality; *(población)* town(ship). **(b)** *(ayuntamiento)* town council, local council.
muñeca *nf* **(a)** *(Anat)* wrist. **(b)** *(juguete)* doll; *(maniquí)* dummy, manikin; **~ de trapo** rag doll. **(c)** *(trapo)* polishing rag.
muñeco *nm* **(a)** *(figura)* figure; *(juguete)* (boy) doll; *(espantapájaros)* guy, scarecrow; *(títere)* puppet, marionette; *(maniquí)* dummy; **~ de nieve** snowman. **(b)** *(fig: instrumento)* puppet, pawn. **(c)** *(fam: niño)* pretty little boy, little angel; *(pey: marica)* sissy.
muñequera *nf (correa)* wristband; *(de reloj)* watchstrap.
muñón *nm (Anat)* stump.
mural 1 *adj* mural, wall *(atr)*. **2** *nm* mural.
muralla *nf (muro defensivo)* (city) wall, walls *pl*; *(terraplén)* rampart; *(LAm: pared)* wall.
murar [1a] *vt* to wall.
murciélago *nm (Zool)* bat.
murga *nf* **(a)** *(banda)* band of street musicians. **(b)** *(fam: lata)* nuisance, bind *(fam)*.
murmullo *nm* **(a)** *(susurro)* murmur(ing), whisper(ing). **(b)** *(de hojas, viento)* rustle, rustling; *(de agua)* murmur, lapping; *(ruido confuso)* hum (-ming).
murmuración *nf (cotilleo)* gossip; *(: malicioso)* backbiting.
murmurador(a) 1 *adj (chismoso)* gossiping; *(criticón)* backbiting. **2** *nm/f (chismoso)* gossip; *(criticón)* backbiter.
murmurar [1a] *vi* **(a)** *(persona: susurrar)* to murmur, whisper; *(: quejarse)* to mutter. **(b)** *(agua)* to lap; *(hojas, viento)* to rustle; *(multitud)* to hum. **(c)** *(fig: cotillear)* to gossip (*de* about); *(: quejarse)* to grumble *o* mutter (*de* about); **¡no murmures!** don't tell tales.
muro *nm* wall; **~ de contención** retaining wall.
murria *nf* depression, blues; **tener ~** to be down in the dumps *(fam)*.
murrio *adj* depressed.
musa *nf* Muse.
musaraña *nf* **(a)** *(Zool)* shrew; *(animalito)* small creature; *(insecto)* creepy-crawly *(fam)*. **(b) mirar a las ~s** to stare vacantly; **pensar en las ~s** to daydream.
muscular *adj* muscular.
musculatura *nf* muscles, musculature.
músculo *nm* muscle.
musculoso *adj (de muchos músculos)* muscular; *(fortachón)* tough, brawny.
muselina *nf* muslin.
museo *nm* museum; **~ de arte** *o* **de pintura** art gallery; **~ de cera** waxworks.
musgo *nm* moss.
musgoso *adj* mossy, moss-covered.
música *nf* **(a)** music; **~ de cámara/coreada/de fondo** chamber/choral/background music; **~**

celestial *(fam)* nonsense, drivel; **poner ~ a** to set to music; **irse con la ~ a otra parte** to clear off. **(b)** *(banda)* band. **(c) ~s** *(fam: tonterías)* drivel *sg.*
musical *adj* musical.
musicalidad *nf* musicality, musical quality.
músico 1 *adj* musical. **2** *nm* musician, player.
musitar [1a] *vt, vi* to mumble, mutter.
muslo *nm* thigh; *(de pollo)* leg, drumstick.
mustango *nm (LAm)* mustang.
mustio *adj* **(a)** *(planta)* withered, faded. **(b)** *(persona)* depressed, gloomy. **(c)** *(Méx: hipócrita)* hypocritical.
musulmán/ana *adj, nm/f* Moslem.
mutación *nf* **(a)** *(cambio)* change. **(b)** *(Bio, Ling)* mutation. **(c)** *(Teat)* change of scene.
mutilación *nf* mutilation.
mutilado/a 1 *adj* crippled. **2** *nm/f* cripple, disabled person; **~ de guerra** disabled veteran.
mutilar [1a] *vt* **(a)** *(gen)* to mutilate; *(lisiar)* to cripple, disable. **(b)** *(estropear)* to hack about, spoil; *(: cuento)* to garble; *(desfigurar)* to deface.
mutis *nm inv (Teat)* exit; **¡~!** sh!; **hacer ~** *(Teat: retirarse)* to exit, go off; *(fig)* to say nothing, keep quiet.
mutismo *nm (mudez)* dumbness; *(fig: silencio)* silence.
mutualidad *nf* **(a)** *(reciprocidad)* mutual character. **(b)** *(ayuda)* mutual aid, reciprocal aid. **(c)** *(asociación)* friendly *o (US)* benefit society.
mutuo *adj (recíproco)* mutual, reciprocal; *(conjunto)* joint.
muy *adv (gen)* very; *(con pp)* greatly, highly; *(demasiado)* too; **~ bien** *(manera)* very well; *(de acuerdo)* all right, fine; **~ buscado** highly prized; **~ de noche** (very) late at night; **el ~ bestia de Pedro** that great idiot Peter; **¡el ~ bandido!** the rascal!; **es ~ hombre/mujer** he's very manly/she's very feminine; **eso es ~ de él** that's just like him; **eso es ~ español** that's typically Spanish; **tener ~ en cuenta** to bear very much in mind; **llegar ~ tarde** to come too late; **M~ Señor mío** Dear Sir.

N

N, n ['ene] *nf (letra)* N, n.
N *abr de* **Norte** N.
nabo *nm (Bot)* turnip; **~ gallego** rape.
nácar *nm* mother-of-pearl, nacre.
nacarado *adj*, **nacarino** *adj* mother-of-pearl *(atr)*, pearly, nacreous.
nacer [2d] **1** *vi* **(a)** to be born; *(ave)* to hatch; **nací en Cuba** I was born in Cuba; **cuando nazca el niño** when the baby is born; **nació para poeta** he was born to be a poet; **nadie nace enseñado** we all have to learn. **(b)** *(Bot)* to sprout, bud; *(estrella etc)* to rise; *(agua)* to spring up, appear, begin to flow; *(camino)* to begin, start (*de* from, *en* in). **(c)** *(fig)* to begin, originate, have its origin (*en* in); **el error nace del hecho de que ...** the error springs *o* stems from that fact that ...; **entre ellos ha nacido una fuerte simpatía** a strong friendship has sprung up between them. **2 nacerse** *vr* **(a)** *(Bot)* to bud, sprout. **(b)** *(Cos)* to split.
nacido 1 *adj* born; **~ a la libertad** born to be free; **bien ~** of noble birth; **recién ~** newborn. **2** *nm* **(a)** human being; **todos los ~s** everybody, all mankind; **ningún ~** nobody. **(b)** *(Méd)* tumour, growth. **(c)** *(Cos)* split.
naciente 1 *adj* nascent; *(nuevo)* new, recent; *(creciente)* growing; *(sol)* rising. **2** *nm* **(a)** east. **(b)** *(RPl, tb ~s)* spring, source.
nacimiento *nm* **(a)** birth; *(Orn etc)* hatching; **ciego de ~** blind from birth. **(b)** *(fig: estirpe)* descent, family. **(c)** *(agua)* spring; *(de río)* source. **(d)** *(fig: origen)* origin, beginning, start; **dar ~ a** to give rise to. **(e)** *(Arte, Rel)* nativity (scene).
nación *nf* nation; *(pueblo)* people; **N~es Unidas** United Nations; **de ~ española** Spanish by birth, of Spanish nationality.
nacional 1 *adj* national; *(Econ, Com)* domestic, home *(atr)*. **2** *nmf* national.
nacionalidad *nf* nationality.
nacionalismo *nm* nationalism.
nacionalista 1 *adj* nationalist(ic). **2** *nmf* nationalist.
nacionalización *nf* **(a)** *(de inmigrante)* naturalization. **(b)** *(Econ)* nationalization.
nacionalizar [1f] **1** *vt* **(a)** *(inmigrante)* to naturalize. **(b)** *(Econ)* to nationalize. **2 nacionalizarse** *vr* to become naturalized; to be nationalized.
nada 1 *pron* nothing; **no dijo ~** she said nothing, she didn't say anything; **¡~, ~!** not a bit of it!; **~ de eso** nothing of the kind, far from it; **¡~ de eso!** not a bit of it!; **¡~ de marcharse!** forget about leaving!; **no tiene ~ de particular** there's nothing special about it; **~ más** nothing else *o* more; **~ más llegué cuando ...** I had just arrived when ...; **antes de ~** very soon, right away; **antes de ~ tengo que ...** before I do anything else I must ...; **casi ~** next to nothing; **como si ~** as if it didn't matter; **¡de ~!** you're welcome!, don't mention it!; **estuvo en ~ que lo perdiesen** they very nearly lost it; **quedar(se) en ~** to come to nothing; **no reparar en ~** to stop at nothing; **no servir para ~** to be utterly useless; **llorar por ~** to cry for no reason at all; **por ~ del mundo** not for anything in the world; **¡pues ~!** not to worry!; **no ha sido ~** it's nothing; **y ~** and that was that.
2 *adv* not at all, by no means; **no es ~ fácil** it's not at all easy, it's far from easy.
3 *nf* nothingness; **la ~** the void; **el avión parecía salir de la ~** the aircraft seemed to come from nowhere.
nadaderas *nfpl* water wings.
nadador(a) *nm/f* swimmer.
nadar [1a] *vi* **(a)** to swim; *(flotar)* to float. **(b)** *(Cos)* **en estos pantalones va nadando** these trousers are much too big for him. **(c) ~ en la abundancia** *(fig)* to be rolling in money.
nadería *nf* small thing, mere trifle.
nadie *pron* **(a)** nobody, no-one; **~ lo tiene, no lo tiene ~** nobody has it; **no he visto a ~** I haven't seen anybody; **apenas ~** hardly anybody. **(b) no es ~** he's nobody (that matters); **es un don ~** he's a nobody *o* nonentity.

nadir *nm* nadir.
nado *nm*: **cruzar** *o* **pasar a** ~ to swim (across).
nafta *nf* naphtha; *(Arg)* petrol, *(US)* gasoline.
naftaleno *nm*, **naftalina** *nf* naphthaline.
nagual *nm* **(a)** *(CAm, Méx)* sorcerer, wizard. **(b)** *(Méx)* lie.
nagualear [1a] *vi (Méx: mentir)* to lie.
nailon *nm* nylon.
naipe *nm* playing card; ~**s** cards; **una baraja de** ~**s** a pack of cards.
naja *nf*: **salir de** ~ *(fam)* to get out, beat it *(fam)*.
najarse [1a] *vr (fam)* to beat it *(fam)*.
nalga *nf* buttock; ~**s** buttocks, backside; **dar de** ~**s** to fall on one's bottom.
nalgada *nf* **(a)** *(Culin)* shoulder. **(b)** *(azote)* smack on the bottom; ~**s** spanking.
nalguiento *adj (Per)*, **nalgón** *adj (LAm)*, **nalgudo** *adj* big-bottomed, broad in the beam *(fam)*.
nana *nf* **(a)** grandma *(fam)*, granny *(fam)*. **(b)** *(Mús)* lullaby, cradlesong. **(c)** *(CAm, Méx: nodriza)* wet nurse; *(: niñera)* nurserymaid.
nanai, nanay *interj* no (you don't)!
naranja *nf* **(a)** orange; ~ **cajel** Seville orange; ~ **sanguina** blood orange. **(b)** *(fam)* **¡**~**s!, ¡**~**s de la China!** nonsense!, rubbish! **(c) la media** ~ one's better half; **esperar la media** ~ to wait for Mr/Miss Right.
naranjada *nf* orangeade, orange squash.
naranjal *nm* orange grove.
naranjo *nm* orange tree.
narciso *nm* **(a)** narcissus; ~ **atrompetado** *o* **trompón** daffodil. **(b)** *(fig)* dandy, fop.
narcosis *nf* narcosis.
narcótico *adj, nm* narcotic.
narcotizar [1f] *vt (gen)* to narcotize; *(fam)* to drug, dope.
narguile *nm* hookah.
narigón 1 *adj* big-nosed. **2** *nm (Méx)* nose ring.
narigudo *adj* big-nosed.
nariz *nf* **(a)** *(gen)* nose; *(orificio)* nostril. **(b) narices** nostrils; *(fam)* nose; **¡narices!** *(fam)* rubbish!, nonsense!; **cerrar la puerta en las narices de uno** to shut the door in sb's face; **dar de narices** to fall flat on one's face; **dar de narices contra la puerta** to bang one's face on the door; **estar hasta las narices** to be completely fed up; **hacer algo por narices** to do sth under compulsion; **se le hincharon las narices** he got very cross; **meter las narices en algo** to poke one's nose into sth. **(c)** *(olfato)* sense of smell. **(d)** *(de vino)* bouquet.
narizudo *adj (CAm, Méx)* big-nosed.
narración *nf* narration, account.
narrador(a) *nm/f* narrator.
narrar [1a] *vt* to tell, narrate, recount.
narrativo/a 1 *adj* narrative. **2 narrativa** *nf* narrative, story.
nasa *nf* bread bin; *(Pesca)* basket, creel.
nasal *adj, nf* nasal.
nata *nf* **(a)** cream; *(en leche cocida etc)* skin; ~ **batida** whipped cream. **(b)** *(fig)* cream; **Don Quijote, flor y** ~ **de la caballería** Don Quixote, the greatest of knights.
natación *nf* **(a)** swimming. **(b)** *(estilo)* style (of swimming), stroke; ~ **de pecho** breaststroke; ~ **de espalda** backstroke.
natal *adj* natal; *(país)* native; *(pueblo etc)* home *(atr)*.
natalicio *nm* birthday.
natalidad *nf* birth rate.
natillas *nfpl* custard.
natividad *nf* nativity.
nativo/a 1 *adj* **(a)** *(gen)* native; *(país etc)* native, home *(atr)*; **lengua** ~**a** mother tongue. **(b)** natural, innate. **2** *nm/f* native.
nato *adj* born; **un actor** ~ a born actor.
natural 1 *adj* **(a)** *(gen)* natural; **es** ~ **que ...** it is natural that .... **(b)** *(frutas)* fresh. **(c)** *(Mús)* natural. **2** *nmf* native, inhabitant; **fue** ~ **de Sigüenza** he was a native of Sigüenza. **3** *nm* **(a)** disposition, temperament; **buen** ~ good nature. **(b) fruta al** ~ fruit in its own juice; **ginebra al** ~ neat gin; **está muy guapa al** ~ she is very pretty just as she is (without make-up); **pintar del** ~ to paint from life. **(c)** *(Taur) a type of pass.*
naturaleza *nf* **(a)** *(gen)* nature. **(b)** ~ **muerta** *(Arte)* still life. **(c)** *(Pol)* nationality. **(d)** *(Pol)* **carta de** ~ naturalization papers.
naturalidad *nf* naturalness; **con la mayor** ~ **(del mundo)** as if nothing had happened; **allí le pegan un tiro con la mayor** ~ they'll shoot you there and think nothing of it.
naturalismo *nm* naturalism.
naturalista 1 *adj* naturalistic. **2** *nmf* naturalist.
naturalización *nf* naturalization.
naturalizar [1f] **1** *vt* to naturalize. **2 naturalizarse** *vr* to become naturalized.
naturalmente *adv* **(a)** *(de modo natural)* in a natural way. **(b) ¡**~**!** naturally!, of course!
naturismo *nm* naturism.
naturista *nmf* naturist.
naufragar [1h] *vi* **(a)** *(barco)* to be wrecked, sink; *(gente)* to be shipwrecked. **(b)** *(fig)* to fail, miscarry.
naufragio *nm* **(a)** shipwreck. **(b)** *(fig)* failure, ruin.
náufrago/a 1 *adj* shipwrecked. **2** *nm/f* shipwrecked person.
náusea(s) *nf(pl)* nausea, sick feeling; *(fig)* disgust, repulsion; **dar** ~**s a** to nauseate, sicken, disgust; **tener** ~**s** to feel sick; *(fig)* to be nauseated, be sickened.
nauseabundo *adj* nauseating, sickening.
náutico/a 1 *adj* nautical; **club** ~ yacht club. **2 náutica** *nf* navigation, seamanship.
navaja *nf* **(a)** clasp knife, penknife; ~ **(de afeitar)** razor. **(b)** *(colmillo)* tusk; *(de insecto)* sting. **(c)** *(fig)* sharp tongue.
navajada *nf*, **navajazo** *nm* slash, gash, razor wound.
naval *adj (gen)* naval.
Navarra *nf* Navarre.
navarro/a *adj, nm/f* Navarrese.
nave *nf* **(a)** *(Náut)* ship, vessel; **quemar las** ~**s** to burn one's boats. **(b)** *(Aer)* ~ **espacial** spaceship, spacecraft. **(c)** *(Arquit)* nave; ~ **lateral** aisle. **(d)** *(Téc)* shop; ~ **de laminación** rolling mill.
navegable *adj* navigable.
navegación *nf* **(a)** navigation. **(b)** *(viaje)* sea voyage; ~ **costanera** coastal traffic; ~ **fluvial** river navigation. **(c)** *(buques)* ships, shipping; **cerrado a la** ~ closed to shipping.
navegador *nm*, **navegante** *nm* navigator.
navegar [1h] *vt, vi (gen)* to navigate; *(barco)* to sail; *(avión)* to fly.
Navidad *nf* Christmas; **(día de)** ~ Christmas Day; ~**es** Christmas time; **por** ~**es** at Christmas time; **¡feliz** ~**!** happy Christmas!
naviero *nm* shipowner.
navío *nm* ship.
nazarenas *nfpl (Chi, RPl)* large gaucho spurs.
nazareno/a *nm/f* penitent.
nazi *adj, nmf* Nazi.
nazismo *nm* Nazism.
neblina *nf* mist; *(fig)* fog.
nebulosa *nf* nebula.

nebulosidad *nf* **(a)** nebulosity, cloudiness. **(b)** *(fig)* vagueness, obscurity.

nebuloso *adj* **(a)** *(Astron)* nebular, nebulous; *(cielo)* cloudy; *(aire)* misty, foggy. **(b)** *(fig)* nebulous, vague.

necedad *nf* **(a)** foolishness, silliness. **(b)** *(una ~)* silly thing; **~es** nonsense.

necesario *adj* necessary; **si es ~** if need(s) be; **todo es ~** it all helps, every little helps.

neceser *nm* toilet case; **~ de belleza** vanity case; **~ de costura** workbox; **~ de fin de semana** weekend bag.

necesidad *nf* **(a)** *(gen)* necessity, need (*de* for); **~ primordial** absolute necessity, pressing need; **de** *o* **por ~** of necessity; **esto es de primera ~** this is absolutely essential; **no hay ~ de mirarlo** there is no need to look at it. **(b)** *(fig)* tight spot; **en caso de ~** in case of emergency. **(c)** *(pobreza)* need, poverty. **(d) ~es** hardships. **(e) hacer sus ~es** to relieve o.s.

necesitado *adj* **(a) ~ de** in need of. **(b)** needy; **los ~s** the needy, the poor.

necesitar [1a] **1** *vt (gen)* to need, want; *(exigir)* to necessitate, require; **necesitamos 2 más** we need 2 more; **necesita un poco de cuidado** it needs *o* requires a little care; **~ hacer algo** to need *o* have to do sth. **2** *vi*: **~ de** to need. **3 necesitarse** *vr* to be needed; *(anuncios)* **'necesítase coche'** 'car wanted'.

necio/a 1 *adj (gen)* silly, stupid; *(terco)* stubborn. **2** *nm/f* fool.

necrología *nf (lista)* obituary column; *(noticia)* obituary.

necrópolis *nf inv* necropolis.

néctar *nm* nectar.

nectarina *nf* nectarine.

neerlandés/esa 1 *adj* Dutch. **2** *nm/f* Dutchman/-woman. **3** *nm (Ling)* Dutch.

nefando *adj* unspeakable, abominable.

nefario *adj* nefarious.

nefasto *adj* unlucky, ill-fated.

negación *nf* **(a)** *(gen)* negation; *(negativa)* refusal, denial. **(b)** *(Ling)* negative.

negado *adj*: **~ para** inept at, unfitted for.

negar [1h, 1k] **1** *vt* **(a)** *(gen)* to deny; *(rechazar)* to reject, refute. **(b)** *(permiso)* to deny, refuse (*a* to); *(privar de)* to withhold (*a* from); **~ la mano a uno** to refuse to shake hands with sb. **(c)** *(responsibilidad etc)* to disclaim, disown. **2 negarse** *vr* **(a) ~ a hacer algo** to refuse to do sth. **(b) ~ a una visita** to refuse to see a visitor.

negativo/a 1 *adj* **(a)** negative. **(b)** *(Mat)* minus. **(c)** *(Fot)* negative. **2** *nm (Fot)* negative. **3 negativa** *nf (rechazo)* denial, refusal; **~ rotunda** flat refusal.

negligencia *nf (gen)* negligence; *(abandono)* neglect.

negligente *adj (gen)* negligent; *(para deberes)* neglectful.

negociable *adj* negotiable.

negociación *nf (gen)* negotiation; *(de cheque)* clearance; **~ colectiva de salarios** collective bargaining.

negociado *nm* **(a)** *(sección)* department, section. **(b)** *(Chi)* shop, store. **(c)** *(LAm)* shady deal.

negociador(a) *nm/f* negotiator.

negociante *nmf* businessman/-woman.

negociar [1b] **1** *vt* to negotiate. **2** *vi* **(a)** *(Pol etc)* to negotiate. **(b)** *(Com)* **~ en** to deal in, trade in.

negocio *nm* **(a)** affair; **¡mal ~!** it looks bad!; **eso es ~ tuyo** that's your affair. **(b)** *(Com, Fin)* business; **el ~ del libro** the book trade; **hombre de ~s** businessman; **montar un ~** to start a business. **(c)** *(transacción)* deal, transaction; **buen ~** profitable deal; **~ sucio** shady deal; **hacer un buen ~** to pull off a profitable deal; **hacer su propio ~** to look after one's own interests. **(d)** *(LAm)* firm, business house.

negocioso *adj* industrious.

negrear [1a] *vi (gen)* to turn black; *(al parecer)* to appear black.

negrero *nm* slave trader; *(fig)* exploiter of labour, cruel boss.

negrilla *nf* **(a)** *(Tip)* = **negrita. (b)** *(Bot)* elm.

negrita *nf (Tip)* bold face; **en ~** in bold type.

negrito *nm* golliwog.

negro/a 1 *adj* **(a)** *(gen)* black; *(oscuro)* dark; *(raza)* Negro; *(moreno)* swarthy; **~ como boca de lobo** *o* **como un pozo** pitch-black. **(b)** *(fig: humor etc)* sad; *(lúgubre)* black, gloomy; *(suerte)* atrocious; **pasarlas ~as** to have a tough time of it; **la cosa se pone ~a** it's not going well, it looks bad; **verse ~** to be in a jam; **verse ~ para hacer algo** to have one's work cut out to do sth. **(c)** *(fam)* cross, peeved *(fam)*; **estoy ~ con esto** I'm getting desperate about it; **poner ~ a uno** *(fam)* to make sb cross; **ponerse ~** *(fam)* to get cross, cut up rough.

2 *nm* **(a)** *(color)* black. **(b)** *(individuo)* Negro, black.

3 negra *nf* **(a)** Negress, black woman. **(b)** *(Mús)* crotchet. **(c)** *(fig)* bad luck; **le tocó la ~** he had bad luck; **ése me trae la ~** he brings me bad luck.

negroide *adj* negroid.

negrura *nf* blackness.

negruzco *adj* blackish.

neme *nm (Colombia)* asphalt.

nene *nm*, **nena** *nf* baby, small child.

nenúfar *nm* water lily.

neo... *pref* neo...

neoclasicismo *nm* neoclassicism.

neofascismo *nm* neofascism.

neolatino *adj*: **lenguas ~as** Romance languages.

neolítico *adj* neolithic.

neologismo *nm* neologism.

neón *nm* neon.

neoyorquino/a 1 *adj* New York *(atr)*, of New York. **2** *nm/f* New Yorker.

neozelandés/esa 1 *adj* New Zealand *(atr)*, of New Zealand. **2** *nm/f* New Zealander.

nepotismo *nm* nepotism.

nervadura *nf (Arquit, Bot)* ribs.

nervio *nm* **(a)** *(gen)* nerve; **crispar los ~s a uno, poner los ~s de punta a uno** to get on sb's nerves. **(b)** *(Anat)* tendon, sinew; *(en carne)* sinew, tough part. **(c)** *(Arquit, Tip, Bot)* rib; *(de insectos)* vein; *(Mús)* string. **(d)** *(fig)* vigour, strength; **un hombre sin ~** a spineless man; **tener ~** to have character. **(e)** *(fig: eje)* soul, leading light. **(f)** *(fig: fondo)* core, crux.

nerviosidad *nf*, **nerviosismo** *nm* nervousness, nerves *pl*; *(agitación)* agitation, restlessness.

nervioso *adj* **(a)** *(Anat)* nerve *(atr)*, nervous; **centro ~** nerve centre; **crisis ~a** nervous breakdown; **sistema ~** nervous system. **(b)** *(mano etc)* sinewy, wiry. **(c)** *(individuo: de temperamento ~)* nervy, highly-strung, excitable; *(: impaciente)* restless, impatient; *(emoción)* nervous; **poner ~ a uno** to make sb nervous; *(fastidiar)* to make sb cross; **ponerse ~** to get upset; **¡no te pongas ~!** take it easy!, keep your hair on *(fam)*! **(d)** *(vigoroso)* vigorous, forceful.

nervoso *adj* **(a)** *(individuo)* = **nervioso (c). (b)** *(carne)* sinewy, tough.

nervudo *adj* **(a)** *(gen)* tough, strong. **(b)** *(mano*

etc) sinewy, wiry.
nesgado *adj (Cos)* flared.
nesgar [1h] *vt (Cos)* to flare, gore.
neto *adj* **(a)** *(gen)* clear; *(puro)* clean, pure; *(sencillo)* simple; **tiene su sueldo ~** he has (just) his bare salary. **(b)** *(Com, Fin)* net; **peso ~** net weight.
neumático 1 *adj* pneumatic, air *(atr)*. **2** *nm* tyre; **~ de recambio** *o* **de repuesto** spare tyre.
neumonía *nf* pneumonia.
neuralgia *nf* neuralgia.
neurastenia *nf* **(a)** *(Med)* neurasthenia. **(b)** *(fig)* excitability.
neurasténico *adj* **(a)** *(Med)* neurasthenic. **(b)** *(fig)* excitable.
neurología *nf* neurology.
neurólogo *nm* neurologist.
neurona *nf* neuron, nerve cell.
neurosis *nf inv* neurosis.
neurótico/a *adj, nm/f* neurotic.
neutral *adj, nmf* neutral.
neutralidad *nf* neutrality.
neutralismo *nm* neutralism.
neutralización *nf* neutralization.
neutralizar [1f] *vt* to neutralize.
neutro *adj* **(a)** *(gen)* neutral. **(b)** *(Zool, Ling)* neuter.
neutrón *nm* neutron.
nevado/a 1 *adj* **(a)** snow-covered; *(montaña)* snow-capped. **(b)** *(fig)* snowy, snow-white. **2** *nm (LAm)* snow-capped mountain. **3 nevada** *nf* snowfall.
nevar [1k] **1** *vt* to cover with snow; *(fig)* to whiten. **2** *vi* to snow.
nevasca *nf* snowstorm.
nevazón *nf (LAm)* snowstorm.
nevera *nf* refrigerator, *(US)* icebox; *(fig)* icebox.
nevisca *nf* light snowfall.
neviscar [1g] *vi* to snow lightly.
nexo *nm* link, connection, nexus.
ni *conj* **(a)** nor, neither; **~ el uno ~ el otro** neither one nor the other; **~ vino ~ llamó por teléfono** he neither came nor rang up; **sin temor ~ favor** without fear or favour; **~ yo** nor me. **(b)** *(tb:* **~ siquiera**) not ... even; **~ a ti te lo dirá** he won't tell even you; **~ siquiera** not even; **~ siquiera me llamó** he didn't even phone me. **(c) ~ que ...** not even if ...; **~ que fueses su mujer** not even if you were his wife.
niara *nf (Agr)* stack, rick.
Nicaragua *nf* Nicaragua.
nicaragüense *adj, nmf* Nicaraguan.
nicotina *nf* nicotine.
nicho *nm* niche, recess.
nidada *nf (huevos)* clutch; *(pajarillos)* brood.
nidal *nm* **(a)** nest. **(b)** *(dinero)* nest egg. **(c)** *(fam)* haunt, hangout *(fam)*.
nido *nm* **(a)** nest; **caer del ~** *(fig)* to come down to earth with a bump; **se ha caído de un ~** he's dreadfully innocent. **(b) ~ de ladrones** den of thieves. **(c)** *(fig: escondrijo)* hiding place. **(d)** *(fig: criadero)* centre, hotbed.
niebla *nf* **(a)** fog, mist; **~ artificial** smoke screen; **un día de ~** a foggy day; **hay ~** it is foggy. **(b)** *(fig)* confusion. **(c)** *(Bot)* mildew.
nieta *nf* granddaughter.
nieto *nm* **(a)** grandson; **~s** grandchildren. **(b)** *(fig)* descendant.
nieve *nf* **(a)** snow; **copo de ~** snowflake. **(b)** *(LAm: helado)* ice pole.
Nigeria *nf* Nigeria.
nigeriano/a *adj, nm/f* Nigerian.
nigromancia *nf* necromancy, black magic.
nihilismo *nm* nihilism.
nihilista 1 *adj* nihilistic. **2** *nmf* nihilist.
Nilo *nm* Nile.
nilón *nm* nylon.
nimbo *nm (Arte, Astron, Rel)* halo; *(Met)* nimbus.
nimiedad *nf* **(a)** *(cualidad)* triviality; *(prolijidad)* long-windedness; *(demasía)* excess; **tratar un asunto con ~** to discuss a subject in great detail, treat a theme exhaustively. **(b)** *(una ~)* trifle, tiny detail; **riñeron por una ~** they quarrelled over nothing.
nimio *adj* **(a)** insignificant, trivial, tiny; **un sinfín de detalles ~s** a host of petty details. **(b)** *(individuo: gen)* fussy (about details); *(tacaño)* mean; *(prolijo)* long-winded. **(c)** *(excesivo)* excessive (*en* in).
ninfa *nf* nymph.
ninfómana *nf* nymphomaniac.
ningún *véase* **ninguno.**
ningunear [1a] *vt (Méx)* **~ a uno** to ignore *o* pay no attention to sb, pretend that sb doesn't exist.
ninguneo *nm (Méx)*: **le condenaron al ~** they made a non-person of him.
ninguno 1 *adj* (**ningún** *before m sg noun*) no; **ningún hombre** no man; **~a belleza** no beauty; **no hay ningún libro que valga más** there is no book that is worth more; **no voy a ~a parte** I'm not going anywhere. **2** *pron* nobody, no-one, none; **no lo sabe ~** nobody knows; **~ de ellos** none of them **~ de los dos** neither of them; **¿cuál prefieres? — ~** which do you prefer? — neither (of them).
niña *nf* **(a)** (little) girl, child. **(b)** *(LAm: título)* miss, mistress. **(c)** *(Anat)* pupil; **ser la ~ de los ojos de uno** to be the apple of sb's eye.
niñada *nf* = **niñería (b).**
niñear [1a] *vi* to act childishly.
niñera *nf* nursemaid, nanny.
niñería *nf* **(a)** *(cualidad)* childishness. **(b)** *(acto)* childish thing; **llora por cualquier ~** she cries about any triviality.
niñero *adj* fond of children.
niñez *nf (gen)* childhood; *(fig: principio)* infancy.
niño 1 *adj (gen)* young; *(de poca experiencia)* immature, inexperienced; *(pey)* childish; **es muy ~ todavía** he's still very young *o* small. **2** *nm* **(a)** *(gen)* child; *(varón)* (little) boy; *(al hablar)* my boy, my lad; **los ~s** the children; **el N~ (Jesús)** the Baby Jesus; **~ bien** Hooray Henry *(fam)*; **~ expósito** foundling; **~ de pecho** babe-in-arms; **~ prodigio** child prodigy; **de ~** as a child; **desde ~** since childhood, since I *etc* was a child; **¡no seas ~!** don't be such a baby!; **ser el ~ mimado de uno** to be sb's pet. **(b)** *(LAm: título)* master, sir; **el ~ Alcibiades** (young) master Alcibiades.
nipón/ona *adj, nm/f* Japanese.
níquel *nm* nickel; *(Téc)* nickel-plating.
niquelar [1a] *vt* to nickel-plate.
niquelera *nf (Colombia)* purse.
nitidez *nf* **(a)** *(gen)* brightness; *(limpieza)* spotlessness; *(Fot etc)* clarity, sharpness. **(b)** *(fig)* unblemished nature.
nítido *adj* **(a)** *(gen)* bright; *(limpio)* clean, spotless; *(Fot etc)* clear, sharp. **(b)** *(fig)* pure, unblemished.
nitral *nm* nitrate deposit.
nitrato *nm* nitrate.
nitrera *nf (Chi)* nitrate deposit.
nítrico *adj* nitric.
nitro *nm* nitre, saltpetre.
nitrógeno *nm* nitrogen.
nitroglicerina *nf* nitroglycerin(e).
nivel *nm* **(a)** *(Geog etc)* level, height; **~ de(l) aceite** *(Aut etc)* oil level; **a 900 m sobre el ~ del**

mar at 900 m above sea level; **a ~** level, flush; **paso a ~** level crossing, *(US)* grade crossing; **al ~ de** on a level with, at the same height as. **(b)** *(fig)* level, standard; **el ~ cultural del país** the cultural standard of the country; **~ de vida** standard of living; **alto ~ de trabajo** high level of employment; **estar al ~ de** to be equal to; **estar al ~ de las circunstancias** to rise to the occasion. **(c)** *(Téc)* **~ de aire, ~ de burbuja** spirit level.

nivelación *nf* levelling.

nivelado *adj* level, flat; *(Téc)* flush.

niveladora *nf* bulldozer.

nivelar [1a] *vt* **(a)** to level (out); *(Ferro)* to grade. **(b)** *(fig)* to level (up), even (out *o* up); *(Fin etc)* to balance (*con* against).

no *adv* **(a)** *(en respuestas)* no; *(en frases sin verbo)* not; *(con verbo)* not; **¡~!** no!; **¡yo ~!** not I!; **~ sé** I do not know, I don't know; **me rogó ~ hacerlo** he asked me not to do it; **¿vives aquí, ~?** you live here, don't you?; **decir que ~** to say no; **creo que ~** I don't think so; **¡que ~!** I tell you it isn't! *o* doesn't! *etc*; **¡a que ~!** I bet you can't!, I bet you it isn't! *etc*; **¡a que ~ lo sabes!** I bet you don't know!; **si ~** if not, otherwise; *(advertencia)* unless you *etc* do; **todavía ~** not yet; *véase* **más, sino**[2]. **(b)** *(en doble negación)* **~ tengo nada** I have nothing, I don't have anything; *véase* **nada, nunca. (c)** *(palabras compuestas)* **el ~ conformismo** non-conformism; **pacto de ~ agresión** non-aggression pact; **los países ~ alineados** the non-aligned nations; **cosa ~ esencial** inessential.

No *abr de* **número** No.

nobiliario *adj* **(a)** *(título)* noble. **(b)** *(libro etc)* genealogical.

noble 1 *adj (gen)* noble; *(honrado)* honest, upright. **2** *nm* noble, nobleman; **los ~s** the nobility.

nobleza *nf* **(a)** *(cualidad: gen)* nobility; *(honradez)* honesty, uprightness. **(b)** *(aristocracia)* nobility, aristocracy.

nocaut *nm (LAm)* knockout.

noción *nf* **(a)** notion, idea; **no tener la menor ~ de algo** not to have the faintest idea about sth. **(b) ~es** elements, rudiments; **tiene algunas ~es de árabe** he has a smattering of Arabic.

nocivo *adj* harmful, injurious (*para* to).

noctambulismo *nm* sleepwalking.

noctámbulo/a *nm/f* sleepwalker.

nocturno 1 *adj* night *(atr)*, evening *(atr)*; *(Zool etc)* nocturnal; **clase ~a** evening class; **vida ~a** night life. **2** *nm (Mús)* nocturne.

noche *nf* night, night-time; *(fig)* dark, darkness *(fig)*; **ayer ~** last night; **esta ~** tonight; **¡buenas ~s!** *(saludo)* good evening!; *(despedida)* good night!; **~ de estreno** *(Teat)* first night; **~ vieja** New Year's Eve; **a primera ~** shortly after dark; **a la ~** at nightfall; **de ~** *(adv)* at night, by night, in the night-time; **función de ~** late-night show, evening performance; **traje de ~** evening dress; **de la ~ a la mañana** overnight; **en toda la ~** all night; **hasta muy entrada la ~** until late at night; **por la ~** at night, during the night; **hacer ~ en un sitio** to spend the night in a place; **se hace de ~** it's getting dark; **pasar la ~ en blanco** to have a sleepless night.

Nochebuena *nf* Christmas Eve.

nocherniego 1 *adj* nocturnal, that goes out at night. **2** *nm* night owl *(fam)*.

nochero 1 *adj (LAm)* = **nocherniego 1. 2** *nm* **(a)** *(Colombia, Chi)* night watchman; *(Guatemala)* night worker. **(b)** *(Guatemala)* bedside table.

nochote *nm (Méx)* cactus beer.

nodo *nm* node.

nodriza *nf* wet nurse.

nodular *adj* nodular.

nódulo *nm* nodule.

Noé *nm* Noah.

nogal *nm (madera)* walnut; *(árbol)* walnut tree.

noguera *nf* walnut tree.

nómada 1 *adj* nomadic. **2** *nmf* nomad.

nomadismo *nm* nomadism.

nomás *adv (LAm: gen)* just; *(: tan sólo)* only.

nombradía *nf* fame, renown.

nombramiento *nm (gen)* nomination; *(designación)* appointment; *(Mil)* commission.

nombrar [1a] *vt* **(a)** *(gen)* to name. **(b)** *(mencionar)* to mention. **(c)** *(designar)* to nominate, appoint; *(Mil)* to commission.

nombre *nm* **(a)** name; **mal ~** nickname; **~ y apellidos** name in full, full name; **~ comercial** trade name; **~ de lugar** place name; **~ de pila** first name, Christian name; **~ propio** proper name; **de ~** by name; **de ~ García** García by name; **no existe sino de ~** it exists in name only; **en ~ de** in the name of, on behalf of; **en ~ de la libertad** in the name of liberty; **por ~ de** by the name of, called; **sin ~** nameless; **poner ~ a** to call, name; **¿qué ~ le van a poner?** what are they going to call him?; **su conducta no tiene ~** his conduct is utterly despicable. **(b)** *(Ling)* noun. **(c)** *(fig)* name, reputation; **un médico de ~** a famous doctor; **tiene ~ en el mundo entero** it has a world-wide reputation.

nomenclatura *nf* nomenclature.

nomeolvides *nf inv* forget-me-not.

nómina *nf* list, roll; *(Com, Fin)* payroll; **tiene una ~ de 500 personas** he has 500 on his payroll.

nominación *nf (esp LAm)* nomination.

nominal *adj* **(a)** *(cargo)* nominal, titular, in name only. **(b)** *(valor)* face *(atr)*, nominal. **(c)** *(Ling)* noun *(atr)*, substantival.

nominativo 1 *adj* **(a)** *(Ling)* nominative. **(b)** *(Com, Fin)* bearing a person's name; **el cheque será ~ a favor de X** the cheque should be made out to X. **2** *nm (Ling)* nominative.

non 1 *adj (número)* odd, uneven. **2** *nm* odd number; **pares y ~es** odds and evens; **los ~es** the odd ones; **un zapato de ~** an odd shoe; **andar de ~es** to have nothing to do.

nonada *nf* trifle, mere nothing.

nonagésimo *adj* ninetieth; *véase tb* **sexto.**

nonato *adj* unborn.

nones *adv*: **decir ~** to say no.

noningentésimo *adj* nine-hundredth.

nono *adj* ninth.

nopal *nm* prickly pear; **la cortina de ~** *(Méx)* excessive nationalism.

nopalera *nf* patch of prickly pears.

noqueada *nf (esp LAm)* knockout blow.

noquear [1a] *vt (LAm)* to knock out.

noqueo *nm (esp LAm)* knockout.

noray *nm* bollard.

norcoreano/a *adj, nm/f* North Korean.

nordeste 1 *adj (región etc)* north-east(ern); *(dirección)* north-easterly. **2** *nm* **(a)** *(región)* north-east. **(b)** *(viento)* north-east wind.

nórdico/a 1 *adj* **(a)** northern, northerly. **(b)** *(Hist)* Nordic, Norse. **2** *nm/f* **(a)** northerner. **(b)** *(Hist)* Norseman.

noreste = nordeste.

noria *nf* **(a)** *(Agr)* waterwheel. **(b)** *(de feria)* big wheel.

norma *nf* **(a)** standard, norm, rule; *(patrón)* pattern; *(método)* method; **~ de comprobación** *(Fís etc)* control. **(b)** *(Arquit, Téc)* square.

normal *adj (gen)* normal; *(usual)* usual, natural;

(Téc) standard; **Escuela N~** teachers' training college.

normalidad *nf* normality, normalcy; *(Pol)* calm, normal conditions.

normalizar [1f] **1** *vt* to normalize, restore to normal; *(Téc)* to standardize. **2 normalizarse** *vr* to return to normal, settle down.

normar [1a] *vt (LAm)* to lay down rules for, establish norms for.

normativo *adj*: **es ~ en todos los coches nuevos** it is standard in all new cars.

noroeste 1 *adj (región)* north-west(ern); *(dirección)* north-westerly. **2** *nm* **(a)** north-west. **(b)** *(viento)* north-west wind.

nortada *nf* (steady) northerly wind.

norte 1 *adj (región etc)* north(ern); *(dirección)* northerly. **2** *nm* **(a)** north; **en la parte del ~** in the northern part; **al ~ de Segovia** to the north of Segovia. **(b)** *(viento)* north wind. **(c)** *(fig)* guide; *(meta)* aim, objective.

Norteamérica *nf* North America.

norteamericano/a *adj, nm/f* North American, *(esp)* American.

norteño/a 1 *adj* northern. **2** *nm/f* northerner.

Noruega *nf* Norway.

noruego/a 1 *adj, nm/f* Norwegian. **2** *nm (Ling)* Norwegian.

nos *pron pers pl* **(a)** *(dir)* us. **(b)** *(indir)* (to) us; **~ lo dará** he will give it to us; **~ lo compró** *(de)* he bought it from us; *(para)* he bought it for us; **~ cortamos el pelo** we had our hair cut. **(c)** *(reflexivo)* (to) ourselves; *(mutuo)* (to) each other; **~ lavamos** we washed; **no ~ hablamos** we don't speak to each other; **~ levantamos a las 7** we get up at 7.

nosotros/as *pron pers pl* **(a)** *(sujeto)* we. **(b)** *(después de prep)* us; **~ (mismos)** ourselves; **no irán sin ~** they won't go without us; **no pedimos nada para ~** we ask nothing for ourselves.

nostalgia *nf* nostalgia, homesickness.

nostálgico *adj* nostalgic, homesick.

nota *nf* **(a)** *(gen)* note, memorandum; *(Univ etc)* footnote; *(Com)* account; *(LAm)* IOU; **~ de gastos** expense account; **~ de sociedad** gossip column; **tomar ~s** to take notes. **(b)** *(Escol)* grade, mark; *(de fin de año)* report; **obtener** *o* **sacar buenas ~s** to get good marks. **(c)** *(Mús, fig)* note; **~ de adorno** grace note; **una ~ de buen gusto** a tasteful note; **~ dominante** dominant feature. **(d) de ~** of note, famous; **de mala ~** notorious; **tiene ~ de tacaño** he has a reputation for meanness. **(e) digno de ~** notable, worthy of note.

notabilidad *nf* **(a)** *(cualidad)* noteworthiness, notability. **(b)** *(individuo)* notable, worthy.

notable 1 *adj (gen)* noteworthy, notable; *(Escol etc)* outstanding. **2** *nmf* notable, worthy.

notación *nf* notation.

notar [1a] **1** *vt* **(a)** *(gen)* to note, notice; *(percibir)* to feel, perceive; *(ver)* to see; **no noto frío alguno** I don't feel cold at all; **no lo había notado** I hadn't noticed it; **hacer ~ que ...** to note that ..., observe that ...; **hacerse ~** to stand out, draw attention to o.s. **(b)** *(apuntar)* to note down. **(c)** *(marcar)* to mark, indicate. **(d)** *(criticar)* to criticize. **2 notarse** *vr* to show, be apparent *o* obvious; **se nota que ...** one observes that ..., one notes that ... .

notaría *nf* **(a)** *(profesión)* profession of notary. **(b)** *(despacho)* notary's office.

notarial *adj (gen)* notarial; *(estilo etc)* legal, lawyer's.

notario *nm* notary (public); *(abogado)* solicitor.

noticia *nf* **(a)** *(gen)* piece of news; *(TV etc)* news item; **~s** news; **~ necrológica** obituary notice; **según nuestras ~s** according to our information; **tener ~s de uno** to have news of sb; **hace tiempo que no tenemos ~s suyas** we haven't heard from her for a long time. **(b)** *(conocimiento)* knowledge, notion; **no tener la menor ~ de algo** to know nothing at all about a matter.

noticiar [1b] *vt* to notify.

noticiario *nm (LAm: TV etc)* news bulletin.

noticiero 1 *adj* news *(atr)*. **2** *nm* newspaper, gazette.

noticioso *adj* **(a)** *(fuente etc)* well-informed. **(b) ~ de que Ud quería verme ...** hearing *o* on being informed that you wished to see me ... .

notificación *nf* notification.

notificar [1g] *vt* to notify, inform.

notoriedad *nf* fame, renown.

notorio *adj* **(a)** *(gen)* publicly known; **un hecho ~** a well-known fact; **es ~ que ...** it is well-known that ... **(b)** *(obvio)* obvious; *(error etc)* glaring, blatant.

novador(a) 1 *adj* innovating, revolutionary. **2** *nm/f* innovator.

novatada *nf* **(a)** *(burla)* ragging, *(US)* hazing. **(b)** *(error)* beginner's mistake.

novato/a 1 *adj* raw, green, new. **2** *nm/f* beginner.

novecientos/as *adj, nmpl/nfpl* nine hundred; *véase tb* **seiscientos.**

novedad *nf* **(a)** *(cualidad)* newness, novelty; *(extrañeza)* strangeness. **(b)** *(objeto)* novelty; *(sorpresa)* surprise; **~es** *(noticia)* latest news; **~es, últimas ~es** *(Com)* latest models. **(c)** *(fig)* new feature *o* development, change; **llegar sin ~** to arrive safely; **la jornada ha sido sin ~** it has been a quiet *o* normal day; **el enfermo sigue sin ~** the patient's condition is unchanged.

novedoso *adj* novel, full of novelties.

novel *adj, nmf* = **novato.**

novela *nf* novel; **~ de amores** love story, romance; **~ por entregas** serial; **~ policíaca** detective story, whodunit *(fam)*.

novelesco *adj* **(a)** *(Lit)* fictional; **el género ~** fiction, the novel. **(b)** romantic, fantastic; *(aventura etc)* storybook.

novelista *nmf* novelist.

novelística *nf*: **la ~** fiction, the novel.

noveno *adj* ninth; *véase tb* **sexto.**

noventa *adj (cardinal)* ninety; *(ordinal)* ninetieth; *véase tb* **seis.**

novia *nf (amiga)* girlfriend, sweetheart; *(prometida)* fiancée; *(en boda)* bride; **traje de ~** wedding dress.

noviar [1b] *vi (RPl)* **~ con** to court, keep company with.

noviazgo *nm* engagement.

noviciado *nm* apprenticeship, training; *(Rel)* novitiate.

novicio/a *nm/f (gen)* beginner, novice; *(aprendiz)* apprentice; *(Rel)* novice.

noviembre *nm* November; *véase tb* **se(p)tiembre.**

novilla *nf* heifer.

novillada *nf (Taur)* training fight.

novillero *nm* **(a)** *(Taur)* apprentice bullfighter. **(b)** *(fam)* truant.

novillo *nm* **(a)** bullock, steer; **~s** *(Taur)* = **novillada. (b) hacer ~s** *(Escol)* to play truant, *(US)* play hookey.

novio *nm (amigo)* boyfriend, sweetheart; *(prometido)* fiancé; *(en boda)* bridegroom; **los ~s** *(prometidos)* the engaged couple; *(en boda)* the bride and groom; *(recién casados)* the newly-weds; **ser ~s formales** to be formally engaged; **viaje de ~s** honeymoon.

novísimo *adj (gen)* newest, latest; *(Com etc)* brand-new.
nubada *nf*, **nubarrada** *nf* **(a)** downpour, sudden shower. **(b)** *(fig)* abundance.
nubarrón *nm* storm cloud.
nube *nf* **(a)** *(gen)* cloud; ~ **de lluvia** raincloud; ~ **de tormenta** storm cloud. **(b)** *(fig)* crowd, mass, multitude; **una ~ de pordioseros** a crowd of beggars; **una ~ de críticas** a storm of criticism. **(c)** *(Med: en el ojo)* cloud, film. **(d)** *(locuciones)* **los precios están por las ~s** prices are skyhigh *(fam)*; **poner a uno en** *o* **por** *o* **sobre las ~s** to praise sb to the skies; **ponerse por las ~s** *(individuo)* to go up the wall *(fam)*; *(precio)* to rocket, soar; **andar por las ~s, estar en las ~s** to be away with the fairies *(fam)*.
nublado 1 *adj* cloudy, overcast. **2** *nm* **(a)** *(nube)* storm cloud, black cloud; **todo ~ tiene su claridad** every cloud has a silver lining. **(b)** *(amenaza)* threat, impending danger. **(c)** *(multitud)* swarm, crowd; **un ~ de** a swarm of, a host of. **(d)** *(enfado)* anger, black mood.
nublar [1a] **1** *vt* **(a)** *(gen)* to darken, obscure. **(b)** *(fig)* to cloud, disturb. **2 nublarse** *vr* to become cloudy, cloud over.
nubloso *adj* **(a)** cloudy. **(b)** *(fig)* unlucky, unfortunate.
nubosidad *nf* cloudiness.
nuboso *adj* cloudy.
nuclear *adj* nuclear; **central ~** nuclear power station.
nuclearizado *adj*: **países ~s** countries possessing nuclear weapons.
núcleo *nm (gen)* nucleus; *(Elec)* core; *(Bot)* kernel, stone; *(fig)* core, essence; ~ **de población** population centre.
nudillo *nm* knuckle.
nudismo *nm* nudism.
nudista *nmf* nudist.
nudo *nm* **(a)** knot; ~ **corredizo** slipknot; ~ **llano** reef knot. **(b)** *(Náut)* knot. **(c)** *(Bot, Min)* node. **(d)** thick part, lump; **con un ~ en la garganta** with a lump in one's throat; **se me hizo un ~ en la garganta** I got a lump in my throat. **(e)** *(Ferro)* junction. **(f)** *(vínculo)* bond, tie, link. **(g)** *(fig: de problema etc)* core, crux; *(Teat etc)* crisis, point of greatest complexity.
nudoso *adj (madera)* knotty; *(tronco)* gnarled; *(bastón)* knobbly.
nuégado *nm* nougat.
nuera *nf* daughter-in-law.
nuestro 1 *adj pos* our; *(después de n)* of ours; **un barco ~** a boat of ours, one of our boats; **no es amigo ~** he's no friend of ours; **lo ~** (what is) ours, what belongs to us. **2** *pron pers* ours, of ours; **es el ~** it is ours; **los ~s** *(frec)* our people, our relations, our family; *(Dep)* our *o* the local side *o* team.
nueva *nf* piece of news; **~s** news; **me cogió de ~s** it was news to me, it took me by surprise.
Nueva Escocia *nf* Nova Scotia.
nuevamente *adv (gen)* again; *(de nuevo)* anew.
Nueva York *nf* New York.
Nueva Zelanda *nf* New Zealand.
nueve 1 *adj* nine; *(fecha)* ninth; **las ~** nine o'clock. **2** *nm* nine; *véase tb* **seis.**
nuevo *adj (gen)* new; *(adicional)* further, additional; **es ~ en el oficio** he's new to the trade; **no hay nada ~ bajo las estrellas** there's nothing new under the sun; **es más ~ que yo** he is junior to me; **con ~s argumentos** with further arguments; **la casa es ~a** the house is new; **la casa está ~a** the house is as good as new; **¿qué hay de ~?** *(fam)* what's new? *(fam)*.
nuez *nf* nut, *(esp)* walnut; ~ **moscada** nutmeg; ~ **de la garganta** Adam's apple.
nulidad *nf* **(a)** *(Jur)* nullity. **(b)** incompetence, incapacity. **(c)** *(individuo)* nonentity; **es una ~** he's a dead loss, he's useless.
nulo *adj* **(a)** *(Jur)* (null and) void. **(b)** *(individuo)* useless; **es ~ para la música** he's no good at music. **(c)** *(Dep: partido)* drawn, tied.
numen *nm (gen)* inspiration; *(talento)* talent, inventiveness; ~ **poético** poetic inspiration; **de propio ~** out of one's head.
numeración *nf* **(a)** numeration. **(b)** numbers, numerals; ~ **arábiga** Arabic numerals; ~ **romana** Roman numerals.
numeral 1 *adj* numeral, number *(atr)*. **2** *nm* numeral.
numerar [1a] **1** *vt* to number; **páginas sin ~** unnumbered pages. **2 numerarse** *vr (Mil etc)* to number off.
numerario 1 *adj* numerary; **profesor ~** permanent member of teaching staff. **2** *nm* hard cash.
numérico *adj* numerical.
número *nm* **(a)** *(gen)* number; *(Mat)* numeral; ~ **arábigo/romano** Arabic/Roman numeral; ~ **cardinal/ordinal/par/impar/primo/entero** cardinal/ordinal/even/odd/prime/whole number; ~ **de matrícula** *(Aut etc)* registration number; ~ **quebrado** fraction; **en ~s redondos** in round numbers; ~ **de serie** serial number; **el jugador ~ uno de su país** the top player in his country; **en ~ de** to the number of; **miembro de ~** full member; **sin ~** *(fig)* countless. **(b)** *(zapatos etc)* size. **(c)** *(periódico etc)* number, issue; ~ **extraordinario** special edition *o* issue. **(d)** *(Teat etc)* turn, act, number. **(e)** *(Arg)* **de ~** best, first.
numeroso *adj* numerous; **familia ~a** large family.
numismático/a 1 *nm/f* numismatist. **2 numismática** *nf* numismatics *sg*.
nunca *adv (gen)* never; *(con verbo negativo)* ever; **no viene ~, ~ viene** he never comes, he doesn't ever come; **¡~!** never!; **casi ~** almost never, hardly ever; **¡hasta ~!** I don't care if I never see you again!; **más que ~** more than ever; **no lo he visto ~ jamás** I've never ever seen it; **~ más** never again, nevermore; **¿has visto ~ cosa igual?** have you ever seen anything like this?
nuncio *nm* **(a)** *(Rel)* nuncio. **(b)** messenger; *(fig)* herald, harbinger.
nupcial *adj* wedding *(atr)*, nuptial.
nupcias *nfpl* wedding, nuptials; **casarse en segundas ~** to marry again.
nutria *nf* otter.
nutrición *nf* nutrition.
nutrido *adj* **(a) bien ~** well-nourished; **mal ~** undernourished. **(b)** *(fig)* large, considerable; *(numeroso)* numerous; **~ de** full of, abounding in; **una ~a concurrencia** a large attendance; **~s aplausos** deafening applause; **fuego ~** *(Mil)* heavy fire.
nutrimento *nm* nutriment, nourishment.
nutrir [3a] *vt* **(a)** to feed, nourish. **(b)** *(fig)* to feed, strengthen.
nutritivo *adj* nourishing, nutritious; **valor ~** nutritional *o* food value.
nylon [ni'lon, 'nailon] *nm* nylon.

Ñ

Ñ, ñ ['eɲe] *nf (letra)* Ñ, ñ.
ña *nf (LAm fam)* = **doña.**
ñácara *nf (CAm)* ulcer, sore.
ñame *nm* yam.
ñandú *nm (RPl)* rhea.
ñango *adj (LAm: torpe)* awkward, clumsy; *(: débil)* weak, feeble.
ñaña *nf (LAm: hermana)* elder sister; *(: niñera)* nursemaid, wet nurse.
ñaño *(LAm)* **1** *adj (amigo)* close; *(consentido)* spoiled. **2** *nm (amigo)* friend; *(hermano mayor)* elder brother.
ñapa *nf (LAm: prima)* extra, bonus; *(: propina)* tip; **de ~** as an extra.
ñapango *nm* mulatto, mestizo.
ñaque *nm (trastos)* junk.
ñata *nf* **(a)** *(LAm)* nose. **(b)** *(Per)* death.
ñato *adj (LAm: de nariz chata)* flat-nosed, snub-nosed.
ñeque *(LAm)* **1** *adj (fuerte)* strong. **2** *nm (fuerza)* strength.
ñiquiñaque *nm* **(a)** *(trastos)* trash, junk. **(b)** *(persona)* worthless individual.
ñoco *adj (LAm: sin dedo)* lacking a finger; *(: con una sola mano)* one-handed.
ñoñería *nf*, **ñoñez** *nf (sosería)* insipidness; *(falta de carácter)* spinelessness; *(melindres)* fussiness.
ñoño/a 1 *adj (soso)* characterless, insipid; *(persona: débil)* spineless; *(: quisquilloso)* fussy, finicky. **2** *nm/f* spineless person, drip *(fam)*.
ñoquis *nmpl (RPl)* gnocchi.
ñorbo *nm (LAm Bot)* passionflower.
ñudoso *adj* = **nudoso.**
ñu *nm* gnu.

O

O, o [O] *nf (letra)* O, o.
O. *abr de* **oeste** W.
o *conj* or; **~ ... ~** either ... or; **~ sea** that is.
oasis *nm inv* oasis.
obcecación *nf* blindness, blind obstinacy; **en un momento de ~** when the balance of his *etc* mind was disturbed.
obcecado *adj* blind, mentally blinded; *(terco)* stubborn, obdurate.
obcecar [1g] *vt* to blind (mentally); **el amor le ha obcecado** love has blinded him (to all else).
obedecer [2d] *vt, vi* **(a)** to obey. **(b) ~ a** *(Med etc)* to yield to, respond to (treatment by). **(c) ~ a ..., ~ al hecho de que ...** to be due to ..., arise from ...; **su viaje obedece a dos motivos** his journey has two reasons.
obediencia *nf* obedience.
obediente *adj* obedient.
obelisco *nm* obelisk; *(Tip)* dagger.
obertura *nf* overture.
obesidad *nf* obesity.
obeso *adj* obese.
óbice *nm* obstacle, impediment.
obispado *nm* bishopric.
obispo *nm* bishop.
obituario *nm (LAm)* **(a)** decease, demise. **(b)** obituary; *(en periódico)* obituary section.
objeción *nf* objection; **poner ~es** to raise objections; **no ponen ninguna ~** they make *o* raise no objection.
objetante *nmf (gen)* objector; *(Pol: en mitin)* heckler.
objetar [1a] *vt, vi (gen)* to object; *(objeción)* to make, offer, raise; *(argumento)* to put forward.
objetividad *nf* objectivity.
objetivo 1 *adj* objective. **2** *nm* **(a)** *(fig)* objective, aim. **(b)** *(Mil)* objective, target. **(c)** *(Fot)* lens.
objeto *nm* **(a)** *(gen)* object, thing; **~s de tocador** toilet articles. **(b)** *(meta)* object, aim; **al ~ de hacer algo** with the object *o* aim of doing sth; **esta carta tiene por ~ hacer algo** this letter has the aim of doing sth. **(c)** *(temática)* theme, subject matter. **(d)** *(Ling)* object.
objetor *nm* objector; **~ de conciencia** conscientious objector.
oblea *nf* **(a)** *(Rel, fig)* wafer; **quedar como una ~** to be as thin as a rake. **(b)** *(Chi: correos)* stamp.
oblicuo/a 1 *adj (gen)* oblique; *(Anat: ojos)* slant(ing); *(mirada)* sidelong. **2 oblicua** *nf (Mat)* oblique line.
obligación *nf* **(a)** obligation, duty; **~es** *(esp)* family responsibilities; **cumplir con una ~** to fulfil a duty; **faltar a sus ~es** to fail in one's duty; **tener ~ de hacer algo** to have a duty to do sth. **(b)** *(Com, Fin)* bond.
obligacionista *nmf* bondholder.
obligar [1h] **1** *vt* **(a)** to force, compel, oblige; **~ a uno a hacer algo** to force *o* compel sb to do sth; **verse obligado a hacer algo** to be obliged to do sth. **(b)** *(empujar)* to force, push. **2 obligarse** *vr* to put o.s. under an obligation; **~ a hacer algo** to bind o.s. to do sth.
obligatorio *adj* obligatory, compulsory; **es ~ hacerlo** it is obligatory to do it.
obliterar [1a] *vt (LAm)* to obliterate, destroy.
oblongo *adj* oblong.
oboe *nm* **(a)** oboe. **(b)** *(músico)* oboist.
óbolo *nm (fig)* mite, small contribution.
obra *nf* **(a)** *(gen)* work; *(una ~)* piece of work; **~ de arte** work of art; **~ benéfica, ~ de misericordia, ~ piadosa** charity; **buenas ~s, ~s de**

caridad good works; ~ **maestra** masterpiece; **~s públicas** public works; **¡manos a la ~!** to work!, let's get on with it!; **por ~ de** thanks to the efforts of; **poner algo por ~** to carry sth out; **~s son amores y no buenas razones** actions speak louder than words. **(b)** *(Arte etc)* work; *(Lit)* book; *(Teat)* play; *(Mús)* opus; ~ **de consulta** reference book; **~s completas** complete works. **(c)** *(Arquit)* **~s** construction, building; **'~s'** 'building under construction'; *(en carretera)* 'men at work'; **'cerrado por ~s'** 'closed for repairs *o* alterations'; **se han comenzado las ~s del nuevo embalse** work has been begun on the new dam. **(d)** *(ejecución)* workmanship. **(e)** *(Chi)* brickworks. **(f)** ~ **de** about; **en ~ de 8 semanas** in about 8 weeks.

obrador *nm* workshop.

obraje *nm* **(a)** *(RPl)* sawmill, timberyard. **(b)** *(Méx)* pork butcher's (shop).

obrajero *nm* **(a)** foreman, overseer. **(b)** *(RPl)* lumberman. **(c)** *(Bolivia)* craftsman, skilled worker. **(d)** *(Méx)* pork butcher.

obrar [1a] **1** *vt* **(a)** *(gen)* to work. **(b)** *(Med)* to work on, have an effect on. **(c)** *(Arg)* to build. **2** *vi* **(a)** to act, behave; ~ **de acuerdo con** to proceed in accordance with. **(b)** *(medicinas)* to work, have an effect. **(c)** *(Com)* **su carta obra en mi poder** I have received your letter, your letter is to hand; *(Jur)* **el acusado obra en manos del juez** the accused man is in the judge's hands. **(d)** *(fam)* to move one's bowels.

obrerismo *nm* working-class movement.

obrero/a **1** *adj* *(clase)* working; *(movimiento)* labour *(atr)*; **condiciones ~as** working conditions. **2** *nm (gen)* worker, workman; *(empleado)* man, hand; *(peón)* labourer. **3 obrera** *nf* (woman) worker.

obscenidad *nf* obscenity.

obsceno *adj* obscene.

obscu ... *véase* **oscu** ... .

obseder [2a] *vt (LAm)* to obsess.

obsequiar [1b] *vt* to lavish attentions on; **le obsequiaron con un reloj,** *(LAm)* **le obsequiaron un reloj** they presented him with a clock, they gave him a clock.

obsequio *nm* **(a)** present, gift; *(para jubilado etc)* presentation; **ejemplar de ~** presentation copy. **(b)** *(agasajo)* attention, kindness; **en ~ de** in honour of.

obsequioso *adj* obliging, helpful; *(en demasía)* servile.

observación *nf* **(a)** *(gen)* observation; *(Jur)* observance. **(b)** *(en conversación etc)* remark, comment; *(objeción)* objection; **hacer una ~** to make a remark, comment, observe.

observador(a) **1** *adj* observant. **2** *nm/f* observer; ~ **extranjero** foreign observer.

observancia *nf* observance.

observar [1a] *vt* **(a)** *(gen)* to observe, watch; *(notar)* to see, notice, spot; ~ **que ...** to observe that ..., notice that ... . **(b)** *(leyes)* to observe, respect; *(reglas)* to abide by, adhere to; ~ **buena conducta** *(Per)* to behave o.s.

observatorio *nm* observatory; ~ **del tiempo** weather station.

obsesión *nf* obsession.

obsesionante *adj (recuerdo etc)* haunting; *(hábito)* obsessive.

obsesionar [1a] *vt* to obsess, haunt; **estar obsesionado con *o* por algo** to be obsessed by sth.

obsesivo *adj* obsessive.

obseso *adj* obsessed, haunted.

obsidiana *nf* obsidian.

obsoleto *adj (LAm)* obsolete.

obstaculizar [1f] *vt (gen)* to hinder, hamper, hold up.

obstáculo *nm (gen)* obstacle, hindrance; *(impedimento)* handicap, drawback; **no es ~ para que yo lo haga** it is no obstacle to my doing it.

obstante: no ~ **1** *adv* **(a)** *(sin embargo)* nevertheless, however. **(b)** *(de todos modos)* all the same. **2** *prep* in spite of.

obstar [1a] *vi*: ~ **a** *o* **para** to hinder, prevent; **eso no obsta para que lo haga** that does not prevent him from doing it.

obstetricia *nf* obstetrics *sg*.

obstétrico *adj* obstetric(al).

obstinación *nf* obstinacy, stubbornness.

obstinado *adj* obstinate, stubborn.

obstinarse [1a] *vr* to dig one's heels in; ~ **en hacer algo** to persist in doing sth.

obstrucción *nf* obstruction.

obstruccionar [1a] *vt (LAm)* to obstruct.

obstructivo *adj*, **obstructor** *adj* obstructive.

obstruir [3g] *vt (gen)* to obstruct; *(bloquear)* to block; *(Dep etc)* to hinder, impede.

obtención *nf (Com etc: contrato)* obtaining, securing; *(meta)* achievement.

obtener [21] *vt (gen)* to get, obtain, secure; *(meta)* to achieve.

obturación *nf (gen)* plugging, stopping; *(Fot)* **velocidad de ~** shutter speed.

obturador *nm (gen)* plug, stopper; *(Aut)* choke; *(Fot)* shutter.

obturar [1a] *vt* to plug, stop (up).

obtuso *adj* **(a)** *(romo)* blunt, dull. **(b)** *(Mat, fig)* obtuse.

obús *nm* **(a)** *(Mil)* shell. **(b)** *(Aut)* tyre valve.

obviar [1c] **1** *vt* to obviate, remove. **2** *vi* to stand in the way.

obvio *adj* obvious.

oca *nf* goose.

ocasión *nf* **(a)** occasion, time; **con ~ de** on the occasion of; **en algunas ~es** sometimes. **(b)** *(oportunidad)* chance, opportunity; **aprovechar la ~** to seize one's opportunity; **dar a uno la ~ de hacer algo** to give sb a chance *or* an opportunity to do sth. **(c)** *(motivo)* cause, motive; **no hay ~ para quejarse** there is no cause to complain. **(d)** **de ~** *(Com)* secondhand; *(ganga)* bargain; **librería de ~** secondhand bookshop.

ocasional *adj* chance, accidental.

ocasionar [1a] *vt* to cause, produce.

ocaso *nm* **(a)** *(Astron)* sunset. **(b)** *(Geog)* west. **(c)** *(fig)* decline, end, fall.

occidental **1** *adj* western. **2** *nmf* westerner.

occidente *nm* west.

occiso/a *nm/f*: **el ~** the deceased; *(de asesinato)* the victim.

oceánico *adj* oceanic.

océano *nm* ocean; **O~ Atlántico/Pacífico/Índico** Atlantic/Pacific/Indian Ocean.

ocio *nm* **(a)** leisure; *(inactividad)* idleness; **~s, ratos de ~** leisure *o* spare *o* free time; **'guía del ~'** 'what's on'. **(b)** **~s** pastime, diversion.

ociosidad *nf* idleness; **la ~ es madre de todos los vicios** the devil finds work for idle hands.

ocioso *adj* **(a)** at leisure; *(inactivo)* inactive; **estar ~** to be idle. **(b)** *(promesas etc)* useless, pointless, idle; **es ~ especular** it is idle to speculate.

ocote *nm (CAm, Méx)* ocote pine.

ocozoal *nm (Méx)* rattlesnake.

ocre *nm* ochre.

octagonal *adj* octagonal.

octágono *nm* octagon.

octanaje *nm (Téc)* **de alto ~** high-octane *(atr)*.
octano *nm* octane.
octava *nf* octave.
octavín *nm* piccolo.
octavo 1 *adj* eighth. **2** *nm* **(a)** eighth; *véase tb* **sexto. (b)** *(Tip)* **libro en ~** octavo book. **(c)** *(Dep)* **~s de final** quarterfinals.
octeto *nm* octet(te).
octingentésimo *adj* eight-hundredth.
octogenario/a *adj, nm/f* octogenarian, eighty-year-old.
octogésimo *adj* eightieth; *véase tb* **sexto.**
octubre *nm* October; *véase tb* **se(p)tiembre.**
ocular 1 *adj* ocular; **testigo ~** eyewitness. **2** *nm* eyepiece.
oculista *nmf* oculist.
ocultar [1a] **1** *vt* to hide, conceal (*a, de* from); *(disfrazar)* to screen, mask. **2 ocultarse** *vr* to hide (o.s.); **~ a la vista** to keep out of sight; **~ con** *o* **tras** to hide behind; **se me oculta la razón** I do not know the reason.
oculto *adj* **(a)** hidden, concealed; **permanecer ~** to remain in hiding. **(b)** *(fig)* secret; *(artes)* occult; *(pensamiento)* inner; *(motivo)* ulterior.
ocupación *nf (gen)* occupation.
ocupado *adj* **(a)** *(plaza)* occupied, taken; **¿está ~a la silla?** is that seat taken? **(b) la línea está ~a** *(Telec)* the line is engaged, *(US)* the line is busy; **señal de ~** engaged tone, *(US)* busy signal. **(c)** *(individuo)* busy; **estoy muy ~** I'm very busy (*con* with).
ocupante 1 *adj (Mil)* occupying. **2** *nmf* occupant.
ocupar [1a] **1** *vt* **(a)** *(gen)* to occupy; *(atmósfera)* to fill. **(b)** *(puesto)* to hold, fill. **(c)** *(individuo)* to engage, keep busy; *(obreros)* to employ, provide work for. **(d)** *(confiscar)* to seize, confiscate. **2 ocuparse** *vr*: **~ con** *o* **de** *o* **en** *(gen)* to concern o.s. with; *(poner atención en)* to pay attention to; *(dedicarse a)* to busy o.s. with; *(cuidar)* to take care of, look after; **me ocuparé de ello mañana** I will deal with it tomorrow; **~ de lo suyo** to mind one's own business.
ocurrencia *nf* **(a)** *(suceso)* incident, event. **(b)** *(idea)* bright idea. **(c)** *(chiste)* witticism.
ocurrido *adj:* **lo ~** what has happened.
ocurrir [3a] **1** *vi* to happen, occur; **¿qué ocurre?** what's going on?; **por lo que pudiera ~** because of what might happen. **2 ocurrirse** *vr*: **se le ocurre hacerlo** it occurs to him to do it; **si se le ocurre huir** if he takes it into his head to escape; **se me ocurre que ...** it occurs to me that ...; **nunca se me había ocurrido** it had never crossed my mind; **¿se te ocurre algo?** can you think of anything?
ochar [1a] **1** *vt* **(a)** *(Arg, Chi: perro)* to urge on, provoke to attack. **(b)** *(Chi)* to spy on. **2** *vi (Arg)* to bark.
ochavado *adj* octagonal.
ochenta *adj (cardinal)* eighty; *(ordinal)* eightieth; *véase tb* **seis.**
ocho 1 *adj* eight; *(fecha)* eighth; **~ días** a week; **dentro de ~ días** within a week; **las ~** eight o'clock. **2** *nm* eight; *véase tb* **seis.**
ochocientos *adj, nmpl/nfpl* eight hundred; *véase tb* **seiscientos.**
oda *nf* ode.
odiar [1b] *vt* **(a)** to hate. **(b)** *(Chi)* to irk, annoy.
odio *nm* **(a)** hatred; **~ de clase** class hatred; **~ de sangre** feud, vendetta; **almacenar ~** to store up hatred; **tener ~ a uno** to hate sb. **(b)** *(Chi)* annoyance, bother.
odioso *adj* **(a)** odious, hateful; **hacerse ~** to become a nuisance *o* a pain *(fam)*. **(b)** *(Arg, Chi, Per)* irksome, annoying.
odontología *nf* dentistry, dental surgery.
odontólogo/a *nm/f* dentist, dental surgeon.
odre *nm* **(a)** wineskin. **(b)** *(fam)* drunk(ard).
O.E.A. *nf abr de* **Organización de Estados Americanos** O.A.S. (Organization of American States).
oeste 1 *adj (región etc)* west(ern); *(dirección)* westerly. **2** *nm* **(a)** west; **en la parte del ~** in the western part; **al ~ de Bilbao** to the west of Bilbao. **(b)** *(viento)* west wind.
ofender [2a] **1** *vt (gen)* to offend; *(insultar)* to slight, insult; *(maltratar)* to hurt; **por temor a ~le** for fear of offending him. **2 ofenderse** *vr* to take offence (*por* at).
ofendido *adj* offended; **darse por ~** to take offence.
ofensa *nf (gen)* offence; *(insulto)* slight.
ofensivo/a 1 *adj (gen)* offensive; *(conducta)* rude, insulting. **2 ofensiva** *nf* offensive; **pasar a** *o* **tomar la ~a** to take the offensive.
ofensor(a) 1 *adj* offending. **2** *nm/f* offender.
oferta *nf* **(a)** *(gen)* offer; *(propuesta)* proposal, proposition. **(b)** *(Com: gen)* offer; *(: para contrato)* tender, bid; *(Econ)* supply; *(periódicos)* **~s de trabajo** situations vacant column. **(c)** *(regalo)* gift, present.
ofertar [1a] *vt* **(a)** *(LAm)* to offer. **(b)** *(Com)* to tender.
oficial 1 *adj* official. **2** *nm (gen)* officer; *(Téc)* skilled workman; *(funcionario: alto grado)* official; *(bajo grado)* clerk; **primer ~** *(Náut)* mate.
oficiala *nf* female office clerk.
oficialidad *nf (Mil)* officers *pl.*
oficialista *adj (LAm)* (pro-)government; **el candidato ~** the governing party's candidate.
oficiar [1b] **1** *vt* to inform officially. **2** *vi* **(a)** *(Rel)* to officiate. **(b) ~ de** to officiate as, act as.
oficina *nf (gen)* office; *(Mil)* orderly room; *(Farm)* laboratory; *(Téc)* workshop; *(Chi)* nitrate works; **horas de ~** business *o* office hours; **~ de colocación** labour exchange, employment agency; **~ de información** information bureau; **~ de objetos perdidos** lost-property office, *(US)* lost-and-found department.
oficinesco *adj (gen)* office *(atr)*; *(trabajo)* clerical, white-collar; *(fam)* bureaucratic.
oficinista *nmf* office worker, clerk; **los ~s** white-collar workers.
oficio *nm* **(a)** *(profesión)* profession, occupation; *(Téc)* craft, trade; **aprender un ~** to learn a trade. **(b)** *(función)* function; **los deberes del ~** the duties of the post. **(c) buenos ~s** good offices. **(d) Santo O~** *(Hist)* Holy Office, Inquisition. **(e)** *(comunicado)* official letter. **(f)** *(Rel)* service, mass; **~ de difuntos** funeral service. **(g) miembro de ~** ex officio member.
oficiosidad *nf* **(a)** helpfulness. **(b)** officiousness.
oficioso *adj* **(a)** unofficial, informal; **de fuente ~a** from a semiofficial source. **(b)** *(solícito)* helpful, obliging; **mentira ~a** white lie. **(c)** *(entrometido)* officious.
ofrecer [2d] **1** *vt (gen)* to offer; *(ventaja)* to present; *(bienvenida)* to extend; **~ a uno hacer algo** to offer to do sth for sb. **2 ofrecerse** *vr* **(a)** to offer o.s., volunteer; **~ a hacer algo** to offer *o* volunteer to do sth. **(b)** *(oportunidad etc)* to offer *o* present itself. **(c) ¿qué se ofrece?** what's going on?, what's happening? **(d) ¿se le ofrece algo?** is there anything I can get you?; **no se me ofrece nada por ahora** I don't want anything for the moment.

ofrecimiento *nm (Rel)* offering; ~ **de paz** peace offer.
ofrenda *nf* gift; *(Rel)* offering; *(fig)* tribute.
ofrendar [1a] *vt* to give, contribute; *(Rel)* to make an offering.
oftalmología *nf* ophthalmology.
oftalmólogo *nm* ophthalmologist.
ofuscación *nf,* **ofuscamiento** *nm (ceguera)* blindness; *(confusión)* bewilderment, confusion.
ofuscar [1g] *vt* **(a)** *(suj: luz)* to dazzle. **(b)** *(confundir)* to bewilder, confuse. **(c)** *(fig)* to blind; **estar ofuscado por la cólera** to be blinded by anger.
ogro *nm* ogre.
ohmio *nm* ohm.
oída *nf* hearing; **de ~s** by hearsay.
oído *nm* **(a)** *(sentido)* (sense of) hearing; **duro de ~** hard of hearing. **(b)** *(Anat)* ear; ~ **interno** inner ear; **aguzar los ~s** to prick up one's ears; **dar ~s a** to listen to; *(creer)* to believe; **apenas pude dar crédito a mis ~s** I could scarcely believe my ears; **hacer ~s sordos a** to turn a deaf ear to; **es una canción que se pega al ~** it's a catchy song; **le estarán zumbando los ~s** his ears must be burning. **(c)** *(Mús)* ear; **de ~** by ear; **tener (buen) ~** to have a good ear.
oigo *etc véase* **oír.**
oír [3q] *vt, vi* **(a)** *(gen)* to hear; *(escuchar)* to listen (to); *(asistir)* to go to, attend; *(prestar atención a)* to pay attention to, heed; ~ **hablar de** to hear about *o* of; *(LAm)* to hear from: **le oí abrir la puerta** I heard him open *o* opening the door; **lo que oyes** just like I'm telling you; **lo oyó como quien oye llover** she paid no attention, she turned a deaf ear to it. **(b)** *(interj etc)* **¡oye!, ¡oiga!** listen!, listen to this!; *(llamando la atención)* hi!, hey!; I say!; *(objeción)* now look here!; *(sorpresa)* I say!, *(US)* say!; **¡oiga!** *(Telec)* hullo? **(c)** *(ruego)* to heed, answer.
ojal *nm* buttonhole.
ojalá 1 *interj (vivo deseo)* if only it were so!, if only it would!; *(desesperanzado)* no such luck!, some hope! **2** *conj (tb* ~ **que***)* I wish ...!, if only ...!; **¡~ venga pronto!** I hope he comes soon!, I wish he'd come!; **¡~ pudiera!** I wish I could!, if only I could!
ojeada *nf* glance; **echar una ~ a** to glance at, take a quick look at.
ojear[1] [1a] *vt (gen)* to eye; *(fijamente)* to stare at; **voy a ~ cómo va el trabajo** I'm going to see how the work is getting on.
ojear[2] [1a] *vt* **(a)** to drive away *o* off, shoo. **(b)** *(Caza)* to beat, drive.
ojeo *nm (Caza)* beating.
ojera *nf* **(a)** bag under the eye; **tener ~s** to have bags under the eyes. **(b)** *(Med)* eyebath.
ojeriza *nf* spite, ill will; **tener ~ a** to have a grudge against, have it in for.
ojeroso *adj* tired, haggard.
ojete *nm* **(a)** *(Cos)* eyelet. **(b)** *(fam!)* arse *(fam!)*.
ojiva *nf (Arquit)* pointed arch; *(Mil)* warhead.
ojo *nm* **(a)** eye; ~ **a la funerala,** ~ **amoratado** black eye; **~s de almendra** almond eyes; ~ **de cristal** glass eye; **~s saltones** goggle *o* frog *(fam)* eyes; **a los ~s de** in the eyes of; **a ~ (de buen cubero)** roughly, at a rough guess; **a ~s cerrados** blindfold; **a ~s vistas** publicly, openly; *(crecer etc)* before one's (very) eyes; *(suceder etc)* right under one's nose; **con buenos ~s** kindly, favourably; **delante de mis propios ~s** before my very eyes; ~ **por** ~ an eye for an eye; **abrir los ~s a uno** to open sb's eyes to sth; **en un abrir y cerrar de ~s** in the twinkling of an eye; **avivar el ~** to be on the alert; **cerrar los ~s a algo** *(fig)* to shut one's eyes to sth; **clavar los ~s en** to fix one's eyes on, stare at; **costar un ~ de la cara** to cost a bomb *(fam) o* packet *(fam)*; **guiñar el ~** to wink *(a* at); **se le fueron los ~s tras la chica** he couldn't keep his eyes off the girl; **pasar los ~s por algo** to look sth over; **paseó los ojos por la sala** he looked round the hall; **no pegué ~ en toda la noche** I didn't get a wink of sleep all night; **ser la niña de los ~s de uno** to be the apple of sb's eye; **ser todo ~s** to be all eyes; **tener a uno entre ~s** to loathe sb; **tener los ~s puestos en** *(fig)* to have one's heart set on; **torcer los ~s** to squint; **~s que no ven, corazón que no siente** out of sight, out of mind.

(b) *(de aguja)* eye; *(de queso)* hole; ~ **de la llave** keyhole.

(c) *(en puente)* span; **un puente de 4 ~s** a bridge with 4 arches *o* spans.

(d) *(LAm)* ~ **de agua** spring.

(e) ~ **(del culo)** *(fam!)* (arse)hole *(fam!)*, *(US)* asshole *(fam!)*.

(f) *(Arquit)* skylight; ~ **de buey** *(Náut)* porthole; *(Méx)* round church window.

(g) *(fig)* judgment, sharpness.

(h) ¡~! careful!, look out!; *(Tip)* N.B.; **hay que tener mucho ~ con los carteristas** one must be very careful of pickpockets.

ojota *nf* **(a)** *(LAm)* sandal. **(b)** *(Arg, Chi)* tanned llama leather.
ola *nf (gen)* wave; ~ **de calor/frío** heat/cold wave; ~ **de marea** tidal wave; **la nueva ~** the latest fashion; *(Mús, Cine)* (the) new wave.
olé *interj* bravo!
oleada *nf* **(a)** *(Náut)* big wave. **(b)** *(fig)* wave; **una gran ~ de gente** a great surge of people; **la primera ~ del ataque** the first wave of the attack.
oleaginoso *adj* oily, oleaginous.
oleaje *nm* swell, surge.
oleo... *pref* oleo... .
óleo *nm (gen)* oil; **santo ~** holy oil; *(Arte)* oil painting; **pintar al ~** to paint in oils.
oleoducto *nm* (oil) pipeline.
oler [2i] **1** *vt* **(a)** *(gen)* to smell. **(b)** *(inquirir)* to pry into, poke one's nose into. **(c)** *(descubrir)* to sniff out, uncover. **2** *vi* to smell *(a* of, like); **huele mal** it smells bad.
olfacción *nf* (act of) smelling.
olfatear [1a] *vt* **(a)** *(gen, fig)* to smell, sniff; *(animal)* to scent (out). **(b)** *(fig)* to pry into, poke one's nose into.
olfativo *adj* olfactory.
olfato *nm* **(a)** (sense of) smell. **(b)** *(fig)* instinct, intuition.
oliente *adj:* **bien/mal ~** sweet-/foul-smelling.
oligarquía *nf* oligarchy; *(Méx Com)* trust.
oligárquico *adj* oligarchic(al).
olimpíada *nf* Olympiad; **las O~s** the Olympics.
olímpico *adj* Olympian; *(Dep)* Olympic.
oliscar [1g] **1** *vt* **(a)** to smell, sniff (gently). **(b)** *(fig)* to investigate, look into. **2** *vi* to start to smell (bad).
olisco *adj (LAm: carne etc)* high *(fam)*.
olisquear [1a] = **oliscar.**
oliva *nf* **(a)** *(aceituna)* olive; *(árbol)* olive tree. **(b)** *(Orn)* = **lechuza.**
olivar *nm* olive grove.
olivo *nm* olive tree; **tomar el ~** *(fam: huir)* to beat it *(fam)*.
olmeda *nf,* **olmedo** *nm* elm grove.
olmo *nm* elm, elm tree.
olor *nm* **(a)** *(gen)* smell; *(aroma)* odour, scent;

buen/mal ~ nice/nasty smell; **tiene mal** ~ it stinks. **(b)** *(fig)* suspicion; **acudir al** ~ **del dinero** to come to where the money is. **(c)** *(fama)* reputation.

oloroso *adj* sweet-smelling, fragrant.

olote *nm (CAm, Méx)* **(a)** corncob. **(b)** *(fig)* **un** ~ a nobody, a nonentity.

olvidadizo *adj (gen)* absent-minded; *(ingrato)* ungrateful.

olvidado *adj* **(a)** *(gen)* forgotten. **(b)** *(individuo)* forgetful; ~ **de** forgetful of, oblivious to. **(c)** *(fig)* ungrateful. **(d)** *(RPl)* = **olvidadizo.**

olvidar [1a] **1** *vt (gen)* to forget; *(abandonar)* to leave behind; *(omitir)* to leave out, omit; ~ **hacer algo** to forget to do sth. **2 olvidarse** *vr* **(a) se me olvidó** I forgot; **se me olvidó el paraguas** I forgot my umbrella; ~ **de hacer algo** to forget to do sth. **(b)** *(fig)* to forget o.s.

olvido *nm* **(a)** *(absoluto)* oblivion; **caer en el** ~ to fall into oblivion; **echar al** ~ to forget; **enterrar** *o* **hundir en el** ~ to forget (deliberately). **(b)** *(estado)* forgetfulness; *(acto)* omission, oversight; *(descuido)* neglect, slip; **ha sido por** ~ it was an oversight.

olla *nf* **(a)** *(gen)* pot, pan; *(para agua)* kettle; ~ **eléctrica** electric kettle; ~ **exprés,** ~ **de** *o* **a presión** pressure cooker. **(b)** *(Culin)* stew; ~ **podrida** hotpot; *(fig)* hotchpotch. **(c)** *(en río)* eddy, whirlpool.

ombligo *nm* navel; **encogérsele el** ~ **a uno** to get the wind up, get cold feet.

ombliguera *nf (Per)* stripper.

ominoso *adj* ominous; *(fig)* awful, dreadful.

omisión *nf* **(a)** *(gen)* omission, oversight; **su** ~ **de hacer algo** his failure to do sth. **(b)** *(descuido)* neglect.

omiso *adj:* **hacer caso** ~ **de** to ignore.

omitir [3a] *vt* **(a)** to leave *o* miss out, omit. **(b)** ~ **hacer algo** to omit *o* fail to do sth.

ómnibus 1 *adj*: **tren** ~ slow train. **2** *nm (Aut Hist)* omnibus; *(LAm)* bus.

omnímodo *adj* all-embracing.

omnipotencia *nf* omnipotence.

omnipotente *adj* omnipotent, all powerful.

omnisapiente *adj,* **omnisciente** *adj* omniscient, all-knowing.

omnisciencia *nf* omniscience.

omnívoro *adj* omnivorous.

omóplato *nm* shoulder blade.

O.M.S. *abr de* **Organización Mundial de la Salud** WHO.

once 1 *adj (gen)* eleven; *(fecha)* eleventh; **las** ~ eleven o'clock; **las** ~ *(fam)* elevenses *(fam)*. **2** *nm* eleven; *(Ftbl)* team; *véase tb* **seis.**

onceno *adj* eleventh; *véase tb* **sexto.**

onda *nf* **(a)** *(gen)* wave; ~ **corta/media/larga** short/medium/long wave; ~ **de choque/sonora** shock/sound wave. **(b)** *(Méx fig)* wavelength. **(c)** *(Cos)* scallop.

ondear [1a] **1** *vt* **(a)** *(gen)* to wave. **(b)** *(Cos)* to scallop. **2** *vi (gen)* to wave (up and down), undulate; *(agua)* to ripple; *(bandera)* to fly, flutter; *(pelo)* to flow, fall. **3 ondearse** *vr* to swing, sway.

ondulación *nf (gen)* undulation, wavy motion; *(pelo, agua)* wave; ~**es** *(en paisaje)* undulations.

ondulado 1 *adj (gen)* wavy; *(carretera)* uneven, rough; *(paisaje)* undulating, rolling; *(cartón etc)* corrugated. **2** *nm (en pelo)* wave.

ondulante *adj* **(a)** undulating. **(b)** = **ondulado 1.**

ondular [1a] **1** *vt (pelo)* to wave; **hacerse** ~ **el pelo** to have one's hair waved. **2** *vi,* **ondularse** *vr* to undulate; *(culebra)* to wriggle.

ónice *nm* onyx.

onomástico 1 *adj:* **índice** ~ index of names; **fiesta** ~**a** = **2. 2** *nm* saint's day.

onomatopeya *nf* onomatopoeia.

O.N.U. *nf abr de* **Organización de las Naciones Unidas** U.N.

onza *nf* ounce.

onzavo/a *adj, nm/f* eleventh; *véase tb* **sexto.**

opa[1] *adj (Per, RPl)* **(a)** *(sordomudo)* deaf and dumb. **(b)** *(fig)* stupid.

opa[2] *interj (Arg)* stop it!; *(LAm)* = **hola.**

opacar [1g] **1** *vt* to make opaque; *(LAm fig)* to outshine. **2 opacarse** *vr (LAm)* to become opaque.

opacidad *nf* **(a)** opacity, opaqueness. **(b)** *(fig)* dullness, lifelessness.

opaco *adj* **(a)** opaque, dark. **(b)** *(oscuro)* dull. **(c)** *(lúgubre)* gloomy, sad.

ópalo *nm* opal.

opción *nf* **(a)** *(gen)* option, choice; **no hay** ~ there is no choice. **(b)** *(derecho)* right. **(c)** *(Com)* option (*a* on); **con** ~ **a 8 más, con** ~ **para 8 más** with an option on 8 more; **este dispositivo es de** ~ this gadget is optional.

opcional *adj* optional.

opear [1a] *vi (Per, RPl)* to act the fool.

O.P.E.P. *nf abr de* **Organización de Países Exportadores del Petróleo** O.P.E.C.

ópera *nf* opera.

operación *nf* **(a)** *(gen)* operation; ~ **quirúrgica** surgical operation; *(Mil)* ~ **de limpieza** mopping up operation. **(b)** *(Com)* transaction, deal; *(dirección)* management.

operador *nm (gen)* operator; *(Med)* surgeon; *(Cine: rodaje)* cameraman; *(proyección)* projectionist.

operante *adj* **(a)** operating. **(b)** *(fig)* powerful, influential; **los medios más** ~**s del país** the most influential circles in the country.

operar [1a] **1** *vt* **(a)** *(efectuar)* to produce, bring about, effect. **(b)** *(Med)* to operate on; ~ **a uno de apendicitis** to operate on sb for appendicitis. **(c)** *(LAm Mec)* to use, operate; *(Com)* to manage; *(Min)* to work, exploit. **2** *vi* **(a)** to operate. **(b)** *(Com)* to deal, do business. **3 operarse** *vr* **(a)** to occur, come about; **se han operado grandes cambios** great changes have been made *o* have come about. **(b)** *(Med)* to have an operation (*de* for).

operario/a *nm/f* operative; ~ **de máquina** machinist.

opereta *nf* operetta, light opera.

opinar [1a] *vi* **(a)** to think; ~ **que ...** to think that ..., be of the opinion that ... . **(b)** ~ **bien de** to think well of, have a good opinion of. **(c)** *(dar su opinión)* to give one's opinion.

opinión *nf* opinion, view; ~ **pública** public opinion; **en mi** ~ in my opinion; **cambiar** *o* **mudar de** ~ to change one's mind; **ser de la** ~ **(de) que ...** to be of the opinion that ..., take the view that ... .

opio *nm* opium.

opíparo *adj (banquete etc)* sumptuous.

oponente *nmf* opponent.

oponer [2r; *pp* **opuesto**] **1** *vt* **(a)** ~**A a B** to pit A against B; ~ **dos opiniones** to contrast two views. **(b)** *(objeción)* to raise (*a* to); *(resistencia)* to put up, offer (*a* to); *(arma)* to use (*a* against); ~ **la razón a la pasión** to use reason against passion. **2 oponerse** *vr* to be opposed; *(mutuamente)* to oppose each other; **yo no me opongo** I don't object; ~ **a** to oppose; **se opone a hacerlo** he objects to doing it.

oportunidad *nf* **(a)** *(cualidad)* opportuneness, timeliness. **(b)** *(una* ~*)* opportunity, chance; **a la**

primera ~ at the first opportunity; **tener la ~ de hacer algo** to have the chance of doing sth, have a chance to do sth.
oportunismo *nm* opportunism.
oportunista *adj, nmf* opportunist.
oportuno *adj* **(a)** *(gen)* opportune, timely; **una respuesta ~a** a suitable reply; **en el momento ~** at the right moment; **las medidas que se estimen ~as** the measures which may be considered appropriate. **(b)** *(individuo)* witty.
oposición *nf* **(a)** opposition. **(b) ~es** Civil Service examination; **hacer ~es a, presentarse a unas ~es a** to sit an examination for.
oposicionista 1 *adj* **(a)** *(gen)* opposition *(atr)*. **(b)** *(estrategia)* oppositionist. **2** *nmf* member of the opposition.
opositar [1a] *vi* to go in for a public competition (for a post).
opositor(a) *nm/f* competitor, candidate (*a* for).
opresión *nf* **(a)** *(gen)* oppression. **(b)** *(Med)* difficulty in breathing, tightness of the chest; **sentir ~** to find it difficult to breathe.
opresivo *adj* oppressive.
opresor(a) 1 *adj* oppressive. **2** *nm/f* oppressor.
oprimir [3a] *vt* **(a)** *(gen)* to squeeze, press; *(asir)* to grasp, clutch; *(pulsar)* to press; *(gas)* to compress. **(b)** *(fig)* to oppress.
oprobio *nm* shame, opprobrium.
oprobioso *adj* shameful.
optar [1a] *vi* **(a)** to choose, decide; **~ entre** to choose between; **~ por** to choose, decide on, opt for; **~ por hacer algo** to choose to do sth. **(b) poder ~ a** to (have the right to) apply for.
optativo *adj* optional.
óptico/a 1 *adj* optic(al). **2** *nm* optician. **3 óptica** *nf* optics *sg*; *(fig)* viewpoint.
optimismo *nm* optimism.
optimista 1 *adj* optimistic, hopeful. **2** *nmf* optimist.
óptimo *adj* very best, optimum.
opuesto 1 *pp de* **oponer. 2** *adj* **(a)** *(lado etc)* opposite; **en dirección ~a** in the opposite direction. **(b)** *(enemigo)* contrary; *(Dep: equipo)* opposing.
opulencia *nf* opulence, luxury.
opulento *adj* opulent, rich.
opúsculo *nm* tract, brief treatise.
oquedad *nf* hollow, cavity; *(fig)* emptiness.
ora *adv (frm)* **~ A, ~ B** now A, now B.
oración *nf* **(a)** oration, speech; **~ fúnebre** funeral oration; **pronunciar una ~** to make a speech. **(b)** *(Rel)* prayer; **~es por la paz** prayers for peace. **(c)** *(Ling)* sentence, clause.
oráculo *nm* oracle.
orador(a) *nm/f* speaker, orator.
oral *adj* oral; *(Med)* **por vía ~** orally.
orangután *nm* orang-outang.
orar [1a] *vi* **(a)** *(Rel)* to pray (*a* to, *por* for). **(b)** to speak, make a speech.
orate *nmf* lunatic.
oratoria *nf* oratory; *(LAm)* **concurso de ~** public-speaking competition.
oratorio 1 *adj* oratorical. **2** *nm (Mús)* oratorio; *(Rel)* oratory, chapel.
orbe *nm* **(a)** orb, sphere. **(b)** *(fig)* world; **en todo el ~** all over the globe.
órbita *nf (gen)* orbit; *(Anat: ocular)* (eye-)socket; **estar en ~** to be in orbit.
orbital *adj* orbital.
orbitar [1a] *vt* to orbit.
orca *nf* killer whale.
orden 1 *nm* **(a)** *(gen)* order, arrangement; *(cuarto etc)* tidiness; **~ del día** agenda; **de primer ~** first-rate; **en ~** in order; **en ~ a** with regard to; **en ~ de batalla** in battle order; **fuera de ~** out of order *o* turn; **por (su) ~** in order; **por ~ cronológico** in chronological order; **poner en ~** to put in order, arrange (properly); *(cuarto etc)* to tidy (up). **(b)** *(Jur etc)* order; **~ público** public order, law and order; **mantener el ~** to keep order. **(c)** *(números)* **del ~ de** about, approximately.
2 *nf* **(a)** *(gen)* order; *(Jur)* warrant, writ; **~ del día** *(Mil)* order of the day; **eso ahora está a la ~ del día** that is now the order of the day; **a la ~** *(Com)* to order; **a la ~ de Ud, a sus ~es** at your service; **hasta nueva ~** till further orders; **por ~ de** on the orders of, by order of; **dar la ~ de hacer algo** to give the order to do sth. **(b)** *(Rel)* order; **~ monástica** monastic order. **(c)** *(Hist, Mil)* **~ de caballería** order of knighthood. **(d)** *(LAm Com)* order.
ordenación *nf* **(a)** *(estado)* order, arrangement; *(acto)* ordering, arranging. **(b)** *(Rel)* ordination.
ordenado *adj* **(a)** *(en orden)* orderly, tidy, well arranged. **(b)** *(individuo: metódico)* methodical. **(c)** *(Rel)* ordained, in holy orders.
ordenador *nm* computer.
ordenancista *nm* disciplinarian, stickler.
ordenanza 1 *nf* ordinance, decree; **~s municipales** by-laws; **ser de ~** to be the rule. **2** *nm (Com etc)* messenger; *(Mil)* orderly, batman.
ordenar [1a] **1** *vt* **(a)** to arrange, put in order; **~ sus asuntos** to put one's affairs in order. **(b)** *(mandar)* to order; **~ a uno hacer algo** to order sb to do sth. **(c)** *(Rel)* to ordain. **2 ordenarse** *vr (Rel)* to be ordained (*de* as).
ordeña *nf (LAm)* milking.
ordeñadero *nm* milking pail.
ordeñadora *nf* milking machine.
ordeñar [1a] *vt (gen)* to milk; *(aceitunas)* to harvest.
ordeño *nm* milking; *(de aceitunas)* harvest.
ordinal *adj, nm* ordinal.
ordinariez *nf* **(a)** *(cualidad)* coarseness, vulgarity. **(b)** *(una ~)* coarse remark/joke *etc*.
ordinario 1 *adj* **(a)** *(gen)* ordinary, usual; **de ~** usually, ordinarily. **(b)** *(vulgar)* common, coarse; *(chiste)* crude; **son gente muy ~a** they're very common people. **2** *nm* **(a)** *(gastos)* daily household expenses. **(b)** *(recadero)* carrier, delivery man.
orear [1a] **1** *vt* to air. **2 orearse** *vr* **(a)** *(ropa)* to air. **(b)** *(individuo)* to get some fresh air.
orégano *nm* marjoram.
oreja *nf* **(a)** *(Anat)* ear; **con las ~s gachas** *(fig)* dejected; **aguzar las ~s** to prick up one's ears; **calentar las ~ a uno** to box sb's ears; **hacer ~s de mercader** to turn a deaf ear; **tirar de la ~ a Jorge** *(fam)* to gamble. **(b)** *(Mec)* lug, flange; *(en martillo)* claw.
orejano *adj (LAm: ganado)* unbranded, ownerless.
orejear [1a] *vi* **(a)** *(LAm)* to eavesdrop. **(b)** *(Méx)* to suspect, mistrust. **(c)** *(RPl)* to uncover one's cards one by one.
orejera *nf* earflap; *(Agr)* mouldboard.
orejeta *nf (Téc)* lug.
orejón 1 *adj* **(a)** *(LAm)* = **orejudo. (b)** *(CAm Méx)* rough, coarse. **2** *nm* **(a)** pull on the ear. **(b)** strip of dried peach/apricot.
orejudo *adj (gen)* big-eared; *(fam)* effeminate.
orfanato *nm*, **orfanatorio** *nm (LAm)* orphanage.
orfandad *nf* **(a)** orphanhood. **(b)** *(fig)* helplessness, destitution.
orfebre *nm* gold- *o* silversmith.
organdí *nm* organdie.
orgánico *adj* organic.

organillero *nm* organ-grinder.
organillo *nm* barrel organ, hurdy-gurdy.
organismo *nm* **(a)** *(gen)* organism. **(b)** *(Pol etc)* organization; *(agencia)* agency.
organista *nmf* organist.
organito *nm (RPl)* = **organillo.**
organización *nf* organization; *véase* **O.E.A., O.P.E.P.**
organizador(a) 1 *adj* organizing; **el comité ~** the organizing committee. **2** *nm/f* organizer.
organizar [1f] *vt* to organize.
órgano *nm (gen)* organ; *(fig)* means, medium.
orgasmo *nm* orgasm.
orgía *nf* orgy.
orgullo *nm (gen)* pride; *(altanería)* haughtiness.
orgulloso *adj (gen)* proud; *(altanero)* haughty; **estar ~ de algo** to be proud of sth.
orientación *nf (gen)* orientation; *(dirección)* direction, course; *(Arquit)* aspect, prospect.
oriental 1 *adj (gen)* oriental; *(región etc)* eastern; *(Arg)* **la Banda O~** Uruguay. **2** *nmf* oriental; *(Arg)* Uruguayan.
orientar [1a] **1** *vt* **(a)** *(gen)* to orientate, position; *(dirigir)* to give a direction to, direct; **la casa está orientada hacia el suroeste** the house faces *o* looks south-west; **hay que ~ las investigaciones en otro sentido** you will have to change the direction of your inquiries. **(b)** *(individuo: guiar)* to guide, direct; *(: enseñar)* to train. **2 orientarse** *vr* **(a)** *(cosa)* to point, face *(hacia* towards). **(b)** *(individuo)* to get o.s. bearings, orient o.s.
oriente *nm* **(a)** east. **(b) el O~** the Orient, the East; **Cercano** *o* **Próximo O~** Near East; **Extremo** *o* **Lejano O~** Far East; **O~ Medio** Middle East. **(c)** *(viento)* east wind.
orificio *nm* orifice, hole.
origen *nm (gen)* origin, source; **país de ~** country of origin; **de ~ argentino** of Argentinian origin; **dar ~ a** to cause, give rise to.
original 1 *adj* **(a)** *(gen)* original. **(b)** *(fig)* novel; *(raro)* odd, eccentric, strange. **(c) = originario (b). 2** *nm* **(a)** original. **(b)** *(Tip)* manuscript. **(c)** *(individuo)* character, eccentric.
originalidad *nf* (*véase adj* **a, b**) **(a)** originality. **(b)** eccentricity, oddness.
originar [1a] **1** *vt* to start, cause, give rise to. **2 originarse** *vr* to originate (*de* from, *en* in); *(proceder)* to spring *(de* from).
originario *adj* **(a)** original; **en su forma ~a** in its original form. **(b) ser ~ de** to originate from; **los escoceses son ~s de Irlanda** the Scots came out of Ireland. **(c) país ~** country of origin, native country. **(d) una decisión ~a de disgustos** a decision which gave rise to trouble.
orilla *nf (gen)* edge, border; *(de río)* bank; *(de lago)* side, shore; *(de mar)* shore; **~ del mar** seashore; **a ~s de** on the banks of.
orillar [1a] *vt* **(a)** *(Cos)* to edge, trim (*de* with). **(b)** *(lago etc)* to skirt, go round. **(c)** *(negocio)* to put in order, tidy up; *(concluir)* to wind up; *(obstáculo)* to overcome; *(dificultad)* to avoid, get round.
orín *nm* rust; **tomarse de ~** to get rusty.
orina *nf* urine.
orinacamas *nm inv* dandelion.
orinal *nm* chamberpot; **~ de cama** bedpan.
orinar [1a] **1** *vt, vi* to urinate. **2 orinarse** *vr* to wet o.s.
orines *nmpl* urine *sg.*
oriundo/a 1 *adj*: **~ de** native to; **ser ~ de** to be a native of, come from, hail from. **2** *nm/f* native.
orla *nf*, **orladura** *nf (Cos etc)* border.
orlar [1a] *vt* to border (*con, de* with).
ornamentación *nf* ornamentation, adornment.
ornamental *adj* ornamental.
ornamentar [1a] *vt* to adorn (*de* with).
ornamento *nm* ornament, adornment; **~s** *(Rel)* vestments.
ornar [1a] *vt* to adorn (*de* with).
ornato *nm* adornment, decoration.
ornitología *nf* ornithology.
ornitólogo *nm* ornithologist.
ornitorrinco *nm* platypus.
oro *nm* **(a)** gold; **~ en barras** gold bars, bullion; **~ batido** gold leaf; **~ laminado** rolled gold; **~ molido** ormolu; **de ~** gold, golden; **como un ~** like new; **no es ~ todo lo que reluce** all that glitters is not gold; **tiene una voz de ~** she has a marvellous voice; **guardar algo como ~ en paño** to treasure sth; **hacerse de ~** to make a fortune; **poner a uno de ~ y azul** to heap insults on sb; **prometer el ~ y el moro** to promise the moon. **(b)** *(Naipes)* **~s** hearts.
orondo *adj* **(a)** *(vasija)* rounded. **(b)** *(individuo)* smug, self-satisfied.
oropel *nm* tinsel; **de ~** flashy, bright but tawdry.
orozuz *nm (Bot)* liquorice.
orquesta *nf* orchestra; **~ de jazz** jazz band; **~ sinfónica** symphony orchestra.
orquestación *nf* orchestration.
orquestal *adj* orchestral.
orquestar [1a] *vt* to orchestrate.
orquídea *nf* orchid.
ortiga *nf* stinging nettle.
ortodoxia *nf* orthodoxy.
ortodoxo *adj* orthodox.
ortografía *nf* spelling, orthography.
ortopedia *nf* orthopaedics.
ortopédico *adj* orthopaedic.
ortopedista *nmf* orthopaedist.
oruga *nf* **(a)** *(gen)* caterpillar; **tractor de ~** caterpillar tractor. **(b)** *(Bot)* rocket.
orzuelo *nm (Med)* stye; *(caza)* trap, snare.
os *pron pers pl* **(a)** *(dir)* you. **(b)** *(indir)* (to) you; **~ lo di** I gave it to you; **~ quitáis el abrigo** you take off your coats. **(c)** *(reflexivo)* (to) yourselves; *(mutuo)* (to) each other; **vosotros ~ laváis** you wash yourselves; **cuando ~ marchéis** when you leave.
osa *nf* she-bear; *(Astron)* **O~ Mayor/Menor** Ursa Major/Minor.
osadía *nf* daring, boldness; *(cara)* impudence.
osado *adj* daring, bold; *(descarado)* impudent.
osamenta *nf* skeleton.
osar [1a] *vi* to dare; **~ hacer algo** to dare to do sth.
osario *nm* ossuary, charnel house.
oscilación *nf* **(a)** *(gen)* oscillation; *(vaivén)* swing, sway, to and fro movement; *(luz)* winking, blinking. **(b)** *(de precios)* fluctuation. **(c)** *(fig)* hesitation, wavering.
oscilador 1 *adj* oscillating. **2** *nm* oscillator.
oscilar [1a] *vi* **(a)** *(gen)* to oscillate; *(péndulo etc)* to swing, sway; *(luz)* to wink, blink. **(b)** *(fig)* to fluctuate (*entre* between). **(c)** *(individuo)* to hesitate, to waver (*entre* between).
oscurear [1a] *(Méx)* = **oscurecer.**
oscurecer [2d] **1** *vt* **(a)** *(gen)* to obscure, darken, dim. **(b)** *(fig: cuestión)* to confuse, cloud; *(rival)* to overshadow, put in the shade; *(fama)* to dim, tarnish. **(c)** *(Arte)* to shade. **2** *vi* to grow dark, get dark.
oscuridad *nf* **(a)** darkness, obscurity. **(b)** *(fig)* obscurity.
oscuro *adj* **(a)** *(gen)* dark; *(fig)* obscure; *(indefinido)* confused, indistinct, **a ~as** in the dark. **(b)** *(Met)* overcast, cloudy. **(c)** *(fig: futuro etc)* uncertain.

óseo *adj (gen)* bony, osseous; *(Med etc)* bone *(atr)*.
osezno *nm* bear cub.
osificación *nf* ossification.
osificar [1g] **1** *vt* to ossify. **2 osificarse** *vr* to ossify, become ossified.
osito *nm*: ~ **de felpa** teddy bear.
oso *nm* bear; ~ **blanco/gris/pardo** polar/grizzly/brown bear; ~ **marsupial** koala bear; ~ **hormiguero** anteater; ~ **de peluche** teddy bear; **ser un** ~ to be a prickly sort; **hacer el** ~ to play the fool.
ostensible *adj* obvious, evident; **hacer algo** ~ to make sth clear.
ostensiblemente *adv* perceptibly, visibly; **se mostró** ~ **conmovido** he was visibly affected.
ostentación *nf* **(a)** *(gen)* ostentation, display. **(b)** *(acto)* show, display; **hacer** ~ **de** to flaunt, parade.
ostentar [1a] *vt* **(a)** *(gen)* to show; *(hacer gala de)* to show off, flaunt. **(b)** to have; **ostenta todavía las cicatrices** he still has *o* carries the scars. **(c)** *(Dep etc: título)* to have, hold; ~ **el título mundial en el deporte** to hold the world title in the sport.
ostentoso *adj* sumptuous.
osteoartritis *nf* osteoarthritis.
osteópata *nm* osteopath.
osteopatía *nf* osteopathy.
ostión *nm* large oyster.
ostionería *nf (Méx)* sea food shop *o* restaurant.
ostra *nf* **(a)** *(Zool)* oyster; ~ **perlera** pearl oyster. **(b)** **¡~s!** *(fam euf)* sugar! *(fam euf)*.
ostracismo *nm* ostracism.
ostral *nm* oyster bed.
ostrero *nm* **(a)** oyster bed. **(b)** *(Orn)* oyster-catcher.
osuno *adj* bear-like.
otalgia *nf* earache.
O.T.A.N. *nf abr de* **Organización del Tratado del Atlántico Norte** N.A.T.O.
otario *adj (RPl)* simple, gullible.
otate *nm (Méx)* cane.
otear [1a] *vt* **(a)** to look down on, look over. **(b)** *(fig)* to examine, look into.
otero *nm* low hill, hillock, knoll.
otoñada *nf* autumn, *(US)* fall.
otoñal *adj* autumnal, autumn *(atr)*, *(US)* fall *(atr)*.
otoño *nm* autumn, *(US)* fall.
otorgamiento *nm* **(a)** *(acto: gen)* granting, conferring; *(permiso)* consent; *(Jur)* execution. **(b)** *(Jur)* legal document, deed.
otorgar [1h] *vt (gen)* to grant, give (*a* to); *(poderes)* to confer (*a* on); *(premio)* to award (*a* to); *(Jur: ejecutar)* to execute; *(testamento)* to make.
otramente *adv* in a different way.
otro 1 *adj (sg)* another; *(pl)* other; **~a taza de café** another cup of coffee; **con ~s trajes** (*~s más*) with other dresses; *(diferentes)* with different dresses; **con ~s 8 libros** with another 8 books, with 8 more books; **¡~a!** *(Teat)* encore!; **~a cosa** something else; **tropezamos con ~a nueva dificultad** we run up against yet another difficulty; ~ **que** other than, different from; **fue no** ~ **que el obispo** it was none other than the bishop; **ser muy** ~ to be quite changed; **los tiempos son ~s** times have changed. **2** *pron (sg)* another one; *(pl)* others; **el** ~ the other one; **los ~s** the others; **¿~?** another one?; **lo** ~ **no importa** the rest isn't important; **tomar el sombrero de** ~ to take somebody else's hat; **conformarse con las costumbres de los ~s** to adapt o.s. to other people's habits; **algún** ~ somebody else; **algunos ~s** some *o* a few others; **muéstreme ~a cosa** show me something else; **que lo haga** ~ let somebody else do it; ~ **dijo que ...** somebody else said ...; **como dijo el** ~ as someone said; **¡~ que tal!** here we go again!; **~a parte** elsewhere, somewhere else; ~ **tanto** the same; **uno y** ~ both; **unos y ~s** both lots, all of them; **~a vez** again.
otrora *adv* formerly; **el** ~ **señor del país** the one-time ruler of the country.
ovación *nf* ovation.
ovacionar [1a] *vt* to cheer, applaud, give an ovation to.
oval *adj*, **ovalado** *adj* oval.
óvalo *nm* oval.
ovario *nm* ovary.
oveja *nf* **(a)** sheep, ewe; ~ **negra** *(fig)* black sheep (of the family); **cada** ~ **con su pareja** birds of a feather flock together; **cargar con la** ~ **muerta** to be left holding the baby. **(b)** *(Arg)* whore.
ovejera *nf (Méx)* sheepfold.
ovejería *nf (Chi)* sheep farming.
ovejo *nm*, **ovejón** *nm (LAm)* ram.
ovejuno *adj (Agr)* **ganado** ~ sheep; *(fig)* sheep-like.
overol *nm (LAm)* overalls.
ovetense 1 *adj* of Oviedo. **2** *nmf* native *o* inhabitant of Oviedo.
oviforme *adj* egg-shaped.
ovillar [1a] **1** *vt (hilo)* to wind, wind into a ball. **2 ovillarse** *vr* to curl up into a ball.
ovillo *nm (bola)* ball; *(fig)* tangle; **hacerse un** ~ to curl up into a ball; *(de miedo)* to crouch, cower; *(en el habla)* to get tied up in knots.
O.V.N.I. *nm abr de* **objeto volante no identificado** U.F.O.
ovoide *adj, nm* ovoid.
ovulación *nf* ovulation.
óvulo *nm* ovule, ovum.
oxear [1a] *vt* to shoo (away).
oxiacanta *nf* hawthorn.
oxiacetilénico *adj*: **soplete** ~ oxyacetylene torch.
oxidación *nf (gen)* rusting; *(Quím)* oxidation.
oxidado *adj (gen)* rusty; *(Quím)* oxidized.
oxidar [1a] **1** *vt (gen)* to rust; *(Quím)* to oxidize. **2 oxidarse** *vr* to rust, go *o* get rusty; *(Quím)* to oxidize.
óxido *nm* oxide.
oxigenación *nf* oxygenation.
oxigenado 1 *adj* **(a)** *(Quím)* oxygenated. **(b)** *(pelo)* bleached; **una rubia ~a** a peroxide blonde. **2** *nm* peroxide.
oxigenar [1a] **1** *vt* to oxygenate. **2 oxigenarse** *vr* **(a)** to become oxygenated. **(b)** *(fam)* to get some fresh air.
oxígeno *nm* oxygen.
oxte *interj* scram! *(fam)*, hop it! *(fam)*; **sin decir** ~ **ni moxte** without a word.
oyente *nmf* **(a)** listener, hearer; **'queridos ~s ...'** *(Rad)* 'dear listeners ...'. **(b)** *(Univ)* unregistered *o* occasional student.
ozono *nm* ozone.

P

P, p [pe] *nf (letra)* P, p.
pabellón *nm* **(a)** *(tienda)* bell tent. **(b)** *(de cama)* canopy, hangings. **(c)** *(Arquit)* pavilion; *(de jardín)* summerhouse, hut; *(Med etc)* wing; *(Méx)* ward; ~ **de caza** shooting box. **(d)** *(Mús: de trompeta)* mouth; ~ **de la oreja** outer ear. **(e)** *(Mil)* stack. **(f)** *(Náut etc)* flag; ~ **de conveniencia** flag of convenience.
pabilo *nm* wick.
pábulo *nm (gen)* food; *(fig)* food, fuel; **dar ~ a** to feed, encourage; **dar ~ a los rumores** to encourage rumours.
paca[1] *nf (Agr etc)* bale.
paca[2] *nf (LAm Zool)* paca.
pacato *adj* timid.
pacense 1 *adj* of Badajoz. **2** *nmf* native *o* inhabitant of Badajoz.
paceño/a 1 *adj* of La Paz. **2** *nm/f* native *o* inhabitant of La Paz.
pacer [2d] **1** *vt* **(a)** *(hierba)* to eat, graze. **(b)** *(ganado)* to graze, pasture. **2** *vi* to graze.
paciencia *nf* patience, forbearance; **¡~!** be patient!; **¡~ y barajar!** keep trying!, don't give up!; **se me acaba** *o* **agota la** ~ my patience is exhausted; **armarse de** ~ to resolve to be patient; **perder la** ~ to lose one's temper.
paciente *adj, nmf* patient.
pacienzudo *adj* very patient, long-suffering.
pacificación *nf* pacification.
pacificador(a) 1 *adj:* **operación ~a** peace-keeping operation. **2** *nm/f* peace-maker.
pacificar [1g] **1** *vt (Mil)* to pacify; *(calmar)* to calm; *(reconciliar)* to bring together, reconcile. **2 pacificarse** *vr* to calm down.
Pacífico *nm* (*tb* **Océano ~**) Pacific (Ocean).
pacífico *adj (gen)* peaceful; *(carácter)* peaceable, pacific.
pacifismo *nm* pacifism.
pacifista *adj, nmf* pacifist.
paco[1] *nm (Mil)* sniper, sharpshooter.
paco[2] **1** *adj* reddish. **2** *nm (Chi, Per)* alpaca.
pacota *nf (Méx)*, **pacotilla** *nf* trash, inferior merchandise; **de** ~ trashy, shoddy.
pactar [1a] **1** *vt* to agree to *o* on. **2** *vi* to come to an agreement.
pacto *nm* pact, agreement; **P~ de Varsovia** Warsaw Pact; ~ **de no agresión** non-agression pact.
pachá *nm* pasha; **vivir como un** ~ to live like a king.
pachamama *nf* Mother Earth.
pachamanca *nf (Per)* barbecue.
pachanga *nf (Méx)* lively party.
pacho *adj (LAm)* chubby, squat.
pachol *nm (Méx)* mat of hair.
pachón 1 *nm (perro)* pointer. **2** *adj (persona)* phlegmatic.
pachorra *nf (indolencia)* slowness, sluggishness; *(tranquilidad)* calmness; **Juan, con su santa ~ ...** John, as slow as ever ... .
pachorrear [1a] *vi (CAm)* to be slow, be sluggish.
pachucho *adj (fruta)* overripe; *(persona)* off-colour, poorly.
padecer [2d] *vt, vi (gen)* to suffer; *(aguantar)* to endure, put up with; *(error etc)* to labour under, be a victim of; ~ **de** to suffer from; **padece del corazón** he has heart trouble; **ella padece por ellos** she suffers on their account; **eso hace ~ el metal de los goznes** that puts a strain on the metal of the hinges.
padecimiento *nm (gen)* suffering; *(Med)* ailment.
padrastro *nm* **(a)** *(gen)* stepfather; *(fig)* harsh father. **(b)** *(pega)* obstacle, difficulty.
padrazo *nm* indulgent father.
padre 1 *nm* **(a)** *(gen)* father; *(Zool)* father, sire; **~s** father and mother, parents; *(antepasados)* ancestors; **García ~** García senior, the elder García; ~ **de familia** father of a family; *(Pol etc)* head of a household; ~ **político** father-in-law; **su señor ~** your father; **es el ~ de estos estudios** he is the father of this discipline. **(b)** *(Rel)* father; **el P~ Las Casas** Father Las Casas; ~ **espiritual** confessor; **P~ Nuestro** Lord's Prayer, Our Father. **(c)** *(fam)* **una paliza de ~ y muy señor mío** the father and mother of a thrashing; **¡mi ~!** *(fam)* you don't say! *(fam)*; **¡tu ~!** *(fam!)* up yours! *(fam!)*. **2** *adj (fam)* huge, tremendous; **un éxito ~** a terrific success; **un lío ~** an almighty row.
padrejón *nm (Arg)* stallion.
padrenuestro *nm* Lord's Prayer, paternoster; **en menos que se reza un ~** in no time at all.
padrinazgo *nm (Rel)* godfathership; *(fig)* sponsorship, patronage.
padrino *nm (Rel)* godfather; (*tb* **~ de boda**) best man; *(de desafío)* second; *(fig)* sponsor, patron; **~s** godparents.
padrón *nm* **(a)** *(censo)* census; *(Pol)* electoral register *o* roll. **(b)** *(Téc)* pattern. **(c)** *(memorial)* commemorative column. **(d)** *(fig)* stain, blot; **será un ~ (de ignominia) para todos nosotros** it will be a disgrace for all of us. **(e)** *(LAm Agr)* stud (animal).
padrote *nm (Méx)* pimp.
paella *nf (Culin)* paella.
paf *interj* wham!, zap!
paga *nf* **(a)** *(pago)* payment; **entrega contra ~** cash on delivery. **(b)** *(sueldo)* pay, wages; **día de ~** payday.
pagadero *adj* payable, due; ~ **a la entrega** payable on delivery; ~ **a plazos** payable in instalments.
pagado *adj (fig)* pleased; ~ **de sí mismo** self-satisfied, smug.
pagador(a) *nm/f* payer; **mal ~** bad payer.
pagaduría *nf* paymaster's office.
paganismo *nm* paganism, heathenism.
pagano/a 1 *adj (Rel)* pagan, heathen. **2** *nm/f* **(a)** *(Rel)* pagan, heathen. **(b)** *(fam)* the one who pays *(fam)*.
pagar [1h] **1** *vt, vi* **(a)** *(gen)* to pay; *(deuda)* to pay (off), repay; *(compras)* to pay for; **su tío le paga los estudios** his uncle is paying for his education; **no lo podemos ~** we can't afford it; **a ~** *(Correos)* postage due; **cuenta a ~** outstanding account; ~ **por adelantado** to pay in advance; ~ **al contado** to pay (in) cash. **(b)** *(fig: favor)* to

repay; *(visita)* to return; *(crimen)* to pay for; **lo pagó con la vida** he paid for it with his life; **¡me las pagarás!** I'll get you for this!; **¡las vas a ~!** you've got it coming to you!

2 *vi* **(a)** to pay; **el negocio no paga** the business doesn't pay. **(b)** *(Arg, Chi)* to take bets, make a book.

3 pagarse *vr* **(a) ~ con algo** to be content with sth. **(b) ~ de algo** to be pleased with sth; **~ de sí mismo** to be conceited, be full of o.s. *(fam)*.

pagaré *nm* promissory note, IOU.

página *nf* page.

paginación *nf* pagination.

paginar [1a] *vt* to paginate, number the pages of; **con 6 hojas sin ~** with 6 unnumbered pages.

pago[1] *nm* **(a)** *(Fin: gen)* payment; *(: devolución)* repayment; **~ anticipado** advance payment; **~ al contado** cash payment; **~ a cuenta** payment on account; **~ a la entrega, ~ contra reembolso** cash on delivery; **~ en especie** payment in kind; **~ inicial** down payment, deposit; **~ a plazos** payment by instalments; **'nada de ~'** 'nothing to declare'; **atrasarse en los ~s** to be in arrears; **efectuar un ~** to make a payment; **faltar en los ~s** to default. **(b)** *(fig)* return, reward; **en ~ de** in return for.

pago[2] *nm (zona)* district; *(finca)* estate *(esp planted with vines or olives)*; *(RPl)* region, area.

pagoda *nf* pagoda.

pai *nm (LAm)* pie.

paila *nf* frying pan.

país *nm* **(a)** *(nación)* country; *(tierra)* land, region; **~ natal** native land; **~ satélite** satellite country; **los ~es miembros** the member countries. **(b) P~es Bajos** Low Countries; **P~ Vasco** Basque Country.

paisaje *nm* landscape, countryside.

paisajista *nmf* landscape painter.

paisanaje *nm* civil population.

paisano/a 1 *adj* of the same country. **2** *nm/f* **(a)** *(Mil)* civilian; **vestir de ~** to be in civvies. **(b)** *(compatriota)* compatriot, fellow countryman/-woman; **es ~ mío** he's a fellow countryman (of mine). **(c)** *(LAm)* peasant.

paja *nf* **(a)** *(Agr)* straw; **hombre de ~** *(fig fam)* front man *(fam)*; **techo de ~** thatched roof; **hacerse una ~** *(fam)* to masturbate; **riñeron por un quítame allá esas ~s** they quarrelled over some trifle. **(b)** *(fig)* trash, rubbish; *(en libro, ensayo)* padding, waffle; **hinchar un libro con mucha ~** to pad a book out.

pajar *nm* straw loft.

pájara *nf* **(a)** *(Orn)* hen (bird); *(esp)* hen partridge. **(b)** *(de papel)* paper plane; *(cometa)* kite. **(c) ~ pinta** (game of) forfeits.

pajarera *nf* aviary.

pajarero 1 *adj* **(a)** *(Orn)* bird *(atr)*. **(b)** *(persona)* merry, fun-loving. **(c)** *(ropa)* gaudy, flashy, loud. **(d)** *(LAm: caballo)* nervous. **2** *nm (Com)* bird dealer; *(cazador)* bird catcher; *(criador)* bird breeder.

pajarilla *nf* paper kite; **se le alegraron las ~s** he laughed himself silly.

pajarita *nf* **(a)** *(Orn)* **~ de las nieves** white wagtail. **(b)** *(cometa)* paper kite. **(c)** *(corbata)* bow tie.

pajarito *nm (Orn)* baby bird, fledgling; *(fig)* very small person; **quedarse como un ~** to die peacefully, fade away.

pájaro *nm* **(a)** *(Orn)* bird; **~ de mal agüero** bird of ill omen; **~ azul** bluebird; **~ bobo** penguin; **~ cantor** songbird; **~ carpintero** woodpecker; **~ mosca** hummingbird; **tener la cabeza a ~s** to be featherbrained. **(b)** *(fam: astuto)* clever fellow, sharp sort; **~ de cuenta** big shot *(fam)*. **(c)** *(fam: picha)* prick *(fam!)*.

pajarota *nf* hoax.

paje *nm (gen)* page; *(Náut)* cabin boy.

pajera *nf* straw loft.

pajilla *nf* straw hat.

pajita *nf* (drinking) straw.

pajizo *adj* **(a)** *(de paja)* straw, made of straw; *(techo)* thatched. **(b)** *(color)* straw-coloured.

pajolero *adj* bloody *(fam)*, damn(ed) *(fam)*.

Pakistán *nm* Pakistan.

pakistaní *adj, nmf* Pakistani.

pala *nf* **(a)** *(gen)* shovel, spade; **~ mecánica** power shovel; **~ topadora** *(Arg)* bulldozer. **(b)** *(Culin)* slice; **~ para el pescado** fish slice. **(c)** *(Dep: Béisbol)* bat; *(: Tenis etc)* racket. **(d)** *(de remo etc)* blade. **(e) ~ matamoscas** fly swat. **(f)** *(de zapato)* upper. **(g)** *(fig)* cunning, wiliness.

palabra *nf* **(a)** *(voz)* word; **~s cruzadas** crossword; **dos ~s, cuatro ~s** a couple of words; **¡ni una ~ más!** not another word!; **a media ~** at the least hint; **de ~** by word of mouth; **en una ~** in a word; **cambiar unas ~s con uno** to have a few words with sb; **sin chistar ~** without a word; **dejar a uno con la ~ en la boca** to interrupt sb; **no encuentro ~s para expresarme** words fail me; **negar la ~ de Dios a uno** to concede absolutely nothing to sb; **quedarse con la ~ en la boca** to stop short; **tuvo ~s de elogio para el ministro** he praised the minister; **trabarse de ~s** to wrangle, squabble. **(b)** *(facultad)* (faculty of) speech; **de ~ fácil** fluent; **perder la ~** to lose one's power of speech. **(c)** *(en reunión, comité etc)* right to speak; **conceder la ~ a uno** to invite sb to speak; **dirigir la ~ a uno** to address sb; **tomar la ~** to speak; **pedir la ~** to ask to be allowed to speak; **tener la ~** to have the floor. **(d)** *(promesa)* word, promise; **~ de casamiento, ~ de matrimonio** promise to marry; **~ de honor** word of honour; **bajo ~** *(Mil)* on parole; **es hombre de ~** he is a man of his word; **faltar a su ~** to go back on one's word.

palabreja *nf* strange word.

palabrería *nf* verbiage, hot air.

palabrero/a 1 *adj* wordy, windy. **2** *nm/f* windbag.

palabrota *nf* swearword, four-letter word *(fam)*.

palacete *nm* small palace.

palaciego *adj* palace *(atr)*.

palacio *nm (gen)* palace; *(casa grande)* mansion, large house; **~ de justicia** courthouse; **~ municipal** city hall; **~ real** royal palace; **ir a ~** to go to court.

palada *nf* **(a)** *(gen)* shovelful, spadeful. **(b)** *(de remo)* stroke.

paladar *nm* (hard) palate, roof of the mouth; *(fig)* palate, taste; **tener un ~ delicado** to have a delicate palate.

paladear [1a] *vt* to relish, savour.

paladeo *nm* tasting, savouring.

paladín *nm (Hist)* paladin; *(fig)* champion.

paladino *adj* open, public.

palafrén *nm* palfrey.

palafrenero *nm* groom.

palanca *nf* **(a)** *(gen)* lever, crowbar; **~ de cambio** gear lever, *(US)* gearshift; **~ de freno** brake lever; **~ de mando** control lever. **(b)** *(fig)* pull, influence; **mover ~s** to pull strings.

palangana 1 *nf* washbasin. **2** *nmf (LAm)* show-off *(fam)*.

palanganear [1a] *vi (LAm)* to show off.

palanganero *nm* washstand.

palanquera *nf* stockade.

palanqueta *nf (gen)* small lever; *(de forzar puertas)* jemmy, crowbar.
palatinado *nm* palatinate.
palatino *adj (Pol)* palace *(atr)*, court *(atr)*; *(del palatinado)* palatine.
palco *nm (Teat etc)* box; ~ **de la presidencia** *(Taur)* president's box; ~ **de proscenio** stage box.
palenque *nm* **(a)** *(estacada)* stockade, palisade. **(b)** *(recinto)* arena, ring. **(c)** *(RPl)* tethering post, rail.
palenquear [1a] *vt (RPl)* to hitch, tether.
paleografía *nf* paleography.
paleógrafo/a *nm/f* paleographer.
paleolítico *adj* paleolithic.
Palestina *nf* Palestine.
palestino/a *adj, nm/f* Palestinian.
palestra *nf* arena; *(fig)* lists; **salir a la** ~ *(fig)* to take the field.
paleta *nf* **(a)** *(pala)* small shovel *o* spade; *(palustre)* trowel. **(b)** *(Arte)* palette. **(c)** *(Téc: de turbina)* blade; *(de noria)* paddle, bucket. **(d)** *(Anat)* shoulder blade. **(e)** *(LAm)* lollipop.
paletilla *nf* shoulder blade.
paleto/a *nm/f* yokel, *(US)* hick.
paliacate *nm (Méx)* kerchief.
paliar [1b] *vt (gen)* to mitigate, alleviate; *(dolor)* to relieve; *(efectos)* to cushion.
paliativo *adj, nm* palliative.
palidecer [2d] *vi* to pale, turn pale.
palidez *nf* paleness, pallor.
pálido *adj (gen)* pale, pallid; *(enfermizo)* sickly.
palillo *nm* **(a)** *(gen)* small stick; *(mondadientes)* toothpick; *(Mús)* drumstick; *(CAm, Méx)* penholder; ~**s** *(Mús)* castanets; ~**s chinos** chopsticks. **(b)** *(fam)* very thin person; **estar hecho un** ~ to be as thin as a rake.
palinodia *nf* recantation; **cantar la** ~ to recant.
palique *nm* small talk, chitchat; **estar de** ~ to be chatting, have a chat.
paliza *nf* **(a)** beating-up; **dar una** *o* **propinar** *(fam)* **una** ~ **a uno** to give sb a beating. **(b)** *(fig: Dep etc)* drubbing; **¡qué** ~ **aquélla!** what a beating that was!; **los críticos le dieron una** ~ **a la novela** the critics panned *o* slated the novel.
palizada *nf* **(a)** *(valla)* fence, palisade. **(b)** *(cercado)* fenced enclosure.
palma *nf* **(a)** *(Anat)* palm; **batir** ~**s, dar** ~**s** to clap hands, applaud; *(Mús)* to clap hands; **como la** ~ **de la mano** very easy, straightforward. **(b)** ~**s** *(fig)* clapping, applause; ~**s de tango** *(fam)* slow hand-clap *(fam)*. **(c)** *(Bot)* palm (tree); *(hoja)* palm leaf; **llevarse la** ~ to triumph, win.
palmada *nf* **(a)** slap, pat; **darse una** ~ **en la frente** to clap one's hand to one's brow. **(b)** ~**s** clapping, applause; **dar** ~**s** to clap, applaud.
palmar[1] *nm (Bot)* palm grove.
palmar[2] [1a] *vi* to die, kick the bucket *(fam)*.
palmar[3] *adj*, **palmario** *adj* obvious, self-evident.
palmeado *adj (pata)* webbed.
palmear [1a] **1** *vt (LAm: perro etc)* to pat, stroke. **2** *vi* to clap.
palmera *nf*, **palmero** *nm (LAm)* palm (tree).
palmeta *nf (Escol)* cane; ~ **matamoscas** fly swat.
palmípedo *adj* web-footed.
palmo *nm (medida)* span; *(fig)* few inches, small amount; ~ **a** ~ inch by inch; **avanzar** ~ **a** ~ to go forward inch by inch; **crecer a** ~**s** to shoot up; **dejar a uno con un** ~ **de narices** to disappoint sb, let sb down; **no hay un** ~ **de A a B** there's hardly any distance *o* difference between A and B.
palmotear [1a] *vi* to clap, applaud.
palo *nm* **(a)** *(gen)* stick; *(Telec etc)* post, pole; *(porra)* club; *(de herramienta)* handle, shaft; *(Dep)* club; ~ **ensebado** greasy pole; ~ **de escoba** broomstick; ~ **de golf** golf club; **de tal** ~ **tal astilla** a chip off the old block; **estar hecho un** ~ to be as thin as a rake; **meter** ~**s en las ruedas** *(fig)* to put a spanner in the works. **(b)** *(Náut)* mast; ~ **mayor** mainmast. **(c)** *(Bot)* stalk. **(d)** *(madera)* wood; **cuchara de** ~ wooden spoon. **(e)** *(esp LAm)* tree; ~ **dulce** liquorice root; ~ **de hule** *(CAm)* rubber tree. **(f)** *(Tip)* upright. **(g)** *(porrazo)* blow, hit (with a stick); **andar a** ~**s** to be always squabbling; **dar un** ~ **a uno** *(fig)* to take sb to task; **¡**~ **y tentetieso!** come down hard on him; **dar** ~**s de ciego** to lash out wildly. **(h)** *(Naipes)* suit; **seguir el** ~ to follow suit. **(i)** *(LAm)* swig *(fam)*, swallow; **a medio** ~ half-drunk; **pegarse unos** ~**s** to have a few drinks. **(j)** **a** ~ **seco** by itself, pure; **vermut a** ~ **seco** straight vermouth. **(k)** *(Chi)* ~ **grueso** *(fig)* big shot *(fam)*.
paloma *nf* **(a)** *(Orn)* dove, pigeon; ~ **de la paz** dove of peace; ~ **mensajera** carrier *o* homing pigeon; ~ **torcaz** wood pigeon. **(b)** *(fig)* meek and mild person.
palomar *nm* dovecot(e), pigeon loft.
palomilla *nf* **(a)** *(insecto)* grain moth. **(b)** *(Téc: tuerca)* wing nut. **(c)** *(soporte)* wall bracket. **(d)** *(de caballo)* back.
palomino **1** *adj (LAm: caballo)* white. **2** *nm* **(a)** *(Orn)* young pigeon. **(b)** palomino (horse).
palomitas *nfpl* popcorn.
palomo *nm* (cock) pigeon; ~ **de arcilla** clay pigeon.
palpable *adj (gen)* palpable; *(fig)* tangible, concrete.
palpar [1a] **1** *vt* **(a)** *(gen)* to touch, feel; *(andar a tientas)* to feel one's way along. **(b)** *(fig)* to appreciate, understand; **ahora palpa las consecuencias** now he's really feeling the consequences. **2** **palparse** *vr (fig)* to be felt.
palpitación *nf* palpitation, throb(bing), beat(ing).
palpitante *adj* **(a)** *(corazón)* palpitating, throbbing. **(b)** *(fig: candente)* burning.
palpitar [1a] *vi* **(a)** *(gen)* to palpitate; *(corazón)* to throb, beat. **(b)** *(fig)* to throb; **en la poesía palpita la emoción** the poem throbs with emotion. **(c)** *(RPl)* **me palpita** I have a hunch.
palpite *nm*, **pálpito** *nm* hunch, presentiment; **tener un** ~ to have a hunch.
palta *nf (LAm)* avocado (pear).
palúdico *adj* marshy; *(Med)* malarial.
paludismo *nm* malaria.
palurdo/a **1** *adj* coarse, uncouth. **2** *nm/f* yokel, *(US)* hick.
palustre *nm (Téc)* trowel.
pallasa *nf* mattress.
pamema *nf* **(a)** triviality, trifle. **(b)** ~**s** fuss; **¡déjate de** ~**s!** stop your fussing!, that's enough of that!
pampa[1] *nf (LAm)* pampa(s), prairie; **la P**~ the Pampas.
pampa[2] **1** *adj (negocio)* shady, dishonest. **2** *nmf (Arg)* (pampean) Indian.
pámpana *nf* vine leaf.
pámpano *nm* vine shoot *o* tendril.
pampeano *adj (LAm)* of *o* from the pampas.
pampero/a *(LAm)* **1** *adj* of *o* from the pampas. **2** *nm/f* inhabitant of the pampas. **3** *nm (Met)* strong westerly wind.
pamplina *nf* **(a)** *(Bot)* chickweed. **(b)** ~**s** nonsense; **¡**~**s!** rubbish!; **esas son** ~**s** that's a load of rubbish.
pamporcino *nm* cyclamen.
pan *nm* **(a)** *(gen)* bread; *(un* ~*)* loaf; *(fig)* bread,

daily bread; ~ **candeal/integral/de centeno** white/wholemeal/rye bread; ~ **de molde** sliced loaf; **el ~ nuestro de cada día** our daily bread; **ganarse el ~** to earn one's living. **(b)** *(Bot)* wheat; **~es** *(fig)* crops, harvest; **año de mucho ~** year of a heavy wheat crop; **tierras de ~ llevar** wheatland. **(c)** ~ **de azúcar** sugar loaf; ~ **de higos** block of dried figs; ~ **de jabón** bar *o* cake of soap. **(d)** *(Téc)* gold *o* silver leaf. **(e)** ~ **de cuco** *(Bot)* stonecrop. **(f)** *(locuciones)* **eso es ~ comido** it's a cinch; **con su ~ se lo coma** that's his look-out; **echar ~es** *(Arg)* to boast, brag; **llamar al ~ ~ y al vino vino** to call a spade a spade; **venderse como ~ bendito** to sell like hot cakes.

pana[1] *nf* velveteen, corduroy.

pana[2] *nf (LAm Aut)* breakdown.

panacea *nf* panacea, cure-all.

panadería *nf* bakery, bakehouse; *(tienda)* baker's (shop).

panadero/a *nm/f* baker.

panal *nm* honeycomb.

Panamá *nm* Panama.

panamá *nm (LAm)* panama hat.

panameño/a *adj, nm/f* Panamanian.

panamericanismo *nm* Pan-Americanism.

panamericano *adj* Pan-American.

pancarta *nf* placard, banner.

pancista *adj, nmf* opportunist.

páncreas *nm* pancreas.

pancho *adj* calm, unruffled; **estar tan ~** to remain perfectly calm.

panda[1] *nf (Zool)* panda.

panda[2] *nf* gang.

pandear [1a] *vi*, **pandearse** *vr (madera)* to bend, warp; *(pared)* to sag, bulge.

pandemonio *nm* pandemonium.

pandereta *nf* tambourine; **la España de ~** *(fam)* tourist Spain.

panderetear [1a] *vi* to play the tambourine.

pandero *nm* **(a)** *(Mús)* tambourine. **(b)** *(fam: culo)* backside.

pandilla *nf (camarilla)* clique, coterie; *(criminal etc)* gang; *(Com)* ring.

pando *adj* **(a)** *(pared)* bulging; *(madera)* warped; *(viga)* sagging. **(b)** *(lento)* slow.

Pandora *nf*: **la caja de ~** Pandora's box.

pandorga *nf* **(a)** *(jamona)* fat woman. **(b)** *(cometa)* kite.

panecillo *nm* (bread) roll.

panegírico *nm* panegyric.

panel *nm* panel; **~es** *(Arquit)* panelling.

panera *nf* bread basket.

pánfilo *adj* sluggish, lethargic.

panfletario *adj (estilo)* violent, highly-coloured.

panfletista *nmf* pamphleteer.

panfleto *nm (Pol etc)* pamphlet; *(LAm)* lampoon, scandal sheet.

paniaguado *nm (Hist)* henchman; *(fam: Pol etc)* protégé.

pánico *nm* **(a)** panic, fear; **yo le tengo un ~ tremendo** I'm scared stiff of him. **(b) de ~** excellent, brilliant.

paniego *adj (Agr)* **tierra ~a** wheatland.

panificación *nf* breadmaking.

panizo *nm* **(a)** *(Bot: gen)* millet; *(: maíz)* maize. **(b)** *(Chi)* mineral deposit; *(fig)* treasure, gem; *(Com)* gold mine.

panocha *nf*, **panoja** *nf* **(a)** *(Bot)* corncob, ear of maize. **(b)** *(fam: dinero)* dough *(fam)*, bread *(fam)*.

panolis *nmf inv* chump, idiot.

panoplia *nf* panoply.

panorama *nm (gen)* panorama; *(vista)* view, scene.

panorámico *adj* panoramic; **punto ~** vantage point.

panqueque *nm* pancake.

pantaleta(s) *nf(pl) (LAm)* panties.

pantalón *nm*, **pantalones** *nmpl* **(a)** *(de hombre)* trousers, *(US)* pants; *(femenino)* slacks, trousers; **~es cortos** shorts; **~es de esquí** ski pants; **~es tejanos** *o* **vaqueros** jeans. **(b)** *(Per)* man, male. **(c) bajarse los ~es** *(fig fam)* to back down.

pantalla *nf* **(a)** *(de lámpara)* (lamp)shade. **(b)** *(Cine etc)* screen; **~ de televisión** television screen; **los personajes de la ~** screen personalities; **llevar una historia a la ~** to film a story. **(c)** *(LAm)* fan. **(d)** *(fig)* blind, pretext; **servir de ~ a** to be a blind for; **hacer la ~** *(Dep)* to protect the goalkeeper. **(e)** *(de chimenea)* fireguard.

pantanal *nm* marshland.

pantano *nm* **(a)** *(natural)* marsh, bog; *(artificial)* reservoir. **(b)** *(fig)* fix, difficulty; **salir de un ~** to get out of a jam.

pantanoso *adj (Agr etc)* marshy, boggy; *(fig)* difficult.

panteísmo *nm* pantheism.

panteísta 1 *adj* pantheistic. **2** *nmf* pantheist.

panteón *nm* **(a)** pantheon; **~ familiar** family vault. **(b)** *(LAm)* cemetery.

pantera *nf (Zool: gen)* panther; *(: Ven)* jaguar, ocelot.

pantomima *nf* pantomime.

pantoque *nm (Náut)* bilge.

pantorrilla *nf* calf (of the leg).

pantufla *nf*, **pantuflo** *nm* (carpet) slipper.

panza *nf* belly, paunch; **~ mojada** *(Méx)* wetback *(US)*.

panzada *nf* **(a)** *(hartazgo)* bellyful; **darse una ~** to have a blow-out. **(b)** *(golpe)* blow in the belly. **(c)** *(fig)* **una ~ de** a lot of, a bellyful of. **(d) aterrizaje de ~** belly landing.

panzón *adj*, **panzudo** *adj* paunchy, potbellied.

pañal *nm* **(a)** *(de bebé)* nappy, *(US)* diaper; *(de camisa)* shirt-tail. **(b)** *(fig)* **de humildes ~es** of humble origins; **criarse en buenos ~es** to be born with a silver spoon in one's mouth; **estar todavía en ~es** to be still wet behind the ears.

pañería *nf (artículos)* drapery; *(tienda)* draper's (shop), *(US)* dry-goods store.

paño *nm* **(a)** *(gen)* cloth; *(tela)* material; **le conozco el ~** I know his sort. **(b)** *(un ~)* (piece of) cloth; *(trapo)* duster, rag; **~s calientes** *(fig)* half-measures; **no andarse con ~s calientes** to pull no punches; **~ de cocina** dishcloth; **~ higiénico** sanitary towel, *(US)* sanitary napkin; **~ de lágrimas** *(fig)* standby, consolation; **~ de manos** towel; **~ mortuorio** pall; **~ de secar** tea towel. **(c)** *(Cos: ancho)* piece of cloth, width. **(d) ~s** clothes; *(Arte)* drapes; **~s menores** undies *(fam)*. **(e) al ~** *(Teat)* offstage. **(f)** *(Arquit)* wall section. **(g)** *(en cristal)* mist, cloud; *(de diamante)* flaw.

pañol *nm (Náut)* store(room); **~ del agua** water store.

pañoleta *nf* fichu.

pañolón *nm* shawl.

pañuelo *nm (gen)* handkerchief; *(de cabeza)* (head)scarf.

papa[1] *nm (Rel)* pope.

papa[2] *nf* **(a)** *(esp LAm)* potato; **~s fritas** chips, *(US)* French fries; **~ dulce** sweet potato. **(b) ni ~** sweet Fanny Adams *(fam)*; **no saber ni ~** to be clueless. **(c)** *(Arg)* bash, blow. **(d)** *(Méx)* lie, fib.

papá *nm* **(a)** dad(dy), *(US)* pop; **hijo de ~** Hooray Henry *(fam)*. **(b) ~s** parents.

papacote *nm (CAm)* kite.

papachar [1a] *vt (Méx)* to pat, caress.
papada *nf* double chin.
papado *nm* papacy.
papagayo *nm* **(a)** *(Orn)* parrot. **(b)** *(fig)* chatterbox. **(c)** *(Cu, Méx)* large kite.
papal[1] *adj (Rel)* papal.
papal[2] *nm (LAm)* potato field.
papalina *nf* **(a)** *(gorra)* ski-cap. **(b)** *(fam: borrachera)* piss-up *(fam!)*; **coger una ~** to get tight.
papamoscas *nm inv* **(a)** *(Orn)* fly-catcher. **(b)** = **papanatas.**
papanatas *nm inv* simpleton.
papanatería *nf*, **papanatismo** *nm* gullibility, simple-mindedness.
papar [1a] **1** *vt* to swallow, gulp (down). **2 paparse** *vr:* **~ algo** *(fam)* to eat sth up; **se lo papó todo** he scoffed the lot; **¡pápate ésa!** put that in your pipe and smoke it! *(fam)*.
paparruta *nmf (Chi)* humbug.
papas *nm inv (Méx fam)* hit-man *(fam)*, killer.
papaya *nf (LAm Bot)* papaya.
papayo *nm (LAm)* papaya tree.
papel *nm* **(a)** *(gen)* paper; **~ atrapamoscas** flypaper; **~ de calcar** tracing paper; **~ de China** India paper; **~ carbón** carbon (paper); **~ de cartas** notepaper, stationery; **~ cuadriculado** squared *o* graph paper; **~ de embalar** *o* **envolver** wrapping paper; **~ de empapelar** wallpaper; **~ encerado** wax(ed) paper; **~ de estaño** tinfoil; **~ engomado** gummed paper; **~ higiénico** toilet paper; **~ de filtro** filter paper; **~ de fumar** cigarette paper; **~ de lija** sandpaper; **~ mojado** *(fig)* scrap of paper, worthless bit of paper; **~ de paja de arroz** rice paper; **~ pintado** wallpaper; **~ de plata** silver paper; **~ prensa** newsprint; **~ secante** blotting paper; **~ de tornasol** litmus paper; **~ vitela** vellum paper; **sobre el ~** *(fig)* on paper, in theory. **(b)** *(un ~)* piece *o* sheet (of paper); **~es** papers; **~es viejos** waste paper. **(c)** *(Pol etc)* **~es** papers, documents; *(carnet)* identification papers; **tiene los ~es en regla** his papers are in order. **(d)** *(Fin: billetes)* **~ moneda** paper money, banknotes; **mil dólares en ~** a thousand dollars in notes. **(e)** *(bonos)* stocks and shares; **~ del Estado** government bonds. **(f)** *(Cine, Teat etc)* part, role; **desempeñar un ~** *(fig)*, **hacer un ~** to play a part; **el ~ del gobierno en este asunto** the government's role in this matter; **hizo el ~ de Cleopatra** she played the part of Cleopatra; **tuvo que desempeñar un ~ secundario** he had to play second fiddle.
papelada *nf (CAm)* charade.
papelear [1a] *vi* to rummage through papers.
papeleo *nm (fig)* red tape.
papelera *nf* **(a)** *(gen)* wastepaper basket. **(b)** *(escritorio)* writing desk.
papelería *nf* stationer's (shop).
papelero/a 1 *adj* **(a)** *(Com etc)* paper *(atr)*. **(b)** *(farolero)* pretentious. **2** *nm/f* **(a)** *(fabricante)* paper manufacturer. **(b)** *(vendedor)* stationer. **3** *nm (Méx)* paper-seller.
papeleta *nf (gen)* slip *o* bit of paper; *(ficha)* index *o* file card; *(Pol)* ballot paper; *(Escol)* report; **~ de empeño** pawn ticket; **¡vaya ~!** this is a tough one.
papelillo *nm* **(a)** *(cigarro)* cigarette. **(b)** *(Med)* sachet.
papelote *nm*, **papelucho** *nm* useless bit of paper.
papera *nf (Med: bocio)* goitre; **~s** mumps.
papilla *nf* **(a)** *(de bebé)* pap, mush. **(b)** *(fig)* guile, deceit. **(c) estar hecho ~** to be dog-tired.
papiro *nm* papyrus.
papirotazo *nm*, **papirote** *nm* flick.
papismo *nm* popery.
papista *adj, nmf* papist.
papo *nm* **(a)** *(Orn)* crop; *(Zool)* dewlap; *(sotabarba)* jowl, double chin. **(b)** *(Med)* goitre. **(c)** *(fam!: coño)* pussy *(fam!)*, cunt *(fam!)*.
paquebote *nm* packet boat.
paquete *nm* **(a)** *(Correos etc)* parcel, package; **~s postales** parcel post; **~ de cigarrillos** packet *o (US)* pack of cigarettes. **(b)** *(Náut)* packet (boat). **(c)** *(fam: preñez)* bun in the oven *(fam)*. **(d)** *(Mil fam)* **meter un ~ a uno** to put sb on a charge. **(e)** *(LAm)* nuisance, bore; **¡menudo ~!, ¡vaya ~!** what a bore! **(f)** *(trabajo)* boring job. **(g)** *(persona)* incompetent.
paquidermo *nm* pachyderm.
paquistaní = **pakistaní.**
par 1 *adj (semejante)* like, equal; *(número)* even.

2 *nm* **(a)** *(gen)* pair, couple; **un ~ de guantes** a pair of gloves; **por un ~ de dólares** for a couple of dollars; **un ~ de veces** a couple of times; **le dio un ~ de hostias** he hit him a couple of times; **a ~es** in pairs, in twos. **(b)** *(igual)* equal; **al ~** equally; **es útil a ~ que divertido** it is both useful and amusing; **está al ~ de los mejores** it is on a level with the best; **caminar al ~ de** to walk abreast of; **sin ~** matchless, peerless; **no tener ~** to have no parallel, be unique. **(c)** *(Mat)* even number; **~es o nones** odds or evens. **(d)** *(Golf)* par; **lo hizo con 4 por debajo del ~** he did it in 4 under par. **(e)** *(Mec)* **~ de fuerzas** couple; **~ de torsión** torque. **(f) estar abierto de ~ en ~** to be wide open. **(g)** *(Pol)* peer; **los doce ~es** the twelve peers.

3 *nf (esp Com, Fin)* par; **a la ~** at par; *(fig: conjuntamente)* together; *(: igualmente)* at the same time; **a la ~ que** at the same time as; **estar a la ~** to be at par; **estar por encima de la ~** to be above *o* over par.
para *prep* **(a)** *(uso etc)* (intended) for; **un regalo ~ ti** a present for you; **un hotel ~ turistas** a tourist hotel; **no es ~ comer** it's not for eating, it's not to be eaten; **léelo ~ ti** read it to yourself; **~ esto, podíamos habernos quedado en casa** if this is all it is we might as well have stayed at home.

(b) ¿~ qué? why?, for what purpose?, what's the use?; **¿~ qué lo quieres?** why do you want it?

(c) ~ hacer algo *(propósito)* to do sth, in order to do sth; **lo hizo ~ salvarse** he did it (in order) to save himself; **~ comprarlo necesitas 5 dólares más** to buy it you need another 5 dollars.

(d) *(bastante, muy)* **tengo bastante ~ vivir** I have enough to live on; **es demasiado tarde ~ ir** it's too late to go; **tiene demasiada inteligencia ~ pensar así** he's too intelligent to think that.

(e) ~ que in order that, so that; **lo traje ~ que lo veas** I brought it so that you could see it; **~ que eso fuera posible habría que trabajar mucho** you would have to work hard for that to be possible *o* to bring that about.

(f) ~ hacer algo *(resultado)* only to do sth; **se casaron ~ separarse en seguida** they married only to separate at once.

(g) *(tiempo)* **~entonces** by then *o* that time; **~ mañana** for *o* by tomorrow; **lo dejamos ~ mañana** we left it till tomorrow; **lo tendré listo ~ fin de mes** I'll have it ready by *o* for the end of the month; **ahora ~ la feria de agosto hará un año** it'll be a year ago this *o* come the August holiday; **va ~ un año desde la última vez** it's getting on for a year since the last time.

(h) *(trato: tb* **~ con***)* to, towards; **tan amable ~ todos** so kind to everybody; **se comportó bien ~**

con los viejos he was very good to the old.

(i) *(comparación)* ~ **profesor habla muy mal** he talks very badly for a professor; ~ **niño lo hace muy bien** he does it very well for a child; **es mucho ~ lo que suele dar** this is a lot in comparison with what he usually gives; **¿quién es Ud ~ gritar así?** who are you to shout like that?

parabellum *nm* (automatic) pistol.

parabién *nm* congratulations *pl*; **dar el ~ a uno** to congratulate sb (*por* on).

parábola *nf* **(a)** *(Mat)* parabola. **(b)** *(Lit)* parable.

parabólico *adj* parabolic.

parabrisas *nm inv* windscreen, *(US)* windshield.

paracaídas *nm inv* parachute; **lanzarse en ~** to parachute (down).

paracaidista 1 *nmf* parachutist. **2** *nm (Mil)* paratrooper; **los ~s** *(Mil)* the paratroops.

parachoques *nm inv (Aut)* bumper, *(US)* fender; *(Ferro)* buffer(s); *(Mec etc)* shock absorber.

parada *nf* **(a)** *(acción)* stopping; *(sitio)* stopping place; *(industrial)* stoppage; ~ **de autobús** bus stop; ~ **discrecional** request stop; ~ **en seco** sudden stop; ~ **de taxis** taxi rank. **(b)** *(de caballos)* relay, team. **(c)** *(en el juego)* bet, stake. **(d)** *(presa)* dam. **(e)** *(Agr)* stud, breeding establishment. **(f)** *(Mil etc)* parade; **formar en ~** to parade.

paradear [1a] *vi (RPl)* to brag; ~ **con algo** to brag about sth.

paradero *nm* **(a)** *(gen)* whereabouts; **averiguar el ~ de** to ascertain the whereabouts of. **(b)** *(morada)* lodging. **(c)** *(fig)* end; **seguramente tendrá mal ~** he'll surely come to a bad end.

paradigma *nm* paradigm.

paradisíaco *adj* heavenly.

parado *adj* **(a) estar ~** *(inmóvil: persona)* to be motionless; *(: máquina)* to be idle; *(: fábrica)* to be at a standstill; *(: coche etc)* to be stationary. **(b) estar ~** *(obrero)* to be unemployed, be idle; **los ~s** the unemployed. **(c) estar ~** *(LAm)* to be standing (up); **estuve ~ durante 2 horas** I was standing for 2 hours. **(d) dejar a uno ~** *(fig)* to amaze *o* bewilder sb; **¡me deja Ud ~!** you amaze me!; **me quedé ~** I was completely confused. **(e) salir bien ~** to come off well; **salió mejor ~ de lo que cabía esperar** he came out of it better than could be expected; **estar bien ~** *(LAm)* to be well placed; **caer ~ (como los gatos)** to land on one's feet, be lucky. **(f) ser ~** *(persona)* to be inactive.

paradoja *nf* paradox.

paradójico *adj* paradoxical.

parador *nm* **(a)** *(Hist)* inn; *(hotel)* (state-run) tourist hotel. **(b)** *(jugador)* heavy gambler.

paraestatal *adj* semi-official.

parafina *nf* paraffin.

parafrasear [1a] *vt* to paraphrase.

paráfrasis *nf inv* paraphrase.

paraguas *nm inv* **(a)** *(gen)* umbrella. **(b)** *(fam: condón)* rubber *(fam)*.

Paraguay *nm*: **el ~** Paraguay.

paraguayo/a *adj, nm/f* Paraguayan.

paragüero *nm* umbrella stand.

paraíso *nm* **(a)** *(Rel)* paradise, heaven. **(b)** *(Teat)* gods.

paraje *nm* place, spot.

paralelismo *nm* parallelism.

paralelo/a 1 *adj* parallel (*a* to). **2** *nm* parallel; **en ~** *(Elec)* in parallel. **3 paralela** *nf* parallel (line); **~s** parallel bars.

paralelogramo *nm* parallelogram.

parálisis *nf* paralysis; ~ **cerebral** cerebral palsy; ~ **infantil** infantile paralysis; ~ **progresiva** creeping paralysis.

paralítico/a *adj, nm/f* paralytic.

paralización *nf (gen)* stoppage; *(fig)* blocking; **la ~ fue total** there was a complete stoppage.

paralizar [1f] **1** *vt* to paralyse; **estar paralizado de un brazo** to be paralysed in one arm. **2 paralizarse** *vr* to become paralysed; *(fig)* to be paralysed, come to a standstill.

paramento *nm* **(a)** *(adorno)* ornamental cover; *(de caballo)* trappings; **~s sacerdotales** liturgical vestments. **(b)** *(de pared)* face.

paramera *nf* high moorland.

paramilitar *adj* paramilitary.

páramo *nm* bleak plateau.

parangón *nm* comparison; **sin ~** incomparable, matchless.

parangonar [1a] *vt* to compare (*con* to).

paraninfo *nm (Univ)* assembly hall.

paranoia *nf* paranoia.

paranoico/a *adj, nm/f* paranoid, paranoiac.

parapetarse [1a] *vr* **(a)** to protect o.s., shelter (*tras* behind). **(b)** *(fig)* ~ **tras una razón** to take refuge in a reason (for not doing sth).

parapeto *nm* parapet, railings.

paraplejía *nf* paraplegia.

parapléjico/a *adj, nm/f* paraplegic.

parar [1a] **1** *vt* **(a)** *(gen)* to stop; *(fig: progreso etc)* to check, halt. **(b)** *(golpe etc)* to ward off; *(Esgrima)* to parry; *(tiro)* to save. **(c)** *(atención)* to fix (*en* on). **(d)** *(fig)* to lead; **ahí le paró esa manera de vida** that's where that way of life led him.

2 *vi* **(a)** *(gen)* to stop; **¡pare!** stop!; **el coche ha parado** the car has stopped; **el autobús para enfrente** the bus stops opposite; **sin ~** without stopping; ~ **en seco** to stop dead; **vino a ~ a mis pies** it came to rest at my feet. **(b) ~ de hacer algo** to stop doing sth; **ha parado de llover** it has stopped raining; **no para de quejarse** he never stops complaining; **... y pare Ud de contar** ... and that was it. **(c) ~ en** *(plan etc)* to come down to; *(persona)* to end up at; **no sabemos en qué va a ~ todo esto** we don't know where all this is going to end; **fueron a ~ en la comisaría** they finished up at the police station; **irá a ~ (en) mal** he'll come to a bad end. **(d)** *(hospedarse)* to stay, put up, lodge (*en* at); **siempre paro en este hotel** I always stay at this hotel. **(e)** *(perro)* to point.

3 pararse *vr* **(a)** *(gen)* to stop; *(Aut)* to stop, pull up; *(proceso)* to come to a halt; *(trabajo)* to stop, come to a standstill; **~ a hacer algo** to stop to do sth, pause to do sth. **(b) ~ en algo** to pay attention to sth. **(c)** *(LAm)* to stand up.

pararrayos *nm inv* lightning conductor.

parasitario *adj* parasitic(al).

parasitismo *nm* parasitism.

parásito 1 *adj* parasitic (*de* on). **2** *nm* **(a)** parasite. **(b)** *(Rad)* **~s** interference.

parasol *nm* parasol, sunshade.

paratifoidea *nf* paratyphoid.

paratopes *nm inv (Ferro)* buffer(s).

parcela *nf (solar)* plot; *(Agr)* smallholding.

parcelar [1a] *vt (gen)* to divide into plots; *(finca)* to break up.

parcial *adj* **(a)** *(incompleto)* partial, part-. **(b)** *(Jur)* partial, prejudiced; *(Pol)* partisan.

parcialidad *nf* **(a)** *(Jur)* partiality, bias; *(Pol)* partisanship. **(b)** *(grupo)* faction, group.

parco *adj (gen)* frugal, sparing; *(moderado)* moderate, temperate; **muy ~ en comer** very frugal in one's eating habits; **~ en elogios** sparing in one's praises.

parcómetro *nm* parking meter.

parchar [1a] *vt (LAm)* to patch, mend.

parche *nm* **(a)** *(Med)* sticking plaster; *(Aut etc)* patch; *(fig)* patch, mend. **(b)** *(Mús)* drumhead.
pardear [1a] *vi* to look brown(ish).
pardiez *interj* good heavens!
pardillo/a 1 *nm/f* yokel, *(US)* hick. **2** *nm (Orn)* linnet.
pardo *adj (gen)* brown; *(cielo)* overcast; *(voz)* flat, dull.
parear [1a] **1** *vt* **(a)** *(formar pares de)* to match, put together. **(b)** *(Bio)* to mate, pair. **2 parearse** *vr* to pair off.
parecer 1 *nm* **(a)** *(opinión)* opinion, view; **a mi ~** in my opinion; **al ~** apparently, seemingly; **mudar de ~** to change one's mind. **(b)** *(aspecto)* looks; **de buen ~** good-looking, handsome; **de mal ~** ugly. **(c)** *(Jur)* expert advice.
2 [2d] *vi* **(a)** *(gen)* to seem, look; **parece muy difícil** it looks very difficult; **parecía volar** it seemed to fly; **así parece** so it seems; **a lo que parece, según parece** evidently, apparently; **aunque no lo parezca** surprising though it may seem; **parece como si quisieras...** it looks as if you wanted to... . **(b)** *(con pron pers)* **me parece que ...** it seems to me that ...; **como te parece, si a Ud le parece** if you think so, if you want to; **¿qué te parece?** what do you think (of it)?; **me parece bien que vayas** I think you should go; **si a Ud le parece mal** if you don't like it. **(c)** *(semejar)* to look like, resemble; **una casa que parece un palacio** a house that looks like a palace; **¡pareces una reina!** you look like a queen! **(d)** *(aparecer)* to appear, show; *(persona)* to show up, appear; *(cosa perdida)* to turn up, reappear; **pareció el sol entre las nubes** the sun showed *o* shone through the clouds; **ya parecieron los guantes** the gloves turned up.
3 parecerse *vr* **(a)** *(dos cosas)* to look alike, resemble each other; **se parecen mucho** they look very much alike; **ni cosa que se parezca** nor anything of the sort. **(b) ~ a** to look like, resemble; **se parece al abuelo** he takes after his grandfather; **el retrato no se le parece** the picture isn't a bit like him.
parecido 1 *adj* **(a)** similar (*de, en* in, in respect of); **~ a** like, similar to; **son muy ~s** they are very much alike. **(b) bien ~** good-looking, nice-looking, handsome; **no es mal ~a** she's not bad-looking. **2** *nm* similarity, likeness, resemblance (*a* to, *entre* between); **tienen mucho ~** they are very alike.
pared *nf* wall; **~ divisoria/medianera** dividing/party wall; **~ por medio** next door; **ni que hablara uno a la ~** I might as well talk to a brick wall; **ponerse como la ~** to go as white as a sheet; **subirse por las ~es** *(fam)* to go up the wall *(fam)*; **hacer la ~** *(Dep: obstaculizar)* to obstruct, check; *(Ftbl)* to make a one-two *(fam)*.
paredón *nm* **(a)** *(Arquit)* thick wall; *(de ruinas)* standing wall. **(b)** *(Mil)* **llevar a uno al ~** to put sb up against a wall, shoot sb; **¡al ~!** shoot him!
pareja *nf* **(a)** *(par)* pair. **(b)** *(esposos etc)* couple. **(c)** *(Guardias)* Civil Guard patrol. **(d)** *(de baile etc)* partner.
parejo 1 *adj* **(a)** *(igual)* similar, alike; **6 todos ~s** 6 all the same; **ir ~s** to be neck and neck; **ir ~ con** to be on a par with, be paralleled by. **(b)** *(Téc)* even, flush; *(LAm)* flat, level. **2** *adv* **(a)** *(LAm)* at the same time, together. **(b)** *(Ven)* often.
parentela *nf* relations *pl*, family.
parentesco *nm* relationship, kinship.
paréntesis *nm inv* **(a)** *(Ling)* parenthesis. **(b)** *(Tip)* parenthesis, bracket; **entre ~** *(adj)* parenthetical, incidental; *(adv)* parenthetically, incidentally; **y, entre ~ ...** and, by the way ... . **(c)** *(fig)* interruption, interval, break.
paria *nmf* pariah.
parida[1] *nf* **(a)** *(Med)* woman who has recently given birth. **(b) ~ mental** *(fam)* dumb idea *(fam)*.
paridad *nf* **(a)** *(igualdad)* parity, equality. **(b)** *(comparación)* comparison.
parido/a[2] *adj (fam)* **bien ~** good-looking.
pariente/a *nm/f* relative, relation; **~ político** relative by marriage; **los ~s políticos** the in-laws.
parihuela *nf* stretcher.
parir [3a] **1** *vt* **(a)** *(Bio)* to give birth to, bear. **(b)** *(fig)* to cause, give rise to. **2** *vi (mujer)* to give birth, have a baby; *(yegua)* to foal; *(vaca)* to calve; **por si fuéramos pocos parió la abuela** *(fam)* that's the limit *(fam)*.
París *nm* Paris.
parisiense *adj, nmf*, **parisino/a** *adj, nm/f* Parisian.
parking ['parkin] *nm* car park, *(US)* parking lot.
parlador *adj* talkative.
parlamentar [1a] *vi (gen)* to converse, talk; *(Mil)* to parley.
parlamentario/a 1 *adj* parliamentary. **2** *nm/f* parliamentarian.
parlamento *nm* **(a)** *(Pol)* parliament. **(b)** *(Mil)* parley. **(c)** *(Jur)* speech.
parlanchín/ina 1 *adj* loose-tongued, indiscreet. **2** *nm/f* chatterbox.
parlante *adj* talking.
parlar [1a] *vi (gen)* to chatter (away), talk (a lot), gossip; *(Orn)* to talk.
parlotear [1a] *vi* to chatter, prattle.
parloteo *nm* chatter, prattle.
parné *nm (fam: dinero)* dough *(fam)*.
paro[1] *nm (Orn)* tit.
paro[2] *nm* **(a)** *(Com etc: gen)* stoppage (of work); **hay ~ en la industria** work in the industry is at a standstill. **(b)** *(desempleo)* unemployment; **índice de ~** level of unemployment; **estar en ~** to be unemployed; **~ encubierto** underemployment; **~ estacional** seasonal unemployment.
parodia *nf* parody, takeoff *(fam)*.
parodiar [1b] *vt* to parody, take off.
parodista *nmf* parodist.
parola *nf* **(a)** gift of the gab *(fam)*. **(b) ~s** *(Arg)* hot air.
paroxismo *nm* paroxysm; **~ histérico** hysterics; **~ de risa** convulsions of laughter.
parpadear [1a] *vt (ojos)* to blink, wink; *(luz)* to blink, flicker; *(estrella)* to twinkle.
parpadeo *nm (de ojos)* blinking, winking; *(de luz)* flickering.
párpado *nm* eyelid; **restregarse los ~s** to rub one's eyes.
parque *nm* **(a)** *(gen)* park; **~ de estacionamiento** car park, *(US)* parking lot; **~ de atracciones** fun fair, fairground; **~ nacional** national park; **~ zoológico** zoo. **(b)** *(Mil etc)* depot; **~ de bomberos** fire station; **el ~ provincial de tractores** the number of tractors in use in the province. **(c) ~ de jugar** playpen. **(d)** *(Méx)* ammunition, ammo *(fam)*.
parquear [1a] *vt, vi (LAm)* to park.
parquedad *nf (gen)* frugality; *(templanza)* moderation; *(economía)* sparingness.
parquet [par'ke] *nm* parquet.
parquímetro *nm* parking meter.
parra *nf* grapevine; **subirse a la ~** *(fam)* to blow one's top *(fam)*.
párrafo *nm* paragraph; **hacer ~ aparte** to start a new paragraph; *(fig)* to change the subject; **echar un ~** *(fam)* to have a chat (*con* with).

parral *nm* vine arbour.

parranda *nf* **(a)** spree, party; **andar** *o* **ir de ~** to go on a binge *(fam)*. **(b)** *(Chi, Méx)* lot, group, heap; **una ~ de** a lot of.

parricida *nmf (individuo)* parricide.

parricidio *nm (crimen)* parricide.

parrilla *nf (Culin)* grill; **carne a la ~** grilled meat.

párroco *nm* parish priest.

parroquia *nf* **(a)** *(Rel: zona)* parish; *(iglesia)* parish church; *(filigreses)* parishioners *pl*. **(b)** *(Com)* clientele, customers; **una tienda con mucha ~** a shop with a large clientele.

parroquial *adj* parochial, parish *(atr)*.

parroquiano/a *nm/f* **(a)** *(Rel)* parishioner. **(b)** *(Com)* customer, patron; **ser ~ de** to shop regularly at, patronize.

parsimonia *nf* **(a)** *(con dinero)* carefulness; *(frugalidad)* sparingness. **(b)** *(calma)* deliberateness, calmness; **con ~** calmly, unhurriedly.

parsimonioso *adj* **(a)** *(frugal)* sensible; *(con dinero)* careful. **(b)** *(tranquilo)* calm, unhurried.

parte[1] *nm (Telec)* message; *(informe)* report; *(Mil)* dispatch, communiqué; **~ meteorológico** weather forecast; **dar ~ a uno** to report to sb.

parte[2] *nf* **(a)** *(gen)* part; *(sección)* portion, section; **cuarta ~** quarter, fourth part; **tercera ~** third; **reducir algo en una tercera ~** to reduce sth by a third; **la mayor ~ de** the great majority of; **la mayor ~ de los argentinos** most Argentinians; **~ del mundo** part of the world; **~ de la oración** part of speech; **ser ~ esencial** *o* **integral de** to be an essential part of; **de algún tiempo a esta ~** for some time past; **como ~ del pago** in part exchange; **de ~ a ~** through and through; **de ~ de** from, on behalf of; **de ~ de todos nosotros** on behalf of us all; **salúdale de mi ~** give him my regards; **en ~** in part, partly; **en gran ~** to a large extent; **por ~ de** on the part of; **por ~s** stage by stage, systematically; **por otra ~** (or) again, on the other hand; **por una ~ ... por otra (~)** on the one hand, ... on the other; **yo por mi ~** I for my part; **echar algo a mala ~** to look on sth with disapproval; **formar ~ de** to form part of; *(individuo)* to be a member of; **tomar algo en buena ~** to take sth in good part.

(b) *(participación)* share; **a ~s iguales** in equal shares; **llevarse la mejor ~** to come off best, get the best of it; **tener ~ en** to share in; **tomar ~** to take part (*en* in).

(c) *(Geog etc)* part; **en alguna ~** somewhere; **en alguna ~ de Europa** somewhere in Europe; **en cualquier ~** anywhere; **por ahí no se va a ninguna ~** that leads nowhere; *(fig)* this is getting us nowhere; **en ninguna ~ del país** nowhere in the country; **ir a otra ~** to go somewhere else; **ha de estar en otra ~** it must be somewhere else; **¿en qué ~ del país?** in which part of the country?; **en todas ~s** everywhere; **en todas ~s de España** everywhere in Spain, all over Spain.

(d) *(lado)* side; **por cualquier ~ que lo mires** from whichever side you look at it.

(e) *(Mús, Teat)* part.

(f) *(de parentesco)* side; **por ~ de madre** on the mother's side.

(g) *(Jur etc)* party, side; **~ actora** plaintiff; **las ~s contratantes** the contracting parties; **tercera ~** third party; **ponerse de ~ de** to side with; **ser juez y ~** to be judge and jury (in one's own case).

(h) ~s *(cualidades)* qualities, talents; **buenas ~s** good parts.

(i) *(Anat)* **~s** parts; **~s pudendas** private parts; **~ sensible** sensitive spot; **le dio en salva sea la ~** it hit her you know where.

(j) *(Méx Mec)* = **pieza 1 (b).**

partenogénesis *nf inv* parthenogenesis.

partera *nf* midwife.

parterre *nm* **(a)** *(de flores)* (flower)bed. **(b)** *(Teat etc)* stalls.

partición *nf (Mat)* division; *(reparto)* division, sharing-out; *(Pol etc)* partition.

participación *nf* **(a)** *(acto)* participation, taking part. **(b)** *(Fin)* share, *(US)* stock; *(Com)* interest; **~ minoritaria** minor interest; **~ en los beneficios** profit-sharing; **su ~ en estos asuntos** his share *o* part in these matters. **(c)** *(Dep)* entry; **hubo una nutrida ~** there was a big entry. **(d)** *(parte)* share; *(de lotería)* (part of a) lottery ticket. **(e)** *(aviso)* **dar ~ de** to give notice of.

participante *nmf* participant.

participar [1a] **1** *vt* to notify, inform; **~ algo a uno** to notify sb of sth; **le participo que ...** I have to tell you that ... . **2** *vi* **(a)** to take part, participate (*en* in); **~ en una carrera** to enter for a race. **(b) ~ de** *o* **en una herencia** to share in an estate; **~ en una empresa** *(Fin)* to invest in an enterprise. **(c) ~ de una cualidad** to share a quality.

partícipe *nmf (gen)* participant; *(Com etc)* interested party; **hacer ~ a uno de algo** *(enterar)* to inform sb of sth; *(compartir)* to share sth with sb; *(implicar)* to make sb party to sth.

participial *adj* participial.

participio *nm* participle; **~ de pasado/presente** past/present participle.

partícula *nf* particle.

particular 1 *adj* **(a)** *(gen)* particular, special; *(propio)* peculiar (*a* to); **nada de ~** nothing special; **lo que tiene de ~ es que ...** what's remarkable about it is that ...; **en ~** in particular; **tiene un sabor ~** it has a flavour of its own. **(b)** *(personal)* private, personal; **secretario ~** private secretary; **clase ~** private lesson; **casa ~** private home. **2** *nm* **(a)** *(asunto)* particular, point; **no dijo mucho sobre el ~** he didn't say much about the matter. **(b)** *(individuo)* (private) individual; **no comerciamos con ~es** we don't do business with individuals.

particularidad *nf* particularity, peculiarity; **tiene la ~ de que ...** one of its special features is (that) ... .

particularizar [1f] **1** *vt* **(a)** *(distinguir)* to distinguish, characterize. **(b)** *(especificar)* to specify. **(c)** *(preferir)* to prefer. **2 particularizarse** *vr* **(a)** *(cosa)* to distinguish itself, stand out; *(persona)* to make one's mark. **(b) ~ con uno** to single sb out.

partida *nf* **(a)** *(salida)* departure. **(b)** *(documento)* certificate; **~ de bautismo/defunción/matrimonio/nacimiento** baptismal/death/marriage/birth certificate. **(c)** *(Fin)* entry, item; **~ doble** double entry. **(d)** *(Com)* consignment. **(e)** *(Naipes)* game, hand; *(Ajedrez etc)* game; **~ de dobles** doubles match; **~ de individuales** singles match; **echar una ~** to have a game. **(f)** *(personas)* party; **~ de caza** hunting party; **~ de campo** picnic (party). **(g) (mala) ~** dirty trick.

partidario/a 1 *adj* partisan. **2** *nm/f* supporter, follower (*de* of).

partidismo *nm (Jur)* partisanship, bias; *(Pol)* party politics.

partidista *adj, nmf* partisan.

partido *nm* **(a)** *(Pol etc)* party; **~ político** political party; **sistema de ~ único** one-party system. **(b)** *(Dep)* game, match; **~ amistoso** friendly (game);

~ **de fútbol** football match; ~ **internacional** international (match). **(c)** *(distrito)* district, administrative area. **(d) darse a** ~ to give way; **tomar** ~ to take sides. **(e)** *(ventaja)* advantage, profit; **sacar ~ de** to profit from, benefit from. **(f)** *(apoyo)* support; **tiene ~ en todas las clases** he has support among all classes.

partir [3a] **1** *vt* **(a)** *(dividir)* to split (up, into two *etc*), divide (up); *(nuez etc)* to crack; *(hender)* to split open; ~ **la cabeza a uno** to split sb's head open. **(b)** *(raja etc)* to cut off. **(c)** *(repartir)* to share (out), distribute; ~ **algo con otros** to share sth with others.

2 *vi* **(a)** *(ponerse en camino)* to start, set off *o* out, depart (*de* from, *para* for, *con rumbo a* for, in the direction of). **(b)** *(comenzar)* to start (*de* from); **a ~ del lunes** from Monday, starting on (*o* from Monday; **hemos partido de un supuesto falso** we have started from a false assumption.

3 partirse *vr* **(a)** *(irse)* to leave; *(ponerse en camino)* to set off *o* out. **(b)** *(dividirse)* to split. **(c)** *(romperse)* to break; ~ **de risa** to split one's sides.

partitura *nf (Mús)* score.

parto *nm* **(a)** *(Med)* childbirth, delivery; *(Zool)* parturition; **asistir un** ~ to deliver a baby; **mal** ~ miscarriage; **tener un ~ difícil** to have a difficult labour. **(b)** *(fig)* product, creation; ~ **del ingenio** brainchild; **el ensayo ha sido un ~ difícil** I sweated blood over the essay.

parturienta *nf* woman in labour.

parva *nf (Agr)* (heap of) unthreshed corn.

parvedad *nf* littleness, smallness; **una** ~ a tiny bit.

parvulario *nm* nursery school, kindergarten.

párvulo/a *nm/f* infant; **colegio de ~s** nursery school.

pasa *nf* raisin; ~ **de Corinto** currant; ~ **de Esmirna** sultana.

pasable *adj* passable.

pasada *nf* **(a)** *(acción)* passing, passage; *(con trapo)* wipe; ~ **de pintura** coat of paint; **dar dos ~s de jabón a la ropa** to soap the clothes twice; **de** ~ in passing. **(b)** *(Cos: línea)* row of stitches; *(: hilvanado)* tacking stitch; **~s** patch, mend. **(c) mala** ~ dirty trick.

pasadero/a 1 *adj (tolerable)* passable, tolerable; *(Aut etc)* passable, open. **2 pasadera** *nf* stepping stone.

pasadizo *nm (Arquit)* passage, corridor; *(callejón)* passageway, alley.

pasado 1 *adj* **(a)** *(gen)* past; **lo** ~ the past; **lo ~,** ~ let bygones be bygones; **el jueves** ~ last Thursday; **el mes** ~ last month; ~ **mañana** the day after tomorrow; **~s dos días** after two days. **(b)** *(comida)* stale, bad; *(fruta)* overripe; *(noticia)* stale; *(idea)* antiquated, out of date; ~ **de moda** old fashioned, ancient *(fam)*; **la carne está ~a** the meat is off *o* bad. **(c)** *(Culin: huevo)* ~ **por agua** boiled. **2** *nm* **(a)** *(de tiempo)* past. **(b)** *(Ling)* past (tense).

pasador(a) 1 *nm/f* smuggler. **2** *nm* **(a)** *(Culin: gen)* colander; *(: de té)* strainer. **(b)** *(Téc: filtro)* filter; *(: pestillo)* bolt; *(: de bisagra)* pin. **(c)** *(de corbata)* tie pin *o* clip; *(de camisa)* collar stud. **(d)** *(de pelo)* hairpin.

pasaje *nm* **(a)** *(acción)* passage, passing; *(Náut)* voyage, crossing. **(b)** *(tarifa)* fare; **cobrar el** ~ to collect fares. **(c)** *(viajeros)* passengers *pl.* **(d)** *(callejón)* passageway, alleyway; *(LAm)* cul-de-sac. **(e)** *(Lit, Mús)* passage.

pasajero/a 1 *adj* **(a)** *(momento)* fleeting, transient. **(b)** *(ave)* of passage, migratory. **(c)** *(sitio)* busy. **2** *nm/f* passenger, traveller.

pasamano(s) *nm* **(a)** *(Arquit: gen)* handrail; *(: de escalera)* bannister. **(b)** *(Arg, Chi: Ferro etc)* strap.

pasamontaña(s) *nm* Balaclava (helmet).

pasante *nm* assistant.

pasapasa *nm* sleight of hand.

pasaporte *nm* passport; **dar el ~ a uno** *(fam)* to bump sb off *(fam)*.

pasapurés *nm inv* potato masher.

pasar [1a] **1** *vt* **(a)** *(gen)* to pass; *(objeto)* to hand, pass (*a* to); *(noticia)* to give, pass on; *(factura)* to send; *(bienes)* to transfer; *(persona)* to take, conduct (*a* to, into); **¿me pasas la sal, por favor?** would you please pass the salt?; **nos pasaron a otra habitación** they led us into another room; **nos pasaron a ver al director** they took us to see the director. **(b)** *(enfermedad)* to give, infect with; **me has pasado tu tos** you've given me that cough. **(c)** *(visita etc)* to make, carry out; **el médico pasará visita** the doctor will call. **(d)** *(río)* to cross, go over. **(e)** *(atravesar)* to pass through *o* across *o* over, go through; *(frontera)* to cross; **esto pasa los límites de lo razonable** this goes beyond anything that is reasonable. **(f)** *(insertar)* to insert, put in; *(deslizar)* to slip, pass; *(colar)* to strain, pass through; ~ **el café por el colador** to strain the coffee. **(g)** *(tragar)* to swallow; *(LAm)* to bear, stand. **(h)** *(examen)* to pass. **(i)** *(falta etc)* to overlook, tolerate; *(individuo)* to be soft on; **no te voy a ~ más** I'm not going to indulge you any more. **(j)** *(moneda falsa)* to pass (off); *(contrabando)* to smuggle (in/out); **a ése se le puede ~ cualquier cosa** you can get anything past him. **(k)** *(superar)* to surpass, excel; *(rival)* to beat; *(Aut)* to pass, overtake; **él me pasa ya 3 cms** he's already 3 cms taller than I am. **(l)** *(fecha etc)* to pass, go past; **hemos pasado el aniversario** we are past the anniversary, the anniversary is behind us. **(m)** *(omitir)* to omit, pass over; ~ **por alto** to skip. **(n)** *(tiempo)* to spend, pass; ~ **las vaciones** to spend one's holidays; **fuimos a ~ el día en la playa** we went to the seaside for the day; **~lo bien** to have a good time; **¡que lo pases bien!** have a good time!, enjoy yourself!; **~lo mal** to have a bad time (of it); **~lo bomba** *o* **de maravilla** to have a great time. **(o)** *(desgracias)* to suffer, go through; ~ **hambre/frío** to be hungry/cold. **(p)** ~ **la mano por algo** to run one's hand over sth; ~ **el cepillo por el pelo** to run a brush through *o* over one's hair.

2 *vi* **(a)** *(gen)* to pass, go; **pasó de mis manos a las suyas** it passed from my hands into his; **la cuerda pasa de un lado a otro de la calle** the rope goes from one side of the street to the other; **el hilo pasa por el agujero** the thread goes through the hole; **el río pasa por la ciudad** the river flows *o* goes *o* runs through the city; **el autobús pasa por nuestra casa** the bus goes past our house. **(b)** *(persona: gen)* to pass, go; *(: moverse)* to move; *(: entrar)* to come in, go in; **¡pase Ud!** *(al entrar)* after you!; *(¡entre!)* come in!; ~ **a un cuarto contiguo** to go into an adjoining room; **no se puede** ~ you can't go through; **pasamos directamente a ver al jefe** we went straight in to see the chief; **nos hicieron** ~ they showed us in (*a* to); ~ **a decir algo** to go on to say sth; **y luego pasaron a otra cosa** and then they went on to something else; ~ **adelante** to go on, proceed; ~ **de teniente a general** to go from lieutenant to general; ~ **por una crisis** to go through a crisis; **pasaré por tu casa** I'll drop in. **(c)** *(propuesta etc)* to pass, be approved; **esta moneda no pasa** this coin is a dud. **(d) ~ de** to go beyond, exceed; **~ de los límites** to exceed the limits; **pasa ya de los 70** he's over 70; **esto pasa de ser una broma** this goes beyond a joke; **no pasan de 60 los que lo tienen** those who have it do not number more than 60; **de ésta no pasa** this is the very last time; **de hoy no pasa que le escriba** I'll write to him this very day; **yo de ahí no paso** I draw the line at that, that's the bottom line *(fam)*. **(e) ~ por** to pass as; **Juan pasa por francés** John could be taken for a Frenchman; **pasa por sabio** he has a reputation for learning; **se hace ~ por médico** he passes himself off as a doctor. **(f) ir pasando** *(fig)* to get by, manage (somehow); **~ con poco** to get along with very little; **pasa por todo con tal que no le hagan trabajar** he'll put up with anything as long as they don't make him work. **(g)** *(tiempo)* to pass, go by, elapse; **han pasado 4 años** 4 years have gone by; **¡cómo pasa el tiempo!** how time flies! **(h)** *(condición etc)* to be over; *(efectos)* to wear off; **ha pasado la crisis** the crisis is over; **ya pasó aquello** that's all over (and done with) now. **(i)** *(ocurrir)* to happen; **aquí pasa algo misterioso** something odd is going on here; **¿qué pasa?** what's happening?, what's going on?, what's up?; **¿qué le pasa a ése?** what's the matter with him?; **lo que pasa es que ...** what's happening is that ...; **como si no hubiese pasado nada** as if nothing (unusual) had happened; **pase lo que pase** whatever happens, come what may.

3 pasarse *vr* **(a)** *(efectos)* to pass, be over; **ya se te pasará** you'll get over it. **(b)** *(perder)* to miss; **se me pasó el turno** I missed my turn; **no se te pase la oportunidad** don't miss the chance this time. **(c)** *(trasladarse)* to go over; **~ al enemigo** to go over to the enemy. **(d)** *(flor etc)* to fade; *(comida)* to go bad *o* off; *(ropa)* to show signs of wear, get threadbare; **no se pasará si se tapa la botella** it will keep if you put the cap on the bottle. **(e) ~ de bueno** to be too good; **~ de la raya** to go too far; **¡no te pases!** you'd better toe the line!; **~ de listo** to be too clever by half. **(f)** *(tiempo)* to spend, pass; **se ha pasado todo el día leyendo** he has spent the whole day reading. **(g) no se le pasa nada** nothing escapes him, he misses nothing; **se me pasó hacerlo** I forgot to do it.

pasarela *nf (puente)* footbridge; *(Teat)* catwalk; *(Náut)* gangway, gangplank.

pasatiempo *nm* pastime, hobby.

Pascua *nf,* **pascua** *nf* **(a) ~ florida, ~ de Resurrección** Easter; *(los Reyes)* Epiphany; **~ de Navidad** Christmas; **~ de Pentecostés** Pentecost; **~s** Christmas time *o* period; **¡felices ~s!** merry Christmas! **(b) ~ de los hebreos** Passover. **(c)** *(locuciones)* **... y santas ~s** ... and that's that; **de ~s a Ramos** once in a blue moon; **estar como unas ~s** to be as happy as a sandboy; **hacer la ~ a** *(fam)* to annoy, bug *(fam)*.

pascual *adj* Paschal.

pase *nm* **(a)** *(gen)* pass; **~ adelante/(hacia) atrás** forward/back pass; **~ de favor** *(Pol etc)* safe-conduct. **(b)** *(Cine)* showing. **(c)** *(Com)* permit. **(d)** *(Jur)* licence.

paseante *nmf (gen)* walker, stroller; *(transeúnte)* passer-by.

pasear [1a] **1** *vt* **(a)** *(perro etc)* to take for a walk, walk. **(b)** *(exhibir)* to parade, show off. **2** *vi,* **pasearse** *vr* **(a)** *(gen)* to go for a walk, stroll; **~ en bicicleta** to go for a ride, go cycling; **~ en coche** to go for a drive, go driving; **~ a caballo** to ride, go riding; **~ en bote** to go sailing. **(b)** *(fig)* to idle, loaf about.

paseíllo *nm (Taur) ceremonial entry of bullfighters.*

paseo *nm* **(a)** *(gen)* stroll, walk; *(excursión)* outing; **~ en bicicleta, ~ a caballo** ride; **~ en coche** drive, run; **~ de vigilancia** round, tour of inspection; **dar un ~** to go for a walk *o* stroll; *(en coche)* to go for a ride; **dar el ~ a uno** to take sb for a ride *(fam)*; **estar de ~** to be out for a walk; **mandar a uno a ~** to tell sb to go to blazes; **¡vete a ~!** get lost!, on your bike! *(fam)*; **llevar** *o* **sacar a un niño de ~** to take a child out for a walk. **(b)** *(avenida)* parade, avenue; **~ marítimo** promenade, esplanade; *(LAm)* **~ cívico** civic procession.

pasillo *nm* **(a)** *(Arquit)* passage, corridor; *(Pol fig)* lobby; *(Náut)* gangway. **(b)** *(Teat)* short piece, sketch.

pasión *nf* passion; **tener ~ por** to have a passion for.

pasional *adj* passionate; **crimen ~** crime of passion.

pasionaria *nf* passionflower.

pasito *adv* gently, softly.

pasividad *nf* passiveness, passivity.

pasivo 1 *adj (gen)* passive; *(Econ)* inactive. **2** *nm* **(a)** *(Com, Fin)* liabilities *pl*, debts *pl; (de cuenta)* debit side. **(b)** *(Ling)* passive (voice).

pasma *nm (fam)* cop *(fam)*, Civil Guard.

pasmado *adj* **(a)** *(frío)* frozen stiff; *(Bot)* frost-bitten. **(b)** *(asombrado)* astonished, amazed; **mirar con cara de ~** to look in astonishment at. **(c)** *(atontado)* bewildered.

pasmar [1a] **1** *vt* **(a)** *(asombrar)* to amaze, astonish; *(atontar)* to stun, dumbfound. **(b)** *(enfriar)* to chill (to the bone); *(Bot)* to nip, cut. **2 pasmarse** *vr* **(a)** *(asombrarse)* to be amazed *o* astonished (*de* at). **(b)** *(estar helado)* to be chilled to the bone. **(c)** *(Med)* to get lockjaw. **(d)** *(colores)* to fade.

pasmo *nm* **(a)** *(asombro)* amazement, astonishment; *(fig)* wonder, marvel. **(b)** *(Med: enfriamiento)* chill; *(trismo)* lockjaw, tetanus.

pasmoso *adj* amazing, astonishing.

paso[1] *adj (fruta)* dried.

paso[2] **1** *nm* **(a)** *(acción: gen)* passing, passage; *(cruce)* crossing; *(Aut)* overtaking, passing; *(Orn, Zool)* migration, passage; *(fig)* transition; **el ~ del tiempo** the passage of time; **lo recogeré al ~** I'll pick it up when I'm passing; **salir al ~ a** *o* **de** to confront; **de ~** in passing; **estar de ~** to be passing through; **entrar de ~** to drop in, call in (for a moment). **(b)** *(camino)* way through, passage; *(Arquit)* passage; **¡~!** make way!; **~ elevado** *(Aut)* flyover; **~ libre** free passage; **~ a nivel** level *o (US)* grade crossing; **~ de peatones** pedestrian crossing; **~ subterráneo** subway, *(US)* underpass; **'prohibido el ~'** 'no thoroughfare' *(Aut)*, 'no entry'; **abrir ~ para** to make way for; **abrirse ~** to make one's way (*entre, por* through), force a way through; **abrirse ~ a tiros** to shoot one's way through; **ceder el ~** to give way, yield; **'ceda el ~'** *(Aut)* 'give way'; **cerrar el ~** to block the way. **(c)** *(Geog)* pass; *(Náut)* strait. **(d)** *(distancia)* step, pace; *(huella)* footprint; *(ruido)* footstep, footfall; **~ atrás** step backwards; *(fig)* backward step; **~ a ~** step by step; **a cada ~** at every step, at every turn; **a ~s agigantados** *(fig)* by leaps and bounds; **a dos ~s de aquí** two steps from here, very near here; **por sus ~s contados** step by step, systematically; **dar un ~** to take a step; **dar un ~ en falso** to trip; *(fig)* to take a false step; **llevar el ~** to keep in step, keep time; **marcar el ~** *(LAm)* to keep time; *(fig)* to mark time; **seguir los ~s a uno** to tail *o* shadow sb;

seguir los ~s de uno to follow in sb's footsteps; **volver sobre los ~s** to retrace one's steps. **(e)** *(modo de andar)* walk, gait; *(ritmo)* pace, rate; *(de caballo)* gait; ~ **de andadura** amble; **buen** ~ good pace; **a buen** ~ quickly; *(fig)* at a good rate; **a ~ lento** at a slow pace, slowly; **a ~ de tortuga** at a snail's pace; **a ese** ~ *(fig)* at that rate; **al ~ que vamos** at the rate we're going; **acelerar el** ~ to go faster, speed up; **aflojar el** ~ to slow down, slacken one's pace. **(f)** *(de baile)* step; ~ **a dos** pas de deux; ~ **de vals** waltz step. **(g)** *(fig)* step, measure; **es un ~ hacia nuestro objetivo** it's a step towards our objective; **andar en malos ~s** to be mixed up in shady affairs; **dar un mal** ~ to take a false step, make a false move; **dar los primeros ~s** to make the first move. **(h)** *(aventura)* incident, event. **(i)** *(Elec, Téc)* pitch. **(j)** *(apuro)* difficulty, crisis; **salir del** ~ to get out of trouble. **(k)** *(LAm)* ford.

2 *adv* softly, gently; **¡~!** not so fast!, easy there!

pasota *adj, nmf* ≈ dropout.

pasotismo *nm* underground *o* alternative culture.

paspa *nf (Per)*, **paspadura** *nf (RPl)* chapped *o* cracked skin.

pasparse [1a] *vr (LAm: piel)* to chap, crack.

pasquín *nm (Pol)* poster.

pasta *nf* **(a)** *(gen)* paste; ~ **de carne** meat paste; ~ **de dientes** *o* **dentífrica** toothpaste; ~ **de madera** wood pulp. **(b)** *(Tip)* boards; **media** ~ half-binding; **libro en** ~ hardback. **(c)** *(Culin: masa)* dough; *(: masa cocida)* pastry; **~s** pasta. **(d)** *(fam)* money, dough *(fam)*. **(e)** *(fig)* makings *pl*; **tiene ~ de futbolista** he has the makings of a good footballer; **ser de buena** ~ to be a good sort.

pastaje *nm (LAm)*, **pastal** *nm (LAm)* pasture, grazing land.

pastar [1a] *vt, vi* to graze.

pastel *nm* **(a)** *(Culin: gen)* cake; *(: de carne)* pie; **~es** pastry, confectionery. **(b)** *(Arte)* pastel. **(c)** *(Naipes)* sharp practice; *(fig)* plot; **se le descubrió el~** his little game was found out.

pastelería *nf* **(a)** *(arte)* pastry-making. **(b)** *(pasteles)* cakes *pl*, pastries *pl*. **(c)** *(tienda)* baker's, cake shop.

pastelero/a *nm/f* **(a)** *(Culin)* pastrycook. **(b)** *(Com)* baker, confectioner. **(c)** *(LAm Pol)* turncoat.

pastelillo *nm (Culin)* tart.

pasteurización *nf* pasteurization.

pasteurizado *adj* pasteurized.

pasteurizar [1f] *vt* to pasteurize.

pastiche *nm* pastiche.

pastilla *nf* **(a)** *(Med)* tablet, pastille; *(de jabón etc)* cake, bar; *(de chocolate)* bar; ~ **para la tos** cough drop. **(b)** *(fam)* **la** ~ the Pill.

pastinaca *nf* parsnip.

pastizal *nm* pasture.

pasto *nm* **(a)** *(Agr: acción)* grazing; *(: sitio)* pasture, field; *(: hierba)* grass, pasture; *(: pienso)* feed, fodder; **derecho de** ~ grazing rights; ~ **seco** fodder. **(b)** *(fig)* food, nourishment; **sirvió de ~ a los mirones** the onlookers lapped it up *(fam)*; **ser ~ de la actualidad** to be headline material, be newsworthy. **(c) a** ~ abundantly; **había fruta a** ~ there was fruit in unlimited quantities. **(d) vino de** ~ ordinary wine.

pastor(a) **1** *nm/f* shepherd/shepherdess. **2** *nm* **(a)** *(Rel)* minister, pastor. **(b)** *(Zool)* sheepdog; ~ **alemán** Alsatian, German shepherd.

pastoral **1** *adj* pastoral. **2** *nf* pastoral, idyll.

pastorear [1a] *vt* **(a)** *(Agr, Rel)* to shepherd. **(b)** *(LAm)* to lie in wait for.

pastoril *adj (Lit)* pastoral.

pastoso *adj* **(a)** *(material)* doughy, pasty. **(b)** *(lengua)* furry; *(voz)* rich, mellow. **(c)** *(Arg, Chi)* grassy.

pastura *nf* pasture.

pata *nf* **(a)** *(Zool: pierna)* leg; *(: pie)* paw; *(Orn)* foot; *(de mesa etc)* leg;~ **de cabra** *(Téc)* crowbar; **~s de gallo** crow's-feet; ~ **hendida** cloven hoof; ~ **de palo** wooden leg; **la ~ coja** hopscotch; **eso lo sé hacer a la ~ coja** I can do that blindfold; **~s arriba** on one's back, upside down; *(fig)* topsy-turvy; **a** ~ on foot; **a cuatro ~s** on all fours; **a la ~ la llana** plainly, simply; **enseñar la** ~ to give o.s. away; **meter la** ~ to put one's foot in it; **metedura de** ~ clanger *(fam)*; **ser ~(s)** to be even, tie; **es un diccionario con dos ~s** he's a walking dictionary; **es la virtud con dos ~s** she is virtue personified; **tener buena** ~ to be lucky; **tener mala** ~ to be unlucky; **ser de mala** ~ to bring bad luck. **(b)** *(Orn)* (female) duck. **(c) P~s** *(fam)* Old Nick *(fam)*; **~s cortas** shorty, titch *(fam)*.

patada *nf (gen)* kick; *(en el suelo)* stamp; **a ~s** in abundance; *(trato)* roughly, inconsiderately; **dar ~s** to kick; *(en el suelo)* to stamp; **caer como una ~ en los cojones** *(fam!)* to be very unwelcome; **echar a uno a ~s** to kick sb out.

patagón/ona *adj, nm/f* Patagonian.

Patagonia *nf* Patagonia.

patagónico *adj* Patagonian.

patalear [1a] *vi* **(a)** *(en el suelo)* to stamp (angrily). **(b)** *(bebé etc)* to kick out.

pataleo *nm (en el suelo)* stamping; *(en el aire)* kicking.

patán *nm* rustic, yokel.

patarata *nf* gush, affectation; **~s** nonsense, tomfoolery.

patata *nf* **(a)** potato; ~ **de siembra** seed potato; **~s enteras** potatoes in their jackets; **~s fritas** chips, *(US)* French fries; **~s inglesas** crisps, *(US)* potato chips; **puré de ~s** mashed potatoes. **(b) ni** ~ *(fam)* nothing at all; **ser una** ~ *(fam)* to be duff *(fam)*; **no entendió ni** ~ he didn't understand a single word.

patatal *nm*, **patatar** *nm* potato field.

patatús *nm* dizzy spell, faint.

pateadura *nf*, **pateamiento** *nm* **(a)** *(gen)* stamping, kicking. **(b)** *(reprensión)* scolding; *(Teat)* catcalls.

patear [1a] **1** *vt* **(a)** *(pisotear)* to stamp on, trample (on); *(dar patadas a)* to kick, boot. **(b)** *(fig)* to treat roughly; *(Teat)* to boo, jeer. **2** *vi* **(a)** *(patalear)* to stamp one's foot; *(Teat etc)* to stamp. **(b)** *(LAm: arma etc)* to kick.

patena *nf* paten.

patentado *adj* patent(ed); **marca ~a** registered trade mark.

patentar [1a] *vt* to patent.

patente **1** *adj* **(a)** patent, obvious; **hacer** ~ to show clearly, establish. **(b)** *(Com etc)* patent. **2** *nf* **(a)** *(Com: gen)* patent; *(Jur etc)* licence, authorization; ~ **de invención** patent; ~ **de navegación** ship's certificate of registration; ~ **de privilegio** letters patent; ~ **de sanidad** bill of health; **de** ~ patent; *(Chi)* first-rate. **(b)** *(RPl Aut)* licence plate.

patentizar [1f] *vt* to show, make evident.

pateo *nm (gen)* stamping; *(Teat)* the bird *(fam)*.

páter *nm (Mil fam)* padre *(fam)*.

paternal *adj* fatherly, paternal.

paternidad *nf* **(a)** *(gen)* fatherhood, parenthood. **(b)** *(Jur)* paternity; **prueba de** ~ paternity test;

~ **literaria** authorship.
paterno *adj* paternal; **abuelo** ~ paternal grandfather.
patético *adj* moving, poignant.
patetismo *nm* pathos, poignancy.
patiabierto *adj* bow-legged, bandy.
patíbulo *nm* scaffold, gallows.
patilla 1 *nf* **(a)** *(Arg)* bench. **(b)** *(Ven)* watermelon. **(c)** *(Chi Bot)* layer. **(d)** ~**s** whiskers, sideburns; **tener** ~ *(fam)* to have a brass neck *(fam)*. **2** *nm*: **P**~**s** Old Nick.
patín *nm (gen)* skate; *(de trineo)* runner; *(Aer)* skid; ~ **de cola** *(Aer)* tailskid; ~ **de hielo** ice skate; ~ **de ruedas** roller skate.
pátina *nf* patina.
patinadero *nm* skating rink.
patinador(a) *nm/f* skater.
patinaje *nm* **(a)** *(Dep)* skating; ~ **artístico** figure skating. **(b)** *(Aut)* skidding.
patinar [1a] *vi* **(a)** *(Dep)* to skate. **(b)** *(Aut etc)* to skid, slip. **(c)** *(fam: meter la pata)* to boob *(fam)*, make a blunder. **(d)** *(Arg)* to fail.
patinazo *nm* **(a)** *(Aut)* skid. **(b)** *(fam: error)* boob *(fam)*; **dar un** ~ to blunder.
patinete *nm* scooter.
patio *nm (Arquit)* courtyard, patio; *(Teat)* pit; *(Méx)* shunting yard; ~ **de recreo** playground.
patitieso *adj* **(a)** *(paralizado)* paralysed with cold/fright *etc*. **(b)** *(presumido)* stuck-up *(fam)*.
patito *nm* duckling; **los dos** ~**s** all the twos *(fam)* twenty two.
patizambo *adj* knock-kneed.
pato *nm* **(a)** *(Orn)* duck; ~ **(macho)** drake; ~ **silvestre** mallard, wild duck; **pagar el** ~ to take the blame, carry the can *(fam)*; **ser el** ~ **de la boda** *o* **fiesta** *(LAm)* to be a laughing stock. **(b)** *(fam: persona)* bore; **estar hecho un** ~ to be terribly dull.
patochada *nf* blunder, bloomer.
patología *nf* pathology.
patológico *adj* pathological.
patólogo/a *nm/f* pathologist.
patomachera *nf (Ven)* loud argument, barney *(fam)*.
patoso/a 1 *adj* boring, tedious. **2** *nm/f* bore.
patraña *nf* fabrication, tall story.
patria *nf* native land, fatherland; ~ **adoptiva** country of adoption; ~ **chica** home town; **madre** ~ mother country; **luchar por la** ~ to fight for one's country.
patriarca *nm* patriarch.
patriarcado *nm* patriarchy.
patriarcal *adj* patriarchal.
patricio/a *adj, nm/f* patrician.
patrimonial *adj* hereditary.
patrimonio *nm* **(a)** *(Jur)* inheritance. **(b)** *(fig)* heritage, birthright; **el** ~ **artístico de la nación** our national art heritage; ~ **real** crown land(s).
patrio *adj* **(a)** *(Pol)* native, home; **el suelo** ~ one's native land. **(b)** *(Jur)* paternal.
patriota 1 *adj* patriotic. **2** *nmf* patriot.
patriotería *nf* chauvinism.
patriotero/a 1 *adj* chauvinistic. **2** *nm/f* chauvinist.
patriótico *adj* patriotic.
patriotismo *nm* patriotism.
patrocinador(a) 1 *adj* sponsoring. **2** *nm/f* sponsor, patron, patroness.
patrocinar [1a] *vt* to sponsor, act as patron to.
patrocinio *nm* sponsorship, patronage.
patrón/ona 1 *nm/f* **(a)** *(protector)* patron(ess). **(b)** *(Rel)* patron saint. **(c)** *(jefe)* boss *(fam)*, employer. **(d)** *(de pensión)* landlord/landlady. **2** *nm* **(a)** *(Náut)* master, skipper. **(b)** *(Cos)* pattern; *(Téc)* standard, norm; ~ **oro** gold standard. **(c)** *(Bot)* stock.
patronal *adj* employers'; **sindicato** ~ employers' association; **cierre** ~ lockout.
patronato *nm* **(a)** *(protección)* patronage, sponsorship; **bajo el** ~ **de** under the patronage of. **(b)** *(Com, Fin)* employers' association; *(Pol)* owners *pl*; **el** ~ **francés** French industrialists. **(c)** *(junta)* board of management; **el** ~ **de turismo** the tourist board. **(d)** *(fundación)* trust, foundation.
patronímico *adj, nm* patronymic.
patrono *nm* = **patrón 1 (a), (b), (c).**
patrulla *nf* patrol; **coche** ~ patrol car.
patrullar [1a] *vi* to patrol.
patulea *nf* mob, rabble.
paulatino *adj* gradual, slow.
paulina *nf* **(a)** *(bronca)* telling-off. **(b)** *(carta)* poison-pen letter.
pauperismo *nm* pauperism.
pauperización *nf* impoverishment.
paupérrimo *adj* very poor, poverty-stricken.
pausa *nf* **(a)** *(gen)* pause, break; *(Mús)* rest. **(b)** **con** ~ slowly, deliberately. **(c)** *(Téc: cassette)* pause (button); *(: en videograbadora)* hold.
pausado *adj* slow, deliberate.
pauta *nf (regla)* rule, guide; *(rayas)* lines *pl; (fig: modelo)* model; *(guía)* guideline; **marcar la** ~ to establish guidelines, lay down ground rules.
pautar [1a] *vt (Tip: papel)* to rule.
pava *nf* **(a)** *(Orn)* turkey (hen); ~ **real** peahen; **pelar la** ~ to whisper sweet nothings. **(b)** *(RPl: hervidor)* kettle. **(c)** *(Ven)* broad-brimmed straw hat.
pavada *nf* **(a)** *(sosería)* silliness, stupidity. **(b)** *(Orn)* flock of turkeys.
pavear [1a] **1** *vt* **(a)** *(LAm)* to kill. **(b)** *(Chi, Per)* to play a joke on. **2** *vi (Chi, RPl)* to act the fool.
pavero/a *nm/f (Chi, Per)* practical joker.
pavimentar [1a] *vt (con losas)* to pave; *(Arquit)* to floor.
pavimento *nm (con losas)* pavement, paving; *(Arquit)* flooring.
pavo *nm* **(a)** *(Orn)* turkey (cock); ~ **real** peacock. **(b)** **comer** ~ *(fam)* to be a wallflower. **(c)** *(necio)* silly thing, idiot; **¡no seas** ~**!** don't be silly! **(d)** *(fam: moneda)* 5 pesetas, one *duro*. **(e)** *(LAm)* show-off. **(f)** *(fam: primo)* sucker *(fam)*.
pavón *nm* **(a)** *(Orn)* peacock. **(b)** *(Tec)* bluing, bronzing.
pavonearse [1a] *vr* to swagger, show off.
pavoneo *nm* strutting, showing-off.
pavor *nm* dread, terror.
pavoroso *adj* dreadful, frightening, terrifying.
payador *nm (Chi, RPl)* gaucho minstrel.
payar [1a] *vi (Chi, RPl)* to improvise songs to a guitar accompaniment.
payasada *nf* ridiculous thing (to do); ~**s** clowning, tomfoolery; *(Teat etc)* slapstick, knockabout humour.
payasear [1a] *vi (LAm)* to clown.
payaso *nm* clown.
payo 1 *adj* **(a)** *(Arg)* albino. **(b)** *(rústico)* rustic, simple. **2** *nm/f (para gitanos)* non-gipsy.
paz *nf* **(a)** *(gen)* peace; *(tranquilidad)* peace and quiet, tranquility; **¡a la** ~ **de Dios!** God be with you!; **en** ~ **y en guerra** in peace and war, in peacetime and wartime; **no dar** ~ **a la lengua** to keep on and on; **dejar a uno en** ~ to leave sb alone *o* in peace; **¡déjame en** ~**!** leave me alone!; **descansar en** ~ to rest in peace; **su madre, que en** ~ **descanse** her mother, God rest her soul;

¡haya ~! stop it!, that's enough!; **mantener la ~** to keep the peace; **¡aquí ~ y después gloria!** and that's that! **(b)** *(tratado)* peace treaty; **hacer las paces** to make peace; *(fig)* to make (it) up.
pazguato *adj* simple, stupid.
P.D. *nf abr de* **posdata** PS.
pe *nf name of the letter* P; **de ~ a pa** from A to Z, from beginning to end.
peaje *nm* toll; **autopista de ~** toll motorway, *(US)* turnpike.
peajero *nm* toll collector.
peana *nf* stand, base.
peatón *nm* pedestrian; **paso de ~es** pedestrian crossing, *(US)* crosswalk.
pebete[1] *nm* joss stick.
pebete[2]**/a** *nm/f (RPl)* kid *(fam)*, child.
peca *nf* freckle.
pecado *nm* sin; **~ venial/capital** venial/mortal sin; **~ de comisión** sin of commission; **por mis ~s** for my sins; **sería un ~ no aprovecharlo** it would be a crime *o* sin *o* pity not to make use of it.
pecador(a) 1 *adj* sinful, sinning. **2** *nm/f* sinner.
pecaminoso *adj* sinful.
pecar [1g] *vi* **(a)** *(Rel)* to sin; *(fig)* to err, go astray; **si he pecado en esto, ha sido por ...** if I have been at fault in this, it has been because... . **(b)** *(fig)* **~ de** + *adj* to be too + *adj;* **peca de generoso** he is too generous; **peca por exceso de confianza** he is too cocky.
pecera *nf* fishbowl, fishtank.
pecios *nmpl* flotsam, wreckage.
pecoso *adj* freckled.
pectina *nf* pectin.
pectoral 1 *adj (Anat)* pectoral; *(Med)* **pastillas ~es** cough drops *o* lozenges. **2** *nm (Rel)* pectoral cross.
pecuario *adj* livestock *(atr)*.
peculado *nm* embezzlement.
peculiar *adj* special, peculiar (*de* to).
peculiaridad *nf* peculiarity.
peculio *nm* one's own money.
pecuniario *adj* pecuniary, money; **pena ~a** fine.
pechar [1a] **1** *vt* **(a)** *(LAm: empujar)* to push, shove. **(b)** *(pedir dinero)* to tap *(fam)*, touch for. **2** *vi:* **~ con** to put up with, get stuck *o* landed with.
pechera *nf* **(a)** *(Cos: de camisa)* shirt front; *(: de vestido)* front; *(Mil etc)* chest protector; **~ postiza** dicky. **(b)** *(Anat fam)* (big) bosom. **(c)** *(Chi Téc)* apron.
pechero *nm* bib.
pecho *nm* **(a)** *(Anat: gen)* chest; **de ~ plano** flat-chested; **a ~ descubierto** unarmed, defenceless; *(fig)* openly, frankly; **dar el ~** to face things squarely; **quedarse con algo entre ~ y espalda** to keep sth back; **sacar el ~** to thrust one's chest out. **(b)** *(de mujer)* bust, breast; **los ~s** the breasts; **dar el ~ a** to breast-feed. **(c)** *(fig)* heart, breast; **abrir su ~ a uno** to confide in sb; **no le cabía en el ~** he was bursting with happiness; **tomar algo a ~** to take sth to heart. **(d)** *(valor)* courage, spirit; **¡~ al agua!** courage! **(e)** *(Geog)* slope, gradient.
pechuga *nf* **(a)** *(Culin)* breast; **~ de pollo** chicken breast; *(fam: tetas)* tits *pl (fam)*. **(b)** *(Geog)* slope, hill. **(c)** *(LAm)* sangfroid.
pedagogía *nf* pedagogy.
pedagógico *adj* pedagogic(al).
pedagogo *nm* teacher, pedagogue.
pedal *nm* pedal; **~ de acelerador** accelerator (pedal); **~ de embrague** clutch (pedal); **~ de freno** footbrake, brake (pedal); **~ fuerte** *(Mús)* loud pedal.
pedalear [1a] *vi* to pedal; **~ en agua** to tread water.
pedante 1 *adj* pedantic. **2** *nmf* pedant.
pedantería *nf* pedantry.
pedantesco *adj* pedantic.
pedazo *nm* **(a)** piece, bit; **un ~ de papel** a piece of paper; **un ~ de pan** a scrap of bread; *(fig)* a terribly nice person; **trabaja por un ~ de pan** he works for a mere pittance; **hacer algo a ~s** to do sth piecemeal; **hacer ~s** *(papel)* to rip *o* tear (up); *(vaso etc)* to shatter, smash; **se hizo ~s** it fell to pieces, it shattered; **estoy hecho ~s** I'm worn out. **(b)** *(fig)* **~ del alma** *o* **del corazón** the apple of one's eye; **~ de animal** blockhead.
pederasta *nm* pederast.
pederastia *nf* pederasty.
pedernal *nm* flint; **como un ~** *(fig)* of flint, flinty.
pedestal *nm* pedestal, stand.
pedestre *adj* pedestrian; **carrera ~** foot race.
pedestrismo *nm* walking.
pediatra *nmf* paediatrician.
pediatría *nf* paediatrics *sg*.
pedicuro/a 1 *nm/f* chiropodist. **2 pedicura** *nf* chiropody.
pedido *nm* **(a)** *(Com)* order; **~ de ensayo** trial order; **~ de repetición** repeat order. **(b)** *(petición)* request; **a ~ de** at the request of.
pedigüeño *adj* mooching *(fam)*.
pedimento *nm* petition.
pedir [3l] *vt* **(a)** *(gen)* to ask for, request; *(comida)* to order; *(Com)* to order (*a* from); **~ algo a uno** to ask sb for sth; **~ que ...** to ask that...; **me pidió que cerrara la puerta** he asked me to shut the door; **el pescado es tal que no hay más que ~** the fish is as good as it could possibly be. **(b)** *(precio)* to look for *(fam)*, ask; **¿cuánto piden por él?** how much are they asking for it? **(c) ~ a una joven** to ask for a girl's hand in marriage. **(d)** *(Jur)* **~ en justicia** to sue. **(e)** *(fig)* to need, demand, require; **la casa está pidiendo una mano de pintura** the house is crying out for a dab of paint. **(f) ~ prestado** to borrow; **~ disculpas** to apologize.
pedo 1 *adj (fam)*: **estar (en) ~** to be pissed *(fam!)*, be drunk. **2** *nm (fam)* fart *(fam!)*; **tirar un ~** to fart *(fam!)*.
pedrada *nf* **(a)** *(acción)* throw of a stone; *(golpe)* hit *o* blow from a stone; **matar a uno a ~s** to stone sb to death. **(b)** *(fig)* snide remark, dig.
pedrea *nf* **(a)** *(combate)* stone-throwing. **(b)** *(Met)* hailstorm. **(c)** *(fam: de lotería)* minor prizes.
pedregal *nm* rocky ground.
pedregoso *adj* stony, rocky.
pedrera *nf* quarry.
pedrería *nf* precious stones, jewels.
pedrisco *nm (granizo)* hail; *(granizada)* hailstorm.
Pedro *nm* Peter; **entrar como ~ por su casa** to come in as if one owned the place.
pedrusco *nm* rough stone.
pedúnculo *nm* stem, stalk.
pega *nf* **(a)** *(acción)* sticking. **(b)** *(chasco)* practical joke. **(c)** *(dificultad)* snag, difficulty; **poner ~s** to raise objections. **(d)** *(Univ etc)* catch *o* trick question. **(e) de ~** false, dud; **un billete de ~** a dud banknote.
pegadizo *adj* **(a)** *(pegajoso)* sticky. **(b)** *(Med)* infectious, catching. **(c)** *(canción etc)* catchy. **(d)** *(postizo)* false. **(e)** *(gorrón)* sponging.
pegado 1 *adj (fig)* **dejar a uno ~** to leave sb nonplussed; **estar ~** to have no idea, be clueless *(fam)*. **2** *nm* patch, sticking plaster.
pegadura *nf (acción)* bonding; *(unión)* bond.
pegajoso *adj* **(a)** *(gen)* sticky, adhesive. **(b)** *(Med)* infectious, catching; *(fig)* contagious.

pegamento *nm (adhesivo)* gum; ~ **de caucho** *(Aut etc)* rubber solution.

pegar [1h] **1** *vt* **(a)** *(gen)* to stick (on *o* together *o* up); *(con cola)* to glue, paste; *(cartel)* to post, stick up; *(coser)* to sew (on); ~ **un sello** to stick a stamp on; ~ **una silla a una pared** to move a chair up against a wall. **(b)** *(enfermedad)* to give, infect with; *(idea etc)* to give (*a* to). **(c)** *(golpe)* to hit, deal; *(balón)* to hit; *(persona)* to hit, strike; **dicen que pega a su mujer** they say he knocks his wife about; **hazlo o te pego** do it or I'll bash you *(fam)*. **(d)** *(fam)* ~ **un grito** to let out a yell; ~ **un puntapié a uno** to give sb a kick; ~ **un salto** to jump (with fright *etc*); ~**le un susto a uno** to scare sb. **(e)** *(LAm)* ~**la** to be lucky. **(f)** ~**le a algo** to be a great one for sth *(fam)*; ~**le a la bebida** to be a heavy drinker.

2 *vi* **(a)** *(adherir)* to stick, adhere. **(b)** ~ **en** to touch; **el piano pega en la pared** the piano is touching the wall. **(c)** *(planta)* to take root. **(d)** *(colores etc)* to match, go together; ~ **con** to match, go with; **ese sombrero no pega con el abrigo** that hat doesn't go with the coat. **(e)** *(dar una paliza)* to hit, beat; ~ **en** to hit, strike (against); **la flecha pegó en el blanco** the arrow hit the target; **las ramas pegan en los cristales** the branches beat against the windows. **(f)** *(sol)* to strike hot; **a estas horas el sol pega fuerte** the sun strikes very hot at this time. **(g)** *(fam: ser correcto)* to be right; *(: vocablo etc)* to sound right; **no pega** that doesn't seem right.

3 pegarse *vr* **(a)** *(fijarse)* to stick. **(b)** *(pelearse)* to hit each other, fight. **(c)** ~ **a uno** to stick to sb, attach o.s. to sb; *(Dep)* to mark; ~ **a una reunión** to intrude on a meeting. **(d)** *(Med)* to be catching; *(fig)* to be infectious, catchy. **(e)** *(Culin)* to burn. **(f)** *(fam)* **ella se la pega a su marido** she's unfaithful to her husband. **(g)** ~ **un tiro** to shoot o.s.; **se pega una vida de millonario** he lives the life of Riley.

pegatina *nf (Pol etc)* sticker.

pegote *nm* **(a)** *(Med)* sticking plaster; *(fig)* patch, ugly mend. **(b)** *(Culin fam)* sticky mess. **(c)** **tirarse** ~**s** *(fam)* to come one strong, exaggerate. **(d)** *(fam: gorrón)* sponger, hanger-on.

peinada *nf* combing; **darse una** ~ to comb one's hair.

peinado 1 *adj* combed. **2** *nm* hairdo.

peinador(a) 1 *nm/f* hairdresser. **2** *nm* **(a)** *(bata)* dressing gown. **(b)** *(LAm)* dressing table.

peinadura *nf* **(a)** combing. **(b)** ~**s** combings.

peinar [1a] **1** *vt* **(a)** *(gen: pelo)* to comb, do. **(b)** *(Arg)* to flatter. **2 peinarse** *vr* to comb one's hair.

peine *nm* comb; **¡ya pareció el ~!** so that was it!; **¡te vas a enterar de lo que vale un ~!** *(fam)* your chickens are coming home to roost!

peinecillo *nm* fine comb.

p.ej. *abr de* **por ejemple** e.g.

peje 1 *adj (Méx)* stupid. **2** *nm* **(a)** *(pez)* fish. **(b)** *(listillo)* sly fellow, twister.

pejiguera *nf (fam)* bother, nuisance.

Pekín *nm* Pekin(g).

pela *nf* **(a)** *(Culin)* peeling. **(b)** *(fam: peseta)* peseta. **(c)** *(LAm)* beating. **(d)** *(Méx)* slog, hard work. **(e)** **cambiar la** ~ *(fam)* to vomit, puke (up) *(fam)*.

pelada *nf* **(a)** *(LAm)* haircut. **(b)** *(Chi, RPl)* bald head.

peladera *nf (Med)* alopecia.

peladez *nf (Méx)* vulgarity.

pelado 1 *adj* **(a)** *(cabeza)* hairless; *(piel)* peeled; *(hueso)* clean; *(fruta)* pared, peeled; *(terreno)* treeless, bare. **(b)** *(fig)* bare; **cobra el sueldo** ~ he gets just the bare salary; **el cinco mil** ~ exactly five thousand. **(c)** *(LAm)* poor, penniless. **(d)** *(Méx)* coarse, rude. **(e)** *(número)* round. **2** *nm (gen)* pauper; *(Méx)* wide boy *(fam)*.

peladura *nf* **(a)** *(acción)* peeling. **(b)** ~**s** peel, peelings.

pelafustán/ana *nm/f* layabout, good-for-nothing.

pelagatos *nm inv* poor devil, wretch.

pelaje *nm* **(a)** *(Zool)* fur, coat. **(b)** *(fig)* appearance; **y otros de ese** ~ and others of that ilk.

pelambre *nm* **(a)** *(Agr)* skin, fleece. **(b)** *(fig fam)* hair, mop *(fam)*.

pelar [1a] **1** *vt* **(a)** *(pelo)* to cut; *(animal)* to skin; *(ave)* to pluck; *(fruta)* to peel; *(habas etc)* to shell. **(b)** *(fam: criticar)* to criticize. **(c)** *(fam: Naipes etc)* to fleece, clean out *(fam)*. **(d)** *(fam: matar)* to rub out *(fam)*. **(e)** ~ **los ojos** *(LAm fam)* to goggle, gape. **2 pelarse** *vr* **(a)** *(piel etc)* to peel (off). **(b)** *(individuo)* to lose one's hair; **voy a pelarme** I'm going to get my hair cut. **(c)** ~**las por algo** *(fam)* to crave (for) sth. **(d)** *(fam)* **corre que se las pela** he runs like nobody's business *(fam)*.

peldaño *nm (Arquit)* step, stair; *(de escalera portátil)* rung.

pelea *nf* **(a)** *(gen)* fight, tussle; *(riña)* quarrel, row; **armar una** ~ to kick up a row. **(b)** ~ **de gallos** cockfight; **gallo de** ~ fighting cock.

peleado *adj:* **estar ~ con uno** to be on bad terms with sb.

peleador *adj* quarrelsome.

pelear [1a] **1** *vi (gen)* to scuffle, brawl; *(fig)* to fight, struggle (*por* for); *(con palabras)* to quarrel. **2 pelearse** *vr* **(a)** *(gen)* to scuffle, brawl; ~ **con uno** to fight sb (*por* for). **(b)** *(fig)* to fall out, quarrel (*con* with, *por* about, over).

pelechar [1a] *vi (Zool, Orn)* to moult, shed its hair; *(fig)* to regain one's strength.

pelele *nm* **(a)** *(figura)* guy, dummy; *(fig)* tool, puppet. **(b)** *(bobo)* simpleton. **(c)** *(traje infantil)* rompers.

peletería *nf* furrier's, fur shop.

peletero *nm* furrier.

pelícano *nm* pelican.

pelicorto *adj* short-haired.

película *nf* **(a)** *(Téc)* film, thin covering. **(b)** *(Cine)* film, *(US)* movie; ~ **en colores** colour film; ~ **de dibujos (animados)** cartoon film; ~ **muda** silent film; ~ **sonora** talkie. **(c)** *(Fot)* (roll *o* reel of) film. **(d)** **de** ~ *(fam)* astonishing, out of this world *(fam)*.

peligrar [1a] *vi* to be in danger; ~ **de hacer algo** to be in danger of doing sth.

peligro *nm (gen)* danger, peril; *(riesgo)* risk; *(fig: amenaza)* menace, threat; '**~ de muerte**' 'danger'; **con ~ de la vida** at the risk of one's life; **estar en** ~ to be in danger; **estar fuera de** ~ to be out of danger; **correr** ~ to be in danger; **correr ~ de hacer algo** to run the risk of doing sth; **estar enfermo de** ~ to be seriously ill.

peligrosidad *nf* danger, riskiness.

peligroso *adj* dangerous, risky.

pelillo *nm (fig fam)* trifle, triviality; **echar ~s a la mar** to bury the hatchet; **no se para en ~s** he doesn't stick at trifles.

pelímetro *nm (fam)* **un** ~ a tiny bit.

pelirrojo/a 1 *adj* red-haired, red-headed. **2** *nm/f* redhead.

pelma 1 *nmf (fam)* bore; **¡no seas ~!** don't be such a bore!, don't go on about it! **2** *nm* lump, solid mass.

pelmazo *nm* = **pelma 1, 2.**

pelo *nm* **(a)** *(gen)* hair; *(de barba)* whisker; *(Zool)* hair, fur, coat; *(Orn)* down; *(de tejido)* nap, pile; *(Téc)* fibre, strand; *(de diamante)* flaw; **un ~ rubio** a blond hair; **tiene ~ rubio** she has blond hair; **dos caballos del mismo ~** two horses of the same colour; **cortarse el ~ to** to have one's hair cut. **(b)** *(locuciones)* **a ~** bareheaded, hatless; *(fam: desnudo)* naked; **de medio ~** common; **venir al ~** to come just right, be exactly what one needs; **hombre de ~ en pecho** real man, macho man *(fam)*; **en ~** bareback; **por los ~s** by the skin of one's teeth; **escaparse por un ~** to have a close shave; **pasó el examen por los ~s** he scraped through the exam; **agarrarse** *o* **asirse a un ~** to clutch at any opportunity; **cortar un ~ en el aire** *(fig)* to be pretty smart; **estuvo en un ~ que lo perdiéramos** we very nearly lost it; **se me pusieron los ~s de punta** my hair stood on end; **soltarse el ~** to burst out, drop all restraint; **no tiene ~ de tonto** he's no fool; **no tener ~s en la lengua** to be outspoken, not mince words; **no tocar un ~ de la ropa a uno** not to lay a finger on sb; **tomar el ~ a uno** to pull sb's leg. **(c)** *(grieta)* hairline, fine crack. **(d)** *(Téc: sierra)* fine saw.

pelón/ona 1 *adj* **(a)** *(calvo)* bald. **(b)** *(estilo)* with a crew-cut. **(c)** *(tonto)* thick *(fam)*, stupid. **(d)** *(sin recursos)* broke *(fam)*. **2** *nm* poor wretch. **3 pelona** *nf (fam)* Death.

pelota *nf* **(a)** *(Dep etc)* ball; *(fam: cabeza)* nut, head; **~ vasca** pelota; **devolver la ~ a uno** *(fig)* to turn the tables on sb; **la ~ sigue en el tejado** *(fig)* the situation is still unresolved. **(b) en ~** stark naked; **estar en ~s** *(fam)* to be broke *(fam)*. **(c) ~s** *(fam!)* balls *(fam!)*; **tener ~s** to have balls; **tocar las ~** to bug *(fam)*, annoy.

pelotari *nm* pelota player.

pelotear [1a] **1** *vt (Fin: cuenta)* to audit. **2** *vi* **(a)** *(Dep)* to knock *o* kick a ball about. **(b)** *(reñir)* to bicker, argue.

peloteo *nm (Tenis)* rally, long exchange of shots; *(Ftbl)* kick-about *(fam)*; *(de entrada)* warm-up.

pelotera *nf* row, set-to *(fam)*.

pelotilla *nf*: **hacer la ~ a** *(fam)* to suck up to.

pelotillero/a 1 *adj* crawling *(fam)*, boot-licking *(fam)*. **2** *nm/f* crawler *(fam)*, bootlicker *(fam)*.

pelotón *nm* **(a)** *(Dep)* big ball. **(b)** *(de hilos)* tangle, mat. **(c)** *(de gente)* crowd. **(d)** *(Mil)* party, detachment; **~ de ejecución** firing squad.

peltre *nm* pewter.

peluca *nf* **(a)** *(gen)* wig. **(b)** *(fam: bronca)* dressing-down.

peluche *nm* plush.

peludo 1 *adj (gen)* hairy, shaggy; *(de cabello largo)* long-haired; *(animal)* long-haired, shaggy; *(barba)* bushy. **2** *nm* **(a)** *(felpudo)* round felt mat. **(b)** *(RPl Zool)* (species of) armadillo.

peluquería *nf* **(a)** *(de mujeres)* hairdresser's. **(b)** *(de hombres)* barber's (shop).

peluquero/a *nm/f* **(a)** *(de hombres)* barber. **(b)** *(de mujeres)* hairdresser.

peluquín *nm* toupée; **ni hablar del ~** *(fam)* no way! *(fam)*, you're not on *(fam)*.

pelusa *nf* **(a)** *(Bot)* down; *(Cos)* fluff. **(b)** *(entre niños)* envy, jelousy.

pélvico *adj* pelvic.

pelvis *nf* pelvis.

pellejería *nf* **(a)** *(pieles)* skins *pl*, hides *pl*. **(b)** *(curtiduría)* tannery. **(c)** *(Arg, Chi)* difficulty, jam.

pellejo *nm* **(a)** *(Zool)* skin, hide, pelt; *(Anat: esp LAm)* skin; *(Bot)* skin, peel, rind. **(b)** *(odre)* wine-skin; *(fam: borracho)* drunk. **(c)** *(fam: puta)* whore, *(US)* hooker. **(d)** *(fig)* skin, hide; **no caber en el ~** *(fig)* to be big-boned *(euf)*, be tubby; **perder el ~** to lose one's life; **no quisiera estar en su ~** I wouldn't like to be in his shoes; **salvar el ~** to save one's skin.

pellizcar [1g] *vt (gen)* to pinch, nip; *(comida)* to nibble *o* pick at.

pellizco *nm* **(a)** *(gen)* pinch, nip. **(b)** *(Culin etc)* small bit; **un ~ de sal** a pinch of salt.

pena *nf* **(a)** *(pesadumbre)* grief, sorrow; *(malestar)* anxiety; **¡allá ~s!** I don't care!, that's not my worry!; **es una ~** it's a shame, it's a pity *(que* that); **me da mucha ~** *(LAm)* I'm very embarrassed; **da ~ verlos así** it grieves me to see them like that; **da ~ que no vengan más** it's a pity they don't come more often; **¡qué ~!** what a shame!, *(LAm)* how embarrassing!; **valer la ~** to be worthwhile; **no merece la ~** it's not worth the trouble; **morir de ~** to die of a broken heart. **(b)** *(fam: dolor)* pain; **tener una ~** to have a pain. **(c)** *(dificultad)* trouble; **~s** hardships; **alma en ~** soul in torment; **a duras ~s** with great difficulty; *(fig)* hardly, scarcely; **ahorrarse la ~** to save o.s. trouble. **(d)** *(Jur)* punishment, penalty; *(Com)* penalty; **~ capital** capital punishment; **~ pecuniaria** fine; **so ~ de** on pain of.

penable *adj* punishable.

penacho *nm* **(a)** *(Orn)* tuft, crest; *(Mil)* plume. **(b)** *(fig)* pride, arrogance.

penado/a 1 *adj* = **penoso (b). 2** *nm/f* convict.

penal 1 *adj* penal. **2** *nm* prison.

penalidad *nf* **(a)** *(trabajos)* trouble, hardship. **(b)** *(Jur)* penalty, punishment.

penalista *nm* expert in criminal law.

penalización *nf* penalty.

penalizar [1f] *vt* to penalize.

penalty [pe'nalti] *nm (Dep)* penalty (kick); **punto de ~** penalty spot; **casarse de ~** *(fig fam)* to have a shotgun wedding.

penar [1a] **1** *vt* to punish. **2** *vi* **(a)** *(gen)* to suffer; *(alma)* to be in torment; **ella pena por todos** she takes everybody's sufferings upon herself. **(b) ~ por** to pine for, long for.

penca *nf* **(a)** *(Bot: de maguey)* leaf. **(b)** *(azote)* ≃ birch.

pendejada *nf (LAm)* **(a)** *(tontería)* foolish act. **(b)** *(cobardía)* cowardly act.

pendejear [1a] *vi (Méx)* to act the fool.

pendejo 1 *adj (imbécil)* idiotic; *(cobarde)* cowardly, yellow *(fam)*. **2** *nm (gen)* fool, idiot; *(cobarde)* coward.

pendencia *nf (riña)* quarrel; *(pelea)* fight, brawl; **armar ~** to stir up trouble.

pendenciero/a 1 *adj* quarrelsome, argumentative. **2** *nm/f* troublemaker.

pender [2a] *vi* **(a)** *(gen)* to hang (*de, en* from, *sobre* over). **(b)** *(Jur)* to be pending. **(c)** *(depender)* to depend *o* rest (*de* on).

pendiente 1 *adj* **(a)** *(colgado)* hanging. **(b)** *(asunto)* pending, unsettled; *(cuenta)* outstanding, unpaid. **(c)** *(fig)* **estar ~ de un cabello** to hang by a thread; **estar ~ de los labios de uno** to hang on sb's lips *o* words. **2** *nm (arete)* earring; *(colgante)* pendant. **3** *nf (Geog)* slope, incline; *(Aut etc)* hill, slope; *(Arquit)* pitch; **en ~** sloping.

péndola *nf* **(a)** *(pluma)* pen, quill. **(b)** *(de puente etc)* suspension cable.

pendón *nm* banner, standard.

pene *nm* penis.

penede *nm* = **P.N.D.**

penene *nmf* = **P.N.N.**

penetrable *adj* penetrable.

penetración *nf* **(a)** *(acción)* penetration. **(b)** *(agudeza)* sharpness, acuteness; *(visión)* insight.

penetrante *adj* **(a)** *(herida)* deep. **(b)** *(arma)* sharp; *(frío)* biting; *(sonido)* piercing; *(mirada)* searching. **(c)** *(genio)* acute, keen.

penetrar [1a] **1** *vt* **(a)** *(defensas)* to penetrate, pierce. **(b)** *(misterio)* to fathom; *(secreto)* to unlock; *(sentido)* to grasp. **2** *vi* **(a)** *(gen)* to penetrate, go in; *(líquidos)* to sink in, soak in; **~ en, ~ entre, ~ por** to penetrate; **el cuchillo penetró en la carne** the knife went into *o* entered *o* penetrated the flesh. **(b)** *(entrar)* to enter, go in; **~ en un cuarto** to go into a room. **(c)** *(fig)* to pierce; **la ingratitud penetró hondamente en su corazón** the ingratitude pierced him to the heart. **3 penetrarse** *vr* **(a) ~ de** *(en un tema)* to steep o.s. in. **(b) ~ de** *(entender)* to become fully aware of (the significance of).

penicilina *nf* penicillin.

península *nf* peninsula; **P~ Ibérica** Iberian Peninsula.

peninsular *adj* peninsular.

penique *nm* penny; **~s** pence; **un ~** a *o* one penny.

penitencia *nf* **(a)** *(estado)* penitence. **(b)** *(castigo)* penance; **en ~** as a penance; **imponer una ~ a uno** to give sb a penance; **hacer ~** to do penance *(por* for).

penitenciar [1b] *vt* to impose a penance on.

penitenciaría *nf* prison, *(esp US)* penitentiary.

penitenciario 1 *adj* penitentiary, prison *(atr)*. **2** *nm* confessor.

penitente *adj, nmf* penitent.

penol *nm* yardarm.

penoso *adj* **(a)** *(que aflige)* painful, distressing. **(b)** *(difícil)* arduous, laborious, difficult. **(c)** *(LAm)* timid, shy.

pensado *adj* **(a) un proyecto poco ~** a badly thought-out scheme; **le tengo bien ~** I have thought it over *o* out carefully. **(b) bien ~** well-intentioned; **mal ~** cynical. **(c) en el momento menos ~** when least expected.

pensador(a) *nm/f* thinker.

pensamiento *nm* **(a)** *(facultad)* thought; **como el ~** *(fig)* in a flash. **(b)** *(mente)* mind; **acudir** *o* **venir al ~** to come to sb's mind; **no le pasó por el ~** it never occurred to him. **(c)** *(un ~)* thought; **mal ~** nasty *o* wicked thought; **el ~ de Quevedo** Quevedo's thought; **nuestro ~ sobre este tema** our thinking on this subject; **adivinar los ~s de uno** to read sb's thoughts. **(d)** *(propósito)* idea, intention; **mi ~ es hacer algo** my idea is to do sth. **(e)** *(Bot)* pansy.

pensante *adj* thinking.

pensar [1k] **1** *vt* **(a)** *(gen)* to think; **~ que ...** to think that ...; **cuando menos lo pensamos** when we least expect it; **¿qué piensas de ella?** what do you think of her?; **dar que ~ a uno** to give sb food for thought; **dar que ~ a la gente** to set people thinking; **¡ni ~lo!** not a bit of it! **(b)** *(problema etc)* to think over *o* out; **lo pensaré** I'll think about it; **esto es para ~lo** this needs thinking about; **pensándolo bien** on reflection. **(c) ~ que ...** to decide that ..., come to the conclusion that ... . **(d) ~ hacer algo** to intend *o* propose to do sth. **(e)** *(concebir)* to think up, invent; **¿quién pensó este plan?** who thought this one up?

2 *vi* **(a)** to think; **~ en** to think of *o* about; **¿en qué piensas?** what are you thinking about?; **~ para sí** to think to o.s.; **sin ~** without thinking. **(b) ~ en** to aim at, aspire to; **piensa en una cátedra** he's aiming at a chair.

pensativo *adj* thoughtful, pensive.

pensión *nf* **(a)** *(Fin)* pension; **~ de jubilación** retirement pension; **~ vitalicia** annuity; **cobrar la ~** to draw one's pension. **(b)** *(casa de huéspedes)* boarding house, guest-house; *(Univ etc)* lodgings. **(c)** *(precio)* board and lodging; **~ completa** full board.

pensionado/a 1 *adj* pensioned. **2** *nm/f* pensioner. **3** *nm* boarding school.

pensionar [1a] *vt* to pension, give a pension to.

pensionista *nmf* **(a)** *(jubilado)* (old-age) pensioner. **(b)** *(huésped)* lodger, paying guest. **(c)** *(Escol)* boarder.

pentagonal *adj* pentagonal.

pentágono *nm* pentagon; **el P~** *(US)* the Pentagon.

pentagrama *nm (Mús)* stave, staff.

pentámetro *nm* pentameter.

pentatlón *nm* pentathlon.

Pentecostés *nm* **(a)** *(cristiano)* Whitsun(tide); **domingo de ~** Whit Sunday. **(b)** *(judío)* Pentecost.

penúltimo/a 1 *adj* penultimate, last but one. **2 penúltima** *nf (fam)* one for the road *(fam)*.

penumbra *nf* penumbra, half-light; **sentado en la ~** seated in the shadows.

penuria *nf (pobreza)* penury, poverty; *(escasez)* shortage, dearth.

peña *nf* **(a)** *(Geog)* cliff, crag. **(b)** *(corro)* group, circle; *(Dep)* supporters' club; **forma parte de la ~** he's a member of the circle. **(c)** *(LAm: club)* folk club; *(: fiesta)* party.

peñascal *nm* rocky place.

peñasco *nm* large rock, crag.

peñón *nm* wall of rock, crag.

peón *nm* **(a)** *(Téc)* unskilled workman, labourer; *(Agr)* farmhand; **~ de albañil** bricklayer's mate. **(b)** *(Mil Hist)* infantryman, foot-soldier. **(c)** *(Ajedrez)* pawn. **(d)** *(Mec)* spindle.

peonaje *nm* group of labourers.

peonar [1a] *vi (Arg)* to work as a labourer.

peonía *nf* peony.

peonza *nf* spinning top; **ser una ~** *(fig)* to be full of go *(fam)*.

peor *adj, adv (comp)* worse; *(superl)* worst; **~ que ~** worse and worse; **A es ~ que B** A is worse than B; **Z es el ~ de todos** Z is the worst of all; **lo ~ es que ...** the worst of it is that ...; **llevar lo ~** to get the worst of it; **o si no, será ~ para Ud** or if you don't, it will be the worse for you; **tanto ~** so much the worse.

peoría *nf* worsening, deterioration.

pepenar [1a] *vt (CAm, Méx)* to pick up; *(LAm Min)* to separate.

pepinillo *nm* gherkin.

pepino *nm* cucumber; **me importa un ~ lo que pudieran pensar** I don't care two hoots *o* give a damn what they think.

pepita *nf* **(a)** *(Vet)* pip; **no tener ~ en la lengua** to be outspoken, not mince words. **(b)** *(Bot)* pip. **(c)** *(Min)* nugget. **(d)** *(fam!)* clitoris.

pepito *nm* meat sandwich.

pepitoria *nf (fig)* hotchpotch, mixture.

pepsina *nf* pepsin.

péptico *adj* peptic.

peque *nmf (fam)* kid *(fam)*, child.

pequeñez *nf* **(a)** *(tamaño)* smallness, littleness, small size; *(infancia)* infancy. **(b)** *(de miras)* pettiness, small-mindedness. **(c)** *(nada)* triviality; **preocuparse por pequeñeces** to worry about trifles.

pequeño *adj (gen)* small, little; *(cifra)* small, low; *(bajo)* short; **los ~s** the children, the little ones; **~ burgués** petit bourgeois, lower middle-class; **un castillo en ~** a miniature castle; **un negocio en ~** a small-scale business.

pequero *nm (RPl)* cardsharper.

pequinés *nm (perro)* pekinese.

pera[1] *nf* **(a)** *(Bot)* pear; **eso es pedir ~s al olmo** that's asking the impossible. **(b)** *(barba)* goatee; *(Chi)* chin. **(c)** *(empleo)* cushy number *(fam)*. **(d)** *(fam)* **hacerse una ~** to masturbate; **tocarse la ~** *(fam)* to sit on one's backside (doing nothing).
pera[2] *nm (fam: criminal)* fence *(fam)*.
pera[3] *adj inv* classy; **niño ~** spoiled upper-class brat; **fuimos a un restaurante muy ~** we went to a really swish restaurant *(fam)*.
peral *nm* pear tree.
perca *nf (pez)* perch.
percance *nm* **(a)** *(gen)* misfortune, mishap; *(en plan etc)* setback, hitch; **sufrir un ~, tener un ~** to have a mishap. **(b)** *(Fin)* perquisite.
percatarse [1a] *vr:* **~ de** *(gen)* to notice, take note of; *(comprender)* to realize, come to understand.
percebe *nm* **(a)** *(Zool)* barnacle. **(b)** *(fam)* idiot.
percepción *nf* **(a)** *(gen)* perception; **~ extrasensoria** extrasensory perception. **(b)** *(idea)* notion, idea. **(c)** *(Com, Fin)* collection.
perceptible *adj* **(a)** *(visible)* perceptible, noticeable. **(b)** *(Com, Fin)* payable, receivable.
perceptivo *adj* perceptive.
perceptor(a) *nm/f (Fin: de impuestos)* collector, receiver.
percibir [3a] *vt* **(a)** *(notar)* to perceive, notice, detect; *(ver)* to see, observe; *(peligro etc)* to sense, scent; **~ que ...** to perceive that ..., observe that .... **(b)** *(sueldo)* to earn, get.
percudir [3a] *vt* to tarnish.
percusión *nf* percussion; **instrumento de ~** percussion instrument.
percusor *nm*, **percutor** *nm (Téc)* hammer; *(de arma)* firing pin.
percutir [3a] *vt* to strike, tap.
percha *nf* **(a)** *(para ropa: gen)* (clothes) hanger; *(: colgador)* clothes rack; *(para sombreros)* hatstand. **(b)** *(Téc)* rack. **(c)** *(para pájaros)* perch. **(d)** *(tronco)* pole. **(e)** *(fam: tipo)* build, physique.
perchero *nm* clothes rack.
perdedor(a) 1 *adj* losing. **2** *nm/f* loser; **buen ~** good sport.
perder [2g] **1** *vt* **(a)** *(gen)* to lose; **¿dónde lo perdió?** where did you lose it?; **he perdido 5 kilos** I've lost 5 kilos; **he perdido la costumbre** I have got out of the habit. **(b)** *(tiempo etc)* to waste; *(oportunidad)* to miss, lose; *(tren etc)* to miss; *(Jur)* to lose, forfeit; **no pierde nada** he doesn't miss a thing; **sin ~ un momento** without wasting a moment. **(c)** *(destruir)* to ruin; **ese error le perdió** that mistake was his undoing.

2 *vi* **(a)** *(gen)* to lose; **el equipo perdió por 2-5** the team lost 2-5; **salir perdiendo** to lose, be the loser; *(fig)* to come off worst; *(Com)* to lose on a deal; **tener buen ~** to be a good loser. **(b)** *(fig)* to deteriorate, go down(hill); **ha perdido mucho en mi estimación** he has gone down a lot in my estimation. **(c)** *(tela)* to fade, discolour. **(d)** **echar a ~** *(comida)* to spoil, ruin; **echarse a ~** to go downhill.

3 perderse *vr* **(a)** *(errar el camino)* to get lost, lose one's way; **se perdieron en el bosque** they got lost in the wood; **se perdió en un mar de contradicciones** he got lost in a mass of contradictions. **(b)** *(desaparecer)* to disappear, be lost (to view); **el tren se perdió en la niebla** the train disappeared into the fog. **(c)** *(desperdiciarse)* to be wasted, go to waste. **(d)** *(Agr etc)* to be ruined, get spoiled; **con la lluvia se ha perdido la cosecha** with so much rain the crop has been ruined. **(e)** *(Náut)* to sink, be wrecked. **(f)** *(arruinarse)* to be ruined; **se perdió por el juego** he was ruined through gambling. **(g) ~ por** to be mad about *o* on. **(h) ¡no te lo pierdas!** don't miss it!
perdición *nf (Rel etc)* perdition; *(fig)* undoing, ruin; **fue su ~** it was his undoing.
pérdida *nf (gen)* loss; *(tiempo etc)* waste; **~s** *(Fin, Mil etc)* losses; *(Téc)* leakage, wastage; **¡no tiene ~!** you can't miss!, you can't go wrong!; **vender algo con ~** to sell sth at a loss.
perdido 1 *adj* **(a)** *(gen)* lost; *(bala)* stray; *(rato)* spare; **dar algo por ~** to give sth up for lost; **darse por ~** to give o.s. up for lost. **(b)** *(Med: enfermo)* terminally ill; *(fig: loco)* raving; *(: borracho etc)* inveterate, hardened; **es un caso ~** he is a hopeless case. **(c) estar ~ por** to be mad *o* crazy about. **2** *nm:* **hacerse el ~** to make o.s. scarce.
perdigar [1h] *vt* to half-cook, brown.
perdigón *nm* **(a)** *(Orn)* young partridge. **(b)** *(bala)* pellet; **~ zorrero** buckshot; **~es** shot, pellets.
perdiz *nf* partridge; **~ blanca** ptarmigan.
perdón *nm (gen)* pardon, forgiveness; *(indulto)* mercy; **¡~!** sorry!, I beg your pardon!; **pedir ~ a uno** to ask sb's forgiveness; **con ~** if I may, if you don't mind; **con ~ de los presentes** present company excepted; **hablando con ~** if you'll pardon the expression; **no cabe ~** it's inexcusable.
perdonable *adj* pardonable, excusable.
perdonador *adj* forgiving.
perdonar [1a] *vt, vi* **(a)** *(gen)* to pardon, forgive, excuse; **¡perdone (Ud)!** sorry!, I beg your pardon!; **perdone, pero me parece que ...** excuse me, but I think ...; **perdónanos nuestras deudas** forgive us our trespasses. **(b) ~ la vida a uno** to spare sb's life. **(c)** *(de obligación)* to exempt, excuse; **les he perdonado las clases** I have excused them from classes. **(d) no ~ esfuerzo** to spare no effort; **no ~ ocasión de hacer algo** to miss no chance to do sth.
perdulario *adj (gen)* forgetful; *(descuidado)* careless.
perdurable *adj (duradero)* lasting, abiding; *(perpetuo)* everlasting.
perdurar [1a] *vi (gen)* to last, endure; *(subsistir)* to stand, still exist.
perecedero *adj (Com etc)* perishable; *(mortal)* mortal.
perecer [2d] **1** *vi* to perish, die. **2 perecerse** *vr* **(a) ~ de risa** to die laughing; **~ de envidia** to be dying of jealousy. **(b) ~ por algo** to long for, be dying for, crave; **se perece por los calamares** he's passionately fond of squid.
peregrinación *nf* pilgrimage; **ir en ~** to make a pilgrimage (*a* to).
peregrinar [1a] *vi* **(a)** *(viajar)* to travel extensively (abroad). **(b)** *(Rel)* to go on a pilgrimage (*a* to).
peregrino/a 1 *adj* **(a)** *(que viaja)* wandering, travelling; *(Orn)* migratory. **(b)** *(fig: exótico)* exotic; *(extraño)* strange, odd; *(singular)* rare, extraordinary. **2** *nm/f* pilgrim.
perejil *nm* parsley.
perendengue *nm* trinket, cheap ornament.
perenne *adj (gen)* everlasting, constant; *(Bot)* perennial; **de hoja ~** evergreen.
perentorio *adj (urgente)* urgent; *(terminante)* peremptory; **plazo ~** deadline.
pereza *nf* laziness, idleness; **tener ~** to feel lazy.
perezoso/a 1 *adj* lazy, idle. **2** *nm/f* loafer, idler. **3** *nm (Zool)* sloth.
perfección *nf* perfection; **a la ~** to perfection.
perfeccionamiento *nm (proceso)* perfection; *(mejora)* improvement.
perfeccionar [1a] *vt* **(a)** *(gen)* to perfect; *(mejorar)* to improve. **(b)** *(acabar)* to complete, finish.
perfeccionista *nmf* perfectionist.

perfectibilidad *nf* perfectibility.
perfectible *adj* perfectible.
perfecto **1** *adj* perfect. **2** *nm (Ling)* perfect (tense).
perfidia *nf* perfidy, treachery.
pérfido *adj* perfidious, treacherous.
perfil *nm* **(a)** *(gen)* profile; *(contorno)* silhouette, outline; *(Geol etc)* (cross) section; ~ **aerodinámico** streamlining; **en** ~ in profile, from the side. **(b)** ~**es** *(retoques)* finishing touches. **(c)** ~**es** *(miramientos)* social courtesies.
perfilado *adj (rostro)* long; *(nariz)* well-formed, shapely; *(Aer)* streamlined.
perfilar [1a] **1** *vt* **(a)** *(gen)* to outline; *(fig)* to shape, give character to. **(b)** *(Aer etc)* to streamline. **(c)** *(rematar)* to put the finishing touches to. **2 perfilarse** *vr* **(a)** *(modelo)* to show one's profile, stand sideways on; *(Taur)* to prepare for the kill; *(edificio etc)* to show in outline, be silhouetted (*en* against). **(b)** *(fig)* to become more definite; **el proyecto se va perfilando** the plan is taking shape.
perforación *nf* **(a)** *(orificio: Tip)* perforation; *(: Cine, Fot)* sprocket; *(: Téc)* punch-hole; *(: Min)* bore-hole. **(b)** *(proceso: gen)* piercing, perforation; *(: Min)* drilling, boring; *(: Tip)* punching, perforating.
perforadora *nf (Tip etc)* punch; *(Téc)* drill; ~ **neumática** pneumatic drill.
perforar [1a] *vt (gen)* to perforate, pierce; *(Min)* to drill, bore.
performance [per'formans] *nm o nf (Aut, Mec etc)* performance.
perfumar [1a] *vt* to scent, perfume.
perfume *nm* scent, perfume.
perfumería *nf* perfumery.
pergamino *nm* parchment; **una familia de muchos** ~**s** a very ancient family.
pérgola *nf* pergola.
pericia *nf (habilidad)* skill, skilfulness; *(experiencia)* expertness, expertise.
pericial *adj*: **testigo** ~ expert witness.
perico *nm* **(a)** *(Orn)* parakeet. **(b)** *(Bot)* giant asparagus. **(c)** *(abanico)* large fan. **(d)** *(fam)* whore, *(US)* hooker *(fam)*.
periferia *nf (Mat)* periphery; *(Geog: de población)* outskirts.
periférico *adj (gen)* peripheral; **barrio** ~ outlying district; **ruta** ~**a** ring-road, by-pass.
perifollo *nm* chervil.
perilla *nf (adorno)* pear-shaped ornament, drop; *(barba)* goatee; ~ **de la oreja** lobe of the ear.
perímetro *nm* perimeter.
periodicidad *nf* periodicity.
periódico **1** *adj (gen)* periodic(al); *(Mat)* recurrent. **2** *nm* (news)paper; ~ **dominical** Sunday (news)paper.
periodismo *nm* journalism.
periodista *nmf* journalist; ~ **de prensa/de televisión/de radio** newspaper/television/radio journalist.
periodístico *adj* journalistic; **estilo** ~ journalistic style, journalese.
período *nm* **(a)** *(gen)* period. **(b)** *(Ling)* sentence, period.
peripatético/a **1** *adj* peripatetic. **2 peripatética** *nf (fam)* streetwalker, *(US)* hooker.
peripecia *nf* vicissitude; ~**s** vicissitudes, ups and downs.
peripuesto *adj* dressed up, smart; **tan** ~ all dressed up (to the nines).
periquito *nm* parakeet.
periscopio *nm* periscope.
peritaje *nm* **(a)** *(informe)* specialist's report. **(b)** *(honorario)* expert's fee. **(c)** *(estudios)* professional training.
perito/a **1** *adj* expert; **ser** ~ **en** *(actividad)* to be expert at; *(materia)* to be an expert on. **2** *nm/f (gen)* expert; *(licenciado)* ≃ graduate engineer; ~ **agrónomo** agronomist; ~ **forense** legal expert.
peritonitis *nf* peritonitis.
perjudicar [1g] *vt* **(a)** *(dañar)* to damage, harm; *(fig: posibilidades etc)* to damage, prejudice. **(b)** *(desfavorecer)* to be unbecoming to; **ese sombrero le perjudica** that hat does not do her justice.
perjudicial *adj* harmful, detrimental (*a, para* to).
perjuicio *nm* damage, harm; *(Fin)* financial loss; **en** ~ **de** to the detriment of; **redundar en** ~ **de** to be detrimental to, harm; **sin** ~ **de** without prejudice to; **sufrir grandes** ~**s** to suffer great damage.
perjurar [1a] **1** *vi* **(a)** *(Jur)* to perjure o.s., commit perjury. **(b)** *(jurar)* to swear a lot. **2 perjurarse** *vr* to perjure o.s.
perjurio *nm* perjury.
perjuro/a **1** *adj* perjured. **2** *nm/f* perjurer.
perla *nf* **(a)** pearl; ~ **cultivada** cultured pearl; ~**s de imitación** imitation pearls. **(b)** *(fig)* pearl (*de* of, among), gem; **me parece de** ~**s** it all seems splendid to me.
perlado *adj* pearly; **cebada** ~**a** pearl barley.
perlesía *nf* paralysis, palsy.
permanecer [2d] *vi* **(a)** to stay, remain; **¿cuánto tiempo vas a** ~**?** how long are you staying? **(b)** ~ + *adj* to go on being + *adj*, remain + *adj*; ~ **indeciso** to remain undecided; ~ **dormido** to go on sleeping.
permanencia *nf* **(a)** *(gen)* permanence. **(b)** *(estancia)* stay.
permanente **1** *adj (gen)* permanent, constant; *(color)* fast; *(comisión etc)* standing. **2** *nf* permanent wave, perm *(fam)*; **hacerse una** ~ to have one's hair permed.
permanganato *nm* permanganate.
permeabilidad *nf* permeability, pervious nature.
permeable *adj* permeable, pervious (*a* to).
permisible *adj* allowable, permissible.
permisivo *adj* permissive.
permiso *nm* **(a)** *(gen)* permission; **con** ~ if I may, *(LAm)* excuse me; **con** ~ **de Uds me voy** excuse me but I must go; **dar su** ~ to give one's permission; **tener** ~ **para hacer algo** to have permission to do sth. **(b)** *(documento)* permit, licence; ~ **de conducir** driving licence; ~ **de entrada** entry permit; ~ **de exportación/importación** export/import licence. **(c)** *(Mil etc)* leave; ~ **de convalecencia** sick leave; **estar de** ~ to be on leave.
permitir [3a] **1** *vt* to permit, allow; ~ **a uno hacer algo** to allow sb to do sth; **¿me permite?** may I?, do you mind?; **si lo permite el tiempo** weather permitting; **la fábrica permitirá una producción anual de ...** the factory will provide an annual production of .... **2 permitirse** *vr* **(a)** *(gen)* to be permitted *o* allowed; **eso no se permite** that is not allowed; **¿se permite fumar?** may I smoke? **(b)** *(lujos etc)* to permit *o* allow o.s.; **se permite 5 cigarros al día** he allows himself 5 cigarettes per day. **(c)** *(tomarse una libertad)* to take it upon o.s. to; **me permito recordarle que** may I remind you that.
permuta *nf* exchange.
permutación *nf* **(a)** *(Mat etc)* permutation. **(b)** = **permuta.**

permutar [1a] *vt* **(a)** *(Mat etc)* to permute. **(b)** *(cambiar)* to switch, exchange *(con* with, *por* for); ~ **destinos con uno** to swap *(fam) o* exchange jobs with sb.

pernear [1a] *vi* to kick one's legs.

pernera *nf* trouser leg.

pernicioso *adj* pernicious.

pernil *nm* **(a)** *(Zool)* upper leg, haunch; *(Culin)* leg. **(b)** *(Cos)* trouser leg.

perno *nm* bolt.

pernoctar [1a] *vi* to stay out for the night.

pero[1] **1** *conj* **(a)** *(gen)* but; *(sin embargo)* yet. **(b)** **una chica guapa,** ~ **muy guapa** a pretty girl and no mistake; ~ **vamos a ver** well let's see; **¡**~ **si no tiene coche!** I tell you he hasn't got a car! **2** *nm* **(a)** *(falta)* flaw, defect; **el plan no tiene** ~ there's nothing wrong with the plan; **he encontrado un** ~ I've found a snag. **(b)** *(pega)* objection; **poner** ~**s a** to raise objections to; **¡no hay** ~ **que valga!** there are no buts about it!

pero[2] *nm (Arg)* pear tree.

perogrullada *nf* platitude, truism.

Pero Grullo *nm:* **verdad de** ~ platitude, truism.

peroné *nm (Anat)* fibula.

peronista *adj, nmf (Arg)* Peronist.

peroración *nf* peroration, speech.

perorar [1a] *vi* to make a speech.

perorata *nf* long-winded speech; **echar una** ~ to rattle on *(fam) (sobre* about).

peróxido *nm* peroxide.

perpendicular 1 *adj* perpendicular *(a* to). **2** *nf* perpendicular; **salir de la** ~ to be out of *o* deviate from the perpendicular.

perpetración *nf* perpetration.

perpetrador(a) *nm/f* perpetrator.

perpetrar [1a] *vt* to perpetrate.

perpetuación *nf* perpetuation.

perpetuar [1e] *vt* to perpetuate.

perpetuidad *nf* perpetuity; **a** ~ in perpetuity, for ever; **condena a** ~ life sentence.

perpetuo *adj (Rel etc)* perpetual, everlasting; *(Jur etc: condena)* life *(atr)*.

perplejidad *nf* perplexity, bewilderment.

perplejo *adj* perplexed, bewildered; **me miró** ~ he looked at me in a puzzled way; **dejar a uno** ~ to perplex sb; **se quedó** ~ **un momento** he hesitated a moment.

perra *nf* **(a)** *(Zool)* bitch, female dog. **(b)** *(fam)* money; **no tener una** ~ *(fam)* to be stony broke *(fam)*, not have a bean *(fam)*; ~ **chica/gorda** *(Hist)* 5/10 cent piece. **(c)** *(rabieta)* tantrum; **el niño cogió una** ~ the child had a tantrum.

perrada *nf* **(a)** *(Zool)* pack of dogs. **(b)** *(fam: acción)* dirty trick.

perramus *nm inv (RPl)* raincoat.

perrera *nf* **(a)** *(gen)* kennels. **(b)** *(fam: prevención)* remand centre. **(c)** *(trabajo)* grind.

perrería *nf* **(a)** *(Zool)* pack of dogs; *(fig)* gang of villains. **(b)** *(dicho)* angry word; **decir** ~**s de uno** to say harsh things about sb.

perrillo *nm* **(a)** *(Zool)* pup(py). **(b)** *(Mil)* trigger.

perrito *nm:* ~ **caliente** hot dog.

perro[1] *nm* **(a)** *(Zool)* dog; **'**~ **peligroso'** 'beware of the dog'; ~ **de aguas/cobrador/danés/de lanas/de muestra/de presa** spaniel/retriever/Great Dane/poodle/pointer/bulldog; ~ **callejero/faldero/pastor/de casta** mongrel/lapdog/sheepdog/pedigree dog. **(b)** *(locuciones)* **ser** ~ **viejo** to be an old hand; **tiempo de** ~**s** dirty weather; **¡a otro** ~ **con ese hueso!** pull the other one, it has bells on it! *(fam)*; **darse a** ~**s** to get wild; **echar a uno los** ~**s encima** to persecute sb; **hacer** ~ **muerto** *(Per)* to avoid paying; **heder a** ~ **muerto** to stink to high heaven; **meter los** ~**s en danza** to set the cat among the pigeons; ~ **que ladra no muerde** his bark is worse than his bite. **(c)** *(fam: persona)* swine; *(fam: policía)* pig *(fam)*.

perro[2] *adj (fam)* awful, wretched; **esta** ~**a vida** this wretched life.

perruno/a 1 *adj (gen)* canine, dog; *(afecto etc)* doglike. **2 perruna** *nf* dog biscuit.

persa *adj, nmf* Persian.

persecución *nf* **(a)** *(acoso)* pursuit, chase; **estar en plena** ~ to be in full cry. **(b)** *(Pol etc)* persecution.

persecutorio *adj:* **manía** ~**a** persecution complex *o* mania; **trato** ~ cruel treatment.

perseguidor(a) 1 *nm/f* **(a)** *(gen)* pursuer. **(b)** *(Pol etc)* persecutor. **2 perseguidora** *nf (Per)* hangover.

perseguimiento *nm* pursuit, hunt, chase; **en** ~ **de** in pursuit of.

perseguir [3d, 3l] *vt* **(a)** *(seguir)* to pursue, chase; *(acosar)* to hunt down. **(b)** *(fig: buscar)* to chase after, go after; **la persiguió durante 2 años** he was after her for 2 years. **(c)** *(Pol etc)* to persecute; *(fig)* to harass; **me persiguieron hasta que dije que sí** they pestered me until I said yes; **le persiguen los remordimientos** he is gnawed by remorse; **le persigue la mala suerte** he is dogged by ill luck.

perseverancia *nf* perseverance, persistence.

perseverante *adj* persevering, persistent.

perseverar [1a] *vi* to persevere, keep on, persist; ~ **en** to persevere in, persist with.

persiana *nf (gen)* (Venetian) blind; *(postigo)* slatted shutter.

persignarse [1a] *vr* to cross o.s.

persistencia *nf* persistence.

persistente *adj* persistent.

persistir [3a] *vi* to persist *(en* in, *en hacer* in doing).

persona *nf* person; **20** ~**s** 20 people; **aquellas** ~**s que lo deseen** those who wish; **es buena** ~ he's a good sort; **tercera** ~ third party; *(Ling)* third person; **un pronombre de primera** ~ a first person pronoun; ~ **no grata** persona non grata; ~ **de historia** dubious individual; ~ **jurídica** legal entity; ~**s reales** royalty, king and queen; **en** ~ in person, in the flesh; **en la** ~ **de** in the person of; **3 caramelos por** ~ 3 sweets each; **pagaron 2 dólares por** ~ they paid 2 dollars a head.

personaje *nm* **(a)** *(sujeto notable)* personage, important person; **ser un** ~ to be somebody. **(b)** *(Lit, Teat etc)* character.

personal 1 *adj* personal. **2** *nm* **(a)** *(plantilla)* personnel, staff; *(total)* establishment; *(esp Mil)* force; *(Náut)* crew, complement; ~ **de tierra** *(Aer)* ground crew; **estar falto de** ~ to be shorthanded. **(b)** *(fam: gente)* people; **había exceso de** ~ **en el cine** there were too many people in the cinema.

personalidad *nf* **(a)** *(gen)* personality; ~ **desdoblada** split personality. **(b)** *(Jur)* status.

personalismo *nm* **(a)** *(observación)* personal reference; **tenemos que proceder sin** ~**s** we must proceed without indulging in personalities *o* personal attacks. **(b)** *(parcialidad)* personal preference, partiality.

personalizar [1f] **1** *vt (gen)* to personalize; *(personificar)* to embody, personify. **2** *vi* to make a personal reference. **3 personalizarse** *vr* to become personal.

personarse [1a] *vr* to appear in person; ~ **en** to present o.s. at, report to; ~ **en forma** *(Jur)* to be officially represented.

personificación *nf* personification.
personificar [1g] *vt* to personify, be the embodiment of.
perspectiva *nf* **(a)** *(Arte, fig)* perspective; **en ~** in perspective; **le falta ~** he lacks a sense of perspective. **(b)** *(vista)* view, scene, panorama. **(c)** *(fig)* outlook, prospect; **'buenas ~s de mejora'** 'good prospects'; **las ~s de la cosecha son favorables** the outlook for the harvest is good; **se alegró con la ~ de pasar un día en el campo** he cheered up with the prospect of spending a day in the country; **encontrarse ante la ~ de hacer algo** to be faced with the prospect of doing sth; **tener algo en ~** to have sth in view.
perspicacia *nf* **(a)** *(agudeza de vista)* keen-sightedness. **(b)** *(fig)* perspicacity, shrewdness, discernment.
perspicaz *adj* **(a)** *(vista)* keen. **(b)** *(fig)* perspicacious, shrewd.
perspicuidad *nf* perspicuity, clarity.
persuadir [3a] **1** *vt (gen)* to persuade; *(convencer)* to convince; **~ a uno a hacer algo** to persuade sb to do sth; **dejarse ~** to allow o.s. to be persuaded. **2 persuadirse** *vr* to be persuaded, become convinced.
persuasión *nf* **(a)** *(gen)* persuasion. **(b)** *(convicción)* conviction.
persuasivo *adj* persuasive, convincing.
pertenecer [2d] *vi* **(a)** to belong (*a* to). **(b)** *(fig)* **~ a** to concern; **le pertenece a él hacerlo** it's his job to do it.
perteneciente *adj* **(a)** *(gen)* belonging (*a* to). **(b)** **~ a** pertaining to.
pertenencia *nf* **(a)** ownership; **las cosas de su ~** his possessions, his property. **(b)** **~s** estate.
pértiga *nf* pole; **salto de ~** *(Dep)* pole vault.
pertinacia *nf* **(a)** *(persistencia)* persistence. **(b)** *(obstinación)* obstinacy.
pertinaz *adj* **(a)** *(duradero)* persistent. **(b)** *(obstinado)* obstinate.
pertinencia *nf* relevance, pertinence.
pertinente *adj* relevant, pertinent; **no es ~ hacerlo ahora** this is not the appropriate time to do it.
pertrechar [1a] **1** *vt (gen)* to supply (*con, de* with); *(Mil)* to supply with ammunition and stores. **2 pertrecharse** *vr:* **~ de algo** to provide o.s. with sth.
pertrechos *nmpl (gen)* implements, equipment; *(Mil)* supplies and stores; **~ de pesca** fishing tackle.
perturbación *nf* **(a)** *(Met, Pol etc)* disturbance; **~ del orden público** breach of the peace. **(b)** *(Med)* upset, disturbance; *(mental)* mental disorder.
perturbado/a *nm/f* mentally unbalanced person.
perturbador(a) 1 *adj* **(a)** *(noticia etc)* perturbing, disturbing. **(b)** *(conducta)* unruly, disorderly. **2** *nm/f* disturber (of the peace).
perturbar [1a] *vt* **(a)** *(orden)* to disturb; *(plan etc)* to upset. **(b)** *(Med)* to upset, disturb; *(psicológicamente)* to perturb.
Perú *nm:* **el ~** Peru; **valer un ~** to be worth its weight in gold.
peruano/a *adj, nm/f* Peruvian.
perversidad *nf* perversity, depravity.
perversión *nf* **(a)** *(gen)* perversion; **~ sexual** sexual perversion. **(b)** *(corrupción)* corruption.
perverso *adj* perverse, depraved.
pervertido/a 1 *adj* perverted. **2** *nm/f* pervert.
pervertimiento *nm* perversion, corruption.
pervertir [3i] **1** *vt* to pervert, corrupt. **2 pervertirse** *vr* to become perverted.
pervinca *nf (Bot)* periwinkle.
pesa *nf* weight; **levantamiento de ~s** weight-lifting.
pesacartas *nm inv* letter scales.
pesadez *nf* **(a)** *(peso)* heaviness, weight. **(b)** *(lentitud)* slowness, sluggishness. **(c)** *(Med)* heavy feeling. **(d)** *(fatiga)* tediousness; *(molestia)* annoyance; **es una ~ tener que ...** it's a bore having to ... .
pesadilla *nf* **(a)** *(gen)* nightmare, bad dream; **de ~** nightmarish. **(b)** *(fig)* worry, obsession; **ese equipo es nuestra ~** that is our bogey team; **ha sido la ~ de todos** it has been a nightmare for everybody.
pesado/a 1 *adj* **(a)** *(gen)* heavy; **industria ~a** heavy industry. **(b)** *(tardo)* slow, sluggish. **(c)** *(Met)* heavy, sultry. **(d)** *(sueño)* deep, heavy. **(e)** *(Med)* heavy; **tener el estómago ~** to feel bloated. **(f)** *(tarea etc: difícil)* tough, hard; *(: aburrido)* tedious, boring; *(: molesto)* annoying; **esto se hace ~** this is becoming tedious; **la lectura del libro resultó ~a** the book was heavy going; **es una persona de lo más ~** he's a terribly dull sort; **¡no seas ~!** come off it! **2** *nm/f* boring person, bore; **es un ~** he's such a bore.
pesadumbre *nf* grief, sorrow, affliction.
pesaje *nm (Boxeo)* weigh-in.
pésame *nm* message of sympathy; **dar el ~** to express one's condolences (*por* for, on).
pesantez *nf* gravity.
pesar [1a] **1** *vt* **(a)** *(gen)* to weigh; *(Dep: Boxeo etc)* to weigh in; *(fig: examinar)* to weigh up. **(b)** *(resultar pesado)* to weigh down, be heavy for; *(fig)* to weigh heavily on; **le pesa tanta responsabilidad** so much responsibility bears heavily on him *o* is a burden to him. **(c)** *(afligir)* to grieve, afflict, distress; **me pesa mucho** I am very sorry about it *o* to hear it *etc;* **no me pesa haberlo hecho** I'm not sorry I did it; **¡ya le pesará!** you'll be sorry!; **pese a las dificultades** in spite of the difficulties; **pese a quien pese** regardless of the consequences.

2 *vi* **(a)** *(gen)* to weigh; **pesa 5 kilos** it weighs 5 kilos. **(b)** *(pesar mucho)* to weigh a lot, be heavy; *(tiempo)* to drag, hang heavy; **ese paquete no pesa** that parcel hardly weighs anything; **¿pesa mucho?** is it heavy? **(c)** *(fig)* to weigh heavily; **sobre ella pesan muchas obligaciones** many obligations bear heavily on her. **(d)** *(fig: opinión etc)* to carry weight, count for a lot; **esa consideración no ha pesado conmigo** that consideration has not influenced me.

3 *nm* **(a)** *(arrepentimiento)* regret; *(aflicción)* grief, sorrow; **con gran ~ mío** much to my sorrow; **causar ~ a uno** to cause grief to sb; **tener ~ por no haber ...** to regret not having ... . **(b) a ~ de** in spite of, despite; **a ~ de eso** in spite of that, notwithstanding that; **a ~ de que no tiene dinero** despite having no money.
pesario *nm* pessary.
pesaroso *adj (arrepentido)* regretful; *(afligido)* sorrowful, sad.
pesca *nf* **(a)** *(actividad)* fishing; **~ de altura** deep-sea fishing; **~ en bajura** coastal fishing; **~ de perlas** pearl fishing; **allí la ~ es muy buena** the fishing is very good there; **ir de ~** to go fishing; **andar a la ~ de** *(fig)* to fish for, angle for. **(b)** *(lo pescado)* catch, quantity(of fish) caught; **la ~ ha sido mala** it's been a poor catch.
pescadería *nf* fish shop, fishmonger's.
pescadero/a *nm/f* fishmonger.
pescadilla *nf* whiting.
pescado *nm* fish.
pescador(a) 1 *adj* fishing. **2** *nm/f* fisherman/

-woman; ~ **de caña** angler, fisherman. **3 pescadora** *nf* sailor's shirt.

pescante *nm* **(a)** *(de carruaje)* driver's seat. **(b)** *(Teat)* wire. **(c)** *(Téc)* jib.

pescar [1g] **1** *vt* **(a)** *(tomar)* to catch, land. **(b)** *(intentar tomar)* to fish for, try to catch. **(c)** *(fam: lograr)* to get hold of, land; *(empleo)* to land, manage to get; *(datos)* to dredge up; **viene a ~ un marido** she's come to get a husband; **logró ~ unos cuantos datos** he managed to bring up a few facts. **(d)** *(fam: sorprender)* to nab, catch unawares; **¡ya te pesqué!** now I've found you out! **2** *vi* to fish; **ir a ~** to go fishing; **~ a mosca** to fish with a fly; **~ a la rastra** to trawl; **~ en río revuelto** to fish in troubled waters.

pescuezo *nm* **(a)** *(Zool)* neck; *(fam: Anat)* scruff of the neck; **retorcer el ~ a una gallina** to wring a chicken's neck; **¡calla, o te retuerzo el ~!** shut up, or I'll wring your neck! **(b)** *(fig)* pride.

pese *prep*: **~ a** despite, in spite of.

pesebre *nm* **(a)** *(Agr)* manger, stall. **(b)** *(Rel)* nativity scene, crib.

peseta *nf* peseta; **cambiar la ~** *(fam)* to be sick.

pesetero/a 1 *adj* money-grubbing, mercenary. **2 pesetera** *nf (fam)* cheap prostitute.

pesimismo *nm* pessimism.

pesimista 1 *adj* pessimistic. **2** *nmf* pessimist.

pésimo *adj* awful *(fam)*, dreadful *(fam)*.

peso *nm* **(a)** *(gen)* weight; *(pesadez)* heaviness; **~s y medidas** weights and measures; **~ atómico/bruto/neto** atomic/gross/net weight, **~ específico** specific gravity; **comprar algo a ~ de oro** to buy sth at a very high price; **vender a ~** to sell by weight; **de poco ~** light(weight); **de mucho ~** (very) heavy; **eso cae de su ~** that goes without saying, that's obvious; **lleva toda la dirección en ~** he carries all the burden of management; **llevar el ~ de un ataque** to bear the brunt of an attack. **(b)** *(objeto)* weight, weighty object; *(carga)* burden, load; *(Dep)* shot; **lanzar el ~** to put the shot; **levantamiento de ~s** weightlifting. **(c)** *(Boxeo)* weight; **~ mosca/gallo/pluma/ligero/medio/pesado** fly-/bantam-/feather-/light-/middle-/heavyweight. **(d)** *(pesadez)* heavy feeling, dull feeling. **(e)** weight; **el ~ de los años** the burden of age; **argumento de ~** weighty argument. **(f)** *(balanza)* scales, balance, weighing machine; **~ de baño** bathroom scales; **~ de muelle** spring balance. **(g)** *(LAm Fin)* monetary unit.

pespunt(e)ar [1a] *vt, vi* to backstitch.

pespunte *nm (Cos)* backstitch(ing).

pesquería *nf* fishing ground, fishery.

pesquero/a 1 *adj* fishing *(atr)*. **2** *nm* fishing boat. **3 pesquera** *nf* = **pesquería.**

pesquisa *nf (indagacíon)* investigation, inquiry; *(búsqueda)* search.

pesquisar [1a] *vt (indagar)* to investigate, inquire into.

pesquisidor(a) *nm/f* investigator, inquirer.

pestaña *nf* **(a)** eyelash; *(de pelo)* fringe; **no pegué ~** *(fam)* I didn't get a wink of sleep. **(b)** *(Téc)* flange; *(de neumático)* rim.

pestañear [1a] *vi* to blink, wink; **sin ~** without batting an eyelid.

pestañeo *nm* blink(ing), wink(ing).

peste *nf* **(a)** *(Med)* plague, epidemic; *(LAm)* bubonic plague; *(Chi)* smallpox; **~ aviar** fowl pest; **~ bubónica** bubonic plague; **~ negra** Black Death. **(b)** *(fig: plaga)* plague; **los chiquillos son una ~** the kids are a nuisance *(fam)*. **(c)** *(mal olor)* stink, foul smell; **¡qué ~ hay aquí!** what a stink! **(d) echar ~s** to swear, fume.

pesticida *nm* pesticide.

pestífero *adj (dañino)* pestiferous; *(hedor)* foul; *(influencia)* noxious, harmful.

pestilencia *nf* **(a)** *(plaga)* pestilence, plague. **(b)** *(mal olor)* stink, stench.

pestilente *adj* **(a)** pestilent. **(b)** *(que huele mal)* smelly, foul.

pestillo *nm* bolt, latch; *(cerrojo)* catch, fastener.

peta *nm (fam: droga)* joint.

petaca 1 *nf* **(a)** cigarette *o* cigar case; *(bolsa)* tobacco pouch. **(b)** wicker basket; *(cesto)* hamper; *(LAm)* leather-covered chest; *(Méx: equipaje)* piece of luggage. **(c)** *(CAm Anat)* hump. **2** *nmf (LAm)* **(a)** *(rechoncho)* short squat person. **(b)** *(holgazán)* lazy person. **3** *adj inv (LAm)* idle, lazy; *(Chi)* slow, sluggish.

petacón *adj* **(a)** *(LAm)* plump; *(petizo)* squat, short. **(b)** *(haragán)* lazy; *(barrigón)* potbellied, fat; *(Méx)* broad in the beam *(fam)*. **(c)** *(CAm)* bent.

pétalo *nm* petal.

petardear [1a] **1** *vt (estafar)* to cheat, swindle. **2** *vi (Aut)* to backfire.

petardista *nm* cheat, swindler; *(en huelga)* blackleg; *(Méx: politiquero)* crooked politician.

petardo *nm* **(a)** firework, firecracker; *(Mil)* petard. **(b)** *(fam: estafa)* fraud, swindle; **pegar un ~** to pull a fast one *(a* on). **(c)** *(mujer fea)* old bag *(fam)*.

petate *nm* **(a)** grass mat; *(LAm)* mat of palm leaves, sleeping mat. **(b)** *(lío de cama)* roll of bedding; **estirar el ~** to kick the bucket *(fam)*. **(c)** *(fam: estafador)* cheat, trickster.

petatearse [1a] *vr (Méx)* to peg out *(fam)*, die.

peteneras *nfpl*: **salir por ~** to butt in with some silly remark.

petición *nf (gen)* request, plea; *(memorial)* petition; *(Jur: alegato)* plea; *(: reclamación)* claim; **a ~** by request; **a ~ de** at the request of; **~ de aumento de salarios** wage demand *o* claim; **~ de divorcio** petition for divorce; **cometer ~ de principio** to beg the question.

peticionar [1a] *vt (LAm)* to petition.

peticionario/a *nm/f* petitioner.

petirrojo *nm* robin.

petizo/a *(LAm)* **1** *adj (pequeño)* small; *(rechoncho)* stocky, chubby. **2** *nm* small horse. **3** *nm/f* small person.

peto *nm (corpiño)* bodice; *(Mil)* breastplate; *(Taur)* horse's padding.

petrel *nm* petrel.

pétreo *adj* stony, rocky.

petrificación *nf* petrifaction.

petrificado *adj* petrified.

petrificar [1g] **1** *vt (lit, fig)* to petrify. **2 petrificarse** *vr (lit)* to become petrified; *(fig)* to be petrified.

petróleo *nm (Min)* oil, petroleum; **~ de alumbrado** paraffin (oil); **~ combustible** fuel oil; **~ crudo** crude oil.

petrolero 1 *adj* oil *(atr)*. **2** *nm* tanker.

petrolífero *adj* petroliferous, oil-bearing.

petulancia *nf (insolencia)* vanity, opinionated nature.

petulante *adj* vain, opinionated.

petunia *nf* petunia.

peyorativo *adj* pejorative.

pez[1] *nm* **(a)** fish; **~ de color(es)** goldfish; **~ espada** swordfish; **~ mujer** manatee; **~ volador** *o* **volante** flying fish; **estar como el ~ en el agua** to feel completely at home. **(b) ~ gordo** big shot; **buen ~** rogue, rascal. **(c) estar ~ de** *o* **en algo** to be completely ignorant of sth.

pez[2] *nf (brea)* pitch, tar.
pezón *nm* **(a)** *(Anat)* teat, nipple. **(b)** *(Bot)* stalk. **(c)** *(Mec)* ~ **de engrase** lubrication point.
pezuña *nf* **(a)** *(Zool)* hoof. **(b)** *(Per)* smelly feet.
piada *nf* **(a)** *(de ave)* cheep, cheeping. **(b)** *(fig)* catch phrase.
piadoso *adj* **(a)** *(Rel)* pious, devout. **(b)** *(bondadoso)* kind, merciful (*para con* to).
piafar [1a] *vi (caballo)* to paw the ground, stamp.
pianista *nmf* pianist.
piano *nm* piano; ~ **de cola** grand piano; ~ **de media cola** baby grand; ~ **mecánico** pianola; ~ **recto** *o* **vertical** upright piano; **tocar el** ~ *(lit)* to play the piano; *(fam: fregar los platos)* to do the washing-up; *(: registrar huellas)* to have one's fingerprints taken.
piar [1c] *vi* **(a)** *(ave)* to cheep. **(b)** *(fam)* ~ **por** to cry for, be dying for.
piara *nf (manada)* herd, drove.
pibe/a *nm/f (RPl)* kid, child.
pica[1] *nf (Orn)* magpie.
pica[2] *nf (Mil)* pike; *(Taur)* goad; **poner una ~ en Flandes** to bring off something difficult.
pica[3] *nf (LAm)* tapping (of rubber trees); *(Chi, Per)* annoyance, grudge; **sacar** ~ to annoy.
pica[4] *nm (fam: Ferro etc)* inspector.
picacho *nm* peak, summit.
picadero *nm (escuela)* riding school.
picadillo *nm (Culin)* mince, minced meat; *(fig)* **los hizo** ~ he made mincemeat out of them.
picado 1 *adj* **(a)** *(material)* pricked, perforated; *(superficie)* pitted; ~ **de viruelas** pockmarked. **(b)** *(carne)* minced; *(tabaco)* cut; *(mar)* choppy. **(c) estar** ~ to be offended, be cross. **(d)** *(LAm)* **estar ~ por algo** to go for sth in a big way. **2** *nm* **(a)** *(Aer, Orn)* dive; **avión en** ~ diving plane. **(b)** *(Mús)* pizzicato.
picador *nm* **(a)** horse-trainer, horse-breaker. **(b)** *(Taur)* picador. **(c)** *(Min)* faceworker.
picadora *nf:* ~ **de carne** mincer, mincing machine.
picadura *nf* **(a)** *(gen)* prick; *(pinchazo)* puncture; *(de insecto etc)* sting, bite. **(b)** *(tabaco picado)* cut tobacco.
picaflor *nm (LAm)* **(a)** *(Orn)* hummingbird. **(b)** *(fam)* wolf, Don Juan.
picafuego *nm* poker.
picajón *adj (fam)*, **picajoso** *adj (fam)* touchy.
picamaderos *nm inv* woodpecker.
picana *nf (LAm)* spur, goad; *(eléctrica)* prod.
picanear [1a] *vt (LAm)* to spur on, goad on.
picante 1 *adj* **(a)** *(comida, sabor)* hot, peppery, highly seasoned. **(b)** *(comentario)* sharp, cutting; *(broma)* racy, spicy. **2** *nm* **(a)** *(sabor)* hot taste. **(b)** *(fig)* sharpness, pungency; *(perspicaz)* raciness, spiciness. **(c)** *(LAm)* highly seasoned sauce/dish.
picantería *nf (LAm) restaurant specializing in spicy dishes.*
picapedrero *nm* stonecutter, quarryman.
picapica: polvos *nmpl* **de** ~ itching powder.
picapleitos *nm inv* litigious person.
picaporte *nm (manija)* door-handle; *(pestillo)* latch.
picar [1g] **1** *vt* **(a)** *(gen)* to prick, puncture; *(papel)* to prick (a line of) holes in, perforate; *(superficie)* to pit, pock; *(Arte)* to stipple; *(billete)* to punch, clip. **(b)** *(suj: insecto)* to sting, bite; *(: reptil)* to bite; *(: espina)* to prick; *(: pájaro)* to peck (at); *(: persona)* to nibble (at), pick at; *(: pez)* to bite. **(c)** *(caballo)* to put spurs to, spur on; *(fig: incitar)* to incite, goad; **le pican los celos** jealousy is pricking him. **(d)** *(Mús)* to play pizzicato. **(e)** *(piedra)* to chip pieces off; *(Culin)* to mince, chop (up); *(tabaco)* to cut. **(f)** *(lengua)* to burn, sting. **(g)** *(Mil)* to harass.
2 *vi* **(a)** *(espina)* to prick; *(insecto)* to sting, bite; **no es de los que pican** it's not the kind that stings. **(b)** ~ **en** *(pájaro)* to peck at; *(persona)* to pick at; *(fig)* to dabble in; **ha picado en todos los géneros literarios** he's had a go at all the literary genres. **(c)** *(pez)* to bite, take the bait; *(fig)* to rise to the bait; **por fin picó** he swallowed the bait eventually. **(d)** *(fig)* **eso pica en frescura** that borders *o* verges on cheek. **(e)** *(Med)* to itch, sting; **me pican los ojos** my eyes hurt; **me pica el brazo** my arm itches. **(f)** *(sol)* to burn, scorch. **(g)** *(Aer, Orn)* to dive. **(h)** *(Aut)* ~ **por autoencendido** to pink.
3 picarse *vr* **(a)** *(ropa)* to get moth-eaten; *(substancia)* to get holes in it; *(diente)* to decay. **(b)** *(vino etc)* to turn sour; *(fruta etc)* to go rotten. **(c)** *(mar)* to get choppy. **(d)** *(persona)* to take offence. **(e)** ~ **con algo** get an obsession about sth. **(f)** ~ **de puntual** to take a pride in being punctual; ~ **de caballero** to boast of being a gentleman.
picardear [1a] **1** *vt:* ~ **a uno** to lead sb into evil ways. **2** *vi* to play up, be mischievous. **3 picardearse** *vr* to go to the bad.
picardía *nf* **(a)** *(cualidad)* crookedness; *(astucia)* slyness; *(travesura)* naughtiness. **(b)** *(una ~)* dirty trick. **(c)** *(grosería)* rude thing (to say), naughty word; *(insulto)* insult.
picaresco *adj* **(a)** *(travieso)* roguish, rascally. **(b)** *(Lit: novela)* picaresque.
pícaro/a 1 *adj* **(a)** *(deshonesto)* crooked; *(pillo)* villainous; *(taimado)* sly, crafty; *(niño: travieso)* naughty, mischievous. **(b)** *(niño: precoz)* precocious, knowing. **(c)** *(malo)* wicked; **¡este ~ siglo!** what wicked times we live in! **2** *nm/f* **(a)** *(granuja)* rogue; *(ladino)* sly sort; *(niño)* rascal, scamp; **¡~!** you rascal! **(b)** *(Lit)* rogue.
picarón *nm* **(a)** *(granuja)* rogue. **(b)** *(LAm)* fritter.
picatoste *nm* fried bread.
picaza *nm* magpie.
picazón *nf* **(a)** *(comezón)* itch; *(ardor)* sting, stinging feeling. **(b)** *(disgusto)* annoyance; *(remordimiento)* pang of conscience.
píccolo *nm* piccolo.
pícea *nf* spruce.
pick-up [pi'kap, pi'ku] *nm (Téc)* pickup.
picnic *nm* picnic.
pico *nm* **(a)** *(Orn)* beak, bill; *(boca)* mouth; **callar** *o* **cerrar el** ~ to shut one's trap *(fam)*; **darse un** ~ to kiss. **(b)** *(punta)* corner, sharp point; *(de página)* corner; **sombrero de tres ~s** cocked hat, three-cornered hat. **(c)** *(de jarra)* lip, spout. **(d)** *(Téc)* pick, pickaxe. **(e)** *(Geog)* peak, summit. **(f) y** ~ and a bit; **son las 3 y** ~ it's just after 3; **tiene 50 libros y** ~ he has 50-odd books; **quédese con el** ~ keep the change; **me costó un** ~ it cost me quite a bit. **(g)** *(pájaro)* woodpecker. **(h)** *(fig, fam: labia)* talkativeness; **ser un ~ de oro, tener buen** *o* **mucho** ~ to have the gift of the gab; **irse del** ~ to talk too much; **puro** ~ words not deeds. **(i)** *(Naipes)* **~s** spades. **(j) los P~s** *(fam)* the Civil Guard.
picor *nm* = **picazón (a).**
picoso *adj (Méx Culin)* very hot, spicy.
picota *nf* **(a)** pillory; **poner a uno en la** ~ *(fig)* to ridicule sb. **(b)** *(Arquit)* spire; *(Geog)* peak.
picotada *nf*, **picotazo** *nm (de pájaro)* peck; *(de insecto)* sting, bite.
picotear [1a] **1** *vt* to peck. **2** *vi* **(a)** *(al comer)*

to nibble, pick. **(b)** *(parlotear)* to chatter *(fam)*, gab *(fam)*. **3 picotearse** *vr* to squabble.
pictórico *adj* **(a)** *(gen)* pictorial. **(b)** *(paisaje etc)* worth painting. **(c)** *(habilidad)* artistic; **tiene dotes ~as** she has a talent for painting.
picudo *adj (puntiagudo)* pointed, with a point; *(jarra)* with a spout; *(persona)* long-nosed, sharp-nosed; *(Méx)* crafty, clever.
piculina *nf (fam)* whore.
picha[1] *nf (Méx)* blanket; *(fam)* mistress.
picha[2] *nf (fam!)* prick *(fam!)*.
piche *nm* **(a)** *(CAm)* miser, skinflint. **(b)** *(LAm Zool)* armadillo. **(c)** *(LAm)* fear, cowardice.
pichel *nm* tankard, mug.
pichicata *nf (LAm)* cocaine powder.
pichicatero/a *nm/f (LAm)* dope addict.
pichincha *nf (LAm)* bargain.
pichingo *nm (CAm: jarra)* jar, vessel; *(: trasto)* piece of junk.
pichón/ona 1 *nm* **(a)** *(paloma)* young pigeon; *(LAm)* chick, young bird; **~ de barro** clay pigeon. **(b)** *(LAm: novato)* novice, greenhorn. **2** *nm/f (apelativo)* darling, dearest.
pichonear [1a] *vt (Arg, Méx)* to swindle.
pichuleador *nm (RPl)* money-grubber.
pichuleo *nm (RPl)* meanness.
pídola *nf* leapfrog.
pie *nm* **(a)** *(Anat)* foot; **~ de atleta** athlete's foot; **~ de cabra** crowbar; **~s planos** flat feet; **ligero de ~s** light-footed, quick; **a ~** on foot; **ir a ~** to go on foot, walk; **a cuatro ~s** on all fours; **a ~ enjuto** *(fig)* without danger; **a ~ firme** steadfastly; **al ~** close, handy; **con ~s de plomo** warily, gingerly; **con un ~ en el hoyo** with one foot in the grave; **entrar con buen ~** *o* **con ~ derecho** to get off to a good start; **estar de ~** to be standing (up); **ponerse de** *o* **en ~** to stand *o* get up, rise; **caer de ~** *(fig)* to fall on one's feet; **nacer de ~** to be born lucky; **cojear del mismo ~** to be birds of a feather; **saber de qué ~ cojea uno** to know sb's weak spots *o* weaknesses; **de ~s a cabeza** from head to foot, from top to toe; **soldado de a ~** *(Hist)* foot-soldier; **en ~** upright; **mantenerse en ~** to remain upright; **la duda sigue en ~** the doubt remains; **argumento sin ~s ni cabeza** pointless *o* absurd argument; **asentar el ~** to make a cautious start; **buscar tres ~s al gato** to look for trouble; **no dar ~ con bola** to be no good at anything; **se le fueron los ~s** he slipped, he stumbled; **parar los ~s a uno** to clip sb's wings, take sb down a peg; **poner el ~** to tread, put one's foot; **poner los ~s en** *(fig)* to set foot in; **sacar los ~s del plato** to abandon all restraint; **tomar ~** *(Aer)* to land; **volverse ~s atrás** to retrace one's steps.
(b) *(Mat)* foot; **~ cuadrado** square foot; **tiene 6 ~s de largo** it is 6 feet long.
(c) trunk, stem; *(de rosa etc)* stock; *(de copa)* stem; *(de estatua)* foot, base; *(de cama, página, escalera)* foot, bottom; *(de cuadro)* caption; **~ de imprenta** imprint; **al ~ del monte** at the foot *o* bottom of the mountain; **al ~ de la fábrica** cost price, ex works; **al ~ de la letra** *(cita)* literally, verbatim; *(copia)* exactly, word for word.
(d) *(Teat)* cue.
(e) *(de vino)* sediment.
(f) *(causa)* motive, basis; *(pretexto)* pretext; **dar ~ a** to give cause for; **dar ~ para que uno haga algo** to give sb a motive for doing sth.
(g) *(posición)* standing, footing; **en ~ de guerra** on a war footing; **estar sobre un (mismo) ~ de igualdad** to be on an equal footing (*con* with).
piedad *nf* **(a)** *(Rel)* piety; *(hacia los padres)* respect. **(b)** *(compasión)* pity; *(misericordia)* mercy; **¡por ~!** for pity's sake!; **tener ~ de** to take pity on; **¡ten un poco de ~!** show some sympathy!; **no tuvieron ~ de ellos** they showed them no mercy.
piedra *nf* **(a)** *(gen)* stone; *(roca)* rock; *(de encendedor)* flint; *(Med)* stone; **un puente de ~** a stone bridge; **tener el corazón de ~** to be hard-hearted; **primera ~** foundation stone; **~ de afilar/~ angular/arenisca/caliza** grind-/corner-/sand-/limestone; **~ fundamental** *(fig)* basis, cornerstone; **~ imán** lodestone; **no dejar ~ sobre ~** to raze to the ground. **(b)** *(droga)* block of cannabis.
piel 1 *nf* **(a)** *(Anat)* skin; **~ de gallina** goose pimples. **(b)** *(Zool: pellejo)* skin, hide, fur; *(cuero)* leather; **~ de ante** suede; **~ de ternera** calf; **~ de cerdo** pigskin; **abrigo de ~es** fur coat; **artículos de ~** leather goods; **una maleta de ~** a leather suitcase. **(c)** *(Bot)* skin, peel. **2** *nmf:* **~ roja** redskin.
piélago *nm* **(a)** *(poet)* ocean, deep. **(b)** *(fig)* **un ~ de dificultades** a sea of difficulties.
pienso[1] *nm* **(a)** *(Agr)* feed, fodder; **~s** feeding stuffs. **(b)** *(fam: comida)* grub *(fam)*.
pienso[2]: **¡ni por ~!** never!, the very idea!
pierna *nf* **(a)** leg; **~ tonta** *(Dep)* weak foot; **en ~s** bare-legged; **estirar las ~s** *(fig)* to stretch one's legs; **dormir a ~ suelta** *o* **tendida** to sleep the sleep of the just. **(b)** *(de letra)* stroke, downstroke.
pierrot [pie'rro] *nm* pierrot.
pieza 1 *nf* **(a)** *(gen)* piece; *(de tela)* piece, roll; **~ de museo** museum piece; **~ de ropa** article of clothing; **de una ~** in one piece; *(LAm: persona)* straight, honest; **formar ~ única con** to be all of a piece with; **quedarse de una ~** to be dumbfounded; **vender algo por ~s** to sell sth by the piece. **(b)** *(Mec)* part; **~ de recambio** *o* **de repuesto** *(LAm)* spare (part), *(US)* extra. **(c) ~ de oro** gold coin, gold piece. **(d)** *(Ajedrez etc)* piece, man. **(e)** *(Caza)* specimen bagged. **(f)** *(Arquit)* room; **~ amueblada/de recibo** furnished/reception room. **(g)** *(Mús)* piece, composition; *(Teat)* work, play. **(h) ~ de artillería** piece, gun. **(i) ~ de convicción** *(Jur)* exhibit, piece of evidence; *(fig)* convincing argument; **~ de examen** point to bear in mind. **2** *nm:* **un dos ~s** *(traje)* a two-piece suit.
pifia *nf* **(a)** *(Billar)* bad shot. **(b)** *(fig: error)* blunder, bloomer. **(c)** *(LAm: burla)* mockery; *(: rechifla)* hiss; **hacer ~ de** to mock.
pifiar [1b] **1** *vt (LAm)* to joke about, mock. **2** *vi* **(a)** *(RPl)* to fail, come a cropper *(fam)*. **(b)** **(***tb* **~la)** to blunder, make a bloomer *(fam)*.
pigmentación *nf* pigmentation.
pigmento *nm* pigment.
pigmeo/a *adj, nm/f* pigmy.
pignorar [1a] *vt (empeñar)* to pawn.
pigricia *nf* **(a)** *(pereza)* laziness; *(lentitud)* sluggishness. **(b)** *(Chi, Per)* trifle, bagatelle.
pija *nf (esp LAm: fam!)* prick *(fam!)*.
pijama *nm* **(a)** *(gen)* pyjamas. **(b)** *(bebida)* iced drink.
pije *nm (Chi)* toff *(fam)*, fop.
pijo/a *nm/f (fam)* upper-class twit *(fam)*.
pijotada *nf* nuisance, annoying thing.
pijotería *nf* **(a)** *(molestia)* nuisance; *(menudencia)* trifling request. **(b)** *(LAm: bagatela)* trifle, small thing. **(c)** *(tacañería)* meanness.
pijotero/a 1 *adj* **(a)** *(molesto)* tedious, annoying. **(b)** *(LAm: tacaño)* mean. **2** *nm/f (persona)* pain *(fam)*, drag *(fam)*.
pila[1] *nf* **(a)** *(montón)* pile, stack. **(b)** *(fam)* heap;

tengo una ~ de cosas que hacer I have heaps *o* stacks of things to do. **(c)** *(LAm)* **una ~ de** a heap of, a lot of; **una ~ de años** very many years.
pila[2] *nf* **(a)** *(lavabo)* sink; *(LAm)* fountain; **~ de cocina** kitchen sink. **(b)** *(Rel: tb* **~ bautismal)** font; **~ de agua bendita** holy-water stoup; **sacar de ~ a uno** to act as godparent to sb; **nombre de ~** Christian *o* first name. **(c)** *(Elec)* battery, cell; **~ atómica** atomic pile; **~ seca** dry cell.
pilar[1] *nm* **(a)** *(gen)* pillar; *(mojón)* milestone; *(de puente)* pier. **(b)** *(fig)* prop, mainstay; **un ~ de la monarquía** a mainstay of the monarchy.
pilar[2] *nm (de fuente)* basin, bowl.
pilastra *nf* pilaster.
pilcha *nf* **(a)** *(LAm)* garment, article of clothing; **~s** *(ropa: vieja)* old clothes; *(: elegante)* fine clothes. **(b)** *(Arg)* mistress.
pilche *nm (LAm)* gourd, calabash.
píldora *nf* pill; **la ~ (anticonceptiva)** the contraceptive pill; **tragarse la ~** to be taken in.
pileta *nf* **(a)** basin, bowl; *(de cocina)* sink. **(b)** *(LAm)* **~ de natación** swimming pool.
pilintruca *nf (Chi)* slut.
pilmama *nf (Méx)* wet-nurse.
pilón[1] *nm* **(a)** *(gen)* pillar, post; *(Elec etc)* pylon; **~ de azúcar** sugar loaf. **(b)** *(Téc)* drop hammer.
pilón[2] *nm* **(a)** *(bebedero)* drinking trough; *(de fuente)* basin. **(b)** *(mortero)* mortar. **(c)** *(Chi)* pannier. **(d)** *(Méx, Ven)* tip, gratuity.
pilongo *adj* thin, lean.
pilotaje *nm* **(a)** *(Náut, Aer)* pilotage. **(b)** *(Téc)* piling.
pilotar [1a] *vt (avión)* to pilot; *(coche)* to drive; *(barco)* to steer, navigate; *(fig)* to guide, direct.
pilote *nm (Arquit)* pile.
piloto 1 *nm* **(a)** *(Aer)* pilot; **~ automático/de prueba** automatic/test pilot. **(b)** *(Náut)* navigator, navigation officer; **~ de puerto** harbour pilot. **(c)** *(Aut: luz)* tail light; *(: conductor)* driver. **(d)** *(fig: guía)* guide. **2** *adj atr:* **planta ~** pilot plant; **luz ~** side light.
pilsen *nf (Chi)* beer.
piltrafa *nf* **(a)** poor quality meat; **~s** offal *sg*, scraps. **(b)** *(fig)* worthless object; *(individuo)* wretch. **(c)** *(LAm)* **~s** rags, old clothes.
pillaje *nm* pillage, plunder.
pillar [1a] *vt* **(a)** *(Mil etc)* to pillage, sack. **(b)** *(atrapar)* to grasp, seize; **la puerta le pilló el dedo** he got his finger caught in the door. **(c)** *(fam: sorprender)* to catch out *o* in the act; **por fin le pilló la policía** the police nabbed him eventually; **¡te he pillado!** got you! **(d)** *(fam)* **~ un resfriado** to catch a cold.
pillería *nf* **(a)** *(picardía)* dirty trick. **(b)** *(pandilla)* gang of scoundrels.
pillete *nm*, **pillín** *nm (pícaro)* rascal, scamp.
pillo/a 1 *adj (niño)* naughty. **2** *nm/f (adulto)* rogue, scoundrel; *(niño)* rascal, scamp.
pimentero *nm* **(a)** *(contenedor)* pepperpot. **(b)** *(Bot)* pepper plant.
pimentón *nm* paprika.
pimienta *nf* pepper; **echar ~** to spice; **sal y ~** *(fig)* charm.
pimiento *nm* **(a)** *(fruto)* pepper, pimiento. **(b)** *(Bot)* pepper plant.
pimpante *adj* **(a)** charming, attractive. **(b)** *(tb* **tan ~)** smug, self-satisfied.
pimpinela *nf* pimpernel.
pimpollo *nm* **(a)** *(Bot)* sucker, shoot; *(brote)* sapling; *(capullo)* rosebud. **(b) estar hecho un ~** to look very smart.
pinacoteca *nf* art gallery.
pináculo *nm (lit, fig)* pinnacle.
pinar *nm* pine grove *o* plantation.
pincel *nm* **(a)** paintbrush, artist's brush; **estar hecho un ~** to be very smartly dressed. **(b)** *(fig)* painter.
pincelada *nf* brushstroke; **última ~** *(fig)* finishing touch.
pincha *nm (fam)* D.J., deejay.
pinchadiscos *nm inv* disc jockey.
pinchar [1a] **1** *vt* **(a)** *(gen)* to prick, pierce; *(neumático)* to puncture; **no ~ ni cortar** *(fam)* to cut no ice; **tener un neumático pinchado** to have a puncture *o* a flat tyre; **~ a uno** *(Med fam)* to give sb a jab. **(b)** *(fig: estimular)* to prod; **hay que ~le** he needs prodding; **le pinchan para que se case** they keep prodding him to get married. **(c)** *(fig: herir)* to wound, mortify; *(provocar)* to provoke, stir up. **2 pincharse** *vr* **(a)** *(gen)* to prick; *(con droga)* to inject o.s. **(b)** *(neumático)* to burst, puncture.
pinchazo *nm* **(a)** *(gen)* prick; *(en neumático)* puncture, *(US)* flat. **(b)** *(fig)* prod.
pinche 1 *adj (Méx fam)* bloody *(fam)*. **2** *nm* **(a)** *(de cocina)* kitchen boy, scullion. **(b)** *(Arg)* minor office clerk.
pinchitos *nmpl* snacks.
pincho *nm* **(a)** *(gen)* point; *(aguijón)* pointed stick, spike. **(b) ~s** *(Culin)* kebab.
pingajo *nm* rag, shred.
pinganilla *nm* **(a)** *(LAm)* dandy, sharp dresser. **(b)** *(Méx)* **en ~s** *(de puntillas)* on tiptoe; *(en cuclillas)* squatting.
pinganitos *nmpl:* **estar en ~** to be well up, be well-placed socially.
pingo *nm* **(a)** *(gen)* rag; *(harapo)* old garment, shabby dress; **~s** *(fam: ropa)* clothes; *(: trastos)* odds and ends; **no tengo ni un ~ que ponerme** *(fam)* I haven't a single thing I can wear; **poner a uno como un ~** to abuse sb. **(b)** *(LAm)* good horse; *(Chi, Per)* worthless horse, nag. **(c)** *(Méx)* naughty child; **el ~** the devil.
pingorotear [1a] *vi (LAm)* to skip about, jump.
ping-pong ['pinpon] *nm* ping-pong.
pingucho *(Chi)* **1** *adj* poor, wretched. **2** *nm (mataperros)* urchin, ragamuffin.
pingüe *adj* **(a)** *(grasoso)* greasy. **(b)** *(fig)* abundant, copious; *(ganancias)* rich, fat; *(cosecha)* bumper *atr*, rich; *(negocio)* lucrative.
pingüino *nm* penguin.
pininos *nmpl (LAm)*, **pinitos** *nmpl:* **hacer ~** *(niño)* to toddle, take one's first steps; *(novato)* to take one's first steps.
pino[1] *nm (Bot)* pine tree; **~ albar** Scots pine; **~ de tea** pitch pine; **vivir en el quinto ~** to live at the back of beyond.
pino[2] *nm* **(a) en ~** upright, vertical. **(b) ~s = pinitos.**
pinsapo *nm* Spanish fir.
pinta[1] *nf* **(a)** *(lunar)* spot, dot; *(Zool)* spot, mark; **una tela a ~s azules** a cloth with blue spots. **(b)** *(Naipes)* spot *(indicating value)*; **¿a qué ~?** what's trumps? **(c)** *(de líquidos)* drop, spot; *(de lluvia)* drop of rain; *(bebida)* drink, drop to drink; **una ~ de grasa** a grease spot. **(d)** *(aspecto)* appearance, look(s); **tener buena ~** to look good, look well; **tener ~ de listo** to look clever. **(e)** *(LAm Zool: colorido)* colouring, coloration; *(LAm: característica)* family characteristic, distinguishing mark. **(f) hacer la ~** *(Méx)*, **irse de ~** *(CAm)* to play truant.
pinta[2] *nf* pint.
pintadas *nfpl* political graffiti.
pintado 1 *adj* **(a)** *(moteado)* spotted; *(pinto)* mottled, dappled; *(fig)* multicoloured. **(b) podría**

pasarle al más ~ it could happen to anybody; **me sienta que ni** ~, **viene que ni** ~ it suits me a treat. **(c)** *(LAm)* like, identical; **el niño salió** ~ **al padre** the boy looked exactly like his father. **2** *nm (combinado)* vermouth and wine cocktail.
pintar [1a] **1** *vt* **(a)** *(gen)* to paint; *(letrero)* to draw; ~ **algo de azul** to paint sth blue. **(b)** *(fig: describir)* to depict, describe; **lo pinta todo con colores muy negros** he paints it all very black. **(c)** *(fam)* ~**la** to put it on, show off. **(d)** *(fam)* **no pinta nada** he has no say. **2** *vi* **(a)** to paint; **'ojo, que pinta'** 'wet paint'; ~ **como querer** to daydream. **(b)** *(Bot: madurar)* to ripen, turn red. **(c)** *(mostrarse)* to turn out (as), give signs of (being). **3 pintarse** *vr* **(a)** *(maquillarse)* to use *o* put on make-up; *(pey)* to paint o.s. **(b)** *(arreglárselas)* **pintárselas solo para algo** to manage to do sth by o.s.
pintarraj(e)ar [1a] *vt, vi (fam)* to daub.
pintarrajo *nm* daub.
pintiparado *adj* **(a)** identical *(a* to). **(b) me viene (que ni)** ~ it comes just right.
pinto *adj* **(a)** *(LAm)* spotted; *(pintado)* mottled, dappled; *(marcado)* marked *(esp* with black and white); *(moteado)* motley, colourful; *(tez)* blotchy. **(b)** *(Cu)* clever; *(pey)* sharp, shrewd.
pintor(a) *nm/f* painter; ~ **de brocha gorda** house painter; *(fig)* bad painter, dauber; ~ **decorador** decorator.
pintoresco *adj* picturesque.
pintura *nf* **(a)** *(gen)* painting; *(fig: descripción)* painting, depiction. **(b)** *(una* ~*)* painting; ~ **a la acuarela** watercolour; ~ **al óleo** oil painting; ~ **rupestre** cave painting. **(c)** *(material)* paint; ~ **a la cola**, ~ **al temple** distemper; *(Arte)* tempera.
pinturero/a *(fam)* **1** *adj* conceited, swanky *(fam)*. **2** *nm/f* show-off *(fam)*, swank *(fam)*.
pinza(s) *nf(pl) (de ropa)* clothes peg, *(US)* clothespin; *(de depilar)* tweezers; *(Med)* forceps; *(tenazas)* tongs; *(Téc)* pincers; *(Zool)* claw; ~**s de azúcar** sugar tongs; **no se lo sacan ni con** ~**s** wild horses won't drag it out of him.
pinzón *nm (Orn)* finch; ~ **vulgar** chaffinch; ~ **real** bullfinch.
piña *nf* **(a)** pine cone. **(b)** *(tb* ~ **de América**, ~ **de las Indias)** pineapple. **(c)** *(fig: grupo)* group; *(conjunto)* cluster, knot; *(corrillo)* clique, closed circle. **(d)** *(Méx)* hub. **(e)** *(puñetazo)* punch, bash *(fam)*; **darse** ~**s** to fight, exchange blows.
piñata *nf suspended balloon filled with sweets for parties.*
piño *nm (Chi)* lot, crowd.
piñón[1] *nm (Bot)* pine kernel; **estar a partir un** ~ to be bosom pals *(fam)*.
piñón[2] *nm (Orn, Téc)* pinion.
piñonear [1a] *vi* to click.
piñoneo *nm* click.
pío[1] *adj (caballo)* piebald, dappled.
pío[2] *adj* **(a)** *(Rel)* pious, devout; *(pey)* sanctimonious. **(b)** *(compasivo)* merciful.
pío[3] *nm (Orn)* cheep, chirp; **no decir ni** ~ not to breathe a word; **¡de esto no digas ni** ~**!** you keep your mouth shut about this!
piocha *nf* **(a)** *(joya)* jewel (worn on the head). **(b)** *(LAm: piqueta)* pickaxe.
piojería *nf* **(a)** *(pobreza)* poverty. **(b)** *(fig, fam: miseria)* tiny amount.
piojo *nm* louse; ~ **resucitado** *(pey)* upstart *(pey)*; **estar como** ~**s en costura** to be packed in like sardines.
piojoso *adj* **(a)** lousy; *(sucio)* dirty, ragged. **(b)** *(mezquino)* mean.
piola *nf* **(a)** *(LAm)* rope, tether. **(b)** *(LAm: cuerda)* cord, string.
piolet [pio'le] *nm, pl* **piolets** [pio'les] ice axe.
pionero 1 *adj* pioneering. **2** *nm* pioneer.
piorrea *nf* pyorrhoea.
pipa *nf* **(a)** pipe; **fumar en** ~ to smoke a pipe. **(b)** *(de vino)* cask, barrel; *(medida)* pipe. **(c)** *(Bot: semilla)* pipe, seed. **(d)** *(Mús)* reed. **(e)** *(LAm: barriga)* belly; **tener** ~ to be potbellied.
pipí *nm (fam)* weewee *(fam)*; **hacer** ~ to go weewee *(fam)*.
pipiolo *nm* **(a)** youngster; *(LAm: chico)* little boy; *(fig: novato)* novice, greenhorn. **(b)** *(Arg, Ven)* fool. **(c)** ~**s** *(CAm)* money.
pipote *nm* keg, cask.
pique[1] *nm* **(a)** *(resentimiento)* resentment; *(inquina)* grudge; *(rivalidad)* rivalry, competition; **tener un** ~ **con uno** to have a grudge against sb. **(b) estar a** ~ **de hacer algo** to be on the point of doing sth; **estuvo a** ~ **de hacerlo** he very nearly did it. **(c) echar a** ~ *(barco)* to sink; *(fig: arruinar)* to wreck, ruin; **irse a** ~ to sink, founder; *(esperanza, familia)* to be ruined. **(d)** *(Chi)* mine shaft; *(Méx)* drill, well.
pique[2] *nm (Naipes)* spades.
piquera *nf* **(a)** *(de tonel, colmena)* hole, vent. **(b)** *(CAm, Méx)* night-club hostess.
piquero *nm* **(a)** *(Hist)* pikeman. **(b)** *(Chi, Ecuador)* miner.
piqueta *nf* pick, pickaxe.
piquete *nm* **(a)** *(golpe)* prick, jab. **(b)** *(agujero)* small hole. **(c)** *(Mil)* squad, party; *(huelguistas)* picket. **(d)** *(Arg)* yard, small corral.
pira *nf (hoguera)* pyre.
pirado *adj (fam)* round the bend *(fam)*.
piragua *nf* canoe.
piragüismo *nm* canoeing.
piragüista *nmf* canoeist.
piramidal *adj* pyramidal.
pirámide *nf* pyramid.
piraña *nf (LAm)* piranha.
pirarse [1a] *vr* **(a)** ~**(las)** to beat it *(fam)*. **(b)** ~**(las)** *(Univ)* to cut class.
pirata *nm* **(a)** pirate. **(b)** *(fig: cruel)* hard-hearted person. **(c)** *(fam)* plagiarist. **(d)** *(fam: comerciante etc)* cowboy *(fam)*.
piratear [1a] *vi* to buccaneer, practise piracy; *(fig: robar)* to steal.
piratería *nf* piracy; *(fig: robo)* theft, stealing; ~**s** depredations.
pirático *adj* piratical.
pirca *nf (LAm)* dry-stone wall.
pirenaico *adj* Pyrenean.
pirgua *nf (LAm)* shed, small barn.
pirineo *adj* Pyrenean.
Pirineo(s) *nm(pl)* Pyrenees; **el** ~ **catalán** the Catalan (part of the) Pyrenees.
pirinola *nf (Méx)* kid *(fam)*, child.
piripi *adj (fam)* **estar** ~ to be sozzled *(fam)*.
piritas *nfpl* pyrites.
pirófago *nm* fire-eater.
piropear [1a] *vt* to make flirtatious remarks to.
piropo *nm* **(a)** amorous compliment, flirtatious remark; *(lisonja)* flattery; **echar** ~**s a** to make flirtatious remarks to. **(b)** *(piedra preciosa)* garnet.
pirotecnia *nf* pyrotechnics; *(fuegos artificiales)* firework display.
pirotécnico *adj* pyrotechnic, firework *(atr)*.
pírrico *adj:* **victoria** ~**a** Pyrrhic victory.
pirueta *nf* **(a)** pirouette; *(cabriola)* caper. **(b)** *(fig: malabar)* balancing act *(between two policies etc)*.
piruetear [1a] *vi* to pirouette.
pirulí *nm* toffee apple; *(LAm)* lollipop.

pirulo/a *nm/f (Chi, RPl)* slim child.
pisa *nf* **(a)** *(de uvas)* treading. **(b)** *(fam: zurra)* beating.
pisada *nf* footstep, tread; *(huella)* footprint.
pisapapeles *nm inv* paperweight.
pisar [1a] **1** *vt* **(a)** to tread (on), walk on; *(por casualidad)* to step on; *(para destruir)* to flatten, crush, trample (underfoot); *(uvas)* to tread; *(tierra)* to tread down; ~ **el acelerador** to step on the accelerator; **no volvimos a ~ ese sitio** we never went to that place again. **(b)** *(Mús: tecla)* to strike, press *(: cuerda)* to pluck. **(c)** *(hembra)* to cover. **(d)** *(fig: atropellar)* to trample on, walk all over; *(ignorar)* to disregard; *(maltratar)* to abuse; **no se deja ~ el poncho** he doesn't let anybody trample over him. **(e)** *(birlar)* to pinch, steal; **A le pisó la novia a B** A pinched B's girl; **otro le pisó el puesto** somebody got in first and collared the job.
2 *vi* **(a)** *(andar)* to tread, step; **hay que ~ con cuidado** you have to tread carefully. **(b)** *(fig)* ~ **fuerte** to act determinedly; **entrar pisando fuerte** to get off to a good start.
3 pisarse *vr (Arg)* to be mistaken.
pisca *nf (Méx)* maize *o (US)* corn harvest.
piscador *nm (Méx)* harvester.
piscar [1g] *vi (Méx)* to harvest maize *o (US)* corn.
piscina *nf* **(a)** swimming pool. **(b)** *(estanque)* fishpond, fishtank.
Piscis *nm* Pisces.
pisco *nm (LAm)* brandy, liquor.
piscolabis *nm inv* snack.
piso *nm* **(a)** *(gen)* floor; *(suelo)* flooring. **(b)** *(Arquit)* storey, floor; *(de autobús)* deck; *(de cohete)* stage; ~ **alto/bajo** top/ground *o (US)* first floor; **primer ~** first *o (US)* second floor; **viven en el quinto ~** they live on the fifth floor; **autobús de dos ~s** double-decker bus. **(c)** *(casa)* flat, *(US)* apartment; **poner un ~ a una** to make a woman one's mistress. **(d)** *(Aut: de neumático)* tread. **(e)** *(Min)* set of workings. **(f)** *(LAm: tapete)* table runner; *(: alfombra)* long narrow rug.
pisón *nm* **(a)** *(para aplastar tierra)* ram, rammer. **(b)** *(RPl)* mortar.
pisotear [1a] *vt* **(a)** *(gen)* to tread down, trample (underfoot); *(hollar)* to stamp on. **(b)** *(fig) (humillar)* to trample on; *(Jur: quebrantar)* to abuse, disregard.
pisotón *nm* **(a)** *(con el pie)* stamp. **(b)** *(fam)* newspaper scoop.
pisporra *nf (CAm)* wart.
pista *nf* **(a)** *(Zool, fig: huella)* track, trail; *(fig: indicio)* clue; ~ **falsa** false trail, false clue; *(: ardid)* red herring; **estar sobre la ~** to be on the scent; **estar sobre la ~ de uno** to be on sb's trail; **seguir la ~ de uno** to be on sb's track; **la policía tiene una ~ ya** the police already have a lead. **(b)** *(Dep)* track, course; *(cancha)* court; ~ **de aterrizaje** runway, landing strip; *(fam: calvicie)* bald patch; ~ **de baile** dance floor; ~ **de bolos** bowling alley; ~ **de carreras** racetrack; ~ **de esquí** ski run; ~ **de hielo** ice rink; ~ **de tenis** tennis court.
pistacho *nm* pistachio.
pistilo *nm (Bot)* pistil.
pisto *nm* **(a)** *(Med)* chicken broth. **(b)** *(Culin)* fried vegetable hash. **(c)** *(fig: revoltijo)* mixture, hotchpotch. **(d) a ~s** little by little. **(e) darse ~** *(fam)* to show off.
pistola *nf (arma)* pistol; *(Téc)* spray, sprayer; ~ **ametralladora** submachine gun; ~ **de engrase** grease gun; ~ **de juguete** toy pistol.
pistolera *nf* holster.
pistolero *nm* gunman, gangster.
pistolete *nm* pocket pistol.
pistón *nm* **(a)** *(Mec)* piston. **(b)** *(Mús)* key; *(LAm)* bugle, cornet.
pistudo *adj (CAm)* rich.
pita *nf (planta)* agave; *(fibra)* pita fibre, pita thread.
pitada *nf* **(a)** *(silbido)* whistle; *(rechifla)* hiss. **(b)** *(LAm: de cigarrillo)* puff.
pitanza *nf* **(a)** dole, daily ration; *(fam)* grub. **(b)** *(fam)* price. **(c)** *(Chi: ganga)* bargain; *(: ganancia)* profit.
pitar [1a] **1** *vt* **(a)** *(silbato)* to blow; *(partido)* to referee. **(b)** *(Dep)* to whistle at, boo; *(actor, obra)* to hiss, give the bird to. **(c)** *(LAm: fumar)* to smoke. **2** *vi* **(a)** *(sonar)* to whistle, blow a whistle; *(rechiflar)* to hiss, boo; *(Aut)* to sound one's horn. **(b)** *(LAm: fumar)* to smoke. **(c) esto no pita** this is no good; **salir pitando** to beat it *(fam)*.
pitazo *nm (Méx, Per)* whistle, hoot.
pitido *nm* whistle.
pitillera *nf* cigarette case.
pitillo *nm* **(a)** cigarette; **echarse un ~** to have a smoke. **(b)** *(Ven)* drinking straw.
pito *nm* **(a)** *(silbato)* whistle; *(Aut)* horn, hooter; *(Ferro)* whistle, hooter; **tener voz de ~** to have a squeaky voice. **(b)** *(Orn)* ~ **real** green woodpecker. **(c)** *(cigarrillo)* cigarette; *(LAm)* pipe; *(fam: de marijuana)* joint *(fam)*. **(d)** *(fam!)* prick *(fam!)* **(e)** *(locuciones)* **~s flautos** *(fam)* tomfoolery, absurdities; **cuando ~s, flautas** it's always the same; **(no) me importa un ~** I don't care two hoots *(de* about*)*; **en este asunto no toca ~** he's got nothing to do with this matter.
pitón[1] *nm (Zool)* python.
pitón[2] *nm (bulto)* bump, lump; *(Zool)* budding horn; *(Bot)* sprig, young shoot; *(de jarra etc)* spout; *(LAm: de manguera)* nozzle; ~ **de roca** sharp point of rock.
pitongo *adj (Chi)* drunk.
pitonisa *nf (adivinadora)* fortuneteller; *(hechicera)* witch, sorceress.
pitorrearse [1a] *vr:* ~ **de** to scoff at, make fun of.
pituco *nm (Per pey)* spoiled upper-class person.
pituitario *adj* pituitary; **glándula ~a** pituitary (gland).
piuco *adj (Chi)* timid, scared.
pivote *nm (Téc)* pivot.
píxide *nf (Rel: copón)* pyx.
piyama *nm (LAm)* pyjamas *pl.*
pizarra *nf* **(a)** *(piedra)* slate; *(esquisto)* shale. **(b)** *(Escol)* blackboard.
pizarral *nm* (*véase* **pizarra (a)**) slate quarry; shale bed.
pizarrón *nm (Escol)* blackboard; *(Dep)* scoreboard.
pizca *nf* **(a)** *(partícula)* pinch, spot; *(migaja)* crumb; **una ~ de sal** a pinch of salt. **(b)** *(fig: rastro)* trace, jot; **ni ~** not a bit, not a scrap; **no tiene ni ~ de verdad** there's not a jot of truth in it.
pizpireta *nf (fam)* bright girl, smart little piece *(fam)*.
placa *nf* **(a)** *(gen)* plate; *(lámina)* thin piece of material, (thin) sheet; *(Med: plancha)* dental plate, denture; ~ **conmemorativa** commemorative plaque; ~ **giratoria** turntable; ~ **de matrícula** number plate, registration plate; ~ **del nombre** nameplate. **(b)** *(Fot: tb* ~ **fotográfica***)* plate. **(c)** *(Mús)* gramophone *o (US)* phonograph record. **(d)** *(distintivo)* badge, insignia. **(e)** *(LAm: erupción)* blotch, skin blemish.
pláceme *nm (felicitación)* congratulations, message of congratulations; **dar el ~ a uno** to con-

gratulate sb.

placenta *nf* placenta, afterbirth.

placentero *adj* pleasant, agreeable.

placer[1] **1** *nm (gen)* pleasure; *(contento)* enjoyment, delight; **a ~** at one's pleasure; **es un ~ hacerlo** it is a pleasure to do it; **con mucho** *o* **sumo ~** with great pleasure; **tengo ~ en presentar** I have pleasure in presenting. **2** [2x] *vt (agradar)* to please; **me place poder hacerlo** I am glad to be able to do it.

placer[2] *nm* **(a)** *(Geol, Min)* placer. **(b)** *(Náut)* sandbank.

placero/a *nm/f* **(a)** *(vendedor)* stallholder, market trader. **(b)** *(fig: ocioso)* loafer, gossip.

placidez *nf* placidity.

plácido *adj* placid.

plaga *nf* **(a)** *(Agr: Zool)* pest; *(: Bot)* blight; **~ del jardín** garden pest; **~s forestales** forest pests. **(b)** *(Med, de langostas)* plague; *(azote)* scourge; *(infortunio)* calamity, disaster; **aquí la sequía es una ~** drought is a menace here; **una ~ de gitanos** a plague of gipsies. **(c)** *(exceso)* glut.

plagar [1h] **1** *vt* **(a)** *(infestar)* to infest, plague; *(llenar)* to fill; **han plagado la ciudad de carteles** they have plastered the town with posters; **un texto plagado de errores** a text riddled with errors. **(b) ~ de minas** to sow with mines. **2 plagarse** *vr* to become infested with.

plagiar [1b] *vt* **(a)** *(copiar)* to plagiarize. **(b)** *(LAm: secuestrar)* to kidnap.

plagiario/a *nm/f* **(a)** plagiarist. **(b)** *(LAm)* kidnapper.

plan *nm* **(a)** *(gen)* plan; *(proyecto)* scheme; *(intención)* idea, intention; **~ de desarrollo** development plan; **~ quinquenal** five-year plan. **(b)** *(idea)* (idea for an) activity, amusement; **tengo un ~ estupendo para mañana** I've got a splendid idea about what to do tomorrow. **(c)** *(fam: aventura)* date; *(pey)* affair; **¿tienes ~ para esta noche?** have you a date for tonight? **(d)** *(de curso)* programme; **~ de estudios** curriculum, syllabus. **(e)** *(Med)* régime; **estar a ~** to be on a course of treatment. **(f)** *(Topografía: nivel)* level; *(: altura)* height. **(g)** *(fam)* **a todo ~** with great ceremony. **(h)** *(sistema)* set-up, system; *(posición)* basis, footing; *(actitud)* attitude; **en ~ económico** in an economical way; **en ese ~** in that way, at that rate; **si te pones en ese ~** if that's your attitude; **no puedo con este ~ de esperar** I can't stand this business of waiting; **vamos en ~ de turismo** we're going as tourists; **unos jóvenes en ~ de divertirse** some youngsters out for a good time; **está en ~ de rehusar** he's likely to refuse at the moment; **en ~ cachondeo** for a laugh. **(i)** *(fondo)* flat bottom.

plana *nf* **(a)** *(hoja)* sheet (of paper), page; *(Escol)* writing exercise; *(Tip)* page; **~ de anuncios** advertisement page; **noticias de primera ~** front-page news; **corregir** *o* **enmendar la ~ a uno** to put sb right. **(b)** *(Mil)* **~ mayor** staff. **(c)** *(Téc)* trowel; *(de tonelero)* cooper's plane.

plancha *nf* **(a)** *(lámina)* plate, sheet; *(losa)* slab; *(Tip)* plate; *(Náut)* gangway; *(Med)* dental plate; *(Culin)* grill; **pescado a la ~** grilled fish; *(Dep)* **hacer ~s** to do press-ups. **(b)** *(utensilio)* iron; *(acción)* ironing; *(: de traje)* pressing; *(ropa para planchar)* clothes to be ironed; **~ eléctrica** electric iron. **(c)** *(fam: error)* bloomer *(fam)*; **hacer** *o* **tirarse una ~** to drop a clanger *(fam)*.

planchada *nf (LAm)* **(a)** landing stage. **(b)** = **plancha (c)**.

planchado 1 *adj* **(a)** *(ropa)* ironed; *(traje)* pressed. **(b)** *(LAm)* very smart, dolled up. **(c)** *(LAm sin dinero)* broke *(fam)*. **2** *nm (véase adj (a))* ironing; pressing; **dar un ~ a** to iron, press; **prenda que no necesita ~** non-iron garment.

planchar [1a] **1** *vt* **(a)** *(ropa)* to iron; *(traje)* to press; **prenda de no ~** non-iron garment. **(b)** *(LAm)* to flatter, suck up to *(fam)*. **2** *vi* **(a)** to iron, do the ironing. **(b)** *(LAm)* to sit out (a dance). **(c)** *(Chi, RPl)* to drop a clanger *(fam)*.

planchear [1a] *vt* to plate.

plancheta *nf* **(a)** *(Topografía)* plane table. **(b)** *(fam)* **echárselas de ~** to show off, swank *(fam)*.

planeador *nm (Aer)* glider.

planear [1a] **1** *vt (proyectar)* to plan. **2** *vi (Aer)* to glide.

planeta *nm* planet.

planetario 1 *adj* planetary. **2** *nm* planetarium.

planicie *nf (llanura)* plain; *(llano)* flat area, level ground.

planificación *nf* planning; **~ familiar** family planning.

planificador 1 *adj* planning. **2** *nm* planner.

planificar [1g] *vt (proyectar)* to plan.

planilla *nf* **(a)** *(LAm: lista)* list; *(tabla)* table, tabulation; *(nómina)* payroll. **(b)** *(Ferro etc)* ticket. **(c)** *(LAm: formulario)* application form, blank; *(Fin: cuenta)* account; *(de gastos)* expense account. **(d)** *(LAm)* voting paper; *(Pol)* ticket.

plankton *nm* plankton.

plano 1 *adj* **(a)** *(llano)* flat, level; *(Mat, Mec)* plane; *(liso)* smooth; **caer de ~** to fall flat. **(b)** *(fig)* **le daba el sol de ~** the sun shone directly on it; **confesar de ~** to make a full confession; **rechazar algo de ~** to turn sth down flat. **2** *nm* **(a)** *(Mat, Mec)* plane; **~ focal** focal plane. **(b)** *(fig: posición)* position, level; **de distinto ~ social** of a different social position. **(c)** *(Cine, Fot)* shot; **primer ~** close-up. **(d)** *(Aer)* plane; **~ de cola** tailplane. **(e)** *(Arquit, Mec)* plan; *(Geog)* map; *(de ciudad)* map, street plan; **~ acotado** contour map; **levantar el ~ de** *(de país)* to survey, make a map of; *(de edificio)* to draw up the designs for.

planta *nf* **(a)** *(Anat)* sole of the foot, foot; **asentar sus ~s en** to establish o.s. in. **(b)** *(Arquit)* ground plan; **construir un edificio de (nueva) ~** to build a completely new building. **(c)** *(Arquit)* floor, storey; **~ baja** ground *o* first floor; **una ventana de la ~ baja** a downstairs *o* ground-floor window. **(d)** *(presencia)* **de buena ~** well-built; *(de buen talle)* shapely; **tener buena ~** to have a fine physique; *(atractivo)* to be good-looking. **(e)** *(Téc)* plant; **~ de ensamblaje** assembly plant; **~ piloto** pilot plant. **(f)** *(proyecto)* plan, programme, scheme. **(g)** *(Bot)* plant.

plantación *nf* **(a)** *(acción)* planting. **(b)** plantation; **~ de tabaco** tobacco plantation.

plantado *adj* **(a)** *(fam)* **dejar a uno ~** to leave sb suddenly *o* in mid-sentence; *(fig)* to leave sb in the lurch *o* high and dry; **dejar ~ al novio** to jilt one's boyfriend; *(en una cita)* to stand one's boyfriend up *(fam)*. **(b)** *(véase* **planta (d)***)* **bien ~** well-built; shapely; good-looking.

plantador *nm* **(a)** *(Agr)* dibber. **(b)** *(persona)* planter.

plantar [1a] **1** *vt* **(a)** *(Bot)* to plant. **(b)** *(puesto)* to put in; *(monumento)* to erect, set up; *(creencia)* to implant. **(c)** *(golpe)* to plant *(en* on). **(d)** *(comentario)* to make. **(e) ~ a uno en la calle** to chuck sb out. **2 plantarse** *vr* **(a)** to stand firm, stay resolutely where one is; *(con firmeza)* to plant o.s.; *(fig: de pie firme)* to stand firm, refuse to compromise. **(b)** *(caballo: resistirse)* to balk, refuse. **(c) ~ en** to reach, get to; **en 3 horas**

se plantó en Sevilla he got to Seville in 3 hours. **(d)** *(Naipes)* to stick.

plantear [1a] *vt* **(a)** *(ideas)* to implant; *(cambio)* to get under way; *(institución)* to set up, establish. **(b)** *(proponer)* to plan. **(c)** *(problema)* to create, pose; *(dificultad)* to raise; *(pleitos)* to start; **nos ha planteado muchos problemas** it has created a lot of problems for us; **se lo plantearé** I'll put it to him.

plantel *nm* **(a)** *(Bot)* nursery. **(b)** *(centro educativo)* training establishment, nursery. **(c)** *(RPl)* stud animals *pl; (fig)* group, set, establishment. **(d)** *(LAm: escuela)* school.

plantilla *nf* **(a)** *(de zapato)* inner sole, insole; *(de media etc)* sole. **(b)** *(Téc)* pattern, template; *(patrón)* stencil. **(c)** *(personas)* personnel; **ser de ~** to be part of the personnel.

plantío *nm* **(a)** planting. **(b)** plot, bed, patch.

plantista *nm* braggart.

plantón *nm* **(a)** *(Bot)* seedling. **(b)** *(Mil etc)* guard, sentry. **(c)** *(fam: parado y fijo)* long wait, tedious wait; *(en una cita: fam)*; **dar (un) ~ a uno** to stand sb up; **estar de ~** to be stuck, have to wait around.

plañidero *adj (lastimero)* mournful, plaintive.

plañir [3h] *vt (gemir)* to mourn, grieve over.

plasma *nm (Fisiología)* plasma.

plasmar [1a] **1** *vt (figurar)* to mould, shape; *(crear)* to create; *(dar forma a)* to represent. **2** *vi:* **~ en** to take the form of, emerge as.

plasta *nf* **(a)** *(gen)* soft mass, lump; *(cosa aplastada)* flattened mass. **(b)** *(fam: desastre)* botch, mess; **el plan es una ~** the plan is one big mess *o* a complete botch.

plástica *nf* (art of) sculpture, modelling.

plasticidad *nf* **(a)** plasticity. **(b)** *(fig)* expressiveness, descriptiveness; *(de descripción)* richness.

plasticina® *nf* plasticine®.

plástico 1 *adj* **(a)** *(gen)* plastic; **artes ~as** plastic arts. **(b)** *(fig: imagen)* expressive, descriptive; *(descripción)* rich, poetic, evocative. **2** *nm* **(a)** *(gen)* plastic. **(b)** *(fam: disco)* record, disc.

plastificado *adj* laminated.

plastificar [1a] *vt (documento)* to laminate.

plata *nf* **(a)** *(metal)* silver; *(vajilla)* silverware; *(Fin)* silver, silver coin(s); **como una ~** shining bright, like a new pin. **(b)** *(esp LAm)* money; **pudrirse en ~** to be rolling in money. **(c) hablar en ~** to speak bluntly *o* frankly.

plataforma *nf* **(a)** platform, stage; *(Ferro)* turntable; **~ de lanzamiento** launching pad; **~ de perforación** submarine drilling rig. **(b)** *(LAm Pol)* platform.

platal *nm (LAm)* wealth.

platanal *nm,* **platanar** *nm,* **platanera** *nf (LAm)* banana plantation.

platanero 1 *adj* banana *(atr)*. **2** *nm (LAm)* banana grower; *(Com)* dealer in bananas.

plátano *nm* **(a)** *(árbol)* plane tree. **(b)** *(banana: fruta)* banana; *(: árbol)* banana tree.

platea *nf (Teat)* pit, *(US)* orchestra.

plateado 1 *adj* **(a)** *(color)* silvery; *(Téc)* silver-plated. **(b)** *(Méx)* wealthy. **2** *nm* silver-plating.

platear [1a] *vt* **(a)** to silver-plate. **(b)** *(Méx)* to sell, turn into money.

platería *nf* **(a)** silversmith's craft. **(b)** silversmith's; *(joyería)* jeweller's.

platero *nm* silversmith; *(joyero)* jeweller.

plática *nf (charla)* talk, chat; *(Rel)* sermon; **estar de ~** to be chatting, have a talk.

platicar [1g] *vi* **(a)** *(charlar)* to talk, chat. **(b)** *(Méx: decir)* to say.

platija *nf* plaice.

platillo *nm* **(a)** saucer; *(plato)* small plate; *(de limosnas)* collecting bowl; **~ de balance** scale, pan; **~ volante** flying saucer; **pasar el ~** to pass the hat round. **(b) ~s** *(Mús)* cymbals. **(c)** *(LAm)* dish; *(plato)* course; **el tercer ~ de la comida** the third course of the meal.

platina *nf* microscope slide.

platino 1 *nm* platinum; **~s** *(Aut)* contact points. **2** *adj:* **rubia ~** platinum blonde.

plato *nm* **(a)** plate, dish; *(Téc)* plate; *(de balanza)* scale, pan; **~ frutero/sopero** fruit/soup dish; **del ~ a la boca se pierde la sopa** there's many a slip 'twixt cup and lip; **fregar los ~s** to wash the dishes, wash up; **pagar los ~s rotos** *(fam)* to carry the can *(fam)*; **nada entre dos ~s** much ado about nothing. **(b)** *(comida)* plateful, dish; **un ~ de arroz** a dish of rice. **(c)** *(Culin)* course; **~ dulce/fuerte** sweet/main course; **sopa y 4 ~s** soup and 4 courses; **es un ~ típico español** it's a typical Spanish dish; **es mi ~ favorito** it's my favourite dish *o* meal; **ser ~ de segunda mesa** *(fam)* to be second-best.

platónico *adj* platonic.

platudo *adj (LAm: rico)* rich, well-heeled *(fam)*.

plausible *adj* **(a)** *(loable)* commendable, praiseworthy. **(b)** *(argumento)* acceptable, admissible.

playa *nf* **(a)** *(orilla)* shore, beach; **pasar el día en la ~** to spend the day on the beach. **(b)** *(fig)* seaside; **ir a veranear a una ~** to spend the summer at the seaside. **(c)** *(LAm)* flat open space; *(Ferro)* yard; **~ de estacionamiento** car park, *(US)* parking lot; **~ de juegos** playground.

playeras *nfpl* sandals, sandshoes; *(Tenis)* tennis shoes.

playo *adj (Méx, RPl)* shallow.

plaza *nf* **(a)** *(gen)* square; *(lugar amplio)* public square; *(mercado)* market (place); **~ de armas, ~ mayor** main square; **~ de toros** bullring; **hacer la ~** to do the daily shopping. **(b)** *(Com: población mercantil)* town, city, centre; **en esa ~** there, in your town. **(c)** *(espacio)* room, space; *(lugar)* place; *(de vehículo etc)* seat, place; **¡~!** make way!; **abrir ~** to make way; **el avión tiene 90 ~s** the plane carries 90 passengers; **cama de dos ~s** double bed; **reservar una ~** to reserve a seat. **(d)** *(ocupación)* post, job; *(vacante)* vacancy; **cubrir una ~** to fill a job; **sentar ~** *(Mil)* to enlist (*de* as). **(e)** *(Mil)* fortress, fortified town.

plazo *nm* **(a)** *(tiempo)* time, period; *(término)* time limit; *(vencimiento)* expiry date; *(Com, Fin)* date; **en un ~ de 6 meses** in the space of 6 months; **nos dan un ~ de 8 días** they allow us a week, they give us a week's grace; **¿cuándo vence el ~?** what is the time limit?; **se ha cumplido el ~** the time is up; **a ~** *(Com)* on credit; *(préstamo, fig)* **a corto ~** short-dated; *(fig)* short-term; **a largo ~** long-dated; *(fig)* long-term; **es una tarea a largo ~** it's a long-term job. **(b)** *(pago)* instalment, payment; **pagar el ~ de marzo** to pay the March instalment; **comprar a ~s** to buy on hire purchase, pay for in instalments.

plazoleta *nf,* **plazuela** *nf* small square.

pleamar *nf* high tide.

plebe *nf:* **la ~** the common people, the masses; *(populacho: pey)* the mob, the rabble.

plebeyo/a 1 *adj* plebeian; *(ordinario)* coarse, common. **2** *nm/f* plebeian, commoner.

plebiscito *nm* plebiscite.

plectro *nm* plectrum.

plegable 1 *adj* pliable, that bends; *(silla)* folding, collapsible. **2** *nm (corral de niño)* playpen.

plegadera *nf* paper knife.

plegadizo *adj* = **plegable 1.**

plegado *nm,* **plegadura** *nf* **(a)** *(acto)* folding; *(doblar)* bending. **(b)** fold, crease.
plegar [1h, 1k] **1** *vt (papel)* to fold; *(lo duro)* to bend; *(Cos)* to pleat. **2 plegarse** *vr* **(a)** to bend. **(b)** *(fig: someterse)* to yield, submit (*a* to).
plegaria *nf (oración)* prayer.
pleitear [1a] *vi* **(a)** *(Jur)* to plead, conduct a lawsuit; *(litigar)* to go to law (*con, contra* with; *sobre* over), indulge in litigation. **(b)** *(esp LAm)* to argue.
pleitesía *nf:* **rendir ~ a** to show respect for, show courtesy to; *(LAm: homenaje)* to pay tribute to.
pleitista 1 *adj* litigious; *(fig: reñidor)* quarrelsome, argumentative. **2** *nmf (pendenciero)* litigious *o* quarrelsome individual.
pleito *nm* **(a)** *(Jur)* lawsuit, case; **~s** litigation *sg;* **~ de acreedores** bankruptcy proceedings; **~ civil** civil action; **andar a ~s** to be engaged in lawsuits; **entablar ~** to bring an action *o* a lawsuit; **ganar el ~** to win one's case; **poner ~** to sue, bring an action. **(b)** *(fig: litigio)* dispute, feud; *(controversia)* controversy; *(LAm: pelea)* quarrel, argument; **estar a ~ con uno** to be at odds with sb. **(c) ~ homenaje** homage.
plenario *adj* plenary, full.
plenilunio *nm* full moon.
plenipotenciario *nm* plenipotentiary.
plenitud *nf (totalidad)* plenitude, fullness; *(exceso)* abundance; **en la ~ de** in the fullness of; *(pináculo)* at the height of.
pleno 1 *adj* full; *(entero)* complete; *(poderes)* full; *(sesión)* plenary, full; **en ~ día** in broad daylight; **en ~ verano** at the height of summer; **en ~a vista** in full view; **le dio en ~a cara** it hit him full in the face. **2** *nm* **(a)** plenum. **(b) en ~** as a whole, collectively; *(por unanimidad)* unanimously.
pleonasmo *nm* pleonasm.
plétora *nf (abundancia)* plethora, abundance; *(exceso)* surplus.
pleuresía *nf (Med)* pleurisy.
plexiglás *nm* Perspex ®.
plexo *nm (Anat)* **~ solar** solar plexus.
plica *nf* sealed envelope *o* document; *(en un concurso)* sealed entry.
pliego *nm* **(a)** *(hoja de papel)* sheet; *(carpeta)* folder; *(Tip)* gathering. **(b)** sealed letter *o* document; **~ cerrado** *(Náut)* sealed orders; **~ de condiciones** specifications (of a tender); **~ de cargos** list of accusations; **~ de descargo** evidence (for the defendant).
pliegue *nm* **(a)** fold, crease; *(Cos)* pleat, crease; *(alforza)* tuck. **(b)** *(Geol etc)* fold.
plin: **¡a mí, ~!** so what!
plisado *nm* pleating.
plisar [1a] *vt (hacer pliegues)* to pleat.
plomada *nf (Arquit)* plumb; *(Náut)* lead; *(en red de pescar)* weights *pl,* sinkers *pl.*
plomar [1a] *vt* to seal with lead.
plomazo *nm (LAm)* shot.
plomería *nf* **(a)** *(Arquit)* leading, lead roofing. **(b)** *(LAm)* plumbing; *(taller)* plumber's workshop.
plomero *nm (LAm)* plumber.
plomizo *adj* leaden, lead-coloured.
plomo 1 *nm* **(a)** lead; **~ derretido** molten lead; **soldado de ~** tin soldier. **(b)** (*véase* **plomada**) **a ~** true, vertical(ly); *(fig: justo)* just right; **caer a ~** to fall heavily *o* flat. **(c)** *(Elec)* fuse; **se ha fundido el ~** it's fused. **(d)** *(esp LAm)* bullet. **2** *adj (LAm)* leaden, lead-coloured.
pluma *nf* **(a)** *(Orn)* feather, quill; *(adorno)* plume, feather; **colchón de ~s** feather bed. **(b)** *(para escribir)* pen; **~ estilográfica** fountain pen; **y otras obras de su ~** and other works from his pen; **escribir a vuela ~** to write quickly. **(c)** *(fig: destreza)* penmanship, writing; **buena ~** good writer. **(d)** *(grúa)* crane, derrick.
plumada *nf* stroke of the pen; *(letra adornada)* flourish.
plumado *adj (con plumaje)* feathered, with feathers; *(pajarito)* fledged.
plumafuente *nf (LAm)* fountain pen.
plumaje *nm* **(a)** *(Orn)* plumage, feathers *pl.* **(b)** *(adorno)* plume, crest; *(penacho)* bunch of feathers.
plumazo *nm* **(a)** *(trazo fuerte)* stroke of the pen *(tb fig)*; **de un ~** with one stroke of the pen. **(b)** *(apunte)* piece of rapid writing *o* sketching. **(c)** *(colchón o almohada)* feather mattress *o* pillow.
plúmbeo *adj* leaden.
plumear [1a] *vt, vi* to write.
plumero *nm* **(a)** feather duster. **(b)** *(adorno)* plume; *(penacho)* bunch of feathers. **(c)** *(portaplumas)* penholder.
plumífero/a *nm/f (fam, pey)* writer.
plumilla *nf,* **plumín** *nm* pen nib.
plumista *nm (escribiente)* clerk.
plumón *nm* **(a)** *(Orn)* down. **(b)** *(cama)* feather bed. **(c)** *(LAm)* felt-tip pen.
plural 1 *adj* **(a)** plural. **(b)** *(fig: esp LAm)* many, numerous. **2** *nm* plural; **en ~** in the plural.
pluralidad *nf* **(a)** *(gen)* plurality; *(de votos)* majority. **(b) una ~ de** a number of; **el asunto tiene ~ de aspectos** there are a number of sides to this question.
plurilingüe *adj* multilingual.
plurivalencia *nf* many-sided value; *(versatilidad)* diversity of uses.
plurivalente *adj* having numerous values; *(versátil)* having diverse uses.
plus *nm (suplemento)* extra pay, bonus; **~ de carestía de vida** cost-of-living bonus; **con 5 dólares de ~** with a bonus of 5 dollars.
pluscuamperfecto *nm (Ling)* pluperfect.
plusmarquista *nmf (Dep)* record holder.
plusvalía *nf (mayor valor)* appreciation, added value.
plutocracia *nf* plutocracy.
plutócrata *nmf* plutocrat.
plutonio *nm* plutonium.
pluvial *adj* rain *(atr).*
pluviómetro *nm* rain gauge.
pluvioso *adj* rainy.
P.N.B. *nm abr de* **producto nacional bruto** GNP.
P.N.D. *nm abr de* **personal no docente** *(Univ, Escol)* non-teaching staff.
P.N.N. *nmf abr de* **profesor no numerario** *(Univ, Escol)* untenured teacher.
población *nf* **(a)** population; **~ activa** working population. **(b)** *(ciudad)* town, city; *(pueblo)* village; *(Arg)* small hamlet.
poblada *nf* **(a)** *(LAm: revuelta)* riot; *(insurrección)* revolt, armed rising. **(b)** *(LAm: muchedumbre)* crowd.
poblado 1 *adj* **(a)** inhabited. **(b) poco/densamente ~** underpopulated/thickly populated. **(c) ~ de** peopled *o* populated with; *(fig: lleno)* filled with; *(: plagado)* covered with. **(d)** *(barba etc)* big, thick; *(cejas)* bushy. **2** *nm* village; *(población)* town; *(lugar habitado)* inhabited place; *(Aut)* built-up area; **~ de absorción** new *o* satellite town.
poblador(a) *nm/f (colonizador)* settler, colonist; *(fundador)* founder.
poblano/a 1 *adj (LAm)* village *(atr),* town *(atr)*; *(Méx)* of Puebla. **2** *nm/f (LAm)* villager; *(Méx)* native *o* inhabitant of Puebla.

poblar [1m] **1** *vt* **(a)** *(lugar)* to settle, colonize; *(río, colmena)* to stock (*de* with); *(tierra)* to plant (*de* with). **(b)** *(habitar)* to people, inhabit; **los peces que pueblan las profundidades** the fish that inhabit the depths. **2 poblarse** *vr* **(a)** to fill (*de* with); *(ir aumentando)* to fill up (*de* with); *(irse cubriendo)* to become covered (*de* with). **(b)** *(Bot)* to come into leaf.

pobo *nm* white poplar.

pobre 1 *adj (gen)* poor (*de, en* in); **¡~ de mí!** poor old me!; **¡~ de él!** poor fellow!; **¡~ de ti si te pillo!** it'll be tough on you if I catch you! **2** *nmf* **(a)** *(necesitado)* poor person; *(mendigo)* beggar, pauper; **un ~** a poor man; **los ~s** the poor, poor people. **(b)** *(fig)* **~ diablo** poor wretch *o* devil; **la ~ estaba mojada** the poor girl was wet through.

pobrería *nf*, **pobrerío** *nm (LAm)* the poor people.

pobrete/a *nm/f* poor thing *o* wretch.

pobretería *nf* **(a)** *(los pobres)* poor people. **(b)** *(pobreza)* poverty. **(c)** *(tacañería)* miserliness, meanness.

pobreza *nf (gen)* poverty; *(estrechez)* work, penury; *(moral)* **~ de espíritu** poorness of spirit, small-mindedness; **~ no es vileza** poverty is not a crime.

pocerón *nm (CAm, Méx)* pool.

pocilga *nf (porquerizo)* piggery, pigsty; *(fig: lugar asqueroso)* pigsty.

pocillo *nm (LAm)* cup; *(Méx)* tankard.

pócima *nf*, **poción** *nf (Farm)* potion, draught; *(Vet)* drench; *(fig: brebaje)* concoction, nasty drink.

poco 1 *adj* **(a)** *(sg: gen)* little; *(pequeño)* small; *(escaso)* slight, scanty; **con ~ respeto** with little respect; **de ~ interés** of small interest; **de ~a extensión** not extensive; **hay ~ queso** there isn't much cheese; **con lo ~ que me quedaba** with what little I had left; **y por si eso fuera ~** and as if that weren't enough. **(b)** *(pl: no muchos)* **~s** few; **unos ~s** a few, some; **~s de entre ellos** few of them; **~s niños saben que ...** few *o* not many children know that ...; **~s son los que ...** there are few who ...; **un canalla como hay ~s** a right scoundrel.

2 *adv* **(a)** *(no mucho)* little, not much; *(ligeramente)* only slightly; **cuesta ~** it doesn't cost much; **ahora trabaja ~** he only works a little now; **los estiman ~** they hardly value it at all; **¡a ~ no!** *(LAm)* not much! *(fam)*; **~ a ~** little by little; **¡~ a ~!** gently!, easy there!; **~ más o menos** more or less; **tener a uno en ~** to think little of sb; **tiene la vida en ~** he holds his life cheap. **(b)** *(+adj)* **~ dispuesto a ayudar** disinclined to help; **~ amable** unkind; **~ inteligente** unintelligent. **(c)** *(casi)* **por ~** almost, nearly; **por ~ me ahogo** I very nearly drowned. **(d)** *(locuciones de tiempo)* **a ~** shortly (after), presently; **a ~ de haberlo firmado** shortly after he had signed it; **dentro de ~** shortly; *(~ después)* soon after; **hace ~** a short while back, a short time ago.

3 *nm:* **un ~** a little, a bit; **estoy un ~ triste** I am a little sad; **le conocía un ~** I knew him slightly; **un ~ de dinero** a little money.

pocho/a 1 *adj* **(a)** *(flor, color)* faded, discoloured; *(persona)* pale; *(fruta)* soft, overripe. **(b)** *(fig: deprimido)* depressed. **(c)** *(LAm: gordito)* chubby; *(: petizo)* squat. **2** *nm/f (Méx etc) United States national of Mexican origin.*

pocholez *nf (fam)* gem, treasure; **el vestido es una ~** it's a dear little dress.

poda *nf* **(a)** *(acto)* pruning. **(b)** *(temporada)* pruning season.

podadera *nf (Agr)* pruning knife *o* shears, secateurs.

podar [1a] *vt* **(a)** to prune; *(mondar)* to lop, trim (off). **(b)** *(fig: cortar lo superfluo)* to prune, cut out.

podenco *nm* hound.

poder 1 [2t] *vi* **(a)** *(+ infin: capacidad)* can, to be able to; **puede venir** he can come; **no puede venir** he cannot come. **(b)** *(+ infin: posibilidad)* may; **puede venir** he may come; **puede ser** maybe, it may be so; **puede ser que ...** it may be that ...; **este vino no se puede beber** this wine is not fit to drink; **por lo que pudiera pasar** because of what might happen; **¡podías habérmelo dicho!** you might have told me! **(c)** *(sin infin)* can; **lo haré si puedo** I'll do it if I can; **no puedo** I can't; **¡puede!** who knows!, maybe!; **¿se puede?** may I?, may I come in?; do you mind?; **el dinero puede mucho** money talks; **causas respecto a las cuales nada puede el fabricante** causes over which the manufacturer has no control; **¿tú puedes con eso?** can you manage that?; **no puedo más** I've had enough, I'm exhausted; **a más no ~** to the utmost, for all one is worth; **es terco a más no ~** he's as obstinate as they come; **la curiosidad pudo más que el temor** curiosity won over fear. **(d) no ~ menos de hacer algo** to have no alternative but to do sth. **(e) puede que vaya** I may go, I might go; **puede que tenga uno ya** he may have one already; **puede que sí** it may be, maybe. **(f)** *(fam)* **A le puede a B** A is more than a match for B.

2 *nm* **(a)** *(dominio)* power; *(autoridad)* authority; *(posesión)* possession; **~ adquisitivo** *o* **de compra** purchasing power; **bajo el ~ de** in the hands of, under the power of; **estar en ~ de** to be in the hands of; **pasar a ~ de** to pass into the possession of; **el dinero es ~** money is power; **esa droga no tiene ~ contra la enfermedad** that drug is not effective against the disease. **(b)** *(Mec: potencia)* power; *(capacidad)* capacity; **el ~ del motor** the power of the engine; **tiene ~ para levantar X kilos** it has the power to lift X kilos. **(c)** *(Pol)* power; *(mando)* authority; **~ absoluto** absolute power; **ejecutivo/legislativo** executive/legislative power; **división de ~es** separation of powers; **estar en el ~, ocupar el ~** to be in power. **(d)** *(Jur)* power of attorney, proxy; **plenos ~es** full power, full authority (to act); **por ~(es)** by proxy.

poderdante *nmf (Jur)* principal.

poderhabiente *nmf (Jur)* proxy, attorney.

poderío *nm* **(a)** power; *(fuerza)* might; *(señorío)* authority, jurisdiction. **(b)** *(Fin)* wealth.

poderoso *adj (gen)* powerful.

podio *nm* podium; *(Méx)* rostrum.

podómetro *nm* pedometer.

podredumbre *nf* **(a)** *(Med)* pus. **(b)** *(cualidad)* rottenness; *(fig: decadencia)* corruption.

podrido *adj* **(a)** *(gen)* rotten; *(putrefacto)* putrid. **(b)** *(fig)* rotten, corrupt; **está ~ por dentro** he's rotten inside.

podrir [3a] = **pudrir.**

poema *nm* **(a)** poem. **(b)** *(fig)* **fue todo un ~** it was all terribly romantic; *(pey)* it was a proper farce.

poemario *nm* book of poems.

poesía *nf* **(a)** *(gen)* poetry; **la ~ del Siglo de Oro** Golden Age poetry. **(b)** *(una ~)* poem. **(c)** *(encanto)* charm.

poeta *nm* **(a)** poet.**(b)** *(LAm)* author, literary man.

poetastro *nm (pey)* poetaster.

poética *nf* poetics.
poético *adj* poetic(al).
poetisa *nf* poetess.
poetizar [1f] **1** *vt* to poeticize. **2** *vi* to write poetry.
pogrom(o) *nm* pogrom.
póker *nm* poker.
polaco[1]**/a 1** *adj* Polish. **2** *nm/f* Pole. **3** *nm (Ling)* Polish.
polaco[2]**/a** *adj, nm/f (fam)* Catalan.
polaina *nf* **(a)** *(sobrecalza)* gaiter, legging. **(b)** *(LAm: fastidio)* annoyance; *(: contratiempo)* setback.
polar *adj* polar.
polarización *nf* polarization.
polarizar [1f] *vt* to polarize *(en torno a* around).
polca *nf (Mús)* polka.
polea *nf* pulley; *(Náut: aparejo)* tackle.
polémica *nf* **(a)** *(gen)* polemics *sg.* **(b)** *(una ~)* polemic, controversy.
polémico *adj* polemic(al).
polemista *nmf* polemicist; *(persona que polemiza)* debater, controversialist.
polemizar [1f] *vi* to indulge in a polemic, argue *(en torno a* about); **no quiero ~** I have no wish to get involved in an argument.
polen *nm* pollen.
poli 1 *nm (fam)* cop *(fam).* **2** *nf (fam)* **la ~** the cops *(fam).*
poli... *pref* poly..., many... .
policía 1 *nm* policeman. **2** *nf (organización)* police force; **~ militar/secreta/de tráfico/montada** military/secret/traffic/mounted police. **3** *nf:* **mujer ~** policewoman.
policíaco *adj* police *(atr)*; **novela ~a** detective story.
policial 1 *adj* police *(atr).* **2** *nm (LAm)* policeman.
policromo *adj,* **polícromo** *adj* polychromatic; *(de muchos colores)* many-coloured, colourful.
Polichinela *nm* Punch.
polietileno *nm* polythene, *(US)* polyethylene.
polifacético *adj (persona, talento)* many-sided, versatile.
polifónico *adj* polyphonic.
poligamia *nf* polygamy.
polígamo 1 *adj* polygamous. **2** *nm* polygamist.
poligloto/a *nm/f,* **polígloto/a** *nm/f* polyglot.
polígono *nm* **(a)** *(Mat)* polygon. **(b)** *(solar)* site (for development), building lot; *(zona)* area; *(unidad vecinal)* housing estate; **~ industrial** industrial estate.
polilla *nf* moth, *(esp)* clothes moth; *(oruga)* destructive larva; *(de los libros)* bookworm; *(fig: persona)* waster.
polimerización *nf (Quím)* polymerization.
Polinesia *nf* Polynesia.
polinesio/a *adj, nm/f* Polynesian.
polinización *nf (Bot)* pollination; **~ cruzada** cross-pollination.
polio *nf (Med)* polio.
poliomielitis *nf (Med: parálisis infantil)* poliomyelitis.
pólipo *nm* polyp, polypus.
polisílabo 1 *adj* polysyllabic. **2** *nm* polysyllable.
polista *nm* polo player.
politeísmo *nm* polytheism.
política *nf* **(a)** *(Pol)* politics; **mezclarse en la ~** to go in for *o* get mixed up in politics. **(b)** *(programa)* policy; **~ agraria/económica/exterior/de ingresos y precios** agricultural/economic/foreign/prices and incomes policy.
politicastro *nm (pey)* politician.
político/a 1 *adj* **(a)** *(Pol)* political. **(b)** *(gen)* politic; *(diplomático)* tactful; *(cortés)* polite, well-mannered. **(c)** *(reservado)* reserved, standoffish. **(d)** *(pariente)* in-law; **padre ~** father-in-law; **es tío ~ mío** he's an uncle of mine by marriage; **familia ~a** relatives by marriage, in-laws. **2** *nm/f* politician.
politiquear [1a] *vi* to play at *o* dabble in politics.
politiqueo *nm,* **politiquería** *nf (pey)* party politics, the political game; *(intriga política)* political gossip.
politiquero *nm (pey)* politician; *(intrigante)* political intriguer.
póliza *nf* **(a)** certificate, voucher; *(giro)* draft; *(Fin)* insurance certificate; **~ dotal** endowment policy; **~ de seguro(s)** insurance policy; **pagar una ~** to pay out on an insurance policy. **(b)** *(impuesto)* tax *o* fiscal stamp.
polizón *nm* **(a)** *(vago)* tramp, *(US)* bum. **(b)** *(Aer, Náut etc)* stowaway; **viajar de ~** to stow away *(en* on).
polo[1] *nm* **(a)** *(Geog)* pole; **P~ Norte/Sur** North/South Pole; **de ~ a ~** from pole to pole. **(b)** *(Elec)* pole; *(borne)* terminal; *(de enchufe)* pin, point; **~ negativo/positivo** negative/positive pole; **una clavija de 4 ~s** a 4-pin plug. **(c)** *(fig: centro)* **~ de atracción** centre of attraction; **los dos generales son ~s opuestos** the two generals are at opposite extremes; **esto es el ~ opuesto de lo que dijo antes** this is the exact opposite of what he said before. **(d)** *(Com)* **~ de desarrollo** *o* **de promoción** development area. **(e) ~ helado** iced lolly.
polo[2] *nm (Dep)* polo; **~ acuático** water polo.
polo[3] *nm* polo-necked sweater.
pololo/a *nm/f (Chi)* steady boy-/girlfriend.
polonesa *nf* polonaise.
Polonia *nf* Poland.
poltrón *adj* idle, lazy.
poltrona *nf (tumbona)* reclining *o* easy chair.
poltronear [1a] *vi (LAm)* to idle, loaf.
polución *nf (contaminación)* pollution; **~ ambiental** air pollution.
polvareda *nf* **(a)** *(polvo)* cloud of dust. **(b)** *(fig: jaleo)* fuss, rumpus *(fam)*; **levantar una ~** to create a storm, cause a rumpus.
polvera *nf* powder compact, vanity case.
polvillo *nm (LAm Agr)* blight.
polvo *nm* **(a)** *(gen)* dust; **lleno de ~** dusty; **quitar el ~ de** *o* **a un mueble** to dust a piece of furniture; **hacer algo ~** to smash sth; **hacer ~ a uno** to shatter sb; *(en discusión)* to flatten sb, crush sb; **estoy hecho ~** *(deprimido)* I feel really down; *(cansado)* I'm worn out; **limpio de ~ y paja** free from all charges. **(b)** *(Quím, Culin, Med)* powder; **~s** *(esp)* face powder; **~s de blanqueo** bleaching powder; **~(s) de hornear** baking powder; **~ dentrífrico, ~s para dientes** tooth powder; **en ~** powdered; **ponerse ~s** to powder one's face. **(c)** *(porción)* pinch; **un ~ de rapé** a pinch of snuff. **(d)** *(fam!)* screw *(fam!)*; **echar un ~** *(fam!)* to have a screw *(fam!).*
pólvora *nf* **(a)** *(explosivo)* gunpowder; **~ de algodón** guncotton; **no ha descubierto** *o* **inventado la ~** he'll never set the world on fire; **propagarse como la ~** to spread like wildfire. **(b)** *(fuegos artificiales)* fireworks. **(c)** *(mal genio)* bad temper, crossness. **(d)** *(viveza)* life, liveliness.
polvorear [1a] *vt (espolvorear)* to powder, sprinkle *(de* with).
polvoriento *adj* **(a)** *(superficie)* dusty. **(b)** *(sustancia)* powdery.
polvorilla *nmf (fam)* **(a)** *(persona despabiliada)* live wire, lively spark *(fam).* **(b)** *(persona irascible)* touchy *o* bad-tempered person.

polvorín *nm* **(a)** fine powder; ~**es atómicos** atomic dust *o* fallout. **(b)** *(Mil)* powder magazine; *(fig)* powder keg. **(c)** *(LAm)* = **polvorilla (b).**

polvorosa *adj*: **poner pies en** ~ *(fam)* to beat it *(fam)*.

polla *nf* **(a)** *(Orn)* pullet; *(polluelo)* chick; ~ **de agua** moorhen. **(b)** *(Naipes)* pool, kitty; *(LAm)* stakes, pool. **(c)** *(fam: chica)* girl, bird *(fam)*. **(d)** *(Anat fam!)* prick *(fam!)*.

pollada *nf (Orn)* brood.

pollastro *nm*, **pollastrón** *nm (fam)* sly fellow.

pollera *nf* **(a)** *(criadero)* hencoop, chicken run; *(cesto)* basket for chickens. **(b)** *(LAm)* skirt, overskirt.

pollería *nf* poulterer's (shop).

pollero *nm* **(a)** chicken farmer, poulterer. **(b)** *(LAm)* gambler.

pollo *nm* **(a)** *(Orn)* chicken; *(ave tierna)* chick, young bird; *(Culin)* chicken; ~ **asado** roast chicken. **(b)** *(fam: joven)* young man; *(señorito)* elegant youth, playboy; **¿quién es ese** ~**?** who is that chap? *(fam)*; **es un** ~ **nada más** he's only a youngster. **(c)** *(fam: esputo)* spittle, sputum.

polluelo *nm* chick.

poma *nf (frasco)* scent bottle.

pomada *nf* cream, ointment.

pomar *nm* apple orchard.

pomelo *nm* grapefruit.

pómez *nf*: **piedra** ~ pumice (stone).

pomo *nm* **(a)** *(Bot)* pome, fruit with pips. **(b)** *(frasco)* scent bottle. **(c)** *(de espada)* pommel; *(de puerta)* round knob, handle.

pompa *nf* **(a)** *(burbuja)* bubble; ~ **de jabón** soap bubble. **(b)** *(Náut)* pump. **(c)** *(fausto)* pomp, splendour; *(ostentación)* show, display; *(boato)* pageant, pageantry; ~**s fúnebres** funeral *sg*.

pomposidad *nf (esplendor)* splendour, magnificence; *(magnificencia)* majesty; *(pey: vano)* pomposity.

pómulo *nm (malar)* cheekbone; *(fig: mejilla)* cheek.

ponchada[1] *nf* bowlful of punch.

ponchada[2] *nf (LAm)* large quantity, large amount; **costó una** ~ it cost a lot.

ponchar [1a] *vt (Méx)* **(a)** *(billete)* to punch. **(b)** *(neumático)* to puncture.

ponche *nm* punch.

ponchera *nf* punch bowl.

poncho[1] *adj (perezoso)* lazy, indolent; *(tranquilo)* quiet, peaceable.

poncho[2] *nm (LAm)* **(a)** *(ropa)* cape, poncho. **(b)** *(fig)* **estar a** ~ to be totally ignorant (*en* about).

ponderación *nf* **(a)** *(contrapeso)* weighing, consideration; *(cuidado)* deliberation. **(b)** *(exageración)* high praise. **(c)** *(peso)* weighting. **(d)** *(equilibrio)* steadiness.

ponderado *adj (equilibrado)* steady, balanced.

ponderar [1a] *vt* **(a)** *(considerar)* to weigh up, consider. **(b)** *(alabar)* to praise highly, speak in praise of. **(c)** *(Fin)* to weight.

ponedero *nm (nidal)* nest, nesting box.

ponedora *adj*: **gallina** ~ laying hen; **ser buena** ~ to be a good layer.

ponencia *nf (exposición)* (learned) paper, communication; *(informe)* report.

poner [2r; *pp* **puesto**] **1** *vt* **(a)** *(gen)* to put; *(colocar)* to place, set; *(ropa)* to put on; *(cuidado)* to take (*en* in); *(objeción)* to raise; *(la mesa)* to lay, set; *(vitrina)* to dress, arrange; *(énfasis)* to place (*en* on); *(emoción)* to cause; ~ **algo como ejemplo** to give sth as an example; ~ **al tanto** to keep informed; ~ **algo en duda** to cast doubt on sth; ~ **algo aparte** to put sth aside *o* on one side. **(b)** *(huevos)* to lay. **(c)** *(reloj)* to adjust, set (right). **(d)** *(radio)* to switch on, turn on; **ponlo más fuerte** turn it up. **(e)** *(carta, telegrama)* to send (*a* to). **(f)** *(problema)* to set; *(impuesto)* to impose (*a* on); **nos pone mucho trabajo** he gives us a lot of work. **(g)** *(tienda)* to open, set up; *(casa)* to equip; **han puesto la casa con todo lujo** they have fitted the house up most luxuriously. **(h)** *(dinero)* to contribute, give; *(en juego de azar)* to stake; *(Fin)* to put, invest; *(tiempo)* to put, give; **yo pongo el dinero pero ella escoge** I put up the money but she chooses. **(i)** *(nombre)* to give; **¿qué nombre le van a** ~**?** what are they going to call him? **(j)** *(añadir)* to add; **pongo 3 más para llegar a 100** I'll add 3 more to make it 100. **(k)** *(Teat)* to put on, do; *(película)* to show; *(proyectar)* to screen; **¿qué ponen en el cine?** what's on at the cinema? **(l)** *(suponer)* to suppose; **pongamos 120** let's say 120, let's put it at 120; **pongamos que ...** let us suppose that .... **(m)** *(Telec: conectar)* ~ **a X con Y** to connect X to Y, give X a line to Y; **póngame con el conserje** put me through to the porter; **le pongo en seguida** I'm trying to connect you. **(n)** ~ **a P bien con Q** to make things up between P and Q; ~ **a Z mal con A** to make Z fall out with A. **(o)** *(+ adj: volver)* to make, turn; **si añades eso lo pones azul** if you add that you turn it blue; **la has puesto colorada** now you've made her blush; **para no** ~**le de mal humor** so as not to make him cross. **(p)** ~ **a uno a hacer algo** to set sb to do sth, start sb doing sth. **(q) puso a su hija de sirvienta** she got her daughter a job as a servant; **puso a sus hijos a trabajar** she sent her children out to work.

2 *vi* **(a)** *(Orn)* to lay, lay eggs. **(b) no pongo a la lotería** I don't go in for the lottery.

3 ponerse *vr* **(a)** to put o.s., place o.s.; **se ponía debajo de la ventana** he used to stand under the window; ~ **cómodo** to make o.s. comfortable. **(b)** ~ **un traje** to put a suit on. **(c)** ~ **de conserje** to take a job as a porter. **(d)** *(lugar)* ~ **a,** ~ **en** to get to, arrive at; **en 2 horas se puso a su lado** in 2 hours he reached her side. **(e)** *(sol)* to set. **(f)** ~ **delante** *(estorbar)* to get in the way; *(intervenir)* to intercede, intervene; *(dificultad)* to come up; **destruye al que se le pone delante** he destroys anyone who gets in his way. **(g)** ~ **a bien/a mal con uno** to get in with sb/get on the wrong side of sb. **(h)** *(+ adj, adv)* to turn, become; **en el agua se pone verde** it turns green in the water; **¡no te pongas así!** don't be like that!; **se puso hecho una furia** he was raging. **(i) se pusieron a gritar** they started to shout.

poney ['poni] *nm, pl* **poneys** ['ponis] pony.

pongo[1] *nm* orang-outang.

pongo[2] *nm (Bolivia, Per)* Indian serf.

pongueaje *nm (Bolivia)* male serfdom.

poniente *nm* **(a)** *(oeste)* west. **(b)** *(céfiro)* west wind.

pontaje *nm (LAm)*, **pontazgo** *nm* toll.

pontificado *nm* papacy, pontificate.

pontificar [1g] *vi (lit, fig)* to pontificate.

pontífice *nm* pope, pontiff; **el Sumo P**~ His Holiness the Pope.

pontón *nm* **(a)** *(Náut)* pontoon; *(Aer: de hidroavión)* float. **(b) puente de** ~**es** pontoon bridge. **(c)** *(Náut)* hulk.

ponzoña *nf (tóxico)* poison, venom; *(fig: ideas perjudiciales)* poison.

ponzoñoso *adj (ataque)* venomous; *(propaganda)* poisonous; *(costumbre, idea)* harmful.

popa *nf* stern; **a** ~ astern, abaft; **de** ~ **a proa** fore and aft, from stem to stern.

popar [1a] *vt* **(a)** *(niño)* to spoil; *(fig: halagar)* to make a fuss of, flatter. **(b)** *(despreciar)* to scorn, jeer at.

popelín *nm,* **popelina** *nf,* **poplín** *nm (LAm)* poplin.

popote *nm (Méx)* drinking straw.

populachero *adj (plebeyo)* common, vulgar; *(chabacano)* cheap; *(discurso, política)* rabble-rousing; *(político)* demagogic.

populacho *nm* populace, plebs *pl*, mob.

popular *adj (gen)* popular; *(habla)* colloquial; *(cultura)* of the people, folk *(atr)*.

popularidad *nf* popularity.

popularismo *nm* colloquial word *o* phrase.

popularizar [1f] **1** *vt* to popularize. **2 popularizarse** *vr* to become popular.

populoso *adj* populous.

poquedad *nf* **(a)** *(escasez)* scantiness; *(pequeñez)* smallness. **(b)** *(una ~)* small thing; *(nimiedad)* trifle. **(c)** *(timidez)* timidity.

póquer *nm (Naipes)* poker.

poquísimo *adj* **(a)** *(sg)* very little; *(casi nada)* hardly any, almost no; **con ~ dinero** with very little money. **(b)** *(pl)* **~s** very few, terribly few.

poquito *nm* **(a) un ~** a little bit *(de* of); *(adv)* a little, a bit. **(b) a ~s** bit by bit; **¡~ a poco!** gently!, easy there!

por *prep* **(a)** *(+ infin: para)* in order to; **~ no llegar tarde** so as not to arrive late; **lo hizo ~ complacerle** he did it to please her; **hablar ~ hablar** to talk just for talking's sake.

(b) *(objetivo)* for; **luchar ~ la patria** to fight for one's country; **su amor ~ la pintura** his love of painting; **hazlo ~ mí** do it for my sake.

(c) *(causa)* out of, because of; **fue ~ necesidad** it was out of necessity; **~ temor a** for fear of; **lo hago ~ gusto** I do it because I like to; **no se realizó ~ escasez de fondos** it was not put into effect because of lack of money; **se hundió ~ mal construido** it collapsed because it was badly built; **le expulsaron ~ revoltoso** they expelled him as a troublemaker.

(d) *(evidencia)* **~ lo que dicen** judging by *o* from what they say; **~ las señas no piensa hacerlo** judging by the signs he's not intending to do it.

(e) ~ mí, que se vaya so far as I'm concerned *o* for myself, for my part he can go.

(f) *(medio)* by; **~ su propia mano** by his own hand; **~ correo** by post, through the post; **~ mar** by sea; **~ sí mismo** by oneself; **lo obtuve ~ un amigo** I got it through a friend.

(g) *(Mat)* 7 **~ 2 son 14** 7 times 2 are 14.

(h) *(modo)* in, by; *(de acuerdo a)* according to; **~ centenares** by the hundred; **~ orden** in order; **están dispuestos ~ tamaños** they are arranged according to size *o* by sizes; **punto ~ punto** point by point; **día ~ día** day by day.

(i) *(lugar)* by, by way of; *(a través de)* through; *(a lo largo de)* along; **ir a Bilbao ~ Santander** to go to Bilbao via Santander; **~ el lado izquierdo** on *o* along the left side; **cruzar la frontera ~ Canfranc** to cross the frontier at Canfranc; **~ la calle** along the street; **~ todo el país** throughout the country; **pasar ~ Madrid** to pass through Madrid; **pasearse ~ el parque** to stroll through the park.

(j) *(tiempo)* **~ la mañana** in the morning; *(durante)* during the morning; **no sale ~ la noche** he doesn't go out at night.

(k) *(futuro)* for; **se quedarán ~ 15 días** they will stay for a fortnight; **será ~ poco tiempo** it won't be for long.

(l) *(a cambio de)* for, in exchange for; **te doy éste ~ aquél** I'll swap you this one for that one; **le dieron uno nuevo ~ el viejo** they gave him a new one (in exchange) for the old one; **ha puesto B ~ V** he has put B as being equivalent to V.

(m) vino ~ su jefe he came instead of *o* in place of his boss; **interceder ~ uno** to intercede on sb's behalf.

(n) *(+ adj, n)* **contar a uno ~ amigo** to count sb as a friend; **no se admite ~ válido** it is not accepted as valid; **¿me tomas ~ tonto?** do you think I am stupid?

(o) *(razón)* **tres dólares ~ hora** three dollars an hour; **revoluciones ~ minuto** revolutions per minute; **tres dólares ~ persona** three dollars each.

(p) *(indicación aproximativa)* **eso está allá ~ el norte** that's somewhere up in the north; **~ esta fecha** round about this time.

(q) ~ difícil que sea however hard it is *o* may be; **~ mucho que lo quisieran** however much they would like to; **~ más que trate** no matter how hard he tries.

(r) *(a traer)* **ir ~ uno** to go for sb, go and fetch sb; **ir ~ agua** to go for water.

(s) ~ qué why; **¿~ qué?** why?

porcachón *adj (fam)* filthy, dirty.

porcelana *nf* porcelain; *(loza)* china(ware).

porcentaje *nm* percentage; *(proporción)* proportion; **el ~ de defunciones** the death rate.

porcentual *adj* percentage *(atr)*.

porcino 1 *adj* pig *(atr)*; **ganado ~** pigs *pl*. **2** *nm* **(a)** *(lechón)* young pig. **(b)** *(Med)* bump, swelling.

porción *nf* **(a)** portion; *(parte)* part, share; *(en recetas)* quantity, amount; *(de chocolate)* piece. **(b) una ~ de** *(fig)* a number of; **tengo una ~ de cosas que hacer** I have a number of things to do.

porcuno 1 *adj (porcino)* pig *(atr)*. **2** *nm (cochinero)* pigsty.

porche *nm* **(a)** *(de tiendas, alrededor de una plaza)* arcade. **(b)** *(de casa)* porch.

pordiosear [1a] *vi (lit, fig)* to beg.

pordiosero/a *nm/f* beggar.

porfía *nf* **(a)** *(persistencia)* persistence; *(terquedad)* obstinacy, stubbornness. **(b)** *(disputa)* dispute; *(contienda)* continuous struggle *o* competition. **(c) a ~** in competition.

porfiado 1 *adj (insistente)* persistent; *(terco)* obstinate, stubborn. **2** *nm (LAm: títere)* weighted doll.

porfiar [1c] *vi* to persist *(en* in); *(disputar con obstinación)* to argue stubbornly; **porfía en que es así** he insists that it is so; **~ por hacer algo** to struggle obstinately to do sth.

pormenor *nm* detail, particular.

pormenorizar [1f] **1** *vt (detallar)* to (set out in) detail; *(particularizar)* to describe in detail. **2** *vi (entrar en detalles)* to go into detail.

pornografía *nf* pornography.

pornográfico *adj* pornographic.

poro[1] *nm (Anat)* pore.

poro[2] *nm (LAm)* leek.

porongo *nm (LAm)* gourd, calabash.

porosidad *nf* porousness, porosity.

poroso *adj* porous.

porotal *nm (LAm)* **(a)** beanfield, bean patch. **(b)** *(fig)* **un ~ de** a lot of, a whole heap of.

poroto *nm* **(a)** *(LAm)* bean. **(b)** *(LAm: Dep, tb fig)* point; **anotar un ~** to win a point. **(c)** *(Chi, RPl)* weak person, inferior individual. **(d)** *(Chi)* child.

porque *conj* **(a)** *(+ indic)* because, since, for. **(b)** *(+ subjun)* so that, in order that; **~ sí** because I feel like it.

porqué *nm (motivo)* reason (*de* for), cause (*de* of); **el ~ de la revolución** the factors that underlie the revolution.

porquería *nf* **(a)** *(sustancia)* filth, muck; **me lo devolvieron cubierto de ~** they gave it back to me filthy all over; **estar hecho una ~** to be covered in muck. **(b)** *(cualidad)* nastiness; *(grosería)* indecency. **(c)** *(objetos)* trifle; **le regalaron alguna ~** they gave her some worthless present; **lo vendieron por una ~** they sold it for next to nothing. **(d)** *(acción: engaño)* dirty trick; *(: trastada)* mean action; *(: indecentada)* indecent act; **me han hecho una ~** they've played a dirty trick on me. **(e)** *(Culin)* nasty food; *(fam: golosina)* attractive but unwholesome dish. **(f)** *(basura)* rubbish; **la novela es una ~** the novel is just rubbish; **escribió 3 o 4 ~s** he wrote 3 or 4 rubbishy books.

porqueriza *nf* pigsty.

porra *nf* **(a)** *(clava)* stick, club; *(cachiporra)* truncheon; *(Mús: palillo)* drumstick; *(Téc)* large hammer; *(Anat fam!)* prick *(fam!)*. **(b)** *(fam: pelmazo)* bore; *(: presunción)* swank *(fam)*, conceit; **gasta mucha ~** he's got loads of swank; *(fam)* **¡~s!** bother!, dash it!; *(tonterías)* rubbish!; **mandar a uno a la ~** *(fam)* to send sb packing; **¡vete a la ~!** go to blazes! **(c)** *(CAm, Méx)* political gang; *(Teat)* claque.

porrada *nf* **(a)** *(porrazo)* thump, blow. **(b)** pile, heap, lot; **una ~ de** a whole heap of, a lot of.

porrazo *nm* **(a)** *(golpe)* blow; *(caída)* bump. **(b)** *(LAm)* **de un ~** in one go, at one blow.

porrear [1a] *vi (porfiar)* to go on and on, harp on a theme.

porrería *nf (fam)* **(a)** *(necedad)* annoying request, footling demand. **(b)** *(tontería)* stupidity.

porro *nm* leek.

porrón[1] *adj (necio)* slow, stupid; *(torpe)* sluggish.

porrón[2] *nm* wine jug.

porrudo *adj* **(a)** big, bulging. **(b)** *(RPl)* long-haired; *(despeinado)* tousle-headed. **(c)** *(RPl: engreído)* big-headed.

porsiacaso *nm (Arg, Ven: mochila)* knapsack.

porta *nf (Náut)* port.

porta(a)viones *nm inv* aircraft carrier.

portada *nf* **(a)** *(Arquit)* main front; *(fachada)* façade; *(porche)* porch, doorway. **(b)** *(Tip: primera plana)* frontispiece, title page; *(de revista)* cover.

portador(a) *nm/f* carrier, bearer; *(Com, Fin)* bearer, payee; **~ de gérmenes** germ carrier; **el ~ de esta carta** the bearer of this letter.

portaequipajes *nm inv (Aut)* boot, *(US)* trunk; *(portamaletas)* luggage rack, grid; *(de bicicleta)* carrier.

portaestandarte *nm (Mil)* standard bearer.

portafolio *nm (LAm)* briefcase.

portafusil *nm* rifle sling.

portal *nm* **(a)** *(zaguán)* vestibule, hall. **(b)** *(pórtico)* porch, doorway; *(puerta principal)* street door; *(de ciudad)* gate; **~es** arcade *sg*. **(c)** *(Dep: meta)* goal. **(d)** *(Rel: nacimiento)* **~ de Belén** Nativity scene, crèche.

portalámpara *nm* lampholder, lamp socket.

portaligas *nm inv* suspender *o (US)* garter belt.

portalón *nm* **(a)** *(Arquit)* large doorway *o* entrance. **(b)** *(Náut: puerta)* gangway.

portamaletas *nm inv (Aut)* luggage rack.

portaminas *nm inv* propelling pencil.

portamonedas *nm inv (monedero)* pocketbook, purse.

portañuela *nf* fly *(of trousers)*.

portaobjeto *nm inv* slide *(of microscope)*.

portaplumas *nm inv* penholder.

portar [1a] **1** *vt* to carry, bear. **2 portarse** *vr* **(a)** *(conducirse)* to behave, conduct o.s.; **~ mal** to misbehave, behave badly; **se portó muy bien conmigo** he treated me very well. **(b)** *(distinguirse)* to show up well, come through creditably. **(c)** *(LAm)* to behave well; *(proceder con nobleza)* to behave nobly *o* bravely.

portarretratos *nm inv* photograph frame.

portátil *adj* portable.

portaviandas *nm inv (fiambrera)* lunch tin, *(US)* dinner pail.

portavoz *nm* **(a)** *(altoparlante)* megaphone, loudhailer. **(b)** *(persona)* spokesman; *(pey)* mouthpiece.

portazgo *nm* toll.

portazo *nm* slam; **dar un ~** to slam the door.

porte *nm* **(a)** *(Com)* carriage, transport; *(costos)* carriage, transport charges; *(Correos)* postage; **~ pagado** *(Com)* carriage paid; *(Correos)* post-paid. **(b)** *(esp Náut: tonelaje)* capacity. **(c)** *(conducta)* conduct, behaviour. **(d)** *(comportamiento)* bearing, demeanour; *(presencia)* air, appearance; **de ~ distinguido** with a distinguished air.

porteador *nm* carrier; *(en la caza)* bearer.

portear [1a] *vt (Com)* to carry, transport.

portento *nm (prodigio)* marvel, wonder; **es un ~ de belleza** she is extraordinarily beautiful.

portentoso *adj* marvellous, extraordinary.

porteño/a 1 *adj* of Buenos Aires. **2** *nm/f* native *o* inhabitant of Buenos Aires.

porteo *nm* carriage, transport.

portería *nf* **(a)** porter's lodge *o* office. **(b)** *(Dep: meta)* goal.

portero *nm* **(a)** porter, janitor; *(conserje)* doorman; *(guardián)* caretaker. **(b)** *(Dep)* goalkeeper.

portezuela *nf* little door; *(de vehículo)* door.

pórtico *nm* **(a)** *(porche)* portico, porch; *(fig: entrada)* gateway (*de* to). **(b)** *(atrio)* arcade.

portilla *nf (Náut)* porthole.

portillo *nm* **(a)** *(abertura)* gap, opening; *(postigo)* wicket, wicket gate; *(puerta falsa)* side entrance. **(b)** *(Geog)* narrow pass. **(c)** *(de velero)* dent; chip. **(d)** *(fig: debilidad)* weak spot, vulnerable point.

portón *nm* large door, main door; *(LAm)* gate; *(Chi)* back door.

portorriqueño/a *adj, nm/f* Puerto Rican.

portuario *adj (del puerto)* port *(atr)*, harbour *(atr)*; *(del muelle)* dock *(atr)*; **trabajador ~** docker.

Portugal *nm* Portugal.

portugués/esa 1 *adj, nm/f* Portuguese. **2** *nm (Ling)* Portuguese.

porvenir *nm* future; **en el ~, en lo ~** in the future; **le espera un brillante ~** a brilliant future awaits him.

pos: en ~ de *prep* after, in pursuit of; **ir en ~ de** to chase (after), pursue.

posada *nf* **(a)** *(hospedaje)* shelter, lodging; **dar ~ a** to give shelter to, take in. **(b)** *(mesón)* inn; *(pensión)* lodging house. **(c)** *(morada)* house, dwelling.

posaderas *nfpl (nalgas)* backside, buttocks.

posar [1a] **1** *vt (una carga)* to lay down, put down; *(la mano)* to place, put gently; **~ los ojos en** to glance briefly at. **2** *vi (Arte: modelar)* to sit, pose. **3 posarse** *vr* **(a)** *(pájaro, insecto)* to alight; *(pájaro)* to perch, sit; *(avión)* to land. **(b)** *(polvo, líquidos)* to settle.

posdata *nf* postscript.

pose *nf* **(a)** *(Arte)* pose; *(Fot)* time exposure. **(b)** *(fig: actitud)* attitude; *(: dominio)* composure;

(: aplomo) poise. **(c)** *(fig: afectación)* pose; affectation.

poseedor(a) *nm/f* owner, possessor; *(de un puesto, récord)* holder.

poseer [2e] *vt (gen: tener)* to possess, own; *(ventaja)* to have, enjoy; *(idioma, asunto etc)* to know perfectly, have a complete mastery of; *(récord)* to hold.

poseído/a 1 *adj* **(a)** possessed (*por* by); *(fig: enloquecido)* maddened, crazed. **(b) estar muy ~ de** to be very vain about, have an excessively high opinion of. **2** *nm/f*: **gritar como un ~** to shout like one possessed.

posesión *nf* **(a)** *(gen)* possession; *(de un puesto)* tenure, occupation; *(de una materia, idioma)* complete knowledge, perfect mastery; **dar ~ a** to hand over to; **él está en ~ de las cartas** he is in possession of the letters; **está en ~ del récord** he holds the record; **tomar ~** to take over, enter upon office; **tomar ~ de un oficio** to take up a post. **(b)** *(una ~)* possession; *(propiedad)* property; *(finca)* piece of property, estate. **(c)** *(Chi: propiedad rural)* country house and lands; *(Ven)* ranch, estate.

posesionar [1a] **1** *vt*: **~ a uno de algo** to hand sth over to sb. **2 posesionarse** *vr*: **~ de** *(adueñarse)* to take possession of, take over.

posesivo *adj, nm* possessive.

posibilidad *nf* possibility; *(oportunidad)* chance; **no existe ~ alguna de que venga** there is no possibility of his coming; **tiene pocas ~es** he hasn't much chance; **alguien con ~es** somebody with means.

posibilitar [1a] *vt* to make possible; *(hacer realizable)* to make feasible.

posible 1 *adj* possible; *(realizable)* feasible; **una ~ tragedia** a possible tragedy; **todas las concesiones ~s** all possible concessions; **a serme ~** if I possibly can; **de ser ~** if possible; **en lo ~** as far as possible; **lo antes ~** as quickly as possible; **hacer lo ~** to do all that one can (*para o por hacer algo* to do sth); **es ~ que vaya** it is possible (that) he'll go, perhaps he'll go; **¿es ~?** surely not?; **si es ~** if possible; **si me es ~** if I possibly can; **dentro de lo ~** as far as (it is) possible. **2** *nm*: **~s** means; *(bienes)* funds, assets; **vivir dentro de sus ~s** to live within one's means.

posición *nf* **(a)** *(gen)* position; *(categoría)* status. **(b)** *(Dep)* position; *(en una tabla)* place, position; *(Mil)* strong point; **terminar en primera ~** to finish first. **(c)** *(LAm: puesto)* position, job.

positivismo *nm* positivism.

positivista *adj, nmf* positivist.

positivo 1 *adj (gen)* positive; *(Mat)* positive, plus; *(idea)* constructive. **2** *nm* **(a)** *(Ling)* positive. **(b)** *(Fot)* positive, print.

pósito *nm* **(a)** *(edificio)* (public) granary. **(b)** *(asociación)* cooperative, association.

posma *nmf (fam)* bore, dull person.

poso *nm (sedimento)* sediment, deposit; *(heces)* dregs *pl*.

posponer [2r] *vt* **(a) ~ A a B** to put A behind *o* below B; **~ a uno** to assign an unduly low position to sb. **(b)** *(esp LAm: aplazar)* to postpone.

posta 1 *nf* **(a)** *(caballos)* relay, team; *(tramo)* stage; *(posta)* staging post; **a ~** on purpose, deliberately; **por la ~** post-haste, as quickly as possible. **(b)** *(Naipes)* stake. **(c)** *(de carne, pescado)* slice. **(d)** *(Caza)* slug, pellet. **2** *nm (Correo)* courier.

postal 1 *adj* postal; **giro ~** postal order. **2** *nf* postcard.

poste *nm* post, pole; *(columna)* pillar; *(estaca)* stake; *(Dep)* post, upright; **~s** *(Dep)* goalposts, goal *sg*; **~ de cerca/indicador/de llegada** fencing/sign-/winning post; **~ telegráfico** telegraph pole; **oler el ~** to scent danger, smell a rat.

postema *nf (Med)* abscess, tumour.

póster *nm* poster.

postergación *nf* **(a)** *(relegación)* passing over, ignoring. **(b)** *(retraso)* delaying; *(aplazamiento)* deferment.

postergar [1h] *vt* **(a)** *(persona)* to pass over, disregard; *(: posponer)* to ignore the seniority *o* better claim of. **(b)** *(esp LAm)* to delay; *(aplazar)* to defer, postpone.

posteridad *nf* posterity.

posterior *adj* **(a)** *(lugar)* back, rear; *(máquina)* rear-mounted. **(b)** *(en orden)* later, following. **(c)** *(tiempo)* later, subsequent; **ser ~ a** to be later than.

posterioridad *nf*: **con ~** later, subsequently; **con ~ a** subsequent to, later than.

postgraduado/a *adj, nm/f* postgraduate.

pos(t)guerra *nf* postwar period; **en la ~** after the war.

postigo *nm* **(a)** *(puerta chica en otra mayor)* wicket (gate); *(portillo)* postern; *(puerta falsa)* false door. **(b)** *(contraventana)* shutter.

postín *nm (fam)* **(a)** *(lujo)* elegance, poshness *(fam)*; *(entono)* tone *(fam)*; **de ~** posh; *(fam: fachendoso)*, swanky *(fam)*, smart. **(b)** *(fam: fachenda)* swank *(fam)*; **darse ~** to show off.

postinero *adj (fam)* **(a)** *(persona)* vain, conceited (*de* about); *(fachendoso)* swanky *(fam)*. **(b)** *(ropa)* posh *(fam)*, swish *(fam)*.

postizo 1 *adj (gen)* false, artificial; *(dientes)* false; *(cuello de camisa)* detachable; *(sonrisa)* false, phoney. **2** *nm (añadido de pelo)* switch, hairpiece.

postmeridiano *adj* postmeridian.

postnatal *adj* postnatal.

postor *nm (licitador)* bidder; **mejor ~** highest bidder.

postración *nf* prostration; **~ nerviosa** nervous exhaustion.

postrado *adj* prostrate; **~ por el dolor** prostrate with grief.

postrar [1a] **1** *vt* **(a)** *(derribar)* to cast down, overthrow; *(humillar)* to humble. **(b)** *(Med: debilitar)* to weaken, prostrate. **2 postrarse** *vr (hincarse)* to prostrate o.s.

postre 1 *nm (tb ~s)* sweet course, dessert; **¿qué hay de ~?** what is there for dessert?; **para ~** *(fam)* to crown it all, on top of all that; **llegar a los ~s** *(fig)* to come too late. **2** *nf*: **a la ~** in the end, when all is said and done.

postremo *adj*, **postrero** *adj* (**postrer** *before m sg noun*) last; *(que se queda detrás)* rear, hindmost.

postrimerías *nfpl* **(a)** *(último periodo)* final stages, closing stages; **en las ~ del siglo** in the last few years of the century. **(b)** *(Rel)* four last things.

postulado *nm* postulate.

postulante *nmf* petitioner; *(Rel: aspirante)* postulant, candidate.

postular [1a] *vt* **(a)** *(teoría etc)* to postulate. **(b)** *(pedir)* to seek, demand; *(solicitar)* to petition for; *(pretender)* to claim; **en el artículo postula la reforma de ...** in the article he sets out demands for the reform of ... . **(c)** *(colectar)* to collect (for charity). **(d)** *(LAm: candidato)* to nominate.

póstumo *adj* posthumous.

postura *nf* **(a)** *(del cuerpo)* posture, position; *(actitud)* stance. **(b)** *(fig: actitud)* attitude, stand; **adoptar una ~ poco razonable** to take an unreasonable attitude. **(c)** *(en una subasta)* bid; *(juego de azar)* bet, stake; **hacer una ~** to lay a bet; *(marcar)* to make a bid. **(d)** *(Orn)* egg-laying; *(huevos)* eggs (laid).

post-venta *adj (Com)* after-sales; **servicio** *o* **asistencia de ~** after-sales service.

potable *adj* drinkable; **agua ~** drinking water.

potaje *nm* **(a)** *(Culin)* stew; **~s** mixed vegetables; *(plato)* (dish of) dried vegetables. **(b)** *(fig: mezcla)* mixture; *(revoltijo)* jumble.

potasa *nf* potash.

potasio *nm* potassium.

pote *nm* pot; *(tarro)* jar; *(jarra)* jug; *(Farm)* jar; *(Méx)* tankard; *(para flores)* flowerpot, pot; **a ~** in plenty.

potencia *nf* **(a)** *(gen, tb Mat, Pol)* power; *(fuerza)* potency; **~ electoral** voting power; **las grandes ~s** the great powers; **~ muscular** muscular power, muscular strength. **(b)** *(Mec)* power; *(capacidad)* capacity; **~ (en caballos)** horsepower; **~ real** effective power. **(c)** *(Rel: tb* **~ del alma***)* faculty. **(d) en ~** potential, in the making.

potencial 1 *adj* potential. **2** *nm* **(a)** potential. **(b)** *(Ling)* conditional.

potentado *nm* potentate; *(fig: opulento)* tycoon.

potente *adj* **(a)** *(poderoso)* powerful. **(b)** *(fam: grande)* big, mighty; **un grito ~** a great yell.

potestad *nf (dominio)* authority, jurisdiction; **patria ~** paternal authority.

potestativo *adj (Jur)* optional.

poto *nm* **(a)** *(LAm: fam)* backside, bottom; *(fondo)* lower end. **(b)** *(LAm)* calabash; *(vasija)* earthenware vessel.

potosí *nm* fortune; **cuesta un ~** it costs the earth; **vale un ~** it's worth a fortune.

potra *nf* **(a)** *(Zool)* filly. **(b)** *(Med)* rupture, hernia. **(c)** *(fam)* **tener ~** to be lucky.

potranca *nf* filly, young mare.

potrero *nm* **(a)** pasture; *(prado)* paddock. **(b)** *(LAm: finca)* cattle ranch.

potrillo *nm (LAm)* **(a)** *(caballo)* colt. **(b)** *(copa)* tall glass.

potro *nm* **(a)** *(Zool)* colt; **~ de madera** vaulting horse. **(b)** *(de tortura)* rack. **(c)** *(LAm)* hernia, tumour.

poyo *nm (banco)* bench made of mud, stone *etc.*

poza *nf (charca)* puddle, pool; *(remanso: de río)* backwater.

pozo *nm* **(a)** *(gen)* well; **~ artesiano** artesian well; **~ negro** cesspool; **~ de petróleo** oil well; **~ séptico** septic tank; **caer en el ~** *(fig)* to fall into oblivion. **(b)** *(de un río)* deep pool. **(c)** *(Min)* shaft; **~ de aire** air shaft; **~ de registro** *o* **de visita** manhole. **(d)** *(fig)* **ser un ~ de ciencia** to be deeply learned.

pp[1] *abr de* **por poderes** pp.

pp[2] *abr de* **porte pagado** carriage paid.

práctica *nf (gen)* practice; *(método)* method; *(destreza)* skill; **en la ~** in practice; **~s restrictivas (de la competencia)** restrictive practices; **~s profesionales** professional training; **aprender con la ~** to learn by practice; **hacer ~s de piano** to practice (on) the piano; **poner algo en ~** to put sth into practice.

practicable *adj* **(a)** practicable. **(b)** *(transitable)* passable, usable.

practicante 1 *adj (Rel)* practising. **2** *nmf* practitioner; *(Med)* medical *o* doctor's assistant. **3** *nm (enfermero)* male nurse.

practicar [1g] **1** *vt* **(a)** *(habilidad, virtud)* to practise, exercise. **(b)** *(actividad)* to practise; *(Dep)* to go in for, play; *(profesión)* to practise; **~ el francés con su profesor** to practise one's French with one's teacher. **(c)** *(ejecutar)* to perform, carry out. **(d)** *(hoyo)* to cut, make; *(barrenar)* to bore, drill. **2 practicarse** *vr:* **~ en la enseñanza** to do teaching practice.

práctico 1 *adj* **(a)** *(gen)* practical; *(herramienta)* handy; *(casa)* convenient; *(ropa)* sensible, practical; **no resultó ser muy ~** it turned out to be not very practical. **(b)** *(entrenamiento)* practical. **(c)** *(persona)* skilled, expert (*en* at); **ser muy ~ en** to be very skilled at, be very adept at. **2** *nm (Med)* practitioner; *(Náut)* pilot.

pradera *nf (prado)* meadow, meadowland; *(US etc)* prairie; **unas extensas ~s** extensive grasslands.

prado *nm (campo)* meadow, field; *(pastizal)* pasture; **~ de juego** playground, play area.

pragmático *adj* pragmatic.

pragmatismo *nm* pragmatism.

preámbulo *nm* **(a)** *(de libro, discurso)* preamble, introduction. **(b)** *(rodeo)* evasive talk; **gastar ~s** to talk evasively; **decir algo sin ~s** to say sth without beating about the bush.

prebélico *adj* prewar.

prebenda *nf* **(a)** *(Rel: renta)* prebend. **(b)** *(oficio)* sinecure, soft job.

prebendado *nm* prebendary.

preboste *nm* provost.

precalentar [1k] *vt* to preheat.

precario *adj* precarious; **estar de ~** to be in a precarious position.

precaución *nf* **(a)** *(acto)* precaution; *(prevención)* preventive measure; **tomar ~es** to take precautions. **(b)** *(cualidad)* foresight; **ir con ~** to go cautiously; **lo hicimos por ~** we did it to be on the safe side.

precaver [2a] **1** *vt (prevenir)* to try to prevent; *(anticipar)* to forestall; *(evitar)* to stave off. **2 precaverse** *vr* to be on one's guard (*contra* against).

precavido *adj (prudente)* cautious, wary.

precedencia *nf* precedence; *(prioridad)* priority; *(preeminencia)* greater importance, superiority.

precedente 1 *adj (anterior)* preceding, foregoing; *(primero)* former; **cada uno mejor que el ~** each one better than the one before. **2** *nm (antecedente)* precedent; **de acuerdo con el ~** according to precedent; **sin ~(s)** unprecedented; **establecer** *o* **sentar un ~** to establish *o* set a precedent.

preceder [2a] **1** *vt* **(a) ~ a** *(anteceder)* to precede, go before; **el título precede al nombre** the title goes before the name. **(b) ~ a** *(fig)* to have priority over; *(tener primacia)* to take precedence over. **2** *vi* to precede; **todo lo que precede** all the preceding (part).

precepto *nm* precept; *(mandato)* order, rule; **de ~** *(Rel: mandamiento)* obligatory.

preceptor *nm (maestro)* teacher; *(: particular)* tutor.

preceptorado *nm* tutorship.

preces *nfpl (Rel: oraciones)* prayers, supplications.

preciado *adj* **(a)** *(precioso)* esteemed, valuable. **(b)** *(jactancioso)* presumptuous.

preciarse [1b] *vr (jactarse)* to boast; **~ de algo** to pride o.s. on sth; **~ de hacer algo** to boast of doing sth.

precintado *adj* (pre)sealed; *(Com)* prepackaged.

precinto *nm (ligadura)* seal.

precio *nm* **(a)** *(gen)* price; *(costo)* cost; *(valor)* value; *(de un viaje)* fare; *(en hotel)* rate, charge; **~ de compra/al contado/en fábrica/de venta/de oportunidad** *u* **ocasión** purchase/cash/ex works/sale/bargain price; **al ~ de** *(fig)* at the cost of; **a**

cualquier ~ whatever the cost; **'no importa ~'** 'cost no object'; **no tener ~** *(fig)* to be priceless. **(b) hombre de gran ~** a man of great worth.

preciosidad *nf* **(a)** preciousness; *(valor)* value, worth. **(b)** *(pey)* preciosity. **(c)** *(fam)* beautiful thing; **es una ~** it's lovely, it's really beautiful; **¡oye, ~!** hey, beautiful!

preciosismo *nm (Lit)* preciosity.

preciosista *(Lit etc)* **1** *adj* precious, affected. **2** *nmf* affected writer.

precioso *adj* **(a)** *(excelente)* precious; *(valioso)* valuable. **(b)** *(fig, fam: hermoso)* lovely, beautiful; *(: primoroso)* charming; **tienen un niño ~** they have a lovely child; **¿verdad que es ~?** isn't it lovely?

preciosura *nf (LAm)* = **preciosidad (c).**

precipicio *nm* **(a)** cliff, precipice. **(b)** *(fig: abismo)* chasm, abyss; **tiene el ~ abierto a sus pies** he stands on the brink of disaster. **(c)** *(destrucción)* ruin.

precipitación *nf* **(a)** *(prisa)* haste; *(imprudencia)* rashness; **con ~** hastily, precipitately. **(b)** *(Met)* rainfall. **(c)** *(Quím)* precipitation.

precipitado 1 *adj (vuelo etc)* headlong; *(partida)* hasty, sudden; *(conducta)* hasty, rash. **2** *nm (Quím)* precipitate.

precipitar [1a] **1** *vt* **(a)** *(arrojar)* to hurl *o* cast down, throw (*desde* from). **(b)** *(apresurar)* to hasten; *(acelerar)* to precipitate. **(c)** *(Quím)* to precipitate. **2 precipitarse** *vr* **(a)** to throw o.s., hurl o.s. (*desde* from); *(lanzarse)* to launch o.s. **(b)** *(arrojarse)* to rush, dash; **~ a hacer algo** to rush to do sth; **~ sobre** *(pájaro)* to swoop on, pounce on; **~ sobre uno** to hurl o.s. on sb; **~ hacia un sitio** to rush towards a place. **(c)** *(actuar sin reflejar)* to act rashly.

precipitoso *adj* **(a)** *(lugar)* steep, sheer. **(b)** = **precipitado 1.**

precisado *adj (LAm: forzado)* **verse ~ a hacer algo** to be obliged to do sth.

precisamente *adv* **(a)** *(con precisión)* precisely, in a precise way. **(b)** *(exactamente)* precisely, exactly; **¡~!** exactly!, precisely!, just so!; **~ por eso** for that very reason, precisely because of that; **~ fue él quien lo dijo** as a matter of fact he said it; **~ estamos hablando de eso** we are just talking about that; **yo no soy un experto ~** I'm not exactly an expert; **no es eso ~** it's not really that.

precisar [1a] **1** *vt* **(a)** *(necesitar)* to need, require; **no precisa lavado** it needs no washing; **no precisamos que el candidato tenga experiencia** we do not insist that the candidate should be experienced. **(b)** *(definir)* to determine exactly, fix; *(señalar)* to pinpoint, put one's finger on; *(detalles)* to specify; **hay algo raro que no puedo ~** there is some oddity which I cannot put my finger on. **2** *vi (ser imprescindible)* to be necessary; *(ser urgente)* to be urgent; **~ de algo** to need sth.

precisión *nf* **(a)** *(gen)* precision; *(exactitud)* preciseness, accuracy; **instrumento de ~** precision instrument. **(b)** *(necesidad)* need, necessity; **tener ~ de algo** to need sth. **(c)** *(Méx)* urgency.

preciso *adj* **(a)** *(gen)* precise; *(exacto)* exact, accurate; **una descripción ~a** a precise description. **(b) en aquel ~ momento** at that precise *o* very moment. **(c)** *(indispensable)* necessary, essential; **las cualidades ~as** the requisite qualities; **es ~ que lo hagas** you must do it. **(d)** *(estilo, lenguaje)* concise.

preclaro *adj (Lit)* illustrious.

precocidad *nf (anticipación)* precociousness, precocity; *(Bot etc)* earliness.

precolombino *adj* pre-Columbian; **la América ~a** America before Columbus.

preconcebido *adj* preconceived; **idea ~a** preconception.

preconcepción *nf* preconception.

preconizar [1f] *vt (encomiar)* to praise.

precoz *adj (prematuro)* precocious; *(anticipado)* forward; *(calvicie etc)* premature; *(Bot etc)* early.

precursor(a) *nm/f* predecessor, forerunner.

predador *nm*, **predator** *nm* predator.

predecesor(a) *nm/f* predecessor.

predecir [3p] *vt* to predict, forecast.

predestinación *nf* predestination.

predestinado *adj* predestined; **ser ~ a hacer algo** to be predestined to do sth.

predestinar [1a] *vt* to predestine.

predeterminar [1a] *vt* to predetermine.

prédica *nf* sermon; **~s** preaching *(tb fig)*.

predicado *nm* predicate.

predicador *nm (Rel: orador)* preacher.

predicamento *nm* **(a)** *(dignidad)* standing, prestige; **no goza ahora de tanto ~** it has less prestige now, it is not so well thought of now. **(b)** *(LAm: situación difícil)* predicament.

predicar [1g] *vt, vi* to preach; *(fig: sermonear)* to reprimand.

predicción *nf* prediction; *(pronóstico)* forecast; **~ del tiempo** weather forecast(ing).

predilección *nf* predilection; **tener ~ por** to have a predilection for; **~es y aversiones** likes and dislikes.

predilecto *adj* favourite.

predio *nm* property, estate; **~ rústico/urbano** country/town property.

predisponer [2r] *vt* to predispose; *(inclinar)* to prejudice, bias (*contra* against).

predisposición *nf (tendencia)* inclination; *(prejuicio)* prejudice, bias (*contra* against); *(Med)* tendency (*a* to).

predispuesto *adj* predisposed; **ser ~ a los catarros** to have a tendency to get colds.

predominante *adj* predominant; *(mayor)* major; *(preponderante)* prevailing; *(Com: interés)* controlling.

predominar [1a] **1** *vt (preponderar)* to dominate, predominate over. **2** *vi* **(a)** *(dominar)* to predominate; *(prevalecer)* to prevail. **(b) esta casa predomina a aquélla** this house is higher than that one.

predominio *nm* predominance; *(preponderancia)* prevalence; *(influencia)* influence; *(superioridad)* superiority.

preeminencia *nf* pre-eminence, superiority.

preeminente *adj* pre-eminent, superior.

preenfriar [1c] *vt* to precool.

pre(e)scoger [2c] *vt (jugadores)* to seed.

preestreno *nm* preview, press view.

preexistente *adj* pre-existing.

prefabricado *adj* prefabricated.

prefabricar [1g] *vt* to prefabricate.

prefacio *nm (prólogo)* preface, foreword.

prefecto *nm* prefect.

prefectura *nf* prefecture.

preferencia *nf* preference; **de ~** for preference, preferably; **localidad de ~** reserved seat; **tratamiento de ~** preferential treatment; *(predilección)* **mostrar ~ por** to show preference to.

preferente *adj* **(a)** preferred; *(preferible)* preferable. **(b)** *(Fin: acción)* preference *(atr)*; *(trato)* preferential; *(derecho)* prior.

preferentemente *adv* preferably.

preferible *adj* preferable (*a* to).

preferir [3i] *vt* to prefer; **~ el té al café** to prefer tea to coffee; **¿cuál prefieres?** which do you prefer?

prefigurar [1a] *vt* to foreshadow, prefigure.

prefijar [1a] *vt* **(a)** *(determinar)* to fix beforehand, prearrange. **(b)** *(Ling)* to prefix (*a* to).

prefijo *nm* prefix.

pregón *nm* *(proclama)* proclamation, announcement; *(Com)* street/vendor's cry.

pregonar [1a] *vt* to proclaim, announce; *(un secreto)* to disclose, reveal; *(mercancía)* to hawk; *(méritos)* to praise publicly, proclaim (for all to hear).

pregonero *nm* town crier.

preguerra *nf* prewar period.

pregunta *nf* question; ~ **capciosa** catch *o* loaded question; ~ **retórica** rhetorical question; **contestar a una** ~ to answer a question; **hacer una** ~ to ask *o* put a question.

preguntar [1a] **1** *vt (gen)* to ask; *(interrogar)* to question, interrogate; ~ **si** to ask if *o* whether. **2** *vi (indagar)* to ask, inquire; ~ **por uno** to ask *o* inquire for sb; ~ **por la salud de uno** to ask after sb's health. **3 preguntarse** *vr* to wonder; **me pregunto si vale la pena** I wonder if it's worthwhile.

preguntón *adj (fam)* inquisitive.

prehistoria *nf* prehistory.

prehistórico *adj* prehistoric.

preignición *nf (Mec)* pre-ignition.

prejuicio *nm* **(a)** *(acto)* prejudgement. **(b)** *(parcialidad)* prejudice, bias (*contra* against); *(idea preconcebida)* preconception.

prejuzgar [1h] *vt (predisponer)* to prejudge.

prelado *nm (Rel)* prelate.

preliminar *adj, nm* preliminary.

preludiar [1b] **1** *vt (anunciar)* to announce, herald; *(introducir)* to introduce; *(iniciar)* to start off. **2** *vi (Mús: afinar)* to tune up, play a few scales.

preludio *nm* **(a)** *(Mús, fig)* prelude (*de* to). **(b)** *(Mús: ensayo)* tuning up, practice note.

premarital *adj* premarital.

prematuro *adj* premature.

premeditación *nf* premeditation; **con** ~ with premeditation, deliberately.

premeditado *adj* premeditated, deliberate; wilful; *(insulto etc)* studied.

premeditar [1a] *vt* to premeditate; *(reflexionar)* to plan, think out (in advance).

premiado/a 1 *adj (novela etc)* prize *(atr)*, prizewinning. **2** *nm/f* prizewinner.

premiar [1b] *vt (recompensar)* to reward (*con* with); *(dar un premio a)* to give a prize to, make an award to; **salir premiado** to win a prize.

premio *nm* **(a)** *(recompensa)* reward, recompense; **como ~ a sus servicios** as a reward for his services. **(b)** *(en competición)* prize; *(galardón)* award; ~ **de consolación** consolation prize; ~ **gordo** first prize. **(c)** *(Com, Fin: prima)* premium; **a** ~ at a premium.

•**premioso** *adj* **(a)** *(vestido)* tight. **(b)** *(orden)* strict. **(c)** *(persona: en el habla)* tongue-tied, slow of speech; *(: torpe)* slow in movement, awkward. **(d)** *(fig: estilo)* difficult.

premisa *nf* premise.

premonición *nf* premonition.

premonitorio *adj* indicative, warning.

premura *nf* **(a)** *(aprieto)* pressure; **con ~ de tiempo** under time pressure; **debido a ~ de espacio** because of pressure on space. **(b)** *(prisa)* haste, urgency.

prenatal *adj* antenatal, prenatal.

prenda *nf* **(a)** *(garantía)* pledge; *(fig: señal)* pledge, token; **dejar algo en** ~ to pawn sth; **en ~ de** as a pledge *o* token of; **no soltar** ~ to give nothing away, give no chance *o* opening. **(b)** *(ropa)* ~ **de vestir** garment, article of clothing; ~**s de mesa** table linen. **(c)** ~**s** *(fig: cualidades)* talents, gifts; **buenas ~s** good qualities. **(d)** ~**s** *(juego)* forfeits. **(e)** *(fam)* darling!, my treasure!

prendar [1a] **1** *vt* to captivate, enchant; *(ganar la voluntad)* to win over; **volvió prendado con la ciudad** he came back enchanted with the town. **2 prendarse** *vr:* ~ **de** *(aficionarse)* to be captivated by, be enchanted with; ~ **de uno** *(Lit)* to fall in love with sb.

prendedor *nm* clasp, brooch; *(Per: de corbata)* tie pin.

prender [2a] **1** *vt* **(a)** *(persona: capturar)* to catch, capture; *(detener)* to arrest. **(b)** *(Cos: sujetar)* to fasten; *(con alfiler)* to pin, attach (*en* to); *(atar)* to tie, do up; ~ **el pelo con horquillas** to fix one's hair with grips. **(c)** *(LAm: fuego, horno, vela)* to light; *(cerilla)* to strike; *(luz)* to switch on. **2** *vi* **(a)** to catch, stick; *(arraigar)* to grip; **el ancla prendió en el fondo** the anchor buried itself in the seabed. **(b)** *(fuego)* to catch; *(planta)* to take, take root; **el mal prendió más en la juventud** the evil spread most among young people. **3 prenderse** *vr* **(a)** *(encenderse)* to catch fire. **(b)** *(mujer: ataviarse)* to dress up.

prendería *nf* junk shop; *(casa de empeños)* pawnbroker's (shop).

prendero *nm* junk dealer; *(prestamista)* pawnbroker.

prendido 1 *adj:* **quedar** ~ to be caught (fast), be stuck. **2** *nm (adorno)* clip, brooch.

prensa *nf* **(a)** *(Mec)* press; *(Tip)* printing press; *(de raqueta)* press, frame; ~ **de copiar** printing frame; ~ **hidráulica/rotativa** hydraulic/rotary press. **(b)** *(fig: periodismo)* **la P**~ the press; **dar algo a la** ~ to publish sth; **entrar en** ~ to go to press; **tener mala** ~ to have *o* get a bad press; **'libros en ~'** 'forthcoming publications'.

prensado *nm (lustre)* sheen, shine, gloss.

prensador *nm* press, pressing machine; ~ **de paja** *(LAm)* straw baler.

prensar [1a] *vt* to press.

prensil *adj* prehensile.

preñado *adj* **(a)** *(pared)* bulging, sagging. **(b)** *(fig: henchido)* ~ **de** pregnant with, full of; **una situación ~a de peligros** a situation fraught with dangers. **(c)** *(Zool)* pregnant.

preñar [1a] *vt* to get pregnant; *(Zool)* to impregnate, fertilize; *(fig)* to fill.

preñez *nf* pregnancy.

preocupación *nf* **(a)** *(cuidado)* worry, anxiety. **(b)** *(prejuicio)* prejudice. **(c)** *(ofuscación)* preconception; *(inquietud)* unfounded *o* silly fear; *(idea)* notion, silly idea; **tiene la ~ de que su mujer le es infiel** he has the silly idea that his wife is unfaithful to him. **(d)** *(LAm: trato)* special consideration, priority, preference.

preocupado *adj* worried, anxious.

preocupar [1a] **1** *vt* **(a)** *(inquietar)* to worry, preoccupy; **esto me preocupa muchísimo** this worries me greatly; **no le preocupa el qué dirán** public opinion doesn't bother him. **(b)** *(prejuzgar)* to prejudice, influence. **2 preocuparse** *vr* **(a)** to worry, care (*de, por* about); *(ocuparse)* to concern o.s. (*de* about); **¡no se preocupe!** don't worry!; **no te preocupes por eso** don't worry about that; **yo me preocuparé de que esté listo** I'll see to it that everything is ready. **(b)** *(LAm)* ~ **de algo** to give special attention to sth.

preparación *nf* **(a)** *(acto)* preparation; **estar en** ~ to be in preparation. **(b)** *(estado)* preparedness, readiness; ~ **militar** military preparedness. **(c)** training *(tb Dep)*; **le falta ~ matemática** he lacks mathematical training. **(d)** *(Farm)* preparation.

preparado 1 *adj* prepared (*para* for); *(Culin)* ready to serve, ready cooked; **¡~s, listos, ya!** ready, steady, go! **2** *nm (Farm)* preparation.

preparar [1a] **1** *vt* **(a)** *(alistar)* to prepare, get ready; *(Téc)* to prepare, process. **(b)** *(enseñar)* to teach; *(entrenar)* to train; **X le prepara a Y de física** X is coaching Y in physics. **2 prepararse** *vr* **(a)** *(disponerse)* to prepare o.s., get ready; **~ a** *o* **~ para hacer algo** to prepare to *o* get ready to do sth. **(b)** *(problemas, tormenta)* to be brewing.

preparativo 1 *adj* preparatory, preliminary. **2** *nm*: **~s** *(aprestos)* preparations; *(disposiciones)* preliminaries; **hacer sus ~s** to make one's preparations (*para hacer* to do).

preponderancia *nf* preponderance.

preponderante *adj* preponderant.

preponderar [1a] *vi (predominar)* to preponderate; *(prevalecer)* to dominate, prevail.

preposición *nf* preposition.

preposicional *adj* prepositional.

prepotente *adj*: **actitud ~** violent attitude.

prepucio *nm* foreskin, prepuce.

prerrogativa *nf* prerogative, privilege.

presa *nf* **(a)** *(acto)* capture, seizure; **hacer ~** to seize. **(b)** clutch, hold; **~ de pie** foothold; **hacer ~ en** to clutch (on to), seize; *(asirse)* to get a hold on. **(c)** *(objeto)* capture, catch; *(Mil: botín)* spoils *pl*, booty; *(Náut)* prize; *(Zool)* prey, catch; **ave de ~** bird of prey; **ser ~ de** *(fig)* to be a prey to. **(d)** *(colmillo)* tusk, fang. **(e)** *(en un río)* dam; *(: represa)* weir, barrage. **(f)** *(LAm)* piece of meat.

presagiar [1b] *vt* to betoken, forebode.

presagio *nm* omen, portent.

presbicia *nf* long-sightedness.

présbita *adj*, **présbite** *adj* long-sighted.

presbiteriano/a *adj, nm/f* Presbyterian.

presbiterio *nm (Rel)* presbytery, chancel.

presciencia *nf* prescience, foreknowledge.

prescindible *adj* dispensable; **y cosas fácilmente ~s** and things we can easily do without.

prescindir [3a] *vi*: **~ de** to do *o* go without; *(pasar por alto)* to dispense with; *(desatender)* to disregard; *(omitir)* to omit, overlook; **han prescindido del coche** they've given up their car; **no podemos ~ de él** we can't manage without him; **prescindamos de todo aquello** let's forget about all that.

prescribir [3a] *vt* to prescribe.

prescripción *nf* prescription; **~ facultativa** medical prescription.

preselección *nf (Dep)* seeding.

preseleccionar [1a] *vt (Dep)* to seed.

presencia *nf (gen)* presence; **~ de ánimo** presence of mind; **en ~ de** in the presence of; **tener buena ~** to have a fine figure.

presencial *adj*: **testigo ~** eyewitness.

presenciar [1b] *vt* to be present at; *(asistir a)* to attend; *(ver)* to see, witness.

presentable *adj* presentable.

presentación *nf* **(a)** *(gen)* presentation; *(de persona)* introduction. **(b)** *(LAm: memorial)* petition.

presentador *nm (TV etc)* compere.

presentar [1a] **1** *vt* **(a)** *(gen)* to present; *(ofrecer)* to offer; *(mostrar)* to show; *(armas, disculpa, prueba)* to present; *(renuncia)* to tender; *(moción)* to propose, put forward. **(b)** *(Teat)* to perform, put on; *(Cine)* to show. **(c)** *(persona)* to introduce; **le presento a Ud a mi hermana** may I introduce my sister to you?

2 presentarse *vr* **(a)** *(comparecer)* to present o.s.; *(aparecerse)* to appear (unexpectedly), turn up; **~ a la policía** to report to the police; *(delicuente)* to give o.s. up to the police; **se presentó en un estado lamentable** he turned up in a dreadful state. **(b)** *(introducirse)* to introduce o.s. (*a* to). **(c)** *(candidato)* to run, stand; **~ a** *(puesto)* to apply for; **~ para** *(examen)* to sit (for). **(d)** *(oportunidad)* to present itself; **se presentó un caso singular** a strange case came up.

presente 1 *adj* **(a)** *(persona)* present; **¡~!** present!, here!; **los ~s** those present; **estar ~ en** to be present at; **mejorando lo ~** present company excepted. **(b) la ~ carta, la ~** this letter. **(c)** *(tiempo)* present; **hacer ~** to state, declare; **tener ~** to bear in mind; **ten muy ~ que ...** understand clearly that .... **2** *nm* **(a)** present; **al ~** at present; **hasta el ~** up to the present. **(b)** *(Ling)* present (tense). **(c)** *(regalo)* gift.

presentimiento *nm (corazonada)* premonition, presentiment; *(vislumbre)* foreboding.

presentir [3i] *vt* to have a premonition of.

preservación *nf* protection, preservation.

preservar [1a] *vt* **(a)** *(proteger)* to protect, preserve (*contra* against, *de* from). **(b)** *(LAm: conservar)* to keep, preserve.

preservativo *nm (fam)* contraceptive sheath, condom *(fam)*.

presidencia *nf (de nación)* presidency; *(de comité)* chairmanship; **ocupar la ~** to preside, be in *o* take the chair.

presidencial *adj* presidential.

presidente *nm (de país, asociación)* president; *(de comité, reunión)* chairman; *(en parlamento)* speaker; *(Jur)* presiding magistrate.

presidiario *nm* convict.

presidio *nm* **(a)** prison, penitentiary; **echar a uno a ~** to put sb in prison. **(b)** *(trabajo forzado)* hard labour, penal servitude. **(c)** *(Pol)* praesidium.

presidir [3a] **1** *vt* **(a)** *(gobernar)* to preside at *o* over; *(dirigir)* to take the chair at. **(b)** *(fig: dominar)* to dominate, rule. **2** *vi* to preside; *(dirigir)* to take the chair.

presilla *nf* **(a)** *(para cerrar)* fastener, clip. **(b)** *(lazo)* loop. **(c)** *(LAm)* shoulder badge; *(Méx)* epaulette.

presión *nf* **(a)** *(gen)* pressure; *(con la mano etc)* press, squeeze; *(Met, Fís, Téc)* pressure; *(explosión)* blast; **~ arterial** *o* **sanguínea** blood pressure; **~ atmosférica** atmospheric pressure; **a ~** under pressure; **de ~** *(Téc)* pressure *(atr)*; **hacer ~** to press (*sobre* on). **(b)** *(fig)* pressure; **ejercer** *o* **hacer ~ para que se haga algo** to press for sth to be done.

presionar [1a] **1** *vt* **(a)** *(botón)* to press. **(b)** *(fig: ejercer presión)* to press, put pressure on; **el ministro, presionado por los fabricantes, accedió** the minister, under pressure from the manufacturers, agreed. **2** *vi* to press; **~ para** *o* **por** to press for.

preso/a 1 *adj*: **llevar ~ a uno** to take sb away under arrest; **estar ~ de un terror pánico** to be panic-stricken; **~ por uno, ~ por ciento** in for a penny, in for a pound. **2** *nm/f (prisionero)* convict, prisoner.

prestación *nf* **(a)** *(aportación)* lending, loan; **~ de ayuda** giving of help; **~ personal** obligatory service. **(b) ~ de juramento** oath-taking, swearing. **(c)** *(Comput)* capability. **(d)** *(de coche etc)* feature.

prestado *adj*: **dar algo ~** to lend sth; **eso está ~** that is on loan; **pedir ~ algo** to borrow sth.

prestamista *nm* moneylender.

préstamo *nm* **(a)** *(acto)* loan. **(b)** *(empréstito)* loan. **(c)** *(Ling)* loanword.

prestancia *nf (superioridad)* excellence; *(gallardía)* elegance, dignity.

prestar [1a] **1** *vt* **(a)** *(dinero)* to lend, loan. **(b)** *(ayuda, apoyo)* to give; *(atención)* to pay (*a* to); *(servicio)* to do, render. **(c)** *(juramento)* to take, swear. **(d)** *(LAm)* to borrow (*a* from). **2** *vi* **(a)** *(extenderse)* to give, stretch. **(b)** ~ **para** to be big enough for. **3 prestarse** *vr* **(a)** *(avenirse)* **no se presta a esas maniobras** he does not lend himself to manoeuvres of that kind; **la situación se presta a muchas interpretaciones** the situation lends itself to many interpretations. **(b)** *(ofrecerse)* to offer *o* volunteer (*a hacer algo* to do sth).

prestatario/a *nm/f* borrower.

presteza *nf (ligereza)* speed, promptness; *(prontitud)* alacrity; **con** ~ promptly, with alacrity.

prestidigitación *nf* conjuring, sleight of hand.

prestidigitador *nm* conjurer.

prestigiar [1b] *vt* to give prestige to; *(dar fama)* to make famous, honour (*con* with).

prestigio *nm* **(a)** *(fama)* prestige; *(reputación)* face; *(renombre)* good name. **(b)** (magic) spell, trick.

prestigioso *adj (respetable)* worthy; *(renombrado)* prestigious.

presto 1 *adj* **(a)** *(rápido)* quick, prompt. **(b)** *(listo)* ready (*para* for). **(c)** *(Mús)* presto. **2** *adv (rápidamente)* quickly; *(en seguida)* right away.

presumible *adj* presumable; **es** ~ it is to be presumed.

presumido *adj* conceited.

presumir [3a] **1** *vt* **(a)** *(suponer)* to presume, surmise; ~ **que ...** to presume that ..., guess that ... . **(b)** *(Arg, Bolivia)* to court; *(coquetear)* to flirt with. **2** *vi* **(a) según cabe** ~ as may be presumed, presumably; **es de** ~ **que** presumably, supposedly. **(b)** *(envanecerse)* to be conceited; *(vanagloriarse)* to give o.s. airs, show off; **no presumas tanto** don't be so conceited; ~ **de listo** to think o.s. very smart.

presunción *nf* **(a)** *(conjetura)* supposition, presumption; *(sospecha)* suspicion. **(b)** *(vanidad)* conceit; *(presunción)* pretentiousness.

presunto *adj (supuesto)* supposed, presumed; *(llamado)* so-called; *(heredero)* presumptive; **el** ~ **asesino** the alleged murderer; **estos** ~**s expertos** these so-called experts.

presuntuoso *adj (vano)* conceited, presumptuous; *(presumido)* pretentious.

presuponer [2r] *vt* to presuppose.

presupuestar [1a] *vt (Fin)* to budget for; *(gastos, ingresos)* to reckon up, estimate for.

presupuestario *adj (Fin)* budgetary, budget *(atr)*.

presupuesto *nm (Fin)* budget; *(para un trabajo o plan)* estimate.

presuroso *adj (ligero)* quick, speedy; *(pronto)* hasty; *(paso etc)* light, quick.

pretencioso *adj* **(a)** *(vanidoso)* pretentious, presumptuous. **(b)** *(LAm: presumido)* vain, boastful.

pretender [2a] *vt* **(a)** *(intentar)* ~ **hacer algo** to try to *o* seek to *o* endeavour to do sth; **pretendió convencerme** he sought to convince me; **¿qué pretende Ud decir con eso?** what do you mean by that? **(b)** *(afirmar)* to claim; ~ **ser rico** to claim to be rich, profess to be rich; **pretende que el coche le atropelló** he alleges that the car knocked him down. **(c)** *(aspirar a)* to seek, try for; *(puesto)* to apply for; *(honor)* to aspire to; *(objetivo)* to aim at, try to achieve; **¿qué pretende Ud?** what are you after?, what do you hope to achieve? **(d)** ~ **que** + *subjun* to expect ..., suggest ...; **él pretende que yo le escriba** he wants me to write to him; **¿cómo pretende Ud que lo compre yo?** how do you expect me to buy it? **(e)** *(mujer)* to woo, court.

pretendido *adj (presunto)* supposed, alleged.

pretendiente *nmf (aspirante)* suitor, claimant; *(a cargo)* candidate, applicant (*a* for); *(real)* pretender (*a* to).

pretensión *nf* **(a)** *(derecho)* claim. **(b)** *(propósito)* aim; *(aspiración)* aspiration. **(c)** *(aspiraciones)* pretension; *(expectativas)* expectations; **tener** ~**es de** to have pretensions to; **tener pocas** ~**es** to have low expectations; **tiene la** ~ **de que le acompañe yo** he expects me to go with him. **(d)** *(LAm: vanidad)* vanity; *(: arrogancia)* presumption.

pretérito 1 *adj* **(a)** *(Ling)* past. **(b)** *(fig)* past, former; **las glorias** ~**as del país** the country's former glories. **2** *nm (Ling)* preterite, past historic.

pretextar [1a] *vt* to plead, use as an excuse; ~ **que ...** to plead that ..., allege that ... .

pretexto *nm* pretext; *(disculpa)* excuse, plea; **a** ~ **de** on the pretext of; **so** ~ **de** under pretext of.

pretil *nm (valla)* parapet; *(baranda)* handrail, railing.

pretina *nf (ceñidor)* girdle; *(cinturón)* waistband.

prevalecer [2d] *vi* **(a)** *(imponerse)* to prevail (*sobre* against, over); *(triunfar)* to triumph; *(vencer)* to come to dominate. **(b)** *(Bot: arraigar)* to take root and grow.

prevaleciente *adj* prevailing, dominant.

prevalerse [2q] *vr (valerse)* ~ **de** to avail o.s. of; *(aprovecharse)* to take advantage of.

prevención *nf* **(a)** *(preparativo)* preparation; *(estado)* readiness; **las** ~**es para la ceremonia** the preparations for the ceremony. **(b)** *(medida)* prevention. **(c)** *(previsión)* foresight, forethought. **(d)** *(precaución)* precautionary measure; **de** ~ just in case; **hemos tomado ciertas** ~**es** we have taken certain precautions. **(e)** *(prejuicio)* prejudice; **tener** ~ **contra uno** to be prejudiced against sb. **(f)** *(puesto)* police station; *(Mil: guardia)* guardroom, guardhouse.

prevenido *adj* **(a)** *(cuidadoso)* **ser** ~ to be cautious. **(b) estar** ~ *(preparado)* to be ready; *(advertido)* to be forewarned, be on one's guard (*contra* against); **hombre** ~ **vale por dos** *(Prov)* forewarned is forearmed.

prevenir [3s] **1** *vt* **(a)** *(preparar)* to prepare, get ready (*para* for). **(b)** *(proveer)* ~ **a uno de algo** to provide sb with sth. **(c)** *(evitar)* to prevent; **hay accidentes que no se pueden** ~ some accidents cannot be prevented. **(d)** *(advertir)* ~ **a uno** to warn sb *o* put sb on his guard (*contra* against, *de* about); **pudieron** ~**le a tiempo** they were able to warn him in time. **(e)** *(prever)* to foresee, anticipate. **(f)** *(predisponer)* to prejudice, bias (*a favor de* in favour of, *en contra de* against).

2 prevenirse *vr (prepararse)* **(a)** to get ready, prepare; ~ **para un viaje** to get ready for a trip; ~ **de ropa adecuada** to provide o.s. with suitable clothing. **(b)** ~ **contra** to take precautions against; ~ **en contra de uno** to take up a hostile attitude to sb.

preventivo *adj* preventive, precautionary; *(Med)* preventive.

prever [2v] *vt* **(a)** *(antever)* to foresee. **(b)** *(anticipar)* to anticipate; ~ **que ...** to anticipate *o* expect that ...; **ya lo preveía** I expected as much.

previo 1 *adj* previous, prior. **2** *prep* after, following; ~ **acuerdo de los otros** subject to the agreement of the others; ~ **pago de los derechos** on

payment of the fees.
previsible *adj* foreseeable.
previsión *nf* **(a)** *(cualidad)* foresight, far-sightedness; *(prudencia)* caution. **(b)** *(acto)* precaution, precautionary measure; **en ~ de** as a precaution against. **(c) ~ social** social security. **(d)** *(pronóstico)* forecast; **~ del tiempo** weather forecast(ing).
previsor *adj (precavido)* far-sighted; *(prudente)* thoughtful.
prieto *adj* **(a)** *(oscuro)* blackish, dark; *(LAm)* dark, swarthy; *(mujer)* brunette. **(b)** *(avaro)* mean. **(c)** *(apretado)* tight, compressed; **un siglo ~ de historia** a century rich in history.
prima[1] *nf* **(a)** *(de sueldo)* bonus; *(seguro)* premium; *(a la exportación)* subsidy; **~ de incentivo** incentive bonus; **~ por trabajos peligrosos** danger money. **(b)** *(Rel)* prime.
primacía *nf* **(a)** *(superioridad)* primacy, first place; *(supremacia)* supremacy; **~ de paso** *(Aut)* priority, right of way; **tener la ~ entre** to be supreme among. **(b)** *(Rel)* primacy.
primada *nf (fam)* **(a)** *(estupidez)* piece of stupidity; *(error)* silly mistake. **(b)** *(engaño)* trick, hoax.
primado *nm (Rel)* primate.
primadon(n)a *nf (de ópera)* prima donna.
primar [1a] *vi (tener primacía)* to occupy first place, be supreme; *(prevalecer)* **~ sobre** to have priority *o* take precedence over.
primario *adj* primary.
primate *nm* **(a)** *(Zool)* primate. **(b)** *(prócer)* outstanding figure.
primavera *nf* **(a)** *(estación)* spring, springtime. **(b)** *(Orn)* blue tit. **(c)** *(Bot)* primrose.
primaveral *adj* spring *(atr)*, springlike.
primer *adj véase* **primero.**
primera *nf* **(a)** *(Aut etc: cambio)* first gear, bottom gear. **(b)** *(tren)* first class; **viajar en ~** to travel first. **(c)** *(excelente)* **de ~** first-class/-rate; **hotel de ~** first class hotel; **estar de ~** to feel fine. **(d) de buenas a ~s** suddenly.
primerizo/a 1 *adj* green, inexperienced. **2** *nm/f* beginner; **una ~a** woman who bears her first child.
primero 1 *adj* (**primer** *before m sg noun*) **(a)** *(que precede)* first; *(anterior)* former; *(página)* first, front; **en los ~s años del siglo** in the early years of the century; **~a dama** *(Teat)* leading lady; **llegar el ~** to arrive first; **ser el ~ en hacer algo** to be the first to do sth. **(b)** *(primordial)* first; *(principal)* prime; *(básico)* fundamental; *(urgente)* urgent; **lo ~ es que ...** the fundamental thing is that ...; **es nuestro primer deber** it is our first duty. **2** *adv* **(a)** *(primeramente)* first. **(b)** *(antes)* rather, sooner; **~ se quedará en casa que pedir permiso para salir** she'd rather stay at home than have to ask for permission to go out; **¡~ morir!** we'd rather die!
primicias *nfpl (lit, fig)* first fruits.
primitivo *adj* **(a)** *(primario)* early; *(original)* first, original; **el texto ~** the original text; **quedan 200 de los ~s 850** there remain 200 from the original 850; **devolver algo a su estado ~** to restore sth to its original state. **(b)** *(color)* primary. **(c)** *(Fin: acción)* ordinary. **(d)** *(Hist)* primitive; *(salvaje)* uncivilized; **en condiciones ~as** in primitive conditions.
primo/a[2] **1** *adj (Mat)* prime. **2** *nm/f* **(a)** *(pariente)* cousin; **~ carnal, ~ hermano** first cousin. **(b)** *(fam: cándido)* fool; *(: incauto)* dupe, sucker *(fam)*; **hacer el ~** to be taken for a sucker *(fam)*.
primogénito *adj* first-born.
primogenitura *nf (gen)* primogeniture; *(patrimonio)* birthright.
primor *nm* **(a)** *(delicadeza)* exquisiteness, beauty; *(elegancia)* elegance. **(b)** *(maestría)* care, skill; **hecho con ~** done most skilfully, delicately made. **(c)** *(hermosura)* fine *o* lovely thing; **hace ~es con la aguja** she makes lovely things with her needlework.
primordial *adj* fundamental, essential; **es de interés ~** it is of fundamental concern; **es ~ saberlo** it is essential to know it.
primoroso *adj (delicado)* exquisite, fine; *(esmerado)* neat, skilful.
primus ® *nm (cocinilla)* camping stove.
princesa *nf* princess.
principado *nm* principality.
principal 1 *adj* **(a)** *(más importante)* principal, main; *(más destacado)* foremost; *(piso)* first, *(US)* second; **lo ~ es ...** the main thing is to ... . **(b)** *(persona: distinguida)* illustrious. **2** *nm* **(a)** *(persona)* head, chief, principal. **(b)** *(Fin)* principal, capital. **(c)** *(Teat)* dress circle.
príncipe *nm* **(a)** prince; **~ consorte** prince consort; **~ heredero** crown prince. **(b) edición ~** first edition.
principesco *adj* princely.
principiante/a 1 *adj (aprendiz)* who is beginning; *(novato)* novice; *(inexperto)* inexperienced, green. **2** *nm/f* beginner, novice.
principiar [1b] *vt, vi* to begin; **~ a hacer algo** to begin to do sth, begin doing sth; **~ con** to begin with.
principio *nm* **(a)** *(comienzo)* beginning; *(origen)* origin; *(inicio)* early stage; **al ~** at first, in the beginning; **a ~s de** at the beginning of; **a ~s del verano** at the beginning of the summer; **desde el ~** from the first; **en un ~** at first; **dar ~ a** to start off; **tener ~ en** to start from. **(b)** *(proposiciones)* **~s** *(de materia)* rudiments; **'P~s de física'** 'Introduction to Physics'. **(c)** *(moral)* principle; **persona de ~s** man of principles; **en ~** in principle; **por ~** on principle; **sin ~s** unprincipled. **(d)** *(Fil)* principle; *(Quím)* element, constituent. **(e)** *(Culin)* entrée.
pringar [1h] **1** *vt* **(a)** *(Culin: pan)* to dip, dunk; *(asado)* to baste; **~ el pan en la sopa** to dip one's bread in the soup. **(b)** *(ensuciar)* to dirty, soil (with grease); *(rociar)* to splash grease *o* fat on. **(c)** *(fam: herir)* to wound. **(d)** *(fam: infamar)* to blacken, run down. **(e)** *(fam: meter)* **~ a uno en un asunto** to involve sb in a matter. **(f)** *(fam)* **~las** to peg out *(fam)*. **2** *vi* **(a)** *(fam: perder)* to come a cropper *(fam)*; **hemos pringado** we're done for. **(b)** *(Mil)* to sweat one's guts out *(fam)*. **(c) ~ en** to dabble in. **3 pringarse** *vr* to get splashed *o* soiled (*con, de* with).
pringo *nm (LAm)* drop (of liquid).
pringoso *adj* greasy.
pringue *nm o nf* **(a)** *(grasa)* grease, dripping. **(b)** *(mancha)* grease stain; *(suciedad)* dirty object. **(c)** *(fam: molestia)* nuisance; **es un ~ tener que ...** it's a bind having to ... *(fam)*.
prior 1 *nm (Rel: prelado)* prior, rector. **2 priora** *nf* prioress.
priorato *nm (Rel)* priory.
prioridad *nf (precedencia)* priority; *(superioridad)* seniority; **tener ~** to have priority (*sobre* over).
prioritario *adj* priority *(atr)*; **un proyecto de carácter ~** a plan with top priority.
prisa *nf (prontitud)* haste; *(rapidez)* speed; *(premura)* urgency; **temporada de más ~(s)** rush period, busy period; **a ~, de ~** quickly, hurriedly; **a toda ~** as quickly as possible; **voy con mucha ~** I'm in a great hurry; **dar ~ a uno** to

make sb get a move on; **darse** ~ to hurry (up); **¡date** ~! hurry (up)!; **tener** ~ to be in a hurry.

prisión *nf* **(a)** *(cárcel)* prison. **(b)** *(encierro)* imprisonment; **cinco años de** ~ five years' imprisonment. **(c)** *(grillos)* ~**es** shackles, fetters.

prisionero *nm* prisoner (of war); **hacer ~ a uno** to take sb prisoner.

prisma *nm* prism.

prismático 1 *adj* prismatic. **2** *nm:* ~**s** binoculars, field glasses.

prístino *adj* pristine, original.

privación *nf* **(a)** *(acto)* deprivation, deprival; **sufrir ~ de libertad** to suffer loss of liberty. **(b)** *(carencia)* deprivation; *(miseria)* want, privation; ~**es** hardships, privations.

privado 1 *adj* **(a)** *(particular)* private, personal; **'~ y confidencial'** 'private and confidential'. **(b)** *(LAm: insensato)* mad, senseless. **2** *nm* **(a)** *(Pol: favorito)* favourite, protégé; *(Hist)* royal favourite. **(b) en** ~ privately, in private.

privar [1a] **1** *vt* **(a)** *(despojar)* **~ a uno de algo** to deprive sb of sth, take sth away from sb; **~ a uno del conocimiento** to render sb unconscious; **le privaron del carnet de conducir** they took away his driving licence. **(b)** *(prohibir)* **~ a uno de hacer algo** to forbid sb to do sth, prevent sb from doing sth; **lo cual me privó de verlos** which prevented me from seeing them.

2 *vi* **(a)** *(Pol: ser favorecido)* to be in favour (at court). **(b)** *(predominar)* to prevail; *(estar en boga)* to be in fashion, be the thing; **la cualidad que más priva entre ellos** the quality which is most strongly present in them.

3 privarse *vr:* **~ de** *(abstenerse)* to deprive o.s. of; *(renunciar)* to give up, forgo; **no se privan de nada** they lack nothing; **~ de juicio** to become insane.

privativo *adj* exclusive; **~ de** exclusive to; **esa función es ~a del presidente** that function is the president's alone.

privilegiado/a 1 *adj (gen)* privileged; *(memoria)* exceptionally good. **2** *nm/f (afortunado)* privileged person.

privilegiar [1b] *vt* to grant a privilege to; *(favorecer)* to favour.

privilegio *nm (prerrogativa)* privilege; *(inmunidad)* immunity, exemption; *(Jur)* sole right; *(Lit: derecho exclusivo)* copyright; **~ fiscal** *(exoneración)* tax concession; **~ de invención** patent.

pro 1 *nm o nf (provecho)* profit, advantage; **hombre de** ~ worthy man; **los ~s y los contras** the pros and the cons; **buena ~ le haga** and much good may it do him; **en ~ de** for, on behalf of. **2** *prep (en favor de)* for, on behalf of; **campaña ~ paz** peace campaign; **asociación ~ ciegos** association for (aid to) the blind.

pro... *pref* pro-...; **~prosoviético** pro-Soviet.

proa *nf (Náut)* bow, prow; *(Aer)* nose; **de** ~ bow *(atr)*, fore; **en la** ~ in the bows; **poner ~ a la tempestad** *(lit, fig)* to ride out the storm.

probabilidad *nf* **(a)** likelihood; **según toda** ~ in all probability. **(b)** *(perspectiva)* chance, prospect; ~**es** chances; **~es de vida** expectation of life; **hay pocas ~es de que venga** there is little prospect of his coming.

probable *adj* probable, likely; **es ~ que** + *subjun* it is probable *o* likely that ...; **es ~ que no venga** he probably won't come.

probador *nm* **(a)** *(persona)* taster *(of wine etc)*. **(b)** *(en una tienda)* fitting room.

probanza *nf (Jur)* proof, evidence.

probar [1m] **1** *vt* **(a)** *(evidenciar: un hecho)* to prove; *(demostrar)* to show, demonstrate; **~ que ...** to prove that ... **(b)** *(arma)* to test, try (out); *(ropa)* to try on. **(c)** *(comida)* to try, taste; **prueba un poco de esto** try a bit of this. **2** *vi* **(a)** *(intentar)* to try; **¿probamos?** shall we try?, shall we have a go?; **~ a hacer algo** to try to do sth. **(b) ~ de = 1 (c)**. **(c)** *(sentar)* to suit; **no me prueba (bien) el café** coffee doesn't agree with me. **3 probarse** *vr:* **~ un traje** to try a suit on.

probatorio *adj* **(a)** *(que testimonia)* evidential; **documentos ~s del crimen** documents in proof of the crime. **(b)** *(convincente)* convincing.

probeta *nf* test tube; **niño** ~ test-tube baby.

probidad *nf* integrity.

problema *nm (cuestión)* problem; *(confusión)* puzzle.

procacidad *nf* **(a)** *(desvergüenza)* insolence; *(descaro)* brazenness. **(b)** *(indecoro)* indecency.

procaz *adj* **(a)** *(atrevido)* insolent, impudent; *(descarado)* brazen. **(b)** *(indecoroso)* indecent.

procedencia *nf* **(a)** *(principio)* source, origin; *(lugar de salida)* point of departure; *(Náut)* port of origin. **(b)** *(fundamento)* propriety.

procedente *adj* **(a)** *(que proviene de)* **~ de** coming from, originating in. **(b)** *(razonable)* reasonable; *(apropiado)* proper; *(Jur)* proper; *(bien establecido)* duly established.

proceder [2a] **1** *vi* **(a)** *(pasar a)* to proceed; **~ a una elección** to proceed to an election. **(b)** *(provenir)* **~ de** to come from, originate in; **todo esto procede de su negativa** all this springs from his refusal; **de donde procede que ...** (from) whence it happens that ... . **(c)** *(obrar)* to act; *(conducirse)* to proceed, behave; **ha procedido precipitadamente** he has acted hastily. **(d)** *(ser conforme)* to be right (and proper), be fitting; **no procede obrar así** it is not right to act like that; **luego, si procede, ...** then, if appropriate, ... **2** *nm (línea de acción)* course of action; *(conducta)* behaviour.

procedimiento *nm (gen)* procedure; *(sistema)* process; *(método)* means; *(trámite)* proceedings; **un ~ para abaratar el producto** a method of making the product cheaper; **por un ~ deductivo** by a deductive process.

prócer *nm (persona eminente)* worthy, notable; *(magnate)* important person; *(Pol: líder)* great man, leader.

procesado/a *nm/f* accused (person).

procesamiento *nm:* **~ de datos** *(Comput)* data processing.

procesar [1a] *vt* **(a)** *(enjuiciar)* to put on trial, prosecute; *(demandar)* to sue, bring an action against. **(b)** *(Comput)* to process.

procesión *nf (Rel)* procession; **la ~ le va por dentro** he keeps his troubles to himself; *(fam: hilera)* **una ~ de consejos** never ending advice.

proceso *nm* **(a)** *(desarrollo tb Anat, Quím)* process; **~ mental** mental process; **~ de datos** data processing; **~ de una enfermedad** course *o* progress of a disease. **(b)** *(transcurso)* lapse of time; **en el ~ de un mes** in the course of a month. **(c)** *(Jur: juicio)* trial; *(: pleito)* lawsuit; **~ verbal** record; **abrir** *o* **entablar** ~ to bring a suit (*a* against). **(d)** *(Comput)* **~ de datos** data processing.

proclama *nf* **(a)** *(publicación oficial)* proclamation. **(b)** *(cartel)* poster; **~ electoral** election poster. **(c) ~s** *(Rel: amonestaciones)* banns.

proclamar [1a] **1** *vt (publicar)* to proclaim. **2 proclamarse** *vr:* **~ rey** to proclaim o.s. king.

proclive *adj* inclined, prone (*a* to).

procreación *nf* procreation, breeding.

procrear [1a] *vt, vi (generar)* to procreate, breed.
procura *nf*: **andar en ~ de algo** to be trying to get sth.
procurador *nm (Jur: apoderado)* attorney, solicitor; *(poderhabiente)* proxy.
procurar [1a] **1** *vt* **(a)** *(intentar)* **~ hacer algo** to try to do sth, endeavour to do sth; **procura conservar la calma** do try to keep calm; **procura que no te vean** don't let them see you. **(b)** *(conseguir)* to get; *(asegurar)* to secure; *(producir)* to yield; **~ un puesto a uno** to get sb a job; **esto nos procurará grandes beneficios** this will bring us great benefits. **(c)** *(lograr)* **~ hacer algo** to manage to do sth, succeed in doing sth; **por fin procuró dominarse** eventually he managed to control himself. **2 procurarse** *vr:* **~ algo** to secure sth for o.s.
prodigalidad *nf* **(a)** *(abundancia)* bounty, richness. **(b)** *(liberalidad)* lavishness, generosity. **(c)** *(derroche)* prodigality; *(despilfarro)* wastefulness.
prodigar [1h] **1** *vt (disipar)* to lavish, give lavishly; *(despilfarrar)* to squander; **prodiga las alabanzas** he is lavish in his praise (*a* of). **2 prodigarse** *vr* to be generous with what one has; *(exhibirse)* to show o.s.
prodigio *nm (portento)* prodigy; *(maravilla)* wonder; **niño ~** child prodigy.
prodigioso *adj* prodigious, marvellous.
pródigo/a 1 *adj* **(a)** *(exuberante)* bountiful; *(fértil)* productive; **~ en** rich in, generous with; **la ~a naturaleza** bountiful nature. **(b)** *(liberal)* lavish, generous (*de* with); **ser ~ de sus talentos** to be generous in offering one's talents. **(c)** *(malgastador)* prodigal, wasteful; **hijo ~** prodigal son. **2** *nm/f (manirroto)* spendthrift, prodigal.
producción *nf* **(a)** *(gen)* production; *(producto)* output, yield; **~ en serie** mass production. **(b)** *(objeto)* product; *(Cine)* production.
producir [3o] **1** *vt (gen)* to produce; *(hacer)* to make; *(rendir)* to yield; *(motivar)* to cause, generate; *(un cambio)* to bring about; *(impresión)* to give; *(Fin: interés)* to bear; **le produjo gran tristeza** it caused her much sadness; **¿qué impresión le produce?** how does it impress you?; **~ en serie** to mass-produce. **2 producirse** *vr* **(a)** *(fabricarse)* to be produced, be made. **(b)** *(un cambio)* to come about; *(dificultad, crisis)* to arise; *(accidente)* to take place; *(motín)* to break out; **en ese momento se produjo una explosión** at that moment there was an explosion; **a no ser que se produzca un cambio** unless there is a change.
productividad *nf (rendimiento)* productivity.
productivo *adj* productive; *(negocio)* profitable.
producto *nm (gen: resultado)* product; *(Fin: beneficio)* yield, profit; *(: utilidad)* proceeds, revenue; **~s** products; *(Agr)* produce; **~s agrícolas** agricultural *o* farm produce; **~ alimenticio** foodstuff; **~ nacional bruto** gross national product; **~s de marca** branded goods; **~ secundario** by-product.
productor(a) 1 *adj (que rinde)* productive, producing; **nación ~a** producer nation. **2** *nm/f* producer.
proeza *nf* **(a)** *(hazaña)* exploit. **(b)** *(LAm: ínfula)* boast.
profanación *nf* desecration.
profanar [1a] *vt (violar)* to desecrate, profane; *(deshonrar)* to defile; **~ la memoria de uno** to blacken the memory of sb.
profano 1 *adj* **(a)** *(laico)* profane, secular. **(b)** *(irrespetuoso)* irreverent. **(c)** *(ignorante)* lay, uninitiated. **(d)** *(deshonesto)* indecent, immodest. **2** *nm (inexperto)* layman; **soy ~ en música** I don't know anything about music.
profecía *nf* prophecy.
proferir [3i] *vt (palabra, sonido)* to utter; *(insinuación)* to drop, throw out; *(insulto)* to hurl, let fly (*contra* at); *(maldición)* to utter.
profesar [1a] **1** *vt* **(a)** *(admiración, creencia)* to profess, declare. **(b)** *(materia)* to teach; *(Univ)* to hold a chair in. **(c)** *(un oficio)* to practise. **2** *vi (Rel)* to take vows.
profesión *nf* **(a)** *(de fe etc)* profession, declaration; *(confesión)* avowal; *(Rel)* taking of vows. **(b)** *(carrera)* profession; *(vocación)* calling, vocation; **abogado de ~, de ~ abogado** a lawyer by profession; **~ liberal** liberal profession.
profesional 1 *adj* professional; **no ~** non-professional. **2** *nmf* professional.
profesor(a) *nm/f* **(a)** *(gen)* teacher; *(instructor)* instructor; **~ de natación** swimming instructor; **~ de piano** piano teacher. **(b)** *(Escol: gen)* teacher; **~ (de instituto)** schoolmaster/schoolmistress; **~ de biología** biology teacher. **(c)** *(Univ: catedrático)* lecturer; **~ adjunto** assistant lecturer, *(US)* associate professor; **~ agregado** *(US)* assistant professor; **se reunieron los ~es** the staff *o (US)* faculty met.
profesorado *nm* **(a)** *(profesión)* teaching profession; *(enseñanza)* teaching, lecturing. **(b)** *(cuerpo)* teaching staff, *(US)* faculty. **(c)** *(cargo)* professorship.
profeta *nm* prophet.
profético *adj* prophetic.
profetisa *nf* prophetess.
profetizar [1f] *vt, vi (predecir)* to prophesy; *(fig)* to guess, conjecture.
profiláctico *nm* prophylactic.
profilaxis *nf* prophylaxis.
prófugo *nm (fugitivo)* fugitive; *(Mil: desertor)* deserter; **~ de la justicia** fugitive from justice.
profundidad *nf (hondura)* depth; *(Mat)* depth, height; *(fig)* depth, profundity; **la poca ~ del río** the shallowness of the river; **tener una ~ de 30 cm** to be 30 cm deep.
profundizar [1f] **1** *vt* **(a)** *(ahondar)* to deepen, make deeper. **(b)** *(fig: un asunto)* to study in depth, go deeply into; *(misterio)* to fathom, get to the bottom of. **2** *vi* **(a)** *(penetrar)* **~ en** to penetrate into, enter. **(b) ~ en** *(fig)* **= 1 (b).**
profundo *adj* **(a)** *(hondo)* deep; **poco ~** shallow; **tener 20 cm de ~** to be 20 cm deep; **¿cuánto tiene de ~?** how deep is it? **(b)** *(fig: reverencia)* low; *(suspiro, voz, respiración)* deep; *(nota)* low, deep; *(sueño)* deep, sound; *(impresión)* deep; *(misterio, pensador)* profound; **conocedor ~ del arte** expert in the art; **en lo ~ del alma** in the depths of one's soul.
profusión *nf (abundancia)* profusion; *(prodigalidad)* wealth, extravagance.
profuso *adj (abundante)* profuse; *(extravagante)* lavish, extravagant.
progenie *nf* **(a)** *(casta)* progeny, offspring; *(familia)* brood. **(b)** family, lineage.
progenitor *nm (antepasado)* ancestor; *(padre)* father.
programa *nm (gen)* programme; *(plan)* plan; **~ continuo** *(Cine)* continuous showing; **~ de estudios** curriculum, syllabus.
programación *nf (Comput)* programming; *(planificación)* programme planning.
programado *adj (planificado)* programmed, planned.
programador(a) *nm/f* (computer) programmer.
programar [1a] *vt* **(a)** *(Comput)* to program. **(b)**

(LAm) to plan.

progresar [1a] *vi (adelantar)* to progress, make progress.

progresión *nf* progression; ~ **arimética** arithmetic progression.

progresista *adj, nmf (Pol)* progressive.

progresivo *adj (que avanza)* progressive; *(paulatino)* gradual; *(constante)* continuous; *(Ling)* continuous.

progreso *nm (mejora)* progress; *(avance)* advance; **~s** progress *sg*; **hacer ~s** to progress, advance.

prohibición *nf (privación)* prohibition *(de* of); *(impedimento)* ban *(de* on); *(retención: de bienes)* embargo *(de* on); **levantar la ~ de** to remove the ban on, lift the embargo on.

prohibicionismo *nm* prohibitionism.

prohibicionista *adj, nmf* prohibitionist.

prohibir [3a] **1** *vt (vedar)* to forbid; *(impedir)* to ban; ~ **una droga** to prohibit *o* ban a drug; ~ **a uno hacer algo** to forbid sb to do sth; **'prohibido fumar'** 'no smoking'; **"queda terminantemente prohibido entrar'** "entry strictly forbidden'. **2 prohibirse** *vr:* **'se prohíbe fumar'** 'no smoking'.

prohibitivo *adj* prohibitive.

prohijar [1a] *vt (tb fig)* to adopt.

prohombre *nm (dirigente)* outstanding man, leader.

prójimo *nm (semejante)* fellow man; *(vecino)* neighbour; **nuestros ~s los animales** our fellow animals.

prolapso *nm (Med)* prolapse.

prole *nf (descendencia)* offspring; **padre de numerosa ~** father of a large family.

proletariado *nm* proletariat; *(Pol)* lower classes.

proletario/a 1 *adj* proletarian. **2** *nm/f* proletarian; *(obrero)* labourer.

proliferación *nf (multiplicación)* proliferation; ~ **de armas nucleares** spread of nuclear arms.

proliferar [1a] *vi (reproducirse)* to proliferate.

prolífico *adj (fecundo)* prolific *(en* of).

prolijidad *nf (gen)* prolixity, long-windedness; *(pesadez)* tediousness; *(mucho esmero)* excess of detail.

prolijo *adj* **(a)** *(extenso)* prolix, long-winded; *(pesado)* tedious; *(muy meticuloso)* excessively meticulous. **(b)** *(RPl: incansable)* untiring.

prologar [1h] *vt (escribir una introducción)* to preface, write an introduction to.

prólogo *nm* **(a)** prologue *(de* to); *(preámbulo)* preface, introduction; **un texto con ~ y notas de X** a text edited by X. **(b)** *(fig: principio)* prelude *(de* to).

prolongación *nf* **(a)** *(acto)* prolongation, extension. **(b)** *(de carretera)* extension; **por la ~ de la Castellana** along the new part of the Castellana.

prolongado *adj (sobre, habitación etc)* long; *(reunión, estadía)* lengthy.

prolongar [1h] **1** *vt (alargar)* to prolong, extend; *line (Mat: línea)* to produce; *(tubo etc)* to make longer, extend; *(reunión)* to prolong. **2 prolongarse** *vr (alargarse)* to extend, go on; **la carretera se prolonga más allá del bosque** the road goes on beyond the wood; **la sesión se prolongó bastante** the meeting went on long enough.

promediar [1b] **1** *vt* **(a)** *(objeto)* to divide into two halves. **(b)** *(Mat etc)* to work out the average of, average (out). **2** *vi (mediar)* to mediate *(entre* between).

promedio *nm* **(a)** average; **el ~ de asistencia diaria** the average daily attendance; **el ~ es de 35 por 100** the average is 35%. **(b)** *(distancia etc)* middle, mid-point.

promesa 1 *nf (ofrecimiento)* promise; *(compromiso)* pledge; ~ **de matrimonio** promise of marriage; **faltar a una ~** to break a promise. **2** *atr:* **jugador ~** promising player.

prometedor *adj* promising.

prometer [2a] **1** *vt (ofrecer)* to promise; *(comprometer)* to pledge; ~ **hacer algo** to promise to do sth; *(Rel: consagrarse)* to take a vow to do sth; **esto promete ser interesante** this promises to be interesting. **2** *vi (tener porvenir)* to have *o* show promise; **es un jugador que promete** he's a promising player. **3 prometerse** *vr* **(a)** *(esperar algo)* to expect, promise o.s.; ~ **algo bueno** to promise o.s. a treat; **nos habíamos prometido algo mejor** we had expected something better. **(b)** *(en matrimonio)* to get engaged; **se prometió con él en abril** she got engaged to him in April.

prometido/a 1 *adj* **(a)** *(ofrecido)* promised. **(b)** *(comprometido)* engaged; **estar ~ con** to be engaged to. **2** *nm/f* **(a)** *(novio/a)* fiancé(e). **(b)** *(promesa)* promise.

prominencia *nf* **(a)** *(elevación)* protuberance; *(hinchazón)* swelling; *(en el suelo)* rise. **(b)** *(LAm: importancia)* prominence.

prominente *adj* **(a)** *(protuberante)* prominent, that sticks out. **(b)** *(fig: importante)* prominent.

promiscuidad *nf* **(a)** *(mezcla)* mixture, confusion; *(confusión)* confused nature. **(b)** *(ambigüedad)* ambiguity.

promiscuo *adj* **(a)** *(revuelto)* mixed (up), in disorder. **(b)** *(sentido)* ambiguous.

promoción *nf* **(a)** *(ascenso)* promotion, advancement; *(Dep etc)* promotion; ~ **de ventas** sales promotion. **(b)** *(profesional)* promotion; *(año)* class, year; **la ~ de 1975** the 1975 class.

promocionar [1a] *vt (Com: dar publicidad)* to promote.

promontorio *nm (altura)* promontory; *(punta)* headland.

promotor(a) *nm/f (gen)* promoter; *(iniciador)* pioneer; *(suscitador)* instigator; ~ **de ventas** sales promoter; **el ~ de los disturbios** the instigator of the rioting.

promovedor *nm* promoter; *(suscitador)* instigator.

promover [2h] *vt* **(a)** *(un proceso etc)* to promote, advance; *(acción)* to begin, set in motion; *(juicio)* to bring. **(b)** *(escándalo)* to cause, *(motín)* to instigate, stir up. **(c)** *(ascender: persona, equipo)* to promote *(a* to).

promulgar [1h] *vt (publicar)* to promulgate; *(fig: divulgar)* to proclaim, announce publicly.

pronombre *nm* pronoun; ~ **personal/posesivo/reflexivo** personal/possessive/reflexive pronoun.

pronosticador *nm (gen: que predice)* forecaster; *(Carreras)* tipster.

pronosticar [1g] *vt* to predict, forecast.

pronóstico *nm* **(a)** *(presagio)* prediction, forecast; *(profecía)* omen; ~ **del tiempo** weather forecast; **~s para el año nuevo** predictions for the new year. **(b)** *(Med: diagnóstico)* prognosis; **de ~ leve** slight, not serious.

prontitud *nf* **(a)** *(presteza)* quickness, promptness. **(b)** *(viveza)* quickness, sharpness.

pronto/a 1 *adj* **(a)** *(dispuesto)* ready; **la comida está ~a** lunch is ready; **estar ~ para hacer algo** to be ready to do sth. **(b)** *(respuesta etc: rápido)* prompt, quick; *(esp Com)* early; *(servicio)* quick. **(c)** *(persona)* quick, sharp; **de inteligencia ~a** of keen *o* sharp intelligence; **estuvo muy ~ para decidirse** he was quick to make up his mind.

2 *adv* **(a)** *(aprisa)* quickly, speedily; *(de inmediato)* at once, right away; **lo más ~ posible** as soon as possible; **tan ~ como** as soon as; **¡~!** hurry!, get on with it!; **de ~** suddenly, unexpectedly; **¡hasta ~!** see you soon!; **por de ~, por lo ~** *(mientras tanto)* meanwhile; *(por ahora)* for the present; *(al menos)* at least. **(b)** *(temprano)* early; **levantarse ~** to get up early; **todavía es ~ para decidir si ...** it's early days to decide whether to ... .

3 *nm (occurrencia)* urge, sudden feeling; **tener ~s de enojo** to be quick-tempered.

prontuario *nm (memorándum)* handbook; *(resumen)* compendium.

pronunciación *nf* pronunciation; **~ figurada** phonetic transcription.

pronunciado *adj (marcado)* pronounced, strong; *(curva etc)* sharp; *(facciones)* marked, noticeable.

pronunciamiento *nm (rebelión)* insurrection, military rising.

pronunciar [1b] **1** *vt* **(a)** *(Ling)* to pronounce; *(articular)* to make, utter. **(b)** *(discurso)* to make, deliver; **~ palabras de elogio para ...** to say a few words of tribute to ... . **(c)** *(Jur: sentencia)* to pass, pronounce. **2 pronunciarse** *vr* **(a)** to be pronounced; **ese sonido se pronuncia más abierto** that sound is pronounced more openly. **(b)** *(expresarse)* to declare o.s., state one's opinion; **~ a favor de** to declare o.s. in favour of; **~ sobre** to pronounce on, make a pronouncement about. **(c)** *(Pol, Mil: rebelarse)* to revolt, rise.

propagación *nf (multiplicación)* propagation; *(fig: difusión)* spread(ing), dissemination.

propaganda *nf* **(a)** *(Pol etc)* propaganda. **(b)** *(Com: publicidad)* advertising; **hacer ~ de un producto** to advertise a product.

propagandista *nmf* propagandist.

propagar [1h] **1** *vt (Bio: reproducir)* to propagate; *(fig: difundir)* to spread, disseminate. **2 propagarse** *vr (Bio)* to propagate; *(fig)* to spread, be disseminated.

propalar [1a] *vt (divulgar)* to divulge, disclose; *(publicar)* to publish an account of.

propasarse [1a] *vr (excederse)* to go too far, overstep the bounds; *(sexualmente)* to take liberties.

propender [2a] *vi (inclinarse)* **~ a** to tend towards, incline to; **~ a hacer algo** to tend to do sth, have a tendency to do sth.

propensión *nf* inclination, tendency (*a* to).

propenso *adj (que tiende)* **~ a** inclined to; *(predispuesto)* prone to, subject to; **ser ~ a hacer algo** to be inclined to do sth, have a tendency to do sth.

propiciar [1b] *vt* **(a)** *(atraer)* to propitiate, win over. **(b)** *(favorecer)* to favour; *(provocar)* to cause, give rise to; **tal secreto propicia muchas conjeturas** such secrecy causes a lot of speculation.

propicio *adj (gen)* propitious, auspicious; *(momento, etc)* favourable; *(persona)* kind, well-disposed.

propiedad *nf* **(a)** *(pertenencia)* possession, ownership; **ser de la ~ de** to be the property of, belong to; **ceder algo a uno en ~** to transfer to sb the full rights over sth. **(b)** *(objeto etc)* property; **~ particular** private property; **una ~** a property, a piece of property. **(c)** *(Quím)* property; *(fig)* property, attribute. **(d)** *(cualidad)* propriety; *(conveniencia)* suitability, appositeness; **discutir la ~ de una palabra** to discuss the appropriateness of a word. **(e)** *(exactitud)* accuracy; **lo reproduce con toda ~** he reproduces it faithfully. **(f)** *(Com etc: derechos)* right(s); **~ industrial** patent rights; **~ intelectual** *o* **literaria** copyright; **'es ~'** 'copyright'.

propietario/a 1 *adj* proprietary. **2** *nm/f* owner, proprietor; *(Agr etc)* landowner.

propina *nf* tip, gratuity; **dar algo de ~** to give sth extra; **con dos más de ~** *(fig)* with two more into the bargain.

propinar [1a] **1** *vt* **(a)** *(camarero)* to tip, give a tip to. **(b) ~ a uno** to treat sb to a drink. **(c)** *(fam: golpe)* to strike; *(azotes)* to give; **le propinó una buena paliza** he gave him a good thrashing. **2 propinarse** *vr: (permitirse algo)* **~ algo** to treat o.s. to sth.

propincuo *adj* near.

propio 1 *adj* **(a)** *(de uno)* own, of one's own; **con su ~a mano** with his own hand; **lo vi con mis ~s ojos** I saw it with my own eyes; **lo hizo en beneficio ~** he did it for his own good; **tienen casa ~a** they have a house of their own. **(b)** *(particular)* peculiar (*de* to), characteristic (*de* of), typical (*de* of); **una bebida ~a del país** a drink typical of the country; **eso es muy ~ de él** that's just like him; **tiene un olor muy ~** it has a smell of its own. **(c)** *(debido)* proper; *(adecuado)* suitable, fitting (*para* for); **con los honores que le son ~s** with the honours which are due to him; **ese bikini no es ~ para esta playa** that bikini is not suitable for this beach. **(d)** *(mismo)* selfsame, very; **sus ~as palabras** his very words; **me lo dijo el ~ ministro** the minister himself told me so. **(e)** *(sentido: verdadero)* proper, true; *(fundamental)* basic. **(f) de ~** deliberately, expressly.

2 *nm (mensajero)* messenger.

proponente *nmf* proposer.

proponer [2r; *pp* **propuesto**] **1** *vt (esquema, etc)* to propose, put forward; *(teoría)* to propound; *(problema)* to pose; *(moción)* to propose; *(candidato)* to propose, nominate; **~ a uno para una beca** to propose sb for a scholarship; **le propuse que fuéramos juntos** I proposed to him that we should go together. **2 proponerse** *vr (determinarse)* **~ hacer algo** to plan *o* intend to do sth; **te has propuesto hacerme perder el tren** you set out deliberately to make me miss the train.

proporción *nf* **(a)** *(gen)* proportion; *(Mat)* ratio; *(relación)* relationship; *(razón, porcentaje)* rate; **~es** proportions; *(fig: extensión)* dimensions; *(tamaño)* size, scope; **la ~ entre azules y verdes** the proportion of blues to greens; **en ~ con** in proportion to; **en una ~ de 5 a 1** in a ratio of 5 to 1; **esto no guarda ~ con lo otro** this is out of proportion to the rest; **una máquina de gigantescas ~es** a machine of huge proportions *o* size; **se desconocen las ~es del desastre** the size *o* extent *o* scope of the disaster is unknown. **(b)** *(oportunidad)* opportunity, right moment.

proporcionado *adj* **(a)** *(que guarda relación)* proportionate (*a* to). **(b)** *(adecuado)* medium, just right; **de tamaño ~** of the right size. **(c) bien ~** well-proportioned; *(talle)* shapely, of pleasing shape.

proporcional *adj* proportional.

proporcionar [1a] *vt* **(a)** *(facilitar)* to supply, provide; *(fig: prestar)* to lend; **~ dinero a uno** to supply sb with money; **esto le proporciona una renta anual de ...** this brings him in a yearly income of ... . **(b)** *(adaptar)* to adjust, adapt (*a* to).

proposición *nf* proposition; *(oferta)* proposal.

propósito *nm (intención)* purpose; *(objeto)* aim, objective; **buenos ~s** good intentions; **¿cuál es su ~?** what is his aim?; **nuestro ~ es de hacerlo** our aim is to do it; **hacer(se) el ~ de hacer** to set

o.s. the aim of doing; **a ~** *(adj)* appropriate, suitable (*para* for); *(comentario)* relevant; **a ~** *(adv)* by the way, incidentally; **a ~ de** about, with regard to; **y a ~ de los toros ...** and talking of bulls ...; **de ~** on purpose, deliberately; **fuera de ~** off the point, out of place; **sin ~ fijo** aimless(ly), pointless(ly).
propuesta *nf* proposal.
propuesto *pp de* **proponer.**
propulsar [1a] *vt* **(a)** *(Mec: impeler)* to drive, propel. **(b)** *(fig: impulsar)* to promote, encourage.
propulsión *nf* propulsion; **~ a chorro, ~ por reacción** jet propulsion; **con ~ a chorro** jet-propelled.
propulsor *nm* propellent, fuel.
prorrata *nf (porción)* share, quota, *(US)* prorate; **a ~** proportionately.
prorratear [1a] *vt (dividir)* to share out, distribute proportionately, *(US)* to prorate; **prorratearemos el dinero** we will share out the money pro rata.
prórroga *nf (gen)* deferment; *(Com)* extension; *(Jur)* stay (of execution), respite; *(Dep)* extra time.
prorrogable *adj* which can be extended.
prorrogar [1h] *vt (sesión)* to prorogue, adjourn; *(período)* to extend; *(Mil)* to defer; *(Jur)* to grant a stay of execution to; *(decisión)* to defer, postpone; **prorrogamos una semana las vacaciones** we extended our holiday by a week.
prorrumpir [3a] *vi* to burst forth, break out; **~ en gritos** to start shouting; **~ en lágrimas** to burst into tears.
prosa *nf* **(a)** *(Lit)* prose. **(b)** *(fig: lo prosaico)* prosaic nature, tedium; **la ~ de la vida** the ordinariness of life. **(c)** *(fam: cháchara)* chatter, idle talk. **(d)** *(LAm: presunción)* pomposity, affectation.
prosaico *adj* **(a)** *(Lit)* prose *(atr)*. **(b)** *(fig)* prosaic; *(monótono)* tedious, monotonous; *(vulgar)* ordinary.
prosaísmo *nm (fig: trivialidad)* prosaic nature; *(insulsez)* tediousness, monotony; *(vulgaridad)* ordinariness.
prosapia *nf (alcurnia)* lineage, ancestry.
proscenio *nm (Teat)* proscenium.
proscribir [3a] *vt (gen)* to prohibit, ban; *(partido)* to proscribe; *(criminal)* to outlaw; *(desterrar)* to banish; *(asunto)* to ban; **~ un tema de su conversación** to banish a topic from one's conversation.
proscripción *nf (véase vt)* prohibition (*de* of), ban (*de* on); proscription; outlawing; banishment.
proscrito/a 1 *adj (prohibido)* banned; *(desterrado)* outlawed, proscribed; **un libro ~** a banned book. **2** *nm/f (exiliado)* exile; *(bandido)* outlaw.
prosecución *nf (proseguimiento)* continuation; *(persecución)* pursuit.
proseguir [3d, 31] **1** *vt (seguir)* to continue, carry on; *(demanda)* to go on with, press; *(investigación, estudio)* to pursue. **2** *vi* **(a) ~ en** *o* **con una actitud** to continue in one's attitude. **(b)** *(condición etc)* to continue, go on; **prosiguió con el cuento** he went on with the story; **¡prosigue!** continue!; **prosigue el mal tiempo** the bad weather continues.
proselitismo *nm* proselytism.
prosélito/a *nm/f* proselyte.
prosificar [1g] *vt (Lit)* to write a prose version of.
prosista *nmf (escritor)* prose writer.
prosodia *nf* rules for pronunciation and accentuation.
prospección *nf (exploración)* exploration; *(Mil: reconocimiento)* prospecting (*de* for); **~ del petróleo** prospecting for oil.
prospecto *nm* prospectus; *(Com: folleto)* leaflet, sheet of instructions.
prosperar [1a] *vi* to prosper, thrive.
prosperidad *nf (progreso)* prosperity; *(buen éxito)* success; **en época de ~** in a period of prosperity, in good times.
próspero *adj* **(a)** *(rico)* prosperous, thriving; *(: venturoso)* successful. **(b) con ~a fortuna** with good luck.
próstata *nf* prostate.
prosternarse [1a] *vr (postrarse)* to prostrate o.s.; *(humillarse)* to bow low.
prostíbulo *nm* brothel.
prostitución *nf* prostitution.
prostituir [3g] **1** *vt (una mujer)* to prostitute; *(fig: corromper)* to corrupt, debase. **2 prostituirse** *vr (envilecerse)* to prostitute o.s., take up prostitution.
prostituta *nf* prostitute; **~ callejera** street-walker.
protagonista *nmf (gen)* protagonist; *(Lit: personaje)* main character, hero/heroine.
protagonizar [1f] *vt* to take the chief role in.
protección *nf (gen)* protection; *(apoyo)* support.
proteccionismo *nm (Pol)* protectionism.
proteccionista 1 *adj (medida)* protectionist; *(tarifa)* protective. **2** *nmf* protectionist.
protector(a) 1 *adj* **(a)** *(gen)* protecting. **(b)** *(tono)* patronizing. **2** *nm/f (defensor)* protector; *(Lit: bienhechor)* patron; *(de la tradición)* guardian.
proteger [2c] *vt (resguardar)* to protect (*contra* against, *de* from); *(escudar)* to shield; *(defender)* to defend; *(patrocinar)* to act as patron to.
protegido/a *nm/f* protégé/protégeé.
proteína *nf* protein.
protesta *nf* **(a)** *(reclamación)* protest; *(objeción)* **bajo ~** under protest. **(b)** *(de inocencia etc)* protestation; **hacer ~s de lealtad** to protest one's loyalty.
protestación *nf* protestation; **~ de fe** profession of faith.
protestante *nmf* Protestant.
protestantismo *nm* Protestantism.
protestar [1a] **1** *vt* **(a)** *(inocencia etc)* to protest, avow; *(fe)* to profess. **(b)** *(Fin)* **cheque protestado por falta de fondos** cheque referred to drawer. **2** *vi* **(a)** *(quejarse)* to protest (*contra, de* about, against; *de que* that); *(objetar)* to object, remonstrate; **~ contra una demora** to protest about a delay; **¡protesto contra esa observación!** I resent that! **(b) ~ de** *(inocencia etc)* to protest.
protocolario *adj* **(a)** required by protocol. **(b)** *(fig: ceremonial)* formal.
protocolo *nm* **(a)** *(Pol)* protocol. **(b)** *(fig: reglas ceremoniales)* protocol, convention. **(c)** *(fig: formalismo)* **sin ~s** informal(ly), without formalities.
protón *nm* proton.
prototipo *nm (arquetipo)* prototype; *(fig: ideal)* model.
protuberancia *nf* protuberance.
provecto *adj:* **de edad ~a** elderly.
provecho *nm (ventaja)* advantage, benefit; *(Fin: ganancia)* profit; **de ~** *(transacción)* profitable; *(actividad)* useful; *(persona)* worthy, honest; **¡buen ~!** ¡enjoy your meal!; **en ~ de** to the benefit of; **en ~ propio** for one's own profit; **ese alimento no le hace ~ a uno** that food(stuff) doesn't do one any good; **sacar ~ de algo** to benefit from sth, profit by *o* from sth.
provechoso *adj (ventajoso)* advantageous; *(beneficioso)* beneficial, useful; *(Fin: lucrativo)* profit-

able.

proveedor(a) *nm/f (abastecedor)* supplier, purveyor; *(distribuidor)* dealer; ~ **casero** roundsman, deliveryman; **consulte a su ~ habitual** consult your usual dealer.

proveer [2a] **1** *vt* **(a)** *(suministrar)* to supply, furnish (*de* with). **(b)** *(prevenir)* to provide, get ready; ~ **todo lo necesario** to provide all that is necessary (*para* for). **(c)** *(empleo)* to fill. **(d)** *(negocio)* to transact, dispatch. **(e)** *(Jur)* to decree. **2** *vi:* ~ **a** to provide for; ~ **a las necesidades de uno** to provide for sb's wants. **3 proveerse** *vr: (abastecerse)* ~ **de** to provide o.s. with.

provenir [3s] *vi:* ~ **de** to come from, stem from; **esto proviene de no haberlo curado antes** this comes from *o* is due to not having treated it earlier.

provenzal 1 *adj* Provençal. **2** *nm/f* Provençal. **3** *nm (Ling)* Provençal.

proverbial *adj* proverbial; *(fig: muy notorio)* notorious.

proverbio *nm* proverb.

providencia *nf* **(a)** *(cualidad)* foresight; *(prevención)* forethought, providence; **(Divina) P~** (Divine) Providence. **(b)** *(precauciones)* ~**s** measures, steps; **dictar** *o* **tomar ~s para hacer algo** to take steps to do sth. **(c)** *(Jur)* ruling, decision.

providencial *adj* providential.

providente *adj*, **próvido** *adj (prevenido)* provident.

provincia *nf* province; **las P~s Vascongadas** the Basque Provinces, the Basque Country; **un pueblo de ~(s)** a country town; **la vida en ~** provincial life.

provincial 1 *adj* provincial. **2** *nm*, **provinciala** *nf (Rel)* provincial.

provincialismo *nm* provincialism; *(Ling)* dialect(al) word *o* phrase *etc;* ~ **de cortas luces** *o* **de vía estrecha** narrow provincialism.

provinciano/a 1 *adj* **(a)** *(gen, tb pey)* provincial; *(rural)* country *(atr)*. **(b)** *(vasco)* Basque, of the Basque Provinces. **2** *nm/f* **(a)** provincial country dweller. **(b)** Basque.

provisión *nf* **(a)** *(acto)* provision. **(b)** *(abastecimiento)* provision, supply; ~**es** provisions, supplies, stores. **(c)** *(Fin)* ~ **de fondos** financial cover; **cheque sin ~** bad cheque. **(d)** *(previsión)* precautionary measure, step.

provisional *adj* provisional.

provisorio *adj (LAm: interino)* provisional.

provisto *adv:* ~ **de** provided *o* supplied with; *(que tiene)* having, possessing.

provocación *nf (incitación)* provocation; *(irritación)* irritation.

provocador *adj* provocative, provoking.

provocar [1g] **1** *vt* **(a)** *(persona)* to provoke; *(excitar)* to rouse, stir up (to anger); *(tentar)* to tempt, invite; ~ **a uno a cólera** *o* **indignación** to rouse sb to fury; ~ **a uno a risa** to make sb laugh; **el mar provoca a bañarse** the sea invites one to go for a swim. **(b)** *(cambio)* to bring about, lead to; *(proceso)* to promote; *(protesta, explosión)* to cause, spark off. **(c)** *(excitar)* to rouse, stimulate (sexually). **(d)** *(LAm: tener ganas)* **me provoca comer** I feel like eating. **2** *vi (fam: vomitar)* to be sick.

provocativo *adj* **(a)** provocative, provoking. **(b)** *(mujer)* provocative; *(vestido)* daring, immodest; *(risa, gesto)* inviting.

proxeneta *nmf* go-between; *(chulo)* pimp, procurer.

proximidad *nf* nearness, closeness.

próximo *adj* **(a)** *(cercano)* near, close; *(vecino)* neighbouring; *(pariente)* close; **en fecha ~a** soon, at an early date; **estar ~ a** to be close to, be near; **estar ~ a hacer algo** to be on the point of doing sth, be about to do sth. **(b)** *(siguiente, anterior)* next; **el mes ~** next month; **el mes ~ pasado** last month; **el ~ 5 de junio** on 5th June next; **se bajarán en la ~a parada** they will get off at the next stop.

proyección *nf* **(a)** *(gen)* projection. **(b)** *(Cine etc)* showing; **el tiempo de ~ es de 35 minutos** the film runs for 35 minutes. **(c)** *(Cine, Fot)* slide, transparency. **(d)** *(fig: influencia)* hold, influence; **la ~ de los periódicos sobre la sociedad** the influence which newspapers have on society.

proyectable *adj:* **asiento ~** *(Aer)* ejector seat.

proyectar [1a] *vt* **(a)** *(objeto)* to hurl, throw; *(luz)* to cast, project; *(chorro, líquido)* to send out; *(dirigir)* to direct (*hacia* at); *(sombra)* to cast. **(b)** *(Cine, Fot)* to project, screen. **(c)** *(Mat)* to project. **(d)** *(Arquit)* to plan; *(Mec)* to design; **está proyectado para hacer algo** it is designed to do sth. **(e)** *(planificar)* ~ **hacer** to plan to do.

proyectil *nm* projectile, missile; *(Mil: de arma)* shell; *(con cohete)* missile; ~ **balístico intercontinental** intercontinental ballistic missile; ~ **(tele)dirigido** guided missile; ~ **de iluminación** flare, rocket.

proyectista *nmf (planificador)* planner; *(Aer, Aut, Téc etc)* designer; *(delineante)* draughtsman.

proyecto *nm* **(a)** *(Téc)* plan, design; *(idea)* project. **(b)** *(fig: intención)* plan; *(designio)* scheme, project; **cambiar de ~** to change one's plans; **tener ~s para** to have plans for; **tener algo en ~** to be planning sth. **(c)** *(Fin)* detailed estimate. **(d)** *(Pol)* ~ **de ley** bill.

proyector *nm* **(a)** *(Cine)* projector. **(b)** *(Mil: reflector)* searchlight; *(Teat)* spotlight.

prudencia *nf (cordura)* wisdom; *(cuidado)* care; *(sensatez)* sound judgment.

prudencial *adj* **(a)** *(adecuado)* prudential; *(sensato)* sensible. **(b)** *(cantidad, distancia etc)* roughly correct.

prudente *adj (sensato)* sensible, wise; *(chófer)* careful; *(decisión etc)* sensible, sound.

prueba *nf* **(a)** *(gen, tb Mat)* proof; *(Jur)* proof, evidence; ~**s** *(Jur)* documents; ~ **documental** documentary evidence; ~ **indiciaria** circumstantial proof; **en ~ de** in proof of; **en ~ de lo cual** in proof whereof; **¿tiene Ud ~ de ello?** can you prove it?, do you have proof? **(b)** *(fig: indicio)* proof, sign; **es buena ~** it's a good sign; **sin dar la menor ~ de ello** without giving the faintest sign of it. **(c)** *(Téc etc)* test, trial; *(Quím etc)* experiment; ~**s** *(Aer, Aut, Náut)* trials; ~ **de fuego** *(fig)* acid test; ~ **de inteligencia** intelligence test; ~ **nuclear** nuclear test; **por un procedimiento de ~ y desacierto** by a process of trial and error; **a ~** *(Téc)* on trial; *(Com)* on approval; **ingresar con un nombramiento a ~** to take up a post for a probationary period; **a ~ de agua/bala/ladrones/lluvia/ruidos** waterproof/bulletproof/burglarproof/rainproof/soundproof; **poner** *o* **someter a ~** to put to the test, try out; **poner a ~ la paciencia de uno** to try sb's patience. **(d)** *(de comida: acto)* testing, sampling; *(: cantidad)* taste, sample. **(e)** *(Cos)* fitting, trying on; **sala de ~s** fitting room. **(f)** *(Tip)* ~**s** proofs; **primeras ~s** first proofs, galleys; ~**s de planas** page proofs. **(g)** *(Fot)* proof, print; ~ **negativa/positiva** negative/positive print. **(h)** *(Dep)* event; ~**s** trials; ~ **clasificatoria** *o* **eliminatoria** heat; ~ **de vallas** hurdles, hurdles

race. **(i)** *(LAm)* ~ **acrobáticas** acrobatics.
pruebista *nmf (LAm)* acrobat, contortionist.
prurito *nm* **(a)** *(Med: picazón)* itch. **(b)** *(fig: anhelo)* itch, urge (to perfectionism); **tener el ~ de hacer algo** to have the urge to do sth; **por un ~ de exactitud** out of an excessive desire for accuracy.
Prusia *nf* Prussia.
psicoanálisis *nm (Med)* psychoanalysis.
psicoanalista *nmf* psychoanalyst.
psicoanalizar [1f] *vt* to psychoanalyse.
psicodélico *adj* psychedelic.
psicología *nf* psychology.
psicológico *adj* psychological.
psicólogo/a *nm/f* psychologist.
psiconeurosis *nf inv* psychoneurosis.
psicopatología *nf* psychopathology.
psicópata *nmf* psychopath.
psicosis *nf inv* psychosis.
psicosomático *adj* psychosomatic.
psicoterapia *nf* psychotherapy.
psicótico/a 1 *adj* psychotic. **2** *nm/f* psychotic.
psiquiatra *nmf* psychiatrist.
psiquiatría *nf* psychiatry.
psiquiátrico *adj* psychiatric.
psíquico *adj* psychic(al).
pta(s). *abr de* **peseta(s).**
púa *nf* **(a)** sharp point; *(Bot, Zool)* prickle, spine; *(de erizo)* quill; *(de peine)* tooth; *(de tenedor)* prong, tine; *(de alambre)* barb; *(LAm: de gallo de pelea)* spur; *(puñal)* knife. **(b)** *(Bot)* graft, cutting.
púazo *nm (LAm: puñalada)* slash.
púber(a) 1 *adj* adolescent. **2** *nm/f* adolescent child, child approaching puberty.
pubertad *nf* puberty.
pubescente *adj* pubescent; *(velloso)* hairy.
púbico *adj* pubic.
pubis *nm inv (Anat)* pubis.
publicación *nf* publication.
publicar [1g] *vt (gen)* to publish; *(difundir)* to publicize; *(divulgar: secreto etc)* to make public, divulge.
publicidad *nf* **(a)** *(notoriedad)* publicity; **dar ~ a** to publicize, give publicity to. **(b)** *(Com: propaganda)* advertising; **~ de lanzamiento** advertising campaign to launch a product; **hacer ~ por** to advertise.
publicista *nmf (periodista)* publicist.
publicitario *adj* advertising *(atr)*; **campaña ~a** advertising campaign.
público 1 *adj (notario)* public; **hacer ~** to publish, make public; *(difundir)* to disclose. **2** *nm (concurrencia)* public; *(Mús, Teat etc)* audience; *(Dep)* spectators *pl*, crowd; *(restaurantes etc)* clients *pl*, clientele, patrons *pl; (de periódico)* readers *pl*, readership; **hay poco ~** there aren't many people; **hubo un ~ de 800** there was a crowd *o* an audience of 800; **el gran ~** the general public; **en ~** in public.
pucha[1] *nf* **(a)** *(Cu)* bouquet. **(b)** *(Méx)* ring-shaped loaf.
pucha[2] *nf* **(a)** *(LAm euf)* = **puta. (b) ¡(la) ~!** well I'm damned!
púcher *nm (fam)* pusher.
pucherazo *nm (fam: fraude)* electoral fiddle *(fam)*; **dar ~** to rig an election, fiddle the votes *(fam)*.
puchero *nm* **(a)** *(Culin: olla)* cooking pot. **(b)** *(Culin: guiso)* stew; *(fig)* daily bread; **apenas gana para el ~** he hardly earns enough to live on. **(c)** *(fam)* pout; **hacer ~s** to pout, screw up one's face.
puches *nmpl (gachas)* porridge *sg*, gruel *sg*.
pucho *nm* **(a)** *(colilla)* fag end, cigar stub. **(b)** *(LAm)* scrap; *(Cos)* remnant; *(Fin)* coppers *pl*, small change; *(fig)* trifle, mere nothing; **a ~s** in dribs and drabs.
pudendo 1 *adj* **(a)** shameful, immodest. **(b) partes ~as** private parts. **2** *nm* penis.
pudibundez *nf (afectación)* false modesty; *(remilgos)* excess of modesty.
pudibundo *adj* bashful, modest; *(muy remilgado)* over-shy *(about sex)*, excessively modest; *(melindroso)* prudish.
pudiente *adj (opulento)* wealthy, well-to-do; *(poderoso)* powerful, influential.
pudín *nm* pudding.
pudor *nm* **(a)** *(recato)* modesty; *(vergüenza)* (sense of) shame; **con ~** modestly, discreetly. **(b)** *(castidad)* chastity, virtue; **atentado al ~** indecent assault.
pudoroso *adj* **(a)** *(modesto)* modest. **(b)** *(casto)* chaste, virtuous.
pudrición *nf* **(a)** *(proceso)* rotting. **(b)** *(putrefacción)* rot, rottenness; **~ seca** dry rot.
pudridero *nm* rubbish heap, midden.
pudrir [3a] **1** *vt* **(a)** *(descomponer)* to rot. **(b)** *(fam: molestar)* to upset, vex. **2** *vi (fig: haber muerto)* to rot, be dead and buried. **3 pudrirse** *vr* **(a)** *(corromperse)* to rot, decay; *(descomponerse)* to rot away. **(b)** *(fig)* to rot, languish; **mientras se pudría en la cárcel** while he was languishing in jail; **¡que se pudra!** let him rot!
pueblada *nf (LAm: motín)* riot; *(revuelta)* revolt, uprising; *(Arg)* mob.
pueblerino/a 1 *adj (lugareño)* small-town *(atr)*; *(persona)* rustic, provincial. **2** *nm/f (aldeano)* rustic, country person.
pueblo *nm* **(a)** *(Pol)* people, nation; **~ elegido** chosen people; **el ~ español** the Spanish people; **la voluntad del ~** the nation's will; **hacer un llamamiento al ~** to call on the nation. **(b)** *(plebe)* common people, lower orders. **(c)** *(aldea)* village; *(población pequeña)* small town, country town.
puente *nm* **(a)** *(gen, fig)* bridge; **~ aéreo** shuttle service; **~ de pontones/colgante** pontoon/suspension bridge; **~ levadizo** drawbridge; **~ para peatones** footbridge; **tender un ~** *(fig: transigir)* to offer a compromise, go part-way to meet sb's wishes. **(b)** *(fig: de gafas, Mus)* bridge. **(c)** (*Náut: tb* **~ de mando**) bridge; *(cubierta)* deck; **~ del timón** wheelhouse. **(d)** *(fig: espacio)* gap; *(vacío)* hiatus; **habrá que salvar el ~ de una cosecha a otra** something will have to be done to fill the gap between one harvest and the next. **(e)** *(fam)* **hacer (el) ~** to take a long weekend.
puerca *nf* **(a)** *(cerda)* sow. **(b)** *(fam)* slut. **(c)** *(parásito)* woodlouse.
puerco 1 *nm* **(a)** *(cerdo)* pig, *(US)* hog; **~ espín** porcupine; **~ jabalí** *o* **montés** wild boar *o* pig; **~ marino** dolphin. **(b)** *(fam: sinvergüenza)* pig; *(: canalla)* swine, rotter. **2** *adj* **(a)** *(asqueroso)* dirty, filthy. **(b)** *(repugnante)* nasty, disgusting; *(grosero)* coarse. **(c)** *(mezquino)* rotten *(fam)*, mean.
puericultor *nm*: **médico ~** paediatrician.
puericultura *nf* paediatrics.
pueril *adj* **(a)** *(gen)* childish; **edad ~** childhood. **(b)** *(insignificante)* puerile, childish.
puerilidad *nf (niñería)* puerility, childishness.
puerperal *adj* puerperal.
puerro *nm (Culin)* leek.
puerta *nf (gen)* door; *(grande)* gate; *(pórtico)* doorway; *(fig)* gateway *(de* to); **~ de corredera/gira-**

toria/principal/trasera *o* **de servicio** sliding/swing/front/back door; **entrar por la ~ chica** *(fig, fam)* to get in by the back door; **a ~ cerrada** behind closed doors; **a las ~s de la muerte** at death's door; **tenemos la guerra a las ~s** war is upon us; **coche de 2 ~s** 2-door car; **política de ~s adentro** home policy; **de ~ en ~** from door to door; **abrir la ~ a** *(fig)* to open the door to; **franquear las ~s a uno** to welcome sb in; **querer poner ~s al campo** to try to stem the tide; **salir por la ~ de los carros** to fail, be a disaster; **tomar la ~** *(fam)* to leave, get out.

puertaventana *nf* shutter.

puerto *nm* **(a)** *(gen)* port, harbour; *(de mar)* seaport; **~ comercial/franco/de origen/pesquero** trading/free/home/fishing port; **entrar a** *o* **tomar ~** to enter (into) port. **(b)** *(fig: refugio)* haven, refuge; **llegar a ~** to get over a difficulty, come through safely. **(c)** *(Geog)* pass.

Puerto Rico *nm* Puerto Rico.

puertorriqueño/a 1 *adj* Puerto Rican. **2** *nm/f* Puerto Rican.

pues 1 *adv* **(a)** *(entonces)* then; *(bueno)* well, well then; *(así que)* so; **~ no voy** well I'm not going; **¿no vas con ella, ~?** aren't you going with her after all?; **llegó, ~, con 2 horas de retraso** so he arrived 2 hours late; **~ sí** well, yes; *(naturalmente)* certainly; **~ no** well, no; *(de ningún modo)* not at all; **¡~ qué!** come now!, what else did you expect!; **¿~?** so?, well? **(b)** *(duda)* **~ ... no sé** well ... I don't know. **(c)** *(afirmación)* **¡~!** yes!, certainly! **2** *conj (porque)* since, for; **cómpralo, ~ lo necesitas** buy it, since you need it; **nos marchamos, ~ no había más remedio** we went, since there was no alternative.

puesta *nf* **(a)** *(comienzo)* **~ en marcha** starting; **~ en escena** staging. **(b)** *(Astron)* setting; **~ del sol** sunset. **(c)** *(postura)* egg-laying; **una ~ anual de 300 huevos** an annual lay *o* output of 300 eggs. **(d)** *(Naipes)* stake, bet.

puestero/a *nm/f* **(a)** *(LAm)* stallholder, market vendor. **(b)** *(Chi, RPl)* ranch hand.

puesto 1 *pp de* **poner.**

2 *adj* **(a) con el sombrero ~** with one's hat on, wearing a hat; **una mesa ~a para 9** a table laid for 9. **(b) bien ~** well dressed, smartly turned out.

3 *nm* **(a)** *(lugar)* place; *(posición)* position; **ocupa el tercer ~ en la liga** it is in third place in the league; **ceder el ~ a uno** to give up one's place to sb. **(b)** *(cargo)* post, position, job; **tiene un ~ de conserje** he has a post as a porter; **se crearán 200 ~s de trabajo** 200 new jobs will be created. **(c)** *(Mil)* post; **~ de escucha/de socorro** listening/first aid post; **~ de policía** police station. **(d)** *(Caza)* stand, place. **(e)** *(Com)* stall; *(en una exhibición)* stand, booth; *(quiosco)* kiosk; **~ de mercado** market stall. **(f)** *(RPl)* small farm.

4: ~ que *conj (pues)* since, as.

púgil *nm (boxeador)* boxer.

pugilato *nm (boxeo)* boxing; *(fig: disputa)* conflict.

pugilista *nm (LAm)* boxer.

pugna *nf* struggle, conflict; **entrar** *o* **estar en ~ con** to clash with.

pugnacidad *nf (hostilidad)* pugnacity, aggressiveness.

pugnar [1a] *vi* **(a)** *(luchar)* to fight (*por* for). **(b)** *(batallar)* to struggle, strive (*por hacer algo* to do sth). **(c)** *(opinión)* to clash (*con* with).

pugnaz *adj* pugnacious, aggressive.

puja *nf* **(a)** *(esfuerzo)* attempt, effort. **(b)** *(en una subasta)* bid. **(c) sacar de la ~ a uno** to get sb out of a jam.

pujante *adj (fuerte)* strong, vigorous; *(potente)* powerful; *(enérgico)* forceful.

pujanza *nf (fuerza)* strength, vigour; *(poder)* power; *(vigor)* forcefulness, drive.

pujar [1a] **1** *vt (precio)* to raise, push up. **2** *vi* **(a)** *(en licitación)* to bid, bid up; *(Naipes)* to bid. **(b)** *(esforzarse)* to struggle, strain; **~ para hacer algo** to struggle to do sth; **~ para adentro** *(LAm)* to grin and bear it. **(c)** *(vacilar)* to falter, hesitate; *(por palabras)* to struggle *o* be at a loss for words. **(d)** *(hacer pucheros)* to be on the verge of tears.

pujo *nm* **(a)** *(Med)* difficulty in relieving o.s. **(b)** *(fig: ansia)* longing, strong urge; **sentir ~ de llorar** to be on the verge of tears. **(c)** *(fig: intento)* attempt, try; **~s** pretensions; **tiene ~s de caballero** he has pretensions to being a gentleman.

pulcritud *nf (esmero)* neatness, tidiness; *(delicadeza)* exquisiteness, delicacy.

pulcro *adj (aseado)* neat, tidy; *(elegante)* smartly dressed; *(estilo)* exquisite; *(delicado)* dainty, delicate.

pulga *nf* **(a)** *(insecto)* flea. **(b)** *(locuciones)* **tener malas ~s** to be short-tempered; **no aguantar ~s** *(fam)* to stand no nonsense; **hacer de una ~ un elefante** to make a mountain out of a molehill.

pulgada *nf (medida)* inch.

pulgar *nm* thumb.

pulgarada *nf* **(a)** *(capirotazo)* flick, flip. **(b)** *(de rapé)* pinch.

Pulgarcito *nm* Tom Thumb.

pulgón *nm* plant louse.

pulgoso *adj*, **pulguiento** *adj (LAm)* full of fleas, verminous.

pulido *adj (pulcro)* neat, tidy; *(esmerado)* careful; *(pulimentado)* polished; *(refinado)* refined; *(melindroso)* affected, finicky.

pulidor(a) *nm/f* polisher.

pulimentar [1a] *vt (pulir)* to polish; *(dar lustre a)* to put a gloss on; *(alisar)* to smooth.

pulimento *nm* **(a)** *(acto)* polish; *(brillo)* gloss. **(b)** *(sustancia)* polish.

pulir [3a] **1** *vt* **(a)** *(gen)* to polish; *(dar lustre a)* to put a gloss *o* shine on. **(b)** *(alisar)* to smooth; *(ultimar)* to finish (off). **(c)** *(fig: perfeccionar)* to polish up, touch up; *(persona: civilizar)* to polish up. **(d)** *(fam: birlar)* to pinch *(fam)*; *(vender)* to sell, flog *(fam)*. **2 pulirse** *vr (fig: refinarse)* to acquire polish; *(acicalarse)* to spruce o.s. up.

pulmón *nm* lung; **~ de acero** iron lung; **a pleno ~** *(respirar)* deeply; *(gritar)* at the top of one's voice.

pulmonía *nf* pneumonia; **~ doble** double pneumonia.

pulóver *nm* pullover.

pulpa *nf (gen)* pulp; *(pasta blanda)* soft mass; *(de fruta, planta)* flesh, soft part; *(Anat)* flesh; *(LAm)* boneless meat, fillet; **~ de madera** wood pulp.

pulpería *nf. (LAm: tienda)* general *o* food store; *(: taberna)* bar, tavern.

pulpero *nm (LAm: tendero)* storekeeper, grocer; *(: tabernero)* tavern-keeper.

púlpito *nm* pulpit.

pulpo *nm* octopus.

pulposo *adj (gen)* pulpy; *(carnoso)* soft, fleshy.

pulque *nm (Méx: bebida alcohólica)* pulque.

pulquear [1a] *(Méx)* **1** *vi* to drink pulque. **2 pulquearse** *vr* to get drunk on pulque.

pulquería *nf (Méx)* bar, tavern.

pulquérrimo *adj superl de* **pulcro.**

pulsación *nf* **(a)** *(latido)* beat, pulsation; *(Anat)* throb(bing), beat(ing). **(b)** *(en máquina de escribir)* tap; *(de pianista, mecanógrafo)* touch.

pulsador *nm (botón)* button, push-button; *(Elec: interruptor)* switch.
pulsar [1a] **1** *vt* **(a)** *(llave)* to strike, touch; *(botón)* to press; *(Mús)* to play. **(b)** *(Med)* **~ a uno** to take *o* feel sb's pulse. **(c)** *(fig: opinión)* to sound out, explore. **2** *vi (latir)* to pulsate, throb.
pulsera *nf* wristlet, bracelet; **~ para reloj** watch strap; **reloj de ~** wristwatch.
pulso *nm* **(a)** *(Anat)* pulse; **tomar el ~ a uno** to take *o* feel sb's pulse; **tomar el ~ a la opinión** to sound out opinion. **(b)** *(Anat)* wrist; *(fig: firmeza)* strength of wrist; **a ~** with the strength of the hand; *(con esfuerzo)* by sheer hard work; *(solo)* unaided, all alone; *(con dificultad)* the hard way; **dibujo (hecho) a ~** freehand drawing; **tomar un mueble a ~** to lift a piece of furniture clean off the ground. **(c)** *(fig: seguridad)* steadiness, steady hand; **con ~ firme** with a steady hand. **(d)** *(fig: tiento)* tact, good sense; **con mucho ~** very sensibly, with great tact.
pulular [1a] *vi (estar plagado)* to swarm (*de* with).
pulverización *nf* **(a)** *(de sólidos)* pulverization. **(b)** *(de perfume, insecticida)* spraying.
pulverizador *nm* spray, spray gun.
pulverizar [1f] *vt* **(a)** *(sustancia)* to pulverize; *(reducir a polvo)* to powder, convert into powder. **(b)** *(líquido)* to spray. **(c)** *(fig: enemigo, ciudad)* to pulverize, smash.
pulla *nf* **(a)** *(injuria)* cutting *o* wounding remark; *(mofa)* taunt; *(indirecta)* dig. **(b)** *(dicho obsceno)* obscene *o* rude remark.
pum *interj* bang!
puma *nf (Zool)* puma.
puna *nf (LAm)* **(a)** high Andean plateau; *(páramo)* bleak upland. **(b)** *(Med: soroche)* mountain sickness.
punción *nf (Med)* puncture.
punch *nm (LAm)* **(a)** *(puñetazo)* punch. **(b)** *(fig: empuje)* strength, punch; *(agilidad)* agility.
punchar [1a] *vt (LAm)* to punch.
punching ['punʃin] *nm (saco de arena)* punchball.
pundonor *nm (dignidad)* self-respect, amour propre; *(honra)* honour.
pundonoroso *adj (honrado)* honourable; *(puntilloso)* punctilious, scrupulous.
pungir [3c] *vt* **(a)** *(punzar)* to prick, puncture. **(b)** *(herir)* to cause suffering to.
punible *adj* punishable.
punición *nf* punishment.
punta 1 *nf* **(a)** *(extremo)* end; *(extremo punzante)* point, sharp end; *(de madera)* thin end; *(Geog)* point; *(promontorio)* headland; *(Cos)* corner; **~ de lanza** spearhead; **con la ~ de la lengua** with the tip of one's tongue; **tener algo en la ~ de la lengua** to have sth on the tip of one's tongue; **~ del pie** toe; **de ~** on end, endways; **de ~ a ~** from one end to the other; **ir de ~ en blanco** to be all dressed up to the nines; **sacar ~ a** to sharpen; **sacar ~ a una máquina** to get the most out of a machine; **se le pusieron los pelos de ~** her hair stood on end; **estoy hasta la ~ de los pelos con él** I'm utterly fed up with him. **(b)** *(fig)* touch, trace; *(dejo)* tinge; **tiene ~ de loco** he has a streak of madness; **tiene sus ~s de filósofo** there's a little of the philosopher about him. **(c)** *(locuciones)* **andar** *o* **estar de ~** to be at odds (*con* with); **estar de ~** to be in a bad mood; **ponerse de ~ con uno** to fall out with sb; **tener de ~ a uno** to be at daggers drawn with sb. **(d)** *(Téc)* small nail. **(e)** *(colilla)* stub, butt. **(f)** *(Zool: de toro)* horn; *(: de ciervo)* point, tine. **(g)** *(Agr)* group of cows. **(h)** *(Cu)* leaf of best tobacco. **(i)** *(Méx)* sharp weapon. **(j)** *(LAm: grupo)* group, gathering; *(: cantidad)* lot; **una ~ de** a lot of, a bunch of.
2 *atr:* **horas ~** peak *o* rush hours; **velocidad ~** maximum *o* top speed.
puntada *nf* **(a)** *(Cos)* stitch; **~ invisible** invisible mending; **no ha dado ~** *(fig)* he hasn't done a stroke. **(b)** *(fam: insinuación)* hint; **pegar** *o* **soltar una ~** to drop a hint. **(c)** *(Med: punzada)* stitch, sharp pain.
puntal *nm* **(a)** *(Arquit)* prop, support; *(Agr)* prop; *(Téc)* strut, crosspiece; *(montante)* stanchion. **(b)** *(fig: apoyo)* support; *(soporte)* chief supporter. **(c)** *(LAm)* snack.
puntapié *nm* kick; **echar a uno a ~s** to kick sb out; **pegar un ~ a uno** to give sb a kick.
puntazo *nm (Taur: con el cuerno)* jab; *(LAm)* jab, poke; *(puñalada)* stab wound.
punteado 1 *adj (moteado)* dotted, covered with dots; *(pintura: grabado con puntos)* stippled; *(diseño)* of dots. **2** *nm* **(a)** *(véase adj)* series of dots; stippling. **(b)** *(Mús)* twang, plucking.
puntear [1a] **1** *vt* **(a)** *(motear)* to dot, cover *o* mark with dots; *(pintar, etc con puntos)* to stipple. **(b)** *(artículos)* to tick, put a mark against; *(LAm)* to check off. **(c)** *(Cos)* to stitch (up). **(d)** *(Mús)* to pluck; *(tañer)* to twang. **(e)** *(LAm: terreno)* to fork over. **(f)** *(Lam: desfile)* to head, lead. **2** *vi (Náut)* to tack.
puntera *nf* **(a)** *(remiendo)* toecap. **(b)** *(fam)* kick.
puntería *nf* **(a)** *(el apuntar)* aim, aiming; **enmendar** *o* **rectificar la ~** to correct one's aim. **(b)** *(fig: destreza)* marksmanship; **tener buena/mala ~** to be a good/bad shot.
puntero *nm* **(a)** *(señal)* pointer. **(b)** *(cincel)* stonecutter's chisel. **(c)** *(persona)* outstanding individual; *(dirigente)* leader. **(d)** *(LAm)* leading team; *(de rebano)* leading animal; *(de desfile)* leader.
puntiagudo *adj* sharp, sharp-pointed.
puntilla *nf* **(a)** *(Téc)* tack, brad. **(b)** *(de lapicero)* point, nib. **(c)** *(Cos)* lace edging. **(d)** *(Taur: cachetero)* short dagger; **dar la ~** to finish off the bull. **(e)** **de ~s** on tiptoe; **andar de ~s** to walk on tiptoe.
puntillismo *nm (Arte)* pointillism.
puntillo *nm (punto de honor)* exaggerated sense of honour.
puntilloso *adj (pundonoroso)* punctilious; *(susceptible)* touchy, sensitive.
punto *nm* **(a)** *(en un diseño)* dot, spot; *(en plumaje)* spot, speckle; *(Naipes, dominó)* spot, pip; **diseño a ~s** design of dots.
(b) *(Tip)* point; **~ final** full stop; **dos ~s** colon; **~ y coma** semicolon; **~ de admiración/de interrogación** exclamation/question mark; **~s suspensivos** dots, suspension points; **~ acápite** full stop, new paragraph; **'~ y aparte'** *(en dictado)* 'new paragraph'; **sin faltar ~ ni coma** accurately; **poner los ~s sobre las íes** to dot the i's and cross the t's.
(c) *(tanto)* point; *(en un examen)* mark; **con 8 ~s a favor y 3 en contra** with 8 points for and 3 against; **vencer por ~s** to win on points.
(d) *(en una disputa)* point; *(tema)* item, question; **contestar ~ por ~** to answer point by point; **~ capital** crucial point; *(lo esencial)* crux; **~s de consulta** terms of reference; **~s a tratar** matters to be discussed, agenda.
(e) **~ de taxis** taxi stand, cab rank.
(f) *(Mús)* pitch.
(g) *(Cos)* stitch; *(de tela)* mesh; *(de media)* ladder, run; *(Med)* stitch; **~ de media** plain knitting; **hacer ~** to knit; **¡~ en boca!** mum's the word!; **chaqueta de ~** knitted jacket.

(h) *(en cinturón)* hole; **darse dos ~s en el cinturón** to let out one's belt; *(fig)* to overeat; **calzar muchos ~s** to know a lot.

(i) *(de lugar)* spot, place; *(Geog)* point; *(Mat)* point; *(de proceso)* point, stage; *(en el tiempo)* point, moment; **~ de apoyo** fulcrum; **~ de partida/de referencia/crítico/de congelación/de fusión** starting/reference/critical/freezing/melting point; **~ clave de las defensas** key point in the defences; **~ culminante** culminating moment; **~ débil** *o* **flaco** weak spot; **~ muerto** *(Mec)* dead centre; *(Aut etc)* neutral (gear); *(fig: estancarse)* deadlock, stalemate; **las negociaciones están en un ~ muerto** the negotiations are deadlocked, there is stalemate in the talks; **~ neutro** *(Mec)* dead centre; *(Aut etc)* neutral (gear); **~ de veraneo** summer resort, holiday resort; **~ de vista** point of view, viewpoint; **él lo mira desde otro ~ de vista** he looks at it from another point of view.

(j) *(locuciones + prep)* **a ~** ready; **con sus máquinas a ~ para disparar** with their cameras ready to shoot; **llegar a ~** to come just at the right moment; **saber algo a ~ fijo** to know sth for sure; **al ~** at once, instantly; **está a ~** it's ready; **estar a ~ de hacer algo** to be on the point of doing sth, be about to do sth; **poner un motor a ~** to tune an engine; **de todo ~** completely, absolutely; **bajar de ~** to decline, fall away; **a las 7 en ~** at 7 sharp, at 7 on the dot; **en ~ a** with regard to; **estar en su ~** *(Culin)* to be done to a turn; **pongamos las cosas en su ~** let's be absolutely clear about this; **hasta el ~ de hacer algo** to the extent of doing sth; **hasta cierto ~** up to a point, to some extent; **hasta tal ~ que ...** to such an extent that ...; **tomar de ~ a uno** to pull sb's leg.

(k) *(fam)* **¡vaya un ~!, ¡está hecho un ~ filipino!** he's a right rogue! *(fam)*.

puntuable *adj (que cuenta)* **una prueba ~ para el campeonato** a race which counts towards *o* scores in the championship.

puntuación *nf* **(a)** *(Ling, Tip)* punctuation. **(b)** *(acto: Escol)* marking; *(: Dep)* scoring; **sistema de ~** system of scoring. **(c)** *(Escol)* mark(s); *(grado)* class, grade; *(Dep)* score.

puntual *adj* **(a)** *(persona: fiable)* reliable; *(: rápido)* prompt; *(: en la hora)* punctual. **(b)** *(llegada)* punctual. **(c)** *(informe)* reliable; *(exacto)* precise; *(cálculo)* exact, accurate.

puntualidad *nf* **(a)** *(seguridad)* reliability; *(diligencia)* promptness; *(exactitud)* punctuality. **(b)** *(precisión)* precision, accuracy.

puntualizar [1f] *vt* **(a)** *(precisar)* to fix, specify; *(determinar)* to settle, determine. **(b)** *(gravar)* to fix in one's mind *o* memory.

puntuar [1c] **1** *vt* **(a)** *(Ling, Tip)* to punctuate. **(b)** *(examen)* to mark. **2** *vi (Dep)* to score, count; **eso no puntúa** that doesn't count.

puntudo *adj (LAm: puntiagudo)* sharp.

puntura *nf* prick.

punzada *nf* **(a)** *(puntura)* prick, jab. **(b)** *(Med)* stitch; *(dolor)* twinge (of pain), shooting pain. **(c)** *(fig: aflicción)* pang, twinge (of regret *etc*).

punzante *adj* **(a)** *(dolor)* shooting, sharp. **(b)** *(instrumento)* sharp. **(c)** *(fig: comentario)* biting, caustic.

punzar [1f] **1** *vt* **(a)** *(pinchar)* to puncture, prick, pierce; *(Téc)* to punch; *(perforar)* to perforate. **(b)** *(fig: pesar)* to hurt, grieve; **le punzan remordimientos** he feels pangs of regret, his conscience pricks him. **2** *vi (dolor)* to shoot, stab.

punzó *adj* bright red.

punzón *nm (Téc)* punch; *(buril)* graver, burin; *(Tip)* bodkin.

puñada *nf* punch, clout; **dar de ~s en** to punch.

puñado *nm (lit, fig)* handful; **a ~s** by handfuls, in plenty.

puñal *nm* dagger; **poner el ~ al pecho a uno** *(fig)* to put sb on the spot.

puñalada *nf* **(a)** *(herida)* stab, thrust; **~ de misericordia** coup de grâce; **coser a ~s** to stab repeatedly. **(b)** *(fig)* stab, grievous blow; **~ encubierta** stab in the back.

puñeta *nf* **(a)** *(fam!)* **¡~!, ¡qué ~(s)!** hell! *(fam)*. **(b)** *(fam!)* **hacer ~s** to masturbate; **mandar a uno a hacer ~s** to tell sb to go to hell.

puñetazo *nm* punch; **a ~s** with (blows of) one's fists; **dar a uno de ~s** to punch sb.

puñetero *adj (fam: gen)* wretched; *(maldito)* damned; *(despreciable)* rotten.

puño *nm* **(a)** *(Anat)* fist; **~ de hierro** knuckle-duster; **a ~ cerrado** with one's clenched fist; **comerse los ~s** to be starving; **como un ~** *(casa etc)* tiny, very small; *(verdad)* obvious; *(palpable)* tangible, visible; **mentiras como ~s** whopping great lies *(fam)*; **de propio ~** in one's own handwriting; **de ~ y letra del poeta** in the poet's own handwriting; **meter a uno en un ~** to bring sb under control. **(b)** *(cantidad)* handful, fistful. **(c)** *(Cos)* cuff. **(d)** *(de espada)* hilt; *(de herramienta)* handle, haft, grip; *(de velero)* handle. **(e)** *(fig)* **~s** strength *sg; (fuerza bruta)* brute force; **es hombre de ~s** he's strong, he's tough; **ganar algo con los ~s** to get sth by sheer hard work.

pupa *nf* **(a)** *(Med)* pimple, blister; *(erupción)* lip sore, ulcer. **(b)** *(de insecto)* pupa.

pupilo/a 1 *nm/f* **(a)** *(en un orfelinato)* inmate; *(pensionista)* boarder. **(b)** *(Jur)* ward. **2 pupila** *nf* **(a)** *(Anat)* pupil. **(b)** *(LAm)* prostitute.

pupitre *nm* **(a)** *(escritorio)* desk. **(b)** *(Comput)* console.

puquío *nm (LAm)* spring, fountain.

purasangre *nmf, pl* **purasangres** thoroughbred.

puré *nm (Culin)* purée, (thick) soup; **~ de patatas** mashed potatoes; **estar hecho ~** *(fig)* to be knackered *(fam)*.

pureza *nf (gen)* purity; *(fig: castidad)* chastity, innocence.

purga *nf* **(a)** *(Med)* purge, purgative. **(b)** *(Pol: depuración)* purge. **(c)** *(Mec: drenaje)* venting, draining; **válvula de ~** vent.

purgación *nf* **(a)** *(acción)* purging. **(b)** **tener ~es** *(Med fam)* to have the clap *(fam)*.

purgante *nm (laxante)* purgative.

purgar [1h] **1** *vt* **(a)** *(gen)* to purge, cleanse (*de* of); *(Mec: drenar)* to vent, drain, air; *(Pol: depurar)* to purge, liquidate. **(b)** *(purificar)* to purify, refine. **(c)** *(Med: laxar)* to purge, administer a purgative to. **(d)** *(fig: pecado)* to purge, expiate; *(: pasiones)* to purge. **2 purgarse** *vr* **(a)** *(Med)* to take a purge. **(b)** *(fig)* **~ de** to purge o.s. of.

purgativo *adj (laxante)* purgative.

purgatorio *nm* purgatory; **¡fue un ~!** it was purgatory!

puridad *nf (Lit)* secrecy; **en ~** plainly, directly; *(secretamente)* in secret.

purificación *nf* purification.

purificar [1g] *vt (depurar)* to purify; *(limpiar)* to cleanse; *(Téc: refinar)* to purify, refine.

Purísima *adj superl:* **la ~** the Virgin.

purismo *nm* purism.

purista *nmf* purist.

puritanismo *nm (Rel)* puritanism; *(fig: sectarismo)* sectarianism.

puritano/a 1 *adj (actitud)* puritanical; *(religión,*

tradición) puritan. **2** *nm/f* puritan.
puro 1 *adj* **(a)** *(sustancia, color, lenguaje)* pure; *(depurado)* unadulterated; *(oro)* solid; *(cielo)* clear. **(b)** *(fig)* pure, simple; *(verdad)* plain; **de ~ aburrimiento** out of sheer boredom; **por ~a casualidad** by sheer chance. **(c)** *(moral)* pure, virtuous, chaste. **(d)** *(LAm: uno solo)* only, just; **me queda una ~a porción** I have just one portion left. **2** *adv:* **de ~ bobo** out of sheer stupidity; **no se le ve el color de ~ sucio** it's so dirty you can't tell what colour it is. **3** *nm* cigar.
púrpura *nf* purple.
purpurado *nm* cardinal.
purpurar [1a] *vt* to dye purple.
purpurina *nf (LAm)* metallic paint *(gold, silver etc)*.
purrela *nf* bad wine, cheap wine.
pus *nm (Med)* pus.
pusilánime *adj* fainthearted, pusillanimous.
pústula *nf* pustule, pimple.
puta *nf* **(a)** whore, prostitute; **~ callejera** streetwalker; **casa de ~s** brothel; **ir de ~s** to go whoring. **(b)** *(LAm: Naipes)* jack.
putañear [1a] *vi* to go whoring.
putativo *adj (padre, hermano)* putative, supposed.
puteada *nf (LAm)* shower of gross insults.
putear [1a] *vi* = **putañear.**
putería *nf* **(a)** *(prostitución)* prostitution, whoring. **(b)** *(prostitutas)* gathering of prostitutes; *(prostíbulo)* brothel. **(c)** *(fam)* womanly wile(s).
putrefacción *nf* **(a)** *(acto)* rotting, putrefaction; *(descomposición)* decay. **(b)** *(pudrición)* rot, rottenness; **~ fungoide** dry rot; **sujeto a ~** *(alimentos)* perishable.
putrefacto *adj (podrido)* rotten, putrid; *(descompuesto)* decayed.
putrescente *adj* rotting, putrefying.
pútrido *adj* putrid, rotten.
puya *nf (punta acerada)* goad, pointed stick; *(Taur)* point of the picador's lance.
puyar [1a] *vt* **(a)** *(LAm)* to jab, prick. **(b)** *(LAm)* to upset, needle *(fam)*.
puyón *nm (espolón)* cock's spur; *(puya)* sharp point; *(espina)* thorn.

Q

Q, q [ku] *nf (letra)* Q, q.
q.b.s.m. *abr de* **que besa su mano** your devoted servant.
q.e.s.m. *abr de* **que estrecha su mano** yours faithfully.
que[1] **1** *pron relativo* **(a)** *(suj: individuo)* who, that; *(obj directo)* whom, that; **la joven ~ invité** the girl (whom) I invited. **(b)** *(suj: cosa)* that, which; **el coche ~ compré** the car (that *o* which) I bought; **la cama en ~ pasé la noche** the bed in which I spent the night, the bed I spent the night in; **el día ~ ella nació**, the day (when) she was born. **2** *pron relativo (con artículo) véase* **el**[3], **lo**[4].
que[2] *conj* **(a)** *(con vb, adv)* that; **creo ~ va a venir** I think (that) he will come; **¡~ sí!** yes!; **claro ~ sí** of course; **decir ~ sí** to say yes; **estoy seguro de ~ lloverá** I am sure (that) it will rain; **¿~ no estabas allí?** (are you telling me) you weren't there? **(b)** *(antes de subjun)* that; **esperar ~ uno haga algo** to hope that sb will do sth; **no digo ~ sea traidor** I'm not saying (that) he's a traitor; **¡~ lo haga él!** let him do it!, get him to do it!; **¡~ entre!** send him in!; **¡~ venga pronto!** let's hope he comes soon! **(c) el que** + *subjun* the fact that ...; **el ~ viva en Vitoria no es ningún problema** the fact that he lives in Vitoria presents no problems. **(d)** *(resultado)* that; **soplaba tan fuerte ~ no podíamos salir** it was blowing so hard (that) we couldn't go out. **(e)** *(locuciones)* **siguió toca ~ toca** he kept on playing; **estuvieron habla ~ habla toda la noche** they talked and talked all night. **(f)** *(apócope de* **ya** *o* **por ~**) for, since, because; **vine un poco pronto ~ está lloviendo** I came a bit early because it's raining; **¡vamos, ~ cierro!** off with you, (because) I'm closing!; **¡cuidado, ~ nos vamos!** hold tight, we're off! **(g)** *(comparaciones)* than; **menos/más ... ~** less/more ... than; **más ~ nada** more than anything; **yo ~ tú** in your place, if I were you.
qué 1 *pron interrog:* **¿~?** what?; **¿~ dijiste?** what did you say?; **no sé ~ quiere decir** I don't know what it means; **¿y a mí ~?** so what?, what has that got to do with me?; **¿y ~?** so what?, well?; **¿~ más?** what else?; *(en tienda etc)* anything else? **¿para ~?** for what reason?, why?; **¿por ~?** why?; **sin ~ ni para ~** without rhyme or reason.
2 *adj* **(a)** **¿~ libro?** what book?; **¿~ edad tiene?** what age is he?, how old is he?; **¿a ~ velocidad?** how fast?; **¿de ~ tamaño es?** what size is it?, how big is it?; **dime ~ libro buscas** tell me which book you are looking for. **(b)** **¡~ día más espléndido!** what a glorious day!; **¡~ bonito!** isn't it pretty!; **¡~ asco!** how revolting!; **¡~ susto!** what a scare!; **¡~ de gente había!** what a lot of people there were!
quebrada *nf* **(a)** *(hondonada)* ravine. **(b)** *(LAm: arroyo)* brook, stream.
quebradero *nm:* **~ de cabeza** headache, worry.
quebradizo *adj* **(a)** *(gen)* fragile, brittle. **(b)** *(Med)* sickly, frail.
quebrado 1 *adj* **(a)** *(gen)* broken; *(terreno)* rough, uneven. **(b)** *(color)* pale. **(c)** *(Med)* ruptured. **(d)** *(Fin)* bankrupt. **2** *nm* **(a)** *(Mat)* fraction. **(b)** *(Fin)* bankrupt.
quebradura *nf* **(a)** *(grieta)* fissure, crack. **(b)** *(Geog)* = **quebrada (a). (c)** *(Med)* rupture.
quebrantadura *nf*, **quebrantamiento** *nm* **(a)** *(acción)* breaking; *(de ley)* violation. **(b)** *(estado)* exhaustion.
quebrantar [1a] **1** *vt* **(a)** *(gen)* to break; *(resquebrajar)* to crack. **(b)** *(resistencia etc)* to weaken; *(salud)* to shatter, destroy. **(c)** *(color)* to tone down. **(d)** *(LAm: caballo)* to break in. **2 quebrantarse** *vr (individuo)* to be broken (in health *etc)*.
quebranto *nm* **(a)** *(gen)* damage, harm; *(pérdida)* severe loss. **(b)** *(agotamiento)* exhaustion; *(depresión)* depression. **(c)** *(aflicción)* sorrow, affliction.
quebrar [1k] **1** *vt* **(a)** *(gen)* to break, smash. **(b)** *(doblar)* to bend; *(torcer)* to twist. **(c)** *(proceso)* to

interrupt. **(d)** = **quebrantar 1 (b), (d). 2** *vi* **(a)** *(Fin)* to fail, go bankrupt. **(b)** *(debilitarse)* to weaken. **(c)** ~ **con uno** to break with sb. **3 quebrarse** *vr* **(a)** to break, get broken. **(b)** *(Med)* to be ruptured.

quebroso *adj (Per)* brittle, fragile.

quecuesque *nm (Méx)* itch(ing).

queche *nm* smack, ketch.

quechua = **quichua.**

queda *nf* curfew.

quedar [1a] **1** *vi* **(a)** *(gen)* to stay, remain; **quedamos una semana** we stayed a week. **(b)** *(+ prep, adj)* to remain, be; ~ **asombrado** to be amazed; ~ **inmóvil** to remain *o* be *o* stand motionless; *(Aut etc)* to remain stationary; ~ **de pie** to remain standing; ~ **ciego** to go blind; **ha quedado sin hacer** nothing was done about it; **el proyecto quedó sin realizar** the plan was never carried out; **la cosa queda así** there the matter rests; **quedó heredero del título** he became heir to the title. **(c)** ~ **bien** to come off well; **te queda bien/pequeño** *(ropa)* it suits you/it's too small for you; ~ **bien con uno** to be on good terms with sb; **por** ~ **bien** in order to do the right thing; ~ **mal** to do badly, come off badly; ~ **mal con uno** to make a bad impression on sb; **por no** ~ **mal** so as not to cause any offence. **(d)** *(sitio)* to be; **eso queda muy lejos** that's a long way (away); **queda un poco más al oeste** it is *o* lies a little further west. **(e)** *(sobrar)* to remain, be left; **quedan 6** there are 6 left; **me quedan 6** I have 6 left; **nos queda poco dinero** we haven't much money left; **no quedan más que escombros** there is nothing left but rubble; **no me queda más remedio** I have no alternative (left). **(f)** *(faltar)* **quedan pocos días para la fiesta** the party is only a few days away; **nos quedan 12 kms para llegar al pueblo** there are still 12 kms to go to the village. **(g)** ~ **en** to turn out to be, end up as; **todo ese trabajo quedó en nada** all that work came to nothing. **(h)** ~ **en hacer algo** to agree *o* arrange to do sth; **quedamos en vernos mañana** we arranged to meet tomorrow; ~ **en que ...** to agree that ...; **¿en qué quedamos?** what do we decide to do then? **(i)** ~ **por hacer** to be still *o* remain to be done; **eso queda todavía por estudiar** that remains to be studied.

2 quedarse *vr* **(a)** ~ **atrás** to stay *o* remain behind; *(atrasarse)* to fall behind; ~ **en una pensión** to stay *o* put up at a boarding house; **se me ha quedado pequeña esta camisa** I've outgrown this shirt; ~ **sin** to find o.s. out of; **nos hemos quedado sin café** we've run out of coffee; *véase tb* **1 (a), (b). (b)** *(viento etc)* to fall calm. **(c)** ~ **con** *(gen)* to keep, hold on to; *(adquirir)* to acquire, get hold of; *(preferir)* to take, prefer; **se quedó con mi pluma** he walked off with my pen; **quédese con la vuelta** keep the change; **entre A y B, me quedo con B** if I have to choose between A and B, I'll take B. **(d)** ~ **con uno** *(fam)* to swindle *o* cheat sb. **(e)** *(locuciones)* **no se queda con la cólera dentro** he can't control his anger; ~ **en nada** to come to nothing; **no se quedó en menos** he was not to be outdone. **(f)** ~ **haciendo algo** to keep *o* go on doing sth; **se nos quedó mirando asombrado** he stood *etc* looking at us in amazement.

quedo 1 *adj* **(a)** still. **(b)** *(voz)* quiet, gentle; *(paso)* soft. **2** *adv* softly, gently; ¡~! careful now!

quehacer *nm* job, task; ~**es (domésticos)** household jobs, chores; **tener mucho** ~ to have a lot to do.

queja *nf* **(a)** *(gen)* complaint; *(protesta)* protest; **una** ~ **infundada** an unjustified complaint; **tener** ~ **de uno** to have a complaint to make about sb. **(b)** *(gemido)* moan, groan; ~ **de dolor** groan of pain.

quejarse [1a] *vr* **(a)** *(gen)* to complain (*de* about, of); *(refunfuñar)* to grumble (*de* about, at); *(protestar)* to protest (*de* about, at); ~ **de que ...** to complain (about the fact) that .... **(b)** to moan, groan.

quéjica 1 *adj* grumpy, complaining. **2** *nmf* grumbler.

quejido *nm* moan, groan; **dar** ~**s** to moan, groan.

quejón/ona *(fam)* **1** *adj* grumbling, complaining. **2** *nm/f* grumbler, constant complainer.

quejoso *adj (gen)* complaining; *(enfadado)* annoyed.

quejumbre *nf* whinging *(fam)*.

quejumbroso *adj* whinging *(fam)*.

quelite *nm (CAm, Méx)* greens *pl*, vegetables *pl*.

quema *nf* **(a)** *(gen)* fire; *(combustión)* burning, combustion. **(b)** *(Arg)* rubbish dump. **(c)** *(Méx Agr)* burning-off. **(d)** *(Méx fig)* danger.

quemado *adj* **(a)** *(gen)* burned, burnt; **esto sabe a** ~ this tastes burnt. **(b)** *(Arg, Méx)* very dark. **(c)** *(irritado)* annoyed. **(d)** *(político)* out of favour, in disgrace.

quemador *nm* burner.

quemadura *nf* **(a)** *(gen)* burn; *(con líquido)* scald; *(de sol)* sunburn; *(de fusible)* blow-out. **(b)** *(Bot: gen)* cold blight; *(: tizón)* smut.

quemar [1a] **1** *vt* **(a)** *(gen)* to burn; *(combustible)* to burn up; *(con líquido)* to scald; *(fusible)* to blow. **(b)** *(Bot: suj: frío)* to wither, burn. **(c)** *(fig)* to squander; *(Com: precios)* to slash, cut. **(d)** *(fastidiar)* to annoy, upset. **(e)** *(Cu, Méx)* to swindle. **2** *vi* to be burning hot; **esto está que quema** it's burning hot; *(líquido)* it's scalding hot. **3 quemarse** *vr* **(a)** to burn o.s.; *(consumirse)* to burn (up *o* away); *(ropa etc)* to get scorched; *(con el sol)* to get sunburnt; ~ **con la sopa** to burn one's mouth on the soup; **¡que me quemo!** *(fig)* I'm scorching! **(b)** *(en juego)* **¡que te quemas!** you are getting warm! **(c)** *(preocuparse)* to fret.

quemarropa: a ~ *adv* point-blank.

quemazón *nf* **(a)** *(gen)* burn; *(acción)* burning. **(b)** *(calor intenso)* intense heat. **(c)** *(picazón)* itch. **(d)** *(dicho)* cutting remark. **(e)** *(fig)* pique, resentment. **(f)** *(Com)* bargain sale, cut-price sale.

quena *nf (LAm)* Indian flute.

quepis *nm (Mil)* cap.

quepo *etc véase* **caber.**

queque *nm (LAm: panqueque)* pancake; *(CAm, Méx)* bun, cake.

querella *nf* **(a)** *(queja)* complaint. **(b)** *(Jur)* charge, accusation. **(c)** *(controversia)* dispute, controversy.

querellante *nmf (Jur)* plaintiff.

querencia *nf (Zool)* homing instinct; *(fig)* homesickness.

querendón/ona *(LAm)* **1** *adj* affectionate, loving. **2** *nm/f* lover.

querer [2u] **1** *vt, vi* **(a)** to want, wish (for); **¿cuál quieres?** which one do you want?; **¿qué más quieres?** what more *o* else do you want?; **¿cuánto quieren por el coche?** what are they asking for the car?; **como Ud quiera** as you wish, as you please; **como quien no quiere la cosa** offhandedly; **ven cuando quieras** come when you like; **quiera o no, quiera que no** willy-nilly, whether he *etc* likes it or not; **lo hizo queriendo** *(fam)* he did it deliberately; **lo hizo sin** ~ he didn't mean to do it, he did it inadvertently; ~ **es poder**

where there's a will there's a way. **(b)** *(con vb dependiente)* ~ **hacer algo** to want *o* wish to do sth; ~ **que uno haga algo** to want sb to do sth; ~ **decir** to mean; **¿qué quieres decir?** what do you mean?; **¿quiere abrir la ventana?** would you mind opening the window?; **más quiero hacer algo** I would rather do sth, I would prefer to do sth; **mejor quisiera hacer algo** I would rather do sth; **la tradición quiere que ...** tradition has it that ...; **éste quiere que le rompan la cabeza** *(fam)* this fellow is asking *o* looking for a crack on the head. **(c)** *(voluntad)* **¡no quiero!** I won't!, I refuse!; **quiero** I will; **lo hago porque quiero** I do it because I want to; **pero no quiso** but he refused. **(d)** *(requerir)* to need, demand; **tal traje quiere un sombrero ancho** that dress needs a big hat to go with it. **(e)** *(impers)* **quería amanecer** dawn was about to break; **quiere llover** it's trying to rain. **(f)** *(amar)* to love; *(temer simpatía con)* to like; ~ **bien a uno** to be fond of sb; **en la oficina le quieren mucho** he is well liked at the office; **hace tiempo que te quiero** I've been in love with you for a long time; **hacerse ~ por uno** to endear o.s. to sb; **¡por lo que más quieras!** by all that's sacred! **(g) como quiera, donde quiera**: *véase* **comoquiera, dondequiera.**

2 *nm* love, affection; **tener ~ a** to be fond of.

querido/a 1 *adj* dear, darling; *(en cartas)* dear; **nuestra ~a patria** our beloved country. **2** *nm/f* darling; **¡sí, ~!** yes, darling! **3 querida** *nf (amante)* mistress.

querosén *nm,* **queroseno** *nm,* **querosín** *nm (LAm)* kerosene, paraffin.

querubín *nm* cherub.

quesadilla *nf* **(a)** *(pastel)* cheesecake. **(b)** *(Méx)* pasty.

quesería *nf (tienda)* dairy; *(fábrica)* cheese factory.

quesero/a 1 *adj*: **la industria ~a** the cheese industry. **2** *nm/f* cheesemaker. **3 quesera** *nf* cheese dish.

queso *nm* cheese; ~ **crema** cream cheese; ~ **rallado** grated cheese; **dárselas con ~ a uno** *(fam)* to take sb in.

quetzal *nm monetary unit of Guatemala.*

quevedos *nmpl* pince-nez.

quiá *interj* never!, not on your life!.

quicio *nm* hinge; **estar fuera de ~** *(fig)* to be out of joint; **sacar a uno de ~** to drive sb up the wall *(fam)*; **estas cosas me sacan de ~** these things make me see red.

quichua *adj, nmf* Quechua.

quichuista *nmf* **(a)** *(LAm)* Quechua specialist. **(b)** *(Arg, Per: quien habla quichua)* Quechua speaker.

quid *nm* gist, crux; **dar en el ~** to hit the nail on the head.

quídam *nm* **(a)** somebody (or other). **(b)** *(don nadie)* nobody.

quiebra *nf* **(a)** *(gen)* break; *(grieta)* crack, fissure. **(b)** *(Fin)* bankruptcy; *(Econ)* slump, crash; *(fig)* failure; **es una cosa que no tiene ~** it just can't go wrong, it's a cinch *(fam)*.

quiebro *nm* **(a)** *(Taur etc)* dodge, swerve; **dar el ~ a uno** *(fig)* to dodge sb. **(b)** *(Mús)* grace note(s), trill.

quien *pron relativo* **(a)** *(suj)* who; *(complemento)* whom; **la señorita con ~ hablaba** the young lady to whom I was talking, the young lady I was taking to; **las personas con ~es estabas** the people you were with. **(b)** *(indef)* ~ **dice eso es tonto** whoever says that is a fool; ~ **lo sepa, que lo diga** let whoever knows it speak up about it; **contestó como ~ no quería** he answered as if he was reluctant to. **(c)** ~ **más,** ~ **menos tiene sus problemas** everybody has problems.

quién *pron interrog (suj)* who; *(complemento)* whom; **¿~ es?** who is it?; *(a la puerta)* who's there?; *(Telec)* who's calling?; **¿Q~ es Q~?** 'Who's Who?'; **¿a ~ lo diste?** who did you give it to?; **¿a ~ le toca?** whose turn is it?; **¿con ~ estabas anoche?** who were you with last night?; **¿de ~ es la bufanda esa?** whose scarf is that?; **no sé ~ lo dijo primero** I don't know who said it first.

quienquiera *pron indef, pl* **quienesquiera** whoever; **le cazaremos ~ que sea** we'll catch him whoever he is.

quieto *adj* **(a)** *(gen)* still; *(inmóvil)* motionless; **¡~!** *(al perro)* down boy!; **¡estáte ~!** keep still!; **dejar ~ a uno** to leave sb alone. **(b)** *(carácter)* calm, placid.

quietud *nf (gen)* stillness; *(calma)* calm.

quijada *nf* jaw(bone).

quijotada *nf* quixotic act.

quijote *nm* quixotic person, dreamer; **Don Q~** Don Quixote.

quijotesco *adj* quixotic.

quilatar [1a] *vt* = **aquilatar.**

quilate *nm* carat.

quilco *nm (Chi)* large basket.

quiligua *nf (Méx)* large basket.

quilo *nm* kilo(gramme).

quilo... = **kilo ...** .

quilombo *nm (LAm)* **(a)** *(burdel)* brothel. **(b)** *(choza)* rustic hut, shack.

quiltrear [1a] *vt (Chi)* to annoy.

quilla *nf* keel; **dar de ~** to keel over.

quimera *nf (sueño)* pipe dream.

quimérico *adj* fantastic, fanciful.

quimerizar [1f] *vi* to indulge in fantasy *o* pipe dreams.

química[1] *nf* chemistry.

químico/a[2] **1** *adj* chemical. **2** *nm/f* chemist.

quimono *nm* kimono.

quina *nf* quinine, Peruvian bark.

quincalla *nf* hardware, ironmongery.

quincallería *nf* ironmonger's (shop), *(US)* hardware store.

quincallero *nm* ironmonger, *(US)* hardware dealer.

quince 1 *adj* fifteen; *(fecha)* fifteenth; ~ **días** a fortnight; **dar ~ y raya a uno** to be able to beat sb with one hand tied behind one's back; *véase tb* **seis. 2** *nm* fifteen.

quinceañero/a 1 *adj* fifteen-year-old; *(frec)* teenage. **2** *nm/f* fifteen-year-old; *(frec)* teenager.

quincena *nf* fortnight.

quincenal *adj* fortnightly.

quincuagésimo *adj* fiftieth; *véase tb* **sexto.**

quincho *nm (RPl)* mud hut.

quingentésimo *adj* five-hundredth; *véase tb* **sexto.**

quingos *nm (Per)* zigzag.

quiniela *nf* pools coupon; **~s** football pool(s).

quinielista *nmf* pools punter.

quinientos/as *adj, nmpl/nfpl* five hundred; *véase tb* **seiscientos.**

quinina *nf* quinine.

quinqué *nm* **(a)** oil lamp. **(b)** *(fam)* shrewdness; **tener mucho ~** to know what the score is.

quinquenal *adj* quinquennial; **plan ~** five-year plan.

quinquenio *nm* quinquennium, five-year period.

quinqui *nm (fam)* gangster.

quinta *nf* **(a)** *(casa de campo)* villa, country house; *(RPl)* estate *o* house on the outskirts of a town.

(b) *(Mil)* draft, call-up. **(c)** *(Mús)* fifth.
quintaescencia *nf* quintessence.
quintal *nm (Castilla: peso)* = 46 kg; ~ **métrico** = 100 kg.
quintar [1a] *vt (Mil)* to call up, conscript, *(US)* draft.
quintería *nf* farmhouse.
quintero *nm (gen)* farmer; *(bracero)* farmhand, labourer.
quinteto *nm* quintet(te).
quinto 1 *adj* fifth; *véase tb* **sexto. 2** *nm* **(a)** *(Mat)* fifth. **(b)** *(Mil)* conscript, national serviceman. **(c)** *(Méx: moneda)* nickel.
quíntuplo 1 *adj* quintuple, fivefold. **2** *nm* quintuple; **X es el ~ de Y** X is five times the size of Y.
quiosco *nm (Com)* kiosk, stand, stall; *(pabellón)* summerhouse, pavilion; ~ **de música** bandstand.
quipo *nm (Per)* quipu, Pre-Columbian rope writing.
quiquiriquí *nm* cock-a-doodle-doo.
quirófano *nm* operating theatre.
quiromancia *nf* palmistry.
quiromántico/a *nm/f* palmist.
quiropedia *nf* chiropody.
quiropodista *nmf* chiropodist.
quiropráctia *nf* osteopathy.
quirúrgico *adj* surgical.
quise *etc véase* **querer.**
quisque *pron (fam)* **cada** *o* **todo** ~ (absolutely) everyone.
quisquilla *nf* **(a)** *(nimiedad)* trifle, triviality. **(b)** *(Zool)* shrimp.
quisquilloso *adj* **(a)** *(gen)* touchy, oversensitive; *(perfeccionista)* pernickety *(fam)*. **(b)** *(preocupado por nimiedades)* quibbling, hair-splitting.
quiste *nm* cyst.
quita *nf* **(a)** *(de deuda)* release (from a debt); *(LAm)* rebate. **(b) de ~ y pon** *véase* **quitapón.**
quitaesmalte *nm inv* nail-polish remover.
quitaipon = **quitapón.**
quitamanchas *nm inv* **(a)** *(producto)* stain remover. **(b)** *(oficio)* dry cleaner.
quitanieves *nm inv* snowplough, *(US)* snowplow.
quitanza *nf* quittance.
quitapiedras *nm inv (Ferro)* cowcatcher.
quitapón: **de ~** detachable, removable.
quitar [1a] **1** *vt* **(a)** *(gen)* to take away, remove; *(ropa etc)* to take off; *(dolor)* to relieve; *(felicidad)* to destroy; *(vida)* to take; *(Mec etc)* to remove, take out *o* off; *(preocupaciones)* to save, prevent; *(valor etc)* to reduce; *(hurtar)* to remove, steal; ~ **extensión a un campo** to reduce the size of a field; ~ **importancia a** to diminish the importance of; **me quita mucho tiempo** it takes up a lot of my time; **le quitaron la cartera en el tren** he had his wallet stolen on the train; **el café me quita el sueño** coffee stops me sleeping; ~ **de en medio ~ a uno** to get rid of sb. **(b)** *(golpe)* to ward off. **(c) ~ a uno de hacer algo** to stop *o* prevent sb (from) doing sth; **eso no quita para que me ayudes** that doesn't stop you helping me.
2 *vi* **(a) ¡quita!, ¡quita de ahí!** get away! **(b) ni quito ni pongo** don't involve me!
3 quitarse *vr* **(a)** to withdraw (*de* from); ~ **de la vista de uno** to get out of sb's sight; **esa mancha de vino no se quita** that wine stain won't come off *o* out. **(b) ~ algo de encima** to get rid of sth; ~ **la ropa** to take off one's clothing; **se quitó el poncho** he took off his poncho. **(c) ~ de un vicio** to give up a vice; ~ **del tabaco** to give up smoking.
quitasol *nm* sunshade, parasol.
quitasueño *nm (fig)* worry, problem.
quite *nm* **(a)** *(acción)* removal. **(b)** *(movimiento)* dodge, sidestep; *(Taur)* distracting manoeuvre; **estar al ~** to be ready to go to sb's aid; **esto no tiene ~** there's no help for it. **(c)** *(LAm Dep)* tackle.
quiteño/a 1 *adj* of Quito. **2** *nm/f* native *o* inhabitant of Quito.
quizá(s) *adv* perhaps, maybe; **¿vienes o no? — ~** are you coming? — perhaps; **~ llegue mañana si tenemos suerte** if we're lucky it may arrive tomorrow *o* perhaps it will arrive tomorrow.
quórum ['kworum] *nm, pl* **quórums** ['kworum] quorum; **constituir ~** to make up a quorum.

R

R, r ['ere] *nf (letra)* R, r.
R. *abr de* **Reverendo** Rev.
rabada *nf* hindquarters, rump.
rábano *nm* radish; ~ **picante** horseradish; **tomar el ~ por las hojas** to get hold of the wrong end of the stick.
rabear [1a] *vi (perro)* to wag its tail.
rabí *nm (ante un nombre)* rabbi.
rabia *nf* **(a)** *(Med)* rabies. **(b)** *(fig)* fury, anger; **¡qué ~!** isn't it infuriating!; **me da ~** it maddens *o* infuriates me; **tener ~ a uno** to have a grudge against sb, have it in for sb; **tomar ~ a** to take a dislike to.
rabiar [1b] *vi* **(a)** *(Med)* to have rabies. **(b)** *(sufrir)* to suffer terribly, be in great pain; **estaba rabiando de dolor de muelas** she had raging toothache. **(c)** *(encolerizarse)* to be furious **está que rabia** he's hopping mad, he's furious. **(d) ~ por algo** to long for sth, be dying for sth; **~ por hacer algo** to be dying to do sth.
rabieta *nf (fam)* fit of temper.
rabino *nm* rabbi; **gran ~** chief rabbi.
rabión *nm (tb ~es)* rapids.
rabiosamente *adv (véase adj (b))* furiously; terribly, violently; rabidly.
rabioso *adj* **(a)** *(Med)* rabid, suffering from rabies. **(b)** *(fig)* furious; *(dolor)* terrible, violent; *(aficionado)* rabid; *(sabor)* hot.
rabo *nm* tail.
rabón *adj* short-tailed.
rabona *nf*: **hacer ~** to play truant.
rabonear [1a] *vi (LAm)* to play truant.
rabosear [1a] *vt* to mess up, rumple, crumple.
racanear [1a] *vi (fam)* to slack.
rácano *nm (fam)* slacker, idler; **hacer el ~** to slack.
racial *adj* racial, race *(atr)*; **odio ~** race hatred.
racimo *nm* bunch, cluster.
raciocinar [1a] *vi* to reason.
raciocinio *nm* **(a)** *(facultad)* reason. **(b)** *(razona-*

miento) reasoning.
ración *nf (proporción)* ratio; *(porción)* portion, helping; ~**es** *(Mil)* rations.
racional *adj (gen)* rational; *(razonable)* reasonable, sensible.
racionalidad *nf* rationality.
racionalismo *nm* rationalism.
racionalista *adj, nm/f* rationalist.
racionalización *nf* rationalization.
racionalizar [1f] *vt* to rationalize.
racionalmente *adv* rationally, reasonably, sensibly.
racionamiento *nm* rationing.
racionar [1a] *vt (limitar)* to ration; *(distribuir)* to ration out, share out.
racismo *nm* racialism, racism.
racista *adj, nmf* racialist, racist.
racha *nf* **(a)** *(Met)* gust of wind. **(b)** *(fig: serie)* string, series; **buena** ~ stroke of luck; **mala** ~ piece of bad luck.
radar *nm* radar.
radiación *nf* **(a)** *(Fís)* radiation. **(b)** *(Rad)* broadcasting.
radiactividad *nf* radioactivity.
radiactivo *adj* radioactive.
radiado *adj (Rad)* radio *(atr)*, broadcast; **en una interviú** ~**a** in a radio interview.
radiador *nm* radiator.
radial *adj* **(a)** *(Mec etc)* radial. **(b)** *(LAm)* radio *(atr)*, broadcasting *(atr)*.
radiante *adj (Fís, fig)* radiant; **estaba** ~ she was radiant (*de* with).
radiar[1] [1b] *vt* **(a)** *(Fís etc)* to radiate. **(b)** *(Rad)* to broadcast. **(c)** *(Med)* to treat with X-rays.
radiar[2] [1b] *vt (LAm)* to delete, cross off (a list).
radical 1 *adj, nmf* radical. **2** *nm (Ling)* root; *(Mat)* square-root sign.
radicalismo *nm* radicalism.
radicalmente *adv* radically.
radicar [1g] **1** *vi* **(a)** *(Bot, fig)* to take root. **(b)** *(estar)* to be, be situated, lie. **(c)** *(dificultad, problema)* ~ **en** to lie in. **2 radicarse** *vr* to establish o.s., put down one's roots (*en* in).
radio[1] *nm* **(a)** *(Mat)* radius; ~ **de acción** sphere of jurisdiction, extent of one's authority; *(Aer)* range; **un avión de largo** ~ **de acción** a long-range aircraft. **(b)** *(de rueda)* spoke. **(c)** *(Quím)* radium. **(d)** *(LAm)* = **radio**[2].
radio[2] *nf* **(a)** *(gen)* radio, wireless; **por** ~ by radio, on *o* over the radio. **(b)** *(aparato)* radio (set), wireless (set).
radio... *pref* radio... .
radioactivo *adj* = **radiactivo.**
radiodifusión *nf* broadcasting.
radiodifusora *nf (LAm)* radio station, transmitter.
radioemisora *nf* radio station, transmitter.
radioexperimentador *nm* radio fan, ham *(fam)*.
radiofónico *adj* radio *(atr)*.
radiografía *nf* **(a)** *(técnica)* radiography, X-ray photography. **(b)** *(una ~)* radiograph, X-ray photograph *o* picture.
radiografiar [1c] *vt (Med)* to X-ray.
radiográfico *adj* X-ray *(atr)*.
radiograma *nm* wireless message.
radiogramola *nf* radiogram; ~ **tragamonedas** *o* **tragaperras** jukebox.
radiología *nf* radiology.
radiólogo *nm* radiologist.
radiooperador *nm (LAm)* radio operator, wireless operator.
radiorreceptor *nm* radio (set), wireless (set), receiver.
radiotelegrafista *nm* radio operator, wireless operator.
radiotelescopio *nm* radiotelescope.
radioterapia *nf* radiotherapy.
raedera *nf* scraper.
raedura *nf* scrape, scraping; *(Med)* abrasion, graze.
raer [2z] **1** *vt* to scrape; *(quitar)* to scrape off; *(suprimir)* to erase; *(Med)* to abrade, graze. **2 raerse** *vr* to chafe; *(paño)* to fray.
ráfaga *nf* **(a)** *(Met)* gust, squall. **(b)** *(de tiros)* burst. **(c)** *(relámpago)* flash.
raicear [1a] *vi (LAm)* to take root.
raid [raid] *nm, pl* **raids** [raid] **(a)** *(gen)* raid. **(b)** *(esfuerzo)* attempt, endeavour. **(c)** *(Aer)* long-distance flight; *(Aut)* rally drive. **(d)** *(Méx Aut)* lift.
raído *adj* **(a)** *(paño)* frayed, threadbare; *(ropa, persona)* shabby. **(b)** *(fig)* shameless.
raigón *nm (Bot)* thick root, stump; *(Anat)* root, stump.
rail, raíl *nm* rail.
raíz *nf* **(a)** *(gen)* root; **arrancar algo de** ~ to root sth out completely; **cortar un peligro de** ~ to nip a danger in the bud; **echar raíces** to take root. **(b)** ~ **cuadrada** *(Mat)* square root. **(c)** *(fig)* root, origin; **a** ~ **de** *(después de)* immediately after, immediately following; *(a causa de)* as a result of.
raja *nf* **(a)** *(hendedura)* slit, split; *(grieta)* crack. **(b)** *(pedazo)* sliver, splinter; *(de limón etc)* slice.
rajadura *nf* = **raja (a).**
rajar [1a] **1** *vt* **(a)** to split, crack; *(fruta etc)* to slice; *(tronco etc)* to chop up, split. **(b)** *(calumniar)* to slander, run down. **(c)** *(LAm: vencer)* to crush, defeat; *(: fastidiar)* to annoy. **2** *vi (fam: hablar)* to chatter, talk a lot; *(: jactarse)* to brag. **3 rajarse** *vr* **(a)** to split, crack. **(b)** *(esp LAm: desistir de)* to back out (*de* of), quit; *(acobardarse)* to get cold feet; *(faltar a su palabra)* to go back on one's word; **¡me rajé!** that's enough for me!, I'm quitting! **(c)** *(LAm: huir)* to run away; *(: equivocarse)* to be mistaken.
rajuñar [1a] *vt (Arg)* = **rasguñar.**
ralea *nf (pey)* kind, sort; **de esa** ~ of that ilk; **de baja** ~ evil, wicked.
ralenti *nm* **(a)** *(Cine)* slow motion; **al** ~ in slow motion. **(b)** *(Aut)* neutral; **estar al** ~ to be ticking over.
ralo *adj* thin, sparse.
rallado *adj* grated.
rallador *nm* grater.
rallar [1a] *vt* **(a)** *(Culin)* to grate. **(b)** *(molestar)* to annoy, needle *(fam)*.
rallo *nm (Culin)* grater; *(Téc)* file, rasp.
rama *nf* branch; **andarse por las** ~**s** *(fig fam)* to beat about the bush.
ramada *nf* **(a)** branches *pl*, foliage. **(b)** *(LAm)* shelter *o* covering made of branches.
ramaje *nm* branches *pl*, foliage.
ramal *nm* **(a)** *(de soga)* strand (of a rope); *(de caballo)* halter. **(b)** *(Aut)* branch (road).
rambla *nf* avenue.
ramera *nf* whore.
ramificación *nf* ramification.
ramificarse [1g] *vr* to ramify.
ramillete *nm* **(a)** bouquet, bunch of flowers; *(Bot)* cluster. **(b)** *(fig)* choice bunch, select group.
ramo *nm (gen)* branch; *(sector)* field; *(Com)* section, department; *(Med: tb* ~**s)** touch; **tiene** ~**s de loco** he has a streak of madness.
rampa *nf* ramp, incline; ~ **de lanzamiento** launching ramp.

ramplón *adj* common, coarse.
rana *nf* frog; **cuando las ~s críen pelo** when pigs (learn to) fly.
rancidez *nf*, **ranciedad** *nf* **(a)** age, mellowness; *(pey)* rankness, rancidness. **(b)** *(fig)* great age, antiquity; *(: pey)* antiquatedness.
rancio 1 *adj* **(a)** *(vino)* old, mellow; *(pey: comestibles)* stale, rancid. **(b)** *(fig)* ancient; *(: pey)* antiquated, old-fashioned. **2** *nm* = **rancidez.**
rancotán *adv (LAm)* in cash.
ranchada *nf* shed, improvised hut.
ranchar [1a] *vi* to spend the night, make a camp.
ranchear [1a] **1** *vt (saquear)* to loot, pillage; *(robar)* to rob. **2** *vi* **(a)** *(formar rancho)* to build a camp, make a settlement. **(b)** *(comer)* to have a meal.
ranchería *nf (para trabajadores)* labourers' quarters; *(venta)* poor country inn.
rancherío *nm (LAm)* settlement.
ranchero 1 *adj* uncouth. **2** *nm* **(a)** *(jefe de rancho)* rancher, farmer. **(b)** *(cocinero)* mess cook.
rancho *nm* **(a)** *(choza)* hut, thatched hut; *(LAm: casa de campo)* country house, villa. **(b)** *(Náut)* crew's quarters. **(c)** *(LAm: granja)* ranch, farm. **(d)** *(de gitanos etc)* camp, settlement; *(LAm: aldea)* village. **(e)** *(Mil etc)* mess, communal meal; *(pey)* bad food, grub; **hacer ~** to make room; **hacer ~ aparte** to set up on one's own, go one's own way.
ranfia *nf (LAm)* ramp, incline.
rango *nm* **(a)** rank; *(prestigio)* standing, status; **de ~** of high standing, of some status. **(b)** *(LAm: lujo)* luxury; *(: esplendidez)* pomp, splendour.
rangoso *adj (LAm)* generous.
ranúnculo *nm* buttercup.
ranura *nf (hendedura)* groove; *(para monedas)* slot.
rapacidad *nf* rapacity, greed.
rapapolvo *nm* ticking-off; **echar un ~ a uno** to give sb a ticking-off, tick sb off.
rapar [1a] *vt (afeitar)* to shave; *(pelar)* to crop, cut very close.
rapaz[1] **1** *adj (avido)* rapacious, greedy; *(inclinado al robo)* thieving; *(Zool)* predatory; *(Orn)* of prey. **2** *nf (Zool)* predatory animal; *(Orn)* bird of prey.
rapaz[2]**(a)** *nm/f (Sp)* boy/girl, lad/lass.
rape *nm* **(a)** quick shave, rough haircut; **al ~** cut close. **(b)** *(fam)* ticking-off.
rapé *nm* snuff.
rápidamente *adv* fast, quickly.
rapidez *nf* rapidity, speed.
rápido 1 *adj* fast, quick; *(tren)* fast, express. **2** *adv (fam)* quickly. **3** *nm* **(a)** *(Ferro)* express. **(b) ~s** rapids.
rapiña *nf* robbery (with violence); *véase* **ave.**
raposa *nf* fox *(tb fig)*, vixen.
raposo *nm* fox.
raptar [1a] *vt (secuestrar)* to kidnap, abduct; *(llevar)* to carry off.
rapto *nm* **(a)** *(secuestro)* kidnapping, abduction; *(acto de llevar)* carrying-off. **(b)** *(impulso)* sudden impulse; **en un ~ de celos** in a sudden fit of jealousy. **(c)** *(éxtasis)* ecstasy, rapture.
raptor *nm* kidnapper.
raqueta *nf* racket; *(de ping pong)* bat; **~ de nieve** snowshoe.
raramente *adv* rarely, seldom.
rareza *nf* **(a)** *(calidad)* rarity. **(b)** *(objeto)* rarity. **(c)** *(fig)* oddity, peculiarity; **tiene sus ~s** he has his peculiarities, he has his little ways.
raridad *nf* rarity.
raro *adj* **(a)** *(poco común)* rare, uncommon; **son ~s los que saben hacerlo** very few people know how to do it; **con alguna ~a excepción** with rare exceptions. **(b)** *(extraño)* odd, strange; *(notable)* notable, remarkable; **es ~ que ...** it is odd that ..., it is strange that ...; **¡qué ~!** how (very) odd!; **¡(qué) cosa más ~a!** how strange!, most odd!; **es un hombre muy ~** he's a very odd man. **(c)** *(Fís)* rare, rarefied.
ras *nm* levelness, evenness; **~ con ~** level, on a level; **a ~ de** level with.
rascacielos *nm inv* skyscraper.
rascadera *nf* scraper.
rascador *nm* scraper; *(alfiler)* hairpin.
rascaespalda *nf* backscratcher.
rascar [1g] **1** *vt* to scrape, rasp; *(quitar)* to scrape off; *(rasguñar)* to scratch. **2** *vi (LAm)* to itch. **3 rascarse** *vr* **(a)** to scratch (o.s.). **(b)** *(LAm)* to get drunk.
rascón *adj* sharp, sour.
rasgado *adj* **(a)** *(ventana)* wide; *(ojos)* almond-shaped; *(boca)* wide, big. **(b)** *(LAm)* outspoken.
rasgadura *nf* tear, rip.
rasgar [1h] *vt* **(a)** to tear, rip; *(papel)* to tear up, tear to pieces. **(b)** = **rasguear (a).**
rasgo *nm* **(a)** *(con pluma)* stroke, flourish; **a grandes ~s** *(fig)* with broad strokes, in outline. **(b) ~s** *(Anat)* features; **de ~s enérgicos** of energetic appearance. **(c)** *(fig)* characteristic, feature; **~s característicos** typical features; **~s distintivos** distinctive features. **(d)** *(acto generoso)* generous deed; *(acción noble)* noble gesture; **~ de ingenio** flash of wit, stroke of genius. **(e)** *(LAm: acequia)* irrigation channel; *(: terreno)* plot (of land).
rasgón *nm* tear, rent.
rasguear [1a] *vt* **(a)** *(Mús)* to strum. **(b)** *(escribir)* to write.
rasguñar [1a] *vt* **(a)** to scratch. **(b)** *(Arte)* to sketch, draw in outline.
rasguño *nm* **(a)** scratch; **salir sin un ~** to come out of it without a scratch. **(b)** *(Arte)* sketch, outline drawing.
raso 1 *adj* **(a)** *(llano)* flat, level; *(campo)* clear, open; *(liso)* smooth; *(asiento)* backless. **(b)** *(cielo)* clear; **está ~** the sky *o* the weather is clear. **(c)** *(pelota, vuelo etc)* very low, almost at ground level. **(d) soldado ~** private. **2** *adv:* **tirar ~** *(Dep)* to shoot low. **3** *nm* **(a)** *(Cos)* satin. **(b)** *(campo: llano)* flat country; *(: abierto)* open country; **al ~** in the open.
raspador *nm (herramienta)* scraper, rasp.
raspadura *nf* **(a)** *(acto)* scrape, scraping, rasping. **(b) ~s** *(de papel)* scrapings; *(de hierro)* filings. **(c)** *(raya)* scratch, mark; *(borradura)* erasure. **(d)** *(LAm)* brown sugar.
raspante *adj* sharp, rough.
raspar [1a] **1** *vt* **(a)** *(gen)* to scrape; *(limar)* to rasp, file; *(alisar)* to smooth (down); *(quitar)* to scrape off; *(arañar)* to scratch; *(tocar ligeramente)* to graze; *(borrar)* to erase. **(b) este vino raspa la boca** this wine is rough. **(c)** *(fam)* to pinch *(fam)*. **(d)** *(LAm)* to scold. **2** *vi* **(a)** *(manos)* to be rough. **(b)** *(vino)* to be sharp, have a rough taste. **(c)** *(LAm)* to leave, go off.
raspear [1a] **1** *vt (LAm)* to tick off. **2** *vi (pluma)* to scratch.
raspón *nm* **(a)** scratch, graze; *(LAm: abrasión)* abrasion; *(: cardenal)* bruise. **(b)** *(LAm: reprensión)* scolding. **(c)** *(LAm: sombrero)* straw hat.
rasposo *adj* **(a)** *(sabor)* sharp-tasting, rough. **(b)** *(LAm: bromista)* joking, teasing; *(: tacaño)* stingy.
rasqueta *nf (LAm)* scraper, rasp.
rasquetear [1a] *vt (LAm)* to brush down.
rasquiña *nf (LAm)* itch.
rastra *nf* **(a)** *(Agr)* rake; *(grada)* harrow. **(b)**

(huella) trail, track. **(c)** *(Pesca)* trawl; **pescar a la ~** to trawl. **(d)** *(LAm)* thick leather belt, gaucho's belt. **(e)** *(fig)* unpleasant consequence, disagreeable result. **(f)** *(ristra)* string. **(g) a ~s** by dragging, by pulling; *(fig)* unwillingly; **avanzar a ~s** to crawl (along), drag o.s. along; **llevar algo a ~s** to pull sth along; **andar a ~s** *(fig)* to have a difficult time of it, suffer hardships.

rastreador *nm* **(a)** tracker. **(b)** *(Náut: tb* **barco ~***)* trawler; **~ de minas** minesweeper.

rastrear [1a] **1** *vt* **(a)** *(seguir)* to track, trail; *(descubrir)* to track down, trace. **(b)** *(arrastrar)* to dredge *o* drag (up); *(Pesca)* to trawl; *(mar: para minas)* to sweep. **2** *vi* **(a)** *(Agr)* to rake, harrow. **(b)** *(Pesca)* to trawl. **(c)** *(Aer)* to skim the ground, fly very low.

rastreo *nm* **(a)** *(en agua)* dredging, dragging; *(Pesca)* trawling. **(b)** *(de satélite)* tracking.

rastrero *adj* **(a)** *(Zool)* creeping, crawling; *(Bot)* creeping. **(b)** *(vestido etc)* trailing; *(vuelo)* very low. **(c)** *(fig: conducta)* mean, despicable; *(: persona)* cringing.

rastrillar [1a] *vt* **(a)** *(Agr)* to rake; *(recoger)* to rake up. **(b)** *(LAm: fusil)* to fire; *(: fósforo)* to strike.

rastrillo *nm* **(a)** *(Agr etc)* rake. **(b)** *(Mil)* portcullis.

rastro *nm* **(a)** *(Agr etc)* rake. **(b)** *(huella)* track, trail; *(pista)* scent; *(de cohete etc)* track, course; *(del vendaval)* path; **perder el ~** to lose the scent; **seguir el ~ de uno** to follow sb's trail. **(c)** *(fig)* trace, sign; **desaparecer sin dejar ~** to vanish without trace; **no quedaba ni ~ de ello** not a trace of it was to be seen. **(d)** *(matadero)* slaughterhouse; **el R~** *secondhand market in Madrid.*

rasura *nf* **(a)** *(llanura)* flatness, levelness; *(suavidad)* smoothness. **(b)** *(afeitado)* shave, shaving; *(Téc)* scrape, scraping.

rasurado *nm* shave.

rasurador *nm*, **rasuradora** *nf* (electric) shaver, electric razor.

rasurar [1a] **1** *vt* **(a)** to shave. **(b)** *(Téc)* to scrape. **2 rasurarse** *vr* to shave.

rata *nf* rat.

ratear [1a] **1** *vt* to steal, pilfer. **2** *vi* to crawl, creep (along).

ratería *nf (robo)* petty larceny, small-time thieving; *(cualidad)* crookedness, dishonesty.

ratero/a 1 *adj* thievish, light-fingered; *(fig)* despicable. **2** *nm/f (ladrón)* (small-time) thief; *(carterista)* pickpocket.

ratificación *nf* ratification.

ratificar [1g] *vt* to ratify.

rato *nm* (short) time, while; *(período)* spell, period; **un ~** a while, a time; **un buen** *o* **largo ~** a long time, a good while; **~s libres** *o* **de ocio** leisure, spare *o* free time; **a ~s** at times, from time to time; **a ~s perdidos** at *o* in odd moments; **al poco ~** shortly after; **¡hasta cada ~!** *(LAm)*, **¡hasta otro ~!** *(fam)* so long!, I'll see you; **pasar un buen ~** to have a good time; **pasar un mal ~** to have a bad time of it, have a rough time.

ratón *nm* mouse; **~ de archivo** *o* **de biblioteca** bookworm; **mandar a uno a capar ~es** *(fam)* to tell sb to go to blazes.

ratonar [1a] *vt* to gnaw, nibble.

ratonera *nf* **(a)** *(trampa)* mousetrap. **(b)** *(agujero)* mousehole. **(c)** *(LAm)* hovel, slum.

ratonero *nm* buzzard.

raudal *nm* **(a)** torrent, flood. **(b)** *(fig)* plenty, abundance; **a ~es** in abundance, in great numbers; **entrar a ~es** to pour in, come flooding in.

raudo *adj (rápido)* swift; *(precipitado)* rushing, impetuous.

raya[1] *nf* **(a)** *(gen)* line; *(en piedra etc)* scratch, mark; *(en tela, diseño)* stripe, pinstripe; **~ de puntos** dotted line; **~ en negro** black line; **a ~s** striped. **(b)** *(en el pelo)* parting; *(en el pantalón)* crease; **hacerse la ~** to part one's hair. **(c)** *(límite)* line, limit; *(Dep)* line, mark; **hacer ~** *(lit, fig)* to mark off; **pasarse de la ~** to overstep the mark, go too far; **poner a ~** to check, hold back; **tener a ~** to keep off, keep at bay; *(controlar)* keep in check, control. **(d)** *(Tip)* line, dash; *(Telec)* dash.

raya[2] *nf (pez)* ray, skate.

rayado 1 *adj (papel)* ruled, lined; *(cheque)* crossed; *(tela, diseño)* striped. **2** *nm* stripes, striped pattern.

rayar [1a] **1** *vt* **(a)** *(papel)* to line, draw lines on; *(cheque)* to cross; *(piedra etc)* to scratch, mark; *(texto)* to underline, underscore; *(error)* to cross out; *(en diseño)* to stripe, streak. **(b)** *(caballo)* to spur on. **2** *vi* **(a) ~ con** to be next to, be adjacent to. **(b)** *(fig)* **~ en** to border on, verge on; **esto raya en lo increíble** this verges on the incredible; **raya en los cincuenta** he's pushing fifty *(fam)*. **(c)** *(arañar)* to scratch, make scratches; **este producto no raya al fregar** this product cleans without scratching. **(d) al ~ el alba** at break of day, at first light. **3 rayarse** *vr* to get scratched.

rayo *nm* **(a)** ray, beam; **~ de luna** moonbeam; **~ de sol** *o* **solar** sunbeam, ray of sunlight; **~s catódicos** cathode rays; **~s cósmicos** cosmic rays; **~s gamma** gamma rays; **~s infrarrojos** infrared rays; **~s luminosos** light rays; **~s ultravioleta** ultraviolet rays; **~s X** X-rays. **(b)** *(Téc)* spoke. **(c)** *(Met)* lightning, flash of lightning; **cayó un ~ en la torre** the tower was struck by lightning; **como un ~** like lightning, like a shot; **la noticia cayó como un ~** the news was a bombshell; **entrar/salir como un ~** to dash in/out; **pasar como un ~** to rush past, flash past; **echar ~s** to rage, fume. **(d)** *(desgracia)* blow, misfortune. **(e)** *(fig: persona)* fast worker; **es un ~** he's like lightning.

raza[1] *nf (gen)* race; *(de animal)* breed, strain; *(estirpe)* stock; **~ humana** human race; **de ~, de pura ~** *(caballo)* thoroughbred; *(perro etc)* pedigree.

raza[2] *nf (grieta)* crack, slit; *(en tela)* run.

razón *nf* **(a)** *(facultad)* reason; **meterse en ~** to see sense, listen to reason; **perder la ~** to go out of one's mind. **(b)** *(lo correcto)* right, rightness; **con ~ o sin ella** rightly or wrongly; **dar la ~ a uno** to agree that sb is right; **tener ~** to be right; **no tener ~** to be wrong; **tener plenamente ~ en hacer algo** to be fully justified in doing sth. **(c)** *(motivo)* reason, motive; '**~: Princesa 4**' 'for further details, apply to 4 Princesa Street'; **¿cuál es la ~?** what is the reason?; **la ~ por qué** the reason why; **~ de más** all the more reason *(para hacer algo* to do sth*)*; **~ de ser** raison d'être; **con ~** with good reason; **¡con ~!** naturally!; **en ~ de** with regard to; **dar ~ de** to give an account of, report on; **dar ~ de sí** to give an account of o.s.; **tener ~ para hacer algo** to have cause to do sth. **(d)** *(Com)* **~ social** trade name, firm's name. **(e)** *(fam)* message; **mandar a uno ~ de que haga algo** to send sb a message telling him to do sth. **(f)** *(Mat)* ratio, proportion; **a ~ de** at the rate of; **a ~ de 5 a 7** in the ratio of 5 to 7; **a ~ de 8 por persona** at the rate of 8 per head; **en ~ directa con** in direct ratio to.

razonable *adj* reasonable.

razonablemente *adv* reasonably.
razonado *adj* reasoned; *(cuenta)* itemized, detailed.
razonamiento *nm* reasoning.
razonar [1a] **1** *vt* to reason, argue; *(cuenta)* to itemize. **2** *vi* **(a)** to reason, argue. **(b)** *(hablar)* to talk (together).
re... *pref* re... .
reabastecer [2d] **1** *vt (vehículo: de combustible, de gasolina)* to refuel. **2 reabastecerse** *vr* to refuel.
reabastecimiento *nm* refuelling.
reabrir *vt*, **reabrirse** *vr* to reopen.
reacción *nf* **(a)** *(gen)* reaction *(a, ante* to); response *(a* to); ~ **en cadena** chain reaction. **(b)** *(Téc)* **avión a** *o* **de** ~ jet plane; **propulsión por** ~ jet propulsion.
reaccionar [1a] *vi* to react *(a, ante* to, *contra* against, *sobre* on); *(responder)* to respond *(a* to); **¿cómo reaccionó?** how did she react?
reaccionario/a *adj, nm/f* reactionary.
reacio *adj* stubborn; **ser ~ a, estar ~ a** to be opposed to, resist (the idea of); **estar ~ a hacer algo** to be unwilling to do sth.
reacondicionar [1a] *vt* to recondition.
reactor *nm* **(a)** *(Fís)* reactor; ~ **nuclear** nuclear reactor; ~ **generador, ~ reproductor** breeder reactor. **(b)** *(Aer: motor)* jet engine; *(: avión)* jet plane.
readaptación *nf:* ~ **profesional** industrial retraining.
readmisión *nf* readmission.
readmitir [3a] *vt* to readmit.
readquirir [3a] *vt* to recover.
reafirmación *nf* reaffirmation.
reafirmar [1a] *vt* to reaffirm.
reagrupación *nf* regrouping.
reagrupar [1a] **1** *vt* to regroup. **2 reagruparse** *vr* to regroup.
reajustar [1a] **1** *vt* to readjust. **2 reajustarse** *vr* to readjust.
reajuste *nm (gen)* readjustment; ~ **salarial** wage increase; ~ **agonizante, ~ doloroso** agonizing reappraisal.
real[1] *adj (verdadero)* real.
real[2] **1** *adj* **(a)** *(perteneciente al rey)* royal. **(b)** *(fig)* royal; *(espléndido)* grand, splendid. **2** *nm* **(a)** *(Hist)* army camp; *(de feria)* fairground. **(b)** *(Fin) coin of 25 céntimos, one quarter of a peseta;* **no tiene un** ~ *(fam)* he hasn't a bean *(fam)*.
realce *nm* **(a)** *(Téc)* embossing. **(b)** *(Arte)* highlight. **(c)** *(fig: esplendor)* lustre, splendour; **poner de** ~ to emphasize.
realeza *nf* royalty.
realidad *nf* reality; *(verdad)* truth; **la ~ de la política** the realities of politics; **en** ~ in fact, actually; **la ~ es que ...** the fact of the matter is that ... .
realismo *nm* realism.
realista 1 *adj* realistic. **2** *nmf* realist.
realizable *adj* **(a)** *(activo)* realizable. **(b)** *(propósito)* attainable; *(proyecto)* practical, feasible.
realización *nf* **(a)** *(Fin)* realization; *(venta)* sale, selling-up; ~ **de plusvalías** profit-taking. **(b)** *(gen)* realization; *(cumplimiento)* fulfilment, carrying out; *(consecución)* achievement.
realizador *nm (TV etc)* producer.
realizar [1f] **1** *vt* **(a)** *(Fin: activo)* to realize; *(: existencias)* to sell off, sell up; *(: ganancias)* to take. **(b)** *(propósito)* to achieve, realize; *(promesa)* to fulfil, carry out; *(proyecto)* to carry out, put into effect. **(c)** *(viaje, compra)* to make; *(visita)* to carry out. **(d)** ~ **que** *(LAm)* to realize that ... . **2 realizarse** *vr (sueño)* to come true; *(esperanzas)* to materialize; *(proyecto)* to be carried out.
realmente *adv* really; *(de hecho)* in fact, actually.
realquilar [1a] *vt (subarrendar)* to sublet; *(alquilar de nuevo)* to relet.
reanimar [1a] **1** *vt* **(a)** to revive. **(b)** *(fig)* to revive, encourage. **2 reanimarse** *vr* to revive.
reanudar [1a] *vt* to renew; *(historia, viaje)* to resume.
reaparecer [2d] *vi* to reappear; *(volver)* to return.
reaparición *nf* reappearance; *(vuelta)* return.
reapertura *nf* reopening.
reaprovisionar [1a] *vt* to replenish, restock.
rearmar [1a] *vt*, **rearmarse** *vr* to rearm.
rearme *nm* rearmament.
reasegurar [1a] *vt* to reinsure.
reasumir [3a] *vt* to resume, reassume.
rebaja *nf* lowering, reduction; *(Com)* discount, rebate; *(en saldo)* reduction; **'grandes ~s'** 'big reductions', 'sale'.
rebajar [1a] **1** *vt* **(a)** *(terreno)* to lower (the level of). **(b)** *(precio)* to reduce, lower, cut (down); *(valor)* to detract from, reduce; ~ **el precio a uno en un 5 por 100** to give sb a discount of 5%, knock 5% off the price for sb. **(c)** *(intensidad)* to lessen, diminish; *(color)* to tone down. **(d)** *(persona)* to bring down a peg or two, deflate. **2 rebajarse** *vr:* ~ **ante uno** to bow before sb; ~ **a hacer algo** to humble o.s. sufficiently to do sth; *(pey)* to stoop to doing sth.
rebalsa *nf* pool, puddle.
rebalsar [1a] *vt (agua)* to dam, dam up.
rebanada *nf* slice.
rebanar [1a] *vt (pan)* to slice, cut in slices; *(árbol)* to slice through, slice down; *(pierna)* to slice off.
rebaño *nm* flock, herd; *(fig)* flock.
rebasar [1a] *vt (tb vi:* ~ **de)** *(gen)* to pass; *(en cualidad, cantidad)* to exceed, surpass; *(Aut)* to overtake, pass; *(agua)* to overflow, rise higher than; **han rebasado ya los límites razonables** they have already gone beyond all reasonable limits; **la cifra no rebasa de mil** the number does not exceed a thousand.
rebatir [3a] *vt* **(a)** *(ataque)* to repel. **(b)** *(argumento)* to reject, refute; *(sugerencia)* to reject. **(c)** *(rebajar)* to reduce.
rebato *nm* alarm; *(Mil)* surprise attack; **llamar** *o* **tocar a** ~ *(lit, fig)* to sound the alarm.
rebautizar [1f] *vt* to rechristen.
rebeca *nf* cardigan.
rebelarse [1a] *vr* to revolt, rebel; ~ **contra** *(fig)* to rebel against.
rebelde 1 *adj* **(a)** *(gen)* rebellious; **el gobierno** ~ the rebel government; **ser ~ a** *(fig)* to be in revolt against, rebel against. **(b)** *(niño)* unruly; *(enfermedad)* persistent, hard to cure. **2** *nmf* **(a)** *(Mil, Pol)* rebel. **(b)** *(Jur)* defaulter.
rebeldía *nf* **(a)** rebelliousness; *(desafío)* defiance, disobedience; **estar en plena** ~ to be in open revolt. **(b)** *(Jur)* default; **caer en** ~ to be in default; **fue juzgado en** ~ he was sentenced by default.
rebelión *nf* revolt, rebellion.
rebenque *nm (LAm)* whip.
reblandecer [2d] *vt* to soften.
reblandecimiento *nm* softening; ~ **cerebral** softening of the brain.
reborde *nm* ledge.
rebosante *adj:* ~ **de** *(lit, fig)* brimming with, overflowing with.
rebosar [1a] *vi* **(a)** *(líquido, recipiente)* to overflow. **(b)** *(abundar)* to abound, be plentiful; **allí rebosa el mineral** a lot of the mineral is found there. **(c)**

~ **de** *o* **en** to overflow with, be brimming with; ~ **de salud** to be bursting *o* brimming with health.
rebotar [1a] **1** *vt* **(a)** *(pelota)* to bounce; *(ataque)* to repel. **(b)** *(persona)* to annoy. **2** *vi (pelota)* to bounce; *(bala)* to ricochet (*de* off), glance (*de* off); ~ **de** to bounce, rebound off.
rebote *nm* bounce, rebound; **de** ~ on the rebound; *(fig)* indirectly.
rebozado *adj (Culin)* fried in batter *o* breadcrumbs *o* flour.
rebozar [1f] **1** *vt* **(a)** *(cubrir el rostro)* to muffle up, wrap up. **(b)** *(Culin)* to roll in batter *o* breadcrumbs; *(: freír)* to fry in batter *etc.* **2 rebozarse** *vr* to muffle (o.s.) up.
rebozo *nm* **(a)** *(mantilla)* muffler, wrap; *(LAm)* shawl. **(b)** *(fig)* dissimulation; **de** ~ secretly; **sin** ~ openly, frankly.
rebufar [1a] *vi* to recoil.
rebufo *nm* recoil.
rebuscado *adj (estilo)* affected; *(palabra)* recherché.
rebuscar [1g] **1** *vt* **(a)** *(objeto)* to search carefully for; *(Agr)* to glean. **(b)** *(lugar)* to search carefully. **2** *vi* to search carefully; *(Agr)* to glean.
rebuznar [1a] *vi* to bray.
recabar [1a] *vt (obtener)* to manage to get; *(solicitar)* to ask for, apply for; ~ **fondos** to collect money.
recadero *nm* messenger.
recado *nm* **(a)** message; *(regalo)* gift, small present; **coger** *o* **tomar un** ~ *(Telec etc)* to take a message; **dejar** ~ to leave a message; **enviar a uno a un** ~ to send sb on an errand; **mandar** ~ to send word. **(b)** *(provisión)* provisions, daily shopping. **(c)** *(material)* equipment, materials; ~ **de escribir** writing case, set of writing materials. **(d)** ~**s** regards, remembrances. **(e)** *(LAm)* horseman's equipment.
recaer [2o] *vi* **(a)** *(Med)* to suffer a relapse. **(b)** *(criminal etc)* to fall back, relapse (*en* into). **(c)** ~ **en** to fall on, fall to; *(premio)* to go to; **las sospechas recayeron sobre el conserje** suspicion fell on the porter; **este peso recaerá más sobre los pobres** this burden will bear most heavily on the poor. **(d)** *(Arquit)* ~ **a** to look out on, look over.
recaída *nf* relapse (*en* into).
recalcar [1g] **1** *vt* **(a)** *(contenido)* to press in, squeeze in; *(recipiente)* to cram, stuff (*de* with). **(b)** *(fig)* to stress, emphasize; ~ **algo a uno** to insist on sth to sb; ~ **a uno que ...** to tell sb emphatically that ... . **2** *vi (Náut)* to list, heel. **3 recalcarse** *vr (LAm)* ~ **un hueso** to dislocate a bone.
recalcitrante *adj* recalcitrant.
recalcitrar [1a] *vi* **(a)** *(echarse atrás)* to take a step back. **(b)** *(resistir)* to resist, be stubborn.
recalentar [1k] **1** *vt* **(a)** *(demasiado)* to overheat. **(b)** *(comida)* to warm up, reheat. **2 recalentarse** *vr* to get too hot.
recámara *nf* **(a)** *(cuarto)* side room; *(LAm)* bedroom. **(b)** *(de fusil)* breech, chamber.
recambio *nm* spare; *(de pluma)* refill; **piezas de** ~ spares, spare parts; **neumático de** ~ spare tyre.
recapacitar [1a] **1** *vt* to think over, reflect on. **2** *vi* to think things over, reflect.
recapitulación *nf* recapitulation, summing-up.
recapitular [1a] *vt, vi* to recapitulate, sum up.
recargado *adj* overloaded; *(exagerado)* overelaborate.
recargar [1h] *vt* **(a)** *(cargar demasiado)* to overload. **(b)** *(Fin)* to put an additional charge on, increase (the price of/the tax on *etc*). **(c)** *(Jur: sentencia)* to increase. **(d)** *(Téc)* to reload, recharge; *(batería)* to recharge. **(e)** *(fig)* to overload (*de* with); ~ **a uno de deberes** to overload sb with duties.
recargo *nm* **(a)** *(carga nueva)* new burden; *(aumento de carga)* extra load, additional load. **(b)** *(Fin)* extra charge, surcharge; *(aumento)* increase. **(c)** *(Jur: nuevo cargo)* new charge, further charge; *(de sentencia)* increase of sentence. **(d)** *(Med)* rise in temperature.
recatado *adj* **(a)** *(modesto)* modest, shy. **(b)** *(prudente)* cautious, circumspect.
recatar [1a] **1** *vt* to hide. **2 recatarse** *vr* **(a)** to hide o.s. away (*de* from). **(b)** *(ser prudente)* to be cautious; *(vacilar)* to hesitate.
recato *nm* **(a)** *(modestia)* modesty, shyness. **(b)** *(cautela)* caution, circumspection; *(reserva)* reserve, restraint; **sin** ~ openly, unreservedly.
recaudación *nf* **(a)** *(acción)* collection. **(b)** *(cantidad)* takings *pl*, income; *(Dep)* gate, gate money. **(c)** *(oficina)* tax office.
recaudador *nm:* ~ **de contribuciones** tax collector.
recaudar [1a] *vt* to collect.
recaudo *nm* **(a)** *(Fin)* collection. **(b)** *(Jur)* surety, security. **(c)** *(cuidado)* care, protection; *(precaución)* precaution; **estar a buen** ~ to be in safekeeping; **poner algo a buen** ~ to put sth in a safe place. **(d)** *(LAm)* daily supply of vegetables.
recelar [1a] **1** *vt:* ~ **que ...** to suspect that ..., fear that ... . **2** *vi:* ~ **de** to suspect, fear; ~ **hacer algo** to be afraid of doing sth.
receloso *adj* suspicious, distrustful; *(temoroso)* apprehensive.
recepción *nf (gen)* reception; *(admisión)* admission.
recepcionista *nmf* (hotel) receptionist.
receptivo *adj* receptive.
receptor *nm* receiver; ~ **de control** *(TV)* monitor; ~ **de televisión** television set; **descolgar el** ~ *(Telec)* to pick up the receiver.
recesión *nf (Com, Fin)* recession.
receso *nm* recess.
receta *nf (Culin)* recipe (*de* for); *(Med)* prescription.
recetar [1a] *vt* to prescribe.
recibí *nm* 'received with thanks'.
recibidor(a) *nm/f* receiver, recipient.
recibimiento *nm* reception, welcome.
recibir [3a] **1** *vt* **(a)** *(gen)* to receive. **(b)** *(acoger)* to welcome; *(salir al encuentro)* to go and meet; ~ **a uno con los brazos abiertos** to welcome sb with open arms; **le recibió el ministro** the minister received him *o* granted him an interview; **la oferta fue mal recibida** the offer was badly received. **2** *vi* to entertain; **reciben mucho en casa** they entertain at home a good deal; **la baronesa recibe los lunes** the baroness receives visitors on Mondays. **3 recibirse** *vr:* ~ **de** *(LAm)* to qualify as; ~ **de doctor** to take one's doctorate, receive one's doctor's degree; *véase* **abogado.**
recibo *nm* receipt; **acusar** ~ to acknowledge receipt (*de* of); **estar de** ~ *(persona)* to be at home (to callers).
recidiva *nf (Med)* relapse.
reciedumbre *nf* strength; *(vigor)* vigour.
recién *adv* **(a)** newly, recently *(+ pp)*. **(b)** *(LAm)* just, recently; ~ **llegó** he has just arrived, he arrived recently; ~ **se acordó** only then did he remember it; ~ **ahora** right now, this very moment; ~ **aquí** right here, just here.
recién casado *adj* newly-wed; **los** ~**s** the newly-

weds.

recién llegado/a 1 *adj* newly arrived. **2** *nm/f* newcomer, new person; *(en reunión)* latecomer.

recién nacido/a 1 *adj* newborn. **2** *nm/f* newborn child.

reciente *adj* recent; *(pan)* fresh, newly-made.

recientemente *adv* recently.

recinto *nm (gen)* enclosure; *(área)* area, place.

recio 1 *adj* **(a)** *(gen)* strong, tough; *(veloz)* fast, quick. **(b)** *(voz)* loud. **(c)** *(tiempo)* harsh, severe. **(d) en lo más ~ del combate** in the thick of the fight; **en lo más ~ del invierno** in the depths of winter. **2** *adv (véase adj a, b)* strongly; fast, quickly; loudly; *(golpear)* hard.

recipiente *nm* **(a)** *(persona)* recipient. **(b)** *(vaso)* container.

reciprocar [1g] *vt* to reciprocate.

recíproco *adj* reciprocal; **a la ~a** vice versa; **estar a la ~a** to be ready to respond.

recitación *nf* recitation.

recital *nm (Mús)* recital; *(Lit)* reading; **~ de poesías** poetry reading.

recitar [1a] *vt* to recite.

reclamable *adj* reclaimable.

reclamación *nf* **(a)** claim, demand; **~ salarial** wage claim. **(b)** *(queja)* complaint, protest; **formular una ~** to make *o* lodge a complaint.

reclamar [1a] **1** *vt* **(a)** to claim, demand (*de* from); **~ algo para sí** to claim sth for o.s.; **~ su porción de la herencia** to claim one's share of the estate; **esto reclama toda nuestra atención** this demands our full attention. **(b) ~ a uno ante los tribunales** to take sb to court, file a suit against sb. **2** *vi:* **~ contra** to complain about; **~ contra una sentencia** *(Jur)* to appeal against a sentence.

reclame *nm o nf (LAm)* advertisement.

reclamo *nm* **(a)** *(llamada)* call; **acudir al ~** to answer the call. **(b)** *(Tip)* catchword; *(anuncio)* advertisement; *(tentación)* attraction.

reclinar [1a] **1** *vt* to lean, recline (*contra* against, *sobre* on). **2 reclinarse** *vr* to lean back.

recluir [3g] *vt* to shut away; *(Jur)* to imprison.

reclusión *nf* **(a)** seclusion; *(Jur)* imprisonment, confinement; **~ perpetua** life imprisonment. **(b)** *(lugar)* prison.

recluso/a 1 *adj* imprisoned; **población ~a** prison population. **2** *nm/f* **(a)** *(solitario)* recluse. **(b)** *(Jur)* inmate (of a prison), prisoner.

recluta 1 *nf* recruitment. **2** *nmf* recruit.

reclutamiento *nm* recruitment.

reclutar [1a] *vt* **(a)** to recruit. **(b)** *(Arg: ganado)* to round up.

recobrar [1a] **1** *vt (salud etc)* to recover, get back; *(ciudad)* to recapture; *(tiempo)* to make up (for). **2 recobrarse** *vr* **(a)** *(Med)* to recover, convalesce; *(volver en sí)* to come to, regain consciousness. **(b)** *(fig)* to collect o.s.

recobro *nm* recovery; *(de ciudad)* recapture.

recocer [2b, 2h] *vt (calentar)* to warm *o* heat up; *(cocer demasiado)* to overcook.

recoger [2c] **1** *vt* **(a)** *(gen)* to collect; *(levantar)* to pick up; *(juntar)* to gather (up), gather together. **(b)** *(Agr)* to harvest; *(fruta)* to pick; *(fig)* to get as one's reward; **no recogió más que censuras** all he got was criticism. **(c)** *(ropa, vela)* to take in; *(falda)* to roll up, lift; *(mangas)* to roll up. **(d)** *(ir a buscar)* to get, come for; *(ir en coche)* to pick up; **te vendremos a ~ a las 8** we'll come for you at 8 o'clock; **me recogieron en la estación** they picked me up at the station. **(e)** *(dar asilo)* to take in, shelter. **2 recogerse** *vr* to withdraw, retire; *(a casa)* to go home; *(acostarse)* to go to bed; **~ el pelo** to put one's hair up.

recogida *nf* **(a)** *(poet: retirada)* withdrawal. **(b)** *(Agr)* harvest; *(de correo)* collection; **hay 6 ~s diarias** there are 6 collections daily.

recogido *adj* **(a)** *(vida)* quiet; *(lugar)* secluded; *(persona)* modest, retiring; **ella vive muy ~a** she lives very quietly. **(b)** *(pequeño)* small.

recogimiento *nm (gen)* collection; *(Agr)* harvesting; *(retiro)* withdrawal, retirement.

recolección *nf* **(a)** *(gen)* collection; *(Agr)* harvesting; *(: época)* harvest time. **(b)** *(compilación)* compilation; *(resumen)* summary.

recomendable *adj* recommendable; **poco ~** inadvisable.

recomendación *nf* **(a)** recommendation; *(sugerencia)* suggestion. **(b)** *(elogio)* praise. **(c)** *(escrito)* reference, testimonial; **carta de ~** letter of introduction (*para* to); **tiene muchas ~es** he is strongly recommended; *(fig)* there's a lot to be said for him. **(d)** *(Rel)* **~ del alma** prayers for the dying.

recomendar [1k] *vt* **(a)** to recommend; *(sugerir)* to suggest; *(aconsejar)* to advise; **~ a uno que haga algo** to recommend *o* advise sb to do sth; **se lo recomiendo** I recommend it to you. **(b)** *(confiar)* to entrust, confide (*a* to). **(c)** *(elogiar)* to praise.

recomenzar [1f, 1k] *vt, vi* to begin again, recommence.

recompensa *nf* recompense, reward; *(compensación)* compensation (*de una pérdida* for a loss); **como** *o* **en ~ por** in return for, as a reward for.

recompensar [1a] *vt* to reward, recompense (*por* for); *(compensar)* to compensate (*algo* for sth).

recomponer [2r] **1** *vt (Téc)* to mend, repair; *(Tip)* to reset. **2 recomponerse** *vr (fam)* to dress up.

reconcentrar [1a] **1** *vt (concentrar)* to concentrate (*en* on), devote (*en* to); *(juntar)* to bring together; *(disimular)* to hide. **2 reconcentrarse** *vr* to concentrate hard, become totally absorbed.

reconciliable *adj* reconcilable.

reconciliación *nf* reconciliation.

reconciliar [1b] **1** *vt* to reconcile. **2 reconciliarse** *vr* to become *o* be reconciled.

reconfortar [1a] **1** *vt* to comfort; *(animar)* to cheer, encourage. **2 reconfortarse** *vr:* **~ con** to fortify o.s. with.

reconocer [2d] *vt* **(a)** *(gen)* to recognize. **(b) ~ por** *(distinguir)* to know *o* recognize by; **se le reconoce por el pelo** you can recognize him by his hair. **(c)** *(aceptar)* to recognize as; **no le reconocieron como jefe** they did not recognize *o* accept him as their leader; **reconoció al niño por suyo** he recognized the child as his. **(d)** *(admitir)* to recognize, admit; **~ los hechos** to face the facts; **hay que ~ que no es normal** one must admit that it isn't normal; **por fin reconocieron abiertamente que era falso** eventually they openly admitted that it was untrue. **(e)** *(regalo)* to be grateful for. **(f)** *(registrar)* to search; *(Med)* to examine.

reconocible *adj* recognizable.

reconocido *adj* **(a)** *(jefe etc)* recognized, accepted. **(b) estar ~** to be grateful.

reconocimiento *nm* **(a)** *(gen)* recognition; *(gratitud)* gratitude; **en ~ a, como ~ por** out of gratitude for. **(b)** *(registro)* search(ing); *(inspección)* inspection, examination; *(Mil)* reconnaissance; *(Med)* examination, checkup; **vuelo de ~** reconnaissance flight.

reconquistar [1a] *vt* **(a)** *(Mil: terreno)* to reconquer; *(: ciudad)* to recapture (*a* from). **(b)** *(fig)* to recover, win back.

reconsiderar [1a] *vt* to reconsider.
reconstituyente *nm* tonic.
reconstrucción *nf* reconstruction; *(Pol)* reshuffle.
reconstruir [3g] *vt* to reconstruct; *(Pol)* to reshuffle.
reconversión *nf* (*tb* **~ industrial**) modernization; **~ profesional** industrial retraining.
recopilación *nf (resumen)* summary; *(compilación)* compilation.
recopilar [1a] *vt* to compile.
record, récord [re'kor, 'rekor] **1** *adj inv* record; **cifras ~** record quantities; **en un tiempo ~** in a record time. **2** *nm, pl* **records, récords** [re'kor, 'rekor] record; **batir el ~** to break the record.
recordable *adj* memorable.
recordación *nf* recollection; **digno de ~** memorable.
recordar[1] [1m] **1** *vt* **(a)** *(acordarse de)* to remember; **no lo recuerdo** I don't remember it. **(b)** *(traer a la memoria)* to recall, bring to mind; **esto recuerda aquella escena de la película** this recalls that scene in the film; **la frase recuerda a García Lorca** the phrase is reminiscent of Lorca. **(c)** *(acordar a otro)* to remind; **~ algo a uno** to remind sb of sth; **~ a uno que haga algo** to remind sb to do sth; **recuérdale que me debe 5 dólares** remind him that he owes me 5 dollars. **(d)** *(LAm)* to awaken.
2 *vi* to remember; **no recuerdo** I don't remember; **que yo recuerde** as far as I can remember; **creo ~, si mal no recuerdo** if my memory serves me right; *véase* **desde 2.**
3 recordarse *vr* **(a) ~ que ...** to remind o.s. that .... **(b)** *(LAm)* to wake up.
recordar[2] [1m] *vt (LAm: voz)* to record.
recorrer [2a] *vt* **(a)** *(gen)* to go over; *(país)* to cross, travel through; *(distancia)* to travel, do; **~ una ciudad a pie** to walk round a city; **~ un escrito** to run one's eye over *o* look through a document; **en 14 días los Jones han recorrido media Europa** the Joneses have done half of Europe in a fortnight. **(b)** *(registrar)* to search. **(c)** *(Mec)* to repair, mend.
recorrido *nm* **(a)** run, journey; *(distancia)* distance covered; *(de golf etc)* round; **el ~ del primer día fue de 450 km** the first day's run was 450 kms; **un ~ en 5 bajo par** a round in 5 under par; **un ~ sin penalizaciones** a clear round. **(b)** *(Mec)* repair.
recortado *adj* uneven, irregular.
recortar [1a] **1** *vt* **(a)** *(exceso)* to cut away *o* off; *(el pelo)* to trim; *(papel)* to cut out. **(b)** *(dibujar)* to draw in outline. **(c)** *(fig)* to cut out, remove. **2 recortarse** *vr* to stand out, be silhouetted (*en, sobre* against).
recorte *nm* **(a)** *(acción)* cutting, trimming; *(del pelo)* trim. **(b)** *(papel)* cutout. **(c) ~s** trimmings, clippings; **~s de periódico** newspaper cuttings; **álbum de ~s** scrapbook.
recoser [2a] *vt* to patch up, darn.
recosido *nm* patch, darn.
recostado *adj* reclining; **estar ~** to be lying down.
recostar [1m] **1** *vt* to lean (*en* on). **2 recostarse** *vr* **(a)** to recline, lie back; *(acostarse)* to lie down. **(b)** *(fig)* to have a short rest.
recreación *nf* **(a)** recreation. **(b) = recreo.**
recrear [1a] **1** *vt* **(a)** *(crear de nuevo)* to recreate. **(b)** *(divertir)* to amuse, entertain. **2 recrearse** *vr* to enjoy o.s.
recreativo *adj* recreational.
recreo *nm* recreation; *(Escol)* break, playtime.
recriminación *nf* recrimination.
recriminar [1a] **1** *vt* to reproach. **2** *vi* to recriminate. **3 recriminarse** *vr* to reproach each other.
recrudecer [2d] *vt, vi,* **recrudecerse** *vr* to worsen.
recrudecimiento *nm,* **recrudescencia** *nf* new outbreak, upsurge.
recta *nf* straight line; **la ~** *(Dep)* the straight; **~ de llegada** home straight.
rectángulo 1 *adj* rectangular, oblong; *(triángulo)* right-angled. **2** *nm* rectangle, oblong.
rectificable *adj* rectifiable; **fácilmente ~** easily rectified.
rectificación *nf* correction; **publicar una ~** to publish a correction.
rectificar [1g] **1** *vt* **(a)** to rectify; *(corregir)* to correct. **(b)** *(enderezar)* to straighten (out). **2** *vi* to correct o.s.; **'no, eran 4' rectificó** 'no,' he said, correcting himself, 'there were 4'.
rectitud *nf* **(a)** straightness. **(b)** *(fig)* rectitude.
recto 1 *adj* **(a)** *(derecho)* straight; *(vertical)* upright; **ángulo ~** right angle; **la flecha fue ~a al blanco** the arrow went straight to the target. **(b)** *(persona: honrado)* honest, upright; *(: estricto)* strict; *(juez)* fair, impartial; *(juicio)* sound. **(c)** *(fig: sentido)* literal, proper; **en el sentido ~ de la palabra** in the proper sense of the word. **2** *nm (Anat)* rectum.
rector 1 *adj* governing; **una figura ~a** an outstanding *o* leading figure. **2** *nm* **(a)** head, chief. **(b)** *(Univ)* rector, *(US)* president.
rectorado *nm (cargo)* rectorship, *(US)* presidency; *(oficina)* rector's office.
rectoría *nf* **(a) = rectorado. (b)** *(Rel)* rectory.
recubrir [3a; *pp* **recubierto**] *vt* to cover (*con, de* with); *(pintar)* to coat (*con, de* with).
recuento *nm* recount; *(inventario)* inventory; **hacer el ~ de** to count up, reckon up.
recuerdo *nm* **(a)** *(memoria)* memory; **contar los ~s** to reminisce; **guardar un feliz ~ de uno** to have happy memories of sb. **(b)** *(regalo)* souvenir, memento; **'R~ de Mallorca'** 'A present from Majorca'. **(c) ~s** regards; **¡~s a tu madre!** give my regards to your mother.
recular [1a] *vi* **(a)** *(animal, vehículo)* to go back; *(fusil)* to recoil; *(ejército)* to fall back, retreat. **(b)** *(fig)* to back down.
reculón *nm*: **andar a ~es** to go backwards.
recuperable *adj* recoverable.
recuperación *nf* recovery.
recuperar [1a] **1** *vt* to recover, recuperate; *(tiempo perdido)* to make up; *(Comput)* to retrieve. **2 recuperarse** *vr (Med etc)* to recover, recuperate.
recurrente *adj* recurrent.
recurrir [3a] *vi* **(a) ~ a** to resort to; *(persona)* to turn to. **(b)** *(Jur)* to appeal (*a* to, *contra, de* against).
recurso *nm* **(a)** resort; *(medio)* means; **como último ~** as a last resort. **(b) ~s** *(Fin etc)* resources; **~s económicos** economic resources; **~s naturales** natural resources. **(c)** *(Jur)* appeal.
recusar [1a] *vt* **(a)** to reject, refuse. **(b)** *(Jur)* to challenge (the authority of).
rechazar [1f] *vt* **(a)** *(persona)* to push back *o* away; *(ataque)* to repel, beat off; *(enemigo)* to drive back; *(luz)* to reflect. **(b)** *(idea)* to reject; *(oferta)* to turn down; *(tentación)* to resist.
rechazo *nm (rebote)* bounce, rebound; *(de fusil)* recoil; *(fig)* rebuff; **de ~** on the rebound; *(fig)* in consequence, as a result.
rechifla *nf* **(a)** *(véase vt)* whistling, booing. **(b)**

(fig) mockery.
rechiflar [1a] **1** *vt* to whistle at, boo. **2** *vi* to whistle, boo.
rechinamiento *nm (véase vi (a))* creak(ing); clank(ing), clatter(ing); grating; hum(ming), whirr(ing); grinding, gnashing.
rechinar [1a] *vi* **(a)** *(gen)* to creak; *(máquina)* to clank, clatter; *(metal seco)* to grate; *(motor)* to hum, whirr; *(dientes)* to grind, gnash; **hacer ~ los dientes** to grind *o* gnash one's teeth. **(b)** *(fig)* to do sth grudgingly.
rechoncho *adj* thickset, stocky.
red *nf* **(a)** *(para pescar)* net; *(malla)* mesh; *(enrejado)* grille; **~ de alambre** wire mesh, wire netting. **(b)** *(fig)* network, system; *(Elec, de agua)* mains, supply system; *(de tiendas)* chain; **~ de emisoras** radio network; **~ de espionaje** spy network; **~ ferroviaria** railway network *o* system; **estar conectado con la ~** to be connected to the mains. **(c)** *(fig: trampa)* snare, trap; **caer en la ~** to fall into the trap; **tender una ~ para uno** to set a trap for sb.
redacción *nf* **(a)** *(acción)* writing; *(Escol)* essay, composition. **(b)** *(oficina)* newspaper office; *(personas)* editorial staff.
redactar [1a] *vt* **(a)** to draft, draw up; **una carta mal redactada** a badly-worded letter. **(b)** *(periódico)* to edit.
redactor(a) *nm/f* **(a)** writer, drafter. **(b)** *(en periódico)* editor.
redada *nf* cast, throw; *(fig)* catch, haul; *(por policía)* raid.
redecilla *nf* hairnet.
redentor 1 *adj* redeeming. **2** *nm* redeemer.
redescubrir [3a; *pp* **redescubierto**] *vt* to rediscover.
redicho *adj (fam)* affected.
redil *nm* sheepfold.
redimir [3a] *vt* to redeem; *(cautivo)* to ransom.
rédito *nm* interest, return.
redoblado *adj* **(a)** *(Mec)* reinforced; *(persona)* stocky, thickset. **(b)** *(paso)* double-quick.
redoblar [1a] **1** *vt* to redouble; *(plegar)* to bend back. **2** *vi (Mús)* to play a roll on the drum; *(trueno)* to roll, rumble.
redoble *nm (Mús)* drumroll, drumbeat; *(de trueno)* roll, rumble.
redomado *adj* sly, artful.
redonda *nf:* **en muchas millas a la ~** for many miles round about; **se olía a un kilómetro a la ~** you could smell it a mile off.
redondear [1a] **1** *vt* **(a)** *(lit, tb negocio)* to round off. **(b)** *(cifra)* to round up. **2 redondearse** *vr* **(a)** *(enriquecerse)* to become wealthy. **(b)** *(librarse de deudas)* to get clear of debts.
redondel *nm (círculo)* ring, circle; *(Taur)* bullring, arena; *(Aut)* roundabout.
redondez *nf* roundness; **en toda la ~ de la tierra** in the whole wide world.
redondo *adj* **(a)** *(gen)* round(ed); **3 m en ~** 3 metres round; **¿cuánto tiene en ~?** how far is it round?; **caer ~** to fall in a heap; **rehusar en ~** to give a flat refusal, refuse flatly; **en números ~s** in round numbers *o* figures. **(b)** *(completo)* complete, finished.
reducción *nf* **(a)** reduction. **(b)** *(Med)* setting.
reducido *adj* **(a)** *(gen)* reduced; *(limitado)* limited; *(pequeño)* small. **(b) quedar ~ a** to be reduced to.
reducir [3o] **1** *vt* **(a)** *(gen)* to reduce. **(b)** *(Mat)* to reduce (*a* to), convert (*a* into); **~ las millas a kilómetros** to convert miles into kilometres; **~ los dólares en pesetas** to change dollars into pesetas; **todo lo reduce a cosas materiales** he reduces everything to material terms. **(c)** *(someter)* to bring under control; **~ a uno al silencio** to reduce sb to silence; **~ a uno a la obediencia** to bring sb to heel. **(d)** *(Med)* to set.
2 reducirse *vr* **(a)** to diminish, be reduced (*a* to). **(b)** *(Fin)* to economize. **(c)** *(fig)* **~ a** to come down to, amount to no more than; **el escándalo se redujo a un simple chisme** the scandal amounted to nothing more than a piece of gossip; **~ a hacer algo** to find o.s. reduced to doing sth.
redundancia *nf* redundancy.
reedificar [1g] *vt* to rebuild.
reeducación *nf:* **~ profesional** industrial retraining.
reelección *nf* re-election.
reelegir [3c, 3l] *vt* to re-elect.
reembolsar [1a] **1** *vt (persona)* to reimburse; *(dinero)* to repay, pay back; *(depósito)* to refund, return. **2 reembolsarse** *vr* to reimburse o.s.
reembolso *nm* reimbursement; *(de depósito)* refund; **enviar algo contra ~** to send sth cash on delivery.
reemplazable *adj* replaceable.
reemplazar [1f] *vt (gen)* to replace (*con* with, *por* by).
reemplazo *nm* **(a)** replacement. **(b)** *(Mil)* reserve.
reencarnación *nf* reincarnation.
reencarnar [1a] **1** *vt* to reincarnate. **2** *vi* to be reincarnated.
reengancharse [1a] *vr* to re-enlist.
reexaminar [1a] *vt* to re-examine.
refacción *nf (LAm)* repair(s).
refaccionar [1a] *vt (LAm)* to repair.
refajo *nm (enagua)* flannel underskirt; *(falda)* short skirt.
refectorio *nm* refectory.
referencia *nf* **(a)** *(gen)* reference; **con ~ a** with reference to; **hacer ~ a** to refer *o* allude to. **(b)** *(informe)* account, report; **una ~ completa del suceso** a complete account of what took place.
referente *adj:* **~ a** relating to, about, concerning.
referéndum *nm, pl* **referéndums** referendum.
referir [3i] **1** *vt* **(a)** *(contar)* to tell, recount; **~ que ...** to say that ..., tell how .... **(b) ~ al lector a un apéndice** to refer the reader to an appendix. **(c)** *(relacionar)* to refer, relate; **todo lo refiere a su teoría favorita** he refers *o* relates everything to his favourite theory; **han referido el cuadro al siglo XVII** they have dated the picture to the 17th century. **(d) ~ a** *(Fin)* to convert into. **2 referirse** *vr:* **~ a** to refer to; **me refiero a lo de anoche** I refer to what happened last night; **por lo que se refiere a eso** as for that, as regards that.
refilón: de ~ *adv* obliquely, slantingly; **mirar a uno de ~** to look out of the corner of one's eye at sb.
refinación *nf* refining.
refinado *adj* refined.
refinador *nm* refiner.
refinamiento *nm* refinement; **con todos los ~s modernos** with all the modern refinements.
refinar [1a] *vt* to refine; *(fig: sistema)* to refine, perfect; *(: estilo)* to polish.
refinería *nf* refinery.
refino *adj* extra fine, pure, refined.
refirmar [1a] *vt (LAm)* to reaffirm.
reflector *nm* **(a)** reflector; **~ posterior** *(Aut)* rear reflector. **(b)** *(Elec)* spotlight; *(Aer, Mil)* searchlight.
reflejar [1a] **1** *vt* **(a)** to reflect. **(b)** *(fig)* to reflect, show. **2 reflejarse** *vr* to be reflected.

reflejo 1 *adj* **(a)** *(luz)* reflected. **(b)** *(movimiento)* reflex. **(c)** *(verbo)* reflexive. **2** *nm* **(a)** *(lit, fig)* reflection; **mirar su ~ en el agua** to look at one's reflection in the water. **(b)** *(Anat)* reflex; *(: acción)* reflex action. **(c)** *(brillo)* **~s** gleam *sg*, glint *sg*; **tiene ~s metálicos** it has a metallic glint. **(d)** *(en el pelo)* **~s** streaks; **tiene el pelo castaño con ~s rubios** she has chestnut hair with blond streaks.

reflexión *nf* reflection.

reflexionar [1a] **1** *vt* to reflect on, think about *o* over. **2** *vi* to reflect *(en, sobre* on); *(antes de obrar)* to think, pause; **¡reflexione!** you think it over!, think for a moment!

reflexivo *adj* **(a)** *(verbo)* reflexive. **(b)** *(persona)* thoughtful, reflective.

refluir [3g] *vi* to flow back.

reflujo *nm* ebb, ebb tide.

refocilar [1a] **1** *vt* to give great pleasure to. **2 refocilarse** *vr* to revel *(con, en* in).

reforma *nf* **(a)** reform; *(acción)* reformation; *(mejora)* improvement; **R~** *(Rel)* Reformation; **~ agraria** land reform. **(b)** *(Arquit)* **~s** alterations, repairs; **'cerrado por ~s'** 'closed for repairs'.

reformación *nf* reform, reformation.

reformado *adj* reformed.

reformador(a) *nm/f* reformer.

reformar [1a] **1** *vt* **(a)** *(gen)* to reform; *(modificar)* to change, alter; *(reorganizar)* to reorganize; *(corregir)* to correct, put right; *(texto)* to revise. **(b)** *(Arquit)* to alter, repair; *(mejorar)* to improve. **2 reformarse** *vr* to reform, mend one's ways.

reformatorio *nm* reformatory; **~ de menores** remand home.

reformista *nmf* reformist, reformer.

reforzamiento *nm* reinforcement, strengthening.

reforzar [1f, 1m] *vt* **(a)** to reinforce. **(b)** *(fig: resistencia)* to strengthen, buttress, bolster up; *(: persona)* to encourage.

refracción *nf* refraction.

refractario *adj* **(a)** *(Téc)* fireproof, heat-resistant; *(Culin)* ovenproof. **(b)** *(rebelde)* stubborn; **ser ~ a una reforma** to resist *o* be opposed to a reform.

refractor *nm* refractor.

refrán *nm* proverb, saying; **como dice el ~** as the saying goes.

refregar [1h, 1k] *vt* **(a)** to rub (hard); *(limpiar)* to scrub. **(b)** *(fig)* **~ algo a uno** to rub sth in, drive sth home to sb.

refrenar [1a] *vt* **(a)** *(caballo)* to rein back. **(b)** *(fig)* to restrain, hold in check.

refrendar [1a] *vt* **(a)** to endorse, countersign; *(pasaporte)* to stamp. **(b)** *(fam)* to do again, repeat; *(comida)* to order more of, have a second helping of.

refrescante *adj* refreshing, cooling.

refrescar [1g] **1** *vt* **(a)** *(gen)* to refresh; *(enfriar)* to cool (down). **(b)** *(conocimiento)* to brush up, polish up. **(c)** *(acción)* to repeat. **2** *vi* **(a)** *(Met)* to get cooler, cool down. **(b)** *(lavarse)* to refresh o.s.; *(tomar aire fresco)* to go out for a breath of fresh air. **(c)** *(beber)* to have a drink. **3 refrescarse** *vr* = **2.**

refresco *nm* cool drink, soft drink; **~s** refreshments.

refresquería *nf (LAm)* refreshment stall.

refriega *nf* scuffle.

refrigeración *nf* refrigeration; *(Mec)* cooling; *(de casa)* air conditioning.

refrigerado *adj* cooled; *(sala)* air-conditioned; **~ por agua** water-cooled; **~ por aire** air-cooled.

refrigerador *nm* refrigerator; *(en casa)* fridge.

refrigeradora *nf (LAm)* refrigerator.

refrigerar [1a] *vt (gen)* to cool; *(Téc)* to refrigerate; *(Mec)* to cool; *(sala)* to air-condition.

refuerzo *nm (gen)* reinforcement; *(Téc)* support; **~s** *(Mil)* reinforcements.

refugiado/a *adj, nm/f* refugee.

refugiarse [1b] *vr* to take refuge; *(abrigarse)* to shelter *(en* in); *(esconderse)* to go into hiding; **~ en un país vecino** to flee to a neighbouring country.

refugio *nm* **(a)** *(gen)* refuge, shelter; *(asilo)* asylum; *(Rel)* sanctuary; **acogerse a un ~** to take refuge, shelter *(en* in). **(b)** *(Aut)* street island; **~ alpino, ~ de montaña** mountain hut; **~ antiaéreo** air-raid shelter; **~ subterráneo** *(Mil)* underground shelter, dugout.

refulgir [3c] *vi* to shine (brightly).

refundición *nf* **(a)** *(Téc)* recasting. **(b)** *(Lit)* new version, adaptation.

refundir [3a] *vt* **(a)** *(Téc)* to recast. **(b)** *(Lit etc)* to adapt, rewrite.

refunfuñar [1a] *vi* to growl, grunt; *(quejarse)* to grumble.

refunfuñón/ona *(fam)* **1** *adj* grumpy. **2** *nm/f* grouch *(fam)*.

refutable *adj* refutable.

refutar [1a] *vt* to refute.

regadera *nf* **(a)** watering can. **(b)** *(Méx)* shower. **(c)** *(fam)* **estar como una ~** to be crazy.

regadío 1 *adj* irrigable. **2** *nm* irrigated land.

regalado *adj* **(a)** *(de lujo)* of luxury; *(cómodo)* comfortable, pleasant; *(pey)* soft. **(b)** *(delicado)* dainty, delicate. **(c)** *(gratis)* free, given away; **me lo dio medio ~** he gave it to me for a song; **no lo quiero ni ~** I wouldn't have it at any price.

regalar [1a] **1** *vt* **(a)** to give (as a present); *(entregar)* to give away; **~ algo a uno** to give sb sth, make sb a present of sth; **están regalando plumas** they're giving pens away. **(b)** *(persona)* to make a great fuss of; *(pey)* to indulge, pamper; **~ a uno con un banquete** to entertain sb to a dinner; **le regalaron con toda clase de atenciones** they lavished attentions on him. **2 regalarse** *vr* to indulge *o* pamper o.s.

regalía *nf* **(a)** **~s** *(Hist)* royal prerogatives. **(b)** *(fig)* privilege, prerogative; *(Fin)* perquisite, bonus. **(c)** *(LAm: regalo)* gift, present; *(: excelencia)* excellence.

regaliz *nm*, **regaliza** *nf* liquorice, licorice.

regalo *nm* **(a)** *(obsequio)* gift, present; **~ de boda** wedding present; **entrada de ~** complimentary ticket. **(b)** *(fig)* pleasure; *(de comida)* treat, delicacy; **es un ~ para el oído** it's a treat to listen to. **(c)** *(comodidad)* luxury, comfort.

regalón *adj* **(a)** *(mimado)* spoiled, pampered; *(persona)* comfort-loving. **(b)** *(vida)* of luxury, comfortable; *(pey)* soft, easy.

regalonear [1a] *vt (LAm)* to spoil, pamper.

regañadientes: a ~ *adv* unwillingly, reluctantly.

regañar [1a] **1** *vt* to scold, tell off. **2** *vi* **(a)** *(perro)* to snarl, growl. **(b)** *(persona)* to grumble, grouse *(fam)*. **(c)** *(dos personas)* to fall out, quarrel.

regaño *nm* **(a)** scolding, telling off. **(b)** *(de perro)* snarl, growl. **(c)** *(queja)* grumble, grouse *(fam)*.

regañón *adj* grumbling; *(mujer)* nagging.

regar [1h, 1k] *vt* **(a)** *(gen)* to water; *(irrigar)* to irrigate; *(con insecticida)* to spray *(con, de* with); **~ la garganta** to spray one's throat. **(b)** *(fig)* to sprinkle, scatter; **iba regando monedas** he was dropping money all over the place.

regata[1] *nf (Agr)* irrigation channel.

regata[2] *nf (Náut)* race.
regate *nm* **(a)** swerve, dodge; *(Dep)* dribble. **(b)** *(fig)* dodge, ruse.
regatear[1] [1a] *vi (Náut)* to race.
regatear[2] [1a] **1** *vt* **(a)** *(Com: objeto)* to haggle over, bargain over. **(b)** *(economizar)* to be mean with, economize on; **aquí regatean el vino** they are mean with their wine here; **no hemos regateado esfuerzo para terminarlo** we have spared no effort to finish it. **(c)** *(fig)* to deny, refuse to allow; **no le regateo buenas cualidades** I don't deny his good qualities. **2** *vi* **(a)** *(Com)* to haggle, bargain; *(fig)* to bicker. **(b)** *(esquivar)* to swerve, dodge; *(Dep)* to dribble.
regateo *nm (véase vi)* **(a)** haggling, bargaining. **(b)** *(Dep)* dribbling.
regazo *nm* lap.
regencia *nf* regency.
regeneración *nf* regeneration.
regenerar [1a] *vt* to regenerate.
regentar [1a] *vt* **(a)** *(cátedra)* to occupy, hold; *(puesto)* to hold temporarily; *(fig: dirigir)* to guide, preside over; *(: negocio)* to be in charge of. **(b)** *(fam)* to domineer, boss.
regente 1 *adj* **(a)** *(príncipe)* regent. **(b)** *(director)* managing. **2** *nmf* (*nf tb* **regenta**) **(a)** *(Pol)* regent. **(b)** *(de fábrica)* manager.
regicida *nmf (persona)* regicide.
regicidio *nm (acto)* regicide.
régimen *nm, pl* **regímenes (a)** *(Pol)* régime; *(reinado)* rule; **antiguo ~** ancien régime; **~ marioneta** puppet régime; **bajo el ~ del dictador** under the dictator's régime *o* rule. **(b)** *(Med)* diet; **estar a ~** to be on a diet; **poner a uno a ~** to put sb on a diet. **(c)** *(reglas)* (set of) rules; *(manera de vivir)* way of life; **he cambiado de ~** I have changed my whole way of life.
regimiento *nm* **(a)** administration, government. **(b)** *(Mil)* regiment. **(c)** *(LAm)* mass, crowd.
regio 1 *adj* **(a)** royal, regal. **(b)** *(fig: suntuoso)* splendid, majestic. **2** *interj (LAm fam)* great!, fine!
región *nf (gen)* region; *(área)* area, part.
regional *adj* regional.
regir [3c, 3l] **1** *vt* **(a)** *(país)* to rule, govern; *(colegio)* to run, be in charge of; *(empresa)* to manage, run. **(b)** *(Econ, Jur, Ling)* to govern; **los factores que rigen los cambios del mercado** the factors which govern *o* control changes in the market.
2 *vi* **(a)** *(Jur: estar en vigor)* to be in operation, apply; *(precio)* to be in force; *(condición)* to prevail, obtain; **esa ley ya no rige** that law no longer applies; **el mes que rige** the present *o* current month; **cuando estas condiciones ya no rijan** when these conditions no longer obtain. **(b)** *(Mec)* to work, go; **el timbre no rige** the bell doesn't work. **(c)** *(fam)* **no ~** to have a screw loose *(fam)*, be not all there *(fam)*.
registrado *adj* registered.
registrador *nm (Admin)* registrar.
registrar [1a] **1** *vt* **(a)** *(buscar)* to search; *(: en cajón)* to look through; *(inspeccionar)* to inspect; **lo hemos registrado todo de arriba abajo** we have searched the whole place from top to bottom. **(b)** *(anotar)* to register, record. **(c)** *(Mús)* to record; **~ la voz en una cinta** to record one's voice on tape. **2 registrarse** *vr* to register; *(ocurrir)* to happen; **se han registrado algunos casos de tifus** a few cases of typhus have been reported; **el cambio que se ha registrado en su actitud** the change which has occurred in his attitude.
registro *nm* **(a)** *(acción)* registration, recording. **(b)** *(libro)* register; **~ de casamientos/de defunciones** register of marriages/of deaths; **~ electoral** voting register, electoral roll; **~ de nacimientos** register of births; **firmar el ~** to sign the register. **(c)** *(lista)* list, record; **~ de erratas** list of errata. **(d)** *(entrada)* entry (in a register). **(e)** *(oficina)* registry, record office; **~ civil** register office; **~ de patentes y marcas** patents office; **~ de la propiedad** land registry (office). **(f)** *(búsqueda)* search; *(inspección)* survey, inspection; **~ domiciliario** house search; **~ policíaco** police search; **practicar un ~** to make a search (*en* of). **(g)** *(Mús: grabación)* recording; **es un buen ~ de la sinfonía** it is a good recording of the symphony. **(h)** *(Mús: timbre)* register; *(: del órgano)* stop; *(: del piano)* pedal; **salir por** *o* **adoptar un ~ muy raro** *(fig)* to adopt a very odd tone; **tocar todos los ~s** *(fig)* to pull out all the stops. **(i)** *(Téc)* manhole. **(j)** *(en libro)* bookmark.
regla *nf* **(a)** *(instrumento)* ruler; **~ de cálculo** slide rule; **~ (en) T** T-square. **(b)** *(gen)* rule; *(ley)* rule, regulation; *(~ científica)* law, principle; **~s del juego** rules of the game; **~s de la circulación** traffic regulations; **~s para utilizar una máquina** instructions for the use of a machine; **no hay ~ sin excepción** every rule has its exception; **en ~** in order; **poner algo en ~** to put sth straight; **no tenía los papeles en ~** his papers were not in order; **por ~ general** generally, as a rule; **ser de ~** to be the rule, be usual; **salir de ~** to overstep the mark. **(c)** *(Med)* period. **(d)** *(fig)* moderation, restraint; **comer con ~** to eat in moderation.
reglamentación *nf* **(a)** *(acción)* regulation. **(b)** *(reglas)* rules *pl*, regulations *pl*.
reglamentar [1a] *vt* to regulate.
reglamentario *adj* regulation *(atr)*, set; *(estatuario)* statutory; *(apropiado)* proper, due; **en el traje ~** in the regulation dress; **en la forma ~a** in the properly established way.
reglamento *nm (reglas)* rules *pl*, regulations *pl; (municipal)* by-law; *(de profesión)* code of conduct; **~ de aduana** customs regulations; **~ del tráfico** highway code.
reglar [1a] **1** *vt* **(a)** *(papel)* to rule. **(b)** *(acciones)* to regulate. **2 reglarse** *vr*: **~ a** to abide by, conform to; **~ por** to be guided by.
regocijado *adj* jolly, cheerful.
regocijar [1a] **1** *vt* to gladden, cheer (up); **un chiste que regocijó a todos** a joke which made everyone laugh; **la noticia regocijó a la familia** the news delighted the family, the news filled the family with joy. **2 regocijarse** *vr* **(a)** *(alegrarse)* to rejoice, be glad (*de, por* about, at). **(b)** *(reírse)* to laugh; **~ con un chiste** to laugh at a joke. **(c)** *(pasarlo bien)* to have a good time. **(d)** *(pey)* to exult; **~ por la mala suerte de otro** to delight in somebody else's misfortune.
regocijo *nm* **(a)** joy, happiness. **(b)** *(pey)* gloating (*por* over). **(c) ~s** festivities, celebrations; **~s navideños** Christmas festivities; **~s públicos** public rejoicings.
regodearse [1a] *vr* **(a)** *(bromear)* to joke, have fun. **(b)** *(deleitarse)* to be glad *o* delighted; *(pey)* **~ con, ~ en** to gloat over. **(c)** *(LAm)* to be fussy, be hard to please.
regodeo *nm* **(a)** *(broma)* joking. **(b)** *(deleite)* delight; *(pey)* perverse pleasure.
regresar [1a] **1** *vt (LAm)* to give back, return. **2** *vi (venir)* to return, come back; *(irse)* to return, go back. **3 regresarse** *vr (LAm)* = **2.**
regresión *nf* regression; *(fig)* retreat; *(revés)* backward step; *(caída)* fall, decrease.
regresivo *adj (movimiento)* backward; *(fig)* re-

gressive, backward; *(descendente)* downward.
regreso *nm* return; **viaje de ~** return trip, homeward journey; **emprender el ~ a** to return to, come back to; **estar de ~** to be back, be home.
reguero *nm* **(a)** *(Agr)* irrigation ditch; *(LAm)* furrow. **(b)** *(señal)* track; *(de sangre)* trickle; *(de humo)* trail; **propagarse como un ~ de pólvora** to spread like wildfire.
regulable *adj* adjustable.
regulación *nf* regulation; *(Mec)* adjustment; *(control)* control; **~ de la natalidad** birth control; **del tráfico** traffic control; **~ del volumen sonoro** *(Rad)* volume control.
regulador *nm (Mec)* regulator, throttle; *(Rad etc)* control, button; **~ del volumen sonoro** volume control.
regular 1 *adj* **(a)** *(gen)* regular; *(normal)* normal, usual; *(común)* ordinary; *(organizado)* orderly, well-organized; **a intervalos ~es** at regular intervals; **tiene un latido ~** it has a regular beat. **(b)** *(mediano)* medium, average; *(pey)* so-so, not too bad; **es una novela ~** it's an average sort of novel; **de tamaño ~** medium-sized, fair-sized; **¿qué tal la fiesta? — ~** what was the party like? — it was O.K. *o* all right *o* not too bad. **(c) por lo ~** as a rule, generally.
2 *adv (fam)* **estar ~** to be all right, be so-so; **¿qué tal estás? — ~** how are you? — so-so *o* all right *o* can't complain.
3 [1a] *vt* **(a)** to regulate, control; *(suj: ley)* to govern; *(tráfico, precio)* to control. **(b)** *(Mec)* to adjust, regulate; *(reloj)* to put right; *(despertador)* to set.
regularidad *nf* regularity; **con ~** regularly.
regularizar [1f] *vt* to regularize.
regularmente *adv* regularly.
regurgitación *nf* regurgitation.
regurgitar [1a] *vt* to regurgitate.
regusto *nm* aftertaste.
rehabilitación *nf* **(a)** rehabilitation; *(en cargo)* reinstatement. **(b)** *(Arquit)* restoration; *(Mec)* overhaul.
rehabilitar [1a] *vt* **(a)** to rehabilitate; *(en cargo)* to reinstate. **(b)** *(Arquit)* to restore, renovate; *(Mec)* to overhaul.
rehacer [2s] **1** *vt* **(a)** *(volver a hacer)* to redo, do again; *(repetir)* to repeat. **(b)** *(recrear)* to remake; *(reparar)* to mend, repair; *(renovar)* to renew, do up. **2 rehacerse** *vr (Med)* to recover; **~ de** to get over, recover from.
rehén *nm* hostage.
rehilete *nm* **(a)** *(flecha)* dart. **(b)** *(Dep: volante)* shuttlecock; *(: juego)* badminton.
rehuir [3g] *vt* to shun, avoid.
rehusar [1a] *vt, vi* to refuse; **~ hacer algo** to refuse to do sth.
reina *nf (tb Ajedrez)* queen; **~ de belleza** beauty queen; **~ de la fiesta** carnival queen; **~ madre** queen mother.
reinado *nm* reign; **bajo el ~ de** in the reign of.
reinar [1a] *vi* **(a)** *(Pol)* to reign, rule. **(b)** *(fig)* to reign; *(: prevalecer)* to prevail, be general; **reinan las bajas temperaturas** there are low temperatures everywhere; **reina una confusión total** total confusion reigns; **entre la población reinaba el descontento** there was widespread discontent among the population.
reincidencia *nf* relapse (*en* into).
reincidir [3a] *vi* to relapse (*en* into); *(criminal)* to repeat an offence.
reincorporarse [1a] *vr:* **~ a** to rejoin.
reingresar [1a] *vi:* **~ en** to re-enter.
reino *nm* kingdom; **el R~ Unido** the United Kingdom.
reinstalar [1a] *vt* to reinstall; *(persona)* to reinstate.
reintegración *nf* **(a)** *(a cargo)* reinstatement (*a* in). **(b)** *(Fin)* refund, repayment. **(c)** *(vuelta)* return (*a* to).
reintegrar [1a] **1** *vt* **(a)** to reintegrate. **(b)** *(persona)* to reinstate (*a* in). **(c)** *(Fin)* **~ a uno una cantidad** to refund *o* pay back a sum to sb; **le han sido reintegrados de todos sus gastos** he has been reimbursed in full for all his expenses. **(d)** *(dinero)* to pay back. **(e)** *(documento)* to attach a fiscal stamp to. **2 reintegrarse** *vr* **(a) ~ a** to return to. **(b) ~ de una cantidad** to recover *o* recoup a sum; **~ de los gastos** to reimburse o.s. for one's expenses.
reintegro *nm* refund, reimbursement; *(en banco)* withdrawal.
reinversión *nf* reinvestment.
reinvertir [3i] *vt* to reinvest.
reír [3m] **1** *vt* to laugh at; **todos le ríen los chistes** everybody laughs at his jokes.
2 *vi* to laugh; **sólo para hacer ~** just for a laugh; **el último que ríe, ríe más fuerte** he who laughs last laughs longest; *véase* **echar 2 (b)**.
3 reírse *vr* **(a)** to laugh (*con, de* about, at, over); **~ con uno** to laugh at sb's jokes; **~ de uno** to laugh at sb, make fun of sb; **¿se ríe Ud de mí?** are you laughing at me?; **¡déjeme que me ría!** that's a good one! **(b)** *(fam)* to tear, come apart; **la chaqueta se me ríe por los codos** my jacket is getting very worn at the elbows.
reiterar [1a] *vt* to reiterate, reaffirm; *(repetir)* to repeat.
reivindicación *nf* **(a)** *(demanda)* claim (*de* to). **(b)** *(justificación)* vindication. **(c)** *(Jur)* recovery.
reivindicar [1g] *vt* **(a)** to claim (the right to), claim as of right. **(b)** *(justificar)* to vindicate; *(restaurar)* to restore. **(c)** *(Jur)* to recover.
reja *nf* **(a)** grating, grid; *(de ventana)* bars, grille; **estar entre ~s** to be behind bars. **(b)** *(LAm)* prison.
rejado *nm* grille, grating.
rejilla *nf* **(a)** grating, grille; *(Rad)* grille; *(Ferro)* luggage rack; *(muebles)* wickerwork; **silla de ~** wicker chair. **(b)** *(braserillo)* small stove, footwarmer.
rejo *nm* **(a)** *(punta)* spike, sharp point. **(b)** *(de abeja)* sting. **(c)** *(vigor)* strength, vigour, toughness. **(d)** *(LAm: látigo)* whip.
rejuvenecer [2d] **1** *vt* to rejuvenate. **2 rejuvenecerse** *vr* to be rejuvenated, become young again.
relación *nf* **(a)** relation, relationship (*con* to, with); **~es** relations, relationship; **la ~ entre X y Z** the relationship between X and Z; **sus ~es con el jefe** his relations with the boss; **buenas ~es** good relations; **~es carnales** sexual relations; **~es comerciales** business connections, trade relations; **~es humanas** human relations; *(como departamento, profesión)* personnel management; **~es públicas** public relations; **estar en buenas ~es con** to be on good terms with; **mantener ~es con** to keep in touch with; **romper las ~es con** to break off relations with; **con** *o* **en ~ a** in relation to, compared with; **un aumento de 3 por ciento con ~ al año anterior** an increase of 3% over the previous year.
(b) *(Mat)* ratio; **en una ~ de 7 a 2** in a ratio of 7 to 2; **~ real de intercambio** terms of trade; **no guardar ~ alguna con** to bear no relation whatsoever to.

(c) ~**es (amorosas)** courting, courtship; ~**es formales** engagement; ~**es ilícitas** illicit sexual relations; **llevan varios meses de** ~**es** they've been going out for some months; **A está en** *o* **tiene** ~**es con B** A and B are going out together.

(d) ~**es** *(personas conocidas)* acquaintances; *(enchufes)* influential friends, connections; **para eso conviene tener** ~**es** for that it helps to have contacts.

(e) *(narración)* account, report; **hizo una larga** ~ **de su viaje** he gave a lengthy account of his trip.

(f) *(lista)* list.

(g) *(Teat)* long speech.

relacionado *adj* **(a)** related; **un tema** ~ **con Lorca** a subject that has to do with Lorca; **A está íntimamente** ~ **con B** A is closely connected with B. **(b) una persona** ~**a** *(LAm)*, **una persona bien** ~**a** a well-connected person.

relacionar [1a] **1** *vt* to relate (*con* to), connect (*con* with). **2 relacionarse** *vr* **(a) es hombre que se relaciona** he's a man with (powerful) connections. **(b)** *(dos cosas)* to be connected, be related. **(c)** ~ **con uno** to get to know sb. **(d) en lo que se relaciona con** as for, with regard to.

relai(s) [re'le] *nm (Elec)* relay.

relajación *nf* **(a)** relaxation; *(disminución)* slackening, loosening. **(b)** *(Med)* hernia, rupture.

relajado *adj* **(a)** relaxed; *(vida)* dissolute, loose. **(b)** *(Med)* ruptured.

relajante 1 *adj (gen)* relaxing; *(Med)* sedative. **2** *nm* sedative.

relajar [1a] **1** *vt* **(a)** *(gen)* to relax; *(aflojar)* to slacken, loosen. **(b)** *(fig: moralmente)* to weaken, corrupt. **2 relajarse** *vr* **(a)** = **1 (a)**. **(b)** *(Med)* ~ **un tobillo** to sprain one's ankle; ~ **un órgano** to rupture an organ.

relajo *nm (LAm)* **(a)** *(acción inmoral)* immoral act. **(b)** *(ruido)* row, din. **(c)** *(burla)* rude joke; *(escarnio)* derision; **cuento de** ~ blue joke; **echar algo a** ~ to make fun of sth; **¡que** ~**!** *(fam)* what a laugh!

relamer [2a] **1** *vt* to lick repeatedly. **2 relamerse** *vr* **(a)** (*tb* ~ **los labios**) to lick one's lips. **(b)** *(fig)* ~ **con algo** to relish the prospect of sth; *(pey)* to gloat over the prospect of sth. **(c)** *(gloriarse)* to brag.

relamido *adj (afectado)* affected; *(pulcro)* overdressed.

relámpago 1 *nm* (flash of) lightning; *(fig)* flash; ~ **difuso** sheet lightning; **como un** ~ as quick as lightning, in a flash. **2** *adj* lightning; **guerra** ~ blitzkrieg; **visita/viaje** ~ lightning visit/trip.

relampaguear [1a] *vi* to flash; **relampagueó toda la noche** there was lightning all night.

relanzar [1f] *vt* to repel, repulse.

relatar [1a] *vt* to relate, tell.

relativamente *adv* relatively.

relativo *adj* relative; **en lo** ~ **a** concerning.

relato *nm (narración)* story, tale; *(informe)* account, report.

relator *nm* teller, narrator.

relegación *nf* **(a)** relegation. **(b)** *(Hist)* exile, banishment.

relegar [1h] *vt* **(a)** to relegate; ~ **algo al olvido** to banish sth from one's mind. **(b)** *(Hist)* to exile, banish.

relevación *nf* relief.

relevante *adj* outstanding.

relevar [1a] *vt* to relieve; ~ **a uno de una obligación** to relieve sb of a duty, free sb from an obligation; ~ **a uno de hacer algo** to free sb from the obligation to do sth; ~ **a uno de un cargo** to relieve sb of his post; **ser relevado de su mando** to be relieved of one's command.

relevo *nm* **(a)** relief, change. **(b)** *(Dep)* ~**s** relay (race); **100 metros** ~**s** 100 metres relay.

relieve *nm* **(a)** *(Arte, Téc)* relief; **alto** ~ high relief; **bajo** ~ bas-relief; **película en** ~ three-dimensional film. **(b)** *(importancia)* importance, prominence; **un personaje de** ~ an important man; **dar** ~ **a** to give prominence to, bring out; **poner algo de** ~ to emphasize (the importance of). **(c)** ~**s** left-overs.

religión *nf* religion; *(piedad)* religiousness, piety; **entrar en** ~ to take vows, enter a religious order.

religiosa *nf* nun.

religiosidad *nf* piety; *(fig)* religiousness.

religioso 1 *adj* religious. **2** *nm* monk.

relinchar [1a] *vi* to neigh, snort.

reliquia *nf* **(a)** relic; ~**s** relics, remains; *(vestigios)* traces, vestiges; ~ **de familia** heirloom, family treasure. **(b)** *(Med)* ~**s** after-effects.

reloj [re'lo] *nm* clock; *(de pulsera)* watch; *(Téc)* clock, meter; ~ **automático** timer, timing mechanism; ~ **de caja** grandfather clock; ~ **despertador** alarm clock; ~ **de estacionamiento** parking meter; ~ **de la muerte** deathwatch beetle; ~ **de pie** grandfather clock; ~ **de pulsera** wristwatch; ~ **registrador** time clock; ~ **de sol** sundial; **como un** ~ like clockwork; **contra (el)** ~ against the clock.

relojería *nf* **(a)** *(arte)* watchmaking, clockmaking. **(b)** *(tienda)* watchmaker's (shop). **(c)** (*tb* **aparato de** ~) clockwork; **bomba de** ~ time bomb.

relojero *nm* watchmaker, clockmaker.

reluciente *adj* **(a)** shining, brilliant; *(joyas)* glittering, sparkling. **(b)** *(persona)* healthy-looking.

relucir [3f] *vi* **(a)** to shine; *(joyas)* to glitter, sparkle. **(b) sacar algo a** ~ to show sth off.

relumbrante *adj* brillant, dazzling; *(deslumbrante)* glaring.

relumbrar [1a] *vi* to dazzle; *(deslumbrar)* to glare.

relumbrón *nm* **(a)** flash. **(b)** *(fig)* flashiness, ostentation; **joyas de** ~ flashy jewellery; **vestirse de** ~ to dress ostentatiously.

rellano *nm (Arquit)* landing.

rellena *nf (Méx)* black pudding.

rellenar [1a] **1** *vt* **(a)** *(volver a llenar)* to refill, replenish; *(Aer etc)* to refuel. **(b)** *(llenar)* to fill up; *(Culin: hinchar)* to stuff (*de* with); *(Cos)* to pad; *(formulario etc)* to fill in *o* out. **2 rellenarse** *vr* to stuff o.s. (*de* with).

relleno 1 *adj (hinchado)* packed, stuffed (*de* with); *(lleno)* full up (*de* of); *(Culin)* stuffed. **2** *nm* filling; *(Arquit)* plaster filling; *(Culin)* stuffing; *(Cos)* padding; *(Mec)* packing.

remachar [1a] *vt* **(a)** *(Téc: metales)* to rivet. **(b)** *(fig)* to hammer home, stress.

remache *nm* **(a)** *(Téc)* rivet. **(b)** *(acción)* riveting.

remada *nf* stroke.

remaduro *adj (LAm)* overripe.

remanente 1 *adj* remaining; *(Com)* surplus. **2** *nm* remainder; *(Com, Fin)* balance; *(de producto)* surplus.

remanso *nm* **(a)** *(en río)* pool. **(b)** *(fig)* quiet place; **un** ~ **de paz** an oasis of peace.

remar [1a] *vi* **(a)** to row. **(b)** *(fig)* to toil, struggle.

remarcable *adj (LAm)* remarkable.

remarcar [1g] *vt (LAm)* to notice, observe.

rematadamente *adv* terribly, hopelessly; **es** ~ **tonto** he's utterly stupid.

rematado *adj* **(a)** hopeless, complete; **es un loco** ~ he's a raving lunatic. **(b)** *(niño)* very naughty.

rematar [1a] **1** *vt* **(a)** *(gen)* to finish off; *(animal)* to shoot dead, kill instantly. **(b)** *(Com)* to sell off cheap (to clear). **(c)** *(LAm: comprar)* to buy at an auction; *(: vender)* to sell at auction. **2** *vi* **(a)** to end, finish off; **remató con un par de chistes** he finished with a couple of jokes. **(b)** ~ **en** to end in, come to; **fue una broma que remató en tragedia** it was a joke which ended in tragedy. **(c)** *(Dep)* to shoot; ~ **de cabeza** to head a goal.

remate *nm* **(a)** *(acción)* finishing (off); *(matanza)* killing off. **(b)** *(cabo)* end; *(punta)* tip, point; *(Arquit)* top. **(c)** *(fig)* finishing touch; **para** ~ to crown it all, on top of all that; **por** ~ finally, as a finishing touch; **poner** ~ **a** to cap; **de** ~ = **rematado (a)**. **(d)** *(Com: postura)* highest bid. **(e)** *(Com: venta)* sale (by auction); *(LAm)* auction.

rematista *nm (LAm)* auctioneer.

remecer [2d] **1** *vt* to rock, swing (to and fro); *(Méx)* to shake; *(agitar)* to wave. **2 remecerse** *vr* to rock, swing (to and fro).

remedar [1a] *vt* to imitate, copy; *(pey)* to ape; *(para burlarse)* to ape, mimic.

remediable *adj* that can be remedied; **fácilmente** ~ easy to remedy, easily remedied.

remediar [1b] *vt* **(a)** *(gen)* to remedy; *(subsanar)* to make good, repair; *(compensar)* to make up for; *(corregir)* to correct, put right; **llorando no remedias nada** you won't do any good by crying. **(b)** *(necesidades)* to meet, help with; *(persona)* to help (out); *(persona en peligro)* to help, save. **(c)** *(evitar)* to avoid, prevent; **sin poder** ~**lo** without being able to prevent it; **a ver si lo remediamos** let's see if we can do anything about it.

remedio *nm* **(a)** *(gen)* remedy (*contra* against); *(ayuda)* help; **como último** ~ as a last resort; **sin** ~ inevitable; **no se podía encontrar ni para un** ~ it couldn't be had for love nor money; **¡ni por un** ~**!** not on your life!; **no hay más** ~ there's no alternative; **no hay más** ~ **que operarle** the only thing is to operate on him; **él no tiene** ~ he's hopeless, he's past redemption; **no tener más** ~ **que ir** to have no alternative but to go. **(b)** *(alivio)* relief, help; **buscar** ~ **en su aflicción** to look for some relief in one's distress. **(c)** ~ **heroico** drastic action.

remedo *nm* imitation, copy; *(pey)* parody.

remendar [1k] *vt* **(a)** to mend, repair; *(con parche)* to patch. **(b)** *(fig)* to correct.

remesa *nf* remittance; *(Com)* shipment.

remesar [1a] *vt (dinero)* to remit, send; *(bienes)* to send, ship.

remeter [2a] *vr* to put back; *(camisa)* to tuck in.

remezón *nm (LAm)* earth tremor, slight earthquake.

remiendo *nm* **(a)** mending, repairing; *(con parche)* patching. **(b)** *(gen)* mend; *(parche)* patch; **echar un** ~ **a** to patch, put a patch on. **(c)** *(fig)* correction. **(d)** *(Zool)* spot, patch.

remilgado *adj* prudish, prim; *(afectado)* affected.

remilgo *nm* **(a)** prudery, primness; *(afectación)* affectation. **(b)** *(mueca)* smirk; **él no hace** ~**s a ninguna clase de trabajo** he won't turn up his nose at any kind of work.

reminiscencia *nf* reminiscence.

remirar [1a] **1** *vt (volver a mirar)* to look at again; *(examinar)* to look hard at. **2 remirarse** *vr* to be extra careful (*en* about).

remise *nm o nf (Arg)* hired car, taxi.

remisión *nf* **(a)** sending; *(LAm)* shipment, consignment. **(b)** *(al lector)* reference (*a* to). **(c)** *(aplazamiento)* postponement. **(d)** *(Rel)* forgiveness, remission.

remiso *adj* **(a)** slack, slow. **(b)** *(movimiento)* slow, sluggish.

remisor *nm (LAm)* sender.

remite *nm* name and address of sender *(written on back of envelope)*.

remitente *nmf (Correos)* sender.

remitir [3a] **1** *vt* **(a)** *(gen)* to send; *(dinero)* to remit; *(Com)* to send, ship. **(b)** *(lector)* to refer (*a* to). **(c)** *(aplazar)* to postpone. **(d)** ~ **una decisión a uno** to leave a decision to sb. **(e)** *(Rel)* to forgive, pardon. **2** *vi* to slacken, let up.

remo *nm* **(a)** oar; **andar al** ~ *(fig)* to be hard at it; **cruzar un río a** ~ to row across a river; **pasaron los cañones a** ~ they rowed the guns across. **(b)** *(Dep)* rowing; **practicar el** ~ to row. **(c)** *(Anat)* limb. **(d)** *(fig)* toils, hardships.

remoción *nf* removal.

remodelar [1a] *vt* to remodel.

remojar [1a] *vt* **(a)** to steep, soak (*en* in); *(galleta)* to dip (*en* in, into); *(mojar)* to soak, drench (*con* with). **(b)** *(fam)* to celebrate with a drink.

remojo *nm* **(a)** *(véase vt a)* steeping, soaking; dipping; soaking, drenching; **dejar la ropa en** ~ to leave clothes to soak. **(b)** *(LAm: propina)* tip.

remojón *nm* soaking, drenching.

remolacha *nf* beet(root); ~ **azucarera** sugar beet.

remolcador *nm (Náut)* tug; *(Aut)* breakdown lorry.

remolcar [1g] *vt* to tow.

remoler [2h] **1** *vt* **(a)** to grind up small. **(b)** *(LAm)* to annoy. **2** *vi (LAm)* to live it up *(fam)*.

remolinar(se) [1a], **remolinear(se)** [1a] = **arremolinarse**.

remolino *nm* **(a)** *(gen)* whirl; *(en río)* whirlpool; *(viento)* whirlwind. **(b)** *(de pelo)* tuft. **(c)** *(de gente)* crowd. **(d)** *(fig)* commotion.

remolón/ona **1** *adj* lazy. **2** *nm/f* slacker, shirker.

remolonear [1a] *vi* to slack, shirk.

remolque *nm* **(a)** *(acción)* towing; **a** ~ on tow, being towed; **llevar un coche a** ~ to tow a car; **lo hizo a** ~ *(fig)* he did it reluctantly; **dar** ~ **a** to tow. **(b)** *(cabo)* towrope.

remontar [1a] **1** *vt* **(a)** to mend, repair. **(b)** *(río)* to go up. **(c)** *(obstáculo)* to negotiate, get over. **(d)** *(reloj)* to wind. **2 remontarse** *vr* **(a)** to rise, soar. **(b)** *(Fin)* ~ **a** to amount to. **(c)** *(en tiempo)* ~ **a** to go back to; **este texto se remonta al siglo XI** this text dates from *o* back to the 11th century.

remoquete *nm* **(a)** *(puñetazo)* punch. **(b)** *(fig)* cutting remark, dig. **(c)** *(apodo)* nickname; **poner** ~ **a uno** to give sb a nickname. **(d)** *(fam)* flirting.

rémora *nf* hindrance.

remorder [2h] **1** *vt* to disturb, distress; *(conciencia)* to prick; *(mente)* to prey upon. **2 remorderse** *vr* to suffer *o* show remorse.

remordimiento *nm* (*tb* ~**s**) remorse, regret; **tener** ~**s** to feel remorse, suffer pangs of conscience.

remotamente *adv* vaguely.

remoto *adj* remote; **¡ni por lo más** ~**!** not on your life!

remover [2h] *vt* **(a)** to stir; *(tierra)* to turn over, dig up; *(objetos)* to move round; *(humores)* to disturb, upset; ~ **el pasado** to stir up the past. **(b)** *(quitar)* to remove.

removimiento *nm* removal.

remozar [1f] **1** *vt* to rejuvenate; *(fig)* to brighten up, polish up. **2 remozarse** *vr* to be rejuvenated; *(parecer rejuvenecido)* to look much younger; **la encuentro muy remozada** I find her looking much younger.

rempujar [1a] *vt (fam)* to shove, jostle.

rempujón *nm (fam)* shove, push.

remuda *nf* change; ~ **(de ropa)** change of clothes, spare clothes.
remudar [1a] *vt* to replace.
remuneración *nf* remuneration.
remunerado *adj*: **trabajo mal** ~ badly-paid job.
remunerar [1a] *vt* to remunerate; *(premiar)* to reward.
renacer [2d] *vi* **(a)** to be reborn; *(Bot)* to appear again, come up again. **(b)** *(fig)* to revive; **hacer** ~ to revive; **sentían** ~ **la esperanza** they felt new hope.
renacimiento *nm* rebirth, revival; **R**~ Renaissance.
renal *adj* renal, kidney *(atr)*.
rencilla *nf* **(a)** *(disputa)* quarrel; ~**s** arguments, bickering *sg*. **(b)** *(rencor)* ill will.
rencilloso *adj* quarrelsome.
renco *adj* lame.
rencor *nm (amargura)* rancour, bitterness; *(resentimiento)* ill feeling, resentment; *(malicia)* spitefulness; **guardar** ~ to bear malice, have a grudge (*a* against).
rencoroso *adj* **(a)** *(ser)* spiteful, nasty. **(b)** *(estar)* resentful, bitter.
rendición *nf* **(a)** *(Mil)* surrender. **(b)** *(Fin)* yield, profit(s).
rendido *adj (sumiso)* submissive; *(cansado)* worn-out; *(enamorado)* devoted.
rendidor *adj (LAm)* highly productive; *(Fin)* highly profitable.
rendija *nf* **(a)** *(hendedura)* crack, cleft; *(abertura)* aperture. **(b)** *(fig)* rift, split. **(c)** *(Jur)* loophole.
rendimiento *nm* **(a)** *(Mec)* efficiency, performance; *(de una máquina)* output. **(b)** *(Fin)* yield, profit(s). **(c)** *(sumisión)* submissiveness; *(devoción)* devotion. **(d)** *(agotamiento)* exhaustion.
rendir [3l] **1** *vt* **(a)** *(vencer)* to defeat, conquer. **(b)** *(producir)* to produce; *(dar utilidad)* to yield. **(c)** *(cansar)* to exhaust, tire out; **le rindió el sueño** he was overcome by sleep. **(d)** *(dominar)* to dominate. **(e)** *(devolver)* to give back, return; *(Mil: ciudad)* to surrender; *(: la guardia)* to hand over; *(vomitar)* to vomit, bring up. **(f)** ~ **homenaje a** to pay tribute to; ~ **las gracias** to give thanks; ~ **culto a** to worship. **(g)** *(LAm)* ~ **examen** to sit *o* take an exam.

2 *vi* **(a)** to yield, produce; **el negocio no rinde** the business doesn't pay; **la finca rinde para mantener a 8 familias** the estate produces enough to keep 8 families. **(b)** *(dar resultados)* to give good results; *(arroz)* to swell up.

3 rendirse *vr* **(a)** *(ceder)* to yield (*a* to); *(Mil)* to surrender; *(entregarse)* to give o.s. up. **(b)** *(cansarse)* to wear o.s. out.
renegado/a *adj, nm/f* renegade.
renegar [1h, 1k] **1** *vt* **(a)** *(negar)* to deny vigorously, deny repeatedly. **(b)** *(detestar)* to abhor, detest. **2** *vi* **(a)** *(apostatar)* to go over to the other side. **(b)** ~ **de** *(renunciar)* to renounce, give up; ~ **de su familia** to disown one's family; **reniego de ti** I want nothing more to do with you. **(c)** ~ **de** *(detestar)* to abhor, detest. **(d)** *(blasfemar: fam)* to curse, swear; *(: Rel)* to blaspheme. **(e)** *(quejarse)* to protest, complain. **(f)** *(LAm)* to get angry, be upset.
renglón *nm* **(a)** line (of writing); **a** ~ **seguido** in the very next line; *(fig)* immediately after; **leer entre** ~**es** to read between the lines. **(b)** *(Com)* item of expenditure.
renguear [1a] *vi (LAm)* to limp, hobble.
renguera *nf (LAm)* limp, limping.
reniego *nm* **(a)** *(juramento)* curse, oath; *(Rel)* blasphemy. **(b)** *(queja)* grumble, complaint.
reno *nm* reindeer.
renombrado *adj* renowned, famous.
renombre *nm* **(a)** *(fama)* renown, fame; **de** ~ renowned, famous. **(b)** *(apellido)* surname.
renovación *nf* **(a)** renewal; ~ **espiritual** spiritual renewal. **(b)** *(Arquit)* renovation. **(c)** *(Pol)* reorganization, transformation.
renovado *adj* renewed, redoubled; **con** ~**a energía** with renewed energy.
renovar [1m] *vt* **(a)** *(gen)* to renew. **(b)** *(Arquit)* to renovate; *(sala)* to redecorate. **(c)** *(Pol)* to reorganize, transform.
renquear [1a] *vi* **(a)** to limp, hobble. **(b)** *(fam)* to get along, manage with difficulty.
renta *nf* **(a)** *(ingresos)* income; *(ganancia)* interest, return; **política de** ~**s** incomes policy; ~ **gravable** *o* **imponible** taxable income; ~ **nacional** national income; ~ **bruta nacional** gross national income; ~**s públicas** revenue; ~ **del trabajo** earned income; **tiene** ~**s particulares** she has a private income; **vivir de sus** ~**s** to live on one's private income. **(b)** *(deuda)* public debt, national debt. **(c)** *(alquiler)* rent.
rentabilidad *nf* profitability.
rentable *adj* profitable; **no** ~ unprofitable; **la línea ya no es** ~ the line is no longer economic (to run).
rentado *adj (LAm: trabajo)* paid.
rentar [1a] *vt* **(a)** *(Com)* to produce, yield. **(b)** *(LAm)* to let, rent out; **'rento casa'** 'house to let'.
rentista *nmf* **(a)** *(accionista)* stockholder; *(que vive de sus rentas)* rentier. **(b)** *(especialista)* financial expert.
renuencia *nf* **(a)** *(de persona)* unwillingness, reluctance. **(b)** *(de materia)* awkwardness.
renuente *adj* **(a)** *(persona)* unwilling, reluctant. **(b)** *(materia)* awkward, difficult.
renuncia *nf* renunciation; *(de empleado)* resignation.
renunciar [1b] *vt* (*tb* ~ **a**) *(derecho)* to renounce (*en* in favour of), surrender; *(plan, vicio)* to give up; *(puesto, responsabilidad)* to resign; ~ **a hacer algo** to give up doing sth.
reñido *adj* **(a)** bitter; **un partido** ~ a hard-fought game; **en lo más** ~ **de la batalla** in the thick of the fight. **(b) estar** ~ **con uno** to be on bad terms with sb; **está** ~ **con su familia** he has fallen out with his family.
reñidor *adj* quarrelsome.
reñir [3h, 3l] **1** *vt* **(a)** *(regañar)* to scold; *(reprender)* to tell off, reprimand (*por* for). **(b)** *(batalla)* to fight, wage. **2** *vi (disputar)* to quarrel, fall out (*con* with); *(pelear)* to fight, come to blows; **ha reñido con su novio** she's fallen out with her boyfriend; **se pasan la vida riñendo** they spend their whole time quarrelling; **riñeron por cuestión de dinero** they quarrelled about *o* over money.
reo *nmf* culprit, offender; *(Jur)* accused, defendant; ~ **de muerte** person under sentence of death.
reojo: **de** ~ *adv*: **mirar a uno de** ~ to look at sb out of the corner of one's eye; *(con recelo)* to look askance at sb.
reorganización *nf* reorganization.
reorganizar [1f] *vt* to reorganize.
reorientar [1a] *vt* to reorientate; *(reajustar)* to readjust.
Rep *abr de* **República.**
reparable *adj* repairable.
reparación *nf* **(a)** *(acción)* repairing, mending. **(b)** *(Téc)* repair; **'**~**es en el acto'** 'repairs while you wait'; **efectuar** ~**es en** to carry out repairs to. **(c)** *(fig)* amends, reparation.

reparar [1a] **1** *vt* **(a)** *(Téc)* to repair, mend, fix. **(b)** *(ofensa)* to make amends for; *(suerte)* to retrieve. **(c)** *(golpe)* to parry. **(d)** *(observar)* to observe, notice. **(e)** *(LAm)* to mimic, imitate.

2 *vi* **(a)** ~ **en** *(darse cuenta de)* to observe, notice; **no reparó en la diferencia** he didn't notice the difference; **sin ~ en que ya no funcionaba** without noticing that it was no longer working. **(b)** ~ **en** *(poner atención en)* to pay attention to, take heed of; *(considerar)* to consider; **no ~ en las dificultades** to take no heed of the difficulties; **repara en lo que vas a hacer** reflect on what you are going to do; **sin ~ en los gastos** regardless of the cost; **no ~ en nada** to stop at nothing. **(c)** *(LAm: caballo)* to rear, buck.

3 repararse *vr* to restrain o.s.

reparo *nm* **(a)** *(Téc)* repair; *(Arquit)* restoration. **(b)** *(Esgrima)* parry; *(fig)* defence, protection. **(c)** *(Med)* remedy. **(d)** *(advertencia)* observation; *(crítica)* criticism; *(duda)* doubt; **poner ~s** to raise objections (*a* to); *(criticar)* to criticize, express one's doubts; *(pey)* to find fault (*a* with). **(e)** *(escrúpulo)* scruple, qualm; **no tuvo ~ en hacerlo** he did not hesitate to do it. **(f)** *(LAm)* **tirar un ~** to rear, buck.

repartición *nf* **(a)** distribution; *(división)* sharing out, division. **(b)** *(LAm)* government department.

repartida *nf (LAm)* = **repartición (a).**

repartidor *nm* distributor; ~ **de leche** milkman; ~ **de periódicos** paperboy.

repartija *nf (LAm pey)* share-out, carve-up *(fam)*.

repartir [3a] **1** *vt (dividir entre varios)* to divide (up), share (out); *(distribuir)* to distribute, give out; *(país)* to partition; *(libros)* to give out, hand out; *(comida)* to serve out; *(correo)* to deliver; *(naipes)* to deal. **2 repartirse** *vr* to be distributed, be shared out.

reparto *nm* **(a)** *(gen)* distribution; *(división)* sharing out, division; *(de correo, Com)* delivery; *(Teat)* cast(ing); **'~ a domicilio'** 'home delivery service'. **(b)** *(LAm: solar)* building site; *(: barrio)* suburb.

repasador *nm (LAm)* dishcloth.

repasar [1a] *vt* **(a)** *(lugar)* to pass (by) again. **(b)** *(Cos)* to sew (up). **(c)** *(Mec)* to check, overhaul. **(d)** *(cuenta)* to check; *(texto, lección)* to revise; *(apuntes)* to go over again.

repaso *nm* review, revision; *(inspección)* check; *(Cos)* mending; *(Mec)* checkup, overhaul; *(lectura)* rapid reading, quick rereading; **~ general** general overhaul; **curso de ~** refresher course; **dar un ~ a una lección** to revise a lesson; **los técnicos daban el último ~ al cohete** the technicians were giving the rocket a final check.

repatriar [1b] **1** *vt* to repatriate; *(criminal)* to deport. **2 repatriarse** *vr* to return home, go back to one's own country.

repecho *nm* sharp gradient, steep slope; **a ~** uphill.

repelencia *nf (LAm)* revulsion, disgust.

repelente *adj* **(a)** repellent, repulsive. **(b)** *(LAm)* annoying.

repeler [2a] **1** *vt* **(a)** *(enemigo)* to repel, drive back; *(persona)* to push away. **(b) el material repele el agua** the material is waterproof *o* water-resistant. **(c)** *(idea, oferta)* to reject. **(d)** *(fig)* to repel, disgust. **2 repelerse** *vr:* **los dos se repelen** the two are (mutually) incompatible.

repensar [1k] *vt* to rethink, reconsider.

repente *nm* **(a)** sudden movement, start; *(fig)* sudden impulse; **~ de ira** fit of anger. **(b) de ~** *(de pronto)* suddenly; *(sin preparación)* unexpectedly.

repentinamente *adv*: **torcer ~** to turn sharply, make a sharp turn; *véase tb* **repente (b).**

repentino *adj (súbito)* sudden; *(imprevisto)* unexpected.

repentizar [1f] *vi (Mús)* to sight-read.

repercusión *nf (lit, fig)* repercussion; **de amplia** *o* **de ancha ~** far-reaching, of profound effects; **tener ~(es) en** to have repercussions on.

repercutir [3a] **1** *vi* **(a)** *(objeto)* to rebound, bounce off; *(sonido)* to echo. **(b)** *(fig)* **~ en** to have repercussions on, have effects on. **2 repercutirse** *vr* to reverberate.

repertorio *nm* **(a)** *(lista)* list, index. **(b)** *(Teat)* repertoire.

repetición *nf* **(a)** repetition; *(reaparición)* recurrence. **(b)** *(Teat)* encore. **(c) fusil de ~** repeater rifle.

repetidamente *adv* repeatedly.

repetido *adj* repeated; *(numeroso)* numerous; **el tan ~ aviso** the oft-repeated warning; **~as veces** repeatedly, over and over again.

repetir [3l] **1** *vt (gen)* to repeat; *(redecir)* to say again; *(rehacer)* to do again; *(Teat)* to give as an encore, sing *etc* again; **le repito que es imposible** I repeat that it is impossible; **los niños repiten lo que hacen las personas mayores** children imitate adults; **las cebollas me repiten** onions repeat on me. **2** *vi (comiendo)* to have a second helping. **3 repetirse** *vr* **(a)** to repeat o.s. **(b)** *(suceso)* to recur.

repicar [1g] **1** *vt* **(a)** *(carne)* to chop up finely. **(b)** *(campanas)* to ring. **(c)** *(fam)* **~ gordo un acontecimiento** to celebrate an event in style. **2 repicarse** *vr* to boast (*de* about, of).

repintar [1a] **1** *vt* to repaint. **2 repintarse** *vr* to pile the make-up on.

repipi *adj (afectado)* affected; *(esnob)* posh, la-di-dah, stuck-up *(fam)*; **es una niña ~** she's a little madam.

repique *nm* **(a)** *(Mús)* peal(ing), ringing. **(b)** *(fam)* tiff, squabble.

repiquetear [1a] **1** *vt* **(a)** *(campanas)* to peal joyfully, ring merrily. **(b)** *(tambor)* to tap, beat rapidly. **2** *vi* **(a)** *(Mús)* to peal out, ring. **(b)** *(máquina)* to clatter. **3 repiquetearse** *vr (fam)* to squabble.

repiqueteo *nm* (*véase* **repiquetear**) peal(ing), tapping; clatter.

repisa *nf* ledge, shelf; **~ de chimenea** mantelpiece; **~ de ventana** windowsill.

replegable *adj* folding, that folds (up).

replegar [1h, 1k] **1** *vt (plegar)* to fold over; *(: de nuevo)* to fold again, refold. **2 replegarse** *vr (Mil)* to withdraw, fall back.

repletar [1a] *vt* to fill completely, stuff full.

repleto *adj* **(a)** replete, full up; **~ de** filled with, crammed with; **el cuarto estaba ~ de gente** the room was jammed with people. **(b) estar ~** to be full up *(with food)*. **(c)** *(aspecto)* well-fed.

réplica *nf* **(a)** *(respuesta)* answer; **derecho de ~** right of reply; **~s** backchat *sg.* **(b)** *(Arte)* replica, copy.

replicar [1g] *vi* to answer, retort; *(objetar)* to argue, answer back; **¡no repliques!** don't answer back!, I don't want any backchat!

replicón *adj (fam)* argumentative; *(descarado)* cheeky.

repliegue *nm* **(a)** fold, crease. **(b)** *(Mil)* withdrawal, retirement.

repoblar [1m] *vt (país)* to repopulate; *(río)* to restock; *(Bot)* to plant trees on.

repollo *nm* cabbage.

reponer [2r; *pp* **repuesto**] **1** *vt* **(a)** to replace, put back; *(persona)* to reinstate; *(surtido)* to replenish. **(b)** *(Teat)* to revive, put on again. **(c)** *(replicar)* to reply. **2 reponerse** *vr (Med)* to recover; ~ **de** to recover from, get over.

reportaje *nm* report, article; ~ **gráfico** illustrated report.

reportar [1a] **1** *vt* **(a)** *(traer)* to bring, carry; **esto le habrá reportado algún beneficio** this will have brought him some benefit; **la cosa no le reportó sino disgustos** the affair brought him nothing but trouble. **(b)** *(conseguir)* to obtain. **(c)** *(fig)* to check, restrain. **(d)** *(LAm)* to report. **2 reportarse** *vr (contenerse)* to control o.s.; *(calmarse)* to calm down; **¡repórtate!** control yourself!

reporte *nm (LAm)* report.

reportear [1a] *vt (LAm: entrevistar)* to interview; *(fotografiar)* to photograph (for the press).

repórter *nm*, **reportero/a** *nm/f* reporter.

reposacabezas *nm inv* headrest.

reposado *adj (tranquilo)* quiet; *(descansado)* gentle, restful; *(lento)* unhurried, calm.

reposaplatos *nm inv* table mat.

reposar [1a] **1** *vt:* ~ **la comida** to let one's meal go down, settle one's stomach. **2** *vi* to rest, repose; *(dormir)* to sleep; *(muerto)* to lie, rest. **3 reposarse** *vr (líquido)* to settle.

reposición *nf* **(a)** replacement. **(b)** *(Fin)* reinvestment. **(c)** *(Teat)* revival. **(d)** *(Med, fig)* recovery.

repositorio *nm* repository.

reposo *nm* rest, repose; ~ **absoluto** *(Med)* complete rest.

repostada *nf (LAm)* rude reply, sharp answer.

repostar [1a] **1** *vt (surtido)* to replenish, renew; ~ **combustible** *o* **gasolina** *(Aer)* to refuel, *(Aut)* to fill up (with petrol). **2** *vi* to refuel. **3 repostarse** *vr* to replenish stocks, take on supplies; ~ **de combustible** to refuel.

repostería *nf* **(a)** *(tienda)* confectioner's (shop), cake shop. **(b)** *(arte)* confectionery. **(c)** *(depósito)* larder, pantry.

repostero/a *nm/f* confectioner, pastrycook.

repreguntar [1a] *vt (Jur)* to cross-examine, cross-question.

reprender [2a] *vt* to reprimand, tell off; *(niño)* to scold; ~ **algo a uno** to criticize sb over sth.

reprensible *adj* reprehensible.

reprensión *nf* (*véase* **reprender**) reprimand, telling-off; scolding.

represa *nf* **(a)** dam; *(lago artificial)* lake, pool; ~ **de molino** millpond. **(b)** *(fig)* check, stoppage.

represalia *nf* reprisal; **como ~ por** as a reprisal for; **tomar ~s** to take reprisals, retaliate (*contra* against).

represar [1a] *vt* **(a)** *(Náut)* to recapture. **(b)** *(Pol)* to repress; *(detener)* to check, put a stop to; *(contener)* to restrain. **(c)** *(agua)* to dam (up); *(fig)* to stem.

representación *nf* **(a)** *(gen)* representation; ~ **proporcional** proportional representation; **en ~ de** representing; **por ~** by proxy. **(b)** *(Teat)* performance; *(del actor)* playing, acting; **una serie de 350 ~es** a run of 350 performances. **(c)** *(fig)* importance, standing; **hombre de ~** man of some standing.

representante *nmf* **(a)** *(Com, Pol)* representative. **(b)** *(Teat)* performer, actor/actress.

representar [1a] **1** *vt* **(a)** *(gen)* to represent; *(a otra persona)* to act for; *(simbolizar)* to stand for, symbolize. **(b)** *(Teat: obra)* to perform, put on; *(: papel)* to act, play. **(c)** *(edad)* to look; **representa unos 55 años** he looks about 55; **ella no representa los años que tiene** she doesn't look her age. **(d)** *(detalles)* to state, explain; ~ **una dificultad a uno** to explain a snag to sb. **(e)** *(significar)* to mean; **tal acto representaría la guerra** such an act would mean war.

2 representarse *vr:* ~ **una escena** to imagine *o* picture a scene; ~ **una solución** to envisage a solution; **se me representa la cara que pondrá** I can just imagine what a face he'll pull.

representativo *adj* representative.

represión *nf* repression; *(supresión)* suppression.

represivo *adj* repressive.

reprimenda *nf* reprimand, rebuke.

reprimido *adj* repressed.

reprimir [3a] **1** *vt* to repress; *(suprimir)* to suppress; *(refrenar)* to curb, check. **2 reprimirse** *vr:* ~ **de hacer algo** to stop o.s. from doing sth.

reprise *nf (LAm Teat)* revival.

reprobable *adj* blameworthy, to be condemned.

reprobación *nf* reproval, reprobation; *(culpa)* blame; *(condenación)* condemnation; **escrito en ~ de ...** written in condemnation of ... .

reprobador *adj* reproving, disapproving.

reprobar [1m] *vt* **(a)** to reprove, condemn; *(culpar)* to blame. **(b)** *(candidato)* to fail.

réprobo *adj (Rel)* damned.

reprochar [1a] **1** *vt* to reproach; *(censurar)* to condemn, censure; ~ **algo a uno** to reproach sb for sth. **2 reprocharse** *vr* to reproach o.s.

reproche *nm* reproach (*a* for); **es un ~ a su honradez** it is a reflection on his honesty; **nos miró con ~** he looked at us reproachfully.

reproducción *nf* reproduction.

reproducir [3c] **1** *vt* to reproduce; *(Bio)* to reproduce, breed. **2 reproducirse** *vr* **(a)** to reproduce; *(Bio)* to breed. **(b)** *(condiciones)* to be reproduced; *(suceso)* to happen again, recur.

reproductor *adj* reproductive.

reptar [1a] *vi* to creep, crawl.

reptil 1 *adj* reptilian. **2** *nm* reptile.

república *nf* republic; **R~ Dominicana** Dominican Republic; **R~ Arabe Unida** United Arab Republic.

republicanismo *nm* republicanism.

republicano/a *adj, nm/f* republican.

repudiación *nf* repudiation.

repudiar [1b] *vt (violencia)* to repudiate; *(desconocer)* to disown; *(renunciar)* to renounce.

repudio *nm* repudiation.

repudrir [3a] **1** *vt* **(a)** to rot. **(b)** *(fig)* to gnaw at, eat up. **2 repudrirse** *vr* to eat one's heart out, pine away.

repuesto 1 *pp de* **reponer**. **2** *nm* **(a)** *(provisión)* stock, store; *(abastecimiento)* supply. **(b)** *(reemplazo)* replacement; *(de pluma)* refill. **(c)** *(Aut, Mec)* spare (part); **rueda de ~** spare wheel; **y llevamos otro de ~** and we have another as a spare *o* in reserve. **(d)** *(mueble)* sideboard.

repugnancia *nf* **(a)** disgust, repugnance; *(aversión)* aversion (*hacia, por* to). **(b)** *(desgana)* reluctance; **lo hizo con ~** he did it reluctantly.

repugnante *adj* disgusting, revolting.

repugnar [1a] **1** *vt* **(a)** *(causar repugnancia)* to disgust, revolt; **ese olor me repugna** that smell revolts me; **me repugna tener que mirarlo** I hate having to watch it. **(b)** *(odiar)* to hate, loathe; **siempre repugnaba el engaño** he always hated deceit. **(c)** *(contradecir)* to contradict. **2** *vi* to be disgusting, be revolting. **3 repugnarse** *vr* to conflict, be in opposition; *(contradecirse)* to contradict each other; **las dos teorías se repug-**

nan the two theories contradict each other.
repulgado *adj* affected.
repulgar [1h] *vt* to hem.
repulgo *nm (Cos)* hem.
repulido *adj* **(a)** polished. **(b)** *(fig)* dressed up, dolled up.
repulir [3a] **1** *vt* **(a)** to polish up. **(b)** *(fig)* to dress up. **2 repulirse** *vr (fig)* to dress up, get dolled up.
repulsa *nf (véase* **repulsar (b)**) rejection, refusal; rebuff; **sufrir una ~** to meet with a rebuff.
repulsar [1a] *vt* **(a)** *(Mil)* to repulse. **(b)** *(fig: pedido)* to reject, refuse; *(: oferta, persona)* to rebuff. **(c)** *(fig: condenar)* to condemn in strong terms.
repulsión *nf* **(a)** = **repulsa. (b)** *(antipatía)* repulsion, disgust. **(c)** *(Fís)* repulsion.
repulsivo *adj* disgusting, revolting.
repunta *nf* **(a)** *(Geog)* point, headland. **(b)** *(indicio)* sign, indication, hint. **(c)** *(pique)* pique. **(d)** *(riña)* slight upset, tiff.
repuntar [1a] **1** *vt (LAm: ganado)* to round up. **2** *vi* **(a)** *(marea)* to turn. **(b)** *(LAm: manifestarse)* to begin to show; *(persona)* to turn up unexpectedly. **(c)** *(LAm: río)* to rise suddenly. **3 repuntarse** *vr* **(a)** *(vino)* to begin to sour, turn. **(b)** *(persona)* to get cross *o* annoyed. **(c)** *(dos personas)* to fall out, have a tiff.
repunte *nm* **(a)** *(Náut)* turn of the tide. **(b)** *(LAm Fin)* rise in share prices.
reputación *nf* reputation.
reputado *adj (tb* **bien** *~)* highly reputed, reputable.
reputar [1a] *vt* to repute; *(estimar)* to esteem; *(considerar)* to deem, consider; **~ a uno de** *o* **por inteligente** to consider sb intelligent; **le reputan no apto para el cargo** they think him unsuitable for the post; **una colección reputada en mucho** a highly esteemed collection.
requebrar [1k] *vt* to flatter, compliment; *(flirtear)* to flirt with.
requemado *adj (véase* **requemar**) scorched; parched; tanned.
requemar [1a] **1** *vt* **(a)** *(quemar)* to scorch; *(secar)* to parch, dry up; *(broncear)* to tan; *(Culin)* to overdo, burn; *(la lengua)* to burn, sting. **(b)** *(sangre)* to inflame. **2 requemarse** *vr* **(a)** *(véase vt)* to scorch; to parch, dry up; to tan; to overdo, burn; to burn, sting; to inflame. **(b)** *(fig)* to harbour resentment.
requerimiento *nm* **(a)** *(pedido)* request; *(demanda)* demand; *(llamada)* summons *(tb Jur)*. **(b)** *(notificación)* notification.
requerir [3i] *vt* **(a)** *(necesitar)* to need, require; **esto requiere cierto cuidado** this requires some care. **(b)** *(pedir)* to request, ask, invite; **~ a uno que haga algo** to ask sb to do sth. **(c)** *(ordenar)* to send for, call for; *(llamar a alguien)* to send for, summon; **el ministro requirió sus gafas** the minister sent for his spectacles; **el ministro le requirió para que lo explicara** the minister summoned him to explain it. **(d)** *(requebrar)* to court, woo.
requesón *nm* cottage cheese.
requete... *pref* extremely; **una chica requeteguapa** an exceptionally nice-looking girl.
requiebro *nm (piropo)* compliment, flirtatious remark.
réquiem *nm, pl* **réquiems** requiem.
requintar [1a] *vt (LAm: apretar)* to tighten.
requisa *nf* **(a)** *(inspección)* survey, inspection. **(b)** *(Mil)* requisition. **(c)** *(LAm)* seizure, confiscation.
requisar [1a] *vt* **(a)** *(Mil)* to requisition. **(b)** *(LAm: confiscar)* to seize, confiscate. **(c)** *(LAm: buscar)* to search.
requisición *nf* **(a)** *(Mil)* requisition. **(b)** *(LAm: véase* **requisar (b)**) seizure, confiscation.
requisito *nm* requirement, requisite; **~ previo** prerequisite; **llenar los ~s** to fulfil the requirements; **tener los ~s para un cargo** to have the essential qualifications for a post.
requisitoria *nf (LAm Jur)* examination, interrogation.
res *nf* **(a)** beast, animal. **(b)** *(LAm Culin)* steak.
resabiado *adj (astuto)* knowing, crafty; *(caballo)* vicious.
resabiarse [1b] *vr* to acquire a bad habit, get into evil ways.
resabido *adj* **(a)** well known; **lo tengo sabido y ~** of course I know all that perfectly well. **(b)** *(fam)* pretentious, pedantic.
resabio *nm* **(a)** *(gusto feo)* unpleasant aftertaste; **tener ~s de** *(fig)* to smack of. **(b)** *(vicio)* bad habit, vice.
resaca *nf* **(a)** *(Náut)* undertow, undercurrent. **(b)** *(fam)* hangover. **(c)** *(fig)* reaction, backlash; **la ~ blanca** the white backlash. **(d)** *(LAm: aguardiente)* high-quality liquor.
resacar [1g] *vt (LAm)* to distil.
resalado *adj* lively.
resaltante *adj (LAm)* outstanding.
resaltar [1a] *vi* **(a)** to jut out, stick out, project. **(b)** *(fig)* to stand out; **resalta mucho su belleza** she is outstandingly beautiful.
resalte *nm,* **resalto** *nm* projection.
resanar [1a] *vt* to restore, repair.
resarcimiento *nm (pago)* repayment; *(compensación)* indemnification, compensation.
resarcir [3b] **1** *vt (pagar)* to repay; *(compensar)* to indemnify, compensate; **~ a uno de una cantidad** to repay sb a sum; **~ a uno de una pérdida** to compensate sb for a loss. **2 resarcirse** *vr:* **~ de** to make up for.
resbalada *nf (LAm: resbalón)* slip.
resbaladero *nm* slippery place; *(en parque infantil)* slide.
resbaladizo *adj* slippery.
resbalar [1a] *vi,* **resbalarse** *vr* **(a)** to slip (up) *(en, sobre* on); *(deslizar)* to slide, slither *(por* along, down); *(Aut)* to skid; **el embrague resbala** the clutch is slipping; **le resbalaban las lágrimas por las mejillas** tears were trickling down her cheeks. **(b)** *(fig)* to slip up, make a slip.
resbalón *nm* **(a)** *(acción)* slip; *(deslizamiento)* slide, slither; *(Aut)* skid. **(b)** *(fig)* slip, error; **dar un ~** to slip up.
resbaloso *adj (LAm)* slippery.
rescatar [1a] *vt* **(a)** *(cautivo)* to ransom; *(pueblo)* to recapture, recover. **(b)** *(salvar)* to save, rescue. **(c)** *(dinero)* to get back, recover. **(d)** *(tiempo perdido)* to make up; *(delitos)* to atone for, redeem. **(e)** *(terreno)* to reclaim.
rescate *nm* **(a)** *(véase* **rescatar**) ransom; recapture, recovery. **(b)** *(Com)* redemption. **(c)** *(salvación)* rescue; **operaciones de ~** rescue operations; **acudir al ~ de** to go to the rescue of. **(d)** *(dinero)* ransom.
rescindir [3a] *vt (contrato)* to annul, rescind.
rescisión *nf* cancellation.
rescoldo *nm* **(a)** embers *pl,* hot ashes *pl.* **(b)** *(fig)* doubt, scruple.
rescontrar [1m] *vt (Com, Fin)* to offset, balance.
resecar[1] [1g] **1** *vt (secar)* to dry off, dry thoroughly; *(quemar)* to parch, scorch. **2 resecarse** *vr* to dry up.
resecar[2] [1g] *vt (Med: remover)* to cut out, remove; *(: amputar)* to amputate.

resección *nf (Med)* resection.
reseco *adj* **(a)** very dry, too dry; *(desecado)* parched. **(b)** *(fig)* skinny, lean.
resentido *adj* resentful; *(amargo)* bitter; **es un ~** he's bitter, he feels hard done by.
resentimiento *nm* resentment; *(amargura)* bitterness.
resentirse [3i] *vr* **(a) ~ con** *o* **por algo** to resent sth, feel bitter about sth. **(b)** *(debilitarse)* to be weakened, suffer; **con los años se resintió su salud** his health suffered *o* was affected over the years; **los cimientos se resintieron con el terremoto** the foundations were weakened by the earthquake. **(c) ~ de** *(defecto)* to suffer from, labour under; *(consecuencias)* to feel the effects of; **me resiento todavía del golpe** I can still feel the effects of the injury.
reseña *nf* **(a)** outline, account; *(Lit)* review; *(Dep)* report (*de* on), account (*de* of). **(b)** *(descripción)* brief description. **(c)** *(Mil)* review.
reseñar [1a] *vt* **(a)** *(describir)* to describe; *(escribir)* to write up, write a brief account of; *(Lit)* to review; *(Dep)* to report on. **(b)** *(fam: infractor)* to book *(fam)*; **la policía le reseñó por alguna infracción** the police booked him for some offence.
resero *nm (LAm)* cowboy, herdsman; *(: comprador)* cattle dealer.
reserva *nf* **(a)** *(gen)* reserve; *(reservación)* reservation; **~ en metálico** cash reserves; **la ~ de asientos no se paga** there is no charge for reserving seats; **de ~** spare, reserve *(atr)*, emergency *(atr)*; **tener algo de ~** to have sth in reserve; **con ciertas ~s** with certain reservations; **sin ~(s)** unreservedly; **~ de indios** Indian reservation; **~ natural** natural reserve. **(b)** *(discreción)* discretion, reticence; *(pey)* coldness, distance. **(c)** *(secreto)* privacy; **con ~** in confidence; **escribir con la mayor ~** to write in the strictest confidence; **'absoluta ~'** 'strictest confidence'. **(d) a ~ de que ...** unless ..., unless it should turn out that ... .
reservación *nf* reservation.
reservadamente *adv* confidentially, privately.
reservado 1 *adj (gen)* reserved; *(discreto)* discreet, reticent; *(pey)* cold, distant; *(confidencial)* confidential, private. **2** *nm (en restaurante)* private room; *(Ferro)* reserved compartment.
reservar [1a] **1** *vt* **(a)** *(gen)* to reserve; *(guardar)* to keep (in reserve), set aside; *(asientos)* to reserve, book; **lo reserva para el final** he's keeping it till last; **ha reservado lo mejor para sí** he has kept the best part for himself. **(b)** *(encubrir)* to conceal; *(callar)* to keep to o.s.; **prefiero ~ los detalles** I prefer to keep the details to myself. **2 reservarse** *vr* to save o.s. (*para* for); **no bebo porque me reservo para más tarde** I'm not drinking because I'm saving myself for later on.
reservista *nm* reservist.
resfriado 1 *adj (LAm)* indiscreet. **2** *nm* cold; **coger un ~** to catch a cold.
resfriar [1c] **1** *vt* **(a)** to cool, chill. **(b)** *(fig)* to cool. **(c)** *(Med)* **~ a uno** to give sb a cold. **2** *vi (Met)* to turn cold. **3 resfriarse** *vr* **(a)** *(Med)* to catch (a) cold. **(b)** *(fig)* to cool off.
resguardar [1a] **1** *vt* to protect, shield (*de* from). **2 resguardarse** *vr* to defend *o* protect o.s.
resguardo *nm* **(a)** *(protección)* defence, protection; **servir de ~ a uno** to protect sb; **~ de consigna** cloakroom check. **(b)** *(Com)* voucher, certificate; *(garantía)* guarantee; *(recibo)* slip, receipt.
residencia *nf* residence; *(Univ)* hall of residence, hostel; **~ para ancianos** *o* **jubilados** rest home, old folk's home.
residencial 1 *adj* residential. **2** *nf (esp LAm)* housing estate.
residenciar [1b] *vt* to investigate.
residente *adj, nmf* resident; **no ~** non-resident.
residir [3a] *vi* **(a)** to reside, live. **(b)** *(fig)* **~ en** to reside in, lie in; *(consistir en)* to consist in; **la autoridad reside en el gobernador** authority rests with the governor; **la dificultad reside en que ...** the difficulty lies in the fact that ... .
residual *adj* residual, residuary; **aguas ~es** sewage.
residuo *nm* residue; *(Mat)* remainder; *(Quím)* residuum; **~s atmosféricos** *o* **radiactivos** fallout.
resignación *nf* resignation.
resignadamente *adv* resignedly, with resignation.
resignado *adj* resigned.
resignar [1a] **1** *vt* to resign. **2 resignarse** *vr* to resign o.s. (*a, con* to); **~ a hacer algo** to resign o.s. to doing sth.
resistencia *nf* **(a)** *(gen)* resistance; **la R~** *(Pol)* the Resistance; **~ a la enfermedad** resistance to disease; **~ pasiva** passive resistance; **oponer ~ a** to resist, oppose. **(b)** *(del cuerpo)* endurance, stamina; *(fuerza)* strength; *(dureza)* strength, toughness; **carrera de ~** long-distance race; **los alpinistas necesitan mucha ~** mountaineers need lots of stamina *o* need to be very fit. **(c)** *(oposición)* opposition.
resistente *adj (gen)* resistant (*a* to); *(tela)* strong, tough; *(ropa)* hard-wearing; *(Bot)* hardy; **~ al calor** resistant to heat, heat-resistant; **hacerse ~** *(Med)* to build up a resistance (*a* to).
resistible *adj* resistible.
resistir [3a] **1** *vt* **(a)** *(peso)* to bear, support; *(presión)* to bear, withstand. **(b)** *(ataque, tentación)* to resist; **resisto todo menos la tentación** I can resist anything but temptation. **(c)** *(tolerar)* to put up with, endure; **no puedo ~ este frío** I can't bear *o* stand this cold; **no lo resisto un momento más** I'm not putting up with this a moment longer. **(d) ~ la mirada de uno** to stare sb out.
2 *vi* **(a)** *(gen)* to resist; *(luchar)* to struggle; *(combatir)* to put up a fight, fight back. **(b)** *(durar)* to last, still go on; **el coche resiste todavía** the car is still going; **el equipo no puede ~ mucho tiempo más** the team can't last out much longer.
3 resistirse *vr* **(a) = 2 (a). (b) ~ a hacer algo** to refuse to do sth, resist doing sth; **no me resisto a citar algunos versos** I can't resist quoting a few lines; **me resisto a creerlo** I refuse to believe it. **(c) se le resiste la química** she's not very good at chemistry.
resol *nm* glare of the sun.
resolana *nf (LAm: reverbero)* glare of the sun; *(sitio)* sunspot.
resolano *nm* suntrap.
resolución *nf* **(a)** *(decisión)* decision; **~ fatal** decision to take one's own life; **tomar una ~** to take a decision. **(b)** *(de un problema: acción)* solving; *(: respuesta)* solution; **el problema no tiene ~** there is no solution to the problem. **(c)** *(Pol)* resolution; *(moción)* motion; **~ judicial** legal ruling. **(d)** *(cualidad)* resolve, determination; **obrar con ~** to act with determination, act boldly. **(e) en ~** in a word, in short, to sum up.
resoluto *adj* = **resuelto 2.**
resolver [2h; *pp* **resuelto**] **1** *vt* **(a)** *(problema)* to solve, resolve; *(duda)* to settle; *(asunto)* to de-

cide, settle. **(b)** *(Quím)* to dissolve. **2** *vi* **(a)** to resolve, decide; ~ **a favor de uno** to resolve in sb's favour. **(b)** ~ **hacer algo** to resolve to do sth. **3 resolverse** *vr* **(a)** *(problema)* to resolve itself, work out. **(b)** ~ **en** to be transformed into; **todo se resolvió en una riña más** in the end it came down to one more quarrel. **(c)** *(decidir)* to decide, make up one's mind; ~ **a hacer algo** to resolve to do sth; ~ **por algo** to decide on sth; **hay que** ~ **por el uno o el otro** you'll have to make up your mind one way or the other.

resollar [1m] *vi* **(a)** *(respirar)* to breathe noisily, wheeze. **(b)** *(fig)* **escuchar sin** ~ to listen without saying a word in reply; **hace tiempo que no resuella** it's a long time since we heard from him.

resonancia *nf* **(a)** resonance; *(eco)* echo. **(b)** *(fig)* wide importance, widespread effect; **tener** ~ to have repercussions, have a considerable effect.

resonante *adj* **(a)** resonant; *(sonoro)* ringing, resounding. **(b)** *(fig: éxito)* tremendous, resounding.

resonar [1m] *vi* to resound, ring (*de* with).

resoplar [1a] *vi* **(a)** *(con ira)* to snort. **(b)** *(por cansancio)* to puff.

resoplido *nm* **(a)** *(respiración)* noisy breathing; *(resuello)* wheeze; *(con ira)* snort; **dar** ~**s** to breathe heavily, puff; *(motor)* to chug, puff. **(b)** *(fig)* sharp answer.

resorte *nm* **(a)** spring. **(b)** *(elasticidad)* elasticity. **(c)** *(fig: medio)* means, expedient; *(: enchufe)* contact; *(: influencia)* influence; **tocar** ~**s** to pull strings. **(d)** *(LAm)* elastic band. **(e)** *(LAm: responsabilidad)* responsibility; *(: preocupación)* concern; *(: Jur)* authority; **no es de mi** ~ it's not my concern.

respaldar [1a] **1** *vt* **(a)** to endorse; *(fig)* to back, support. **(b)** *(LAm: asegurar)* to ensure; *(: garantizar)* to guarantee, safeguard. **2 respaldarse** *vr* **(a)** to lean back, sprawl (*contra* against, *en* on). **(b)** *(fig)* ~ **con** *o* **en** to take one's stand on.

respaldo *nm* **(a)** *(de silla)* back; *(de cama)* head. **(b)** *(de documento)* back; **firmar al** *o* **en el** ~ to sign on the back. **(c)** *(fig)* support, backing; *(LAm: ayuda)* help; *(: garantía)* guarantee.

respectar [1a] *vt* to concern, relate to; **por lo que respecta a** as for, with regard to.

respectivamente *adv* respectively.

respectivo 1 *adj* respective. **2** *prep:* **en lo** ~ **a** as regards, with regard to.

respecto *nm:* **al** ~ on this matter; **a ese** ~ in that respect; **(con)** ~ **a,** ~ **de** with regard to, in relation to.

respetabilidad *nf* respectability.

respetable *adj* respectable.

respetar [1a] *vt* to respect.

respeto *nm* **(a)** respect, regard; *(consideración)* consideration; ~ **a la opinión ajena** respect for somebody else's opinion; ~ **de sí mismo** self-respect; **por** ~ **a** out of consideration for; **faltar al** ~**, perder el** ~ to be disrespectful (*a* to). **(b)** ~**s** respects; **presentar sus** ~**s a** to pay one's respects to. **(c) de** ~ spare, reserve *(atr)*; *(especial)* special; **cuarto de** ~ spare room; **estar de** ~ to be all dressed up.

respetuoso *adj* respectful.

réspice *nm* **(a)** *(respuesta)* sharp answer, curt reply. **(b)** *(reprensión)* severe reprimand.

respingar [1h] *vi (animal)* to shy, balk; *(fig)* to be unwilling, dig one's heels in.

respingo *nm* **(a)** start, jump; **dar un** ~ to start, jump. **(b)** *(fig)* gesture of disgust.

respingón *adj (nariz)* turned-up.

respiración *nf* **(a)** breathing; *(Med)* respiration; *(aliento)* breath; **contener la** ~ to hold one's breath; **llegar sin** ~ to arrive exhausted. **(b)** *(ventilación)* ventilation.

respiradero *nm* **(a)** *(Téc)* vent, valve. **(b)** *(fig)* respite, breathing space.

respirar [1a] **1** *vt* to breathe; *(inhalar)* to breathe in, inhale. **2** *vi* **(a)** *(gen)* to breathe; ~ **con dificultad** to breathe with difficulty, gasp for breath; **sin** ~ without a break, without respite; **paramos durante 5 minutos para** ~ we stopped for 5 minutes to get our breath back; **respira confianza** *(fig)* he oozes confidence; **¡respiro!** that's a relief!; **no dejar** ~ **a uno** to keep on at sb; **no** ~ *(fig)* to say absolutely nothing; **estuvo escuchándole sin** ~ he listened to him in complete silence; **los niños le miraban sin** ~ the children watched him with bated breath. **(b)** *(sala)* to be ventilated.

respiratorio *adj* respiratory.

respiro *nm* **(a)** breathing. **(b)** *(fig)* respite, breathing space; *(descanso)* rest; *(Com)* extension of time, period of grace; *(Jur)* suspension.

resplandecer [2d] *vi* to shine; *(joyas)* to gleam, glitter; ~ **de felicidad** to shine with happiness.

resplandeciente *adj* **(a)** shining; *(joyas)* gleaming, glittering. **(b)** *(fig)* radiant (*de* with).

resplandor *nm* **(a)** brilliance, brightness; *(de joyas)* gleam, glitter. **(b)** *(LAm)* = **resolana.**

responder [2a] **1** *vt* to answer, reply to.

2 *vi* **(a)** *(contestar)* to answer, reply; ~ **a una pregunta** to answer a question. **(b)** *(fig)* to reply, respond; **pero él responde con injurias** but he answers with insults. **(c)** *(replicar)* to answer back. **(d)** ~ **a** *(situación, tratamiento)* to respond to; **la cápsula no responde a los mandos** the capsule is not obeying the controls; **pero no respondió a tal tratamiento** but he did not respond to such treatment. **(e)** *(corresponder)* to correspond (*a* to); ~ **a una descripción** to fit a description; **la obra no responde al título** the book is not what the title implies. **(f)** ~ **de** *(ser responsable)* to be responsible for, answer for; **yo no respondo de lo que hagan mis colegas** I am not responsible for what my colleagues may do; **yo no respondo de él** I cannot answer for him; **en estas circunstancias ¿quién responde?** who is responsible in these circumstances? **(g)** ~ **por uno** to vouch for sb.

respondón *adj* cheeky.

responsabilidad *nf* responsibility; *(Jur)* liability; ~ **solidaria** joint responsibility; **bajo mi** ~ on my responsibility.

responsabilizar [1f] **1** *vt (LAm)* ~ **a uno** to make sb responsible, put sb in charge. **2 responsabilizarse** *vr* to make o.s. responsible, take charge.

responsable *adj* **(a)** responsible (*de* for); **la persona** ~ the person in charge; **la policía busca a los** ~**s** the police are looking for the culprits; **hacer a uno** ~ to hold sb responsible (*de* for); **hacerse** ~ **de algo** to assume responsibility for sth; **no me hago** ~ **de lo que pueda pasar** I take no responsibility for what may happen. **(b)** *(ante otro)* accountable, answerable; **ser** ~ **ante uno de algo** to be answerable to sb for sth.

responsorio *nm (Rel)* response.

respuesta *nf* answer, reply; *(reacción)* response.

resquebra(ja)dura *nf* crack, split.

resquebrajar [1a] **1** *vt* to crack, split. **2 resquebrajarse** *vr* to crack, split.

resquemar [1a] *vt* **(a)** to burn slightly; *(Culin)* to burn; *(lengua)* to burn, sting; *(planta)* to parch, dry up. **(b)** *(fig)* to upset.

resquemor *nm* **(a)** burn, sting; *(Culin)* burnt taste. **(b)** *(fig)* resentment, bitterness.
resquicio *nm* **(a)** *(abertura)* chink, crack. **(b)** *(fig)* chance, possibility. **(c)** *(LAm: vestigio)* sign, trace; *(: pizca)* bit, small piece.
resta *nf* **(a)** *(sustracción)* subtraction. **(b)** *(residuo)* remainder.
restablecer [2d] **1** *vt* to re-establish; *(orden)* to restore. **2 restablecerse** *vr (Med)* to recover.
restablecimiento *nm* re-establishment; *(restauración)* restoration; *(Med)* recovery.
restallar [1a] *vi (látigo)* to crack; *(papel)* to crackle.
restallido *nm (véase* **restallar***)* crack; crackle.
restante *adj* remaining; **lo** ~ the rest, the remainder; **los** ~**s** the rest, those that are left (over).
restar [1a] **1** *vt* **(a)** to take away, reduce; *(descontar)* to deduct; *(Mat)* to take away, subtract (*de* from); ~ **autoridad a uno** to take away authority from sb. **(b)** *(Dep: pelota)* to return. **2** *vi* to remain, be left; **restan 3 días para terminarse el plazo** there are 3 days left before the period expires.
restauración *nf* restoration.
restaurador(a) 1 *nm/f (persona)* restorer. **2** *nm:* ~ **de cabello** hair restorer.
restaurán [resto'ran] *nm,* **restaurante** *nm* restaurant.
restaurar [1a] *vt* to restore.
restitución *nf* return; *(restauración)* restoration.
restituir [3g] **1** *vt* **(a)** to return, give back (*a* to). **(b)** *(Arquit)* to restore. **2 restituirse** *vr:* ~ **a** to return to, go back to.
resto *nm* **(a)** rest, remainder; *(Mat)* remainder; ~**s** remains; *(Culin)* leftovers, scraps; ~**s humanos** human remains; ~**s mortales** mortal remains. **(b)** *(Dep: de pelota)* return (of a ball); *(: persona)* receiver. **(c)** *(en el juego)* stake; **a** ~ **abierto** with no limit on stakes; *(fig)* without limit; **echar el** ~ *(fam)* to stake all one's money; **echar el** ~ **por hacer algo** to do one's utmost to do sth.
restorán *nm* restaurant.
restregar [1h, 1k] *vt (con bruza)* to scrub; *(con trapo)* to rub (hard).
restricción *nf* restriction; *(limitación)* limitation; ~ **mental** mental reservations; ~**es eléctricas** electricity cuts; **sin** ~ **de** without restrictions as to; **hablar sin** ~**es** to talk freely.
restrictivo *adj* restrictive.
restrillar [1a] *(LAm)* **1** *vt (látigo)* to crack. **2** *vi (madera)* to crack, creak.
restringido *adj* restricted, limited.
restringir [3c] *vt* to restrict, limit (*a* to).
resucitación *nf* resuscitation.
resucitar [1a] **1** *vt* **(a)** to resuscitate, revive. **(b)** *(fig)* to revive; *(ley)* to resurrect. **2** *vi* **(a)** to revive, return to life. **(b)** *(fig)* to be resuscitated *o* resurrected.
resuelto 1 *pp de* **resolver. 2** *adj* resolute, resolved, determined; *(audaz)* bold; *(firme)* steadfast; **estar** ~ **a algo** to be set on sth; **estar** ~ **a hacer algo** to be determined to do sth.
resuello *nm* **(a)** *(aliento)* breath; *(respiración)* breathing; **corto de** ~ short of breath. **(b)** *(ruidoso)* wheeze. **(c) meter a uno el** ~ **en el cuerpo** to put the wind up sb. **(d)** *(LAm)* breathing space; *(descanso)* rest; **tomar un** ~ to take a breather.
resulta *nf* result; **de** ~**s de** as a result of.
resultado *nm* result; *(conclusión)* outcome, sequel; *(efecto)* effect; **dar** ~ to produce results.
resultante *adj* resultant, consequential.
resultar [1a] *vi* **(a)** *(ser)* to be; *(llegar a ser)* to prove *o* turn out (to be); **si resulta (ser) verdadero** if it proves (to be) true; **el conductor resultó muerto** the driver was killed; **resultó (ser) el padre de mi amigo** he turned out to be my friend's father; **la casa nos resulta muy pequeña** we find the house very small; **resulta difícil decidir si ...** it is difficult to decide whether ...; **resulta que ...** *(por consecuencia)* it follows that ...; *(parece que)* it seems that ...; **ahora resulta que no vamos** now it turns out that we're not going. **(b)** ~ **de** to result from; *(derivarse de)* to stem from; ~ **en** to result in, produce; **de ese negocio resultaron 4 más** that deal led to four others; **resultan 8 menos que a ti** that leaves me with 8 less than you. **(c)** *(seguir)* to ensue; **con lo que después resultó** with what ensued, with what happened in consequence. **(d)** *(salir bien)* to turn out well; **no resultó** it didn't work; **no me resultó muy bien aquello** that didn't work out very well for me. **(e)** *(Fin)* to cost, work out at, amount to; **la serie completa nos resultó en 50 dólares** the complete set cost us 50 dollars; **resultan con unos y otros a 80 pesetas** all together they amount to 80 pesetas. **(f)** *(fam)* ~ **hacer algo** to be best to do sth, be wise to do sth; **no resulta dejar el coche fuera** it's best not to leave the car outside. **(g)** *(fam: agradar)* to look well; **esa corbata no resulta con ese traje** that tie doesn't go with the suit.
resumen *nm* summary, résumé; **en** ~ to sum up; *(brevemente)* in short.
resumidero *nm (LAm)* = **sumidero.**
resumir [3a] **1** *vt (recapitular)* to sum up; *(condensar)* to summarize; *(cortar)* to abridge, shorten. **2 resumirse** *vr* **(a) la situación se resume en pocas palabras** the situation can be summed up in a few words. **(b)** *(asunto)* ~ **en** to boil *o* come down to.
resurgimiento *nm* resurgence; *(fig)* revival.
resurgir [3c] *vi* **(a)** *(reaparecer)* to reappear, revive; *(resucitar)* to be resurrected. **(b)** *(fig)* to pick up again; *(Med)* to recover.
resurrección *nf* resurrection.
retablo *nm* altarpiece.
retacarse [1g] *vr (LAm)* to refuse to budge.
retacón *adj (LAm)* short, squat.
retachar [1a] *vt, vi (LAm)* to bounce.
retador *nm (LAm Dep)* challenger.
retaguardia *nf* rearguard; **a** ~ in the rear; **3 millas a** ~ 3 miles to the rear, 3 miles further back.
retahíla *nf* string, series; *(de injurias)* volley, stream.
retal *nm* remnant, piece left over.
retaliación *nf (LAm)* retaliation.
retar [1a] *vt* **(a)** *(desafiar)* to challenge. **(b)** *(reprender)* to reprimand, tell off. **(c)** *(LAm)* to insult, abuse.
retardar [1a] *vt* to slow down, slow up; *(marcha)* to hold up; *(tren)* to delay, make late; *(reloj)* to put back.
retardo *nm* delay.
retazo *nm* bit, piece; ~**s** snippets, bits and pieces.
rete... *pref* very, extremely; **retebién** very well; **una persona retefina** a terribly refined person *(fam)*.
retemblar [1k] *vi* to shudder, shake (*de* at, with).
retemplar [1a] *vt (LAm)* to cheer up, raise the spirits of.
retén *nm* **(a)** *(Téc)* stop, catch. **(b)** *(Mil)* reserves *pl*, reinforcements *pl*.
retención *nf (gen)* retention; *(Fin)* deduction, part

(of pay *etc*) withheld.
retener [2l] *vt (gen)* to retain; *(detener)* to keep (back), hold back; *(Fin)* to deduct; *(guardar)* to keep, hold on to; ~ **a uno preso** to keep sb in detention.
retenida *nf* guy-rope.
reticencia *nf* **(a)** *(sugerencia)* insinuation, (malevolent) suggestion. **(b)** *(engaño)* half-truth, misleading statement.
reticente *adj* **(a)** *(insinuador)* insinuating. **(b)** *(engañoso)* deceptive, misleading.
retina *nf* retina.
retintín *nm* **(a)** tinkle, tinkling; *(de llaves)* jingle, jangle; *(en el oído)* ringing. **(b)** *(fig)* sarcastic tone; **decir algo con** ~ to say sth sarcastically.
retinto *adj (LAm: tez)* very dark.
retiñir [3a] *vi* to tinkle; *(llaves)* to jingle, jangle; *(sonido)* to go on ringing (in one's ears).
retirada *nf* **(a)** *(Mil)* retreat, withdrawal; **batirse en** ~, **emprender la** ~ to retreat. **(b)** *(de dinero, embajador)* withdrawal. **(c)** *(refugio)* safe place, place of refuge.
retirado *adj* **(a)** *(vida)* quiet; *(lugar)* remote, secluded. **(b)** *(jubilado)* retired.
retirar [1a] **1** *vt* **(a)** *(gen)* to withdraw; *(quitar)* to take away, remove; *(mover)* to move away *o* back; *(jubilar)* to retire, pension off. **(b)** *(la mano)* to draw back; *(dinero)* to take out, withdraw.

2 retirarse *vr* **(a)** *(moverse)* to move back, move away (*de* from); *(Mil)* to retreat, withdraw; ~ **ante un peligro** to shrink back from a danger. **(b)** *(Dep)* to retire. **(c)** *(apartarse)* to withdraw from active life; *(jubilarse)* to retire (*de* from); **se retiró a vivir a Mallorca** he retired to Majorca; **cuando me retire de los negocios** when I retire from business. **(d)** *(después de cenar)* to retire (to one's room *o* to bed), go off to bed.
retiro *nm* **(a)** *(acción: gen)* withdrawal; *(jubilación, tb Dep)* retirement. **(b)** *(situación)* retirement; **un oficial en** ~ a retired officer. **(c)** *(Fin)* retirement pay, pension. **(d)** *(lugar)* quiet place, secluded spot; *(apartamiento)* seclusion; **vivir en el** ~ to live in seclusion. **(e)** *(Rel)* retreat.
reto *nm* **(a)** *(desafío)* challenge; *(amenaza)* threat. **(b)** *(LAm: reprensión)* reprimand; *(: injuria)* insult.
retobado *adj (LAm: salvaje)* wild; *(: descarado)* cheeky; *(: taimado)* sly, crafty.
retobo *nm (LAm)* lining, covering.
retocar [1g] *vt* **(a)** *(dibujo, foto)* to touch up. **(b)** *(grabación)* to play back.
retoñar [1a] *vt* **(a)** *(Bot)* to sprout, shoot. **(b)** *(fig)* to reappear, recur.
retoño *nm* **(a)** *(Bot)* sprout, shoot. **(b)** *(fam)* kid.
retoque *nm* **(a)** *(acción)* touching-up; *(último trazo)* finishing touch. **(b)** *(Med)* symptom, sign.
retorcer [2d, 2h] **1** *vt* **(a)** *(gen)* to twist; *(manos, lavado)* to wring. **(b)** *(fig: argumento)* to turn, twist. **2 retorcerse** *vr* **(a)** *(cordel)* to get into knots. **(b)** *(persona)* to writhe, squirm; ~ **de dolor** to writhe in *o* squirm with pain; ~ **de risa** to double up with laughter.
retorcido *adj* **(a)** *(estilo)* involved. **(b)** *(persona)* crafty, devious.
retorcimiento *nm (véase vt)* twisting; wringing; *(fig)* craftiness, deviousness.
retórica *nf* **(a)** rhetoric; *(pey)* affectedness. **(b)** ~**s** *(fam)* hot air, mere words.
retóricamente *adv* rhetorically.
retórico *adj* rhetorical; *(pey)* affected, windy.
retornar [1a] **1** *vt* **(a)** *(devolver)* to return, give back. **(b)** *(reponer)* to replace, return to its place. **(c)** *(mover)* to move back. **2** *vi (venir)* to return, come back; *(irse)* to return, go back.
retorno *nm* return; *(recompensa)* reward; *(pago)* repayment; *(cambio)* exchange, barter; *(Elec)* ~ **terrestre** earth wire, *(US)* ground wire.
retorsión *nf (véase vt)* twisting, wringing.
retortero *nm*: **andar al** ~ to bustle about, have heaps of things to do; **andar al** ~ **por algo** to crave for sth; **andar al** ~ **por uno** to be madly in love with sb; **llevar** *o* **traer a uno al** ~ to have sb under one's thumb.
retortijón *nm* rapid twist; ~ **de tripas** stomach cramp.
retostar [1m] *vt* to burn, overcook.
retozón *adj* **(a)** playful, frisky. **(b)** *(risa)* bubbling.
retracción *nf* retraction.
retractable *adj* retractable.
retractar [1a] **1** *vt* to retract, withdraw. **2 retractarse** *vr* to retract, recant; **me retracto** I take that back.
retraer [2p] **1** *vt* **(a)** *(uñas)* to draw in, retract. **(b)** *(volver a traer)* to bring back, bring again. **(c)** *(fig)* to dissuade. **2 retraerse** *vr* to withdraw, retire (*de* from); ~ **a** to take refuge in; ~ **de** *(fig)* to withdraw from; *(evitar)* to avoid, shun.
retraído *adj* shy, reserved; *(frío)* aloof, unsociable.
retraimiento *nm* **(a)** *(acción)* withdrawal, retirement; *(aislamiento)* seclusion. **(b)** *(cualidad)* shyness, reserve; *(frialdad)* aloofness.
retranca *nf (LAm Aut)* brake.
retrancar [1g] *vt (LAm Aut)* to brake.
retransmitir [3a] *vt (recado)* to relay, pass on; *(Rad, TV)* to repeat, retransmit; *(: en vivo)* to broadcast live.
retrasado *adj* **(a)** late; *(atrasado)* behind; **estar** ~ *(persona, industria)* to be *o* lag behind; **está** ~ **en química** he is behind in chemistry, he has a lot to make up in chemistry; **vamos** ~**s en la producción** we lag behind in production; **estar** ~ **en los pagos** to be behind in one's payments, be in arrears. **(b) estar** ~ *(reloj)* to be slow; **tengo el reloj 8 minutos** ~ my watch is 8 minutes slow. **(c)** *(país)* backward, underdeveloped; *(estilo)* antiquated, old-fashioned. **(d)** *(comida)* unused, left over; **tengo trabajo** ~ I am behind in my work. **(e)** *(Med)* mentally retarded.
retrasar [1a] **1** *vt* **(a)** *(demorar)* to delay, put off, postpone; *(retardar)* to slow down, hold up. **(b)** *(reloj)* to put back. **2** *vi*, **retrasarse** *vr (reloj)* to be slow; *(persona, tren)* to be late, be behind time; *(en los estudios)* to lag behind; *(producción)* to decline, fall off.
retraso *nm* **(a)** *(demora)* delay; *(diferencia)* time lag; *(lentitud)* slowness; *(tardanza)* lateness; **llegar con** ~ to be late, arrive late; **llegar con 25 minutos de** ~ to be 25 minutes late; **llevo un** ~ **de 6 semanas** I'm 6 weeks behind (with my work *etc*). **(b)** *(de país)* backwardness, underdevelopment. **(c)** *(Med)* ~ **mental** mental deficiency. **(d)** ~**s** *(Fin)* arrears; *(deudas)* deficit, debts.
retratar [1a] **1** *vt* **(a)** to portray; *(Arte)* to paint the portrait of; *(Fot)* to photograph, take a picture of; **hacerse** ~ to have one's portrait painted. **(b)** *(fig)* to portray, depict, describe. **2 retratarse** *vr* to have one's picture painted; *(Fot)* to have one's photograph taken.
retratería *nf (LAm)* photographer's (studio).
retratista *nmf (Arte)* (portrait) painter; *(Fot)* photographer.
retrato *nm* **(a)** *(Arte)* portrait; *(Fot)* photograph, portrait. **(b)** *(descripción)* portrayal, depiction,

description. **(c)** *(semejanza)* likeness; **ser el vivo ~ de** to be the very image of.
retrato-robot *nm* identikit picture.
retreta *nf* **(a)** *(Mil)* retreat; *(: fiesta)* tattoo, display. **(b)** *(LAm: concierto)* open-air band concert; *(: serie)* series, string.
retrete *nm* lavatory.
retribución *nf (pago)* pay, payment; *(recompensa)* reward; *(indemnización)* compensation.
retribuido *adj (trabajo)* paid; *(puesto)* salaried; **un puesto mal ~** a badly-paid post.
retribuir [3g] *vt* **(a)** *(pagar)* to pay; *(recompensar)* to reward, compensate. **(b)** *(LAm)* to repay, return.
retro... *pref* retro... .
retroactivo *adj* retroactive, retrospective; **dar efecto ~ a un pago** to backdate a payment.
retroceder [2a] *vi* **(a)** to move *o* go back(wards); *(retirarse)* to draw back, stand back; *(volver atrás)* to turn back; *(Mil)* to fall back, retreat; *(rifle)* to recoil; *(aguas)* to go down; **retrocedió unos pasos** he went back a few steps; **la policía hizo ~ a la multitud** the police forced the crowd back. **(b)** *(fig)* to back down; **no ~** to stand firm.
retroceso *nm* **(a)** *(véase* **retroceder***)* backward movement; drawing back; turning back; retreat; recoil. **(b)** *(Com)* recession, depression. **(c)** *(Med)* new outbreak.
retrógrado *adj* retrograde, retrogressive; *(Pol)* reactionary.
retropropulsión *nf (Aer)* jet propulsion.
retrospección *nf* retrospection.
retrospectivamente *adv* retrospectively; *(considerar)* in retrospect.
retrospectivo *adj* retrospective; **escena ~a** flashback; **mirada ~a** backward glance, look back (*a* at).
retrovisor *nm (tb* **espejo ~***)* driving mirror, rear-view mirror.
retruécano *nm* pun, play on words.
retruque *nm (LAm)* sharp retort, brusque reply.
retumbante *adj* booming, rumbling; *(sonoro)* resounding.
retumbar [1a] *vi (fusiles)* to boom, thunder; *(voz, pasos)* to echo, resound; *(continuamente)* to reverberate; **la cascada retumbaba a lo lejos** the waterfall boomed *o* roared in the distance; **la caverna retumbaba con nuestros pasos** the cave echoed with our steps; **sus palabras retumban en mi cabeza** his words are still reverberating in my mind.
retumbo *nm (véase* **retumbar***)* boom, thunder; echo; reverberation.
reuma *nm*, **reúma** *nm* rheumatism.
reumático *adj* rheumatic.
reumatismo *nm* rheumatism.
reumatoideo *adj* rheumatoid.
reunión *nf (asamblea)* meeting; *(fiesta)* party; *(encuentro)* reunion; **~ en la cumbre** summit meeting.
reunir [3a] **1** *vt* **(a)** *(juntar)* to reunite, join (together). **(b)** *(recoger)* to collect, gather (together), get together; **la producción de los demás países reunidos no alcanzará al nuestro** the production of the other countries put together will not come up to ours. **(c)** *(personas)* to bring *o* get together; **reunió a sus amigos para discutirlo** he got his friends together to talk it over. **(d)** *(cualidades)* to combine; **la casa reúne la comodidad con la economía** the house combines comfort with economy.
2 reunirse *vr* **(a)** *(gen)* to join together; *(de nuevo)* to reunite. **(b)** *(personas: en asamblea)* to meet, gather; *(: en casa)* to get together; **~ para hacer algo** to get together to do sth; **~ con uno para una excursión** to join sb for an outing.
reválida *nf (Escol)* final examination.
revalidar [1a] *vt (ratificar)* to confirm, ratify; **~ un título** *(Dep)* to regain a title.
revalor(iz)ación *nf* revaluation; *(Fin)* reassessment.
revalorar [1a] *vt*, **revalorizar** [1f] *vt* to revalue; *(Fin)* to reassess.
revaluación *nf (LAm)* revaluation.
revancha *nf* **(a)** revenge; **tomar su ~** to get one's revenge, get one's own back. **(b)** *(Dep)* return match; *(Boxeo)* return fight.
revejecer [2d] *vi* to grow old.
revelación *nf* revelation; *(de un secreto)* disclosure; **fue una ~ para mí** it was a revelation to me.
revelado *nm (Fot)* developing.
revelador 1 *adj* revealing; *(acriminador)* telltale. **2** *nm (Fot)* developer.
revelar [1a] *vt* **(a)** to reveal; *(un secreto)* to disclose; *(mostrar)* to show; *(delatar)* to give away. **(b)** *(Fot)* to develop.
revendedor *nm* retailer; *(pey)* speculator.
revender [2a] *vt* to retail; *(pey)* to speculate in.
revenirse [3s] *vr* **(a)** to shrink. **(b)** *(comida)* to go bad, go off; *(vino)* to sour, turn. **(c)** *(secarse)* to dry out. **(d)** *(Culin)* to get tough. **(e)** *(fig)* to give way (at last).
reventa *nf* resale; *(especulación)* speculation.
reventar [1k] **1** *vt* **(a)** *(gen)* to burst; *(explotar)* to explode; *(romper)* to break, smash; **tengo una cubierta reventada** I've got a puncture *o* a burst *o* flat tyre. **(b)** *(caballo)* to flog; *(persona)* to work to death. **(c)** *(fam: plan)* to sink, ruin. **(d)** *(fam: causar perjuicio)* to do serious harm to. **(e)** *(fam: molestar)* to annoy, rile *(fam)*; **me revienta tener que ponérmelo** I hate having to wear it; **me revienta de aburrimiento** it bores me to tears.
2 *vi* **(a)** *(véase vt (a))* to burst, to explode; to break, smash. **(b)** *(ola)* to break. **(c) ~ de** *(fig)* to be bursting with; **~ de indignación** to be bursting with indignation; **casi reventaba de ira** he almost exploded with anger; **~ de risa** to burst out laughing, split one's sides; **reventaba por ver lo que pasaba** he was dying *o* bursting to see what was going on.
3 reventarse *vr* **(a)** *(véase vt (a))* to burst; to explode; to break; to smash. **(b)** *(caballo)* to die of exhaustion. **(c)** *(fam)* **se revienta trabajando** he's killing himself with work, he's working his guts out.
reventón *nm* **(a)** burst, bursting; *(explosión)* explosion; *(Aut)* blow-out, *(US)* flat; **dar un ~** to burst, explode. **(b)** *(cuesta)* steep slope. **(c)** *(fatiga)* toil, slog; **darse** *o* **pegarse un ~** to slog, sweat one's guts out (*para hacer algo* to do sth). **(d)** *(apuro)* jam, difficulty. **(e)** *(LAm: de cólera)* violent outburst; *(Med)* relapse.
rever [2v; *pp* **revisto**] *vt* **(a)** to see again, look at again. **(b)** *(Jur: sentencia)* to review; *(: pleito)* to retry.
reverberar [1a] *vi* **(a)** *(luz)* to play, be reflected; *(superficie)* to shimmer, shine; *(nieve)* to glare; **la luz reverberaba en el agua** the light played *o* danced on the water; **la luz del farol reverberaba en la calle** the lamplight was reflected on the street. **(b)** *(sonido)* to reverberate.
reverbero *nm* **(a)** *(de luz)* play, reflection; *(de superficie)* shimmer, shine; *(de nieve)* glare. **(b)** *(reverberación)* reverberation. **(c)** *(reflector)* reflector. **(d)** *(LAm: cocinilla)* small spirit stove.
reverencia *nf* **(a)** reverence. **(b)** *(inclinación)*

bow; **hacer una** ~ to bow. **(c) R~** (*tb* **Su R~, Vuestra R~**) Your Reverence.
reverenciar [1b] *vt* to revere, venerate.
reverendo *adj* **(a)** respected, revered. **(b)** *(Rel)* reverend; **el ~ padre X** Reverend Father X. **(c)** *(fam)* solemn. **(d)** *(LAm)* big, awful *(fam)*; **un ~ imbécil** an awful idiot.
reverente *adj* reverent.
reversa *nf (LAm Aut)* reverse.
reversible *adj* reversible.
reverso *nm* back, other side; *(contrahaz)* wrong side; *(de moneda)* reverse; **el ~ de la medalla** *(fig)* the other side of the coin.
revertir [3i] *vi* **(a)** to revert (*a* to); **~ a su estado primitivo** to revert to its original state. **(b) ~ en** to end up as. **(c) ~ en beneficio de** to be to the advantage of; **~ en perjuicio de** to be to the detriment of.
revés *nm* **(a)** back; *(contrahaz)* other side, wrong side. **(b)** *(golpe)* (backhand) slap; *(Dep)* backhand. **(c)** *(fig)* reverse, setback; **sufrir un ~** to suffer a setback; **los ~es de la fortuna** the blows of fate. **(d) al ~** the wrong *o* other way round; *(de arriba abajo)* upside down; *(vestido)* inside out; **y al ~** and vice versa; **entender algo al ~** to get hold of the wrong end of the stick; **todo nos salió al ~** it all turned out wrong for us; **al ~ de lo que se cree** contrary to what is believed; **volver algo del ~** to turn sth round (the other way); *(vestido)* to turn sth inside out.
revesado *adj* **(a)** *(asunto)* complicated, involved. **(b)** *(niño)* unruly, uncontrollable.
revestir [3l] **1** *vt* **(a)** *(ponerse)* to put on; *(llevar)* to wear. **(b)** *(Téc)* to coat, cover (*de* with); *(bolsa)* to line (*de* with). **(c)** *(fig)* to cloak, disguise (*de* in); *(persona)* to invest (*con, de* with); *(cuento)* to adorn (*de* with); **revistió su acto de generosidad** he gave his action an appearance of generosity. **(d)** *(cualidad)* to have, possess; **el acto revestía gran solemnidad** the ceremony had great dignity.
2 revestirse *vr* **(a)** *(Rel)* to put on one's vestments. **(b)** *(ponerse)* to put on; **los árboles se revisten de hojas** the trees are coming into leaf. **(c)** *(fig)* **~ con** *o* **de** *(autoridad)* to be invested with, have; *(cualidad)* to arm o.s. with; **se revistió de valor y fue a hablarle** he summoned all his courage and went to speak to her. **(d)** *(fig: imbuirse)* to get carried away.
reviejo *adj* very old.
revisar [1a] *vt* **(a)** *(texto)* to revise, look over, go through; *(edición)* to revise; *(cuenta)* to check; *(Fin)* to audit; *(Jur)* to review; *(teoría)* to re-examine, review. **(b)** *(Mil)* to review. **(c)** *(Mec)* to check, overhaul.
revisión *nf (véase* **revisar***)* revision; check, checking; re-examination, review; **~ aduanera** customs inspection; **~ de cuentas** audit.
revisionista *adj, nmf* revisionist.
revisor *nm* inspector; *(Ferro)* ticket collector, inspector; **~ de cuentas** auditor.
revista *nf* **(a)** *(inspección)* inspection; **pasar ~ a algo** to review *o* re-examine sth. **(b)** *(Mil)* review, inspection; **pasar ~ a** to review, inspect. **(c)** *(periódico)* review, journal, magazine; **~ cómica** comic; **~ juvenil** teenage magazine; **~ literaria** literary review; **~ para mujeres** women's magazine. **(d)** *(Lit)* section, page; **~ de libros** literary page; **~ de toros** bullfighting page. **(e)** *(Teat)* variety show.
revistar [1a] *vt* to review, inspect.
revisto *pp de* **rever.**
revitalizar [1f] *vt* to revitalize.
revivificar [1g] *vt* to revitalize.
revivir [3a] **1** *vt* to revive; *(vivir de nuevo)* to relive, live again; *(recordar)* to revive memories of. **2** *vi* to revive, be revived; *(renacer)* to come to life again; **hacer ~ = 1.**
revocación *nf* revocation, repeal; *(decisión contraria)* reversal.
revocar [1g] *vt* **(a)** *(decisión)* to revoke, repeal. **(b)** *(humo)* to blow back. **(c)** *(persona)* to dissuade (*de* from). **(d)** *(Arquit)* to plaster.
revoco *nm* **(a)** = **revocación. (b)** = **revoque.**
revolcar [1g, 1m] **1** *vt* **(a)** *(persona)* to knock down, knock over. **(b)** *(fam: adversario)* to wipe the floor with *(fam)*. **(c)** *(persona orgullosa)* to bring down, deflate. **2 revolcarse** *vr* **(a)** to roll about; **~ en la tumba** to turn over in one's grave; **~ en los vicios** to wallow in vice. **(b)** *(obstinarse)* to dig one's heels in.
revolcón *nm (fam)* fall, tumble; *(Fin)* slump.
revolotear [1a] *vi* to flutter, fly about.
revoloteo *nm* fluttering.
revoltijo *nm,* **revoltillo** *nm (confusión)* jumble, confusion; *(desorden)* mess; **~ de huevos** scrambled eggs.
revoltoso 1 *adj* rebellious, unruly; *(niño)* naughty, unruly. **2** *nm (rebelde)* rebel; *(Pol)* troublemaker, agitator.
revoltura *nf* **(a)** *(LAm: confusión)* confusion, jumble. **(b)** *(Méx: mezcla)* mixture; *(: Culin)* *mixed egg and vegetable dish.* **(c)** *(Arquit)* plaster.
revolución *nf (gen)* revolution.
revolucionar [1a] *vt* **(a)** *(una industria)* to revolutionize. **(b)** *(Pol)* to stir up, sow discontent among.
revolucionario/a *adj, nm/f* revolutionary.
revolver [2h; *pp* **revuelto**] **1** *vt* **(a)** *(mover)* to move about; *(poner al revés)* to turn over *o* round *o* upside down; *(agitar)* to shake; *(líquido)* to stir; *(papeles)* to look through. **(b)** *(desordenar)* to mix up, mess up; **han revuelto toda la casa** they've turned the whole house upside down. **(c)** *(asunto)* to go into, inquire into, investigate; **~ algo en la cabeza** to turn sth over in one's mind. **(d)** *(Pol)* to stir up, cause unrest among; *(persona)* to provoke, rouse to anger; **~ a Eslobodia con Ruritania** to stir up trouble between Slobodia and Ruritania; **~ al secretario con el jefe** to get the secretary into trouble with the boss. **(e)** *(los ojos)* to turn. **(f)** *(envolver)* to wrap up.
2 *vi:* **~ en** to go through, rummage (about) in.
3 revolverse *vr* **(a)** *(volver)* to turn (right) round; *(volcar)* to turn over; *(en cama)* to toss and turn; *(de dolor)* to writhe, squirm; *(Astron)* to revolve; **~ al enemigo** to turn to face the enemy; **hay tantos muebles que resulta imposible ~** there is so much furniture you can't turn round. **(b)** *(fig)* **~ contra uno** to turn on *o* against sb. **(c)** *(sedimento)* to be stirred up; *(líquido)* to become cloudy. **(d)** *(Met)* to break, turn stormy.
revólver *nm* revolver.
revoque *nm (Arquit)* plaster.
revuelco *nm* fall, tumble.
revuelo *nm* **(a)** *(de aves)* flutter(ing). **(b)** *(conmoción)* stir, commotion; **de ~** incidentally, in passing; **armar** *o* **levantar un gran ~** to cause a great stir.
revuelta *nf* **(a)** turn; **dar vueltas y ~s a algo** to go on turning sth over and over. **(b)** *(curva)* bend, turn. **(c)** *(agitación)* commotion, disturbance; *(Pol)* disturbance, riot.
revuelto 1 *pp* of **revolver. 2** *adj* **(a)** *(objetos)* mixed up, in disorder; *(huevos)* scrambled;

(agua) cloudy, muddy; *(mar)* rough; *(tiempo)* unsettled; **todo estaba ~** everything was in disorder *o* upside down; **los tiempos están ~s** these are troubled times. **(b)** *(inquieto)* restless, discontented; *(travieso)* mischievous, naughty; *(revoltoso)* rebellious, mutinous; **la gente está ~a por tales abusos** people are up in arms about scandals like this. **(c)** *(asunto)* complicated,-involved. **3** *nm (LAm) mixed egg and vegetable dish.*

rey *nm* king; **los R~es** the King and Queen.

reyerta *nf* quarrel.

rezaga *nf (LAm)* = **zaga.**

rezagado 1 *adj:* **quedar ~** to be left behind; *(estar retrasado)* to be late, be behind. **2** *nm* latecomer; *(Mil)* straggler.

rezagar [1h] **1** *vt (dejar atrás)* to leave behind; *(retrasar)* to delay, postpone. **2 rezagarse** *vr (atrasarse)* to fall behind; **nos rezagamos en la producción** we are falling behind in production.

rezar [1f] *vi* **(a)** *(Rel)* to pray (*a* to). **(b)** *(texto)* to read, go; **el anuncio reza así** the notice reads as follows. **(c)** *(fam)* to grumble. **(d)** *(fam)* **~ con** to concern, have to do with; **eso no reza conmigo** that has nothing to do with me.

rezo *nm* prayer(s); **estar en el ~** to be at prayer.

rezongar [1h] **1** *vt (LAm: regañar)* to scold. **2** *vi (gruñir)* to grumble; *(murmurar)* to mutter; *(refunfuñar)* to growl.

rezongón *adj* grumbling, cantankerous.

rezumar [1a] **1** *vt* to ooze, exude. **2** *vi* **(a)** *(contenido)* to ooze (out), seep, leak (out); *(recipiente)* to ooze, leak. **(b)** *(fig)* to ooze; **le rezuma el orgullo** he oozes pride; **le rezuma el entusiasmo** he is bursting with enthusiasm. **3 rezumarse** *vr* **(a)** = **2 (a). (b)** *(fig)* to leak out, become known.

ría *nf* estuary.

riada *nf* flood.

ribera *nf* **(a)** *(de río, lago)* bank; *(del mar)* beach, shore; *(área)* riverside. **(b)** *(LAm)* shantytown, slum quarter.

ribete *nm* **(a)** *(Cos)* border. **(b)** *(fig)* addition, adornment.

ribetear [1a] *vt* to edge, border, trim (*de* with).

ricino *nm:* **aceite de ~** castor oil.

rico/a 1 *adj* **(a)** *(gen)* rich; *(adinerado)* wealthy; **~ de** *o* **en** rich in. **(b)** *(valioso)* valuable, precious; *(lujoso)* luxurious, sumptuous, valuable; *(tela)* fine-quality, rich. **(c)** *(sabroso)* delicious, tasty; **estos pasteles son tan ricos** these cakes are delicious. **(d)** *(bonito)* cute, lovely; **¡qué ~ es el pequeño!** isn't he a lovely baby! **2** *nm/f* rich person; **nuevo ~** nouveau riche.

rictus *nm* sneer, grin; **~ de dolor** wince of pain; **~ de amargura** bitter smile.

ricura *nf (fam)* **¡qué ~ de pastel!** isn't this cake lovely?; **¡qué ~ de criatura!** what a lovely baby!

ridiculez *nf* absurdity.

ridiculizar [1f] *vt* to ridicule, deride; **~ a sus adversarios** to make one's opponents look silly.

ridículo 1 *adj* ridiculous, absurd, ludicrous. **2** *nm* **(a) hacer el ~** to make o.s. ridiculous. **(b)** ridicule; **exponerse al ~** to lay o.s. open to ridicule; **poner a uno en ~** to ridicule *o* make a fool of sb; **ponerse en ~** to make a fool of o.s.

riego *nm (aspersión)* watering; *(irrigación)* irrigation; **la política del ~** irrigation policy.

riel *nm (Ferro)* rail; **~es** rails, track.

rienda *nf* rein; *(fig)* restraint, moderating influence; **a ~ suelta** at top speed; *(fig)* without the least restraint; **aflojar las ~s** to let up; **dar ~ suelta a** to give free rein to; **dar ~ suelta al llanto** to weep uncontrollably; **dar ~ suelta a uno** to give sb a free hand; **empuñar las ~s** to take charge; **llevar las ~s** to be in charge, be in control; **soltar las ~s** to let go.

riente *adj* **(a)** laughing, merry. **(b)** *(paisaje)* bright, pleasant.

riesgo *nm* risk, danger; **a ~ de** at the risk of; **seguro a** *o* **contra todo ~** comprehensive insurance; **correr ~ de hacer algo** to run the risk of doing sth, be in danger of doing sth.

riesgoso *adj (LAm)* risky, dangerous.

rifa *nf* **(a)** *(lotería)* raffle. **(b)** *(disputa)* quarrel, fight.

rifar [1a] **1** *vt* to raffle; **~ algo para fines benéficos** to raffle sth for charity. **2** *vi* to quarrel, fight. **3 rifarse** *vr (fam)* **~ algo** to quarrel over *o* fight for sth.

rifle *nm* rifle.

rigidez *nf* **(a)** rigidity, stiffness; **~ cadavérica** rigor mortis. **(b)** *(fig)* rigidity; *(inflexibilidad)* inflexibility. **(c)** *(fig: de profesor)* strictness, harshness.

rígido *adj* **(a)** rigid, stiff; **quedarse ~** to go rigid; *(aterirse)* to get stiff (with cold). **(b)** *(fig: actitud)* rigid, inflexible, unadaptable. **(c)** *(fig: moralmente)* strict, harsh. **(d)** *(cara)* wooden, expressionless.

rigor *nm* **(a)** *(severidad)* severity, harshness; *(dureza)* toughness. **(b)** *(Met)* harshness, severity; **el ~ del verano** the hottest part of the summer; **los ~es del clima** the rigours of the climate. **(c)** *(exactitud)* rigour; *(meticulosidad)* accuracy, meticulousness; **con todo ~ científico** with scientific precision; **una edición hecha con el mayor ~ crítico** an edition produced with absolute meticulousness. **(d) ser de ~** to be de rigueur, be absolutely essential; **después de los saludos de ~** after the inevitable greetings; **en ~** strictly speaking. **(e)** *(LAm)* **un ~ de cosas** a whole lot of things.

rigurosidad *nf* rigour, harshness, severity.

riguroso *adj* **(a)** *(actitud, disciplina)* severe, harsh; *(aplicación)* strict; *(medida)* severe, tough; **su tratamiento ~ de los empleados** his harsh treatment of the employees. **(b)** *(Met)* harsh, severe; *(extremo)* extreme. **(c)** *(método, estudio)* rigorous; *(meticuloso)* meticulous. **(d)** *(Lit)* cruel; **los hados ~s** the cruel fates.

rija *nf* quarrel, fight.

rijoso *adj (sensible)* sensitive, susceptible; *(peleador)* quarrelsome.

rima *nf* **(a)** rhyme; **~ imperfecta** assonance. **(b) ~s** verse, poetry.

rimar [1a] *vt, vi* to rhyme (*con* with).

rimbombante *adj* **(a)** resounding, echoing. **(b)** *(pomposo)* pompous, bombastic. **(c)** *(ostentoso)* showy, flashy.

rimbombar [1a] *vi* to resound, echo, boom.

rímel *nm (en pestañas)* mascara; *(en párpados)* eyeshadow.

rimero *nm* stack, pile, heap.

rincón *nm* **(a)** corner *(inside)*. **(b)** *(fig)* corner, nook; *(retiro)* retreat. **(c)** *(LAm: terreno)* patch of ground.

rinconada *nf* corner.

ringla *nf*, **ringle** *nm*, **ringlera** *nf* row, line.

ringueletear [1a] *vi (LAm)* = **callejear.**

rinoceronte *nm* rhinoceros.

riña *nf (discusión)* quarrel, argument; *(pelea)* fight, brawl; **~ de gallos** cockfight.

riñón *nm* **(a)** *(Anat)* kidney; **tener el ~ bien cubierto** *(fam)* to be well off; **me costó un ~** *(fam)* it cost me a fortune. **(b)** *(fig)* heart, core; **aquí en el ~ de Castilla** here in the very heart of Castile.

río *nm* river; *(fig)* stream, torrent; ~ **abajo/arriba** downstream/upstream; **es un ~ de oro** it's a gold mine; **a ~ revuelto, ganancia de pescadores** it's an ill wind that blows nobody any good; **cuando el ~ suena, agua lleva** there's no smoke without fire.
rioja *nm (vino)* wine *(from La Rioja)*.
riolada *nf (fam)* flood, stream.
rioplatense 1 *adj* of the River Plate region. **2** *nmf* native *o* inhabitant of the River Plate region.
ripio *nm* **(a)** *(residuo)* refuse, waste; *(cascotes)* rubble, debris *sg.* **(b)** *(fig: palabras inútiles)* padding, empty words; **no perder ~** not to miss a trick.
riqueza *nf* **(a)** wealth, riches; **vivir en la ~** to live in luxury. **(b)** *(cualidad)* richness.
risa *nf (una ~)* laugh; *(gen)* laughter; **no es cosa de ~** it's no laughing matter; **¡qué ~!** what a laugh!; **el libro es una verdadera ~** the book is a laugh from start to finish; **caerse** *o* **morirse de ~** to split one's sides laughing, die laughing; **soltar la ~** to burst out laughing; **tomar algo a ~** to laugh sth off.
risco *nm* cliff, crag.
riscoso *adj* steep.
risible *adj* ludicrous, laughable.
risotada *nf* guffaw, loud laugh.
ristra *nf* string.
ristre *nm:* **en ~** at the ready, all set; *véase* **lanza.**
risueño *adj* **(a)** *(cara)* smiling; **muy ~** with a big smile. **(b)** *(temperamento)* cheerful; *(paisaje)* pleasant. **(c)** *(favorable)* favourable.
rítmico *adj* rhythmic(al).
ritmo *nm* **(a)** *(Mús)* rhythm. **(b)** *(fig)* rhythm; *(paso)* rate, pace; *(velocidad)* speed; **trabajar a ~ lento** to go slow.
rito *nm* rite, ceremony.
ritual 1 *adj* ritual. **2** *nm* ritual; **de ~** ritual, customary.
rival 1 *adj* rival, competing. **2** *nmf* rival, competitor.
rivalidad *nf* rivalry, competition.
rivalizar [1f] *vi* to compete, contend; **~ con** to rival, compete with; **los dos rivalizan en habilidad** they rival each other in skill.
rizado *adj (pelo)* curly; *(superficie)* ridged; *(terreno)* undulating.
rizador *nm* curling iron, hair-curler.
rizar [1f] **1** *vt (pelo)* to curl; *(el mar)* to ripple, ruffle. **2 rizarse** *vr (agua)* to ripple.
rizo[1] **1** *adj* curly. **2** *nm* **(a)** curl; *(de superficie)* ridge; *(en agua)* ripple. **(b)** *(Aer)* loop; **hacer el ~** to loop the loop.
rizo[2] *nm (Náut)* reef.
robar [1a] *vt* **(a)** to rob; *(objeto)* to steal *(a* from); *(casa)* to break into, burgle; **~ algo a uno** to steal sth from sb. **(b)** *(secuestrar)* to kidnap, abduct. **(c)** *(fig: atención)* to steal, capture; *(: paciencia)* to exhaust; *(vida)* to take; **~ el corazón a uno** to steal sb's heart. **(d)** *(río)* to carry away. **(e)** *(naipes)* to take (from the pile).
roble *nm* oak (tree); **de ~** oak *(atr)*; **de ~ macizo** of solid oak.
roblón *nm* rivet.
roblonar [1a] *vt* to rivet.
robo *nm* **(a)** *(un ~)* theft; *(gen)* robbery, theft; **~ con escalamiento** burglary; **~ relámpago** smash-and-grab raid; **¡esto es un ~!** this is sheer robbery! **(b)** *(cosa robada)* stolen article, stolen goods.
robot [ro'ßo] *nm, pl* **robots** [ro'ßo] **(a)** robot. **(b)** *(fig)* puppet, tool.
robustecer [2d] **1** *vt* to strengthen. **2 robustecerse** *vr* to grow stronger.
robustez *nf* strength, toughness.
robusto *adj* strong, tough, robust.
roca *nf* rock.
rocalla *nf* pebbles.
rocalloso *adj* pebbly, stony.
roce *nm* **(a)** *(acción)* rub, rubbing; *(Téc)* friction. **(b)** *(caricia)* brush; *(en la piel)* graze. **(c)** *(fam)* close contact; *(familiaridad)* familiarity; **tener ~ con** to be in close contact with.
rociada *nf* **(a)** shower, spray; *(en bebida)* dash, splash; *(Agr)* spray. **(b)** *(fig: de piedras)* shower; *(de balas)* hail; *(de injurias)* hail, stream.
rociadera *nf* watering can.
rociador *nm* spray, sprinkler.
rociar [1c] **1** *vt* to sprinkle, spray *(de* with). **2** *vi:* **empieza a ~** the dew is beginning to fall; **rocía esta mañana** there is a dew this morning.
rocín *nm (caballo)* hack, nag.
rocío *nm* dew; *(llovizna)* light drizzle.
rocoso *adj* rocky.
rocote *nm*, **rocoto** *nm (LAm)* large pepper, large chili.
rochela *nf (LAm)* noisy gathering, rowdy party.
rodada *nf* rut, wheel track.
rodado *adj* **(a)** *(con ruedas)* wheeled, on wheels. **(b)** *(redondo)* rounded.
rodadura *nf* **(a)** *(de pelota)* roll, rolling. **(b)** *(de neumático)* tread.
rodaja *nf* **(a)** *(rueda)* small wheel; *(de cama)* castor. **(b)** *(raja)* slice; **limón en ~s** sliced lemon.
rodaje *nm* **(a)** *(Téc)* wheels, set of wheels. **(b)** *(Cine)* shooting, filming. **(c)** *(Aut)* running-in; **'en ~'** 'running in'.
rodamiento *nm* **(a) ~ a** *o* **de bolas** ball bearing. **(b)** *(de neumático)* tread.
rodante *adj* rolling.
rodapié *nm* skirting board.
rodar [1m] **1** *vt* **(a)** *(vehículo)* to wheel (along); *(objeto)* to roll (along). **(b)** *(escalera)* to roll down. **(c)** *(viajar por)* to travel, go over; **ha rodado medio mundo** he's been over half the world. **(d)** *(coche nuevo)* to run in. **(e)** *(Cine)* to shoot, film. **(f)** *(LAm)* **~ (a patadas)** to knock down *o* over.
2 *vi* **(a)** to roll *(por* along, down, over *etc)*; *(coche)* to go, run; **echarlo todo a ~** *(fig)* to mess it all up. **(b)** *(girar)* to go round, turn, rotate. **(c) andar** *o* **ir rodando** to move about (from place to place), drift; **no hace más que ir rodando** he just drifts *o* floats about. **(d)** *(fig)* to be still going, still exist; **no sabía que ese modelo rodaba todavía por esos mundos** I didn't know that model was still about. **(e) ~ por uno** to be at sb's beck and call. **(f)** *(Cine)* to shoot, film; **llevamos 2 meses de ~ en Méjico** we've spent 2 months filming in Mexico. **(g)** *(LAm: caballo)* to stumble, fall forwards.
rodear [1a] **1** *vt* **(a)** to surround *(de* by, with); *(encerrar)* to encircle, enclose; **los soldados rodearon el edificio** the soldiers surrounded the building; **le rodeó el cuello con los brazos** she threw her arms round his neck. **(b)** *(LAm: ganado)* to round up. **2** *vi* **(a)** to go round, go by an indirect route. **(b)** *(fig)* to beat about the bush. **3 rodearse** *vr* **(a) ~ de** to surround o.s. with. **(b)** *(revolverse)* to turn round; *(en la cama)* to toss and turn.
rodeo *nm* **(a)** *(ruta indirecta)* long way round, roundabout way; *(desvío)* detour; **dar un ~** to make a detour. **(b)** *(fig: escape)* dodge. **(c)** *(en discurso)* circumlocution; *(evasión)* evasion; **no andarse con ~s, dejarse de ~s** to talk straight, stop beating about the bush; **hablar sin ~s** to

speak out plainly. **(d)** *(LAm)* roundup, rodeo.
rodilla *nf* **(a)** *(Anat)* knee; **de ~s** kneeling; **doblar** *o* **hincar la ~** to kneel down; *(fig)* to bow, humble o.s.; **estar de ~s** to kneel, be kneeling (down); **hincarse de** *o* **ponerse de ~s** to kneel (down); **poner de ~s a un país** to bring a country to its knees. **(b)** *(paño)* floorcloth.
rodillo *nm* roller; *(Culin)* rolling pin; **~ de vapor** steamroller.
rododendro *nm* rhododendron.
roedor 1 *adj* gnawing. **2** *nm* rodent.
roer [2z] *vt* **(a)** to gnaw; *(mordiscar)* to nibble at. **(b)** *(corroer)* to corrode, eat away. **(c)** *(molestar)* to nag, torment.
rogar [1h, 1m] **1** *vt* **(a)** *(suplicar)* to beg, plead with; *(pedir)* to ask for, beg for; **~ a uno hacer algo** to ask *o* beg sb to do sth; **~ que** + *subjun* to ask that ...; **ruegue a este señor que nos deje en paz** please ask this gentleman to leave us alone. **(b)** *(Rel)* to pray. **2** *vi* **(a)** to beg, plead; **hacerse ~** to have to be coaxed; **no se hace de ~** he doesn't have to be asked twice. **(b)** *(Rel)* to pray. **3 rogarse** *vr:* **'se ruega no fumar'** 'please do not smoke'.
rojear [1a] *vi* to redden, turn red.
rojete *nm* rouge.
rojizo *adj* reddish.
rojo 1 *adj* red; **~ cereza** cherry red; **ponerse ~** to turn red, blush. **2** *nm* **(a)** red (colour); **calentar al ~** to make red-hot; **la atmósfera está al ~ vivo** the atmosphere is electric; **la emoción está al ~ vivo** excitement is at fever pitch. **(b) ~ de labios** rouge, lipstick. **(c)** *(Pol)* red.
rojura *nf* redness.
rol *nm* **(a)** *(lista)* list, roll; *(catálogo)* catalogue; *(Náut)* muster. **(b)** *(LAm: Teat, fig)* role, part.
rolar [1a] *vi* **(a)** *(viento)* to veer round. **(b)** *(LAm: platicar)* to talk, converse *(con* with).
rollizo *adj* **(a)** *(redondo)* round; *(cilíndrico)* cylindrical. **(b)** *(rechoncho)* plump.
rollo 1 *adj (fam)* boring, tedious. **2** *nm* **(a)** *(gen)* roll; *(de cuerda)* coil; *(Hist)* scroll; **en ~** rolled, rolled up. **(b)** *(madera)* log. **(c)** *(fam)* bore; *(discurso)* boring speech; **la conferencia fue un ~** the lecture was a big drag *(fam)*; **iba a soltarnos un ~** he was about to start off on a lengthy explanation. **(d)** *(LAm)* **largar el ~** to be sick.
Roma *nf* Rome; **~ no se construyó en un día** Rome was not built in a day; **por todas partes se va a ~** all roads lead to Rome; **revolver ~ con Santiago** to leave no stone unturned.
romadizo *nm (resfriado)* head cold; *(catarro)* catarrh.
romance 1 *adj (idioma)* Romance. **2** *nm* **(a)** *(gen)* Romance language; *(idioma castellano)* Spanish (language); **hablar en ~** *(fig)* to speak plainly. **(b)** *(Lit)* ballad.
romancear [1a] **1** *vt* to translate into Spanish. **2** *vi (LAm: galantear)* to flirt.
románico *adj* **(a)** *(idioma)* Romance. **(b)** *(Arte, Arquit)* Romanesque.
romanticismo *nm* romanticism.
romántico/a *adj, nm/f* romantic.
romería *nf* **(a)** *(Rel)* pilgrimage; **ir en ~** to go on a pilgrimage. **(b)** *(excursión)* trip, excursion; *(fiesta)* open-air dance.
romero[1]/a *nm/f* pilgrim.
romero[2] *nm (Bot)* rosemary.
romo[1] *adj* **(a)** blunt. **(b)** *(fig)* dull, lifeless.
romo[2] *nm (LAm)* rum.
rompecabezas *nm inv* **(a)** puzzle; *(acertijo)* riddle; *(juego)* jigsaw (puzzle). **(b)** *(fig)* puzzle; *(problema)* problem, headache.
rompedero 1 *adj* breakable, fragile. **2** *nm (LAm)* **~ de cabeza** puzzle, problem.
rompehuelgas *nm inv* strikebreaker, blackleg.
romper [2a; *pp* **roto**] **1** *vt* **(a)** *(gen)* to break; *(hacer pedazos)* to smash, shatter; *(papel)* to tear *o* rip (up). **(b)** *(gastar)* to wear out. **(c)** *(roturar)* to break (up), plough. **(d)** *(relaciones)* to break off. **(e) ~ el fuego** to open fire; **~ las hostilidades** to start hostilities.
2 *vi* **(a)** *(olas)* to break. **(b)** *(guerra)* to break out. **(c) ~ la naturaleza** to reach puberty. **(d)** *(diente, sol)* to break through, appear; *(día)* to break; **~ entre** to burst one's way through; **~ por** to break through. **(e) ~ a hacer algo** to start (suddenly) to do sth; **~ a llorar** to burst into tears; **luego rompió a hacer calor** then it suddenly began to get hot. **(f) ~ en llanto** to burst into tears. **(g) ~ con uno** to fall out with sb; **ha roto con su novio** she has broken up with her fiancé. **(h) de rompe y rasga** full of self-confidence.
rompiente *nm* **(a)** reef, shoal. **(b) ~s** breakers, surf.
rompimiento *nm* **(a)** *(véase* **romper 1 a***)* breaking; smashing, shattering; tearing. **(b)** *(abertura)* opening; *(quiebra)* crack. **(c)** *(acto: fig)* break *(con* with); **~ de relaciones** breaking-off of relations. **(d) ~ de hostilidades** outbreak of hostilities.
romplón: de ~ *adv (LAm)* suddenly, unexpectedly.
ron *nm* rum.
roncar [1g] *vi* **(a)** *(cuando se duerme)* to snore. **(b)** *(ciervo, mar)* to roar. **(c)** *(amenazar)* to threaten, bully.
roncear [1a] **1** *vt* **(a)** to pester, keep on at. **(b)** *(LAm)* to keep watch on, spy on. **2** *vi* to work unwillingly.
roncero *adj* **(a)** *(Náut)* slow, sluggish. **(b)** *(desinclinado)* unwilling; *(perezoso)* slack, slow; **estar ~** to shirk, be workshy. **(c)** *(gruñón)* grumpy. **(d)** *(LAm)* sly.
ronco *adj (persona)* hoarse; *(voz)* husky; *(sonido)* harsh, raucous.
roncha *nf* bruise.
ronda *nf* **(a)** *(Hist)* night patrol *o* watch; *(de guardia)* beat; *(personas)* watch, patrol, guard; **ir de ~** to do one's round. **(b)** *(Mús)* group of serenaders. **(c)** *(de bebidas)* round; **pagar una ~** to pay for a round. **(d)** *(de cartas)* hand, game; *(en concurso)* round. **(e)** *(en población)* ring road.
rondar [1a] **1** *vt* **(a)** *(Mil)* to patrol; *(inspeccionar)* to do the rounds of; *(fig)* to haunt, hang about; **~ la calle a una joven** to hang about the street where a girl lives. **(b)** *(a una persona)* to hang round; *(molestar)* to harass, pester; *(a una chica)* to court. **(c)** *(la luz: suj: mariposa)* to flutter round, fly about. **2** *vi (policía)* to (go on) patrol, do the rounds; *(fig)* to prowl round; *(en la calle)* to roam the streets after dark; *(Mús)* to go serenading.
rondín[1] *nm (LAm: guardia)* policeman; *(: vigilante)* night watchman.
rondín[2] *nm (LAm: armónica)* harmonica.
rondón: de ~ *adv* unexpectedly; **entrar de ~** to rush in.
ronquear [1a] *vi* to be hoarse.
ronquedad *nf,* **ronquera** *nf* hoarseness.
ronquido *nm* snore, snoring; *(fig)* roar(ing).
ronronear [1a] *vi* to purr.
ronroneo *nm* purr.
ronzal *nm* halter.
ronzar [1f] *vt, vi* to munch, crunch.
roña 1 *nf* **(a)** *(Vet)* mange. **(b)** *(mugre)* dirt,

grime; *(en metal)* rust. **(c)** *(fig)* meanness, stinginess. **2** *nmf (fam)* mean person.

roñoso *adj* **(a)** *(tacaño)* mean, stingy. **(b)** *(mugriento)* dirty, filthy. **(c)** *(inútil)* useless.

ropa *nf* clothes, clothing; *(vestido)* dress; ~ **blanca** linen; ~ **de cama** bedclothes; ~ **interior** underwear; ~ **lavada** *o* **por lavar** washing; ~ **planchada** ironing; ~ **sucia** dirty clothes, washing; ~ **usada** secondhand clothes; **a quema** ~ point-blank; **hay** ~ **tendida** the walls have ears; **tentarse la** ~ to think long and hard (before doing anything).

ropaje *nm* gown, robes *pl;* ~**s** *(Rel)* vestments *pl.*

ropavejero *nm* old-clothes dealer.

ropería *nf* **(a)** *(tienda)* clothes shop. **(b)** *(comercio)* clothing trade.

ropero 1 *adj* for clothes, clothes *(atr)*; **armario** ~ wardrobe, clothes cupboard. **2** *nm* linen cupboard; *(guardarropa)* wardrobe.

roque *nm (Ajedrez)* rook, castle.

roquedal *nm* rocky place.

roqueño *adj* rocky.

rosa 1 *nf* **(a)** *(Bot)* rose; **no hay** ~ **sin espinas** there's no rose without a thorn; **estar como una** ~ to feel as fresh as a daisy. **(b) de** ~**, color de** ~ pink; **vestidos color de** ~ pink dresses. **(c)** *(Anat)* (red) birthmark. **(d)** ~**s** popcorn. **2** *adj* pink.

rosado 1 *adj* pink. **2** *nm (vino)* rosé.

rosal *nm* rose bush, rose tree; ~ **silvestre** wild rose.

rosaleda *nf* rose bed, rose garden.

rosario *nm* **(a)** *(Rel)* rosary; *(sarta)* rosary beads; **rezar el** ~ to say the rosary. **(b)** *(fig: serie)* string, series; **un** ~ **de maldiciones** a string of curses.

rosbif *nm* roast beef.

rosca *nf* **(a)** *(de humo)* ring, spiral; *(Culin)* ring-shaped roll/pastry; **estaba hecho una** ~ he was all curled up in a ball. **(b)** *(de tornillo)* thread; **hacer la** ~ **a uno** *(fam)* to suck up to sb *(fam)*; **pasarse de** ~ *(fig)* to go too far, overdo it.

róseo *adj* rosy.

roseta *nf* **(a)** *(Bot)* small rose. **(b)** *(Dep)* rosette. **(c)** ~**s** *(de maíz)* popcorn.

rosetón *nm* **(a)** *(Arquit)* rose window. **(b)** *(Dep)* rosette. **(c)** *(Aut)* cloverleaf (junction).

rosita *nf* **(a)** *(Bot)* small rose. **(b)** *(Chi)* earring. **(c) de** ~ *(Méx)* free, gratis; **andar de** ~ *(LAm)* to be out of work. **(d)** ~**s** *(de maíz)* popcorn.

rosquete *nm (LAm)* bun.

rosquilla *nf* **(a)** *(de humo)* ring. **(b)** *(larva)* small caterpillar.

rostro *nm (semblante)* countenance; *(cara)* face.

rotación *nf* rotation; *(revolución)* turn, revolution; *(de producción)* turnover; ~ **de cultivos** rotation of crops.

rotariano *adj, nm (LAm)*, **rotario** *adj, nm* Rotarian.

rotativo 1 *adj* rotary, revolving. **2** *nm* newspaper.

rotería *nf (LAm)* common people *pl,* plebs *pl.*

rotisería *nf (LAm)* grillroom, steak restaurant.

roto 1 *pp de* **romper. 2** *adj* **(a)** broken; *(en pedazos)* smashed; *(vestido)* torn; *(vida)* shattered, destroyed. **(b)** *(fig)* debauched, dissipated. **3** *nm* **(a)** *(en vestido)* hole, torn piece. **(b)** *(LAm)* down-and-out.

rotor *nm* rotor.

rotoso *adj (LAm)* ragged, shabby.

rótula *nf* **(a)** *(Anat)* kneecap. **(b)** *(Mec)* ball-and-socket joint.

rotulador *nm* felt tip pen.

rotular [1a] *vt (objeto)* to label, put a label *o* ticket on; *(carta, documento)* to head, entitle.

rotulata *nf* labels *pl,* inscriptions *pl.*

rótulo *nm (etiqueta)* label, ticket; *(título)* heading, title; *(letrero)* sign, notice; *(cartel)* placard, poster.

rotundo *adj* **(a)** *(redondo)* round. **(b)** *(negativa)* flat, forthright; **me dio un 'sí'** ~ he gave me an emphatic 'yes'. **(c)** *(estilo)* expressive.

rotura *nf* = **rompimiento (a).**

roturar [1a] *vt (Agr)* to break up, plough.

rozado *adj* worn, grazed.

rozador *nm (LAm)* machete.

rozadura *nf* abrasion, graze.

rozagante *adj* **(a)** showy; *(llamativo)* striking. **(b)** *(fig)* proud.

rozamiento *nm* rubbing, chafing; *(Mec)* friction.

rozar [1f] **1** *vt* **(a)** *(frotar)* to rub (on), rub against; *(raer)* to scrape (on); *(Mec)* to grate on; *(Med)* to chafe, graze; *(tocar ligeramente)* to graze, shave, skim; ~ **a uno al pasar** to brush past sb. **(b)** *(arrugar)* to rumple, crumple; *(ensuciar)* to dirty. **(c)** *(fig)* to touch on, border on; **es cuestión que roza la política** it's partly a political question. **(d)** *(Agr: hierba)* to graze; *(: terreno)* to clear.

2 *vi* **(a)** ~ **en** = **1 (a). (b)** ~ **con** *(fig)* = **1 (c).**

3 rozarse *vr* **(a)** to rub (together); ~ **los puños** to graze one's knuckles. **(b)** *(tropezarse)* to trip over one's own feet. **(c)** *(fam)* ~ **con** to hobnob with, rub shoulders with. **(d)** *(al hablar)* to get tongue-tied.

roznar [1a] *vi* to bray.

ruana *nf (LAm)* peasant poncho.

ruanetas *nmf inv (LAm)* peasant.

rubéola *nf* German measles.

rubí *nm* ruby; *(de reloj)* jewel.

rubia *nf* blonde.

rubicundo *adj* ruddy.

rubio *adj* **(a)** *(persona)* fair-haired, blond(e); *(animal)* light-coloured, golden. **(b) tabaco** ~ Virginia tobacco.

rubor *nm* **(a)** bright red. **(b)** *(en cara)* blush, flush; **causar** ~ **a uno** to make sb blush. **(c)** *(fig)* bashfulness.

ruborizarse [1f] *vr* to blush, redden *(de* at).

ruboroso *adj* **(a) ser** ~ to blush easily. **(b) estar** ~ to blush, be blushing; *(fig)* to feel bashful.

rúbrica *nf* **(a)** *(señal)* red mark. **(b)** *(de la firma)* flourish. **(c)** *(título)* title, heading; **bajo la** ~ **de** under the heading of. **(d) de** ~ customary, usual.

rubricar [1g] *vt (firmar)* to sign with a flourish; *(concluir)* to sign and seal.

rubro *nm* **(a)** *(LAm)* heading, title. **(b)** *(LAm)* ~ **social** trading *o* firm's name.

ruca *nf (LAm)* **(a)** *(cobertizo)* hut, cabin. **(b)** *(vieja)* old maid.

rucio 1 *adj (caballo)* grey; *(persona)* grey-haired; *(LAm)* fair, blond(e). **2** *nm* grey (horse).

ruco *adj (LAm)* worn-out, useless.

rucho *adj (LAm)* **(a)** rough. **(b)** *(fruta)* overripe.

rudeza *nf* **(a)** *(sencillez)* simplicity; *(pey)* coarseness. **(b)** *(estupidez: tb* ~ **de entendimiento)** stupidity.

rudimental *adj,* **rudimentario** *adj* rudimentary.

rudimento *nm* rudiment.

rudo *adj* **(a)** *(madera)* rough; *(sin pulir)* unpolished. **(b)** *(Mec: pieza)* stiff. **(c)** *(persona: sencilla)* simple; *(: vulgar)* common. **(d)** *(duro)* hard. **(e)** *(estúpido)* simple, stupid.

rueda *nf* **(a)** *(gen)* wheel; ~**s de aterrizaje** *(Aer)* landing wheels; ~ **de atrás** rear *o* back wheel; ~

delantera front wheel; ~ **dentada** cog; ~ **de la fortuna** wheel of fortune; ~ **libre** freewheel; ~ **de recambio** spare wheel; **ir sobre ~s** *(fam)* to go smoothly. **(b)** *(círculo)* circle, ring; **en** ~ in a ring; ~ **de prensa** press conference. **(c)** *(rodaja)* slice, round. **(d)** *(en torneo)* round.

ruedo *nm* **(a)** *(rotación)* turn, rotation. **(b)** *(contorno)* edge, border; *(circunferencia)* circumference; *(de vestido)* hem. **(c)** *(Taur)* bullring, arena. **(d)** *(esterilla)* (round) mat.

ruego *nm* request; **a ~ de** at the request of; **accediendo a los ~s de ...** in response to the requests of ...; **'~s y preguntas'** *(en una conferencia)* 'any other business'.

rufián *nm* **(a)** *(traficante)* pimp. **(b)** *(gamberro)* hooligan.

rufo *adj* red-haired.

rugbista *nm* rugby player.

rugby ['rugbi] *nm* rugby.

rugido *nm* roar; ~ **de dolor** howl of pain.

rugir [3c] *vi (gen)* to roar; *(toro)* to bellow; *(estómago)* to rumble; ~ **de dolor** to roar *o* howl with pain.

rugoso *adj (arrugado)* wrinkled, creased; *(desigual)* ridged; *(áspero)* rough.

ruido *nm* **(a)** *(gen)* noise; *(sonido)* sound; *(alboroto)* racket, row; ~ **de fondo** background noise; **sin** ~ quietly; **no hagas** ~ don't make a sound; **mucho ~ y pocas nueces** much ado about nothing. **(b)** *(escándalo)* commotion, fuss; *(grito)* outcry; **hacer** *o* **meter** ~ to cause a stir; **quitarse de ~s** to keep out of trouble.

ruidoso *adj* **(a)** noisy, loud. **(b)** *(fig)* sensational.

ruin *adj* **(a)** *(gen)* contemptible, mean. **(b)** *(tacaño)* mean, stingy. **(c)** *(pequeño)* small, weak. **(d)** *(animal)* vicious.

ruina *nf* **(a)** *(gen)* ruin; **~s** ruins, remains; **estar hecho una** ~ to be a wreck. **(b)** *(colapso)* collapse. **(c)** *(fig)* ruin, destruction; *(de imperio)* fall, decline; *(de persona)* ruin, downfall; **será mi** ~ it will be the ruin of me; **la empresa le llevó a la** ~ the venture ruined him (financially).

ruindad *nf* **(a)** *(cualidad)* meanness, lowness. **(b)** *(acción)* low *o* mean act.

ruinoso *adj* **(a)** ruinous; *(destartalado)* tumbledown. **(b)** *(Fin)* ruinous, disastrous.

ruiseñor *nm* nightingale.

rula *nf*, **ruleta** *nf* roulette.

rulota *nf* caravan, *(US)* trailer.

ruma *nf (LAm)* heap, pile.

rumba *nf* **(a)** *(Mús)* rumba. **(b)** *(LAm: fiesta)* party, celebration.

rumbear [1a] *vi (LAm)* **(a)** *(Mús)* to dance the rumba. **(b)** *(seguir)* to follow a direction. **(c)** *(ir de rumba)* to have a party.

rumbo *nm* **(a)** *(camino)* route, direction; *(ángulo de dirección)* course, bearing; **con ~ a** in the direction of; **ir con ~ a** to be heading for; *(Náut)* to be bound for; **corregir el** ~ to correct one's course; **hacer ~ a** *o* **hacia** to head for; **poner ~ a** *o* **hacia** *(Náut)* to set a course for; **ir al** ~ to find one's way by guesswork. **(b)** *(fig)* course of events; *(conducta)* line of conduct; ~ **nuevo** new departure; **tomar ~ nuevo** to change one's approach; **los acontecimientos vienen tomando un ~ sensacional** events are taking a sensational turn. **(c)** *(fig: generosidad)* generosity, lavishness; *(: pompa)* showiness, pomp; **viajar con** ~ to travel in style. **(d)** *(LAm: fiesta)* party.

rumboso *adj (generoso)* generous; *(espléndido)* big, splendid.

rumia *nf*, **rumiación** *nf* rumination.

rumiar [1b] **1** *vt* **(a)** to chew. **(b)** *(fig: masticar)* to chew over; *(ponderar)* to ponder (over). **2** *vi* **(a)** *(vaca)* to chew the cud. **(b)** *(fig)* to ruminate, ponder.

rumor *nm* **(a)** *(murmuración)* murmur; *(ruido sordo)* low sound; *(de voces)* buzz. **(b)** *(fig)* rumour; **circula un rumor de que ...** there's a rumour going round that ... .

rumorearse [1a] *vr:* **se rumorea que ...** it is rumoured that ...

rumoreo *nm* murmur(ing).

rumoroso *adj* full of sounds; *(arroyo)* murmuring, musical.

runfla *nm (LAm: de cosas)* lot, heap; *(: multitud)* crowd.

runrún *nm* **(a)** sound of voices, murmur. **(b)** *(fig)* rumour, buzz *(fam)*. **(c)** *(de una máquina)* whirr.

runrunearse [1a] *vr:* **se runrunea que ...** it is rumoured that ... .

runruneo *nm* = **runrún (a)**.

rupestre *adj* rock *(atr)*; **pintura** ~ cave painting; **planta** ~ rock plant.

ruptura *nf* rupture; *(disputa)* split; *(de contrato)* breaking; *(de relaciones)* breaking-off.

rural *adj* rural, country *(atr)*.

Rusia *nf* Russia; ~ **Soviética** Soviet Russia.

ruso/a 1 *adj, nm/f* Russian. **2** *nm (idioma)* Russian.

rústico/a 1 *adj* **(a)** rustic, rural, country *(atr)*. **(b)** *(pey)* coarse, uncouth. **2** *nm* peasant, yokel. **3 rústica** *nf:* **libro en ~a** paperback (book).

ruta *nf* route; *(fig)* course (of action).

rutilar [1a] *vi* to shine, sparkle.

rutina *nf (gen)* routine; ~ **diaria** daily routine; **por** ~ as a matter of routine; *(fig)* from force of habit.

rutinario *adj* **(a)** routine; *(ordinario)* ordinary, everyday. **(b)** *(persona)* ordinary; *(sin imaginación)* unimaginative.

rutinero *adj* who sticks to routine; *(ordinario)* ordinary; *(sin imaginación)* unimaginative.

S

S, s ['ese] *nf (letra)* S, s.

S. *abr de* **sur** S.

S.A. *abr de* **Sociedad Anónima** Ltd.

sábado *nm* **(a)** Saturday; *(de los judíos)* Sabbath; **S~ de Gloria** *o* **Santo** Easter Saturday; **del ~ en ocho días** Saturday week, a week on Saturday, the Saturday after next; **el ~ pasado/próximo** *o* **que viene** last/this *o* next Saturday; **el ~ por la mañana** (on) Saturday morning; **la noche del ~** Saturday night; **un ~ sí y otro no, cada dos ~s** every other *o* second Saturday; **no va al colegio los ~s** he doesn't go to school on Saturdays; **vendrá el ~ (25 de marzo)** he will come on Saturday (March 25th). **(b)** *(fig)* **hacer ~** to do

the weekly clean.
sabana *nf* savannah.
sábana *nf* **(a)** sheet; *(Rel)* altar cloth; ~ **de agua** *(fig)* sheet of rain; **estirarse más de lo que dan de sí las** ~**s** to bite off more than one can chew; **se le pegan las** ~**s** he oversleeps. **(b)** *(fam) 1000-peseta note.*
sabandija *nf* **(a)** *(bicho)* bug, creepy-crawly *(fam)*; ~**s** vermin *sg.* **(b)** *(fig)* wretch, louse.
sabanilla *nf (Rel)* altar cloth.
sabañón *nm* chilblain.
sabático *adj (Rel, Univ)* sabbatical.
sabelotodo *nm inv (fam)* know-all.
saber [2n] **1** *vt, vi* **(a)** *(gen)* to know; ~ **de** to know about, be aware of; **desde hace 6 meses no sabemos nada de él** we haven't heard from him for 6 months; **¿sabes ruso?** do *o* can you speak Russian?; **lo sé** I know; **hacer** ~ to inform, let know; **cuando lo supe** when I heard *o* found out about it. **(b)** *(locuciones)* **a** ~ namely, i.e.; **a** ~ **si realmente lo compró** I wonder whether he really did buy it; **¡haberlo sabido!** if only I'd known!; **¡yo qué sé!, ¡qué sé yo!** how should I know!, search me! *(fam)*; **que yo sepa** as far as I know; **ya lo sabía yo** I thought as much; **un no sé qué** a certain something; **nos sirvió no sé qué vino** he gave us some wine or other; **¿tú qué sabes?** what do you know about it?; **vete** *o (LAm)* **anda a** ~ your guess is as good as mine; **¿sabe?** *(fam)* you know?, you know what I mean? **(c)** ~ **hacer algo** to know how to do sth; **sé conducir** I can drive, I know how to drive; **¿sabes ir?** do you know the way?; **no sabe todavía andar por la ciudad** he still doesn't know his way about the town. **(d)** *(LAm)* ~ **hacer** to be in the habit of doing; **no sabe venir por aquí** he doesn't usually come this way.

2 *vi:* ~ **a** to taste of; *(fig)* to smack of; **esto sabe a queso** this tastes of cheese; **esto sabe mal** *o* **a demonio(s)** this tastes awful; **le sabe mal que otro la saque a bailar** it upsets him that anybody else should ask her to dance.

3 saberse *vr* **(a) se sabe que ...** it is known that ..., we know that ...; **no se sabe** nobody knows; **¿se puede** ~ **si ...?** can you tell me if *o* whether ...? **(b) se supo que ...** it was learnt *o* discovered that ...; **por fin se supo el secreto** finally the secret was revealed.

4 *nm* knowledge, learning; **según mi leal** ~ **y entender** to the best of my knowledge.
sabidillo/a *nm/f (fam)* know-all.
sabido 1 *pp of* **saber; es** ~ **que ...** it is well known that ...; **como es** ~ as we all know. **2** *adj* **(a)** *(consabido)* well-known, familiar. **(b)** *(iro)* knowledgeable, learned. **(c) de** ~ for sure.
sabiduría *nf (gen)* wisdom; *(instrucción)* learning; ~ **popular** folklore.
sabiendas: a ~ *adv (sabiendo)* knowingly; *(a propósito)* deliberately; **a** ~ **de que ...** knowing full well that ... .
sabihondo/a *adj, nm/f* know-all.
sabio/a 1 *adj* **(a)** *(persona: docto)* learned, expert; *(: iro)* know-all. **(b)** *(persona: al actuar)* wise, sensible. **(c)** *(acción, decisión)* wise, sensible. **(d)** *(animal)* trained. **2** *nm/f (docto)* learned man/ woman; *(experto)* scholar, expert.
sablazo *nm* **(a)** *(herida)* sword wound. **(b)** *(fam)* sponging *(fam)*; **dar un** ~ **a uno** to touch sb for a loan *(sl)*.
sable *nm* sabre, cutlass.
sablear [1a] *vi (fam)* to ask for a loan.
sablista *nmf (fam)* sponger *(fam)*.
sabor *nm* taste, flavour; *(fig)* flavour; ~ **local** local colour; **con** ~ **a queso** cheese-flavoured; **sin** ~ *(lit)* tasteless; *(fig)* insipid.
saborcillo *nm* slight taste.
saborear [1a] *vt* **(a)** *(comida)* to taste, savour. **(b)** *(dar sabor)* to flavour, add a flavour to. **(c)** *(fig)* to relish.
sabotaje *nm* sabotage.
saboteador(a) *nm/f* saboteur.
sabotear [1a] *vt (lit, fig)* to sabotage.
sabré *etc véase* **saber.**
sabroso *adj* **(a)** *(comida)* tasty. **(b)** *(libro)* solid, meaty. **(c)** *(broma, historia)* racy, daring. **(d)** *(LAm: parlanchín)* talkative.
sabueso *nm* **(a)** *(Zool)* bloodhound. **(b)** *(fig)* sleuth.
saca[1] *nf* **(a)** big sack; ~ **de correo(s)** mailbag. **(b)** *(LAm)* herd of cattle.
saca[2] *nf (acción)* taking out, withdrawal; *(Com)* export; **estar de** ~ *(Com)* to be on sale.
sacabocados *nm inv (Téc)* punch.
sacaclavos *nm inv* nail-puller, pincers *pl.*
sacacorchos *nm inv* corkscrew.
sacadera *nf* landing net.
sacadineros *nm inv* **(a)** *(baratija)* cheap trinket. **(b)** *(persona)* cheat.
sacador *nm (Tenis)* server.
sacapuntas *nm inv* pencil sharpener.
sacar [1g] *vt* **(a)** *(diente, algo del bolsillo)* to take out; *(arma)* to draw; *(dinero: de cuenta)* to draw out, withdraw.

(b) *(fig: extraer)* to get (out); ~ **una información a uno** to get information out of sb; **los datos están sacados de 2 libros** the data is taken from 2 books; **¿de dónde has sacado esa idea?** where did you get that idea?; **no conseguirán** ~**le nada** they'll get nothing out of him; **lo que se saca de todo esto es que ...** what I gather from all this is that ...; ~ **a uno de sí** to infuriate sb.

(c) *(Dep: Tenis)* to serve; *(: Ftbl)* to throw in.

(d) *(parte del cuerpo)* ~ **la barbilla** to stick one's chin out; ~ **la lengua** to put one's tongue out; ~ **la mano** *(Aut etc)* to put one's hand out.

(e) *(ropa: esp LAm)* to take off; *(mancha)* to get out *o* off.

(f) *(entradas)* to get; *(reservas)* to make.

(g) *(solución)* to reach; *(conclusión)* to draw.

(h) *(producir: producto)* to make; *(: modelo nuevo)* to bring out; *(: moda)* to create; **aquí sacan 200 coches diarios** they make 200 cars a day here; **a este propósito han sacado unos versos** they've made up some verses about this.

(i) *(foto)* to take; *(copia)* to make, have made; **saca buen retrato** he takes a good photo; **te voy a** ~ **una foto** I'll take a photo *o* snap of you.

(j) *(obtener: legado, puesto)* to get; *(: ganancia)* to make; **sacó el premio gordo** he got *o* won the big prize; **así no vas a** ~ **nada** you won't get anything that way; **sacó un buen número para la lotería** he drew a good number for the lottery.

(k) *(demostrar)* to show; **en esto sacó por fin su habilidad** in this he finally showed *o* demonstrated his skill; ~ **faltas a uno** to point out sb's defects.

(l) ~ **brillo a** to polish; ~ **los colores a la cara de uno** to put some colour into sb's cheeks.

(m) *(mencionar)* to mention, put; **le han sacado en el periódico** they've put him in the paper.

(n) *(fam)* **le saca 10 cm a su hermano** he is 10 cm taller than his brother.

(o) ~ **adelante** *(niño)* to bring up successfully; *(negocio)* to be successful in.
sacarina *nf* saccharin(e).
sacerdocio *nm* priesthood.
sacerdotal *adj* priestly.

sacerdote *nm* priest; ~ **obrero** worker priest.
sacerdotisa *nf* priestess.
saciado *adj:* ~ **de** *(fig)* steeped *o* saturated in.
saciar [1b] **1** *vt (hartar)* to satiate; *(fig)* to satisfy. **2 saciarse** *vr (fig)* to be satisfied *(con, de* with).
saciedad *nf* satiation, satiety; **hasta la** ~ *(comer)* one's fill; *(repetir)* ad nauseam.
saco[1] *nm* **(a)** *(costal)* bag, sack; *(Mil)* kitbag; *(contenido)* bagful; ~ **de arena** *(Mil)* sandbag; *(Dep)* punchball; **a** ~**s** *(fig)* by the ton; **caer en** ~ **roto** to fall on deaf ears. **(b)** *(Anat)* sac. **(c)** *(fam)* **es un** ~ **de picardías** he's full of tricks; **ser un** ~ **de huesos** *(LAm)* to be a bag of bones; **ser un** ~ **sin fondo** to spend money like water. **(d)** *(LAm: chaqueta)* jacket.
saco[2] *nm (Mil)* sack; **entrar a** ~ **en** to sack.
sacramental *adj (Rel)* sacramental; *(palabras)* ritual.
sacramentar [1a] *vt* to administer the last sacraments to.
sacramento *nm* sacrament; **el Santísimo S**~ the Blessed Sacrament; **recibir los** ~**s** to receive the last sacraments.
sacrificar [1g] **1** *vt* **(a)** *(Rel, fig)* to sacrifice *(a* to). **(b)** *(animal)* to slaughter; *(perro etc)* to put to sleep. **2 sacrificarse** *vr* to sacrifice o.s.
sacrificio *nm* **(a)** *(Rel, fig)* sacrifice. **(b)** *(de animal)* slaughter(ing).
sacrilegio *nm* sacrilege.
sacrílego *adj* sacrilegious.
sacristán *nm* verger, sacrist(an).
sacristía *nf* vestry, sacristy.
sacro *adj* sacred, holy.
sacrosanto *adj* sacrosanct.
sacudida *nf* **(a)** *(agitación)* shake, shaking; *(movimiento brusco)* jerk; *(de terremoto)* shock; *(de explosión)* blast; *(de cabeza)* toss; ~ **eléctrica** electric shock; **dar una** ~ **a una alfombra** to beat a carpet; **avanzar dando** ~**s** to bump *o* jolt along. **(b)** *(fig)* violent change; *(Pol etc)* upheaval; **hay que darle una** ~ he needs a jolt.
sacudido *adj (áspero)* surly; *(decidido)* determined.
sacudidura *nf,* **sacudimiento** *nm* shake, shaking.
sacudir [3a] **1** *vt* **(a)** *(gen)* to shake; *(persona: golpear)* to beat, thrash; *(ala)* to flap; *(alfombra)* to beat; *(cuerda)* to jerk, tug; *(pasajero, vehículo)* to jolt; *(cabeza)* to shake. **(b)** *(fig)* to shake; ~ **a uno de su depresión** to shake sb out of his depression; ~ **los nervios a uno** to shatter sb's nerves. **(c)** *(fam)* ~ **a uno** to belt sb *(fam)*. **2 sacudirse** *vr* to shake (o.s.); ~ **(de) un peso** to shake off a burden; **por fin se la han sacudido** they've finally got rid of him.
sacudón *nm (LAm)* violent shake.
sádico/a 1 *adj* sadistic. **2** *nm/f* sadist.
sadismo *nm* sadism.
saeta *nf* **(a)** *(Mil)* arrow, dart. **(b)** *(de reloj)* hand; *(de brújula)* magnetic needle. **(c)** *(Mús) sacred song in flamenco style.*
saetín *nm* **(a)** millrace. **(b)** *(Téc)* tack, brad.
safado *adj (LAm)* impudent.
safari *nm* safari; **estar de** ~ to be on safari.
saga *nf* saga.
sagacidad *nf (astucia)* shrewdness, cleverness; *(perspicacia)* sagacity.
sagaz *adj (astuto)* shrewd, clever; *(perspicaz)* sagacious.
Sagitario *nm* Sagittarius.
sagrado 1 *adj* sacred, holy. **2** *nm:* **acogerse a** ~ to seek asylum.
sagú *nm* sago.
saín *nm* animal fat.
sainete *nm (Teat)* one-act farce *o* comedy.
sajar [1a] *vt (Med)* to cut open, lance.
sal[1] *nf* **(a)** salt; ~**es de baño** bath salts; ~ **de cocina** *o* **gorda** kitchen *o* cooking salt; ~ **de mesa** table salt. **(b)** *(gracia)* wit; *(encanto)* charm; ~ **de la tierra** salt of the earth; **tiene mucha** ~ he's very amusing.
sal[2] *véase* **salir.**
sala *nf* **(a)** *(en casa: tb* ~ **de estar***)* living *o* sitting room, lounge; *(cuarto grande)* large room; *(de castillo)* hall. **(b)** *(Teat)* house, auditorium; *(Jur)* court; *(Med)* ward; ~ **de conferencias/fiestas** lecture/dance hall; ~ **de embarque** *o* **salidas** departure lounge; ~ **de espera** *(Med, Ferro)* waiting room; *(Aer)* departure lounge; ~ **de juntas** *(Com)* boardroom; ~ **justicia** law court; ~ **de operaciones** operating theatre; **deporte en** ~ indoor sport.
saladar *nm* salt marsh.
salado *adj* **(a)** *(Culin)* salty; *(agua)* salt *(atr)*; **muy** ~ strongly salted. **(b)** *(gracioso)* amusing; *(vivo)* lively; *(atractivo)* charming; **¡qué** ~**!** how amusing!; *(iro)* very droll! **(c)** *(LAm: desgraciado)* unlucky, unfortunate.
salami *nm* salami.
salar[1] *nm (LAm: marisma)* salt marsh.
salar[2] [1a] *vt* **(a)** *(Culin)* to put salt in *(: para conservar)* to salt. **(b)** *(LAm: estropear)* to ruin, spoil.
salarial *adj* wage *(atr)*; **reclamación** ~ wage claim.
salario *nm* wage(s) *pl*, pay, salary.
salaz *adj* salacious, prurient.
salchicha *nf* pork sausage.
salchichería *nf* pork butcher's (shop).
salchichón *nm* (salami-type) sausage.
saldar [1a] *vt* **(a)** *(cuenta)* to pay; *(deuda)* to pay off. **(b)** *(diferencias)* to settle. **(c)** *(existencias)* to sell off.
saldo *nm* **(a)** *(pago)* settlement, payment. **(b)** *(en banco, tb fig)* balance; ~ **acreedor/deudor** credit/debit balance; **el** ~ **es a su favor** *(fig)* the balance is in his favour. **(c)** *(liquidación)* sale.
saledizo 1 *adj* projecting. **2** *nm* projection, overhang; **en** ~ projecting, overhanging.
salero *nm* **(a)** *(Culin)* saltcellar. **(b)** *(ingenio)* wit; *(encanto)* charm.
saleroso *adj (fam)* = **salado (b).**
salida *nf* **(a)** *(acto: de persona)* leaving, exit; *(Aer, Ferro)* departure; *(de gas)* leak; *(Dep)* start; **'S**~**s'** 'Departures'; ~ **del sol** sunrise; **a la** ~ **del teatro** after the theatre, on leaving the theatre; **después de la** ~ **del tren** after the train left; **dar la** ~ *(Dep)* to give the starting signal. **(b)** *(lugar)* exit, way out; *(en aeropuerto)* gate; ~ **de emergencia/de incendios** emergency exit/fire escape; **la sala tiene** ~ **al jardín** the living room opens on to the garden; **el país no tiene** ~ **al mar** the country doesn't have an outlet to the sea. **(c)** *(solución)* way out; *(oportunidad)* opening; *(resultado)* outcome; **no hay** ~ there's no way out of it; **no tenemos otra** ~ we have no option. **(d)** *(Com: venta)* sale; *(: producción)* output; *(: mercado)* sales outlet; *(: publicación)* publication; *(: dinero gastado)* outlay; **tener una** ~ **difícil** to be a hard sell. **(e)** *(en el habla: réplica)* repartee; *(: ocurrencia)* joke; ~ **de tono** silly remark; **tener** ~**s** to be witty; **tiene** ~ **para todo** he has an answer for everything. **(f)** ~ **de baño** *(en casa)* bathrobe; *(en playa)* beach robe. **(g)** *(Mil)* sally, sortie; *(Naipes)* lead.
salido 1 *pp de* **salir. 2** *adj* **(a)** *(rasgos)* prominent; *(ojos)* bulging. **(b) estar** ~**a** *(Zool)* to be on heat.

salidor *adj (LAm)* fond of going out a lot.
saliente 1 *adj* **(a)** *(Arquit)* projecting; *(rasgo)* prominent. **(b)** *(importante)* salient. **(c)** *(sol)* rising. **2** *nm* projection; *(Mil)* salient.
salina *nf* salt mine; ~**s** saltworks.
salindad *nf* salinity.
salino *adj* saline.
salir [3t] **1** *vi* **(a)** *(persona: de casa, cuarto etc)* to come *o* go out (*de* of); *(: partir)* to leave; *(: en periódico, TV)* to appear; *(Teat)* to enter, come on; **salimos a la calle** we went out into the street; **Juan ha salido** John is out; **salimos de Madrid a las 8** we left Madrid at 8 o'clock; **salió corriendo (del cuarto)** he ran out (of the room); **salieron en los periódicos** they appeared *o* were in the (news)papers; **sale con él desde hace un mes** she's been going out with him for a month. **(b)** *(objetos: gen)* to come out; *(mancha)* to come out *o* off; *(disco)* to be released; *(número de lotería)* to come up; *(transportes)* to leave, depart; *(Náut)* to sail; **el libro saldrá el mes que viene** the book is coming out next month; **esta calle sale a la plaza** this street comes out in *o* leads to the square; **le salió la satisfacción a la cara** satisfaction showed in his face; **cuando salga la ocasión** when the opportunity comes up *o* arises; **el tren sale cada 2 horas** the train runs every 2 hours. **(c)** *(planta)* to come up; *(pelo)* to grow; *(diente)* to come through. **(d)** *(resultar)* to turn out; **salió muy trabajadora** she turned out to be very hard-working; **salga lo que salga** come what may; **este cruzigrama no me sale** this crossword won't work out; **no me sale su apellido** I can't think of his name; **salió caro** it worked out expensive; **me salió (a) 1.000 pesos** it cost me 1,000 pesos; **la foto me salió bien** the photo came out well; **la fiesta salió mal** the party was a failure; **salí bien en el examen** I passed the exam; **salió alcalde por 3 votos** he was elected mayor by 3 votes. **(e)** *(persona: Dep)* to start; *(: Naipes)* to lead. **(f)** *(Fin)* ~ **a los gastos de uno** to meet *o* pay sb's expenses; ~ **por** to back. **(g)** *(locuciones)* ~ **adelante** to do well; ~ **ganando** to come out ahead; ~ **perdiendo** to lose out; **sale a su padre** he's like his father; **cuando hubo problemas, salió por mí** when there were problems she stuck up for me.
2 salirse *vr* **(a)** *(animal)* to escape (*de* from), get out (*de* of); *(aire, liquido)* to leak (out); *(río)* to overflow. **(b)** ~ **de la carretera** to go off the road; ~ **de la vía** to jump the rails. **(c)** *(exceder)* ~ **de costumbre** to break with custom; ~ **de los límites** to go beyond the limits. **(d)** *(locuciones)* ~ **del tema** to get off the point; ~ **de madre** *(fig)* to lose self-control; ~ **con la suya** to get one's own way.
salitre *nm* saltpetre, nitre.
saliva *nf* saliva, spit; **gastar** ~ *(fig)* to waste one's breath (*en* on); **tragar** ~ to swallow one's feelings.
salivación *nf* salivation.
salivar [1a] *vi* to salivate.
salmo *nm* psalm.
salmodia *nf* **(a)** *(Rel)* psalmody. **(b)** *(fig fam)* drone.
salmodiar [1b] *vi* **(a)** to sing psalms. **(b)** *(fig fam)* to drone.
salmón *nm* salmon.
salmonete *nm* red mullet.
salmuera *nf* pickle, brine.
salobre *adj (agua)* salt *(atr)*.
salón *nm* **(a)** *(de casa)* living-room, lounge; *(Lit)* salon; *(Náut)* saloon; ~ **del automóvil** motor show; ~ **de baile** ballroom; ~ **de belleza/masaje** beauty/massage parlour; ~ **de demostraciones** showroom; ~ **de pintura** art gallery; ~ **de sesiones** assembly hall. **(b)** *(LAm)* saloon.
saloncillo *nm (Teat etc)* private room.
salpicadero *nm* dashboard.
salpicado *adj:* ~ **de** splashed *o* spattered with; **un diseño** ~ **de puntos rojos** a pattern with red dotted about in it; **una llanura** ~**a de granjas** a plain with farms dotted about on it, a plain dotted with farms.
salpicadura *nf* **(a)** *(acto)* splashing. **(b)** *(mancha)* splash. **(c)** *(fig)* sprinkling.
salpicar [1g] *vt* **(a)** *(de barro, pintura)* to splash (*de* with); *(de agua)* to sprinkle (*de* with); *(tela)* to dot, fleck (*de* with); ~ **un coche de barro** to splash a car with mud, splash mud over a car; ~ **agua sobre el suelo** to sprinkle water on the floor. **(b)** *(conversación, discurso)* to sprinkle (*de* with).
salpicón *nm* **(a)** = **salpicadura (a). (b)** *(Culin)* meat salad.
salpimentar [1a] *vt* **(a)** *(Culin)* to season, add salt and pepper to. **(b)** *(fig)* to spice (*de* with).
salsa *nf* **(a)** *(gen)* sauce; *(de carne)* gravy; *(para ensalada)* dressing; ~ **blanca** white sauce; ~ **mayonesa** mayonnaise; ~ **de tomate** tomato sauce, ketchup. **(b)** *(fig)* spice; **es la** ~ **de la vida** it's the spice of life; **cocerse en su propia** ~ *(fig)* to stew in one's own juice.
salsera *nf* sauce boat.
saltado *adj* **(a)** *(loza)* chipped, damaged. **(b)** *(ojos)* bulging.
saltador(a) 1 *nm/f (Dep)* jumper. **2** *nm (comba)* skipping rope.
saltadura *nf (defecto)* chip.
saltamontes *nm inv* grasshopper.
saltar [1a] **1** *vt* **(a)** *(muro, obstáculo)* to jump (over), leap (over). **(b)** *(arrancar)* to pull off; **ella le saltó 3 dientes** she knocked out 3 of his teeth. **(c)** *(omitir: comida)* to skip; *(: párrafo)* to miss *o* leave out. **(d)** *(con explosivos)* to blow up.
2 *vi* **(a)** *(persona: gen)* to jump (*a* on to, into, *por, por encima de* over); *(dar saltitos)* to hop, skip; ~ **al agua** to jump *o* dive into the water; ~ **de la cama** to leap out of bed; ~ **de alegría** to jump with *o* for joy; ~ **por una ventana** to jump out of a window; ~ **sobre uno** to pounce on sb. **(b)** *(pelota)* to bounce; *(líquido)* to spurt up; ~ **a la mente** to leap to one's mind; **salta a la vista** it's obvious, it hits you in the eye; **la mayoría ha saltado a 900 votos** the majority has shot up *o* leapt up to 900 votes. **(c)** *(desprenderse: botón, pieza)* to come off; *(corcho)* to pop out; *(explosivo)* to explode, burst; **hacer** ~ **un edificio** to blow a building up. **(d)** *(persona: de ira)* to blow up *(fam)*; *(: en discurso)* to skip about; ~ **con una observación** to come out with a remark; ~ **de un puesto** to give up a job.
3 saltarse *vr* **(a)** *(omitir)* to skip, miss. **(b)** ~ **todas las reglas** to break all the rules. **(c)** *(pieza)* to come off, fly off.
saltarín/ina 1 *adj (inquieto)* restless; *(pey)* unstable. **2** *nm/f* dancer.
salteado *adj (Culin)* sauté(ed).
salteador *nm (tb* ~ **de caminos**) highwayman.
saltear [1a] *vt* **(a)** *(atracar)* to hold up; *(robar)* to rob. **(b)** *(Culin)* to sauté. **(c)** *(al trabajar)* to do in fits and starts.
salterio *nm (Rel)* psalter; *(en Biblia)* Book of Psalms.
saltimbanqui *nm* acrobat.
salto *nm* **(a)** *(acción: gen)* jump; *(: grande)* leap; ~ **a ciegas** leap in the dark; **a** ~**s** *(lit)* by jumping;

(*fig*) by fits and starts; **avanzar a ~s** to jump along; **de un ~** at one bound; **subió/bajó de un ~** he jumped up/down; **en un ~** (*fig*) in a jiffy (*fam*); **dar** *o* **pegar un ~** to jump (with fright); **a ~ de mata** (*vivir*) from hand to mouth; (*escapar*) headlong; (*hacer*) thoughtlessly. **(b)** (*Dep: acción*) jump; (*: al agua*) dive; **~ de altura** high jump; **~ a la** *o* **con garrocha, ~ con** *o* **de pértiga** pole vault; **~ mortal** somersault. **(c)** (*diferencia, omisión*) gap; **aquí hay un ~ de 50 versos** there is a gap here of 50 lines; **de él al otro hermano hay un ~ de 9 años** there is a gap of 9 years between him and the other brother. **(d) ~ de agua** (*Geog*) waterfall, cascade; (*Téc*) chute. **(e) ~ de cama** negligé. **(f)** (*fig*) **~ a la fama** springboard to fame.

saltón 1 *adj* (*ojos*) bulging; (*dientes*) protruding. **2** *nm* grasshopper.

salubre *adj* healthy, salubrious.

salubridad *nf* **(a)** (*calidad*) healthiness. **(b)** (*estadísticas*) health statistics.

salud *nf* **(a)** (*Med*) health; **estar bien/mal de ~** to be in good/bad health; **mejorar de ~** to get better. **(b)** (*bienestar*) welfare, wellbeing. **(c) ¡a su ~!, ¡~ (y pesetas)!** cheers!, good health!; **beber a la ~ de** to drink to the health of. **(d)** (*Rel*) salvation.

saludable *adj* **(a)** (*Med*) healthy. **(b)** (*provechoso*) good, beneficial; **un aviso ~** a salutary warning.

saludar [1a] *vt* **(a)** (*gen*) to greet; **ir a ~ a uno** to drop in to see sb; **salude de mi parte a X** give my regards to X; **no ~ a uno** to cut sb. **(b)** (*en carta*) **le saluda atentamente** yours faithfully. **(c)** (*Mil*) to salute; (*noticia, suceso*) to hail, welcome.

saludo *nm* **(a)** greeting; (*reverencia*) bow; **un ~** *o* **~s a X** (give my) regards to X. **(b)** (*en carta*) **~s** best wishes; **un ~ afectuoso** *o* **cordial** yours sincerely. **(c)** (*Mil*) salute.

salutación *nf* greeting, salutation.

salva *nf* **(a)** (*Mil*) salute, salvo; (*de aplausos*) storm. **(b)** (*saludo*) greeting.

salvación *nf* **(a)** (*rescate*) rescue (*de* from). **(b)** (*fig, Rel*) salvation.

salvado *nm* bran.

salvador *nm* rescuer, saviour; **el S~** the Saviour.

salvadoreño/a *adj, nm/f* Salvadoran.

salvaguarda *nf* (*fig*) safeguard.

salvaguardar [1a] *vt* to safeguard.

salvaguardia *nf* (*fig*) safeguard.

salvajada *nf* savage deed, atrocity.

salvaje 1 *adj* **(a)** (*Bot, Zool etc*) wild; (*tierra*) uncultivated. **(b)** (*pueblo, tribu*) savage. **2** *nmf* (*lit, fig*) savage.

salvajino *adj*: **carne ~a** game.

salvajismo *nm* savagery.

salvamenteles *nm inv* table mat.

salvamento *nm* **(a)** (*acción*) rescue; (*de naufragio*) salvage; **~ y socorrismo** life-saving. **(b)** (*refugio*) refuge, haven.

salvaplatos *nm inv* tablemat.

salvar [1a] **1** *vt* **(a)** (*gen*) to save; (*rescatar*) to rescue (*de* from); (*barco*) to salvage; **me salvó la vida** he saved my life. **(b)** (*montañas, río*) to cross; (*arroyo*) to jump across; (*dificultad*) to get round. **(c)** (*distancia*) to cover, do; **el tren salva la distancia en 2 horas** the train covers the distance in 2 hours. **(d)** (*excluir*) to except, exclude. **2 salvarse** *vr* **(a)** to save o.s., escape (*de* from); **¡sálvese el que pueda!** every man for himself! **(b)** (*Rel*) to save one's soul.

salvavidas 1 *nm inv* lifebelt. **2** *adj inv* life-saving (*atr*); **bote ~** lifeboat; **cinturón ~** lifebelt.

salvedad *nf* reservation, qualification; **con la ~ de que ...** with the proviso that ... .

salvia *nf* (*Bot*) sage.

salvo 1 *adj* safe; *véase* **sano. 2** *prep* except (for), save; **~ aquellos que ya contamos** except for those we have already counted. **3** *adv*: **a ~** out of danger; **a ~ de** safe from; **dejar a ~** to make an exception of; **ponerse a ~** to reach safety. **4** *conj*: **~ que, ~ si** unless; **iré ~ que me avises al contrario** I'll go unless you tell me not to.

salvoconducto *nm* safe-conduct.

samaritano/a *nm/f* Samaritan; **buen ~** good Samaritan.

samba *nf* (*LAm*) samba.

sambenito *nm* (*fig*) dishonour; **echar el ~ a otro** to pin the blame on somebody else.

sambumbia *nf* (*Méx: de piña*) pineapple drink.

samotana *nf* (*CAm*) row, uproar.

San *nm* (*apócope de* **santo**) saint; **~ Juan** Saint John.

sanable *adj* curable.

sanalotodo *nm inv* cure-all.

sanar [1a] **1** *vt* (*herida*) to heal; (*persona*) to cure (*de* of). **2** *vi* (*herida*) to heal; (*persona*) to recover.

sanatorio *nm* sanatorium; (*clínica*) nursing home.

sanción *nf* (*gen*) sanction.

sancionar [1a] *vt* (*gen*) to sanction; (*castigar*) to penalize.

sancochar [1a] *vt* to parboil.

sancocho *nm* **(a)** (*LAm*) stew (of meat, yucca *etc*). **(b)** (*CAm, Méx: lío*) fuss.

sancho *nm* (*LAm: carnero*) ram; (*: animal*) domestic animal.

sandalia *nf* sandal.

sándalo *nm* sandal, sandalwood.

sandez *nf* **(a)** (*cualidad*) foolishness. **(b)** (*acción*) stupid thing; **decir sandeces** to talk nonsense.

sandía[1] *nf* watermelon.

sandío/a[2] **1** *adj* foolish, silly. **2** *nm/f* fool.

sandunga *nf* **(a)** (*fam: encanto*) charm; (*: gracia*) wit. **(b)** (*LAm: jolgorio*) carousal, celebration.

sandunguero *adj* (*véase nf*) charming; witty.

sandwich [saŋ'gwitʃ, sam'bitʃ] *nm, pl* **sandwichs** *o* **sandwiches** [saŋ'gwitʃ, sam'bitʃ] sandwich.

saneamiento *nm* **(a)** (*de terreno*) drainage; (*de casa*) sanitation. **(b)** (*fig*) cleaning-up. **(c)** (*Jur*) guarantee. **(d)** (*indemnización*) indemnification.

sanear [1a] *vt* **(a)** (*terreno*) to drain; (*Téc*) to instal drainage in. **(b)** (*daño*) to remedy; (*abuso*) to end. **(c)** (*garantizar*) to guarantee. **(d)** (*Jur: comprador*) to compensate, indemnify. **(e)** (*Econ*) to reorganize.

sanfasón: a la ~ *adv* (*LAm: despreocupadamente*) informally; (*: descuidadamente*) carelessly.

sanforizar [1f] *vt* to sanforize ®.

sangradura *nf* **(a)** (*Med*) cut made into a vein. **(b)** (*Agr*) drainage channel.

sangrante *adj* (*herida*) bleeding; (*fig*) flagrant.

sangrar [1a] **1** *vt* **(a)** (*Med*) to bleed. **(b)** (*terreno*) to drain; (*agua*) to drain off; (*árbol, tubería*) to tap. **(c)** (*Tip*) to indent. **(d)** (*fam*) to filch. **2** *vi* **(a)** (*lit, fig*) to bleed. **(b)** (*fig*) **estar sangrando** to be still fresh; **aún sangra la humillación** the humiliation still rankles.

sangre *nf* **(a)** (*lit, fig*) blood; **~ azul** blue blood; **~ fría** sangfroid; (*pey*) callousness; **a ~ fría** in cold blood, callously; **mala ~** bad blood; **pura ~** thoroughbred; **~ vital** lifeblood; **a ~** by animal power; **a ~ caliente** in the heat of the moment; **a ~ y fuego** by fire and sword. **(b) le bulle la ~ (en las venas)** he is hot-blooded; **chupar la ~ a uno** (*fig*) to exploit sb; **dar la ~ (de las venas) por algo/uno** (*fig*) to give one's right arm for sth/sb; **dar su ~** to give one's blood; **echar ~** to bleed (*de* from); **echar ~ por los ojos** to be furious; **encen-**

der la ~ a uno to make sb's blood boil; **freír la ~ a uno** *(fam)* to rile *o* needle sb *(fam)*; **se me heló la ~** my blood froze, my blood ran cold; **llegar a la ~** to come to blows; **no llegó la ~ al río** it wasn't too serious; **sudar ~** to sweat blood; **tener la ~ gorda** *o* **de horchata, no tener ~ en las venas** to be unemotional; **tiene mala ~** he's bloody-minded *(fam)*.

sangría *nf* **(a)** *(Med)* bleeding, bloodletting; *(fig)* outflow, drain. **(b)** *(Agr)* irrigation channel. **(c)** *(de alto horno)* tapping. **(d)** *(Culin) sweetened and chilled drink of red wine with fruit* ≃ fruit cup. **(e)** *(Tip)* indentation.

sangriento *adj* **(a)** *(herida)* bleeding; *(arma, manos)* bloody, bloodstained. **(b)** *(batalla)* bloody; *(injusticia)* flagrant; *(broma)* cruel.

sangriligero *adj (LAm)*, **sangriliviano** *adj (LAm)* pleasant, congenial.

sangripesado *adj (LAm)*, **sangrón** *adj (Cu, Méx)*, **sangruno** *adj* unpleasant, nasty.

sanguijuela *nf (lit, fig)* leech.

sanguinario *adj* bloodthirsty, cruel.

sanguíneo *adj (Anat)* blood *(atr)*; **vaso ~** blood vessel.

sanguinolento *adj* **(a)** *(que echa sangre)* bleeding; *(manchado de sangre)* bloodstained; *(ojos)* bloodshot. **(b)** *(Culin)* underdone, rare. **(c)** *(fig)* blood-red.

sanidad *nf* **(a)** *(gen)* health. **(b) Ministerio de S~** Ministry of Health; **~ pública** public health (department); **inspector** *o* **oficial de ~** sanitary inspector.

sanitario 1 *adj (condiciones)* sanitary; *(centro, medidas)* health *(atr)*. **2** *nm:* **~s** toilets, *(US)* washroom.

sano *adj* **(a)** *(clima, dieta, persona)* healthy; *(órgano)* sound; **cortar por lo ~** to cut one's losses. **(b)** *(comida)* wholesome; *(fruta)* good. **(c)** *(objeto: entero)* whole, intact; **~ y salvo** safe and sound; **no ha quedado plato ~ en toda la casa** there wasn't a plate in the house left unbroken. **(d)** *(sin vicios)* healthy; *(enseñanza, idea)* sound.

sanseacabó *(fam)* **y ~** and that's the end of it.

Sansón *nm* Samson; **es un ~** he's tremendously strong.

santamente *adv:* **vivir ~** to live a saintly life; **has hecho ~** *(fam)* you've done quite right.

santateresa *nf (insecto)* praying mantis.

santería *nf* **(a)** *(LAm) shop selling religious images, prints etc.* **(b)** *(fam)* = **santidad.**

santero *nm (LAm) maker or seller of religious images, prints etc.*

Santiago *nm* St James; **~ de Compostela** St James of Compostella.

santiamén *nm:* **en un ~** in no time at all.

santidad *nf (de lugar)* holiness, sanctity; *(de persona)* saintliness; **su S~** His Holiness.

santificar [1g] *vt* **(a)** to sanctify; *(lugar)* to consecrate; *(fiesta)* to keep. **(b)** *(fam)* to forgive.

santiguar [1i] **1** *vt* **(a)** *(bendecir)* to make the sign of the cross over, bless. **(b)** *(LAm)* to heal (by blessing). **(c)** *(fam)* to slap, hit. **2 santiguarse** *vr* **(a)** *(persignarse)* to cross o.s. **(b)** *(fam)* to make a great fuss.

santísimo *adj superl* (most) holy.

santo/a 1 *adj* **(a)** *(gen)* holy; *(tierra)* consecrated; *(persona)* saintly. **(b)** *(fam)* blessed; **~ y bueno** well and good; **hacer su ~a voluntad** to do as one jolly well pleases; **todo el ~ día** the whole blessed day.

2 *nm/f* **(a)** *(Rel)* saint; **~ patrón** *o* **titular** patron saint; **S~ Domingo** *(Geog)* Santo Domingo, Dominican Republic; **S~ Tomás** St Thomas. **(b)** *(locuciones)* **¿a qué ~?** what on earth for?; **¿a ~ de qué ...?** why on earth ...?; **¡por todos los ~s!** for pity's sake!; **no es ~ de mi devoción** I'm not very keen on him; **alzarse con el ~ y la limosna** to clear off with the whole lot; **desnudar a un ~ para vestir otro** to rob Peter to pay Paul; **se le fue el ~ al cielo** he forgot what he was about to say; **fue llegar y besar el ~** it was as easy as pie; **poner a uno como un ~** to give sb a telling-off; **tener el ~ de cara/espaldas** to have tremendous/hard luck. **(c)** *(fig)* saint; **es un ~** he's a saint. **(d)** *(onomástica)* saint's day; **mañana es mi ~** tomorrow is my name day *o* saint's day; **~ y seña** *(Mil)* password; *(fig)* watchword, slogan.

santuario *nm* sanctuary, shrine.

santurrón/ona 1 *adj (mojigato)* sanctimonious; *(hipócrita)* hypocritical. **2** *nm/f* sanctimonious person; hypocrite.

saña *nf (furor)* rage; *(crueldad)* cruelty.

sañoso *adj*, **sañudo** *adj (enfurecido)* furious; *(cruel)* cruel.

sapaneco *adj (CAm)* plump, chubby.

sapo *nm (Zool)* toad; **echar ~s y culebras** to swear black and blue.

saporro *adj (CAm)* chubby.

saque *nm* **(a)** *(Tenis)* service, serve; *(Ftbl)* throw-in; *(Rugby: tb* **~ de banda***)* line-out; **~ de castigo** penalty kick; **~ inicial** kick-off; **~ portería** *o* **de puerta** goal-kick. **(b)** *(Tenis: persona)* server. **(c) tener buen ~** to eat heartily.

saqueador(a) *nm/f* looter.

saquear [1a] *vt (Mil: pueblo)* to sack; *(: robar)* to pillage; *(fig)* to ransack.

saqueo *nm (véase vt)* sacking; *(fig)* ransacking.

saquito *nm* small bag.

sarampión *nm* measles.

sarape *nm (Méx)* blanket.

sarcasmo *nm* sarcasm.

sarcástico *adj* sarcastic.

sarcófago *nm* sarcophagus.

sardina *nf* sardine; **como ~s en banasta** packed like sardines.

sardo/a *adj, nm/f* Sardinian.

sardónico *adj* sardonic, sarcastic.

sargentear [1a] **1** *vt (Mil)* to command; *(fam)* to boss about. **2** *vi (fam)* to be bossy.

sargento *nm* sergeant.

sargo *nm* bream.

sari *nm* sari.

sarita *nf (Per)* straw hat.

sarmentoso *adj* **(a)** *(planta)* twining, climbing. **(b)** *(manos)* gnarled.

sarmiento *nm* vine shoot.

sarna *nf* itch, scabies; *(Vet)* mange.

sarniento *adj (CAm, Méx)*, **sarnoso** *adj* **(a)** itchy; *(Vet)* mangy. **(b)** *(fig)* weak. **(c)** *(RPl)* lousy *(fam)*.

sarpullido *nm* **(a)** *(Med)* rash. **(b)** *(de pulga)* flea-bite.

sarro *nm* **(a)** *(gen)* deposit; *(en dientes)* tartar; *(en caldera, lengua)* fur. **(b)** *(Bot)* rust.

sarta *nf*, **sartal** *nm*, *(lit, fig)* string; **una ~ de mentiras** a pack of lies.

sartén *nf* frying pan; **saltar de la ~ y dar en la brasa** to jump out of the frying pan into the fire; **tener la ~ por el mango** to rule the roost.

sastra *nf* seamstress.

sastre *nm* tailor; **~ de teatro** costumier; **hecho por ~** tailor-made.

sastrería *nf* **(a)** *(oficio)* tailor's trade. **(b)** *(tienda)* tailor's (shop).

Satanás *nm* Satan.

satánico *adj* satanic; *(fig)* fiendish.

satélite 1 *nm (gen)* satellite. **2** *adj* satellite; **país ~** satellite country.
satelizar [1f] *vt* to put into orbit.
satén *nm* sateen.
satín *nm (LAm)* sateen, satin.
satinado 1 *adj* glossy, shiny. **2** *nm* gloss, shine.
satinar [1a] *vt* to gloss, make glossy.
sátira *nf* satire.
satírico *adj* satiric(al).
satirizar [1f] *vt* to satirize.
sátiro *nm (Lit)* satyr; *(fig)* sex maniac.
satisfacción *nf* **(a)** *(gen)* satisfaction; **a ~ de** to the satisfaction of; **con ~ de todos** to everyone's satisfaction; **pedir una ~ a uno** to demand satisfaction from sb. **(b) ~ de sí mismo** self-satisfaction, smugness.
satisfacer [2s] **1** *vt* **(a)** *(gen)* to satisfy; *(gastos, demanda)* to meet; *(deuda)* to pay; *(Com: letra de cambio)* to honour. **(b)** *(culpa)* to expiate; *(pérdida)* to make good. **2 satisfacerse** *vr* **(a)** *(contentarse)* to satisfy o.s., be satisfied. **(b)** *(vengarse)* to take revenge.
satisfactorio *adj* satisfactory.
satisfecho *adj* **(a)** *(gen)* satisfied; *(contento)* content(ed); **darse por ~ con algo** to declare o.s. satisfied with sth; **dejar ~s a todos** to satisfy everybody. **(b)** *(tb* **~ consigo** *o* **de sí mismo**) self-satisfied, smug.
saturación *nf* saturation.
saturar [1a] *vt* to saturate.
Saturno *nm* Saturn.
sauce *nm* willow; **~ llorón** weeping willow.
saúco *nm (Bot)* elder.
sauna *nf* sauna.
savia *nf* sap.
saxífraga *nf* saxifrage.
saxofón *nm*, **saxófono** *nm* **(a)** *(instrumento)* saxophone. **(b)** *(músico)* saxophonist.
saya *nf (falda)* skirt; *(enagua)* petticoat.
sayal *nm* sackcloth.
sayo *nm* smock, tunic.
sazón 1 *nf* **(a)** *(de fruta)* ripeness, maturity; **en ~** *(fruta)* ripe, ready (to eat); *(fig: adv)* opportunely; **fuera de ~** *(fruta)* out of season; *(fig: adv)* inopportunely. **(b) a la ~** then, at that time. **(c)** *(sabor)* flavour. **2** *adj (CAm, Méx)* ripe.
sazonado *adj* **(a)** *(fruta)* ripe; *(plato)* tasty. **(b) ~ de** seasoned *o* flavoured with. **(c)** *(fig)* witty.
sazonar [1a] **1** *vt* **(a)** *(fruta)* to ripen. **(b)** *(Culin)* to season (*de* with). **2** *vi* to ripen.
se[1] *pron reflexivo* **(a)** *(sg: m)* himself; *(: f)* herself; *(: de cosa)* itself; *(: de Ud)* yourself; *(pl)* themselves; *(: de Uds)* yourselves; **~ está lavando, está lavándo~** he's washing (himself); **~ tiró al suelo** she threw herself to the ground; **¡siénte~!** sit down! **(b)** *(recíproco)* each other, one another; **~ ayudan** they help each other; **~ miraron el uno al otro** they looked at one another; **no ~ hablan** they are not on speaking terms. **(c)** *(indefinido)* oneself; **conviene lavar~ de vez en cuando** it is advisable to wash o.s. occasionally. **(d)** *(dativo)* **~ ha comprado un sombrero** she has bought herself a hat, she has bought a hat for herself; **~ rompió la pierna** he broke his leg; **han jurado no cortar~ la barba** they have sworn not to cut their beards. **(e)** *(uso impersonal)* **~ compró hace 3 años** it was bought 3 years ago; **no ~ sabe por qué** it is not known *o* people don't know why; **en esa parte ~ habla galés** in that area Welsh is spoken, in that area people speak Welsh; **en ese hotel ~ come realmente bien** the food is really good in that hotel, you eat *o* one eats really well in that hotel; **~ avisa a los interesados que ...** those concerned are informed that ...; **'vénde~ coche'** 'car for sale'.
se[2] *pron pers (de: le, les)* **~ lo arrancó** he snatched it from her; **voy a dárselo** I'll give it to him; **~ lo buscaré** I'll look for it for you.
sé *véase* **saber, ser.**
sebo *nm* **(a)** *(grasa)* grease, fat; *(para velas)* tallow; *(Culin)* suet. **(b)** *(gordura)* fat; *(mugre)* grime. **(c) hacer un ~** *(RPl)* to idle, loaf.
seboso *adj (gen)* greasy; *(mugriento)* grimy.
seca *nf* **(a)** *(Met)* dry season. **(b)** *(Náut)* sandbank.
secado *nm* drying; **~ a mano** blow-dry.
secador *nm* drier; **~ de pelo** hair-drier; **~ centrífugo** spin-drier.
secadora *nf* wringer; **~ centrífuga** spin-drier.
secano *nm* **(a)** *(Agr: tb* **tierra de ~***)* dry land *o* region; *(no regado)* unirrigated land; **cultivo de ~** dry farming. **(b)** *(Náut)* sandbank.
secante 1 *adj* **(a)** *(viento)* drying. **(b)** *(RPl)* annoying. **2** *nm* blotting paper, blotter.
secar [1g] **1** *vt* **(a)** *(ropa, lágrimas)* to dry; *(superficie)* to wipe dry; *(frente, suelo)* to mop; *(líquido)* to mop up; *(tinta)* to blot; *(planta)* to dry up; **~ los platos** to wipe *o* dry up, do the wiping *o* drying up. **(b)** *(fastidiar)* to annoy. **2 secarse** *vr* **(a)** *(lavado)* to dry (off); *(persona)* to dry o.s.; *(planta)* to dry up, wither; *(líquido, río)* to dry up. **(b)** *(herida)* to heal up. **(c)** *(fam: persona)* to get thin.
secarropa *nm* clothes horse.
sección *nf* **(a)** *(gen)* section; *(tb* **~ transversal***)* cross-section; **~ deportiva** *(en periódico)* sports page. **(b)** *(de almacén, oficina)* department.
seccionar [1a] *vt* to divide up, divide into sections.
secesión *nf* secession.
seco *adj* **(a)** *(gen, fig)* dry; *(fruta)* dried; *(planta)* dried up; *(vino etc)* dry; **dejar a uno ~** *(matar)* to bump sb off *(fam)*; *(fig)* to dumbfound sb; **estar en ~** *(Náut, fig)* to be high and dry. **(b)** *(persona: magro)* thin, skinny; *(: antipático)* disagreeable. **(c)** *(contestación)* curt; *(estilo)* plain. **(d)** *(golpe, ruido)* dull. **(e) vivir a pan ~** to live on bread alone; **tiene el sueldo ~** he has just his salary. **(f) a ~as** just; **habrá pan a ~as** there will be just bread; **decir a ~as** to say curtly. **(g) en ~** *(callarse)* suddenly; *(frenar)* sharply; *(parar)* dead.
secoya *nf* redwood, sequoia.
secreción *nf* secretion.
secretar [1a] *vt* to secrete.
secretaría *nf (Admin)* secretariat; *(oficina)* secretary's office; *(cargo)* secretaryship.
secretariado *nm* **(a)** *(oficina)* secretariat; *(cargo)* secretaryship. **(b)** *(curso)* secretarial course; *(profesión)* profession of secretary.
secretario/a *nm/f* secretary; **~ general** general secretary; *(Pol)* secretary-general; **~ municipal** town clerk.
secretear [1a] *vi* to talk confidentially.
secreter *nm* writing desk.
secreto 1 *adj* **(a)** *(gen)* secret; *(información)* confidential, classified; **todo es de lo más ~** it's all highly secret. **(b)** *(persona)* secretive. **2** *nm* **(a)** *(un ~)* secret; **~ de estado/de fabricación** state/industrial secret; **~ a voces** open secret; **estar en el ~** to be in on the secret; **guardar un ~** to keep a secret. **(b)** *(reserva)* secrecy; **en ~** in secret, secretly. **(c)** *(de cerradura)* combination.
secta *nf* sect.
sectario/a 1 *adj* sectarian; **no ~** non-sectarian, non-denominational. **2** *nm/f* follower; *(Rel)* sectarian.
sector *nm (gen)* sector; *(de opinión)* section; *(fig:*

campo) area, field; ~ **privado/público** *(Econ)* private/public sector.
secuaz *nmf (partidario)* supporter; *(pey)* henchman.
secuela *nf* consequence.
secuencia *nf (gen)* sequence.
secuestración *nf (Jur)* sequestration.
secuestrador(a) *nm/f* kidnapper; *(de avión)* hijacker.
secuestrar [1a] *vt* **(a)** *(persona)* to kidnap; *(avión)* to hijack. **(b)** *(Jur)* to seize, confiscate.
secuestro *nm (véase vt)* kidnapping; hijacking; seizure, confiscation.
secular *adj* **(a)** *(Rel)* secular, lay. **(b)** *(fig)* age-old, ancient.
secularizar [1f] *vt* to secularize.
secundar [1a] *vt* to help, support.
secundario *adj (gen)* secondary; *(carretera)* side *(atr)*.
sed *nf* **(a)** *(lit)* thirst; *(Agr)* drought; ~ **insaciable** unquenchable thirst; **apagar la** ~ to quench one's thirst; **tener (mucha)** ~ to be (very) thirsty. **(b)** *(fig)* thirst, craving (*de* for); **tener** ~ **de** *(fig)* to thirst *o* crave for.
seda *nf* **(a)** silk; ~ **hilada/en rama** spun/raw silk; **como una** ~ as smooth as silk; *(persona)* very meek; **de** ~ silk *(atr)*. **(b)** *(Zool)* bristle.
sedal *nm* fishing line.
sedán *nm (Aut: US)* sedan.
sedante *adj, nm* sedative.
sedativo *adj* sedative.
sede *nf* **(a)** *(de gobierno)* seat; *(de organización)* headquarters *pl*, central office; ~ **social** head *o* central office. **(b)** *(Rel)* see; **Santa S~** Holy See.
sedentario *adj* sedentary.
sedería *nf (comercio)* silk trade; *(géneros)* silk goods *pl; (tienda)* silk shop.
sedero/a 1 *adj* silk *(atr)*. **2** *nm/f* silk dealer.
sedicente *adj* self-styled, would-be.
sedición *nf* sedition.
sedicioso/a 1 *adj* seditious. **2** *nm/f (lit, fig)* rebel.
sediento *adj (persona: lit, fig)* thirsty; *(campos)* parched; ~ **de poder** power hungry.
sedimentar [1a] **1** *vt (lit)* to deposit; *(fig)* to settle, calm. **2 sedimentarse** *vr* to settle; *(fig)* to calm *o* settle down.
sedimentario *adj* sedimentary.
sedimento *nm* sediment, deposit.
sedoso *adj* silky, silken.
seducción *nf* **(a)** *(acción)* seduction. **(b)** *(encanto)* seductiveness.
seducir [3o] **1** *vt (lit, fig)* to seduce; *(cautivar)* to charm, captivate; **la teoría ha seducido a muchos** the theory has attracted many people. **2** *vi* to be charming.
seductivo *adj* = **seductor 1.**
seductor(a) 1 *adj* seductive; *(idea)* tempting. **2** *nm/f* seducer/seductress.
sefardí, sefardita 1 *adj* Sephardic. **2** *nmf* Sephardic Jew(ess).
segadera *nf* sickle.
segador(a) 1 *nm/f (persona)* harvester, reaper. **2 segadora** *nf (Mec)* mower, reaper; ~ **de césped** lawnmower.
segadora-trilladora *nf* combine harvester.
segar [1h, 1k] *vt* **(a)** *(mies)* to reap, cut; *(hierba)* to mow, cut. **(b)** *(fig: persona)* to mow *o* cut down; *(: esperanzas)* to ruin.
seglar 1 *adj* secular, lay. **2** *nmf* layman/-woman; **los ~es** the laity.
segmento *nm* segment; ~ **de émbolo** piston ring.
segregación *nf* **(a)** segregation; ~ **racial** apartheid. **(b)** *(Anat)* secretion.
segregar [1h] *vt* **(a)** to segregate. **(b)** *(Anat)* to secrete.
seguida *nf*: **de** ~ *(sin parar)* without a break; *(inmediatamente)* at once; **en** ~ at once, right away; **en ~ termino** I've nearly finished, I shan't be long now.
seguidamente *adv* **(a)** *(sin parar)* without a break. **(b)** *(inmediatamente después)* immediately after, next; **dijo ~ que ...** he went on at once to say that ... .
seguido 1 *adj* **(a)** *(línea)* continuous, unbroken. **(b)** **~s** consecutive, successive; **5 días ~s** 5 days running *o* in a row. **(c) una enfermedad muy ~a** a long-drawn-out *o* very lengthy illness. **2** *adv* **(a)** *(directo)* straight; **vaya Ud todo** ~ just keep straight on. **(b)** *(detrás)* after; **ese coche iba primero y ~ el mio** that car was in front and mine was immediately behind it. **(c)** *(LAm)* often.
seguidor(a) *nm/f* follower; *(Dep)* fan *(fam)*, supporter.
seguimiento *nm (persecución)* pursuit; *(continuación)* continuation; **estación de** ~ tracking station; **ir en ~ de** to chase (after).
seguir [3d, 3l] **1** *vt* **(a)** *(gen)* to follow; **me sigue por todos lados** he follows me everywhere. **(b)** *(presa)* to chase, pursue; *(satélite)* to track; *(indicio)* to follow up; *(mujer)* to court. **(c)** *(consejo, instrucción)* to follow; ~ **la carrera de arquitecto** *(Univ)* to study architecture. **(d)** *(continuar)* to carry on; ~ **su camino** *(lit)* to continue on one's way; *(fig)* to carry on; **la enfermedad sigue su curso** the illness is taking *o* running its course.

2 *vi* **(a)** *(gen)* to follow (on), come next *o* after; **y los que siguen** and the next ones; **como sigue** as follows. **(b)** *(continuar)* to continue, go on; **¡siga!** go on!; **sigue** *(en carta)* P.T.O.; *(en libro, TV)* continued; **siga a la derecha** keep to the right; ~ **con una idea** to go on with an idea; ~ **adelante** *(en un trabajo)* to go on, carry on; *(en un camino)* to go straight on; *(Aut)* to go straight ahead; ~ **por un camino** to carry on along a path; **'hágase ~'** 'please forward'; **¿cómo sigue?** how is he?; **que siga Ud bien** keep well, look after yourself. **(c)** *(con adj, n, prep)* to be still, go on being; **sigue enfermo** he's still ill; **sigue en Caracas** she's still in Caracas; **si el tiempo sigue bueno** if the weather continues fine; **sigue casado** he's still married; **sigo sin comprender** I still don't understand. **(d)** ~ **haciendo algo** to go *o* keep on doing sth; **sigue lloviendo** it's still raining; **siguió mirándola** he went on looking at her.

3 seguirse *vr (gen)* to follow; *(consecuencia)* to ensue; **una cosa se sigue a otra** one thing follows another; **de esto se sigue que ...** it follows that ... .
según 1 *adv (fam)* it (all) depends; ~ **y como** *o* **conforme** it all depends; **¿lo vas a comprar? —** ~ are you going to buy it? — it all depends.

2 *prep* according to; ~ **el jefe** according to the boss; **obrar ~ las instrucciones** to act in accordance with one's instructions; ~ **lo que dice** from what he says; ~ **el tiempo** depending on the weather; **eso es ~ (el dinero de que se disponga)** that depends (on what money is available).

3 *conj* as; ~ **me consta** as far as I know; ~ **esté el tiempo** depending on the weather; ~ **que vengan 3 o 4** depending on whether 3 or 4 come; **está ~ lo dejaste** it is just as you left it.
segunda *nf* **(a)** *(Aut)* second gear; *(Ferro)* second class; **viajar en** ~ to travel second class. **(b)** *(Mús)* second. **(c)** *(sentido)* double meaning.
segundar [1a] **1** *vt* **(a)** *(repetir)* to do again. **(b)**

(ayudar) to second. **2** *vi* to come second.
segundero *nm* second hand *(de reloj)*.
segundo 1 *adj* second; *(enseñanza)* secondary; *(intención)* double; **en ~ lugar** *(clasificación)* in second place; *(en discurso)* secondly; *véase tb* **sexto. 2** *nm* **(a)** *(gen)* second; *(Admin, Mil)* second in authority; **~ de a bordo** *(Náut)* first mate; **sin ~** unrivalled. **(b)** *(medida de tiempo)* second. **(c)** *(piso)* second floor; **~s** *(Méx)* upstairs seats *(in a theatre etc)*.
segundón *nm* second son, younger son.
segur *nf (hoz)* sickle; *(hacha)* axe.
seguramente *adv* **(a)** *(con certeza)* for sure, with certainty. **(b)** *(muy probablemente)* surely; **~ tendrán otro** they must have another; **¿lo va a comprar? — ~** is he going to buy it? — I should think so; **~ llegará mañana** she's sure *o* bound to arrive tomorrow. **(c)** *(probablemente)* probably.
seguridad *nf* **(a)** *(gen)* safety; *(Mil, Pol, fig)* security; **~ en la carretera** road safety; **~ contra incendios** fire precautions; **S~ Social** ≈ Social Security; **cinturón de ~** safety belt; **con la mayor ~** with *o* in complete safety; **medidas de ~** security measures; **para mayor ~** to be on the safe side, for safety's sake. **(b)** *(certidumbre)* certainty; **con toda ~** with complete certainty; **hablar con ~** to speak with conviction; **no lo sabemos con ~** we don't know for sure; **tener la ~ de que ...** to be sure that .... **(c)** (*tb* **~ en sí mismo**) (self-)confidence. **(d)** *(fiabilidad)* reliability. **(e)** *(Jur)* security, surety.
seguro 1 *adj* **(a)** *(sitio)* safe, secure; **un puerto ~** a safe harbour; **está más ~ en el banco** it's safer in the bank; **lo más ~ es decírselo** the safest *o* best thing is to tell him. **(b)** *(inevitable)* sure, certain; **ir a una muerte ~a** to go to certain death; **es ~ que ...** it is certain that .... **(c)** *(persona: cierto)* sure, certain; *(amigo)* firm, sure; **¿estás ~?** are you sure?; **estar ~ de que ...** to be sure that ...; **estar ~ de sí mismo** to be (self-)confident. **(d)** *(de fiar: persona)* trustworthy; *(: coche, fuente, informaciones)* reliable. **(e)** *(firme: objeto, fecha)* firm. **(f)** *(LAm: honesto)* honest, straight.

2 *adv* **(a)** for sure; **todavía no lo ha dicho ~** he still hasn't said for sure. **(b) ¡~!** sure!, I'm sure it is!

3 *nm* **(a)** *(dispositivo)* safety device; *(de cerradura)* tumbler; *(de arma)* safety catch. **(b)** *(fig)* **a buen** *o* **de ~** surely; **sobre ~** safely, without risk; **ir sobre ~** to be on safe ground. **(c)** *(Com, Fin)* insurance; **S~ de Enfermedad** ≈ National Health Insurance; **~ de incendios** fire insurance; **~s sociales** national insurance *sg*, social security *sg*; **~ a todo riesgo/contra terceros** fully comprehensive/third-party insurance; **~ sobre la vida** life insurance.
seis 1 *adj cardinal inv* six; **~ mil** six thousand; **tiene ~ años** she is six (years old); **un niño de ~ años** a six-year-old (child), a child of six; **son las cinco menos ~** it's six minutes to five; **son las ~** it's six o'clock; **los ~, nos fuimos todos al cine** all six of us went to the cinema; **somos ~ para comer** there are six of us for dinner; **llegaron de a ~** they arrived in sixes *o* six at a time; **unos ~** about six.

2 *adj ordinal inv* sixth, six; **va a llegar el (día) ~ de agosto** he's going to arrive on the sixth of August *o* (on) August the sixth; **en la página ~** on page six.

3 *nm inv* six; **dos más cuatro son ~** two and *o* plus four are six; **hoy es el ~** today is the sixth; **vive en el ~** he lives at number six; **el ~ de corazones** the six of hearts.
seiscientos/as 1 *adj* six hundred; **~ soldados** six hundred soldiers; **~as botellas** six hundred bottles; **~as treinta y dos pesetas** six hundred and thirty-two pesetas. **2** *nmpl/nfpl* six hundred; **el año ~** the year six hundred; **~ cuarenta** six hundred and forty; **¿cuántas habitaciones tiene el hotel? — ~as** how many rooms does the hotel have? — six hundred.
seísmo *nm* earthquake.
selección *nf (gen)* selection; **~ biológica** *o* **natural** natural selection; **~ múltiple** multiple choice; **~ nacional** *(Dep)* national team *o* side.
seleccionador(a) *nm/f (Dep)* selector.
seleccionar [1a] *vt (gen)* to select.
selectivo *adj* selective.
selecto *adj (vino, producto)* select; *(club)* exclusive; *(obras literarias)* selected.
selva *nf (bosque)* forest; *(jungla)* jungle.
selvático *adj* **(a)** woodland *(atr)*; *(fig)* rustic. **(b)** *(Bot)* wild.
sellado 1 *adj (véase vt* **a***)* sealed; stamped. **2** *nm* **(a)** *(véase vt* **a***)* sealing; stamping. **(b)** *(R Pl)* postage.
sellar [1a] *vt* **(a)** *(documento oficial)* to seal; *(pasaporte, visado)* to stamp. **(b)** *(marcar)* to brand; *(pacto, labios)* to seal.
sello *nm* **(a)** *(de documento)* seal; **~ de caucho** *o* **de goma** rubber stamp. **(b)** *(señal)* stamp; *(Com)* brand; **~ fiscal** revenue stamp; **lleva el ~ de esta oficina** it carries the stamp of this office. **(c)** *(Correos)* stamp; **~ aéreo/de correo** airmail/postage stamp. **(d)** *(Med)* capsule, pill. **(e)** *(fig: tb* **~ distintivo***)* hallmark, stamp; **echar el ~ a algo** to put the finishing touches to sth.
semáforo *nm (Náut)* semaphore; *(Ferro)* signal; *(Aut)* traffic lights.
semana *nf* week; *(salario)* week's wages *pl*; **~ inglesa** working week of 5 days; **~ laboral** working week; **S~ Santa** Holy Week; **entre ~** during the week; **días entre ~** weekdays; **vuelo de entre ~** midweek flight.
semanal *adj* weekly.
semanalmente *adv* weekly, each week.
semanario *adj, nm* weekly.
semanero/a *nm/f (LAm)* weekly-paid worker.
semántica *nf* semantics.
semántico *adj* semantic.
semblante *nm (lit)* face; *(fig)* look; **alterar el ~ a uno** to upset sb; **componer el ~** to regain one's composure; **mudar de ~** to change colour.
semblantear [1a] *vt* **(a)** *(LAm: mirar a la cara)* to look straight in the face. **(b)** *(Méx)* to study, examine.
semblanza *nf* biographical sketch.
sembrado *nm* sown field.
sembrador(a) 1 *nm/f* sower. **2 sembradora** *nf (Mec)* seed drill.
sembradura *nf* sowing.
sembrar [1k] *vt* **(a)** *(Agr, fig)* to sow (*de* with); **~ un campo de nabos** to sow *o* plant a field with turnips; **~ la discordia** to sow discord. **(b)** *(objetos)* to scatter, spread; *(superficie)* to strew (*de* with); *(noticia)* to spread; *(minas)* to lay; **el que siembra recoge** one reaps what one has sown.
sembrío *nm (LAm)* sown field.
semejante 1 *adj* **(a)** *(parecido)* similar; **ser ~s** to be alike *o* similar *o* the same; **es ~ a ella en el carácter** she is like her in character; **son muy ~s** they are very much alike. **(b)** *(Mat)* similar. **(c)** *(tal)* such; **nunca hizo cosa ~** he never did such a thing *o* anything of the kind; **¿se ha visto frescura ~?** did you ever see such cheek? **(d)** *(LAm: grande)* huge. **2** *nm* **(a)** *(prójimo)* fellow man *o*

creature. **(b) no tiene ~** it has no equal, there is nothing to equal it.
semejanza *nf* similarity, resemblance; **a ~ de** like, as; **~ de familia** family likeness; **tener ~ con** to look like, resemble.
semejar [1a] **1** *vi (parecerse a)* to look like, resemble. **2 semejarse** *vr* to look alike, resemble each other; **~ a** to look like, resemble.
semen *nm* semen.
semental 1 *adj* stud *(atr)*, breeding *(atr)*. **2** *nm* stallion, sire.
sementera *nf* **(a)** *(acto)* sowing. **(b)** *(temporada)* seedtime. **(c)** *(tierra)* sown land. **(d)** *(fig)* hotbed (*de* of), breeding ground (*de* for).
semestral *adj* half-yearly, biannual.
semestre *nm* **(a)** period of six months; *(US Univ)* semester. **(b)** *(Fin)* half-yearly payment.
semi *pref* ... semi..., half-...
semicircular *adj* semicircular.
semicírculo *nm* semicircle.
semiconsciente *adj* semiconscious, half-conscious.
semicualificado *adj* semiskilled.
semidesierto *adj* half-empty.
semidormido *adj* half-asleep.
semi-dulce *adj* medium-sweet.
semifinal *nf* semifinal.
semifinalista *nmf* semifinalist.
semifondo *nm (Dep)* middle-distance race.
semilla *nf* **(a)** *(Bot)* seed; **~ de césped** grass seed. **(b)** *(fig)* seed, source.
semillero *nm* **(a)** *(lit)* seedbed, nursery. **(b)** *(fig)* hotbed (*de* of), breeding ground (*de* for); **un ~ de delincuencia** a hotbed of crime.
semimedio *nm (Boxeo)* welterweight.
seminal *adj* seminal.
seminario *nm* **(a)** *(Rel)* seminary. **(b)** *(Univ)* seminar.
seminarista *nm* seminarist.
semi-seco *nm* medium-dry.
semiseparado *adj* semidetached.
semita 1 *adj* Semitic. **2** *nmf* Semite.
semítico *adj* Semitic.
semitono *nm* semitone.
semiverdad *nf* half-truth.
sémola *nf* semolina.
sempiterno *adj (lit)* eternal; *(fig)* never-ending.
Sena *nm* Seine.
senado *nm* senate; *(fig)* assembly, gathering.
senador *nm* senator.
sencillez *nf* **(a)** *(gen)* simplicity. **(b)** *(de problema)* straightforwardness. **(c)** *(de persona)* naturalness, lack of sophistication; *(pey)* simplicity.
sencillo 1 *adj* **(a)** *(gen)* simple, plain. **(b)** *(problema)* easy, straightforward. **(c)** *(carácter)* natural, unaffected; *(pey)* simple. **(d)** *(billete)* single. **2** *nm (LAm)* small change.
senda *nf* path, track; *(fig)* path.
sendero *nm* path, track.
sendos *adj pl:* **les dio ~ golpes** he hit both of them, he gave each of them a blow.
Senegal *nm:* **El ~** Senegal.
senegalés/esa *adj, nm/f* Senegalese.
senil *adj* senile.
seno[1] *nm* **(a)** *(Anat)* bosom, bust; **~s** breasts; **~ frontal** sinus; **~ materno** womb; *(fig)* bosom; **morir en el ~ de la familia** to die in the bosom of one's family; **lo escondió en su ~** she put it down the front of her dress. **(b)** *(hueco)* hollow, cavity; *(Náut)* trough. **(c)** *(Geog: ensenada)* small bay; *(: golfo)* gulf. **(d)** *(fig)* refuge, haven. **(e)** *(de club)* headquarters.
seno[2] *nm (Mat)* sine.
sensación *nf* **(a)** sensation, feeling; **una ~ de placer** a feeling of pleasure. **(b)** *(fig)* sensation; **causar** *o* **hacer ~** to cause a sensation.
sensacional *adj* sensational.
sensatez *nf* good sense.
sensato *adj* sensible.
sensibilidad *nf* sensitivity (*a* to), sensibility; **~ artística** artistic feeling.
sensibilizado *adj* sensitized; *(Fot)* sensitive.
sensibilizar [1f] *vt* to sensitize.
sensible *adj* **(a)** *(ser viviente)* feeling, sentient; *(que reacciona)* sensitive (*a* to); *(Med)* tender, sore; *(Fot)* sensitive; **un aparato muy ~** a very sensitive *o* delicate piece of apparatus; **una placa ~ a la luz** a plate sensitive to light. **(b)** *(carácter)* sensitive (*a* to), responsive (*a* to). **(c)** *(cambio, diferencia)* appreciable, noticeable; *(pérdida)* considerable; **una ~ mejoría** a noticeable improvement. **(d) ~ de** capable of.
sensiblería *nf* sentimentality.
sensiblero *adj* sentimental, slushy *(fam)*.
sensitivo *adj* **(a)** *(sentidos)* sense *(atr)*. **(b)** *(animal etc)* sentient, capable of feeling.
sensorial *adj*, **sensorio** *adj* sensory.
sensual *adj* **(a)** sensual, sensuous. **(b)** *(esp LAm)* alluring, sexy.
sensualidad *nf* sensuality, sensuousness.
sentada *nf* **(a)** sitting; **de** *o* **en una ~** at one sitting. **(b)** *(Pol etc)* sit-down, sit-in.
sentadera *nf (LAm)* seat *(of a chair etc)*.
sentado *adj* **(a) estar ~** to be sitting (down), be seated. **(b)** *(fig)* settled, established; **dar algo por ~** to take sth for granted; **dejar algo ~** to establish sth firmly. **(c)** *(carácter)* solid, steady.
sentar [1k] **1** *vt* **(a)** *(persona)* to sit, seat. **(b)** *(objeto)* to place (firmly), settle (in its place); **~ las costuras** to press the seams. **(c)** *(Com)* **~ una suma en la cuenta de uno** to put a sum down on *o* to sb's account. **(d)** *(base)* to lay, establish; *(precedente)* to set.

2 *vi* **(a)** *(ropa etc)* to suit; **ese peinado le sienta horriblemente** that hair style doesn't suit her at all. **(b)** *(comida)* **~ bien/mal a** to agree/disagree with. **(c)** *(fig)* **~ bien/mal** to go down well/badly; **le ha sentado mal que lo hayas hecho tú** he didn't like your doing it.

3 sentarse *vr* **(a)** *(persona)* to sit, sit down, seat o.s. *(frm)*; **¡siéntese!** (do) sit down, take a seat. **(b)** *(impurezas: en líquido)* to settle. **(c)** *(tiempo etc)* to settle (down), clear up.
sentencia *nf* **(a)** *(Jur)* sentence; *(fig)* decision, ruling; *(opinión)* opinion; **~ de muerte** death sentence; **dictar** *o* **pronunciar ~** to pronounce sentence. **(b)** *(Lit)* maxim, saying.
sentenciar [1b] **1** *vt (Jur)* to sentence (*a* to). **2** *vi* to pronounce, give one's opinion.
sentencioso *adj* **(a)** *(refrán)* pithy. **(b)** *(lenguaje)* sententious; *(carácter)* dogmatic.
sentidamente *adv* **(a)** *(con pesar)* regretfully. **(b)** *(sinceramente)* sincerely, with great feeling.
sentido 1 *adj* **(a)** *(lamentable)* regrettable; **una pérdida muy ~a** a deeply felt *o* most regrettable loss. **(b) le doy mi más ~ pésame** I send my deepest sympathy. **(c)** *(carácter)* sensitive, tender.

2 *nm* **(a)** *(gen)* sense; **los cinco ~s** the five senses; **~ del olfato/del humor** sense of smell/humour; **no tiene ~ del ritmo** he has no sense of rhythm; **sin ~** senseless, unconscious; **aguzar el ~** to prick up one's ears; **perder/recobrar el ~** to lose/regain consciousness. **(b)** *(fig)* sense; *(criterio)* discernment, judgment; **buen ~** good sense; **~ común** common sense. **(c)** *(significado)* sense, meaning; **doble ~** double meaning; **en el buen ~ de la palabra** in the best sense of the word; **en cierto ~** in a sense; **en tal ~** to this effect; **sin ~** meaningless; **cobrar ~** to begin to make sense; **tener ~** to make sense. **(d)** *(sensibilidad)* feeling; **leer con ~** to read with feeling. **(e)** *(movimiento)* direction, way; **'~ único'** 'one way (street)'; **en ~ contrario** *o* **opuesto** in the opposite direction.

sentimental *adj* **(a)** sentimental; *(mirada)* soulful. **(b) aventura ~** love affair.

sentimentalismo *nm* sentimentality.

sentimiento *nm* **(a)** *(emoción)* feeling, emotion; **un ~ de insatisfacción** a feeling of dissatisfaction; **buenos ~s** fellow-feeling; **herir los ~s de uno** to hurt sb's feelings. **(b)** *(sentido)* sense; **~ de la responsabilidad** sense of responsibility. **(c)** *(pesar)* regret, sorrow; **con profundo ~** with profound regret.

sentina *nf (Náut)* bilge.

sentir [3i] **1** *vt* **(a)** *(gen)* to feel; *(percibir)* to perceive, sense; *(oír)* to hear *(esp LAm)*; *(oler)* to smell; *(emoción)* to feel, be aware of; *(música etc)* to have a feeling for; **~ un dolor** to feel a pain; **~ ganas de hacer algo** to feel an urge to do sth; **dejarse** *o* **hacerse ~** to make itself felt. **(b)** *(enfermedad)* to feel the effects of. **(c)** *(lamentar)* to regret, be sorry for; **lo siento** I'm sorry; **¡lo siento muchísimo!, ¡cuánto lo siento!** I'm very sorry!; **~ que ...** to regret *o* be sorry that ...; **siento molestarle** I'm sorry to bother you.

2 *vi* **(a)** to feel; **ni oía ni sentía** he could neither hear nor feel anything; **sin ~** without noticing.

(b) *(lamentar)* to feel sorry.

3 sentirse *vr* **(a)** to feel; **~ pesimista** to feel pessimistic; **~ herido** *(fig)* to feel hurt; **~ mal(o)** to feel ill *o* bad; **~ como en su casa** to feel at home. **(b)** *(Med)* **~ del costado** to have a pain in one's side. **(c)** *(ofenderse)* to be offended, feel resentful (*de* about, at); **~ de una observación** to take offence at a remark. **(d)** *(LAm: enojarse)* to get angry; **~ con uno** to fall out with sb.

4 *nm* opinion, judgment; **a** *o* **en mi ~** in my opinion.

seña *nf* **(a)** (distinguishing) mark; **~s** description *sg;* **~s personales** personal description. **(b)** *(fig)* sign; *(Mil)* password; **por las ~s** so it seems; **por más ~s** *(prueba)* to clinch matters; *(además)* moreover; **dar ~s de** to show signs of; **hacer una ~ a uno para** *o* **de que venga** to signal to sb to come. **(c)** *(Correos)* **~s** address *sg.*

señal *nf* **(a)** *(gen)* sign; *(síntoma)* symptom; *(indicio)* indication; **en ~ de** as a token *o* sign of; **dar ~es de** to show signs of; **hacer la ~ de la cruz** to make the sign of the Cross. **(b)** *(Com, Fin)* token payment, deposit. **(c)** *(con la mano)* sign, signal; **dar la ~ de** *o* **para** to give the signal for; **hacer una ~ grosera** to make a rude sign. **(d)** *(seña)* mark; *(Med)* scar, mark; *(Geog)* landmark; **sin la menor ~ de** without the least trace of. **(e)** *(Aut, Ferro)* signal; **~ de auxilio/de peligro** distress/danger signal; **~ de alto/de carretera** stop/road sign; **~es luminosas** *o* **de tráfico** traffic lights *o* signals. **(f)** *(Rad)* signal; **~ horario** time signal. **(g)** *(Telec)* signal, tone; **~ de llamada** ringing tone; **~ para marcar** dialling tone; **~ de ocupado** engaged tone, *(US)* busy signal. **(h)** *(LAm)* earmark.

señalado *adj* **(a) estar ~ como** to be known to be. **(b) dejar ~ a uno** to scar sb permanently. **(c)** *(día)* special; *(persona)* distinguished; *(pey)* notorious.

señalar [1a] **1** *vt* **(a)** to mark; *(significar)* to denote; **señalan la llegada de la primavera** they announce the arrival of spring; **eso señaló el principio del descenso** that marked the start of the decline. **(b)** *(papel)* to mark; *(: poner sello en)* to stamp; *(Med: dejar cicatriz)* to scar, leave a scar on; *(ganado)* to brand. **(c)** *(carretera)* to put up signs on. **(d)** *(con el dedo)* to point to, indicate; *(fig)* to show, indicate; **tuve que ~le varios errores** I had to point out several mistakes to him. **(e)** *(referirse a)* to allude to; *(pey)* to criticize. **(f)** *(fecha, precio)* to fix, settle; *(tarea)* to set; *(persona)* to appoint.

2 señalarse *vr* to make one's mark (*como* as), distinguish o.s. (*por* by, by reason of).

señalización *nf (señales)* signposting; *(conjunto de señales)* system of signs, signal code.

señalizar [1f] *vt (carretera)* to put up signs on.

señor(a) 1 *adj (fam)* **(a)** lordly; **un coche muy ~** a really lordly car. **(b)** real, really big; **una casa para un ~ ~** a house for a gentleman who really is a gentleman; **eso es un ~ melón** that's some melon; **fue una ~a herida** it was a real big wound.

2 *nm* **(a)** man; *(caballero)* gentleman; **le espera un ~** there's a gentleman waiting to see you; **es todo un ~** he's a real gentleman. **(b)** *(de bienes)* owner; *(fig)* master; **el ~ de la casa** the master of the household. **(c)** *(con nombre y/o apellido)* Mister; **es para el Sr Meléndez** it's for Mr Meléndez; **los ~es González** Mr and Mrs González; **S~ Don Jacinto Benavente** *(en sobre)* Mr J. Benavente, J. Benavente Esq. **(d)** *(con cargas profesionales)* **el ~ alcalde/cura/presidente** the mayor/priest/president. **(e)** *(hablando directamente)* sir; **~es** *(discurso)* gentlemen; **¡mire Ud, ~!** look here!; **¡oiga Ud, ~!** I say!; **~ alcalde** Mr Mayor; **~ director ...** *(de periódico)* Dear Sir ...; **~ juez** my Lord; **~ presidente** Mr Chairman *o* President; **¡no ~!** *(fig)* never!, absolutely not!; **¡sí ~!** *(fig)* yes indeed!, it certainly does!; **pues sí ~** well, that's how it is. **(f)** *(Com)* **muy ~ mío** Dear Sir; **muy ~es nuestros** Dear Sirs. **(g)** *(Hist)* noble, lord; **~ feudal** feudal lord, lord of the manor. **(h)** *(Rel)* **El S~** The Lord; **Nuestro S~** Our Lord; **recibir al S~** to take communion.

3 señora *nf* **(a)** lady; **~a de compañía** companion; **le espera una ~a** there's a lady waiting to see you. **(b)** *(de bienes)* owner, mistress; **¿está la ~a?** is the mistress in? **(c)** *(frm: esposa)* wife; **mi ~a** my wife; **el jefe y su ~a** the boss and his wife; **la ~a de Smith** Mrs Smith. **(d)** *(hablando directamente)* madam; **¡~as y señores!** ladies and gentlemen!; **sí, ~a** yes, madam; **¡oiga Ud, ~a!** I say! **(e)** *(Com)* **muy ~a mía** Dear Madam. **(f)** *(Rel)* **Nuestra S~a** Our Lady, the Virgin (Mary).

señorear [1a] *vt* **(a)** *(gobernar)* to rule; *(fig pey)* to domineer, lord it over. **(b)** *(edificio)* to dominate, tower over. **(c)** *(emociones)* to master, control.

señoría *nf* **(a)** rule, sway. **(b) su** *o* **vuestra S~** your *o* his lordship/ladyship.

señorío *nm* **(a)** *(Hist)* manor, feudal estate. **(b)** *(fig)* rule, dominion (*sobre* over).

señorita *nf* **(a)** young lady. **(b)** *(con nombre y/o apellido)* Miss; **~ Pérez** Miss Pérez. **(c)** *(hablando directamente)* **¿qué busca Ud, ~?** what are you looking for? **(d)** *(maestra)* schoolteacher.

señorito *nm* **(a)** young gentleman; *(lenguaje de criados)* master, young master. **(b)** *(pey)* toff *(fam).*

señuelo *nm* **(a)** *(lit)* decoy. **(b)** *(fig)* bait, lure.

separable *adj* separable; *(Mec)* detachable, removable.

separación *nf* **(a)** *(gen)* separation; *(Mec)* removal; *(de un cargo)* removal, dismissal (*de* from); ~ **del matrimonio** legal separation; ~ **de bienes** division of property *(between ex-spouses)*; ~ **racial** racial segregation, apartheid. **(b)** *(fig)* gap, distance.

separado *adj* separate; *(Mec)* detached; **vive ~ de su mujer** he is separated from his wife; **por ~** separately; *(uno por uno)* individually; *(Correos)* under separate cover.

separar [1a] **1** *vt* **(a)** *(objeto)* to separate (*de* from); *(silla de la mesa)* to move away (*de* from), remove. **(b)** *(luchadores)* to separate, pull apart; *(palabras)* to divide; *(conexión)* to sever, cut; *(letras)* to sort (out); **saber ~ las buenas de las malas** to know how to separate *o* tell the good ones from the bad; **los negocios le separan de su familia** business keeps him away from his family. **(c)** *(Mec: pieza)* to detach, remove (*de* from). **(d)** *(persona: de un cargo)* to remove, dismiss. **2 separarse** *vr* **(a)** *(fragmento)* to detach itself (*de* from); *(pedazos)* to come apart; *(Pol)* to secede. **(b) ~ de una persona** to go away from sb; **~ de un grupo** to leave *o* part company with a group; **se ha separado de todos sus amigos** he has cut himself off from all his friends; **se ha separado de su mujer** he has left his wife.

separatismo *nm (Pol)* separatism.

separatista *adj, nmf* separatist.

sepelio *nm* burial, interment.

sepia *nf* **(a)** *(pez)* cuttlefish. **(b)** *(Arte)* sepia ink.

septentrional *adj* north, northern.

séptico *adj* septic.

se(p)tiembre *nm* September; **llegará el (día) 15 de ~** he will arrive on the 15th of September *o* on September the 15th; **en ~** in September; **en ~ del año pasado/que viene** last/next September; **a mediados de ~** in mid-September; **todos los años, en ~** every September.

sé(p)timo *adj, nm* seventh; *véase tb* **sexto.**

septuagenario/a 1 *adj* septuagenarian, seventy-year-old. **2** *nm/f* septuagenarian, person in his/her seventies.

sepulcral *adj* sepulchral; *(fig)* gloomy, dismal.

sepulcro *nm* tomb, grave, sepulchre.

sepultar [1a] *vt* **(a)** *(lit, fig)* to bury; *(Min)* to trap; **quedaban sepultados en la caverna** they were trapped in the cave. **(b)** *(ocultar)* to hide away, conceal.

sepultura *nf* **(a)** *(acción)* burial; **dar ~ a** to bury; **recibir ~** to be buried. **(b)** *(tumba)* grave, tomb.

sepulturero *nm* gravedigger.

sequedad *nf (gen)* **(a)** dryness. **(b)** *(de contestación)* brusqueness; *(de estilo)* plainness.

sequía *nf* drought.

séquito *nm* **(a)** *(de rey, presidente)* retinue, entourage. **(b)** *(Pol)* group of supporters. **(c)** *(de sucesos)* train, aftermath; **con todo un ~ de calamidades** with a whole train of disasters.

ser [2w] **1** *vi* **(a)** *(gen)* to be; **~ o no ~** to be or not to be; **es difícil** it's difficult; **él es pesimista** he's a pessimist; **soy ingeniero** I'm an engineer; **soy yo** it's me; **¡soy Pedro!** *(Telec)* Peter here, Peter speaking; **¿quién es?** who is it?, who's there?; *(Telec)* who's calling?; **¿qué ha sido?** what happened? **(b)** *(origen)* **~ de** to be from, come from; **ella es de Calatayud** she's from Calatayud; **¿de dónde es Ud?** where are you from? **(c)** *(sustancia)* **~ de** to be (made) of; **es de piedra** it is (made) of stone. **(d)** *(propiedad)* **~ de** to belong to; **éste es suyo** this is his; **el parque es del municipio** the park belongs to the town; **¿de quién es este lápiz?** whose pencil is this?, who does this pencil belong to? **(e)** *(destino)* **¿qué será de mí?** what will become of me?; **¿qué ha sido de él?** what has become of him? **(f)** *(adecuación)* **esas finuras no son para mí** those niceties are not for me; **ese coche no es para correr mucho** that car isn't made to go very fast; **esa manera de hablar no es de una dama** one does not expect to hear a lady say such things. **(g)** *(horas del día)* **es la una** it is one o'clock; **son las** 7 it is 7 o'clock; **serán las** 8 it would *o* must be about 8 o'clock. **(h)** (**~ de** + *infin*) **es de esperar que ...** it is to be hoped that, I *etc* hope that ...; **era de ver** it was worth seeing, you ought to have seen it. **(i)** *(modismos: indic)* **siendo así que ...** since ...; **érase que se era** once upon a time; **a no ~ por** but for, were it not for; **a no ~ que ...** unless ...; **¿cómo es que ...?** how is it that ...?; **¡cómo ha de ~!** what else do you expect!; **con ~ ella su madre** given that she is his mother; **de no ~ esto así** if it were not so. **(j)** *(modismos: subjun)* **¡sea!** agreed!, all right!; **o sea ...** that is to say ..., or rather ...; **sea ... sea ...** either ... or, whether ... or whether; **sea lo que sea** *o* **fuere** be that as it may; **no sea que ...** lest ..., for fear that ...; **hable con algún abogado que no sea Pérez** consult any lawyer you like except Pérez.

2 *vb aux (formas pasivas)* **fue construido** it was built; **ha sido asaltada una joyería** there has been a raid on a jeweller's; **será fusilado** he will be shot; **está siendo estudiado** it is being examined.

3 *nm* being, essence; **~ humano** human being; **S~ Supremo** Supreme Being; **~ vivo** living creature *o* organism; **en lo más íntimo de su ~** deep within himself.

seráfico *adj* angelic, seraphic.

serenar [1a] **1** *vt* **(a)** *(frm)* to calm; *(fig)* to quieten, pacify. **(b)** *(líquidos)* to clarify. **2 serenarse** *vr* **(a)** *(persona)* to calm down. **(b)** *(mar)* to grow calm; *(tiempo)* to clear up. **(c)** *(líquido)* to clear, settle.

serenata *nf* serenade.

serenidad *nf* **(a)** *(calma)* calmness, serenity. **(b)** *(tranquilidad)* peacefulness, quietness.

sereno 1 *adj* **(a)** *(persona)* calm, unruffled. **(b)** *(tiempo)* settled, fine; *(cielo: sin nubes)* cloudless, clear. **(c)** *(ambiente)* calm, quiet. **(d)** *(fam)* **estar ~** to be sober. **2** *nm* **(a)** *(humedad)* night dew; **dormir al ~** to sleep out in the open. **(b)** *(vigilante)* night watchman.

serial *nm* serial; **~ radiofónico** radio serial.

serie *nf* series *(gen)*; *(conjunto: de sellos etc)* set; *(Rad, TV)* serial; *(de inyecciones)* course; **fabricación en ~** mass production; **fabricar en ~** to mass-produce; **casas construidas en ~** mass-produced *o* prefabricated houses; **fuera de ~** out of order *o* sequence; *(fig)* special, out of the ordinary; **artículos fuera de ~** *(Com)* goods left over, remainders.

seriedad *nf* **(a)** *(calidad personal)* seriousness; **hablar con ~** to speak seriously *o* in earnest. **(b)** *(responsabilidad)* (sense of) responsibility; **falta de ~** frivolity, irresponsibility. **(c)** *(fiabilidad)* reliability, trustworthiness. **(d)** *(de enfermedad, crisis, problema)* seriousness.

serio *adj* **(a)** *(gen)* serious; *(expresión)* solemn; **ponerse ~** to look serious, adopt a solemn expression. **(b)** *(persona, actitud: formal)* dignified; *(: decente)* proper; *(: responsable)* responsible; **un traje ~** a formal suit; **poco ~** undignified, frivolous; **es una persona poco ~a** he's an irresponsible sort. **(c)** *(fiable)* reliable, trustworthy; **poco ~** unreliable; **es una casa ~a** it's a reliable firm. **(d)** *(crisis, enfermedad, pérdida)* grave, serious. **(e) en ~** seriously; **tomar un asunto en ~** to take a matter seriously.

sermón *nm* sermon.

sermonear [1a] *(fam)* **1** *vt* to lecture, read a lecture to. **2** *vi* to sermonize.

sermoneo *nm (fam)* lecture, sermon.

serpear [1a] *vi*, **serpentear** [1a] *vi* **(a)** *(Zool)* to wriggle, creep. **(b)** *(camino)* to wind, twist and turn; *(río)* to meander.

serpentina *nf* **(a)** *(Min)* serpentine. **(b)** *(papel)* streamer.

serpiente *nf* snake, serpent; **~ boa** boa constrictor; **~ de cascabel** rattlesnake; **~ pitón** python.

serrado *adj* serrated, toothed.

serraduras *nfpl* sawdust *sg*.

serrallo *nm* harem.

serranía *nf* mountain range.

serrano/a 1 *adj* **(a)** *(Geog)* highland *(atr)*, hill *(atr)*, mountain *(atr)*. **(b)** *(fig)* coarse, rustic. **2** *nm/f* highlander.

serrar [1k] *vt* to saw (off *o* up).

serrería *nf* sawmill.

serrín *nm* sawdust.

serruchar [1a] *vt (LAm)* to saw (off *o* up).

serrucho *nm* saw, handsaw.

servible *adj* serviceable, usable.

servicial *adj* helpful, obliging.

servicio *nm* **(a)** *(gen)* service; **a su ~** at your service; **estar al ~ de** to be in the service of; **estar de ~** to be serviceable *o* in service; **entrar en ~** to come into service *o* operation; **hacer un ~ para uno** to do sb a service; **hacer un flaco ~ a uno** to do sb a bad turn. **(b)** *(Mil etc)* service; **~ activo** active service; **~ militar** military service; **apto para el ~** fit for military service; **en condiciones de ~** operational; **estar de ~** to be on duty; **prestar ~** to serve, see service (*de* as). **(c) ~ aduanero** *o* **de aduana** customs service; **~ de atención** *o* **post-venta** after-sales service; **~ de contra-espionaje** secret service; **~ doméstico** domestic service *o* help; *(personas)* servants; **~ a domicilio** home delivery service; **'~ a domicilio'** 'we deliver'; **~ de información** *(Mil)* intelligence service; **~ médico** medical service; **~s públicos** public services; **~ secreto** secret service; **~s sociales** social services, welfare work; **~ de transportes** transport service. **(d)** *(Culin etc)* service, set; **~ de café** coffee set; **~ de mesa** set of dishes. **(e)** *(euf: esp LAm)* lavatory. **(f) ~s** *(en casa, edificio)* services; *(euf)* toilets; **'todos ~s'** 'all main services'. **(g)** *(Rel)* service. **(h)** *(hotel etc)* service; **~ incluido** service charge included. **(i)** *(Tenis etc)* serve, service.

servidor(a) *nm/f* **(a)** servant; **un ~** *(el que habla o escribe)* your humble servant; **¡~ de Ud!** at your service! **(b)** *(Escol)* **¡~!** present! **(c)** *(en cartas)* **su seguro ~** yours faithfully.

servidumbre *nf* **(a)** servitude; **~ de la gleba** serfdom. **(b)** *(fig)* compulsion. **(c)** *(Jur)* obligation; **~ de paso** right of way. **(d)** *(personal de servicio)* servants, staff.

servil *adj* **(a)** slave *(atr)*, serf's; *(trabajo)* menial. **(b)** *(actitud)* servile, grovelling; *(imitación)* slavish.

servilismo *nm* servility.

servilleta *nf* serviette, napkin.

servilletero *nm* serviette ring.

servir [3l] **1** *vt* **(a)** *(gen)* to serve; **~ a Dios** to serve God; **~ a la patria** to serve one's country; **¿en qué puedo ~le?** how can I help you?; **para ~le** at your service. **(b)** *(en restaurante)* to wait on, serve. **(c)** *(clientes)* to serve; *(pedido)* to attend to, fill; **¿ya le sirven, señora?** are you being attended to, madam? **(d)** *(comida)* to serve out *o* up; **~ patatas a uno** to serve sb with potatoes, help sb to potatoes; **la cena está servida** dinner is served; **~ vino a uno** to pour out wine for sb. **(e)** *(cargo)* to hold, fill; *(responsabilidad)* to carry out. **(f)** *(artillería)* to man; *(máquina)* to tend, man. **(g)** *(Tenis etc)* to serve.

2 *vi* **(a)** *(gen)* to serve; *(criado, soldado)* to be in service; **sirvió 10 años** he served 10 years; **para ~ a Ud** at your service. **(b)** *(camarero)* to serve, wait (*a* at, on). **(c)** *(ser útil)* to be of use, be useful; **eso no sirve** that's no good, that won't do; **~ en lugar de** to do duty for; **~ de guía** to act as guide, serve as a guide; **~ para** to be good for, be used for; **no sirve para nada** it's no use at all; **él no sirve para nada** he's a dead loss. **(d)** *(Naipes)* **~ del palo** to follow suit.

3 servirse *vr* **(a)** *(obj: comida)* to serve *o* help o.s.; **se sirvió café** he poured himself some coffee; **¡sírvete más!** have some more! **(b) ~ de algo** to make use of sth, put sth to use. **(c) ~ hacer algo** to be kind enough to do sth; **sírvase sentarse** please sit down.

sésamo *nm* sesame; **¡ábrete ~!** open sesame!

sesenta *adj, nm* sixty; *(ordinal)* sixtieth; *véase tb* **seis.**

sesentón/ona 1 *adj* sixty-year-old, sixtyish. **2** *nm/f* person of about sixty.

seseo *nm (esp sur de España, Canarias y LAm) pronunciation of* c *(before* e, i*) and of* z [θ] *as* s.

sesera *nf (fam)* brains *pl*, intelligence.

sesgar [1h] *vt* **(a)** to slant, place obliquely; *(dejar ladeado)* to twist to one side. **(b)** *(Cos)* to cut on the bias; *(Téc)* to bevel. **(c)** *(Aut)* to cut across, cut in on.

sesgo *nm* **(a)** slant; *(puesto mal)* twist, twisted position; *(Cos)* bias; *(Téc)* bevel; **estar al ~** to be aslant *o* awry; **cortar algo al ~** to cut sth on the bias. **(b)** *(fig)* direction. **(c)** *(fam: truco)* dodge.

sesión *nf* **(a)** *(Admin)* session, sitting, meeting; **~ secreta** secret session; **abrir/levantar la ~** to open/close *o* adjourn the meeting. **(b)** *(Teat)* show, performance; **~ de espiritismo** séance; **~ de prestidigitación** conjuring show; **~ de lectura de poesías** poetry reading. **(c)** *(Cine)* showing; **la segunda ~** the second house.

sesionar [1a] *vi (Admin)* to sit; *(Pol)* to be in session; *(celebrar una junta)* to hold a meeting.

seso *nm* **(a)** *(Anat)* brain; **~s** *(Culin)* brains. **(b)** *(fig)* brains, sense, intelligence; **calentarse** *o* **devanarse los ~s** to rack one's brains; **perder el ~** to go off one's head (*por* over); **eso le tiene sorbido el ~** he's crazy about it.

sestear [1a] *vi* to take a siesta, have a nap.

sesteo *nm (LAm)* siesta, nap.

sesudo *adj* **(a)** *(sensato)* sensible, wise. **(b)** *(inteligente)* brainy.

set *nm, pl* **set** *o* **sets** *(Tenis)* set.

seta *nf* mushroom; **~ venenosa** toadstool.

setecientos/as *adj, nmpl/nfpl* seven hundred; *véase tb* **seiscientos.**

setenta *adj, nm* seventy; *(ordinal)* seventieth; *véase tb* **seis.**

setentón/ona 1 *adj* seventy-year-old, seventyish. **2** *nm/f* person of about seventy.

setiembre *nm* = **se(p)tiembre.**

seto *nm* fence; **~ vivo** hedge.

seudo... *pref* pseudo....

seudónimo 1 *adj* pseudonymous. **2** *nm* pseudonym; *(nombre artístico)* pen name.

severidad *nf (gen)* severity, harshness; *(rigor)* strictness; *(dureza)* stringency; *(austeridad)* grimness, sternness.

severo *adj* **(a)** *(persona)* severe, harsh; *(disciplina)* strict; *(castigo, crítica)* harsh; *(estipulaciones)* stringent; **ser ~ con uno** to treat sb harshly. **(b)** *(invierno)* severe, hard; *(frío)* bitter. **(c)** *(vestido, moda, actitud)* severe; *(austero)* grim, stern.

Sevilla *nf* Seville.

sevillano/a *adj, nm/f* Sevillian.

sexagenario/a 1 *adj* sixty-year-old. **2** *nm/f* person in his/her sixties.

sexagésimo *adj* sixtieth; *véase tb* **sexto.**

sexcentésimo *adj* six hundredth.

sexo *nm* sex; **el bello ~** the fair sex; **el ~ débil** the gentle sex; **el ~ femenino/masculino** the female/male sex; **de ambos ~s** of both sexes; **sin ~** sexless.

sextante *nm* sextant.

sexteto *nm* sextet(te).

sexto/a 1 *adj* sixth; **Juan ~** John the sixth; **en el ~ piso** on the sixth floor; **en ~ lugar** in sixth place, sixth; **vigésimo ~** twenty-sixth; **una ~a parte** a sixth. **2** *nm (parte)* sixth; **dos ~s** two sixths. **3** **sexta** *nf (Mús)* sixth.

sexual *adj* sexual, sex *(atr)*; **vida ~** sex life.

sexualidad *nf* sexuality.

shock [ʃok] *nm, pl* **shock** *o* **shocks** [ʃok] shock.

si *conj* **(a)** *(hipotético)* if; **~ lo quieres te lo doy** if you want it I'll give it to you; **~ tuviera dinero lo compraría** if I had money I would buy it; **~ me lo hubiese pedido se lo hubiera dado** if he had asked me for it I would have given it to him. **(b)** *(en pregunta indirecta)* if, whether; **me pregunto ~ vale la pena** I wonder whether *o* if it's worth the trouble; **no sé ~ hacerlo o no** I don't know whether to do it or not. **(c)** *(modismos)* **~ ... ~** whether ... or ...; **no sabía ~ habías venido en avión o en tren** I didn't know whether you'd come by plane or (by) train; **~ no** if not, otherwise, or else; **¿~ vendrá?** I wonder if he'll come?; **¿~ será verdad?** what if it's true?; **lleva un revólver por ~ resulta útil** he carries a gun in case it comes in handy; **¡~ fuera verdad!** if only it were true!; **¡~ viniese pronto!** I wish he'd come!; **¡~ no sabía que estabas allí!** but I didn't know you were there!; **¡~ es el cartero!** why, it's the postman!

sí [1] **1** *adv* **(a)** yes; **él no quiere pero yo ~** he doesn't want to but I do; **~, pero menos** *(iro)* that's a bit much; **creo que ~** I think so; **¡que ~, hombre!** I tell you it is! *etc;* **porque ~** because that's the way it is; *(porque lo digo yo)* because I say so; **lo hizo porque ~** he did it because he just felt like doing it; *(pey)* he did it out of sheer cussedness; **una semana ~ y otra no** alternate weeks, every other week. **(b)** *(con énfasis)* **ella ~ vendrá** she will certainly come, she is sure to come; **¡~ que lo es!** I'll say it is!; **¡eso ~ que no!** never!, not on your life!

2 *nm* consent, agreement; **dar el ~** to say yes, agree; *(mujer)* to accept a proposal of marriage; **todavía no tengo el ~** I have not yet received his consent.

sí [2] *pron reflexivo* **(a)** *(con preposiciones) (msg)* himself; *(fsg)* herself; *(de un objeto)* itself; *(de Ud)* yourself; *(uso impersonal)* oneself; *(pl)* themselves; *(de Uds)* yourselves; **~ mismo** himself *etc;* **lo quieren todo para ~** they want the whole lot for themselves; **no lo podrá hacer por ~ solo** he won't be able to do it by himself; **conviene guardarlo para ~** it's best to keep it to oneself; **se ríe de ~ misma** she laughs at herself. **(b)** *(recíproco)* each other; **cambiaron una mirada entre ~** they gave each other a look. **(c)** *(modismos)* **de por ~** in itself; *(individualmente)* separately, individually; **el problema es bastante difícil de por ~** the problem is difficult enough in itself; **estar en ~** to be in one's right mind; **pensar entre** *o* **para ~** to think to oneself; **estar fuera de ~** to be beside oneself; **estar sobre ~** to be on one's guard; *(estar engreído)* to be puffed up with conceit.

Siam *nm* Siam.

siamés/esa *adj, nm/f* Siamese.

Siberia *nf* Siberia.

sibilante *adj, nf* sibilant.

Sicilia *nf* Sicily.

siciliano/a 1 *adj, nm/f* Sicilian. **2** *nm (dialecto)* Sicilian.

sicoanálisis *nf etc véase* **psicoanálisis** *etc.*

sicomoro *nm,* **sicómoro** *nm* sycamore.

sicosis *nf etc véase* **psicosis** *etc.*

S.I.D.A. *nm abr de* **síndrome de inmunidad deficiente adquirida** AIDS.

sidecar ['saikar] *nm* sidecar.

sideral *adj,* **sidéreo** *adj* astral; *(Astron)* space *(atr).*

siderurgia *nf* iron and steel industry.

siderúrgico *adj* iron and steel *(atr)*; **la ~a** the iron and steel works.

sidra *nf* cider.

siega *nf* **(a)** *(cosechar)* reaping, harvesting; *(segar)* mowing. **(b)** *(época)* harvest (time).

siembra *nf* **(a)** sowing; **patata de ~** seed potato. **(b)** *(época)* sowing time.

siempre 1 *adv* **(a)** always; **como ~** as usual, as always; **la hora de ~** the usual time; **somos amigos de ~** we're old friends; **es lo de ~** it's the same old story; **lo vienen haciendo así desde ~** they've always done it this way; **para** *o* **por ~** for ever; **por ~ jamás** for ever and ever. **(b)** *(LAm)* certainly, for sure. **2** *conj* **(a) ~ que ...** (+ *indic*) whenever, each time (that) .... **(b) ~ que ...** (+ *subjun*) provided that ... .

sien *nf (Anat)* temple.

siena *nf* sienna.

sierra *nf* **(a)** *(Téc)* saw; **~ de arco para metales** hacksaw; **~ de calados** fretsaw; **~ mécanica** power saw; **~ de vaivén** jigsaw. **(b)** *(Geog)* mountain range, sierra.

Sierra *nf* **Leona** Sierra Leone.

siervo/a *nm/f* slave; **~ de la gleba** serf.

siesta *nf* **(a)** *(hora del día)* hottest part of the day, afternoon heat. **(b)** siesta, nap; **dormir la** *o* **echarse una** *o* **tomar una ~** to have an afternoon nap *o* a doze.

siete 1 *adj* seven; *(fecha)* seventh; **hablar más que ~** to talk nineteen to the dozen. **2** *nm* seven; *véase tb* **seis.**

sífilis *nf* syphilis.

sifilítico/a *adj, nm/f* syphilitic.

sifón *nm* **(a)** *(Téc)* trap, U-bend. **(b)** *(de agua)* siphon (of soda water); **whisky con ~** whisky and soda.

sigilo *nm* secrecy; *(discreción)* discretion; *(pey)* stealth; **~ sacramental** secrecy of the confessional; **con mucho ~** with great secrecy.

sigiloso *adj* secret; *(discreto)* discreet; *(pey)* stealthy.

sigla *nf (abreviatura)* abbreviation, acronym.

siglo *nm* **(a)** century; **S~ de las Luces** Age of Enlightenment; **~ dorado** *o* **de oro** *(Mitología)* golden age; **S~ de Oro** *(Lit)* Golden Age. **(b)** *(fig)* age(s); **hace un ~ que no le veo** I haven't seen him for ages. **(c)** *(Rel)* **el ~** the world; **retirarse del ~** to withdraw from the world, become a monk.

signatario *adj, nm* signatory.

significación *nf* significance.

significado *nm (importancia)* significance; *(de palabra)* meaning; **de ~ dudoso** a word of uncertain meaning.

significante *adj* significant.

significar [1g] **1** *vt* **(a)** *(lit, fig)* to mean, signify; **¿qué significa 'nabo?'** what does 'nabo' mean?; **significará la ruina de la sociedad** it will mean *o* signify the ruin of the company. **(b)** *(expresar)* to make known, express (*a* to); **le significó la condolencia de la familia** he expressed *o* conveyed the family's sympathy. **2 significarse** *vr (distinguirse)* to become known *o* famous (*como* as).

significativo *adj* significant; *(mirada)* expressive; **es ~ que ...** it is significant that ... .

signo *nm* **(a)** *(gen)* sign; *(Mat)* sign, symbol; *(de analfabeto)* mark; **~ de admiración** exclamation mark; **~ de la cruz** sign of the Cross; **~ igual** equals sign; **~ de interrogación** question mark; **~ (de) más** *o* **de sumar/(de) menos** plus/minus sign; **~s de puntuación** punctuation marks; **~ del zodíaco** sign of the zodiac. **(b)** *(fig: tendencia)* tendency; **una situación de ~ alentador** an encouraging situation.

siguiente *adj* following; *(próximo)* next; **dijo lo ~** he said the following; **¡que pase el ~!** next please!; **el** *o* **al día ~** the following *o* next day.

sílaba *nf* syllable.

silabear [1a] *vt (palabra: dividir en sílabas)* to divide into syllables; *(: pronunciar)* to pronounce syllable by syllable.

silabeo *nm* division into syllables.

silba *nf* hissing, catcalls *pl*; **armar** *o* **dar una ~ (a)** to hiss.

silbar [1a] **1** *vt* **(a)** *(melodía)* to whistle; *(silbato)* to blow. **(b)** *(comedia, orador)* to hiss. **2** *vi* **(a)** *(gen)* to whistle; *(Anat)* to wheeze. **(b)** *(Teat)* to hiss, boo.

silbato *nm* whistle.

silbido *nm*, **silbo** *nm* whistle, whistling; *(abucheo)* hiss; *(resuello)* wheeze; *(zumbido)* hum; **~ de oídos** ringing in the ears.

silenciador *nm* silencer.

silenciar [1b] *vt* **(a)** *(suceso)* to hush up; *(hecho)* to keep silent about. **(b)** *(persona)* to silence. **(c)** *(Téc)* to silence.

silencio *nm* **(a)** silence; *(tranquilidad)* quiet, hush; **¡~!** silence!, quiet!; **en ~** in silence; **en el ~ más absoluto** in dead silence; **guardar ~** to keep silent, say nothing (*sobre* about); **había un ~ sepulcral** it was as quiet as the grave; **imponer ~ a uno** to make sb be quiet; **mantener el ~ radiofónico** to keep radio silence; **pasar algo en ~** to pass over sth in silence; **reducir al ~** *(persona)* to silence, reduce to silence; *(artillería)* to silence. **(b)** *(Mús)* rest.

silencioso *adj* silent, quiet; *(sin ruido)* soundless; *(máquina)* silent, noiseless.

sílex *nm* silex, flint.

sílfide *nf* sylph.

silfo *nm* sylph.

silicato *nm* silicate.

sílice *nf* silica.

silicio *nm* silicon.

silicosis *nf* silicosis.

silo *nm (Agr)* silo.

silueta *nf* silhouette; *(de edificio)* outline; *(de ciudad)* skyline; *(de persona)* figure; *(Arte)* silhouette, outline drawing.

silvestre *adj (Bot)* wild; *(fig)* rustic, rural.

silvicultura *nf* forestry.

silla *nf* **(a)** seat, chair; **~ alta** high chair; **~ de balanza** *o* **de hamaca** *(LAm)* rocking chair; **~ eléctrica** electric chair; **~ plegadiza** *o* **de tijera** folding chair *o* stool; **~ de ruedas** wheelchair; **calentar la ~** to stay too long, overstay one's welcome. **(b)** *(tb* **~ de montar***)* saddle.

sillar *nm* block of stone, ashlar.

sillería *nf* **(a)** *(asientos)* chairs *pl*, set of chairs; *(en teatro etc)* seating; *(Rel)* choir stalls *pl.* **(b)** *(taller)* chairmaker's workshop.

silleta *nf* **(a)** small chair; *(LAm: silla)* seat, chair; *(: taburete)* low stool. **(b)** *(Med)* bedpan.

sillín *nm* saddle.

sillita *nf* small chair; **~ de ruedas** pushchair.

sillón *nm* **(a)** armchair; *(butaca)* easy chair; *(LAm)* rocking chair; **~ de lona/de orejas/de ruedas** deck chair/wing chair/wheelchair. **(b)** *(de montar)* sidesaddle.

sima *nf* abyss, chasm.

simbiosis *nf* symbiosis.

simbólico *adj* symbolic(al).

simbolismo *nm* symbolism.

simbolizar [1f] *vt (gen)* to symbolize; *(representar)* to represent, stand for; *(ser ejemplo de)* to typify.

símbolo *nm* symbol; **~ de prestigio** status symbol.

simetría *nf* symmetry; *(fig)* harmony.

simétrico *adj* symmetrical; *(fig)* harmonious.

símico *adj* = **simiesco.**

simiente *nf* seed.

simiesco *adj* simian.

símil 1 *adj* similar. **2** *nm* comparison; *(Lit)* simile.

similar *adj* similar.

similitud *nf* similarity, resemblance.

simio *nm* ape.

simpatía *nf* **(a)** *(gen)* liking; *(cariño)* affection; **~ hacia** *o* **por** liking for; **~s y antipatías** likes and dislikes; **coger ~ a uno** to take a liking to sb; **ganarse la ~ de todos** to win everybody's affection; **tener ~ a** to like; **no le tenemos ~ en absoluto** we don't like him at all; **no tiene ~s en el colegio** nobody at school likes him. **(b)** *(de ambiente)* friendliness, warmth; *(de persona, lugar)* charm, attractiveness; **la famosa ~ andaluza** that well-known Andalusian charm. **(c)** *(solidaridad)* solidarity, sympathy; **mostrar su ~ por** to show one's support for. **(d)** *(compasión)* sympathy, compassion.

simpático *adj (persona)* nice, likeable; *(: bondadoso)* kind; *(: encantador)* charming, attractive; *(ambiente)* agreeable; **no le hemos caído muy ~s** she didn't much take to us; **siempre procura hacerse el ~** he's always trying to ingratiate himself; **me es ~ ese muchacho** I like that lad.

simpatizante *nmf* sympathizer (*de* with).

simpatizar [1f] *vi* **(a)** *(dos personas)* to get on (well together); **pronto simpatizaron** they soon became friends. **(b) ~ con uno** to get on well with *o* take to sb.

simple 1 *adj* **(a)** *(gen)* simple; *(sin adornos)* uncomplicated, unadorned; *(Bot)* single; *(método)* easy, straightforward. **(b)** *(seguido de sustantivo)* mere; *(absoluto)* pure, sheer; **por ~ descuido** through sheer *o* pure carelessness. **(c)** *(seguido de sustantivo)* ordinary; **un ~ soldado** an ordinary soldier. **(d)** *(persona)* simple(-minded); *(crédulo)* gullible; *(pey: de pocas luces)* foolish, silly. **2** *nm* **(a)** *(persona)* simpleton. **(b) ~s** *(Bot)* simples. **(c) ~s** *(Tenis)* singles.

simpleza *nf* **(a)** *(cualidad mental)* simpleness,

simple-mindedness; *(credulidad)* gullibility; *(pey: necedad)* foolishness. **(b)** *(una ~)* silly thing (to do *etc*); **~s** nonsense *sg.* **(c)** *(fig)* trifle, small thing.
simplicidad *nf (gen)* simplicity, simpleness.
simplificar [1g] *vt* to simplify.
simplista *adj (pey)* simplistic.
simplón/ona 1 *adj* simple, gullible. **2** *nm/f* simple soul, gullible person.
simplote = **simplón.**
simposio *nm* symposium.
simulación *nf* simulation; *(ficción)* make-believe; *(pey)* pretence.
simulacro *nm* **(a)** *(ídolo)* image, idol. **(b)** *(apariencia)* semblance; *(fingimiento)* sham, pretence; **un ~ de ataque** a mock attack; **un ~ de combate** a sham fight.
simulador(a) 1 *nm/f* pretender; *(que finge estar enfermo)* malingerer. **2** *nm:* **~ de vuelo** flight simulator.
simular [1a] *vt* to simulate; *(fingir)* to feign, sham.
simultanear [1a] *vt:* **~ dos cosas** to do two things simultaneously; **~ A con B** to fit in A and B at the same time, combine A with B.
simultáneo *adj* simultaneous.
sin 1 *prep* **(a)** *(gen)* without; **~ nosotros** without us; **costó 5 dólares ~ los gastos de envío** it cost 5 dollars not counting postage and packing; **salió ~ sombrero** he went out hatless *o* without a hat; **me he quedado ~ cerillas** I've run out of matches. **(b)** *(+ vb)* **~ hacer** without doing; **~ verlo** without seeing it; **~ verlo yo** without my seeing it; **platos ~ lavar** unwashed dishes. **(c)** *(a no ser por)* but for; **no hubiera podido hacerlo ~ él** I couldn't have done it but for him.
2: **~ que** *conj* without; **~ que lo sepa él** without his knowing; **entraron ~ que nadie les observara** they came in without anyone seeing them.
sinagoga *nf* synagogue.
sinalefa *nf* elision.
sinapismo *nm (Med)* mustard plaster.
sincerarse [1a] *vr (justificarse)* to vindicate o.s.; **~ a** *o* **con** to open one's heart to; **~ de su conducta** to explain *o* justify one's conduct.
sinceridad *nf* sincerity; **con toda ~** in all sincerity.
sincero *adj (gen)* sincere; *(persona)* genuine; *(opinión)* frank; *(felicitaciones)* heartfelt.
síncopa *nf (Mús)* syncopation.
sincopar [1a] *vt* to syncopate.
síncope *nm (desmayo)* blackout; **~ cardíaco** *(Med)* heart failure.
sincrónico *adj (Téc)* synchronized; *(sucesos)* simultaneous.
sincronización *nf* synchronization.
sincronizar [1f] *vt* to synchronize (*con* with).
sindical *adj* (trade-)union *(atr)*; *(Pol)* syndical.
sindicalismo *nm* trade(s) unionism; *(Pol)* syndicalism.
sindicalista 1 *adj* (trade-)union *(atr)*; *(Pol)* syndicalist. **2** *nmf* trade(s) unionist; *(Pol)* syndicalist.
sindicar [1g] **1** *vt (obreros)* to unionize, form into a trade(s) union. **2 sindicarse** *vr (obrero)* to join a union; *(obreros)* to form themselves into a union.
sindicato *nm* **(a)** *(de negociantes)* syndicate. **(b)** *(de trabajadores)* trade(s) union, *(US)* labor union.
síndico *nm* trustee; *(Jur)* (official) receiver.
síndrome *nm* syndrome.
sinecura *nf* sinecure.
sinfín *nm* = **sinnúmero.**
sinfonía *nf* symphony.
sinfónico *adj* symphonic; **orquesta ~a** symphony orchestra.
Singapur *nm* Singapore.
singladura *nf (Náut: recorrido)* day's run *(: día)* nautical day.
singular 1 *adj* **(a)** *(Ling)* singular. **(b) combate ~** single combat. **(c)** *(destacado)* outstanding, exceptional; *(pey: raro)* singular, odd. **2** *nm (Ling)* singular; **en ~** in the singular; *(fig)* in particular.
singularidad *nf* singularity, peculiarity.
singularizar [1f] **1** *vt* to single out. **2 singularizarse** *vr (distinguirse)* to distinguish o.s., stand out, excel; *(llamar la atención)* to be conspicuous.
siniestrado/a *nm/f* victim.
siniestro 1 *adj* **(a)** *(poet: izquierdo)* left. **(b)** *(fig: funesto)* sinister; *(: maligno)* evil, malign. **(c)** *(nefasto)* fateful, disastrous. **2** *nm* natural disaster, calamity; *(accidente)* accident; **~ marítimo** shipwreck, disaster at sea.
sinnúmero *nm:* **un ~ de** no end of, countless.
sino[1] *nm* fate, destiny.
sino[2] *conj* **(a)** but; **no son 8 ~ 9** there are not 8 but 9; **no lo hace sólo para sí ~ para todos** he's not doing it only for himself but for everybody. **(b)** *(salvo)* except, save; *(únicamente)* only; **todos aplaudieron ~ él** everybody except him applauded; **no te pido ~ una cosa** I ask only *o* but one thing of you; **no lo habría dicho ~ en broma** he could only have said it jokingly.
sino... *pref* Chinese ..., Sino... .
sinónimo 1 *adj* synonymous (*de* with). **2** *nm* synonym.
sinopsis *nf inv* synopsis.
sinrazón *nf* wrong, injustice.
sinsabor *nm* **(a)** *(molestia)* trouble, unpleasantness. **(b)** *(dolor)* sorrow; *(preocupación)* uneasiness, worry.
sinsonte *nm (LAm)* mockingbird.
sintáctico *adj* syntactic(al).
sintaxis *nf* syntax.
síntesis *nf inv* synthesis.
sintético *adj* synthetic.
sintetizador *nm (Mús)* synthesizer.
sintetizar [1f] *vt* to synthesize; *(fig)* to summarize.
síntoma *nm (Med, fig)* symptom; *(señal)* sign, indication.
sintomático *adj* symptomatic.
sintonía *nf* **(a)** *(Rad)* tuning. **(b)** *(Mús, Rad: melodía)* signature tune.
sintonización *nf (Rad)* tuning.
sintonizador *nm (Rad)* tuner.
sintonizar [1f] *vt (Rad: estación, emisión)* to tune (in) to, pick up.
sinuosidad *nf* **(a)** *(fig)* deviousness. **(b) las ~es del camino** the way the road winds.
sinuoso *adj* **(a)** *(camino)* winding, sinuous; *(línea, raya)* wavy; *(rumbo)* devious. **(b)** *(persona, actitud)* devious.
sinusitis *nf* sinusitis.
sinvergüencería *nf (acción)* dirty trick *(fam)*; *(descaro)* shamelessness.
sinvergüenza *nmf* **(a)** *(malvado)* scoundrel, rogue; **¡~!** *(hum)* you villain! **(b)** *(insolente)* cheeky devil.
sinvergüenzada *nf (LAm)* rotten thing (to do) *(fam)*.
sionismo *nm* Zionism.
sionista *adj, nmf* Zionist.
siquiatría *nf etc véase* **psiquiatría** *etc.*
siquiera 1 *adv* **(a)** *(al menos)* at least; **una vez ~** once at least, just once; **deja ~ trabajar a los demás** at least let the others work. **(b) ni ~/ni ... ~** not even, not so much as; **ella ni me miró ~/ella ni ~ me miró** she didn't even look at

me. **2** *conj* even if, even though; **ven ~ sea por pocos días** do come even if it's only for a few days.
sirena *nf* **(a)** *(fig)* siren, mermaid; **~ de la playa** bathing beauty. **(b)** *(bocina)* siren, hooter; **~ de buque** ship's siren; **~ de niebla** foghorn.
sirga *nf (Náut)* towrope.
Siria *nf* Syria.
sirio/a *adj, nm/f* Syrian.
sirsaca *nf* seersucker.
sisa *nf* **(a)** petty theft; **~s** pilfering, petty thieving. **(b)** *(Cos)* dart; *(sobaquera)* armhole.
sisal *nm* sisal plant.
sisar [1a] *vt* **(a)** *(robar)* to thieve, pilfer; *(engañar)* to cheat. **(b)** *(Cos)* to take in.
sisear [1a] *vt, vi* to hiss.
sísmico *adj* seismic.
sismo *nm* = **seísmo.**
sismógrafo *nm* seismograph.
sismología *nf* seismology.
sisón/ona 1 *adj* thieving, light-fingered. **2** *nm/f* petty thief.
sistema *nm* system; *(método)* method; **~ impositivo** *o* **tributario** taxation, tax system; **~ nervioso** nervous system; **~ pedagógico** educational system; **~ rastreador** *(investigaciones espaciales)* tracking system; **trabajar con ~** to work systematically *o* methodically; **yo por ~ lo hago así** I make it a rule to do it this way.
sistemático *adj* systematic.
sistematizar [1f] *vt* to systematize.
sitiador(a) *nm/f* besieger.
sitiar [1b] *vt (asediar)* to besiege, lay siege to; *(fig)* to surround, hem in.
sitio *nm* **(a)** *(gen)* place; **en cualquier ~** anywhere; **en todos los ~s** everywhere, all over; **es un ~ muy pintoresco** it's a very picturesque spot; **cambiar de ~** to shift, move; **cambiar de ~ con uno** to change places with sb; **poner a uno en su ~, volver a uno a su ~** *(fig)* to put sb firmly in his place. **(b)** *(espacio)* room, space; **¿hay ~?** is there any room?; **hay ~ de sobra** there's plenty of room; **hacer ~** to make room (*a uno* for sb). **(c)** *(Mil)* siege; **en estado de ~** under martial law. **(d)** *(LAm: parada de taxis)* taxi rank.
sito *adj* situated, located (*en* at, in).
situación *nf (gen)* situation; *(en la sociedad)* position, standing; **~ económica** financial position; **crearse una ~** to attain a position of financial security, make good; **estar en ~ de hacerlo** to be in a position to do it.
situado *adj* **(a)** situated, placed. **(b)** *(Fin)* **estar ~** to be financially secure.
situar [1e] *vt* **(a)** to place, set; *(edificio)* to locate, site; *(Mil)* to post. **(b)** *(dinero: invertir)* to place, invest; *(: depositar en banco)* to bank; *(: destinar)* to assign; **~ una pensión para uno** to settle an income on sb; **~ fondos en el extranjero** to place money in accounts abroad.
slam [ez'lam] *nm (Bridge)* slam; **gran ~** grand slam; **pequeño ~** little slam.
slip [ez'lip] *nm, pl* **slips** [ez'lip] briefs, pants; *(LAm: bañador)* bathing trunks.
slogan [ez'loγan] *nm, pl* **slogans** [ez'loγan] slogan.
smoking [ez'mokin] *nm, pl* **smokings** [ez'mokin] dinner jacket, *(US)* tuxedo.
snack [ez'nak] *nm, pl* **snacks** [ez'nak] *(merienda)* snack; *(cafetería)* snack bar.
snob [ez'noβ] *etc véase* **esnob** *etc.*
so[1] *interj* **(a)** whoa! **(b)** *(LAm)* quiet!, shut up!
so[2] *interj:* **¡~ burro!** you idiot!, you great oaf!
so[3] *prep* under; *véase* **pena (d), pretexto.**
soba *nf* **(a)** *(el amasar)* kneading. **(b)** *(fam: bofetada)* hiding; **dar una ~ a uno** to wallop sb *(fam).*
sobaco *nm (Anat)* armpit; *(Cos)* armhole.
sobado *adj* **(a)** *(ropa)* worn, shabby; *(arrugado)* crumpled; *(libro: manoseado)* well-thumbed, dog-eared. **(b)** *(tema)* well-worn. **(c)** *(Culin: masa)* short.
sobajar [1a] *vt* to crush, rumple, mess up.
sobajear [1a] *vt (LAm: manosear)* to handle; *(: apretar)* to squeeze, press; *(: desordenar)* to mess up.
sobaquera *nf* **(a)** *(Cos)* armhole. **(b)** *(pistolera)* shoulder holster.
sobaquina *nf* underarm odour.
sobar [1a] **1** *vt* **(a)** *(tela)* to finger, dirty (with one's fingers); *(ropa)* to rumple, mess up; *(masa)* to knead; *(músculos)* to massage, rub. **(b)** *(acariciar)* to fondle; *(pey)* to finger, paw. **(c)** *(LAm: componerse: huesos)* to set. **(d)** *(fam: pegar)* to wallop. **(e)** to pester; *(molestar)* to annoy. **2 sobarse** *vr (enamorados)* to pet, cuddle.
soberanía *nf* sovereignty.
soberano/a 1 *adj* **(a)** *(Pol etc)* sovereign. **(b)** *(supremo)* supreme. **(c)** *(fam)* real, really big; **una ~a paliza** a real walloping. **2** *nm/f* sovereign; **los ~s** the king and queen, the royal couple.
soberbia *nf* **(a)** *(orgullo)* pride; *(altanería)* haughtiness, arrogance. **(b)** *(fig)* magnificence, pomp. **(c)** *(ira)* anger.
soberbio *adj* **(a)** *(orgulloso)* proud; *(altanero)* haughty, arrogant. **(b)** *(fig)* magnificent, grand; **¡~!** splendid! **(c)** *(enojado)* angry; *(malhumorado)* irritable. **(d)** *(fam)* = **soberano 1 (c).**
sobón *adj (fig)* fresh.
sobornar [1a] *vt (gen)* to bribe; *(hum: engatusar)* to get round.
soborno *nm (un ~)* bribe; *(el ~)* bribery, graft.
sobra *nf* **(a)** *(excedente)* excess, surplus; **~s** leavings, leftovers, scraps; *(Cos)* remnants. **(b) de ~** spare, surplus, extra; **aquí tengo de ~** I've more than enough here; **tuvo motivos de ~** he had plenty of justification; **lo sé de ~** I know it only too well; **aquí estoy de ~** I'm not needed here.
sobradamente *adv* amply; *(saber)* only too well; **con eso queda ~ satisfecho** with that he is more than fully satisfied.
sobradero *nm* overflow pipe.
sobrado 1 *adj* **(a)** *(más que suficiente)* more than enough; *(superfluo)* superfluous, excessive; *(sobreabundante)* superabundant; **hay tiempo ~** there's plenty of time; **tuvo razón ~a** he was amply justified; **~as veces** repeatedly. **(b) estar ~ de algo** to have more than enough of sth. **(c)** *(acaudalado)* wealthy. **2** *adv* too, exeedingly. **3** *nm (desván)* attic, garret.
sobrante 1 *adj (que sobra)* spare; *(que queda)* remaining; *(obrero)* redundant. **2** *nm* **(a)** surplus, remainder; *(Com, Fin)* surplus; *(saldo activo)* balance in hand. **(b) ~s** odds and ends. **3** *nmf* redundant worker.
sobrar [1a] **1** *vt* to exceed, surpass. **2** *vi (quedar de más)* to remain, be left (over); *(ser más que suficiente)* to be more than enough; *(quedar superfluo)* to be superfluous; **por este lado sobra** there's too much on this side; **todo lo que has dicho sobra** all that you've said is quite unnecessary; **nos sobra tiempo** we have plenty of time; **al terminar me sobraba medio metro** I had half a metre left over when I finished; **veo que aquí sobro** I see that I'm not needed here.
sobre[1] *nm* envelope; **~ de paga** pay packet.
sobre[2] *prep* **(a)** *(lugar)* on, upon; *(encima)* on top of, over, above; **está ~ la mesa** it's on the table; **volamos ~ Cádiz** we're flying over Cadiz; **pres-**

tar juramento ~ la Biblia to swear on the Bible. **(b)** *(cantidades)* over (and above); *(además de)* in addition to, besides; **un aumento ~ el año anterior** an increase over last year; **10 dólares ~ lo estipulado** 10 dollars over and above what was agreed; **~ todos mis obligaciones hay una nueva** on top of all my duties here comes another; **crimen ~ crimen** crime upon crime. **(c) estar ~ uno** *(fig: acosar)* to keep on at sb; *(: vigilar)* to keep constant watch over sb. **(d)** *(Fin)* on; **un préstamo ~ una propiedad** a loan on a property. **(e)** *(cifras)* about; **~ las 6** at about 6 o'clock; **ocupa ~ 20 páginas** it fills about 20 pages. **(f)** *(porcentaje)* in, out of; **3 ~ 100** 3 in a 100, 3 out of every 100. **(g)** *(tema)* about, on; **un libro ~ Tirso** a book about Tirso; **hablar ~ algo** to talk about sth.

sobre... *pref* super..., over... .

sobrealimentado *adj (Mec)* supercharged.

sobrealimentador *nm* supercharger.

sobrealimentar [1a] *vt* **(a)** *(persona etc)* to overfeed. **(b)** *(Mec)* to supercharge.

sobreañadir [3a] *vt* to give in addition, add (as a bonus).

sobrecalentar [1k] *vt* to overheat.

sobrecama *nm* bedspread.

sobrecarga *nf* **(a)** *(peso excesivo)* overload; *(fig)* new burden. **(b)** *(Com)* surcharge; *(Correos)* overprint(ing); **~ de importación** import surcharge.

sobrecargar [1h] *vt* **(a)** *(camión)* to overload; *(Elec)* to overload; *(persona)* to weigh down, overburden. **(b)** *(Com)* to surcharge.

sobrecargo *nm (Náut)* purser.

sobrecejo *nm* frown.

sobrecito *nm (LAm)* sachet.

sobrecoger [2c] **1** *vt (sobresaltar)* to startle, take by surprise; *(asustar)* to scare, frighten. **2 sobrecogerse** *vr* **(a)** *(véase vt)* to be startled, start (*a* at, *de* with); to get scared, be frightened. **(b)** *(quedar impresionado)* to be overawed (*de* by); **~ de emoción** to be overcome with emotion.

sobrecubierta *nf* outer cover; *(de libro)* jacket.

sobredicho *adj* aforementioned.

sobredorar [1a] *vt* to gild; *(fig)* to gloss over.

sobre(e)ntender [2g] **1** *vt* to understand; *(adivinar)* to deduce, infer. **2 sobre(e)ntenderse** *vr:* **sobre(e)ntiende que ...** it is implied that ..., one infers that ... .

sobre(e)stimar [1a] *vt* to overestimate.

sobre(e)xcitar [1a] **1** *vt* to overexcite. **2 sobre(e)xcitarse** *vr* to get overexcited.

sobre(e)xponer [2r] *vt* to overexpose.

sobre(e)xposición *nf (Fot)* overexposure.

sobregiro *nm* overdraft.

sobrehumano *adj* superhuman.

sobreimprimir [3a] *vt (Correos)* to overprint.

sobrellevar [1a] *vt (peso)* to carry, help to carry; *(: de otro)* to ease; *(desgracia etc)* to bear, endure; *(faltas ajenas)* to be tolerant towards.

sobremanera *adv* exceedingly.

sobremarcha *nf (Aut)* overdrive.

sobremesa *nf* **(a)** *(mantel)* table cover. **(b)** *(postre)* dessert. **(c)** *(después de comer)* sitting on after a meal; **charla de ~** after-dinner speech; **conversación de ~** table talk; **un cigarro de ~** an after-dinner cigar; **hablaremos de eso de ~** we'll talk about that after dinner.

sobremodo *adv* very much, enormously.

sobrenatural *adj* supernatural; *(misterioso)* weird, unearthly; **lo ~** the supernatural; **ciencias ~es** occult sciences; **vida ~** life after death.

sobrenombre *nm* nickname.

sobrentender [2g] *etc véase* **sobre(e)ntender** *etc.*

sobrepaga *nf (prima)* extra pay, bonus; *(aumento de salario)* rise, *(US)* raise.

sobreparto *nm*: **dolores de ~** afterpains.

sobrepasar [1a] *vt (gen)* to exceed; *(esperanzas)* to surpass; *(rival, récord)* to beat; *(Aer: pista de aterrizaje)* to overshoot.

sobrepelliz *nf* surplice.

sobrepeso *nm* extra load.

sobrepoblación *nf* overcrowding.

sobreponer [2r; *pp* **sobrepuesto**] **1** *vt* **(a)** to put on top (*en* of), superimpose (*en* on), add (*en* to). **(b) ~ A a B** to give A preference over B. **2 sobreponerse** *vr* **(a)** *(recobrar la calma)* to master o.s., pull o.s. together; *(vencer dificultades)* to win through. **(b) ~ a una enfermedad** to pull through an illness; **~ a un enemigo** to overcome an enemy; **~ a un susto** to get over a fright.

sobreprecio *nm* surcharge; *(aumento de precio)* increase in price.

sobreproducción *nf* overproduction.

sobrepuesto 1 *pp de* **sobreponer. 2** *adj* superimposed.

sobrepujar [1a] *vt* to excel, surpass; *(en subasta)* to outbid.

sobrero *adj* extra, spare.

sobresaliente 1 *adj* **(a)** *(Arquit)* projecting, overhanging. **(b)** *(fig)* outstanding, excellent; *(Univ etc)* first class. **2** *nmf (Teat)* understudy. **3** *nm (Univ etc)* first class (mark), distinction.

sobresalir [3r] *vi* **(a)** to project, jut out; *(salirse de la línea)* to stick out. **(b)** *(fig)* to stand out, excel.

sobresaltar [1a] **1** *vt* to startle, frighten. **2 sobresaltarse** *vr* to start, be startled (*con, de* at).

sobresalto *nm (sorpresa)* start; *(susto)* scare; *(conmoción)* sudden shock; **de ~** suddenly.

sobresanar [1a] *vi (Med)* to heal superficially.

sobrescrito *nm (señas)* address; *(inscripción)* superscription.

sobreseer [2e] *vt:* **~ una causa** *(Jur)* to stop a case.

sobresello *nm* double seal.

sobrestante *nm (capataz)* foreman, overseer; *(gerente de solar)* site manager.

sobresueldo *nm* = **sobrepaga.**

sobretasa *nf* surcharge.

sobretodo *nm* overcoat.

sobrevalorar [1a] *vt* to overvalue.

sobrevenir [3s] *vi* to happen (unexpectedly), come up; *(resultar)* to follow, ensue.

sobreviviente = **superviviente.**

sobrevivir [3a] *vi* to survive; **~ a** *(accidente)* to survive; *(persona)* to survive, outlive; *(durar más tiempo que)* to outlast.

sobrevolar [1m] *vt* to fly over.

sobriedad *nf (gen)* soberness; *(moderación)* moderation, restraint; *(tranquilidad)* quietness; *(sencillez)* plainness.

sobrino/a *nm/f* nephew/niece.

sobrio *adj (templado)* sober; *(moderado)* moderate, restrained; *(color)* quiet; *(moda)* plain, sober; **~ en la bebida** temperate in one's drinking habits; **ser ~ de palabras** to speak with restraint.

socaire *nm (Náut)* lee; **al ~** to leeward; **al ~ de** *(fig: al abrigo de)* enjoying the protection of; *(: so pretexto de)* using ... as an excuse; **estar** *o* **ponerse al ~** *(fig)* to shirk.

socapa *nf*: **a ~** surreptitiously.

socarrón *adj* **(a)** *(irónico)* sarcastic, ironical; *(humor)* sly. **(b)** *(taimado)* crafty, cunning.

socarronería *nf* **(a)** *(sarcasmo)* sarcasm, irony; *(malicia)* sly humour. **(b)** *(astucia)* craftiness, cunning.

socavar [1a] *vt* **(a)** *(gen, fig)* to undermine; *(excavar)* to dig under; *(suj: agua)* to hollow out. **(b)** *(fig)* to sap, undermine.
socavón *nm* **(a)** *(Min)* gallery, tunnel; *(hueco)* hollow; *(en la calle)* hole. **(b)** *(Arquit)* subsidence.
sociabilidad *nf (véase adj)* sociability; gregariousness; conviviality.
sociable *adj (persona)* sociable, friendly; *(animal)* social, gregarious; *(reunión, fiesta)* convivial.
social *adj* **(a)** *(gen)* social. **(b)** *(Com, Fin)* company *(atr)*, company's.
socialdemócrata *nmf* social democrat.
socialdemocrático *adj* social-democratic.
socialismo *nm* socialism.
socialista 1 *adj* socialist(ic). **2** *nmf* socialist.
socialización *nf* socialization; *(estatificación)* nationalization.
socializar [1f] *vt* to socialize; *(estatificar)* to nationalize.
sociedad *nf* **(a)** *(gen)* society; **la ~ actual** contemporary society; **la ~ benéfica** the welfare state; **la ~ opulenta** the affluent society. **(b)** *(asociación)* society, association; **~ científica** *o* **docta** learned society; **~ inmobilaria** building society; **S~ de Jesús** Society of Jesus; **~ secreta** secret society; **~ de socorro mutuo** friendly *o* provident society. **(c)** *(Com, Fin)* company; *(de socios)* partnership; **~ anónima** limited liability company, corporation; **S~ Anónima** (*abr* **SA**) Limited, *(US)* Incorporated; **~ de cartera** *o* **control** holding company; **~ mercantil** trading company. **(d) alta** *o* **buena ~** (high) society; **notas de ~** gossip column, column of society news.
socio/a *nm/f* **(a)** *(gen)* associate; *(de club)* member; *(de sociedad docta)* fellow; **~ honorario** *o* **de honor** honorary member; **~ de número** full member. **(b)** *(Com, Fin)* partner; **~ comanditario** sleeping partner, *(US)* silent partner.
socioeconómico *adj* socioeconomic.
sociología *nf* sociology.
sociológico *adj* sociological.
sociólogo/a *nm/f* sociologist.
socorrer [2a] *vt (persona)* to help; *(necesidades)* to meet; *(ciudad sitiada)* to relieve.
socorrido *adj* **(a)** *(tienda)* well-stocked. **(b)** *(objeto: útil)* handy. **(c)** *(persona)* helpful, obliging. **(d)** *(trillado)* hackneyed, well-worn.
socorrismo *nm* life-saving.
socorrista *nmf* first-aid worker; *(en piscina, playa)* life-saver.
socorro *nm (gen)* help, aid, assistance; *(alivio)* relief; ¡~! help!; **~s mutuos** mutual aid; **trabajos de ~** relief *o* rescue work.
soda *nf* **(a)** *(Quím)* soda. **(b)** *(bebida)* soda water.
sodio *nm* sodium.
sodomía *nf* sodomy.
sodomita *nm* sodomite.
soez *adj* dirty, obscene.
sofá *nm* sofa, settee.
sofá-cama *nm* studio couch, sofa bed.
sofisticación *nf* sophistication; *(pey)* affectation.
sofisticado *adj* sophisticated; *(pey)* affected.
soflama *nf* **(a)** *(fuego)* flicker. **(b)** *(sonrojo)* blush. **(c)** *(arenga)* fiery speech. **(d)** *(engaño)* deceit.
soflamar [1a] *vt* **(a)** to scorch; *(Culin)* to singe. **(b)** *(hacer sonrojar)* to shame, make blush. **(c)** *(fam: engañar)* to deceive.
sofocación *nf* **(a)** suffocation. **(b)** *(fig)* = **sofoco (b)**.
sofocado *adj*: **estar ~** *(fig)* to be out of breath; *(ahogarse)* to feel stifled; *(abochornarse)* to be hot and bothered.
sofocante *adj* stifling, suffocating.
sofocar [1g] **1** *vt* **(a)** *(persona)* to suffocate, stifle. **(b)** *(incendio)* to smother, put out; *(rebelión)* to crush, put down; *(epidemia)* to stop. **(c)** *(fig)* **~ a uno** *(hacer sonrojar)* to make sb blush, put sb to shame; *(azorar)* to embarrass sb; *(enojar)* to anger sb. **2 sofocarse** *vr* **(a)** *(ahogarse)* to suffocate, stifle; *(jadear)* to get out of breath; *(no poder respirar)* to choke. **(b)** *(sonrojarse)* to blush; *(enojarse)* to get angry, get upset.
sofoco *nm* **(a)** stifling sensation. **(b)** *(azoro)* embarrassment; *(ira)* anger, indignation. **(c) pasar un ~** to have an embarrassing time.
sofoquina *nf (fam)* stifling heat.
sofreír [3m; *pp* **sofrito**] *vt* to fry lightly.
sofrenada *nf* **(a)** sudden jerk on the reins. **(b)** *(fam: reprimenda)* ticking-off.
sofrenar [1a] *vt* **(a)** *(caballo)* to rein back sharply. **(b)** *(fig)* to control. **(c)** *(fam: reprender)* to tick off.
sofrito *pp de* **sofreír.**
software ['sofwer] *nm (Comput)* software.
soga *nf (gen)* rope, cord; *(del verdugo)* hangman's rope; **estar con la ~ al cuello** to be in imminent danger; **hablar de la ~ en casa del ahorcado** to say something singularly inappropriate.
soja *nf* soya; **semilla de ~** soya bean.
sojuzgar [1h] *vt (vencer)* to conquer; *(tiranizar)* to rule despotically.
sol *nm (gen)* sun; *(luz solar)* sunshine, sunlight; **de ~ a ~** from dawn to dusk; **~ naciente/poniente** rising/setting sun; **como un ~** as bright as a new pin; **tostarse al ~** to sit in the sun, sunbathe; **arrimarse al ~ que más calienta** to know which side one's bread is buttered; **hay** *o* **hace ~** it is sunny, the sun is shining; **tomar el ~** to sun o.s., sunbathe; **no dejar a uno ni a ~ ni a sombra** to pester sb.
solana *nf (sitio)* sunny spot, suntrap; *(en casa)* sun lounge, solarium.
solanera *nf* scorching sunshine; *(Med: quemadura del sol)* sunburn; *(: insolación)* sunstroke.
solano *nm* east wind.
solapa *nf* **(a)** *(de chaqueta)* lapel; *(de sobre, libro, bolsillo)* flap. **(b)** *(fig)* pretext.
solapado *adj* sly, underhand.
solapar [1a] **1** *vt* **(a)** *(cubrir parcialmente)* to overlap. **(b)** *(fig: encubrir)* to cover up, keep dark. **2** *vi* to overlap. **3 solaparse** *vr*: **se ha solapado** it has got hidden underneath.
solar[1] *nm* **(a)** *(Arquit)* lot, piece of ground, site; **~ para edificaciones** building site. **(b)** *(casa solariega)* ancestral home, family seat; *(fig)* family, lineage.
solar[2] [1m] *vt (suelo)* to floor, tile; *(zapatos)* to sole.
solar[3] *adj* solar, sun *(atr)*.
solariego *adj* **(a) casa ~a** family seat, ancestral home. **(b)** *(Hist: ascendencia)* ancient and noble; *(títulos)* manorial.
solaz *nm (descanso)* recreation, relaxation; *(consuelo)* solace.
solazar [1f] **1** *vt (divertir)* to amuse, provide relaxation for; *(consolar)* to console. **2 solazarse** *vr* to enjoy o.s., relax.
soldada *nf* pay.
soldadesca *nf (pey)* army rabble.
soldadesco *adj* soldierly.
soldadito *nm*: **~ de plomo** tin soldier.
soldado[1] *nm* soldier; **~ de infantería** infantryman; **~ de marina** marine; **~ de plomo** tin soldier; **~ de primera** lance corporal; **~ raso** private; **la tumba del S~ Desconocido** the tomb of the Unknown Warrior.
soldado[2] *adj (juntura)* welded; **totalmente ~**

welded throughout.
soldador *nm* **(a)** *(Téc)* soldering iron. **(b)** *(persona)* welder.
soldadura *nf* **(a)** *(de materiales)* solder. **(b)** *(acción)* soldering, welding; ~ **autógena** welding. **(c)** *(juntura)* welded seam.
soldar [1m] **1** *vt* **(a)** *(Téc)* to solder, weld. **(b)** *(juntar)* to join, unite; *(dos piezas)* to weld together; *(disputa)* to patch up. **2 soldarse** *vr (huesos)* to knit (together).
soleado *adj* sunny.
solear [1a] *vt (dejar al sol)* to put in the sun; *(blanquear)* to bleach.
soledad *nf* **(a)** solitude; *(aislamiento)* loneliness. **(b)** *(lugar)* lonely place.
solemne *adj* **(a)** solemn; *(majestuoso)* impressive. **(b)** *(fam: mentira)* downright; *(tontería)* utter; *(error)* complete, terrible.
solemnidad *nf* **(a)** solemnity; *(majestuosidad)* impressiveness; *(dignidad)* formality, dignity. **(b)** *(ceremonia)* solemn ceremony; **~es** solemnities. **(c) ~es** (bureaucratic) formalities. **(d)** *(fam)* **pobre de** ~ miserably poor; **rico de** ~ stinking rich *(fam)*.
solemnizar [1f] *vt* to solemnize, celebrate.
soler [2h; *defectivo*] *vi:* ~ **hacer** to be in the habit of doing, be accustomed to do; **suele pasar por aquí** he usually comes this way; **solíamos ir todos los años** we used to go every year.
solera *nf* **(a)** *(punta)* prop, support; *(plinto)* plinth. **(b)** *(de cuneta)* bottom. **(c)** *(tradición)* tradition; **éste es país de ~ celta** this is a country of basically Celtic character; **vino de** ~ vintage wine; **es un barrio con** ~ it is a typically Spanish *etc* quarter.
soleta *nf (Cos)* patch, darn.
solfa *nf* **(a)** *(Mús)* solfa; *(: signos)* musical notation; *(fig)* music. **(b)** *(fam)* tanning *(fam)*. **(c)** *(fam)* **poner a uno en** ~ to make sb look ridiculous.
solfear [1a] *vt* **(a)** *(Mús)* to solfa. **(b)** *(fam: echar una bronca)* to tan *(fam)*.
solfeo *nm* **(a)** *(Mús)* solfa. **(b)** *(fam: paliza)* thrashing; *(reprensión)* ticking-off *(fam)*.
solicitación *nf* request; *(de votos)* canvassing.
solicitante *nmf* applicant.
solicitar [1a] *vt* **(a)** *(permiso)* to ask for, seek; *(visto bueno)* to seek; *(puesto)* to apply for; *(apoyo)* to canvass for; *(votos, opiniones)* to canvass; ~ **algo a uno** to ask sb for sth. **(b)** *(atención, tb Fís)* to attract. **(c)** *(persona)* to pursue, try to attract; *(mujer)* to court.
solícito *adj* diligent, concerned (*por* about, for); *(cariñoso)* affectionate.
solicitud *nf* **(a)** *(cualidad)* diligence, care; *(preocupación)* solicitude, concern; *(cariño)* affection. **(b)** *(petición)* request (*de* for); *(para un puesto)* application (*de* for); **a** ~ on request; **presentar una** ~ to make an application; **denegar** *o* **desestimar una** ~ to reject an application.
solidaridad *nf* solidarity; **por ~ con** *(Pol etc)* out of solidarity with.
solidario *adj* **(a)** *(compromiso)* mutually binding, shared in common; *(participación)* joint, common; *(co-responsable)* jointly liable. **(b) hacerse ~ de** to declare one's solidarity with.
solidarizarse [1f] *vr:* ~ **con** to affirm one's support for.
solidez *nf* solidity; *(dureza)* hardness.
solidificar [1g] **1** *vt* to solidify, harden. **2 solidificarse** *vr* to solidify, harden.
sólido 1 *adj* **(a)** *(gen)* solid; *(duro)* hard. **(b)** *(Téc)* solidly made; *(bien construido)* well built; *(zapatos)* stout, strong; *(color)* fast. **(c)** *(fig)* solid, sound; *(fijo)* firm, stable. **2** *nm* solid.
soliloquio *nm* soliloquy, monologue.
solista *nmf* soloist.
solitario/a 1 *adj* **(a)** *(persona, vida)* lonely, solitary. **(b)** *(lugar)* lonely, desolate. **2** *nm/f (recluso)* recluse; *(ermitaño)* hermit. **3** *nm (Naipes, tb diamante)* solitaire. **4 solitaria** *nf* tapeworm.
soliviantar [1a] *vt* **(a)** to stir up, rouse (to revolt). **(b)** *(enojar)* to anger; *(sacar de quicio)* to exasperate. **(c)** *(inquietar)* to worry. **(d)** *(hacer sentir ansias)* to fill with longing; **anda soliviantado con el proyecto** he has tremendous hopes for the scheme.
solo 1 *adj* **(a)** single, sole; *(único)* unique; *(singular)* **hay una ~a dificultad** there is just one difficulty; **su ~a preocupación es ganar dinero** his one concern is to make money. **(b)** *(solitario)* lonely; *(sin compañía)* alone, by oneself; **venir** ~ to come alone; **me siento muy** ~ I feel very lonely; **tendremos que comer pan** ~ we shall have to eat plain bread. **(c) a ~as** alone, by oneself; **lo hizo a ~as** he did it (all) by himself; **vuelo a ~as** solo flight. **(d)** *(Mús)* solo; **cantar** ~ to sing solo. **2** *nm* **(a)** *(Mús)* solo; **un ~ para tenor** a tenor solo. **(b)** *(Naipes)* solitaire, patience.
sólo *adv (gen)* only; *(exclusivamente)* solely, merely, just; **es ~ un teniente** he's merely a lieutenant; **no ~ A sino también B** not only A but also B; **ven aunque ~ sea para media hora** come even if it's just for half an hour; **tan** ~ only just.
solomillo *nm* sirloin.
solsticio *nm* solstice.
soltar [1m] **1** *vt* **(a)** *(dejar ir)* to let go of; *(dejar caer)* to drop; **soltó mi mano** he let go of my hand; **¡suéltenme!** let me go! **(b)** *(nudo)* to untie, undo; *(aflojar: cinturón, cuerda)* to loosen; *(amarras)* to cast off; *(Aut: embrague, freno)* to release. **(c)** *(presa)* to release, set free; *(animales)* to let loose *o* out. **(d)** *(suspiro)* to heave; *(grito, secreto, estornudo)* to let out; *(verdad, injurias)* to come out with; *(noticia)* to break; **¡suelta!** out with it!; ~ **una carcajada** to burst out laughing; ~ **el dinero** to cough up the money *(fam)*. **(e)** *(golpe)* to land, deal. **(f)** *(problema)* to (re)solve.

2 soltarse *vr* **(a)** *(desanudarse)* to come undone *o* untied; *(animal)* to get *o* break loose; *(Mec: desprenderse)* to come off; ~ **de las manos de uno** to escape from sb's clutches; **se le soltó un grito** a cry escaped him; ~ **del vientre** to have diarrhoea. **(b)** *(desmandarse)* to lose control of o.s.; ~ **a su gusto** to let off steam. **(c)** *(adquirir habilidad)* to become expert; *(: en un idioma)* to become fluent. **(d)** ~ **con una idea** to come up with an idea; ~ **con el dinero** to part with the money.
soltera *nf* unmarried woman, spinster; **apellido de** ~ maiden name.
soltería *nf (de hombre)* bachelorhood; *(de mujer)* spinsterhood.
soltero 1 *adj* unmarried. **2** *nm* bachelor.
solterón *nm* confirmed bachelor, old bachelor.
solterona *nf* spinster, maiden lady; *(pey: soltera empedernida)* old maid; **tía** ~ maiden aunt.
soltura *nf* **(a)** *(de cuerda)* slackness; *(Mec)* looseness; *(de brazos, piernas)* agility, nimbleness. **(b)** *(Med: tb* **~ de vientre***)* looseness of the bowels, diarrhoea. **(c)** *(al hablar)* fluency, ease; **habla árabe con** ~ he speaks Arabic fluently. **(d)** *(descaro)* shamelessness.
solubilidad *nf* solubility.
soluble *adj* **(a)** *(Quím)* soluble; ~ **en agua** soluble in water. **(b)** *(problema)* solvable, that can be solved.

solución *nf* **(a)** *(Quím)* solution. **(b)** *(de problema)* solution; *(explicación)* answer (*de* to). **(c)** *(Teat)* climax, dénouement. **(d)** ~ **de continuidad** break in continuity, interruption.

solucionar [1a] *vt* to solve; *(decidir)* to resolve, settle.

solvencia *nf* **(a)** *(Fin)* solvency. **(b)** *(Fin: acción)* settlement, payment. **(c)** *(fig)* ~ **moral** character; **de toda ~ moral** completely trustworthy.

solventar [1a] *vt* **(a)** *(deuda)* to settle, pay. **(b)** *(dificultad)* to resolve; *(asunto)* to settle.

solvente 1 *adj* solvent, free of debt. **2** *nm (Quím)* solvent.

sollo *nm* sturgeon.

sollozar [1f] *vi* to sob.

sollozo *nm* sob; **decir algo entre ~s** to sob sth.

somalí *adj, nmf* Somali.

Somalia *nf* Somalia.

sombra *nf* **(a)** *(proyectado por un objeto)* shadow; *(protección)* shade; *(Arte)* shaded part, shaded area; **~s** shadows, darkness; **a la ~ de** in the shade of; *(fig)* under the protection of; *(pey)* under the cloak of; **estar a la ~** to be in the shade; *(fam)* to be in clink *(fam)*; **dar** *o* **hacer ~** to give shade, cast a shadow; **hacer ~ a uno** *(fig)* to put sb in the shade. **(b)** *(fig)* **~s** obscurity; *(ignorancia)* ignorance; *(pesimismo)* sombreness. **(c)** *(fantasma)* shade, ghost. **(d)** *(mancha)* dark patch, stain; *(fig)* stain, blot. **(e)** *(vestigio)* shadow, sign; **sin ~ de avaricia** without a trace of greed; **sin ~ de duda** without a shadow of doubt; **no tiene ni ~ de talento** he hasn't the least bit of talent. **(f)** *(suerte)* luck; **tener buena ~** to be lucky; **ser de mala ~** to be unlucky. **(g) tiene mucha ~ para contar chistes** he's got a great talent for telling jokes; **tener buena ~** to be likeable, have lots of charm; **tener mala ~** to be a nasty piece of work.

sombreado 1 *adj* shady. **2** *nm (Arte)* shading.

sombreador *nm*: **~ de ojos** eyeshadow.

sombrear [1a] *vt (gen)* to shade.

sombrerera *nf* **(a)** *(artesana)* milliner. **(b)** *(caja)* hatbox.

sombrerería *nf* **(a)** *(sombreros)* hats, millinery. **(b)** *(tienda)* hat shop; *(fábrica)* hat factory.

sombrerero *nm (artesano)* hatter, hatmaker.

sombrerete *nm* **(a)** little hat. **(b)** *(de seta)* cap. **(c)** *(Téc: de carburador)* bonnet; *(cubo de rueda)* cap; *(de chimenea)* cowl.

sombrero *nm* **(a)** hat; **~ de tres picos** cocked *o* three-cornered hat; **~ hongo** bowler (hat); **~ de copa** *o (LAm)* **de pelo** top hat; **~ flexible** soft hat, trilby; **~ gacho** slouch hat; **~ de jipijapa** Panama hat; **~ de paja** straw hat. **(b)** *(Bot)* cap.

sombrilla *nf* parasol, sunshade.

sombrío *adj* **(a)** *(lugar)* shaded. **(b)** *(fig: lugar)* sombre, dismal; *(: persona)* gloomy; *(: perspectiva)* sombre.

somero *adj (lit)* shallow; *(fig)* superficial.

someter [2a] **1** *vt* **(a)** *(nación)* to conquer; *(persona)* to subject to one's will. **(b) ~ su opinión a la de otros** to subordinate one's opinion to that of others. **(c)** *(informe)* to present, submit (*a* to). **(d) ~ a una autoridad** to refer to an authority for decision. **(e) ~ a** *(prueba)* to put *o* subject to; **~ una sustancia a la acción de un ácido** to subject a substance to the action of an acid. **2 someterse** *vr* **(a)** to give in, submit; **~ a la mayoría** to give way to the majority. **(b) ~ a una operación** to undergo an operation; **~ a un tratamiento médico** to have medical treatment.

sometimiento *nm* **(a)** *(estado)* submission, subjection. **(b)** *(acción)* presentation, submission.

somier [so'mier] *nm, pl* **somiers** [so'mier] spring mattress.

somnífero *nm* sleeping pill.

somnolencia *nf* sleepiness, drowsiness.

son *nm* **(a)** sound; *(sonido agradable)* pleasant sound; **a ~ de** to the sound of. **(b)** *(rumor)* rumour. **(c)** *(estilo)* manner, style; **¿a qué ~ ...?, ¿a ~ de qué ...?** why on earth ...?; **en ~ de** as, like; **en ~ de broma** as a joke; *véase* **bailar.**

sonado *adj* **(a)** *(comentado)* talked-of; *(famoso)* famous; *(sensacional)* sensational. **(b) hacer una (que sea) ~a** to cause a major scandal.

sonaja *nf* little bell.

sonambulismo *nm* sleepwalking.

sonámbulista *nmf* sleepwalker, somnambulist.

sonante *adj* audible; *(sonoro)* resounding; *véase* **contante.**

sonar [1m] **1** *vt* **(a)** *(campana, moneda)* to ring; *(trompeta)* to play, blow; *(sirena)* to blow. **(b) ~ (las narices) a un niño** to blow a child's nose.

2 *vi* **(a)** to sound; *(Mús)* to play; *(campana, teléfono)* to ring; *(reloj)* to chime, strike; **le estaban sonando las tripas** his stomach was rumbling; **~ a cascado/a hueco** to sound cracked/hollow. **(b)** *(Ling)* to be sounded, be pronounced; **la h de 'hombre' no suena** the h in 'hombre' is not pronounced *o* is silent. **(c)** *(fig)* to sound; **esas palabras suenan extrañas** those words sound strange; **no me suena bien** it sounds all wrong to me. **(d)** *(mencionarse)* to be talked of; **es un nombre que suena** it's a name that's in the news. **(e)** *(ser conocido)* to seem familiar; **no me suena el nombre** the name doesn't ring a bell with me; **me suena ese coche** that car looks familiar.

3 sonarse *vr (tb* **~ las narices**) to blow one's nose.

sonata *nf* sonata.

sonda *nf* **(a)** *(acción)* sounding. **(b)** *(Náut)* lead; *(Téc)* bore, drill; *(Med)* probe; **~ acústica** echo-sounder.

sondaje *nm (Náut)* sounding; *(Téc)* boring, drilling; **conversaciones de ~** exploratory talks; **organismo de ~** public opinion poll.

sond(e)ar [1a] *vt (Náut)* to sound, take soundings of; *(Med)* to probe; *(Téc)* to bore (into), drill; *(fig: terreno)* to explore; *(: misterio)* to delve into; *(persona, intenciones: ponerse en contacto con)* to sound out.

sondeo *nm (Med, Náut)* sounding; *(Téc: perforación)* drilling; *(encuesta)* poll, inquiry; *(Pol: contacto)* feeler, approach; **~ de la opinión pública** Gallup Poll.

soneto *nm* sonnet.

sónico *adj* sonic, sound *(atr)*.

sonido *nm* sound.

soniquete *nm* = **sonsonete (b).**

sonoridad *nf* sonority, sonorousness.

sonorizar [1f] **1** *vt (Cine)* to add the sound track to; *(Ling)* to voice. **2 sonorizarse** *vr (Ling)* to voice, become voiced.

sonoro *adj* **(a)** *(voz)* rich; *(ruidoso)* loud, resonant; *(poesía)* sonorous; *(cueva)* echoing. **(b)** *(Ling)* voiced. **(c) banda ~a** sound track; **efectos ~s** sound effects.

sonreír [3m] **1** *vi* **(a)** to smile; **~ a uno** to smile at sb; **~ de un chiste** to smile at a joke; **~ forzadamente** to force a smile. **(b)** *(fig)* **le sonríe la fortuna** fortune smiles (up)on him. **2 sonreírse** *vr* to smile.

sonriente *adj* smiling.

sonrisa *nf* smile; **~ amarga/forzada** wry/forced smile; **no perder la ~** to keep smiling.

sonrojar [1a] **1** *vt:* ~ **a uno** to make sb blush. **2** **sonrojarse** *vr* to blush (*de* at).
sonrojo *nm* **(a)** blush. **(b)** *(improperio)* naughty remark.
sonrosado *adj* rosy, pink.
sonsacar [1g] *vt* to wheedle, coax; ~ **a uno** to pump sb for information; ~ **un secreto a uno** to worm a secret out of sb.
sonsera *nf*, **sonsería** *nf (LAm)* = **zoncería.**
sonso *adj (LAm)* = **zonzo.**
sonsonete *nm* **(a)** *(golpecitos)* tap(ping). **(b)** *(voz monótona)* monotonous delivery, singsong (voice). **(c)** *(frase rimada)* jingle, rhyming phrase.
soñado *adj* **(a)** dreamed-of; **el hombre** ~ one's ideal man, Mr Right. **(b)** *(fam)* **hemos encontrado un sitio que ni** ~ we've found an absolutely perfect spot.
soñador(a) **1** *adj* dreamy. **2** *nm/f* dreamer.
soñar [1m] *vt, vi (lit, fig)* to dream; ~ **con algo** to dream of sth; **soñé contigo anoche** I dreamed about you last night; ~ **con** *o* **en viajar** to dream of travelling; ~ **que ...** to dream that ...; ~ **despierto** to day-dream; ~ **en voz alta** to talk in one's sleep; **¡ni ~lo!** *(fam)* not on your life!
soñolencia *nf* = **somnolencia.**
soñoliento *adj* sleepy, drowsy.
sopa *nf* **(a)** soup; ~ **de cebolla** onion soup; ~ **de fideos** noodle soup; **comer** *o* **andar a** *o* **vivir a la** ~ **boba** to scrounge one's meals *(fam)*. **(b)** *(pan mojado)* sop; **~s de leche** bread and milk; **estar hecho una** ~ to be sopping wet. **(c)** *(fam)* hangover; **quitar la** ~ **a uno** to sober sb up; **quitarse la** ~ **a uno** to sober up.
sopapear [1a] *vt* to punch, bash *(fam)*; *(sacudir)* to shake violently.
sopapo *nm* punch (on the jaw), bash *(fam)*.
sopero/a **1** *adj (plato, cuchara)* soup *(atr)*. **2** *nm* soup plate. **3** **sopera** *nf* soup tureen.
sopesar [1a] *vt* to try the weight of; *(fig)* to weigh up.
sopetón *nm* **(a)** punch. **(b)** **de** ~ suddenly, unexpectedly.
soplado *adj (fam)* **estar** ~ to be tight.
soplador *nm (de vidrio)* glass blower.
soplamocos *nm inv (puñetazo)* punch, slap.
soplar [1a] **1** *vt* **(a)** *(polvo)* to blow away *o* off; *(superficie)* to blow on; *(vela)* to blow out; *(globo)* to blow up; *(vidrio)* to blow. **(b)** *(fig)* to inspire. **(c)** ~ **(la respuesta) a uno** to whisper the answer to sb; ~ **a uno** *(ayudar a recordar)* to prompt sb; ~ **a X algo referente a Y** to tell X sth to Y's discredit. **(d)** *(fam: delatar)* to split on *(fam)*. **(e)** *(fam: birlar)* to pinch *(fam)*. **(f)** *(fam: cobrar)* to charge, sting *(fam)*; **me han soplado 8 dólares** they stung me for 8 dollars. **(g)** *(fam: golpe)* to deal, fetch.
2 *vi* **(a)** *(persona, viento)* to blow; **¡sopla!** well I'm blowed! **(b)** *(fam: delatar)* to split *(fam)*, squeal *(fam)*. **(c)** *(fam: beber)* to drink, booze.
3 **soplarse** *vr* **(a)** *(fam)* ~ **un pastel** to wolf (down) a cake. **(b)** *(fam: delatar)* ~ **de uno** to split on sb *(fam)*, sneak on sb.
soplete *nm* blowlamp, blowtorch; ~ **oxiacetilénico** oxyacetylene burner; ~ **solador** welding torch.
soplido *nm* strong puff, blast.
soplo *nm* **(a)** *(con la boca)* blow, puff; *(de viento)* puff, gust; *(Téc)* blast. **(b)** *(fam)* tip(-off); **dar el** ~ to tell tales.
soplón/ona *nm/f (fam: chismoso)* telltale, sneak *(fam)*; *(: de policía)* informer, grass *(fam)*.
soponcio *nm* dizzy spell.
sopor *nm (Med)* drowsiness; *(letargo)* torpor.
soporífero **1** *adj* sleep-inducing; *(fig)* soporific. **2** *nm* nightcap; *(Med)* sleeping pill.
soportable *adj* bearable.
soportal *nm* **(a)** *(de casa)* porch, portico. **(b)** **~es** arcade *sg*.
soportar [1a] *vt* **(a)** *(Arquit)* to bear, hold up; *(presión)* to resist, withstand. **(b)** *(fig)* to stand, put up with.
soporte *nm* **(a)** *(gen)* support; *(pedestal)* base, stand; *(de repisa)* bracket. **(b)** *(fig)* pillar, support. **(c)** *(Comput)* backup.
soprano *nf* soprano.
sor *nf (con un nombre)* Sister; **S~ María** Sister Mary.
sorber [2a] *vt* **(a)** *(con los labios)* to sip; *(chupar)* to suck up; ~ **por una paja** to drink through a straw; ~ **por las narices** to sniff (in *o* up); *(Med)* to inhale. **(b)** *(palabras)* to drink in.
sorbete *nm* sherbet; *(polo helado)* water ice.
sorbetera *nf* ice-cream freezer.
sorbetón *nm* gulp, mouthful.
sorbito *nm* sip.
sorbo *nm* sip; *(trago)* gulp, swallow; **un** ~ **de té** a sip of tea; **beber a ~s** to sip.
sordera *nf* deafness.
sordidez *nf* **(a)** dirt(iness), squalor. **(b)** *(mezquindad)* meanness.
sórdido *adj* **(a)** *(sucio)* dirty, squalid. **(b)** *(palabra)* nasty, dirty. **(c)** *(mezquino)* mean.
sordina *nf* **(a)** *(Mús)* mute. **(b)** **a la** ~ surreptitiously.
sordo/a **1** *adj* **(a)** *(persona)* deaf; ~ **como una tapia** as deaf as a post; **quedarse** ~ to go deaf; **a la ~a, a ~as** on the quiet. **(b)** *(máquina)* quiet, noiseless; *(ruido)* dull, muffled; *(dolor)* dull; *(Ling)* voiceless; *(emociones)* suppressed. **2** *nm/f* deaf person; **hacerse el** ~ to pretend not to hear.
sordomudez *nf* condition of being deaf and dumb.
sordomudo/a **1** *adj* deaf and dumb. **2** *nm/f* deaf-mute.
sorgo *nm* sorghum.
sorna *nf (malicia)* slyness; *(tono burlón)* sarcastic tone; **con** ~ slyly, mockingly.
sorocharse [1a] *vr* = **asorocharse.**
soroche *nm (LAm)* mountain sickness, sickness caused by great altitudes.
sorprendente *adj* surprising; *(asombroso)* amazing.
sorprender [2a] **1** *vt* **(a)** to surprise; *(asombrar)* to amaze; *(sobresaltar)* to startle. **(b)** *(Mil etc)* to surprise; *(coger desprevenido)* to catch unawares; *(conversación)* to overhear; *(secreto)* to find out, discover; *(escondrijo)* to come across. **2** **sorprenderse** *vr* to be surprised (*de* at), be amazed (*de* at).
sorpresa **1** *nf* **(a)** *(gen)* surprise; *(asombro)* amazement; **causar** *o* **producir** ~ **a** to surprise; **con gran ~ mía, para mi** ~ much to my surprise; **¡qué ~!, ¡vaya ~!** what a surprise!; **coger a uno de** *o* **por** ~ to take sb by surprise. **(b)** *(Mil)* surprise attack. **2** *adj* surprise *(atr)*; **resultado** ~ surprise result.
sorpresivo *adj (LAm)* surprising; *(imprevisto)* sudden, unexpected.
sortear [1a] **1** *vt* **(a)** to decide by lot; *(rifar)* to raffle (for charity); *(Dep: lados)* to toss up for. **(b)** *(obstáculo)* to dodge, avoid; *(salvar)* to get round; *(regatear)* to manage to miss, swerve past. **(c)** *(dificultad)* to avoid, get round; *(pregunta)* to handle, deal with (skilfully). **2** *vi* to draw lots; *(jugar a cara o cruz)* to toss, toss up.

sorteo *nm* **(a)** *(en lotería)* draw; *(rifa)* raffle; *(Dep)* toss. **(b)** *(de obstáculo)* dodging, avoidance; *(regateo)* swerving.
sortija *nf* **(a)** ring; ~ **de sello** signet ring. **(b)** *(bucle)* curl, ringlet.
sortilegio *nm* **(a)** *(hechicería)* sorcery; *(advinación)* fortune-telling. **(b)** *(un ~: hechizo)* spell, charm. **(c)** *(fig: encanto)* charm.
sosa *nf* soda; ~ **cáustica** caustic soda.
sosegado *adj* **(a)** *(tranquilo)* calm, peaceful; *(apacible)* gentle. **(b)** *(persona)* calm, steady.
sosegar [1h, 1k] **1** *vt (calmar)* to calm, quieten; *(arrullar)* to lull; *(ánimo)* to reassure; *(dudas, aprensiones)* to allay. **2** *vi* to rest. **3 sosegarse** *vr (calmarse)* to calm down, become calm; *(aquietarse)* to quieten down.
sosería *nf* **(a)** *(insulsez)* insipidness. **(b)** *(monotonía)* dullness; *(aburrimiento)* flatness.
sosia *nm (persona idéntica)* double.
sosiego *nm (gen)* calm(ness); *(quietud)* peacefulness.
soslayar [1a] *vt* **(a)** *(poner ladeado)* to put sideways, place obliquely. **(b)** *(dificultad)* to get round; *(pregunta)* to dodge, sidestep; *(encuentro)* to avoid.
soslayo: al *o* **de** ~ *adv* obliquely, sideways; **mirada de** ~ sidelong glance; **mirar de** ~ to look out of the corner of one's eye (at); *(fig)* to look askance (at).
soso *adj* **(a)** *(Culin: insípido)* tasteless, insipid; *(: sin sal)* unsalted; *(: sin azúcar)* unsweetened. **(b)** *(monótono)* dull, uninteresting; *(persona)* colourless.
sospecha *nf (gen)* suspicion.
sospechar [1a] **1** *vt* to suspect. **2** *vi:* ~ **de** to suspect, be suspicious of.
sospechoso/a 1 *adj (dudoso)* suspicious; *(bajo sospecha)* suspect; **todos son ~s** everybody is under suspicion. **2** *nm/f* suspect.
sostén *nm* **(a)** *(Arquit)* support, prop. **(b)** *(prenda femenina)* brassière, bra. **(c)** *(alimento)* sustenance, food. **(d)** *(apoyo)* support, mainstay.
sostener [2l] **1** *vt* **(a)** *(Arquit)* to hold up, support; *(carga)* to carry; *(peso)* to bear; *(suj: persona)* to hold up, hold on to; **la cinta le sostiene el pelo** the ribbon keeps her hair in place. **(b)** *(persona)* to support, back; *(: ayudar)* to help. **(c)** *(con alimentos)* to sustain, keep going. **(d)** *(Mús)* to hold. **(e)** *(fig: acusación)* to maintain; *(: opinión, promesa)* to stand by; *(: teoría)* to maintain; *(: presión)* to keep up, sustain; *(: resistencia)* to strengthen, bolster up; ~ **que ...** to maintain *o* hold that ... . **(f)** *(puesto, velocidad, lucha)* to keep up, maintain. **(g)** *(Fin)* to maintain, pay for; *(: gastos)* to meet, defray. **(h)** ~ **la mirada de uno** to look sb in the eye without flinching.
2 sostenerse *vr* **(a)** to hold o.s. up; *(mantenerse en pie)* to stand up. **(b)** *(ganarse la vida)* to support o.s.; *(continuar)* to keep (o.s.) going; *(resistir)* to last out. **(c)** *(continuar)* to continue, remain; **se sostiene el régimen lluvioso** rainy conditions prevail.
sostenido 1 *adj* **(a)** *(gen)* continuous; *(esfuerzo)* sustained; *(de larga duración)* prolonged. **(b)** *(Mús)* sharp. **2** *nm (Mús)* sharp.
sostenimiento *nm* **(a)** *(apoyo)* support; *(mantenimiento)* maintenance. **(b)** *(Fin)* maintenance; *(con alimentos)* sustenance.
sota *nf (Naipes)* jack, knave.
sotabarba *nf* double chin, jowl.
sotana *nf* **(a)** *(Rel)* cassock, soutane. **(b)** *(fam: paliza)* hiding.
sotanear [1a] *vt (fam)* to tick off.
sótano *nm* basement; *(bodega)* cellar; *(en banco)* vault.
sotavento *nm (Náut)* lee, leeward; **a** ~ to leeward; **de** ~ leeward *(atr)*.
soterrar [1k] *vt* to bury; *(fig: esconder)* to hide away.
soto *nm (matorral)* thicket; *(arboleda)* grove, copse.
soufflé [su'fle] *nm (Culin)* soufflé.
soviet [so'βie] *nm, pl* **soviets** [so'βie] soviet.
soviético 1 *adj* Soviet *(atr)*. **2** *nm:* **los ~s** the Soviets, the Russians.
sport [es'por] *nm* sport; **chaqueta (de)** ~ sports jacket *o (US)* coat; **vestido de** ~ dressed casually.
spot [es'pot] *nm:* ~ **publicitario** *(TV)* commercial, ad *(fam)*.
spray [es'prai] *nm* spray, aerosol; **insecticida en** ~ insecticide spray.
sprint [es'prin] *nm etc* = **esprint** *etc.*
Sr. *abr de* **Señor.**
Sra. *abr de* **Señora.**
S.R.C. *abr de* **se ruega contestación** RSVP.
Sres. *abr de* **Señores.**
Srta. *abr de* **Señorita.**
s.s.s. *abr de* **su seguro servidor** yours faithfully.
Sta *abr de* **Santa** St.
stand [es'tan] *nm, pl* **stands** [es'tan] stand.
stándard [es'tandar] *etc* = **estándar** *etc.*
stárter [es'tarter] *nm* **(a)** *(Aut)* self-starter, starting motor. **(b)** *(LAm: Dep)* start, starting gate.
statu quo *nm* status quo.
status [es'tatus] *nm inv* status.
Sto. *abr de* **Santo** St.
stock [es'tok] *nm, pl* **stocks** [es'tok] *(Com)* stock, supply.
stop [es'top] *nm* **(a)** *(Telec)* stop. **(b)** *(Aut)* stop sign, halt sign.
su *adj pos* **(a)** *(sg: de él)* his; *(: de ella)* her; *(: neutro)* its; *(: impersonal)* one's; **vino María con ~ padre** Mary came with her father; **el chico perdió ~ juguete** the boy lost his toy. **(b)** *(de Ud, Uds)* your; **dígame ~ número de teléfono** give me your telephone number.
suave *adj* **(a)** *(superficie)* smooth, even; *(piel, pasta etc)* smooth. **(b)** *(gen)* gentle; *(brisa)* soft, mild; *(clima)* mild; *(trabajo)* easy; *(operación mecánica)* smooth, easy; *(melodía, voz)* soft, sweet; *(ruido)* soft, gentle; *(olor)* sweet; *(sabor)* mild. **(c)** *(persona, personalidad)* gentle, meek. **(d)** *(Chi, Méx: grande)* big, huge. **(e)** *(Méx: encantador)* charming; **¡~!** yes of course!
suavidad *nf (gen)* smoothness, evenness; *(docilidad)* gentleness; *(mansedumbre)* softness, mildness; *(dulzura)* sweetness.
suavizador *nm* razor strop.
suavizar [1f] *vt* **(a)** to smooth (out *o* down); *(ablandar)* to soften; *(pasta: quitar grumos)* to make smoother; *(navaja)* to strop; *(pendiente)* to ease, make more gentle; *(colores)* to tone down; *(tono)* to soften. **(b)** *(persona)* to soften; *(carácter)* to mellow; *(dureza, aspereza)* to temper.
sub... *pref* sub..., under...; **subempleo** underemployment; **subprivilegiado** underprivileged; **subestimar** to underestimate.
subalimentación *nf* underfeeding, undernourishment.
subalimentado *adj* underfed, undernourished.
subalterno 1 *adj (importancia)* secondary; *(personal)* minor, auxiliary. **2** *nm* subordinate.
subametralladora *nf* sub-machine gun.
subarrendar [1k] *vt* to sublet, sublease.
subarrendatario/a *nm/f* subtenant.

subarriendo *nm* subtenancy, sublease.
subasta *nf* **(a)** auction, sale by auction; *(contrato de obras)* tender(ing); **poner en** *o* **sacar a pública ~** to put up for auction, sell at auction. **(b)** *(Naipes)* auction.
subastador(a) *nm/f* auctioneer.
subastar [1a] *vt* to auction, auction off, sell at auction.
subcampeón *nm* runner-up.
subcomisión *nf* subcommittee.
subconsciencia *nf* subconcious.
subconsciente 1 *adj* subconscious. **2** *nm:* **el ~** the subconscious; **en el ~** in the subconscious.
subcontinente *nm* subcontinent.
subcontratista *nmf* subcontractor.
subdesarrollado *adj* underdeveloped.
subdesarrollo *nm* underdevelopment.
subdirector(a) *nm/f* subdirector.
súbdito/a *adj, nm/f* subject.
subdividir [3a] **1** *vt* to subdivide. **2 subdividirse** *vr* to subdivide.
subdivisión *nf* subdivision.
subestimación *nf* underestimation.
subestimar [1a] *vt (capacidad, enemigo)* to underestimate, underrate; *(objeto, propiedad)* to undervalue.
subexpuesto *adj (Fot)* underexposed.
subida *nf* **(a)** *(de montaña etc)* climb, ascent; **una ~ en globo** a balloon ascent. **(b)** *(de precio, cantidad)* rise, increase *(de* in); *(en escalafón)* promotion *(a* to). **(c)** *(pendiente)* slope, hill; *(nombre de calle)* rise, hill.
subido *adj* **(a)** *(precio)* high. **(b)** *(color)* bright, intense; *(olor)* strong. **(c)** *(persona)* vain, proud.
subinquilino/a *nm/f* subtenant.
subir [3a] **1** *vt* **(a)** *(objeto)* to raise, lift up; *(maletas)* to take up; *(cabeza)* to raise. **(b)** *(calle, cuesta)* to go up; *(escalera, montaña)* to climb. **(c)** *(persona: en el escalafón)* to promote *(a* to). **(d)** *(Arquit)* to build, put up; **~ una pared** to build a wall. **(e)** *(precio, salario)* to raise, put up, increase; *(artículo en venta)* to put up the price of. **(f)** *(Mús)* to raise the pitch of.
 2 *vi* **(a)** *(gen)* to go up, come up; **~ a un caballo** to mount a horse; **~ a un avión/tren** to get on a plane/train; **~ a un coche** to get in(to) a car; **le subieron los colores a la cara** she blushed; **el vino me sube a la cabeza** wine goes to my head. **(b)** *(río, marea, mercurio)* to rise. **(c)** *(Fin)* **~ a** to amount to. **(d)** *(en el escalafón)* to be promoted *(a* to), rise, move up. **(e)** *(precio, valor)* to rise, increase, go up; *(epidemia)* to spread; *(fiebre)* to get worse; **~ de tono** to get louder.
 3 subirse *vr* **(a)** *(a un árbol, tejado etc)* to get up, climb *(a* on to); **~ a un coche** to get in(to) a car. **(b)** *(engreírse)* to get conceited; *(ponerse descarado)* to become bolder. **(c)** *(Bot)* to grow very tall, shoot up.
súbito 1 *adj* **(a)** *(repentino)* sudden; *(imprevisto)* unexpected. **(b)** *(fam: precipitado)* hasty, rash. **(c)** *(fam: irritable)* irritable. **2** *adv* (*tb* **de ~**) suddenly; unexpectedly.
subjetivo *adj* subjective.
subjuntivo *nm* subjunctive (mood).
sublevación *nf* revolt, rising.
sublevar [1a] **1** *vt* **(a)** to rouse to revolt. **(b)** *(molestar)* to upset, put out. **2 sublevarse** *vr* to revolt, rise.
sublimación *nf* sublimation.
sublimado *nm (Quím)* sublimate.
sublimar [1a] *vt* **(a)** *(persona)* to exalt, praise. **(b)** *(deseos etc)* to sublimate. **(c)** *(Quím)* to sublimate.
sublime *adj* sublime; *(noble)* noble, grand; **lo ~** the sublime.
subliminal *adj* subliminal.
submarinista *nmf* underwater fisherman, diver.
submarino 1 *adj* underwater, submarine; **deporte ~** scuba diving. **2** *nm* submarine.
suboficial *nm* non-commissioned officer.
subordinación *nf* subordination.
subordinado/a *adj, nm/f* subordinate.
subproducto *nm* by-product.
subrayado 1 *adj* underlined; *(en letra bastardilla)* italicized, in italics. **2** *nm* underlining; *(letra bastardilla)* italics.
subrayar [1a] *vt* **(a)** to underline; *(poner en bastardilla)* to put in italics. **(b)** *(recalcar)* to underline, emphasize.
subrepticio *adj* surreptitious.
subsanable *adj (perdonable)* excusable; *(reparable)* repairable.
subsanar [1a] *vt (falta)* to overlook, excuse; *(perjuicio, defecto)* to repair, make good; *(error)* to rectify, put right; *(deficiencia)* to make up for; *(dificultad, obstáculo)* to get round, overcome.
subscribir *etc* = **suscribir** *etc.*
subsecretario/a *nm/f* undersecretary, assistant secretary.
subsecuente *adj* subsequent.
subsidiario *adj* subsidiary.
subsidio *nm (gen)* subsidy, grant; *(ayuda financiera)* aid; **~ de enfermedad** sick benefit *o* pay; **~ de exportación** export subsidy; **~ familiar** family allowance; **~ de huelga** strike pay; **~ de natalidad** maternity benefit; **~ de paro** unemployment benefit *o (US)* compensation; **~ de vejez** old age pension.
subsiguiente *adj* subsequent.
subsistencia *nf* subsistence; *(sustento)* sustenance.
subsistente *adj (que dura mucho)* lasting, enduring; *(aún existente)* surviving.
subsistir [3a] *vi (malvivir)* to subsist, live *(con, de* on); *(perdurar)* to survive, endure.
substituir *etc* = **sustituir** *etc.*
subsuelo *nm* subsoil.
subteniente *nm* sub-lieutentant, second lieutenant.
subterfugio *nm* subterfuge.
subterráneo 1 *adj* underground, subterranean. **2** *nm* **(a)** *(túnel)* underground passage; *(almacén bajo tierra)* underground store, cellar. **(b)** *(LAm)* underground railway, *(US)* subway.
subtitular [1a] *vt* to subtitle.
subtítulo *nm* subtitle, subheading.
subtropical *adj* subtropical.
suburbano 1 *adj* suburban. **2** *nm (tren)* suburban train.
suburbio *nm* **(a)** *(afueras)* suburb, outlying area. **(b)** *(barrio bajo)* slum quarter, shantytown.
subvención *nf* subsidy, subvention, grant; **~ estatal** state subsidy; **~es agrícolas** agricultural subsidies.
subvencionar [1a] *vt* to subsidize, aid.
subvenir [3s] *vi:* **~ a** *(gastos: sufragar)* to meet, defray; *(necesidades)* to provide for.
subversión *nf* **(a)** *(gen)* subversion. **(b)** *(una ~)* revolution; **la ~ del orden establecido** the overthrow of the established order.
subversivo *adj* subversive.
subvertir [3i] *vi (gen)* to subvert; *(derrocar)* to overthrow.
subyacente *adj* underlying.
subyugación *nf* subjugation.
subyugar [1h] *vt* **(a)** *(país)* to subjugate, subdue;

(enemigo) to overpower; *(voluntad)* to dominate, gain control over. **(b)** *(fig: hechizar)* to captivate, charm.

succión *nf* suction.

succionar [1a] *vt (sorber)* to suck; *(Téc)* to absorb, soak up; ~ **su pipa** to suck *o* puff (at) one's pipe.

sucedáneo *nm* substitute (food).

suceder [2a] **1** *vi* **(a)** *(pasar)* to happen; **pues sucede que no vamos** well it happens we're not going; **suceda lo que suceda** come what may, whatever happens; **¿qué sucede?** what's going on?; **lo que sucede es que ...** the fact *o* the trouble is that ...; **llevar algo por lo que pueda** ~ to take sth just in case. **(b)** *(seguir)* to succeed, follow; *(heredar)* to inherit; ~ **a uno en un puesto** to succeed sb in a post; ~ **al trono** to succeed to the throne; ~ **a una fortuna** to inherit a fortune; **al otoño sucede el invierno** winter follows autumn. **2 sucederse** *vr* to follow one another.

sucesión *nf* **(a)** *(gen)* succession (*a* to); *(secuencia)* sequence, series. **(b)** *(herencia)* inheritance; *(bienes, fortuna)* estate. **(c)** *(hijos)* issue, offspring; **morir sin** ~ to die without issue.

sucesivo *adj (subsiguiente)* successive, following; *(consecutivo)* consecutive; **3 días ~s** 3 days running, 3 successive days; **en lo** ~ henceforth, in future; *(desde entonces)* thereafter, thenceforth.

suceso *nm (acontecimiento)* event, happening; *(incidente)* incident.

sucesor(a) *nm/f* successor; *(heredero)* heir/heiress.

suciedad *nf* **(a)** *(mugre)* dirt, filth, grime; *(basura)* dirtiness. **(b)** *(vileza)* vileness, meanness; *(obscenidad)* obscenity; *(injusticia)* unfairness. **(c)** *(una ~)* dirty act; *(comentario grosero)* filthy remark.

sucinto *adj* succinct, concise, brief.

sucio 1 *adj* **(a)** *(gen)* dirty; *(mugriento)* grimy; *(manchado)* grubby, soiled; *(color)* dirty; *(borroso)* blurred, smudged; *(bosquejo)* rough, messy; *(lengua)* coated, furred. **(b)** *(conducta)* vile, despicable; *(acto, palabra)* dirty, filthy; *(jugada)* foul, dirty; *(táctica)* unfair. **(c)** *(conciencia)* bad. **2** *adv:* **jugar** ~ to play unfairly, indulge in dirty play.

sucre *nm standard monetary unit of Ecuador.*

sucrosa *nf* sucrose.

suculento *adj (sabroso)* tasty, rich; *(jugoso)* succulent, luscious, juicy.

sucumbir [3a] *vi* to succumb (*a* to).

sucursal *nf (oficina local)* branch, branch office; *(filial)* subsidiary.

sud *nm (LAm)* south.

Sudáfrica *nf* South Africa.

sudafricano/a *adj, nm/f* South African.

Sudamérica *nf* South America.

sudamericano/a *adj, nm/f* South American.

Sudán *nm* Sudan.

sudanés/esa *adj, nm/f* Sudanese.

sudar [1a] **1** *vt* **(a)** *(gen)* to sweat; *véase* **sangre. (b)** *(Bot: despedir)* to ooze, give out, give off; *(recipiente)* to ooze; *(pared)* to sweat. **(c)** *(prenda)* to make sweaty. **(d)** ~ **un aumento de sueldo** to sweat for a rise in pay. **(e)** *(fam: dinero)* to cough up *(fam)*, part with. **2** *vi* to sweat; **hacer ~ a uno** *(fig)* to make sb sweat.

sudario *nm* shroud.

sudeste = sureste.

sudoeste = suroeste.

sudón *adj (LAm)* sweaty.

sudor *nm* sweat; *(fig: tb ~es: trabajo duro)* toil *sg*, labour *sg*.

sudoriento *adj*, **sudoroso** *adj*, **sudoso** *adj* sweaty, sweating; *(cubierto de sudor)* covered with sweat; **trabajo sudoroso** thirsty work.

Suecia *nf* Sweden.

sueco/a 1 *adj* Swedish. **2** *nm/f* Swede; **hacerse el** ~ *(fam)* to pretend not to hear *o* understand. **3** *nm (idioma)* Swedish.

suegro/a *nm/f* father-in-law/mother-in-law; **los ~s** one's in-laws.

suela *nf* **(a)** *(de zapato)* sole; *(trozo de cuero)* piece of strong leather; *(Téc)* tap washer; **media** ~ half sole; *(fig: remiendo)* patch, botch; *(: solución provisional)* temporary remedy. **(b)** *(calzado)* **~s** sandals. **(c)** *(pescado)* sole.

suelazo *nm (LAm)* heavy fall, nasty bump.

sueldo *nm (gen)* pay; *(mensual)* salary; *(semanal)* wages; **estar a** ~ to be on a salary, earn a salary.

suelo *nm* **(a)** *(tierra)* ground; *(superficie)* surface; ~ **natal,** ~ **patrio** native land, native soil; **arrastrar** *o* **poner** *o* **tirar por los ~s** to speak ill of; **caer al** ~ to fall to the ground; **caerse al** ~ *(fig)* to fail, collapse; **echar al** ~ *(edificio)* to demolish; *(esperanzas)* to dash; *(plan)* to ruin; **echarse al** ~ *(tirarse al ~)* to hurl o.s. to the ground; *(arrodillarse)* to fall on one's knees; **los precios están por el** ~ prices are at rock bottom; **medir el** ~ to fall full length; **venirse al** ~ *(fig)* to fail, collapse, be ruined. **(b)** *(interior: de cuarto)* floor, flooring. **(c)** *(terreno)* soil, land; ~ **vegetal** topsoil. **(d)** *(de barco)* bottom.

sueltista *nmf (LAm)* freelance journalist.

suelto 1 *adj* **(a)** *(gen)* loose; *(libre)* free; *(criminal)* released, out; *(desatado: cordones)* undone, untied; *(: hoja, pieza)* unattached, detached; *(sin trabas)* unhampered. **(b)** *(prenda de vestir)* loose(-fitting); *(flojo: tornillo etc)* slack, loose; *(pelo)* down; *(líquido)* thin. **(c)** ~ **de lengua** *(parlanchín)* talkative; *(respondón)* cheeky; *(soplón)* blabbing; *(obsceno)* foul-mouthed. **(d)** *(separado: trozo etc)* separate, detached; *(aislado)* isolated; *(número de periódico etc)* odd; *(desparejado: calcetín etc)* odd; *(solo)* single; *(Com: no envasado)* (in) bulk, loose; **no se venden ~s** they are not sold singly *o* separately. **(e)** *(fig: movimiento)* free, easy; *(: ágil)* quick; *(: estilo)* fluent; *(: conversación)* easy(-flowing); **está muy ~ en inglés** he is very good at *o* fluent in English. **(f)** *(pey: mujer)* free and easy; *(: atrevido)* daring. **(g)** *(Lit: verso)* blank.

2 *nm* **(a)** *(cambio)* loose *o* small change. **(b)** *(párrafo)* paragraph; *(artículo)* item, short article *o* report.

sueñera *nf (LAm)* drowsiness, sleepiness.

sueño *nm* **(a)** sleep; ~ **eterno** *(euf)* eternal rest; ~ **invernal** *(Zool)* winter sleep; ~ **pesado** *o* **profundo** deep *o* heavy sleep; **coger** *o* **conciliar el** ~ to get to sleep; **echarse un** ~ to have a nap; **pasar una noche sin** ~ to have a sleepless night; **perder el** ~ **por algo** to lose sleep over sth; **tener el** ~ **ligero/pesado** *o* **profundo** to be a light/heavy sleeper. **(b)** *(somnolencia)* sleepiness, drowsiness; **caerse de** ~ to be so sleepy one can hardly stand; **espantar el** ~ to struggle to keep awake; **tener** ~ to be sleepy. **(c)** *(lo soñado: tb fig)* dream; **¡ni en ~s!, ¡ni por ~!** not on your life!; **es su** ~ **dorado** it's his great dream; **vive en un mundo de ~s** she lives in a dream world; **tiene una casa que es un** ~ she has a real dream of a house.

suero *nm* **(a)** *(Med)* serum. **(b)** *(de leche)* whey; ~ **de manteca** buttermilk.

suerte *nf* **(a)** *(destino)* fate, destiny; *(azar)* chance, fortune; **por** ~ by chance, as it happened; **dejar a uno a su** ~ to abandon sb to his fate; **quiso la** ~ **que ...** as luck *o* fate would have it ...; **tentar a la**

~ to tempt fate; **unirse a la ~ de uno** to make common cause with sb. **(b)** *(elección)* lot; **caber** *o* **caer en ~ a uno** to fall to sb('s lot); **no me cupo tal ~** I had no such luck; **echaron ~s entre los 4** the 4 of them drew lots; **lo echaron a ~s** they drew lots *o* tossed up for it; **la ~ está echada** the die is cast. **(c)** *(fortuna)* luck; **buena ~** (good) luck; **¡buena ~!** good luck!; **mala ~** bad *o* hard luck; **por ~** luckily, fortunately; **dar** *o* **traer ~** to bring luck; **estar de ~** to be in luck; **probar ~** to try one's luck; **tener ~** to be lucky; **¡que tengas ~!** good luck!, and the best of luck! **(d)** *(condición)* lot, condition; **mejorar de ~** to improve one's lot. **(e)** *(billete de lotería)* lottery ticket. **(f)** *(especie)* sort, kind; **es una ~ de** it is a kind of; **no podemos seguir de esta ~** we cannot go on in this way; **de otra ~** otherwise, if not; **de ~ que ...** in such a way that ..., so that ... .

suertero *adj (LAm)*, **suertudo** *adj* lucky.

sueste *nm* **(a)** *(Náut etc) (sombrero)* sou'wester. **(b)** *(LAm)* south-east wind.

suéter *nm* sweater.

Suez *nm* Suez; **Canal de ~** Suez Canal.

suficiencia *nf* **(a)** *(cabida)* sufficiency; *(adecuación)* adequacy; **una ~ de ...** enough ...; **con ~** sufficiently, adequately. **(b)** *(competencia)* competence; *(idoneidad)* suitability; *(aptitud)* adequacy; *(capacidad)* capacity. **(c)** *(pey: engreimiento)* self-importance; *(: superioridad)* superiority; *(: satisfacción de sí mismo)* smugness, self-satisfaction, complacency.

suficiente *adj* **(a)** *(bastante)* enough, sufficient (*para* for); *(adecuado)* adequate. **(b)** *(persona: capaz)* competent; *(: idóneo)* suitable, fit. **(c)** *(pey: engreído)* self-important; *(: desdeñoso)* condescending; *(: satisfecho de sí mismo)* smug, self-satisfied, complacent.

sufijo *nm* suffix.

sufragar [1h] **1** *vt* **(a)** *(ayudar)* to help, support. **(b)** *(gastos)* to meet, defray; *(proyecto)* to pay for, defray the costs of. **2** *vi (LAm)* to vote (*por* for).

sufragio *nm* **(a)** *(voto)* vote. **(b)** *(derecho de votar)* suffrage; **~ universal** universal suffrage. **(c)** *(apoyo)* help, aid.

sufragista *nf* suffragette.

sufrido *adj* **(a)** *(de carácter fuerte)* tough; *(paciente)* long-suffering, patient. **(b)** *(tela)* hard wearing, tough; *(color)* that does not show the dirt, that wears well. **(c)** *(marido)* complaisant.

sufrimiento *nm* **(a)** *(estado)* suffering; *(desgracia)* misery, wretchedness. **(b)** *(cualidad: resistencia)* toughness; *(: paciencia)* patience.

sufrir [3a] **1** *vt* **(a)** *(gen)* to suffer; *(accidente, ataque)* to have, suffer; *(cambio)* to undergo, experience; *(pérdida)* to suffer, sustain; *(intervención quirúrgica)* to have, undergo. **(b)** *(tolerar)* to bear, put up with; **no sufre la meno descortesía** he won't tolerate the slightest rudeness; **A no le sufre a B** A can't stand B. **(c)** *(objeto: sostener)* to hold up, support. **(d)** *(examen, prueba)* to take, undergo. **2** *vi* to suffer; **~ de** to suffer from *o* with; **sufre de reumatismo** she suffers from *o* with rheumatism.

sugerencia *nf* suggestion.

sugerente *adj* rich in ideas, thought-provoking.

sugerir [3i] *vt* to suggest; *(insinuar)* to hint (at); *(idea: incitar)* to prompt.

sugestión *nf* **(a)** suggestion; *(insinuación)* hint; *(estímulo)* prompting, stimulus. **(b)** *(autosugestión)* autosuggestion. **(c)** *(poder)* hypnotic power, power to influence others.

sugestionable *adj* impressionable; *(que se deja influenciar)* readily influenced.

sugestionar [1a] **1** *vt (influenciar)* to influence, dominate the will of. **2 sugestionarse** *vr:* **te lo has sugestionado** you've talked yourself into it.

sugestivo *adj* **(a)** *(que invita a pensar)* stimulating, thought-provoking. **(b)** *(atractivo)* attractive; *(encantador)* fascinating.

suicida 1 *adj* suicidal. **2** *nmf* suicidal case; *(muerto)* suicide.

suicidarse [1a] *vr* to commit suicide, kill o.s.

suicidio *nm (acto)* suicide.

suite [swit] *nf (en hotel, tb Mús)* suite.

Suiza *nf* Switzerland.

suizo[1]**/a** *adj, nm/f* Swiss.

suizo[2] *nm* sugared bun.

sujeción *nf* **(a)** *(estado)* subjection. **(b)** *(acción: cierre)* fastening; *(acto de apoderarse de)* seizure; *(fig)* subjection (*a* to); **con ~ a** subject to.

sujetador *nm* fastener; *(para pelo)* clip, pin, grip; *(de papeles)* clip; *(de bolígrafo)* clip; *(prenda femenina)* brassière, bra; **~ de libros** book end.

sujetapapeles *nm inv* paper clip.

sujetar [1a] **1** *vt* **(a)** *(dominar: nación)* to subdue, conquer; *(fig)* to restrain, hold *o* keep down; *(subordinar)* to subordinate. **(b)** *(agarrar)* to seize, clutch; *(sostener)* to hold; *(: fuertemente)* to hold *o* tie tight(ly); *(a la fuerza: persona)* to hold down. **(c)** *(fijar)* to attach, secure; *(pelo etc)* to keep *o* hold in place; *(papeles etc)* to fasten together; *(suj: hijos, quehaceres: ama de casa)* to tie down; *(Rugby)* to tackle; **~ con clavos** to nail (down); **~ con grapas** to staple.

2 sujetarse *vr* to hold *o* hang on; *(pantalones)* to stay up; **~ a** *(someterse)* to subject o.s. to; *(reglas)* to abide by; *(circunstancias)* to act in accordance with; *(autoridad)* to submit to; **~ a hacer algo** to agree to do sth.

sujeto 1 *adj* **(a)** *(fijo)* fastened, secure; *(firme)* firm; *(ajustado)* tight. **(b) ~ a** subject to; *(propenso a)* liable to; **~ a la aprobación de** subject to the approval of; **~ a derechos** subject to duty, dutiable. **2** *nm* **(a)** *(Ling)* subject. **(b)** *(individuo)* individual; *(Med etc: caso)* subject, case; *(fam: tipo)* fellow, character *(fam)*, chap *(fam)*.

sulfato *nm* sulphate.

sulfurar [1a] **1** *vt* **(a)** *(Quím)* to sulphurate. **(b)** *(fam: sacar de quicio)* to annoy, rile *(fam)*. **2 sulfurarse** *vr (fam: enojarse)* to get riled *(fam)*, see red, blow up *(fam)*.

sulfúreo *adj* sulphurous.

sulfúrico *adj* sulphuric.

sulfuro *nm* sulphide.

sulfuroso *adj* sulphurous.

sultán/ana *nm/f* sultan/sultana.

sultanato *nm* sultanate.

suma *nf* **(a)** *(Mat: acción)* adding (up), addition; *(cantidad)* total, sum; *(dinero)* sum; **'~ y sigue'** *(contabilidad)* 'carried forward'; **~ global** lump sum; **en ~** in short. **(b)** *(resumen)* summary; *(lo esencial)* essence.

sumadora *nf* adding machine.

sumar [1a] **1** *vt* **(a)** *(Mat)* to add (up), total; *(resumir)* to summarize, sum up. **(b)** *(recoger)* to collect, gather. **(c) la cuenta suma 6 dólares** the bill adds up to 6 dollars. **2** *vi* to add up. **3 sumarse** *vr:* **~ a un partido** to join a party; **~ a una protesta** to join in a protest.

sumario 1 *adj (breve)* brief, concise; *(Jur)* summary. **2** *nm* **(a)** *(resumen)* summary. **(b)** *(Jur: acusación)* indictment.

sumergido *adj* submerged, sunken.

sumergir [3c] **1** *vt* **(a)** to submerge; *(hundir)* to sink; *(bañar)* to immerse, dip, plunge (*en* in). **(b)** *(fig)* to plunge (*en* into). **2 sumergirse** *vr* **(a)**

(hundirse) to sink beneath the surface; *(bucear)* to dive. **(b)** *(fig)* ~ **en** to become absorbed in.

sumersión *nf* **(a)** submersion. **(b)** *(dedicación)* absorption (*en* in).

sumidero *nm* *(cloaca)* drain, sewer; *(fregadero)* sink; *(Téc)* sump.

suministrador(a) *nm/f* supplier.

suministrar [1a] *vt* *(géneros, información: proveer)* to supply, provide; *(persona)* to supply.

suministro *nm* supply; *(acción)* supplying, provision; **~s** *(Mil)* supplies; **~s de combustible** fuel supply.

sumir [3a] **1** *vt* **(a)** *(hundir)* to sink, plunge; *(fig: suj: mar, olas)* to swallow up, suck down. **(b)** *(fig)* to plunge (*en* into); **la pregunta le sumió en la duda** the question plunged him into doubt. **2 sumirse** *vr* **(a)** *(objeto)* to sink; *(agua: escaparse)* to run away. **(b)** *(boca, pecho)* to sink, be sunken. **(c)** ~ **en el estudio** to become absorbed in one's work; ~ **en la duda** to plunge into doubt. **(d)** *(LAm: encogerse de miedo)* to cower, cringe; *(: quedar desanimado)* to lose heart; *(: callarse)* to fall silent from fear. **(e)** *(LAm)* ~ **el sombrero** to pull one's hat right down.

sumisión *nf* **(a)** *(acción)* submission. **(b)** *(docilidad)* submissiveness, docility.

sumiso *adj* *(gen)* submissive, docile; *(que no se resiste)* unresisting; *(que no se queja)* uncomplaining.

súmmum *nm* *(fig)* height.

sumo *adj* **(a)** great, extreme, supreme; **con ~a dificultad** with the greatest difficulty; **con ~a indiferencia** with supreme indifference. **(b)** *(rango)* high, highest; ~ **sacerdote** high priest; **la ~a autoridad** the supreme authority. **(c) a lo** ~ at most.

suntuosidad *nf* sumptuousness, magnificence; *(prodigalidad)* lavishness.

suntuoso *adj* sumptuous, magnificent; *(lujoso)* lavish, rich.

supeditar [1a] **1** *vt* **(a)** to subordinate (*a* to). **(b)** *(sojuzgar)* to subdue; *(oprimir)* to oppress, crush. **2 supeditarse** *vr:* ~ **a** to make o.s. subordinate to; *(ceder)* to give way to.

super... *pref* super..., over... .

superable *adj* *(dificultad)* surmountable, that can be overcome; *(tarea)* that can be performed.

superabundancia *nf* superabundance.

superabundante *adj* superabundant.

superación *nf* **(a)** *(acto)* overcoming, surmounting. **(b)** *(mejora)* improvement.

superar [1a] **1** *vt* **(a)** *(rival)* to surpass, excel (*in* en); *(adversario)* to overcome; *(lo esperado)* to exceed, do better than; *(límites)* to go beyond, transcend; *(marca, récord)* to break; **las escenas superan a toda imaginación** the scenes surpass one's imagination; ~ **a uno en brillantez** to outshine sb; **superó 2 veces la marca** he twice broke the record. **(b)** *(dificultad)* to overcome, surmount; *(tarea)* to perform, carry out. **(c)** *(etapa: dejar atrás)* to get past, emerge from; **ya hemos superado lo peor** we're over the worst now. **2 superarse** *vr* to do extremely well, excel o.s.

superávit *nm, pl* **superávits** surplus.

supercarburante *nm* high-grade fuel.

superconsumo *nm* overconsumption.

supercotizado *adj* in very great demand.

supercheria *nf* fraud, trick, swindle.

superdirecta *nf* *(Aut)* overdrive.

superempleo *nm* overemployment.

superentender [2g] *vt* to supervise, superintend.

superestructura *nf* superstructure.

superficial *adj* **(a)** *(medidas)* surface *(atr)*, of the surface; *(herida)* superficial, skin *(atr)*. **(b)** *(mirada, interés)* superficial; *(breve)* brief, perfunctory; *(carácter)* shallow; *(frívolo)* facile.

superficialidad *nf* superficiality; *(frivolidad)* shallowness.

superficie *nf* **(a)** *(gen)* surface; *(semblante)* face; *(exterior)* outside; ~ **inferior** lower surface, underside; ~ **de rodadura** *(Aut)* tread; **ruta de** ~ surface route, land/sea route. **(b)** *(medidas)* area; **en una extensa** ~ over a wide area. **(c)** *(aspecto externo)* surface, outward appearance.

superfino *adj* superfine.

superfluidad *nf* superfluity.

superfluo *adj* superfluous.

superhombre *nm* superman.

superintendencia *nf* supervision.

superintendente *nmf* supervisor, superintendent; *(capataz)* overseer; ~ **de división** sectional head.

superior 1 *adj* **(a)** *(posición: más alto)* upper; *(el más alto)* uppermost, top; *(: más elevado)* higher; *(clase social)* upper; *(estudios)* advanced, higher; **labio** ~ upper lip; **el piso** ~ **al mío** on the floor above mine; **un estudio de nivel** ~ **a los existentes** a study on a higher plane than the present ones. **(b)** *(calidad)* superior, better. **(c)** *(cantidad)* higher, greater, larger; **cualquier número** ~ **a 12** any number above *o* higher than 12. **2** *nm* superior; **mis ~es** my superiors, those above me (in rank); *(fig)* my betters. **3 superiora** *nf* mother superior.

superioridad *nf* superiority; **la** ~ a higher authority.

superlativo *adj, nm* superlative.

superlujo *nm:* **hotel de** ~ super-luxury hotel.

supermercado *nm* supermarket.

supernumerario *adj, nm* supernumerary.

superpetrolero *nm* supertanker.

superpoblación *nf* overpopulation, excess of population; *(congestionamiento)* overcrowding.

superpoblado *adj* *(país, región)* overpopulated; *(barrio)* overcrowded, congested.

superponer [2r] *vt* to superimpose, put on top.

superpotencia *nf* superpower, great power.

superproducción *nf* overproduction.

superrealismo *nm* *(Arte, Lit)* surrealism.

supersecreto *adj* top secret.

supersimplificación *nf* oversimplification.

supersónico *adj* supersonic.

superstición *nf* superstition.

supersticioso *adj* superstitious.

supertalla *nf* *(Cos)* outsize.

supervalorar [1a] *vt* to overvalue, overstate.

supervigilancia *nf* *(LAm)* supervision.

supervisar [1a] *vt* to supervise.

supervisión *nf* supervision.

supervisor(a) *nm/f* supervisor.

supervivencia *nf* survival; ~ **de los más aptos,** ~ **de los mejor dotados** survival of the fittest.

superviviente 1 *adj* surviving. **2** *nmf* survivor.

supino *adj* supine.

suplantación *nf* supplanting; *(acto de hacerse pasar por otro)* impersonation.

suplantar [1a] *vt* to supplant; *(hacerse pasar por otro)* to take the place of (fraudulently), impersonate.

suplefaltas *nmf inv* **(a)** *(víctima propiciatoria)* scapegoat. **(b)** *(sustituto)* substitute, stopgap, fill-in.

suplementario *adj* *(gen)* supplementary; *(precio)* extra, additional; **empleo** *o* **negocio** ~ sideline;

tren ~ extra *o* relief train.
suplemento *nm* supplement; *(Ferro)* excess fare.
suplencia *nf (LAm)* substitution, replacement; *(etapa)* period during which one deputizes *etc*.
suplente 1 *adj* substitute, deputy; *(disponible)* reserve; **maestro ~** supply teacher. **2** *nmf (sustituto)* substitute, deputy; *(reemplazo)* replacement; *(Dep)* reserve; *(Teat)* understudy.
supletorio *adj* supplementary; *(adicional)* extra, reserve; *(provisional)* stopgap *(atr)*; **la ventaja ~a** the additional advantage; **una lámpara ~a** a spare bulb.
súplica *nf (ruego)* request; *(petición)* supplication; *(Jur: instancia)* petition; **~s** entreaties, pleading.
suplicante 1 *adj (tono de voz)* imploring, pleading. **2** *nmf (Jur)* petitioner, supplicant.
suplicar [1g] **1** *vt* **(a)** *(cosa)* to beg (for), plead for, implore. **(b)** *(persona)* to beg, plead with, implore; **~ a uno no hacer algo** to implore sb not to do sth. **(c)** *(Jur)* to appeal to, petition (*de* against). **2 suplicarse** *vr*: **'se suplica cerrar la puerta'** 'please shut the door'.
suplicio *nm* **(a)** *(tortura)* torture; *(Hist: ejecución)* punishment, execution. **(b)** *(fig: tormento)* torment, torture; *(: emoción)* anguish; *(: experiencia penosa)* ordeal.
suplir [3a] **1** *vt* **(a)** *(necesidad, omisión)* to supply; *(falta)* to make good, make up for; *(palabra que falta)* to supply, understand. **(b) ~ A con B** to replace A by B, substitute B for A. **2** *vi*: **~ a** *o* **por** to replace, take the place of.
suponer [2r; *pp* **supuesto**] **1** *vt* **(a)** to suppose, assume; **supongo que sí** I suppose so; **era de ~ que ...** it was to be expected that .... **(b)** *(imaginarse)* to think, imagine; *(adivinar)* to guess; **es un ~** of course that's just guesswork. **(c)** *(atribuir)* to attribute, credit (with); **le supongo unos 60 años** I guess him to be about 60; **se le supone una gran antigüedad** it is thought to be ancient. **(d)** *(significar)* to mean; *(acarrear)* to involve, entail; **el traslado le supone grande gastos** the move involves a lot of expense for him; **esa cantidad supone mucho para ellos** that amount means a lot to them.
2 *vi (ser importante)* to have authority, count (for a lot); **casi no supone en la organización** he hardly counts for anything in the organization.
suposición *nf* **(a)** *(supuesto)* supposition, assumption. **(b)** *(importancia)* authority; *(distinción)* distinction. **(c)** *(calumnia)* slander; *(engaño)* imposture.
supositorio *nm* suppository.
supra... *pref* supra... .
supradicho *adj* aforementioned.
supranacional *adj* supranational.
supremacía *nf* supremacy.
supremo *adj* supreme.
supresión *nf* suppression; *(abolición)* abolition; *(eliminación)* elimination; *(anulación)* cancellation; *(acto de borrar)* deletion; *(acto de prohibir)* banning.
supresivo *adj* suppressive.
supresor *nm (Elec)* suppressor.
suprimido *adj (libro)* suppressed, banned.
suprimir [3a] *vt (rebelión, crítica)* to suppress; *(costumbre, derecho, institución)* to abolish; *(dificultad, obstáculo)* to remove, eliminate; *(restricción)* to cancel, lift; *(detalle, trozo de texto)* to delete, cut out, omit; *(libro etc)* to suppress, ban.
supuestamente *adv* supposedly.
supuesto 1 *pp de* **suponer. 2** *adj* **(a)** *(aparente)* supposed, ostensible; *(pretendido)* self-styled; **el ~ jefe del movimiento** the self-styled leader of the movement; **bajo un nombre ~** under an assumed name. **(b) dar por ~ algo** to take sth for granted. **3: ~ que** *conj (ya que)* since; *(dado que)* granted that; *(si)* supposing. **4** *nm* **(a)** assumption, hypothesis; **~ previo** prior assumption. **(b) ¡por ~!** of course!, naturally!
supurar [1a] *vi* to suppurate, fester.
sur 1 *adj* south, southern; *(rumbo)* southerly. **2** *nm* **(a)** south; **en la parte del ~** in the southern part; **al ~ de León** to the south of Leon. **(b)** *(viento)* south wind.
surafricano = sudafricano.
surcar [1g] *vt* **(a)** *(tierra)* to plough (through), furrow; *(superficie: hacer estrías)* to score, groove; *(: rayar)* to make lines across. **(b)** *(agua, olas, aire)* to cut through, cleave.
surco *nm (Agr)* furrow; *(carril)* rut, track; *(en metal)* groove, score; *(en disco)* groove; *(Anat)* wrinkle; *(en agua: estela)* track, wake.
surcoreano/a *adj, nm/f* South Korean.
sureño/a *nm/f* southerner.
sureste 1 *adj* south-east, south-eastern; *(rumbo, viento)* south-easterly. **2** *nm* south-east.
surgir [3c] *vi* **(a)** *(aparecer)* to arise, emerge, appear; *(líquido: brotar)* to spout (out), spurt (up); *(barco etc: en niebla)* to loom up; *(persona)* to appear unexpectedly; *(dificultad)* to arise, come up, crop up. **(b)** *(Náut)* to anchor.
suroeste 1 *adj* south-west, south-western; *(rumbo)* south-westerly. **2** *nm* **(a)** south-west. **(b)** *(viento)* south-west wind.
surrealismo *nm* surrealism.
surrealista *adj, nmf* surrealist.
surtido 1 *adj* **(a)** mixed, assorted, varied. **(b) estar bien ~ de** to be well supplied with, have good stocks of. **2** *nm (selección)* selection, assortment, range; *(existencias)* supply, stock.
surtidor *nm* **(a)** *(chorro)* jet, spout; *(fuente)* fountain. **(b) ~ de gasolina** petrol pump.
surtir [3a] **1** *vt* **(a)** to supply, furnish, provide; **~ el mercado** to supply the market; **~ un pedido** to fill an order. **(b)** *(efecto)* to have, produce. **2** *vi (brotar)* to spout, spurt (up), rise. **3 surtirse** *vr*: **~ de** to provide o.s. with.
survietnamita *adj, nmf* South Vietnamese.
susceptibilidad *nf* susceptibility (*a* to); *(sensibilidad)* sensitivity; *(delicadeza)* touchiness.
susceptible *adj* **(a) ~ de** capable of; **~ de mejora(r)** capable of improvement; **~ de sufrir daño** liable to suffer damage. **(b)** *(gen: persona)* susceptible; *(sensible)* sensitive; *(delicado)* touchy; *(impresionable)* impressionable.
suscitar [1a] *vt (rebelión)* to stir up; *(escándalo, conflicto)* to cause, provoke; *(discusión)* to start; *(duda, problema)* to raise; *(interés, sospechas)* to arouse.
suscribir [3a; *pp* **suscrito**] **1** *vt* **(a)** *(contrato, memoria)* to sign; *(promesa)* to make. **(b)** *(opinión)* to subscribe to, endorse. **(c)** *(Com: acciones)* to take out an option on. **(d) ~ a uno a una revista a** to take out a subscription to a journal for sb. **2 suscribirse** *vr* to subscribe (*a* to, for).
suscripción *nf* subscription; **abrir una ~** to take out a subscription; **cerrar su ~** to cancel one's subscription.
suscriptor(a) *nm/f* subscriber.
suscrito *pp de* **suscribir.**
susodicho *adj* above-mentioned.
suspender [2a] *vt* **(a)** *(objeto)* to hang, hang up, suspend (*de* from, on). **(b)** *(pago, trabajo)* to stop, suspend; *(reunión, sesión)* to adjourn; *(procedimiento)* to interrupt. **(c)** *(Escol)* to fail; **lo han suspendido en química** he's failed Chemistry.

suspense *nm (Lit, Teat)* suspense.
suspensión *nf* **(a)** *(acción)* hanging (up), suspension. **(b)** *(Aut, Mec)* suspension. **(c)** *(fig)* stoppage, suspension; *(Jur)* stay; ~ **de fuego** *o* **de hostilidades** ceasefire, cessation of hostilities; ~ **de pagos** suspension of payments. **(d)** *(asombro)* astonishment; *(Lit, Teat)* suspense.
suspensivo *adj:* **puntos ~s** dots, suspension points.
suspenso 1 *adj* **(a)** hanging, suspended, hung (*de* from). **(b)** *(Escol: candidato)* failed. **(c)** *(fig)* **estar** *o* **quedarse** ~ to be astonished, be amazed. **2** *nm* **(a)** *(Escol: asignatura)* fail, failure. **(b) estar en** *o* **quedar en** ~ to be in suspense, be pending; *(Jur)* to be suspended, be in abeyance; *(causa)* to stand over, be postponed.
suspensores *nmpl (LAm)* braces, *(US)* suspenders.
suspicacia *nf* suspicion, mistrust.
suspicaz *adj* suspicious, distrustful.
suspirar [1a] *vi* to sigh; ~ **por** *(fig)* to long for.
suspiro *nm (lit, fig)* sigh; *(respiro)* sigh, breath.
sustancia *nf* substance; *(esencia)* essence; *(materia)* matter; ~ **gris** *(Anat)* grey matter; **en** ~ in substance, in essence; **sin** ~ lacking in substance, shallow.
sustancial *adj* **(a)** substancial; *(esencial)* essential, vital, fundamental. **(b)** = **sustancioso.**
sustancioso *adj (discurso)* solid; *(comida)* solid; *(nutritivo)* nourishing.
sustantivo 1 *adj* substantive; *(Ling)* substantival, noun *(atr)*. **2** *nm* noun, substantive.
sustentación *nf* sustenance; *(apoyo)* support; *(Aer)* lift.
sustentar [1a] **1** *vt* **(a)** *(objeto)* to hold up, support, bear (the weight of). **(b)** *(suj: alimento)* to sustain, nourish. **(c)** *(fig: esperanzas)* to sustain, keep going, buoy up. **(d)** *(idea, teoría)* to maintain, uphold. **2 sustentarse** *vr:* ~ **con** to sustain o.s. with, subsist on.
sustento *nm (apoyo)* support; *(alimento)* sustenance, food; *(manutención)* maintenance; *(fig)* livelihood.
sustitución *nf* substitution (*por* for), replacement (*por* by).
sustituir [3g] **1** *vt* to substitute, replace; ~ **A por B** to substitute B for A, replace A by *o* with B; ~ **el neumático pinchado** to change *o* replace the flat tyre. **2** *vi* to substitute; ~ **a** to stand in for, deputize for.
sustitutivo 1 *adj* substitute. **2** *nm* substitute (*de* for); **es un ~ del café** it is a coffee substitute.
sustituto/a *nm/f* substitute, replacement.
susto *nm* fright, scare; **¡qué ~!** what a scare!; **dar un ~ a uno** to give sb a fright; **darse** *o* **pegarse un** ~ *(fam)* to have a fright.
sustracción *nf* **(a)** *(acto)* removal; *(Mat)* subtraction, taking away; *(deducción)* deduction; *(extracción)* extraction. **(b)** *(hurto)* theft.
sustraer [2p] **1** *vt* to remove, take away; *(Mat)* to subtract, take away; *(deducir)* to deduct; *(extraer)* to extract. **2 sustraerse** *vr:* ~ **a** *(evitar)* to avoid; *(apartarse de)* to withdraw from, contract out of; ~ **a hacer algo** to avoid *o* get out of doing sth.
sustrato *nm* substratum.
susurrante *adj (véase vi)* whispering; murmuring; rustling.
susurrar [1a] **1** *vi* **(a)** *(persona)* to whisper; ~ **al oído de uno** to whisper to sb. **(b)** *(fig: viento)* to whisper; *(insectos)* to hum; *(arroyo)* to murmur; *(hojas)* to rustle. **2 susurrarse** *vr:* **se susurra que ...** it is rumoured that ... .
susurro *nm* **(a)** *(lit, fig)* whisper. **(b)** *(zumbido)* hum, humming; *(murmullo)* murmur; *(de hojas)* rustle.
sutil *adj* **(a)** *(hilo, hebra)* fine, delicate, tenuous; *(rodaja)* thin; *(tela)* thin, light; *(atmósfera)* thin; *(olor)* delicate; *(brisa)* gentle. **(b)** *(diferencia)* fine, subtle. **(c)** *(inteligencia, persona)* sharp, keen; *(comentario)* subtle.
sutileza *nf* **(a)** *(delicadeza)* fineness, delicacy; *(delgadez)* thinness; *(de argumento, estilo etc)* subtlety, subtleness; *(agudeza)* sharpness, keenness. **(b)** *(una ~)* subtlety; *(pey: maña)* artifice, artful deceit.
sutilizar [1f] **1** *vt* **(a)** *(objeto: reducir)* to thin down, fine down; *(fig: pulir)* to polish, perfect; *(: limar, mejorar)* to refine (upon). **(b)** *(pey)* to quibble about, split hairs about. **2** *vi (pey: pararse en cosas nimias)* to quibble, split hairs.
sutura *nf* suture.
suturar [1a] *vt* to suture; *(juntar con puntos)* to stitch.
suyo/a 1 *pron* (*con art o después del vb* **ser:** *de él*) his; *(: de ella)* hers; *(: de Ud, Uds)* yours; *(: de animal, cosa)* its (own); *(: de uno mismo)* one's own; *(: de ellos, ellas)* theirs; **este libro es (el)** ~ this book is his/hers *etc*; **¿es ~ esto?** is this yours?; **la culpa es ~a** the fault is his/hers *etc*, it's his/her *etc* fault; **lo** ~ (what is) his; *(su parte)* his share, what he deserves; **los ~s** *(familia)* one's family *o* relations; *(partidarios)* one's own people *o* supporters; *(fin de carta)* ~ **afectísimo** yours faithfully *o* sincerely.

2 *adj (después de un n: de él)* his, of his; *(: de ella)* her, of hers; *(: de Ud, Uds)* your, of yours; *(: de animal, cosa)* of its own; *(: de uno mismo)* of one's own; *(: de ellos, ellas)* their, of theirs; **no es amigo** ~ he is no friend of hers; **no es culpa ~a** it's not his/her *etc* fault, it's no fault of his/hers *etc*; **varios libros ~s** several books of theirs, several of their books.

3 *adj, pron (locuciones)* **de** ~ in itself, intrinsically; *(solo)* on its own; **eso es muy** ~ that's just like him, that's typical of him; **aguantar lo** ~ to shoulder one's burden; **estar en lo mejor** ~ *(fam)* to be on top form; **hizo ~as mis palabras** he echoed my words; **hacer de las ~as** to get up to one's old tricks; **ir a la ~a, ir a lo** ~ to go one's own way; *(pey)* to act selfishly, think only of o.s.; **salirse con la ~a** to get one's way; *(en una discusión)* to carry one's point; **valorar lo** ~ to be worth one's keep; **cada cual a lo** ~ it's best to mind one's own business.
svástica *nf* swastika.

T

T, t [te] *nf (letra)* T, t.
taba *nf (Anat)* ankle bone; *(juego)* jacks.
tabacal *nm (LAm)* tobacco plantation.
Tabacalera *nf Spanish state tobacco monopoly.*
tabacalero 1 *adj* tobacco *(atr)*. **2** *nm (vendedor)* tobacconist; *(cultivador)* tobacco grower.
tabaco 1 *nm* tobacco; *(cigarros)* cigarettes *pl; (puro)* cigar; *(Bot)* tobacco plant; ~ **negro/rubio** dark/Virgina tobacco; **¿tienes ~?** have you any cigarettes?; **se me acabó el ~** I ran out of cigarettes. **2** *adj (LAm)* dusty brown.
tabalear [1a] **1** *vt* to rock. **2** *vi (con los dedos)* to drum (with one's fingers), tap.
tabaleo *nm (véase vb)* rocking; drumming, tapping.
tabanco *nm* market stall.
tábano *nm* horsefly.
tabaquera *nf (caja)* tobacco jar; *(de pipa)* bowl; *(LAm: bolsa)* tobacco pouch.
tabaquería *nf* tobacconist's (shop), *(US)* cigar store.
tabaquero 1 *adj* tobacco *(atr)*. **2** *nm* tobacconist; *(LAm: cultivador)* tobacco grower; *(: comerciante)* tobacco merchant.
tabarra *nf (fam)* nuisance, bore; **dar la ~** to be a pain in the neck *(fam)*.
taberna *nf* bar, pub; *(Hist)* tavern.
tabernáculo *nm* tabernacle.
tabernero/a *nm/f (dueño)* landlord/landlady; *(camarero)* barman/barmaid.
tabicar [1g] **1** *vt (puerta)* to wall up; *(dividir con tabique)* to partition off. **2 tabicarse** *vr (narices)* to get stopped up.
tabique *nm* partition (wall).
tabla *nf* **(a)** *(de madera)* plank; *(estante)* shelf; *(de piedra)* slab; *(Arte)* panel; ~ **de lavar/de planchar** washboard/ironing board; **escaparse** *o* **salvarse en una ~** to have a close shave; **hacer ~ rasa** to make a clean sweep; **hacer ~ rasa de** *(pey)* to disregard (arbitrarily). **(b)** *(Taur)* **~s** barrier *sg.* **(c)** *(Teat)* **~s** stage *sg;* **salir a las ~s** to go on the stage. **(d)** *(Ajedrez)* **~s** draw; *(fig)* stalemate; **hacer** *o* **quedar ~s** *(fig)* to reach stalemate. **(e)** *(Agr)* plot, patch. **(f)** *(de vestido)* box pleat. **(g)** *(lista)* list; *(Mat)* table; *(de libro)* index; ~ **de materias** table of contents; ~ **de multiplicar** multiplication table.
tablado *nm (suelo)* plank floor; *(plataforma)* platform; *(Teat)* stage.
tablaje *nm,* **tablazón** *nf* planks *pl,* planking.
tablear [1a] *vt* **(a)** *(madera)* to cut into planks. **(b)** *(terreno)* to divide up into plots.
tablero *nm* **(a)** *(gen)* board; *(Escol)* blackboard; *(de anuncios)* notice board, *(US)* bulletin board; *(Elec)* switchboard; ~ **de ajedrez** chessboard; ~ **de instrumentos** instrument panel; *(Aut)* dashboard. **(b)** *(Agr)* bed(s), plot(s).
tableta *nf* **(a)** *(de madera)* block. **(b)** *(Med)* tablet; *(de chocolate)* bar, slab.
tabletear [1a] *vi* to rattle.
tableteo *nm* rattle.
tablilla *nf* small board; *(Med)* splint.
tabú *nm* taboo.
tabular 1 [1a] *vt* to tabulate. **2** *adj* tabular.
taburete *nm* stool.
tacana *nf (RPl)* cultivated hillside terrace.
tacañería *nf (véase adj)* **(a)** meanness, stinginess. **(b)** craftiness.
tacaño *adj* **(a)** *(avaro)* mean, stingy. **(b)** *(astuto)* crafty.
tácito *adj* tacit; *(acuerdo)* unspoken; *(ley)* unwritten; *(Ling)* understood.
taciturnidad *nf (véase adj)* taciturnity; sullenness.
taciturno *adj* taciturn; *(malhumorado)* sullen.
taco *nm* **(a)** *(para fusil etc)* wad(ding); *(tarugo)* stopper, plug. **(b)** *(de bota de fútbol)* stud; *(LAm)* heel. **(c)** *(para escribir)* pad; *(de billetes, cupones)* book; ~ **de papel** writing pad. **(d)** *(Billar)* cue. **(e)** *(bocado)* snack, bite; *(trago)* swig. **(f)** *(fam: palabrota)* rude word, swearword; **soltar un ~** to swear. **(g)** *(fam: lío)* mess; **armarse** *o* **hacerse un ~** to get into a mess. **(h)** *(Méx)* filled tortilla.
tacón *nm* heel; ~ **(de) aguja** stiletto heel; **~es altos** high heels.
taconazo *nm (patada)* kick with one's heel; **~s** *(Mil)* heel-clicking; **entró y dio un ~** he came in and clicked his heels.
taconear [1a] *vi (dar golpecitos)* to tap with one's heels; *(Mil etc)* to click one's heels.
taconeo *nm (véase vb)* tapping with one's heels; *(Mil)* heel-clicking.
táctica *nf* tactics *pl; (una ~)* tactic; *(jugada)* move; *(gambito)* gambit.
táctico 1 *adj* tactical. **2** *nm* **(a)** *(gen)* tactician. **(b)** *(Dep)* coach.
táctil *adj* tactile.
tacto *nm* **(a)** *(gen)* touch; *(sentido)* (sense of) touch; **ser áspero al ~** to be rough to the touch. **(b)** *(fig)* tact.
tacha[1] *nf* **(a)** *(Téc)* large tack. **(b)** *(LAm)* = **tacho.**
tacha[2] *nf (gen)* flaw; *(mancha)* blemish; *(defecto)* defect; **sin ~** flawless; **poner ~ a** to find fault with.
tachadura *nf* erasure; *(corrección)* correction.
tachar [1a] *vt* **(a)** *(gen)* to cross out; *(corregir)* to correct. **(b)** *(criticar)* to criticize, find fault with; *(Jur: testigo)* to challenge; ~ **a uno de incapaz** to accuse sb of being incompetent.
tacho *nm (LAm: caldero)* boiler; *(para azúcar)* sugar pan; *(RPl: palangana)* washbasin; ~ **para** *o* **de la basura** dustbin, *(US)* garbage can.
tachón[1] *nm* **(a)** *(Téc)* ornamental stud. **(b)** *(Cos)* trimming.
tachón[2] *nm* erasure; *(tachadura)* crossing-out.
tachonar [1a] *vt (Téc)* to stud; *(adornar con clavos)* to adorn with studs.
tachoso *adj* defective.
tachuela *nf* **(a)** *(clavo)* tack, tin tack. **(b)** *(LAm: recipiente)* metal pan; *(: tazón)* bowl. **(c)** *(LAm: persona)* short stocky person.
tafetán *nm* **(a)** taffeta; ~ **adhesivo** sticking plaster. **(b)** **~es** *(fig)* flags; *(fam)* frills.
tafilete *nm* morocco leather.
tagarote *nm* **(a)** *(Zool)* sparrowhawk. **(b)** *(fam: persona)* tall shabby person. **(c)** *(fam: emplea-*

dillo) penpusher.
Tahití *nm* Tahiti.
tahona *nf (tienda)* bakery; *(molino)* flourmill.
tahonero/a *nm/f* baker.
Tailandia *nf* Thailand.
tailandés/esa 1 *adj, nm/f* Thai. **2** *nm (idioma)* Thai.
taima *nf* slyness, craftiness.
taimado *adj* sly, crafty.
taimarse [1a] *vr* to get sly, adopt crafty tactics.
taita *nm (fam)* dad(dy); *(tío)* uncle.
taja *nf* cut.
tajada *nf* **(a)** *(Culin)* slice. **(b)** *(fam)* rake-off; **sacar ~** to get one's share, take one's cut. **(c)** *(Med: ronquera)* hoarseness. **(d)** *(tajo)* cut, slash; **¡te haré ~s!** I'll cut you up!
tajadera *nf* **(a)** *(herramienta)* chopper. **(b)** *(tajadero)* chopping block.
tajadero *nm* chopping block.
tajado *adj (peña)* sheer.
tajamar *nm (Náut)* stem; *(de puente)* cutwater.
tajante *adj* **(a)** *(herramienta)* sharp, cutting. **(b)** *(fig)* incisive; *(negativa)* emphatic; *(crítica)* sharp; **es una persona ~** he's an incisive person.
tajar [1a] *vt* to cut, slice, chop.
tajear [1a] *vt (LAm fam)* to cut up.
Tajo *nm* Tagus.
tajo *nm* **(a)** cut, slash; **darse un ~ en el brazo** to cut one's arm; **tirar ~s a uno** to slash at sb. **(b)** *(Geog)* cut, cleft; *(escarpa)* steep cliff. **(c)** *(sitio)* working area; *(fam: tarea)* job. **(d)** *(Culin)* chopping block; *(del verdugo)* executioner's block.
tal 1 *adj* such; **~ cosa** such a thing; **~es cosas** such things; **con ~ atrevimiento** with such boldness; **con un resultado ~** with such a result; **~ y ~ cosa** such-and-such a thing; **un ~ García** a man called García; **el ~ cura** this priest (we were talking about); *(pey)* this priest person.

2 *pron (persona)* such a one, someone; *(cosa)* such a thing, something; **el ~** this man *etc* I mentioned; **una ~** *(euf)* a prostitute; **no haré ~** I won't do anything of the sort; **en la calle de ~** in such-and-such a street; **~ como** such as; **~ como es** such as it is; **y como ~, tiene que pagar** and as such, he has to pay; **vive en ~ o cual hotel** he lives in such-and-such a hotel; **son ~ para cual** they're two of a kind; **~ hay que lo piensa** some people think so; **hablábamos de que si ~ que si cual** we were talking about this, that and the other.

3 *adv* so, in such a way; **~ como** just as; **estaba ~ como lo dejé** it was just as I had left it; **~ cual** *(adv)* just as it is; **~ la madre, cual la hija** like mother, like daughter; **¿qué ~?** how goes it?, how's things?; **¿qué ~ el partido?** what was the game like?; **¿qué ~ tu tío?** how's your uncle?; **¿qué ~ te gusta?** what do you think of it?, how do you like it?; *véase* **cual 3.**

4 *conj:* **con ~ que** as long as; **con ~ que no me engañas** as long as you don't deceive me; **con ~ (de) que ...** provided (that) ... , on condition that ... ; **con ~ de no volver nunca** on condition that he *etc* never comes back.
tala *nf (de árboles)* tree felling, wood cutting; *(fig: destrucción)* havoc.
taladradora *nf* drill; **~ de fuerza/neumática** pneumatic drill.
taladrar [1a] *vt* **(a)** to bore, drill; *(perforar)* to punch. **(b)** *(fig: suj: ruido)* to pierce; **es un ruido que taladra** it's a shattering noise.
taladro *nm* drill; **~ neumático** pneumatic drill.
talaje *nm (LAm)* **(a)** *(pasto)* pasture. **(b)** *(pastoreo)* grazing, pasturage.
talante *nm* **(a)** *(humor)* mood; *(voluntad)* will; **estar de buen ~** to be in a good mood; **hacer algo de buen ~** to do sth willingly; **recibir a uno de buen ~** to give sb a warm welcome. **(b)** *(apariencia)* look, appearance.
talar [1a] *vt* **(a)** *(árbol)* to fell, cut down. **(b)** *(fig: devastar)* to lay waste, devastate.
talco *nm* talcum powder.
talega *nf* **(a)** *(bolsa)* sack, bag. **(b)** *(pañal)* baby's nappy, *(US)* diaper. **(c) ~s** *(fig)* money *sg.*
talegada *nf*, **talegazo** *nm* heavy fall.
talego *nm* **(a)** *(saco)* long sack. **(b)** *(fam: persona)* fat person. **(c) tener ~** *(fam)* to have money stashed away *(fam).*
taleguilla *nf* bullfighter's breeches *pl.*
talento *nm* talent; *(don)* ability, gift.
talentoso *adj* talented, gifted.
talero *nm (RPl)* whip.
talidomida *nm* thalidomide.
talismán *nm* talisman.
talmente *adv (tan)* so; *(exactamente)* exactly, literally; **la casa es ~ una pocilga** the house is literally a pigsty.
Talmud *nm* Talmud.
talón *nm* **(a)** *(Anat, de zapato etc)* heel; **~ de Aquiles** Achilles heel; **pisar los ~es a uno** to be on sb's heels. **(b)** *(Aut)* flange; *(de llanta)* rim. **(c)** *(Com)* stub, counterfoil; *(Ferro)* luggage receipt.
talonario *nm* (*tb* **libro ~:** *de recibos*) receipt book; *(: de billetes)* book of tickets; **~ de cheques** cheque book.
talonear [1a] **1** *vt (LAm: caballo)* to spur along. **2** *vi (caminar rápidamente)* to walk briskly; *(con prisa)* to hurry along.
talla *nf* **(a)** *(Arte: obra de ~)* carving; *(: escultura)* sculpture; *(: grabado)* engraving. **(b)** *(de persona: altura)* height; *(estatura)* stature; *(fig)* stature; *(de ropa)* size, fitting; **camisas de todas las ~s** shirts in all sizes; **tener poca ~** to be short. **(c)** *(para medir)* measuring rod. **(d)** *(Med)* gallstones operation.
tallado 1 *adj* **(a)** *(madera)* carved; *(piedra)* sculpted; *(metales)* engraved. **(b)** *(persona)* **bien ~** shapely. **2** *nm (en madera)* carving; *(en piedra)* sculpting; *(grabado)* engraving.
tallador *nm* **(a)** *(en madera)* carver. **(b)** *(LAm Naipes)* dealer.
tallar[1] [1a] **1** *vt* **(a)** *(madera)* to carve; *(piedra)* to sculpt; *(metales)* to engrave; *(joyas)* to cut. **(b)** *(medir)* to measure (the height of). **(c)** *(Naipes)* to deal. **2** *vi (Naipes)* to deal.
tallar[2] [1a] *vi (RPl)* to chat, gossip.
tallarín *nm* noodle.
talle *nm* **(a)** *(cintura)* waist; **~ de avispa** wasp waist. **(b)** *(para ropa)* measurements *pl*, size. **(c)** *(tipo: de mujer)* figure; *(: de hombre)* build; **de ~ esbelto** with a slim figure.
taller *nm (Téc)* workshop; *(fábrica)* factory; *(Aut)* garage, repair shop; *(Arte)* studio; **~es agremiados** closed shop; **~es gráficos** printing works.
tallista *nm* = **tallador (a).**
tallo *nm* **(a)** *(gen)* stem, stalk; *(de hierba)* blade, shoot. **(b)** *(LAm)* **~s** vegetables, greens.
talludo *adj (Bot)* tall; *(persona)* lanky; *(: fig)* grown-up; **ya eres una ~a** you're a big girl now.
tamal *nm (LAm)* **(a)** *(Culin)* tamale. **(b)** *(trampa)* trick; *(embrollo)* intrigue; **hacer un ~** to set a trap.
tamalero *(LAm)* **1** *adj (intrigante)* fond of intrigue. **2** *nm (fabricante)* tamale maker; *(vendedor)* tamale seller.
tamañito *adj:* **dejar a uno ~** to make sb feel very small; **me quedé ~** I felt about so high.
tamaño 1 *adj (tan grande)* so big a, such a big; *(tan*

pequeño) so small a, such a small; **parece absurdo que cometiera ~ error** it seems absurd that he should make such a mistake. **2** *nm* size; **~ de bolsillo** pocket-size; **de ~ extraordinario** outsize; **de ~ natural** full-size, life-size; **¿de qué ~ es?** what size is it?, how big is it?

tamarindo *nm* **(a)** *(Bot)* tamarind. **(b)** *(Méx fam)* policeman, cop *(sl)*.

tambaleante *adj (persona: al andar)* staggering; *(mueble)* wobbly; *(paso)* unsteady; *(vehículo)* swaying.

tambalearse [1a] *vr (persona)* to stagger; *(mueble)* to wobble; *(Aut)* to sway; **ir tambaleándose** to stagger along.

también *adv* also, as well, too; **¿Ud ~?** you too?; **y bebe ~** and he drinks as well; **no sólo A sino ~ B** not only A but also B; **estoy cansado — yo ~** I'm tired — so am I *o* me too.

tambor *nm* **(a)** *(Arquit, Mús, Téc)* drum; *(Anat)* eardrum; **~ del freno** brake drum. **(b)** *(Mús: persona)* drummer; **~ mayor** drum major.

tamboril *nm* small drum.

tamborilear [1a] **1** *vt (fam: alabar)* to praise. **2** *vi (Mús)* to drum; *(con los dedos)* to drum with one's fingers; *(lluvia)* to patter.

tamborileo *nm (véase vi)* drumming; patter(ing).

tamborilero *nm* drummer.

Támesis *nm* Thames.

tamiz *nm* sieve.

tamizar [1f] *vt* to sieve, sift.

tampoco *adv* neither, not ... either, nor; **~ lo sabe él** he doesn't know either, neither does he know, nor does he know; **yo no lo compré ~** I didn't buy one either; **ni yo ~** nor do *etc* I.

tampón *nm (Med)* tampon; **~ para entintar** ink pad.

tan *adv* so; **~ rápido** so fast; **no es una idea ~ buena** it's not such a good idea; **¡que cosa ~ rara!** how strange!; **A es ~ feo como B** A is as ugly as B; **no te esperaba ~ pronto** I wasn't expecting you so soon; **~ es así que ...** so much so that ... .

tanda *nf* **(a)** *(gen)* series; *(de ladrillos)* layer; *(de inyecciones)* course. **(b)** *(turno de trabajo, tb personas)* shift; **~ de noche** nightshift; **ahora estás de ~** now it's your turn. **(c)** *(Billar)* game; *(Béisbol)* innings. **(d)** *(LAm: espectáculo)* show; *(: función)* performance; **primera ~** early show.

tándem *nm* tandem; *(Pol)* duo, team; **en ~** *(Elec)* tandem.

tanganillas: en ~ *adv* unsteadily; *(fig)* uncertainly.

tanganillo *nm* prop, support.

tangencial *adj* tangential; *(fig)* oblique.

tangente *nf* tangent; **salirse por la ~** *(hacer una digresión)* to go off at a tangent; *(esquivar una pregunta)* to give an evasive answer.

Tánger *nm* Tangier(s).

tangerino/a 1 *adj* of Tangier(s). **2** *nm/f* native *o* inhabitant of Tangier(s).

tangibilidad *nf* tangibility.

tangible *adj* tangible, concrete.

tango *nm* tango.

tanguear [1a] *vi (LAm: bailar)* to dance; *(: tango)* to tango.

tánico *adj* tannic; **ácido ~** tannic acid.

tanino *nm* tannin.

tano *nm (RPl fam)* Italian.

tanque *nm (depósito)* tank, reservoir; *(Mil)* tank.

tantarán *nm*, **tantarantán** *nm* **(a)** *(de tambor)* drumbeat. **(b)** *(golpe)* hefty punch.

tanteador *nm* **(a)** *(marcador)* scoreboard. **(b)** *(persona)* scorer.

tantear [1a] **1** *vt* **(a)** *(calcular aproximadamente)* to reckon (up), work out roughly; *(medir: tela)* to take the measure of; *(considerar)* to weigh up, consider. **(b)** *(probar)* to test; *(intenciones)* to sound out. **(c)** *(Dep)* to keep the score of. **2** *vi* **(a)** *(Dep)* to score, keep (the) score. **(b)** *(LAm)* to grope, feel one's way.

tanteo *nm* **(a)** *(cálculo)* reckoning; *(consideración)* weighing up; **por ~** by guesswork. **(b)** *(prueba)* test(ing), trial; **al ~** by trial and error. **(c)** *(Dep)* scoring.

tantico *nm*: **un ~** *(fam)* (quite) a bit; **es un ~ difícil** it's a bit awkward *(fam)*.

tantísimo *adj superl* so much; **~s** so many; **había ~a gente** there was such a crowd.

tantito *nm* = **tantico.**

tanto 1 *adj* so much; *(en comparaciones)* as much; **~s** so many; *(en comparaciones)* as many; **no comas ~ pan** don't eat so much bread; **tiene ~ dinero como yo** he has as much money as I have; **tiene ~ dinero que no sabe qué hacer con él** he has so much money he doesn't know what to do with it; **hubo ~a manzana** there were so many apples; **hay otros ~s candidatos** there are as many more candidates; **20 y ~s** 20-odd; **a ~s de marzo** on such-and-such a day in March.

2 *adv* so much; *(en comparaciones)* as much; **permanecer ~** to stay so long; **trabajar ~** to work so hard; **él gasta ~ como yo** he spends as much as I do *o* as me; **~ A como B** both A and B; **es ~ más difícil** it is all the more difficult; **~ más/menos** all *o* so much the more/less; **~ mejor/peor** all *o* so much the better/worse *(para* for); **~ es así que ...** so much so that ...; **~ si viene como si no viene** whether he comes or not; **entre** *o* **mientras ~** meanwhile; **por lo ~** so, therefore; **no le tengo ni ~ así de lástima** I haven't a scrap of pity for him.

3 *conj*: **en ~ que** *(mientras que)* while; *(hasta que)* until.

4 *nm* **(a)** *(Com, Fin)* certain amount, so much; **~ alzado** agreed price; **~ por palabra** so much a word; **~ por ciento** percentage; **al ~** at the same price. **(b)** *(en juegos)* point; *(Ftbl)* goal; **~ en contra** point against; **apuntar los ~s** to keep score; **apuntarse un ~** to score a point. **(c) estar al ~** to be up to date; **estar al ~ de los acontecimientos** to be fully abreast of events; **poner a uno al ~** to put sb in the picture (*de* about). **(d) un ~** *(adv)* rather, somewhat; **estoy un ~ cansado** I'm rather tired; **es un ~ difícil** it's a bit awkward.

5 *pron* so much; **~s** so many; **¡cuesta ~!** it's so expensive!; **no es para ~** it's not as bad as all that; **uno de ~s** one of many, nothing special.

tañido *nm (Mús)* sound; *(de campana)* ringing.

tapa *nf* **(a)** *(de caja, olla)* lid; *(de botella)* top; *(de libro)* cover; **levantarse la ~ de los sesos** to blow one's brains out. **(b)** *(comida)* snack.

tapaboca *nf*, **tapabocas** *nm inv* muffler.

tapacubos *nm inv* hub cap.

tapadera *nf* lid, cover.

tapadero *nm* stopper.

tapado *nm (LAm: abrigo)* coat.

tapar [1a] **1** *vt* **(a)** *(gen)* to cover (up) (*de* with); *(recipiente)* to put the lid on; *(botella)* to put the cap on; *(en cama)* to wrap up; *(Arquit)* to wall up; *(LAm: diente)* to fill; **el árbol tapa el sol a la nena** the tree keeps the sunlight off the baby; **el muro nos tapaba el viento** the wall protected us from the wind. **(b)** *(encubrir: hecho)* to cover up, conceal; *(: fugitivo)* to hide. **2 taparse** *vr* to wrap (o.s.) up, *(esp)* to wrap up warmly (in bed).

tapera *nf (LAm)* **(a)** *(casa)* tumble-down house; *(fig)* hovel. **(b)** *(pueblo)* abandoned village.

tapete *nm* table cover; *(alfombrita)* rug; ~ **verde** *(Naipes)* card table; **estar sobre el** ~ *(fig)* to be under discussion.

tapia *nf (de adobe)* mud *o* adobe wall; *(de jardín)* garden wall.

tapiar [1b] *vt* to wall in, block up.

tapicería *nf* **(a)** *(fabricación)* tapestry making; *(de coche, muebles)* upholstery. **(b)** *(tapiz)* tapestry; *(tapices)* tapestries *pl.*

tapicero/a *nm/f (de muebles)* upholsterer.

tapioca *nf* tapioca.

tapir *nm* tapir.

tapisca *nf (CAm, Méx)* maize harvest, *(US)* corn harvest.

tapiscar [1g] *vt (CAm, Méx)* to harvest.

tapiz *nm* tapestry.

tapizado *nm (moqueta)* carpeting; *(de coche, mueble)* upholstery.

tapizar [1f] *vt* **(a)** *(pared)* to hang with tapestries; *(muebles)* to upholster, cover; *(suelo)* to carpet. **(b)** *(fig)* to carpet *(con, de* with).

tapón *nm* **(a)** *(de botella)* cap, top; *(corcho)* cork; *(Téc)* plug; *(Med)* tampon. **(b)** *(fam)* chubby person.

taponar [1a] *vt (botella)* to cork, put the cap on; *(tubería)* to block; *(Med)* to tampon; ~ **los oídos** to stop up one's ears.

taponazo *nm (de tapón)* pop.

tapujarse [1a] *vr (fam)* to muffle o.s. up.

tapujo *nm* **(a)** *(embozo)* muffler. **(b)** *(fam: engaño)* deceit, dodge; *(: secreto)* secrecy; **sin** ~**s** honestly.

taquear [1a] **1** *vt (LAm: llenar)* to fill; *(un arma)* to ram. **2** *vi* **(a)** *(LAm)* to play billiards. **(b)** *(Méx: comer tacos)* to have a snack.

taquería *nf (Méx) taco* stall *o* bar.

taquigrafía *nf* shorthand, stenography.

taquigráficamente *adv* in shorthand.

taquigráfico *adj* shorthand *(atr)*.

taquígrafo/a *nm/f* shorthand writer, stenographer.

taquilla *nf* **(a)** *(en estación etc)* booking office, ticket office; *(de teatro)* box office. **(b)** *(recaudación: Teat)* takings; *(: Dep)* gate money. **(c)** *(archivador)* filing cabinet; *(para herramientas)* locker.

taquillero/a 1 *adj:* **ser** ~ to be good (for the) box office; **función** ~**a** box-office success. **2** *nm/f* (ticket) clerk.

taquímetro *nm* speedometer.

tara *nf* **(a)** *(Com)* tare. **(b)** *(fig)* defect, blemish.

taracea *nf* inlay.

taracear [1a] *vt* to inlay.

tarado/a 1 *adj* **(a)** *(Com)* defective, imperfect. **(b)** *(LAm: idiota)* stupid; *(: loco)* crazy, nuts *(fam)*. **2** *nm/f (LAm: idiota)* idiot, cretin.

taranta *nf (LAm: locura)* mental disturbance, madness.

tarantela *nf* tarantella.

tarántula *nf* tarantula.

tarar [1a] *vt (Com)* to tare.

tararear [1a] *vt, vi* to hum.

tarasca *nf* **(a)** *(monstruo)* carnival dragon, monster. **(b)** *(fam: mujer fea)* old hag, old bag *(fam)*.

tarascada *nf* **(a)** *(mordida)* bite. **(b)** *(contestación)* tart reply.

tarascar [1g] *vt* to bite.

tardanza *nf* **(a)** *(lentitud)* slowness. **(b)** *(demora)* delay.

tardar [1a] *vi* **(a)** *(tomar mucho tiempo)* to take a long time, be long; *(llegar tarde)* to be late; **¡no tardes!** don't be long; **a más** ~ at the latest; **aquí tardan mucho** they are very slow here, they take a long time here; **tardamos 3 horas de A a B** we took 3 hours (to get) from A to B; **sin** ~ without delay. **(b)** ~ **a hacer algo** to delay doing sth, be slow to do sth; **no tardes a hacerlo** don't put off doing it. **(c)** ~ **en hacer algo** to be slow to do sth, take a long time to do sth; **tardó en llegar** it was late in arriving; **tardó mucho en repararlo** he took a long time to repair it; **no tarde Ud en informarme** tell me at once; **el público no tardó en reaccionar** the spectators were not slow to react.

tarde 1 *adv (gen)* late; **ya es** ~ **para quejarse** it's too late to complain now; **un poco más** ~ a little later; ~ **o temprano** sooner or later; **se hace** ~ it's getting late. **2** *nf* afternoon, evening; **¡buenas** ~**s!** good afternoon!; *(de noche)* good evening!; **en la** ~ in the evening; **función de la** ~ matinée; **de la** ~ **a la mañana** overnight.

tardecer [2d] *vi* = **atardecer 1.**

tardecita *nf* nightfall, dusk.

tardío *adj (gen)* late; *(atrasado)* overdue.

tardo *adj* **(a)** *(lento)* slow, sluggish. **(b)** *(torpe)* dull, dense; ~ **de oído** hard of hearing.

tarea *nf (gen)* job, task; *(faena)* chore; **todavía me queda mucha** ~ I've still got a lot left to do.

tarifa *nf (precio)* tariff; *(tasa)* rate; *(tabla de precios)* price list; *(Transportes)* fare; ~ **de agua** water rate; ~ **turística** tourist class.

tarifar [1a] *vt* to price.

tarima *nf (plataforma)* platform; *(estrado)* dais; *(banquillo)* bench.

tarjar [1a] *vt (LAm: tachar)* to cross out.

tarjeta *nf* card; ~ **de crédito/de Navidad** credit/ Christmas card; ~ **multiviaje** season ticket; ~ **postal** postcard.

tarro *nm* **(a)** *(de vidrio, porcelana etc)* pot, jar. **(b)** *(LAm: lata)* tin, can. **(c)** *(LAm: sombrera de copa)* top hat.

tarta *nf (pastel)* cake; *(torta)* tart; ~ **de cumpleaños** birthday cake.

tártago *nm (Bot)* spurge.

tartajear [1a] *vt* to stammer.

tartajeo *nm* stammer(ing).

tartamudear [1a] *vi* to stutter, stammer.

tartamudeo *nm* stutter(ing), stammer(ing).

tartamudez *nf* stutter, stammer.

tartamudo/a 1 *adj* stuttering, stammering. **2** *nm/f* stutterer, stammerer.

tartán *nm* tartan.

tartárico *adj* tartaric; **ácido** ~ tartaric acid.

tártaro[1] *nm (Quím)* tartar.

tártaro[2]**/a** *adj, nm/f* Tartar.

tarugo 1 *adj (LAm)* stupid. **2** *nm (pedazo de madera)* lump, chunk; *(clavija)* wooden peg *o* plug.

tarumba *adj (fam: confuso)* confused; **volver** ~ **a uno** to confuse sb; **esa chica me tiene** ~ I'm crazy about that girl.

tasa *nf* **(a)** *(valoración)* valuation; *(estimación)* estimate. **(b)** *(medida, regla)* measure, standard. **(c)** *(índice, tipo)* standard rate; ~ **de interés** rate of interest; ~ **de nacimiento** birth rate.

tasación *nf (evaluación)* assessment; *(fig: valoración)* appraisal.

tasajo *nm (carne seca, salada)* dried beef, jerked beef; *(carne)* piece of meat.

tasar [1a] *vt* **(a)** *(objeto: fijar un precio)* to fix a price for; *(regular)* to regulate. **(b)** *(fig: valorar)* to value.

tasca *nf (taberna)* pub, bar; **ir de** ~**s** to go on a pub crawl *(fam)*.

tascar [1g] *vt (hierba)* to munch; ~ **el freno** to champ the bit.

tata 1 *nm (fam)* dad(dy). **2** *nf (niñera)* nanny, maid.

tatarabuelo/a *nm/f* great-great-grandfather/-mother; **los ~s** one's great-great-grandparents.

tatuaje *nm* **(a)** *(dibujo)* tattoo. **(b)** *(acto)* tattooing.

tatuar [1d] *vt* to tattoo.

taumaturgo *nm* miracle worker.

taurino *adj* bullfighting *(atr)*; **el negocio ~** the bullfighting business.

Tauro *nm* Taurus.

taurómaco 1 *adj* bullfighting *(atr)*. **2** *nm (persona)* bullfighting expert.

tauromaquia *nf* (art of) bullfighting, tauromachy.

tauromáquico *adj* bullfighting *(atr)*.

tautología *nf* tautology.

tautológico *adj* tautological.

taxativo *adj (restringido)* limited, restricted; *(sentido)* specific.

taxi *nm* taxi, cab, taxi cab.

taxidermia *nf* taxidermy.

taxidermista *nmf* taxidermist.

taxímetro *nm* taximeter.

taxista *nm/f* taxi driver, cabby *(fam)*.

taxonomía *nf* taxonomy.

taxonomista *nmf* taxonomist.

taza *nf* **(a)** cup; ~ **de café** cup of coffee. **(b)** *(de fuente)* basin, bowl; *(de retrete)* bowl.

tazón *nm* mug.

te *pron pers* **(a)** *(acusativo)* you. **(b)** *(dativo)* (to) you; **te he traído esto** I've brought you this; **¿te duele mucho el brazo?** does your arm hurt much? **(c)** *(reflexivo)* (to) yourself; **te vas a caer** you'll fall.

té *nm (planta, bebida)* tea; *(reunión)* tea party; **dar un ~** to give a tea party.

tea *nf (antorcha)* torch.

teatral *adj* **(a)** *(grupo etc)* theatre *(atr)*; *(dramático)* dramatic; **obra ~** dramatic work. **(b)** *(fig)* theatrical; *(dramático)* dramatic; *(pey: exagerado)* histrionic.

teatralidad *nf (drama)* drama; *(pey: histrionismo)* histrionics.

teatralmente *adv (fig)* theatrically.

teatro *nm* **(a)** *(gen)* theatre; **el ~** *(carrera)* the theatre, acting; **~ de aficionados/de variedades** amateur/variety theatre, music hall, *(US)* vaudeville theater. **(b)** *(Lit: género)* drama; *(obras de ~)* plays *pl;* **el ~ de Cervantes** Cervantes's plays; **~ del siglo XVIII** 18th century drama. **(c)** *(Mil)* theatre; **~ de guerra** theatre of war, front. **(d)** *(fig)* **hacer ~** to make a fuss; *(exagerar)* to exaggerate; **él tiene mucho ~** he's terribly dramatic.

tebeo *nm* comic.

tecla *nf (Mús, de máquina de escribir)* key; **dar en la ~** *(fam)* to get it right.

teclado *nm (Mús)* keyboard, keys *pl.*

teclear [1a] **1** *vt* **(a)** *(Comput)* to key, type in. **(b)** *(LAm Mús: tocar distraídamente)* to play clumsily. **2** *vi* **(a)** *(Mús)* to strum. **(b)** *(fam: con los dedos)* to drum.

tecleo *nm* **(a)** *(Mús)* playing; *(de guitarra)* strumming. **(b)** *(fam: con los dedos)* drumming.

técnica *nf* technique; *(método)* method; *(destreza)* skill; **~ electrónica** electronics.

tecnicidad *nf* technicality.

tecnicismo *nm* **(a)** *(carácter técnico)* technical nature. **(b)** *(Ling)* technical term, technicality.

técnico/a 1 *adj* technical. **2** *nm/f* technician.

tecnicolor *nm* Technicolor ®; **en ~** in Technicolor.

tecnócrata *nmf* technocrat.

tecnología *nf* technology.

tecnológico *adj* technological.

tecnólogo/a *nm/f* technologist.

tecolote *nm* **(a)** *(CAm, Méx: búho)* owl. **(b)** *(Méx fam: policía)* policeman, cop *(fam)*.

techado *nm (techo)* roof; *(cubierta)* covering; **bajo ~** under cover, indoors.

techar [1a] *vt* to roof (in *o* over).

techo *nm (exterior)* roof; *(interior)* ceiling; **bajo ~** under cover, indoors.

tedio *nm* boredom, tedium.

tedioso *adj* boring, tedious.

teísmo *nm* theism.

teísta 1 *adj* theistic. **2** *nmf* theist.

teja[1] *nf* tile; **de ~s abajo** in this world, in the natural way of things; **de ~s arriba** in the next world.

teja[2] *nf* lime (tree).

tejado *nm* (tiled) roof.

tejano/a 1 *adj, nm/f* Texan. **2** *nm:* **~s** jeans.

tejar [1a] *vt* to tile; **~ un techo** to tile a roof.

Tejas *nm* Texas.

tejedor(a) *nm/f* weaver.

tejedura *nf* **(a)** *(acción de tejer)* weaving. **(b)** *(textura)* texture.

tejeduría *nf* **(a)** *(arte de tejer)* weaving. **(b)** *(molino)* textile mill.

tejemaneje *nm (fam)* **(a)** *(actividad)* bustle; *(bulla)* fuss; **se trae un tremendo ~** he's making a tremendous to-do. **(b)** *(intriga)* intrigue.

tejer [2a] **1** *vt* **(a)** *(Cos)* to weave; *(tela de araña)* to spin; *(LAm)* to knit. **(b)** *(fig: un complot)* to weave; *(una mentira)* to fabricate. **2** *vi:* **~ y destejer** to chop and change.

tejido *nm* **(a)** *(tela)* material, fabric; **~s** textiles; **~ de punto** knitting. **(b)** weave; *(textura)* texture. **(c)** *(Anat)* tissue.

tejón *nm* badger.

tela *nf* **(a)** *(gen)* cloth; *(tejido)* material; **~s del corazón** *(fig)* heartstrings; **en ~** *(libro)* clothbound. **(b)** *(LAm Arte: lienzo)* canvas; *(: cuadro)* painting. **(c)** web; **~ de araña** spider's web, cobweb. **(d)** *(fig: materia)* subject, matter; **hay ~ para rato** there's lots to talk about; *(un trabajo)* it's a long job; *(un problema)* it's a tricky business. **(e) poner en ~ de juicio** to (call in) question, cast doubt on.

telar *nm* loom; **~es** textile mill *sg.*

telaraña *nf* cobweb, spider's web.

tele *nf (fam)* telly *(fam)*.

telecomunicación *nf* telecommunication.

telecontrol *nm* remote control.

telediario *nm* television news bulletin.

teledifusión *nf* telecast.

teledirigido *adj* remote-controlled, radio-controlled.

telespectador(a) *nm/f* viewer.

telefilm *nm,* **telefilme** *nm* TV film.

telefonazo *nm (fam)* telephone call; **te daré un ~** I'll give you a ring, I'll call you up.

telefonear [1a] *vt, vi* to telephone, phone (up).

telefonema *nm* telephone message.

telefónico *adj* telephonic, telephone *(atr)*; **llamada ~a** telephone call.

telefonista *nmf* (telephone) operator, telephonist.

teléfono *nm* telephone, phone; **el ~ rojo** *(Pol)* the hot line; **está hablando por ~** he's on the phone; **llamar a uno por ~** to phone sb (up); **te llaman al ~** you're wanted on the phone.

telefoto(grafía) *nf* telephoto.
telefotográfico *adj* telephoto *(atr)*.
telegrafía *nf* telegraphy.
telegrafiar [1c] *vt, vi* to telegraph.
telegráfico *adj* telegraphic, telegraph *(atr)*.
telegrafista *nmf* telegraphist.
telégrafo *nm* **(a)** telegraph. **(b)** **~s** *(fam)* telegram boy.
telegrama *nm* telegram.
teleimpresor *nm* teleprinter.
telenovela *nf* soap (opera).
teleología *nf* teleology.
telépata *nmf* telepathist.
telepático *adj* telepathic.
telescopar [1a] **1** *vt* to telescope. **2 telescoparse** *vr* to telescope.
telescópico *adj* telescopic.
telescopio *nm* telescope.
telesilla *nf* chair lift.
teletipista *nmf* teletypist.
televidente *nmf* viewer.
televisar [1a] *vt* to televise.
televisión *nf* television; **~ en colores** colour television.
televisivo *adj* television *(atr)*; **serie ~a** television series.
televisor *nm* television set.
télex *nm* telex.
telón *nm (Teat)* curtain; **~ de fondo** backdrop.
telúrico *adj* terrestrial; *(fig: de la tierra)* earthy.
tema *nm* **(a)** *(gen)* theme; *(materia)* subject; *(Mús)* theme; *(motivo)* motif; *(Arte)* subject; **~s de actualidad** current affairs. **(b)** *(Ling)* stem.
temario *nm (Univ)* set of themes; *(de una conferencia)* agenda.
temático/a 1 *adj* **(a)** thematic. **(b)** *(Ling)* stem *(atr)*. **2 temática** *nf (conjunto de temas)* theme, subject.
tembladera *nf (fam)* violent shaking.
temblar [1k] *vi* **(a)** *(persona: de miedo)* to tremble, shake; *(: de frío)* to shiver; *(edificio)* to shake, shudder; **~ ante la escena** to shudder at the sight; **~ como un azogado** to shake like a leaf. **(b)** *(fig)* **tiemblo de pensar en lo que pueda ocurrir** I shudder to think what may happen; **~ por su vida** to fear for one's life.
temblón *adj (persona)* trembling, shaking.
temblor *nm* trembling, shaking; *(LAm)* earthquake; **~ de tierra** earthquake.
tembloroso *adj (persona)* trembling, tremulous; **con voz ~a** in a tremulous tone.
temer [2a] **1** *vt* **(a)** to fear, be afraid of; **~ hacer algo** to fear to do sth; **~ a Dios** to fear God. **(b)** *(fig)* **temo que lo ha perdido** I'm afraid he has lost it. **2** *vi* to be afraid; **no temas** don't be afraid; *(fig)* don't worry. **3 temerse** *vr* = **1 (b)**.
temerario *adj (persona, acto)* rash; *(: audaz)* bold; *(juicio: apresurado)* hasty.
temeridad *nf* **(a)** *(imprudencia)* rashness; *(audacia)* boldness; *(prisa)* hastiness. **(b)** *(acto)* rash act.
temeroso *adj* **(a)** *(tímido)* timid; *(miedoso)* fearful. **(b)** **~ de Dios** God-fearing.
temible *adj* fearsome, frightful.
temor *nm* fear; *(sospecha)* suspicion; *(recelo)* mistrust; **~ a** fear of; **por ~** from fear; **por ~ a** for fear of.
témpano *nm* **(a)** *(tb* **~ de hielo**) ice floe, iceberg. **(b)** *(Mús)* small drum.
temperamental *adj* temperamental.
temperamento *nm (manera de ser)* temperament, nature; **tener ~** to be temperamental.
temperancia *nf* temperance; *(moderación)* moderation.
temperar [1a] **1** *vt (moderar)* to temper, moderate; *(calmar)* to calm. **2** *vi (LAm: veranear)* to spend the summer.
temperatura *nf* temperature.
tempestad *nf (Met)* storm; *(fig)* **~ en un vaso de agua** storm in a teacup.
tempestuoso *adj* stormy.
templado *adj* **(a)** *(moderado)* moderate; *(frugal)* frugal; *(abstemio)* abstemious. **(b)** *(agua)* lukewarm; *(clima)* mild, temperate; *(Geog: zona)* temperate. **(c)** *(Mús)* in tune, well-tuned. **(d)** *(valiente)* brave, courageous.
templanza *nf* **(a)** *(moderacion)* moderation; *(frugalidad)* frugality. **(b)** *(Met)* mildness.
templar [1a] **1** *vt* **(a)** *(gen)* to temper; *(moderar)* to moderate; *(cólera)* to restrain, control; *(calor)* to reduce; *(Quím: solución)* to dilute. **(b)** *(cuarto, agua)* to warm up. **(c)** *(Mús)* to tune (up). **(d)** *(acero)* to temper. **(e)** *(Arte: colores)* to blend. **2 templarse** *vr* **(a)** *(persona)* to be moderate; *(contenerse)* to be restrained; **~ en la comida** to eat frugally. **(b)** *(agua)* to warm up, get warm.
temple *nm* **(a)** *(Téc: metal, vidrio)* temper. **(b)** *(Mús)* tuning. **(c)** *(humor)* mood; **estar de mal ~** to be in a bad mood. **(d)** *(LAm: coraje)* courage. **(e)** *(pintura)* distemper; *(Arte)* tempera; **pintar al ~** to distemper.
templo *nm* temple; *(iglesia)* church; *(capilla)* chapel; **~ metodista** Methodist chapel; **~ protestante** Protestant church.
temporada *nf* time; *(Met)* period; *(período)* spell; *(del año, social, Dep)* season; **~ de fútbol/de ópera** football/opera season; **~ de exámenes** examination period; **~ de lluvias** rainy spell; **en plena ~** at the height of the season; **de fuera de ~** off-season.
temporal 1 *adj* **(a)** *(provisional)* temporary. **(b)** *(Rel)* temporal; **poder ~** temporal power. **2** *nm (tormenta)* storm.
temporáneo *adj* temporary, provisional.
temporizar [1f] *vi* to temporize.
tempranear [1a] *vi (LAm)* to get up early.
tempranero *adj* **(a)** *(fruta)* early. **(b)** *(persona)* early-rising.
temprano 1 *adj* **(a)** *(fruta)* early. **(b)** *(años)* youthful. **2** *adv* early; *(demasiado ~)* too early, too soon; **lo más ~ posible** as soon as possible.
tenacidad *nf* **(a)** tenacity. **(b)** *(empeño)* persistence; *(terquedad)* stubbornness.
tenacillas *nfpl (para azúcar)* sugar tongs; *(para cabello)* curling tongs; *(Med)* tweezers, forceps.
tenaz *adj* **(a)** *(material)* tough; *(resistente)* resistant. **(b)** *(persona)* tenacious. **(c)** *(mancha)* hard to remove; *(dolor)* persistent; *(creencia, resistencia)* stubborn.
tenazas *nf (Téc)* pliers, pincers; **unas ~s** a pair of pliers.
tenazón: a ~, de ~ *adv* suddenly; *(sin apuntar)* without taking aim.
tenca *nf (pez)* tench.
tendal *nm* **(a)** *(toldo)* awning. **(b)** *(LAm: un montón de cosas)* heap, lot; *(: cosas desparramadas)* lot of scattered objects; *(: confusión)* confusion; **un ~ de** a lot of, a whole heap of.
tendedero *nm (para tender ropa: lugar)* drying place; *(: cuerda)* clothesline.
tendencia *nf (curso, dirección)* tendency, trend; *(propensión)* inclination; **~ imperante** dominant trend, prevailing tendency; **~ del mercado** *(Fin)* run of the market; **tener ~ a hacer algo** to have a tendency *o* tend *o* be inclined to do sth.

tendenciosidad *nf* tendentiousness.
tendencioso *adj* tendentious.
tender [2g] **1** *vt* **(a)** *(estirar)* to stretch; *(desplegar)* to spread (out); *(mantel)* to spread; **tendieron el cadáver sobre el suelo** they laid the corpse out on the floor. **(b)** *(ropa)* to hang out; *(cuerda)* to hang (*de* from); *(puente, ferrocarril)* to build; *(cable, vía)* to lay. **(c)** *(trampa)* to set (*a* for). **(d)** *(LAm)* ~ **la cama** to make the bed; ~ **la mesa** to lay the table. **2** *vi:* ~ **a** to tend to, have a tendency towards; ~ **a hacer algo** to tend to do sth; **ella tiende al pesimismo** she has a tendency to be pessimistic. **3 tenderse** *vr* **(a)** *(acostarse)* to lie down; *(estirarse)* to stretch (o.s.) out. **(b)** *(caballo)* to run at full gallop. **(c)** *(naipes)* lay down.
tenderete *nm* **(a)** = **tendedero. (b)** *(puesto de mercado)* market stall.
tendero/a *nm/f* shopkeeper.
tendido 1 *adj* **(a)** *(persona)* lying down; *(plano)* flat. **(b)** *(galope)* fast, flat out. **2** *nm* **(a)** *(Arquit)* coat of plaster. **(b)** *(Taur)* front rows of seats.
tendón *nm* tendon, sinew.
tenebrosidad *nf* **(a)** *(poet: oscuridad)* darkness, gloom(iness). **(b)** *(fig: lo sombrío)* gloominess, blackness. **(c)** *(fig: lo siniestro)* sinister nature.
tenebroso *adj* **(a)** *(oscuro)* dark; *(sombrío)* gloomy, dismal. **(b)** *(fig: perspectiva)* gloomy, dim, black. **(c)** *(pey: complot)* sinister.
tenedor *nm* **(a)** *(de mesa)* fork. **(b)** *(Com, Fin)* holder, bearer; ~ **de acciones** shareholder; ~ **de libros** book-keeper; ~ **de póliza** policyholder.
teneduría *nf:* ~ **de libros** book-keeping.
tenencia *nf* **(a)** tenancy, occupancy; *(de oficina)* tenure; *(de propiedad)* possession; ~ **ilícita de armas** illegal possession of weapons. **(b)** *(cargo político)* mayorship; *(período)* period of office as mayor. **(c)** *(Mil)* lieutenancy.
tener [2l] **1** *vt* **(a)** *(gen)* to have (got); *(poseer)* to possess; ~ **dinero** to have money; **hemos tenido muchas dificultades** we have had a lot of difficulties; **¿tienes un boli?** have you got a pen?; **va a** ~ **un niño** she's going to have a baby; **de bueno no tiene nada** there's nothing good about it; *véase* **particular, suerte (c). (b)** *(locuciones)* ~ **7 años** to be 7 (years old); ~ **hambre/sed/calor/frío** to be hungry/thirsty/hot/cold. **(c)** *(medida)* ~ **5 cm de ancho** to be 5 cm wide; *véase* **largo 2 (a). (d)** *(objeto)* to hold (on to); **ten esto** hold on to this; **¡ten!, ¡tenga!** here you are!; **lo tenía en la mano** he was holding it in his hand. **(e)** *(suj: recipiente)* to hold, contain; **una caja para** ~ **el dinero** a box to keep *o* put the money in. **(f)** *(sentimientos)* to have; **le tengo mucho cariño** I'm very fond of him. **(g)** *(pensar, considerar)* to think, consider; ~ **a bien hacer algo** to see fit to do sth; ~ **a uno en más** to think all the more of sb; ~ **a uno por** + *adj* to consider sb to be + *adj;* **le tengo por poco honrado** I consider him to be rather dishonest; **ten por seguro que ...** rest assured that ... . **(h)** *(+ adj)* **procura** ~ **contentos a todos** he tries to keep everybody happy; *véase* **cuidado (b), frito. (i)** *(+ infin)* **tengo trabajo que hacer** I have work to do. **(j)** ~ **que hacer algo** to have to do sth; **tengo que comprarlo** I have to *o* I must buy it; **así tiene que ser** it has to be this way. **(k)** *(+ pp)* **tenía el sombrero puesto** he had his hat on; **nos tenían preparada una sorpresa** they had prepared a surprise for us. **(l)** *(modismos)* **¿qué tienes?** what's the matter with you?; **¿ésas tenemos?** what's all this?; *(¿qué diablos?)* what on earth ...? **(m)** *(LAm)* **tienen 3 meses de no cobrar** they haven't been paid for 3 months.
2 tenerse *vr* **(a)** *(pararse)* to stand (up); ~ **firme** to stand upright; *(fig)* to stand firm; **no poder** ~ to be all in, be tired out. **(b)** ~ **sobre algo** to lean on sth. **(c)** *(fig: controlarse)* to control o.s. **(d)** *(considerarse)* ~ **por** to consider o.s. to be, think o.s.; **se tiene por muy listo** he thinks himself very clever.
tenga, tengo *etc véase* **tener.**
teniente *nm* lieutenant; ~ **coronel** lieutenant-colonel.
tenis *nm* tennis; ~ **de mesa** table tennis.
tenista *nmf* tennis player.
tenor[1] *nm (Mús)* tenor.
tenor[2] *nm* tenor; *(sentido)* meaning, sense; **el** ~ **de esta declaración** the sense of this statement; **a este** ~ in this fashion.
tenorio *nm (fam)* ladykiller, Don Juan.
tensar [1a] *vt* to tauten.
tensión *nf* **(a)** *(físico)* tension; *(tiesura)* tautness; *(Mec)* stress; ~ **superficial** surface tension. **(b)** *(de gas etc)* pressure. **(c)** *(Elec: voltaje)* voltage, tension; **alta** ~ high tension. **(d)** *(Anat)* ~ **arterial** blood pressure; **tener la** ~ **alta** to have high blood pressure. **(e)** *(Med)* tension; *(fatiga)* strain, stress; ~ **nerviosa** nervous strain. **(f)** *(fig)* tension; ~ **racial** racial tension.
tenso *adj* **(a)** *(tirante)* tense, taut. **(b)** *(fig: situación)* tense; *(relaciones)* strained; **es una situación muy** ~**a** it is a very tense situation.
tentación *nf* **(a)** *(atractivo)* temptation; **resistir (a) la** ~ to resist temptation. **(b)** *(fam: objetos)* tempting thing; **las gambas son mi** ~ I can't resist prawns.
tentáculo *nm (Zool)* tentacle.
tentador(a) 1 *adj* tempting. **2** *nm/f* tempter/temptress.
tentar [1k] *vt* **(a)** *(tocar, sentir)* to touch, feel; *(Med)* to probe; **ir tentando el camino** to feel one's way. **(b)** *(probar)* to test, try (out); ~ **(a) hacer algo** to try to do sth. **(c)** *(Rel, tb seducir etc)* to tempt; *(atraer)* to attract; **me tentó con una copita de anís** she tempted me with a glass of anisette; **no me tienta nada la idea** the idea doesn't attract me at all.
tentativa *nf (intento)* attempt; *(Jur)* criminal attempt; ~ **de asesinato** attempted murder.
tentativo *adj* tentative.
tenue *adj* **(a)** *(objeto)* thin, slender; *(alambre)* fine. **(b)** *(aire)* thin; *(línea)* faint; *(sonido)* faint; *(relación)* tenuous.
tenuidad *nf* **(a)** *(poco grosor)* thinness, slenderness; *(de tela)* fineness. **(b)** *(de relaciones)* tenuousness; *(fig)* slightness; *(delgadez)* thinness; *(de línea)* faintness.
teñir [3h, 3l] *vt* **(a)** to dye; *(colorar)* to tinge, colour; ~ **una prenda de azul** to dye a garment blue. **(b)** *(fig: matizar)* to tinge (*de* with); **una poesía teñida de añoranza** a poem tinged with longing.
teocracia *nf* theocracy.
teocrático *adj* theocratic.
teología *nf* theology.
teológico *adj* theological.
teólogo *nm* theologian, theologist.
teorema *nm* theorem.
teorético *adj (LAm)* theoretic(al).
teoría *nf* theory; ~ **atómica** atomic theory; ~ **cuántica** quantum theory.
teóricamente *adv* theoretically, in theory.
teórico/a 1 *adj* theoretic(al). **2** *nm/f* theoretician.
teorizar [1f] *vi* to theorize.
tequila *nf (Méx)* tequila.
terapeuta *nmf* therapist.
terapéutica *nf* therapeutics *sg.*
terapéutico *adj* therapeutic(al).

terapia *nf* therapy; ~ **laboral** occupational therapy.
tercamente *adv* stubbornly.
tercer *véase* **tercero.**
tercería *nf (arbitración)* mediation, arbitration; *(pey: de los alcahuetes)* pimping.
tercero/a 1 *adj* (**tercer** *before m sg noun*) third; **la ~a vez** the third time; *véase tb* **sexto. 2** *nm* **(a)** *(árbitro)* mediator, arbitrator; *(Jur)* third party. **(b)** *(pey)* pimp. **3 tercera** *nf* **(a)** *(Mús)* third. **(b)** *(pey: alcahueta)* procuress.
terceto *nm* **(a)** *(Mús)* trio. **(b)** *(Lit)* triplet.
terciado *adj* **(a) azúcar ~a** brown sugar. **(b) llevar algo ~** to wear sth crosswise *o* across one's chest *etc;* **con el sombrero ~** with his hat at a rakish angle.
terciar [1b] **1** *vt* **(a)** *(Mat: dividir en tres)* to divide into three. **(b)** *(inclinar)* to slant; *(vestir)* to wear (diagonally) across one's chest; *(sombrero)* to tilt. **2** *vi* **(a)** *(completar el número)* to fill in, make up the number. **(b)** *(participar)* **~ en** to join in. **3 terciarse** *vr:* **si se tercia una oportunidad** if the occasion arises.
terciario *adj* tertiary.
tercio *nm* **(a)** third; **dos ~s** two thirds. **(b)** *(Taur: etapa)* stage, part (of the bullfight). **(c) hacer buen ~ a uno** to do a service for sb.
terciopelo *nm* velvet.
terco *adj* **(a)** *(obstinado)* obstinate, stubborn. **(b)** *(material)* hard (to work).
tergiversación *nf* **(a)** *(falsificación)* distortion, misrepresentation. **(b)** *(evasión)* prevarication.
tergiversar [1a] **1** *vt* to distort; *(torcer el sentido)* twist (the sense of), misrepresent. **2** *vi (evadir)* to prevaricate.
termal *adj* thermal.
termas *nfpl* hot springs/baths.
térmico *adj* thermic, heat *(atr)*.
terminación *nf* **(a)** *(gen)* ending. **(b)** *(conclusión)* conclusion. **(c)** *(Ling)* ending.
terminado *nm (Téc)* finish(ing).
terminal 1 *adj (final)* terminal. **2** *nm (Elec)* terminal. **3** *nf (Comput, Náut, Ferro)* terminal.
terminante *adj* final; *(definitivo)* definitive; *(decisión)* final; *(respuesta)* categorical, conclusive; *(negación)* flat, forthright; *(prohibición)* strict.
terminar [1a] **1** *vt* to end; *(concluir)* to conclude; *(acabar)* to finish. **2** *vi* **(a)** *(objeto)* to end, finish; **termina en punta** it ends in a point; **esto va a ~ en tragedia** this will end in tragedy. **(b)** to end (up), finish; **al ~ el acto** at the end of the ceremony; **~ de hacer algo** to finish doing sth; **cuando termine de hablar** when he finishes speaking; **terminaba de salir del baño** she had just got out of the bath; **~ por hacer algo** to end (up) by doing sth. **3 terminarse** *vr* to end, come to an end.
término *nm* **(a)** *(fin)* end, conclusion; **dar ~ a** to finish off, conclude; **poner ~ a** to put an end to. **(b)** *(Ferro)* terminus. **(c)** *(Mat, Fil)* term; **~ medio** average; **por ~ medio** on the average; **en último ~** in the last analysis. **(d)** *(de un contrato)* term, period; **en el ~ de 10 días** within a period of 10 days. **(e)** *(en discusión)* point; **invertir los ~s** to stand an argument on its head. **(f)** *(Ling)* term; **según los ~s del contrato** according to the terms of the contract; **en otros ~s** in other words. **(g) estar en buenos ~s con uno** to be on good terms with sb.
terminología *nf* terminology.
termita *nf,* **termite** *nm* termite.
termodinámica *nf* thermodynamics *sg.*
termodinámico *adj* thermodynamic.
termoeléctrico *adj* thermoelectric.
termómetro *nm* thermometer.
termonuclear *adj* thermonuclear.
termostato *nm* thermostat.
ternero/a 1 *nm/f (Agr)* calf. **2 ternera** *nf (Culin)* veal.
terneza *nf* **(a)** *(ternura)* tenderness. **(b)** *(fam: palabras)* **~s** sweet nothings.
ternilla *nf* gristle; *(cartílago)* cartilage.
terno *nm (vestido)* three-piece suit.
ternura *nf* **(a)** tenderness; *(cariño)* affection. **(b)** *(fam: palabra)* endearment.
terquedad *nf* **(a)** *(obstinación)* obstinacy, stubbornness. **(b)** *(dureza)* toughness.
terracota *nf* terracotta.
terral *nm* cloud of dust.
terraplén *nm* **(a)** *(Ferro)* embankment; *(Agr)* terrace; *(Mil)* rampart, bank. **(b)** *(cuesta)* slope.
terrateniente *nmf* landowner.
terraza *nf* **(a)** *(Arquit)* flat roof; *(azotea)* terrace. **(b)** *(Agr)* terrace. **(c)** *(jardín)* flowerbed.
terremoto *nm* earthquake.
terrenal *adj* worldly.
terreno 1 *adj (de la tierra)* earthly, worldly.
2 *nm* **(a)** *(gen)* terrain; *(tierra, suelo)* earth, ground; *(Agr)* land; **los accidentes del ~** the characteristics of the terrain; **en todos los ~s** in any place you care to name; **sobre el ~** on the spot; **ceder/perder ~** to give/lose ground (*a, ante* to); **ganar ~** to gain ground; **medir el ~** *(fig)* to see how the land lies; **preparar el ~** *(fig)* to pave the way (*a* for). **(b)** *(un ~)* piece of land/ground; *(para construcción)* plot, site; *(Agr)* plot, field; *(Dep)* field, pitch, ground; **~ de camping** camping site; **~ de fútbol** football ground, football pitch; **~ de pasto** pasture; **repartir ~ a los campesinos** to distribute land to the peasants. **(c)** *(fig: campo de actividad)* field, sphere; **en el ~ de la química** in the field of chemistry; **eso no es mi ~** that's not (in) my field.
terrestre *adj (gen)* terrestrial; *(de la tierra)* earthly; *(ruta)* land *(atr)*, overland; *(ejército)* ground *(atr)*.
terrible *adj* terrible, awful.
terriblemente *adv* terribly, awfully.
terrífico *adj* terrifying.
territorial *adj* territorial.
territorio *nm* territory; **~ bajo mandato** mandated territory.
terrón *nm* **(a)** *(Geol)* clod, lump. **(b)** *(de harina, azúcar)* lump; **azúcar en ~** lump sugar. **(c)** *(Agr)* field, patch (of land).
terror *nm* terror.
terrorífico *adj* terrifying, frightening.
terrorismo *nm* terrorism.
terrorista *adj, nmf* terrorist.
terroso *adj* earthy.
terruño *nm (parcela de tierra)* plot, piece of ground; *(fig: tierra nativa)* native soil; **apego al ~** attachment to one's native soil.
terso *adj* **(a)** *(liso)* smooth; *(que brilla)* shining; **piel ~a** smooth skin. **(b)** *(estilo)* polished.
tersura *nf (suavidad)* smoothness; *(brillo)* shine.
tertulia *nf (reunión)* social gathering; *(en café)* group; **~ literaria** literary circle.
tesar [1k] *vt* to tauten; *(estrechar)* to tighten up.
tesina *nf (Univ)* minor thesis, dissertation.
tesis *nf inv* thesis.
tesorería *nf (cargo)* treasurership, office of treasurer.
tesorero/a *nm/f* treasurer.
tesoro *nm* **(a)** treasure; **~ escondido** buried treasure; **valer un ~** to be worth a fortune. **(b)**

(*Fin, Pol etc*) treasury; **T~ público** Exchequer, Treasury. **(c)** (*Lit*) thesaurus. **(d)** (*fig*) treasure; **¡sí, ~!** yes, my darling!; **el libro es un ~ de datos** the book is a mine of information.
test [tes] *nm, pl* **tests** [tes] test.
testa *nf* head; **~ coronada** crowned head.
testaferro *nm* front man.
testamentario/a 1 *adj* testamentary. **2** *nm/f* executor/executrix.
testamento *nm* **(a)** will, testament; **hacer ~** to make one's will. **(b) Antiguo T~** Old Testament; **Nuevo T~** New Testament.
testar [1a] *vi* to make a will.
testarada *nf*, **testarazo** *nm* (*fam*) bump on the head; **darse una ~** to bump one's head.
testarudez *nf* stubbornness; (*fam: obstinación*) pigheadedness.
testarudo *adj* stubborn; (*fam: obstinado*) pigheaded.
testes *nmpl* testes.
testículo *nm* testicle.
testificar [1g] **1** *vt* **(a)** (*atestiguar*) to attest; (*dar testimonio*) to testify to, give evidence of. **(b)** (*fig: atestiguar*) to attest, testify to. **2** *vi* (*dar testimonio*) to testify, give evidence; **~ de** (*atestiguar*) to attest; (*dar testimonio*) to testify to, give evidence of.
testigo *nmf* (*Jur*) witness; **~ de cargo** witness for the prosecution; **~ de descargo** witness for the defence; **~ ocular** *o* **presencial** eyewitness; **poner a uno por ~** to cite sb as a witness.
testimoniar [1b] *vi* (*testificar*) to testify to, bear witness to; (*fig: mostrar*) to show.
testimonio *nm* (*Jur: deposición*) testimony, evidence; (*: afidávit*) affidavit; **falso ~** perjured evidence; **dar ~** to testify (*de* to), give evidence (*de* of); **en ~ de mi afecto** as a token *o* mark of my affection.
teta *nf* (*de botella*) teat; (*pezón*) nipple; (*fam*) breast; (*fam!*) tit (*fam!*) ; **dar (la) ~ a** to suckle, breast-feed; **quitar la ~ a** to wean.
tétanos *nm* tetanus.
tetera[1] *nf* teapot; **~ eléctrica** (electric) kettle.
tetera[2] *nf* (*LAm: biberón*) feeding bottle.
tetilla *nf* **(a)** (*Anat: de hombre*) nipple. **(b)** (*de biberón*) rubber teat.
tétrico *adj* (*pensamiento*) gloomy, dismal; (*humor*) pessimistic; (*luz*) dim.
tetuda *adj* (*fam*) buxom.
textil 1 *adj* textile. **2** *nm*: **~es** textiles.
texto *nm* text; **libro de ~** textbook.
textual *adj* **(a)** (*Lit*) textual. **(b)** (*fig: exacto*) exact; (*literal*) literal; **son sus palabras ~es** those are his exact words.
textualmente *adv* **(a)** (*Lit*) textually. **(b)** (*fig: exactamente*) exactly; (*literalmente*) literally.
textura *nf* texture.
tez *nf* complexion.
ti *pron pers* (*después de prep*) you; (*reflexivo*) yourself; **es para ~** it's for you; **de ~ para mí** between you and me.
tía *nf* **(a)** aunt; **~ abuela** great-aunt; **¡cuéntaselo a tu ~!** tell that to the marines! **(b)** (*fam*) bird, dame, girl; (*pey: vieja*) old bag; (*prostituta*) whore.
tianguis *nm* (*CAm, Méx*) (open-air) market.
Tibet *nm*: **El ~** Tibet.
tibetano/a 1 *adj, nm/f* Tibetan. **2** *nm* (*Ling*) Tibetan.
tibia *nf* tibia.
tibieza *nf* **(a)** (*de líquidos*) lukewarmness, tepidness. **(b)** (*fig*) coolness.
tibio *adj* **(a)** (*agua*) lukewarm, tepid. **(b)** (*fig: persona, creencia*) lukewarm; (*recibimiento*) cool; **estar ~ con uno** to be cool to sb.
tiburón *nm* (*lit, fig*) shark.
tic *nm, pl* **tics** [tik] **(a)** (*de reloj*) ticktock. **(b)** (*Med*) tic.
tícket ['tike] *nm, pl* **tickets** ['tike] ticket.
tico/a *adj, nm/f* (*CAm fam*) Costa Rican.
tictac *nm* (*de reloj*) tick, ticktock; (*de corazón*) beat; (*de máquina de escribir*) tapping.
tiempo *nm* **(a)** (*gen*) time; **~ libre** spare time, free time; **a ~** in time; (*temprano*) early; **a un ~, al mismo ~** at the same time; **a su debido ~** in due course; **al poco ~** soon after; **a ~ que ...** at the time that ...; **al mismo ~ que ...** at the same time as ...; **cada cierto ~** every so often; **con ~** in time, in good time; **con el ~** eventually; **de ~ en ~** from time to time; **es ~ perdido hablar con él** it's a waste of time talking to him; **andando el ~** in due course, in time; **el ~ apremia** time presses; **dar ~ al ~** to give it time; **el ~ dirá** time will tell; **matar el ~** to kill time; **hace mucho ~** a long time ago; **perder el ~** to waste time; **sin perder ~** without delay; **tener ~ para** to have time for. **(b)** (*limitado, específico*) time; (*período*) period; (*época*) age; **~s modernos** modern times; **en ~ de los griegos** in the time of the Greeks; **en mis ~s** in my day; **en los buenos ~s** in the good old days; **~ de sequía** period of drought; **hay que ir con los ~s** one must keep abreast of the times. **(c)** (*de persona: edad*) age; **¿cuánto ~ tiene el pequeño?** how old is the child? **(d)** (*Dep*) half; **primer ~** first half. **(e)** (*Mús*) tempo, time. **(f)** (*Mús: de sinfonía etc*) movement. **(g)** (*Ling*) tense; **~ compuesto** compound tense; **en ~ presente** in the present tense. **(h)** (*Met*) weather; **hace buen ~** the weather is fine.
tienda *nf* **(a)** (*Com*) shop, store; **~ de comestibles** grocer's (shop), (*US*) grocery; **poner ~** to set up shop. **(b)** (*Náut*) awning; **~ de campaña** tent; **~ de oxígeno** oxygen tent.
tienta *nf* **(a)** (*Med*) probe. **(b) a ~s** gropingly, blindly; **andar a ~s** to feel one's way.
tiento *nm* **(a)** (*sentido*) feel(ing), touch; **a ~** by touch; (*fig*) uncertainly; **echar un ~ a una chica** to make a pass at a girl. **(b)** (*fig fam: tacto*) tact; **ir con ~** to go carefully. **(c)** (*Arte: pulso*) steadiness of hand, steady hand. **(d)** (*Zool*) feeler, tentacle. **(e)** (*Mús*) preliminary notes. **(f)** (*puñetazo*) blow, punch; **dar ~s a uno** to hit sb. **(g)** (*fam: trago*) swig (*fam*); **dar un ~** to take a swig (*a* from).
tiernamente *adv* tenderly.
tierno *adj* (*gen*) tender; (*blando*) soft.
tierra *nf* **(a)** (*Astron: el mundo*) earth, world. **(b)** (*superficie*) land; **~ firme** dry land; **~ de nadie** no-man's-land; **~ quemada** scorched earth; **~ adentro** inland; **por ~** by land, overland; **echar a ~** to demolish, pull down; **tocar ~** (*Aer*) to touch down. **(c)** (*Geol etc*) land, soil, earth, ground; **~ vegetal** topsoil; **un saco de ~** a bagful of soil; **echar ~ a un asunto** to hush an affair up. **(d)** (*Agr*) land; **~s** lands; (*finca*) estate(s); **~ baldía** wasteland. **(e)** (*Pol etc*) country; **su ~** (*país*) one's own country; (*región*) one's own region; **~ natal/prometida** native/promised land; **no es de estas ~s** he's not from these parts. **(f)** (*Elec*) earth, (*US*) ground; **conectar un aparato a ~** to earth *o* (*US*) ground a piece of equipment. **(g)** (*LAm*) dust.
Tierra Santa *nf* Holy Land.
tieso 1 *adj* **(a)** stiff; (*rígido*) rigid; (*erguido*) erect; (*tenso*) taut; **con las orejas ~as** with its ears erect; **quedarse ~** (*fig*) to be frozen stiff. **(b)**

(*fig: sano*) fit; **le encontré muy ~ a pesar de su enfermedad** I found him very fit in spite of his illness. **(c)** (*fig: conducta*) stiff; (*: actitud*) rigid; **me recibió muy ~** he received me very coldly. **(d)** (*fam: orgulloso*) proud; (*: presumido*) conceited, stuck-up (*fam*); (*: pagado de sí mismo*) smug. **(e)** (*terco*) stubborn; (*firme*) firm; **~ que ~** as stubborn as they come. **2** *adv* strongly, energetically, hard.

tiesto *nm* **(a)** (*maceta*) flowerpot. **(b)** (*pedazo de vasija*) sherd, piece of pottery.

tiesura *nf* **(a)** (*rigidez*) stiffness, rigidity. **(b)** (*fam: presunción*) conceit. **(c)** (*terquedad*) stubbornness; (*firmeza*) firmness.

tifo *nm* typhus; **~ de América** yellow fever; **~ asiático** cholera; **~ de Oriente** bubonic plague.

tifoidea *nf* (*tb* **fiebre ~**) typhoid.

tifus *nm* (*Med*) typhus; **~ exantemático** spotted fever; **~ icteroides** yellow fever.

tigre *nm* tiger; (*LAm*) jaguar.

tigresa *nf* tigress.

tijera *nf* **(a)** (*LAm*) scissors *pl.* **(b)** (*LAm Zool*) claw, pincer. **(c)** (*persona: chismoso*) gossip; **ser una buena ~, tener buena ~** to be a great gossip; (*malicioso*) to have a sharp tongue. **(d) de ~** folding; **escalera de ~** steps, step-ladder; **silla de ~** folding chair.

tijeras *nfpl* scissors; (*para jardín*) shears; **~ para las uñas** nail scissors; **unas ~** a pair of scissors.

tijereta *nf* **(a)** (*insecto*) earwig. **(b)** (*Bot*) vine tendril.

tila *nf* **(a)** (*Bot*) lime tree. **(b)** (*Culin*) lime flower tea.

tildar [1a] *vt* **(a)** (*Tip*) to put a tilde over. **(b)** (*fig*) **~ a uno de** (*+ adj*) to brand sb as (being) (*+ adj*).

tilde *gen nf* **(a)** tilde. **(b)** (*mancha*) blemish; (*defecto*) defect.

tilo *nm* **(a)** (*Bot*) lime tree. **(b)** (*LAm*) = **tila (b)**.

timador(a) *nm/f* (*estafador*) swindler.

timar [1a] **1** *vt* **(a)** (*propiedad*) to steal. **(b)** (*persona*) to con (*fam*). **2 timarse** *vr* (*fam*) to make eyes at each other; **~ con uno** to make eyes at sb.

timba *nf* **(a)** (*partida*) game of chance. **(b)** (*garito*) gambling den.

timbal *nm* (*Mús*) small drum, kettledrum.

timbrar [1a] *vt* **(a)** to stamp; (*sellar*) to seal. **(b)** (*carta*) to postmark.

timbrazo *nm* ring; **dar un ~** to ring the bell.

timbre *nm* **(a)** (*Com, Fin*) fiscal stamp, revenue stamp; (*sello*) seal; (*Fin*) stamp duty. **(b)** (*LAm*) postage stamp. **(c)** (*LAm: de personas o bienes*) description. **(d)** (*Elec*) bell; **~ de alarma** alarm bell; **tocar el ~** to ring the bell. **(e)** (*Mús etc*) timbre; **~ nasal** (*Ling*) nasal timbre, twang.

tímidamente *adv* timidly, shyly.

timidez *nf* timidity, shyness.

tímido *adj* timid, shy.

timo *nm* (*estafa*) swindle; (*engaño*) hoax; **dar un ~ a uno** to swindle sb; (*engañar*) to hoax sb.

timón *nm* **(a)** (*Aer, Náut*) rudder; (*mando, control*) helm; **~ de dirección** (*Aer*) rudder; **~ de profundidad** (*Aer*) elevator; **poner el ~ a babor** to turn to port. **(b)** (*fig*) helm; **coger el ~** to take the helm, take charge.

timonel *nm* (*Náut*) steersman, helmsman.

timorato *adj* (*que teme a Dios*) God-fearing; (*pey: mojigato*) sanctimonious.

tímpano *nm* **(a)** (*Anat*) tympanum, eardrum. **(b)** (*Arquit*) tympanum. **(c)** (*Mús*) small drum, kettledrum; **~s** (*en orquesta*) tympani.

tina *nf* (*recipiente*) tub; (*para bañarse*) bathtub; **~ de lavar** washtub.

tinaco *nm* (*Méx*) water tank.

tinaja *nf* large earthen jar.

tinglado *nm* **(a)** (*tablado*) platform; (*cobertizo*) shed. **(b)** (*fig: intriga*) plot, intrigue; **armar un ~** to lay a plot.

tinieblas *nfpl* **(a)** (*oscuridad*) dark(ness) *sg*; (*sombras*) shadows; (*tenebrosidad*) gloom *sg*. **(b)** (*fig: confusión*) confusion *sg*; (*: ignorancia*) ignorance *sg*; **estamos en ~ sobre sus proyectos** we are in the dark about his plans.

tino *nm* **(a)** (*habilidad*) skill, knack, feel; (*conjeturas*) (good) guesswork; (*Mil: puntería*) (accurate) aim; **coger el ~** to get the feel *o* hang of it. **(b)** (*fig: tacto*) tact; (*perspicacia*) insight; **sin ~** foolishly; **obrar con mucho ~** to act wisely; **perder el ~** to act foolishly. **(c)** (*fig: moderación*) moderation; **sin ~** immoderately.

tinta *nf* **(a)** (*Tip etc*) ink; **~ china** Indian ink; **~ de imprenta** printing ink. **(b)** (*Téc*) dye. **(c)** (*de pulpo*) ink. **(d)** (*Arte*) colour; **~s** (*fig*) shades; **media ~** half-tone; **medias ~s** (*fig*) half measures.

tinte *nm* **(a)** (*acto*) dyeing. **(b)** (*Quím*) dye. **(c)** (*fig*) tinge, colouring; **sin el menor ~ político** devoid of all political character.

tintero *nm* inkpot, inkwell; **se le quedó en el ~** he clean forgot about it.

tinto 1 *adj* **(a)** (*teñido*) dyed; (*manchado*) stained; **~ en sangre** stained with blood. **(b)** (*vino*) red. **2** *nm* **(a)** (*vino*) red wine. **(b)** (*LAm*) black coffee.

tintorera *nf* (*LAm: pez*) shark.

tintorería *nf* **(a)** (*Arte*) dyeing. **(b)** (*Com*) dry cleaner's.

tintorero/a *nm/f* (*que tiñe*) dyer; (*Com*) dry cleaner.

tintura *nf* **(a)** (*acto*) dyeing. **(b)** (*Quím*) dye; **~ de tornasol** litmus; **~ de yodo** iodine.

tinturar [1a] *vt* (*teñir*) to dye, tinge.

tiña *nf* **(a)** (*Med*) ringworm. **(b)** (*fig: pobreza*) poverty.

tiñoso *adj* **(a)** (*Med*) scabby. **(b)** (*fig: pobre*) poor.

tío *nm* **(a)** uncle; **~ abuelo** great-uncle; **T~ Sam** Uncle Sam; **mis ~s** my uncle(s) and aunt(s). **(b)** (*título*) **ha muerto el ~ Francisco** Francis has died. **(c)** (*fam*) bloke (*fam*), (*US*) guy (*fam*); **¿quién es ese ~?** who's that guy?

tiovivo *nm* roundabout, merry-go-round.

tipa *nf* (*LAm*) bitch, awful woman.

típicamente *adv* typically; (*característicamente*) characteristically.

típico *adj* **(a)** typical; (*característico*) characteristic. **(b)** (*costumbre*) typical; (*pintoresco*) full of local colour; (*tradicional*) traditional; **es la taberna más ~a de la ciudad** it's the most picturesque pub in town; **es un peinado ~** it is a traditional hairdo; **no hay que perderse tan ~a fiesta** you shouldn't miss a festivity which is so full of local colour.

tipificar [1g] *vt* to typify.

tipismo *nm* (*color*) local colour; (*interés folklórico*) picturesqueness.

tiple 1 *nm* **(a)** (*Mús*) treble, boy soprano. **(b)** (*voz*) soprano. **2** *nf* (*cantante*) soprano.

tipo *nm* **(a)** (*gen*) type; (*norma*) norm; (*patrón*) pattern. **(b)** (*clase*) type, kind; **un nuevo ~ de bicicleta** a new kind of bicycle. **(c)** (*Lit: personaje*) type, character. **(d)** (*fam*) fellow, bloke (*fam*), (*US*) guy (*fam*); **dos ~s sospechosos** two suspicious characters. **(e)** (*Com, Fin*) rate; **~ bancario/de cambio** bank/exchange rate; **~ (de) oro** gold standard. **(f)** (*Anat: de hombre*) build; (*: de mujer*) figure; **él tiene buen ~** he's well built; **ella tiene buen ~** she has a good figure. **(g) ~s** (*Tip*) type *sg*; **~ gótico** Gothic type, black letter; ~ **menudo** small print.

tipografía *nf* **(a)** typography; *(Arte)* printing. **(b)** *(lugar)* printing works *o* press.

tipográfico *adj* typographical, printing *(atr)*.

tipógrafo/a *nm/f* typographer, printer.

típula *nf* cranefly, daddy-long-legs.

tíque(t) ['tike] *nm, pl* **tíque(t)s** ['tike] ticket.

tira 1 *nf (de tela, papel)* strip; ~ **de películas** film strip; ~ **cómica** comic strip. **2** *nm:* ~ **y afloja** *(cautela)* caution; *(fig)* tug-of-war.

tirabuzón *nm* **(a)** *(sacacorchos)* corkscrew. **(b)** *(rizo)* curl.

tirada *nf* **(a)** *(acto)* throw. **(b)** *(distancia)* distance; *(Cos)* length; *(fig)* series; *(Lit)* stanza; **lo recitó todo de una** ~ he recited the whole lot straight off. **(c)** *(Tip)* printing, edition; ~ **aparte** offprint. **(d)** *(LAm: discurso)* boring speech.

tirador *nm* **(a)** *(persona)* marksman, shooter; ~ **certero** sniper. **(b)** *(de cajón)* handle; *(de puerta)* knob.

tiranía *nf* tyranny.

tiránicamente *adv* tyrannically.

tiránico *adj* tyrannical; *(amor)* possessive; *(atracción)* irresistible.

tiranizar [1f] *vt* to tyrannize; *(gobernar)* to rule despotically; *(dominar)* to domineer.

tirano/a 1 *adj (tiránico)* tyrannical, despotic; *(dominante)* domineering. **2** *nm/f* tyrant, despot.

tirante 1 *adj* **(a)** *(soga)* tight, taut. **(b)** *(relaciones, situaciones: tenso)* tense, strained; **estamos algo ~s** things are rather strained between us. **2** *nm* **(a)** *(Arquit)* crosspiece; *(Mec)* strut. **(b)** *(de vestido)* shoulder strap; **~s** *(de pantalones)* braces, *(US)* suspenders.

tirantez *nf* **(a)** *(Téc etc)* tightness, tension. **(b)** *(fig: tensión)* tension, strain; **ha disminuido la** ~ the tension has lessened. **(c)** *(Fin)* tightness; *(rigor)* stringency.

tirar [1a] **1** *vt* **(a)** *(gen)* to throw; *(lanzar)* to hurl; *(accidentalmente)* to drop; *(volcar)* to knock over; *(edificio)* to pull down; *(tiro)* to fire, shoot; *(cohete)* to launch; *(bomba)* to drop; **estaban tirando la fruta** they were knocking the fruit down; **me tiró un beso** she blew me a kiss. **(b)** *(basura)* to throw away; *(fortuna)* to squander; **hay que ~ los podridos** the rotten ones ought to be thrown out; **has tirado el dinero comprando eso** you've wasted your money buying that. **(c)** *(Tip: imprimir)* to print, run off. **(d)** **~la de** to fancy o.s. as.

2 *vi* **(a)** *(Mil etc)* to shoot *(a* at), fire *(a* at, on); ~ **a matar** to shoot to kill; **¡no tires!** don't shoot! **(b)** ~ **de** to pull, tug; *(soga)* to pull (on), tug (at); *(espada)* to draw; ~ **de la manga de uno** to tug at sb's sleeve. **(c)** *(imán)* to attract; *(fig: atraer)* to draw; *(interesar)* to appeal; **no le tira el estudio** study does not attract him. **(d)** *(fam: arreglárselas)* **ir tirando** to get along, manage; **vamos tirando** we manage, we keep going. **(e)** *(fam: ir)* to go; **¡tira (adelante)!** get on with it!; ~ **a la derecha** to turn right. **(f)** ~ **a** *(tender a/hacia)* to tend to, tend towards; ~ **a rojo** to have some red in it; ~ **a viejo** to be getting old; ~ **a su padre** to take after one's father; **él tira más bien a cuidadoso** he's on the careful side; ~ **para médico** to be attracted towards a career in medicine. **(g)** ~ **a** *(propósito)* to aim at being; ~ **a hacer algo** to aim to do sth. **(h)** *(Dep)* to shoot; *(una jugada)* to go, play; **tira tú ahora** it's your go now. **(i)** **a todo** ~ at the most; **llegará el martes a todo** ~ he'll arrive on Tuesday at the latest.

3 tirarse *vr* **(a)** to throw o.s.; ~ **al agua** to dive *o* plunge into the water; ~ **al suelo** to throw o.s. to the ground; ~ **en paracaídas** to parachute (down); *(en emergencia)* to bale out. **(b)** *(fig: degradarse)* to cheapen *o* demean o.s. **(c)** *(fam!)* to screw *(fam!)*.

tiritar [1a] *vi* **(a)** *(de frío, miedo)* to shiver *(de* with). **(b)** *(fam)* **dejaron el pastel tiritando** they almost finished the cake off.

tiritón *nm* shiver.

tiritona *nf* shivering (fit).

tiro *nm* **(a)** *(lanzamiento)* throw. **(b)** *(Mil: de pistola etc)* shot; *(ruido)* report; *(de una bala)* impact of a shot, hit; *(tiroteo)* shooting, firing; ~ **con arco** archery; ~ **al blanco** target practice; **se oyó un** ~ a shot was heard; **se pegó un** ~ he shot himself; **le salió el** ~ **por la culata** it backfired on him; **matar a uno a ~s** to shoot sb (dead). **(c)** *(Dep)* shot; *(Tenis, Golf)* drive; ~ **a gol** shot at goal; ~ **de revés** backhand drive. **(d)** *(Mil: alcance)* range; **a** ~ **de fusil** within gunshot. **(e)** *(de animales)* team of horses *etc;* **caballo de** ~ carthorse. **(f)** *(Cos)* length (of cloth *etc*). **(g)** *(soga)* rope; *(cadena)* chain. **(h)** *(Arquit)* flight of stairs. **(i)** *(de chimenea)* draught; *(Min: pozo)* shaft; ~ **de mina** mineshaft. **(j)** *(fig: golpe)* blow; *(: revés)* setback. **(k)** *(LAm: de revista)* issue, *(: de libro)* edition. **(l)** *(LAm: locuciones)* **al** ~ at once, right away; **a** ~ **de hacer algo** about to do sth, on the point of doing sth; **de a** ~ completely; **del** ~ consequently.

tiroides *nf inv (also* **glándula** ~*)* thyroid (gland).

tirolés/esa *adj, nm/f* Tyrolean.

tirón *nm* **(a)** *(en una cuerda etc)* pull, tug; *(sacudida)* sudden jerk; **dar un** ~ **a** to pull at, tug at; **me lo arrancó de un** ~ she suddenly jerked it away from me. **(b)** **de un** ~ all at once; *(de una vez)* in one go; **leyó la novela de un** ~ he read the novel straight through; **se lo bebió de un** ~ he drank it down in one go.

tirona *nf (fam: puta)* whore.

tironear [1a] *vt (LAm)* = **tirar 2 (b)**.

tirotear [1a] **1** *vt (con pistola etc)* to shoot at, fire on. **2 tirotearse** *vr* to exchange shots.

tiroteo *nm (acción de tirotear)* shooting, exchange of shots; *(escaramuza)* skirmish.

tísico/a 1 *adj* consumptive, tubercular. **2** *nm/f* consumptive.

tisis *nf* consumption, tuberculosis.

tisú *nm* tissue.

titán *nm* Titan.

titánico *adj* titanic.

titanio *nm* titanium.

títere *nm* **(a)** puppet; **~s** *(espectáculo)* puppet show; **no dejar** ~ **con cabeza** to turn everything upside down. **(b)** *(fig: persona etc)* puppet; **gobierno** ~ puppet government.

tití *nm (LAm)* small monkey.

titilar [1a] *vi (párpado etc)* to flutter, tremble; *(luz, estrella)* to twinkle.

titiritaña *nf (Méx)* **(a)** *(títeres)* puppet show. **(b)** *(fig: trivialidad)* triviality.

titiritero *nm (que maneja los títeres)* puppeteer; *(acróbata)* acrobat; *(malabarista)* juggler.

titubeante *adj* **(a)** *(tambaleante)* tottery; *(inestable)* unstable, shaky. **(b)** *(que farfulla)* stammering. **(c)** *(que duda)* hesitant.

titubear [1a] *vi* **(a)** *(oscilar)* to totter; *(tambalear)* to stagger, be unsteady. **(b)** *(Ling: tartamudear)* to stammer. **(c)** *(vacilar)* to hesitate; **no** ~ **en hacer algo** not to hesitate to do sth.

titubeo *nm* **(a)** *(al andar: oscilar)* tottering; *(: tambalear)* staggering. **(b)** *(el farfullar)* stammering. **(c)** *(vacilación)* hesitation; **proceder sin ~s** to act without hesitation.

titulado *adj* **(a)** *(libro etc)* entitled; **una obra ~a**

'Sotileza' a book entitled 'Sotileza'. **(b)** *(persona)* qualified, trained; ~ **en ingeniería** with a degree in engineering.

titular 1 *adj (persona)* titular, official. **2** *nm (Tip)* headline. **3** *nmf (de oficina)* occupant; *(Rel)* incumbent; *(de pasaporte etc)* holder. **4** *vt* [1a] *(libro etc)* to title, entitle, call. **5 titularse** *vr* to be entitled, be called; *(Univ)* to graduate.

título *nm* **(a)** *(gen)* title; *(Jur)* heading; *(artículo)* article; *(en presupuesto)* item; *(Tip)* title; *(en periódico)* headline; **a ~ de** by way of; *(en calidad de)* in the capacity of; **a ~ de curiosidad** as a matter of interest. **(b)** *(de persona)* title; **~ de nobleza** title of nobility. **(c)** *(fig: nobleza etc)* titled person; **casarse con un ~** to marry into the nobility. **(d)** *(calificación profesional)* professional qualification; *(diploma)* diploma, certificate; *(Univ)* degree; *(fig: calificación)* qualification; **~s** qualifications; **~ universitario** university degree. **(e)** *(cualidad)* quality; **no es precisamente un ~ de gloria para él** it is not exactly a quality on which he can pride himself. **(f)** *(Jur)* title; **~ de propiedad** title deed. **(g)** *(Fin: bono)* bond; **~ al portador** bearer bond. **(h)** *(fig: derecho)* right; **con justo ~** rightly; **tener ~ de hacer algo** to be entitled to do sth.

tiza *nf* chalk; **una ~** a piece of chalk.

tizna *nf (suciedad)* grime; *(Arte: pastel)* crayon.

tiznajo *nm (fam: mancha)* black mark, dirty smear.

tiznar [1a] **1** *vt* **(a)** *(ennegrecer)* to blacken; *(manchar)* to smudge, stain. **(b)** *(fig: la reputación)* to stain, tarnish. **2 tiznarse** *vr* **(a) ~ la cara con un corcho quemado** to blacken one's face with burnt cork. **(b)** *(mancharse)* to get smudged. **(c)** *(LAm: emborracharse)* to get drunk.

tizne *nm* **(a)** *(hollín)* soot; *(suciedad)*; smut. **(b)** *(fig: mancha)* stain.

tiznón *nm (de hollín)* speck of soot; *(mancha)* smudge.

tizón *nm* **(a)** *(madera)* burning piece of wood, brand. **(b)** *(Bot)* smut. **(c)** *(fig: mancha)* stain.

tizonear [1a] *vt (el fuego)* to poke.

toalla *nf* towel; **~ de baño** bath towel.

tobera *nf* nozzle.

tobillera *nf* **(a)** *(calcetín)* ankle sock. **(b)** *(fam: joven)* teenager.

tobillo *nm* ankle.

tobogán *nm* **(a)** *(para nieve)* toboggan. **(b)** *(para niños etc)* slide.

toca *nf (sombrero)* headdress; *(gorra de mujer)* bonnet.

tocadiscos *nm inv* record player, *(US)* phonograph.

tocado[1] *adj* **(a)** *(fruta, carne etc)* bad, rotten; **estar ~ de la cabeza** to be weak in the head. **(b) una creencia ~a de heterodoxia** a somewhat unorthodox belief.

tocado[2] **1** *adj:* **~ con un sombrero** wearing a hat. **2** *nm* **(a)** *(sombrero)* hat. **(b)** *(cabello)* hairdo. **(c)** *(inodoro)* toilet.

tocador[1] *nm* **(a)** *(meuble)* dressing table; **jabón de ~** toilet soap. **(b)** *(cuarto)* boudoir, dressing room; **~ de señoras** ladies' room.

tocador[2] **(a)** *nm/f (Mús)* player.

tocante 1: ~ a *prep* with regard to, about; **en lo ~ a** so far as concerns, as for. **2** *adj (LAm: conmovedor)* moving, touching.

tocar[1] [1g] **1** *vt* **(a)** *(gen)* to touch; *(sentir)* to feel; *(con la mano)* to handle; **~ las cosas de cerca** to experience things for o.s.; **¡no me toques!** don't touch me! **(b)** *(objetos)* to touch, be touching; **la mesa toca la pared** the table touches the wall. **(c)** *(Mús)* to play; *(campana)* to ring; *(tambor)* to beat; *(trompeta)* to blow; *(disco)* to play; *(hora del día)* to chime, strike; **~ la retirada** to sound the retreat. **(d)** *(Arte)* to touch up. **(e)** *(fig)* to touch; **~ el corazón de uno** to touch sb's heart. **(f)** *(obstáculo)* to hit, run into; *(Náut)* to go aground on. **(g)** *(tema)* to refer to, touch on. **(h)** *(fam: ser emparentado)* to be related to; **X no le toca para nada a Y** X is not related at all to Y.

2 *vi* **(a) ~ a una puerta** to knock on *o* at a door. **(b) tocan a misa** they are ringing the bell for mass. **(c) ~le a uno** to fall to sb's lot; **les tocó un dólar a cada uno** each one got a dollar as his share; **te toca jugar** it's your turn (to play), it's your go; **¿a quién le toca?** whose turn is it? **(d)** *(impersonal)* **no toca hacerlo hasta el mes que viene** it's not due to be done until next month. **(e)** *(afectar)* to concern, affect; **esto no te toca a ti** this doesn't concern you; **ello me toca de cerca** it concerns me intimately; **por lo que a mí me toca** so far as I am concerned. **(f)** *(Náut)* **~ en** to call at; **el barco no toca en Barcelona** the ship does not call at Barcelona.

3 tocarse *vr* to touch o.s.; *(dos cosas)* to touch each other.

tocar[2] [1g] **1** *vt (cabello)* to set. **2 tocarse** *vr (ponerse el sombrero)* to put on one's hat.

tocayo/a *nm/f* **(a)** *(persona con el mismo nombre)* namesake. **(b)** *(amigo)* friend.

tocino *nm (tb* **~ de panceta***)* bacon; *(cerdo salado)* salt pork.

todavía *adv* still, yet; **~ no** not yet; **~ en 1970** as late as 1970; **~ no lo ha encontrado** he still has not found it; **está nevando ~** it is still snowing.

todo 1 *adj* **(a)** *(gen)* all; *(cada)* every; *(entero)* whole; **~ el bosque** the whole wood; **el universo ~** the whole universe; **lo sabe ~ Madrid** all Madrid knows it; **a ~a velocidad** at full speed; **con ~a prisa** in all haste, with all speed; **en ~a España** all over *o* throughout Spain; **~s vosotros** all of you; **~as las semanas** every week; **~s los que quieran ...** all those who want to ...; **~ lo que Ud necesite** whatever you need; **de ~as ~as** *(fam)* the whole lot, all of them; *véase* **cuanto 1** *etc.* **(b)** *(neg)* **en ~ el día** not once all day; **en ~a la noche he dormido** I haven't slept all night. **(c)** *(uso idiomático)* **es ~ un hombre** he's every inch a man; **es ~ un héroe** he's a real hero; **el niño estaba ~ ojos** the child was all eyes.

2 *adv* **(a)** *(completamente)* all, completely; **estaba ~ rendido** he was completely worn out; **lleva un vestido ~ roto** she's wearing a dress that's all torn. **(b) puede ser ~ lo sencillo que Ud quiera** it can be as simple as you wish; *véase* **más 1 (j)** *etc.*

3: con ~ y *conj (LAm)* in spite of; **el coche, con ~ y ser nuevo ...** the car, in spite of being new ... .

4 *nm, pron* **(a)** all, everything; **~s/~as** everybody; **el ~** the whole; **en un ~** as a whole; **~ lo sabemos** we know everything; **~ o nada** all or nothing; **ser el ~** *(fam: persona)* to run the show, dominate everything; **y ~** and so on; **tienen un coche nuevo y ~** they have a new car and everything; *véase* **jugarse 3. (b)** *(frases con prep)* **ante ~** first of all, in the first place; **a pesar de ~** even so, in spite of everything; *(sin embargo)* **con ~** still, however; **del ~** wholly, completely; **no es del ~ verdad** it is not entirely true; **no es del ~ malo** it is not wholly bad; **después de ~** after all; **sobre ~** *(especialmente)* especially; *(en primer lugar)* above all.

todopoderoso *adj* almighty; *(Rel)* **el T~** the Almighty.

toga *nf (Hist)* toga; *(Jur, Univ)* robe.

tolda *nf* **(a)** *(LAm)* canvas. **(b)** *(LAm: tienda de campaña)* tent; *(refugio)* shelter.

toldo *nm (en la playa)* sunshade; *(entolado)* marquee.

tole *nm (fam)* **(a)** *(disturbio)* commotion; *(protesta)* outcry; **levantar el** ~ to kick up a fuss. **(b) tomar el** ~ to get out.

tolerable *adj* tolerable.

tolerancia *nf* tolerance; *(de ideas etc)* toleration.

tolerante *adj* tolerant.

tolerantismo *nm* religious toleration.

tolerar [1a] *vt* to tolerate; *(aguantar)* to bear; **no se puede** ~ **esto** this cannot be tolerated; **no tolera que digan eso** he won't allow them to say that; **su estómago no tolera los huevos** eggs don't agree with him; **el puente no tolera el peso de los tanques** the bridge will not support the weight of the tanks.

tolondro 1 *adj (atolondrado)* scatterbrained. **2** *nm (Med: chichón)* bump.

tolvanera *nf* dustcloud.

toma *nf* **(a)** *(gen)* taking; ~ **de declaración** taking of evidence; ~ **de posesión** *(por presidente)* taking up office; ~ **de tierra** *(Aer)* landing. **(b)** *(Mil: captura)* capture. **(c)** *(cantidad)* amount; *(Med)* dose. **(d)** *(Mec: de agua etc)* inlet, outlet; *(Elec: enchufe)* plug, socket; ~ **de corriente** power point, plug. **(e)** *(Cine, TV)* shot; ~ **directa** live shot.

tomadero *nm* **(a)** *(agarradero)* handle. **(b)** *(de agua)* inlet, outlet.

tomado *adj* **(a)** *(tb* ~ **de orín**) rusty. **(b)** *(voz)* hoarse. **(c) estar** ~ *(LAm: borracho)* to be drunk.

tomador 1 *adj (LAm: borracho)* drunken. **2** *nm* **(a)** *(Com)* drawee. **(b)** *(LAm: borracho)* drunkard.

tomadura *nf* **(a)** = **toma (a), (b). (b)** ~ **de pelo** *(burla)* hoax.

tomar [1a] **1** *vt* **(a)** *(gen)* to take; *(armas, pluma etc)* to take up; *(actitud)* to adopt; *(aspecto* etc) to take on; *(clase)* to have; *(nombre)* to take, adopt; **¡toma!** here you are!; ~ **a uno por loco** to think sb mad; **¿por quién me toma Ud?** who do you think I am?; ~ **algo sobre sí** to take something upon o.s.; *véase* **mal 4 (b), serio. (b)** *(Mil: capturar)* to take, capture. **(c)** *(Culin)* to eat, drink; ~ **el pecho** to feed at the breast; **tomamos unas cervezas** we had a few beers. **(d)** *(tren etc)* to take. **(e)** *(Cine, Fot, TV)* to take; ~ **una foto de** to take a photo of. **(f)** *(notas)* to take; *(discurso etc)* to take down; ~ **por escrito** to write down. **(g)** *(cariño, aversión etc)* to acquire; *véase* **cariño. (h)** ~**la con uno** to pick a quarrel with sb. **(i)** ~ **asiento** to sit down, be seated.

2 *vi* **(a)** *(Bot: planta)* to take (root); *(: injerto)* to take. **(b)** ~ **a la derecha** to turn right. **(c)** *(LAm: beber)* to drink; **estaba tomando café** he was drinking coffee. **(d)** *(fam)* **tomó y se fue** off he went, he upped and went. **(e) toma y daca** give and take; **más vale un** ~ **que dos te daré** a bird in the hand is worth two in the bush.

3 tomarse *vr* **(a)** to take; ~ **la venganza por su mano** to take vengeance with one's own hands; **no te lo tomes así** don't take it that way; **se tomó 13 cervezas** he drank 13 beers. **(b)** *(creerse)* ~ **por** to think o.s.; **¿por quién se toma aquel ministro?** who does that minister think he is? **(c)** ~ **(de orín)** to get rusty.

tomatal *nm* **(a)** *(lugar de cultivo)* tomato bed *o* field. **(b)** *(LAm: planta)* tomato plant.

tomate *nm* tomato; *(fig)* **ponerse como un** ~ to turn as red as a beetroot.

tomatera[1] *nf* tomato plant.

tomatero/a[2] *nm/f (cultivador)* tomato grower; *(comerciante)* tomato dealer.

tomavistas *nm inv* movie camera.

tomillo *nm* thyme; ~ **salsero** savory.

tomo *nm* volume; **en 3** ~**s** in 3 volumes.

ton *nm:* **sin** ~ **ni son** for no particular reason; *(fig)* without rhyme or reason.

tonada *nf* **(a)** tune; *(canción)* song. **(b)** *(LAm: acento)* accent.

tonal *adj* tonal.

tonalidad *nf* **(a)** *(Mús)* tonality; *(Rad)* tone; ~ **menor** minor key. **(b)** *(Arte)* shade; **una bella** ~ **de verde** a beautiful shade of green.

tonel *nm* barrel.

tonelada *nf* ton; ~ **métrica** metric ton.

tonelaje *nm* tonnage.

tonelero *nm* cooper.

tongo *nm (Dep: trampa)* fixing; **¡hay** ~**!** it's been fixed!

tónico/a 1 *adj* **(a)** *(Mús: nota)* tonic; *(Ling: sílaba)* tonic *(atr)*, stressed. **(b)** *(Med: estimulante)* tonic, stimulating. **2** *nm (Med)* tonic. **3 tónica** *nf (Mús: nota)* tonic; *(fig)* **es una de las** ~**as del estilo moderno** it is one of the keynotes of the modern style.

tonificador *adj*, **tonificante** *adj* invigorating, stimulating.

tono *nm* **(a)** *(Mús)* tone, key; *(: altura)* pitch; ~ **mayor** major key; ~ **menor** minor key; **estar a** ~ to be in key. **(b)** *(de voz etc)* tone; *(Telec)* ~ **de marcar** dialling tone; ~ **de voz** tone of voice; **bajar el** ~ to lower one's voice; **cambiar el** *o* **de** ~ to change one's tune; **la discusión tomó un** ~ **áspero** the discussion took on a harsh tone. **(c)** *(social etc)* tone; **buen** ~ good tone; **una familia de** ~ a good family; **de buen** ~ elegant; **de mal** ~ common; **fuera de** ~ inappropriate; **darse** ~ to put on airs. **(d)** *(Mús)* tuning fork. **(e)** *(Anat, Med)* tone. **(f)** *(color)* shade, hue; ~ **pastel** pastel shade.

tonsura *nf* tonsure.

tonsurar [1a] *vt (lana)* to clip, shear; *(Rel)* to tonsure.

tontada *nf* = **tontería.**

tontamente *adv* foolishly, stupidly.

tontear [1a] *vi (fam)* **(a)** to fool about, act the fool. **(b)** *(enamorados)* to flirt.

tontería *nf* **(a)** *(cualidad)* silliness, foolishness. **(b)** *(una* ~*: cosa)* silly thing; *(: acto)* foolish act; ~**s** nonsense *sg;* **¡déjate de** ~**s!** stop that nonsense!; **dejémonos de** ~**s** let's be serious; **hacer una** ~ to do something silly. **(c)** *(fig)* **lo vendió por una** ~ he sold it for a song.

tonto/a 1 *adj* **(a)** silly, foolish; *(Med)* imbecile; **¡qué** ~ **soy!** how silly of me!; **¡no seas** ~**!** don't be silly!; **es lo bastante** ~ **como para hacerlo** he's fool enough to do it; **dejar a uno** ~ to dumbfound sb. **(b) a** ~**as y a locas** anyhow; **lo hace a** ~**as y a locas** he does it just anyhow. **2** *nm/f* fool, idiot; *(Med)* imbecile; **¡**~**!** you idiot!; **hacer(se) el** ~ to act the fool.

tontón *nm (fam: vestido premamá)* smock, maternity dress.

topacio *nm* topaz.

topar [1a] **1** *vt (persona: encontrarse con)* to run into, bump into; *(objeto: encontrar)* to find, come across; **topé con él hoy en el bar** I bumped into him in the bar today. **2** *vi* **(a)** *(chocar)* ~ **contra** to run into, hit. **(b)** ~ **con un obstáculo** to run into an obstacle; *véase tb* **1 (b). (c) la dificultad topa en eso** that's where the trouble lies. **3 toparse** *vr* = **1 (b).**

tope[1] **1** *adj (máximo)* top, maximum; **fecha ~** closing date; **precio ~** top price; **sueldo ~** maximum salary. **2** *nm* **(a)** end; *(límite)* limit; *(Náut)* masthead; **al ~** end to end; **hasta el ~** to the limit; **estar hasta los ~s** *(Náut)* to be overloaded; **estoy hasta los ~s** I'm utterly fed up. **(b)** *(Náut: persona)* lookout.

tope[2] *nm* **(a)** *(golpe)* bump, knock. **(b)** *(fig: riña)* quarrel; *(: pelea)* scuffle. **(c)** *(Mec etc)* stop, check; *(Ferro)* buffer; *(Aut)* bumper; *(de revólver)* catch; *(Méx: en calle)* sleeping policeman. **(d)** *(fig: dificultad)* snag; **ahí está el ~** that's just the trouble.

topera *nf* molehill.

tópico 1 *adj* **(a)** *(Med)* local; **de uso ~** for external application. **(b)** *(trillado)* commonplace, trite. **2** *nm* **(a)** *(lugar común)* commonplace, cliché. **(b)** *(LAm: tema)* topic, subject.

topo *nm* **(a)** *(Zool)* mole. **(b)** *(fig: torpe)* blunderer.

topografía *nf* topography.

topográfico *adj* topographic(al).

topógrafo/a *nm/f* topographer; *(agrimensor)* surveyor.

topolino *nf* teenager.

toponimia *nf* **(a)** place names *pl*. **(b)** *(estudio)* study of place names.

topónimo *nm* place name.

toque *nm* **(a)** *(acto)* touch; **dar los primeros ~s a** to make a start on; **dar el último ~ a** to put the finishing touch to. **(b)** *(Arte: de color etc)* touch. **(c)** *(Quím)* test; **dar un ~ a** to test; *(persona: consultar)* to sound out. **(d)** *(de campana)* chime, ring; *(de tambor)* beat; *(de sirena)* hoot; *(Mil)* bugle call; **~ de diana** reveille; **~ de queda** curfew. **(e)** *(quid)* crux, essence; **ahí está el ~** that's the crux of the matter.

toquetear [1a] *vt* **(a)** *(manosear)* to touch repeatedly, handle. **(b)** *(Mús)* to play idly. **(c)** *(LAm: acariciar)* to fondle; *(fam!)* to touch up.

toqueteo *nm (LAm)* fondling; *(fam!)* touching up.

torácico *adj* thoracic.

tórax *nm* thorax.

torbellino *nm* **(a)** *(viento)* whirlwind; *(polvo)* dust cloud. **(b)** *(cosas)* whirl. **(c)** *(persona)* whirlwind.

torcedor *nm* **(a)** *(Téc)* spindle. **(b)** *(fig: angustia)* torment.

torcedura *nf* **(a)** twist(ing); *(Med)* sprain. **(b)** *(vino)* weak wine.

torcer [2b, 2h] **1** *vt* **(a)** *(gen)* to twist; *(doblar)* to bend; *(madera)* to warp; *(miembro)* to twist; *(músculo)* to strain; *(tobillo)* to sprain; **~ el gesto** to scowl. **(b)** *(ropa, manos, cuello)* to wring; *(soga etc)* to plait. **(c)** *(fig: eventos)* to influence; *(: voluntad)* to bend; *(: pensamientos)* to turn (*de* from); *(: persona)* to dissuade. **(d)** *(pey: justicia)* to pervert; *(: persona)* to corrupt. **(e)** *(sentido)* to distort. **2** *vi (camino)* to turn; **el coche torció a la izquierda** the car turned left. **3 torcerse** *vr* **(a)** *(gen)* to twist; *(doblar)* to bend. **(b) ~ un pie** to twist one's foot; *(ir por mal camino)* to go astray, be perverted; *(proyecto etc)* to go all wrong. **(c)** *(leche, vino)* to turn sour.

torcido 1 *adj* **(a)** *(gen)* twisted; *(camino etc)* crooked; **el cuadro está ~** the picture is not straight. **(b)** *(fig: taimado)* devious. **2** *nm (rizo)* curl; *(de seda)* twist.

torcijón *nm* **(a)** sudden twist. **(b)** = **retortijón.**

torcimiento *nm* = **torcedura.**

tordo *nm (Orn)* thrush.

torear [1a] **1** *vt* **(a)** *(toro)* to fight. **(b)** *(fig: evadir)* to dodge. **2** *vi (Taur)* to fight (bulls); **el muchacho quiere ~** the boy wants to be a bullfighter.

toreo *nm* (art of) bullfighting.

torería *nf* (class of) bullfighters *pl; (mundo del toreo)* bullfighting world.

torero *nm* bullfighter.

torete *nm* **(a)** *(toro pequeño)* small bull. **(b)** *(niño)* strong child; *(pey)* rough child.

toril *nm* bullpen.

tormenta *nf* **(a)** *(Met)* storm. **(b)** *(fig: discusión etc)* storm; *(: trastorno)* upheaval; **~ en un vaso de agua** storm in a teacup.

tormento *nm* *(tortura)* torture; *(angustia)* anguish; **dar ~ a** to torment.

tormentoso *adj* stormy.

torna *nf* **(a)** *(vuelta)* return. **(b) se han vuelto las ~s** now the boot's on the other foot.

tornada *nf (vuelta)* return.

tornadizo/a 1 *adj (cambiadizo)* changeable; *(caprichoso)* fickle. **2** *nm/f (renegado)* renegade.

tornado *nm* tornado.

tornar [1a] **1** *vt* **(a)** *(devolver)* to give back. **(b)** *(cambiar)* to change, alter. **2** *vi* **(a)** *(volver)* to return. **(b) ~ a hacer algo** to do sth again. **(c) ~ en sí** to regain consciousness, come to. **3 tornarse** *vr* **(a)** *(regresar)* to return. **(b)** *(volverse)* to become.

tornasol *nm* **(a)** *(Bot)* sunflower. **(b)** *(Quím: materia colorante)* litmus; **papel de ~** litmus paper.

tornasolar [1a] **1** *vt (volver iridescente)* to make iridescent. **2 tornasolarse** *vr* to be *o* become iridescent.

tornavía *nf (Ferro)* turntable.

tornear [1a] *vt* to turn (on a lathe).

torneo *nm* tournament, competition; *(justa)* joust; **~ de tenis** tennis tournament.

tornero/a *nm/f (Méc: persona)* machinist, turner.

tornillo *nm (Téc)* screw; **~ de banco** vice, *(US)* vise, clamp; **apretar los ~s a uno** to apply pressure on sb; **le falta un ~** *(fam)* he has a screw loose *(fam)*.

torniquete *nm* **(a)** *(barra giratoria)* turnstile. **(b)** *(Med)* tourniquet.

torno *nm* **(a)** *(Téc: para levantar pesos)* winch. **(b)** *(Téc)* lathe; **~ de banco** vice, *(US)* vise, clamp; **labrar a ~** to turn on the lathe; **~ de alfarero** potter's wheel. **(c)** *(de río)* bend. **(d)** *(acerca de)* **en ~ a** round, about; **se reunieron en ~ suyo** they gathered round him; **en ~ a este tema** about this subject.

toro *nm* **(a)** *(Zool)* bull; **~ bravo** fighting bull; **coger el ~ por los cuernos** to take the bull by the horns. **(b)** *(fig: hombre)* strong man, he-man *(fam)*, tough guy *(fam)*. **(c)** *(corrida)* **los ~s** bullfight *sg; (toreo)* bullfighting; **ir a los ~s** to go to the bullfight.

toronja *nf* grapefruit.

toronjo *nm* grapefruit tree.

torpe *adj* **(a)** *(persona: poco ágil)* clumsy, awkward, ungainly; *(movimiento)* sluggish. **(b)** *(llave etc)* stiff. **(c)** *(persona: lerdo)* dense, dim.

torpedo *nm* torpedo.

torpemente *adv* **(a)** *(sin destreza)* clumsily, awkwardly. **(b)** *(lentamente)* slowly.

torpeza *nf* **(a)** *(falta de destreza)* clumsiness, awkwardness. **(b)** *(necedad)* denseness, dimness. **(c)** *(error)* mistake; *(falta de tacto)* lack of tact; **fue una ~ de parte mía decírselo** it was tactless of me to tell him.

torre *nf* **(a)** *(Arquit etc)* tower; *(Rad etc)* mast, tower; *(de electricidad)* pylon; **~ de marfil** ivory tower. **(b)** *(Ajedrez)* rook, castle. **(c)** *(Aer, Mil, Náut)* turret; *(Mil)* watchtower.

torrencial *adj* torrential.

torrente *nm* **(a)** *(río)* rushing stream, torrent; **llover a ~s** to rain cats and dogs. **(b)** *(Anat: tb* **~ de sangre**) bloodstream. **(c)** *(de palabras etc)* flood.

torrentoso *adj (LAm)* torrential, rushing.

torrero *nm* lighthouse keeper.

tórrido *adj* torrid.

torrija *nf slice of fried bread covered with sugar.*

torsión *nf (Mec)* torsion.

torso *nm (Anat)* torso; *(Arte)* head and shoulders.

torta *nf* **(a)** *(pastel)* cake, tart; **eso es ~s y pan pintado** it's child's play; **no entendió ni ~** he didn't understand a word of it. **(b)** *(CAm, Méx)* filled roll; **~ de huevos** omelet(te).

tortazo *nm (fam: bofetada)* slap.

tortícolis *nm,* **torticolis** *nm* stiff neck.

tortilla *nf* **(a)** omelet(te); **~ a la española** Spanish omelette; **cambiar** *o* **volver la ~ a uno** to turn the tables on sb; **hacer algo una ~** to smash sth up. **(b)** *(CAm, Méx)* flat maize pancake, tortilla.

tortillera *nf* **(a)** *(CAm, Méx: vendedora)* seller of maize pancakes. **(b)** *(fam!)* lesbian.

tórtola *nf* turtledove.

tortuga *nf* tortoise; **~ marina** turtle.

tortuoso *adj (camino)* winding, full of bends.

tortura *nf (lit, fig)* torture.

torturar [1a] *vt* to torture.

torvo *adj* grim, fierce; **una mirada ~a** a fierce look.

torzal *nm (hilo de seda etc)* cord, twist; *(LAm: lazo)* lasso.

tos *nf* cough; *(acción)* coughing; **~ ferina** whooping cough.

toscamente *adv* coarsely, roughly.

Toscana *nf:* **La ~** Tuscany.

toscano/a 1 *adj, nm/f* Tuscan. **2** *nm (Ling)* Tuscan, Italian.

tosco *adj* coarse, rough.

toser [2a] **1** *vt (fig)* **no hay quien le tosa** he's in a class by himself. **2** *vi* to cough.

tosquedad *nf* coarseness, roughness.

tostada *nf* **(a)** piece of toast; **~s** toast *sg.* **(b)** *(fam)* **dar una ~ a uno** to cheat sb.

tostado *adj* **(a)** *(Culin)* toasted. **(b)** *(color)* dark brown, ochre; *(persona)* tanned, sunburnt.

tostador *nm (de café)* roaster; **~ de pan** electric toaster.

tostadora *nf (Culin)* toaster.

tostar [1m] **1** *vt* **(a)** *(pan etc)* to toast; *(café)* to roast; *(Culin)* to brown. **(b)** *(persona)* to tan. **2 tostarse** *vr (tb* **~ al sol**) to tan, get brown.

tostón *nm* **(a)** *(Culin)* crouton. **(b)** *(fam: lata)* bore; **dar el ~** to be a bore. **(c)** *(Méx)* 50-cent piece.

total 1 *adj (gen)* total; *(completo)* complete; *(anestésico)* general; **una revisión ~ de su teoría** a complete revision of his theory; **una calamidad ~** a total disaster. **2** *adv* in short; *(entonces)* so; **~ que ...** to cut a long story short ...; **~ que no fuimos** so we didn't go after all. **3** *nm (Mat: suma)* total, sum; *(totalidad)* whole; **el ~ de la población** the whole (of the) population; **en ~** in all.

totalidad *nf* totality, whole; **en su ~** in its entirety; **la ~ de los obreros** all the workers; **la ~ de la población** the whole (of the) population.

totalitario *adj* totalitarian.

totalitarismo *nm* totalitarianism.

totalizar [1f] **1** *vt (sumar)* to totalize, add up. **2** *vi (ascender a)* to add up to.

totalmente *adv* totally, completely.

tótem *nm, pl* **tótems** totem.

tóxico 1 *adj* toxic. **2** *nm* poison.

toxicómano/a 1 *adj* addicted to drugs. **2** *nm/f* drug addict.

toxina *nf* toxin.

tozudez *nf* obstinacy.

tozudo *adj* obstinate, stubborn.

traba *nf* **(a)** *(gen: unión)* bond, tie; *(Mec)* lock; *(grillo)* fetter, shackle. **(b)** *(fig: vínculo)* bond, tie; *(pey: estorbo)* obstacle; **~s** shackles; **desembarazado de ~s** unrestrained; **poner ~s a** to restrain, obstruct; **ponerse ~s** to place restrictions on o.s.

trabacuenta *nm* mistake.

trabado *adj* **(a)** *(discurso)* coherent. **(b)** *(fig: fuerte)* tough. **(c)** *(Méx: al hablar)* stammering.

trabajado *adj* **(a)** *(persona: cansado)* worn out. **(b)** *(elaborado)* carefully worked; **bien ~** well made, elaborately fashioned.

trabajador(a) 1 *adj* hard-working. **2** *nm/f* worker, labourer; *(Pol)* worker; **~ portuario** docker.

trabajar [1a] **1** *vt* **(a)** *(gen)* to work; *(tierra)* to till. **(b)** *(estudiar)* to work on; *(un detalle)* to give special attention to; *(un proyecto)* to pursue; **es mi colega quien trabaja eso** it is my colleague who handles that; **el pintor ha trabajado muy bien los árboles** the painter has taken special care over the trees. **(c)** *(caballo)* to train. **(d)** *(persona: convencer)* to work on, persuade; **trabaja a su tía para sacarle los ahorros** he's working on his aunt in order to get hold of her savings.

2 *vi* **(a)** to work *(de* as, *en* in, at); **~ mucho** to work hard; **~ más** to work harder; **~ como un esclavo** to work like a slave; **~ a ritmo lento** to go slow; **~ por hacer algo** to strive to do sth; **hacer ~** *(dinero)* to put to good use. **(b)** *(fig)* **~ con uno para que haga algo** to work on sb to do sth, persuade sb to do sth. **(c)** *(fig: proceso, tiempo etc)* to work; **el tiempo trabaja a nuestro favor** time is working for us. **(d)** *(fig: tierra, árbol etc)* to bear, yield.

trabajo *nm* **(a)** *(gen)* work; *(Mec)* work; *(un ~)* job, task; *(Arte, Lit)* work; **~ de campo** fieldwork; **~ a destajo** piecework; **~s forzados** hard labour *sg;* **~ intelectual** brainwork; **~ manual** manual labour; **~ por turno** shift work; **los sin ~** the unemployed; **estar sin ~** to be unemployed; **hacer ~ lento** to go slow. **(b)** *(fig: esfuerzo)* effort, labour; *(dificultad)* trouble; **~s** troubles, difficulties; **ahorrarse el ~** to save o.s. the trouble; **tomarse el ~ de hacer algo** to take the trouble to do sth; **le cuesta ~ hacerlo** he finds it hard to do; **dar ~** to cause trouble.

trabajosamente *adv* laboriously; *(dolorosamente)* painfully.

trabajoso *adj (difícil)* hard, laborious; *(doloroso)* painful.

trabalenguas *nm inv* tongue twister.

trabar [1a] **1** *vt* **(a)** *(juntar)* to join; *(unir)* to unite; *(enlazar)* to link. **(b)** *(agarrar)* to seize; *(encadenar)* to fetter; *(Mec)* to jam. **(c)** *(fig: impedir)* to impede; *(: obstruir)* to obstruct. **2** *vi (planta)* to take; *(ancla etc)* to grip. **3 trabarse** *vr* **(a)** *(con soga etc)* to get tangled up; *(un mecanismo)* to jam; **se le traba la lengua** he gets tongue-tied, he stammers. **(b)** *(LAm: tartamudear)* to get tongue-tied, stammer.

trabazón *nf* **(a)** *(Téc)* joining; *(ensambladura)* assembly; *(fig: enlace)* bond, connection. **(b)** *(de líquido)* consistency. **(c)** *(coherencia)* coherence.

trabucar [1g] **1** *vt (confundir)* to confuse; *(desordenar)* to mix up. **2 trabucarse** *vr (confundirse)* to get all mixed up.

tracalada *nf (LAm)* crowd; *(muchedumbre)* mass; **una ~ de** a lot of.

tracción *nf* traction; *(Mec)* drive; **~ trasera** rear-

wheel drive.
tractor *nm* tractor; ~ **de oruga** caterpillar tractor.
tradición *nf* tradition.
tradicional *adj* traditional.
tradicionalmente *adv* traditionally.
traducción *nf* translation (*a* into, *de* from).
traducible *adj* translatable.
traducir [3f] **1** *vt* to translate *(a* into, *de* from). **2** **traducirse** *vr:* ~ **en** *(fig)* to entail, result in.
traductor(a) *nm/f* translator.
traer [2p] **1** *vt* **(a)** to bring; **¡trae!, ¡traiga!** hand it over!, give it here!; **¿has traído el dinero?** have you brought the money? **(b)** *(ropa etc)* to wear; *(objeto: llevar encima)* to carry. **(c)** *(fig: causar)* to bring (about), cause; *(consecuencias)* to bring, have; ~ **consigo** to involve, entail. **(d)** *(suj: periódico etc)* to carry, have, print; **este periódico no trae nada sobre el asunto** this newspaper doesn't carry anything about the matter. **(e)** *(+ adj)* **la ausencia de noticias me trae muy inquieto** the lack of news is making me very anxious; *véase* **loco 1 (a). (f)** *(modismos)* ~ **a mal** ~ **a uno** *(maltratar)* to maltreat sb; *(molestar)* to pester sb; ~ **y llevar a uno** *(chismear)* to gossip about sb; *(molestar)* to pester sb.

2 **traerse** *vr* **(a)** ~ **algo** to be up to sth **estoy seguro de que los dos se traen algún manejo sucio** I'm sure the two of them are up to something shady. **(b)** ~**las** to be annoying; **es un problema que se las trae** it's a difficult problem; **tiene un padre que se las trae** she has an excessively severe father.
trafagar [1h] *vi (trajinar)* to bustle about.
tráfago *nm* **(a)** *(Com: tráfico)* traffic, trade. **(b)** *(vaivén)* bustle, hustle.
traficante *nmf* trader, dealer *(en* in).
traficar [1g] *vi* **(a)** to trade, deal *(con* with, *en* in); *(pey)* to traffic *(en* in). **(b)** *(pey)* ~ **con** to deal illegally in. **(c)** *(fig: viajar)* to keep on the go.
tráfico *nm* **(a)** *(Com)* trade, business; *(pey: ilegal)* traffic *(en* in); ~ **en narcóticos** drug traffic. **(b)** *(Aut, Ferro etc)* traffic; ~ **por ferrocarril** rail traffic.
tragaderas *nfpl* **(a)** *(garganta)* throat *sg*, gullet *sg*. **(b)** *(fig: credulidad)* gullibility *sg*; *(: tolerancia)* tolerance *sg*; **tener buenas** ~ *(crédulo)* to be gullible.
tragador(a) *nm/f (glotón)* glutton.
tragaldabas *nmf inv (fam)* glutton, pig.
tragaluz *nm* skylight.
tragamonedas *nm inv* = **tragaperras.**
tragantón *adj (fam)* greedy, gluttonous.
tragantona *nf (fam)* **(a)** *(fam: comilona)* slap-up meal. **(b)** *(trago)* gulp.
tragaperras *nm inv* slot machine.
tragar [1h] **1** *vt* **(a)** *(gen: comer o beber)* to swallow; *(: rápidamente)* to gulp down. **(b)** *(suj: tierra etc)* to absorb, soak up. **(c)** **hacer** ~ **algo a uno** to make sb believe sth. **(d)** *(persona)* **no le puedo** ~ I can't stand him. **2** **tragarse** *vr* **(a)** *(comer o beber)* to swallow; **se lo tragó entero** he swallowed it whole. **(b)** *(tierra)* to absorb, soak up; *(mar, abismo)* to swallow up, engulf; *(obj: ahorros)* to use up. **(c)** *(obj: un cuento)* to swallow; **se tragará todo lo que se le diga** he'll swallow whatever he's told.
tragedia *nf* tragedy.
trágicamente *adv* tragically.
trágico **1** *adj* tragic(al); **lo** ~ **es que ...** the tragedy of it is that ... . **2** *nm* tragedian.
tragicomedia *nf* tragicomedy.
tragicómico *adj* tragicomic.
trago *nm* **(a)** *(bebida)* drink; *(bocado)* mouthful; *(fam)* swig; **beber algo de un** ~ to drink sth at a gulp; **echarse un** ~ to have a drink. **(b)** *(acción)* drink, drinking; *(LAm: licor)* hard liquor; **¡dame un** ~**!** give me a drink! **(c)** *(fig)* ~ **amargo** hard time; **fue un** ~ **amargo** it was a cruel blow.
tragón *adj* greedy, gluttonous.
traición *nf (perfidia)* treachery; *(Jur)* treason; *(una* ~*)* betrayal, (act of) treason; **alta** ~ high treason; **hacer** ~ **a uno** to betray sb.
traicionar [1a] *vt (lit, fig)* to betray.
traicionero *adj* treacherous.
traída *nf* carrying, bringing; ~ **de aguas** water supply.
traído *adj* **(a)** *(desgastado)* worn, threadbare. **(b)** *(fig)* ~ **y llevado** well-worn.
traidor(a) **1** *adj (persona)* treacherous; *(acto)* treasonable. **2** *nm/f* traitor/traitress.
traidoramente *adv* treacherously, traitorously.
traiga *etc véase* **traer.**
trainera *nf* small fishing boat.
traje[1] *etc véase* **traer.**
traje[2] *nm (~ típico)* dress, costume; *(de hombre)* suit; *(de mujer)* dress; ~ **de baño** bathing costume, swimming costume; ~ **de campaña** battledress; ~ **etiqueta** dress suit; ~ **hecho a la medida** made-to-measure suit.
trajear [1a] *vt (vestir)* to clothe, dress *(de* in).
trajín *nm* **(a)** *(transporte)* haulage, transport. **(b)** *(fam: vaivén)* coming and going.
trajinar [1a] **1** *vt* **(a)** *(transportar)* to carry, transport. **(b)** *(RPl: estafar)* to swindle, deceive. **2** *vi (ajetrearse)* to bustle about.
trajinería *nf (transporte)* carriage, haulage.
trama *nf* **(a)** *(Téc: de un tejido)* weft, woof. **(b)** *(fig: enlace)* connection, link. **(c)** *(fig: conjura)* plot; *(Lit)* plot.
tramar [1a] **1** *vt* **(a)** *(tejer)* to weave. **(b)** *(fig: enredo)* to plan, plot; **¿qué estarán tramando?** I wonder what they're up to? **2** **tramarse** *vr (fig)* **algo se está tramando** there's something going on.
tramitación *nf (transacción)* transaction; *(negociación)* negotiation; *(procedimiento)* procedure.
tramitar [1a] *vt (despachar)* to transact; *(negociar)* to negotiate, deal with.
trámite *nm (fase de negociación etc)* step, stage; *(transacción)* transaction; *(procedimientos)* ~**s** procedure *sg; (Jur)* proceedings; ~**s de costumbre** usual channels; ~**s oficiales** official channels; **para acortar los** ~**s lo hacemos así** so as to get it quickly through the procedure we do it this way.
tramo *nm* **(a)** *(de carretera)* section, stretch; *(de puente)* span; *(de escalera)* flight. **(b)** *(terreno)* plot.
tramontana *nf* **(a)** *(viento del norte)* north wind. **(b)** *(soberbia)* pride.
tramoya *nf* **(a)** *(Teat)* piece of stage machinery. **(b)** *(enredo)* plot, scheme.
tramoyista *nmf* **(a)** *(Teat)* stagehand. **(b)** *(fig: estafador)* swindler, trickster.
trampa *nf* **(a)** *(puerta en suelo)* trapdoor; *(de mostrador)* hatch. **(b)** trap; *(Caza etc)* snare; *(Golf)* bunker; ~ **explosiva** *(Mil)* booby trap; **caer en la** ~ to fall into the trap. **(c)** *(juego de manos)* conjuring trick; **hacer** ~**s** to juggle, conjure. **(d)** *(fig: estafa)* swindle, fraud; *(fam)* fiddle, hoax; **hacer** ~**s** to cheat.
trampear [1a] **1** *vt (en el juego)* to cheat, swindle. **2** *vi (hacer trampa)* to cheat.
trampilla *nf (escotilla)* trap, hatchway; *(bragueta)* fly.

trampolín *nm (en piscina)* springboard, diving board; *(Dep)* trampoline.

tramposo/a 1 *adj (petardista)* crooked, tricky. **2** *nm/f (en el juego)* cheat.

tranca *nf* **(a)** *(garrote)* cudgel, club. **(b)** *(de puerta, ventana)* bar. **(c)** *(fam: borrachera)* binge; **tener una ~** *(LAm)* to be drunk. **(d) a ~s y barrancas** with great difficulty.

trancada *nf (paso)* stride; **en dos ~s** *(fig)* in a couple of ticks.

trancar [1g] **1** *vt (puerta, ventana)* to bar. **2** *vi (al caminar)* to stride along. **3 trancarse** *vr (LAm: estar estreñido)* to be constipated.

trancazo *nm (golpe)* blow.

trance *nm* **(a)** *(momento difícil)* (difficult) moment *o* juncture; **~ mortal, último ~** last moments, dying moments; **estar en ~ de muerte** to be at death's door; **estar en ~ de hacer algo** to be on the point of doing sth. **(b)** *(de hipnotizado)* hypnotic state; *(del medium etc)* trance.

tranco *nm* **(a)** *(paso)* stride, big step; **a ~s** *(fam: rápidamente)* hastily; **andar a ~s** to walk with long strides; **en dos ~s** in a couple of ticks. **(b)** *(Arquit)* threshold.

tranquilamente *adv (con calma)* calmly; *(pacíficamente)* peacefully.

tranquilidad *nf* calmness, tranquillity; **dijo con toda ~** he said calmly; **perder la ~** to lose patience.

tranquilizador *adj (música)* soothing; *(hecho)* reassuring.

tranquilizante 1 *adj* = **tranquilizador. 2** *nm (Med)* tranquillizer.

tranquilizar [1f] **1** *vt* to calm; *(mente)* to reassure; *(persona)* to calm down. **2 tranquilizarse** *vr (calmarse)* to calm down; **¡tranquilícese!** calm yourself!

tranquilo *adj (mar, carácter)* calm; *(sitio)* quiet, peaceful; **una tarde ~a** a quiet afternoon; **¡~!** easy does it!; **dejar a uno ~** to leave sb alone; **ir con la conciencia ~a** to go with a clear conscience.

tranquilla *nf* **(a)** *(pasador)* latch, pin. **(b)** *(en conversación)* trap, catch.

tranquiza *nf (Méx)* beating.

transacción *nf* **(a)** *(Com)* transaction; *(negocio)* deal; **~ comercial** business deal. **(b)** *(compromiso)* compromise; **llegar a una ~** to reach a compromise.

transar [1a] *vi (LAm)* = **transigir.**

transatlántico 1 *adj* transatlantic. **2** *nm (Náut)* (ocean) liner.

transbordador *nm (Náut)* ferry.

transbordar [1a] **1** *vt* to transfer; *(Náut)* to transship. **2** *vi,* **transbordarse** *vr (Ferro)* to change.

transbordo *nm* **(a)** *(Náut)* ferrying. **(b)** *(Ferro etc)* change; **hacer ~** to change *(en* at).

transcribir [3a; *pp* **transcrito**] *vt* to transcribe.

transcripción *nf* transcription.

transcrito *pp de* **transcribir.**

transcurrir [3a] *vt* **(a)** *(tiempo)* to pass, elapse; **han transcurrido 7 años** 7 years have passed. **(b)** *(evento)* to be, turn out; **la tarde transcurrió aburrida** the evening was boring.

transcurso *nm* passing, lapse, course; **en el ~ de 8 días** in the course of a week, in the space of a week.

transeúnte 1 *adj (que reside transitoriamente)* transient, transitory. **2** *nmf (en la calle)* passer-by.

transferencia *nf* transference; *(Jur, Dep)* transfer; **~ bancaria** banker's order; **~ de crédito** credit transfer.

transferible *adj* transferable.

transferir [3i] *vt* **(a)** *(gen)* to transfer. **(b)** *(aplazar)* to postpone.

transfiguración *nf* transfiguration.

transfigurar [1a] *vt* to transfigure *(en* into).

transformable *adj* transformable; *(Aut)* convertible.

transformación *nf* transformation *(en* into); *(cambio)* change; *(Rugby)* conversion.

transformador *nm (Elec)* transformer.

transformar [1a] *vt* to transform *(en* into); *(cambiar)* to change.

transformismo *nm (Bio)* evolution, transmutation.

transfundir [3a] *vt* **(a)** *(líquidos)* to transfuse. **(b)** *(noticias)* to tell, spread.

transfusión *nf* transfusion; **~ de sangre** blood transfusion.

transgredir [3a] *vt, vi* to transgress.

transgresión *nf* transgression.

transgresor(a) *nm/f* transgressor.

transición *nf* transition *(a* to, *de* from); **período de ~** transitional period.

transicional *adj* transitional.

transido *adj* overcome; **~ de angustia** beset with anxiety; **~ de dolor** racked with pain; **~ de frío** frozen to the marrow.

transigencia *nf* **(a)** *(compromiso)* compromise. **(b)** *(actitud)* spirit of compromise.

transigente *adj* compromising; *(tolerante)* tolerant.

transigir [3c] *vi (llegar a un acuerdo)* to compromise *(con* with, *en cuanto a* on, about); *(ceder)* to give way, make concessions; **~ en hacer algo** to agree to do sth; **yo no transijo con tales abusos** I cannot tolerate such abuses.

transistor *nm* transistor.

transistorizado *adj* transistorized.

transitable *adj (camino)* passable.

transitar [1a] *vi* to go, travel; **calle transitada** busy street; **~ por** to go along, pass along.

transitivo *adj* transitive.

tránsito *nm* **(a)** *(acto)* transit, passage, movement; **'se prohíbe el ~'** 'no thoroughfare'; **estar de ~** to be in transit, be passing through. **(b)** *(Aut etc)* movement, traffic; **calle de mucho ~** busy street; **horas de máximo ~** rush hours. **(c)** *(de puesto)* transfer. **(d)** *(en camino)* stop; **hacer ~** to make a stop.

transitorio *adj (pasajero)* transitory; *(provisional)* provisional, temporary; *(período)* transitional.

transmigrar [1a] *vi* to migrate, transmigrate.

transmisible *adj* transmissible.

transmisión *nf* **(a)** *(acto)* transmission; *(Jur etc)* transfer; **~ de dominio** transfer of ownership. **(b)** *(Mec)* transmission. **(c)** *(Elec)* transmission; *(Rad, TV)* transmission, broadcast(ing); **~ en circuito** hookup; **~ exterior** outside broadcast. **(d) ~es** *(Mil)* signals (corps).

transmisor(a) 1 *adj* transmitting; **aparato ~/estación ~a** transmitter. **2** *nm* transmitter. **3 transmisora** *nf (estación)* transmitter.

transmitir [3a] *vt, vi* to transmit *(a* to); *(Rad, TV)* to transmit, broadcast; *(bienes)* to pass on; *(Jur)* to transfer *(a* to); *(enfermedad)* to give, pass on.

transparencia *nf* transparency; *(claridad)* clarity, clearness.

transparentar [1a] **1** *vt (dejar ver)* to reveal, allow to be seen; *(emoción)* to reveal, betray. **2** *vi (ser transparente)* to be transparent; *(dejarse ver)* to show through. **3 transparentarse** *vr* **(a)** *(vidrio, agua etc)* to be transparent, be clear; *(objeto* *etc)* to show through. **(b)** *(fig)* to show clearly; **se transparentaba su verdadera intención** his real intention became plain.

transparente 1 *adj* transparent; *(aire)* clear; *(fig)* transparent, clear. **2** *nm (pantalla)* blind, shade.

transpiración *nf (sudor)* perspiration; *(Bot)* transpiration.

transpirar [1a] *vi* **(a)** *(sudar)* to perspire; *(Bot)* to transpire. **(b)** *(fig: revelarse)* to transpire, become known.

transponer [2r; *pp* **transpuesto**] **1** *vt* **(a)** to transpose; *(mudar de sitio)* to switch over, move about. **(b)** *(trasplantar)* to transplant. **(c)** ~ **la esquina** to disappear round the corner. **2** *vi (desaparecer)* to disappear from view; *(ir más allá)* to go beyond; *(el sol)* to go down. **3 transponerse** *vr* **(a)** *(de lugar)* to change places. **(b)** *(esconderse)* to hide (behind) sth; *(el sol)* to go down.

transportable *adj* transportable; **fácilmente** ~ easily carried.

transportación *nf* transportation.

transportador *nm* **(a)** *(Mec)* conveyor, transporter; ~ **de correa** belt conveyor. **(b)** *(Mat)* protractor.

transportar [1a] **1** *vt* **(a)** to transport; *(llevar)* to carry; *(Náut)* to ship; *(Elec: corriente)* to transmit; **el avión podrá** ~ **100 pasajeros** the plane will be able to carry 100 passengers. **(b)** *(Mús)* to transpose. **2 transportarse** *vr (fig: de alegría etc)* to get carried away, be enraptured.

transporte *nm* **(a)** *(acto)* transport; *(Com)* haulage, carriage; **Ministerio de T~s** Ministry of Transport. **(b)** *(de diseño)* transfer. **(c)** *(Náut)* transport, troopship. **(d)** *(fig: emociones)* rapture, ecstasy.

transposición *nf (tb Mús)* transposition.

transpuesto *pp de* **transponer.**

transversal 1 *adj* transverse, cross; **calle** ~ cross street. **2** *nf* cross street.

transversalmente *adv* obliquely.

transverso *adj* = **transversal 1.**

tranvía *nm* (tram)car, *(US)* streetcar; *(sistema)* tramway.

trapacear [1a] *vi (fam)* to cheat, be on the fiddle.

trapacería *nf (fam: trampa)* racket, fiddle.

trapacero 1 *adj (tramposo)* dishonest, swindling. **2** *nm (pillo)* cheat, swindler.

trapacista *nm* = **trapacero 2.**

trapajoso *adj (andrajoso)* shabby, ragged.

trápala 1 *nf* **(a)** *(de caballo)* clatter, clip-clop. **(b)** *(fam: jaleo)* row, uproar. **2** *nmf* **(a)** *(fam: hablador)* chatterbox. **(b)** *(fam: embustero)* swindler, cheat.

trapalear [1a] *vi* **(a)** *(caballo)* to clatter, clip-clop; *(persona)* to go clattering along. **(b)** *(fam: parlotear)* to chatter, jabber. **(c)** *(mentir)* to lie, fib.

trapatiesta *nf (fam: jaleo)* commotion, uproar; *(: pelea)* fight, brawl.

trapeador *nm (LAm)* floor mop.

trapear [1a] *vt (LAm: el piso)* to mop.

trapecio *nm* trapeze; *(Mat)* trapezium.

trapecista *nmf* trapeze artist(e).

trapería *nf* **(a)** *(trapos)* rags. **(b)** *(tienda)* old-clothes shop.

trapezoide *nm* trapezoid.

trapiche *nm (para aceite de olivo)* olive-oil press; *(para azúcar)* sugar mill.

trapichear [1a] *vi (fam: hacer trampa)* to be on the fiddle; *(tramar)* to plot, scheme.

trapicheos *nmpl (fam: trampas)* fiddles, shady dealing *sg; (conjuras)* plots, schemes.

trapichero *nm (trabajador)* sugar-mill worker.

trapío *nm (fig, fam)* charm; *(garbo)* elegance.

trapisonda *nf* **(a)** *(pelea)* row, brawl. **(b)** *(fam: trampa)* swindle, fiddle.

trapisondear [1a] *vi (enredar)* to scheme, plot, intrigue; *(fam: hacer trampa)* to fiddle, wangle.

trapito *nm* rag; **~s** *(fam: ropa)* clothes; **~s de cristianar** Sunday best.

trapo *nm* **(a)** rag; **dejar a uno hecho un ~, poner a uno como un** ~ to give sb a dressing-down; *(en discusión)* to flatten sb. **(b)** *(Taur fam)* cape. **(c)** *(fam: de mujer)* **~s** clothes, dresses; **gasta una barbaridad en ~s** she spends an awful lot on clothes. **(d)** *(Náut: vela)* canvas, sails *pl*; **a todo** ~ under full sail. **(e) soltar el** ~ *(llorar)* to burst into tears; **soltar el** ~ *(reír)* to burst out laughing.

tráquea *nf* trachea, windpipe.

tras 1 *prep* **(a)** *(espacio)* behind; *(después de)* after; **día ~ día** day after day; **uno ~ otro** one after the other; *(en pos de)* **andar ~ algo, estar ~ algo** to be looking for sth. **(b) ~ de hacer algo** besides doing sth, in addition to doing sth. **2** *nm (fam: trasero)* bottom, backside.

tras... *pref véase* **trans...**

trasalcoba *nf* dressing room.

trasbocar [1g] *vt, vi (LAm: vomitar)* to vomit.

trascendencia *nf* **(a)** *(importancia)* importance, significance; *(consecuencias)* implications, consequences; **discusión sin ~** discussion of no particular significance. **(b)** *(Fil)* transcendence.

trascendental *adj* **(a)** *(importante)* important, significant; *(efecto)* far-reaching. **(b)** *(Fil)* transcendental.

trascendente *adj* = **trascendental.**

trascender [2g] *vi* **(a)** *(oler)* to smell *(a* of); *(heder)* to reek *(a* of); **el odor de la cocina trascendía hasta nosotros** the kitchen smell reached as far as us. **(b)** *(fig: sugerir)* **en su novela todo trasciende a romanticismo** everything in his novel smacks of romanticism. **(c)** *(noticias)* to come out, leak out; **~ a** to become known to, spread to; **por fin ha trascendido la noticia** the news has come out at last. **(d)** *(eventos, sentimientos)* to spread, have a wide effect; **~ a** to reach, have an effect on; **su influencia trasciende a los países más remotos** his influence extends to the most remote countries; **~ de** to go beyond (the limits of).

trascolar [1m] *vt (líquido)* to strain.

trascordarse [1m] *vr (olvidar)* ~ **algo** to forget sth; **estar trascordado** to be completely forgotten.

trasegar [1h, 1k] *vt* **(a)** *(cambiar de sitio)* to move about, switch round; *(vino)* to decant. **(b)** *(trastornar)* to mix up.

trasero 1 *adj (gen)* back, rear; **rueda ~a** back wheel, rear wheel. **2** *nm (Anat)* bottom, buttocks *pl*; *(Zool)* hindquarters *pl*, rump.

trasfondo *nm* background; *(de crítica etc)* undertone.

trasgo *nm* **(a)** *(duende)* goblin, imp. **(b)** *(niño)* imp.

trashojar [1a] *vt (libro)* to leaf through, glance through.

trashumación *nf (migración)* seasonal migration.

trashumante *adj (animales)* migrating; *(tribu etc)* nomadic.

trashumar [1a] *vi (emigrar)* to make the seasonal migration; *(fig)* to move to new pastures.

trasiego *nm* **(a)** *(cambiar de sitio)* move, switch; *(de vino)* decanting. **(b)** *(trastorno)* upset.

traslación *nf* **(a)** *(Astron)* movement, passage. **(b)** *(copiar)* copy(ing). **(c)** *(metáfora)* metaphor.

trasladar [1a] **1** *vt* **(a)** *(mudar)* to move; *(quitar)* to remove; *(persona)* to move, transfer *(a* to). **(b)** *(evento)* to postpone *(a* until); *(reunión)* to adjourn *(a* to). **(c)** *(documento)* to copy. **(d)** *(sentimientos)* to express; ~ **su pensamiento al papel** to put one's thoughts on paper. **(e)** *(idioma)* to translate *(a* into). **2 trasladarse** *vr (irse)* to go; *(mudarse)* to move *(a* to); ~ **a otro puesto** to move to a new job.

traslado *nm* **(a)** *(mudanza)* move; *(cambio de residencia)* removal; *(de persona)* transfer. **(b)** *(copia)* copy; *(Jur)* notification; **dar ~ a uno de una orden** to give sb a copy of an order.

traslucir [3f] **1** *vt (mostrar)* to show; *(revelar)* to reveal, betray; *(sugerir)* **dejar ~ algo** to suggest sth. **2 traslucirse** *vr* **(a)** to be transparent. **(b)** *(fig: inferirse)* to reveal itself, be revealed; *(ser obvio)* to be plain to see; **en su cara se traslucía cierto pesimismo** a certain pessimism was revealed in his expression.

traslumbrar [1a] *vt* to dazzle.

trasluz *nm* **(a)** *(luz difusa)* diffused light; *(luz reflejada)* reflected light, gleam. **(b) mirar algo al ~** to look at sth against the light.

trasmano (a) a ~ *adv (fuera de alcance)* out of reach; *(fig: apartado)* out of the way. **(b)** *(LAm)* **por ~** *adv (secretamente)* secretly.

trasminarse [1a] *vr (pasar a través)* to filter *o* pass through.

trasnochada *nf* **(a)** *(vigilia)* vigil, watch; *(sin dormir)* sleepless night. **(b)** *(Mil)* night attack. **(c)** *(noche anterior)* last night, the night before.

trasnochado *adj* **(a)** *(comida)* stale, old; *(fig: obsoleto)* obsolete, ancient. **(b)** *(persona: ojeroso)* haggard, run-down.

trasnochador 1 *adj* given to staying up late. **2** *nm (fig)* night bird.

trasnochar [1a] **1** *vt (un problema)* to sleep on. **2** *vi (acostarse tarde)* to stay up late; *(fig)* to have a night on the tiles. **3 trasnocharse** *vr (LAm)* = 2.

traspapelar [1a] *vt (papeles)* to lose, mislay.

traspasar [1a] *vt* **(a)** *(penetrar)* to pierce, go through; **la bala le traspasó el pulmón** the bullet pierced his lung; ~ **a uno con una espada** to run sb through with a sword. **(b)** *(fig: suj: dolor etc)* to pierce, to pain; **un ruido que traspasa el oído** a noise which pierces your ear; **ese grito me traspasó** that yell transfixed me; **la escena me traspasó el corazón** the scene pierced me to the core. **(c)** *(calle etc)* to cross over. **(d)** *(límites)* to go beyond, overstep; **esto traspasa los límites de lo tolerable** this goes beyond the limits of what is tolerable. **(e)** *(Jur)* to break, infringe. **(f)** *(propiedad etc: transferir)* to transfer; *(: vender)* to sell, make over; *(Jur)* to convey; **'traspaso negocio'** 'business for sale'.

traspaso *nm* **(a)** *(venta)* transfer, sale; *(Jur)* conveyance. **(b)** *(propiedad, bienes)* property transferred, goods *etc* sold. **(c)** *(fig: pena)* grief. **(d)** *(de ley)* infringement.

traspatio *nm (LAm)* backyard.

traspié *nm* **(a)** *(tropezón)* trip, stumble; **dar un ~** to trip, stumble. **(b)** *(fig: patochada)* blunder.

trasplantar [1a] **1** *vt (Bot, Med)* to transplant. **2 trasplantarse** *vr (emigrar)* to emigrate.

trasplante *nm* **(a)** *(Bot)* transplanting. **(b)** *(Med)* transplant.

traspuesta *nf* **(a)** *(transposición)* transposition. **(b)** *(huida)* flight.

trastada *nf (fam)* dirty trick; *(travesura)* prank; *(broma pesada)* practical joke; **hacer una ~ a uno** to play a dirty trick on sb.

traste *nm* **(a)** *(Mús: de guitarra)* fret. **(b) dar al ~ con algo** to spoil sth, mess sth up; **dar al ~ con una fortuna** to squander a fortune; **dar al ~ con los planes** to ruin one's plans; **ir al ~** to fall through, be ruined.

trastear [1a] **1** *vt* **(a)** *(Mús: tocar)* to play (well). **(b)** *(objetos)* to move around; *(: revolver)* to disarrange. **(c)** *(Taur)* to play with the cape. **(d)** *(fig: persona)* to twist around one's little finger. **2** *vi (hurgar)* ~ **con** *o* **en** to rummage among.

trastero *nm* lumber room.

trastes *nmpl (Méx fam)* dishes; **¿por qué no lavas los ~?** why don't you wash the dishes?

trastienda *nf* **(a)** *(de tienda)* back room; **obtener algo por la ~** to get sth under the counter. **(b)** *(fam: astucia)* cunning; **tiene mucha ~** he's a sharp one.

trasto *nm* **(a)** *(mueble)* piece of furniture; *(utensilio)* utensil; *(pey: cosa inútil)* piece of junk; **tirarse los ~s a la cabeza** to have a blazing row. **(b)** *(Teat)* **~s** scenery *sg.* **(c)** *(fam: equipo)* **~s** gear *sg*, tackle *sg;* **~s de matar** weapons; **~s de pescar** fishing tackle *sg.* **(d)** *(fam: persona)* good-for-nothing, dead loss.

trastornado *adj (persona)* mad, crazy.

trastornar [1a] **1** *vt* **(a)** *(volcar)* to overturn, upset; *(objetos)* to mix up, turn upside down; *(orden)* to disturb. **(b)** *(fig: ideas etc)* to confuse; *(inquietar)* to upset, trouble. **(c)** *(fig: la mente)* to unhinge; *(: persona)* to drive crazy; **esa chica le ha trastornado** that girl is driving him crazy. **2 trastornarse** *vr* **(a)** *(proyectos)* to fall through, be ruined. **(b)** *(persona)* to go crazy, go out of one's mind.

trastorno *nm* **(a)** *(acto de volcar)* overturning, upsetting; *(confusión)* mixing up. **(b)** *(fig: mental)* confusion; *(Pol)* disturbance, upheaval; **los ~s políticos** the political disturbances. **(c)** *(Med)* upset; ~ **estomacal** stomach upset. **(d) ~ mental** mental disorder, breakdown.

trastrocar [1g, 1m] *vt* **(a)** *(objetos)* to switch over, change round; *(orden)* to reverse. **(b)** *(transformar)* to change, transform.

trastrueco *nm*, **trastrueque** *nm* **(a)** *(cambio de orden)* switch, reversal. **(b)** *(transformación)* change.

trasuntar [1a] *vt* **(a)** *(copiar)* to copy. **(b)** *(resumir)* to summarize.

trasunto *nm* **(a)** *(copia)* copy, transcription. **(b)** *(fig: semejanza)* image, likeness; **fiel ~** exact likeness; **esto es un ~ en menor escala de lo que ocurrió** this is a repetition on a smaller scale of what happened.

trata *nf* (*tb* **~ de esclavos** *o* **de negros**) slave trade; **~ de blancas** white slave trade.

tratable *adj (amable)* friendly, sociable.

tratadista *nmf* writer (of a treatise); *(de ensayos)* essayist.

tratado *nm* **(a)** *(Com)* agreement; *(Pol)* treaty, pact; **~ de paz** peace treaty. **(b)** *(Lit)* treatise; **un ~ de física** a treatise on physics.

tratamiento *nm* **(a)** *(gen)* treatment; *(Téc)* processing; *(de problema)* handling; **~ de datos** *(Comput)* data processing; **~ médico** medical treatment; **~ con rayos X** X-ray treatment. **(b)** *(título)* title, style (of address); **~ de tú** familiar address; **dar ~ a uno** to give sb his full title.

tratante *nmf (negociante)* dealer, trader *(en* in).

tratar [1a] **1** *vt* **(a)** *(gen)* to treat, handle; **la tratan muy bien** they treat her well; **hay que ~ el asunto con cuidado** the matter should be handled carefully; *(Quím, Med)* **~ a uno con un nuevo fármaco** to treat sb with a new drug. **(b)** *(personas)* **~ a uno** to have dealings with sb. **(c) ~ a uno de tú** to address sb as 'tu'; **¿cómo le**

hemos de ~? how should we address him? **(d)** *(Comput)* to process.

2 *vi* **(a)** ~ **de** *(un libro)* to deal with, be about; *(personas)* to talk about, discuss; **este libro trata de las leyendas épicas** this book is about the epic legends. **(b)** *(Com)* ~ **con** to deal in, trade in. **(c)** ~ **con** *(tema)* to have to do with, deal with; *(persona)* to know, have contacts with; *(enemigo)* to negotiate with; **el geólogo trata con rocas** the geologist deals with rocks; **no tratamos con traidores** there can be no negotiations with traitors. **(d)** ~ **de hacer algo** to try to do sth, endeavour to do sth.

3 tratarse *vr* **(a)** *(cuidarse)* ~ **bien** to look after o.s.; **ahora se trata con mucho cuidado** he looks after himself very carefully now. **(b)** *(dos personas)* to treat each other. **(c) se tratan de usted** they address each other as 'usted'; **¿cómo nos hemos de tratar?** how should we address each other? **(d)** ~ **con uno** to have to do with sb. **(e)** *(acerca de)* **se trata de la nueva piscina** it's about the new pool; **¿de qué se trata?** what's it about?; *(¿cuál es el problema?)* what's up?, what's the trouble?

trato *nm* **(a)** *(entre personas)* intercourse, dealings; *(relación)* relationship; ~ **sexual** sexual intercourse; **entrar en** ~**s con uno** to enter into relations *o* negotiations with sb; **romper el** ~ **con uno** to break off relations with sb. **(b)** ~**s** *(de personas)* treatment; **malos** ~**s** ill treatment, rough treatment. **(c)** *(conducta)* manner, behaviour; **de fácil** ~ easy to get on with; **de** ~ **agradable** pleasant. **(d)** *(Com, Jur)* contract; *(fig)* deal; ~**s** dealings; ~ **colectivo** collective bargaining; ~ **equitativo** fair deal; **¡**~ **hecho!** it's a deal! **(e)** *(Ling)* title, style of address; **dar a uno el** ~ **debido** to give sb his proper title.

trauma *nm* trauma.

traumático *adj* traumatic.

través 1 *nm* **(a)** *(Arquit: viga)* crossbeam. **(b)** *(inclinación)* slant; *(deformación)* warp. **(c)** *(fig: contratiempo)* reverse. **2** *adv*: **al** ~ across, crossways; **de** ~ across; *(de lado)* sideways; **hubo que introducirlo de** ~ it had to be squeezed in sideways; **mirar de** ~ to squint; **mirar a uno de** ~ to look at sb out of the corner of one's eye; *(fig)* to look askance at sb. **3** *prep*: **a** ~ **de, al** ~ **de** across; *(por medio de)* through; **un árbol caído a** ~ **de los carriles** a tree fallen across the lines; **lo sé a** ~ **de un amigo** I know about it through a friend.

travesaño *nm* *(Arquit)* crossbeam; *(Dep)* crossbar.

travesear [1a] *vi (jugar)* to play around; *(ser travieso)* to be mischievous, be naughty.

travesía *nf* **(a)** *(vía)* crossroad, crossway. **(b)** *(viaje)* journey; *(Náut, Aer)* crossing. **(c)** *(Náut: viento)* crosswind. **(d)** *(RPl: páramo)* arid plain.

travesura *nf* prank, lark; **son** ~**s de niños** they're just childish pranks.

traviesa *nf* **(a)** *(Arquit: viga)* crossbeam. **(b)** *(Ferro)* sleeper. **(c)** *(Min)* cross gallery.

travieso *adj* **(a)** *(niño)* naughty, mischievous. **(b) a campo** ~**a** cross-country.

trayecto *nm* **(a)** *(camino)* road, way; *(etapa)* stretch; **destrozó un** ~ **de various kilómetros** it destroyed a stretch several kilometres long; **final del** ~ end of the line; **recorrer un** ~ to cover a distance. **(b)** *(viaje)* journey; *(de bala)* trajectory; **comeremos durante el** ~ we'll eat on the journey.

trayectoria *nf* **(a)** *(camino)* trajectory, path. **(b)** *(fig: desarrollo)* development, path; **la** ~ **actual del partido** the party's present line.

traza *nf* **(a)** *(Arquit, Téc)* plan, design. **(b)** *(de persona)* appearance; **según las** ~**s** judging by appearances; **llevar buena** ~ to look well. **(c)** *(manera)* means *pl*; *(pey: engaño)* trick; **darse** ~ to find a way. **(d)** *(habilidad)* skill, ability; **tener (buena)** ~ **para hacer algo** to be skilful at doing sth.

trazado *nm* **(a)** *(Arquit, Téc)* plan, design; *(disposición)* layout; *(esbozo)* sketch; *(de carretera etc)* line, route. **(b)** *(fig: apariencia)* appearance.

trazador(a) 1 *adj (Mil, Fís)* tracer *(atr)*; **bala** ~**a** tracer bullet. **2** *nm/f (persona)* planner, designer.

trazar [1f] *vt* **(a)** *(Arquit, Téc)* to plan, design; *(disponer)* to lay out; *(dibujar)* to draw; *(Arte: esbozar)* to sketch; *(fronteras)* to mark out; *(itinerario: hacer)* to plot; *(: seguir)* to follow. **(b)** *(explicar)* to outline.

trazo *nm* **(a)** *(línea)* line, stroke; ~ **de lápiz** pencil mark. **(b)** *(esbozo)* sketch, outline; ~**s** *(de cara)* lines, features; **de** ~**s enérgicos** vigorous-looking.

trebejos *nmpl* **(a)** *(utensilios)* equipment *sg*, things; ~ **de cocina** kitchen utensils. **(b)** *(Ajedrez)* chessmen.

trébol *nm* **(a)** *(Bot)* clover. **(b)** *(Arquit)* trefoil. **(c)** *(Naipes)* ~**es** clubs.

trece *adj* thirteen; *(fecha)* thirteenth; **estar en sus** ~ to stand firm; *véase tb* **seis.**

treceavo *adj* thirteenth; *véase* **mes (b).**

trecho *nm* **(a)** *(tramo)* stretch; *(distancia)* way, distance; *(tiempo)* while; **andar un buen** ~ to walk a good way; **a** ~**s** *(en parte)* in parts; *(cada tanto)* intermittently; **de** ~ **en** ~ every so often. **(b)** *(Agr: parcela)* plot, patch. **(c)** *(fam: pedazo)* bit, part; **queda un buen** ~ **que hacer** there's still quite a bit to do.

tregua *nf* **(a)** *(Mil)* truce. **(b)** *(fig: descanso)* lull, respite; **sin** ~ without respite; **no dar** ~ to give no respite.

treinta *adj* thirty; *(fecha)* thirtieth; *véase tb* **seis.**

treintena *nf* (about) thirty.

tremebundo *adj (terrible)* terrible; *(amenazador)* threatening.

tremendamente *adv (fam)* tremendously.

tremendo *adj* **(a)** *(terrible)* terrible, frightful. **(b)** *(imponente)* imposing, awesome. **(c)** *(fam: grandísimo etc)* tremendous; *(: imponente)* awful; **le dio una** ~**a paliza** he gave him a tremendous beating. **(d)** *(fam: persona)* entertaining; **es** ~**, ¿eh?** isn't he a scream?, isn't he great? *(fam).*

trementina *nf* turpentine.

trémulamente *adv* tremulously; *(decir)* quaveringly; *(tímidamente)* timidly.

trémulo *adj* tremulous; *(voz)* quavering; *(luz)* flickering.

tren *nm* **(a)** *(Ferro)* train; ~ **directo/expreso/(de) mercancías/de pasajeros/suplementario** through/fast/goods *o* freight/passenger/relief train; **cambiar de** ~ to change trains; **tomar un** ~ to catch a train; **ir en** ~ to go by train. **(b)** *(bagaje)* luggage; *(equipo)* equipment. **(c)** *(Mil)* convoy. **(d)** ~ **de vida** way of life; **vivir a todo** ~ to live in style. **(e)** *(velocidad)* speed; **a fuerte** ~ fast. **(f)** *(RPl)* **estamos en** ~ **de realizarlo** we are carrying it out.

trena *nf (fam: cárcel)* clink.

trencilla *nf*, **trencillo** *nm* braid.

trenza *nf* **(a)** *(de cabello)* plait, pigtail, ponytail; *(Cos)* braid; ~ **postiza** hairpiece. **(b)** *(LAm: de cebollas)* string.

trenzado 1 *adj (cabello)* plaited; *(Cos)* braided; *(entrelazado)* intertwined. **2** *nm* plait.

trenzar [1f] **1** *vt (cabello)* to plait; *(Cos)* to braid; *(hilo)* to weave. **2 trenzarse** *vr (LAm)* ~ **en una discusión** to get involved in an argument.
trepa[1] *nf* **(a)** *(subida)* climb, climbing. **(b)** *(voltereta)* somersault. **(c)** *(ardid)* trick, ruse.
trepa[2] *nf* **(a)** *(Téc: taladrar)* drilling. **(b)** *(Cos: guarnición)* trimming. **(c)** *(de madera)* grain.
trepador 1 *adj (planta)* climbing, rambling. **2** *nm (Bot)* climber, rambler.
trepar[1] [1a] *vt, vi* to climb (*a* up); *(roca, montaña)* to scale; *(Bot)* to climb (*por* up); ~ **a un árbol** to climb (up) a tree.
trepar[2] [1a] *vt* **(a)** *(Téc: taladrar)* to drill, bore. **(b)** *(Cos)* to trim.
trepidación *nf* vibration.
trepidar [1a] *vi* **(a)** *(temblar)* to shake, vibrate. **(b)** *(LAm: vacilar)* to hesitate, waver.
tres 1 *adj* three; *(fecha)* third; **las** ~ three o'clock. **2** *nm* three; *véase tb* **seis.**
trescientos/as *adj, nmpl/nfpl* three hundred; *véase tb* **seiscientos.**
tresillo *nm* **(a)** *(de muebles)* three-piece suite. **(b)** *(Mús)* triplet.
treta *nf* **(a)** *(Esgrima)* feint. **(b)** *(fig: ardid)* trick, ruse.
tri... *pref* tri..., three-... .
tríada *nf* triad.
triangular 1 *adj* triangular. **2** [1a] *vt* to triangulate.
triángulo *nm (Mat, Mús)* triangle.
tribal *adj* tribal.
tribu *nf* tribe.
tribulación *nf* tribulation.
tribuna *nf* **(a)** *(de orador)* platform, rostrum. **(b)** *(Dep etc)* stand, grandstand; ~ **de la prensa** press box. **(c)** *(Rel)* gallery; ~ **del órgano** organ loft. **(d)** *(Jur)* ~ **del acusado** dock; ~ **del jurado** jury box.
tribunal *nm* **(a)** *(Jur)* court; *(: personas)* court, bench; ~ **juvenil** juvenile court; **T~ Supremo** High Court, *(US)* Supreme Court; **en pleno** ~ in open court; **llevar a uno ante los ~es** to take sb to court. **(b)** *(Pol, comisión investigadora)* tribunal. **(c)** *(Univ: examinadores)* board of examiners. **(d)** *(fig)* tribunal; *(foro)* forum; **el ~ de la opinión pública** the forum of public opinion.
tribuno *nm* tribune.
tributación *nf* **(a)** *(pago)* payment. **(b)** *(impuesto)* taxation.
tributar [1a] *vt (lit, fig)* to pay.
tributario 1 *adj* **(a)** *(Geog, Pol)* tributary *(atr)*. **(b)** *(Fin)* tax, taxation *(atr)*; **sistema** ~ tax system. **2** *nm* tributary.
tributo *nm* **(a)** tribute. **(b)** *(Fin: impuesto)* tax.
tricentésimo *adj* three hundredth.
triciclo *nm* tricycle.
tricolor 1 *adj* tricolour, three-coloured; **bandera** ~ tricolour. **2** *nm* tricolour.
tricornio *nm* three-cornered hat.
tridente *nm* trident.
tridimensional *adj* three-dimensional.
trigal *nm* wheat field.
trigésimo *adj* thirtieth; *véase tb* **sexto.**
trigo *nm* **(a)** *(Bot)* wheat; ~ **sarraceno** buckwheat; **de ~ entero** wholemeal; **no es ~ limpio** *(fig)* he's dishonest. **(b) ~s** wheat *sg*, wheat field(s); **meterse en ~s ajenos** to meddle in somebody else's affairs.
trigonometría *nf* trigonometry.
trigonométrico *adj* trigonometric(al).
trigueño *adj (cabello)* dark blond; *(rostro)* olive-skinned.
triguero 1 *adj* wheat *(atr)*. **2** *nm (comerciante)* corn merchant.
trilátero *adj* trilateral, three-sided.
trilogía *nf* trilogy.
trilla *nf (Agr)* threshing.
trillado *adj* **(a)** *(Agr)* threshed. **(b)** *(fig: camino)* beaten, well-trodden. **(c)** *(fig: tema)* well-worn.
trillador *nm* thresher.
trilladora *nf* threshing machine.
trilladura *nf* threshing.
trillar [1a] *vt (Agr)* to thresh.
trillizos/as *nmpl/nfpl* triplets.
trillo *nm* threshing machine.
trimestral *adj* quarterly, three-monthly; *(Univ)* term *(atr)*.
trimestre *nm* **(a)** *(período)* quarter, period of three months; *(Univ)* term. **(b)** *(Fin)* quarterly payment.
trinado *nm (Orn)* song, warble; *(Mús)* trill.
trinar [1a] *vi* **(a)** *(Mús)* to trill; *(Orn)* to sing, warble. **(b)** *(Arg)* to shout; **está que trina** he's hopping mad.
trincar[1] [1g] *vt* **(a)** *(atar)* to tie up, bind; *(Naút)* to lash. **(b)** *(inmovilizar)* to pinion, hold by the arms.
trincar[2] [1g] *vi (romper)* to break up; *(tajar)* to chop up.
trinchador *nm* carving knife.
trinchante *nm (para cortar carne)* carving knife; *(tenedor)* meat fork.
trinchar [1a] *vt (cortar)* to carve, cut up.
trinche *nm* **(a)** *(LAm: tenedor)* fork. **(b)** *(Méx: horca)* pitchfork.
trinchera *nf* **(a)** *(zanja)* ditch; *(Mil)* trench; *(Ferro)* cutting; **guerra de ~s** trench warfare. **(b)** *(abrigo)* trench coat.
trineo *nm (pequeño)* sledge; *(grande)* sleigh; ~ **de perros** dog sleigh.
Trinidad *nf* **(a)** *(Rel)* Trinity; **t~** *(fig)* trio. **(b)** *(Geog)* Trinidad.
trino *nm (Orn)* warble, trill; *(Mús)* trill.
trinquete[1] *nm (Mec)* pawl; *(de rueda dentada)* ratchet.
trinquete[2] *nm* **(a)** *(Náut: palo)* foremast; *(: vela)* foresail. **(b)** *(Dep)* pelota court.
trío *nm* trio.
tripa *nf* **(a)** *(Anat)* intestine, gut; **~s** *(Anat)* guts, insides, innards *(fam)*; *(Culin)* tripe *sg*; **me duelen las ~s** I have a stomach ache; **echar las ~s** to retch, vomit violently; **¡te sacaré las ~s!** I'll tear your guts out!; **tener malas ~s** to be cruel. **(b)** *(fig, fam)* belly, tummy; **tener mucha ~** to be fat, be paunchy. **(c)** *(de fruta)* core. **(d)** *(Méc fam)* **~s** innards *(fam)*, works; *(piezas)* parts; **sacar las ~s de un reloj** to take out the works of a watch. **(e)** *(de vasija)* belly, bulge.
tripartito *adj* tripartite.
triple 1 *adj* triple; *(tres veces)* threefold. **2** *nm* triple; **es el ~ de lo que era** it is three times what *o* as big as it was.
triplicado *adj* triplicate; **por ~** in triplicate.
triplicar [1g] *vt*, **triplicarse** *vr* to treble, triple.
trípode *nm* tripod.
tríptico *nm (Arte)* triptych; *(documento)* three-part document.
tripulación *nf* crew.
tripulado *adj*: **vuelo ~** manned flight.
tripulante *nm (de barco, avión)* crew member.
tripular [1a] *vt* **(a)** *(barco, avión)* to man. **(b)** *(Aut etc)* to drive.
triquiñuela *nf (truco)* trick, dodge; **saber las ~s del oficio** to know the tricks of the trade.
tris *nm* **(a)** *(estallido)* crack; *(al rasgarse)* rip. **(b) en un ~** in a trice; **estar en un ~ de hacer algo** to

be within an inch of doing sth.
trisca *nf* **(a)** *(crujido)* crunch. **(b)** *(bulla)* uproar; *(fam)* rumpus, row.
triscar [1g] *vt* **(a)** *(enredar)* to mix, mingle. **(b)** *(una sierra)* to set.
trisemanal *adj* triweekly.
triste 1 *adj* **(a)** *(persona)* sad; *(desgraciado)* miserable; *(carácter)* gloomy, melancholy; *(apariencia)* sad-looking; **poner ~ a uno** to make sb sad *o* unhappy; **ponerse ~** to become sad. **(b)** *(noticias, canción etc)* sad; *(paisaje)* dismal, desolate; *(cuarto)* gloomy. **(c)** *(fig: situación, persona)* sorry, sad; **hizo un ~ papel** he cut a sorry figure; **es ~ verle así** it is sad to see him like that. **(d)** *(fam: flor)* withered. **(e)** *(fam: desgraciado)* miserable; *(desdichado)* wretched; *(único)* single; **no queda sino un ~ penique** there's just one miserable penny left; **le mató algún ~ campesino** some wretched peasant killed him. **(f)** *(LAm: pobre)* poor, wretched.
2 *nm (LAm: canción)* sad love song.
tristemente *adv* sadly; *(con pena)* miserably; **el ~ famoso lugar** the place which enjoys a sorry fame.
tristeza *nf* **(a)** *(de persona etc)* sadness; *(pena)* misery; *(melancolía)* melancholy. **(b)** *(de lugar)* desolation, dreariness. **(c) ~s** *(fam)* sad news, unhappy events.
tristón *adj* sad, downhearted.
tritón *nm (Zool)* newt.
trituradora *nf (Mec)* grinder, crushing machine.
triturar [1a] *vi* to grind.
triunfador(a) 1 *adj* triumphant; *(ganador)* winning. **2** *nm/f* winner.
triunfal *adj* **(a)** *(arco)* triumphal. **(b)** *(grito etc)* triumphant.
triunfante *adj* **(a)** triumphant; *(ganador)* winning; **salir ~** to come out the winner. **(b)** *(jubiloso)* jubilant.
triunfar [1a] *vi* **(a)** to triumph *(de, sobre* over); *(ganar)* to win; **~ en la vida** to succeed in life; **~ en un concurso** to win a competition. **(b)** *(Naipes: jugador)* to trump (in), play a trump. **(c)** *(Naipes)* to be trumps; **triunfan corazones** hearts are trumps.
triunfo *nm* **(a)** triumph; *(victoria)* win, victory; **ha sido un verdadero ~** it has been a real triumph. **(b)** *(Mús etc)* hit, success; **lista de ~s** hit parade, top ten *o* twenty *etc.* **(c)** *(Naipes)* trump; **6 sin ~s** 6 no-trumps; **palo del ~** trump suit.
triunvirato *nm* triumvirate.
trivial *adj* trivial, trite.
trivialidad *nf* **(a)** *(cualidad)* triviality. **(b)** *(una ~)* trivial matter; *(dicho)* trite remark; **~es** trivia.
trivializar [1f] *vt* to minimize (the importance of), play down.
trivialmente *adv* trivially.
triza *nf* bit, shred; **hacer algo ~s** to tear sth to shreds; **los críticos dejaron la obra hecha ~s** the critics pulled the play to pieces.
trizar [1f] *vt (hacer pedazos)* to smash to bits; *(romper)* to tear to shreds.
trocar [1g, 1m] **1** *vt* **(a)** to exchange, barter *(por* for). **(b)** *(cambiar)* to change *(con, por* for); *(palabra)* to exchange *(con* with); *(mezclar, confundir)* to mix up, confuse. **2 trocarse** *vr (transformarse)* to change *(en* into); *(confundirse)* to get mixed up.
troche: a ~ y moche, a trochemoche *adv (correr etc)* helter-skelter, pell-mell; *(desparramar)* all over the place; *(distribuir)* haphazardly.
trofeo *nm* trophy.
troglodita *nmf* **(a)** *(que vive en cuevas)* cave dweller, troglodyte. **(b)** *(fig: bruto)* brute, coarse person.
trolebús *nm* trolley bus.
trolero *nm (fam: mentiroso)* fibber, liar.
tromba *nf* whirlwind; **~ marina** waterspout; **~ terrestre** whirlwind.
trombón *nm (Mús)* **(a)** *(instrumento)* trombone. **(b)** *(músico)* trombonist.
trombosis *nf* thrombosis.
trompa 1 *nf* **(a)** *(Mús)* horn; **~ de caza** hunting horn. **(b)** *(juguete)* spinning top. **(c)** *(de insecto)* proboscis; *(Zool)* trunk; *(fam: hocico)* snout. **(d)** *(Anat)* tube, duct; **~ de Falopio** Fallopian tube. **(e)** *(Met)* = **tromba. 2** *nm (Mús)* horn player.
trompada *nf*, **trompazo** *nm* **(a)** *(choque)* bump, bang. **(b)** *(puñetazo)* punch.
trompear [1a] *(LAm)* **1** *vt (pegar)* to punch, thump. **2** *vi* **(a)** *(un trompo)* to spin a top. **(b)** = **3. 3 trompearse** *vr* to fight.
trompeta 1 *nf (Mús)* trumpet; *(corneta)* bugle. **2** *nm (Mús)* trumpeter, bugler.
trompetazo *nm (Mús)* trumpet blast.
trompetear [1a] *vi* to play the trumpet.
trompetero *nm (en orquesta)* trumpet player; *(Mil etc)* trumpeter, bugler.
trompetista *nm (Méx etc)* trumpet player.
trompicar [1g] **1** *vt (tropezar)* to trip up. **2** *vi (tropezarse)* to trip up a lot.
trompo *nm* spinning top; **~ de música** humming-top; **ponerse como un ~** *(fam)* to stuff o.s.
tronado *adj* **(a)** *(viejo)* old, useless. **(b)** *(fam)* **estar ~** to be ruined.
tronar [1m] **1** *vt (CAm, Méx: fusilar)* to shoot, execute. **2** *vi* **(a)** *(Met)* to thunder; *(cañones etc)* to boom; **por lo que pueda ~** just in case, to be on the safe side. **(b)** *(fam: fracasar)* to fail. **(c)** *(fam: pelearse)* **~ con uno** to fall out with sb. **(d)** *(fig)* **¡está tronado!** it's broken *o* useless.
troncal *adj:* **línea ~** main (trunk) line.
troncar [1g] *vt* = **truncar.**
tronco *nm* **(a)** *(Bot: de árbol)* trunk; *(tallo)* stem; **estar hecho un ~** to be sound asleep. **(b)** *(Anat)* trunk. **(c)** *(Ferro)* main (trunk) line. **(d)** *(estirpe)* stock.
troncha *nf (LAm: tajada)* slice; *(: pedazo)* piece.
tronchar [1a] **1** *vt* **(a)** *(talar)* to fell, chop down. **(b)** *(fig: vida)* to cut short; *(: esperanzas)* to shatter. **2 troncharse** *vr:* **~ de risa** to split one's sides with laughter.
tronera *nf* **(a)** *(Mil: aspillera)* loophole; *(Arquit)* small window. **(b)** *(Billar)* pocket.
tronido *nm* thunderclap; *(de cañón etc)* boom; **~s** thunder *sg*.
trono *nm* throne; *(fig: corona)* crown; **heredar el ~** to inherit the crown; **subir al ~** to ascend the throne.
tronzar [1f] *vt* **(a)** *(cortar)* to cut up. **(b)** *(Cos)* to pleat. **(c)** *(persona)* to tire out.
tropa *nf* **(a)** troop; *(multitud)* crowd; *(pey)* mob. **(b)** *(Mil)* **~s** troops; **~s de asalto** storm troops. **(c)** *(Mil)* men; *(soldados rasos)* ranks.
tropel *nm* **(a)** *(gentío)* mob. **(b)** *(revoltijo)* mess. **(c)** *(prisa)* rush, haste; **acudir** *etc* **en ~** to come *etc* in a mad rush.
tropezar [1f, 1k] **1** *vt (persona)* to bump into; *(objeto)* to run across. **2** *vi* **(a)** to trip, stumble *(con, contra, en* on, over); **~ con** to run into, run up against. **(b)** *(fig)* **~ con uno** to bump into sb; **~ con algo** to run across sth. **(c)** *(fig)* **~ con una dificultad** to run into a difficulty. **(d)** *(cometer un error)* to slip up. **3 tropezarse** *vr (dos personas)* to run into each other.
tropezón *nm* **(a)** *(traspié)* trip, stumble; **dar un ~**

to trip; **proceder a ~es** to proceed by fits and starts. **(b)** *(equivocación)* slip.
tropical *adj* tropical.
trópico *nm* tropic; **~s** tropics; **~ de Cáncer/de Capricornio** Tropic of Cancer/Capricorn.
tropiezo *nm* **(a)** *(desliz)* slip; *(falta)* moral lapse. **(b)** *(revés)* setback. **(c)** *(obstáculo)* obstacle. **(d)** *(disputa)* argument.
tropo *nm (Lit)* trope; *(figura)* figure of speech.
trotamundos *nm inv* globetrotter.
trotar [1a] *vi* **(a)** to trot. **(b)** *(fam: viajar)* to travel about.
trote *nm* **(a)** trot; **ir al ~** to (go at a) trot; **irse al ~** to go off in a hurry. **(b)** *(fam: viajar)* travelling; *(ir y venir)* bustle; **tomar el ~** to dash off. **(c) de mucho ~** hard-wearing.
Troya *nf* Troy; **aquí fue ~** now there's nothing but ruins.
trozo *nm* **(a)** *(pedazo)* piece; **a ~s** in bits. **(b)** *(Lit, Mús)* passage; **~s escogidos** selected passages.
truco *nm* **(a)** *(engaño)* trick; *(habilidad)* knack; *(Cine)* trick effect *o* photography; **~ de naipes** card trick; **~ publicitario** advertising gimmick. **(b)** *(Billar)* **~s** billiards *sg*, pool *sg*.
truculento *adj (horroroso)* horrifying; *(extravagante)* extravagant.
trucha *nf* trout; **~ arco iris** rainbow trout.
trueco *nm* = **trueque.**
trueno *nm* **(a)** *(gen)* thunder; *(un ~)* thunderclap; *(de pistola)* bang. **(b)** *(escándalo)* major scandal.
trueque *nm (cambio)* exchange; *(Com)* barter; **a ~ de** in exchange for.
trufa *nf* **(a)** *(Bot)* truffle. **(b)** *(fam: mentira)* fib.
truhán *nm (pillo)* rogue; *(estafador)* swindler.
truhanería *nf (picardía)* roguery, swindling.
truhanesco *adj* dishonest.
truísmo *nm* truism.
trulla *nf* **(a)** *(disturbio)* commotion; *(ruido)* noise. **(b)** *(multitud)* crowd.
truncado *adj (reducido)* truncated; *(incompleto)* incomplete.
truncar [1g] *vt* **(a)** *(acortar)* to truncate; *(texto: suprimir)* to cut off; *(sentido: cambiar)* to affect. **(b)** *(fig: carrera, vida)* to cut short; *(: proyectos)* to ruin; *(: desarrollo)* to stunt.
trunco *adj* truncated, shortened.
trust [trus] *nm, pl* **trusts** [trus] *(Fin)* trust, cartel.
tu *adj pos* your.
tú *pron pers* you.
tubérculo *nm* **(a)** *(Bot)* tuber; *(patata)* potato. **(b)** *(Anat, Med etc)* tubercle.
tuberculosis *nf* tuberculosis.
tubería *nf (conjunto de tubos)* pipes *pl*, piping; *(conducto)* pipeline.
tubo *nm* pipe; *(Anat, TV etc)* tube; **~ capilar** capillary; **~ de desagüe** drainpipe, waste pipe; **~ digestivo** alimentary canal; **~ de ensayo** test tube; **~ de escape** exhaust (pipe); **~ de radio** wireless valve, *(US)* tube.
tubular *adj* tubular.
tucán *nm*, **tucano** *nm (LAm)* toucan.
tuco 1 *adj (LAm: mutilado)* maimed; *(: manco)* lacking a hand. **2** *nm (LAm: lisiado)* cripple.
tuerca *nf (Téc)* nut; **~ mariposa** wingnut.
tuerto/a 1 *adj* **(a)** *(torcido)* twisted, crooked. **(b)** *(con un ojo)* blind in one eye; *(ciego en un ojo)* one-eyed. **(c) a ~as o a derechas** *(con razón o sin ella)* rightly or wrongly; *(sin pensar)* thoughtlessly. **2** *nm/f (persona)* one-eyed man *o* woman; person who is blind in one eye. **3** *nm (ofensa)* wrong, injustice.
tuétano *nm* **(a)** *(Anat: médula)* marrow; *(Bot)* pith; **hasta los ~s** through and through, utterly; **enamorado hasta los ~s** head over heels in love. **(b)** *(fig: sustancia)* core, essence.
tufarada *nf (olor)* bad smell; *(racha de aire)* gust.
tufo[1] *nm* **(a)** *(emanación)* vapour, gas. **(b)** *(pey: hedor)* bad smell, stink; *(de cuarto)* fug; **se le subió el ~ a las narices** *(fig)* he got very cross.
tufo[2] *nm (rizo)* curl.
tugurio *nm* slum.
tulipa *nf* lampshade.
tulipán *nm* tulip.
tullido/a 1 *adj (lisiado)* cripped; *(paralizado)* paralysed. **2** *nm/f* cripple.
tullir [3h] *vt* **(a)** *(lisiar)* to cripple, maim; *(paralizar)* to paralyse. **(b)** *(fig: desgastar)* to wear out.
tumba[1] *nf (sepultura)* tomb, grave; **ser (como) una ~** to keep one's mouth shut.
tumba[2] *nf* **(a)** *(sacudida)* shake, lurch. **(b)** *(voltereta)* somersault. **(c)** *(LAm: de árboles)* felling of timber.
tumbar [1a] **1** *vt* **(a)** *(derribar)* to knock down, knock over. **(b)** *(fam!)* to screw *(fam!)*. **(c)** *(impresionar)* to amaze, overwhelm; **su presunción tumbó a todos** his conceit amazed everybody. **(d)** *(LAm: árboles)* to fell; *(: tierra)* to clear. **2** *vi* **(a)** *(caerse)* to fall down. **(b)** *(Náut)* to capsize. **(c)** *(fam)* **el espectáculo lo dejó tumbado** the sight overwhelmed him; **lo tumbaron a trompadas** they punched him to the ground. **3 tumbarse** *vr (acostarse)* to lie down; *(estirarse)* to stretch out.
tumbo *nm (caída)* fall, tumble; *(sacudida)* shake; **dar un ~** to fall, shake.
tumbón *adj (fam: perezoso)* lazy, bone idle.
tumefacción *nf* swelling.
tumido *adj* swollen.
tumor *nm* tumour, growth; **~ maligno** malignant growth.
tumulto *nm* turmoil, tumult; *(Pol: motín)* riot; **~ popular** popular rising.
tumultuosamente *adv* tumultuously; *(pey)* riotously.
tumultuoso *adj* tumultuous; *(pey)* riotous, disorderly.
tuna[1] *nf (Bot)* prickly pear.
tuna[2] *nf (estudiantina)* group of student musicians.
tunantada *nf (engaño)* dirty trick.
tunante *nm (pillo)* rogue, villain; **¡~!** you villain!
tunantería *nf* **(a)** *(vileza)* villainy. **(b)** *(una ~)* dirty trick.
tunda[1] *nf (esquileo)* shearing.
tunda[2] *nf* **(a)** *(golpeo)* beating, thrashing. **(b) darse una ~** to wear o.s. out.
tundir [3a] *vt* **(a)** *(golpear)* to beat, thrash. **(b)** *(fig)* to tire out.
tundra *nf* tundra.
tunecino/a *adj, nm/f* Tunisian.
túnel *nm* tunnel.
Túnez *nm (ciudad)* Tunis; *(país)* Tunisia.
tungsteno *nm* tungsten.
túnica *nf* **(a)** tunic; *(vestido largo)* long dress. **(b)** *(Anat, Bot)* tunic.
tuno/a[3] **1** *nm/f (pícaro)* rogue; **el muy ~** the old rogue. **2** *nm (Mús)* member of a student group.
tupé *nm* toupée.
tupición *nf (LAm: obstrucción)* blockage, obstruction; *(Med: catarro)* catarrh.
tupido *adj* **(a)** *(denso)* thick; *(impenetrable)* impenetrable. **(b)** *(LAm: obstruido)* blocked up, obstructed. **(c)** *(fig: torpe)* dim.
turba[1] *nf (combustible)* turf.
turba[2] *nf (muchedumbre)* crowd; *(pey: gentío)* mob; *(: chusma)* rabble.
turbación *nf* **(a)** *(trastorno)* disturbance. **(b)** *(in-*

quietud) alarm; *(perplejidad)* bewilderment, confusion.
turbado *adj (preocupado)* worried, upset; *(perplejo)* bewildered.
turbante *nm* **(a)** turban. **(b)** *(Méx: calabaza)* gourd.
turbar [1a] **1** *vt* **(a)** *(gen)* to disturb. **(b)** *(persona: inquietar)* to worry, alarm; *(: alterar)* to upset; *(: aturdir)* to bewilder. **(c)** *(agua etc)* to stir up. **2 turbarse** *vr (preocuparse)* to be disturbed, get worried; *(confundirse)* to be bewildered, get confused.
turbiedad *nf* **(a)** *(de líquidos)* cloudiness. **(b)** *(opacidad)* opacity; *(confusión)* confusion. **(c)** *(turbulencia)* turbulence.
turbina *nf* turbine; ~ **de gas** gas turbine.
turbio 1 *adj* **(a)** *(agua etc)* cloudy. **(b)** *(vista)* dim, blurred; *(tema etc)* unclear, confused. **(c)** *(fig: período)* turbulent; *(: negocio)* shady. **2** *adv*: **ver** ~ not to see clearly.
turbión *nm* **(a)** *(Met: aguacero)* heavy shower, downpour. **(b)** *(fig: de balas)* hail.
turbulencia *nf* **(a)** *(desórden)* turbulence. **(b)** *(inquietud)* restlessness; *(rebeldía)* rebelliousness. **(c)** *(Met)* turbulence.
turbulento *adj* **(a)** *(río etc)* turbulent; *(período)* troubled, turbulent; *(reunión)* stormy. **(b)** *(carácter)* restless, rebellious; *(: de niño)* unruly; *(ejército)* mutinous.
turco/a 1 *adj* Turkish. **2** *nm/f* Turk. **3** *nm (Ling)* Turkish.
turgente *adj*, **túrgido** *adj (hinchado)* turgid, swollen.
turismo *nm* tourism; *(en excursión)* sightseeing; *(industria)* tourist trade; **hacer** ~ to go travelling (abroad); **el** ~ **constituye su mayor industria** the tourist trade is their biggest industry.
turista *nmf* tourist; *(vacacionista)* holidaymaker, *(US)* vacacionist.
turístico *adj* tourist *(atr)*.
turma *nf* **(a)** *(Anat)* testicle. **(b)** *(Bot)* truffle.
turnar [1a] *vi*, **turnarse** *vr* to take (it in) turns; **ellos se turnan para usarlo** they take it in turns to use it.
turno *nm* **(a)** *(lista)* rota; *(de prioridad)* order. **(b)** turn; *(trabajo)* shift; *(juegos etc)* turn, go; ~ **de día/de noche** day/night shift; **por** ~**(s)** in/by turn(s); **trabajar por** ~**s** to work shifts; **es su** ~ it's his turn (next); **esperar su** ~ to take one's turn; **estar de** ~ to be on duty.
turón *nm* polecat.
turquesa *nf* turquoise.
turquesco *adj* Turkish.
turquí *adj*: **color** ~ indigo, deep blue.
Turquía *nf* Turkey.
turrón *nm* **(a)** *(dulce)* nougat. **(b)** *(fam: cargo fácil en gobierno)* cushy job.
tus *nm*: **sin decir** ~ **ni mus** without saying a word.
tusa *nf* **(a)** *(CAm: mazorca de maíz)* corncob. **(b)** *(RPl: crin)* horse's mane. **(c)** *(CAm)* whore.
tutear [1a] **1** *vt*: ~ **a uno** to address sb as 'tú'. **2 tutearse** *vr*: **se tutean desde siempre** they have always addressed each other as 'tú', they have always been on familiar terms.
tutela *nf (Jur)* guardianship; *(fig: protección)* tutelage; **bajo** ~ in ward; **estar bajo la** ~ **de** *(fig)* to be under the protection of.
tutelaje *nm (LAm)* = **tutela.**
tutelar 1 *adj* tutelary; **ángel** ~ guardian angel. **2** [1a] *vt (proteger)* to protect.
tuteo *nm* use of (the familiar) 'tú'.
tutor(a) *nm/f (Jur)* guardian; *(Univ)* tutor; ~ **de curso** form master/mistress.
tutoría *nf* guardianship.
tutú *nm (de bailarina)* tutu.
tuve *etc véase* **tener.**
tuyo *adj, pron* yours, of yours; *(Rel)* thy, of thine; **es** ~**, es el** ~ it is yours; **lo** ~ (what is) yours; **cualquier amigo** ~ any friend of yours; **los** ~**s** your people/relations/family.
tweed [twi] *nm* tweed.
txistu *nm* (Basque) flute.
txistulari *nm* (Basque) flute player.

U

U, u [u] *nf (letra)* U, u; **viraje en U** U-turn.
u *conj (used instead of* **o** *before* **o-, ho-***)* or; **siete** ~ **ocho** seven or eight.
ubérrimo *adj (tierra etc)* exceptionally fertile.
ubicación *nf* place, position, location.
ubicar [1g] **1** *vt (LAm)* to place, locate; **me puedes** ~ **por la tarde** you'll be able to get hold of me in the afternoon. **2** *vi* to be (situated *o* located). **3 ubicarse** *vr* **(a)** *(LAm)* = **2. (b)** *(Arg)* to get a job.
ubicuo *adj* ubiquitous.
ubre *nf* udder.
ubrera *nf (Med)* thrush.
Ud, Uds *pron pers véase* **usted.**
uf *interj (cansancio)* phew!; *(repugnancia)* ugh!
ufanarse [1a] *vr (gen)* to boast; *(engreírse)* to be vain, be conceited; ~ **con** *o* **de** to boast of, pride o.s. on.
ufanía *nf* **(a)** pride. **(b)** *(Bot)* = **lozanía (a).**
ufano *adj* **(a)** *(gen)* proud; *(alegre)* cheerful; *(autosatisfecho)* smug; **iba muy** ~ **en el nuevo coche** he was going along so proudly in his new car. **(b)** *(Bot)* = **lozano (a).**
U.G.T. *nf abr de* **Unión General de Trabajadores;** *veáse* **unión.**
ujier *nm* usher.
úlcera *nf* **(a)** *(Med)* ulcer, sore; ~ **de decúbito** bedsore. **(b)** *(Bot)* rot.
ulceración *nf* ulceration.
ulcerar [1a] **1** *vt* to make sore, ulcerate. **2 ulcerarse** *vr* to ulcerate.
ulceroso *adj (gen)* ulcerous; *(fig)* festering.
ulpo *nm (Chi, Per)* maize gruel.
ulterior *adj* **(a)** *(sitio)* farther, further. **(b)** *(tiempo)* later, subsequent.
ultimación *nf* completion, conclusion.
ultimadamente *adv (Méx)* = **últimamente.**
últimamente *adv* **(a)** *(por último)* finally. **(b)** *(recientemente)* recently, lately; **no lo he visto** ~ I haven't seen him lately.
ultimar [1a] *vt* **(a)** *(gen)* to finish, conclude; *(detalles etc)* to finalize. **(b)** *(LAm euf)* to finish off, put out of his *etc* misery.

ultimátum *nm, pl* **ultimátums** ultimatum.
último *adj* **(a)** *(final)* last; *(más reciente)* latest, most recent; *(de dos)* latter; **éste ~, éstos ~s** the latter; **el ~ día del mes** the last day of the month; **a ~s del mes** towards the end of the month; **las ~as noticias** the latest news; **en estos ~s años** in recent years, in the last few years; **llegó el ~** he arrived last; **ser el ~ en hacer algo** to be the last to do sth; **estar a lo ~ de** to be nearly at the end of, have nearly finished; **estar en las ~as** *(fam)* to be about to kick the bucket *(fam)*; **por ~** lastly, finally; **por ~a vez** for the last time. **(b)** *(sitio: gen)* furthest, most remote; *(fila)* back; *(piso)* top; **en el ~ rincón del país** in the furthest corner of the country; **el equipo en ~a posición** the team in the lowest position, the bottom team. **(c)** *(fig)* final, extreme; **la ~a solución** the final solution; **el ~ remedio** the ultimate remedy; **en ~ caso** as a last resort. **(d)** *(Com: precio)* lowest, bottom. **(e)** *(fam)* **vestido a la ~a** dressed in the latest style; **tienen un coche que es lo ~** they have the very latest thing in cars; **¡es lo ~!** it's the greatest! *(fam)*; *(de fastidio)* this is the end!
ultra 1 *pref* ultra, extra. **2** *adj inv* extreme right-wing. **3** *nmf* neo-fascist.
ultracorto *adj* ultra-short.
ultrajador *adj*, **ultrajante** *adj (gen)* outrageous; *(ofensivo)* offensive.
ultrajar [1a] *vt (gen)* to outrage; *(ofender)* to offend; *(injuriar)* to insult, abuse.
ultraje *nm (gen)* outrage; *(injuria)* insult.
ultramar *nm* abroad, overseas (countries), foreign parts; **de** *o* **en ~** overseas; **los países de ~** the overseas countries; **productos venidos de ~** goods from abroad.
ultramarino 1 *adj* overseas, foreign. **2** *nm* **(a) ~s** *(comestibles)* groceries, foodstuffs. **(b) tienda de ~s,** *(fam)* **un ~s** a grocer's (shop), *(US)* a grocery.
ultramoderno *adj* ultramodern.
ultranza *adv* **(a) luchar a ~** to fight to the death; **lo quiere hacer a ~** he wants to do it at all costs; **paz a ~** peace at any price. **(b) a ~** *(Pol etc)* out-and-out, extreme; **un nacionalista a ~** a rabid nationalist.
ultarrojo *adj* = **infrarrojo.**
ultrasónico *adj* ultrasonic.
ultratumba *nf:* **la vida de ~** the next life; **una voz de ~** a ghostly voice.
ultravioleta *adj inv* ultraviolet; **rayos ~** ultra-violet rays.
ulular [1a] *vi (gen)* to howl, shriek; *(búho)* to hoot, screech.
ululato *nm (gen)* howl, shriek; *(de búho)* hoot, screech.
umbilical *adj:* **cordón ~** umbilical cord.
umbral *nm* **(a)** *(gen)* threshold; **pasar el ~ de uno** to set foot in sb's house. **(b)** *(fig)* first step, beginning; **estar en los ~es de** to be on the threshold *o* verge of; **eso está en los ~es de lo imposible** that borders on the impossible.
umbrío *adj*, **umbroso** *adj* shady.
un(a) 1 *art indef* a, *(antes de vocales y* h *muda)* an. **2** *adj* one; **la ~a** one o'clock; **¡a la ~a, a las dos, a las tres!** *(en subasta)* going, going, gone!; *(Dep)* ready, steady, go! **3** *nm* one.
unánime *adj* unanimous.
unanimidad *nf* unanimity; **por ~** unanimously.
unción *nf* **(a)** *(Med)* anointing. **(b)** *(Rel, fig)* unction.
uncir [3b] *vt* to yoke.
undécimo *adj, nm* eleventh; *véase tb* **sexto.**
ungir [3c] *vt* **(a)** *(Med)* to put ointment on, rub with ointment. **(b)** *(Rel)* to anoint.
ungüento *nm* ointment, unguent; *(fig)* salve, balm.
uni... *pref* uni..., one- ..., single- ... .
únicamente *adv* only, solely.
unicidad *nf* uniqueness.
único *adj (gen)* only, sole; *(fig)* unique; **hijo ~** only child; **sistema de partido ~** one-party *o* single-party system; **la ~a dificultad es que ...** the only difficulty is that ...; **fue el ~ sobreviviente** he was the sole survivor; **es el ~ ejemplar que existe** it is the only copy in existence; **este ejemplar es ~** this specimen is unique.
unicornio *nm* unicorn.
unidad *nf* **(a)** *(gen)* unity. **(b)** *(Com etc)* unit; **~ de cola** *(Aer)* tail unit; **~ móvil** *(TV)* mobile unit. **(c)** *(Comput)* **~ central** main-frame computer.
unido *adj* **(a)** joined *(por* by), linked *(por* by). **(b)** *(fig)* united; **mantenerse ~s** to remain united, keep *o* stick together.
unificación *nf* unification.
unificar [1g] *vt* to unite, unify.
uniformado 1 *adj* uniformed. **2** *nm* man in uniform, *(esp)* policeman.
uniformar [1a] *vt (gen)* to make uniform; *(Téc etc)* to standardize.
uniforme 1 *adj (gen)* uniform; *(superficie etc)* level, even, smooth; *(velocidad)* steady. **2** *nm* uniform.
uniformidad *nf (gen)* uniformity; *(de acabado)* evenness, smoothness; *(de velocidad)* steadiness.
unilateral *adj* unilateral, one-sided.
unión *nf* **(a)** *(acto)* union, uniting. **(b)** *(cualidad)* unity; *(solidaridad)* closeness, togetherness. **(c)** *(Com, Pol etc)* union; *(Jur)* union, marriage; **en ~ con** (together) with, accompanied by; **~ aduanera** customs union; **U~ General de Trabajadores** *(Sp)* Socialist Union Confederation; **U~ Soviética** Soviet Union; **vivir en ~ libre con** to live with. **(d)** *(Mec)* joint, union; **punto de ~** junction *(entre* between).
unir [3a] **1** *vt* **(a)** *(gen)* to join, unite; *(atar)* to tie together; *(Com)* to merge, join; *(esfuerzos)* to pool; *(cualidades)* to combine *(a* with); **les une una fuerte simpatía** they are bound by a strong affection. **(b)** *(líquidos)* to mix; *(masa etc)* to mix thoroughly, beat (up). **2** *vi (ingredientes)* to mix well. **3 unirse** *vr* **(a)** *(dos individuos etc)* to join together, unite; *(Com: empresas)* to merge, combine; **~ en matrimonio** to marry. **(b) ~ a** to join; **~ con** to unite with, merge with. **(c)** *(ingredientes)* to mix well.
unisex *adj inv* unisex.
unísono *adj:* **al ~** on the same tone; *(fig)* in unison, with one voice; **al ~ con** *(fig)* in tune *o* harmony with.
unitario/a 1 *adj* unitary; *(Rel)* Unitarian. **2** *nm/f* **(a)** *(Arg Pol)* centralist. **(b)** *(Rel)* Unitarian.
universal *adj (gen)* universal; *(mundial)* world (wide); **historia ~** world history; **de fama ~** internationally famous.
universalidad *nf* universality.
universalizar [1f] *vt* to universalize.
universidad *nf* university; **~ laboral** polytechnic, poly *(fam)*.
universitario/a 1 *adj (gen)* university *(atr)*. **2** *nm/f (profesor)* lecturer; *(estudiante)* (university) student.
universo *nm (gen)* universe; *(mundo)* world.
uno/a 1 *adj* **(a)** *(gen)* one; *(idéntico)* one and the same, identical; **es todo ~, es ~ y lo mismo** it's all one, it's all the same; **la verdad es ~a** truth is one and indivisible. **(b) ~s (cuantos)** some,

a few; *(más o menos)* about; **~s 80 dólares** about 80 dollars.

2 *pron* **(a)** one; *(alguien)* somebody; **~ mismo** oneself; **~s que estaban allí protestaron** some (people) who were there protested; **es mejor hacerlo ~ mismo** it's better to do it oneself. **(b) cada ~** each one, every one; **cada ~ a lo suyo** everyone should mind his own business. **(c)** *(suj indef)* one, you; **~ nunca sabe qué hacer** one never knows what to do. **(d) ~(s) a otro(s)** each other, one another; **se detestan ~s a otros** they hate each other; **se miraban fijamente el ~ al otro** they stared at each other. **(e)** *(locuciones)* **~ a ~, ~ por ~, de ~ en ~** one by one; **a ~a** all together; **juntarlo todo en ~** to put it all together; **estar en ~** to be at one; **más de ~** quite a few, a good few; **~a de dos** either one thing or the other; **~ con otro salen a 3 dólares** on an average they work out at 3 dollars each; **~ y otro** both; **~ y otros** all of them; **es ~ de tantos** he's *etc* nothing special; **lo ~ por lo otro** it comes to the same thing.

untadura *nf* **(a)** *(acto: gen)* smearing, rubbing; *(: engrase)* greasing. **(b)** *(Med)* ointment; *(Mec etc)* grease, oil. **(c)** *(mancha)* mark, smear.

untar [1a] **1** *vt* **(a)** to smear, rub (*con, de* with); *(Med)* to anoint, rub (*con, de* with); *(Mec etc)* to grease, oil; **~ su pan en la salsa** to dip *o* soak one's bread in the gravy; **~ el pan con manteca** to spread butter on one's bread. **(b)** *(fam)* to bribe, grease the palm of. **2 untarse** *vr* **(a) ~ (con** *o* **de)** to smear o.s. (with). **(b)** *(fam)* to have sticky fingers *(fam)*.

unto *nm* **(a)** *(Med)* ointment; *(grasa)* grease, animal fat. **(b)** *(Chi)* shoe polish.

untuosidad *nf* greasiness, oiliness.

untuoso *adj* greasy, oily.

uña *nf* **(a)** *(Anat)* nail, fingernail; *(del pie)* toenail; *(Zool etc)* claw; **ser ~ y carne** to be inseparable; **largo de ~s** light-fingered *(fam)*; **estar de ~s con uno** to be at daggers drawn with sb; **caer en las ~s de uno** to fall into sb's clutches; **se dejó las ~s en ese trabajo** he wore his fingers to the bone at that job; **enseñar** *o* **mostrar** *o* **sacar las ~s** to show one's claws. **(b)** *(pezuña)* hoof; **escapar a ~ de caballo** to ride off at full speed. **(c)** *(del alacrán)* sting. **(d)** *(Téc)* claw, nailpuller.

uñada *nf* scratch.

uñalarga *nmf (LAm)* thief.

uñarada *nf* = **uñada.**

uñatear [1a] *vt (RPl)* to steal.

uñero *nm* ingrowing toenail.

uñeta *nf* **(a)** *(Téc)* chisel. **(b)** thumb index.

uñetear [1a] *vt (Chi)* to steal.

uñilargo *nm*, **uñón** *nm (Per)* thief.

upa *interj* up, up!

upar [1a] *vt* = **aupar.**

uranio *nm* uranium.

urbanidad *nf* courtesy, politeness.

urbanismo *nm* town planning.

urbanista *nmf* town planner.

urbanización *nf (gen)* urbanization; *(colonia, barrio)* estate, housing scheme.

urbanizado *adj* built-up.

urbanizar [1f] *vt* **(a)** *(terreno)* to develop, build on, urbanize. **(b)** *(individuo)* to civilize.

urbano *adj* **(a)** *(de la ciudad)* urban, town *(atr)*, city *(atr)*. **(b)** courteous, polite.

urbe *nf* large city, metropolis.

urco *nm (Chi)* alpaca ram.

urdimbre *nf* **(a)** *(de tela)* warp. **(b)** *(fig)* scheme, intrigue.

urdir [3a] *vt* **(a)** *(tela)* to warp. **(b)** *(fig)* to plot.

urdu *nm (Ling)* Urdu.

urea *nf* urea.

urente *adj (Med etc)* burning, stinging.

urgencia *nf* **(a)** *(gen)* urgency; **con toda ~** with the utmost urgency, posthaste; **de ~** urgent, pressing; **pedir algo con ~** to press for sth. **(b)** *(emergencia)* emergency; **medida de ~** emergency measure; **salida de ~** emergency exit.

urgente *adj (gen)* urgent; **carta ~** special-delivery letter; **pedido ~** rush order.

urgir [3c] *vi* to be urgent *o* pressing; **urge el dinero** the money is urgently needed; **el tiempo urge** time presses *o* is short; **me urge terminarlo** I must finish it as soon as I can; **me urge partir** I have to leave at once.

úrico *adj* uric.

urinario *nm* urinal, public lavatory, *(US)* comfort station.

urna *nf (gen)* urn; *(de cristal)* glass case; *(Pol etc: tb* **~ electoral**) ballot box; **acudir a las ~s** *(fig)* to vote.

urogallo *nm* capercaillie.

urología *nf* urology.

urólogo/a *nm/f* urologist.

urraca *nf* magpie.

U.R.S.S. *nf abr de* **Unión de Repúblicas Socialistas Soviéticas** U.S.S.R.

Uruguay *nm* Uruguay.

uruguayo/a *adj, nm/f* Uruguayan.

usado *adj (sello etc)* used; *(ropa)* worn; **muy ~** worn out, shabby.

usagre *nm (Med)* impetigo; *(Vet)* mange.

usanza *nf* usage, custom; **a ~ india, a ~ de los indios** according to the custom of the Indians.

usar [1a] **1** *vt* **(a)** *(gen)* to use, make use of; *(ropa)* to wear; **sin ~** unused. **(b) ~ hacer algo** to be in the habit of doing sth. **2** *vi:* **~ de** to use, make use of. **3 usarse** *vr* to be used, be in use; *(ropa)* to be worn, be in fashion.

usina *nf (LAm)* factory, plant; *(RPl)* power plant.

uslero *nm (Chi)* rolling pin.

uso *nm* **(a)** use; **objeto de ~ personal** article for personal use; **de ~ externo** *(Med)* for external application; **estar en buen ~** to be in good condition; **estar en el ~ de la palabra** to be speaking, have the floor; **hacer ~ de** to make use of. **(b)** *(Mec etc)* wear; **~ y desgaste** wear and tear; **deteriorado por el ~** worn. **(c)** *(usanza)* custom, usage; **es un ~ muy antiguo** it is a very ancient custom; **al ~** as is customary, in keeping with custom; **un hombre al ~** an ordinary man; **al ~ de** in the style of, in the fashion of.

usted *pron pers (sg: abr* **Ud** *o* **Vd***: frm)* you *sg*; **~es** *(pl: abr* **Uds** *o* **Vds***: frm)* you *pl*; *(LAm: frm y fam)* you *pl*; **el coche de ~** your car; **mi coche y el de ~** my car and yours; **para ~** for you; **sin ~** without you.

usual *adj* usual, customary.

usuario/a *nm/f* user; **~ de la vía pública** road user; **~ final** *(Comput)* end-user.

usufructo *nm* use; **~ vitalicio** life interest (*de* in).

usura *nf (gen)* usury; *(fam)* loan-sharking *(fam)*.

usurario *adj* usurious, extortionate.

usurero *nm* usurer; *(fam)* loan shark *(fam)*.

usurpación *nf* usurpation, illegal taking; *(fig)* encroachment (*de* upon).

usurpador(a) *nm/f* usurper.

usurpar [1a] *vt* to usurp.

usuta *nf (Arg, Per)* = **ojota (a).**

utensilio *nm (gen)* tool, implement; *(Culin)* utensil; **~s de cirujano** surgeon's instruments.

útero *nm* womb, uterus.

útil 1 *adj* **(a)** *(gen)* useful; *(servible)* usable, serviceable; **el coche es viejo pero todavía está ~** the car is old but it is still serviceable; **es muy ~ tenerlo aquí cerca** it's very handy having it here close by; **¿en qué puedo serle ~?** can I help you? **(b) día ~** working day, weekday. **(c)** *(Mil)* **~ para el servicio** fit for military service; *(Mec)* operational. **2** *nm:* **~es** tools, equipment *sg*; **~es de labranza** agricultural implements.

utilería *nf (Arg, Méx: Teat)* props.

utilidad *nf* **(a)** *(gen)* usefulness, utility; *(provecho)* benefit. **(b)** *(Com, Fin etc)* profit; **~es** profits, earning; **~es líquidas** net profits.

utilitario *adj* **(a)** utilitarian. **(b)** *(vehículo etc)* utility *(atr)*.

utilizable *adj (gen)* usable; *(disponible)* fit for use, ready to use; *(Téc: desperdicios)* reclaimable.

utilización *nf* use, utilization; *(Téc)* reclamation.

utilizar [1f] *vt* to use, make use of, utilize; *(Eléc etc: explotar)* to harness; *(Téc: desperdicios)* to reclaim.

utillaje *nm* (set of) tools, equipment.

utopía *nf*, **utopia** *nf* Utopia.

utópico *adj* Utopian.

utopista *adj, nmf* Utopian.

uva *nf* **(a)** grape; **~ blanca** green grape; **~ de Corinto** currant; **~ pasa** raisin; **~s verdes** *(fig)* sour grapes; **de ~s a peras** once in a blue moon; **estar hecho una ~** to be drunk as a lord. **(b)** *(Chi)* kiss.

uve *nf* **(a)** *name of the letter* V; **en forma de ~** V-shaped; **escote en ~** V-neck. **(b) ~ doble, doble ~** *name of the letter* W.

uxoricida *nm* wife killer.

uxoricidio *nm* wife murder.

V

V, v ['uβe] *nf (letra)* V, v; **en (forma de) V** v-shaped.

v *abr de* **voltio.**

va *etc véase* **ir.**

vaca *nf* **(a)** cow; **~ lechera** dairy cow; **~marina** sea cow; **~ de San Antón** ladybird; **~s flacas/gordas** *(fig)* bad/good times. **(b)** *(Culin)* beef; *(cuero)* cowhide.

vacaciones *nfpl* holiday(s), vacation *sg*; **~ escolares** school holidays; **~ pagadas** *o* **retribuidas** holidays with pay; **estar/irse** *o* **marcharse de ~** to be/go (away) on holiday.

vacacionista *nmf* holidaymaker, *(US)* vacationist.

vacante 1 *adj (gen)* vacant; *(silla etc)* empty, unoccupied; *(puesto)* unfilled. **2** *nf* vacancy, place; **hay una ~ en la oficina** there is a vacancy in the office.

vacar [1g] *vi* **(a)** to fall *o* become vacant; *(puesto)* to remain unfilled. **(b)** *(dejar de trabajar)* to cease work; *(estar parado)* to be idle. **(c) ~ a** *o* **en** to engage in, devote o.s. to. **(d) ~ de** to lack, be without.

vaciadero *nm* **(a)** *(conducto)* drain. **(b)** *(tiradero)* rubbish tip.

vaciado 1 *adj* **(a)** *(estatua etc)* cast in a mould; *(útiles)* hollow-ground. **(b)** *(LAm fam)* funny, amusing. **2** *nm* **(a)** cast, mould(ing); **~ de yeso** plaster cast. **(b)** *(acto de vaciar)* hollowing out. **(c)** *(de hojas)* sharpening. **(d)** *(Aer)* **~ rápido** jettisoning.

vaciar [1c] **1** *vt* **(a)** *(recipiente, contenido)* to empty (out); *(vaso etc)* to drain; *(líquido)* to pour (away); *(beber)* to drink up; *(Aer etc)* to jettison. **(b)** *(madera, piedra)* to hollow out; *(estatua etc)* to cast. **(c)** *(hojas)* to sharpen. **(d)** *(teoría)* to expound at length. **2** *vi (río)* to flow *(en* into). **3 vaciarse** *vr* to empty.

vaciedad *nf* **(a)** emptiness. **(b)** *(fig)* silliness, (piece of) nonsense.

vacilación *nf* hesitation.

vacilada *nf (Méx fam)* joke, trick.

vacilante *adj* **(a)** *(mano, paso)* unsteady; *(voz)* faltering; *(memoria)* uncertain. **(b)** *(luz)* flickering. **(c)** *(fig: inseguro)* hesitant; *(: indeciso)* indecisive.

vacilar [1a] *vi* **(a)** *(mueble etc)* to be unsteady; *(persona)* to totter; *(: al hablar)* to falter; *(memoria)* to fail. **(b)** *(luz)* to flicker. **(c)** *(fig: hesitar)* to hesitate; *(: ser indeciso)* to vacillate; **sin ~** unhesitatingly; **~ en hacer algo** to hesitate to do sth; *(esperar)* to hold back from doing sth. **(d)** *(fig)* **~ entre** to vary between.

vacío 1 *adj* **(a)** *(gen)* empty; *(puesto, casa etc)* vacant, unoccupied; **irse con las manos ~as** to leave empty-handed. **(b)** *(fig: esfuerzo)* vain; *(: charla etc)* light, superficial; *(: promesa)* hollow. **(c)** *(fig: vanidoso)* vain.

2 *nm (gen)* emptiness, void; *(Fís)* vacuum; *(un ~)* (empty) space, gap; *(Anat)* side, flank, ribs; **en ~** in a vacuum, in vacuo; **envasado al ~** vacuum-packed; **el libro llenará un ~** the book will fill a gap; **el camión volvió de ~** the lorry came back empty; **caer en el ~** *(fig)* to fall on deaf ears; **dar un golpe en ~** to miss, fail to connect; **tener el estómago ~** to have an empty stomach; **marchar en ~** *(Mec)* to tick over; **hacer el ~ a uno** to send sb to Coventry.

vaculdad *nf* **(a)** emptiness. **(b)** *(fig)* superficiality.

vacuna *nf* **(a)** *(sustancia)* vaccine. **(b)** *(LAm)* vaccination; **ponerle una ~ a uno** to vaccinate sb.

vacunación *nf* vaccination.

vacunar [1a] **1** *vt* to vaccinate *(contra* against*)*. **2 vacunarse** *vr* to get vaccinated.

vacuno *adj* bovine, cow *(atr)*; **ganado ~** cattle.

vacuo *adj* **(a)** empty. **(b)** *(fig)* vacuous.

vadear [1a] **1** *vt* **(a)** *(río: atravesar)* to ford; *(: a pie)* to wade across; *(agua)* to wade through. **(b)** *(fig: dificultad)* to surmount, get round; *(: persona)* to sound out. **2** *vi* to wade.

vado *nm* **(a)** *(de río etc)* ford. **(b)** *(fig: salida)* way out, solution; **no hallar ~** to see no way out, find no solution. **(c)** *(fig: descanso)* respite.

vagabundear [1a] *vi (andar sin rumbo)* to wander, roam; *(pey: ser vago)* to be a tramp *o (US)* bum; *(: gandulear)* to loaf.

vagabundeo *nm (véase vi)* wandering; vagrancy; loafing.

vagabundo/a 1 *adj* wandering; *(perro)* stray: **2** *nm/f (errante)* wanderer, rover; *(pey)* vagrant; *(pordiosero)* tramp, *(US)* bum.

vagancia *nf (pereza)* idleness, laziness; *(ser vago)*

vagrancy.
vagante *adj* **(a)** *(sin rumbo)* wandering; *(vago)* vagrant. **(b)** *(Mec: suelto)* free, loose.
vagar [1h] *vi* **(a)** *(gen)* to wander (about), roam; *(rondar)* to prowl about; *(pasear)* to saunter up and down, wander about the streets; *(flojear, gandulear)* to idle, loaf. **(b)** *(Mec)* to be free *o* loose.
vagido *nf* (baby's) cry, wail.
vagina *nf* vagina.
vago 1 *adj* **(a)** *(gen)* vague; *(Arte, Fot)* blurred, ill-defined. **(b)** *(errante)* roving, wandering. **(c)** *(persona)* lazy; *(espacio etc)* empty. **(d) en ~** *(de postura)* unsteadily; *(objeto)* unsupported; *(esforzarse)* in vain, pointlessly; **dar golpes en ~** to flail about. **2** *nm* **(a)** *(vagabundo)* tramp, vagrant. **(b)** *(holgazán)* lazybones *(fam)*, idler.
vagón *nm (Ferro: de pasajeros)* coach, carriage; *(: de mercancías)* (goods *o* freight) van *o* wagon; **~ cama** sleeping-car; **~ cisterna** tanker; **~ de ganado** cattle truck; **~ de primera/segunda** first-/second-class carriage; **~ restaurante** dining car.
vagonada *nf* truckload, wagonload.
vagoneta *nf* light truck.
vaguedad *nf* **(a)** *(lo vago)* vagueness. **(b)** *(una ~)* vague remark; **hablar sin ~es** to get straight to the point.
vaharada *nf (soplo)* puff; *(olor)* smell.
vahear [1a] *vi (echar vapor)* to steam; *(Quím)* to give off fumes; *(oler)* to smell.
vahído *nm* dizzy spell.
vaho *nm* **(a)** *(vapor)* vapour, steam; *(Quím)* fumes; *(aliento)* breath; *(olor)* smell. **(b) ~s** *(Med)* inhalation *sg*.
vaina 1 *nf* **(a)** *(Mil etc)* sheath, scabbard; *(de útil)* sheath, case. **(b)** *(Bot: de garbanzo)* pod; *(: de nuez etc)* husk, shell. **(c)** *(LAm: molestia)* nuisance, bore; *(: cosa)* thing; **¿qué ~?** what gives? *(fam)*. **2** *adj (LAm)* annoying.
vainilla *nf* vanilla.
vais *véase* **ir.**
vaivén *nm* **(a)** *(balanceo)* swaying; *(acción de mecerse)* rocking; *(ir y venir)* to-ing and fro-ing; *(de pistón etc)* backwards and forwards motion. **(b)** *(tráfico, circulación)* comings and goings. **(c)** *(fig: de la suerte)* change of fortune; **~es** ups and downs. **(d)** *(fig: Pol etc)* swing (of opinion).
vajilla *nf (gen)* crockery, dishes; *(una ~)* service, set of dishes; **~ de oro** gold plate; **~ de porcelana** chinaware; **lavar la ~** to wash up.
valdré *etc véase* **valer.**
vale[1] *nm (gen)* IOU; *(recibo)* receipt; *(cuenta)* bill, *(US)* check; *(cupón)* voucher, chit; **~ de correo** *o* **postal** money order; **dar el ~** *(fig)* to give the go-ahead.
vale[2] *nm (LAm: amigo)* pal *(fam)*, chum, *(US)* buddy.
valedero *adj* valid; *(Jur)* binding; **~ para 6 meses** valid for 6 months.
valedor(a) *nm/f* **(a)** protector. **(b)** *(LAm)* = **vale**[2].
valencia *nf (Quím)* valency.
valenciano/a *adj, nm/f* Valencian.
valentía *nf* **(a)** *(valor)* bravery, courage. **(b)** *(jactancia)* boastfulness. **(c)** *(acto de valor: una ~)* brave deed, heroic exploit. **(d)** *(pretensión: una ~)* boast.
valentón/ona 1 *adj (gen)* boastful; *(jactancioso)* blustering; *(arrogante)* arrogant. **2** *nm/f* braggart.
valentonada *nf* boast, brag.
valer [2q] **1** *vt* **(a)** *(proteger)* to protect, assist; *(servir)* to serve (a purpose); *(ayudar)* to help, avail; **no le vale ser hijo del ministro** it's of no help to him being the minister's son; **no valen las excusas** excuses are to no avail. **(b)** *(Mat: ser igual a)* to equal; *(: sumar)* to amount *o* come to. **(c)** *(fig: gen)* to cause; *(: ganar)* to earn, gain; *(: costar)* to cost.
2 *vt, vi* **(a)** *(Com, Fin)* to be worth; *(costar)* to cost, be priced *o* valued at; *(ser valioso)* to be valuable; *(representar)* to be equivalent to, represent; **este libro vale 5 dólares** this book costs 5 dollars; **ésas valen 20 pesetas el kilo** those are 20 pesetas a kilo; **¿cuánto vale?** how much is it?; **¿vale mucho?** is it valuable?, is it worth a lot? **(b)** *(fig: tener valor)* to be worth; **no vale nada** *(gen)* it's no good *(para* for*)*; *(mercancía)* it's worthless; *(argumento)* it's no use; **no vale gran cosa** it's not up to much, it's not much good; **vale la pena** it's worth it, it's worth the trouble; **más vale tarde que nunca** better late than never; **más vale no hacerlo** it's better not to do it; **más vale que me vaya** I had better go. **(c)** *(fig: persona)* to be good; **el chico no vale para el cargo** the boy is not suitable *o* right for the job; **no vale para nada** he's no good, he's a dead loss.
3 *vi* **(a)** *(servir)* to be of use, be useful; *(bastar)* to do, be enough; **es viejo, pero vale para la lluvia** it's old, but it's good for the rain. **(b)** *(tener vigencia)* to be valid; *(Fin)* to be legal tender; *(Dep etc)* to count, be permitted; **¿vale?** all right?, O.K.? *(fam)*; **¡vale!** *(de acuerdo)* right!, O.K.! *(fam)*; *(¡basta!)* that'll do!; **¡eso no vale!** that doesn't count!; **no vale empujar** pushing's not allowed. **(c) hacer ~ su derecho** to assert one's right(s); **hacer ~ sus argumentos** to make one's arguments felt.
4 valerse *vr* **(a) ~ de** *(utilizar)* to use, make use of; *(aprovecharse de)* to take advantage of; *(derecho)* to exercise. **(b) ~ por sí mismo** to help *o* manage by o.s.
5 *nm* worth, value.
valeroso *adj* brave, valiant.
valga *etc véase* **valer.**
valía *nf* **(a)** *(gen)* worth, value; **de gran ~** *(objeto)* very valuable; *(persona)* worthy. **(b)** *(fig)* influence.
validación *nf* validation.
validar [1a] *vt* to validate, give effect to; *(Pol etc)* to ratify.
validez *nf* validity; **dar ~ a** to validate; *(Pol etc)* to ratify.
válido *adj* **(a)** valid *(hasta* until, *para* for*)*. **(b)** *(Med: fuerte)* strong, robust; *(: sano)* fit.
valiente 1 *adj* **(a)** *(corajudo)* brave, valiant; *(audaz)* bold. **(b)** *(pretencioso)* boastful. **(c)** *(fig)* fine, excellent; *(con ironía)* fine, wonderful; **¡~ amigo!** a fine friend you are! **2** *nm/f* brave man/woman.
valija *nf* **(a)** *(maleta)* (suit)case. **(b)** *(Correos)* mailbag; *(fig)* mail, post; **~ diplomática** diplomatic bag.
valioso *adj* **(a)** *(de valor)* valuable; *(útil)* useful, beneficial. **(b)** *(rico)* wealthy.
valor *nm* **(a)** *(gen)* value, worth; *(precio)* price; *(moneda etc)* value, denomination; **objetos de ~** valuables; **sin ~** worthless; **~ adquisitivo** *o* **de compra** purchasing power; **~ alimenticio/comercial/facial/nominal/sentimental** food/commercial *o* market/face/nominal/sentimental value; **dar ~ a** to attach importance to; **quitar ~ a** to minimise the importance of. **(b)** *(fig)* great name *o* figure. **(c) ~es** *(Com, Fin)* securities, bonds; *(acciones)* stocks; *(LAm)* assets; *(fig)* values; **escala de ~es** scale of values; **~es en**

cartera, **~es habidos** investments. **(d)** *(coraje)* bravery, courage, valour; **armarse de ~** to gather up one's courage. **(e)** *(fam: cara)* nerve, cheek *(fam)*.

valoración *nf* valuation; *(estimación)* assessment, appraisal.

valorar [1a] *vt*, **valorizar** [1f] *vt* to value *(en* at); *(tasar)* to price; *(esp fig)* to assess, appraise.

vals *nm inv* waltz.

valuador *nm (LAm)* valuer.

valuar [1e] *vt* = **valorar.**

valva *nf (Bot, Zool)* valve.

válvula *nf (Mec etc)* valve; **~ de admisión/de escape/de seguridad** inlet/exhaust/safety valve.

valla *nf* **(a)** fence; *(Mil)* barricade; *(Dep)* hurdle. **(b)** *(fig)* barrier; *(: límite)* limit; *(: estorbo)* obstacle; **romper las ~s** to disregard the social conventions.

valladar *nm* **(a)** = **valla (a). (b)** *(fig)* defence, barrier.

vallado *nm* **(a)** = **valla (a). (b)** rampart. **(c)** *(Méx)* deep ditch.

vallar [1a] *vt* to fence in, enclose.

valle *nm* valley, vale; **~ de lágrimas** vale of tears.

vamos *véase* **ir.**

vampiresa *nf (Cine)* vamp, femme fatale.

vampiro *nm* **(a)** *(Zool)* vampire. **(b)** *(fig)* vampire, bloodsucker.

van *véase* **ir.**

vanagloriarse [1b] *vr* to boast *(de* of); **~ de hacer algo** to boast of doing sth, boast of being able to do sth.

vandalismo *nm* vandalism.

vándalo/a *nm/f* vandal.

vanguardia *nf (Mil, fig)* vanguard, van; **de ~** *(Arte)* avant-garde; *(Pol)* vanguard; *(fig)* **estar en** *o* **ir a la ~ de** to be in the forefront of.

vanguardista *adj (moda etc)* avant-garde.

vanidad *nf* **(a)** *(irrealidad)* unreality; *(sin base)* groundlessness; *(inutilidad)* uselessness, futility. **(b)** *(presunción)* vanity; **por pura ~** out of sheer vanity. **(c) ~es** vanities.

vanidoso *adj* vain, conceited.

vano 1 *adj* **(a)** *(irreal)* unreal, imaginary, vain; *(temor)* idle; *(sospecha)* groundless. **(b)** *(inútil)* vain, useless; *(ocioso)* idle; **en ~** in vain. **(c)** *(poco profundo)* shallow; *(frívolo)* frivolous; *(vacío)* empty, pointless; *(adorno)* silly. **(d)** *(cáscara)* empty, hollow. **2** *nm (Arquit)* space, opening.

vapor *nm* **(a)** vapour; *(Téc: de agua)* steam; *(: de gas)* fumes; *(Met)* mist; **~ de agua** water vapour; **al ~** *(lit)* by steam; *(fig)* very fast; **cocer un plato al ~** to steam a dish; **a todo ~** *(Náut, fig)* at full steam; **de ~** steam *(atr)*; **acumular ~** to get steam up; **echar ~** to (give off) steam. **(b)** *(Náut)* steamship; **~ correo** mail-boat; **~ de ruedas/volandero** paddle/tramp steamer. **(c)** *(Med)* vertigo; **~es** vapours, hysteria *sg*.

vaporizador *nm (perfume etc)* spray; *(para agua)* vaporizer.

vaporizar [1f] **1** *vt (gen: agua)* to vaporize; *(perfume etc)* to spray. **2 vaporizarse** *vr* to vaporize.

vaporoso *adj* **(a)** *(nublado etc)* misty; *(lleno de vapor)* steamy, steaming. **(b)** *(tela)* light, airy, diaphanous.

vapulear [1a] *vt* **(a)** *(alfombra)* to beat; *(persona)* to beat; *(azotar)* to beat up, thrash. **(b)** *(fig)* to slate.

vapuleo *nm (véase vt)* **(a)** beating, thrashing. **(b)** slating.

vaquería *nf* **(a)** *(lechería)* dairy. **(b)** *(LAm: cuidado de ganado)* cattle management, cattle tending; *(: arte del vaquero)* craft of the cowboy. **(c)** *(Méx, Ven: caza)* hunting with a lasso.

vaqueriza *nf (establo)* cowshed; *(corral)* cattle yard.

vaquerizo 1 *adj* cattle *(atr)*. **2** *nm* cowman.

vaquero 1 *adj* cattle *(atr)*. **2** *nm* **(a)** cowman; *(US, LAm)* cowboy. **(b) ~s** *(pantalones)* jeans.

vaqueta *nf* **(a)** *(cuero)* cowhide, leather. **(b)** *(para afilar)* razor strop.

vaquetón *adj (Méx)* **(a)** *(flojo)* bone-lazy *(fam)*. **(b)** *(estúpido)* dim-witted.

vaquilla *nf (LAm)* **(a)** *(ternera)* heifer. **(b) ~s** amateur bullfight with young bulls.

vara *nf* **(a)** *(palo)* stick, pole; *(Mec)* rod, bar; *(de carroza)* shaft; *(Bot)* branch; *(: de flor)* central stem; **~ mágica** magic wand; **~ de medir** yardstick; **~ de pescar** fishing rod. **(b)** *(Pol etc: insignia)* wand *o* staff of office; **~ alta** authority; *(peso)* influence; **doblar la ~ de la justicia** to pervert justice; **empuñar la ~** to take (up) office. **(c)** *(LAm Mat)* ≃ yard *(= ,836 m, = 2.8 feet)*. **(d)** *(Taur: lanza)* lance, pike; **poner ~s al toro** to wound the bull with a lance.

varada *nf (Náut)* beaching.

varadero *nm (astillero)* dry dock.

varado *adj* **(a)** *(Náut)* stranded; **estar ~** to be aground. **(b)** *(LAm)* **estar ~** to be down and out.

varal *nm (palo)* long pole; *(de carroza)* shaft; *(Teat)* batten.

varapalo *nm* **(a)** long pole. **(b)** *(golpe)* blow with a stick, beating. **(c)** *(fig: regañada)* dressing-down. **(d)** *(fig: disgusto)* disappointment, blow.

varar [1a] **1** *vt* to beach, run aground. **2** *vi*, **vararse** *vr* **(a)** *(Náut)* to be beached, run aground. **(b)** *(fig)* to get stuck *o* bogged down.

varear [1a] *vt (persona)* to beat, hit; *(frutas)* to knock down (with poles); *(alfombra etc)* to beat; *(Taur)* to prick with a lance, goad.

vareta *nf* **(a)** *(palito)* small stick. **(b)** *(Cos)* stripe. **(c)** *(provocación)* taunt; **echar ~s** to make insinuations.

variable 1 *adj* variable, changeable; *(Mat)* variable. **2** *nf (Mat)* variable.

variación *nf (gen)* variation; *(Met)* change; **sin ~** unchanged.

variado *adj (gen)* varied; *(diverso)* mixed; *(surtido)* assorted; *(superficie, color)* variegated.

variante 1 *adj* variant. **2** *nf (alternativa)* alternative.

variar [1c] **1** *vt (cambiar)* to change, alter; *(poner variedad)* to vary; *(modificar)* to modify; *(de posición)* to change round. **2** *vi (ser diferente)* to vary; *(cambiar)* to change; **~ de** to differ from; **~ de opinión** to change one's mind; **varía de 3 a 8** it ranges from 3 to 8.

varicela *nf* chickenpox.

várices *nfpl* varicose veins.

variedad *nf* **(a)** *(gen)* variety; *(modificación)* variation. **(b)** *(Teat)* **(teatro de) ~es** variety, music hall, *(US)* vaudeville.

varilla *nf (palito)* (thin) stick; *(Bot)* twig, wand; *(Mec)* rod, bar; *(eslabón)* link; *(de faja, abanico, paraguas)* rib; *(Anat)* jawbone; *(Aut)* dipstick; **~ mágica** *o* **de virtudes** magic wand; **~ de zahorí** divining rod.

varillaje *nm (Méx)* rods; *(de abanico, paraguas)* ribs.

vario *adj* **(a)** varied; *(color)* variegated, motley. **(b)** *(cambiable)* varying, changeable; *(persona: inconstante)* fickle. **(c) ~s** *(muchos)* several, a number of; *(unos)* some; **hay varias posibilidades** there are several *o* various possibilities; **~s piensan que** some (people) think that; **asuntos ~s** (any) other business.

varita *nf* wand; **~ mágica** *o* **de las virtudes** magic wand.

varón 1 *adj* male; **hijo ~** son. **2** *nm (sexo)* man, male; *(hombre)* adult male; *(fig)* great man; **tuvo 4 hijos, todos ~es** she had 4 children, all boys.

varonil *adj* **(a)** *(viril)* manly, virile. **(b)** *(Bio)* male. **(c)** *(pey: mujer)* mannish.

Varsovia *nf* Warsaw.

vas *etc véase* **ir.**

vasallo *nm* vassal.

vasco/a 1 *adj, nm/f* Basque. **2** *nm (Ling)* Basque.

Vascongadas *nfpl*: **las ~** the Basque Provinces.

vascuence *nm (Ling)* Basque.

vasectomía *nf* vasectomy.

vaselina *nf* Vaseline ®, petroleum jelly.

vasera *nf* kitchen shelf, rack.

vasija *nf (Culin)* pot, dish.

vaso *nm* **(a)** *(gen)* glass; *(para flores)* vase; **~ de vino** glass of wine; **~ para vino** wineglass; **ahogarse en un ~ de agua** *(fig)* to make a mountain out of a molehill. **(b)** *(cantidad)* glass(ful). **(c)** *(Anat)* vessel; *(: canal)* duct; **~ sanguíneo** blood vessel. **(d)** *(Náut: barco)* boat, ship; *(: casco)* hull.

vástago *nm* **(a)** *(Bot)* shoot, sprout. **(b)** *(Mec)* rod; **~ de émbolo** piston rod. **(c)** *(fig)* offspring, descendant.

vastedad *nf* vastness, immensity.

vasto *adj* vast, huge.

váter *nm* lavatory, W.C.

vatiaje *nm* wattage.

Vaticano *nm* Vatican.

vaticano *adj* Vatican; *(papal)* papal.

vaticinar [1a] *vt* to prophesy, predict.

vaticinio *nm* prophecy, prediction.

vatio *nm* watt.

vaya *etc véase* **ir.**

Vd(s) *abr de* **usted(es).**

ve *etc véase* **ir, ver.**

vecinal *adj* **(a)** *(camino etc)* local; *(impuesto)* local, municipal. **(b)** *(LAm)* neighbouring, adjacent.

vecindad *nf* **(a)** *(barrio)* neighbourhood; *(cercanía)* vicinity; *(LAm: barrio pobre)* inner city slum. **(b)** *(los vecinos)* neighbours, neighbourhood; *(habitantes)* residents. **(c)** *(Jur etc)* residence, abode.

vecindario *nm (barrio)* neighbourhood; *(población)* population, residents.

vecino/a 1 *adj* **(a)** *(gen)* neighbouring, adjacent; *(cerca)* near, nearby; **vive en el edificio ~** he lives in the next house; **somos ~s** we live next door to one another. **(b)** *(fig: parecido)* alike, similar; **~ a** like, similar to. **2** *nm/f* **(a)** *(gen)* neighbour. **(b)** *(habitante)* resident.

veda *nf* **(a)** *(prohibición)* prohibition. **(b)** *(temporada)* close season.

vedado *nm* private preserve; **~ de caza** game preserve; **cazar/pescar en ~** to poach.

vedar [1a] *vt (prohibir)* to prohibit, ban; *(impedir)* to stop, prevent; *(idea, plan etc)* to veto; **~ a uno hacer algo** to forbid sb to do sth, to stop sb doing sth.

vedette [be'ðet] *nf (Teat, Cine)* star(let).

vega *nf* fertile plain *o* valley.

vegetación *nf* **(a)** vegetation. **(b)** *(Med)* **~es adenoideas** adenoids.

vegetal 1 *adj (gen)* vegetable, plant *(atr)*. **2** *nm (gen)* plant, vegetable; **~es** *(LAm: legumbres)* vegetables.

vegetar [1a] *vi* **(a)** *(Bot)* to grow. **(b)** *(fig: persona)* to vegetate; *(: negocio)* to stagnate.

vegetariano/a *adj, nm/f* vegetarian.

vehemencia *nf (insistencia)* vehemence; *(pasión, fervor)* passion; *(violencia)* violence.

vehemente *adj (insistente)* vehement; *(apasionado)* passionate; *(fuerte)* strong; *(violento)* violent.

vehículo *nm (gen)* vehicle; **~ carretero** road vehicle; **~ automóvil** *o* **de motor** motor vehicle; **~ espacial** spacecraft; **~ utilitario** commercial vehicle.

veinte *adj, nm* twenty; *(orden, fecha)* twentieth; **el siglo ~** the twentieth century; *véase tb* **seis.**

veintena *nf*: **una ~** twenty, about twenty, a score.

vejación *nf (preocupación)* vexation; *(humillación)* humiliation; *(maltrato)* ill-treatment.

vejamen *nm* **(a)** = **vejación. (b)** *(sátira)* satire.

vejar [1a] *vt (molestar)* to vex, annoy; *(humillar)* to humiliate; *(atormentar)* to harass.

vejatorio *adj (molesto)* annoying; *(humillante)* humiliating; *(comentarios)* hurtful, offensive.

vejez *nf* old age; **subsidio de la ~** old age pension.

vejiga *nf* **(a)** *(Anat)* bladder; **~ de la bilis** gall-bladder. **(b)** *(Med, en pintura etc)* blister.

vela[1] *nf* **(a)** *(estar despierto)* wakefulness; *(no poder dormir)* sleeplessness; **estar en ~** to be unable to get to sleep; **pasar la noche en ~** to have a sleepless night. **(b)** *(vigilia)* vigil; *(trabajo nocturno)* night work; *(Mil)* (period of) sentry duty. **(c)** *(de cera)* candle; **~ de sebo** tallow candle; *(fig)* **¿quién te dio ~ en este entierro?** who asked you to butt in? *(fam)*. **(d)** *(Taur: fam)* horn. **(e)** *(fam: moco)* snot *(fam)*; **estar a dos ~s** *(fam)* to be broke *(fam) o* skint *(fam)*. **(f)** *(LAm: entierro)* funeral wake.

vela[2] *nf (Náut)* sail; **~ mayor** mainsail; **a toda ~** *(lit)* under full sail; *(fig)* vigorously; **barco de ~** sailing ship; **darse** *o* **hacerse a la ~** to set sail; **arriar** *o* **recoger ~s** *(fig)* to back down.

velación *nf* wake, vigil.

velada *nm* (evening) party, soirée; **~ musical** musical evening.

velado *adj (gen, tb fig)* veiled; *(Fot)* fogged, blurred; *(sonido)* muffled.

velador *nm* **(a)** *(vigilante)* watchman, caretaker. **(b)** *(para velas)* candlestick. **(c)** *(mesa)* pedestal table; *(LAm)* night table. **(d)** *(Méx)* lampshade.

veladora *nf (Méx)* table *o* bedside lamp.

velamen *nm* sails, canvas.

velar[1] [1a] **1** *vt (vigilar)* to watch, keep watch over; *(acompañar)* to sit up with. **2** *vi* **(a)** *(no dormir)* to stay awake, go without sleep; *(trabajar de noche)* to work late, do night duty; *(vigilar)* to keep watch. **(b) ~ por** *(cuidar)* to watch over, look after; *(proteger)* to guard, protect; **~ por que se haga algo** to see to it that sth is done.

velar[2] [1a] **1** *vt* **(a)** *(cubrir)* to veil. **(b)** *(fig: ocultar)* to shroud, hide. **(c)** *(Fot)* to fog, blur. **2 velarse** *vr* **(a)** to hide itself. **(b)** *(Fot)* to fog, blur.

velatorio *nm* (funeral) wake.

veleidad *nf* **(a)** *(característica)* fickleness. **(b)** *(una ~)* whim.

veleidoso *adj* fickle, capricious.

velero 1 *adj (barco)* fast. **2** *nm* **(a)** *(Náut: grande)* sailing ship; *(: pequeño)* sailboat. **(b)** *(Aer)* glider.

veleta 1 *nf* **(a)** *(de edificio)* weather vane *o* cock. **(b)** *(Pesca)* float. **2** *nmf* fickle person.

velís *nm*, **veliz** *nm (Méx)* valise, suitcase; **velises, velices** cases, luggage *sg*.

velo *nm* **(a)** *(gen)* veil; **tomar el ~** to take the veil. **(b)** *(fig: cobertura)* veil, light covering; *(Fot)* fog. **(c)** *(fig: pretexto)* pretext. **(d)** *(fig: confusión)* confusion. **(e)** *(Anat)* **~ de paladar** soft palate, velum.

velocidad *nf* **(a)** *(gen)* speed; *(Téc)* rate, pace, velocity; *(fig)* swiftness; **de alta ~** high-speed; **~ de crucero/máxima** cruising/maximum *o* top speed; **~ adquirida** momentum; **a gran/toda ~** at

high/full speed; **¿a qué ~?** how fast?; **¿a qué ~ ibas?** what speed were you doing?; **cobrar ~** to pick up *o* gather speed; **moderar la ~** to slow down; **exceder la ~ permitida** to speed, exceed the speed limit. **(b)** *(Mec)* gear, speed; **~ cuarta/ primera/segunda** top/bottom *o* first/second gear; **meter la segunda ~** to change into second gear.
velocímetro *nm* speedometer.
velódromo *nm* cycle track.
velomotor *nm* moped.
velorio *nm* **(a)** *(fiesta)* party, celebration; *(LAm)* dull party, flat affair. **(b)** *(esp LAm: entierro)* funeral wake.
veloz *adj* fast, swift.
vello *nm (Anat)* fuzz, soft hair; *(Bot)* down; *(en frutas)* bloom.
vellón *nm* **(a)** *(lana)* fleece; *(piel)* sheepskin. **(b)** *(mechón)* tuft of wool.
velloso *adj* downy, fuzzy.
velludo 1 *adj* hairy, shaggy. **2** *nm* plush, velvet.
vena *nf* **(a)** *(Anat)* vein; **~ yugular** jugular vein. **(b)** *(Min)* vein, seam, lode. **(c)** *(en piedra, madera)* grain. **(d)** *(Bot)* vein, rib. **(e)** *(fig)* vein, disposition; **~ de loco** streak of madness; *(manía)* oddity, mania; **le daba la ~ por ello** he took a fancy to it, the mood took him that way; **estar de** *o* **en ~** *(tener ganas)* to be in the vein *o* mood *(para* for*)*; *(en forma)* to be in good form. **(f)** *(fig: talento)* talent, promise.
venablo *nm* javelin, dart; **echar ~s** *(fig)* to burst out angrily.
venado *nm* **(a)** *(ciervo)* deer, stag. **(b)** *(Culin)* venison.
venal[1] *adj (Anat)* venous.
venal[2] *adj* **(a)** *(Com)* commercial. **(b)** *(pey)* venal, corrupt.
venalidad *nf* venality, corruptness.
vencedor(a) 1 *adj (ganador)* winning; *(triunfante)* victorious; *(conquistador)* conquering. **2** *nm/f* winner, victor; *(conquistador)* conqueror.
vencejo *nm (Orn)* swift.
vencer [2b] **1** *vt* **(a)** *(gen: derrotar)* to defeat, beat; *(conquistar)* to conquer; *(rival)* to outdo; *(dominar)* to master, control; *(resistir)* to overcome; **por fin le venció el sueño** finally sleep overcame him; **dejarse ~** to yield, give in. **(b)** *(sobreponerse a: dificultad)* to overcome, get round. **(c)** *(romper: soporte etc)* to break (down), snap. **(d)** *(montaña etc)* to get to the top of.
2 *vi* **(a)** *(gen)* to win (through), succeed; **¡venceremos!** we shall win *o* overcome! **(b)** *(Com etc: plazo)* to expire; *(pago etc)* to fall due; *(bono)* to mature; *(póliza etc)* to become invalid; **tiempo vencido** time up; **esta póliza está vencida** this policy has expired.
3 vencerse *vr* **(a)** *(dominarse)* to control o.s. **(b)** *(soporte etc)* to break, snap, collapse (under the weight); *(RPl)* to break down, get worn out.
vencido/a 1 *adj* **(a)** beaten, defeated; *(Dep)* losing; **darse por ~** to give up; **ir de ~** to be all in, be on one's last legs; **la enfermedad va de ~a** the illness is past its worst. **(b)** *(Com etc)* mature, due, payable. **2** *nm/f (Dep etc)* loser. **3** *adv:* **pagar ~** to pay in arrears; **le pagan por meses vencidos** he is paid at the end of the month.
vencimiento *nm* **(a)** *(bajo peso)* breaking, snapping. **(b)** *(Com: plazo)* expiration; *(: de deuda)* maturity; **al** *o* **a su ~** when it matures *o* falls due.
venda *nf* bandage; **~ elástica** elastic bandage.
vendaje *nm (Med)* dressing, bandage; **~ provisional** first-aid bandage.
vendar [1a] *vt* **(a)** *(herida)* to bandage, dress; *(ojos etc)* to cover, blindfold. **(b)** *(fig: enceguecer)* to blind; **~ los ojos a uno** to hoodwink sb.
vendaval *nm* gale, hurricane; *(fig)* storm.
vendedor(a) *nm/f (gen)* seller, vendor; *(en tienda)* shop *o* sales assistant; *(minorista)* retailer; **~ ambulante** hawker, pedlar, *(US)* peddler.
vender [2a] **1** *vt* **(a)** *(gen)* to sell; *(comerciar)* to market; *(pey)* to sell (improperly); **~ al contado/ al por mayor/al por menor** to sell for cash/wholesale/retail; **~ a plazos** *(LAm)* to sell on credit; **estar sin ~** to remain unsold. **(b)** *(fig: traicionar)* to sell out, betray. **2 venderse** *vr* **(a)** to be sold, be on sale; **~ a** *o* **por** to sell at *o* for; **este artículo se vende muy bien** this article is selling very well; **'se vende'** 'for sale'; **'véndese coche'** 'car for sale'; **no se vende** not for sale. **(b)** *(fig)* **~ caro** to play hard to get. **(c)** *(fig)* to give o.s. away.
vendible *adj* saleable; *(Com)* marketable.
vendimia *nf* **(a)** grape *o* wine harvest; **la ~ de 1973** the 1973 vintage. **(b)** *(fig)* big profit, killing.
vendimiar [1b] *vt* **(a)** *(uvas)* to harvest, pick, gather. **(b)** *(fig)* to take a profit from.
vendré *etc véase* **venir.**
Venecia *nf* Venice.
veneciano/a *adj, nm/f* Venetian.
veneno *nm (gen)* poison; *(de serpiente)* venom.
venenoso *adj* poisonous, venomous.
venera *nf* scallop.
veneración *nf* veneration.
venerar [1a] *vt* to venerate, revere.
venéreo *adj:* **enfermedad ~a** venereal disease.
venero *nm* **(a)** *(Min)* lode, seam. **(b)** *(fuente)* spring. **(c)** *(fig)* source, origin; **~ de datos** mine of information.
venezolano/a *adj, nm/f* Venezuelan.
Venezuela *nf* Venezuela.
venga *etc véase* **venir.**
vengador(a) 1 *adj* avenging, vengeful. **2** *nm/f* avenger.
venganza *nf* vengeance, revenge; *(desquite)* retaliation; **tomar ~ en uno** to take revenge on sb.
vengar [1h] **1** *vt* to avenge. **2 vengarse** *vr* to take revenge *(de una ofensa* for an offence; *de uno, en uno* on sb*)*.
vengativo *adj (persona)* vengeful, vindictive; *(acto)* retaliatory.
vengo *etc véase* **venir.**
venia *nf* **(a)** *(perdón)* pardon. **(b)** *(permiso)* permission, consent; **con su ~** by your leave, with your permission. **(c)** *(LAm Mil)* salute.
venial *adj* venial.
venida *nf* **(a)** *(gen)* coming; *(llegada)* arrival; *(vuelta)* return. **(b)** *(fig)* impetuosity.
venidero *adj* coming, future; **los ~s** posterity; **en lo ~** in (the) future.
venir [3s] **1** *vi* **(a)** *(gen)* to come *(a* to, *de* from*)*; *(llegar)* to arrive; **¡ven!, ¡venga!** come along!; **¡ven acá!** come (over) here!; **el texto viene en castellano** the text is (written) in Spanish; **~ por** to come for; **no me vengas con historias** don't come telling tales to me; **hacer ~ a uno** to summon *o* call for sb; **hicieron ~ al médico** they called (out) *o* sent for the doctor.
(b) *(acontecimiento)* to come, happen; **le vino una desgracia** she had a mishap; **venga lo que venga** come what may; **lo veía ~** *(fig)* I could see it coming; **(estar a) ver ~** to wait and see what happens, sit on the fence.
(c) *(tiempo)* **... que viene** next ...; **el mes que viene** next month.
(d) *(fig)* to come; **~ de** to come *o* proceed from; **de ahí viene que ...** and so it is *o* follows

that ... .

(e) *(fig: sentimientos etc)* to come; **le vino la idea de salir** he had the idea of going out; **como le venga en gana** just as you wish; **me vinieron ganas de llorar** I felt like crying.

(f) ~ **a hacer algo** to serve to do sth; **viene a cumplir lo que habíamos empezado** it helps to finish off what we had begun; ~ **a menos** *(persona)* to lose status, come down in the world; *(empresa)* to go downhill; ~ **a dar** *o* **parar (en)** to end up (in).

(g) viene a ser 84 en total it comes *o* amounts to 84 in all; **viene a ser más difícil que nunca** it's turning out to be more difficult than ever.

(h) ~ **bien** to come just right; *(ropa, gusto)* to suit, be suitable; *(talla)* to fit; **eso vendrá bien para el invierno** that will come in handy for the winter; **el tapón viene justo a la botella** the stopper fits the bottle exactly; **el abrigo te viene algo pequeño** the coat is rather small on you; **te viene estrecho por las espaldas** it's too tight round your shoulders; ~ **mal** to come awkwardly, be inconvenient *(a* for*)*; ~ **mal a** *(ropa)* to look wrong on, not fit.

(i) *(locuciones)* **¿a qué viene esto?** what's the point of that?; **eso no viene a cuenta** that's irrelevant; **¡venga!** *(fam)* hand it over! *(fam)*, come on!; **¡venga la pluma esa!** let's have (a look at) that pen!; **¡venga una canción!** let's have a song!

(j) *(en tiempos continuos)* **venían andando desde mediodía** they had been walking since midday; **viene gastando mucho** she has been spending a lot; **eso vengo diciendo** that's what I've been saying all along.

(k) *(+ pp)* **vengo cansado** I'm tired; **venía hecho polvo** he was worn out.

2 venirse *vr* **(a)** *(gen)* to come *o* go back; *(vino)* to ferment; *(Culin: masa)* to prove.

(b) ~ **abajo** *o* **al suelo** *(caer)* to fall down, collapse; *(fig)* to fail.

(c) parece que todo se nos viene encima a la vez everything seems to be happening to us all at once; **cualquier cosita se le viene encima** any little thing gets him down.

venoso *adj* **(a)** *(sangre)* venous. **(b)** *(hoja etc)* veined.

venta *nf* **(a)** *(Com)* sale; *(comercio)* selling; *(oferta)* marketing; ~ **por balance/de liquidación** stocktaking/clearance sale; ~ **al contado/al por mayor/al por menor** *o* **al detalle** cash sale/wholesale/retail; ~ **a plazos** hire purchase; **precio de** ~ sale price; **poner algo a la** ~ to put sth on *o* up for sale, market sth; **estar de** *o* **en** ~ to be (up) for sale *o* on the market. **(b)** *(posada)* country inn.

ventada *nf* gust of wind.

ventaja *nf* **(a)** *(gen)* advantage; *(en las apuestas)* odds; **me dio una** ~ **de 4 metros** he gave me 4 metres start; **llevar la** ~ *(en carrera)* to be leading *o* ahead; **llevar (la)** ~ **a** to have the advantage over; **sacar** ~ **de** *(aprovechar)* to derive profit from; *(pey)* to use to one's own advantage. **(b)** *(Fin: esp LAm)* profit, gain. **(c)** ~**s** *(empleo)* extras, perks *(fam)*; ~**s supletorias** fringe benefits.

ventajista 1 *adj* unscrupulous. **2** *nm/f (pey)* opportunist.

ventajoso *adj* **(a)** advantageous; *(Fin)* profitable. **(b)** *(LAm)* = **ventajista 1.**

ventana *nf* window; ~ **de guillotina/salediza/vidriera** sash/bay/picture window; ~ **de la nariz** nostril; **tirar algo por la** ~ *(lit)* to throw sth out of the window; *(fig)* to throw sth away.

ventanilla *nf* **(a)** small window; *(Teat, Aut)* window. **(b)** *(Anat: tb* ~ **de la nariz)** nostril.

ventanillo *nm* small window.

ventarrón *nm (viento)* gale, violent wind; *(ráfaga)* blast.

ventear [1a] **1** *vt* **(a)** *(perro)* to sniff. **(b)** *(ropa)* to air, put out to dry. **(c)** *(LAm: animal)* to brand. **(d)** *(LAm: airear)* to fan. **2** *vi (curiosear)* to snoop, pry. **3 ventearse** *vr* **(a)** *(henderse)* to split. **(b)** *(Anat)* to break wind.

ventero/a *nm/f* innkeeper.

ventilación *nf* **(a)** *(gen)* ventilation; **sin** ~ unventilated. **(b)** *(corriente)* draught, air. **(c)** *(ventilador)* ventilator. **(d)** *(fig)* airing.

ventilado *adj* draughty, breezy.

ventilador *nm* ventilator; *(Mec: eléctrico)* fan.

ventilar [1a] **1** *vt* **(a)** *(cuarto etc)* to ventilate. **(b)** *(ropa)* to air, put out to dry. **(c)** *(fig: asunto)* to air, discuss. **(d)** *(fig: secreto)* to make public, reveal. **2 ventilarse** *vr* **(a)** *(véase vt)* to ventilate; to air; to air, discuss; to be revealed. **(b)** *(persona)* to get some air.

ventisca *nf* blizzard, snowstorm.

ventiscar [1g] *vi*, **ventisquear** [1a] *vi (nevar)* to blow a blizzard; *(nieve)* to drift.

ventisquero *nm* **(a)** *(tormenta)* blizzard. **(b)** *(montículo)* snowdrift.

ventolera *nf* **(a)** *(ráfaga)* gust of wind, blast. **(b)** *(juguete)* windmill. **(c)** *(fig: vanidad)* vanity; **tener mucha** ~ *(fam)* to be bigheaded *(fam)*. **(d)** *(fig: idea)* whim, wild idea; **le dio la** ~ **de comprarlo** he had a sudden notion to buy it.

ventolina *nf* **(a)** *(Náut)* light wind. **(b)** *(LAm)* sudden gust of wind.

ventosa *nf* **(a)** *(agujero)* vent, airhole. **(b)** *(Zool)* sucker. **(c)** *(Med)* cupping glass. **(d)** *(Téc)* suction pad.

ventosear [1a] *vi* to break wind.

ventosidad *nf* wind, flatulence.

ventoso *adj* **(a)** windy. **(b)** *(Anat)* flatulent.

ventrículo *nm* ventricle.

ventrílocuo/a *nm/f* ventriloquist.

ventrudo *adj* fat, potbellied.

ventura *nf* luck, (good) fortune; **mala** ~ ill luck; **por su mala** ~ as ill luck would have it; **a la** ~ at random; **por** ~ *(suerte)* fortunately; *(casualidad)* by (any) chance; **probar la** ~ to try one's luck.

venturero *adj (Méx: cosecha)* out of season; *(trabajo etc)* temporary, casual.

venturoso *adj (afortunado)* lucky; *(exitoso)* successful.

ver [2v; *pp* **visto**] **1** *vt, vi* **(a)** *(gen)* to see; *(LAm: TV etc)* to look at, watch; **la vi bajar la escalera** I saw her come downstairs; **lo he visto hacer muchas veces** I have often seen it done; **no lo veo** I can't see it; ~ **es creer** seeing is believing; ~ **y callar** it's best to keep one's mouth shut about this; **ir a** ~ **a uno** to go to *o* go and see sb; **voy a** ~ I'll go and see; **¡a** ~**!** let's see!, show me!; **¿a** ~**?** what's all this?; **a** ~ **qué está pasando** let's see what's happening; **¡a** ~ **qué pasa!** *(fam)* just you dare!; **a** ~ **si ...** I wonder if ...; **a** ~ **si acabas pronto** I hope you can finish this off quickly; **es de** ~ it's worth seeing; **eso está por** ~ that remains to be seen. **(b)** *(entender)* to see, understand; **¿ves?** do you see?, (do you) get it?; **lo veo** I see; **¡verás!** you'll see!; **veremos** we'll see (about that); **según voy viendo** as I am now beginning to see; **a mi modo de ver** in my view; **por lo que veo** apparently. **(c)** *(examinar)* to look into, examine; **lo veremos** we'll look into it. **(d)** *(Jur)* to try, hear. **(e)** ~ **de hacer algo** to see about doing sth. **(f)** *(locuciones)* **¡para que veas!** so there!; **si te vi no me acuerdo** they *etc* just don't want to know; **me lo estoy**

viendo de almirante I can just imagine him as an admiral; **lo estaba viendo** it's just what I expected; **dejarse ~** *(efecto etc)* to show; *(persona)* to show up; **no dejarse ~** *(lit)* to keep away; *(fig)* to lie low; **echar de ~ algo** to notice sth; **¡hay que ~!** it just goes to show!; **hacer ~ que ...** to point out *o* prove that ...; **no le puedo ~** I hate the sight of him; **tener que ~ con** to concern, have to do with; **tener que ~ en** to have a hand in; **vamos a ~** let's see, let me see. **(g)** *(LAm: locuciones)* **¡nos estamos viendo!, ¡nos vemos!** au revoir, see you (later)!; **eso está en veremos** that's still to be decided; **¡nada que ~!** that's got nothing to do with it.

2 verse *vr* **(a)** *(dos personas)* to see each other, to meet; **~ con uno** to see sb, have a talk *o* interview with sb; **vérselas con uno** to confront *o* have it out with sb. **(b)** *(una persona etc)* to see *o* imagine o.s.; *(ser visto)* to be seen; **véase la página 9** see page 9; **se le veía mucho en el parque** he used to be seen a lot in the park; **es digno de** *o* **merece ~** it's worth seeing; **ya se ve** naturally; **ya se ve que ...** it is obvious that ...; **¿cuándo se vio nada igual?** when did you hear of anything like this?; **¡habráse visto!** did you ever! *(fam)*, of all the cheek! **(c)** *(estar)* to find o.s., be; **~ en un apuro** to be in a jam.

3 *nm* **(a)** looks *pl*, appearance; **tener buen ~** to be good-looking; **no tiene mal ~** he's not bad-looking. **(b) a mi ~** in my view, as I see it.

vera *nf (gen)* edge, verge; *(de río)* bank; **a la ~ de** near, next to; **se sentó a mi ~** he sat down beside me.

veracidad *nf* truthfulness, veracity.

veranda *nf* veranda(h).

veraneante *nmf* holidaymaker, *(US)* (summer) vacationist.

veranear [1a] *vi* to spend the summer (holiday), holiday.

veraneo *nm* summer holiday; **lugar de ~** summer *o* holiday resort; **estar de ~** to be away on (one's summer) holiday.

veraniego *adj* **(a)** summer *(atr)*. **(b)** *(fig)* trivial.

veranillo *nm:* **~ de San Martín** Indian summer.

verano *nm* summer.

veras *nfpl* **(a)** *(verdad)* truth, reality; *(lo serio)* serious things; *(datos)* hard facts. **(b) de ~** *(de verdad)* really, truly; *(sinceramente)* sincerely; **¿de ~?** really?, indeed?, is that so?; **lo siento de ~** I am truly sorry; **esto va de~** this is serious.

veraz *adj* truthful.

verbal *adj (gen)* verbal; *(mensaje etc)* oral.

verbena *nf (Bot)* verbena.

verbigracia *adv* for example.

verbo *nm* **(a)** *(Ling)* verb. **(b) echar ~s** to swear. **(c)** *(Lit)* language, diction, style. **(d) el V~** *(Rel)* the Word.

verborragia *nf*, **verborrea** *nf* verbosity, verbal diarrhoea *(fam)*.

verbosidad *nf* verbosity, wordiness.

verboso *adj* verbose, wordy.

verdad *nf* **(a)** *(gen)* truth; *(veracidad)* truthfulness, reliability; **la pura ~, la ~ lisa y llana** the plain truth; **de ~** really, properly; **un héroe de ~** a real hero; **entonces la pegó de ~** then he really did hit her; **a decir ~ ...** to tell the truth ...; **¿de ~?** really?; **en ~** really, truly; **pues, la ~ no sé** well, the truth is I don't know; **faltar a la ~** to lie, be untruthful; **hay una parte de ~ en esto** there is some truth in this. **(b) es ~** *(es cierto)* it is true, it is so; *(de confesión)* yes; *(temo que sí)* I'm afraid so; **eso no es ~** that is not true; **si bien es ~ que ...** even though ...; **¿~?, ¿no es ~?** isn't it?, aren't you?, don't you? *etc*, isn't that so? **(c) una ~ de Pero Grullo** a platitude, a truism; **una ~ a medias** a half-truth; **decir cuatro ~es a uno** to tell sb a few home truths.

verdaderamente *adv* really, indeed, truly; **~, no sé** I really don't know.

verdadero *adj* **(a)** *(gen)* true, truthful; *(versión etc)* reliable, trustworthy. **(b)** *(persona)* truthful. **(c)** *(fig)* true, real; **es un ~ héroe** he's a real hero; **fue un ~ desastre** it was a veritable disaster; **es un ~ amigo** he's a true friend.

verde 1 *adj* **(a)** green. **(b)** *(fruta etc)* green, unripe; *(planta)* green; *(legumbres)* green, fresh; *(madera)* unseasoned; *(fig: plan etc)* premature; **¡están ~s!** sour grapes! **(c)** *(fig: persona)* **viejo ~** randy *o* dirty old man; **viuda ~** merry widow *(euf)*. **(d)** *(fig: chiste etc)* blue, smutty, dirty. **(e)** *(fig)* **poner ~ a uno** *(fam)* to give sb a dressing-down. **2** *nm* **(a)** *(color)* green, green colour. **(b)** *(Bot)* greenery; *(de árboles etc)* foliage. **(c) darse un ~** to eat a lot *(de* of*)*; **darse un ~ de conciertos** to have one's fill of concerts. **(d)** *(RPl: té)* mate.

verdear [1a] *vi* **(a)** *(tener color)* to look green, be greenish. **(b)** *(volverse)* to turn *o* grow green.

verdecer [2d] *vi (objeto)* to turn *o* grow green; *(persona)* to go green.

verde-oliva *adj inv* olive green.

verderón *nm (Orn)* greenfinch.

verdín *nm* **(a)** *(color)* bright green. **(b)** *(Bot)* verdigris.

verdinegro *adj* dark green.

verdino *adj* bright green.

verdor *nm* **(a)** *(color)* greenness; *(Bot)* verdure. **(b)** *(fig)* **~(es)** youthful vigour.

verdoso *adj* greenish.

verdugo *nm* **(a)** *(ejecutor)* executioner. **(b)** *(fig: tirano)* cruel master, tyrant. **(c)** *(látigo)* lash. **(d)** *(moretón)* welt. **(e)** *(Bot)* shoot.

verdulería *nf* greengrocer's (shop).

verdulero/a 1 *nm/f* greengrocer. **2 verdulera** *nf (pey)* fishwife.

verdura *nf* **(a)** greenness; *(Bot)* greenery. **(b) ~s** *(Culin)* greens, green vegetables.

verecundo *adj* bashful.

vereda *nf* **(a)** path, lane; **ir por la ~** *(fig)* to do the right thing; **meter en ~ a uno** to bring sb into line. **(b)** *(LAm)* pavement, *(US)* sidewalk.

veredicto *nm* verdict; **~ de culpabilidad** verdict of guilty.

verga *nf* **(a)** *(vara)* rod, stick; *(Náut)* yard(arm). **(b)** *(Anat, Zool)* penis; *(Méx fam)* **me vale ~** I don't give a damn.

vergonzante *adj* **(a)** *(que tiene vergüenza)* shame-faced. **(b)** *(que produce vergüenza)* shameful.

vergonzoso *adj* **(a)** *(persona)* bashful, shy. **(b)** *(acto etc)* shameful, shocking; **es ~ que ...** it is disgraceful that ... .

vergüenza *nf* **(a)** *(sentimiento)* shame, sense *o* feelings of shame; **perder la ~** to lose all sense of shame; **sacar a uno a la ~** to hold sb up to shame; **tener ~** to be ashamed; **tener ~ de hacer algo** to be ashamed to do sth. **(b)** *(timidez)* bashfulness, shyness; **me da ~ decírselo** I feel too shy *o* it embarrasses me to tell him. **(c)** *(escándalo)* disgrace; **¡qué ~!** *(de situación)* what a disgrace! *o* scandal!; *(a persona)* shame on you!

vericueto *nm* rough track; **sin ~s** straight to the point.

verídico *adj* truthful.

verificable *adj* verifiable.

verificación *nf* **(a)** *(inspección)* inspection; *(Mec)* testing; *(de resultados etc)* verification; **~ médica** checkup. **(b)** *(realización)* fulfilment.

verificar [1a] **1** *vt* **(a)** *(Mec)* to inspect, test; *(resultados etc)* to check (up on); *(hechos)* to verify, establish; *(testamento)* to prove. **(b)** *(hacer: inspección)* to carry out; *(: ceremonia)* to perform; *(: elección)* to hold. **2 verificarse** *vr* **(a)** *(acontecimiento)* to occur, happen; *(mitin etc)* to be held, take place. **(b)** *(profecía etc)* to come *o* prove true, be realized.
verija *nf (Anat)* groin, genital region.
verja *nf* iron gate; *(cerca)* railing(s); *(rejado)* grating, grille.
vermut [ber'mu] *nm, pl* **vermuts** [ber'mu] vermouth.
vernáculo *adj* vernacular; **lengua ~a** vernacular.
verosímil *adj (probable)* likely, probable; *(creíble)* credible.
verosimilitud *nf* likeliness, probability.
verraco *nm* boar, male pig.
verruga *nf* **(a)** *(Anat, Bot)* wart. **(b)** *(fam: latoso)* pain in the neck *(fam)*. **(c)** *(fam: defecto)* defect.
versado *adj:* **~ en** versed *o* expert in.
versar [1a] *vi* **(a)** *(girar)* to go round, turn. **(b) ~ sobre** to deal with, be about.
versátil *adj* **(a)** *(Anat etc)* mobile, loose. **(b)** *(fig)* versatile. **(c)** *(fig pey)* fickle.
versatilidad *nf* **(a)** *(Anat etc)* mobility. **(b)** *(fig)* versatility. **(c)** *(fig pey)* fickleness.
versículo *nm (Rel)* verse.
versión *nf (gen)* version; *(traducción)* translation.
verso *nm* **(a)** *(gen)* verse; **~ libre/suelto** free/blank verse; **hacer ~s** to write poetry. **(b)** *(un ~)* line of poetry. **(c)** *(Méx, Ven)* **echar ~** to talk nonsense.
vértebra *nf* vertebra.
vertebrado *adj, nm* vertebrate.
vertebral *adj* vertebral; **columna ~** spine.
vertedero *nm* **(a)** *(de basura)* rubbish dump, tip. **(b) = vertedor (a).**
vertedor *nm* **(a)** *(salida)* overflow, drain, outlet. **(b)** *(Náut)* bailer. **(c)** *(en tienda etc)* scoop.
verter [2g] **1** *vt* **(a)** *(contenido)* to pour *o* empty (out); *(sin querer)* to spill; *(luz, sangre)* to shed; *(basura)* to dump, tip. **(b)** *(recipiente)* to empty (out); *(: sin querer)* to upset. **(c)** *(Ling)* to translate *(a* into). **2** *vi (río)* to flow, run *(a* into); *(declive etc)* to fall *(a* towards).
vertical 1 *adj (gen)* vertical; *(postura, piano etc)* upright. **2** *nf* vertical.
vértice *nm* **(a)** apex. **(b)** *(Anat)* crown of the head.
vertiente *nf* **(a)** slope. **(b)** *(LAm)* spring, fountain.
vertiginoso *adj* **(a)** giddy, dizzy. **(b)** *(fig: velocidad)* dizzy; *(: alza etc)* very rapid.
vértigo *nm* **(a)** *(Med)* giddiness, dizziness, vertigo; *(: ataque)* dizzy spell. **(b)** *(fig: locura)* fit of madness, aberration; *(: actividad)* intense activity. **(c) de ~** *(fam: velocidad)* giddy; *(: ruido)* tremendous; *(: talento)* fantastic.
vesícula *nf* vesicle; **~ biliar** gall-bladder.
vespertino *adj* evening *(atr)*; **(periódico) ~** evening newspaper.
vestíbulo *nm (de casa, hotel etc)* vestibule, lobby, hall; *(Teat)* foyer.
vestido *nm* **(a)** *(gen)* dress, costume, clothes, clothing. **(b)** *(un ~)* dress, frock; *(: traje)* costume, suit.
vestidor *nm* dressing room.
vestigio *nm* vestige, trace; **~s** remains, relics.
vestimenta *nf* **(a)** *(ropas)* clothing; *(pey)* gear. **(b)** *(Rel)* **~s** vestments.
vestir [31] **1** *vt* **(a)** *(gen)* to dress *(de* in), clothe *(de* in, with); *(cubrir)* to clothe, cover *(de* in, with); **estar vestido de** *(gen)* to be dressed *o* clad in; *(como disfraz)* to be dressed as. **(b)** *(llevar)* to wear; **vestía traje azul** he was wearing a blue sui. **(c)** *(pagar la ropa de)* to clothe, pay for the clothing of. **(d)** *(suj: sastre etc)* to dress, make clothes for. **(e)** *(idea etc)* to express *(de* in); *(defecto etc)* to conceal.

2 *vi* **(a)** to dress; **~ bien** to dress well; **~ de negro** to dress in *o* wear black. **(b)** *(sentar bien)* to look well, be right (for an occasion); **traje de (mucho) ~** *(formal)* formal suit; *(demasiado formal)* suit that is too dressy.

3 vestirse *vr* **(a)** *(ponerse ropa)* to dress o.s., get dressed, put on one's clothes; *(cubrirse)* to be covered *(de* in); **~ de azul** to wear blue, dress in blue; **ella se viste en París** she buys her clothes in Paris. **(b)** *(fig)* **~ de cierta actitud** to adopt a certain attitude; **~ de severidad** to adopt a severe tone.
vestuario *nm* **(a)** clothes, wardrobe; *(Teat)* wardrobe, costumes; *(Mil)* uniform. **(b)** *(Teat: cuarto: para actores)* dressing room; *(: para público)* cloakroom; *(Dep: cuarto)* changing room; *(: edificio)* pavilion.
veta *nf (Min)* seam, vein; *(de madera)* grain; *(en piedra, carne)* streak.
vetar [1a] *vt* to veto.
veterano *adj, nm* veteran.
veterinaria *nf* veterinary medicine *o* science.
veterinario *nm* veterinary surgeon, vet *(fam)*, *(US)* veterina ian.
veto *nm* veto; **poner (su) ~ a** to veto.
vetusto *adj* very old, ancient.
vez *nf* **(a)** time, occasion; **a veces** at times; **a la ~ (que ...)** at the same time (as ...); **alguna ~, algunas veces** sometimes; **¿lo viste alguna ~?** did you ever see it?; **alguna que otra ~** occasionally, now and again; **cada ~** every time; **cada ~ que ...** whenever ...; **cada ~ más** increasingly, more and more; **contadas veces** seldom; **¿cuántas veces?** how often?, how many times?; **de ~ en cuando** from time to time, occasionally; **las más veces** mostly, in most cases; **muchas veces** often; **otra ~** again; **pocas veces** seldom, rarely; **por esta ~** this time, this once; **rara ~** seldom, rarely; **repetidas veces** repeatedly, over and over again; **tal ~** perhaps; **toda ~ que ...** since ...; **varias veces** several times. **(b)** *(con número)* **una ~** once; **una ~ que ...** once ...; **una y otra ~** repeatedly; **érase una ~** once upon a time (there was); **de una ~** in one go, all at once; **¡acabemos de una ~!** let's get it over (with)!; **de una ~ para siempre** once and for all, for good; **dos veces** twice; **dos veces tanto** twice as much; **con una velocidad dos veces superior a la del sonido** at twice the speed of sound; **tres veces** three times; **cien veces** *(fig)* hundreds *o* lots of times; **por enésima/primera/última ~** for the umpteenth *(fam)*/first/last time. **(c)** *(Mat)* **7 veces 9** 7 times 9. **(d)** *(turno)* turn, go; **a su ~** in his turn; **en ~ de** instead of; **ceder la ~** to give up one's turn; *(en cola etc)* to give up one's place; **hacer las veces de** *(sustituir a)* to take the place of, stand in for; *(oficiar)* to serve *o* do duty as.
v.g., v.gr. *abr de* **verbigracia** e.g.
vía 1 *nf* **(a)** *(calle)* road; *(Náut etc)* route; *(en autopista)* lane; *(Quím)* process; *(Rel etc)* way; **por ~ aérea** *(viaje)* by air; *(correos)* (by) airmail; **abrirse una ~ de agua** to spring a leak; **~ de circunvalación** bypass, ring road; **~ férrea** railway; **~ fluvial** waterway; **V~ Láctea** Milky Way; **¡~ libre!** make way!; **por ~ marítima** by sea; **~**

pública public highway *o* thoroughfare; **por ~ terrestre** *(viaje)* overland, by land; *(correos)* by surface mail; **~ única** one-way street; **por ~** *(lit)* via, by way of, through; *(fig)* by way of, as. **(b)** *(Ferro: rieles)* track, line; *(: ancho)* gauge; **~ ancha/estrecha/normal** broad/narrow/standard gauge; **~ muerta** siding; **~ única/doble** single/double track; **el tren está en la ~ 8** the train is (standing) at platform 8. **(c)** *(Anat)* passage, tube; **~s digestivas** digestive tract *sg*; **por ~ bucal** through the *o* by mouth, orally; **por ~ interna** *(Med)* internally. **(d)** *(Jur, Pol etc)* way, means; **~ judicial** process of law, legal means; **por ~ oficial** through official channels. **(e) en ~s de** in (the) process of, on the way to; **un país en ~s de desarrollo** a developing country.

2 *prep (Ferro etc)* via, by way of, through.

viabilidad *nf (véase adj)* viability; feasibility.

viable *adj (Com etc)* viable; *(plan etc)* feasible.

viaducto *nm* viaduct.

viajante *nmf*: **~ (de comercio)** commercial traveller, *(US)* traveling salesman.

viajar [1a] *vi* to travel, journey; **~ en coche/autobús** to go by car/bus; **~ por** to travel around, tour.

viaje *nm* **(a)** journey; *(excursión)* trip; *(gira)* tour; *(Náut)* voyage; **el ~, los ~s** *(gen)* travel; **~ en coche** ride, trip by car; **~ en barco** boat trip; **~ de ida** outward journey; **~ de ida y vuelta,** *(LAm)* **~ redondo** round *o* return trip; **~ de novios** honeymoon; **~ de recreo** pleasure trip; **¡buen** *o* **feliz ~!** bon voyage!; **estar de ~** to be travelling *o* on a trip. **(b)** *(Com etc: carga)* load.

viajero/a 1 *adj* travelling; *(Zool)* migratory. **2** *nm/f (gen)* traveller; *(Ferro etc)* passenger; **¡señores ~s, al tren!** will passengers kindly board the train!

vial *adj* road *(atr)*; *(de la circulación)* traffic *(atr)*; **ejes ~es** *(Méx)* urban expressways.

vianda *nf (tb ~s)* food.

viaraza *nf (LAm)* fit of anger; **estar con la ~** to be in a bad mood.

viáticos *nmpl* travelling expenses.

víbora *nf* viper; *(LAm)* poisonous snake.

vibración *nf* **(a)** vibration. **(b)** *(Ling)* roll, trill.

vibrador *nm* vibrator.

vibrante *adj* **(a)** vibrant, vibrating. **(b)** *(Ling)* rolled, trilled. **(c)** *(voz etc)* ringing.

vibrar [1a] **1** *vt* **(a)** to vibrate. **(b)** *(Ling)* to roll, trill. **2** *vi (gen)* to vibrate; *(pulsar)* to throb, beat, pulsate.

vicario *nm (Rel)* curate; **~ general** vicar general.

vice... *pref* vice-... .

vicealmirante *nm* vice-admiral.

vicecónsul *nm* vice-consul.

vicegerente *nm* assistant manager.

vicepresidente/a *nm/f (Pol)* vice-president; *(de comité etc)* vice-chairman.

viceversa *adv* vice versa.

viciado *adj* **(a)** *(aire)* foul. **(b)** *(corrompido)* corrupt. **(c)** *(comida)* contaminated.

viciar [1b] **1** *vt* **(a)** *(corromper)* to corrupt, pervert. **(b)** *(Jur)* to nullify. **(c)** *(texto)* to corrupt. **(d)** *(comida, drogas)* to adulterate; *(aire)* to pollute. **(e)** *(objeto)* to bend, twist; *(madera)* to warp. **2 viciarse** *vr* **(a)** *(corromperse)* to take to vice, become corrupted. **(b)** *(objeto)* to warp. **(c)** *(comida etc)* to be(come) contaminated. **(d)** *(aire, agua)* to be(come) polluted.

vicio *nm* **(a)** *(gen)* vice. **(b)** *(mala costumbre)* bad habit, vice; **no le podemos quitar el ~** we can't get him out of the habit; **de** *o* **por ~** out of sheer habit; **quejarse de ~** to complain for no reason at all. **(c)** *(defecto)* defect, blemish; *(Jur)* error; *(Ling)* mistake. **(d)** *(de superficie etc)* warp.

viciosidad *nf* viciousness.

vicioso/a 1 *adj* **(a)** *(cruel)* vicious; *(depravado)* depraved; *(mimado)* spoiled. **(b)** *(Mec etc)* faulty, defective. **(c)** *(Bot)* rank. **2** *nm/f* **(a)** vicious *o* depraved person. **(b)** *(adicto)* addict.

vicisitud *nf* vicissitude.

víctima *nf* victim; *(Zool etc)* prey; *(de accidente etc)* casualty.

victimar [1a] *vt (LAm)* to kill.

victimario *nm (LAm)* killer, murderer.

victoria *nf (gen)* victory; *(triunfo)* triumph; *(Dep)* win.

victorioso *adj* victorious.

victrola *nf (LAm)* gramophone, *(US)* phonograph.

vicuña *nf* vicuna.

vid *nf* vine.

vida *nf* **(a)** *(gen)* life; *(modo de vivir)* way of life; *(término)* life span, lifetime; *(profesión etc)* livelihood; **costo de la ~** cost of living; **nivel de ~** standard of living; **así es la ~** that's life; **¿qué es de tu ~?** what's new?; **¡esto es ~!** this is the life *o* living! **(b)** *(locuciones con prep)* **¡hermana de mi ~!** my dear sister!; **de por ~** for life; **un amigo de toda la ~** a lifelong friend; **en ~** during his *etc* lifetime; **en la/mi ~** *(neg)* never (in my life); **entre ~ y muerte** at death's door. **(c)** *(locuciones con adj etc)* **~ airada** criminal life; **de ~ airada** *o* **libre** loose-living, immoral; **~ eterna/íntima** *o* **privada/mala/sentimental** eternal/private/dissolute/love life; **mujer de mala ~** prostitute; **~ perra** dog's life, wretched life. **(d)** *(locuciones con vb)* **estar con ~** to be still alive; **amargar la ~ a uno** to make sb's life a misery; **complicarse la ~** to make life difficult for o.s.; **cortar la ~ de uno** to cut sb down (in his prime); **darse buena ~** to live well *o* in style, do o.s. proud *(fam)*; **dar la ~** to sacrifice one's life; **dar mala ~ a uno** to ill-treat sb; **escapar con ~** to escape alive; **ganarse la ~** to make *o* earn one's living; **hacer ~ marital** to live together (as man and wife); **le va la ~ en esto** his life depends on it; **meterse en ~s ajenas** to pry; **pegarse la gran ~** to live it up *(fam)*; **perder la ~** to lose one's life; **quitar la ~ a uno** to take sb's life; **quitarse la ~** to kill o.s.; **vender cara la ~** to sell one's life dearly. **(e)** *(de ojos etc)* liveliness. **(f)** *(saludo cariñoso)* **¡~!, ¡~ mía!** my love! **(g)** *(euf)* prostitution; **una mujer de la ~** a prostitute, a woman on the game.

vídeo *nm* video; *(aparato)* video (recorder); **cinta de ~** videotape; **película de ~** videofilm; **registrar** *o* **grabar en ~** to record, (video)tape.

videocámara *nf* video camera.

videocassette *nf* video cassette.

videocinta *nf* videotape.

videoclub *nm, pl* **videoclub(e)s** video club.

videodisco *nm* video disc *o (US)* disk.

videograbación *nf (acto)* (video)taping; *(programa registrado)* recording.

videograbadora *nf* video cassette recorder.

videojuego *nm* video game.

videoteca *nf* video(tape) library.

vidorria *nf* **(a)** *(RPl)* easy life. **(b)** *(LAm)* miserable life.

vidriado 1 *adj* glazed. **2** *nm* **(a)** *(barniz)* glaze. **(b)** *(loza)* glazed earthenware.

vidriar [1b] **1** *vt* to glaze. **2 vidriarse** *vr (objeto)* to become glazed; *(ojos)* to glaze over.

vidriera *nf* **(a) ~ (de colores)** stained glass window; **(puerta) ~** glass door *o* partition. **(b)** *(LAm)* shop window.

vidriería *nf* **(a)** *(fábrica)* glassworks. **(b)** *(obje-*

tos) glassware.
vidriero *nm* glazier.
vidrio *nm* glass; *(LAm: ventana)* window; ~ **cilindrado/de colores/deslustrado/inastillable/tallado** plate/stained/frosted *o* ground/splinterproof/cut glass; **bajo** ~ under glass; **pagar los ~s rotos** *(fam)* to carry the can *(fam)*.
vidrioso *adj* **(a)** *(gen)* glassy; *(frágil)* brittle, fragile. **(b)** *(ojo)* glassy; *(expresión)* glazed; *(superficie)* slippery. **(c)** *(persona)* touchy. **(d)** *(asunto)* delicate.
viejo/a 1 *adj (gen)* old; **hacerse** *o* **ponerse** ~ to grow *o* get old; **ropa ~a** old *o* second-hand clothes; *(LAm Culin)* shredded meat. **2** *nm/f* **(a)** old man/woman; *véase* **verde 1 (c)**. **(b)** *(LAm)* **mi ~/~a** *(fam)* my old man/woman *(fam)*; **los ~s** the old.
vienes *etc véase* **venir.**
viento *nm* **(a)** *(gen)* wind; *(ligero)* breeze; **hay** *o* **hace (mucho)** ~ it is (very) windy; ~ **ascendente** *(Aer)* up-current; ~ **de cola/de costado/contrario** tailwind/crosswind/headwind; ~ **de la hélice** slipstream; ~ **en popa** following wind; **ir ~ en popa** to go splendidly, go great guns *(fam)*; *(negocio)* to prosper; **estar lleno de** ~ to be empty; **beber los ~s por uno** to be crazy about sb; **gritar algo a los cuatro ~s** to shout sth from the rooftops; **contra ~ y marea** at all costs, come what may. **(b)** *(Anat)* wind, flatulence. **(c)** *(Mús)* wind (instruments). **(d)** *(Caza)* scent. **(e)** *(de perro)* sense of smell. **(f)** *(fig)* conceit. **(g)** *(Camping)* guy-rope.
vientre *nm* **(a)** *(Anat: estómago)* belly; *(: matriz)* womb; **bajo** ~ lower abdomen. **(b)** *(intestino)* bowels *pl;* **hacer de** ~ to have a movement of the bowels. **(c)** *(de animal muerto)* guts. **(d)** *(Zool)* foetus. **(e)** *(de recipiente)* belly.
viernes *nm inv* Friday; **V~ Santo** Good Friday; *véase tb* **sábado.**
Vietnam *nm* Vietnam.
vietnamita *adj, nmf* Vietnamese.
viga *nf (madera)* balk, timber; *(Arquit: de madera)* beam, rafter; *(: de metal)* girder.
vigencia *nf* validity, applicability; *(de contrato etc)* term, life; **entrar en** ~ to come into force *o* effect; **estar en** ~ to be in force; **tener** ~ to be valid, apply.
vigente *adj* valid, applicable, in force.
vigésimo *adj, nm* twentieth; *véase tb* **sexto.**
vigía 1 *nm* look-out, watchman; **los ~s** *(Náut)* the watch. **2** *nf* **(a)** *(Mil etc)* watchtower. **(b)** *(Geog)* reef.
vigilancia *nf* vigilance, watchfulness; **sometido a** ~ under surveillance.
vigilante 1 *adj* vigilant. **2** *nm* **(a)** watchman, caretaker; *(en cárcel)* warder; *(en tienda)* store detective; ~ **de noche** *o* **nocturno** night watchman. **(b)** *(RPl)* policeman.
vigilar [1a] **1** *vt* to watch (over); *(cuidar)* to look after, keep an eye on; *(presos etc)* to guard; *(máquinas)* to tend; *(frontera etc)* to guard, police, patrol; *(trabajo)* to supervise. **2** *vi* to be vigilant *o* watchful; *(Náut)* to keep watch; ~ **por** *o* **sobre** to watch over.
vigilia *nf* **(a)** wakefulness; *(vigilancia)* watchfulness; **pasar la noche de** ~ to stay awake all night. **(b)** *(trabajo)* night *o* late work; *(estudio)* night-time study. **(c)** *(Rel)* vigil; *(comida)* fast; *(víspera)* eve; **día de** ~ day of abstinence.
vigor *nm* **(a)** *(fuerza)* vigour; **con** ~ vigorously. **(b)** = **vigencia.**
vigorizador *adj,* **vigorizante** *adj (gen)* invigorating; *(medicina)* tonic.
vigoroso *adj (gen)* vigorous; *(fuerte)* strong; *(esfuerzo)* strenuous; *(niño)* sturdy.
vigueta *nf* joist, small beam.
vil *adj (persona)* low, villainous; *(acto)* vile, rotten; *(conducta)* despicable, mean.
vileza *nf* **(a)** vileness, foulness; *(carácter)* meanness. **(b)** *(una ~)* vile act, base deed.
vilipendiar [1a] *vt* **(a)** *(denunciar)* to vilify, revile. **(b)** *(despreciar)* to despise, scorn.
vilo *adv* **(a) en** ~ (up) in the air; *(suspenso)* suspended. **(b) en** ~ *(fig)* on tenterhooks; **estar** *o* **quedar en** ~ to be left in suspense.
vilote *nm (LAm)* coward.
villa *nf* **(a)** *(casa)* villa. **(b)** *(pueblo)* small town; *(Pol)* borough, municipality; **la V~** *(esp)* Madrid; *(LAm)* ~ **miseria** shantytown.
villancico *nm* (Christmas) carol.
villano/a 1 *adj (Hist)* peasant *(atr)*; *(rústico)* rustic. **2** *nm/f (Hist)* serf; *(esp fig)* peasant.
villorrio *nm* one-horse town, dump *(fam)*; *(LAm)* shantytown.
vinagre *nm* vinegar.
vinagrera *nf* **(a)** vinegar bottle; **~s** cruet stand. **(b)** *(LAm)* heartburn.
vinagreta *nf* French dressing, oil and vinegar dressing.
vinagroso *adj* **(a)** vinegary. **(b)** *(fig)* bad-tempered.
vinatería *nf* **(a)** *(tienda)* wine shop. **(b)** *(comercio)* wine trade.
vinatero *nm* wine merchant, vintner.
vinculación *nf* **(a)** linking; *(fig)* bond, link, connection. **(b)** *(Jur)* entail.
vincular [1a] **1** *vt* **(a)** to link, bind *(a* to*)*; ~ **sus esperanzas en** to base one's hopes on; **están estrechamente vinculados entre sí** they are closely bound together. **(b)** *(Jur)* to entail. **2 vincularse** *vr* to be linked, tied *(a* to*)*.
vínculo *nm* **(a)** link, bond; ~ **de parentesco** family ties. **(b)** *(Jur)* entail.
vindicación *nf (gen)* vindication; *(venganza)* revenge.
vindicar [1g] **1** *vt* **(a)** *(vengar)* to avenge. **(b)** *(reivindicar)* to vindicate. **2 vindicarse** *vr* **(a)** to avenge o.s. **(b)** to vindicate o.s.
vine *etc véase* **venir.**
vinería *nf (LAm)* wineshop.
vinícola *adj (industria)* wine *(atr)*; *(región)* wine-growing *(atr)*.
vinicultor *nm* wine grower.
vinicultura *nf* wine growing *o* production.
vinilo *nm* vinyl.
vino *nm* wine; ~ **añejo** *o* **de solera/generoso/de pasto/seco/tinto** vintage/full-bodied/ordinary/dry/red wine; ~ **de Jerez** sherry; ~ **de Oporto** port (wine); ~ **peleón** cheap wine, plonk *(fam)*; **dormir el** ~ to sleep off a hangover.
viña *nf (planta)* vine; *(lugar)* vineyard.
viñatero *nm* vine *o* wine grower.
viñedo *nm* vineyard.
viola *nf* **(a)** *(Bot)* viola. **(b)** *(Mús)* viola.
violáceo *adj* violet.
violación *nf* **(a)** violation. **(b)** *(sexual)* rape. **(c)** *(Jur)* offence, infringement; ~ **de domicilio** forced entry.
violado *adj, nm* violet.
violador(a) 1 *nm* rapist. **2** *nm/f* violator, offender *(de* against*)*.
violar [1a] *vt* **(a)** *(territorio etc)* to violate. **(b)** *(persona)* to rape. **(c)** *(Jur etc)* to break, offend against.
violencia *nf* **(a)** *(gen)* violence; *(fuerza)* force; *(Jur)* assault; *(Pol)* rule by force; **no** ~ non-

violence; **hacer algo con ~** to do sth violently; **hacer ~ a** = **violentar (b), (c)**. **(b)** *(una ~)* outrage. **(c)** *(fig)* **si eso te cuesta ~** if that embarrasses you; **estar con ~** to be *o* feel embarrassed.

violentar [1a] **1** *vt* **(a)** *(puerta etc)* to force; *(rama etc)* to bend; *(casa)* to break into. **(b)** *(persona)* to force, persuade forcibly; *(Jur)* to assault. **(c)** *(fig: principio)* to violate; *(: sentido)* to distort. **2 violentarse** *vr* to force o.s.

violento *adj* **(a)** *(gen)* violent; *(esfuerzo)* furious; *(Dep)* tough; *(pey)* rough; **mostrarse ~** to turn violent. **(b)** *(postura)* awkward; *(acto)* unnatural; **me es muy ~** it goes against the grain with me. **(c)** *(situación)* embarrassing, awkward. **(d)** *(estado)* embarrassed, awkward.

violeta *adj inv, nf* violet.

violín *nm* **(a)** *(instrumento)* violin. **(b)** *(músico)* violinist. **(c)** *(Méx)* **de ~** gratis, free. **(d)** *(LAm)* **embolsar el ~** to be embarrassed, keep quiet.

violinista *nmf* violinist, fiddler *(fam)*.

violón *nm* double bass; **tocar el ~** *(fam)* to talk rot.

violoncelista *nmf* cellist.

violoncelo *nm* cello.

vira *nf (Mil etc)* dart; *(de zapato)* welt.

virago *nf* mannish woman.

viraje *nm* **(a)** *(Náut)* tack; *(de coche etc)* turn; *(en carretera etc)* bend, curve; **~ en horquilla** hairpin bend. **(b)** *(Pol)* abrupt switch, volte-face; *(de votos)* swing.

virar [1a] **1** *vt* **(a)** *(Náut)* to put about, turn. **(b)** *(Fot etc)* to tone. **(c)** *(LAm: dar vuelta)* to turn (round). **2** *vi* **(a)** to change direction, turn; *(Náut)* to tack; *(vehículo)* to turn; *(: con violencia)* to swerve; **~ en redondo** to turn completely round. **(b)** *(cambiar de parecer)* to change one's views; *(el voto)* to swing; **el país ha virado a la derecha** the country has swung (to the) right.

virgen 1 *adj* virgin; *(cinta)* blank; *(película)* unexposed. **2** *nmf* virgin; *(Rel)* **la Santísima V~** the Blessed Virgin.

virginal *adj* virginal.

virginidad *nf* virginity.

Virgo *nm* Virgo.

virguería *nf* silly behaviour.

viril *adj* virile; **la edad ~** the prime of life.

virilidad *nf* virility, manhood.

virola *nf* **(a)** metal tip, ferrule; *(de herramienta)* collar. **(b)** *(LAm)* silver ring.

virolento *adj* pockmarked.

virología *nf* virology.

virote *nm* **(a)** *(flecha)* arrow. **(b)** *(Méx)* bread roll. **(c)** *(fam)* hooray Henry *(fam)*; *(: serio)* stuffed shirt *(fam)*.

virrey *nm* viceroy.

virriondo *adj (Méx)* = **cachondo.**

virtual *adj* **(a)** *(real)* virtual. **(b)** *(en potencia)* potential. **(c)** *(Fís)* apparent.

virtud *nf* **(a)** *(calidad)* virtue. **(b)** *(capacidad)* ability, power; **en ~ de** by virtue of, by reason of.

virtuosismo *nm* virtuosity.

virtuoso/a 1 *adj* virtuous. **2** *nm/f* virtuoso.

viruela *nf* **(a)** smallpox. **(b)** **~s** pockmarks; **~s locas** chickenpox; **picado de ~s** pockmarked.

virulencia *nf* virulence.

virulento *adj* virulent.

virus *nm inv* virus; **enfermedad por ~** virus disease.

viruta *nf* wood *o* metal shaving.

vis *nf*: **~ cómica** sense of humour; **tener ~ cómica** to be witty.

visa *nf (LAm)*, **visado** *nm* visa; **~ de permanencia** residence permit; **~ de tránsito** transit visa.

visaje *nm* (wry) face, grimace; **hacer ~s** to pull *o* make faces.

visar [1a] *vt* **(a)** *(pasaporte)* to visa. **(b)** *(documento)* to endorse.

vísceras *nfpl* viscera, entrails; *(fig)* guts.

viscosidad *nf* **(a)** *(cualidad)* viscosity. **(b)** *(Bot, Zool)* slime.

viscoso *adj* viscous, sticky; *(líquido)* thick, stiff; *(secreción)* slimy.

visera *nf (Mil)* visor; *(de gorra)* peak; *(de yoquey, jugador etc)* eyeshade.

visibilidad *nf* visibility; **~ cero** zero visibility.

visible *adj* **(a)** visible. **(b)** *(fig: claro)* clear, plain; *(: obvio)* evident, obvious.

visillo *nm* lace curtain.

visión *nf* **(a)** *(Anat)* vision, (eye)sight; **perder la ~ de un ojo** to lose the sight in *o* of one eye. **(b)** *(Rel etc)* vision; *(fantasía)* fantasy; *(ilusión)* illusion; **ver ~es** to see *o* be seeing things. **(c)** *(vista)* view; **~ de conjunto** complete picture.

visionadora *nf (Fot)* viewer.

visionario/a 1 *adj* **(a)** visionary. **(b)** *(pey)* deluded. **2** *nm/f* **(a)** visionary. **(b)** *(pey)* deluded person; *(loco)* lunatic.

visita *nf* **(a)** visit; *(breve)* call; *(en la Aduana)* search; *(Jur)* **derecho de ~** right of search; **horas/tarjeta de ~** visiting hours/card; **~ de cortesía/de cumplido/de despedida** courtesy/formal/farewell visit; **~ relámpago** flying visit; **~ de médico** *(fam)* brief call; **estar de ~ en** to be on a visit to; **hacer/devolver una ~** to pay/return a visit; **ir de ~** to go visiting. **(b)** *(persona)* visitor, caller.

visitador(a) *nm/f* **(a)** *(visitante)* frequent visitor. **(b)** *(inspector)* inspector.

visitante 1 *adj* visiting. **2** *nmf* visitor.

visitar [1a] **1** *vt* to visit; *(a uno)* to call on, go and see; *(investigar)* to inspect. **2 visitarse** *vr* **(a)** *(pareja)* to visit each other. **(b)** *(Med)* to ask the doctor to call.

vislumbrar [1a] *vt* to glimpse, catch a glimpse of; *(solución etc)* to begin to see.

vislumbre *nf* **(a)** glimpse. **(b)** *(brillo)* gleam. **(c)** *(fig: posibilidad)* glimmer, slight possibility; *(: conjectura)* conjecture; **tener ~s de** to get an inkling of.

viso *nm* **(a)** *(de metal)* gleam, glint. **(b)** *(de tela)* **~s** sheen, gloss; **a** *o* **de dos ~s** *(fig)* with a double purpose, two-edged; **hacer ~s** to shimmer. **(c)** *(fig: aspecto)* appearance; **hay un ~ de verdad en esto** there is an element of truth in this; **tenía ~ de nunca acabar** it seemed that it was never going to finish. **(d)** *(ropa)* slip. **(e)** **ser persona de ~** to be a somebody, be important.

visón *nm* mink.

visor *nm* **(a)** *(Aer)* bombsight. **(b)** *(Fot)* viewfinder.

víspera *nf* eve, day *o* evening before; **~ de Navidad** Christmas Eve; **la ~ de, en ~s de** on the eve of; **estar en ~s de hacer algo** to be on the point *o* verge of doing sth.

vista 1 *nf* **(a)** *(Anat)* sight, eyesight, vision; *(mirada)* look, gaze, glance; **~ de águila** *o* **de lince** very keen sight, eagle eye; **~ corta** short sight; **~ doble** double vision. **(b)** *(gen: locuciones con prep)* **a primera ~** at first sight, on the face of it; **a simple ~** with *o* to the naked eye; **a la ~** in sight *o* view; **la parte que quedaba a la ~** the part that was visible *o* uncovered; **está a la ~ que ...** it is obvious that ...; **estar a la ~ de** to be within sight of; **a la ~ de todos** openly, for all to see; **a la ~ de tal espectáculo** at the sight of such a scene; **a la ~ de sus informes** in the light of his reports;

estaré a la ~ de lo que pase I will keep an eye on developments; **con la ~ puesta en** with one's eyes fixed on; **conocer a uno de ~** to know sb by sight; **en plena ~** in full view; **en ~ de** *(fig)* in view of; **en ~ de que ...** in view of the fact that ...; **¡hasta la ~!** see you!, so long!; **hasta donde alcanza la ~** as far as the eye can see. **(c)** *(locuciones con vb)* **aguzar la ~** to look sharp; **alzar la ~** to look up; **apartar la ~** *(lit)* to look away; *(fig)* to turn a blind eye *(de* to); **bajar la ~** to look down; **fijar** *o* **clavar la ~ en** to stare at; **dirigir la ~ a** to look at *o* towards; **hacer la ~ gorda** to turn a blind eye; **medir a uno con la ~** to size sb up; **pasar la ~ por** to look over; **perder algo de ~** to lose sight of sth; **se pierde de ~** *(fig)* he's very sharp *o* clever; **no perder a uno de ~** to keep sb in sight; **poner algo a la ~** to put sth on view; **salta a la ~** it hits you in the eye; **torcer la ~** to squint; **volver la ~** to look back. **(d)** *(Com)* **a la ~** at *o* on sight. **(e)** *(de objeto etc)* appearance, looks; **a la ~, no son pobres** from what one can see, they're not poor. **(f)** *(fig: perspicacia)* foresight; *(: intención)* intention; **con ~s a** with a view to. **(g)** *(Geog etc)* view, vista, panorama; **~s** *(fig)* outlook, prospect; **~ frontal** front view; **con ~s al oeste** facing west. **(h)** *(Fot etc)* view; **~ fija** still; **~ general** overview. **(i)** *(Jur)* hearing.

2 *nm* customs inspector.

vistar [1a] *vt (LAm)* to look over *o* at.

vistazo *nm* look, glance; **de un ~** at a glance; **echar o pegar un ~ a** *(fam)* to glance at, have a (quick) look at.

visto[1] *etc véase* **vestir.**

visto[2] **1** *pp de* **ver. 2** *adj* **(a) ~ todo esto** in view of all this; **por lo ~** apparently; **ni ~ ni oído** like lightning; **cosa nunca ~a** an unheard-of thing. **(b) está muy ~** it is very common; *(pey)* it's ancient *(fam)*. **(c) está ~ que ...** it is clear that ...; **estaba ~** it had to be. **(d) lo que está bien ~** what is socially acceptable; **eso está muy mal ~** that's not done. **3: ~ que ...** *conj* seeing that .... **4: ~ bueno** *nm* O.K. *(fam)*, go-ahead *(fam)*; **dar el ~ bueno a algo** to give sth the O.K. *(fam) o* go-ahead *(fam)*.

vistoso *adj (ropa)* bright, colourful; *(pey)* gaudy.

visual 1 *adj* visual; **campo ~** field of vision. **2** *nf* line of sight.

visualizar [1f] *vt* **(a)** *(imaginarse)* to visualize. **(b)** *(Comput)* to display.

vital *adj* **(a)** life *(atr)*; **espacio ~** living space; **fuerza ~** life force. **(b)** *(Anat etc)* vital; *(fig)* essential, fundamental.

vitalicio *adj* life *(atr)*; **cargo ~** post held for life; **pension ~a** life pension.

vitalidad *nf* vitality.

vitamina *nf* vitamin.

vitaminado *adj* with added vitamins.

vitícola *adj (industria)* grape *(atr)*, vine *(atr)*; *(región)* grape- *o* vine-producing.

viticultor *nm* vine grower.

viticultura *nf* vine growing.

vitola *nf* **(a)** cigar band. **(b)** *(fig)* appearance; *(Mec)* calibrator.

vítor 1 *interj* hurrah! **2** *nm* cheer; **dar ~es a** to cheer (on).

vitorear [1a] *vt* to cheer, acclaim.

vítreo *adj* glassy, vitreous.

vitrificar [1g] **1** *vt* to virtrify. **2 vitrificarse** *vr* to vitrify.

vitrina *nf* **(a)** *(de tienda)* glass case, showcase; *(en casa)* display cabinet. **(b)** *(LAm)* shop window.

vitrola *nf (LAm)* gramophone, *(US)* phonograph.

vitualla(s) *nf(pl)* provisions *pl*, victuals *pl*.

vituperación *nf* condemnation.

vituperar [1a] *vt* to condemn, censure.

vituperio *nm* **(a)** *(condena)* condemnation; *(reproche)* censure; *(injuria)* insult; **~s** abuse *sg*, insults. **(b)** *(deshonra)* shame, disgrace.

viudedad *nf* **(a)** widow(er)hood. **(b)** *(Fin)* widow's pension.

viudez *nf* widow(er)hood.

viudo/a 1 *adj* widowed; **estar ~a** *(fam)* to be a grass widow. **2** *nm* widower. **3 viuda** *nf* widow.

viva *nm* cheer; **prorrumpir en ~s** to burst out cheering.

vivacidad *nf* vigour; *(personalidad)* liveliness, vivacity; *(inteligencia)* sharpness.

vivamente *adv* in lively fashion; *(descripción etc)* vividly; *(protesta)* sharply, strongly; *(emoción)* acutely, intensely; **lo siento ~** I am deeply sorry.

vivaquear [1a] *vi* to bivouac.

vivar[1] *nm* **(a)** *(Zool)* warren. **(b)** *(para peces)* fishpond; *(industrial)* fish farm.

vivar[2] [1a] *vt (LAm)* to cheer.

vivaracho *adj (vivo)* jaunty, lively; *(vivaz)* vivacious; *(ojos)* bright.

vivaz *adj* **(a)** *(duradero)* enduring, lasting; *(Bot)* perennial. **(b)** *(vigoroso)* vigorous. **(c)** *(vivo)* lively.

víveres *nmpl* provisions; *(esp Mil)* stores, supplies.

vivero *nm* **(a)** *(Hort etc)* nursery. **(b)** *(para peces)* fishpond; *(: Com)* fish farm; *(Zool)* vivarium; **~ de ostras** oyster bed. **(c)** *(fig)* hotbed, breeding ground.

viveza *nf (de ritmo etc)* liveliness; *(de imagen)* vividness; *(de luz)* brightness; *(de mente)* sharpness; *(de sensación)* intensity, acuteness; **contestar con ~** to answer sharply.

vivido *adj* true (life).

vívido *adj* vivid, graphic.

vividor(a) 1 *adj (pey)* opportunistic. **2** *nm (aprovechado)* hustler. **3** *nm/f* opportunist.

vivienda *nf* **(a)** housing; **escasez de ~s** housing shortage. **(b)** *(una ~)* house, dwelling; *(piso)* flat, *(US)* apartment; **~ de renta limitada** council housing, *(US)* public housing.

viviente *adj* living; **los ~s** the living.

vivificar [1g] *vt* **(a)** to give life to. **(b)** *(fig)* to revitalize, bring new life to.

vivir [3a] **1** *vt (experimentar)* to live *o* go through; **los que hemos vivido la guerra** those of us who lived through the war.

2 *vi* **(a)** *(gen)* to live *(en* at, in); *(ser vivo)* to be alive; **~ bien/mal** to live well/badly; **~ para ver** to live and learn; **¡viva!** hurray!; **¡viva el rey!** long live the king!; **¿quién vive?** *(Mil)* who goes there?; **dar el quién vive a uno** to challenge sb; **saber ~** to enjoy life to the full; **no dejar ~ a uno** to harass sb; **no le dejan ~ los celos** she is eaten up with jealousy. **(b)** *(Fin)* to live *(de* by, off, on); **no tienen con que ~** they haven't enough to live on; **ganar lo justo para ~** to earn a bare living. **(c)** *(fig: durar)* to last (out).

3 *nm* (way of) life; **de mal ~** loose-living; *(delincuente)* criminal.

vivisección *nf* vivisection.

vivo 1 *adj* **(a)** living, alive; *(piel etc)* raw; *(lengua)* modern, living; **los venden en ~** they sell them alive; **le ha llegado al ~** it touched him on the raw; **me dio en lo más ~** it cut me to the quick. **(b)** *(fig: gen)* lively; *(: descripción etc)* vivid, graphic; *(: movimiento)* quick; *(: color)* bright; *(: protesta etc)* strong; *(: sensación)* acute; *(: genio)* sharp, keen; **¡~!** hurry up!; **describir algo al** *o* **a lo ~** to describe sth very realistically.

(c) *(persona)* clever; *(pey)* sharp; **es un** ~ he's a sharp *o* sly customer. **(d)** *(TV etc)* **en** ~ live; **una transmisión en** ~ **desde** a broadcast live from. **2** *nm (Cos)* edging, border.

vizcaíno/a *adj, nm/f* Biscayan.

vocablo *nm* word; **jugar del** ~ to make a pun.

vocabulario *nm* vocabulary, word list.

vocación *nf* vocation, calling; **errar la** ~ to miss one's vocation; **tener** ~ **por** to have a vocation for.

vocal 1 *adj* vocal. **2** *nm/f* member (of a committee etc); *(director)* director, member of the board of directors. **3** *nf (Ling)* vowel.

vocalista *nmf* vocalist, singer.

voceador 1 *adj* loud, loud-mouthed, vociferous. **2** *nm* **(a)** town crier. **(b)** *(LAm)* newsvendor, newspaper seller.

vocear [1a] **1** *vt* **(a)** *(mercancías)* to cry. **(b)** to call loudly to, shout to; *(dar vivas)* to cheer. **(c)** *(secreto etc)* to shout to all and sundry; *(fig)* to proclaim. **(d)** *(fam: jactarse)* to boast about. **2** *vi* to yell, bawl.

vocería *nf*, **vocerío** *nm (griterío)* shouting, yelling; *(escándalo)* hullabaloo *(fam)*.

vocero/a *nm/f* spokesperson.

vociferación *nf* shouting.

vociferar [1a] **1** *vt* **(a)** *(gritar)* to shout, vociferate. **(b)** *(jactarse)* to proclaim boastfully. **2** *vi* to yell.

vocinglería *nf (gritería)* shouting; *(escándalo)* hubbub, uproar.

vocinglero *adj* loud-mouthed.

vodevil *nm* music hall, variety, *(US)* vaudeville.

vodka *nm* vodka.

volada *nf* **(a)** *(vuelo)* short *o* single flight. **(b)** *(LAm)* – **bolada.**

voladizo *adj (Arquit)* projecting.

volado 1 *adj* **(a)** *(Tip)* superior, raised. **(b)** *(fam)* **estar** ~ to be worried *(con* about*)*; *(LAm)* to be crazy. **(c)** *(Arg, Méx)* projecting. **(d)** *(LAm)* ~ **de genio** quick-tempered. **2** *nm* **(a)** *(Méx: juego)* game of heads or tails. **(b)** *(Méx: incidente)* incident. **3** *adv (LAm)* hastily.

volador 1 *adj* **(a)** flying. **(b)** *(fig)* fleeting. **2** *nm* **(a)** *(pez)* flying fish. **(b)** *(cohete)* rocket.

voladura *nf* blowing up, demolition; *(Min etc)* blasting.

volandas *adv* **(a) en** ~ in *o* through the air. **(b) en** ~ *(fig)* swiftly, as if on wings.

volandera *nf* **(a)** *(piedra)* millstone, grindstone. **(b)** *(Mec)* washer. **(c)** *(mentira)* fib.

volandero *adj* **(a)** loose, shifting. **(b)** *(al azar)* random. **(c)** *(Orn)* fledged, ready to fly; *(persona)* restless.

volante 1 *adj* **(a)** flying; **platillo** ~ flying saucer; **hoja** ~ leaflet, *(US)* (hand)bill. **(b)** *(fig: inquieto)* unsettled. **2** *nm* **(a)** *(Téc)* flywheel; *(: de reloj)* balance. **(b)** *(Aut)* steering wheel; **ir al** ~ to be at the wheel, be driving. **(c)** *(nota)* note. **(d)** *(Dep)* shuttlecock; **(juego del)** ~ badminton. **(e)** *(Cos)* flounce.

volantín 1 *adj* loose. **2** *nm* **(a)** fishing line. **(b)** *(LAm)* kite.

volantista *nm* (racing) driver.

volantón *nm* fledgling.

volar [1m] **1** *vt* **(a)** *(edificio etc)* to blow up, demolish (with explosive); *(Min)* to blast. **(b)** *(caza)* to flush (out). **(c)** *(fam: irritar)* to irritate; *(: hurtar)* to pinch *(fam)*. **(d)** *(LAm: correr)* to put to flight. **(e)** *(Méx: robar)* to pinch, nick. **(f)** *(Méx: coquetear)* to flirt with.

2 *vi* **(a)** *(gen)* to fly; *(irse a vuelo)* to fly away *o* off; ~ **a solas** to fly solo; **echar a** ~ **una noticia** to spread a piece of news; **echarse a** ~ *(fig)* to leave the parental home; **¡cómo vuela el tiempo!** how time flies! **(b)** *(fig: correr)* to rush, hurry; *(coche etc)* to hurtle (along/past *etc*); **¡volando!** get a move on!; **voy volando** I must dash; **prepárame volando la cena** get my supper ready double-quick, please; ~ **a hacer algo** to fly to do sth. **(c)** *(fam)* to disappear, vanish; **ha volado mi tabaco** my cigarettes have walked *(fam)*.

3 volarse *vr* **(a)** to fly away. **(b)** *(LAm)* to lose one's temper, blow up *(fam)*. **(c)** *(Méx)* ~ **algo** to spirit sth away.

volátil *adj* **(a)** volatile. **(b)** *(fig)* changeable.

volatilidad *nf* volatility.

volatilizar [1f] **1** *vt* **(a)** to volatilize, vaporize. **(b)** *(fig)* to spirit away. **2 volatilizarse** *vr* **(a)** to volatilize, vaporize. **(b)** *(fig)* to vanish into thin air.

volatín *nm* **(a)** acrobatics, tightrope walking. **(b)** = **volatinero.**

volatinero/a *nm/f* acrobat, tightrope walker.

volcán *nm* volcano; **estar sobre un** ~ to be sitting on top of a powder keg.

volcánico *adj* volcanic; *(fig)* violent.

volcar [1g, 1m] **1** *vt* **(a)** *(tirar: vaso etc)* to upset, overturn, tip *o* knock over; *(: contenido)* to empty *o* tip out. **(b)** *(fig: marear)* ~ **a uno** to make sb dizzy. **(c)** *(fig: convencer)* ~ **a uno** to force sb to change his mind. **(d)** *(fig: irritar)* to irritate. **2** *vi (coche etc)* to overturn. **3 volcarse** *vr* **(a)** *(recipiente)* to be upset, get overturned; *(coche etc)* to overturn; *(barco)* to capsize. **(b)** *(fig)* to bend over backwards *(fam)*; ~ **para** *o* **por conseguir algo** to do one's utmost to get sth.

volear [1a] *vt, vi* to volley.

voleibol *nm* volleyball.

voleo *nm* **(a)** volley; **de un** ~**, del primer** ~ quickly; **a(l)** ~ haphazardly; *(Dep)* on the volley. **(b)** *(fam: golpe)* punch.

volición *nf* volition.

volquete *nm* dumper, *(US)* dump truck.

voltaje *nm* voltage.

volteada *nf (RPl)* roundup.

volteador(a) *nm/f* acrobat.

voltear [1a] **1** *vt* **(a)** to turn over, turn upside down; *(dar la vuelta)* to turn round; *(olla etc)* to upset, overturn; ~ **la espalda** *(LAm)* to turn one's back; *(golpear)* to knock down. **(b)** *(campanas)* to peal. **(c)** *(Culinin etc)* to toss. **2** *vi* to roll over; *(Teat etc)* to somersault. **3 voltearse** *vr (LAm: dar la vuelta)* to turn round; *(: cambiar de lado)* to change one's allegiance.

voltereta *nf* somersault; ~ **sobre las manos** handspring; ~ **lateral** cartwheel.

voltímetro *nm* voltmeter.

voltio *nm* volt.

voluble *adj (persona)* fickle, changeable.

volumen *nm* **(a)** volume; *(tamaño)* size; *(gran tamaño)* bulk(iness); **en** ~ (in) bulk; ~ **de negocios** turnover; **bajar el** ~ to turn down the volume; **poner la radio a todo** ~ to turn the radio up full. **(b)** *(Tip)* volume.

voluminoso *adj* voluminous; *(paquete etc)* bulky.

voluntad *nf* **(a)** *(gen)* will; *(resolución)* willpower; *(volicioń)* volition; *(deseo)* wish, desire; **buena** ~ goodwill; *(intencioń)* good *o* honest intention; **mala** ~ ill will, malice; *(intencioń)* evil intent; **última** ~ *(gen)* last wish; *(Jur)* last will and testament; ~ **débil/divina/férrea** weak/divine/iron will; **a** ~ at will; *(cantidad)* as much as one likes; **se abre a** ~ it opens whenever you want it to; **por causas ajenas a mi** ~ for reasons beyond my control; **por** ~ **propia** of one's own volition *o* free will; **no lo dije con** ~ **de ofenderle** I did not say so with any wish to offend you; **ganar(se) la ~ de uno** *(convencer)* to win sb over; *(someter)* to dominate sb's will; **no tener ~ propia** to have no will of one's own; **le viene ~ de hacerlo** he feels a need to do it, he feels like doing it. **(b)** *(fam)* fondness, affection.

voluntario 1 *adj* **(a)** voluntary. **(b)** *(Mil)* volunteer. **2** *nm* volunteer.

voluntarioso *adj* **(a)** *(terco)* headstrong, wilful. **(b)** *(dedicado)* dedicated.

voluptuosidad *nf* voluptuousness, sensuality.

voluptuoso/a 1 *adj* voluptuous, sensual. **2** *nm/f* voluptuary, sensualist.

voluta *nf* **(a)** *(Arquit)* scroll, volute. **(b)** *(de humo)* spiral, column.

volver [2h; *pp* **vuelto**] **1** *vt* **(a)** *(gen)* to turn; *(boca abajo)* to turn over; *(voltear)* to turn upside down; *(al revés)* to turn back to front; *(Cos)* to turn inside out; *(ojos)* to turn (*a* on, towards), cast (*a* on); *(arma)* to aim (*a* at), turn (*a* on); **~ la espalda** to turn away; **~ la espalda a uno** to cold-shoulder sb; **me volvió la espalda** he turned his back on me; **~ la vista atrás** to look back.

(b) *(puerta etc: abrir)* to push *o* swing open; *(: cerrar)* to close, pull *o* swing to.

(c) *(manga)* to roll up.

(d) *(fam)* to return, give *o* send back; *(visita)* to repay, return; **~ algo a su lugar** to put sth back (in its place); **~ bien por mal** to return good for evil.

(e) *(cambiar)* to change; *(transformar)* to transform; *(+ adj)* to turn, make; **~ la casa a su estado original** to restore the house to its original state; **esto le vuelve furioso** this makes him mad; **~ loco a uno** to drive sb mad; **el sol lo vuelve rojo** the sun turns it red.

2 *vi* **(a)** *(camino etc)* to turn (*a* to).

(b) *(regresar)* to return, come *o* go back (*a* to, *de* from); **~ atrás** to go *o* turn back; **volvió muy cansado** he got back tired out; **~ a una costumbre** to revert to a habit; **~ a hacer algo** to do sth again.

(c) ~ en sí to come to *o* round, regain consciousness; **~ sobre sí** to give up an idea; **~ por** to stand up for.

3 volverse *vr* **(a)** *(persona)* to turn round; *(página)* to turn over; *(boca abajo)* to turn upside down; *(Cos etc: al revés)* to turn inside out; **se le volvió el paraguas** his umbrella turned inside out; **se volvió para mirarlo** he turned (round) to look at it; **~ atrás** *(fig: memoria etc)* to look back; *(: desdecirse)* to back down; **~ contra uno** to turn on sb.

(b) = 2 (b); vuélvete a buscarlo go back and look for it.

(c) *(+ adj)* to turn, become; **~ loco** to go mad.

(d) *(leche etc)* to go off, turn sour.

vomitar [1a] **1** *vt* **(a)** to vomit, bring *o* throw up; **~ sangre** to spit blood. **(b)** *(fig: humo etc)* to belch (forth); *(lava, injurias)* to hurl out (*contra* at). **(c)** *(secreto)* to tell reluctantly; *(Com etc)* to shed. **2** *vi* **(a)** to vomit, be sick. **(b)** *(fig)* **eso me da ganas de ~** that makes me sick, that makes me want to puke *(fam)*.

vomitivo *nm (Med)* emetic; *(fig)* disgusting.

vómito *nm* **(a)** *(acto)* vomiting, being sick; **~ de sangre** spitting of blood. **(b)** *(resultado)* vomit.

voracidad *nf* voracity.

vorágine *nf* whirlpool, vortex; *(fig)* maelstrom.

voraz *adj* **(a)** voracious, ravenous; *(pey)* greedy. **(b)** *(fuego)* raging, fierce. **(c)** *(Méx)* bold.

vórtice *nm* **(a)** whirlpool, vortex. **(b)** *(Met)* cyclone, hurricane.

vos *pron pers pl (RPl)* you *sg*.

vosear [1a] *vt (RPl)* to address as 'vos'.

voseo *nm (RPl)* addressing a person as 'vos', familiar usage.

vosotros/as *pron pers pl* **(a)** *(suj)* you. **(b)** *(siguiendo prep)* you; *(reflexivo)* yourselves; **¿es de ~?** is it yours?; **entre ~** among yourselves; **¿no pedís nada para ~?** are you not asking anything for yourselves?

votación *nf (acto)* voting; *(votos)* ballot, vote; **~ a mano alzada** show of hands; **por ~ popular** by popular vote; **por ~ secreta** by secret ballot; **someter algo a ~** to put sth to the vote; **~ por poder** voting by proxy.

votante *nmf* voter.

votar [1a] **1** *vt* **(a)** *(Pol: partido etc)* to vote for; *(proyecto: aprobar)* to pass. **(b)** *(Rel)* to vow, promise (*a* to). **2** *vi* **(a)** *(Pol etc)* to vote (*por* for). **(b)** *(Rel)* to (take a) vow.

voto *nm* **(a)** *(Pol etc)* vote; **~ decisivo/secreto** casting/secret vote; **~ de gracias/de censura/de (des)confianza** vote of thanks/censure/(no) confidence; **dar su ~** to cast one's vote (*a* for); **emitir su ~** *(votar)* to cast one's vote; *(fig)* to give one's opinion; **hubo 13 ~s a favor y 11 en contra** there were 13 votes for and 11 against. **(b)** *(Rel: promesa)* vow; *(: ofrenda)* ex voto. **(c)** *(juramento)* oath, curse. **(d) ~s** (good) wishes; **hacer ~s por el restablecimiento de uno** to wish sb a quick recovery.

voy *etc véase* **ir.**

voz *nf* **(a)** voice; **la ~ del pueblo** the voice of the people; **a una ~** unanimously; **a media ~** *(en ~ baja)* in a low voice; *(pey)* under one's breath; **a ~ en cuello** *o* **en grito** at the top of one's voice; **en alta ~** loud(ly), in a loud voice; **en ~ baja** in a low voice *o* whisper; **estar en ~** to be in good voice; **aclarar la ~** to clear one's throat; **alzar** *o* **levantar la ~** to raise one's voice; **se me anudó la ~ (en la garganta)** I got a lump in my throat; **tener la ~ tomada** to be hoarse. **(b)** *(de trueno etc)* noise. **(c)** *(Mús: tono)* sound; *(: de cantante)* voice, part; **canción a cuatro voces** song for four voices, four-part song; **cantar a dos voces** to sing a duet; **~ cantante** leading part; **llevar la ~ cantante** *(fig)* to be the boss. **(d)** *(grito)* shout, yell; **voces** shouts, shouting, yelling; **~ de mando** *(Mil)* command; **dar** *o* **pegar voces** to shout *o* call out, yell; **dale una ~** give him a shout; **dar la ~ de alarma** to sound the alarm; **dar cuatro voces** to make a great fuss; **discutir a voces** to argue noisily; **llamar a uno a voces** to shout to sb. **(e)** *(en el juego)* call. **(f)** *(fig)* rumour; **~ común** hearsay, gossip; **corre la ~ de que...** the word is that... . **(g)** *(Pol etc)* voice, say, vote; **asistir con ~ y voto** to be present as a full member; **tener ~ y voto** to have the right to speak. **(h)** *(Ling: vocablo)* word. **(i)** *(Ling: forma)* voice; **~ activa/pasiva** active/passive voice.

vozarrón *nm* booming voice.

vra., vro. *abr de* **vuestra, vuestro.**

vudú *nm* voodoo.

vuelco *nm* **(a)** upset, spill; **dar un ~** to overturn; *(barco)* to capsize. **(b) mi corazón dio un ~** my heart missed a beat. **(c)** *(fig)* collapse, catastrophe.

vuelillo *nm* lace, frill.

vuelo[1] *etc véase* **volar.**

vuelo[2] *nm* **(a)** flight; **~ a ciegas** blind flying; **~ de ensayo/espacial/a solas/sin etapas** *o* **escalas** test/space/solo/non-stop flight; **~ en picado** dive; **~ libre** hang-gliding; **alzar el ~** to take flight; *(fig)* to dash off; *(adolescente)* to spread one's wings;

remontar el ~ to soar (up); **tomar ~** to grow, develop; **de** *o* **en un ~** *(fig)* rapidly. **(b) cazar** *o* **coger algo al ~** to catch sth in flight; *(fig)* to overhear sth in passing; **tirar al ~** to shoot at a bird on the wing; **pescarlas** *o* **pillarlas al ~** *(fig)* to catch on immediately. **(c) ~s** *(Orn)* flight feathers; *(: ala)* wing, wings; **de altos ~s** *(fig: plan)* grandiose; *(: persona)* ambitious; **cortar los ~s a uno** to clip sb's wings. **(d)** *(Cos: puño)* lace, frill; *(de falda etc)* loose part; **el ~ de la falda** the spread *o* swirl of the skirt; **falda de mucho ~** full *o* wide skirt.

vuelta *nf* **(a)** *(gen)* turn; *(Mec etc)* revolution; **una ~ de la tierra** one revolution of the earth; **~ al mundo** round-the-world trip; **~ atrás** backward step; **¡media ~!** *(Mil)* about turn!; **~ en redondo** complete turn; **andar a ~s con** to be engaged in; **dar la ~** *(coche)* to turn over; **dar la ~ a** *(página)* to turn; *(disco etc)* to turn *o* flip *(fam)* over; **dar una ~ de campana** to overturn, somersault; **dar media ~** *(Mil)* to face about; *(Aut)* to do a U-turn; *(fam)* to beat it *(fam)*; **dar ~ a** *(Aut)* to reverse; *(llave)* to turn; **dar ~s** to turn, revolve, go round; *(cabeza)* to spin, swim; *(en cama)* to toss and turn; **dar ~s alrededor de un eje** to spin round an axis; **dar ~s a** *(manivela)* to wind, crank; *(llave)* to turn; *(idea etc)* to think over; **dar ~s a un asunto** to go over sth in one's mind; **le estás dando demasiadas ~s** you're worrying too much about it; **no hay que darle ~s** that's the way it is; **poner a uno de ~ y media** to heap abuse on sb.

(b) *(cambio)* change; *(pey)* volte-face; **~ de la marea** turn of the tide; **las ~s de la vida** the ups and downs of life; **dar la** *o* **una ~** to change right round.

(c) *(río etc)* bend, curve; *(Aut)* **~ cerrada** sharp turn, tight bend; **dar ~s** to twist and turn.

(d) *(cuerda)* loop; **~ de cabo** *(Náut)* hitch.

(e) *(de elección, torneo etc)* round; *(de carrera)* lap, circuit.

(f) *(de salami etc)* round, slice.

(g) *(Cos: puntos)* row of stitches; *(: de pantalón)* turn-up, *(US)* cuff.

(h) *(de papel, tela)* back, reverse; *(de disco etc)* flip *o* B side; **a la ~** on the next page, overleaf; **a la ~ de la esquina,** *(LAm)* **a la ~** round the corner; **lo escribió a la ~ del sobre** he wrote it on the back of the envelope; **no tiene ~ de hoja** there's no alternative.

(i) *(regreso)* return; *(Ferro etc)* return *o* homeward journey; **a ~ de correo** by return (of post); **a la ~** on one's return; **lo haré a la ~** I'll do it when I get back; **de ~, iremos a verlos** we'll go and see them on the way back; **estar de ~** to be back, be home (again); **¡hasta la ~!** au revoir!, see you when you get back!

(j) = devolución.

(k) *(LAm: dinero)* change, loose change.

(l) stroll, walk; **dar la** *o* **una ~** *(a pie)* to take a stroll, go for a walk; *(en coche)* to go for a ride *o* spin *(fam)*.

vuelto 1 *pp de* **volver. 2** *nm (LAm)* = **vuelta (k).**

vuestro 1 *adj pos* your; *(después de n)* of yours; **una idea ~a** an idea of yours, one of your ideas; **lo ~** (what is) yours, what belongs to you. **2** *pron pos* yours, of yours; **es el ~** it is yours; **un amigo ~** a friend of yours; **ahora es la ~a** your time *o* chance has come.

vulcanizar [1f] *vt* to vulcanize.

vulgar *adj* **(a)** *(común)* common, ordinary; *(pey: gusto etc)* vulgar. **(b)** *(persona)* ordinary, common; *(: ordinario)* coarse. **(c)** *(común y corriente)* ordinary, everyday; *(tranquilo)* humdrum; *(trillado)* banal, trivial.

vulgaridad *nf* **(a)** *(cualidad: gen)* ordinariness, commonness; *(rudeza)* coarseness; *(estupidez)* banality. **(b)** *(de acto)* vulgarity; *(frase)* coarse expression. **(c) ~es** banalities, platitudes.

vulgarismo *nm* popular form of a word, vulgarism.

vulgarización *nf* popularization; **obra de ~** popular work.

vulgarizar [1f] *vt* to popularize.

vulgarmente *adv* commonly; *(pey)* vulgarly; **A, llamado ~ B** A, popularly known as B.

vulgo *nm* common people; *(pey)* mob, lower orders.

vulnerabilidad *nf* vulnerability.

vulnerable *adj* vulnerable *(de* to*)*.

vulnerar [1a] *vt* **(a)** *(fama)* to damage; *(derechos)* to interfere with. **(b)** *(Jur, Com)* to violate, break.

vulva *nf* vulva.

W

W, w ['uβe'doβle] *nf (letra)* W, w.

wáter ['bater] *nm* lavatory.

wélter ['belter] *nm* welterweight.

whisk(e)y ['wiski, 'gwiski] *nm* whisk(e)y.

X

X, x ['ekis] *nf (letra)* X, x.

xenofobia *nf* xenophobia.

xenón *nm* xenon.

xerocopiar [1b] *vt* to photocopy.

xilófono *nm* xylophone.

xilografía *nf* wood engraving.

Y

Y, y [i'ɣrjeɣa] *nf (letra)* Y, y.
y *conj* and.
ya 1 *adv* **(a)** *(gen)* already; **lo hemos visto** ~ we've seen it already; **han dado las 8** ~ it's past 8 already; ~ **en el siglo X** as early as the 10th century. **(b)** ~ **no** not any more, no longer; ~ **no viene** he doesn't come any more; ~ **no estudian inglés** they no longer study English. **(c)** *(ahora)* now; *(en seguida)* at once, right away; *(pronto)* soon, presently; *(más adelante)* in due course; ~ **es hora de irnos** it's time for us to go now; ~ **viene el autobús** here's the bus; ~ **se lo traerán** they'll bring it for you right away; ~ **arreglarán todo eso** they'll soon put all that right. **(d)** ¡~! of course!, now I remember; *(por fin)* at last!; ¡~, ~! yes, yes!; *(con impaciencia)* all right, O.K. *(fam)*. **(e)** *(enfático: no se suele traducir)* ¡~ **voy!** coming!; ~ **lo sé** I know; ~ **se acabó** it's all over; ~ **te llegará el turno a ti,** ~ your turn will come (don't you worry).
2 *conj* **(a)** ~ **por una cosa,** ~ **por otra** now for one thing, now for another; ~ **dice que sí,** ~ **dice que no** first he says yes, then he says no; ~ **te vas,** ~ **te quedas, me es igual** whether you go or stay is all the same to me. **(b) no** ~ not only; **no** ~ **aquí, sino en todas partes** not only here, but everywhere. **(c)** ~ **que** as, since; ~ **que no viene** since she's not coming.
yacaré *nm (LAm)* alligator.
yacer [2y] *vi* to lie; **aquí yace X** here lies X; ~ **con** to sleep with.
yacimiento *nm* bed, deposit; ~ **petrolífero** oil-field.
yagua *nf (LAm)* royal palm.
yaguré *nm (LAm)* skunk.
yaita *adv (LAm)* = **ya 1.**
yámbico *adj* iambic.
yanacón/ona *nm/f (LAm)* Indian tenant farmer.
yancófilo *adj (LAm)* pro-American, pro-United States.
yanqui *(fam)* **1** *adj* Yankee. **2** *nmf* Yank *(fam)*, Yankee *(fam)*.
yapa *nf (LAm)* extra (bit), bonus; *(propina)* tip.
yapar [1a] *vt (LAm)* **(a)** *(dar)* to give as a bonus. **(b)** *(extender)* to stretch; *(alargar)* to add a bit to, lengthen.
yarará *nm o (LAm) nf* rattlesnake.
yate *nm* yacht.
yaya *nm (LAm)* **(a)** (slight) wound; *(cicatriz)* scar; *(dolor)* small pain. **(b)** *(baston)* stick, walking stick.
yedra *nf* ivy.
yegua *nf* **(a)** *(animal)* mare. **(b)** *(LAm)* loose woman. **(c)** *(LAm: de cigarro)* cigar stub.
yeguada *nf* **(a)** herd of horses. **(b)** *(LAm: burrada)* piece of stupidity, foolish act.
yelmo *nm* helmet.
yema *nf* **(a)** *(del huevo)* yoke; *(LAm)* egg; ~ **mejida** egg flip. **(b)** *(Bot)* leaf bud. **(c)** *(Anat)* ~ **del dedo** fingertip. **(d)** *(lo mejor)* best part; *(dificultad)* snag; *(medio)* middle; **dar en la** ~ to hit the nail on the head; **en la** ~ **del invierno** in the middle of winter.
yerba *nf* **(a)** = **hierba. (b)** (*LAm: tb* ~ **(de) mate**) mate.
yermar [1a] *vt* to lay waste.
yermo 1 *adj (inhabitado)* uninhabited; *(estéril)* waste, uncultivated. **2** *nm* waste land.
yerna *nf (LAm)* daughter-in-law.
yerno *nm* son-in-law.
yeros *nmpl* lentils.
yerro *nm* error, mistake.
yerto *adj* stiff, rigid; ~ **de frío** stiff with cold.
yesca *nf* tinder.
yesería *nf* plastering, plasterwork.
yesero *nm* plasterer.
yeso *nm* **(a)** *(Geol)* gypsum. **(b)** *(Arquit)* plaster; ~ **mate** plaster of Paris; **dar de** ~ **a una pared** to plaster a wall. **(c)** *(Arte)* plaster cast. **(d)** *(Escol)* chalk.
yesquero *nm (LAm)* cigarette lighter.
yeta *nf (Méx, RPl)* bad luck.
yip *nm (LAm)* jeep.
yo *pron pers* **(a)** I; **soy** ~ it's me, it is I; ~ **de ti/Ud** if I were you. **(b)** *(Psic)* **el** ~ the self, the ego.
yodo *nm* iodine.
yoga *nm* yoga.
yogui *nm* yogi.
yogur *nm* yogurt.
yuca *nf* yucca; *(LAm)* manioc root, cassava.
yugo *nm (lit, fig)* yoke; ~ **del matrimonio** marriage tie; **sacudir el** ~ *(fig)* to throw off the yoke.
Yugo(e)slavia *nf* Yugoslavia, Jugoslavia.
yugo(e)slavo/a 1 *adj* Yugoslavian, Jugoslavian. **2** *nm/f* Yugoslav, Jugoslav.
yuguero *nm* ploughman.
yugular *adj* jugular.
yungas *nfpl (LAm) hot valleys of Bolivia, Ecuador, Peru.*
yungla *nf* jungle.
yunque *nm* **(a)** anvil. **(b)** *(persona: paciente)* stoical person; *(: trabajador)* tireless worker.
yunta *nf* **(a)** *(de bueyes)* yoke, team (of oxen). **(b)** *(LAm)* ~**s** couple, pair; *(botones)* cufflinks.
yuntero *nm* ploughman.
yute *nm* jute.
yuxtaponer [2r] *vt* to juxtapose.
yuxtaposición *nf* juxtaposition.
yuyo *nm (LAm)* **(a)** *(planta silvestre)* weed; *(planta medicinal)* medicinal plant, herb; *(condimento)* herb flavouring; **estar como un** ~ to be weak *o* lifeless. **(b)** *(emplasto)* herbal poultice.

Z

Z, z ['θeta, *(LAm)* 'seta] *nf (letra)* Z, z.
zabordar [1a] *vi* to run aground.
zabullir [3h] *etc* = **zambullir** *etc.*
zacapel(l)a *nf* rumpus *(fam)*, row.
zacatear [1a] *(LAm)* **1** *vt* to beat. **2** *vi* to graze.
zafacoca *nf (LAm)* row, quarrel.
zafado *adj (LAm)* **(a)** *(desvergonzado)* shameless. **(b)** *(despierto)* alert, wide awake.
zafadura *nf (LAm)* dislocation, sprain.
zafar [1a] **1** *vt* **(a)** *(soltar)* to loosen, untie. **(b)** *(barco)* to lighten; *(superficie)* to clear, free. **(c)** *(LAm)* to exclude. **2 zafarse** *vr* **(a)** *(escaparse)* to escape, run away; *(soltarse)* to break loose; *(ocultarse)* to hide o.s. away. **(b)** *(Téc)* to slip off, come off. **(c)** ~ **de** *(persona)* to get away from; *(trabajo)* to get out of, dodge; *(dificultad)* to get round. **(d)** *(LAm)* ~ **un brazo** to dislocate one's arm.
zafio *adj* coarse, uncouth.
zafiro *nm* sapphire.
zafra[1] *nf* oil jar, oil container.
zafra[2] *nf (LAm: cosecha)* sugar harvest; *(: fabricación)* sugar making.
zaga *nf* rear; **a la ~, en ~** behind, in the rear; **dejar en ~** to leave behind, outstrip; **no le va a la ~ a nadie** he is second to none.
zagal(a) *nm/f* boy, lad/girl, lass; *(Agr)* shepherd/shepherdess.
zagalejo *nm* lad; *(Agr)* shepherd boy.
zagual *nm* paddle.
zaguán *nm* hallway, entry.
zaguero *adj* **(a)** rear *(atr)*, back *(atr)*; **equipo ~** bottom team. **(b)** *(fig)* slow, laggard.
zahareño *adj (salvaje)* wild; *(arisco)* unsociable.
zaherir [3i] *vt (criticar)* to criticize sharply *o* sarcastically, attack; *(herir)* to wound, mortify; **~ a uno con algo** to cast sth up at sb.
zahorí *nm* clairvoyant.
zahurda *nf* pigsty.
zaino[1] *adj (color: de caballo)* chestnut; *(: de vaca)* black.
zaino[2] *adj (pérfido)* treacherous; *(animal)* vicious; **mirar a lo** *o* **de ~** to look sideways, look shiftily.
zalagarda *nf* **(a)** *(Mil)* ambush, trap; *(Caza)* trap. **(b)** *(alboroto)* row, din.
zalamería *nf* flattery.
zalamero *adj* flattering; *(relamido)* suave; *(pey)* slimy.
zalea *nf* sheepskin.
zamarra *nf (piel)* sheepskin; *(chaqueta)* sheepskin jacket, fur jacket.
zamarrear [1a] *vt* **(a)** *(sacudir)* to shake. **(b)** *(fam)* to shove around.
zamba[1] *nf* samba.
zambo/a[2] **1** *adj* knock-kneed. **2** *nm/f* **(a)** *(LAm)* half-breed *(of Negro and Indian parentage)*. **(b)** *(Bolivia, Colombia, Chi)* mulatto.
zambra *nf* **(a)** *(baile)* gipsy dance. **(b)** *(fam: alboroto)* uproar.
zambucar [1g] *vt* to hide, tuck away.
zambullida *nf* dive, plunge.
zambullir [3h] **1** *vt (en el agua)* to dip, plunge *(en* into); *(debajo del agua)* to duck *(en* under). **2 zambullirse** *vr* **(a)** *(en el agua)* to dive, plunge *(en* into); *(debajo del agua)* to duck *(en* under). **(b)** *(ocultarse)* to hide, cover o.s. up.
zampar [1a] **1** *vt* **(a)** *(esconder)* to put away hurriedly *(en* in). **(b)** *(arrojar)* to hurl, dash *(en* against, to); **lo zampó en el suelo** he dashed it to the floor. **(c)** *(comer)* to gobble. **2** *vi* to gobble, eat voraciously. **3 zamparse** *vr* **(a)** *(caerse)* to bump, crash. **(b)** *(en fiesta, reunión)* to gatecrash, go along uninvited. **(c) ~ en** to dart *o* shoot into; **pero se zampó en el cine** but he shot into the cinema. **(d) ~ algo** to tuck sth away *(fam)*; **se zampó 4 porciones enteras** he wolfed down 4 whole helpings.
zampón *adj (fam)* greedy.
zampoña *nf* shepherd's pipes, rustic flute.
zanahoria *nf* carrot.
zancada *nf* stride; **alejarse a grandes ~s** to stride away; **en dos ~s** *(fig)* very easily.
zancadilla *nf (para derribar a una persona)* trip; *(trampa)* stratagem, trick; **echar la ~ a uno** to trip sb up.
zancajear [1a] *vi* to rush around.
zancajo *nm* **(a)** *(Anat, Cos)* heel. **(b)** *(fam)* dwarf, runt.
zancarrón *nm* **(a)** *(de la pierna)* leg bone. **(b)** *(fam: viejo)* old bag of bones; *(: profesor)* poor teacher.
zanco *nm* stilt; **estar en ~s** *(fig)* to be high up.
zancudo **1** *adj* long-legged. **2** *nm (LAm)* mosquito.
zángano *nm (insecto)* drone; *(holgazán)* idler, slacker; *(LAm: pícaro)* rogue.
zangarri(an)a *nf* **(a)** *(Med)* headache, migraine. **(b)** *(depresión)* blues, depression.
zangolotear [1a] **1** *vt (manosear)* to fiddle with; *(sacudir)* to shake. **2** *vi*, **zangolotearse** *vr* **(a)** *(ventana)* to rattle, shake. **(b)** *(persona)* to fidget.
zanguango/a **1** *adj* idle, slack. **2** *nm/f* slacker, shirker.
zanja *nf (fosa)* ditch; *(hoyo)* pit; *(tumba)* grave; **abrir las ~s** *(Arquit)* to lay the foundations *(de* for).
zanjar [1a] *vt* **(a)** *(abrir una zanja)* to dig a trench in. **(b)** *(dificultad)* to get around, surmount; *(conflicto)* to resolve, clear up.
zapallo *nm (LAm: calabaza)* gourd, pumpkin.
zapallón *adj (LAm)* chubby, fat.
zapapico *nm* pick, pickaxe.
zapata *nf* **(a)** *(calzado)* half-boot. **(b)** *(Mec)* shoe; **~ de freno** brake shoe.
zapateado *nm* tap dance.
zapatear [1a] **1** *vt (dar golpes en el suelo)* to tap with one's foot; *(patear)* to kick; *(fam: maltratar)* to ill-treat, treat roughly. **2** *vi* to tap with one's feet; *(bailar)* to tap-dance.
zapatería *nf (oficio)* shoemaking; *(tienda)* shoeshop; *(fábrica)* shoe *o* footwear factory.
zapatero/a **1** *adj (legumbres)* hard, undercooked. **2** *nm/f* shoemaker; **~ remendón** *o* **de viejo** cobbler; **~, a tus zapatos** the cobbler should stick to his last.
zapatilla *nf* **(a)** *(para casa)* slipper; *(Dep)* training shoe. **(b)** *(Mec)* washer, gasket.

zapato *nm* shoe; **~s de color** brown shoes; **saber dónde aprieta el ~** to know the score *(fam).*
zapatón *nm (LAm)* overshoe, galosh.
zape *interj* shoo!, scat!
zar *nm* tsar, czar.
zarabanda *nf* **(a)** *(Hist)* sarabande. **(b)** *(fig)* rush, whirl.
zaragate *nm (LAm)* rogue, rascal.
zaragatero *(fam)* **1** *adj (bullicioso)* rowdy, noisy; *(peleador)* quarrelsome. **2** *nm* rowdy, hooligan.
zaranda *nf* sieve.
zarandear [1a] *vt (cribar)* to sieve, sift; *(fam: sacudir)* to shake vigorously.
zarandillo *nm (persona: enérgica)* active person; *(pey: inquieto)* restless individual; *(niño)* fidget.
zarcillo *nm* earring.
zarco *adj* light blue.
zarpa *nf* **(a)** *(garra)* claw, paw; **echar la ~ a** to claw at, paw; *(fam)* to grab. **(b)** *(de barro)* splash of mud.
zarpar [1a] *vi* to weigh anchor, set sail.
zarpazo *nm* claw blow; *(golpazo)* thud; **dar un ~** to lash out.
zarza *nf* bramble, blackberry (bush).
zarzal *nm* bramble patch.
zarzamora *nf* blackberry.
zarzuela *nf* Spanish light opera.
zas *interj* bang!, crash!
zigzag 1 *adj* zigzag. **2** *nm* zigzag (line *etc*); **relámpago en ~** forked lightning.
zigzagueante *adj (LAm)* zigzag *(atr).*
zigzaguear [1a] *vi* to zigzag.
zinc *nm* zinc.
zipizape *nm (fam)* set-to *(fam)*, rumpus *(fam)*; **armar un ~** to start a rumpus.
zócalo *nm* **(a)** *(Arquit: pedestal)* pedestal, base; *(de pared)* skirting board. **(b)** *(Méx: plaza)* main square.
zoco *adj* left-handed.
zona *nf* zone; *(área)* area; **~ de desastre** disaster area; **~ edificada** built-up area; **~ fronteriza** border area; **~ de tiendas** shopping centre.
zonal *adj* zonal.
zoncear [1a] *vi (LAm)* to behave stupidly.
zoncería *nf* silliness, stupidity.
zonchiche *nm (LAm)* buzzard.
zonda *nf (LAm)* hot northerly wind.
zonzo *adj (LAm)* silly, stupid.
zoo *nm* zoo.
zoo... *pref* zoo... .
zoología *nf* zoology.
zoológico 1 *adj* zoological. **2** *nm* zoo.
zoólogo/a *nm/f* zoologist.
zopenco/a *(fam)* **1** *adj* dull, stupid. **2** *nm/f* clot, nitwit.
zopilote *nm (LAm)* buzzard.
zopo *adj* crippled, maimed.
zoquete *nm* **(a)** *(de madera)* block, piece. **(b)** *(de pan)* crust. **(c)** *(fam)* blockhead.
zorra *nf* **(a)** *(animal)* fox; *(: hembra)* vixen. **(b)** *(fam)* whore, tart *(fam).*
zorrera *nf* **(a)** *(madriguera)* foxhole; *(fig)* smoky room. **(b)** *(turbación)* worry, anxiety.
zorrería *nf* **(a)** *(astucia)* foxiness, craftiness. **(b)** *(una ~)* sly trick.
zorrero *adj* foxy, crafty.
zorro 1 *adj* foxy, crafty. **2** *nm* **(a)** *(Zool)* fox, dog fox. **(b)** *(piel)* fox fur, fox skin. **(c)** *(persona)* old fox, rascal; *(: en el trabajo)* slacker, shirker; **hacerse el ~** to act dumb.
zorzal *nm* **(a)** *(Orn)* thrush. **(b)** *(fig)* shrewd person.
zote *(fam)* **1** *adj* dim, stupid. **2** *nm/f* dimwit *(fam).*
zozobra *nf (fig)* worry, anxiety.
zozobrar [1a] *vi* **(a)** *(Náut)* to be in danger; *(volcar)* to capsize, overturn; *(fundir)* to founder, sink. **(b)** *(fig: plan)* to fail, collapse; *(: negocio)* to be ruined. **(c)** *(fig: persona)* to be anxious, worry.
zueco *nm* clog, wooden shoe.
zullarse [1a] *vr (ensuciarse)* to dirty o.s.; *(ventosear)* to fart *(fam!).*
zullón *nm (fam!)* fart *(fam!).*
zumba *nf* **(a)** teasing; **dar ~** *o* **hacer ~ a** to tease. **(b)** *(LAm)* beating.
zumbador *nm* buzzer.
zumbar [1a] **1** *vt* **(a)** *(burlar)* to tease. **(b)** *(golpear)* to hit. **(c)** *(LAm)* to throw, chuck. **2** *vi* **(a)** *(insecta)* to buzz; *(máquina)* to hum, whirr; **me zumban los oídos** I have a buzzing in my ears. **(b)** *(fam)* to be very close; **no está en peligro ahora, pero le zumba** he's not actually in danger now, but it's not far away. **3 zumbarse** *vr:* **~ de** to tease, poke fun at.
zumbido *nm* **(a)** *(de insecto)* buzz(ing); *(de máquina)* whirr(ing); **~ de oídos** buzzing *o* ringing in the ears. **(b)** *(fam)* punch.
zumbo *nm* = **zumbido (a).**
zumo *nm* **(a)** juice; *(bebida)* juice, squash; **~ de naranja** orange squash. **(b)** *(ganancia)* profit.
zumoso *adj* juicy.
zurcir [3b] *vt* **(a)** *(coser)* to darn, sew up. **(b)** *(juntar)* to join, put together; *(mentiras)* to concoct, think up. **(c)** *(fam)* **¡que las zurzan!** to blazes with them!
zurdo/a 1 *adj (mano)* left; *(persona)* left-handed; **a ~as** with the left hand; *(fig)* the wrong way, clumsily; **no es ~** *(fig)* he's no fool. **2** *nm/f* left-handed person.
zurra *nf (véase vt)* dressing, tanning; walloping.
zurrador *nm* tanner.
zurraposo *adj* full of dregs, muddy.
zurrar [1a] *vt* **(a)** *(Téc)* to dress, tan. **(b)** *(fam: pegar)* to wallop, tan; *(: aplastar)* to flatten. **(c)** *(fam: criticar)* to lash into.
zurriaga *nf* whip, lash.
zurriagar [1h] *vt* to whip, lash.
zurriagazo *nm* **(a)** lash, stroke, cut. **(b)** *(fig: desgracia)* stroke of bad luck; *(: mal trato)* piece of unjust *o* harsh treatment.
zurriago *nm* whip, lash.
zurriburri *nm (fam)* **(a)** *(confusión)* turmoil, confusion. **(b)** *(persona despreciable)* worthless individual.
zurrón *nm* pouch, bag.
zutano/a *nm/f* (Mr *etc*) So-and-so; **si se casa fulano con ~a** if Mr X marries Miss Y.

ENGLISH/SPANISH
INGLÉS/ESPAÑOL

A

A, a [eɪ] *n* **(a)** *(letter)* A, a *f;* **to know sth from ~ to Z** conocer algo de pe a pa; **~ for Andrew** A de Andrés. **(b)** *(Mus)* la *m.*

a [eɪ, ə] *indef art (before vowel or silent h:* **an***)* **(a)** un/una *m/f;* **half an hour** media hora; **I haven't got a car** no tengo coche; **without saying a word** sin decir palabra; **a drink would be nice** me gustaría algo de beber; **he's a teacher** es maestro *or* profesor; **Glasgow, a Scottish city** Glasgow, una ciudad escocesa; **a woman hates violence** las mujeres odian la violencia.

(b) *(a certain)* un/una tal; **a Mr Smith called to see you** vino a verte un tal señor Smith.

(c) *(each)* **2 apples a head** 2 manzanas por persona; **50 kilometres an hour** 50 kilómetros por hora; **3 times a month** 3 veces al mes.

AA *n abbr of* **Automobile Association; Alcoholics Anonymous.**

aback [ə'bæk] *adv*: **to be taken ~** sorprenderse, quedarse desconcertado/a.

aban·don [ə'bændən] **1** *vt* **(a)** *(desert: car, ship, family)* abandonar, dejar. **(b)** *(give up: plan, attempt, hope)* renunciar a; *(game)* anular, cancelar; **to ~ o.s. to sth** entregarse *or* abandonarse a algo. **2** *n*: **with ~, in gay ~** en forma desenfrenada, sin inhibiciones.

aban·doned [ə'bændənd] *adj* **(a)** *(house etc)* abandonado/a, desierto/a; *(child)* abandonado/a, desamparado/a. **(b)** *(unrestrained: manner)* desinhibido/a, desenfrenado/a.

abase [ə'beɪs] *vt (person)* humillar, rebajar; **to ~ o.s. (so far as to do ...)** rebajarse (hasta el punto de hacer ...).

abashed [ə'bæʃt] *adj (shy)* tímido/a, retraído/a; *(ashamed)* avergonzado/a, apenado/a *(LAm).*

abate [ə'beɪt] *vi (anger, enthusiasm, pain)* disminuir; *(wind)* amainar; *(storm)* calmarse; *(fever)* bajar; *(flood)* retirarse, bajar; *(noise)* reducirse, disminuir.

abate·ment [ə'beɪtmənt] *n (of pollution, noise)* disminución *f,* moderación *f.*

ab·at·toir ['æbətwɑːʳ] *n* matadero *m.*

ab·bey ['æbɪ] *n* abadía *f,* monasterio *m.*

ab·bot ['æbət] *n* abad *m.*

ab·bre·vi·ate [ə'briːvɪeɪt] *vt* abreviar.

ab·bre·via·tion [əˌbriːvɪ'eɪʃən] *n (short form)* abreviatura *f.*

ab·di·cate ['æbdɪkeɪt] **1** *vt (throne)* abdicar; *(responsibility)* renunciar a. **2** *vi* abdicar.

ab·di·ca·tion [ˌæbdɪ'keɪʃən] *n* abdicación *f.*

ab·do·men ['æbdəmen] *n (Anat)* vientre *m; (of insect)* abdomen *m.*

ab·domi·nal [æb'dɒmɪnl] *adj* abdominal.

ab·duct [æb'dʌkt] *vt* raptar, secuestrar.

ab·duc·tion [æb'dʌkʃən] *n* rapto *m,* secuestro *m.*

ab·duc·tor [æb'dʌktəʳ] *n* secuestrador(a) *m/f.*

ab·er·rant [ə'berənt] *adj (Bio)* aberrante; *(behaviour)* anormal.

ab·er·ra·tion [ˌæbə'reɪʃən] *n (gen)* aberración *f; (fig)* defecto *m,* error *m;* **in a moment of mental ~** en un momento de enajenación mental.

abet [ə'bet] *vt see* **aid.**

abey·ance [ə'beɪəns] *n*: **to be in/fall into ~** estar/caer en desuso.

ab·hor [əb'hɔːʳ] *vt* aborrecer, abominar.

ab·hor·rence [əb'hɒrəns] *n* aborrecimiento *m,* repugnancia *f.*

ab·hor·rent [əb'hɒrənt] *adj*: **to be ~ to sb** ser repugnante para uno.

abide [ə'baɪd] *pt, pp* **abode** *or* **abided** *vt (esp neg)* aguantar, soportar; **I can't ~ him** no le puedo ver, no lo soporto.

♦ **abide by** *vi + prep (rules)* atenerse a; *(promise)* cumplir con.

abil·ity [ə'bɪlɪtɪ] *n* aptitud *f,* capacidad *f;* **abilities** talento *m,* dotes *fpl;* **to the best of my ~** lo mejor que pueda *or* sepa.

ab·ject ['æbdʒekt] *adj (poverty)* miserable; *(contemptible)* vil, despreciable; *(apology)* rastrero/a.

ablaze [ə'bleɪz] *adv* en llamas, ardiendo; **the house was ~ with light** *(fig)* la casa resplandecía de luz.

able ['eɪbl] *adj (person)* capaz; *(piece of work)* sólido/a; **to be ~ (to do sth)** poder *or* saber (hacer algo); **the child isn't ~ to walk (yet)** el niño no sabe andar (todavía); **he's not ~ to walk** no puede andar.

able-bodied [ˌeɪbl'bɒdɪd] *adj* sano/a; **~ seaman** marinero *m* de primera.

ab·nor·mal [æb'nɔːməl] *adj* anormal; *(shape)* irregular.

ab·nor·mal·ity [ˌæbnɔː'mælɪtɪ] *n (condition)* anormalidad *f; (instance)* desviación *f.*

ab·nor·mal·ly [æb'nɔːməlɪ] *adv* irregularmente; *(exceptionally)* de modo anormal, anormalmente.

aboard [ə'bɔːd] **1** *adv (Naut)* a bordo; **to go ~** embarcar, subir a bordo; **all ~!** *(Rail etc)* ¡viajeros, al tren! *etc.* **2** *prep*: **~ the ship** a bordo del barco; **~ the train** en el tren.

abode [ə'bəʊd] **1** *pt, pp of* **abide. 2** *n (old)* morada *f,* domicilio *m;* **of no fixed ~** *(Jur)* sin domicilio fijo.

abol·ish [ə'bɒlɪʃ] *vt* suprimir, abolir.

abo·li·tion [æbəʊ'lɪʃən] *n* supresión *f,* abolición *f.*

abomi·nable [ə'bɒmɪnəbl] *adj* **(a)** *(detestable)* abominable, detestable. **(b)** *(unpleasant)* pésimo/a.

abomi·nably [ə'bɒmɪnəblɪ] *adv* abominablemente, pésimamente; **to be ~ rude to sb** faltarle al respeto a uno.

abomi·na·tion [əˌbɒmɪ'neɪʃən] *n (feeling)* aversión *f; (detestable act, thing)* escándalo *m.*

abo·rigi·nal [ˌæbə'rɪdʒənl] *adj* aborigen, indígena.

abo·rigi·ne [ˌæbə'rɪdʒɪnɪ] *n* aborigen *mf* australiano/a.

abort [ə'bɔːt] **1** *vi (Med)* abortar; *(fig)* fracasar, frustrarse. **2** *vt (Med)* abortar, hacer abortar; *(fig)* cancelar.

abor·tion [ə'bɔːʃən] *n (Med)* aborto *m;* **illegal ~** aborto ilegal; **to have an ~** abortar(se).

abortionist [ə'bɔːʃnɪst] *n* abortista *mf,* abortero/a *m/f.*

abor·tive [ə'bɔːtɪv] *adj (fig: attempt, plan)* fracasado/a, frustrado/a.

abound [ə'baʊnd] *vi (exist in great quantity)* abundar; *(have in great quantity)* **to ~ in** *or* **with**

estar lleno/a de, abundar en.

about [ə'baʊt] **1** *adv* **(a)** *(place)* por todas partes; **to run** ~ correr por todas partes; **to walk** ~ andar de aquí para allá; **to look** ~ mirar por todas partes; **to be** ~ **again** *(after illness)* estar recuperado, estar levantado; **we were** ~ **early** nos levantamos temprano; **is Mr Brown** ~? ¿está por aquí el Sr. Brown?; **there's a lot of measles** ~ hay mucho sarampión; **it's the other way** ~ *(lit)* está al revés; *(fig)* todo lo contrario.

(b) *(approximately)* más o menos, casi; ~ **£20** unas 20 libras, 20 libras más o menos; **at** ~ **2 o'clock** a eso de las dos, sobre las dos; **it's** ~ **2 o'clock** son las dos, más o menos; **it's just** ~ **finished** está casi terminado; **that's** ~ **right** está bien, más o menos.

(c) to be ~ **to do sth** estar a punto de hacer algo; **I'm not** ~ **to do all that for nothing** no pienso hacer todo eso gratis.

2 *prep* **(a)** *(place)* alrededor de; **the fields** ~ **the house** los campos alrededor de la casa; **somewhere** ~ **here** por aquí; **to wander** ~ **the town** deambular por la ciudad; **to do jobs** ~ **the house** *(housework)* hacer los quehaceres domésticos; **he looked** ~ **him** miró a su alrededor; **there's something** ~ **a soldier** los soldados tienen un no sé qué; **while you're** ~ **it ...** de paso ..., mientras lo haces ... .

(b) *(relating to)* de, acerca de; **a book** ~ **travel** un libro de viajes; **do something** ~ **it!** ¡haz algo!; **how** ~ **me?** y yo, ¿qué?; **how** ~ **coming with us?** ¿por qué no vienes con nosotros?; **how** ~ **a drink?** ¿vamos a tomar una copa?; **what** ~ **it?** *(what do you say)* ¿qué te parece?; *(what of it)* ¿y qué?

above [ə'bʌv] **1** *adv (overhead)* encima, arriba; *(higher)* arriba; *(higher status)* de más categoría; *(heaven)* del cielo, de lo alto; *(in text)* arriba, más arriba; **as I said** ~ como ya he dicho, según dije ya; **seen from** ~ visto desde encima *or* arriba; **orders from** ~ órdenes de fuente superior *or* de arriba; **the flat** ~ el piso de arriba.

2 *prep* (por) encima de; *(LAm)* arriba de; ~ **the clouds** encima de las nubes; **the Thames** ~ **London** el Támesis más arriba de Londres; **2000 metres** ~ **sea level** 2000 metros sobre el nivel del mar; **he is** ~ **me in rank** tiene una categoría superior a la mía; **I couldn't hear** ~ **the din** no podía oír con tanto ruido; **he's** ~ **that sort of thing** no sería capaz de hacerlo, está muy por encima de esas cosas; **he's not** ~ **a bit of blackmail** es capaz hasta del chantaje; **it's** ~ **me** es demasiado complicado para mí; **to get** ~ **o.s.** pasarse (de listo); **she can't count** ~ **10** no sabe contar más allá de 10.

above·board [ə,bʌv'bɔːd] *adj* legítimo/a.

abras·ion [ə'breɪʒən] *n (injury)* abrasión *f.*

abra·sive [ə'breɪsɪv] **1** *adj* abrasivo/a. **2** *n* abrasivo *m.*

abreast [ə'brest] *adv*: **to march 4** ~ marchar 4 de frente; **to come** ~ **of** llegar a la altura de; **to keep** ~ **of the news** mantenerse al día, estar al corriente.

abridged [ə'brɪdʒd] *adj (book)* compendiado/a, resumido/a.

abroad [ə'brɔːd] *adv (in foreign parts)* en el extranjero; **to go** ~ ir al extranjero; **there is a rumour** ~ **that ...** corre el rumor de que ...; **how did the news get** ~? ¿cómo se divulgó la noticia?

ab·rupt [ə'brʌpt] *adj (sudden)* repentino/a, brusco/a; *(style)* cortado/a, lacónico/a; *(manner)* áspero/a, brusco/a.

ab·rupt·ly [ə'brʌptlɪ] *adv (suddenly)* repentinamente; *(steeply)* en fuerte pendiente; *(brusquely)* bruscamente.

ab·scess ['æbsɪs] *n* absceso *m.*

ab·scond [əb'skɒnd] *vi* fugarse; *(with funds)* huir, largarse.

ab·sence ['æbsəns] *n (of person)* ausencia *f; (of thing)* falta *f;* **in the** ~ **of** *(person)* en ausencia de; *(thing)* a falta de; ~ **of mind** distracción *f,* despiste *m.*

ab·sent ['æbsənt] *adj (person, thing)* ausente; *(fig)* distraído/a, despistado/a; **to be** ~ faltar *(from* a).

ab·sen·tee [,æbsən'tiː] *n (from school, work)* ausente *mf.*

ab·sen·tee·ism [,æbsən'tiːɪzəm] *n* absentismo *m.*

ab·sent·ly ['æbsəntlɪ] *adv* distraídamente.

absent-minded [,æbsənt'maɪndɪd] *adj* distraído/a, despistado/a.

ab·so·lute ['æbsəluːt] *adj (power, monarch)* absoluto/a; *(certainty, confidence etc)* completo/a; *(support)* incondicional, total; *(prohibition)* terminante; *(truth, proof)* incontrovertible; *(denial)* rotundo/a, categórico/a; **the man's an** ~ **idiot** es un puro imbécil, es completamente idiota.

ab·so·lute·ly ['æbsəluːtlɪ] *adv* **(a)** *(wholly)* completamente, totalmente; **that is** ~ **untrue** eso es completamente falso. **(b)** *(fam: certainly)* desde luego, claro.

ab·so·lu·tion [,æbsə'luːʃən] *n (Rel)* absolución *f.*

ab·solve [əb'zɒlv] *vt (free)* absolver *(from* de).

ab·sorb [əb'sɔːb] *vt (liquid)* absorber; *(heat, sound, vibrations, radiation)* amortiguar; *(costs)* absorber; *(information)* asimilar; *(fig)* retener, asimilar; *(time, energy)* ocupar, absorber; **the business** ~**s most of his time** el negocio le lleva la mayor parte de su tiempo; **she was** ~**ed in a book** estaba absorta en un libro.

ab·sorb·ing [əb'sɔːbɪŋ] *adj (study etc)* absorbente.

ab·stain [əb'steɪn] *vi (not vote)* abstenerse; *(not drink)* abstenerse de las bebidas alcohólicas.

ab·stain·er [əb'steɪnə[r]] *n* abstemio/a *m/f.*

ab·ste·mi·ous [əb'stiːmɪəs] *adj (person, meal)* abstemio/a.

ab·sten·tion [əb'stenʃən] *n (act)* abstención *f;* **there were 20** ~**s** hubo 20 abstenciones.

ab·sti·nence ['æbstɪnəns] *n* abstinencia *f.*

ab·stract ['æbstrækt] **1** *adj (gen)* abstracto/a. **2** *n (summary)* resumen *m,* sumario *m; (work of art)* pintura *f* abstracta; **in the** ~ en abstracto. **3** [æb'strækt] *vt (remove)* quitar; *(summarize)* resumir.

ab·surd [əb'sɜːd] *adj* absurdo/a; *(foolish)* ridículo/a; **don't be** ~! ¡no digas tonterías!

ab·surd·ity [əb'sɜːdɪtɪ] *n* **(a)** *(no pl)* absurdo *m.* **(b)** *(thing etc)* locura *f,* disparate *m.*

abun·dance [ə'bʌndəns] *n* abundancia *f;* **in** ~ en cantidad, en grandes cantidades.

abun·dant [ə'bʌndənt] *adj* abundante; **a country** ~ **in minerals** un país rico en minerales.

abun·dant·ly [ə'bʌndəntlɪ] *adv*: **he made it** ~ **clear to me that ...** me hizo constar con toda claridad que ... .

abuse [ə'bjuːs] **1** *n* **(a)** *(insults)* insultos *mpl,* improperios *mpl;* **to heap** ~ **on sb** llenar a uno de injurias. **(b)** *(misuse, instance)* abuso *m;* ~ **of trust/power** abuso de confianza/poder; **open to** ~ abierto al abuso. **2** [ə'bjuːz] *vt* **(a)** *(revile)* insultar, injuriar. **(b)** *(misuse)* abusar de.

abu·sive [əb'juːsɪv] *adj (insulting)* ofensivo/a, insultante; *(: language)* lleno/a de insultos, injurioso/a; **to become** ~ empezar a soltar injurias.

abys·mal [ə'bɪzməl] *adj* **(a)** *(very great: ignorance)* abismal, profundo/a; *(: poverty)* extremo/a. **(b)** *(very bad: result)* pésimo/a.

abyss [ə'bɪs] *n* abismo *m,* sima *f; (fig)* extremo *m.*

aca·dem·ic [ˌækəˈdemɪk] **1** *adj (Scol, Univ etc)* académico/a, universitario/a; *(intellectual)* intelectual; *(theoretical)* teórico/a; **~ life** vida académica; **~ year** *(Univ)* año académico *or* escolar; **it's of ~ interest only** sólo tiene interés a nivel teórico. **2** *n* académico/a *m/f*, profesor(a) *m/f* universitario/a.

acad·emy [əˈkædəmɪ] *n (of music etc)* conservatorio *m; (learned society)* academia *f;* **military ~** escuela *f* militar.

ac·cede [ækˈsiːd] *vi:* **to ~ to** *(throne etc)* acceder a, subir a; *(request)* consentir en, acceder a.

ac·cel·er·ate [ækˈseləreɪt] **1** *vt* acelerar, apresurar. **2** *vi (Aut)* acelerar.

ac·cel·era·tion [ækˌseləˈreɪʃən] *n (Aut)* aceleración *f.*

ac·cel·era·tor [ækˈseləreɪtəʳ] *n (Aut)* acelerador *m.*

ac·cent [ˈæksənt] *n (gen)* acento *m;* **to put the ~ on exports** hacer hincapié en las exportaciones.

ac·cen·tu·ate [ækˈsentjʊeɪt] *vt (syllable)* acentuar; *(need, difference etc)* recalcar, subrayar.

ac·cept [əkˈsept] *vt* **(a)** *(gen)* aceptar; *(offer, suggestion)* admitir, aceptar; *(theory, report)* aprobar; *(acknowledge)* admitir; *(person)* recibir, acoger, dar acogida a; **he refused to ~ defeat** se negó a admitir la derrota; **it is ~ed that ...** se reconoce que ...; **it's the ~ed thing** es lo establecido, es la norma. **(b)** *(Comm: cheque, orders)* aceptar.

ac·cept·able [əkˈseptəbl] *adj (behaviour, plan, offer)* aceptable, admisible; *(gift)* grato; **tea is always ~** el té siempre agrada.

ac·cept·ance [əkˈseptəns] *n (act)* aceptación *f; (welcome)* aprobación *f,* acogida *f;* **to meet with general ~** tener acogida general.

ac·cess [ˈækses] **1** *n* acceso *m,* entrada *f; (Comput)* acceso; **the house has ~ onto the park** la casa tiene salida al parque; **to have/gain ~ to sb** tener/conseguir libre acceso a uno; **to gain ~ (to)** lograr entrar (en). **2** *vt (Comput)* obtener información de/dar información a.

ac·ces·sible [ækˈsesəbl] *adj (place)* accesible; *(person, information)* asequible.

ac·ces·sion [ækˈseʃən] *n (addition)* adquisición *f; (of king)* subida *f,* ascenso *m.*

ac·ces·so·ry [ækˈsesərɪ] *n* **(a) accessories** *(Aut etc)* accesorios *mpl; (outfit)* complementos *mpl;* **toilet accessories** artículos *mpl* de tocador. **(b)** *(Jur)* cómplice *mf.*

ac·ci·dent [ˈæksɪdənt] *n (harmful)* accidente *m; (unexpected)* casualidad *f;* **road ~** accidente de tránsito; **by ~** *(by chance)* por *or* de casualidad; *(unintentionally)* sin querer, involuntariamente; **~s will happen** son cosas que pasan; **to meet with** *or* **to have an ~** tener *or* sufrir un accidente.

ac·ci·den·tal [ˌæksɪˈdentl] *adj (by chance)* casual, fortuito/a; *(unintentional)* imprevisto/a; **~ death** muerte *f* por accidente.

ac·ci·den·tal·ly [ˌæksɪˈdentəlɪ] *adv (by chance)* por casualidad; *(unintentionally)* sin querer, involuntariamente.

ac·cident-prone [ˈæksɪdəntˌprəʊn] *adj* susceptible a los accidentes.

ac·claim [əˈkleɪm] **1** *vt (praise)* aclamar, alabar; *(applaud)* aplaudir, vitorear; *(proclaim)* aclamar. **2** *n (approval)* alabanza *f,* aclamación *f; (applause)* ovación *f,* aplausos *mpl.*

ac·cla·ma·tion [ˌækləˈmeɪʃən] *n (approval)* aclamación *f; (applause)* aplausos *mpl,* vítores *mpl;* **by ~** por aclamación.

ac·cli·ma·tize [əˈklaɪmətaɪz], *(US)* **ac·cli·mate** [əˈklaɪmət] *vt* aclimatar; **to ~ o.s.** aclimatarse.

ac·com·mo·date [əˈkɒmədeɪt] *vt* **(a)** *(person)* alojar, hospedar; *(have room for)* tener cabida para. **(b)** *(wishes etc)* complacer. **(c)** *(differences)* acomodar, reconciliar.

ac·com·mo·dat·ing [əˈkɒmədeɪtɪŋ] *adj* servicial, complaciente.

ac·com·mo·da·tion [əˌkɒməˈdeɪʃən] **1** *n (US also* **~s:** *place to live)* alojamiento *m; (space)* lugar *m,* cabida *f; (agreement)* acuerdo *m;* **~ to let** se alquilan habitaciones; **have you any ~ available?** ¿tiene Ud habitaciones disponibles?; **seating ~** plazas *fpl,* asientos *mpl;* **there is ~ for 20 passengers** hay lugar para 20 pasajeros.

2: ~ bureau *n* oficina *f* de hospedaje.

ac·com·pa·ni·ment [əˈkʌmpənɪmənt] *n (also Mus)* acompañamiento *m.*

ac·com·pa·nist [əˈkʌmpənɪst] *n (Mus)* acompañante/a *m/f.*

ac·com·pa·ny [əˈkʌmpənɪ] *vt (gen)* acompañar; *(Mus)* acompañar (*on* a, con); **to ~ o.s. on the piano** acompañarse al piano.

ac·com·plice [əˈkʌmplɪs] *n* cómplice *mf.*

ac·com·plish [əˈkʌmplɪʃ] *vt (task, mission)* llevar a cabo; *(purpose, one's design)* realizar.

ac·com·plished [əˈkʌmplɪʃt] *adj (pianist etc)* experto/a, consumado/a.

ac·com·plish·ment [əˈkʌmplɪʃmənt] *n (fulfilment)* realización *f; (thing achieved)* logro *m; (skill)* talento *m,* dotes *fpl.*

ac·cord [əˈkɔːd] **1** *n (harmony)* acuerdo *m;* **of his/her own ~** espontáneamente, de motu propio; **with one ~** de *or* por común acuerdo; **to be in ~** estar de acuerdo. **2** *vt (welcome, praise, honour)* dar, conceder. **3** *vi* concordar (*with* con).

ac·cord·ance [əˈkɔːdəns] *n:* **in ~ with** conforme a, de acuerdo con.

ac·cord·ing [əˈkɔːdɪŋ] *prep:* **~ to** según; **~ to him ...** según él ...; **it went ~ to plan** salió conforme a nuestros *etc* planes.

ac·cord·ing·ly [əˈkɔːdɪŋlɪ] *adv* **(a)** *(correspondingly)* en forma correspondiente, de acuerdo con esto; **to act ~** actuar en la forma que corresponde. **(b)** *(therefore)* así pues, por consiguiente.

ac·cor·di·on [əˈkɔːdɪən] *n* acordeón *m.*

ac·cost [əˈkɒst] *vt* abordar, dirigirse a.

ac·count [əˈkaʊnt] *n* **(a)** *(report)* informe *m;* **to keep an ~ of** *(events)* guardar relación de; *(amounts)* llevar cuentas de; **to bring sb to ~** pedirle cuentas a uno; **by all ~s** a decir de todos, según se dice; **to give a good ~ of oneself** causar buena impresión, cosechar éxitos.

(b) *(consideration)* consideración *f; (importance)* importancia *f;* **on no ~** de ninguna manera, bajo ningún concepto; **on his ~** por él, en su nombre; **on ~ of** a causa de; **to take ~ of sth, take sth into ~** tener algo en cuenta; **to leave sth out of ~** no tomar algo en consideración; **to turn sth to good ~** sacar provecho de algo, aprovechar algo.

(c) *(at shop)* cuenta *f; (invoice)* factura *f; (bank ~)* cuenta (bancaria); **~s** *(of company)* cuentas *fpl;* **to settle an ~** liquidar una cuenta; **to settle ~s (with)** *(fig)* ajustar cuentas (con); **to get £50 on ~** recibir £50 anticipadas; **to put £50 down on ~** cargar £50 a la cuenta; **to buy sth on ~** comprar algo a cuenta; *see* **current, deposit, joint.**

♦ **ac·count for** *vi + prep (explain)* explicar, justificar; *(give reckoning of: actions, expenditure)* dar cuenta de, responder de; *(destroy, kill)* acabar con; **that ~s for it** esa es la razón *or* la explicación; **all the children were ~ed for** no faltaba ningún niño; **there's no ~ing for tastes** sobre

gustos no hay nada escrito.
ac·count·able [ə'kaʊntəbl] *adj*: **to be ~ (for sth/to sb)** ser responsable (de algo/ante uno).
ac·count·an·cy [ə'kaʊntənsɪ] *n* contabilidad *f*.
ac·count·ant [ə'kaʊntənt] *n* contable *mf*, contador(a) *m/f*; *see* **chartered.**
ac·cred·ited [ə'kredɪtɪd] *adj (source, supplier, representative)* autorizado/a.
ac·crue [ə'kruː] *vi (mount up)* aumentarse; *(interest)* acumularse; **to ~ to** corresponder a.
ac·cu·mu·late [ə'kjuːmjʊleɪt] **1** *vt* acumular, amontonar. **2** *vi* acumularse, amontonarse.
ac·cu·mu·la·tion [əˌkjuːmjʊ'leɪʃən] *n (amassing)* acumulación *f*, acopio *m*; *(mass)* montón *m*.
ac·cu·ra·cy ['ækjʊrəsɪ] *n (see adj)* precisión *f*, exactitud *f*.
ac·cu·rate ['ækjʊrɪt] *adj (number, observation etc)* preciso/a, exacto/a; *(copy)* fiel; *(answer)* correcto/a, acertado/a; *(shot)* certero/a; *(instrument, worker)* de precisión; **is that clock ~?** ¿marcha bien ese reloj?
ac·cu·rate·ly ['ækjʊrɪtlɪ] *adv (correctly)* exactamente; *(faithfully)* fielmente.
ac·cu·sa·tion [ˌækjʊ'zeɪʃən] *n (charge)* acusación *f*, cargo *m*.
ac·cuse [ə'kjuːz] *vt*: **to ~ sb (of)** acusar a uno (de).
ac·cused [ə'kjuːzd] *n*: **the ~** *(Jur)* el/la acusado/a.
ac·cus·ing·ly [ə'kjuːzɪŋlɪ] *adv* acusatoriamente.
ac·cus·tom [ə'kʌstəm] *vt*: **to ~ sb to sth/to doing sth** acostumbrar a uno a algo/a hacer algo; **to be ~ed to sth** estar acostumbrado a algo; **to get ~ed to sth/to doing sth** acostumbrarse a algo/a hacer algo.
ace [eɪs] *n (Cards)* as *m*; *(fig: of sportsman etc)* as; **to be within an ~ of** estar a punto *or* a dos dedos de.
ache [eɪk] **1** *n (pain)* dolor *m*; **full of ~s and pains** lleno de achaques *or* goteras, adolorido. **2** *vi (hurt)* doler; *(yearn)* desear, suspirar; **it makes my head ~** me da dolor de cabeza; **I'm aching all over** me duele todo; **I ~d to help** me moría por ayudar.
achieve [ə'tʃiːv] *vt (reach)* conseguir, alcanzar; *(complete)* llevar a cabo; *(accomplish)* realizar.
achieve·ment [ə'tʃiːvmənt] *n (act)* realización *f*; *(thing achieved)* éxito *m*; **that's quite an ~** es todo un éxito, es toda una hazaña.
acid ['æsɪd] **1** *n* ácido *m*. **2** *adj (Chem)* ácido/a; *(sour)* agrio/a; *(fig: wit, remark)* mordaz.
acid·ity [ə'sɪdɪtɪ] *n* acidez *f*.
ac·knowl·edge [ək'nɒlɪdʒ] *vt* reconocer; *(claim)* admitir; *(favour, gift)* agradecer, dar las gracias (por); *(letter)* acusar recibo de; *(greeting)* contestar a; **to ~ receipt of** acusar recibo de; **to ~ sb as leader** reconocer a uno como jefe; **to ~ defeat** darse por vencido.
ac·knowl·edge·ment [ək'nɒlɪdʒmənt] *n (admission)* admisión *f*; *(recognition)* reconocimiento *m*; *(of letter etc)* acuse *m* de recibo; **in ~ of** en reconocimiento de, en agradecimiento a; **~s** *(in book)* menciones *fpl*.
acme ['ækmɪ] *n* colmo *m*, cima *f*.
acne ['æknɪ] *n* acné *m*.
aco·lyte ['ækəʊlaɪt] *n (Rel)* acólito *m*; *(fig)* seguidor(a) *m/f*.
acorn ['eɪkɔːn] *n* bellota *f*.
acous·tic [ə'kuːstɪk] *adj* acústico/a.
acous·tics [ə'kuːstɪks] *n (with sg vb: Phys)* acústica *f*; *(with pl vb: of hall etc)* condiciones *fpl* acústicas.
ac·quaint [ə'kweɪnt] *vt* **(a)** *(inform)* **to ~ sb with sth** informar a uno de *or* sobre algo; **to ~ o.s. with sth** informarse sobre algo. **(b)** *(with person)* **to be ~ed with sb** conocer a uno; **we became ~ed in Paris** nos conocimos en París; **I'm not ~ed with her** no le conozco; **I'll leave you two to get ~ed** les dejo para que se vayan conociendo.
ac·quaint·ance [ə'kweɪntəns] *n* **(a)** *(with person)* relación *f*; *(with subject etc)* conocimiento *m*; **to make sb's ~** conocer a uno; **it improves on ~** mejora a medida que lo vas conociendo. **(b)** *(person)* conocido/a *m/f*; **we're just ~s** nos conocemos ligeramente nada más; **an ~ of mine** un conocido mío.
ac·qui·esce [ˌækwɪ'es] *vi (agree)* consentir (*in* en), conformarse (*in* con).
ac·qui·es·cence [ˌækwɪ'esns] *n* consentimiento *m*, conformidad *f*.
ac·quire [ə'kwaɪə^r] *vt (possessions: get)* adquirir, obtener; *(: manage to get)* conseguir; *(language etc)* aprender; *(territory)* tomar posesión de; *(habit, reputation)* adquirir; **to ~ a name for honesty** crearse una reputación de honrado, ganarse una buena reputación; **to ~ a taste for** tomar gusto a, cobrar afición a.
ac·quired [ə'kwaɪəd] *adj* adquirido/a; **an ~ taste** un gusto adquirido.
ac·qui·si·tion [ˌækwɪ'zɪʃən] *n* adquisición *f*.
ac·quisi·tive [ə'kwɪzɪtɪv] *adj* codicioso/a; **the ~ society** la sociedad de consumo.
ac·quit [ə'kwɪt] *vt* **(a)** *(Jur)* **to ~ sb (of)** absolver *or* exculpar a uno (de). **(b) to ~ o.s. well** salir con éxito, defenderse bien.
ac·quit·tal [ə'kwɪtl] *n* absolución *f*, exculpación *f*.
acre ['eɪkə^r] *n* acre *m (= 4047 metros cuadrados)*.
ac·rid ['ækrɪd] *adj (smell, taste)* acre, punzante; *(fig)* áspero/a, mordaz.
ac·ri·mo·ni·ous [ˌækrɪ'məʊnɪəs] *adj (remark)* mordaz; *(argument)* reñido/a, amargo/a.
ac·ro·bat ['ækrəbæt] *n* acróbata *mf*.
ac·ro·bat·ics [ˌækrəʊ'bætɪks] *npl* acrobacia *fsg*.
across [ə'krɒs] **1** *adv* **(a)** *(direction)* a través, al través; **to swim/run ~** atravesar a nado/corriendo. **(b)** *(from one side to the other)* de una parte a otra, de un lado a otro; **to cut sth ~** cortar algo por (el) medio. **(c)** *(measurement)* **the lake is 12 km ~** el lago tiene 12 km de ancho.

2 *prep* **(a)** *(from one side to other of)* a través de, al través de; **to go ~ a bridge** atravesar *or* cruzar un puente. **(b)** *(on the other side of)* al otro lado de; **~ the street from our house** al otro lado de la calle enfrente de nuestra casa. **(c)** *(crosswise over)* a través de.
across-the-board [əˌkrɒsðə'bɔːd] *adj* general, generalizado/a.
act [ækt] **1** *n* **(a)** *(deed)* acto *m*, acción *f*; **~ of God** fuerza *f* mayor; **an ~ of folly** un acto de locura; **I was in the ~ of writing to him** precisamente le estaba escribiendo; **to catch sb in the ~** sorprender a uno en el acto. **(b)** *(Parliament)* ley *f*, decreto *m*. **(c)** *(Theat: division)* acto *m*; *(performance)* número *m*; *(fig: pretence)* cuento *m*, teatro *m*.

2 *vt (play)* representar; *(part)* hacer el papel de; **to ~ the fool** *(fig)* hacer el tonto.

3 *vi* **(a)** *(perform: Theat)* hacer teatro; *(: Cine)* hacer cine; *(fig: pretend)* fingirse, fingir ser; **he's only ~ing** lo está fingiendo (nada más); **to ~ ill** fingirse enfermo. **(b)** *(function: thing)* funcionar, hacer (de); *(: drug)* actuar; *(: person)* trabajar; **~ing in my capacity as chairman** en mi calidad de presidente; **it ~s as a deterrent** sirve para disuadir *or* de disuasión; **to ~ for sb** representar a uno. **(c)** *(behave)* obrar, comportarse; **he is ~ing strangely** se está comportando de una manera rara; **she ~ed as if she was upset** se comportó como si estuviera alterada. **(d)** *(take action)* obrar, tomar medidas; **now is the time to**

~ hay que ponerse en acción ahora mismo; **he ~ed to stop it** tomó medidas para impedirlo.
♦ **act out** *vt + adv* realizar.
♦ **act up** *vi + adv (fam: person)* comportarse mal; *(: injury)* molestar, doler; *(: machine)* fallar, estropearse.
♦ **act (up)on** *vi + prep (advice)* seguir; *(order)* obedecer.
ac·ting ['æktɪŋ] **1** *adj* interino/a, suplente. **2** *n (Theat: playing)* interpretación *f*, actuación *f*; *(: profession)* profesión *f* de actor, teatro *m*.
ac·tion ['ækʃən] **1** *n* **(a)** *(doing)* acción *f*; *(deed)* hecho *m*, obra *f*; *(movement)* marcha *f*; *(effect: of acid, drug etc)* acción, efecto *m*; *(Mil)* acción; **to take ~** tomar medidas; **to put a plan into ~** poner un plan en acción *or* en marcha; **to be out of ~** *(Tech)* no funcionar, estar estropeado; **killed in ~** *(Mil)* muerto en batalla. **(b)** *(Jur)* demanda *f*, proceso *m*; **to bring an ~ against sb** entablar demanda contra uno.
2: ~ replay *n (TV)* repetición *f*.
ac·ti·vate ['æktɪveɪt] *vt (also Chem, Tech)* activar.
ac·tive ['æktɪv] *adj (gen)* activo/a; *(lively)* enérgico/a; *(life)* ajetreado/a; *(interest)* vivo/a; **~ (voice)** *(Ling)* (voz *f*) activa *f*; **to be ~ in politics** estar metido/a en política; **to play an ~ part in** colaborar activamente en.
ac·tive·ly ['æktɪvlɪ] *adv* activamente; **to be ~ involved in** estar implicado activamente en.
ac·tiv·ist ['æktɪvɪst] *n* activista *mf*.
ac·tiv·ity [æk'tɪvɪtɪ] *n (of person)* actividad *f*; *(of scene)* movimiento *m*, bullicio *m*; **social activities** vida *f* social, actividades *mpl* sociales.
ac·tor ['æktəʳ] *n* actor *m*.
ac·tress ['æktrɪs] *n* actriz *f*.
ac·tual ['æktjʊəl] *adj* verdadero/a, real; **in ~ fact** en realidad; **what were his ~ words?** ¿qué es lo que dijo, concretamente?
ac·tual·ly ['æktjʊəlɪ] *adv (really)* realmente, en realidad; *(even)* incluso, aún; **that's not true, ~** eso no es verdad, que digamos; **I wasn't ~ there** en realidad yo no estuve allí; **we ~ caught a fish!** ¡e incluso pescamos un pez!
ac·tu·ary ['æktjʊərɪ] *n* actuario/a *m/f* de seguros.
ac·tu·ate ['æktjʊeɪt] *vt* mover, impulsar; **~d by** movido por.
acu·men ['ækjʊmen] *n* perspicacia *f*.
acu·punc·ture ['ækjʊpʌŋktʃəʳ] *n* acupuntura *f*.
acute [ə'kjuːt] *adj (gen)* agudo/a; *(hearing etc)* fino/a; *(pain, anxiety, joy)* profundo/a, intenso/a; *(crisis, shortage)* grave; *(person, mind, comment)* perspicaz; **that was very ~ of you!** ¡has demostrado ser muy perspicaz!, ¡eres un lince!
acute·ly [ə'kjuːtlɪ] *adv (intensely)* intensamente; *(aware)* perfectamente; *(shrewdly)* perspicazmente.
A.D. *abbr of* **Anno Domini** A.C.
ad [æd] *n (fam) abbr of* **advertisement.**
Ad·am's ap·ple ['ædəmz,æpl] *n* nuez *f* de la garganta.
ada·mant ['ædəmənt] *adj (fig)* firme, inflexible.
adapt [ə'dæpt] **1** *vt (machine)* ajustar, adaptar; *(building)* remodelar; *(text)* adaptar, refundir; **to ~ o.s. to sth** adaptarse *or* ajustarse a algo; **~ed for the screen** en versión para el cine. **2** *vi* adaptarse.
adapt·able [ə'dæptəbl] *adj (vehicle etc)* ajustable, adaptable; *(person)* capaz de acomodarse, adaptable; **he's very ~** se adapta *or* se acomoda con facilidad a las circunstancias.
ad·ap·ta·tion [,ædæp'teɪʃən] *n (Bio etc)* adaptación *f*; *(text)* versión *f*.
adapt·er, adapt·or [ə'dæptəʳ] *n (gen)* adaptador *m*; *(Elec)* enchufe *m* múltiple.
add [æd] **1** *vt (Math)* sumar; *(gen)* añadir, agregar; **he ~ed that ...** añadió que ..., agregó que ...; **~ed to which ...** además ..., por si fuera poco ...; **to ~ insult to injury** para colmo de males. **2** *vi (count)* sumar.
♦ **add to** *vi + prep* aumentar, acrecentar.
♦ **add up 1** *vt + adv (figures)* sumar; *(advantages etc)* calcular. **2** *vi (figures)* sumar; *(fig)* tener sentido; **it's all beginning to ~ up** *(fig)* la cosa empieza a aclararse; **to ~ up to 25** sumar 25, ascender a 25; **it doesn't ~ up to much** *(fig)* es poca cosa, no tiene gran importancia.
ad·der ['ædəʳ] *n* víbora *f*.
ad·dict ['ædɪkt] *n (drugs etc)* adicto/a *m/f*; *(enthusiast)* entusiasta *mf*; **drug ~** drogadicto/a *m/f*; **a television ~** un adicto a la televisión.
ad·dicted [ə'dɪktɪd] *adj (lit)* adicto/a; *(fig)* aficionado/a; **to become ~ to sth** *(drugs etc)* enviciarse con algo; *(pursuits etc)* aficionarse a algo.
ad·dic·tion [ə'dɪkʃən] *n* afición *f*; *(negative)* vicio *m*; *(to drugs)* adicción *f*.
ad·dic·tive [ə'dɪktɪv] *adj* que causa adicción.
ad·di·tion [ə'dɪʃən] *n (act)* el añadir; *(Math)* adición *f*, suma *f*; *(thing added)* adición *f*, añadidura *f*; **if my ~ is correct** si no me sale mal el cálculo; **an ~ to the family** un nuevo miembro de la familia; **in ~ (to)** además (de).
ad·di·tion·al [ə'dɪʃənl] *adj* adicional, supletorio/a.
ad·di·tive ['ædɪtɪv] *n* aditivo *m*.
ad·dress [ə'dres] **1** *n* **(a)** *(of house etc)* dirección *f*, señas *fpl*; *(on envelope)* sobrescrito *m*. **(b)** *(speech)* discurso *m*; **election ~** discurso electoral; *(leaflet)* carta *f* de propaganda electoral. **(c) form of ~** tratamiento *m*.
2 *vt* **(a)** *(letter)* dirigir, poner la dirección en; *(direct: remarks etc)* dirigir; **this letter is wrongly ~ed** esta carta lleva la dirección equivocada; **please ~ your complaints to the manager** por favor or *(LAm)* se ruega, dirijan sus reclamaciones al director. **(b)** *(person)* tratar (de); *(meeting)* pronunciar un discurso ante; **the judge ~ed the jury** el juez se dirigió al jurado.
ad·enoids ['ædɪnɔɪdz] *npl* vegetaciones *fpl* adenoideas.
adept ['ædept] **1** *adj*: **~ in** *or* **at sth/at doing sth** experto/a en algo/en hacer algo. **2** *n* experto/a *m/f*, perito/a *m/f*; **to be an ~ at** ser maestro en.
ad·equate ['ædɪkwɪt] *adj (sufficient)* suficiente; *(apt)* apropiado/a; **to feel ~ to a task** sentirse con fuerzas para una tarea.
ad·equate·ly ['ædɪkwɪtlɪ] *adv* suficientemente; apropiadamente.
ad·here [əd'hɪəʳ] *vi (stick)* pegarse.
♦ **ad·here to** *vi + prep (party, policy)* adherirse a; *(belief)* aferrarse a; *(promise)* cumplir con; *(rule)* observar.
ad·her·ent [əd'hɪərənt] *n (person)* partidario/a *m/f*.
ad·he·sive [əd'hiːzɪv] **1** *adj* adhesivo/a, pegajoso/a; **~ tape** cinta *f* adhesiva, celo *m*. **2** *n* adhesivo *m*, pegamento *m*.
ad hoc [,æd'hɒk] *adj (decision)* para el caso; *(committee etc)* formado/a con fines específicos.
ad·ja·cent [ə'dʒeɪsənt] *adj* contiguo/a; **~ to** contiguo a, pegado a.
ad·jec·tive ['ædʒektɪv] *n* adjetivo *m*.
ad·join [ə'dʒɔɪn] **1** *vt* estar contiguo a, lindar con. **2** *vi* estar contiguo, colindar.
ad·join·ing [ə'dʒɔɪnɪŋ] *adj* contiguo/a, colindante.
ad·journ [ə'dʒɜːn] **1** *vt (suspend)* suspender; *(postpone)* aplazar; *(court)* levantar; *(US: end)* terminar. **2** *vi (meeting)* aplazarse; *(Parliament)* disolverse; **the court then ~ed** entonces el tri-

bunal levantó la sesión; **they ~ed to the pub** *(fam)* se trasladaron al bar.
ad·journ·ment [əˈdʒɜːnmənt] *n (period)* suspensión *f; (postponement)* aplazamiento *m.*
ad·ju·di·cate [əˈdʒuːdɪkeɪt] *vt (contest)* juzgar, hacer de árbitro; *(claim)* decidir.
ad·junct [ˈædʒʌŋkt] *n* adjunto/a *m/f,* accesorio/a *m/f.*
ad·just [əˈdʒʌst] *vt (gen)* ajustar; *(engine etc)* arreglar; *(height, speed etc)* cambiar, regular; **to ~ o.s. to** adaptarse a; **this chair can be ~ed** esta silla puede ser ajustada.
ad·just·able [əˈdʒʌstəbl] *adj* ajustable, regulable.
ad·just·ment [əˈdʒʌstmənt] *n (act)* regulación *f,* ajuste *m; (alteration)* modificación *f,* cambio *m;* **to make an ~ to one's plans** modificar sus proyectos.
ad lib [ædˈlɪb] **1** *adv (continue, eat)* a voluntad, a discreción. **2** *adj (production, performance, speech)* improvisado/a. **3** *vt (music, words etc)* improvisar. **4** *vi (actor, speaker etc)* improvisar.
ad·min·is·ter [ədˈmɪnɪstəʳ] *vt* **(a)** *(manage: company)* dirigir, administrar; *(: country)* gobernar. **(b)** *(dispense: medicine)* suministrar, dispensar; *(: justice, laws)* administrar, aplicar; **to ~ an oath to sb** tomar juramento a uno.
ad·min·is·tra·tion [ədˌmɪnɪˈstreɪʃən] *n* **(a)** *(see vb)* administración *f;* gobierno *m.* **(b)** *(governing body)* gobierno *m,* dirección *f.*
ad·min·is·tra·tive [ədˈmɪnɪstrətɪv] *adj* administrativo/a.
ad·min·is·tra·tor [ədˈmɪnɪstreɪtəʳ] *n* administrador(a) *m/f.*
ad·mi·rable [ˈædmərəbl] *adj* admirable, digno/a de admiración.
ad·mi·ral [ˈædmərəl] *n* almirante *m.*
ad·mi·ra·tion [ˌædməˈreɪʃən] *n (act)* admiración *f.*
ad·mire [ədˈmaɪəʳ] *vt (gen)* admirar; *(express admiration for)* elogiar; **she was admiring herself in the mirror** se miraba satisfecha al espejo.
ad·mis·sible [ədˈmɪsəbl] *adj* admisible.
ad·mis·sion [ədˈmɪʃən] *n* **(a)** *(entry)* ingreso *m; (price)* entrada *f;* '**~ free**' 'entrada gratis'. **(b)** *(acknowledgement)* confesión *f,* reconocimiento *m;* **it would be an ~ of defeat** sería reconocer la derrota; **by his own ~** él mismo lo reconoce.
ad·mit [ədˈmɪt] *vt* **(a)** *(allow to enter: person)* dejar entrar, *(LAm)* hacer pasar; *(: air, light)* dejar pasar, dejar entrar; *(hospital)* admitir; **children not ~ted** se prohibe la entrada a los menores de edad; **this ticket ~s two** entrada para dos personas. **(b)** *(acknowledge)* reconocer; *(: crime, error)* confesar; **it is hard, I ~** es difícil, lo reconozco.
ad·mit·tance [ədˈmɪtəns] *n* entrada *f;* **to gain ~** conseguir entrar; '**no ~**' 'se prohibe la entrada', 'prohibida la entrada'.
ad·mit·ted·ly [ədˈmɪtɪdlɪ] *adv* la verdad es que, lo cierto es que.
ad·mon·ish [ədˈmɒnɪʃ] *vt (reprimand)* **to ~ sb (for)** reprender a uno (por), amonestar a uno (por).
ad nau·seam [ˌædˈnɔːsɪæm] *adv* hasta el cansancio.
ado [əˈduː] *n:* **without further ~** sin más.
ado·les·cence [ˌædəʊˈlesns] *n* adolescencia *f.*
ado·les·cent [ˌædəʊˈlesnt] *adj, n* adolescente *mf.*
adopt [əˈdɒpt] *vt (child)* adoptar; *(report)* aprobar; *(suggestion)* seguir, aceptar; *(candidate: for Parliament)* adoptar como candidato.
adop·tion [əˈdɒpʃən] *n* adopción *f;* **country of ~** patria *f* adoptiva.
ador·able [əˈdɔːrəbl] *adj (fam)* encantador(a), adorable.
ado·ra·tion [ˌædəˈreɪʃən] *n* adoración *f.*
adore [əˈdɔːʳ] *vt (love)* adorar; **I ~ your new flat** *(fam)* me encanta tu nuevo piso.
adorn [əˈdɔːn] *vt* adornar, embellecer.
adrena·lin [əˈdrenəlɪn] *n* adrenalina *f.*
Adri·at·ic (Sea) [ˌeɪdrɪˈætɪk(ˈsiː)] *n* (Mar *m*) Adriático *m.*
adrift [əˈdrɪft] *adv (esp Naut)* al garete, a la deriva; **to come ~** *(boat)* soltarse, irse a la deriva; *(wire, rope etc)* soltarse, desprenderse.
adroit [əˈdrɔɪt] *adj* diestro/a, hábil.
adulation [ˌædjʊˈleɪʃən] *n* adulación *f.*
adult [ˈædʌlt] **1** *adj (person, animal)* adulto/a, mayor; **~ education** educación *f* para adultos. **2** *n* adulto/a *m/f;* '**~s only**' 'autorizado para mayores de 18 años'.
adul·te·rate [əˈdʌltəreɪt] *vt* adulterar.
adul·tery [əˈdʌltərɪ] *n* adulterio *m.*
ad·vance [ədˈvɑːns] **1** *n* **(a)** *(gen)* avance *m; (fig: progress)* progreso *m,* adelanto *m;* **recent ~s in technology** los últimos adelantos en tecnología; **to make ~s to sb** *(gen)* entrar en contacto con uno; *(amorously)* insinuarse con uno; **in ~** por adelantado, de antemano; **to arrive in ~ of sb** llegar antes que uno; **to book in ~** reservar con anticipación; **to pay in ~** pagar por adelantado. **(b)** *(loan)* anticipo *m.*

2 *vt* **(a)** *(move forward: time, date)* adelantar; *(Mil)* avanzar; *(further: plan, knowledge)* facilitar, adelantar; *(promote: interests)* promover, fomentar; *(person: in career)* ascender. **(b)** *(put forward: idea)* proponer para la discusión; *(: suggestion)* hacer; *(: claim)* presentar. **(c)** *(money)* pagar por anticipado; *(loan)* prestar.

3 *vi (move forward)* avanzar, adelantarse; *(Mil)* avanzar; *(science, technology)* progresar, adelantarse; *(person, pupil etc)* hacer progresos; *(in rank)* ascender; **to ~ on sb** *(threateningly)* acercarse a uno (en forma amenazante).

4 *cpd (copy of book etc)* pre-publicación; **~ notice** *n* previo aviso *m;* **~ party** *n* avanzada *f.*
ad·vanced [ədˈvɑːnst] *adj (gen: ideas, civilization etc)* avanzado/a; *(student)* adelantado/a; *(study)* superior; **~ in years** entrado/a en años; **summer was well ~** el verano estaba llegando a su fin.
ad·van·tage [ədˈvɑːntɪdʒ] *n* ventaja *f; (Tennis)* **~ González** ventaja González; **he has the ~ of youth** tiene la ventaja de ser joven; **the plan has many ~s** el proyecto tiene muchas ventajas; **it's to our ~** es ventajoso para nosotros; **to have an ~ over sb** llevar ventaja a uno; **to take ~ of an opportunity** aprovechar una oportunidad; **to take ~ of sb** *(unfairly)* aprovecharse de uno, sacar partido de uno; *(sexually)* abusar de uno.
ad·van·ta·geous [ˌædvənˈteɪdʒəs] *adj (offer, position)* ventajoso/a, provechoso/a.
ad·vent [ˈædvənt] *n (arrival)* advenimiento *m; (Rel)* **A~** Adviento *m.*
ad·ven·ture [ədˈventʃəʳ] **1** *n* aventura *f;* **the spirit of ~** el espíritu aventurero. **2: ~ story** *n* novela *f* de aventuras.
ad·ven·tur·ous [ədˈventʃərəs] *adj (person, journey, style)* aventurero/a, emprendedor(a).
ad·verb [ˈædvɜːb] *n* adverbio *m.*
ad·ver·sary [ˈædvəsərɪ] *n* adversario/a *m/f,* contrario/a *m/f.*
ad·verse [ˈædvɜːs] *adj (criticism, decision, effect, wind)* adverso/a, contrario/a; *(conditions)* desfavorable; **~ to** contrario a, en contra de.
ad·vert [ˈædvɜːt] *n abbr of* **advertisement.**
ad·ver·tise [ˈædvətaɪz] **1** *vt (Comm etc)* anunciar. **2** *vi* hacer publicidad, hacer propaganda; *(in a paper)* poner un anuncio; *(on TV)* hacer publicidad; **to ~ for** buscar por medio de anuncios.
ad·ver·tise·ment [ədˈvɜːtɪsmənt] *n* anuncio *m;* **an**

~ **for soap** un anuncio de jabón.
ad·ver·tis·er ['ædvətaɪzəʳ] *n* anunciante *mf.*
ad·ver·tis·ing ['ædvətaɪzɪŋ] **1** *n* publicidad *f; (advertisements collectively)* anuncios *mpl;* **my brother's in** ~ mi hermano se dedica a la publicidad. **2:** ~ **agency** *n* agencia *f* de publicidad.
ad·vice [əd'vaɪs] *n* consejo *m;* **a piece of** ~ un consejo; **to ask for** ~ pedir consejos, consultar; **to take sb's** ~ seguir los consejos de uno.
ad·vis·able [əd'vaɪzəbl] *adj* aconsejable, conveniente; **if you think it** ~ si le parece bien.
ad·vise [əd'vaɪz] *vt (counsel)* aconsejar; *(as paid adviser)* asesorar; **to** ~ **sb to do sth** aconsejar a uno que haga algo; **he** ~**s them on investment** les asesora en sus inversiones; **you would be well/ill** ~**d to go** deberías/no deberías ir, sería prudente/imprudente que fueras.
ad·vis·er [əd'vaɪzəʳ] *n (in business, politics etc)* asesor(a) *m/f,* consejero/a *m/f.*
ad·vi·so·ry [əd'vaɪzərɪ] *adj (body)* consultivo/a; **in an** ~ **capacity** como asesor.
ad·vo·cate ['ædvəkeɪt] *vt* abogar por, ser partidario de.
aeon ['iːən] *n* eón *m.*
aer·ate ['ɛəreɪt] *vt (liquid)* gasificar; *(blood)* oxigenar; ~**d water** gaseosa *f.*
aer·ial ['ɛərɪəl] **1** *adj* aéreo/a; ~ **photograph** aerofoto *f,* fotografía *f* aérea; ~ **railway** funicular *m.* **2** *n (Brit Rad, TV)* antena *f;* **indoor** ~ antena interior.
aero... ['ɛərəʊ] *pref* aero... .
aero·bat·ics [,ɛərəʊ'bætɪks] *npl* acrobacia *fsg* aérea.
aerobics [ɛə'rəʊbɪks] *npl* aerobic *msg.*
aero·drome ['ɛərədrəʊm] *n (esp Brit)* aeródromo *m.*
aero·dy·nam·ics [,ɛərəʊdaɪ'næmɪks] *npl* aerodinámica *fsg.*
aero·naut·ics [,ɛərə'nɔːtɪks] *npl* aeronáutica *fsg.*
aero·plane ['ɛərəpleɪn] *n (esp Brit)* avión *m.*
aero·sol ['ɛərəsɒl] *n (can)* aerosol *m,* atomizador *m.*
aero·space ['ɛərəʊspeɪs] *adj:* ~ **industry** industria *f* aeroespacial.
aes·thet·ic [iːs'θetɪk] *adj* estético/a.
aes·thet·ics [iːs'θetɪks] *npl* estética *fsg.*
afar [ə'fɑːʳ] *adv (distance)* lejos; *(in the distance)* a lo lejos; **from** ~ desde lejos.
af·fable ['æfəbl] *adj (person, mood)* afable.
af·fair [ə'fɛəʳ] *n (gen)* asunto *m; (event)* acontecimiento *m; (love* ~*)* aventura *f* amorosa, lío *m;* ~**s** *(business)* negocios *mpl;* **foreign** ~**s** asuntos *mpl* exteriores; ~**s of state** asuntos *mpl* de estado; **it was an odd** ~ fue una cosa rara; **it will be a big** ~ será todo un acontecimiento; **the Watergate** ~ el asunto (de) Watergate; **that's my** ~ eso es asunto mío *or* cosa mía; **to put one's** ~**s in order** arreglar sus asuntos personales; **it's a bad state of** ~**s** hasta dónde habremos llegado.
af·fect [ə'fekt] *vt* **(a)** *(have an effect on)* afectar, influir en; *(concern)* afectar, tener que ver con; *(harm)* perjudicar; *(health)* afectar; **it did not** ~ **my decision** no influyó en mi decisión. **(b)** *(move emotionally)* conmover, afectar; **he seemed much** ~**ed** parecía emocionado *or* emocionarse.
af·fec·ta·tion [,æfek'teɪʃən] *n* afectación *f,* falta *f* de naturalidad; ~**s** mañas *fpl,* afectación.
af·fect·ed [ə'fektɪd] *adj (not natural)* afectado/a.
af·fec·tion [ə'fekʃən] *n* afecto *m,* cariño *m.*
af·fec·tion·ate [ə'fekʃənɪt] *adj* cariñoso/a, afectuoso/a.
af·fi·da·vit [,æfɪ'deɪvɪt] *n (Jur)* declaración *f* jurada, afidávit *m.*
af·fili·ated [ə'fɪlɪeɪtɪd] *adj* afiliado/a *(to, with* a); ~ **company** empresa *f* filial *or* subsidiaria.
af·filia·tion [ə,fɪlɪ'eɪʃən] *n* afiliación *f.*
af·fin·ity [ə'fɪnɪtɪ] *n (relationship)* afinidad *f; (liking)* simpatía *f.*
af·firm [ə'fɜːm] *vt (state)* afirmar; *(confirm)* confirmar.
af·firma·tive [ə'fɜːmətɪv] *adj* afirmativo/a; **to answer in the** ~ dar una respuesta afirmativa.
af·fix [ə'fɪks] *vt (signature etc)* poner, añadir; *(stamp)* poner, pegar.
af·flict [ə'flɪkt] *vt* afligir.
af·flic·tion [ə'flɪkʃən] *n (suffering)* aflicción *f,* congoja *f; (bodily)* mal *m;* **it's a terrible** ~ es una desgracia.
af·flu·ence ['æfluəns] *n (wealth)* riqueza *f,* opulencia *f.*
af·flu·ent ['æfluənt] *adj* acaudalado/a; **the** ~ **society** la sociedad de consumo.
af·ford [ə'fɔːd] *vt* **(a)** *(pay for)* tener suficiente dinero para; *(spare)* tener disponible; *(risk)* poder permitirse; **can we** ~ **a car?** ¿tenemos con qué comprar un coche?, ¿tenemos bastante dinero para un coche?; **I can't** ~ **the time** no tengo tiempo; **I can't** ~ **not to do it** no puedo permitirme el lujo de no hacerlo; **an opportunity you cannot** ~ **to miss** una ocasión que no es para desperdiciar. **(b)** *(frm: provide: opportunity)* dar, proporcionar.
af·fray [ə'freɪ] *n* refriega *f,* reyerta *f.*
af·front [ə'frʌnt] **1** *n* afrenta *f,* ofensa *f.* **2** *vt* ofender, afrentar; **to be** ~**ed** ofenderse.
afield [ə'fiːld] *adv:* **far** ~ muy lejos.
afloat [ə'fləʊt] *adv* a flote; **to keep** ~ mantener(se) a flote; *(fig)* sacar a flote.
afoot [ə'fʊt] *adv:* **there is something** ~ algo se está tramando.
afore·men·tioned [ə,fɔː'menʃənd] *adj,* **afore·said** [ə'fɔːsed] *adj* susodicho/a.
afraid [ə'freɪd] *adj* **(a)** *(frightened)* **to be** ~ tener miedo; **to be** ~ **for sb** temer por uno; **to be** ~ **of** *(person)* temer a, tener miedo a; *(thing)* tener miedo de, temer; **I was** ~ **to ask** me daba miedo preguntar. **(b)** *(sorry)* **I'm** ~ **he's out** lo siento, pero no está; **I'm** ~ **I have to go now** siento tener que irme ya; **I'm** ~ **so!** ¡lo siento, pero es así!, ¡mucho me temo que sí!; **I'm** ~ **not** me temo que no.
afresh [ə'freʃ] *adv* de nuevo, otra vez; **to start** ~ volver a empezar.
Af·ri·ca ['æfrɪkə] *n* África *f.*
Af·ri·can ['æfrɪkən] *adj, n* africano/a *m/f.*
Afro-American [,æfrəʊə'merɪkən] *adj* afroamericano/a.
aft [ɑːft] *adv (Naut)* en popa; **to go** ~ ir a popa.
af·ter ['ɑːftəʳ] **1** *adv (afterwards)* después.
2 *prep* **(a)** *(time, order)* después de; **soon** ~ **eating it** poco después de comerlo; ~ **all** después de todo; **half** ~ **two** *(US)* las dos y media. **(b)** *(place, order)* detrás de, tras; **one** ~ **the other** uno tras otro; **the noun comes** ~ **the verb** el nombre sigue el verbo; ~ **you!** ¡pase Ud!, ¡Ud primero!; ~ **you with the salt** ¿me pasas la sal, por favor? **(c)** *(in pursuit)* detrás de, tras de; **he ran** ~ **me** corrió tras de mí; **the police are** ~ **him** la policía le está buscando; **what is he** ~? *(fam)* ¿qué pretende?
3 *conj* después (de) que; ~ **what has happened** después de lo que ha pasado.
after·birth ['ɑːftəbɜːθ] *n* secundinas *fpl.*
after·care ['ɑːftəkɛəʳ] *n (Med)* asistencia *f* postoperatoria.
after-effect ['ɑːftərɪfekt] *n* efectos *mpl* secundarios.

after·life ['ɑːftəlaɪf] *n* vida *f* de ultratumba.
after·math ['ɑːftəmæθ] *n* consecuencias *fpl*, resultados *mpl*.
after·noon [ˌɑːftə'nuːn] *n* tarde *f*; **in the ~** por la tarde; **good ~!** ¡buenas tardes!
after-sales ser·vice [ˌɑːftə'seɪlzˌsɜːvɪs] *n* servicio *m* de asistencia pos-venta.
after·shave (lo·tion) ['ɑːftəˌʃeɪv(ˌləʊʃən)] *n* aftershave *m*, loción *f* para después del afeitado.
after·thought ['ɑːftəθɔːt] *n* ocurrencia *f* tardía, idea *f* adicional; **as an ~** por si acaso.
after·wards ['ɑːftəwədz] *adv* después, más tarde; **soon ~** poco después, *(LAm)* al poco rato.
again [ə'gen] *adv* otra vez, de nuevo; **try ~** vuelve a intentarlo; **come ~ soon** vuelve *or (LAm)* regresa pronto; **~ and ~** una y otra vez, vez tras vez; **never ~!** ¡nunca más!; **now and ~** de vez en cuando; **as much ~** otro tanto; **then ~ ...** *(on the other hand)* por otra parte ...; *(moreover)* además ... .
against [ə'genst] *prep* **(a)** *(in contact with)* contra; **to lean ~ sth** apoyarse contra algo. **(b)** *(in opposition to)* contra, en contra de; **he was ~ going** estaba en contra de ir; **what have you got ~ me?** ¿por qué me tiene Ud inquina?; **it's ~ the law** la ley lo prohibe, es ilegal; **to stand** *or* **run ~ sb** *(Pol)* presentarse en contra de uno. **(c)** *(in comparisons)* **(as) ~** contra, en contraste con.
age [eɪdʒ] **1** *n* **(a)** *(gen)* edad *f*; *(old ~)* vejez *f*; **he is five years of ~** tiene cinco años; **when I was your ~** cuando tenía su edad; **she doesn't look her ~** no representa la edad que tiene; **at the ~ of** a la edad de; **to come of ~** llegar a la mayoría (de edad); **under ~** menor de edad; *see* **middle. (b)** *(period)* época *f*; **the Golden A~** El Siglo de Oro; **The Iron A~** La Edad de Hierro; *see* **middle. (c)** *(fam: long time)* eternidad *f*; **we waited (for) ~s** esperamos una eternidad; **it's an ~ since I saw him** hace mucho tiempo que no le veo.
2 *vt* envejecer.
3 *vi* envejecer(se).
4: ~ of consent *n* edad *f* núbil; **~ group** *n* grupo *m* de edad *or* por edades; **the 40 to 50 ~ group** el grupo de edad de 40 a 50.
aged ['eɪdʒɪd] **1** *adj* **(a)** *(old)* viejo/a, anciano/a. **(b)** [eɪdʒd] **~ 15** de 15 años (de edad). **2** ['eɪdʒɪd] *npl*: **the ~** los ancianos *mpl*.
age·less ['eɪdʒlɪs] *adj (eternal)* eterno/a; *(always young)* siempre joven.
agen·cy ['eɪdʒənsɪ] *n* **(a)** *(office)* agencia *f*; *(of representative)* delegación *f*; *(Comm)* comisión *f*; **travel ~** agencia de viajes. **(b)** *(instrumentality)* **through the ~ of** por medio de.
agen·da [ə'dʒendə] *n* orden *m* del día.
agent ['eɪdʒənt] *n (gen)* agente *mf*; *(representative)* representante *mf*, delegado/a *m/f*; *(Pol)* delegado/a; *(Comm)* agente comisionado/a; **to be sole ~ for** tener la representación exclusiva de; **as a free ~** a la libre, por cuenta propia; **he is not a free ~** no puede actuar por cuenta propia.
ag·gra·vate ['ægrəveɪt] *vt* agravar; *(annoy)* irritar, molestar.
ag·gra·vating ['ægrəveɪtɪŋ] *adj (annoying)* molesto/a.
ag·gre·gate ['ægrɪgɪt] *n (total)* conjunto *m*.
ag·gres·sion [ə'greʃən] *n* agresión *f*.
ag·gres·sive [ə'gresɪv] *adj (attacking)* agresivo/a; *(energetic)* enérgico/a.
ag·grieved [ə'griːvd] *adj* ofendido/a.
aghast [ə'gɑːst] *adj* horrorizado/a (*at* ante); **to be ~ at** quedarse pasmado ante.
agile ['ædʒaɪl] *adj (body, mind)* ágil.
agi·tate ['ædʒɪteɪt] **1** *vt (perturb)* perturbar; *(shake)* agitar. **2** *vi (Pol)* **to ~ for/against** hacer campaña en pro/en contra de.
agi·tated ['ædʒɪteɪtɪd] *adj* inquieto/a.
agi·ta·tion [ˌædʒɪ'teɪʃən] *n (Pol etc)* agitación *f*; *(mental)* inquietud *f*, perturbación *f*.
agi·ta·tor ['ædʒɪteɪtə^r] *n (Pol)* agitador(a) *m/f*.
ag·nos·tic [æg'nɒstɪk] *n* agnóstico/a *m/f*.
ag·nos·ti·cism [æg'nɒstɪsɪzəm] *n* agnosticismo *m*.
ago [ə'gəʊ] *adv*: **a week ~** hace una semana; **long ~** hace mucho tiempo; **how long ~ was it?** ¿hace cuánto tiempo?, ¿cuánto tiempo hace?
agog [ə'gɒg] *adj* emocionado/a, ansioso/a; **to be all ~ about** emocionarse por.
ago·nize ['ægənaɪz] *vi* atormentarse; **to ~ over a decision** vacilar antes de tomar una decisión.
ago·ny ['ægənɪ] **1** *n (pain)* dolor *m* agudo; *(: mental)* angustia *f*; **I was in ~** sufría dolores horrorosos; **to suffer agonies of doubt** estar atormentado por las dudas. **2: ~ column** *n* consultorio *m* sentimental.
agree [ə'griː] **1** *vi* **(a)** *(be in agreement)* estar de acuerdo; **to ~ with sb** estar de acuerdo con uno, coincidir con uno; **to ~ on a plan** aprobar un proyecto; **don't you ~?** ¿no le parece?; **to ~ to differ** estar en desacuerdo amistoso. **(b)** *(consent)* ponerse de acuerdo; **to ~ to sth** consentir en algo; **to ~ to do sth** consentir en hacer algo. **(c)** *(be in harmony: things)* concordar; *(: persons: get on together)* congeniar; *(Ling)* concordar. **(d)** *(food, climate)* sentar bien; **garlic doesn't ~ with me** el ajo no me sienta bien.
2 *vt*: **to ~ (that)** estar de acuerdo (en que); **it was ~d that ...** se acordó que ...; **are we all ~d?** ¿estamos todos de acuerdo?
agree·able [ə'griːəbl] *adj (pleasing)* agradable; *(person)* simpático/a; *(in agreement)* de acuerdo, conforme; **if you are ~** si estás de acuerdo *or* conforme; **is that ~ to everybody?** ¿estamos todos de acuerdo?, ¿conformes todos?
agree·ment [ə'griːmənt] *n* **(a)** *(understanding)* arreglo *m*; *(consent)* acuerdo *m*; *(treaty etc)* pacto *m*; *(Comm)* contrato; **by mutual ~** por acuerdo mutuo, de común acuerdo; **to come to an ~** llegar a un acuerdo. **(b)** *(shared opinion)* conformidad *f*; *(harmony)* concordancia *f*; **to be in ~ with** estar de acuerdo *or* conforme con; *see* **gentleman.**
agri·cul·tur·al [ˌægrɪ'kʌltʃərəl] *adj* agrícola; **~ college** escuela *f* de agricultura.
agri·cul·ture ['ægrɪkʌltʃə^r] *n* agricultura *f*.
aground [ə'graʊnd] *adv (Naut)* **to run ~** encallar.
ahead [ə'hed] *adv* **(a)** *(in space)* delante; **to be ~** llevar la ventaja; **to go ~** ir adelante; **go ~!** *(fig)* ¡adelante!; **to get ~ of sb** adelantarse a uno. **(b)** *(in time)* antes; *(to book, plan)* con anticipación; **to look ~** *(fig)* anticipar; **to be ~ of one's time** anticiparse a su época; *see* **straight 2(a).**
ahoy [ə'hɔɪ] *interj*: **ship ~!** ¡barco a la vista!; **~ there!** ¡ah del barco!
aid [eɪd] **1** *n (gen)* ayuda *f*; *(rescue)* socorro *m*; **economic ~** ayuda económica; **with the ~ of** con la ayuda de; **in ~ of** a beneficio de; **what's all this in ~ of?** *(fam)* ¿a qué viene todo esto?; **to come to the ~ of** acudir en ayuda *or* auxilio de; *see* **hearing, visual** *etc.* **2** *vt (gen)* ayudar; **to ~ and abet sb** *(Jur)* ser cómplice de uno.
aide [eɪd] *n (Mil)* edecán *m*; *(Pol)* ayudante *mf*.
AIDS *n abbr of* **Acquired Immune Deficiency Syndrome** SIDA (Síndrome *m* de Inmunidad Deficiente Adquirida).
ail·ment ['eɪlmənt] *n* enfermedad *f*, achaque *m*.
aim [eɪm] **1** *n (of weapon)* puntería *f*; *(fig: purpose,*

object) intención *f*, propósito *m*; **his ~ was bad** no tenía buena puntería; **to have no ~ in life** no tener meta *or* objetivo en la vida; **to miss one's ~** errar el tiro; **to take ~** apuntar.

2 *vt (gun, camera)* apuntar (*at* a); *(blow)* asestar; *(fig: remark, criticism)* dirigir.

3 *vi*: **to ~ at** tirar para; *(objective)* aspirar a, pretender; **I ~ to finish it today** tengo la intención de *or (LAm)* pretendo terminarlo hoy.

aim·less ['eɪmlɪs] *adj* sin objeto, sin propósito.

ain't [eɪnt] *(incorrect)* = **am not, is not, are not; has not, have not.**

air [ɛəʳ] **1** *n* **(a)** aire *m*; **in the open ~** al aire libre; **by ~** *(travel)* en avión; *(post)* por avión *or* via aérea; **to get some fresh ~** tomar el fresco; **to clear the ~** *(fig)* aclarar las cosas; **hot ~** *(fig)* palabrería *f*; **there's something in the ~** *(fig)* se está tramándo algo; **our plans are up in the ~** nuestros planes están en el aire; **to vanish into thin ~** *(fam)* desaparecer por completo. **(b)** *(Rad, TV)* **to be on the ~** *(programme, station, person)* estar emitiendo; **you're on the ~ now** ya transmites; **to go off the ~** *(broadcaster, station)* cerrar la emisión. **(c)** *(appearance)* aspecto *m*, aire *m*; **with a guilty ~** de porte culpable; **he has an ~ of importance** tiene un aire de importancia; **to give o.s. ~s** darse tono *or* aires.

2 *vt (room, clothes, bed)* ventilar, airear; *(idea, grievance)* airear; *(views)* lucir, hacer alarde de.

3: **~ brake** *n* freno *m* neumático *or* de aire; **~ conditioning** *n* refrigeración *f*, aire *m* acondicionado, clima *m* artificial; **~ force** *n* fuerzas *fpl* aéreas; **~ gun** *n* pistola *f* de aire (comprimido); **~ hostess** *n* azafata *f*; **~ lane** *n* ruta *f* aérea; **~ letter** *n* carta *f* aérea; **~ pocket** *n* bache *m* aéreo; **~ pressure** *n* presión *f* atmosférica; **~ raid** *n* ataque *m* aéreo; **~ terminal** *n* terminal *f*; **~ traffic control** *n* control *m* de tránsito aéreo; **~ traffic controller** *n* controlador(a) *m/f* aéreo.

air·borne ['ɛəbɔːn] *adj (Mil)* aerotransportado/a; *(aircraft)* volando/a, en el aire; **suddenly we were ~** de repente nos vimos en el aire.

air-conditioned ['ɛəkənˌdɪʃnd] *adj (room, hotel)* climatizado/a, con aire acondicionado.

air·craft ['ɛəkrɑːft] **1** *n (pl inv)* avión *m*. **2**: **~ carrier** *n* portaviones *m inv*.

air·drome ['ɛədrəʊm] *n (US) see* **aerodrome.**

air·field ['ɛəfiːld] *n* campo *m* de aviación.

air·ing ['ɛərɪŋ] **1** *n*: **to give sth an ~** *(linen, room etc)* ventilar algo; *(fig: ideas etc)* airear algo, someter algo a la discusión. **2**: **~ cupboard** *n* armario *m* para oreo.

air·less ['ɛəlɪs] *adj (room)* mal ventilado/a; *(day)* sin viento.

air·lift ['ɛəlɪft] *n* puente *m* aéreo.

air·line ['ɛəlaɪn] *n* línea *f* aérea.

air·lock ['ɛəlɒk] *n (in pipe)* esclusa *f* de aire.

air·mail ['ɛəmeɪl] *n* correo *m* aéreo; **by ~** por avión.

air·plane ['ɛəpleɪn] *n (US)* = **aeroplane.**

air·port ['ɛəpɔːt] *n* aeropuerto *m*.

air-sea res·cue [ˌɛəˌsiː'reskjuː] *n* rescate *m* aeronaval.

air·ship ['ɛəʃɪp] *n* aeronave *f*.

air·sick ['ɛəsɪk] *adj* mareado/a (en avión).

air·space ['ɛəspeɪs] *n* espacio *m* aéreo.

air·strip ['ɛəstrɪp] *n* pista *f* de aterrizaje.

air·tight ['ɛətaɪt] *adj* hermético/a.

air·worthy ['ɛəwɜːðɪ] *adj* en condición de vuelo.

airy ['ɛərɪ] *adj* **(-ier, -iest)** *(windy)* de mucho viento; *(open)* bien ventilado/a; *(remark: offhand)* dicho/a a la ligera; *(careless, light)* ligero/a.

aisle [aɪl] *n (Rel)* nave *f* (lateral); *(Theat)* pasillo *m*; **it had them rolling in the ~s** los tuvo muertos de (la) risa.

a·jar [ə'dʒɑːʳ] *adv* entreabierto/a.

ala·bas·ter ['æləbɑːstəʳ] *n* alabastro *m*.

à la carte [ˌɑːlɑː'kɑːt] *adv* a la carta.

alac·rity [ə'lækrɪtɪ] *n*: **with ~** con presteza.

alarm [ə'lɑːm] **1** *n (warning)* alarma *f*; *(signal)* señal *f* de alarma; *(bell)* timbre *m*; *(fear etc)* temor *m*; *(~ clock)* despertador *m*; **to raise the ~** dar la alarma; **to cause ~** provocar temor; *see* **false. 2** *vt* alarmar; **to be ~ed at** asustarse de.

alarm·ing [ə'lɑːmɪŋ] *adj (worrying, frightening)* alarmante.

alarm·ist [ə'lɑːmɪst] *n* alarmista *mf*.

alas [ə'læs] *interj* ¡ay de mí!

al·ba·tross ['ælbətrɒs] *n* albatros *m*.

al·bi·no [æl'biːnəʊ] *n (person, animal, plant)* albino/a *m/f*.

al·bum ['ælbəm] *n (book)* álbum *m*; *(record)* elepé *m*; **autograph ~** álbum de autógrafos.

al·che·my ['ælkɪmɪ] *n* alquimia *f*.

al·co·hol ['ælkəhɒl] *n (Chem, drink)* alcohol *m*; **I never touch ~** soy abstemio.

al·co·hol·ic [ˌælkə'hɒlɪk] *adj, n* alcohólico/a *m/f*.

al·co·hol·ism ['ælkəhɒlɪzəm] *n* alcoholismo *m*.

al·cove ['ælkəʊv] *n* nicho *m*, hueco *m*.

ale [eɪl] *n* cerveza *f*; *see* **brown, pale**[1].

alert [ə'lɜːt] **1** *adj (acute)* alerta; *(wide-awake)* despierto/a, despabilado/a; *(expression)* vivo/a; *(guard)* vigilante, alerta. **2** *n* alerta *f*; **to be on the ~** estar alerta. **3** *vt* poner sobre aviso, alertar.

al·fal·fa [æl'fælfə] *n* alfalfa *f*.

al·fres·co [æl'freskəʊ] *adj, adv* al aire libre.

al·gae ['ældʒiː] *npl (Bot)* alga *fsg*.

al·ge·bra ['ældʒɪbrə] *n* álgebra *f*.

Al·ge·ria [æl'dʒɪərɪə] *n* Argelia *f*.

alias ['eɪlɪæs] **1** *n* alias *m*. **2** *adv*: **Smith ~ Stevens** Smith alias Stevens.

ali·bi ['ælɪbaɪ] *n (for crime)* coartada *f*.

al·ien ['eɪlɪən] **1** *adj (of foreign country)* extranjero/a; *(very different)* **~ to** ajeno/a a. **2** *n (foreign)* extranjero/a *m/f*.

al·ien·ate ['eɪlɪəneɪt] *vt (offend)* ofender; *(Jur)* enajenar; **to ~ o.s. from sb** alejarse *or* apartarse de uno.

al·iena·tion [ˌeɪlɪə'neɪʃən] *n (estrangement, Phil)* enajenación *f*; *(of friend)* alejamiento *m*.

alight[1] [ə'laɪt] *adj*: **to be ~** *(fire)* estar ardiendo; *(light)* estar encendido/a *or (LAm)* prendido/a.

alight[2] [ə'laɪt] *vi (from vehicle)* bajar, apearse; *(bird)* posarse.

align [ə'laɪn] *vt* alinear; **to ~ o.s. with** ponerse del lado de.

align·ment [ə'laɪnmənt] *n (Pol, Tech)* alineación *f*; **out of ~ (with)** fuera de alineación (con).

alike [ə'laɪk] **1** *pred adj* parecidos/as, semejantes; **you're all ~!** ¡todos son iguales! **2** *adv* del mismo modo, igualmente; **men and women ~** tanto los hombres como las mujeres.

ali·men·ta·ry [ˌælɪ'mentərɪ] *adj* alimenticio/a; **~ canal** tubo *m* digestivo.

ali·mo·ny ['ælɪmənɪ] *n (Jur)* alimentos *mpl*.

alive [ə'laɪv] *adj (living)* vivo/a; *(fig)* actual; *(: lively)* activo/a; *(: aware)* consciente; **to be ~** estar vivo; **it's good to be ~** ¡qué bueno es vivir!; **he's the best footballer ~** es el mejor futbolista del mundo; **to keep a tradition ~** mantener viva una tradición; **to come ~** *(fig)* animarse; **to keep the mind ~** mantener viva la mente; **look ~!** *(hurry)* ¡date prisa!, *(LAm)* ¡apúrate!; **~ with** rebosante de; **~ to** consciente de; **he's ~ to the danger** está consciente del peligro.

al·ka·li ['ælkəlaɪ] *n* álcali *m*.

all [ɔːl] **1** *adj* todo/a, todos/as; ~ **day** todo el día; ~ **men** todos los hombres; ~ **three** todos los tres; ~ **the books on the shelf** todos los libros en el estante; **they** ~ ... todos ...; **for** ~ **their efforts** a pesar de sus esfuerzos.

2 *pron* todo; ~ **is lost** se acabó; **he ate it** ~ lo comió todo; **is that** ~? ¿nada más?, ¿es todo?; ~ **of it** todo; ~ **of us** todos nosotros; **above** ~ sobre todo; **after** ~ con todo; **not at** ~ de ninguna manera; *(answer to thanks)* de nada, no hay de qué; **I'm not at** ~ **tired** no estoy cansado en lo más mínimo *or* en absoluto; ~ **in** ~ con todo, total; **for** ~ **I know** que yo sepa; **50 men in** ~ 50 hombres en total; **most of** ~ más que nada.

3 *adv* completamente; **dressed** ~ **in black** vestido todo de negro; **it's** ~ **dirty** está todo sucio; **it's not as bad as** ~ **that** no está tan mal; ~ **but** casi; ~ **the better** tanto mejor; **the score is two** ~ empatan a dos; **to be** *or* **feel** ~ **in** *(fam)* estar *or* quedar rendido; *see* **alone, over, right 1 (f)** *etc.*

4: **A**~ **Saints' Day** *n* Día *m* de Todos los Santos.

Allah ['ælə] *n* Alá *m.*

al·lay [ə'leɪ] *vt (fears)* aquietar, calmar; *(pain)* aliviar.

al·le·ga·tion [ˌælɪ'geɪʃən] *n* alegato *m.*

al·lege [ə'ledʒ] *vt* pretender; **the** ~**d crime** el supuesto crimen.

al·le·giance [ə'liːdʒəns] *n* lealtad *f;* **to swear** ~ **to** rendir homenaje a.

al·le·go·ry ['ælɪgərɪ] *n* alegoría *f.*

al·ler·gic [ə'lɜːdʒɪk] *adj*: ~ **to** alérgico/a a.

al·ler·gy ['ælədʒɪ] *n* alergia *f.*

al·le·vi·ate [ə'liːvɪeɪt] *vt (pain, sorrow)* aliviar.

al·ley ['ælɪ] *n (between buildings)* callejón *m,* callejuela *f; (in garden)* paseo *m;* **blind** ~ callejón sin salida.

al·li·ance [ə'laɪəns] *n (Pol)* alianza *f.*

al·li·ga·tor ['ælɪgeɪtəʳ] *n* caimán *m.*

all-important [ˌɔːlɪm'pɔːtnt] *adj* de primera *or* de suma importancia.

all-in [ˌɔːl'ɪn] *adj (price)* global; *(charge)* todo incluido; ~ **wrestling** lucha *f* libre.

al·lit·era·tion [əˌlɪtə'reɪʃən] *n* aliteración *f.*

all-night [ˌɔːl'naɪt] *adj (café, garage)* abierto/a toda la noche; *(vigil, party)* que dura toda la noche.

al·lo·cate ['æləʊkeɪt] *vt (allot)* asignar *(to* a); *(distribute)* repartir *(among* entre).

al·lot [ə'lɒt] *vt (task, share, time)* asignar *(to* a).

al·lot·ment [ə'lɒtmənt] *n (Brit: land)* parcela *f, (RPl)* jardín *m* inglés.

all-out [ˌɔːl'aʊt] **1** *adj (effort)* supremo/a; *(attack, strike)* con máxima fuerza. **2** *adv* con todas las fuerzas.

al·low [ə'laʊ] *vt (permit)* permitir, dejar; *(make provision for)* dejar; *(grant: money)* dar, conceder; *(: rations)* permitir; *(admit: claim, appeal: Jur)* admitir; *(Sport: goal)* conceder; **to** ~ **sb to do sth** permitir que uno haga algo; **smoking is not** ~**ed** prohibido *or* se prohíbe fumar; **we must** ~ **3 days for the journey** debemos dejar 3 días para el viaje; ~ **me!** permítame, *(LAm)* pase Ud.

♦ **al·low for** *vi + prep* tener en cuenta, tomar en consideración.

al·low·ance [ə'laʊəns] *n (payment)* pensión, subvención; *(ration)* ración *f; (Tax)* desgravación *f; (discount)* descuento *m,* rebaja *f;* **family** ~ subsidio *m* familiar; **to make** ~**(s) for sb** ser comprensivo/a con uno, disculpar a uno.

al·loy ['ælɔɪ] *n* aleación *f.*

all-round [ˌɔːl'raʊnd] *adj (gen)* completo/a; *(view)* amplio/a.

all-rounder [ˌɔːl'raʊndəʳ] *n* persona *f* que hace de todo.

al·lude [ə'luːd] *vi*: **to** ~ **to** aludir a, referirse a.

al·lus·ion [ə'luːʒən] *n* referencia *f.*

al·lu·vial [ə'luːvɪəl] *adj* aluvial.

ally ['ælaɪ] **1** *n (Pol, gen)* aliado/a *m/f.* **2** [ə'laɪ] *vt*: **to** ~ **o.s. with** aliarse con, hacer alianza con.

al·ma·nac ['ɔːlmənæk] *n* almanaque *m.*

al·mighty [ɔːl'maɪtɪ] *adj* todopoderoso/a; **the A**~ el Todopoderoso; *(fam)* **he's an** ~ **fool if he believes that** ¡vaya tonto si cree eso!; **an** ~ **din** un ruido de los mil demonios.

al·mond ['ɑːmənd] *n (nut)* almendra *f; (tree)* almendro *m.*

al·most ['ɔːlməʊst] *adv* casi; **he** ~ **fell** por poco se cae.

alms [ɑːmz] *npl* limosna *fsg.*

aloft [ə'lɒft] *adv (above)* arriba; *(upwards)* hacia arriba; *(Naut)* en *or* a la arboladura.

alone [ə'ləʊn] **1** *adj* solo/a; **to be** ~ estar solo *or* a solas; **all** ~ (completamente) solo; **am I** ~ **in thinking so?** ¿soy yo el único que piensa así? **leave me** ~! ¡déjame en paz!, *(LAm)* ¡déjame estar!; **leave well** ~ no te metas con eso; **let** ~ sin hablar de; **he can't read, let** ~ **write** nada de escribir, ni siquiera sabe leer.

2 *adv* solamente, sólo, únicamente; **the travel** ~ **cost £600** el viaje sólo costó 600 libras.

along [ə'lɒŋ] **1** *adv (onward)* **she walked** ~ siguió andando; **move** ~ **there!** ¡circulen, por favor!; **are you coming** ~? ¿tú vienes también?; **I knew all** ~ lo sabía desde el principio; *(in addition)* **bring him** ~ **if you like** traélo, si quieres; **he came,** ~ **with his friend** él vino, junto con su amigo.

2 *prep* por, a lo largo de; **to walk** ~ **the street** andar por la calle; **the trees** ~ **the path** los árboles a lo largo del camino; **the shop is** ~ **here** la tienda está por aquí.

along·side [əˌlɒŋ'saɪd] **1** *adv (Naut)* de costado; **to come** ~ atracar. **2** *prep* al lado de; *(Naut)* al costado de.

aloof [ə'luːf] *adj (character, voice)* reservado/a; **to stand** ~ **(from)** mantenerse apartado (de).

aloud [ə'laʊd] *adv* en voz alta.

al·pha·bet ['ælfəbet] *n* alfabeto *m.*

al·pha·beti·cal [ˌælfə'betɪkəl] *adj* alfabético/a; **in** ~ **order** por orden alfabético.

al·pine ['ælpaɪn] *adj* alpino/a, alpestre.

Alps [ælps] *npl*: **the** ~ los Alpes *mpl.*

al·ready [ɔːl'redɪ] *adv* ya; **is it finished** ~? ¿ya está terminado?

Al·sa·tian [æl'seɪʃən] *n (Brit: dog)* pastor *m* alemán.

also ['ɔːlsəʊ] *adv* también, además.

also-ran ['ɔːlsəʊˌræn] *n (Sport)* caballo *m* perdedor; *(fam: person)* nulidad *f.*

al·tar ['ɔːltəʳ] *n* altar *m;* **high** ~ altar mayor.

al·ter ['ɔːltəʳ] **1** *vt (change)* cambiar, modificar; *(worsen)* alterarse; *(opinion)* cambiar de; *(Sew)* retocar. **2** *vi (person, place)* cambiarse.

al·tera·tion [ˌɔːltə'reɪʃən] *n (change)* modificación *f; (deterioration)* alteración *f; (instance)* cambio *m;* ~**s** *(Archit)* reformas *fpl; (Sew)* retoque *msg;* **to make** ~**s in sth** hacer modificaciones en algo.

al·ter·nate [ɔːl'tɜːnɪt] **1** *adj (alternating: layers)* alterno/a; **on** ~ **days** cada dos días, un día sí y otro no. **2** *n (US: Sport, at conference etc)* suplente *m.* **3** ['ɔːltəneɪt] *vi* alternar; **A** ~**s with B** A alterna con B; **to** ~ **between A and B** alternar entre A y B. **4** ['ɔːltəneɪt] *vt (crops)* alternar.

al·ter·nat·ing cur·rent [ˌɔːltəneɪtɪŋ'kʌrənt] *n* corriente *f* alterna.

al·ter·na·tive [ɔːl'tɜːnətɪv] **1** *adj (plan, route)*

alternativo/a. **2** *n* alternativa *f;* **you have no ~ but to go** no tienes más remedio que ir; **there are several ~s** hay varias alternativas; **there is no ~** no hay otro remedio, *(LAm)* no queda otra.

al·ter·na·tive·ly [ɔːl'tɜːnətɪvlɪ] *adv* por otra parte.

al·ter·na·tor ['ɔːltəneɪtə^r] *n (Aut, Elec)* alternador *m.*

al·though [ɔːl'ðəʊ] *conj* aunque.

al·ti·tude ['æltɪtjuːd] *n* altitud *f,* altura *f;* **at these ~s** a estas alturas.

alto ['æltəʊ] *n (instrument, male singer)* alto *m; (female singer)* contralto *f.*

al·to·geth·er [ˌɔːltə'geðə^r] *adv* **(a)** *(in all)* en total, en conjunto; **~ it was rather unpleasant** en suma *or* total fue muy desagradable; **how much is that ~?** ¿cuánto en total? **(b)** *(entirely)* completamente, del todo; **I'm not ~ sure** no estoy del todo seguro. **(c) in the ~** *(fam: naked)* en cueros.

alu·min·ium [ˌæljʊ'mɪnɪəm], *(US)* **alu·min·um** [ə'luːmɪnəm] *n* aluminio *m.*

always ['ɔːlweɪz] *adv (at all times, repeatedly)* siempre; **as ~** como siempre; **nearly ~** casi siempre; **he's ~ late** siempre llega tarde; **you can ~ go by train** al fin, puedes ir en tren.

am [æm] *1st pers sg present of* **be.**

a.m. *abbr of* **ante meridiem** de la mañana.

a·mal·gam·ate [ə'mælgəmeɪt] **1** *vt (companies etc)* amalgamar. **2** *vi* amalgamarse.

amass [ə'mæs] *vt (wealth, information)* acumular, amontonar.

ama·teur ['æmətə^r] **1** *n* amateur *mf,* aficionado/a *m/f; (pej)* chapucero/a *m/f.* **2** *adj* de aficionado.

ama·teur·ish ['æmətərɪʃ] *adj (pej)* torpe, inexperto/a.

amaze [ə'meɪz] *vt* pasmar, asombrar; **to be ~d (at)** quedar pasmado (de).

amaze·ment [ə'meɪzmənt] *n* sorpresa *f,* asombro *m;* **they looked on in ~** miraron asombrados.

amaz·ing [ə'meɪzɪŋ] *adj* extraordinario/a, pasmoso/a.

amaz·ing·ly [ə'meɪzɪŋlɪ] *adv* extraordinariamente.

am·bas·sa·dor [æm'bæsədə^r] *n* embajador(a) *m/f.*

am·ber ['æmbə^r] **1** *n* ámbar *m.* **2** *adj (colour)* ambarino/a; *(traffic light)* amarillo/a.

am·bi·dex·trous [ˌæmbɪ'dekstrəs] *adj* ambidextro/a.

am·bi·gu·ity [ˌæmbɪ'gjʊɪtɪ] *n (quality)* ambigüedad *f; (of meaning)* doble sentido *m.*

am·bigu·ous [æm'bɪgjʊəs] *adj (remark, meaning)* ambiguo/a.

am·bi·tion [æm'bɪʃən] *n* ambición *f; (objective)* meta *f;* **he has no ~** no tiene ambición; **his ~ is to ...** ambiciona ...; **to achieve one's ~** realizar su ambición.

am·bi·tious [æm'bɪʃəs] *adj (person)* ambicioso/a; *(plan etc)* grandioso/a; **to be ~ for one's children** poner esperanzas en los hijos.

am·biva·lent [æm'bɪvələnt] *adj* ambivalente; *(pej)* equívoco/a.

am·ble ['æmbl] *vi (person)* deambular, andar sin prisa; **he ~d up to me** se me acercó a paso lento.

am·bu·lance ['æmbjʊləns] *n* ambulancia *f.*

am·bu·lance·man ['æmbjʊlənsmən] *n, pl* **-men** ambulanciero *m.*

am·bush ['æmbʊʃ] **1** *n* emboscada *f.* **2** *vt (Sp)* coger *or (LAm)* agarrar por sorpresa.

ame·ba [ə'miːbə] *n (US)* = **amoeba.**

amen [ˌɑː'men] *interj* amén.

ame·nable [ə'miːnəbl] *adj (responsive)* susceptible, sensible *(to* a); **~ to reason** que se deja convencer.

amend [ə'mend] *vt (law etc)* enmendar; *(correct)* corregir.

amend·ment [ə'mendmənt] *n (change in law etc)* enmienda *f.*

amends [ə'mendz] *npl:* **to make ~ (to sb) for sth** *(apologize)* dar satisfacción (a uno) por algo; *(compensate)* compensar (a uno) por algo.

amen·ity [ə'miːnɪtɪ] *n (pleasantness of district etc)* amenidad *f; (pleasant thing: usu pl)* **amenities** comodidades *fpl;* **a house with all amenities** una casa con todo confort.

Ameri·ca [ə'merɪkə] *n (North ~)* América *f* del norte; *(USA)* Estados *mpl* Unidos.

Ameri·can [ə'merɪkən] **1** *adj (of USA)* norteamericano/a; *(continent)* americano/a. **2** *n* norteamericano/a *m/f;* americano/a *m/f.*

ameri·can·ize [ə'merɪkənaɪz] *vt* americanizar.

am·ethyst ['æmɪθɪst] *n* amatista *f.*

ami·able ['eɪmɪəbl] *adj* amable, simpático/a.

ami·cable ['æmɪkəbl] *adj* amistoso/a, amigable.

amid(st) [ə'mɪd(st)] *prep (frm)* entre.

amiss [ə'mɪs] *adj, adv:* **there's something ~** pasa algo; **don't take it ~, will you?** no lo tomes a mal.

am·mo·nia [ə'məʊnɪə] *n* amonío *m.*

am·mu·ni·tion [ˌæmjʊ'nɪʃən] *n* municiones *fpl; (fig)* argumentos *mpl;* **~ dump** depósito *m* de municiones.

am·ne·sia [æm'niːzɪə] *n* amnesia *f.*

am·nes·ty ['æmnɪstɪ] *n* amnistía *f;* **to grant an ~ to** amnistiar (a).

amoe·ba [ə'miːbə] *n* amiba *f.*

amok [ə'mɒk] *adv:* **to run ~** enloquecerse, desbocarse.

among(st) [ə'mʌŋ(st)] *prep* entre, en medio de; **he is ~ those who ...** es de los que ...; **share it ~ yourselves** repártanlo entre Ustedes.

amor·al [æ'mɒrəl] *adj* amoral.

amo·rous ['æmərəs] *adj* cariñoso/a.

amor·phous [ə'mɔːfəs] *adj* amorfo/a.

amount [ə'maʊnt] *n (gen: quantity)* cantidad *f; (of bill etc)* importe *m,* suma *f;* **in small ~s** en pequeñas cantidades; **the total ~** la totalidad, la cantidad total; *(of money)* la suma total; **a bill for the ~ of** una cuenta por (el) valor de; **any ~ of** cualquier cantidad de.

♦ **amount to** *vi + prep* sumar, subir a; *(fig)* equivaler a, significar; **this ~s to a refusal** esto equivale a una negativa; **he'll never ~ to much** nunca dejará de ser una nulidad.

amp [æmp] *n,* **am·père** ['æmpɛə^r] *n* amperio *m;* **a 13 ~ plug** un enchufe de 13 amperios.

am·phib·ian [æm'fɪbɪən] *n* anfibio *m.*

am·phib·ious [æm'fɪbɪəs] *adj (animal, vehicle)* anfibio/a.

am·phi·thea·tre, *(US)* **am·phi·thea·ter** ['æmfɪˌθɪətə^r] *n (outdoors)* anfiteatro *m.*

am·ple ['æmpl] *adj* (**-r, -st**) *(spacious)* amplio/a; *(abundant)* abundante; *(enough)* bastante.

am·pli·fi·er ['æmplɪfaɪə^r] *n* amplificador *m.*

am·pli·fy ['æmplɪfaɪ] *vt (sound)* amplificar; *(: also Rad)* aumentar; *(statement etc)* desarrollar.

am·ply ['æmplɪ] *adv (abundantly)* abundantemente; *(sufficiently)* bastante, suficientemente; **we were ~ justified** tuvimos plena razón.

am·pu·tate ['æmpjʊteɪt] *vt* amputar.

am·pu·ta·tion [ˌæmpjʊ'teɪʃən] *n* amputación *f.*

amuck [ə'mʌk] *adv* = **amok.**

amuse [ə'mjuːz] *vt (cause mirth)* divertir; *(entertain)* distraer, entretener; **to be ~d at** divertirse con; **to ~ oneself** distraerse; **run along and ~ yourselves** entreténganse.

amuse·ment [ə'mjuːzmənt] **1** *n* **(a)** *(laughter)* risa *f;* **much to my ~** con gran regocijo mío. **(b)** *(entertainment)* distracción *f,* diversión *f;* **they do**

it for ~ only para ellos es un pasatiempo nada más; ~s diversiones. 2: ~ park *n* parque *m* de atracciones.
amus·ing [ə'mju:zɪŋ] *adj (funny)* gracioso/a, divertido/a; *(entertaining)* entretenido/a.
an [æn, ən, n] *indef art see* **a.**
anach·ro·nism [ə'nækrənɪzəm] *n (instance)* anacronismo *m*.
anaemia [ə'ni:mɪə] *n* anemia *f*.
anaemic [ə'ni:mɪk] *adj* anémico/a; *(fig: weak)* débil.
an·aes·thet·ic [ˌænɪs'θetɪk] *n* anestésico *m;* **local/general ~** anestesia *f* local/total.
an·aes·the·tist [æ'ni:sθɪtɪst] *n* anestesista *mf*.
ana·gram ['ænəgræm] *n* anagrama *m*.
anal ['eɪnəl] *adj* anal.
an·alge·sic [ˌænæl'dʒi:zɪk] *adj* analgésico/a.
ana·log, ana·logue ['ænəlɒg] **1** *n* análogo *m*. **2: ~ computer** *n* calculador *m* analógico.
analo·gous [ə'næləgəs] *adj* análogo/a (*to, with* a).
anal·ogy [ə'nælədʒɪ] *n* analogía *f; (similarity)* semejanza *f;* **to draw an ~ between** señalar una semejanza entre.
ana·lyse ['ænəlaɪz] *vt* analizar.
analy·sis [ə'næləsɪs] *n, pl* **analy·ses** [ə'næləsi:z] análisis *m inv;* **in the last ~** a fin de cuentas.
ana·lyst ['ænəlɪst] *n* analista *mf*.
ana·lyt·ic(al) [ˌænə'lɪtɪk(əl)] *adj* analítico/a.
ana·lyze ['ænəlaɪz] *vt (US)* = **analyse.**
an·ar·chist ['ænəkɪst] *n* anarquista *mf*.
an·ar·chy ['ænəkɪ] *n (Pol)* anarquía *f; (fam)* desorden *m*.
anath·ema [ə'næθɪmə] *n (Rel)* anatema *m; (fam)* maldición *f*.
anato·my [ə'nætəmɪ] *n* anatomía *f*.
an·ces·tor ['ænsɪstə^r] *n* antepasado/a *m/f*.
an·ces·tral [æn'sestrəl] *adj* ancestral; **~ home** casa *f* solariega.
an·cestry ['ænsɪstrɪ] *n (lineage)* ascendencia *f*, linaje *m; (noble birth)* abolengo *m*.
an·chor ['æŋkə^r] **1** *n* ancla *f*, áncora *f; (fig)* seguridad *f; (: person)* pilar *mf;* **to drop/weigh ~** echar/levar anclas. **2** *vt* poner sobre el ancla, anclar; *(fig)* sujetar, afianzar. **3** *vi* anclar.
an·cho·vy ['æntʃəvɪ] *n* anchoa *f*.
an·cient ['eɪnʃənt] *adj (old, classical)* antiguo/a; *(fam)* anciano/a; **~ monument** monumento *m* histórico; **~ Rome** la Roma antigua.
and [ænd, ənd, nd, ən] *conj* y, *(before i-, hi-)* e; **you ~ me** tú y yo; **one ~ a half** uno y medio; **better ~ better** cada vez mejor; **without shoes ~ socks** sin zapatos ni calcetines; **there are lawyers ~ lawyers!** hay abogados buenos y abogados malos; **he talked ~ talked** habló sin parar *or (LAm)* cesar; **try ~ do it** trata de hacerlo; **wait ~ see** espera y verás; **come ~ see me** ven a verme.
An·des ['ændi:z] *npl:* **the ~** los Andes.
an·ec·dote ['ænɪkdəʊt] *n* anécdota *f*.
anemia [ə'ni:mɪə] *n etc* = **anaemia** *etc.*
anemo·ne [ə'nemənɪ] *n (Bot)* anemone *f; (sea ~)* anémona *f*.
an·es·thetic [ˌænɪs'θetɪk] *n etc* = **anaesthetic** *etc.*
anew [ə'nju:] *adv (poet)* de nuevo, otra vez.
an·gel ['eɪndʒəl] *n* ángel *m; (fam)* **he's an ~** es un amor; *see* **guardian.**
an·gel·ic [æn'dʒelɪk] *adj* angélico/a.
an·ger ['æŋgə^r] **1** *n* cólera *f*, *(LAm)* coraje *m;* **red with ~** furioso/a, enfurecido/a; **to speak in ~** hablar indignado. **2** *vt* enojar, enfurecer.
an·gi·na (pec·to·ris) [æn'dʒaɪnə('pektərɪs)] *n (Med)* angina *f* (del pecho).
an·gle[1] ['æŋgl] *n (Math)* ángulo *m; (fig)* punto *m* de vista; **right ~** ángulo recto; **at an ~ of 80°** en un ángulo de 80 grados; **to look at sth from a different ~** *(fig)* enfocar algo desde otro punto de vista.
an·gle[2] ['æŋgl] *vi (for fish)* pescar con caña; **to ~ for** *(fig)* ir a la caza de.
an·gler ['æŋglə^r] *n* pescador(a) *m/f* (de caña).
An·gli·can ['æŋglɪkən] *adj, n* anglicano/a *m/f*.
an·gli·cize ['æŋglɪsaɪz] *vt* inglesar.
an·gling ['æŋglɪŋ] *n* pesca *f* con caña.
Anglo- ['æŋgləʊ] *pref* anglo; **~Spanish** angloespañol(a); **~Saxon** anglosajón/ona.
an·gry ['æŋgrɪ] *adj* **(-ier, -iest)** *(person, voice, letter)* enfadado/a, *(LAm)* enojado/a, colérico/a; *(Med)* inflamado/a; *(sky)* tormentoso/a; **to be ~** estar enfadado *or* enojado; **to get ~** enfadarse, *(LAm)* enojarse; **~ about** *or* **at sth** enfadado *or* enojado por algo; **~ with sb** enfadado *or* enojado con uno; **you won't be ~, will you?** no te vayas a ofender; **this sort of thing makes me ~** estas cosas me enfurecen.
an·guish ['æŋgwɪʃ] *n (bodily)* tormentos *mpl; (mental)* angustia *f*.
an·gu·lar ['æŋgjʊlə^r] *adj* angular; *(face etc)* anguloso/a.
ani·mal ['ænɪməl] **1** *adj* animal. **2** *n (not plant)* animal *m; (quadruped)* bestia *f*.
ani·mate ['ænɪmɪt] **1** *adj* vivo/a. **2** ['ænɪmeɪt] *vt* animar, estimular.
ani·mat·ed ['ænɪmeɪtɪd] *adj* vivo/a, vivaz; **~ cartoon** dibujos *mpl* animados, *(LAm)* caricaturas *fpl*.
ani·ma·tion [ˌænɪ'meɪʃən] *n (liveliness)* vivacidad *f*, animación *f*.
ani·mos·ity [ˌænɪ'mɒsɪtɪ] *n* animosidad *f*, rencor *m*.
ani·seed ['ænɪsi:d] *n* anís *m*.
an·kle ['æŋkl] **1** *n* tobillo *m*. **2: ~ socks** *npl* calcetines *mpl*.
an·nals ['ænəlz] *npl* anales *mpl*.
an·nex [ə'neks] *vt (territory)* anexar (*to* a).
an·nex(e) ['æneks] *n (building)* edificio *m* anexo; *(document)* anexo *m*.
an·ni·hi·late [ə'naɪəleɪt] *vt* aniquilar.
an·ni·ver·sa·ry [ˌænɪ'vɜ:sərɪ] *n* aniversario *m;* **wedding ~** aniversario de bodas; **golden/silver wedding ~** bodas *fpl* de oro/plata.
an·no·tate ['ænəʊteɪt] *vt* comentar.
an·nounce [ə'naʊns] *vt (gen)* anunciar; *(inform)* comunicar, hacer saber; *(declare)* declarar; *(in newspaper)* anunciar; **he ~d that he wasn't going** declaró que no iba; **we regret to ~ the death of** lamentamos tener que participar la muerte de.
an·nounce·ment [ə'naʊnsmənt] *n (gen)* anuncio *m; (declaration)* declaración *f;* **~s** *(in newspaper)* anuncios; **I'd like to make an ~** tengo algo que participar.
an·nounc·er [ə'naʊnsə^r] *n (Rad)* locutor(a) *m/f*.
an·noy [ə'nɔɪ] *vt* fastidiar, *(LAm)* molestar; **to be ~ed about** *or* **at sth** estar enfadado *or* molesto por algo; **to be ~ed with sb** estar enfadado *or* molesto con uno; **he's just trying to ~ you** quiere molestarte nada más.
an·noy·ance [ə'nɔɪəns] *n (state)* enojo *m; (thing)* molestia *f*.
an·noy·ing [ə'nɔɪɪŋ] *adj (person, habit, noise)* molesto/a, enojoso/a; **it's ~ to have to wait** molesta tener que esperar.
an·nual ['ænjʊəl] **1** *adj (income, event)* anual. **2** *n (book)* anuario *m; (Bot)* (planta *f*) anual *m*.
an·nu·ity [ə'nju:ɪtɪ] *n* renta *f* vitalicia.
an·nul [ə'nʌl] *vt (judgment, contract, marriage)* anular.
an·nul·ment [ə'nʌlmənt] *n (of marriage)* anulación *f*.

An·nun·cia·tion [əˌnʌnsɪ'eɪʃən] *n* Anunciación *f.*
an·ode ['ænəʊd] *n* ánodo *m.*
anoint [ə'nɔɪnt] *vt* ungir, untar.
anoma·lous [ə'nɒmələs] *adj* anómalo/a.
anoma·ly [ə'nɒməlɪ] *n* anomalía *f.*
ano·nym·ity [ˌænə'nɪmɪtɪ] *n* anonimato *m;* **to preserve one's ~** conservar el anónimo.
anony·mous [ə'nɒnɪməs] *adj* anónimo/a; **he wishes to remain ~** quiere conservar el anónimo.
ano·rak ['ænəræk] *n* anorak *m.*
ano·rexia [ænə'reksɪə] *n (Med)* anorexia *f.*
an·oth·er [ə'nʌðəʳ] **1** *adj (additional)* otro/a; *(different)* distinto/a; **~ one** otro; **would you like ~ beer?** ¿quieres otra cerveza?; **in ~ five years** en cinco años más; **without ~ word** sin decir otra palabra, sin más; **that's quite ~ matter** eso es otra cosa, eso es distinto; **he's ~ Shakespeare** es otro Shakespeare.
2 *pron* otro/a; **they love one ~** *(2 persons)* se quieren uno a otro; *(more than 2)* se quieren unos a otros.
an·swer ['ɑːnsəʳ] **1** *n* **(a)** *(reply)* respuesta *f,* contestación *f;* **in ~ to your question** en respuesta a su pregunta; **to know all the ~s** saberlo todo. **(b)** *(solution)* solución *f; (Math etc)* resultado *m;* **there is no easy ~** esto no se resuelve fácilmente.
2 *vt* **(a)** contestar a, responder a; **our prayers have been ~ed** nuestras súplicas han sido oídas; **to ~ the door** acudir a la puerta, *(LAm)* atender la puerta; **to ~ the telephone** contestar el teléfono. **(b)** *(fulfil: needs)* satisfacer; *(expectations)* corresponder a; *(purpose)* convenir para.
3 *vi* contestar, responder.
♦ **an·swer back** *vi + adv* replicar, ser respondón/ona.
♦ **an·swer for** *vi + prep (thing)* ser responsable de; *(person)* responder por; *(truth of sth)* garantizar; **he's got a lot to ~ for** nos debe muchas explicaciones.
♦ **an·swer to** *vi + prep (name)* atender por; *(description)* corresponder a; **he ~s to the name of Smith** se llama Smith.
an·swer·able ['ɑːnsərəbl] *adj* **(a)** *(responsible)* responsable; **to be ~ to sb for sth** ser responsable ante uno de algo. **(b)** *(question)* que tiene solución.
an·swer·ing ['ɑːnsərɪŋ] **: ~ machine** *n* contestador *m* automático; **~ service** *n* servicio *m* de contestación.
ant [ænt] *n* hormiga *f.*
ant·acid [ænt'æsɪd] *n* antiácido *m.*
an·tago·nism [æn'tægənɪzəm] *n (towards sb)* hostilidad *f; (between people)* rivaldad *f,* antagonismo *m.*
an·tagon·ist [æn'tægənɪst] *n* antagonista *mf,* adversario/a *m/f.*
an·tago·nize [æn'tægənaɪz] *vt* provocar.
Ant·arc·tic [ænt'ɑːktɪk] **1** *adj* antártico/a. **2** *n:* **the ~** el Antártico *m.* **3: ~ Circle/Ocean** *n* círculo *m* Polar Antártico/Océano *m* Antártico.
Ant·arc·ti·ca [ænt'ɑːktɪkə] *n* Antártida *f.*
ante... ['æntɪ] *pref* ante... .
ant·eater ['æntˌiːtəʳ] *n (Zool)* oso *m* hormiguero.
ante·ced·ent [ˌæntɪ'siːdənt] *n (esp pl)* antecedente *m;* **~s** *(past history)* antecedentes *mpl; (ancestors)* antepasados *mpl.*
ante·date [ˌæntɪ'deɪt] *vt* **(a)** *(precede)* preceder, ser anterior a. **(b)** *(cheque etc)* antedatar.
ante·lope ['æntɪləʊp] *n* antílope *m.*
ante·na·tal [ˌæntɪ'neɪtl] *adj* antenatal; **~ clinic** clínica *f* prenatal.
an·ten·na [æn'tenə] *n, pl* **antennae** [æn'teniː] **(a)** *(of insect, animal)* antena *f.* **(b)** *(TV: pl also* **-s***)* antena *f.*
ante·room ['æntɪrʊm] *n* antesala *f.*
an·them ['ænθəm] *n (Rel)* antífona *f; see* **national.**
anthill ['ænthɪl] *n* hormiguero *m.*
an·thol·ogy [æn'θɒlədʒɪ] *n* antología f.
an·thro·poid ['ænθrəʊpɔɪd] *adj* antropoide.
an·thro·polo·gist [ˌænθrə'pɒlədʒɪst] *n* antropólogo/a *m/f.*
an·thro·pol·ogy [ˌænθrə'pɒlədʒɪ] *n* antropología *f.*
anti... ['æntɪ] **1** *pref* anti... . **2** *prep (fam)* en contra de.
anti-aircraft [ˌæntɪ'ɛəkrɑːft] *adj (gun)* antiaéreo/a.
anti·bi·ot·ic [ˌæntɪbaɪ'ɒtɪk] *n* antibiótico *m.*
anti·body ['æntɪˌbɒdɪ] *n* anticuerpo *m.*
an·tici·pate [æn'tɪsɪpeɪt] *vt* **(a)** *(expect: trouble, pleasure)* esperar, contar con; **this is worse than I ~d** esto es peor de lo que esperaba; **I ~ seeing him tomorrow** espero *or* cuento con verlo mañana; **as ~d** según se esperaba, como esperábamos. **(b)** *(forestall: person)* anticiparse a, adelantarse a; *(foresee: event)* prever; *(: question, objection, wishes)* anticipar.
an·tici·pa·tion [ænˌtɪsɪ'peɪʃən] *n (expectation)* esperanza *f; (excitement)* ilusión *f;* **in ~** *(ahead of time)* de antemano; **in ~ of a fine week** esperando una semana de buen tiempo; **thanking you in ~** en espera de sus noticias, le saluda atentamente; **we waited in great ~** esperábamos con gran ilusión.
anti·cli·max [ˌæntɪ'klaɪmæks] *n* decepción *f;* **the game came as an ~** el partido no correspondió a las esperanzas.
anti·clock·wise [ˌæntɪ'klɒkwaɪz] *adv* en sentido contrario al de las agujas del reloj.
an·tics ['æntɪks] *npl (of clown etc)* payasadas *fpl; (of child, animal etc)* gracias *fpl,* travesuras *fpl;* **he's up to his old ~ again** *(pej)* ha vuelto a hacer de las suyas.
anti·cy·clone [ˌæntɪ'saɪkləʊn] *n* anticiclón *m.*
anti·dote ['æntɪdəʊt] *n (Med)* antídoto *m; (fig)* remedio *m.*
anti·freeze ['æntɪfriːz] *n* anticongelante *m.*
anti·his·ta·mine [ˌæntɪ'hɪstəmɪn] *n* antihistamínico *m.*
an·tipa·thy [æn'tɪpəθɪ] *n (between people)* antipatía *f; (to person, thing)* aversión *f.*
an·tipo·des [æn'tɪpədiːz] *npl:* **the ~** las antípodas.
an·tiquat·ed ['æntɪkweɪtɪd] *adj (pej)* anticuado/a.
an·tique [æn'tiːk] **1** *adj (furniture etc)* clásico/a, de época. **2** *n* antigüedad *f.* **3: ~ dealer** *n* anticuario/a *m/f;* **~ shop** *n* tienda *f* de antigüedades.
an·tiq·uity [æn'tɪkwɪtɪ] *n (age, ancient times)* antigüedad *f;* **of great ~** muy antiguo/a.
anti-semitic [ˌæntɪsɪ'mɪtɪk] *adj* antisemita.
anti-semitism [ˌæntɪ'semɪtɪzəm] *n* antisemitismo *m.*
anti·sep·tic [ˌæntɪ'septɪk] **1** *adj* antiséptico/a. **2** *n* antiséptico *m.*
anti·so·cial [ˌæntɪ'səʊʃəl] *adj (behaviour, tendency)* antisocial; *(unsociable)* insociable.
an·tith·esis [æn'tɪθɪsɪs] *n, pl* **antitheses** [æn'tɪθɪsiːz] antítesis *f.*
ant·ler ['æntləʳ] *n* cuerna *f;* **~s** cornamenta *fsg.*
an·to·nym ['æntənɪm] *n* antónimo *m.*
anus ['eɪnəs] *n* ano *m.*
an·vil ['ænvɪl] *n* yunque *m.*
anxi·ety [æŋ'zaɪətɪ] *n* **(a)** *(concern)* inquietud *f,* preocupación *f; (fear etc)* ansia *f,* ansias, angustia *f;* **it is a great ~ to me** me preocupa mucho. **(b)** *(eagerness)* ansia *f,* anhelo *m;* **~ to do sth** anhelo de hacer algo; **in his ~ to be gone he forgot his case** tanto ansiaba partir que olvidó su maleta.

anx·ious ['æŋkʃəs] *adj* **(a)** *(worried)* preocupado/a; *(distressed)* angustiado/a; **I'm very ~ about you** me tienes muy preocupado; **with an ~ glance** con una mirada llena de inquietud. **(b)** *(causing worry)* **it was an ~ moment** fue un momento de ansiedad. **(c)** *(eager)* deseoso/a; **~ for sth/to do sth** deseoso de algo/de hacer algo; **he is ~ for success** ansía *or* ambiciona el éxito; **I'm not very ~ to go** tengo pocas ganas de ir.
anx·ious·ly ['æŋkʃəslɪ] *adv* con inquietud; con ansia.
any ['enɪ] **1** *adj* **(a)** *(in questions etc)* algún, alguno/a; **are there ~ tickets left?** ¿quedan entradas?; **have you ~ money?** ¿tienes dinero? **(b)** *(with negative)* ningún, ninguno/a; **I don't see ~ cows** no veo ninguna vaca. **(c)** *(no matter which)* cualquier, cualquiera; **at ~ moment** en cualquier momento; **wear ~ hat (you like)** ponte cualquier sombrero. **(d)** *(every)* cualquier; **in ~ case** de todos modos; **~ farmer will tell you** te lo dirá cualquier agricultor.
2 *pron (questions etc)* alguno/a; *(negative)* ninguno/a; *(no matter which)* cualquiera; **have you got ~?** ¿tienes alguno?; **have ~ of them arrived?** ¿ha llegado alguno?; **I haven't got ~** no tengo ninguno; **take ~ one you like** tome cualquiera; **few, if ~** pocos, si es que alguno; **I haven't ~ (of them)** no tengo ninguno.
3 *adv (in questions etc)* algo; *(negative)* nada; **would you like ~ more soup?** ¿quieres más sopa?; **don't wait ~ longer** no esperes más tiempo.
any·body ['enɪˌbɒdɪ] *pron* **(a)** *(in questions etc)* alguien, alguno/a; **did you see ~?** ¿vio a alguien? **(b)** *(negative)* nadie, ninguno/a; **I can't see ~** no veo a nadie. **(c)** *(no matter who)* cualquiera, cualquier persona; **~ will tell you the same** cualquiera te dirá lo mismo; **~ else would have laughed** cualquier otro se hubiera reído; **I'm not going to marry just ~** yo no me caso con cualquiera; **that's ~'s guess** *(fam)* ¡quién sabe!
any·how ['enɪhaʊ] *adv* **(a)** *(at any rate)* de todas formas, de todos modos; **~, you're here** de todos modos, estás aquí; **I shall go ~** iré de todas maneras. **(b)** *(haphazard)* de cualquier modo; **he leaves things just ~** él deja las cosas de cualquier forma.
any·one ['enɪwʌn] *pron* = **anybody**.
any·place ['enɪpleɪs] *pron (US fam)* = **anywhere**.
any·thing ['enɪθɪŋ] *pron* **(a)** *(in questions etc)* algo, alguna cosa; **are you doing ~ tonight?** ¿haces algo esta noche?; **~ else?** ¿algo más? **(b)** *(negative)* nada; **can't ~ be done?** ¿no hay nada que hacer? **(c)** *(no matter what)* cualquier cosa; **~ but that** todo menos eso; **they'll eat ~** comen de todo.
any·way ['enɪweɪ] *adv* = **anyhow (a)**.
any·where ['enɪwɛə^r] *adv* **(a)** *(in questions etc: location)* (en) algún sitio; *(: direction)* a algún sitio; **do you see it ~?** ¿lo ve en algún sitio?; **~ else** algún otro sitio. **(b)** *(negative)* en ninguna parte; a ninguna parte; **I'm not going ~** no voy a ninguna parte; **~ else** ninguna otra parte. **(c)** *(no matter where)* dondequiera, en cualquier parte; dondequiera, a cualquier parte; **~ in the world** en cualquier parte del mundo; **put the books down ~** pon los libros en cualquier parte *or* dondequiera.
aor·ta [eɪ'ɔːtə] *n* aorta *f*.
apart [ə'pɑːt] *adv* **(a)** *(in pieces)* **to fall ~** deshacerse, hacerse pedazos; **to take sth ~** desmontar algo. **(b)** *(at a distance)* alejado/a; *(separate)* aparte, separado/a; **their birthdays are two days ~** sus cumpleaños se separan por dos días; **he stood ~ from the others** se mantuvo apartado de los otros; **they have lived ~ for 6 months** viven separados desde hace 6 meses; **I can't tell them ~** no puedo distinguir el uno del otro; **joking ~** ... en serio ...; **these problems ~ ...** aparte de estos problemas ... *or* estos problemas aparte ...; **~ from** aparte (de); **~ from the fact that ...** aparte del hecho de que ... .
apart·heid [ə'pɑːteɪt] *n* apartheid *m*.
apart·ment [ə'pɑːtmənt] **1** *n (US: flat)* piso *m*, *(LAm)* departamento *m*. **2**: **~ house** *n (US)* casa *f* de apartamentos.
apa·thet·ic [ˌæpə'θetɪk] *adj* apático/a, indiferente.
apa·thy ['æpəθɪ] *n* apatía *f*, indiferencia *f*.
ape [eɪp] **1** *n (esp anthropoid)* mono *m*. **2** *vt* imitar, remedar.
ape·ri·tif [ə'perɪtɪv] *n* aperitivo *m*.
ap·er·ture ['æpətjʊə^r] *n (crack)* rendija *f*, resquicio *m*; *(Phot)* abertura *f*.
apex ['eɪpeks] *n (Math)* vértice *m*; *(fig)* cumbre *f*, cima *f*.
apho·rism ['æfərɪzəm] *n* aforismo *m*.
aph·ro·disi·ac [ˌæfrəʊ'dɪzɪæk] *n* afrodisiaco *m*.
apiece [ə'piːs] *adv* cada uno/a.
aplomb [ə'plɒm] *n* aplomo *m*, confianza *f*; **with great ~** con gran serenidad.
Apoca·lypse [ə'pɒkəlɪps] *n* Apocalipsis *m*.
Apoc·ry·pha [ə'pɒkrɪfə] *npl* libros *mpl* apócrifos de la Biblia.
apoc·ry·phal [ə'pɒkrɪfəl] *adj* apócrifo/a.
apo·liti·cal [ˌeɪpə'lɪtɪkəl] *adj* apolítico/a.
apolo·get·ic [əˌpɒlə'dʒetɪk] *adj (look, remark)* de disculpa; **he was very ~ about it** estaba lleno de disculpas.
apolo·geti·cal·ly [əˌpɒlə'dʒetɪkəlɪ] *adv* con aire de disculpa.
apolo·gize [ə'pɒlədʒaɪz] *vi* disculparse *(to sb for sth* con uno por algo); *(for absence etc)* presentar las excusas; **to ~ for sb** pedir perdón por uno; **there's no need to ~** no hay de qué disculparse.
apol·ogy [ə'pɒlədʒɪ] *n* disculpa *f*, excusa *f*; **an ~ for a stew** *(pej)* una birria de guisado; **I demand an ~** exijo que se disculpe; **please accept my apologies** le ruego me disculpe.
apo·plec·tic [ˌæpə'plektɪk] *adj (Med)* apoplético/a; *(fam: very angry)* furioso/a.
apo·plexy ['æpəpleksɪ] *n* apoplejía *f*.
apos·tle [ə'pɒsl] *n (Rel)* apóstol *m*.
ap·os·tol·ic [ˌæpəs'tɒlɪk] *adj* apostólico/a.
apos·tro·phe [ə'pɒstrəfɪ] *n (Ling)* apóstrofo *m*.
ap·pal [ə'pɔːl] *vt* horrorizar, espantar; **I was ~led by the news** me horrorizó la noticia.
ap·pal·ling [ə'pɔːlɪŋ] *adj (ignorance, conditions, destruction)* espantoso/a, horroroso/a; *(fam)* fatal; *(: taste etc)* pésimo/a.
ap·pa·rat·us [ˌæpə'reɪtəs] *n (Anat, Mech)* aparato *m*; *(set of instruments)* equipo *m*; *(system)* sistema *m*, aparato.
ap·par·ent [ə'pærənt] *adj (seeming)* aparente; *(clear)* claro/a, manifiesto/a; **to become ~** quedar claro; **more ~ than real** más aparente que real; **it is ~ that** está claro que.
ap·par·ent·ly [ə'pærəntlɪ] *adv* por lo visto, según parece.
ap·pa·ri·tion [ˌæpə'rɪʃən] *n (ghost)* aparecido *m*, fantasma *m*.
ap·peal [ə'piːl] **1** *n* **(a)** *(call)* llamamiento *m*; *(plea)* súplica *f*; **an ~ for funds** una solicitud de fondos; **he made an ~ for calm** pidió la calma. **(b)** *(Jur)* apelación *f*; **to lodge an ~** presentar una apelación, apelar; **right of ~** derecho *m* de apelación. **(c)** *(attraction)* atractivo *m*, encanto *m*; **a book of general ~** un libro de interés general; *see* **sex**.

2 *vi* **(a)** *(call, beg)* **to ~ (to sb) for sth** suplicar *or* rogar algo (a uno); **to ~ for funds** solicitar fondos. **(b)** *(Jur)* apelar; **to ~ against/to** apelar contra *or* de/a. **(c)** *(attract)* atraer, llamar la atención a; **it ~s to the imagination** despierta la imaginación.

ap·peal·ing [ə'piːlɪŋ] *adj (moving)* conmovedor(a), emocionante; *(attractive)* atractivo/a.

ap·pear [ə'pɪə^r] *vi* **(a)** *(come into sight)* aparecer; **he ~ed from nowhere** apareció de la nada. **(b)** *(in public)* presentarse; *(Theat)* actuar; *(book etc)* publicarse, salir; **to ~ on TV** salir en TV. **(c)** *(Jur)* comparecer; **to ~ for** representar a. **(d)** *(seem)* parecer; **he ~s tired** parece cansado; **it ~s that** parece que; **so it would ~** según parece.

ap·pear·ance [ə'pɪərəns] *n* **(a)** *(act)* aparición *f; (Theat)* presentación *f; (of book etc)* publicación *f;* **to make one's first ~** hacer la primera presentación, debutar; **to put in an ~** hacer acto de presencia. **(b)** *(look)* apariencia *f,* aspecto *m;* **in ~** de aspecto; **~s can be deceptive** las apariencias engañan; **to all ~s** al parecer; **to keep up ~s** salvar las apariencias; **at first ~** a primera vista.

ap·pease [ə'piːz] *vt (pacify)* apaciguar, calmar; *(: anger)* aplacar; *(satisfy)* satisfacer; *(: hunger)* saciar; *(: curiosity)* mitigar.

ap·pease·ment [ə'piːzmənt] *n (Pol)* entreguismo *m.*

ap·pend [ə'pend] *vt (frm: add: signature)* añadir; *(attach)* adjuntar.

ap·pend·age [ə'pendɪdʒ] *n* apéndice *m,* añadidura *f.*

ap·pen·di·ci·tis [əˌpendɪ'saɪtɪs] *n* apendicitis *f;* **acute ~** apendicitis aguda.

ap·pen·dix [ə'pendɪks] *n, pl* **ap·pen·di·ces** [ə'pendɪsiːz] *(Anat, of book etc)* apéndice *m;* **to have one's ~ out** hacerse operar el apéndice.

ap·pe·tite ['æpɪtaɪt] *n* apetito *m (for* para); *(fig)* deseo *m,* anhelo *m;* **to have a good ~** tener buen apetito.

ap·pe·tiz·er ['æpɪtaɪzə^r] *n (drink)* aperitivo *m; (food: Sp)* tapas *fpl; (: Mex)* botanas *fpl; (: Per)* bocaditos *mpl.*

ap·pe·tiz·ing ['æpɪtaɪzɪŋ] *adj* apetitoso/a, apetecedor(a).

ap·plaud [ə'plɔːd] **1** *vt* aplaudir; *(fig)* celebrar. **2** *vi* palmotear, aplaudir.

ap·plause [ə'plɔːz] *n* aplausos *mpl; (fig)* aprobación *f,* alabanza *f.*

ap·ple ['æpl] **1** *n (fruit)* manzana *f;* **the ~ of one's eye** *(fam)* la niña de los ojos (de uno). **2: ~ pie** *n* pastel *m* de manzana, *(LAm)* pay *m* de manzana; **~ tree** *n* manzano *m.*

ap·pli·ance [ə'plaɪəns] *n* aparato *m.*

ap·pli·cable [ə'plɪkəbl] *adj* aplicable, pertinente; **this law is also ~ to foreigners** esta ley se refiere incluso a los extranjeros; **a rule ~ to all** una regla que se extiende a todos.

ap·pli·cant ['æplɪkənt] *n (for a post etc)* aspirante *mf,* candidato/a *m/f; (who makes a request)* solicitante *mf,* suplicante *mf.*

ap·pli·cat·ion [ˌæplɪ'keɪʃən] **1** *n* **(a)** *(ointment etc)* aplicación *f;* **for external ~ only** *(Med)* para uso externo. **(b)** *(request)* solicitud *f,* petición *f;* **details may be had on ~ to X** los detalles pueden obtenerse por solicitud a X. **(c)** *(diligence)* aplicación *f;* **he lacks ~** le falta aplicación. **2: ~ form** *n* solicitud *f.*

ap·plied [ə'plaɪd] *adj* aplicado/a; **~ linguistics** lingüística aplicada.

ap·ply [ə'plaɪ] **1** *vt (ointment, paint, knowledge etc)* aplicar *(to* a); *(impose: rule, law)* emplear, recurrir a; *(brake)* aplicar; *(funds)* destinar; **to ~ one's mind to a problem** dedicarse a resolver un problema; **to ~ oneself to a task** dedicarse *or* aplicarse a una tarea; **to ~ a match to sth** prender fuego a algo con una cerilla.

2 *vi* **(a) to ~ (to)** *(be applicable)* aplicar (a), referirse (a); *(be relevant)* tener que ver (con); **the law applies to everybody** la ley es para todos. **(b)** *(request)* solicitar; **to ~ for** pedir, solicitar; **to ~ to sb for sth** dirigirse a uno por algo.

ap·point [ə'pɔɪnt] *vt* **(a)** *(nominate)* nombrar; **they ~ed him chairman** le nombraron presidente. **(b)** *(frm: time, place)* señalar, fijar; **at the ~ed time** a la hora señalada. **(c) a well-~ed house** una casa bien equipada.

ap·point·ment [ə'pɔɪntmənt] *n* **(a)** *(to a job)* nombramiento *m; (job)* puesto *m,* empleo *m;* **'~s (vacant)'** *(Press)* '(puestos) vacantes'. **(b)** *(engagement)* cita *f,* compromiso *m;* **I have an ~ at 10** tengo cita/compromiso a las 10; **by ~** por cita; **have you an ~?** *(to caller)* ¿tiene Ud cita?; **to keep an ~** acudir a una cita; **to make an ~ with sb** citarse con uno.

ap·por·tion [ə'pɔːʃən] *vt (food etc)* repartir, distribuir; *(blame)* asignar, conceder.

ap·prais·al [ə'preɪzəl] *n* valoración *f; (fig)* estimación *f,* apreciación *f.*

ap·praise [ə'preɪz] *vt (value)* tasar, valorar; *(fig)* apreciar; *(: situation etc)* evaluar.

ap·pre·ci·able [ə'priːʃəbl] *adj* sensible; **an ~ difference** una diferencia apreciable; **an ~ sum** una cantidad importante.

ap·pre·ci·ate [ə'priːʃɪeɪt] **1** *vt* **(a)** *(be grateful for)* apreciar, agradecer; **I ~d your help** agradecí tu ayuda. **(b)** *(value)* valorar, apreciar; **he does not ~ music** no aprecia la música; **I am not ~d here** no me aprecian aquí. **(c)** *(understand: problem, difference)* comprender; **yes, I ~ that** sí, lo reconozco. **2** *vi (property etc)* aumentar(se) en valor.

ap·pre·cia·tion [əˌpriːʃɪ'eɪʃən] *n* **(a)** *(understanding)* comprensión *f; (of art etc)* aprecio *m; (praise)* apreciación *f,* reconocimiento *m; (gratitude)* agradecimiento *m;* **he showed no ~ of my difficulties** no reconoció mis dificultades; **as a token of my ~** en señal de mi gratitud. **(b)** *(rise in value)* aumento *m* en valor.

ap·pre·cia·tive [ə'priːʃɪətɪv] *adj (look, comment)* agradecido/a, apreciativo/a; *(audience)* atento/a; **he was very ~ of what I had done** estaba agradecido por lo que hice.

ap·pre·hend [ˌæprɪ'hend] *vt (arrest: frm)* detener; *(understand)* percibir.

ap·pre·hen·sion [ˌæprɪ'henʃən] *n (arrest)* detención *f; (fear)* aprensión *f,* temor *m;* **my chief ~ is that** mi temor principal es que.

ap·pre·hen·sive [ˌæprɪ'hensɪv] *adj* aprensivo/a, receloso/a.

ap·pren·tice [ə'prentɪs] **1** *n (learner)* aprendiz(a) *m/f; (beginner)* principiante *mf;* **the sorcerer's ~** el aprendiz del brujo. **2** *vt:* **to ~ to** colocar de aprendiz con; **to be ~d to** estar de aprendiz con.

ap·pren·tice·ship [ə'prentɪʃɪp] *n* aprendizaje *m;* **to serve one's ~** hacer el aprendizaje.

ap·prise [ə'praɪz] *vt (frm)* **to ~ sb of sth** participar algo a uno; **I was never ~d of your decision** no se me comunicó nunca su decisión.

ap·proach [ə'prəʊtʃ] **1** *vt* **(a)** *(come near)* acercarse a; *(fig: subject, problem, job)* abordar, considerar; *(in quality)* aproximarse a; *(in appearance)* parecerse a; **I ~ it with an open mind** lo considero imparcialmente; **he's ~ing 50** se acerca a los 50; **no other painter ~es him** *(fig)* no hay otro pintor que se le acerque; **to ~ sb about sth** hablar con uno sobre algo. **(b)** *(with request etc)* abordar, dirigirse a; **have you ~ed your bank manager?** ¿has hablado con tu gerente de banco?

2 *vi* acercarse; **the ~ing elections** las elecciones que se aproximan.

3 *n* **(a)** *(act)* acercamiento *m;* **at the ~ of night** a la entrada de la noche. **(b)** *(to problem, subject)* enfoque *m,* planteamiento *m;* **a new ~ to maths** un nuevo enfoque sobre las matemáticas. **(c)** *(access)* acceso *m; (road)* vía *f or* camino *m* de acceso; **~es** accesos; **the northern ~es of the city** las rutas norte de acceso a la ciudad. **(d)** *(offer)* oferta *f,* propuesta *f; (proposal)* proposición *f,* propuesta; **to make ~es to sb** dirigirse a uno.

4: ~ road *n* vía *f* de acceso, entrada *f.*

ap·proach·able [ə'prəʊtʃəbl] *adj (person)* accesible, abordable.

ap·pro·ba·tion [ˌæprə'beɪʃən] *n (approval)* aprobación *f.*

ap·pro·pri·ate [ə'prəʊprɪɪt] **1** *adj (convenient)* oportuno/a, conveniente; *(apt)* apropiado/a, adecuado/a; *(authority)* competente; **~ for, ~ to** apropiado para; **whichever seems more ~** el que sea más apropiado. **2** [ə'prəʊprɪeɪt] *vt (steal)* apropiarse de; *(set aside: funds)* asignar, destinar.

ap·pro·pri·ate·ly [ə'prəʊprɪɪtlɪ] *adv* convenientemente; en forma apropiada; **~ dressed for the occasion** vestido como conviene para la ocasión.

ap·prov·al [ə'pruːvəl] *n (consent)* consentimiento *m; (commendation)* aprobación *f,* visto bueno *m;* **on ~** a prueba; **to meet with sb's ~** obtener la aprobación de uno.

ap·prove [ə'pruːv] *vt (plan etc)* aprobar, dar el visto bueno a.

♦ **ap·prove of** *vi + prep* consentir en, aprobar; **they don't ~ of me** no les caigo en gracia.

ap·proxi·mate [ə'prɒksɪmɪt] **1** *adj* aproximado/a. **2** [ə'prɒksɪmeɪt] *vi:* **to ~ to** aproximarse a, acercarse a.

ap·proxi·mate·ly [ə'prɒksɪmətlɪ] *adv* aproximadamente, más o menos; **the film lasts 3 hours ~** la película dura 3 horas poco más o menos.

apri·cot ['eɪprɪkɒt] *n (fruit)* albaricoque *m, (LAm)* damasco *m.*

April ['eɪprəl] **1** *n* abril *m; for usage see* **July. 2: ~ Fool!** *interj* ¡inocente!; **~ Fools' Day** *n* ≃ día *m* de los inocentes.

apron ['eɪprən] *n* delantal *m; (workman's)* mandil *m; (Aer)* pista *f;* **he's tied to his mother's/wife's ~ strings** está en las faldas de su madre/esposa.

apse [æps] *n* ábside *m.*

apt [æpt] *adj* (**-er, -est**) **(a)** *(to the point: remark)* acertado/a, oportuno/a; *(suitable)* apropiado/a; *(: description)* exacto/a, atinado/a. **(b)** *(liable)* **to be ~ to do sth** estar propenso/a a hacer algo; **he's ~ to be late** tiende a *or* suele llegar tarde; **I am ~ to be out on Mondays** los lunes suelo salir, por costumbre salgo los lunes; **we are ~ to forget that ...** nos olvidamos fácilmente de que ... . **(c)** *(quick)* listo/a.

ap·ti·tude ['æptɪtjuːd] **1** *n (ability)* capacidad *f; (tendency)* inclinación *f.* **2: ~ test** *n* prueba *f* de aptitud.

apt·ly ['æptlɪ] *adv see* **apt.**

aqua·lung ['ækwəlʌŋ] *n* escafandra *f* autónoma.

aquar·ium [ə'kwɛərɪəm] *n (tank, building)* acuario *m.*

Aquarius [ə'kwɛərɪəs] *n* Acuario *m.*

aquat·ic [ə'kwætɪk] *adj* acuático/a.

aque·duct ['ækwɪdʌkt] *n* acueducto *m.*

aqui·line ['ækwɪlaɪn] *adj:* **an ~ nose** una nariz aguileña *or* aquilina.

Arab ['ærəb] **1** *adj* árabe. **2** *n (person)* árabe *mf; (horse)* caballo *m* árabe.

ara·besque [ˌærə'besk] *n (Ballet etc)* arabesco *m.*

Ara·bian [ə'reɪbɪən] *adj* árabe, arábigo/a; **the ~ Gulf** el golfo Arábigo.

Ara·bic ['ærəbɪk] **1** *adj* árabe; **~ numerals** numeración *f* arábiga. **2** *n (language)* árabe *m.*

ar·able ['ærəbl] *adj:* **~ land** tierra *f* de cultivo *or* cultivable.

ar·bi·trary ['ɑːbɪtrərɪ] *adj (not reasoned)* arbitrario/a; *(impulsive)* caprichoso/a.

ar·bi·trate ['ɑːbɪtreɪt] *vi* arbitrar (*between* entre).

ar·bi·tra·tion [ˌɑːbɪ'treɪʃən] *n* arbitraje *m;* **they went to ~** recurrieron al arbitraje.

ar·bi·tra·tor ['ɑːbɪtreɪtəʳ] *n* árbitro *mf.*

arc [ɑːk] **1** *n* arco *m.* **2: ~ welding** *n* soldadura *f* por arco.

ar·cade [ɑː'keɪd] *n (shopping ~)* galería *f,* pasaje *m; (round public square)* portales *mpl,* claustro *m; (Archit: arch)* bóveda *f; (passage)* arcada *f.*

arch[1] [ɑːtʃ] **1** *n* **(a)** *(Archit)* arco *m.* **(b)** *(of foot)* arco *m* del pié; **fallen ~es** pies *mpl* planos. **2** *vt (back, body etc)* arquear; **to ~ one's eyebrows** arquear las cejas.

arch[2] [ɑːtʃ] *adj (great)* gran, grande; *(malicious: remark)* malicioso/a; **an ~ criminal** un super criminal.

ar·chaeo·logi·cal [ˌɑːkɪə'lɒdʒɪkəl] *adj* arqueológico/a.

ar·chae·olo·gist [ˌɑːkɪ'ɒlədʒɪst] *n* arqueólogo/a *m/f.*

ar·chae·ol·ogy [ˌɑːkɪ'ɒlədʒɪ] *n* arqueología *f.*

ar·cha·ic [ɑː'keɪɪk] *adj* arcaico/a.

arch·angel ['ɑːkˌeɪndʒəl] *n* arcángel *m.*

arch·bishop [ˌɑːtʃ'bɪʃəp] *n* arzobispo *m;* **the A~ of Canterbury** el Arzobispo de Canterbury.

arched [ɑːtʃt] *adj* abovedado/a.

arch·en·emy [ˌɑːtʃ'enɪmɪ] *n* archienemigo/a *m/f.*

ar·che·ol·ogy [ˌɑːkɪ'ɒlədʒɪ] *etc (US)* = **archaeology** *etc.*

arch·er ['ɑːtʃəʳ] *n* arquero *m.*

ar·chery ['ɑːtʃərɪ] *n* tiro *m* al arco.

ar·che·typ·al ['ɑːkɪtaɪpəl] *adj* arquetípico/a.

ar·che·type ['ɑːkɪtaɪp] *n (original)* arquetipo *m; (epitome)* modelo *m,* ejemplo *m.*

archi·pela·go [ˌɑːkɪ'pelɪgəʊ] *n* archipiélago *m.*

archi·tect ['ɑːkɪtekt] *n* arquitecto/a *m/f.*

archi·te·ctur·al [ˌɑːkɪ'tektʃərəl] *adj* arquitectónico/a.

archi·tec·ture ['ɑːkɪtektʃəʳ] *n* arquitectura *f;* **modern ~** la arquitectura moderna.

ar·chives ['ɑːkaɪvz] *npl (place)* archivo *msg; (documents)* archivos.

arch·way ['ɑːtʃweɪ] *n (passage)* pasaje *m* abovedado; *(arch)* arco *m,* bóveda *f.*

arc·tic ['ɑːktɪk] **1** *adj* ártico/a; *(fig)* glacial, helado/a; **A~ Circle/Ocean** Círculo *m* Polar/Océano *m* Ártico. **2** *n:* **the A~** el Ártico.

ar·dent ['ɑːdənt] *adj (supporter)* apasionado/a; *(desire)* ardiente, vivo/a; *(lover)* apasionado/a.

ar·dour, (*US*) **ar·dor** ['ɑːdəʳ] *n (passion)* ardor *m,* pasión *f; (fervour)* fervor *m.*

ar·du·ous ['ɑːdjʊəs] *adj (gen)* arduo/a; *(climb, journey)* penoso/a; *(task)* difícil.

are [ɑːʳ, əʳ] *2nd pers sg, 1st, 2nd and 3rd pers pl of* **be.**

area ['ɛərɪə] **1** *n* **(a)** *(extent)* área *f,* extensión *f; (surface)* superficie *f.* **(b)** *(region)* región *f,* zona *f;* **the London ~** la zona de Londres; **in the ~ of £5000** sobre las 5000 libras. **(c)** *(fig: of knowledge)* campo *m,* terreno *m; (: of responsibility etc)* área *f,* ámbito *m.* **2: ~ code** *n (US Telec)* prefijo *m.*

arena [ə'riːnə] *n (stadium)* estadio *f; (Taur)* plaza *f; (circus)* pista *f*; *(gen)* pista *f, (LAm)* cancha *f*; *(fig)* terreno *m*.
aren't [ɑːnt] = **are not.**
Ar·gen·ti·na [ˌɑːdʒən'tiːnə] *n* Argentina *f*.
Ar·gen·tin·ian [ˌɑːdʒən'tɪnɪən] *adj, n* argentino/a *m/f*.
ar·gu·able ['ɑːgjʊəbl] *adj* discutible; **it is ~ whether ...** no está probado que ... .
ar·gu·ably ['ɑːgjʊəblɪ] *adv*: **he is ~ the best player in the world** se podría mantener que es el mejor jugador del mundo.
ar·gue ['ɑːgjuː] **1** *vi* **(a)** *(dispute)* discutir, *(LAm)* pelear(se); **to ~ about sth (with sb)** pelearse (con uno) por algo; **don't ~!** ¡no discutas!, *(LAm)* ¡no alegues! **(b)** *(reason)* razonar, argumentar; **to ~ against** oponerse a; **to ~ for** abogar por.
2 *vt (debate: case, matter)* debatir, discutir; *(persuade)* persuadir; *(maintain)* mantener, sostener; **he ~d me into doing it** me convenció de que lo hiciera; **he ~ against doing it** se puso en contra de hacerlo; **he ~d that it couldn't be done** según él, no se podía hacerlo.
ar·gu·ment ['ɑːgjʊmənt] *n* **(a)** *(reason)* argumento *m* (*for* en pro, *against* en contra de); **I don't follow your ~** no le sigo su argumento. **(b)** *(quarrel)* discusión *f*, disputa *f; see* **sake.**
ar·gu·men·ta·tive [ˌɑːgjʊ'mentətɪv] *adj (person)* discutidor(a), *(LAm)* peleonero/a.
arid ['ærɪd] *adj* árido/a.
Aries ['ɛəriːz] *n* Aries *m*.
arise [ə'raɪz] *pt* **arose,** *pp* **aris·en** [ə'rɪzn] *vi* **(a)** *(occur)* presentarse; *(result from)* surgir; **difficulties have ~n** han surgido dificultades; **should the need ~** de ser necesario; **a storm arose** se levantó una tormenta; **the question does not ~** no hay tal problema, la cuestión no viene al caso; **there are problems arising from his attitude** surgen problemas a raíz de su actitud. **(b)** *(old: get up)* levantarse, alzarse.
ar·is·toc·ra·cy [ˌærɪ'stɒkrəsɪ] *n (nobility)* aristocracia *f*.
aris·to·crat ['ærɪstəkræt] *n* aristócrata *mf*.
aris·to·crat·ic [ˌærɪstə'krætɪk] *adj* aristocrático/a.
arith·me·tic [ə'rɪθmətɪk] *n* aritmética *f;* **mental ~** cálculo *m* mental.
arith·meti·cal [ˌærɪθ'metɪkəl] *adj* aritmético/a.
ark [ɑːk] *n*: **Noah's A~** el Arca *f* de Noé.
arm [ɑːm] *n* **(a)** *(Anat, of chair)* brazo *m;* **~ in ~** tomados/as del brazo; **with folded ~s** con los brazos cruzados; **with open ~s** *(fig)* con los brazos abiertos; **within ~'s reach** al alcance de la mano; **to keep sb at ~'s length** *(fig)* mantener a uno a distancia; **to put one's ~ round sb** abrazar a uno. **(b) ~s** *(Mil)* armas *fpl; (coat of* **~s***)* escudo *m;* **the ~s race** la carrera armamentística; **to be up in ~s about** *(fig)* poner el grito en el cielo contra, protestar por.
2 *vt (person, ship)* armar; **to ~ o.s. with arguments** armarse de argumentos.
ar·ma·ments ['ɑːməmənts] *npl (weapons)* armamento *msg;* **the ~ industry** la industria de armamentos.
arm·band ['ɑːmbænd] *n* brazalete *m*.
arm·chair ['ɑːmtʃɛə[r]] *n* sillón *n*.
armed [ɑːmd] *adj* armado/a; **the ~ forces** las fuerzas armadas; **~ robbery** robo *m* a mano armada.
arm·ful ['ɑːmfʊl] *n* brazada *f*.
ar·mi·stice ['ɑːmɪstɪs] *n* armisticio *m*.
ar·mour, *(US)* **ar·mor** ['ɑːmə[r]] *n (Mil)* armadura *f; (steel plates)* blindaje *m*.
ar·moured car [ˌɑːməd'kɑː[r]] *n (Mil)* carro *m* blindado.
ar·mour-pla·ted ['ɑːməˌpleɪtɪd] *adj* acorazado/a.
arm·pit ['ɑːmpɪt] *n* axila *f*, sobaco *m*.
army ['ɑːmɪ] *n (Mil, fig)* ejército *m;* **to join the ~** alistarse, engancharse.
aro·ma [ə'rəʊmə] *n* aroma *m*, olor *m*.
aro·mat·ic [ˌærəʊ'mætɪk] *adj* aromático/a.
arose [ə'rəʊz] *pt of* **arise.**
around [ə'raʊnd] **1** *adv* **(a)** *(place)* alrededor, en los alrededores; **for miles ~** por millas a la redonda; **all ~** por todos lados; **he must be somewhere ~** debe estar por aquí. **(b)** *(approximately)* aproximadamente; **he must be ~ 50** debe estar cerca de los 50.
2 *prep* alrededor de; **we're looking ~ for a house** estamos buscando casa; **it's just ~ the corner** está a la vuelta de la esquina; *see also* **about, round.**
arouse [ə'raʊz] *vt (awaken)* despertar; *(fig)* estimular, despertar.
ar·range [ə'reɪndʒ] **1** *vt* **(a)** *(put into order: books, thoughts, furniture)* ordenar; *(: hair, flowers etc)* arreglar. **(b)** *(Mus)* adaptar, arreglar. **(c)** *(decide on)* decidir; *(plan)* planear, fijar; **to ~ a time for** fijar una hora para; **everything is ~d** todo está arreglado; **it was ~d that ...** se quedó en que ...; **what did you ~ with him?** ¿qué organizaron con él?, ¿en qué quedaron con él?
2 *vi (agree, decide)* ponerse de acuerdo; **to ~ to do sth** quedar en hacer algo; **I ~d to meet him at the cafe** quedé en verlo en el café; **to ~ for sth/for sb to do sth** arreglar algo/arreglar que uno haga algo; **I have ~d for you to go** lo he arreglado para que vayas.
ar·range·ment [ə'reɪndʒmənt] *n* **(a)** *(order)* orden *m*, arreglo *m; (act of ordering)* arreglo; *(Mus)* arreglo. **(b)** *(agreement)* acuerdo *m;* **to come to an ~ (with sb)** llegar a un acuerdo (con uno); **prices by ~** precios *mpl* a convenir. **(c)** *(plan)* plan *m;* **~s** *(plans)* planes; *(preparations)* preparativos *mpl;* **we must make ~s to help** debemos hacer un arreglo para ayudar; **if this ~ doesn't suit you** si no le conviene el arreglo.
ar·ray [ə'reɪ] *n (Mil)* formación *f*, orden *m; (collection)* serie *f;* **in battle ~** en orden de batalla; **a fine ~ of hats** una buena colección de sombreros.
ar·rears [ə'rɪəz] *npl (of money)* atrasos *mpl; (of work)* trabajo *msg* atrasado; **to be in ~** estar atrasado/a.
ar·rest [ə'rest] **1** *n* detención *f;* **to be under ~** quedar detenido/a. **2** *vt (criminal)* detener; *(fig: attention)* atraer; *(halt: progress, decay etc)* detener, parar.
ar·rest·ing [ə'restɪŋ] *adj* llamativo/a, que llama la atención.
ar·ri·val [ə'raɪvəl] *n* llegada *f;* **Jim was the first ~ at the party** Jim fue el primero en llegar a la fiesta; **a new ~** un(a) recién llegado/a; *(baby)* un(a) recién nacido/a; **on ~** al llegar.
ar·rive [ə'raɪv] *vi* llegar; *(succeed)* tener éxito, triunfar.
♦**ar·rive at** *vi + prep* llegar a; **to ~ at a decision** llegar a una decisión.
ar·ro·gance ['ærəgəns] *n* arrogancia *f*.
ar·ro·gant ['ærəgənt] *adj* arrogante, altanero/a.
ar·row ['ærəʊ] *n (weapon, sign)* flecha *f*.
arse [ɑːs] *n (fam!)* culo *m*, trasero *m*.
arsehole ['ɑːshəʊl] *n (fam!)* chorizo *m*, *(RPl)* huevón *m*, *(LAm)* pendejo *m*.
ar·senal ['ɑːsɪnl] *n* arsenal *m*.
ar·senic ['ɑːsnɪk] *n* arsénico *m*.
ar·son ['ɑːsn] *n* incendio *m* premeditado.
art [ɑːt] *n* **(a)** *(painting etc)* arte *m;* **the ~s** las bellas

artes; ~s **and crafts** artes *fpl* y oficios *mpl;* ~ **gallery** galería *f* (de arte); **work of** ~ obra *f* de arte. **(b)** *(skill)* habilidad *f,* destreza *f; (technique)* técnica *f; (knack)* maña *f; (gift)* don *m,* facilidad *f.* **(c) Faculty of A~s** Facultad *f* de Filosofía y Letras; *see* **bachelor, fine**[1].

ar·te·fact ['ɑːtɪfækt] *n* artefacto *m.*

ar·te·rial [ɑː'tɪərɪəl] *adj (blood)* arterial; *(road etc)* principal.

ar·te·rio·sclero·sis [ɑːˌtɪərɪəʊsklɪ'rəʊsɪs] *n* arteriosclerosis *f.*

ar·tery ['ɑːtərɪ] *n (Anat, road etc)* arteria *f.*

art·ful ['ɑːtfʊl] *adj (cunning: person, trick)* mañoso/a, *(LAm)* ladino/a, hábil.

ar·thri·tic [ɑː'θrɪtɪk] *adj* artrítico/a.

ar·thri·tis [ɑː'θraɪtɪs] *n* artritis *f.*

ar·ti·choke ['ɑːtɪtʃəʊk] *n (globe* ~*)* alcachofa *f,* alcaucil *m; (Jerusalem* ~*)* aguaturma *f, (LAm)* cotufa *f.*

ar·ti·cle ['ɑːtɪkl] *n* **(a)** *(gen)* artículo *m; (physical thing)* objeto *m,* cosa *f;* ~**s of clothing** prendas *fpl* de vestir. **(b)** *(in newspaper etc)* artículo; **leading** ~ editorial *m.* **(c)** *(Ling)* **definite/indefinite** ~ artículo *m* definido/indefinido. **(d)** ~**s** *(Admin, Jur)* artículo *m,* cláusula *f;* **to be under** ~**s** ser abogado/a *m/f* en aprendizaje.

ar·ticu·late [ɑː'tɪkjʊlɪt] **1** *adj (speech, account)* claro/a; **he's not very** ~ no se expresa con facilidad. **2** [ɑː'tɪkjʊleɪt] *vt* **(a)** *(pronounce)* articular, pronunciar. **(b)** ~**d lorry** camión *m* articulado.

ar·ticu·la·tion [ɑːˌtɪkjʊ'leɪʃən] *n (act)* expresión *f; (manner)* articulación *f.*

ar·ti·fact ['ɑːtɪfækt] *n* = **artefact.**

ar·ti·fice ['ɑːtɪfɪs] *n (cunning)* habilidad *f,* ingenio *m; (trick)* artificio *m,* ardid *f.*

ar·ti·fi·cial [ˌɑːtɪ'fɪʃəl] *adj (synthetic: light)* artificial; *(: hair, limb)* postizo/a; *(fig pej: smile etc)* afectado/a; ~ **respiration** respiración *f* artificial; ~ **insemination** inseminación *f* artificial.

ar·til·lery [ɑː'tɪlərɪ] *n (guns, troops etc)* artillería *f.*

ar·ti·san ['ɑːtɪzæn] *n* artesano/a *m/f.*

art·ist ['ɑːtɪst] *n (gen)* artista *mf.*

ar·tis·tic [ɑː'tɪstɪk] *adj (ability, design, temperament)* artístico/a; **to be** ~ tener talento para el arte.

art·ist·ry ['ɑːtɪstrɪ] *n (skill)* arte *m,* habilidad *f.*

art·less ['ɑːtlɪs] *adj (simple)* natural, sencillo/a; *(foolish)* ingenuo/a; *(clumsy)* torpe, patoso/a.

as [æz, əz] *conj* **(a)** *(while)* mientras (que); *(when)* cuando; ~ **yet** hasta ahora; **we talked** ~ **we walked** hablábamos mientras andábamos; **he came in** ~ **I was leaving** entró cuando yo salía; ~ **from tomorrow/**~ **of yesterday** a partir de mañana/de ayer; ~ **a child, I often sang** de niño, cantaba a menudo.

(b) *(because)* como; ~ **he can't come ...** como él no puede venir ...; ~ **far** ~ **I know** que yo sepa.

(c) *(although)* aunque; **tired** ~ **he was, he went to the party** aunque estaba cansado, asistió a la fiesta.

(d) *(in comparisons: also adv)* ~ **...** ~ tan ... como; tanto/a ... como; ~ **long** ~ mientras; ~ **soon** ~ tan pronto como; ~ **well** ~ tanto como; **twice** ~ **old** el doble de viejo; ~ **tall** ~ **him** tan alto como él; ~ **quickly** ~ **possible** lo más rápido posible; ~ **big** ~ **a house** grande como una casa; **you've got** ~ **much** ~ **she has** tienes tanto como ella.

(e) *(way, manner: also prep)* como; **do** ~ **you wish** haga lo que quiera, *(LAm)* haga como quiera; **leave things** ~ **they are** deje las cosas como están; ~ **it is** así como están las cosas; **you've got plenty** ~ **it is** tienes bastante ya; ~ **I've said before ...** como he dicho antes ...; **disguised** ~ **a nun** disfrazado de monja; **he succeeded** ~ **a politician** tuvo éxito como político.

(f) *(concerning)* en cuanto a, en lo que se refiere a, en lo tocante a; ~ **to that I can't say** en lo que a eso se refiere, no le sé decir; ~ **for the children, they were exhausted** en cuanto a los niños, estaban rendidos; ~ **far** ~ **I'm concerned** en lo que a mí se refiere; ~ **well** también.

(g) ~ **if,** ~ **though** como si; **he looked** ~ **if he was ill** parecía como si estuviera enfermo; *see* **be 1 (a), same, so, such.**

as·bes·tos [æz'bestəs] *n* amianto *m,* asbesto *m.*

as·cend [ə'send] **1** *vt (frm: stairs)* subir; *(mountain, throne)* ascender *or* subir a. **2** *vi (rise)* subir, ascender; *(: in flight)* remontar; *(slope up)* elevarse.

as·cend·ancy [ə'sendənsɪ] *n* ascendiente *m,* dominio *m.*

as·cend·ant [ə'sendənt] *n:* **to be in the** ~ estar en auge, ir ganando predominio.

as·cen·sion [ə'senʃən] *n:* **A~ Day** día *m* de la Ascención.

as·cent [ə'sent] *n (act, way up)* subida *f; (in plane)* ascenso *m; (slope)* pendiente *f,* cuesta *f.*

as·cer·tain [ˌæsə'teɪn] *vt* averiguar.

as·cet·ic [ə'setɪk] **1** *adj* ascético/a. **2** *n* asceta *mf.*

as·ceti·cism [ə'setɪsɪzəm] *n* ascetismo *m.*

as·cribe [ə'skraɪb] *vt:* **to** ~ **sth to sb/sth** atribuir algo a uno/algo.

ash[1] [æʃ] *n (Bot)* fresno *m.*

ash[2] [æʃ] **1** *n* ceniza *f;* ~**es** cenizas. **2: A~ Wednesday** *n* miércoles *m* de Cenizas.

ashamed [ə'ʃeɪmd] *adj* avergonzado/a, *(LAm)* apenado/a; **to feel** ~ tener *or* sentir vergüenza, *(LAm)* apenarse; **I am** ~ **of you** me avergüenzo de ti; **I was** ~ **to ask for money** me daba vergüenza pedir dinero; **you ought to be** ~ **of yourself!** ¡avergüénzate!, ¡no te da vergüenza!; **it's nothing to be** ~ **of** no hay por qué avergonzarse *or* apenarse.

ash-can ['æʃkæn] *n (US)* cubo *m or (LAm)* bote *m* de la basura.

ashen ['æʃn] *adj* ceniciento/a; *(pale)* pálido/a.

ashore [ə'ʃɔːʳ] *adv* en tierra; **to go/come** ~ desembarcar; **to run** ~ encallar.

ash·tray ['æʃtreɪ] *n* cenicero *m.*

Asia ['eɪʃə] *n* Asia *f.*

Asian ['eɪʃn] *adj, n* asiático/a *m/f.*

aside [ə'saɪd] **1** *adv* a un lado; **to set** *or* **put sth** ~ apartar algo; **to cast** ~ desechar, echar a un lado; **to step** ~ hacerse a un lado. **2** *prep:* ~ **from** *(as well as)* aparte, además de; *(except for)* aparte de. **3** *n (Theat)* aparte *m.*

ask [ɑːsk] **1** *vt* **(a)** *(inquire)* preguntar; **to** ~ **about sth** preguntar acerca de algo; **to** ~ **sb a question** hacer una pregunta a uno; **don't** ~ **me!** *(fam)* ¡yo qué sé!, *(LAm)* ¡qué sé yo! **(b)** *(request)* pedir; **I** ~**ed him to come** le pedí que viniera; **to** ~ **sb a favour** pedir un favor a uno; **how much are they** ~**ing for the coat?** ¿cuánto piden por el abrigo?; **the** ~**ing price** el precio inicial; **that's** ~**ing a lot** eso es pedir demasiado *or* mucho pedir. **(c)** *(invite)* invitar, *(LAm)* convidar; **to** ~ **sb out** invitar a uno a salir.

2 *vi (inquire)* preguntar; *(request)* pedir; **it's yours for the** ~**ing** basta con pedir.

♦ **ask af·ter** *vi + prep* preguntar por.

♦ **ask for** *vi + prep (person)* preguntar por, buscar; *(help, information, money)* solicitar, pedir; **it's just** ~**ing for trouble** es buscarse problemas; **he** ~**ed for it!** *(fig)* ¡se las buscó!

askance [ə'skæns] *adv:* **to look** ~ **at sth/sb** mirar *or*

(LAm) ver algo/a uno con desconfianza.
askew [ə'skjuː] **1** *adj* ladeado/a. **2** *adv* de lado.
asleep [ə'sliːp] *adj (not awake)* dormido/a; *(numb)* adormecido/a; **to be fast ~** estar profundamente dormido/a; **to fall ~** dormirse, quedarse dormido/a; **my foot's ~** se me quedó dormido el pie.
as·para·gus [ə'spærəgəs] *n (plant)* espárrago *m; (food)* espárragos.
as·pect ['æspekt] *n* **(a)** *(of situation etc)* aspecto *m;* **to study all ~s of a question** estudiar un asunto bajo todos los aspectos. **(b)** *(of building etc)* **a house with a northerly ~** una casa orientada hacia el norte.
as·phalt ['æsfælt] *n* asfalto *m.*
as·phyxia [æs'fɪksɪə] *n* asfixia *f.*
as·phyxi·ate [æs'fɪksɪeɪt] **1** *vt* asfixiar. **2** *vi* asfixiarse, morir asfixiado/a.
as·pic ['æspɪk] *n* gelatina *f or (LAm)* jalea *f* de carne etc.
as·pi·ra·tion [ˌæspə'reɪʃən] *n (ambition)* aspiración *f,* ambición *f; (desire)* deseo *m,* anhelo *m.*
as·pire [ə'spaɪə^r] *vi:* **to ~ to** aspirar a, anhelar.
as·pi·rin ['æsprɪn] *n (substance, tablet)* aspirina *f.*
ass[1] [æs] *n (Zool)* asno *m,* burro *m; (fig fam: fool)* burro/a *m/f;* **to make an ~ of o.s.** quedar en ridículo.
ass[2] [æs] *n (US fam)* culo *m.*
as·sail [ə'seɪl] *vt (frm: attack)* acometer, atacar; *(fig: with questions etc)* asaltar, abrumar; **doubts began to ~ him** le asaltaban las dudas.
as·sail·ant [ə'seɪlənt] *n* asaltador(a) *m/f,* agresor(a) *m/f.*
as·sas·sin [ə'sæsɪn] *n* asesino/a *m/f.*
as·sas·si·nate [ə'sæsɪneɪt] *vt* asesinar.
as·sas·si·na·tion [əˌsæsɪ'neɪʃən] *n* asesinato *m.*
as·sault [ə'sɔːlt] **1** *n (Mil, fig)* asalto *m* (*on* sobre); *(Jur)* violencia *f;* **~ and battery** *(Jur)* lesiones *fpl;* **indecent ~** atentado *m* contra el pudor, *(LAm)* estupro *m.* **2** *vt* asaltar, atacar; *(Jur)* asaltar, agredir; *(sexually)* violar.
as·sem·ble [ə'sembl] **1** *vt* reunir, juntar; *(put together)* armar, montar. **2** *vi* reunirse, juntarse.
as·sem·bly [ə'semblɪ] **1** *n (meeting)* reunión *f,* asamblea *f; (Pol: parliament)* parlamento *m; (Tech)* montaje *m,* ensamblaje *m;* **the right of ~** el derecho de reunión. **2:** **~ line production** *n* producción *f* en cadena.
as·sent [ə'sent] **1** *n (agreement)* asentimiento *m,* consentimiento *m; (approval)* aprobación *f;* **by common ~** por acuerdo común. **2** *vi* asentir (*to* a), consentir (*to* en).
as·sert [ə'sɜːt] *vt (declare)* afirmar, aseverar; *(insist on: rights)* hacer valer; **to ~ o.s.** imponerse.
as·ser·tion [ə'sɜːʃən] *n* afirmación *f,* aseveración *f.*
as·ser·tive [ə'sɜːtɪv] *adj (energetic)* enérgico/a; *(forceful)* agresivo/a; *(dogmatic)* perentorio/a.
as·sess [ə'ses] *vt (gen: price)* valorar, tasar; *(calculate)* calcular; *(tax)* gravar; *(damages)* fijar; *(fig: situation etc)* enjuiciar, asesorar.
as·sess·ment [ə'sesmənt] *n (of worth, value)* valoración *f,* tasación *f; (tax)* gravamen *m; (judgment)* juicio *m.*
as·set ['æset] *n (useful quality)* ventaja *f;* **personal/real ~s** bienes *mpl* muebles/raíces; **~s** *(Comm: on accounts)* haber *msg,* activo *msg.*
asset-stripping ['æsetˌstrɪpɪŋ] *n (Fin)* acaparamiento *m* de activos.
as·sidu·ous [ə'sɪdjʊəs] *adj* asiduo/a.
as·sign [ə'saɪn] *vt (allot: task etc)* asignar; *(attribute)* atribuir; *(Jur: property)* ceder; *(appoint)* **to ~ sb to** designar a uno a.
as·sig·na·tion [ˌæsɪg'neɪʃən] *n (meeting: of lovers)* cita *f* (*de amantes*).
as·sign·ment [ə'saɪnmənt] *n (mission)* misión *f; (task)* tarea *f.*
as·simi·late [ə'sɪmɪleɪt] *vt* asimilar.
as·sist [ə'sɪst] **1** *vt (help: person)* ayudar; **to ~ sb to do sth** ayudar a uno a hacer algo; **we ~ed him to his car** le ayudamos a llegar a su coche. **2** *vi (help)* **to ~ in sth/in doing sth** ayudar en (hacer) algo.
as·sis·tance [ə'sɪstəns] *n* ayuda *f,* auxilio *m;* **can I be of any ~?** ¿puedo ayudarle?, *(LAm)* ¿le puedo servir en algo?; **to come to sb's ~** acudir en ayuda *or* auxilio de uno.
as·sis·tant [ə'sɪstənt] **1** *n* ayudante *mf.* **2** *cpd* auxiliar; **~ secretary** subsecretario/a *m/f;* **~ director** regidor(a) *m/f* de escena; *see* **shop.**
as·so·ci·ate [ə'səʊʃɪɪt] **1** *adj (company, member etc)* asociado/a. **2** *n (colleague)* colega *mf; (member)* socio/a *m/f.* **3** [ə'səʊʃɪeɪt] *vt (connect)* conectar, asociar; *(ideas)* relacionar; **to ~ o.s. with sth** *(identify, be connected)* relacionarse con algo. **4** *vi:* **to ~ with** tratar con, frecuentar.
as·so·cia·tion [əˌsəʊsɪ'eɪʃən] *n* **(a)** *(act, partnership)* asociación *f; (organization)* sociedad *f,* asociación *f.* **(b)** *(connection)* conexión *f;* **~ of ideas** asociación *f* de ideas; **the name has unpleasant ~s** el nombre trae recuerdos desagradables.
as·sort·ed [ə'sɔːtɪd] *adj* surtido/a.
as·sort·ment [ə'sɔːtmənt] *n (mixture: Comm)* surtido *m;* **there was a strange ~ of guests** había una extraña mezcla de invitados.
as·suage [ə'sweɪdʒ] *vt (feelings)* aliviar; *(pain, anger)* calmar, aliviar; *(appetite)* satisfacer, saciar.
as·sume [ə'sjuːm] *vt* **(a)** *(suppose)* suponer; **we may therefore ~ that** así, es de suponer que; **assuming that ...** suponiendo que ..., en el supuesto de que ... . **(b)** *(take on or over: power, control)* asumir; *(adopt: name, look of surprise)* adoptar, afectar; **(under) an ~d name** (bajo) un nombre falso.
as·sump·tion [ə'sʌmpʃən] *n* **(a)** *(supposition)* suposición *f,* supuesto *m;* **on the ~ that** suponiendo que, *(LAm)* poniendo por caso que; **that's only an ~** es una susposición. **(b) the A~** *(Rel)* la Asunción.
as·sur·ance [ə'ʃʊərəns] *n* **(a)** *(guarantee)* garantía *f,* promesa *f;* **I give you my ~ that** le puedo asegurar de que. **(b)** *(confidence)* confianza *f; (self-confidence)* seguridad *f,* aplomo *m;* **he spoke with ~** hablaba con seguridad. **(c)** *(Brit: insurance)* seguro *m.*
as·sure [ə'ʃʊə^r] *vt (make certain: person)* asegurar; **I ~d him of my support** le aseguré de mi apoyo; **success was ~d** el éxito estuvo seguro.
as·ter·isk ['æstərɪsk] *n* asterisco *m.*
astern [ə'stɜːn] *adv* a popa.
as·ter·oid ['æstərɔɪd] *n* asteroide *m.*
asth·ma ['æsmə] *n* asma *f.*
asth·mat·ic [æs'mætɪk] *adj* asmático/a.
astig·ma·tism [æ'stɪgmətɪzəm] *n* astigmatismo *m.*
aston·ish [ə'stɒnɪʃ] *vt* asombrar, pasmar; **you ~ me!** *(iro)* ¡no me digas!, ¡vaya sorpresa!
aston·ish·ing [ə'stɒnɪʃɪŋ] *adj (achievement etc)* asombroso/a, pasmoso/a; **I find it ~ that ...** me asombra *or* pasma que ... .
aston·ish·ing·ly [ə'stɒnɪʃɪŋlɪ] *adv* increíblemente, asombrosamente; **it was ~ easy** asombraba lo fácil que era.
aston·ish·ment [ə'stɒnɪʃmənt] *n* asombro *m;* **to my ~** para mi gran sorpresa.
astound [ə'staʊnd] *vt* asombrar, pasmar.

astray [ə'streɪ] *adv*: **to go ~** extraviarse; *(fig: make a mistake)* equivocarse; *(morally)* ir por mal camino; **to lead sb ~** *(fig)* llevar a uno por mal camino.
astride [ə'straɪd] *prep (horse, fence)* a horcajadas sobre.
as·trin·gent [ə'strɪndʒənt] **1** *adj* astringente. **2** *n* astringente *m*.
as·trolo·ger [ə'strɒlədʒəʳ] *n* astrólogo/a *m/f*.
as·trol·ogy [ə'strɒlədʒɪ] *n* astrología *f*.
as·tro·naut ['æstrənɔːt] *n* astronauta *mf*.
as·trono·mer [ə'strɒnəməʳ] *n* astrónomo/a *m/f*.
as·tro·nomi·cal [ˌæstrə'nɒmɪkəl] *adj* astronómico /a.
as·trono·my [ə'strɒnəmɪ] *n* astronomía *f*.
as·tro·phys·ics [ˌæstrəʊ'fɪzɪks] *nsg* astrofísica *f*.
as·tute [ə'stjuːt] *adj (person, mind, decision)* astuto/a, listo/a.
asy·lum [ə'saɪləm] *n* **(a)** *(refuge)* asilo *m*; **to seek political ~** pedir asilo político. **(b)** *(lunatic ~)* manicomio *m*.
asym·met·ric(al) [ˌeɪsɪ'metrɪk(əl)] *adj* asimétrico/a.
at [æt] *prep* **(a)** *(position)* en; *(direction)* a; **~ the top** en lo alto; *(of mountain)* en la cumbre; **~ school** en la escuela; **~ John's** en casa de Juan; **~ table** en la mesa; **to stand ~ the door** estar de pie *or (LAm)* parado en la puerta; **to look ~ sth** mirar algo.
(b) *(time)* **~ 4 o'clock** a las cuatro; **~ night** de noche; **~ Christmas** por Navidades.
(c) *(rate)* a; **~ 50p a kilo** a 50p el kilo; **~ 50p each** (a) 50p cada uno; **two ~ a time** de dos en dos.
(d) *(activity)* **to be ~ work** estar trabajando; *(in the office)* estar en la oficina; **he's good ~ games** es fuerte en deportes; **while you're ~ it** *(fam: doing it)* de paso; *(by the way)* a propósito; **she's ~ it again** *(fam)* otra vez con las mismas, allí va de nuevo.
(e) *(manner)* **~ full speed** a toda velocidad; **~ peace** en paz; **acting ~ its best** lo mejor del teatro; **~ a run** corriendo, a la carrera.
(f) *(cause)* **~ his suggestion** a sugerencia suya; **I was shocked/surprised ~ the news** me escandalizó/sorprendió la noticia.
ate [et, *(US)* eɪt] *pt of* **eat.**
athe·ism ['eɪθɪɪzəm] *n* ateísmo *m*.
athe·ist ['eɪθɪɪst] *n* ateo/a *m/f*.
Ath·ens ['æθɪnz] *n* Atenas *m*.
ath·lete ['æθliːt] *n* atleta *mf*.
ath·let·ic [æθ'letɪk] *adj* atlético/a; *(sporty)* deportista.
ath·let·ics [æθ'letɪks] *n* atletismo *m*.
At·lan·tic (Ocean) [ət'læntɪk ('əʊʃən)] *n* Océano *m* Atlántico.
at·las ['ætləs] *n* atlas *m*; **road ~** guía *m* de carreteras.
at·mos·phere ['ætməsfɪəʳ] *n (air)* atmósfera *f*; *(fig)* ambiente *m*.
at·mos·pher·ics [ˌætməs'ferɪks] *npl (Rad)* perturbaciones *fpl* atmosféricas.
atom ['ætəm] *n* átomo *m*; *(fig)* pizca *f*, átomo *m*.
atomic [ə'tɒmɪk] *adj* atómico/a; **~ bomb** bomba *f* atómica.
atone [ə'təʊn] *vi*: **to ~ for** expiar.
atone·ment [ə'təʊnmənt] *n* expiación.
atro·cious [ə'trəʊʃəs] *adj* atroz; *(fam)* fatal.
atroc·ity [ə'trɒsɪtɪ] *n* atrocidad *f*.
at·ro·phy ['ætrəfɪ] **1** *n (Med)* atrofia *f*. **2** *vi* atrofiarse.
at·tach [ə'tætʃ] *vt* **(a)** *(fasten)* sujetar; *(stick)* pegar; *(tie)* atar, *(LAm)* amarrar; *(with pin etc)* prender; *(join)* juntar; *(trailer etc)* acoplar; **the ~ed letter** la carta adjunta; **to become ~ed to sb** *(fig)* encariñarse con uno; **to be ~ed to an embassy** estar agregado a una embajada; **he ~ed himself to us** se pegó a nosotros; *see* **string. (b)** *(attribute: importance, value)* dar, atribuir.
at·ta·ché [ə'tæʃeɪ] **1** *n* agregado/a *m/f*; **cultural ~** agregado cultural. **2**: **~ case** *n* maletín *m*.
at·tach·ment [ə'tætʃmənt] *n* **(a)** *(device)* accesorio *m*, dispositivo *m*; *(fastener)* atadura *f*, acoplamiento *m*. **(b)** *(affection)* cariño *m (to* por).
at·tack [ə'tæk] **1** *n* **(a)** *(Mil etc)* ataque *m*, asalto *m*; **surprise ~** ataque por sorpresa; **~ on sb's life** atentado *m* contra la vida de uno; **to be under ~** estar bajo asalto *or* ataque; **to launch an ~** *(Mil, fig)* lanzar un ataque. **(b)** *(Med: gen)* ataque *m*; *(: fit)* acceso *m*, crisis *f*; *see* **heart 2. 2** *vt (Med, Mil etc)* atacar; *(assault)* asaltar; *(tackle: job, problem)* enfrentar; *(criticize: opinion, theory)* impugnar.
at·tack·er [ə'tækəʳ] *n* asaltante *mf*, atracador(a) *m/f*.
at·tain [ə'teɪn] *vt (achieve)* lograr; *(reach)* alcanzar; *(get hold of)* conseguir; *(age, rank)* llegar a.
at·tain·ment [ə'teɪnmənt] *n (skill)* talento *m*.
at·tempt [ə'tempt] **1** *n (try)* intento *m*, tentativa *f*; **he made two ~s at it** lo intentó dos veces; **he made no ~ to help** ni siquiera procuró ayudar; **to make an ~ on sb's life** atentar contra la vida de uno. **2** *vt (task etc)* intentar, tratar de, *(LAm)* procurar; **~ed murder** tentativa *f or* intento *m* de asesinato; **the pilot ~ed to land** el piloto trató de aterrizar.
at·tend [ə'tend] **1** *vt* **(a)** *(be present at: meeting, school etc)* asistir a; *(regularly: school, church)* asistir a. **(b)** *(serve)* atender; *(wait upon)* servir; **~ed by 6 bridesmaids** acompañada por 6 damas de honor. **2** *vi (be present)* asistir; *(pay attention to)* prestar atención a, *(LAm)* poner atención en.
♦**at·tend to** *vi + prep* **(a)** prestar atención a, *(LAm)* poner atención en; **to ~ to one's work** ocuparse de su trabajo. **(b)** *(give help to)* servir a; **to ~ to a customer** atender a un(a) cliente; **are you being ~ed to?** *(in shop)* ¿le están atendiendo?, ¿se le atiende?
at·tend·ance [ə'tendəns] *n (act)* asistencia *f (at* a); *(those present)* concurrencia *f*; **what was the ~ at the meeting?** ¿cuántos asistieron a la reunión?
at·tend·ant [ə'tendənt] *n (in car park, museum etc)* celador(a) *m/f*, *(LAm)* asistente/a *m/f*; *(Theat)* acomodador(a) *m/f*; *(at wedding etc)* acompañante *mf*.
at·ten·tion [ə'tenʃən] *n* **(a)** atención *f*; **to attract sb's ~** llamar la atención de uno; **to call sb's ~ to sth** llamar la atención de uno a algo; **it has come to my ~ that ...** me he enterado de que ...; **to pay ~ (to)** prestar atención (a); **he paid no ~** no hizo caso; **for the ~ of Mr. Jones** atención Sr. Jones. **(b)** *(Mil)* **~!** ¡firme(s)!; **to come to ~** ponerse firme(s); **to stand at ~** estar firme(s). **(c) ~s** cortesías *fpl*.
at·ten·tive [ə'tentɪv] *adj (heedful)* atento/a; *(polite)* cortés.
at·test [ə'test] **1** *vt* atestiguar; *(signature)* legalizar; **to ~ that ...** atestiguar que ... . **2** *vi*: **to ~ to** dar fe de, dar testimonio de.
at·tic ['ætɪk] *n* desván *m*.
at·tire [ə'taɪəʳ] **1** *n (frm)* atavío *m*. **2** *vt (frm)* ataviar.
at·ti·tude ['ætɪtjuːd] *n (gen)* actitud *f*; *(posture)* postura *f*; **what's your ~ to this?** ¿qué posición *or* actitud tomas ante esto?; **~ of mind** disposición *f* de ánimo; **if that's your ~** si se pone en ese plan.
at·tor·ney [ə'tɜːnɪ] *n (US: lawyer)* abogado/a *m/f*;

(*representative*) apoderado/a *m/f;* **power of ~** procuración *f,* poderes *mpl;* **~ general** Ministro *m* de Justicia; *see* **district.**
at·tract [ə'trækt] *vt* (*gen*) atraer; (*attention*) llamar; **to be ~ed to sb** ser atraído/a por uno/a.
at·trac·tion [ə'trækʃən] *n* (*power of* ~) atracción *f;* (*attractive feature*) atractivo *m,* encanto *m;* (*inducement*) aliciente *m;* **city life has no ~ for me** para mí la vida en ciudad no tiene ningún encanto; **one of the ~s was a free car** uno de los alicientes fue un coche regalado.
at·trac·tive [ə'træktɪv] *adj* (*good-looking, pretty*) atractivo/a; (*interesting*) atrayente, interesante.
at·trac·tive·ly [ə'træktɪvlɪ] *adv* atractivamente; **~ dressed** vestido/a de modo atrayente.
at·trib·ute ['ætrɪbjuːt] **1** *n* atributo *m.* **2** [ə'trɪbjuːt] *vt* (*gen*) atribuir; (*accuse*) achacar; (*Lit*) atribuir.
at·tribu·tive [ə'trɪbjʊtɪv] *adj* (*Ling*) atributivo/a.
at·tri·tion [ə'trɪʃən] *n* (*wearing away*) desgaste *m;* **war of ~** guerra *f* de agotamiento.
auber·gine ['əʊbəʒiːn] *n* (*esp Brit*) berenjena *f.*
auburn ['ɔːbən] *adj* (*hair*) color castaño rojizo.
auc·tion ['ɔːkʃən] **1** *n* subasta *f,* remate *m.* **2** *vt* subastar, rematar. **3:** ~ **room** *n* sala *f* de subastas; ~ **sale** *n* subasta *f,* remate *m.*
auc·tion·eer [,ɔːkʃə'nɪə^r] *n* subastador(a) *m/f,* rematador(a) *m/f.*
auda·cious [ɔː'deɪʃəs] *adj* (*bold*) audaz, osado/a; (*impudent*) atrevido/a, descarado/a.
audac·ity [ɔː'dæsɪtɪ] *n* (*boldness*) audacia *f,* osadía *f;* (*impudence*) atrevimiento *m,* descaro *m.*
audible ['ɔːdɪbl] *adj* audible; **his voice was scarcely ~** apenas se le oía la voz.
audibly ['ɔːdɪblɪ] *adv* audiblemente.
audi·ence ['ɔːdɪəns] *n* **(a)** (*gathering*) público *m;* (*in theatre etc*) auditorio *m;* **there was a big ~** asistió un gran público; **TV ~s** telespectadores *mpl.* **(b)** (*interview*) audiencia *f;* **to grant sb an ~** recibir a uno en audiencia.
audio-visual [,ɔːdɪəʊ'vɪzjʊəl] *adj* audiovisual; **~ aids** ayudas *fpl* audiovisuales.
audit ['ɔːdɪt] **1** *n* intervención *f,* revisión *f* (de cuentas). **2** *vt* intervenir, revisar.
audi·tion [ɔː'dɪʃən] *n* audición *f.*
audi·tor ['ɔːdɪtə^r] *n* (*Comm*) interventor(a) *m/f,* revisor(a) *m/f* (de cuentas).
audi·to·rium [,ɔːdɪ'tɔːrɪəm] *n* auditorio *m,* sala *f.*
aug·ment [ɔːg'ment] *vt* aumentar.
August ['ɔːgəst] *n* agosto *m; for usage see* **July.**
august [ɔː'gʌst] *adj* (*frm*) augusto/a.
aunt [ɑːnt] *n* (*also* **~ie, ~y:** *fam*) tía *f;* **my ~ and uncle** mis tíos *mpl.*
au pair [əʊ'pɛə^r] *n* au pair *mf.*
aura ['ɔːrə] *n* (*gen*) aura *f;* (*Rel*) aureola *f.*
aural ['ɔːrəl] *adj* aural, del oído.
aus·pices ['ɔːspɪsɪz] *npl*: **under the ~ of** bajo los auspicios de.
aus·pi·cious [ɔː'spɪʃəs] *adj* propicio/a, de buen augurio; **to make an ~ start** comenzar felizmente.
aus·tere [ɒ'stɪə^r] *adj* (*person, manner, life*) austero/a, severo/a.
aus·ter·ity [ɒ'sterɪtɪ] *n* austeridad *f.*
Aus·tralia [ɒ'streɪlɪə] *n* Australia *f.*
Aus·tral·ian [ɒ'streɪlɪən] *adj, n* australiano/a *m/f.*
Aus·tria ['ɒstrɪə] *n* Austria *f.*
Aus·trian ['ɒstrɪən] *adj, n* austríaco/a *m/f.*
authen·tic [ɔː'θentɪk] *adj* auténtico/a.
au·then·tic·ity [,ɔːθen'tɪsɪtɪ] *n* autenticidad *f.*
author ['ɔːθə^r] *n* autor(a) *m/f.*
authori·tar·ian [,ɔːθɒrɪ'tɛərɪən] *adj* autoritario/a.
authori·ta·tive [ɔː'θɒrɪtətɪv] *adj* (*account*) autorizado/a.
author·ity [ɔː'θɒrɪtɪ] *n* **(a)** (*power*) autoridad *f;* **to be in ~ over** tener autoridad sobre; **to have ~ to do sth** tener autoridad para hacer algo. **(b)** (*body*) autoridad *f;* **the authorities** las autoridades; *see* **local. (c)** (*expert*) autoridad *f;* **he's an ~ (on)** es muy perito (en); **I have it on good ~ that ...** me lo dice una fuente fidedigna *or* de máxima confianza que ... .
author·iza·tion [,ɔːθəraɪ'zeɪʃən] *n* autorización *f.*
author·ize ['ɔːθəraɪz] *vt* (*empower*) autorizar; (*approve*) aprobar; **to ~ sb to do sth** autorizar a uno para hacer algo.
autis·tic [ɔː'tɪstɪk] *adj* autístico/a.
auto[1] ['ɔːtəʊ] *pref* auto-.
auto[2] ['ɔːtəʊ] *n* (*US*) coche *m,* auto *m,* (*LAm*) carro *m.*
auto·biog·ra·phy [,ɔːtəʊbaɪ'ɒgrəfɪ] *n* autobiografía *f.*
auto·crat·ic [,ɔːtəʊ'krætɪk] *adj* autocrático/a.
auto·graph ['ɔːtəgrɑːf] **1** *n* (*signature*) autógrafo *m.* **2** *vt* (*book, photo*) dedicar; (*sign*) firmar.
auto·mat ['ɔːtəmæt] *n* (*US*) restaurán *m or* restaurante *m* de autoservicio.
auto·mat·ic [,ɔːtə'mætɪk] **1** *adj* (*Tech, gen*) automático/a; **~ pilot** piloto *m* automático; **disqualification is ~** la descalificación es automática. **2** *n* (*pistol*) pistola *f* automática; (*car*) coche *m* automático; (*washing machine*) lavadora *f.*
auto·mati·cal·ly [,ɔːtə'mætɪkəlɪ] *adv* automáticamente.
auto·ma·tion [,ɔːtə'meɪʃən] *n* reconversión *f,* (*LAm*) automatización *f.*
automa·ton [ɔː'tɒmətən] *n, pl* **automata** autómata *m.*
auto·mo·bile ['ɔːtəməbiːl] *n* (*US*) coche *m,* automóvil *m,* auto *m,* (*LAm*) carro *m.*
autono·my [ɔː'tɒnəmɪ] *n* autonomía *f.*
autop·sy ['ɔːtɒpsɪ] *n* autopsia *f.*
autumn ['ɔːtəm] *n* (*Brit*) otoño *m.*
aux·ilia·ry [ɔːg'zɪlɪərɪ] **1** *adj* auxiliar. **2** *n* **(a)** (*assistant*) ayudante *mf;* (*Mil*) **auxiliaries** tropas auxiliares. **(b)** (*verb*) auxiliar.
Av., Ave. *abbr of* **avenue.**
avail [ə'veɪl] **1** *n*: **of no ~** inútil; **to no ~** en vano. **2** *vt*: **to ~ o.s. of** aprovechar(se) de, valerse de.
avail·able [ə'veɪləbl] *adj* disponible; **to make sth ~ to sb** poner algo a la disposición de uno; **is the manager ~?** ¿está libre el gerente?
ava·lanche ['ævəlɑːnʃ] *n* avalancha *f.*
ava·rice ['ævərɪs] *n* avaricia *f.*
ava·ri·cious [,ævə'rɪʃəs] *adj* avaro/a.
avenge [ə'vendʒ] *vt* vengar; **to ~ o.s. (on sb)** vengarse (en uno).
av·enue ['ævənjuː] *n* (*road*) avenida *f,* paseo *m;* (*fig*) vía *f,* camino *m.*
av·er·age ['ævərɪdʒ] **1** *adj* medio/a; (*middling*) mediano/a; (*pej*) regular, corriente; **the ~ man** el hombre común; **of ~ height** de estatura mediana.

2 *n* promedio *m;* **on ~** (*usually*) por regla general; (*as a mean*) como promedio; **above ~** superior al promedio.

3 *vt* **(a)** (*find the ~ of: also ~* **out**) calcular el término medio de; (*reach an ~ of*) alcanzar un promedio de. **(b)** (*also ~* **out at**) salir en un promedio de.
averse [ə'vɜːs] *adj* opuesto/a; **I'm not ~ to an occasional drink** no me repugna tomar de vez en cuando.
aver·sion [ə'vɜːʃən] *n* (*dislike*) aversión *f* (*for, to* hacia); (*hated thing*) cosa *f* aborrecida; **pet ~** bestia *f* negra; (*person*) hincha *f.*
avert [ə'vɜːt] *vt* (*turn away: eyes, thoughts*) apartar

(*from* de); *(prevent: accident, danger etc)* prevenir; *(parry: blows)* desviar.

aviary ['eɪvɪərɪ] *n* pajarera *f*, avería *f*.

avia·tion [,eɪvɪ'eɪʃən] *n* aviación *f*.

avid ['ævɪd] *adj* ávido/a (*for* de); **an ~ reader** un lector voraz.

avo·ca·do [,ævə'kɑːdəʊ] *n* aguacate *m*, *(LAm)* palta *f*.

avoid [ə'vɔɪd] *vt (obstacle)* evitar; *(person)* esquivar; *(argument etc)* evitar, eludir; *(danger)* salvarse de; **to ~ doing sth** evitar hacer algo; **are you trying to ~ me?** ¿me estás esquivando?

avoid·able [ə'vɔɪdəbl] *adj* evitable.

avow [ə'vaʊ] *vt (frm)* confesar, reconocer.

avowed [ə'vaʊd] *adj* declarado/a.

await [ə'weɪt] *vt* esperar, aguardar; **a long ~ed event** un acontecimiento largamente esperado; **a surprise ~s him** una sorpresa le espera.

awake [ə'weɪk] (*vb: pt* **awoke** *or* **awaked,** *pp* **awoken** *or* **awaked**) **1** *adj* despierto/a; **to lie ~** quedar despierto, desvelar; **coffee keeps me ~** el café me desvela; **to be ~ to** *(fig)* ser consciente de. **2** *vt* despertar; *(fig)* despertar, provocar; *(: memories)* despertar. **3** *vi (fig)* **to ~ (to sth)** darse cuenta (de algo).

awaken [ə'weɪkən] *vt, vi* = **awake 2, 3.**

award [ə'wɔːd] **1** *n (prize)* premio *m; (medal)* condecoración *f; (Jur)* fallo *m*, laudo *m*. **2** *vt (prize)* conceder, otorgar; *(medal)* conferir, dar; *(damages)* adjudicar.

aware [ə'wɛə^r] *adj*: **to be ~ (of)** ser consciente (de); **to become ~ of** enterarse de; **not that I am ~ of** que yo sepa, no; **I am fully ~ that** tengo plena conciencia de que; **politically ~** (políticamente) consciente.

awash [ə'wɒʃ] *adj* inundado/a (*with* de).

away [ə'weɪ] *adv*: **far ~, a long way ~** lejos; **~ in the distance** a lo lejos; **go ~!** *(with 'Ud')* ¡váyase!; *(with 'tu')* ¡vete!, *(LAm)* ¡lárgate!; **to be ~** estar fuera, estar ausente; **I'm going ~** me voy de aquí; **it's 10 miles ~ (from here)** está a 10 millas (de aquí); **to turn ~** volver la cara; **the snow melted ~** la nieve se derritió; **to play ~** *(Sport)* jugar fuera; **to talk ~** seguir hablando.

awe [ɔː] **1** *n (fear)* pavor *m; (wonder)* asombro *m; (reverence)* temor *m* reverencial. **2** *vt (impress)* impresionar; *(frighten)* atemorizar.

awe-inspiring ['ɔːɪn,spaɪərɪŋ] *adj* impresionante.

aw·ful ['ɔːfəl] *adj (dreadful)* espantoso/a, terrible; **it's an ~ nuisance!** ¡qué molestia!; **how ~!** ¡qué horror!

aw·ful·ly ['ɔːflɪ] *adv (fam)* terriblemente; **I'm ~ sorry** lo siento muchísimo.

awk·ward ['ɔːkwəd] *adj (difficult: problem, question)* difícil; *(situation, silence)* embarazoso/a, delicado/a; *(time)* inoportuno/a; *(shape)* incómodo/a; *(corner)* peligroso/a; *(clumsy: person, gesture)* torpe; *(phrasing)* poco elegante, torpe; **it's ~ for me** no me conviene, *(LAm)* no me viene bien; **he's being ~ about it** está poniendo inconvenientes.

awl [ɔːl] *n* lezna *f*.

awn·ing ['ɔːnɪŋ] *n (Naut)* toldo *m; (over window, door)* marquesina *f*.

awoke [ə'wəʊk] *pt of* **awake.**

awok·en [ə'wəʊkən] *pp of* **awake.**

ax (*US*), **axe** [æks] **1** *n* hacha *f*; **to have an ~ to grind** *(fig)* tener un interés creado. **2** *vt (fig: prices, jobs)* reducir, cortar; *(: budget)* cortar; *(: person)* despedir.

axi·om ['æksɪəm] *n* axioma *m*.

axio·mat·ic [,æksɪəʊ'mætɪk] *adj* axiomático/a.

axis ['æksɪs] *n, pl* **axes** ['æksiːz] *(Geom etc)* eje *m*.

axle ['æksl] *n* eje *m*, árbol *m*, *(Mex)* flecha *f*; **~ shaft** *n* palier *m*.

azalea [ə'zeɪlɪə] *n (Bot)* azalea *f*.

Aztec ['æztek] *adj, n* azteca *mf*.

az·ure ['eɪʒə^r] **1** *adj* celeste. **2** *n* celeste *m*.

B

B, b [biː] *n (letter)* B *or* b *f* grande, *(LAm)* B *or* b *f* larga; *(Mus)* si *m.*
B.A. *abbr see* **bachelor.**
bab·ble ['bæbl] **1** *n (of voices)* parloteo *m; (of baby)* balbuceo *m; (of stream)* murmullo *m; (fam: small talk)* cháchara *f.* **2** *vi (person)* parlotear; *(: gossip)* cotillear; *(baby)* balbucear; *(stream)* murmurar.
ba·boon [bə'buːn] *n* babuino *m.*
baby ['beɪbɪ] **1** *n (infant)* bebé *mf, (LAm)* guagua *mf,* criatura *f; (small child)* nene/a *m/f,* niño/a *m/f, (LAm)* chaval(a) *m/f; (fam: term of affection)* cariño/a; **the ~ of the family** el benjamín; **don't be such a ~!** ¡no seas niño!; **the new system was his ~** *(fam)* él fue el autor del nuevo sistema; **I was left holding the ~** *(fam)* me tocó cargar con el muerto.
2 *attr (for a ~)* de niño; *(young)* de crío; *(small: car, piano)* pequeño/a; **~ boy/girl** nene/a *m/f;* **~ carriage** *(US)* cochecito *m* (de niño).
baby·hood ['beɪbɪhʊd] *n* primera infancia *f.*
baby·ish ['beɪbɪɪʃ] *adj* infantil.
baby-minder ['beɪbɪ,maɪndəʳ] *n* niñero/a *m/f.*
baby-sit ['beɪbɪsɪt] *vi* hacer de canguro.
baby-sitter ['beɪbɪ,sɪtəʳ] *n* canguro/a *m/f.*
bach·elor ['bætʃələʳ] **1** *n* soltero *m;* **B~ of Arts/Science (B.A./B.Sc.)** *(Univ: degree)* licenciatura *f* en Filosofía y Letras/Ciencias; *(: person)* licenciado/a *m/f.* **2: ~ flat** *n* piso *m or (LAm)* departamento *m* de soltero; **~ girl** *n (US)* soltera *f.*
bach·elor·hood ['bætʃələhʊd] *n (state)* soltería *f,* estado *m* de soltero/a; *(life)* vida *f* de soltero/a.
ba·cil·lus [bə'sɪləs] *n, pl* **bacilli** [bə'sɪlaɪ] bacilo *m.*
back [bæk] **1** *n* **(a)** *(part of body)* espalda *f; (of animal)* lomo *m; (Sport)* defensa *mf;* **sitting ~ to ~** sentados de espaldas; **behind sb's ~** a espaldas de uno; **to break one's ~** deslomarse; **to break the ~ of a job** hacer lo más difícil de un trabajo; **to put one's ~ into doing sth** *(fam)* esforzarse por hacer algo; **to have one's ~ to the wall** *(fig)* estar entre la espada y la pared; **to put sb's ~ up** *(fam)* enojar *or* enfadar a uno; **to get off sb's ~** *(fam)* dejar a uno en paz; **I was glad to see the ~ of him** *(fam)* me alegró deshacerme de él.
(b) *(as opposed to front)* la parte de atrás; *(of cheque, envelope, medal)* dorso *m; (of head, hand, leg, dress)* revés *m; (of hall, room, house, car)* fondo *m; (of chair)* respaldo *m;* **~ to front** al revés; **to have an idea at the ~ of one's mind** tener una idea en el fondo del pensamiento; **I know Naples like the ~ of my hand** conozco Nápoles como la palma de la mano; **at the ~ of beyond** *(fam)* en el quinto pino *or* infierno; **he's at the ~ of all this trouble** él es el responsable de todo este lío.
2 *adj attr* **(a)** *(rear)* de atrás, posterior; *(: wheel, seat, door)* trasero/a; **to take a ~ seat** *(fig)* pasar a segundo plano; **~ seat driver** pasajero/a *m/f* que da consejos al conductor.
(b) *(overdue: pay, rent)* retrasado/a; *(past: issue, number: of magazine etc)* atrasado/a.
3 *adv* **(a)** *(again, returning)* **to go ~** volver, regresar; **when/at what time will you be ~?** ¿cuándo/a qué hora regresa?; **30 km there and ~** 30 kilómetros ida y vuelta; **put it ~ on the shelf** guárdelo en el estante, devuélvalo al estante.
(b) *(in distance)* atrás; **stand ~!** ¡atrás!; **~ and forth** de acá para allá; **~ from the road** apartado/a de la carretera.
(c) *(in time)* atrás; **some months ~** hace unos meses; **~ in the 12th century** allá en el siglo XII.
4 *vt* **(a)** *(car)* dar marcha atrás a; **to ~ into** entrar en marcha atrás en.
(b) *(support: plan, person)* apoyar; *(: financially)* financiar.
(c) *(bet on: horse)* apostar a.
5 *vi (move: person)* retroceder; *(in car)* dar marcha atrás; **she ~ed into me** retrocedió y chocó conmigo; *(in car)* dió marcha atrás y chocó conmigo.
♦ **back away** *vi + adv* retroceder *(from* ante); *(fig)* echar marcha atrás *(from* ante).
♦ **back down** *vi + adv (fig)* volverse atrás, ceder.
♦ **back on to** *vi + prep:* **the house ~s on to the golf course** por atrás la casa da al campo de golf.
♦ **back out** *vi + adv (fig)* **to ~ out (of)** *(of duty)* retractarse (ante); *(of team)* retirarse (de); *(of deal)* volverse atrás (ante).
♦ **back up 1** *vt + adv* **(a)** *(support: person)* apoyar, respaldar; *(confirm: claim, theory)* defender, secundar. **(b)** *(car)* dar marcha atrás a, hacer retroceder. **2** *vi + adv* **(a)** *(in car)* dar marcha atrás. **(b)** *(US: be congested: gen)* taparse; *(: traffic)* embotellarse.
back·ache ['bækeɪk] *n* dolor *m* de espalda.
back·bencher [,bæk'bentʃəʳ] *n (Brit) miembro/a m/f del parlamento sin portafolio.*
back·biting ['bæk,baɪtɪŋ] *n* murmuración *f,* chismes *mpl.*
back·bone ['bækbəʊn] *n* espinazo *m,* columna *f* vertebral; *(fig: courage)* firmeza *f; (: strength)* resistencia *f;* **the ~ of the organisation** el pilar de la organización.
back·chat ['bæktʃæt] *n* réplicas *fpl.*
back·cloth ['bækklɒθ] *n* telón *m* de foro; *(fig)* fondo *m,* trasfondo *m.*
back·comb ['bækkəʊm] *vt* cardar, crepar.
back·date [,bæk'deɪt] *vt (cheque)* poner fecha atrasada a; *(pay-rise)* dar efecto retroactivo a.
back·drop ['bækdrɒp] *n* = **backcloth.**
back·er ['bækəʳ] *n (Comm: guarantor)* fiador(a) *m/f; (: financier)* promotor(a) *m/f,* patrocinador(a) *m/f; (Pol: supporter)* partidario/a *m/f; (one who bets)* apostante *mf.*
back·fire [,bæk'faɪəʳ] *vi (Aut)* petardear; *(fig: plan)* salir el tiro por la culata.
back·gam·mon [bæk'gæmən] *n* backgammon *m.*
back·ground ['bækgraʊnd] **1** *n* **(a)** *(of picture etc)* fondo *m; (fig)* ambiente *m;* **in the ~** en el fondo; *(fig)* en la sombra; **on a red ~** sobre un fondo rojo. **(b)** *(of person: knowledge)* educación *f; (of problem, event)* antecedentes *mpl;* **she comes from a wealthy ~** ella es de familia rica. **2: ~ music** *n* música *f* de fondo; **~ noise** *n* ruido *m* de fondo; **~ reading** *n* lectura *f* de fondo, preparación *f.*
back·hand ['bækhænd] *n (Sport)* revés *m.*
back·hand·er ['bækhændəʳ] *n (bribe)* soborno *m,*

(Mex) mordida *f*, *(LAm)* coima *f*.
back·ing ['bækɪŋ] *n* **(a)** *(support)* apoyo *m*; *(Comm)* respaldo *m* (financiero). **(b)** *(Mus)* acompañamiento *m*. **(c)** *(paper etc protecting the back)* dorso *m* (de papel), respaldo *m*.
back·lash ['bæklæʃ] *n (fig)* resaca *f*, reacción *f*.
back·log ['bæklɒg] *n (of work)* atrasos *mpl*.
back·pack ['bækpæk] *n* mochila *f*.
back·side [,bæk'saɪd] *n (fam)* trasero *m*, culo *m*.
back·slide ['bækslaɪd] *vi* reincidir, recaer.
back·space ['bækspeɪs] *vi (in typing)* retroceder.
back·stage [,bæk'steɪdʒ] *adv* entre bastidores; **to go ~** ir a los camerinos.
back-street ['bækstri:t] *adj attr* de barrio; **~ abortionist** abortera *f or* abortista *mf* ilegal.
back·stroke ['bækstrəʊk] *n* braza *f* de espaldas.
back·up ['bækʌp] **1** *adj (train, plane)* suplementario/a. **2** *n (US: congestion: traffic)* embotellamiento *m*, acumulación *f*.
back·ward ['bækwəd] *adj* **(a)** *(motion, glance)* hacia atrás. **(b)** *(pupil, country)* atrasado/a. **(c)** *(reluctant: in doing sth)* tímido/a.
back·ward(s) ['bækwəd(z)] *adv* atrás, hacia atrás; **to walk/fall ~** andar/caer de espaldas; **to go ~ and forwards** ir y venir; **to bend over ~ to do sth** *(fam)* esforzarse por hacer algo; **to know sth ~** *(fam)* conocer algo de pe a pa.
back·water ['bæk,wɔ:tə^r] *n* remanso *m*; *(fig)* lugar atrasado.
back·yard [,bæk'jɑ:d] *n* patio *m* trasero, traspatio *m*; **in your own ~** al lado de casa.
bacon ['beɪkən] *n* beicon *m*, tocino *m*; **to save one's ~** salvarse el pellejo.
bac·te·ria [bæk'tɪərɪə] *npl* bacterias *fpl*.
bac·te·rial [bæk'tɪərɪəl] *adj* bacteriano/a, bactérico/a.
bac·te·ri·ol·ogy [bæk,tɪərɪ'ɒlədʒɪ] *n* bacteriología *f*.
bad [bæd] *adj* **(a)** *(naughty, wicked)* malo/a; **you ~ boy!** ¡qué niño más malo eres!
(b) *(substandard)* malo/a; *(unfavourable: time, news, weather)* malo/a; *(serious: mistake, illness, cut)* grave; **he's ~ at tennis** juega mal al tenis; **smoking is ~ for you** el fumar le hace mal; **not ~** *(quite good)* bastante bueno/a, bastante bien; *(less enthusiastic)* regular; **that wouldn't be a ~ thing** eso no vendría mal; **that's too ~** *(sympathetic)* ¡qué lástima!, *(LAm)* ¡qué pena!; *(indignant)* ¡qué me importa!; **it's too ~ of you** no le da vergüenza; **business is ~** el negocio anda mal; **from ~ to worse** de mal en peor; **to have a ~ time of it** pasarlo mal; **to be in a ~ way** *(ill)* estar grave, estar mal; *(business etc)* estar con problemas.
(c) *(rotten: food, smell)* podrido/a; *(: tooth)* cariado/a; **to go ~** pasarse, pudrirse; **~ blood** rencor *m*, hostilidad *f*.
(d) *(hurting: arm, back)* que duele; **to feel ~** *(sick)* sentirse mal; **I feel ~ about it** *(guilty)* tengo remordimientos, me sabe mal.
bad(e) [bæd, beɪd] *pt of* **bid**.
badge [bædʒ] *n* divisa *f*, insignia *f*; *(metal ~)* placa *f*, chapa *f*.
badg·er ['bædʒə^r] **1** *n* tejón *m*. **2** *vt* acosar, atormentar.
bad·ly ['bædlɪ] *adv* mal; *(seriously)* gravemente; *(very much)* mucho, muchísimo; **~ made** mal hecho/a; **to treat sb ~** maltratar a uno; **he was ~ hurt** estuvo gravemente herido; **he ~ needs help** le urge la ayuda.
bad-mannered [,bæd'mænəd] *adj* sin educación, grosero/a.
bad·min·ton ['bædmɪntən] *n* volante *m*, badminton *m*.
bad-tempered [,bæd'tempəd] *adj (temporarily)* de mal humor; *(permanently)* de mal genio, de mal carácter.
baf·fle ['bæfl] *vt* desconcertar, confundir.
baf·fling ['bæflɪŋ] *adj (gen)* incomprensible; *(crime)* difícil de solución.
bag [bæg] *n* **(a)** saco *m*, bolsa *f*; *(hand~)* bolso *m*, *(LAm)* cartera *f*; *(suitcase)* maleta *f*, *(LAm)* valija *f*, *(Mex)* veliz *m*; **to pack one's ~s** hacer las maletas *or* valijas; **it's in the ~** *(fam)* es cosa segura; **~s under the eyes** ojones *mpl*, *(LAm)* ojeras *fpl*. **(b) ~s of** *(fam: lots)* un montón de; **we've ~s of time** tenemos tiempo de sobra.
bag·gage ['bægɪdʒ] *n* equipaje *m*; **~ claim** reclamación *f* de equipaje.
bag·gy ['bægɪ] *adj (trousers)* con rodilleras; *(in fashion)* **~ trousers** pantalón *m* con pliegues.
bag·pipes ['bægpaɪps] *npl* gaita *fsg*.
bag-snatcher ['bæg,snætʃə^r] *n* ladrón *m* de bolsos.
Ba·ha·mas [bə'hɑ:məz] *npl*: **the ~** las Islas Bahama.
bail[1] [beɪl] *n (Jur)* fianza *f*; **to stand ~ for sb** dar fianza por uno; **to be released on ~** ser puesto/a en libertad bajo fianza.
♦ **bail out** *vt + adv (Jur)* obtener la libertad de uno bajo fianza; *(fig)* echar un cable a uno.
bail[2] [beɪl] *vti see* **bale out**.
bail·iff ['beɪlɪf] *n* **(a)** *(Jur)* alguacil *m*, corchete *m*. **(b)** *(on estate)* administrador(a) *m/f*, mayordomo *m*.
bait [beɪt] **1** *n* cebo *m*; *(fig)* anzuelo *m*, cebo; **he didn't rise to the ~** *(fig)* no picó. **2** *vt (hook, trap)* cebar; *(torment: person, animal)* atormentar.
bake [beɪk] *vt (bread, bricks, cake)* cocer (al horno); **~d beans** judías *fpl* en salsa de tomate; **~d potatoes** patatas *or (LAm)* papas *fpl* al horno.
baker ['beɪkə^r] *n* panadero/a *m/f*; *(of cakes)* pastelero/a *m/f*; **~'s (shop)** panadería *f*; *(for cakes)* pastelería *f*.
bak·ery ['beɪkərɪ] *n* panadería *f*; *(for cakes)* pastelería *f*.
bak·ing ['beɪkɪŋ] **1** *n*: **she does the ~ on Monday** los lunes hace el pan. **2** *adj* **(a)** *(fam: hot)* **it's ~ (hot) in here** es un horno aquí. **(b) ~ dish** fuente *f* refractaria; **~ powder** polvo *m* de hornear; **~ tin** tortera *f*.
bala·cla·va (hel·met) [,bælə'klɑ:və('helmɪt)] *n* pasamontañas *m inv*.
bal·ance ['bæləns] **1** *n* **(a)** *(equilibrium)* equilibrio *m*; **to lose one's ~** perder el equilibrio; **to throw sb off ~** *(fig)* desconcertar a uno, confundir a uno; **~ of power** balance *m* de poder; **to strike the right ~** establecer el equilibrio justo; **on ~** *(fig)* a fin de cuentas, teniendo *or* tomando todo en cuenta. **(b)** *(scales)* balanza *f*; **to hang in the ~** *(fig)* estar en juego. **(c)** *(Comm)* balance *m*; *(remainder)* resto *m*; **~ carried forward** balance pasado a cuenta nueva; **~ of payments/trade** balanza de pagos/comercio; **~ sheet** balance *m*.
2 *vt* **(a)** equilibrar; *(Aut: wheel)* nivelar; *(fig: compare)* comparar, pesar; *(make up for)* compensar; **the two things ~ each other out** las dos cosas se anulan la una a la otra; **this must be ~d against that** hay que pesar esto contra aquello. **(b)** *(Comm: account)* saldar; *(: budget)* nivelar; **to ~ the books** cerrar los libros.
3 *vi* **(a)** equilibrarse. **(b)** *(accounts)* cuadrar.
bal·anced ['bælənst] *adj (views)* razonado/a; *(personality, diet)* equilibrado/a.
bal·cony ['bælkənɪ] *n* balcón *m*; *(covered)* mirador *m*; *(Theat)* paraíso *m*.
bald [bɔ:ld] *adj (person, head)* calvo/a; *(: shaven)* pelado/a; *(tyre)* liso/a; *(fig: statement)* franco/a;

(style) escueto/a; **to go ~** volverse calvo/a.
bald·ly ['bɔːldlɪ] *adv (fig: see adj)* francamente; escuetamente.
bald·ness ['bɔːldnɪs] *n (see adj)* calvicie *f; (of tyre)* lisura *f; (fig)* franqueza *f;* lo escueto *m.*
bale[1] [beɪl] *n (of cloth)* bala *f; (of hay)* paca *f,* fardo *m.*
bale[2] [beɪl] *vti see* **bale out.**
♦ **bale out 1** *vt + adv (Naut: water)* sacar (el agua); *(: ship)* achicar. **2** *vi + adv (Aer)* lanzarse *or* tirarse en paracaídas.
Bal·ear·ic [ˌbælɪ'ærɪk] *adj:* **the ~ Islands** las Islas Baleares.
bale·ful ['beɪlfʊl] *adj (sad)* triste; *(sinister)* funesto/a.
balk [bɔːk] *vi:* **to ~ (at)** *(person)* resistirse a, rehusar; *(horse)* plantarse (ante).
Bal·kan ['bɔːlkən] **1** *adj* balcánico/a. **2** *n:* **the ~s** los Balcanes.
ball[1] [bɔːl] **1** *n (in game)* pelota *f; (sphere)* bola *f; (football)* balón *m; (wool)* ovillo *m; (of thumb)* huella *f, (LAm)* yema *f; (of foot)* planta *f;* **to be on the ~** *(fig)* estar enterado/a, ser despabilado/a; **to play ~ (with sb)** *(lit)* jugar a la pelota (con uno); *(fig)* cooperar (con uno); **to roll o.s. up into a ~** hacerse bola; **to start/keep the ~ rolling** *(fig)* empezar/mantener (una conversación); **the ~ is in your court** *(fig)* le toca a Ud.
2: ~ bearing *n* cojinete *m* de bolas.
ball[2] [bɔːl] *n (dance)* baile *m.*
bal·lad ['bæləd] *n* balada *f.*
bal·last ['bæləst] *n* lastre *m.*
ball·cock ['bɔːlkɒk] *n* llave *f* de bola *or* de flotador.
bal·ler·i·na [ˌbælə'riːnə] *n* bailarina *f* (de ballet).
bal·let ['bæleɪ] *n* ballet *m.*
bal·let dancer ['bæleɪˌdɑːnsə^r] *n* bailarín/ina *m/f* (de ballet).
bal·lis·tic [bə'lɪstɪk] *adj* balístico/a; **~ missile** misil *m* balístico.
bal·lis·tics [bə'lɪstɪks] *nsg* balística *f.*
bal·loon [bə'luːn] *n* globo *m.*
bal·loon·ist [bə'luːnɪst] *n* ascensionista *mf,* aeronauta *mf.*
bal·lot ['bælət] **1** *n* votación *f;* **on the first ~** a la primera votación. **2** *vt (members)* invitar a votar.
3: ~ box *n* urna *f;* **~ paper** *n* papeleta *f* (de voto).
ball·park ['bɔːlpɑːk] *n (US)* estadio *m* de béisbol; **in the ~** aproximado/a.
ball-point (pen) ['bɔːlpɔɪnt('pen)] *n* bolígrafo *m.*
ball·room ['bɔːlrʊm] *n* salón *m or* sala *f* de baile; **~ dancing** baile *m* de salón.
balm [bɑːm] *n (also fig)* bálsamo *m.*
balmy ['bɑːmɪ] *adj* **(a)** *(breeze, air)* suave, cálido/a. **(b)** *(fam) see* **barmy.**
bal·sa (wood) ['bɔːlsə(ˌwʊd)] *n* (madera *f* de) balsa *f.*
Bal·tic ['bɔːltɪk] *adj* báltico/a; **the ~ (Sea)** el Mar Báltico.
bal·us·trade [ˌbæləs'treɪd] *n* balaustrada *f,* barandilla *f.*
bam·boo [bæm'buː] *n (cane)* mimbre *f; (plant)* bambú *m.*
bam·boo·zle [bæm'buːzl] *vt (fam)* engañar, embaucar.
ban [bæn] **1** *n* prohibición *f;* **to put a ~ on sth** proscribir *or* prohibir algo. **2** *vt* prohibir; **he was ~ned from the club** le proscribieron en el club; **he was ~ned from driving** le prohibieron conducir.
ba·nal [bə'nɑːl] *adj* banal, trillado/a.
ba·nal·ity [bə'nælɪtɪ] *n* banalidad *f,* trivialidad *f.*
ba·na·na [bə'nɑːnə] **1** *n (fruit)* plátano *m, (LAm)* banana *f; (tree)* plátano *m,* banano *m.* **2: ~ republic** *n* república *f* bananera.
band [bænd] *n* **(a)** *(strip of material)* faja *f,* tira *f; (ribbon)* cinta *f; (edging)* franja *f; (ring)* anillo *m, (LAm)* sortija *f; (stripe)* raya *f; see* **rubber 2. (b)** *(Mus)* orquesta *f,* conjunto *m; (brass ~ etc)* banda *f.* **(c)** *(group of people)* cuadrilla *f; (pej)* pandilla *f.* **(d)** *(Rad: wave~)* banda *f.*
♦ **band together** *vi + adv* juntarse; *(pej)* apandillarse.
band·age ['bændɪdʒ] **1** *n* venda *f,* vendaje *m.* **2** *vt* vendar.
ban·dan(·n)a [bæn'dænə] *n* pañuelo *m.*
ban·dit ['bændɪt] *n* bandido *m; see* **one-armed.**
band·stand ['bændstænd] *n* quiosco *m.*
band·wagon ['bændˌwægən] *n:* **to jump** *or* **climb on the ~** seguir la corriente.
ban·dy ['bændɪ] *vt (jokes, insults)* cambiar; **to ~ sb's name about** circular el nombre de uno.
bandy-legged [ˌbændɪ'legd] *adj* estevado/a.
bane [beɪn] *n:* **it's the ~ of my life** me amarga la vida.
bang[1] [bæŋ] **1** *n (noise: explosion)* explosión *f; (: door)* portazo *m; (: blow)* porrazo *m; (blow)* golpe *m;* **it went with a ~** *(fam)* fue todo un éxito.
2 *adv:* **to go ~** hacer ¡pum!, estallar; **~ on time** *(fam)* en punto; **~ went £10** adiós 10 libras.
3 *vt (strike)* golpear; *(slam: door)* dar un portazo; **to ~ one's head (on sth)** dar con la cabeza (en algo); **to ~ the receiver down** colgar el teléfono con un golpe.
4 *vi (explode)* explotar, estallar; *(slam: door)* cerrarse de golpe; **to ~ at** *or* **on sth** pegar algo; **to ~ into sth** chocar con algo, golpearse contra algo.
bang[2] [bæŋ] *n (fringe)* flequillo *m.*
bang·er ['bæŋə^r] *n (Brit fam)* **(a)** *(sausage)* salchicha *f.* **(b)** *(firework)* petardo *m.* **(c)** *(old car)* armatoste *m,* cacharro *m.*
ban·gle ['bæŋgl] *n* brazalete *m,* ajorca *f.*
ban·ish ['bænɪʃ] *vt* expulsar, desterrar; *(fig: thought, fear)* echar *(from* de).
ban·is·ters ['bænɪstəz] *npl* barandilla *f,* pasamanos *m inv.*
ban·jo ['bændʒəʊ] *n, pl* **-es,** *(US)* **-s** banjo *m.*
bank [bæŋk] **1** *n* **(a)** *(of river etc)* orilla *f; (of earth)* terraplén *m; (of clouds)* grupo *m; (of snow)* montón *m.* **(b)** *(Fin)* banco *m; (games)* banca *f;* **savings ~** caja *f* de ahorros. **(c)** *(Aer)* ladeo *m.*
2: ~ account *n* cuenta *f* de banco; **~ card** *n* tarjeta *f* bancaria; **~ charges** *npl* comisión *f; (Brit)* **~ holiday** *n* fiesta *f,* día *m* feriado; **~ rate** *n* tipo *m* de interés bancario; **~ statement** *n* extracto *m* de cuenta.
3 *vt (money)* depositar en un banco.
4 *vi* tener cuenta.
♦ **bank on** *vi + prep (fam)* contar con.
bank-book ['bæŋkbʊk] *n* libreta *f.*
bank·er ['bæŋkə^r] *n* banquero/a *m/f;* **~'s card** tarjeta *f* bancaria.
bank·ing ['bæŋkɪŋ] *n* banca *f.*
bank·note ['bæŋknəʊt] *n* billete *m* de banco.
bank·rupt ['bæŋkrʌpt] **1** *adj* quebrado/a, insolvente; *(fam: broke)* sin un peso; **to go ~** hacer bancarrota. **2** *n* quebrado/a *m/f.* **3** *vt* quebrar; *(fam)* arruinar.
bank·rupt·cy ['bæŋkrəptsɪ] *n* quiebra *f,* bancarrota *f.*
ban·ner ['bænə^r] *n (flag)* bandera *f; (placard)* pancarta *f.*
banns [bænz] *npl* amonestaciones *fpl;* **to put up the ~** correr las amonestaciones.
ban·quet ['bæŋkwɪt] *n* banquete *m.*
ban·tam ['bæntəm] *n* gallina *f* bántam.

ban·tam·weight ['bæntəm,weɪt] *n (Sport)* peso *m* gallo.
ban·ter ['bæntə^r] *n* guasa *f,* chungas *fpl.*
bap·tism ['bæptɪzəm] *n* bautismo *m,* bautizo *m;* ~ **of fire** bautismo de fuego.
Bap·tist ['bæptɪst] *n* baptista *mf,* bautista *mf;* ~ **church** Iglesia *f* Bautista; **St John the** ~ San Juan Bautista.
bap·tize [bæp'taɪz] *vt* bautizar.
bar[1] [bɑː^r] **1** *n* **(a)** *(piece: of wood, metal etc)* barra *f; (of soap)* pastilla *f; (of chocolate)* tableta *f; (of electric fire)* elemento *m.* **(b)** *(of window, cage etc)* reja *f; (on door)* tranca *f; (fig: obstacle)* barrera *f;* **behind** ~**s** entre rejas; **to put sb behind** ~**s** encarcelar a uno. **(c)** *(pub)* bar *m; (counter)* barra *f,* mostrador *m.* **(d)** *(Jur: in court)* **the prisoner at the** ~ el acusado/la acusada; **to be called** *or (US)* **admitted to the B**~ recibirse de abogado/a. **(e)** *(Mus: measure, rhythm)* compás *m.*
2 *vt (obstruct: way)* obstruir; *(prevent)* impedir; *(exclude)* excluir; *(fasten: door, window)* atrancar; *(ban)* prohibir.
bar[2] [bɑː^r] *prep* salvo, con excepción de; ~ **none** sin excepción.
barb [bɑːb] *n (of arrow etc)* lengüeta *f; (fig)* dardo *m.*
Bar·ba·dos [bɑː'beɪdɒs] *n* Barbados *m.*
bar·bar·ian [bɑː'bɛərɪən] *n* bárbaro/a *m/f.*
bar·bar·ic [bɑː'bærɪk] *adj,* **bar·ba·rous** ['bɑːbərəs] *adj* bárbaro/a.
bar·becue ['bɑːbɪkjuː] **1** *n (grill)* parrillada *f, (LAm)* asado *m; (party)* barbacoa *f;* ~ **sauce** salsa *f* picante. **2** *vt* asar a la parrilla.
barbed wire [,bɑːbd'waɪə^r] *n* alambre *m* de púas.
bar·ber ['bɑːbə^r] *n* peluquero *m;* **at/to the** ~**'s (shop)** en/a la peluquería.
bar·bi·tu·rate [bɑː'bɪtjʊrɪt] *n* barbitúrico *m.*
bard [bɑːd] *n (old)* bardo *m.*
bare [bɛə^r] **1** *adj* **(a)** desnudo/a; *(head)* descubierto/a; *(landscape)* pelado/a; *(tree)* sin hojas; *(ground)* raso/a; *(room)* sin muebles; *(Elec: wire)* descubierto/a, sin protección; **with his** ~ **hands** con las propias manos; **to lay** ~ poner al descubierto. **(b)** *(meagre: majority etc)* escaso/a; **the** ~ **essentials** las necesidades *fpl* básicas. **2** *vt* descubrir; **to** ~ **one's head** descubrirse; *(teeth)* enseñar.
bare·back ['bɛəbæk] *adv* a pelo, sin silla.
bare·faced ['bɛəfeɪst] *adj* descarado/a.
bare·foot(ed) ['bɛəfʊt,,bɛə'fʊtɪd] *adj* descalzo/a.
bare·headed [,bɛə'hedɪd] *adj* descubierto/a.
bare·ly ['bɛəlɪ] *adv* apenas.
bar·gain ['bɑːgɪn] **1** *n* **(a)** *(agreement)* pacto *m; (transaction)* negocio *m,* contrato *m;* **it's a** ~! ¡trato hecho!, ¡de acuerdo!; **into the** ~ *(fig)* para colmo. **(b)** *(cheap thing)* ganga *f;* **it's a real** ~ es una verdadera ganga. **2** *vi (haggle)* regatear; *(deal)* negociar.
♦ **bargain for** *vi + prep (fam)* **he got more than he** ~**ed for** resultó peor de lo que esperaba.
barge [bɑːdʒ] **1** *n* barcaza *f; (ceremonial)* falúa *f; (charge)* carga *f.* **2 :** ~ **pole** *n:* **I wouldn't touch it with a** ~ **pole** *(fam: revolting)* ni lo puedo ver, no quiero saber nada de eso.
♦ **barge in** *vi + adv (enter)* irrumpir; *(interrupt)* meterse.
♦ **barge into** *vi + prep (knock)* chocar contra; *(enter)* irrumpir; *(interrupt)* interrumpir.
bari·tone ['bærɪtəʊn] *n* barítono *m.*
bar·ium meal [,bɛərɪəm'miːl] *n* comida *f* de bario.
bark[1] [bɑːk] *n (of tree)* corteza *f.*
bark[2] [bɑːk] **1** *n (of dog)* ladrido *m;* **his** ~ **is worse than his bite** perro ladrador, poco mordedor. **2** *vi* ladrar *(at* a); **to be** ~**ing up the wrong tree** estar equivocado/a.
♦ **bark out** *vt + adv (order)* escupir.
bar·ley ['bɑːlɪ] **1** *n* cebada *f.* **2:** ~ **sugar** *n* azúcar *m* cande.
bar·maid ['bɑːmeɪd] *n* cantinera *f,* moza *f.*
bar·man ['bɑːmən] *n, pl* **-men** bárman *m.*
bar·my ['bɑːmɪ] *adj (fam)* chalado/a, lelo/a.
barn [bɑːn] *n* granero *m; (raised* ~*)* troje *m; (US)* cuadra *f.*
bar·na·cle ['bɑːnəkl] *n* percebe *m.*
barn·yard ['bɑːnjɑːd] *n* corral *m.*
ba·rom·eter [bə'rɒmɪtə^r] *n* barómetro *m.*
bar·on ['bærən] *n* barón *m; (fig)* magnate *m.*
ba·roque [bə'rɒk] *adj* barroco/a.
bar·rack ['bærək] *vt (fam)* abuchear.
bar·racks ['bærəks] *npl* cuartel *msg;* **confined to** ~ arrestado/a en cuartel.
bar·rage ['bærɑːʒ] *n (dam)* presa *f; (Mil)* cortina *f* de fuego; **a** ~ **of questions** una lluvia de preguntas.
bar·rel ['bærəl] **1** *n (gen)* barril *m,* tonel *m; (for rain)* tina *f; (of gun)* cañón *m; (Tech)* tambor *m.* **2:** ~ **organ** *n* organillo *m.*
bar·ren ['bærən] *adj (soil)* árido/a; *(plant, woman)* estéril.
bar·ri·cade [,bærɪ'keɪd] **1** *n* barricada *f.* **2** *vt* cerrar con barricadas.
bar·ri·er ['bærɪə^r] **1** *n* barrera *f,* valla *f; (Rail: in station)* barrera; *(crash* ~*)* tope *m; (fig)* barrera, obstáculo *m.* **2:** ~ **cream** *n* crema *f* protectora.
bar·ring ['bɑːrɪŋ] *prep see* **bar**[2].
bar·ris·ter ['bærɪstə^r] *n (Brit)* abogado/a *m/f.*
bar·row ['bærəʊ] *n (wheel*~*)* carretilla *f; (market stall)* carreta *f.*
bar·tender ['bɑː,tendə^r] *n* cantinero/a *m/f,* bárman *m,* mozo *m.*
bar·ter ['bɑːtə^r] **1** *n* trueque *m.* **2** *vt:* **to** ~ **sth (for sth)** trocar algo (por algo). **3** *vi:* **to** ~ **with sb (for sth)** negociar con uno (por algo).
base[1] [beɪs] **1** *n (gen)* base *f; (foot)* pie *m.* **2** *vt (troops)* **to** ~ **at** estacionar en; *(opinion, relationship)* **to** ~ **on** basar en, fundar en; **to be** ~**d on** basarse en, fundarse en; **the job is** ~**d in London** el trabajo está basado en Londres. **3:** ~ **camp** *n* campo *m* base; ~ **line** *n* línea *f* de saque.
base[2] [beɪs] *adj (action, motive)* vil, infame; *(metal)* bajo/a de ley.
base·ball ['beɪsbɔːl] *n* béisbol *m.*
-based [beɪst] *adj ending in cpds:* **coffee**~ basado/a en el café.
base·ment ['beɪsmənt] *n* sótano *m.*
ba·ses (a) ['beɪsiːz] *pl of* **basis. (b)** [beɪsɪz] *pl of* **base**[1].
bash [bæʃ] *(fam)* **1** *n* golpe *m;* **I'll have a** ~ **(at it)** lo intentaré. **2** *vt* golpear.
♦ **bash in** *vt + adv (fam)* abollar; **to** ~ **sb's head in** partirle la cabeza a uno.
♦ **bash up** *vt + adv (fam: car)* estrellar.
bash·ful ['bæʃfʊl] *adj* tímido/a, vergonzoso/a, *(LAm)* apenado/a.
ba·sic ['beɪsɪk] *adj (fundamental: reason, problem)* fundamental; *(rudimentary: knowledge)* elemental; *(salary)* básico/a.
ba·si·cal·ly ['beɪsɪklɪ] *adv* fundamentalmente.
bas·il ['bæzl] *n* albahaca *f.*
ba·sin ['beɪsn] *n* escudilla *f,* cuenco *m; (wash*~*)* lavabo *m, (LAm)* palangana *f; (Geog)* cuenca *f.*
ba·sis ['beɪsɪs] *n, pl* **bases** ['beɪsiːz] *(foundation)* base *f;* **on the** ~ **of what you've said** en base a lo que ha dicho.
bask [bɑːsk] *vi:* **to** ~ **in the sun** tomar el sol; **to** ~ **in sb's favour** disfrutar del favor de uno.
bas·ket ['bɑːskɪt] *n* cesta *f,* canasta *f.*

basket·ball ['bɑːskɪtˌbɔːl] **1** *n* baloncesto *m*, pelota *f* básquet; *(ball)* balón *m* de baloncesto *etc.* **2:** ~ **player** *n* jugador(a) *m/f* de baloncesto *etc.*
bass [beɪs] *(Mus)* **1** *adj* bajo/a. **2** *n (voice, singer)* bajo *m.*
bas·soon [bə'suːn] *n* bajón *m.*
bas·tard ['bɑːstəd] *n (old, lit)* bastardo/a *m/f; (fam pej)* cabrón/ona *m/f.*
baste [beɪst] *vt (Culin)* pringar; *(Sew)* hilvanar.
bat[1] [bæt] *n (Zool)* murciélago *m.*
bat[2] [bæt] **1** *n (ball games)* palo *m; (cricket, baseball)* bate *m;* **off one's own** ~ *(fam)* por cuenta propia. **2** *vi (Sport)* batear. **3** *vt:* **he didn't** ~ **an eyelid** *(fam)* ni pestañeó.
batch [bætʃ] *n (of goods etc)* lote *m*, colección *f; (of people)* grupo *m; (of bread)* horneada *f.*
bated ['beɪtəd] *adj:* **with** ~ **breath** sin respirar.
bath [bɑːθ] **1** *n, pl* **-s** [bɑːðz] **(a)** *(esp Brit:* ~*tub)* bañera *f*, *(LAm)* tina *f;* **to have a** ~ tomar un baño. **(b)** *(Brit)* ~**s** *(swimming* ~*s)* piscina *f*, *(LAm)* alberca *f* pública. **2** *vt* bañar, dar un baño a. **3** *vi* tomar un baño.
bath·chair ['bɑːθˌtʃɛəʳ] *n* silla *f* de ruedas.
bathe [beɪð] **1** *n:* **to go for a** ~ bañarse. **2** *vt* **(a)** *(wound etc)* lavar. **(b)** *(US) see* **bath 2. 3** *vi* **(a)** *(swim)* bañarse; **to go bathing** ir a bañarse. **(b)** *(US) see* **bath 3.**
bath·er ['beɪðəʳ] *n* bañista *mf.*
bath·ing ['beɪðɪŋ] *n* el bañarse; **'no** ~**'** prohibido bañarse.
bath·ing cos·tume ['beɪðɪŋˌkɒstjuːm] *n* traje *m* de baño, bañador *m*, maillot *m.*
bath·ing trunks ['beɪðɪŋˌtrʌŋks] *npl* bañador *m*, slip *m.*
bath·mat ['bɑːθmæt] *n* estera *f* de baño.
bath·robe ['bɑːθrəʊb] *n (man's)* batín *m; (woman's)* bata *f.*
bath·room ['bɑːθrʊm] *n* cuarto *m* de baño; *(euph)* excusado *m*, aseos *mpl.*
bath·towel ['bɑːθˌtaʊəl] *n* toalla *f* de baño.
bath·tub ['bɑːθˌtʌb] *n* bañera *f*, *(LAm)* tina *f.*
ba·ton ['bætən] *n (Mus)* batuta *f; (Mil)* bastón *m; (of policeman)* porra *f; (in race)* testigo *m.*
bat·tal·ion [bə'tælɪən] *n* batallón *m.*
bat·ter[1] ['bætəʳ] *n* mezcla *f*, rebozo *m;* **in** ~ rebozado/a.
bat·ter[2] ['bætəʳ] *vt (person)* apalear; *(wife, baby)* maltratar; *(subj: wind, waves)* azotar.
♦ **batter down** *vt + adv* derribar a golpes.
bat·tered ['bætəd] *adj (hat)* estropeado/a; *(car)* abollado/a.
bat·ter·ing ram ['bætərɪŋˌræm] *n* ariete *m.*
bat·tery ['bætərɪ] **1** *n (gen)* batería *f; (Elec: small: radio etc)* pila *f.* **2:** ~ **charger** *n* cargador *m* de baterías; ~ **farming** *n* cría *f* intensiva.
bat·tle ['bætl] **1** *n (Mil)* batalla *f; (fig)* lucha *f;* **a** ~ **of wits** duelo *m* de inteligencias; **that's half the** ~ *(fam)* ya hay medio camino andado; **to fight a losing** ~ *(fig)* ir perdiendo poco a poco. **2** *vi (fig)* **to** ~ **(for)** luchar (por), *(LAm)* pelear (por); **to** ~ **against the wind** luchar contra el viento.
battle·field ['bætlfiːld] *n*, **battle·ground** ['bætlgraʊnd] *n* campo *m* de batalla.
bat·tle·ments ['bætlmənts] *npl* almenas *fpl.*
battle·ship ['bætlʃɪp] *n* acorazado *m.*
bau·ble ['bɔːbl] *n* chuchería *f.*
baulk [bɔːlk] *vi see* **balk.**
baux·ite ['bɔːksaɪt] *n* bauxita *f.*
bawdy ['bɔːdɪ] *adj* colorado/a, verde.
bawl [bɔːl] *vi (cry)* llorar a gritos; *(shout)* chillar.
♦ **bawl out** *vt + adv* **(a)** vocear, vociferar. **(b)** *(fam)* **to** ~ **sb out** echarle bronca a uno.
bay[1] [beɪ] *n (Geog)* bahía *f;* **the B**~ **of Biscay** el Golfo de Vizcaya.
bay[2] [beɪ] **1** *n (for parking)* parking *m, (LAm)* estacionamiento *m; (for loading)* patio *m* de carga. **2:** ~ **window** *n* ventana *f* salediza.
bay[3] [beɪ] **1** *vi (hound)* aullar. **2** *n (bark)* aullido *m;* **at** ~ acorralado/a; **to keep sb/sth at** ~ *(fig)* mantener a rayo a uno/algo.
bay[4] [beɪ] *adj (horse)* bayo/a.
bay leaf ['beɪliːf] *n* (hoja *f* de) laurel *m.*
bayo·net ['beɪənɪt] **1** *n* bayoneta *f;* **fixed** ~ bayoneta calada. **2** *vt* pasar a la bayoneta.
ba·zaar [bə'zɑːʳ] *n* bazar *m.*
b. & b., B. & B. *abbr see* **bed.**
B.B.C. *n abbr of* **British Broadcasting Corporation.**
B.C. *abbr of* **before Christ** a. de J.C.
B.C.G. *n abbr of* **Bacillus Calmette-Guérin** BCG *m.*
be [biː] *pres* **am, is, are;** *pt* **was, were;** *pp* **been 1** *vi* **(a)** *(exist)* ser; **there is** hay; **is there anyone at home?** ¿hay alguien en casa?; **there was** había; **there were 3 of them** eran *or (LAm)* habían tres; ~ **that as it may** sea como fuere; **so** ~ **it** así sea; **let me** ~**!** ¡déjame en paz!; **how much was it?** ¿cuánto costó *or* valió?

(b) *(place)* estar; **there's the church** allí está la iglesia; **here you are(, take it)** toma aquí está; **he won't** ~ **here tomorrow** no estará mañana; **Edinburgh is in Scotland** Edimburgo está en Escocia; **I've been to China** he estado en China; **it's on the table** está sobre la mesa; **there's a holiday on Monday** el lunes hay fiesta, lunes es feriado; **we've been here for ages** estamos aquí desde hace mucho tiempo; **don't** ~ **long!** ¡no tardes!; **my wife to** ~ mi futura esposa.

(c) *(state)* **she is bored** está aburrida; **she is boring** es aburrida; **he's happy** está alegre; **he's the cheerful sort** es un tipo alegre.

2 *copulative vb* **(a) he's a pianist** es pianista; **2 and 2 are 4** 2 más 2 son 4; **the book is in French** el libro está en francés; **I'm not Sue, I'm Mary** no soy Sue, soy Mary; **he's tall** es alto; **they're English** son ingleses; ~ **good!** ¡pórtate bien!

(b) *(health)* **how are you?** ¿cómo estás?; **I'm better now** ya estoy mejor.

(c) *(age)* **how old is she? — she's 9** ¿cuántos años tiene? — tiene 9 años.

(d) *(possession)* **she's his sister** es su hermana; **it's mine** es mío.

3 *impers vb* **(a) it is said that ...** dicen que ...; **it is possible that ...** es posible que ... .

(b) *(time)* **it's 8 o'clock** son las 8; **it's the 3rd of May** es el 3 de mayo; **what's the date?** ¿qué fecha es?, ¿qué día tenemos?

(c) *(measurement)* **it's 5 km to the village** el pueblo está a 5 kilómetros.

(d) *(weather)* **it's hot/cold** hace calor/frío; **it's too hot** hace demasiado calor.

(e) *(emphatic)* **it's me** soy yo.

4 *aux vb* **(a)** *(with prp: forming continuous tense)* estar; **what are you doing?** ¿qué estás haciendo?; **he's always grumbling** siempre está quejándose; **they're coming tomorrow** vienen mañana; **I'll** ~ **seeing you** hasta luego, *(LAm)* nos vemos; **I've been waiting for her** le he estado esperando.

(b) *(with pp: forming passives)* ser; **to** ~ **killed** ser matado; **the box had been opened** la caja había sido abierta; **he was nowhere to** ~ **seen** no se le veía en ninguna parte; **what's to** ~ **done?** ¿qué hacer?

(c) *(in tag questions)* **he's handsome, isn't he?** es guapo, ¿verdad? *or (LAm)* ¿no es cierto?; **it was fun, wasn't it?** fue divertido, ¿verdad?; **he's back again, is he?** ha vuelto, ¿no?

(d) *(modal) (command)* deber; *(intention)* tener que; **you're to put on your shoes** tienes que ponerte los zapatos; **he's not to open it** que no lo abra; **the car is to ~ sold** el coche está de venta; **he was to have come yesterday** debía de haber venido ayer, *(LAm)* tenía que venir ayer; *(obligation)* **he's to ~ congratulated on his work** debemos felicitarle por su obra; **am I to understand that ...?** ¿debo entender que ...?; *(condition)* **if it was** *or* **were to snow ...** si nevase ...; **if I were you ...** yo que tú ... .

beach [biːtʃ] *n* playa *f;* ~ **buggy** buggy *m.*

beach·ball ['biːtʃbɔːl] *n* balón *m* de playa.

beach·comber ['biːtʃˌkəʊməʳ] *n* raquero/a *m/f.*

beach·wear ['biːtʃwɛəʳ] *n* ropa *f* de playa.

bea·con ['biːkən] *n* faro *m.*

bead [biːd] *n* cuenta *f,* abalorio *m; (of dew, sweat)* gota *f;* ~**s** *(necklace)* sarta *f* de cuentas.

beady ['biːdɪ] *adj:* ~ **eyes** ojos *mpl* penetrantes.

beak [biːk] *n (of bird)* pico *m.*

beak·er ['biːkəʳ] *n* jarra *f; (Chem)* vaso *m* de precipitación.

beam [biːm] **1** *n* **(a)** *(Archit)* viga *f,* travesaño *m.* **(b)** *(of light, Rad)* rayo *m;* **to drive on full** *or* **main** ~ conducir con luz de carretera. **(c)** *(smile)* sonrisa *f* radiante. **(d)** *(Tech)* balancín *m.* **2** *vt (signal)* emitir. **3** *vi (smile)* sonreír.

bean [biːn] *n (gen)* judía *f; (kidney)* frijol *m, (RPl)* poroto *m; (broad, haricot)* haba *f; (green)* judía verde, *(Mex)* ejote *m,* (*RPl*) poroto verde; *(coffee)* grano *m;* **to be full of ~s** *(fam)* rebosar de vitalidad.

bear[1] [bɛəʳ] *n* oso/a *m/f.*

bear[2] [bɛəʳ] *pt* **bore,** *pp* **borne 1** *vt* **(a)** *(support: burden)* sostener; *(: cost)* pagar; *(news, message: bring)* traer; *(: take away)* llevar; *(signature, date)* llevar; *(resemblance, comparison)* tener; *(ill-will etc)* guardar; *see* **mind. (b)** *(endure: pain)* soportar, aguantar; *(stand up to: inspection, examination)* resistir; **I can't ~ him** no le puedo ver, no lo soporto; **I can't ~ to look** no puedo mirar; **it doesn't ~ thinking about** da horror pensarlo. **(c)** *(produce: fruit)* dar; *(: young, child)* dar a luz a, parir; *(Fin: interest)* devengar; *see also* **born.**

2 *vi* **(a)** *(move)* **to ~ right/left** torcer *or (LAm)* tirar a la derecha/izquierda. **(b) to bring pressure to ~ (on)** ejercer presión (sobre).

3 *vr (in posture, behaviour)* portarse.

♦ **bear down** *vi + adv (come closer)* **to ~ down (on)** avanzar (hacia), acercarse (a).

♦ **bear out** *vt + adv* corroborar, confirmar.

♦ **bear up** *vi + adv (withstand)* resistir; *(cheer up)* animarse.

♦ **bear with** *vi + prep* tener paciencia con.

bear·able ['bɛərəbl] *adj* soportable.

beard [bɪəd] *n* barba *f.*

beard·ed ['bɪədɪd] *adj (gen)* de barba; *(hairy)* barbudo/a.

bear·er ['bɛərəʳ] *n* portador(a) *m/f.*

bear·ing ['bɛərɪŋ] *n* **(a)** *(of person)* porte *m.* **(b)** *(relevance)* relación *f;* **this has no ~ on the matter** esto no tiene nada que ver con el asunto. **(c)** *(Mech)* cojinete *m.* **(d)** *(Navigation)* **to take a ~** marcarse; **to find/lose one's ~s** orientarse/desorientarse.

beast [biːst] *n* bestia *f; (fam: person)* bruto *m;* ~ **of burden** bestia de carga; **it's a ~ of a job** *(fam)* es un trabajo de chinos.

beast·ly ['biːstlɪ] *adj (fam)* detestable, maldito/a.

beat [biːt] *(vb: pt* **beat,** *pp* **beaten) 1** *n* **(a)** golpe *m; (of drum)* redoble *m; (of heart)* latido *m; (Mus: rhythm)* ritmo *m,* compás *m.* **(b)** *(of policeman)* ronda *f.*

2 *vt* **(a)** *(hit)* golpear; *(table, door)* dar golpes en; *(person: as punishment)* pegar; *(carpet)* pegar; *(drum)* tocar; **to ~ sb to death** matar a uno a golpes; **the bird ~ its wings** el pájaro batió las alas; **to ~ time** *(Mus)* marcar el compás; **~ it!** *(fam)* ¡lárgate! **(b)** *(defeat: team, army)* derrotar, vencer; *(: record)* batir; **he ~ Smith by 5 seconds** le ganó a Smith por 5 segundos; **I ~ him to it** *(fam)* le gané; **coffee ~s tea any day** *(fam)* el café le gana al té cualquier día; **that ~s everything!** *(fam)* ¡eso es el colmo!; **the problem has me ~(en)** *(fam)* el problema me tiene perplejo. **(c)** *(Culin)* batir.

3 *vi (heart)* latir, pulsar; *(drums)* redoblar; **to ~ on a door** dar golpes en una puerta; **the rain was ~ing against the windows** la lluvia azotaba las ventanas; **don't ~ about the bush** no andes por las ramas.

4 *adj* **(a)** *(pred: fam: tired)* rendido/a. **(b)** *(usu attr: Mus)* ~ **music** música *f* rock.

♦ **beat back** *vt + adv* rechazar.

♦ **beat down 1** *vt + adv (door)* derribar a golpes; *(price, seller)* hacer rebajar (el precio). **2** *vi + adv (rain)* llover a cántaros; *(sun)* caer de plomo.

♦ **beat off** *vt + adv* rechazar.

♦ **beat out** *vt + adv (flames)* extinguir a palos; *(dent)* martillear; *(rhythm)* marcar.

♦ **beat up** *vt + adv (fam: person)* aporrear.

beat·en ['biːtn] **1** *pp of* **beat. 2** *adj (metal)* martillado/a; **off the ~ track** retirado/a.

beat·er ['biːtəʳ] *n (Culin)* batidora *f; (carpet ~)* sacudidor *m.*

be·ati·fy [biːˈætɪfaɪ] *vt* beatificar.

beat·ing ['biːtɪŋ] *n* **(a)** *(punishment)* paliza *f; (blows)* golpes *mpl.* **(b)** *(defeat)* derrota *f;* **to take a ~** salir derrotado; **our team took a ~** a nuestro equipo le dieron una paliza.

beat-up [ˌbiːt'ʌp] *adj (fam)* estropeado/a.

beau·ti·ful ['bjuːtɪfʊl] *adj* hermoso/a, bello/a, *(LAm)* lindo/a; **what a ~ house!** ¡qué belleza de casa!

beau·ti·ful·ly ['bjuːtɪflɪ] *adv (wonderfully)* maravillosamente; *(precisely)* perfectamente.

beau·ti·fy ['bjuːtɪfaɪ] *vt* embellecer.

beau·ty ['bjuːtɪ] **1** *n (quality)* belleza *f,* hermosura *f; (person, thing)* belleza *f,* preciosidad *f;* **~ is in the eye of the beholder** la belleza está en el ojo; **the ~ of it is that ...** lo mejor de esto es que ... .

2: ~ **contest** *n* concurso *m* de belleza; ~ **parlor** *n (US)* salón *m* de belleza; ~ **queen** *n* reina *f* de la belleza; ~ **salon** *n* salón *m* de belleza; ~ **sleep** *n (hum)* primer sueño *m;* ~ **spot** *n (on face)* lunar *m* postizo; *(in country)* sitio *m* pintoresco.

bea·ver ['biːvəʳ] *n* castor *m.*

♦ **beaver away** *vi + adv* trabajar con empeño.

be·calmed [bɪ'kɑːmd] *adj* encalmado/a.

be·came [bɪ'keɪm] *pt of* **become.**

be·cause [bɪ'kɒz] *conj* porque; **I came ~ you asked me to** vine porque me lo pediste; **~ of** por, a causa de, debido a; **I did it ~ of you** lo hice por ti.

beck·on ['bekən] *vt, vi:* **to ~ to sb** llamar con señas; **he ~ed me in/over** me hizo entrar/acercarme con señas.

be·come [bɪ'kʌm] *pt* **became,** *pp* **become 1** *vi (make oneself)* hacerse; *(turn into)* volverse, ponerse; **to ~ famous/a doctor** hacerse famoso/médico; **to ~ accustomed to sth** acostumbrarse a algo; **to ~ sad/old** volverse triste/viejo; **the building has ~ a cinema** el edificio se ha transformado en cine.

2 *vt impers:* **what has ~ of him?** ¿qué es de él?; **whatever can have ~ of that book?** ¿adónde se habrá metido aquel libro?

3 *vt (look nice on)* favorecer, sentar bien; *(befit)* convenir a.
be·com·ing [bɪ'kʌmɪŋ] *adj (clothes)* favorecedor(a); *(conduct)* conveniente.
bed [bed] **1** *n* **(a)** cama *f;* **to go to ~** acostarse; **to go to ~ with sb** acostarse con una/uno; **to make the ~** hacer la cama; **she put the children to ~** acostó a los niños; **I was in ~** estaba acostado; **could you give me a ~ for the night?** ¿me puede hospedar *or* alojar la noche?; **his life's not a ~ of roses** su vida no es caminito de rosas. **(b)** *(of river)* cauce *m,* lecho *m; (of sea)* fondo *m.* **(c)** *(flower ~)* arriate *m,* cuadro *m; (vegetable ~)* arriate; *(oyster ~)* banco *m,* vivero *m.* **(d)** *(layer: of coal, ore)* estrato *m,* capa *f; (: in road-building)* capa.
2: ~ **and breakfast (b. & b.)** *n* cama y desayuno.
♦ **bed down** *vi + adv* hacer un lecho.
♦ **bed out** *vt + adv (plants)* plantar en un macizo.
bed·clothes ['bedkləʊðz] *npl* ropa *f* de cama.
bed·ding ['bedɪŋ] *n* ropa *f* de cama; *(for animal)* lecho *m.*
be·dev·il [bɪ'devl] *vt (spoil)* estropear; *(aggravate)* agravar; *(bewitch)* endemoniar, endiablar.
bed·fellow ['bed,feləʊ] *n:* **they are strange ~s** *(fig)* son extraños compañeros de cama.
bed·lam ['bedləm] *n* alboroto *m.*
bed·pan ['bedpæn] *n* bacinica *f* (de cama).
be·drag·gled [bɪ'drægld] *adj (dirty)* sucio/a; *(very dirty)* mugroso/a; *(wet)* mojado/a.
bed·rid·den ['bed,rɪdən] *adj* postrado/a en cama.
bed·room ['bedrʊm] **1** *n* dormitorio *m, (LAm)* recámara *f.* **2:** ~ **farce** *(Theat) n* farsa *f,* comedia *f* burlesca; ~ **slipper** *n* zapatilla *f.*
bed·side ['bedsaɪd] **1** *n:* **at his ~** a su cabecera *f;* **to have a good ~ manner** tener mucho tacto con los enfermos. **2:** ~ **lamp/table** *n* lámpara *f*/mesita *f* de noche.
bed·sit(ter) ['bedsɪt,,bed'sɪtəʳ] *n,* **bed·sitting room** ['bed'sɪtɪŋ,rʊm] *n* dúplex *m,* estudio *m, (LAm)* suite *m.*
bed·spread ['bedspred] *n* colcha *f,* sobrecama *m.*
bed·time ['bedtaɪm] *n* hora *f* de acostarse; **it's past your ~** ya debes estar acostado; ~ **story** cuentecillo *m.*
bed-wetting ['bed,wetɪŋ] *n* enuresis *f.*
bee [biː] *n* abeja *f;* **to have a ~ in one's bonnet (about sth)** tener una idea fija (de algo).
beech [biːtʃ] *n (tree)* haya *f; (wood)* hayedo *m.*
beef [biːf] *n* carne *f* de vaca *or (LAm)* de res; **roast ~** rosbif *m, (LAm)* carne asada.
beef·bur·ger ['biːf,bɜːgəʳ] *n* hamburguesa *f.*
beef·eater ['biːf,iːtəʳ] *n* alabardero *m* de la Torre de Londres.
bee·hive ['biːhaɪv] *n* colmena *f.*
bee·line ['biːlaɪn] *n:* **to make a ~ for sb/sth** ir en línea recta hacia uno/algo.
been [biːn] *pp of* **be.**
beer [bɪəʳ] *n* cerveza *f;* **draught ~** cerveza de barril; **light/dark ~** cerveza clara *or* rubia/ negra; ~ **can** bote *m or* lata *f* (de cerveza).
bees·wax ['biːzwæks] *n* cera *f* de abejas.
beet [biːt] *n see* **beetroot.**
bee·tle ['biːtl] *n* escarabajo *m.*
beetle-browed ['biːtəl,braʊd] *adj* cejijunto/a.
beet·root ['biːtruːt] *n* remolacha *f, (Mex)* betabel *m.*
be·fall [bɪ'fɔːl] *pt* **befell,** *pp* **befallen** *vt* acontecer.
be·fit·ting [bɪ'fɪtɪŋ] *adj* propio/a.
be·fore [bɪ'fɔːʳ] **1** *prep (in time, order, rank)* antes de; *(in place)* delante de; *(in the presence of)* ante; ~ **Christ** antes de Cristo; **the week ~ last** hace dos semanas; ~ **long** antes de que pasara mucho tiempo; ~ **going, would you ...** antes de marcharte, quieres ...; **the question ~ us** el asunto que tenemos que discutir; **a new life lay ~ him** una vida nueva se abría ante él; **they were married ~ a judge** se casaron en presencia de un juez.
2 *adv* **(a)** *(time)* antes; **~, it used to be different** antes, todo era distinto. **(b)** *(place, order)* anterior; **the day ~** el día anterior.
3 *conj (time)* antes de que; *(rather than)* antes que.
before·hand [bɪ'fɔːhænd] *adv* de antemano, con anticipación.
be·friend [bɪ'frend] *vt* hacerse amigo/a de.
be·fud·dled [bɪ'fʌdəld] *adj (confused)* aturdido/a; *(stupefied)* atontado/a; *(drunk)* borracho/a.
beg [beg] **1** *vt (entreat)* rogar, suplicar; *(subj: beggar: food, money)* pedir; **to ~ sb for sth** pedir algo a uno; **he ~ged me to help him** me suplicó que le ayudara; **I ~ to inform you** tengo el honor de informarle; **to ~ forgiveness** pedir perdón; **to ~ the question** ser una petición de principio.
2 *vi (beggar)* mendigar, pedir limosna; **to ~ (for)** pedir, solicitar; **I ~ to differ** siento disentir; **it's going ~ging** *(fam)* nadie lo quiere.
be·gan [bɪ'gæn] *pt of* **begin.**
beg·gar ['begəʳ] **1** *n* mendigo/a *m/f,* pordiosero/a *m/f;* **lucky ~!** *(fam)* ¡qué suerte tiene!; **poor little ~!** *(fam)* ¡pobrecito!; **~s can't be choosers** a quien dan, no escoge. **2** *vt (ruin)* arruinar; **it ~s description** es imposible describirlo.
be·gin [bɪ'gɪn] *pt* **began,** *pp* **begun 1** *vt* empezar, comenzar; *(undertake)* emprender; *(discussion)* entablar; *(set in motion)* iniciar; **to ~ doing sth, to ~ to do sth** empezar a hacer algo; **it's ~ning to rain** está empezando a llover; **he ~s the day with a glass of orange juice** empieza el día con un vaso de jugo de naranja; **this skirt began life as an evening dress** esta falda empezó la vida como traje de noche; **it doesn't ~ to compare with ...** dista mucho de compararse con ...; **I can't ~ to thank you** no encuentro palabras para agradecerle.
2 *vi* empezar, comenzar *(with sth* con algo); *(river, rumour, custom)* nacer; **the teacher began by writing on the board** el profesor empezó escribiendo en la pizarra; **let me ~ by saying ...** quiero comenzar diciendo ...; **to ~ with, I'd like to know ...** en primer lugar, quisiera saber ...; **to ~ with there were only two of us** al principio sólo éramos dos; **to ~ on sth** emprender algo; **~ning from Monday** a partir del lunes.
be·gin·ner [bɪ'gɪnəʳ] *n* principiante *mf.*
be·gin·ning [bɪ'gɪnɪŋ] *n* principio *m,* comienzo *m;* **at the ~ of the century** a principios de siglo; **right from the ~** desde el principio; **from ~ to end** de principio a fin, desde el principio hasta el final; **the ~ of the end** el comienzo del fin; **to make a ~** empezar; **Buddhism had its ~s ...** el budismo tuvo sus orígenes ... .
be·gonia [bɪ'gəʊnɪə] *n* begonia *f.*
be·grudge [bɪ'grʌdʒ] *vt:* **to ~ sb sth** *(envy)* envidiarle algo a uno; *(give reluctantly)* dar algo de mala gana a uno.
be·guile [bɪ'gaɪl] *vt (enchant)* seducir.
be·gun [bɪ'gʌn] *pt of* **begin.**
be·half [bɪ'hɑːf] *n* **: on ~ of,** *(US)* **in ~ of** en nombre de, de parte de.
be·have [bɪ'heɪv] **1** *vi* portarse, comportarse. **2** *vr* portarse bien; **~ yourself!** ¡compórtate!, ¡pórtate bien!
be·hav·iour, *(US)* **be·hav·ior** [bɪ'heɪvjəʳ] *n* conducta *f,* comportamiento *m;* **to be on one's**

best ~ comportarse lo mejor que se pueda.
be·hav·io(u)r·ism [bɪ'heɪvjəˌrɪzəm] *n* behaviorismo *m*.
be·head [bɪ'hed] *vt* decapitar, descabezar.
be·held [bɪ'held] *pt, pp of* **behold.**
be·hest [bɪ'hest] *n*: **at his ~** por orden de él.
be·hind [bɪ'haɪnd] **1** *prep (to the rear of)* detrás de; **look ~ you!** ¡cuidado atrás!; **what's ~ all this?** *(fig)* ¿qué motivo tiene todo esto?; **we're ~ them in technology** *(fig)* les quedamos atrás en tecnología; **his family is ~ him** *(fig)* tiene el apoyo de su familia. **2** *adv* detrás, atrás; **to leave sth ~** olvidar algo; **to be ~ with one's work** estar atrasado en el trabajo. **3** *n (fam)* trasero *m*.
be·hold [bɪ'həʊld] *pt, pp* **beheld** *vt (old, poet)* contemplar.
be·hove [bɪ'həʊv], *(US)* **be·hoove** [bɪ'huːv] *vt impers (old, poet)* incumbir.
beige [beɪʒ] **1** *adj* (color de) beige. **2** *n* beige *m*.
be·ing ['biːɪŋ] *n (existence)* existencia; *(creature)* ser *m;* **human ~** ser humano.
be·jew·elled, *(US)* **be·jew·eled** [bɪ'dʒuːəld] *adj* enjoyado/a.
be·la·bour, *(US)* **be·la·bor** [bɪ'leɪbəʳ] *vt (beat)* apalear; *(fig: with questions, insults)* atacar.
be·lat·ed [bɪ'leɪtɪd] *adj* tardío/a, atrasado/a.
belch [beltʃ] **1** *n* eructo *m*. **2** *vi* eructar. **3** *vt (also ~* **out:** *smoke, flames)* arrojar, vomitar.
be·lea·guered [bɪ'liːgəd] *adj (city)* asediado/a; *(fig: harassed)* atormentado/a.
bel·fry ['belfrɪ] *n* campanario *m*.
Bel·gian ['beldʒən] *adj, n* belga *mf*.
Bel·gium ['beldʒəm] *n* Bélgica *f*.
be·lie [bɪ'laɪ] *vt* contradecir, desmentir.
be·lief [bɪ'liːf] *n (no pl: faith)* fe *f; (trust)* confianza *f; (tenet, doctrine)* creencia *f; (opinion)* opinión *f;* **~ in God** fe en Dios; **it's beyond ~** es increíble; **a man of strong ~s** un hombre de opiniones firmes; **it is my ~ that ...** en mi opinión ... .
be·lieve [bɪ'liːv] **1** *vt (gen)* creer; **I ~ so/not** creo que sí/no; **don't you ~ it!** ¡no lo creas!; **he is ~d to be abroad** se cree que está en el extranjero. **2** *vi* creer; **to ~ in God** creer en Dios; **I don't ~ in corporal punishment** no soy partidario/a del castigo corporal.
be·liev·er [bɪ'liːvəʳ] *n (Rel)* creyente *mf*, fiel *mf*.
be·lit·tle [bɪ'lɪtl] *vt (despise)* despreciar; *(minimize)* dar poca importancia a, minimizar.
bell [bel] **1** *n* campana *f; (hand~)* campanilla *f; (door~, electric ~)* timbre *m; (of flower)* campanilla; **that rings a ~** *(fig)* eso me suena. **2: ~ jar** *n* fanal *m*, campana *f;* **~ push** *n* pulsador *m* de timbre; **~ tower** *n* campanario *m*.
bell-bottomed ['belˌbɒtəmd] *adj (trousers)* acampanado/a.
bell·boy ['belbɔɪ] *n*, **bell·hop** ['belhɒp] *n (US)* botones *m inv*.
belle [bel] *n*: **the ~ of the ball** la reina del baile.
bel·li·cose ['belɪkəʊs] *adj (person, disposition)* belicoso/a.
bel·lig·er·ent [bɪ'lɪdʒərənt] *adj (person, tone)* agresivo/a.
bel·low ['beləʊ] **1** *n (of bull etc)* bramido *m; (of person)* rugido *m*. **2** *vi (animal)* bramar; *(person)* rugir. **3** *vt (also ~* **out:** *order, song)* gritar.
bel·lows ['beləʊz] *npl* fuelle *msg;* **a pair of ~** un fuelle.
bell-shaped ['belʃeɪpt] *adj* acampanado/a.
bel·ly ['belɪ] *n (of person, animal)* vientre *m*, barriga *f*.
belly·ache ['belɪeɪk] **1** *n* dolor *m* de barriga. **2** *vi (fam: complain)* quejarse.
be·long [bɪ'lɒŋ] *vi* **(a) to ~ to sb/sth** *(be the property of)* pertenecer a uno/algo; **who does this ~ to?** ¿a quién pertenece esto?, ¿de quién es esto?; **to ~ to a club** ser socio de un club. **(b)** *(have rightful place)* pertenecer; **it ~s on the shelf** tiene su lugar en el estante; **I feel I ~ here** aquí me siento en casa.
be·long·ings [bɪ'lɒŋɪŋz] *npl* pertenencias *fpl*.
be·lov·ed [bɪ'lʌvɪd] **1** *adj* querido/a. **2** *n* querido/a *m/f*, amado/a *m/f*.
be·low [bɪ'ləʊ] **1** *prep* debajo de, bajo; **temperatures ~ normal** temperaturas inferiores a las normales; **5 degrees ~ zero** 5 grados bajo cero. **2** *adv* abajo; *(in house)* **the floor ~** el piso de abajo; **see ~** véase abajo.
belt [belt] **1** *n* cinturón *m*, *(LAm)* correa *f; (seat ~)* cinturón de seguridad; *(Tech: conveyor ~ etc)* correa; *(Geog: zone)* zona *f;* **industrial ~** zona industrial; **to tighten one's ~** *(fig)* apretarse el cinturón; **that was below the ~** *(fig)* esto fue un golpe bajo. **2** *vt (thrash)* pegar (con correa); **he ~ed me one** *(fam) (slap/punch)* me dio una torta/un puñetazo. **3** *vi*: **to ~ along** *(rush)* ir a toda prisa; **to ~ off** partir a la carrera.
♦ **belt out** *vt + adv* cantar/emitir *etc* en voz alta.
♦ **belt up** *vi + adv (fam: be quiet)* callarse.
be·moan [bɪ'məʊn] *vt* lamentar.
be·mused [bɪ'mjuːzd] *adj* aturdido/a, confuso/a.
bench [bentʃ] *n (seat, work~)* banco *m;* **the B~** *(Jur)* la magistratura.
bend [bend] *(vb: pt, pp* **bent) 1** *n (gen)* curva *f; (in pipe etc)* ángulo *m; (corner)* recodo *m;* **'dangerous ~'** 'curva peligrosa'; **he's round the ~!** *(fam)* ¡está chiflado! **2** *vt (make curved: wire, road etc)* torcer; *(arm, knee)* doblar; *(incline: head)* inclinar; *see also* **bent. 3** *vi (arm, knee)* doblarse; *(road, river)* torcerse; *(person)* inclinarse.
♦ **bend down** *vi + adv* doblarse.
♦ **bend over** *vi + adv* inclinarse; *see also* **backwards.**
be·neath [bɪ'niːθ] **1** *prep* debajo de, bajo; *(fig)* inferior a, por debajo de; **it is ~ him to do such a thing** hacer tal cosa sería indigno de él; **~ contempt** despreciable. **2** *adv* abajo, debajo.
ben·edic·tion [ˌbenɪ'dɪkʃən] *n* bendición *f*.
ben·efac·tor ['benɪfæktəʳ] *n* bienhechor(a) *m/f*.
ben·efi·cial [ˌbenɪ'fɪʃəl] *adj* beneficioso/a.
bene·fi·ciary [ˌbenɪ'fɪʃərɪ] *n (Jur)* beneficiario/a *m/f*.
ben·efit ['benɪfɪt] **1** *n* **(a)** beneficio *m*, provecho *m;* **for the ~ of one's health** en beneficio de la salud; **I'll try it on for your ~** lo probaré en tu honor; **without ~ of** sin la ayuda de; **to give sb the ~ of the doubt** dar a uno el beneficio de la duda. **(b)** *(allowance)* subsidio *m;* **unemployment ~** subsidio de paro. **2** *vi* beneficiar(se), sacar provecho. **3** *vt* beneficiar.
Bene·lux ['benɪlʌks] *adj*: **the ~ countries** los países del Benelux.
be·nevo·lence [bɪ'nevələns] *n* benevolencia *f*.
be·nevo·lent [bɪ'nevələnt] *adj* benévolo/a.
be·nign [bɪ'naɪn] *adj* benigno/a.
bent [bent] **1** *pt, pp of* **bend. 2** *adj* **(a)** *(wire, pipe)* doblado/a, torcido/a; *(pej fam: dishonest)* chueco/a. **(b) to be ~ on sth** *(fig: determined)* estar resuelto a *or* empeñado en hacer algo. **3** *n (aptitude)* inclinación *f*, facilidad *f;* **of an artistic ~** con una inclinación artística; **he has a ~ for annoying people** tiene una facilidad para molestar.
be·queath [bɪ'kwiːð] *vt* legar.
be·quest [bɪ'kwest] *n* legado *m*.
be·rate [bɪ'reɪt] *vt* regañar.
be·reaved [bɪ'riːvd] *adj* afligido/a.

be·reave·ment [bɪ'ri:vmənt] *n (loss)* pérdida *f; (mourning)* duelo *m; (sorrow)* aflicción *f.*

be·reft [bɪ'reft] *adj*: **to be ~ of sth** *(not have to hand)* estar desprovisto/a de; *(not possess)* ser privado/a de; *(be robbed)* ser despojado/a de.

be·ret ['bereɪ] *n* boina *f.*

Ber·lin [bɜ:'lɪn] *n* Berlín; **East/West ~** Berlín del Este/Oeste.

Ber·mu·da [bɜ:'mju:də] *n* las Bermudas *fpl;* **~ shorts** pantalones *mpl* bermudas.

ber·ry ['berɪ] *n* baya *f;* **brown as a ~** muy bronceado/a.

ber·serk [bə'sɜ:k] *adj*: **to go ~** perder los estribos, enloquecerse.

berth [bɜ:θ] **1** *n (on ship, train: cabin)* camarote *m; (: bunk)* litera *f; (Naut: place at wharf)* amarradero *m;* **to give sb a wide ~** *(fig)* evitarle el encuentro a uno. **2** *vi (in harbour)* atracar.

be·seech [bɪ'si:tʃ] *pt, pp* **besought** *vt* suplicar.

be·set [bɪ'set] *pt, pp* **beset** *vt (person)* acosar; **he was ~ with fears** le acosaron temores; **a policy ~ with dangers** una política rodeada de peligros.

be·set·ting [bɪ'setɪŋ] *adj*: **his ~ sin** su pecado *m* dominante.

be·side [bɪ'saɪd] *prep (at the side of)* al lado de, *(LAm)* junto a; *(near)* cerca de; *(compared with)* comparado con; **to be ~ o.s.** *(with anger)* estar fuera de sí; *(with joy)* estar loco de alegría; **that's ~ the point** no tiene nada que ver con el asunto.

be·sides [bɪ'saɪdz] **1** *prep (in addition to)* además de; *(apart from)* menos. **2** *adv (in addition)* además; *(anyway)* de todos modos, sea como sea.

be·siege [bɪ'si:dʒ] *vt (Mil, fig)* asediar; **we were ~ed with inquiries** nos inundaron de preguntas.

be·sot·ted [bɪ'sɒtɪd] *adj* atontado/a.

be·sought [bɪ'sɔ:t] *pt, pp of* **beseech.**

be·spat·tered [bɪ'spætəd] *adj* salpicado/a.

be·spec·ta·cled [bɪ'spektɪkld] *adj* con gafas.

be·spoke [bɪ'spəʊk] *adj (garment)* hecho/a a la medida; *(tailor)* que confecciona a la medida.

best [best] **1** *adj (superl of* **good**) el/la mejor; **to be ~** ser el/la mejor; **the ~ pupil in the class** el mejor alumno de la clase; **she wore her ~ dress** llevaba su mejor vestido; **my ~ friend** mi mejor amigo; **the ~ thing to do is ...** lo mejor que se puede hacer es ...; **for the ~ part of the year** durante la mayor parte del año.

2 *adv (superl of* **well**) mejor; **as ~ I could** lo mejor que pude; **you know ~** tú sabes mejor; **John came off ~** Juan salió ganando; **you had ~ leave now** lo mejor es que te vayas ahora.

3 *n* lo mejor; **he deserves the ~** se merece lo mejor; **at ~** en el mejor de los casos; **he wasn't at his ~** no estuvo en forma; **at the ~ of times** en las mejores circunstancias; **I acted for the ~** lo hice con la mejor intención; **let's hope for the ~** esperemos lo mejor; **to the ~ of my knowledge** que yo sepa; **to the ~ of my ability** lo mejor que pueda; **to do one's ~** hacer todo lo posible; **to look one's ~** estar de punta en blanco; **to make the ~ of a bad job** sacar el mejor partido posible; **she can dance with the ~ of them** baila como el que más.

4: **~ man** *n* padrino *m* de boda.

bes·tial ['bestɪəl] *adj* bestial.

be·stir [bɪ'stɜ:ʳ] *vt*: **to ~ o.s.** moverse.

be·stow [bɪ'stəʊ] *vt (title, honour)* conferir (*on* a); *(affections)* ofrecer (*on* a).

best·seller [ˌbest'seləʳ] *n* bestséller *m,* éxito *m* de librería.

bet [bet] *pt, pp* **bet 1** *vi* apostar (*on* a); **are you going? — you ~!** *(fam)* ¿vas a ir? — ¡claro que sí! *or (LAm)* ¡cómo no!; **I'm not a ~ting man** no soy amante del juego. **2** *vt* apostar; **I ~ you a pound that ...** te apuesto una libra a que ...; **I ~ he doesn't come** *(fam)* a que no va a venir; **you can ~ your life that ...** *(fam)* tenlo por seguro que .... **3** *n* apuesta *f;* **a £5 ~** una apuesta de 5 libras; **it's a safe ~** *(fig)* es cosa segura.

be·tray [bɪ'treɪ] *vt* **(a)** *(person, country, friend)* traicionar; *(inform on)* delatar; **to ~ sb to the enemy** entregar a uno al enemigo. **(b)** *(reveal: secret)* revelar; *(: ignorance, fear)* dar muestras de.

be·tray·al [bɪ'treɪəl] *n* traición *f;* **a ~ of trust** un abuso de confianza.

be·troth·al [bɪ'trəʊðəl] *n* desposorios *mpl.*

bet·ter ['betəʳ] **1** *adj (comp of* **good**) mejor; **he is ~ than you** él es mejor que tú; *(Med)* **he's much ~** está mejorado; **that's ~!** ¡eso es!; **it couldn't be ~** no podría ser mejor; **it would be ~ to go now** más valdría marcharnos ya; **he's no ~ than a thief** no es más que un ladrón; **to get ~** mejorar; **the sooner the ~** cuanto antes mejor; **it lasted the ~ part of a year** duró la mayor parte de un año.

2 *adv (comp of* **well**) mejor; **~ and ~** cada vez mejor; **so much the ~, all the ~** tanto mejor; **he was all the ~ for it** le hizo mucho bien; **they are ~ off than we are** están mejor de dinero que nosotros; **you'd be ~ off staying where you are** te convendría más quedarte; **I had ~ go** tengo que marcharme; **but he knew ~ than to ...** pero sabía que no se debía ...; **to think ~ of it** cambiar de parecer.

3 *n* el/la mejor; **it's a change for the ~** es una mejora; **for ~ or worse** para bien o mal; **to get the ~ of** *(beat)* vencer a, quedar por encima de.

4 *vt* superar; **to ~ o.s.** mejorarse.

bet·ting shop ['betɪŋˌʃɒp] *n* despacho *m* de quinielas.

be·tween [bɪ'twi:n] **1** *prep* **(a)** entre; **the shops are shut ~ 2 and 4 o'clock** las tiendas están cerradas de 2 a 4; **I sat (in) ~ John and Sue** me senté entre John y Sue; **it's ~ 5 and 6 metres long** mide entre 5 y 6 metros de largo. **(b)** *(amongst)* entre; **we shared it ~ us** lo repartimos entre nosotros; **just ~ you and me, just ~ ourselves** entre nosotros, entre nos; **we only had £5 ~ us** teníamos sólo 5 libras entre nosotros, **we did it ~ the 2 of us** lo hicimos entre los dos.

2 *adv (also* **in ~** *: time)* mientras tanto; *(: place)* en medio, entre medio.

bev·er·age ['bevərɪdʒ] *n* bebida *f.*

bevy ['bevɪ] *n (of girls, women)* grupo *m.*

be·wail [bɪ'weɪl] *vt* lamentar.

be·ware [bɪ'wɛəʳ] *vi*: **to ~ of sb/sth** tener cuidado con uno/algo; **~ of the dog!** ¡cuidado con el perro!; **'~!'** ¡atención!

be·wil·der [bɪ'wɪldəʳ] *vt* desconcertar, dejar perplejo/a.

be·wil·der·ing [bɪ'wɪldərɪŋ] *adj* desconcertante.

be·wil·der·ment [bɪ'wɪldəmənt] *n* perplejidad *f,* desconcierto *m.*

be·witch [bɪ'wɪtʃ] *vt (gen)* hechizar; *(seduce)* seducir; *(enchant)* encantar.

be·yond [bɪ'jɒnd] **1** *prep (further than)* más allá de; *(on the other side of)* del otro lado de; *(exceeding)* superior a; *(outside)* fuera de; *(apart from)* además de; *(in time)* **~ 12 o'clock** pasadas las 12; **that job was ~ him** el trabajo fue demasiado para él *or (LAm)* le vino en grande; **it's ~ me why ...** *(fam)* no alcanzo a ver por qué ...; **it's ~ doubt that ...** no cabe duda de que ...; **it's ~ belief** es increíble; **that's ~ a joke** eso es el colmo.

2 *adv* más allá; *see also* **back.**

bi... [baɪ] *pref* bi.

bi·an·nual [baɪ'ænjʊəl] *adj* semestral.

bias ['baɪəs] **1** *n* **(a)** *(inclination)* ~ **(towards)** *(person: favour)* predisposición *f* (hacia); *(newspaper: position)* tendencia *f* (hacia); *(prejudice)* ~ **(against)** prejuicio *m* (en contra de); **a course with a practical** ~ un curso que se inclina hacia la práctica; **a right-wing** ~ una tendencia derechista. **(b)** *(of material)* sesgo *m;* **to cut sth on the** ~ cortar algo al sesgo.

2 *vt:* **to** ~ **for/against** influenciar en pro/en contra de; **to be** ~**(s)ed in favour of** ser partidario/a de; **to be** ~**(s)ed against** tener prejuicio contra.

3: ~ **binding** *n (Sew)* bies *m.*

bib [bɪb] *n (for child)* babero *m; (on dungarees)* peto *m.*

Bi·ble ['baɪbl] *n* Biblia *f.*

bib·li·cal ['bɪblɪkəl] *adj* bíblico/a.

bib·li·og·ra·phy [ˌbɪblɪ'ɒgrəfɪ] *n* bibliografía *f.*

bi·car·bo·nate of soda [baɪ'kɑːbənɪtəv'səʊdə] *n* bicarbonato *m* de soda.

bi·cen·tenary [ˌbaɪsen'tiːnərɪ] *n, (US)* **bi·cen·ten·nial** [ˌbaɪsen'tenɪəl] *n* bicentenario *m.*

bi·ceps ['baɪseps] *n* bíceps *m.*

bick·er ['bɪkə^r] *vi* discutir, *(LAm)* pelear.

bi·cy·cle ['baɪsɪkl] **1** *n* bicicleta *f;* **to ride a** ~ ir en *or* montar bicicleta. **2** *cpd* de bicicleta.

bid [bɪd] **1** *n (gen)* oferta *f; (attempt)* tentativa *f,* intento *m; (Cards)* marca *f;* **to make a** ~ **for freedom/power** hacer un intento de conseguir la libertad/el poder.

2 *vt* **(a)** *(pt, pp* **bid***) (at auction etc)* pujar; **to** ~ **£10 for** ofrecer 10 libras por.

(b) *(pt* **bad(e),** *pp* **bid·den***: old, poet: order)* mandar; **to** ~ **sb to do sth** mandar a uno hacer algo.

(c) *(pt* **bad(e),** *pp* **bid·den***)* **to** ~ **sb good morning** dar a uno los buenos días.

3 *vi* **(a)** *(pt, pp* **bid***) (Cards)* marcar, declarar; **to** ~ **(for)** ofrecer (por), hacer una oferta (por); **to** ~ **against sb** pujar contra uno.

(b) *(pt* **bad(e),** *pp* **bid·den***)* **to** ~ **fair to** dar esperanzas de.

bid·der ['bɪdə^r] *n (at auction, Comm)* postor *m; (Cards)* declarante *mf;* **highest** ~ *(at auction, Comm)* mejor postor; *(Cards)* mejor declarante.

bid·ding ['bɪdɪŋ] *n* **(a)** *(at auction)* ofertas *fpl,* puja *f; (Cards)* declaración *f;* **the** ~ **opened at £5** la primera puja fue de 5 libras. **(b) to do sb's** ~ cumplir el mandato de uno.

bide [baɪd] *vt:* **to** ~ **one's time** esperar la hora propicia.

bi·det ['biːdeɪ] *n* bidet *m.*

bi·en·nial [baɪ'enɪəl] **1** *adj (every 2 years)* bienal. **2** *n (plant)* bianual *m.*

bier [bɪə^r] *n* féretro *m.*

bi·fo·cals [baɪ'fəʊkəlz] *npl* gafas *fpl* bifocales.

big [bɪg] **1** *adj* **(-ger, -gest) (a)** *(in size, amount)* grande; *(important)* grande, importante; **to get** ~**/**~**ger** crecer; **my** ~ **brother** mi hermano mayor. **(b)** *(idioms)* **to make the** ~ **time** alcanzar el éxito; **to earn** ~ **money** ganar buen dinero; ~ **business** gran negocio; **to have** ~ **ideas** hacerse ilusiones; **what's the** ~ **idea?** *(fam)* ¿a qué viene eso?; **to do things in a** ~ **way** *(fam)* hacer las cosas en grande; **he's too** ~ **for his boots** *(fam)* es muy engreído, se las da de listo; **why don't you keep your** ~ **mouth shut!** *(fam)* ¡no seas bocazas!; **that's** ~ **of you!** *(iro)* ¡qué amable!; ~ **deal!** *(fam)* ¿y qué?

2 *adv (fam)* **to talk** ~ darse mucha importancia, fanfarronear; **to think** ~ tener ambición, ser ambicioso/a.

3: ~ **dipper** *n (at fair)* montaña *f* rusa; ~ **end** *n (Aut)* cabeza *f* de biela; ~ **game** *n* caza *f* mayor; ~ **noise** *n,* ~ **shot** *n (fam)* pez *m* gordo; ~ **toe** *n* dedo *m* gordo del pie; ~ **top** *n (circus)* circo *m; (main tent)* tienda *f* principal; ~ **wheel** *n* **(a)** *(at fair)* noria *f;* **(b)** *(US) see* ~ **noise.**

biga·mist ['bɪgəmɪst] *n* bígamo/a *m/f.*

big·amy ['bɪgəmɪ] *n* bigamia *f.*

big·head ['bɪghed] *n (fam)* creído/a *m/f,* engreído/a *m/f.*

big-headed [bɪg'hedɪd] *adj (fam)* engreído/a.

big·ot ['bɪgət] *n* sectario/a *m/f.*

big·ot·ed ['bɪgətɪd] *adj* sectario/a.

big·ot·ry ['bɪgətrɪ] *n* sectarismo *m.*

big·wig ['bɪgwɪg] *n (fam)* pez *m* gordo.

bike [baɪk] *n (fam)* bici *f; (motorcycle)* moto *f;* **to ride a** ~ ir en bicicleta.

bi·ki·ni [bɪ'kiːnɪ] *n* bikini *m.*

bi·lat·er·al [baɪ'lætərəl] *adj* bilateral.

bil·berry ['bɪlbərɪ] *n* arándano *m.*

bile [baɪl] *n (Med)* bilis *f.*

bi·lin·gual [baɪ'lɪŋgwəl] *adj* bilingüe.

bili·ous ['bɪlɪəs] *adj* bilioso/a; ~ **attack** trastorno *m* biliar.

bill[1] [bɪl] **1** *n (of bird)* pico *m.* **2** *vi:* **to** ~ **and coo** *(birds)* arrullar; *(fig: lovers)* besuquearse.

bill[2] [bɪl] **1** *n* **(a)** *(account)* cuenta *f;* **to pay the** ~ pagar la cuenta. **(b)** *(Pol)* proyecto *m* de ley; ~ **of rights** ley *f* fundamental. **(c)** *(US: banknote)* billete *m.* **(d)** *(notice)* cartel *m;* **stick no** ~**s** prohibido fijar carteles; **that fits the** ~ *(fig)* eso llena los requisitos; ~ **of fare** carta *f.* **(e)** *(Theat)* programa *m;* **to top the** ~ ser la estrella, encabezar el reparto. **(f)** *(esp Comm, Fin: certificate)* factura *f;* ~ **of exchange** letra *f* de cambio; ~ **of lading** conocimiento *m* de embarque; ~ **of sale** escritura *f* de venta.

2 *vt* **(a)** *(Theat)* figurar en el programa. **(b)** *(customer)* cobrar.

bill·board ['bɪlbɔːd] *n* cartelera *f.*

bil·let ['bɪlɪt] **1** *n (Mil)* alojamiento *m.* **2** *vt:* **to** ~ **sb (on sb)** alojar a uno (en casa de uno).

bill·fold ['bɪlfəʊld] *n (US)* billetero *m,* cartera *f.*

bil·liards ['bɪljədz] *nsg* billar *m.*

bill·ing ['bɪlɪŋ] *n (Theat)* **to get top** ~ ser la atracción principal.

bil·lion ['bɪljən] *n (Brit)* billón *m; (US)* mil millones *mpl.*

bil·low ['bɪləʊ] *vi (smoke)* salir en nubes; *(sail)* ondear, ondular.

billy(-goat) ['bɪlɪ(gəʊt)] *n* macho *m* cabrío.

bin [bɪn] *n (for bread)* nasa *f,* caja *f* del pan; *(for coal)* carbonera *f; (rubbish* ~*, dust*~*)* cubo *m or (LAm)* bote *m* de basura; *(litter* ~*)* papelera *f.*

bi·na·ry ['baɪnərɪ] *adj* binario/a.

bind [baɪnd] *pt, pp* **bound 1** *vt* **(a)** *(tie together)* atar; *(tie down, make fast)* sujetar; *(fig)* unir; **bound hand and foot** atado de pies y manos. **(b)** *(wound, arm etc)* vendar; *(bandage)* enrollar. **(c)** *(Sew: material, hem)* ribetear. **(d)** *(book)* encuadernar. **(e)** *(oblige)* **to** ~ **sb to sth** obligar a uno a cumplir con algo; **to** ~ **sb to do sth** obligar a uno a hacer algo. **(f)** *(Culin)* cuajar.

2 *n (fam: nuisance)* lata *f.*

♦ **bind over** *vt + adv (Jur)* **to** ~ **sb over to keep the peace** exigirle a uno que no reincida.

♦ **bind together** *vt + adv (lit)* atar; *(fig)* unir.

♦ **bind up** *vt + adv (wound)* vendar; **to be bound up in** *(work, research etc)* estar absorto/a en; **to be bound up with** *(person)* estar estrechamente ligado/a con.

bind·er ['baɪndə^r] *n* **(a)** *(Agr)* agavilladora *f.* **(b)** *(file)* carpeta *f.*

bind·ing ['baɪndɪŋ] **1** *n* **(a)** *(of book)* encuadernación *f.* **(b)** *(Sew)* ribete *m.* **(c)** *(on skis)* ataduras *fpl.* **2** *adj (agreement, contract)* obligatorio/a; **to be ~ on sb** ser obligatorio para uno.

binge [bɪndʒ] *n (Sp)* juerga *f, (LAm)* parranda *f.*

bin·go ['bɪŋgəʊ] *n* bingo *m.*

bin·ocu·lars [bɪ'nɒkjʊləz] *npl* prismáticos *mpl.*

bio·chemist [ˌbaɪəʊ'kemɪst] *n* bioquímico/a *m/f.*

bio·chem·ist·ry [ˌbaɪəʊ'kemɪstrɪ] *n* bioquímica *f.*

bio·degrad·able [ˌbaɪəʊdɪ'greɪdəbl] *adj* descomponible.

bi·og·ra·pher [baɪ'ɒgrəfə^r] *n* biógrafo/a *m/f.*

bio·graphi·cal [ˌbaɪəʊ'græfɪkəl] *adj* biográfico/a.

bi·og·ra·phy [baɪ'ɒgrəfɪ] *n* biografía *f.*

bio·logi·cal [ˌbaɪə'lɒdʒɪkəl] *adj* biológico/a; **~ warfare** la guerra biológica.

bi·olo·gist [baɪ'ɒlədʒɪst] *n* biólogo/a *m/f.*

bi·ol·ogy [baɪ'ɒlədʒɪ] *n* biología *f.*

bio·phys·ics [ˌbaɪəʊ'fɪzɪks] *nsg* biofísica *f.*

bi·par·ti·san [ˌbaɪpɑːtɪ'zæn] *adj* bipartidario/a.

bi·ped ['baɪped] *n* bípedo *m.*

birch [bɜːtʃ] **1** *n (tree, wood)* abedul *m; (for whipping)* vara *f.* **2** *vt (punish)* castigar con la vara.

bird [bɜːd] **1** *n* pájaro *m; (Zool)* ave *f; (Culin)* ave; *(Brit fam: girl)* chica *f, (LAm)* niña *f; (: girlfriend)* novia *f;* **~ of prey** ave de rapiña; **early ~** *(fig)* madrugador(a) *m/f;* **a little ~ told me** *(hum)* me lo dijo un pajarito; **the early ~ catches the worm** al que madruga, Dios le ayuda; **a ~ in the hand is worth two in the bush** más vale pájaro en mano que ciento volando; **~s of a feather flock together** Dios los cría y ellos se juntan; **to kill two ~s with one stone** matar dos pájaros de un tiro.

2: ~ cage *n* jaula *f; (large: outdoor)* pajarera *f;* **~ sanctuary** *n* reserva *f* de pájaros; **~'s-eye view** *n* vista *f* de pájaro; **~ watcher** *n* ornitólogo/a *m/f.*

birth [bɜːθ] **1** *n (gen)* nacimiento *m; (Med)* parto *m; (fig)* nacimiento, surgimiento *m;* **at ~** al nacer; **French by ~** francés/esa de nacimiento; **place of ~** lugar *m* de nacimiento; **to give ~ to** *(lit)* dar a luz a; *(fig)* dar origen a. **2: ~ certificate** *n* partida *f* de nacimiento; **~ control** *n* control *m* de la natalidad; **~ place** *n* lugar *m* de nacimiento; **~ rate** *n* tasa *f or* índice *m* de natalidad.

birth·day ['bɜːθdeɪ] **1** *n* cumpleaños *m inv.* **2** *cpd (present, party, cake)* de cumpleaños.

birth·mark ['bɜːθmɑːk] *n* marca *f* de nacimiento.

birth·right ['bɜːθraɪt] *n (fig)* patrimonio *m.*

bis·cuit ['bɪskɪt] *n (Brit)* galleta *f, (LAm)* bizcocho *m; (US)* magdalena *f.*

bi·sect [baɪ'sekt] *vt* bisecar.

bish·op ['bɪʃəp] *n* obispo *m; (Chess)* alfil *m.*

bi·son ['baɪsn] *n* bisonte *m.*

bit[1] [bɪt] *n (tool)* barrena *f,* taladro *m.*

bit[2] [bɪt] *n* **(a)** *(gen: piece)* trozo *m; (of cake)* ración *f,* porción *f; (smaller)* pedazo *m;* **a ~** *(small amount)* un poquito; **a ~ of** *(paper, wood)* un trozo de; *(wine, sunshine, peace)* un poco de; **a ~ too much** un poco demasiado; **a ~ too little** falta un poquito; **a ~ bigger/smaller** un poco más grande/pequeño; **a little ~ dearer** un poco más caro; **a good ~ cheaper** mucho más barato; **a ~ of news** una noticia; **a ~ of advice** un consejo; **they have a ~ of money** tienen dinero *or (LAm)* plata; **it was a ~ of a shock** fue un golpe bastante duro; **that's not a ~ of help** eso no ayuda en lo más mínimo; **to come to ~s** *(break)* hacerse pedazos; *(be dismantled)* desmontarse; **in ~s (and pieces)** *(broken)* hecho/a pedazos; *(dismantled)* desmontado/a; **bring all your ~s and pieces** trae todos tus avíos; **to do one's ~** aportar su granito de arena; **when it comes to the ~** cuando llega la hora.

(b) *(short time)* **a ~** un rato.

(c) *(considerable sum)* **a ~** bastante.

(d) *(US: $12\frac{1}{2}$ cents)* doce centavos y medio.

bit[3] [bɪt] *pt of* **bite.**

bitch [bɪtʃ] **1** *n* **(a)** *(of canines)* hembra *f; (of dog)* perra *f.* **(b)** *(fam: woman)* bruja *f.* **2** *vi (fam: complain)* quejarse.

bitchy ['bɪtʃɪ] *adj* rencoroso/a, envidioso/a.

bite [baɪt] *(vb: pt* **bit,** *pp* **bitten) 1** *n* **(a)** *(act)* dentellada *f; (wound: of dog, snake etc)* mordedura *f; (of insect)* picadura *f;* **to take a ~ at** morder; **the dog took a ~ at him** el perro intentó morderle. **(b)** *(of food)* bocado *m;* **do you fancy a ~ (to eat)?** ¿te apetece algo (de comer)? **(c)** *(Fishing)* **are you getting any ~s?** ¿están picando?

2 *vt* morder; *(subj: insect)* picar; **to ~ one's nails** comerse las uñas; **once bitten twice shy** *(fig)* el gato escaldado del agua fría huye; **to ~ the hand that feeds you** *(fig)* volverse en contra de su bienhechor; **to ~ the dust** *(die)* morder el polvo; *(fail)* fracasar, *(LAm)* tronar.

3 *vi* **(a)** *(dog etc)* morder; *(insect, fish)* picar. **(b)** *(fig: cuts, inflation etc)* doler.

♦ **bite into** *vi + prep (subj: person)* meter los dientes en; *(subj: acid)* corroer.

♦ **bite off** *vt + adv* arrancar con los dientes; **to ~ off more than one can chew** *(fig)* abarcar demasiado; **to ~ sb's head off** *(fig)* echarle una bronca a uno.

♦ **bite through** *vt + adv* romper con los dientes.

bit·ing ['baɪtɪŋ] *adj (cold, wind)* penetrante; *(criticism etc)* mordaz.

bit·ten ['bɪtn] *pp of* **bite.**

bit·ter ['bɪtə^r] **1** *adj* **(a)** *(taste)* amargo/a; **a ~ pill to swallow** *(fig)* una píldora difícil de tragar; **~ lemon** *(drink)* bíter lemon *m.* **(b)** *(icy: weather)* glacial. **(c)** *(hostile: enemy, hatred)* implacable; **~ struggle** lucha *f* enconada. **(d)** *(painful: disappointment)* amargo/a; **to the ~ end** hasta el final. **(e)** *(embittered: person)* amargado/a, resentido/a. **2** *n (Brit: beer)* cerveza *f* de barril.

bit·ter·ly ['bɪtəlɪ] *adv (see adj c, d)* implacablemente; amargamente; *(weather)* **it's ~ cold** hace un frío glacial.

bit·ter·ness ['bɪtənɪs] *n (gen)* amargura *f,* rencor *m; (of fruit etc)* acidez *f.*

bitter·sweet ['bɪtəswiːt] *adj (lit, fig)* agridulce.

bit·ty ['bɪtɪ] *adj (fam: disconnected)* deshilvanado/a, fragmentario/a.

bi·tu·men ['bɪtjʊmɪn] *n* betún *m.*

bi·tu·mi·nous [bɪ'tjuːmɪnəs] *adj* bituminoso/a.

bivou·ac ['bɪvʊæk] *(vb: pt, pp* **bivouacked) 1** *n* vivaque *m.* **2** *vi* vivaquear.

bi·zarre [bɪ'zɑː^r] *adj (strange)* extraño/a, raro/a; *(dress)* estrafalario/a.

blab [blæb] **1** *vt (also* **~ out:** *secret)* soltar. **2** *vi (chatter)* cotillear; *(to police etc)* soplar, cantar.

black [blæk] **1** *adj* **(a)** negro/a; *(in darkness)* oscuro/a, tenebroso/a; *(with dirt)* sucio/a; *(fig: gloomy: event, state of affairs)* negro/a, funesto/a; *(wicked: thought, deed)* ruin; **things look pretty ~** la situación se ve grave; **to give a ~ look** poner mala cara; **~ coffee** café solo; **~ and blue** amoretonado/a; **~ and white** blanco y negro; **in ~ and white** *(in writing)* por escrito; **to see everything in ~ and white** ver las cosas en blanco y negro; **as ~ as pitch** negro como la boca del lobo; **in the ~** *(Fin)* en el haber. **(b)** *(Negro)* negro/a.

2 *n* **(a)** *(colour)* negro *m,* color *m* negro. **(b)** *(person)* negro/a *m/f.*

3 *vt (Industry: goods, firm)* boicotear.

4: ~ **box** *n (Aer)* registrador *m* de vuelo, caja *f* negra; ~ **comedy** *n* comedia *f* negra; ~ **eye** *n* ojo *m* morado; ~ **magic** *n* magia *f* negra; ~ **mark** *n (fig)* mala nota *f*; ~ **market** *n* mercado *m* negro; ~ **marketeer** *n* estraperlista *mf*; ~ **pudding** *n* morcilla *f*; **B**~ **Sea** *n* Mar *m* Negro; ~ **sheep** *n* oveja *f* negra; ~ **spot** *n (on road)* lugar *m* peligroso; *(blemish)* mancha *f*.

♦ **black out** **1** *vt + adv (obliterate with ink etc)* tapar; *(house)* apagar todas las luces (de). **2** *vi + adv (faint)* desmayarse.

black·berry ['blækbərɪ] *n* zarzamora *f*.

black·bird ['blækbɜːd] *n* mirlo *m*.

black·board ['blækbɔːd] *n* pizarra *f*.

black·cur·rant [ˌblæk'kʌrənt] *n* grosella *f* negra.

black·en ['blækən] **1** *vi* ennegrecerse. **2** *vt* **(a)** ennegrecer. **(b)** *(fig: reputation)* denigrar.

black·head ['blækhed] *n* espinilla *f*.

black·jack ['blækdʒæk] *n (Cards)* veintiuna *f*.

black·leg ['blækleg] *n (Brit)* esquirol(a) *m/f*, rompehuelgas *m inv*.

black·list ['blæklɪst] **1** *n* lista *f* negra. **2** *vt* poner en la lista negra.

black·mail ['blækmeɪl] **1** *n* chantaje *m*. **2** *vt* chantajear.

black·mail·er ['blækmeɪləʳ] *n* chantajista *mf*.

black·ness ['blæknɪs] *n* negrura *f*; *(darkness)* oscuridad *f*, tinieblas *fpl*.

black·out ['blækaʊt] *n* **(a)** *(gen)* apagón *m*. **(b)** *(Med)* desmayo *m*.

black·shirt ['blækʃɜːt] *n* camisa negra *mf*.

black·smith ['blæksmɪθ] *n* herrero/a *m/f*.

blad·der ['blædəʳ] *n (Anat)* vejiga *f*; *(of football etc)* cámara *f* de aire.

blade [bleɪd] *n (cutting edge: of knife, tool)* filo *m*; *(: of weapon, razor etc)* hoja *f*; *(: of skate)* cuchilla *f*; *(of propeller)* paleta *f*; *(of oar)* pala *f*; *(of grass etc)* brizna *f*; *(Aut: of wiper)* rasqueta *f*.

blame [bleɪm] **1** *n* culpa *f*; **to lay the ~ on sb** echar la culpa a uno. **2** *vt* **(a)** *(hold responsible)* culpar, echar la culpa a; **to ~ sb for sth** echar la culpa de algo a uno, culpar a uno de algo; **to be to ~ for** ser culpable de; **you have only yourself to ~** la culpa la tienes tú. **(b)** *(reproach)* censurar; **and I don't ~ him** y lo comprendo perfectamente.

blame·less ['bleɪmlɪs] *adj (innocent)* inocente; *(irreproachable)* intachable.

blanch [blɑːntʃ] **1** *vi (person)* palidecer. **2** *vt (Culin)* blanquear.

bland [blænd] *adj (people, actions: mild)* suave; afable; *(pej)* soso/a; *(food)* suave.

bland·ish·ments ['blændɪʃmənts] *npl* halagos *mpl*.

blank [blæŋk] **1** *adj (paper, space etc)* en blanco; *(empty: expression etc)* sin expresión; **a ~ look** una mirada sin expresión; **a look of ~ amazement** una mirada de profundo asombro; **my mind went ~** me falló la memoria.

2 *n (void)* vacío *m*; *(in form)* espacio *m* en blanco; **to draw a ~** *(fig)* llevarse un chasco.

3: ~ **cartridge** *n* cartucho *m* de fogueo; ~ **cheque** *n* cheque *m* en blanco; ~ **verse** *n* verso *m* suelto.

blan·ket ['blæŋkɪt] **1** *n* manta *f*, *(LAm)* frazada *f*, cobija *f*; *(fig) (of snow)* capa *f*; *(of smoke, fog)* manto *m*; **electric ~** manta *f* eléctrica; **wet ~** *(fig)* aguafiestas *mf inv*. **2** *cpd (statement, agreement)* comprensivo/a, general; **to give ~ cover** dar póliza a todo riesgo.

blare [blɛəʳ] **1** *n* estruendo *m*; *(of trumpet)* trompetazo *m*. **2** *vt (also ~* **out***)* vociferar. **3** *vi* resonar.

blasé ['blɑːzeɪ] *adj* indiferente, hastiado/a.

blas·pheme [blæs'fiːm] *vi (swear)* blasfemar.

blas·phem·er [blæs'fiːməʳ] *n (frm, Rel)* blasfemador(a) *m/f*.

blas·phe·mous ['blæsfɪməs] *adj* blasfemo/a.

blas·phe·my ['blæsfɪmɪ] *n* blasfemia *f*.

blast [blɑːst] **1** *n* **(a)** *(of air, steam, wind)* ráfaga *f*; **(at) full ~** *(fig)* a toda marcha. **(b)** *(sound: of trumpet etc)* toque *m*. **(c)** *(shock wave: of explosion etc)* sacudida *f*, choque *m*; *(noise: of bomb)* explosión *f*; *(: gen)* estallido *m*. **2** *vt (tear apart: with explosives)* volar; *(by lightning)* derribar; *(fig: hopes, future)* arruinar. **3** *vi (also ~* **out***)* sonar, resonar. **4** *interj (fam)* ¡maldita sea!; **~ it!** ¡maldición!

♦ **blast off** *vi + adv (spacecraft etc)* despegar.

blast·ed ['blɑːstɪd] *adj (fam)* maldito/a.

blast fur·nace ['blɑːstˌfɜːnɪs] *n* alto horno *m*.

blast·ing ['blɑːstɪŋ] *n (Tech)* voladura *f*.

blast-off ['blɑːstˌɒf] *n (of rockets)* despegue *m*.

bla·tant ['bleɪtənt] *adj* patente.

bla·tant·ly ['bleɪtəntlɪ] *adv* descaradamente.

blaze[1] [bleɪz] **1** *n (fire: of buildings etc)* incendio *m*; *(glow: of fire, sun etc)* resplandor *m*; *(display)* derroche *m*; *(outburst)* arranque *m*; **a ~ of colour** un derroche de color; **in a ~ of publicity** bajo los focos de la publicidad. **2** *vi (fire)* arder; *(sun)* brillar implacablemente; *(light)* resplandecer; *(eyes)* relucir; **to ~ with anger** echar chispas.

♦ **blaze away** *vi + adv* seguir disparando.

♦ **blaze up** *vi + adv* encenderse; *(fig: of feelings)* estallar.

blaze[2] [bleɪz] **1** *n (on animal)* mancha *f*; *(on tree)* señal *f*. **2** *vt (tree)* marcar; **to ~ a trail** *(also fig)* abrir un camino.

blaz·er ['bleɪzəʳ] *n (jacket)* chaqueta *f* ligera, bléiser *m*.

blaz·ing ['bleɪzɪŋ] *adj (building etc)* ardiendo, que arde; *(fire)* llameante; *(sun)* abrasador(a), ardiente; *(light)* brillante; *(eyes)* chispeante; *(row, anger)* violento/a.

bleach [bliːtʃ] **1** *n (agent)* lejía *f*. **2** *vt* blanquear.

bleach·ers ['bliːtʃəz] *npl (US)* gradas *fpl* al sol.

bleak [bliːk] *adj (landscape)* desolado/a, desierto/a; *(weather)* desapacible; *(smile)* triste; *(prospect, future)* poco prometedor(a).

bleary ['blɪərɪ] *adj (with tears, sleep)* legañoso/a; *(tired)* agotado/a.

bleary-eyed [ˌblɪərɪ'aɪd] *adj* de ojos legañosos.

bleat [bliːt] **1** *n* balido *m*. **2** *vi* balar; *(fig, fam)* gimotear.

bleed [bliːd] *pt, pp* **bled** [bled] **1** *vi (from cut, wound)* sangrar; **his nose is ~ing** echa sangre por la nariz; **to ~ to death** morir desangrando; **my heart ~s for him** *(iro)* ¡qué pena le tengo! **2** *vt* **(a)** *(let blood)* sangrar. **(b)** *(brakes, radiator)* desaguar.

bleed·ing ['bliːdɪŋ] *adj* **(a)** sangrante. **(b)** *(Brit fam)* condenado/a, puñetero/a.

bleep [bliːp] **1** *n (Rad, TV)* sonido *m* agudo. **2** *vi (transmitter)* emitir un sonido agudo.

bleep·er ['bliːpəʳ] *n (of doctor etc)* mensafono *m*.

blem·ish ['blemɪʃ] **1** *n (on fruit)* mancha *f*; *(on complexion)* defecto *m*; *(fig: on reputation)* tacha *f*. **2** *vt (spoil)* estropear.

blench [blentʃ] *vi (flinch)* acobardarse; *(pale)* palidecer.

blend [blend] **1** *n (gen)* mezcla *f*. **2** *vt (teas, food etc)* mezclar; *(colours)* casar, combinar. **3** *vi (harmonize)* armonizarse (*with* con).

blend·er ['blendəʳ] *n (Culin)* licuadora *f*.

bless [bles] *vt (subj: God, priest)* bendecir; **God ~ you** ¡Dios te bendiga!; **God ~ the queen!** ¡Dios guarde a la reina!; **~ you!** ¡qué cielo eres!; *(after sneezing)* ¡Jesús!, ¡salud!; **I'm ~ed if I know** *(fam* *euph)* no tengo ni idea; **to ~ o.s.** santiguarse.

bless·ed ['blesɪd] *adj* **(a)** *(Rel: holy)* santo/a, bendito/a; **the B~ Virgin** la Santa Virgen. **(b)** *(fam euph)* condenado/a; **where's that ~ book?** ¿dónde está ese maldito libro?

bless·ing ['blesɪŋ] *n* **(a)** *(Rel)* bendición *f.* **(b)** *(advantage)* beneficio *m;* **to count one's ~s** agradecer lo que se tiene; **you can count your ~s that ...** debes alegrarte de que ...; **it's a ~ in disguise** no hay mal que por bien no venga.

blest [blest] *adj, pp (poet) of* **bless.**

blew [bluː] *pt of* **blow**[2].

blight [blaɪt] **1** *n (Bot) (plants, cereals, fruit, trees)* roya *f; (fig)* plaga *f.* **2** *vt (Bot: wither)* marchitar; *(fig: spoil)* arruinar; *(: frustrate)* frustrar.

blind [blaɪnd] **1** *adj* **(a)** ciego/a; **~ in one eye** tuerto/a; **~ as a bat** *(fam)* más ciego que un topo; **to go ~** quedarse ciego. **(b)** *(fig: unnoticing)* **to be ~ to** ser inconsciente de; **to turn a ~ eye (to)** hacer la vista gorda (a). **(c)** *(unthinking: guess, rage, panic)* ciego/a.

2 *n* **(a) the ~** los ciegos; **it's a case of the ~ leading the ~** tan ciego el uno como el otro. **(b)** *(shade)* persiana *f;* **Venetian ~** persiana veneciana.

3 *adv (fly, land)* a ciegas; **~ drunk** *(fam)* más borracho que una cuba.

4 *vt* dejar ciego, cegar; *(dazzle)* deslumbrar; *(fig: with hate, love)* cegar.

5: ~ alley *n* callejón *m* sin salida; **~ corner** *n* esquina *f* escondida; **~ date** *n* cita *f* con un desconocido; **~ spot** *n (Aut)* ángulo *m* muerto; *(fig)* lado *m* flaco.

blind·fold ['blaɪndfəʊld] **1** *adj* con los ojos vendados; **I could do it ~** podría hacerlo con los ojos vendados. **2** *n* venda *f.* **3** *vt* vendar los ojos de.

blind·ly ['blaɪndlɪ] *adv (also fig)* a ciegas.

blind·ness ['blaɪndnɪs] *n* ceguera *f,* ceguedad *f; (also fig)* ceguera.

blink [blɪŋk] **1** *n* parpadeo *m;* **to be on the ~** *(fam)* estar estropeado. **2** *vt (eyes)* pestañear, parpadear. **3** *vi (eyes, light)* parpadear.

♦ **blink at** *vi + prep (ignore)* pasar por alto.

blink·er·ed ['blɪŋkəd] *adj (fig)* de miras estrechas.

blink·ers ['blɪŋkəz] *npl* anteojeras *fpl.*

bliss [blɪs] *n (Rel)* bienaventuranza *f; (happy state)* felicidad *f;* **ignorance is ~** *(Proverb)* ojos que no ven, corazón que no siente.

bliss·ful ['blɪsfʊl] *adj (happy)* dichoso/a; **in ~ ignorance** feliz en la ignorancia.

bliss·ful·ly ['blɪsfəlɪ] *adv (sigh, lounge)* con felicidad; **~ happy** sumamente feliz; **~ ignorant** feliz en la ignorancia.

blis·ter ['blɪstə[r]] **1** *n* ampolla *f.* **2** *vt* ampollar. **3** *vi* ampollarse.

blis·ter·ing ['blɪstərɪŋ] *adj (heat etc)* abrasador(a).

blithe·ly ['blaɪðlɪ] *adv (continue, ignore)* alegremente.

blitz [blɪts] **1** *n* bombardeo *m; (fig fam)* **I'm going to have a ~ on ironing tomorrow** mañana voy a tener una campaña de planchar; **the B~** *el bombardeo alemán de Gran Bretaña en 1940 y 1941.* **2** *vt* bombardear.

bliz·zard ['blɪzəd] *n* ventisca *f.*

bloat·ed ['bləʊtɪd] *adj (stomach, face, also fig)* hinchado/a.

blob [blɒb] *n (drop: of ink etc)* gota *f; (stain)* mancha *f; (lump: of mud etc)* burujo *m.*

bloc [blɒk] *n (Pol)* bloque *m.*

block [blɒk] **1** *n* **(a)** *(lump)* bloque *m; (toy: also building ~)* cubito *m; (executioner's)* tajo *m;* **to knock sb's ~ off** *(fam)* romper la crisma a uno; **a chip off the old ~** *(fam)* de tal palo tal astilla. **(b)** *(building)* bloque *m; (esp US: group of buildings)* manzana *f, (LAm)* cuadra *f;* **~ of flats** bloque *m* de pisos, edificio *m* de departamentos; **to walk around the ~** dar la vuelta a la cuadra; **3 ~s from here** a 3 manzanas *or (LAm)* cuadras de aquí. **(c)** *(section: of tickets, shares, stamps)* grupo *m.* **(d)** *(blockage: in pipe, Med)* bloqueo *m;* **mental ~** amnesia *f* temporal.

2 *vt (obstruct: road, gangway)* obstruir, cerrar; *(: procedure)* bloquear; *(: pipe)* obstruir; *(Sport)* parar; **to ~ sb's way/view** ponerse en medio.

3: ~ booking *n* reservación *f* en grupo; **~ letters** *or* **capitals** *npl* mayúsculas *fpl;* **~ and tackle** *n (Tech)* aparejo *m* de poleas.

♦ **block out** *vt + adv (obscure: light)* tapar; *(obliterate: picture)* borrar.

♦ **block up** *vt + adv (obstruct: passage)* obstruir; *(:pipe)* atascar; *(fill in: gap)* cerrar; **my nose is all ~ed up** estoy constipado/a.

block·ade [blɒ'keɪd] **1** *n (Mil)* bloqueo *m.* **2** *vt* bloquear.

block·age ['blɒkɪdʒ] *n (obstruction: Med)* obstrucción *f; (in pipe)* atasco *m.*

bloke [bləʊk] *n (Brit fam)* tipo *m,* tío *m, (LAm)* sujeto *m.*

blond(e) [blɒnd] *adj, n* rubio/a *m/f.*

blood [blʌd] **1** *n* sangre *f;* **to give ~** dar sangre; **of royal ~** de sangre real; **bad ~** *(fig)* mala leche, mala saña; **new ~** gente *f* nueva; **in cold ~** a sangre fría; **~ is thicker than water** la sangre tira; **it's in his ~** lo lleva en la sangre; **he's after my ~** *(hum)* me tiene rabia; **my ~ ran cold** se me heló la sangre.

2: ~ bank *n* banco *m* de sangre; **~ brother** *n* hermano *m* sanguíneo; **~ donor** *n* donante *mf* de sangre; **~ group** *n* grupo *m* sanguíneo; **~ heat** *n* temperatura *f* de la sangre; **~ money** *n* dinero *m* manchado de sangre; **~ orange** *n* naranja *f* sanguina; **~ poisoning** *n* envenenamiento *m* de la sangre; **~ pressure** *n* tensión *f* arterial; **high ~ pressure** hipertensión *f;* **low ~ pressure** tensión *f* baja; **~ red** *adj* sanguíneo/a; **~ sports** *npl* caza *fsg;* **~ stream** *n* corriente *f* sanguínea; **~ test** *n* análisis *m* de sangre; **~ type** *n* grupo *m* sanguíneo; **~ vessel** *n* vaso *m* sanguíneo.

blood·curdling ['blʌd,kɜːdlɪŋ] *adj* espeluznante.

blood·hound ['blʌdhaʊnd] *n* sabueso *m.*

blood·less ['blʌdlɪs] *adj (pale)* exangüe; *(characterless)* soso/a; *(coup)* sin vertir sangre.

blood·shed ['blʌdʃɛd] *n* efusión *f* de sangre.

blood·shot ['blʌdʃɒt] *adj (inflamed: eye)* inyectado/a de sangre.

blood·stain ['blʌdsteɪn] *n* mancha *f* de sangre.

blood·stained ['blʌdsteɪnd] *adj* manchado/a de sangre.

blood·thirsty ['blʌd,θɜːstɪ] *adj* sanguinario/a.

bloody ['blʌdɪ] **1** *adj* **(a)** *(lit: bleeding)* sangrante; *(bloodstained: hands, dress)* manchado/a de sangre; *(cruel: battle etc)* sangriento/a. **(b)** *(Brit fam)* maldito/a, puñetero/a; **that's ~ awful!** ¡qué chasco!; **I'm a ~ genius** ¡qué genio soy! **2** *adv (Brit fam)* **that's no ~ good!** ¡eso no vale nada!; *(positive)* **he runs ~ fast** ¡corre de puta madre!

bloody-minded [,blʌdɪ'maɪndɪd] *adj (Brit fam: stubborn)* terco/a, porfiado/a; *(: nasty)* malintencionado/a.

bloody-mindedness [,blʌdɪ'maɪndɪdnɪs] *n (Brit fam: obstinacy)* terquedad *f; (: nastiness)* maldad *f.*

bloom [bluːm] **1** *n (flower)* flor *f; (on fruit)* vello *m; (fig: on complexion)* rubor *m;* **in ~** en flor; **in full ~** en plena floración; **in the full ~ of youth** en la flor de la juventud. **2** *vi* florecer.

bloom·ers ['blu:məz] *npl* pantaletas *fpl,* pololos *mpl.*
blos·som ['blɒsəm] **1** *n (collective)* flores *fpl; (single)* flor *f;* **in ~** en flor. **2** *vi (also* **~ out**) florecer; *(fig)* desarrollarse; **it ~ed into love** se transformó en amor.
blot [blɒt] **1** *n (of ink)* borrón *m,* mancha *f; (fig: on reputation etc)* tacha *f;* **the chimney is a ~ on the landscape** la chimenea afea el paisaje. **2** *vt* **(a)** *(spot: with ink)* manchar; **to ~ one's copybook** manchar su reputación. **(b)** *(dry: with blotter: ink, writing)* secar.
♦ **blot out** *vt + adv (lit)* borrar; *(fig: mist, fog)* ocultar; *(: memories)* borrar.
blotch [blɒtʃ] *n (of ink, colour)* mancha *f; (on skin)* erupción *f.*
blot·ter ['blɒtə^r] *n* secafirmas *m inv.*
blot·ting paper ['blɒtɪŋ,peɪpə^r] *n* papel *m* secante.
blouse [blauz] *n* blusa *f.*
blow[1] [bləʊ] *n* **(a)** *(hit)* golpe *m; (slap)* bofetada *f;* **a ~ with a hammer/fist/elbow** un martillazo/un puñetazo/un codazo; **at one ~** de un solo golpe; **to strike a ~ for freedom** *(fig)* dar un golpe por la libertad; **to come to ~s** *(lit, fig)* llegar a golpes. **(b)** *(fig: misfortune)* golpe *m;* **the news came as a great ~** la noticia causó un gran disgusto.
blow[2] [bləʊ] *pt* **blew,** *pp* **blown 1** *vt* **(a)** *(move by ~ing: of wind etc)* llevar; **to ~ sb a kiss** enviar un beso a uno. **(b)** *(trumpet, whistle)* tocar, sonar; *(nose)* sonarse (la nariz); *(glass)* soplar; **to ~ one's own trumpet** darse bombo; **to ~ bubbles** *(soap)* hacer pompas; *(gum)* hacer globos. **(c)** *(burn out, explode: fuse)* quemar; *(: safe etc)* volar; **to ~ money on sth** *(fam)* malgastar dinero en algo; **to ~ a secret** soltar un secreto; **to ~ one's top** reventar; **~ this rain!** *(fam)* ¡maldita sea esta lluvia!; **~ the expense!** ¡al cuerno el gasto!

2 *vi* **(a)** *(wind)* soplar; *(person)* jadear. **(b)** *(move: with wind: leaves etc)* mover con el viento; **the door blew open/shut** se abrió/cerró la puerta con el viento. **(c)** *(make sound: trumpet)* sonar. **(d)** *(fuse etc)* quemarse.

3 *n (of breath)* soplo *m; (of sound)* trompetazo *m.*
♦ **blow away 1** *vi + adv* llevarse. **2** *vt + adv* llevar.
♦ **blow down** *vi + adv* derribarse.
♦ **blow in** *vi + adv (collapse)* derribarse; *(enter)* entrar de sopetón; **look who's blown in!** *(fam)* ¡mira quíen ha caído del cielo!
♦ **blow off** *vt + adv (gas)* dejar escapar; **to ~ off steam** desfogarse.
♦ **blow out** *vt + adv* **(a)** *(extinguish: candle)* apagar (con un soplo). **(b)** *(swell out: cheeks)* hinchar.
♦ **blow over 1** *vt + adv* derribar, tumbar. **2** *vi + adv (tree etc)* derribarse, tumbarse; *(storm)* calmarse; *(fig: dispute)* olvidarse.
♦ **blow up 1** *vt + adv (explode: bridge etc)* volar; *(burst: balloon)* reventar; *(inflate: tyre etc)* inflar, hinchar; *(enlarge: photo)* ampliar; *(: fig: an event etc)* exagerar. **2** *vi + adv (be exploded)* explotar; *(fig: row etc)* estallar; *(fig fam: in anger)* salir de sus casillas.
blow-dry ['bləʊ,draɪ] **1** *n (hairstyle)* **I'd like a cut and ~** quisiera un corte y moldeado (con secador) de mano. **2** *vt (style)* moldear (con secador) de mano.
blow·lamp ['bləʊlæmp] *n* soplete *m.*
blown [bləʊn] *pp of* **blow**[2].
blow-out ['bləʊaʊt] *n* **(a)** *(Aut: burst tyre)* reventón *m,* pinchazo *m, (Mex)* ponchadura *f.* **(b)** *(Elec: of fuse)* quemadura *f.* **(c)** *(fam: big meal)* banquetazo *m, (LAm)* tragadero *m.*
blow·pipe ['bləʊpaɪp] *n (weapon)* cerbatana *f.*
blowy ['bləʊɪ] *adj (day)* ventoso/a.
blowzy ['blaʊzɪ] *adj (woman)* desaliñado/a.
blub·ber ['blʌbə^r] **1** *n (of whales)* grasa *f* de ballena. **2** *vi (weep)* lloriquear.
blue [blu:] **1** *adj* **(a)** azul; **~ with cold** amoratado/a de frío; **once in a ~ moon** de Pascuas a Ramos. **(b)** *(fam: obscene)* verde, *(LAm)* colorado. **(c)** *(fam: sad)* triste, deprimido/a; **to feel ~** estar tristón/ona, *(LAm)* tener pena.

2 *n* **(a)** *(colour)* azul *m.* **(b)** *(sky)* cielo *m;* **out of the ~** *(fig)* como cosa llovida del cielo. **(c) ~s** *(Mus)* blues *m; (feeling)* melancolía *f,* tristeza *f, (LAm)* pena *f;* **he's got the ~s** está triste, *(LAm)* tiene pena.

3: ~ blood *n* sangre *f* azul; **~ cheese** *n* queso *m* de pasta verde.
blue·bell ['blu:bel] *n* campánula *f* azul.
blue·berry ['blu:bərɪ] *n (US)* arándano *m.*
blue-blooded [,blu:'blʌdɪd] *adj* de sangre azul.
blue·bottle ['blu:,bɒtəl] *n* moscarda *f.*
blue-collar ['blu:,kɒlə^r] *adj:* **~ workers** obreros *mpl,* trabajadores *mpl* manuales.
blue-eyed [,blu:'aɪd] *adj* de ojos azules; **~ boy** *(fig)* ojo *m* derecho, consentido/a *m/f.*
blue·print ['blu:prɪnt] *n (plan)* proyecto *m,* anteproyecto *m; (drawing)* cianotipo *m.*
bluff[1] [blʌf] *adj (person)* franco/a, directo/a.
bluff[2] [blʌf] *n (cliff)* risco *m,* peñasco *m.*
bluff[3] [blʌf] **1** *n (act of ~ing)* farol *m,* bluff *m;* **to call sb's ~** coger a uno en un renuncio. **2** *vt (deceive by pretending)* engañar, embaucar; **to ~ it out by ...** salvar la situación haciendo creer que .... **3** *vi* farolear, tirarse un farol.
blun·der ['blʌndə^r] **1** *n* metedura *f* de pata, patinazo *m, (RPl)* plancha *f;* **to make a ~** meter la pata, *(RPl)* tirarse una plancha. **2** *vi* **(a)** *(err)* cometer un grave error. **(b)** *(move clumsily)* **to ~ about** andar a ciegas, andar a tontas y a locas; **to ~ into sb/sth** tropezar con uno/algo; **to ~ into sth** *(fig)* caer *or* meterse en algo; *(trap)* caer en algo.
blunt [blʌnt] **1** *adj* **(a)** *(not sharp: edge)* embotado/a, desafilado/a; *(: point)* despuntado/a. **(b)** *(outspoken)* directo/a, franco/a. **2** *vt* embotar; despuntar; *(fig)* debilitar, mitigar.
blunt·ly ['blʌntlɪ] *adv (speak)* francamente, directamente.
blunt·ness ['blʌntnɪs] *n* **(a)** *(of blade etc)* embotadura *f.* **(b)** *(outspokenness)* franqueza *f.*
blur [blɜ:^r] **1** *n (shape)* contorno *m* borroso; **everything is a ~ when I take off my glasses** todo se vuelve borroso cuando me quito los lentes; *(fig)* **the memory is just a ~** el recuerdo está impreciso; **my mind was a ~** todo se volvió borroso en mi mente.

2 *vt* **(a)** *(obscure: writing)* borrar, enturbiar; *(: outline)* desdibujar; *(: sight)* oscurecer, empañar. **(b)** *(fig: memory)* enturbiar; *(: judgment)* ofuscar.

3 *vi (be obscured)* desdibujarse, volverse borroso/a; **her eyes ~red with tears** las lágrimas le enturbiaban la vista.
blurb [blɜ:b] *n* propaganda *f.*
blurred [blɜ:d] *adj* borroso/a; **to be/become ~** estar/volverse borroso/a.
blurt [blɜ:t] *vt:* **to ~ out** *(secret)* dejar escapar; *(recount: whole story)* contar de buenas a primeras.
blush [blʌʃ] **1** *n* rubor *m,* sonrojo *m.* **2** *vi* ruborizarse (*with* de), sonrojarse (*with* de); **to make sb ~** hacer que uno se ponga rojo; **I ~ for you** siento vergüenza *or* pena por ti.
blus·ter ['blʌstə^r] **1** *n (empty threats)* fanfarronadas *fpl,* bravatas *fpl.* **2** *vi (wind)* soplar con

fuerza, bramar; *(fig: person)* echar bravatas, fanfarronear.

blus·tery ['blʌstərɪ] *adj (wind)* tempestuoso/a.

boa ['bəʊə] *n* **(a)** *(snake: also* ~ **constrictor)** boa *f.* **(b)** *(of feathers)* boa *f* (de plumas).

boar [bɔːʳ] *n (male pig)* verraco *m*, cerdo *m;* **wild** ~ jabalí *m.*

board [bɔːd] **1** *n* **(a)** *(of wood)* tabla *f*, tablón *m; (for chess etc)* tablero *m; (ironing* ~*)* mesa *f; (notice* ~*)* tablón; **across the** ~ *(fig: adv)* en general, globalmente; *(: adj)* **an across-the-**~ **increase** un aumento general; **to go by the** ~ *(fig: go wrong)* ir al traste; *(: be abandoned)* abandonarse; **above** ~ *(fig: just)* legítimo/a; *(: in order)* en regla, legal; **to sweep the** ~ ganárselas todas. **(b)** *(provision of meals)* pensión *f;* **half** ~ media pensión; **full** ~ pensión completa; ~ **and lodging** casa y comida. **(c)** *(Naut, Aer)* **on** ~ a bordo. **(d)** *(group of officials)* junta *f*, consejo *m.* **(e)** *(gas, water etc)* comisión *f.*

2 *vt* **(a)** *(ship, plane)* subir a bordo de, embarcarse en; *(enemy ship)* abordar; *(bus, train)* subir a. **(b)** *(also* ~ **up**: *cover with* ~*s)* entablar, enmaderar.

3 *vi:* **to** ~ **with** hospedarse en casa de.

4: ~ **of directors** *n* consejo *m* de administración, junta *f* directiva; ~ **game** *n* juego *m* de tablero; ~ **meeting** *n* reunión *f* de la junta directiva; ~ **room** *n* sala *f* de juntas.

board·er ['bɔːdəʳ] *n* huésped(a) *m/f; (Scol)* interno/a *m/f.*

board·ing card ['bɔːdɪŋ,kɑːd] *n*,**board·ing pass** ['bɔːdɪŋ,pɑːs] *n (Aer)* tarjeta *f* de embarque.

board·ing house ['bɔːdɪŋ,haʊs] *n* pensión *f*, casa *f* de huéspedes.

board·ing school ['bɔːdɪŋ,skuːl] *n* internado *m.*

board·walk ['bɔːdwɔːk] *n (US)* paseo *m* entablado *(a la orilla del mar).*

boast [bəʊst] **1** *n:* **it is his** ~ **that** se jacta de que; **to be the** ~ **of** ser el orgullo de. **2** *vt (frm: pride o.s. on)* ostentar, jactarse de. **3** *vi* jactarse, presumir; **he** ~**s about his strength** presume de fuerte.

boast·ful ['bəʊstfʊl] *adj* jactancioso/a, fanfarrón/ona.

boast·ing ['bəʊstɪŋ] *n* jactancia *f*, presunción *f.*

boat [bəʊt] **1** *n (gen)* barco *m; (small)* embarcación *f; (rowing* ~*)* barca *f*, bote *m* (de remo); *(large ship)* buque *m*, navío *m;* **to go by** ~ ir en barco; **we're all in the same** ~ *(fig fam)* estamos todos en la misma situación; **to burn one's** ~**s** *(fig)* quemar las naves; **to miss the** ~ *(fig)* perder el tren. **2:** ~ **train** *n* tren *m* que enlaza con un barco.

boat·er ['bəʊtəʳ] *n (hat)* canotié *m.*

boat·swain ['bəʊsn] *n* contramaestre *mf.*

bob[1] [bɒb] **1** *n (jerk: of head etc)* sacudida *f*, meneo *m; (curtsy)* reverencia *f.* **2** *vi (jerk: person)* menearse; *(: animal)* moverse, menearse; **to** ~ **about** *(in wind etc)* bailar; *(on water)* balancearse, mecerse; **to** ~ **(up and down)** subir y bajar.

♦ **bob up** *vi + adv (appear)* surgir, presentarse.

bob[2] [bɒb] *n* pelo *m* a lo garçon.

bob[3] [bɒb] *n (old Brit fam: shilling)* chelín *m.*

bob·bin ['bɒbɪn] *n* carrete *m*, bobina *f; (Sew: of cotton)* canilla *f.*

bob·ble ['bɒbl] *n (ball: on hat)* pompón *m*, borla *f.*

bob·by ['bɒbɪ] *n (Brit fam)* poli *m*, madero *m (sl).*

bob·cat ['bɒb,kæt] *n (US)* lince *m.*

bob·sleigh ['bɒbsleɪ] *n* bob *m*, trineo *m* de balancín.

bode [bəʊd] *vi:* **it** ~**s well/ill** es de buen/mal agüero.

bod·ice ['bɒdɪs] *n (of dress)* corpiño *m*, almilla *f.*

bodi·ly ['bɒdɪlɪ] **1** *adj* corpóreo/a, corporal; ~ **needs** necesidades *fpl* corporales. **2** *adv:* en conjunto; **to lift sb** ~ levantar a uno en peso; **actual/grievous** ~ **harm** *(Jur)* daños *mpl* personales/graves.

body ['bɒdɪ] *n* **(a)** *(of person, animal)* cuerpo *m; (torso)* torso *m*, tórax *m; (dead* ~*)* cadáver *m;* **to keep** ~ **and soul together** ganar lo justo para vivir; **over my dead** ~**!** ¡ni soñando!, ¡ni pensarlo!

(b) *(Aut: also* ~**work)** carrocería *f; (gen: external structure)* armazón *m*, casco *m; (core: of argument)* peso *m*, meollo *m.*

(c) *(mass, collection)* conjunto *m; (of people)* grupo *m; (organization)* cuerpo *m*, órgano *m; (of water)* masa *f;* **a large** ~ **of evidence** una recopilación importante de datos; **the student** ~ la masa estudiantil; **in a** ~ todos juntos, en masa.

(d) *(substance: of wine)* cuerpo *m; (: of hair)* volumen *m*, cuerpo.

body·builder ['bɒdɪ,bɪldəʳ] *n* esculturista *mf.*

body·guard ['bɒdɪgɑːd] *n (man)* guardaespaldas *m inv; (men)* guardia *f* personal.

body·work ['bɒdɪwɜːk] *n (Aut)* carrocería *f.*

bog [bɒg] *n* pantano *m*, ciénaga *f; (Brit fam: toilet)* váter *m*, *(LAm)* baño *m.*

♦ **bog down** *vt + adv:* **to get** ~**ged down (in)** quedar atascado/a (en), hundirse (en); *(fig)* empantanarse *or* atrancarse (en).

bog·gle ['bɒgl] *vi (fam)* **to** ~ **(at)** *(hesitate)* vacilar (ante); *(be afraid)* pasmarse (ante); **the mind** ~**s!** ¡no puedo creerlo!

bo·gus ['bəʊgəs] *adj (fake)* falso/a, fraudulento/a; *(person)* fingido/a; *(of person's character)* artificial, afectado/a.

boil[1] [bɔɪl] *n (Med)* divieso *m*, furúnculo *m.*

boil[2] [bɔɪl] **1** *n:* **to bring to the** ~ calentar hasta que hierva; **to come to the** ~ comenzar a hervir, entrar en ebullición; **on the** ~ hirviendo.

2 *vt* **(a)** *(liquid)* hervir. **(b)** *(Culin: vegetables etc)* cocer; ~**ed egg** huevo *m* cocido *or (LAm)* pasado; **hard** ~**ed egg** huevo duro.

3 *vi (water)* hervir; **the kettle is** ~**ing** el hervidor está hirviendo; **to** ~ **dry** dejar cocer hasta que se evapore toda el agua; **to** ~ **with rage** *(fig)* rabiar, estar por reventar.

♦ **boil down** *vi + adv (fig)* **to** ~ **down to** reducirse a.

♦ **boil over** *vi + adv* irse, rebosar.

boil·er ['bɔɪləʳ] *n (central heating)* caldera *f*, *(in ship, engine)* calderas *fpl;* ~ **suit** *n* mono *m.*

boiler·maker ['bɔɪlə,meɪkəʳ] *n* calderero/a *m/f*, carrocero/a *m/f.*

boil·ing ['bɔɪlɪŋ] *adj (gen)* hirviendo; *(fig)* hirviente; **a** ~ **hot day** un día de mucho calor; ~ **point** punto *m* de ebullición.

bois·ter·ous ['bɔɪstərəs] *adj (person: unrestrained)* bullicioso/a; *(: exuberant)* exuberante; *(crowd)* turbulento/a; *(meeting etc)* alborotado/a, tumultuoso/a; *(in high spirits: party etc)* muy alegre, divertido/a.

bold [bəʊld] *adj* **(a)** *(brave: person, attempt)* valiente, audaz, *(LAm)* valioso/a. **(b)** *(child, remark: forward)* atrevido/a; *(: shameless)* descarado/a. **(c)** *(striking: line, pattern)* llamativo/a; ~ **type** *(Typ)* negrita *f.*

bold·ly ['bəʊldlɪ] *adv (speak, behave)* audazmente.

bold·ness ['bəʊldnɪs] *n (daring)* audacia *f; (courage)* valor *m.*

Bo·livia [bə'lɪvɪə] *n* Bolivia *f.*

bol·lard ['bɒləd] *n (at roadside)* noray *m*, bolardo *m.*

Bol·she·vik ['bɒlʃəvɪk] *n* bolchevique *mf.*

Bol·she·vism ['bɒlʃəvɪzəm] *n* bolchevismo *m.*

bol·ster ['bəʊlstəʳ] **1** *n* travesero *m*, cabezal *m.* **2** *vt* (*fig: also* ~ **up**) reforzar; (*morale etc*) levantar.

bolt [bəʊlt] **1** *n* **(a)** (*on door, gun*) cerrojo *m;* (*of lock*) cerradura *f;* (*Tech*) perno *m,* tornillo *m;* **he's shot his** ~ (*fig*) ha quemado su último cartucho. **(b)** (*dash*) salida *f* repentina; (*flight*) fuga *f;* **to make a** ~ **for it** (*dash out*) salir corriendo; (*flee*) fugarse. **(c)** (*of lightning*) rayo *m;* **it came like a** ~ **from the blue** (*fig*) vino de imprevisto.

2 *adv*: ~ **upright** rígido/a, erguido/a.

3 *vt* **(a)** (*door etc*) echar el cerrojo a; (*Tech*) sujetar con tornillos, empernar; **to** ~ **two things together** unir dos cosas con pernos. **(b)** (*food: also* ~ **down**) engullir, (*LAm*) tragar.

4 *vi* (*escape*) escaparse, huir; (*horse*) desbocarse; (*rush*) precipitarse fuera.

bomb [bɒm] **1** *n* bomba *f;* **it went like a** ~ (*Brit fam*) resultó fenomenal, fue un éxito. **2** *vt* (*target*) bombardear. **3** *vi* (*US fam: fail*) **the show** ~**ed** el espectáculo fracasó. **4:** ~ **disposal expert** *n* experto *m* en desactivar bombas; ~ **site** *n* lugar *m* donde estalló una bomba.

bom·bard [bɒm'bɑːd] *vt* (*Mil*) bombardear (*with* con); (*fig*) **I was** ~**ed with questions** me acosaron de preguntas.

bom·bard·ment [bɒm'bɑːdmənt] *n* (*Mil*) bombardeo *m.*

bom·bas·tic [bɒm'bæstɪk] *adj* (*pompous: language, manner*) altisonante, rimbombante.

bomb·er ['bɒmə^r] *n* **(a)** (*aircraft*) bombardero *m.* **(b)** (*person*) uno que pone bombas.

bomb·shell ['bɒmʃel] *n* (*fig: of news etc*) bomba *f.*

bona fide [ˌbəʊnə'faɪdɪ] *adj* (*genuine*) auténtico/a; (*legal*) legal, bona fide.

bo·nan·za [bə'nænzə] *n* (*fig: in profits*) bonanza *f.*

bond [bɒnd] **1** *n* **(a)** (*link*) lazo *m,* vínculo *m;* **his word is as good as his** ~ es un hombre de palabra, es de fiar; **a** ~ **of friendship** un vínculo de amistad; *see* **marriage. (b)** ~**s** (*chains etc*) cuerdas *fpl,* cadenas *fpl.* **(c)** (*Fin*) bono *m; see* **premium. (d)** (*Jur: bail*) fianza *f.* **(e)** (*Comm*) **in** ~ en depósito bajo fianza. **(f)** (*adhesion*) unión *f.* **2** *vt* unir, pegar.

bond·ed ['bɒndɪd] *adj* unido/a, vinculado/a; (*Comm*) en aduana; ~ **warehouse** almacén *m* de aduanas, almacén de depósito.

bone [bəʊn] **1** *n* (*of human, animal etc*) hueso *m;* (*of fish*) espina *f;* **a** ~ **ring** un anillo de hueso; ~ **of contention** manzana *f* de la discordia; **I feel it in my** ~**s** me da la espina; **I have a** ~ **to pick with you** (*fam*) tenemos una cuenta que ajustar; **he made no** ~**s about it** no tuvo pelos en la lengua, no se anduvo en rodeos.

2 *vt* (*meat*) deshuesar; (*fish*) quitar las espinas a.

3: ~ **china** *n* porcelana *f* fina; ~ **idle** *adj* (*fam*) gandul(a), holgazán/ana, (*LAm*) flojo/a; ~ **meal** *n* harina *f* de huesos.

bone-dry ['bəʊnˌdraɪ] *adj* (*fam*) completamente seco/a.

bon·fire ['bɒnfaɪə^r] *n* (*for celebration*) hoguera *f;* (*for rubbish*) fogata *f.*

bon·net ['bɒnɪt] *n* **(a)** (*woman's*) gorra *f,* cofia *f;* (*esp Scot: man's*) gorra escocesa *f;* (*baby's*) capillo *m,* gorro *m.* **(b)** (*Brit Aut*) capó *m,* (*Mex*) cofre *m.*

bon·ny ['bɒnɪ] *adj* (*esp Scot: pretty*) bonito/a, hermoso/a, (*LAm*) lindo/a.

bo·nus ['bəʊnəs] *n* (*on wages*) paga *f* extraordinaria, plus *m,* (*LAm*) abono *m;* (*insurance etc*) prima *f,* gratificación *f;* (*fig*) regalo *m,* bendición *f.*

bony ['bəʊnɪ] *adj* (**-ier, -iest**) (*having bones*) huesudo/a; (*like bone*) óseo/a; (*thin: person*) flaco/a, delgado/a; (*fish*) espinoso/a, lleno/a de espinas.

boo [buː] **1** *n* rechifla *f,* abucheo *m.* **2** *interj* ¡uh! **3** *vt* (*actor, referee*) abuchear, silbar; **he was** ~**ed off the stage** la rechifla le obligó a abandonar el escenario.

boob [buːb] *n* (*fam: mistake*) disparate *m,* sandez *f;* (*: breast*) teta *f.*

boo·by prize ['buːbɪˌpraɪz] *n* premio *m* al último.

boo·by trap ['buːbɪˌtræp] *n* trampa *f;* (*Mil etc*) trampa explosiva.

book [bʊk] **1** *n* (*gen*) libro *m;* (*note*~) libreta *f,* cuaderno *m;* (*of tickets, cheques*) talonario *m;* (*volume*) tomo *m;* **the** ~**s** (*Comm*) las cuentas, la contabilidad; ~ **of matches** cerillas *fpl or* fósforos *mpl* de solapa; **to be in sb's bad** ~**s** quedar mal con uno; **to bring sb to** ~ pedirle cuentas a uno; **to throw the** ~ **at sb** echar un rapapolvo a uno; **by the** ~ según las reglas; **in my** ~ para mí, en mi opinión.

2 *vt* **(a)** (*reserve: ticket, seat, room*) reservar; (*artist etc*) contratar. **(b)** (*fam: record name of: driver, player*) amonestar.

3 *vi* reservar.

4: ~ **token** *n* vale *m* para libros.

♦ **book in 1** *vi + adv* registrarse. **2** *vt + adv* (*person*) registrar (a).

♦ **book up** *vt + adv* (*for holiday etc*) hacer reserva de; **we're** ~**ed up for tonight** estamos completos para esta noche; **I'm fully** ~**ed up** (*fam*) ya tengo compromiso.

book·case ['bʊkkeɪs] *n* librería *f,* estantería *f.*

bookie ['bʊkɪ] *n* (*fam*) = **bookmaker.**

book·ing ['bʊkɪŋ] **1** *n* (*in hotel etc*) registro *m;* (*of artists*) contratación *f.* **2:** ~ **clerk** *n* taquillero/a *m/f;* ~ **office** *n* (*Rail*) despacho *m* de billetes *or* (*LAm*) boletos; (*Theat*) taquilla *f.*

book-keeper ['bʊkˌkiːpə^r] *n* contable *mf.*

book-keeping ['bʊkˌkiːpɪŋ] *n* contabilidad *f.*

book·let ['bʊklɪt] *n* folleto *m.*

book·maker ['bʊkˌmeɪkə^r] *n* corredor *m* de apuestas.

book·mark ['bʊkmɑːk] *n* registro *m,* marcador *m* (de libros).

book·shop ['bʊkʃɒp] *n* librería *f.*

book·stall ['bʊkstɔːl] *n* quiosco *m* de libros.

book·worm ['bʊkwɜːm] *n* (*fig*) ratón/ona *m/f* de biblioteca, empollón/ona *m/f.*

boom[1] [buːm] *n* (*Naut*) botalón *m,* botavara *f;* (*of crane*) aguilón *m;* (*across harbour*) barrera *f;* (*of microphone*) jirafa *f.*

boom[2] [buːm] **1** *n* (*of guns*) estruendo *m,* estampido *m;* (*of thunder*) retumbo *m,* trueno *m.* **2** *vi* (*voice, radio, sea: also* ~ **out**) resonar, retumbar; (*gun*) hacer gran estruendo, retumbar. **3** *vt* (*also* ~ **out**) tronar.

boom[3] [buːm] **1** *n* (*in an industry*) auge *m,* boom *m;* (*period of growth*) explosión *f,* expansión *f;* ~ **town** ciudad *f* beneficiaria del auge. **2** *vi* (*trade, town etc*) estar en auge.

boom·er·ang ['buːməræŋ] **1** *n* bumerang *m.* **2** *vi* (*fig: backfire*) ser contraproducente (*on* para).

boon [buːn] *n* (*blessing*) beneficio *m,* adelanto *m.*

boor [bʊə^r] *n* patán *m,* palurdo/a *m/f.*

boor·ish ['bʊərɪʃ] *adj* (*manners*) grosero/a.

boost [buːst] **1** *n* **(a)** (*encouragement*) estímulo *m,* aliento *m;* **to give a** ~ **to** estimular, alentar. **(b)** (*upward thrust: to person*) empuje *m,* empujón *m;* (*: to rocket*) impulso *m,* propulsión *f.*

2 *vt* (*increase: sales, production*) aumentar, fomentar; (*: fig: confidence, hopes*) estimular; (*promote: product*) promover, hacer publicidad por; (*Elec: voltage*) elevar; (*radio signal*) potenciar; (*Space*) propulsar, lanzar.

boost·er ['buːstə^r] *n* (*encouragement*) apoyo *m,* refuerzo *m; (TV)* repetidor *m; (Elec)* elevador *m* de tensión; *(also* ~ **rocket)** cohete *m* secundario; *(Med)* dosis *f* de refuerzo.

boot [buːt] **1** *n* **(a)** bota *f; (ankle ~)* borceguí *m;* **to give sb the** ~ *(fam)* despedir a uno, poner a uno en la calle. **(b)** *(Brit Aut)* maletero *m, (Mex)* cajuela, *f (LAm)* baúl *m,* maletera *f.* **2** *vt (fam: kick)* dar un puntapié a; **to** ~ **out** *(fam)* poner de patitas en la calle.

boot·ee [ˌbuːˈtiː] *n (baby's)* bota *m* de lana; *(woman's)* borceguí *m.*

booth [buːð] *n (at fair)* barraca *f; (Telec, voting ~)* cabina *f.*

boot·lace [ˈbuːtleɪs] *n* cordón *m.*

boot·leg [ˈbuːtlɛg] *adj (illicit)* de contrabando.

boot·leg·ger [ˈbuːtˌlɛgəʳ] *n* contrabandista *mf.*

boot-polish [ˈbuːtˌpɒlɪʃ] *n* betún *m.*

booty [ˈbuːtɪ] *n* botín *m.*

booze [buːz] *(fam)* **1** *n* bebida *f, (Mex)* trago *m.* **2** *vi (get drunk)* emborracharse; *(go out drinking)* ir de tragos *or (LAm)* de parranda.

booz·er [ˈbuːzəʳ] *n (fam: person)* bebedor(a) *m/f, (LAm)* tomador(a) *m/f; (Brit fam: pub)* bar *m.*

bor·der [ˈbɔːdəʳ] **1** *n* **(a)** *(edge: as decoration)* borde *m,* margen *m; (: as boundary)* límite *m.* **(b)** *(frontier)* frontera *f.* **(c)** *(in garden)* arriate *m.* **2** *vt (line, adjoin)* bordear, lindar con. **3:** ~ **town** *n* pueblo *m* fronterizo.

♦ **border (up)on** *vi + prep* lindar con, limitar con; *(fig)* rayar en, aproximarse a.

border·line [ˈbɔːdəlaɪn] **1** *n (between districts)* límite *m,* línea *f* divisoria; **on the** ~ *(between classes)* a medio camino; *(exams etc)* en el límite. **2:** ~ **case** *n (situation, thing, person)* caso *m* dudoso.

bore[1] [bɔːʳ] **1** *n* taladro *m,* barrena *f; (also* ~ **hole)** perforación *f; (diameter)* agujero *m,* barreno *m; (of gun)* calibre *m;* **a 12** ~ **shotgun** una escopeta del calibre 12. **2** *vt (hole, tunnel)* taladrar, perforar. **3** *vi:* **to** ~ **for** hacer perforaciones en busca de.

bore[2] [bɔːʳ] **1** *n (person)* pesado/a *m/f,* pelmazo/a *m/f; (event)* lata *f,* bodrio *m;* **what a** ~ **he is!** ¡qué hombre más pesado!, ¡es más pesado que el plomo!; **it's such a** ~ es una lata, es un rollo. **2** *vt* aburrir, dar la lata a; **he's** ~**d to tears** *or* ~**d stiff** está aburrido como una ostra, está muerto de aburrimiento.

bore[3] [bɔːʳ] *pt of* **bear**[2].

bore·dom [ˈbɔːdəm] *n* aburrimiento *m.*

bor·ing [ˈbɔːrɪŋ] *adj (tedious)* aburrido/a, pesado/a; **she's so** ~ es tan pesada *or* aburrida.

born [bɔːn] *adj* **(a)** nacido/a; **to be** ~ nacer; *(fig: idea)* surgir, originarse; **I was** ~ **in 1955** nací en 1955; **to be** ~ **again** renacer, volver a nacer; **he wasn't** ~ **yesterday!** *(fam)* ¡no es nada tonto! **(b)** *(actor, leader)* nato/a; **he is a** ~ **liar** es mentiroso por naturaleza.

borne [bɔːn] *pp of* **bear**[2].

bor·ough [ˈbʌrə] *n* municipio *m; (in London, New York)* distrito *m.*

bor·row [ˈbɒrəʊ] *vt:* **to** ~ **(from)** pedir (prestado) (a); *(idea etc)* adoptar (de), apropiarse (a); *(word)* tomar (de).

borrow·er [ˈbɒrəʊəʳ] *n (of money)* prestatario/a *m/f; (in library)* usuario/a *m/f.*

bor·stal [ˈbɔːstl] *n* reformatorio *m* de menores.

bos·om [ˈbʊzəm] *n (of woman)* seno *m,* pecho *m;* **in the** ~ **of the family** *(fig)* en el seno de la familia; ~ **friend** amigo íntimo *or* entrañable.

boss [bɒs] **1** *n (gen)* jefe/a *m/f, (owner, employer)* patrón/ona *m/f; (manager)* gerente *mf; (of gang)* cerebro *m.* **2** *vt (also* ~ **about** *or* **around)** mangonear, dar órdenes a.

bossy [ˈbɒsɪ] *adj (person)* mandón/ona.

bot·anic(al) [bəˈtænɪk(əl)] *adj (gardens)* botánico/a.

botan·ist [ˈbɒtənɪst] *n* botánico/a *m/f,* botanista *mf.*

bot·any [ˈbɒtənɪ] *n* botánica *f.*

botch [bɒtʃ] **1** *n (of job)* chapuza *f.* **2** *vt (fam: also* ~ **up)** chafullar, arruinar.

both [bəʊθ] **1** *adj* ambos/as, los/las dos; ~ **(the) boys** los dos *or* ambos chicos. **2** *pron* ambos/as *m/f,* los/las dos *m/f;* **they were** ~ **there,** ~ **of them were there** estaban allí los dos. **3** *adv* a la vez; ~ **you and I saw it** lo vimos tanto tú como yo, lo vimos los dos; **she was** ~ **laughing and crying** reía y lloraba a la vez.

both·er [ˈbɒðəʳ] **1** *n (nuisance)* molestia *f,* lata *f; (trouble)* dificultad *f, (LAm)* aprieto *m;* **it isn't any** ~ no es ninguna molestia; **he had a spot of** ~ **with the police** tuvo problemas con la policía.

2 *vt (worry)* preocupar; *(annoy)* molestar, fastidiar; **I'm sorry to** ~ **you** perdona la molestia; **don't** ~ **me!** ¡no me molestes!, ¡no fastidies!; **I can't be** ~**ed** *(fam)* me da pereza, *(LAm)* me da flojera; **his leg** ~**s him** le duele *or* le molesta la pierna.

3 *vi (take trouble)* tomarse la molestia *(to do* de hacer); **to** ~ **about** molestarse por, preocuparse por; **don't** ~ no te molestes, no te preocupes; **he didn't even** ~ **to write** ni siquiera se dignó escribir.

4 *interj* ¡porras!

bot·tle [ˈbɒtl] **1** *n (gen)* botella *f; (empty)* envase *m; (baby's)* biberón *m.* **2** *vt (wine)* embotellar; *(fruit)* envasar, enfrascar.

♦ **bottle up** *vt + adv (emotion)* reprimir, contener.

bot·tle·neck [ˈbɒtlnek] *n (on road)* embotellamiento *m; (fig)* obstáculo *m.*

bottle-opener [ˈbɒtlˌəʊpnəʳ] *n* destapador *m,* abrebotellas *m inv.*

bot·tom [ˈbɒtəm] **1** *n (gen: of box, cup, sea, river)* fondo *m; (of stairs, page, mountain, tree)* pie *m; (of list, class)* último/a *m/f; (of foot)* planta *f; (shoe)* suela *f; (of chair)* asiento *m; (of ship)* quilla *f,* casco *m; (of person)* culo *m,* trasero *m;* **at the** ~ **(of)** *(page, hill, ladder)* al pie (de); *(road)* al fondo (de); **on the** ~ **(of)** *(shoe, case etc: underside)* en la parte inferior (de), en el fondo (de); *(sea, lake etc)* en el fondo (de); **at** ~ en el fondo; **from the** ~ **of my heart** de todo corazón; **to get to the** ~ **of sth** *(fig)* llegar al fondo de algo; **he's at the** ~ **of it** *(fig)* él está detrás de esto; ~**s up!** *(fam)* ¡salud!; *see* **false.**

2 *adj (lowest)* más bajo/a; *(last)* último/a.

3: ~ **drawer** *n* ajuar *m;* ~ **gear** *n* primera *f* (marcha); ~ **half** *n* parte *f* de abajo, parte *f* inferior.

bot·tom·less [ˈbɒtəmlɪs] *adj (fig: pit)* sin fondo, insondable; *(: supply)* interminable.

bottom·most [ˈbɒtəmˌməʊst] *adj* último/a.

bough [baʊ] *n* rama *f.*

bought [bɔːt] *pt, pp of* **buy.**

boul·der [ˈbəʊldəʳ] *n* canto *m* rodado.

bounce [baʊns] **1** *n (of ball)* (re)bote *m; (springiness: of hair, mattress)* elasticidad *f; (fig)* **he's got plenty of** ~ tiene mucha energía. **2** *vt (ball)* hacer (re)botar; *(fam: cheque)* rechazar. **3** *vi (ball)* (re)botar; *(fam: cheque)* rechazarse; *(person)* dar saltos; **he** ~**d up out of his chair** se levantó de la silla de un salto; **he** ~**d in** *(fig)* irrumpió alegremente.

♦ **bounce back** *vi + adv (person)* recuperarse.

bounc·er [ˈbaʊnsəʳ] *n (fam)* guardia *mf, (LAm)* matón *m.*

bounc·ing ['baʊnsɪŋ] *adj*: ~ **baby** niño/a *m/f* rechoncho/a.
bouncy ['baʊnsɪ] *adj (ball)* de mucho rebote; *(hair)* con mucho cuerpo; *(mattress)* mullido/a; *(person)* enérgico/a, vivo/a.
bound[1] [baʊnd] **1** *n*: ~**s** *(limits)* límite *m;* **out of** ~**s** zona *f* prohibida; **it is within the** ~**s of possibility** cabe dentro de lo posible; **his ambition knows no** ~**s** su ambición no tiene límite. **2** *vt (gen passive)* limitar, rodear.
bound[2] [baʊnd] **1** *n (jump)* salto *m*, brinco *m;* **in one** ~ de un salto. **2** *vi (person, animal)* saltar, *(LAm)* brincar; *(ball)* (re)botar; **he** ~**ed out of bed** salió de la cama de un salto; **his heart** ~**ed with joy** *(fig)* su corazón daba brincos de alegría.
bound[3] [baʊnd] **1** *pt, pp of* **bind.**
2 *adj* **(a)** *(prisoner)* atado; ~ **hand and foot** atado de pies y manos; *(fig)* **he's** ~ **up in his work** está muy entregado a su trabajo; **to be** ~ **up with sth** estar estrechamente ligado con algo. **(b) to be** ~ **to** *(sure)* estar seguro de; **it's** ~ **to happen** tiene forzosamente que ocurrir. **(c)** *(obliged)* obligado/a; **he's** ~ **to do it** tiene que hacerlo; **I'm** ~ **to say that ...** me siento obligado a decir que ..., siento el deber de decir que ...; *see* **honour.**
bound[4] [baʊnd] *adj*: ~ **for** *(train, person)* con destino a; *(ship, plane)* con rumbo a; **he's** ~ **for London** se dirige a Londres; **California** ~ con destino a California, hacia California; *see* **homeward.**
bounda·ry ['baʊndərɪ] *n* límite *m.*
bound·less ['baʊndlɪs] *adj (fig)* ilimitado/a, sin límite.
boun·ti·ful ['baʊntɪfʊl] *adj (person)* liberal, generoso/a; *(supply)* abundante.
boun·ty ['baʊntɪ] **1** *n (generosity)* generosidad *f*, liberalidad *f; (reward)* prima *f.* **2:** ~ **hunter** *n* cazarecompensas *m inv.*
bou·quet ['bʊkeɪ] *n (of flowers)* ramo *m*, ramillete *m.*
bour·bon ['bʊəbən] *n (US: also* ~ **whiskey)** whisky *m* americano, bourbon *m.*
bour·geois ['bʊəʒwɑː] *adj, n (gen pej)* burgués/esa *m/f.*
bour·geoi·sie [ˌbʊəʒwɑː'ziː] *n* burguesía *f.*
bout [baʊt] *n* **(a)** *(of illness)* ataque *m; (period: of work)* turno *m*, tanda *f.* **(b)** *(boxing match)* combate *m*, encuentro *m.*
bou·tique [buː'tiːk] *n* boutique *f*, tienda *f* de ropa.
bow[1] [bəʊ] **1** *n* **(a)** *(weapon, Mus)* arco *m.* **(b)** *(knot)* lazo *m.* **2:** ~ **tie** *n* pajarita *f.*
bow[2] [baʊ] **1** *n* reverencia *f;* **to take a** ~ salir a recibir aplausos, salir a saludar. **2** *vt* **(a)** *(lower: head)* inclinar, bajar. **(b)** *(bend: back)* encorvar, doblar; *(: branches)* inclinar, doblar. **3** *vi*: **to** ~ **(to)** hacer una reverencia (a); *(fig: yield)* inclinarse *or* ceder (ante); **to** ~ **to the inevitable** resignarse a lo inevitable.
♦ **bow out** *vi + adv (fig)* retirarse, despedirse.
bow[3] [baʊ] *n (Naut: also* ~**s)** proa *f;* **on the port/starboard** ~ a babor *m*/estribor *m.*
bowd·ler·ize ['baʊdləraɪz] *vt (book)* expurgar.
bow·el ['baʊəl] *n* intestino *m;* ~**s** intestinos, vientre *msg; (fig)* **the** ~**s of the earth/ship** las entrañas de la tierra/del barco.
bowl[1] [bəʊl] *n* **(a)** *(large cup)* tazón *m*, taza *f; (dish: for soup)* plato *m* sopero, *(Mex)* platón *m; (: for washing up)* palangana *f; (: for salad)* fuente *f*, ensaladera *f; (amount)* plato *m; (hollow: of lavatory)* taza *f; (: of spoon)* cuenco *m; (: of pipe)* cazoleta *f.* **(b)** *(US: stadium)* estadio *m.*
bowl[2] [bəʊl] **1** *n (ball)* bola *f*, bocha *f;* ~**s** *(game: Brit)* juego *m* de las bochas; *(: US)* boliche *m.* **2** *vt (ball: esp in cricket) (Sp)* lanzar, *(LAm)* tirar. **3** *vi*: **to go** ~**ing** jugar a las bochas *or* al boliche.
♦ **bowl over** *vt + adv* tumbar, derribar; *(fig)* **the news** ~**ed him over** la noticia le desconcertó.
bow-legged [ˌbəʊ'legɪd] *adj (person)* estevado/a, que tiene las piernas en arco.
bowl·er ['bəʊlə[r]] *n* **(a)** *(in cricket)* lanzador *m.* **(b)** *(Brit: also* ~ **hat)** bombín *m*, sombrero hongo *m.*
bowl·ing ['bəʊlɪŋ] **1** *n* **(a)** *(also* **tenpin** ~) bolos *mpl*, boliche *m.* **(b)** *(in cricket)* lanzamiento *m.* **2:** ~ **alley** *n* bolera *f;* ~ **green** *n* campo *m* de bochas.
box[1] [bɒks] **1** *n* **(a)** *(gen)* caja *f; (large)* cajón *m; (chest etc)* arca *f*, cofre *m; (for money etc)* hucha *f; (for jewels etc)* estuche *m;* **cardboard** ~ caja de cartón; ~ **of matches** caja de cerillas. **(b)** *(in theatre, stadium)* palco *m.* **2:** ~ **number** *n* apartado *m*, *(LAm)* casilla *f;* ~ **office** *n* taquilla *f*, *(LAm)* boletería *f.*
♦ **box in** *vt + adv (car)* encajonar; *(bath)* tapar *or* cerrar con madera; **to feel** ~**ed in** sentirse encerrado.
box[2] [bɒks] **1** *n*: **a** ~ **on the ear** un cachete *m.* **2** *vt*: **to** ~ **sb's ears** dar un cachete *or* bofetear a uno. **3** *vi* boxear.
box·er ['bɒksə[r]] *n* boxeador *m; (dog)* bóxer *mf.*
box·ing ['bɒksɪŋ] **1** *n* boxeo *m.* **2: B**~ **Day** *n (Brit)* día *m* de San Esteban (26 de diciembre); ~ **gloves** *npl* guantes *mpl* de boxeo; ~ **match** *n* encuentro *m* de boxeo *or (LAm)* box; ~ **ring** *n* cuadrilátero *m*, ring *m.*
box·room ['bɒksˌrʊm] *n (Brit)* trastero *m.*
boy [bɔɪ] *n (small)* niño *m; (young man)* muchacho *m*, chico *m*, *(LAm)* joven *m; (son)* hijo *m; (fam: fellow)* chico, hijo, *(Mex)* chavo *m;* ~**s will be** ~**s** ¡los hombres, ya se sabe!, ¡son como niños!; **he's out with the** ~**s** salió con los amigos; **oh** ~! ¡vaya!, ¡caray!; *see* **old 3.**
boy·cott ['bɔɪkɒt] **1** *n* boicoteo *m*, boicot *m.* **2** *vt (firm, country)* boicotear.
boy·friend ['bɔɪfrend] *n* amigo *m; (fiancé etc)* novio *m.*
boy·hood ['bɔɪhʊd] *n* juventud *f; (as teenager)* adolescencia *f.*
boy·ish ['bɔɪɪʃ] *adj (appearance, manner)* juvenil.
BR *n abbr of* **British Rail** *ferrocarriles británicos.*
bra [brɑː] *n* sostén *m*, sujetador *m.*
brace [breɪs] **1** *n* **(a)** *(Constr: strengthening piece)* abrazadera *f*, refuerzo *m; (dental)* puente *m; (tool)* berbiquí *m;* ~ **and bit** berbiquí y barrena. **(b)** *(pl inv: pair)* par *m.* **2** *vt (strengthen: building)* asegurar, reforzar; **to** ~ **o.s. for** prepararse para; **to** ~ **o.s. against** agarrarse a.
brace·let ['breɪslɪt] *n* pulsera *f*, brazalete *m.*
braces ['breɪsɪz] *npl (Brit)* tirantes *mpl.*
brac·ing ['breɪsɪŋ] *adj (air)* tónico/a.
brack·en ['brækən] *n* helecho *m.*
brack·et ['brækɪt] **1** *n* **(a)** *(gen)* soporte *m; (support)* escuadra *f.* **(b)** *(in typing etc: usu pl) (round)* paréntesis *mpl; (square)* corchetes *mpl;* **in** ~**s** entre paréntesis. **(c)** *(group)* clase *f*, categoría *f;* **income** ~ nivel *m* económico. **2** *vt (Typing)* poner entre paréntesis *or* corchetes; *(fig: also* ~ **together)** agrupar, poner juntos.
brack·ish ['brækɪʃ] *adj (water)* salobre.
brag [bræg] **1** *vi* fanfarronear, jactarse. **2** *n* fanfarronada *f*, bravata *f.*
braid [breɪd] **1** *n (on dress, uniform)* galón *m; (of hair)* trenza *f.* **2** *vt (hair)* trenzar, hacer trenzas en; *(material)* galonear.
Braille [breɪl] *n* Braille *m.*
brain [breɪn] **1** *n* **(a)** *(Anat)* cerebro *m; (Culin)* ~**s** sesos *mpl;* **to blow one's** ~**s out** volarse la tapa de los sesos; **he's got that on the** ~ lo tiene metido en la cabeza. **(b)** *(fig fam: intelligence)* ~**s** inte-

ligencia *f*, cabeza *f*; **he's got ~s** es muy listo; **he's the ~s of the family** es el listo de la familia; *see* **pick 2(c), rack**[1]. **2** *vt (fam)* romper la crisma a.

brain·child ['breɪntʃaɪld] *n* parto *m* del ingenio.

brain·less ['breɪnlɪs] *adj* estúpido/a, tonto/a.

brain·storm ['breɪnstɔːm] *n* **(a)** *(fig)* ataque *m* de locura, frenesí *m*. **(b)** *(US)* = **brainwave**.

brain·wash ['breɪnwɒʃ] *vt (into doing sth)* lavar el cerebro.

brain·wash·ing ['breɪnwɒʃɪŋ] *n* lavado *m* de cerebro.

brain·wave ['breɪnweɪv] *n (fam)* idea *f* luminosa, gran idea *f*.

brainy ['breɪnɪ] *adj* (**-ier, -iest**) *(fam)* inteligente, listo/a.

braise [breɪz] *vt (Culin)* cocer a fuego lento.

brake [breɪk] **1** *n* freno *m*; **to put the ~s on** *(Aut)* frenar; *(fig)* poner freno a. **2** *vi* frenar. **3: ~ fluid** *n* líquido *m* de frenos; **~ light** *n* luz *f* de freno; **~ pedal** *n* pedal *m* de freno.

brak·ing ['breɪkɪŋ] **1** *n* frenar *m*. **2: ~ distance** *n* distancia *f* de parada; **~ power** *n* potencia *f* de freno.

bram·ble ['bræmbl] *n* zarza *f*.

bran [bræn] *n* salvado *m*.

branch [brɑːntʃ] **1** *n (gen)* rama *f*; *(Comm: of company, bank)* sucursal *f*, ramo *m*; *(in road, railway, pipe)* ramal *m*; *(of river)* brazo *m*. **2** *vi (road etc: also* **~ off**) bifurcarse; **we ~ed off before reaching Madrid** salimos de la carretera antes de llegar a Madrid. **3: ~ line** *n* ramal *m*, línea *f* secundaria; **~ office** *n* sucursal *f*.

♦ **branch out** *vi + adv* extenderse.

brand [brænd] **1** *n* **(a)** *(Comm)* marca *f* (de fábrica). **(b)** *(Agr)* marca *f*; *(: iron)* hierro *m* de marcar. **2** *vt (cattle)* marcar (con hierro candente); *(fig)* marcar; *(memory)* grabar; **to be ~ed as a liar** ser tildado de mentiroso. **3: ~ name** *n* nombre *m* de marca.

bran·dish ['brændɪʃ] *vt (weapon)* blandir.

brand-new [ˌbrænd'njuː] *adj* salido/a de fábrica.

bran·dy ['brændɪ] *n* coñac *m*, brandy *m*.

brash [bræʃ] *adj* **(a)** *(impudent)* descarado/a, indiscreto/a. **(b)** *(crude: colour)* chillón/ona; *(: taste)* vulgar.

brass [brɑːs] **1** *n* latón *m*; **the ~** *(Mus)* los cobres; *(Mil)* los jefazos; **to clean the ~es** pulir los bronces; **to be as bold as ~** tener mucha cara. **2** *adj (made of ~)* (hecho/a) de latón; **to get down to ~ tacks** *(fam)* ir al grano. **3: ~ band** *n* banda *f* de metal.

bras·sière ['bræsɪəʳ] *n* sujetador *m*, sostén *m*.

brassy ['brɑːsɪ] *adj (harsh)* estridente; *(metallic)* metálico/a.

brat [bræt] *n (fam, pej)* mocoso/a *m/f*.

bra·va·do [brə'vɑːdəʊ] *n* envalentonamiento *m*, machada *f*.

brave [breɪv] **1** *adj (person, deed)* valiente, valeroso/a. **2** *n (Indian)* guerrero *m* indio. **3** *vt (weather)* afrontar, hacer frente a; *(death etc)* desafiar.

♦ **brave out** *vt + adv*: **to ~ it out** afrontar *or* aguantar la situación.

brav·ery ['breɪvərɪ] *n* valentía *f*, valor *m*.

bra·vo [ˌbrɑː'vəʊ] *interj* ¡bravo!, ¡olé!

brawl [brɔːl] **1** *n* pelea *f*, reyerta *f*. **2** *vi* pelear, pegarse.

brawn [brɔːn] *n (strength)* fuerza *f* muscular.

brawny ['brɔːnɪ] *adj* fornido/a.

bray [breɪ] **1** *n (of ass)* rebuzno *m*. **2** *vi* rebuznar.

bra·zen ['breɪzn] **1** *adj* descarado/a. **2** *vt*: **to ~ it out** echarle cara (a la situación).

bra·zi·er ['breɪzɪəʳ] *n* brasero *m*.

Bra·zil [brə'zɪl] *n* (el) Brasil.

Bra·zil·ian [brə'zɪlɪən] *adj, n* brasileño/a *m/f*.

breach [briːtʃ] **1** *n* **(a)** *(violation: of law etc)* violación *f*, infracción *f*; **~ of contract** incumplimiento *m* de contrato; **~ of faith** abuso *m* de confianza; **~ of the peace** perturbación *f* del orden público. **(b)** *(gap: in wall, Mil)* brecha *f*. **(c)** *(estrangement)* ruptura *f*. **2** *vt (defences)* abrir brecha en.

bread [bred] *n* **(a)** pan *m*; **white/brown/rye/wholemeal ~** pan blanco/bazo *or* moreno/de centeno/integral; **to earn one's daily ~** ganarse el pan; **the ~ and wine** *(Rel)* el pan y el vino; **to know which side one's ~ is buttered on** saber dónde aprieta el zapato; **to take the ~ out of sb's mouth** quitar el pan de la boca de uno; **~ and butter** *(fam: living)* pan *m* de cada día. **(b)** *(fam: money)* pasta *f*, *(LAm)* plata *f*.

bread·bin ['bredbɪn] *n* panera *f*.

bread·board ['bredbɔːd] *n* tabla *f* para cortar el pan.

bread·crumb ['bredkrʌm] *n* miga *f*, migaja *f*; **~s** *(Culin)* pan *m* rallado; **fish in ~s** pescado *m* empanado.

bread·knife ['brednaɪf] *n, pl* **-knives** [-naɪvz] cuchillo *m* para cortar el pan.

bread·line ['bredlaɪn] *n*: **on the ~** en la miseria.

breadth [bretθ] *n (width)* anchura *f*; *(fig)* amplitud *f*, alcance *m*; **to be 2 metres in ~** tener 2 metros de ancho.

bread·winner ['bredˌwɪnə] *n* sostén *mf* *or* sustento *mf* de la familia.

break [breɪk] *(vb: pt* **broke**, *pp* **broken**) **1** *n* **(a)** *(gen)* ruptura *f*; *(breach)* rompimiento *m*; *(in bone)* fractura *f*; *(gap: in wall etc)* abertura *f*; *(Elec: in circuit)* corte *m*; *(fig: in relationship)* ruptura; **with a ~ in her voice** con la voz entrecortada; **a ~ in the clouds** un claro entre las nubes; **at ~ of day** al amanecer; **to make a ~ for it** *(fam)* tratar de evadirse; **a ~ in the weather** un cambio del tiempo.

(b) *(pause: in conversation)* interrupción *f*; *(: in journey)* descanso *m*; *(: stop)* parada *f*; *(holiday)* vacaciones *fpl*; *(rest)* decanso; *(tea ~)* descanso para tomar el té, *(LAm)* onces *fpl*; *(Scol)* recreo *m*; **without a ~** sin descanso *or* descansar; **to have** *or* **take a ~** descansar.

(c) *(fam: chance)* oportunidad *f*; **lucky ~** chiripa *f*, racha *f* de buena suerte, *(LAm)* golpe *m* de suerte;**give me a ~!** ¡déme una oportunidad!, *(LAm)* ¡déme chance!

2 *vt* **(a)** *(smash: glass etc)* romper, quebrar; *(surpass: record)* batir, superar; **to ~ one's back** quebrarse *or* romperse la espalda; **to ~ ranks** romper filas; **to ~ surface** *(submarine, diver)* emerger, salir a la superficie; **to ~ sb's heart** *(fig)* romperle *or (LAm)* partirle el corazón a uno; **to ~ the ice** *(fig)* romper el hielo.

(b) *(fail to observe: law, rule)* violar, quebrantar; **he broke his word/promise** faltó a su palabra/promesa; **to ~ a date** faltar a una cita.

(c) *(weaken, destroy: resistance, spirits)* quebrar, quebrantar; *(: health)* quebrantar; *(: strike)* romper, quebrar; *(: habit)* perder, deshabituarse (de); **to ~ sb of a habit** quitarle una costumbre a uno; **to ~ sb** *(financially)* arruinar a uno.

(d) *(interrupt: silence, spell)* romper; *(: journey)* interrumpir; *(: electrical circuit)* cortar; *(soften: force)* mitigar, contener; *(: fall)* amortiguar.

(e) *(disclose: news)* comunicar.

3 *vi* **(a)** *(smash: window, glass)* romperse, *(LAm)* quebrarse; *(: into pieces)* hacerse pedazos;

(be fractured: twig, chair)* romperse, partirse; *(: limb)* fracturarse; *(wave)* romper; *(fig: heart)* romperse, *(LAm)* partirse; **to ~ even** salir sin ganar ni perder, cubrir los gastos; **let's ~ for lunch** vamos a hacer un descanso para ir a comer; **to ~ with sb** *(fig fam)* romper con uno.
(b) *(arrive: dawn, day)* amanecer, apuntar; *(: news)* darse a conocer; *(: storm)* estallar.
(c) *(give way: health, spirits)* quebrantarse; *(weather)* cambiar; *(boy's voice)* mudarse.

♦ **break away** *vi + adv* desprenderse, separarse; *(Ftbl etc)* escapar, despegarse.

♦ **break down 1** *vt + adv* **(a)** *(destroy: door etc)* echar abajo, derribar; *(: resistance)* vencer, acabar con; *(: suspicion)* disipar.
(b) *(analyse: figures)* analizar, desglosar; *(: substance)* descomponer, separar.
2 *vi + adv (machine)* estropearse, *(Per)* malograrse, *(LAm)* descomponerse; *(Aut)* averiarse, *(LAm)* descomponerse; *(person: under pressure)* deshacerse; *(: from emotion)* romper *or* echarse a llorar; *(health)* quebrantarse; *(talks etc)* fracasar.

♦ **break in 1** *vt + adv* **(a)** *(door)* forzar, echar abajo. **(b)** *(train: horse)* domar, amansar; *(: recruit)* acostumbrar (a), habituar (a). **(c)** *(shoes)* ablandar. **2** *vi + adv* **(a)** *(burglar)* forzar la entrada, irrumpir. **(b)** *(interrupt: on conversation)* interrumpir, cortar.

♦ **break into** *vi + prep* **(a)** *(house)* robar; *(safe)* forzar. **(b)** *(begin suddenly)* echar a, romper a.

♦ **break off 1** *vt + adv (piece etc)* partir, separar; *(engagement)* romper; *(talks)* suspender. **2** *vi + adv* **(a)** *(twig etc)* desprenderse. **(b)** *(stop)* dejar de, parar de.

♦ **break out** *vi + adv* **(a)** *(prisoners)* evadirse. **(b)** *(war, epidemic)* estallar; *(fighting, discussion)* desencadenarse; *(argument)* producirse; **he broke out in spots** le salieron granos.

♦ **break through 1** *vi + adv (sun)* salir. **2** *vi + prep (defences, barrier, crowd)* abrirse paso por.

♦ **break up 1** *vt + adv (rocks etc)* hacer pedazos, deshacer; *(crowd)* dispersar, disolver; *(fight)* intervenir en. **2** *vi + adv* **(a)** *(ship)* hacerse pedazos; *(ice)* disolverse. **(b)** *(partnership)* deshacerse, disolverse; *(crowd, clouds)* dispersarse; **they broke up after 10 years of marriage** se separaron después de estar casados 10 años; **the schools ~ up tomorrow** las escuelas terminan mañana.

break·able ['breɪkəbl] **1** *adj (brittle)* quebradizo/a; *(fragile)* frágil. **2** *n*: **~s** cosas *fpl* frágiles.

break·age ['breɪkɪdʒ] *n (act of breaking)* rotura *f*; *(thing broken)* destrozo *m*.

break·away ['breɪkəweɪ] **1** *adj (group etc)* disidente. **2** *n (Sport)* escapada *f*.

break·down ['breɪkdaʊn] *n* **(a)** *(failure)* fallo *m*, fracaso *m*; *(fault)* falla *f*; *(of talks)* ruptura *f*, suspensión *f*; *(Med)* colapso *m*, crisis *f* nerviosa; *(Aut, machines)* avería *f*; **~ van** grúa *f*, camión *m* grúa. **(b)** *(of numbers etc)* análisis *m*, desglose *m*; *(Chem)* descomposición *f*.

break·er ['breɪkə^r] *n (wave)* ola *f* grande.

break·fast ['brekfəst] **1** *n* desayuno *m*. **2** *vi* desayunar. **3: ~ cereal** *n* cereales *mpl* para el desayuno; **~ time** *n* hora *f* del desayuno.

break-in ['breɪkɪn] *n* robo *m* con allanamiento de morada.

break·ing ['breɪkɪŋ] **1** *n*: **~ and entering** *(Jur)* violación *f* de domicilio, allanamiento *m* de morada. **2** *adj*: **~ point** punto *m* de máxima tensión tolerable; *(fig: of person)* límite *m*.

break·neck ['breɪknek] *adj*: **at ~ speed** a mata caballo, a una velocidad vertiginosa.

break-out ['breɪkaʊt] *n* evasión *f*, fuga *f*.

break·through ['breɪkθruː] *n (in research etc)* adelanto *m*, progreso *m*; *(Mil)* avance *m*.

break-up ['breɪkʌp] *n (of partnership)* disolución *f*; *(of partners etc)* separación *f*.

break·water ['breɪkˌwɔːtə^r] *n* rompeolas *m inv*.

breast [brest] **1** *n (chest)* pecho *m*; *(of woman)* pecho, seno *m*; *(Culin)* pechuga *f*; **to make a clean ~ of it** *(fig)* confesarlo todo, descargar la conciencia. **2** *vt (waves)* hacer cara a, arrostrar; *(finishing tape)* romper la cinta de meta con el pecho.

breast·bone ['brestbəʊn] *n* esternón *m*.

breast-fed ['brestˌfed] *adj* criado/a a pecho.

breast-feed ['brestˌfiːd] *pt, pp* **breast-fed** *vt* amamantar, criar a los pechos.

breast·stroke ['breststrəʊk] *n* braza *f* de pecho; **to swim** *or* **do the ~** nadar a la braza.

breath [breθ] *n* aliento *m*; *(act of breathing)* respiración *f*; *(fig: of wind etc)* soplo *m*; **bad ~** mal aliento; **a ~ of scandal** *(fig)* un rumor de escándalo; **in the same ~** al mismo tiempo; **out of ~** sin aliento, jadeante; **to get one's ~ back** recobrar el aliento; **under one's ~** en voz baja; **to go out for a ~ of air** salir a tomar el fresco; **to hold one's ~** contener la respiración; **to take a deep ~** respirar a fondo *or* profundamente; **it took my ~ away** me dejó pasmado.

Breatha·lyz·er ® ['breθəlaɪzə^r] *n (Brit)* alcohómetro *m*; **~ test** prueba *f* de alcoholemia.

breathe [briːð] **1** *vt (air)* respirar; **to ~ a sigh** suspirar, dar un suspiro; **he ~d alcohol all over me** cuando respiró, apestaba su aliento a alcohol; **I won't ~ a word** no diré nada *or* palabra; **to ~ new life into sth** *(fig)* dar nuevos ánimos a algo. **2** *vi* respirar; **now we can ~ again** *(fig)* ahora sí podemos respirar tranquilos.

♦ **breathe in** *vt + adv, vi + adv* aspirar.

♦ **breathe out** *vt + adv, vi + adv* espirar.

breath·er ['briːðə^r] *n (fam: short rest)* respiro *m*; **take a ~** toma descanso.

breath·ing ['briːðɪŋ] *n* respiración *f*; **~ space** *(fig)* respiro *m*, pausa *f*.

breath·less ['breθlɪs] *adj (exhausted)* jadeante; *(with excitement)* pasmado/a; **a ~ silence** un silencio intenso.

breath-taking ['breθˌteɪkɪŋ] *adj (sight)* imponente, pasmoso/a.

bred [bred] *pt, pp of* **breed**.

-bred *suf* criado/a, educado/a; **well~** bien educado, formal.

breech [briːtʃ] *n (of gun)* recámara *f*.

breeches ['brɪtʃɪz] *npl* calzones *mpl*; **riding ~** pantalones *mpl* de montar.

breed [briːd] *(vb: pt, pp* **bred**) **1** *n (lit, fig)* raza *f*, estirpe *f*. **2** *vt* criar; *(fig: hate, suspicion)* crear, engendrar. **3** *vi (animals)* reproducirse, procrear.

breed·er ['briːdə^r] *n* **(a)** *(person)* criador(a) *m/f*. **(b)** *(Phys: also* **~ reactor**) reactor *m*.

breed·ing ['briːdɪŋ] *n (of stock)* cría *f*; *(of person: also good ~)* educación *f*, crianza *f*.

breeze [briːz] **1** *n* brisa *f*. **2** *vi*: **to ~ in** entrar como si nada.

breezy ['briːzɪ] *adj (day, weather)* ventoso/a; *(spot)* desprotegido/a del viento; *(person's manner)* animado/a, jovial.

brevia·ry ['briːvɪərɪ] *n (Rel)* breviario *m*.

brevi·ty ['brevɪtɪ] *n (shortness)* brevedad *f*; *(conciseness)* concisión *f*.

brew [bruː] **1** *n (of beer)* elaboración *f*; *(of tea, herbs)* infusión *f*. **2** *vt (beer)* elaborar; *(tea)* hacer, preparar; *(fig: scheme, mischief)* tramar. **3** *vi (beer)* elaborarse; *(tea)* hacerse; *(fig: storm)* amenazar; *(: plot)* tramarse; **there's trouble ~ing** algo se está tramando.

brew·ery ['bru:ərɪ] *n* fábrica *f* de cerveza, *(LAm)* cervecería *f.*

bri·ar ['braɪə^r] *n* **(a)** *(thorny bush)* zarza *f.* **(b)** *(wild rose)* escaramujo *m,* rosa *f* silvestre.

bribe [braɪb] **1** *n* soborno *m,* cohecho *m, (Mex)* mordida *f, (RPl)* coima *f.* **2** *vt* sobornar, cohechar.

brib·ery ['braɪbərɪ] *n* soborno *m,* cohecho *m, (Mex)* mordida *f, (RPl)* coima *f.*

bric-à-brac ['brɪkəbræk] *n (no pl)* baratijas *fpl.*

brick [brɪk] *n* ladrillo *m, (LAm)* tabique *m; (toy)* **~s** tarugos *mpl,* tacos *mpl; (fig)* **he came down on me like a ton of ~s** me echó una bronca fenomenal; *(fam)* **to drop a ~** tirarse una plancha, *(LAm)* meter la pata; **to beat one's head against a ~ wall** darse de cabeza contra la pared.

♦ **brick in, brick up** *vt + adv (window etc)* cerrar con ladrillos *or (LAm)* tabiques.

brick·layer ['brɪk,leɪə^r] *n* albañil *mf.*

brid·al ['braɪdl] *adj* nupcial.

bride [braɪd] *n* novia *f;* **the ~ and groom** los novios.

bride·groom ['braɪdgru:m] *n* novio *m.*

brides·maid ['braɪdzmeɪd] *n* dama *f* de honor.

bridge[1] [brɪdʒ] **1** *n (gen)* puente *m; (Naut)* puente de mando; *(of nose)* caballete *m.* **2** *vt* tender un puente sobre; **to ~ a gap** *(fig)* llenar un vacío.

bridge[2] [brɪdʒ] *n (Cards)* bridge *m.*

bridge·head ['brɪdʒhed] *n (Mil)* cabeza *f* de puente.

bridg·ing ['brɪdʒɪŋ] *adj*: **~ loan** crédito *m* provisional.

bri·dle ['braɪdl] **1** *n* brida *f,* freno *m.* **2** *vt* frenar, detener. **3** *vi* picarse, ofenderse *(at* por). **4**: **~ path** *n* camino *m* de herradura.

brief [bri:f] **1** *adj (short: visit, period)* breve, corto/a; *(fleeting: glimpse, moment)* breve, fugaz; *(concise: speech etc)* conciso/a; **please be ~** sea breve, por favor; **in ~** en resumen. **2** *n* **(a)** *(Jur)* escrito *m.* **(b) ~s** *(man's)* calzoncillos *mpl,* slip *m, (LAm)* bikini *m; (woman's)* bragas *fpl,* panties *mpl.* **3** *vt (Jur, Mil)* dar instrucciones a.

brief·case ['bri:fkeɪs] *n* cartera *f, (LAm)* portafolio *m.*

brief·ing ['bri:fɪŋ] *n (meeting)* sesión *f* informativa; *(written)* informe *m.*

brief·ly ['bri:flɪ] *adv (speak, reply)* brevemente, en pocas palabras.

bri·er ['braɪə^r] *n* = **briar.**

bri·gade [brɪ'geɪd] *n* brigada *f.*

briga·dier [,brɪgə'dɪə^r] *n* general *m* de brigada.

bright [braɪt] *adj* **(a)** *(gen)* claro/a; *(sunny: day)* de sol; *(light, sun, reflection)* brillante, luminoso/a; *(surface)* resplandeciente; *(colour)* fuerte, vivo/a; **~ intervals** *(Met)* claros *mpl;* **~ red** rojo fuerte. **(b)** *(cheerful: person)* alegre, animado/a; *(: expression)* radiante, feliz; *(: future)* prometedor(a); **~ and early** de madrugada. **(c)** *(clever: person)* listo/a, inteligente; *(: idea)* luminoso/a.

bright·en ['braɪtn] **1** *vt (also* **~ up) (a)** aclarar; *(TV)* dar claridad. **(b)** *(house)* alegrar, llenar de color; *(situation)* mejorar. **2** *vi (also* **~ up)** *(person)* animarse, alegrarse; *(eyes)* iluminarse, brillar; *(weather)* despejarse.

bright·ly ['braɪtlɪ] *adv (smile)* alegremente, con ánimo; *(shine)* brillantemente.

bright·ness ['braɪtnɪs] *n (see adj)* **(a)** claridad *f;* luminosidad *f;* resplandor *m.* **(b)** alegría *f,* ánimo *m;* felicidad *f;* promesa *f.* **(c)** inteligencia *f.*

bril·liance ['brɪljəns] *n (of light, colour)* brillo *m,* brillantez *f; (fig: of person)* inteligencia *f.*

bril·liant ['brɪljənt] *adj* **(a)** *(sunshine)* brillante, resplandeciente. **(b)** *(fig: idea)* brillante; *(: person)* sobresaliente; **the party was a ~ success** la fiesta fue un gran éxito.

brim [brɪm] **1** *n (of cup)* borde *m; (of hat)* ala *f.* **2** *vi (also* **~ over)** rebosar, desbordarse.

brim·ful [,brɪm'fʊl] *adj* lleno/a hasta el borde; **~ of confidence** *(fig)* lleno *or* rebosante de confianza.

bring [brɪŋ] *pt, pp* **brought** *vt (gen)* traer; **to ~ to bear (on)** sacar a cuenta; **to ~ the negotiations to an end** llevar las negociaciones a su fin; **to ~ to light** sacar a luz; **to ~ sth to an end** terminar con algo; **to ~ sth on o.s.** atraer algo sobre sí, ser el autor de sus proprios problemas; **to ~ a good price** alcanzar un precio alto, ser muy cotizado/a; **to ~ o.s. to do sth** obligarse *or* forzarse a hacer algo; *see* **action.**

♦ **bring about** *vt + adv* **(a)** *(change, crisis)* efectuar, producir; *(death, war)* ocasionar, producir. **(b)** *(boat)* virar, dar la vuelta a.

♦ **bring back** *vt + adv (lit: person, object)* traer de vuelta; **it ~s back memories** trae recuerdos; **she brought a friend back for coffee** llevó una amiga a casa a tomar café.

♦ **bring down** *vt + adv* **(a)** *(lower: prices)* bajar. **(b)** *(cause to fall: opponent)* tirar al suelo, derribar; *(: plane)* derribar; *(: government)* echar abajo.

♦ **bring forward** *vt + adv* **(a)** *(gen: offer)* presentar. **(b)** *(advance time of: meeting)* adelantar. **(c)** *(Book-keeping)* pasar a otra cuenta.

♦ **bring in** *vt + adv* **(a)** *(person)* hacer entrar, hacer pasar; *(object)* traer; *(Pol: bill)* presentar; **to ~ in a verdict** pronunciar un veredicto. **(b)** *(produce: income)* producir, rendir.

♦ **bring off** *vt + adv* **(a)** *(plan)* lograr, conseguir; **he didn't ~ it off** *(fam)* no le salió. **(b)** *(people from wreck)* rescatar.

♦ **bring on** *vt + adv* **(a)** *(illness, quarrel)* producir, causar; *(crops)* hacer crecer *or* madurar; *(flowers)* hacer florecer. **(b)** *(performer)* presentar; *(player)* poner, sacar (de la reserva).

♦ **bring out** *vt + adv (reveal: meaning)* hacer resaltar; *(develop: quality)* sacar a relucir; *(introduce: product)* sacar, introducir; *(publish: book)* publicar.

♦ **bring round** *vt + adv* **(a)** *(persuade)* convencer. **(b)** *(steer: conversation)* llevar, dirigir. **(c)** *(unconscious person)* hacer volver en sí.

♦ **bring up** *vt + adv* **(a)** *(rear: child)* criar, educar; **a well brought up child** un niño bien educado. **(b)** *(subject)* sacar a colación, mencionar. **(c)** *(vomit)* devolver, vomitar.

brink [brɪŋk] *n (lit, fig)* borde *m;* **to be on the ~ of doing sth** estar a punto de hacer algo.

brisk [brɪsk] *adj (person, voice, walk)* enérgico/a, vigoroso/a; *(wind)* fresco/a; *(trade etc)* activo/a; **at a ~ pace** con paso rápido, rápidamente.

brisk·ly ['brɪsklɪ] *adv see adj.*

bris·tle ['brɪsl] **1** *n (of beard)* barba *f* (incipiente); *(on animal, of brush)* cerda *f.* **2** *vi (also* **~ up)** erizarse; *(animal's hair)* erizarse, ponerse de punto; *(fig)* estar erizado de; **he ~d with anger** temblaba de rabia *or* cólera.

bris·tly ['brɪslɪ] *adj (beard, hair)* erizado/a; **to have a ~ chin** tener la barba crecida.

Brit·ain ['brɪtən] *n (also* **Great ~)** Gran Bretaña *f.*

Brit·ish ['brɪtɪʃ] **1** *adj (gen)* británico/a; **the ~ Isles** las Islas Británicas. **2** *npl*: **the ~** los británicos.

Brit·on ['brɪtən] *n* británico/a *m/f.*

brit·tle ['brɪtl] *adj* quebradizo/a.

broach [brəʊtʃ] *vt (subject)* abordar, sacar a colación.

broad [brɔ:d] **1** *adj (gen)* ancho/a, *(LAm)* amplio/a;

(smile) abierto/a; *(fig: theory)* comprensivo/a; *(mind)* tolerante, liberal; *(outline)* general; *(hint)* claro/a; *(accent)* cerrado/a; **it is 3 metres ~** tiene 3 metros de ancho, tiene una extensión de 3 metros; **in ~ daylight** en pleno día. **2** *n (US fam)* fulana *f*, tipa *f*, *(LAm)* niña *f*.

broad·cast ['brɔːdkɑːst] *(pt, pp* **broadcast***)* **1** *n (Rad, TV)* emisión *f*. **2** *vt (TV: match, event)* transmitir; *(Rad)* emitir, radiar; *(fig: news, rumour)* divulgar, difundir. **3** *vi (station)* transmitir, emitir; *(person)* hablar por la radio/televisión.

broad·cast·er ['brɔːdkɑːstəʳ] *n (Rad,TV)* locutor(a) *m/f*.

broad·cast·ing ['brɔːdkɑːstɪŋ] **1** *n (TV)* transmisión *f*; *(Rad)* radiodifusión *f*. **2: ~ station** *n* emisora *f*.

broad·en ['brɔːdn] **1** *vt (road)* ensanchar; *(mind)* ampliar. **2** *vi (also* **~ out***)* ensancharse.

broad·ly ['brɔːdlɪ] *adv*: **~ speaking** hablando en general.

broad-minded [ˌbrɔːd'maɪndɪd] *adj* tolerante, de miras amplias.

broad-shouldered [ˌbrɔːd'ʃəʊldəd] *adj* ancho/a de espaldas.

broad·side ['brɔːdsaɪd] *n (Naut, fig)* andanada *f*.

bro·cade [brəʊ'keɪd] *n* brocado *m*.

broc·co·li ['brɒkəlɪ] *n* brécol *m*.

bro·chure ['brəʊʃjʊəʳ] *n* folleto *m*, prospecto *m*.

brogue[1] [brəʊg] *n (shoe)* zapato *m* grueso.

brogue[2] [brəʊg] *n (accent)* acento *m* regional *(sobre todo irlandés)*.

broil [brɔɪl] *vt (US Culin: grill)* asar a la parrilla.

broke [brəʊk] **1** *pt of* **break. 2** *adj (fam)* pelado/a; **I'm ~** estoy sin una perra *or* pelado.

bro·ken ['brəʊkən] **1** *pp of* **break.**
2 *adj* **(a)** *(object, bone etc)* roto/a, quebrado/a; *(fig: marriage)* quebrado/a; *(: promise)* violado/a, quebrantado/a; *(: health, spirit, heart)* quebrantado/a; **a ~ home** una familia dividida. **(b)** *(uneven: road surface)* quebrado/a, accidentado/a; *(interrupted: line)* quebrado/a; *(: voice)* entrecortado/a; *(: sleep, night)* interrumpido/a; **he speaks ~ English** habla un inglés imperfecto.

broken-down [ˌbrəʊkən'daʊn] *adj (machine, car)* descompuesto/a, averiado/a; *(house)* destartalado/a, desvencijado/a.

broken-hearted [ˌbrəʊkən'hɑːtɪd] *adj* con el corazón partido.

bro·ker ['brəʊkəʳ] *n (Comm)* agente *mf*; *(stockbroker)* corredor(a) *m/f*.

brol·ly ['brɒlɪ] *n (Brit fam)* paraguas *m inv*.

bro·mide ['brəʊmaɪd] *n (Chem)* bromuro *m*.

bron·chial ['brɒŋkɪəl] *adj* bronquial.

bron·chi·tis [brɒŋ'kaɪtɪs] *n* bronquitis *f*.

bronze [brɒnz] **1** *n* bronce *m*; *(of skin)* bronceado *m*. **2** *vi (person)* broncearse. **3** *vt (skin)* broncear. **4** *adj (made of ~)* de bronce; *(colour)* color de bronce; **the B~ Age** la Edad de Bronce.

bronzed [brɒnzd] *adj (person)* bronceado/a.

brooch [brəʊtʃ] *n* prendedor *m*, broche *m*.

brood [bruːd] **1** *n (gen)* camada *f*, cría *f*; *(of chicks)* nidada *f*; *(hum: of children)* progenie *f*. **2** *vi (bird)* empollar; *(fig: person)* ponerse melancólico/a.

♦ **brood on** *vi + prep* dejarse obsesionar *or* obsesionarse por.

broody ['bruːdɪ] *adj (hen)* clueca; *(fam: female)* con deseo de tener hijos.

brook[1] [brʊk] *n* arroyo *m*.

brook[2] [brʊk] *vt (frm: tolerate)* aguantar, soportar; **he ~s no opposition** no permite *or (LAm)* admite oposición.

broom [brʊm] *n (brush)* escoba *f*; *(Bot)* retama *f*.

Bros *abbr of* **brothers** Hnos.

broth [brɒθ] *n* caldo *m*.

broth·el ['brɒθl] *n* burdel *m*, prostíbulo *m*.

broth·er ['brʌðəʳ] **1** *n (gen, Rel)* hermano *m*; *(Trade Union etc)* compañero *m*. **2: ~ workers** *npl* colegas *mpl*.

brother·hood ['brʌðəhʊd] *n* fraternidad *f*; *(group)* hermandad *f*, gremio *m*.

brother-in-law ['brʌðərɪnˌlɔː] *n*, *pl* **brothers-in-law** cuñado *m*, hermano *m* político.

broth·er·ly ['brʌðəlɪ] *adj* fraterno/a, fraternal.

brought [brɔːt] *pt, pp of* **bring.**

brow [braʊ] *n (forehead)* frente *f*; *(of hill)* cumbre *f*; **eye~** ceja *f*; **to knit one's ~s** fruncir el ceño.

brow·beat ['braʊbiːt] *pt* **browbeat,** *pp* **browbeaten** *vt* intimidar, convencer con amenazas; **to ~ sb into doing sth** obligar a uno a hacer algo.

brown [braʊn] **1** *adj (gen)* moreno/a, marrón, *(LAm)* color café; *(hair)* castaño/a; *(leather)* de color; *(bronzed: skin)* bronceado/a; **to go ~** broncearse. **2** *n* castaño *m*, marrón *m*, *(LAm)* color *m* café. **3** *vt (person)* broncear; *(Culin)* dorar; **I'm ~ed off** *(fam)* estoy harto. **4** *vi (Culin)* dorarse. **5: ~ ale** *n* cerveza *f* oscura *or* negra; **~ bread** *n* pan *m* moreno; **~ paper** *n* papel *m* de estraza; **~ rice** *n* arroz *m* moreno; **~ sugar** *n* azúcar *m* terciado.

Brownie ['braʊnɪ] *n* niña *f* exploradora.

brown·ish ['braʊnɪʃ] *adj* pardusco/a.

browse [braʊz] **1** *vi (also* **~ through***: book)* hojear; *(in shop)* echar una mirada; *(animal)* pacer. **2** *n*: **to have a ~ (around)** echar una mirada *or* un vistazo.

bruise [bruːz] **1** *n (on person)* cardenal *m*, *(LAm)* moretón *m*; *(on fruit)* machucadura *f*. **2** *vt (leg etc)* magullar, *(LAm)* amoratar; *(fruit)* machucar, dañar; *(fig: feelings)* herir. **3** *vi*: **I ~ easily** *(lit)* me salen cardenales *or* moretones con facilidad; *(fig)* me salen moretones por cualquier cosa.

bru·nette [bruː'net] *n* morena *f*.

brunt [brʌnt] *n*: **to bear the ~ of sth** aguantar lo más recio de algo.

brush [brʌʃ] **1** *n* **(a)** *(gen)* cepillo *m*; *(sweeping ~)* escoba *f*; *(scrubbing ~)* bruza *f*; *(paint ~: artist's)* pincel *m*; *(: decorator's)* brocha *f*; *(shaving ~)* brocha; **hair/shoe ~** cepillo para el pelo/los zapatos. **(b)** *(act of ~ing)* cepillado *m*; **give your coat a ~** cepíllate el abrigo. **(c)** *(argument)* roce *m*; **to have a ~ with the police** tener un roce con la policía. **(d)** *(light touch)* toque *m*. **(e)** *(undergrowth)* maleza *f*.
2 *vt* **(a)** *(clean: floor)* cepillar; *(clothes, hair)* cepillar; **to ~ one's shoes** limpiarse los zapatos; **to ~ one's teeth** lavarse los dientes. **(b)** *(touch lightly)* rozar.

♦ **brush against** *vi + prep* rozar (al pasar).

♦ **brush aside** *vt + adv (fig)* no hacer caso de, rechazar.

♦ **brush away** *vt + adv (gen)* quitar (con cepillo *or* la mano *etc)*.

♦ **brush off** *vt + adv (mud)* quitar (con cepillo *or* la mano *etc)*; *(fig: dismiss)* no hacer caso de; **to give sb the ~-off** dar calabazas *or (LAm)* cortar a uno.

♦ **brush past** *vi + prep* rozar al pasar.

♦ **brush up** *vt + adv* **(a)** *(crumbs)* recoger. **(b)** *(also* **~ up on***)* repasar, refrescar; **to have a wash and ~-up** lavarse y arreglarse.

brushed [brʌʃt] *adj (nylon, denim etc)* afelpado/a.

brusque [bruːsk] *adj* brusco/a, abrupto/a, *(LAm)* corto/a.

brusque·ness ['bruːsknɪs] *n* brusquedad *f*.

Brus·sels ['brʌslz] *n* Bruselas; **~ sprouts** *npl* coles *fpl* de Bruselas.

bru·tal ['bru:tl] *adj* brutal.
bru·tal·ity [bru:'tælɪtɪ] *n* brutalidad *f.*
brute [bru:t] **1** *n (animal)* bruto *m*, bestia *f; (person)* bestia. **2** *adj (force, strength)* bruto/a.
B.Sc. *abbr see* **bachelor.**
bub·ble ['bʌbl] **1** *n (in liquid)* burbuja *f; (in paint)* ampolla *f; (soap* ~*)* pompa *f* de jabón. **2** *vi* burbujear. **3:** ~ **bath** *n* espuma *f* para el baño; ~ **gum** *n* chicle *m* (de globo).
♦ **bubble over** *vi + adv (lit)* desbordarse; *(fig: with happiness etc)* rebosar.
bubbly ['bʌblɪ] **1** *adj (lit)* burbujeante; *(fig fam)* efervescente, vivo/a. **2** *n (fam)* champaña *f.*
buck [bʌk] **1** *n* **(a)** *(male: of deer, rabbit)* macho *m.* **(b)** *(US fam: dollar)* dólar *m.* **(c)** *(in gym)* potro *m.* **(d) to pass the** ~ *(fam)* echarle el muerto a uno. **2:** ~ **teeth** *npl* dientes *mpl* salientes. **3** *vi (horse)* corcovear.
♦ **buck up** *(fam) vi + adv (cheer up)* animarse; *(hurry up)* darse prisa, *(LAm)* apurarse.
buck·et ['bʌkɪt] **1** *n* cubo *m*, *(LAm)* balde *m;* **a** ~ **of water** un cubo *or* balde de agua; *see* **kick. 2** *vi (fam)* **the rain is** *or* **it's** ~**ing (down)** está lloviendo a cántaros.
buck·le ['bʌkl] **1** *n* hebilla *f.* **2** *vt* **(a)** *(shoe, belt)* abrochar con hebilla. **(b)** *(wheel, girder)* combar. **(c)** *(knees)* doblar. **3** *vi (see vt)* combarse; doblarse.
♦ **buckle down** *vi + adv* ponerle empeño *(to* en); **to** ~ **down to a job** dedicarse a una tarea.
buck·shot ['bʌkʃɒt] *n* perdigón *m.*
buck·skin ['bʌkskɪn] *n* (cuero *m* de) ante *m.*
bud [bʌd] **1** *n (of flower)* capullo *m; (on tree, plant)* brote *m*, yema *f;* **in** ~ *(tree)* en brote; *see* **nip**[1] **2. 2** *vi (flower, tree)* brotar, echar brotes.
Buddha ['bʊdə] *n* Buda *m.*
Bud·dhism ['bʊdɪzəm] *n* budismo *m.*
Bud·dhist ['bʊdɪst] *adj, n* budista *mf.*
bud·ding ['bʌdɪŋ] *adj (fig: talent)* en ciernes.
bud·dy ['bʌdɪ] *n (esp US)* compinche *m*, *(Mex)* cuate *m*, *(Per)* pata *m*, *(LAm)* compadre *m.*
budge [bʌdʒ] **1** *vt (move)* mover; **I couldn't** ~ **him an inch** *(fig)* no le pude convencer. **2** *vi* moverse; *(fig)* ceder, rendirse.
budg·eri·gar ['bʌdʒərɪgɑ:ʳ] *n* periquito *m.*
budg·et ['bʌdʒɪt] **1** *n* presupuesto *m;* **the B**~ *(Brit)* el Plan Presupuestal. **2** *vi* planear el presupuesto.
♦ **budget for** *vi + prep* hacer un presupuesto para.
budgie ['bʌdʒɪ] *n abbr of* **budgerigar.**
buff [bʌf] **1** *adj (colour)* de color de ante. **2** *vt (also* ~ **up)** lustrar. **3** *n (fam)* aficionado/a *m/f.*
buf·fa·lo ['bʌfələʊ] *n, pl* **buffaloes (a)** búfalo *m.* **(b)** *(esp US: bison)* bisonte *m.*
buff·er ['bʌfəʳ] **1** *n (for railway engine)* amortiguador *m.* **2:** ~ **state** *n* estado *m* tapón.
buf·fet[1] ['bʌfɪt] **1** *n (blow)* bofetada *f.* **2** *vt (by sea, wind etc)* zarandear.
buf·fet[2] ['bʊfeɪ] **1** *n (for refreshments)* cantina *f*, cafetería *f; (meal)* buffet *m.* **2:** ~ **car** *n (Brit)* coche-comedor *m;* ~ **lunch**/~ **supper** *n* almuerzo *m*/cena *f* buffet.
bug [bʌg] **1** *n* **(a)** *(Zool)* chinche *mf; (fam: insect)* bicho *m; (: germ)* microbio *m; (fig: obsession)* entusiasmo *m* (por algo); **there's a** ~ **going around** corre una enfermedad; **I've got the travel** ~ me encanta viajar. **(b)** *(fam: bugging device)* micrófono *m* oculto.
2 *(fam) vt* **(a)** *(telephone)* intervenir; **my phone is** ~**ged** mi teléfono está intervenido. **(b)** *(annoy)* fastidiar; **don't** ~ **me!** *(fam)* ¡deja de molestar(me) *or* fastidiar!
bug·bear ['bʌgbɛəʳ] *n* pesadilla *f.*
bug·ger ['bʌgəʳ] **1** *n (fam!)* bruto/a *m/f*, tipo/a *m/f;* **don't play silly** ~**s!** ¡no jodas! **2** *vt (fam!)* **to** ~ **sth up** joder algo; ~ **off!** ¡vete a joder!, *(Mex)* ¡chinga tu madre!
bug·gery ['bʌgərɪ] *n* sodomía *f.*
bug·gy ['bʌgɪ] *n (baby's)* cochecito *m; (horse and* ~*)* cabriola *f.*
bu·gle ['bju:gl] *n* corneta *f*, bugle *m.*
build [bɪld] *(vb: pt, pp* **built)** **1** *n* figura *f*, tipo *m.* **2** *vt (house)* construir, edificar; *(ship)* construir; *(nest)* hacer.
♦ **build on** *vt + adv (also* ~ **on to)** añadir *or* anexar a; *(fig)* basar en.
♦ **build up 1** *vt + adv (business)* fomentar, desarrollar; *(reputation)* crear(se); *(area, town etc)* urbanizar; *(stocks etc)* acumular; **to** ~ **up one's strength** fortalecerse; **to** ~ **up one's hopes** hacerse ilusiones; **to** ~ **up a lead** tomar la delantera. **2** *vi + adv (pressure)* aumentarse; *(Fin: interest)* acumularse; *(fig)* crecer.
build·er ['bɪldəʳ] *n (gen)* constructor(a) *m/f; (contractor)* contratista *m; (workman)* albañil *m; (fig)* fundador *m.*
build·ing ['bɪldɪŋ] **1** *n (gen)* edificio *m; (activity)* construcción *f.* **2:** ~ **contractor** *n* contratista *m* de construcciones; ~ **site** *n* obra *f;* ~ **society** *n* sociedad *f* de préstamo inmobilario; ~ **trade** *n* construcción *f.*
build-up ['bɪldʌp] *n* **(a)** *(of pressure, tension, forces etc)* concentración *f; (of traffic)* aumento *m.* **(b)** *(publicity)* propaganda *f;* **to give sb/sth a good** ~ hacer mucha propaganda a favor de uno/algo.
built [bɪlt] *pt, pp of* **build.**
built-in ['bɪltɪn] *adj (furniture)* empotrado/a; *(part of)* incorporado/a.
built-up ['bɪltʌp] *adj:* ~ **area** zona *f* urbanizada.
bulb [bʌlb] *n (Bot)* bulbo *m; (of garlic)* cebolla *f*, cabeza *f; (Elec)* bombilla *f*, *(LAm)* foco *m; (of thermometer)* cubeta *f*, ampolleta *f.*
bulb·ous ['bʌlbəs] *adj (shape)* bulboso/a.
Bul·garia [bʌl'gɛərɪə] *n* Bulgaria *f.*
Bul·gar·ian [bʌl'gɛərɪən] **1** *adj* búlgaro/a. **2** *n* **(a)** *(person)* búlgaro/a *m/f.* **(b)** *(Ling)* búlgaro *m.*
bulge [bʌldʒ] **1** *n* **(a)** *(in surface)* pandeo *m; (of curve)* bombeo *m; (in pocket)* bulto *m.* **(b)** *(in birth rate, sales)* alza *f*, aumento *m;* **the postwar** ~ **in the birth rate** la explosión demográfica de la posguerra. **2** *vi (pocket etc)* hincharse, estar abultado; *(eyes)* saltarse.
bulk [bʌlk] *n (of thing)* bulto *m; (of person)* corpulencia *f*, masa *f;* **the** ~ **of** la mayoría de; **the** ~ **of the work** la mayor parte del trabajo; **to buy in** ~ *(in large quantities)* comprar al por mayor; *(not pre-packed)* **in** ~ suelto/a, a granel.
bulk·head ['bʌlkhed] *n* mamparo *m.*
bulky ['bʌlkɪ] *adj (parcel)* abultado/a; *(person)* corpulento/a.
bull[1] [bʊl] *n* toro *m; (male of elephant, seal)* macho *m;* **like a** ~ **in a china shop** con patas de elefante; **to talk a lot of** ~ *(fam: nonsense)* decir una serie de tonterías; **to take the** ~ **by the horns** *(Sp)* coger *or (LAm)* agarrar el toro por los cuernos; **a** ~ **market** *(Fin)* un mercado en alza *or* alcista; *see* **red 1.**
bull[2] [bʊl] *n (Rel)* bula *f.*
bull·dog ['bʊldɒg] *n* dogo *m.*
bull·doze ['bʊldəʊz] *vt* mover con excavadora; **I was** ~**d into doing it** *(fig fam)* me obligaron a hacerlo.
bull·doz·er ['bʊldəʊzəʳ] *n* excavadora *f*, bulldozer *m.*
bul·let ['bʊlɪt] *n* bala *f;* ~ **hole** agujero *m* de bala; ~

wound balazo *m*.

bul·letin ['bʊlɪtɪn] *n (statement)* comunicado *m*, parte *m*; *(journal)* boletín *m*.

bullet·proof ['bʊlɪt,pruːf] *adj* a prueba de balas.

bull·fight ['bʊlfaɪt] *n* corrida *f* (de toros).

bull·fighter ['bʊlfaɪtə] *n* torero *m*.

bull·fighting ['bʊlfaɪtɪŋ] *n* tauromaquia *f*; **I like ~** me gustan los toros.

bul·lion ['bʊljən] *n* oro *m or* plata *f* en barras *or* en lingote.

bull·ock ['bʊlək] *n* buey *m*.

bull·ring ['bʊlrɪŋ] *n* plaza *f* de toros.

bull's-eye ['bʊlzaɪ] *n (of target)* blanco *m*; **to hit the ~** *(fig)* dar en el blanco.

bul·ly ['bʊlɪ] **1** *n* matón/ona *m/f*. **2** *vt (also* **~ around***)* intimidar; **to ~ sb into doing sth** forzar a uno que haga algo.

bul·rush ['bʊlrʌʃ] *n* espadaña *f*.

bul·wark ['bʊlwək] *n (Mil, fig)* baluarte *m*; *(Naut)* macarrón *m*.

bum[1] [bʌm] *n (Anat: Brit fam)* culo *m*.

bum[2] [bʌm] *(fam)* **1** *n (esp US: idler)* holgazán/ana *m/f*, *(LAm)* flojo/a *m/f*, vago/a *m/f*; *(tramp)* vagabundo/a *m/f*. **2** *adj (worthless)* inútil, de mala calidad. **3** *vt (money, food)* sablear.

♦ **bum around** *vi + adv* holgazanear, *(LAm)* vagar.

bumble·bee ['bʌmblbiː] *n* abejorro *m*.

bumf [bʌmf] *n (Admin fam)* papeleo *m*.

bump [bʌmp] **1** *n* **(a)** *(blow, noise)* choque *m*, topetón *m*; *(jolt of vehicle)* sacudida *f*. **(b)** *(swelling)* bollo *m*, bulto *m*; *(on skin)* chichón *m*, hinchazón *m*; *(on road etc)* bache *m*. **2** *vt (car)* chocar contra; **to ~ one's head** darse un golpe en la cabeza. **3** *vi (also* **~ along***: move joltingly)* avanzar dando tumbos.

♦ **bump into** *vi + prep* **(a)** *(vehicle)* chocar *or* dar contra. **(b)** *(fam: meet)* tropezar con, toparse con; **fancy ~ing into you!** ¡qué casualidad encontrarte aquí!

♦ **bump off** *vt + adv (fam)* cargarse a.

bump·er[1] ['bʌmpəʳ] *n (Brit Aut)* parachoques *m inv*.

bump·er[2] ['bʌmpəʳ] *adj (crop, harvest)* abundante; **~ issue** edición *f* especial.

bumpy ['bʌmpɪ] *adj (surface)* desigual; *(road)* lleno/a de baches; *(journey, flight)* agitado/a.

bun [bʌn] *n (Culin)* bollo *m*, bizcocho *m*, *(Mex)* pan *m* dulce, *(LAm)* queque *m*; *(hair)* moño *m*.

bunch [bʌntʃ] *n (of flowers)* ramo *m*; *(of bananas, grapes)* racimo *m*; *(of keys)* manojo *m*; *(set of people)* grupo *m*, pandilla *f*; **to wear one's hair in ~es** llevar el pelo en mechones; **the best of a bad ~** entre malos, los mejores.

♦ **bunch together 1** *vt + adv (objects)* juntar. **2** *vi + adv (people)* agruparse, apiñarse.

bun·dle ['bʌndl] **1** *n (of clothes, rags)* bulto *m*; *(of sticks)* haz *m*; *(of papers)* legajo *m*. **2** *vt* **(a)** *(also* **~ up:** *clothes)* atar en un bulto. **(b)** *(put hastily)* guardar sin orden; **he was ~d off to Australia** lo despacharon a Australia; **they ~d him out of the house** lo echaron a la fuerza de la casa; **the body was ~d into the car** metieron el cadáver en el coche a la carrera.

bung [bʌŋ] **1** *n* bitoque *m*. **2** *vt (also* **~ up:** *pipe, hole)* tapar; *(fam: throw)* echar; **my nose is ~ed up** *(fam)* tengo la nariz atascada *or* constipada.

bun·ga·low ['bʌŋgələʊ] *n* chalé *m*, bungalow *m*.

bun·gle ['bʌŋgl] *(fam) vt (work)* chapucear; **to ~ it** hacerlo mal, *(LAm)* amolarlo; **to ~ an opportunity** desperdiciar una oportunidad.

bun·ion ['bʌnjən] *n (Med)* juanete *m*.

bunk [bʌŋk] *n (also* **~-bed***)* litera *f*; *(Naut)* camastro *m*; *(fam: rubbish)* **your story is all ~** tus cuentos son puras tonterías *or (LAm)* babosadas.

bun·ker ['bʌŋkəʳ] *n (coal ~)* carbonera *f*; *(Mil)* refugio *m* antiaéreo/antinuclear; *(Golf)* bunker *m*.

bun·kum ['bʌŋkəm] *n (fam)* tonterías *fpl*.

bunt·ing ['bʌntɪŋ] *n (flags)* guirnaldas *fpl*.

buoy [bɔɪ] *n* boya *f*.

♦ **buoy up** *vt + adv (person, boat)* mantener a flote; *(fig: spirits etc)* animar, alentar.

buoy·ant ['bɔɪənt] *adj* boyante; *(fig: mood)* optimista; *(Fin: market, prices)* sostenido/a.

bur·ble ['bɜːbl] *vi (baby)* hacer gorgoritos; *(bubble)* burbujear; *(fig: talk)* hablar por hablar.

bur·den ['bɜːdn] **1** *n (load)* carga *f*; *(fig: of taxes, years)* peso *m*; **the ~ of proof lies with him** la carga de la prueba está con él; **to be a ~ to sb** ser una carga para uno. **2** *vt* cargar *(with* con).

bu·reau [bjʊə'rəʊ] *n (agency: travel/employment ~)* agencia *f*, oficina *f*; *(government department)* departamento *m*; *(Brit: desk)* buró *m*, escritorio *m*; *(US: chest of drawers)* cómoda *f*.

bu·reau·cra·cy [bjʊə'rɒkrəsɪ] *n* burocracia *f*; *(pej)* papeleo *m*, trámites *mpl*.

bu·reau·crat ['bjʊərəʊkræt] *n* burócrata *mf*.

bu·reau·crat·ic [,bjʊərəʊ'krætɪk] *adj* burocrático/a.

bur·glar ['bɜːgləʳ] **1** *n* ladrón/ona *m/f*. **2: ~ alarm** *n* alarma *f* antirrobo.

bur·glar·ize ['bɜːgləraɪz] *vt (US)* robar (de una casa *etc*).

bur·gla·ry ['bɜːglərɪ] *n* robo *m* en una casa.

bur·gle ['bɜːgl] *vt* robar (de una casa *etc*).

bur·ial ['berɪəl] *n* entierro *m*; **~ ground** cementerio *m*, composanto *m*, *(LAm)* panteón *m*.

bur·lesque [bɜː'lesk] *n (parody)* parodia *f*.

bur·ly ['bɜːlɪ] *adj* fornido/a, fuerte.

Bur·ma ['bɜːmə] *n* Birmania *f*.

Bur·mese [bɜː'miːz] *adj* birmano/a.

burn [bɜːn] *(vb: pt, pp* **burned** *or* **burnt***)* **1** *n (gen)* quemadura *f*; *(of rocket)* fuego *m*.

2 *vt (gen)* quemar; *(house, building)* incendiar; *(of sun: person, skin)* tostar; **to ~ a hole in sth** hacer un agujero en algo quemándolo; **to be ~t to death** ser quemado/a vivo/a; **to ~ one's finger/hand** quemarse el dedo/la mano; **I've ~t myself!** ¡me he quemado!, *(LAm)* ¡me quemé!; **it has a ~t taste** sabe a quemado; *(fig)* **to ~ one's boats** *or* **bridges** quemar las naves; *(fig)* **to ~ the candle at both ends** hacer de la noche día.

3 *vi (fire, building, etc)* arder, quemarse; *(skin: to smart)* escocer; *(meat, pastry etc)* quemarse; *(light, gas)* estar encendido/a; *(fig)* **to ~ with anger/passion** *etc* arder de rabia/pasión *etc*.

♦ **burn down 1** *vt + adv (building)* incendiar. **2** *vi + adv (house)* incendiarse; *(candle, fire)* apagarse.

♦ **burn off** *vt + adv (paint etc)* quitar con soplete.

♦ **burn out 1** *vt + adv (fig: be exhausted)* agotarse; **he's ~t himself out** se ha agotado. **2** *vi + adv (fuse)* fundirse; *(candle, lamp)* apagarse.

♦ **burn up 1** *vi + adv (fire)* echar llamas, arder más. **2** *vt + adv (rubbish etc)* quemar.

burn·er ['bɜːnəʳ] *n (on cooker etc)* quemador *m*.

burn·ing ['bɜːnɪŋ] **1** *n*: **there's a smell of ~** huele a quemado. **2** *adj (building, forest)* en llamas; *(coals, flame, also fig)* ardiente; *(question, topic)* candente.

bur·nish ['bɜːnɪʃ] *vt (metal)* bruñir.

burnt [bɜːnt] *pt, pp of* **burn**.

burp [bɜːp] *(fam)* **1** *n* eructo *m*. **2** *vi* eructar. **3** *vt (baby)* hacer eructar.

bur·row ['bʌrəʊ] **1** *n (of animal)* madriguera *f*; *(of rabbit)* conejera *f*. **2** *vt (hole, one's way)* cavar. **3** *vi (animals etc)* hacer una madriguera; **he ~ed**

under the bedclothes se escondió bajo las sábanas.

bur·sar ['bɜːsəʳ] *n (Univ etc)* tesorero/a *m/f*.

bur·sa·ry ['bɜːsərɪ] *n (Scot Scol)* beca *f*.

burst [bɜːst] *(vb: pt, pp* **burst**) **1** *n (of shell etc)* estallido *m*, explosión *f; (in pipe)* reventón *m; (of shots)* ráfaga *f*; **a ~** *(tyre)* un neumático pinchado *or (LAm)* una llanta pinchada; **a ~ of applause** una salva de aplausos; **a ~ of laughter** una carcajada; **a ~ of speed** una escapada.

2 *vt (boiler, pipe, bubble, balloon)* reventar; *(bag)* romper; *(tyre)* pinchar; **the river has ~ its banks** el río se ha desbordado.

3 *vi* **(a)** *(gen)* reventarse; *(shell, firework)* explotar, estallar; *(bag)* romperse; *(tyre)* pincharse; *(dam)* romperse; **the door ~ open** la puerta se abrió de golpe; **filled to ~ing point, ~ing at the seams** lleno a reventar; **to be ~ing with pride** desbordarse de orgullo; *(fam)* **I was ~ing to tell you** reventaba por decírtelo.

(b) *(start, go suddenly)* **to ~ into the room** irrumpir (en el cuarto); **to ~ into flames** estallar en llamas; **to ~ into tears** deshacerse en lágrimas; **the sun ~ through the clouds** el sol apareció de repente entre las nubes; **to ~ out laughing** reventar de risa; **to ~ out singing** echarse a cantar.

bury ['berɪ] *vt (body, treasure)* enterrar; *(plunge: claws, knife)* clavar *(in* en); **he buried his face in his hands** escondió la cara entre las manos; **buried by an avalanche** enterrado por una avalancha; **buried in thought** ensimismado; **to ~ the hatchet** *(fig)* echar pelillos a la mar.

bus [bʌs] **1** *n, pl* **buses** *or (US)* **bus·ses** autobús *m*, *(LAm)* camión *m*, colectivo *m; (LAm: small ~)* micro *m*, *(Cu)* guagua *f*, *(Chi)* góndola *f*; **to come/go by ~** venir/ir en autobús *or* camión *etc*. **2: ~ driver** *n* conductor *m* de autobús *etc*; **~ route** *n* recorrido *m* del autobús *etc*; **~ service** *n* servicio *m* de autobús *etc*; **~ shelter** *n* cobertizo *m*; **~ station** *n* terminal *f* de autobuses *etc*; **~ stop** *n* parada *f*.

bush [bʊʃ] *n* **(a)** *(shrub)* arbusto *m*, mata *f*; *(thicket: also* **~es**) matorral *m*. **(b)** *(in Africa, Australia)* **the ~** el monte; **to beat about the ~** andar con rodeos.

bushy ['bʊʃɪ] *adj (plant)* breñoso/a; *(hair, beard)* espeso/a, tupido/a.

busi·ly ['bɪzɪlɪ] *adv* afanosamente.

busi·ness ['bɪznɪs] **1** *n* **(a)** *(gen: commerce)* negocios *mpl*, comercio *m*; **he's in the selling ~** se dedica a vender; **I'm here on ~** estoy (en viaje) de negocios; **to do ~ with** hacer negocio con; *(fam)* **to get down to ~** ir al grano; **now we're in ~** ya caminamos; **he means ~** habla en serio.

(b) *(firm)* negocio *m*, empresa *f*; **it's a family ~** es una empresa familiar.

(c) *(task, duty, concern)* preocupación *f*, responsabilidad *f*, *(LAm)* misión *f*; **that's my ~** eso es cosa mía, *(LAm)* eso me corresponde (a mí); **you had no ~ to do that** no te correspondía hacerlo, no tenías por qué hacerlo; **I will make it my ~ to tell him** me encargo de decírselo; **mind your own ~!, none of your ~!** ¡no te metas!, *(LAm)* ¡qué te importa!; **it's none of his ~** no tiene nada que ver con él.

(d) *(fam: affair, matter)* asunto *m*, cuestión *f*; **it's a nasty ~** es asunto feo.

2 *cpd (deal, quarter)* comercial; *(studies, college)* de comercio; **~ address** *n* dirección *f* comercial; **~ card** *n* tarjeta *f* de visita; **~ expenses** *npl* gastos *mpl* (comerciales); **~ hours** *npl* horas *fpl* de trabajo; **~ sense** *n* juicio *m* comercial.

business·like ['bɪznɪslaɪk] *adj (approach, transaction, firm)* formal; *(person, manner)* ordenado/a.

business·man ['bɪznɪsmæn] *n, pl* **-men** *(gen)* hombre *m* de negocios; *(trader)* comerciante *m*.

business·woman ['bɪznɪswʊmən] *n, pl* **-women** mujer *f* de negocios; *(trader)* comerciante *f*.

busk·er ['bʌskəʳ] *n* músico/a *m/f* ambulante.

bust[1] [bʌst] **1** *n (Art)* busto *m; (bosom)* pecho *m*. **2: ~ measurement** *n* talla *f* de pecho.

bust[2] [bʌst] *(fam)* **1** *adj (broken)* roto/a, descompuesto/a; **to go ~** *(business)* quebrar; *(person)* arruinarse. **2** *vt* **(a)** = **burst 2. (b)** *(Police fam: search)* allanar; *(: raid)* hacer una redada en. **(c)** *(break)* romper, quebrar.

bus·tle ['bʌsl] **1** *n* animación *f*, bullicio *m*. **2** *vi (also* **~ about**) ir y venir.

busy ['bɪzɪ] **1** *adj* **(a)** *(occupied: person)* ocupado/a; **he's a ~ man** es un hombre muy ocupado; **she's ~ studying/cooking** está ocupada estudiando/cocinando; **he's ~ at his work** está ocupado en su trabajo; *(fam)* **let's get ~** a trabajar. **(b)** *(active: day, time)* activo/a; *(: place, town)* concurrido/a. **(c)** *(esp US: telephone, line)* comunicando/a, *(LAm)* ocupado/a; **~ signal** señal *f* de comunicando, *(LAm)* tono *m* ocupado. **2** *vr*: **to ~ o.s.** ocuparse *(doing sth* en hacer algo, *with sth* con algo).

busy·body ['bɪzɪ,bɒdɪ] *n* entrometido/a *m/f*.

but [bʌt] **1** *conj* **(a)** pero; **she was poor ~ she was honest** era pobre pero honrada; **I want to go ~ I can't afford it** quiero ir, pero no tengo el dinero. **(b)** *(in direct contradiction)* sino; **he's not Spanish ~ Italian** no es español sino italiano. **(c)** *(subordinating)* **we never go out ~ it rains** nunca salimos sin que llueva. **(d) ~ then he couldn't have known** por otro lado, no podía saber *or* haberlo sabido; **~ then you must be my cousin!** ¡entonces tú debes ser mi primo!

2 *adv* sólo, solamente, no más que; **she's ~ a child** no es más que una niña; **had I ~ known** de haberlo sabido yo; **you can ~ try** no puedes más que intentar.

3 *prep* menos, excepto, salvo; **no one ~ him** nadie menos él; **the last ~ one** el penúltimo/la penúltima; **~ for you** si no fuera por tí; **anything ~ that** cualquier cosa menos eso.

4 *n*: **no ~s about it!** ¡no hay pero que valga!

bu·tane ['bjuːteɪn] *n (also* **~ gas**) butano *m*.

butch·er ['bʊtʃəʳ] **1** *n (gen, also fig)* carnicero/a *m/f*; **~'s (shop)** carnicería *f*; **at the ~'s** en la carnicería. **2** *vt* matar; *(fig)* hacer una carnicería con.

butler ['bʌtləʳ] *n* mayordomo *m*.

butt[1] [bʌt] *n (barrel)* tonel *m; (for rainwater)* tina *f*, aljibe *m*.

butt[2] [bʌt] *n (end: esp of gun)* culata *f*; *(of cigar)* colilla *f*.

butt[3] [bʌt] *n (Archery, Shooting)* **the ~s** campo *m* de tiro al blanco; *(fig)* blanco *m*; **she's the ~ of his jokes** ella es el blanco de sus bromas.

butt[4] [bʌt] **1** *n (push with head)* cabezada *f*; *(of goat)* topetada *f*. **2** *vt (subj: goat)* topar; *(subj: person)* dar un golpe con la cabeza. **3** *vi*: **to ~ in** *(interrupt)* interrumpir; *(meddle)* meterse *(to* en).

but·ter ['bʌtəʳ] **1** *n* mantequilla *f*; **~ wouldn't melt in his mouth** es una mosquita muerta. **2** *vt (bread)* untar con mantequilla. **3: ~ bean** *n* judía *f* blanca; **~ dish** *n* mantequera *f*.

butter·cup ['bʌtəkʌp] *n* ranúnculo *m*.

butter·fingers ['bʌtə,fɪŋgəz] *n (fam)* torpe *mf*.

butter·fly ['bʌtəflaɪ] *n* **(a)** mariposa *f*; **I've got butterflies (in my stomach)** tengo los nervios de punta. **(b)** *(Swimming: also* **~ stroke**) braza *f*

ariposa.
but·tock ['bʌtək] *n* nalga *f.*
but·ton ['bʌtn] **1** *n* botón *m.* **2** *vt (also* ~ **up)** abrochar. **3** *vi* abrocharse.
button·hole ['bʌtnhəul] **1** *n* ojal *m; (Brit: flower)* flor *f* que se lleva en el ojal. **2** *vt (fig)* enganchar.
but·tress ['bʌtrɪs] **1** *n* contrafuerte *m; (fig)* apoyo *m.* **2** *vt* apuntalar; *(fig)* reforzar, apoyar.
bux·om ['bʌksəm] *adj* rollizo/a.
buy [baɪ] *(vb: pt, pp* **bought) 1** *n:* **a good** ~ una ganga; **a bad** ~ una mala compra. **2** *vt* comprar; *(fig: bribe)* sobornar; **he won't** ~ **that explanation** *(fam)* no se va a tragar esa explicación.
♦ **buy back** *vt + adv* volver a comprar.
♦ **buy in** *vt + adv* proveerse *or* abastecerse de.
♦ **buy off** *vt + adv (fam: bribe)* sobornar.
♦ **buy out** *vt + adv (business)* comprar la parte de.
♦ **buy up** *vt + adv (property etc)* acaparar.
buy·er ['baɪə[r]] *n (in store)* comprador(a) *m/f;* ~**'s market** mercado *m* favorable al comprador.
buzz [bʌz] **1** *n (of insect, device)* zumbido *m; (of conversation)* rumor *m; (fam: telephone call)* **to give sb a** ~ echarle una llamada a uno. **2** *vt (call)* llamar; *(Aer: plane, building, ship)* pasar rozando. **3** *vi* **(a)** *(insect)* zumbar. **(b)** *(ears, crowd)* zumbar; **my head is** ~**ing** me zumba la cabeza.
♦ **buzz about** *vi + adv (fam: person)* zascandilear.
♦ **buzz off** *vi + adv (Brit fam)* largarse.
buz·zard ['bʌzəd] *n* águila *f* ratonera.
buzz·er ['bʌzə[r]] *n* zumbador *m.*
by [baɪ] **1** *adv* **(a)** *(near)* cerca, al lado; **close** *or* **hard** ~ muy cerca.
(b) *(past)* **to pass/rush** ~ pasar/pasar de prisa.
(c) *(aside)* **to put sth** ~ poner algo a un lado.
(d) *(phrases)* ~ **and** ~ más tarde, luego; ~ **and large** en general, en términos generales.
2 *prep* **(a)** *(close to)* cerca de, al lado de; **the house** ~ **the river** una casa a orillas del río; **a holiday** ~ **the sea** vacaciones en la playa; **I've got it** ~ **me** lo tengo a mi lado.
(b) *(via)* por; **he came in** ~ **the back door** entró por la puerta de atrás.
(c) *(past)* por delante; **she walked** ~ **me** pasó por delante de mí.
(d) *(during)* ~ **day/night** de noche/día.
(e) *(not later than)* para; **we must be there** ~ **4 o'clock** tenemos que estar para las 4; ~ **the time I got there, ...** (para) cuando llegué, ya ...; ~ **that time** *or* ~ **then I knew** para entonces ya lo sabía.
(f) *(indicating amount)* **we sell** ~ **the pound** vendemos por libra; **we charge** ~ **the kilometre** cobramos por kilómetro; ~ **the hour** por hora; ~ **degrees, little** ~ **little** poco a poco; **one** ~ **one** uno tras otro.
(g) *(indicating agent, cause)* por; **killed** ~ **lightning** muerto por relámpago; **a painting** ~ **Picasso** un cuadro por Picasso; **surrounded** ~ **enemies** rodeado de enemigos.
(h) *(indicating method, manner, means) (with gerund)* ~ **working hard** trabajando mucho; ~ **bus/car** en autobús/coche; ~ **rail** *or* **train** en tren; ~ **land and** ~ **sea** por tierra y por mar; **to pay** ~ **cheque** pagar con cheque; **made** ~ **hand** hecho a mano; **to lead** ~ **the hand** llevar por la mano; ~ **moonlight** a la luz de la luna; **he had a daughter** ~ **his first wife** tuvo una hija con su primera mujer.
(i) *(according to)* según, de acuerdo con; ~ **my watch it's five o' clock** según mi reloj, son las cinco; **to judge** ~ **appearances, he is poor** a juzgar por las apariencias, es pobre; **to call sth** ~ **its proper name** llamar algo por su nombre correcto; **it's all right** ~ **me** por mí *or* por mi parte, está bien.
(j) *(measuring difference)* por; **broader** ~ **a metre** un metro más ancho; **it missed me** ~ **inches** por un pelo, no me tocó.
(k) *(Math, measure)* **to divide/multiply** ~ dividir/multiplicar por; **a room 3 metres** ~ **4** una habitación de 3 metros por 4.
(l) *(points of compass)* **north** ~ **north east** norte por noreste.
(m) *(in oaths)* **I swear** ~ **Almighty God** juro por Dios Todopoderoso; ~ **heaven** *(fam)* por Dios.
(n) ~ **the way,** ~ **the by(e)** a propósito.
(o) *(in expressions)* ~ **heart** de memoria; ~ **chance** de *or* por casualidad; ~ **far** con mucho.
bye [baɪ] *interj (fam: also* ~-~) adiós, *(LAm)* hasta luego, chao.
by(e)-election ['baɪɪˌlekʃn] *n* elección *f* parcial.
by·gone ['baɪgɒn] **1** *adj (days, times)* pasado/a. **2** *n:* **let** ~**s be** ~**s** lo pasado, pasado está.
by-law ['baɪlɔː] *n* ordenanza *f* municipal.
by·pass ['baɪpɑːs] **1** *n (road)* carretera *f* de circunvalación. **2** *vt (town)* evitar entrar en; *(fig: person, difficulty)* evitar.
by-product ['baɪˌprɒdʌkt] *n (Chem etc)* subproducto *m,* derivado *m; (fig)* consecuencia *f,* resultado *m.*
byre ['baɪə[r]] *n* establo *m.*
by·stander ['baɪˌstændə[r]] *n (spectator)* espectador(a) *m/f; (witness)* testigo *mf.*
by·way ['baɪweɪ] *n* camino *m* poco frecuentado.
by·word ['baɪwɜːd] *n* sinónimo *m;* **his name is a** ~ **for success** su nombre es sinónimo del éxito.

C

C, c [siː] *n (letter)* C, c *f; (Mus)* do *m.*
C *abbr of* **centigrade.**
C.A. *abbr of* **chartered accountant.**
cab [kæb] *n* **(a)** *(taxi)* taxi *m, (LAm)* colectivo *m.* **(b)** *(of lorry etc)* cabina *f,* casilla *f.*
caba·ret ['kæbəreɪ] *n* cabaret *m.*
cab·bage ['kæbɪdʒ] *n* col *f,* berza *f.*
cab·in ['kæbɪn] **1** *n (hut)* cabaña *f; (Naut)* camarote *m; (Aer)* cabina *f.* **2:** ~ **cruiser** *n* yate *m* de motor; ~ **trunk** *n* baúl *m.*
cabi·net ['kæbɪnɪt] **1** *n* **(a)** *(cupboard)* armario *m; (for display)* vitrina *f; (medicine)* botiquín *m.* **(b)** *(Pol: also* **C~***)* consejo *m* de ministros. **2: C~ Minister** *n* ministro *mf* (del Gabinete).
ca·ble ['keɪbl] **1** *n (rope, Elec)* cable *m; (cablegram)* telegrama *m.* **2** *vt* telegrafiar. **3:** ~ **television** *n* televisión *f* por cable.
ca·ble·car ['keɪbl,kɑːʳ] *n* teleférico *m.*
ca·ble·gram ['keɪbl,græm] *n* telegrama *m.*
cache [kæʃ] *n (of contraband, arms)* reserva *f* escondida.
cack·le ['kækl] **1** *n (of hen)* cacareo *m; (laugh)* risa *f* aguda; *(chatter)* cháchara *f.* **2** *vi (hen)* cacarear; *(person: laugh)* reírse agudamente.
ca·copho·ny [kæ'kɒfənɪ] *n* cacofonía *f.*
cac·tus ['kæktəs], *pl* **-es** *or* **cac·ti** ['kæktaɪ] *n* cacto *m,* cactus *m.*
ca·dav·er [kə'deɪvəʳ] *n (Med)* cadáver *m.*
ca·dav·er·ous [kə'dævərəs] *adj (person)* cadavérico/a.
cad·die, cad·dy[1] ['kædɪ] *n (in golf)* cadi *m.*
cad·dy[2] ['kædɪ] *n (tea* ~*)* cajita *f* para el té.
ca·dence ['keɪdəns] *n (Mus, of voice)* cadencia *f; (rhythm)* ritmo *m.*
ca·det [kə'det] *n (Mil etc)* cadete *mf.*
cadge [kædʒ] *vt (fam: money, cigarette etc)* gorronear, sablear; **could I ~ a lift from you?** ¿me puedes subir?, *(LAm)* ¿me das un aventón?
cadg·er ['kædʒəʳ] *n (fam: see vb)* gorrón/ona *m/f,* sablista *mf.*
Cae·sar·ean [siː'zɛərɪən] *n (also* ~ **section***)* (operación *f*) cesárea *f.*
café ['kæfeɪ] *n* café *m.*
caf·eteria [,kæfɪ'tɪərɪə] *n (gen)* restaurante *m* de autoservicio; *(in factory etc)* cafetería *f, (LAm)* casino *m,* comedor *m.*
caf·fein(e) ['kæfiːn] *n* cafeína *f.*
cage [keɪdʒ] **1** *n* jaula *f; (in mine)* jaula de ascensor. **2** *vt* enjaular.
cag·ey ['keɪdʒɪ] *adj (reserved)* reservado/a; *(cautious)* cauteloso/a.
ca·hoots [kə'huːts] *npl (fam)* **to be in ~ with sb** estar conchabado con uno.
cairn [kɛən] *n* montón *m* de piedras *(como señal).*
Cai·ro ['kaɪərəʊ] *n* El Cairo.
ca·jole [kə'dʒəʊl] *vt (coax)* **to ~ sb into doing sth** engatusar a uno para que haga algo.
cake [keɪk] **1** *n* **(a)** *(large)* tarta *f, (LAm)* torta *f; (small)* pastel *m, (LAm)* queque *m; (sponge, plain)* bizcocho *m, (LAm)* pan *m* dulce; **it's a piece of ~** *(fam)* es pan comido; **to sell like hot ~s** *(fam)* venderse como rosquillas; **he wants to have his ~ and eat it** *(fig)* quiere estar en misa y repicando. **(b)** *(of chocolate)* barra *f; (of soap)* pastilla *f.*
2 *vt* **: ~d with mud** cubierto de lodo.
3 *vi (blood)* coagularse; *(mud)* endurecerse.
4: ~ **shop** *n* pastelería *f.*
cala·mine ['kæləmaɪn] *n (also* ~ **lotion***)* calamina *f.*
ca·lam·ity [kə'læmɪtɪ] *n* calamidad *f.*
cal·ci·fy ['kælsɪfaɪ] **1** *vt* calcificar. **2** *vi* calcificarse.
cal·cium ['kælsɪəm] *n* calcio *m.*
cal·cu·late ['kælkjʊleɪt] **1** *vt (gen)* calcular; **his words were ~d to cause pain** sus palabras estaban hechas para causar dolor. **2** *vi (Math)* calcular, hacer cálculos.
♦ **cal·cu·late on** *vi + prep* contar con.
cal·cu·lat·ed ['kælkjʊleɪtɪd] *adj (deliberate: insult, action)* intencionado/a, a propósito; **a ~ risk** un riesgo calculado.
cal·cu·lat·ing ['kælkjʊleɪtɪŋ] **1** *adj (scheming: person)* calculador(a), astuto/a. **2:** ~ **machine** *n* calculadora *f.*
cal·cu·la·tion [,kælkjʊ'leɪʃən] *n (Math)* cálculo *m; (estimation)* juicio *m,* parecer *m.*
cal·cu·la·tor ['kælkjʊleɪtəʳ] *n* calculadora *f.*
cal·cu·lus ['kælkjʊləs] *n (Math)* **integral/differential ~** cálculo *m* integral/diferencial.
cal·en·dar ['kæləndəʳ] **1** *n* **(a)** calendario *m.* **(b) the most important event in the sporting ~** el acontecimiento más importante del año deportivo; **the Church ~** el añalejo eclesiástico. **2: ~ month** *n* mes *m* civil.
calf[1] [kɑːf] *n, pl* **calves (a)** *(young cow)* becerro/a *m/f; (young seal, elephant etc)* cría *f.* **(b) = calfskin.**
calf[2] [kɑːf] *n, pl* **calves** *(Anat)* pantorilla *f.*
calf·skin ['kɑːfskɪn] *n* piel *f* de becerro.
cali·brate ['kælɪbreɪt] *vt (gun etc)* calibrar; *(scale of measuring instrument)* graduar.
cali·bra·tion [,kælɪ'breɪʃən] *n (see vb)* calibración *f;* graduación *f.*
cali·bre, *(US)* **cali·ber** ['kælɪbəʳ] *n (of rifle)* calibre *m; (fig)* capacidad *f,* calibre; **a man of his ~** *(fig)* un hombre de tal calibre.
cali·co ['kælɪkəʊ] **1** *n* calicó *m,* percal *m.* **2** *cpd (jacket, shirt etc)* de percal.
cali·pers ['kælɪpəz] *npl (US)* = **callipers.**
call [kɔːl] **1** *n* **(a)** *(gen)* llamada *f, (LAm)* llamado *m; (shout)* grito *m; (of bird)* canto *m;* **within ~** al alcance de la voz; **please give me a ~ at 7** despiértame *or* llámeme a las 7, por favor; **whose ~ is it?** *(Cards)* ¿a quién le toca declarar? **(b)** *(Telec)* llamada *f;* **long distance ~** conferencia *f* de larga distancia; **to make a ~** llamar por teléfono, *(LAm)* telefonear. **(c)** *(summons: for flight)* anuncio *m; (fig: lure)* llamada *f;* **to be on ~** *(duty)* estar de guardia; *(available)* estar disponible; **the ~ of duty** el cumplimiento del deber; **the ~ of the sea** la llamada del mar. **(d)** *(visit: also Med)* visita *f;* **port of ~** puerto de escala; **to pay a ~ on sb** pasar a ver a uno. **(e)** *(need: motive)* motivo *m; (: use)* necesidad *f;* **you had no ~ to say that** no tuviste motivo alguno para decir eso; **there is no ~ for alarm** no tiene por qué asustarse. **(f)**

(claim) **there are many ~s on my time** hay muchos asuntos que requieren mi atención.

2 *vt* **(a)** *(shout out: name, person)* llamar, gritar; *(announce: flight)* anunciar; *(summon: doctor, taxi)* llamar; *(: meeting)* convocar; *(waken)* despertar; **please ~ me at 8** me llama *or* despierta a las 8, por favor; **to ~ a strike** declarar una huelga. **(b)** *(Telec)* llamar (por teléfono); **I'll ~ you tomorrow** te llamo mañana. **(c)** *(name, describe)* llamar; **to be ~ed** llamarse; **what are you ~ed?** ¿cómo te llamas?; **I ~ it an insult** yo digo que es un insulto; **are you ~ing me a liar?** ¿me está llamando *or* diciendo mentiroso?; **let's ~ it £50** quedamos en 50 libras; **let's ~ it a day** *(fam)* ¡ya está bien!, ¡basta ya!

3 *vi* **(a)** *(shout: person)* llamar; *(cry, sing: birds)* cantar; **to ~ to sb** llamar a uno. **(b)** *(Telec)* **who is ~ing?** ¿quién le llama?, *(LAm)* ¿de parte de quién?; **London ~ing** *(Rad)* aquí Londres. **(c)** *(visit)* pasar (a ver).

♦ **call aside** *vt + adv (person)* llamar aparte.

♦ **call away** *vt + adv*: **to be ~ed away on business** tener que ausentarse por razones profesionales.

♦ **call back 1** *vt + adv (Telec)* volver a llamar a. **2** *vi + adv (Telec)* volver a llamar; *(return)* volver, *(LAm)* regresar.

♦ **call for** *vi + prep (summon: wine, bill)* pedir; *(demand: courage, action etc)* exigir, *(LAm)* requerir; *(collect: person)* pasar a buscar; *(: goods)* recoger; **to ~ for help** pedir auxilio; **this ~s for a drink!** eso, ¡hay que festejarlo!

♦ **call in** *vt + adv* **(a)** *(summon: doctor, expert, police)* llamar a. **(b)** *(Comm etc: withdraw: faulty goods, currency)* retirar.

♦ **call off** *vt + adv* **(a)** *(cancel: meeting, race)* cancelar; *(: deal)* anular; **the strike was ~ed off** se abandonó la huelga. **(b)** *(dog)* quitar.

♦ **call on** *vi + prep* **(a)** *(visit)* visitar, pasar a ver. **(b)** *(invite)* dar la palabra a; **I now ~ on Mr Brown to speak** doy la palabra al Sr Brown.

♦ **call out 1** *vt + adv* **(a)** *(shout out: name)* gritar. **(b)** *(summon: doctor)* hacer salir; *(: troops)* hacer intervenir; **to ~ workers out on strike** llamar a los obreros a la huelga. **2** *vi + adv (in pain, for help etc)* gritar.

♦ **call round** *vi + adv* pasar por casa.

♦ **call up** *vt + adv* **(a)** *(Mil)* llamar al servicio militar. **(b)** *(Telec)* llamar (por teléfono). **(c)** *(fig: memories)* traer a la memoria.

♦ **call upon** *vi + prep* = **call on.**

call·box ['kɔːlbɒks] *n* cabina *f* (telefónica).

cal·ler ['kɔːlə^r] *n (visitor)* visita *mf; (Telec)* persona *f* que llama.

cal·lig·ra·phy [kə'lɪgrəfɪ] *n* caligrafía *f.*

call·ing ['kɔːlɪŋ] *n (vocation)* vocación *f*, profesión *f.*

cal·li·pers, *(US)* **cali·pers** ['kælɪpəz] *npl (Med)* soporte *m* ortopédico; *(Math)* calibrador *m.*

cal·lous ['kæləs] **1** *adj (insensitive: person, remark)* insensible, cruel. **2** *n (Med)* callo *m.*

cal·low ['kæləʊ] *adj (immature: youth, fellow)* imberbe, inmaduro/a.

call-up ['kɔːlʌp] *n (Mil)* llamada *f* al servicio militar.

calm [kɑːm] **1** *adj (gen)* tranquilo/a; **keep~!** ¡tranquilo(s)! **2** *n* calma *f*, tranquilidad *f*; **the ~ before the storm** *(lit, fig)* la calma antes de la tormenta. **3** *vt (also* **~ down:** *person)* calmar; **~ yourself!** ¡cálmate!

♦ **calm down 1** *vt + adv* = **calm 3. 2** *vi + adv (person, wind)* calmarse.

calm·ly ['kɑːmlɪ] *adv* tranquilamente.

calo·rie ['kælərɪ] *n (gen)* caloría *f.*

calo·rif·ic [ˌkælə'rɪfɪk] *adj*: **~ value** *(Phys)* potencia *f* calorífica.

cal·um·ny ['kæləmnɪ] *n (frm)* calumnia *f.*

calve [kɑːv] *vi* parir.

calves [kɑːvz] *npl of* **calf**[1] *and* **calf**[2].

cam·ber ['kæmbə^r] *n (Aut: in road)* combadura *f.*

came [keɪm] *pt of* **come.**

cam·el ['kæməl] **1** *n* **(a)** *(animal)* camello *m.* **(b)** *(colour)* color *m* de camello. **2: ~ coat** *n* abrigo *m* de pelo de camello.

cameo ['kæmɪəʊ] **1** *n (jewellery)* camafeo *m.* **2** *cpd (ring, brooch etc)* de camafeo.

cam·era ['kæmərə] *n* **(a)** cámara *f*, máquina *f* fotográfica; *(Cine, TV)* cámara *f*; **on ~** delante de la cámara. **(b)** *(Jur)* **in ~** a puerta cerrada.

camera·man ['kæmərəmæn] *n, pl* **-men** cámara *mf*, operador(a) *m/f.*

camou·flage ['kæməflɑːʒ] **1** *n* camuflaje *m.* **2** *vt* camuflar.

camp[1] [kæmp] **1** *n (collection of tents)* campamento *m; (organized site)* camping *m; (Pol etc)* bando *m*, grupo *m*; **concentration ~** campo *m* de concentración; **holiday ~** colonia *f or* centro *m* vacacional. **2: ~ bed** *n* cama *f* de campaña; **~ follower** *n (fig)* simpatizante *mf;* **~ site** *n* camping *m.* **3** *vi* acampar; **to go ~ing** ir de camping.

♦ **camp out** *vi + adv* pasar la noche al aire libre.

camp[2] [kæmp] *adj (fam: theatrical)* cursi; *(: effeminate)* afeminado/a.

cam·paign [kæm'peɪn] **1** *n (Mil, fig)* campaña *f; (election ~)* campaña electoral. **2** *vi (Mil, fig)* hacer campaña; **to ~ for/against** hacer campaña a favor de/en contra de.

cam·paign·er [kæm'peɪnə^r] *n (Mil)* **old ~** veterano/a *m/f*; **a ~ for sth** un(a) partidario/a *m/f* de algo; **a ~ against sth** un(a) luchador(a) *m/f* contra algo.

camp·er ['kæmpə^r] *n (person)* campista *mf; (: in holiday camp)* veraneante *mf; (vehicle)* caravana *f*, remolque *m.*

cam·phor ['kæmfə^r] *n* alcanfor *m.*

cam·pus ['kæmpəs] *n (Univ: district)* ciudad *f* universitaria; *(: internal area)* recinto *m* universitario, campus *m.*

can[1] [kæn] *modal aux vb (neg* **cannot, can't;** *cond and pt* **could) (a)** *(be able to)* poder; **he ~ do it if he tries hard** puede hacerlo si se esfuerza; **I ~'t** *or* **~not go any further** no puedo seguir; **I'll tell you all I ~** te diré todo lo que puedo; **they couldn't help it** ellos no tienen la culpa; **she ~ be very annoying** a veces molesta mucho *or* es muy molesta; **she was as happy as could be** estaba de lo más feliz.

(b) *(know how to)* saber; **he ~'t swim** no sabe nadar; **~ you speak Italian?** ¿sabes hablar italiano?

(c) *(may)* poder; **~ I have your name?** ¿se puede saber su nombre?; **~ I use your telephone?** ¿me permite (usar) su teléfono?; **could I have a word with you?** ¿podría hablar contigo un momento?; **~'t I come too?** ¿puedo ir también?

(d) *(expressing disbelief, puzzlement etc)* **this ~'t be true!** ¡esto no puede ser!; **how could you lie to me!** ¿cómo pudiste mentirme?; **they ~'t have left already!** ¡no es posible que ya se han ido!; **what ~ he want?** ¿qué querrá?

(e) *(expressing possibility, suggestion etc)* **they could have forgotten** puede ser que se hayan olvidado; **he could be in the library** puede que esté en la biblioteca; **I could cry/scream!** es para llorar/gritar; **you could try telephoning his office** ¿por qué no le llamas a su despacho?

(f) I could do with a drink ¡qué bien me

vendría una copa!; **we could do with a bigger house** nos convendría una casa más grande.

can[2] [kæn] **1** *n (container: for foodstuffs)* bote *m*, *(LAm)* lata *f; (: for oil, water etc)* bidón *m; (esp US: garbage ~)* cubo *m* de la basura; **a ~ of beer** una lata de cerveza; **to carry the ~** *(fam)* pagar el pato. **2** *vt (food)* enlatar, envasar.

Cana·da ['kænədə] *n* el Canadá.

Ca·na·dian [kə'neɪdɪən] *adj, n* canadiense *mf*.

ca·nal [kə'næl] *n (for barge)* canal *m; (Anat)* tubo *m*.

ca·nary [kə'neərɪ] **1** *n* canario *m*. **2: ~ yellow** *adj, n* amarillo *m* canario.

can·cel ['kænsəl] *pt, pp* **-led,** *(US)* **-ed** *vt* **(a)** *(gen)* cancelar; *(call off: train)* retirar; *(annul: order, contract)* anular. **(b)** *(obliterate: name)* borrar, suprimir; *(: stamp)* matar; *(: cheque)* anular. **(c)** *(Math)* anular.

♦ **can·cel out 1** *vt + adv (Math)* anular; *(fig)* contrarrestar; **they ~ each other out** se anulan mutuamente. **2** *vi + adv (Math)* anularse.

can·cel·la·tion [ˌkænsə'leɪʃən] *n* cancelación *f*.

can·cer ['kænsə^r] **1** *n* **(a)** *(Med)* cáncer *m*. **(b) C~** *(Astron, Geog etc)* Cáncer *m; see* **tropic. 2: ~ patient** *n* enfermo/a *m/f* de cáncer; **~ research** *n* investigación *f* del cáncer.

can·cer·ous ['kænsərəs] *adj* canceroso/a.

can·de·la·bra [ˌkændɪ'lɑːbrə] *n* candelabro *m*.

can·did ['kændɪd] *adj* franco/a, sincero/a.

can·di·da·cy ['kændɪdəsɪ] *n* candidatura *f*.

can·di·date ['kændɪdeɪt] *n (for job)* aspirante *mf*, solicitante *mf; (for election, examination)* candidato/a *mf; (for competitive examination)* opositor(a) *m/f*.

can·di·da·ture ['kændɪdətʃə^r] *n* = **candidacy.**

can·dle ['kændl] *n* vela *f; (in church)* cirio *m; see* **burn.**

candle·light ['kændlˌlaɪt] *n*: **by ~** a la luz de una vela.

candle·stick ['kændlˌstɪk] *n (gen)* candelero *m; (Rel)* cirial *m*.

can·dour, *(US)* **can·dor** ['kændə^r] *n (see* **candid***)* franqueza *f*, sinceridad *f*.

can·dy ['kændɪ] **1** *n (sugar ~)* azúcar *m* cande; *(US: sweets)* caramelos *mpl*, golosinas *fpl*, *(LAm)* dulces *mpl*, bombones *mpl*. **2** *vt (fruit)* escarchar.

candy·floss ['kændɪˌflɒs] *n* algodón *m*.

cane [keɪn] **1** *n (Bot)* caña *f; (for baskets, chairs etc)* mimbre *m; (stick: for walking)* bastón *m; (: for punishment)* vara *f;* **to get the ~** *(Scol)* ser castigado con la vara. **2** *vt (pupil)* castigar con la vara. **3: ~ chair** *n* silla *f* de mimbre; **~ sugar** *n* azúcar *m* de caña.

ca·nine ['keɪnaɪn] **1** *adj* canino/a. **2** *n (dog)* perro *m; (~ tooth)* diente *m* canino.

can·is·ter ['kænɪstə^r] *n (for tea, coffee)* lata *f*, bote *m*, cajita *f*.

can·ker ['kæŋkə^r] *n (Med)* úlcera *f* en la boca; *(Bot)* cancro *m; (fig)* cáncer *m*.

can·na·bis ['kænəbɪs] *n* marijuana *f*.

canned [kænd] **1** *pt, pp of* **can**[2]. **2** *adj (food)* enlatado/a, en lata; *(fam: recorded: music)* grabado/a; *(fam: drunk)* borracho/a, *(LAm)* tomado/a, curado/a.

can·nel·lo·ni [ˌkænɪ'ləʊnɪ] *npl* canelones *mpl*.

can·ni·bal ['kænɪbəl] *n* caníbal *mf*, antropófago/a *m/f*.

can·ni·bal·ize ['kænɪbəlaɪz] *vt (car etc)* recuperar las piezas aprovechables de.

can·non ['kænən] **1** *n, pl ~ or* **-s** *(Mil)* cañón *m; (in billiards)* carambola *f*. **2** *vi*: **to ~ into** chocar con *or* contra.

cannon·ball ['kænənˌbɔːl] *n* bala *f* de cañón.

can·non fod·der ['kænənˌfɒdə^r] *n* carne *f* de cañón.

can·not ['kænɒt] *negative of* **can**[1].

ca·noe [kə'nuː] **1** *n* canoa *f; (for sport)* piragua *f*. **2** *vi* ir en canoa.

ca·noe·ing [kə'nuːɪŋ] *n* piragüismo *m*.

ca·noe·ist [kə'nuːɪst] *n* piragüista *mf*.

ca·non ['kænən] **1** *n* **(a)** *(Rel etc)* canon *m; (fig)* canon, norma *f; (Mus)* canon. **(b)** *(priest)* canónigo *m*. **2: ~ law** *n (Rel)* derecho *m* canónico.

can·on·ize ['kænənaɪz] *vt (saint)* canonizar.

cano·py ['kænəpɪ] *n (above bed, throne)* dosel *m; (outside shop)* toldo *m*.

cant [kænt] *n (jargon)* jerga *f; (hypocritical talk)* hipocresías *fpl*.

can't [kɑːnt] = **cannot.**

can·tan·ker·ous [kæn'tæŋkərəs] *adj (quarrelsome)* pendenciero/a; *(moody)* malhumorado/a.

can·teen [kæn'tiːn] *n* **(a)** *(restaurant)* cantina *f*, comedor *m*, *(LAm)* casino *m*. **(b) a ~ of cutlery** un juego de cubiertos.

can·ter ['kæntə^r] **1** *n* medio galope *m*. **2** *vi* ir a medio galope.

can·ti·lever ['kæntɪliːvə^r] **1** *n* viga *f* voladiza. **2: ~ bridge** *n* puente *m* voladizo.

can·ton ['kæntɒn] *n (Admin, Pol)* cantón *m*.

can·vas ['kænvəs] *n (cloth)* lona *f; (Art)* lienzo *m; (: a painting)* cuadro *m; (Naut)* velas *fpl;* **under ~** en tienda de campaña *or (LAm)* en carpa; *(Naut)* con velamen desplegado.

can·vass ['kænvəs] **1** *vt (Pol: district)* hacer campaña en; *(: voters)* solicitar el voto de; *(Comm: district, opinions)* sondear. **2** *vi (Pol)* solicitar votos *(for* a favor de); *(Comm)* solicitar clientes.

can·vass·er ['kænvəsə^r] *n (Pol)* representante *mf* electoral; *(Comm)* corredor(a) *m/f*.

can·yon ['kænjən] *n* cañón *m*.

cap [kæp] **1** *n* **(a)** *(hat)* gorra *f; (soldier's ~)* gorro *m* militar; *(for swimming)* gorro de baño; **to go ~ in hand** ir con el sombrero en la mano; **if the ~ fits, wear it** el que se pica, ajos come; **he's got his ~ for England** le incluyeron en la selección nacional inglesa. **(b)** *(lid, cover: of bottle)* tapa *f*, chapa *f*, tapón *m; (of pen)* capuchón *m; (Aut: radiator/petrol ~)* tapón *m; (contraceptive)* diafragma *f*. **2** *vt* **(a)** *(bottle etc)* tapar; *(tooth)* enfundar, poner una corona a. **(b)** *(surpass: story, joke)* superar; **and to ~ it all, he ...** y para colmo, él ... . **(c)** *(Ftbl etc: player)* seleccionar.

ca·pa·bi·lity [ˌkeɪpə'bɪlətɪ] *n (no pl: competence)* competencia *f; (potential ability)* capacidad *f*.

ca·pable ['keɪpəbl] *adj* **(a)** *(competent)* competente. **(b)** *(able to)* capaz; *(predisposed towards)* susceptible.

ca·pac·ity [kə'pæsɪtɪ] *n* **(a)** *(of container etc)* capacidad *f; (position)* calidad *f;* **seating ~** cabida *f*, número *m* de asientos; **filled to ~** lleno a reventar; **there was a ~ audience in the theatre** el teatro estaba completamente lleno; **in my ~ as Chairman** en mi calidad de presidente. **(b)** *(ability)* capacidad *f*.

cape[1] [keɪp] *n (Geog)* cabo *m;* **C~ of Good Hope** cabo de Buena Esperanza; **C~ Horn** cabo de Hornos.

cape[2] [keɪp] *n (garment)* capa *f; (of policeman, cyclist)* chubasquero *m*.

ca·per[1] ['keɪpə^r] *n (Culin)* alcaparra *f*.

ca·per[2] ['keɪpə^r] **1** *n (escapade)* travesura *f*. **2** *vi (child)* juguetear, jugar y brincar.

ca·pil·lary [kə'pɪlərɪ] **1** *adj* capilar. **2** *n* capilar *m*.

capi·tal ['kæpɪtl] **1** *adj* **(a)** *(letter)* mayúsculo/a; **he's Conservative with a ~ C** es conservador con mayúscula. **(b)** *(Jur)* **~ offence** crimen *m* capital; **~ punishment** pena *f* de muerte. **(c)** *(old: idea)* primordial.

2 *n* **(a)** *(also* ~ **letter)** mayúscula *f.* **(b)** *(also* ~ **city)** capital *f.* **(c)** *(Fin)* capital *m;* **to make ~ out of sth** *(fig)* sacar provecho de algo.

3: ~ **assets** *npl* activo *m* fijo; ~ **expenditure** *n* inversión *f* de capital; ~ **gains tax** *n* impuesto *m* sobre las ganancias de capital.

capi·tal·ism ['kæpɪtəlɪzəm] *n* capitalismo *m.*

capi·tal·ist ['kæpɪtəlɪst] *adj, n* capitalista *mf.*

capi·tal·ize ['kæpɪtəlaɪz] *vt* **(a)** *(Fin: provide with capital)* capitalizar. **(b)** *(letter)* escribir con mayúscula.

♦ **capitalize on** *vi + prep (fig)* sacar provecho de, aprovechar.

ca·pitu·late [kə'pɪtjʊleɪt] *vi (Mil, fig: surrender)* rendirse, capitular.

ca·price [kə'pri:s] *n* capricho *m; (fad)* antojo *m.*

ca·pri·cious [kə'prɪʃəs] *adj* caprichoso/a, *(LAm)* antojadizo/a.

Cap·ri·corn ['kæprɪkɔ:n] *n (Astron, Geog)* Capricornio *m; see* **tropic.**

cap·size [kæp'saɪz] **1** *vt* volcar, hacer volcar. **2** *vi* volcarse.

cap·stan ['kæpstən] *n* cabrestante *m.*

cap·sule ['kæpsju:l] *n (all senses)* cápsula *f.*

cap·tain ['kæptɪn] **1** *n (gen)* capitán/ana *m/f;* ~ **of industry** magnate *mf.* **2** *vt (team)* capitanear.

cap·tion ['kæpʃən] *n (heading)* título *m,* titular *m; (on photo)* leyenda *f; (film)* subtítulo *m; (to cartoon etc)* pie *m.*

cap·ti·vate ['kæptɪveɪt] *vt* encantar, cautivar.

cap·tive ['kæptɪv] **1** *adj* cautivo/a; **he had a ~ audience** tuvo un público cautivo. **2** *n* cautivo/a *m/f,* preso/a *m/f;* **to hold sb** ~ (man)tener preso *or* cautivo a uno.

cap·tiv·ity [kæp'tɪvɪtɪ] *n* cautiverio *m.*

cap·tor ['kæptə^r] *n* apresador(a) *m/f.*

cap·ture ['kæptʃə^r] **1** *n (of animal, soldier, escapee)* captura *f,* apresamiento *m; (of city etc)* toma *f,* conquista *f; (thing caught)* presa *f.* **2** *vt (animal)* apresar; *(soldier, escapee)* tomar preso, detener; *(city etc)* tomar, conquistar; *(fig: attention)* captar; *(: leadership etc)* apoderarse de; *(painter: atmosphere)* captar.

car [kɑ:^r] **1** *n* **(a)** *(Aut)* coche *m,* auto(móvil) *m, (LAm)* carro *m;* **by** ~ en coche *or* carro. **(b)** *(esp US: in train, tram)* vagón *m,* coche *m.* **2:** ~ **park** *n* aparcamiento *m,* parking *m, (LAm)* estacionamiento *m.*

ca·rafe [kə'ræf] *n (for water, wine)* garrafa *f.*

cara·mel ['kærəməl] **1** *n* caramelo *m; (sweet)* caramelo, *(LAm)* dulce *m* de leche. **2:** ~ **custard, creme** ~ *n* flan *m.*

car·at ['kærət] *n*: **24 ~ gold** oro *m* de 24 quilates.

cara·van ['kærəvæn] **1** *n* **(a)** *(gipsies')* carromato *m; (Brit Aut)* remolque *m,* caravana *f, (LAm)* tráiler *m.* **(b)** *(in desert)* caravana *f.* **2** *vi* viajar con caravana.

cara·way ['kærəweɪ] **1** *n* alcaravea *f.* **2:** ~ **seeds** *npl* carvis *mpl.*

car·bo·hy·drate [,kɑ:bəʊ'haɪdreɪt] *n (Chem)* hidrato *m* de carbono; *(starch in food)* fécula *f.*

car·bol·ic [kɑ:'bɒlɪk] *adj*: ~ **acid** ácido *m* carbólico.

car·bon ['kɑ:bən] **1** *n (Chem)* carbono *m; (Elec)* carbón *m.* **2:** ~ **copy** *n (typing)* copia *f* al carbón; *(fig)* vivo retrato *m;* ~ **dioxide/monoxide** *n* bióxido *m*/monóxido *m* de carbono; ~ **paper** *n* papel *m* carbón.

car·bon·ize ['kɑ:bənaɪz] *vt* carbonizar.

car·bun·cle ['kɑ:bʌŋkl] *n (Med)* carbunc(l)o *m.*

car·bu·ret·tor [,kɑ:bjʊ'retə^r] *n* carburador *m.*

car·cass, carcase ['kɑ:kəs] *n (animal)* res *f* muerta; *(body)* cuerpo *m; (: dead)* cadáver *m;* **to save one's ~** salvarse el pellejo.

car·cino·gen·ic [,kɑ:sɪnə'dʒenɪk] *adj* carcinogénico/a.

card [kɑ:d] **1** *n (greetings* ~, *visiting* ~ *etc)* tarjeta *f; (membership* ~*)* carnet *m; (index* ~*)* ficha *f; (playing* ~*)* carta *f,* naipe *m; (thin cardboard)* cartulina *f;* **Christmas** ~ tarjeta de Navidad; **a pack of ~s** baraja *f;* **to play ~s** jugar a las cartas *or* los naipes; **it's on the ~s** *(fig)* es factible/posible; **to have a ~ up one's sleeve** *(fig)* traer algo en la manga; **to lay one's ~s on the table** *(fig)* poner las cartas en la mesa; **to play one's ~s right** *(fig)* ponerse a la altura de las cosas.

2: ~ **index** *n* fichero *m.*

car·da·mom ['kɑ:dəməm] *n* cardamomo *m.*

card·board ['kɑ:d,bɔ:d] *n* cartón *m; (thin* ~*)* cartulina *f.*

car·di·ac ['kɑ:dɪæk] *adj* cardíaco/a; ~ **arrest** colapso *m* cardíaco.

car·di·gan ['kɑ:dɪgən] *n* chaqueta *f* de punto, cárdigan *m.*

car·di·nal ['kɑ:dɪnl] **1** *adj (Math)* ~ **number** número *m* cardinal; *(Rel)* ~ **sins** pecados *mpl* capitales. **2** *n (Rel)* cardenal *m.*

care [kɛə^r] **1** *n* **(a)** *(anxiety)* preocupación *f,* inquietud *f;* **he hasn't a ~ in the world** no le importa nada; **the ~s of State** las responsabilidades del gobierno. **(b)** *(carefulness)* cuidado *m,* atención *f;* **'with ~'** ¡atención!, ¡ojo!; **to take ~** poner atención; **take ~!** *(as warning)* ¡cuidado!, ¡ten cuidado!, *(LAm)* ¡cuídate!; *(as good wishes)* ¡que vayas con Dios!, *(LAm)* ¡que te vaya bien!; **take ~ not to drop it!** procura no soltarlo; **to take ~ of** *(take charge of)* encargarse de, ocuparse de; *(look after)* cuidar a; **I'll take ~ of him!** *(fam)* ¡yo me encargo de él!; **she can take ~ of herself** sabe defenderse. **(c)** *(charge)* cargo *m,* cuidado *m; (Med)* asistencia *f,* atención *f* médica; *(on letter)* **Mr Lopez ~ of** *(abbr* **c/o)** **Mr. Jones** Sr. Jones, para (entregar a) Sr. Lopez; **the parcel was left in my ~** dejaron el paquete a mi cargo *or* cuidado; **the child has been taken into ~** pusieron al niño bajo custodia del gobierno.

2 *vi (be concerned)* preocuparse *(about* por); **I don't ~** no me importa, *(LAm)* me da igual *or* lo mismo; **to ~ deeply about** *(person)* querer mucho a; *(thing)* interesarse por; **for all I ~, you can go** por mí *or* en lo que a mí se refiere, te puedes ir; **who ~s?** ¿qué me importa?, ¿y qué?

3 *vt* **(a)** *(be concerned)* **I don't ~ what you think** no me importa tu opinión; **I couldn't ~ less what people say** me importa un bledo lo que diga la gente. **(b)** *(frm: like)* **would you ~ to come this way?** si no tiene inconveniente en pasar por aquí, *(LAm)* por aquí, si es tan amable *or* si gusta; **I shouldn't ~ to meet him** no me gustaría conocerle.

♦ **care for** *vi + prep* **(a)** *(look after: people)* cuidar a; *(: things)* cuidar de. **(b)** *(like)* **I don't ~ for coffee** no me gusta el café; **would you ~ for a drink?** ¿te apetece una copa?; **she no longer ~s for him** ya no le quiere.

ca·reer [kə'rɪə^r] **1** *n (occupation)* profesión *f; (working life)* carrera *f.* **2** *vi* correr a toda velocidad. **3** *cpd (diplomat, soldier etc)* de carrera; ~ **girl** *n* chica *f* de carrera; **~s officer** *n* consejero/a *m/f* de orientación profesional.

care·free ['kɛəfri:] *adj* despreocupado/a, alegre.

care·ful ['kɛəfʊl] *adj* **(a)** *(taking care, cautious)* cuidadoso/a, cauteloso/a; *(attentive)* atento/a; **(be) ~!** ¡(ten) cuidado!; **to be ~ with sth** tener cuidado *or* ojo con; **he's very ~ with his money** es muy tacaño; **you can't be too ~** todos los cuidados son pocos; **be ~ what you say to him** cuidado con lo que le dices; **he was ~ not to offend her** se cuidó de no ofenderle. **(b)** *(painstaking: work)* cuidadoso/a, esmerado/a; *(: writer etc)* cuidadoso/a.

care·ful·ly ['kɛəfəlɪ] *adv (see adj)* con cuidado, cuidadosamente, cautelosamente.

care·ful·ness ['kɛəfʊlnɪs] *n (see adj)* cuidado *m*, esmero *m*, cautela *f*.

care·less ['kɛəlɪs] *adj (gen)* descuidado/a; *(inattentive)* poco atento/a; *(dress etc)* desaliñado/a, *(LAm)* dejado/a; *(thoughtless: remark)* imprudente; *(carefree: existence)* despreocupado/a; **~ mistake** descuido *m*.

care·less·ly ['kɛəlɪslɪ] *adv (see adj)* sin cuidado.

care·less·ness ['kɛəlɪsnɪs] *n (see adj)* descuido *m;* falta *f* de atención; despreocupación *f*.

ca·ress [kə'res] **1** *n* caricia *f*. **2** *vt* acariciar.

care·taker ['kɛə,teɪkə[r]] *n (of school, flats, etc)* portero/a *m/f*, conserje *mf; (watchman)* vigilante *m*.

care·worn ['kɛəwɔːn] *adj* agobiado/a por las inquietudes.

car·go ['kɑːgəʊ] *n (of ship, plane)* cargamento *m*, carga *f;* **~ boat** buque *m* de carga.

car·ica·ture ['kærɪkətjʊə[r]] **1** *n* caricatura *f*. **2** *vt* caricaturizar.

cari·es ['kɛərɪiːz] *n (frm)* caries *f*.

car·nage ['kɑːnɪdʒ] *n* matanza *f*, carnicería *f*.

car·nal ['kɑːnl] *adj* carnal.

car·na·tion [kɑː'neɪʃən] *n* clavel *m*.

car·ni·val ['kɑːnɪvəl] *n* carnaval *m*, fiesta *f*.

car·ni·vore ['kɑːnɪvɔː[r]] *n* carnívoro/a *m/f*.

car·nivo·rous [kɑː'nɪvərəs] *adj* carnívoro/a.

car·ol ['kærəl] *n*: **Christmas ~** villancico *m*.

ca·rouse [kə'raʊz] *vi* ir de juerga, *(LAm)* ir de parranda.

carou·sel [,kæruː'sel] *n (US: merry-go-round)* tiovivo *m*, *(LAm)* caballitos *mpl*.

carp[1] [kɑːp] *n (fish)* carpa *f*.

carp[2] [kɑːp] *vi (complain)* quejarse; **to ~ at** criticar.

car·pen·ter ['kɑːpɪntə[r]] *n* carpintero/a *m/f*.

car·pen·try ['kɑːpɪntrɪ] *n* carpintería *f*.

car·pet ['kɑːpɪt] **1** *n* alfombra *f; (small)* tapete *m; (fitted ~)* moqueta *f*. **2** *vt (floor, house)* alfombrar *(with* de). **3: ~ slippers** *npl* zapatillas *fpl;* **~ sweeper** *n* escoba *f* mecánica.

car·port ['kɑːpɔːt] *n* garaje *m*, *(LAm)* cochera *f*.

car·riage ['kærɪdʒ] *n* **(a)** *(Brit Rail)* vagón *m*, coche *m; (horse-drawn)* coche *m*, carro *m; (of typewriter)* carro. **(b)** *(of person: bearing)* porte *m*. **(c)** *(Comm: transporting)* transporte *m*, *(LAm)* flete *m; (cost of ~)* porte *m*, *(LAm)* flete; **~ paid** porte pagado.

carriage·way ['kærɪdʒ,weɪ] *n (Brit Aut)* calzada *f; see* **dual.**

car·ri·er ['kærɪə[r]] *n* **(a)** *(of goods: person)* transportista *mf; (: company)* empresa *f* de transportes. **(b)** *(Med: of disease)* portador(a) *m/f*. **(c)** *(aircraft ~)* portaviones *m inv;* **troop ~** *(Aviat)* avión *m* de transporte de tropas; *(Naut)* transporte *m*. **(d)** *(Brit: also* **~ bag**) bolsa *f* (de papel *o* plástico).

car·ri·on ['kærɪən] *n* carroña *f*.

car·rot ['kærət] *n* zanahoria *f*.

car·ry ['kærɪ] **1** *vt* **(a)** *(gen: convey)* llevar; *(: bring)* traer; *(CAm)* andar; *(have on one's person: money, documents)* llevar encima; *(transport: goods)* transportar; *(: passengers, message, news)* llevar; **he always carries a gun** siempre lleva pistola (encima); **are you carrying any money?** ¿traes dinero?; **the train does not ~ passengers** el tren no lleva pasajeros; **to ~ sth about with one** llevar algo consigo; **the wind carried the sound to him** el viento le trajo el sonido; **the offence carries a £50 fine** la infracción acarrea multa de 50 libras; **both papers carried the story** ambos periódicos traían el artículo; **he carries his drink well** aguanta beber; **to ~ sth too far** *(fig)* llevar algo demasiado lejos. **(b)** *(Comm: goods)* tener en existencia. **(c)** *(Math: figure)* llevarse; *(Fin: interest)* llevar. **(d)** *(approve: motion)* aprobar; *(win: election, point)* ganar; **the motion was carried** la moción fue aprobada; **to ~ the day** triunfar. **(e) he carries himself like a soldier** se comporta como soldado; **she carries herself well** anda con garbo.

2 *vi (sound)* oírse.

♦ **car·ry away** *vt + adv (lit)* llevarse; **to get carried away by sth** *(fig)* exaltarse por algo.

♦ **car·ry for·ward** *vt + adv (Math, Fin)* pasar a la página/columna siguiente; **carried forward** suma y sigue.

♦ **car·ry off** *vt + adv (seize, take away)* llevarse; *(win: prize, medal)* ganar; **he carried it off very well** salió muy bien de la situación.

♦ **car·ry on 1** *vt + adv (continue: tradition etc)* seguir, continuar; *(conduct: conversation)* mantener; *(: business, trade)* seguir, ejercer.

2 *vi + adv* **(a)** *(continue)* continuar, seguir; **carry on!** ¡siga! **(b)** *(fam: make a fuss)* quejarse, discutir; **to ~ on about sth** machacar en algo; **how he carries on!** ¡no para nunca!, ¡está dale que dale! **(c)** *(fam: have an affair)* tener plan, *(LAm)* estar agarrado/a *(with sb* con uno).

♦ **car·ry out** *vt + adv (accomplish etc: plan)* llevar a cabo; *(threat, promise, order)* cumplir; *(perform, implement: idea, search etc)* realizar; *(experiment)* verificar; **to ~ out repairs** hacer reparaciones.

♦ **car·ry through** *vt + adv (accomplish: task)* llevar a cabo; *(sustain: person)* sostener.

carry·cot ['kærɪkɒt] *n (Brit)* cuna *f* portátil.

carry-on [,kærɪ'ɒn] *n (fam: fuss)* jaleo *m*, lío *m*, follón *m*, *(LAm)* bronca *f*, escándalo *m*.

cart [kɑːt] **1** *n (horse-drawn)* carro *m; (hand ~)* carretilla *f*, carro de mano; **to put the ~ before the horse** *(fig)* empezar la casa por el tejado. **2** *vt (fam)* **I had to ~ his books about all day** tuve que cargar con sus libros todo el día.

carte blanche [,kɑːt'blɑ̃nʃ] *n*: **to give sb ~** dar carta blanca a uno.

car·tel [kɑː'tel] *n (Comm)* cartel *m*.

car·ti·lage ['kɑːtɪlɪdʒ] *n* cartílago *m*.

car·to·gra·phy [kɑː'tɒgrəfɪ] *n* cartografía *f*.

car·ton ['kɑːtən] *n (milk ~)* envase *m* de cartón; *(ice-cream ~, yogurt ~)* vasito *m*.

car·toon [kɑː'tuːn] *n (in newspaper etc)* caricatura *f*, dibujo *m* cómico; *(sketch for fresco etc)* cartón *m;* **~s** *(Cine, TV)* dibujos *mpl* animados, *(LAm)* caricaturas *fpl*.

car·toon·ist [,kɑː'tuːnɪst] *n (in newspaper etc)* caricaturista *mf; (Cine, TV)* dibujante *mf*, animador(a) *m/f*.

car·tridge ['kɑːtrɪdʒ] **1** *n (gen)* cartucho *m*. **2: ~ belt** *n* cartuchera *f*, canana *f;* **~ paper** *n* papel *m* guarro.

cart·wheel ['kɑːtwiːl] *n* rueda *f* de carro; **to turn a ~** *(Sport)* dar una voltereta lateral.

carve [kɑːv] **1** *vt (Culin: meat)* trinchar; *(stone, wood)* esculpir, cincelar, tallar; *(name on tree etc)* grabar; **to ~ out a career for o.s.** abrirse camino. **2** *vi (Culin)* trinchar carne.

♦ **carve up** *vt + adv (meat)* trinchar; *(fig: country)* repartirse.

carv·er ['kɑːvə[r]] *n (knife)* trinchante *m*.

carv·ing ['kɑːvɪŋ] *n (wooden ornament)* escultura *f*.

carv·ing knife ['kɑːvɪŋ,naɪf] *n* trinchante *m.*
cas·cade [kæs'keɪd] **1** *n* cascada *f,* salto *m* de agua. **2** *vi* caer en cascada.
case[1] [keɪs] *n* **(a)** *(suit~)* maleta *f, (Mex)* petaca *f; (packing ~)* cajón *m; (of drink)* caja *f; (for camera)* funda *f; (brief~)* maletín *m, (LAm)* cartera *f; (for jewellery)* joyero *m,* estuche *m; (for spectacles, guitar, gun etc)* funda *f; (display ~)* vitrina *f; (of watch)* caja *f.* **(b)** *(in typing)* **lower/upper ~** caja *f* baja/alta.
case[2] [keɪs] **1** *n* **(a)** *(gen, Med, instance)* caso *m;* **in any ~** de todas formas, en cualquier caso, en todo caso; **in that ~** en ese caso; **(just) in ~** por si acaso, *(LAm)* por si las moscas; **in ~ of emergency** en caso de emergencia; **a ~ in point** un ejemplo al respecto, un ejemplo que hace al caso; **it's a clear ~ of murder** es un claro caso de homicidio; **in most ~s** en la mayoría de los casos; **if that is the ~** en ese caso; **as the ~ may be** según el caso; **in no ~** en ningún caso, de ninguna manera. **(b)** *(Jur: gen)* caso *m,* proceso *m; (particular dispute)* causa *f,* pleito *m; (argument)* argumento *m,* razón *f;* **the ~ for the defence/prosecution** la defensa/la acusación; **to state one's ~** presentar sus argumentos, exponer su caso; **to have a good ~** tener argumentos *or* razones fuertes; **there's a strong ~ for reform** hay buenos fundamentos para exigir una reforma. **(c)** *(Ling)* caso *m.*
2: ~ history *n (Med)* historial *m* médico, historia *f* clínica; **~ law** *n* jurisprudencia *f.*
case·ment ['keɪsmənt] *n (also* **~ window***)* ventana *f* de bisagras.
case·work ['keɪs,wɜːk] *n (Sociol)* trabajo *m* por caso.
cash [kæʃ] **1** *n* **(a)** *(coins, notes)* (dinero *m)* efectivo *m;* **to pay (in) ~** pagar al contado, pagar en efectivo; **hard ~** *(fam)* dinero contante y sonante; **~ in hand** efectivo *m* en caja. **(b)** *(immediate payment)* **~ down** al contado; **to pay ~ (down) for sth** pagar algo al contado; **~ on delivery** envío *m or* entrega *f* contra reembolso. **(c)** *(fam: money)* pasta *f, (LAm)* plata *f;* **to be short of ~** estar sin blanca, *(LAm)* estar pelado.
2 *vt (cheque)* cobrar, hacer efectivo.
3: ~ desk *n* caja *f;* **~ dispenser** *n* cajero *m* automático; **~ flow** *n* flujo *m* de caja; **~ register** *n* caja *f* registradora.
♦ **cash in 1** *vt + adv (insurance policy etc)* cobrar. **2** *vi + adv:* **to ~ in on sth** sacar partido *or* aprovecharse de algo.
cash-and-carry [,kæʃənd'kærɪ] *n (shop)* autoservicio *m* mayorista.
cash·ew [kæ'ʃuː] *n (also* **~ nut***)* anacardo *m.*
cash·ier [kæ'ʃɪəʳ] *n* cajero/a *m/f.*
cash·mere [kæʃ'mɪəʳ] **1** *n* casimir *m,* cachemira *f.* **2** *cpd (sweater, coat etc)* de casimir *or* cachemira.
cas·ing ['keɪsɪŋ] *n (Tech: gen)* cubierta *f; (: of boiler)* revestimiento *m; (: of cylinder)* camisa *f; (of tyre)* llanta *f; (of window)* marco *m.*
ca·si·no [kə'siːnəʊ] *n* casino *m.*
cask [kɑːsk] *n (for wine)* cuba *f; (large)* tonel *m.*
cas·ket ['kɑːskɪt] *n (for jewels)* estuche *m,* cofrecito *m; (US: coffin)* ataúd *m.*
cas·se·role ['kæsərəʊl] *n (utensil)* cacerola *f,* cazuela *f; (food)* cazuela.
cas·sette [kæ'set] **1** *n* cassette *m.* **2: ~ deck** *n* pletina *f* a cassette; **~ recorder** *n* tocacassettes *m inv.*
cas·sock ['kæsək] *n* sotana *f.*
cast [kɑːst] *(vb: pt, pp* **cast) 1** *n* **(a)** *(net, line)* echada *f.* **(b)** *(mould)* molde *m; (Med: plaster ~)* enyesado *m,* escayola *f; (of worm)* forma *f;* **~ of mind** temperamento *m.* **(c)** *(of play etc)* reparto *m.* **(d)** *(Med: squint)* estrabismo *m;* **to have a ~ in one's eye** tener estrabismo en un ojo.
2 *vt* **(a)** *(also fig: throw)* echar, lanzar; *(: net, anchor etc)* echar; *(: shadow)* proyectar; *(: light)* arrojar; **to ~ doubt upon sth** poner algo en duda; **to ~ one's vote** votar, dar su voto; **to ~ one's eyes over sth** echar una mirada a algo; **to ~ lots** echar suertes. **(b)** *(shed: horseshoe)* mudar; **the snake ~ its skin** la culebra mudó su piel. **(c)** *(metal, clay)* fundir; *(statue)* dar forma (a). **(d)** *(part, play)* hacer el reparto de; **he was ~ as Macbeth** le dieron el papel de Macbeth.
3: ~ iron *n* = **cast-iron 2.**
♦ **cast about for** *vi + prep (job, answer)* buscar, andar buscando.
♦ **cast aside** *vt + adv (reject)* descartar, desechar.
♦ **cast away** *vt + adv:* **to be ~ away** naufragar.
♦ **cast down** *vt + adv:* **to be ~ down** estar deprimido.
♦ **cast off 1** *vt + adv (Naut)* desamarrar, soltar las amarras; **the slaves ~ off their chains** los esclavos se deshicieron de sus cadenas. **2** *vi + adv (Naut)* soltar amarras; *(Knitting)* cerrar.
♦ **cast on** *(Knitting) vt, vi + adv* montar.
♦ **cast up** *vt + adv (refer to)* **to ~ sth up at sb** echar en cara algo a uno.
cas·ta·nets [,kæstə'nets] *npl* castañuelas *fpl.*
cast·away ['kæstəweɪ] *n* náufrago/a *m/f.*
caste [kɑːst] **1** *n* casta *f.* **2** *cpd* de casta.
cast·er ['kɑːstəʳ] *n (on furniture)* ruedecilla *f.*
cas·ter sug·ar ['kɑːstə,ʃʊgəʳ] *n* azúcar *m* extrafino.
cas·ti·gate ['kæstɪgeɪt] *vt (frm)* castigar.
cast·ing vote ['kɑːstɪŋ,vəʊt] *n* voto *m* de calidad *or* decisivo.
cast-iron ['kɑːst,aɪən] **1** *adj* (hecho/a) de hierro fundido; *(fig: will)* inquebrantable, férreo/a; *(: case)* irrebatible. **2** [,kɑːst'aɪən] *n* hierro *m* fundido *or* colado.
cas·tle ['kɑːsl] *n* castillo *m; (Chess)* torre *f,* roque *m;* **~s in the air** *(fig)* castillos en el aire.
cast-off ['kɑːstɒf] **1** *adj (clothing etc)* de desecho, en desuso. **2** *n (garment)* ropa *f* de desecho.
cas·tor ['kɑːstəʳ] *n* = **caster.**
cas·tor oil [,kɑːstər'ɔɪl] *n* aceite *m* de ricino.
cas·trate [kæs'treɪt] *vt* castrar.
cas·ual ['kæʒjʊəl] **1** *adj* **(a)** *(not planned: walk, stroll)* sin rumbo fijo, al azar; *(: meeting)* fortuito/a; **he's just a ~ acquaintance** es un conocido nada más. **(b)** *(offhand: attitude)* despreocupado/a; **a ~ glance** una ojeada; **a ~ remark** un comentario hecho a la ligera; **he was very ~ about it** no le dio mucha importancia. **(c)** *(informal: discussion, tone etc)* informal, poco serio/a; *(: clothing)* de sport, sport. **(d)** *(irregular: labour)* eventual, temporero/a; **~ worker** trabajador(a) temporero/a *or* eventual.
2 *n:* **~s** *(shoes)* zapatos *mpl* de sport.
casu·al·ly ['kæʒjʊəlɪ] *adv see adj* **a, b, c.**
casu·al·ty ['kæʒjʊəltɪ] **1** *n (Mil: dead)* baja *f; (: wounded)* herido/a *m/f; (in accident)* víctima *f.* **2: ~ ward** *n* urgencias *fpl.*
cat [kæt] **1** *n (domestic)* gato/a *m/f; (lion etc)* felino/a *m/f;* **that's put the ~ among the pigeons!** ¡eso ha metido el lobo en el redil!, *(LAm)* ¡ya se armó la gorda!; **to let the ~ out of the bag** irse de la lengua; **to be like a ~ on hot bricks** estar sobre ascuas. **2: ~ burglar** *n* balconero/a *m/f.*
cata·clysm ['kætəklɪzəm] *n* cataclismo *m.*
cata·combs ['kætəkuːmz] *npl* catacumbas *fpl.*
cata·logue, *(US)* **cata·log** ['kætəlɒg] **1** *n* catálogo *m.* **2** *vt* catalogar, poner en un catálogo.

cata·lyst ['kætəlɪst] *n (Chem, fig)* catalizador *m.*
cata·ma·ran [ˌkætəmə'ræn] *n* catamarán *m.*
cata·pult ['kætəpʌlt] **1** *n (slingshot)* tirador *m; (Aer, Mil)* catapulta *f.* **2** *vt:* **his record ~ed to number 1** su disco llegó al número uno de un solo salto.
cata·ract ['kætərækt] *n (waterfall, Med)* catarata *f.*
ca·tarrh [kə'tɑːʳ] *n* catarro *m.*
ca·tas·tro·phe [kə'tæstrəfɪ] *n* catástrofe *f.*
cata·stroph·ic [ˌkætə'strɒfɪk] *adj* catastrófico/a.
cat·call ['kætkɔːl] **1** *n (at meeting etc)* **~s** rechifla *fsg,* silbido *msg.* **2** *vi* silbar, patear.
catch [kætʃ] *(vb: pt, pp* **caught***)* **1** *n* **(a)** *(of ball etc)* cogida *f; (of trawler)* pesca *f; (of single fish)* presa *f,* pesca; **he's a good ~** *(fig)* es un buen partido. **(b)** *(fastener)* cierre *m; (: on door)* pestillo *m.* **(c)** *(trick)* trampa *f; (snag)* dificultad *f,* obstáculo *m;* **where's the ~?** ¿dónde está la trampa? **(d) with a ~ in one's voice** con la voz entrecortada.
2 *vt* **(a)** *(ball) (Sp)* coger, *(LAm)* agarrar; *(fish)* pescar; *(thief)* atrapar; *(bus, train etc) (Sp)* coger, *(LAm)* tomar; **I caught my fingers in the door** atrapé los dedos en la puerta; **I caught my coat on that nail** mi chaqueta se enganchó en ese clavo; **to ~ sb's attention/eye** llamar la atención de uno. **(b)** *(take by surprise) (Sp)* coger *or (LAm)* tomar de sorpresa; **to ~ sb doing sth** sorprender *or (LAm)* pillar a uno haciendo algo; **you won't ~ me doing that** yo sería incapaz de hacer eso, nunca me verás haciendo eso; **they caught him in the act** le *(Sp)* cogieron *or (LAm)* pillaron en el acto; **he got caught in the rain** la lluvia le *(Sp)* cogió *or (LAm)* agarró desprevenido. **(c)** *(hear)* oír; *(understand)* comprender, *(LAm)* entender; *(portray: atmosphere, likeness)* saber captar, plasmar. **(d)** *(Med: disease)* contagiarse de; **to ~ a cold** resfriarse; **the punch caught him on the arm** el golpe le dio en el brazo; **to ~ one's breath** contener la respiración; **you'll ~ it!** *(fam)* ¡las vas a pagar!, ¡te va a costar!
3 *vi* **(a)** *(hook)* engancharse; *(tangle)* enredarse. **(b)** *(fire, wood)* prender, encenderse.
4: ~ phrase *n* muletilla *f;* **~ question** *n* pregunta-capciosa *or* de pega.
♦ **catch at** *vi + prep (object)* tratar de *(Sp)* coger *or (LAm)* agarrar; *(opportunity)* aprovechar.
♦ **catch on** *vi + adv* **(a)** *(become popular)* cuajar, tener éxito. **(b)** *(understand)* caer en la cuenta.
♦ **catch out** *vt + adv (fig: with trick question)* hundir; **to ~ sb out** cazar *or (LAm)* pillar *or* cachar a uno.
♦ **catch up 1** *vt + adv:* **to ~ sb up** *(walking, working etc)* alcanzar a uno. **2** *vi + adv:* **to ~ up (on one's work)** ponerse al día; **to ~ up with the news** ponerse al corriente.
catch·ing ['kætʃɪŋ] *adj (Med, fig)* contagioso/a.
catch·ment area ['kætʃmənt,ɛərɪə] *n (Scol)* zona *f* de captación.
catch-22 [ˌkætʃˌtwentɪ'tuː] *n:* **~ situation** callejón *m* sin salida, círculo *m* vicioso.
catchy ['kætʃɪ] *adj (tune)* pegadizo/a, que se pega.
cat·echism ['kætɪkɪzəm] *n* catequismo *m; (book)* catecismo *m.*
cat·egori·cal [ˌkætɪ'gɒrɪkəl] *adj* terminante, rotundo/a.
cat·ego·rize ['kætɪgəraɪz] *vt (books, people)* clasificar.
cat·ego·ry ['kætɪgərɪ] *n* categoría *f,* clase *f.*
cater ['keɪtəʳ] *vi* **(a)** *(provide food)* proveer comida *(for* a). **(b)** *(fig)* **to ~ for** *or* **to** atender a, proveer a; **to ~ for sb's needs** atender las necesidades de uno; **to ~ for all tastes** atender a todos los gustos.
ca·ter·er ['keɪtərəʳ] *n (for parties etc)* banquetero/a *m/f.*
cat·erpil·lar ['kætəpɪləʳ] **1** *n (Zool)* oruga *f,* gusano *m; (vehicle)* tractor *m* de oruga. **2: ~ track** *n* rodado *m* de oruga.
ca·the·dral [kə'θiːdrəl] *n* catedral *f.*
cath·erine wheel ['kæθərɪnwiːl] *n* rueda *f* catalina.
cath·ode ['kæθəʊd] *n* cátodo *m.*
cathode-ray tube ['kæθəʊd,reɪ'tjuːb] *n* tubo *m* de rayos catódicos.
catho·lic ['kæθəlɪk] **1** *adj* **(a) (Roman) C~** católico/a; **the C~ Church** la Iglesia Católica. **(b)** *(wide-ranging: tastes, interests)* católico/a. **2** *n:* **C~** católico/a *m/f.*
Ca·tholi·cism [kə'θɒlɪsɪzəm] *n* el catolicismo.
cat·kin ['kætkɪn] *n (Bot)* amento *m.*
cat's-eye ['kætsaɪ] *n (Brit Aut)* ojo *m* de gato, pivote *m.*
cat·sup ['kætsəp] *n (US)* catsup *m.*
cat·tle ['kætl] **1** *npl* ganado *msg.* **2: ~ raising** *n* ganadería *f;* **~ ranch** *n* ganadería, *(LAm)* estancia *f.*
cat·ty ['kætɪ] *adj* **(-ier, -iest)** *(fam: person, remark)* malicioso/a.
cat·walk ['kætwɔːk] *n* pasarela *f,* pasadizo *m.*
Cau·ca·sian [kɔː'keɪzɪən] *adj, n* caucásico/a *m/f.*
cau·cus ['kɔːkəs] *(US)* **1** *n (Pol: meeting)* camarilla *f* política. **2** *vi* reunirse en camarilla.
caught [kɔːt] *pt, pp of* **catch.**
caul·dron ['kɔːldrən] *n* caldera *f,* calderón *m.*
cau·li·flow·er ['kɒlɪflaʊəʳ] *n* coliflor *f.*
cause [kɔːz] **1** *n* **(a)** *(origin)* causa *f; (reason)* motivo *m,* razón *f;* **~ and effect** (relación *f* de) causa y efecto; **with good ~** con razón; **to be the ~ of** ser causa de, provocar; **there's no ~ for alarm** no hay por qué inquietarse. **(b)** *(purpose)* propósito *m,* causa *f;* **in the ~ of justice** por la justicia; **to make common ~ with** hacer causa común con; **it's all in a good ~** *(fam)* es para bien de todos.
2 *vt (accident, trouble)* causar, provocar; **to ~ sb to do sth** hacer que uno haga algo.
cause·way ['kɔːzweɪ] *n* calzada *f.*
caus·tic ['kɔːstɪk] **1** *adj (Chem)* cáustico/a; *(fig: sarcastic)* mordaz, sarcástico/a. **2: ~ soda** *n* sosa *f* cáustica.
cau·ter·ize ['kɔːtəraɪz] *vt* cauterizar.
cau·tion ['kɔːʃən] **1** *n (care)* cautela *f,* cuidado *m; (warning)* advertencia *f,* aviso *m; (Jur)* amonestación *f.* **2** *vt:* **to ~ sb** *(subj: official)* amonestar a uno; **to ~ sb against doing sth** avisar a uno que no haga algo.
cau·tious ['kɔːʃəs] *adj (careful)* cuidadoso/a; *(wary)* cauteloso/a, precavido/a.
cava·lier [ˌkævə'lɪəʳ] **1** *n (knight)* caballero *m.* **2** *adj (pej: offhand: person, attitude)* desdeñoso/a.
cav·al·ry ['kævəlrɪ] *n* caballería *f.*
cave [keɪv] **1** *n* cueva *f,* caverna *f.* **2** *vi:* **to go caving** ir en una expedición espeleológica.
♦ **cave in** *vi + adv (ceiling)* derrumbarse, desplomarse; *(ground)* hundirse.
cave·man ['keɪv,mæn] *n, pl* **-men** hombre *m* de las cavernas.
cav·ern ['kævən] *n* caverna *f.*
cav·ern·ous ['kævənəs] *adj (hollow: eyes, cheeks)* hundido/a; *(pit, darkness)* cavernoso/a.
cavi·ar(e) ['kævɪɑːʳ] *n* caviar *m.*
cav·il ['kævɪl] *pt, pp* **-led,** *(US)* **-ed** *vi* poner peros *or* reparos *(at* a).
cav·ity ['kævɪtɪ] **1** *n (gen)* hueco *m.* **2: ~ wall insulation** *n* aislamiento *m* térmico.
ca·vort [kə'vɔːt] *vi* dar *or* hacer cabriolas, dar brincos.
caw [kɔː] **1** *n* graznido *m.* **2** *vi* graznar.
cay·enne ['keɪen] *n:* **~ (pepper)** pimentón *m.*

CBI *abbr of* **Confederation of British Industries** ≃ la Patronal.
cc *abbr of* **(a)** **cubic centimetres** cc. **(b)** **carbon copy** copia.
cease [siːs] **1** *vt (stop)* cesar, *(LAm)* parar; *(suspend)* suspender; *(end)* terminar; ~ **fire!** ¡cesen *or* suspendan el fuego! **2** *vi* cesar *(to do, doing* de hacer).
cease-fire [ˌsiːs'faɪəʳ] *n (Mil)* alto *m* el fuego.
cease·less ['siːslɪs] *adj* incesante, continuo/a.
ce·dar ['siːdəʳ] **1** *n* cedro *m*. **2** *cpd (wood, table etc)* de cedro.
cede [siːd] *vt (territory)* ceder; *(argument)* reconocer, admitir.
ce·dil·la [sɪ'dɪlə] *n* cedilla *f*.
ceil·ing ['siːlɪŋ] *n (of room, Aer)* techo *m; (fig: upper limit)* límite *m*, tope *m; see* **hit 2 (d).**
cel·ebrate ['selɪbreɪt] **1** *vt (event, festival, birthday)* celebrar; *(have a party for)* festejar; *(mass)* celebrar, decir. **2** *vi* divertirse, festejar.
cel·ebrat·ed ['selɪbreɪtɪd] *adj* célebre, famoso/a.
cel·ebra·tion [ˌselɪ'breɪʃən] *n (act)* celebración *f*, festejo *m; (festivity)* festividad *f;* **the jubilee ~s** las conmemoraciones del aniversario.
ce·leb·rity [sɪ'lebrɪtɪ] *n* celebridad *f*.
ce·leri·ac [sə'lerɪæk] *n* apio-nabo *m*.
cel·ery ['selərɪ] *n* apio *m;* **head/stick of ~** tallo *m* de apio.
ce·les·tial [sɪ'lestɪəl] *adj (lit, fig)* celestial.
celi·ba·cy ['selɪbəsɪ] *n* celibato *m*.
celi·bate ['selɪbɪt] *adj, n* célibe *mf*.
cell [sel] *n (in prison, monastery etc)* celda *f; (Bio, Pol)* célula *f; (Elec)* pila *f*.
cel·lar ['seləʳ] *n* sótano *m; (for wine)* bodega *f*.
cel·list ['tʃelɪst] *n* violoncelista *mf*.
cel·lo ['tʃeləʊ] *n* violoncelo *m*.
cel·lo·phane ['seləfeɪn] *n* celofán *m*.
cel·lu·lar ['seljʊləʳ] *adj (Bio)* celular; ~ **blanket** manta *f* tejida.
cel·lu·loid ['seljʊlɔɪd] *n (substance, film etc)* celuloide *m*.
cel·lu·lose ['seljʊləʊs] *n* celulosa *f*.
Celsius ['selsɪəs] *adj* centígrado/a; **20 degrees ~** veinte grados centígrados.
Celt [kelt, selt] *n* celta *mf*.
Celt·ic ['keltɪk, 'seltɪk] *adj* celta.
ce·ment [sə'ment] **1** *n* cemento *m; (glue)* cola *f*, *(LAm)* cemento. **2** *vt* cementar, cubrir de cemento; *(fig)* cimentar. **3: ~ mixer** *n* hormigonera *f*.
cem·etery ['semɪtrɪ] *n* cementerio *m*, *(LAm)* panteón *m*.
ceno·taph ['senətɑːf] *n* cenotafio *m*.
cen·sor ['sensəʳ] **1** *n* censor(a) *m/f*. **2** *vt* censurar.
cen·so·ri·ous [sen'sɔːrɪəs] *adj (frm)* hipercrítico/a.
cen·sor·ship ['sensəʃɪp] *n* censura *f*.
cen·sure ['senʃəʳ] **1** *n* censura *f;* **vote of ~** voto *m* de censura. **2** *vt* censurar.
cen·sus ['sensəs] *n* censo *m*.
cent [sent] *n (coin)* céntimo *m*, *(LAm)* centavo *m;* **I haven't a ~** *(US)* no tengo ni un peso.
cen·te·nary [sen'tiːnərɪ] *n* centenario *m*.
cen·ten·nial [sen'tenɪəl] **1** *adj (year, celebration)* centenario/a. **2** *n (US)* = **centenary.**
cen·ter ['sentəʳ] *n (US)* = **centre.**
cen·ti·grade ['sentɪgreɪd] *adj* centígrado/a; **30 degrees ~** treinta grados centígrados.
cen·ti·me·tre, *(US)* **cen·ti·me·ter** ['sentɪˌmiːtəʳ] *n* centímetro *m*.
cen·ti·pede ['sentɪpiːd] *n* ciempiés *m inv*.
cen·tral ['sentrəl] **1** *adj* central; *(principal: importance, figure)* central, clave; **his flat is very ~** su piso está muy céntrico. **2: ~ America/Europe** *n* Centroamérica *f*/Europa *f* Central; ~ **government** *n* gobierno *m* central; ~ **heating** *n* calefacción *f* central; ~ **nervous system** *n* sistema *m* nervioso central; ~ **reservation** *n (Brit Aut)* mediana *f*.
cen·tral·ize ['sentrəlaɪz] *vt (power etc)* centralizar.
cen·tre, *(US)* **center** ['sentəʳ] **1** *n (gen)* centro *m; (axis)* eje *m;* **the ~ of attention** el centro de atención; **~ of gravity** centro de gravedad. **2** *vt* **(a)** centrar; *(ball)* pasar al centro, centrar. **(b)** *(concentrate)* concentrar *(on* en). **3** *vi* concentrarse *(in, on* en). **4: ~ forward** *n (Sport)* (delantero/a) centro *m/f*.
cen·trifu·gal [sen'trɪfjʊgəl] *adj* centrífugo/a.
cen·tri·fuge ['sentrɪfjuːʒ] *n* centrífuga *f*.
cen·tu·ri·on [sen'tjʊərɪən] *n* centurión *m*.
cen·tu·ry ['sentjʊrɪ] *n* siglo *m; (in cricket)* cien puntos *or* runs *mpl;* **in the 20th ~** en el siglo veinte.
ce·ram·ic [sɪ'ræmɪk] **1** *adj* cerámico/a, de cerámica. **2** *n:* **~s** cerámica *fsg*.
ce·real ['sɪərɪəl] *n (crop)* cereal *m; (breakfast ~)* cereales *mpl*.
cer·ebral ['serɪbrəl] *adj (Med)* cerebral; *(intellectual)* intelectual.
cer·emo·nial [ˌserɪ'məʊnɪəl] **1** *adj (rite)* ceremonial; *(dress)* de ceremonia, de gala. **2** *n* ceremonial *m*.
cer·emo·ni·ous [ˌserɪ'məʊnɪəs] *adj* ceremonioso/a.
cer·emo·ny ['serɪmənɪ] *n* ceremonia *f;* **to stand on ~** hacer ceremonias, estar de cumplido.
cer·tain ['sɜːtən] *adj* **(a)** *(sure: fact, opinion)* cierto/a, seguro/a; *(: person)* seguro/a; *(inevitable: death, success)* seguro/a; *(cure)* definitivo/a; **it is ~ that ...** es seguro que ..., es cierto que ...; **I am ~ of it** estoy seguro de ello; **he is ~ to be there** es seguro que él estará allí; **I can't say for ~ that ...** no puedo decir a ciencia cierta que ...; **be ~ to tell her** no dejes *or* no te olvides de decírselo; **to make ~ of sth** asegurarse de algo; **I'll make ~ of it** *(check)* lo averiguaré, lo comprobaré. **(b)** *(before n: unspecified, particular)* cierto/a; **a ~ gentleman called** le llamó un (cierto) señor; **a ~ Mr/Mrs Smith** un tal Señor/una tal Señora Smith.
cer·tain·ly ['sɜːtənlɪ] *adv* desde luego, por supuesto; **~!** ¡desde luego!, *(LAm)* ¡cómo no!; **~ not!** ¡de ninguna manera!, ¡ni hablar!; **it is ~ true that ...** desde luego es verdad *or (LAm)* cierto que ...; **I shall ~ be there** no faltaré, yo estaré sin falta.
cer·tain·ty ['sɜːtəntɪ] *n (no pl: conviction)* certeza *f*, certidumbre *f; (sure fact)* **faced with the ~ of disaster** ante la seguridad del desastre; **we know for a ~ that ...** sabemos a ciencia cierta que ... .
cer·ti·fi·able [ˌsɜːtɪ'faɪəbl] *adj (fact, claim)* certificable; *(Med)* declarado/a demente; *(fam: mad)* loco/a, demente.
cer·tifi·cate [sə'tɪfɪkɪt] *n (gen)* certificado *m; (Univ etc)* diploma *m*, título *m;* **birth/death ~** partida *f* de nacimiento/defunción; **X ~** *(Cine)* (para) mayores de 18 años.
cer·ti·fied ['sɜːtɪfaɪd] **1** *adj (cheque)* certificado/a; *(translation)* confirmado/a; *(person: declared insane)* demente. **2: ~ public accountant** *n (US)* contable *mf* diplomado/a.
cer·ti·fy ['sɜːtɪfaɪ] **1** *vt* **(a)** certificar; **to ~ that** declarar que. **(b)** *(Med)* **to ~ sb** certificar que uno no está en posesión de sus facultades mentales. **2** *vi:* **to ~ to sth** certificar que.
cer·vi·cal ['sɜːvɪkl] *adj:* **~ cancer** cáncer *m* cervical *or* del cuello del útero; **~ smear** frotis *f* cervical, citología *f*.
cer·vix ['sɜːvɪks] *n, pl* **cer·vi·ces** ['sɜːvɪsiːz] *(of*

uterus) cuello *m* del útero.
Ce·sar·ean [siːˈzɛərɪən] *n (US)* = **Caesarean.**
ces·sa·tion [seˈseɪʃən] *n (frm)* cese *m*, suspensión *f*.
cess·pit [ˈsespɪt] *n*, **cess·pool** [ˈsespuːl] *n* pozo *m* negro; *(fig)* sentina *f*.
cf. *abbr of* **compare** cfr.
chafe [tʃeɪf] **1** *vt (rub against: skin etc)* rozar, raspar. **2** *vi* **(a)** *(become sore)* irritar; **to ~ against sth** rozar *or* raspar algo. **(b)** *(fig)* impacientarse *or* irritarse *(at* por).
chaff [tʃɑːf] *n (husks)* barcia *f*, ahechaduras *fpl; (animal food)* pienso *m*, forraje *m; (fig)* paja *f*.
chaf·finch [ˈtʃæfɪntʃ] *n* pinzón *m* (vulgar).
cha·grin [ˈʃægrɪn] *n (anger)* disgusto *m; (disappointment)* desilusión *f*, desazón *f*.
chain [tʃeɪn] **1** *n* cadena *f;* **~s** *(fetters)* cadenas, grillos *mpl; (Aut)* cadenas; **~ of mountains** cordillera *f;* **~ of shops** cadena de tiendas. **2** *vt* encadenar. **3:** **~ gang** *n (US)* cadena *f* de presidiarios; **~ mail** *n* (cota *f* de) malla; **~ reaction** *n* reacción *f* en cadena; **~ smoker** *n* fumador(a) *m/f* empedernido/a; **~ store** *n* (tienda *f*) sucursal *f*.
♦ **chain up** *vt + adv* encadenar.
chair [tʃɛəʳ] **1** *n* silla *f; (arm~)* sillón *m, (LAm)* butaca *f; (seat)* sitio *m*, asiento *m, (LAm)* lugar *m; (Univ)* cátedra *f; (~man)* presidente *m; (US: electric ~)* **the ~** la silla eléctrica; **please take a ~** siéntese *or (LAm)* tome asiento, por favor; **to take the ~** presidir. **2** *vt (meeting)* presidir. **3:** **~ lift** *n* telesilla *f*, teleférico *m*.
chair·man [ˈtʃɛəmən] *n, pl* **-men** presidente/a *m/f*.
chair·man·ship [ˈtʃɛəmənʃɪp] *n* presidencia *f*.
chair·person [ˈtʃɛə,pɜːsn] *n* presidente/a *m/f*.
chair·woman [ˈtʃɛə,wʊmən] *n, pl* **-women** presidenta *f*.
cha·let [ˈʃæleɪ] *n* chalet *m*, chalé *m*.
chal·ice [ˈtʃælɪs] *n (Rel)* cáliz *m*.
chalk [tʃɔːk] **1** *n (Geol)* creta *f; (for writing)* tiza *f, (LAm)* gis *m;* **a (piece of) ~** una tiza, *(LAm)* un gis; **not by a long ~** *(fam)* ni con mucho, ni mucho menos; **they're as different as ~ and cheese** son tan diferentes como la noche del día. **2** *vt (message)* escribir con tiza; *(luggage)* marcar con tiza.
♦ **chalk up** *vt + adv (lit)* apuntar; *(fig: success, victory)* apuntarse, obtener.
chal·lenge [ˈtʃælɪndʒ] **1** *n (to game, fight etc)* desafío *m*, reto *m; (of sentry)* quién vive *m; (bid: for leadership etc)* intento *m (for* a); *(fig)* desafío; **this task is a great ~** esta tarea representa un gran desafío. **2** *vt (to game, fight etc)* desafiar, retar; *(sentry)* dar el quién vive a; *(dispute: fact, point)* poner en duda; **to ~ sb to do sth** desafiar *or* retar a uno a que haga algo.
chal·lenger [ˈtʃælɪndʒəʳ] *n (opponent)* contrincante *mf*, contrario/a *m/f*.
chal·leng·ing [ˈtʃælɪndʒɪŋ] *adj (provocative: remark, look)* desafiante; *(stimulating: book)* estimulante; *(demanding: situation, work)* exigente.
cham·ber [ˈtʃeɪmbəʳ] **1** *n (of parliament)* cámara *f; (old: esp bedroom)* aposento *m;* **~s** *(of judge)* despacho *m;* **the Upper/Lower C~** *(Pol)* la Cámara Alta/Baja; **~ of commerce** cámara de comercio. **2:** **~ music** *n* música *f* de cámara.
chamber·maid [ˈtʃeɪmbə,meɪd] *n (in hotel)* camarera *f*.
cha·me·le·on [kəˈmiːlɪən] *n* camaleón *m*.
cham·ois [ˈʃæmwɑː] *n* **(a)** *(Zool)* gamuza *f*. **(b)** [ˈʃæmɪ] *(also* **~ leather**) gamuza *f*.
cham·pagne [ʃæmˈpeɪn] *n* champán *m*, champaña *m*.
cham·pi·on [ˈtʃæmpjən] **1** *n (gen)* campeón/ona *m/f; (of cause)* defensor(a) *m/f*, paladín *mf;* **boxing ~** campeón de boxeo; **world ~** campeón mundial.**2** *vt (person, cause)* defender, apoyar.
cham·pi·on·ship [ˈtʃæmpjənʃɪp] *n (contest)* campeonato *m*.
chance [tʃɑːns] **1** *n* **(a)** *(luck, fortune, fate)* suerte *f*, azar *m; (coincidence)* casualidad *f;* **game of ~** juego *m* de azar; **we met by ~ in Paris** nos encontramos por casualidad en París; **do you by any ~ know each other?** ¿se conocen por casualidad *or (LAm)* acaso?; **to leave nothing to ~** no dejar (ningún) cabo suelto. **(b)** *(opportunity)* oportunidad *f, (LAm)* chance *m;* **the ~ of a lifetime** la oportunidad de su vida; **he never had a ~ in life** no ha tenido nunca suerte, la suerte nunca le ha favorecido; **to give sb a ~** dar una oportunidad a uno, *(LAm)* dar chance a uno; **to have an eye to the main ~** *(pej)* arrimarse al sol que más calienta. **(c)** *(possibility)* posibilidad *f;* **the ~s are that ...** lo más probable *or* factible es que ...; **he doesn't stand** *or* **he hasn't a ~ of winning** no tiene ninguna posibilidad *or* posibilidad alguna de ganar. **(d)** *(risk)* riesgo *m;* **to take a ~** correr un riesgo, arriesgarse; **I'm taking no ~s** no me arriesgo, no quiero correr riesgo alguno.
2 *vt:* **to ~ to do sth** *(frm)* hacer algo por casualidad; **I'll ~ it** probaré fortuna, lo voy a intentar.
3 *cpd (meeting)* fortuito/a, *(LAm)* casual; *(error)* imprevisto/a; *(remark)* hecho/a a la ligera.
♦ **chance (up)on** *vi + prep (person)* encontrar por casualidad; *(thing)* tropezar(se) con.
chan·cel [ˈtʃɑːnsəl] *n* coro *m* y presbiterio.
chan·cel·lor [ˈtʃɑːnsələʳ] *n (Pol, Univ)* canciller *mf;* **C~ of the Exchequer** Ministro/a *m/f or (LAm)* Secretario/a *m/f* de Hacienda.
chan·de·lier [,ʃændəˈlɪəʳ] *n* araña *f* (de luces).
change [tʃeɪndʒ] **1** *n* **(a)** *(gen)* cambio *m; (alteration)* modificación *f; (variation)* variación *f;* **a ~ for the better/worse** un cambio para bien/para mal; **~ of address** cambio de domicilio; **a ~ of clothes** un cambio de ropa, *(LAm)* una muda; **~ of heart** cambio de opinión; **just for a ~** para variar un poco; **the ~ of life** *(Med)* la menopausia; **~ of scene** cambio de aires. **(b)** *(small coins)* suelto *m, (LAm)* sencillo *m, (Mex)* feria *f; (money returned)* vuelta *f, (LAm)* vuelto *m;* **can you give me ~ for £1?** ¿tiene cambio de una libra?, ¿puede cambiarme un billete de una libra?; **you don't get much ~ out of £5** con cinco libras no se compra nada; **keep the ~** quédese con la vuelta *or (LAm)* el vuelto.
2 *vt* **(a)** *(by substitution: address, name etc)* cambiar; **to ~ colour** cambiar *or (LAm)* mudar de color; **to ~ hands** cambiar de mano *or* de dueño/a; **to ~ gear** *(Aut)* cambiar de marcha; **to ~ places** cambiar de sitio; **to ~ trains/buses (at)** hacer transbordo (en), cambiar de tren/autobús (en); **to ~ planes (at)** hacer traslado (en); **let's ~ the subject** cambiemos de tema; **to ~ one's mind** cambiar de opinión *or* idea. **(b)** *(exchange: in shop)* cambiar; **can I ~ this dress for a larger size?** ¿puedo cambiar este vestido por otro de una talla mayor? **(c)** *(alter: person)* cambiar; *(fig)* evolucionar; *(transform)* transformar(se); **the prince was ~d into a frog** el príncipe fue transformado en rana. **(d)** *(money)* cambiar.
3 *vi* **(a)** *(alter)* cambiar; **you've ~d!** ¡cómo has cambiado!, *(LAm)* ¡pareces otro/a! **(b)** *(clothes)* cambiarse, *(LAm)* mudarse. **(c)** *(trains etc)* hacer transbordo, cambiar de tren; **all ~!** ¡cambio de tren!
♦ **change down** *vi + adv (Aut)* reducir la velocidad, cambiar a una marcha inferior.
♦ **change over** *vi + adv (from sth to sth)* cambiar;

(players etc) cambiar(se).

♦ **change up** *vi + adv (Aut)* cambiar a una marcha superior.

change·able ['tʃeɪndʒəbl] *adj (gen)* variable; *(inconsistent)* cambiadizo/a.

chang·ing ['tʃeɪndʒɪŋ] **1** *adj (face, expression)* cambiante. **2** *n*: **the ~ of the Guard** el cambio de la Guardia.

chan·nel ['tʃænl] **1** *n (watercourse, TV)* canal *m; (strait)* estrecho *m; (deepest part of river)* cauce *m; (fig: of communication etc)* conducto *m*, medio *m*; **to go through the usual ~s** seguir las vías normales; **the (English) C~** el Canal (de la Mancha). **2** *vt (hollow out: course)* acanalar; *(direct: river etc)* encauzar; *(fig: interest, energies)* **to ~ into** encauzar a, dirigir a. **3: the C~ Islands** *npl* las Islas *fpl* Anglonormandas.

chant [tʃɑːnt] **1** *n (Mus)* canto *m; (Rel)* canto, cántico *m; (of crowd)* gritos *mpl*, cantos *mpl; (fig)* sonsonete *m*. **2** *vt, vi (Mus)* cantar; *(Rel)* salmodiar; *(subj: crowd)* cantar, gritar.

cha·os ['keɪɒs] *n* caos *m*, desorden *m*; **to be in ~** estar en completo desorden; *(country)* estar en el caos.

cha·ot·ic [keɪ'ɒtɪk] *adj* caótico/a, desordenado/a.

chap[1] [tʃæp] *n (on lip etc)* grieta *f*, hendedura *f*.

chap[2] [tʃæp] *n (fam: man)* tío *m*, tipo *m*; **old ~** amigo (mío) *m*, *(LAm)* mi viejo; **poor little ~** pobrecito *m*.

chap·el ['tʃæpəl] *n (part of church)* capilla *f; (nonconformist church)* templo *m; (of union)* gremio *m*.

chap·er·one ['ʃæpərəʊn] **1** *n* acompañanta *f* (de señoritas), carabina *mf (fam)*. **2** *vt* hacer de carabina a, *(Chi)* tocar el violín para.

chap·lain ['tʃæplɪn] *n (of prison, regiment etc)* capellán *m*.

chapped ['tʃæpt] *adj (lips, hands)* agrietado/a.

chap·ter ['tʃæptəʳ] *n (of book)* capítulo *m; (Rel)* cabildo *m*; **a ~ of accidents** una serie de desgracias.

char[1] [tʃɑːʳ] *vt (burn black)* carbonizar.

char[2] [tʃɑːʳ] **1** *n (charwoman)* asistenta *f*, mujer *f* de la limpieza. **2** *vi* hacer la limpieza.

char·ac·ter ['kærɪktəʳ] **1** *n* **(a)** *(nature: of thing, person)* carácter *m*, naturaleza *f*, índole *f; (individuality: of place, person)* carácter, personalidad *f*; **a man of ~** un hombre de carácter; **a man of good ~** un hombre de buena reputación; **in/out of ~** característico/a/nada característico/a. **(b)** *(in novel, play: person)* personaje *m; (: role)* papel *m*. **(c)** *(fam: person)* tipo *m*, sujeto/a *m/f*; **he's quite a ~** es un tipo muy especial. **(d)** *(in writing, typing)* carácter *m*.

2: ~ actor *n* actor *m* especializado en personajes específicos.

char·ac·ter·is·tic [,kærɪktə'rɪstɪk] **1** *adj* característico/a *(of* de). **2** *n* característica *f*.

char·ac·teri·za·tion [,kærɪktəraɪ'zeɪʃən] *n (in novel)* caracterización *f*.

char·ac·ter·ize ['kærɪktəraɪz] *vt (be characteristic of)* caracterizar; *(describe)* calificar *(as* de).

cha·rade [ʃə'rɑːd] *n (frm pej)* charada *f*.

char·coal ['tʃɑːkəʊl] *n* carbón *m* vegetal; *(Art)* carboncillo *m*; **~ drawing** dibujo *m* al carbón.

charge [tʃɑːdʒ] **1** *n* **(a)** *(explosive ~, electrical ~)* carga *f*. **(b)** *(Mil etc: attack)* carga *f*, ataque *m; (of bull)* embestida *f*. **(c)** *(legal accusation)* cargo *m*, acusación *f*; **to bring a ~ against sb** hacer una acusación contra uno, *(LAm)* levantar expediente contra uno; **he was arrested on a ~ of murder** le detuvieron bajo acusación de asesinato. **(d)** *(fee)* precio *m*, coste *m*, costo *m; (Telec)* **~s** tarifa *fsg*; **free of ~** gratis; **extra ~** recargo *m*, suplemento *m*; **professional ~s** honorarios *mpl*. **(e)** *(control, responsibility)* **the person in ~** el/la encargado/a; **who is in ~ here?** ¿quién es la persona responsable?; **to be in ~ of** estar encargado/a de; **to take ~ (of)** hacerse cargo de, encargarse de; **these children are my ~s** estos niños están a mi cargo *or* bajo mi responsabilidad.

2 *vt* **(a)** *(price)* pedir, cobrar; *(customer)* cobrar; **what did they ~ you for it?** ¿cuánto te cobraron?; **~ it to my account** póngalo *or* cárguelo a mi cuenta. **(b)** *(accuse)* acusar *(with* de). **(c)** *(Mil etc: attack)* atacar, cargar. **(d)** *(battery)* cargar.

3 *vi (Mil etc)* atacar, cargar; *(bull)* embestir; *(fam: rush)* precipitarse; **he ~d into the room** entró precipitado al cuarto.

4: ~ account *n (US)* cuenta *f* personal.

char·gé d'af·faires [,ʃɑːʒeɪdæ'fɛəʳ] *n* encargado *m* de negocios.

charg·er ['tʃɑːdʒəʳ] *n (Elec)* cargador *m; (old: warhorse)* corcel *m*.

chari·ot ['tʃærɪət] *n* carro *m (romano, de guerra etc)*.

cha·ris·ma [kæ'rɪzmə] *n* carisma *m*.

chari·table ['tʃærɪtəbl] *adj (organisation, society)* benéfico/a; *(person, deed)* caritativo/a; *(remark, view)* comprensivo/a, compasivo/a.

char·ity ['tʃærɪtɪ] *n* **(a)** *(gen)* caridad *f; (alms)* limosnas *fpl*; **out of ~** por caridad; **~ begins at home** *(Prov)* la caridad empieza por uno mismo. **(b)** *(organization)* sociedad *f* benéfica.

charm [tʃɑːm] **1** *n (attractiveness)* encanto *m*, atractivo *m; (pleasantness)* simpatía *f; (also fig: magic spell)* hechizo *m*; **it worked like a ~** *(fig)* resultó como por encanto *or* arte de magia. **2** *vi (attract, enchant)* encantar; *(please)* agradar; **to lead a ~ed life** tener suerte en todo. **3: ~ bracelet** *n* pulsera *f* amuleto.

charm·ing ['tʃɑːmɪŋ] *adj (gen)* encantador(a); *(person)* simpático/a.

chart [tʃɑːt] **1** *n (table)* tabla *f*, cuadro *m; (graph)* gráfico/a *m/f; (Met: weather ~)* mapa *m* meteorológico; *(Naut: map)* carta *f* (de navegación); **to be in the ~s** *(record)* figurar entre los discos que más se venden; *(pop group)* estar entre los mejores del momento. **2** *vt (plot: course)* trazar; *(: sales, progress)* hacer una gráfica de.

char·ter ['tʃɑːtəʳ] **1** *n* **(a)** *(authorization)* carta *f*, cédula *f; (of city)* fuero *m; (organization)* estatutos *mpl*. **(b)** *(hire: Naut)* alquiler *m; (: Aer)* fletamento *m*; **this boat is available for ~** este barco se alquila. **2** *vt (bus, plane)* alquilar; *(ship)* fletar. **3: ~ flight** *n* vuelo *m* chárter.

char·tered ac·count·ant ['tʃɑːtədə'kaʊntənt] *n (Brit)* contable *mf* diplomado/a, *(LAm)* contador(a) *m/f* público/a.

char·woman ['tʃɑː,wʊmən] *n, pl* **-women** asistenta *f*, empleada *f* del hogar.

chary ['tʃɛərɪ] *adj (cautious)* cauteloso/a; **he's ~ of getting involved** evita inmiscuirse; **she's ~ in her praise** es parca en sus alabanzas.

chase [tʃeɪs] **1** *n* persecución *f*; **the ~** *(Hunting)* la caza; **to give ~ to** dar caza a, perseguir. **2** *vt (pursue)* perseguir; **he's started chasing girls** *(fam)* ya anda detrás de las chicas. **3** *vi*: **to ~ after sb** *(pursue)* correr detrás de uno; *(seek out)* ir *or* andar a la caza de uno.

♦ **chase away, chase off** *vt + adv* ahuyentar.

♦ **chase up** *vt + adv (information)* recabar, recolectar; *(person)* buscar en todas partes (a); **to ~ up debts** buscar a los endeudados.

chasm ['kæzəm] *n (Geol, fig)* sima *f*, abismo *m*.

chas·sis [ˈʃæsɪ] *n (Aut)* chasis *m*.
chaste [tʃeɪst] *adj* casto/a.
chas·tise [tʃæsˈtaɪz] *vt (scold)* regañar; *(punish)* castigar.
chas·tity [ˈtʃæstɪtɪ] *n* castidad *f*.
chat [tʃæt] **1** *n* charla *f*, *(LAm)* plática *f*; **to have a ~ with** *(gen)* charlar con, *(LAm)* platicar con; *(discuss)* hablar con. **2** *vi* charlar *(with, to* con). **3:** **~ show** *n* programa *m* de entrevistas.
♦ **chat up** *vt + adv (fam)* **to ~ up a girl** ligar *or* *(LAm)* pincharse *or* ligarse una niña.
chat·tel [ˈtʃætl] *n see* **goods.**
chat·ter [ˈtʃætəʳ] **1** *n (talk)* charla *f*, cháchara *f*, *(Mex)* cotorreo *m*. **2** *vi (person)* charlar, estar de cháchara, *(Mex)* echar cotorro, cotorrear; *(birds)* parlotear; **her teeth were ~ing** le castañeteaban los dientes.
chatter·box [ˈtʃætəbɒks] *n (fam)* parlanchín/ina *m/f*, *(LAm)* cotorro/a *m/f*.
chat·ty [ˈtʃætɪ] *adj (person)* hablador(a), *(LAm)* cotorro/a, *(Mex)* platicón/ona; *(letter)* lleno/a de noticias.
chauf·feur [ˈʃəʊfəʳ] *n* chófer *m*, *(LAm)* chofer *m*.
chau·vin·ism [ˈʃəʊvɪnɪzəm] *n (male ~)* machismo *m*; *(nationalism)* chovinismo *m*, patriotería *f*.
chau·vin·ist [ˈʃəʊvɪnɪst] *n (male ~)* machista *m*, macho *m*; *(nationalist)* chovinista *mf*, patriotero/a *m/f*; **(male) ~ pig** *(fam pej)* machista asqueroso.
cheap [tʃiːp] **1** *adj (low cost: goods, shop)* barato/a; *(reduced: ticket)* económico/a; *(poor quality)* vil, barato/a; *(vulgar, mean: joke, behaviour)* de mal gusto, chabacano/a; **a ~ trick** un juego sucio; **it's ~ at the price** *(fam)* está regalado/a. **2** *adv* barato. **3** *n*: **on the ~** *(fam)* barato/a.
cheap·en [ˈtʃiːpən] *vt*: **to ~ o.s.** rebajarse.
cheap·ly [ˈtʃiːplɪ] *adv (sell etc)* barato, a precio económico.
cheap·skate [ˈtʃiːpskeɪt] *n (fam)* tacaño/a *m/f*.
cheat [tʃiːt] **1** *n (person)* tramposo/a *m/f*; *(at cards)* fullero/a *m/f*; *(fraud)* fraude *m*, estafa *f*; *(trick)* trampa *f*. **2** *vt (swindle)* estafar, timar; *(trick)* burlar, engañar; **to ~ sb out of sth** quitar algo a uno por estafa. **3** *vi* hacer trampa.
check [tʃek] **1** *n* **(a)** *(control, restraint)* freno *m*, control *m*; **to hold** *or* **keep sb in ~** mantener a raya *or* controlar a uno; **to hold o.s. in ~** contenerse; **to act as a ~ on sth** refrenar algo. **(b)** *(Chess)* jaque *m*; **in ~** en jaque; **~!** ¡jaque! **(c)** *(inspection)* control *m*, inspección *f*, *(LAm)* chequeo *m*; **to keep a ~ on sth/sb** controlar algo/a uno. **(d)** *(US: bill)* cuenta *f*. **(e)** *(US: cheque) see* **cheque. (f)** *(pattern)* cuadro *m*; *(square)* cuadrado *m*. **(g)** *(US: tick)* señal *f*, marca *f*; *(: agreed)* ¡de acuerdo!

2 *vt* **(a)** *(halt: spread etc)* parar, detener; *(control)* contener, refrenar; *(hold back: attack)* rechazar; **to ~ o.s.** contenerse, refrenarse. **(b)** *(examine: facts, figures)* comprobar; *(: ticket, passport)* controlar; *(: tyres, oil)* revisar. **(c)** *(US: tick)* señalar, marcar; *(fig)* aprobar.

3 *vi (make sure)* asegurarse, comprobar, *(LAm)* chequear; **to ~ with sb** consultar con uno.
♦ **check in 1** *vi + adv (at airport)* presentarse; *(at hotel)* inscribirse, registrarse. **2** *vt + adv (luggage)* facturar.
♦ **check out 1** *vi + adv (leave hotel)* desocupar su cuarto. **2** *vt + adv (investigate)* investigar, averiguar, *(LAm)* chequear; *(verify)* comprobar.
♦ **check up** *vi + adv (make sure)* asegurarse, comprobar.
♦ **check up on** *vi + prep (story)* comprobar, verificar; *(person)* investigar *or* *(LAm)* chequear.
check·ered [ˈtʃekəd] *adj (US)* = **chequered.**
check·ers [ˈtʃekəz] *npl (US)* juego *m* de damas.
check-in [ˈtʃekɪn] *n (also ~* **desk:** *at airport)* mesa *f* de facturación.
check·ing account [ˈtʃekɪŋəˌkaʊnt] *n (US)* cuenta *f* corriente.
check·mate [ˈtʃekmeɪt] **1** *n (in chess, fig)* mate *m*, jaque *m* mate; **~!** ¡jaque mate! **2** *vt* dar mate *or* jaque mate a; *(fig)* frustrar, desbaratar.
check-out [ˈtʃekaʊt] *n (in supermarket)* caja *f*.
check·point [ˈtʃekˌpɔɪnt] *n (at frontier, in race)* (punto *m* de) control *m*.
check·up [ˈtʃekʌp] *n (Med)* reconocimiento *m* general, chequeo *m*.
ched·dar [ˈtʃedəʳ] *n (also ~* **cheese**) queso *m* cheddar.
cheek [tʃiːk] **1** *n* **(a)** *(Anat)* mejilla *f*, carrillo *m*; *(buttock)* nalga *f*. **(b)** *(fam: impudence)* descaro *m*, frescura *f*; **what a ~!** ¡qué cara tienes! **2** *vt (fam)* ser descarado (con), faltar al respeto a.
cheeky [ˈtʃiːkɪ] *adj* descarado/a, fresco/a.
cheep [tʃiːp] **1** *n (of bird)* pío *m*, gorjeo *m*. **2** *vi* piar, gorjear.
cheer [tʃɪəʳ] **1** *n* viva *m*; *(comfort)* consuelo *m*; **to be of good ~** estar de buen ánimo; **three ~s for the president!** ¡viva el presidente!; **~s** *(applause)* aplausos *mpl*; **~s!** *(toast)* ¡salud!; *(Brit fam: thank you)* gracias *fpl*; *(: goodbye)* hasta luego. **2** *vt* **(a)** *(applaud: winner etc)* aplaudir, vitorear. **(b)** *(also ~* **up:** *gladden)* animar, dar ánimos (a). **3** *vi (shout)* dar vivas; *(applaud)* aplaudir.
♦ **cheer on** *vt + adv (person etc)* animar con aplausos *or* gritos.
♦ **cheer up 1** *vi + adv* animarse, alegrarse; **~ up!** ¡anímate!, ¡ánimo! **2** *vt + adv* = **cheer 2b.**
cheer·ful [ˈtʃɪəfʊl] *adj (happy, bright)* alegre; *(in a good mood)* de buen humor *or* ánimo; *(fire)* acogedor(a); *(news)* alentador(a).
cheerio [ˌtʃɪərɪˈəʊ] *interj (Brit fam)* ¡hasta luego!
cheery [ˈtʃɪərɪ] *adj* alegre, jovial.
cheese [tʃiːz] *n* queso *m*; **say ~!** *(Phot)* ¡di treinta y tres!
cheese·board [ˈtʃiːzbɔːd] *n* tabla *f* del queso.
cheese·cake [ˈtʃiːzkeɪk] *n* pastel *m or (LAm)* pay *m* de queso.
cheese·cloth [ˈtʃiːzklɒθ] *n* estopilla *f*.
chee·tah [ˈtʃiːtə] *n* leopardo *m* cazador.
chef [ʃef] *n (in restaurant)* cocinero *m*.
chemi·cal [ˈkemɪkəl] **1** *adj* químico/a. **2** *n* sustancia *f* química, producto *m* químico.
chem·ist [ˈkemɪst] *n (scientist)* químico/a *m/f*; *(Brit: pharmacist)* farmacéutico/a *m/f*; **~'s (shop)** farmacia *f*.
chem·is·try [ˈkemɪstrɪ] *n* química *f*.
cheque [tʃek] **1** *n (Brit)* cheque *m*; **a ~ for £20** un cheque por 20 libras; **to pay by ~** pagar con cheque. **2:** **~ card** *n* tarjeta *f* de cheque.
cheque·book, (*US*) **check·book** [ˈtʃekbʊk] *n* talonario *m*, *(LAm)* chequera *f*.
cheq·uered [ˈtʃekəd] *adj (cloth etc)* a *or (LAm)* de cuadros; **a ~ career** *(fig)* una carrera accidentada *or* llena de altibajos.
cher·ish [ˈtʃerɪʃ] *vt (person)* querer, apreciar; *(hope etc)* abrigar, acariciar.
cher·ry [ˈtʃerɪ] **1** *n (fruit)* cereza *f*; *(~ tree)* cerezo *m*. **2** *cpd (pie, jam)* de cereza; **~ brandy** *n* aguardiente *m* de cerezas, cazalla *f*; **~ orchard** *n* cerezal *m*; **~ red** *adj* (de) color *m* rojo cereza.
cher·ub [ˈtʃerəb] *n (angel)* querubín *m*.
chess [tʃes] *n* ajedrez *m*.
chess·board [ˈtʃesbɔːd] *n* tablero *m* de ajedrez.
chess·man [ˈtʃesmæn] *n, pl* **-men** pieza *f*, trebejo *m*.
chest [tʃest] **1** *n* **(a)** *(Anat)* pecho *m*; **to get sth off one's ~** *(fam)* desahogarse. **(b)** *(box)* cofre *m*,

arca *f;* ~ **of drawers** cómoda *f.* **2** *cpd (cold, specialist)* de pecho.
chest·nut ['tʃesnʌt] **1** *n (fruit)* castaña *f; (~ tree, colour)* castaño *m.* **2** *adj (hair)* (color) castaño.
chesty ['tʃestɪ] *adj (Brit fam: cough)* congestionado/a.
chew [tʃuː] *vt (food etc)* mascar, masticar.
♦ **chew over** *vt + adv (consider)* rumiar; *(reflect on)* reflexionar sobre.
♦ **chew up** *vt + adv* morder.
chew·ing gum ['tʃuːɪŋgʌm] *n* chicle *m.*
chic [ʃiːk] *adj* elegante, chic.
chick [tʃɪk] *n (baby bird)* pajarito *m; (baby hen)* pollito *m,* polluelo *m.*
chick·en ['tʃɪkɪn] *n (hen)* gallina *f; (cock)* pollo *m; (as food)* pollo; *(fam: coward)* gallina *mf;* **roast ~** pollo asado; **don't count your ~s before they're hatched** *(Prov)* no hagas las cuentas de la lechera.
♦ **chick·en out** *vi + adv (fam)* rajarse, amedrentarse.
chickenpox ['tʃɪkɪn,pɒks] *n* varicela *f.*
chick·pea ['tʃɪkpiː] *n* garbanzo *m.*
chico·ry ['tʃɪkərɪ] *n* achicoria *f,* escarola *f.*
chief [tʃiːf] **1** *adj (principal: reason etc)* principal, mayor; *(in rank)* jefe, de más categoría. **2** *n (of organization)* jefe/a *m/f; (of tribe)* jefe/a, cacique *mf; (fam: boss)* patrón/ona *m/f;* **C~ of Staff** *(Mil)* Jefe del Estado Mayor.
chief·ly ['tʃiːflɪ] *adv* principalmente, sobre todo.
chief·tain ['tʃiːftən] *n (of clan)* jefe/a *m/f,* jerarca *mf, (LAm)* cacique *mf.*
chif·fon ['ʃɪfɒn] **1** *n* gasa *f.* **2** *cpd* de gasa.
chil·blain ['tʃɪlbleɪn] *n* sabañón *m.*
child [tʃaɪld] **1** *n, pl* **chil·dren** niño/a *m/f,* crío/a *m/f; (son/daughter)* hijo/a *m/f; (Jur: non-adult)* menor *mf;* **it's ~'s play** es (un) juego de niños. **2:** ~ **benefit** *n* subsidio *m* infantil; ~ **labour** *n* explotación *f* de menores; ~ **minder** *n* niñera *f.*
child-bearing ['tʃaɪld,bɛərɪŋ] **1** *adj:* **of ~ age** en edad de tener hijos. **2** *n* embarazo *m* y parto.
child·birth ['tʃaɪld,bɜːθ] *n* parto *m;* **to die in ~** morir de sobreparto.
child·hood ['tʃaɪldhʊd] *n* niñez *f,* infancia *f;* **from ~** desde niño/a.
child·ish ['tʃaɪldɪʃ] *adj (pej: remark, attitude)* infantil; **don't be ~!** ¡no seas niño!
child·less ['tʃaɪldlɪs] *adj* sin hijos.
child·like ['tʃaɪldlaɪk] *adj (gen)* de niño/a; **with a ~ faith** con una confianza ingenua.
chil·dren ['tʃɪldrən] *npl of* **child.**
Chile ['tʃɪlɪ] *n* Chile *m.*
Chil·ean ['tʃɪlɪən] *n, adj* chileno/a *m/f.*
chill [tʃɪl] **1** *adj (wind)* frío/a. **2** *n* frío *m; (Med)* resfriado *m, (mild fever)* escalofrío *m;* **there's a ~ in the air** hace fresco; **to catch a ~** *(Med)* resfriarse; **to take the ~ off** *(room)* quitar el frío; *(wine)* dejar que se ponga al tiempo. **3** *vt (wine)* enfriar; *(meat)* refrigerar; **to ~ sb's blood** *(fig)* helarle la sangre en las venas a uno; **to be ~ed to the bone** estar helado hasta los huesos.
chil·li ['tʃɪlɪ] *n (also ~* **pepper**) *(LAm)* chile *m, (RPl)* ají *m.*
chil·ly ['tʃɪlɪ] *adj (weather, room)* frío/a; *(fig: unfriendly: person)* frío/a, antipático/a; *(: look, reception)* poco amistoso/a; **I feel ~** tengo frío.
chime [tʃaɪm] **1** *n (sound of bells)* repique *m; (peal)* campanada *f;* **~s** *(bells)* campanas *fpl; (doorbell)* timbre *m.* **2** *vt (bell)* tocar. **3** *vi* repicar, sonar; **the clock ~d six** el reloj dio las seis.
♦ **chime in** *vi + adv (fam)* intervenir en la conversación.
chim·ney ['tʃɪmnɪ] **1** *n* chimenea *f.* **2:** ~ **pot** *n* tubo *m* de chimenea; ~ **sweep** *n* deshollinador(a) *m/f.*
chim·pan·zee [,tʃɪmpæn'ziː] *n* chimpancé *mf.*
chin [tʃɪn] *n* barbilla *f,* mentón *m, (LAm)* barba *f;* **(keep your) ~ up!** *(fam)* ¡no te desanimes!
chi·na ['tʃaɪnə] **1** *n (crockery)* loza *f,* vajilla *f; (porcelain)* porcelana *f,* china *f.* **2** *cpd* de porcelana.
Chi·na ['tʃaɪnə] *n* China *f.*
Chi·nese [,tʃaɪ'niːz] **1** *adj* chino/a. **2** *n* **(a)** *(language)* chino *m.* **(b) the ~** *(people)* los chinos.
chink[1] [tʃɪŋk] *n (slit: in wall)* grieta *f,* hendedura *f; (: in door)* resquicio *m;* **a ~ of light** un hilo de luz.
chink[2] [tʃɪŋk] **1** *n (sound)* sonido *m* metálico, tintineo *m.* **2** *vt* hacer sonar. **3** *vi* sonar (a metal), tintinear.
chintz [tʃɪnts] *n* zaraza *f.*
chip [tʃɪp] **1** *n* **(a)** *(piece)* pedacito *m; (splinter: glass, wood)* astilla *f; (: stone)* lasca *f;* **he's a ~ off the old block** *(fig)* de tal palo tal astilla; **to have a ~ on one's shoulder** estar siempre mosca, ser un resentido. **(b)** *(Culin)* **~s** *(Brit: French fries)* patatas *fpl* fritas, *(LAm)* papas *fpl* fritas; *(US: crisps)* patatas (fritas) a la inglesa. **(c)** *(in crockery)* desconchado *m; (in furniture)* desportilladura *f.* **(d)** *(in gambling)* ficha *f;* **he's had his ~s** *(fam)* se le acabó la suerte; **when the ~s are down** en el momento de la verdad. **(e)** *(micro~)* microchip *m.*

2 *vt (cup, plate)* desconchar; *(furniture)* desportillar; *(paint, varnish)* desconchar, desprender.

3 *vi (pottery etc)* desconcharse.
♦ **chip in** *vi + adv (fam: contribute)* contribuir; *(: share costs)* compartir los gastos; *(: interrupt)* cortar, interrumpir.
♦ **chip off** **1** *vi + adv (paint etc)* desconcharse, desprenderse (en escamas). **2** *vt + adv (paint etc)* desconchar, desprender.
chip·board ['tʃɪpbɔːd] *n* madera *f* aglomerada.
chip·munk ['tʃɪpmʌŋk] *n* ardilla *f* listada.
chi·ropo·dist [kɪ'rɒpədɪst] *n* pedicuro *mf,* callista *mf.*
chi·ropo·dy [kɪ'rɒpədɪ] *n* pedicura *f.*
chirp [tʃɜːp] **1** *n (of birds)* pío *m,* gorjeo *m; (of crickets)* chirrido *m.* **2** *vi (birds)* piar, gorjear; *(crickets)* chirriar.
chir·rup ['tʃɪrəp] *n, vi see* **chirp.**
chis·el ['tʃɪzl] **1** *n (for wood)* formón *m,* escoplo *m; (for stone)* cincel *m.* **2** *vt (pt, pp* (*Brit*) **-led,** (*US*) **-ed)** *(also ~* **out)** escoplear; *(stone)* cincelar; *(carve)* tallar, labrar.
chit [tʃɪt] *n (note)* vale *m.*
chiv·al·rous ['ʃɪvəlrəs] *adj* caballeroso/a.
chiv·al·ry ['ʃɪvəlrɪ] *n (courteousness)* caballerosidad *f; (medieval concept)* caballería *f.*
chives ['tʃaɪvz] *npl* cebollinos *mpl.*
chlo·ride ['klɔːraɪd] *n* cloruro *m.*
chlo·rin·ate ['klɒrɪneɪt] *vt* clorinar.
chlo·rine ['klɔːriːn] *n* cloro *m.*
chlo·ro·form ['klɒrəfɔːm] *n* cloroformo *m.*
chlo·ro·phyll ['klɒrəfɪl] *n* clorofila *f.*
choc-ice ['tʃɒkeɪs] *n (Brit)* helado *m* cubierto de chocolate.
chock [tʃɒk] *n (wedge)* calzo *m,* cuña *f.*
chock-a-block [,tʃɒkə'blɒk] *adj (fam)* de bote en bote, hasta los topes.
chock-full [tʃɒk'fʊl] *adj (fam)* atestado/a, lleno/a a rebosar.
choco·late ['tʃɒklɪt] **1** *n* chocolate *m; (individual sweet)* bombón *m;* **hot** *or* **drinking ~** chocolate caliente. **2** *adj (biscuit, cake, egg)* de chocolate, chocolateado/a; *(colour, paint)* (de color) chocolate.
choice [tʃɔɪs] **1** *adj (selected)* selecto/a, escogido/a;

(high quality) de primera calidad; *(hum: example, remark)* apropiado/a, oportuno/a; *(: language)* fino/a.

2 *n (act of choosing)* elección *f*, selección *f*; *(right to choose)* opción *f*; *(thing chosen)* preferencia *f*, elección *f*; *(variety)* surtido *m*; *(options)* opciones *fpl*; **I did it from ~** lo hice de buena gana; **a wide ~** un gran surtido; **he had no ~ but to go** no tuvo más remedio que ir; **he gave me 2 ~s** me dio a elegir entre dos opciones; **take your ~!** ¡elija Ud!, ¡escoja Ud!

choir ['kwaɪəʳ] *n* coro *m*, coral *f*; *(Archit)* coro.

choir·boy ['kwaɪəbɔɪ] *n* corista *m*, niño *m* de coro.

choke [tʃəʊk] **1** *n (Aut)* aire *m*, *(Mex)* ahogador *m*, *(LAm)* chok(e) *m*. **2** *vt (person)* ahogar, sofocar; *(to death)* estrangular; *(also* **~ up**: *pipe etc)* atascar, obstruir; **in a voice ~d with emotion** con una voz ahogada *or* sofocada por la emoción. **3** *vi (person)* sofocarse; **to ~ on a fishbone** atragantarse con una espina.

♦ **choke back** *vt + adv (tears)* tragarse; *(feelings)* ahogar.

chok·er ['tʃəʊkəʳ] *n (necklace)* gargantilla *f*.

chol·era ['kɒlərə] *n* cólera *m*.

cho·les·ter·ol [kɒ'lestərəl] *n* colesterol *m*.

choose [tʃu:z] *pt* **chose**, *pp* **chosen 1** *vt (gen)* elegir, escoger; *(select: team)* seleccionar; **to ~ to do sth** optar por hacer algo. **2** *vi* elegir, escoger *(between* entre); **there is nothing to ~ between them** vale tanto el uno como el otro, no les veo la diferencia; **there are several to ~ from** hay varios a elegir; **as/when I ~** como/cuando me dé la gana *or (LAm)* me parezca.

choosy ['tʃu:zɪ] *adj* **(-ier, -iest)** *(fam: gen)* remilgado/a; *(: about food)* delicado/a; *(: touchy)* quisquilloso/a.

chop[1] [tʃɒp] **1** *n* **(a)** *(blow)* golpe *m* cortante; *(cut)* tajo *m*; **to get the ~** *(fam: project)* ser rechazado *or* desechado; *(: person: be sacked)* ser despedido. **(b)** *(Culin)* chuleta *f*. **2** *vt (wood)* cortar, talar; *(meat, vegetables)* picar.

♦ **chop down** *vt + adv (tree)* talar.

♦ **chop off** *vt + adv* cortar de un tajo; **they ~ed off his head** lo degollaron.

chop[2] [tʃɒp] *vi*: **to ~ and change** cambiar constantemente de opinión.

chop·per ['tʃɒpəʳ] *n (of butcher)* tajadera *f*, cuchilla *f*; *(axe)* hacha *f*; *(Aer fam: helicopter)* helicóptero *m*.

chop·ping ['tʃɒpɪŋ] : **~ board** *n* tajo *m*; **~ knife** *n* tajadera *f*, cuchilla *f*.

chop·py ['tʃɒpɪ] *adj* **(-ier, -iest)** *(sea, weather)* picado/a, agitado/a.

chop·sticks ['tʃɒpstɪks] *npl* palillos *mpl*.

cho·ral ['kɔ:rəl] *adj* coral; **~ society** orfeón *m*.

chord [kɔ:d] *n* **(a)** *(Mus)* acorde *m*; **to strike a ~** *(fig)* sonarle (algo a uno); **to touch the right ~** *(fig)* despertar emociones. **(b)** *(Math)* cuerda *f*.

chore [tʃɔ:ʳ] *n* faena *f*, tarea *f*; *(pej)* tarea rutinaria; **to do the ~s** hacer los quehaceres domésticos.

cho·reo·gra·pher [,kɒrɪ'ɒgrəfəʳ] *n* coreógrafo/a *m/f*.

cho·reo·gra·phy [,kɒrɪ'ɒgrəfɪ] *n* coreografía *f*.

chor·tle ['tʃɔ:tl] *vi* reírse alegremente; **to ~ over sth** reírse satisfecho por algo.

cho·rus ['kɔ:rəs] **1** *n* **(a)** *(of singers)* coro *m*; *(in musical)* conjunto *m*; *(of play)* coro; **in ~** en coro, a coro. **(b)** *(refrain)* estribillo *m*. **2** *vt (speak in unison)* hablar en coro. **3**: **~ girl** *n* corista *f*, *(LAm)* vedette *f*.

chose [tʃəʊz] *pt of* **choose**.

cho·sen ['tʃəʊzn] **1** *pp of* **choose**. **2** *adj*: **the C~ (People)** el pueblo elegido.

chow·der ['tʃaʊdəʳ] *n (US)* sopa *f* de pescado.

Christ [kraɪst] *n* Cristo *m*; **~!** *(fam!)* ¡por Diós!, *(LAm)* ¡carajo!

chris·ten ['krɪsn] *vt (Rel)* bautizar; *(name)* poner nombre a; **they ~ed him Jack after his uncle** le pusieron Jack como su tío.

chris·ten·ing ['krɪsnɪŋ] *n* bautizo *m*.

Chris·tian ['krɪstɪən] **1** *adj (religion etc)* cristiano/a; **~ name** nombre *m* de pila. **2** *n* cristiano/a *m/f*.

Chris·tian·ity [,krɪstɪ'ænɪtɪ] *n* cristianismo *m*.

Christ·mas ['krɪsməs] **1** *n* Navidad *f*; *(season)* Navidades *fpl*; **at ~** en Navidad, por Navidades; **happy** *or* **merry ~!** ¡Felices Pascuas!; **Father ~** Papá Noel. **2** *cpd* de Navidad, navideño/a; **~ card** *n* crismas *m inv*, tarjeta *f* de Navidad; **~ Day** *n* día *f* de Navidad; **~ Eve** *n* Nochebuena *f*.

Christ·mas·time ['krɪsməs,taɪm] *n* Navidades *fpl*.

chro·mat·ic [krə'mætɪk] *adj (Mus, Tech)* cromático/a.

chrome [krəʊm] *n* cromo *m*.

chro·mium ['krəʊmɪəm] *n* cromo *m*.

chro·mo·some ['krəʊməsəʊm] *n* cromosoma *m*.

chron·ic ['krɒnɪk] *adj (invalid, disease)* crónico/a; *(fig: smoker)* empedernido/a; *(: liar)* irredimible; *(fam: weather, person)* horrible, malísimo/a.

chroni·cle ['krɒnɪkl] *n* crónica *f*.

chrono·logi·cal [,krɒnə'lɒdʒɪkəl] *adj* cronológico/a; **in ~ order** por orden cronológico.

chro·nol·ogy [krə'nɒlədʒɪ] *n* cronología *f*.

chrysa·lis ['krɪsəlɪs] *n (Bio)* crisálida *f*.

chry·san·themum [krɪ'sænθəməm] *n* crisantemo *m*.

chub·by ['tʃʌbɪ] *adj (baby, hands)* rechoncho/a, regordete/a; *(face, cheeks)* mofletudo/a.

chuck [tʃʌk] *vt (fam)* **(a)** *(also* **~ away**) tirar, *(LAm)* botar; *(money)* despilfarrar; *(chance)* desperdiciar. **(b)** *(throw)* lanzar, *(LAm)* echar. **(c)** *(also* **~ up, ~ in**) abandonar, renunciar a; **I'm thinking of ~ing it up** *(fam)* estoy pensando en mandarlo a paseo.

♦ **chuck out** *vt + adv (person)* echar (fuera); *(thing)* tirar, *(LAm)* botar.

chuck·le ['tʃʌkl] **1** *n* risita *f*, risa *f* sofocada. **2** *vi* reírse entre dientes, soltar una risita; **to ~ at** *or* **over** reírse con.

chuffed [tʃʌft] *adj (Brit fam: proud)* satisfecho/a, orgulloso/a.

chug [tʃʌg] *vi* **(a)** *(steam engine)* resoplar; *(motor)* traquetear. **(b)** *(move: also* **~ along**) ir despacio; *(: fig)* ir tirando.

chum [tʃʌm] *n (fam)* compinche *mf*, compañero/a *m/f*, *(Mex)* cuate *mf*, *(Per)* pata *mf*.

chump [tʃʌmp] *n (fam: idiot)* tonto/a *m/f*.

chunk [tʃʌŋk] *n* pedazo *m*, trozo *m*.

chunky ['tʃʌŋkɪ] *adj* **(-ier, -iest)** *(furniture, mug)* achaparrado/a; *(knitwear)* grueso/a, de lana espesa; *(person)* fornido/a.

church [tʃɜ:tʃ] **1** *n (gen)* iglesia *f*; *(Protestant)* templo *m*; *(service: Catholic)* misa *f*; *(: Protestant)* oficio *m*; **the C~** *(institution)* la Iglesia; **the C~ of England** la Iglesia Anglicana; **to go to ~** *(Catholic)* ir a misa; *(Protestant)* ir al oficio; **after ~** después del oficio *or* de la misa; **to enter the C~** hacerse cura *or (Protestant)* pastor. **2** *cpd (doctrine)* de la Iglesia; **~ music** *n* música *f* sacra *or* religiosa.

church·goer ['tʃɜ:tʃ,gəʊəʳ] *n* fiel *mf*.

church·yard ['tʃɜ:tʃjɑ:d] *n* cementerio *m*, campo *m* santo.

churl·ish ['tʃɜ:lɪʃ] *adj (rude)* grosero/a; *(mean)* tacaño/a.

churn [tʃɜ:n] **1** *n (for butter)* mantequera *f*; *(Brit: for milk)* lechera *f*. **2** *vt (butter)* batir *or* hacer en una mantequera; *(fig: also ~* **up:** *sea, mud)* revolver, agitar. **3** *vi (sea)* revolverse, agitarse; **her stomach was ~ing** se le revolvía el estómago.

♦ **churn out** *vt + adv (pej: poetry, books)* producir en serie.

chute [ʃuːt] *n (for rubbish)* vertedero *m; (in playground, swimming pool)* tobogán *m.*

chut·ney ['tʃʌtnɪ] *n* salsa *f* picante.

ci·ca·da [sɪ'kɑːdə] *n* cigarra *f.*

CIA *(US) abbr of* **Central Intelligence Agency** Agencia *f* Central de Inteligencia.

CID *(Brit) abbr of* **Criminal Investigation Department.**

ci·der ['saɪdə^r] *n* sidra *f.*

ci·gar [sɪ'gɑː^r] *n* puro *m.*

ciga·rette [ˌsɪgə'ret] **1** *n* cigarrillo *m,* pitillo *m, (LAm)* cigarro *m.* **2:** ~ **case** *n* pitillera *f, (LAm)* cigarrera *f;* ~ **end** *n* colilla *f;* ~ **lighter** *n* mechero *m,* encendedor *m.*

cinch [sɪntʃ] *n (fam)* **it's a** ~ *(easy thing)* está tirado, es pan comido; *(sure thing)* es cosa segura.

cin·der ['sɪndə^r] **1** *n* carbonilla *f;* ~**s** cenizas *fpl;* **to be burned to a** ~ *(fig: food etc)* quedar carbonizado. **2:** ~ **track** *n (Sport)* pista *f* de ceniza.

Cin·der·el·la [ˌsɪndə'relə] *n* Cenicienta *f.*

cine-cam·era ['sɪnɪˌkæmərə] *n (Brit)* cámara *f* cinematográfica.

cin·ema ['sɪnəmə] *n (gen)* cine *m;* **the silent/talking** ~ cine mudo/sonoro.

cin·na·mon ['sɪnəmən] *n (spice)* canela *f.*

ci·pher ['saɪfə^r] *n (code)* clave *f,* cifra *f; (Math)* cero *m;* **in** ~ en clave; *(written in ~)* cifrado/a.

cir·cle ['sɜːkl] **1** *n (gen, friends etc)* círculo *m; (in theatre)* anfiteatro *m;* **to stand in a** ~ formar un círculo; **she moves in wealthy ~s** frecuenta la buena sociedad; **the family** ~ el núcleo familiar; **to come full** ~ *(fig)* volver al punto de partida; **to go round in ~s** *(fam)* dar vueltas sobre lo mismo, repetirse; *see* **vicious.**

2 *vt (surround)* cercar, rodear; *(move round)* girar alrededor de, dar la vuelta a; *(draw round)* poner un círculo alrededor de, rodear con un círculo *or* redondel.

cir·cuit ['sɜːkɪt] *n (route)* circuito *m; (course)* recorrido *m; (long way round)* rodeo *m; (Jur)* distrito *m; (Cine)* cadena *f; (sports track)* pista *f; (Aut)* circuito *m; (Elec)* circuito; **short** ~ cortocircuito *m.*

cir·cui·tous [sɜː'kjʊɪtəs] *adj (road, route)* indirecto/a; *(method, means)* tortuoso/a, solapado/a.

cir·cul·ar ['sɜːkjʊlə^r] **1** *adj (shape, object)* circular, redondo/a; ~ **motion** movimiento *m* circular; ~ **tour** gira *f,* circuito *m;* ~ **saw** sierra *f* circular. **2** *n (in firm)* circular *f; (advertisement)* anuncio *m;* panfleto *m.*

cir·cu·lar·ize ['sɜːkjʊləraɪz] *vt (firm, person)* enviar circulares a.

cir·cu·late ['sɜːkjʊleɪt] **1** *vi (water, blood)* circular, correr; *(money)* poner en circulación; *(traffic)* circular; *(news)* divulgarse; *(rumour)* correr; *(person, socially)* moverse, alternar. **2** *vt (news etc)* divulgar.

cir·cu·la·tion [ˌsɜːkjʊ'leɪʃən] *n (gen)* circulación *f;* **she has poor** ~ *(Med)* tiene mala circulación; **to withdraw sth from** ~ retirar algo de la circulación; **he's back in** ~ *(fam)* se está dejando ver otra vez.

cir·cum·cise ['sɜːkəmsaɪz] *vt* circuncidar.

cir·cum·ci·sion [ˌsɜːkəm'sɪʒən] *n* circuncisión *f.*

cir·cum·fer·ence [sə'kʌmfərəns] *n* circunferencia *f.*

cir·cum·flex ['sɜːkəmfleks] *n* circunflejo *m.*

cir·cum·scribe ['sɜːkəmskraɪb] *vt (lit)* circunscribir; *(fig: limit)* limitar, restringir.

cir·cum·spect ['sɜːkəmspekt] *adj* circunspecto/a, prudente.

cir·cum·stance ['sɜːkəmstəns] *n (usu pl)* circunstancia *f;* **in the ~s** en *or* dadas las circunstancias; **under no ~s** de ninguna manera, bajo ningún concepto; **to be in easy/poor ~s** estar en buena/mala situación económica.

cir·cum·stan·tial [ˌsɜːkəm'stænʃəl] *adj (report, statement)* detallado/a, circunstanciado/a; ~ **evidence** pruebas *fpl* indiciarias.

cir·cum·vent [ˌsɜːkəm'vent] *vt (law, rule)* burlar.

cir·cus ['sɜːkəs] *n (entertainment)* circo *m; (in place names)* plaza *f, (LAm)* glorieta *f.*

cir·rho·sis [sɪ'rəʊsɪs] *n* cirrosis *f.*

cis·sy ['sɪsɪ] *n* mariquita *m.*

cis·tern ['sɪstən] *n (of WC)* cisterna *f; (tank)* depósito *m.*

cita·del ['sɪtədl] *n* ciudadela *f.*

cite [saɪt] *vt (quote)* citar; **he was ~d to appear in court** *(Jur)* lo citaron para que se presentara en el tribunal de justicia.

citi·zen ['sɪtɪzn] *n (of state)* ciudadano/a *m/f,* súbdito/a *m/f; (of city)* habitante *mf,* vecino/a *m/f.*

citi·zen·ship ['sɪtɪznʃɪp] *n* ciudadanía *f.*

cit·ric ['sɪtrɪk] *adj:* ~ **acid** ácido *m* cítrico.

cit·rus ['sɪtrəs] **1** *n* cidro *m.* **2:** ~ **fruits** *npl* agrios *mpl.*

city ['sɪtɪ] **1** *n* ciudad *f;* **the C~** *(Fin)* La City, el centro financiero de Londres. **2:** ~ **centre** *n* centro *m* de la ciudad; ~ **dweller** *n* habitante *mf* de una ciudad; ~ **page** *n (Fin)* sección *f* de información financiera; ~ **slicker** *n (pej fam)* capitalino/a *m/f.*

civ·ic ['sɪvɪk] *adj (rights, duty)* cívico/a; *(authorities)* municipal; ~ **centre** *(Brit)* conjunto *m* de edificios municipales.

civ·il ['sɪvl] **1** *adj* **(a)** *(of society)* civil. **(b)** *(polite)* cortés/esa, atento/a. **2:** ~ **defence** *n* defensa *f* civil; ~ **disobedience** *n* resistencia *f* pasiva; ~ **engineering** *n* ingeniería *f* civil; ~ **liberties,** ~ **rights** *npl* derechos *mpl* civiles; ~ **rights movement** *n* movimiento *m* pro derechos civiles; ~ **servant** *n* funcionario/a *m/f* del Estado; ~ **service** *n* administración *f* pública.

ci·vil·ian [sɪ'vɪlɪən] **1** *adj* civil; *(clothes)* de paisano. **2** *n* civil *mf,* paisano/a *m/f.*

ci·vil·ity [sɪ'vɪlɪtɪ] *n (politeness)* cortesía *f,* amabilidad *f; (usu pl: polite remark)* cortesía *f,* cumplido *m.*

civi·li·za·tion [ˌsɪvɪlaɪ'zeɪʃən] *n* civilización *f.*

civi·lize ['sɪvɪlaɪz] *vt* civilizar.

civi·lized ['sɪvɪlaɪzd] *adj* civilizado/a.

clad [klæd] *adj* vestido/a (*in* de).

claim [kleɪm] **1** *n* **(a)** *(to title, for expenses, damages)* reclamación *f; (for rights, wages)* reivindicación *f; (demand)* exigencia *f; (Jur)* demanda *f,* petición *f;* **there are many ~s on my time** debo responder a muchas exigencias; **to lay ~ to sth** reclamar algo; **to put in a ~ for sth** entablar demanda de algo. **(b)** *(assertion)* afirmación *f,* declaración *f;* **I make no ~ to be infallible** no pretendo ser infalible.

2 *vt* **(a)** *(rights, territory)* reivindicar; *(expenses, damages)* reclamar, exigir; *(lost property)* reclamar; **something else ~ed her attention** otra cosa le llamó la atención. **(b)** *(assert)* pretender ser *or* tener; **he ~s to have seen her** afirma haberla visto; **to ~ that ...** sostener que ..., afirmar que ... .

3: ~ **form** *n (for benefit)* solicitud *f; (for expenses)* reclamación *f.*

claim·ant ['kleɪmənt] *n (in court)* demandante *mf;*

(to social benefit) solicitante *mf; (to throne etc)* pretendiente *mf.*

clair·voy·ant [klɛəˈvɔɪənt] *adj, n* clarividente *mf,* vidente *mf.*

clam [klæm] *n* almeja *f.*

♦ **clam up** *vi + adv (fam)* cerrar el pico, no decir ni pío.

clam·ber [ˈklæmbəʳ] *vi* trepar, subir gateando *(over* sobre, *up* a).

clam·my [ˈklæmɪ] *adj* (**-ier, -iest**) *(damp)* frío/a y húmedo/a; *(sticky)* pegajoso/a.

clam·our, *(US)* **cla·mor** [ˈklæməʳ] **1** *n (noise)* clamor *m,* clamoreo *m; (protest)* reclamación *f,* protesta *f.* **2** *vi:* **to ~ for sth** clamar por algo, pedir algo a voces.

clamp [klæmp] **1** *n (brace)* abrazadera *f; (laboratory ~)* grapa *f; (on bench)* cárcel *f.* **2** *vt* afianzar *or* sujetar con abrazadera/grapa/cárcel.

♦ **clamp down** *vi + adv (fig)* **to ~ down (on)** *(suppress)* suprimir, reprimir; *(cut back)* limitar, poner frenos (a).

clan [klæn] *n* clan *m.*

clan·des·tine [klænˈdestɪn] *adj* clandestino/a.

clang [klæŋ] **1** *n* ruido *m* metálico fuerte, estruendo *m.* **2** *vi* sonar, hacer estruendo; **the gate ~ed shut** se cerró la puerta con un ruido de metal.

clang·er [ˈklæŋəʳ] *n (fam)* plancha *f, (LAm)* metida *f* de pata; **to drop a ~** tirarse una plancha, *(LAm)* meter la pata.

clank [ˈklæŋk] **1** *n* sonido *m* metálico seco, golpeo *m* metálico. **2** *vi* sonar, rechinar metálico.

clap [klæp] **1** *n (on shoulder, sound)* palmoteo *m; (of the hands)* palmada *f; (usu pl: applause)* aplauso *m;* **a ~ of thunder** un trueno; **the ~** *(fam)* gonorrea *f.* **2** *vt (applaud)* aplaudir; **to ~ one's hands** dar palmadas, batir las palmas; **to ~ a hand over sb's mouth** tapar a uno la boca con la mano; **they ~ped him in prison** *(fam)* lo echaron a la cárcel. **3** *vi (applaud)* aplaudir.

clap·per [ˈklæpəʳ] *n (of bell)* badajo *m; (Cine)* claqueta *f;* **to run like the ~s** *(Brit fam)* correr como loco.

clap·ping [ˈklæpɪŋ] *n (applause)* aplausos *mpl; (sound of hands)* palmoteo *m.*

clap·trap [ˈklæptræp] *n (pej fam)* farfulla *f,* faramalla *f.*

clar·et [ˈklærət] *n* clarete *m.*

clari·fi·ca·tion [ˌklærɪfɪˈkeɪʃən] *n* aclaración *f.*

clari·fy [ˈklærɪfaɪ] *vt (statement etc)* aclarar, clarificar.

clari·net [ˌklærɪˈnet] *n* clarinete *m.*

clar·ity [ˈklærɪtɪ] *n* claridad *f.*

clash [klæʃ] **1** *n* **(a)** *(noise)* estruendo *m; (of cymbals)* ruido *m* metálico. **(b)** *(Mil, conflict)* choque *m; (confrontation)* enfrentamiento *m; (of personalities)* choque, encuentro *m; (of interests)* conflicto *m; (of dates, programmes)* coincidencia *f; (of colours)* desentono *m;* **a ~ with the police** un choque *or* un enfrentamiento con la policía; **a ~ of wills** un conflicto *or* una lucha de voluntades.

2 *vt (cymbals, swords)* golpear.

3 *vi (personalities, interests)* oponerse, chocar; *(colours)* desentonar; *(dates, events)* coincidir; *(disagree)* estar en desacuerdo; *(argue)* pelear; *(Mil)* encontrarse *or* enfrentarse *(with* con).

clasp [klɑːsp] **1** *n (fastener: on brooch, necklace)* cierre *m; (of bolt etc)* broche *m.* **2** *vt (take hold of)* agarrar; *(embrace)* abrazar; *(hold hands)* apretar; **to ~ one's hands (together)** juntar las manos; **to ~ sb's hands** apretar *or* estrechar las manos a uno.

class [klɑːs] **1** *n (gen)* clase *f; (category)* categoría *f; (Bio)* familia *f,* grupo *m;* **to have ~** *(fam)* tener clase; **~ struggle** lucha *f* de clases; **ruling/middle/working ~** clase dirigente/media/obrera; **in a ~ of one's own** sin par *or* igual; **the ~ of 82** la promoción del 82. **2: ~ distinction** *n (Sociol)* distinción *f or* diferencia *f* de clase; **~ war(fare)** *n (Sociol)* lucha *f* de clases. **3** *vt:* **to ~ sb as sth** clasificar a uno de algo.

class-conscious [ˈklɑːsˌkɒnʃəs] *adj* clasista, con conciencia de clase.

clas·sic [ˈklæsɪk] **1** *adj* clásico/a. **2** *n (book, play)* clásico/a *m/f;* **~s** *(Univ)* clásicas.

clas·si·cal [ˈklæsɪkəl] *adj (gen)* clásico/a; **~ music** música *f* clásica; **~ scholar** erudito/a *m/f* en clásicas.

clas·si·fi·ca·tion [ˌklæsɪfɪˈkeɪʃən] *n* clasificación *f.*

clas·si·fied [ˈklæsɪfaɪd] *adj:* **~ advertisement** anuncio *m* por palabras *or* económico; **~ information** información *f* reservada; **late night ~** últimas noticias con los resultados del fútbol.

clas·si·fy [ˈklæsɪfaɪ] *vt* clasificar.

class·room [ˈklɑːsrʊm] *n* aula *f,* clase *f.*

classy [ˈklɑːsɪ] *adj* (**-ier, -iest**) *(fam)* elegante, de buen tono.

clat·ter [ˈklætəʳ] **1** *n (of plates)* estrépito *m; (loud noise)* estruendo *m; (of hooves)* trápala *f.* **2** *vi (metal object etc)* hacer estrépito *or* estruendo; *(hooves)* trapalear; **to ~ in/out** entrar/salir estrepitosamente.

clause [klɔːz] *n (Ling)* oración *f; (in contract, law)* cláusula *f; (in will)* disposición *f.*

claus·tro·pho·bia [ˌklɔːstrəˈfəʊbɪə] *n* claustrofobia *f.*

claus·tro·pho·bic [ˌklɔːstrəˈfəʊbɪk] *adj (room, atmosphere)* claustrofóbico/a.

claw [klɔː] **1** *n (Zool: of cat, bird etc)* garra *f; (of lobster)* pinza *f.* **2** *vt* arañar; **to ~ sth to shreds** desgarrar algo completamente, hacer algo trizas. **3** *vi:* **to ~ at** arañar.

clay [kleɪ] **1** *n* arcilla *f, (LAm)* barro *m.* **2: ~ pigeon shooting** *n* tiro *m* al pichón; **~ pipe** *n* albero *m.*

clean [kliːn] **1** *adj (not dirty)* limpio/a; *(new, fresh: sheets, page)* nuevo/a; *(not indecent: joke, film)* decente; *(smooth, even: outline, movement)* bien proporcionado/a; *(: break, cut)* limpio/a; *(fair: fight)* limpio/a; **to make a ~ sweep** *(complete change)* hacer tabla rasa, hacer punto y aparte; *(win everything)* ganárselas todas; **to make a ~ sweep of the votes** acaparar todos los votos, barrer; **they gave him a ~ bill of health** le dieron de alta; **to make a ~ breast of sth** confesarlo todo; **a ~ driving licence** un carnet de conducir sin mella.

2 *adv:* **he ~ forgot** lo olvidó por completo; **he got ~ away** se escapó sin dejar rastro; **it went ~ through the window** entró por la ventana de un golpe; **to come ~** *(fam)* confesarlo todo, desembuchar; **I'm ~ out of them** no me queda ni uno.

3 *n* limpieza *f, (LAm)* aseo *m; (wash)* lavado *m.*

4 *vt (room, clothes, carpet)* limpiar, asear; *(vegetables, clothes)* lavar; *(blackboard)* borrar; *(shoes)* limpiar; *(brush)* cepillar; *(fish, poultry)* vaciar; *(wound, cut)* desinfectar; **to ~ one's teeth** lavarse los dientes; **to ~ the windows** limpiar las ventanas.

♦ **clean off** *vt + adv (dirt, rust)* limpiar.

♦ **clean out** *vt + adv (room, cupboard)* vaciar; *(fig: leave penniless)* dejar limpio/a *or (LAm)* pelado/a.

♦ **clean up 1** *vt + adv (room, mess)* limpiar, asear; *(fig: city, television etc)* limpiar, quitar lo indecente de; **to ~ o.s. up** lavarse, ponerse decente. **2** *vi + adv* limpiar; *(fig: make profit)* sacar provecho

(*on* de).
clean·er ['kli:nə^r] *n (person)* asistente/a *m/f; (substance)* limpiador *m;* **~'s (shop)** tintorería *f;* **vacuum ~** aspiradora *f.*
cleaning ['kli:nıŋ] **1** *n* limpieza *f, (LAm)* aseo *m;* **to do the ~** hacer la limpieza *or* el aseo. **2: ~ lady** *n* señora *f* de la limpieza *or* del aseo.
clean·li·ness ['klenlınıs] *n* limpieza *f.*
clean·ly ['kli:nlı] *adv (evenly)* limpiamente, finamente.
clean·ness ['kli:nnıs] *n (gen)* limpieza *f.*
cleanse [klenz] *vt (skin)* limpiar; *(fig: soul etc)* purificar.
cleans·er ['klenzə^r] *n (detergent)* detergente *m; (disinfectant)* desinfectante *m; (cosmetic)* loción *f or* crema *f* limpiadora.
clean-shaven [,kli:n'ʃeıvn] *adj (beardless)* sin barba; *(smooth-faced)* lampiño.
clear [klıə^r] **1** *adj* **(a)** *(water, glass)* claro/a, transparente; *(sky, weather)* despejado/a; *(air)* puro/a; *(complexion)* terso/a; *(photograph, outline)* claro/a, preciso/a; *(conscience)* limpio/a, tranquilo/a; **on a ~ day** en un día despejado. **(b)** *(distinct: sound, impression)* claro/a; *(easily understood: meaning, explanation)* claro/a, sencillo/a; *(obvious: motive, consequence)* evidente; *(certain: understanding, proof)* seguro/a, cierto/a; **a ~ thinker** una mente lúcida *or* despejada; **a ~ case of murder** un caso evidente de homicidio; **to make o.s. ~** no dejar lugar a dudas; **to make it ~ that ...** dejar algo claro/a *or* bien sentado/a; **it is (absolutely) ~ to me that ...** no me cabe (la menor) duda de que ...; **as ~ as day** más claro que el agua. **(c) a ~ profit** una ganancia neta; **a ~ majority** una mayoría absoluta; **three ~ days** tres días enteros; **a ~ winner** un ganador absoluto; **to win by a ~ head** ganar por una cabeza larga. **(d)** *(free: road, space)* libre; **we had a ~ view** teníamos una vista clara; **to be ~ of sth/sb** estar libre de algo/uno; **all ~!** ¡vía libre!, ¡adelante!

2 *adv* **(a)** *see* **loud. (b)** *(completely)* **he jumped ~ across the river** atravesó el río por completo de un salto; **you could hear it ~ across the valley** se oía desde el otro lado del valle. **(c) to keep ~ of sb/sth** evitar a uno/algo, mantenerse alejado/a de uno/algo; **to stand ~ of sth** mantenerse a distancia de algo; **stand ~ of the doors!** ¡aléjense de las puertas!

3 *n:* **to be in the ~** *(out of debt)* estar libre de deudas; *(free of suspicion)* quedar fuera de toda sospecha; *(free of danger)* estar fuera de peligro.

4 *vt* **(a)** *(place, surface)* despejar; *(road, railway track)* dejar libre; *(site, woodland)* desmontar; *(pipe)* desatascar, desobstruir; *(Med: blood)* restablecer la circulación (de); **to ~ a space for sth/sb** hacer sitio para algo/uno; **to ~ the table** recoger *or* levantar la mesa; **to ~ one's throat** carraspear, aclarar la voz; **to ~ the air** *(fig)* aclarar las cosas; **to ~ one's conscience** descargar la conciencia; **to ~ sth of sth** despejar algo de algo. **(b)** *(get over: fence etc)* salvar, saltar por encima de; *(get past: rocks etc)* pasar sin tocar, esquivar; **to ~ 2 metres** saltar dos metros. **(c)** *(declare innocent etc: person)* absolver, probar la inocencia de; *(get permission for)* **to ~ sth (with sb)** solicitar la aprobación de algo (con uno); **he was ~ed of murder** fue absuelto de asesinato; **to ~ o.s.** probar su (propia) inocencia; **to ~ a cheque** *(accept)* aceptar *or* dar el visto bueno a un cheque; *(double check)* comprobar *or* compensar un cheque. **(d)** *(Comm etc: debt)* liquidar, saldar; *(: profit)* sacar (una ganancia de); *(: goods etc)* liquidar, deshacerse de.

5 *vi (weather: also* **~ up**) despejarse; *(smoke, fog)* esfumarse.
♦ **clear off 1** *vt + adv (debt)* liquidar, saldar. **2** *vi + adv (fam: leave)* marcharse, *(LAm)* largarse.
♦ **clear out 1** *vt + adv (room)* limpiar; *(cupboard)* vaciar. **2** *vi + adv* = **clear off 2.**
♦ **clear up 1** *vt + adv* **(a)** *(matter, mystery)* resolver, aclarar. **(b)** *(tidy: room etc)* ordenar. **2** *vi + adv* **(a)** *(weather)* despejarse. **(b)** *(tidy up)* ponerlo todo en orden.
clear·ance ['klıərəns] **1** *n* **(a)** *(act of clearing, Sport etc)* despeje *m; (space: height, width etc)* margen *m (de altura, anchura etc).* **(b)** *(by customs)* despacho *m* de aduana; *(by security)* acreditación *f;* **~ for take-off** *(Aer)* pista *f* libre para despegar. **2: ~ sale** *n* liquidación *f, (LAm)* realización *f.*
clear-cut ['klıəkʌt] *adj (decision)* claro/a; *(statement)* sin ambages.
clear·ing ['klıərıŋ] **1** *n (in wood)* claro *m.* **2: ~ bank** *n (Fin)* banco *m* central; **~ house** *n (Fin)* cámara *f* de compensaciones.
clear·ly ['klıəlı] *adv (distinctly)* claramente; *(obviously)* obviamente.
cleav·age ['kli:vıdʒ] *n (of woman)* escote *m.*
cleav·er ['kli:və^r] *n* cuchilla *f* de carnicero.
clef [klef] *n (Mus)* clave *f.*
cleft [kleft] **1** *n (in rock)* grieta *f,* hendedura *f.* **2: ~ palate** *n (Med)* paladar *m* bífido.
clem·en·cy ['klemənsı] *n* clemencia *f.*
clench [klentʃ] *vt (teeth)* apretar; *(fist)* cerrar; **to ~ sth in one's hands** apretar algo en las manos.
cler·gy ['klɜ:dʒı] *n* clero *m.*
clergy·man ['klɜ:dʒımən] *n, pl* **-men** clérigo *m,* sacerdote *m.*
cleri·cal ['klerıkəl] *adj* **(a)** *(Comm: job)* de oficina; **~ worker** oficinista *mf;* **~ error** error *m* de pluma *or* de copia. **(b)** *(Rel)* clerical.
clerk [klɑ:k], *(US)* [klɜ:rk] *n (Comm)* oficinista *mf,* empleado/a *m/f; (in civil service)* funcionario *mf; (US: shop assistant)* dependiente/a *m/f,* vendedor(a) *m/f; (US: in hotel)* recepcionista *mf;* **~ of works** maestro/a *m/f* de obras; *see* **town 2.**
clev·er ['klevə^r] *adj (mentally bright: person)* inteligente, *(LAm)* listo/a; *(smart)* astuto/a; *(skilful)* hábil; *(book, idea, invention etc)* ingenioso/a; **to be ~ at sth** teneraptitud para algo; **he is very ~ with his hands** es muy hábil con las manos; **he was too ~ for us** nos pasó de listo.
clev·er·ly ['klevəlı] *adv (smartly)* hábilmente, con mucha vista.
clev·er·ness ['klevənıs] *n (see adj)* inteligencia *f;* astucia *f;* ingenio *m.*
clew [klu:] *n (US)* = **clue.**
cli·ché ['kli:ʃeı] *n* cliché *m,* tópico *m,* lugar *m* común.
click [klık] **1** *n (of camera etc)* golpecito *m* seco, clic *m; (of heels)* taconeo *m; (of tongue)* chasquido *m.* **2** *vt (heels etc)* taconear; *(tongue)* chasquear. **3** *vi* **(a)** *(camera etc)* hacer clic; *(heels)* taconear; **the door ~ed shut** la puerta se cerró con un golpecito seco. **(b)** *(fam: be understood)* quedar claro/a; *(: be a success)* ser un éxito; **it didn't ~ with me until ...** no caí en la cuenta hasta (que) ...; **suddenly it all ~ed (into place)** de pronto, todo encajaba.
cli·ent ['klaıənt] *n* cliente/a *m/f.*
cli·en·tele [,kli:ɑ̃:n'tel] *n* clientela *f.*
cliff [klıf] *n (sea ~)* acantilado *m; (of mountain etc)* risco *m,* precipicio *m.*
cliff·hanger ['klıf,hæŋə^r] *n (fig)* **the match was a real ~** el partido estaba en duda hasta el último momento.

cli·mate ['klaımıt] *n* clima *m; (fig)* ambiente *m;* **the ~ of opinion** *(fig)* la opinión general.

cli·max ['klaımæks] *n* punto *m* culminante, apogeo *m; (of play etc)* nudo *m,* clímax *m; (sexual ~)* orgasmo *m.*

climb [klaım] **1** *n (gen)* subida *f,* ascenso *m; (of mountain)* escalada *f; (fig)* ascenso. **2** *vt (also ~* **up:** *tree, ladder etc)* trepar, subir a; *(: staircase)* subir (por); *(: mountain)* escalar; *(: cliff, wall)* trepar (a); **to ~ a rope** trepar por una cuerda. **3** *vi (road)* ascender; *(plane)* elevarse, remontar el vuelo; *(person, plant)* trepar (a), subir (a); **to ~ along a ledge** subir por un saliente; **to ~ over a wall** franquear *or* salvar una tapia.

♦ **climb down 1** *vi + prep (tree etc)* bajar. **2** *vi + adv (person: from tree etc)* bajar; *(fig)* rendirse; *(take back)* desdecirse.

climb·er ['klaımə^r] *n (rock ~)* montañista *mf,* alpinista *mf, (LAm)* andinista *mf; (Bot)* trepadora *f,* enredadera *f;* **a social ~** un/una arribista.

climb·ing ['klaımıŋ] *n (rock ~)* montañismo *m,* alpinismo *m, (LAm)* andinismo *m;* **to go ~** hacer montañismo, ir de escalada.

clinch [klıntʃ] **1** *n (of boxers)* abrazo *m,* clincha *f;* **in a ~** *(fam: embrace)* abrazados, *(LAm)* agarrados. **2** *vt (settle: deal)* cerrar, firmar; *(argument)* remachar, terminar; **that ~es it** está decidido, no faltaba más.

cling [klıŋ] *pt, pp* **clung** *vi (to rope etc)* agarrarse *(to* a, de); *(to belief, opinion)* aferrarse *(to* a); *(clothes: to skin etc)* pegarse *(to* a); *(stay close to)* ceñirse *(to* a); *(hold on to)* apegarse *(to* a), abrazar *(to* a); **to ~ together** *(fig)* quedarse apegados; **the smell clung to her clothes** el olor se le quedó pegado a la ropa.

clin·ic ['klınık] *n (hospital, dental ~ etc)* clínica *f; (for guidance etc)* consultorio *m.*

clini·cal ['klınıkəl] *adj (medicine, research)* clínico/a; *(fig: unemotional, cool: attitude etc)* frío/a, impasible.

clink [klıŋk] **1** *n (of coins etc)* tintín *m,* tintineo *m; (of glasses)* choque *m,* chinchín *m.* **2** *vt:* **to ~ glasses with sb** chocar las copas con uno. **3** *vi (coins etc)* tintinear.

clip[1] [klıp] **1** *n (cut)* tijeretada *f; (Cine)* selección *f,* trozo *m.* **2** *vt (cut)* cortar; *(hedge)* podar; *(ticket)* picar; *(also ~* **off:** *wool)* trasquilar, esquilar; *(hair)* recortar; *(also ~* **out:** *article from newspaper)* recortar; **to ~ sb's wings** *(fig)* cortar las alas a uno.

clip[2] [klıp] *n (paper ~)* sujetapapeles *m inv, (LAm)* clip *m; (hair ~)* horquilla *f; (brooch)* broche *m,* clip *m, (LAm)* abrochador *m.*

♦ **clip on** *vt + adv (brooch)* prender, sujetar; *(document: with paperclip etc)* sujetar.

♦ **clip together** *vt + adv* unir.

clip·board ['klıpbɔːd] *n* carpeta *f* sujetapapeles.

clipped [klıpt] *adj (voice, accent)* entrecortado/a.

clipper ['klıpə^r] *n (Naut)* clíper *m.*

clip·pers ['klıpəz] *npl (for hair)* maquinilla *fsg* (para el pelo); *(for nails)* cortauñas *m inv; (for hedge)* tijeras *fpl* podadoras.

clip·ping ['klıpıŋ] *n (from newspaper)* recorte *m.*

clique [kliːk] *n* camarilla *f.*

cloak [kləʊk] *n* capa *f,* manto *m;* **under the ~ of darkness** *(fig)* al amparo de la oscuridad.

cloak·room ['kləʊkrʊm] *n (for coats)* guardarropa *m,* ropero *m; (Brit euph: toilet)* aseos *mpl,* lavabo *m,* servicios *mpl, (LAm)* baño *m.*

clock [klɒk] **1** *n (gen)* reloj *m; (of taxi)* taxímetro *m; (speedometer)* velocímetro *m;* **alarm ~** despertador *m;* **grandfather ~** reloj *m* de pie *or* de caja; **to sleep round the ~** dormir un día entero; **30,000 miles on the ~** *(Aut)* treinta mil millas en el cuentakilómetros; **to work against the ~** trabajar contra reloj. **2** *vt (runner, time)* registrar.

♦ **clock in** *or* **on** *vi + adv (mark card)* fichar, picar; *(start work)* entrar al trabajo.

♦ **clock off** *or* **out** *vi + adv (mark card)* fichar *or* picar la salida; *(leave work)* salir del trabajo.

♦ **clock up** *vt + adv (Aut)* registrar, marcar.

clock·wise ['klɒkwaız] *adv* en el sentido de las agujas del reloj.

clock·work ['klɒkwɜːk] **1** *n:* **to go like ~** ir como un reloj. **2** *cpd (toy, train)* de cuerda.

clod [klɒd] *n (of earth)* terrón *m.*

clog [klɒg] **1** *n (shoe)* zueco *m,* chanclo *m.* **2** *vt (also ~* **up:** *pipe, drain)* atascar; *(: machine, mechanism)* atrancar. **3** *vi (also ~* **up)** atascarse.

clois·ter ['klɔıstə^r] *n (Archit)* claustro *m; (convent etc)* monasterio *m,* convento *m;* **~s** portales *mpl.*

clois·tered ['klɔıstəd] *adj (life)* de ermitaño, enclaustrado/a.

close[1] [kləʊs] **1** *adv* cerca; **~ by** muy cerca; **to hold sb ~** abrazar fuertemente a uno; **~ together** juntos, cerca uno del otro; **to come ~ to** acercarse a; **stay ~ to me** no te alejes *or* separes de mí; **to follow ~ behind** seguir muy de cerca.

2 *adj* **(a)** *(near)* cercano/a, próximo/a; *(: relative)* cercano/a; *(: friend)* íntimo/a; *(: contact)* continuo/a; *(: connection)* estrecho/a, íntimo/a; *(almost equal: result, election, fight)* igualado/a; **to bear a ~ resemblance to** tener mucho parecido con; **at ~ quarters** de cerca; **~ combat** lucha *f* cuerpo a cuerpo; **they're very ~ (to each other)** están muy unidos; **a ~ shave** *(fig fam)* por un pelo, de milagro. **(b)** *(exact, detailed: examination, study)* detallado/a; *(: investigation, questioning)* minucioso/a; *(: surveillance, control)* estricto/a; **to pay ~ attention to sb/sth** prestar mucha atención a uno/algo; **to keep a ~ watch on sb** mantener a uno bajo vigilancia. **(c)** *(not spread out: handwriting, print)* compacto/a; *(: texture, weave)* compacto/a, tupido/a. **(d)** *(stuffy: atmosphere, room)* sofocante, cargado/a; *(weather)* pesado/a, bochornoso/a.

close[2] [kləʊz] **1** *n (end)* final *m,* conclusión *f,* fin *m;* **to bring sth to a ~** terminar algo, llevar algo a su fin; **to draw to a ~** tocar a su fin, estar terminando. **2** *vi (shut)* cerrar(se); *(end)* terminar(se), concluir. **3** *vt* **(a)** *(gen)* cerrar; *(hole)* tapar; *(ranks)* apretar; **to ~ the gap between 2 things** llenar el hueco entre dos cosas; **to ~ one's eyes to sth** *(ignore)* hacer la vista gorda a algo; **road ~d** cerrado el paso. **(b)** *(end: discussion, meeting)* clausurar, dar término a; *(bank account)* liquidar; *(bargain, deal)* cerrar.

♦ **close down 1** *vi + adv (business)* cerrarse definitivamente; *(: by order)* clausurarse; *(TV, Rad)* cerrar (la emisión). **2** *vt + adv* cerrar definitivamente; *(by legal order)* clausurar.

♦ **close in 1** *vi + adv (hunters)* acercarse rodeando, rodear; *(evening, night)* caer, cerrarse; *(darkness, fog)* cerrarse; **the days are closing in** los días son cada vez más cortos; **to ~ in on sb** rodear *or* cercar a uno. **2** *vt + adv (area)* cercar, rodear.

♦ **close off** *vt + adv (area)* cerrar al tráfico *or* al público.

♦ **close round** *vi + prep* rodear; *(crowd)* agolparse en torno a.

♦ **close up 1** *vi + adv (people in queue)* arrimarse; *(ranks)* apretarse; *(wound)* cicatrizarse; **~ up please** arrímense, por favor. **2** *vt + adv (shop, house)* cerrar (del todo); *(pipe, opening)* tapar, obstruir; *(wound)* cerrar.

♦ **close with** *vi + prep (begin to fight)* enfrentarse.

closed [kləuzd] *adj (door, eyes, road, shop)* cerrado/a; *(case)* concluido/a; *(gap, pipe)* tapado/a, obstruido/a; *(mind)* de miras estrechas, cerrado/a; **sociology is a ~ book to me** no sé absolutamente nada de sociología; **~ season** veda *f;* **~ shop** *(Industry)* taller *m* gremial.

closed-circuit tele·vi·sion ['kləuzd,sɜːkɪt-'telɪ,vɪʒən] *n* televisión *f* por circuito cerrado.

close-down ['kləuzdaun] *n (gen)* cierre *m.*

close-knit [,kləus'nɪt] *adj (family)* muy unido/a.

close·ly ['kləuslɪ] *adv* **(a)** *(carefully)* atentamente; **to watch ~** fijarse, prestar mucha atención; **to listen ~** escuchar con atención; **a ~ guarded secret** un secreto rigurosamente guardado. **(b)** *(nearly)* **to resemble sth/sb ~** parecerse mucho a algo/uno; **~ related/connected** estrechamente relacionado/unido; **~ contested** muy reñido.

close·ness ['kləusnɪs] *n (nearness)* proximidad *f; (of resemblance)* parecido *m; (of friendship)* intimidad *f; (of weather, atmosphere)* pesadez *f,* bochorno *m; (room)* mala ventilación *f.*

clos·et ['klɒzɪt] **1** *n (US: cupboard)* armario *m.* **2** *vt:* **to be ~ed with sb** estar encerrado con uno.

close-up ['kləusʌp] *n* primer plano *m,* close-up *m;* **in ~** en primer plano.

clos·ing ['kləuzɪŋ] *adj (stages, remarks)* último/a, final; **~ speech** discurso *m* de clausura; **when is ~ time?** ¿a qué hora cierran?; **~ price** *(Stock Exchange)* precio *m* de cierre.

clos·ure ['kləuʒəʳ] *n (closing-down)* cierre *m.*

clot [klɒt] **1** *n (Med)* embolía *f,* coágulo *m; (fam: fool)* papanatas *m inv,* tonto *m* del bote. **2** *vi* coagularse; **~ted cream** nata *f* cuajada.

cloth [klɒθ] *n (material)* paño *m,* tela *f; (for cleaning)* trapo *m; (table~)* mantel *m;* **a man of the ~** *(Rel)* un clérigo.

clothe [kləuð] *vt (family)* vestir.

clothes [kləuðz] **1** *npl* ropa *fsg,* vestidos *mpl,* atuendo *msg;* **to put one's ~ on** vestirse, ponerse la ropa; **to take one's ~ off** desvestirse, desnudarse. **2: ~ horse** *n* armazón *m* para tender la ropa; **~ line** *n* cuerda *f* para tender la ropa; **~ peg** *n, (US)* **~ pin** *n* pinza *f;* **~ shop** *n* tienda *f* (de ropa).

cloth·ing ['kləuðɪŋ] **1** *n* ropa *f,* vestimenta *f;* **article of ~** prenda *f* de vestir. **2: ~ allowance** *n* subsidio *m* de ropa de trabajo.

cloud [klaud] **1** *n* nube *f; (also fig)* **a ~ of dust/smoke/gas** una nube de polvo/humo/gases; **a ~ of insects** una nube *or* una plaga de insectos; **to be under a ~** *(under suspicion)* estar bajo sospecha; *(resented)* estar mal visto; **he has his head in the ~s** está en las nubes; **to be on ~ nine** estar en el séptimo cielo. **2** *vt* nublar; *(liquid)* enturbiar; *(mirror)* empañar; *(fig: confuse)* aturdir; **to ~ the issue** empañar el problema.

♦ **cloud over** *vi + adv* nublarse.

cloud·burst ['klaud,bɜːst] *n* chaparrón *m.*

cloud-cuckoo land [,klaud'kukuː,lænd] *n:* **to be in ~** estar en babia, *(LAm)* estar con la cabeza en el aire, estar volado.

cloud·less ['klaudlɪs] *adj* sin nubes, despejado/a.

cloudy ['klaudɪ] *adj (sky)* nublado/a; *(liquid)* turbio/a.

clout [klaut] **1** *n (blow)* tortazo *m; (fig: influence, power)* influencia *f,* peso *m, (LAm)* palanca *f.* **2** *vt* dar un tortazo a.

clove [kləuv] *n* clavo *m* (de especia); **~ of garlic** diente *m* de ajo.

clo·ver ['kləuvəʳ] *n* trébol *m;* **to be in ~** *(fam)* estar en jauja.

clover·leaf ['kləuvə,liːf] *n (Bot)* hoja *f* de trébol; *(Aut)* cruce *m* en trébol.

clown [klaun] **1** *n (in circus)* payaso/a *m/f,* clown *mf; (fam)* patán *m,* simple *mf.* **2** *vi (also* **~ about** *or* **around)** hacer el payaso.

club [klʌb] **1** *n* **(a)** *(stick)* porra *f,* cachiporra *f; (golf ~)* palo *m;* **~s** *(Cards)* bastos *mpl.* **(b)** *(association)* club *m; (gaming ~)* casino *m; (building)* centro *m,* círculo *m,* club; **join the ~!** *(fig)* ¡ya somos dos! **2** *vt (person)* aporrear, dar porrazos a. **3** *vi:* **to ~ together** *(join forces)* unir fuerzas; **we all ~bed together to buy him a present** le compramos un regalo entre todos.

club·house ['klʌb,haus] *n* chalet *m.*

cluck [klʌk] *vi* cloquear.

clue [kluː] *n* pista *f; (in a crime etc)* pista, indicio *m; (of crossword)* indicación *f;* **I haven't a ~** *(fam)* no tengo ni idea.

clued up [,kluːd'ʌp] *adj (fam)* **~ (on)** al tanto (de), al corriente (de).

clue·less ['kluːlɪs] *adj (fam)* despistado/a.

clump[1] [klʌmp] *n (of trees, shrubs)* grupo *m; (of flowers, grass)* mata *f; (of earth)* terrón *m.*

clump[2] [klʌmp] **1** *n (of feet)* pisada *f* fuerte. **2** *vi:* **to ~ about** andar con pisadas fuertes.

clum·si·ness ['klʌmzɪnɪs] *n* torpeza *f, (fig)* falta *f* de tacto.

clum·sy ['klʌmzɪ] *adj (person, action: awkward)* torpe, desmañado/a, *(LAm)* patoso/a; *(painting, forgery)* tosco/a, chapucero/a; *(tool)* pesado/a, difícil de manejar; *(remark, apology)* torpe, poco delicado/a.

clung [klʌŋ] *pt, pp of* **cling.**

clus·ter ['klʌstəʳ] **1** *n* grupo *m; (of fruit)* racimo *m.* **2** *vi (people, things)* agruparse, apiñarse; *(plants)* arracimarse; **to ~ round sb/sth** apiñarse en torno a uno/algo.

clutch[1] [klʌtʃ] **1** *n* **(a)** *(Aut)* embrague *m, (LAm)* cloche *m; (pedal)* (pedal *m* del) embrague *or* cloche; **to let in/out the ~** embragar/desembragar. **(b) to fall into sb's ~es** caer en las garras de uno. **2** *vt (catch hold of)* asir, *(LAm)* agarrar; *(hold tightly)* apretar, agarrar. **3** *vi:* **to ~ at** tratar de agarrar; *(fig)* aferrarse a; **to ~ at straws** aferrarse a cualquier esperanza.

clutch[2] [klʌtʃ] *n (of eggs)* nidada *f.*

clut·ter ['klʌtəʳ] **1** *n* desorden *m,* confusión *f;* **in a ~** en desorden, en un montón. **2** *vt* atestar; **to ~ up a room** amontonar cosas en un cuarto; **to be ~ed up with sth** estar atestado de algo.

Co. *abbr of* **county; company.**

co- [kəu] *pref* co-.

c/o *abbr of* **care of.**

coach [kəutʃ] **1** *n* **(a)** *(bus: gen)* autobús *m, (Sp)* autocar *m, (Mex)* camión *m; (: first class)* camión de primera, *(Mex)* púllman *m, (Ven)* aerobús *m, (Colombia)* flota *f; (Brit Rail)* coche *m,* vagón *m; (horse-drawn)* diligencia *f, (LAm)* coche *m* a caballo. **(b)** *(Sport)* entrenador(a) *m/f; (tutor)* profesor(a) *m/f* particular. **2** *vt (team)* entrenar, preparar; *(student)* enseñar, preparar.

co·agu·late [kəu'ægjuleɪt] **1** *vt* coagular. **2** *vi* coagularse.

coal [kəul] **1** *n* carbón *m; (soft)* hulla *f* (grasa); **to carry ~s to Newcastle** *(fig)* llevar leña al monte *or* agua al mar; **to haul sb over the ~s** echar un rapapolvo *or (LAm)* echarle bronca a uno. **2: ~ cellar** *n* carbonera *f;* **~ fire** *n* chimenea *f* de carbón; **~ industry** *n* industria *f* del carbón; **~ scuttle** *n* cubo *m* para carbón; **~ shed** *n* cobertizo *m* para carbón; **~ stove** *n* estufa *f* de carbón.

coal-black [,kəul'blæk] *adj* negro/a como el carbón.

coal·dust ['kəuldʌst] *n* polvillo *m* de carbón.

coal·face ['kəulfeɪs] *n* frente *m* de carbón.

coal·field ['kəulfiːld] *n* yacimiento *m* de carbón,

cuenca *f* minera.

coa·li·tion [ˌkəʊəˈlɪʃən] *n (Pol)* coalición *f;* **a ~ government** un gobierno de coalición.

coal·man [ˈkəʊlmæn] *n, pl* **-men** carbonero *m.*

coal·mine [ˈkəʊlmaɪn] *n* mina *f* de carbón.

coal·min·er [ˈkəʊlˌmaɪnəʳ] *n* minero/a *m/f* de carbón.

coal·min·ing [ˈkəʊlˌmaɪnɪŋ] *n* minería *f* de carbón.

coarse [kɔːs] *adj (of texture)* burdo/a, tosco/a; *(badly made)* basto/a; *(sand etc)* grueso/a; *(skin)* áspero/a; *(vulgar: character, laugh, remark)* grosero/a.

coarse·ly [ˈkɔːslɪ] *adv (ground, woven)* toscamente *or* burdamente; *(laugh, say)* groseramente.

coars·en [ˈkɔːsn] **1** *vt* embrutecer; *(skin)* curtir. **2** *vi* embrutecerse; *(skin)* curtirse.

coast [kəʊst] **1** *n (shore)* costa *f; (coastline)* litoral *m;* **the ~ is clear** *(fig: there is no one about)* no hay moros en la costa; *(: the danger is over)* pasó el peligro. **2** *vi (Aut etc)* ir en punto muerto; *(on sledge, cycle etc)* deslizarse cuesta abajo; *(fig)* avanzar sin esfuerzo.

coast·al [ˈkəʊstəl] *adj* costero/a, costanero/a.

coast·er [ˈkəʊstəʳ] *n* **(a)** *(Naut)* buque *m* costero, barco *m* de cabotaje. **(b)** *(small mat for drinks)* posavasos *m inv, (LAm)* tapetito *m.*

coast·guard [ˈkəʊstgɑːd] *n (person)* guardacostas *mf inv; (organization)* servicio *m* de guardacostas.

coast·line [ˈkəʊstlaɪn] *n* litoral *m.*

coat [kəʊt] **1** *n* **(a)** *(winter/long ~)* abrigo *m; (jacket) (Sp)* chaqueta *f, (LAm)* saco *m.* **(b)** *(animal's)* pelo *m; (wool)* lana *f.* **(c)** *(layer)* capa *f;* **a ~ of paint** una mano de pintura. **(d) ~ of arms** escudo *m* (de armas). **2** *vt* cubrir, revestir *(with* de); *(with a liquid)* bañar *(with* en).

coat-hang·er [ˈkəʊthæŋəʳ] *n* percha *f, (LAm)* gancho *m.*

co-author [ˌkəʊˈɔːθəʳ] *n* coautor(a) *m/f.*

coax [kəʊks] *vt:* **to ~ sth out of sb** sonsacar algo a uno engatusándolo; **to ~ sb out of doing sth** convencer a uno para que deje de hacer algo; **to ~ sb into doing sth** engatusar a uno para que haga algo.

co·balt [ˈkəʊbɒlt] *n* cobalto *m;* **~ blue** azul *m* de cobalto.

cob·ble [ˈkɒbl] **1** *n (also* **~stone)** adoquín *m.* **2** *vt:* **to ~ together** construir con pedazos.

cob·bled [ˈkɒbld] *adj:* **~ street** empedrado *m,* adoquinado *m.*

cob·bler [ˈkɒbləʳ] *n* zapatero/a *m/f* (remendón/ona).

co·bra [ˈkəʊbrə] *n* cobra *f.*

cob·web [ˈkɒbweb] *n* telaraña *f.*

co·caine [kəˈkeɪn] *n* cocaína *f.*

coc·cyx [ˈkɒksɪks] *n* cóccix *m.*

cock [kɒk] **1** *n* **(a)** *(rooster)* gallo *m; (other male bird)* macho *m.* **(b)** *(tap: stop~)* llave *f* de paso. **(c)** *(fam!: penis)* polla *f (fam!).* **2** *vt (gun)* amartillar; *(head)* ladear; *(also* **~ up:** *ears)* aguzar; **to ~ a snook at sb/sth** hacerle un gesto grosero a uno/ algo; *(fig)* burlarse de uno.

cock-a-doodle-doo [ˌkɒkəˌduːdəlˈduː] *interj* ¡quiquiriquí!

cock-a-hoop [ˌkɒkəˈhuːp] *adj* jubiloso/a, contentísimo/a.

cock-and-bull [ˌkɒkəndˈbʊl] *adj:* **~ story** cuento *m* de chinos.

cocka·too [ˌkɒkəˈtuː] *n* cacatúa *f.*

cock·crow [ˈkɒkkrəʊ] *n:* **at ~** al amanecer.

cock·er·el [ˈkɒkərəl] *n* gallito *m,* gallo *m* joven.

cock-eyed [ˌkɒkˈaɪd] *adj (crooked)* torcido/a, *(LAm)* chueco/a; *(absurd)* disparatado/a.

cock·le [ˈkɒkl] *n (Zool)* berberecho *m.*

cock·ney [ˈkɒknɪ] *n (person) habitante mf de Londres, especialmente de la zona este; (dialect)* caló *m* londinense.

cock·pit [ˈkɒkpɪt] *n (Aer)* cabina *f; (for cockfight: Sp)* reñidero *m; (: LAm)* palenque *m.*

cock·roach [ˈkɒkrəʊtʃ] *n* cucaracha *f.*

cock·sure [ˌkɒkˈʃʊəʳ] *adj* presumido/a, engreído/a.

cock·tail [ˈkɒkteɪl] **1** *n (drink)* combinado *m,* coctel *m,* cóctel *m;* **fruit ~** macedonia *f* de frutas; **prawn ~** cóctel de gambas. **2: ~ bar** *n (in hotel)* coctelería *f;* **~ cabinet** *n* mueble-bar *m;* **~ party** *n* cóctel *m.*

cock-up [ˈkɒkʌp] *n (fam)* **what a ~!** ¡qué lío!, *(LAm)* ¡qué desmadre!

cocky [ˈkɒkɪ] *adj (fam pej)* engreído/a, creído/a.

co·coa [ˈkəʊkəʊ] *n* cacao *m; (drink)* chocolate *m.*

coco·nut [ˈkəʊkənʌt] **1** *n* coco *m; (tree)* **~ (palm)** cocotero *m.* **2: ~ matting** *n* estera *f* de fibra de coco.

co·coon [kəˈkuːn] *n* capullo *m.*

cod [kɒd] *n* bacalao *m.*

C.O.D. *abbr of* **cash on delivery** C.A.E.

cod·dle [ˈkɒdl] *vt (also* **mollycoddle)** consentir, mimar; *(Culin)* **~d eggs** huevos pasados (por agua).

code [kəʊd] **1** *n* **(a)** *(cipher)* clave *f,* cifra *f;* **in ~** en clave, cifrado. **(b)** *(of laws etc)* código *m;* **~ of behaviour** código de conducta; *see* **highway 2. 2** *vt (message etc)* poner en clave, cifrar. **3: ~ name** *n* apodo *m,* alias *m; (Pol)* nombre *m* de guerra; **~ number** *n (Tax etc)* número *m* de referencia.

co·deine [ˈkəʊdiːn] *n (Pharm)* codeína *f.*

codi·cil [ˈkɒdɪsɪl] *n* codicilo *m.*

cod-liver oil [ˌkɒdlɪvərˈɔɪl] *n* aceite *m* de hígado de bacalao.

co-driver [ˈkəʊˌdraɪvəʳ] *n (Aut)* copiloto *mf.*

coed [ˈkəʊˌed] **1** *adj (fam)* coeducacional. **2** *n (US)* alumna *f* de un colegio coeducacional.

co·edu·ca·tion [ˌkəʊedjʊˈkeɪʃən] *n* coeducación *f.*

co·erce [kəʊˈɜːs] *vt* forzar, obligar; **to ~ sb into doing sth** forzar a uno a hacer algo.

coercion [kəʊˈɜːʃən] *n* coacción *f,* compulsión *f.*

coexist [ˌkəʊɪgˈzɪst] *vi* coexistir *(with* con).

coexistence [ˌkəʊɪgˈzɪstəns] *n* coexistencia *f.*

C. of E. *n abbr of* **Church of England.**

cof·fee [ˈkɒfɪ] **1** *n* café *m;* **a cup of ~** una taza de café, un café; **white ~** café con leche, *(LAm)* café cortado; **black ~** café solo, *(LAm)* café americano; *(strong)* café exprés *m;* **two white ~s, please** dos cafés con leche, por favor. **2: ~ bar** *n* café *m,* cafetería *f;* **~ break** *n* descanso *m* (para tomar café); **~ shop** *n* café *m;* **~ table** *n* mesita *f* para servir el café.

coffee·pot [ˈkɒfɪˌpɒt] *n* cafetera *f.*

cof·fin [ˈkɒfɪn] *n* ataúd *m.*

cog [kɒg] *n* diente *m* (de rueda dentada); **just a ~ in the wheel** *(fig)* una pieza sin importancia, nada más.

co·gent [ˈkəʊdʒənt] *adj* lógico/a, convincente.

cogi·tate [ˈkɒdʒɪteɪt] *vi (often hum)* meditar (sobre la cuadratura del círculo).

cog·nac [ˈkɒnjæk] *n* coñac *m.*

co·ha·bit [kəʊˈhæbɪt] *vi (frm)* cohabitar *(with sb* con uno).

co·her·ence [kəʊˈhɪərəns] *n (see adj)* lógica *f;* coherencia *f;* racionalidad *f.*

co·her·ent [kəʊˈhɪərənt] *adj (argument)* lógico/a; *(account, speech, person)* coherente; *(behaviour)* comprensible, racional.

co·he·sive [kəʊˈhiːsɪv] *adj (fig)* cohesivo/a, unido/a.

coil [kɔɪl] **1** *n* **(a)** *(roll)* rollo *m; (single loop)* vuelta *f; (of rope etc)* adujada *f; (of hair)* rizo *m; (of snake)* anillo *m; (of smoke)* espiral *f.* **(b)** *(Aut, Elec)* bobina *f,* carrete *m.* **(c)** *(contraceptive)* espiral *f.* **2** *vt* arrollar, enrollar; **to ~ sth up** enrollar algo; **to ~ sth round sth** enrollar algo alrededor de algo. **3** *vi* **(a)** *(snake)* enroscarse; **to ~ up (into a ball)** hacerse un ovillo; **to ~ round sth** enroscarse alrededor de algo. **(b)** *(smoke)* subir en espiral.

coin [kɔɪn] **1** *n* moneda *f;* **to toss a ~** echar a cara o cruz, echar a suertes. **2** *vt (fam: money)* acuñar; *(fig: word etc)* inventar, idear; **to ~ a phrase** *(hum)* como quien dice.

co·in·cide [ˌkəʊɪn'saɪd] *vi* **(a)** *(happen at same time)* coincidir; **to ~ with** coincidir con. **(b)** *(agree)* estar de acuerdo; **to ~ with** estar de acuerdo con.

co·in·ci·dence [kəʊ'ɪnsɪdəns] *n (chance)* coincidencia *f,* casualidad *f;* **what a ~!** ¡qué coincidencia!, ¡qué casualidad!

coin-op·er·ated [ˌkɔɪn'ɒpəreɪtɪd] *adj (machine)* de meter moneda.

coke [kəʊk] *n* **(a)** *(fuel)* coque *m.* **(b)** *(fam: cocaine)* cocaína *f.* **(c)** (®: *Coca-Cola*) Coca(-Cola) *f.*

col·an·der ['kʌləndə^r] *n* colador *m,* escurridor *m.*

cold [kəʊld] **1** *adj* frío/a; *(fig)* **a ~ gaze/welcome** una mirada/recepción fría; *(fam: unconscious)* **to be out ~** quedar sin sentido *or* sin conciencia; **to be ~** *(person)* tener frío; *(thing)* estar frío; *(weather)* hacer frío; **to get ~** *(person)* enfriarse, sentir frío; *(thing)* enfriarse; *(weather)* ponerse frío; **in ~ blood** a sangre fría; **it leaves me ~** *(fam)* me deja frío; **to have/get ~ feet** *(fig)* arrepentirse, echar marcha atrás; **it's ~ comfort** es poco consuelo, *(LAm)* ¡menudo consuelo!; **to put sth into ~ storage** *(food)* conservar algo en cámaras frigoríficas; *(fig: project)* congelar, dar el carpetazo a algo.

2 *n* **(a)** frío *m;* **he doesn't like the ~** no le gusta el frío; **to feel the ~** sentir frío; **to leave sb out in the ~** *(fig)* dejar a uno al margen. **(b)** *(Med: also* **common ~**) resfriado *m,* catarro *m;* **to catch a ~** resfriarse, acatarrarse.

3: ~ cream *n* colcrén *m,* crema *f;* **~ sore** *n* absceso *m* labial, herpes *m;* **~ war** *n* guerra *f* fría.

cold-blooded [ˌkəʊld'blʌdɪd] *adj (Zool)* de sangre fría; *(fig)* desalmado/a, despiadado/a.

cold-hearted [ˌkəʊld'hɑːtɪd] *adj* insensible, cruel.

coldly ['kəʊldlɪ] *adv (fig)* fríamente, con frialdad.

cold-shoul·der [ˌkəʊld'ʃəʊldə^r] *vt (rebuff)* volver la espalda a.

cole·slaw ['kəʊlslɔː] *n (no pl)* ensalada *f* de col.

col·ic ['kɒlɪk] *n (esp of horses, children)* cólico *m.*

col·labo·rate [kə'læbəreɪt] *vi* colaborar *(also Pol);* **to ~ on sth/in doing sth** colaborar en algo; **to ~ with sb** colaborar con uno.

col·labo·ra·tion [kəˌlæbə'reɪʃən] *n* colaboración *f; (Pol)* colaboracionismo *m.*

col·labo·ra·tor [kə'læbəreɪtə^r] *n (gen)* colaborador(a) *m/f; (Pol)* colaboracionista *mf.*

col·lapse [kə'læps] **1** *n (Med)* colapso *m; (of building, roof, floor)* hundimiento *m,* desplome *m; (of government)* caída *f; (of plans, scheme)* fracaso *m; (financial)* ruina *f; (of civilization, society)* ocaso *m; (Comm: of business)* quiebra *f; (: of prices)* hundimiento, caída.

2 *vi (person: Med)* sufrir un colapso; *(with laughter)* morirse (de risa); *(building, roof, floor)* hundirse, desplomarse; *(civilization, society)* desaparecer, extinguirse; *(government)* caer(se); *(scheme)* fracasar; *(business)* quebrar; *(prices)* hundirse, bajar repentinamente; *(fold down)* plegarse, *(LAm)* doblarse.

col·laps·ible [kə'læpsəbl] *adj* plegable.

col·lar ['kɒlə^r] **1** *n* cuello *m; (necklace)* collar *m; (for dog, Tech)* collar. **2** *vt (fam: person)* abordar, acorralar; *(: object: get for o.s.)* apropiarse.

collar·bone ['kɒləbəʊn] *n* clavícula *f.*

col·late [kɒ'leɪt] *vt* cotejar.

col·lat·er·al [kɒ'lætərəl] *n (Fin)* garantía *f* colateral.

col·league ['kɒliːg] *n* colega *mf.*

col·lect ['kɒlekt] **1** *vt* **(a)** *(assemble)* reunir, juntar; *(as hobby: stamps, valuables)* coleccionar; *(facts, documents)* acumular, juntar; **to ~ o.s./one's thoughts** *(fig)* reponerse, recobrar el dominio sobre uno mismo; **the ~ed works of Shakespeare** las obras completas de Shakespeare. **(b)** *(call for, pick up: person)* recoger, *(LAm)* pasar por; *(: post, rubbish)* recoger; *(: books)* (re)coger; *(: subscriptions, rent)* cobrar; *(: taxes)* recaudar; *(: ticket)* recoger; *(: dust)* retener, acumular.

2 *vi (people)* reunirse, amontonarse; *(water)* estancarse; *(dust)* acumularse; **to ~ for charity** recaudar *or* recolectar fondos con fines benéficos; **~ on delivery** *(US)* contra reembolso.

3 *adv (US Telec)* **to call ~** llamar por cobrar.

4: ~ call *n (US)* llamada *f* por cobrar.

col·lec·tion [kə'lekʃən] *n* **(a)** *(act)* recogida *f; (taxes)* recaudación *f;* **to await ~** estar listo para ser recogido. **(b)** *(group of people)* grupo *m; (of pictures, stamps etc)* colección *f; (pej)* montón *m; (Rel)* colecta *f; (for charity)* colecta; *(of letters, rubbish)* recogida *f.*

col·lec·tive [kə'lektɪv] **1** *n (gen, Ling)* colectivo *m; (cooperative)* cooperativa *f.* **2** *adj (responsibility, effort, mistake)* colectivo/a. **3: ~ bargaining** *n* negociación *f* del convenio colectivo.

col·lec·tive·ly [kə'lektɪvlɪ] *adv* colectivamente.

col·lec·tor [kə'lektə^r] *n (of taxes)* recaudador(a) *m/f; (of stamps etc)* coleccionista *mf;* **~'s item** *or* **piece** pieza *f* de coleccionista; *see* **ticket.**

col·lege ['kɒlɪdʒ] *n (part of university)* colegio *m* universitario, escuela *f* universitaria; *(of agriculture, technology etc)* escuela; *(of music)* conservatorio *m; (body)* colegio.

col·lide [kə'laɪd] *vi* chocar; **to ~ with** chocar con; *(fig)* chocar *or* enfrentarse con.

col·lie ['kɒlɪ] *n (dog)* collie *m.*

col·liery ['kɒlɪərɪ] *n* mina *f* de carbón.

col·li·sion [kə'lɪʒən] *n* choque *m; (fig)* **to be on a ~ course** buscarse problemas.

col·lo·quial [kə'ləʊkwɪəl] *adj* coloquial, de uso corriente.

col·lu·sion [kə'luːʒən] *n (no pl)* confabulación *f,* connivencia *f;* **to be in ~ with** confabular *or* conspirar con.

co·logne [kə'ləʊn] *n (also* **eau de ~**) (agua *f* de) colonia *f.*

co·lon ['kəʊlən] *n* **(a)** *(Anat)* colon *m.* **(b)** *(Typ)* dos puntos *mpl.*

colo·nel ['kɜːnl] *n* coronel/a *m/f.*

co·lo·nial [kə'ləʊnɪəl] *adj (gen)* colonial; **the ~ power** el poder colonizador.

colo·nist ['kɒlənɪst] *n (pioneer)* colonizador(a) *m/f; (inhabitant)* colono *mf.*

colo·nize ['kɒlənaɪz] *vt* colonizar.

colo·ny ['kɒlənɪ] *n (gen)* colonia *f.*

col·or ['kʌlə^r] *etc (US)* = **colour** *etc.*

co·los·sal [kə'lɒsl] *adj* colosal, gigantesco/a.

col·our, *(US)* **col·or** ['kʌlə^r] **1** *n* **(a)** color *m;* **what ~ is it?** ¿de qué color es?; **a dark/light ~** un color oscuro/claro; **fast ~s** colores sólidos; **let's see the ~ of your money** ¡a ver la pasta *or (LAm)* la plata!; **to change ~** cambiar *or (LAm)* mudar de color. **(b)** *(complexion)* color *m;* **to be off ~** estar indispuesto/a. **(c)** *(race)* color *m,* raza *f.* **(d)** *(flag)* bandera *f;* **to salute the ~s** besar bandera; **to see**

sth/sb in its/his true ~s *(fig)* ver a uno/algo a la luz de la verdad; **to show o.s. in one's true ~s** *(fig)* quitarse la máscara; **to come through with flying ~s** *(fig)* salir airoso de una prueba.

2 *cpd (film, slide)* en color, *(LAm)* a color; **~ bar** *n* segregación *f* racial; **~ photographs** *npl* fotos *fpl* en *or (LAm)* a color; **~ scheme** *n* combinación *f* de colores; **~ supplement** *n (Press)* suplemento *m* semanal *or* dominical; **~ television (set)** *n* televisión *f* en color *or* a colores.

3 *vt (picture)* colorear; *(: with paint)* pintar; *(: with crayon)* colorear al pastel; *(hair, fabric: dye)* teñir; *(: tint)* teñir, matizar; **to ~ sth green** teñir algo de verde.

4 *vi (blush)* ponerse colorado/a, sonrojarse.

♦ **col·our in** *vt + adv* colorear, pintar.

colour-blind ['kʌləblaɪnd] *adj* daltoniano/a.

col·oured ['kʌləd] *adj* **(a)** de color; *(fig)* con alto colorido; **a straw-~ hat** un sombrero color paja; **~ pencils** lápices *mpl* de color. **(b)** *(of race)* de color, negro/a.

col·our·ful ['kʌləfʊl] *adj* lleno/a de color; *(person etc)* pintoresco/a, llamativo/a; *(story)* fantástico/a, increíble.

col·our·ing ['kʌlərɪŋ] **1** *n* colorido *m; (substance)* colorante *m; (complexion)* colorido. **2: ~ book** *n* libro *m or* libreta *f* con dibujos para colorear.

col·our·less ['kʌləlɪs] *adj* sin color, incoloro/a; *(fig: dull: of person)* soso/a; **a ~ liquid** un líquido transparente.

colt [kəʊlt] *n (horse)* potro *m.*

col·umn ['kɒləm] *n (gen)* columna *f; (in newspaper)* columna, sección *f;* **fifth ~** quinta columna; **spinal ~** *(Anat)* columna vertebral.

col·umn·ist ['kɒləmnɪst] *n* columnista *mf,* articulista *mf.*

coma ['kəʊmə] *n (Med)* coma *m.*

co·ma·tose ['kəʊmətəʊs] *adj* comatoso/a.

comb [kəʊm] **1** *n* **(a)** peine *m; (ornamental)* peineta *f;* **to run a ~ through one's hair** peinarse, pasarse un peine. **(b)** *(of fowl)* cresta *f.* **(c)** *(honey~)* panal *m.* **2** *vt* **(a)** *(hair)* peinar; **to ~ one's hair** peinarse. **(b)** *(search: countryside etc)* registrar a fondo.

com·bat ['kɒmbæt] **1** *n* combate *m.* **2** *vt (fig)* combatir, luchar contra.

com·bat·ant ['kɒmbətənt] *n* combatiente *mf.*

com·bi·na·tion [ˌkɒmbɪ'neɪʃən] **1** *n* **(a)** *(gen)* combinación *f; (mixture)* mezcla *f;* **a ~ of circumstances** un conjunto *or* una combinación de circunstancias. **(b)** *(of safe etc)* combinación *f.* **2: ~ lock** *n* cerradura *f* de combinación.

com·bine [kəm'baɪn] **1** *vt:* **to ~ (with)** *(join)* combinar (con); *(fuse)* unir (con); **he ~s all the qualities of a leader** reúne todas las cualidades de un líder; **to ~ business with pleasure** combinar los negocios con la diversión; **to ~ forces (with sb)** aunar *or* conjugar fuerzas (con uno); **a ~d effort** un esfuerzo conjunto; **a ~d operation** *(Mil)* una operación en combinación *or* conjunta.

2 *vi* **(a)** *(join together)* combinarse, unirse; **to ~ with** aunarse con; **to ~ against sth/sb** unirse en contra de algo/uno. **(b)** *(Chem)* **to ~ (with)** combinarse (con), mezclarse (con).

3 ['kɒmbaɪn] *n (Comm)* cartel *m; (also* **~ harvester)** cosechadora *f,* segadora-trilladora *f.*

com·bus·tible [kəm'bʌstɪbl] *adj* combustible.

com·bus·tion [kəm'bʌstʃən] *n* combustión *f; see* **internal.**

come [kʌm] *pt* **came,** *pp* **come** *vi* **(a)** *(gen)* venir; *(arrive)* llegar; **~ with me** ven conmigo; **~ home** ven a casa; **~ and see us soon** ven a vernos pronto; **we have ~ to help you** hemos venido a ayudarte; **she has just ~ from London** acaba de volver *or (LAm)* regresar de Londres; **this necklace ~s from Spain** este collar es de España; **they have ~ a long way** *(lit)* han venido desde muy lejos; *(fig)* han llegado muy lejos; **people were coming and going all day** la gente iba y venía todo el día; **the pain ~s and goes** el dolor va y viene *or (LAm)* se va y vuelve; **he came running/dashing** *etc* **in** entró corriendo/volando *etc;* **to ~ for sth/sb** venir por *or (LAm)* pasar por algo/uno; **we'll ~ after you** te seguiremos; **coming!** ¡voy!; **we came to a village** llegamos a un pueblo; **to ~ to a decision** llegar a una decisión; **the water only came to her waist** el agua le llegaba sólo hasta la cintura; **it came to me that ...** *(idea: occur)* se me ocurrió que ...; **it may ~ as a surprise to you ...** puede que te asombre *or (LAm)* extrañe ...; **it came as a shock to her** le afectó mucho; **when it ~s to choosing, I prefer wine** si tuviera que elegir, prefiero vino; **when it ~s to mathematics ...** en cuanto a *or* en lo que se refiere a las matemáticas ...; **the day/time will ~ when ...** ya llegará el día/la hora (en) que ...; **the new ruling ~s into force next year** la nueva ley entra en vigor el año que viene.

(b) *(have its place)* venir, llegar; **work ~s before pleasure** primero el trabajo, luego la diversión; **he came 3rd** llegó en tercer lugar.

(c) *(happen)* suceder, pasar; **~ what may** pase lo que pase; **no good will ~ of it** de eso no saldrá nada bueno; **nothing came of it** todo quedó en nada; **that's what ~s of being careless** eso te trae la falta de cuidado; **how does this chair ~ to be broken?** ¿cómo es que esta silla está rota?; **how ~?** *(fam)* ¿cómo?, ¿cómo es eso?, ¿cómo así?

(d) *(be, become)* llegar a; **my dreams came true** mis sueños se hicieron realidad; **the button has ~ loose** el botón se ha soltado; **it ~s naturally to him** lo hace sin esfuerzo, no le cuesta nada hacerlo; **it'll all ~ right in the end** al final, todo se arreglará; **those shoes ~ in 2 colours** esos zapatos vienen en dos colores; **I have ~ to like her** ha llegado a gustarme; **I came to think it was all my fault** llegué a la conclusión de que fui yo quien tenía la culpa; **now I ~ to think of it** ahora que lo pienso, *(LAm)* pensándolo bien.

(e) *(fam: orgasm)* llegar *(fam),* correrse *(fam).*

(f) *(phrases)* **in (the) years to ~** en los años venideros; **if it ~s to it** llegado el caso; **~ to that ...** si vamos a eso ...; **~ again?** *(fam)* ¿cómo (dijo)?; **he had it coming to him** *(fam)* se lo tenía bien merecido; **I could see it coming** lo veía venir; **he's as good as they ~** es bueno como él solo; **he's as stupid as they ~** es tonto de remate; **to ~ between 2 people** *(interfere)* meterse *or* entrometerse entre dos personas; *(separate)* separar a dos personas.

♦ **come about** *vi + adv* suceder, ocurrir.

♦ **come across 1** *vi + adv (make an impression)* **to ~ across well/badly** caer bien/mal, tener buena/mala acogida. **2** *vi + prep (find)* dar *or* topar con.

♦ **come along** *vi + adv* **(a) ~ along!** *(friendly tone)* ¡vamos!, ¡ven!, *(LAm)* ¡ándale!; *(impatiently)* ¡date prisa!, *(LAm)* ¡apúrate! **(b)** *(accompany)* acompañar. **(c)** *(progress)* ir, progresar.

♦ **come apart** *vi + adv* deshacerse, caer en pedazos.

♦ **come away** *vi + adv (leave)* marcharse, salir; *(become detached)* separarse, desprenderse; **~ away from there!** ¡sal *or* quítate de ahí!

♦ **come back** *vi + adv* **(a)** *(return)* volver, *(LAm)* regresar; **would you like to ~ back for a cup of tea?** ¿quieres volver a casa a tomar un té?; **to ~ back to what we were discussing** volviendo a lo anterior. **(b)** *(reply: fam)* **can I ~ back to you on that one?** ¡volvamos sobre ese punto! **(c)** *(return to mind)* **it's all coming back to me** ahora sí me acuerdo.

♦ **come by** *vi + prep (obtain)* conseguir.

♦ **come down 1** *vi + prep* bajar; **to ~ down the stairs** bajar las escaleras. **2** *vi + adv (person)* bajar *(from* de; *to* a); *(buildings: be demolished)* ser derribado/a; *(: fall down)* derrumbarse; *(prices, temperature)* bajar; **to ~ down in the world** venir a menos; **she came down on them like a ton of bricks** se les echó encima; **to ~ down with flu** caer enfermo *or* enfermarse de gripe.

♦ **come for·ward** *vi + adv (advance)* avanzar; *(volunteer)* ofrecerse, presentarse; *(respond)* responder.

♦ **come in** *vi + adv (person)* entrar; *(train, person in race)* llegar; *(tide)* crecer; **the Tories came in at the last election** en las últimas elecciones, ganaron los conservadores; **it will ~ in handy** vendrá bien; **where do I ~ in?** y yo ¿qué hago?, y yo ¿qué pinto?; **to ~ in for criticism/praise** merecer críticas/elogios; **they have no money coming in** no tienen ingreso *or (LAm)* entradas.

♦ **come into** *vi + prep* **(a)** *(inherit: legacy)* heredar. **(b)** *(be involved)* tener que ver con, tomar parte en.

♦ **come off 1** *vi + adv* **(a)** *(button etc)* desprenderse, soltarse; *(stain)* quitarse. **(b)** *(take place, come to pass)* realizarse; *(turn out)* **to ~ off well/badly** salir bien/mal. **(c)** *(acquit o.s.)* portarse; **to ~ off best** salir mejor parado, salir ganando. **2** *vi + prep*: **she came off her bike** se cayó de la bicicleta; **~ off it!** *(fam)* ¡no digas tonterías!, *(LAm)* ¡no me vengas con cuentos!

♦ **come on** *vi + adv* **(a)** = **~ along (a, c)**. **(b)** *(start)* empezar; **I feel a cold coming on** me está empezando un catarro; **winter is coming on now** ya está empezando el invierno. **(c)** *(Theat)* salir a escena.

♦ **come out** *vi + adv (person, object)* salir *(of* de); *(flower)* abrirse, florecer; *(sun, stars)* salir; *(news)* divulgarse, difundirse; *(scandal)* descubrirse, salir a la luz del día; *(book, magazine)* editarse, publicarse; *(film)* estrenarse; *(qualities: show)* mostrarse; *(into the open: as gay etc)* declararse; *(stain)* quitarse; *(dye: run)* desteñirse; *(be covered with)* **he came out in a rash** le salieron granos en la piel; **to ~ out on strike** declararse en huelga; *(fig)* **to ~ out for/against sth** declararse en pro/en contra de algo; **to ~ out with a remark** salir con un comentario; **you never know what he's going to ~ out with next!** *(fam)* ¡nunca se sabe por dónde va a salir!

♦ **come over 1** *vi + adv* venir, venirse; **they came over to England for a holiday** se vinieron a Inglaterra de vacaciones; **you'll soon ~ over to my way of thinking** ya me darás la razón, ya te dejarás convencer; **I came over all dizzy** me mareé; **her speech came over very well** su discurso causó buena impresión. **2** *vi + prep*: **I don't know what's ~ over him!** ¡no sé lo que le pasa!; **a feeling of weariness came over her** le invadió el cansancio.

♦ **come round** *vi + adv* **(a) ~ round whenever you like** pasa por la casa cuando quieras; **he is coming round to see us tonight** viene a vernos *or* pasará a vernos esta noche. **(b)** *(occur regularly)* volver a ocurrir; **I shall be glad when payday ~s round** ya estoy esperando el día de pago. **(c)** *(make detour)* dar un rodeo, desviarse; **I had to ~ round by the Post Office to post a letter** tuve que dar un rodeo hasta Correos para echar una carta. **(d)** *(change one's mind)* dejarse convencer; **she'll soon ~ round to my way of thinking** no tardará en darme la razón. **(e)** *(throw off bad mood)* tranquilizarse, calmarse; **leave him alone, he'll soon ~ round** déjalo en paz, ya se calmará. **(f)** *(regain consciousness, esp after anaesthetic)* volver en sí.

♦ **come through 1** *vi + adv* **(a)** *(survive)* sobrevivir; **he's badly injured, but he'll ~ through all right** está malherido, pero se repondrá. **(b)** *(telephone call)* hablar por teléfono; **the call came through from France at 10 p.m.** a las 10 de la noche lograron comunicarse desde Francia. **2** *vi + prep (survive: war, danger)* sobrevivir; *(: uninjured)* salir ileso/a.

♦ **come to** *vi + adv* **(a)** *(amount)* ascender a, sumar; **how much does it ~ to?** ¿a cuánto asciende?, ¿cuánto es en total? **(b)** *(regain consciousness, esp after accidental knock-out)* recobrar el conocimiento; **he came to in hospital** recobró el conocimiento en el hospital.

♦ **come to·geth·er** *vi + adv (assemble)* reunirse, juntarse.

♦ **come under** *vi + prep (heading)* **it ~s under the heading of vandalism** se puede clasificar de vandalismo; *(influence)* **he came under the teacher's influence** cayó bajo la influencia del profesor.

♦ **come up 1** *vi + adv* **(a)** *(ascend)* subir. **(b)** *(accused: appear in court)* comparecer; *(lawsuit: be heard)* oírse, presentarse; *(matters for discussion)* plantearse, mencionarse; **she came up against complete opposition to her proposals** tropezó con una oposición total ante sus propuestas. **2** *vi + prep* subir.

♦ **come up to** *vi + prep (reach)* llegar hasta; *(approach)* acercarse a; *(fig)* estar a la altura de, satisfacer.

♦ **come up with** *vi + prep (suggest: idea, plan)* proponer, sugerir; *(offer: money)* ofrecer; *(: suggestion)* hacer.

♦ **come upon** *vi + prep (object, person)* topar(se) con, encontrar.

come·back ['kʌmbæk] *n (reaction: gen adverse)* reacción *f; (response)* réplica *f;* **to make a ~** *(Theat)* volver a las tablas; *(Cine)* volver al plató.

co·median [kə'miːdɪən] *n* cómico *m.*

co·medi·enne [kəˌmiːdɪ'en] *n* cómica *f.*

come·down ['kʌmdaʊn] *n (no pl) (setback)* revés *m; (humiliation)* humillación *f,* bajón *m.*

com·edy ['kɒmɪdɪ] *n (gen)* comedia *f; (humour)* comicidad *f.*

com·er ['kʌmə^r] *n*: **all ~s** todos los contendientes; **the first ~** el primero/la primera en llegar.

com·et ['kɒmɪt] *n* cometa *m.*

come·up·pance [ˌkʌm'ʌpəns] *n*: **to get one's ~** llevar su merecido.

com·fort ['kʌmfət] **1** *n* **(a)** *(solace)* consuelo *m;* **you're a great ~ to me** eres un gran consuelo para mí. **(b)** *(well-being)* confort *m,* bienestar *m; (facility)* comodidad *f;* **to live in ~** vivir holgadamente; **home ~s** el confort. **2** *vt (give solace)* consolar; *(give relief)* aliviar, dar alivio a. **3: ~ station** *n (US)* servicios *mpl,* aseos *mpl.*

com·fort·able ['kʌmfətəbl] *adj* **(a)** *(house, chair, shoes etc)* cómodo/a; *(life)* holgado/a; **to make o.s. ~** ponerse cómodo; **are you ~, sitting there?** ¿estás cómodo, sentado allí? **(b)** *(adequate: income)* adecuado/a, suficiente; *(temperature)* agradable, confortable; **he was elected with a ~ majority** fue elegido por una amplia mayoría. **(c)** *(fig: relaxed, easy in one's mind)* a gusto, tranquilo/a; **to be ~ about sth** estar tranquilo (con respecto a algo).

com·fort·ably ['kʌmfətəblı] *adv (sit etc)* cómodamente; *(live)* holgadamente; **to be ~ off** vivir con desahogo, estar acomodado.

com·fort·er ['kʌmfətə^r] *n (baby's dummy)* chupete *m, (LAm)* chupón *m.*

com·ic ['kɒmık] **1** *adj (gen)* cómico/a; *(amusing)* gracioso/a. **2** *n (person)* cómico/a *m/f; (paper)* tebeo *m,* cómic *m, (LAm)* cuento *m,* chistes *mpl,* caricaturas *fpl.* **3: ~ opera** *n* ópera *f* bufa, *(Sp)* zarzuela *f;* **~ relief** *n* descanso *m* cómico (del drama); **~ strip** *n* historieta *f,* tira *f* cómica.

comi·cal ['kɒmıkəl] *adj (funny)* cómico/a, gracioso/a.

com·ing ['kʌmıŋ] **1** *adj (year etc)* que viene; **in the ~ weeks** en las semanas venideras; **the ~ election** las próximas elecciones. **2** *n (advent)* venida *f,* llegada *f;* **the ~ of Christ** el advenimiento de Cristo; **~ and going** ir y venir.

com·ma ['kɒmə] *n* coma *f; see* **invert.**

com·mand [kə'mɑːnd] **1** *n* **(a)** *(order: esp Mil)* orden *f;* **he gave his ~ in a loud voice** dio la orden en voz alta; **his ~s were obeyed at once** sus órdenes se cumplieron de inmediato; **by** *or* **at the ~ of sb** por orden de uno. **(b)** *(control)* dominio *m; (Mil: of army, ship)* mando *m;* **under the ~ of** bajo el mando de; **to be in ~ (of)** estar al mando (de); *(fig)* dominar; **to have/take ~ of** estar al mando/asumir el mando de; **to have at one's ~** tener disponible *or* a disposición de uno; *(resources)* disponer de; **to have a good ~ of English** dominar el inglés.

2 *vt (lead: men)* mandar; *(: ship)* comandar; *(have at one's disposal: resources)* disponer de; *(attention)* ganarse; *(price)* venderse a *or* por; *(respect)* imponer; *(order)* **to ~ sb to do sth** mandar/ordenar a uno que haga algo.

3: ~ module *n (on a space rocket)* módulo *m* de comando; **~ performance** *n (Brit)* estreno *m (en presencia de la reina);* **~ post** *n* puesto *m* de mando.

com·man·deer [ˌkɒmən'dıə^r] *vt (requisition: building, stores, ship etc)* requisar, expropiar.

com·mand·er [kə'mɑːndə^r] *n (Mil)* comandante *mf;* **the ~ of the expedition** el comandante de la expedición; **~-in-chief** jefe/a *m/f* del Estado Mayor, Comandante *mf* en jefe.

com·mand·ing [kə'mɑːndıŋ] *adj (appearance)* imponente; *(tone of voice)* imperativo/a; *(lead)* abrumador(a); *(position)* dominante; **~ officer** *(Mil)* comandante *mf.*

com·mand·ment [kə'mɑːndmənt] *n (Bible)* mandamiento *m.*

com·man·do [kə'mɑːndəʊ] *n (man, group)* comando *m.*

com·memo·rate [kə'meməreıt] *vt* conmemorar.

com·me·mo·ra·tion [kəˌmemə'reıʃən] *n:* **in ~ of** en conmemoración *f* de.

com·memo·ra·tive [kə'memərətıv] *adj (medal, stamp etc)* conmemorativo/a.

com·mence [kə'mens] **1** *vt* comenzar, entablar; **to ~ doing sth** comenzar a hacer algo, entablar algo. **2** *vi* comenzar.

com·mence·ment [kə'mensmənt] *n* comienzo *m,* principio *m; (US Univ)* graduación *f.*

com·mend [kə'mend] *vt* **(a)** *(praise)* alabar, elogiar; **to ~ sb for** *or* **on sth** elogiar a uno por algo. **(b)** *(recommend)* recomendar; **it has little to ~ it** es poco recomendable. **(c)** *(entrust)* encomendar *(to* a).

com·mend·able [kə'mendəbl] *adj* recomendable, loable.

com·men·da·tion [ˌkɒmen'deıʃən] *n* elogio *m,* encomio *m.*

com·men·su·rate [kə'menʃərıt] *adj:* **~ with** en proporción a, que corresponde a.

com·ment ['kɒment] **1** *n (remark: written or spoken)* comentario *m,* observación *f; (no pl: gossip)* comentarios *mpl,* murmuración *f;* **no ~** no tengo nada que decir; **to make a ~** hacer un comentario; **to cause ~** *(gossip)* provocar comentarios. **2** *vi* comentar, hacer observaciones; **to ~ on** *(text)* comentar, hacer un comentario de; *(subject etc)* hacer observaciones acerca de; *(to the press)* hacer declaraciones sobre.

com·men·tary ['kɒməntərı] *n* **(a)** *(gen)* comentario *m.* **(b)** *(on text)* crítica *f* (literaria).

com·men·tate ['kɒmenteıt] *vi* comentar.

com·men·ta·tor ['kɒmenteıtə^r] *n (Rad, TV)* comentarista *mf.*

com·merce ['kɒmɜːs] *n (no pl)* comercio *m;* **Chamber of C~** Cámara *f* de Comercio.

com·mer·cial [kə'mɜːʃəl] **1** *adj (gen)* comercial; **~ law** derecho *m* mercantil. **2** *n (TV: advert)* anuncio *m.* **3: ~ radio/television** *n* radio *f*/televisión *f* comercial; **~ traveller** *n* viajante *mf* (de comercio); **~ value** *n* valor *m* comercial; **~ vehicle** *n* vehículo *m* comercial.

com·mer·cial·ism [kə'mɜːʃəlızəm] *n (often pej)* materialismo *m.*

com·mer·cial·ize [kə'mɜːʃəlaız] *vt* comercializar.

com·mis·er·ate [kə'mızəreıt] *vi:* **to ~ with** compadecerse *or* condolerse de.

com·mis·sion [kə'mıʃən] **1** *n* **(a)** *(committee)* comisión *f;* **~ of inquiry** comisión investigadora. **(b)** *(order for work, esp of artist)* comisión *f.* **(c)** *(for salesman)* comisión *f;* **to sell things on ~** vender cosas a comisión; **I get 10% ~** me dan el diez por ciento de comisión. **(d)** *(Mil: position)* graduación *f* de oficial, despacho *m* de oficial. **(e) to be out of ~** estar fuera de servicio. **2** *vt* **(a)** *(artist etc)* hacer un encargo a; *(picture)* encargar. **(b)** *(Mil)* nombrar; **~ed officer** oficial *mf.*

com·mis·sion·aire [kəˌmıʃə'nɛə^r] *n* portero *m,* conserje *m.*

com·mis·sion·er [kə'mıʃənə^r] *n (official)* comisario *m; (member of commission)* comisionado/a *m/f;* **~ for oaths** notario *m* público; **~ of police** comisario de policía.

com·mit [kə'mıt] *vt* **(a)** *(crime)* cometer; *(error)* cometer, incurrir en; **to ~ suicide** suicidarse. **(b) to ~ to writing** poner por escrito; **to ~ sth to memory** aprender algo de memoria; **to ~ sb for trial** remitir a uno al tribunal; **to ~ sb** *(to mental hospital)* internar a uno; **to ~ sb to prison** encarcelar a uno. **(c)** *(pledge)* comprometerse; **he is ~ted to change** está dedicado a buscar el cambio; **to ~ o.s. to** comprometerse a; **I can't ~ myself** no puedo comprometerme; **a ~ted writer** un escritor comprometido.

com·mit·ment [kə'mıtmənt] *n (promise)* compromiso *m; (devotion)* entrega *f;* **she would give no ~** no quiso comprometerse; **~s** compromisos, obligaciones *fpl.*

com·mit·tee [kə'mıtı] **1** *n (takes sing or pl verb)* comité *m,* comisión *f;* **to be on a ~** ser miembro de un comité. **2: ~ meeting** *n* reunión *f* del comité; **~ member** *n* miembro *m* del comité.

com·mod·ity [kə'mɒdıtı] *n* mercancía *f,* producto *m.*

com·mon ['kɒmən] **1** *adj* **(a)** *(affecting many, mutual)* común; **~ interest** interés *m* común; **~ cause/aim** causa *f*/meta *f* común; **~ language** lengua *f* común; **it is ~ knowledge that** está del dominio público que; **~ ground** *(fig)* puntos *mpl* comunes; **the C~ Market** el Mercado Común; ~ **denominator** *(Math)* común denominador *m;* ~ **room** sala *f* común, salón *m.* **(b)** *(usual)* común; *(frequent)* frecuente; *(ordinary)* común y corriente; ~ **belief** opinión *f* general; **in ~ use** de uso corriente; **the ~ man** el hombre de la calle, el hombre medio; **the ~ people** la gente común, el gran público; **it's ~ courtesy** es una simple cortesía; ~ **or garden** común y corriente; ~ **sense** *(n)* sentido *m* común; *(adj)* racional, lógico/a; **in ~ parlance** en lenguaje corriente. **(c)** *(pej: vulgar)* ordinario/a, *(LAm)* vulgar.

2 *n (land)* campo *m* común, ejido *m; (Brit Pol)* **the C~s** los Comunes; **we have a lot in ~ (with other people)** tenemos mucho en común (con otra gente).

com·mon·er ['kɒmənəʳ] *n* plebeyo/a *m/f.*

com·mon-law ['kɒmənlɔː] *adj (marriage, spouse)* de hecho, consuetudinario/a.

com·mon·ly ['kɒmənlɪ] *adv (see adj* **b, c***) (usually)* comúnmente; por lo común; *(frequently)* frecuentemente; *(vulgarly)* ordinariamente, vulgarmente.

com·mon·place ['kɒmənpleɪs] **1** *adj (normal)* normal, de lo más común; *(pej)* vulgar, ordinario/a. **2** *n (event)* cosa *f* común y corriente; *(statement)* tópico *m,* perogrullada *f.*

common·wealth ['kɒmənwelθ] *n:* **the C~** la Mancomunidad (Británica).

com·mo·tion [kə'məʊʃən] *n (noise)* alboroto *m; activity)* jaleo *m,* disturbio *m; (fuss)* agitación *f.*

com·mu·nal ['kɒmjuːnl] *adj* comunal, comunitario/a.

com·mune ['kɒmjuːn] **1** *n (group)* comuna *f.* **2** [kə'mjuːn] *vi:* **to ~ with nature** estar en contacto con la naturaleza, vivir en plena naturaleza.

com·mu·ni·cable [kə'mjuːnɪkəbl] *adj (gen)* comunicable; *(disease)* contagioso/a.

com·muni·cant [kə'mjuːnɪkənt] *n (Rel)* comulgante *mf.*

com·mu·ni·cate [kə'mjuːnɪkeɪt] **1** *vt:* **to ~ sth (to sb)** *(thoughts, information)* comunicar algo (a uno); *(frm: disease)* contagiar (a uno) de algo. **2** *vi (speak etc)* comunicarse, hablar (con); **they just can't ~** no se entienden en absoluto; **communicating rooms** habitaciones *fpl* adyacentes.

com·mu·ni·ca·tion [kə,mjuːnɪ'keɪʃən] **1** *n* **(a)** *(no pl: verbal or written contact)* contacto *m; (: exchange of information etc)* comunicación *f; (message)* mensaje *m,* comunicación; **to be in ~ with** *(frm)* estar en contacto con. **(b) ~s** comunicaciones *fpl;* **good/poor ~s** buenas/malas comunicaciones. **2: ~ cord** *n (Rail)* timbre *m or* palanca *f* de alarma; **~s network** *n* red *f* de comunicaciones; **~s satellite** *n* satélite *m* de comunicaciones.

com·mu·ni·ca·tive [kə'mjuːnɪkətɪv] *adj* comunicativo/a.

com·mun·ion [kə'mjuːnɪən] *n (Rel)* comunión *f;* **to take** *or* **receive ~** comulgar.

com·mu·ni·qué [kə'mjuːnɪkeɪ] *n* comunicado *m,* parte *m.*

com·mun·ism ['kɒmjʊnɪzəm] *n* comunismo *m.*

com·mun·ist ['kɒmjʊnɪst] **1** *adj* comunista; **C~ party** partido *m* comunista. **2** *n* comunista *mf.*

com·mu·nity [kə'mjuːnɪtɪ] **1** *n (takes sing or pl verb: gen)* comunidad *f; (: local)* barrio *m,* vecindad *f,* vecindario *m; (: cultural etc)* comunidad. **2: ~ centre** *n* centro *m* comunitario; **~ chest** *n (US)* arca *f* comunitaria, fondo *m* común; **~ health centre** *n* centro *m* médico, dispensario *m* público; **~ politics** *npl* política *f* local; **~ worker** *n* asistente *mf* social.

com·mu·ta·tion tick·et [,kɒmjʊ'teɪʃən,tɪkɪt] *n (US)* billete *m* de abono.

com·mute [kə'mjuːt] **1** *vi* viajar a diario (de la casa al trabajo). **2** *vt (payment)* **to ~ for/into** conmutar por/en; *(sentence)* **to ~ (to)** conmutar (a).

com·mut·er [kə'mjuːtəʳ] *n* persona *f* que viaja cada día de su casa a su trabajo; **the ~ belt** los barrios *or* suburbios residenciales.

com·pact[1] [kəm'pækt] *adj (small)* compacto/a; *(dense)* apretado/a, sólido/a; *(style)* breve, conciso/a.

com·pact[2] ['kɒmpækt] *n* **(a)** *(agreement)* pacto *m,* convenio *m.* **(b)** *(also* **powder ~***)* polvera *f.*

com·pan·ion [kəm'pænjən] *n* compañero/a *m/f; (travelling ~)* compañero/a (de viaje); *(lady's)* acompañanta *f,* dama *f* de compañía; *(book)* guía *f; (one of pair of objects)* compañero/a, pareja *f.*

com·pan·ion·able [kəm'pænjənəbl] *adj (person)* sociable.

com·pan·ion·ship [kəm'pænjənʃɪp] *n (company)* compañía *f; (friendship, friendliness)* compañerismo *m.*

com·pan·ion·way [kəm'pænjən,weɪ] *n (Naut)* escalera *f* de cámara.

com·pa·ny ['kʌmpənɪ] **1** *n* **(a)** *(no pl)* compañía *f;* **he's good/poor ~** es buena/mala compañía; **to be in good ~** *(fig)* estar bien acompañado; **to keep sb ~** hacer compañía a uno, acompañar a uno; **it's ~ for her** le hace compañía; **to keep/get into bad ~** andar en malas compañías/hacer malas amistades; **to part ~ with sb** separarse de uno; **two's ~(, three's a crowd)** el amor no necesita compañía. **(b)** *(no pl: guests)* visitas *fpl,* invitados *mpl;* **we have ~** tenemos visita *f or* invitados. **(c)** *(Comm: firm etc)* compañía *f; (: association)* sociedad *f;* **Smith and C~** Smith y Compañía; *see* **limited. (d)** *(Mil)* compañía *f,* unidad *f.* **(e)** *(Theat)* compañía *f* (de teatro).

2: ~ car *n* coche *m* de la compañía; **~ secretary** *n* secretario/a *m/f* de compañía.

com·pa·rable ['kɒmpərəbl] *adj* comparable; **~ to** *or* **with** comparable a *or* con.

com·para·tive [kəm'pærətɪv] **1** *adj* relativo/a; *(Ling)* comparativo/a; *(study)* comparado/a. **2** *n (Ling)* comparativo *m.*

com·para·tive·ly [kəm'pærətɪvlɪ] *adv (relatively)* relativamente; **the books can be studied ~** los libros pueden estudiarse comparativamente.

com·pare [kəm'pɛəʳ] **1** *vt (examine for similarities)* comparar; *(regard as being similar)* cotejar, hacer comparación; **~d with** *or* **to** comparado con *or* a; **to ~ notes with sb** *(fig)* cambiar impresiones con uno. **2** *vi:* **how do they ~ for speed?** ¿cuál tiene mayor velocidad?; **how do the prices ~?** ¿cómo se comparan los precios?; **it doesn't ~ with yours** no se puede ni comparar al tuyo, no tiene comparación con el tuyo. **3** *n:* **beyond ~** *(poet)* incomparable, sin par.

com·pari·son [kəm'pærɪsn] *n (act)* comparación *f; (likeness)* parecido *m;* **to draw a ~** establecer una comparación; **there is no ~ (between them)** no hay comparación (entre ellos); **in ~ (with), by ~ (with)** en comparación (con).

com·part·ment [kəm'pɑːtmənt] *n* compartimiento *m; (Brit Rail)* departamento *m.*

com·pass ['kʌmpəs] *n* **(a)** *(Naut etc)* brújula *f.* **(b)** *(Math)* **(pair of) ~es** compás *m.* **(c)** *(fig: range)* alcance *m,* extensión *f; (: area)* ámbito *m;* **within the ~ of** al alcance de.

com·pas·sion [kəm'pæʃən] *n* compasión *f;* **to have/feel ~ for** *or* **on sb/for sth** tener/sentir compasión por *or* de uno/algo, compadecerse de uno/algo.

com·pas·sion·ate [kəm'pæʃənɪt] *adj (person)* compasivo/a; *(reasons, grounds)* por compasión; ~ **leave** permiso *m* por motivos familiares.
com·pat·ible [kəm'pætɪbl] *adj (people, ideas, blood groups)* compatible, conciliable; **to be ~ with sth** ser compatible con algo.
com·pat·ri·ot [kəm'pætrɪət] *n* compatriota *mf.*
com·pel [kəm'pel] *vt* obligar; *(respect, obedience, etc)* imponer; *(admiration)* ganar; **to ~ sb to do sth** obligar a uno a hacer algo; **~ling reasons** razones *fpl* apremiantes.
com·pen·dium [kəm'pendɪəm] *n* compendio *m;* **~ of games** *(Brit)* juego *m* de juegos.
com·pen·sate ['kɒmpənseɪt] **1** *vt* compensar, indemnizar; **~ sb for sth** compensar a uno por algo. **2** *vi* compensar *(for* por).
com·pen·sa·tion [,kɒmpən'seɪʃən] *n (award etc)* compensación *f; (damages)* indemnización *f; (reward)* recompensa *f;* **in ~ (for)** en compensación (por).
com·pere ['kɒmpɛəʳ] **1** *n* presentador(a) *m/f.* **2** *vt (show)* presentar.
com·pete [kəm'pi:t] *vi (as rivals)* competir; *(take part)* tomar parte *(in* en), presentarse *(in* a); *(Comm)* competir, hacer la competencia.
com·pe·tence ['kɒmpɪtəns] *n,* **com·pe·ten·cy** ['kɒmpɪtənsɪ] *n* capacidad *f; (of court)* competencia *f,* incumbencia *f.*
com·pe·tent ['kɒmpɪtənt] *adj* **(a)** competente, capaz. **(b)** *(Jur)* competente.
com·pe·ti·tion [,kɒmpɪ'tɪʃən] *n* **(a)** *(gen)* competencia *f; (no pl: competing)* competición *f,* rivalidad *f; (Comm)* competencia; **in ~ with** en competencia con; **there was keen ~ in the race** la carrera fue muy reñida. **(b)** *(contest)* concurso *m; (: academic)* oposición *f; (Sport)* competición *f;* **to enter** *or* **go in for a ~** inscribirse en *or* presentarse a un concurso.
com·peti·tive [kəm'petɪtɪv] *adj (spirit, person, attitude)* competitivo/a, de competencia; *(exam, entry, selection)* de concurso; *(Comm: price, market, industry)* competitivo/a.
com·peti·tor [kəm'petɪtəʳ] *n (in contest)* concursante *mf; (Comm)* competidor(a) *m/f;* **~s** la competencia.
com·pile [kəm'paɪl] *vt* compilar, recopilar.
com·pla·cen·cy [kəmp'leɪsnsɪ] *n (often pej)* autocomplacencia *f,* autosatisfacción *f.*
com·pla·cent [kəm'pleɪsənt] *adj (often pej: person)* autocomplaciente; **a ~ look** una cara complacida *or* de complacencia.
com·plain [kəm'pleɪn] *vi* quejarse *(about, of* de, *to* a); *(make a formal complaint)* reclamar; **they ~ed to the neighbours** se quejaron a *or* con los vecinos; *(Med)* **to ~ of** quejarse de.
com·plaint [kəm'pleɪnt] *n (statement of dissatisfaction)* queja *f; (to manager of shop etc)* reclamación *f; (cause of dissatisfaction)* motivo *m* de queja; *(Med: illness)* enfermedad *f,* mal *m;* **to make a ~** hacer una reclamación, formular una queja; **reason for ~** motivo de queja *or* protesta; **to lodge a ~ against sb** *(Jur)* presentar una demanda *or* levantar pleito contra uno.
com·ple·ment ['kɒmplɪmənt] **1** *n* **(a)** *(gen)* complemento *m;* **to be a ~ to** complementar a. **(b)** *(of staff: esp on ship)* dotacion *f,* personal *m.* **2** *vt* complementar.
com·ple·men·tary [,kɒmplɪ'mentərɪ] *adj* complementario/a; **dress and coat are ~** el vestido y el abrigo se complementan.
com·plete [kəm'pli:t] **1** *adj (whole)* entero/a, completo/a; *(finished)* acabado/a; *(utter)* completo/a, total; **it's a ~ disaster** es un desastre total; **my report is still not ~** mi informe todavía no está terminado. **2** *vt (make up: set)* completar; *(misfortune, happiness)* colmar; *(finish: work)* terminar, acabar; *(: contract)* realizar; *(fill in: form)* (re)llenar; **~ the application form** llene la solicitud.
com·plete·ly [kəm'pli:tlɪ] *adv* completamente, por completo.
com·ple·tion [kəm'pli:ʃən] *n* terminación *f,* conclusión *f;* **to be nearing ~** estar por *or* para terminarse; **on ~ of contract** cuando se realice el contrato.
com·plex ['kɒmpleks] **1** *adj (difficult)* complicado/a; *(consisting of different parts)* complejo/a; *(Ling)* compuesto/a. **2** *n* **(a)** *(Psych)* complejo *m;* **inferiority ~** complejo de inferioridad; **Oedipus ~** complejo de Edipo; **he's got a ~/complexes** está acomplejado. **(b)** *(of buildings)* complejo *m;* **a sports ~** un complejo deportivo; **a housing ~** una colonia de viviendas, una urbanización.
com·plex·ion [kəm'plekʃən] *n* tez *f,* cutis *m; (fig)* **that puts a different ~ on it** eso le da otro aspecto.
com·plex·ity [kəm'pleksɪtɪ] *n* complejidad *f,* complicación *f.*
com·pli·ance [kəm'plaɪəns] *n (with rules etc)* conformidad *f; (submissiveness)* sumisión *f.*
com·pli·cate ['kɒmplɪkeɪt] *vt* complicar.
com·pli·cat·ed ['kɒmplɪkeɪtɪd] *adj* complicado/a, complejo/a; **to become ~** complicarse.
com·pli·ca·tion [,kɒmplɪ'keɪʃən] *n (further difficulty, also Med)* complicación *f; (complexity)* complejidad *f.*
com·pli·ment ['kɒmplɪmənt] **1** *n* **(a)** *(respect)* cumplido *m; (flirtation)* piropo *m; (flattery)* halago *m;* **to pay sb a ~** *(respectful)* hacer cumplidos a uno; *(amorous)* echar piropos a uno; *(flatter)* halagar a uno; **I take it as a ~ that** me halaga (el) que. **(b) ~s** *(greetings)* saludos *mpl;* **the ~s of the season** felicidades *fpl;* **with the ~s of the management** es un obsequio de la gerencia; **my ~s to the chef** mi enhorabuena al cocinero. **2** *vt:* **to ~ sb on sth/on doing sth** felicitar a uno por algo/por conseguir algo.
com·pli·men·tary [,kɒmplɪ'mentərɪ] *adj* **(a)** *(remark etc)* halagüeño/a. **(b)** *(free: ticket)* de favor; *(: copy of book etc)* de obsequio.
com·ply [kəm'plaɪ] *vi:* **to ~ with** *(rules)* cumplir con; *(laws)* acatar; *(obey)* obedecer; *(wishes)* conformarse con; **to ~ with a request** acceder a una petición.
com·po·nent [kəm'pəʊnənt] **1** *adj (part)* componente. **2** *n (part)* componente *m; (Tech)* pieza *f.* **3: ~s factory** *n* fábrica *f* de recambios, *(LAm)* maquiladora *f.*
com·pose [kəm'pəʊz] *vt* **(a)** *(music)* componer; *(poetry, letter)* escribir; **to be ~d of** constar de, consistir en. **(b) to ~ o.s.** calmarse, serenarse.
com·posed [kəm'pəʊzd] *adj* tranquilo/a, sereno/a.
com·pos·er [kəm'pəʊzəʳ] *n (Mus)* compositor(a) *m/f.*
com·po·site ['kɒmpəzɪt] *adj* compuesto/a.
com·po·si·tion [,kɒmpə'zɪʃən] *n* **(a)** *(no pl: act of composing: Mus)* composición *f; (: Lit)* redacción *f.* **(b)** *(thing composed: Mus)* composición *f; (: Lit)* escrito *m.* **(c)** *(no pl: make-up, Art)* composición *f.*
com·posi·tor [kəm'pɒzɪtəʳ] *n (Typ)* cajista *mf.*
com·post ['kɒmpɒst] *n* abono *m.*
com·po·sure [kəm'pəʊʒəʳ] *n* calma *f,* serenidad *f,* **to recover one's ~** recobrar la calma.
com·pote ['kɒmpəʊt] *n (Culin)* compota *f.*
com·pound ['kɒmpaʊnd] **1** *n* **(a)** *(Chem)* compuesto *m; (word)* palabra *f* compuesta. **(b)**

(enclosed area) recinto *m* (cercado). **2** *adj (Chem)* combinado/a; *(number, sentence, tense)* compuesto/a; *(fracture)* complicado/a. **3** [kəm'paʊnd] *vt (fig: problem, difficulty)* agravar. **4:** ~ **interest** *n* interés *m* compuesto.

com·pre·hend [ˌkɒmprɪ'hend] *vt (understand)* comprender, *(LAm)* entender.

com·pre·hen·sible [ˌkɒmprɪ'hensəbl] *adj* comprensible.

com·pre·hen·sion [ˌkɒmprɪ'henʃən] *n (understanding)* comprensión *f; (Scol: exercise)* prueba *f* de comprensión.

com·pre·hen·sive [ˌkɒmprɪ'hensɪv] **1** *adj (knowledge, study, measures)* amplio/a, extenso/a; *(report, review, description)* global, de conjunto; *(insurance)* a todo riesgo; *(price, charge)* todo incluido. **2** *n (also* ~ **school)** instituto *m* integrado de enseñanza secundaria.

com·press [kəm'pres] **1** *vt (gen)* comprimir; *(text etc)* condensar; ~**ed air** aire *m* comprimido. **2** ['kɒmpres] *n (Med)* compresa *f.*

com·pres·sion [kəm'preʃən] *n (gen)* compresión *f.*

com·pres·sor [kəm'presə^r] *n* compresor *m.*

com·prise [kəm'praɪz] *vt (include)* comprender; *(be made up of)* constar de, consistir en.

com·pro·mise ['kɒmprəmaɪz] **1** *n (agreement)* arreglo *m,* acomodo *m; (: shady)* componenda *f; (arrangement)* transacción *f;* **to reach a** ~ **(over sth)** llegar a un arreglo (sobre algo). **2** *vi* llegar a un arreglo; *(give in)* transigir, *(LAm)* transar; **to** ~ **with sb over sth** transigir con uno sobre algo. **3** *vt (endanger safety of)* poner en peligro; *(reputation, person: bring under suspicion)* comprometer. **4** *cpd (decision, solution)* de término *m* medio.

com·pul·sion [kəm'pʌlʃən] *n (compulsive urge)* compulsión *f; (force)* **under** ~ a la fuerza; **you are under no** ~ no tienes ninguna obligación.

com·pul·sive [kəm'pʌlsɪv] *adj (reason)* apremiante; *(desire, behaviour)* compulsivo/a; *(smoker, liar)* empedernido/a, incorregible.

com·pul·so·ry [kəm'pʌlsərɪ] **1** *adj (obligatory: education, military service etc)* obligatorio/a. **2:** ~ **purchase** *n* adquisición *f* forzosa.

com·punc·tion [kəm'pʌŋkʃən] *n (no pl)* escrúpulo *m.*

com·pu·ta·tion [ˌkɒmpjʊ'teɪʃən] *n (often pl)* cómputo *m,* cálculo *m.*

com·pute [kəm'pjuːt] *vt* computar, calcular.

com·put·er [kəm'pjuːtə^r] **1** *n* ordenador *m,* computador *m,* computadora *f;* **she is in** ~**s** trabaja con computadoras. **2:** ~ **programme** *n* programa *m* de computadora; ~ **programmer** *n* programador(a) *m/f* de computadora; ~ **programming** *n* programación *f* de computadora; ~ **science** *n* informática *f.*

com·put·eri·za·tion [kəmˌpjuːtəraɪ'zeɪʃən] *n (no pl) (of system)* computerización *f.*

com·put·er·ize [kəm'pjuːtəraɪz] *vt (system)* computerizar.

com·rade ['kɒmrɪd] *n* compañero/a *m/f,* camarada *mf; (Pol)* camarada.

con[1] [kɒn] *(fam)* **1** *vt* timar, estafar; **to** ~ **sb into doing sth** convencer a uno por engaño de que haga algo; **I've been** ~**ned!** ¡me han estafado! **2** *n* estafa *f,* timo *m;* **it was all a big** ~ no fue más que una estafa. **3:** ~ **man** *n* estafador *m.*

con[2] [kɒn] *n (disadvantage)* contra *m;* **the pros and** ~**s** los pros y los contras.

con·cave [ˌkɒn'keɪv] *adj* cóncavo/a.

con·ceal [kən'siːl] *vt (object, news: from sb)* ocultar; *(emotions, thoughts: from sb)* disimular; ~**ed lighting** luces *fpl* ocultas; ~**ed turning** *(Aut)* cruce *m* escondido.

con·cede [kən'siːd] **1** *vt (admit: point, argument, defeat)* reconocer, conceder; *(yield: game, victory, territory)* ceder; **to** ~ **that** admitir que. **2** *vi* ceder, darse por vencido.

con·ceit [kən'siːt] *n (no pl)* presunción *f,* engreimiento *m.*

con·ceit·ed [kən'siːtɪd] *adj* presumido/a, engreído/a.

con·ceiv·able [kən'siːvəbl] *adj* concebible.

con·ceiv·ably [kən'siːvəblɪ] *adv* posiblemente; **you may** ~ **be right** es posible que tenga razón.

con·ceive [kən'siːv] **1** *vt* **(a)** *(child)* concebir. **(b)** *(imagine, think of)* concebir; **to** ~ **a dislike for sth/sb** cobrar antipatía a algo/uno. **2** *vi* **(a)** *(become pregnant)* concebir. **(b)** *(think)* **to** ~ **of sth/of doing sth** imaginar algo/imaginarse haciendo algo; **I cannot** ~ **why** no entiendo porqué.

con·cen·trate ['kɒnsəntreɪt] **1** *vt* **(a)** *(efforts, thoughts, hopes)* concentrar; **to** ~ **one's efforts on sth/on doing sth** concentrar los esfuerzos en algo/en hacer algo. **(b)** *(group closely)* concentrar, reunir. **2** *vi* **(a)** *(pay attention)* concentrarse; **to** ~ **on** concentrarse en. **(b)** *(group closely)* concentrarse, reunirse. **3** *n (Chem)* concentrado *m.*

con·cen·tra·ted ['kɒnsəntreɪtɪd] *adj* concentrado/a.

con·cen·tra·tion [ˌkɒnsən'treɪʃən] **1** *n* concentración *f.* **2:** ~ **camp** *n* campo *m* de concentración.

con·cept ['kɒnsept] *n* concepto *m;* **have you any** ~ **of how hard it is?** ¿tienes alguna idea de lo difícil que es?

con·cep·tion [kən'sepʃən] *n* **(a)** *(of child, idea)* concepción *f; see* **immaculate. (b)** *(idea)* concepto *m.*

con·cern [kən'sɜːn] **1** *n* **(a)** *(interest)* interés *m;* **it's no** ~ **of yours** no es asunto tuyo; **what** ~ **is it of yours?** ¿qué tiene que ver contigo?; **it's of no** ~ **to me** a mí no me importa, *(LAm)* me tiene sin cuidado; **he has a** ~ **in the business** tiene intereses en la empresa. **(b)** *(anxiety)* preocupación *f,* inquietud *f;* **it is a matter for** ~ **that** es motivo de preocupación el (hecho de) que; **with growing** ~ con una creciente preocupación; **a look of** ~ una cara de preocupación. **(c)** *(firm)* empresa *f.*

2 *vt* **(a)** *(affect)* afectar, atañer; *(interest)* interesar, tener que ver con; *(be about)* tratar de; *(be relevant to)* referirse a, relacionarse con; **to whom it may** ~ a quien corresponda; **it** ~**s me closely** me atañe directamente; **my question** ~**s money** mi pregunta se refiere al dinero; **those** ~**ed** los interesados; **as far as I am** ~**ed** por *or* en lo que a mí se refiere, en cuanto a mí; **to be** ~**ed with** tratar de; **he was** ~**ed in peace talks** participó en las conversaciones de paz; **we are** ~**ed with facts** (a nosotros) nos interesan los hechos; **to** ~ **o.s. with** preocuparse por. **(b)** *(worry)* preocupar; **to be** ~**ed at** *or* **by sth** preocuparse por; **to be** ~**ed for sb** estar preocupado por uno; **to be** ~**ed about sth/sb** estar preocupado por algo/uno.

con·cern·ing [kən'sɜːnɪŋ] *prep* con respecto a, en lo que se refiere a; *(about)* acerca de.

con·cert ['kɒnsət] **1** *n (Mus)* concierto *m;* **in** ~ **(with)** *(fig: agreement)* de común acuerdo (con). **2:** ~ **hall** *n* sala *f* de conciertos; ~ **pianist** *n* pianista *mf* de concierto; ~ **ticket** *n* entrada *f* de concierto; ~ **tour** *n* gira *f* de conciertos.

con·cert·ed [kən'sɜːtəd] *adj* concertado/a.

con·cer·ti·na [ˌkɒnsə'tiːnə] *n* concertina *f.*

con·cer·to [kən'tʃɛətəʊ] *n* concierto *m.*

con·ces·sion [kən'seʃən] *n* **(a)** concesión *f;* **price** ~ rebaja *f.* **(b)** *(franchise)* concesión *f; (exploration rights: oil)* derechos *mpl* de exploración.

con·ces·sion·ary [kən'seʃənərɪ] *adj (ticket, fare)* concesionario/a.
con·cili·ate [kən'sɪlɪeɪt] *vt (person, opposing view)* conciliar.
con·cilia·tory [kən'sɪlɪətərɪ] *adj (gesture, attitude)* conciliador(a).
con·cise [kən'saɪs] *adj* conciso/a.
con·clude [kən'klu:d] **1** *vt* **(a)** *(end)* acabar, concluir. **(b)** *(finalize: treaty)* concertar, pactar; *(: agreement)* llegar a, concertar. **(c)** *(infer)* concluir; **from your expression I ~ that you are angry** tu cara me da a entender que estás enfadado. **2** *vi (end)* terminarse, concluirse; **he ~d by saying** terminó diciendo.
con·clu·sion [kən'klu:ʒən] *n* **(a)** *(end)* conclusión *f*, término *m;* **to reach a happy ~** llegar a feliz término; **in ~** para terminar, en conclusión. **(b)** *(opinion)* conclusión *f;* **to come to the ~ that** llegar a la conclusión de que; **to jump to ~s** adelantarse (a las conclusiones); *see* **foregone.**
con·clu·sive [kən'klu:sɪv] *adj* decisivo/a, definitivo/a; **~ evidence** pruebas *fpl* definitivas.
con·coct [kən'kɒkt] *vt (food, drink)* confeccionar; *(lie, story, excuse)* inventar; *(plot)* tramar, fraguar.
con·coc·tion [kən'kɒkʃən] *n (food, drink)* confección *f*.
con·cord ['kɒŋkɔ:d] *n (no pl: harmony)* concordia *f; (treaty)* acuerdo *m*.
con·course ['kɒŋkɔ:s] *n (of people)* concurrencia *f*, muchedumbre *f; (place)* plaza *f*, explanada *f*.
con·crete ['kɒnkri:t] **1** *adj (gen)* concreto/a. **2** *n* hormigón *m*. **3** *vt*: **to ~ a path** revestir un sendero de hormigón. **4**: **~ mixer** *n* hormigonera *f*.
con·cur [kən'kɜ:ʳ] *vi* **(a)** *(agree)* estar de acuerdo *(with* con). **(b)** *(happen at the same time)* concurrir.
con·cur·rent [kən'kʌrənt] *adj (coinciding)* **~ with** concurrente (con).
con·cus·sed [kən'kʌst] *adj*: **to be ~** sufrir una conmoción cerebral.
con·cus·sion [kən'kʌʃən] *n (Med: no pl)* conmoción *f* cerebral.
con·demn [kən'dem] *vt (Jur, censure)* condenar; *(declare unfit: building)* declarar inhabitable; *(: food)* declarar insalubre; **to ~ sb to death** condenar a uno a muerte; **the ~ed cell** celda *f* de los condenados a muerte.
con·dem·na·tion [ˌkɒndem'neɪʃən] *n (gen)* condena *f; (blame)* censura *f*.
con·den·sa·tion [ˌkɒnden'seɪʃən] *n (vapour etc)* vaho *m; (summary)* resumen *m*.
con·dense [kən'dens] **1** *vt (vapour)* condensar; *(text)* abreviar, resumir; **~d milk** leche *f* condensada. **2** *vi* condensarse.
con·dens·er [kən'densəʳ] *n* condensador *m*.
con·de·scend [ˌkɒndɪ'send] *vi* tratar con condescendencia *(to* a); **to ~ to do sth** dignarse hacer algo.
con·de·scend·ing [ˌkɒndɪ'sendɪŋ] *adj (patronizing)* condescendiente.
con·di·ment ['kɒndɪmənt] *n* condimento *m*.
con·di·tion [kən'dɪʃən] **1** *n* **(a)** *(stipulation)* condición *f;* **on ~ that** a condición de que; **on no ~** bajo ningún concepto; **I'll do it on one ~** lo haré, con una condición. **(b)** *(state)* condición *f*, estado *m; (circumstance)* circunstancia *f;* **under** *or* **in the present ~s** en las circunstancias actuales; **in good ~** en condiciones; **in poor ~** en malas condiciones; **living/working ~s** condiciones de vida/trabajo; **to be in no ~ to do sth** no estar en condiciones de hacer algo; **to be out of ~** estar fuera de forma; **physical ~** estado físico; **physical ~s** condiciones físicas; **weather ~s** estado *m* del tiempo. **(c)** *(disease)* enfermedad *f*.
2 *vt (hair)* condicionar; *(determine)* determinar; *(Psych: train)* condicionar; **to be ~ed by** depender de; **~ed reflex** reflejo *m* condicionado.
con·di·tion·al [kən'dɪʃənl] *adj* condicional; **to be ~ upon** depender de; **~ tense/clause** tiempo *m*/oración *f* condicional.
con·di·tion·er [kən'dɪʃənəʳ] *n (for hair)* condicionador *m*.
con·di·tion·ing [kən'dɪʃənɪŋ] **1** *adj*: **~ shampoo** champú *m* condicionador. **2** *n (social)* acondicionamiento *m; see* **air 3.**
con·do·lence [kən'dəuləns] *n (usu pl)* pésame *m;* **please accept my ~s** le acompaño en el sentimiento.
con·dom ['kɒndəm] *n (contraceptive)* condón *m*.
con·do·min·ium [ˌkɒndə'mɪnɪəm] *n (US: block of flats)* condominio *m*.
con·done [kən'dəun] *vt* perdonar.
con·du·cive [kən'dju:sɪv] *adj*: **~ to** conducente a.
con·duct ['kɒndʌkt] **1** *n (behaviour)* comportamiento *m*, conducta *f; (of business etc)* dirección *f*, manejo *m*. **2** [kən'dʌkt] *vt* **(a)** *(guide)* llevar, conducir. **(b)** *(Phys: heat, electricity)* conducir. **(c)** *(direct: business, negotiations, campaign)* dirigir, llevar; *(legal case)* presentar; *(Mus)* dirigir; **to ~ o.s.** comportarse; **~ed tour** visita *f* acompañada. **3** [kən'dʌkt] *vi (Mus)* llevar la batuta.
con·duc·tion [kən'dʌkʃən] *n (no pl: Elec)* conducción *f*.
con·duc·tiv·ity [ˌkɒndʌk'tɪvɪtɪ] *n (no pl)* conductividad *f*.
con·duc·tor [kən'dʌktəʳ] *n (Mus)* director(a) *m/f; (of bus)* cobrador(a) *m/f; (US Rail)* revisor(a) *m/f; (Phys: of heat, electricity)* conductor *m; (lightning ~)* pararrayos *m inv*.
con·duit ['kɒndɪt] *n (pipe)* conducto *m*.
cone [kəun] *n (Math)* cono *m; (Bot)* piña *f; (ice cream)* cono, barquillo *m*.
con·fec·tion·er [kən'fekʃənəʳ] *n* confitero/a *m/f;* **~'s (shop)** confitería *f*, *(LAm)* dulcería *f*.
con·fec·tion·ery [kən'fekʃənərɪ] *n (no pl) (sweets)* caramelos *mpl*, dulces *mpl*, *(LAm)* golosinas *fpl*.
con·fed·er·ate [kən'fedərɪt] **1** *adj* confederado/a. **2** *n (pej)* cómplice *mf; (US Hist)* confederado/a *m/f*.
con·fed·era·tion [kənˌfedə'reɪʃən] *n* confederación *f*.
con·fer [kən'fɜ:ʳ] **1** *vt* **to ~ sth on sb** *(gift, honour)* otorgar algo a uno; *(title)* conferir algo a uno. **2** *vi* conferenciar, estar en consultas; **to ~ with sb** consultar a uno.
con·fer·ence ['kɒnfərəns] *n (discussion, meeting)* reunión *f*, conferencia *f; (convention)* asamblea *f*, congreso *m;* **to be in ~** estar en una reunión; *see* **press 4.**
con·fess [kən'fes] **1** *vt (crime, sin)* confesar; *(guilt, error)* reconocer; **to ~ that ...** confesar que ...; **to ~ sb** *(Rel)* confesar a uno; **to ~ one's guilt** reconocer su culpabilidad; **to ~ o.s. guilty of** *(sin, crime)* confesarse culpable de. **2** *vi (admit)* confesar; *(Rel)* confesarse; **to ~ (to sth/to doing sth)** confesarse culpable (de algo/de haber hecho algo); **I must ~, I like your car** debo reconocer que me gusta tu coche; **to ~ to a liking for sth** reconocerse aficionado a algo.
con·fes·sion [kən'feʃən] *n (act)* confesión *f; (document)* declaración *f* de culpabilidad; **to go to ~/make one's ~** confesarse.
con·fes·sion·al [kən'feʃənl] *n* confesionario *m*.
con·fes·sor [kən'fesəʳ] *n (Rel: priest)* confesor *m;*

(: adviser) padre *m* confesor, director *m* espiritual.
con·fet·ti [kən'feti:] *n* confeti *m.*
con·fi·dant [ˌkɒnfɪ'dænt] *n (male)* confidente *m.*
con·fi·dante [ˌkɒnfɪ'dænt] *n (female)* confidenta *f.*
con·fide [kən'faɪd] **1** *vt (secret)* **to ~ sth to sb** decir algo en confianza a uno; **he ~d to me that** me dijo en confianza que. **2** *vi (trust)* confiar en, fiarse de; *(tell secrets)* **to ~ in sb (about sth)** confiar en uno (sobre algo).
con·fi·dence ['kɒnfɪdəns] **1** *n* **(a)** *(trust)* confianza *f;* **to have (every) ~ in sb** tener (entera) confianza en uno; **to have (every) ~ that ...** estar seguro *or* confiado de que ...; **a motion of no ~** moción *f* de censura. **(b)** (*also* **self-~**) confianza *f or* seguridad *f* (en sí mismo); **to gain ~** adquirir confianza. **(c)** *(secret)* confidencia *f;* **to take sb into one's ~** depositar su confianza en uno; **to tell sb (about) sth in (strict) ~** decir algo a uno en absoluta confianza; **'write in ~ to X'** 'escriba a X: discreción garantizada'.
2: ~ trick *n* estafa *f,* timo *m.*
con·fi·dent ['kɒnfɪdənt] *adj (assured)* lleno/a de confianza; *(sure)* seguro/a; **~ that** seguro de que; **to be ~ of doing sth** estar seguro de poder hacer algo.
con·fi·den·tial [ˌkɒnfɪ'denʃəl] *adj (information, letter, report, remark)* confidencial, secreto/a; *(secretary, tone of voice)* de confianza; **'~'** *(on letter etc)* 'confidencial'.
con·fi·den·tial·ly [ˌkɒnfɪ'denʃəlɪ] *adv* en confianza.
con·fine [kən'faɪn] *vt* **(a)** *(imprison)* encerrar *(in, to* en); **to be ~d to bed** tener que guardar cama. **(b)** *(limit)* limitar; **to ~ o.s. to doing sth** limitarse a hacer algo; **the damage is ~d to this part** el daño afecta sólo esta parte; **please ~ yourself to the facts** por favor, limítese a los hechos; **a ~d space** un espacio reducido.
con·fine·ment [kən'faɪnmənt] *n* **(a)** *(imprisonment)* prisión *f;* **to be in solitary ~** estar incomunicado. **(b)** *(Med)* parto *m.*
con·fines ['kɒnfaɪnz] *npl (bounds)* confines *mpl,* límites *mpl.*
con·firm [kən'fɜ:m] *vt (verify: statement)* confirmar; *(ratify: appointment, agreement)* ratificar; *(strengthen: belief)* reforzar; *(Rel)* confirmar.
con·fir·ma·tion [ˌkɒnfə'meɪʃən] *n (verification, Rel)* confirmación *f; (proof)* ratificación *f.*
con·firmed [kən'fɜ:md] *adj (smoker, bachelor, habit etc)* empedernido/a.
con·fis·cate ['kɒnfɪskeɪt] *vt:* **to ~ sth** confiscar algo, incautarse de algo.
con·flict ['kɒnflɪkt] **1** *n* conflicto *m;* **in ~ with sth/sb** en conflicto con algo/uno. **2** [kən'flɪkt] *vi (ideas, evidence, statements etc)* chocar *(with* con); **that ~s with what he told me** eso contradice lo que me dijo.
con·flict·ing [kən'flɪktɪŋ] *adj (reports, evidence, opinions)* contradictorio/a; *(interests)* opuesto/a.
con·form [kən'fɔ:m] *vi (comply: to laws)* ajustarse *(to* a); *(: to standards)* estar conforme *(to* con); *(people: socially)* conformarse; **he will ~ to the agreement** estará conforme con el acuerdo.
con·form·ity [kən'fɔ:mɪtɪ] *n (compliance)* conformidad *f;* **in ~ with** conforme a *or* con.
con·found [kən'faʊnd] *vt (confuse)* confundir; *(amaze)* pasmar; **~ it!** ¡demonio!; **~ him!** ¡maldito sea!
con·front [kən'frʌnt] *vt* hacer frente a; *(defiantly)* enfrentarse con; **to ~ sb with sth** confrontar a uno con algo; **the problems which ~ us** los problemas que debemos enfrentar.
con·fron·ta·tion [ˌkɒnfrən'teɪʃən] *n* enfrentamiento *m.*
con·fuse [kən'fju:z] *vt* **(a)** *(perplex)* desconcertar, aturdir; *(mix up)* confundir. **(b)** *(not distinguish between)* equivocar, confundir.
con·fused [kən'fju:zd] *adj (gen)* confuso/a; *(embarrassed)* aturdido/a, desconcertado/a; **to be/get ~** confundirse; **to get ~** *(muddled up)* desorientarse; *(embarrassed)* aturdirse.
con·fus·ing [kən'fju:zɪŋ] *adj* confuso/a; **it's all very ~** es muy difícil de entender.
con·fus·ion [kən'fju:ʒən] *n (all senses)* confusión *f.*
con·geal [kən'dʒi:l] *vi (blood, paint, sauce)* coagularse, cuajar.
con·gen·ial [kən'dʒi:nɪəl] *adj (agreeable)* agradable; *(compatible)* compatible.
con·geni·tal [kən'dʒenɪtl] *adj (Med: disease)* congénito/a.
con·gest·ed [kən'dʒestɪd] *adj (street, corridor, building etc)* atestado/a (de gente), concurrido/a; *(Med)* congestionado/a.
con·ges·tion [kən'dʒestʃən] *n (with traffic)* atasco *m; (Med)* constipación *f.*
con·glom·er·ate [kən'glɒmərət] *n (Comm)* conglomerado *m.*
con·gratu·late [kən'grætjʊleɪt] *vt:* **to ~ sb (on sth/on doing sth)** felicitar a uno (por algo/por haber hecho algo).
con·gratu·la·tions [kənˌgrætjʊ'leɪʃənz] *npl* felicitaciones *fpl (on* por); **~!** ¡enhorabuena!, ¡felicidades!
con·gre·gate ['kɒŋgrɪgeɪt] *vi* reunirse, congregarse.
con·gre·ga·tion [ˌkɒŋgrɪ'geɪʃən] *n (Rel)* fieles *mpl,* feligreses *mpl.*
Con·gre·ga·tion·al [ˌkɒŋgrɪ'geɪʃənl] *adj:* **the ~ Church** la Iglesia Congregacionalista.
con·gress ['kɒŋgres] *n (meeting)* congreso *m;* **C~** *(Pol)* el Congreso.
con·gress·man ['kɒŋgresmən] *n, pl* **-men** *(US)* diputado *m.*
con·gress·wom·an ['kɒŋgresˌwʊmən] *n, pl* **-women** *(US)* diputada *f.*
con·gru·ence ['kɒŋgrʊəns] *n* congruencia *f.*
coni·cal ['kɒnɪkəl] *adj* cónico/a.
co·ni·fer ['kɒnɪfə^r] *n* conífera *f.*
co·nif·er·ous [kə'nɪfərəs] *adj* conífero/a.
con·jec·ture [kən'dʒektʃə^r] **1** *n:* **it's only ~** son conjeturas, nada más. **2** *vt, vi (frm)* conjeturar.
con·ju·gal ['kɒndʒʊgəl] *adj* conyugal.
con·ju·gate ['kɒndʒʊgeɪt] *(Ling)* **1** *vt* conjugar. **2** *vi* conjugarse.
con·ju·ga·tion [ˌkɒndʒʊ'geɪʃən] *n (Ling)* conjugación *f.*
con·junc·tion [kən'dʒʌŋkʃən] *n* **(a)** *(Ling)* conjuntivo *m.* **(b) in ~ with** junto con, en unión con.
con·junc·ti·vi·tis [kənˌdʒʌŋktɪ'vaɪtɪs] *n (Med)* conjuntivitis *f.*
con·junc·ture [kən'dʒʌŋktʃə^r] *n* coyuntura *f.*
con·jure ['kʌndʒə^r] *vi* hacer juegos de manos; **his is a name to ~ with** es todo un personaje.
♦ **con·jure up** *vt + adv (memories, visions)* evocar; *(meal)* preparar rápidamente.
con·jur·er, con·jur·or ['kʌndʒərə^r] *n* ilusionista *mf,* prestidigitador(a) *mf.*
con·jur·ing ['kʌndʒərɪŋ] **1** *n* ilusionismo *m,* juegos *mpl* de manos. **2** *adj:* **~ trick** juego *m* de manos.
♦ **conk out** [ˌkɒŋk'aʊt] *vi + adv (fam: break down)* descomponerse, *(LAm)* malograrse.
con·nect [kə'nekt] **1** *vt* **(a)** *(join)* conectar; *(subj: road, railway, airline)* unir; *(Telec: caller)* comu-

nicar *or* poner en comunicación *(with* con); *(pipes, drains)* enchufar *(to* a); *(install: cooker, telephone)* enchufar; *(Telec)* **'I am trying to ~ you'** estoy intentando comunicarle; **please ~ me with Mr X** póngame con el Sr X, por favor; *(Elec)* **to ~ sth (up) to the mains** enchufar algo al cable principal. **(b)** *(associate)* **to ~ sb/sth (with)** vincular algo/a uno (con); **to be ~ed (to/with)** estar relacionado (con).

2 *vi (trains, planes)* hacer correspondencia *(with* con); *(road, pipes, electricity)* empalmar *(with* con).

con·nec·tion, con·nex·ion [kə'nekʃən] *n* **(a)** *(no pl: act: Elec, Tech)* conexión *f; (connecting point)* enchufe *m; (Telec)* línea *f,* comunicación *f; (Rail etc)* empalme *m,* enlace *m;* **to miss/make a ~** perder/hacer la correspondencia. **(b)** *(relationship)* relación *f (between* entre, *with* con); *(relative: usu pl)* parentesco *m; (business ~: usu pl)* relaciones *fpl;* **in ~ with** con respecto a, en relación a; **in this ~** a este respecto.

con·ning tow·er ['kɒnɪŋtaʊə^r] *n (of submarine)* torre *f* de control.

con·niv·ance [kə'naɪvəns] *n* **(a)** *(tacit consent)* consentimiento *m (at* en); **with the ~ of** con la connivencia de. **(b)** *(conspiracy)* participación *f* en un complot.

con·nive [kə'naɪv] *vi (condone)* hacer la vista gorda *(at* a); *(conspire)* confabularse; **to ~ with sb to do sth** confabularse con uno para hacer algo.

con·nois·seur [ˌkɒnə'sɜː^r] *n* conocedor(a) *m/f,* experto/a *m/f.*

con·no·ta·tion [ˌkɒnəʊ'teɪʃən] *n* connotación *f.*

con·quer ['kɒŋkə^r] *vt (take: territory, nation etc)* conquistar; *(overcome: feelings, enemy etc)* vencer.

con·quer·ing ['kɒŋkərɪŋ] *adj* vencedor(a).

con·quer·or ['kɒŋkərə^r] *n (of territory, etc)* conquistador(a) *m/f; (of enemy, habit, etc)* vencedor(a) *m/f.*

con·quest ['kɒŋkwest] *n* conquista *f.*

con·science ['kɒnʃəns] *n* conciencia *f;* **to have a clear ~** tener la conciencia tranquila *or* limpia; **I have a guilty ~** me remuerde la conciencia; **to have sth on one's ~** tener un peso en la conciencia; **in all ~** en conciencia.

con·science-strick·en ['kɒnʃənsˌstrɪkən] *adj* lleno/a de remordimientos.

con·sci·en·tious [ˌkɒnʃɪ'enʃəs] *adj* concienzudo/a; **~ objector** objetor(a) *m/f* de conciencia.

con·scious ['kɒnʃəs] *adj* **(a)** *(Med)* consciente; **to be ~ of sth/of doing** estar consciente de algo/de hacer; **to become ~ of sth/that** darse cuenta de algo/de que; **to be ~ that** tener (plena) conciencia de que. **(b)** *(deliberate: insult)* premeditado/a; *(: error)* intencionado/a.

con·scious·ness ['kɒnʃəsnɪs] *n* **(a)** *(Med)* conocimiento *m;* **to lose/regain ~** perder/recobrar el conocimiento. **(b)** *(awareness)* conciencia *f (of* de).

con·script ['kɒnskrɪpt] **1** *n* recluta *mf, (LAm)* conscripto/a *m/f.* **2** [kən'skrɪpt] *vt* reclutar, alistar.

con·scrip·tion [kən'skrɪpʃən] *n* reclutamiento *m, (LAm)* conscripción *f.*

con·se·crate ['kɒnsɪkreɪt] *vt* consagrar.

con·se·cra·tion [ˌkɒnsɪ'kreɪʃən] *n* consagración *f.*

con·secu·tive [kən'sekjʊtɪv] *adj* consecutivo/a.

con·sen·sus [kən'sensəs] *n* consenso *m;* **the ~ of opinion** el consenso general.

con·sent [kən'sent] **1** *n* acuerdo *m,* consentimiento *m;* **with the ~ of** con el consentimiento de; **by mutual ~** de *or* por mutuo acuerdo; **by common ~** de *or* por común acuerdo; **without his ~** sin su consentimiento; **the age of ~** la edad núbil. **2** *vi:* **to ~ (to sth/to do sth)** consentir (en algo/en hacer algo).

con·se·quence ['kɒnsɪkwəns] *n* **(a)** *(result)* resultado *m,* consecuencia *f;* **in ~** por consiguiente, por lo tanto; **in ~ of (which)** como consecuencia de (lo cual); **to take the ~s** aceptar las consecuencias. **(b)** *(importance)* importancia *f,* trascendencia *f;* **it is of no ~** no tiene importancia, es de poca trascendencia.

con·se·quent ['kɒnsɪkwənt] *adj* consiguiente.

con·se·quent·ly ['kɒnsɪkwəntlɪ] *adv* por consiguiente, por lo tanto.

con·ser·va·tion [ˌkɒnsə'veɪʃən] *n* conservación *f.*

con·ser·va·tion·ist [ˌkɒnsə'veɪʃənɪst] *n* conservacionista *mf.*

con·serva·tive [kən'sɜːvətɪv] **1** *adj (gen, Pol)* conservador(a); **a ~ estimate** un cálculo moderado. **2** *n (Pol etc)* conservador(a) *m/f.*

con·serva·toire [kən'sɜːvətwɑː^r] *n* conservatorio *m.*

con·serva·tory [kən'sɜːvətrɪ] *n* invernadero *m.*

con·serve [kən'sɜːv] *vt* conservar, preservar; **to ~ one's strength** reservarse.

con·sid·er [kən'sɪdə^r] *vt* **(a)** *(think about: problem, possibility)* considerar, pensar (en); **to ~ doing sth** pensar en la posibilidad de hacer algo; **all things ~ed** pensándolo bien; **it is my ~ed opinion that ...** me consta (de) que ... . **(b)** *(take into account)* tomar *or* tener en cuenta. **(c)** *(be of the opinion)* considerar; **to ~ sb to be intelligent** considerar a uno *or* tomar a uno por inteligente; **~ yourself lucky!** ¡date por satisfecho! **(d)** *(be considerate)* ser considerado/a.

con·sid·er·able [kən'sɪdərəbl] *adj* bastante; *(sum etc)* considerable; *(loss)* sensible, importante; **to a ~ extent** en gran parte.

con·sid·er·ably [kən'sɪdərəblɪ] *adv* bastante, mucho, considerablemente.

con·sid·er·ate [kən'sɪdərɪt] *adj (person, action)* atento/a, considerado/a; **to be ~ towards** ser atento con.

con·sid·era·tion [kənˌsɪdə'reɪʃən] *n* **(a)** *(no pl: thought, reflection)* consideración *f;* **the issue is under ~** la cuestión se está estudiando; **after due ~** después de un detenido examen de la cuestión; **to take sth into ~** tener *or* tomar en cuenta *or* consideración; **taking everything into ~** teniendo en cuenta todo.

(b) *(no pl: thoughtfulness)* consideración *f;* **out of ~ for sb/sb's feelings** por consideración a uno/a los sentimientos de uno; **to show ~ for sb/sb's feelings** respetar a uno/los sentimientos de uno.

(c) *(factor)* preocupación *f;* **his age is an important ~** su edad es un factor importante; **that is a ~** eso debe tomarse en cuenta; **money is the main ~** el dinero es la consideración principal; **it's of no ~** no tiene importancia.

(d) *(payment)* retribución *f;* **for a ~** por una gratificación.

con·sid·er·ing [kən'sɪdərɪŋ] **1** *prep* teniendo en cuenta, en vista de. **2** *conj (also* **~ that)** en vista de que, teniendo en cuenta que; **~ (that) it was my fault** tomando en cuenta que la culpa fue mía. **3** *adv* después de todo, a fin de cuentas.

con·sign [kən'saɪn] *vt (Comm: send)* enviar, consignar; *(frm: commit, entrust)* confiar.

con·sign·ment [kən'saɪnmənt] **1** *n (goods despatched or delivered)* envío *m.* **2: ~ note** *n* talón *m* de expedición.

con·sist [kən'sɪst] *vi:* **to ~ of** constar de; **to ~ in sth/in doing sth** consistir en algo/en hacer algo.

con·sist·en·cy [kən'sɪstənsɪ] *n* **(a)** *(no pl: of person, action)* firmeza *f; (: of argument)* consecuencia *f; (: agreement)* acuerdo *m;* **their statements lack ~** sus declaraciones no se compaginan. **(b)** *(density)* consistencia *f.*
con·sist·ent [kən'sɪstənt] *adj (person, action)* firme; *(argument)* consecuente; *(results)* constante; **to be ~ with** compaginarse con; **your actions are not ~ with your beliefs** tus actos no son consecuentes con tus ideas.
con·sist·ent·ly [kən'sɪstəntlɪ] *adv (argue, behave)* consecuentemente; *(fail, succeed, happen)* constantemente.
con·so·la·tion [ˌkɒnsə'leɪʃən] **1** *n* consuelo *m;* **that's one ~** esto es un consuelo, por lo menos. **2:** **~ prize** *n* premio *m* de consuelo.
con·sole[1] [kən'səʊl] *vt* consolar; **to ~ sb for sth** consolar a uno por algo.
con·sole[2] ['kɒnsəʊl] *n (control panel)* consola *f.*
con·soli·date [kən'sɒlɪdeɪt] *vt* **(a)** *(position, influence)* consolidar. **(b)** *(combine)* consolidarse.
con·soli·da·tion [kənˌsɒlɪ'deɪʃən] *n* consolidación *f.*
con·sols ['kɒnsɒlz] *npl (Brit Fin)* fondos *mpl* consolidados.
con·som·mé [kɒn'sɒmeɪ] *n (Culin)* consomé *m,* caldo *m.*
con·so·nant ['kɒnsənənt] **1** *n* consonante *m.* **2** *adj:* **~ with** de acuerdo *or* conforme con.
con·sort ['kɒnsɔːt] **1** *n* consorte *mf; (prince ~)* príncipe *m* consorte. **2** [kən'sɔːt] *vi (often pej)* **to ~ with sb** asociarse con uno.
con·sor·tium [kən'sɔːtɪəm] *n* consorcio *m.*
con·spicu·ous [kən'spɪkjʊəs] *adj (person, behaviour, clothes)* llamativo/a; *(sign, notice, attempt)* visible; *(bravery)* notable, insigne; *(difference)* notorio/a; **a ~ lack of sth** una carencia manifiesta de algo; **to make o.s. ~** llamar la atención; **to be ~ by one's absence** brillar por su ausencia.
con·spira·cy [kən'spɪrəsɪ] *n (no pl: plotting)* conspiración *f,* conjuración *f; (plot)* complot *m,* conjura *f.*
con·spira·tor [kən'spɪrətə[r]] *n* conspirador(a) *m/f.*
con·spire [kən'spaɪə[r]] *vi* **(a)** *(people)* urdir *or* preparar un complot; **to ~ with sb against sb/sth** conspirar con uno contra uno/algo; **to ~ to do sth** conspirar para hacer algo. **(b)** *(events)* **to ~ against/to do sth** maquinar contra/para hacer algo.
con·sta·ble ['kʌnstəbl] *n (Brit: also* **police ~***)* (agente *mf* de) policía *mf.*
con·stabu·lary [kən'stæbjʊlərɪ] *n* policía *f.*
con·stant ['kɒnstənt] *adj (unceasing, unchanging)* constante; *(continuous)* contínuo/a; *(faithful)* leal, fiel.
con·stant·ly ['kɒnstəntlɪ] *adv (unchangingly)* constantemente; *(continuously)* contínuamente.
con·stel·la·tion [ˌkɒnstə'leɪʃən] *n* constelación *f.*
con·ster·na·tion [ˌkɒnstə'neɪʃən] *n* consternación *f.*
con·sti·pat·ed ['kɒnstɪpeɪtɪd] *adj* estreñido/a.
con·sti·pa·tion [ˌkɒnstɪ'peɪʃən] *n (no pl)* estreñimiento *m.*
con·stitu·en·cy [kən'stɪtjʊənsɪ] **1** *n (district)* distrito *m* electoral; *(people)* electorado *m.* **2:** **~ party** *n* partido *m* local.
con·stitu·ent [kən'stɪtjʊənt] **1** *n (component)* constitutivo *m,* componente *m; (Pol: voter)* elector(a) *m/f.* **2** *adj (part)* constitutivo/a, integrante.
con·sti·tute ['kɒnstɪtjuːt] *vt (amount to: lie, rejection)* significar, representar; *(make up)* constituir, componer; *(frm: appoint, set up)* nombrar.
con·sti·tu·tion [ˌkɒnstɪ'tjuːʃən] *n (Pol, health)* constitución *f.*
con·sti·tu·tion·al [ˌkɒnstɪ'tjuːʃənl] *adj* **(a)** *(Pol)* constitucional; **~ monarchy** monarquía *f* constitucional; **~ reform** reforma *f* constitucional. **(b)** *(weakness etc)* constitucional.
con·strain [kən'streɪn] *vt (oblige)* obligar; **to feel/be ~ed to do sth** sentirse/verse obligado a hacer algo.
con·straint [kən'streɪnt] *n (no pl: compulsion)* coacción *f,* fuerza *f; (limit)* restricción *f; (restraint)* reserva *f,* cohibición *f.*
con·strict [kən'strɪkt] *vt (muscle, vein, etc)* estrangular; *(movements)* limitar.
con·stric·tion [kən'strɪkʃən] *n (no pl)* constricción *f,* estrangulamiento *m.*
con·struct [kən'strʌkt] *vt (building)* construir; *(novel, play, sentence)* componer; *(theory, defence)* formar, formular.
con·struc·tion [kən'strʌkʃən] **1** *n (no pl: act)* construcción *f; (structure)* estructura *f; (sth built)* edificio *m; (fig: interpretation)* interpretación *f; (Ling)* construcción; **under ~** en obras, en construcción; **to put a wrong ~ on sth** interpretar algo mal. **2:** **~ industry** *n* industria *f* de la construcción.
con·struc·tive [kən'strʌktɪv] *adj* constructivo/a.
con·strue [kən'struː] *vt (interpret)* interpretar.
con·sul ['kɒnsəl] *n* cónsul *m.*
con·su·lar ['kɒnsjʊlə[r]] *adj* consular.
con·su·late ['kɒnsjʊlɪt] *n (place)* consulado *m.*
con·sult [kən'sʌlt] **1** *vt (all senses)* consultar. **2** *vi* consultar; **to ~ together** reunirse en consultas.
con·sult·ant [kən'sʌltənt] **1** *n* asesor(a) *m/f; (Brit Med)* especialista *mf.* **2:** **~ paediatrician** *n* especialista *mf* en pediatría.
con·sul·ta·tion [ˌkɒnsəl'teɪʃən] *n (act)* consulta *f; (meeting)* negociaciones *fpl;* **in ~ with** en consultación con.
con·sult·ing room [kən'sʌltɪŋˌruːm] *n* consultorio *m.*
con·sume [kən'sjuːm] *vt (eat)* comerse; *(drink)* beberse; *(use: resources, fuel)* consumir; *(by fire)* consumir; *(fig: space, time etc)* ocupar; **to be ~d with** *(envy, grief)* estar muerto de.
con·sum·er [kən'sjuːmə[r]] **1** *n (gen)* consumidor(a) *m/f;* **the ~** el público consumidor. **2:** **~ goods** *npl,* **~ durables** *npl* bienes *mpl* de consumo; **~ price index** *n* índice *m* de precios al consumidor; **~ protection** *n* protección *f* del consumidor; **~ research** *n* estudios *mpl* de mercado; **~ society** *n* sociedad *f* de consumo.
con·sum·mate [kən'sʌmɪt] **1** *adj (frm)* sumo/a, consumado/a. **2** ['kɒnsəmeɪt] *vt (marriage)* consumar.
con·sump·tion [kən'sʌmpʃən] *n (no pl: of food, fuel etc: act, amount)* consumo *m; (old: tuberculosis)* tisis *f;* **not fit for human ~** *(bad food)* no apto para el consumo humano.
cont. *abbr of* **continued** sigue.
con·tact ['kɒntækt] **1** *n* **(a)** *(gen)* contacto *m; (communication)* comunicación *f;* **to be in ~ with sb/sth** estar en contacto con uno/algo; **to make ~ with sb** ponerse en contacto con uno; **to lose ~ (with sb)** perder el contacto (con uno). **(b)** *(Elec)* contacto *m;* **to make/break a ~** *(in circuit)* hacer/interrumpir el contacto. **(c)** *(person of influence)* enchufe *m; (intermediary)* intermediario *m;* **he's got good ~s** está bien enchufado.
2 *vt (gen)* ponerse en contacto con; *(by telephone etc)* comunicarse con.

3: ~ **adhesive** *n* adhesivo *m* de contacto; ~ **breaker** *n* interruptor *m;* ~ **lenses** *npl* lentes *mpl* de contacto.

con·ta·gious [kən'teɪdʒəs] *adj* contagioso/a.

con·tain [kən'teɪn] *vt (all senses)* contener.

con·tain·er [kən'teɪnəʳ] **1** *n* **(a)** *(box, jug etc)* recipiente *m; (package, bottle)* envase *m.* **(b)** *(Comm: for transport)* contenedor *m.* **2** *cpd (dock, port, depot)* para contenedores; *(transport)* en contenedor; ~ **train/lorry/ship** *n* portacontenedores *m inv.*

con·tain·er·ize [kən'teɪnəraɪz] *vt (Comm: goods)* transportar en contenedores.

con·tami·nate [kən'tæmɪneɪt] *vt* contaminar; *(fig)* corromper, contaminar.

cont'd *abbr of* **continued** sigue.

con·tem·plate ['kɒntempleɪt] *vt (gaze at, consider)* contemplar; *(reflect upon)* considerar; **to ~ doing sth** pensar en hacer algo.

con·tem·pla·tion [ˌkɒntem'pleɪʃən] *n (thinking)* meditación *f,* contemplación *f.*

con·tem·pla·tive [kən'templətɪv] *adj* contemplativo/a.

con·tem·po·rary [kən'tempərərɪ] **1** *adj* contemporáneo/a; *(modern: furniture, art, history)* moderno/a; ~ **with** contemporáneo de. **2** *n* contemporáneo/a *m/f.*

con·tempt [kən'tempt] *n* desprecio *m,* desdén *m;* **to hold sth/sb in ~** despreciar algo/a uno; ~ **of court** *(Jur)* desacato *m* (a los tribunales); **it's beneath ~** es más que despreciable.

con·tempt·ible [kən'temptəbl] *adj* despreciable, desdeñable.

con·temp·tu·ous [kən'temptjʊəs] *adj (person)* desdeñoso/a *(of* con); *(manner)* despreciativo/a, desdeñoso/a; *(gesture)* despectivo/a.

con·tend [kən'tend] **1** *vt:* **to ~ that** afirmar que, sostener que. **2** *vi (fig)* **to ~ (with sb) for sth** competir (con uno) por algo; **we have many problems to ~ with** se nos plantean muchos problemas; **you'll have me to ~ with** tendrás que vértelas conmigo; **he has a lot to ~ with** tiene muchos problemas que enfrentar.

cont·end·er [kən'tendəʳ] *n (rival)* competidor(a) *m/f; (Sport etc)* contendiente *mf.*

con·tent[1] [kən'tent] **1** *adj* contento/a *(with* con); *(satisfied)* satisfecho/a *(with* con); **he is ~ to watch** se conforma *or* se contenta con mirar. **2** *n* contento *m; (satisfaction)* satisfacción *f;* **to one's heart's ~** hasta hartarse, a más no poder; **you can complain to your heart's ~** protesta cuanto quieras. **3** *vt* contentar; *(satisfy)* satisfacer; **to ~ o.s. with sth/with doing sth** contentarse *or* darse por contento con algo/con hacer algo.

con·tent[2] ['kɒntent] *n* **(a)** **~s** *(of case, bottle, room etc)* contenido *m; (of book)* índice *m* de materias. **(b)** *(subject matter, amount)* contenido *m.*

con·tent·ed [kən'tentɪd] *adj* contento/a.

con·ten·tion [kən'tenʃən] *n* **(a)***(strife)* discusión *f; (dissent)* disensión *f.* **(b)** *(point)* opinión *f,* argumento *m.*

con·tent·ment [kən'tentmənt] *n* contento *m; (joy)* alegría *f.*

con·test ['kɒntest] **1** *n (struggle)* contienda *f,* lucha *f; (Boxing, Wrestling)* combate *m; (competition)* concurso *m;* **beauty ~** concurso de belleza. **2** [kən'test] *vt (dispute: argument, will etc)* impugnar, rebatir; *(right)* negar; *(election, seat)* presentarse como candidato/a a.

con·test·ant [kən'testənt] *n (in competition)* concursante *mf; (Sport etc)* contrincante *mf,* contendiente *mf.*

con·text ['kɒntekst] *n (Ling, fig)* contexto *m;* **in/out of ~** en/fuera de contexto.

con·ti·nent ['kɒntɪnənt] *n* **(a)** continente *m.* **(b)** *(Brit)* **the C~** el continente europeo.

con·ti·nen·tal [ˌkɒntɪ'nentl] *adj (Geog)* continental; *(Brit: European)* continental, europeo/a; ~ **breakfast** desayuno *m* estilo europeo; ~ **quilt** edredón *m.*

con·tin·gen·cy [kən'tɪndʒənsɪ] **1** *n* contingencia *f,* eventualidad *f.* **2:** ~ **funds** *npl* fondos *mpl* de contingencia; ~ **plans** *npl* planes *mpl* de contingencia.

con·tin·gent [kən'tɪndʒənt] **1** *adj:* **to be ~ upon** depender de. **2** *n (Mil)* contingente *m; (group)* grupo *m.*

con·tin·ual [kən'tɪnjʊəl] *adj* continuo/a; *(persistent)* constante.

con·tinu·al·ly [kən'tɪnjʊəlɪ] *adv* constantemente.

con·tinu·ance [kən'tɪnjʊəns] *n (no pl)* continuación *f.*

con·tinu·ation [kənˌtɪnjʊ'eɪʃən] *n (no pl: maintenance)* prosecución *f; (: resumption)* reanudación *f; (sth continued)* prolongación *f; (: story, episode)* continuación *f.*

con·tinue [kən'tɪnjuː] **1** *vt (carry on: policy, tradition)* seguir; *(resume: story etc)* reanudar, continuar; **~d on page 10** sigue en la página diez. **2** *vi* continuar; *(remain)* seguir; *(extend)* prolongarse; **'and so', he ~d** 'y de este modo', continuó; **to be ~d** continuará; **to ~ doing** *or* **to do sth** seguir haciendo algo; **to ~ on one's way** seguir su camino; **to ~ with sth** seguir con algo.

con·ti·nu·ity [ˌkɒntɪ'njuːɪtɪ] **1** *n (gen)* continuidad *f.* **2:** ~ **girl** *n (Cine)* secretaria *f* de continuidad.

con·tinu·ous [kən'tɪnjʊəs] *adj* continuo/a, constante; ~ **performance** *(in cinema)* sesión *f* continua.

con·tinu·ous·ly [kən'tɪnjʊəslɪ] *adv (see adj)* contínuamente, constantemente.

con·tort [kən'tɔːt] *vt (gen, fig)* retorcer.

con·tor·tion [kən'tɔːʃən] *n (no pl: act)* retorcimiento *m; (movement)* contorsión *f.*

con·tour ['kɒntʊəʳ] **1** *n (shape, outline)* contorno *m.* **2:** ~ **line** *n* curva *f* de nivel; ~ **map** *n* plano *m* acotado.

contra·band ['kɒntrəbænd] **1** *n* contrabando *m.* **2** *adj (cigarettes, trade)* de contrabando.

contra·ception [ˌkɒntrə'sepʃən] *n* contracepción *f,* anticoncepción *f.*

contra·cep·tive [ˌkɒntrə'septɪv] **1** *adj* anticonceptivo/a. **2** *n* anticonceptivo *m,* contraceptivo *m.*

con·tract ['kɒntrækt] **1** *n* **(a)** contrato *m;* **to sign a ~** firmar un contrato; **to enter into a ~ with sb to do sth/for sth** hacer un contrato con uno para hacer algo/de algo; **to be under ~ to do sth** estar bajo contrato para hacer algo; **to put work out to ~** sacar una obra a contrata; **breach of ~** incumplimiento *m* de contrato; **by ~** por contrato; **there's a ~ out for him** *(fig)* le han puesto precio. **(b)** *(Cards)* ~ **bridge** bridge *m* de contrato.

2 [kən'trækt] *vt* **(a)** *(acquire)* contraer; *(habit) (Sp)* coger, *(LAm)* agarrar; *(enter into: alliance)* entablar, establecer; *(: marriage)* contraer. **(b)** *(Ling: shorten)* contraer.

3 [kən'trækt] *vi* **(a)** *(Comm)* **to ~ (with sb) to do sth** comprometerse por contrato (con uno) a hacer algo. **(b)** *(become smaller: metal)* contraerse, encogerse. **(c)** *(muscles, face)* contraerse. **(d)** *(Ling: word, phrase)* contraerse.

4 *cpd (price, date, work)* contratado/a, de contrato; *(killing)* por dinero, a sueldo.

♦ **con·tract in** *vi + adv* tomar parte en.

♦ **con·tract out** *vi + adv* optar por no tomar parte en.

con·trac·tion [kən'trækʃən] *n (gen)* contracción *f.*

con·trac·tor [kən'træktəʳ] *n* contratista *mf.*

con·trac·tual [kən'træktʃʊəl] *adj (duty, obligation)* contractual.

contra·dict [ˌkɒntrə'dɪkt] *vt (be contrary to: statement, action, fact)* contradecir; *(declare to be wrong)* desmentir; *(argue)* replicar, discutir.

contra·dic·tion [ˌkɒntrə'dɪkʃən] *n* contradicción *f;* **to be a ~ in terms** ser contradictorio.

contra·dic·tory [ˌkɒntrə'dɪktərɪ] *adj* contradictorio/a.

con·tral·to [kən'træltəʊ] *n (person)* contralto *f; (voice)* contralto *m.*

con·trap·tion [kən'træpʃən] *n (fam)* artilugio *m,* aparato *m.*

con·tra·ry ['kɒntrərɪ] **1** *adj* **(a)** *(direction)* contrario/a; *(opinions)* opuesto/a; **~ to** en contra de, contrario a; **~ to what we thought** en contra de lo que pensábamos. **(b)** [kɒn'trɛərɪ] *(fam)* terco/a. **2** *n* contrario *m;* **on the ~** al contrario, todo lo contrario; **the ~ seems to be true** parece que es al revés; **unless we hear to the ~** a no ser que nos digan lo contrario.

con·trast ['kɒntrɑːst] **1** *n (gen)* contraste *m;* **in ~ to** *or* **with** a diferencia de, en contraste con. **2** *vt* [kən'trɑːst] **to ~ with** poner en contraste con, comparar con. **3** *vi* [kən'trɑːst] **to ~ with** contrastar con, hacer contraste con.

con·trast·ing [kən'trɑːstɪŋ] *adj (opinion)* opuesto/a; *(colour)* que hace contraste.

contra·vene [ˌkɒntrə'viːn] *vt (infringe)* contravenir; *(go against)* ir en contra de; *(dispute)* oponerse a.

contra·ven·tion [ˌkɒntrə'venʃən] *n (no pl)* contravención *f.*

con·tre·temps ['kɔ̃ːntrətɑ̃ːŋ] *n* contratiempo *m,* revés *m.*

con·trib·ute [kən'trɪbjuːt] **1** *vt (sum of money, ideas etc)* contribuir, *(LAm)* aportar; *(help)* prestar; *(article to a newspaper)* escribir. **2** *vi (to charity, collection)* contribuir *(to* a); *(to newspaper)* colaborar *(to* en); *(to discussion)* intervenir *(to* en); *(help in bringing sth about)* contribuir.

con·tri·bu·tion [ˌkɒntrɪ'bjuːʃən] *n (no pl: see vb) (money)* contribución *f, (LAm)* aporte *m; (to journal)* artículo *m,* colaboración *f; (to discussion)* intervención *f,* aportación *f; (to pension fund: often pl)* cuota *f,* pago *m.*

con·tribu·tor [kən'trɪbjʊtəʳ] *n* contribuyente *mf; (to journal)* colaborador(a) *m/f.*

con·tribu·tory [kən'trɪbjʊtərɪ] *adj (cause, factor)* contribuyente; **~ pension scheme** sistema *m* de pensión contributorio.

con·trite ['kɒntraɪt] *adj* arrepentido/a; *(Rel)* contrito/a.

con·tri·tion [kən'trɪʃən] *n* arrepentimiento *m; (Rel)* contrición *f.*

con·triv·ance [kən'traɪvəns] *n (machine, device)* aparato *m,* dispositivo *m; (invention)* invención *f,* invento *m; (stratagem)* estratagema *f.*

con·trive [kən'traɪv] **1** *vt (devise: plan, scheme)* inventar, idear; **to ~ a means of doing sth** inventar una manera de hacer algo. **2** *vi* **to ~ to do** *(manage, arrange)* lograr hacer; *(try)* procurar hacer.

con·trol [kən'trəʊl] **1** *n* **(a)** *(gen)* control *m; (leadership)* mando *m,* dirección *f; (traffic)* dirección; **self-~** dominio *m* de sí mismo; **to keep sth/sb under ~** mantener algo/a uno bajo control; **to lose ~ of sth** perder el control de algo; **to be in ~ of** tener el mando de, estar al mando de; **to get** *or* **bring a fire under ~** conseguir dominar un incendio; **everything is under ~** todo está bajo control; **the car went out of ~** se perdió el control del coche; **the class was quite out of ~** la clase estaba descontrolada; **under British ~** bajo dominio británico; **circumstances beyond our ~** causas ajenas a nuestra voluntad; **who is in ~?** ¿quién manda?; **his ~ of the ball is very good** *(Sport)* domina bien el balón. **(b)** *(check, measure)* control *m,* freno *m;* **wage/price ~** reglamentación *f or* control *m* de salarios/precios. **(c)** *(Tech)* mando *m,* mandos *mpl; (Rad, TV)* mandos; **to be at/take over the ~s** llevar/tomar los mandos. **(d)** *(in experiment)* testigo *m.*

2 *vt* **(a)** *(vehicle, machine)* manejar, *(LAm)* controlar; *(child, animal)* dominar, poder con. **(b)** *(traffic, business)* dirigir; *(crowd)* controlar. **(c)** *(prices, wages, immigration, expenditure)* controlar, regular; *(fire)* dominar; *(disease)* contener; *(emotions)* dominar, refrenar; **~ yourself!** ¡domínate!, ¡cálmate!

3: ~ group *n (Med, Psych etc)* grupo *m* de control; **~ knob** *n (Rad, TV)* botón *m* de mando; **~ panel** *n (on aircraft, ship, TV etc)* tablero *m* de instrumentos; **~ room** *n (Mil, Naut)* sala *f* de mandos; *(Rad, TV)* sala *f* de control; **~ tower** *n (Aer)* torre *f* de control.

con·trol·led [kən'trəʊld] *adj* **(a)** *(emotion)* contenido/a, controlado/a; **she was very ~** tenía gran dominio de sí misma; **she spoke in a ~ voice** habló controlándose las palabras. **(b)** *(Econ)* **~ economy** economía *f* dirigida.

con·trol·ler [kən'trəʊləʳ] *n:* **air-traffic ~** controlador(a) *m/f* del tráfico aéreo.

con·trol·ling [kən'trəʊlɪŋ] *adj (factor)* determinante; *(Fin)* **a ~ interest** un interés mayoritario.

con·tro·ver·sial [ˌkɒntrə'vɜːʃəl] *adj (suggestion)* discutible; *(person, book, subject, speech)* discutido/a.

con·tro·ver·sy [kən'trɒvəsɪ] *n (gen)* controversia *f; (debate)* polémica *f.*

con·tu·sion [kən'tjuːʒən] *n (Med)* contusión *f.*

co·nun·drum [kə'nʌndrəm] *n (riddle)* acertijo *m,* adivinanza *f; (problem)* enigma *m.*

con·ur·ba·tion [ˌkɒnɜː'beɪʃən] *n* urbanización *f.*

con·va·lesce [ˌkɒnvə'les] *vi* convalecer.

con·va·les·cence [ˌkɒnvə'lesəns] *n (no pl)* convalecencia *f.*

con·va·les·cent [ˌkɒnvə'lesənt] **1** *adj* convaleciente; **~ home/hospital** clínica *f*/hospital *m* de reposo. **2** *n* convaleciente *mf.*

con·vec·tion [kən'vekʃən] *n (no pl)* convección *f.*

con·vec·tor [kən'vektəʳ] *n (also* **~ heater, convection heater)** calentador *m* de convección.

con·vene [kən'viːn] **1** *vt* convocar, citar a. **2** *vi* reunirse.

con·ven·er [kən'viːnəʳ] *n (esp Brit)* coordinador(a) *m/f* sindical.

con·veni·ence [kən'viːnɪəns] *n* **(a)** *(comfort)* comodidad *f; (advantage)* ventaja *f,* provecho *m;* **at your earliest ~** con la mayor brevedad; **you can do it at your own ~** puede hacerlo cuando le viene mejor *or (LAm)* le conviene. **(b)** *(amenity)* comodidad *f,* confort *m; see* **public 3, modern.**

con·veni·ent [kən'viːnɪənt] *adj (suitable)* conveniente; *(time)* oportuno/a; *(tool, device)* práctico/a, útil; *(size)* idóneo/a, cómodo/a; *(near: place)* conveniente; **the house is ~ for the shops** la casa está muy cerca de las tiendas; **if it is ~ to you** si le conviene, *(LAm)* si le viene bien; **would tomorrow be ~?** ¿le conviene mañana?, *(LAm)* ¿le viene bien mañana?; **is it ~ to call tomorrow?** ¿le viene bien llamar mañana?

con·veni·ent·ly [kən'viːnɪəntlɪ] *adv (handily)* convenientemente; *(suitably: time)* oportunamente.

con·vent ['kɒnvənt] **1** *n (religious order, building)* convento *m.* **2:** ~ **school** *n* colegio *m* de monjas.

con·ven·tion [kən'venʃən] *n* **(a)** *(custom)* convención *f;* **you must follow** ~ hay que seguir las conveniencias. **(b)** *(meeting)* asamblea *f,* congreso *m.* **(c)** *(agreement)* convenio *m.*

con·ven·tion·al [kən'venʃənl] *adj (person, method)* tradicional; *(style)* clásico/a; *(sometimes pej: behaviour, ideas, weapons)* convencional.

con·verge [kən'vɜːdʒ] *vi* converger, convergir; **the crowd** ~**d on the square** la muchedumbre se dirigió a la plaza.

con·ver·sant [kən'vɜːsənt] *adj:* ~ **with** versado/a en, al tanto de.

con·ver·sa·tion [ˌkɒnvə'seɪʃən] **1** *n* conversación *f, (LAm)* plática *f;* **to have a** ~ **with sb** conversar *or (LAm)* platicar con uno; **what was your** ~ **about?** ¿de qué hablaban? **2** *cpd* de conversación; **it was a** ~ **piece** dio mucho que hablar, fue tema de conversación; **that was a** ~ **stopper** *(fam)* eso nos *etc* paró en seco.

con·ver·sa·tion·al [ˌkɒnvə'seɪʃənl] *adj (style, tone)* familiar; *(person)* locuaz, hablador(a).

con·ver·sa·tion·al·ist [ˌkɒnvə'seɪʃnəlɪst] *n* conversador(a) *m/f.*

con·verse[1] [kən'vɜːs] *vi:* **to** ~ **(with sb about sth)** conversar *or (LAm)* platicar (con uno sobre algo).

con·verse[2] ['kɒnvɜːs] **1** *n (Math, Logic)* proposición *f* recíproca; *(gen)* inversa *f.* **2** *adj* contrario/a, opuesto/a.

con·verse·ly [kɒn'vɜːslɪ] *adv* a la inversa.

con·ver·sion [kən'vɜːʃən] *n (gen)* conversión *f; (house* ~*)* reforma *f,* remodelación *f; (Rel)* conversión *f; (Rugby, US Football)* transformación *f.*

con·vert ['kɒnvɜːt] **1** *n* converso/a *m/f.* **2** [kən'vɜːt] *vt (Rugby, US Football)* transformar; **to** ~ **to/into** convertir a/en, transformar en; *(appliance)* adaptar a; *(house)* reformar, convertir en; *(Fin: currency)* cambiar en; *(Rel)* convertir a; *(fig)* convencer a.

con·ver·ter [kən'vɜːtə[r]] *n (Elec)* transformador *m.*

con·vert·ible [kən'vɜːtəbl] **1** *adj (currency)* convertible; *(car)* descapotable; *(settee)* transformable. **2** *n (car)* descapotable *m.*

con·vex [ˌkɒn'veks] *adj* convexo/a.

con·vey [kən'veɪ] *vt (goods, oil)* transportar, llevar; *(person: slightly frm)* conducir, *(LAm)* acompañar; *(thanks, congratulations)* comunicar; *(meaning, ideas)* expresar; **to** ~ **to sb/sth that...** comunicar a uno/algo que...; **the name** ~**s nothing to me** el nombre no me dice nada *or (LAm)* no me suena.

con·vey·ance [kən'veɪəns] *n (act: no pl)* transporte *m; (vehicle)* vehículo *m,* medio *m* de transporte.

con·vey·anc·ing [kən'veɪənsɪŋ] *n (Jur)* preparación *f* de escrituras de traspaso.

con·vey·or belt [kən'veɪəˌbelt] *n* cinta *f* transportadora.

con·vict ['kɒnvɪkt] **1** *n (prisoner)* presidiario/a *m/f,* reo/a *m/f; (guilty party)* convicto/a *m/f.* **2** [kən'vɪkt] *vt* declarar culpable *(of* de); **a** ~**ed murderer** un asesino convicto y confeso. **3** [kən'vɪkt] *vi* declarar culpable a uno.

con·vic·tion [kən'vɪkʃən] *n* **(a)** *(Jur)* condena *f;* **to have no previous** ~**s** no tener antecedentes penales. **(b)** *(belief)* convicción *f,* creencia *f;* **it is my** ~ **that...** creo firmemente que...; **without much** ~ en forma poco convincente; **to carry** ~ ser convincente; **open to** ~ dispuesto a dejarse convencer.

con·vince [kən'vɪns] *vt* convencer; **to** ~ **sb (of sth/that)** convencer a uno (de algo/de que).

con·vinc·ing [kən'vɪnsɪŋ] *adj* convincente.

con·vinc·ing·ly [kən'vɪnsɪŋlɪ] *adv* en forma convincente.

con·viv·ial [kən'vɪvɪəl] *adj (person, company)* sociable, agradable; *(evening, atmosphere)* alegre, agradable.

con·vo·lut·ed ['kɒnvəluːtɪd] *adj (shape: rolled)* enrollado/a, enroscado/a; **a** ~ **argument** un razonamiento enrevesado.

con·vol·vu·lus [kən'vɒlvjʊləs] *n* enredadera *f.*

con·voy ['kɒnvɔɪ] *n (procession)* convoy *m; (escort)* escolta *f;* **in/under** ~ en convoy.

con·vulse [kən'vʌls] *vt (often pass: by earthquake etc)* sacudir; *(fig: by war, riot)* convulsionar, conmocionar; *(fig)* **to be** ~**d with** *(laughter)* dislocarse; *(anger)* estar ciego de; *(pain)* retorcerse de.

con·vul·sion [kən'vʌlʃən] *n (fit, seizure)* convulsión *f; (fig)* conmoción *f;* **in** ~**s** *(fam: laughter)* riéndose a carcajadas.

con·vul·sive [kən'vʌlsɪv] *adj (movement)* convulsivo/a; *(laughter)* incontenible.

coo [kuː] *vi (dove)* arrullar; *(baby)* hacer gorgoritos.

cook [kʊk] **1** *n* cocinero/a *m/f.* **2** *vt (gen)* cocinar, guisar; *(boil)* cocer; *(grill)* asar (a la parrilla); *(fry)* freír; *(fam: falsify: accounts)* falsificar; **to** ~ **a meal** preparar *or* hacer una comida; **to** ~ **sb's goose** *(fig fam)* hacerle la pascua a uno. **3** *vi (food)* cocinarse, cocer; *(person)* cocinar, *(LAm)* guisar; **can you** ~**?** ¿sabes cocinar?; **what's** ~**ing?** *(fig fam)* ¿qué se guisa?, ¿qué pasa?

♦**cook up** *vt + adv (fam: excuse, story)* inventar; *(: plan)* tramar.

cook·book ['kʊkbʊk] *n (US)* = **cookery book.**

cook·er ['kʊkə[r]] *n* **(a)** *(stove)* cocina *f, (LAm)* horno *m;* **gas/electric** ~ cocina de gas/eléctrica. **(b)** *(cooking apple)* manzana *f* para cocer.

cook·ery ['kʊkərɪ] **1** *n* cocina *f,* arte *m* culinario. **2:** ~ **book** *n* libro *m* de cocina.

cook·house ['kʊkhaʊs] *n (esp US)* cocina *f* móvil de campaña.

cook·ie ['kʊkɪ] *n (US: biscuit)* galleta *f, (LAm)* bizcocho *m.*

cook·ing ['kʊkɪŋ] **1** *n* cocina *f.* **2** *cpd (utensils, foil)* de cocina; *(salt, chocolate)* para cocinar.

cook·out ['kʊkaʊt] *n (US)* comida *f* al aire libre, *(LAm)* parrillada *f, (Per)* pachamanca *f.*

cool [kuːl] **1** *adj* **(-er, -est) (a)** *(not hot: person, weather)* fresco/a; *(cold: drink)* frío/a; *(dress)* fresco/a, ligero/a; *(object)* fresco/a; **to keep sth** ~ conservar algo fresco. **(b)** *(calm)* tranquilo/a; sereno/a; **to keep** ~ no perder la calma; **to play it** ~ *(fam)* tomárselo con calma, hacer como si nada; **to be as** ~ **as a cucumber** estar más fresco que una lechuga; **he's a** ~ **customer** *(fam)* es un fresco, es un caradura; **that was very** ~ **of you** *(fam)* ¡y te quedaste tan fresco!; **we paid a** ~ **£20,000 for that house** *(fam)* pagamos la friolera de 20 mil libras por esa casa. **(c)** *(unenthusiastic)* frío/a; **a** ~ **welcome/reception** un recibimiento frío; **to be** ~ **towards sb** mostrarse frío con uno, tratar a uno con frialdad.

2 *n:* **in the** ~ **of the evening** en el aire fresco de la tarde; **to keep sth in the** ~ guardar algo en un lugar fresco; **to keep/lose one's** ~ *(fam)* no perder/perder la calma.

3 *vt (gen)* dejar enfriar; ~ **it!** *(fam)* ¡cálmate!; **to** ~ **one's heels** *(fam)* quedar plantado.

4 *vi (air, liquid)* enfriarse; **the air** ~**s in the**

evenings here aquí refresca mucho al atardecer.
5: ~ **box** *n* nevera *f* portátil.
♦ **cool down 1** *vt + adv* enfriar; **to ~ sb down** *(fig)* calmar a uno. **2** *vi + adv* enfriarse; *(fig: person, situation)* calmarse.
♦ **cool off** *vi + adv (become less angry)* calmarse; *(lose enthusiasm)* perder (el) interés, enfriarse; *(become less affectionate)* distanciarse, alejarse.
cool·ant ['ku:lənt] *n (Tech)* líquido *m* de refrigeración *or* refrigerante.
cool·er ['ku:lə^r] *n (box for keeping food/drink cool)* nevera *f* portátil; *(fam: prison)* chirona *f*, trena *f*.
cool-head·ed [ku:l'hedɪd] *adj* sereno/a, imperturbable.
cool·ing ['ku:lɪŋ] *adj* refrescante; ~ **tower** *(at power station)* torre *f* de refrigeración.
cool·ing-off pe·ri·od [ˌku:lɪŋ'ɒfˌpɪərɪəd] *n (Industry)* período *m* de negociación obligatoria.
cool·ly ['ku:lɪ] *adv (calmly)* con tranquilidad; *(audaciously)* descaradamente; *(unenthusiastically)* fríamente, con frialdad.
cool·ness ['ku:lnɪs] *n (no pl: coldness)* frescor *m*, fresco *m; (calmness)* tranquilidad *f*, serenidad *f; (lack of enthusiasm)* desinterés *m*, falta *f* de entusiasmo; *(of welcome, between persons)* frialdad *f*.
coop [ku:p] *n* gallinero *m*.
♦ **coop up** *vt + adv* encerrar.
co-op ['kəʊɒp] *n (abbr of* **cooperative**) cooperativa *f*.
coop·er ['ku:pə^r] *n* tonelero *m*.
co·oper·ate [kəʊ'ɒpəreɪt] *vi (person)* cooperar, colaborar; **to ~ with sb in sth/to do sth** cooperar con uno en algo/para hacer algo.
co·opera·tion [kəʊˌɒpə'reɪʃən] *n* cooperación *f*, colaboración *f*.
co·opera·tive [kəʊ'ɒpərətɪv] **1** *adj* **(a)** *(attitude)* cooperativo/a; *(person)* servicial, dispuesto/a a ayudar. **(b)** *(farm etc)* cooperativo/a. **2** *n* cooperativa *f*.
co·opt [kəʊ'ɒpt] *vt:* **to ~ sb onto sth** cooptar a uno a algo.
co·or·di·nate [kəʊ'ɔ:dnɪt] **1** *n* **(a)** *(usu pl: on map)* coordenada *f*. **(b)** *(clothes: usu pl)* **~s** coordinados *mpl*. **2** [kəʊ'ɔ:dɪneɪt] *vt* **(a)** *(movements, work)* coordinar. **(b)** *(efforts)* aunar.
co·or·di·na·tion [kəʊˌɔ:dɪ'neɪʃən] *n (gen)* coordinación *f*.
co·or·di·na·tor [kəʊ'ɔ:dɪneɪtə^r] *n* coordinador(a) *m/f*.
cop [kɒp] *(fam)* **1** *n* **(a)** *(policeman) (Sp)* poli *m*, pasma *m*, *(LAm)* tira *m*, *(RPl)* cana *m*. **(b) it's not much ~** no vale nada. **2** *vt (catch: person) (Sp)* coger, pescar, *(LAm)* agarrar, pillar; *(hiding, fine)* ganarse; **you'll ~ it!** ¡te la vas a ganar!
♦ **cop out** *vi + adv* escabullirse, *(LAm)* rajarse.
cope [kəʊp] *vi* arreglárselas; **to ~ with** *(task, person)* poder con, arreglárselas para; *(situation)* enfrentarse con; *(difficulties, problems: tackle)* hacer frente a, abordar; *(: solve)* solucionar.
Co·pen·hag·en [ˌkəʊpn'heɪgən] *n* Copenhague *m*.
co·pier ['kɒpɪə^r] *n (photo~)* multicopista *f*, fotocopiadora *f*.
co·pi·lot ['kəʊˌpaɪlət] *n* copiloto *mf*.
co·pi·ous ['kəʊpɪəs] *adj (gen)* copioso/a, abundante.
cop·per ['kɒpə^r] **1** *n* **(a)** *(material)* cobre *m*. **(b)** *(coin)* perra *f* chica, *(LAm)* centavo *m; (penny)* penique *m*. **(c)** = **cop 1 (a)**. **2** *adj* de cobre; *(colour)* cobrizo/a.
cop·pice ['kɒpɪs] *n*, **copse** [kɒps] *n* soto *m*, bosquecillo *m*.
copu·late ['kɒpjʊleɪt] *vi (esp of animals)* copular.
copu·la·tion [ˌkɒpjʊ'leɪʃən] *n* cópula *f*.
copy ['kɒpɪ] **1** *n* **(a)** *(gen: duplicate)* copia *f; (carbon ~)* (copia en papel) carbón *m; (of photograph)* copia; *(of painting)* copia, imitación *f*; **rough ~** borrador *m*; **fair ~** copia en limpio; **to make a ~ of** hacer *or (LAm)* sacar una copia de. **(b)** *(of book, newspaper)* ejemplar *m; (magazine)* número *m*. **(c)** *(no pl: Typ: material)* original *m*, manuscrito *m*; **to make good ~** ser una noticia de interés.
2 *vt* **(a)** *(imitate)* copiar, imitar. **(b)** *(make ~ of: gen)* sacar una copia de; *(: by writing)* copiar; *(: with carbon)* sacar copias carbón; *(photo~)* fotocopiar. **(c)** *(cheat)* copiar.
♦ **copy down** *vt + adv* anotar, tomar nota de.
♦ **copy out** *vt + adv* copiar.
copy·ing ['kɒpɪɪŋ] *adj:* **~ ink** *(for machine use)* tinta *f* de copiar.
copy·right ['kɒpɪraɪt] *n* derechos *mpl* de autor, propiedad *f* literaria.
copy·writer ['kɒpɪˌraɪtə^r] *n* escritor(a) *m/f* de material publicitario.
co·quette [kə'ket] *n* coqueta *f*.
cor·al ['kɒrəl] **1** *n* coral *m*. **2: ~ island** *n* isla *f* coralina; **~ necklace** *n* collar *m* de coral; **~ reef** *n* arrecife *m* de coral.
cord [kɔ:d] *n* **(a)** *(thick string)* cuerda *f; (for pyjamas, curtains, of window)* cordón *m; (Elec)* cable *m; (Anat)* **vocal ~s** cuerdas *fpl* vocales; **spinal ~** médula *f* espinal. **(b)** *(material)* pana *f*; **~s** *(trousers)* pantalones *mpl* de pana.
cor·dial ['kɔ:dɪəl] **1** *adj* cordial, afectuoso/a. **2** *n (drink)* cordial *m; (liqueur)* licor *m*.
cor·di·al·ly ['kɔ:dɪəlɪ] *adv* cordialmente, afectuosamente.
cor·don ['kɔ:dn] *n* cordón *m*.
♦ **cor·don off** *vt + adv* acordonar.
cor·du·roy ['kɔ:dərɔɪ] *n* = **cord (b)**.
core [kɔ:^{r}] **1** *n (of fruit)* corazón *m*, hueso *m; (of earth)* centro *m*, núcleo *m; (cable)* alma *f; (of nuclear reactor)* núcleo; *(fig: of problem etc)* corazón, meollo *m*; **a hard ~ of resistance** un núcleo *or* foco arraigado de resistencia; **rotten to the ~** corrompido hasta la médula; **English to the ~** inglés hasta los tuétanos. **2** *vt (fruit)* deshuesar.
co-respond·ent [ˌkəʊrɪs'pɒndənt] *n (Jur)* corresponsable *mf*.
cor·gi ['kɔ:gɪ] *n (dog)* perro/a *m/f* galés/esa.
co·ri·an·der [ˌkɒrɪ'ændə^r] *n* culantro *m*, cilantro *m*.
cork [kɔ:k] **1** *n (substance)* corcho *m; (stopper)* corcho, tapón *m*. **2** *vt (bottle: also* **~ up**) tapar con corcho, taponar. **3** *cpd* de corcho; **~ oak** *n* alcornoque *m*.
corked [kɔ:kt] *adj (wine)* con sabor a corcho.
cork·screw ['kɔ:kskru:] *n* sacacorchos *m inv*.
corn[1] [kɔ:n] **1** *n (Brit: wheat)* trigo *m; (gen term)* cereales *mpl; (US: maize)* maíz *m; (individual grains)* granos *mpl*; **~ on the cob** maíz en la mazorca, *(RPl)* choclo *m*, *(Mex)* elote *m*. **2: ~ oil** *n* aceite *m* de maíz.
corn[2] [kɔ:n] **1** *n (Med)* callo *m*. **2: ~ plaster** *n* emplasto *m or* parche *m* para callos.
cor·nea ['kɔ:nɪə] *n* córnea *f*.
corned beef [ˌkɔ:nd'bi:f] *n* carne *f* acecinada.
cor·ner ['kɔ:nə^r] **1** *n* **(a)** *(gen: angle: of object, outside)* ángulo *m*, esquina *f; (: inside)* rincón *m; (of mouth)* comisura *f; (of eye)* rabillo *m; (bend in road)* curva *f*, recodo *m; (where 2 roads meet)* esquina; **a ~ of Spain** *(fig)* un rincón de España; **in the ~ of the room** en el rincón; **the ~ of a table** la esquina de una mesa; **the ~ of a page** el ángulo de una página; **it's just around the ~** está a la vuelta de la esquina; *(fig: very near)* está a un paso; *(: in time)* está por llegar; **to turn the ~** *(fig)* salir del apuro; **in odd ~s** en cualquier rincón; **in every ~** por todos los rincones; **every ~ of**

Europe todos los rincones de Europa; **the four ~s of the world** las cinco partes del mundo; **out of the ~ of one's eye** con el rabillo del ojo; **to drive sb into a ~** *(fig)* poner a uno entre la espada y la pared; **to be in a (tight) ~** *(fig)* estar en un aprieto; **a two-~ed fight** una pelea entre dos; **to cut a ~** *(Aut)* tomar una curva muy cerrada; **to cut ~s** *(fig)* atajar; *(save money, effort etc)* ahorrar dinero/trabajo, *etc.* **(b)** *(football)* córner *m*, saque *m* de esquina. **(c)** *(Comm)* acaparamiento *m*.

2 *vt* **(a)** *(animal)* acorralar, arrinconar; *(fig: person: catch to speak to)* abordar, detener; *(fugitive)* cazar. **(b)** *(Comm: market)* acaparar.

3 *vi (Aut)* tomar las curvas.

4: ~ cupboard *n* rinconera *f*, *(LAm)* esquinera *f*; **~ house** *n* casa *f* que hace esquina; **~ seat** *n* asiento *m* del rincón; **~ shop** *n* tienda *f* de la esquina; **~ table** *n* mesa *f* rinconera.

corner·stone ['kɔːnəstəʊn] *n (fig: basic/most important feature)* piedra *f* angular.

cor·net ['kɔːnɪt] *n* **(a)** *(Mus)* corneta *f*. **(b)** *(Brit: ice cream)* barquillo *m*.

corn·field ['kɔːnfiːld] *n* trigal *m*, campo *m* de trigo; *(US)* maizal *m*.

corn·flakes ['kɔːnfleɪks] *npl* copos *mpl* de maíz, cornflakes *mpl*.

corn·flour ['kɔːnflaʊəʳ] *n* harina *f* de maíz, maicena *f*.

cor·nice ['kɔːnɪs] *n (Archit)* cornisa *f*.

Cor·nish ['kɔːnɪʃ] *adj* de Cornualles.

corn·starch ['kɔːnstɑːtʃ] *n (US)* = **cornflour.**

Corn·wall ['kɔːnwəl] *n* Cornualles *m*.

corny ['kɔːnɪ] *adj* (**-ier, -iest**) *(fam: joke, story)* trillado/a, gastado/a; *(: film, play)* sensiblero/a, sentimental.

cor·ol·lary [kə'rɒlərɪ] *n* corolario *m*, consecuencia *f*.

coro·nary ['kɒrənərɪ] **1** *adj* coronario/a. **2** *n* (*also* **~ thrombosis**) infarto *m*, ataque *m* al corazón.

coro·na·tion [ˌkɒrə'neɪʃən] *n* coronación *f*.

coro·ner ['kɒrənəʳ] *n* magistrado *m* investigador.

coro·net ['kɒrənɪt] *n* corona *f* (de marqués *etc*); *(diadem)* diadema *f*.

cor·po·ral ['kɔːpərəl] **1** *adj*: **~ punishment** castigo *m* corporal. **2** *n (Mil)* cabo *m*.

cor·po·rate ['kɔːpərɪt] *adj (joint: ownership, responsibility)* corporativo/a, colectivo/a; *(: action, effort)* combinado/a; **~ body** corporación *f*.

cor·po·ra·tion [ˌkɔːpə'reɪʃən] **1** *n (Comm)* corporación *f*; *(US: limited company)* sociedad *f* anónima, sociedad de capitales; *(of city)* ayuntamiento *m*. **2** *cpd* corporativo/a.

corps [kɔːʳ] *n, pl* **corps** [kɔːz] *(Mil)* cuerpo *m* de ejército; **diplomatic ~** cuerpo diplomático; **press ~** gabinete *m* de prensa.

corpse [kɔːps] *n* cadáver *m*.

cor·pu·lence ['kɔːpjʊləns] *n* corpulencia *f*.

cor·pu·lent ['kɔːpjʊlənt] *adj* corpulento/a.

cor·pus·cle ['kɔːpʌsl] *n (of blood)* glóbulo *m*, corpúsculo *m*.

cor·rect [kə'rekt] **1** *adj* **(a)** *(precise)* exacto/a, justo/a; *(right)* correcto/a, *(LAm)* cierto/a; **that's ~!** ¡correcto!, ¡vale!; **is this spelling ~?** ¿está bien escrito esto?; **you are ~** tiene razón, Ud está en lo cierto. **(b)** *(socially suitable, proper: person, behaviour)* correcto/a; *(: dress)* apropiado/a. **2** *vt (put right: mistake)* corregir; *(: person)* rectificar, corregir; *(: child)* reprender; *(: habit)* hacer desaparecer; *(: something faulty)* corregir; *(: watch)* poner en hora; *(: exam, work)* puntuar, calificar; *(: proofs)* corregir; *(punish)* castigar; **I stand ~ed** reconozco el error.

cor·rec·tion [kə'rekʃən] *n (gen)* corrección *f*, rectificación *f*; *(on page)* tachadura *f*.

cor·rect·ly [kə'rektlɪ] *adv (accurately)* con exactitud, exactamente; *(properly)* correctamente.

cor·re·late ['kɒrɪleɪt] **1** *vt* correlacionar; **to ~ with** poner en correlación con. **2** *vi* tener correlación; **to ~ with** estar en correlación con.

cor·re·la·tion [ˌkɒrɪ'leɪʃən] *n* correlación *f*.

cor·re·spond [ˌkɒrɪs'pɒnd] *vi* **(a)** *(be in accordance)* corresponder *(with* con); *(be equivalent)* equivaler *(to* a). **(b)** *(by letter)* escribirse *(with* con).

cor·re·spond·ence [ˌkɒrɪs'pɒndəns] **1** *n* **(a)** *(agreement)* correspondencia *f*, conexión *f (between* entre). **(b)** *(letters)* correspondencia *f*; **to be in ~ with sb** mantener correspondencia con uno. **2: ~ column** *n* (sección *f* de) cartas *fpl* al director; **~ course** *n* curso *m* por correspondencia.

cor·re·spond·ent [ˌkɒrɪs'pɒndənt] *n (gen)* corresponsal *mf*.

cor·res·pond·ing [ˌkɒrɪ'spɒndɪŋ] *adj* correspondiente.

cor·re·spond·ing·ly [ˌkɒrɪ'spɒndɪŋlɪ] *adv* por consecuencia.

cor·ri·dor ['kɒrɪdɔːʳ] *n (in building, train)* pasillo *m*, corredor *m*.

cor·robo·rate [kə'rɒbəreɪt] *vt* corroborar, confirmar.

cor·robo·ra·tion [kəˌrɒbə'reɪʃən] *n* corroboración *f*, confirmación *f*.

cor·rode [kə'rəʊd] **1** *vt* corroer. **2** *vi* corroerse.

cor·ro·sion [kə'rəʊʒən] *n* corrosión *f*.

cor·ro·sive [kə'rəʊzɪv] *adj* corrosivo/a; *(fig)* destructivo/a.

cor·ru·gat·ed ['kɒrəgeɪtɪd] *adj (gen)* ondulado/a; **~ iron** chapa *f* ondulada, *(LAm)* calamina *f*.

cor·rupt [kə'rʌpt] **1** *adj (depraved)* pervertido/a, depravado/a; *(dishonest)* corrompido/a, venal; *(text, language)* falseado/a, adulterado/a; **~ practices** *(dishonesty, bribery)* corrupción *f*. **2** *vt* corromper; *(bribe)* sobornar.

cor·rup·tion [kə'rʌpʃən] *n (see adj)* perversión *f*; venalidad *f*; adulteración *f*; corrupción *f*.

cor·sage [kɔː'sɑːʒ] *n* ramillete *m*.

cor·set ['kɔːsɪt] *n (gen)* faja *f*, corsé *m*.

Cor·si·ca ['kɔːsɪkə] *n* Córcega *f*.

Cor·si·can ['kɔːsɪkən] *adj* corso/a.

cor·tège [kɔː'teɪʒ] *n* cortejo *m*, comitiva *f*.

cor·tex ['kɔːteks] *n (Anat, Bot)* corteza *f*.

cor·ti·sone ['kɔːtɪzəʊn] *n* cortisona *f*.

cosh [kɒʃ] *(Brit)* **1** *n* porra *f*, cachiporra *f*. **2** *vt (fam)* dar un porrazo a.

cos let·tuce [ˌkɒs'letɪs] *n* lechuga *f* cos.

cos·met·ic [kɒz'metɪk] **1** *adj* cosmético/a; **~ surgery** cirugía *f* estética; **~ preparation** cosmético *m*. **2** *n (often pl)* cosmético *m*.

cos·mic ['kɒzmɪk] *adj* cósmico/a.

cos·mo·naut ['kɒzmənɔːt] *n* cosmonauta *mf*.

cos·mo·poli·tan [ˌkɒzmə'pɒlɪtən] *adj* cosmopolita.

cos·mos ['kɒzmɒs] *n* cosmos *m*.

cos·set ['kɒsɪt] *vt* mimar, *(LAm)* consentir.

cost [kɒst] **1** *n (expense: often pl)* coste *m*, costo *m*; *(amount paid, price)* precio *m*; *(Jur)* **~s** costas *fpl*; *(expenses)* gastos *mpl*; **to bear the ~ of** *(lit)* pagar *or* correr con los gastos de; *(fig)* sufrir las consecuencias de; **at great ~** *(lit)* a gran costa; *(fig)* tras grandes esfuerzos; **at ~ (price)** a precio de coste, a costa; **at all ~s, at any ~, whatever the ~** *(fig)* cueste lo que cueste, a toda costa; **to count the ~ of sth/of doing sth** pensar en los riesgos de algo/de hacer algo; **to my ~** a mis expensas; **at the ~ of his life/health** a costa de su vida/salud.

2 *vt* **(a)** (*pt, pp* **cost**) costar, valer; **how much does it ~?** ¿cuánto cuesta?, ¿cuánto vale?, ¿a cuánto está?; **what will it ~ to have it repaired?**

¿cuánto va a costar repararlo?; **it ~ him a lot of money** le costó mucho dinero; **it ~s the earth** *(fam)* cuesta un riñón, cuesta un ojo de la cara; **it ~ him his life/job** le costó la vida/el trabajo; **it ~ me a great deal of time/effort/a lot of trouble** me robó mucho tiempo/me costó mucho esfuerzo/me causó muchos problemas; **it ~s nothing to be polite** no cuesta nada ser educado; **whatever it ~s** *(also fig)* lo que sea, cueste lo que cueste. **(b)** *(pt, pp* **~ed**) *(Comm: articles for sale)* calcular el coste de; *(job)* preparar el presupuesto de.

3: ~ of living *n* coste *m or* costo *m* de la vida; **~-of-living allowance** *n* plus *m* de carestía de vida; **~-of-living index** *n* índice *m* del costo de vida.

co-star ['kəustɑːʳ] **1** *n* colega *mf* de reparto. **2** *vi* actuar en los papeles principales de una película; **to ~ with sb** figurar con uno como protagonistas.

cost-effective [ˌkɒstɪ'fektɪv] *adj* rentable.

cost·ing ['kɒstɪŋ] *n* cálculo *m* de costos.

cost·ly ['kɒstlɪ] *adj* costoso/a.

cos·tume ['kɒstjuːm] **1** *n (of country)* traje *m; (fancy dress)* disfraz *m; (lady's suit)* traje sastre; *(bathing ~)* bañador *m*, traje de baño; *(Theat)* **~s** vestuario *m*. **2: ~ ball** *n* baile *m* de disfraces; **~ drama** *n* obra *f* dramática de época; **~ jewellery** *n* bisutería *f*, joyas *fpl* de fantasía.

cosy ['kəuzɪ] **1** *adj (-ier, -iest) (room, atmosphere)* acogedor(a); *(clothes)* de abrigo, caliente; *(person)* cómodo/a; *(fig: chat)* íntimo/a, personal. **2** *n (for teapot, egg)* cubierta *f*.

cot [kɒt] *n (Brit: for baby)* cuna *f; (US: folding bed)* cama *f* plegable, *(LAm)* catre *m*.

cot·tage ['kɒtɪdʒ] **1** *n (country house)* casita *f* de campo, *(LAm)* quinta *f; (humble dwelling)* choza *f*, barraca *f*. **2: ~ cheese** *n* requesón *m*; **~ hospital** *n* hospital *m* rural; **~ loaf** *n* pan *m* casero; **~ pie** *n* *pastel m de carne cubierta de puré de patatas.*

cot·ton ['kɒtn] **1** *n (cloth)* algodón *m; (plant, industry etc)* algodonero *m; (thread)* hilo *m* (de algodón). **2** *cpd (shirt, dress)* de algodón; **~ candy** *n (US)* algodón *m* (azucarado); **~ industry** *n* industria *f* algodonera; **~ mill** *n* fábrica *f* de algodón; **~ wool** *n (Brit)* algodón *m* hidrófilo.

♦ **cot·ton on** *vi + adv (fam)* **to ~ on (to sth)** caer en la cuenta (de algo), captar (algo).

couch [kautʃ] **1** *n (gen)* sofá *m; (Med: in doctor's surgery)* camilla *f*. **2** *vt* expresar.

cou·chette [kuː'ʃet] *n (on train, ferry)* litera *f*, cama *m*.

cou·gar ['kuːgəʳ] *n* puma *m*.

cough [kɒf] **1** *n* tos *f*; **to have a bad ~** tener mucha tos. **2: ~ drops** *or* **sweets** *npl* pastillas *fpl* para la tos; **~ mixture** *n* jarabe *m* para la tos. **3** *vi* toser.

♦ **cough up 1** *vt + adv (blood, phlegm)* escupir, arrojar; *(Med)* expectorar; *(fig fam: part with: money)* soltar. **2** *vi + adv (fig fam)* soltar la pasta.

could [kud] *pt, cond of* **can**[1].

couldn't ['kudnt] = **could not.**

coun·cil ['kaunsl] **1** *n (committee)* consejo *m*, junta *f; (in local government)* concejo *m* municipal; *(meeting)* reunión *f*, sesión *f*; **city/town ~** ayuntamiento *m*; **~ of war** consejo de guerra; **the Security C~ of the United Nations** el Consejo de Seguridad de las Naciones Unidas. **2: ~ house/flat** *n (Brit)* casa *f*/piso *m* protegida/o; **~ housing** *n* viviendas *fpl* protegidas; **~ housing estate** *n* bloque *m* de viviendas protegidas; **~ meeting** *n* pleno *m* municipal.

coun·cil·lor ['kaunsɪləʳ] *n* concejal(a) *m/f*.

coun·sel ['kaunsəl] **1** *n* **(a)** *(advice)* consejo *m*; **to hold/take ~ (with sb) about sth** consultar *or* pedir consejos (a uno) sobre algo; **to keep one's own ~** guardar silencio. **(b)** *(Jur: pl inv)* abogado *mf*; **~ for the defence** abogado defensor; **~ for the prosecution** fiscal *mf*; **Queen's** (*or* **King's**) **C~** abogado del Estado. **2** *vt*: **to ~ sth/sb to do sth** aconsejar algo/a uno que haga algo.

coun·sel·lor, *(US)* **coun·se·lor** ['kaunsləʳ] *n* consejero/a *m/f; (adviser)* asesor(a) *m/f; (US: lawyer)* abogado *mf*.

count[1] [kaunt] **1** *n* **(a)** *(gen: usu no pl)* cuenta *f*, cálculo *m; (of votes at election)* escrutinio *m; (Boxing)* cuenta; **at the last ~** en el último recuento; **to be out for the ~** *(Boxing)* ser declarado fuera de combate; *(fam)* estar fuera de combate; **to keep ~ of sth** llevar la cuenta de algo; **you made me lose ~** me hiciste perder la cuenta. **(b)** *(Jur)* **he was found guilty on all ~s** fue declarado culpable de todos los cargos.

2 *vt* **(a)** *(gen: items, inhabitants, injured)* contar, calcular; **to ~ (to) twenty** contar hasta veinte; **to ~ one's change** contar la vuelta; **don't ~ your chickens before they're hatched** no hagas las cuentas de la lechera; **to ~ sheep** *(fig)* contar ovejas; **to ~ the cost of** *(lit)* calcular el costo de; *(fig)* considerar las consecuencias de; **without ~ing the cost** *(lit, fig)* sin reparar en el costo *or* el precio; **~ your blessings** piensa en lo afortunado que eres. **(b)** *(include)* incluir, contar; *(consider)* considerar; **not ~ing the children** niños aparte; **10 ~ing him** diez incluyéndolo a él, diez con él; **he was ~ed among the greatest musicians of his era** se le contaba entre los mejores músicos de su época; **~ yourself lucky** date por satisfecho; **will you ~ it against me?** ¿lo guardarás en mi contra?; **I ~ it an honour (to do that)** tengo a mucha honra *or* lo considero un honor (hacerlo).

3 *vi* **(a)** contar; **to ~ (up) to 10** contar hasta diez; **~ing from today** a partir de hoy; **~ing from the left** contando de izquierda a derecha. **(b)** *(be considered, be valid)* valer, contar; **two children ~ as one adult** dos niños valen por un adulto; **that doesn't ~** eso no vale, eso no cuenta; **it will ~ against him** irá en su contra; **it ~s for very little** vale por poco.

♦ **count in** *vt + adv* incluir; **~ me in!** *(fam)* ¡cuenta conmigo!

♦ **count on** *vi + prep* contar con; **we're ~ing on him** contamos con él; **to ~ on doing sth** contar con hacer algo.

♦ **count out** *vt + adv* **(a)** *(Boxing)* **to be ~ed out** ser declarado fuera de combate. **(b)** *(money)* ir contando; *(small objects)* apartar, separar. **(c)** *(fam)* **~ me out!** ¡no cuentes conmigo!

♦ **count up** *vt + adv* sacar la suma de.

♦ **count upon** *vi + prep* = **count on.**

count[2] [kaunt] *n (nobleman)* conde *m*.

count·able ['kauntəbl] *adj* contable; **a ~ noun** *(Ling)* un nombre contable.

count·down ['kauntdaun] *n* cuenta *f* atrás.

coun·te·nance ['kauntɪnəns] *(frm)* **1** *n* **(a)** *(face)* semblante *m*, rostro *m*; **to keep one's ~** contener la risa, no perder la seriedad. **(b)** *(no pl: approval)* consentimiento *m*. **2** *vt (permit)* **to ~ sth/sb doing sth** consentir *or* permitir algo/a uno que haga algo.

count·er[1] ['kauntəʳ] *n* **(a)** *(of shop)* mostrador *m; (of canteen)* barra *f; (position in post office, bank)* ventanilla *f*; **to buy under the ~** *(fig)* comprar de estraperlo *or* bajo mano; **to buy over the ~** *(fig)* comprar sin receta. **(b)** *(in game)* ficha *f*. **(c)** *(Tech)* contador *m*.

coun·ter[2] ['kauntəʳ] **1** *adv*: **~ to** contrario a, en contra de; **to run ~ to** ir en sentido contrario a, ser contrario a. **2** *vt (blow)* responder a, dar el contragolpe a; *(attack)* contraatacar, hacer frente a; **to ~ sth with sth/by doing sth** contestar a algo con algo/haciendo algo. **3** *vi*: **to ~ with** contestar *or* responder con.

counter... ['kaʊntəʳ] *pref* contra...'.

counter·act [ˌkaʊntə'rækt] *vt* contrarrestar.

counter·at·tack ['kaʊntərəˌtæk] **1** *n* contraataque *m*. **2** *vt, vi* contraatacar.

counter-attrac·tion ['kaʊntərəˌtrækʃən] *n* competencia *f*.

counter·bal·ance ['kaʊntəˌbæləns] **1** *n* contrapeso *m; (fig)* compensación *f*. **2** [ˌkaʊntə'bæləns] *vt* contrapesar, contrabalancear; *(fig)* compensar.

counter·blow ['kaʊntəbləʊ] *n* contragolpe *m*.

counter·claim ['kaʊntəkleɪm] *n (Jur)* contradenuncia *f*.

counter-clockwise [ˌkaʊntə'klɒkwaɪz] *adv* en sentido contrario al de las agujas del reloj.

counter-es·pio·nage [ˌkaʊntər'espjənɑːʒ] *n* contraespionaje *m*.

counter·feit ['kaʊntəfiːt] **1** *adj (false)* falsificado/a; *(feigned)* simulado/a. **2** *n* falsificación *f*, simulación *f; (coin)* moneda *f* falsa. **3** *vt* falsificar.

counter·foil ['kaʊntəfɔɪl] *n* talón *m*.

counter·in·tel·li·gence [ˌkaʊntərɪn'telɪdʒəns] *n* = **counter-espionage.**

counter·mand ['kaʊntəmɑːnd] *vt* revocar, cancelar.

counter-mea·sure ['kaʊntəˌmeʒəʳ] *n* contramedida *f*.

counter-of·fen·sive ['kaʊntərəˌfensɪv] *n* contraofensiva *f*.

counter·pane ['kaʊntəpeɪn] *n* colcha *f*, cubrecama *f*.

counter·part ['kaʊntəpɑːt] *n (equivalent of sth)* equivalente *mf; (person)* colega *mf*.

counter·point ['kaʊntəˌpɔɪnt] *n* contrapunto *m*.

counter-pro·duc·tive [ˌkaʊntəprə'dʌktɪv] *adj* contraproducente.

counter-punch ['kaʊntəpʌntʃ] *n* contragolpe *m*.

counter-revolu·tion [ˌkaʊntərevə'luːʃən] *n* contrarrevolución *f*.

counter-revo·lu·tion·ary [ˌkaʊntərevə'luːʃnərɪ] *adj, n* contrarrevolucionario/a *m/f*.

counter·sign ['kaʊntəsaɪn] *vt* refrendar.

counter·sink ['kaʊntəsɪŋk] *pt, pp* **countersunk** ['kaʊntəsʌŋk] *vt* avellanar.

counter·weight ['kaʊntəweɪt] *n* contrapeso *m*.

coun·tess ['kaʊntɪs] *n* condesa *f*.

count·less ['kaʊntlɪs] *adj*: **on ~ occasions** infinidad *f* de veces.

coun·try ['kʌntrɪ] **1** *n* **(a)** *(nation)* país *m; (fatherland)* patria *f; (people)* pueblo *m;* **to go to the ~** *(Pol)* convocar *or* llamar a elecciones generales; **to die for one's ~** morir por la patria. **(b)** *(no pl: ~side)* campo *m; (terrain, land)* terreno *m*, tierra *f;* **in the ~** en el campo; **there is some lovely ~ further south** más al sur el paisaje es muy bonito; **mountainous ~** región *f* montañosa; **unknown ~** *(also fig)* terreno *m* desconocido.

2 *cpd (life, people)* del campo; **~ and western (music)** *n* música *f* country, *(Mex)* ≃ música ranchera; **~ bumpkin** *n (pej)* patán *m*, paleto/a *m/f;* **~ cousin** *n (fig)* primo/a *m/f* de provincia; **~ dancing** *n* baile *m* regional; **~ dweller** *n* campesino/a *m/f*, paisano/a *m/f;* **~house** *n (gen)* casa *f* de campo, *(LAm)* quinta *f; (also* **~ seat)** casa solariega, *(LAm)* hacienda *f; (farm)* masía *f, (LAm)* finca *f, (Mex)* rancho *m;* **~ road** *n* camino *m* vecinal; **~ seat** *n see* **~ house.**

country·man ['kʌntrɪmən] *n, pl* **-men** *(country-dweller)* campesino *m*, paisano *m; (compatriot)* compatriota *mf*.

country·side ['kʌntrɪsaɪd] *n* campo *m*.

country-wide ['kʌntrɪˌwaɪd] *adj* nacional.

coun·ty ['kaʊntɪ] **1** *n (Brit)* comarca *f; (US: subdivision of state)* municipio *m*. **2**: **~ boundary** *n* lindero *m* municipal; **~ council** *n* ayuntamiento *m;* **~ court** *n* juzgado *m* de primera instancia; **~ town** *n* cabeza *f* de partido, capital *m* de provincia.

coup [kuː] *n (Pol: also* **~ d'état)** golpe *m* de estado; *(triumph)* éxito *m;* **~ de grace** golpe de gracia.

coupé ['kuːpeɪ] *n (Aut)* cupé *m*.

cou·ple ['kʌpl] **1** *n (pair)* par *m; (partners)* pareja *f; (fam: two or three)* **a ~ of** un par de. **2** *vt* **(a) to ~ with** unir a, juntar con. **(b)** *(Tech)* **to ~ (on** *or* **up)** acoplar (a), enganchar (a).

cou·pling ['kʌplɪŋ] *n (Tech)* acoplamiento *m; (Aut, Rail)* enganche *m; (sexual)* copula *f*.

cou·pon ['kuːpɒn] *n (voucher in newspaper, advertisement)* cupón *m; (for price reduction or gifts)* vale *m; (football pool ~)* boleto *m* de quiniela; *(rationing)* cartilla *f*.

cour·age ['kʌrɪdʒ] *n* valor *m*, valentía *f;* **~!** ¡ánimo!; **I haven't the ~ to refuse** no tengo valor para negarme; **to have the ~ of one's convictions** obrar de acuerdo con su conciencia; **to take one's ~ in both hands** hacer de tripas corazón; **to take ~ from** cobrar ánimos *or* sacar fuerzas de.

cou·ra·geous [kə'reɪdʒəs] *adj* valiente.

cour·gette ['kʊəʒet] *n* calabacín *m, (LAm)* calabacita *f*.

cou·ri·er ['kʊrɪəʳ] *n (messenger)* mensajero/a *m/f; (travel)* guía *mf* de turismo.

course [kɔːs] **1** *n* **(a)** *(route)* dirección *f*, ruta *f; (of river)* curso *m; (of planet)* órbita *f; (of ship)* rumbo *m;* **to set ~ for** *(Naut: place)* poner *or* hacer rumbo a; **to change ~** *(Naut, fig)* cambiar de rumbo; **to go off ~** salirse de rumbo, desviarse; **to stay on ~/hold one's ~** mantener el rumbo; **to take/follow a ~ of action** *(fig)* tomar medidas/seguir una línea de conducta *or* acción; **we have no other ~ but to ...** no tenemos más remedio que ..., *(LAm)* no nos queda otra que ...; **there are several ~s open to us** se nos ofrecen varias posibilidades; **the best ~ would be to ...** lo mejor sería ...; **to let things take** *or* **run their ~** dejar que las cosas sigan su rumbo; **to change the ~ of history** cambiar el curso de la historia; **as a matter of ~** como algo natural; **in the ~ of** *(life, disease)* en el transcurso de, durante; *(events, time)* en el curso *or* transcurso de; **in due ~** a su debido tiempo; **in the normal** *or* **ordinary ~ of events** normalmente; **in the ~ of conversation** durante *or* en el transcurso de una conversación; **in the ~ of construction** en vías de construcción; **in the ~ of the next few days** durante los próximos días, *(LAm)* en estos días; **in the ~ of my work** en el cumplimiento de mi trabajo; **in the ~ of the journey** durante el viaje. **(b) (yes,) of ~** claro, desde luego, *(LAm)* por supuesto, *(RPl)* sí pues, *(Mex)* cómo no; **(no,) of ~ not!** *(answering: denying, disagreeing, refusing)* ¡claro que no!, ¡por supuesto que no!; **of ~ I won't do it** ni hablar, no lo voy a hacer, no hay manera de que lo haga. **(c)** *(Scol, Univ)* curso *m;* **to take a ~ in French/go on a French ~** tomar un curso/hacer clase de francés; **to follow/give a ~ of lectures** asistir a/dar un ciclo de conferencias; *(Med)* **a ~ of treatment/drugs** un tratamiento. **(d)** *(Sport: golf ~)* campo *m or (LAm)* cancha *f* (de golf); *(: race ~)* hipódromo *m*. **(e)** *(Culin)* plato *m;* **a three-~**

meal una comida de tres platos.

2 *vi (water etc)* correr; *(tears)* caer; **it sent the blood coursing through his veins** le hacía hervir la sangre.

court [kɔːt] 1 *n* **(a)** *(Jur)* tribunal *m*, juzgado *m*, *(LAm)* corte *f*; *(officers and/or public)* audiencia *f* y público *m*; ~ **of appeal** tribunal *m* de apelación; ~ **of inquiry** comisión *f* de investigación; **to take sb to ~ (over sth)** demandar *or (LAm)* procesar a uno (por algo); **to settle (a case) out of ~** llegar a un acuerdo las partes; **to rule sth/sb out of ~** no admitir algo/a uno; **he was brought before the ~ on a charge of theft** fue procesado por robo; *see* **crown 3, high 4, magistrate, supreme. (b)** *(Tennis)* pista *f*, *(LAm)* cancha *f*; **hard/grass ~** pista *or* cancha dura/de hierba. **(c)** *(royal: palace)* palacio *m*; *(: people)* corte *f*.

2: ~ **card** *n* carta *f* de figura.

3 *vt* **(a)** *(woman)* pretender *or* cortejar a. **(b)** *(fig: seek: favour)* intentar conseguir; *(: death, disaster)* buscar, exponerse a; **to ~ favour with sb** intentar congraciarse con uno.

4 *vi* ser novios; **a ~ing couple** una pareja de novios.

Cour·telle [kɔːˈtel] *n* ® Courtelle *f*.

cour·teous [ˈkɜːtɪəs] *adj (person, behaviour, speech)* cortés, atento/a.

cour·tesy [ˈkɜːtɪsɪ] 1 *n (politeness)* cortesía *f*; *(polite act)* atención *f*, gentileza *f*; **by ~ of** (por) cortesía de; **you might have had the ~ to tell me** podrías haber tenido el detalle de decírmelo; **to exchange courtesies** intercambiar cumplidos de etiqueta; **will you do me the ~ of ...?** si fuera tan amable de ..., haga el favor de ..., *(LAm)* si me hace favor de .... 2: ~ **coach** *n* autocar *m or* autobús *m* de cortesía; ~ **light** *n (Aut)* luz *f* interna; ~ **visit** *n* visita *f* de cumplido.

court·house [ˈkɔːthaʊs] *n (Jur)* palacio *m* de justicia.

cour·ti·er [ˈkɔːtɪəʳ] *n* cortesano *m*.

court-mar·tial [ˌkɔːtˈmɑːʃəl] 1 *n, pl* **courts-martial** consejo *m* de guerra. 2 *vt* juzgar en consejo de guerra.

court·ship [ˈkɔːtʃɪp] *n (act)* cortejo *m*; *(period)* noviazgo *m*.

court·yard [ˈkɔːtjɑːd] *n* patio *m*.

cous·in [ˈkʌzn] *n* primo/a *m/f*.

cove [kəʊv] *n (Geog)* cala *f*, ensenada *f*.

cov·en [ˈkʌvn] *n* círculo *m* de brujas.

cov·enant [ˈkʌvɪnənt] 1 *n* **(a)** *(legal)* pacto *m*, convenio *m*; **a deed of ~** contrato *m*, convenio. **(b)** *(Bible)* alianza *f*. 2 *vt* pactar, concertar; **to ~ £20 per year to a charity** concertar el pago de veinte libras anuales a una sociedad benéfica.

Cov·en·try [ˈkɒvəntrɪ] *n*: **to send sb to ~** *(fig)* hacer el vacío a uno.

cov·er [ˈkʌvəʳ] 1 *n* **(a)** *(gen)* cubierta *f*, *(LAm)* tapa *f*; *(of dish, bowl, saucepan)* tapa, tapadera *f*; *(of furniture, typewriter)* funda *f*; *(for merchandise, on vehicle)* cubierta; *(bedspread)* cobertor *m*, colcha *f*; *(often pl: blanket)* manta *f*, *(LAm)* frazada *f*, cobija *f*. **(b)** *(of book, magazine)* portada *f*; **to read a book from ~ to ~** leer un libro de cabo a rabo. **(c)** *(Comm: envelope)* sobre *m*; **under separate ~** por separado. **(d)** *(no pl: shelter)* abrigo *m*, refugio *m*; *(for hiding)* escondite *m*; *(from gunfire)* refugio; *(covering fire)* protección *f*; **to take ~ (from)** *(hide)* esconderse *or* ocultarse (de); *(Mil)* ponerse a cubierto (de); *(shelter)* protegerse (de), resguardarse (de); **to break ~** salir al descubierto; **under ~** al abrigo; *(indoors)* bajo techo; **under ~ of darkness** al amparo de la oscuridad. **(e)** *(no pl: Fin, Insurance)* cobertura *f*; **without ~** *(Fin)* sin cobertura; **full/fire ~** *(Insurance)* cobertura total/protección *f* contra incendios. **(f)** *(in espionage, etc)* tapadera *f*. **(g)** *(frm: at table)* cubierto *m*.

2 *vt* **(a)** *(gen)* **to ~ (with)** cubrir (con *or* de), tapar (con); *(fig)* **~ed with confusion/shame** lleno de confusión/muerto de vergüenza; **to ~ o.s. with glory/disgrace** cubrirse de gloria/hundirse en la miseria. **(b)** *(hide)* esconder; *(feelings, facts, mistakes)* ocultar; *(noise)* ahogar. **(c)** *(protect: Mil, Sport)* cubrir; *(: a book)* forrar; *(: Insurance)* cubrir; *(insure)* asegurar; **he only said that to ~ himself** lo dijo sólo para cubrirse; **I've got you ~ed!** ¡te tengo a tiro!, ¡te estoy apuntando! **(d)** *(be sufficient for: cost, expenses)* cubrir, sufragar; *(include)* incluir, abarcar; **£10 will ~ everything** con diez libras cubriremos todos los gastos; **we must ~ all possibilities** debemos estar preparados para cualquier eventualidad. **(e)** *(distance)* cubrir, recorrer; **we ~ed 8 miles in one hour** recorrimos ocho millas en una hora; **to ~ a lot of ground** recorrer mucho trecho. **(f)** *(Press: report on)* cubrir.

3 *vi*: **to ~ for sb** *(at work etc)* reemplazar a uno; *(protect)* encubrir a uno.

4: ~ **charge** *n (in restaurant)* (precio *m* del) cubierto *m*; ~ **girl** *n* modelo *f* fotográfica; ~ **note** *n (Insurance)* póliza *f* provisional.

♦ **cov·er over** *vt +adv* cubrir, revestir.

♦ **cov·er up** 1 *vt + adv* **(a)** *(child, object)* cubrir completamente, tapar. **(b)** *(fig: hide: truth, facts)* ocultar; *(emotions)* disimular; **to ~ up one's tracks** *(lit, fig)* borrar sus huellas. 2 *vi + adv* **(a)** *(warmly)* abrigarse, protegerse. **(b)** *(fig)* **to ~ up for sb** encubrir a uno.

cov·er·age [ˈkʌvərɪdʒ] *n (Press)* reportaje *m*; *(diffusion)* difusión *f*; **to give full ~ to an event** *(report widely)* dar amplia difusión a un suceso; *(report in depth)* informar a fondo sobre un suceso.

cover·alls [ˈkʌvərɔːlz] *npl (US: overalls)* mono *msg*.

cov·er·ing [ˈkʌvərɪŋ] 1 *n* cubierta *f*, envoltura *f*; **a ~ of snow/dust/icing** una capa de nieve/polvo/azúcar glaseado. 2: ~ **letter** *n (explanatory)* carta *f* de explicación.

cov·ert [ˈkʌvət] *adj (gen)* secreto/a, encubierto/a; *(glance)* furtivo/a, disimulado/a; ~ **attack** ataque *m* de sorpresa.

cover-up [ˈkʌvərʌp] *n* encubrimiento *m*.

cov·et [ˈkʌvɪt] *vt* codiciar.

cov·et·ous [ˈkʌvɪtəs] *adj (person)* codicioso/a; *(glance)* ansioso/a, ávido/a.

cow [kaʊ] 1 *n (Zool)* vaca *f*; *(: female of other species)* hembra *f*; *(fam pej: woman)* estúpida *f*. 2 *vt (person)* intimidar, acobardar, *(LAm)* apantallar; **a ~ed look** una mirada temerosa.

cow·ard [ˈkaʊəd] *n* cobarde *mf*.

cow·ard·ice [ˈkaʊədɪs] *n*, **cow·ard·li·ness** [ˈkaʊədlɪnɪs] *n* cobardía *f*.

cow·ard·ly [ˈkaʊədlɪ] *adj (act, person)* cobarde.

cow·boy [ˈkaʊbɔɪ] *n* vaquero *m*.

cow·er [ˈkaʊəʳ] *vi* encogerse (de miedo).

cow·hide [ˈkaʊhaɪd] *n* cuero *m*.

cowl [kaʊl] *n (hood)* capucha *f*.

cow·man [ˈkaʊmən] *n, pl* **-men** vaquero *m*; *(owner)* ganadero *m*.

co-worker [ˈkəʊˌwɜːkəʳ] *n* colaborador(a) *m/f*.

cow·shed [ˈkaʊʃed] *n* establo *m*.

cow·slip [ˈkaʊslɪp] *n (Bot)* primavera *f*, prímula *f*.

cox [kɒks] 1 *n* timonel *mf*. 2 *vt, vi* gobernar, hacer de timonel.

coy [kɔɪ] *adj* **(-er, -est)** *(person, smile)* tímido/a, *(LAm)* apenado/a; *(pej: woman: coquettish)* coqueta, coquetona.

cozy ['kəʊzɪ] *adj* = **cosy.**
crab [kræb] **1** *n (Zool)* cangrejo *m, (LAm)* jaiba *f.* **2: ~ apple** *n* manzana *f* silvestre.
crab·by ['kræbɪ] *adj (fam: also* **crabbed**) hosco/a.
crack [kræk] **1** *n* **(a)** *(split, slit: in glass, pottery)* grieta *f,* hendedura *f; (: in wall, paint, plaster)* grieta *f,* resquebrajadura *f; (: in ground)* hendedura *f,* rajadura *f; (: in skin)* surco *m,* arruga *f;* **at the ~ of dawn** al romper el alba; **through the ~ in the door** *(slight opening)* por la rendija de la puerta. **(b)** *(noise: of twigs)* crujido *m; (: of whip)* chasquido *m; (: of rifle, thunder)* estampido *m;* estruendo *m.* **(c)** *(blow)* golpe *m;* **a ~ on the head** un golpe en la cabeza. **(d)** *(fam: attempt)* **to have a ~ at sth** intentar algo. **(e)** *(fam: joke, insult)* chiste *m,* burla *f, (LAm)* pulla *f;* **he made a silly ~ about our new car** nos tomó el pelo por lo del coche nuevo.
2 *adj (team etc)* de primera categoría; **a ~ gymnast** un(a) gimnasta de primera; **a ~ shot** un as del tiro.
3 *vt* **(a)** *(break: glass, pottery)* romper; *(: wood)* astillar; *(: nut)* cascar; *(: egg)* romper, partir; *(fig fam: safe)* forzar; *(: bottle)* abrir; **to ~ one's skull** romperse la cabeza; **to ~ sb over the head** pegarle a uno en la cabeza. **(b)** *(cause to sound: whip)* chasquear, restallar; *(finger joints)* crujir; **to ~ jokes** *(fam)* contar chistes *or (LAm)* cuentos. **(c)** *(case: solve)* resolver; *(code)* descifrar.
4 *vi* **(a)** *(break: pottery, glass)* romperse, partirse; *(: ground)* abrirse, rajarse; *(skin)* agrietarse; *(: wall, dry wood)* agrietarse, resquebrajarse; *(voice: with emotion)* quebrarse; **to ~ under the strain** *(person)* quebrantarse bajo el esfuerzo. **(b)** *(make noise: whip)* chasquear; *(dry wood)* crujir; **to get ~ing** *(fam: hurry up)* darse prisa, *(LAm)* apurarse.
♦ **crack down** *vi + adv:* **to ~ down (on sth)** reprimir (algo) fuertemente.
♦ **crack up** *(fam)* **1** *vi + adv* quebrantarse, sufrir una crisis nerviosa. **2** *vt + adv:* **he's not all he's ~ed up to be** no es para tanto.
cracked [krækt] *adj (fam: mad: also* **crackers**) chiflado/a, *(LAm)* tarado/a.
crack·er ['krækəʳ] *n* **(a)** *(firework)* buscapiés *m inv; (Christmas ~)* sorpresa *f* (navideña). **(b)** *(biscuit)* galleta *f* salada, cráchter *m.*
crack·le ['krækl] **1** *n (usu no pl: noise: of twigs burning)* crepitación *f,* chisporroteo *m; (: of frying)* chisporroteo; *(: on telephone)* interferencia *f.* **2** *vi (see n)* crepitar, chisporrotear.
crack·ling ['kræklɪŋ] *n* **(a)** *(no pl: Culin)* chicharrones *mpl.* **(b)** *(sound)* chisporroteo *m; (on radio, telephone)* interferencia *f.*
crad·le ['kreɪdl] **1** *n* **(a)** *(cot, birthplace etc)* cuna *f.* **(b)** *(of telephone)* soporte *m,* horquilla *f.* **(c)** *(Constr)* andamio *m* volante. **2** *vt (child)* mecer, acunar; *(object)* abrazar.
craft [krɑːft] *n* **(a)** *(trade)* oficio *m; (no pl: skill)* destreza *f,* habilidad *f; (handicraft)* artesanía *f;* **arts and ~s** artesanías *fpl.* **(b)** *(cunning: pej)* astucia *f,* maña *f.* **(c)** *(boat: pl inv)* barco *m,* embarcación *f.*
crafts·man ['kræftsmən] *n, pl* **-men** artesano *m.*
crafts·man·ship ['kræftsmənʃɪp] *n (no pl: skill)* destreza *f,* habilidad *f; (skilled work)* artesanía *f.*
crafty ['krɑːftɪ] *adj* (**-ier, -iest**) *(person)* astuto/a, vivo/a, *(LAm)* listo/a; *(action)* hábil.
crag [kræg] *n* peñasco *m,* risco *m.*
crag·gy ['krægɪ] *adj* (**-ier, -iest**) *(rock)* rocoso/a, escarpado/a; *(features)* hosco/a, arrugado/a.
cram [kræm] **1** *vt (stuff)* meter a la carrera *(into* en); *(fill)* llenar a reventar *(with* de); **to ~ in** meter, hacer un hueco para; **his head is ~med with strange ideas** tiene ideas raras metidas en la cabeza; **the room was ~med with furniture** la habitación estaba atestada de muebles; **she ~med her hat down over her eyes** se enfundó el sombrero hasta los ojos; **to ~ o.s. with food** atiborrarse de comida, darse un atracón.
2 *vi* **(a)** *(people)* apelotonarse *(into* en). **(b)** *(pupil: for exam)* empollar.
cramp [kræmp] **1** *n (Med)* calambre *m;* **writer's ~** calambre de los escritores. **2** *vt (restrict: development)* poner obstáculos a, poner trabas a; **to ~ sb's style** *(fig fam)* cortar las alas a uno.
cramped [kræmpt] *adj (writing)* menudo/a, apretado/a; *(position)* encogido/a, incómodo/a; **to live in ~ conditions** vivir en la estrechez; **they were all ~ together** estaban apiñados; **we are very ~ for space** apenas hay lugar para moverse.
cran·berry ['krænbərɪ] *n* arándano *m.*
crane [kreɪn] **1** *n* **(a)** *(Zool)* grulla *f.* **(b)** *(Tech)* grúa *f.* **2** *vt:* **to ~ one's neck** estirar el cuello. **3** *vi (also* **~ forward**) inclinarse estirando el cuello; **to ~ to see sth** estirar el cuello para ver algo. **4: ~ driver** *n* conductor(a) *m/f* de grúa.
crank [kræŋk] **1** *n* **(a)** *(Tech)* manivela *f,* manubrio *m.* **(b)** *(person: eccentric)* excéntrico/a *m/f; (US: cross)* ogro *m.* **2** *vt (engine: also* **~ up**) hacer arrancar con la manivela.
crank·case ['kræŋkkeɪs] *n* cárter *m.*
crank·shaft ['kræŋkʃɑːft] *n* cigüeñal *m.*
cranky ['kræŋkɪ] *adj* (**-ier, -iest**) *(strange: ideas, people)* excéntrico/a; *(US: bad tempered)* de mal carácter, *(LAm)* enojón/ona.
crap [kræp] *n (fam!)* **(a)** *(faeces)* mierda *f (fam!).* **(b)** *(nonsense)* tontería *f,* estupidez *f.* **(c)** *(unwanted items)* porquería *f.*
crape [kreɪp] *n* = **crêpe.**
craps [kræps] *nsg (game)* dados *mpl.*
crash [kræʃ] **1** *n* **(a)** *(noise)* estrépito *m; (thunder)* estruendo *m.* **(b)** *(accident: Aut)* choque *m; (: Aer)* accidente *m* de aviación. **(c)** *(Fin: of stock exchange)* crac *m; (: of business: failure)* quiebra *f.*
2 *vt (smash: car, aircraft etc)* estrellar, chocar; **he ~ed his head against the wall** se chocó con la cabeza contra la pared.
3 *vi* **(a)** *(fall noisily)* caer con estrépito; *(move noisily)* moverse de manera ruidosa; **to come ~ing down** caer con gran estrépito. **(b)** *(have accident)* tener un accidente; *(Aer)* estrellarse, caer a tierra; *(collide: two vehicles)* chocar; **to ~ into/through** chocar contra, estrellarse contra. **(c)** *(Fin: business)* quebrar; *(stock exchange)* sufrir una crisis.
4 *cpd (diet, course)* intensivo/a, acelerado/a; **~ barrier** *n (Aut)* barrera *f* de protección; **~ helmet** *n* casco *m* protector; **~ landing** *n* aterrizaje *m* forzado.
crass [kræs] *adj (pej: extreme)* enorme, grande; *(mistake)* craso; *(coarse: person, behaviour)* grosero/a, maleducado/a; *(performance)* malo/a, desastroso/a.
crate [kreɪt] *n* cajón *m* de embalaje, jaula *f.*
cra·ter ['kreɪtəʳ] *n (gen)* cráter *m.*
cra·vat [krə'væt] *n (for men)* pañuelo *m.*
crave [kreɪv] *vt* **(a)** *(also* **~ for:** *desire: food, drink)* anhelar, ansiar; *(: affection, attention)* reclamar. **(b)** *(beg: pardon)* suplicar; *(: permission)* implorar, rogar.
crav·ing ['kreɪvɪŋ] *n (for food etc)* antojo *m; (for affection, attention)* anhelo *m,* ansias *fpl.*
craw·fish ['krɔːfɪʃ] *n (US)* = **crayfish.**
crawl [krɔːl] **1** *n* **(a)** *(slow pace: of traffic)* caravana *f,* circulación *f* lenta; **the traffic went at a ~** la

circulación avanzaba a paso de tortuga. **(b)** *(swimming)* crol *m;* **to do the ~** nadar al crol.

2 *vi* **(a)** *(drag o.s.)* arrastrarse; *(child)* andar a gatas, gatear; *(move slowly: traffic)* avanzar lentamente, formar caravana; *(: time)* alargarse interminablemente; **to ~ in/out** *etc* meterse/salirse *etc* a gatas; **to be ~ing with vermin** estar plagado *or* cuajado de bichos. **(b)** *(fam: suck up)* **to ~ to sb** dar coba a uno, hacerle la pelota a uno.

cray·fish ['kreɪfɪʃ] *n (freshwater ~)* cangrejo *m or (LAm)* jaiba *f* de río; *(sea ~)* cigala *f.*

cray·on ['kreɪən] *n (Art)* pastel *m,* lápiz *m* de tiza; *(child's)* lápiz *m* de color.

craze [kreɪz] *n (fashion)* moda *f; (fad)* manía *f;* **it's the latest ~** es la última moda, es el último grito.

crazed [kreɪzd] *adj (look, person)* loco/a, demente; *(pottery, glaze)* agrietado/a, cuarteado/a.

cra·zy ['kreɪzɪ] *adj* (**-ier, -iest**) **(a)** *(mad)* loco/a; **to go ~** volverse loco; **~ with grief/anxiety** loco de pena/inquietud; **it was a ~ idea** fue una locura *or* un disparate; **you were ~ to do it** fue una locura hacerlo. **(b)** *(fam: keen)* **to be ~ about sb/sth** estar loco por uno/algo; **I'm not ~ about it** no es que me vuelva loco, no me entusiasma. **(c)** *(angle, slope)* peligroso/a; **~ paving** pavimento *m* de baldosas irregulares.

creak [kri:k] **1** *n (of wood, shoe etc)* crujido *m; (of hinge etc)* chirrido *m,* rechinamiento *m.* **2** *vi* crujir; *(squeak)* chirriar, rechinar.

cream [kri:m] **1** *n* **(a)** *(on milk)* nata *f;* **whipped ~** nata batida; **a chocolate ~** *(a sweet)* caramelo *m* de cremá y chocolate; **~ of tomato soup** sopa *f* de crema de tomate; **the ~ of society** *(fig)* la flor y nata de la sociedad. **(b)** *(lotion: for face, shoes etc)* crema *f, (LAm)* pomada *f;* **shoe ~** betún *m;* **face ~** crema de belleza. **2** *adj (~-coloured)* color *m* crema; *(made with ~)* de nata; **~ cheese** queso *m* crema. **3** *vt (mix: also* **~ together**) batir; **~ed potatoes** puré *m* de patatas *or (LAm)* papas.

♦ **cream off** *vi + prep (best talents, part of profits)* separar lo mejor de.

creamy ['kri:mɪ] *adj* (**-ier, -iest**) *(taste, texture)* cremoso/a; *(colour)* color crema.

crease [kri:s] **1** *n (fold: in trousers)* raya *f; (wrinkle: in cloth, face)* arruga *f.* **2** *vt* arrugar; **he was ~d (up) with laughter** *(fig)* estaba doblado de la risa. **3** *vi* arrugarse.

crease-re·sist·ant ['kri:srɪˌzɪstənt] *adj* inarrugable.

cre·ate [kri:'eɪt] *vt (gen)* crear; *(character)* inventar; *(fashion)* desarrollar; *(fuss, noise)* armar; *(problem, difficulty)* plantear; **to ~ an impression** impresionar, causar buena impresión; **he was ~d a peer by the Queen** fue nombrado par por la reina.

crea·tion [kri:'eɪʃən] *n (gen)* creación *f;* **the C~** la Creación.

crea·tive [kri:'eɪtɪv] *adj (work, activity, power, mind, person)* creativo/a, creador(a).

crea·tiv·ity [ˌkri:eɪ'tɪvɪtɪ] *n (no pl)* creatividad *f.*

crea·tor [krɪ'eɪtəʳ] *n* creador(a) *m/f; (Rel)* **the C~** el Creador.

crea·ture ['kri:tʃəʳ] **1** *n (gen)* criatura *f; (animal)* animal *m; (insect etc)* bicho *m; (dependent person)* títere *m;* **poor ~!** ¡pobrecito/a!; **a ~ of habit** esclavo/a *m/f* de la costumbre. **2: ~ comforts** *npl* comodidades *fpl* (materiales).

crèche [kreɪʃ] *n* guardería *f.*

cre·dence ['kri:dəns] *n:* **to give ~ to** creer en, dar crédito a.

cre·den·tials [krɪ'denʃəlz] *npl (identifying papers)* credenciales *fpl; (letters of reference)* referencias *fpl.*

cred·ibil·ity [ˌkredɪ'bɪlətɪ] *n (no pl)* credibilidad *f;* **~ gap** falta *f* de credibilidad.

cred·ible ['kredɪbl] *adj (gen)* creíble, digno/a de creerse; *(person)* plausible; *(witness)* de integridad.

cred·it ['kredɪt] **1** *n* **(a)** *(Fin)* crédito *m;* **to give sb ~** dar crédito *or* creditar a uno; **you have £10 to your ~** Ud tiene 10 libras en el haber; **his account is in ~** su cuenta tiene saldo a favor; **to buy/obtain on ~** comprar/conseguir al fiado; **is his ~ good?** ¿está solvente?; **'no ~ given'** 'no se fía'; **on the ~ side** *(fig)* en el haber. **(b)** *(honour)* honor *m;* **to his ~, I must point out that ...** hay que señalar, a su favor, que ...; **he's a ~ to his family** hace honor a su familia; **to give sb ~ for (doing) sth** reconocer a uno el mérito de (haber hecho) algo; **I gave you ~ for more sense** te creía más inteligente; **it does you ~** te honra, dice mucho a tu favor; **to take ~ for (doing) sth** darse méritos por (haber hecho) algo; **~ where ~'s due** a cada uno según sus méritos. **(c)** *(Cine)* **~s** fichas *fpl* técnicas, *(LAm)* cartel *msg.* **(d)** *(Univ: esp US)* asignatura *f.*

2 *vt* **(a)** *(believe)* creer, dar crédito a; **you wouldn't ~ it!** ¡parece mentira! **(b)** *(attribute)* atribuir; **I ~ed him with more sense** le creía más inteligente; **he ~ed them with the victory** se les acreditó *or* reconoció el triunfo. **(c)** *(Comm)* acreditar; **the money was ~ed to his account** el dinero se le abonó en la cuenta; **to ~ £5 to sb** acreditar 5 libras a uno.

3 *cpd (limit, agency etc)* de crédito; **~ balance** *n* saldo *m* acreedor; **~ card** *n*/**facilities** *npl*/**note** *n* tarjeta *f*/facilidades *fpl*/nota *f* de crédito; **~ rating** *n* solvabilidad *f;* **~ squeeze** *n* restricciones *fpl* de crédito.

cred·it·able ['kredɪtəbl] *adj* loable, encomiable.

credi·tor ['kredɪtəʳ] *n* acreedor(a) *m/f.*

credit·worthy ['kredɪtˌwɜ:ðɪ] *n* solvente.

cre·du·lity [krɪ'dju:lɪtɪ] *n* credulidad *f.*

credu·lous ['kredjʊləs] *adj* crédulo/a.

creed [kri:d] *n (prayer)* credo *m; (religion)* credo, religión *f.*

creek [kri:k] *n (inlet)* cala *f,* ensenada *f; (US: stream)* riachuelo *m;* **up the ~** *(fig: in difficulties)* en un lío *or (LAm)* aprieto.

creep [kri:p] *pt, pp* **crept 1** *vi (animal)* deslizarse, arrastrarse; *(plant)* trepar; *(person: stealthily)* ir cautelosamente; *(: slowly)* ir muy despacio; **to ~ in/out/up/down** *etc* entrar/salir/subir/bajar *etc* sigilosamente; **it made my flesh ~** me puso la carne de gallina; **an error crept in** se deslizó un error. **2** *n (fam)* **it gives me the ~s** me da escalofríos; **he's a ~** ¡qué lameculos es!; **what a ~!** ¡qué tipo más raro!, ¡qué bicho!

creep·er ['kri:pəʳ] *n (Bot)* enredadera *f;* **~s** *(US: rompers: for baby)* pelele *m.*

creep·ing ['kri:pɪŋ] *adj* progresivo/a.

creepy ['kri:pɪ] *adj* (**-ier, -iest**) horripilante.

creepy-crawly [ˌkri:pɪ'krɔ:lɪ] *n (fam)* bicho *m.*

cre·mate [krɪ'meɪt] *vt (body)* incinerar.

cre·mat·ion [krɪ'meɪʃən] *n* cremación *f,* incineración *f.*

crema·to·rium [ˌkremə'tɔ:rɪəm] *n* crematorio *m.*

crème cara·mel [ˌkrem'kærəmel] *n* flan *m,* natilla *f.*

crème de la crème [kremdəlæ'krem] *n* flor y nata *f.*

cre·ole ['kri:əʊl] *adj (LAm)* criollo/a.

creo·sote ['krɪəsəʊt] **1** *n* creosota *f, (Mex)* chapopote *m.* **2** *vt* echar creosota a.

crêpe [kreɪp] **1** *n* **(a)** *(fabric)* crespón *m.* **(b)** *(also* **~ rubber**) crepé *m.* **(c)** *(pancake)* crepa *f.* **2: ~**

bandage *n* venda *f* de crespón; ~ **paper** *n* papel *m* crepé; ~ **sole** *n (on shoes)* suela *f* de crespón.
crept [krept] *pt, pp of* **creep.**
cre·scen·do [krɪ'ʃendəʊ] *n (Mus, also fig)* crescendo *m.*
cres·cent ['kresnt] **1** *adj (moon, shape)* creciente. **2** *n (shape)* medialuna *f; (street)* calle *f* en forma de semicírculo.
cress [kres] *n* berro *m.*
crest [krest] *n (gen)* cresta *f; (of hill)* cima *f,* cumbre *f; (on helmet)* penacho *m; (Heraldry)* blasón *m;* **to be on the ~ of the wave** *(fig)* estar en la cumbre.
crest·fallen ['krest,fɔːlən] *adj (sad)* cariacontecido/a; *(depressed)* deprimido/a; **to look ~** tener cara de deprimido.
Crete [kriːt] *n* Creta *f.*
cret·in ['kretɪn] *n (fam pej)* cretino/a *m/f.*
cre·vasse [krɪ'væs] *n (chasm)* grieta *f.*
crev·ice ['krevɪs] *n* grieta *f,* hendidura *f.*
crew[1] [kruː] **1** *n (Aer, Naut)* tripulación *f; (Mil)* dotación *f; (excluding officers)* marineros *mpl* rasos; *(Cine, Rowing, gen: team)* equipo *m; (gang)* pandilla *f,* banda *f.* **2** *vi:* **to ~ for sb** hacer de tripulación para uno. **3: ~ cut** *n* corte *m* al rape.
crew[2] [kruː] *pt of* **crow.**
crib [krɪb] **1** *n* **(a)** *(small cot)* cuna *f; (Rel)* Belén *m; (manger)* cuadra *f.* **(b)** *(Scol: translation)* traducción *f; (: illicit copy)* plagio *m; (: in exam)* chuleta *f.* **2** *vt (Scol)* plagiar.
crick [krɪk] **1** *n (in neck)* tortícolis *m; (in back)* lumbago *m.* **2** *vt* dar tortícolis/lumbago a.
crick·et[1] ['krɪkɪt] *n (Zool)* grillo *m.*
crick·et[2] ['krɪkɪt] **1** *n (sport)* críquet *m,* crícket *m;* **that's not ~** *(fig)* es una jugada sucia. **2: ~ ball** *n*/**match** *n* pelota *f*/partido *m* de críquet.
crime [kraɪm] **1** *n (gen)* crimen *m; (LAm)* delito *m;* **to commit a ~** cometer un crimen *or* delito; **it's not a ~!** *(fig)* ¡no es para tanto!; **it's a ~ ...** *(fig)* es una vergüenza ... . **2: ~ wave** *n* ola *f* de crímenes *or* delitos.
crimi·nal ['krɪmɪnl] **1** *n* criminal *mf.* **2** *adj (act, intent)* criminal; *(code, law)* penal; *(fig)* vergonzoso/a; **C~ Investigation Department** Brigada *f* de Investigación Criminal; **~ lawyer** penalista *mf,* criminalista *mf;* **to take ~ proceedings against sb** entablar un proceso penal contra uno; **~ record** antecedentes *mpl* penales.
crimi·nol·ogy [,krɪmɪ'nɒlədʒɪ] *n* criminología *f.*
crimp [krɪmp] *vt (hair)* rizar.
crim·son ['krɪmzn] *adj, n* carmesí *m.*
cringe [krɪndʒ] *vi (shrink back)* encogerse *(before* ante); *(fawn)* acobardarse, agacharse *(before* ante); **it makes me ~** me da horror.
cring·ing ['krɪndʒɪŋ] *adj (movement, behaviour)* servil, rastrero/a.
crin·kle ['krɪŋkl] *vt* arrugar.
crin·kly ['krɪŋklɪ] *adj* **(-ier, -iest)** *(hair: very curly)* rizado/a, *(LAm)* crespo/a; *(paper etc: having wrinkles, creases)* arrugado/a; *(leaves etc: texture)* crespado/a.
crip·ple ['krɪpl] **1** *n (lame)* cojo/a *m/f,* lisiado/a *m/f; (disabled)* minusválido/a *m/f; (maimed)* mutilado/a *m/f.* **2** *vt* **(a)** lisiar, mutilar; **he is ~d with arthritis** está paralizado por la artritis. **(b)** *(ship, plane)* inutilizar; *(production, exports)* paralizar; **crippling taxes** impuestos *mpl* pesados.
cri·sis ['kraɪsɪs] *n, pl* **cri·ses** ['kraɪsiːz] crisis *f; (Med)* punto *m* crítico; **to come to a ~** entrar en crisis; **we've got a ~ on our hands** estamos enfrentando una crisis.
crisp [krɪsp] **1** *adj* **(-er, -est)** *(vegetables, bread)* fresco/a; *(snow)* crujiente; *(paper)* limpio/a; *(linen)* almidonado/a; *(air)* vivificante; *(manner, tone, reply)* seco/a, tajante; *(style)* directo/a. **2** *n (Brit: potato ~)* **~s** patatas *fpl* fritas, *(LAm)* papas *fpl* (fritas).
criss-cross ['krɪskrɒs] *adj (lines)* entrecruzado/a.
cri·teri·on [kraɪ'tɪərɪən] *n, pl* **cri·teria** [kraɪ'tɪərɪə] criterio *m.*
crit·ic ['krɪtɪk] *n (reviewer)* crítico/a *m/f; (fault-finder)* criticón/ona *m/f.*
criti·cal ['krɪtɪkəl] *adj* **(a)** *(important)* crítico/a; *(dangerous)* peligroso/a; *(Med)* grave. **(b)** *(Lit etc)* crítico/a; *(fault-finding)* criticón/ona; **to be ~ of sb/sth** criticar a uno/algo; **to be a ~ success** *(book, play etc)* ser un éxito con los críticos.
criti·cal·ly ['krɪtɪkəlɪ] *adv (seriously)* gravemente; *(with criticism)* críticamente.
criti·cism ['krɪtɪsɪzəm] *n (gen)* crítica *f.*
criti·cize ['krɪtɪsaɪz] *vt (review, find fault)* criticar.
cri·tique [krɪ'tiːk] *n* crítica *f.*
croak [krəʊk] **1** *n (of raven)* graznido *m; (of frog)* croar *m,* canto *m; (of person)* gruñido *m.* **2** *vi (raven)* graznar; *(frog)* croar, cantar; *(person)* gruñir; *(fam: die)* estirar la pata.
cro·chet ['krəʊʃeɪ] **1** *n* ganchillo *m,* croché *m.* **2** *vt* hacer en croché, hacer de ganchillo. **3** *vi* hacer ganchillo, hacer croché. **4: ~ hook** *n* ganchillo *m.*
crock [krɒk] *n (earthenware pot)* cántaro *m, (LAm)* tarro *m; (fam: person: also* **old ~**) carcamal *m,* vejete/a *m/f; (car etc)* cacharro *m.*
crock·ery ['krɒkərɪ] *n* loza *f, (LAm)* vajilla *f.*
croco·dile ['krɒkədaɪl] *n* cocodrilo *m;* **~ tears** *(fig)* lágrimas *fpl* de cocodrilo.
cro·cus ['krəʊkəs] *n* azafrán *m.*
croft [krɒft] *n (Scot: small farm)* minifundio *m, (RPl)* chacra *f, (LAm)* parcela *f, (Mex)* ranchito *m.*
croft·er ['krɒftəʳ] *n* minifundista *mf, (RPl)* chacrero/a *m/f, (Mex)* ranchero/a *m/f.*
crois·sant ['krwɑːsɑ̃ŋ] *n* medialuna *f, (LAm)* cuerno *m.*
crone [krəʊn] *n* arpía *f,* bruja *f.*
cro·ny ['krəʊnɪ] *n (fam pej: friend)* compinche *mf.*
crook [krʊk] **1** *n* **(a)** *(shepherd's)* cayado *m; (bishop's)* báculo *m; (hook)* gancho *m.* **(b) the ~ of one's arm** el pliegue del codo; *see* **hook. (c)** *(fam: thief)* ladrón/ona *m/f, (Mex)* ratero/a *m/f.* **(d)** *(curve)* codo *m,* recodo *m.* **2** *vt (fig: finger)* doblar; **to ~ one's arm** empinar el codo.
crook·ed ['krʊkɪd] *adj* **(a)** *(not straight)* torcido/a, *(LAm)* chueco/a; *(bent over)* encorvado/a, doblado/a; *(path)* sinuoso/a, tortuoso/a; *(smile)* forzado/a. **(b)** *(fam: dishonest: deal, means)* sucio/a, *(LAm)* chueco/a; *(: person)* criminal.
croon [kruːn] *vt, vi* canturrear.
croon·er ['kruːnəʳ] *n* cantante *mf* de boleros.
crop [krɒp] **1** *n* **(a)** *(species grown)* cultivo *m; (produce: of fruit, vegetables)* cosecha *f; (of cereals)* cereal *m; (fig)* montón *m.* **(b)** *(Orn)* buche *m.* **(c)** *(of whip)* mango *m; (riding ~)* látigo *m* de montar. **2** *vt (cut: hair)* cortar al rape; *(subj: animals: grass)* pacer. **3: ~ sprayer** *n (machine, plane)* máquina *f* fumigadora de cultivos; **~ spraying** *n* fumigación *f* de los cultivos.
♦ **crop up** *vi + adv (fig: arise)* surgir, presentarse; **something must have ~ped up** habrá sucedido algo, algo debe de haberse presentado.
cro·quet ['krəʊkeɪ] *n (game)* croquet *m.*
cro·quette [krəʊ'ket] *n (Culin)* croqueta *f.*
cross [krɒs] **1** *n* **(a)** *(sign, decoration)* cruz *f;* **to sign with a ~** marcar con una cruz; **to make the sign of the ~** hacer la señal de la cruz, santiguarse; **the C~** *(Rel)* la Cruz; **we each have our ~ to bear** *(fig)* cada quien carga su cruz. **(b)** *(Bio, Zool)* cruzamiento *m,* mezcla *f;* **it's a ~ between a horse and a donkey** es un cruzamiento de caballo

y burro. **(c)** *(bias)* bies *m;* **cut on the ~** cortado al bies *or* al sesgo.

2 *adj (angry)* enfadado/a, *(LAm)* enojado/a; *(vexed)* molesto/a; **to be/get ~ with sb (about sth)** enfadarse *or (LAm)* enojarse con uno (por algo); **it makes me ~ when ...** me enfada *or (LAm)* enoja que ...; **don't be/get ~ with me** no te enfades *or* enojes conmigo.

3 *vt* **(a)** *(gen)* cruzar, atravesar; *(obstacle)* salvar; **this road ~es the motorway** esta carretera atraviesa la autopista; **it ~ed my mind that ...** se me ocurrió que ...; **we'll ~ that bridge when we come to it** *(fig)* no anticipemos problemas. **(b)** *(cheque)* cruzar; **to ~ o.s.** santiguarse; **~ my heart!** *(in promise)* ¡te lo juro! **(c)** *(arms, legs)* cruzar; **keep your fingers ~ed for me** ¡deséame suerte!; **to ~ swords with sb** *(fig)* cruzar la espada con uno; **I got a ~ed line** *(Telec)* había (un) cruce de líneas; **they've got their lines ~ed** *(fig)* hay un malentendido entre ellos. **(d)** *(thwart: person, plan)* contrariar, ir contra. **(e)** *(animals, plants)* cruzar.

4 *vi* **(a)** *(roads etc)* atravesar, cruzar. **(b)** *(boat: the Channel etc)* atravesar, hacer la travesía. **(c)** *(letters, people)* pasarse.

♦ **cross off** *vt + adv* tachar.

♦ **cross out** *vt + adv* borrar.

♦ **cross over 1** *vi + adv (cross the road)* cruzar, atravesar; *(fig: change sides)* chaquetear, volver la casaca. **2** *vi + prep (road, bridge)* cruzar, pasar.

cross·bar ['krɒsbɑː] *n (of bicycle)* barra *f; (of goalpost)* travesaño *m.*

cross·breed ['krɒsbriːd] *n* híbrido *m.*

cross-Channel [ˌkrɒs'tʃænəl] *adj:* **~ ferry** transbordador *m* que cruza el Canal de la Mancha.

cross-check [ˌkrɒs'tʃek] **1** *n* verificación *f.* **2** *vt* verificar.

cross-country [ˌkrɒs'kʌntrɪ] *adj (race, skiing)* a campo traviesa; **~ race** cross *m.*

cross-examination ['krɒsɪgˌzæmɪ'neɪʃən] *n* interrogatorio *m.*

cross-examine [ˌkrɒsɪg'zæmɪn] *vt (Jur, gen)* interrogar.

cross-eyed ['krɒsaɪd] *adj* bizco/a.

cross·fire ['krɒsˌfaɪə^r] *n* fuego *m* cruzado.

cross·ing ['krɒsɪŋ] *n* **(a)** *(esp by sea)* travesía *f.* **(b)** *(road junction)* cruce *m; (pedestrian ~)* paso *m* de peatones; *(level ~)* paso *m* a nivel; **school ~ patrol** guardia *mf* del paso de escolares; **cross at the ~** crucen en el paso de peatones.

cross-legged [ˌkrɒs'legɪd] *adv* con las piernas cruzadas.

cross·ly ['krɒslɪ] *adv* con enfado *or (LAm)* enojo.

cross·patch ['krɒspætʃ] *n (fam)* gruñón/ona *m/f, (LAm)* enojón/ona *m/f.*

cross-purposes [ˌkrɒs'pɜːpəsɪz] *npl:* **to be at ~ with sb** malentenderse (con uno).

cross-question [ˌkrɒs'kwestʃən] *vt* interrogar.

cross-reference [ˌkrɒs'refərəns] *n* contrarreferencia *f,* remisión *f.*

cross·road(s) ['krɒsrəʊd(z)] *n sing* cruce *m,* encrucijada *f.*

cross-section [ˌkrɒs'sekʃən] *n (Bio etc)* corte *m* transversal; *(of population)* muestra *f* (representativa).

cross·walk ['krɒswɔːk] *n (US)* paso *m* de peatones.

cross·wind ['krɒswɪnd] *n* viento *m* de costado.

cross·word ['krɒswɜːd] *n:* **~ (puzzle)** crucigrama *m.*

crotch [krɒtʃ] *n* **(a)** *(of tree)* horquilla *f.* **(b)** *(also* **crutch:** *Anat, of garment)* entrepierna *f.*

crotch·et ['krɒtʃɪt] *n (Brit Mus)* negra *f.*

crouch [kraʊtʃ] *vi (also* **~ down:** *person, animal)* agacharse.

croup [kruːp] *n (Med)* crup *m,* tos *f* ferina.

crou·pi·er ['kruːpɪeɪ] *n (in casino)* crupier *m.*

crou·ton ['kruːtɒn] *n* cuscurro *m.*

crow [krəʊ] **1** *n* **(a)** *(bird)* cuervo *m;* **as the ~ flies** a vuelo de pájaro; **~'s feet** *(wrinkles)* patas *fpl* de gallo; **~'s nest** *(Naut)* atalaya *f.* **(b)** *(noise: of cock)* cacareo *m; (: of baby, person)* grito *m;* **a ~ of delight** un balbuceo de placer. **2** *vi* **(a)** *pt* **crowed** *or* **crew,** *pp* **crowed** cacarear, cantar. **(b)** *pt, pp* **crowed** *(fig)* **to ~ over** *or* **about sth** jactarse de algo.

crow·bar ['krəʊbɑː^r] *n* palanca *f.*

crowd [kraʊd] **1** *n (of people: esp disorderly)* muchedumbre *f,* multitud *f; (Sport etc: spectators)* público *m,* espectadores *mpl;* **~s of people** una gran cantidad de gente; **the ~** *(common herd)* el vulgo, *(LAm)* la turba; **I don't like that ~ at all** esa pandilla no me gusta nada; **to follow the ~** *(fig)* dejarse llevar por los demás.

2 *vt (place)* llenar, atestar; *(things into a place)* meter apretadamente; **to ~ the streets** llenar las calles; **to ~ a place with** llenar un sitio de.

3 *vi (meet)* reunirse; *(pile up)* apiñarse; **to ~ in** entrar en tropel; **to ~ round sb/sth** apiñarse en torno de uno/algo.

4: ~ scene *n (Cine, Theat)* escena *f* con muchos comparsas.

♦ **crowd out** *vt + adv (not let in)* excluir; **the bar was ~ed out** el bar estaba de bote en bote.

crowd·ed ['kraʊdɪd] *adj* lleno/a, atestado/a; *(meeting, event etc)* muy concurrido; **it's very ~ here** aquí hay muchísima gente; **a ~ day** un día lleno de actividad; **~ together** apretados unos contra otros; **a ~ profession** una profesión en la que sobra gente.

crown [kraʊn] **1** *n* **(a)** *(monarch, monarchy)* corona *f.* **(b)** *(Sport: championship title)* campeonato *m,* título *m.* **(c)** *(top: of hat)* copa *f; (: of head)* coronilla *f; (: of hill)* cumbre *f,* cima *f; (: of road: raised centre)* el centro de la calzada; *(: of tooth)* corona *f.*

2 *vt* **(a)** *(king etc)* coronar. **(b)** *(usu pass: top)* coronar; **and to ~ it all** *(fig)* y para colmo *or* para remate. **(c)** *(tooth)* coronar. **(d)** *(fam: hit)* **I'll ~ you if you do that again!** ¡te mato si lo vuelves a hacer!

3: ~ court *n (Brit Jur)* tribunal *m* superior; **~ jewels** *npl* joyas *fpl* reales; **~ prince/princess** *n* príncipe *m* heredero/princesa *f* heredera.

crown·ing ['kraʊnɪŋ] *adj (achievement)* máximo/a.

cru·cial ['kruːʃəl] *adj* decisivo/a, crucial.

cru·ci·ble ['kruːsɪbl] *n* crisol *m.*

cru·ci·fix ['kruːsɪfɪks] *n* crucifijo *m.*

cru·ci·fix·ion [ˌkruːsɪ'fɪkʃən] *n* crucifixión *f.*

cru·ci·fy ['kruːsɪfaɪ] *vt (lit)* crucificar; *(fig)* martirizar.

crude [kruːd] *adj* **(-r, -st) (a)** *(unprocessed)* crudo/a. **(b)** *(basic, unrefined)* tosco/a, rudo/a; *(unsophisticated)* basto/a; **to make a ~ attempt at doing sth** hacer un intento crudo de hacer algo. **(c)** *(vulgar)* ordinario/a, grosero/a.

crude·ly ['kruːdlɪ] *adv (see adj* **b, c)** toscamente; groseramente; **to put it ~** para ser franco.

crude·ness ['kruːdnɪs] *n,* **crud·ity** ['kruːdɪtɪ] *n (see adj* **b, c)** tosquedad *f,* rudeza *f;* carácter *m* poco sofisticado.

cru·el ['krʊəl] *adj* **(-ler, -lest)** *(gen)* cruel; **don't be ~ to me** no seas cruel conmigo; **it's a ~ fact** es un hecho brutal.

cru·el·ty ['krʊəltɪ] *n* crueldad *f.*

cru·et ['kruːɪt] *n (oil and vinegar)* vinagrera *f;*

(stand) angarillas *fpl*, alcuza *f*; *(salt cellar)* salero *m*.

cruise [kruːz] **1** *n* crucero *m*; **to go on a ~** hacer un crucero. **2** *vi (ship, fleet)* navegar; *(holiday-makers)* hacer un crucero; *(Aer, Aut)* mantener la velocidad (a); **cruising speed** velocidad *f* económica.

cruis·er [ˈkruːzəʳ] *n (Naut)* crucero *m*.

cruiser·weight [ˈkruːzəˌweɪt] *adj (Boxing)* semipesado/a.

crumb [krʌm] *n (of bread, cake etc)* miga *f*; *(small piece: fig)* **a ~ of comfort** una migaja de consuelo; **~s of knowledge/information** fragmentos de conocimiento/información.

crum·ble [ˈkrʌmbl] **1** *vt (bread)* desmigar, desmigajar; *(earth)* desmenuzar. **2** *vi (bread)* desmigarse, desmigajarse; *(building, plaster etc)* desmoronarse; *(fig: hopes, power)* deshacerse.

crum·pet [ˈkrʌmpɪt] *n* ≈ bollo *m or* hojuela *f* para tostar.

crum·ple [ˈkrʌmpl] **1** *vt (also* **~ up**: *paper)* estrujar; *(: clothes)* arrugar. **2** *vi* arrugarse; *(fig: also* **~ up**) desplomarse, deshacerse.

crunch [krʌntʃ] **1** *n* crujido *m*; **if it comes to the ~** *(fig)* cuando llega el momento de la verdad. **2** *vt (with teeth)* ronzar; **to ~ sth up** pulverizar algo con los dientes. **3** *vi (ground)* crujir.

crunchy [ˈkrʌntʃɪ] *adj* (**-ier, -iest**) crujiente.

cru·sade [kruːˈseɪd] **1** *n* cruzada *f*; *(fig)* campaña *f*, cruzada. **2** *vi (fig)* **to ~ for/against sth** hacer una campaña en pro de/en contra de algo.

cru·sad·er [kruːˈseɪdəʳ] *n* cruzado *m*; *(fig)* paladín *m*, campeón/ona *m/f*.

crush [krʌʃ] **1** *n* **(a)** *(crowd)* aglomeración *f*, multitud *f*; **they died in the ~** murieron aplastados. **(b)** *(fam: infatuation)* enamoramiento *m*; **to have a ~ on sb** estar enamorado de uno.

2 *vt* **(a)** *(squash)* aplastar, *(LAm)* apachurrar; *(crumple: clothes, paper)* estrujar; *(grind, break up: garlic, grapes)* exprimir, prensar; *(: ice)* picar; *(: scrap metal)* comprimir; **to ~ sth to a pulp** hacer papilla algo. **(b)** *(fig: enemy, opposition)* aniquilar, eliminar; *(: argument)* aplastar, abrumar; *(: hopes)* defraudar.

3 *vi (clothes)* arrugarse.

4: **~ barrier** *n* barrera *f* antimotín.

crush·ing [ˈkrʌʃɪŋ] *adj (defeat, blow, reply)* aplastante; *(grief, etc)* abrumador(a).

crust [krʌst] *n (of bread etc)* corteza *f*; *(dry bread)* mendrugo *m*; *(of pie)* pasta *f*; *(layer)* capa *f*; *(: Geol)* corteza.

crus·ta·cean [krʌsˈteɪʃən] *n* crustáceo *m*.

crusty [ˈkrʌstɪ] *adj* (**-ier, -iest**) *(loaf)* de corteza dura; *(fam: person)* hosco/a, de mal carácter.

crutch [krʌtʃ] *n* **(a)** *(Med)* muleta *f*; *(fig: support)* apoyo *m*. **(b)** = **crotch b**.

crux [krʌks] *n*: **the ~ of the matter** lo esencial del caso.

cry [kraɪ] **1** *n* **(a)** *(call, shout)* grito *m*; *(of animal: howl)* aullido *m*; *(of street vendor)* pregón *m*; **to give a ~ of surprise** dar un grito de sorpresa; **a ~ for help** un grito de socorro; **it's a far ~ from that** *(fig)* dista mucho de eso; **'jobs, not bombs' was their ~** su grito fue 'trabajo sí, bombas no'. **(b)** *(weep)* llanto *m*; **she had a good ~** lloró largamente.

2 *vi* **(a)** *(call out, shout)* gritar, llamar (en voz alta); **he cried (out) with pain** dio un grito de dolor; **to ~ for help/mercy** pedir socorro/clemencia a voces. **(b)** *(weep)* llorar; **I laughed till I cried** me reía a carcajadas; **I'll give him something to ~ about!** *(fam)* le voy a dar de qué llorar; **it's no good ~ing over spilt milk** a lo hecho, pecho.

3 *vt* **(a)** *(call)* gritar; *(: warning)* llamar. **(b) to ~ o.s. to sleep** llorar hasta dormirse.

♦ **cry off** *vi + adv (withdraw)* retirarse; *(fam: back out)* rajarse.

♦ **cry out 1** *vi + adv (call out, shout)* lanzar *or* echar un grito; **this car is ~ing out to be resprayed** *(fam)* es hora de que se vuelva a pintar el coche. **2** *vt + adv* **(a)** *(call)* gritar; *(: warning)* llamar. **(b) to ~ one's eyes** *or* **heart out** llorar a lágrima viva.

cry·ing [ˈkraɪɪŋ] **1** *adj (child)* que llora; *(whining)* llorón/ona; *(fam: need)* urgente; **it's a ~ shame** *(fam)* es una auténtica vergüenza. **2** *n (weeping)* llanto *m*; *(sobbing)* lloriqueo *m*.

crypt [krɪpt] *n* cripta *f*.

cryp·tic [ˈkrɪptɪk] *adj (message, clue)* oculto/a, secreto/a; *(comment)* enigmático/a; *(coded)* en clave.

crys·tal [ˈkrɪstl] **1** *n (gen)* cristal *m*; **quartz/rock ~** cristal de roca. **2** *adj (glass, vase)* de cristal; *(clear: water, lake)* cristalino/a. **3**: **~ ball** *n* bola *f* de cristal.

crystal-clear [ˌkrɪstəlˈklɪəʳ] *adj* cristalino/a.

crystal-gazing [ˈkrɪstəlˌgeɪzɪŋ] *n* adivinación *f*.

crys·tal·lize [ˈkrɪstəlaɪz] **1** *vt (Chem)* cristalizar; *(fruit)* escarchar; *(fig)* cristalizar, resolver; **~d fruits** frutas *fpl* escarchadas. **2** *vi (Chem)* cristalizarse; *(fig)* concretarse, cristalizarse.

cu. *abbr of* **cubic**.

cub [kʌb] *n* **(a)** *(animal)* cachorro *m*; **wolf/lion ~** cachorro de lobo/león. **(b)** *(also* **~ scout**) niño *m* explorador.

Cuba [ˈkjuːbə] *n* Cuba *f*.

cubby·hole [ˈkʌbɪhəʊl] *n (small room)* chiribitil *m*; *(cupboard)* armario *m* pequeño; *(pigeon hole)* casilla *f*.

cube [kjuːb] **1** *n (solid)* cubo *m*; *(of sugar)* terrón *m*; *(of ice)* cubito *m*; *(number)* **the ~ of 4** 4 cubicado. **2** *vt (Math)* cubicar. **3**: **~ root** *n* raíz *f* cúbica.

cu·bic [ˈkjuːbɪk] *adj (shape, volume)* cúbico/a; **~ capacity** capacidad *f* cúbica; **~ metre/foot** metro *m*/pie *m* cúbico.

cu·bi·cle [ˈkjuːbɪkəl] *n (in hospital, dormitory)* cubículo *m*; *(in swimming baths)* caseta *f*.

cuckoo [ˈkʊkuː] **1** *n* cuco *m*, cuclillo *m*. **2** *adj (fam)* loco/a, lelo/a. **3**: **~ clock** *n* cucú *m*.

cu·cum·ber [ˈkjuːkʌmbəʳ] *n* pepino *m*.

cud [ˈkʌd] *n*: **to chew the ~** *(animals)* rumiar; *(fig: chat)* charlar, *(LAm)* platicar.

cud·dle [ˈkʌdl] **1** *n* abrazo *m*. **2** *vt* abrazar. **3** *vi*: **to ~ down** enrollarse; **to ~ up to sb** arrimarse a uno.

cud·dly [ˈkʌdlɪ] *adj* (**-ier, -iest**) *(child)* regalón/ona; *(animal)* cariñoso/a; *(toy)* de peluche.

cudg·el [ˈkʌdʒəl] *n (weapon)* porra *f*; **to take up the ~s for sb/sth** *(fig)* salir a la defensa de uno/algo.

cue [kjuː] *n* **(a)** *(Billiards)* taco *m*. **(b)** *(Theat: verbal, by signal)* entrada *f*; *(Mus: by signal)* señal *f*; **to give sb his ~** dar a uno su señal; **to take one's ~ from sb** *(fig)* seguir el ejemplo de uno.

cuff[1] [kʌf] **1** *n* bofetada *f*. **2** *vt* abofetear.

cuff[2] [kʌf] **1** *n (of sleeve)* puño *m*; *(US: of trousers)* vuelta *f*; **off the ~** *(fig)* improvisado/a. **2**: **~ links** *npl* gemelos *mpl*, *(LAm)* mellizos *mpl*.

cui·sine [kwɪˈziːn] *n* cocina *f*.

cul-de-sac [ˈkʌldəsæk] *n* callejón *m* sin salida.

culi·nary [ˈkʌlɪnərɪ] *adj* culinario/a.

cull [kʌl] **1** *vt (select: fruit)* entresacar; *(kill selectively: animals)* matar selectivamente. **2** *n* matanza *f* selectiva; **seal ~** matanza selectiva de focas.

cul·mi·nate [ˈkʌlmɪneɪt] *vi*: **to ~ in** culminar en.

cul·mi·na·tion [ˌkʌlmɪˈneɪʃən] *n (climax)* colmo *m*, culminación *f*.

cu·lottes [kjuː'lɒts] *npl* falda *f* pantalón.
cul·pable ['kʌlpəbl] *adj* culpable.
cul·prit ['kʌlprɪt] *n* culpable *mf; (Jur)* acusado/a *m/f*.
cult [kʌlt] *n (gen)* culto *m;* **to make a ~ of sth** rendir culto a algo; **a ~ figure** ídolo *m*.
cul·ti·vate ['kʌltɪveɪt] *vt* **(a)** *(crop, land, friendships)* cultivar. **(b)** *(fig: develop, encourage: habits)* estimular.
cul·ti·va·tion [ˌkʌltɪ'veɪʃən] *n* cultivo *m*.
cul·ti·va·tor ['kʌltɪveɪtə^r] *n* cultivador *m*.
cul·tur·al ['kʌltʃərəl] *adj* cultural.
cul·ture ['kʌltʃə^r] *n* **(a)** *(the arts)* cultura *f; (civilization)* civilización *f*, cultura. **(b)** *(Agr: breeding)* cría *f; (: of plants, etc)* cultivo *m*.
cul·tured ['kʌltʃəd] *adj (person, voice, mind, manners)* culto/a, ilustrado/a; *(pearl)* cultivado/a.
cum·ber·some ['kʌmbəsəm] *adj (bulky and heavy)* de mucho bulto, voluminoso/a.
cum·in ['kʌmɪn] *n (spice)* comino *m*.
cum·mer·bund ['kʌməbʌnd] *n* faja *f*, fajín *m*.
cu·mu·la·tive ['kjuːmjʊlətɪv] *adj* cumulativo/a.
cun·ning ['kʌnɪŋ] **1** *adj (pej: crafty)* astuto/a, *(LAm)* vivo/a; *(clever)* ingenioso/a, listo/a; *(US fam: cute)* mono/a, precioso/a. **2** *n (craftiness)* astucia *f;* ingenio *m*.
cunt [kʌnt] *n (fam!)* coño *m, (Mex)* bizcocho *m, (RPl)* concha *f*.
cup [kʌp] **1** *n (for tea, etc)* taza *f; (amount: also* **~ful)** taza; *(Sport etc: prize)* copa *f; (Rel: chalice)* cáliz *m; (of brassiere)* copa *f;* **a ~ of tea** una taza de té; **coffee ~** tacita *f, (LAm)* pocillo *m;* **it's not everyone's ~ of tea** *(fam)* no es del gusto de todos. **2** *vt* ahuecar; **to ~ one's hands (round sth)** rodear algo con las manos. **3: ~ final** *n (Ftbl)* final *m* de copa; **~ tie** *n (Ftbl)* partido *m* de copa.
cup·board ['kʌbəd] **1** *n* armario *m; (built-in)* alacena *f, (LAm)* closet *m, (RPl)* placard *m*. **2: ~ love** *n (Brit)* amor *m* interesado.
cu·rate ['kjʊərɪt] *n* ≃ cura *m*.
cu·ra·tive ['kjʊərətɪv] *adj* curativo/a.
cu·ra·tor [kjʊə'reɪtə^r] *n* conservador(a) *m/f*.
curb[1] [kɜːb] **1** *n (fig)* freno *m*. **2** *vt (fig: temper, impatience etc)* dominar, refrenar.
curb[2] [kɜːb] *n (US)* = **kerb**.
curd [kɜːd] **1** *n (usu pl)* cuajada *f*. **2: ~ cheese** *n* requesón *m; see* **lemon**.
cur·dle ['kɜːdl] **1** *vt* cuajar; **to ~ one's blood** helarle la sangre a uno. **2** *vi* cuajarse.
cure [kjʊə^r] **1** *n (remedy)* remedio *m; (course of treatment)* cura *f; (recovery)* curación *f;* **beyond ~** *(person)* incurable; *(condition, injustice)* irremediable; **to take a ~ (for illness)** tomar un remedio. **2** *vt* **(a)** *(Med: disease, patient)* curar; *(fig: poverty, injustice, evil)* remediar; **to ~ sb of a habit** quitarle a uno un vicio. **(b)** *(preserve: in salt)* salar; *(: by smoking)* curar; *(: by drying)* secar; *(: animal hide)* curtir.
cure-all ['kjʊərɔːl] *n* panacea *f*.
cur·few ['kɜːfjuː] *n* toque *m* de queda.
cu·rio ['kjʊərɪəʊ] *n* curiosidad *f*.
cu·ri·os·ity [ˌkjʊərɪ'ɒsɪtɪ] *n (gen)* curiosidad *f;* **~ killed the cat** por la boca muere el pez.
cu·ri·ous ['kjʊərɪəs] *adj* **(a)** *(inquisitive)* curioso/a; **I'd be ~ to know** tengo ganas de saber. **(b)** *(strange)* extraño/a, raro/a.
cu·ri·ous·ly ['kjʊərɪəslɪ] *adv* curiosamente; **~ enough, ...** aunque parezca extraño, ...
curl [kɜːl] **1** *n (of hair)* rizo *m*, sortija *f; (of smoke etc)* espiral *m*, voluta *f*. **2** *vt (hair)* rizar; *(paper, tendrils)* arrollar; **she ~ed her lip in scorn** hizo una mueca de desprecio. **3** *vi (hair)* rizarse.
♦ **curl up** *vi + adv (leaves, paper, stale bread)* arrollarse; *(cat, dog)* apelotonarse; *(person)* hacerse un ovillo; **to ~ up from shame/with laughter** *(fam)* morirse de vergüenza/de risa.
curl·er ['kɜːlə^r] *n (for hair)* bigudí *m*.
cur·lew ['kɜːluː] *n* zarapito *m*.
curl·ing ['kɜːlɪŋ] **1** *n (Sport)* curling *m*. **2** *adj*: **~ tongs** *(for hair)* tenacillas *fpl*.
curly ['kɜːlɪ] *adj* (**-ier, -iest**) *(hair)* rizado/a; *(eyelashes)* curvado/a.
cur·rant ['kʌrənt] **1** *n (dried grape)* pasa *f; (bush)* grosellero *m; (fruit)* grosella *f*. **2: ~ bun** *n* bollo *m* con pasas, *(LAm)* pan *m* de pasas.
cur·ren·cy ['kʌrənsɪ] *n* **(a)** *(monetary system, money)* moneda *f;* **foreign ~** moneda extranjera, divisas *fpl*. **(b)** *(fig)* **to gain ~** difundirse.
cur·rent ['kʌrənt] **1** *adj (fashion, tendency)* actual; *(opinion, price, word)* corriente; *(year, month, week)* en curso; **in ~ use** de uso corriente; **~ affairs** actualidades *fpl;* **~ events** las últimas noticias; **the ~ issue of the magazine** el número corriente de la revista; **her ~ boyfriend** su novio actual; **~ account** *(Brit Banking)* cuenta *f* corriente. **2** *n (of air, water, Elec)* corriente *f;* **direct/alternating ~** corriente directa/alterna; **to go against the ~** *(fig)* ir contra la corriente.
cur·rent·ly ['kʌrəntlɪ] *adv* actualmente, *(LAm)* en la actualidad.
cur·ricu·lum [kə'rɪkjʊləm] **1** *n* plan *m* de estudios. **2: ~ vitae** *n* currículum *m*.
cur·ry[1] ['kʌrɪ] **1** *n (spice, dish)* curry *m*. **2** *vt* guisar con curry. **3: ~ powder** *n* curry *m* en polvo.
cur·ry[2] ['kʌrɪ] *vt*: **to ~ favour with sb** congraciarse con uno; *(fam)* pasar la mano por el lomo a uno, *(LAm)* darle la suave a uno.
curse [kɜːs] **1** *n* **(a)** *(evil, harm)* maldición *f;* **to put a ~ on sb** maldecir a uno. **(b)** *(bane)* maldición *f*, desastre *m;* **it's been the ~ of my life** me ha amargado la vida; **the ~ of it is that ...** lo peor (del caso) es que ... . **(c)** *(swearword)* palabrota *f;* **to utter a ~** blasfemar; **~s!** *(fam)* ¡maldito sea!, ¡maldición! **(d)** *(fam: menstruation)* **the ~** la regla. **2** *vt* maldecir; *(swear at)* soltar palabrotas; **to be ~d with** estar castigado con; *(fig)* estar condenado a tener. **3** *vi* blasfemar.
cur·sor ['kɜːsə^r] *n (Comput)* cursor *m*.
cur·sory ['kɜːsərɪ] *adj (glance, reading)* superficial, rápido/a; **at a ~ glance** a primera vista.
curt [kɜːt] *adj (person, tone of voice, manner, reply)* seco/a, corto/a; *(nod)* brusco/a.
cur·tail [kɜː'teɪl] *vt (restrict)* restringir; *(cut short)* acortar.
cur·tail·ment [kɜː'teɪlmənt] *n (cutting short)* acortamiento *m; (limitation)* restricción *f*.
cur·tain ['kɜːtn] **1** *n (gen)* cortina *f; (lace etc)* visillo *m; (Theat)* telón *m;* **to draw the ~s** *(together)* correr las cortinas; *(apart)* abrir las cortinas; **it'll be ~s for you!** *(fam)* será el acabóse para ti. **2: ~ call** *n (Theat)* llamada *f* a escena; **~ hook** *n* colgadero *m* de cortina; **~ ring** *n* anilla *f;* **~ rod** *n* barra *f* de cortina.
♦ **cur·tain off** *vt + adv (separate room)* separar con cortina; *(bed, area)* encerrar con cortina.
curt·s(e)y ['kɜːtsɪ] **1** *n* reverencia *f*. **2** *vi* hacer una reverencia.
cur·va·ceous [kɜː'veɪʃəs] *adj (fam: woman)* de buen cuerpo.
cur·va·ture ['kɜːvətʃə^r] *n (Math)* curvatura *f; (Med)* **~ of the spine** encorvamiento *m* de la columna vertebral.
curve [kɜːv] **1** *n* curva *f;* **a ~ in the road** una curva en la carretera. **2** *vt* encorvar. **3** *vi (road, line, etc)* torcerse, hacer curva; *(surface, arch)* encorvarse.

cur·ved [kɜːvd] *adj* curvo/a, encorvado/a.
cush·ion ['kʊʃən] **1** *n (gen)* cojín *m; (of chair, for knees etc)* almohadilla *f; (of air, moss)* colchón *m; (edge of billiard table)* banda *f.* **2** *vt (blow, fall)* amortiguar; **to ~ sb against sth** proteger a uno de algo.
cushy ['kʊʃɪ] *adj (fam)* **a ~ job** un chollo *m, (Mex)* un hueso *m;* **to have a ~ life** *or* **time** tener la vida arreglada.
cus·tard ['kʌstəd] **1** *n* natillas *fpl.* **2: ~ cream** *n (biscuit)* galleta *f* de crema; **egg ~** *n* flan *m;* **~ pie** *n* pastel *m* de natillas; **~ powder** *n* polvo *m* para natillas; **~ tart** *n* flan *n.*
cus·to·dian [kʌs'təʊdɪən] *n (gen)* custodio/a *m/f,* guardián/ana *m/f, (LAm)* conserje *mf; (of museum etc)* conservador(a) *m/f.*
cus·to·dy ['kʌstədɪ] *n (Jur: of children)* custodia *f; (police ~)* detención *f;* **to take sb into ~** detener a uno; **in safe ~** bajo segura custodia; **in the ~ of** al cargo de, al cuidado de.
cus·tom ['kʌstəm] *n* **(a)** *(habit, usual behaviour)* costumbre *f;* **social ~s** costumbres sociales; **it is her ~ to go for a walk each evening** tiene la costumbre de dar un paseo cada tarde. **(b)** *(Comm)* clientela *f; (total sales)* volumen *m* de ventas; **to get sb's ~** ganar la clientela de uno; **the shop has lost a lot of ~** la tienda ha perdido muchos clientes. **(c) ~s** *see* **customs.**
cus·tom·ary ['kʌstəmərɪ] *adj:* **it's ~** es la costumbre.
custom-built [ˌkʌstm'bɪlt] *adj* hecho/a a encargo.
cus·tom·er ['kʌstəməʳ] *n* cliente *mf;* **he's an awkward ~** *(fam)* es un tipo difícil; **ugly ~** *(fam)* antipático/a *m/f.*
cus·tom·ize ['kʌstəmaɪz] *vt (car etc)* adaptar al encargo del cliente.
custom-made [ˌkʌstəm'meɪd] *adj (suit)* hecho/a a la medida; *(car)* hecho/a a encargo.
cus·toms ['kʌstəmz] **1** *npl* aduana *f; (also* **~ duty***)* derechos *mpl* de aduana; **to go through (the) ~** pasar la aduana. **2: ~ duty** *n* derechos *mpl* de aduana; **~ inspection** *n* inspección *f* de aduanas; **~ officer** *n* aduanero/a *m/f.*
cut [kʌt] *(vb: pt, pp* **cut***)* **1** *adj (flowers)* cortado/a; *(glass)* tallado/a; **~ price** a precio reducido, *(LAm)* rebajado/a, *(LAm)* de rebaja.
2 *n* **(a)** *(in skin)* cortadura *f,* corte *m; (wound)* herida *f; (Med: incision)* corte, incisión *f; (slash)* tajo *m; (with knife)* cuchillada *f; (with whip)* latigazo *m; (Cards)* corte; **the ~ and thrust of politics** la esgrima política; **he's a ~ above the others** está por encima de los demás. **(b)** *(reduction)* rebaja *f; (deletion)* corte *m; (Elec)* apagón *m,* corte; **public spending ~s** cortes presupuestarios; **wage ~** rebajas *fpl* de sueldo. **(c)** *(of clothes etc)* corte *m; (of hair)* corte, peinado *m.* **(d)** *(piece of meat)* trozo *m or* corte *m* (de carne); *(slice)* tajada *f; (fam: share)* corte, parte *f.*
3 *vt* **(a)** *(meat, bread, cards)* cortar; **to ~ one's finger** cortarse el dedo; **he is ~ting his own throat** *(fig)* labra su propia ruina; **to ~ sth in half/in two** *etc* partir *or* dividir en dos *etc;* **to ~ to pieces** *(army)* aniquilar; **to ~ sth to size** cortar algo a la medida; **to ~ open** abrir con un corte; **I ~ my hand open on a tin** me corté la mano en una lata; **to ~ sb free** liberar a uno; **it ~ me to the quick** *(fig)* me tocó en lo vivo. **(b)** *(shape)* cortar; *(steps, key, glass, jewel)* tallar; *(channel)* abrir, excavar; *(figure, statue)* esculpir; *(engrave, record)* grabar; **to ~ one's way through** abrirse camino por; **to ~ one's coat according to one's cloth** *(fig)* gobernar su boca según su bolsa. **(c)** *(clip, trim)* cortar; *(: corn, hay)* segar; **to get one's hair ~** cortarse el pelo. **(d)** *(reduce: wages, prices, production etc)* reducir, rebajar; *(shorten: speech, text, play)* acortar, abreviar; *(remove: passage)* suprimir; *(film)* cortar, hacer cortes en; *(interrupt)* interrumpir, cortar; **to ~ sb/sth short** interrumpir a uno/algo; **to ~ 30 seconds off a record** *(Sport)* batir un récord por 30 segundos. **(e)** *(intersect)* cruzar, atravesar. **(f)** *(fam: avoid)* fumarse, *(LAm)* saltarse; **to ~ classes** hacer novillos, *(Mex)* pintar venado; **to ~ sb dead** negar el saludo *or (LAm)* cortarle a uno; *see* **tooth, loss, fine**[1] **2, ice** *etc.*
4 *vi* **(a)** *(person, knife)* cortar; **she ~ into the melon** cortó el melón; **will that cake ~ into 6?** ¿se puede dividir el pastel en 6?; **it ~s both ways** *(fig)* tiene doble filo; **to ~ and run** *(fam)* escaparse, salir corriendo; **to ~ loose (from sth)** *(fig)* deshacerse (de algo). **(b)** *(hurry)* **to ~ across country** cortar por el campo; **to ~ through the lane** cortar por la callejuela; **I must ~ along now** tengo que marcharme ya. **(c)** *(Cine, TV: change scene)* cortar y pasar; **~!** ¡corte! **(d)** *(Cards)* cortar.
♦ **cut away** *vt + adv (unwanted part)* cortar, *(LAm)* recortar.
♦ **cut back 1** *vt + adv* **(a)** *(plants)* podar. **(b)** *(production, expenditure)* reducir; **to ~ back by 50%** reducir en un 50 por ciento. **2** *vi + adv (Cine: flash back)* retroceder.
♦ **cut down 1** *vi + adv* **(a)** *(tree)* cortar, derribar; *(enemy)* derribar; *(clothes)* acortar. **(b)** *(reduce: consumption)* comer, beber *etc* menos; *(: expenses)* reducir, rebajar; *(: text)* abreviar; **to ~ sb down to size** *(fig)* bajarle los humos a uno. **2** *vi + adv (food, cigarettes)* reducir el consumo *(on* de); *(expenditure)* economizar *(on* en).
♦ **cut in 1** *vi + adv:* **to ~ in (on)** *(interrupt: conversation)* interrumpir, intervenir (en); *(Aut)* cerrar el paso (a). **2** *vt + adv (fam)* **to ~ sb in (on sth)** incluir a uno (en algo).
♦ **cut off** *vt + adv* **(a)** *(with scissors, knife)* cortar; *(amputate)* quitar, amputar; **they ~ off his head** le cortaron la cabeza; **to ~ off one's nose to spite one's face** *(fam)* tirar piedras contra su propio tejado. **(b)** *(disconnect: telephone, gas, car engine)* cortar; **we've been ~ off** *(Telec)* nos han cortado la comunicación. **(c)** *(interrupt)* cortar el hilo, *(LAm)* cortar la hebra. **(d)** *(isolate)* aislar, dejar incomunicado/a; **~ off by floods** aislado por inundaciones; **to ~ o.s. off from sth/sb** aislarse de algo/uno; **to ~ off the enemy's retreat** cortarle la retirada al enemigo; **to ~ sb off without a penny** desheredar completamente a uno.
♦ **cut out 1** *vi + adv (car engine)* pararse el motor. **2** *vt + adv* **(a)** *(article, picture)* recortar; *(statue, figure)* esculpir; *(dress etc)* cortar; **to be ~ out for sth/to do sth** estar hecho para ser algo/hacer algo; **you'll have your work ~ out for you** te va a costar trabajo. **(b)** *(delete)* suprimir. **(c)** *(stop, give up)* dejar de; **to ~ out cigarettes** dejar de fumar; **~ out the talking!** *(fam)* ¡callaos!; **~ it out!** *(fam)* ¡basta ya!
♦ **cut up 1** *vt + adv* **(a)** *(food, paper, wood)* cortar en pedazos; *(meat: carve)* trinchar, cortar. **(b)** *(fam)* **to be ~ up about sth** *(hurt)* sentir algo a fondo; *(annoyed)* estar furioso por algo. **2** *vi + adv:* **to ~ up rough** *(fam)* ponerse agresivo *or (LAm)* pesado.
cut-and-dried [ˌkʌtən'draɪd] *adj (also* **cut-and-dry***)* arreglado/a de antemano.
cut·back ['kʌtbæk] *n* **(a)** *(in expenditure, staff, production)* corte *m,* reducción *f.* **(b)** *(Cine:*

flashback) flashback *m.*

cute [kjuːt] *adj (sweet)* lindo/a, precioso/a; *(esp US: clever)* listo/a.

cu·ti·cle [ˈkjuːtɪkl] *n* cutícula *f.*

cut·lery [ˈkʌtlərɪ] *n* cubiertos *mpl.*

cut·let [ˈkʌtlɪt] *n* chuleta *f;* **a veal ~** una chuleta de ternera.

cut·off [ˈkʌtɒf] *n (fixed limit: also* **~ point)** límite *m.*

cut-out [ˈkʌtaʊt] *n (paper, cardboard figure)* recorte *m,* figura *f* recortada; *(switch)* interruptor *m.*

cut-price [ˈkʌtˌpraɪs] *adj (goods)* a precio reducido, rebajado/a, *(LAm)* de rebaja; *(shop)* de rebaja.

cut·ter [ˈkʌtə^r] *n* **(a)** *(tool)* cortadora *f;* **wire ~s** cizalla *f.* **(b)** *(person)* cortador(a) *m/f.* **(c)** *(boat)* cúter *m.*

cut-throat [ˈkʌtθrəʊt] **1** *n (murderer)* asesino/a *m/f.* **2** *adj (fierce: competition)* feroz; **~ razor** navaja *f.*

cut·ting [ˈkʌtɪŋ] **1** *n* **(a)** *(of plant)* esqueje *m.* **(b)** *(from newspaper)* recorte *m; (Cine: section of film discarded)* desglose *m; (: action of discarding)* montaje *m.* **(c)** *(for road, railway)* desmonte *m.* **2** *adj* **(a)** *(sharp: edge, wind etc)* cortante; *(fig: remark)* mordaz. **(b)** *(Cine)* **~ room** sala *f* de montaje.

cuttle·fish [ˈkʌtlfɪʃ] *n* jibia *f, (LAm)* sepia *f.*

cwt *abbr of* **hundredweight.**

cya·nide [ˈsaɪənaɪd] *n* cianuro *m.*

cy·ber·net·ics [ˌsaɪbəˈnetɪks] *n* cibernética *f.*

cyc·la·men [ˈsɪkləmən] *n* ciclamen *m.*

cy·cle [ˈsaɪkl] **1** *n* **(a)** *(bicycle)* bicicleta *f;* **racing ~** bicicleta de carrera. **(b)** *(of seasons, poems etc)* ciclo *m;* **menstrual ~** ciclo menstrual; **a 10-second ~** un ciclo de 10 segundos. **2** *vi (to travel)* ir en bicicleta; **can you ~?** ¿sabes montar en bicicleta? **3: ~ path** *n* pista *f* para ciclistas; **~ race** *n* carrera *f* ciclista; **~ rack** *n* soporte *m* para bicicletas; **~ shed** *n* refugio *m* para bicicletas.

cy·cling [ˈsaɪklɪŋ] **1** *n* ciclismo *m.* **2: ~ clothes** *npl* ropa *f* de ciclista; **~ holiday** *n* vacaciones *fpl* en bicicleta.

cy·clist [ˈsaɪklɪst] *n* ciclista *mf.*

cy·clone [ˈsaɪkləʊn] *n* ciclón *m.*

cy·clo·style [ˈsaɪkləstaɪl] **1** *n* ciclostilo *m.* **2** *vt* escribir con ciclostilo.

cyg·net [ˈsɪgnɪt] *n* pollo *m* de cisne.

cyl·in·der [ˈsɪlɪndə^r] **1** *n* **(a)** *(shape)* cilindro *m.* **(b)** *(Tech)* cilindro *m;* **a 6-~ engine** un motor de 6 cilindros. **2: ~ block** *n* bloque *m* de cilindros; **~ head** *n* culata *f* de cilindro; **~ head gasket** *n* junta *f* de culata.

cy·lin·dri·cal [sɪˈlɪndrɪkəl] *adj* cilíndrico/a.

cym·bal [ˈsɪmbəl] *n* címbalo *m,* platillo *m.*

cyn·ic [ˈsɪnɪk] *n* cínico/a *m/f.*

cyni·cal [ˈsɪnɪkəl] *adj* cínico/a.

cyni·cism [ˈsɪnɪsɪzəm] *n* cinismo *m.*

cy·press [ˈsaɪprɪs] *n* ciprés *m.*

Cyp·ri·ot [ˈsɪprɪət] *adj, n* chipriota *mf.*

Cy·prus [ˈsaɪprəs] *n* Chipre *f.*

cyst [sɪst] *n* quiste *m.*

cys·ti·tis [sɪsˈtaɪtɪs] *n* cistitis *f.*

czar [zɑː^r] *n* zar *m.*

cza·ri·na [zɑːˈriːnə] *n* zarina *f.*

Czech [tʃek] **1** *adj* checo/a. **2** *n (person)* checo/a *m/f; (Ling)* checo *m.*

Czecho·slo·va·kia [ˌtʃəkeʊsləʊˈvækɪə] *n* Checoslovaquia *f.*

Czecho·slo·vak(ian) [ˌtʃekəʊˈsləʊvæk, ˌtʃekəʊsləʊˈvækɪən] *adj, n see* **Czech.**

D

D, d [diː] *n (letter)* D, d *f; (Mus)* re *m;* **D-day** día *m* D.
dab [dæb] **1** *n* **(a)** *(light stroke)* toque *m; (blow)* golpecito *m.* **(b)** *(small amount)* pizca *f.* **(c)** ~**s** *(fam)* huellas *fpl* digitales. **2** *adj:* **to be a ~ hand at (doing) sth** *(fam)* ser un hacha para (hacer) algo. **3** *vt (touch lightly: also* ~ **at)** tocar ligeramente; *(apply)* **to ~ (on)** untar ligeramente; **to ~ a stain off** quitar una mancha mojándola ligeramente.
dab·ble ['dæbl] **1** *vt:* **to ~ one's hands/feet in water** chapotear las manos/los pies en el agua. **2** *vi (fig)* **to ~ in sth** hacer algo por afición; **to ~ in politics** ser politiquero, politiquear.
dachs·hund ['dækshʊnd] *n* perro *m* tejonero.
dad [dæd] *n,* **dad·dy** ['dædɪ] *n (fam)* papá *m,* papi *m; (Bolivia, Per)* taita *m.*
daddy-long-legs [ˌdædɪ'lɒŋlegz] *n* típula *f.*
daf·fo·dil ['dæfədɪl] *n* narciso *m.*
daft [dɑːft] *adj* **(-er, -est)** *(fam)* chiflado/a, *(LAm)* tarado/a; **to be ~ about sb/sth** estar loco por uno/algo.
dag·ger ['dægəʳ] *n (knife)* puñal *m,* daga *f, (RPl)* facón *m; (Typ)* cruz *f,* obelisco *m;* **to be at ~s drawn (with sb)** estar a matar (con uno); **to look ~s at sb** fulminar a uno con la mirada.
dahl·ia ['deɪlɪə] *n* dalia *f.*
dai·ly ['deɪlɪ] **1** *adj (each day)* diario/a; *(normal, everyday)* cotidiano/a; **our ~ bread** el pan nuestro de cada día; **the ~ grind** la rutina diaria. **2** *adv* todos los días, cada día; **twice ~** dos veces al día. **3** *n (paper)* diario *m; (esp Brit: servant)* asistenta *f.*
dain·ty ['deɪntɪ] *adj* **(-ier, -iest)** *(delicate: person, crockery etc)* fino/a, delicado/a; *(food, clothes etc)* exquisito/a, elegante; *(fastidious)* exigente, fino/a.
dairy ['deərɪ] **1** *n (shop)* lechería *f,* granja *f; (on farm)* vaquería *f.* **2** *cpd (products etc)* lácteo/a; ~ **butter** *n* mantequilla *f* casera; ~ **cows** *or* **cattle** *npl* vacas *fpl* lecheras; ~ **farming** *n* producción *f* lechera; ~ **ice cream** *n* helado *m* de nata.
dais ['deɪɪs] *n* estrado *m.*
dai·sy ['deɪzɪ] *n* margarita *f.*
dale [deɪl] *n* valle *m.*
dal·ly ['dælɪ] *vi (delay)* tardar, *(LAm)* dilatar; **to ~ over sth** perder el tiempo *or (LAm)* dilatar haciendo *or* con algo.
Dal·ma·tian [dæl'meɪʃən] *n (dog)* perro *m* dálmata.
dam [dæm] **1** *n (wall)* dique *m; (reservoir)* presa *f,* embalse *m.* **2** *vt (also* ~ **up)** poner (un) dique a, contener; *(fig)* represar, contener.
dam·age ['dæmɪdʒ] **1** *n* **(a)** *(gen)* daño *m; (to machine)* avería *f; (fig)* perjuicio *m;* **what's the ~?** *(fam: cost)* ¿cuánto va a ser?, ¿en cuánto salió? **(b)** ~**s** *npl (Jur)* daños y perjuicios. **2** *vt (harm)* dañar; *(machine)* averiar; *(spoil, ruin)* estropear, *(LAm)* malograr; *(fig)* perjudicar.
dam·ag·ing ['dæmɪdʒɪŋ] *adj (gen)* dañino/a; *(fig)* perjudicial.
dame [deɪm] *n* **(a)** *(title)* dama *f.* **(b)** *(Theat)* vieja *f.* **(c)** *(US fam)* vieja *f,* niña *f.*
damn [dæm] **1** *vt (Rel, condemn)* condenar; *(swear at)* maldecir; ~ **it/him/you!** *(fam)* ¡maldito sea!, ¡maldición!; **well I'll be ~ed!** *(fam)* ¡mecachis!, *(LAm)* ¡no puede ser!; **I'll be ~ed if I will!** *(fam)* ¡ni de chiste!, ¡ni pensarlo! **2** *n (fam)* **I don't give a ~** (no) me importa un pito *or* bledo; **it's not worth a ~** no vale un pito. **3** *adj (fam: also* ~**ed)** maldito/a, condenado/a. **4** *adv (fam: also* ~**ed) it's ~ hot/cold** ¡vaya calor/frío que hace!; ~ **all** ni pizca.
dam·nable ['dæmnəbl] *adj (fam)* detestable.
dam·na·tion [dæm'neɪʃən] **1** *n (Rel)* perdición *f.* **2** *excl (fam)* ¡maldición!
damned·est ['dæmdɪst] *n:* **to do one's ~ to succeed** empecinarse en tener éxito.
damn·ing ['dæmɪŋ] *adj* irrecusable.
damp [dæmp] **1** *adj* húmedo/a; **that was a ~ squib** *(fam)* ¡qué decepción! **2** *n (also* ~**ness)** humedad *f.* **3** *vt (also* ~**en:** *gen)* humedecer; *(: wet)* mojar; *(: fig: hopes)* ahogar; *(: enthusiasm etc)* enfriar; **to ~ sb's spirits** desanimar *or* desalentar a uno; **to ~ down a fire** cubrir un fuego.
damp·course ['dæmpkɔːs] *n* aislante *m* hidrófugo.
damp·en ['dæmpən] *vt* = **damp 3.**
damp·er ['dæmpəʳ] *n (Mus)* sordina *f,* apagador *m; (of fire)* regulador *m* de tiro; *(Tech)* amortiguador *m;* **to put a ~ on sth** *(fig)* aguar la fiesta.
dam·son ['dæmzən] *n (fruit)* ciruela *f* damascena; *(tree)* ciruelo *m* damasceno.
dance [dɑːns] **1** *n (gen)* baile *m,* danza *f; (event)* baile *m;* **to lead sb a ~** traer loco a uno. **2** *vt* bailar; **to ~ attendance on sb** desvivirse por uno. **3** *vi* bailar; **will you ~ with me?** ¿quieres bailar conmigo?; **to ~ about** *(with pain, joy etc)* saltar; **to ~ for joy** brincar de alegría. **4** *cpd (band, music, hall)* de baile.
danc·er ['dɑːnsəʳ] *n* bailador(a) *m/f; (professional)* bailarín/ina *m/f.*
danc·ing ['dɑːnsɪŋ] *n* baile *m.*
dan·de·lion ['dændɪlaɪən] *n* diente *m* de león.
dan·dle ['dændl] *vt (child)* hacer saltar sobre las rodillas.
dan·druff ['dændrəf] *n* caspa *f.*
dan·dy ['dændɪ] **1** *n (pej: man)* dandi *m,* currutaco *m.* **2** *adj (US fam)* estupendo/a, *(LAm)* macanudo/a; **fine and ~** perfecto.
Dane [deɪn] *n* danés/esa *m/f.*
dan·ger ['deɪndʒəʳ] **1** *n* peligro *m;* **(to be) in ~** (estar) en peligro; **to be in ~ of falling** correr el riesgo de caer; **there was no ~ that he would be caught** no corría riesgo alguno de que lo alcanzaran; **(to be) out of ~** *(gen, Med)* (estar) fuera de peligro; **'~ men at work'** *(sign)* '¡atención *or* ¡peligro obras!'; **'~ keep out'** *(sign)* '¡peligro de muerte! prohibido el acceso'. **2: to be on the ~ list** *n (Med)* estar grave; ~ **money** *n* paga *f* extraordinaria por peligro; ~ **signal** *n* señal *f* de peligro; ~ **zone** *n* área *f or* zona *f* de peligro.
dan·ge·rous ['deɪndʒərəs] *adj (gen)* peligroso/a; *(risky)* arriesgado/a; *(substance, drug)* nocivo/a.
dan·ger·ous·ly ['deɪndʒrəslɪ] *adv (see adj)* peligrosamente, arriesgadamente; **to come ~ close (to)** llegar al punto (de).
dan·gle ['dæŋgl] **1** *vt (arm, leg)* colgar; *(object on string etc)* dejar colgado; *(fig: tempting offer)* tentar (con). **2** *vi* estar colgado/a, pender; **to keep**

sb dangling tener a uno pendiente.
Dan·ish ['deɪnɪʃ] **1** *n (language)* danés *m.* **2** *adj* danés/esa; ~ **pastry** pasta *f* de almendra.
dank [dæŋk] *adj* húmedo/a y oscuro/a.
dap·per ['dæpəʳ] *adj (smart: man, appearance)* pulcro/a, apuesto/a.
dap·pled ['dæpld] *adj* moteado/a; *(horse)* rodado/a.
dare [dɛəʳ] **1** *n (challenge)* reto *m*, desafío *m;* **I did it for a** ~ me retaron, por eso lo hice. **2** *vt (challenge)* desafiar, retar; **to** ~ **sb to do sth** desafiar a uno a hacer algo; **I** ~ **you!** ¡a que no te atreves! **3** *vi* atreverse; **to** ~ **(to) do sth** atreverse a hacer algo; **I** ~**n't tell him** no me atrevo a decírselo; **how** ~ **you!** ¡cómo te atreves!, ¡qué cara!; **don't you** ~! *(fam)* ¡no se te ocurra!; **I** ~ **say** puede ser, a lo mejor.
dar·ing ['dɛərɪŋ] **1** *adj (person, plan, escape)* arriesgado/a, osado/a; *(shocking: film, clothes)* atrevido/a. **2** *n* osadía *f*, atrevimiento *m.*
dark [dɑːk] **1** *adj* **(-er, -est) (a)** *(unilluminated)* oscuro/a; **it is getting** ~ *(gen)* se está poniendo oscuro; *(night)* anochece. **(b)** *(in colour)* oscuro/a; *(complexion, hair)* moreno/a; ~ **blue/red** *etc* azul/rojo oscuro; ~ **glasses** gafas *fpl* oscuras; ~ **chocolate** chocolate *m* amargo. **(c)** *(fig: sad, gloomy: day)* triste; *(: mood, thoughts)* sombrío/a; *(: sinister: secret, plan, threat etc)* siniestro/a; **to keep sth** ~ guardarse (el secreto de) algo; **he's a** ~ **horse** *(fig: unknown quantity)* es un incógnita; **the D**~ **Ages** la Edad de las tinieblas.

2 *n*: **the** ~ la oscuridad; **after** ~ después del anochecer; **until** ~ hasta el anochecer; **to be in the** ~ **about sth** *(fig)* estar a oscuras sobre algo; **to keep/leave sb in the** ~ **about sth** *(fig)* mantener/dejar a uno en ignorancia de algo; *see* **shot.**
dark-coloured ['dɑːkˌkʌləd] *adj* de color oscuro.
dark·en ['dɑːkən] **1** *vt (sky)* oscurecer; *(colour)* hacer más oscuro; **a** ~**ed room** un cuarto oscuro. **2** *vi (room, landscape, sky)* oscurecerse; *(sky: cloud over)* anublarse; *(colour)* ponerse más oscuro/a; *(fig: face, future)* ensombrecerse.
dark-haired [ˌdɑːk'hɛəd] *adj* moreno/a.
dark·ly ['dɑːklɪ] *adv (mysteriously)* enigmáticamente; *(threateningly)* de manera amenazante.
dark·ness ['dɑːknɪs] *n* oscuridad *f;* **the house was in** ~ la casa estaba a oscuras.
dark·room ['dɑːkrʊm] *n* cuarto *m* oscuro.
dark-skinned [ˌdɑːk'skɪnd] *adj* moreno/a, *(LAm)* morocho/a.
dar·ling ['dɑːlɪŋ] **1** *n (gen)* querido/a *m/f*, amor *mf; (favourite)* consentido/a *m/f;* **be a** ~ **...** *(fam)* sé un amor ...; **come here** ~ ven aquí, querido. **2** *adj* querido/a; *(house, dress etc)* mono/a.
darn [dɑːn] **1** *n* zurcido *m.* **2** *vt (socks, cloth)* zurcir. **3** *excl (fam) euph for* **damn** ¡córcholis!, ¡caray!
darn·ing ['dɑːnɪŋ] **1** *n (action)* zurcidura *f; (items to be darned)* cosas *f* por zurcir. **2** *cpd (needle, wool)* de zurcir.
dart [dɑːt] **1** *n* **(a)** *(Sport)* dardo *m*, rehilete *m*, flechilla *f;* ~**s** *(game)* dardos *mpl.* **(b)** *(Sew)* sisa *f*, pinza *f.* **2** *vt (look)* lanzar. **3** *vi*: **to** ~ **in/out** *etc* entrar/salir a la carrera; **to** ~ **at** *or* **for sth** lanzarse *or* precipitarse hacia algo.
dart·board ['dɑːtbɔːd] *n* diana *f.*
dash [dæʃ] **1** *n* **(a)** *(small quantity: of liquid)* gota *f*, chorrito *m; (: solid)* pizca *f; (: of colour)* nota *f.* **(b)** *(punctuation mark)* guión *m; (Morse)* raya *f.* **(c)** *(rush)* **to make a** ~ **(at** *or* **towards)** precipitarse (hacia); **we had to make a** ~ **for it** nos escapamos corriendo; **the 100-metre** ~ *(US)* la carrera de 100 metros.

2 *vt* **(a)** *(throw)* tirar, *(LAm)* aventar; **to** ~ **sth to the ground** tirar *or (LAm)* arrojar algo al suelo; **to** ~ **sth to pieces** hacer algo añicos, estrellar algo; **to** ~ **one's head against sth** dar con la cabeza contra algo. **(b)** *(fig: spirits, hopes)* frustrar, *(LAm)* hacer trizas *(fam).*

3 *vi* **(a)** *(smash: object)* estrellarse; *(waves)* **to** ~ **against** romperse contra. **(b)** *(rush)* **to** ~ **away/back** *etc* salir/volver corriendo; **to** ~ **in/out** entrar/salir disparado; **I must** ~ *(fam)* me voy corriendo.

4 *excl*: ~ **it (all)!** ¡porras!
♦**dash off** *vt + adv (letter, drawing)* hacer a la carrera.
dash·board ['dæʃbɔːd] *n (Aut)* salpicadero *m.*
dash·ing ['dæʃɪŋ] *adj (man)* gallardo/a, elegante.
data ['deɪtə] **1** *npl (with sg or pl vb)* datos *mpl.* **2:** ~ **bank** *n*, ~ **base** *n* archivos *mpl;* ~ **collection** *n* recolección *f* de datos; ~ **processing** *n (action)* procesamiento *m or* proceso *m* de datos; *(science)* informática *f.*
date[1] [deɪt] **1** *n* **(a)** fecha *f;* **what's the** ~ **today?** ¿qué fecha es hoy?; ~ **of birth** fecha de nacimiento; **Queen Victoria's** ~**s** las fechas del reinado de la reina Victoria; **closing/opening** ~ fecha tope/fecha de apertura; **to** ~ hasta la fecha; *see* **out-of-date, up-to-date. (b)** *(fam: appointment)* compromiso *m; (: with girlfriend, boyfriend)* cita *f; (girlfriend, boyfriend)* novio/a *m/f;* **to make a** ~ **with sb** citarse con uno.

2 *vt* **(a)** *(letter)* fechar, poner fecha a; *(person)* envejecer. **(b)** *(fam: girl etc)* salir con, *(LAm)* ligarse, *(Chi)* pololear con.

3 *vi (show age)* pasar de moda; **to** ~ **back (to)** *(time)* remontarse a; **to** ~ **from** datar de.

4: ~ **stamp** *n (on library book, fresh food)* sello *m* de fecha; *(postmark)* matasellos *m inv.*
date[2] [deɪt] *n (Bot: fruit)* dátil *m; (also* ~ **palm)** palmera *f*, datilera *f.*
dat·ed ['deɪtɪd] *adj (clothes, ideas)* pasado/a de moda, anticuado/a.
date·less ['deɪtlɪs] *adj (clothes, fashion)* clásico/a; *(customs)* inmemorial.
date·line ['deɪtlaɪn] *n (Geog)* meridiano *m; (in newspaper)* ~ **Beirut** fechado en Beirut.
daub [dɔːb] **1** *n (smear)* mancha *f.* **2** *vt (smear)* embadurnar.
daugh·ter ['dɔːtəʳ] *n* hija *f.*
daughter-in-law ['dɔːtərɪnlɔː] *n* nuera *f*, hija *f* política.
daunt [dɔːnt] *vt (inhibit)* amedrentar; *(dishearten)* desalentar; **nothing** ~**ed** sin dejarse atemorizar.
daunt·ing ['dɔːntɪŋ] *adj* amedrentador(a).
daunt·less ['dɔːntlɪs] *adj* impávido/a, intrépido/a.
daw·dle ['dɔːdl] *vi (in walking)* andar muy despacio; *(over food, work)* demorar, *(LAm)* dilatar.
dawn [dɔːn] **1** *n (daybreak)* amanecer *m; (fig: also* ~**ing)** albores *mpl;* **at** ~ al amanecer; **from** ~ **to dusk** de sol a sol. **2** *vi (day)* amanecer. **3:** ~ **chorus** *n* canto *m* de los pájaros al amanecer.
♦**dawn (up)on** *vi + prep (idea, truth)* darse cuenta poco a poco; **the idea** ~**ed upon me that ...** caí en la cuenta de que ...; **it suddenly** ~**ed on him that ...** se dio cuenta de repente de que ... .
day [deɪ] **1** *n* **(a)** *(24 hours)* día *m;* **what** ~ **is it today?** ¿qué día es hoy?; **2** ~**s ago** hace 2 días; **one** ~ un día; **that** ~ **when we...** aquel día en que nosotros ...; **(on) that** ~ aquel día; **the** ~ **before yesterday** anteayer; **the** ~ **before his birthday** la víspera de su cumpleaños; **2** ~**s before Christmas** 2 días antes de Navidad; **the** ~ **after** el día siguiente; **on the following** ~ al día siguiente; **the** ~ **after tomorrow** pasado mañana;

this ~ next week (de) hoy en ocho; **50 years ago to the ~** hoy hace cincuenta años; **he works 8 hours a ~** trabaja 8 horas al día; **any ~** un día cualquiera; **any ~ now** cualquier día de éstos; **every ~** cada día, todos los días; **every other ~** un día sí y otro no; **twice a ~** dos veces al día; **one of these ~s** un día de éstos; **the other ~** el otro día; **from one ~ to the next** de un día a otro; **~ after ~, ~ in ~ out** día tras día; **for ~s on end** durante días; **~ by ~** de un día para otro, *(LAm)* de día a día; **to live from ~ to ~** *or* **from one ~ to the next** vivir al día; **it made my ~ to see him smile** *(fam)* me sentí muy feliz cuando le vi sonreír; **he's fifty if he's a ~** *(fam)* debe tener cincuenta años mínimo; **that'll be the ~, when he offers to pay!** *(fam)* ¡él nos invitará cuando las ranas críen pelos!

(b) *(daylight hours, working hours)* jornada *f;* **to travel by ~** *or* **during the ~** viajar de día; **to work all ~** trabajar todo el día; **to work ~ and night** trabajar día y noche; **it's a fine ~** hace buen tiempo hoy; **on a fine/wet ~** un día lindo/lluvioso; **one summer's ~** un día de verano; **a ~ at the seaside** un día de playa; **a ~ off** un día libre; **to work an 8-hour ~** trabajar una jornada de 8 horas; **it's all in a ~'s work** son gajes del oficio; **paid by the ~** pagado por día; **to call it a ~** *(fam)* darse por vencido; **to work ~s** trabajar de día.

(c) *(period)* **in this ~ and age, these ~s, in the present ~** hoy en día; **to this ~** hasta el día de hoy; **in ~s to come** en días venideros; **in those ~s** en aquellos tiempos; **in Queen Victoria's ~** en la época de la reina Victoria; **he was famous in his ~** fue famoso en sus tiempos; **in his younger ~s** en su juventud; **in the good old ~s** en los buenos tiempos de antaño; **those were the ~s, when ...** esa fue la buena época, cuando ...; **the happiest ~s of your life** los mejores días de su vida; **during the early/final ~s of the strike** durante los primeros/últimos días de la huelga; **he's had his ~** pasó de moda, ya tuvo su hora; *see* **dog, judg(e)ment, reckoning, time 1 (d).**

2: ~ boy/girl *n (Scol)* externo/a *m/f;* **~ nursery** *n* guardería *f;* **~ release course** *n* curso *m* de un día una vez a la semana; **~ return (ticket)** *n* billete *m* de ida y vuelta en un día; **~ school** *n* colegio *m* sin internado; **~ shift** *n (in factory etc)* turno *m* de día; **~ trip** *n* excursión *f* (de un día); **to go on a ~ trip to London** ir un día de excursión *or (LAm)* de paseo a Londres; **~ tripper** *n* excursionista *mf.*

day·break ['deɪbreɪk] *n* amanecer *m;* **at ~** al amanecer.

day·dream ['deɪdriːm] **1** *n* ensueño *m.* **2** *vi* soñar despierto/a.

day·light ['deɪlaɪt] **1** *n* luz *f* (del día); **at ~** *(dawn)* al amanecer; **in the ~, by ~** de día; **in broad ~** en pleno día; **it's ~ robbery!** ¡es una estafa!; **I am beginning to see ~** *(fig: understand)* empiezo a ver las cosas claras; *(: near the end of a job)* vislumbro el final. **2: ~ attack** *n* ataque *m* de día; **~ hours** *npl* las horas de luz; **~ saving time** *n (US)* hora *f* de verano.

day·time ['deɪtaɪm] **1** *n* día *m;* **in the ~** de día. **2** *cpd* de día.

day-to-day ['deɪtə,deɪ] *adj* cotidiano/a; **on a ~ basis** día por día, *(LAm)* de día a día.

daze [deɪz] **1** *n* aturdimiento *m;* **to be in a ~** estar aturdido. **2** *vt (subj: drug, blow)* atontar; *(confuse)* aturdir; *(fig: news)* aturdir, atolondrar.

daz·zle ['dæzl] **1** *n* deslumbramiento *m.* **2** *vt* deslumbrar; **to be ~d by sth** *(fig)* quedar deslumbrado por algo.

daz·zling ['dæzlɪŋ] *adj (lit, fig)* deslumbrante.

DDT *n abbr* DDT *m.*

dea·con ['diːkən] *n* diácono *m.*

dea·con·ess ['diːkənes] *n* diaconisa *f.*

dead [ded] **1** *adj* **(a)** *(person, animal, plant)* muerto/a; *(frm)* difunto/a; *(matter)* inerte; *(fingers)* adormecido/a, entumecido/a; **to fall** *or* **drop (down) ~** caer muerto; **he's been ~ for 2 years** hace 2 años que murió; **~ and buried** *(lit, fig)* muerto y bien muerto; **~ or alive** vivo o muerto; **over my ~ body!** *(fam)* ¡ni muerto!, ¡ni de chiste!; **I wouldn't be seen ~ there** ni muerto me verías allí; **I feel absolutely ~!** *(fig fam)* ¡estoy hecho polvo!, ¡estoy muerto! **(b)** *(inactive: volcano, fire)* apagado/a; *(cigarette, match)* gastado/a; *(battery)* agotado/a; *(telephone line)* cortado/a, desconectado/a; *(language)* muerto/a; *(custom)* anticuado/a; *(love, town, party)* muerto/a; **the ~ season** *(Tourism)* la temporada baja; **the line has gone ~** *(Telec)* la línea está cortada *or* muerta; **he was ~ to the world** estaba hecho un tronco; **he is ~ to all pity** es incapaz de sentir compasión. **(c)** *(complete: silence, calm)* total, completo/a; *(exact: centre)* justo/a; **to come to a ~ stop** pararse en seco; **the race was a ~ heat** la carrera resultó un empate; **~ weight** peso *m* muerto; **to fall into a ~ faint** desmayarse totalmente; **a ~ cert** *(fam)* una cosa segura; **a ~ loss** *(fam: person)* un inútil; *(: thing)* una birria.

2 *adv (completely)* **~ certain** completamente seguro; **he stopped ~** se paró en seco; **~ ahead** *or* **straight** todo seguido, *(LAm)* todo derecho; **~ on target** en el mismo blanco; **~ on time** a la hora exacta; **'~ slow'** *(Aut)* 'reducir la marcha'; *(Naut)* muy despacio; **to be ~ set against sth** *(fam)* estar totalmente opuesto a algo; **~ beat** *(fam)* hecho polvo; **~ broke** *(fam)* pelado; **~ drunk** *(fam)* borracho perdido; **~ from the neck up** *(fam)* bruto, imbécil; **~ tired** *(fam)* muerto (de cansancio).

3 *n* **(a) the ~** los muertos *mpl.* **(b) at ~ of night** a las altas horas de la noche; **in the ~ of winter** en pleno invierno.

4: ~ end *n (street)* callejón *m* sin salida; *(fig)* punto *m* muerto; **to come to a ~ end** llegar a un punto muerto; *adj*: **a ~ end job** un trabajo sin porvenir; **D~ Sea** *n* Mar *m* Muerto.

dead-ball ['dedbɔːl] *n* balón *m* fuera de juego.

dead·en ['dedn] *vt (noise, shock)* amortiguar; *(feeling)* embotar; *(pain)* aliviar, calmar.

dead·line ['dedlaɪn] *n (Press etc)* fecha *f* tope; **to meet a ~** respetar un plazo.

dead·lock ['dedlɒk] *n*: **to reach ~** quedar estancado, llegar a un punto muerto.

dead·ly ['dedlɪ] **1** *adj* (**-ier, -iest**) *(gen)* mortal; *(weapon etc)* mortífero/a; *(aim)* certero/a; *(pallor)* cadavérico/a; **they are ~ enemies** son enemigos mortales; **the seven ~ sins** los siete pecados mortales; **with ~ accuracy** con exactitud absoluta; **in ~ earnest** muy en serio; **this play is ~** *(fam: very boring)* esta comedia es aburridísima. **2** *adv:* **~ dull** aburridísimo.

dead·pan ['ded,pæn] *adj (face, humour)* sin expresión.

dead·wood ['ded,wʊd] *n (fig)* carga *f,* lastre *m.*

deaf [def] **1** *adj* (**-er, -est**) sordo/a; **to be ~ to sth** *(fig)* **to turn a ~ ear to sth** *(fig)* hacerse el sordo ante algo; **as ~ as a (door)post** sordo como una tapia. **2** *npl*: **the ~** los sordos *mpl.*

deaf-aid ['def,eɪd] *n* audífono *m.*

deaf-and-dumb [,defən'dʌm] *adj (person, alphabet)* sordomudo/a.

deaf·en ['defn] *vt* ensordecer.

deaf·en·ing ['defnɪŋ] *adj* ensordecedor(a).

deaf-mute [ˌdefˈmjuːt] *n* sordomudo/a *m/f*.
deaf·ness [ˈdefnɪs] *n* sordera *f*.
deal[1] [diːl] *n (wood)* pino *m*, abeto *m*.
deal[2] [diːl] (*vb: pt, pp* **dealt**) **1** *n* **(a)** *(agreement)* convenio *m*, pacto *m;* **business** ~ negocio *m*, transacción *f;* **to do a** ~ **with sb** hacer un trato con uno; *(pej: crooked)* transigir *or (LAm)* transar con uno; **it's a** ~**!** *(fam)* ¡trato hecho!, ¡de acuerdo!; **a new** ~ **for the miners** *(Pol)* un convenio nuevo para los mineros; **he got a bad/fair** ~ **from them** le trataron mal/bien; *see* **raw, square 2 (e)**. **(b)** *(Cards)* reparto *m*. **(c)** *(in expressions of quantity)* **a good** *or* **great** ~ mucho; **not a great** ~ no mucho; **a great** *or* **good** ~ **of** bastante, mucho; **he's a great** ~ **better/cleverer** es mucho mejor/más inteligente; **to make a great** ~ **of sth** dar mucha importancia a algo; **he thinks a great** ~ **of his father** respeta mucho a su padre; **it means a great** ~ **to me** me importa mucho; **there's a good** ~ **of truth in it** tiene mucho de verdad.
2 *vt* **(a)** *(blow)* asestar, dar; **to** ~ **sb a blow** asestarle un golpe a uno; **to** ~ **a blow to** *(fig)* ser un golpe para. **(b)** *(Cards: also* ~ **out)** dar, repartir.
3 *vi (Cards)* **it's your turn to** ~ a Ud le toca dar.
♦ **deal in** *vi + prep (goods)* comerciar en, tratar en.
♦ **deal out** *vt + adv* repartir.
♦ **deal with** *vi + prep* **(a)** *(Comm)* tratar *or* tener tratos con. **(b)** *(handle: person, problem, task)* encargarse de, ocuparse de; *(: Comm: order, application)* despachar; **I'll** ~ **with you later!** ¡luego me encargaré de ti!; **to know how to** ~ **with sb** saber tratar a uno; **he's not easy to** ~ **with** es poco tratable, es intratable; **to** ~ **severely/leniently with sb** tratar a uno con mucha/poca severidad. **(c)** *(book, film etc: be about)* tratar de.
deal·er [ˈdiːləʳ] *n* **(a)** *(Comm)* comerciante *mf (in* en). **(b)** *(Cards)* mano *f*.
deal·ings [ˈdiːlɪŋz] *npl* **(a)** *(relationship)* trato *msg*, relaciones *fpl*. **(b)** *(in goods, shares)* transacciones *fpl;* **to have** ~ **with** tratar con.
dealt [delt] *pt, pp of* **deal**[2].
dean [diːn] *n (Rel)* deán *m; (Univ)* decano *m*.
dear [dɪəʳ] **1** *adj* **(-er, -est) (a)** *(loved)* querido/a; *(lovable)* encantador(a); **to hold sb/sth (very)** ~ tener mucho cariño a uno/apreciar mucho algo; **it's my** ~**est wish** es mi mayor deseo; **what a** ~ **little boy!** este niño ¡es un encanto! **(b)** *(in letter writing)* querido/a; ~ **Daddy/Peter** querido Papá/Pedro; ~ **Sir/Madam** muy señor mío/estimada señora; ~ **Mr/Mrs Smith** estimado/a señor(a) Smith; ~ **Mr and Mrs Smith** estimados señores Smith. **(c)** *(expensive)* caro/a.
2 *interj:* **oh** ~**!,** ~ **me!** *(surprise)* ¡Dios mío!, ¡vaya!; *(dismay)* ¡qué horror!, ¡ay Dios!; *(pity)* ¡qué lástima!, *(LAm)* ¡qué pena!
3 *n:* **(my)** ~ *(to adult, child)* (mi) querido/a; **my** ~**est** amor mío; **(you) poor** ~ *(to adult, child)* pobrecito/a; **he's (such) a** ~ *(fam)* es un amor.
4 *adv (sell, buy, pay)* caro; **it cost me** ~ *(fig)* me costó caro.
dear·ly [ˈdɪəlɪ] *adv* mucho; **I should** ~ **love to go** me encantaría ir; **to pay** ~ **for sth** *(esp fig)* pagar algo caro.
dearth [dɜːθ] *n (of food, resources, money)* escasez *f; (of ideas)* falta *f*.
death [deθ] **1** *n* muerte *f; (frm)* fallecimiento *m;* **to sentence sb to** ~ condenar a uno a muerte; **to put sb to** ~ dar muerte a uno; **a fight to the** ~ una lucha a muerte; **to be at** ~**'s door** estar al borde de la muerte; **it will be the** ~ **of him** *(lit)* será su perdición; **you'll be the** ~ **of me** *(fig)* acabarás matándome; **to be bored to** ~ *(fam)* estar muerto de aburrimiento; **I'm sick to** ~ **of it** *(fam)* estoy hasta la coronilla.
2: ~ **certificate** *n* partida *f* de defunción; ~ **duties** *npl* derechos *mpl* de sucesión; ~ **penalty** *n* pena *f* de muerte; ~ **rate** *n* tasa *f* de mortalidad *f;* ~ **sentence** *n* pena *f* de muerte; ~ **toll** *n* mortandad *f;* ~ **wish** *n* ganas *fpl* de morir.
death·bed [ˈdeθbed] **1** *n* lecho *m* de muerte. **2** *adj* de última hora.
death·blow [ˈdeθbləʊ] *n (lit, fig)* golpe *m* mortal.
death·ly [ˈdeθlɪ] **1** *adj* **(ier, -iest)** *(appearance)* cadavérico/a; *(silence)* sepulcral. **2** *adv:* ~ **pale** pálido como un muerto.
death·trap [ˈdeθtræp] *n (place)* lugar *m* peligroso; *(car)* vehículo *m* peligroso.
death·watch bee·tle [ˌdeθwɒtʃˈbiːtl] reloj *m* de la muerte.
de·ba·cle [deɪˈbɑːkl] *n* desastre *m*.
de·bar [dɪˈbɑːʳ] *vt:* **to** ~ **sb from sth/from doing sth** excluir a uno de algo/prohibir a uno hacer algo.
de·base [dɪˈbeɪs] *vt (coinage)* alterar; *(object, relationship, word)* envilecer; *(person)* degradar; **to** ~ **o.s. by doing sth** degradarse haciendo algo.
de·base·ment [dɪˈbeɪsmənt] *n (see vt)* alteración *f;* degradación *f*.
de·bat·able [dɪˈbeɪtəbl] *adj* discutible.
de·bate [dɪˈbeɪt] **1** *vt (topic, question, idea)* debatir, discutir. **2** *vi* hacer debate; **to** ~ **with sb (about** *or* **(up)on sth)** discutir con uno (sobre algo); **to** ~ **with o.s. (about** *or* **(up)on sth)** vacilar (sobre algo); **we** ~**d whether to go or not** dudamos si ir o no. **3** *n* debate *m*, discusión *f;* **after much** ~ después de una gran discusión.
de·bat·ing so·ci·ety [dɪˈbeɪtɪŋˌsəˈsaɪətɪ] *n* círculo *m* de debates.
de·bauch [dɪˈbɔːtʃ] *vt (person, morals, taste)* corromper.
de·bauched [dɪˈbɔːtʃt] *adj* vicioso/a.
de·bauch·ery [dɪˈbɔːtʃərɪ] *n* libertinaje *m*, corrupción *f*.
de·ben·ture [dɪˈbentʃəʳ] *n (Fin)* vale *m*, bono *m*, obligación *f*.
de·bil·i·tate [dɪˈbɪlɪteɪt] *vt* debilitar.
deb·it [ˈdebɪt] **1** *n* pasivo *m*, debe *m*. **2** *vt (money)* **to** ~ **an account/sb with a sum** cargar una suma en cuenta/a uno. **3:** ~ **balance** *n* saldo *m* deudor; ~ **side** *n* debe *m; (fig)* desventaja *f*.
debo·nair [ˌdebəˈneəʳ] *adj (elegant)* gallardo/a; *(courteous)* cortés; *(cheerful)* alegre.
de·brief [ˌdiːˈbriːf] *vt* hacer dar parte.
de·bris [ˈdebriː] *n* escombros *mpl*.
debt [det] **1** *n* deuda *f;* **bad** ~ deuda incobrable; **foreign** ~ *(Pol)* deuda exterior; **a** ~ **of honour/gratitude** una deuda de honor/agradecimiento; **to be in** ~ **(to sb)** tener deudas *or* estar endeudado (con uno), *(LAm: fam)* estar endrogado (con uno); **I am £5 in** ~ debo 5 libras; **to be in sb's** ~ *(fig)* estar en deuda con uno; **to get into** ~ contraer deudas, *(LAm: fam)* endrogarse; **to be out of** ~ tener las deudas arregladas. **2:** ~ **collector** *n* cobrador(a) *m/f* de deudas.
deb·tor [ˈdetəʳ] *n* deudor(a) *m/f*.
de·bunk [ˌdiːˈbʌŋk] *vt (fam: theory, claim)* desprestigiar, desacreditar; *(: person, institution)* desenmascarar.
de·but [ˈdeɪbjuː] *n (Theat: first appearance)* presentación *f*, debut *m; (fig)* primer acto *m;* **to make one's** ~ hacer su presentación.
dec·ade [ˈdekeɪd] *n* década *f*, decenio *m*.
deca·dence [ˈdekədəns] *n* decadencia *f*.
deca·dent [ˈdekədənt] *adj (habits, person)* decadente.
de·caf·fein·ated [dɪˈkæfɪneɪtɪd] *adj:* ~ **coffee** café

m descafeinado.

de·camp [dɪ'kæmp] *vi (fam)* escaparse, *(LAm)* rajarse.

de·cant [dɪ'kænt] *vt (wine etc)* decantar.

de·cant·er [dɪ'kæntəʳ] *n* garrafa *f.*

de·capi·tate [dɪ'kæpɪteɪt] *vt* decapitar.

de·car·bon·ize [ˌdiː'kɑːbənaɪz] *vt (Aut)* descarburar.

de·cay [dɪ'keɪ] **1** *n (of vegetation, food)* pudrición *f; (of teeth)* caries *f; (of building)* desmoronamiento *m; (fig: of civilization, faculties)* decadencia *f,* decaimiento *m.* **2** *vi (rot)* pudrirse; *(teeth)* cariarse; *(building)* desmoronarse; *(fig: civilization, faculties)* decaer.

de·cease [dɪ'siːs] *n (frm)* fallecimiento *m.*

de·ceased [dɪ'siːst] **1** *adj (Jur etc)* difunto/a. **2** *n*: **the ~** *(person)* el/la difunto/a *m/f.*

de·ceit [dɪ'siːt] *n (misleading)* engaño *m; (fraud)* fraude *m; (trick)* trampa *f; (lie)* mentira *f.*

de·ceit·ful [dɪ'siːtfʊl] *adj (see n)* engañoso/a; falso/a; tramposo/a; mentiroso/a.

de·ceive [dɪ'siːv] *vt (deliberately)* engañar; *(defraud)* defraudar; *(lie)* mentir; **she ~d me into thinking that ...** me engañó, haciéndome pensar que ...; **he thought his eyes were deceiving him** creía que le engañaban los ojos; **don't be ~d by appearances** no se deje engañar por las apariencias; **to ~ o.s.** engañarse.

de·cel·er·ate [diː'seləreɪt] *vi (Aut)* disminuir la velocidad.

De·cem·ber [dɪ'sembəʳ] *n* diciembre *m; for usage see* **July**.

de·cen·cy ['diːsənsɪ] *n (propriety)* decencia *f,* decoro *m; (politeness)* educación *f;* **to have a sense of ~** tener sentido del decoro; **to have the ~ to do sth** ser lo bastante educado como para hacer algo; **common ~** simple cortesía *f.*

de·cent ['diːsənt] *adj* **(a)** *(respectable: person, house)* decente; *(proper: clothes, behaviour, language)* correcto/a. **(b)** *(kind)* amable; **he was very ~ to me** fue muy amable conmigo. **(c)** *(satisfactory)* adecuado/a.

de·cent·ly ['diːsəntlɪ] *adv (respectably)* decentemente; *(kindly)* amablemente.

de·cen·trali·za·tion [diːˌsentrəlaɪ'zeɪʃən] *n* descentralización *f.*

de·cen·tral·ize [diː'sentrəlaɪz] *vt* descentralizar.

de·cep·tion [dɪ'sepʃən] *n (deceiving)* engaño *m; (trick)* trampa *f; (lie)* mentira *f; (fraud)* fraude *m.*

de·cep·tive [dɪ'septɪv] *adj* engañoso/a.

deci·bel ['desɪbel] *n* decibel *m,* decibelio *m.*

de·cide [dɪ'saɪd] **1** *vt (gen)* decidir; **that ~d me** eso me convenció; **it was ~d that...** se decidió *or* determinó que...; **to ~ where to go/what to do** decidir *or* determinar adónde ir/qué hacer; **to ~ to do sth** decidir *or* determinar hacer algo. **2** *vi* decidir, determinar; **to ~ for** *or* **in favour of sb** decidir a favor de uno; **to ~ in favour of sth/doing sth** decidir por *or* determinar algo/hacer algo; **to ~ on sth/on doing sth** decidir por algo/hacer algo; **to ~ against sth/doing sth** decidir *or* determinar en contra de algo/de hacer algo.

de·cid·ed [dɪ'saɪdɪd] *adj (person, tone, manner)* resuelto/a decidido/a; *(opinion)* determinado/a; *(difference, improvement)* marcado/a.

de·cid·ed·ly [dɪ'saɪdɪdlɪ] *adv (without doubt)* indudablemente, sin duda; *(very, markedly)* decididamente; *(resolutely)* con resolución.

de·cid·ing [dɪ'saɪdɪŋ] *adj* decisivo/a, concluyente; **the ~ factor** el factor determinante; **the ~ goal/point** el gol/punto decisivo; **the ~ vote** el voto decisivo.

de·cidu·ous [dɪ'sɪdjʊəs] *adj (tree)* de hoja caduca.

deci·mal ['desɪməl] **1** *adj (point, system)* decimal; **to 3 ~ places** con 3 cifras. **2** *n* decimal *m.*

deci·mal·ize ['desɪməlaɪz] *vt* convertir al sistema decimal.

deci·mate ['desɪmeɪt] *vt (lit, fig)* diezmar.

de·ci·pher [dɪ'saɪfəʳ] *vt (lit, fig)* descifrar.

de·ci·sion [dɪ'sɪʒən] *n* decisión *f,* determinación *f;* **to come to** *or* **reach a ~** llegar a una decisión *or* determinación; **to make a ~** tomar una decisión *or* determinación.

de·ci·sive [dɪ'saɪsɪv] *adj (victory, factor, influence)* decisivo/a, concluyente; *(manner, reply)* decidido/a, tajante; *(person)* decisivo/a.

deck [dek] **1** *n* **(a)** *(Naut)* cubierta *f;* **to go up on ~** subir a la cubierta; **below ~** en la bodega. **(b)** *(of bus)* **top** *or* **upper/bottom** *or* **lower ~** piso *m* de arriba/abajo. **(c)** *(of cards)* baraja *f.* **(d)** *(record player)* tocadiscos *m inv;* **cassette ~** pletina *f.* **2** *vt (room etc)* **to ~ sth with** adornar *or* engalanar con.

♦ **deck out** *vt + adv* poner de punta en blanco.

deck·chair ['dektʃɛəʳ] *n* tumbona *f.*

de·claim [dɪ'kleɪm] *vi (gen)* declamar.

dec·la·ma·tion [ˌdeklə'meɪʃən] *n* declamación *f.*

de·clama·tory [dɪ'klæmətərɪ] *adj* declamatorio/a.

dec·la·ra·tion [ˌdeklə'reɪʃən] *n* declaración *f.*

de·clare [dɪ'klɛəʳ] *vt (gen, Bridge)* declarar; *(result)* proclamar; **have you anything to ~?** ¿tiene usted algo que declarar?; **to ~ that ...** anunciar que ...; **to ~ war (on** *or* **against sb)** declarar la guerra (a uno); **to ~ o.s. against/in favour of sth** pronunciarse en contra de/a favor de algo.

de·clas·si·fy [diː'klæsɪfaɪ] *vt*: **to ~ information** quitar algo de la lista de información secreta.

de·clen·sion [dɪ'klenʃən] *n (Ling)* declinación *f.*

de·cline [dɪ'klaɪn] **1** *n* **(a)** *(decrease)* disminución *f (in* de); **to be on the ~** ir disminuyendo. **(b)** *(deterioration)* decaimiento *m,* deterioro *m;* **the ~ of the Roman Empire** el ocaso del Imperio Romano; **to fall into a ~** *(Med)* decaer, debilitarse. **2** *vt* **(a)** *(refuse)* rehusar, rechazar; **to ~ to do sth** rehusar *or* negarse a hacer algo. **(b)** *(Ling)* declinar. **3** *vi* **(a)** *(decrease: power, influence)* disminuir; *(deteriorate)* decaer; *(: in health)* debilitarse, decaer; **his declining years** el ocaso de la vida; **to ~ in importance** ir perdiendo importancia. **(b)** *(Ling)* declinarse. **(c)** *(refuse)* negarse, rehusar.

de·clutch [ˌdiː'klʌtʃ] *vi* desembragar.

de·code [ˌdiː'kəʊd] *vt* descifrar.

de·com·pose [ˌdiːkəm'pəʊz] **1** *vt (rot)* descomponer, pudrir. **2** *vi* descomponerse, pudrirse.

de·com·po·si·tion [ˌdiːkɒmpə'zɪʃən] *n* descomposición *f,* putrefacción *f.*

de·com·pres·sion [ˌdiːkəm'preʃən] **1** *n* descompresión *f.* **2**: **~ chamber** *n* descompresor *m.*

de·con·gest·ant [ˌdiːkən'dʒestənt] *n* descongestionante *m.*

de·con·tami·nate [ˌdiːkən'tæmɪneɪt] *vt* descontaminar.

de·con·trol [ˌdiːkən'trəʊl] *vt (prices, trade)* quitar controles a.

dé·cor ['deɪkɔːʳ] *n* decoración *f; (Theat)* decorado *m.*

deco·rate ['dekəreɪt] *vt* **(a)** *(adorn)* decorar, adornar *(with* de); *(paint: room, house)* pintar; *(paper)* empapelar. **(b)** *(honour)* condecorar.

deco·rating ['dekəreɪtɪŋ] *n* decoración *f.*

deco·ra·tion [ˌdekə'reɪʃən] *n* **(a)** *(see vb)* decoración *f,* adorno *m.* **(b)** *(ornament)* adorno *m; (medal)* condecoración *f.*

deco·ra·tive ['dekərətɪv] *adj* decorativo/a.

deco·ra·tor ['dekəreɪtəʳ] *n*: **painter and ~** pintor *m* decorador; **interior ~** interiorista *mf.*

deco·rous ['dekərəs] *adj (behaviour, appearance)* decoroso/a.

de·co·rum [dɪ'kɔːrəm] *n* decoro *m.*

de·coy ['diːkɔɪ] **1** *n (bird: artificial)* señuelo *m; (: live)* cimbel *m; (fig: bait)* cebo *m; (: person)* señuelo *m.* **2** [dɪ'kɔɪ] *vt* atraer (con señuelo).

de·crease ['diːkriːs] **1** *n (gen)* disminución *f,* reducción *f; (in wages etc)* rebaja *f;* **a ~ in speed/strength** una reducción de velocidad/fuerza; **a ~ of 50%** una reducción *or* rebaja del 50 por ciento; **to be on the ~** ir disminuyéndose. **2** [diː'kriːs] *vt* disminuir, reducir; *(wages etc)* reducir, rebajar. **3** [diː'kriːs] *vi* reducirse; *(power, strength, enthusiasm)* disminuirse; *(Knitting)* menguar; **to ~ by 10%** reducir en un 10 por ciento.

de·creas·ing [diː'kriːsɪŋ] *adj* decreciente.

de·cree [dɪ'kriː] **1** *n* decreto *m;* **to issue a ~** promulgar un decreto; **to obtain a ~ absolute/nisi** *(divorce)* obtener una sentencia absoluta/provisional de divorcio. **2** *vt (gen)* decretar.

de·crep·it [dɪ'krepɪt] *adj (building)* ruinoso/a; *(person)* decrépito/a.

de·crepi·tude [dɪ'krepɪtjuːd] *n (of building)* decrepitud *f.*

de·cry [dɪ'kraɪ] *vt* criticar, censurar.

dedi·cate ['dedɪkeɪt] *vt (book)* dedicar; **to ~ sth to sb/sth** *(church etc)* consagrar *o* dedicar algo a uno/algo; **to ~ one's life** *or* **o.s. to sth/to doing sth** dedicarse a algo/a hacer algo.

dedi·cat·ed ['dedɪkeɪtɪd] *adj* dedicado/a.

dedi·ca·tion [ˌdedɪ'keɪʃən] *n (gen)* dedicación *f,* consagración *f; (in book)* dedicatoria *f.*

de·duce [dɪ'djuːs] *vt* deducir, sacar en limpio; **to ~ sth from sth** deducir algo de algo; **to ~ (from sth) that...** colegir (de algo) que... .

de·duct [dɪ'dʌkt] *vt:* **to ~ sth (from)** restar *or* descontar algo (de).

de·duct·ible [dɪ'dʌktɪbl] *adj* deducible.

de·duc·tion [dɪ'dʌkʃən] *n* **(a)** *(act of deducing)* deducción *f;* **what are your ~s?** ¿cuáles son sus conclusiones? **(b)** *(act of deducting)* deducción *f; (amount deducted)* descuento *m,* rebaja *f;* **tax ~s** deducibles *mpl* para personas físicas.

deed [diːd] *n* **(a)** *(act)* acto *m,* acción *f; (result)* hecho *m;* **brave ~** hazaña *f;* **good ~** favor *m.* **(b)** *(Jur)* escritura *f,* acta *f;* **~ of covenant** escritura de contrato; **by ~ poll** por escritura legal.

deem [diːm] *vt (frm)* juzgar, considerar; **she ~s it wise to ...** lo considera prudente ... .

deep [diːp] **1** *adj* (**-er, -est**) **(a)** *(water, hole, etc)* profundo/a, hondo/a; **the water was 6 inches ~** el agua tenía una profundidad de 6 pulgadas; **we were ankle-~/knee-~ in mud** estábamos hasta los tobillos/las rodillas de lodo; **the ~ end** *(of swimming pool)* la parte honda; **to be thrown in (at) the ~ end** *(fig fam)* recibir un bautismo de fuego; **to go off (at) the ~ end** *(fig fam: excited)* enloquecer; *(: angry)* perder los estribos. **(b)** *(shelf, cupboard)* hondo/a, de fondo; *(border, hem)* ancho/a; **a cupboard a metre ~** un armario de un metro de fondo. **(c)** *(voice, note, sound)* bajo/a, profundo/a; **a ~ sigh** un suspiro profundo; **to take a ~ breath** respirar hondo *or* a todo pulmón. **(d)** *(colour)* subido/a, intenso/a; *(feelings, sleep, mystery, thinker)* profundo/a; *(mourning)* riguroso/a; **to be ~ in thought/~ in a book** estar absorto en la meditación/en un libro; **he's a ~ one** *(fam)* ése se tiene bien callado.

2 *adv* profundamente, hondo; **~ underground** muy dentro de la tierra; **~ in her heart** en lo más profundo de su corazón; **the spectators were standing 6 ~** los espectadores estaban de 6 en fondo; **don't go in too ~ if you can't swim** si no sabes nadar no te metas en la parte profunda; **to cut ~ (into sth)** penetrar hondo (en algo); **to dig ~** cavar hondo; **to drink ~** beber mucho (de un trago); **~ in the forest** en lo más profundo del bosque; **they worked ~ into the night** trabajaron hasta muy entrada la noche; **~ in debt** cargado de deudas.

3 *n:* **the ~** *(poet: sea)* el piélago *m.*

4: D~ South *n (US)* Estados *mpl* del Sur de EE UU; **~ space** *n* lejano espacio *m.*

deep·en ['diːpən] **1** *vt (hole etc)* profundizar, ahondar; *(sound)* hacer más grave; *(colour)* intensificar; *(understanding, interest, sorrow)* intensificar; *(friendship, love)* profundizar, ahondar. **2** *vi (water etc)* hacerse más profundo *or* hondo; *(voice)* hacerse más grave; *(colour, emotion)* intensificarse; *(night, mystery)* aumentarse; *(understanding, love)* profundizarse, ahondarse.

deep·freeze [ˌdiːp'friːz] **1** *n* congelador *m, (LAm)* congeladora *f.* **2** *vt* congelar.

deep-fry [ˌdiːp'fraɪ] *vt* freír en aceite abundante.

deep·ly ['diːplɪ] *adv (gen)* profundamente, hondamente; **to regret sth ~** lamentar algo profundamente; **to be ~ in debt** estar muy cargado de deudas; **to go ~ into sth** meterse profundamente en algo.

deep-rooted [ˌdiːp'ruːtɪd] *adj (plant, also fig)* profundamente arraigado/a.

deep-sea [ˌdiːp'siː] *adj (creatures, plants)* de alta mar; *(fisherman, fishing)* de altura; **~ diver** buzo *m.*

deep-seated [ˌdiːp'siːtɪd] *adj* profundamente arraigado/a.

deep-set ['diːpˌset] *adj:* **~ eyes** ojos *mpl* hundidos.

deer [dɪəʳ] *n, pl inv* ciervo *m, (LAm)* venado *m; (red ~)* ciervo *m* común; *(roe ~)* corzo *m; (fallow ~)* gamo *m.*

deer·stalker ['dɪəˌstɔːkəʳ] *n (hat)* gorro *m* de cazador.

deer·stalking ['dɪəˌstɔːkɪŋ] *n* caza *f* de venado al acecho.

de·face [dɪ'feɪs] *vt (wall, monument)* mutilar; *(work of art)* desfigurar; *(poster, writing, magazine)* desgarrar.

de facto [diː'fæktəʊ] de hecho, de facto.

de·fa·ma·tion [ˌdefə'meɪʃən] *n* difamación *f.*

de·fama·tory [dɪ'fæmətərɪ] *adj (article, statement)* difamatorio/a.

de·fame [dɪ'feɪm] *vt* difamar, calumniar.

de·fault [dɪ'fɔːlt] **1** *n:* **in ~ of** a falta de, falto de; **by ~** por incumplimiento; *(Jur)* en rebeldía *or* contumacia; *(Sport)* por incomparecencia. **2** *vi (Jur, Sport: not appear)* dejar de presentarse; *(: not pay)* faltar al pago.

de·feat [dɪ'fiːt] **1** *n (of army, team)* derrota *f; (of ambition, plan)* fracaso *m.* **2** *vt (army, team, opponent)* vencer, derrotar; *(plan, ambition, efforts)* hacer fracasar, frustrar; *(Pol: party)* derrotar; *(: bill, amendment)* rechazar; *(fig)* vencer; **this will ~ its own ends** esto será contraproducente.

de·feat·ism [dɪ'fiːtɪzəm] *n* derrotismo *m.*

de·feat·ist [dɪ'fiːtɪst] *n, adj* derrotista *mf.*

def·ecate ['defəkeɪt] *vi (frm)* defecar.

de·fect ['diːfekt] **1** *n (gen)* defecto *m; (in person: mental)* deficiencia *f;* **moral ~** defecto moral. **2** [dɪ'fekt] *vi (Pol)* desertar; **to ~ (from a country)** huir (de un país).

de·fec·tion [dɪ'fekʃən] *n (Pol)* deserción *f,* defección *f.*

de·fec·tive [dɪ'fektɪv] *adj* defectuoso/a; **~ verb** *(Ling)* verbo *m* defectivo; **to be ~ in sth** *(person)* ser deficiente en algo.

de·fec·tor [dɪ'fektəʳ] *n* defector(a) *m/f*.

de·fence, *(US)* **de·fense** [dɪ'fens] **1** *n (Jur, Mil, Sport)* defensa *f;* **in ~ of sth** en defensa de algo; **the Ministry of D~** el Ministerio de Defensa; **in his ~** en su defensa; **the case for the ~** la defensa; **counsel for the ~** abogado *m* defensor; **witness for the ~** testigo *mf* de cargo; **the body's ~s against disease** la defensa del organismo contra la enfermedad; **as a ~ against** como defensa contra. **2** *cpd (policy, strategy, costs)* de defensa; **~ mechanism** *n* mecanismo *m* de defensa; **~ spending** *n* gasto *m* militar.

de·fence·less [dɪ'fenslɪs] *adj* indefenso/a, inerme.

de·fend [dɪ'fend] **1** *vt (gen)* defender; **to ~ o.s.** defenderse. **2** *vi (Sport)* defenderse.

de·fend·ant [dɪ'fendənt] *n (Jur: civil)* demandado/a *m/f; (: criminal)* acusado/a *m/f*.

de·fend·ing [dɪ'fendɪŋ] *adj*: **~ champion** *(Sport)* campeón *m* titular; **~ counsel** *(Jur)* abogado *m* defensor.

de·fense [dɪ'fens] *n (US)* = **defence.**

de·fen·sive [dɪ'fensɪv] *adj (attitude, measures, play)* defensivo/a; **to be/go on the ~** estar/ponerse a la defensiva.

de·fer [dɪ'fɜːʳ] *vt (meeting, business)* diferir; *(payment)* aplazar, *(LAm)* postergar; **his military service was ~red** le dieron una prórroga; **to ~ to sb/sth** diferir a uno/algo; **to ~ to sb's (greater) knowledge** reconocer los conocimientos de uno.

def·er·ence ['defərəns] *n (submission)* deferencia *f; (respect)* respeto *m;* **out of** *or* **in ~ to sb/sb's age** por respeto a uno/a la edad de uno.

def·er·en·tial [ˌdefə'renʃəl] *adj (gen)* respetuoso/a.

de·fer·ment [dɪ'fɜːmənt] *n (postponement)* aplazamiento *m; (Mil)* prórroga *f*.

de·fi·ance [dɪ'faɪəns] *n (challenge)* desafío *m; (resistance)* resistencia *f* terca; **in ~ of the law** desafiando *or* en desafío a la ley.

de·fi·ant [dɪ'faɪənt] *adj (insolent)* insolente; *(challenging)* retador(a).

de·fi·cien·cy [dɪ'fɪʃənsɪ] *n* **(a)** *(gen)* deficiencia *f; (lack)* falta *f; (Med: weakness)* debilidad *f*, defecto *m*. **(b)** *(in system, plan, character etc)* defecto *m*. **(c)** *(Fin)* déficit *m*.

de·fi·cient [dɪ'fɪʃənt] *adj*: **to be ~ in sth** ser deficiente en algo.

defi·cit ['defɪsɪt] *n (esp Fin)* déficit *m;* **~ spending/financing** gasto *m*/financiamiento *m* deficitario.

de·file [dɪ'faɪl] *vt (dirty)* manchar, ensuciar; *(violate)* violar.

de·fin·able [dɪ'faɪnəbl] *adj* definible.

de·fine [dɪ'faɪn] *vt (gen)* definir; *(characterize)* caracterizar; *(delimit)* determinar; *(outline)* destacarse.

defi·nite ['defɪnɪt] *adj* **(a)** *(fixed, agreed, explicit)* determinado/a; *(final)* definitivo/a; *(certain)* seguro/a; *(clear)* claro/a. **(b)** *(clearly noticeable)* notable, notorio/a. **(c)** *(Ling)* **~ article** artículo *m* definido; **past ~ tense** (tiempo *m*) pretérito *m*.

defi·nite·ly ['defɪnɪtlɪ] *adv (see adj* **a, b**) definitivamente; seguramente; **~!** ¡claro!, ¡desde luego!

defi·ni·tion [ˌdefɪ'nɪʃən] *n (all senses)* definición *f;* **by ~** por definición.

de·fini·tive [dɪ'fɪnɪtɪv] *adj* definitivo/a.

de·flate [diː'fleɪt] *vt (tyre etc)* desinflar, deshinchar; *(pompous person)* rebajar; *(Econ: also vi)* deflacionar.

de·fla·tion [diː'fleɪʃən] *n (Econ)* deflación *f*.

de·fla·tion·ary [diː'fleɪʃənərɪ] *adj (Econ)* deflacionario/a.

de·flect [dɪ'flekt] *vt (ball, bullet)* desviar; *(fig: person)* desviar *(from* de).

de·flec·tion [dɪ'flekʃən] *n* desviación *f*.

de·fo·li·ant [ˌdiː'fəʊlɪənt] *n* defoliante *m*.

de·form [dɪ'fɔːm] *vt (gen)* deformar.

de·formed [dɪ'fɔːmd] *adj (person, limb, body)* deforme; *(structure)* deformado/a.

de·form·ity [dɪ'fɔːmɪtɪ] *n (gen)* deformidad *f*.

de·fraud [dɪ'frɔːd] *vt (frm: person, authorities)* estafar, defraudar; **he ~ed the firm of £100** estafó 100 libras de la compañía.

de·fray [dɪ'freɪ] *vt (frm: expenses)* sufragar.

de·frost [diː'frɒst] *vt (refrigerator)* descongelar; *(frozen food)* deshelar.

deft [deft] *adj* (**-er, -est**) hábil, diestro/a.

deft·ly ['deftlɪ] *adv* con destreza, con habilidad.

de·funct [dɪ'fʌŋkt] *adj (frm: company etc)* que ya no existe; *(: idea etc)* vencido/a; *(: scheme)* fracasado/a.

de·fuse [diː'fjuːz] *vt (bomb)* desarmar; *(fig: situation)* calmar.

defy [dɪ'faɪ] *vt* **(a)** *(challenge: person)* desafiar, retar; **I ~ you to do it** te desafío a hacerlo. **(b)** *(refuse to obey: person)* resistir *or* oponerse a; *(: order)* contravenir; *(resist)* resistir; **it defies description** es imposible describirlo.

de·gen·er·ate [dɪ'dʒenərɪt] **1** *adj* degenerado/a. **2** *n* degenerado/a *m/f*. **3** [dɪ'dʒenəreɪt] *vi* degenerar *(into* en).

deg·ra·da·tion [ˌdegrə'deɪʃən] *n* degradación *f*.

de·grade [dɪ'greɪd] *vt (gen)* degradar; *(debase)* degradar, envilecer.

de·grad·ing [dɪ'greɪdɪŋ] *adj* degradante.

de·gree [dɪ'griː] *n* **(a)** *(gen, Geog, Math)* grado *m;* **10 ~s below freezing** 10 grados bajo cero. **(b)** *(extent)* punto *m*, grado *m; (stage in scale)* grado, etapa *f;* **a high ~ of uncertainty** un alto grado de incertidumbre; **by ~s** poco a poco, por etapas; **to some ~, to a certain ~** hasta cierto punto; *see* **third. (c)** *(social standing)* categoría *f*. **(d)** *(Univ)* título *m;* **first/higher ~** licenciatura *f*/doctorado *m;* **honorary ~** doctorado *m* 'honoris causa'; **I'm taking a ~ in science** me voy a licenciar en ciencias.

de·hu·man·ize [ˌdiː'hjuːmənaɪz] *vt* deshumanizar.

de·hy·drate [ˌdiː'haɪdreɪt] *vt (Tech)* deshidratar.

de·hy·drated [ˌdiːhaɪ'dreɪtɪd] *adj (vegetables)* seco/a; *(milk, eggs)* en polvo; *(Med, Tech)* deshidratado/a.

de·hy·dra·tion [ˌdiːhaɪ'dreɪʃən] *n (gen)* deshidratación *f*.

de-icer [diː'aɪsəʳ] *n (Aer, Aut)* deshelador *m*.

dei·fy ['diːɪfaɪ] *vt* deificar.

deign [deɪn] *vt*: **to ~ to do sth** dignarse hacer algo.

de·ity ['diːɪtɪ] *n* deidad *f*, divinidad *f*.

de·ject·ed [dɪ'dʒektɪd] *adj (person, look)* desanimado/a, abatido/a, *(LAm)* apenado/a.

de·jec·tion [dɪ'dʒekʃən] *n (emotion)* desaliento *m*, abatimiento *m*.

de·lay [dɪ'leɪ] **1** *n (hold-up)* demora *f*, dilación *f; (to traffic)* atasco *m*, embotellamiento *m; (to train)* retraso *m;* **without ~** sin retraso *or* demora; **without further ~** sin tardar más. **2** *vt (postpone)* aplazar, *(LAm)* demorar; *(hold up: person)* entretener; *(: train, event)* retrasar; **the train was ~ed for 2 hours** el tren se retrasó dos horas; **~ed action bomb** bomba *f* de efecto retardado. **3** *vi* tardar, *(LAm)* demorarse, dilatar; **to ~ in doing sth** tardar *or (LAm)* dilatar en hacer algo; **don't ~!** ¡no te entretengas!, *(LAm)* ¡no dilates!, ¡no te demores!, ¡no tardes!

de·lec·table [dɪ'lektəbl] *adj* delicioso/a.

del·egate ['delɪgɪt] **1** *n* delegado/a *m/f (to* a). **2** ['delɪgeɪt] *vt (person)* diputar, delegar; *(task, power)* delegar *(to* a, en).

del·ega·tion [ˌdelɪ'geɪʃən] *n (gen)* delegación *f*.
de·lete [dɪ'liːt] *vt* tachar, suprimir *(from* de); '~ **where inapplicable**' 'tache lo que no sea relevante'.
de·letion [dɪ'liːʃən] *n (gen)* supresión *f*.
de·lib·er·ate [dɪ'lɪbərɪt] **1** *adj (intentional)* deliberado/a; *(cautious)* prudente; *(unhurried)* pausado/a, lento/a. **2** [dɪ'lɪbəreɪt] *vt (think about)* meditar; *(discuss)* discutir. **3** [dɪ'lɪbereɪt] *vi (think)* reflexionar *or* meditar *(on* sobre); *(discuss)* deliberar *(on* sobre).
de·lib·er·ate·ly [dɪ'lɪbərɪtlɪ] *adv (intentionally)* a propósito, adrede; *(cautiously, slowly)* lentamente, pausadamente.
de·lib·era·tion [dɪˌlɪbə'reɪʃən] *n* **(a)** *(consideration)* reflexión *f*, meditación *f*; *(discussion)* deliberación *f*, discusión *f*; **after due** ~ después de pensarlo bien. **(b)** *(slowness)* lentitud *f*.
deli·ca·cy ['delɪkəsɪ] *n* **(a)** *(see adj)* delicadeza *f*; fragilidad *f*; debilidad *f*; sensibilidad *f*. **(b)** *(special food)* lujo *m*, golosina *f*.
deli·cate ['delɪkɪt] *adj* **(a)** *(fine, dainty)* delicado/a, fino/a; *(fragile: bones, china)* frágil; *(flavour, food)* exquisito/a. **(b)** *(Med: health)* delicado/a, débil. **(c)** *(sensitive: instrument, touch)* sensible; *(: situation, problem)* delicado/a.
deli·cate·ly ['delɪkɪtlɪ] *adv (see adj* **a, c**) delicadamente; frágilmente; con delicadeza.
deli·ca·tes·sen [ˌdelɪkə'tesn] *n (shop)* fiambrería *f*, *(RPl)* rotisería *f*.
de·li·cious [dɪ'lɪʃəs] *adj* delicioso/a, rico/a.
de·light [dɪ'laɪt] **1** *n (feeling of joy)* alegría *f*, deleite *m*; *(jubilation)* regocijo *m*; *(pleasurable thing)* encanto *m*; **to my** ~ para mi gusto y placer. **2** *vt (person)* encantar.
♦ **de·light in** *vi + prep*: **to ~ in sth/in doing sth** deleitarse con algo/con hacer algo.
de·light·ed [dɪ'laɪtɪd] *adj*: **to be ~ at** *or* **with sth** estar encantado/a con algo; **I was ~ to hear the news** me dio mucho gusto recibir la noticia; **we shall be ~ to come** nos dará mucho gusto ir; **~ to meet you** encantado (de conocerle), *(LAm)* mucho gusto (de conocerle); **I'd be** ~ con (todo) gusto.
de·light·ful [dɪ'laɪtfʊl] *adj (charming)* encantador(a); *(delicious)* delicisioso/a.
de·light·ful·ly [dɪ'laɪtfəlɪ] *adv* en forma encantadora.
de·lim·it [diː'lɪmɪt] *vt* delimitar.
de·lin·eate [dɪ'lɪnɪeɪt] *vt (draw: outline)* delinear, trazar; *(describe: character, plans)* describir, pintar.
de·lin·quen·cy [dɪ'lɪŋkwənsɪ] *n* delincuencia *f*.
de·lin·quent [dɪ'lɪŋkwənt] **1** *adj* delincuente. **2** *n (esp* **juvenile** ~) delincuente *mf* (juvenil).
de·liri·ous [dɪ'lɪrɪəs] *adj (Med)* delirante; *(fig: with happiness etc)* loco/a; **to be** ~ delirar.
de·liri·ous·ly [dɪ'lɪrɪəslɪ] *adv*: **to be ~ happy** estar loco de alegría.
de·lir·ium [dɪ'lɪrɪəm] *n (Med, fig)* delirio *m*.
de·liv·er [dɪ'lɪvə^r] *vt* **(a)** *(goods)* entregar; *(letters)* repartir; *(message)* llevar; **he ~ed me home safely** me acompañó hasta la casa, *(LAm)* me dejó en casa; **he ~ed the goods** *(fam)* hizo lo necesario; **'we ~'** 'entrega *f* a domicilio'. **(b)** *(old: rescue)* librar *(from* de). **(c)** *(speech, verdict etc)* pronunciar; *(blow, punch)* lanzar. **(d)** *(Med: baby)* asistir al parto de.
de·liv·er·ance [dɪ'lɪvərəns] *n (poet)* liberación *f*.
de·liv·ery [dɪ'lɪvərɪ] **1** *n* **(a)** *(of goods)* entrega *f*; *(of mail)* reparto *m*; **to take ~ of** recibir; **General D~** *(US)* Lista *f* de Correos. **(b)** *(of speaker)* pronunciación *f*. **(c)** *(Med)* parto *m*, alumbramiento *m*. **2**: **~ boy** *n* recadero *m*, mensajero *m*; **~ man** *n* repartidor *m*; **~ note** *n* nota *f* de entrega; **~ room** *n* sala *f* de partos; **~ van** *n* furgoneta *f* *or* *(LAm)* camioneta *f* de reparto.
de·louse [ˌdiː'laʊs] *vt* espulgar.
del·ta ['deltə] *n (Geog)* delta *m*.
de·lude [dɪ'luːd] *vt* engañar; **to ~ sb into thinking (that) ...** hacer a uno creer (que) ...; **to ~ o.s.** engañarse.
del·uge ['deljuːdʒ] **1** *n (of rain, fig)* diluvio *m*; *(Rel)* **the D~** el Diluvio; **a ~ of protests** una avalancha de protestas. **2** *vt (fig)* inundar *(with* de); **he was ~d with questions** le llovieron *or* abrumaron las preguntas.
de·lu·sion [dɪ'luːʒən] *n* ilusión *f*; *(Psych)* alucinación *f*.
de luxe [dɪ'lʌks] *adj* de lujo.
delve [delv] *vi*: **to ~ (into)** *(pocket, cupboard)* hurgar (en); *(past, subject)* investigar.
dema·gog·ic [ˌdemə'gɒgɪk] *adj* demagógico/a.
dema·gogue ['deməgɒg] *n* demagogo *m*.
de·mand [dɪ'mɑːnd] **1** *n* **(a)** *(request: for money)* reclamación *f*; *(: for help etc)* petición *f*; *(: for better pay etc)* reivindicación *f*; *(insistence)* exigencia *f*; **by popular** ~ a petición del público; **on** ~ a solicitud; **I have many ~s on my time** estoy muy atareado. **(b)** *(Comm)* demanda *f* *(for* de); **to be in** ~ tener mucha demanda; *(fig: person)* ser muy solicitado.
2 *vt (ask for: explanation, fact)* **to ~ sth (from** *or* **of sb)** exigir algo (a uno); *(need)* requerir algo (de uno); **to ~ that...** insistir en que...; **he ~ed to see my passport** insistió en ver mi pasaporte; **the job ~s care** el trabajo exige cuidado.
de·mand·ing [dɪ'mɑːndɪŋ] *adj (person)* exigente; *(work: tiring)* agotador(a); *(: absorbing)* absorbente.
de·mar·ca·tion [ˌdiːmɑː'keɪʃən] **1** *n* demarcación *f*. **2**: **~ dispute** *n* conflicto *m* por definición del trabajo; **~ line** *n* línea *f* de demarcación.
de·mean [dɪ'miːn] *vt*: **to ~ oneself** rebajarse.
de·mean·our, *(US)* **de·mean·or** [dɪ'miːnə^r] *n (frm)* conducta *f*, comportamiento *m*, *(LAm)* porte *m*.
de·ment·ed [dɪ'mentɪd] *adj* demente, alocado/a.
dem·erara [ˌdemə'rɛərə] *n (also* **~ sugar**) azúcar *m* terciado.
demi... ['demɪ] *pref* semi..., medio...; **~god** *n* semidiós *m*.
de·mili·ta·rize [ˌdiː'mɪlɪtəraɪz] *vt* desmilitarizar; **~d zone** zona *f* desmilitarizada.
de·mise [dɪ'maɪz] *n (frm: death)* fallecimiento *m*; *(fig: of institution etc)* desaparición *f*.
de·mist [diː'mɪst] *vt (Aut)* eliminar el vaho de.
de·mist·er [diː'mɪstə^r] *n (Aut)* eliminador *m* de vaho.
demi·tasse ['demɪtæs] *n (of coffee)* tacita *f* (de café).
demo ['deməʊ] *n (fam abbr of* **demonstration**) manifestación *f*.
de·mo·bi·lize [diː'məʊbɪlaɪz] *vt* desmovilizar.
de·moc·ra·cy [dɪ'mɒkrəsɪ] *n (gen)* democracia *f*.
demo·crat ['deməkræt] *n* demócrata *mf*; **Christian/Social ~** democristiano/a *m/f* /social demócrata *mf*.
demo·crat·ic [ˌdemə'krætɪk] *adj (gen)* democrático/a; *(US Pol)* **the D~ Party** el Partido Demócrata.
demo·crati·cal·ly [ˌdemə'krætɪkəlɪ] *adv* democráticamente.
de·moc·ra·tize [dɪ'mɒkrətaɪz] *vt* democratizar.
de·mog·ra·phy [dɪ'mɒgrəfɪ] *n* demografía *f*.
de·mol·ish [dɪ'mɒlɪʃ] *vt* derribar, echar abajo, de-

moler; *(fig: argument)* destruir; *(hum: cake)* zampar.

demo·li·tion [ˌdeməˈlɪʃən] **1** *n* demolición *f*, derribo *m*. **2:** ~ **squad** *n* equipo *m* de demolición; ~ **zone** *n* zona *f* de demolición.

de·mon [ˈdiːmən] *n* demonio *m;* **he's a ~ for work** *(fam)* es una fiera para el trabajo.

dem·on·strate [ˈdemənstreɪt] **1** *vt* **(a)** *(display: emotions etc)* demostrar. **(b)** *(appliance etc)* mostrar. **2** *vi (Pol etc)* manifestarse *(against* en contra de).

dem·on·stra·tion [ˌdemənˈstreɪʃən] *n (see vb)* demostración *f; (Pol)* manifestación *f;* **to hold a ~** hacer una manifestación.

de·mon·stra·tive [dɪˈmɒnstrətɪv] *adj (person)* expresivo/a; *(Ling)* demostrativo/a.

de·mon·stra·tor [ˈdemənstreɪtəʳ] *n (Pol)* manifestante *mf; (Univ etc)* auxiliar *mf; (in shop)* demostrador(a) *m/f*.

de·mor·al·ize [dɪˈmɒrəlaɪz] *vt* desmoralizar.

de·mote [dɪˈməʊt] *vt* degradar.

de·mur [dɪˈmɜːʳ] **1** *vi (frm)* mostrarse renuente *(at* a). **2** *n:* **without ~** sin objeción *f*.

de·mure [dɪˈmjʊəʳ] *adj (modest)* recatado/a; *(affected)* remilgado/a.

de·mure·ly [dɪˈmjʊəlɪ] *adv* recatadamente, con remilgo.

den [den] *n* **(a)** *(wild animal's)* guarida *f*, madriguera *f;* **a ~ of thieves** *(fig)* una guarida de ladrones. **(b)** *(private room)* estudio *m*.

de·na·tion·al·ize [diːˈnæʃnəlaɪz] *vt* desnacionalizar.

de·ni·al [dɪˈnaɪəl] *n* **(a)** *(of accusation, guilt)* negación *f;* **the government issued an official ~** el gobierno desmintió oficialmente (la acusación). **(b)** *(refusal: of request)* negativa *f; (rejection)* rechazamiento *m; (: of statement)* mentís *m*. **(c)** *(self-~)* abnegación *f*.

den·ier [ˈdenɪəʳ] *n* denier *m*.

deni·grate [ˈdenɪgreɪt] *vt* denigrar.

den·im [ˈdenɪm] **1** *n* mezclilla *f;* **~s** pantalones *mpl* de vaquero, vaqueros *mpl, (LAm)* bluyín *msg*. **2:** ~ **jacket** *n* chaqueta *f or (LAm)* saco *m* de vaquero.

Den·mark [ˈdenmɑːk] *n* Dinamarca *f*.

de·nomi·na·tion [dɪˌnɒmɪˈneɪʃən] *n (Rel)* confesión *f*, secta *f; (of coin etc)* valor *m*.

de·nomi·na·tor [dɪˈnɒmɪneɪtəʳ] *n (Math)* denominador *m; see* **common.**

de·note [dɪˈnəʊt] *vt* indicar; *(subj: word)* significar.

de·noue·ment [deɪˈnuːmɑ̃ːŋ] *n* desenlace *m*.

de·nounce [dɪˈnaʊns] *vt (accuse publicly)* censurar; *(to police etc)* denunciar.

dense [dens] *adj* **(-r, -st)** *(thick: forest etc)* tupido/a; *(: crowd)* denso/a; *(fam: person)* torpe, *(LAm)* bruto/a.

dense·ly [ˈdenslɪ] *adv* densamente; ~ **populated** con una alta densidad de población.

den·sity [ˈdensɪtɪ] *n* densidad *f*.

dent [dent] **1** *n (in metal)* abolladura *f*, abollo *m; (in wood)* mella *f; (fam: in savings)* agujero *m, (LAm)* hueco *m*. **2** *vt (car, hat etc)* abollar.

den·tal [ˈdentl] *adj* dental; ~ **floss** seda *f* dental; ~ **surgeon** odontólogo/a *m/f*, dentista *mf*.

den·ti·frice [ˈdentɪfrɪs] *n* dentífrico *m*.

den·tist [ˈdentɪst] *n* dentista *mf;* **~'s chair** silla *f* del dentista; **~'s surgery** consultorio *m* dental.

den·tis·try [ˈdentɪstrɪ] *n* odontología *f*.

den·tures [ˈdentʃəz] *npl* dentadura *fsg* (postiza).

de·nu·clear·ize [ˌdiːˈnjuːklɪəraɪz] *vt:* **a ~d zone** una zona desnuclearizada.

de·nude [dɪˈnjuːd] *vt (fig: strip)* despojar *(of* de).

de·nun·cia·tion [dɪˌnʌnsɪˈeɪʃən] *n (gen)* denuncia *f*.

deny [dɪˈnaɪ] *vt* **(a)** *(charge)* rechazar; *(report)* desmentir; *(possibility, truth of statement etc)* **to ~ having done/that ...** negar haber hecho/que ...; **there's no ~ing it** no se lo puede negar; **he denies having said it** niega haberlo dicho. **(b)** *(refuse)* **to ~ sb sth** negarle algo a uno; **to ~ o.s. sth** privarse de algo.

de·odor·ant [diːˈəʊdərənt] *n* desodorante *m*.

de·part [dɪˈpɑːt] *vi:* **to ~ (from)** *(train, person)* partir *or* salir (de); *(from custom, truth etc)* apartarse *or* desviarse (de).

de·part·ed [dɪˈpɑːtɪd] **1** *adj (bygone: days etc)* pasado/a; *(poet: dead)* difunto/a. **2** *npl:* **the ~** los difuntos *mpl*.

de·part·ment [dɪˈpɑːtmənt] **1** *n (gen)* departamento *m; (in shop)* sección *f; (Admin)* sección, oficina *f;* **D~ of Employment** *(Brit)*/**State** *(US)* Ministerio *m or* Secretaría *f* de Trabajo/Asuntos Exteriores. **2:** ~ **store** *n* gran almacén *m*.

de·part·men·tal [ˌdiːpɑːtˈmentl] *adj* departamental, de departamento.

de·par·ture [dɪˈpɑːtʃəʳ] **1** *n:* ~ **(from)** *(of train, person etc)* salida *f* (de), partida *f* (de); *(fig: from custom, principle)* desviación *f* (de); **a new ~** un rumbo *m* nuevo. **2:** ~ **lounge** *n* sala *f* de embarque.

de·pend [dɪˈpend] *vi* **(a) to ~ (up)on** *(rely)* contar (con); *(be dependent on)* depender (de); **you can ~ on it/me!** ¡tenlo por seguro!/¡cuenta conmigo! **(b) to ~ (on)** *(be influenced by)* depender (de); **it (all) ~s on the weather** todo depende del tiempo; **it (all) ~s what you mean** depende de lo que quieres decir; **that ~s** eso depende, *(LAm)* es según.

de·pend·able [dɪˈpendəbl] *adj (gen)* fiable; *(person)* formal.

de·pend·ant [dɪˈpendənt] *n* dependiente *mf*.

de·pend·ence [dɪˈpendəns] *n:* ~ **(on)** *(reliance)* confianza *f* (en); *(for support)* dependencia *f* (de).

de·pen·dent [dɪˈpendənt] **1** *adj* **(a)** *(child, relative)* ~ **(on)** dependiente (de); *(Ling)* subordinado/a (a). **(b)** *(pred: conditional)* **to be ~ on** depender de. **2** *n* = **dependant.**

de·pict [dɪˈpɪkt] *vt (in picture)* representar; *(in words)* describir.

de·pila·tory [dɪˈpɪlətərɪ] *n (also* ~ **cream)** depilatorio *m*.

de·plete [dɪˈpliːt] *vt (reduce)* reducir; *(exhaust)* agotar.

de·plor·able [dɪˈplɔːrəbl] *adj (sad)* lamentable; *(disgraceful)* deplorable.

de·plore [dɪˈplɔːʳ] *vt (verbally)* lamentar; *(gen)* deplorar.

de·ploy [dɪˈplɔɪ] *vt (Mil)* desplegar; *(fig: resources etc)* distribuir.

de·popu·late [ˌdiːˈpɒpjʊleɪt] *vt* despoblar.

de·popu·la·tion [ˈdiːˌpɒpjʊˈleɪʃən] *n (of region)* despoblación *f*.

de·port [dɪˈpɔːt] *vt (expel: from country)* deportar, expulsar del país; *(: within country)* desterrar.

de·por·ta·tion [ˌdiːpɔːˈteɪʃən] **1** *n (see vt)* expulsión *f;* destierro *m*. **2:** ~ **order** *n* orden *f* de expulsión.

de·port·ment [dɪˈpɔːtmənt] *n (behaviour)* conducta *f*, comportamiento *m; (carriage)* porte *m*.

de·pose [dɪˈpəʊz] *vt (ruler)* deponer.

de·pos·it [dɪˈpɒzɪt] **1** *n* **(a)** *(in bank)* depósito *m; (Comm: part payment)* depósito *m, (Mex)* enganche *m, (LAm)* abono *m; (: returnable security)* señal *f, (LAm)* fianza *f;* **to put down a ~ of £50** dejar un depósito de 50 libras, dejar 50 libras en abono. **(b)** *(Chem, gen)* poso *m*, sedimento *m; (Geol)* depósito *m*, yacimiento *m*. **2** *vt* **(a)** *(put down)* depositar; *(leave: luggage)* consignar, dejar (en consigna). **(b)** *(money: in bank)* depositar; **I want to ~ £10 in my account** quiero abonar 10 libras a mi cuenta. **3: ~ account** *n* cuenta *f* de ahorros.

de·posi·tor [dɪ'pɒzɪtə^r] *n (Fin)* abonado/a *m/f.*

de·pot ['depəʊ] *n (storehouse)* almacén *m, (LAm)* depósito *m; (bus garage etc)* parque *m,* estación *f.*

de·praved [dɪ'preɪvd] *adj* depravado/a, perverso/a.

de·prav·ity [dɪ'prævɪtɪ] *n* depravación *f.*

dep·re·cate ['deprɪkeɪt] *vt (frm)* desaprobar.

dep·re·ca·tory ['deprɪkətərɪ] *adj (apologetic)* de desaprobación.

de·pre·ci·ate [dɪ'priːʃɪeɪt] **1** *vi (currency, shares)* despreciarse. **2** *vt (value)* despreciar.

de·pre·ci·a·tion [dɪˌpriːʃɪ'eɪʃən] *n* despreciación *f.*

de·press [dɪ'pres] *vt* **(a)** *(person: make miserable)* deprimir; *(: discourage)* desalentar. **(b)** *(trade, price)* paralizar. **(c)** *(frm: press down)* apretar.

de·pres·sant [dɪ'presnt] *n (Med)* calmante *m,* sedante *m.*

de·pressed [dɪ'prest] *adj* **(a)** *(area)* deprimido/a; *(Fin: market, trade)* de depresión. **(b)** *(person)* deprimido/a; **to feel ~ (about sth)** deprimirse (por algo).

de·pres·sing [dɪ'presɪŋ] *adj (gen)* deprimente; *(sad)* triste.

de·pres·sion [dɪ'preʃən] *n (gen)* depresión *f; (hollow)* hoyo *m;* **the D~** la Depresión.

dep·ri·va·tion [ˌdeprɪ'veɪʃən] *n (act, Psych)* privación *f; (state)* pobreza *f,* necesidad *f.*

de·prive [dɪ'praɪv] *vt:* **to ~ sb of sth** privar a uno de algo; **to ~ o.s. of sth** privarse de algo.

de·prived [dɪ'praɪvd] *adj (child, family)* necesitado/a.

depth [depθ] *n (gen)* profundidad *f; (width)* ancho *m; (of colour, feelings)* intensidad *f;* **~ of knowledge** conocimientos *mpl* a fondo; **at a ~ of 3 metres** a 3 metros de profundidad; **the ~s of the sea** el fondo del mar; **to be out of one's ~** *(lit)* perder pie; *(fig)* perderse; **in the ~s of despair** *(fig)* completamente desesperado; **in the ~s of winter** en pleno invierno; **to study in ~** estudiar a fondo.

depu·ta·tion [ˌdepjʊ'teɪʃən] *n (group)* delegación *f.*

de·pute [dɪ'pjuːt] *vt (job, authority)* **to ~ sth to sb** delegar algo en uno; *(person)* **to ~ sb to do sth** delegar a uno a que haga algo.

depu·tize ['depjʊtaɪz] *vi* quedar de reemplazo *(for sb* para uno), suplir *(for sb* a uno).

depu·ty ['depjʊtɪ] **1** *n* suplente *m,* sustituto *m.* **2** *cpd* adjunto/a.

de·rail [dɪ'reɪl] *vt* hacer descarrilar.

de·rail·ment [dɪ'reɪlmənt] *n* descarrilamiento *m.*

de·ranged [dɪ'reɪndʒd] *adj* loco/a, alocado/a; **to be (mentally) ~** padecer un trastorno mental.

der·elict ['derɪlɪkt] *adj (abandoned)* abandonado/a; *(ruined)* ruinoso/a.

de·ride [dɪ'raɪd] *vt* ridiculizar; **to ~ sth** burlarse de algo.

de·ri·sion [dɪ'rɪʒən] *n* irrisión *f,* mofas *fpl.*

de·ri·sive [dɪ'raɪsɪv] *adj (laughter)* burlón/ona, irónico/a.

de·ri·sory [dɪ'raɪsərɪ] *adj* **(a)** *(amount)* irrisorio/a. **(b) = derisive.**

deri·va·tion [ˌderɪ'veɪʃən] *n (of word etc)* derivación *f.*

de·riva·tive [dɪ'rɪvətɪv] **1** *adj (Chem)* derivado/a; *(literary work, style)* poco original. **2** *n (Chem, Ling)* derivado *m.*

derive [dɪ'raɪv] **1** *vt:* **to ~ (from)** *(name, origins)* derivar (de); *(comfort, pleasure)* encontrar (en); *(profit)* sacar (de), obtener (de). **2** *vi:* **to ~ from** *(word, name)* proceder de, venir de; *(power, fortune)* provenir de.

der·ma·ti·tis [ˌdɜːmə'taɪtɪs] *n* dermatitis *f.*

der·ma·tol·ogy [ˌdɜːmə'tɒlədʒɪ] *n* dermatología *f.*

de·roga·tory [dɪ'rɒgətərɪ] *adj* despectivo/a.

der·rick ['derɪk] *n (in port)* grúa *f; (above oil well)* torre *f* de perforación.

derv [dɜːv] *n (Brit)* gasoil *m, (LAm)* diesel *m.*

des·cant ['deskænt] *n (Mus)* contrapunto *m.*

de·scend [dɪ'send] **1** *vt* **(a)** *(frm: stairs)* bajar. **(b) to be ~ed from sb** descender de uno. **2** *vi* **(a)** *(go down)* bajar *(from* de); **in ~ing order of importance** por orden descendiente de importancia. **(b)** *(property, customs)* pasar.

♦ **de·scend on** *vi + adv* caer sobre; *(fig)* invadir; **visitors ~ed (up)on us** las visitas nos invadieron.

♦ **de·scend to** *vi + prep* rebajarse a; **to ~ to doing sth** rebajarse a hacer algo.

de·scend·ant [dɪ'sendənt] *n* descendiente *mf.*

de·scent [dɪ'sent] *n (going down)* bajada *f; (slope)* cuesta *f,* pendiente *f; (ancestry)* descendencia *f (from* de).

de·scribe [dɪs'kraɪb] *vt (scene, person)* describir; **~ him for us** descríbenoslo; **she ~s herself as an executive** se jacta de ejecutiva.

de·scrip·tion [dɪs'krɪpʃən] *n* descripción *f;* **beyond ~** indescriptible; **he carried a gun of some ~** llevaba arma de algún tipo; **of every ~** de toda clase.

de·scrip·tive [dɪs'krɪptɪv] *adj* descriptivo/a.

des·ecrate ['desɪkreɪt] *vt* profanar.

des·ert ['dezət] **1** *n* desierto *m.* **2** *cpd (climate, region)* desiértico/a; **~ island** *n* isla *f* desierta. **3** [dɪ'zɜːt] *vt (gen)* abandonar; **his courage ~ed him** *(fig)* se le esfumó el valor. **4** [dɪ'zɜːt] *vi (Mil)* desertar *(from* de, *to* a).

de·sert·er [dɪ'zɜːtə^r] *n (Mil)* desertor(a) *m/f.*

de·ser·tion [dɪ'zɜːʃən] *n (Mil)* deserción *f; (of spouse)* abandono *m.*

de·serts [dɪ'zɜːts] *npl:* **to give sb his just ~** darle a uno lo suyo.

de·serve [dɪ'zɜːv] *vt* merecer; **he ~s to win** tiene merecido el triunfo; **he got what he ~d** llevó su merecido.

de·serv·ed·ly [dɪ'zɜːvɪdlɪ] *adv* con razón.

de·serv·ing [dɪ'zɜːvɪŋ] *adj* merecedor(a), digno/a.

des·ic·ca·ted ['desɪkeɪtəd] *adj* desecado/a.

de·sign [dɪ'zaɪn] **1** *n* **(a)** *(plan, drawing: of building)* proyecto *m,* plan *m; (preliminary sketch)* boceto *m; (pattern, style)* estilo *m,* diseño *m; (art of ~)* diseño; **industrial ~** diseño industrial. **(b)** *(intention)* plan *m,* propósito *m;* **by ~** a propósito, adrede; **to have ~s on sb/sth** tener sus miras puestas en uno/algo. **2** *vt* **(a)** *(building etc)* diseñar; *(fig: plan, scheme)* trazar. **(b)** *(intend)* **to be ~ed for sb/sth** estar hecho para uno/algo; **a well ~ed house** una casa bien concebida.

des·ig·nate ['dezɪgneɪt] **1** *vt (name)* **to ~ (as)** designar; *(appoint)* nombrar; *(indicate)* señalar, indicar. **2** ['dezɪgnɪt] *adj* designado/a; nombrado/a.

des·ig·na·tion [ˌdezɪg'neɪʃən] *n (title)* denominación *f; (appointment)* nombramiento *m.*

de·sign·er [dɪ'zaɪnə^r] *n (of machines etc)* diseñador(a) *m/f; (fashion ~)* modisto/a *m/f; (in theatre)* escenógrafo/a *m/f.*

de·sir·able [dɪ'zaɪərəbl] *adj (woman)* deseable; *(house, offer)* atractivo/a; *(action, progress)* conveniente.

de·sire [dɪ'zaɪə^r] **1** *n* deseo *m (for* de, *to do sth* de hacer algo); **I have no ~ to see him** no tengo el más mínimo interés en verlo. **2** *vt (want)* **to ~**

sth/to do sth desear algo/hacer algo; **to ~ that ...** rogar que ...; **it leaves much to be ~d** deja mucho que desear.
de·sir·ous [dɪ'zaɪərəs] *adj (frm)* deseoso/a *(of* de); **to be ~ of** desear.
de·sist [dɪ'zɪst] *vi* desistir *(from* de).
desk [desk] **1** *n (in office, study etc)* escritorio *m; (US: also news ~)* redacción *f; (in hotel)* recepción *f.* **2: ~ job** *n* empleo *m* (de oficina).
deso·late ['desəlɪt] *adj (place)* deshabitado/a; *(outlook, future)* desolador(a); *(person: grief-stricken)* afligido/a; *(: friendless)* solitario/a.
deso·la·tion [ˌdesə'leɪʃən] *n (of battlefield)* asolamiento *m; (of landscape)* desolación *f; (of person)* aflicción *f,* desconsuelo *m.*
des·pair [dɪs'pɛəʳ] **1** *n* desesperación *f;* **in ~** desesperado. **2** *vi* perder la esperanza, desesperarse *(of* de); **don't ~!** ¡ánimo!, *(LAm)* ¡anímate!
des·pair·ing [dɪs'pɛərɪŋ] *adj* de desesperación.
des·patch [dɪs'pætʃ] = **dispatch.**
des·pe·ra·do [ˌdespə'rɑːdəʊ] *n* bandido *m.*
des·per·ate ['despərɪt] *adj (gen)* desesperado/a; *(criminal)* peligroso/a, capaz de cualquier cosa; *(need)* apremiante; **we are getting ~** estamos a punto de desesperarnos *or* al borde de la desesperación; **I'm ~ for money** *(fam)* el dinero me urge.
des·per·ate·ly ['despərɪtlɪ] *adv (say, look)* desesperadamente, en forma desesperada; *(fight etc)* enconadamente, con encono; *(extremely)* sumamente; **~ ill** grave; **~ in love** locamente enamorado; **not ~** *(fam)* no me urge.
des·pera·tion [ˌdespə'reɪʃən] *n* desesperación *f;* **she drove him to ~** le llevó al borde de la locura; **in (sheer) ~** a la desesperada, *(LAm)* de pura desesperación.
des·pic·able [dɪs'pɪkəbl] *adj* despreciable, desdeñable.
des·pise [dɪs'paɪz] *vt* despreciar, desdeñar.
de·spite [dɪs'paɪt] *prep* a pesar de, pese a.
de·spond·ent [dɪs'pɒndənt] *adj (dejected)* desanimado/a, desalentado/a; *(disheartened)* descorazonado/a; **he was too ~ to smile** le faltaron ánimos para sonreír.
de·spond·ent·ly [dɪs'pɒndəntlɪ] *adv:* **he sighed ~** suspiró, desanimado.
des·pot ['despɒt] *n* déspota *mf.*
despotic [de'spɒtɪk] *adj* déspota.
des·pot·ism ['despətɪzəm] *n (system)* despotismo *m.*
des·sert [dɪ'zɜːt] **1** *n* postre *m.* **2: ~ wine** *n* vino *m* de sobremesa.
des·sert·spoon [dɪ'zɜːtspuːn] *n* cuchara *f* de mesa.
des·ti·na·tion [ˌdestɪ'neɪʃən] *n* destino *m.*
des·tined ['destɪnd] *adj pred (intended)* **~ for** destinado/a a; *(fated)* **we were ~ never to meet again** el destino no quiso que nos volviéramos a encontrar; **~ for London** con destino a Londres.
des·ti·ny ['destɪnɪ] *n (fate)* destino *m.*
des·ti·tute ['destɪtjuːt] *adj* indigente, desamparado/a; **utterly ~** completamente desamparado.
de·stroy [dɪs'trɔɪ] *vt (gen)* destruir, destrozar; *(kill: pet)* matar, sacrificar; *(: vermin)* aniquilar; *(fig: relationship, hopes etc)* destrozar, arrasar con; **the factory was ~ed by a fire** la fábrica quedó destrozada por un incendio.
de·stroy·er [dɪs'trɔɪəʳ] *n (Naut)* destructor *m.*
de·struc·tion [dɪs'trʌkʃən] *n (gen)* destrucción *f; (ruins etc)* destrozos *mpl; (fig: of reputation etc)* destrozo *m,* destrucción.
de·struc·tive [dɪs'trʌktɪv] *adj (gen)* destructivo/a; *(child)* destrozón/ona; **~ to** perjudicial para.
de·tach [dɪ'tætʃ] *vt (separate)* separar.
de·tach·able [dɪ'tætʃəbl] *adj (collar, lining)* postizo/a, separable.
de·tached [dɪ'tætʃt] *adj* **(a)** separado/a, suelto/a; **~ house** casa *f* sola, torre *f.* **(b)** *(impartial: opinion)* objetivo/a; *(unemotional: manner)* indiferente.
de·tach·ment [dɪ'tætʃmənt] *n* **(a)** objetividad *f;* **an air of ~** un aire de indiferencia. **(b)** *(Mil)* destacamento *m.*
de·tail ['diːteɪl] **1** *n* **(a)** *(gen)* detalle *m; (trivial item)* pormenor *m; (no pl: taken collectively)* detalles *mpl;* **attention to ~** minuciosidad *f;* **in ~** detalladamente; **to go into ~(s)** entrar en detalles. **(b)** *(Mil)* destacamento *m.* **2** *vt* **(a)** *(facts, story)* detallar. **(b)** *(Mil)* destacar (para).
de·tailed ['diːteɪld] *adj* detallado/a.
de·tain [dɪ'teɪn] *vt (keep back)* entretener, retener; *(suspect, criminal)* detener.
de·tect [dɪ'tekt] *vt (discover)* descubrir; *(solve crime)* resolver; *(perceive)* averiguar.
de·tec·tion [dɪ'tekʃən] *n* **(a)** *(discovery)* descubrimiento *m; (perception)* averiguación *f.* **(b)** *(crime ~)* investigación *f.*
de·tec·tive [dɪ'tektɪv] **1** *n* detective *mf; (private ~)* detective privado. **2: ~ story** *n* novela *f* policíaca.
de·tec·tor [dɪ'tektəʳ] *n (gadget)* detector *m.*
dé·tente [deɪ'tɒnt] *n* detente *f.*
de·ten·tion [dɪ'tenʃən] *n (of criminal, spy)* detención *f,* arresto *m; (of schoolchild)* castigo *m.*
de·ter [dɪ'tɜːʳ] *vt (discourage)* desalentar; *(dissuade)* disuadir; *(prevent)* impedir.
de·ter·gent [dɪ'tɜːdʒənt] *n* detergente *m.*
de·terio·rate [dɪ'tɪərɪəreɪt] *vi (condition, work)* empeorar; *(materials etc)* deteriorarse.
de·terio·ra·tion [dɪˌtɪərɪə'reɪʃən] *n (see vi)* empeoramiento *m;* deterioro *m.*
de·ter·mi·na·tion [dɪˌtɜːmɪ'neɪʃən] *n* **(a)** *(of person)* resolución *f,* decisión *f.* **(b)** *(of cause, position)* determinación *f.*
de·ter·mine [dɪ'tɜːmɪn] *vt* **(a)** *(decide)* determinar; *(: price, date etc)* fijar, determinar; *(: fate, character)* decidir; *(resolve)* resolver; **to ~ sb to do sth** hacer resolver a uno hacer algo. **(b)** *(ascertain: cause, meaning)* determinar.
♦ **de·ter·mine on** *vi + prep (course of action)* optar por, decidirse por.
de·ter·mined [dɪ'tɜːmɪnd] *adj (person)* decidido/a, resuelto/a; *(effort)* resuelto/a, enérgico/a; **to be ~ to do sth** estar resuelto a hacer algo.
de·ter·rent [dɪ'terənt] *n (also Mil)* disuasivo *m;* **to act as a ~** servir de disuasivo.
de·test [dɪ'test] *vt* detestar, odiar.
de·test·able [dɪ'testəbl] *adj* detestable, odioso/a.
deto·nate ['detəneɪt] **1** *vt* hacer detonar. **2** *vi* detonar, estallar.
deto·na·tor ['detəneɪtəʳ] *n* detonador *m.*
de·tour ['diːˌtʊəʳ] *n* desviación *f, (LAm)* desvío *m;* **to make a ~** hacer una desviación.
de·tract [dɪ'trækt] *vi:* **to ~ from** *(value)* quitarle mérito *or* valor a; *(reputation)* deslucir.
det·ri·ment ['detrɪmənt] *n* detrimento *m,* perjuicio *m;* **to the ~ of** en detrimento de; **without ~ to** sin (causar) detrimento *or* perjuicio a.
det·ri·men·tal [ˌdetrɪ'mentl] *adj* perjudicial *(to* a, para).
deuce [djuːs] *n (Tennis)* a cuarenta.
de·valua·tion [ˌdɪvæljʊ'eɪʃən] *n (Fin)* devaluación *f.*
de·value [ˌdiː'væljuː] *vt (Fin)* devaluar.
de·v·as·tate ['devəsteɪt] *vt (destroy: place)* devastar, asolar; *(: fig: opponent, opposition)* aplastar, arrollar; *(overwhelm: person)* dejar aplastado/a a.

dev·as·tat·ing ['devəsteɪtɪŋ] *adj (flood, storm)* devastador(a); *(news, effect, opposition)* aplastante; *(beauty)* excepcional.
dev·as·tat·ing·ly ['devəsteɪtɪŋlɪ] *adv (beautiful, funny)* extraordinariamente.
dev·as·ta·tion [ˌdevəˈsteɪʃən] *n* destrozos *mpl.*
de·vel·op [dɪ'veləp] **1** *vt* **(a)** *(make bigger, stronger etc: mind, body)* desarrollar; *(fig: argument, idea)* desenvolver. **(b)** *(acquire: interest, taste, habit)* adquirir. **(c)** *(resources, region)* desarrollar; **this land is to be ~ed** se va a construir en este terreno. **(d)** *(Phot)* revelar. **2** *vi* **(a)** *(change, mature)* **to ~ (into)** transformarse en. **(b)** *(come into being)* aparecer; *(come about: situation, event)* suceder, ocurrir; **it later ~ed that ...** más tarde quedó claro que ... .
de·vel·op·er [dɪ'veləpəʳ] *n (Phot)* revelador *m; (property ~)* especulador(a) *m/f* en construcción.
de·vel·op·ing [dɪ'veləpɪŋ] **1** *adj (country)* en (vías de) desarrollo; *(crisis, storm)* que se avecina. **2** *n (Phot)* revelado *m.*
de·vel·op·ment [dɪ'veləpmənt] **1** *n* **(a)** *(gen)* desarrollo *m; (unfolding)* evolución *f,* desenvolvimiento *m.* **(b)** *(change in situation)* novedad *f; (event)* acontecimiento *m;* **to await ~s** esperar novedades. **(c)** *(building ~)* urbanización *f.* **2: ~ area** *n* zona *f* de desarrollo.
de·vel·op·men·tal [dɪveləp'mentl] *adj* de desarrollo.
de·vi·ate ['di:vɪeɪt] *vi* desviarse *(from* de).
de·vi·a·tion [ˌdi:vɪ'eɪʃən] *n* desviación *f (from* de).
de·vice [dɪ'vaɪs] *n (gadget etc)* aparato *m,* mecanismo *m; (scheme)* ardid *m,* estratagema *f;* **to leave sb to his own ~s** abandonar a uno a sus propios recursos.
dev·il ['devl] *n* **(a)** *(evil spirit)* demonio *m,* diablo *m;* **the D~** el Diablo. **(b)** *(fam: person)* demonio *m;* **poor ~** pobre diablo, pobrecito/a *m/f;* **be a ~!** ¡atrévete!, ¡lánzate!; **you little ~!** ¡qué diablillo *or (LAm)* malo eres! **(c)** *(fam: as intensifier)* **it's the ~ of a job** ¡vaya trabajo que (me) costó!; **we had the ~ of a job to find it** nos costó horrores encontrarlo; **I'm in the ~ of a mess** estoy en un lío tremendo; **to work/run like the ~** trabajar/correr como un descosido; **how/what/why/who the ~...?** ¿cómo/qué/por qué/quién demonios ...?; **there will be the ~ to pay** esto va a costar caro. **(d)** *(phrases)* **between the ~ and the deep blue sea** entre la espada y la pared; **go to the ~!** *(fam)* ¡vete a la porra!, *(LAm)* ¡vete al carajo!; **speak** *or* **talk of the ~!** *(fam)* hablando del rey de Roma (por la puerta asoma); **to play (the) ~'s advocate** ser el abogado del diablo; **(to) give the ~ his due** ser justo, hasta con el diablo; *see* **luck.**
dev·il·ish ['devlɪʃ] **1** *adj (wicked)* diabólico/a; *(mischievous)* travieso/a. **2** *adv (also* **~ly)** la mar de, sumamente.
de·vi·ous ['di:vɪəs] *adj (path, argument)* tortuoso/a; *(means)* intrincado/a, enrevesado/a; *(person)* taimado/a, *(LAm)* mañoso/a.
de·vi·ous·ness ['di:vɪəsnɪs] *n* tortuosidad *f,* taimería *f.*
de·vise [dɪ'vaɪz] *vt (conceive)* concebir, inventar; *(plan)* tramar, maquinar.
de·void [dɪ'vɔɪd] *adj*: **~ of** desprovisto/a de.
de·vo·lu·tion [ˌdi:və'lu:ʃən] *n (Pol)* descentralización *f;* **the Basques want ~** los vascos quieren la autonomía.
de·volve [dɪ'vɒlv] **1** *vt (power, government)* descentralizar. **2** *vi* recaer *((up)on* sobre); **it ~d on me to tell him** me tocó a mi decírselo.
de·vote [dɪ'vəʊt] *vt (life, time, book)* **to ~ sth to sth** dedicar algo a algo; **to ~ o.s. to sth** dedicarse a algo.
de·vot·ed [dɪ'vəʊtɪd] *adj (friend, wife)* leal, fiel; **to be ~ to sb** tenerle mucho cariño a uno.
de·vo·tee [ˌdevəʊ'ti:] *n* devoto/a *m/f.*
de·vo·tion [dɪ'vəʊʃən] *n*: **~ (to)** *(to studies etc)* dedicación *f* (a); *(Rel)* devoción *f* (a); *(to friend etc)* lealtad *f* (a); **~s** *(Rel)* oraciones *fpl.*
de·vour [dɪ'vaʊəʳ] *vt (food)* devorar; **to be ~ed by jealousy** morirse de envidia.
de·vout [dɪ'vaʊt] *adj (person)* devoto/a; *(thanks, prayer)* sincero/a.
de·vout·ly [dɪ'vaʊtlɪ] *adv (pray)* con devoción.
dew [dju:] *n* rocío *m.*
dew·drop ['dju:drɒp] *n* gota *f* de rocío.
dewy ['dju:ɪ] *adj* rociado/a, cubierto/a de rocío.
dewy-eyed ['dju:ɪaɪd] *adj (innocent)* ingenuo/a; *(with love)* emocionado/a.
dex·ter·ity [deks'terɪtɪ] *n (of hands, mind)* destreza *f,* habilidad *f.*
dex·t(e)rous ['dekstrəs] *adj (skilful)* diestro/a, hábil.
dex·t(e)rous·ly ['dekstrəslɪ] *adv* con destreza.
dia·be·tes [ˌdaɪə'bi:ti:z] *n* diabetes *f.*
dia·bet·ic [ˌdaɪə'betɪk] **1** *adj (patient etc)* diabético/a; *(chocolate etc)* para diabéticos. **2** *n* diabético/a *m/f.*
dia·boli·cal [ˌdaɪə'bɒlɪkəl] *adj* diabólico/a; *(fam)* horrendo/a.
dia·dem ['daɪədem] *n* diadema *f.*
di·aer·esis [daɪ'erɪsɪs] *n* diéresis *f.*
di·ag·nose ['daɪəgnəʊz] *vt (Med, fig)* diagnosticar.
di·ag·no·sis [ˌdaɪəg'nəʊsɪs] *n, pl* **diagnoses** diagnóstico *m.*
di·ag·nos·tic [ˌdaɪəg'nɒstɪk] *adj* diagnóstico/a.
di·ago·nal [daɪ'ægənl] **1** *adj* diagonal. **2** *n* diagonal *f.*
di·ago·nal·ly [daɪ'ægənəlɪ] *adv (cut, fold)* en la diagonal; **to go ~ across** cruzar diagonalmente; **~ opposite** diagonalmente en frente.
dia·gram ['daɪəgræm] *n (plan)* esquema *m; (chart)* gráfica *f; (Math)* diagrama *m.*
dial ['daɪəl] **1** *n (of clock)* esfera *f, (LAm)* cara *f,* carátula *f; (of instrument, radio)* esfera *f,* dial *m; (: tuner)* selector *m; (of telephone)* disco *m.* **2** *vt (Telec)* marcar; **to ~ a wrong number** equivocarse de número; **can I ~ London direct?** ¿puedo marcar Londres directamente?; **to ~ 999** llamar a emergencia. **3: ~ling code** *n* prefijo *m;* **~ling tone** *n (Brit),* **~ tone** *n (US)* señal *f or* tono *m* de marcar.
dia·lect ['daɪəlekt] **1** *n* dialecto *m.* **2: ~ word** *n* palabra *f* regional.
dia·logue ['daɪəlɒg] *n* diálogo *m.*
di·aly·sis [daɪ'æləsɪs] *n (Med)* diálisis *f.*
di·am·eter [daɪ'æmɪtəʳ] *n* diámetro *m;* **it is one metre in ~** tiene un diámetro de un metro.
dia·met·ri·cal·ly [ˌdaɪə'metrɪkəlɪ] *adv*: **~ opposed (to)** diametralmente opuesto (a).
dia·mond ['daɪəmənd] **1** *n* brillante *m,* diamante *m; (shape)* rombo *m; (Cards: standard pack)* diamante *m; (: Spanish cards)* oro *m; (Baseball)* campo *m* de béisbol; **the Queen of ~s** la dama *f* de diamantes. **2: ~ jubilee** *n* sexagésimo aniversario *m;* **~ necklace** *n*/**~ ring** *n* collar *m*/anillo *m or (LAm)* aro *m* de diamantes; **~ wedding** *n* bodas *fpl* de diamante.
dia·per ['daɪəpəʳ] *n (US)* pañal *m.*
dia·phragm ['daɪəfræm] *n (Anat, also contraceptive)* diafragma *m.*
di·ar·rhoea [ˌdaɪə'ri:ə] *n* diarrea *f.*
dia·ry ['daɪərɪ] *n* diario *m; (for engagements)* agenda *f, (LAm)* calendario *m.*

dia·tribe ['daɪətraɪb] *n* diatriba *f (against* contra).
dice [daɪs] **1** *n, pl inv* dados *mpl.* **2** *vt (vegetables)* cortar en cuadritos. **3** *vi:* **to ~ with death** jugar con la muerte.
di·choto·my [dɪ'kɒtəmɪ] *n* dicotomía *f.*
Dic·ta·phone ['dɪktəfəʊn] *n* ® dictáfono *m.*
dic·tate [dɪk'teɪt] **1** *vt, vi* **(a)** *(letter)* dictar. **(b)** *(order)* mandar; **he decided to act as circumstances ~d** decidió actuar según (mandasen) las circunstancias. **2** ['dɪkteɪt] *n:* **~s** dictados *mpl.*
♦ **dic·tate to** *vi + prep (person)* dar órdenes a; **I won't be ~d to** no estoy a las órdenes de nadie.
dic·ta·tion [dɪk'teɪʃən] *n (to secretary, schoolchild etc)* dictado *m;* **to take a ~** escribir al dictado.
dic·ta·tor [dɪk'teɪtə^r] *n* dictador(a) *m/f.*
dic·ta·tor·ial [ˌdɪktə'tɔːrɪəl] *adj (manner etc)* dictatorial.
dic·ta·tor·ship [dɪk'teɪtəʃɪp] *n* dictadura *f.*
dic·tion ['dɪkʃən] *n (pronunciation)* dicción *f.*
dic·tion·ary ['dɪkʃənrɪ] *n* diccionario *m.*
did [dɪd] *pt of* **do.**
di·dac·tic [dɪ'dæktɪk] *adj* didáctico/a.
did·dle ['dɪdl] *vt (fam)* estafar, timar; **to ~ sb out of sth** estafar algo a uno.
didn't ['dɪdənt] = **did not.**
die[1] [daɪ] *prp* **dying** *vi* **(a)** *(person, animal, plant)* morir *(of, from* de); *(engine)* pararse, calarse; *(fig: friendship, interest)* desaparecer; **her father was dying** su padre se moría *or* estaba moribundo; **to ~ a natural/violent death** morir de muerte natural/violenta; **he ~d a hero** murió de héroe; **the daylight was dying fast** *(fig)* la luz del día se iba desapareciendo rápidamente; **never say ~** *(fig fam)* no hay que darse por vencido; **I nearly ~d!** *(laughing)* ¡me ahogaba de la risa!; *(with embarrassment)* ¡me moría de vergüenza *or (LAm)* pena!; **old habits ~ hard** genio y figura hasta la sepultura. **(b) to be dying to do sth** morirse de ganas de hacer algo; **I'm dying for a cigarette** me muero por un cigarrillo.
♦ **die away** *vi + adv (sound, voice)* desvanecerse.
♦ **die down** *vi + adv (fire)* apagarse; *(storm, wind, emotion)* disminuir, desvanecerse.
♦ **die off** *vi + adv (plants, animals)* morirse.
♦ **die out** *vi + adv (custom, species etc)* desaparecer completamente; *(fire)* apagarse, acabarse.
die[2] [daɪ] *n, pl* **dice: the ~ is cast** la suerte está echada.
die·hard ['daɪhɑːd] *n* empedernido/a *m/f.*
die·sel ['diːzəl] **1** *n* Diesel *m; (model of car)* coche *m* Diesel. **2: ~ engine** *n* motor *m* Diesel; **~ oil** *n,* **~ fuel** *n* gasoil *m;* **~ train** *n* tren *m* Diesel.
diet ['daɪət] **1** *n* **(a)** *(customary food)* alimentación *f.* **(b)** *(slimming ~)* régimen *m,* dieta *f;* **to be on a ~** estar a régimen. **2** *vi* ponerse a régimen.
di·eti·cian [ˌdaɪə'tɪʃən] *n* dietético/a *m/f.*
dif·fer ['dɪfə^r] *vi* **(a)** *(be unlike)* ser distinto/a *(from* de). **(b)** *(disagree)* **to ~ (with sb on** *or* **over** *or* **about sth)** no estar de acuerdo (con uno en algo); **their ideas ~ed** sus ideas diferían; *see* **agree.**
dif·fer·ence ['dɪfrəns] *n* **(a)** diferencia *f (between* entre); **that makes all the ~** allí está la diferencia; **it makes no ~ to me** me da igual *or* lo mismo; **a car with a ~** un coche único; **the ~ in her is amazing** ¡cuánto ha cambiado! **(b)** *(between numbers, amounts)* diferencia *f;* **I'll pay the ~** yo pagaré la diferencia. **(c)** *(quarrel)* **a ~ of opinion** una riña, *(LAm)* una discusión; **to settle one's ~s** arreglarse.
dif·fer·ent ['dɪfrənt] *adj (not alike)* distinto/a *or* diferente *(from, to* de); *(changed)* distinto/a; *(various)* varios/as; **I feel a ~ person** me siento otro; **that's quite a ~ matter** eso es harina de otro costal; **~ people noticed it** varias personas lo vieron.
dif·fer·en·tial [ˌdɪfə'renʃəl] **1** *adj (different)* diferencial. **2** *n (Econ)* diferencia *f; (Math)* diferencial *f.*
dif·fer·en·ti·ate [ˌdɪfə'renʃɪeɪt] **1** *vt:* **to ~ (from)** *(tell the difference)* distinguir (de); *(make the difference)* diferenciar (de). **2** *vi* distinguir *(between* entre).
dif·fer·en·t·ly ['dɪfrəntlɪ] *adv* distintamente.
dif·fi·cult ['dɪfɪkəlt] *adj (book, task etc)* difícil, *(LAm)* duro/a; *(child, character)* difícil; **~ to get on with** antipático/a; **I find it ~ to believe (that ...)** me cuesta creer (que ...).
dif·fi·cul·ty ['dɪfɪkəltɪ] *n (hardness)* dificultad *f; (problem)* problema *m;* **he has ~ in walking** tiene problemas para andar; **to get into difficulties with** meterse en problemas con.
dif·fi·dence ['dɪfɪdəns] *n* timidez *f.*
dif·fi·dent ['dɪfɪdənt] *adj* tímido/a.
dif·fuse [dɪ'fjuːs] **1** *adj* difuso/a; *(long-winded)* prolijo/a. **2** [dɪ'fjuːz] *vt* difundir. **3** [dɪ'fjuːz] *vi* difundirse.
dif·fu·sion [dɪ'fjuːʒən] *n (of light, heat etc)* difusión *f.*
dig [dɪg] *(vb: pt, pp* **dug) 1** *n* **(a)** *(with elbow)* codazo *m.* **(b)** *(fam: taunt)* indirecta *f;* **to have a ~ at sb** tomarle el pelo a uno. **(c)** *(Archeol)* excavación *f.* **2** *vt* **(a)** *(hole, etc)* cavar, excavar; *(ground)* remover. **(b)** *(poke, thrust)* **to ~ sth into sth** clavar *or* hundir algo en algo. **(c)** *(fam: esp US: enjoy)* gustarle a uno. **3** *vi (person)* cavar; *(dog, pig)* escarbar; *(Archeol, Tech)* excavar; **to ~ for minerals** buscar minerales; **to ~ into one's pockets for sth** hurgar en el bolsillo por algo.
♦ **dig in 1** *vi + adv* **(a)** *(fam: eat)* atacar; **~ in!** ¡a comer! **(b)** *(also* **~ o.s. in:** *Mil)* atrincherarse; **to ~ o.s. in** *(fig)* arraigarse. **2** *vt + adv (compost)* añadir al suelo; *(knife, claw)* clavar, hundir; **to ~ in one's heels** *(fig)* mantenerse en sus trece, empecinarse.
♦ **dig out** *vt + adv (lit)* sacar; *(fig)* buscar.
♦ **dig up** *vt + adv (vegetables, weeds)* arrancar; *(treasure, body, also fig: information etc)* desenterrar.
di·gest [daɪ'dʒest] **1** *vt, vi (food)* digerir; *(information, news)* asimilar. **2** ['daɪdʒest] *n (summary)* resumen *m.*
di·gest·ible [dɪ'dʒestəbl] *adj (food)* digestible.
di·ges·tion [dɪ'dʒestʃən] *n* digestión *f.*
di·ges·tive [dɪ'dʒestɪv] *adj* digestivo/a; **~ (biscuit)** galleta *f* dulce, *(LAm)* bizcocho *m.*
dig·it ['dɪdʒɪt] *n (Math)* dígito *m; (finger, toe)* dedo *m.*
digi·tal ['dɪdʒɪtəl] *adj (clock, computer)* digital.
dig·ni·fied ['dɪgnɪfaɪd] *adj (solemn)* solemne; *(decorous)* digno/a, decoroso/a.
dig·ni·tary ['dɪgnɪtərɪ] *n* dignatario/a *m/f.*
dig·ni·ty ['dɪgnɪtɪ] *n* dignidad *f;* **that would be beneath my ~** no me rebajaría a eso.
di·gress [daɪ'gres] *vi:* **to ~ (from the subject)** apartarse del tema.
di·gres·sion [daɪ'greʃən] *n* digresión *f.*
digs [dɪgz] *npl (Brit fam)* alojamiento *msg,* pensión *fsg;* **to be in ~** estar alojado.
dike [daɪk] *n* = **dyke.**
di·lapi·da·ted [dɪ'læpɪdeɪtɪd] *adj (building etc)* ruinoso/a; *(vehicle etc)* desvencijado/a.
di·lapi·da·tion [dɪˌlæpɪ'deɪʃən] *n* estado *m* ruinoso.
di·late [daɪ'leɪt] **1** *vi (veins, pupils)* dilatarse. **2** *vt* dilatar.
di·la·tion [daɪ'leɪʃən] *n* dilatación *f.*

di·la·tory ['dɪlətərɪ] *adj (person)* lento/a; *(action)* dilatorio/a.
di·lem·ma [daɪ'lemə] *n* dilema *m;* **to be in a ~** estar en un dilema.
dili·gence ['dɪlɪdʒəns] *n* diligencia *f.*
dili·gent ['dɪlɪdʒənt] *adj (person)* diligente; *(work, search)* minucioso/a.
dill [dɪl] *n* eneldo *m.*
dilly-dally ['dɪlɪdælɪ] *vi (fam: hesitate)* vacilar; *(: loiter)* entretenerse, demorarse.
di·lute [daɪ'lu:t] *vt (fruit juice, taste etc)* diluir; *(colour)* suavizar; *(fig)* atenuar, suavizar; **'~ to taste'** 'diluya a voluntad'.
dim [dɪm] **1** *adj* (**-mer, -mest**) *(light, lamp)* débil; *(sight)* turbio/a; *(forest, room etc)* oscuro/a; *(shape, outline)* borroso/a; *(memory)* lejano/a; *(sound)* sordo/a, apagado/a; *(fam: person)* torpe, *(LAm)* bruto/a; **to grow ~** oscurecerse; **to take a ~ view of sth** *(fam)* ver algo con malos ojos. **2** *vt (light)* bajar; *(headlamps)* poner a media luz; *(room etc)* oscurecer; *(outline)* borrar; *(sight)* nublar; *(sb's beauty)* marchitar. **3** *vi (sight)* oscurecerse; *(light)* bajarse; *(outline, memory)* borrarse.
dime [daɪm] *n (US)* moneda *f* de 10 centavos.
di·men·sion [daɪ'menʃən] *n (all senses)* dimensión *f.*
-di·men·sion·al [daɪ'menʃənl] *adj suf*: **two/three~** de dos/tres dimensiones.
di·min·ish [dɪ'mɪnɪʃ] **1** *vt* disminuir. **2** *vi* disminuirse.
di·min·ished [dɪ'mɪnɪʃt] *adj (value, staff)* reducido/a; **~ responsibility** *(Jur)* responsabilidad *f* disminuida.
di·minu·tive [dɪ'mɪnjʊtɪv] **1** *adj* diminuto/a. **2** *n (Ling)* dimunitivo *m.*
dim·ly ['dɪmlɪ] *adv* débilmente; **you could ~ make out the shape** se entreveía apenas la forma.
dim·ple ['dɪmpl] *n (on chin etc)* hoyuelo *m.*
din [dɪn] **1** *n* jaleo *m,* estrépito *m, (LAm)* bronca *f.* **2** *vt*: **to ~ sth into sb** *(fam)* meter algo en la cabeza de uno.
dine [daɪn] *vi (frm)* **to ~ (on)** cenar; **to ~ out** salir a cenar, cenar fuera.
din·er ['daɪnə^r] *n (person)* comensal *mf; (Rail)* coche-comedor *m,* coche-restaurante *m, (Per)* buffet *m; (US: eating place)* restaurante *m* barato, *(LAm)* lonchería *f,* cocina *f* económica.
ding-dong ['dɪŋdɒŋ] *adj (fam)* **a ~ battle** una batalla campal.
din·ghy ['dɪŋgɪ] *n (rubber ~)* lancha *f* neumática; *(sailing ~)* bote *m.*
din·go ['dɪŋgəʊ] *n* dingo *m.*
din·gy ['dɪndʒɪ] *adj (dirty)* sucio/a; *(dull)* sombrío/a.
din·ing ['daɪnɪŋ] *cpd*: **~ car** coche-comedor *m,* coche-restaurante *m;* **~ room** comedor *m;* **~ table** mesa *f* de comedor.
din·ner ['dɪnə^r] **1** *n (evening meal)* cena *f; (lunch)* almuerzo *m, (LAm)* bonche *m; (banquet)* banquete *m;* **we're having people to ~** tenemos invitados para cenar; **to go out to ~** *(in restaurant)* cenar en un restaurante; *(at friends' house)* cenar en casa de amigos. **2: ~ jacket** *n* smóking *m;* **~ party** *n* cena *f;* **~ plate** *n* plato *m* grande; **~ service** *n* vajilla *f.*
dino·saur ['daɪnəsɔ:^{r}] *n* dinosaurio *m.*
dint [dɪnt] *n*: **by ~ of (doing) sth** a fuerza de (hacer) algo.
dio·cese ['daɪəsɪs] *n* diócesis *f.*
di·ox·ide [daɪ'ɒksaɪd] *n* bióxido *m.*
dip [dɪp] **1** *n* **(a)** *(swim)* baño *m,* chapuzón *m, (LAm)* zambullida *f;* **to go for a ~** darse un chapuzón *or* una zambullida. **(b)** *(slope)* cuesta *f,* declive *m; (hollow)* depresión *f.* **(c)** *(Culin)* salsa *f.* **2** *vt (into liquid)* mojar; *(hand: into bag)* meter; *(sheep)* bañar con desinfectante; **to ~ one's headlights** *(Brit)* bajar los faros, poner luces de cruce. **3** *vi (slope down: road)* bajar; *(move down: bird, plane)* descender, bajar en picado; *(temperature, sun)* bajarse; **to ~ into one's pocket/savings** *(fig)* echar mano a su dinero; **to ~ into a book** hojear un libro.
diph·theria [dɪf'θɪərɪə] *n* difteria *f.*
diph·thong ['dɪfθɒŋ] *n* diptongo *m.*
di·plo·ma [dɪ'pləʊmə] *n* diploma *m.*
di·plo·ma·cy [dɪ'pləʊməsɪ] *n (Pol)* diplomacia *f; (tact)* tacto *m,* discreción *f.*
di·p·lo·mat ['dɪpləmæt] *n* diplomático/a *m/f.*
dip·lo·mat·ic [ˌdɪplə'mætɪk] *adj (gen)* diplomático/a; **to break off ~ relations** romper las relaciones diplomáticas.
dip·so·ma·nia [ˌdɪpsəʊ'meɪnɪə] *n* dipsomanía *f.*
dip·so·ma·ni·ac [ˌdɪpsəʊ'meɪnɪæk] *n* dipsómano/a *m/f.*
dip·stick ['dɪpstɪk] *n (Aut)* varilla *f,* cala *f.*
dip·switch ['dɪpswɪtʃ] *n (Aut)* interruptor *m* basculante de cruce.
dire ['daɪə^r] *adj (event, consequences)* terrible, espantoso/a; *(poverty)* extremo/a; **~ necessity** necesidad *f* urgente; **in ~ straits** en un gran aprieto, *(LAm)* en un apuro.
di·rect [daɪ'rekt] **1** *adj (gen)* directo/a; *(refusal)* claro/a, inequívoco/a; *(manner, character)* franco/a; **he's the ~ opposite** es exactamente el contrario; **to make a ~ hit** dar en el blanco. **2** *adv (go etc)* directamente. **3** *vt* **(a)** *(aim: remark, gaze, attention)* dirigir *(at, to* a); **can you ~ me to the station?** ¿me puede indicar dónde está la estación? **(b)** *(control: traffic, play, etc)* dirigir. **(c)** *(instruct)* **to ~ sb to do sth** mandar a uno hacer algo. **4: ~ current** *n (Elec)* corriente *f* contínua.
di·rec·tion [dɪ'rekʃən] *n* **(a)** *(way)* dirección *f, (LAm)* sentido *m; (fig: of purpose)* orientación *f;* **in the ~ of** hacia, en dirección a; **sense of ~** sentido *m* de la dirección. **(b)** *(control)* mando *m; (administration)* administración *f; (of play etc)* dirección *f.* **(c) ~s** *(instructions: to a place)* señas *fpl; (: for use)* instrucciones *fpl* para el uso.
di·rec·tive [dɪ'rektɪv] *n* orden *f,* instrucción *f.*
di·rect·ly [dɪ'rektlɪ] **1** *adv (immediately)* en seguida, de inmediato; *(in a direct manner)* directamente; *(descended)* directamente; *(frankly: speak)* francamente; *(completely: opposite)* exactamente. **2** *conj* en cuanto; **he'll come ~ he's ready** vendrá en cuanto esté listo.
di·rect·ness [daɪ'rektnɪs] *n (of person, speech)* franqueza *f.*
di·rec·tor [dɪ'rektə^r] **1** *n (gen)* director(a) *m/f;* **managing ~** gerente *mf.* **2: D~ of Public Prosecutions** *n* fiscal *m.*
di·rec·tor·ship [dɪ'rektəʃɪp] *n* gerencia *f.*
di·rec·tory [dɪ'rektərɪ] **1** *n (telephone ~)* guía *f* telefónica; *(street ~)* callejero *m; (trade ~)* directorio *m* de comercio. **2: ~ enquiries** *n (service)* servicio *m* de información.
dirge [dɜ:dʒ] *n* canto *m* fúnebre.
dirt [dɜ:t] *n (dirtiness)* suciedad *f; (piece of ~)* suciedad, *(LAm)* mugre *f; (earth)* tierra *f; (mud)* barro *m,* lodo *m; (dog ~)* excremento *m; (fam: obscenity)* porquerías *fpl, (LAm)* cochinadas *fpl;* **~ track** *(Sport)* pista *f* de ceniza; *(road)* camino *m* de tierra; **to treat sb like ~** *(fam)* tratar a uno como una basura, *(LAm)* tratar de la patada a uno.
dirt-cheap [ˌdɜ:t'tʃi:p] *adj (fam)* baratísimo/a, *(LAm)* regalado/a.
dirti·ness ['dɜ:tɪnɪs] *n* suciedad *f, (LAm)* mugro-

sidad *f.*
dirty ['dɜːtɪ] **1** *adj* (**-ier, -iest**) *(unclean: hands, clothes etc)* sucio/a, *(LAm)* mugriento/a; *(: cut, wound)* infectado/a; *(unfair: trick, play etc)* malo/a; *(indecent: novel, story, joke)* verde, *(LAm)* colorado/a; **to give sb a ~ look** *(fam)* echarle una mirada fea a uno; **to do the ~ on sb** hacerle una mala jugada a uno; **to have a ~ mind** tener la mente sucia; **~ old man** viejo *m* verde; **~ word** palabrota *f, (LAm)* grosería *f;* **do your own ~ work!** ¡sácate tú las castañas del fuego! **2** *vt* ensuciar.
dis·abil·ity [ˌdɪsə'bɪlɪtɪ] **1** *n (injury etc)* incapacidad *f; (fig)* desventaja *f.* **2: ~ allowance** *n* pensión *f* de inválido.
dis·able [dɪs'eɪbl] *vt (person)* dejar incapacitado/a; *(tank, gun)* inutilizar.
dis·abled [dɪs'eɪbld] **1** *adj person* minusválido/a. **2** *npl:* **the ~** los minusválidos *mpl.*
dis·abuse [ˌdɪsə'bjuːz] *vt* desengañar.
dis·ad·vant·age [ˌdɪsəd'vɑːntɪdʒ] *n* desventaja *f;* **to sb's ~** perjudicial para uno; **to be at a ~** estar en una situación desventajosa.
dis·ad·van·taged [ˌdɪsəd'vɑntɪdʒd] *adj (person)* perjudicado/a.
dis·ad·van·ta·geous [ˌdɪsædvɑːn'teɪdʒəs] *adj (unfavourable: circumstances)* desventajoso/a.
dis·agree [ˌdɪsə'griː] *vi* **(a)** *(quarrel)* reñir, *(LAm)* discutir; *(view etc: conflict)* discrepar; **to ~ (with sb on** *or* **about sth)** *(in opinion)* no estar de acuerdo *or* estar en desacuerdo (con uno sobre algo); **I ~ with you** no comparto tu opinión. **(b)** *(climate, food)* **to ~ with sb** sentarle mal a uno; **onions ~ with me** las cebollas me hacen mal *or* daño.
dis·agree·able [ˌdɪsə'griːəbl] *adj (gen)* desagradable; *(bad-tempered: person, voice etc)* antipático/a.
dis·agree·ment [ˌdɪsə'griːmənt] *n (with opinion)* desacuerdo *m; (quarrel)* riña *f, (LAm)* discusión *f; (between accounts etc)* discrepancia *f.*
dis·al·low [ˌdɪsə'laʊ] *vt (claim)* rechazar; *(Ftbl: goal)* anular.
dis·ap·pear [ˌdɪsə'pɪəʳ] *vi* desaparecer; **he ~ed from sight** desapareció de vista; **to make sth ~** hacer que algo desaparezca.
dis·ap·pear·ance [ˌdɪsə'pɪərəns] *n* desaparición *f.*
dis·ap·point [ˌdɪsə'pɔɪnt] *vt (person)* decepcionar; *(hopes)* defraudar.
dis·ap·point·ed [ˌdɪsə'pɔɪntɪd] *adj (person)* decepcionado/a; *(hopes etc)* defraudado/a.
dis·ap·point·ing [ˌdɪsə'pɔɪntɪŋ] *adj* decepcionante.
dis·ap·point·ment [ˌdɪsə'pɔɪntmənt] *n (gen)* decepción *f.*
dis·ap·prov·al [dɪsə'pruːvl] *n* desaprobación *f.*
dis·ap·prove [ˌdɪsə'pruːv] *vi* desaprobar *(of sth* algo); **her father ~d of me** su padre me veía mal.
dis·ap·prov·ing [ˌdɪsə'pruːvɪŋ] *adj* de desaprobación.
dis·arm [dɪs'ɑːm] **1** *vt (Mil)* desarmar; *(fig)* bajarle los humos a uno. **2** *vi (Mil)* desarmarse, deponer las armas.
dis·arma·ment [dɪs'ɑːməmənt] *n* desarme *m;* **nuclear ~** el desarme nuclear.
dis·arm·ing [dɪs'ɑːmɪŋ] *adj (smile)* que desarma.
dis·ar·ray [ˌdɪsə'reɪ] *n:* **to be in ~** *(troops)* estar a la desbandada; *(thoughts)* estar en desorden; *(clothes)* estar desarreglado *or* desaliñado.
dis·as·ter [dɪ'zɑːstəʳ] **1** *n (lit, fig)* desastre *m.* **2: ~ area** *n* zona *f* de desastre.
dis·as·trous [dɪ'zɑːstrəs] *adj* desastroso/a.
dis·band [dɪs'bænd] **1** *vt (army)* licenciar; *(organization)* disolver. **2** *vi* disolverse; *(Mil)* desbandarse.
dis·be·lief [ˌdɪsbə'liːf] *n* incredulidad *f;* **in ~** con incredulidad.
dis·be·lieve [ˌdɪsbə'liːv] *vt (person, story)* poner en duda.
dis·burse [dɪs'bɜːs] *vt* desembolsar.
disc [dɪsk] **1** *n (gen)* disco *m; (identity ~)* chapa *f; (in computer)* **floppy/hard ~** disco *m* blando/duro; *see* **slip 3 (a). 2: ~ brakes** *npl (Aut)* frenos *mpl* de disco; **~ jockey** *n* discjockey *mf.*
dis·card [dɪs'kɑːd] *vt (gen)* desechar, descartar; *(idea, plan)* rechazar.
dis·cern [dɪ'sɜːn] *vt* distinguir.
dis·cern·ible [dɪ'sɜːnəbl] *adj* perceptible.
dis·cern·ing [dɪ'sɜːnɪŋ] *adj (person)* perspicaz; **~ taste** muy buen gusto.
dis·cern·ment [dɪ'sɜːnmənt] *n* perspicacia *f.*
dis·charge ['dɪstʃɑːdʒ] **1** *n* **(a)** *(of cargo)* descarga *f,* descargue *m; (of gun)* descarga *f,* disparo *m.* **(b)** *(of worker, patient)* alta *f; (of duty)* ejercicio *m,* cumplimiento *m;* **he got his ~** *(Mil)* le dieron de alta. **(c)** *(Elec)* descarga *f; (of gas, chemicals)* escape *m; (Med: from wound)* supuración *f; (: vaginal ~)* emisión *f* vaginal.
2 [dɪs'tʃɑːdʒ] *vt* **(a)** *(unload: ship, cargo)* descargar; *(set off: gun)* descargar, disparar; *(emit: liquid etc)* verter; *(Med: pus etc)* echar, arrojar. **(b)** *(dismiss: employee)* despedir; *(: soldier, patient)* dar de alta (a); *(: prisoner)* liberar, poner en libertad; *(settle: debt)* saldar; *(complete: task, duty)* cumplir.
3 [dɪs'tʃɑːdʒ] *vi (wound, sore)* supurar.
dis·ci·ple [dɪ'saɪpl] *n (lit, fig)* discípulo *m.*
dis·ci·pli·nary ['dɪsɪplɪnərɪ] *adj* disciplinario/a.
dis·ci·pline ['dɪsɪplɪn] **1** *n (obedience)* disciplina *f; (punishment)* castigo *m; (self-control)* autodisciplina *f;* **to keep** *or* **maintain ~** mantener el orden. **2** *vt (punish)* castigar; **to ~ o.s. (to do sth)** disciplinarse (a hacer algo).
dis·claim [dɪs'kleɪm] *vt (knowledge, responsibility)* negar.
dis·claim·er [dɪs'kleɪməʳ] *n (of a right)* renuncia *f; (denial: to newspaper etc)* rectificación *f.*
dis·close [dɪs'kləʊz] *vt (intentions, secret, identity)* revelar.
dis·clo·sure [dɪs'kləʊʒəʳ] *n (gen)* revelación *f.*
dis·co ['dɪskəʊ] *n* discoteca *f.*
dis·col·our, *(US)* **dis·col·or** [dɪs'kʌləʳ] **1** *vt (gen)* descolorar. **2** *vi (lose colour, run etc)* desteñir.
dis·col·o(u)ra·tion [dɪsˌkʌlə'reɪʃən] *n* descoloramiento *m.*
dis·com·fi·ture [dɪs'kʌmfɪtʃəʳ] *n* desconcierto *m.*
dis·com·fort [dɪs'kʌmfət] *n (lack of comfort)* incomodidad *f; (uneasiness)* inquietud *f;* **the injury gave him some ~** el herido le causaba molestia.
dis·con·cert [ˌdɪskən'sɜːt] *vt* desconcertar.
dis·con·cert·ed [ˌdɪskən'sɜːtɪd] *adj* desconcertado/a.
dis·con·nect [ˌdɪskə'nekt] *vt (gen)* desconectar; **I've been ~ed** *(Telec: for non-payment)* me han desconectado; *(: in mid-conversation)* me han cortado.
dis·con·so·late [dɪs'kɒnsəlɪt] *adj* desconsolado/a.
dis·con·tent ['dɪskən'tent] *n (Pol)* descontento *m; (personal)* malestar *m.*
dis·con·tent·ed [ˌdɪskən'tentɪd] *adj* descontento/a *(with, about* con).
dis·con·tent·ment [ˌdɪskən'tentmənt] *n* descontento *m.*
dis·con·tinue [ˌdɪskən'tɪnjuː] *vt* interrumpir, suspender; *(Comm)* **~d line** *n* línea *f* discontinuada.

dis·cord ['dɪskɔːd] *n (frm: quarrelling)* discordia *f; (Mus)* disonancia *f.*
dis·cord·ant [dɪs'kɔːdənt] *adj (relationship)* discorde; *(sound)* disonante.
dis·co·theque ['dɪskəʊtek] *n* discoteca *f.*
dis·count ['dɪskaʊnt] **1** *n (gen)* descuento *m,* rebaja *f;* **at a ~** con descuento. **2** [dɪ'skaʊnt] *vt (report etc)* descartar.
dis·cour·age [dɪs'kʌrɪdʒ] *vt* **(a)** *(dishearten)* desanimar, desalentar. **(b)** *(dissuade, deter)* resistir; *(relationship)* oponerse a; **to ~ sb from doing sth** oponerse a que uno haga algo.
dis·cour·age·ment [dɪs'kʌrɪdʒmənt] *n (dissuasion)* desaprobación *f; (depression)* desánimo *m,* desaliento *m; (obstacle)* estorbo *m.*
dis·cour·ag·ing [dɪs'kʌrɪdʒɪŋ] *adj* desalentador(a).
dis·cour·teous [dɪs'kɜːtɪəs] *adj* descortés/esa, poco formal.
dis·cour·tesy [dɪs'kɜːtɪsɪ] *n (gen)* falta *f* de formalidad; *(act)* descortesía *f.*
dis·cov·er [dɪs'kʌvə'] *vt (gen)* descubrir; *(after search)* encontrar, hallar; *(information)* enterarse de; *(notice: loss, mistake)* darse cuenta de.
dis·cov·ery [dɪs'kʌvərɪ] *n (finding)* descubrimiento *m; (thing found)* hallazgo *m.*
dis·cred·it [dɪs'kredɪt] **1** *n (dishonour)* descrédito *m;* **to bring ~ on sb** deshonrar a uno. **2** *vt (theory)* poner en duda; *(family)* deshonrar.
dis·creet [dɪs'kriːt] *adj* discreto/a.
dis·crep·an·cy [dɪs'krepənsɪ] *n* discrepancia *f (between* entre).
dis·cre·tion [dɪs'kreʃən] *n (being discreet)* discreción *f; (judgment)* juicio *m;* **use your own ~** sigue tu propio juicio.
dis·cre·tion·ary [dɪs'kreʃənərɪ] *adj (powers)* discrecional.
dis·crimi·nate [dɪs'krɪmɪneɪt] *vi* distinguir *(between* entre); **to ~ against/in favour of** discriminar en contra/a favor de.
dis·crimi·nat·ing [dɪs'krɪmɪneɪtɪŋ] *adj*: **he was ~ in his choice of friends** sabía elegir sus amistades.
dis·crimi·na·tion [dɪsˌkrɪmɪ'neɪʃən] *n* **(a)** *(prejudice)* discriminación *f (against* en contra de, *in favour of* a favor de); **racial/sexual ~** discriminación racial/sexual. **(b)** *(good judgment)* juicio *m.*
dis·cus ['dɪskəs] *n* disco *m.*
dis·cuss [dɪs'kʌs] *vt (talk about: topic etc)* hablar de, *(LAm)* discutir; *(problem, essay)* cambiar opiniones sobre.
dis·cus·sion [dɪs'kʌʃən] *n* discusión *f; (meeting)* intercambio *m* de opiniones; **under ~** en discusión.
dis·dain [dɪs'deɪn] **1** *n* desdén *m,* desprecio *m.* **2** *vt*: **to ~ sth** desdeñar algo; **to ~ to do sth** no dignarse a hacer algo.
dis·ease [dɪ'ziːz] *n (lit, fig)* enfermedad *f,* mal *m.*
dis·em·bark [ˌdɪsɪm'bɑːk] *vt, vi* desembarcar.
dis·em·bar·kat·ion [ˌdɪsembɑː'keɪʃən] *n (of goods)* desembarque *m; (of persons)* desembarco *m.*
dis·em·bod·ied [ˌdɪsɪm'bɒdɪd] *adj* incorpóreo/a.
dis·en·chant·ed [ˌdɪsɪn'tʃɑːntɪd] *adj* desencantado/a *(with* con).
dis·en·gage [ˌdɪsɪn'geɪdʒ] *vt (Aut)* **to ~ the clutch** desembragar.
dis·en·tan·gle [ˌdɪsɪn'tæŋgl] *vt (string etc)* desenredar; **to ~ o.s. from** *(fig)* desenredarse de.
dis·fa·vour, (US) dis·fa·vor [dɪs'feɪvə'] *n (disapproval)* desaprobación *f;* **to fall into ~** caer en desgracia; **to look with ~ on** desaprobar.
dis·fig·ure [dɪs'fɪgə'] *vt (person)* desfigurar; *(area)* afear.
dis·fig·ure·ment [dɪs'fɪgəmənt] *n (see vt)* desfiguración *f;* afeamiento *m.*
dis·grace [dɪs'greɪs] **1** *n (state of shame)* deshonra *f,* ignominia *f; (shameful thing)* vergüenza *f;* **to be a ~ to the school/family** deshonrar la escuela/la familia; **to be in ~** haber caído en desgracia; **it's a ~** es una vergüenza. **2** *vt (family, country)* deshonrar; **he ~d himself** se deshonró.
dis·grace·ful [dɪs'greɪsfʊl] *adj* vergonzoso/a.
dis·grun·tled [dɪs'grʌntld] *adj (bad-tempered)* malhumorado/a; *(unhappy)* descontento/a.
dis·guise [dɪs'gaɪz] **1** *n* disfraz *m;* **in ~** disfrazado/a. **2** *vt* disfrazar; *(feelings etc)* ocultar, suprimir; **to ~ o.s. as** disfrazarse de.
dis·gust [dɪs'gʌst] **1** *n* repugnancia *f,* asco *m;* **she left in ~** se marchó indignada. **2** *vt* dar asco a, repugnar.
dis·gust·ing [dɪs'gʌstɪŋ] *adj* asqueroso/a, repugnante.
dish [dɪʃ] *n (gen)* plato *m; (serving ~)* fuente *f, (LAm)* platón *m;* **to wash** *or* **do the ~es** fregar los platos.
♦ **dish out** *vt + adv (food)* servir; *(money, advice)* repartir.
♦ **dish up** *vt + adv (food)* servir.
dish·cloth ['dɪʃklɒθ] *n (for washing)* bayeta *f; (for drying)* trapo *m.*
dis·heart·en [dɪs'hɑːtn] *vt* desalentar, desanimar.
dis·heart·en·ing [dɪs'hɑːtnɪŋ] *adj* desalentador(a).
di·shev·elled, (US) di·shev·eled [dɪ'ʃevəld] *adj (hair)* despeinado/a; *(clothes)* desarreglado/a, desaliñado/a.
dis·hon·est [dɪs'ɒnɪst] *adj (person)* poco honrado/a; *(means, plan etc)* fraudulento/a.
dis·hon·es·ty [dɪs'ɒnɪstɪ] *n* falta *f* de honradez.
dis·hon·our, (US) dis·hon·or [dɪs'ɒnə'] *n* deshonra *f.*
dis·hon·our·able [dɪs'ɒnərəbl] *adj* deshonroso/a.
dish·towel ['dɪʃˌtaʊəl] *n* trapo *m* de fregar.
dish·washer ['dɪʃˌwɒʃə'] *n (machine)* (máquina *f*) lavaplatos *m inv or* lavavajillas *m inv; (person: in restaurant)* lavaplatos *mf, pl inv.*
dis·il·lu·sion [ˌdɪsɪ'luːʒən] **1** *n* desilusión *f.* **2** *vt* desilusionar; **to become ~ed with sb/sth** quedar desilusionado/a con uno/algo.
dis·il·lu·sion·ment [ˌdɪsɪ'luːʒənmənt] *n* desilusión *f.*
dis·in·cen·tive [ˌdɪsɪn'sentɪv] *n* desincentivo *m (to* a).
dis·in·cli·na·tion [ˌdɪsɪnklɪ'neɪʃən] *n* aversión *f (for* a, *to do* a hacer).
dis·in·clined [ˌdɪsɪn'klaɪnd] *adj*: **to be ~ to do sth** estar poco dispuesto/a a hacer algo.
dis·in·fect [ˌdɪsɪn'fekt] *vt* desinfectar.
dis·in·fect·ant [ˌdɪsɪn'fektənt] *n* desinfectante *m.*
dis·in·her·it [ˌdɪsɪn'herɪt] *vt* desheredar.
dis·in·te·grate [dɪs'ɪntɪgreɪt] *vi* desintegrarse.
dis·in·te·gra·tion [dɪsˌɪntɪ'greɪʃən] *n* desintegración *f.*
dis·in·ter·est·ed [dɪs'ɪntrɪstɪd] *adj (impartial)* desinteresado/a, imparcial; *(strictly incorrect: uninterested)* indiferente.
dis·joint·ed [dɪs'dʒɔɪntɪd] *adj (remark)* inconexo/a.
disk [dɪsk] *n* = **disc.**
dis·like [dɪs'laɪk] **1** *n* aversión *f,* antipatía *f (of* a); **to take a ~ to sb/sth** cogerle *or (LAm)* agarrarle antipatía a uno. **2** *vt (thing, person)* tener antipatía a, no gustarle a uno; **I ~ her intensely** le tengo mucha antipatía, *(LAm)* me choca.
dis·lo·cate ['dɪsləʊkeɪt] *vt (Med)* dislocar; *(plans)* desarreglar; **he ~d his shoulder** se dislocó el hombro.

dis·lodge [dɪs'lɒdʒ] *vt (stone, obstruction)* sacar; *(cap, screw)* desbloquear; *(enemy etc)* desalojar *(from* de).
dis·loy·al [ˌdɪs'lɔɪəl] *adj* desleal *(to* con).
dis·loy·al·ty [ˌdɪs'lɔɪəltɪ] *n* deslealtad *f.*
dis·mal ['dɪzməl] *adj (gloomy: place, weather)* deprimente, triste; *(: future)* poco prometedor(a); *(: mood)* abatido/a; **a ~ failure** un fracaso total.
dis·man·tle [dɪs'mæntl] *vt (machine etc)* desmontar, desarmar.
dis·may [dɪs'meɪ] **1** *n* consternación *f;* **in ~** consternado/a; **(much) to my ~** para gran consternación mía. **2** *vt* consternar.
dis·miss [dɪs'mɪs] *vt* **(a)** *(from job: worker)* despedir; *(: official)* destituir. **(b)** *(send away: gen)* despachar; *(troops)* dar permiso (para irse); *(court case)* anular; *(discount: problem, possibility)* descartar; **~!** *(Mil)* ¡rompan filas!; **class ~ed!** *(Scol)* es todo por hoy.
dis·mis·sal [dɪs'mɪsəl] *n (from job)* despido *m; (of officials)* destitución *f; (Jur)* rechazamiento *m.*
dis·mount [dɪs'maʊnt] **1** *vi* desmontarse, apearse *(from* de). **2** *vt (rider)* desmontar.
dis·obedi·ence [ˌdɪsə'bi:dɪəns] *n* desobediencia *f.*
dis·obedi·ent [ˌdɪsə'bi:dɪənt] *adj* desobediente.
dis·obey [ˌdɪsə'beɪ] *vt (person)* desobedecer; *(rule)* infringir.
dis·oblig·ing [ˌdɪsə'blaɪdʒɪŋ] *adj* poco servicial.
dis·or·der [dɪs'ɔ:də^r] *n* **(a)** *(confusion, untidiness)* desorden *m; (Pol: rioting)* disturbios *mpl;* **in ~** desordenado. **(b)** *(Med: ailment)* trastorno *m;* **mental ~** trastorno mental.
dis·or·dered [dɪs'ɔ:dəd] *adj (room, thoughts)* desordenado/a; *(Med: mind)* trastornado/a.
dis·or·der·ly [dɪs'ɔ:dəlɪ] *adj (untidy: room)* desordenado/a, desarreglado/a; *(unruly: behaviour, crowd)* turbulento/a, indisciplinado/a; *(: meeting)* alborotado/a; **~ conduct** *(Jur)* conducta *f* escandalosa.
dis·or·gan·ized [dɪs'ɔ:gənaɪzd] *adj (gen)* desorganizado/a.
dis·own [dɪs'əʊn] *vt (person)* desconocer; *(belief etc)* renegar de; *(representative etc)* desautorizar.
dis·par·age [dɪ'spærɪdʒ] *vt (person, achievements)* menospreciar, despreciar.
dis·par·ag·ing [dɪ'spærɪdʒɪŋ] *adj (comment etc)* despectivo/a; **to be ~ about sb/sth** menospreciar a uno/algo.
dis·par·ate ['dɪspərɪt] *adj* dispar.
dis·par·ity [dɪ'spærɪtɪ] *n* disparidad *f.*
dis·pas·sion·ate [dɪ'spæʃənɪt] *adj (unbiased)* imparcial; *(unemotional)* desapasionado/a.
dis·patch [dɪ'spætʃ] **1** *n* **(a)** *(sending: of person)* envío *m; (: of goods)* consignación *f,* envío *m.* **(b)** *(report: in press)* reportaje *m,* informe *m; (: Mil)* parte *m,* comunicado *m;* **mentioned in ~es** *(Mil)* citado en el orden del día. **(c)** *(promptness)* prontitud *f.* **2** *vt (send: letter, goods)* enviar, remitir; *(: messenger, troops)* enviar; *(deal with: business)* despachar; *(old: kill)* despachar. **3: ~ rider** *n (Mil)* correo *m.*
dis·pel [dɪ'spel] *vt (fog, smell)* disipar; *(fig: fear etc)* desvanecer.
dis·pen·sa·ry [dɪ'spensərɪ] *n (gen)* dispensario *m; (in hospital)* farmacia *f.*
dis·pen·sa·tion [ˌdɪspen'seɪʃən] *n (Jur, Rel)* dispensa *f.*
dis·pense [dɪ'spens] *vt (distribute: food, money)* repartir; *(justice)* aplicar; *(medicine, prescription)* preparar.
♦ **dis·pense with** *vi + prep* prescindir de.
dis·pens·er [dɪ'spensə^r] *n (person)* farmacéutico/a *m/f; (container)* distribuidor *m* automático.
dis·pens·ing chem·ist [dɪ'spensɪŋ'kemɪst] *n (shop)* farmacia *f.*
dis·per·sal [dɪ'spɜ:səl] *n (scattering)* dispersión *f.*
dis·perse [dɪ'spɜ:s] **1** *vt (scatter)* dispersar; *(news etc)* diseminar. **2** *vi (crowd)* dispersarse; *(mist)* esfumarse.
dis·per·sion [dɪ'spɜ:ʃən] *n* = **dispersal.**
dis·pir·it·ed [dɪ'spɪrɪtɪd] *adj* desanimado/a, desalentado/a, *(LAm)* descorazonado/a.
dis·place [dɪs'pleɪs] *vt (gen)* desplazar; *(move)* cambiar de lugar; *(replace)* reemplazar; *(remove from office)* destituir; **~d person** desplazado/a *m/f.*
dis·place·ment [dɪs'pleɪsmənt] *n (see vt)* desplazamiento *m;* cambio *m* de lugar; reemplazo *m;* destitución *f.*
dis·play [dɪ'spleɪ] **1** *n (showing: of goods for sale)* exposición *f; (: ostentatiously)* ostentación *f; (: of emotion, interest)* manifestación *f; (: of force)* despliegue *m; (exhibition: of paintings etc)* exposición *f; (military ~)* desfile *m.* **2** *vt (put on view: goods)* exhibir, exponer; *(show: emotion, ignorance)* mostrar, manifestar; *(: clothes)* lucir; *(notice, results)* exponer.
dis·please [dɪs'pli:z] *vt (offend)* ofender; *(annoy)* fastidiar, *(LAm)* disgustar.
dis·pleas·ure [dɪs'pleʒə^r] *n* disgusto *m,* desagrado *m.*
dis·pos·able [dɪ'spəʊzəbl] *adj (not reusable: napkin etc)* desechable; *(available: money)* disponible; **~ assets** activos *mpl* disponibles.
dis·pos·al [dɪ'spəʊzəl] *n (distribution)* disposición *f; (sale)* venta *f; (of property)* traspaso *m;* **to put sth at sb's ~** poner algo a la disposición de uno; **to have at one's ~** tener a su disposición; **it's at your ~** está a tu disposición; **refuse ~** recolección *f* de basuras.
dis·pose [dɪ'spəʊz] *vt* **(a)** *(arrange: furniture)* disponer; *(troops)* desplegar; **(b) to be ~d to do sth** estar dispuesto a hacer algo; **to be well ~d towards sb/sth** estar bien dispuesto a uno/algo.
♦ **dis·pose of** *vi + prep (get rid of: evidence etc)* deshacerse de; *(: rubbish)* tirar, *(LAm)* botar; *(by selling: goods, property)* traspasar, vender; *(matter, problem)* resolver.
dis·po·si·tion [ˌdɪspə'zɪʃən] *n (temperament)* carácter *m,* temperamento *m.*
dis·pos·sess [ˌdɪspə'zes] *vt:* **to ~ sb (of)** desposeer a uno (de).
dis·pos·ses·sion [ˌdɪspə'zeʃən] *n (Jur)* desahucio *m.*
dis·pro·por·tion·ate [ˌdɪsprə'pɔ:ʃnɪt] *adj* desproporcionado/a.
dis·prove [dɪs'pru:v] *vt* refutar.
dis·put·able [dɪ'spju:təbl] *adj* discutible.
dis·pute [dɪ'spju:t] **1** *n (quarrel)* disputa *f,* discusión *f; (debate)* discusión *f; (controversy)* controversia *f; (industrial ~)* conflicto *m* laboral; **beyond ~** indudable, incuestionable; **in** *or* **under ~** *(matter)* en litigio; *(territory)* disputado. **2** *vt (statement, claim)* dudar, rechazar. **3** *vi (argue)* discutir *(about, over* sobre).
dis·quali·fi·ca·tion [dɪsˌkwɒlɪfɪ'keɪʃən] *n (from membership, competition)* descalificación *f.*
dis·quali·fy [dɪs'kwɒlɪfaɪ] *vt:* **to ~ sb (from)** *(disable)* incapacitar a uno (para); *(from sport)* descalificar a uno (para); **to ~ sb from driving** quitar el carnet de conducir a uno.
dis·quiet [dɪs'kwaɪət] *n* preocupación *f,* inquietud *f.*
dis·quiet·ing [dɪs'kwaɪətɪŋ] *adj* inquietante.
dis·re·gard [ˌdɪsrɪ'gɑ:d] **1** *n (indifference: for feelings, money, danger)* indiferencia *f (for* a); *(nonobservance: of law, rules)* violación *f (of* de). **2** *vt*

(remark, feelings) hacer caso omiso de; *(authority, duty)* desatender.

dis·re·pair [ˌdɪsrɪˈpɛəʳ] *n*: **in a state of** ~ en mal estado.

dis·repu·table [dɪsˈrepjʊtəbl] *adj (person, place)* de mala fama; *(clothing)* desaliñado/a.

dis·re·pute [ˌdɪsrɪˈpjuːt] *n*: **to fall/bring into** ~ desprestigiarse/desprestigiar.

dis·re·spect [ˌdɪsrɪˈspekt] *n* falta *f* de respeto.

dis·re·spect·ful [ˌdɪsrɪˈspektfʊl] *adj*: **to be** ~ **(to** *or* **towards)** faltarle el respeto (a).

dis·rupt [dɪsˈrʌpt] *vt (meeting, communications etc)* interrumpir; *(plans)* trastornar, alterar.

dis·rup·tion [dɪsˈrʌpʃən] *n (see vb)* interrupción *f*; trastorno *m*, alteración *f*.

dis·rup·tive [dɪsˈrʌptɪv] *adj* perjudicial.

dis·sat·is·fac·tion [ˈdɪsˌsætɪsˈfækʃən] *n* insatisfacción *f (with* con).

dis·sat·is·fied [ˌdɪsˈsætɪsfaɪd] *adj* descontento/a, insatisfecho/a *(with* con).

dis·sect [dɪˈsekt] *vt (animal)* disecar; *(fig)* analizar minuciosamente.

dis·sem·ble [dɪˈsembl] **1** *vt* ocultar, disimular. **2** *vi* disimularse.

dis·semi·nate [dɪˈsemɪneɪt] *vt (information etc)* divulgar, difundir.

dis·sen·sion [dɪˈsenʃən] *n* disensión *f*, discordia *f*.

dis·sent [dɪˈsent] **1** *n* disenso *m*, inconformidad *f*. **2** *vi (gen)* disentir *(from* de), estar inconforme *(from* con).

dis·sent·er [dɪˈsentəʳ] *n (Pol, Rel etc)* disidente *mf*.

dis·ser·ta·tion [ˌdɪsəˈteɪʃən] *n (Univ)* tesina *f*.

dis·ser·vice [ˌdɪsˈsɜːvɪs] *n*: **to do sb a** ~ perjudicar a uno.

dis·si·dent [ˈdɪsɪdənt] *(Pol) adj, n* disidente *mf*.

dis·simi·lar [ˌdɪˈsɪmɪləʳ] *adj* distinto/a *(to* de).

dis·simi·lar·ity [ˌdɪsɪmɪˈlærɪtɪ] *n* desemejanza *f (between* entre).

dis·si·pate [ˈdɪsɪpeɪt] *vt (dispel: fear, doubt etc)* disipar; *(waste: efforts, fortune)* derrochar.

dis·si·pat·ed [ˈdɪsɪpeɪtɪd] *adj (person)* disipado/a; *(behaviour, life)* disoluto/a.

dis·si·pa·tion [ˌdɪsɪˈpeɪʃən] *n (debauchery)* disolución *f*.

dis·so·ci·ate [dɪˈsəʊʃɪeɪt] *vt* disociar *(from* de); **to** ~ **o.s. from sb/sth** disociarse de uno/algo.

dis·so·lute [ˈdɪsəluːt] *adj* disoluto/a.

dis·so·lu·tion [ˌdɪsəˈluːʃən] *n (gen)* disolución *f*; *(Pol)* **the** ~ **of Parliament** la disolución del Parlamento.

dis·solve [dɪˈzɒlv] **1** *vt (gen)* disolver. **2** *vi (gen)* disolverse; **the crowd** ~**d** se disipó la muchedumbre; **it** ~**s in water** se disuelve en agua; **she** ~**d into tears** se deshizo en lágrimas.

dis·suade [dɪˈsweɪd] *vt* disuadir *(from doing* de hacer).

dis·tance [ˈdɪstəns] **1** *n (gen)* distancia *f*; *(far-off point)* lejanía *f*; **the** ~ **between the houses** la distancia entre las casas; **what** ~ **is it to London?** ¿qué distancia hay de aquí a Londres?; **it's a good** ~ está muy *or (LAm)* bastante lejos; **it is within walking** ~ se puede ir andando; **at a** ~ **of 2 metres** a dos metros de distancia; **in the** ~ a lo lejos; **from a** ~ desde lejos; **at a** ~ **of 400 years** después de 400 años; **at this** ~ **in time** después de tanto tiempo; **to keep sb at a** ~ *(fig)* guardar las distancias con uno; **to keep one's** ~ *(lit)* mantenerse a distancia; *(fig)* guardar las distancias.
2 *vt*: **to** ~ **o.s. (from)** alejarse (de).

dis·tant [ˈdɪstənt] *adj (far away: country etc)* distante, lejano/a; *(relation, past)* lejano/a; *(fig: aloof: manner, person)* reservado/a, frío/a; **the school is 2 km** ~ **from the church** la escuela está a 2 km de la iglesia; **in the** ~ **past/future** en el pasado/futuro remoto.

dis·tant·ly [ˈdɪstəntlɪ] *adv (smile, say)* con frialdad; *(resemble)* ligeramente; **we are** ~ **related** somos parientes lejanos.

dis·taste [ˌdɪsˈteɪst] *n* aversión *f (for* por, a).

dis·taste·ful [dɪsˈteɪstfʊl] *adj* desagradable.

dis·tem·per¹ [dɪˈstempəʳ] *n (paint)* temple *m*.

dis·tem·per² [dɪˈstempəʳ] *n (Vet)* moquillo *m*.

dis·tend [dɪˈstend] **1** *vt* dilatar, hinchar. **2** *vi* dilatarse, hincharse.

dis·til, *(US)* **dis·till** [dɪˈstɪl] *vt (liquid, alcohol)* destilar.

dis·till·ery [dɪˈstɪlərɪ] *n (for whisky etc)* destilería *f*.

dis·tinct [dɪˈstɪŋkt] *adj (different: species etc)* distinto/a *(from* de); *(clear: sound, shape)* claro/a; *(unmistakable: feeling etc)* marcado/a; **as** ~ **from** a diferencia de.

dis·tinc·tion [dɪˈstɪŋkʃən] *n (difference)* distinción *f*; **a writer of** ~ un escritor destacado; **to draw a** ~ **between** hacer una distinción entre; **he got a** ~ **in English** *(Scol)* le dieron un sobresaliente en inglés.

dis·tinc·tive [dɪˈstɪŋktɪv] *adj* distintivo/a.

dis·tinct·ly [dɪˈstɪŋktlɪ] *adv (see, hear)* claramente; *(promise, prefer)* definitivamente; *(better)* marcadamente.

dis·tin·guish [dɪˈstɪŋgwɪʃ] **1** *vt* **(a)** *(make different)* distinguir; *(differentiate)* distinguir entre; *(characterize)* caracterizar; **to** ~ **o.s. (as)** destacarse (como); **to** ~ **X from** *or* **and Y** distinguir X de Y. **(b)** *(discern: landmark, voice)* distinguir, vislumbrar. **2** *vi* distinguir *(between* entre).

dis·tin·guished [dɪˈstɪŋgwɪʃt] *adj (gen)* distinguido/a.

dis·tort [dɪˈstɔːt] *vt (shape etc)* retorcer; *(fig: judgment, truth)* torcer, desvirtuar; **a** ~**ed impression** una impresión falsa.

dis·tor·tion [dɪˈstɔːʃən] *n (gen)* deformación *f*; *(Phot)* distorsión *f*.

dis·tract [dɪˈstrækt] *vt (person)* **to** ~ **sb (from sth)** distraer a uno (de algo); **to** ~ **sb's attention (from sth)** desviar la atención de uno (de algo).

dis·tract·ed [dɪˈstræktɪd] *adj (gen)* distraído/a.

dis·trac·tion [dɪsˈtrækʃən] *n* **(a)** *(interruption)* distracción *f*; *(entertainment)* diversión *f*. **(b)** *(distress, anxiety)* aturdimiento *m*; **to drive sb to** ~ volver loco a uno.

dis·traught [dɪˈstrɔːt] *adj* afligido/a, *(LAm)* alterado/a.

dis·tress [dɪˈstres] **1** *n* **(a)** *(pain)* dolor *m*; *(mental anguish)* angustia *f*, aflicción *f*; **to be in great** ~ estar sufriendo mucho *or (LAm)* muy alterado. **(b)** *(poverty)* miseria *f*. **(c)** *(danger)* peligro *m*; **to be in** ~ *(ship etc)* estar en peligro. **2** *vt (worry)* afligir. **3:** ~ **signal** *n* señal *f* de socorro.

dis·tress·ing [dɪˈstresɪŋ] *adj (see n* **a**) doloroso/a; angustiante.

dis·trib·ute [dɪˈstrɪbjuːt] *vt (deal out, spread out)* repartir; *(Comm: goods)* distribuir.

dis·tri·bu·tion [ˌdɪstrɪˈbjuːʃən] *n (gen)* distribución *f*.

dis·tribu·tor [dɪˈstrɪbjʊtəʳ] *n (Aut)* distribuidor *m*; *(Cine, Comm)* distribuidora *f*.

dis·trict [ˈdɪstrɪkt] **1** *n (of country)* región *f*, *(LAm)* comarca *f*; *(of town)* distrito *m*, barrio *m*; *(administrative area)* distrito *m*. **2:** ~ **attorney** *n (US)* fiscal *m* (de un distrito judicial); ~ **council** *n* municipio *m*; ~ **manager** *n* representante *m* regional;

dis·trust [dɪsˈtrʌst] **1** *n* desconfianza *f (of* en), recelo *m (of* de). **2** *vt* desconfiar de.

dis·trust·ful [dɪsˈtrʌstfʊl] *adj* desconfiado/a.

dis·turb [dɪ'stɜːb] *vt (person: bother, interrupt)* molestar, estorbar; *(: worry)* preocupar; *(peace, order)* alterar; *(meeting etc)* interrumpir; *(papers etc)* desordenar; **sorry to ~ you** perdona la molestia; **'please do not ~'** 'se ruega no molestar'.
dis·turb·ance [dɪ'stɜːbəns] *n (social, political)* disturbio *m; (nuisance)* molestia *f; (in house, street)* alboroto *m; (fight)* refriega *f, (LAm)* bronca *f; (interruption)* interrupción *f;* **to cause a ~** causar alboroto; **~ of the peace** alteración *f* del orden público.
dis·turbed [dɪ'stɜːbd] *adj (worried)* preocupado/a, angustiado/a; *(Psych)* trastornado/a.
dis·use [ˌdɪs'juːs] *n:* **to fall into ~** caer en desuso, *(LAm)* caducar.
dis·used [ˌdɪs'juːzd] *adj* abandonado/a.
ditch [dɪtʃ] **1** *n (gen)* zanja *f; (at roadside)* cuneta *f; (irrigation channel)* acequia *f; (as defence)* foso *m.* **2** *vt (fam: get rid of: car)* deshacerse de; *(: person)* abandonar.
dith·er ['dɪðəʳ] *(fam)* **1** *n:* **to be in a ~** *(be nervous)* estar muy nervioso; *(hesitate)* vacilar. **2** *vi* estar nervioso; **to ~ over a decision** vacilar en una resolución.
dit·to ['dɪtəʊ] *n (fam)* lo mismo; **I'd like coffee — ~ (for me)** yo quiero café — yo también.
dit·ty ['dɪtɪ] *n* cancioncilla *f.*
di·van [dɪ'væn] **1** *n* diván *m.* **2:** **~ bed** *n* cama *f* turca.
dive [daɪv] **1** *n* **(a)** *(into water)* salto *m* (al agua), *(LAm)* clavado *m; (below water)* buceada *f; (of submarine)* inmersion *f; (Aer)* picado *m; (Ftbl)* estirada *f.* **(b)** *(pej fam: club etc)* tasca *f,* leonera *f, (LAm)* garito *m.* **2** *vi* **(a)** *(swimmer)* tirarse, *(LAm)* dar un clavado; *(underwater)* bucear; *(submarine)* sumergirse; *(Aer)* bajar en picado; *(Ftbl)* tirarse, hacer una estirada. **(b)** *(fam: move quickly)* **to ~ in/out** lanzarse en/de; **he ~d for cover** se cobijó corriendo; **he ~d into the crowd** se metió entre la muchedumbre; **he ~d for the exit** se precipitó hacia la salida.
dive-bomb ['daɪvbɒm] *vt (town etc)* bombardear en picado.
div·er ['daɪvəʳ] *n (swimmer)* saltador(a) *m/f,* clavadista *mf; (deep-sea ~)* buzo *m; (sub-aqua)* escafandrista *mf.*
di·verge [daɪ'vɜːdʒ] *vi (roads etc)* bifurcarse; *(fig: opinions etc)* divergir *(from* de).
di·ver·gence [daɪ'vɜːdʒəns] *n* divergencia *f.*
di·ver·gent [daɪ'vɜːdʒənt] *adj* divergente.
di·vers ['daɪvɜːz] *adj* diversos/as, varios/as.
di·verse [daɪ'vɜːs] *adj (varied)* diverso/a, variado/a.
di·ver·si·fy [daɪ'vɜːsɪfaɪ] **1** *vt* diversificar; *(Comm)* variar. **2** *vi (Comm)* variarse.
di·ver·sion [daɪ'vɜːʃən] *n (of traffic)* desviación *f; (pastime)* diversión *f;* **to create a ~** *(gen)* producir una distracción; *(Mil)* producir una diversión.
di·ver·sity [daɪ'vɜːsɪtɪ] *n (of opinions etc)* diversidad *f.*
di·vert [daɪ'vɜːt] *vt* **(a)** *(traffic, train etc)* desviar; *(conversation)* cambiar. **(b)** *(amuse)* divertir, entretener.
di·vest [daɪ'vest] *vt:* **to ~ of** *(honour etc)* despojar de.
di·vide [dɪ'vaɪd] **1** *vt (separate)* separar *(from* de); *(friends etc)* desunir; *(also* **~ up:** *money, work, kingdom)* **to ~ into/between/among** repartir *or* dividir en/entre/entre; *(Math)* **to ~ 6 into 36** *or* **36 by 6** dividir 36 por 6. **2** *vi (road, river)* bifurcarse; *(Brit Pol)* votar; *(Math)* dividir.
♦ **di·vide off** *vt + adv (land)* separar.
♦ **di·vide out** *vt + adv (sweets etc)* repartir *(between, among* entre).
♦ **di·vide up** *vt + adv* partir *(into* en, *among* entre).
di·vid·ed [dɪ'vaɪdɪd] *adj* separado; *(country)* dividido/a; *(opinions)* en desacuerdo.
divi·dend ['dɪvɪdend] *n (Fin)* dividendo *m.*
di·vid·ers [dɪ'vaɪdəz] *npl* compás *msg* de puntas.
di·vine [dɪ'vaɪn] **1** *adj (Rel, fig fam)* divino/a. **2** *vt (all senses)* adivinar.
div·ing ['daɪvɪŋ] **1** *n* salto *m, (LAm)* clavado *m.* **2:** **~ board** *n* trampolín *m.*
di·vin·ity [dɪ'vɪnɪtɪ] *n (gen)* divinidad *f; (as study)* teología *f.*
di·vi·sible [dɪ'vɪzəbl] *adj* divisible.
di·vi·sion [dɪ'vɪʒən] *n (gen)* división *f; (sharing)* reparto *m,* distribución *f; (partition)* separación *f,* división *f; (line)* línea *f* divisoria; **to call a ~** *(Brit Pol)* exigir una votación; **~ of labour** división *f* del trabajo.
di·vi·sive [dɪ'vaɪsɪv] *adj* divisivo/a.
di·vorce [dɪ'vɔːs] **1** *n* divorcio *m.* **2** *vt* divorciarse de; *(fig)* separar; **to ~ sth from sth** separar algo de algo; **to get ~d** divorciarse.
di·vor·cee [dɪˌvɔː'siː] *n* divorciado/a *m/f.*
di·vulge [daɪ'vʌldʒ] *vt* divulgar, revelar.
D.I.Y. *abbr of* **do-it-yourself.**
diz·zi·ness ['dɪzɪnɪs] *n* vértigo *m,* mareo *m.*
diz·zy ['dɪzɪ] *adj (person)* mareado/a; *(height)* vertiginoso/a; **I feel ~** estoy mareado.
D.J. *abbr of* **disc jockey.**
do [duː] *3rd pers sg* **does,** *pt* **did,** *pp* **done** **1** *aux vb* **(a)** **~ you understand?** ¿comprendes?, *(LAm)* ¿entiendes?; **I don't understand** no entiendo; **didn't you see him?** ¿no lo viste?

(b) *(for emphasis)* **DO tell me!** dímelo, por favor; **but I DO like it!** ¡sí que me gusta!, ¡por supuesto que me gusta!; **so you DO know him!** así que sí lo conoces; **DO sit down** *(polite)* siéntese, por favor, *(LAm)* tome asiento, por favor; *(annoyed)* ¡siéntate, por favor!

(c) *(used to avoid repeating vb)* **you speak better than I ~** tú hablas mejor que yo; **so does he** él también; **neither ~ we** nosotros tampoco.

(d) *(in question tags)* **he lives here, doesn't he?** vive aquí, ¿verdad? *or (LAm)* ¿no es cierto?; **I don't know him, ~ I?** no lo conozco, ¿verdad?

(e) *(in answers: replacing vb)* **do you speak English? — yes, I ~/no I don't** ¿habla Ud inglés? sí, hablo inglés/no, no hablo inglés; **may I come in? — ~!** ¿se puede pasar? — ¡pasa!; **who made this mess? — I did** ¿quién hizo este desorden? fui yo.

2 *vt* **(a)** *(gen)* hacer; *(carry out)* realizar, *(LAm)* verificar; **what are you ~ing tonight?** ¿qué haces esta noche?; **I've got nothing to ~** no tengo nada que hacer; **I shall ~ nothing of the sort** yo no haré eso bajo ningún concepto, ni pensarlo; **what does he ~ for a living?** ¿a qué se dedica?; **what am I to ~ with you?** ¿qué voy a hacer contigo?; **I'm going to ~ the washing** voy a hacer la colada; **what's to be done?** ¿qué hacer?; **I'll ~ all I can** haré lo que pueda; **what can I ~ for you?** ¿en qué puedo servirle?, *(LAm)* ¿qué se le ofrece?; **it has to be done again** habrá que hacerlo de nuevo; **what's done cannot be undone** a lo hecho, pecho; **well done!** ¡bien hecho!; **that's done it!** *(fam)* ¡eso es el colmo!; **that's just not done!** ¡eso no se hace!

(b) **to ~ Shakespeare/Italian** *(Scol)* estudiar Shakespeare/italiano; **to ~ the flowers** arreglar las flores; **who does your hair?** ¿quién te arregla el pelo?; **to ~ one's nails** arreglarse las uñas; **this room needs ~ing** este cuarto necesita arreglo; **she does her guests proud** trata bien a sus huéspedes.

(c) *(only as pt, pp: finish)* **the job's done** el trabajo está terminado; **I haven't done telling you** *(fam)* ¡no he terminado de hablar!

(d) *(visit: city, museum)* visitar, recorrer.

(e) *(Aut etc)* hacer, correr a; **the car can ~ 100 mph** el coche hace 100 millas por hora; **we've done 200 km already** llevamos 200 km de viaje ya.

(f) *(fam: be suitable, sufficient)* venir bien, convenir; **that won't ~ him** eso no le convendrá; **that'll ~ me nicely** eso me vendrá muy bien.

(g) *(play rôle of)* representar; *(mimic)* imitar.

(h) *(fam: cheat)* estafar; *(: rob)* robar; **I've been done!** ¡me estafaron *or* robaron!; *see* **do out.**

(i) *(Culin: vegetables etc)* preparar; **to ~ the cooking** cocinar; **how do you like your steak done?** ¿cómo te gusta el filete?; **well done** bien hecho.

3 *vi* **(a)** *(act etc)* hacer; **~ as I ~** haz lo que hago yo; **he did well to take your advice** hizo bien en seguir tus consejos.

(b) how is your father ~ing? ¿como está *or (LAm)* cómo le va a tu papá?; **how do you ~?** *(greeting)* ¿cómo está Ud?, *(LAm)* gusto en conocerle; *(as answer)* mucho gusto, encantado/a; **how are you ~ing?** *(fam)* ¿qué tal?, *(LAm)* ¿cómo le va?; **his business is ~ing well** sus negocios van bien.

(c) *(finish: in past tenses only)* terminar; *(Culin)* hacer; **have you done?** ¿ya has terminado?; **the meat's done** la carne está hecha ya.

(d) *(be suitable)* convenir; **that will never ~!** ¡eso no se puede permitir!; **this room will ~** esta habitación vale *or (LAm)* sirve; **will it ~ if I come back at 8?** ¿le conviene si vuelvo a las 8?; **it doesn't ~ to upset her** cuidado con ofenderle; **this coat will ~ as a blanket** este abrigo servirá de manta; **you'll have to make ~ with £10** tendrás que contentarte con 10 libras.

(e) *(be sufficient)* bastar, valer; **will £5 ~?** ¿bastarán *or (LAm)* tendrás con 5 libras?; **that'll ~** con eso basta; **that'll ~!** ¡basta ya!

4 *n (fam)* **(a)** *(party)* fiesta *f*, guateque *m; (formal gathering)* reunión *f*, ceremonia *f*.

(b) *(in phrases)* **it's a poor ~** es una vergüenza; **the ~'s and don'ts** las reglas del juego; **fair ~s!** *(be fair)* ¡hay que ser justo!; *(fair shares)* ¡partes iguales!

♦ **do away with** *vi + prep (kill)* asesinar; *(get rid of: body, building)* deshacerse de.

♦ **do by** *vi + prep* **to ~ well/badly by** sb tratar bien/mal a uno; **to be hard done by** ser tratado injustamente.

♦ **do for** *vi + prep (fam)* **(a)** *(clean for)* llevar la casa a. **(b)** *(finish off)* terminar; **he's done for!** ¡está perdido!

♦ **do in** *vt + adv (fam: kill)* matar.

♦ **do out 1** *vt + adv (room)* limpiar, arreglar. **2** *vt + prep (cheat)* estafar; **he did her out of a job** le quitó el empleo.

♦ **do up** *vt + adv* **(a)** *(fasten: dress, shoes)* atar; *(: zip)* cerrar; *(: buttons)* abrochar; **books done up in paper** libros envueltos en papel. **(b)** *(renovate: house, room)* renovar; **to ~ o.s. up** maquillarse.

♦ **do with** *vi + prep* **(a)** *(with can, could: need)* no venirle mal; **I could ~ with some help** no me vendría mal un poco de ayuda. **(b) what has that got to ~ with it?** ¿qué tiene que ver eso?; **it has to ~ with ...** se trata de ...; **money has a lot to ~ with it** se trata de dinero; **that has nothing to ~ with you!** ¡eso no tiene nada que ver contigo!; **I won't have anything to ~ with it** no quiero tener nada que ver con este asunto. **(c) what have you done with my slippers?** ¿qué has hecho con mis zapatillas?; **what's he done with his hair?** ¿qué se ha hecho al pelo?

doc·ile ['dəʊsaɪl] *adj* dócil, sumiso/a.

dock[1] [dɒk] *n (Bot)* acedera *f*, ramaza *f*.

dock[2] [dɒk] *vt* **(a)** *(animal's tail)* descolar. **(b)** *(pay etc)* descontar.

dock[3] [dɒk] **1** *n (Naut)* dársena *f*, muelle *m;* **~s** muelles *mpl*, puerto *m*. **2** *vt* poner en dique. **3** *vi* atracar al muelle; **the ship has ~ed** el barco ha llegado.

dock[4] [dɒk] *n (in court)* banquillo *m* de los acusados.

dock·er ['dɒkəʳ] *n* estibador *m*.

dock·et ['dɒkɪt] *n (label)* etiqueta *f; (certificate)* certificado *m*.

dock·yard ['dɒkjɑːd] *n* astillero *m*.

doc·tor ['dɒktəʳ] **1** *n* **(a)** *(Med)* médico/a *m/f;* **D~ Brown** el doctor Brown. **(b)** *(Univ)* doctor(a) *m/f*. **2** *vt* **(a)** *(interfere with: food, drink, document)* adulterar. **(b)** *(treat: cold)* tratar, curar. **(c)** *(fam: castrate: cat etc)* castrar.

doc·tor·ate ['dɒktərɪt] *n* doctorado *m*.

doc·tri·naire [ˌdɒktrɪ'nɛəʳ] *adj* doctrinario/a.

doc·tri·nal [dɒk'traɪnl] *adj* doctrinal.

doc·trine ['dɒktrɪn] *n* doctrina *f*.

docu·ment ['dɒkjʊmənt] **1** *n* documento *m*. **2** ['dɒkjʊment] *vt* documentar.

docu·men·tary [ˌdɒkjʊ'mentərɪ] **1** *adj* documental. **2** *n (Cine, TV)* documental *m*.

docu·men·ta·tion [ˌdɒkjʊmen'teɪʃən] *n* documentación *f*.

dod·der ['dɒdəʳ] *vi* chochear.

dod·der·ing ['dɒdərɪŋ], **dod·dery** ['dɒdərɪ] *adj* chocho/a.

dodge [dɒdʒ] **1** *n (of body)* regate *m; (fam: trick)* truco *m; (Boxing etc)* finta *f*. **2** *vt (elude: blow, ball)* esquivar; *(: pursuer)* dar esquinazo a; *(: acquaintance, problem, tax)* evadir; *(work, duty)* fumarse, *(LAm)* rajarse; **to ~ the issue** evadir el tema. **3** *vi* esquivarse, *(LAm)* escabullirse; *(Boxing)* hacer una finta; **to ~ out of the way** echarse a un lado; **to ~ behind a tree** ocultarse tras un árbol.

dodg·em ['dɒdʒəm] *n (also* **~ car**) coche *m* de choque; **the ~s** los coches de choque.

dodgy ['dɒdʒɪ] *adj* **(-ier, -iest)** *(fam)* arriesgado/a, difícil.

doe [dəʊ] *n (deer)* cierva *f*, gama *f; (rabbit)* coneja *f*.

does [dʌz] *3rd pers sg of* **do.**

doesn't ['dʌznt] = **does not.**

dog [dɒg] **1** *n* perro/a *m/f; (male: fox etc)* macho *m;* **he's a lucky ~** es un tío con suerte; **every ~ has its day** a cada cerdo le llega su San Martín; **he's a ~ in the manger** es el perro del hortelano; **to go to the ~s** *(person)* echarse a perder; *(nation etc)* ir a la ruina; **it's a ~'s life** es una vida de perros; **he hasn't a ~'s chance** no tiene la más remota posibilidad.

2 *vt (follow closely)* seguir (de cerca); **he was ~ged by ill luck** le persiguió la mala suerte; **he ~s my footsteps** me sigue los pasos.

3 *cpd (breed, show)* de perro, canino/a; *(fox, wolf)* macho; **~ biscuit** *n* galleta *f* de perro; **~ collar** *n* collar *m* de perro; **~ food** *n* comida *f* de perro.

dog-eared ['dɒgˌɪəd] *adj* sobado/a.

dog·fight ['dɒgfaɪt] *n (fam: squabble)* trifulca *f*, *(LAm)* refriega *f*.

dog·ged ['dɒgɪd] *adj (obstinate)* porfiado/a, terco/a; *(tenacious)* tenaz.

dog·ger·el ['dɒgərəl] *n* coplas *fpl* de ciego, malos

versos *mpl.*
dog·go ['dɒgəʊ] *adv (fam)* **to lie ~** quedarse escondido/a.
dog·house ['dɒghaʊs] *n (fam)* **he's in the ~** está castigado.
dog·ma ['dɒgmə] *n* dogma *m.*
dog·mat·ic [dɒg'mætɪk] *adj (person, attitude)* dogmático/a.
do-gooder [ˌduː'gʊdəʳ] *n (fam: gen)* persona *f* bien intencionada; *(pej)* filantropista *mf.*
dogs·body ['dɒgzbɒdɪ] *n* burro *m* de carga.
dog-tired [ˌdɒg'taɪəd] *adj (fam)* rendido/a, fatigado/a, *(LAm)* agotado/a.
do·ing ['duːɪŋ] *n*: **this is your ~** esto es obra tuya; **that takes some ~!** ¡eso es obra de genio!; **~s** hechos *mpl,* conducta *fsg.*
do-it-yourself [ˌduːɪtjɔː'self] **1** *n* bricolaje *m.* **2** *cpd* para hacerlo uno mismo; **~ kit** *n* un equipo para hacerlo uno mismo.
dol·drums ['dɒldrəmz] *npl (fig)* **to be in the ~** *(person)* estar abatido; *(business)* estar estancado.
dole [dəʊl] *n (Brit fam)* subsidio *m* de paro; **to be on the ~** estar parado, cobrar el paro.
♦ **dole out** *vt + adv* repartir.
dole·ful ['dəʊlfʊl] *adj* triste.
doll [dɒl] *n* **(a)** muñeca *f.* **(b)** *(fam: esp US: girl)* guapa *f.*
♦ **doll up** *vt + adv (fam)* **to ~ o.s. up** ataviarse.
dol·lar ['dɒləʳ] *n* dólar *m.*
dol·lop ['dɒləp] *n (of jam etc)* masa *f.*
dol·phin ['dɒlfɪn] *n* delfín *m.*
dolt [dəʊlt] *n* idiota *mf, (Mex, LAm)* pendejo/a *m/f, (Chi)* huevón/ona.
do·main [dəʊ'meɪn] *n (lands etc)* dominio *m,* propiedad *f; (fig)* campo *m,* competencia *f.*
dome [dəʊm] *n (on building etc)* cúpula *f.*
domed [dəʊmd] *adj (roof)* en forma de cúpula; *(forehead)* en forma de huevo.
do·mes·tic [də'mestɪk] *adj (duty, bliss, animal)* doméstico/a; *(industry, policy, flight)* nacional; **~ science** economía *f* doméstica; **~ servant** doméstico/a *m/f.*
do·mes·ti·cate [də'mestɪkeɪt] *vt (wild animal)* domesticar.
do·mes·ti·cat·ed [də'mestɪkeɪtɪd] *adj (animal)* domesticado/a; *(person)* casero/a.
do·mes·ti·city [ˌdəʊmes'tɪsɪtɪ] *n* vida *f* casera.
domi·cile ['dɒmɪsaɪl] *n (frm: also* **place of ~***)* domicilio *m.*
domi·nant ['dɒmɪnənt] *adj* dominante.
domi·nate ['dɒmɪneɪt] *vt, vi* dominar.
domi·na·tion [ˌdɒmɪ'neɪʃən] *n (act of dominating)* dominación *f; (control)* dominio *m.*
domi·neer [ˌdɒmɪ'nɪəʳ] *vi* dominar, tiranizar *(over* a).
domi·neer·ing [ˌdɒmɪ'nɪərɪŋ] *adj* dominante, autoritario/a.
Do·mini·can [də'mɪnɪkən] *adj, n* dominicano/a *m/f.*
do·min·ion [də'mɪnɪən] *n* dominio *m.*
domi·no ['dɒmɪnəʊ] *n, pl* **-es** dominó *m.*
don[1] [dɒn] *n (Brit Univ)* catedrático/a *m/f.*
don[2] [dɒn] *vt (garment)* ponerse.
do·nate [dəʊ'neɪt] *vt* donar, dar.
do·na·tion [dəʊ'neɪʃən] *n (gift)* donativo *m.*
done [dʌn] = *pp of* **do.**
don·key ['dɒŋkɪ] *n* burro *m;* **for ~'s years** *(fam)* durante muchísimos años.
donkey·work ['dɒŋkɪwɜːk] *n (fam)* trabajo *m* pesado.
do·nor ['dəʊnəʳ] *n* donante *mf.*
don't [dəʊnt] = **do not.**
do·nut ['dəʊnʌt] *n (US)* = **doughnut.**
doo·dle ['duːdl] **1** *n* dibujito *m,* garabato *m.* **2** *vi* hacer dibujitos *or* garabatos.
doom [duːm] **1** *n (terrible fate)* destino *m* funesto; *(death)* muerte *f.* **2** *vt (destine)* condenar *(to* a); **~ed to failure** condenado al fracaso.
dooms·day ['duːmzdeɪ] *n* día *m* del juicio final; **till ~** *(fig)* hasta el juicio final.
door [dɔːʳ] *n* puerta *f; (~way)* entrada *f,* portal *m; (of vehicle)* portezuela *f;* **at the ~** a la puerta; **to pay at the ~** *(Cine, Theat etc)* pagar al entrar; **back/front ~** puerta principal/de atrás; **3 ~s down the street** 3 puertas más abajo; **from ~ to ~** de puerta en puerta; **to open the ~ to/close** *or* **shut the ~ on sth** *(fig)* abrir/cerrar la puerta a algo.
door·bell ['dɔːbel] *n* timbre *m.*
door·keeper ['dɔːˌkiːpəʳ] *n* portero/a *m/f,* conserje *mf.*
door·knob ['dɔːnɒb] *n* mango *m* (de la puerta), *(LAm)* manilla *f,* manija *f.*
door·man ['dɔːmən] *n, pl* **-men** *(of hotel, block of flats)* portero/a *m/f,* conserje *mf.*
door·mat ['dɔːmæt] *n* felpudo *m,* estera *f;* **he treats her like a ~** *(fig)* le trata como un esclavo.
door·nail ['dɔːneɪl] *n*: **as dead as a ~** muerto y bien muerto.
door·step ['dɔːstep] *n (threshold)* umbral *m; (step)* peldaño *m;* **on our ~** en la puerta misma.
door·stop ['dɔːstɒp] *n* tope *m.*
door·way ['dɔːweɪ] *n (gen)* entrada *f,* puerta *f; (fig)* portal *m.*
dope [dəʊp] **1** *n* **(a)** *(fam: drugs)* drogas *fpl; (: cannabis)* chocolate *m, (LAm)* mota *f; (Sport)* estimulante *m.* **(b)** *(fam: information)* información *f,* informes *mpl;* **to give sb the ~** informar a uno. **(c)** *(fam: stupid person)* idiota *mf, (LAm)* bruto/a *m/f.* **2** *vt (horse, person)* drogar; *(food, drink)* adulterar con drogas.
dopey ['dəʊpɪ] *adj* (**-ier, -iest**) *(drugged)* drogado/a; *(fuddled)* atontado/a.
dor·mant ['dɔːmənt] *adj (Bio, Bot)* durmiente; *(volcano)* inactivo/a; *(energy)* latente; **to lie ~** *(lit)* estar inactivo; *(fig)* quedar por realizarse.
dor·mer ['dɔːməʳ] *n (also* **~ window***)* buhardilla *f.*
dor·mi·tory ['dɔːmɪtrɪ] **1** *n* dormitorio *m; (US: hall of residence)* residencia *f.* **2**: **~ town** *n* ciudad *f* satélite.
dor·mouse ['dɔːmaʊs] *n, pl* **dormice** lirón *m.*
dor·sal ['dɔːsl] *adj* dorsal; **~ fin** aleta *f* dorsal.
dos·age ['dəʊsɪdʒ] *n (of medicine)* dosis *f,* dosificación *f.*
dose [dəʊs] **1** *n (of medicine)* dosis *f; (fam: of flu)* ataque *m;* **in small ~s** *(fig)* en pequeñas cantidades. **2** *vt* medicinar *(with* de).
doss [dɒs] *vi (fam)* **to ~ (down)** echarse a dormir.
doss·house ['dɒshaʊs] *n* dormidero *m; (fig)* pensión *f* de mala muerte.
dos·si·er ['dɒsɪeɪ] *n* expediente *m (on* sobre).
dot [dɒt] **1** *n (all senses)* punto *m; (morse)* **~s and dashes** puntos y rayas; **at 7 o'clock on the ~** a las 7 en punto. **2** *vt* salpicar; *(letter)* poner el punto sobre; **~ted with flowers** salpicado de flores; **they are ~ted about the country** están desparramados por todo el país; **'tear along the ~ted line'** 'cortar'; **to sign on the ~ted line** *(fig)* firmar.
dot·age ['dəʊtɪdʒ] *n*: **to be in one's ~** estar chocho.
dote [dəʊt] *vi*: **to ~ on** adorar (a).
dot·ing ['dəʊtɪŋ] *adj (senile)* chocho/a; *(loving)* cariñoso/a.
dou·ble ['dʌbl] **1** *adj (twofold, twice as much, dual)* doble; *(for two: room)* para dos; **to lead a ~ life** llevar una doble vida; **~ the size/age** dos veces más grande/viejo; **~ five two six (5526)** *(Telec)*

cinco cinco dos seis; **spelt with a ~ 'l'** escrito con elle; ~ **bass** contrabajo *m;* ~ **bed** cama *f* matrimonial; ~ **bend** *(Aut)* dos curvas *fpl;* ~ **chin** papada *f;* ~ **cream** nata *f;* ~ **glazing** ventanaje *m* doble. **2** *adv (gen)* doble; **to be bent** ~ estar doblado; ~ **the amount** el doble; **to see** ~ ver doble. **3** *n (amount)* doble *m; (person)* imagen *f* viva; *(Cine)* doble *mf; (in tennis)* **a game of mixed/ ladies' ~s** un partido de dobles mixtos/de damas; **at the** ~ a la carrera, corriendo. **4** *vt* **(a)** *(increase twofold: money, quantity etc)* duplicar, doblar; *(: efforts)* redoblar. **(b)** *(fold: also* ~ **over**) doblar. **5** *vi* **(a)** *(quantity etc)* doblarse, duplicarse. **(b)** *(have two uses etc)* **to** ~ **as** hacer las veces de; **he ~d as Hamlet's father** también hizo el papel del padre de Hamlet.

♦ **dou·ble back 1** *vi + adv (person)* volver sobre sus pasos. **2** *vt + adv (blanket)* doblar.

♦ **dou·ble up** *vi + adv* **(a)** *(bend over)* doblarse; **he ~d up with laughter** se partió de la risa. **(b)** *(share bedroom)* compartir (una habitación).

double-barrelled ['dʌbl,bærəld] *adj (gun)* de dos cañones; *(Brit: surname)* compuesto/a.

double-breasted [,dʌbl'brestɪd] *adj* cruzado/a.

double-check [,dʌbl'tʃek] *vt, vi* revisar de nuevo.

double-cross [,dʌbl'krɒs] *vt (fam)* traicionar, engañar.

double-decker [,dʌbl'dekəʳ] *n (also* ~ **bus**) autobús *m* de dos pisos; *(also* ~ **sandwich**) club sandwich *m.*

double-dutch [,dʌbl'dʌtʃ] *n (Brit fam)* chino *m.*

double-edged [,dʌbl'edʒd] *adj (remark)* de dos filos.

double-park [,dʌbl'pɑːk] *vi* estacionarse en doble fila.

double-talk ['dʌbl,tɔːk] *n* segunda *f.*

dou·bly ['dʌblɪ] *adv* doblemente.

doubt [daʊt] **1** *n (no pl: uncertainty, qualm)* duda *f;* **to be in** ~ *(person)* dudar; *(sb's honesty etc)* ser dudoso; **without (a)** ~ sin duda (alguna); **beyond** ~ fuera de duda; **if in** ~ en caso de duda; **no** ~ **he will come** vendrá sin duda; **there is no** ~ **of that** de eso no cabe duda; **to have one's ~s about sth** tener sus dudas acerca de algo. **2** *vt* **(a)** *(truth of statement etc)* dudar; **I** ~ **it very much** lo dudo mucho. **(b)** *(be uncertain)* **to** ~ **whether** *or* **if** dudar si; **I don't** ~ **that he will come** no dudo que venga.

doubt·ful ['daʊtfʊl] *adj (feeling, expression)* de duda; *(uncertain: result, success)* incierto/a; *(questionable: taste, reputation)* dudoso/a; **to be** ~ **about sth** tener dudas sobre algo; **I'm a bit** ~ no estoy convencido.

doubt·ful·ly ['daʊtfəlɪ] *adv (unconvincedly)* sin estar convencido.

doubt·less ['daʊtlɪs] *adv* sin duda, seguramente.

dough [dəʊ] *n* **(a)** masa *f; (Mex: maize)* nixtamal *m.* **(b)** *(fam: money)* pasta *f, (LAm)* plata *f.*

dough·nut ['dəʊnʌt] *n* churro *m,* rosquilla *f,* dónut *m, (LAm)* dona *f.*

dour ['dʊəʳ] *adj (unfriendly)* hosco/a.

douse [daʊs] *vt (with water)* mojar; *(flames)* apagar.

dove [dʌv] *n* paloma *f.*

dove·tail ['dʌvteɪl] **1** *n (also* ~ **joint**) cola *f* de milano. **2** *vt (fig: fit)* encajar; *(: link)* enlazar. **3** *vi (fig)* encajarse, enlazarse.

dowa·ger ['daʊədʒəʳ] *n:* ~ **queen** reina *f* viuda.

dow·dy ['daʊdɪ] *adj* (**-ier, -iest**) *(person, clothes)* pobre y pasado/a de moda.

down[1] [daʊn] *n (on bird)* plumón *m; (on person)* vello *m; (on fruit)* pelusa *f.*

down[2] [daʊn] *n (usu pl)* loma *f.*

down[3] [daʊn] **1** *adv* **(a)** *(physical movement)* abajo, hacia abajo; *(to the ground)* a tierra; *(on the ground)* por *or* en tierra; *(to dog)* ~! ¡quieto!; **to fall** ~ caerse; **to run** ~ bajar corriendo; **he came** ~ **from Glasgow** ha bajado de Glasgow; **from the year 1600** ~ **to the present day** desde el año 1600 hasta el presente; **from the biggest** ~ **to the smallest** desde el más grande hasta el más pequeño; ~ **with traitors!** ¡abajo los traidores!

(b) *(static position)* abajo; ~ **there** allí abajo; ~ **here** aquí abajo; ~ **under** en Australia o en Nueva Zelanda; **the sun is** ~ el sol se ha puesto; **the blinds are** ~ se han bajado las persianas; **don't kick a man when he's** ~ *(fig)* no des la puntilla; **I'll be** ~ **in a minute** ahora bajo; **I've been** ~ **with flu** he estado con gripe; **he lives** ~ **South** vive en el sur.

(c) *(in writing)* **write this** ~ apunta esto; **you're** ~ **for the next race** estás inscrito para la próxima carrera.

(d) *(in volume, degree, status)* **the tyres are** ~ los neumáticos están desinflados; **his temperature is** ~ le ha bajado la temperatura; **England is two goals** ~ Inglaterra está perdiendo por 2 tantos; **the price of meat is** ~ ha bajado el precio de la carne.

(e) *(as deposit)* **to pay £2** ~ dejar 2 libras de enganche.

2 *prep (indicating movement)* abajo, hacia abajo; *(at a lower point on)* abajo; **he ran his finger** ~ **the list** pasó el dedo por la lista; **he went** ~ **the hill** fue cuesta abajo; **face** ~ boca abajo; **he lives** ~ **the street (from us)** vive calle abajo (de nosotros); **looking** ~ **this road, you can see ...** si se mira por la carretera, se ve ...; ~ **the ages** a través de los siglos; **he's gone** ~ **the pub** *(fam)* se ha ido al bar.

3 *adj (train, line)* de bajada; ~ **payment** enganche *m,* pago *m* al contado; **I'm feeling a bit** ~ *(fam)* estoy un poco deprimido.

4 *vt (opponent)* tirar *or (LAm)* echar al suelo; **to** ~ **tools** *(fig)* declararse en huelga; **he ~ed a pint of beer** tragó una pinta de cerveza.

5 *n:* **to have a** ~ **on sb** *(fam)* tenerle manía a uno.

down-and-out [,daʊnənd'aʊt] **1** *adj (destitute)* pelado/a. **2** *n (tramp)* vagabundo/a *m/f.*

down·cast ['daʊnkɑːst] *adj (sad)* abatido/a; *(eyes)* bajo/a.

down·fall ['daʊnfɔːl] *n (collapse)* caída *f; (ruin)* ruina *f.*

down·grade ['daʊn,greɪd] *vt (job, hotel)* degradar.

down·hearted [,daʊn'hɑːtɪd] *adj* descorazonado/a.

down·hill [,daʊn'hɪl] **1** *adv:* **to go** ~ *(road)* bajar; *(car)* ir cuesta abajo; *(person)* estar en decadencia; *(business)* estar en declive. **2** *adj* en pendiente; *(skiing)* de descenso.

down·pour ['daʊnpɔːʳ] *n* aguacero *m, (LAm)* chubasco *m.*

down·right ['daʊnraɪt] **1** *adj (nonsense, lie)* patente, manifiesto/a; *(refusal)* categórico/a. **2** *adv (rude, angry)* realmente.

down·stairs [,daʊn'stɛəz] **1** *adj (on the ground floor)* de la planta baja; *(on the floor underneath)* del piso de abajo. **2** *adv* escaleras abajo; **to come/go** ~ bajar la escalera.

down·stream [,daʊn'striːm] *adv* río abajo *(from* de).

down-to-earth [,daʊntʊ'ɜːθ] *adj* práctico/a.

down·town [,daʊn'taʊn] *(US)* **1** *adv* al centro. **2** *adj:* ~ **San Francisco** el centro de San Francisco.

down·trod·den ['daʊn,trɒdn] *adj (person)* oprimido/a.

down·ward ['daʊnwəd] *adj (curve, movement etc)* descendente; *(slope)* en declive.
down·ward(s) ['daʊnwəd(z)] *adv (go, look)* hacia abajo; **from the President ~s** todos, incluso el Presidente.
dow·ry ['daʊrɪ] *n* dote *f.*
doz. *abbr of* **dozen.**
doze [dəʊz] **1** *n* sueño *m* ligero, siestita *f.* **2** *vi* dormitar.
♦ **doze off** *vi + adv* dormirse.
doz·en ['dʌzn] *n* docena *f;* **80p a ~** 80 peniques la docena; **a ~ eggs** una docena de huevos; **~s of times/people** cantidad *f* de veces/gente.
Dr *abbr of* **doctor, drive.**
drab [dræb] *adj* (**-ber, -best**) *(colour etc)* pardo/a; *(life)* monótono/a, gris.
draft [drɑːft] **1** *n* **(a)** *(outline: in writing)* borrador *m,* versión *f; (: drawing)* boceto *m.* **(b)** *(Mil: detachment)* destacamento *m;* **the ~** *(US Mil: conscription)* quinta *f, (LAm)* leva *f,* servicio *m* militar. **(c)** *(Comm: also* **banker's ~***)* letra *f* de cambio, giro *m.* **(d)** *(US)* = **draught. 2** *vt* **(a)** *(also* **~ out:** *document: write)* redactar; *(: first attempt)* hacer un borrador de. **(b)** *(Mil: for specific duty)* destacar; *(US Mil: conscript)* reclutar, llamar al servicio militar.
drag [dræg] **1** *n* **(a)** *(Aer: resistance)* resistencia *f* aerodinámica; *(fam: boring thing)* rollo *m, (LAm)* lata *f;* **what a ~!** ¡qué rollo *or (LAm)* lata! **(b)** *(on cigarette)* calada *f, (LAm)* chupada *f.* **(c) in ~** vestido de travesti. **2** *vt* **(a)** *(object, person)* arrastrar. **(b)** *(sea bed, river etc)* dragar, rastrear. **3** *vi (go very slowly: time etc)* hacerse interminable. **4: ~ artist** *n* travestista *m.*
♦ **drag along** *vt + adv (person)* arrastrar.
♦ **drag away** *vt + adv (lit, fig)* **to ~ away (from)** quitar arrastrando.
♦ **drag down** *vt + adv* arrastrar hacia abajo; **to ~ sb down to one's own level** *(fig)* rebajar a uno a su propio nivel.
♦ **drag in** *vt + adv (subject)* meter a la fuerza.
♦ **drag on** *vi + adv (meeting, conversation)* hacerse interminable; *(fig)* ser cuento de nunca acabar.
drag·on ['drægən] *n* dragón *m.*
dragon·fly ['drægənflaɪ] *n* libélula *f.*
dragoon [drə'guːn] *vt:* **to ~ sb into sth** obligar a uno a hacer algo.
drain [dreɪn] **1** *n* **(a)** *(outlet: in house)* desaguadero *m, (LAm)* desagüe *m; (in street)* boca *f* de alcantarilla, sumidero *m;* **the ~s** *(sewage system)* el alcantarillado *msg;* **to throw one's money down the ~** *(fig)* tirar el dinero por la ventana. **(b)** *(fig: source of loss)* **to be a ~ on** *(energies, resources)* consumir, agotar; **it has been a great ~ on her** la ha agotado. **2** *vt (Agr: land, marshes, lake)* drenar, desecar; *(vegetables, last drops)* escurrir; *(glass, radiator etc)* vaciar; *(Med: wound etc)* drenar; **to feel ~ed (of energy)** *(fig)* sentirse agotado. **3** *vi (washed dishes, vegetables)* escurrirse; *(liquid, stream)* desaguar, desembocar *(into* en).
♦ **drain away 1** *vt + adv (liquid)* drenar. **2** *vi + adv (liquid)* irse, *(LAm)* correrse; *(strength)* agotarse.
♦ **drain off** *vt + adv (liquid)* drenar, desangrar.
drain·age ['dreɪnɪdʒ] *n (of land: naturally)* desagüe *m; (: artificially)* drenaje *m; (of lake)* desecación *f; (sewage system)* alcantarillado *m.*
drain·ing board ['dreɪnɪŋ,bɔːd] *n* escurridero *m.*
drain·pipe ['dreɪnpaɪp] **1** *n* tubo *m* de desagüe, *(LAm)* cañería *f.* **2: ~ trousers** *npl* pantalones *mpl* muy estrechos.
drake [dreɪk] *n* pato *m* (macho).
dra·ma ['drɑːmə] *n (dramatic art)* teatro *m; (play)* obra *f* de teatro, drama *m; (fig: event)* drama *m.*
dra·mat·ic [drə'mætɪk] *adj (art, criticism, event, entrance)* dramático/a; *(change)* marcado/a.
drama·tist ['dræmətɪst] *n* dramaturgo/a *m/f.*
drama·tize ['dræmətaɪz] *vt (events etc)* dramatizar; *(Cine, TV: adapt: novel)* adaptar a la televisión/al cine.
drank [dræŋk] *pt of* **drink.**
drape [dreɪp] **1** *n (US)* **~s** cortinas *fpl.* **2** *vt (object)* adornar *(with* de), tapizar *(with* con); *(cloth, clothing)* drapear.
drap·er ['dreɪpə^r] *n* pañero/a *m/f,* lencero/a *m/f.*
dra·pery ['dreɪpərɪ] *n (draper's shop)* pañería *f,* lencería *f, (LAm)* mercería *f; (cloth for hanging)* colgaduras *fpl.*
dras·tic ['dræstɪk] *adj (measures)* drástico/a; *(change, effect)* notorio/a; *(reduction etc)* severo/a.
draught [drɑːft] **1** *n* **(a)** *(of air)* corriente *f* (de aire); *(for fire)* tiro *m.* **(b)** *(drink)* **he took a long ~ of cider** se echó un trago largo de sidra; **on ~** de barril. **(c) ~s** *(Brit: game)* juego *m* de damas. **2: ~ beer** *n* cerveza *f* de barril.
draughts·man ['drɑːftsmən] *n, pl* **-men** *(in drawing office)* dibujante *mf.*
draughty ['drɑːftɪ] *adj* (**-ier, -iest**) *(room)* lleno/a de corrientes, *(LAm)* ventilado/a; *(street corner)* de mucho viento.
draw [drɔː] *(vb: pt* **drew,** *pp* **drawn) 1** *n* **(a)** *(lottery)* lotería *f; (picking of ticket etc)* sorteo *m.* **(b)** *(equal score)* empate *m;* **the match ended in a ~** los equipos terminaron empatados. **(c)** *(attraction)* atracción *f.* **(d) to be quick on the ~** *(lit)* ser rápido en sacar la pistola; *(fig)* estar despabilado.

2 *vt* **(a)** *(pull: bolt, curtains: to close)* correr; *(: to open)* descorrer; *(: caravan, trailer)* tirar, *(LAm)* jalar; **to ~ a bow** tensar un arco; **he drew his finger along the table** pasó el dedo por la superficie de la mesa; **he drew his hat over his eyes** cubrió los ojos con el sombrero; **she drew him to one side** lo llevó a un lado; **she drew him towards her** le abrazó. **(b)** *(extract: gen)* sacar; *(: cheque)* girar; *(: salary)* cobrar; *(Culin: fowl)* destripar; **to ~ a bath** preparar el baño; **to ~ blood** sacar sangre; **to ~ a card** robar una carta; **to ~ (a) breath** respirar; **to ~ comfort from sth** hallar consuelo en algo; **to ~ a smile from sb** hacerle sonreír a uno. **(c)** *(attract: attention, crowd, customer)* atraer; **to feel ~n to sb** simpatizar con uno. **(d)** *(sketch etc: picture, portrait)* dibujar; *(: plan, line, circle, map)* trazar; *(fig: situation)* explicar; *(: character)* trazar; **I ~ the line at (doing) that** hasta allí no llego. **(e)** *(formulate: conclusion)* sacar *(from* de); **to ~ a comparison between** comparar; **to ~ a distinction** distinguir *(between* entre). **(f)** *(Ftbl etc)* **to ~ a match/game** empatar un partido.

3 *vi* **(a)** *(move)* **to ~ (towards)** acercarse (a); **he drew to one side** se apartó, *(LAm)* se hizo aparte; **the train drew into the station** el tren entró en la estación; **the car drew over to the kerb** el coche se acercó a la acera; **he drew ahead of the other runners** se adelantó a los demás corredores; **the two horses drew level** los dos caballos se igualaron; **to ~ near** acercarse; **to ~ to an end** llegar a su fin. **(b)** *(in cards)* **to ~ for trumps** echar triunfos. **(c)** *(chimney etc)* tirar. **(d)** *(infuse: tea)* reposar. **(e)** *(be equal: two teams)* empatar; **the teams drew for second place** los equipos empataron en segundo lugar. **(f)** *(sketch)* dibujar.
♦ **draw back 1** *vt + adv (object, hand)* retirar; *(curtains)* descorrer. **2** *vi + adv (move back)* echarse atrás *(from* de).

♦ **draw in 1** *vi + adv* **(a)** *(car: park)* aparcar, *(LAm)* estacionar; *(: stop)* detenerse, *(LAm)* pararse; *(train)* entrar en la estación. **(b) the days are ~ing in** los días se acortan ya. **2** *vt + adv (breath, air)* aspirar; *(pull back in: claws)* retraer; *(attract: crowds)* atraer.

♦ **draw out** *vt + adv* **(a)** *(take out: handkerchief, money from bank)* sacar; **to ~ sb out (of his shell)** *(fig)* hacer que uno salga de sí mismo. **(b)** *(prolong: meeting, etc)* alargar.

♦ **draw up 1** *vt + adv* **(a)** *(formulate: will, contract)* redactar; *(: plans)* trazar. **(b)** *(chair)* acercar; *(troops)* ordenar; **to ~ o.s. up (to one's full height)** enderezarse. **2** *vi + adv (car etc)* detenerse, *(LAm)* pararse.

draw·back ['drɔːbæk] *n* desventaja *f*.

draw·bridge ['drɔːbrɪdʒ] *n* puente *m* levadizo.

draw·er [drɔːʳ] *n (in desk etc)* cajón *m*.

draw·ing ['drɔːɪŋ] **1** *n (picture)* dibujo *m*; **I'm no good at ~** no sirvo para el dibujo. **2: ~ board** *n* tablero *m* de dibujo; **back to the ~ board!** *(fig)* ¡a comenzar de nuevo!; **~ pin** *n* chincheta *m*, *(LAm)* chinche *m*; **~ room** *n* salón *m*, *(LAm)* sala *f*.

drawl [drɔːl] **1** *n* voz *f* cansina; **a Southern ~** un acento del sur. **2** *vt* decir alargando las palabras. **3** *vi* hablar alargando las palabras.

drawn [drɔːn] **1** *pp of* **draw. 2** *adj (haggard: with tiredness)* ojeroso/a; *(: with pain)* macilento/a.

dread [dred] **1** *n* terror *m*, pavor *m*; **he lives in ~ of being caught** le aterroriza la idea de que le agarren. **2** *vt* tener pavor a; **I ~ going to the dentist** me da pavor ir al dentista; **I ~ to think of it** *(fam)* ¡con sólo pensarlo me da horror!

dread·ful ['dredfʊl] *adj (crime, sight, suffering)* espantoso/a, pavoroso/a; *(book, film)* funesto/a; *(weather)* fatal; **I feel ~!** *(ill)* ¡me siento fatal *or* malísimo!; *(ashamed)* ¡qué vergüenza!, *(LAm)* ¡qué pena!, me da mucha vergüenza *or* pena.

dread·fully ['dredfəlɪ] *adv (fam)* terriblemente; **he's ~ nice/young!** ¡qué simpático/joven es!; **I'm ~ sorry** lo siento muchísimo.

dream [driːm] *(vb: pt, pp* **dreamed** *or* **dreamt) 1** *n (gen)* sueño *m*; *(daydream)* ensueño *m*; *(vision)* sueño; *(fantasy)* ilusión *f*; **to have a ~ about sb/sth** soñar con uno/algo; **I had a bad ~** tuve una pesadilla; **sweet ~s!** ¡qué sueñes con los ángeles!; **the museum was an archaeologist's ~** para un arqueólogo, el museo era un sueño; **it worked like a ~** funcionó a la maravilla; **she goes about in a ~** vive soñando, anda con la cabeza en el aire; **the house of her ~s** su casa ideal; **rich beyond his wildest ~s** más rico de lo que jamás había soñado; **isn't he a ~?** *(of baby etc)* ¡qué maravilla es! **2** *vt (lit, fig)* soñar; **I didn't ~ that ...** jamás me imaginaba que .... **3** *vi (lit, fig)* soñar *(of, about* con); **I wouldn't ~ of doing such a thing** no se me occuriría hacer tal cosa; **I'm sorry, I was ~ing** disculpa, estaba soñando; **I wouldn't ~ of going!** ir, ¡ni hablar! *or* ¡ni soñando!; **there were more than I'd ever ~ed of** había más de lo que jamás me había imaginado.

♦ **dream up** *vt + adv (idea, plan)* idear, inventar.

dream·er ['driːməʳ] *n (impractical person)* soñador(a) *m/f*; **he's a bit of a ~** está despistado.

dream·less ['driːmlɪs] *adj* sin sueño.

dreamt [dremt] *pt, pp of* **dream.**

dreamy ['driːmɪ] *adj* **(-ier, -iest)** *(character, smile, tone)* distraído/a; *(music)* de sueño, suave.

dreary ['drɪərɪ] *adj* **(-ier, -iest)** *(landscape, weather)* monótono/a; *(life, work)* aburrido/a; *(book, speech)* pesado/a.

dredge [dredʒ] **1** *n (Mech)* draga *f*. **2** *vt (river, canal)* dragar.

♦ **dredge up** *vt + adv* sacar con draga; *(fig: unpleasant facts)* pescar, sacar a luz.

dredg·er ['dredʒəʳ] *n (ship)* draga *f*.

dregs [dregz] *npl* heces *fpl*; **the ~ of society** *(fig)* las heces de la sociedad.

drench [drentʃ] *vt* empapar *(with* de); **~ed to the skin** empapado *or* calado hasta los huesos.

dress [dres] **1** *n (frock)* vestido *m*; *(no pl: clothing)* ropa *f*, vestimenta *f*, *(LAm)* atuendo *m*; **evening ~** traje *m* de noche; **in summer ~** vestido de verano. **2** *vt* **(a)** vestir; **to ~ o.s., to get ~ed** vestirse; **~ed in green** vestido de verde; **~ed up to the nines** de punta en blanco. **(b)** *(Culin: salad)* aliñar; *(: chicken, crab)* aderezar; *(hair)* peinar, arreglar; *(wound)* vendar; *(shop window)* arreglar, decorar. **3** *vi* vestirse; **she ~es very well** se viste muy bien. **4: ~ circle** *n* principal *m*, anfiteatro *m*; **~ designer** *n* modisto/a *m/f*; **~ rehearsal** *n* ensayo *m* general; **~ shirt** *n* camisa *f* de frac.

♦ **dress up 1** *vi + adv (in smart clothes)* vestirse de etiqueta; *(in fancy dress)* disfrazarse. **2** *vt + adv (improve appearance of: facts etc)* ataviar.

dress·er ['dresəʳ] *n (in kitchen)* aparador *m*, rinconera *f*; *(dressing table)* tocador *m*; *(Theat)* camarero/a *m/f*.

dress·ing ['dresɪŋ] **1** *n (act)* vestirse *m*; *(Med: bandage)* vendaje *m*; *(Culin: salad ~)* aliño *m*; *(Agr)* abono *m*, fertilizante *m*. **2: ~ case** *n* neceser *m*; **~ gown** *n* bata *f*; **~ room** *n (in theatre)* camarín *m*; *(in sport)* vestuario *m*; **~ table** *n* tocador *m*.

dress·maker ['dres,meɪkəʳ] *n* modista *f*, costurera *f*.

dress·making ['dres,meɪkɪŋ] *n* costura *f*, modistería *f*, *(LAm)* confección *f*.

dressy ['dresɪ] *adj* **(-ier, -iest)** *(fam: person)* de mucho vestir; *(: clothing)* elegante.

drew [druː] *pt of* **draw.**

drib·ble ['drɪbl] **1** *n (of saliva)* babeo *m*; *(Ftbl)* drible *m*. **2** *vt (liquid)* hacer gotear; *(Ftbl)* driblar. **3** *vi (person)* babear; *(liquid)* gotear; *(Ftbl)* driblar.

dried [draɪd] **1** *pt, pp of* **dry. 2** *adj (gen)* seco/a; *(milk)* en polvo.

drier ['draɪəʳ] *n* = **dryer.**

drift [drɪft] **1** *n* **(a)** *(deviation from course)* deriva *f*; *(movement: of events)* movimiento *m*; *(change of direction)* cambio *m* (de dirección); *(meaning: of questions)* significado *m*; **to catch sb's ~** seguirle la corriente a uno. **(b)** *(mass of snow)* ventisquero *m*; *(: of sand)* montón *m*; *(Geol)* **continental ~** deriva *f* continental. **2** *vi (in wind, current)* dejarse llevar, ir a la deriva; *(snow, sand)* amontonarse; *(person)* vagar, ir a la deriva; *(events)* acercarse a, tender hacia; **to ~ downstream** dejarse llevar río abajo; **he ~ed into marriage** se casó a la ligera; **to let things ~** dejar las cosas como están.

drift·er ['drɪftəʳ] *n (Naut)* trainera *f*; *(person)* vago/a *m/f*, vagabundo/a *m/f*.

drift·wood ['drɪftwʊd] *n* madera *f* de deriva.

drill[1] [drɪl] **1** *n* **(a)** *(for wood, metal)* taladro *m*; *(: bit)* broca *f*; *(Min: for oil etc)* barrena *f*, perforadora *f*; *(dentist's ~)* fresa *f*; *(pneumatic ~)* taladradora *f*. **(b)** *(Agr: furrow)* surco *m*. **2** *vt (wood etc)* taladrar; *(tooth)* agujerear; *(oil well)* perforar. **3** *vi* perforar *(for* en busca de).

drill[2] [drɪl] **1** *n (Mil, Scol etc: exercises)* ejercicios *mpl*. **2** *vt (soldiers)* ejercitar; **to ~ pupils in grammar** dar práctica en gramática a los alumnos; **to ~ good manners into a child** enseñar los buenos modales a un niño. **3** *vi (Mil)* hacer instrucciones.

drill[3] [drɪl] *n (fabric)* dril *m*.

drill·ing ['drɪlɪŋ] **1** *n (gen)* perforación *f.* **2:** ~ **rig** *n* torre *f* de perforación.
drily ['draɪlɪ] *adv* secamente.
drink [drɪŋk] *(vb: pt* **drank,** *pp* **drunk) 1** *n* **(a)** *(liquid to ~)* bebida *f;* **there's food and ~ in the kitchen** hay de comer y de beber en la cocina; **may I have a ~?** ¿me podría dar algo de beber?; **to give sb a ~** dar de beber a uno. **(b)** *(glass of alcohol)* copa *f, (LAm)* trago *m;* **let's have a ~** vamos a tomar una copa *or* un trago; **I need a ~** me hace falta una copa *or* un trago. **(c)** *(alcoholic liquor)* alcohol *m,* bebidas *fpl* alcohólicas, *(LAm)* licor *m;* **he has a ~ problem** su problema es la bebida; **to take to ~** darse a la bebida; **to smell of ~** oler a alcohol; **his worries drove him to ~** sus problemas le llevaron al alcohol. **(d)** *(Naut fam: sea)* **they fell into the ~** se cayeron al mar.
2 *vt (gen)* beber, tomar; *(soup)* tomar; **would you like something to ~?** ¿quieres tomar algo?; **to ~ sb under the table** aguantar bebiendo más que otro.
3 *vi (gen)* beber; *(alcohol)* tomar; **he doesn't ~** no toma; **'don't ~ and drive'** si conduce, no beba; **he ~s like a fish** bebe como una esponja; **to ~ to sb/sth** brindar por uno/algo.
♦ **drink in** *vt + adv (subj: person: fresh air)* respirar; *(fig: story, sight)* beberse.
♦ **drink up 1** *vt + adv* beberlo todo. **2** *vi + adv* bebérselo todo; **~ up!** ¡termine de beber!
drink·able ['drɪŋkəbl] *adj (not poisonous)* potable; *(palatable)* aguantable; **quite ~** nada malo.
drink·er ['drɪŋkə^r] *n* bebedor(a) *m/f;* **a heavy ~** un(a) gran bebedor(a).
drink·ing ['drɪŋkɪŋ] **1** *n (drunkenness)* beber *m.* **2:** ~ **fountain** *n* fuente *f;* ~ **water** *n* agua *f* potable.
drip [drɪp] **1** *n* **(a)** *(droplet)* gota *f; (sound: of water etc)* goteo *m; (fam: spineless person)* soso/a. **(b)** *(Med)* gota a gota *m inv.* **2** *vt* dejar caer gotas de. **3** *vi (liquid, tap etc)* gotear; **to be ~ping with sweat** estar sudando a chorros.
drip-dry [ˌdrɪp'draɪ] *adj* inarrugable.
drip·ping ['drɪpɪŋ] **1** *n (Culin)* pringue *m.* **2** *adj (tap)* que gotea; *(washing, coat)* chorreante; *(: wet)* mojado/a; **to be ~ wet** *(fam)* estar empapado.
drive [draɪv] *(vb: pt* **drove,** *pp* **driven) 1** *n* **(a)** *(outing)* vuelta *f or* paseo *m* en coche *or (LAm)* en carro; *(journey)* viaje *m* (en coche); **to go for a ~** ir de paseo en coche; **it's a long ~** es mucho conducir. **(b)** *(private road)* entrada *f.* **(c)** *(in tennis, golf)* golpe *m.* **(d)** *(energy, motivation)* empuje *m,* energía *f; (Psych)* impulso *m,* instinto *m;* **sex ~** instinto sexual. **(e)** *(Comm, Pol)* campaña *f;* **sales ~** promoción *f* de ventas. **(f)** *(Tech)* transmisión *f,* propulsión *f; (Aut)* **front/rear-wheel ~** tracción *f* delantera/trasera; **left-hand ~** conducción *f* a la izquierda.
2 *vt* **(a)** *(cause to move: people, animals)* llevar, conducir; *(: clouds, leaves)* llevar; **the gale drove the ship off course** el ventarrón hizo derivar el barco; **to ~ sb hard** *(fig)* hacerle trabajar mucho a uno; **to ~ sb to (do) sth** empujar a uno a (hacer) algo; **I was ~n to it** no me quedaba otra *or* alternativa; **~n by greed/ambition** empujado por la avaricia/la ambición; **to ~ sb mad** volverle loco a uno; **to ~ sb to despair** llevar a uno hasta la desesperación. **(b)** *(cart, car, train)* conducir, *(LAm)* manejar; *(passenger)* llevar en coche; **he ~s a taxi** es taxista; **he ~s a Mercedes** tiene un Mercedes; **I'll ~ you home** te llevo (a tu casa), *(LAm)* te dejo en tu casa. **(c)** *(operate: machine)* impulsar; **steam-~n train** tren de vapor; **machine ~n by electricity** máquina impulsada por electricidad. **(d)** *(nail, stake)* clavar *(into* en); **to ~ a point home** *(fig)* remachar el clavo; **to ~ sth into sb's head** *(fig)* meterle a uno algo en la cabeza.
3 *vi (Aut)* conducir, *(LAm)* manejar; **to ~ away/back** irse/volver en coche; **can you ~?** ¿sabes conducir *or* manejar?; **to ~ at 50 km an hour** ir a 50 km por hora; **to ~ on the left** circular por la izquierda.
♦ **drive at** *vi + prep (fig: intend, mean)* querer decir, insinuar.
♦ **drive back** *vt + adv (person, army)* hacer retroceder.
♦ **drive off 1** *vt + adv (enemy etc)* repeler. **2** *vi + adv (Golf)* dar el 'drive'.
♦ **drive on 1** *vi + adv (person, car)* no parar; *(after stopping)* seguir adelante. **2** *vt + adv (incite, encourage)* empujar.
♦ **drive up** *vi + adv (person, car)* acercarse en coche.
drive-in ['draɪvˌɪn] *adj (esp US: cinema, café)* auto-; **~ cinema** autocinema *m.*
driv·el ['drɪvl] *n (fam: nonsense)* tonterías *fpl, (LAm)* babosadas *fpl.*
driv·en ['drɪvn] *pt of* **drive.**
driv·er ['draɪvə^r] *n (of car)* conductor(a) *m/f, (LAm)* chofer *m; (of taxi)* taxista *mf; (of lorry)* camionero/a *m/f; (of bus)* cochero/a *m/f, (LAm)* chofer *mf;* **to be in the ~'s** *or* **driving seat** *(fig)* tener el mando.
drive·way ['draɪvˌweɪ] *n* entrada *f.*
driv·ing ['draɪvɪŋ] **1** *n (Aut)* el conducir, *(LAm)* el manejar. **2** *adj (force)* impulsor(a); *(rain)* torrencial. **3:** ~ **lesson** *n* clase *f* de conducción *or (LAm)* manejo; ~ **licence** *n* carnet *m or (LAm)* permiso *m* de conducir; ~ **mirror** *n* retrovisor *m;* ~ **school** *n* autoescuela *f;* ~ **test** *n* examen *m* de conducción *or* manejo.
driz·zle ['drɪzl] **1** *n* llovizna *f, (LAm)* garúa *f.* **2** *vi* lloviznar.
droll [drəʊl] *adj* gracioso/a.
drom·edary ['drɒmɪdərɪ] *n* dromedario *m.*
drone [drəʊn] **1** *n* **(a)** *(male bee)* zángano *m.* **(b)** *(noise: of bees, engine etc)* zumbido *m; (: of voice)* tono *m* monótono; **(c)** *(sponger)* parásita *mf.* **2** *vi (bee, engine, aircraft)* zumbar; *(voice, person: also* **~ on)** hablar monótonamente.
drool [dru:l] *vi (baby)* babear; **to ~ over sth** *(fig)* caérsele la baba por algo.
droop [dru:p] *vi (head)* inclinarse; *(shoulders)* encorvarse; *(flower)* marchitarse; *(person)* estar encorvado; *(: fig)* decaer; **his spirits ~ed** quedó abatido *or* desanimado.
drop [drɒp] **1** *n* **(a)** *(gen)* gota *f;* **a ~ in the ocean** *(fig)* una gota de agua en el mar; **he's had a ~ too much** *(fam)* ha bebido más de la cuenta; **~s** *(Med)* gotas *fpl; (sweets)* pastillas *fpl.* **(b)** *(fall: in price, temperature etc)* baja *f,* caída *f;* **a ~ of 10%** una caída del 10 por ciento; **at the ~ of a hat** con cualquier pretexto. **(c)** *(steep incline)* pendiente *f; (fall)* caída *f;* **a ~ of 10 metres** una caída de 10 metros. **(d)** *(unloading by parachute: of supplies, arms)* lanzamiento *m.*
2 *vt* **(a)** *(let fall)* dejar caer; *(: bomb)* lanzar; *(: liquid)* echar gota a gota; *(release, let go of)* soltar; *(stitch)* dejar escapar; *(lower: eyes, voice, price, hem etc)* bajar; *(set down from car: object, person)* dejar; *(from boat: cargo, passengers)* descargar; **to ~ anchor** echar el ancla; **to ~ a curtsy** hacer una reverencia. **(b)** *(utter casually: remark, name, clue)* soltar; **to ~ a word in sb's ear** hablar con uno en confianza; **to ~ (sb) a hint about sth** echar (a uno) una indirecta sobre algo. **(c)** *(send casually: postcard, note)* echar; **to ~ sb a line** echarle unas líneas a uno. **(d)** *(omit: letter)*

echar; *(not say)* no pronunciar; *(intentionally: person)* eliminar; *(: thing)* omitir. **(e)** *(abandon)* dejar; *(: candidate, boyfriend)* rechazar; **let's ~ the subject** cambiemos de tema; **~ it!** *(fam: subject)* ¡ya está bien *or (LAm)* bueno!; *(: gun)* ¡suéltalo! **(f)** *(lose: money, game)* perder.

3 *vi* **(a)** *(fall: object)* caer; **I'm ready to ~** *(fam)* estoy que no me tengo; **~ dead!** *(fam)* ¡vete a la porra!, *(LAm)* ¡vete al carajo! **(b)** *(decrease: wind)* calmarse, amainar; *(: temperature, price, voice)* bajar; *(: numbers, attendance)* disminuir. **(c)** *(end: conversation, correspondence)* dejar.

♦ **drop back** *vi + adv* quedarse atrás.

♦ **drop be·hind** *vi + adv* quedarse atrás; *(in work etc)* rezagarse.

♦ **drop down** *vi + adv* caerse.

♦ **drop in** *vi + adv (fam: visit)* pasar por casa, *(LAm)* descolgarse, caer.

♦ **drop off 1** *vi + adv* **(a)** *(fall asleep)* dormirse. **(b)** *(decline: sales, interest)* disminuir. **2** *vt + adv (person, thing, from car)* dejar.

♦ **drop out** *vi + adv (contents etc)* derramarse; *(fig: from competition etc)* retirarse; **to ~ out of society/university** abandonar la sociedad/la universidad.

drop·let ['drɒplɪt] *n* gotita *f.*

drop·out ['drɒpaʊt] *n (from society)* marginado/a *m/f; (from university)* estudiante que abandona la universidad antes de graduarse.

drop·per ['drɒpəʳ] *n (Med etc)* cuentagotas *m inv.*

drop·pings ['drɒpɪŋz] *npl (of bird)* cagadas *fpl; (of animal)* excrementos *mpl.*

dross [drɒs] *n (fig)* escoria *f.*

drought [draʊt] *n* sequía *f.*

drove [drəʊv] **1** *pt of* **drive. 2** *n (of cattle)* manada *f;* **~s of people** una multitud de gente; **they came in ~s** acudieron en tropel.

drown [draʊn] **1** *vt (people, animals)* ahogar; *(land)* inundar; *(also* **~ out:** *sound)* ahogar. **2** *vi (also* **be ~ed)** ahogarse, perecer ahogado.

drowse [draʊz] *vi* estar medio dormido.

drowsy ['draʊzɪ] *adj* **(-ier, -iest)** *(sleepy: person, smile, look)* soñoliento/a; *(soporific: afternoon, atmosphere)* soporífero/a.

drudge [drʌdʒ] *n (person)* esclavo/a *m/f* del trabajo; *(job)* trabajo *m* pesado.

drudg·ery ['drʌdʒərɪ] *n* trabajo *m* pesado.

drug [drʌg] **1** *n (Med)* medicamento *m,* droga *f; (addictive substance)* droga; *(: illegal)* narcótico *m;* **he's on ~s** se droga. **2** *vt (person)* drogar; *(wine etc)* echar una droga en; **to be in a ~ged sleep** dormir drogado. **3: ~ addict** *n* drogadicto/a *m/f;* **~ peddler** *n* vendedor(a) *m/f* de narcóticos; **~ runner** *n* contrabandista *mf* de narcóticos.

drug·gist ['drʌgɪst] *n (US)* farmacéutico/a *m/f.*

drug·store ['drʌgˌstɔːʳ] *n (US)* drugstore *m.*

drum [drʌm] **1** *n* **(a)** *(Mus)* tambor *m, (LAm)* bombo *m;* **the ~s** la batería *f.* **(b)** *(container: for oil)* bidón *m, (LAm)* bomba *f; (Tech: cylinder, machine part)* tambor *m.* **(c)** *(Anat: also* **ear~)** tímpano *m.* **2** *vt:* **to ~ one's fingers on the table** tamborilear con los dedos sobre la mesa; **to ~ sth into sb** *(fig)* meterle algo a uno en la cabeza por la fuerza. **3** *vi (Mus)* tocar el tambor *etc; (tap: with fingers)* tamborilear; **the noise was ~ming in my ears** el ruido me estaba taladrando los oídos.

♦ **drum up** *vt + adv (enthusiasm, support)* movilizar, fomentar.

drum·mer ['drʌməʳ] *n (in military band etc)* tambor *m; (in jazz/pop group)* batería *m.*

drum·stick ['drʌmstɪk] *n* **(a)** *(Mus)* palillo *m* de tambor. **(b)** *(chicken leg)* muslo *m* de ave.

drunk [drʌŋk] **1** *pp of* **drink. 2** *adj* borracho/a, *(LAm)* tomado/a, curado/a, *(Mex)* cuete, *(RPl)* mamado/a; *(fig)* ebrio/a; **to get ~** emborracharse, *(LAm)* curarse; **~ and disorderly behaviour** conducta *f* borracha y escandalosa. **3** *n (fam)* borracho/a *m/f.*

drunk·ard ['drʌŋkəd] *n* borracho/a *m/f.*

drunk·en ['drʌŋkən] *adj (intoxicated)* borracho/a; *(: habitually)* alcohólico/a; *(brawl, orgy)* de borrachos; *(voice)* de borracho; **~ driving** conducir en estado de embriaguez.

drunk·en·ness ['drʌŋkənnɪs] *n (state)* embriaguez *f; (habit, problem)* alcoholismo *m.*

dry [draɪ] **1** *adj* **(-ier, -iest) (a)** *(gen)* seco/a; **~ bread** pan sin mantequilla; **on ~ land** en tierra firme; **~ as a bone** más seco que una pasa; **to feel/be ~** tener sed; **the river ran ~** el río se desecó. **(b)** *(humour)* agudo/a; *(uninteresting: lecture, subject)* aburrido/a, pesado/a. **2** *vt (gen)* secar; **to ~ one's hands/eyes** secarse las manos/las lágrimas; **to ~ the dishes** secar los platos; **to ~ o.s.** secarse. **3** *vi* secarse. **4: ~ cleaner's** *n* tintorería *f;* **~ dock** *n (Naut)* dique *m* seco; **~ goods** *npl (Comm)* mercería *fsg;* **~ ice** *n* nieve *f* carbónica; **~ rot** *n* putrefacción *f* (fungoide); **~ run** *n (fig)* ensayo *m;* **~ ski slope** *n* pista *f* artificial de esquí.

♦ **dry off 1** *vi + adv (clothes etc)* secarse. **2** *vt + adv* secar.

♦ **dry out 1** *vi + adv* secarse; *(alcoholic)* curarse del alcoholismo. **2** *vt + adv* secar; curar del alcoholismo.

♦ **dry up** *vi + adv* **(a)** *(river, well)* agotarse, desecarse; *(moisture)* secarse; *(source of supply)* agotarse. **(b)** *(dry the dishes)* secar los platos. **(c)** *(fall silent: speaker)* callarse; **~ up!** *(fam)* ¡cállate!

dry-clean [ˌdraɪ'kliːn] *vt* limpiar *or* lavar en seco; **'~ only'** *(on label)* 'limpieza *f or* lavado *m* en seco sólo'.

dry·er ['draɪəʳ] *n (for hair)* secador *m; (for clothes: machine)* secadora *f; (: rack)* tendedero *m.*

dry·ness ['draɪnɪs] *n* sequedad *f.*

dual ['djʊəl] *adj* doble; **~ carriageway** *(Brit)* carretera *f* de doble calzada; **~ nationality** doble nacionalidad *f.*

dub [dʌb] *vt* **(a)** *(Cine)* doblar. **(b) they ~bed him 'Shorty'** le apodaron 'Shorty'.

du·bi·ous ['djuːbɪəs] *adj (gen)* dudoso/a; *(look, smile)* indeciso/a; *(character, manner)* sospechoso/a; **I'm very ~ about it** tengo mis grandes dudas sobre ello.

du·bi·ous·ly ['djuːbɪəslɪ] *adv* en forma sospechosa *or* dudosa.

duch·ess ['dʌtʃɪs] *n* duquesa *f.*

duck [dʌk] **1** *n* pato *m; (female)* pata *f;* **wild ~** pato salvaje; **to take to sth like a ~ to water** adaptarse fácilmente a algo; *see* **lame. 2** *vt* **(a)** *(plunge in water: person, head)* zambullir. **(b) to ~ one's head** agacharse la cabeza. **3** *vi (also* **~ down)** agacharse; *(in fight)* esquivar; *(under water)* sumergirse.

♦ **duck out of** *vi + prep (fam)* eludir, *(LAm)* escabullir.

duck·ling ['dʌklɪŋ] *n* patito *m.*

duct [dʌkt] *n (for ventilation, liquid etc)* conducto *m; (Anat)* conducto *m,* canal *m.*

duc·tile ['dʌktaɪl] *adj (Tech: metal)* dúctil.

dud [dʌd] **1** *adj (fam: shell, bomb)* que no estalla; *(: false: coin, note)* falso/a; *(: cheque)* sin fondos; *(: not working: machine etc)* estropeado/a. **2** *n (thing)* filfa *f; (person)* desastre *m,* inútil *mf.*

dude [djuːd] *n (US: dandy)* petimetre *m; (: city person)* capitalino/a *m/f.*

dudg·eon ['dʌdʒən] *n*: **in high ~** muy enojado.
due [djuː] **1** *adj (owing: sum, money)* pagadero/a; *(appropriate: care, respect)* debido/a; **it's ~ on the 30th** se vence el plazo el día 30; **our thanks are ~ to him** le estamos muy agradecidos; **I am ~ 6 days' leave** se me debe 6 días de vacaciones; **the train is ~ at 8** el tren debe llegar a las 8; **it is ~ to be demolished** está por demolerse; **with all ~ respect** con el respeto debido; **after ~ consideration** después de largas consideraciones; **we'll let you know in ~ course** le avisaremos a su debido tiempo; **~ to** *(caused by)* debido a; *(because of)* por, a causa de; *(thanks to)* gracias a; **what's it ~ to?** ¿a qué se debe?
2 *adv*: **~ west of** derecho hacia el oeste de; **to go ~ north** ir derecho hacia el norte.
3 *n* **(a) ~s** *(club, union fees)* cuota *fsg; (taxes)* derechos *mpl.* **(b) to give him his ~, he did try hard** para ser justo, se esforzó mucho.
duel ['djʊəl] **1** *n* duelo *m.* **2** *vi* batirse en duelo.
duet [djuː'et] *n* dúo *m;* **to sing/play a ~** cantar/tocar a dúo.
dug [dʌg] *pt, pp of* **dig.**
duke [djuːk] *n* duque *m.*
dull [dʌl] **1** *adj* **(-er, -est) (a)** *(slow-witted: person, mind)* torpe; *(: pupil)* lento/a; *(boring: book, evening)* pesado/a; *(: person, style)* soso/a; **as ~ as ditchwater** de lo más aburrido; **to be ~ of hearing** ser duro de oído. **(b)** *(dim: colour, eyes, metal)* apagado/a; *(overcast: weather, sky)* gris; *(muffled: sound, thud)* sordo/a; *(blunt: blade)* embotado/a; *(Comm: trade, business)* flojo/a; *(lacking spirit: person, mood, humour)* deprimido/a, desanimado/a. **2** *vt (senses, pleasure, blade)* embotar; *(emotions)* enfriar; *(pain)* aliviar; *(mind, memory)* entorpecer; *(sound)* amortiguar; *(colour)* apagar; *(mirror, metal)* deslustrar.
duly ['djuːlɪ] *adv (properly)* debidamente; *(as expected)* a su debido tiempo; **he ~ arrived at 3** llegó a las 3, como se había acordado; **everybody was ~ shocked** se escandalizaron todos, como era de esperar.
dumb [dʌm] *adj* **(-er, -est) (a)** *(Med, with surprise etc)* mudo/a; **a ~ person** un mudo; **~ animals** animales *mpl* indefensos; **to be struck ~** *(fig)* quedarse sin habla. **(b)** *(fam: stupid)* estúpido/a; **to act ~** hacerse el estúpido.
dumb·bell ['dʌmbel] *n (in gymnastics)* pesa *f.*
dumb·found [dʌm'faʊnd] *vt* pasmar.
dumb·ness ['dʌmnɪs] *n* **(a)** *(Med)* mudez *f.* **(b)** *(fam: stupidity)* estupidez *f.*
dum·my ['dʌmɪ] **1** *adj (not real)* falso *m,* postizo *m;* **~ run** ensayo *m.* **2** *n (Comm: sham object)* envase *m* vacío; *(for clothes)* maniquí *m; (baby's teat)* chupete *m; (Ftbl)* finta *f; (Bridge)* muerto *m; (fam: idiot)* tonto/a *m/f.*
dump [dʌmp] **1** *n (pile of rubbish)* montón *m* de basura; *(place for refuse)* basurero *m,* vertedero *m; (Mil)* depósito *m; (pej fam: town)* poblacho *m; (: hotel etc)* cuchitril *m;* **to be (down) in the ~s** *(fam)* tener murria, estar deprimido. **2** *vt (rubbish etc)* verter, descargar; *(fam: put down: parcel, passenger)* dejar; *(: sand, load)* descargar, verter; *(fam: get rid of: person, girlfriend)* deshacerse de; *(: reject)* rechazar; *(: thing)* dejar; *(Comm: goods)* inundar el mercado de.
dump·ling ['dʌmplɪŋ] *(sweet) n* masa *f* hervida rellena de frutas.
dumpy ['dʌmpɪ] *adj* regordete.
dun [dʌn] *adj* pardo/a.
dunce [dʌns] *n (Scol)* zopenco/a *m/f.*
dune [djuːn] *n* duna *f.*
dung [dʌŋ] *n (of horse etc)* excrementos *mpl; (as manure)* estiércol *m.*
dun·ga·rees [ˌdʌŋgə'riːz] *npl* mono *msg.*
dun·geon ['dʌndʒən] *n* calabozo *m,* mazmorra *f.*
dunk [dʌŋk] *vt* mojar.
duo·denal [ˌdjuːəʊ'diːnl] *adj*: **~ ulcer** úlcera *f* del duodeno.
duo·denum [ˌdjuːəʊ'diːnəm] *n* duodeno *m.*
dupe [djuːp] **1** *n* inocentón/ona *m/f.* **2** *vt* engañar; **to ~ sb (into doing sth)** embaucar a uno (para que haga algo).
du·plex ['djuːpleks] *n (US: also* **~ apartment**) dúplex *m.*
du·pli·cate ['djuːplɪkeɪt] **1** *vt (document etc)* duplicar; *(on machine)* copiar; *(repeat: action)* repetir. **2** ['djuːplɪkət] *n (copy of letter etc)* copia *f;* **in ~** por duplicado. **3** ['djuːplɪkət] *adj (copy)* copiado/a, duplicado/a; **~ key** duplicado *m* de una llave.
du·pli·ca·ting ma·chine ['djuːplɪkeɪtɪŋmə,ʃiːn] *n,* **du·pli·ca·tor** ['djuːplɪkeɪtə^r] *n* multicopista *f.*
du·plic·ity [djuː'plɪsɪtɪ] *n* doblez *f,* duplicidad *f.*
du·rabil·ity [ˌdjʊərə'bɪlɪtɪ] *n* durabilidad *f.*
du·rable ['djʊərəbl] *adj (gen)* duradero/a.
du·ra·tion [djʊə'reɪʃən] *n* duración *f;* **for the ~ of the war** mientras dure la guerra.
du·ress [djʊə'res] *n*: **under ~** por compulsión.
du·rex ® ['djʊəreks] *n* preservativo *m.*
dur·ing ['djʊərɪŋ] *prep (throughout)* durante (todo); *(in the course of)* durante.
dusk [dʌsk] *n (twilight)* crepúsculo *m; (gloom)* oscuridad *f;* **at ~** al atardecer.
dust [dʌst] **1** *n (on furniture etc)* polvo *m.* **2** *vt* **(a)** *(furniture)* quitar el polvo a; *(room)* limpiar. **(b)** *(Culin: with flour etc)* espolvorear. **3** *vi (housewife etc)* hacer la limpieza, *(LAm)* trapear. **4: ~ bowl** *n (Geog)* terreno *m* pelado por la erosión; **~ cover** *n,* **~ jacket** *n (of book)* sobrecubierta *f;* **~ sheet** *n* guardapolvo *m.*
dust·bin ['dʌstbɪn] *n (Brit)* cubo *m* de la basura, *(LAm)* balde *m.*
dust·cart ['dʌstkɑːt] *n* camión *m* de la basura.
dust·er ['dʌstə^r] *n (cloth: for dusting)* trapo *m; (for blackboard)* borrador *m;* **feather ~** plumero *m.*
dust·man ['dʌstmən] *n, pl* **-men** *(Brit)* basurero *m.*
dust·pan ['dʌstpæn] *n* cogedor *m.*
dust-up ['dʌstʌp] *n (fam)* pelea *f, (LAm)* bronca *f.*
dusty ['dʌstɪ] *adj* **(-ier, -iest)** polvoriento/a; **to get ~** *(cover)* cubrirse *or (fill)* llenarse de polvo.
Dutch [dʌtʃ] **1** *adj* holandés/esa; **~ courage** envalentonamiento *m* del que ha bebido. **2** *n (language)* holandés *m;* **the ~** *(people)* los holandeses. **3** *adv*: **to go ~** pagar cada uno lo suyo.
Dutch·man ['dʌtʃmən] *n, pl* **-men** holandés *m.*
Dutch·woman ['dʌtʃˌwʊmən] *n, pl* **-women** holandesa *f.*
du·ti·able ['djuːtɪəbl] *adj* sujeto/a a derechos de aduana.
du·ti·ful ['djuːtɪfʊl] *adj (child)* obediente; *(husband)* sumiso/a; *(employee)* cumplido/a.
duty ['djuːtɪ] **1** *n* **(a)** *(moral, legal)* deber *m,* obligación *f;* **to do one's ~ (by sb)** cumplir con su deber (con uno); **I am ~ bound to say that ...** es mi deber decir que .... **(b)** *(often pl: task, responsibility)* función *f,* deber *m;* **to be on ~** *(Med)* estar de servicio; *(Mil)* estar de guardia; *(Admin, Scol)* estar de turno; **to be off ~** *(gen)* estar libre. **(c)** *(Fin: tax)* derechos *mpl;* **to pay ~ on sth** pagar los derechos sobre algo. **2: ~ officer** *n (Mil etc)* oficial *m* de servicio.
duty-free [ˌdjuːtɪ'friː] *adj (goods etc)* libre de derechos de aduana; **~ shop** tienda *f* 'duty free'.
du·vet ['duːveɪ] *n* edredón *m.*
dwarf [dwɔːf] **1** *adj (gen)* enano/a. **2** *n* enano/a *m/f.* **3** *vt (dominate: skyscraper, person)* dominar;

(*achievement*) achicar.
dwell [dwel] *pt, pp* **dwelt** *vi (poet)* morar, vivir.
♦ **dwell (up)on** *vi + prep (think about)* pensar obsesivamente en; *(talk about)* insistir en (hablar de); *(emphasize)* hacer hincapié en; **don't let's ~ upon it** no hay que insistir.
dwell·er ['dweləʳ] *n* habitante *mf.*
dwell·ing ['dwelɪŋ] **1** *n (frm, poet)* morada *f*, vivienda *f.* **2: ~ house** *n (frm)* casa *f* particular.
dwelt [dwelt] *pt, pp of* **dwell.**
dwin·dle ['dwɪndl] *vi* quedar reducido (*to* a).
dwin·dling ['dwɪndlɪŋ] *adj (gen)* menguante.
dye [daɪ] **1** *n* tinte *m;* **hair ~** tinte para el pelo. **2** *vt (fabric)* teñir; **to ~ sth red/one's hair blond** teñir algo de rojo/el pelo de color rubio; **~d hair** pelo *m* teñido.
dy·ing ['daɪɪŋ] **1** *n (death)* muerte *f;* **the ~** los moribundos *mpl.* **2** *adj (man)* agonizante; *(custom, race)* moribundo/a; **his ~ words were ...** sus últimas palabras fueron ... .
dyke [daɪk] *n* **(a)** *(barrier)* dique *m; (channel)* arroyo *m*, acequia *f; (causeway)* calzada *f; (embankment)* terraplén *m.* **(b)** *(fam!: lesbian)* tortillera *f (fam!).*
dy·nam·ic [daɪ'næmɪk] *adj (Phys, also fig)* dinámico/a.
dy·nam·ics [daɪ'næmɪks] *nsg* dinámica *f.*
dy·na·mite ['daɪnəmaɪt] **1** *n* dinamita *f; (fig fam)* **he's ~!** ¡es estupendo!; **the story is ~** la historia es explosiva. **2** *vt (bridge etc)* volar con dinamita.
dy·na·mo ['daɪnəməʊ] *n* dínamo *f.*
dyn·as·ty ['dɪnəstɪ] *n* dinastía *f.*
d'you = do you.
dys·en·tery ['dɪsəntrɪ] *n* disentería *f.*
dys·lexia [dɪs'leksɪə] *n* dislexia *f.*
dys·lex·ic [dɪs'leksɪk] *adj, n* disléxico/a.
dys·pep·sia [dɪs'pepsɪə] *n* dispepsia *f.*
dys·tro·phy ['dɪstrəfɪ] *n* distrofia *f;* **muscular ~** distrofia muscular.

E

E, e [iː] *n* **(a)** *(letter)* E, e *f.* **(b)** *(Mus)* mi *m.*

E *abbr of* **east** E.

each [iːtʃ] **1** *adj* cada; ~ **day** cada día; ~ **one of them** cada uno (de ellos). **2** *pron* **(a)** cada uno/a; ~ **of us** cada uno de nosotros, *(LAm)* cada quien; **a little of** ~ un poco de cada. **(b)** ~ **other** uno a *or* al otro; **they looked at** ~ **other** se miraron (uno a otro); **they help** ~ **other** se ayudan mútuamente *or* entre ellos; **they love** ~ **other** se quieren; **people must help** ~ **other** hay que ayudarse (uno a otro); **they were sorry for** ~ **other** se compadecían entre ellos; **their houses are next to** ~ **other** sus casas están una al lado de la otra *or (LAm)* juntas. **3** *adv*: **we gave them one apple** ~ les dimos una manzana por persona; **they cost £5** ~ costaron 5 libras cada uno.

eager ['iːgəʳ] **1** *adj* **(a)** *(keen)* entusiasta, entusiasmado/a; *(impatient)* impaciente, ansioso/a; *(hopeful)* ilusionado/a; **to be** ~ **for** *(gen)* ansiar, desear; *(knowledge, affection)* anhelar; *(power, vengeance)* ser ávido de; **to be** ~ **to help** entusiasmarse por ayudar. **(b)** *(desire etc)* vivo/a, ardiente. **2**: ~ **beaver** *n (fam)* **to be an** ~ **beaver** ser incansable.

eager·ly ['iːgəlɪ] *adv (see adj* **1a***)* con entusiasmo; con impaciencia; con ilusión.

eager·ness ['iːgənɪs] *n (see adj* **1a***)* entusiasmo *m;* impaciencia *f;* ilusión *f.*

eagle ['iːgl] *n* águila *f.*

eagle-eyed ['iːglaɪd] *adj (person)* **to be** ~ tener ojos de lince.

ear[1] [ɪəʳ] *n (Anat)* oreja *f, (LAm)* oído *m; (sense of hearing)* oído; **to be all** ~**s** ser todo oídos; **he could not believe his** ~**s** no daba crédito a sus oídos; **your** ~**s must have been burning** le debían silbar los oídos; **it goes in one** ~ **and out the other** por un oído le entra y por otro le sale; **to be up to the** ~**s in debt** estar abrumado de deudas; **to have a good** ~ **for music** tener buen oído; **to play sth by** ~ *(lit)* tocar algo de oído; **I'll play it by** ~ *(fig)* lo haré sobre la marcha.

ear[2] [ɪəʳ] *n (of corn etc)* espiga *f.*

ear·ache ['ɪəreɪk] *n* dolor *m* de oídos.

ear·drum ['ɪədrʌm] *n* tímpano *m.*

earl [ɜːl] *n* conde *m.*

ear·ly ['ɜːlɪ] **(-ier, -iest) 1** *adj (man, Church)* primitivo/a; *(fruit, vegetable)* temprano/a; *(death)* prematuro/a; **it's still** ~ es temprano *or (LAm)* pronto todavía; **you're** ~**!** ¡llegaste temprano *or (LAm)* pronto!; **to be an** ~ **riser** ser madrugador; **at an** ~ **hour** *(in the morning)* a primera hora; *(gen)* a temprana hora; **it was** ~ **in the morning** era muy de mañana *or* de madrugada; **in the** ~ **spring** a principios de la primavera; **she's in her** ~ **forties** tiene poco más de 40 años; **from an** ~ **age** desde una edad temprana; **his** ~ **youth** su primera juventud; **the** ~ **Victorians** los primeros victorianos; **it will happen in March at the earliest** ocurrirá no antes de marzo; **at your earliest convenience** *(Comm)* con la mayor brevedad posible; **Shakespeare's** ~ **work** las obras juveniles de Shakespeare.

2 *adv* temprano, *(LAm)* pronto; **you get up too** ~ te levantas demasiado temprano; **I don't want to get there too** ~ no quiero llegar antes de la hora; ~ **in the morning** muy de mañana, de madrugada; **as** ~ **as possible** lo más pronto posible, cuanto antes; **he was 10 minutes** ~ llegó 10 minutos antes de la hora; **to book** ~ reservar con mucha anticipación; **earlier on** anteriormente, antes.

ear·mark ['ɪəmɑːk] *vt* destinar *(for* a).

earn [ɜːn] **1** *vt (money, wages etc)* ganar; *(: frm)* percibir; *(Comm: interest)* devengar; *(praise)* merecerse, ganarse; **to** ~ **one's living** ganarse la vida. **2** *vi*: **to be** ~**ing** estar ganando *or* trabajando.

ear·nest ['ɜːnɪst] **1** *adj (serious: person, character etc)* serio/a, formal; *(sincere)* sincero/a; *(eager: wish, request)* vivo/a, ardiente. **2** *n*: **in** ~ en serio.

ear·nest·ly ['ɜːnɪstlɪ] *adv (speak)* en serio; *(work)* con aplicación *or* empeño; *(pray)* de todo corazón.

earn·ings ['ɜːnɪŋz] *npl (wages)* sueldo *msg,* salario *msg; (income)* ingreso *msg; (profits)* ganancias *fpl,* utilidades *fpl.*

ear·phones ['ɪəfəʊnz] *npl (Telec etc)* auriculares *mpl, (LAm)* audífono *msg.*

ear·piece ['ɪəpiːs] *n (Telec)* auricular *m.*

ear·plugs ['ɪəplʌgz] *npl* tapones *mpl* para los oídos.

ear·ring ['ɪərɪŋ] *n* pendiente *m,* arete *m; (stud)* zarcilla *f.*

ear·shot ['ɪəʃɒt] *n*: **within/out of** ~ al/fuera del alcance del oído.

earth [ɜːθ] **1** *n* **(a)** *(the world)* **(the) E**~ la Tierra; **on** ~ en este mundo; **she looks like nothing on** ~ *(fam)* está hecha un desastre; **nothing on** ~ **would make me do it** no lo haría por nada del mundo; **it must have cost the** ~**!** *(fam)* ¡te habrá costado un ojo de la cara!; **where/who/what on** ~ **...?** *(fam)* ¿dónde/quién/qué demonios ...? **(b)** *(ground)* tierra *f,* suelo *m; (soil)* tierra; **to fall to** ~ caer al suelo. **(c)** *(of fox, badger)* guarida *f,* madriguera *f;* **to run to** ~ *(animal)* cazar *or* atrapar en su guarida; *(person)* perseguir y encontrar. **(d)** *(Elec)* tierra *f.* **2** *vt (Elec: apparatus)* conectar a tierra.

earthen·ware ['ɜːθənwɛəʳ] *n* loza *f* (de barro).

earth·ly ['ɜːθlɪ] *adj* **(a)** *(terrestrial)* terrenal; *(worldly)* mundano/a. **(b)** *(fam: possible)* **there is no** ~ **reason to think ...** no existe razón para pensar ...; **it's of no** ~ **use** no sirve para nada.

earth·quake ['ɜːθkweɪk] *n* terremoto *m, (LAm)* temblor *m.*

earth·ward(s) ['ɜːθwəd(z)] *adv* hacia la tierra.

earth·worm ['ɜːθwɜːm] *n* lombriz *f.*

earthy ['ɜːθɪ] *adj* **(a)** *(like earth)* terroso/a; **an** ~ **taste** un sabor a tierra. **(b)** *(uncomplicated: character)* sencillo/a; *(vulgar: humour)* grosero/a.

ear·wig ['ɪəwɪg] *n* tijereta *f.*

ease [iːz] **1** *n* **(a)** *(no difficulty)* facilidad *f;* **with** ~ con facilidad. **(b)** *(freedom from worry)* tranquilidad *f; (relaxed state)* soltura *f,* desahogo *m;* **a life of** ~ una vida desahogada; **to feel at** ~ sentirse cómodo *or* a sus anchas, estar a gusto; **to be ill at** ~ sentirse incómodo *or* a disgusto; **to put sb at**

his ~ *(pacify)* tranquilizar a uno; *(make comfortable)* poner cómodo a uno; **stand at ~!** *(Mil)* ¡descansen! **2** *vt (task)* facilitar; *(pain)* aliviar; *(mind)* tranquilizar; *(loosen)* aflojar; **to ~ something into ...** meter algo con cuidado en ...; **to ~ in the clutch** *(Aut)* meter el embrague con cuidado. **3** *vi (situation)* relajarse; *(pain)* aliviarse.

♦ **ease off, ease up** *vi + adv (slow down)* bajar la velocidad *or* el paso; *(relax)* relajarse; *(work, business)* bajarse; *(pressure, tension)* aflojarse; *(pain)* aliviarse; **~ up a bit!** ¡afloja el paso un poco!

easel ['iːzl] *n* caballete *m.*

easi·ly ['iːzɪlɪ] *adv (without effort: win, climb)* fácilmente; **he may ~ change his mind** es muy posible que cambie de opinión, *(LAm)* fácilmente cambía de opinión; **it's ~ the best** es con mucho el mejor; **there were ~ 500 at the meeting** había fácilmente 500 en la reunión.

easi·ness ['iːzɪnɪs] *n (see adj) (gen)* facilidad *f; (calm)* tranquilidad *f; (relaxation)* soltura *f; (relief)* desahogo *m.*

east [iːst] **1** *n* este *m,* oriente *m;* **the mysterious E~** el Oriente misterioso; **the E~** *(Pol)* el Este; **the wind is in the/from the ~** el viento viene del este; **to the ~ of** al este de. **2** *adj (side)* este, del este, oriental; **E~ Africa** Africa Oriental. **3** *adv (towards)* hacia el *or* al este; **~ of the border** al este de la frontera; **to go ~** ir hacia el este *or* oriente.

East·er ['iːstəʳ] **1** *n* Pascua *f* (de Resurrección); **at ~** por Pascua. **2: ~ egg** *n* huevo *m* de Pascua; **~ holidays** *npl* vacaciones *fpl* de Semana Santa; **~ Sunday** *n* Domingo *m* de Resurrección; **~ week** *n* Semana *f* Santa.

east·er·ly ['iːstəlɪ] *adj* del este; **in an ~ direction** hacia el este.

east·ern ['iːstən] *adj (region)* del este, oriental; **E~ Europe** Europa del Este *or* Oriental; **the E~ bloc** *(Pol)* el bloque del Este.

east·ward ['iːstwəd] **1** *adj (direction)* hacia el este. **2** *adv (also* **~s)** hacia el este.

easy ['iːzɪ] **1** *adj* **(-ier, -iest) (a)** *(not difficult)* fácil; **it is ~ to see that ...** es fácil ver que ...; **he's ~ to work with** es fácil trabajar con él; **he's ~ to get on with** es muy simpático *or (LAm)* tratable; **he came in an ~ first** llegó facilmente el primero; **easier said than done** del dicho al hecho, hay mucho trecho; **~ money** dinero ganado sin esfuerzo. **(b)** *(carefree: life)* holgado/a, cómodo/a; *(: relationship)* cómodo/a; *(relaxed: manners)* relajado/a, holgado/a; *(style)* natural; **to feel ~ in one's mind** estar tranquilo; **to buy sth on ~ terms** *(Comm)* comprar algo a plazos; **I'm ~** *(fam: not particular)* me es igual, no me importa, me tiene sin cuidado.

2 *adv:* **~ does it!** ¡despacio!, ¡cuidado!, ¡con calma!; **to take things** *or* **it ~** *(rest)* descansar; *(go slowly)* tomárselo con calma; **take it ~!** *(don't worry)* ¡cálmese!, *(LAm)* ¡no se altere *or* aflija!; *(don't rush)* ¡despacio!, ¡no corra!; **go ~ with the sugar** cuidado con el azúcar; **go ~ on him** no le maltrate.

3: ~ chair *n* sillón *m, (LAm)* butaca *f.*

easy-going [ˌiːzɪ'gəʊɪŋ] *adj (person)* acomodadizo/a; *(attitude)* tolerante, descuidado/a.

eat [iːt] *vb: pt* **ate,** *pp* **eaten 1** *vt (food)* comer; **to ~ one's lunch** comer, almorzar; **there's nothing to ~** no hay nada que comer; **he's ~ing us out of house and home** *(fam)* come por ocho; **to ~ one's fill** hartarse; **he won't ~ you** *(fam)* no te va a morder; **what's ~ing you?** *(fam)* ¿qué mosca te ha picado?; **to ~ one's words** *(fig)* tragarse las palabras, *(LAm)* retractarse. **2** *vi* comer; **he ~s like a horse** come más que una lima nueva; **I've got him ~ing out of my hand** lo tengo dominado. **3** *n:* **~s** *(fam)* comida *f, (RPl)* vituallas *fpl.*

♦ **eat away** *vt + adv (wear away)* desgastar; *(corrode)* corroer; *(mice etc)* roer.

♦ **eat into** *vi + prep (acid: metal)* corroer; *(wear away)* desgastar; *(savings)* mermar.

♦ **eat out 1** *vi + adv* comer fuera. **2** *vt + adv:* **to ~ one's heart out** consumirse.

♦ **eat up 1** *vt + adv (meal etc)* comerse; **it ~s up electricity** devora la electricidad. **2** *vi + adv:* **~ up!** ¡apúrate!

eat·able ['iːtəbl] *adj (fit to eat)* aceptable; *(edible)* comestible.

eat·en ['iːtn] *pt of* **eat.**

eat·er ['iːtəʳ] *n* comedor(a) *m/f.*

eau de Co·logne [ˌəʊdəkə'ləʊn] *n* colonia *f.*

eaves ['iːvz] *npl* alero *msg.*

eaves·drop ['iːvzdrɒp] *vi* escuchar a escondidas; **to ~ on a conversation** escuchar una conversación a escondidas.

eaves·drop·per ['iːvzdrɒpəʳ] *n* escuchador(a) *mf* oculto/a.

ebb [eb] **1** *n (of tide)* reflujo *m;* **~ and flow** *(of tide)* el flujo y reflujo; *(fig)* los altibajos *mpl;* **~ tide** marea *f* menguante; **to be at a low ~** *(fig: person, spirits)* estar decaído; *(: business)* disminuirse. **2** *vi* bajar, menguar; *(fig)* decaer; **to ~ and flow** *(tide)* fluir y refluir.

eb·ony ['ebənɪ] *n* ébano *m.*

ebullience [ɪ'bʌlɪəns] *n* entusiasmo *m,* animación *f.*

ebul·lient [ɪ'bʌlɪənt] *adj* entusiasta, animado/a.

ec·cen·tric [ɪk'sentrɪk] **1** *adj (person, behaviour)* excéntrico/a, extravagante. **2** *n* excéntrico/a *m/f.*

ec·cen·tri·city [ˌeksən'trɪsɪtɪ] *n* excentricidad *f.*

ec·cle·si·asti·cal [ɪˌkliːzɪ'æstɪkəl] *adj* eclesiástico/a.

ECG *abbr of* **electrocardiogram** ECG *f.*

eche·lon ['eʃəlɒn] *n (level)* nivel *m; (degree)* grado *m; (Mil)* escalón *m.*

echo ['ekəʊ] **1** *n, pl* **-es** *(gen, fig)* eco *m.* **2** *vt (sound)* repetir; *(opinion etc)* hacerse eco de. **3** *vi (sound)* resonar, hacer eco; *(place)* resonar; **his footsteps ~ed in the street** sus pasos hicieron eco en la calle.

echo sounder ['ekəʊˌsaʊndəʳ] *n* sonda *f* acústica.

éclair ['eɪklɛəʳ] *n* relámpago *m.*

eclipse [ɪ'klɪps] **1** *n* eclipse *m.* **2** *vt (lit, fig)* eclipsar.

eco·logi·cal [ˌiːkə'lɒdʒɪkəl] *adj* ecológico/a.

ecolo·gist [ɪ'kɒlədʒɪst] *n* ecólogo/a *m/f.*

eco·logy [ɪ'kɒlədʒɪ] *n* ecología *f.*

eco·nom·ic [ˌiːkə'nɒmɪk] *adj* **(a)** *(problems, development, geography)* económico/a. **(b)** *(profitable: business, price)* rentable.

eco·nomi·cal [ˌiːkə'nɒmɪkəl] *adj (gen)* económico/a.

eco·nomi·cal·ly [ˌiːkə'nɒmɪkəlɪ] *adv* **(a)** *(gen)* económicamente. **(b)** *(regarding economics)* respeto a la economía.

eco·nom·ics [ˌiːkə'nɒmɪks] *n* **(a)** *(sg: science)* economía *f.* **(b)** *(pl: financial aspects)* rentabilidad *fsg;* **the ~ of the situation** la rentabilidad de la situación.

econo·mist [ɪ'kɒnəmɪst] *n* economista *mf.*

econo·mize [ɪ'kɒnəmaɪz] *vi* economizar *(on* en).

econo·my [ɪ'kɒnəmɪ] **1** *n* **(a)** *(thrift)* economía *f; (a saving)* ahorro *m.* **(b)** *(system)* economía *f.* **2: ~ class** *n* clase *f* económica *or* turista; **~ drive** *n:* **to have an ~ drive** economizar, ahorrar gastos; **~ size** *n* tamaño *m* familiar.

ec·sta·sy ['ekstəsɪ] *n (Rel, fig)* éxtasis *m;* **to go into**

ecstasies over extasiarse ante.
ec·stat·ic [eks'tætɪk] *adj* extático/a.
ec·stati·cal·ly [eks'tætɪkəlɪ] *adv* con éxtasis.
ECT *abbr of* **electroconvulsive therapy.**
Ecua·dor ['ekwədɔːʳ] *n* Ecuador *m*.
ecu·meni·cal [ˌiːkjʊ'menɪkəl] *adj (Rel)* ecuménico/a.
ec·ze·ma ['eksɪmə] *n* eczema *m*.
eddy ['edɪ] **1** *n* remolino *m*. **2** *vi (water)* arremolinarse.
edge [edʒ] **1** *n (of cliff, wood)* borde *m; (of town)* afueras *fpl; (of lake, river)* orilla *f; (of cube, brick)* arista *f; (of paper)* margen *m; (of knife, razor)* filo *m;* **the trees at the ~ of the road** los árboles que bordean la carretera; **a book with gilt ~s** un libro con cantos dorados; **to be on ~** *(fig)* tener los nervios de punta; **to be on the ~ of disaster** estar al borde del desastre; **that took the ~ off my appetite** eso me engañó el hambre; **to have the ~ on sb/sth** llevar ventaja a uno/algo.
2 *vt* **(a)** *(garment)* ribetear; *(path etc)* bordear. **(b)** *(move carefully)* mover poco a poco; **he ~d it into the conversation** lo introdujo desapercibido en la conversación; **she ~d her way through the crowd** se abrió paso poco a poco por la multitud.
3 *vi*: **to ~ past** pasar con dificultad; **to ~ forward** avanzar poco a poco; **to ~ away from sb** alejarse poco a poco de uno.
edge·ways ['edʒweɪz] *adv* de lado, de canto; **I couldn't get a word in ~** *(fam)* no pude meter ni baza.
edg·ing ['edʒɪŋ] *n* borde *m; (of ribbon, silk)* ribete *m*.
edgy ['edʒɪ] *adj* nervioso/a.
ed·ible ['edɪbl] *adj (fit to eat)* comestible.
edict ['iːdɪkt] *n (Hist)* edicto *m; (Jur, Pol)* decreto *m*.
edi·fi·ca·tion [ˌedɪfɪ'keɪʃən] *n* enseñanza *f*.
edi·fice ['edɪfɪs] *n* edificio *m* (imponente).
edi·fy·ing ['edɪfaɪɪŋ] *adj* edificante.
Ed·in·burgh ['edɪnbərə] *n* Edimburgo *m*.
edit ['edɪt] *vt (newspaper, magazine, etc)* dirigir; *((re)write)* redactar; *(prepare for printing)* preparar para la imprenta; *(Cine, Rad, TV)* montar; *(cut)* cortar, reducir.
edi·tion [ɪ'dɪʃən] *n (gen)* edición *f; (number printed)* tirada *f*, tiraje *m;* **first ~** edición príncipe.
edi·tor ['edɪtəʳ] *n (of newspaper etc)* director(a) *m/f; (publisher's ~)* redactor(a) *m/f; (Cine, Rad, TV)* montador(a) *m/f;* **~'s note** nota *f* de la redacción.
edi·to·rial [ˌedɪ'tɔːrɪəl] **1** *adj* editorial; **~ staff** redacción *f*. **2** *n (in newspaper)* editorial *m*, artículo *m* de fondo.
edu·cate ['edjʊkeɪt] *vt (teach)* enseñar; *(train)* educar, formar; *(provide instruction in)* instruir.
edu·cat·ed ['edjʊkeɪtɪd] *adj (person, voice)* culto/a; **an ~ guess** una suposición bien fundamentada.
edu·ca·tion [ˌedjʊ'keɪʃən] *n* educación *f*, formación *f; (teaching)* enseñanza *f; (knowledge, culture)* cultura *f; (studies)* estudios *mpl; (training)* instrucción *f; (Univ: subject etc)* pedagogía *f;* **Ministry of E~** Ministerio *m or (LAm)* Secretaría de Educación; **primary/secondary ~** primera/segunda enseñanza; **higher ~** estudios superiores; **physical/political ~** educación física/política; **literary/professional ~** formación *f* literaria/profesional.
edu·ca·tion·al [ˌedjʊ'keɪʃənl] *adj (policy, methods)* educacional; *(establishment, institution, system)* de enseñanza; *(instructive: film, visit)* educativo/a; *(role, function)* docente; *(experience, event)* informativo/a.
Ed·ward·ian [ed'wɔːdɪən] *adj (society, architecture)* eduardiano/a; **the ~ era** la época eduardiana.
EEC *abbr of* **European Economic Community** CEE *f*.
eel [iːl] *n* anguila *f*.
eerie ['ɪərɪ] *adj (sound, experience)* espeluznante.
ef·face [ɪ'feɪs] *vt* borrar.
ef·fect [ɪ'fekt] **1** *n* **(a)** *(gen)* efecto *m; (result)* resultado *m*, consecuencia *f; (sense: of words etc)* sentido *m;* **to have an ~ on sb** hacerle efecto a uno; **to have an ~ on sth** afectar algo; **it will have the ~ of preventing ...** tendrá como consecuencia impedir ...; **to no ~** inútilmente, sin resultado; **to such good ~ that ...** con tan buenos resultados que ...; **to put into ~** *(rule, plan)* poner en vigor; **to take ~** *(drug)* surtir efecto; **to come into ~** *(Jur)* entrar en vigor *or* vigencia; **in ~** *(fact)* en realidad; *(practically)* de hecho; **his letter is to the ~ that ...** su carta especifica que ...; **an announcement to the ~ that ...** un aviso en el sentido de que ...; **or words to that ~** o algo por el estilo.
(b) *(impression)* efecto *m*, impresión *f; (impact)* trascendencia *f;* **to create an ~** impresionar; **he said it for ~** lo dijo sólo para impresionar.
(c) *(property)* **~s** efectos *mpl*.
2 *vt (bring about: sale, reduction)* realizar, llevar a cabo; **to ~ savings** hacer ahorros.
ef·fec·tive [ɪ'fektɪv] *adj* **(a)** *(efficient: cure, method, system)* eficaz; *(remark, argument)* efectivo/a; **to become ~** *(Jur)* entrar en vigor *or* vigencia. **(b)** *(striking: display, outfit)* impresionante. **(c)** *(actual: aid, contribution)* real.
ef·fec·tive·ly [ɪ'fektɪvlɪ] *adv (efficiently)* eficazmente; *(strikingly)* de manera impresionante; *(more or less)* efectivamente.
ef·fec·tive·ness [ɪ'fektɪvnɪs] *n (efficiency)* eficacia *f; (striking quality)* impresión *f*.
ef·fec·tual [ɪ'fektjʊəl] *adj* eficaz.
ef·femi·nate [ɪ'femɪnɪt] *adj* afeminado/a.
ef·fer·vesce [ˌefə'ves] *vi (liquid)* estar *or* entrar en efervescencia; *(person)* rebosar.
ef·fer·ves·cent [ˌefə'vesnt] *adj (gen)* efervescente; *(person)* rebosante.
ef·fi·ca·cious [ˌefɪ'keɪʃəs] *adj* eficaz.
ef·fi·ca·cy ['efɪkəsɪ] *n* eficacia *f*.
ef·fi·cien·cy [ɪ'fɪʃənsɪ] *n* eficacia *f*, eficiencia *f; (of machine)* rendimiento *m*.
ef·fi·cient [ɪ'fɪʃənt] *adj (person)* eficaz, eficiente; *(remedy, product, system)* eficaz; *(machine, car)* de buen rendimiento.
ef·fi·cient·ly [ɪ'fɪʃəntlɪ] *adv* eficazmente, eficientemente; **the new machine works ~** la máquina nueva da un buen rendimiento.
ef·fi·gy ['efɪdʒɪ] *n* efigie *f*.
ef·flu·ent ['eflʊənt] *n* chorro *m*.
ef·fort ['efət] *n (hard work)* esfuerzo *m; (attempt)* tentativa *f*, intento *m;* **it's not worth the ~** no vale la pena; **a good ~** un feliz intento; **his latest ~** *(fam)* su último intento; **he made no ~ to be polite** no hizo ningún esfuerzo *or (LAm)* no se esforzó por ser cortés; **put a bit of ~ into it!** ¡pon un poco más esfuerzo!; **please make every ~ to come** haz un esfuerzo por venir.
ef·fort·less ['efətlɪs] *adj (success)* fácil; *(movement)* sin ningún esfuerzo.
ef·fort·less·ly ['efətlɪslɪ] *adv (see adj)* fácilmente; sin ningún esfuerzo.
ef·fron·tery [ɪ'frʌntərɪ] *n* descaro *m*.
ef·fu·sive [ɪ'fjuːsɪv] *adj (person, welcome, letter)* efusivo/a; *(thanks, apologies)* expansivo/a.
e.g. *abbr of* **for example** p.ej.
egali·tar·ian [ɪˌgælɪ'tɛərɪən] *adj* igualitario/a.
egg [eg] **1** *n* huevo *m*, *(LAm)* blanquillo *m; (cell)*

óvulo *m;* **fried/scrambled/soft-boiled/hard-boiled ~** huevo frito/revuelto/pasado (por agua)/duro; **don't put all your ~s in one basket** *(proverb)* no te lo juegues todo a una carta. **2: ~ cup** *n* huevera *f;* **~ white** *n* clara *f* de huevo; **~ yolk** *n* yema *f* de huevo.
♦ **egg on** *vt + adv (urge)* incitar, *(LAm)* picar.
egg·head ['eghed] *n (pej fam: intellectual)* intelectualoide *mf.*
egg·plant ['egplɑːnt] *n (esp US)* berenjena *f.*
egg·shell ['egʃel] *n* cáscara *f* (de huevo).
ego ['iːgəʊ] **1** *n (Psych)* ego *m,* el yo; *(pride)* orgullo *m.* **2: ~ trip** *n (fam)* aventura *f* egoísta.
ego·cen·tric(al) [ˌegəʊ'sentrɪk(əl)] *adj* egocéntrico/a.
ego·ism ['egəʊɪzəm] *n* egoísmo *m.*
ego·ist ['egəʊɪst] *n* egoísta *mf.*
ego·tism ['egəʊtɪzəm] *n* egotismo *m.*
ego·tist ['egəʊtɪst] *n* egotista *mf.*
ego·tis·tic [ˌegəʊ'tɪstɪk] *adj* egotista.
Egypt ['iːdʒɪpt] *n* Egipto *m.*
Egyp·tian [ɪ'dʒɪpʃən] *adj, n* egipcio/a *m/f.*
eider·down ['aɪdədaʊn] *n (quilt)* edredón *m.*
eight [eɪt] **1** *adj* ocho. **2** *n* ocho *m;* **he's had one over the ~** *(fam)* lleva una copa de más; *for usage see* **five.**
eight·een [ˌeɪ'tiːn] **1** *adj* dieciocho, diez y ocho. **2** *n* dieciocho, diez y ocho; *for usage see* **five.**
eight·eenth [ˌeɪ'tiːnθ] **1** *adj* decimoctavo/a. **2** *n* decimoctavo/a *m/f; (fraction)* decimoctava parte *f,* decimoctavo *m; for usage see* **fifth.**
eighth [eɪtθ] **1** *adj* octavo/a. **2** *n* octavo/a *m/f; (fraction)* octava parte *f,* octavo *m; for usage see* **fifth.**
eighti·eth ['eɪtɪəθ] **1** *adj* octogésimo/a. **2** *n* octogésimo/a *m/f; (fraction)* octogésima parte *f,* octogésimo *m; for usage see* **fifth.**
eighty ['eɪtɪ] **1** *adj* ochenta. **2** *n* ochenta *m; for usage see* **five.**
Eire ['ɛərə] *n* Eire *m,* República *f* de Irlanda.
either ['aɪðəʳ] **1** *adj* **(a)** *(one or other: positive)* cualquiera de los dos; *(: neg)* ninguno de los dos; **~ day would suit me** cualquiera de los dos días me conviene. **(b)** *(each)* cada; **on ~ side** en los dos lados; **in ~ hand** en cada mano. **2** *pron (positive)* cualquiera de los dos; *(neg)* ninguno de los dos; **which bus will you take? — ~** ¿que autobús vas a coger? — cualquiera de los dos; **I don't want ~ of them** no quiero ninguno de los dos; **give it to ~ of them** dalo a cualquiera de los dos. **3** *conj:* **~... or** o ... o; **~ come in or stay out** o entra o quédate fuera; **I have never been to ~ Paris or Rome** no he visitado ni París ni Roma. **4** *adv* tampoco; **he can't sing ~** tampoco sabe cantar; **no, I haven't ~** no, yo tampoco.
ejacu·late [ɪ'dʒækjʊleɪt] *vt, vi* **(a)** *(cry out)* exclamar. **(b)** *(semen)* eyacular.
eject [ɪ'dʒekt] **1** *vt (Aer, Tech: bomb, flames)* expulsar; *(cartridge, troublemaker)* echar; *(tenant)* desahuciar. **2** *vi (pilot)* eyectarse.
ejec·tion [ɪ'dʒekʃən] *n (see vb)* expulsión *f;* desahucio *m.*
ejec·tor seat [ɪ'dʒektəˌsiːt] *n (in plane)* asiento *m* eyectable.
eke [iːk] *vt:* **to ~ out** *(food, supplies)* escatimar; *(money, income)* hacer que alcance; **to ~ out a living** ganarse la vida a duras penas.
elabo·rate [ɪ'læbərɪt] **1** *adj (design, pattern, hairstyle)* trabajado/a, esmerado/a; *(meal)* de muchos platos; *(plan)* detallado/a. **2** [ɪ'læbəreɪt] *vt (work out)* elaborar, desarrollar; *(describe)* explicar. **3** [ɪ'læbəreɪt] *vi:* **he elaborated on it** lo explicó con más detalles.
elapse [ɪ'læps] *vi* pasar, transcurrir.
elas·tic [ɪ'læstɪk] **1** *adj* elástico/a; *(fig)* flexible. **2** *n (in garment)* elástico *m, (RPl)* jebe *m.* **3: ~ band** *n* gomita *f, (LAm)* liga *f* (elástica).
elas·tici·ty [ɪlæs'tɪsɪtɪ] *n* elasticidad *f.*
elat·ed [ɪ'leɪtɪd] *adj (excited)* excitado/a; *(happy)* alegre.
ela·tion [ɪ'leɪʃən] *n (state)* regocijo *m,* júbilo *m.*
el·bow ['elbəʊ] **1** *n (Anat)* codo *m; (in road)* recodo *m;* **at his ~** al alcance de la mano. **2** *vt:* **to ~ sb aside** apartar a uno a codazos; **to ~ one's way through the crowd** abrirse paso a codazos por la muchedumbre. **3: ~ grease** *n (fam)* codo *m.*
elbow·room ['elbəʊrʊm] *n* espacio *m* para moverse.
el·der[1] ['eldəʳ] **1** *adj (brother etc)* mayor; **~ statesman** viejo estadista *m; (fig)* persona *f* respetada. **2** *n (senior)* mayor *m; (of tribe)* anciano *m.*
el·der[2] ['eldəʳ] *n (Bot)* saúco *m.*
elder·berry ['eldəˌberɪ] *n* baya *f* del saúco.
el·der·ly ['eldəlɪ] *adj* mayor, de edad; **the ~** los mayores, las personas de edad.
eld·est ['eldɪst] *adj (child)* mayor; **my ~ brother** mi hermano mayor.
elect [ɪ'lekt] **1** *vt* **(a)** *(Pol etc)* elegir *(to* a); **he was ~ed chairman** fue elegido presidente. **(b)** *(choose)* elegir; **he ~ed to remain** eligió quedarse. **2** *adj* electo/a; **the president ~** el presidente electo.
elec·tion [ɪ'lekʃən] **1** *n (gen)* elección *f;* **general ~** elecciones *or* comicios *mpl* generales; **to hold an ~** convocar elecciones. **2: ~ campaign** *n* campaña *f* electoral; **~ day** *n* día *m* de las elecciones.
elec·tion·eer [ɪˌlekʃə'nɪəʳ] *vi* hacer campaña (electoral).
elec·tion·eer·ing [ɪˌlekʃə'nɪərɪŋ] *n* campaña *f* electoral.
elec·tive [ɪ'lektɪv] *adj (Univ etc: course)* facultativo/a; *(assembly)* electivo/a.
elec·tor [ɪ'lektəʳ] *n* elector(a) *m/f.*
elec·tor·al [ɪ'lektərəl] **1** *adj* electoral. **2: ~ college** *n* colegio *m* electoral; **~ roll** *n* censo *m* electoral.
elec·tor·ate [ɪ'lektərɪt] *n* electorado *m.*
elec·tric [ɪ'lektrɪk] **1** *adj (appliance, current)* eléctrico/a; **the atmosphere was ~** *(fig)* había un ambiente muy tenso. **2: ~ blanket** *n* manta *f* eléctrica; **~ chair** *n* silla *f* eléctrica; **~ fire** *n* estufa *f* eléctrica; **~ light** *n* luz *f* eléctrica; **~ shock** *n* electrochoque *m;* **~ storm** *n* tormenta *f* eléctrica.
elec·tri·cal [ɪ'lektrɪkəl] **1** *adj (equipment etc)* eléctrico/a. **2: ~ engineer** *n* ingeniero/a *m/f* electrotécnico/a; **~ failure** *n* fallo *m* eléctrico.
elec·tri·cian [ɪlek'trɪʃən] *n* electricista *mf.*
elec·tric·ity [ɪlek'trɪsɪtɪ] **1** *n* electricidad *f;* **to switch on/off the ~** poner/apagar la electricidad. **2: ~ board** *n (Brit)* compañía *f* eléctrica *or (LAm)* de luz.
elec·tri·fy [ɪ'lektrɪfaɪ] *vt (railway system)* electrificar; *(charge with electricity, fig)* electrizar.
elec·tri·fy·ing [ɪ'lektrɪfaɪɪŋ] *adj (performance etc)* electrizante.
electro... [ɪ'lektrəʊ] *pref* electro... .
elec·tro·car·dio·gram [ɪˌlektrəʊ'kɑːdɪəʊgræm] *n* electrocardiograma *m.*
elec·tro·con·vul·sive [ɪˌlektrəʊkən'vʌlsɪv] *adj:* **~ therapy** electroterapia *f.*
elec·tro·cute [ɪ'lektrəkjuːt] *vt* electrocutar.
elec·trode [ɪ'lektrəʊd] *n* electrodo *m.*
elec·tro·en·cepha·lo·gram [ɪˌlektrəʊen'sefələʊgræm] *n* electroencefalograma *m.*
elec·troly·sis [ɪlek'trɒlɪsɪs] *n* electrólisis *f.*
elec·tro·mag·ne·tic [ɪˌlektrəʊmæg'netɪk] *adj*

electromagnético/a.
elec·tron [ɪ'lektrɒn] **1** *n* electrón *m.* **2:** ~ **microscope** *n* microscopio *m* electrónico.
elec·tron·ic [ˌɪlek'trɒnɪk] *adj* electrónico/a; ~ **music** música *f* electrónica.
elec·tron·ics [ˌɪlek'trɒnɪks] *n* **(a)** *(sg: science)* electrónica *f.* **(b)** *(pl: of machine etc)* componentes *mpl* electrónicos.
elec·tro·plat·ed [ɪ'lektrəʊpleɪtɪd] *adj* galvanizado/a.
elec·tro·shock treat·ment [ɪ'ləktrəʊˌʃɒkˌtriːtmənt] *n* electroterapia *f.*
el·egance ['elɪgəns] *n* elegancia *f.*
el·egant ['elɪgənt] *adj* elegante.
el·egy ['elɪdʒɪ] *n* elegía *f.*
el·ement ['elɪmənt] *n (gen)* elemento *m; (factor)* factor *m;* **an ~ of truth** una parte de verdad; **an ~ of surprise** un elemento de sorpresa; **open to the ~s** *(weather)* a la intemperie; **the ~s of mathematics** los elementos de las matemáticas; **to be in one's ~** estar en su elemento.
el·emen·ta·ry [ˌelɪ'mentərɪ] *adj* elemental; *(basic, primitive)* rudimentario/a, básico/a; *(education, school)* primario/a, de primera enseñanza; *(easy)* muy sencillo/a; ~ **science** ciencia *f* básica.
el·ephant ['elɪfənt] *n* elefante *m; see* **white 3.**
el·evate ['elɪveɪt] *vt (raise in rank)* ascender; *(fig: mind, tone of conversation)* elevar.
el·eva·tion [ˌelɪ'veɪʃən] *n (hill)* elevación *f; (height: esp above sea-level)* altitud *f; (Archit)* alzado *m; (of person)* ascenso *m.*
el·eva·tor ['elɪveɪtə[r]] *n* **(a)** *(US: lift)* ascensor *m, (Mex)* elevador *m.* **(b)** *(hoist for goods)* montacargas *m inv.* **(c)** *(Aer)* timón *m* de profundidad.
ele·ven [ɪ'levn] **1** *adj* once. **2** *n* once *m; (Sport)* once, equipo *m; for usage see* **five.**
elev·en·ses [ɪ'levnzɪz] *npl (Brit fam)* onces *fpl.*
elev·enth [ɪ'levnθ] **1** *adj* undécimo/a, onceno/a; **at the ~ hour** *(fig)* a última hora. **2** *n* undécimo/a *m/f,* onceno/a *m/f; (fraction)* undécima parte *f,* undécimo *m; for usage see* **fifth.**
elf [elf] *n, pl* **elves** duende *m,* elfo *m.*
elic·it [ɪ'lɪsɪt] *vt:* **to ~ sth (from sb)** sacarle algo (a uno).
elide [ɪ'laɪd] *vt, vi (vowel, syllable)* elidir.
eli·gibil·ity [ˌelɪdʒə'bɪlɪtɪ] *n* elegibilidad *f.*
eli·gible ['elɪdʒəbl] *adj (suitable)* **to be ~ for** llenar los requisitos para; **an ~ young man** un buen partido.
elimi·nate [ɪ'lɪmɪneɪt] *vt (gen)* eliminar; *(suspect, possibility)* descartar; *(bad language, mistakes, details)* suprimir.
elimi·na·tion [ɪˌlɪmɪ'neɪʃən] *n (suppression)* supresión *f; (being eliminated)* eliminación *f;* **by process of ~** por proceso de eliminación.
eli·sion [ɪ'lɪʒən] *n* elisión *f.*
élite [eɪ'liːt] *n* élite *f.*
elit·ist [eɪ'liːtɪst] *adj (pej)* elitista.
elix·ir [ɪ'lɪksə[r]] *n* elixir *m.*
Eliza·bethan [ɪˌlɪzə'biːθən] *adj* isabelino/a.
elk [elk] *n (Zool)* alce *m.*
el·lipse [ɪ'lɪps] *n* elipse *f.*
elm [elm] *n* olmo *m.*
elo·cu·tion [ˌelə'kjuːʃən] *n* elocución *f.*
elon·gate ['iːlɒŋgeɪt] *vt (material, thing)* alargar, extender.
elon·ga·tion [ˌiːlɒŋ'geɪʃən] *n (act)* alargamiento *m; (part elongated)* extensión *f.*
elope [ɪ'ləʊp] *vi (2 persons)* fugarse para casarse; *(one person)* **to ~ with sb** fugarse con uno.
elope·ment [ɪ'ləʊpmənt] *n* fuga *f.*
elo·quence ['eləkwəns] *n* elocuencia *f.*
elo·quent ['eləkwənt] *adj* elocuente.
else [els] *adv* **(a)** otro/a; **anybody ~** cualquier otro; **anything ~** cualquier otra cosa; **anything ~, sir?** *(shop assistant)* ¿algo más, señor?; **anywhere ~** en cualquier otro sitio; **everyone ~** todos los demás; **everything ~** todo lo demás; **how ~ ...?** ¿de qué otra manera ...?; **nobody ~** ningún otro; **nothing ~** nada más; **there was nothing ~ I could do** no había otro remedio, *(LAm)* no me quedaba otra; **nothing ~, thank you** *(in shop)* nada más *or (LAm)* es todo, gracias; **nowhere ~** en ningún otro sitio; **somebody ~** otra persona; **somebody ~'s coat** el abrigo de otro; **something ~** otra cosa; *(fam)* estupendo/a; **somewhere ~** en otro sitio *or* otra parte; **what ~ ...?** ¿qué más ...?; **where ~ ...?** ¿en qué otro sitio ...?, *(LAm)* ¿dónde más ...?; **who ~ ...?** ¿quién más...?; **there is little ~ to be done** fuera de eso queda muy poco que hacer; **he said that, and much ~** dijo eso y mucho más.
(b) *(otherwise)* **or ~** si no; **keep quiet or ~ go away** cállate o vete; **do as I say, or ~!** *(fam: expressing threat)* ¡haz lo que te digo o me las pagarás!
else·where [ˌels'wɛə[r]] *adv (in another place)* en otro sitio, *(LAm)* en otra parte; *(to another place)* a otro sitio, *(LAm)* a otra parte.
elu·ci·date [ɪ'luːsɪdeɪt] *vt* aclarar.
elude [ɪ'luːd] *vt (pursuit)* burlar; *(capture, arrest)* eludir, escapar; *(grasp, blow)* esquivar, zafarse de; *(question)* eludir; **the answer has so far ~d us** hasta ahora no hemos dado con la solución; **his name ~s me** su nombre se me escapa; **success has ~d him** el éxito le ha eludido.
elu·sive [ɪ'luːsɪv] *adj (prey, enemy)* esquivo/a; *(thoughts, word, success etc)* difícil de conseguir; *(slippery)* escurridizo/a; **he is very ~** no es fácil encontrarlo.
elves [elvz] *npl of* **elf.**
ema·ci·at·ed [ɪ'meɪsɪeɪtɪd] *adj (person, features, body)* demacrado/a.
ema·nate ['eməneɪt] *vi:* **to ~ from** *(idea, proposal)* surgir de; *(light, smell)* proceder de.
eman·ci·pate [ɪ'mænsɪpeɪt] *vt (women, slaves)* emancipar; *(fig)* liberar.
eman·ci·pa·tion [ɪˌmænsɪ'peɪʃən] *n (of women, slaves)* emancipación *f; (fig)* liberación *f.*
em·balm [ɪm'bɑːm] *vt (dead body)* embalsamar.
em·bank·ment [ɪm'bæŋkmənt] *n (of path, railway)* terraplén *m; (of canal, river)* dique *m.*
em·bar·go [ɪm'bɑːgəʊ] *n (Comm, Naut)* embargo *m;* **to put an ~ on sth** embargar algo; *(fig: prohibit)* prohibir algo; **to be under (an) ~** estar embargado.
em·bark [ɪm'bɑːk] **1** *vt* embarcar. **2** *vi (Naut, Aer)* embarcarse; **to ~ on (a journey)** emprender (un viaje); *(business venture, explanation, discussion)* lanzarse a.
em·bar·ka·tion [ˌembɑː'keɪʃən] **1** *n (of goods)* embarque *m; (of people)* embarco *m.* **2:** ~ **card** *n* tarjeta *f* de embarque.
em·bar·rass [ɪm'bærəs] *vt* avergonzar, *(Mex)* apenar, *(RPl)* acholar; **I was ~ed by the question** la pregunta me avergonzó; *(perplexed etc)* la pregunta me dejó confuso; **to be financially ~ed** estar en un aprieto (económico), estar *or (LAm)* andar mal de dinero.
em·bar·rass·ing [ɪm'bærəsɪŋ] *adj (experience, situation)* violento/a; *(question)* embarazoso/a, desconcertante.
em·bar·rass·ment [ɪm'bærəsmənt] *n (state)* vergüenza *f, (LAm)* pena *f; (cause)* molestia *f,* vergüenza; **you are an ~ to us** eres un estorbo para nosotros; **financial ~s** dificultades *fpl* econó-

micas.

em·bas·sy ['embəsı] *n (gen)* embajada *f;* **the British E~ in Rome** la embajada británica en Roma.

em·bed [ım'bed] *vt (weapon, teeth)* clavar, hincar; *(jewel)* empotrar; **it is ~ded in my memory** está fijado en mi memoria.

em·bel·lish [ım'belıʃ] *vt* **(a)** *(decorate)* embellecer *(with* de). **(b)** *(fig: story, truth)* adornar *(with* de).

em·bers ['embəz] *npl* ascua *fsg,* rescoldo *msg.*

em·bez·zle [ım'bezl] *vt (funds, money)* malversar, desfalcar.

em·bez·zle·ment [ım'bezlmənt] *n* malversación *f* (de fondos), desfalco *m.*

em·bez·zler [ım'bezlə^r] *n* malversador(a) *m/f,* desfalcador(a) *m/f.*

em·bit·ter [ım'bıtə^r] *vt (person)* amargar; *(relationship, dispute)* envenenar.

em·blem ['embləm] *n* emblema *m.*

em·bodi·ment [ım'bɒdımənt] *n* encarnación *f.*

em·body [ım'bɒdı] *vt* **(a)** *(spirit, quality)* encarnar; *(thought, theory)* abarcar *(in* en). **(b)** *(include)* incorporar *(in* en).

em·bo·lism ['embəlızəm] *n (Med)* embolia *f.*

em·boss [ım'bɒs] *vt (metal, leather)* repujar; *(paper)* gofrar.

em·brace [ım'breıs] **1** *n* abrazo *m.* **2** *vt* **(a)** *(person)* abrazar. **(b)** *(accept: offer)* aceptar; *(: religion)* abrazar, incorporarse a; *(: cause)* dedicarse a. **(c)** *(include)* abarcar. **3** *vi* abrazarse.

em·broi·der [ım'brɔıdə^r] *vt* bordar; *(fig: truth, facts, story)* embellecer, adornar.

em·broi·dery [ım'brɔıdərı] **1** *n (gen)* bordado *m.* **2:** **~ silk** *or* **thread** *n* seda *f or* hilo *m* de bordar.

em·broil [ım'brɔıl] *vt:* **to ~ sb in sth** enredar a uno en algo; **to ~ o.s. in sth** enredarse en algo.

em·bryo ['embrıəʊ] *n* embrión *m; (fig)* germen *m,* embrión; **in ~** en embrión.

em·bry·on·ic [ˌembrı'ɒnık] *adj (lit, fig)* embrionario/a.

emend [ı'mend] *vt (text)* enmendar.

emen·da·tion [ˌiːmen'deıʃən] *n* enmienda *f.*

em·er·ald ['emərəld] **1** *n (stone, colour)* esmeralda *f.* **2** *adj (necklace, bracelet etc)* de esmeraldas; *(also* **~ green)** esmeralda.

emerge [ı'mɜːdʒ] *vi* salir *(from* de); *(fig: truth, facts, problems)* surgir, presentarse; *(: theory, new nation)* surgir; **it ~s that ...** resulta que ... .

emer·gence [ı'mɜːdʒəns] *n* aparición *f.*

emer·gen·cy [ı'mɜːdʒənsı] **1** *n* emergencia *f,* crisis *f;* **in an ~** en caso de emergencia *or (LAm)* urgencia; **prepared for any ~** prevenido contra toda eventualidad; **to declare a state of ~** declarar un estado de emergencia. **2** *cpd (measures, repair, Med)* de urgencia; *(airstrip)* improvisado/a; *(powers)* extraordinario/a; *(rations, fund)* de emergencia; **~ exit** *n* salida *f* de emergencia; **~ landing** *n (Aer)* atterizaje *m* forzoso; **~ service** *n* servicio *m* de urgencia; **~ stop** *n (Aut)* parada *f* en seco.

emer·gent [ı'mɜːdʒənt] *adj (countries)* recién desarrollado/a.

em·ery ['emərı] **1** *n* esmeril *m.* **2:** **~ board** *n* lima *f* de uñas; **~ paper** *n* papel *m* de esmeril.

emet·ic [ı'metık] *n* emético *m.*

emi·grant ['emıgrənt] *n* emigrante *mf.*

emi·grate ['emıgreıt] *vi* emigrar.

emi·gra·tion [ˌemı'greıʃən] *n* emigración *f.*

émi·gré ['emıgreı] *n* emigrado/a *m/f.*

emi·nence ['emınəns] *n* **(a)** *(fame)* eminencia *f,* fama *f;* **to gain** *or* **win ~** ganarse fama *(as* de). **(b)** *(frm: hill)* eminencia *f.* **(c)** *(Rel: title of cardinal)* eminencia *f.*

emi·nent ['emınənt] *adj (person: distinguished)* eminente; *(: outstanding)* destacado/a; *(suitability, charm, fairness)* sumo/a.

emi·nent·ly ['emınəntlı] *adv* eminentemente.

emir [e'mıə^r] *n* emir *m.*

emir·ate [e'mıərıt] *n* emirato *m.*

em·is·sary ['emısərı] *n* emisario/a *m/f.*

emis·sion [ı'mıʃən] *n* **(a)** *(of light, smell, cry etc)* emisión *f.* **(b)** *(Anat: of semen)* expulsión *f.*

emit [ı'mıt] *vt (sparks, light, signals)* emitir; *(smoke, heat)* arrojar; *(smell)* despedir; *(cry)* dar; *(sound)* producir.

emolu·ment [ı'mɒljʊmənt] *n (often pl: frm)* honorario *m.*

emo·tion [ı'məʊʃən] *n (feeling)* emoción *f.*

emo·tion·al [ı'məʊʃənl] *adj (concerning the emotions)* emocional; *(moving)* conmovedor(a), emocionante; *(excited, worked up)* emocionado/a; *(sentimental)* sentimental; *(provoking emotion)* emotivo/a.

emo·tion·al·ism [ı'məʊʃnəlızəm] *n (pej)* sentimentalismo *m.*

emo·tion·al·ly [ı'məʊʃnəlı] *adv (with emotion)* con emoción; **~ deprived** privado de amor; **~ involved** envuelto sentimentalmente.

emo·tive [ı'məʊtıv] *adj* emotivo/a.

em·pa·thy ['empəθı] *n* empatía *f;* **to feel ~ with sb** sentir empatía por uno.

em·per·or ['empərə^r] *n* emperador *m.*

em·pha·sis ['emfəsıs] *n, pl* **em·pha·ses** ['emfəsiːz] *(in word, phrase)* acento *m;* **to speak with ~** hablar con énfasis; **to lay** *or* **place ~ on sth** *(fig)* hacer hincapié en algo; **the ~ is on sport** se da mayor importancia al deporte.

em·pha·size ['emfəsaız] *vt (fact, point)* subrayar, *(LAm)* enfatizar; *(Ling)* acentuar; *(fig: of garment: accentuate)* hacer resaltar; **I must ~ that ...** debo insistir en que ... .

em·phat·ic [ım'fætık] *adj (forceful)* enérgico/a, categórico/a; *(determined)* decidido/a; **it was an ~ success** fue un éxito arrollador.

em·phati·cal·ly [ım'fætıkəlı] *adv (resolutely)* categóricamente; *(forcefully)* enérgicamente.

em·pire ['empaıə^r] *n (group of countries)* imperio *m.*

em·piri·cal [em'pırıkəl] *adj (methods)* empírico/a.

em·piri·cism [em'pırısızəm] *n* empirismo *m.*

em·ploy [ım'plɔı] **1** *vt (person)* emplear; *(thing, method)* emplear, usar; *(time)* ocupar. **2** *n (frm)* **to be in the ~ of sb** ser empleado de uno.

em·ployee [ˌımplɔı'iː] *n* empleado/a *m/f.*

em·ploy·er [ım'plɔıə^r] *n (business person)* empresario/a *m/f; (boss)* patrón/ona *m/f;* **the ~s' federation** la federación patronal; **the ~'s interests** los intereses empresariales.

em·ploy·ment [ım'plɔımənt] **1** *n* empleo *m;* **to find/be in ~** encontrar/tener trabajo; **full ~** pleno empleo. **2:** **~ agency** *n* agencia *f* de colocaciones; **~ exchange** *n* bolsa *f* de trabajo.

em·pow·er [ım'paʊə^r] *vt:* **to ~ sb to do sth** autorizar a uno para hacer algo.

em·press ['emprıs] *n* emperatriz *f.*

emp·ti·ness ['emptınıs] *n* vacío *m; (fig)* vaciedad *f.*

emp·ty ['emptı] **1** *adj* **(-ier, -iest)** *(gen)* vacío/a; *(house, room)* desocupado/a; *(place)* desierto/a; *(post, job)* vacante; *(fig: threat, words, promise)* vano/a; **an ~ space** un vacío; **on an ~ stomach** en ayunas; **~ of** desprovisto/a de. **2** *n:* **empties** envases *mpl* (vacíos). **3** *vt (contents, container)* vaciar; *(pour out)* verter; **to ~ (out) one's pockets** vaciar los bolsillos; **he emptied the apples out of a barrel into a bag** vació las manzanas del barril en una bolsa. **4** *vi (room etc)* quedar desocupado; *(place)* quedar desierto; *(water etc: flow)* desembocar *(into* en); *(container)* desaguar.

empty-handed [ˌemptɪ'hændɪd] *adj*: **to arrive/leave ~** llegar/salir con las manos vacías.
empty-headed [ˌemptɪ'hedɪd] *adj* casquivano/a.
emu ['iːmjuː] *n* emú *m*.
emu·late ['emjʊleɪt] *vt* emular.
emul·si·fy [ɪ'mʌlsɪfaɪ] *vt* emulsionar.
emul·sion [ɪ'mʌlʃən] *n (liquid)* emulsión *f; (also* **~ paint**) pintura *f* emulsión.
en·able [ɪ'neɪbl] *vt*: **to ~ sb to do sth** permitir a uno hacer algo.
en·act [ɪn'ækt] *vt (law)* promulgar; *(: play, scene, part)* representar.
enam·el [ɪ'næml] **1** *n (gen, also of teeth)* esmalte *m; (LAm: cutlery, crockery)* peltre *m*. **2: ~ jewellery** *n* alhajas *fpl* de esmalte; **~ paint** *n* esmalte *m;* **~ saucepan** *n* cacerola *f* esmaltada. **3** *vt* esmaltar.
enamel·ware [ɪ'næməlˌwɛəʳ] *n* utensilios *mpl* de hierro esmaltado *or (LAm)* de peltre.
en·camp·ment [ɪn'kæmpmənt] *n* campamento *m*.
en·case [ɪn'keɪs] *vt* encerrar; **to be ~d in** estar revestido de.
en·chant [ɪn'tʃɑːnt] *vt (often passive)* encantar; *(use magic on)* encantar, hechizar.
en·chant·er [ɪn'tʃɑːntəʳ] *n* hechicero *m*.
en·chant·ing [ɪn'tʃɑːntɪŋ] *adj* encantador(a).
en·chant·ment [ɪn'tʃɑːntmənt] *n (delight)* encanto *m; (charm, spell)* encantamiento *m*, hechizo *m*.
en·chant·ress [ɪn'tʃɑːntrɪs] *n* hechicera *f*.
en·cir·cle [ɪn'sɜːkl] *vt* rodear; *(Mil)* sitiar; *(waist, shoulders)* ceñir; **it is ~d by a wall** está rodeado de una tapia.
encl. *abbr of* **enclosed.**
en·clave ['enkleɪv] *n* enclave *m*.
en·close [ɪn'kləʊz] *vt* **(a)** *(land, garden)* cercar, encerrar; **to ~ with** cercar de. **(b)** *(with letter etc)* remitir adjunto, adjuntar; **please find ~d** le enviamos adjunto *or* anexo; **I ~ a cheque** remito adjunto un cheque.
en·closed [ɪn'kləʊzd] *adj (with letter etc)* adjunto/a; *(garden, land)* cercado/a, encerrado/a.
en·clo·sure [ɪn'kləʊʒəʳ] *n (act)* cercamiento *m*, encierro *m; (place)* cercado *m*, recinto *m; (at racecourse)* reservado *m; (in letter)* anexo *m*.
en·com·pass [ɪn'kʌmpəs] *vt* abarcar.
en·core [ɒŋ'kɔːʳ] **1** *interj* ¡otra!, ¡bis! **2** *n* repetición *f;* **to give an ~** repetir a petición del público.
en·coun·ter [ɪn'kaʊntəʳ] **1** *n (meeting, fight)* encuentro *m*. **2** *vt (person)* encontrar, encontrarse con; *(difficulty, danger, enemy etc)* tropezar con.
en·cour·age [ɪn'kʌrɪdʒ] *vt (person)* animar, alentar; *(industry, growth etc)* estimular, fomentar; **to ~ sb to do sth** animar a uno a hacer algo.
en·cour·age·ment [ɪn'kʌrɪdʒmənt] *n* ánimo *m*, aliento *m;* **to give ~ to** dar ánimo a, *(LAm)* animar.
en·cour·ag·ing [ɪn'kʌrɪdʒɪŋ] *adj (person)* que da ánimos; *(smile)* alentador(a); *(news)* prometedor(a), halagüeño/a; **that's very ~!** *(iro)* ¡qué ánimos me das!
en·croach [ɪn'krəʊtʃ] *vi*: **to ~ (up)on** *(gen)* invadir; *(time)* quitar tiempo a; *(rights)* abusar.
en·cum·ber [ɪn'kʌmbəʳ] *vt (person, movement, room)* estorbar; *(with debts)* gravar.
en·cum·brance [ɪn'kʌmbrəns] *n* estorbo *m; (Fin, Jur)* gravamen *m*.
en·cyc·li·cal [ɪn'sɪklɪkəl] *n* encíclica *f*.
en·cy·clo·p(a)edia [ɪnˌsaɪkləʊ'piːdɪə] *n* enciclopedia *f*.
en·cy·clo·p(a)edic [ɪnˌsaɪkləʊ'piːdɪk] *adj* enciclopédico/a.
end [end] **1** *n* **(a)** *(of street etc)* final *m; (of line, table etc)* extremo *m; (of stick etc)* punta *f;* **to place ~ to ~** poner uno tras otro; **from ~ to ~** de punta a punta; **to stand sth on ~** poner algo de punta; **his hair stood on ~** se le puso el pelo de punta; **to change ~s** *(Sport)* cambiar de lado; **the ~ of the road** *or* **line** *(fig)* el término, el acabóse; **the ~s of the earth** *(fig)* el último rincón del mundo; **to make ~s meet** *(fig)* hacer llegar *or* alcanzar el dinero; **to keep one's ~ up** *(fam)* dar buena cuenta de sí; **to get hold of the wrong ~ of the stick** *(fig)* tomar el rábano por las hojas; **to tie up the loose ~s** *(fig)* atar cabos; *see* **deep, shallow.**
(b) *(of time, process, journey etc)* fin *m*, final *m; (of story etc)* fin, conclusión *f; (death)* muerte *f;* **at the ~ of the day** *(fig)* al fin y al cabo, a fin de cuentas; **the ~ of the world** el fin del mundo; **it's not the ~ of the world** *(fam)* el mundo no se va a acabar por eso; **we'll never hear the ~ of it** *(fam)* esto va a ser cuento de nunca acabar; **there's no ~ to it** *(fam)* esto no se acaba nunca; **that was the ~ of that!** ¡y se acabó!; **to the bitter ~** hasta el último suspiro; **to come to a bad ~** acabar mal; **towards the ~** hacia el fin; **that was the ~ of our car** *(fam)* así se acabó el coche; **in the ~** al fin; **to be at an ~** llegar al final; **to be at/get to the ~ of** *(strength, patience)* agotarse/estar por agotarse; *(book, supplies)* llegar/estar por llegar al fin; *(work, holidays)* acabarse/estar a punto de acabarse; **to bring to an ~** *(work, speech, relationship)* dar por terminado; **to come** *or* **draw to an ~** llegar a su fin, terminarse; **to put an ~ to** *(argument, relationship, sb's tricks)* poner fin a, acabar con; **for hours on ~** hora tras hora; **no ~ of** *(fam)* la mar de; **no ~** *(fam)* muchísimo; **without ~** interminable; **that's the ~!** *(fam)* ¡eso es el colmo!; **he's the ~!** *(fam)* ¡es el colmo!
(c) *(remnant: of loaf, candle, meat)* resto *m*, cabo *m;* **the ~ of a roll** *(of cloth, carpet)* el retal de un rollo; **cigarette ~** colilla *f*.
(d) *(aim)* fin *m*, propósito *m;* **to achieve one's ~** alcanzar su objetivo; **an ~ in itself** un fin en sí; **to no ~** en vano; **to this ~, with this ~ in view** con este propósito; **the ~ justifies the means** el fin justifica los medios.
2 *vt (work, service)* terminar, poner fin a; **to ~ (with)** *(broadcast, speech, writing)* concluir (con), terminar (con); *(speculation, relationship)* acabar (con); **to ~ one's life** *or (fam)* **it all** suicidarse; **to ~ one's days** vivir sus últimos días; **that was the meal to ~ all meals!** *(fam)* ¡eso fue el no va más en comidas!
3 *vi (lesson, work, war, meeting etc)* terminar, acabarse; *(road etc)* terminar(se); *(period of time)* terminar; *(programme, film, story)* terminarse; **to ~ by saying** terminar diciendo; **to ~ in** terminar *or* desembocar en.
4: ~ product *n (Industry)* producto *m* final; *(fig)* consecuencia *f;* **~ result** *n* resultado *m*.
♦**end up** *vi + adv* terminar *(in* en); *(: road, path)* llevar *or* conducir *(in* a).
en·dan·ger [ɪn'deɪndʒəʳ] *vt (life, health, position)* poner en peligro; **an ~ed species** *(of animal)* una especie en peligro de extinción.
en·dear [ɪn'dɪəʳ] *vt*: **to ~ sb to** *(others)* ganar la simpatía de; **to ~ o.s. to** *(others)* ganarse la simpatía de.
en·dear·ing [ɪn'dɪərɪŋ] *adj (smile)* encantador(a); *(characteristic)* atractivo/a; *(personality)* simpático/a.
en·dear·ment [ɪn'dɪəmənt] *n* cariño *m;* **term of ~** nombre *f* cariñoso.
en·deav·our [ɪn'devəʳ] **1** *n (attempt)* intento *m*, tentativa *f; (effort)* esfuerzo *m;* **to make every ~ to do sth** no regatear medio para hacer algo. **2** *vi*:

to ~ to do esforzarse por hacer.
en·dem·ic [en'demɪk] *adj* endémico/a.
end·ing ['endɪŋ] *n (end)* fin *m*, final *m; (: of book etc)* desenlace *m; (Ling)* terminación *f.*
en·dive ['endaɪv] *n* endibia *f*, escarola *f.*
end·less ['endlɪs] *adj* interminable, sin fin.
en·dorse [ɪn'dɔːs] *vt* **(a)** *(sign: cheque, document)* endosar. **(b)** *(approve: opinion, claim, plan)* aprobar; *(support: decision etc)* respaldar. **(c)** *(Aut)* **to ~ a licence** anotar los detalles de una sanción en el permiso de conducir.
en·dorse·ment [ɪn'dɔːsmənt] *n (signature)* endoso *m; (approval)* aprobación *f; (support)* respaldo *m; (Brit Aut: on licence)* nota *f* de sanción.
en·dow [ɪn'daʊ] *vt* **(a)** *(found: prize, professorship etc)* fundar, crear; *(donate)* dotar, hacer una donación a. **(b) to be ~ed with** *(fig)* estar dotado de.
en·dow·ment [ɪn'daʊmənt] **1** *n (act)* dotación *f; (amount)* donación *f; (fig)* dote *f.* **2: ~ insurance** *n* seguro *m* dotal; **~ policy** *n* póliza *f* dotal.
en·dur·ance [ɪn'djʊərəns] **1** *n (also* **powers of ~***)* resistencia *f;* **to come to the end of one's ~** llegar a sus límites; **past** *or* **beyond ~** inaguantable, insoportable; **to be tried beyond ~** llegar hasta más no poder. **2: ~ test** *n* prueba *f* de resistencia.
en·dure [ɪn'djʊəʳ] **1** *vt (suffer: pain etc)* resistir; *(tolerate)* aguantar, soportar; **she can't ~ being laughed at** no soporta que se rían de ella; **to ~ doing sth** aguantar hacer algo; **I can't ~ him** no lo puedo ver, no lo soporto. **2** *vi (last)* durar; **an enduring friendship** una amistad duradera; **an enduring affection/memory** un cariño/un recuerdo duradero.
en·ema ['enɪmə] *n (Med)* enema *f.*
en·emy ['enəmɪ] **1** *n (person)* enemigo/a *m/f; (Mil)* enemigo *m;* **to go over to the ~** pasarse al enemigo; **to make an ~ of sb** enemistarse con uno; **he is his own worst ~** su peor enemigo es él mismo. **2** *cpd (territory, forces, aircraft etc)* del enemigo; **~ alien** *n* extranjero *m* enemigo; **~-occupied** *adj* ocupado por el enemigo.
en·er·get·ic [ˌenə'dʒetɪk] *adj (gen)* enérgico/a; *(active)* activo/a; *(protest, walk)* vigoroso/a.
en·er·gy ['enədʒɪ] **1** *n (gen)* energía *f; (strength)* vigor *m;* **electrical/atomic/solar ~** energía eléctrica/atómica/solar. **2: ~ crisis** *n* crisis *f* energética; **~ food** *n* comida *f* que da energías.
energy-saving ['enədʒɪˌseɪvɪŋ] **1** *adj* que ahorra energía. **2** *n* ahorro *m* de energía.
en·fold [ɪn'fəʊld] *vt (esp in one's arms)* envolver, abrazar.
en·force [ɪn'fɔːs] *vt* **(a)** *(make effective: law, argument)* hacer cumplir; *(: rights)* hacer respetar. **(b)** *(compel: obedience, attendance)* imponer.
en·force·ment [ɪn'fɔːsmənt] *n:* **law ~ agency** agencia *f* jurídica.
en·fran·chise [ɪn'fræntʃaɪz] *vt (Pol)* conceder el derecho de voto a; *(slave)* liberar.
en·gage [ɪn'geɪdʒ] **1** *vt (hire: servant, lawyer, worker)* contratar; *(reserve: room)* reservar; *(attract: attention)* llamar; *(occupy: attention, interest)* ocupar; *(Aut)* **to ~ gear** meter la velocidad; **to ~ the clutch** embragar; **to ~ sb in conversation** entablar conversación con uno; **to ~ the enemy in battle** librar batalla con el enemigo. **2** *vi (Tech)* engranar; *(person)* comprometerse; **to ~ in** *(discussion)* ocuparse en; *(politics)* meterse en.
en·gaged [ɪn'geɪdʒd] *adj* **(a)** *(to be married)* prometido/a; **to get ~** prometerse. **(b)** *(occupied)* **to be ~ in** *or* **on (doing) sth** estar ocupado en (hacer) algo. **(c)** *(taxi, lavatory)* ocupado/a; *(Brit Telec)* **the number is ~** están comunicando, *(LAm)* está ocupado.
en·gage·ment [ɪn'geɪdʒmənt] **1** *n* **(a)** *(to marry)* compromiso *m; (period of ~)* noviazgo *m.* **(b)** *(appointment)* compromiso *m*, cita *f;* **I have a previous ~** tengo previo compromiso. **(c)** *(actor)* **a long ~ at a theatre** un contrato largo en un teatro. **(d)** *(undertaking)* compromiso *m.* **(e)** *(Mil: battle)* combate *m.* **2: ~ ring** *n* alianza *f*, anillo *m* de prometida.
en·gag·ing [ɪn'geɪdʒɪŋ] *adj* atractivo/a.
en·gine ['endʒɪn] **1** *n* **(a)** *(motor: in car, ship, plane)* motor *m.* **(b)** *(Rail)* locomotora *f*, máquina *f;* **facing/with your back to the ~** de frente/de espaldas a la máquina. **2: ~ driver** *n (of train)* maquinista *mf;* **~ room** *n (Naut)* sala *f* de máquinas.
en·gi·neer [ˌendʒɪ'nɪəʳ] **1** *n* ingeniero/a *m/f; (US Rail)* maquinista *mf;* **ship's ~** ingeniero naval; **electrical/TV ~** ingeniero electricista/de televisión; **the Royal E~s** *(Mil)* el Cuerpo de Ingenieros. **2** *vt (contrive)* maquinar.
en·gi·neer·ing [ˌendʒɪ'nɪərɪŋ] **1** *n* ingeniería *f.* **2** *cpd (works, factory, worker etc)* de ingeniería.
Eng·land ['ɪŋglənd] *n* Inglaterra *f.*
Eng·lish ['ɪŋglɪʃ] **1** *adj* inglés/esa; **the ~ Channel** (el Canal de) la Mancha. **2** *n* **(a) the ~** *(people)* los ingleses *mpl.* **(b)** *(language)* el inglés; **in plain ~** en Cristiano; **~-speaker/~-speaking countries** persona *f*/países *mpl* de habla inglesa.
Eng·lish·man ['ɪŋglɪʃmən] *n, pl* **-men** inglés *m.*
Eng·lish·woman ['ɪŋglɪʃˌwʊmən] *n, pl* **-women** inglesa *f.*
en·grave [ɪn'greɪv] *vt (Art, Typ etc)* grabar; *(also fig)* imprimir.
en·grav·er [ɪn'greɪvəʳ] *n (person)* grabador(a) *m/f.*
en·grav·ing [ɪn'greɪvɪŋ] *n (picture)* grabado *m*, *(LAm)* estampa *f.*
en·gross·ed [ɪn'grəʊst] *adj* absorto/a; **~ in work/reading/one's thoughts** absorto en el trabajo/la lectura/sus pensamientos.
en·gross·ing [ɪn'grəʊsɪŋ] *adj (study, play, book etc)* absorbente.
en·gulf [ɪn'gʌlf] *vt (immerse)* sumergir, hundir.
en·hance [ɪn'hɑːns] *vt (beauty, attraction)* realzar, dar realce a; *(position, chances)* mejorar; *(value, reputation, powers)* aumentar.
enig·ma [ɪ'nɪgmə] *n* enigma *m.*
en·ig·mat·ic [ˌenɪg'mætɪk] *adj* enigmático/a.
en·join [ɪn'dʒɔɪn] *vt (frm: obedience, silence, discretion)* insistir en; **to ~ sb to sth/to do sth** exigir a uno algo/hacer algo.
en·joy [ɪn'dʒɔɪ] *vt* **(a)** *(take delight in: meal, book, wine)* disfrutar, gozar; *(: occasion)* pasarlo bien; *(like)* apreciar; **to ~ doing sth** gustarle a uno hacer algo; **to ~ life** disfrutar de la vida; **he ~s French cooking** le gusta la cocina francesa; **I ~ reading** me gusta leer; **to ~ o.s.** pasarlo bien, divertirse; **he ~ed himself in London/on holiday** disfrutó Londres/las vacaciones; **~ yourself!** ¡que lo pases bien!, ¡que te diviertas! **(b)** *(have benefit of: health, income, respect)* disfrutar de, gozar de; *(: advantage)* poseer.
en·joy·able [ɪn'dʒɔɪəbl] *adj (pleasant)* agradable; *(amusing)* divertido/a.
en·joy·ment [ɪn'dʒɔɪmənt] *n (delight)* placer *m; (of good health etc)* posesión *f*, disfrute *m;* **to find ~ in sth/in doing sth** gozar de algo/de hacer algo.
en·large [ɪn'lɑːdʒ] **1** *vt (Phot)* ampliar; *(house, circle of friends)* extender. **2** *vi:* **to ~ upon** entrar en detalles sobre.
en·larged [ɪn'lɑːdʒd] *adj (edition)* aumentado/a; *(Med: organ, gland)* dilatado/a.

en·large·ment [ɪn'lɑːdʒmənt] *n (act)* aumento *m; (Phot)* ampliación *f, (LAm)* ampliado *m.*
en·larg·er [ɪn'lɑːdʒəʳ] *n (Phot)* ampliadora *f.*
en·light·en [ɪn'laɪtn] *vt:* **to ~ sb about** *or* **on sth** *(inform)* poner a uno al corriente sobre algo; *(clarify)* aclarar algo para uno.
en·light·ened [ɪn'laɪtnd] *adj (attitude etc)* liberal; **in this ~ age** en esta época ilustrada.
en·light·en·ing [ɪn'laɪtnɪŋ] *adj* informativo/a.
en·light·en·ment [ɪn'laɪtnmənt] *n* **(a)** *(explanation)* aclaración *f.* **(b)** *(state of being enlightened)* instrucción *f;* **the (Age of) E~** el Siglo de las Luces.
en·list [ɪn'lɪst] **1** *vt (gen)* reclutar, alistar. **2** *vi* alistarse *(in* en); **~ed man** *(US Mil)* soldado *m* raso.
en·liv·en [ɪn'laɪvn] *vt (stimulate)* animar; *(make lively)* avivar, animar.
en masse [ɑ̃ːŋ'mæs] *adv* en masa, masivamente.
en·mity ['enmɪtɪ] *n (hatred)* enemistad *f.*
en·nui [ɑ̃ː'nwiː] *n* aburrimiento *m,* hastío *m.*
enor·mity [ɪ'nɔːmɪtɪ] *n (of task)* enormidad *f; (of crime, action)* gravedad *f.*
enor·mous [ɪ'nɔːməs] *adj (building etc)* enorme; *(strength, patience)* inmenso/a; *(risk)* muy grave; **an ~ amount/number of** una enorme cantidad de.
enor·mous·ly [ɪ'nɔːməslɪ] *adv (greatly)* enormemente; *(very)* sumamente.
enough [ɪ'nʌf] **1** *adj* bastante, *(LAm)* suficiente; **~ people/money** bastante gente/dinero; **have you had ~ to eat?** ¿has comido bastante?; **we earn ~ to live on** ganamos lo bastante para vivir; **will £5 be ~?** ¿bastarán 5 libras?; **more than ~ money** más que bastante dinero; **he has had more than ~ to drink** ha bebido más de la cuenta; **more than ~ for everyone** más que bastante para todos; **that's ~!, ~'s ~!** *(fam)* ¡basta ya!, *(LAm)* ¡ya está bien!; **I've had ~ of his silly behaviour** estoy harto de sus tonterías; **I've had ~ of watching this programme** estoy harto de ver este programa; **I have ~ to do without taking on more work** tengo bastante trabajo ya sin encargarme de más; **it's ~ to drive you mad** *(fam)* es para volverse loco; **he never has ~ of work** nunca se cansa de trabajar; **you can never have ~ of this scenery** nunca se cansa uno de este paisaje; **it was ~ to prove his innocence** era suficiente para probar su inocencia.
2 *adv* bastante, *(LAm)* suficientemente; **this meat is not cooked ~** esta carne no está lo bastante cocida; **it's warm ~ to swim** hace bastante calor para nadar; **he's old ~ to go alone** es lo bastante grande (como) para ir solo; **she was fool ~/~ of a fool to listen to him** fue lo suficientemente estúpida como para escucharlo; **he was kind ~ to lend me the money** tuvo la bondad *or (LAm)* amabilidad de prestarme el dinero; **you know well ~ (that) ...** sabes muy bien que ...; **this puzzle is easy ~ for a child, but ...** este rompecabezas es fácil para un niño, pero ...; **oddly** *or* **curiously** *or* **strangely ~ ...** por extraño que parezca ...; **sure ~** efectivamente; **fair ~!** *(fam)* ¡vale!, ¡de acuerdo!, *(LAm)* ¡está bien!
en·quire [ɪn'kwaɪəʳ] *etc see* **inquire** *etc.*
en·rage [ɪn'reɪdʒ] *vt* enfurecer.
en·rich [ɪn'rɪtʃ] *vt (gen)* enriquecer; *(improve: food)* aumentar el valor alimenticio de; *(soil)* fertilizar, abonar.
en·rich·ment [ɪn'rɪtʃmənt] *n (see vb)* enriquecimiento *m;* aumento *m* del valor alimenticio; fertilización *f.*
en·rol, *(US)* **en·roll** [ɪn'rəʊl] **1** *vt (member)* inscribir; *(student)* matricular. **2** *vi (in/for a course)* matricularse; *(in a club)* inscribirse, hacerse socio.
en·rol·ment [ɪn'rəʊlmənt] *n (see vb)* inscripción *f;* matrícula *f; (numbers)* matrícula.
en route [ɑ̃ːn'ruːt] *adv:* **to be ~ for** ir camino de *or* a; **to be ~ from/to** estar en camino de/a; **it was stolen ~** se lo robaron durante el viaje.
en·sem·ble [ɑ̃ːn'sɑ̃ːmbl] *n (gen)* conjunto *m.*
en·sign ['ensaɪn] *n* **(a)** *(flag)* enseña *f,* pabellon *m.* **(b)** *(US Naut)* alférez *m.*
en·slave [ɪn'sleɪv] *vt* esclavizar.
en·snare [ɪn'snɛəʳ] *vt (lit, fig)* entrampar, coger en una trampa.
en·sue [ɪn'sjuː] *vi (follow)* seguir(se); *(result)* resultar *(from* de).
en·su·ing [ɪn'sjuːɪŋ] *adj (subsequent)* siguiente; *(resulting)* consiguiente.
en·sure [ɪn'ʃʊəʳ] *vt* asegurar *(that* que).
en·tail [ɪn'teɪl] *vt (necessitate)* suponer; *(: hardship, suffering)* acarrear, traer consigo; **it ~ed buying a new car** nos *etc* obligó a comprar coche nuevo.
en·tan·gle [ɪn'tæŋgl] *vt (thread etc)* enredar, enmarañar; **to become ~d in sth** *(fig)* enmarañarse en algo.
en·tan·gle·ment [ɪn'tæŋglmənt] *n (being entangled)* enredo *m; (fig)* lío *m; (love affair)* compromiso *m* amoroso.
en·ter ['entəʳ] **1** *vt* **(a)** *(go into)* entrar en; *(penetrate)* penetrar en; *(vehicle)* subir a; *(road)* empalmar con; *(join: navy, army, profession)* alistarse en; *(college, school)* ingresar en; *(discussion, contest, race)* participar en; **the thought never ~ed my head** la idea nunca se me pasó por la cabeza; **it never ~ed my head** ni se me ocurrió; **he ~ed the church** se hizo cura. **(b)** *(write down: name, amount, order etc)* anotar, apuntar; *(enrol: pupil etc)* inscribir; *(: candidate, racehorse etc)* presentar; **to ~ a protest** formular una protesta.
2 *vi* entrar; *(Theat)* entrar en escena; **to ~ for** *(competition, race)* inscribirse en.
♦**en·ter into** *vi +prep* **(a)** *(agreement)* firmar; *(explanation, details)* entrar en; *(argument, conversation, correspondence, negotiations)* entablar. **(b)** *(plans, calculations)* entrar en, afectar; **that doesn't ~ into it** eso no tiene nada que ver. **(c) to ~ into the spirit of it** ponerse a tono.
en·teri·tis [,entə'raɪtɪs] *n* enteritis *f.*
en·ter·prise ['entəpraɪz] *n* **(a)** *(firm, undertaking)* empresa *f.* **(b)** *(initiative)* iniciativa *f;* **free ~** la libre empresa; **private ~** la empresa privada.
en·ter·pris·ing ['entəpraɪzɪŋ] *adj (person, spirit)* emprendedor(a).
en·ter·tain [,entə'teɪn] **1** *vt* **(a)** *(amuse: audience)* divertir, entretener; *(guest)* entretener; **to ~ sb to dinner** invitar a uno a cenar. **(b)** *(consider: idea, hope)* abrigar; *(proposal)* tomar en consideración; *(doubts)* guardar. **2** *vi (have visitors)* recibir invitado, tener visita.
en·ter·tain·er [,entə'teɪnəʳ] *n* artista *mf.*
en·ter·tain·ing [,entə'teɪnɪŋ] **1** *adj* divertido/a, entretenido/a. **2** *n:* **I like ~** me gusta tener invitados.
en·ter·tain·ment [,entə'teɪnmənt] **1** *n* **(a)** *(amusement: of guests)* entretenimiento *m; (of audience)* diversión *f.* **(b)** *(show)* espectáculo *m,* fiesta *f.* **2: ~ allowance** *n* gastos *mpl* de representación; **~ world** *n* mundo *m* del espectáculo.
en·thral(l) [ɪn'θrɔːl] *vt (fig: gen passive)* cautivar.
en·thral·ling [ɪn'θrɔːlɪŋ] *adj* cautivador(a).
en·thuse [ɪn'θuːz] *vi:* **to ~ (over** *or* **about sth/sb)** entusiasmarse (por algo/uno).

en·thu·si·asm [ɪn'θuːzɪæzəm] *n* entusiasmo *m;* **to show ~ for sth** entusiasmarse *or* mostrarse entusiasmado por algo; **to arouse ~ in sb (for sth)** despertar el entusiasmo de uno (por algo); **it failed to arouse my ~** no me llamó la atención.
en·thu·si·ast [ɪn'θuːzɪæst] *n (devotee)* entusiasta *mf; (fan)* aficionado/a *m/f; (addict)* adicto/a *m/f.*
en·thu·si·as·tic [ɪn,θuːzɪ'æstɪk] *adj (devotee)* entusiasta; *(fan)* aficionado/a; *(addict)* adicto/a; **to be ~ about sth** tener afición por *or* ser aficionado de algo; **to become ~ about sth** entusiasmarse por algo.
en·tice [ɪn'taɪs] *vt (tempt)* atraer, tentar; *(seduce)* seducir; **to ~ sb away from sb** convencer a uno de que deje a uno; **to ~ sb into doing sth** tentar a uno a hacer algo; **to ~ sb with food/an offer** *etc* tentar a uno con comida/una oferta *etc.*
en·tice·ment [ɪn'taɪsmənt] *n (attraction)* tentación *f,* atracción *f; (seduction)* seducción *f; (bait)* atractivo *m.*
en·tic·ing [ɪn'taɪsɪŋ] *adj* atractivo/a, tentador(a).
en·tire [ɪn'taɪəʳ] *adj (whole, complete)* entero/a, completo/a; *(unreserved)* total.
en·tire·ly [ɪn'taɪəlɪ] *adv (see adj)* completamente; totalmente.
en·tirety [ɪn'taɪərətɪ] *n:* **in its ~** en su totalidad *or (LAm)* integridad.
en·ti·tle [ɪn'taɪtl] *vt* **(a)** *(book etc)* titular. **(b)** *(give right)* dar derecho a; **to ~ sb to sth/to do sth** dar derecho a uno a algo/a hacer algo; **to be ~d to sth/to do sth** tener derecho a algo/a hacer algo; **you are quite ~d to do as you wish** tiene todo el derecho de hacer lo que quiera.
en·tity ['entɪtɪ] *n* entidad *f.*
ento·mol·ogy [,entə'mɒlədʒɪ] *n* entomología *f.*
en·tou·rage [,ɒntʊ'rɑːʒ] *n* séquito *m.*
en·trails ['entreɪlz] *npl* entrañas *fpl.*
en·trance[1] ['entrəns] **1** *n* **(a)** *(way in)* entrada *f;* **front/back ~** entrada principal/trasera. **(b)** *(act)* entrada *f; (right to enter)* (derecho *m* de) entrada; *(into profession etc)* ingreso *m; (Theat)* entrada en escena; **to make one's ~** *(Theat)* hacer su entrada; **to gain ~ to** conseguir entrada en. **2: ~ examination** *n (to school)* examen *m* de ingreso; **~ fee** *n* entrada *f,* cuota *f.*
en·trance[2] [ɪn'trɑːns] *vt (gen passive)* encantar.
en·tranc·ing [ɪn'trɑːnsɪŋ] *adj (voice, smile, sight)* encantador(a).
en·trant ['entrənt] *n (in race, competition)* participante *mf,* concurrente *mf; (in exam)* candidato/a *m/f; (to profession)* principiante *mf.*
en·treat [ɪn'triːt] *vt:* **to ~ sb to do sth** suplicar a uno hacer algo.
en·treaty [ɪn'triːtɪ] *n* ruego *m,* súplica *f;* **a look of ~** una mirada de súplica.
en·trenched [ɪn'trentʃt] *adj (Mil)* atrincherado/a; **~ interests** intereses *mpl* creados.
en·trust [ɪn'trʌst] *vt:* **to ~ sth to sb** confiar algo a uno.
en·try ['entrɪ] **1** *n* **(a)** *(place, hall)* entrada *f;* **no ~** prohibida la entrada; *(Aut)* acceso *m* prohibido. **(b)** *(act)* entrada *f,* ingreso *m; (into profession etc)* ingreso. **(c)** *(Sport etc: total)* concurrencia *f,* participantes *mpl; (thing, person entered in competition)* participante *mf.* **(d)** *(in reference book)* artículo *m; (in diary)* apunte *m; (in account)* partida *f; (in record, ship's log)* entrada *f,* apunte *m.* **2: ~ fee** *n* inscripción *f;* **~ form** *n* boleta *f* de inscripción; **~ permit** *n* visa *f* de entrada.
en·twine [ɪn'twaɪn] *vt (plait)* entrelazar; *(twist around)* enroscarse.
enu·mer·ate [ɪ'njuːməreɪt] *vt (list)* enumerar.
enun·ci·ate [ɪ'nʌnsɪeɪt] *vt (words, sounds)* pronunciar, articular; *(theory, idea)* enunciar.
enun·cia·tion [ɪ,nʌnsɪ'eɪʃən] *n (pronunciation)* pronunciación *f,* articulación *f.*
en·vel·op [ɪn'veləp] *vt (lit, fig)* envolver *(in* en).
en·velope ['envələʊp] *n (post)* sobre *m; (wrapping)* funda *f.*
en·vi·able ['envɪəbl] *adj (person, job, courage)* envidiable.
en·vi·ous ['envɪəs] *adj (look etc)* envidioso/a; **to be ~ of sb/sth** tener envidia a uno/de algo.
en·vi·ron·ment [ɪn'vaɪərənmənt] *n (physical, social)* medio ambiente *m;* **Department of the E~** Ministerio *m* del Medio Ambiente.
en·vi·ron·men·tal [ɪn,vaɪərən'mentl] *adj* ambiental; **~ studies** *(in school etc)* ecología *f.*
en·vi·ron·men·tal·ist [ɪn,vaɪərən'mentəlɪst] *n* ecologista *mf.*
en·vis·age [ɪn'vɪzɪdʒ] *vt (expect)* prever; *(imagine)* imaginarse.
en·voy ['envɔɪ] *n (messenger)* mensajero/a *m/f; (diplomat)* enviado/a *m/f.*
envy ['envɪ] **1** *n* envidia *f;* **it was the ~ of all the neighbours** nos *etc* lo envidiaban todos los vecinos; **a look of ~** una mirada de envidia; **to be green with ~** estar verde de envidia. **2** *vt* envidiar.
en·zyme ['enzaɪm] *n* enzima *f.*
eon ['iːɒn] *n see* **aeon.**
ep·aulette ['epəʊlet] *n* charretera *f.*
ephem·er·al [ɪ'femərəl] *adj* efímero/a.
epic ['epɪk] **1** *adj* épico/a; *(fig fam)* excepcional, épico/a. **2** *n* épica *f; (film)* película *f* épica.
epi·cen·tre ['epɪsentəʳ] *n* epicentro *m.*
epi·cure ['epɪkjʊəʳ] *n* gastrónomo/a *m/f.*
epi·dem·ic [,epɪ'demɪk] **1** *adj* epidémico/a. **2** *n* epidemia *f; (fig)* ola *f.*
epi·gram ['epɪgræm] *n* epigrama *m.*
epi·lep·sy ['epɪlepsɪ] *n* epilepsia *f.*
epi·lep·tic [,epɪ'leptɪk] *adj, n* epiléptico/a *m/f.*
epi·logue ['epɪlɒg] *n* epílogo *m.*
Epipha·ny [ɪ'pɪfənɪ] *n* Epifanía *f.*
epis·co·pal [ɪ'pɪskəpəl] *adj* episcopal.
epis·co·pa·lian [ɪ,pɪskə'peɪlɪən] **1** *adj* episcopalista. **2** *n:* **E~** episcopalista *mf.*
epi·sode ['epɪsəʊd] *n (Lit, TV etc)* episodio *m,* entrega *f; (event)* acontecimiento *m.*
epis·tle [ɪ'pɪsl] *n (old, hum: letter)* carta *f;* **E~** *(Rel)* Epístola *f.*
epi·taph ['epɪtɑːf] *n* epitafio *m.*
epi·thet ['epɪθet] *n* epíteto *m.*
epito·me [ɪ'pɪtəmɪ] *n (fig)* representación *f,* resumen *m.*
epito·mize [ɪ'pɪtəmaɪz] *vt (fig)* personificar, resumir; *(: person)* reunir todas las cualidades de.
epoch ['iːpɒk] *n (period)* época *f.*
epoch-making ['iːpɒk,meɪkɪŋ] *adj* que hace época.
eq·uable ['ekwəbl] *adj (climate etc)* estable; *(person)* ecuánime.
equal ['iːkwəl] **1** *adj* igual, *(LAm)* parejo/a; **to be ~ to sth** equivaler a algo; **they are ~ in strength** son iguales de fuertes; **all things being ~** si todo sigue igual; **with ~ ease/indifference** *etc* con la misma facilidad/indiferencia *etc;* **on ~ terms** de igual a igual; **to be/feel ~ to** *(task)* estar/sentirse a la altura de; **the ~(s) sign** *(Math)* el signo de igualdad; **the E~ Opportunities Commission** *(Brit) comisión pro la igualdad de la mujer en el trabajo.* **2** *n (person, thing)* igual *mf;* **without ~** sin igual, sin par. **3** *vt (numbers)* ser (igual a); *(record, rival, quality)* igualar.
equali·ty [ɪ'kwɒlɪtɪ] *n* igualdad *f.*
equal·ize ['iːkwəlaɪz] **1** *vt* igualar. **2** *vi (Sport)* empatar.

equal·iz·er ['i:kwəlaɪzəʳ] *n* tanto *m* del empate.

equal·ly ['i:kwəlɪ] *adv* igualmente; **~ clever/guilty** igual de inteligente/culpable; **to share work ~** compartir equitativamente el trabajo; **~, you must remember ...** hay que recordar, por otro lado ... .

equa·nim·ity [ˌekwə'nɪmɪtɪ] *n* ecuanimidad *f.*

equate [ɪ'kweɪt] *vt* **(a)** equiparar *(with* con). **(b)** *(Math: make equal)* poner en ecuación.

equa·tion [ɪ'kweɪʒən] *n (Math)* ecuación *f.*

equa·tor [ɪ'kweɪtəʳ] *n* ecuador *m.*

equa·to·rial [ˌekwə'tɔ:rɪəl] *adj* ecuatorial.

eques·trian [ɪ'kwestrɪən] **1** *adj* ecuestre. **2** *n* caballista *mf,* jinete(a) *m/f.*

equi·dis·tant [ˌi:kwɪ'dɪstənt] *adj* equidistante.

equi·lib·rium [ˌi:kwɪ'lɪbrɪəm] *n* equilibrio *m;* **to maintain/lose one's ~** *(also fig)* mantener/perder el equilibrio.

equine ['ekwaɪn] *adj* equino/a.

equi·nox ['i:kwɪnɒks] *n* equinoccio *m.*

equip [ɪ'kwɪp] *vt (room etc)* equipar *(with* de); *(person)* proveer *(with* de); **he is well ~ped for the job** está bien preparado para el trabajo.

equip·ment [ɪ'kwɪpmənt] *n (gen)* equipo *m; (tools, utensils etc)* herramientas *fpl; (machinery)* aparato *m.*

equi·table ['ekwɪtəbl] *adj* equitativo/a, justo/a.

equi·ty ['ekwɪtɪ] *n (fairness)* equidad *f; (Jur)* justicia *f* natural; *(Fin: of debtor)* valor *m* líquido; **equities** *(Stock Exchange)* derechos *mpl* sobre *or* en el activo.

equiva·lent [ɪ'kwɪvələnt] **1** *adj* equivalente *(to* a, *in* en). **2** *n* equivalente *m.*

equivo·cal [ɪ'kwɪvəkəl] *adj (statement, behaviour)* equívoco/a.

equivo·cate [ɪ'kwɪvəkeɪt] *vi* ser evasivo/a, *(LAm)* vacilar.

equivo·ca·tion [ɪˌkwɪvə'keɪʃən] *n* evasión *f, (LAm)* vacilación *f.*

era ['ɪərə] *n* era *f.*

eradi·cate [ɪ'rædɪkeɪt] *vt (disease, crime, superstition)* erradicar; *(weeds)* desarraigar.

erase [ɪ'reɪz] *vt (lit, fig)* borrar.

eras·er [ɪ'reɪzəʳ] *n (duster)* borrador *m; (rubber)* goma *f* de borrar.

erect [ɪ'rekt] **1** *adj* erguido/a, *(LAm)* recto/a. **2** *vt (construct)* levantar, construir; *(assemble)* montar.

erec·tion [ɪ'rekʃən] *n (building)* construcción *f; (assembly)* montaje *m; (Anat: of penis)* erección *f.*

erode [ɪ'rəʊd] **1** *vt (Geol)* erosionar; *(metal)* corroer; *(fig)* desgastar. **2** *vi* erosionarse; corroerse; desgastarse.

ero·sion [ɪ'rəʊʒən] *n (Geol)* erosión *f; (of metal)* corrosión *f; (fig)* desgaste *m.*

erot·ic [ɪ'rɒtɪk] *adj* erótico/a.

eroti·cism [ɪ'rɒtɪsɪzəm] *n* erotismo *m.*

err [ɜ:ʳ] *vi (be mistaken)* equivocarse; *(sin)* pecar; **to ~ on the side of mercy/caution** *etc* pecar por exceso de piedad/cuidado *etc.*

er·rand ['erənd] **1** *n* recado *m, (LAm)* mandado *m;* **to run ~s** hacer recados; **~ of mercy** tentativa *f* de salvamento. **2: ~ boy** *n* recadero *m.*

er·rat·ic [ɪ'rætɪk] *adj (person)* voluble; *(mood, conduct)* variable; *(record, results etc)* desigual, poco uniforme.

er·ro·neous [ɪ'rəʊnɪəs] *adj* erróneo/a.

er·ror ['erəʳ] *n* error *m,* equivocación *f;* **to be in ~** estar equivocado; **human ~** error humano; **typing/spelling ~** error de mecanografía/ortografía; **to see the ~ of one's ways** reconocer su error.

eru·dite ['erʊdaɪt] *adj (person, work, word)* erudito/a.

erupt [ɪ'rʌpt] *vi (volcano)* entrar en erupción; *(spots)* hacer erupción; *(war, fighting, quarrel, anger)* estallar; **he ~ed into the room** irrumpió en el cuarto.

erup·tion [ɪ'rʌpʃən] *n (gen)* erupción *f; (explosion)* estallido *m.*

es·ca·late ['eskəleɪt] **1** *vi* **(a)** *(costs)* aumentar vertiginosamente. **(b)** *(violence, fighting, bombing)* intensificarse. **2** *vt* intensificar.

es·ca·la·tion [ˌeskə'leɪʃən] *n (see vi)* aumento *m,* escalada *f;* intensificación *f.*

es·ca·la·tor ['eskəleɪtəʳ] *n* escalera *f* mecánica.

es·ca·pade [ˌeskə'peɪd] *n (adventure)* aventura *f; (misdeed)* travesura *f.*

es·cape [ɪ'skeɪp] **1** *n (gen)* fuga *f; (flight)* huida *f,* evasión *f; (from duties etc)* escapatoria *f;* **there's been an ~** alguien se ha fugado; **to have a narrow ~** escapar por los pelos; **to make one's ~** escaparse, lograr huirse.

2 *vt (capture, pursuers, punishment)* evadir; *(consequences)* evitar; *(death)* burlar; *(danger)* salvarse de; **he narrowly ~d being killed** por poco se muere; **I narrowly ~d having to talk to that awful man** por poco tuve que hablar con ese hombre horrible; **his name ~s me** no me sale *or (LAm)* se me escapa su nombre; **it had ~d his notice that ...** se le había escapado que ...; **nothing ~s her (attention)** nada se le escapa.

3 *vi (prisoner etc)* escaparse, fugarse, huirse; *(liquid, gas: leak)* fugarse; **to ~ from** *(person, place)* huirse de, evadir; **to ~ to** *(another place, freedom, safety)* huirse a; **he ~d with a few bruises** *(fig)* salió sin daños mayores; **an ~d prisoner** uno/a fugitivo/a.

4: ~ clause *n (fig: in agreement)* cláusula *f* de excepción; **~ hatch** *n (in plane, space rocket)* escotilla *f* de salvamento; **~ plan** *n* plan *m* de escape; **~ route** *n* ruta *f* de escape.

es·cap·ism [ɪ'skeɪpɪzəm] *n* evasión *f.*

es·cap·ist [ɪ'skeɪpɪst] *adj, n* escapista *mf.*

es·ca·polo·gist [ˌeskə'pɒlədʒɪst] *n* escapólogo/a *m/f.*

es·carp·ment [ɪ'skɑ:pmənt] *n* escarpa *f.*

es·cort ['eskɔ:t] **1** *n (group)* séquito *m,* acompañamiento *m; (lady's)* acompañante *m; (Mil, Naut)* escolta *f;* **to travel under ~** viajar bajo escolta. **2** [ɪ'skɔ:t] *vt* acompañar; *(Mil)* escoltar; *(Naut)* convoyar; **to ~ sb in** acompañar a uno al entrar. **3: ~ agency** *n* servicio *m* de azafatas; **~ duty** *n* servicio *m* de escolta; **~ vessel** *n* buque *m* escolta.

Es·ki·mo ['eskɪməʊ] *adj, n* esquimal *mf.*

esopha·gus [ɪ'sɒfəgəs] *n (US)* = **oesophagus.**

eso·ter·ic [ˌesəʊ'terɪk] *adj* esotérico/a.

es·pe·cial [ɪ'speʃəl] *adj* especial, particular.

es·pe·cial·ly [ɪs'peʃəlɪ] *adv (particularly)* especialmente, en particular; *(expressly)* precisamente; **it is ~ awkward** es particularmente difícil; **~ when it rains** sobretodo cuando llueve; **why me, ~?** ¿por qué yo y no otro?

Es·pe·ran·to [ˌespə'ræntəʊ] *n* esperanto *m.*

espio·nage [ˌespɪə'nɑ:ʒ] *n* espionaje *m;* **industrial ~** espionaje industrial.

es·pla·nade [ˌesplə'neɪd] *n* paseo *m* (marítimo).

es·pouse [ɪ'spaʊz] *vt:* **to ~ a cause** *(fig frm)* adherirse a una causa.

e·spres·so [e'spresəʊ] *n* café *m* exprés.

Esq. *abbr of* **Esquire** Sr. D.

es·quire [ɪ'skwaɪəʳ] *n (Brit: on envelope)* Señor don; **Colin Smith E~** Sr. D. Colin Smith.

es·say ['eseɪ] *n (Lit)* ensayo *m; (Scol, Univ)* trabajo *m.*

es·say·ist [ˈeseɪɪst] *n (Lit)* ensayista *mf.*

es·sence [ˈesəns] *n* **(a)** esencia *f;* **in ~** en lo esencial; **time is of the ~** los minutos cuentan. **(b)** *(extract)* esencia *f,* extracto *m.*

es·sen·tial [ɪˈsenʃəl] **1** *adj (quality)* esencial; *(important)* fundamental; **it is ~ that ...** es imprescindible que ... . **2** *n (often pl)* lo esencial, elementos *mpl* esenciales.

es·sen·tial·ly [ɪˈsenʃəlɪ] *adv* en lo esencial.

es·tab·lish [ɪˈstæblɪʃ] *vt* **(a)** *(set up: business, state, committee)* establecer, fundar; *(: custom, rule)* establecer; *(precedent)* sentar; *(: relations)* entablar; *(: power, authority)* afirmar; *(: reputation)* ganarse; *(: peace, order)* establecer; **to ~ sb in a business** ponerle un negocio a uno. **(b)** *(prove: fact, rights)* comprobar, demostrar; *(: identity)* verificar; *(: sb's innocence)* probar, demostrar; **we have ~ed that ...** hemos comprobado que ... . **(c)** *(find out, discover)* averiguar.

es·tab·lished [ɪˈstæblɪʃt] *adj (person, business)* establecido/a; *(custom)* arraigado/a; *(fact)* conocido/a; *(church)* oficial, del Estado; **a well-~ business** un negocio establecido.

es·tab·lish·ment [ɪˈstæblɪʃmənt] *n* **(a)** *(gen)* establecimiento *m; (creation)* creación *f; (proof)* comprobación *f.* **(b)** *(business, house)* establecimiento *m,* institución *f; (Admin, Mil, Naut: personnel)* personal *m;* **a teaching/nursing ~** *(large building)* un centro de enseñanza/de reposo; **the E~** la clase dirigente; **the literary/musical E~** los dirigentes del mundo literario/musical.

es·tate [ɪˈsteɪt] **1** *n* **(a)** *(land)* finca *f,* hacienda *f;* **real ~** bienes *mpl* raíces, *(LAm)* inmuebles *mpl;* **country ~** finca *f, (LAm)* hacienda *f, (RPl)* estancia *f;* **housing ~** urbanización *f, (LAm)* residencial *f;* **industrial ~** polígono *m or* zona *f* industrial. **(b)** *(property)* propiedad *f; (assets)* patrimonio *m; (of deceased)* herencia *f;* **she left a large ~** dejó una gran herencia; **personal ~** propiedad *f* personal. **2: ~ agency** *n* agencia *f* inmobiliaria; **~ agent** *n* agente *mf* inmobiliario/a; **~ car** *n* furgoneta *f, (LAm)* camioneta *f.*

es·teem [ɪˈstiːm] **1** *vt (frm: person)* estimar, apreciar; *(consider)* considerar; **I would ~ it an honour** lo consideraría un honor. **2** *n* estima *f,* aprecio *m;* **to hold sb in high ~** tenerle a uno en gran estima; **he lowered himself in my ~** bajó en mi estima; **he went up in my ~** ganó valor a mis ojos.

es·thet·ic [iːsˈθetɪk] *etc (US)* = **aesthetic** *etc.*

es·ti·mate [ˈestɪmɪt] **1** *n (judgment)* estimación *f,* cálculo *m; (approximate assessment: for work etc)* presupuesto *m;* **to form an ~ of sth/sb** formarse una opinión de algo/uno; **to give sb an ~ of** *(cost etc)* presentar a uno un presupuesto; **rough ~** cálculo *m* aproximativo. **2** [ˈestɪmeɪt] *vt (judge)* calcular aproximadamente; *(assess)* juzgar, estimar; **to ~ the cost at ...** calcular el precio en ...; **to ~ that ...** calcular que ... . **3** [ˈestɪmeɪt] *vi:* **to ~ for** hacer un presupuesto de.

es·tima·tion [ˌestɪˈmeɪʃən] *n* **(a)** *(judgment)* juicio *m,* opinión *f;* **according to** *or* **in my ~** según mis cálculos. **(b)** *(esteem)* estima *f,* aprecio *m.*

es·tranged [ɪˈstreɪndʒd] *adj* separado/a; **to become ~** separarse.

es·trange·ment [ɪˈstreɪndʒmənt] *n* separación *f.*

es·tro·gen [ˈiːstrəʊdʒən] *n (US)* = **oestrogen.**

es·tu·ary [ˈestjʊərɪ] *n* estuario *m.*

etch [etʃ] *vt* grabar al aguafuerte; *(fig)* grabar.

etch·ing [ˈetʃɪŋ] *n (process)* grabación *f* al aguafuerte; *(print made from plate)* aguafuerte *mf.*

eter·nal [ɪˈtɜːnl] *adj* eterno/a; *(pej)* incesante; **the ~ triangle** el triángulo amoroso.

eter·nity [ɪˈtɜːnɪtɪ] *n* eternidad *f;* **it seemed like an ~** *(fig)* parecía un siglo.

ether [ˈiːθəʳ] *n (Chem)* éter *m.*

ethe·real [ɪˈθɪərɪəl] *adj (fig)* etéreo/a.

eth·ic [ˈeθɪk] *n (system)* ética *f.*

ethi·cal [ˈeθɪkəl] *adj* ético/a; *(honourable)* honrado/a.

eth·ics [ˈeθɪks] *n (all senses)* ética *fsg.*

Ethio·pia [ˌiːθɪˈəʊpɪə] *n* Etiopía *f.*

Ethio·pian [ˌiːθɪˈəʊpɪən] *adj, n* etíope *mf.*

eth·nic [ˈeθnɪk] *adj* étnico/a; **~ minority** minoría *f* étnica.

eth·nol·ogy [eθˈnɒlədʒɪ] *n* etnología *f.*

ethos [ˈiːθɒs] *n (of culture, group)* genio *m.*

eti·quette [ˈetɪket] *n* etiqueta *f,* protocolo *m;* **professional ~** honor *m* profesional; **court ~** *(royal)* ceremonial *m* de la corte; *(Jur)* protocolo de la corte; **legal ~** ética *f* legal; **~ demands that ...** la etiqueta exige que ...; **it is not good ~** no está bien visto.

Etrus·can [ɪˈtrʌskən] *adj* etrusco/a.

ety·mol·ogical [ˌetɪməˈlɒdʒɪkəl] *adj* etimológico/a.

ety·mol·ogy [ˌetɪˈmɒlədʒɪ] *n* etimología *f.*

euca·lyp·tus [ˌjuːkəˈlɪptəs] *n (tree)* eucalipto *m; (oil)* esencia *f* de eucalipto.

Eucha·rist [ˈjuːkərɪst] *n* Eucaristía *f.*

eugen·ics [juːˈdʒenɪks] *npl* eugenesia *fsg.*

eulo·gize [ˈjuːlədʒaɪz] *vt* elogiar, encomiar.

eulogy [ˈjuːlədʒɪ] *n* elogio *m,* encomio *m.*

eunuch [ˈjuːnək] *n* eunuco *m.*

euphemism [ˈjuːfəmɪzəm] *n* eufemismo *m.*

euphemis·tic [ˌjuːfəˈmɪstɪk] *adj* eufemístico/a.

eupho·ria [juːˈfɔːrɪə] *n* euforia *f.*

euphor·ic [juːˈfɒrɪk] *adj (atmosphere, laughter etc)* eufórico/a.

Euro·com·mun·ism [ˌjʊərəʊˈkɒmjʊnɪzəm] *n* eurocomunismo *m.*

Euro·com·mun·ist [ˌjʊərəʊˈkɒmjʊnɪst] *adj, n* eurocomunista *mf.*

Euro·crat [ˈjʊərəʊkræt] *n* eurócrata *mf (burócrata de la CEE).*

Euro·dol·lar [ˈjʊərəʊdɒləʳ] *n* eurodólar *m.*

Europe [ˈjʊərəp] *n* Europa *f;* **to go into** *or* **join ~** *(Pol)* entrar en el Mercado Común.

Euro·pean [ˌjʊərəˈpiːən] **1** *adj* europeo/a; **~ Economic Community** Comunidad *f* Económica Europea. **2** *n* europeo/a *m/f.*

eutha·na·sia [ˌjuːθəˈneɪzɪə] *n* eutanasia *f.*

evacu·ate [ɪˈvækjʊeɪt] *vt* **(a)** *(people)* evacuar. **(b)** *(building, area)* desocupar.

evacu·ation [ɪˌvækjʊˈeɪʃən] *n (see vt)* evacuación *f;* desocupación *f.*

evac·uee [ɪˌvækjʊˈiː] *n* evacuado/a *m/f.*

evade [ɪˈveɪd] *vt (capture, pursuers)* evadir; *(punishment, blow)* evitar; *(question, issue, truth, also Jur)* evadir; *(responsibility, obligation, military service)* zafarse de; *(taxation, customs duty)* sustraerse a; *(sb's gaze)* esquivar.

evalu·ate [ɪˈvæljʊeɪt] *vt (assess value)* valorar, calcular el valor de; *(judge)* evaluar; **to ~ evidence** evaluar las evidencias.

evalu·ation [ɪˌvæljʊˈeɪʃən] *n* valoración *f,* cálculo *m; (evidence)* interpretación *f.*

evan·geli·cal [ˌiːvænˈdʒelɪkəl] *adj* evangélico/a.

evan·gelist [ɪˈvændʒəlɪst] *n* **(a)** *(writer: also* **E~***)* Evangelista *m.* **(b)** *(preacher)* misionero/a *m/f,* evangelizador(a) *m/f.*

evapo·rate [ɪˈvæpəreɪt] **1** *vt (liquid)* evaporar; **~d milk** leche *f* evaporada. **2** *vi (liquid)* evaporarse; *(fig: hopes, fears, anger)* desvanecerse.

evapo·ra·tion [ɪˌvæpəˈreɪʃən] *n* evaporación *f.*

eva·sion [ɪˈveɪʒən] *n* evasión *f; (evasive answer etc)* evasiva *f; see* **tax.**

eva·sive [ɪ'veɪzɪv] *adj (answer, person)* evasivo/a; **to take ~ action** *(Mil)* optar por tácticas evasivas.

eve [iːv] *n* víspera *f;* **on the ~ of** *(lit)* en la víspera de; *(fig)* en vísperas de.

even ['iːvən] **1** *adj* **(a)** *(at same level)* a nivel, al mismo nivel; *(flat)* llano/a, *(LAm)* parejo/a; *(smooth)* liso/a. **(b)** *(uniform: speed, temperature etc)* constante; *(breathing)* regular; *(temper)* ecuánime, apacible; *(tone, voice)* imperturbable; **on an ~ keel** *(fig)* equilibrado/a. **(c)** *(equal)* igual, *(LAm)* parejo/a; **to have an ~ chance** tener igualdad de posibilidades; **to get ~ with sb** ajustar cuentas con uno; **to break ~** cubrir los gastos; **that makes us ~** *(in game)* eso nos deja empatados; **they are an ~ match** están tal para cual. **(d)** *(numbers)* par.

2 *adv* incluso, hasta, aun; **~ on Sundays** hasta los domingos; **~ I know that!** eso lo sé hasta yo; **and he ~ sings** y canta inclusive; **~ though** aunque; **~ if** incluso si; **if you ~ tried a bit harder** si te esforzaras un poco siquiera; **~ so** sin embargo; **~ then** aun así; **~ now** todavía; **~ as** en cuanto; **~ faster** aun más rápidamente; **without ~ reading it** sin leerlo siquiera; **he can't ~ read** ni siquiera sabe leer; **not ~ if/when** *etc* ni siquiera si/cuando *etc;* **not ~ ...** ni siquiera ... .

♦ **even out 1** *vt + adv (smooth: lit, fig)* allanar; *(number, score)* igualar. **2** *vi + adv* igualarse.

♦ **even up** *vt + adv (lit, fig)* igualar, *(LAm)* ponerse parejos.

eve·ning ['iːvnɪŋ] **1** *n* tarde *f; (nightfall)* anochecer *m;* **in the ~** por la tarde; **this ~** esta tarde; **tomorrow/yesterday ~** mañana/ayer por la tarde; **on Sunday ~** el domingo por la tarde; **she spends her ~s knitting** pasa las tardes haciendo punto; **good ~!** *(early)* ¡buenas tardes!; *(after sunset)* ¡buenas noches! **2** *cpd (paper)* de la tarde, vespertino/a; *(performance)* nocturno/a, de noche; **~ class** *n* clase *f* nocturna; **~ dress** *n (woman's)* traje *m* de noche; **in ~ dress** *(man, woman)* vestido/a de etiqueta; **~ prayers** *npl*/**service** *n* vísperas *fpl.*

even·ly ['iːvənlɪ] *adv (distribute, space, spread)* con igualdad, igualmente, *(LAm)* parejo; *(breathe)* con regularidad.

even·song ['iːvənsɒŋ] *n* vísperas *fpl.*

event [ɪ'vent] *n* acontecimiento *m,* suceso *m; (Sport)* prueba *f; (in a programme)* número *m;* **at all ~s/in any ~** pase lo que pase, en todo caso; **in either ~** en cualquiera de los dos casos; **in the ~ of/that ...** en caso de/de que ...; **in the ~** resultó que; **in that ~** en ese caso; **in the normal course of ~s** normalmente, por lo común; **in** *or* **during the course of ~s** en el curso (de los acontecimientos).

even-tempered [ˌiːvən'tempəd] *adj* ecuánime, apacible.

event·ful [ɪ'ventfʊl] *adj (life, journey etc)* azaroso/a; *(match etc)* lleno/a de incidentes.

even·tual [ɪ'ventʃʊəl] *adj* final.

even·tu·al·ity [ɪˌventʃʊ'ælɪtɪ] *n* eventualidad *f;* **in that ~** en esa eventualidad; **to be ready for any ~** estar dispuesto para cualquier posibilidad.

even·tu·al·ly [ɪ'ventʃʊəlɪ] *adv (at last)* por fin, *(LAm)* al final; *(given time)* con el tiempo, a la larga.

ever ['evəʳ] *adv* **(a)** *(always)* siempre; **~ ready** siempre dispuesto; **~ since** desde entonces; **~ increasing anxiety** inquietud creciente; **they lived happily ~ after** vivieron felices; **as ~** como siempre; **for ~** *(always)* siempre; *(until end of time)* para siempre; **yours ~** un abrazo de.

(b) *(at any time)* nunca, jamás; **hardly ~** casi nunca; **seldom, if ~** rara vez o nunca; **more beautiful than ~** más hermoso que nunca; **more than ~** más que nunca; **now, if ~, is the time** *or* **moment to ...** ahora, o nunca, es la hora de ...; **nothing ~ happens** nunca pasa nada; **it's the best ~** jamás ha habido mejor; **he's a liar if ~ there was one** él sí es un mentiroso; **if you ~ go there** si vas allí alguna vez; **did you ~ meet him?** ¿llegaste a conocerlo jamás?; **have you ~ been there?** ¿has estado allí alguna vez?; **we haven't ~ tried it** nunca lo hemos probado.

(c) *(emphasizing)* **as soon as ~ you can** lo más pronto posible; **why ~ did you do it?** ¿por qué demonios lo hiciste?; **why ~ not?** ¿y por qué no?; **never ~** (nunca) jamás; **~ so** *(fam)* muy; **~ so much** mucho, muchísimo; **we're ~ so grateful** estamos muy agradecidos; **is it ~ big!** *(US fam)* ¡qué grande es!, *(LAm)* ¡vieras lo grande que es!; **as if I ~ would!** ¡¿me crees capaz de hacer algo semejante?!

ever·green ['evəgriːn] **1** *adj* de hoja perenne. **2** *n* árbol *m*/planta *f* de hoja perenne.

ever·lasting [ˌevə'lɑːstɪŋ] *adj* eterno/a, perpetuo/a; *(pej)* interminable.

every ['evrɪ] *adj (each)* cada; *(all)* todo/a; **~ one of them** todos ellos; **I gave you ~ assistance** te ayudé en lo que podía; **~ day** cada día; **~ three days, ~ third day** cada tres días; **~ other** *or* **second month** cada dos meses; **~ few days** cada dos o tres días; **~ so often, ~ now and then, ~ now and again** de vez en cuando; **his ~ wish** todos sus deseos; **his ~ word/action** cada palabra/obra suya; **I enjoyed ~ minute of the party** disfruté cada minuto de la fiesta; **~ bit of the carpet** la alfombra entera; **~ bit as clever as ...** tan *or (LAm)* igual de listo como ...; **~ time (that) ...** cada vez (que) ...; **~ single time** cada vez sin excepción; **in ~ way** en todos los aspectos.

every·body ['evrɪbɒdɪ] *pron* todos/as, todo el mundo; **~ else** todos los demás.

every·day ['evrɪdeɪ] *adj (expression, occurrence, experience)* corriente, de cada día; *(use)* diario/a; *(shoes, clothes)* de uso diario.

every·one ['evrɪwʌn] *pron* = **everybody.**

every·thing ['evrɪθɪŋ] *pron* todo; **~ is ready** todo está dispuesto; **~ you say is true** es verdad todo lo que dices; **money isn't ~** el dinero no es todo; **he did ~ possible** hizo todo lo posible.

every·where ['evrɪwεəʳ] *adv (motion)* a todas partes; *(be)* en todas partes; **I looked ~** busqué en todas partes; **~ in Italy** en todas partes de Italia.

evict [ɪ'vɪkt] *vt (tenant)* desahuciar, desalojar.

evic·tion [ɪ'vɪkʃən] **1** *n* desahucio *m,* desalojo *m.* **2:** **~ notice** *n* aviso *m* de desalojo; **~ order** *n* orden *f* de desalojo.

evi·dence ['evɪdəns] *n (facts)* hechos *mpl,* datos *mpl; (proof)* pruebas *fpl; (Jur)* testimonio *m* de un testigo; *(sign)* indicio *m,* señal *f;* **~ of/that ...** indicios de/de que ...; **circumstantial ~** pruebas circunstanciales; **there is no ~ against him** no hay evidencia en contra suya; **to give ~** prestar declaración; **to show ~ of** dar muestras de; **to be in ~** estar bien visible; **to turn King's** *or* **Queen's** *or* (*US*) **State's ~** delatar a un cómplice.

evi·dent ['evɪdənt] *adj* evidente, manifiesto/a; **it is ~ from the way he talks ...** lo muestra la manera en que habla ...; **it is ~ from his speech that ...** su discurso deja patente que ...; **it is ~ that ...** queda patente *or* manifiesto que ... .

evi·dent·ly ['evɪdəntlɪ] *adv (clearly)* patentemente, claramente; *(apparently)* por lo visto; **~ he**

cannot come por lo visto no puede venir.

evil ['i:vl] **1** *adj (person, deed, reputation)* malo/a, malvado/a; *(smell)* horrible; *(spirit, spell, influence etc)* perverso/a, malvado/a; *(unhappy: hour, times)* funesto/a; *(harmful: effect)* nocivo/a; **to put the ~ eye on sb** echar el mal de ojo a uno. **2** *n* mal *m*, maldad *f*; **the lesser of two ~s** el menor de dos males.

evil-doer ['i:vl,du:ər] *n* malhechor(a) *m/f*.

evil-minded [,i:vl'maɪndɪd] *adj (suspicious etc)* malpensado/a; *(nasty)* malintencionado/a.

evil-tempered [,i:vl'tempəd] *adj* de muy mal genio *or* carácter.

evince [ɪ'vɪns] *vt* mostrar, dar señales de.

evo·ca·tion [,evə'keɪʃən] *n* evocación *f*.

evoca·tive [ɪ'vɒkətɪv] *adj* evocador(a) *(of* de).

evoke [ɪ'vəʊk] *vt (memories)* evocar; *(admiration)* provocar.

evo·lu·tion [,i:və'lu:ʃən] *n (development)* desarrollo *m*; *(Bio)* evolución *f*.

evolve [ɪ'vɒlv] **1** *vt (system, theory, plan)* desarrollar. **2** *vi (species)* evolucionar; *(system, plan, science)* desarrollarse.

ewe [ju:] *n* oveja *f*.

ex [eks] *pref* **(a)** *(former)* ex; **~-husband/wife** ex-marido *m*/-esposa *f*; **~-minister** ex-ministro *m*; **~-president** ex-presidente *m*; **~-serviceman** ex-combatiente *m*. **(b)** *(out of)* **the price ~ works** el precio de *or* en fábrica; **an ~-directory (phone) number** un teléfono que no consta en la guía.

ex·ac·er·bate [ek'sæsəbeɪt] *vt (pain, disease)* exacerbar; *(fig: relations, situation)* empeorar.

ex·act [ɪg'zækt] **1** *adj (gen)* exacto/a; *(meaning, instructions, time)* preciso/a, exacto/a; **his ~ words were ...** lo que dijo, textualmente, era ...; **to be ~, there were 3 of us** en concreto, éramos 3; **can you be more ~?** precise, por favor; **to be the ~ opposite (of)** ser exactamente el contrario (de). **2** *vt (payment, obedience)* exigir *(from* de).

ex·act·ing [ɪg'zæktɪŋ] *adj (task, profession, work)* duro/a; *(: exhausting)* agotador(a); *(boss, person)* exigente.

ex·act·ly [ɪg'zæktlɪ] *adv (describe, know, resemble)* exactamente; *(of time)* en punto; **he's ~ like his father** es igual a su padre, *(LAm)* está pegado a su padre; **he wasn't ~ pleased** no estaba precisamente contento; **not ~** no precisamente.

ex·ag·ger·ate [ɪg'zædʒəreɪt] *vt, vi* exagerar.

ex·ag·ger·at·ed [ɪg'zædʒəreɪtɪd] *adj* exagerado/a.

ex·ag·gera·tion [ɪg,zædʒə'reɪʃən] *n* exageración *f*.

ex·alt·ed [ɪg'zɔ:ltɪd] *adj (high: position, person)* eminente, exaltado/a; *(elated)* excitado/a.

exam [ɪg'zæm] *n abbr of* **examination (a)**.

ex·ami·na·tion [ɪg,zæmɪ'neɪʃən] *n* **(a)** *(Scol: test)* examen *m*, *(LAm)* prueba *f*; **to take** *or* **sit an ~** pasar un examen; **oral ~** examen oral. **(b)** *(inspection)* inspección *f*, registro *m*; *(of witness, suspect)* interrogatorio *m*; *(Med)* reconocimiento *m*; **on ~** al examinarlo; **the matter is under ~** el asunto está examinándose.

ex·am·ine [ɪg'zæmɪn] *vt (test: in subject)* examinar; *(: on knowledge)* examinar, comprobar; *(inspect)* registrar; *(witness, suspect, accused)* interrogar; *(Med)* hacer un reconocimiento médico de.

ex·am·in·er [ɪg'zæmɪnər] *n* examinador(a) *m/f*.

ex·am·ple [ɪg'zɑ:mpl] *n (all senses)* ejemplo *m*; **for ~** por ejemplo; **to quote sth/sb as an ~** citar algo/a uno como ejemplo; **to follow sb's ~** seguirle a uno el ejemplo; **to set a good/bad ~** dar buen/mal ejemplo; **to make an ~ of sb/to punish sb as an ~** dar a uno un castigo ejemplar.

ex·as·per·ate [ɪg'zæspəreɪt] *vt* exasperar.

ex·as·per·at·ing [ɪg'zæspəreɪtɪŋ] *adj (person)* exasperante; *(situation)* irritante.

ex·as·pera·tion [ɪg,zæspə'reɪʃən] *n (see adj)* exasperación *f*, irritación *f*.

ex·ca·vate ['ekskəveɪt] *vt* excavar.

ex·ca·va·tion [,ekskə'veɪʃən] *n* excavación *f*.

ex·ca·va·tor ['ekskəveɪtər] *n (machine)* excavadora *f*.

ex·ceed [ɪk'si:d] *vt (estimate etc)* exceder *(by* en); *(number)* pasar de, exceder de; *(limit, bounds)* sobrepasar, rebasar; *(powers, instructions, duty)* excederse en; *(hopes, expectations, fears)* superar.

ex·ceed·ing·ly [ɪk'si:dɪŋlɪ] *adv* sumamente, extremadamente.

ex·cel [ɪk'sel] **1** *vt* superar; **to ~ o.s.** *(often iro)* lucirse, *(LAm)* pasarse. **2** *vi*: **to ~ at** *or* **in** sobresalir *or* lucir en; **to ~ as** destacarse como.

ex·cel·lence ['eksələns] *n* excelencia *f*.

Ex·cel·len·cy ['eksələnsɪ] *n*: **His ~** su Excelencia *f*.

ex·cel·lent ['eksələnt] *adj* excelente.

ex·cept [ɪk'sept] **1** *prep*: **~ (for)** menos, excepto, salvo; **~ that/if/when/where** *etc* salvo que/si/cuando/donde *etc*; **there is nothing we can do ~ wait** no nos queda otra que esperar. **2** *vt* excluir, exceptuar *(from* de); **present company ~ed** con excepción de los presentes; **always ~ing the possibility that ...** excluyendo la posibilidad de que ...; **not ~ing ...** incluso ..., inclusive ... .

ex·cep·tion [ɪk'sepʃən] *n* excepción *f*; **with the ~ of** a excepción de; **without ~** sin excepción; **to make an ~** hacer una excepción; **to take ~ to sth** ofenderse por algo.

ex·cep·tion·al [ɪk'sepʃənl] *adj* excepcional.

ex·cep·tion·al·ly [ɪk'sepʃənəlɪ] *adv* excepcionalmente.

ex·cerpt ['eksɜ:pt] *n* extracto *m*.

ex·cess [ɪk'ses] **1** *n* exceso *m*; **an ~ of sth** un exceso de algo; **the ~ of losses over profits** el exceso de pérdidas sobre ganancias; **in ~ of** superior a; **to do/be sth to ~** hacer/ser algo en *or* con exceso; **to carry sth to ~** llevar algo al exceso; **the ~es of the regime** *(outrages)* las atrocidades del régimen. **2** *cpd (profit, weight, charge)* excedente, sobrante; **~ fare** *n* suplemento *m*; **~ luggage** *n* exceso *m* de equipaje.

ex·ces·sive [ɪk'sesɪv] *adj (gen)* excesivo/a; **an ~ interest in women** un interés exagerado por las mujeres.

ex·ces·sive·ly [ɪk'sesɪvlɪ] *adv (to excess)* con exceso; **he drinks ~** bebe más de la cuenta; **prices are ~ high** los precios son demasiado *or* *(LAm)* se pasan de altos.

ex·change [ɪks'tʃeɪndʒ] **1** *n* **(a)** *(act)* cambio *m*; *(of prisoners, publications, stamps etc)* canje *m*; *(of ideas, information)* intercambio *m*; *(barter)* trueque *m*; **~ of gunfire** tiroteo *m*; **in ~ for** a cambio de. **(b)** *(Comm)* **foreign ~** *(money)* divisas *fpl*. **(c)** **(telephone) ~** central *f* telefónica; *(private)* centralita *f*, *(LAm)* conmutador *m*. **2** *vt (gen)* cambiar; *(prisoners, publications, stamps etc)* canjear; *(barter)* trocar. **3**: **~ control** *n* control *m* de cambios; **~ rate** *n* tipo *m* de cambio.

ex·cheq·uer [ɪks'tʃekər] *n (treasury; funds)* fisco *m*, fondos *mpl*; **the Chancellor of the E~** *(Brit Pol)* el Ministro *or* Secretario de Hacienda.

ex·cise ['eksaɪz] *n (also* **~ duty***)* impuestos *mpl* indirectos; *(Brit: department)* **the Customs and E~** la Aduana.

ex·cit·able [ɪk'saɪtəbl] *adj (person, creature)* exaltado/a; *(mood, temperament)* nervioso/a.

ex·cite [ɪk'saɪt] *vt* **(a)** *(person: move to emotion)* provocar, emocionar; *(stimulate)* estimular; *(: sexually)* excitar. **(b)** *(anger, interest, enthu-*

siasm etc) provocar.

ex·cit·ed [ɪk'saɪtɪd] *adj (voice etc)* lleno/a de emoción; *(person)* emocionado/a, excitado/a, *(LAm)* exaltado/a; *(crowd)* alborotado/a; **to be** *or* **get ~ (about sth)** emocionarse, entusiasmarse (por algo); **don't get ~!** ¡no te emociones!, *(LAm)* ¡no te alteres!

ex·cit·ed·ly [ɪk'saɪtɪdlɪ] *adv* con entusiasmo.

ex·cite·ment [ɪk'saɪtmənt] *n* entusiasmo *m*, emoción *f*, *(LAm)* exaltación *f*; **in the ~ of the departure/preparations** con la emoción de la salida/las preparaciones; **it caused great** *or* **considerable ~** produjo gran conmoción; **she enjoys ~** le gusta la aventura.

ex·cit·ing [ɪk'saɪtɪŋ] *adj (gen)* emocionante, apasionante; *(day, holiday, experience)* lleno/a de emoción; *(sexually)* excitante.

ex·claim [ɪk'skleɪm] **1** *vt* exclamar. **2** *vi*: **to ~ at sth** exclamar al ver algo.

ex·cla·ma·tion [ˌekskləˈmeɪʃən] **1** *n* exclamación *f*. **2: ~ mark** *n (Ling)* signo *m* de admiración.

ex·clude [ɪks'klu:d] *vt (keep out)* no admitir; *(discount)* excluir, exceptuar; *(possibility of error etc)* evitar.

ex·clud·ing [ɪk'sklu:dɪŋ] *prep* excepto, menos.

ex·clu·sion [ɪk'sklu:ʒən] *n* exclusión *f*; **to the ~ of** con exclusión de.

ex·clu·sive [ɪk'sklu:sɪv] *adj* **(a)** *(rights, information, report etc)* exclusivo/a; **an ~ story** un reportaje en exclusiva. **(b)** *(shop, area, club)* selecto/a; *(interest, friendship, attention)* exclusivo/a; *(offer)* de privilegio. **(c)** *(not including)* **~ of** sin contar; **from 1st to 15th ~** del 1 al 15 exclusive.

ex·com·muni·cate [ˌekskə'mju:nɪkeɪt] *vt* excomulgar.

ex·com·mu·ni·ca·tion ['ekskəˌmju:nɪ'keɪʃən] *n* excomunión *f*.

ex·cre·ment ['ekskrɪmənt] *n* excremento *m*.

ex·crete [ɪk'skri:t] *vt (frm)* excretar.

ex·cre·tion [ɪk'skri:ʃən] *n (act)* excreción *f*; *(substance)* excremento *m*.

ex·cru·ci·at·ing [ɪks'kru:ʃɪeɪtɪŋ] *adj (pain, suffering, noise)* atroz, insoportable; *(fam: very bad: film, speech, party)* espeluznante.

ex·cur·sion [ɪk'skɜ:ʃən] **1** *n (journey)* excursión *f*, *(LAm)* paseo *m*; *(fig)* digresión *f*. **2: ~ ticket** *n* billete *m* de excursión; **~ train** *n* tren *m* de recreo.

ex·cuse [ɪk'skju:s] **1** *n (justification)* excusa *f*, disculpa *f*; *(pretext)* pretexto *m*, *(LAm)* coartada *f*; **there's no ~ for this** esto no admite disculpa; **on the ~ that ...** con el pretexto de que ...; **to make ~s for sb** presentar disculpas por uno.

2 [ɪk'skju:z] *vt* **(a)** *(forgive)* disculpar, perdonar; **~ me!** *(asking a favour)* por favor, perdón; *(interrupting sb)* perdóneme; *(when passing)* perdón, *(LAm)* con permiso; *(sorry)* ¡perdón!; **~ me?** *(US)* ¿perdone?, *(LAm)* ¿mande?; **now, if you will ~ me ...** con permiso, ... **(b)** *(justify)* justificar; **that does not ~ his conduct** eso no justifica su conducta; **to ~ o.s. (for sth/for doing sth)** pedir disculpas (por algo/por hacer algo). **(c)** *(exempt)* **to ~ sb (from sth/from doing sth)** dispensar a uno (de algo/de hacer algo); **to ~ o.s. (from sth/from doing sth)** dispensarse (de algo/ de hacer algo); **to ask to be ~d** pedir permiso.

ex·ecrable ['eksɪkrəbl] *adj (very bad)* execrable, abominable.

ex·ecute ['eksɪkju:t] *vt* **(a)** *(put to death)* ejecutar; *(by firing squad)* fusilar. **(b)** *(carry out, perform)* realizar, ejecutar; *(work of art)* realizar; *(order)* cumplir; *(scheme, task, duty)* desempeñar; *(will)* ejecutar.

ex·ecu·tion [ˌeksɪ'kju:ʃən] *n (putting to death)* ejecución *f*; *(by firing squad)* fusilamiento *m*; *(carrying out)* realización *f*, cumplimiento *m*; **in the ~ of one's duty** en el cumplimiento de sus deberes.

ex·ecu·tion·er [ˌeksɪ'kju:ʃnə[r]] *n* verdugo *m*.

ex·ecu·tive [ɪg'zekjʊtɪv] **1** *adj (powers, committee)* ejecutivo/a; *(position, job, duties)* de ejecutivo; *(offices, suite)* de los ejecutivos; *(car, plane)* ejecutivo/a. **2** *n (person)* ejecutivo/a *m/f*; *(group)* ejecutivo *m*; *(Pol)* poder *m* ejecutivo.

ex·ecu·tor [ɪg'zekjʊtə[r]] *n (of will)* albacea *m*, testamentario *m*.

ex·em·pla·ry [ɪg'zemplərɪ] *adj* ejemplar.

ex·em·pli·fy [ɪg'zemplɪfaɪ] *vt (illustrate)* ilustrar con ejemplos; *(be an example of)* demostrar.

ex·empt [ɪg'zempt] **1** *adj* exento/a *(from* de); **~ from tax** libre de impuestos. **2** *vt*: **to ~ sb/sth (from sth/from doing sth)** dispensar a uno/algo (de algo/de hacer algo).

ex·emp·tion [ɪg'zempʃən] **1** *n* exención *f*; **tax ~** exención de impuestos. **2: ~ certificate** *n* certificado *m* que exime.

ex·er·cise ['eksəsaɪz] **1** *n (gen)* ejercicio *m*; *(Mil: manoeuvres)* maniobras *fpl*; **~s** *(Sport)* ejercicios *mpl*; *(US: ceremony)* ceremonia *f*; **to take ~** hacer ejercicio. **2** *vt* **(a)** *(use: authority, right, influence)* ejercer; *(: patience, restraint, tact)* emplear, hacer uso de. **(b)** *(mind)* preocupar; *(dog)* sacar a pasear; *(muscle, limb)* ejercitar. **3** *vi* hacer ejercicio. **4: ~ book** *n* cuaderno *m*.

ex·ert [ɪg'zɜ:t] *vt (strength, force)* emplear; *(influence, authority)* ejercer; **to ~ o.s.** *(physically)* esforzarse; **don't ~ yourself!** *(hum)* ¡no te hagas ningún daño!

ex·er·tion [ɪg'zɜ:ʃən] *n* esfuerzo *m*.

ex·eunt ['eksɪʌnt] *vi (Theat)* salen, se van.

ex·hale [eks'heɪl] **1** *vt (air, fumes etc)* despedir. **2** *vi* exhalar.

ex·haust [ɪg'zɔ:st] **1** *n (also* **~ pipe**) (tubo *m* de) escape *m*. **2** *vt (all senses)* agotar; **to ~ o.s.** agotarse. **3: ~ fumes** *npl* vapores *mpl* de escape; **~ gases** *npl* gases *mpl* de escape; **~ system** *n* sistema *m* de escape.

ex·haus·tion [ɪg'zɔ:stʃən] *n (fatigue)* agotamiento *m*.

ex·haus·tive [ɪg'zɔ:stɪv] *adj (research, inquiry, inspection)* exhaustivo/a; *(account, description, list)* completo/a.

ex·hib·it [ɪg'zɪbɪt] **1** *n (object: painting etc)* objeto *m* expuesto; *(Jur)* documento *m*. **2** *vt (painting etc)* exponer; *(signs of emotion)* mostrar, manifestar; *(courage, skill, ingenuity)* demostrar. **3** *vi (painter etc)* exponer (sus obras).

ex·hi·bi·tion [ˌeksɪ'bɪʃən] *n (act, instance)* manifestación *f*; *(public show)* exposición *f*; **to be on ~** estar en exposición; **to make an ~ of o.s.** quedar en ridículo.

ex·hi·bi·tion·ist [ˌeksɪ'bɪʃənɪst] *n* exhibicionista *mf*.

ex·hibi·tor [ɪg'zɪbɪtə[r]] *n* expositor(a) *m/f*.

ex·hila·rate [ɪg'zɪləreɪt] *vt* alegrar, levantar el ánimo de.

ex·hila·ra·tion [ɪgˌzɪlə'reɪʃən] *n* alegría *f*, regocijo *m*.

ex·hort [ɪg'zɔ:t] *vt*: **to ~ sb (to sth/to do sth)** exhortar a uno (a algo/a hacer algo).

ex·hor·ta·tion [ˌegzɔ:'teɪʃən] *n* exhortación *f*.

ex·hume [eks'hju:m] *vt* exhumar, desenterrar.

exi·gen·cy ['eksɪdʒənsɪ] *n* exigencia *f*.

exi·gent ['eksɪdʒənt] *adj* exigente.

ex·ile ['eksaɪl] **1** *n (state)* exilio *m*, destierro *m*; *(person)* exiliado/a *m/f*, desterrado/a *m/f*; **to send**

sb into ~ desterrar a uno, mandar a uno al exilio. **2** *vt* desterrar, exiliar.

ex·ist [ɪg'zɪst] *vi* **(a)** *(live)* vivir; *(survive)* subsistir; **to ~ on very little money** arreglarse con muy poco dinero. **(b)** *(occur, be in existence)* existir.

ex·ist·ence [ɪg'zɪstəns] *n* existencia *f; (way of life)* vida *f;* **to be in ~** existir; **to come into ~** nacer, formarse; **the only one in ~** el único en existencia.

ex·is·ten·tial [ˌegzɪs'tenʃəl] *adj* existencial.

ex·is·ten·tial·ism [ˌegzɪs'tenʃəlɪzəm] *n* existencialismo *m.*

exit ['eksɪt] **1** *n (place, act)* salida *f; (esp Theat)* mutis *m;* **'no ~'** 'prohibida la salida'; **to make one's ~** salir, marcharse. **2** *vi (Theat)* hacer mutis. **3: ~ permit** *n* permiso *m* de salida; **~ visa** *n* visa *f or* visado *m* de salida.

exo·dus ['eksədəs] *n (gen, Rel)* éxodo *m;* **there was a general ~** hubo un éxodo general.

ex·on·er·ate [ɪg'zɒnəreɪt] *vt:* **to ~ sb** *(from obligations)* exonerar a uno; *(from blame)* disculpar a uno.

ex·or·bi·tant [ɪg'zɔːbɪtənt] *adj (price, demands)* exorbitante, excesivo/a.

ex·or·cise ['eksɔːsaɪz] *vt (person, evil spirit)* exorcizar.

ex·or·cism ['eksɔːsɪzəm] *n* exorcismo *m.*

ex·ot·ic [ɪg'zɒtɪk] *adj* exótico/a.

ex·pand [ɪks'pænd] **1** *vt (make larger)* ensanchar, ampliar; *(: market, operations, business)* ampliar, aumentar; *(: metal etc)* dilatar; *(develop: statement, notes)* ampliar; *(broaden: experience, mind, horizons)* ampliar, extender; *(: influence, knowledge)* aumentar. **2** *vi (gas, metal, lungs)* dilatarse; *(market etc)* ampliarse; **to ~ on** *(notes, story etc)* ampliar, desarrollar.

ex·panse [ɪk'spæns] *n* extensión *f.*

ex·pan·sion [ɪk'spænʃən] *n (of metal etc)* dilatación *f; (of town, economy, territory)* desarrollo *m; (of subject, idea, trade, market)* ampliación *f,* desarrollo *m; (of production, knowledge etc)* aumento *m,* extensión *f.*

ex·pan·sion·ism [ɪk'spænʃənɪzəm] *n* expansionismo *m.*

ex·pan·sion·ist [ɪk'spænʃənɪst] *adj* expansionista.

ex·pan·sive [ɪk'spænsɪv] *adj* extenso/a; *(fig: mood, gesture)* expansivo/a.

ex·pat·ri·ate [eks'pætrɪət] *adj, n* expatriado/a *m/f.*

ex·pect [ɪk'spekt] **1** *vt* **(a)** *(anticipate, hope for, wait for)* esperar; **it's easier than I ~ed** es más fácil de lo que esperaba; **to ~ to do sth** esperar hacer algo; **I ~ed as much** ya me lo imaginaba *or* figuraba; **they ~ to arrive tomorrow** esperan llegar mañana; **we'll ~ you for supper** te esperamos a cenar; **I ~ him to come soon** creo que llegará pronto; **that was (only) to be ~ed** eso era de esperarse; **I did not know what to ~** yo no sabía qué esperar; **as ~ed** como era de esperar; **~ me when you see me** *(fam)* no cuentes conmigo.

(b) *(suppose)* imaginar, suponer; **I ~ so** supongo que sí, a lo mejor; **yes, I ~ it is** así tenía que ser; **I ~ it was John** me imagino que fue Juan; **I ~ he'll be late** seguro que llega tarde.

(c) *(require)* **to ~ sth (from sb)** contar con algo (de uno); **to ~ sb to do sth** esperar que uno haga algo; **I ~ you to be punctual** cuento con que seas puntual; **how can you ~ me to sympathize?** ¿y me pides compasión?; **you can't ~ too much from him** no debes esperar demasiado de él; **what do you ~ me to do about it?** ¿qué pretendes que haga yo?; **it is not to be ~ed that ...** no es de esperar que ... .

2 *vi:* **she's ~ing** está encinta.

ex·pec·tan·cy [ɪk'spektənsɪ] *n* esperanza *f;* **life ~** esperanza de vida.

ex·pec·tant [ɪk'spektənt] *adj (person, crowd)* expectante; *(look)* de esperanza; **an ~ mother** una mujer encinta.

ex·pect·ant·ly [ɪk'spektəntlɪ] *adv* con expectación.

ex·pec·ta·tion [ˌekspek'teɪʃən] *n* esperanza *f;* **in ~ of** en espera de; **against** *or* **contrary to all ~(s)** en contra de todas las previsiones; **not to live up to sb's ~s** defraudar las esperanzas de uno; **to be beyond (all) ~** superar todas las esperanzas.

ex·pec·to·rant [ek'spektərənt] *n* expectorante *m.*

ex·pedi·ence [ɪk'spiːdɪəns] *n,* **ex·pedi·en·cy** [ɪk'spiːdɪənsɪ] *n* conveniencia *f; (pej)* oportunismo *m.*

ex·pedi·ent [ɪks'piːdɪənt] **1** *adj (convenient, politic)* oportuno/a, conveniente. **2** *n* recurso *m.*

ex·pedite ['ekspɪdaɪt] *vt (speed up: business, deal)* acelerar; *(official matter, legal matter)* dar curso a; *(process, preparations)* facilitar; *(task)* despachar.

ex·pedi·tion [ˌekspɪ'dɪʃən] *n (gen)* expedición *f.*

ex·pedi·tion·ary [ˌekspɪ'dɪʃənrɪ] *adj* expedicionario/a.

ex·pel [ɪk'spel] *vt (air etc: from container)* arrojar, expeler; *(person)* expulsar.

ex·pend [ɪk'spend] *vt (money)* gastar, desembolsar; *(time)* gastar; *(effort, energy)* dedicar.

ex·pend·able [ɪk'spendəbl] *adj (equipment)* gastable; *(person)* prescindible.

ex·pendi·ture [ɪk'spendɪtʃə^r] *n (of money etc)* gasto *m,* desembolso *m; (money spent)* gastos; *(of time, effort)* gasto, empleo *m.*

ex·pense [ɪk'spens] **1** *n (cost)* gasto *m,* costa *f,* costo *m;* **at the ~ of** *(fig)* a costa de; **~s** gastos; **travelling/repair ~s** gastos de viaje/reparación; **at great ~** a gran costo; **at my ~** a cuenta mía; *(fig)* para mi costa; **to go to the ~ of** incurrir en gastos para; **to go to great ~** incurrir grandes gastos; **regardless of ~** sin escatimar gastos; **to put sb to the ~ of** hacerle a uno gastar dinero para; **to meet the ~ of** hacer frente a los gastos de. **2: ~ account** *n* cuenta *f* de gastos de representación.

ex·pen·sive [ɪk'spensɪv] *adj* caro/a, *(LAm)* costoso/a; *(shop etc)* carero/a; **he has ~ tastes** tiene un gusto de lujo; **it was an ~ victory** la victoria se ganó a gran costa.

ex·peri·ence [ɪk'spɪərɪəns] **1** *n* **(a)** *(knowledge)* experiencia *f;* **to learn by ~** aprender por la experiencia; **I know from (bitter/personal) ~** lo sé por experiencia (amarga/personal); **he has no ~ of grief/being out of work** no conoce la tristeza/el desempleo. **(b)** *(skill, practice)* práctica *f,* experiencia *f;* **he has plenty of ~** tiene mucha práctica; **have you any previous ~?** ¿tiene Ud experiencia previa?; **practical ~** experiencia práctica; **teaching ~** experiencia de maestro *or* profesor; **a driver with 10 years' ~** un conductor con 10 años de experiencia. **(c)** *(event)* experiencia *f,* aventura *f;* **to have a pleasant/frightening ~** tener una experiencia agradable/aterradora; **it was quite an ~** fue toda una experiencia.

2 *vt (feel: emotions, sensations)* experimentar; *(suffer: defeat, losses, hardship etc)* sufrir, padecer; **he ~s some difficulty/pain in walking** tiene dificultades para/dolor al andar; **he ~d a severe loss of hearing after the accident** después del accidente, sufrió una pérdida severa del oído.

ex·peri·enced [ɪk'spɪərɪənst] *adj (with experience)* experimentado/a; *(expert)* experto/a, perito/a; **to be ~ (in sth)** tener experiencia (en algo); **an ~**

eye/ear un ojo/oído experto.

ex·peri·ment [ɪk'sperɪmənt] **1** *n (gen)* experimento *m, (LAm)* prueba *f;* **to perform** *or* **carry out an ~** realizar un experimento; **as an ~** como experimento. **2** *vi* hacer experimentos, experimentar, *(LAm)* probar.

ex·peri·men·tal [ɪk,sperɪ'mentl] *adj (scientist, method)* experimental; *(theatre, novel)* vanguardista; *(cinema)* de arte y ensayo; **the process is still at the ~ stage** el proceso está todavía en prueba.

ex·peri·men·ta·tion [ɪk,sperɪmen'teɪʃən] *n* experimentación *f.*

ex·pert ['ekspɜːt] **1** *adj* experto/a; *(touch, eye)* hábil, diestro/a; *(advice, opinion)* de experto/a, de especialista; *(Jur: witness, evidence)* pericial; *(person)* **~ in** *or* **at (doing) sth** experto *or* perito en (hacer) algo. **2** *n* experto/a *m/f,* perito/a *m/f;* **an ~ in** *or* **at (doing) sth** un experto en (hacer) algo.

ex·per·tise [,ekspə'tiːz] *n* pericia *f; (skill)* habilidad *f,* destreza *f.*

ex·pire [ɪk'spaɪəʳ] *vi (end: time etc)* terminar, vencerse; *(ticket, passport)* caducar, *(LAm)* vencerse; *(frm: die)* expirar.

ex·pi·ry [ɪk'spaɪərɪ] *n (Comm etc)* vencimiento *m; (end)* final *m,* término *m;* **~ date** fecha *f* de vencimiento.

ex·plain [ɪk'spleɪn] *vt (make clear: meaning, problem etc)* explicar; *(: plan)* exponer; *(: mystery)* aclarar; *(account for: conduct)* justificar; **to ~ o.s.** *(clearly)* explicarse; *(morally)* justificarse, defenderse.

♦ **ex·plain away** *vt + adv* dar explicaciones (de), justificar; *(excuse)* disculparse (por).

ex·pla·na·tion [,eksplə'neɪʃən] *n (act)* explicación *f; (excuse)* disculpa *f; (statement)* explicación; *(of plan)* exposición *f; (of problem)* aclaración *f;* **to offer** *or* **give an ~** dar explicaciones.

ex·plana·tory [ɪk'splænətərɪ] *adj* explicativo/a; *(note)* aclaratorio/a.

ex·pletive [ɪk'spliːtɪv] *n (oath)* palabrota *f,* taco *m, (LAm)* grosería *f.*

ex·plic·it [ɪk'splɪsɪt] *adj (instructions, detail)* explícito/a, preciso/a; *(intention)* expreso/a, claro/a; *(denial)* tajante, rotundo/a.

ex·plode [ɪk'spləʊd] **1** *vi* estallar, explotar; *(fig)* reventar, estallar; **to ~ with laughter/anger/jealousy** estallar en carcajadas/darle a uno un arrebato de furia/darle a uno un ataque de celos. **2** *vt (refute)* desmentir, refutar; **to ~ a rumour/theory/belief** *(fig)* desmentir un rumor/refutar una teoría/impugnar una creencia.

ex·ploit ['eksplɔɪt] **1** *n* hazaña *f,* proeza *f.* **2** [ɪk'splɔɪt] *vt (resources)* aprovechar; *(pej: person)* explotar.

ex·ploi·ta·tion [,eksplɔɪ'teɪʃən] *n* explotación *f.*

ex·plo·ra·tion [,eksplə'reɪʃən] *n* exploración *f.*

ex·plora·tory [ɪk'splɒrətərɪ] *adj* exploratorio/a, preliminar.

ex·plore [ɪk'splɔːʳ] *vt* **(a)** *(country)* explorar; *(Med)* examinar. **(b)** *(fig: problems, subject)* ahondar en; *(: opinion)* sondear; **to ~ every possibility/avenue** considerar todas las posibilidades/estudiar todas las vías posibles.

ex·plor·er [ɪk'splɔːrəʳ] *n* explorador(a) *m/f.*

ex·plo·sion [ɪk'spləʊʒən] *n (gen)* explosión *f; (noise)* explosión, estallido *m; (fig: outburst)* arranque *m,* arrebato *m;* **population ~** explosión demográfica; **price ~** aumento *m* general de precios.

ex·plo·sive [ɪk'spləʊzɪv] **1** *adj (gas, substance)* explosivo/a; *(fig: situation)* candente; *(: temper)* excitable. **2** *n* explosivo *m.*

ex·po·nent [ɪk'spəʊnənt] *n (of idea)* exponente *mf; (of cause)* partidario/a *m/f; (interpreter)* intérprete *mf.*

ex·port ['ekspɔːt] **1** *n (act)* exportación *f; (commodity)* artículo *m* de exportación. **2** [ek'spɔːt] *vt* exportar. **3** *cpd (market, goods, permit)* de exportación; **~ drive** *n* campaña *f* de exportación; **~ duty** *n* derechos *mpl* de exportación; **~ trade** *n* comercio *m* exterior.

ex·port·er [ɪk'spɔːtəʳ] *n* exportador(a) *m/f.*

ex·pose [ɪk'spəʊz] *vt (uncover)* dejar al descubierto; *(leave unprotected)* exponer; *(display)* exponer, presentar; *(sexual parts)* exhibir; *(Phot)* exponer; *(fig: reveal: plot, criminal)* denunciar; *(one's ignorance)* revelar, descubrir; **to be ~d to view** estar a la vista de todos; **to ~ sb/o.s. to ridicule** poner a uno/ponerse en ridículo; **to ~ one's head to the sun** exponer la cabeza al sol.

ex·posed [ɪk'spəʊzd] *adj (land, house, town)* desabrigado/a, desprotegido/a; *(Mil, fig)* expuesto/a; *(uncovered)* al descubierto; *(wine)* al aire.

ex·po·si·tion [,ekspə'zɪʃən] *n (of facts, theories)* exposición *f.*

ex·pos·tu·late [ɪk'spɒstjʊleɪt] *vi:* **to ~ with sb about sth** discutir con uno sobre algo, protestar por algo que hace uno.

ex·pos·tu·la·tion [ɪk,spɒstjʊ'leɪʃən] *n* protesta *f.*

ex·po·sure [ɪk'spəʊʒəʳ] **1** *n (to weather etc)* exposición *f; (of plot etc)* denuncia *f; (outlook)* orientación *f; (Phot: gen)* exposición; *(: aperture)* abertura *f* de diafragma; *(: speed)* velocidad *f* de obturación; *(: photo)* foto *f,* fotografía *f; (public ~)* exposición al público; **to die of ~** morir de frío por estar a la intemperie. **2: ~ meter** *n (Phot)* fotómetro *m,* exposímetro *m.*

ex·pound [ɪk'spaʊnd] *vt (theory, one's views)* exponer, explicar.

ex·press [ɪk'spres] **1** *adj* **(a)** *(clear: instructions, intention)* expreso/a, manifiesto/a. **(b)** *(fast: letter, delivery)* urgente, *(LAm)* express; *(coach, train)* rápido/a, *(LAm)* expreso/a; *(through)* directo/a. **2** *adv:* **to send** *or* **post sth ~** enviar algo por correo urgente; **to travel ~** viajar en un tren rápido. **3** *n (train)* expreso *m,* rápido *m.* **4** *vt* **(a)** *(ideas, feelings, thanks)* expresar; *(wish)* expresar, manifestar; **to ~ o.s.** expresarse. **(b)** *(send: letter, parcel)* enviar por correo urgente.

ex·pres·sion [ɪk'spreʃən] *n (gen)* expresión *f; (feeling)* sentimiento *m; (token)* señal *f; (Ling)* frase *f,* modismo *m;* **as an ~ of gratitude** en señal de gratitud.

ex·pres·sion·ism [ɪk'spreʃənɪzəm] *n* expresionismo *m.*

ex·pres·sive [ɪk'spresɪv] *adj (look, smile, gesture)* expresivo/a; *(language)* elocuente; **his gesture was ~ of anger** su gesto expresaba rabia.

ex·press·ly [ɪk'spreslɪ] *adv* expresamente.

ex·pro·pri·ate [eks'prəʊprɪeɪt] *vt* expropiar.

ex·pul·sion [ɪk'spʌlʃən] *n* expulsión *f.*

ex·pur·gate ['ekspɜːgeɪt] *vt* expurgar.

ex·quis·ite [ɪk'skwɪzɪt] *adj (beautiful)* precioso/a, primoroso/a; *(keen: sensibility)* exquisito/a, delicado/a; *(: sense of humour)* fino/a; *(: joy, pleasure, pain)* intenso/a.

ex·quis·ite·ly [ɪk'skwɪzɪtlɪ] *adv* **(a)** *(paint, embroider)* primorosamente, con primor; *(dress)* elegantemente; *(express o.s.)* con elegancia. **(b)** *(extremely)* sumamente.

ex·tant [ek'stænt] *adj* existente.

ex·tem·po·re [ɪk'stempərɪ] **1** *adv* de improviso. **2** *adj* improvisado/a.

ex·tem·po·rize [ɪk'stempəraɪz] *vi* improvisar.

ex·tend [ɪk'stend] **1** *vt* **(a)** *(stretch out: hand, arm)* extender; *(: to sb)* tender, alargar; *(offer: one's friendship, help, hospitality)* ofrecer; *(: one's* *thanks, congratulations, condolences, welcome)* dar; *(: invitation)* enviar; *(credit)* prorrogar, aplazar. **(b)** *(prolong: road, line, visit)* prolongar; *(enlarge: building)* ampliar, ensanchar; *(knowledge, research)* ampliar, profundizar en; *(powers, business)* aumentar; *(frontiers)* extender; *(vocabulary)* enriquecer, aumentar. **2** *vi (land, wall)* **to ~ to** *or* **as far as** extenderse hasta; *(term, contract, meeting)* **to ~ to** *or* **into** prolongarse hasta; **to ~ for** prolongarse por.

ex·ten·sion [ɪk'stenʃən] **1** *n (act)* extensión *f; (of power)* aumento *m; (of credit etc)* prórroga *f; (part added)* extensión *f; (of building etc)* ampliación *f; (of road, term etc)* prolongación *f; (Telec)* extensión, *(RPl)* anexo *m,* interno *m.* **2: ~ cable** *n (Elec)* extensión *f;* **~ ladder** *n* escalera *f* extensible.

ex·ten·sive [ɪk'stensɪv] *adj (grounds, forest)* extenso/a, enorme; *(damage, investments)* cuantioso/a, importante; *(knowledge, influence)* amplio/a; *(research)* a fondo; *(inquiries, reforms, interests)* amplio/a; *(frequent)* frecuente; *(alterations)* general.

ex·ten·sive·ly [ɪk'stensɪvlɪ] *adv* extensamente; *(study, research)* a fondo; **~ used** de uso común; **he travelled ~ in Mexico** viajó ampliamente por México.

ex·tent [ɪk'stent] *n (space: of land, road)* extensión *f; (scope: of knowledge, damage, activities)* alcance *m; (: of power)* límite *m; (degree: of commitment, loss)* grado *m;* **to what ~?** ¿hasta qué punto?; **to a certain** *or* **to some ~** hasta cierto punto; **to a large/small/major ~** en gran parte *or* medida/en menor grado/en su mayor parte; **to such an ~ that** hasta tal punto que; **to the ~ of** *(as far as)* hasta el punto de; *(money)* por la cantidad de.

ex·tenu·at·ing [ɪk'stenjʊeɪtɪŋ] *adj:* **~ circumstances** circunstancias *fpl* atenuantes.

ex·te·ri·or [ɪks'tɪərɪə^r] **1** *adj* exterior, externo/a. **2** *n* exterior *m;* **on the ~** *(lit, fig)* por fuera.

ex·ter·mi·nate [ɪk'stɜːmɪneɪt] *vt (pests, group of people)* exterminar.

ex·ter·nal [ek'stɜːnl] **1** *adj (walls etc)* externo/a, exterior; *(influences, factor)* externo/a, ajeno/a; *(affairs, appearance)* exterior; **for ~ use only** *(Med)* para uso tópico; **~ examination** examen *m* externo; **~ examiner** examinador(a) *m/f* externo/a. **2** *n:* **~s** las apariencias *fpl.*

ex·tinct [ɪk'stɪŋkt] *adj (volcano)* extinguido/a, apagado/a; *(animal, race)* extinto/a, desaparecido/a.

ex·tin·guish [ɪk'stɪŋgwɪʃ] *vt (fire)* extinguir, apagar; *(light, cigarette)* apagar; *(fig: hope, faith)* destruir; *(suppress)* suprimir.

ex·tin·guish·er [ɪk'stɪŋgwɪʃə^r] *n* extintor *m* (de incendios).

ex·tol [ɪk'stəʊl] *vt (merits, virtues)* ensalzar, alabar; *(person)* alabar, elogiar.

ex·tort [ɪk'stɔːt] *vt (money)* sacar por amenazas; *(promise, confession)* obtener por la fuerza.

ex·tor·tion [ɪk'stɔːʃən] *n* extorsión *f,* exacción *f.*

ex·tor·tion·ate [ɪk'stɔːʃənɪt] *adj (price, demand)* excesivo/a, exorbitante.

ex·tra ['ekstrə] **1** *adj (more: food, money, people etc)* adicional, suplementario/a; *(spare)* de más, de sobra; *(more than usual)* de más; **~ time** *(Ftbl)* prórroga *f;* **~ transport** transporte *m* adicional; **an ~ charge** recargo *m,* suplemento *m;* **wine is** *or* **will cost ~** el vino es aparte *or* no está incluido; **take ~ care!** ¡ten mucho cuidado!; **for ~ safety** para mayor seguridad. **2** *adv (more than normally)* extra, encima, de suplemento; **~ large/strong/kind** *etc* super *or (LAm fam)* re(quete) grande/fuerte/amable *etc;* **he worked ~ hard** trabajó más de la cuenta. **3** *n (luxury, addition)* extra *m; (Cine)* extra *mf,* comparsa *mf; (charge)* suplemento *m* (adicional).

ex·tract ['ekstrækt] **1** *n (from book, film)* extracto *m,* trozo *m; (Culin, Chem)* extracto, concentrado *m.* **2** [ɪk'strækt] *vt* **(a)** *(take out: cork, tooth)* sacar; *(: bullet: from wound)* extraer; *(: mineral)* extraer, obtener; *(: juice)* exprimir. **(b)** *(obtain: information, confession, money)* obtener, sacar. **(c)** *(select: from book etc)* seleccionar.

ex·trac·tion [ɪk'strækʃən] *n (gen)* extracción *f;* **of Spanish ~** de extracción española *or* origen español.

extra·cur·ricu·lar [ˌekstrəkə'rɪkjʊlə^r] *adj (Scol: activities)* extraescolar, extra-académico/a.

extra·dite ['ekstrədaɪt] *vt:* **to ~ sb (from/to)** conseguir la extradición de uno (de/a).

extra·di·tion [ˌekstrə'dɪʃən] *n* extradición *f.*

extra·mari·tal [ˌekstrə'mærɪtl] *adj (affair, sex)* fuera del matrimonio.

extra·mu·ral [ˌekstrə'mjʊərəl] *adj (studies, course, department)* de extensión.

extra·neous [ɪk'streɪnɪəs] *adj* extraño/a, ajeno/a.

extra·or·di·nary [ɪk'strɔːdnrɪ] *adj (more than ordinary)* extraordinario/a; *(very strange)* raro/a; *(additional, special)* extraordinario/a, especial.

extra·sen·so·ry [ˌekstrə'sensərɪ] *adj:* **~ perception** percepción *f* extrasensorial.

extra-special [ˌekstrə'speʃəl] *adj* muy especial, super especial.

extra-strong [ˌekstrə'strɒŋ] *adj* extremadamente fuerte; *(coffee)* super cargado/a; *(nylon)* reforzado/a.

ex·trava·gance [ɪk'strævəgəns] *n (excessive spending)* prodigalidad *f,* derroche *m; (wastefulness)* despilfarro *m; (thing bought)* extravagancia *f, (whim)* capricho *m.*

ex·trava·gant [ɪk'strævəgənt] *adj (lavish: spending, ways, taste)* pródigo/a; *(: person)* derrochador(a), despilfarrador(a); *(wasteful)* despilfarrador(a); *(exaggerated: praise)* excesivo/a; *(: claim, opinion)* exagerado/a; *(: prices)* astronómico/a, desorbitado/a.

ex·treme [ɪk'striːm] **1** *adj (furthest: point, north)* extremo/a; *(greatest possible: heat, danger, poverty)* extremo/a, extremado/a; *(: care)* máximo/a; *(: sorrow, anger)* profundo/a, extremo/a; *(exceptional: views)* extremista; *(: case, circumstances, measures, action)* excepcional; **the ~ left/right** *(Pol)* la extrema izquierda/derecha; **in ~ old age** en *or (LAm)* a una edad muy avanzada; **there's no need to be so ~** no es necesario llegar a esos extremos. **2** *n* extremo *m;* **from one ~ to the other** de un extremo al otro; **~s of temperature** las temperaturas extremas; **in the ~** en extremo, en sumo grado; **to go/be driven to ~s** tomar medidas extremas/verse obligado a tomar medidas extremas; **to go to any ~** llegar a cualquier extremo.

ex·treme·ly [ɪk'striːmlɪ] *adv* sumamente, extremadamente.

ex·trem·ist [ɪk'striːmɪst] *adj, n* extremista *mf.*

ex·trem·ity [ɪk'stremɪtɪ] *n (end: usu pl)* extremidad *f,* punta *f; (fig: of despair etc)* extremo *m; (need)* apuro *m,* necesidad *f.*

ex·tri·cate ['ekstrɪkeɪt] *vt (disentangle)* desenredar; *(free)* soltar; *(fig)* librar, sacar; **to ~ o.s. from** *(fig)* librarse de; *(difficulty)* lograr salir de.

extro·vert ['ekstrəʊvɜːt] *adj, n* extrovertido/a *m/f.*

exu·ber·ance [ɪg'zuːbərəns] *n* exuberancia *f; (euphoria)* euforia *f.*

exu·ber·ant [ɪg'zuːbərənt] *adj (person, spirit, etc)*

eufórico/a; *(growth)* exuberante.

ex·ude [ɪg'zju:d] *vt* rezumar, exudar; *(fig)* rebosar.

ex·ult [ɪg'zʌlt] *vi*: **to ~ in** *or* **at** *or* **over** regocijarse por.

ex·ult·ant [ɪg'zʌltənt] *adj (person)* regocijado/a; *(shout, expression)* jubiloso/a.

ex·ul·ta·tion [ˌegzʌl'teɪʃən] *n* regocijo *m*, júbilo *m*.

eye [aɪ] **1** *n (gen)* ojo *m; (of potato)* yema *f; (of storm, wind)* ojo, núcleo *m; (fastener: metal ring)* hembra *f* de corchete; **black ~** ojo morado *or* amoratado; **~s right/left/front!** ¡vista a la derecha/izquierda/al frente!; **as far as the ~ can see** hasta donde alcanza la vista; **it happened before my very ~s** ocurrió delante de mis propios ojos; **I saw it with my own ~s** lo vi con mis propios ojos; **I couldn't believe my (own) ~s** no daba crédito a los ojos; **to be in the public ~** estar a la luz pública; **in the ~s of the law** a los ojos de la ley; **in the ~s of sb** a los ojos de uno; **under the (watchful) ~ of** bajo la vigilia de; **to keep an ~ on sb/sth** *(watch)* vigilar a uno/algo, echar una mirada a uno/algo; *(look after)* cuidar a uno/algo; **to keep an ~ on things** *(fam)* estar al tanto de todo, estar pendiente de todo; **keep your ~s on the road ahead!** ¡no quites los ojos de la carretera!; **to keep an ~ out** *or* **one's ~s open for sth/sb** estar pendiente de algo/uno; **I could hardly keep my ~s open** se me cerraban los ojos; **he didn't take his ~s off her** no le quitó los ojos de encima; **to look at sth with** *or* **through the ~s of an expert** ver algo con ojos de experto; **with an ~ to sth/to doing sth** con vistas *or* miras a algo/a hacer algo; **with the naked ~** a simple vista; **to do sth with one's ~s (wide) open** *(fig)* hacer algo con los ojos abiertos; **to shut one's ~s to sth** *(fig: to the truth, evidence, dangers)* cerrar los ojos a algo; *(: to sb's shortcomings)* hacer la vista gorda a algo; **to be up to one's ~s** *(in work etc)* estar hasta aquí *or* agobiado de trabajo; **to catch sb's ~** llamar la atención de uno; **to cry one's ~s out** llorar a moco tendido, llorar a lágrima viva; **to have an ~** *or* **a keen ~ for a bargain** tener mucha vista *or* buen ojo para los negocios; **there's more to this than meets the ~** esto tiene su miga; **to look sb (straight) in the ~** mirar a uno (directamente) a los ojos; **I don't see ~ to ~ with him** no estoy de acuerdo con él; **it's 5 years since I last set** *or* **laid ~s on him** hace cinco años que no lo veo; **in the twinkling of an ~** en un abrir y cerrar de ojos; **use your ~s!** *(fam)* ¡abre los ojos!; **that's one in the ~ for him** *(fig fam)* ¡para que vea!; **to make (sheep's) ~s at sb** *(fam)* hacer ojos de cordero a uno; **he was all ~s** era todo *or (LAm)* puros ojos; *see* **sight**.

2 *vt* ojear.

eye·ball ['aɪbɔ:l] *n* globo *m* del ojo.

eye·bath ['aɪbɑ:θ] *n* ojera *f*.

eye·brow ['aɪbraʊ] **1** *n* ceja *f;* **to raise one's ~s** levantar las cejas; **raised ~s** *(fig)* actitud *fsg* crítica. **2: ~ pencil** *n* lápiz *m* de cejas.

eye-catching ['aɪˌkætʃɪŋ] *adj* llamativo/a, vistoso/a.

-eyed [aɪd] *adj suf* de ojos; **green~** de ojos verdes; **one~** tuerto/a.

eye·drops ['aɪdrɒps] *npl (for bathing eyes)* gotas *fpl* para los ojos.

eye·ful ['aɪfʊl] *n*: **to get an ~ (of sth)** *(fam)* llenarse la cara (de algo); *(fig)* echarle un vistazo (a algo).

eye·lash ['aɪlæʃ] *n* pestaña *f*.

eye·let ['aɪlɪt] *n* ojete *m*.

eye-level ['aɪˌlevl] *adj* a la altura de los ojos.

eye·lid ['aɪlɪd] *n* párpado *m*.

eye·liner ['aɪˌlaɪnə[r]] *n* lápiz *m* de ojos.

eye-opener ['aɪˌeʊpnə[r]] *n* revelación *f*, sorpresa *f*.

eye·shadow ['aɪˌʃædəʊ] *n* sombreador *m*, sombra *f* de ojos.

eye·sight ['aɪsaɪt] *n* vista *f;* **to have poor ~** estar mal de la vista; **failing ~** visión *f* defectuosa.

eye·sore ['aɪsɔ:[r]] *n* monstruosidad *f*.

eye·strain ['aɪstreɪn] *n* vista *f* cansada.

eye·tooth ['aɪtu:θ] *n, pl* **-teeth** colmillo *m;* **to give one's eye-teeth for sth /to do sth** *(fam fig)* dar un ojo de la cara por algo/por hacer algo.

eye·witness ['aɪˌwɪtnɪs] *n* testigo *mf* presencial *or* ocular.

ey·rie ['ɪərɪ] *n* aguilera *f*.

F

F, f [ef] *n (letter)* F, f *f; (Mus)* fa *m.*
F. *abbr of* **Fahrenheit.**
fa [fɑː] *n (Mus)* fa *m.*
fa·ble [ˈfeɪbl] *n* fábula *f.*
fab·ric [ˈfæbrɪk] *n (cloth)* tejido *m*, tela *f; (gen: textiles)* géneros *mpl; (Archit)* fábrica *f; (fig)* **the ~ of society** la estructura de la sociedad.
fab·ri·cate [ˈfæbrɪkeɪt] *vt (fig)* inventar; *(document, evidence)* falsificar.
fab·ri·ca·tion [ˌfæbrɪˈkeɪʃən] *n* invención *f*, fabricación *f.*
fabu·lous [ˈfæbjʊləs] *adj* fabuloso/a, de fábula; *(fam: incredible)* increíble; *(: wonderful)* fabuloso/a, estupendo/a, *(LAm)* macanudo/a, bárbaro/a, chévere.
fa·çade [fəˈsɑːd] *n (Archit)* fachada *f; (fig)* apariencia *f.*
face [feɪs] **1** *n* **(a)** *(Anat etc)* cara *f*, rostro *m; (of dial, watch)* esfera *f; (surface)* superficie *f; (of the earth)* faz *f*, superficie; *(of coin)* cara; *(of building)* frente *m*, fachada *f; (of mountain, cliff)* cara, fachada *f; (coal ~)* cara de trabajo; **~ down(wards)/up(wards)** *(person, card)* boca abajo/arriba; **in the ~ of** *(enemy)* frente a; *(threats, danger)* ante; *(difficulty)* en vista de, ante; **to laugh in sb's ~** reírse en la cara de uno; **to look sb in the ~** mirar a la cara a uno; **to say sth to sb's ~** decir algo a la cara (de uno); **I told him to his ~** se lo dije a la cara; **you can shout till you're black** *or* **blue in the ~** puedes gritar hasta hartarte; **to show one's ~** asomar la cara, dejarse ver; **it's vanished off the ~ of the earth** ha desaparecido de la faz de la tierra; **the whole ~ of the town has changed** el aspecto de la ciudad ha cambiado por completo; **to have a good memory for ~s** tener buena memoria para las caras.
(b) *(expression)* cara *f*, expresión *f*; **a long ~** una cara larga *or* de viernes; **a happy ~** una cara alegre *or* de Pascua; **to keep a straight ~** contener la risa; **to make** *or* **pull ~s (at sb)** hacer muecas (a uno); **his ~ fell** *(fig)* puso cara larga.
(c) *(outward show)* **on the ~ of it** a primera vista, a juzgar por las apariencias; **to put a brave ~ on sth** ponerle buena cara a algo, poner al mal tiempo buena cara.
(d) *(dignity)* **to lose ~** desprestigiarse, perder prestigio; **to save ~** salvar las apariencias.
(e) *(effrontery)* descaro *m*, cara *f*, caradura *f*; **to have the ~ to do sth** tener la cara de hacer algo.
2 *vt* **(a)** *(also* **be facing**: *person, object)* estar de cara a, estar enfrente de; *(building: be opposite)* estar enfrente de; *(: overlook)* dar a, tener vista a; **~ the wall!** ¡póngase de cara a la pared!; **my room ~s the sea** mi cuarto da al mar; **to sit facing the engine** estar sentado de frente a la máquina.
(b) *(fig: confront: enemy, danger)* enfrentarse con; *(: consequences)* arrostrar; *(: problem, situation)* afrontar, hacer frente a; **I can't ~ him** *(ashamed)* no me atrevo a mirarle en los ojos; **to ~ the music** *(fig)* afrontar las consecuencias; **to ~ facts** aceptar los hechos *or* la realidad; **to ~ the fact that ...** reconocer que ...; **we are ~d with serious problems** se nos plantean graves problemas; **let's ~ it!** *(fam)* ¡seamos realistas!, ¡reconozcámoslo!
(c) *(fig: bear, stand)* soportar; **I can't ~ it/doing it** no lo soporto/no soporto hacerlo.
(d) *(Tech)* revestir, forrar; **a wall ~d with concrete** una pared revestida de hormigón.
3 *vi* mirar hacia; *(turn)* volverse hacia; **which way does it ~?** ¿en qué dirección está orientado?; **it ~s east/towards the east** da al este/mira hacia el este.
4: ~ cloth *n* toallita *f; (glove)* manopla *f* (para lavarse la cara); **~ cream** *n* crema *f* de belleza; **~ lift** *n* estiramiento *m* de la piel de la cara mediante la cirugía estética; **to have a ~ lift** *(person)* hacerse una operación para estirar la piel de la cara; *(building)* ser limpiado y reparado; **~ pack** *n* mascarilla *f*; **~ powder** *n* polvos *mpl* para la cara; **~ value** *n (of coin)* valor *m* nominal; *(of stamp)* valor *m* facial; **to take sth at ~ value** *(fig)* creerse algo a pie juntillas, aceptar las apariencias.
♦**face up to** *vi + prep (difficulty etc)* afrontar, hacer frente a; **to ~ up to the fact that ...** afrontar el hecho de que ..., reconocer que ... .
face·less [ˈfeɪslɪs] *adj* sin rostro; *(anonymous)* anónimo/a.
face-saving [ˈfeɪsˌseɪvɪŋ] *adj* para salvar las apariencias.
fac·et [ˈfæsɪt] *n (of gem, fig)* faceta *f.*
fa·cetious [fəˈsiːʃəs] *adj (person)* chistoso/a; *(remark)* gracioso/a.
face-to-face [ˌfeɪstəˈfeɪs] **1** *adv* cara a cara. **2** *adj*: **a ~ argument** un enfrentamiento, una discusión de cara a cara.
fa·cial [ˈfeɪʃəl] **1** *adj* de la cara, facial. **2** *n* tratamiento *m* facial.
fac·ile [ˈfæsaɪl] *adj (pej: writer)* vulgar; *(: remark, expression)* superficial, ligero/a; *(: victory)* fácil.
fa·cili·tate [fəˈsɪlɪteɪt] *vt (make easier)* facilitar; *(assist progress)* favorecer.
fa·cil·ity [fəˈsɪlɪtɪ] *n (easiness)* facilidad *f; (skill)* habilidad *f*, destreza *f; (with languages)* facilidad *(in* para); **facilities** comodidades *fpl*, servicios *mpl*; **sports facilities** facilidades deportivas; **public transport facilities** servicios de transporte público; **toilet facilities** servicios, aseos *mpl*; **shopping facilities** *(shops)* locales *mpl* comerciales, tiendas *fpl; (services)* servicios de compra; **credit facilities** facilidades (de pago).
fac·ing [ˈfeɪsɪŋ] *n (Archit)* paramento *m*, revestimiento *m; (Sew)* vuelta *f*, guarnición *f.*
fac·simi·le [fækˈsɪmɪlɪ] **1** *n* facsímile *m*, facsímil *m*. **2**: **~ machine** *n* máquina *f* de facsímile *or* reproducción.
fact [fækt] *n (gen)* hecho *m; (information)* dato *m; (not fiction)* realidad *f*; **it's a ~ that ...** es un hecho que ...; **to know for a ~ that ...** saber a ciencia cierta que ...; **the ~s of life** *(sex etc)* los detalles de la reproducción humana; *(fig)* las cosas de la vida; **~s and figures** datos *mpl*; **~ and fiction** lo real y lo ficticio; **story founded on ~** historia

basada en los hechos; **it has no basis in ~** carece de base (real); **in ~, as a matter of ~, in point of ~** en realidad, *(LAm)* de hecho; **the ~ (of the matter) is that ...** la verdad es que ...; **by the very ~ that ...** por el mismo hecho que ... .

fact-finding ['fæktfaɪndɪŋ] *adj*: **on a ~ tour/mission** en viaje/misión de reconocimiento; **a ~ committee** una comisión de investigación *or* indagación.

fac·tion ['fækʃən] *n* facción *f.*

fac·tor ['fæktəʳ] *n* **(a)** *(fact)* factor *m;* **human ~** factor humano; **safety ~** factor de seguridad. **(b)** *(Math)* factor *m.*

fac·to·ry ['fæktərɪ] **1** *n* fábrica *f; (small)* taller *m.* **2:** ~ **farming** *n* cría *f* industrial; ~ **inspector** *n* inspector(a) *m/f* de trabajo; ~ **work** *n* trabajo *m* de fábrica; ~ **worker** *n* obrero/a *m/f* industrial.

fac·tual ['fæktjʊəl] *adj (report, description)* objetivo/a, basado/a en los hechos; *(error)* de hecho.

fac·ul·ty ['fækəltɪ] *n (power of body, mind, also Univ)* facultad *f; (ability)* habilidad *f,* facilidad *f; (US Univ: teaching staff)* profesorado *m,* cuerpo *m* docente.

fad [fæd] *n (fashion)* novedad *f,* moda *f;* **a passing ~** una moda pasajera.

fade [feɪd] *vi* **(a)** *(flower)* marchitarse; *(colour, fabric)* descolorarse, desteñirse. **(b)** *(also ~* **away:** *light)* apagarse (gradualmente); *(: eyesight, hearing, memory, hopes)* perderse; *(: smile)* desaparecer; *(: sounds)* desvanecerse; *(: person)* consumirse; **the daylight was fading** se hacía de noche; *(object)* **to ~ from sight** perderse de vista.

♦ **fade in 1** *vt + adv (TV, Cine)* fundir en; *(Rad: sound)* mezclar en. **2** *vi + adv (TV, Cine)* fundirse *(to* en), sobreponerse *(to* a); *(Rad)* oírse por encima (de).

♦ **fade out 1** *vt + adv (TV, Cine)* desdibujar, desvanecer; *(Rad)* apagar, disminuir el volumen de. **2** *vi + adv (TV, Cine)* desdibujarse, desvanecerse; *(Rad)* apagarse, dejar de oírse.

fae·ces ['fiːsiːz] *npl* excrementos *mpl,* heces *fpl.*

fag [fæg] **1** *n (fam: effort, job)* faena *f, (LAm)* lata *f; (Brit fam: cigarette)* pitillo *m, (LAm)* cigarro *m; (Brit Scol)* alumno *m* joven que trabaja para otro mayor; *(US fam: homosexual)* marica *m.* **2** *vt (fam: also ~* **out)** fatigar, cansar. **3:** ~ **end** *n* final *m; (fam: of cigarette)* colilla *f.*

fag·got ['fægət] *n (for fire)* haz *m* de lena; *(Brit fam)* bruja *f; (US fam)* marica *m.*

Fahr·en·heit ['færənhaɪt] *n* Fahrenheit *m (termómetro, grados etc).*

fail [feɪl] **1** *vi* **(a)** *(in exam: candidate)* suspender; *(show, play)* fracasar, *(LAm)* tronar; *(business)* quebrar; *(plan)* frustrarse, no llevarse a cabo; *(remedy)* no surtir efecto; **to ~ by 5 votes** perder por cinco votos; **to ~ in one's duty** faltar a su deber, no cumplir con su obligación. **(b)** *(light)* irse, apagarse; *(crops)* perderse; *(health, sight, strength)* fallar, debilitarse; *(engine, brakes)* fallar; *(water supply)* acabarse; *(power)* cortarse, fallar.

2 *vt* **(a)** *(exam, subject)* reprobar; *(candidate)* suspender (a). **(b)** *(let down: person)* fallar (a); *(subj: memory, strength)* fallar; **don't ~ me!** ¡no me decepciones!, *(LAm)* ¡no faltes!; **his heart/courage ~ed him** se encontró sin ánimo/le faltó valor; **words ~ me!** ¡no encuentro palabras para expresarme! **(c)** *(omit)* **to ~ to do sth** dejar de hacer algo; **don't ~ to visit her** no deje de visitarla; **I ~ to see why/what** *etc* no veo *or (LAm)* no alcanzo a ver por qué/qué *etc.*

3 *n:* **without ~** sin falta.

fail·ing ['feɪlɪŋ] **1** *prep* a falta de, falto de; ~ **that** de no ser posible. **2** *n (gen)* falta *f,* defecto *m.*

fail-safe ['feɪlseɪf] *adj* de seguridad contra fallos *(humanos o técnicos).*

fail·ure ['feɪljəʳ] *n (gen: lack of success)* fracaso *m; (in exam)* reprobación *f; (of crops)* pérdida *f,* destrucción *f; (of supplies)* corte *m,* interrupción *f; (Tech)* fallo *m,* avería *f; (Med)* crisis *f,* ataque *m; (person)* fracasado/a *m/f; (neglect)* falta *f,* fracaso; **power ~** corte de electricidad, *(LAm)* apagón *m;* **his ~ to come** su ausencia, el que no viniera; **to end in ~** acabar mal, *(LAm)* malograrse; **it was a complete ~** fue un fracaso total; **heart ~** paro *m* cardío, infarto *m.*

faint [feɪnt] **1** *adj* **(-er, -est)** *(breeze)* débil, *(LAm)* ligero/a; *(outline)* borroso/a, indistinto/a; *(trace, mark)* apenas perceptible; *(sound)* apagado/a, débil; *(voice, breathing)* débil; *(smell, taste)* tenue, casi imperceptible; *(hope)* remoto/a; *(smile)* leve; *(idea, memory)* vago/a; *(resemblance)* ligero/a; **to feel ~** marearse, tener vahídos; **I haven't the ~est idea** *(fam)* no tengo ni la más remota idea; ~ **with hunger** muerto de hambre.

2 *n* desmayo *m,* desvanecimiento *m.*

3 *vi* desmayarse, perder el conocimiento *(from* a causa de).

faint-hearted ['feɪnthɑːtɪd] *adj* medroso/a, cobarde.

faint·ly ['feɪntlɪ] *adv* débilmente; *(disappointed)* ligeramente; *(reminiscent)* vagamente.

fair[1] [fɛəʳ] **1** *adj* **(-er, -est) (a)** *(just: person)* justo/a *(to* con); *(even-handed)* equitativo/a; *(decision, report, hearing)* imparcial; *(comment)* acertado/a, *(LAm)* atinado/a; *(sample)* representativo/a; *(deal, exchange, price)* justo/a; *(fight, competition, match)* igual; *(chance)* razonable; **it's not ~!** ¡no es justo!, *(LAm)* ¡no hay derecho!; **to be ~ ...** en honor a la verdad ...; **it's only ~ that ...** lo más justo sería que ...; **it's ~ to say that ...** hay que reconocer que ...; **~ enough!** ¡vale!, *(Mex)* ¡ándale pues!; **by ~ means or foul** por las buenas o por las malas; ~ **game** presa *f* fácil; ~ **play** juego *m* limpio; **his ~ share of** su parte de, lo que le corresponde de.

(b) *(reasonable, average: work, result)* regular; *(: chance)* bastante bueno/a; *(hope)* razonable.

(c) *(quite large: sum)* bastante (grande); *(: number)* bastante elevado/a; *(: speed)* considerable; **a ~ amount of** bastante.

(d) *(light-coloured: hair, person)* rubio/a, *(LAm)* güero/a; *(: complexion, skin)* blanco/a, *(LAm)* güero/a.

(e) *(fine, good: weather)* bueno/a; *(copy)* en limpio; **the ~ sex** *(female)* el bello sexo; **through ~ and foul** haga bueno o malo.

2 *adv:* **to play ~** jugar limpio; **to act/win ~ and square** obrar/ganar honradamente; **the ball hit me ~ and square in the stomach** la pelota me dio de lleno en el estómago.

fair[2] [fɛəʳ] *n (market)* feria *f, (LAm)* mercado *m; (trade ~)* feria de muestras; *(fun ~)* parque *m* de atracciones.

fair·ground ['fɛəgraʊnd] *n* (parque *m* de) atracciones *fpl,* feria *f.*

fair-haired [ˌfɛə'hɛəd] *adj (person)* rubio/a, *(LAm)* güero/a.

fair·ly ['fɛəlɪ] *adv* **(a)** *(justly)* justamente; *(equally)* equitativamente; *(according to the rules)* limpiamente. **(b)** *(quite)* bastante; **I'm ~ sure** creo estar en lo cierto; ~ **good** bastante bueno. **(c)** *(fam: utterly)* completamente.

fair-minded [ˌfɛə'maɪndɪd] *adj* imparcial.

fair·ness ['fɛənɪs] *n (justice)* justicia *f; (objectivity)* imparcialidad *f;* **in all** ~ *(to be honest)* a decir verdad; **in (all)** ~ **to him** para ser justo con él.

fair-sized [ˌfɛəˈsaɪzd] *adj* bastante grande.

fair·way [ˈfɛəˌweɪ] *n (golf)* calle *f.*

fairy [ˈfɛərɪ] **1** *n* hada *f; (fam pej: homosexual)* maricón *m.* **2:** ~ **godmother** *n* hada *f* madrina; ~ **lights** *npl* bombillas *fpl* de colorines; ~ **queen** *n* reina *f* de las hadas; ~ **tale** *n* cuento *m* de hadas; *(lie)* cuento *m,* patraña *f.*

fairy·land [ˈfɛərɪlænd] *n* tierra *f* de las hadas.

fait ac·com·pli [ˌfetəˈkɒmpliː] *n* hecho *m* consumado.

faith [feɪθ] **1** *n (Rel)* fe *f; (doctrine)* creencia *f,* doctrina *f; (trust)* confianza *f;* **to have** ~ **in sb/sth** fiarse de uno/algo; **to put one's** ~ **in sb/sth** confiar en uno/algo; **to keep/break** ~ **with sb** cumplir con/faltar a la palabra para con uno; **in (all) good** ~ de buena fe; **in bad** ~ de mala fe. **2:** ~ **healer** *n* curandero/a *m/f.*

faith·ful [ˈfeɪθfʊl] **1** *adj (also Rel)* fiel *(to* a); *(friend, servant)* leal; *(wife)* fiel; *(translation)* exacto/a; *(trustworthy)* digno/a de confianza; *(account)* detallado/a. **2** *npl:* **the** ~ *(Rel)* los fieles *mpl.*

faith·ful·ly [ˈfeɪθfəlɪ] *adv* fielmente; **yours** ~ le saluda atentamente.

faith·less [ˈfeɪθlɪs] *adj* infiel.

fake [feɪk] **1** *n (thing, picture)* falsificación *f; (person)* impostor(a) *m/f.* **2** *adj* falso/a, fingido/a. **3** *vt (accounts)* contrahacer, falsificar; *(illness)* fingir. **4** *vi* fingir, simular.

fal·con [ˈfɔːlkən] *n* halcón *m.*

fall [fɔːl] *(vb: pt* **fell,** *pp* **fallen) 1** *n* **(a)** *(gen)* caída *f; (of earth, rocks)* desprendimiento *m,* derrumbamiento *m; (of rain)* aguacero *m; (of snow)* nevada *f; (amount)* disminución *f; (in prices, temperature, demand)* descenso *m,* baja *f;* **he had a bad** ~ sufrió una caída peligrosa.

(b) *(downfall)* caída *f,* ocaso *m; (defeat)* derrota *f; (of city)* rendición *f,* caída; *(from favour, power etc)* alejamiento *m.*

(c) ~**s** *(waterfall)* salto *msg* de agua, cascada *fsg;* **the Niagara F~s** las cataratas del Niágara.

(d) *(US: autumn)* otoño *m.*

2 *vi* **(a)** *(gen)* caer; *(ground)* descender, estar en declive; *(rocks)* desprenderse; *(decrease)* disminuir; *(price, level, temperature etc)* bajar, descender; *(wind)* amainar; **to** ~ **to** *or* **on one's knees** arrodillarse, caer de rodillas; **to** ~ **on one's feet** caer de pie; *(fig)* salir bien parado; to **let sth** ~ dejar caer algo; **to let** ~ **that ...** soltar que ...; **to** ~ **into error/bad habits/bad ways** incurrir en error/adquirir malos hábitos/ir por mal camino; **to** ~ **into conversation with sb** entablar conversación con uno; **his poems** ~ **into 3 categories** sus poemas se dividen en tres categorías; **the stress** *or* **accent** ~**s on the 2nd syllable** el acento cae sobre la segunda sílaba; **to** ~ **from grace** *(Rel)* perder la gracia; *(fig)* caer en desgracia; **he fell in my estimation** perdió mucho a mis ojos; **it all began to** ~ **into place** *(fig)* todo empezó a encajar; **the responsibility** ~**s on you** la responsabilidad es tuya *or* recae en ti; **my birthday** ~**s on a Saturday** mi cumpleaños cae un sábado; **he fell to wondering if/to thinking (about) ...** empezó a preguntarse si/a pensar (en) ...; **it** ~**s to me to say ...** me corresponde a mí decir ...; **to** ~ **short of sb's expectations** defraudar las esperanzas de uno; **to** ~ **short of perfection** no llegar a la perfección; **the arrow fell short of the target** la flecha no alcanzó la diana; **to** ~ **flat** *(joke)* no hacer gracia; *(party)* fracasar; **to** ~ **foul of** *(person)* poner en contra suya; *(the law)* infringir.

(b) *(become)* **to** ~ **asleep** quedarse dormido, dormirse; **to** ~ **due** caducar, vencer; **to** ~ **heir to sth** heredar algo; **to** ~ **ill** caer enfermo, enfermarse; **to** ~ **in love (with sb/sth)** enamorarse (de uno/algo); **to** ~ **silent** callarse.

(c) *(be defeated: subj: government)* caer, ser derrotado; *(: city)* rendirse, dejarse tomar; *(: soldiers: die)* caer, morir.

♦**fall about** *vi + adv (fig fam)* morirse *or (LAm)* partirse de la risa.

♦**fall apart** *vi + adv* caerse a pedazos, deshacerse.

♦**fall away** *vi + adv (slope steeply: ground)* descender en declive *(to* hacia); *(crumble: plaster)* desconcharse.

♦**fall back** *vi + adv (retreat)* retroceder; *(Mil)* replegarse; **to** ~ **back on sth** *(fig)* recurrir a algo; **sth to** ~ **back on** recursos *mpl* de urgencia.

♦**fall behind** *vi + adv (in race etc)* quedarse atrás, rezagarse; *(fig: with work, payments)* retrasarse.

♦**fall down** *vi + adv (person)* caerse (al suelo); *(building)* hundirse, derrumbarse; *(fig: go wrong)* fracasar, fallar; **to** ~ **down on the job** fallar en el trabajo.

♦**fall for** *vi + prep (fam: feel attracted to: person)* enamorarse de; *(: object)* tomar afición a, gustar; *(: idea)* interesarse por; *(be deceived by: trick)* dejarse engañar *or* picar por.

♦**fall in 1** *vi + adv* **(a)** *(person)* caerse (dentro); *(roof, walls)* desplomarse; **to** ~ **in with** *(meet: person)* encontrarse *or* juntarse con; *(agree to: plan, proposal etc)* aceptar, quedar de acuerdo con. **(b)** *(Mil)* formar filas. **2** *vi + prep:* **to** ~ **in(to)** *(person)* caerse dentro de; *(in river)* caerse a.

♦**fall off 1** *vi + adv (gen)* caerse; *(part)* desprenderse; *(diminish: in amount, numbers)* disminuir; *(: interest)* enfriarse, decaer; *(: quality)* empeorar. **2** *vi + prep (gen)* caerse de; *(part)* desprenderse de.

♦**fall out** *vi + adv* **(a)** *(person, object)* caerse *(of* de). **(b)** *(Mil)* romper filas. **(c)** *(fig: quarrel)* **to** ~ **out (with sb over sth)** enfadarse *or (LAm)* enojarse (con uno por algo). **(d)** *(happen)* **it fell out that ...** resultó que ...; **events fell out (just) as we had hoped** todo salió como esperábamos.

♦**fall over 1** *vi + adv* caer, caerse. **2** *vi + prep* tropezar con; **he was** ~**ing over himself** *or* **over backwards to be polite** *(fam)* se desvivía en atenciones; **they were** ~**ing over each other to get it** *(fam)* peleaban por conseguirlo.

♦**fall through** *vi + adv (plans etc)* fracasar.

♦**fall (up)on** *vi + prep (food)* tirarse a; *(Mil)* caer sobre.

fal·la·cious [fəˈleɪʃəs] *adj* erróneo/a, engañoso/a.

fal·la·cy [ˈfæləsɪ] *n (false belief)* falacia *f,* error *m; (false reasoning)* sofisma *m,* engaño *m.*

fall·en [ˈfɔːlən] **1** *pp of* **fall. 2** *adj (lit)* caído/a; *(morally: woman)* perdido/a; *(: angel)* caído/a; ~ **leaves** hojas caídas. **3** *npl:* **the** ~ *(Mil)* los caídos *mpl.*

fal·lible [ˈfæləbl] *adj* falible.

fall·ing [ˈfɔːlɪŋ] *adj* que cae; *(star)* fugaz; *(Comm)* en baja.

fall·ing-off [ˌfɔːlɪŋˈɒf] *n (in numbers etc)* disminución *f; (in standards)* empeoramiento *m.*

fal·lo·pian [fəˈləʊpɪən] *adj:* ~ **tube** *(Anat)* trompa *f* de Falopio.

fall·out [ˈfɔːlaʊt] **1** *n* polvillo *m or* lluvia *f* radiactivo/a. **2:** ~ **shelter** *n* refugio *m* antinuclear.

fal·low [ˈfæləʊ] *adj* en barbecho, *(RPl)* calmo/a; **to lie** ~ estar en barbecho.

false [fɔːls] *adj* **(a)** *(not correct: statement, idea)* falso/a; ~ **alarm** falsa alarma *f;* ~ **start** *(Sport)* salida *f* nula; *(fig)* comienzo *m* fallido; ~ **pride/modesty** orgullo *m* fingido/falsa modestia *f*. **(b)** *(deceitful)* desleal, falso/a; ~ **friend** *(lit)* amigo *m* desleal; *(fig)* falso parecido *m*; **under** ~ **pretences** mediante estafa, con engaños; **to give a** ~ **impression** dar una impresión falsa; ~ **smile/laughter** sonrisa *f*/risa *f* forzada. **(c)** *(artificial)* postizo/a; ~ **teeth** dentadura *fsg* postiza, dientes *mpl* postizos; ~ **hairpiece** peluca *f*; **with a** ~ **bottom** con doble fondo; ~ **coin** moneda *f* falsa.

false·hood ['fɔːlshʊd] *n (frm: lie)* mentira *f*.

false·ly ['fɔːlslɪ] *adv* falsamente, con falsedad.

fal·set·to [fɔːl'setəʊ] **1** *n* falsete *m*. **2** *adj* de falsete.

fal·si·fy ['fɔːlsɪfaɪ] *vt (documents)* falsificar; *(evidence)* desvirtuar, falsear; *(accounts, figures)* contrahacer.

fal·ter ['fɔːltə^r^] *vi (voice, speaker)* quebrarse; *(waver)* vacilar, titubear; *(steps)* vacilar; *(courage)* fallar, faltar.

fame [feɪm] *n* fama *f*.

famed [feɪmd] *adj* famoso/a, afamado/a.

fa·mili·ar [fə'mɪljə^r^] *adj* **(a)** *(well-known: face, person, place)* conocido/a, familiar; *(common: experience, complaint, event)* corriente, común. **(b)** *(intimate: tone of voice etc)* íntimo/a, de confianza; *(well-acquainted)* **to be** ~ **with** estar familiarizado con, conocer; **to be on** ~ **terms with** tener confianza con; **to be on** ~ **ground** *(fig)* estar en su elemento, dominar la materia.

fa·mil·iar·ity [fəˌmɪlɪ'ærɪtɪ] *n (knowledge)* conocimiento *m (with* de); *(of tone etc)* familiaridad *f*, confianza *f*; ~ **breeds contempt** lo conocido no se estima.

fa·mil·iar·ize [fə'mɪlɪəraɪz] *vt*: **to** ~ **o.s. with** familiarizarse con.

fami·ly ['fæmɪlɪ] **1** *n (close relatives, group of animals)* familia *f*; **to run in the** ~ ser cosa de familia; **she's one of the** ~ es de familia ya. **2** *cpd (jewels, name, life, business)* de familia, familiar; *(friend)* de la familia; ~ **allowance** *n* subsidio *m* familiar; ~ **doctor** *n* médico *m* de cabecera; ~ **man** *n* hombre *m* casero *or* de su casa; ~ **planning clinic** *n* clínica *f* de planificación familiar; ~ **tree** *n* árbol *m* genealógico.

fam·ine ['fæmɪn] *n (hunger)* hambre *f*; *(shortage)* escasez *f*, carestía *f*.

fam·ished ['fæmɪʃt] *adj (fam)* famélico/a; *(: fig)* muerto/a de hambre.

fa·mous ['feɪməs] *adj* famoso/a, célebre *(for* por); *(hum)* dichoso/a; ~ **last words!** *(fam hum)* ¡para qué habré dicho nada!, *(LAm)* ¡me hubiera callado mejor!

fa·mous·ly ['feɪməslɪ] *adv*: **to get on** ~ llevarse de la maravilla.

fan[1] [fæn] **1** *n* abanico *m*; *(machine)* ventilador *m*; **electric** ~ ventilador eléctrico. **2** *vt (face, person)* abanicar; *(flames)* atizar, avivar; *(fig)* avivar, excitar. **3**: ~ **belt** *n (in motor)* correa *f* del ventilador; ~ **heater** *n* estufa *f* eléctrica (de aire caliente).

♦**fan out** *vi + adv (troops etc)* desplegarse (en abanico).

fan[2] [fæn] **1** *n (gen)* aficionado/a *m/f*; *(Sport)* hincha *mf*, forofo/a *m/f*, *(LAm)* adicto/a *m/f*; *(of pop star, etc)* admirador(a) *m/f*; **the** ~**s** la afición *fsg*. **2**: ~ **club** *n* club *m* de admiradores; ~ **mail** *n* correspondencia *f* de los admiradores.

fa·nat·ic [fə'nætɪk] *n* fanático/a *m/f*.

fa·nat·ic(al) [fə'nætɪk(əl)] *adj* fanático/a.

fa·nati·cism [fə'nætɪsɪzəm] *n* fanatismo *m*.

fan·ci·ful ['fænsɪfʊl] *adj (ideas, drawings)* fantástico/a; *(story,account)* imaginario/a, irreal; *(person)* imaginativo/a, fantasioso/a; *(imagination)* vivo/a, rico/a.

fan·cy ['fænsɪ] **1** *n* **(a)** *(whim, liking)* capricho *m*, antojo *m*; **when the** ~ **takes him** cuando se le antoja; **to take a** ~ **to** *(sb)* tomar cariño a; *(sth)* encapricharse por; **to catch** *or* **take sb's** ~ atraer a uno, cautivar a uno.

(b) *(imagination)* fantasía *f*, imaginación *f*; **in the realm of** ~ en el mundo de la fantasía; *(vague idea)* **I have a** ~ **that he'll be late** tengo la sensación de que llegará tarde; **is it just my** ~**, or did I hear a knock at the door?** llamaron a la puerta ¿o me lo estoy imaginando?

2 *adj* **(-ier, -iest)** *(ornamental)* de adorno, de lujo; *(goods)* de fantasía; *(price)* excesivo/a, desorbitado/a; *(idea)* exagerado/a, desmesurado/a; **nothing** ~ sin adornos.

3 *vt* **(a)** *(imagine)* imaginarse, figurarse; **he fancied himself to be in Spain** soñó *or* se imaginó que estaba en España; **I rather** ~ **he's gone out** creo *or (LAm)* se me hace que salió; ~ **that!** *(fam)* ¡fíjate!, ¡imagínate!; ~ **meeting you here!** *(fam)* ¡qué casualidad encontrarte aquí!

(b) *(like, want)* apetecer, gustar; **do you** ~ **(going for) a stroll?** ¿te apetece *or (LAm)* se te antoja dar un paseo?; **I don't** ~ **the idea** no me gusta la idea; **I don't** ~ **his chances of winning** no creo que tenga muchas posibilidades de ganar; **he fancies himself** *(fam)* es un creído *or* un presumido; **he fancies himself as a footballer** *(fam)* se las da *or* echa de futbolista; **she fancies him** *(fam)* él le gusta mucho a ella.

4: ~ **dress** *n* disfraz *m*; ~ **dress ball/party** *n* baile *m*/fiesta *f* de disfraces.

fan·fare ['fænfεə^r^] *n* fanfarria *f* (de trompeta).

fang [fæŋ] *n* colmillo *m*.

fan·light ['fænlaɪt] *n* montante *m* de abanico.

fan·tas·tic [fæn'tæstɪk] *adj (story, idea)* fantástico/a; *(shapes, images)* extraño/a; *(fam: excellent)* estupendo/a, *(LAm)* bárbaro/a, *(RPl)* macanudo/a.

fan·ta·size ['fæntəsaɪz] *vi* fantasear, hacerse ilusiones.

fan·ta·sy ['fæntəzɪ] *n (imagination)* fantasía *f*; *(fanciful idea, wish)* sueño *m*, fantasía; **in a world of** ~ en un mundo de ensueño.

far [fɑː^r^] *(comp* **far·ther** *or* **fur·ther**, *superl* **far·thest** *or* **fur·thest**) **1** *adv* **(a)** *(distance: lit, fig)* lejos, a lo lejos; **is it** ~ **(away)?** ¿está lejos?; **is it** ~ **to London?** ¿a cuánto está Londres?; **how** ~ **is it to the river?** ¿qué distancia *or (LAm)* cuánto hay de aquí al río?; **it's not** ~ **(from here)** no está lejos (de aquí); **as** ~ **as** hasta; **as** ~ **as the eye can see** hasta donde alcanza la vista; **to go as** ~ **as Milan** ir hasta Milán; **to come from as** ~ **away as Milan** venir de sitios tan lejanos como Milán; **she climbed as** ~ **as the rest of the team** escaló lo mismo que el resto del grupo; **as** ~ **back as I can remember** hasta donde me alcanza la memoria; **as** ~ **back as 1945** ya en 1945; **as** *or* **so** ~ **as I know** que yo sepa; **as** *or* **so** ~ **as I am concerned** en cuanto a mí, por lo que a mí se refiere; **as** ~ **as possible** en lo posible; **I would go as** *or* **so** ~ **as to say that ...** me atrevería a decir que ...; **from** ~ **and near** de todas partes; ~ **and wide** por todas partes; ~ **away** *or* **off** lejos; ~ **away** *or* **off in the distance** a lo lejos; **not** ~ **away** *or* **off** no muy lejos; ~ **away from one's family** lejos de la familia; **Christmas is not** ~ **off** la Navidad no está lejos; ~ **beyond** mucho más allá de; ~ **from** *(place)* lejos de; ~ **from (doing sth)** lejos de (hacer algo); ~ **from it!** ¡todo lo contrario!, ¡ni mucho menos!; **he is** ~ **from well** no está nada bien; ~ **be it from me to interfere, but ...** no quiero entrometerme, pero ...; ~ **from easy** nada fácil; ~ **into the night** hasta las altas horas de la noche; ~ **out at sea** en alta mar; **our calculations are** ~ **out** nuestros cálculos yierran por mucho; **to go** ~ *(person: lit)* ir lejos; **he'll go** ~ *(fig)* llegará lejos; **it won't go** ~ *(money, food)* no alcanzará; **how** ~ **are you going?** ¿hasta dónde vas?; **how** ~ **have you got with your work/plans?** ¿hasta dónde has llegado en tu trabajo/tus planes?; **he's gone too** ~ **this time** esta vez se ha pasado; **he's gone too** ~ **to back out now** ha ido demasiado lejos para retirarse ahora; **the plans are too** ~ **advanced** los proyectos están demasiado adelantados; **he was** ~ **gone** *(fam: ill)* estaba muy acabado; *(: drunk)* estaba muy borracho; **so** ~ *(in distance)* tan lejos; *(in time)* hasta ahora; **so** ~ **so good** hasta ahora, bien; **so** *or* **thus** ~ **and no further** hasta aquí, pero ni un paso más.

(b) *(with comp: very much)* mucho; **this car is** ~ **faster (than)** este coche va mucho más rápido (que); **it's** ~ **and away the best, it's by** ~ **the best** es con mucho el mejor; **she's the prettier by** ~ es con mucho la más guapa; **it is** ~ **better not to go** más vale no ir.

2 *adj*: **the F**~ **East** el Extremo *or* Lejano Oriente; **the F**~ **North** el Polo Norte; **the** ~ **east** *etc* **of the country** el extremo este *etc* del país; **it's a** ~ **cry from** tiene poco que ver con; **on the** ~ **side of** en el lado opuesto de; **at the** ~ **end of** en el otro extremo de, al fondo de; **the** ~ **left/right** *(Pol)* la extrema izquierda/derecha.

far·away ['fɑːrəweɪ] *adj (place)* remoto/a, lejano/a; *(voice)* distraído/a; *(look)* ausente, perdido/a.

farce [fɑːs] *n (Theat)* farsa *f; (Culin)* relleno *m; (fig)* absurdo *m*, comedia *f*; **the trial was a** ~ el proceso fue una farsa.

far·ci·cal ['fɑːsɪkəl] *adj* absurdo/a, ridículo/a.

fare [fɛəʳ] **1** *n* **(a)** *(cost)* precio *m*, tarifa *f; (ticket)* billete *m, (LAm)* boleto *m*; **'~s please!'** *(conductor on bus)* ¡billetes *or (LAm)* boletos por favor! **(b)** *(passenger in taxi)* pasajero/a *m/f*. **(c)** *(frm: food)* comida *f*; **bill of** ~ *(menu)* menú *m, (LAm)* carta *f*. **2** *vi* irle a uno; **how did you** ~? ¿qué tal te fue? **3:** ~ **stage** *n (bus)* zona *f* de tarifa fija.

fare·well [fɛə'wel] **1** *n (interj)* ¡adiós!, *(LAm)* ¡hasta luego!; **to bid** ~ **(to sb)** despedirse (de uno). **2:** ~ **dinner** *n* cena *f* de despedida; ~ **party** *n* fiesta *f* de despedida.

far-fetched [ˌfɑː'fetʃt] *adj (story, explanation)* inverosímil, poco probable; *(idea, scheme)* estrafalario/a, excéntrico/a.

farm [fɑːm] **1** *n* granja *f, (LAm)* estancia *f*, quinta *f; (: large)* hacienda *f, (Mex)* rancho *m; (buildings)* alquería *f*, casa *f* de labranza, *(LAm)* quinta, ranchería *f*, casa *f* de campo; **dairy** ~ granja lechera; **fish** ~ piscifactoría *f*; **mink** ~ criadero *m* de visones. **2** *vt* cultivar, labrar; **he** ~**s 300 acres** tiene una finca de 300 acres. **3** *vi (as profession)* ser agricultor(a). **4:** ~ **labourer** *n*, ~ **worker** *n* agricultor(a) *m/f*, peón *m*, obrero/a *m/f* agrícola; ~ **produce** *n* productos *mpl* agrícolas.

♦ **farm out** *vt + adv (work)* mandar hacer fuera *(to sb* a uno); *(hum: children)* dejar *(on* a *or* con).

farm·er ['fɑːməʳ] *n* granjero *m, (LAm)* estanciero/a *m/f*, hacendado/a *m/f*, ranchero/a *m/f*.

farm·hand ['fɑːmhænd] *n* peón *m*, obrero/a *m/f* agrícola.

farm·house ['fɑːmhaʊs] *n* granja *f*, alquería *f*, *(LAm)* casa *f* de hacienda.

farm·ing ['fɑːmɪŋ] **1** *n (gen)* agricultura *f; (of land)* cultivo *m; (of animals)* cría *f*. **2:** ~ **community** *n* agricultores *mpl*; ~ **methods** *npl* métodos *mpl* de cultivo.

farm·land ['fɑːmlænd] *n* tierras *fpl* de labrantío *or* cultivo.

farm·yard ['fɑːmjɑːd] *n* corral *m*.

far-reaching [ˌfɑː'riːtʃɪŋ] *adj (effect)* transcendental, de gran alcance.

far-sighted [ˌfɑː'saɪtɪd] *adj (person)* previsor(a), precavido/a; *(plan, decision, measure)* clarividente, perspicaz.

fart [fɑːt] **1** *n (fam!)* pedo *m (fam!)*. **2** *vi (fam!)* tirarse *or* echar un pedo *(fam!)*.

far·ther ['fɑːðəʳ] *comp of* **far 1** *adv see* **further. 2** *adj* más lejano/a.

far·thest ['fɑːðɪst] *adj, adv superl of* **far;** *see* **furthest.**

fas·ci·nate ['fæsɪneɪt] *vt* fascinar, encantar; **it** ~**s me how/why ...** me maravilla cómo/por qué ....

fas·ci·nat·ing ['fæsɪneɪtɪŋ] *adj* fascinante, encantador(a).

fas·ci·na·tion [ˌfæsɪ'neɪʃən] *n* fascinación *f*, encanto *m*.

fas·cism ['fæʃɪzəm] *n* fascismo *m*.

fas·cist ['fæʃɪst] *adj, n* fascista *mf*.

fash·ion ['fæʃən] **1** *n* **(a)** *(manner)* manera *f*, modo *m*; **after a** ~ en cierto modo; **in his usual** ~ a su manera *or* modo; **in the Greek** ~ a la griega, al estilo griego. **(b)** *(vogue: in clothing, speech etc)* moda *f*; **to set a** ~ **for sth** imponer la moda de algo; **to be in/out of** ~ estar de moda/pasado de moda; **to come into/go out of** ~ ponerse de/pasar de moda; **the latest** ~ la última moda; **the new Spring** ~**s** la nueva moda de primavera; **it's no longer the** ~ ya pasó de moda; **women's/men's** ~**s** moda para la mujer/el hombre.

2 *vt (shape)* formar; *(make)* fabricar; *(mould)* moldear; *(design)* diseñar.

3 *cpd (editor, house etc)* de modas; ~ **designer** *n* modisto/a *m/f*; ~ **model** *n (person)* modelo *mf*; ~ **parade** *n*, ~ **show** *n* desfile *m* de modelos, presentación *f* de modelos.

fash·ion·able ['fæʃnəbl] *adj (gen)* de moda; *(elegant)* elegante; *(writer, subject for discussion)* de moda, popular; **it is** ~ **to do ...** está de moda hacer ....

fash·ion·ably ['fæʃnəblɪ] *adv*: **to be** ~ **dressed** vestirse a la moda.

fast[1] [fɑːst] **1** *adj* **(-er, -est) (a)** *(speedy)* rápido/a, veloz; *(: train)* expreso/a; *(Phot: film)* rápido/a; **in the** ~ **lane** *(Aut)* en el carril de aceleración; **he's a** ~ **worker** ese no pierde el tiempo; **to pull a** ~ **one on sb** *(fam)* jugar una mala pasada a uno.

(b) *(clock)* adelantado/a; **my watch is 5 minutes** ~ mi reloj está cinco minutos adelantado.

(c) *(dissipated: person)* lanzado/a, fresco/a; *(: life)* disoluto/a, disipado/a.

(d) *(colour, dye)* sólido/a, inalterable; ~ **friends** íntimos amigos; **to make a boat** ~ amarrar una barca.

2 *adv* **(a)** *(quickly)* rápidamente, de prisa; **as** ~ **as I can** lo más rápido posible; **he ran off as** ~ **as his legs would carry him** se fue corriendo lo más rápido que pudo; **how** ~ **can you type?** ¿qué tan rápido escribes a máquina?; **not so** ~! ¡un momento!; **he'll do it** ~ **enough if ...** ya se apresurará *or (LAm)* apurará cuando ...; **the rain was falling** ~ llovía a cántaros.

(b) *(firmly)* firmemente; **tie it** ~ átalo bien; **it's stuck** ~ está bien pegado; *(door)* está atrancado *or* atascado; ~ **asleep** profundamente dormido.

fast[2] [fɑːst] **1** *n* ayuno *m*. **2** *vi* ayunar.

fas·ten ['fɑːsn] **1** *vt (secure: belt, dress)* abrochar; *(seat belt)* sujetar; *(door, box, window)* cerrar; *(attach)* sujetar; **to** ~ **two things together** sujetar *or* atar dos cosas juntas; **to ~ the blame/responsibility (for sth) on sb** *(fig)* echar *or* achacar la culpa (de algo) a uno. **2** *vi (door, box)* cerrarse; *(dress)* abrochar.

♦ **fas·ten down** *vt + adv (envelope)* cerrar; *(blind etc)* sujetar.

♦ **fas·ten on** *vt + adv (tie)* atar; **to ~ on to sb** pegarse a uno.

♦ **fas·ten up** *vt + adv (clothing)* abrochar.

♦ **fasten (up)on** *vi + prep (excuse)* valerse de; *(idea)* aferrarse a.

fas·ten·er ['fɑːsnəʳ] *n (of door etc)* cerrojo *m; (of necklace, bag, box)* cierre *m; (on dress)* corchete *m; (zip ~)* cremallera *f.*

fas·tidi·ous [fæs'tɪdɪəs] *adj (person: about cleanliness etc)* delicado/a, especial; *(: touchy)* quisquilloso/a; *(taste)* fino/a.

fat [fæt] **1** *adj* **(-ter, -test)** *(person)* gordo/a, *(LAm)* grueso/a; *(limbs, face, cheeks)* gordo/a, relleno/a; *(meat)* que tiene mucha grasa; *(volume)* grueso/a; *(profit)* grande, pingüe; **a ~ cheque** un cheque gordo; **to get ~** engordar; **he grew ~ on the proceeds** *or* **profits** *(fig)* se enriqueció con los ingresos; **a ~ chance!** *(fig fam)* ¡ni soñarlo!, *(LAm)* ¡bueno fuera!; **a ~ lot he knows about it!** *(fam hum)* y el ¡qué va a saber!; **a ~ lot of good that is!** ¡eso no sirve de nada!

2 *n (on person)* carnes *fpl*, grasa *f; (on meat, also vegetable ~)* grasa; *(for cooking)* manteca *f; (of diet)* **~s** grasas; **to fry in deep ~** freír con bastante aceite; **to live off the ~ of the land** vivir a cuerpo de rey; **the ~'s in the fire** *(fig)* así que se va a armar la gorda.

fa·tal ['feɪtl] *adj* **(a)** *(causing death)* mortal. **(b)** *(disastrous: mistake)* fatal; *(: consequences)* funesto/a; *(: influence)* nocivo/a. **(c)** *(fateful)* fatídico/a; **it was ~ to mention that** era peligroso mencionarlo.

fa·tal·ism ['feɪtəlɪzəm] *n* fatalismo *m.*

fa·tal·ist ['feɪtəlɪst] *n* fatalista *mf.*

fa·tal·is·tic [ˌfeɪtə'lɪstɪk] *adj* fatalista.

fa·tal·ity [fə'tælɪtɪ] *n (death)* muerto/a *m/f*, víctima *mf.*

fa·tal·ly ['feɪtəlɪ] *adv* mortalmente; **~ wounded** herido mortalmente.

fate [feɪt] *n* **(a)** *(force)* destino *m*, suerte *f*; **what ~ has in store for us** la suerte que nos espera; **~ decided otherwise** el destino no lo quiso. **(b)** *(person's lot)* suerte *f*; **to meet one's ~** *(death)* encontrar la muerte; **to leave sb to his ~** dejar a uno a su suerte.

fat·ed ['feɪtɪd] *adj (governed by fate)* predestinado/a; *(doomed)* condenado/a; *(person, project, friendship etc)* predestinado/a; **to be ~ to do sth** estar predestinado a hacer algo; **it was ~ that ...** fue inevitable que ... .

fate·ful ['feɪtfʊl] *adj (day, event)* fatídico/a; *(words)* profético/a.

fa·ther ['fɑːðəʳ] *n (gen)* padre *m*; **F~ Christmas** *(Brit)* Papá *m* Noel; **the F~s of the Church** los Santos Padres de la Iglesia; **Old F~ Time** el Tiempo; **Our F~** *(Rel)* Padre Nuestro; **city ~s** *(chief men)* los concejales; **like ~ like son** de tal palo, tal astilla.

father-figure ['fɑːðəˌfɪgəʳ] *n* figura *f* paterna.

father·hood ['fɑːðəhʊd] *n* paternidad *f.*

father-in-law ['fɑːðərɪnlɔː] *n* suegro *m.*

father·land ['fɑːðəlænd] *n* patria *f.*

fa·ther·less ['fɑːðəlɪs] *adj* huérfano/a de padre.

fa·ther·ly ['fɑːðəlɪ] *adj (person)* paternal; *(advice, behaviour)* paterno/a.

fath·om ['fæðəm] **1** *n* braza *f.* **2** *vt (fig: also ~ out)* descifrar, llegar a entender; *(mystery)* desentrañar; **I can't ~ why** no me explico por qué; **I can't ~ him/it out at all** no le/lo entiendo para nada.

fa·tigue [fə'tiːg] **1** *n* cansancio *m*, fatiga *f; (Mil)* faena *f*, fajina *f*; **metal ~** fatiga del metal. **2** *vt (frm)* fatigar, cansar.

fat·ten ['fætn] *vt (animal: also ~ up)* cebar, engordar; **chocolate is ~ing** el chocolate engorda.

fat·ty ['fætɪ] *adj (foods)* grasoso/a; *(Anat: tissue)* adiposo/a.

fatu·ous ['fætjʊəs] *adj* fatuo/a, necio/a.

fau·cet ['fɔːsɪt] *n (US: tap)* grifo *m, (LAm)* llave *f.*

fault [fɔːlt] **1** *n (defect: in character, book etc)* defecto *m; (: in manufacture)* desperfecto *m; (: in supply, machine)* avería *f; (Tennis)* falta *f; (Geol)* falla *f*; **generous to a ~** excesivamente generoso; **to find ~** poner reparos; **to find ~ with sb/sth** criticar a uno/algo; **you were at ~ in not telling us** hiciste mal en no decirnos; **your memory is at ~** recuerdas mal; **it's all your ~** tú tienes toda la culpa; **it's not my ~** no es culpa mía; **whose ~ is it (if ...)?** ¿quién tiene la culpa (si ...)? **2** *vt* criticar.

fault·less ['fɔːltlɪs] *adj (person)* intachable; *(behaviour)* impecable; *(work, command of language)* perfecto/a.

faulty ['fɔːltɪ] *adj* **(-ier, -iest)** *(machine etc)* defectuoso/a; *(imperfect)* imperfecto/a.

fau·na ['fɔːnə] *n* fauna *f.*

faux pas [ˌfəʊ'pɑː] *n* metedura *f or (LAm)* metida *f* de pata.

fa·vour, *(US)* **fa·vor** ['feɪvəʳ] **1** *n* **(a)** *(kindness)* favor *m*; **to do sb a ~** hacerle un favor a uno; **to ask a ~ of sb** pedir un favor a uno; **as a ~ to me** como favor; **do me a ~ and ...** hazme el favor de ... .

(b) *(approval)* favor *m*, aprobación *f*; **to be in ~** *(person)* gozar del favor *(with sb* de uno); *(style)* estar de moda; **to be out of ~** *(person)* caer en desgracia, quedar mal; *(style)* estar fuera de moda; **to find ~ with sb** *(subj: person)* caerle bien a uno; *(: suggestion)* gustarle a uno; **to gain sb's ~, to gain ~ with sb** congraciarse con uno.

(c) *(support, advantage)* favor *m*; **to be in ~ of sth/doing sth** ser partidario de *or* estar en pro *or* a favor de algo/hacer algo; **to vote in ~ (of)** votar a favor (de); **that's a point in his ~** es un punto a su favor; **to decide in ~ of sb/sth/of doing sth** decidir a favor de uno/algo/hacer algo; **to show ~ to sb** favorecer a uno.

2 *vt (approve: idea, scheme, view)* aprobar, ser partidario de; *(prefer: idea, person etc)* favorecer; *(: team)* tirar por; *(: political party)* apoyar; **he eventually ~ed us with a visit** por fin se dignó visitarnos.

fa·vour·able, *(US)* **fa·vor·able** ['feɪvərəbl] *adj (report)* favorable *(to sb/sth* para algo/uno); *(conditions, weather)* propicio/a.

fa·voured, *(US)* **fa·vored** ['feɪvəd] *adj* favorecido/a; **the ~ few** los pocos afortunados.

fa·vour·ite, *(US)* **fa·vor·ite** ['feɪvərɪt] **1** *adj* favorito/a, preferido/a. **2** *n (object)* favorito/a *m/f; (person)* preferido/a *m/f; (: spoilt)* consentido/a *m/f; (Horse-racing)* favorito *m*; **he sang some old ~s** cantó algunas de las viejas y conocidas canciones.

fa·vour·it·ism, *(US)* **fa·vor·it·ism** ['feɪvərɪtɪzəm] *n* favoritismo *m.*

fawn[1] [fɔːn] **1** *n* **(a)** *(Zool)* cervato *m.* **(b)** *(colour)* pardo *m* claro. **2** *adj* de un pardo claro.

fawn[2] [fɔːn] *vi*: **to ~ (up)on sb** *(animal)* hacer fiestas *or* caricias a uno; *(fig: person)* engatusar a uno.

FBI *(US) abbr of* **Federal Bureau of Investigation** Servicio *m* de Seguridad del Estado.
fear [fɪəʳ] **1** *n* miedo *m*, temor *m*; *(great ~)* pavor *m*; **there are ~s that ...** se teme que ...; **grave ~s have arisen for ...** existe gran preocupación por ...; **for ~ of sb/of doing sth** por temor a uno/de hacer algo; **for ~ that ...** por temor de que ...; **to live in ~ of sb/sth/doing sth** vivir atemorizado por uno/por algo/de hacer algo; **to go in ~ of one's life** temer por su vida; **~ of heights/of enclosed spaces** vértigo *m*/claustrofobia *f*; **there's no ~ of that!** ¡no hay peligro de eso!; **there's not much ~ of his coming** no hay mucha posibilidad de que venga; **to have no ~** no tener miedo alguno; **have no ~!** ¡no se preocupe!; **in ~ and trembling** todo tembloroso; **to put the ~ of God into sb** *(fam)* dar un susto mortal a uno; **without ~ nor favour** imparcialmente; **no ~!** *(fam)* ¡ni hablar!, *(LAm)* ¡no faltaba más!
2 *vt (person, God)* temer, tener miedo a; *(thing)* temer, tener miedo de; **to ~ the worst** esperar lo peor; **to ~ discovery** temer que se le descubra; **to ~ that ...** temer que ...; **I ~ so/not** me temo que sí/no.
3 *vi*: **to ~ for** temer por.
fear·ful ['fɪəfʊl] *adj* **(a)** *(frightened)* temeroso/a *(of* de); **to be ~ that ...** tener miedo de que ... . **(b)** *(frightening)* espantoso/a; *(fam: very bad)* horrible.
fear·ful·ly ['fɪəfəlɪ] *adv (timidly)* con miedo; *(fam: very)* terriblemente.
fear·less ['fɪəlɪs] *adj* sin temor *(of* a).
fear·some ['fɪəsəm] *adj (opponent)* temible; *(sight)* espantoso/a.
fea·sibil·ity [ˌfiːzə'bɪlɪtɪ] **1** *n* factibilidad *f*. **2**: **~ study** *n* estudio *m* de las posibilidades.
fea·sible ['fiːzəbl] *adj (practicable: plan, suggestion)* factible; *(likely: story, theory)* posible, plausible.
feast [fiːst] **1** *n (meal)* banquete *m*; *(fam: big meal)* comilona *f*, *(LAm)* tragadera *f*; *(Rel)* fiesta *f*; *(fig: pleasure etc)* regalo *m*, deleite *m*. **2** *vt*: **to ~ one's eyes on sth/sb** regalarse la vista con algo/uno. **3** *vi* banquetear; **to ~ on sth** regalarse con algo. **4**: **~ day** *n (Rel)* fiesta *f*, día *m* festivo.
feat [fiːt] *n* hazaña *f*, proeza *f*.
feath·er ['feðəʳ] **1** *n* pluma *f*; **as light as a ~** (tan) ligero como una pluma; **that is a ~ in his cap** es un tanto que le apunta; **you could have knocked me down with a ~** *(fam)* me dejó patidifuso, *(LAm)* me quedé de piedra. **2** *vt*: **to ~ one's nest** *(fig)* hacer su agosto. **3** *cpd (mattress, bed, pillow)* de plumas; **~ duster** *n* plumero *m*, *(LAm)* zorros *mpl (fam)*.
feather·brained ['feðəbreɪnd] *adj (forgetful)* olvidadizo/a; *(silly)* tonto/a.
feather·weight ['feðəweɪt] *adj (Boxing)* peso *m* pluma.
fea·ture ['fiːtʃəʳ] **1** *n* **(a)** *(of face)* rasgo *m*. **(b)** *(of countryside, building)* característica *f*. **(c)** *(Comm, Tech)* elemento *m*, rasgo *m*. **(d)** *(also ~* **film)** largometraje *m*. **(e)** *(Press)* crónica *f*, artículo *m* de fondo; **a regular ~** una crónica regular; **a (special) ~ article on sth/sb** una artículo de fondo sobre algo/uno. **2** *vt (person, name, news)* presentar; *(event)* ocuparse de, enfocar. **3** *vi (Cine)* figurar; *(gen)* **it ~d prominently in ...** tuvo un papel destacado en ... .
fea·ture·less ['fiːtʃəlɪs] *adj* monótono/a.
Feb·ru·ary ['februərɪ] *n* febrero *m*; *for usage see* **July**.
feck·less ['feklɪs] *adj (weak)* débil, incapaz; *(irresponsible)* irresponsable.
fed [fed] *pt, pp of* **feed**.
fed·er·al ['fedərəl] *adj* federal.
fed·era·tion [ˌfedə'reɪʃən] *n (group, system)* federación *f*.
fed up [ˌfed'ʌp] *adj (fam)* harto/a, fastidiado/a, disgustado/a; **to be ~ up (with sb/sth)** estar harto (de uno/algo); **to be ~ up with doing sth** estar disgustado de hacer algo.
fee [fiː] *n (professional)* honorarios *mpl*, emolumentos *mpl*; *(Comm)* gasto *m*, pago *m*; **entrance/membership ~** cuota *f*; **course/tuition/school ~s** matrícula *fsg*; **what's your ~?** ¿cuánto cobra Ud?; **for a small ~** por un pequeño reconocimiento; *see* **transfer**.
fee·ble ['fiːbl] *adj* **(-r, -st)** *(weak: person)* débil; *(light, sound)* tenue; *(effort, attempt)* irresoluto/a, débil; *(excuse, argument)* poco convincente; *(joke)* flojo/a; *(fam: person)* debilucho/a.
feeble-minded [ˌfiːbl'maɪndɪd] *adj (person)* bobo/a, *(LAm)* zonzo/a.
feed [fiːd] *(vb: pt, pp* **fed) 1** *n (baby's meal)* comida *f*; *(fodder)* forraje *m*, pienso *m*; *(fam: big meal)* comilona *f*, *(LAm)* tragadera *f*; *(Tech)* tubo *m* de alimentación.
2 *vt* **(a)** *(supply with food)* dar de comer a, alimentar; *(baby: bottle)* dar el biberón a; *(: breast)* dar de mamar a; **to ~ sth to sb, to ~ sb sth** dar algo de comer a uno. **(b)** *(fire)* alimentar, cebar; *(machine)* alimentar; *(information etc)* pasar; **to ~ sth into a machine** introducir algo en una máquina; **to ~ information into a computer** alimentar una computadora con datos.
3 *vi (baby)* comer; *(animal)* pacer; **to ~ on sth** comer algo, alimentarse de algo.
♦ **feed back** *vt + adv (results)* pasar.
♦ **feed in** *vt + adv (wire, tape)* meter.
♦ **feed up** *vt + adv (person, animal)* engordar.
feed·back ['fiːdbæk] *n (from person)* reacción *f*, feedback *m*; *(from machine)* realimentación *f*.
feed bag ['fiːdbæg] *n* morral *m*.
feed·er ['fiːdəʳ] *n* **(a)** *(Aut, Rail)* ramal *m*, tributario *m*. **(b)** *(bib)* babero *m*.
feed·ing ['fiːdɪŋ] **1** *n* comida *f*. **2**: **~ bottle** *n* biberón *m*.
feel [fiːl] *(vb: pt, pp* **felt) 1** *n (sense of touch)* tacto *m*; *(sensation)* sensación *f*; **to be rough to the ~** ser áspero al tacto; **to know sth by the ~ of it** reconocer algo al tacto; **let me have a ~!** ¡déjame tocarlo!; **to get the ~ of sth** *(fig)* acostumbrarse a algo.
2 *vt* **(a)** *(touch)* tocar; *(: pulse)* tomar; **to ~ one's way (towards)** ir a tientas (hacia); **I'm still ~ing my way** *(fig)* todavía estoy tratando de acostumbrarme.
(b) *(be aware of: blow, pain, heat)* sentir; *(: responsibility)* darse cuenta de; *(experience: pity, anger, grief)* experimentar; **he doesn't ~ the cold** no le afecta el frío; **she felt a hand on her shoulder** sintió una mano en el hombro; **I felt something move** sentí que se movió algo; **we are beginning to ~ the effects** empezamos a sentir los efectos; **I felt a great sense of relief** sentí un gran alivio; **he ~s the loss of his father very deeply** le afecta mucho la muerte de su padre.
(c) *(think, believe)* creer; **I ~ that you ought to do it** creo que debes hacerlo; **he felt it necessary to point out that ...** lo creyó necesario señalar que ...; **since you ~ so strongly about it ...** ya que te importa tanto ...; **I ~ it in my bones that ...** tengo el presentimiento de que ...; **what do you ~ about it?** ¿qué opinas de eso?
3 *vi* **(a)** *(physically)* sentirse, encontrarse; **to ~ cold/hungry/sleepy** tener frío/hambre/sueño; **to ~ ill** sentirse mal; **do you ~ sick?** ¿estás

mareado?; **I ~ much better** me encuentro mucho mejor; **I ~ quite tired** me siento bastante cansado; **she's not ~ing quite herself** no se encuentra del todo bien; **I felt (as if I was going to) faint** estuve a punto de desmayarme; **how do you ~ now?** ¿qué tal *or* cómo te encuentras ahora?; **I don't ~ up to a walk just now** *(fam)* de momento no tengo fuerzas para dar un paseo.

(b) *(mentally)* sentirse; **I ~ sure that ...** estoy seguro de que ...; **I ~ very cross** estoy muy enfadado *or (LAm)* enojado; **he ~s bad about leaving his wife alone** siente haber dejado sola a su mujer; **I ~ as if there is nothing we can do** tengo la sensación de que no hay nada que hacer; **how do you ~ about him/about the idea?** ¿qué te parece/parece la idea?; **how do you ~ about going for a walk?** ¿te gustaría *or (LAm)* se te antoja un paseo?; **what does it ~ like to do that?** ¿qué se siente al hacer eso?; **to ~ like doing sth** tener ganas de hacer algo; **I don't ~ like it** no me apetece, *(LAm)* no me provoca, no me llama la atención; **I felt (like) a fool** me sentía (un) estúpido; **I ~ for you!** *(sympathize)* ¡lo siento por ti!, ¡te compadezco!

(c) *(objects)* ser *or* estar (al tacto); **to ~ hard/cold/damp** *etc (to the touch)* ser duro/frío/húmedo *etc* al tacto; **the house ~s damp** la casa parece húmeda; **it ~s like silk** es como la seda al tacto; **it ~s colder out here** se siente más frío aquí fuera; **it ~s like (it might) rain** parece que va a llover; **it felt like being drunk, it felt as if I was drunk** daba la sensación de estar borracho.

(d) *(grope: also ~* **around***)* buscar a tientas; **to ~ around in the dark** buscar a tientas *or* tantear en la oscuridad; **to ~ in one's pocket for sth** buscar algo en el bolsillo.

feel·er ['fiːlər] *n (Zool: of insect, snail)* antena *f*, tentáculo *m;* **to put out ~s** *(fig)* hacer un sondeo.

feel·ing ['fiːlɪŋ] *n* **(a)** *(physical)* sensación *f;* **a cold ~** una sensación de frío; **to have no ~ in one's arm, to have lost all ~ in one's arm** no tener sensación en el brazo.

(b) *(emotion)* sentimiento *m*, emoción *f; (sensitivity)* sensibilidad *f;* **bad** *or* **ill ~** rencor *m*, hostilidad *f;* **to speak/sing with ~** hablar/cantar con emoción; **to show ~ for sb** mostrar interés por uno; **~s** sentimientos *mpl;* **what are your ~s about the matter?** ¿qué opinas tú del asunto?; **you can imagine my ~s** ¡que habré sentido yo!; **to hurt sb's ~s** ofenderle a uno; **~s ran high about it** causó mucha controversia; **no hard ~s!** ¡no guardemos rencores!

(c) *(impression)* impresión *f*, sensación *f; (opinion)* opinión *f*, parecer *m;* **a ~ of security/isolation** una sensación de seguridad/aislamiento; **I have a (funny) ~ that ...** tengo la (extraña) sensación de que ...; **I get the ~ that ...** me da la impresión de que ...; **there was a general ~ that ...** la opinión general fue que ... .

(d) *(pity)* compasión *f*.

(e) *(talent)* **a ~ for music** un sentido de la música.

(f) *(foreboding)* presentimiento *m*.

fee-paying ['fiːˌpeɪɪŋ] *adj:* **~ school** colegio *m* privado *or* de pago.

feet [fiːt] *npl of* **foot.**

feign [feɪn] *vt (surprise, madness, indifference)* fingir.

feint [feɪnt] **1** *n (Boxing, Fencing)* finta *f*. **2** *vi* fintar.

fe·lic·ity [fɪ'lɪsɪtɪ] *n (frm)* felicidad *f; (aptness of words)* expresión *f* oportuna.

fe·line ['fiːlaɪn] *adj* felino/a.

fell[1] [fel] *pt of* **fall.**

fell[2] [fel] *vt (with a blow)* derribar; *(tree)* talar, cortar.

fell[3] [fel] *adj:* **with one ~ blow** con un golpe feroz; **at one ~ swoop** de un solo golpe.

fell[4] [fel] *n (Brit Geog: moorland)* páramo *m*, brezal *m; (: hill)* colina *f* rocosa.

fel·low ['feləʊ] **1** *n* **(a)** *(man)* hombre *m*, tipo *m*, tío *m; (boy)* chico *m;* **my dear ~** ¡hombre! **(b)** *(comrade, equal)* compañero *m*. **(c)** *(of association, society etc)* socio *m*. **2** *cpd:* **~ citizen** *n* conciudadano/a *m/f;* **~ countryman/-woman** *n* compatriota *mf;* **~ creature** *n* prójimo *m;* **~ feeling** *n* compañerismo *m;* **~ men** *npl* prójimos *mpl*, semejantes *mpl;* **~ student** *n* compañero/a *m/f* de clase *or* curso; **~ traveller** *n (lit)* compañero/a de viaje; *(Pol: with communists)* simpatizante *mf;* **~ worker** *n* colega *mf*.

fel·low·ship ['feləʊʃɪp] *n (companionship)* compañerismo *m; (club, society)* asociación *f; (Univ: paid research post)* puesto *m* (de becado); *(: grant)* beca *f*.

fel·on ['felən] *n (frm: Jur)* criminal *m*.

felo·ny ['felənɪ] *n (frm: serious crime)* crimen *m*.

felt[1] [felt] *pt, pp of* **feel.**

felt[2] [felt] **1** *n* fieltro *m*. **2:** **~ hat** *n* sombrero *m* de fieltro.

felt-tip ['felttɪp] *n (also ~* **pen***)* rotulador *m*.

fe·male ['fiːmeɪl] **1** *adj (animal, plant)* hembra; *(subject, member, worker)* femenino/a; *(company, vote)* de mujeres; *(sex, quality, character)* femenino/a; **~ students** mujeres estudiantes; **~ impersonator** *(Theat)* travesti *m*. **2** *n (animal)* hembra *f; (person: pej)* chica *f*.

femi·nine ['femɪnɪn] **1** *adj* femenino/a; **~ form** *(Ling)* forma *f* femenina. **2** *n (Ling)* femenino *m;* **in the ~** en el femenino.

femi·nin·ity [ˌfemɪ'nɪnɪtɪ] *n* feminidad *f*.

femi·nism ['femɪnɪzəm] *n* feminismo *m*.

femi·nist ['femɪnɪst] *adj, n* feminista *mf*.

fen [fen] *n (often pl)* pantano *m*.

fence [fens] **1** *n* **(a)** *(gen)* valla *f*, cerca *f; (wire ~)* alambrado *m; (Racing)* valla; **to sit on the ~** *(fig)* nadar entre dos aguas. **(b)** *(fam: receiver of stolen goods)* encubridor(a) *m/f*. **2** *vi (Sport)* practicar la esgrima.

♦ **fence in** *vt + adv (animals, fig)* encerrar; *(land)* cercar.

♦ **fence off** *vt + adv* separar con una cerca.

fenc·er ['fensər] *n (sportsman)* esgrimidor(a) *m/f*.

fenc·ing ['fensɪŋ] **1** *n* **(a)** *(Sport)* esgrima *f*. **(b)** *(material)* vallado *m*, cercado *m*. **2:** **~ match** *n* encuentro *m* de esgrima.

fend [fend] **1** *vt:* **to ~ off** *(attack)* rechazar; *(blow)* desviar; *(awkward question)* evadir; *(attacker)* repeler. **2** *vi:* **to ~ for o.s.** defenderse solo, arreglárselas por cuenta propia.

fend·er ['fendər] *n (round fire)* guardafuego *m; (US Aut)* parachoques *m inv; (US Rail)* trompa *f*.

fer·ment ['fɜːment] **1** *n (excitement)* agitación *f*, conmoción *f;* **in a (state of) ~** en conmoción. **2** [fə'ment] *vt* hacer fermentar; *(fig)* provocar. **3** [fə'ment] *vi* fermentar.

fer·men·ta·tion [ˌfɜːmen'teɪʃən] *n* fermentación *f*.

fern [fɜːn] *n* helecho *m*.

fe·ro·cious [fə'rəʊʃəs] *adj* fiero/a, feroz; *(fig)* violento/a.

fe·roc·ity [fə'rɒsɪtɪ] *n* ferocidad *f; (fig)* violencia *f*.

fer·ret ['ferɪt] **1** *n* hurón *m*. **2** *vi* cazar con hurones.

♦ **fer·ret about, fer·ret around** *vi + adv* hurgar *(in* en).

♦ **fer·ret out** *vt + adv (person)* dar con; *(secret, truth)* desentrañar.

fer·ry ['ferɪ] **1** *n (~ boat)* barca *f* (de pasaje), *(LAm)* embarcadero *m; (large: for cars etc)* transbordador *m.* **2** *vt:* **to ~ sth/sb across** *or* **over** llevar algo/a uno a la otra orilla; **to ~ people to and fro** transportar a la gente de un lado para otro.

ferry·man ['fermən] *n, pl* **-men** barquero *m.*

fer·tile ['fɜːtaɪl] *adj (land)* fértil; *(Bio, fig)* fecundo/a.

fer·til·ity [fə'tɪlɪtɪ] **1** *n* fertilidad *f.* **2:** **~ drug** *n* medicamento *m* contra la esterilidad.

fer·ti·lize ['fɜːtɪlaɪz] *vt (egg)* fecundar; *(Agr: land, soil)* abonar, fertilizar.

fer·ti·liz·er ['fɜːtɪlaɪzə[r]] *n (for soil, land)* abono *m,* fertilizante *m.*

fer·vent ['fɜːvənt], **fer·vid** ['fɜːvɪd] *adj* ferviente.

fer·vour, (*US*) **fer·vor** ['fɜːvə[r]] *n* fervor *m,* ardor *m.*

fes·ter ['festə[r]] *vi (Med: wound, sore)* supurar; *(fig: anger, resentment)* enconarse.

fes·ti·val ['festɪvəl] *n (Rel etc)* fiesta *f; (Mus etc)* festival *m.*

fes·tive ['festɪv] *adj (gen)* festivo/a; *(happy)* alegre; **the ~ season** las Navidades; **in a ~ mood** en humor festivo.

fes·tiv·ity [fes'tɪvɪtɪ] *n (celebration)* fiesta *f,* festividad *f.*

fes·toon [fes'tuːn] *vt:* **to ~ with** engalanar de.

fetch [fetʃ] *vt* **(a)** *(go and get, bring: object)* traer; *(: person)* ir a buscar, *(LAm)* pasar por; **they're ~ing the doctor** han ido por el médico; **~ (it)!** *(to dog)* ¡busca! **(b)** *(sell for)* realizar, venderse por; **how much did it ~?** ¿por cuánto se vendió?

♦ **fetch in** *vt + adv (object)* recoger; *(person)* buscar.

♦ **fetch out** *vt + adv (person)* hacer salir, *(LAm)* sacar; *(object)* sacar.

♦ **fetch up** *vi + adv (fam: reappear, end up: person, object)* ir a parar.

fetch·ing ['fetʃɪŋ] *adj (attractive)* atractivo/a.

fête [feɪt] **1** *n* kermesse *f.* **2** *vt (have a celebration for)* festejar.

fet·id ['fetɪd] *adj* fétido/a.

fet·ish ['fiːtɪʃ] *n (object of cult)* fetiche *m; (fig: obsession)* obsesión *f.*

fet·ish·ist ['fiːtɪʃɪst] *n* fetichista *mf.*

fet·ter ['fetə[r]] *vt (person)* encadenar, poner en grillos; *(horse)* trabar; *(fig)* poner trabas a.

fet·ters ['fetəz] *npl* grilletes *mpl; (fig)* trabas *fpl.*

fet·tle ['fetl] *n:* **in fine ~** *(condition)* en buenas condiciones; *(mood)* de muy buen humor.

fe·tus ['fiːtəs] *n (US)* = **foetus.**

feud [fjuːd] **1** *n* enemistad *f* heredada; **a family ~** una pelea familiar. **2** *vi* pelear, reñir; **to ~ with sb** pelear con uno.

feu·dal ['fjuːdl] *adj* feudal.

feu·dal·ism ['fjuːdəlɪzəm] *n* feudalismo *m.*

fe·ver ['fiːvə[r]] *n (disease, high temperature)* fiebre *f, (LAm)* calentura *f;* **he has a ~** tiene fiebre; **a bout of ~** un ataque de fiebre; **a high/slight ~** mucha/un poco de fiebre; **the gambling ~** *(fig)* la fiebre del juego; **a ~ of excitement/impatience** una emoción/impaciencia febril; **it reached ~ pitch** estuvo al rojo vivo.

fe·ver·ish ['fiːvərɪʃ] *adj (gen)* febril.

few [fjuː] *adj, pron* **(-er, -est)** **(a)** *(not many)* pocos/as; **only a ~** muy pocos; **~ books** pocos libros; **~ of them** pocos de ellos; **only a ~ of them came** sólo vinieron unos pocos; **~ (people) managed to do it** muy pocos consiguieron hacerlo; **she is one of the ~ (people) who ...** ella es una de los pocos que ...; **the ~ who ...** los pocos que ...; **in** *or* **over the past ~ days** durante los últimos días; **in** *or* **over the next ~ days** en los próximos días, *(LAm)* en estos días; **with ~ exceptions** con pocas excepciones; **every ~ weeks** cada dos o tres semanas; **they are ~ and far between** son contados; **there are very ~ of us, we are very ~** somos muy pocos; **the last** *or* **remaining ~ minutes** en el poco tiempo que queda; **as ~ as 3 of them** entre ellos, sólo 3; **too ~** demasiado pocos; **there were 3 too ~** faltaron 3.

(b) *(some, several)* **a ~** algunos/as; **a ~ books** algunos libros; **a good ~, quite a ~** bastantes; **a good ~** *or* **quite a ~ books** bastantes libros; **a good ~** *or* **quite a ~ (people) came** vinieron bastantes; **a ~ of them** algunos de *or* entre ellos; **a ~ more** algunos más; **(in) a ~ more days** dentro de unos pocos días.

few·er ['fjuːə[r]] *adj, pron, comp of* **few** menos; **~ than 10** menos de 10; **no ~ than ...** no menos de ... .

few·est ['fjuːɪst] *adj, pron, superl of* **few** los/las menos.

fi·an·cé [fɪ'ɑ̃ːŋseɪ] *n* novio *m,* prometido *m.*

fi·an·cée [fɪ'ɑ̃ːŋseɪ] *n* novia *f,* prometida *f.*

fi·as·co [fɪ'æskəʊ] *n* desastre *m.*

fib [fɪb] **1** *n (fam)* mentirilla *f;* **to tell a ~** decir una mentirilla. **2** *vi* decir mentirillas.

fib·ber ['fɪbə[r]] *n (fam)* mentirosillo/a *m/f.*

fi·bre, (*US*) **fi·ber** ['faɪbə[r]] *n (thread)* hilo *m,* fibra *f; (substance)* fibra.

fibre·board ['faɪbəbɔːd] *n* fibra *f* vulcanizada.

fibre·glass ['faɪbəglɑːs] **1** *n* fibra *f* de vidrio. **2** *cpd* de fibra de vidrio.

fi·bro·si·tis [ˌfaɪbrə'saɪtɪs] *n* fibrositis *f.*

fi·brous ['faɪbrəs] *adj* fibroso/a.

fick·le ['fɪkl] *adj* inconstante.

fic·tion ['fɪkʃən] *n* **(a)** *(novels)* novelas *fpl,* narrativa *f;* **a work of ~** una obra de ficción. **(b)** *(sth made up)* ficción *f.*

fic·tion·al ['fɪkʃənl] *adj* ficticio/a.

fic·ti·tious [fɪk'tɪʃəs] *adj* **(a)** = **fictional. (b)** *(false)* falso/a.

fid·dle ['fɪdl] **1** *n* **(a)** *(violin)* violín *m;* **to play second ~ to sb** *(fig)* seguirle los pasos a uno. **(b)** *(fam: cheat)* trampa *f,* superchería *f;* **it's a ~** aquí hay trampa; **tax ~** evasión *f* fiscal; **to work a ~** hacer trampa; **to be on the ~** andar de chanchullo. **2** *vi (fidget)* juguetear; **do stop fiddling!** ¡deja de juguetear!; **to ~ (about) with sth** juguetear con algo. **3** *vt (fam: accounts, results, expenses claim etc)* manipular.

♦ **fid·dle about, fid·dle around** *vi + adv* perder el tiempo, *(LAm)* vacilar.

fid·dler ['fɪdlə[r]] *n* **(a)** *(Mus)* violinista *mf.* **(b)** *(fam: cheat)* tramposo/a *m/f.*

fid·dling ['fɪdlɪŋ] **1** *adj* trivial, insignificante. **2** *n (fam: cheating)* chanchullos *mpl.*

fid·dly ['fɪdlɪ] *adj* **(-ier, -iest)** *(job)* delicado/a, mañoso/a.

fi·del·ity [fɪ'delɪtɪ] *n (faithfulness)* fidelidad *f; (closeness to original)* exactitud *f,* fidelidad.

fidg·et ['fɪdʒɪt] **1** *n (person)* persona *f* inquieta, azogado/a *m/f;* **to have the ~s** tener azogue. **2** *vi (also* **~ about, ~ around***)* moverse; **to ~ with sth** juguetear con algo.

fidg·ety ['fɪdʒɪtɪ] *adj* nervioso/a, inquieto/a.

field [fiːld] **1** *n (Aer, Agr, Mil)* campo *m; (Sport)* campo, *(LAm)* cancha *f; (Geol)* yacimiento *m; (Phys)* campo; *(sphere of activity)* campo, esfera *f; (Sport: participants)* participantes *mpl;* **a year's trial in the ~** *(fig)* un año a prueba en el mercado; **to study sth in the ~** estudiar algo en el terreno; **to die in the ~** *(Mil)* morir en campaña; **to take the ~** *(Sport)* salir al campo *or (LAm)* a la cancha; **to lead the ~** *(Comm, Sport)* llevar la delantera; **my particular ~** mi competencia; **~ of vision**

campo visual.

2 *vi (Baseball, Cricket)* fieldear.

3 *vt (team)* presentar; *(Baseball, Cricket)* recoger, fieldear.

4: ~ day *n (Mil)* día *m* de maniobras; **to have a ~ day** *(fig)* sacar el máximo provecho; **~ events** *npl (Athletics)* pruebas *fpl* atléticas de salto y lanzamiento; **~ glasses** *npl (binoculars)* gemelos *mpl;* **~ hospital** *n* hospital *m* de campaña; **~ sports** *npl* la caza.

field-test ['fi:ld,test] **1** *vt* probar en el mercado. **2** *n* prueba *f* de mercado.

field·work ['fi:ldwɜ:k] *n (Sociol etc)* trabajo *m* de campo.

fiend [fi:nd] *n* **(a)** *(devil)* demonio *m,* diablo *m.* **(b)** *(fam: person)* malvado/a *m/f.* **(c)** *(fam: addict)* adicto/a *m/f.*

fiend·ish ['fi:ndɪʃ] *adj (fierce)* feroz; *(mildly wicked)* travieso/a; *(clever and wicked)* diabólico/a; *(fam: difficult and unpleasant)* dificilísimo/a, *(LAm)* violento/a.

fiend·ish·ly ['fi:ndɪʃlɪ] *adv* terriblemente.

fierce [fɪəs] *adj* **(-r, -st)** *(animal)* feroz, fiero/a; *(opponent)* empedernido/a; *(look)* feroz; *(hatred)* violento/a; *(attack)* furioso/a; *(speech)* furibundo/a; *(wind, storm)* fuerte; *(heat, competition, fighting)* encarnizado/a.

fierce·ly ['fɪəslɪ] *adv (see adj)* con ferocidad; con furia; con mucha fuerza; encarnizadamente.

fiery ['faɪərɪ] *adj* **(-ier, -iest)** *(heat, sun)* ardiente, abrasador(a); *(fig: sky, sunset, red)* encendido/a; *(: taste)* picante, *(LAm)* picoso/a; *(: temperament, speech)* acalorado/a; *(: liquor)* fuerte.

fif·teen [fɪf'ti:n] **1** *adj* quince; **about ~ people** unas quince personas. **2** *n* quince *m; (Rugby)* quince *m,* equipo *m; for usage see* **five.**

fif·teenth [fɪf'ti:nθ] **1** *adj* decimoquinto/a. **2** *n (in series)* decimoquinto/a *m/f; (fraction)* quinzavo *m,* quinzava parte *f; for usage see* **fifth.**

fifth [fɪfθ] **1** *adj* quinto/a; **I was the ~ to arrive** yo fui el quinto en llegar; **he came ~ in the competition** ocupó el quinto lugar en la competición; **in the ~ century** en el siglo cinco; **Henry the F~** Enrique Quinto; **the ~ of July, July the ~** el cinco de Julio; **~ column** *(Pol)* quinta columna *f;* **~ form** *(Brit Scol)* quinto *m.* **2** *n (in series)* quinto/a *m/f; (fraction)* quinto *m,* quinta parte *f; (Mus)* quinta *f;* **I wrote to him on the ~** le escribí el día cinco.

fif·ti·eth ['fɪftɪɪθ] **1** *adj* quincuagésimo/a. **2** *n (in series)* quincuagésimo/a *m/f; (fraction)* quincuagésimo *m,* quincuagésima parte *f.*

fif·ty ['fɪftɪ] **1** *adj* cincuenta; **about ~ people/cars** alrededor de cincuenta personas/coches; **he'll be ~ (years old) this year** cumple *or* va a cumplir cincuenta este año. **2** *n* cincuenta *m;* **the fifties** *(1950's)* los años cincuenta; **to be in one's fifties** andar por los cincuenta; **the temperature was in the fifties** hacía más de cincuenta grados; **to do ~** *(Aut)* ir a cincuenta millas por hora.

fifty-fifty [,fɪftɪ'fɪftɪ] *adj, adv*: **to go ~ with sb** ir a medias con uno; **we have a ~ chance of success** tenemos un cincuenta por ciento de posibilidades de tener éxito.

fig [fɪg] *n* higo *m; (also* **~ tree***)* higuera *f.*

fight [faɪt] *(vb: pt, pp* **fought***)* **1** *n (Mil)* batalla *f,* combate *m; (Boxing)* combate, pelea *f; (between 2 persons)* pelea; *(struggle, campaign)* lucha *f (for* por, *against* contra); *(argument)* disputa *f or (LAm)* disgusto *m (over* por); *(fighting spirit)* combatividad *f,* ánimo *m;* **to have a ~ with sb** *(quarrel, struggle)* pelear *or (LAm)* tener un disgusto con uno; **to put up a good ~** defenderse bien; **there was no ~ left in him** ya no tenía ánimo para luchar.

2 *vt (Mil: enemy)* luchar *or* combatir contra; *(fire)* combatir; *(proposals, tendency, legislation)* resistir, combatir; **to ~ a battle** librar combate; **to ~ a duel** batirse en duelo; *(Jur)* **to ~ a case** negar una acusación; **to ~ one's way through a crowd/across a room** abrirse paso a golpes por una multitud/a través de un cuarto; **to ~ a losing battle** luchar en vano.

3 *vi (person, animal)* pelear *(with* con); *(troops, countries)* luchar *(against* contra); *(quarrel)* discutir, *(LAm)* pelear *(with sb* con uno); *(fig)* luchar *(for* por, *against* contra); **to ~ for one's life** *(lit, fig)* luchar por la vida; *see* **shy.**

♦ **fight back 1** *vi + adv (in fight)* defenderse, resistir; *(in argument)* defenderse; *(Sport)* contraatacar; *(after illness)* reponerse. **2** *vt + adv (tears)* contener, retener; *(anger, despair, doubts)* reprimir.

♦ **fight down** *vt + adv (anger, anxiety, urge)* reprimir.

♦ **fight off** *vt + adv (attack, attacker)* rechazar; *(disease, sleep, urge)* luchar contra.

♦ **fight on** *vi + adv* seguir luchando.

♦ **fight out** *vt + adv (lit, fig: differences, dispute)* resolver a golpes; **to ~ it out** luchar hasta resolverlo.

fight·er ['faɪtə^r] **1** *n* combatiente *mf; (Boxing)* púgil *m,* boxeador *m; (fig)* luchador(a) *m/f; (plane)* avión *m* de caza. **2: ~ pilot** *n* piloto *m* de caza.

fighter-bomber ['faɪtə,bɒmə^r] *n* cazabombardero *m.*

fight·ing ['faɪtɪŋ] **1** *n (in general)* el luchar, el pelear; *(battle)* combate *m,* batalla *f; (in street)* disturbio *m.* **2** *adj (forces, strength, troops)* de combate; **~ spirit** combatividad *f;* **a ~ chance** una posibilidad de éxito.

fig·ment ['fɪgmənt] *n*: **a ~ of the imagination** un producto de la imaginación.

fig·ura·tive ['fɪgjʊrətɪv] *adj (meaning)* figurado/a; *(expression)* metafórico/a.

fig·ure ['fɪgə^r] **1** *n* **(a)** *(shape)* figura *f,* forma *f;* **she's got a nice ~** tiene un tipo bueno, *(LAm)* tiene un buen físico; **he's a fine ~ of a man** es un tipo bien hecho; **to keep/lose one's ~** guardar/perder la línea. **(b)** *(person)* figura *f;* **public ~** personaje *m.* **(c)** *(representation)* figura *f,* silueta *f; (diagram)* gráfica *f; (Geom)* figura; **~ skating** patinaje *m* de figuras; **a ~ of eight** un ocho. **(d)** *(Math: numeral)* cifra *f; (price)* precio *m; (amount)* suma *f;* **to be good at ~s** ser fuerte en aritmética; **a mistake in the ~s** un error en los cálculos; **to reach double/three ~s** ascender a 10/100. **(e)** *(Ling)* **~ of speech** tropo *m,* giro *m.*

2 *vi* **(a)** *(appear)* figurar. **(b)** *(esp US: make sense)* ser lógico; **that ~s!** *(fam)* ¡lógico!, ¡obvio!

3 *vt (esp US: think, calculate)* calcular, imaginarse.

♦ **fig·ure on** *vi + prep (US)* contar con.

♦ **fig·ure out** *vt + adv (fam: understand: problem)* explicarse; *(: person)* entender, *(LAm)* ubicar; *(: writing)* descifrar; *(calculate: sum)* calcular; **I just can't ~ it out!** ¡no me lo explico!, *(LAm)* ¡no me entra!

figure·head ['fɪgəhed] *n* mascarón *m* de proa; *(fig)* testaferro *m.*

fila·ment ['fɪləmənt] *n (Elec)* filamento *m.*

filch [fɪltʃ] *vt (fam: steal)* hurtar, robar.

file[1] [faɪl] **1** *n (tool)* lima *f; (for nails)* lima (de uñas). **2** *vt (gen)* limar; *(also* **~ down, ~ away***)* limar algo.

file[2] [faɪl] **1** *n (folder)* carpeta *f; (filing system)* fichero *m; (dossier)* archivo *m, (LAm)* expediente *m; (Comput)* fichero; **to have sth on ~** tener algo archivado; **to have a ~ on sb** tener fichado a uno. **2** *vt* **(a)** *(also* **~ away:** *notes, information, work)* archivar; *(: under heading)* clasificar. **(b)** *(submit: claim, application, complaint)* presentar; *(Jur)* **to ~ a suit against sb** entablar pleito contra uno. **3: ~ clerk** *n (US)* archivero/a *m/f.*

file[3] [faɪl] **1** *n (row)* fila *f;* **in single ~** en fila india. **2** *vi:* **to ~ in/out** entrar/salir en fila; **to ~ past (sth/sb)** desfilar ante (algo/uno).

fil·ial ['fɪlɪəl] *adj* filial.

fili·bus·ter ['fɪlɪbʌstəʳ] **1** *n (esp US Pol)* filibustero/a *m/f.* **2** *vi* practicar el filibusterismo.

fili·gree ['fɪlɪgriː] **1** *n (in metal)* filigrana *f.* **2** *adj* de filigrana.

fil·ing cabi·net ['faɪlɪŋ,kæbɪnɪt] *n* fichero *m,* archivo *m, (LAm)* archivador *m.*

fil·ing clerk ['faɪlɪŋ,klɑːk] *n* oficinista *mf.*

fil·ings ['faɪlɪŋz] *npl* limaduras *fpl.*

fill [fɪl] **1** *vt (box, hole etc)* llenar *(with* de); *(tooth)* empastar *(with* de); *(of wind, sails)* hinchar; *(space, room)* llenar *(with* de); *(time)* ocupar; *(supply: order, requirements, need)* llenar, despachar; **to ~ a vacancy** cubrir una vacante; **to ~ a post well** desempeñar bien un papel; **the position is already ~ed** ya hemos provisto la vacante; **~ed with admiration (for)** lleno de admiración (por); **~ed with remorse/despair** lleno de remordimientos/desesperación; **the shouts ~ed the air** los gritos hirieron el aire; **that ~s the bill** viene perfectamente al caso.

2 *vi* llenarse *(with* de).

3 *n:* **to eat/drink one's ~** comer/beber lo suficiente; **to have one's ~ of sth** *(fig)* estar harto/a de algo.

♦ **fill in 1** *vt + adv* **(a)** *(hole, gap, outline)* rellenar. **(b)** *(form, one's name)* (re)llenar; *(details, report)* completar; **to ~ sb in on sth** *(fam)* poner a uno al corriente *or* al día sobre algo. **2** *vi + adv:* **to ~ in for sb** suplir a uno.

♦ **fill out 1** *vt + adv (form, receipt)* (re)llenar. **2** *vi + adv (person, face)* engordar; *(sail)* hincharse.

♦ **fill up 1** *vi + adv (Aut)* echar gasolina; *(room etc)* llenarse. **2** *vt + adv (container)* llenar; **~ it** *or* **her up!** *(Aut fam)* ¡lleno!

fill·er ['fɪləʳ] *n (for cracks: in wood, plaster)* masilla *f.*

fil·let ['fɪlɪt] **1** *n (of meat, fish)* filete *m.* **2** *vt (fish)* quitar la raspa de; *(meat)* cortar en filetes.

fill·ing ['fɪlɪŋ] **1** *n (of tooth)* empaste *m; (Culin)* relleno *m.* **2** *adj (food)* que llena mucho. **3: ~ station** *n* gasolinera *f, (Per)* grifo *m, (RPl)* estación *f* de servicio.

fil·ly ['fɪlɪ] *n* potra *f.*

film [fɪlm] **1** *n (thin skin)* tela *f; (of dust)* capa *f; (of smoke etc)* velo *m; (Cine, Photo: negatives)* película *f; (roll of ~)* carrete *m, (LAm)* rollo *m; (at cinema)* película, film *m,* filme *m; (: full-length)* largometraje *m; (: short)* corto(metraje) *m;* **silent ~** película muda.

2 *vt (book)* hacer una película de; *(event)* filmar; *(roll cameras)* rodar.

3 *cpd (camera, library, rights etc)* cinematográfico/a, de cine; **~ crew** *n* equipo *m* cinematográfico; **~ script** *n* guión *m;* **~ star** *n* astro *m,* estrella *f;* **~ studio** *n* estudio *m* de cine.

film·ing ['fɪlmɪŋ] *n* rodaje *m.*

film·strip ['fɪlmstrɪp] *n* película *f* (para ilustrar una lección).

fil·ter ['fɪltəʳ] **1** *n (gen, Phot)* filtro *m.* **2: ~ coffee** *n* café *m* filtro; **~ lane** *n (Aut)* carril *m* de selección; **~ paper** *n* papel *m* de filtro. **3** *vt (liquids, air)* filtrar. **4** *vi:* **to ~ to the left** *(Aut)* tomar el carril izquierdo.

♦ **fil·ter back** *vi + adv (people)* volver poco a poco.

♦ **fil·ter in, fil·ter through** *vi + adv (news)* filtrarse.

filter-tipped ['fɪltə,tɪpt] *adj (cigarettes)* con filtro *or* boquilla.

filth [fɪlθ] *n (lit)* suciedad *f, (LAm)* mugre *f; (fig)* obscenidades *fpl, (LAm)* groserías *fpl.*

filthy ['fɪlθɪ] *adj* **(-ier, -iest)** *(gen)* asqueroso/a.

fin [fɪn] *n (of fish)* aleta *f; (of plane, bomb)* plano *m* de deriva.

fi·nal ['faɪnl] **1** *adj (last)* final, último/a; *(conclusive)* decisivo/a, terminante; **the judge's decision is ~** la decisión del juez es definitiva; **and that's ~!** ¡y se acabó!, *(LAm)* ¡así no más! **2** *n (Sport)* final *m;* **~s** *(Univ)* examen *m* de fin de curso.

fi·na·le [fɪ'nɑːlɪ] *n (Mus)* final *m; (Theat)* escena *f* final; **the grand ~** el gran final; *(fig)* el acabóse.

fi·nal·ist ['faɪnəlɪst] *n (Sport)* finalista *mf.*

fi·nal·ity [faɪ'nælɪtɪ] *n (end)* finalidad *f; (decision)* resolución *f.*

fi·nal·ize ['faɪnəlaɪz] *vt (preparations, arrangements, plans)* finalizar; *(agreement, decision, contract)* concluir; *(report, text)* completar; *(date)* aprobar de modo definitivo.

fi·nal·ly ['faɪnəlɪ] *adv (lastly)* finalmente, por último; *(eventually, at last)* por fin, *(LAm)* al final; *(once and for all)* definitivamente.

fi·nance [faɪ'næns] **1** *n (gen)* finanzas *fpl; (funds: also* **~s)** fondos *mpl,* financiamiento *m;* **Minister of F~** Ministro *m* de Hacienda. **2** *vt* financiar. **3** *cpd (page, section, company)* financiero/a.

fi·nan·cial [faɪ'nænʃəl] *adj* financiero/a; **the ~ year** el año económico.

fi·nan·ci·er [faɪ'nænsɪəʳ] *n* financiero/a *m/f.*

finch [fɪntʃ] *n* pinzón *m.*

find [faɪnd] *pt, pp* **found 1** *vt* **(a)** *(gen)* encontrar, hallar; *(by chance)* dar con; *(Jur)* declarar; *(realize)* darse cuenta de; *(prove)* comprobar; *(locate)* localizar; **the book is nowhere to be found** el libro no se encuentra en ninguna parte; **the plant is found all over Europe** la planta se encuentra en todas partes de Europa; **it has been found that ...** se ha comprobado que ...; **if you can ~ the time** si tienes tiempo; **no cure has been found** no se ha descubierto un remedio; **did you ~ the man?** ¿localizaste al hombre?; **I found it impossible to tell the difference** me fue imposible distinguir; **he ~s it easy/difficult to ...** le es fácil/difícil ...; **to ~ (some) difficulty in doing sth** tener dificultad en hacer algo; **I ~ him very pleasant** lo encuentro muy simpático; **we found him in bed/doing sth** le encontramos en cama/haciendo algo; **I found myself at a loss** quedé perplejo; **he found himself in a dark wood** se encontró en un bosque oscuro; **to ~ one's way about** ubicarse; *(fig)* ambientarse; **can you ~ your (own) way to the station?** ¿llegarás a la estación sin ayuda?; **this found its way into my drawer** esto vino a parar en mi cajón; **leave everything as you ~ it** deja todo como lo has encontrado; **to ~ fault with sb/sth** criticar a uno/algo; **to ~ favour with sb** caerle en gracia a uno; **he was found guilty/innocent** *(Jur)* fue declarado culpable/inocente; **to ~ one's feet** *(fig)* acostumbrarse.

(b) *(obtain)* encontrar, conseguir; *(provide)* facilitar, proporcionar; **go and ~ me a pencil** vaya a buscarme un lapicero; **there are no more to be found** no quedan más; **wages are £60 per week all found** el salario es de 60 libras a la semana con comida y alojamiento.

2 *vi (Jur)* **to ~ for/against sb** fallar a favor de/contra uno.

3 *n* hallazgo *m*.

♦ **find out 1** *vt + adv (check out)* averiguar, *(LAm)* determinar; *(discover)* enterarse de, *(LAm)* informarse de; *(realize)* darse cuenta de; **to ~ sb out** calar *or (LAm)* pillar a uno. **2** *vi + adv*: **to ~ out about** informarse *or* enterarse de.

find·ings ['faındıŋz] *npl (of inquiry)* conclusiones *fpl; (of research)* resultados *mpl; (Jur)* fallo *msg*.

fine[1] [faın] **1** *adj* (**-r, -st**) **(a)** *(delicate, thin etc)* fino/a; *(small: particle, print)* minúsculo/a; *(: rain)* fino/a; *(narrow: point, nib, line)* delgado/a; **not to put too ~ a point on it** a decir verdad; **he's got it down to a ~ art** lo hace a la perfección.

(b) *(not coarse: metal)* puro/a, fino/a; *(: sense, taste)* refinado/a.

(c) *(good)* excelente; *(imposing)* magnífico/a; *(beautiful)* hermoso/a; **if the weather is ~** si hace buen tiempo; **it's a ~ day today** hoy hace buen tiempo; **~ workmanship** destreza *f;* **he's a ~ man** es buen mozo; **~ art, the ~ arts** las Bellas Artes; **that's ~** ¡claro que sí!, *(LAm)* ¡cómo no!; **he's ~ thanks** está muy bien, gracias.

(d) *(iro)* menudo/a; **a ~ friend you are!** ¡menudo amigo eres tú!, *(LAm)* ¡vaya amigo que me tocó!; **you're a ~ one to talk!** ¡mira quién habla!; **a ~ thing!** ¡hasta dónde habremos llegado!; **one ~ day** un día de éstos.

2 *adv* bien; **to feel ~** encontrarse bien; **you're doing ~** lo estás haciendo la mar de bien; **to cut it ~** *(of time, money)* calcular muy justo.

fine[2] [faın] **1** *n* multa *f;* **to get a ~ for sth/doing sth** ser multado por algo/por hacer algo. **2** *vt*: **to ~ sb (for sth/for doing sth)** multar a uno (por algo/por hacer algo).

fine·ly ['faınlı] *adv* **(a)** *(splendidly: dressed)* con elegancia; *(: written)* con arte. **(b)** *(tune: engine etc)* con precisión; *(chop)* en trozos pequeños, fino.

fin·ery ['faınərı] *n* galas *fpl,* atavíos *mpl*.

fi·nesse [fı'nes] *n* delicadeza *f; (Cards)* impase *m*.

fin·ger ['fıŋgə^r] **1** *n* dedo *m;* **index/little/ring ~** (dedo) índice *m*/meñique *m*/anular *m;* **middle ~** dedo del corazón; **his ~s are all thumbs, he is all ~s and thumbs** es muy desmañado; **keep your ~s crossed** ojalá salga todo bien; **they never laid a ~ on her** no le alzaron la mano; **he didn't lift a ~ to help us** no movió un dedo para ayudarnos; **to put one's ~ on sth** *(fig)* dar en el meollo de algo, poner el dedo en la llaga; **to twist sb round one's little ~** hacer con uno lo que le da la gana; **to have a ~ in every pie** estar metido en todo; **to pull one's ~ out** *(fig fam)* despabilarse.

2 *vt (also pej)* manosear; *(Mus: piano)* teclear; *(: guitar)* pulsar.

3: ~ board *n (on piano)* teclado *m; (on stringed instrument)* diapasón *m*.

finger·mark ['fıŋgəmɑːk] *n* huella *f*.

finger·nail ['fıŋgəneıl] *n* uña *f*.

finger·print ['fıŋgəprınt] **1** *n* huella *f* digital *or* dactilar. **2** *vt (person)* tomar las huellas digitales *or* dactilares a uno.

finger·tip ['fıŋgətıp] *n* punta *f* del dedo; **to have sth at one's ~s** tener algo a mano; *(know sth)* saber algo al dedillo.

fin·icky ['fınıkı] *adj* **(a)** *(person)* melindroso/a, delicado/a *(about* en cuestiones de). **(b)** *(job)* complicado/a.

fin·ish ['fınıʃ] **1** *n* **(a)** *(end: esp Sport)* final *m; (Sport: place)* meta *f;* **to be in at the ~** presenciar el final; **a fight to the ~** una lucha a muerte. **(b)** *(appearance)* acabado *m*.

2 *vt (work)* terminar; *(food etc)* acabar; **to ~ doing sth** acabar de hacer algo; **that last mile nearly ~ed me** *(fam)* aquella última milla me hizo polvo.

3 *vi (gen)* terminar; **the party was ~ing** la fiesta se estaba terminando; **she ~ed by saying that ...** terminó *or* acabó diciendo que ...; **to ~ first** *(Sport)* llegar el primero/la primera; **to ~ second** *(Sport)* llegar el segundo/la segunda; **I've ~ed with the paper** he terminado con el periódico; **he's ~ed with politics** renunció a la política; **she's ~ed with him** ha roto *or* acabado con él.

♦ **fin·ish off** *vt + adv* terminar, acabar; *(kill)* rematar.

♦ **fin·ish up 1** *vi + adv*: **he ~ed up in Paris** llegó *or* vino a parar en París; **it ~ed up as ...** terminó por ser ... . **2** *vt + adv (food etc)* acabar, terminar.

fin·ished ['fınıʃt] *adj (product)* acabado/a; *(performance)* pulido/a; *(fam: tired)* rendido/a, hecho/a polvo; *(: done for)* acabado/a, *(LAm)* quemado/a.

fin·ish·ing ['fınıʃıŋ]: **~ line** *n (Sport)* meta *f;* **~ school** *n* escuela *f* privada de formación social para señoritas; **~ touches** *npl* toque *msg* final; **to put the ~ touches to sth** dar el toque final a algo.

fi·nite ['faınaıt] *adj* **(a)** *(limited)* finito/a. **(b)** *(Ling)* conjugado/a.

Fin·land ['fınlənd] *n* Finlandia *f*.

Finn [fın] *n* finlandés/esa *m/f*.

Finn·ish ['fınıʃ] **1** *adj* finlandés/esa. **2** *n (language)* finlandés *m*.

fiord [fjɔːd] *n* = **fjord.**

fir [fɜː^r] **1** *n (also* **~ tree)** abeto *m*. **2: ~ cone** *n* piña *f*.

fire [faıə^r] **1** *n* **(a)** *(gen)* fuego *m; (in grate)* lumbre *f,* fuego *m;* (*~place)* chimenea *f; (accidental)* incendio *m;* **electric/gas ~** estufa *f* eléctrica/de gas; **forest ~** incendio forestal; **to set ~ to sth, set sth on ~** *(usu accidentally)* prender fuego a; **to catch ~** encenderse; **to be on ~** estar ardiendo, arder; **insured against ~** asegurado contra incendio; **to play with ~** *(fig)* jugar con fuego. **(b)** *(Mil)* fuego *m;* **to open ~ (on sb)** abrir fuego *or* romper el fuego (a uno); **hold your ~!** ¡alto al fuego!; **to be/come under ~** estar/caer bajo fuego; *(fig: be criticized)* ser blanco de críticas.

2 *vt* **(a)** *(gun, shot)* disparar; *(questions)* soltar; **to ~ a salute** tirar una salva; **to ~ a gun at sb** disparar (un arma) a uno; **to ~ questions at sb** acosar a uno con preguntas. **(b)** *(pottery etc: in kiln)* cocer; *(fig: imagination)* enardecer; *(: person with enthusiasm)* entusiasmar a uno. **(c)** *(fam: dismiss)* despedir, *(LAm)* echar; **you're ~d!** ¡Ud está despedido!

3 *vi (Mil etc)* tirar *(at* a); *(Aut: engine)* encender; *(LAm)* prender; **~ away** *or* **ahead!** *(fig fam)* ¡adelante!, *(LAm)* ¡siga no más!

4: ~ alarm *n* alarma *f* de incendios; **~ brigade** *n, (US)* **~ department** *n* cuerpo *m* de bomberos; **~ drill** *n* simulacro *m* de incendio; **~ engine** *n* coche *m* de bomberos; **~ escape** *n* escalera *f* de emergencia; **~ exit** *n* salida *f* de emergencia; **~ extinguisher** *n* extintor *m;* **~ hazard** *n* objeto *m* inflamable; **~ practice** *n* = **~ drill**; **~ regulations** *npl* reglamentos *mpl* contra incendios; **~ risk** *n* peligro *m* de incendio; **~ station** *n* parque *m* de bomberos.

fire·arm ['faıərɑːm] *n* arma *f* de fuego.

fire·cracker ['faıə,krækə^r] *n* petardo *m*.

fire·fly ['faıəflaı] *n* luciérnaga *f*.

fire·guard ['faıəgɑːd] *n* pantalla *f*.

fire·light ['faıəlaıt] *n* lumbre *f;* **by ~** a la luz del hogar.

fire·man ['faɪəmən] *n, pl* **-men** bombero *m.*
fire·place ['faɪəpleɪs] *n* chimenea *f*, hogar *m.*
fire·proof ['faɪəpruːf] *adj (material)* incombustible; *(dish)* refractario/a.
fire·side ['faɪəsaɪd] *n* hogar *m;* **by the ~** al lado de la chimenea.
fire·wood ['faɪəwʊd] *n* leña *f.*
fire·work ['faɪəwɜːk] **1** *n:* **~s** fuegos *mpl* artificiales. **2:** **~ display** *n* fuegos *mpl* artificiales.
fir·ing ['faɪrɪŋ] **1** *n (bullets)* disparos *mpl; (exchange of fire)* tiroteo *m.* **2:** **~ line** *n* línea *f* de fuego; **to be in the ~ line** *(fig: liable to be criticized)* estar en la línea de fuego; **~ squad** *n* pelotón *m* (de ejecución).
firm[1] [fɜːm] *adj* (**-er, -est**) *(set)* cuajado/a; *(steady)* estable; *(solid: base etc)* sólido/a; *(hold)* seguro/a; *(belief, friendship)* firme; *(friends)* íntimo/a; *(character, decision, price)* firme; *(steps, measures)* decidido/a, resuelto/a; *(look, voice)* grave; *(offer)* en firme; **as ~ as a rock** (tan) firme como una roca; **a ~ believer in sth** un partidario convencido de algo; **to be ~ with sb** mantenerse firme con uno; **to be on ~ ground** *(fig)* hablar con conocimiento de causa; **to stand ~** *or* **take a ~ stand over sth** *(fig)* mantenerse firme ante algo.
firm[2] [fɜːm] *n* empresa *f*, compañía *f.*
firm·ly ['fɜːmlɪ] *adv (fixed)* firmemente; *(speak)* con firmeza; *(believe)* firmemente.
firm·ness ['fɜːmnɪs] *n* firmeza *f.*
first [fɜːst] **1** *adj* primer *m*, primero/a; **the ~ book** el primer libro; **the ~ of January** el primero de enero; **the ~ time** la primera vez; **to win ~ place** *(competition)* conseguir el primer lugar; *(race)* llegar en primer lugar; **in the ~ place/instance** en primer lugar, *(LAm)* al pronto; **~ thing in the morning** por la mañana temprano; **~ thing tomorrow** mañana a primera hora; **~ things ~!** lo primero es lo primero; **I don't know the ~ thing about it** *(fam)* no tengo la menor idea de eso.

2 *adv* **(a)** *(firstly)* primero, primeramente; **~ one, then another** primero uno, después otro; **~ of all, ~ and foremost** ante todo, *(LAm)* antes que nada; **~ and last** *(above all)* por encima de todo; **~ come, ~ served** el que se adelanta nunca pierde; **ladies ~!** las señoras primero; **we arrived ~** fuimos los primeros en llegar; **she came ~ in the race** llegó la primera en la carrera; **finish this work ~** primero termine este trabajo; **head ~** de cabeza. **(b)** *(for the ~ time)* por primera vez; **I ~ met him in Paris** le conocí en París. **(c)** *(rather)* primero, antes; **I'd die ~!** ¡antes morir!

3 *n:* **the ~ to arrive** el primero/la primera en llegar; **Charles the F~** Carlos Primero; **at ~** al principio, *(LAm)* en un principio; **from the (very) ~** desde el principio; **from ~ to last** de principio a fin; **in ~ (gear)** *(Aut)* en primera; **he gained a ~ in French** *(Univ: class of degree)* ≃ se graduó con un sobresaliente.

4: **~ cousin** *n* primo/a *m/f* hermano/a *or* carnal; **~ edition** *n* primera edición *f;* **~ floor** *n:* **on the ~ floor** *(Brit)* en el primer piso, *(LAm)* en el segundo piso; *(US)* en la planta baja, *(LAm)* en el primer piso; **~ form** *or* **year** *n (Scol)* primera (de secundaria); **~ gear** *n (Aut)* primera *f;* **~ name** *n* nombre *m* (de pila); **~ night** *n (Theat)* estreno *m;* **~ offender** *n (Jur)* delincuente *mf* sin antecedente penal; **~ performance** *n (Theat, Mus)* estreno *m.*
first aid [ˌfɜːst'eɪd] *n* primera ayuda *f*, primeros auxilios *mpl;* **~ classes** clases *fpl* de primera ayuda *or* primeros auxilios; **~ kit** *or* **box** botiquín *m* de urgencia; **~ post** casa *f* de socorro.
first-class [ˌfɜːst'klɑːs] **1** *adj* **(a)** **~ ticket** *(Rail)* billete *m or (LAm)* boleto *m* de primera clase; **~ compartment** *(Rail)* departamento *m* de primera; **~ mail** correo *m* de primera; **~ honours degree** *(Univ)* licencia *f* con sobresaliente. **(b)** *(very good)* de primera (categoría). **2** *adv:* **to travel ~** viajar en primera; **to send a letter ~** mandar una carta por correo directo.
first-degree [ˌfɜːstdɪ'griː] *adj:* **~ murder** asesinato *m* premeditado; **~ burns** quemaduras *fpl* de primer grado.
first-hand [ˌfɜːst'hænd] **1** *adj (experience, knowledge)* de primera mano. **2** *adv* directamente; *(fam)* de la boca del lobo.
first·ly ['fɜːstlɪ] *adv* primero, en primer lugar.
first-rate [ˌfɜːst'reɪt] *adj (gen)* de primera categoría *or* clase; *(fig)* estupendo/a.
fis·cal ['fɪskəl] *adj (policy)* monetario/a; *(year)* económico/a, fiscal.
fish [fɪʃ] **1** *n, pl* **~** *or* **-es** *(alive)* pez *m; (as food)* pescado *m;* **~ and chips** pescado frito con patatas fritas; **to be like a ~ out of water** estar como pez fuera del agua; **I've got other ~ to fry** *(fam)* tengo otras cosas que hacer; **neither ~ nor fowl** *(fam)* ni chicha ni limonada.

2 *vi* pescar; **he goes ~ing every weekend** sale a pescar los fines de semana; **I'm going ~ing** voy de pesca; **to go salmon ~ing** ir a pescar salmón; **to ~ for sth** pescar algo; **to ~ for compliments** *(fig)* buscar elogios; **to ~ for information** *(fig)* pescar informaciones, hacer pesquisas; **to ~ (around) in one's pocket for sth** pescar algo en el bolsillo.

3 *vt (river, pond)* pescar en; *(trout, salmon)* pescar.

4: **~ and chip shop** *n* tienda *f* que vende pescado con patatas fritas; **~ farm** *n* criadero *m* de peces; **~ knife** *n* cuchillo *m* para el pescado; **~ shop** *n* pescadería *f;* **~ slice** *n* pala *f* para el pescado; **~ tank** *n* pecera *f.*
♦ **fish out** *vt + adv (from water, from box etc)* sacar; **they ~ed him out of the water** le sacaron del agua; **she ~ed a handkerchief out of her handbag** sacó un pañuelo del bolso.
fish·bone ['fɪʃbəʊn] *n* espina *f.*
fish·cake ['fɪʃkeɪk] *n* croqueta *f* de pescado.
fisher·man ['fɪʃəmən] *n, pl* **-men** pescador *m.*
fish·ery ['fɪʃərɪ] *n (area)* pesquería *f; (industry)* pesca *f.*
fish-finger [ˌfɪʃ'fɪŋgəʳ] *n* filete *m* de pescado empanado.
fish·ing ['fɪʃɪŋ] **1** *n* pesca *f.* **2:** **~ boat** *n* barco *m* de pesca; **~ grounds** *npl* zona *f* de pesca; **~ industry** *n* industria *f* pesquera; **~ line** *n* sedal *m;* **~ net** *n* red *f* de pesca; **~ port** *n* puerto *m* pesquero; **~ rod** *n* caña *f* de pescar; **~ tackle** *n* aparejo *m* de pescar.
fish·monger ['fɪʃˌmʌŋgəʳ] *n (Brit)* pescadero/a *m/f;* **~'s (shop)** pescadería *f.*
fishy ['fɪʃɪ] *adj* (**-ier, -iest**) *(smell)* que huele a pescado; *(taste)* que sabe a pescado; *(fam: suspect)* sospechoso/a.
fis·sion ['fɪʃən] *n* fisión *f;* **atomic/nuclear ~** fisión atómica/nuclear.
fis·sure ['fɪʃəʳ] *n* hendidura *f*, grieta *f.*
fist [fɪst] *n* puño *m;* **to hit sb with one's ~s** dar de puñetazos a uno; **to shake one's ~ (at sb)** amenazar con el puño (a uno).
fist·ful ['fɪstfʊl] *n* puñado *m.*
fit[1] [fɪt] **1** *adj* (**-ter, -test**) **(a)** *(suitable)* conveniente, adecuado/a, apto/a; **to be ~ for sth** servir para algo; **to be ~ to do sth** ser capaz de *or* apto para hacer algo; **a meal ~ for a king** una comida digna

de un rey; **he's not ~ for the job** no es el indicado para el puesto; **whatever time you think ~** a la hora que le parezca conveniente; **~ for habitation** habitable; **~ for human consumption** comestible; **he is not ~ company for my daughter** no es un compañero apto para mi hija; **he's not ~ to teach** *(of right temperament)* no sirve como profesor; *(in physical condition)* no está en condiciones para dar clase; **you're not ~ to be seen** no estás para que te vea la gente; **it's not ~ to eat** *or* **to be eaten** es incomible; **I'm ~ to drop** *(fam)* estoy a punto de caerme; **to see ~ to** juzgar conveniente; **do as you think** *or* **see ~** haz lo que te parezca *or (LAm)* como te parezca mejor.

(b) *(Med)* sano/a; *(Sport)* en forma; **to keep ~** mantenerse en forma; **to be ~ for work** *(after illness)* estar apto para trabajar; **to be (as) ~ as a fiddle** estar en plena forma.

2 *n*: **this suit is a very good ~** este traje le *etc* sienta muy bien; **it's a rather tight ~** aprieta un poco.

3 *vt* **(a)** *(subj: clothes)* sentar; *(: key etc)* entrar *or* encajar en; **it ~s you well** le sienta bien; **it ~s me like a glove** me sienta como anillo al dedo.

(b) *(match: facts etc)* corresponder, coincidir; *(: description)* estar de acuerdo con; **the punishment should ~ the crime** el castigo debe corresponder al delito.

(c) *(put in place)* ajustar; **to ~ a key in the lock** hacer entrar una llave en la cerradura; **to have a carpet ~ted** hacer poner una moqueta; **to ~ sth into place** hacer encajar algo; **to ~ sth on the wall** colocar algo en la pared.

(d) *(supply)* equipar de; **a car ~ted with a radio** un coche equipado con radio; **she has been ~ted with a new hearing aid** le han puesto audífono nuevo; **to ~ a person/ship for an expedition** equiparar a uno/un barco para una expedición.

(e) *(make ~)* hacer a la medida; **to ~ a dress** *(on sb)* probar un vestido (a una); **to ~ sb for a job/to do sth** preparar a uno para un trabajo/para hacer algo; **her experience ~s her for the job** su experiencia le califica para el trabajo.

4 *vi* **(a)** *(subj: clothes)* sentar; *(: key, part, object)* entrar; **will the cupboard ~ into the corner?** ¿entrará el armario en el rincón?

(b) *(match: facts, description)* coincidir, corresponder; **it all ~s now!** ¡ya está todo claro!

♦ **fit in 1** *vi + adv (fact, statement)* corresponder *(with* a); **he left because he didn't ~ in** se marchó por no congeniar con los demás; **to ~ in with sb's plans** conformarse con los planes de uno. **2** *vt + adv (object)* acomodar; *(fig: appointment, visitor)* incluir; *(plan, activity)* encajar *or* compaginarse *(with* con).

♦ **fit out** *vt + adv (ship)* equipar; *(person)* equipar.

fit² [fɪt] *n* **(a)** *(Med)* ataque *m*, acceso *m;* **to have** *or* **suffer a ~** darle a uno un ataque; **a ~ of coughing** un acceso de tos. **(b)** *(outburst)* arranque *m;* **~ of anger** arranque de cólera; **~ of crying** *or* **tears** llorera *f;* **to have** *or* **throw a ~** *(fam)* enloquecer; **to be in ~s (of laughter)** morirse de (la) risa; **~ of enthusiasm** arranque de entusiasmo; **by** *or* **in ~s and starts** a rachas.

fit·ful ['fɪtfʊl] *adj (breeze, showers)* esporádico/a; *(sleep)* interrumpido/a.

fit·ment ['fɪtmənt] *n* **(a)** *(accessory: of machine)* aparejo *m*. **(b)** = **fitting 2 (b)**.

fit·ness ['fɪtnɪs] *n* **(a)** *(suitability: for post etc)* capacidad *f (for* para). **(b)** *(state of health)* estado *m* físico; *(good health)* buena forma.

fit·ted ['fɪtɪd] *adj (garment: made to measure)* hecho/a a la medida; *(: tailored)* entallado/a; **~ carpet** moqueta *f;* **~ cupboards** armarios *mpl* empotrados; **~ kitchen** cocina *f* amueblada.

fit·ter ['fɪtə^r] *n (Tech)* ajustador *m; (of garment)* probador(a) *m/f*.

fit·ting ['fɪtɪŋ] **1** *adj (suitable)* propio/a, apto/a; **it is ~ that** *(frm)* es apropiado *or* oportuno que. **2** *n* **(a)** *(of dress)* prueba *f; (size: of shoe)* medida *f*, número *m*, tamaño *m*. **(b) ~s** *(of house)* accesorios *mpl; (shop furnishings etc, gen)* mobiliario *m;* **bathroom ~s** artículos *mpl* para el baño. **3: ~ room** *n (in shop)* probador *m, (LAm)* vestidor *m*.

five [faɪv] **1** *adj* cinco *inv;* **she is ~ (years old)** ella tiene cinco años (de edad); **they live at number ~** viven en el número cinco; **there are ~ of us** somos cinco; **all ~ of them came** vinieron todos los cinco; **it costs ~ pounds** cuesta *or* vale cinco libras; **~ and a quarter/half** cinco y cuarto/medio; **it's ~ (o'clock)** son las cinco. **2** *n* cinco *m;* **to divide sth into ~** dividir algo en cinco; **they are sold in ~s** se venden de cinco en cinco.

five-day week [ˌfaɪvdeɪ'wiːk] *n* semana *f* inglesa.

fiv·er ['faɪvə^r] *n (fam: Brit)* billete *m* de cinco libras; *(: US)* billete de cinco dólares.

fix [fɪks] **1** *n* **(a)** *(Aer, Naut)* localización *f*, posición *f*. **(b)** *(fam: of drug)* dosis *f*. **(c)** *(fam: predicament)* apuro *m*, aprieto *m;* **to be in a ~** estar en un apuro. **(d) the fight/result was a ~** *(fam)* hubo tongo en la lucha/el resultado.

2 *vt* **(a)** *(make firm)* sujetar; *(attach: with nails)* clavar; *(: with string etc)* atar, *(LAm)* amarrar; *(fig: eyes, attention)* fijar, clavar; *(make permanent: colour, Phot)* fijar; **to ~ the blame on sb/sth** echar la culpa a uno/algo; **to ~ sth in one's mind** fijar algo en la memoria. **(b)** *(arrange: date, meeting)* arreglar, convenir; *(determine: time, price)* fijar, determinar; *(arrange dishonestly: fight, race)* arreglárselo; **I'll ~ everything** se lo arreglaré todo; **I'll ~ him!** *(fam)* ya le ajustaré su cuenta. **(c)** *(repair)* reparar, arreglar. **(d)** *(make ready, meal, drink)* preparar; **to ~ one's hair** arreglarse el pelo.

♦ **fix on 1** *vt + adv (badge, lid)* fijar. **2** *vi + prep (decide on)* fijar.

♦ **fix up** *vt + adv (arrange: date, meeting)* arreglar, determinar, *(LAm)* concretar; **they ~ed up a meeting for six o'clock** se citaron para las seis; **to ~ sth up with sb** arreglar *or* convenir algo con uno.

fixa·tion [fɪk'seɪʃən] *n (Psych, fig)* obsesión *f*.

fixa·tive ['fɪksətɪv] *n* fijador *m*.

fixed [fɪkst] *adj* **(a)** *(gen)* fijo/a; **at a ~ time** a una hora fija; **~ price** precio fijo. **(b)** *(fam)* **how are you ~ for money?** ¿qué tal andas de dinero?; **how are you ~ for this evening?** ¿tienes alguna cita esta tarde?

fix·ed·ly ['fɪksɪdlɪ] *adv* fijamente.

fix·ings ['fɪksɪŋz] *npl (US Culin)* guarniciones *fpl*.

fix·ture ['fɪkstʃə^r] *n* **(a)** *(of house etc)* **~s** instalaciones *fpl* fijas. **(b)** *(Sport)* encuentro *m*. **(c)** *(permanent feature)* elemento *m* fijo; *(date)* fecha *f* fija.

fizz [fɪz] **1** *n (fizziness)* efervescencia *f*, gas *m; (fizzy drink)* gaseosa *f*. **2** *vi* burbujear.

fiz·zle ['fɪzl] *vi (also* **~ out:** *fire, firework)* apagarse; *(: enthusiasm, interest)* morirse; *(: plan)* deshacerse.

fizzy ['fɪzɪ] *adj* **(-ier, -iest)** *(drink)* gaseoso/a.

fjord, fiord [fjɔːd] *n* fiordo *m*.

flab·ber·gasted ['flæbəgɑːstɪd] *adj* pasmado/a.

flab·by ['flæbɪ] *adj* **(-ier, -iest)** *(person)* blanducho/a.

flag¹ [flæg] *n (also* **~stone)** baldosa *f*, adoquín *m*.

flag[2] [flæg] **1** *n (gen)* bandera *f*, pabellón *m; (for charity etc)* banderita *f;* **to raise/lower the ~** izar/arriar la bandera. **2** *vt (also* **~ down:** *taxi)* (hacer) parar. **3: ~ day** *n* día *m* de la colecta.

flag[3] [flæg] *vi (strength)* flaquear; *(person)* cansarse; *(enthusiasm etc)* disminuir, decaer; *(conversation)* languidecer.

flag·el·late ['flædʒəleɪt] *vt* flagelar, azotar.

flag·pole['flægpəʊl] *n* asta *f* de bandera.

fla·grant ['fleɪgrənt] *adj* flagrante.

flag·ship ['flægʃɪp] *n* buque *m* insignia *or* almirante.

flail [fleɪl] *vi (arms, legs)* **to ~ about** agitarse.

flair [flɛəʳ] *n (gift)* don *m; (instinct)* instinto *m; (style)* elegancia *f;* **a ~ for languages** un don de lenguas.

flake [fleɪk] **1** *n (of paint, skin, soap etc)* escama *f; (of snow)* copo *m.* **2** *vi (also* **~ off:** *paint)* desconcharse; *(: skin)* descamarse; **to ~ out** *(fam)* quedar agotado.

flaky ['fleɪkɪ] *adj* (**-ier, -iest**) *(paintwork)* desconchado/a; *(skin)* escamoso/a; **~ pastry** *(Culin)* hojaldre *m.*

flam·boy·ant [flæm'bɔɪənt] *adj (character, speech, dress)* extravagante; *(style)* rimbombante.

flame [fleɪm] **1** *n* llama *f;* **to burst into ~s** incendiarse; **old ~** *(fam)* ex *mf*, antiguo amor *m.* **2** *vi (also* **~ up:** *fire)* llamear; *(: passion etc)* arder, enardecerse; **her cheeks ~d with embarrassment** se le enrojecieron las mejillas por vergüenza.

flam·ing ['fleɪmɪŋ] *adj* **(a)** *(red, orange)* flameante. **(b)** *(Brit fam: furious)* enardecido/a; *(: bloody)* maldito/a.

fla·min·go [flə'mɪŋgəʊ] *n* flamenco *m.*

flam·mable ['flæməbl] *adj* inflamable.

flan [flæn] *n* tarta *f.*

flange [flændʒ] *n (Tech: on wheel)* ceja *f; (: on pipe)* collarín *m.*

flank [flæŋk] **1** *n (of animal)* ijar *m*, ijada *f; (Mil)* flanco *m; (of hill)* ladera *f*, falda *f.* **2** *vt (Mil etc)* flanquear; *(adjoin)* lindar con.

flan·nel ['flænl] *n (face ~)* manopla *f; (fabric)* franela *f;* **~s** *(trousers)* pantalones *mpl* de franela.

flan·nel·ette [ˌflænə'let] *n* franela *f* de algodón.

flap [flæp] **1** *n* **(a)** *(of pocket)* carterita *f*, tapa *f; (of envelope)* solapa *f; (of table)* hoja *f* (plegadiza); *(Aer)* flap *m.* **(b)** *(of wing)* aletazo *m; (sound)* (ruido del) aleteo *m;* **to get into a ~** *(fam)* ponerse nervioso, aturdirse. **2** *vt (subj: bird: wings)* batir (las alas); *(shake: sheets, newspaper)* sacudir. **3** *vi* **(a)** *(wings)* aletear; *(sails)* gualdrapear; *(flag etc)* chasquear. **(b)** *(fam: panic)* ponerse nervioso/a, aturdirse.

flap·jack ['flæpdʒæk] *n (US: pancake)* torta *f*, *(LAm)* panqueque *m.*

flare [flɛəʳ] **1** *n* **(a)** *(blaze)* llamarada *f; (signal)* cohete *m* de señales; *(Mil: for target)* bengala *f.* **(b)** *(Sew)* vuelo *m.* **2** *vi (match, torch)* llamear.

♦**flare up** *vi + adv (fire)* llamear; *(fig: person)* estallar, ponerse furioso/a; *(revolt, situation etc)* estallar.

flared ['flɛəd] *adj (skirt, trousers etc)* acampanado/a.

flash [flæʃ] **1** *n* **(a)** *(of light: burst)* destello *m; (: sparkle)* centelleo *m; (US: torch)* linterna *f;* **~ of lightning** relámpago *m*, *(LAm)* rayo *m;* **~ of inspiration** *(fig)* ráfaga *f* de inspiración; **a ~ in the pan** un caso fuera de serie; **in a ~** en un abrir y cerrar de ojos, en un tris. **(b)** *(news~)* noticia *f* de última hora. **(c)** *(Phot)* flash *m.* **2** *vt (light)* despedir, lanzar; *(torch)* encender; *(look)* lanzar; *(signal: message)* transmitir; **to ~ one's headlights** *(Aut)* poner la luz de carretera; **to ~ sth about** *(fig fam)* ostentar, presumir con. **3** *vi* **(a)** *(light)* brillar; *(lightning)* relampaguear; *(jewels)* centellear. **(b)** *(move quickly: person, vehicle)* **to ~ by** *or* **past** pasar como un rayo.

flash·back ['flæʃbæk] *n (Cine)* flashback *m.*

flash·cube ['flæʃkjuːb] *n (Phot)* cubo *m* de flash.

flash·gun ['flæʃgʌn] *n (Phot)* disparador *m* de flash.

flash·light ['flæʃlaɪt] *n (US: torch)* linterna *f.*

flashy ['flæʃɪ] *adj* (**-ier, -iest**) *(colours)* chillón/ona; *(objects)* llamativo/a; *(person)* ostentoso/a.

flask [flɑːsk] *n (for brandy etc)* frasco *m; (vacuum ~)* termo(s) *m; (Chem)* matraz *m.*

flat[1] [flæt] **1** *adj* (**-ter, -test**) **(a)** *(surface: horizontal)* plano/a; *(: level)* llano/a, *(LAm)* parejo/a; *(: smooth)* liso/a; *(foot)* plano/a; *(nose)* chato/a; **~ as a pancake** *(fam)* aplastado/a; **~ tyre** *(Aut)* pinchazo *m*, *(LAm)* ponchadura *f*, llanta *f* pinchada; **to fall ~ on one's face** caer(se) de bruces; **~ racing** carreras *fpl* lisas. **(b)** *(final: refusal, denial)* rotundo/a, terminante; **and that's ~!** *(fam)* ¡y se acabó!, *(LAm)* ¡así no más! **(c)** *(Mus: voice, instrument)* desafinado/a; *(key)* bemol; **E ~ major** mi bemol mayor. **(d)** *(dull, lifeless: style)* insípido/a; *(: taste)* soso/a; *(: joke)* pesado/a; *(drink)* muerto/a; *(battery)* descargado/a; *(colour)* apagado/a; **to be feeling rather ~** estar deprimido. **(e)** *(basic)* **~ rate of pay** sueldo *m* básico; **at a ~ rate** a una tarifa fija.

2 *adv* **(a)** *(absolutely: refuse)* rotundamente; *(: tell)* terminantemente; **to be ~ broke** *(fam)* estar sin un cinco; **in ten minutes ~** en diez minutos justos; **to work ~ out** trabajar a toda mecha. **(b) to be out ~** *(lying)* estar acostado *or* *(LAm)* tumbado; *(asleep)* quedarse (profundamente) dormido/a. **(c)** *(Mus)* desafinado/a.

3 *n (of hand)* palma *f; (of sword)* plano *m; (Mus)* bemol *m; (Aut)* pinchazo *m*, *(LAm)* ponchadura *f;* **mud ~s** *(Geog)* marisma *fsg.*

flat[2] [flæt] *n (Brit)* apartamento *m*, piso *m*, *(LAm)* departamento *m.*

flat·fish ['flætfɪʃ] *n* platija *f.*

flat-footed [ˌflæt'fʊtɪd] *adj* de pies planos; *(fig: clumsy)* patoso/a.

flat·let ['flætlɪt] *n (Brit)* piso *m* pequeño, *(LAm)* suite *m.*

flat·ly ['flætlɪ] *adv (refuse etc)* categóricamente, tajantemente.

flat·mate ['flætmeɪt] *n* compañero/a *m/f* (de piso).

flat·ten ['flætn] *vt (road, field)* allanar, aplanar; *(: level out)* nivelar; *(house, city)* arrasar; *(map etc)* alisar; *(fig: defeat)* aplastar; **to ~ o.s. against sth** pegarse a algo.

♦**flat·ten out 1** *vi + adv (road, countryside)* nivelarse, allanarse. **2** *vt + adv (path)* allanar, aplanar; *(paper)* extender, alisar.

flat·ter ['flætəʳ] *vt (praise)* halagar, lisonjear; *(fam)* decir flores a, *(LAm)* echar *or* decir piropos a; *(show to advantage)* favorecer; **to ~ o.s. (on/that)** *(pride o.s.)* jactarse (de/de que); *(boast, show off)* presumir (de/de que).

flat·ter·ing ['flætərɪŋ] *adj (remark)* halagüeño/a, lisonjero/a; *(: fawning)* adulador(a); *(photo, clothes etc)* que favorece, favorecedor(a).

flat·tery ['flætərɪ] *n* halagos *mpl; (fam)* flores *fpl*, *(LAm)* piropos *mpl.*

flatu·lence ['flætjʊləns] *n* flatulencia *f.*

flaunt [flɔːnt] *vt (pej)* ostentar, hacer alarde de.

flau·tist ['flɔːtɪst] *n* flautista *mf.*

fla·vour, *(US)* **fla·vor** ['fleɪvəʳ] **1** *n (gen)* sabor *m; (flavouring)* condimento *m*, sazonamiento *m; (fig)* sabor *m*, tono *m.* **2** *vt (Culin)* sazonar *(with* de).

fla·vour·ing, (*US*) **fla·vor·ing** ['fleɪvərɪŋ] *n* sazón *m*, condimento *m*; **vanilla ~** esencia *f* de vainilla.

flaw [flɔː] *n (gen: defect)* defecto *m*; *(: in material, beauty, diamond)* desperfecto *m*; *(crack)* grieta *f*.

flaw·less ['flɔːlɪs] *adj (beauty etc)* intachable, sin defecto; *(plan)* perfecto, sin defecto alguno.

flax [flæks] *n (Bot)* lino *m*; **~ seed** linaza *f*.

flaxen-haired ['flæksən,hɛəd] *adj (poet)* rubio/a.

flay [fleɪ] *vt (skin)* desollar; *(criticize)* desollar, despellejar.

flea [fliː] **1** *n* pulga *f*. **2: ~ market** *n* rastro *m*, mercado *m* de pulgas; **~ pit** *n* cine *m* de baja categoría.

flea-bitten ['fliː,bɪtn] *adj (fig fam)* miserable.

fleck [flek] **1** *n (of mud, paint)* mota *f*; *(of dust)* partícula *f*; *(of colour)* punto *m*. **2** *vt (blood, mud etc)* salpicar *(with* de); **black ~ed with white** negro con puntos blancos.

fled [fled] *pt, pp of* **flee.**

fledg·ling ['fledʒlɪŋ] *n (young bird)* pajarito *m*; **a ~ writer** *(fig)* un escritor en ciernes.

flee [fliː] *pt, pp* **fled 1** *vt* huir de. **2** *vi* huir *(from* de, *to* a).

fleece [fliːs] **1** *n* vellón *m*. **2** *vt (fig fam: rob)* dejar pelado/a.

fleecy ['fliːsɪ] *adj* **(-ier, -iest)** *(woolly)* lanoso/a, lanudo/a; *(clouds)* aborregado/a.

fleet[1] [fliːt] *n (Aer, Naut)* flota *f*; *(of cars, coaches etc)* escuadra *f*.

fleet[2] [fliːt] *adj (poet: also* **~-footed)** veloz.

fleet·ing ['fliːtɪŋ] *adj (glimpse)* fugaz; *(brief)* breve; *(moment, beauty etc)* pasajero/a.

Flem·ish ['flemɪʃ] **1** *adj* flamenco/a. **2** *n (language)* flamenco *m*.

flesh [fleʃ] **1** *n (gen)* carne *f*; *(of fruit)* pulpa *f*; **in the ~** en carne y hueso, en persona; **my own ~ and blood** mi propia sangre; **it's more than ~ and blood can stand** no hay quien lo aguante. **2: ~ wound** *n* herida *f* superficial.

fleshy ['fleʃɪ] *adj* **(-ier, -iest)** *(fat)* gordo/a; *(Bot: fruit)* carnoso/a.

flew [fluː] *pt of* **fly**[2].

flex [fleks] **1** *n (Brit: of lamp, telephone)* flexible *m*, cordón *m*, *(LAm)* cable *m*. **2** *vt (arms, knees)* doblar; *(muscles)* tensar.

flex·ible ['fleksəbl] *adj (also fig)* flexible; **~ working hours** horario *m* flexible.

flick [flɪk] **1** *n (with tail)* coletazo *m*; *(with finger)* capirotazo *m*; *(with duster)* pasada *f*; *(with whip)* latigazo *m* (suave). **2** *vt (with finger)* dar un capirotazo a; **she ~ed her hair out of her eyes** se quitó el pelo de los ojos con un capirotazo. **3** *vi*: **the snake's tongue ~ed in and out** vibraba la lengua de la víbora. **4: ~ knife** *n* navaja *f*, *(LAm)* chaveta *f*.

♦ **flick off** *vt + adv (dust, ash)* quitar algo con un capirotazo.

♦ **flick through** *vi + prep (book etc)* hojear.

flick·er ['flɪkə^r] **1** *n (of light, eyelid)* parpadeo *m*; *(of flame)* destello *m*. **2** *vi (light)* parpadear; *(flame)* vacilar.

flight[1] [flaɪt] **1** *n* **(a)** *(Aer, of bird etc)* vuelo *m*; *(of bullet)* trayectoria *f*; **in ~** en vuelo; **how long does the ~ take?** ¿cuánto dura el vuelo?; **~s of fancy** *(fig)* ilusiones *fpl*. **(b)** *(group: of birds)* bandada *f*; *(: of aircraft)* escuadrilla *f*; **in the top ~** *(fig)* de primera categoría. **(c) ~ (of stairs)** tramo *m*; **he lives two ~s up** vive en el segundo piso. **2: ~ deck** *n (on aircraft carrier)* cubierta *f* de aterrizaje *or* despegue; *(of aeroplane)* cubierta *f* de vuelo; **~ recorder** *n* registrador *m* de vuelo.

flight[2] [flaɪt] *n (act of fleeing)* fuga *f*, huida *f*; **to put to ~** poner en fuga; **to take ~** fugarse, huirse.

flighty ['flaɪtɪ] *adj* **(-ier, -iest)** coqueta.

flim·sy ['flɪmzɪ] *adj* **(-ier, -iest)** *(thin: dress, material)* ligero/a; *(weak: building etc)* insustancial; *(: excuse, argument)* flojo/a.

flinch [flɪntʃ] *vi* encogerse *(from* ante); **without ~ing** sin alterarse.

fling [flɪŋ] *(vb: pt, pp* **flung) 1** *n*: **to have his last ~** correrla por última vez; **to have one's ~** echar una canita al aire; **to have a ~ at doing sth** hacer un intento de hacer algo. **2** *vt (stone etc)* arrojar; **to ~ one's arms round sb** abrazar fuertemente; **the door was flung open** la puerta se abrió de golpe; **to ~ o.s into a chair** dejarse caer de golpe en una silla; **to ~ o.s. into a job** lanzarse a un trabajo; **to ~ on one's coat** echarse a hombros el abrigo.

♦ **fling away** *vt + adv (fig: waste: money, chance)* desperdiciar.

♦ **fling out** *vt + adv (gen)* echar, *(LAm)* botar.

flint [flɪnt] *n (Geol)* pedernal *m*; *(of lighter)* piedra *f*.

flip [flɪp] **1** *n* capirotazo *m*. **2** *vt (gen)* echar al aire; **to ~ a coin** echar cara o cruz; **he ~ped the book open** abrió el libro de golpe. **3: ~ side** *n* cara *f* B.

♦ **flip through** *vi + prep (book)* hojear; *(records etc)* repasar.

flip·pan·cy ['flɪpənsɪ] *n* ligereza *f*, falta *f* de seriedad.

flip·pant ['flɪpənt] *adj* ligero/a, frívolo/a.

flip·per ['flɪpə^r] *n* aleta *f*.

flirt [flɜːt] **1** *n* coqueta *mf*. **2** *vi* coquetear *(with* con).

flir·ta·tion [flɜː'teɪʃən] *n* flirteo *m*, coqueteo *m*.

flit [flɪt] **1** *vi (bats, butterflies)* revolotear; **to ~ in/out** *(person)* entrar/salir precipitadamente. **2** *n*: **to do a (moonlight) ~** *(Brit)* irse a la chita callando.

float [fləʊt] **1** *n (gen: for raft etc)* flotador *m*; *(for fishing line)* corcho *m*; *(swimming aid)* flotador *m*; *(in procession)* carroza *f*; *(sum of money)* reserva *f*. **2** *vt (boat, logs)* poner a flote; *(render seaworthy)* hacer flotar; *(launch: company)* lanzar; *(Fin: currency)* flotar; *(: shares)* lanzar al mercado. **3** *vi (gen)* flotar; *(move in wind)* flotar, ondear; **to ~ downriver** ir río abajo; **~ing voter** votante indeciso.

♦ **float away, float off** *vi + adv (in water)* irse flotando; *(in air)* irse volando.

flock [flɒk] **1** *n (of sheep, goats)* rebaño *m*; *(of birds)* bandada *f*; *(of people)* tropel *m*, muchedumbre *f*; *(Rel)* grey *f*, rebaño *m*. **2** *vi (move in numbers)* moverse en tropel; **they ~ed to the station** se fueron en tropel hacia la estación; **to ~ around sb** apiñarse en torno de uno.

floe [fləʊ] *n (ice ~)* témpano *m* de hielo.

flog [flɒg] *vt (whip)* azotar; *(beat)* dar una paliza a; *(fam: sell)* vender; **to ~ a dead horse** *(fig fam)* machacar en hierro frío.

flog·ging ['flɒgɪŋ] *n* paliza *f*.

flood [flʌd] **1** *n (of water)* inundación *f*; *(of words, tears)* torrente *m*; *(~ tide)* pleamar *f*; **the river is in ~** el río está crecido; **the F~** *(Rel)* el Diluvio; **a ~ of letters** una avalancha de cartas; **she was in ~s of tears** lloraba a lágrima viva. **2** *vt (Aut, gen)* inundar; **to ~ the market** *(Comm)* inundar el mercado; **the room was ~ed with light** el cuarto se inundó de luz. **3** *vi (river)* desbordarse; **the people ~ed into the streets** la gente inundó la calle.

♦ **flood in** *vi + adv (people)* entrar a raudales.

♦ **flood out** *vt + adv (house)* inundar; **they were ~ed out** quedaron inundados.

flood·light ['flʌdlaɪt] *(vb: pt, pp* **floodlighted** *or* **floodlit) 1** *n* foco *m*, *(LAm)* faro *m*. **2** *vt* iluminar con focos.

floor [flɔːʳ] **1** *n* **(a)** *(gen)* suelo *m; (of room)* piso *m; (of sea)* fondo *m; (earth)* tierra *f; (dance ~)* pista *f;* **to take the ~** *(dancer)* salir a bailar; **to have the ~** *(speaker)* tener la palabra. **(b)** *(storey)* piso *m;* **ground ~** *(Brit)* planta baja, *(LAm)* primer piso; **on the first ~** *(Brit)* en el primer *or (LAm)* segundo piso; *(US)* en la planta baja; **top ~** último piso. **2** *vt* **(a)** *(room)* solar *(with* de). **(b)** *(fam: knock down: opponent)* derribar; *(: baffle, silence)* dejar sin respuesta. **3: ~ cloth** *n* bayeta *f, (Mex)* jerga *f;* **~ covering** *n* tapiz *m* para el suelo; **~ show** *n* cabaret *m.*
floor·board ['flɔːbɔːd] *n* tabla *f* (del suelo).
flop [flɒp] **1** *n (fam: failure)* fracaso *m.* **2** *vi* **(a)** *(person)* dejarse caer *(into, on* en). **(b)** *(fam: play etc)* fracasar, *(LAm)* tronar.
flop·py ['flɒpɪ] *adj* **(-ier, -iest)** flojo/a; **~ disc** *or* **disk** *(Comput)* floppy *m.*
flo·ra ['flɔːrə] *npl* flora *fsg.*
flo·ral ['flɔːrəl] *adj (arrangement etc)* de flores; *(fabric, dress)* floral.
flor·id ['flɒrɪd] *adj (complexion)* colorado/a, rubicundo/a; *(style)* florido/a.
flo·rist ['flɒrɪst] *n* florista *mf, (LAm)* florero/a *m/f.*
flot·sam ['flɒtsəm] *n:* **~ and jetsam** pecios *mpl.*
flounce[1] [flaʊns] *n (frill)* volante *m.*
flounce[2] [flaʊns] *vi:* **to ~ in/out** entrar/salir con gesto exagerado.
floun·der[1] ['flaʊndəʳ] *n (fish)* platija *f.*
floun·der[2] ['flaʊndəʳ] *vi (also ~* **about:** *in water, mud etc: flap arms etc)* patalear; *(: splash etc)* revolcarse; *(in speech etc)* perder el hilo.
flour ['flaʊəʳ] *n* harina *f.*
flour·ish ['flʌrɪʃ] **1** *n (movement)* ademán *m,* movimiento *m* ostentoso; *(under signature)* plumada *f; (Mus)* floreo *m; (fanfare)* toque *m* de trompeta; **to do sth with a ~** hacer algo con brío *or* ostentosamente. **2** *vt (weapon, stick etc)* blandir. **3** *vi (plant etc)* crecer; *(person, business, civilization etc)* florecer, prosperar.
flour·ish·ing ['flʌrɪʃɪŋ] *adj (plant)* vigoroso/a; *(person, business)* floreciente, próspero/a.
flout [flaʊt] *vt (ignore)* descartar; *(mock)* burlarse de.
flow [fləʊ] **1** *n (of river, tide, Elec)* corriente *f,* flujo *m; (: direction)* curso *m; (of blood: from wound)* derrame *m; (of words etc)* torrente *m;* **the ~ of traffic** la circulación (del tráfico).

2 *vi (gen)* correr; *(river)* fluir; *(tide)* subir, crecer; *(blood: from wound)* derramarse, manar; *(hair)* caer suavemente *or* con soltura; **dressed in long ~ing robes** envuelto en largo vestido suelto; **money ~ed in** *(fig)* entró el dinero a raudales; **the river ~ed over its banks** se desbordó el río; **the river ~s into the sea** el río desemboca en el mar; **to keep the conversation ~ing** mantener la conversación; **the town ~ed with wine and food** el pueblo abundaba en vino y comida; *see* **ebb.**

3: ~ chart *n,* **~ diagram** *n* organigrama *m.*
flow·er ['flaʊəʳ] **1** *n* flor *f; (fig: best)* flor y nata *f;* **in ~** en flor. **2** *vi* florecer. **3: ~ arrangement** *n* ramillete *m;* **~ shop** *n* florería *f,* tienda *f* de flores.
flower·bed ['flaʊəbed] *n* arriate *m,* cuadro *m.*
flower·pot ['flaʊəpɒt] *n* maceta *f,* tiesto *m.*
flow·ery ['flaʊərɪ] *adj* florido/a.
flown [fləʊn] *pt of* **fly**[2].
flu [fluː] *n (fam)* gripe *f.*
fluc·tu·ate ['flʌktjʊeɪt] *vi (cost)* fluctuar; *(person)* **to ~ between** vacilar entre.
fluc·tua·tion [ˌflʌktjʊ'eɪʃən] *n (of prices etc)* fluctuación *f.*
flue [fluː] *n* humero *m.*
flu·en·cy ['fluːənsɪ] *n* fluidez *f;* **his ~ in English** su dominio del inglés.
flu·ent ['fluːənt] *adj (style)* fluido/a; *(speaker)* hábil, elocuente; *(language)* suelto/a; **he is ~ in Italian** domina el italiano.
fluff [flʌf] **1** *n (from blankets etc)* pelusa *f,* lanilla *f; (of chicks, kittens)* plumón *m.* **2** *vt* **(a)** *(also ~* **out:** *feathers)* erizar las plumas; **to ~ up the pillows** mullir las almohadas. **(b)** *(Theat fam: make mistake in)* hacerse un lío en.
fluffy ['flʌfɪ] *adj* **(-ier, iest)** *(toy, material)* velloso/a; *(bird)* plumoso/a.
flu·id ['fluːɪd] **1** *adj (substance, movement)* fluido/a; *(plan, arrangements)* flexible; *(opinions)* variable. **2** *n* flúido *m,* líquido *m.*
fluke [fluːk] *n* chiripa *f.*
flung [flʌŋ] *pt, pp of* **fling.**
flunk [flʌŋk] *vt (fam, esp US: course, exam)* ser suspendido/a *or* cateado/a en, *(LAm)* reprobar.
fluo·res·cent [fluə'resnt] *adj (lighting, tube)* fluorescente.
fluo·ride ['flʊəraɪd] **1** *n* fluoruro *m.* **2: ~ toothpaste** *n* pasta *f* de dientes con fluoruro.
flur·ry ['flʌrɪ] *n (of snow)* nevisca *f; (gust of wind)* ráfaga *f; (of rain)* chaparrón *m; (fig: of excitement)* azoramiento *m;* **to be in a ~** estar nervioso.
flush[1] [flʌʃ] **1** *n* **(a)** *(blush)* rubor *m; (Med)* **hot ~es** sofocos *mpl.* **(b)** *(of beauty, health, youth)* resplandor *m;* **in the first ~ of victory** eufórico por el triunfo; **in a ~ of excitement** llevado por la emoción. **(c)** *(of lavatory)* descarga *f* de agua.

2 *vi (person, face)* ponerse colorado/a *(with* por).

3 *vt (also ~* **out:** *sink, yard)* limpiar con agua, baldear; **to ~ the lavatory** hacer funcionar el váter.
♦ **flush away** *vt + adv (down sink)* echar al fregadero; *(down lavatory)* echar al váter.
flush[2] *adj* **(a)** *(gen)* a flor *or* a ras *(with* de); *(DIY)* empotrado/a *(with* con); **a door ~ with the wall** una puerta empotrada con la pared. **(b)** *(fam)* **to be ~ (with money)** nadar en la abundancia.
flush[3] *vt (also ~* **out:** *game, birds)* levantar; *(: fig: criminal)* desalojar.
flush[4] *n (Cards)* flux *m.*
flus·ter ['flʌstəʳ] **1** *n* estado *m* de confusión. **2** *vt (confuse, upset)* aturdir, poner nervioso/a; **to get ~ed** ponerse nervioso, aturdirse.
flute [fluːt] *n* flauta *f, (LAm: bamboo)* quena *f.*
flut·ter ['flʌtəʳ] **1** *n (of wings)* revoloteo *m; (of eyelashes)* pestañeo *m;* **to be in a ~** *(fig)* estar nervioso; **to have a ~** *(fam)* echarse una apuesta. **2** *vt (wings)* batir; **to ~ one's eyelashes at sb** guiñar el ojo *or (LAm)* hacer ojitos a uno. **3** *vi (bird etc)* revolotear; *(wings)* aletear; *(flag)* ondear, ondular; *(heart)* palpitar.
flux [flʌks] *n:* **to be in a state of ~** estar inestable, estar en un momento de cambio continuo.
fly[1] [flaɪ] *n* mosca *f;* **the ~ in the ointment** *(fig)* el único inconveniente; **there are no flies on him** está bien despabilado, no se deja engañar.
fly[2] [flaɪ] *pt* **flew,** *pp* **flown 1** *vi* **(a)** *(plane, bird)* volar; *(air passengers)* viajar en avión; *(flag)* flotar; **the plane flew over London** el avión sobrevoló Londres.

(b) *(move quickly: time)* pasar *or* irse volando; **to ~ past** *(car, person)* pasar volando; **the door flew open** la puerta se abrío de golpe; **to knock** *or* **send sth/sb ~ing** echar algo/a uno al suelo; **I must ~!** me voy corriendo; **to let ~** *(emotionally)* desahogarse; *(physically)* lanzar golpes; **to let ~ at sb** llenar a uno de injurias; **to ~ into a rage**

salir de sus casillas.
(c) *(flee)* huir, escaparse; *(rush)* precipitarse, lanzarse; **to ~ for one's life** salvarse la vida huyendo.
2 *vt (aircraft)* pilotar, *(LAm)* pilotear; *(passenger)* ir en avión; *(goods)* transportar en avión; *(flag)* izar; **to ~ the Atlantic** atravesar el Atlántico en avión; **to ~ a kite** echar a volar una cometa.
3 *n (on trousers: also* **flies***)* bragueta *f*, cierre *m*.
♦ **fly away** *vi + adv (bird, plane)* emprender el vuelo.
♦ **fly in 1** *vi + adv (plane)* llegar; *(land)* aterrizar; *(president)* llegar en avión; **he flew in from Rome** llegó en avión desde Roma. **2** *vt + adv (take, bring: supplies, troops)* llevar *or* traer en avión.
♦ **fly off** *vi + adv* **(a)** *(plane, bird)* emprender el vuelo. **(b)** *(come off: hat)* irse volando; *(lid etc)* desprenderse de golpe.
fly-fishing ['flaɪˌfɪʃɪŋ] *n* pesca *f* a mosca.
fly·ing ['flaɪɪŋ] **1** *adj (fish, machine)* volador(a), volante; *(swift: visit)* rápido/a; **to pass with ~ colours** salir airoso; **~ saucer** platillo *m* volador; **~ squad** grupo *m* móvil; **~ start** salida *f* lanzada; **to get off to a ~ start** *(fig)* empezar con buen pie. **2** *n* vuelo *m*; **I don't like ~** no me gusta volar.
fly·leaf ['flaɪliːf] *n, pl* **-leaves** guarda *f*.
fly·over ['flaɪˌəʊvəʳ] *n (Aut)* paso *m* superior, *(LAm)* paso a desnivel.
fly·sheet ['flaɪʃiːt] *n (for tent)* alero *m*.
fly·weight ['flaɪweɪt] **1** *n* peso *m* mosca. **2** *cpd (contest)* de peso mosca.
fly·wheel ['flaɪwiːl] *n (Tech)* volante *m*.
F.M. *abbr of* **frequency modulation** FM.
foal [fəʊl] *n* potro *m*.
foam [fəʊm] **1** *n (gen)* espuma *f*. **2** *vi (sea)* hacer espuma; **to ~ at the mouth** echar espumarajos; *(fig)* subirse por las paredes. **3: ~ rubber** *n* goma *f* espuma.
fob [fɒb] *vt*: **to ~ sb off (with sth)** colarle (algo) a uno.
fo·cal ['fəʊkəl] *adj (Tech)* focal; **~ point** punto *m* focal; *(fig)* centro *m* de atención.
fo·cus ['fəʊkəs] **1** *n, pl* **-es** *or* **foci** ['fəʊsaɪ] *(gen)* foco *m*; *(of attention etc)* foco, centro *m*; **to be out of ~** *(Phot)* estar desenfocado. **2** *vt (camera, instrument)* enfocar *(on* a); *(attention etc)* centrar, concentrar; **to ~ one's eyes on sth** enfocar los ojos en algo. **3** *vi*: **to ~ (on)** *(light)* converger (en); *(heat rays)* concentrarse (en); *(eyes, person)* enfocar (en); **to ~ on sth** *(Phot)* enfocar a algo.
fod·der ['fɒdəʳ] *n* pienso *m*, forraje *m*.
foe [fəʊ] *n (poet)* enemigo *m*.
foe·tal, *(US)* **fe·tal** ['fiːtl] *adj* fetal.
foe·tus, *(US)* **fe·tus** ['fiːtəs] *n* feto *m*.
fog [fɒg] **1** *n* niebla *f*. **2: ~ lamp** *n (Aut)* faro *m* de niebla.
fog·bound ['fɒgbaʊnd] *adj* inmovilizado/a por la niebla.
fog·gy ['fɒgɪ] *adj* **(-ier, -iest)** *(weather)* nebuloso/a; *(day)* brumoso/a; **it's ~** hay niebla; **I haven't the foggiest (idea)** *(fam)* no tengo la más mínima idea.
fog·horn ['fɒghɔːn] *n* sirena *f* de niebla.
foi·ble ['fɔɪbl] *n* manía *f*.
foil[1] [fɔɪl] *n* **(a)** *(also* **tin~***)* papel *m or* hoja *f* de estaño. **(b)** *(fig)* **to act as a ~ to sb/sth** servir de contraste a uno/algo.
foil[2] [fɔɪl] *n (Fencing)* florete *m*.
foil[3] [fɔɪl] *vt (thief)* desbaratar los planes de; *(attempt)* frustrar.
foist [fɔɪst] *vt*: **to ~ sth on sb** colarle algo a uno; **to ~ o.s. on sb** imponerse a uno.

fold[1] [fəʊld] *n (Agr)* redil *m*.
fold[2] [fəʊld] **1** *n* pliegue *m*, *(LAm)* dobladura *f*; *(Geol)* pliegue. **2** *vt (gen)* doblar, plegar; *(wings)* recoger; **she ~ed the paper in two** dobló en dos el periódico; **to ~ one's arms** cruzarse de brazos. **3** *vi (chair, table)* plegarse, doblarse; *(fam: fail: business venture)* fracasar, quebrar; *(: play)* fracasar, *(LAm)* tronar.
♦ **fold away 1** *vi + adv (table, bed)* doblarse, plegarse. **2** *vt + adv (clothes)* doblar; *(bed)* plegar.
♦ **fold up 1** *vi + adv (fam: fail: business venture)* quebrar. **2** *vt + adv (paper etc)* doblar.
fold·er ['fəʊldəʳ] *n (file)* carpeta *f*; *(binder)* carpeta de anillos.
fold·ing ['fəʊldɪŋ] : **~ chair** *n* silla *f* plegable *or* de tijera; **~ doors** *npl* puertas *fpl* de fuelle *or* plegadizas.
fo·li·age ['fəʊlɪɪdʒ] *n* follaje *m*.
fo·lio ['fəʊlɪəʊ] *n (gen)* folio *m*.
folk [fəʊk] **1** *n* **(a)** *(people)* gente *f*; *(ordinary ~)* pueblo *m*; **the common ~** el pueblo; **country/city ~** la gente de provincia/los citadinos; **my ~s** *(fam: parents)* mis viejos *mpl*. **(b)** = **~ music**; *see* **2. 2** *cpd (traditional)* folklórico/a; *(of ordinary people)* popular; **~ music** *n* música *f* folk(lórica); **~ singer** *n* cantante *mf* de canciones folklóricas; **~ song** *n* canción *f* folklórica; **~ tale** *n* cuento *m* popular.
folk·lore ['fəʊklɔːʳ] *n* folklore *m*.
fol·low ['fɒləʊ] **1** *vt* **(a)** *(gen)* seguir; *(suspect)* ir en pos de; *(pursue: career)* ejercer; **the road ~s the coast** la carretera sigue la costa; **we're being ~ed** se nos está siguiendo. **(b)** *(comply with: advice, example, fashion)* seguir; *(: rules, instructions)* obedecer, cumplir con. **(c)** *(be interested in: news)* seguir, interesarse por; *(: sport)* ser aficionado/a de; **have you been ~ing the news?** ¿estás al tanto de las noticias? **(d)** *(understand: person, argument)* seguir; **I don't quite ~ you** no le sigo (la pista).
2 *vi* **(a)** *(gen)* seguir; **as ~s** a saber; **he answered as ~s** contestó lo siguiente; **to ~ in sb's footsteps** seguirle los pasos a uno. **(b)** *(also* **~ on:** *deduction etc)* seguir; **that doesn't ~** de allí no sigue; **it doesn't ~ that ...** no se puede concluir que .... **(c)** *(understand)* seguir.
♦ **fol·low on** *vi + adv* **(a)** *see* **follow 2 (b)**. **(b)** *(continue)* continuar; *(sequence)* ser continuación *(from* de).
♦ **fol·low out** *vt + adv (implement: idea, plan)* realizar, llevar a cabo.
♦ **fol·low through 1** *vt + adv* = **follow out. 2** *vi + adv (Ftbl)* dar el remate.
♦ **fol·low up 1** *vt + adv* **(a)** *(investigate: clue)* seguir la huella de; *(: case)* investigar. **(b)** *(take further action on: suggestion)* seguir; *(: offer)* aceptar. **(c)** *(reinforce: victory)* consolidar, coronar; *(profit from)* sacar provecho de. **2** *vi + adv (Ftbl)* dar el remate, rematar.
fol·low·er ['fɒləʊəʳ] *n (disciple)* discípulo/a *m/f*; *(of team)* aficionado/a *m/f*.
fol·low·ing ['fɒləʊɪŋ] **1** *adj* siguiente; **a ~ wind** un viento en popa; **the ~ day** el día siguiente. **2** *n* **(a)** *(Pol etc)* partidarios *mpl*; *(Sport)* afición *f*, hincha *f*. **(b) he said the ~** dijo lo siguiente; **see the ~** *(in document etc)* véase abajo.
fol·ly ['fɒlɪ] *n (foolishness)* locura *f*; *(act of ~)* disparate *m*; **it would be ~ to do it** sería una locura hacerlo.
fond [fɒnd] *adj* **(-er, -est)** *(loving)* cariñoso/a, afectuoso/a; *(doting)* indulgente; *(unrealistic)* ilusorio/a; *(fervent: hope, desire)* ferviente, ardiente; **to be ~ of sb/sth** tenerle cariño a uno/

algo.

fon·dant ['fɒndənt] *n* pasta *f* de azúcar.

fon·dle ['fɒndl] *vt* acariciar.

fond·ly ['fɒndlı] *adv (lovingly)* con cariño.

fond·ness ['fɒndnıs] *n* cariño *m (for* por).

font [fɒnt] *n* **(a)** *(in church)* pila *f.* **(b)** *(US Typ)* fundición *f*, casta *f*.

food [fu:d] **1** *n (things to eat)* comida *f*, alimento *m; (feeding)* alimentación *f; (for plants)* abono *m;* ~ **value** valor *m* nutritivo; ~ **store/shop** tienda *f* de comestibles; **I've no ~ left in the house** no me queda comida en la casa; **the ~ at the hotel was terrible** la comida en el hotel era fatal; **to be off one's ~** *(fam)* estar sin apetito; **to give ~ for thought** *(fig)* dar de qué pensar. **2:** ~ **poisoning** *n* botulismo *m*.

food·stuff ['fu:dstʌf] *n* comestibles *mpl*.

fool [fu:l] **1** *n* tonto/a *m/f*, necio/a *m/f*, *(LAm)* zonzo/a *m/f*, bruto/a *m/f*, bestia *mf; (jester)* bufón *m;* **you ~!** ¡qué tonto!, ¡qué imbécil *or (LAm)* pendejo!; **I was a ~ not to go** ¡qué tonto fui en no ir!; **some ~ of a civil servant** algún funcionario imbécil; **to play the ~** hacer el tonto; **to live in a ~'s paradise** *(fig)* vivir de ilusiones; **I'm nobody's ~** a mí no me tratan de bruto; **to make a ~ of sb** poner *or* dejar a uno en ridículo; **to make a ~ of o.s.** quedar en rídiculo.

2 *adj (US)* tonto/a, *(LAm)* bruto/a, zonzo/a.

3 *vt (deceive)* engañar; **you can't ~ me** a mí no me engañas.

4 *vi* hacérselas de tonto; **I was only ~ing** fue broma, nada más.

♦**fool about, fool around** *vi + adv* **(a)** *(waste time)* perder el tiempo. **(b)** *(act the fool)* hacer el tonto.

fool·hardy ['fu:l,hɑ:dı] *adj (rash)* temerario/a.

fool·ish ['fu:lıʃ] *adj (senseless)* necio/a, estúpido/a; *(ridiculous)* ridículo/a; **it was very ~ of you (to)** hiciste mal (en), cometiste un error (al).

fool·ish·ness ['fu:lıʃnıs] *n* necedad *f*, estupidez *f*.

fool·proof ['fu:lpru:f] *adj (mechanism, scheme etc)* infalible.

fools·cap ['fu:lskæp] *n* papel *m* folio.

foot [fʊt] **1** *n, pl* **feet (a)** *(gen)* pie *m; (of animal, chair)* pata *f;* **on ~** a pie, andando, *(LAm)* caminando; **to be on/get to one's feet** estar/ponerse de pie; **on one's feet** *(fig)* repuesto; **it's wet under ~** el suelo está mojado.

(b) *(fig phrases)* **to find one's feet** ponerse al corriente; **to get cold feet** entrarle miedo a uno; **to have one ~ in the grave** estar medio muerto; **to put one's ~ down** *(say no)* plantarse; *(Aut)* acelerar el paso; **to have one's ~ in the door** lograr introducirse, *(LAm)* colarse; **to put one's ~ in it** meter la pata; **to put one's feet up** *(fam)* descansar; **I've never set ~ there** nunca he puesto pie allí.

(c) *(measure)* pie *m;* **he's six ~** *or* **feet tall** mide seis pies.

2 *vt:* **to ~ the bill** *(fam)* pagar el pato.

foot-and-mouth (dis·ease) [,fʊtənd'maʊθ (dı,zi:z)] *n* fiebre *f* aftosa.

foot·ball ['fʊtbɔ:l] **1** *n (Sport)* fútbol *m; (ball)* pelota *f*, balón *m*. **2** *cpd (ground, team, supporters)* ~ **league** *n* liga *f* de fútbol; ~ **match** *n* partido *m* de fútbol.

foot·ball·er ['fʊtbɔ:lə[r]] *n* futbolista *mf*.

foot·bridge ['fʊtbrıdʒ] *n* puente *m* de peatones.

-footed ['fʊtıd] *adj suf:* **four~** cuadrúpedo/a; **light~** rápido/a, veloz.

foot·hill ['fʊthıl] *n* estribaciones *fpl*.

foot·hold ['fʊthəʊld] *n* asidero *m;* **to gain a ~** *(fig)* ganar pie, establecerse.

foot·ing ['fʊtıŋ] *n (foothold)* asidero *m; (fig: basis)* base *f;* **to lose one's ~** perder pie; **on an equal ~** *(fig)* en pie de igualdad; **to be on a friendly ~ with sb** estar en plan de amistad con uno.

foot·lights ['fʊtlaıts] *npl (in theatre)* candilejas *fpl*.

foot·loose ['fʊtlu:s] *adj* libre (como el aire).

foot·man ['fʊtmən] *n, pl* **-men** lacayo *m*.

foot·mark ['fʊtmɑ:k] *n* huella *f*, pisada *f*.

foot·note ['fʊtnəʊt] *n* nota *f* de pie.

foot·path ['fʊtpɑ:θ] *n (track)* sendero *m*, vereda *f; (pavement)* acera *f*, *(Mex)* banqueta *f*, *(RPl)* vereda.

foot·print ['fʊtprınt] *n* huella *f*, pisada *f*.

foot·rest ['fʊtrest] *n* estribo *m*.

foot·step ['fʊtstep] *n* pisada *f*.

foot·stool ['fʊtstu:l] *n* taburete *m*.

foot·wear ['fʊtwεə[r]] *n* calzado *m*.

foot·work ['fʊtwɜ:k] *n (Sport)* juego *m* de piernas.

for [fɔ:[r]] **1** *prep* **(a)** *(destination)* para; **the train ~ London** el tren de Londres; **he left ~ Rome** salió para Roma; **he swam ~ the shore** fue nadando hacia la playa.

(b) *(purpose, intention)* para; **there's a letter ~ you** hay una carta para tí; **what did you do that ~?** ¿para qué lo hiciste?; **what ~?** ¿para qué?; **what's this button ~?** ¿para qué sirve este botón?; **is this ~ me?** ¿es para mí esto?; **it's time ~ lunch** es la hora de comer; **clothes ~ children** ropa infantil; **a cupboard ~ toys** un armario para juguetes; **to pray ~ peace** rezar por la paz; **fit ~ nothing** inútil.

(c) *(representing)* **member ~ Hove** diputado *m* por Hove; **G ~ George** G de Gerona; **I'll ask him ~ you** se lo preguntaré de tu parte; **I took him ~ his brother** lo tomé por su hermano.

(d) *(in exchange for)* por; **to pay 50 pence ~ a ticket** pagar 50 peniques la entrada; **I sold it ~ £5** lo vendí por *or* en £5.

(e) *(with regard to)* en cuanto a; **as ~ him/that** en cuanto a él/aquello *or* eso; **a gift ~ languages** un don de lenguas; **anxious ~ success** deseoso del éxito; **it's cold ~ July** siendo julio, hace frío; **he's mature ~ his age** es maduro para la edad que tiene; **~ every one who voted yes, 50 voted no** por cada votante en pro, había 50 en contra; **there's nothing ~ it but to jump** no hay más remedio que tirarse.

(f) *(in favour of)* en pro de; **are you ~ or against us?** ¿estás con nosotros o en contra?; **the campaign ~ human rights** la campaña pro derechos humanos; **I'm all ~ it** estoy completamente a favor; **vote ~ me!** vote por mí.

(g) *(because of)* por; **if (it were) not ~ you** si no fuera por tí; **~ this reason** por esta razón; **do it ~ my sake** hazlo por mí; **famous ~ its cathedral** conocido por su catedral; **to shout ~ joy** gritar de alegría; **~ fear of being criticised** por miedo a la crítica.

(h) *(distance)* **there were roadworks ~ 5 miles** habían obras durante 5 millas; **we ran ~ miles** corrimos varias millas.

(i) *(time: past)* **he was away ~ 2 years** permaneció fuera 2 años; **it has not rained ~ 3 weeks** hace 3 semanas que no llueve; **I have known her ~ years** la conozco desde hace años; *(future)* **I'm going ~ 3 weeks** me voy para 3 semanas; **can you do it ~ tomorrow?** ¿lo puedes hacer para mañana?; **he won't be back ~ a while** tardará en volver.

(j) *(with infin clauses)* **~ this to be possible ...** para que esto sea posible ...; **it's not ~ me to decide** no me toca a mí decidir; **there is still time ~ you to do it** todavía te queda tiempo para hacerlo; **he brought it ~ us to see** lo trajo para que lo viéramos.

(k) *(phrases)* **pound ~ pound, it's cheaper** libra por libra, es más económico; **oh ~ a cup of tea!** ¡quién tuviera una taza de té!; **you're ~ it!** *(fam)* ¡las vas a pagar!; *see* **example.**

2 *conj* visto que, puesto que, ya que.

for·age ['fɒrɪdʒ] **1** *n (for cattle)* forraje *m.* **2** *vi:* **they ~d for food in the jungle** hurgaron en la selva en busca de alimento.

for·ay ['fɒreɪ] *n (esp Mil)* incursión *f.*

for·bad(e) [fə'bæd] *pt of* **forbid.**

for·bear·ance [fɔː'bɛərəns] *n* paciencia *f.*

for·bid [fə'bɪd] *pt* **forbad(e),** *pp* **forbidden** [fə'bɪdn] *vt* prohibir; **to ~ sb sth** prohibir a uno algo; **to ~ sb to do sth** prohibir a uno hacer algo; **'smoking ~den'** 'no fumar'; *see* **God.**

for·bid·ding [fə'bɪdɪŋ] *adj (cliff, castle etc)* imponente, impresionante; *(landscape etc)* inhóspito/a; *(person, manner)* severo/a.

force [fɔːs] **1** *n* **(a)** *(gen)* fuerza *f;* **to resort to ~** recurrir a la fuerza; **~ of gravity** la gravedad; **a ~ 5 wind** un viento grado 5; **the ~s of evil** *(fig)* las fuerzas del mal; **by ~** a *or* por la fuerza; **by ~ of habit** por fuerza de costumbre; **by sheer ~ of character** a viva fuerza a carácter; **to be in ~** *(Jur)* estar en vigor *or* vigente. **(b)** *(body of men)* cuerpo *m; (Mil)* fuerza *f;* **the ~** *(police ~)* la Policía; **the ~s** *(Mil)* las Fuerzas Armadas; **sales ~** *(Comm)* personal de ventas; **to join ~s** unir *or* juntar fuerzas; **to turn out in ~** acudir en grandes cantidades.

2 *vt* **(a)** *(compel: person)* obligar; **to ~ sb to do sth** obligar a uno a hacer algo. **(b)** *(impose)* **to ~ sth on sb** obligar a uno a aceptar algo; **to ~ o.s. on sb** imponerse a uno. **(c)** *(push, squeeze)* meter *etc* a la fuerza; **he ~d the clothes into the suitcase** metió la ropa en la maleta a la fuerza; **to ~ one's way into sth** introducirse a la fuerza *or* entremeterse en algo; **to ~ one's way through sth** abrirse paso a la fuerza por algo. **(d)** *(break open: lock)* forzar; **to ~ an entry** allanar una morada; **to ~ sb's hand** *(fig)* forzarle la mano a uno. **(e)** *(produce with effort: smile, answer)* forzar; **don't ~ the situation** no insistas. **(f)** *(obtain by ~)* conseguir a la fuerza.

♦ **force back** *vt + adv (crowd, enemy)* hacer retroceder; *(tears)* reprimir.

♦ **force down** *vt + adv (food)* obligar a tragar.

♦ **force in** *vt +adv* introducir *or* meter a la fuerza.

♦ **force out** *vt + adv (person)* obligar a salir; *(cork)* arrancar.

♦ **force (up)on** *vt +prep* obligar a aceptar.

forced [fɔːst] *adj (smile, march)* forzado/a; *(landing)* forzoso/a; **~ labour** trabajos *mpl* forzados.

force-feed ['fɔːsfiːd] *pt, pp* **force-fed** *vt* alimentar a la fuerza.

force·ful ['fɔːsfʊl] *adj (personality)* enérgico/a, fuerte; *(argument)* convincente, contundente.

force·meat ['fɔːsmiːt] *n (Culin)* relleno *m.*

for·ceps ['fɔːseps] *npl* fórceps *mpl,* tenazas *fpl.*

for·cible ['fɔːsəbl] *adj (done by force)* a la fuerza, por fuerza; *(effective: argument, style)* contundente.

ford [fɔːd] **1** *n* vado *m.* **2** *vt* vadear.

fore [fɔː^r] **1** *adv (Naut)* **~ and aft** de popa a proa. **2** *n:* **to come to the ~** ganarse fama.

fore·arm ['fɔːrɑːm] *n (Anat)* antebrazo *m.*

fore·bears ['fɔːbɛəz] *npl* antepasados *mpl.*

fore·bod·ing [fɔː'bəʊdɪŋ] *n* presentimiento *m.*

fore·cast ['fɔːkɑːst] *(vb: pt, pp* **forecast) 1** *n* pronóstico *m; (weather ~)* previsión *f* meteorológica. **2** *vt (gen)* pronosticar.

fore·close [fɔː'kləʊz] *vt (Jur: also* **~ on)** extinguir el derecho de redimir.

fore·court ['fɔːkɔːt] *n* plaza *f,* antepatio *m.*

fore·fathers ['fɔːˌfɑːðəz] *npl* antepasados *mpl.*

fore·finger ['fɔːˌfɪŋgə^r] *n* (dedo *m)* índice *m.*

fore·front ['fɔːfrʌnt] *n:* **to be in the ~ of** estar en la vanguardia de.

fore·going [fɔː'gəʊɪŋ] *adj* anterior, precedente.

fore·gone ['fɔːgɒn] *adj:* **it was a ~ conclusion** fue un resultado inevitable.

fore·ground ['fɔːgraʊnd] *n (Art)* primer plano *m or* término *m;* **in the ~** *(fig)* en el primer plano *or* término.

fore·hand ['fɔːhænd] *n (Tennis)* golpe *m* derecho *or* directo.

fore·head ['fɒrɪd] *n* frente *f.*

for·eign ['fɒrən] *adj* **(a)** *(language, tourist)* extranjero/a, *(LAm)* extraño/a; *(policy, trade etc)* exterior; **the F~ Office** *(Brit)* el Ministerio de Asuntos Exteriores; **~ debt** deuda *f* externa; **~ currency, ~ exchange** divisas *fpl;* **~ trade** comercio *m* exterior. **(b)** *(not natural)* **~ body** cuerpo *m* ajeno; **deceit is ~ to his nature** el engaño le es ajeno.

for·eign·er ['fɒrənə^r] *n* extranjero/a *m/f,* forastero/a *m/f.*

fore·leg ['fɔːleg] *n* pata *f* delantera; *(of horse)* brazo *m.*

fore·man ['fɔːmən] *n, pl* **-men** *(of workers)* capataz *m; (Constr)* maestro *m* de obras; *(Jur: of jury)* presidente *m* del jurado.

fore·most ['fɔːməʊst] *adj (outstanding)* más destacado/a; *(main, first)* primero/a, principal; *see* **first.**

fore·name ['fɔːneɪm] *n* nombre *m* (de pila).

fore·noon ['fɔːnuːn] *n (esp Scot)* mañana *f.*

fo·ren·sic [fə'rensɪk] *adj* forense.

fore·run·ner ['fɔːˌrʌnə^r] *n* precursor(a) *m/f.*

fore·see [fɔː'siː] *pt* **foresaw,** *pp* **foreseen** *vt* prever.

fore·see·able [fɔː'siːəbl] *adj (opportunity)* previsible; **in the ~ future** hasta donde puede preverse.

fore·shore ['fɔːʃɔː^r] *n* playa *f* (entre pleamar y bajamar).

fore·sight ['fɔːsaɪt] *n* previsión *f;* **to have** *or* **show ~** ser precavido.

fore·skin ['fɔːskɪn] *n (Anat)* prepucio *m.*

for·est ['fɒrɪst] *n (temperate)* bosque *m; (tropical)* selva *f.*

fore·stall [fɔː'stɔːl] *vt (anticipate: event, accident)* anticiparse a, prevenir; *(rival, competitor)* adelantarse a; *(Comm)* acaparar.

for·est·ry ['fɒrɪstrɪ] *n* silvicultura *f.*

fore·tell [fɔː'tel] *pt, pp* **foretold** *vt (predict)* predecir, pronosticar; *(forebode)* presagiar.

fore·thought ['fɔːθɔːt] *n* previsión *f.*

fore·told [fɔː'təʊld] *pt, pp of* **foretell.**

for·ever [fər'evə^r] *adv (eternally)* (para) siempre; *(fam: incessantly, repeatedly)* constantemente; *see* **ever (a).**

fore·warn [fɔː'wɔːn] *vt* avisar, advertir; **~ed is forearmed** hombre prevenido vale por dos.

fore·woman ['fɔːwʊmən] *n, pl* **-women** *(Jur)* presidenta *f* del jurado; *(industry)* capataz *f.*

fore·word ['fɔːwɜːd] *n* prefacio *m,* prólogo *m.*

for·feit ['fɔːfɪt] **1** *n (in game)* prenda *f.* **2** *vt (one's rights etc)* perder; *(Jur)* decomisar.

for·gave [fə'geɪv] *pt of* **forgive.**

forge [fɔːdʒ] **1** *n (furnace)* fragua *f; (of blacksmith)* herrería *f; (factory)* fundición *f, (LAm)* fundidora *f.* **2** *vt* **(a)** *(lit, fig)* fraguar, forjar. **(b)** *(falsify: document, painting)* falsificar; *(: banknote)* contrahacer. **3** *vi:* **to ~ ahead** avanzar a grandes pasos; **to ~ ahead of sb** adelantarse a uno.

forged [fɔːdʒd] *adj (document)* falsificado/a; *(banknote)* contrahecho/a; **~ money** moneda *f* falsa.

forg·er [ˈfɔːdʒəʳ] *n* falsificador(a) *m/f.*

for·gery [ˈfɔːdʒərɪ] *n (act, thing)* falsificación *f*; **it's a ~** es falso.

for·get [fəˈget] *pt* **forgot,** *pp* **forgotten 1** *vt* olvidar, olvidarse de; **to ~ to do sth** olvidarse de hacer algo; **never to be forgotten** inolvidable; **~ it!** *(fam)* ¡no te preocupes!, ¡no importa!, *(LAm)* ¡no hay de qué! **2** *vi (gen)* olvidar; *(to have a bad memory)* tener poca memoria; **I've forgotten all about it** ya se me olvidó; **let's ~ about it!** *(in annoyance)* ¡olvidémoslo!, ¡basta!; *(in forgiveness)* más vale olvidarlo; **we shouldn't ~ that ...** hay que tener en cuenta que ...; **to ~ o.s.** *(lose self-control)* propasarse, *(LAm)* pasarse.

for·get·ful [fəˈgetfʊl] *adj (lacking memory)* olvidadizo/a; *(absent-minded)* despistado/a; *(neglectful: of one's duties etc)* descuidado/a.

forget-me-not [fəˈgetmɪnɒt] *n* nomeolvides *f inv.*

for·give [fəˈgɪv] *pt* **forgave,** *pp* **forgiven** [fəˈgɪvn] *vt (person, fault)* perdonar, *(LAm)* disculpar; **to ~ sb for sth** perdonar *or (LAm)* disculpar algo a uno; **~ me** *(excuse me)* perdone, *(LAm)* con permiso.

for·give·ness [fəˈgɪvnɪs] *n (pardon)* perdón *m; (willingness to forgive)* compasión *f.*

for·giv·ing [fəˈgɪvɪŋ] *adj (person)* compasivo/a; *(smile)* de perdón.

for·go [fɔːˈgəʊ] *pt* **forwent,** *pp* **forgone** [fɔːˈgɒn] *vt (give up)* renunciar a; *(do without)* pasar sin.

for·got [fəˈgɒt] *pt of* **forget.**

for·got·ten [fəˈgɒtn] *pp of* **forget.**

fork [fɔːk] **1** *n (at table)* tenedor *m; (Agr)* horca *f*, horquilla *f; (in road)* bifurcación *f, (LAm)* empalme *m; (of tree)* horcadura *f.* **2** *vt (Agr: also* **~ over)** cargar con la horca. **3** *vi (road)* bifurcarse, *(LAm)* hacer empalme.

♦ **fork out 1** *vt + adv (money, cash)* soltar, aflojar (la mosca). **2** *vi + adv* pagar.

forked [fɔːkt] *adj (tail)* hendido/a; *(branch)* bífido/a; *(lightning)* en zigzag.

fork-lift truck [ˌfɔːklɪftˈtrʌk] *n* grúa *f* de horquilla.

for·lorn [fəˈlɔːn] *adj (person)* triste, melancólico/a; *(deserted: cottage)* abandonado/a; *(desperate: attempt)* desesperado/a; **a ~ hope** una esperanza desesperada.

form [fɔːm] **1** *n* **(a)** *(gen)* forma *f; (kind, type)* clase *f*, tipo *m; (way, means)* manera *f*, forma; *(figure, shadow)* forma, bulto *m;* **in the ~ of** en forma de; **a new ~ of government** un nuevo sistema de gobierno; **as a ~ of apology** en son de disculpa; **~ and content** forma y contenido; **to take ~** concretarse, tomar *or* cobrar forma.

(b) *(Sport, fig)* **to be in good ~** estar en plena forma; **true to ~** en forma consecuente; **he was in great ~ last night** estuvo en plena forma anoche.

(c) *(document: gen)* formulario *m;* **application ~** solicitud *f.*

(d) *(frm: etiquette)* las apariencias *fpl;* **it's a matter of ~** es una formalidad; **it's bad ~** está mal visto.

(e) *(bench)* banco *m.*

(f) *(Brit Scol)* clase *f*, año *m;* **in the first ~** en primer grado *or* primer.

2 *vt (shape, make)* formar, hacer; *(: clay etc)* moldear; *(: company)* fundar; *(: plan)* elaborar, formular; *(: sentence)* construir; *(: queue)* hacer; *(: idea)* concebir, formular; *(: opinion)* hacerse, formarse; *(: habit)* crear; **he ~ed it out of clay** lo moldeó en arcilla; **to ~ a government** formar un gobierno; **to ~ a group** formar *or* hacer grupo; **to ~ part of sth** formar parte de algo.

3 *vi* tomar forma, formarse.

for·mal [ˈfɔːməl] *adj (person: correct)* correcto/a; *(: reliable)* formal; *(: stiff)* etiquetero/a; *(greeting, language: solemn)* solemne; *(dress)* de etiqueta; *(visit)* de cumplido, oficial; *(occasion, announcement)* ceremonioso/a; *(function)* protocolario/a; *(garden)* simétrico/a; *(official: evidence, acceptance)* por escrito, documental; **there was no ~ agreement** no había nada en firme; **~ training** formación *f* profesional.

for·mal·ity [fɔːˈmælɪtɪ] *n (of occasion)* lo ceremonioso; *(of person)* rigidez *f*, sentido *m* de lo correcto; **it's a mere ~** es un requisito formal, nada más; **formalities** *(bureaucratic)* trámites *mpl*, gestiones *fpl.*

for·mal·ize [ˈfɔːməlaɪz] *vt (plan, agreement)* formalizar.

for·mal·ly [ˈfɔːməlɪ] *adv (gen)* formalmente; *(officially)* oficialmente; *(ceremoniously)* con mucha ceremonia; *(dress etc)* de etiqueta; *(stiffly)* con frialdad.

for·mat [ˈfɔːmæt] *n* formato *m.*

for·ma·tion [fɔːˈmeɪʃən] *n (gen)* formación *f.*

forma·tive [ˈfɔːmətɪv] *adj (influence etc)* formativo/a; *(years)* de formación.

for·mer [ˈfɔːməʳ] **1** *adj* **(a)** *(earlier, previous)* antiguo/a; *(: chairman, wife etc)* ex; **in ~ days** anteriormente; **the ~ president** el ex-presidente. **(b)** *(of two)* primero/a. **2** *pron:* **night and day, the ~ dark, the latter light** la noche y el día, aquélla oscura y ésta llena de luz.

for·mer·ly [ˈfɔːməlɪ] *adv* antiguamente, hace años.

For·mi·ca [fɔːˈmaɪkə] *n* ® fórmica *m.*

for·mi·dable [ˈfɔːmɪdəbl] *adj (inspiring fear)* temible; *(inspiring awe)* impresionante.

for·mu·la [ˈfɔːmjʊlə] *n, pl* **for·mu·lae** [ˈfɔːmjʊliː] *or* **-s** *(Math, Chem etc)* fórmula *f;* **F~ One** *(Aut)* fórmula uno.

for·mu·late [ˈfɔːmjʊleɪt] *vt (theory)* formular.

for·ni·cate [ˈfɔːnɪkeɪt] *vi* fornicar.

for·sake [fəˈseɪk] *pt* **forsook** [fəˈsʊk], *pp* **forsaken** [fəˈseɪkən] *vt (abandon)* abandonar; *(give up)* renunciar a.

fort [fɔːt] *n (Mil)* fortaleza *f, (LAm)* fortín *m;* **to hold the ~** *(fig)* quedarse a cargo.

forte [ˈfɔːtɪ] *n (strong point)* fuerte *m.*

forth [fɔːθ] *adv* **(a)** *(old: onward)* adelante; **to go ~** salir adelante; **from this day ~** de hoy en adelante. **(b) and so ~** etcétera, y así en adelante.

forth·com·ing [fɔːθˈkʌmɪŋ] *adj (election, event)* próximo/a, venidero/a; *(film)* de próximo estreno; *(book)* de próxima aparición; *(person)* abierto/a; **if help is ~** si llega la ayuda esperada; **he wasn't very ~ about it** decía poco sobre el asunto.

forth·right [ˈfɔːθraɪt] *adj (person, answer etc)* franco/a, directo/a.

forth·with [ˌfɔːθˈwɪθ] *adv (frm)* en el acto, acto seguido, *(LAm)* ipso facto.

for·ti·eth [ˈfɔːtɪɪθ] **1** *adj* cuadragésimo/a, cuarentavo/a. **2** *n (in series)* cuarenta *mf; (fraction)* cuadragésima parte *f; for usage see* **fifth.**

for·ti·fi·ca·tion [ˌfɔːtɪfɪˈkeɪʃən] *n* **(a)** *(means of defence)* fortificación *f.* **(b)** *(hum: by alcohol)* refuerzo *m.*

for·ti·fy [ˈfɔːtɪfaɪ] *vt (Mil)* fortificar; *(fig: person)* fortalecer, fortificar; *(enrich: food)* enriquecer; **fortified wine** vino *m* encabezado.

for·ti·tude ['fɔːtɪtjuːd] *n* fortaleza *f*, valor *m*.
fort·night ['fɔːtnaɪt] *n (Brit)* quince días *mpl*; **a ~ (from) today** de hoy enquince días.
fort·night·ly ['fɔːtnaɪtlɪ] *(esp Brit)* **1** *adj* quincenal. **2** *adv* cada quince días.
for·tress ['fɔːtrɪs] *n* plaza *f* fuerte.
for·tui·tous [fɔː'tjuːɪtəs] *adj* fortuito/a, casual.
for·tu·nate ['fɔːtʃənɪt] *adj (gen)* afortunado/a; *(opportune)* oportuno/a; **to be ~** *(person)* tener suerte, ser afortunado.
for·tu·nate·ly ['fɔːtʃənɪtlɪ] *adv* afortunadamente, por suerte.
for·tune ['fɔːtʃən] *n* **(a)** *(luck)* fortuna *f*, suerte *f*; *(fate)* suerte, destino *m*; **by good ~** por fortuna; **to tell sb's ~** decir a uno la buenaventura. **(b)** *(money)* fortuna *f*, dineral *m*; **to make a ~** hacerse un dineral; **a small ~** un montón de dinero.
fortune-hunter ['fɔːtʃən,hʌntəʳ] *n* aventurero/a *m/f*.
fortune-teller ['fɔːtʃən,teləʳ] *n* adivino/a *m/f*, agorero/a *m/f*.
for·ty ['fɔːtɪ] **1** *adj* cuarenta; **to have ~ winks** *(fam)* descabezar un sueñecito. **2** *n* cuarenta *m*; *for usage see* **fifty**.
fo·rum ['fɔːrəm] *n* foro *m*.
for·ward ['fɔːwəd] **1** *adj* **(a)** *(in position)* delantero/a; *(in movement)* hacia adelante; *(in time)* adelantado/a, avanzado/a; **~ line** *(Sport)* delantera *f*; *(Mil)* primera línea *f* de fuego; **~ planning** planificación *f* por anticipado; **~ thinking** de criterio avanzado. **(b)** *(precocious: child)* precoz; *(presumptuous: person, remark)* atrevido/a, presumido/a. **2** *adv (gen: also* **~s)** adelante, hacia adelante; **to come ~** hacerse conocer; **to look ~ to** esperar con impaciencia; **from this time ~** de aquí en adelante. **3** *n (Sport)* delantero/a *m/f*. **4** *vt (dispatch: goods)* expedir, enviar; *(send on: letter)* remitir; **'please ~'** 'remítase al destinatario'.
for·ward·ing ad·dress ['fɔːwədɪŋə,dres] *n* destinatario *m*.
for·went [fɔː'went] *pt of* **forgo**.
fos·sil ['fɒsl] **1** *n* fósil *m*. **2** *cpd* fósil; **~ fuel** hidrocarburo *m*.
fos·ter ['fɒstəʳ] **1** *vt (child)* criar; *(hope, ambition)* fomentar, alentar, promover. **2** *adj (parent, child)* adoptivo/a.
fought [fɔːt] *pt, pp of* **fight**.
foul [faʊl] **1** *adj (putrid, disgusting)* asqueroso/a; *(dirty)* puerco/a, *(LAm)* cochino/a *(fam)*; *(smell)* fétido/a, hediondo/a; *(: water)* sucio/a; *(: air)* viciado/a; *(nasty: weather, mood)* feo/a; *(obscene: language)* grosero/a; **~ play** *(Sport)* jugada *f* sucia, mala jugada; **the police suspect ~ play** la policía sospecha una muerte violenta; **to fall ~ of sb/the law** ponerse a malas con uno/cometer una infracción. **2** *n (Sport)* falta *f*, foul *m*. **3** *vt* **(a)** *(pollute: air)* viciar; **the dog ~ed the pavement** el perro ensució la acera. **(b)** *(Sport: opponent)* cometer una falta *or* un foul contra. **(c)** *(entangle: anchor, propeller)* atascar, enredarse en.
found[1] [faʊnd] *pt, pp of* **find**.
found[2] [faʊnd] *vt (town, school etc)* fundar; *(opinion, belief)* fundamentar, basar; **a statement ~ed on fact** una declaración basada en los hechos.
foun·da·tion [faʊn'deɪʃən] **1** *n* **(a)** *(act)* fundación *f*. **(b)** **~s** *(Archit)* cimientos *mpl*. **(c)** *(fig: basis)* base *f*, fundamento *m*. **(d)** *(organization)* fundación *f*; **the story is without ~** la historia carece de base. **2: ~ cream** *n* crema *f* base; **~ stone** *n* piedra *f* base.
found·er[1] ['faʊndəʳ] *n (originator)* fundador(a) *m/f*.
found·er[2] ['faʊndəʳ] *vi (Naut)* hundirse, irse a pique.
found·ing ['faʊndɪŋ] *adj*: **~ fathers** *(esp US)* fundadores *mpl*, *(LAm)* próceres *mpl*.
found·ry ['faʊndrɪ] *n* fundición *f*, *(LAm)* fundidora *f*.
fount [faʊnt] *n* **(a)** *(poet: source)* fuente *f*. **(b)** *(Brit Typ)* fundición *f*, casta *f*.
foun·tain ['faʊntɪn] **1** *n (also fig)* fuente *f*; *(drinking ~)* fuente de agua potable. **2: ~ pen** *n* pluma *f* fuente.
four [fɔːʳ] **1** *adj* cuatro. **2** *n* cuatro *m*; **on all ~s** a gatas; *for usage see* **five**.
four-letter word [,fɔː,letə'wɜːd] *n* palabrota *f*, taco *m*, *(LAm)* grosería *f*.
four-poster [,fɔː'pəʊstəʳ] *n (also* **~ bed)** cama *f* de columnas.
four·score [,fɔː'skɔːʳ] *adj (old)* ochenta.
four·some ['fɔːsəm] *n* partido *m* de cuatro.
four·square [,fɔː'skweəʳ] *adv*: **to stand ~ behind sb** respaldar completamente a uno.
four·teen [,fɔː'tiːn] **1** *adj* catorce. **2** *n* catorce *m*; *for usage see* **five**.
four·teenth [,fɔː'tiːnθ] **1** *adj* decimocuarto/a. **2** *n (in series)* decimocuarto/a *m/f*; *(fraction)* decimocuarta parte *f*; *for usage see* **fifth**.
fourth [fɔːθ] **1** *adj* cuarto/a. **2** *n (in series)* cuarto/a *m/f*; *(fraction)* cuarto *m*, cuarta parte *f*; *(Aut: also* **~ gear)** cuarta (velocidad) *f*; *for usage see* **fifth**.
fowl [faʊl] *n (poultry)* ave *f* de corral.
fox [fɒks] **1** *n* zorra *f*; *(dog ~)* zorro *m*. **2** *vt (deceive)* engañar; *(puzzle)* dejar perplejo/a a. **3: ~ fur** *n* piel *f* de zorro.
fox·glove ['fɒksglʌv] *n* dedalera *f*.
fox·hound ['fɒkshaʊnd] *n* perro *m* raposero.
fox-hunting ['fɒks,hʌntɪŋ] *n* caza *f* de zorras.
fox·trot ['fɒkstrɒt] *n* fox *m*.
foxy ['fɒsɪ] *adj* astuto/a.
foy·er ['fɔɪeɪ] *n* vestíbulo *m*, foyer *m*.
fra·cas ['frækɑː] *n* gresca *f*, *(LAm)* refriega *f*.
frac·tion ['frækʃən] *n (Math)* fracción *f*, quebrado *m*; **move it just a ~** *(fig)* muévelo un poquito.
frac·tion·al·ly ['frækʃnəlɪ] *adv* mínimamente.
frac·tious ['frækʃəs] *adj (irritable)* malhumorado/a; *(unruly)* díscolo/a.
frac·ture ['fræktʃəʳ] **1** *n (Med, gen)* fractura *f*. **2** *vt* fracturar; **to ~ one's arm** fracturarse el brazo. **3** *vi* fracturarse.
frag·ile ['frædʒaɪl] *adj (lit, fig)* frágil, quebradizo/a; **I'm feeling rather ~ this morning** me siento un poco delicado esta mañana.
frag·ment ['frægmənt] **1** *n* fragmento *m*. **2** [fræg'ment] *vi* fragmentarse, hacerse añicos.
frag·men·tary ['frægməntərɪ] *adj (evidence, account)* fragmentario/a.
fra·grance ['freɪgrəns] *n (of flowers)* fragancia *f*; *(perfume)* perfume *m*.
fra·grant ['freɪgrənt] *adj* fragante.
frail [freɪl] *adj* **(-er, -est)** *(chair etc)* quebradizo/a, frágil; *(person)* débil, endeble; *(health)* delicado/a; *(fig: hope, relationship)* frágil.
frail·ty ['freɪltɪ] *n (of person, health)* debilidad *f*; *(of happiness)* lo efímero; *(of character)* flaqueza *f*.
frame [freɪm] **1** *n* **(a)** *(~work: of ship, building etc)* armazón *m*, estructura *f*; *(: of furniture etc)* armadura *f*; *(of spectacles)* montura *f*; *(of bicycle)* cuadro *m*; *(of picture, window, door)* marco *m*; **~ of reference** marco de referencia. **(b)** *(line)* imagen *f*. **(c)** *(body)* cuerpo *m*; **~ of mind** estado *m* de ánimo. **2** *vt* **(a)** *(picture)* poner un marco a. **(b)** *(enclose)* enmarcar. **(c)** *(formulate: question, plan etc)* formular, elaborar; *(: sentence)* construir. **(d) to ~ sb** *(fam)* inculpar por engaños a uno.
frame·work ['freɪmwɜːk] *n (lit)* armazón *m*; *(fig: of essay, society)* marco *m*.

franc [fræŋk] *n* franco *m*.
France [frɑːns] *n* Francia *f*.
fran·chise ['fræntʃaɪz] *n (Pol)* sufragio *m; (Comm)* licencia *f*, concesión *f*.
Franco- ['fræŋkəʊ-] *pref* franco-.
frank[1] [fræŋk] *adj* (**-er, -est**) franco/a.
frank[2] [fræŋk] *vt (letter)* franquear.
frank·fur·ter ['fræŋk,fɜːtə[r]] *n* (salchicha *f* de) frankfurt *m*.
frank·in·cense ['fræŋkɪnsens] *n* incienso *m*.
frank·ly ['fræŋklɪ] *adv* francamente.
frank·ness ['fræŋknɪs] *n* franqueza *f*, sinceridad *f*.
fran·tic ['fræntɪk] *adj (activity, pace)* frenético/a; *(desperate: need, desire, person)* desesperado/a; **she was ~ with worry** la preocupación le sacaba de quicio.
fra·ter·nal [frə'tɜːnl] *adj* fraterno/a.
fra·ter·nity [frə'tɜːnɪtɪ] *n* fraternidad *f; (US Univ)* círculo *m* estudiantil; *(organization)* hermandad *f*.
frat·er·nize ['frætənaɪz] *vi (esp Mil)* confraternizar *(with* con).
fraud [frɔːd] *n (Jur)* fraude *m*, desfalco *m; (trickery)* estafa *f; (trick, con)* engaño *m*, timo *m; (person)* impostor(a) *m/f*.
fraudu·lent ['frɔːdjʊlənt] *adj* fraudulento/a.
fraught [frɔːt] *adj (tense)* tenso/a; **~ with danger** de gran peligro.
fray[1] [freɪ] *n (old: fight)* combate *m*, lucha *f*; **to be ready for the ~** *(lit, fig)* estar dispuesto a pelear.
fray[2] [freɪ] **1** *vt (cloth, garment)* raer; *(cuff, rope)* desgastar; **tempers were getting ~ed** el ambiente se ponía tenso. **2** *vi (see vt)* raerse; desgastarse.
freak [friːk] **1** *n (abnormal: person)* fenómeno *m; (: plant, animal)* monstruo *m; (: event)* cosa *f* imprevista; *(fam: enthusiast)* adicto/a *m/f*; **a ~ of nature** un fenómeno de la naturaleza; **the result was a ~** el resultado fue totalmente fuera de serie; **health ~** *(fam)* maniático/a *m/f* en cuestión de salud. **2** *adj (storm, conditions)* anormal; *(victory)* inesperado/a.
♦**freak out** *vi + adv (fam: get excited)* enloquecerse.
freak·ish ['friːkɪʃ] *adj* **(a)** *(appearance)* extravagante; *(result)* inesperado/a. **(b)** *(changeable: moods, weather)* cambiadizo/a.
freck·le ['frekl] *n* peca *f*.
freck·led ['frekld] *adj* pecoso/a, lleno/a de pecas.
free [friː] **1** *adj* (**-r, -st**) **(a)** *(at liberty)* libre; *(unrestricted)* libre, *(LAm)* suelto/a; **~ from** *or* **of sth/sb** libre de algo/uno; **feel ~ (to help yourself)** ¡adelante!, *(LAm)* ¡está en su casa!; **to break ~** escaparse; **to set ~** *(person)* liberar, soltar; **~ and easy** *(carefree)* despreocupado/a; *(unrestricted)* a sus anchas, desenvuelto/a; **he is not ~ to choose** no tiene libertad de elección; **to give ~ rein to** *(fig)* dar rienda suelta a; **to give sb a ~ hand** darle campo libre a uno.
(b) *(not occupied: seat, room, person, moment)* libre; **is this seat ~?** ¿está libre este asiento?, *(LAm)* ¿está ocupado?; **are you ~ tomorrow?** ¿estás libre mañana?; **to have one's hands ~** *(lit)* tener las manos libres.
(c) *(generous, open)* libre, liberal *(with* con); *(improper: behaviour, language)* desvergonzado/a; **to be ~ with one's money** ser manirroto/a; **he's too ~ with his remarks** se le suelta la lengua con demasiada facilidad.
(d) *(costing nothing: ticket, delivery)* gratuito/a, gratis; **tax ~** libre *or* exento/a de impuestos; **~ on board** *(abbr* **FOB**) *(Comm)* franco a bordo; **admission ~** entrada libre.
2 *adv (without charge)* **I got in ~** *or* **for ~** *(fam)* entré gratis *or* sin pagar.
3 *vt (release: prisoner, people)* liberar, poner en libertad; *(untie: person, animal)* desatar, soltar; *(unblock: pipe)* desatascar; *(rid: of disease)* librar; *(relieve: from burden, tax etc)* eximir, exentar; **to ~ o.s. from** *or* **of sth** librarse de algo.
4: ~ enterprise *n* libre empresa *f*; **~ gift** *n* prima *f*, *(LAm)* obsequio *m*; **~ kick** *n (Ftbl)* golpe *m* franco; **~ love** *n* amor *m* libre; **~ speech** *n* libertad *f* de expresión; **~ verse** *n* verso *m* libre; **~ will** *n* libre albedrío *m*.
free·dom ['friːdəm] **1** *n (gen)* libertad *f; (liberation)* liberación *f*; **~ of the press/worship/speech** libertad de prensa/de cultos/de expresión; **to give sb the ~ of a city** otorgar a uno la ciudadanía de honor. **2: ~ fighter** *n* guerrillero/a *m/f*.
free-for-all ['friːfər,ɔːl] *n (fam: brawl)* escaramuza *f; (: argument)* discusión *f* general.
free·hold ['friːhəʊld] *adj (property, land)* de feudo franco.
free·lance ['friːlɑːns] **1** *adj* independiente. **2** *n* independiente *mf*. **3** *vi* trabajar independientemente.
free·ly ['friːlɪ] *adv (gen)* libremente; *(speak)* francamente; *(generously)* liberalmente; **you may come and go ~** puedes ir y venir como quieras.
free·mason ['friː,meɪsn] *n* (franc)masón *m*.
free·post ['friːpəʊst] *n* porte *m* pagado.
free·range ['friː,reɪndʒ] *adj (hen, eggs)* de granja.
free·sia ['friːzɪə] *n* fresia *f*.
free·style ['friːstaɪl] *n (in swimming)* **100 metres ~** 100 metros libres.
free·way ['friːweɪ] *n (US)* autopista *f* sin peaje, carretera *f*.
free·wheel [,friː'wiːl] *vi (coast: on bicycle)* andar a rueda libre; *(: in car)* ir en punto muerto.
freeze [friːz] *pt* **froze**, *pp* **frozen 1** *vt (water)* helar; *(food, prices, wages, assets etc)* congelar. **2** *vi (gen)* helarse, congelarse; *(keep still)* quedarse inmóvil; **I'm freezing** estoy helado; **freezing fog** niebla *f* helada; **to ~ to death** morirse de frío; **~!** ¡no te muevas! **3** *n (Met)* helada *f; (of prices, wages etc)* congelación *f*.
♦**freeze over** *vi + adv (lake, river)* helarse, congelarse; *(windows, windscreen)* cubrirse de escarcha.
♦**freeze up** *vi + adv (handle, pipes)* helarse, congelarse; *(windows)* cubrirse de escarcha.
freez·er ['friːzə[r]] *n* congelador *m*.
freez·ing ['friːzɪŋ] *n (also* **~ point**) punto *m* de congelación; **5 degrees below ~** 5 grados bajo cero.
freight [freɪt] **1** *n (goods transported) (gen)* flete *m; (load)* carga *f; (goods)* mercancías *fpl; (charge)* flete, gastos *mpl or* costos *mpl* de transporte. **2** *vt (transport: goods)* fletar, transportar. **3** *cpd (train, yard)* de carga.
French [frentʃ] **1** *adj* francés/esa; *(ambassador)* de Francia. **2** *n (language)* el francés; **the ~** *(people)* los franceses. **3: ~ bean** *n* judía *f* verde, *(Mex)* ejote *m*, *(Chi)* poroto *m* verde, *(RPl)* vainita *f*; **~ Canadian** *adj, n* francocanadiense *mf*; **~ dressing** *n (Culin)* vinagreta *f*; **~ fries** *npl (US)* patatas *fpl* fritas, *(LAm)* papas *fpl* fritas; **~ windows** *npl* puertaventana *f*.
fre·net·ic [frə'netɪk] *adj* frenético/a.
fren·zy ['frenzɪ] *n* frenesí *m*; **in a ~ of anxiety** enloquecido por la preocupación.
fre·quen·cy ['friːkwənsɪ] *n (gen)* frecuencia *f*; **high/low ~** alta/baja frecuencia.
fre·quent ['friːkwənt] **1** *adj* frecuente; *(visitor)* ha-

bitual, frecuente. **2** [frɪ'kwent] *vt* frecuentar.
fre·quent·ly ['friːkwəntlɪ] *adv* frecuentemente, a menudo, *(LAm)* seguido.
fres·co ['freskəʊ] *n* fresco *m.*
fresh [freʃ] **1** *adj* **(-er, -est) (a)** *(new)* nuevo/a; *(recent)* reciente; *(bread)* tierno/a; **to put ~ courage into sb** dar nuevos ánimos a uno; **to make a ~ start** empezar de nuevo. **(b)** *(not stale: food, smell, butter)* fresco/a; *(not tinned etc: fruit, milk)* natural; **I need some ~ air** necesito tomar el fresco; **in the ~ air** al aire libre; **as ~ as a daisy** fresco como una rosa. **(c)** *(not salt: water)* dulce. **(d)** *(fam: cheeky)* fresco/a. **(e)** *(invigorating: breeze)* fresco/a; **it's a bit ~** *(Met)* hace un poco (de) fresco. **(f)** *(face, complexion)* de buen color, fresco/a.
2 *adv (baked, picked)* recientemiente; **~ from the oven** recién sacado del horno; **he's come ~ from New York** *(fam)* están recién llegado de Nueva York.
fresh·en ['freʃn] *vi (wind)* arreciar.
♦ **fresh·en up** *vt + adv* lavar; **to ~ (o.s.) up** refrescarse, lavarse.
fresh·er ['freʃəʳ] *n (Brit Univ fam)* = **freshman.**
fresh·ly ['freʃlɪ] *adv*: **~ painted/arrived** recién pintado/llegado.
fresh·man ['freʃmæn] *n, pl* **-men** *(Univ)* estudiante *mf* de primer año.
fresh·ness ['freʃnɪs] *n* **(a)** *(see adj* **b, d, e)** frescura *f.* **(b)** *(newness)* novedad *f.*
fresh·water ['freʃwɑːtəʳ] *adj*: **~ fish** pez *m* de agua dulce.
fret[1] [fret] *vi (worry)* preocuparse, apurarse; **don't ~** no te preocupes; **the baby is ~ting for its mother** el niño echa de menos a su mamá.
fret[2] [fret] *n (Mus)* traste *m.*
fret·ful ['fretfʊl] *adj (child)* inquieto/a.
fret·saw ['fretsɔː] *n* sierra *f* de calar.
fret·work ['fretwɜːk] *n* calado *m.*
Freud·ian ['frɔɪdɪən] *adj* freudiano/a; **~ slip** lapsus *m.*
fri·ar ['fraɪəʳ] *n* fraile *m.*
fric·as·see ['frɪkəsiː] *n (Culin)* estofado *m.*
frica·tive ['frɪkətɪv] *n* fricativa *f.*
fric·tion ['frɪkʃən] *n (Tech)* fricción *f; (fig)* tirantez *f.*
Fri·day ['fraɪdɪ] *n* viernes *m; for usage see* **Tuesday.**
fridge [frɪdʒ] *n (Brit)* frigo *m,* nevera *f, (LAm)* refrigeradora *f, (RPl)* heladera *f.*
fried [fraɪd] *adj (Culin)* frito/a; **~ egg** huevo *m* frito *or (LAm)* estrellado.
friend [frend] *n* amigo/a *m/f, (Mex)* cuate *mf; (at school, work etc)* compañero/a *m/f;* **Society of F~s** *(Rel)* los cuáqueros; **a ~ of mine** un amigo mío; **to make ~s with sb** hacerse amigo de uno, trabar amistad con uno; **let's be ~s** hagamos las paces.
friend·li·ness ['frendlɪnɪs] *n* amabilidad *f,* simpatía *f.*
friend·ly ['frendlɪ] *adj* **(-ier, -iest)** *(person, greeting, tone)* simpático/a, amable; *(atmosphere, place)* acogedor(a); **to be ~ to sb** ser amable con uno; **to be ~ with sb** ser amigo de uno; **a ~ (match)** *(Ftbl)* un partido amistoso.
friend·ship ['frendʃɪp] *n (see* **friend)** amistad *f;* compañerismo *m.*
frieze [friːz] *n (Archit)* friso *m; (painting)* fresco *m.*
frig·ate ['frɪgɪt] *n (Naut)* fragata *f.*
fright [fraɪt] *n (sudden fear)* susto *m;* **to get a ~** asustarse; **what a ~ you gave me!** ¡qué susto me diste!; **to take ~ (at)** asustarse (de); **she looked a ~** *(fam)* estaba hecha un espantajo.
fright·en ['fraɪtn] *vt* asustar; **to ~ sb into doing sth** convencer a uno con amenazas de que haga algo; **to be ~ed of sth** tener miedo de algo; **I was ~ed out of my wits** *or* **to death** estaba aterrorizado.
♦ **fright·en away, fright·en off** *vt + adv* espantar, ahuyentar.
fright·en·ing ['fraɪtnɪŋ] *adj* espantoso/a.
fright·ful ['fraɪtfʊl] *adj (terrible: tragedy, experience, shame)* horroroso/a; *(awful: noise, weather)* espantoso/a.
fright·ful·ly ['fraɪtfəlɪ] *adv (fam)* terriblemente; **I'm ~ sorry** lo siento muchísimo, *(LAm)* lo lamento mucho.
frig·id ['frɪdʒɪd] *adj (atmosphere, look etc)* frío/a, glacial; *(Med)* frígido/a.
frill [frɪl] *n (on dress etc)* volante *m,* lechuga *f;* **without ~s** *(fig)* sin adornos.
fringe [frɪndʒ] **1** *n (on shawl, rug)* fleco *m,* franja *f; (Brit: of hair)* flequillo *m; (also* **~s**: *of forest)* linde *m,* lindero *m; (: of city)* periferia *f;* **on the ~ of society** al margen de la sociedad. **2: ~ benefits** *npl* ventajas *fpl* supletorias; **~ theatre** *n* teatro *m* experimental.
frisk [frɪsk] **1** *vt (fam: suspect)* cachear, registrar. **2** *vi (frolic)* brincar.
frisky ['frɪskɪ] *adj* **(-ier, -iest)** *(person, horse)* juguetón/ona.
frit·ter[1] ['frɪtəʳ] *n (Culin)* buñuelo *m.*
frit·ter[2] ['frɪtəʳ] *vt (also* **~ away)** malgastar, desperdiciar.
fri·vol·ity [frɪ'vɒlɪtɪ] *n (gen)* frivolidad *f.*
frivo·lous ['frɪvələs] *adj* frívolo/a.
friz·zy ['frɪzɪ] *adj* **(-ier, -iest)** *(hair)* crespo/a; **to go ~** encresparse.
fro [frəʊ] *adv*: **to and ~** de un lado para otro, de aquí para allá.
frock [frɒk] *n (woman's)* vestido *m; (of monk)* hábito *m.*
frog [frɒg] *n* rana *f;* **to have a ~ in one's throat** tener carraspera.
frog·man ['frɒgmən] *n, pl* **-men** hombrerana *m.*
frog·march ['frɒgmɑːtʃ] *vt*: **to ~ sb in/out** hacer entrar/salir a uno por la fuerza.
frol·ic ['frɒlɪk] *pt, pp* **frolicked** *vi* juguetear, brincar.
from [frɒm] *prep* **(a)** *(indicating starting place)* de, desde; **where are you ~?** ¿de dónde eres?; **where has he come ~?** ¿de dónde ha venido?; **~ London to Glasgow** de Londres a Glasgow; **~ house to house** de casa en casa; **to escape ~ sth/sb** escapar de algo/uno.
(b) *(indicating time)* de, desde; **~ now on** de aquí en adelante; **~ one o'clock to** *or* **until** *or* **till two** de la una hasta las dos; **(as) ~ Friday** a partir del viernes; **~ time to time** de vez en cuando.
(c) *(indicating distance)* de, desde; **the hotel is 1 km ~ the beach** el hotel está a 1 km de la playa; **a long way ~ home** muy lejos de casa.
(d) *(indicating sender etc)* de; **a letter ~ my sister** una carta de mi hermana; **a telephone call ~ Mr Smith** una llamada de parte del Sr. Smith; **tell him ~ me** dile de parte mía.
(e) *(indicating source)* de; **to drink ~ a stream/the bottle** beber de un arroyo/de la botella; **a quotation ~ Shakespeare** una cita de Shakespeare; **to steal sth ~ sb** robar algo a uno; **where did you get that ~?** ¿de dónde sacaste eso?; **take the gun ~ him!** ¡quítale el revólver!; **painted ~ life** pintado del natural.
(f) *(indicating price, number etc)* desde, a partir de; **we have shirts ~ £8 (upwards)** tenemos camisas a partir de 8 libras; **prices range ~ £10 to £50** los precios varían entre 10 y 50 libras; **there were ~ 10 to 15 people there** había allí entre 10 y 15 personas.

(g) *(indicating change)* **things went ~ bad to worse** las cosas fueron de mal en peor; **the interest rate increased ~ 6% to 10%** la tasa de interés ha subido del 6 al 10 por ciento.

(h) *(indicating difference)* **to be different ~ sb** ser distinto de uno; **he can't tell red ~ green** no sabe distinguir entre rojo y verde.

(i) *(because of, on the basis of)* por; **to act ~ conviction** obrar por convicción; **to die ~ exposure** morir de frío; **weak ~ hunger** debilitado por el hambre; **~ what I can see** por lo que veo; **~ experience** por experiencia.

(j) *(in phrases)* **to prevent sb ~ doing sth** impedir a uno hacer algo; **to be far ~ the truth** ser lejos de la verdad; **to shelter ~ the rain** protegerse de la lluvia.

(k) *(with prep)* **~ above** desde arriba; **~ beneath** *or* **underneath** desde abajo; **~ inside/outside the house** desde dentro/fuera de la casa; **~ among the crowd** de entre la multitud.

frond [frɒnd] *n* fronda *f*.

front [frʌnt] **1** *adj (tooth, garden)* de delante; *(door)* principal, de la calle; *(wheel, legs)* delantero/a; *(row, page, line)* primero/a; *(view)* de frente.

2 *n* **(a)** *(gen: not back)* parte *f* delantera; *(of house etc)* fachada *f*; *(of train, boat)* parte *f* delantera; *(of shirt, dress)* pechera *f*; **in ~** delante; **in ~ of** *(gen)* delante de; *(opposite)* enfrente de, *(LAm)* frente a; **back to ~** al revés; **at the ~ of the line** *or* **queue** al principio de la cola; **to be in ~** *(Sport: race)* llevar la delantera; *(score)* llevar la ventaja; **he sat at the ~ of the class/train** se sentó en la primera fila de la clase/en la parte delantera del tren; **to put on a bold ~** *(fig)* hacer de tripas corazón; **to be a ~ for sth** *(fam)* servir de fachada a algo.

(b) *(Met, Mil, Pol)* frente *m*; **on all ~s** en todos los frentes; **cold/warm ~** *(Met)* frente frío/cálido; **a united ~** un frente unido.

(c) *(sea ~)* paseo *m* marítimo.

3 *vi*: **to ~ onto sth** dar a algo.

4: **~ bench** *n (Brit Pol) filas fpl ocupadas por los ministros del Gobierno y sus equivalentes en la oposición, en la Cámara de Diputados británica*; **~ door** *n* puerta *f* principal *or* de la calle; **~ line** *n (Mil)* primera línea *f*; **~ man** *n (fam: puppet)* títere *m*; *(: sleeping partner)* testaferro *m*, *(LAm)* prestanombres *m inv*; **~ page** *n (Press)* primera plana *f*.

front·age ['frʌntɪdʒ] *n (of building)* fachada *f*.

front·al ['frʌntl] *adj (Anat)* frontal; *(attack)* de frente.

fron·tier ['frʌntɪəʳ] *n (border, also fig)* frontera *f*; *(dividing line)* línea *f* divisoria.

fron·tis·piece ['frʌntɪspiːs] *n (of book)* portada *f*.

frost [frɒst] **1** *n (substance)* escarcha *f*; *(weather)* helada *f*; **4 degrees of ~** 4 grados bajo cero. **2** *vt (Culin: esp US)* escarchar.

frost·bite ['frɒstbaɪt] *n* congelación *f*.

frost·bitten ['frɒstbɪtn] *adj* congelado/a.

frost·ed ['frɒstɪd] *adj (esp US: cake)* escarchado/a; **~ glass** vidrio *m* deslustrado.

frost·ing ['frɒstɪŋ] *n (esp US: icing)* escarcha *f*.

frosty ['frɒstɪ] *adj* (**-ier, -iest**) *(weather)* de helada, de hielo; *(surface)* escarchado/a; *(fig: smile)* glacial; **it was ~ last night** anoche heló.

froth [frɒθ] **1** *n* espuma *f*. **2** *vi* espumar, hacer espumas; **the dog was ~ing at the mouth** el perro echaba espumarajos.

frown [fraʊn] **1** *n* ceño *m*. **2** *vi* fruncir el ceño; **to ~ at** mirar con ceño.

♦ **frown on** *vi + prep (fig)* desaprobar.

froze [frəʊz] *pt of* **freeze.**

fro·zen ['frəʊzn] **1** *pp of* **freeze. 2** *adj (food)* congelado/a; **I'm ~ stiff** estoy helado.

fru·gal ['fruːgəl] *adj* frugal.

fruit [fruːt] **1** *n (gen, Bot)* fruto *m*; *(: piece of ~)* fruta *f*; **would you like some ~?** ¿quieres fruta?; **to bear ~** *(lit, fig)* dar fruto; **the ~s of one's labour** *(fig)* los frutos del trabajo. **2**: **~ machine** *n (Brit)* máquina *f* tragaperras; **~ salad** *n* ensalada *f* de frutas; **~ tree** *n* árbol *m* frutal.

fruit·er·er ['fruːtərəʳ] *n (esp Brit)* frutero/a *m/f*; **~'s (shop)** frutería *f*.

fruit·ful ['fruːtfʊl] *adj (gen)* fructífero/a; *(land)* fértil; *(fig)* productivo/a.

frui·tion [fruː'ɪʃən] *n (of plan etc)* cumplimiento *m*; **to come to ~** *(hope)* cumplirse; *(plan)* realizarse, dar resultado.

fruit·less ['fruːtlɪs] *adj (fig)* infructuoso/a, inútil.

fruity ['fruːtɪ] *adj* (**-ier, -iest**) *(taste)* que sabe a fruta.

frump [frʌmp] *n* espantajo *m*, birria *f*.

frus·trate [frʌs'treɪt] *vt (plan, effort, person)* frustrar; *(hope)* defraudar.

frus·trat·ed [frʌs'treɪtɪd] *adj (person, effort)* frustrado/a; **he's a ~ artist** es un artista frustrado.

frus·trat·ing [frʌs'treɪtɪŋ] *adj* frustrante; **how ~!** ¡qué frustrante!

frus·tra·tion [frʌs'treɪʃən] *n (gen)* frustración *f*; *(disappointment)* decepción *f*; *(annoyance)* molestia *f*.

fry[1] [fraɪ] **1** *vt (Culin)* freír; **fried egg** huevo *m* frito *or (LAm)* estrellado. **2** *vi* freírse.

fry[2] [fraɪ] *n*: **small ~** gente *f* menuda, pequeños seres *mpl*.

fry·ing pan ['fraɪɪŋpæn] *n* sartén *m*; **to jump out of the ~ into the fire** salir de Guatemala para entrar en Guatapeor.

ft. *abbr of* **foot, feet.**

fuch·sia ['fjuːʃə] *n* fucsia *f*.

fuck [fʌk] *vt (fam!)* **(a)** *(lit)* joder *(fam!)*, *(LAm)* coger *(fam!)*. **(b) ~!** ¡joder! *(fam!)*, *(Mex)* ¡chingado! *(fam!)*, *(LAm)* ¡carajo! *(fam!)*; **~ you!** ¡jódete! *(fam!)*, *(LAm)* ¡tu madre! *(fam!)*; **~ this car!** ¡este jodido coche! *(fam!)*, *(Mex)* ¡chingado coche! *(fam!)*, *(LAm)* ¡este coche del carajo! *(fam!)*, ¡fregado coche! *(fam!)*.

♦ **fuck off** *vi + adv (fam!)* ir a la mierda *(fam!)*; **~ off!** ¡vete a joder! *(fam!)*, *(Mex)* ¡vete a la chingada *or (LAm)* al carajo! *(fam!)*.

fuck·ing ['fʌkɪŋ] *(fam!)* **1** *adj (LAm)* fregado/a *(fam!)*, *(Mex)* chingado/a *(fam!)*. **2** *adv* de la gran puta *(fam!)*.

fud·dled ['fʌdld] *adj (muddled)* confuso/a, aturdido/a; *(fam: tipsy)* borracho/a.

fudge [fʌdʒ] *n (Culin)* dulce *m* de azúcar, *(LAm)* cajeta *f*, manjar *m*.

fuel [fjʊəl] **1** *n (gen)* combustible *m*; *(for engine)* carburante *m*; **to add ~ to the flames** *(fig)* echar leña al fuego. **2** *vt (furnace etc)* alimentar; *(aircraft, ship etc)* repostar. **3** *vi (aircraft, ship)* repostarse. **4**: **~ oil** *n* fuel oil *m*, mazut *m*; **~ pump** *n (Aut)* surtidor *m* de gasolina; **~ tank** *n* depósito *m* (de combustible).

fug [fʌg] *n* aire *m* viciado.

fu·gi·tive ['fjuːdʒɪtɪv] **1** *adj* fugitivo/a; *(fleeting)* efímero/a, pasajero/a. **2** *n* fugitivo/a *m/f*.

ful·fil, *(US)* **ful·fill** [fʊl'fɪl] *vt (duty, promise)* cumplir con; *(ambition)* realizar; *(order)* ejecutar; *(person)* satisfacer.

ful·filled [fʊl'fɪld] *adj (person)* satisfecho/a.

ful·fil·ment, *(US)* **ful·fill·ment** [fʊl'fɪlmənt] *n (see vb)* cumplimiento *m*; realización *f*; ejecución *f*; satisfacción *f*; *(satisfied feeling)* realización, satisfacción.

full [fʊl] **1** *adj* (**-er, -est**) **(a)** *(filled)* lleno/a; *(vehicle* etc) completo/a; *(day, timetable)* muy ocupado/a; **to be ~ of ...** estar lleno de ...; **to be ~ of life** estar lleno de vida; **to be ~ of o.s.** ser muy creído *or* presumido; **~ to the brim** hasta el tope; **we are ~ up for July** estamos completos para julio; **'house ~'** 'no hay localidades', 'completo'; **he's had a ~ life** ha llevado una vida muy llena; **I'm ~ (up)** *(fam)* no puedo más, estoy harto *or* ahito.

(b) *(gen)* completo/a, entero/a; *(with complete detail)* detallado/a; *(employment, power)* pleno/a; *(measure)* colmado/a; *(price, pay)* íntegro/a, sin descuento; **to pay ~ fare** pagar la tarifa íntegra; **to fall ~ length** caer cuan largo es uno; **in ~ bloom** en plena flor; **in ~ daylight** en pleno día; **in ~ colour** a todo color; **in ~ dress** vestido de etiqueta *or* de gala; **in ~ swing** en pleno apogeo; **to take ~ advantage of the situation** aprovecharse al máximo de la situación; **in the ~est sense of the word** en el sentido más amplio de la palabra; **at ~ speed** a toda velocidad; **the ~ particulars** todos los detalles; **I waited a ~ hour** esperé una hora entera; **~ moon** luna *f* llena; **~ name** nombre y apellidos; **~ stop** punto *m;* **~ time** *(Ftbl)* final *m* del juego.

(c) *(rounded: face)* redondo/a; *(: figure)* llenito/a; *(: lips)* grueso/a; *(: skirt, sleeves)* amplio/a,

2 *adv*: **~ well** muy bien, perfectamente; **it hit him ~ in the face** le pegó en plena cara.

3 *n*: **to write sth in ~** escribir algo por extenso; **to pay in ~** pagar la deuda entera; **to the ~** al máximo.

full·back ['fʊlbæk] *n (Ftbl)* defensa *mf.*

full-blooded [ˌfʊl'blʌdɪd] *adj (vigorous: attack)* vigoroso/a; *(thoroughbred)* (de) pura sangre.

full-cream [ˌfʊl'kriːm] *adj*: **~ milk** leche *f* cremosa.

full-grown [ˌfʊl'grəʊn] *adj* maduro/a.

full-length [ˌfʊl'leŋkθ] *adj (portrait, dress)* de cuerpo entero; **a ~ film** un largometraje.

full·ness ['fʊlnɪs] *n (of detail)* abundancia *f; (of figure, hips)* plenitud *f; (of dress)* amplitud *f;* **in the ~ of time** *(poet: eventually)* con el correr del tiempo; *(: at predestined time)* a su debido tiempo.

full-scale [ˌfʊl'skeɪl] *adj (plan, model)* de tamaño natural; *(search, retreat)* en gran escala.

full-time ['fʊlˌtaɪm] **1** *adj (employment)* de tiempo completo; **he's a ~ musician** *(professional)* es músico profesional. **2** *adv*: **to work ~** trabajar tiempo completo.

ful·ly ['fʊlɪ] *adv (completely)* completamente; *(at least)* al menos; **~ dressed** completamente vestido.

ful·some ['fʊlsəm] *adj (pej: praise)* excesivo/a, exagerado/a; *(: manner)* obsequioso/a.

fum·ble ['fʌmbl] **1** *vt (drop)* dejar caer; *(handle badly)* manosear, *(Sp)* coger *or (LAm)* agarrar con torpeza. **2** *vi (also* **~ about**) hurgar; **to ~ in one's pockets** hurgar en los bolsillos; **to ~ with sth** manejar algo torpemente.

fume [fjuːm] **1** *vi (chemicals etc)* humear, echar humo; **to be fuming at** *or* **with sb** *(fig)* echar pestes de uno. **2** *n*: **~s** *(gen)* humo *msg,* vapores *mpl; (gas)* gases *mpl.*

fu·mi·gate ['fjuːmɪgeɪt] *vt (room)* fumigar.

fun [fʌn] *n (enjoyment)* diversión *f; (merriment)* alegría *f;* **for/in ~** en broma; **it's great ~** es muy divertido; **he's great ~** es una persona muy divertida; **~ and games** *(lively behaviour)* travesuras *fpl; (fig: trouble)* jaleo *m, (LAm)* bronca *f;* **to do sth for the ~ of it** hacer algo en broma; **to have ~** divertirse; **to make ~ of sb** burlarse *or* mofarse de uno, tomarle el pelo a uno *(fam).*

func·tion ['fʌŋkʃən] **1** *n* **(a)** *(purpose: of machine, person)* función *f.* **(b)** *(reception)* recepción *f; (official ceremony)* acto *m.* **(c)** *(Math)* función *f.* **2** *vi (operate)* funcionar, marchar; **to ~ as** hacer (las veces) de.

func·tion·al ['fʌŋkʃnəl] *adj (design, clothes)* funcional.

fund [fʌnd] **1** *n (gen)* fondo *m; (reserve)* reserva *f;* **~s** fondos *mpl,* recursos *mpl;* **to be a ~ of information** ser buena fuente de información; *see* **international. 2** *vt (project)* proveer fondos para, patrocinar.

fun·da·men·tal [ˌfʌndə'mentl] **1** *adj (gen)* fundamental; **his ~ honesty/good sense** su honradez/buen juicio fundamental. **2** *n*: **~s** fundamentos *mpl.*

fun·da·men·tal·ly [ˌfʌndə'mentəlɪ] *adv* en lo fundamental.

fu·ner·al ['fjuːnərəl] *n (burial)* entierro *m; (wake)* velatorio *m; (service)* exequias *fpl; (~ procession)* cortejo *m* fúnebre; *(state ~)* exequias nacionales; **that's your ~!** *(fam)* ¡con tu pan te lo comas!

fun·fair ['fʌnfɛəʳ] *n (Brit)* parque *m* de atracciones.

fun·gus ['fʌŋgəs] *n, pl* **fun·gi** ['fʌŋgaɪ] hongo *m.*

fu·nicu·lar [fjuː'nɪkjʊləʳ] *n (also* **~ railway**) funicular *m.*

funk [fʌŋk] *n*: **to be in a (blue) ~** *(fam)* estar muerto de miedo.

fun·nel ['fʌnl] *n (for pouring)* embudo *m; (Naut, of steam engine etc)* chimenea *f.*

fun·ni·ly ['fʌnɪlɪ] *adv* **(a)** *(see adj* **a**) graciosamente. **(b)** *(oddly)* de una manera rara; **~ enough** aunque parezca extraño.

fun·ny ['fʌnɪ] *adj* **(-ier, -iest) (a)** *(amusing: joke, film, story)* gracioso/a, divertido/a; **that's not ~** eso no tiene gracia. **(b)** *(odd)* raro/a; **this tastes ~** esto sabe raro; **a ~ feeling** una sensación rara; **the ~ thing about it is that ...** lo curioso del caso es que ...; **~ bone** hueso *m* de la alegría.

fur [fɜːʳ] **1** *n (of animal)* pelo *m,* pelaje *m; (single skin)* piel *f; (as clothing)* abrigo *m* de pieles; *(in kettle)* sarro *m.* **2: ~ coat** *n* abrigo *m* de pieles.

fu·ri·ous ['fjʊərɪəs] *adj (person)* furioso/a; *(argument)* violento/a; *(effort etc)* frenético/a; *(pace)* vertiginoso/a; **to be ~ with sb** estar furioso con uno.

fur·long ['fɜːlɒŋ] *n* estadio *m.*

fur·lough ['fɜːləʊ] *n (US)* permiso *m.*

fur·nace ['fɜːnɪs] *n* horno *m.*

fur·nish ['fɜːnɪʃ] *vt* **(a)** *(room, house)* amueblar *(with* de); **~ing fabric** tela *f* para revestir muebles; **~ed flat** piso *m* amueblado. **(b)** *(provide: excuse, information)* facilitar; **to ~ sb with sth** equipar a uno con algo.

fur·nish·ings ['fɜːnɪʃɪŋz] *npl* muebles *mpl,* mobiliario *msg.*

fur·ni·ture ['fɜːnɪtʃəʳ] *n* muebles *mpl,* mobiliario *m;* **a piece of ~** un mueble *m;* **part of the ~** *(fig fam)* parte *f* de la casa; **~ van** camión *m* de mudanzas.

fur·ri·er ['fʌrɪəʳ] *n* peletero/a *m/f;* **~'s (shop)** peletería *f.*

fur·row ['fʌrəʊ] **1** *n (Agr)* surco *m; (on forehead)* arruga *f.* **2** *vt (forehead)* arrugar.

fur·ry ['fɜːrɪ] *adj (animal, toy)* peludo/a.

fur·ther ['fɜːðəʳ] *comp of* **far 1** *adv* **(a)** *(in place, time)* más lejos, más allá; **~ back** más atrás; **~ on** *(lit)* más adelante; *(fig)* más avanzado; **how much ~ is it?** ¿cuánto camino nos queda?; **I got no ~ with him** *(fig)* de allí no pasaba; **nothing is ~ from my thoughts** nada más lejos de mi intención. **(b)** *(more)* más; **and I ~ believe that** y además, creo que; **~ to your letter of ...** *(Comm)* con referencia a su carta de ...; **he heard nothing ~ from them** no supo más de ellos.

2 *adj* **(a)** = **farther. (b)** *(additional)* nuevo/a, adicional; **until ~ notice** hasta nuevo aviso; **after ~ consideration** después de nuevas consideraciones; **~ education** enseñanza *f* terciaria.

3 *vt (a cause, one's interests)* adelantar, fomentar.

further·more [ˌfɜːðəˈmɔːʳ] *adv* además.

further·most [ˈfɜːðəˌməʊst] *adj* más lejano/a.

fur·thest [ˈfɜːðɪst] *superl of* **far 1** *adv* más lejos. **2** *adj* más lejano/a.

fur·tive [ˈfɜːtɪv] *adj (glance, action)* furtivo/a; *(person)* sospechoso/a.

fury [ˈfjʊərɪ] *n (of storm etc)* furia *f; (of person)* furia, furor *m;* **she flew into a ~** se puso furiosa; **like ~** *(fam)* con encono.

fuse, *(US)* **fuze** [fjuːz] **1** *n (Elec)* plomo *m*, fusible *m; (of bomb: cord)* mecha *f; (: detonating device)* espoleta *f;* **to blow a ~** *(person)* salir de sus casillas; *(equipment)* fundirse un fusible; **there's been a ~ somewhere** un fusible se ha fundido en algún sitio. **2** *vt* **(a)** *(lights, television etc)* fundir. **(b)** *(metals)* fusionar. **3** *vi* **(a)** *(Elec)* **the lights have ~d** se fundieron los plomos. **(b)** *(metals)* fusionarse. **4: ~ box** *n* caja *f* de fusibles; **~ wire** *n* hilo *m* fusible.

fu·selage [ˈfjuːzəlɑːʒ] *n* fuselaje *m.*

fu·sil·lade [ˌfjuːzɪˈleɪd] *n (lit)* descarga *f* cerrada; *(fig)* lluvia *f.*

fu·sion [ˈfjuːʒən] *n (of metals, fig)* fusión *f.*

fuss [fʌs] **1** *n (complaints, arguments)* escándalo *m*, alboroto *m; (anxious preparations etc)* conmoción *f*, bulla *f;* **to make a ~ about sth** armar un escándalo sobre algo; **to make a ~ of sb** mimar *or (LAm)* consentir a uno; **a lot of ~ about nothing** mucho ruido y pocas nueces. **2** *vi* preocuparse (por pequeñeces). **3** *vt (person)* molestar.

♦ **fuss over** *vi+ prep (person)* consentir (a).

fussy [ˈfʌsɪ] *adj* **(-ier, -iest)** *(person)* exigente, especial, delicado/a, *(RPl)* regodeón/ona, *(LAm)* regalón/ona; *(clothes etc)* rebuscado/a; **I'm not ~** *(fam)* me da igual *or (LAm)* lo mismo.

fu·tile [ˈfjuːtaɪl] *adj (attempt)* vano/a; *(suggestion)* fútil.

fu·til·ity [fjuːˈtɪlɪtɪ] *n* inutilidad *f.*

fu·ture [ˈfjuːtʃəʳ] **1** *adj (gen)* futuro/a; *(coming)* venidero/a; **at some ~ date** en alguna ocasión futura. **2** *n* futuro *m*, porvenir *m; (Ling)* futuro; **in the near ~** en fecha próxima; **there's no ~ in it** esto no tiene porvenir; **in ~** de ahora en adelante.

fu·tur·is·tic [ˌfjuːtʃəˈrɪstɪk] *adj (painting, design)* futurista.

fuze [fjuːz] *n (US)* = **fuse.**

fuzz [fʌz] *n (on chin)* vello *m; (fluff)* pelusa *f;* **the ~** *(fam)* la poli, *(LAm)* la tira, *(RPl)* la cana.

fuzzy [ˈfʌzɪ] *adj* **(-ier, -iest)** *(hair)* rizado/a; *(teddy bear)* velloso/a; *(blurred: photo)* borroso/a; *(: memory)* confuso/a.

G

G, g [dʒiː] *n (letter)* G, g *f; (Mus)* sol *m.*
g. *abbr of* **gram(s), gramme(s)** g., gr.
gab [gæb] **1** *n:* **to have the gift of the ~** *(fam)* tener mucha labia. **2** *vi (fam: chatter)* parlotear, cotorrear.
gab·ar·dine [ˈgæbədiːn] *n* = **gaberdine.**
gab·ble [ˈgæbl] **1** *n (excuse, explanation)* farfullo *m.* **2** *vt* farfullar. **3** *vi* hablar atropelladamente; **they were gabbling away in French** cotorreaban en francés.
gab·er·dine [ˈgæbədiːn] *n (cloth, raincoat)* gabardina *f.*
ga·ble [ˈgeɪbl] *n* aguilón *m,* gablete *m;* **~ roof** tejado *m* de dos aguas.
♦ **gad about** [ˌgædəˈbaʊt] *vi + adv (fam)* ir de paseo.
gadg·et [ˈgædʒɪt] *n (little thing)* artilugio *m,* chisme *m; (device)* aparato *m.*
Gael·ic [ˈgeɪlɪk] **1** *adj* gaélico/a. **2** *n (language)* gaélico *m.*
gaff [gæf] *n (harpoon)* garfio *m;* **to blow the ~** *(fam)* soltar la lengua.
gaffe [gæf] *n* plancha *f, (LAm)* metedura *f* de pata; **to make a ~** meter la pata.
gag [gæg] **1** *n* **(a)** *(over mouth)* mordaza *f.* **(b)** *(joke)* chiste *m.* **2** *vt (prisoner)* amordazar. **3** *vi (retch)* tener náuseas, querer vomitar.
gage [geɪdʒ] *n, vt (US)* = **gauge.**
gag·gle [ˈgægl] *n (of geese)* manada *f; (hum: of women)* corro *m.*
gai·ety [ˈgeɪɪtɪ] *n (gen)* alegría *f; (of gathering etc)* animación *f.*
gai·ly [ˈgeɪlɪ] *adv (sing etc)* alegremente; *(brightly)* vivamente.
gain [geɪn] **1** *n (increase)* aumento *m (in* de); *(advantage)* ventaja *f; (profit)* ganancia *f,* beneficio *m;* **a ~ in health** una mejora en la salud; **his loss is our ~** su derrota supone nuestra victoria.
2 *vt (win, earn)* ganar; *(obtain, acquire)* obtener, conseguir; *(reach)* alcanzar, llegar a; *(increase: strength, weight)* aumentar de; **to ~ weight** engordar, subir de peso; **what do I have to ~ by staying here?** ¿qué ganaría con quedarme aquí?; **to ~ ground** ganar terreno; **my watch has ~ed 5 minutes** mi reloj se ha adelantado 5 minutos; **to ~ an advantage over sb** tomar la ventaja a uno.
3 *vi (person)* ganar; *(watch)* adelantarse; **to ~ in** *(increase)* aumentar de.
♦ **gain (up)on** *vi + prep* ganar terreno a.
gain·ful [ˈgeɪnfʊl] *adj (employment)* remunerado/a.
gait [geɪt] *n* paso *m,* andar *m.*
gal. [gæl] *abbr of* **gallon.**
ga·la [ˈgɑːlə] **1** *n (festive occasion)* fiesta *f;* **swimming ~** gala *f* de natación. **2: ~ performance** *n* función *f* de gala.
gal·axy [ˈgæləksɪ] *n (Astron, also fig)* galaxia *f.*
gale [geɪl] *n* vendaval *m,* ventarrón *m;* **~ force 10 (wind)** (vendaval) de fuerza 10.
gall [gɔːl] **1** *n (Anat)* bilis *f,* hiel *f; (fig: impudence)* descaro *m,* caradura *f.* **2** *vt (irritate)* molestar. **3: ~ bladder** *n* vesícula *f* biliar.
gal·lant [ˈgælənt] *adj (brave)* valiente, valeroso/a; *(courteous)* galante, atento/a.
gal·lant·ry [ˈgæləntrɪ] *n (bravery)* valor *m,* valentía *f; (courtesy)* galantería *f,* cortesía *f.*
gal·leon [ˈgælɪən] *n* galeón *m.*
gal·lery [ˈgælərɪ] *n (gen)* galería *f; (for spectators)* tribuna *f; (art ~: state owned)* galería de arte, museo *m* de arte; *(: private)* colección *f* (de cuadros).
gal·ley [ˈgælɪ] *n (ship)* galera *f; (ship's kitchen)* cocina *f;* **~ (proof)** *(Typ)* prueba *f* de galera.
Gal·lic [ˈgælɪk] *adj* gálico/a.
gal·lon [ˈgælən] *n* galón *m (Brit = 4,546 litros, US = 3,785 litros).*
gal·lop [ˈgæləp] **1** *n (pace)* galope *m;* **at a ~** a galope. **2** *vi (horse)* galopar; **he ~ed through his homework** *(fig)* terminó sus deberes a la carrera.
gal·lows [ˈgæləʊz] *nsg* horca *f.*
gall·stone [ˈgɔːlstəʊn] *n* cálculo *m* biliario.
Gal·lup poll [ˈgæləpˌpəʊl] *n* sondeo *m* de la opinión pública.
ga·lore [gəˈlɔːʳ] *adv* en cantidad, en abundancia, *(LAm)* a granel.
gal·va·nize [ˈgælvənaɪz] *vt (metal)* galvanizar; *(fig)* **to ~ sb into action** animar a uno para que haga algo.
gam·bit [ˈgæmbɪt] *n (Chess)* gambito *m; (fig)* táctica *f.*
gam·ble [ˈgæmbl] **1** *n (risk)* riesgo *m;* **to take a ~** arriesgarse; **the ~ came off** la jugada salió bien. **2** *vt (money)* jugar, apostar; *(one's life)* arriesgar. **3** *vi (bet money)* jugar, apostar; *(take a chance)* jugárselas; **to ~ on sth** confiar en *or* contar con algo; **to ~ everything** jugar el todo por el todo.
♦ **gamble away** *vt + adv* derrochar (en el juego).
gam·bler [ˈgæmbləʳ] *n* jugador(a) *m/f.*
gam·bling [ˈgæmblɪŋ] **1** *n* juego *m.* **2: ~ debts** *npl* deudas *fpl* contraídas en el juego.
gam·bol [ˈgæmbəl] *vi (lamb, child)* brincar, juguetear.
game [geɪm] **1** *n* **(a)** *(gen)* juego *m; (match)* partido *m; (single ~, scoring unit)* juego *m,* partida *f;* **the Panamerican G~s** los juegos panamericanos; **the Olympic G~s** las Olimpiadas; **~s** *(Scol)* el deporte; **~ of chance** juego de azar; **~, set and match** *(Tennis)* juego, set y partido; **to have a ~ of ...** jugar un partido de ...; **to be off one's ~** no estar en forma; **to play the ~** *(fig)* jugar limpio; **to beat sb at his own ~** ganarle a uno en su propio campo.
(b) *(fig: scheme)* **the ~ is up** todo se acabó; **I wonder what his ~ is?** ¿qué está tramando?, me pregunto; **what's your ~?** ¿qué pretendes?, *(LAm)* ¿qué traes?; **two can play at that ~** donde las dan las toman.
(c) *(fam: business)* negocio *m;* **how long have you been in this ~?** ¿hace cuánto tiempo que trabaja en esto?
(d) *(Hunting: large animals)* caza *f* mayor; *(: birds, small animals etc)* caza menor; **fair ~** *(fig)* blanco *m* legítimo.
2 *adj (willing)* **are you ~?** ¿te animas?; **to be ~ for anything** atreverse a todo.
3: ~ bird *n* ave *f* de caza; **~ reserve** *n* coto *m*

de caza; ~ **warden** *n* guarda *m* de coto *or* de caza.
game·keeper ['geɪm,kiːpəʳ] *n* guardabosques *m inv.*
games·man·ship ['geɪmzmənʃɪp] *n* habilidad *f* en el juego.
gam·mon ['gæmən] *n* jamón *m or* tocino *m* ahumado.
gam·ut ['gæmət] *n (Mus)* gama *f;* **to run the (whole) ~ of emotions** *(fig)* pasar por toda la gama de emociones.
gan·der ['gændəʳ] *n (Zool)* ganso *m.*
gang [gæŋ] *n (of thieves)* banda *f,* pandilla *f; (of friends, youths)* cuadrilla *f; (: pej)* pandilla; *(of workmen)* cuadrilla, brigada *f.*
♦ **gang up** *vi + adv* agruparse *(with* con), unirse *(with* a); **to ~ up on** *or* **against sb** conspirar *or* unirse contra uno.
gan·gling ['gæŋglɪŋ] *adj* larguirucho/a.
gang·plank ['gæŋplæŋk] *n (Naut)* pasarela *f.*
gan·grene ['gæŋgriːn] *n* gangrena *f.*
gan·gre·nous ['gæŋgrɪnəs] *adj* gangrenoso/a.
gang·ster ['gæŋstəʳ] *n* gángster *m,* pistolero *m.*
gang·way ['gæŋweɪ] *n* **(a)** = **gangplank. (b)** *(aisle: in theatre)* pasillo *m;* **~!** ¡paso!, *(LAm)* ¡con permiso!
gan·try ['gæntrɪ] *n (gen)* caballete *m; (for crane)* pórtico *m; (for rocket)* torre *f* de lanzamiento.
gaol [dʒeɪl] *n (Brit)* = **jail.**
gap [gæp] *n (gen)* vacío *m,* claro *m, (LAm)* hueco *m; (in wall etc)* boquete *m,* brecha *f; (mountain pass)* quebrada *f,* desfiladero *m; (between teeth, floorboards)* hueco *m; (in text)* blanco *m; (fig: in knowledge etc)* laguna *f; (: in conversation)* silencio *m; (: of time)* intervalo *m.*
gape [geɪp] *vi* **(a)** *(mouth, hole)* abrirse (mucho), estar muy abierto/a. **(b)** *(person)* **to ~ (at)** mirar boquiabierto/a (a).
gar·age ['gærɑːʒ] *n (of private house)* garaje *m, (LAm)* cochera *f; (for car repairs)* taller *m; (petrol station)* garaje, *(LAm)* gasolinera *f, (Per)* grifo *m.*
garb [gɑːb] *n (old: clothes)* atuendo *m.*
gar·bage ['gɑːbɪdʒ] *(esp US)* **1** *n* basura *f; (waste)* desperdicios *mpl; (fig)* mierda *f,* basura. **2:** ~ **can** *n* cubo *m or (LAm)* balde *m* de basura; ~ **collector** *n* basurero *m;* ~ **disposal unit** *n* triturador *m.*
gar·bled ['gɑːbld] *adj (distorted)* tergiversado/a; *(incoherent)* incomprensible, incoherente.
gar·den ['gɑːdn] **1** *n* jardín *m; (vegetable ~)* huerto *m;* **the G~ of Eden** Edén *m;* **(public) ~s** parque *msg,* jardines *mpl.* **2** *vi* trabajar en el jardín/el huerto. **3:** ~ **centre** *n* viveros *mpl;* ~ **party** *n* recepción *f* al aire libre; ~ **shears** *npl* tijeras *fpl* de jardín.
gar·den·er ['gɑːdnəʳ] *n (gen)* jardinero/a *m/f; (market ~)* hortelano/a *m/f.*
gar·den·ing ['gɑːdnɪŋ] *n (gen)* jardinería *f; (market ~)* horticultura *f.*
gar·gle ['gɑːgl] **1** *n (act)* gárgaras *fpl; (liquid)* gargarismo *m.* **2** *vi* hacer gárgaras, *(LAm)* gargarear.
gar·goyle ['gɑːgɔɪl] *n* gárgola *f.*
gar·ish ['gɛərɪʃ] *adj* chillón/ona, llamativo/a.
gar·land ['gɑːlənd] *n* guirnalda *f.*
gar·lic ['gɑːlɪk] **1** *n* ajo *m.* **2:** ~ **sausage** *n* salchichón *m.*
gar·ment ['gɑːmənt] *n* prenda *f* (de vestir); **~s** ropa *fsg,* indumentaria *fsg.*
gar·nish ['gɑːnɪʃ] **1** *n (Culin)* aderezo *m.* **2** *vt* aderezar *(with* de).
gar·ret ['gærət] *n (attic room)* desván *m, (LAm)* altillo *m.*
gar·ri·son ['gærɪsən] **1** *n* guarnición *f.* **2:** ~ **town** *n* ciudad *f* con guarnición.
gar·rotte [gə'rɒt] **1** *n* garrote *m.* **2** *vt* agarrotar.
gar·ru·lous ['gærʊləs] *adj (person, manner)* gárrulo/a.
gar·ter ['gɑːtəʳ] *n (for stocking, sock)* liga *f; (US: suspender)* liguero *m,* portaligas *m inv.*
gas [gæs] **1** *n (gen)* gas *m; (as anaesthetic)* gas anestésico; *(in mine)* grisú *m; (US: petrol)* gasolina *f, (RPl)* nafta *f, (Chi)* bencina *f.* **2** *vt (person)* asfixiar con gas; *(Mil)* dañar con gas de combate; **to ~ o.s.** suicidarse con gas. **3** *vi (fam: gab)* parlotear, *(LAm)* cotorrear. **4** *cpd (industry, cooker, pipe)* de gas; ~ **chamber** *n* cámara *f* de gas; ~ **cooker** cocina *f* de gas; ~ **lighter** *n* encendedor *m* de gas; ~ **mask** *n* careta *f* antigás; ~ **meter** *n* contador *m or (LAm)* medidor *m* de gas; ~ **station** *n (US)* gasolinera *f, (Per)* grifo *m, (RPl)* estación *f* de servicio; ~ **tank** *n (US Aut)* tanque *m,* depósito *m.*
gas·eous ['gæsɪəs] *adj* gaseoso/a.
gash [gæʃ] **1** *n (in flesh)* cuchillada *f,* tajo *m; (in material)* raja *f,* hendedura *f.* **2** *vt (arm, head)* acuchillar; *(seat etc)* rajar.
gas·holder ['gæs,həʊldəʳ] *n* = **gasometer.**
gas·ket ['gæskɪt] *n (Tech)* junta *f* de culata, *(LAm)* empaque *m.*
gas·man ['gæsmæn] *n, pl* **-men** *(gen)* empleado *m* del gas; *(gas fitter)* gasista *m,* gasfitero *m.*
gaso·line ['gæsəʊliːn] *n (US)* gasolina *f, (RPl)* nafta *f, (Chi)* bencina *f.*
gas·om·eter [gæ'sɒmɪtəʳ] *n* gasómetro *m.*
gasp [gɑːsp] **1** *n (for breath)* boqueada *f; (panting)* jadeo *m; (in surprise)* grito *m* sofocado; **she gave a ~ of surprise** ella dio un grito sofocado de asombro; **to be at one's last ~** estar agonizando. **2** *vi* jadear; *(in surprise)* gritar (de asombro); **to ~ for breath** luchar por respirar.
gas·tric ['gæstrɪk] *adj* gástrico/a; ~ **flu** gastroenteritis *f.*
gas·tri·tis [gæs'traɪtɪs] *n* gastritis *f.*
gas·tro-en·teri·tis [,gæstrəʊ,entə'raɪtɪs] *n* gastroenteritis *f.*
gas·tro·nom·ic [,gæstrə'nɒmɪk] *adj* gastronómico/a.
gas·works ['gæswɜːks] *nsg or npl* fábrica *f* de gas.
gate [geɪt] *n* **(a)** *(in garden)* verja *f; (door etc)* puerta *f; (of castle)* reja *f, (LAm)* tranquera *f; (sluice)* compuerta *f; (of field, in station)* barrera *f; (Sport)* entrada *f.* **(b)** *(Sport: attendance)* asistencia *f; (: entrance money)* taquilla *f.*
gâ·teau ['gætəʊ] *n, pl* **-x** ['gætəʊz] torta *f,* pastel *m.*
gate-crash ['geɪtkræʃ] *vt (fam: party)* colarse en.
gate-crasher ['geɪtkræʃəʳ] *n* persona *f* que se cuela.
gate·post ['geɪtpəʊst] *n* poste *m* (de una puerta).
gate·way ['geɪtweɪ] *n (gen)* puerta *f* (de acceso).
gath·er ['gæðəʳ] **1** *vt* **(a)** *(also ~* **together:** *people, objects)* juntar, reunir; *(also ~* **up:** *pins, sticks etc)* recoger; *(: harvest, crops)* cosechar; *(: flowers) (Sp)* coger, *(LAm)* recoger; *(: information)* recoger; *(: hair)* recoger; *(also ~* **in:** *material)* fruncir; *(: taxes etc)* recaudar; **to ~ dust** recoger polvo; **to ~ one's thoughts** reponerse; **she ~ed her mink around her** se envolvió en su abrigo de visón.
(b) *(gain)* **to ~ speed** ganar velocidad; **to ~ strength** cobrar fuerzas.
(c) to ~ (that) *(understand)* tener entendido (que); *(discover)* enterarse (de que); **as you will have ~ed ...** se habrá dado cuenta Ud de que ...; **as far as I can ~** hasta donde pude enterarme.
2 *vi (people: also ~* **together**) reunirse, juntarse; *(: crowd together)* amontonarse; *(dust)* acumularse; *(clouds)* cerrarse; **they ~ed in the**

doorway se apiñaron en la entrada.
♦ **gath·er round** *vi + adv*: **to ~ round (sb)** agruparse alrededor (de uno).
gath·ered ['gæðəd] *adj (Sew)* fruncido/a.
gath·er·ing ['gæðərɪŋ] *n (assembly)* reunión *f; (crowd)* concurrencia *f.*
gauche [gəʊʃ] *adj (clumsy: person, behaviour)* desmañado/a, torpe, *(LAm)* patoso/a.
gaud·y ['gɔːdɪ] *adj* (**-ier, -iest**) chillón/ona, llamativo/a.
gauge [geɪdʒ] **1** *n (standard measure: of wire, bullet etc)* calibre *m; (: of railway track)* entrevía *f; (instrument)* indicador *m; (for pressure)* manómetro *m; (fig)* indicación *f,* muestra *f;* **petrol/oil ~** *(Aut)* indicador *m* del nivel de gasolina/aceite; **pressure ~** manómetro *m.* **2** *vt (temperature, pressure)* medir; *(fig: sb's capabilities, character)* estimar, juzgar; **to ~ the right moment** elegir el momento.
gaunt [gɔːnt] *adj* demacrado/a.
gaunt·let ['gɔːntlɪt] *n (of knight)* guantelete *m; (of motorcyclist etc)* manopla *f; (fig)* **to run the ~ (of)** exponerse (al peligro de); **to throw down/take up the ~** arrojar/recoger el guante.
gauze [gɔːz] *n (gen)* gasa *f.*
gave [geɪv] *pt of* **give.**
gawky ['gɔːkɪ] *adj* (**-ier, -iest**) desgarbado/a.
gawp [gɔːp] *vi* mirar boquiabierto/a; **he stood there ~ing at her** quedó boquiabierto mirándola.
gay [geɪ] *adj* (**-er, -est**) *(happy, bright)* alegre; *(fam: homosexual)* gay, homosexual.
gaze [geɪz] **1** *n* mirada *f* fija. **2** *vi*: **to ~ at** mirar fijamente, fijar *or* clavar la vista en.
ga·zelle [gə'zel] *n* gacela *f.*
ga·zette [gə'zet] *n (newspaper)* gaceta *f; (official publication)* boletín *m* oficial.
gaz·et·teer [ˌgæzɪ'tɪəʳ] *n* diccionario *m* geográfico.
ga·zump [gə'zʌmp] *vi (Brit fam) faltar al compromiso de vender una casa aceptando una oferta más elevada.*
G.B. *abbr of* **Great Britain.**
Gdns. *abbr of* **gardens.**
gear [gɪəʳ] **1** *n* **(a)** *(Aut)* **~s** cambios *mpl,* velocidades *fpl;* **first/second ~** primera *f*/segunda *f* (velocidad); **top ~** directa *f;* **in/out of ~** embragado/desembragado; **to put in ~** poner en marcha. **(b)** *(fam: equipment)* equipo *m; (: belongings)* bártulos *mpl,* trastos *mpl; (: clothing)* ropa *f.* **(c)** *(Tech: cogs etc)* engranaje *m; (machinery)* mecanismo *m.*
2 *vt (fig: adapt)* adaptar, ajustar; **the book is ~ed to adult students** el libro está dirigido a los estudiantes adultos; **the service is ~ed to meet the needs of the disabled** el servicio está destinado a responder a las necesidades de los minusválidos.
3: ~ lever *n,* **~ stick** *n* palanca *f* (de cambio).
gear·box ['gɪəbɒks] *n (Aut)* caja *f* de cambios *or* velocidades.
gear·shift ['gɪəʃɪft] *n (US)* = **gear lever.**
gear·wheel ['gɪəwiːl] *n* rueda *f* dentada.
geese [giːs] *npl of* **goose.**
Gei·ger count·er ['gaɪgəˌkaʊntəʳ] *n* contador *m* Geiger.
gel [dʒel] *n* gel *m.*
gela·tin(e) ['dʒelətiːn] *n* gelatina *f.*
gel·ig·nite ['dʒelɪgnaɪt] *n* gelignita *f.*
gem [dʒem] *n* joya *f,* alhaja *f;* **I must read you this ~** *(fam)* tengo que leerte esta perla; **my cleaner is a ~** la señora que me hace la limpieza es una joya.
Gemi·ni ['dʒemɪnaɪ] *n (Astron etc)* Géminis *m.*
gem·stone ['dʒemstəʊn] *n* piedra *f* (preciosa).
gen [dʒen] *n*: **to give sb the ~ on sth** *(fam)* poner a uno al corriente de algo.
gen·der ['dʒendəʳ] *n (Ling)* género *m.*
gene [dʒiːn] *n (Bio)* gene *m,* gen *m.*
ge·neal·ogy [ˌdʒiːnɪ'ælədʒɪ] *n* genealogía *f.*
gen·era ['dʒenərə] *npl of* **genus.**
gen·er·al ['dʒenərəl] **1** *adj (gen)* general; *(common, shared)* común; *(ordinary)* corriente; **in ~** por lo general; **as a ~ rule** por regla general; **in ~ terms** en términos generales; **the ~ idea is to ...** el propósito general es de ...; **the ~ public** el gran público.
2 *n (Mil)* general *m.*
3: ~ anaesthetic *n* anestésico *m* total; **~ cargo** *n* cargamento *m* mixto; **~ delivery** *n (US)* lista *f* de correos; **~ election** *n* elecciones *fpl or* comicios *mpl* generales; **~ headquarters** *n (Mil)* cuartel *m* general; **~ hospital** *n* hospital *m* general; **~ knowledge** *n* conocimientos *mpl* generales; **~ meeting** *n* asamblea *f* general; **G~ Post Office** *n (in town)* Central *f* de Correos, Correos *m;* **~ practitioner** *n (abbr* **G.P.**) médico *mf* general; **~ staff** *n* estado *m* mayor; **~ strike** *n* huelga *f* general.
gen·er·al·ity [ˌdʒenə'rælɪtɪ] *n (of rule, belief)* generalidad *f;* **to talk in generalities** hablar en términos *mpl* generales.
gen·er·ali·za·tion [ˌdʒenərəlaɪ'zeɪʃən] *n* generalización *f.*
gen·er·al·ize ['dʒenərəlaɪz] *vi* generalizar; **to ~ about** hablar en términos *mpl* generales de; **to ~ from** sacar conclusiones *fpl* generales de.
gen·er·al·ly ['dʒenərəlɪ] *adv (usually)* por lo general, generalmente; *(for the most part)* en general; **it is ~ believed that ...** la mayoría cree que ...; **~ speaking** hablando en términos generales.
gen·er·ate ['dʒenəreɪt] *vt (Elec etc)* generar; *(fig)* producir.
gen·era·tion [ˌdʒenə'reɪʃən] *n* **(a)** *(of electricity etc)* generación *f.* **(b)** *(group of people)* generación *f;* **the younger/older ~** los jóvenes/los mayores; **the ~ gap** la brecha entre las generaciones.
gen·era·tor ['dʒenəreɪtəʳ] *n* generador *m.*
ge·ner·ic [dʒɪ'nerɪk] *adj* genérico/a.
gen·er·os·ity [ˌdʒenə'rɒsɪtɪ] *n* generosidad *f.*
gen·er·ous ['dʒenərəs] *adj (person, gift)* generoso/a; *(helping, spoonful)* liberal; *(plentiful: supply, quantity)* abundante; **to be ~ with sth** ser liberal con algo.
gen·esis ['dʒenɪsɪs] *n* génesis *f;* **G~** *(Rel)* Génesis *m.*
ge·net·ic [dʒɪ'netɪk] *adj* genético/a; **~ engineering** selección *f* genética.
ge·net·ics [dʒɪ'netɪks] *nsg* genética *f.*
Ge·ne·va [dʒɪ'niːvə] *n* Ginebra; **the ~ Convention** el convenio de Ginebra.
gen·ial ['dʒiːnɪəl] *adj (manner, welcome)* cordial; *(person)* simpático/a.
geni·tals ['dʒenɪtlz] *npl* (órganos *mpl*) genitales *mpl.*
geni·tive ['dʒenɪtɪv] *(Ling)* **1** *n* genitivo *m.* **2: ~ case** *n* caso *m* genitivo.
ge·ni·us ['dʒiːnɪəs] *n (person)* genio *m; (ability)* don *m;* **to have a ~ for (doing) sth** tener un don especial para (hacer) algo; **he's a mathematical ~** es un genio para las matemáticas.
genocide ['dʒenəʊsaɪd] *n* genocidio *m.*
gent [dʒent] *n (abbr of* **gentleman**) caballero *m;* **the ~s** *(fam: public toilet)* servicios *mpl* de caballeros, *(LAm)* el baño (de señores).
gen·teel [dʒen'tiːl] *adj (polite)* cortés/esa, gentil; *(refined)* fino/a, refinado/a.
Gen·tile ['dʒentaɪl] *n* gentil *mf,* no judío/a *m/f.*

gen·tle ['dʒentl] *adj* (**-r, -st**) *(soft)* tierno/a, *(LAm)* suave; *(kind)* amable; *(animal)* manso/a, apacible; *(breeze, heat)* suave; *(speed)* lento/a; *(sound, voice)* dulce, *(LAm)* suave; *(push, touch)* ligero/a; *(slope)* gradual, *(LAm)* suave; *(hint, reminder)* discreto/a; **to be ~ with sb** ser tierno *or (LAm)* suave con uno.

gen·tle·man ['dʒentlmən] *n, pl* **-men** *(man)* señor *m; (well-mannered, well-bred man)* caballero *m;* **to be a perfect ~** ser un cumplido caballero; **~'s agreement** acuerdo *m* entre caballeros.

gen·tly ['dʒentlɪ] *adv (see adj)* tiernamente; suavemente; mansamente; lentamente; dulcemente; **~ does it!** ¡con cuidado!

gen·try ['dʒentrɪ] *npl* aristocracia *fsg.*

genu·flect ['dʒenjʊflekt] *vi* doblar la rodilla.

genu·ine ['dʒenjʊɪn] *adj* **(a)** *(person, belief)* sincero/a. **(b)** *(authentic)* auténtico/a.

ge·nus ['dʒenəs] *n, pl* **genera** *(Bio)* género *m.*

ge·og·ra·pher [dʒɪ'ɒgrəfəʳ] *n* geógrafo/a *m/f.*

geo·graph·ic(al) [dʒɪə'græfɪk(əl)] *adj* geográfico/a.

ge·og·ra·phy [dʒɪ'ɒgrəfɪ] *n* geografía *f.*

geo·logi·cal [dʒɪəʊ'lɒdʒɪkəl] *adj* geológico/a.

ge·olo·gist [dʒɪ'ɒlədʒɪst] *n* geólogo/a *m/f.*

ge·ol·ogy [dʒɪ'ɒlədʒɪ] *n* geología *f.*

geo·met·ric(al) [dʒɪəʊ'metrɪk(əl)] *adj* geométrico/a.

ge·om·etry [dʒɪ'ɒmɪtrɪ] *n* geometría *f.*

ge·ra·ni·um [dʒɪ'reɪnɪəm] *n* geranio *m.*

geri·at·ric [ˌdʒerɪ'ætrɪk] *adj* geriátrico/a.

geria·tri·cian [ˌdʒerɪə'trɪʃn] *n* geriatra *mf.*

germ [dʒɜːm] **1** *n (Bio, also fig)* germen *m; (Med)* bacteria *f,* bacilo *m.* **2: ~ warfare** *n* guerra *f* bacteriológica.

Ger·man ['dʒɜːmən] **1** *adj* alemán/ana; **~ measles** rubéola *f.* **2** *n* **(a)** *(person)* alemán/ana *m/f.* **(b)** *(language)* alemán *m.*

ger·mane [dʒɜː'meɪn] *adj (frm: relevant)* **that's not ~ to the discussion** eso no atañe a la discusión; **the remark is not ~** el comentario no viene al caso.

Ger·ma·ny ['dʒɜːmənɪ] *n* Alemania *f;* **East/West ~** Alemania Oriental *or* Democrática/Occidental *or* Federal.

ger·mi·nate ['dʒɜːmɪneɪt] *vi (seed, idea)* germinar.

ger·und ['dʒerənd] *n (Ling)* gerundio *m.*

ges·ta·tion [dʒes'teɪʃən] *n (Bio)* gestación *f.*

ges·ticu·late [dʒes'tɪkjʊleɪt] *vi* gesticular, hacer ademanes.

ges·ture ['dʒestʃəʳ] **1** *n (gen)* gesto *m; (fig)* **what a nice ~!** ¡qué detalle más amable!; **as a ~ of friendship** en señal de amistad. **2** *vi:* **he ~d towards the door** señaló *or* apuntó hacia la puerta; **to ~ to sb to do sth** mandar con gestos a uno a que haga algo.

get [get] *pt, pp* **got,** *(US) pp* **gotten 1** *vt* **(a)** *(come into possession of)* conseguir, obtener; *(obtain by effort: money, visa, results)* conseguir, lograr; *(find: job, flat)* encontrar; *(buy)* comprar; *(fetch: person, doctor)* buscar, llamar; *(: object)* ir a buscar, traer; *(Telec: number, person)* comunicarse con; *(TV etc: station) (Sp)* coger, *(LAm)* agarrar; **to ~ sth for sb** *(buy)* comprar algo para uno; *(fetch)* traerle algo a uno; *(obtain)* conseguir algo para uno; **~ me Mr Jones, please** *(Telec)* póngame *or (LAm)* comuníqueme con el Sr. Jones, por favor; **I've still one to ~** me falta uno todavía; **to ~ breakfast** preparar el desayuno; **to ~ sth to eat** comer algo; **can I ~ you a drink?** ¿qué le traigo (de tomar)?

(b) *(receive)* recibir; *(acquire: wealth, glory)* ganar, cobrar; *(: reputation, prize)* ganarse; **how much did you ~ for it?** ¿cuánto te dieron por él?; **he ~s it from his father** lo hereda de su padre; **he got 15 years for murder** le condenaron a 15 años por asesinato; **I didn't ~ much from the film** la película no me dijo gran cosa; **where did you ~ that idea from?** ¿de dónde sacaste esa idea?; **he's in it for what he can ~** lo único que quiere es sacarle provecho; **I got a shock/surprise** me llevé un susto/una sorpresa.

(c) *(catch: ball, cold, person) (Sp)* coger, *(LAm)* agarrar; *(: fish)* pescar; *(hit: target etc)* dar en; **to ~ sb by the throat/arm** coger *or* agarrar a uno de la garganta/del brazo; **got you!** *(fam)* ¡te agarré!; **I'll ~ you for that!** *(fam)* ¡ya me las pagarás!; **you've got me there!** *(fam)* ¡me doy por vencido!; **the bullet got him in the leg** la bala le dio en la pierna.

(d) *(take)* llevar; *(manage to move)* conseguir mover; **to ~ sth to sb** hacer llegar algo a uno; **we'll ~ you there somehow** le haremos llegar de una u otra manera; **to ~ sth past customs** conseguir pasar algo por la aduana; **where will that ~ us?** *(fam)* ¿de qué nos sirve eso?

(e) *(understand)* caer en la cuenta; *(hear)* captar; **sorry, I didn't ~ your name** perdóneme, no capté su nombre; **I've got it!** *(joke etc)* ¡ya caí!; *(answer to problem)* ¡ya di con la solución!; **~ it?** *(fam)* ¿comprendes?, *(LAm)* ¿entiendes?, ¿te das cuenta?; **I don't ~ it** *(fam)* no entiendo, *(LAm)* no me entra.

(f) *(fam: annoy)* molestar, *(LAm)* fregar.

(g) *(fam: thrill)* chiflar, *(LAm)* picar.

(h) to have got sth *(Brit: have)* tener algo.

(i) *(+ pp: cause to be done)* **to ~ sth done** mandar hacer algo; **to ~ the washing/dishes done** lavar la ropa/fregar los platos; **to ~ one's hair cut** cortarse el pelo.

(j) *(+ infin or prp: cause to be or do)* hacer, lograr; **to ~ sth going** *or* **to go** poner algo en marcha; **I can't ~ the door to open** no logro que se abra la puerta; **to ~ sb to do sth** mandar a uno hacer algo.

(k) *(+ adj or adv phrase: cause to be)* **to ~ sth/sb ready** preparar *or* disponer algo/a uno; **to ~ one's hands dirty** ensuciarse las manos; **he got his leg broken** se quebró la pierna; **to ~ sb drunk** emborrachar a uno.

2 *vi* **(a)** *(go)* **to ~ to/from** ir a/de; *(reach)* **to ~ to** llegar a; **to ~ home** llegar a casa; **he won't ~ far** no llegará lejos; **how did you ~ here?** ¿cómo viniste *or* llegaste?; **I've got as far as page 10** he llegado *or* alcanzado hasta la página 10; **to ~ nowhere/somewhere** *(fig fam: in job etc)* no conseguir nada/ir lejos; *(: in discussion etc)* avanzar poco/avanzar; **you won't ~ anywhere with him** no conseguirás nada con él.

(b) *(become, be)* ponerse, volverse, hacerse; **to ~ angry** enfadarse, *(LAm)* enojarse; **to ~ busy** ponerse a trabajar; **to ~ old/tired** envejecer/cansarse; **to ~ (o.s.) dirty** ensuciarse; **to ~ killed** matarse; **to ~ married** casarse; **to ~ ready** *(prepare o.s.)* prepararse, disponerse; *(dress)* vestirse; **to ~ used to sth** acostumbrarse a algo; **it's ~ting late** se está haciendo tarde; **how did it ~ like that?** *(fam)* ¿cómo llegó a esto?; **to ~ to know/like sb** llegar a conocer/querer a uno; **to ~ to see sb/sth** lograr ver a uno/algo; **to ~ to be ...** *(achieve)* llegar a ser ...; *(: by manipulation)* arreglárselas para ser ... .

(c) *(begin)* empezar a; **let's ~ going** *or* **started** vámonos; **to ~ talking to sb** ponerse a conversar con uno.

(d) to have got to do sth tener que hacer algo;

you've got to tell the police tienes que denunciarlo a la policía; **why have I got to?** ¿por qué tengo que hacerlo?

♦ **get about** *vi + prep (go out: socially)* movilizarse; *(after illness)* levantarse; *(fig: news, rumour)* divulgarse, difundirse.

♦ **get across 1** *vt + adv (communicate: meaning, message)* lograr comunicar. **2** *vi + adv* **(a)** *(cross road etc)* cruzar, atravesar. **(b)** *(message, meaning)* comunicar; *(person)* hacerse entender.

♦ **get ahead** *vi + adv (with work etc)* adelantarse *(of* a); *(be successful)* progresar, avanzar.

♦ **get along** *vi + adv* **(a)** *(leave)* marcharse, irse; **~ along with you!** *(go)* ¡vete ya!, *(LAm)* ¡lárgate!; *(fam: affectionate)* ¡no me digas! **(b)** *(progress)* progresar, avanzar; *(manage)* defenderse. **(c)** *(be on good terms)* llevarse bien, simpatizar; **to ~ along well with sb** simpatizar con uno.

♦ **get around** *vt + adv* **(a)** = **get about. (b)** = **get round 2.**

♦ **get at** *vi + prep* **(a)** *(gain access to: object)* alcanzar; *(: place)* llegar a *or* hasta; *(ascertain: facts, truth)* averiguar; **just let me ~ at him!** *(fam)* ¡me las pagará! **(b)** *(fam: criticize)* regañar. **(c)** *(fam: imply)* insinuar, *(LAm)* pretender; **what are you ~ting at?** ¿qué insinúas?, *(LAm)* ¿qué pretendes con eso?

♦ **get away** *vi +adv (depart)* salir *(from* de); *(escape)* escaparse; *(go on holiday)* ir de vacaciones; **to ~ away from it all** evadirse del bullicio, *(LAm)* arrancar; **there's no ~ting away from it** *(fam)* no se lo puede negar.

♦ **get away with** *vi + prep* **(a)** *(steal)* llevarse. **(b)** *(fam: go unpunished)* escaparse sin castigo; **he'll never ~ away with it!** ¡lo va a pagar!; **to ~ away with murder** *(fig fam)* hacer lo que uno quiere sin ser castigado.

♦ **get back 1** *vt + adv* **(a)** *(recover: possessions)* recuperar; *(: strength)* recobrar. **(b)** *(return: object, person)* devolver, *(LAm)* regresar. **2** *vi + adv (return)* volver, *(LAm)* regresar; **to ~ back to bed** volver a la cama; **to ~ back (home)** volver a casa; *see* **own 2.**

♦ **get back at** *vi + prep (fam)* **to ~ back at sb (for sth)** vengarse de uno (por algo).

♦ **get behind** *vi + adv (with work etc)* atrasarse.

♦ **get by** *vi + adv* **(a)** lograr pasar. **(b)** *(fam: manage)* arreglárselas; *(be acceptable)* aceptarse, admitirse; **I can ~ by in Dutch** me defiendo en holandés; **don't worry, he'll ~ by** no te preocupes, se las arreglará.

♦ **get down 1** *vt + adv* **(a)** *(take down)* bajar *(from* de). **(b)** *(swallow)* tragarse. **(c)** *(note down)* apuntar. **(d)** *(fam: depress)* deprimir; **don't let it ~ you down** no dejes que te deprima. **2** *vi + adv (descend)* bajarse *(from, off* de); **quick, ~ down!** ¡bájate, ya!

♦ **get down to** *vi + prep*: **to ~ down to (doing) sth** dedicarse *or (LAm)* liarse a (hacer) algo; **to ~ down to brass tacks** concretar; **to ~ down to business** ponerse a trabajar en serio.

♦ **get in 1** *vt + adv* **(a)** *(bring in: harvest)* recoger; *(: shopping)* comprar; *(: supplies)* traer. **(b)** *(plant: bulbs etc)* plantar. **(c)** *(summon: expert etc)* llamar a. **(d)** *(insert: object)* lograr meter en; *(: comment, word)* meter, entrometer. **2** *vi + adv* **(a)** *(enter)* entrar. **(b)** *(arrive: train, bus, plane)* llegar; *(reach home: person)* llegar a casa. **(c)** *(be admitted: to club)* ser admitido; *(Pol: be elected)* ser elegido; **he got in with a bad crowd** se metió con malas compañías.

♦ **get into** *vi + prep (house)* entrar en; *(vehicle)* subir a; *(clothes)* ponerse; *(club)* ingresar en, hacerse socio de; *(difficulties, trouble)* meterse en; **to ~ into the habit of doing sth** *(Sp)* coger *or (LAm)* agarrar la costumbre de hacer algo; **what's got into him?** ¿qué mosca le ha picado?, ¿qué le pasa?

♦ **get off 1** *vt + adv* **(a)** *(remove: clothes)* quitarse; *(: stain)* quitar. **(b)** *(send off: letter, telegram)* mandar; **to ~ sb off to school** despachar a uno al colegio; **she got the baby off to sleep** logró dormir al niño. **(c)** *(save from punishment)* salvar. **(d)** *(have as leave: day, time)* tener libre.

2 *vi + prep (vehicle etc)* apearse *or (LAm)* bajarse de; *(fam: escape: chore etc)* librarse *or* escaparse de.

3 *vi + adv* **(a)** *(from vehicle)* apearse, *(LAm)* bajarse; **to tell sb where to ~ off** *(fam)* cantar a uno las cuarenta. **(b)** *(depart: person)* marcharse, *(LAm)* partir. **(c)** *(escape injury, punishment)* escapar; **he got off with a fine** se escapó con una multa. **(d)** *(from work)* conseguir marcharse.

♦ **get off with** *vi + prep (fam: start relationship with)* ligar(se) con.

♦ **get on 1** *vi + prep (vehicle)* subir a; *(horse)* montar a.

2 *vt + adv (put on: clothes)* ponerse; *(: lid, cover)* poner.

3 *vi + adv* **(a)** *(mount)* subir. **(b)** *(proceed)* seguir *(with sth* con algo); **~ on with it!** ¡anda!, *(LAm)* ¡apúrese! **(c) to be ~ting on** *(time)* hacerse tarde; *(person)* envejecer; **he's ~ting on for 70** está rondando los 70. **(d)** *(progress)* progresar, *(LAm)* cundir; *(succeed)* tener éxito, avanzar; **how did you ~ on?** *(in exam, etc)* ¿qué tal?, *(LAm)* ¿cómo te fue?; **how are you ~ting on?** ¿qué tal (estás)?, *(LAm)* ¿cómo te va?, ¿cómo sigues? **(e)** *(be on good terms)* llevarse bien *or* entenderse *(with sb* con uno).

♦ **get on to** *vt + prep (fam)* **(a)** *(contact)* hablar con. **(b)** *(deal with)* ocuparse de. **(c)** *(nag)* andar detrás de.

♦ **get out 1** *vt + adv (gen)* sacar *(of* de); *(stain)* quitar; **~ that man out of here!** ¡sáquenme a ese hombre!; **~ out of the way!** ¡apártate!, ¡ponte de un lado! **2** *vi + adv (go out)* salir *(of* de); *(leave)* marcharse *(of* de), *(RPl)* partir *(of* de), *(Mex)* largarse *(of* de); *(from vehicle)* apearse *or (LAm)* bajarse *(of* de); *(escape)* escaparse *or (LAm)* fugarse *(of* de); *(news)* difundirse; *(secret)* hacerse saber.

♦ **get out of 1** *vt + prep* **(a)** *(see also* **get out 1**) *(gen)* sacar de; *(bed)* levantar de; **I must ~ him out of the habit of ...** debo quitarle la costumbre de ... . **(b)** *(extract: confession, words)* sacar de. **(c)** *(gain from: pleasure, benefit)* ganar de. **2** *vi + prep* **(a)** *(see also* **get out 2**) *(escape: duty, punishment)* librarse de. **(b) to ~ out of the habit of doing sth** perder la costumbre de hacer algo. **(c)** *(rise from: bed, chair)* levantarse de.

♦ **get over 1** *vi + adv (cross: stream, road)* cruzar, atravesar. **2** *vi + prep* **(a)** *(cross)* cruzar, atravesar. **(b)** *(recover from: illness, disappointment)* reponerse de; *(: surprise, shock)* sobreponerse a; **I can't ~ over it!** ¡no me cabe en la cabeza! **(c)** *(overcome: problem)* vencer, superar; *(: shyness)* dominar. **3** *vt + adv* **(a)** *(transport across)* trasladar. **(b)** *(have done with)* acabar de una vez; **let's ~ it over (with)** acabemos de una vez. **(c)** *(communicate: idea etc)* comunicar.

♦ **get round 1** *vi + prep (problem, regulation)* soslayar; **to ~ round sb** convencer a uno. **2** *vi + adv*: **to ~ round to doing sth** alcanzar a hacer algo; **I'll ~ round to it** llegaré a hacerlo.

♦ **get through 1** *vi + prep* **(a)** *(pass through:*

window etc) pasar por; *(: crowd)* abrirse paso por. **(b)** *(finish: work)* acabar con; *(: book)* terminar; *(use up: food, money)* agotar. **(c)** *(pass: exam)* aprobar; *(Pol: bill)* ser aprobado.

2 *vt + prep (cause to succeed: student)* conseguir que apruebe; *(: proposal, bill)* conseguir que sea aprobado.

3 *vt + adv (succeed in sending: message, supplies)* conseguir entregar; *(Pol: bill)* conseguir que sea aprobado.

4 *vi + adv* **(a)** *(pass through)* abrirse paso; *(news, supplies etc: arrive)* llegar. **(b)** *(pass, succeed: student)* aprobar; *(: football team)* pasar; *(be accepted: bill)* ser aprobado. **(c)** *(finish)* acabar. **(d) to ~ through to sb** *(Telec)* lograr comunicarse con uno; *(fig: communicate with)* hacerse entender por uno.

♦ **get together 1** *vt + adv (people, objects)* reunir; *(fig: thoughts, ideas)* organizar. **2** *vi + adv (group, club)* reunirse; **to ~ together about sth** reunirse para discutir algo.

♦ **get up 1** *vi + adv* **(a)** *(gen: rise)* levantarse. **(b)** *(climb up)* subir. **2** *vt + adv* **(a)** *(person: from chair, floor)* levantar; *(: wake)* despertar, levantar. **(b)** *(gather: strength, enthusiasm)* cobrar; **to ~ up speed** cobrar velocidad. **(c)** *(fam: organize: celebrations etc)* organizar. **(d)** *(fam: dress up: person)* **to ~ o.s. up as** disfrazarse de; **beautifully got up** muy bien vestido.

♦ **get up to** *vi + prep* **(a)** *(lit, fig: reach)* llegar a; **I've got up to chapter 4** estoy en el capítulo 4. **(b) to ~ up to mischief** hacer alguna travesura; **what have you been ~ting up to?** ¿en qué te has metido últimamente?

get·away ['getəweɪ] **1** *n*: **to make one's ~** escaparse, *(LAm)* arrancar. **2: ~ car** *n* coche *m* de fuga.

get-togeth·er ['gettə,geðəʳ] *n (fam: meeting)* reunión *f; (regular social gathering)* tertulia *f, (LAm)* peña *f; (party)* fiesta *f.*

get-up ['getʌp] *n (fam: outfit)* atavío *m*, atuendo *m.*

gey·ser ['giːzəʳ] *n (Geog)* géiser *m; (water heater)* calentador *m* de agua.

Gha·na ['gɑːnə] *n* Ghana *f.*

ghast·ly ['gɑːstlɪ] *adj (horrible)* horroroso/a; *(pale)* pálido/a, cadavérico/a; *(fam: very bad: mistake etc)* espantoso/a, funesto/a.

gher·kin ['gɜːkɪn] *n* pepinillo *m.*

ghet·to ['getəʊ] *n* ghetto *m.*

ghost [gəʊst] **1** *n* fantasma *m*, espectro *m;* **Holy G~** *(Rel)* Espíritu *m* Santo; **he hasn't the ~ of a chance** *(fig)* no tiene la más remota posibilidad. **2** *vt (book)* hacer de negro para. **3: ~ story** *n* cuento *m* de fantasmas.

ghostly *adj* fantasmal, espectral.

ghost·writ·er ['gəʊst,raɪtəʳ] *n* negro/a *m/f.*

gi·ant ['dʒaɪənt] **1** *n (gen)* gigante *mf.* **2** *adj* gigantesco/a. **3** *cpd (fern, panda)* gigante; **~ (size) packet** *n* paquete *m* (de tamaño) gigante *or* familiar.

gib·ber ['dʒɪbəʳ] *vi (monkey)* farfullar; *(idiot)* hablar de una manera ininteligible.

gib·ber·ish ['dʒɪbərɪʃ] *n* galimatías *m*, jerigonza *f.*

gib·bet ['dʒɪbɪt] *n* horca *f.*

gib·bon ['gɪbən] *n* gibón *m.*

gibe [dʒaɪb] **1** *n* mofa *f*, burla *f.* **2** *vi* mofarse *or* burlarse *(at* de).

gib·lets ['dʒɪblɪts] *npl* menudillos *mpl, (LAm)* menudencias *fpl.*

Gi·bral·tar [dʒɪ'brɔːltəʳ] *n* Gibraltar *m.*

gid·dy ['gɪdɪ] *adj* **(-ier, -iest)** *(dizzy)* mareado/a; *(causing dizziness: height, speed)* vertiginoso/a; **it makes me ~** me marea.

gift [gɪft] *n* **(a)** *(present)* regalo *m; (Comm: also* **free ~**) obsequio *m;* **it's a ~!** *(fam)* ¡es pan comido!; *(LAm)* ¡está tirado! **(b)** *(talent)* **to have a ~ for languages** tener don *m* de lenguas; *see* **gab.**

gift·ed ['gɪftɪd] *adj* dotado/a *(in* en).

gig [gɪg] *n (carriage)* calesa *f; (fam: job)* función *f.*

gi·gan·tic [dʒaɪ'gæntɪk] *adj* gigantesco/a.

gig·gle ['gɪgl] **1** *n* risilla *f.* **2** *vi* reírse tontamente.

gild [gɪld] *vt (metal, frame)* dorar; **to ~ the lily** *(fig)* embellecer lo perfecto.

gill[1] [gɪl] *n (of fish)* branquia *f*, agalla *f.*

gill[2] [dʒɪl] *n (measure)* cuarta parte *f* de una pinta.

gilt [gɪlt] **1** *n* dorado *m.* **2** *adj* dorado/a.

gilt-edged [,gɪlt'edʒd] *adj* **(a)** *(Fin: stocks, securities)* de máxima garantía. **(b)** *(book)* con cantos dorados.

gim·let ['gɪmlɪt] *n (for wood)* barrena *f* de mano.

gim·mick ['gɪmɪk] *n* truco *m* publicitario; *(gadget)* artilugio *m;* **sales ~** *(Comm)* truco de promoción.

gin [dʒɪn] *n (drink)* ginebra *f;* **~ and tonic** gintónic *m.*

gin·ger ['dʒɪndʒəʳ] **1** *n (spice)* jengibre *m.* **2** *adj (hair)* pelirrojo/a; *(cat)* de color melado; **~ ale** *or* **beer** gaseosa *f* de jengibre.

ginger·bread ['dʒɪndʒəbred] *n* pan *m* de jengibre.

gin·ger·ly ['dʒɪndʒəlɪ] *adv* con cautela.

ging·ham ['gɪŋəm] *n (material)* guingán *m.*

gip·sy ['dʒɪpsɪ] *adj, n* = **gypsy.**

gi·raffe [dʒɪ'rɑːf] *n* jirafa *f.*

gird [gɜːd] *vt* ceñir.

gird·er ['gɜːdəʳ] *n* viga *f.*

gir·dle ['gɜːdl] *n (corset)* faja *f.*

girl [gɜːl] *n (small)* niña *f*, chiquilla *f; (young woman)* chica *f*, muchacha *f, (CAm)* chavala *f; (fam: girlfriend)* novia *f, (Chi)* polola *f;* **factory/shop ~** obrera *f*/dependienta *f;* **G~ Guide** *(Brit),* **G~ Scout** *(US)* exploradora *f.*

girl·friend ['gɜːlfrend] *n (of girl)* amiga *f; (of boy)* novia *f, (Chi)* polola *f, (LAm fam)* niña *f.*

giro ['dʒaɪrəʊ] *n*: **bank/post-office ~** giro *m* bancario/postal.

girth [gɜːθ] *n (for saddle)* cincha *f; (measure: of tree)* circunferencia *f; (: of person's waist)* gordura *f.*

gist [dʒɪst] *n (of speech, conversation etc)* esencia *f*, lo esencial; **to get the ~ of sth** entender lo esencial de algo.

give [gɪv] *pt* **gave,** *pp* **given 1** *vt* **(a)** *(gen)* dar; *(provide)* proporcionar; *(deliver)* entregar; *(as gift)* regalar, dar; *(offer: description, particulars)* hacer constar; *(bestow: title, honour)* otorgar; *(: name)* dar, poner; *(grant: permission)* conceder; *(make: promise)* hacer; *(sacrifice: life)* entregar, sacrificar; *(dedicate: life, time)* dedicar; *(pay)* pagar, dar; **how much did you ~ for it?** ¿cuánto pagaste por él?; **to ~ sb sth** *or* **sth to sb** dar algo a uno; **to ~ sb sth to eat** dar de comer a uno; **12 o'clock, ~ or take a few minutes** más o menos las doce; **to ~ as good as one gets** pagar con la misma moneda; **he gave it everything he'd got** *(fig)* se entregó por completo; **I'd ~ a lot** *or* **the world** *or* **anything to know ...** *(fam)* daría un dineral por saber ... .

(b) *(impart: shock, surprise, pleasure)* dar; *(: pain)* causar, provocar; *(message)* entregar; **to ~ a decision** *(Jur)* fallar; **to ~ sb a kick/push** dar una patada/un empujón a uno; **to ~ sb a cold** contagiar el resfriado a uno; **to ~ sb news of sth** dar noticias a uno de algo; **~ them my regards** mándales saludos de mi parte; **that ~s me an idea** eso me da una idea.

(c) *(produce: milk, fruit)* dar, producir; *(: light, heat)* dar; *(: result)* arrojar; *(supply: help, advice)* facilitar, proporcionar; *(deliver: speech, lecture)* pronunciar; *(: song)* presentar; **to ~ a party** dar una fiesta; **to ~ the right/wrong answer** dar la respuesta correcta/equivocada.

(d) *(perform etc: jump)* dar; *(emit: cry, sigh)* dar, lanzar; **to ~ sb a smile** dirigir una sonrisa a uno.

(e) *(allow: chance)* dar, facilitar; *(time)* dar, dejar; **to ~ sb a choice** darle que escoger a uno; **I can ~ you 10 minutes** le puedo conceder 10 minutos; **~ yourself an hour to get there** deja una hora para llegar; **he's honest, I ~ you that** es honrado, te lo reconozco; **to ~ way** *(be replaced)* ser reemplazado *(to* por); **to ~ way to despair** *(fig)* entregarse a la desesperación; **'~ way'** *(Brit Aut: to oncoming traffic)* 'ceda el paso'; *see also* **2 (b).**

2 *vi* **(a)** *(give presents)* hacer regalos; **to ~ to charity** hacer una donación.

(b) *(stretch)* dar (de sí), ceder; *(also* **~ way:** *lit, fig: collapse etc: roof, ground)* hundirse; *(: knees)* flaquear; *(yield: door etc)* ceder; **something's got to ~!** *(fam)* ¡algo tiene que ceder!

3 *n (of material, elastic)* elasticidad *f; (of chair, bed)* blandura *f.*

♦ **give away** *vt + adv* **(a)** *(money, goods)* regalar, *(LAm)* obsequiar; *(bride)* llevar al altar; *(present: prizes)* entregar; *(sell cheaply)* vender regalado/a. **(b)** *(reveal: secret)* divulgar; *(betray: person)* traicionar, denunciar.

♦ **give back** *vt + adv (return: sb's property)* devolver *(to* a).

♦ **give in 1** *vt + adv (hand in: form, essay)* entregar; **to ~ in one's name** dar su nombre. **2** *vi + adv (yield)* ceder *or* rendirse *(to sb* ante uno); *(in guessing game etc)* **I ~ in!** ¡me rindo!, ¡me doy por vencido!

♦ **give off** *vt + adv (smell, smoke, heat)* despedir.

♦ **give out 1** *vt + adv* **(a)** *(distribute)* repartir. **(b)** *(make known: news etc)* divulgar. **2** *vi + adv (be exhausted: supplies)* agotarse; *(fail: engine, legs)* acabarse.

♦ **give up 1** *vt + adv* **(a)** *(surrender: place)* ceder; *(hand over: ticket)* entregar; **to ~ o.s. up to the police** entregarse a la policía. **(b)** *(renounce: friend, boyfriend)* renunciar; *(: job)* dejar; *(abandon: problem)* abandonar; **I gave it up as a bad job** *(fam)* ¡me di por vencido! **(c)** *(devote: one's life, time)* dedicar *(to* a); *(sacrifice: one's life)* entregar *(for* por); *(: career)* renunciar *(for* por). **2** *vi + adv (stop trying)* rendirse; **I ~ up!** *(trying to guess)* ¡me rindo!

give-and-take [ˌgɪvən'teɪk] *n (fam)* toma y daca *m.*

give·away ['gɪvəweɪ] **1** *n (fam)* revelación *f* involuntaria; **the exam was a ~!** ¡el examen fue pan comido! **2: ~ prices** *npl* precios *mpl* regalados.

giv·en ['gɪvn] **1** *pp of* **give. 2** *adj* **(a)** *(fixed: time, amount)* determinado/a, fijo/a; **on a ~ day** en un día determinado; **~ name** *(esp US)* nombre *m* de pila. **(b) to be ~ to doing sth** ser dado a hacer algo. **3** *conj:* **~ (that) ...** dado que ...; **~ the circumstances ...** dadas las circunstancias ...; **~ time, it would be possible** con el tiempo, sería posible.

giv·er ['gɪvəʳ] *n* donante *mf,* donador(a) *m/f.*

glacé ['glæseɪ] *adj* escarchado/a.

gla·cial ['gleɪsɪəl] *adj (Geol)* glaciar; *(cold: weather, wind, also fig)* glacial.

glaci·er ['glæsɪəʳ] *n* glaciar *m.*

glad [glæd] *adj* (**-der, -dest**) *(pleased)* contento/a; *(happy)* feliz; *(news, occasion)* bueno/a; **to be ~ about sth** alegrarse de algo; **to be ~ that** alegrarse de que; **I am ~ to hear it** me da gusto saberlo; **I was ~ of his help** le agradecí su ayuda.

glad·den ['glædn] *vt* alegrar, poner contento/a.

glade [gleɪd] *n* claro *m.*

gladia·tor ['glædɪeɪtəʳ] *n* gladiador *m.*

glad·ly ['glædlɪ] *adv (joyfully)* alegremente; *(willingly)* de buena gana, con gusto.

glam·or·ous ['glæmərəs] *adj (person)* encantador(a), atractivo/a; *(dress)* de gala; *(occasion)* pomposo/a.

glam·our ['glæməʳ] *n (see adj)* encanto *m,* atractivo *m;* gala *f;* pompa *f.*

glance [glɑːns] **1** *n* mirada *f,* vistazo *m (at* a); **at a ~** de un vistazo; **at first ~** a primera vista. **2** *vi* **(a)** *(look)* lanzar *or* echar una mirada *(at* a); **to ~ away** apartar los ojos; **to ~ through a report** hojear un informe. **(b) to ~ off sth** rebotar de algo.

glanc·ing ['glɑːnsɪŋ] *adj (blow)* oblicuo/a.

gland [glænd] *n (Anat)* glándula *f.*

glan·du·lar ['glændjʊləʳ] *adj* glandular; **~ fever** fiebre *f* glandular.

glare [glɛəʳ] **1** *n* **(a)** *(of light, sun)* deslumbramiento *m;* **the ~ of publicity** *(fig)* la atención pública. **(b)** *(look)* mirada *f* feroz. **2** *vi* **(a)** *(light)* brillar, deslumbrar. **(b)** *(look)* mirar ferozmente *(at* a).

glar·ing ['glɛərɪŋ] *adj (dazzling: sun, light)* deslumbrante, brillante; *(: colour)* chillón/ona, llamativo/a; *(obvious: mistake, evidence)* evidente, manifiesto/a.

glass [glɑːs] **1** *n* **(a)** *(material)* vidrio *m,* cristal *m; (~ware)* cristalería *f; (drinking vessel for water)* vaso *m; (: for wine, spirits)* copa *f; (~ful)* vaso; copa; *(barometer)* barómetro *m; (mirror)* espejo *m.* **(b) ~es** *(spectacles)* gafas *fpl,* anteojos *mpl; (binoculars)* gemelos *mpl.* **2** *cpd (bottle, ornament, eye)* de vidrio *or* cristal; **~ paper** *n* papel *m* de lija; **~ wool** *n* lana *f* de vidrio.

glass-blowing ['glɑːsˌbləʊɪŋ] *n* soplado *m* de vidrio.

glass·house ['glɑːshaʊs] *n (for plants)* invernadero *m.*

glass·ware ['glɑːswɛəʳ] *n* cristalería *f,* artículos *mpl* de cristal.

glassy ['glɑːsɪ] *adj* (**-ier, -iest**) *(surface)* liso/a; *(water)* espejado/a; *(eye, look)* vidrioso/a.

glaze [gleɪz] **1** *n (on pottery, Culin)* vidriado *m.* **2** *vt* **(a)** *(window)* poner cristales a. **(b)** *(pottery)* vidriar; *(Culin)* glasear.

gla·zi·er ['gleɪzɪəʳ] *n* vidriero/a *m/f.*

gleam [gliːm] **1** *n* **(a)** *(of light)* rayo *m,* destello *m; (of metal, water)* espejeo *m;* **with a ~ in one's eye** con una chispa en el ojo. **(b)** *(fig)* **a ~ of hope** un rayo de esperanza. **2** *vi (light)* brillar, destellar; *(metal, water)* espejear, relucir; *(eyes)* chispear *(with* de).

glean [gliːn] *vt (gather: information)* recoger, espigar.

glee [gliː] *n (joy)* regocijo *m,* alegría *f.*

glee·ful ['gliːfʊl] *adj (smile, laugh)* regocijado/a, alegre; *(: malicious)* malicioso/a.

glen [glen] *n* cañada *f.*

glib [glɪb] *adj (explanation, excuse)* fácil; **the salesman was very ~** el vendedor tenía mucha labia.

glide [glaɪd] **1** *n (of dancer etc)* deslizamiento *m; (Aer)* planeo *m,* vuelo *m* sin motor. **2** *vi (move smoothly)* deslizarse; *(Aer)* planear.

glid·er ['glaɪdəʳ] *n (Aer)* planeador *m.*

glid·ing ['glaɪdɪŋ] *n (Aer)* vuelo *m* sin motor.

glim·mer ['glɪməʳ] **1** *n* **(a)** *(of light)* luz *f* tenue; *(of water)* espejeo *m.* **(b)** *(fig)* = **gleam 1 (b). 2** *vi (light)* rielar; *(water)* espejear.

glimpse [glɪmps] **1** *n* vislumbre *f;* **to catch a ~ of** vislumbrar, *(LAm)* divisar. **2** *vt* vislumbrar.

glint [glɪnt] *n (of metal etc)* destello *m,* centelleo *m;*

he had a ~ in his eye le chispeaban los ojos.

glis·ten ['glɪsn] *vi (wet surface)* relucir; *(water)* espejear; *(eyes)* chispear *(with* de).

glit·ter ['glɪtə^r] **1** *n (of gold etc)* brillo *m.* **2** *vi (gold etc)* relucir, brillar; **all that ~s is not gold** no es oro todo lo que reluce.

gloat [gləʊt] *vi* relamerse; **to ~ over** *(money etc)* recrearse contemplando; *(victory, good news)* refocilarse con; *(enemy's misfortune etc)* saborear.

glob·al ['gləʊbl] *adj* **(a)** *(world-wide)* mundial. **(b)** *(comprehensive)* global.

globe [gləʊb] *n (sphere)* globo *m,* esfera *f; (the world)* mundo *m; (spherical map)* esfera *f* terrestre.

glob·ule ['glɒbju:l] *n (of oil, water)* glóbulo *m.*

gloom [glu:m] *n* **(a)** *(darkness)* semioscuridad *f.* **(b)** *(sadness)* tristeza *f,* melancolía *f.*

gloom·y ['glu:mɪ] *adj* **(-ier, -iest)** *(place)* oscuro/a, tenebroso/a; *(atmosphere, character)* triste, lóbrego/a; *(outlook)* poco prometedor(a); *(day, weather)* encapotado/a; **to feel ~** sentirse pesimista.

glo·ri·fy ['glɔ:rɪfaɪ] *vt (exalt: God)* alabar; *(: person)* glorificar; *(pej: war, deeds)* embellecer; **it's just a glorified boarding-house** es una simple pensión, aunque presuma de otra cosa.

glo·ri·ous ['glɔ:rɪəs] *adj (career, victory)* glorioso/a; *(weather, view)* magnífico/a.

glo·ry ['glɔ:rɪ] **1** *n (honour, fame, Rel)* gloria *f; (splendour)* gloria *f,* esplendor *m;* **Rome at the height of its ~** Roma en su época de gloria. **2** *vi:* **to ~ in sth** *(one's success etc)* enorgullecerse *or* jactarse de algo; *(another's misfortune)* disfrutar maliciosamente algo.

gloss [glɒs] **1** *n* **(a)** *(explanation)* glosa *f.* **(b)** *(shine)* brillo *m,* lustre *m; (also* **~ paint***)* pintura *f* de aceite. **2:** **~ finish** *n (of paint)* acabado *m* brillo; *(on photo)* acabado *m* satinado.

♦ **gloss over** *vt + adv (mistake etc)* encubrir.

glos·sa·ry ['glɒsərɪ] *n* glosario *m.*

gloss·y ['glɒsɪ] *adj* **(-ier, -iest)** *(surface)* brillante, lustroso/a; *(hair)* liso/a; *(cloth, paper)* satinado/a; **~ magazine** revista *f* elegante.

glove [glʌv] **1** *n* guante *m.* **2:** **~ compartment** *n (Aut)* guantera *f;* **~ puppet** *n* títere *m* de guante.

glow [gləʊ] **1** *n (of lamp, sunset, fire, etc)* brillo *m; (of bright colour)* luminosidad *f,* brillo *m; (of cheeks)* rubor *m; (in sky)* luz *f* difusa; *(warm feeling)* sensación *f* de bienestar; **a ~ of satisfaction** una gran satisfacción. **2** *vi (lamp, sunset, fire)* brillar; *(colour)* resplandecer; **to ~ with health** rebosar de salud.

glow·er ['glaʊə^r] *vi* mirar con ceño *(at sb* a uno).

glow·ing ['gləʊɪŋ] *adj (light etc)* brillante; *(fire, colour)* vivo/a; *(complexion, cheeks etc)* encendido/a; *(person: with health, pleasure)* rebosante; *(fig: report, description etc)* entusiasta.

glow-worm ['gləʊwɜ:m] *n* luciérnaga *f.*

glu·cose ['glu:kəʊs] *n* glucosa *f.*

glue [glu:] **1** *n* cola *f,* goma *f, (LAm)* cemento *m.* **2** *vt* pegar *(to* a); **to ~ 2 things together** pegar dos cosas (con goma *etc*); **she was ~d to the television** *(fig)* tenía los ojos clavados en la televisión.

glue-sniffing ['glu:ˌsnɪfɪŋ] *n* inhalación *f* del vapor de cemento.

glum [glʌm] *adj* **(-mer, -mest)** *(person)* melancólico/a; *(mood, expression)* triste; *(tone)* melancólico/a, sombrío/a.

glut [glʌt] **1** *n* superabundancia *f,* exceso *m.* **2** *vt (market)* inundar.

glu·ti·nous ['glu:tɪnəs] *adj* glutinoso/a.

glut·ton ['glʌtn] *n* glotón/ona *m/f; (fam)* comilón/ona *m/f, (LAm)* tragón/ona *m/f;* **~ for work** trabajador(a) *m/f* incansable; **~ for punishment** masoquista *mf.*

glut·tony ['glʌtənɪ] *n* glotonería *f,* gula *f.*

glyc·er·in(e) [ˌglɪsə'ri:n] *n* glicerina *f.*

gm, gms *abbr of* **gram(s), gramme(s)** g., gr.

gnarled [nɑ:ld] *adj (wood)* nudoso/a; *(hands)* torcido/a.

gnash [næʃ] *vt:* **to ~ one's teeth** rechinar los dientes.

gnat [næt] *n* mosquito *m.*

gnaw [nɔ:] **1** *vt (chew, also fig)* roer, carcomer. **2** *vi:* **to ~ through** roer *or* carcomer por; **to ~ at** roer.

gnome [nəʊm] *n* gnomo *m.*

GNP *n abbr of* **gross national product** PNB.

gnu [nu:] *n* ñu *m.*

go [gəʊ] *pt* **went,** *pp* **gone** **1** *vi* **(a)** *(gen)* ir; **to ~ to London** ir a Londres; **to ~ by car** ir en coche; **to ~ at 30 m.p.h.** hacer 30 millas por hora; **to ~ looking for sth/sb** ir a buscar algo/a uno; **to ~ for a walk/swim** dar un paseo/bañarse; **to ~ to a party** ir a una fiesta; **to ~ and see sb, to ~ to see sb** ir a ver a uno; **halt, who ~es there?** alto, ¿quién va *or* vive?; **you ~ first** tú primero; **there he ~es!** ¡ahí va!; **there you ~ again!** *(fam)* ¡otra vez con lo mismo!

(b) *(depart)* irse, marcharse, *(LAm)* partir; *(train etc)* salir; *(disappear: person)* marcharse; *(: object)* desaparecer; *(: money)* gastarse; *(: time)* pasar; *(be sold)* **to ~ (for)** venderse (por *or* en); **my hat has gone (missing)** ha desaparecido mi sombrero; **the cake is all gone** se acabó la torta; **~!** *(Sport)* ¡ya!; **here ~es!** *(fam)* ¡vamos a ver!; **gone are the days when ...** ya pasaron los días cuando ...; **the day went slowly** el día pasó lentamente; **it's just gone** 7 acaban de dar las 7; **only 2 days to ~** sólo faltan dos días; **~ing, ~ing, gone!** ¡a la una, a las dos, a las tres!; **it went for £10** se vendió por *or* en 10 libras; **it's ~ing cheap** *(fam)* está regalado, se vende barato.

(c) *(extend)* extenderse, llegar, *(LAm)* alcanzar; **the garden ~es down to the lake** el jardín se extiende hasta el lago; **money doesn't ~ far nowadays** hoy día el dinero apenas alcanza; **it's good as far as it ~es** dentro de sus límites está bien.

(d) *(function: machine, car etc)* funcionar, marchar, *(LAm)* caminar; **I couldn't get the car to ~ at all** no pude hacer marchar el coche; **to keep ~ing** *(person: moving)* seguir; *(: enduring)* resistir, *(LAm)* aguantar; *(machine)* seguir funcionando; **it ~es on petrol** *(Aut)* funciona con gasolina; **to make sth ~, to get sth ~ing** poner algo en marcha; **let's get ~ing** vamos, vámonos, *(Mex)* ándale.

(e) *(progress)* ir, seguir, *(LAm)* andar; *(turn out)* salir; **the meeting went well** la reunión salió bien; **how did the exam ~?** ¿cómo te fue en el examen?; **how's it ~ing?** *(fam)* ¿qué tal?, *(LAm)* ¿cómo te va?; **we'll see how things ~** *(fam)* veremos cómo sale todo; **he has a lot ~ing for him** tiene muchas ventajas; **how does that song ~?** *(tune)* ¿cómo va esa canción?; *(words)* ¿cómo es la letra de esa canción?

(f) **to ~ (with)** *(match)* hacer juego (con), encajar (con); *(coincide, cooccur)* acompañar; **the curtains don't ~ with the carpet** las cortinas no pegan con la alfombra.

(g) *(esp + adj: become)* volverse, quedarse; **to ~ hungry/thirsty** pasar hambre/sed; **to ~ without sth** prescindir de algo; **to ~ bad** *(food)* echarse a perder; **to ~ mad** *(lit, fig)* volverse loco; **to ~ to sleep** dormirse.

(h) *(fit, be contained)* caber; **where does this**

book ~? ¿dónde pongo este libro?; **it won't ~ in the case** no cabe en la maleta; **4 into 3 won't ~** 4 entre 3 no va.

(i) *(be acceptable)* valer; **anything ~es** *(fam)* todo vale; **that ~es for me too** *(that applies to me)* yo también; *(I agree with that)* de acuerdo, yo concuerdo; **what he says ~es** aquí manda él.

(j) *(wear out: material)* gastarse; *(break)* romperse; *(fail)* fallar; *(Tech)* dejar de funcionar, *(Per, RPl)* malograrse; *(give way)* ceder; *(fuse)* fundirse; **this jumper has gone at the elbows** este jersey se ha deshecho por los codos.

(k) *(be dismissed, got rid of: person)* ser despedido; **that sideboard will have to ~** tenemos que desechar ese aparador; **apartheid must ~!** ¡fuera el apartheid!

(l) *(be available)* **there are several jobs ~ing** se ofrecen varios puestos; **there's a flat ~ing here** aquí hay un piso libre; **is there any tea ~ing?** ¿me ofreces una taza de té?; **I'll take whatever is ~ing** acepto lo que haya.

(m) *(contribute, be used for)* **the money ~es to charity** el dinero se destina a la caridad; **the money will ~ towards a holiday** el dinero será un aporte para las vacaciones; **all his money ~es on drink** se le va el dinero en alcohol; **the qualities which ~ to make him a great writer** las cualidades que le hacen un gran escritor.

(n) *(be given: prize)* ser ganado *(to* por); *(inheritance)* pasar.

(o) *(make a sound or movement)* hacer; *(doorbell, phone)* sonar; **~ like that (with your right hand)** haz así (con la mano derecha).

(p) *(US)* **food to ~** comida *f* para llevar.

2 *aux vb*: **I'm/I was ~ing to do it** voy/iba a hacerlo; **it's ~ing to rain** va a llover; **there's ~ing to be trouble** se está armando un lío.

3 *vt* **(a)** *(way, route)* ir.

(b) *(fam)* **to ~ it alone** obrar por su cuenta; **to ~ one better** ganar el remate.

4 *n, pl* **-es (a)** *(fam: energy)* energía *f*, empuje *m*; **he's always on the ~** no descansa; **I've got two projects on the ~** tengo dos proyectos entre manos; **it's all ~** aquí no hay descanso.

(b) *(success)* **to make a ~ of sth** tener éxito en algo; **it's no ~** *(fam)* es inútil.

(c) *(attempt)* intento *m*; **to have a ~ (at doing sth)** intentar (hacer algo); **at** *or* **in one ~** de un (solo) golpe; **it's your ~** te toca a ti.

(d) from the word ~ *(fam)* desde el principio; **all systems (are) ~** *(Space, also fig)* todo listo.

♦ **go about 1** *vi + prep* **(a)** *(set to work on: task)* emprender; **how does one ~ about joining?** ¿qué hay que hacer para hacerse socio? **(b)** *(busy o.s. with: one's business etc)* ocuparse de. **2** *vi +adv (also* **~ around:** *wander about)* andar (de un sitio para otro); *(circulate: flu etc)* circular.

♦ **go after** *vi + prep (follow)* seguir; *(criminal etc)* perseguir; *(job, record, girl)* andar tras.

♦ **go against** *vi + prep (be unfavourable to: result, events, evidence)* ir en contra de; *(be contrary to: principles, conscience)* ser contrario/a a; *(act against: sb's wishes)* actuar en contra de.

♦ **go ahead** *vi + adv (carry on)* seguir adelante *(with* con); **~ (right) ahead!** ¡adelante!

♦ **go along** *vi + adv (proceed)* seguir; **check as you ~ along** corrija al momento; **to ~ along with** *(accompany)* acompañar; *(agree with: person, idea)* estar de acuerdo con.

♦ **go around** *vi + adv see* **go about 2, go round (a).**

♦ **go at** *vi + prep (fam: attack, tackle)* atacar, arremeterse contra; *(tackle: job etc)* empecinarse en (hacer).

♦ **go away** *vi + adv (depart)* marcharse, irse.

♦ **go back** *vi + adv* **(a)** *(gen)* volver *(to* a), *(LAm)* regresar *(to* a); *(retreat)* volverse atrás; **there's no ~ing back now** ya no podemos volver atrás. **(b)** *(date back)* remontarse; **the controversy ~es back to 1929** la controversia se remonta a 1929. **(c)** *(extend: garden, cave)* extenderse.

♦ **go back on** *vi + prep (decision, promise)* faltar a.

♦ **go before** *vi + adv (precede)* preceder.

♦ **go by 1** *vi + prep* **(a)** *(be guided by: watch, compass)* guiarse por; **to ~ by appearances** juzgar por las apariencias. **(b) to ~ by the name of X** llamarse X. **2** *vi + adv (pass by: person, car etc)* pasar (cerca); *(: overtake)* rebasar; *(opportunity)* pasar; *(time)* pasar, transcurrir; **as time ~es by** con el tiempo, con el transcurrir del tiempo.

♦ **go down** *vi + adv* **(a)** *(sun)* ponerse; *(person: downstairs)* bajar; *(sink: ship, person)* hundirse; *(be defeated)* ser vencido; **that should ~ down well (with him)** eso le va a gustar. **(b)** *(be written down)* apuntarse; **to ~ down in history/to posterity** pasar a la historia/la posteridad. **(c)** *(decrease: prices, temperature etc)* bajar; **he has gone down in my estimation** ha bajado en mi estima. **(d)** *(with an illness)* caer enfermo.

♦ **go for** *vi + prep* **(a)** *(attack, also fig)* atacar. **(b)** *(fam: apply to)* valer para. **(c)** *(fam: like, fancy)* **I don't ~ for his films very much** no me gustan mucho sus películas.

♦ **go forward** *vi + adv* **(a)** *(proceed: with plan etc)* seguir adelante *(with* con). **(b)** *(be put forward: suggestion)* presentarse.

♦ **go in** *vi + adv* **(a)** *(enter)* entrar. **(b) the sun went in** el sol se ocultó. **(c)** *(fit)* caber.

♦ **go in for** *vi + prep* **(a)** *(enter for: race, competition)* presentarse a. **(b)** *(be interested in: hobby, sport)* interesarse por; *(use a lot of)* utilizar; *(take as career)* dedicarse a.

♦ **go into** *vi + prep* **(a)** *(investigate, examine)* examinar a fondo; *(explanation, details)* meterse en. **(b)** *(embark on: career)* dedicarse a. **(c)** *(trance, coma)* entrar en; **to ~ into fits of laughter** morirse de risa.

♦ **go off 1** *vi + adv* **(a)** *(leave)* marcharse, irse. **(b)** *(cease to operate: lights, telephone)* apagarse. **(c)** *(bomb)* estallar; *(gun)* disparar; *(alarm clock)* sonar. **(d)** *(go bad: food)* estropearse; *(: milk)* pasarse. **(e)** *(take place)* salir; **the party went off well** la fiesta salió bien. **2** *vi + prep (no longer like: thing)* perder el gusto por; *(: person)* dejar de querer a.

♦ **go on 1** *vi + prep (be guided by: evidence etc)* partir de; **there's nothing to ~ on** no hay pista que seguir. **2** *vi + adv* **(a)** *(continue: war, talks)* seguir, continuar; *(: person, on journey)* seguir el camino; *(last)* durar; **to ~ on doing sth** seguir haciendo algo; **he went on to say that ...** añadió que ...; **to ~ on about sth** *(fam)* insistir en algo; **what a way to ~ on!** *(pej)* ¡qué manera de comportarse! **(b)** *(begin to operate: lights, machine)* encenderse, *(LAm)* prenderse. **(c)** *(happen)* pasar, ocurrir; **what's ~ing on here?** ¿qué pasa *or* ocurre aquí? **(d)** *(pass: time, years)* pasar, transcurrir.

♦ **go on for** *vi + prep*: **he's ~ing on for 60** anda por los 60; **it's ~ing on for 2 o'clock** son casi las 2, *(LAm)* van a ser las 2.

♦ **go out** *vi + adv* **(a)** *(be extinguished: fire, light)* apagarse. **(b)** *(exit, in cards)* salir; *(ebb: tide)* bajar, menguar; **to ~ out shopping/for a meal** salir de compras *or (LAm)* de tiendas/a comer; **to ~ out (of fashion)** pasar (de moda); **to ~ out with sb** salir con uno.

♦ **go over 1** *vi + prep* **(a)** *(examine: report etc)* examinar. **(b)** *(rehearse, review: speech, lesson etc)* repasar, revisar; **to ~ over sth in one's mind** repasar algo mentalmente. **(c)** *(pass over: wall etc)* pasar por encima de. **2** *vi + adv* **(a) to ~ over to** *(cross over)* cruzar a; *(approach)* acercarse *or* dirigirse a; *(fig: change habit, sides etc)* pasarse a. **(b)** *(be received)* recibirse; **his speech went over well** su discurso tuvo buena acogida.

♦ **go round** *vi + adv* **(a)** *(revolve)* girar, dar vueltas; *(circulate: news, rumour)* correr, circular. **(b)** *(suffice)* alcanzar, bastar. **(c)** *(visit)* **to ~ round (to)** pasar a (ver a); **let's ~ round to John's place** vamos a casa de Juan. **(d)** *(make a detour)* dar la vuelta.

♦ **go through 1** *vi + prep* **(a)** *(suffer)* pasar por, sufrir; *(bear)* aguantar. **(b)** *(examine: list, book)* repasar; *(search through: pile, one's pockets)* revisar. **(c)** *(use up: money)* gastar; *(consume: food)* comerse; *(: drink)* beberse; *(wear out: garment)* gastar. **(d)** *(perform: formalities etc)* tramitar; *(: ceremony etc)* realizar. **2** *vi + adv (lit)* pasar; *(fig)* ser aprobado.

♦ **go through with** *vi + prep (plan, crime)* llevar a cabo.

♦ **go together** *vi + adv (harmonize: colours)* hacer juego; *(: people etc)* entenderse; *(coincide: events, conditions)* juntarse.

♦ **go under** *vi + adv (sink: ship, person)* hundirse; *(fig: business, firm)* quebrar.

♦ **go up** *vi + adv* **(a)** *(rise: temperature, prices etc)* subir. **(b)** *(be built: tower block etc)* levantarse. **(c)** *(explode)* estallar; **to ~ up in flames** estallar en llamas.

goad [gəʊd] **1** *vt*: **to ~ sb into doing sth** *(fig)* incitar a uno a hacer algo. **2** *n (Agr)* aguijón *m*, puya *f*.

go-ahead ['gəʊəhed] **1** *adj* emprendedor(a). **2** *n*: **to give sb/sth the ~** autorizar a uno/algo.

goal [gəʊl] **1** *n* **(a)** *(Sport: score)* gol *m; (: net etc)* portería *f*, meta *f*; **to play in ~** ser portero; **they won by 2 ~s to one** ganaron por dos tantos a uno. **(b)** *(aim: in life)* meta *f*, objetivo *m; (: in journey)* fin *m*. **2**: **~ kick** *n (Ftbl)* saque *m* de puerta.

goal·keeper ['gəʊl,kiːpəʳ] *n* portero *m*, guardameta *mf*.

goal·post ['gəʊlpəʊst] *n* poste *m* (de la portería).

goat [gəʊt] *n* cabra *f*, macho *m* cabrío, chivo *m*; **to get sb's ~** *(fam)* fastidiar *or* molestar a uno.

gob·ble ['gɒbl] *vt (also ~* **down**, *~* **up**) engullir, *(LAm)* tragar.

go-between ['gəʊbɪ,twiːn] *n* intermediario/a *m/f*.

gob·let ['gɒblɪt] *n* copa *f*.

gob·lin ['gɒblɪn] *n* duende *m*.

god [gɒd] *n* dios *m*; **G~** Dios *m*; **the ~s** *(Theat)* el gallinero, *m*, el paraíso *m*; **(my) G~!** *(fam)* ¡Dios mío!; **for G~'s sake!** ¡por Dios!; **thank G~!** ¡gracias a Dios!; **G~ (only) knows** sólo Dios sabe, sabe Dios; **~ forbid** ¡Dios me libre!

god·child ['gɒdtʃaɪld] *n, pl* **-children** ahijado/a *m/f*.

god·dess ['gɒdɪs] *n* diosa *f*.

god·father ['gɒd,fɑːðəʳ] *n* padrino *m*.

god·forsaken ['gɒdfə,seɪkən] *adj (fam: place)* olvidado/a de Dios.

god·less ['gɒdlɪs] *adj (wicked: life)* pecaminoso/a; *(unbelieving)* ateo/a.

god·ly ['gɒdlɪ] *adj* **(-ier, -iest)** devoto/a.

god·mother ['gɒd,mʌðəʳ] *n* madrina *f*.

god·parents ['gɒd,pɛərənts] *npl* padrinos *mpl*.

god·send ['gɒdsend] *n* don *m* del cielo; **it was a ~ to us** nos llegó en buena hora.

goes [gəʊz] *3rd pers pres sg of* **go**.

go-getter ['gəʊgetəʳ] *n* ambicioso/a *m/f*.

gog·gle ['gɒgl] *vi (look astonished)* mirar con ojos desorbitados.

gog·gles ['gɒglz] *npl (of skin-diver)* gafas *fpl* submarinas; *(fam: glasses)* gafas *fpl*.

go·ing ['gəʊɪŋ] **1** *n* **(a)** *(pace)* paso *m*; **it was slow ~** avanzamos a paso lento. **(b)** *(state of surface etc)* estado *m* del camino; *(in horse racing etc)* estado *m* de la pista; **let's cross while the ~ is good** aprovechemos para cruzar; **it's heavy ~ talking to her** es pesado hablar con ella. **2** *adj* **(a)** *(thriving: business, concern)* establecido/a. **(b)** *(current: price, rate)* corriente; **the best one ~** *(fam: available)* el mejor que hay.

goings-on [,gəʊɪŋz'ɒn] *npl (fam)* tejemanejes *mpl*.

goi·tre, *(US)* **goi·ter** ['gɔɪtəʳ] *n* bocio *m*.

go-kart ['gəʊkɑːt] *n* kart *m*.

gold [gəʊld] **1** *n* oro *m*; *(wealth)* riqueza *f*. **2** *adj (gen)* de oro; *(colour)* color de oro; **~ leaf** oro *m* en hojas, pan *m* de oro; **~ medal** *(Sport)* medalla *f* de oro.

gold·en ['gəʊldən] *adj (colour)* dorado/a; *(made of gold)* de oro; *(opportunity)* excelente; **~ age** edad *f* de oro; **~ eagle** águila *f* dorada; **~ handshake** gratificación *f* al fin del servicio; **~ rule** regla *f* de oro; **~ syrup** melaza *f* dorada; **~ wedding (anniversary)** bodas *fpl* de oro.

gold·fish ['gəʊldfɪʃ] *n* pez *m* de colores.

gold·smith ['gəʊldsmɪθ] *n* orfebre *mf*.

golf [gɒlf] **1** *n* golf *m*. **2**: **~ club** *n (society)* club *m* de golf; *(stick)* palo *m* de golf; **~ course** *n* campo *m or (LAm)* cancha *f* de golf.

golf·er ['gɒlfəʳ] *n* golfista *mf*.

gon·do·la ['gɒndələ] *n* góndola *f*.

gon·do·lier [,gɒndə'lɪəʳ] *n* gondolero *m*.

gone [gɒn] *pp of* **go**.

gong [gɒŋ] *n* gong *m*.

gon·or·rhoea [,gɒnə'rɪə] *n* gonorrea *f*.

good [gʊd] **1** *adj (comp* **better**, *superl* **best**) **(a)** *(gen)* bueno/a; *(well-behaved: child, manners)* educado/a; **be ~!** ¡pórtate bien!; **~ for you!** ¡hiciste bien!; **she's too ~ for him** ella es más de lo que él se merece; **it's just not ~ enough** eso no se puede admitir; **the job is as ~ as done** el trabajo puede darse por acabado; **as ~ as new** como nuevo; **as ~ as gold** bueno como un ángel; **as ~ as saying** tanto como decir; **(that's) ~!** ¡qué bien!, *(LAm)* ¡qué bueno!; **it's a ~ job he came!** ¡menos mal que ha venido!; **G~ Friday** *(Rel)* Viernes *m* Santo; *see* **make 1(e)**.

(b) *(pleasant: holiday, day)* agradable; *(: person)* simpático/a; *(: weather, news)* bueno/a; **to feel ~** sentirse bien; **have a ~ journey!** ¡buen viaje!; **it's ~ to see you** me alegro de verte, *(LAm)* gusto en verte.

(c) *(handsome: looks, features)* atractivo/a; **you look ~ in that** eso te va bien; **she has a ~ figure** tiene un tipo estupendo.

(d) *(beneficial)* bueno/a, provechoso/a; *(advantageous: moment, chance)* oportuno/a; *(wholesome: food, air)* sano/a, saludable; **~ to eat** *(tasty)* sabroso/a; *(edible)* comestible; **it's ~ for you** te hace bien.

(e) *(efficient)* servible, eficaz; **he's ~ at English/sports** es fuerte en inglés/deportes; **she's ~ with children** entiende de niños; **to be ~ for** servir para; **it's no ~** no sirve; **a ticket ~ for 3 months** un billete valedero para 3 meses; **he's ~ for £5** seguramente tiene 5 libras que prestarnos; **I'm ~ for another mile** tengo fuerzas para ir otra milla más.

(f) *(kind)* amable, bueno/a; **he's a ~ sort** *(fam)* es buena persona *or* gente; **would you be so ~ as to sign here?** ¿me hace el favor de firmar aquí?;

that's very ~ of you ¡qué amable (de su parte)!; ~ **deeds** *or* **works** buenas obras *fpl*.

(g) *(considerable: supply, number)* bueno/a, considerable; *(at least: hour etc)* por lo menos; **a ~ many/few people** muchísima/poquísima gente; **a ~ 3 hours** 3 horas largas; **a ~ 10 km** 10 kms largos.

(h) *(thorough: scolding)* bueno/a; **to have a ~ cry** llorar a lágrima viva; **to have a ~ laugh** reírse mucho; **to have a ~ wash** lavarse bien; **to take a ~ look (at sth)** examinar algo minuciosamente.

(i) *(in greetings)* ~ **morning/evening** buenos días/buenas tardes; ~ **night** buenas noches.

2 *adv* **(a) a ~ strong stick** un palo bien fuerte; ~ **and strong** *(fam)* bien fuerte; **to hold ~ (for)** valer (para).

(b) *(esp US fam: well)* bien.

3 *n* **(a)** *(what is morally right)* el bien; **to do ~** hacer bien; ~ **and evil** el bien y el mal; **to be up to no ~** estar tramando algo.

(b) *(pl: people of virtue)* **the ~** los buenos.

(c) *(advantage, benefit)* bien *m*, provecho *m*; **for your own ~** por su propio bien; **the common ~** el bien común; **to come to no ~** acabar mal; **what's the ~ of worrying?** ¿de qué sirve *or* para qué preocuparse?; **is this any ~?** ¿sirve esto?; **what's the ~ of this?** ¿de qué sirve *or* a qué viene todo esto?; **that's no ~ to me** no me sirve para nada; **that's all to the ~!** ¡menos mal!; **a rest will do you some ~** un descanso te sentará bien; **a (fat) lot of ~ that will do** *(iro fam)* ¡menudo provecho te va a traer!

(d) *(for ever)* **for ~ (and all)** (de una vez) para siempre.

good·bye [,gud'baɪ] **1** *interj* ¡adiós!, *(LAm)* ¡hasta luego! **2** *n* despedida *f*; **to say ~ to** *(lit: sb)* despedirse de; *(fig: sth)* dar por perdido.

good-for-nothing ['gudfə,nʌθɪŋ] *n* gandul(a) *m/f*, *(LAm)* vago/a *m/f*, *(Chi)* roto/a *m/f*, *(Mex)* flojo/a *m/f*.

good-humoured [,gud'hju:məd] *adj* *(person)* amable, de buen humor; *(remark, joke)* afable; *(discussion)* de tono amistoso.

good-looking [,gud'lukɪŋ] *adj* guapo/a, bien parecido/a.

good-natured [,gud'neɪtʃed] *adj* *(person)* amable, simpático/a; *(discussion)* de tono amistoso.

good·ness ['gudnɪs] **1** *n* *(virtue)* bondad *f*; *(kindness)* amabilidad *f*; *(good quality)* calidad *f*. **2** *interj* *(fam)* **(my) ~!, ~ gracious!** ¡Dios mío!; **thank ~!** ¡menos mal!; **for ~' sake!** ¡por Dios!

goods [gudz] **1** *npl* *(Fin, possessions)* bienes *mpl*; *(products)* productos *mpl*; *(Comm etc)* géneros *mpl*, mercancías *fpl*; *(objects)* artículos *mpl*; **leather/canned ~** generos *mpl* de cuero/conservas *fpl* en lata; **consumer ~** bienes de consumo; **to deliver the ~** *(fig)* cumplir con lo prometido; ~ **and chattels** bienes. **2:** ~ **train** *n* tren *m* de mercancías.

good-tempered [,gud'tempəd] *adj* *(person)* amable, de buen humor.

good·will [,gud'wɪl] *n* buena voluntad *f*; *(Comm)* clientela *f* y renombre *m* comercial; **as a gesture of ~** como muestra de buena voluntad.

goody-goody ['gudɪ,gudɪ] *n* *(pej)* santurrón/ona *m/f*.

goon [gu:n] *n* *(fool)* imbécil *mf*, *(LAm)* bruto/a *m/f*; *(US: thug)* matón/ona *m/f*.

goose [gu:s] *pl* **geese 1** *n* ganso/a *m/f*, oca *f*. **2:** ~ **step** *n* *(Mil)* paso *m* de ganso.

goose·berry ['guzbərɪ] *n* *(Bot)* grosella *f* espinosa; *(fig)* **to play ~** hacer de carabina.

goose·flesh ['gu:sfleʃ] *n*, **goose·pimples** ['gu:spɪmplz] *npl* carne *f* de gallina.

gore[1] [gɔ:ʳ] *n* *(of skirt)* nesga *f*.

gore[2] [gɔ:ʳ] *vt* cornear.

gorge [gɔ:dʒ] **1** *n* *(Geog)* cañón *m*, barranco *m*. **2** *vt*: **to ~ o.s. (with** *or* **on)** atracarse (de).

gor·geous ['gɔ:dʒəs] *adj* *(woman, dress)* hermoso/a, precioso/a; *(holiday, meal etc)* magnífico/a, espléndido/a.

go·ril·la [gə'rɪlə] *n* gorila *m*.

gorm·less ['gɔ:mlɪs] *adj* *(fam)* torpe.

gorse [gɔ:s] *n* aulaga *f*, tojo *m*.

gory ['gɔ:rɪ] *adj* **(-ier, -iest)** *(battle, death)* sangriento/a; **he told me all the ~ details** *(hum)* me contó todo con pelos y señales.

gosh [gɒʃ] *interj* *(fam)* ¡cielos!

go-slow [,gəʊ'sləʊ] *n* huelga *f* de manos caídas, tortuguismo *m*.

gos·pel ['gɒspəl] **1** *n* *(Rel)* evangelio *m*; **the G~ according to St John** el Evangelio según San Juan; **to take sth as ~** *(fam)* aceptar algo sin vacilar. **2:** ~ **truth** *n* evangelio *m*.

gos·sa·mer ['gɒsəməʳ] *n* *(web)* telaraña *f*; *(fabric)* gasa *f*.

gos·sip ['gɒsɪp] **1** *n* *(malicious stories)* chismes *mpl*, chismorreo *m*; *(scandal)* cotilleo *m*, comadreo *m*; *(chatter)* charla *f*, *(LAm)* cotorreo *m*; *(person)* cotilla *mf*, chismoso/a *m/f*. **2** *vi* *(scandalmonger)* chismear, comadrear; *(chatter)* charlar, *(LAm)* cotorrear. **3:** ~ **column** *n* notas *fpl* de sociedad, páginas *fpl* sociales.

got [gɒt] *pt, pp of* **get.**

Goth·ic ['gɒθɪk] *adj* *(Archit etc)* gótico/a.

got·ten ['gɒtn] *(US) pp of* **get.**

gouge [gaudʒ] *vt* *(also ~* **out:** *hole etc)* excavar.

gou·lash ['gu:læʃ] *n* especie de guisado *m* húngaro.

gourd [guəd] *n* calabaza *f*.

gour·met ['guəmeɪ] *n* gastrónomo/a *m/f*.

gout [gaut] *n* *(Med)* gota *f*.

gov·ern ['gʌvən] *vt* *(rule: country)* gobernar; *(control: city, business)* dirigir; *(: choice, decision)* guiar; *(: emotions)* dominar; *(Ling)* regir.

gov·er·ness ['gʌvənɪs] *n* institutriz *f*.

gov·ern·ing ['gʌvənɪŋ] *adj* *(Pol)* dirigente, gobernante; ~ **body** consejo *m* de administración.

gov·ern·ment ['gʌvənmənt] **1** *n* *(gen)* gobierno *m*; **the Labour G~** la administración laborista; **local ~** la administración municipal. **2:** ~ **department** *n* secretaría *f*; ~ **policy** *n* política *f* gubernamental *or* del gobierno.

gov·er·nor ['gʌvənəʳ] *n* *(of colony, state etc)* gobernador(a) *m/f*; *(director: of school, prison)* director(a) *m/f*.

Govt *abbr of* **government.**

gown [gaun] *n* *(dress)* vestido *m* largo; *(Jur, Univ)* toga *f*.

G.P. *n abbr of* **general practitioner.**

grab [græb] **1** *n* **(a)** *(snatch)* **to make a ~ at** *or* **for sth** intentar agarrar algo. **(b)** *(Tech)* cuchara *f*. **2** *vt* *(seize)* coger, *(LAm)* agarrar; *(greedily)* echar mano a; *(fig: chance etc)* aprovechar; **to ~ sth from sb** agarrarle algo a uno. **3** *vi*: **to ~ at** *(snatch)* tratar de *(Sp)* coger *or* *(LAm)* agarrar; *(in falling)* tratar de asir.

grace [greɪs] **1** *n* **(a)** *(elegance: of form, movement etc)* gracia *f*, elegancia *f*. **(b)** *(graciousness)* cortesía *f*, gracia *f*; **by the ~ of God** *(Rel)* por la gracia de Dios; **he had the ~ to apologise** tuvo la cortesía de pedir perdón; **3 days' ~** un plazo de 3 días. **(c)** *(prayer)* bendición *f* de la mesa; **to say ~** bendecir la mesa. **(d)** *(in titles: dukes)* Excelencia *f*; *(: Rel)* Ilustrísima *f*; **Your G~** su Excelencia; su Ilustrísima; **His G~ Archbishop X** su Ilustrísima Monseñor X.

2 *vt (adorn)* adornar, embellecer; *(honour: occasion, event)* honrar; **he ~d the meeting with his presence** honró a los asistentes con su presencia.

grace·ful ['greɪsfʊl] *adj (gen)* elegante; *(apology)* cortés/esa.

grace·ful·ly ['greɪsfəlɪ] *adv (see adj)* elegantemente; con cortesía.

gra·cious ['greɪʃəs] **1** *adj (charming: smile, hostess)* encantador(a); *(elegant: room, mansion)* elegante; *(kind: permission)* cortés/esa; *(God)* misericordioso/a. **2** *interj*: **(good) ~!** ¡Dios mío!

grade [greɪd] **1** *n* **(a)** *(level, standard: on scale)* clase *f*, categoría *f*; *(: in job)* grado *m*; *(Mil: rank)* graduación *f*, grado *m*; **high-/low-~ material** material *m* de alta/baja calidad; **to make the ~** *(fig)* llegar, alcanzar el nivel. **(b)** *(Scol: mark)* nota *f*; *(US: school class)* **he's in fifth ~** está en quinto (grado). **(c)** *(US: gradient)* pendiente *f*, cuesta *f*; **at ~** *(ground-level)* al nivel *m* del suelo. **2** *vt* **(a)** *(goods, eggs)* clasificar, graduar; *(colours)* degradar. **(b)** *(Scol: mark)* calificar. **3: ~ crossing** *n (US Rail)* paso *m* a nivel.

gra·di·ent ['greɪdɪənt] *n* pendiente *f*, cuesta *f*; **a ~ of 1 in 7** una pendiente del uno por siete.

grad·ual ['grædjʊəl] *adj (progressive)* gradual, paulatino/a; *(slope)* ligero/a.

gradu·al·ly ['grædjʊəlɪ] *adv* poco a poco, paulatinamente.

gradu·ate ['grædjʊət] **1** *n (Univ)* graduado/a *m/f*, licenciado/a *m/f*; *(US Scol)* bachiller *mf*; **~ student** estudiante *mf* de posgrado. **2** ['grædjʊeɪt] *vt (thermometer etc)* graduar. **3** ['grædjʊeɪt] *vi (Univ)* graduarse *or* licenciarse *(from* de); *(US Scol)* bachillerarse.

gradua·tion [ˌgrædjʊ'eɪʃən] *n (Univ etc: ceremony)* entrega *f* del título; *(US Scol)* entrega *f* del bachillerato.

graf·fi·ti [grə'fiːtɪ] *npl* inscripción *f o* dibujo *m* en una pared, pintadas *fpl*.

graft [grɑːft] **1** *n* **(a)** *(Bot, Med)* injerto *m*. **(b)** *(fam: corruption)* soborno *m*, *(RPl)* coima *f*, *(Mex)* mordida *f*; *(: hard work)* trabajo *m* duro. **2** *vt (twig, skin)* injertar.

grain [greɪn] *n* **(a)** *(single particle of wheat, sand etc)* grano *m*; *(no pl: cereals)* cereales *mpl*; *(US: corn)* trigo *m*; *(fig: of sense, truth)* pizca *f*. **(b)** *(of wood)* fibra *f*; *(of stone)* veta *f*, vena *f*; *(of leather)* flor *f*; *(Phot)* grano *m*; **against the ~** a contrapelo; **it goes against the ~** *(fig)* no me pasa, no me entra.

gram(me) [græm] *n* gramo *m*.

gram·mar ['græmə^r] **1** *n* gramática *f*; *(book)* libro *m* de gramática; **that's bad ~** eso no es gramatical. **2: ~ school** *n (Brit)* instituto *m* de segunda enseñanza.

gram·mati·cal [grə'mætɪkəl] *adj* gramatical.

gramo·phone ['græməfəʊn] *n (Brit old)* tocadiscos *m inv*.

grana·ry ['grænərɪ] **1** *n* granero *m*. **2: ~ bread** *n* pan *m* de centeno.

grand [grænd] **1** *adj* (**-er, -est**) *(fine, splendid)* magnífico/a, espléndido/a; *(person: in appearance)* distinguido/a; *(: important)* importante; *(style)* elevado/a; *(house)* imponente; *(fam: very pleasant)* estupendo/a, magnífico/a, *(RPl)* macanudo/a, *(Mex)* a todo dar. **2** *n (fam: US)* mil dólares *mpl*; *(: Brit)* mil libras *fpl*. **3: ~ finale** *n* final *m* triunfal; **~ jury** *n (US)* jurado *m* de acusación; **~ (piano)** *n* piano *m* de cola; **G~ Prix** *n (Aut)* Grand Prix *m*; **~ total** *n* suma *f* final.

grand·child ['græntʃaɪld] *n*, *pl* **-children** nieto/a *m/f*.

grand·(d)ad ['grændæd] *n (fam)* yayo *m*, abuelito *m*.

grand·daughter ['grænˌdɔːtə^r] *n* nieta *f*.

gran·deur ['grændjə^r] *n (of occasion, scenery, house etc)* lo imponente; *(of style)* lo elevado.

grand·father ['grændˌfɑːðə^r] **1** *n* abuelo *m*. **2: ~ clock** *n* reloj *m* de caja.

gran·dio·se ['grændɪəʊz] *adj (imposing: style, building etc)* imponente, ostentoso/a; *(pej: scheme, manner etc)* ambicioso/a.

grand·ma ['grænmɑː] *n* yaya *f*, abuelita *f*.

grand·mother ['grænˌmʌðə^r] *n* abuela *f*.

grand·pa ['grænpɑː] *n* yayo *m*, abuelito *m*.

grand·parents ['grænˌpɛərənts] *npl* abuelos *mpl*.

grand·son ['grænsʌn] *n* nieto *m*.

grand·stand ['grændstænd] *n (Sport)* tribuna *f*.

gran·ite ['grænɪt] *n* granito *m*.

gran·ny, gran·nie ['grænɪ] *n (fam)* yaya *f*, abuelita *f*.

grant [grɑːnt] **1** *n (money, support)* subvención *f*; *(for student etc)* beca *f*. **2** *vt (allow: request, favour)* conceder; *(provide, give: prize)* otorgar; *(admit: that)* reconocer; *(Jur)* ceder; **~ed** *or* **~ing that ...** dado que ...; **I ~ him that** le concedo eso; **to take sth for ~ed** dar algo por supuesto *or* sentado; **he takes her for ~ed** no le hace el más mínimo caso.

granu·lat·ed ['grænjʊleɪtɪd] *adj*: **~ sugar** azúcar *m* granulado.

gran·ule ['grænjuːl] *n (of sugar etc)* gránulo *m*.

grape [greɪp] *n* uva *f*.

grape·fruit ['greɪpfruːt] *n* pomelo *m*, *(LAm)* toronja *f*.

grape·vine ['greɪpvaɪn] *n* vid *f*, parra *f*; **I heard it on the ~** *(fig)* me enteré, me lo contaron.

graph [grɑːf] **1** *n* gráfica *f*, gráfico *m*. **2: ~ paper** *n* papel *m* cuadriculado.

graph·ic ['græfɪk] *adj (gen)* gráfico/a; **the ~ arts** las artes gráficas; **~ designer** diseñador(a) *m/f* gráfico/a.

graph·ite ['græfaɪt] *n* grafito *m*.

grap·ple ['græpl] *vi (wrestlers etc)* luchar cuerpo a cuerpo *(with* con); **to ~ with a problem** *(fig)* enfrentar un problema.

grap·pling iron ['græplɪŋˌaɪən] *n (Naut)* rezón *m*.

grasp [grɑːsp] **1** *n (grip)* agarro *m*, asimiento *m*; **to lose one's ~ on sth** desasirse de algo; **it is within his ~** *(fig)* está a su alcance; **it is beyond my ~** está fuera de mi alcance; **to have a good ~ of sth** dominar algo. **2** *vt* **(a)** *(take hold of)* agarrar, asir; *(hold firmly)* sujetar; *(fig: chance, opportunity)* aprovechar. **(b)** *(understand)* comprender, *(LAm)* entender.

♦ **grasp at** *vi + prep (rope etc)* tratar de asir; *(fig: opportunity)* aprovechar.

grasp·ing ['grɑːspɪŋ] *adj (fig)* avaro/a.

grass [grɑːs] **1** *n (Bot)* hierba *f*, yerba *f*; *(lawn)* césped *m*, *(LAm)* pasto *m*; *(pasture)* pasto *m*; *(fam: marijuana)* mariguana *f*, *(LAm)* mota *f*; **not to let the ~ grow under one's feet** aprovechar las oportunidades. **2: ~ roots** *npl (fig)* la base *f*; **~ widow** *n* mujer *f* cuyo marido está ausente.

grass·hopper ['grɑːsˌhɒpə^r] *n* saltamontes *m inv*, *(Mex, CAm)* chapulín *m*.

grass·land ['grɑːslænd] *n* pradera *f*, *(LAm)* pampa *f*.

grassy ['grɑːsɪ] *adj* (**-ier, -iest**) herboso/a, *(LAm)* pastoso/a.

grate[1] [greɪt] *n (grid)* parrilla *f*; *(fireplace)* chimenea *f*.

grate[2] [greɪt] **1** *vt* **(a)** *(cheese etc)* rallar. **(b)** *(scrape: metallic object, chalk etc)* hacer chirriar; **to ~ one's teeth** hacer rechinar los dientes. **2** *vi (chalk, hinge etc)* chirriar *(on, against* contra); *(fig)* **it really ~s (on me)** me pone los pelos de

punta.
grate·ful ['greɪtfʊl] *adj* agradecido/a *(for* por); **I am ~ to you** le estoy muy agradecido; **I am most ~ to you for your help** le agradezco mucho su ayuda; **I would be ~ if you would send me** le agradecería me enviara.
grat·er ['greɪtəʳ] *n (Culin)* rallador *m.*
grati·fi·ca·tion [ˌgrætɪfɪ'keɪʃən] *n (satisfaction)* satisfacción *f; (reward)* gratificación *f.*
grati·fy ['grætɪfaɪ] *vt (person)* complacer; *(desire, whim etc)* satisfacer; **I am gratified to know** me complace saberlo.
grati·fy·ing ['grætɪfaɪɪŋ] *adj* grato/a.
grat·ing ['greɪtɪŋ] *n (in wall, pavement)* reja *f,* enrejado *m,* verja *f.*
gra·tis ['grætɪs] *adv, adj* gratis.
grati·tude ['grætɪtjuːd] *n* agradecimiento *m,* reconocimiento *m.*
gra·tui·tous [grə'tjuːɪtəs] *adj (free)* gratuito/a; *(capricious)* caprichoso/a, de capricho.
gra·tu·ity [grə'tjuːɪtɪ] *n (Mil)* gratificación *f; (frm: tip)* propina *f.*
grave[1] [greɪv] *adj* (**-r, -st**) *(expression etc)* severo/a, de severidad; *(situation, matter)* grave; *(error)* serio/a; *(responsibility, decision)* importante.
grave[2] [greɪv] *n* sepultura *f; (with monument)* sepulcro *m,* tumba *f.*
grav·el ['grævəl] *n* grava *f.*
grave·ly ['greɪvlɪ] *adv* seriamente; **he is ~ ill** está grave.
grave·stone ['greɪvstəʊn] *n* lápida *f* (sepulcral).
grave·yard ['greɪvjɑːd] *n* cementerio *m,* camposanto *m.*
gravi·tate ['grævɪteɪt] *vi*: **to ~ towards** *(fig: be drawn to)* tender hacia; *(: move)* dirigirse hacia.
gravi·ta·tion [ˌgrævɪ'teɪʃən] *n (Phys)* gravitación *f.*
grav·ity ['grævɪtɪ] *n (all senses)* gravedad *f.*
gra·vy ['greɪvɪ] **1** *n (Culin)* salsa *f* de carne, gravy *m.* **2**: **~ boat** *n* salsera *f;* **~ train** *n (esp US fam)* ganancias *fpl* fáciles.
gray [greɪ] *adj* = **grey.**
graze[1] [greɪz] *(Agr)* **1** *vi* pacer. **2** *vt (grass, field)* pacer; *(cattle)* apacentar.
graze[2] [greɪz] **1** *n (injury)* roce *m,* abrasión *f.* **2** *vt (touch lightly)* rozar; *(scrape: skin)* raspar; **to ~ one's knees** rasparse las rodillas.
grease [griːs] **1** *n (oil, fat etc)* grasa *f; (lubricant)* lubricante *m; (Aut: act: also* **greasing***)* engrase *m,* lubricación *f.* **2** *vt (baking tin)* engrasar; *(Aut etc)* (en)grasar, lubricar.
grease·paint ['griːspeɪnt] *n* maquillaje *m.*
grease·proof ['griːspruːf] *adj*: **~ paper** papel *m* apergaminado.
greasy ['griːsɪ] *adj* (**-ier, -iest**) *(substance etc)* grasiento/a; *(hair)* grasoso/a; *(road, surface)* resbaladizo/a; *(hands, stains)* grasoso/a.
great [greɪt] *adj* (**-er, -est**) **(a)** *(in size, quantity, degree)* grande *(before singular nouns shortened to* gran); *(care etc)* especial; *(age)* avanzado/a; **they're ~ friends** son íntimos amigos; **it's of no ~ importance** no tiene importancia; **he's a ~ reader** es un aficionado a la lectura; **~ big** *(fam)* muy grande; **G~ Britain** Gran Bretaña *f; see* **deal 1 (c), many.**
(b) *(in importance, achievement etc: writer, statesman)* gran, grande; **Alexander the G~** Alejandro Magno; **the G~ War** la Primera Guerra *f* Mundial; **~ minds think alike** *(Prov)* los grandes piensan igual; **the ~ thing is that ...** lo importante es que ... .
(c) *(fam: excellent)* magnífico/a, excelente; **it was ~!** ¡fue estupendo!; **he's ~ at football** es un futbolista magnífico.
great·er ['greɪtəʳ] *adj (comp of* **great***)* mayor.
great·est ['greɪtɪst] *adj (superl of* **great***)* el mayor; **he's the ~!** *(fam)* ¡es el rey!
great-grandchild [ˌgreɪt'græntʃaɪld] *n, pl* **-children** bisnieto/a *m/f.*
great-granddaughter [ˌgreɪt'grænˌdɔːtəʳ] *n* bisnieta *f.*
great-grandfather [ˌgreɪt'grænd̩ˌfɑːðəʳ] *n* bisabuelo *m.*
great-grandmother [ˌgreɪt'grænˌmʌðəʳ] *n* bisabuela *f.*
great-grandparents [ˌgreɪt'grænd̩ˌpɛərənts] *npl* bisabuelos *mpl.*
great-grandson [ˌgreɪt'grænsʌn] *n* bisnieto *m.*
great·ly ['greɪtlɪ] *adv* mucho, sumamente, sobremanera; **~ superior** muy superior; **it is ~ to be regretted** *(frm)* es mucho de lamentarse, es muy de lamentar.
great·ness ['greɪtnɪs] *n (all senses)* grandeza *f.*
Greece [griːs] *n* Grecia *f.*
greed [griːd] avaricia *f,* codicia *f; (for food)* gula *f,* glotonería *f.*
greedy ['griːdɪ] *adj* (**-ier, -iest**) codicioso/a *(for* de); *(for food)* goloso/a *(for* por).
Greek [griːk] **1** *adj* griego/a. **2** *n (person)* griego/a *m/f; (language)* griego *m.*
green [griːn] **1** *adj* (**-er, -est**) *(colour)* verde; *(unripe)* verde; *(inexperienced)* nuevo/a, novato/a; *(gullible)* crédulo/a; **to have ~ fingers** *(fig)* tener habilidad para la jardinería; **to turn ~** *(lit)* verdear; *(fig: with nausea)* ponerse verde; *(: with envy)* estar verde; **~ beans** judías *fpl* verdes, *(Mex)* ejotes *mpl, (RPl)* chauchas *fpl,* vainitas *fpl, (Chi)* porotos *mpl* verdes; **~ pepper** pimiento *m* verde, *(Mex)* chile *m;* **~ salad** ensalada *f* de lechuga y pepino.
2 *n (colour)* verde *m; (grassy area)* césped *m, (LAm)* pasto *m; (bowling ~)* campo *m* de bolos; *(of golf course)* campo *m,* 'green' *m;* **village ~** césped *or (LAm)* pasto de uso común; **~s** *(Culin)* verduras *fpl.*
green·ery ['griːnərɪ] *n* plantas *fpl* verdes.
green·fly ['griːnflaɪ] *n* pulgón *m.*
green·gage ['griːngeɪdʒ] *n* claudia *f.*
green·grocer ['griːnˌgrəʊsəʳ] *n* verdulero/a *m/f;* **~'s (shop)** verdulería *f.*
green·house ['griːnhaʊs] *n* invernadero *m.*
Green·land ['griːnlənd] *n* Groenlandia *f.*
greet [griːt] *vt (gen)* saludar; *(welcome)* recibir; *(sight, smell etc: sb, sb's eyes)* presentarse a; **the statement was ~ed with laughter** la declaración se recibió risas.
greet·ing ['griːtɪŋ] *n* saludo *m; (welcome)* bienvenida *f,* acogida *f;* **~s** saludos *mpl,* recuerdos *mpl;* **~s card** tarjeta *f* de felicitaciones.
gre·gari·ous [grɪ'gɛərɪəs] *adj (animal)* gregario/a; *(person)* sociable, gregario/a.
gre·nade [grɪ'neɪd] *n (also* **hand ~***)* granada *f.*
grena·dine [ˌgrenə'diːn] *n* granadina *f.*
grew [gruː] *pt of* **grow.**
grey [greɪ] **1** *adj* (**-er, -est**) *(gen)* gris; *(horse)* rucio/a; *(hair)* canoso/a; *(outlook, prospect)* poco prometedor(a); **he has gone/is going ~** le salieron/le están saliendo canas; **a ~ area** *(fig)* un punto mal definido. **2** *n (colour)* gris *m.*
grey-haired [ˌgreɪ'hɛəd] *adj* canoso/a.
grey·hound ['greɪhaʊnd] *n* galgo *m.*
grid [grɪd] *n (grating)* verja *f,* reja *f; (lattice)* rejilla *f; (Elec, Gas: network)* red *f; (on map)* cuadrícula *f;* **the national ~** la red nacional.
grid·dle ['grɪdl] *n* plancha *f.*
grid·iron ['grɪdˌaɪən] *n (Culin)* parrilla *f.*
grief [griːf] *n (sorrow)* pena *f,* dolor *m,* pesar *m;*

(cause of sorrow) tristeza *f;* **to come to ~** fracasar, ir al traste.

griev·ance ['gri:vəns] *n (complaint)* queja *f; (cause for complaint)* motivo *m* de queja; *(of workers)* reivindicación *f.*

grieve [gri:v] **1** *vt* dar pena *or* tristeza a, afligir; **it ~s me to see ...** me da pena ver .... **2** *vi* afligirse; **to ~ for sb** llorar la pérdida de uno.

griev·ous ['gri:vəs] *adj:* **~ bodily harm** *(Jur)* daños *mpl* corporales graves.

grill [grɪl] **1** *n* **(a)** *(Brit: on cooker, also restaurant)* parrilla *f; (food)* **a mixed ~** una parrillada. **(b)** *(also* **grille:** *grating)* reja *f,* verja *f.* **2** *vt* **(a)** *(Culin)* asar a la parrilla *or* plancha. **(b)** *(fam: interrogate)* interrogar.

grim [grɪm] *adj* (**-mer, -mest**) *(look, smile)* severo/a, ceñudo/a; *(silence)* lúgubre; *(landscape)* triste; *(struggle)* porfiado/a; *(determination)* inflexible; *(humour, tale)* macabro/a; *(truth)* puro/a; **to hold on (to sth) like ~ death** aferrarse (a algo).

gri·mace [grɪ'meɪs] **1** *n* mueca *f.* **2** *vi* hacer una mueca.

grime [graɪm] *n* mugre *f,* suciedad *f.*

grin [grɪn] **1** *n (smile)* sonrisa *f* burlona. **2** *vi* sonreír abiertamente *(at* a); **to ~ and bear it** poner al mal tiempo buena cara.

grind [graɪnd] *pt, pp* **ground 1** *vt (coffee, corn, flour)* moler, *(LAm)* machacar; *(sharpen: knife)* amolar, afilar; *(polish: gem, lens)* esmerilar; **to ~ one's teeth** hacer rechinar los dientes; **to ~ sth into the earth** clavar algo en el suelo. **2** *vi* funcionar con dificultad; **to ~ to a halt** pararse en seco. **3** *n:* **the daily ~** *(fam)* la rutina *f* diaria.

grind·er ['graɪndə^r] *n (machine: for coffee)* molinillo *m; (: for sharpening)* afiladora *f.*

grind·stone ['graɪndstəʊn] *n:* **to keep one's nose to the ~** batir el yunque.

grip [grɪp] **1** *n* **(a)** *(grasp)* agarre *m,* asimiento *m; (handclasp)* apretón *m* (de manos); *(handle)* asidero *m,* asa *f;* **to get to ~s with sb/sth** enfrentarse con uno/algo; **he lost his ~ of the situation** la situación se le fue de las manos; **to have a good ~ of a subject** entender algo a fondo; **get a ~ on yourself!** *(fam)* ¡cálmate!, ¡contrólate! **(b)** *(holdall)* maletín *m.* **2** *vt (hold)* agarrar; *(: hands)* apretar, estrechar; *(fig: enthrall)* fascinar.

gripe [graɪp] *(fam)* **1** *n (complaint)* queja *f.* **2** *vi (complain)* quejarse *(about* de).

grip·ping ['grɪpɪŋ] *adj (story, novel)* absorbente.

gris·ly ['grɪzlɪ] *adj* (**-ier, -iest**) *(horrible)* horroroso/a; *(horrifying)* horripilante.

grist [grɪst] *n:* **it's all ~ to the mill** de todo hay que sacar provecho.

gris·tle ['grɪsl] *n* cartílago *m.*

grit [grɪt] **1** *n (gravel)* grava *f; (fig: courage)* valor *m,* ánimo *m.* **2** *vt* **(a)** *(road)* echar grava a. **(b) to ~ one's teeth** apretar los dientes.

grits [grɪts] *npl (US)* maíz *m* a medio moler.

griz·zle ['grɪzl] *vi (cry)* lloriquear.

griz·zled ['grɪzld] *adj (hair)* entrecano/a.

griz·zly ['grɪzlɪ] *n (also* **~ bear**) oso *m* pardo.

groan [grəʊn] **1** *n (of pain etc)* gemido *m; (of dismay etc)* quejido *m; (mumble)* gruñido *m.* **2** *vi* gemir, quejarse; *(mumble)* gruñir, refunfuñar; *(tree, gate etc)* crujir.

gro·cer ['grəʊsə^r] *n* tendero/a *m/f, (RPl)* almacenero/a *m/f, (Mex)* abarrotero/a *m/f, (CAm)* bodeguero/a *m/f;* **~'s (shop)** tienda *f* de ultramarinos, *(LAm)* tienda de abarrotes, *(RPl)* almacén *m, (CAm)* bodega *f.*

gro·ceries ['grəʊsərɪz] *npl* comestibles *mpl, (LAm)* abarrotes *mpl.*

gro·cer·y ['grəʊsərɪ] *n (shop)* tienda *f* de ultramarinos, *(LAm)* tienda de abarrotes, *(RPl)* almacén *m, (CAm)* bodega *f.*

grog [grɒg] *n:* **rum ~** grog *m, (LAm)* ≈ aguardiente *m.*

grog·gy ['grɒgɪ] *adj* (**-ier, -iest**) *(from blow)* atontado/a; *(from alcohol)* tambaleante.

groin [grɔɪn] *n (Anat)* ingle *f.*

groom [gru:m] **1** *n (in stable)* mozo *m* de cuadra; *(bride~)* novio *m.* **2** *vt* **(a)** *(horse)* almohazar; **well ~ed** *(person)* bien acicalado/a. **(b)** *(prepare: person)* **to ~ sb as/to be** preparar a uno para/para ser.

groove [gru:v] *n (in wood, metal etc)* ranura *f; (of record)* surco *m.*

grope [grəʊp] **1** *vi (also* **~ around, ~ about**) andar a tientas, *(LAm)* tantear; **to ~ for sth** *(lit, fig)* buscar a tientas. **2** *vt:* **to ~ one's way (through/towards)** avanzar a tientas (por/hacia); **to ~ sb** *(sexually)* toquetear a uno.

gross [grəʊs] **1** *adj* (**-er, -est**) **(a)** *(fat: body)* gordo/a, *(LAm)* grueso/a; *(vegetation)* tupido/a; *(vulgar: behaviour, language)* grosero/a; *(serious: error, negligence, impertinence)* craso/a; *(indecency)* grande. **(b)** *(total: profit, income, weight)* bruto/a; **£10,000 ~** 10.000 libras en total; **~ national product** *(abbr* **GNP**) producto *m* nacional bruto *(PNB)*. **2** *n inv (twelve dozen)* gruesa *f.* **3** *vt (Comm)* recaudar en bruto.

gro·tesque [grəʊ'tesk] *adj* grotesco/a.

grot·to ['grɒtəʊ] *n* gruta *f.*

grouch [graʊtʃ] *(fam)* **1** *vi* refunfuñar. **2** *n (person)* refunfuñón/ona *m/f; (complaint)* queja *f;* **to have a ~ against sb** estar resentido con uno.

ground[1] [graʊnd] **1** *n* **(a)** *(soil)* tierra *f,* suelo *m.*

(b) *(terrain)* terreno *m;* **high/hilly ~** terreno alto/montañoso; **to gain/lose ~** ganar/perder terreno; **to be on dangerous ~** entrar en territorio peligroso; **it suits me down to the ~** me conviene perfectamente; **to cut the ~ from under sb's feet** quitarle terreno a uno; **common ~** terreno común.

(c) *(surface)* suelo *m,* tierra *f;* **on the ~** en el suelo; **above/below ~** sobre/debajo de la tierra; **to fall to the ~** *(lit)* caerse al suelo; *(fig)* fracasar; **to get off the ~** *(aircraft)* despegar; *(plans etc)* ponerse en marcha; **to stand one's ~** *(lit)* no ceder terreno; *(fig)* mantenerse firme; **he covered a lot of ~ in his lecture** abarcó mucho en la clase.

(d) *(pitch)* terreno *m,* campo *m;* **parade/recreation ~** plaza *f* de armas/centro *m* deportivo; **~s** *(gardens)* jardines *mpl.*

(e) *(background)* fondo *m,* trasfondo *m.*

(f) ~s *(of coffee)* poso *msg,* sedimento *msg.*

(g) *(US Elec)* tierra *f.*

(h) *(reason: usu pl)* razón *f,* motivo *m;* **on medical ~s** por razones de salud; **~s for complaint** motivos *mpl* de queja; **on the ~(s) that** a causa *or* por motivo de que.

2 *vt* **(a)** *(ship)* varar, hacer encallar; *(plane, pilot)* obligar a permanecer en tierra.

(b) *(US Elec)* conectar con tierra.

3 *vi (Naut)* encallar, varar.

4: ~ control *n* control *m* desde tierra; **~ floor** *n* planta *f* baja, *(LAm)* primer piso *m;* **~ frost** *n* escarcha *f;* **~ level** *n* nivel *m* del suelo; **~ plan** *n* plano *m,* planta *f;* **~ staff** *n (Aviat)* personal *m* de tierra.

ground[2] [graʊnd] **1** *pt, pp of* **grind. 2** *adj (coffee etc)* molido/a; *(glass)* deslustrado/a.

ground·ing ['graʊndɪŋ] *n* conocimientos *mpl* básicos.

ground·less ['graʊndlɪs] *adj* sin fundamento.
ground·nut ['graʊndnʌt] *n (peanut)* cacahuete *m*, *(LAm)* cacahuate *m*, maní *m*.
ground·sheet ['graʊndʃi:t] *n (in tent)* tela *f* impermeable.
grounds·man ['graʊndzmən] *n (Sport)* encargado *m* de la manutención de una pista de deporte.
ground·work ['graʊndwɜ:k] *n*: **to do the ~ for sth** echar las bases de algo.
group [gru:p] **1** *n (gen)* grupo *m; (gathering, Mus)* conjunto *m; (set, clique: of people)* agrupación *f; (gang)* pandilla *f, (LAm)* banda *f; (of languages etc)* familia *f;* **blood ~** *(Med)* grupo sanguíneo. **2** *vt (also* **~ together**) agrupar, reunir. **3** *vi (see vt)* agruparse. **4** *cpd (discussion, photo, therapy)* en grupo; **~ captain** *n (Aer)* jefe *m* de escuadrilla; **~ practice** *n (Med)* centro *m* médico.
grouse[1] [graʊs] *n inv* urogallo *m*.
grouse[2] [graʊs] *(fam)* **1** *n (complaint)* queja *f*. **2** *vi* quejarse *(about* de).
grove [grəʊv] *n* arboleda *f*.
grov·el ['grɒvl] *vi (lit, fig)* arrastrarse (*to* ante).
grow [grəʊ] *pt* **grew**, *pp* **grown 1** *vt (Agr)* cultivar; *(beard etc)* dejar crecer.
 2 *vi* **(a)** *(gen)* crecer; *(increase: in numbers etc)* aumentar; *(develop: friendship, love)* desarrollarse; *(: custom etc)* arraigar; **to ~ in stature/popularity** ganar prestigio/popularidad; **that painting is ~ing on me** esa pintura me gusta cada vez más. **(b)** *(become)* ponerse, hacerse, volverse; **to ~ dark** oscurecer; **to ~ tired of waiting** cansarse de esperar; **to ~ to like sb** llegar a querer a uno, *(LAm)* encariñarse con uno.
♦ **grow apart** *vi + adv (fig)* alejarse uno del otro.
♦ **grow away from** *vi + prep (fig)* alejarse de.
♦ **grow into** *vi + prep* **(a)** *(clothes)* **he'll ~ into them** llegarán a sentarle bien. **(b)** *(become)* volverse, convertirse en; **she has ~n into a beautiful woman** se ha vuelto una mujer guapísima.
♦ **grow out of** *vi + prep* **(a)** *(clothes)* quedársele pequeño; *(habit)* perder con la edad. **(b)** *(arise from)* surgir de.
♦ **grow up** *vi + adv* **(a)** *(become adult)* hacerse hombre/mujer, crecer; **I grew up in the country** me crié en el campo; **~ up!** *(fam)* ¡no seas niño! **(b)** *(develop: friendship etc)* desarrollarse.
growl [graʊl] **1** *n* gruñido *m*. **2** *vi (animal)* gruñir; *(person)* refunfuñar.
grown [grəʊn] **1** *pp of* **grow**. **2** *adj (also* **fully ~**) adulto/a, maduro/a.
grown-up [ˌgrəʊn'ʌp] **1** *adj* adulto/a. **2** *n* adulto/a *m/f*, mayor *mf*.
growth [grəʊθ] *n* **(a)** *(development, increase)* desarrollo *m; (Econ, of hair, beard)* crecimiento *m;* **with 3 days' ~** con barba de 3 días; **to reach full ~** llegar a la madurez. **(b)** *(Med)* tumor *m*.
groyne [grɔɪn] *n* espolón *m*.
grub [grʌb] *n* **(a)** *(larva)* larva *f*, gusano *m*. **(b)** *(fam: food)* comida *f;* **~('s) up!** ¡la comida está servida!
grub·by ['grʌbɪ] *adj (***-ier, -iest***) (dirty)* mugriento/a, sucio/a.
grudge [grʌdʒ] **1** *n* resentimiento *m or* rencor *m (against* a); **to bear a ~** guardar rencor. **2** *vt*: **to ~ sb sth** dar algo a uno a regañadientes; **I don't ~ you your success** no te envidio el éxito; **to ~ doing sth** hacer algo de mala gana.
grudg·ing ['grʌdʒɪŋ] *adj (praise etc)* poco generoso/a; *(support)* de mala gana.
gru·el·ling, *(US)* **gru·el·ing** ['grʊəlɪŋ] *adj (task)* penoso/a, duro/a; *(match etc)* agotador(a).
grue·some ['gru:səm] *adj* espantoso/a, horrible.
gruff [grʌf] *adj (***-er, -est***) (voice)* ronco/a; *(manner)* brusco/a.
grum·ble ['grʌmbl] **1** *n (complaint)* queja *f; (noise)* retumbo *m*. **2** *vi (complain)* quejarse *(about* de); *(thunder etc)* retumbar (a lo lejos); **a grumbling appendix** síntomas *mpl* de apendicitis.
grumpy ['grʌmpɪ] *adj (***-ier, -iest***) (person)* malhumorado/a, gruñón/ona; *(voice)* de gruñón.
grunt [grʌnt] **1** *n (of animal, person)* gruñido *m*. **2** *vi (animal, person)* gruñir.
G-string ['dʒi:strɪŋ] *n* taparrabo *m*.
guar·an·tee [ˌgærən'ti:] **1** *n (Comm)* garantía *f; (surety)* caución *f; (guarantor)* fiador(a) *m/f;* **there is no ~ that** no hay seguridad de que. **2** *vt (Comm: goods)* garantizar, poner bajo garantía; *(ensure: service, delivery)* asegurar; *(make o.s. responsible for: debt etc)* ser fiador de; **I can't ~ good weather** no respondo del tiempo; **he can't ~ (that) he'll come** no está seguro de poder venir.
guar·an·tor [ˌgærən'tɔ:ʳ] *n (Jur)* garante *mf*, fiador(a) *m/f*.
guard [gɑ:d] **1** *n* **(a)** *(soldier)* guardia *mf; (squad of soldiers)* guardia *f; (security ~)* guardián *mf*, celador(a) *m/f; (esp US: prison ~)* carcelero/a *m/f; (Brit Rail)* jefe *m* de tren; *(Sport)* defensa *mf;* **~'s van** *(Brit Rail)* furgón *m;* **to change ~** *(Mil)* relevar la guardia; **advance ~** *(Mil)* avanzada *f*.
 (b) *(Mil: also* **~ duty:** *watch)* guardia *f; (fig: watchfulness)* vigilancia *f;* **to be on ~** *(Mil etc)* estar en guardia; **to be on one's ~ (against)** *(fig)* estar en guardia (contra); **to keep sb under ~** vigilar a uno; **to catch sb off his ~** *(Sp)* coger *or (LAm)* agarrar a uno desprevenido *or* de imprevisto; **to keep ~ over sth/sb** *(Mil, fig)* vigilar algo/a uno.
 (c) *(safety device: on machine)* salvaguardia *f*, resguardo *m; (protection)* protección *f; (fire ~)* guardafuego *m*.
 2 *vt (prisoner, treasure)* vigilar, custodiar; *(secret)* guardar; *(protect)* **to ~ (against** *or* **from)** protegerse (de); *(person)* proteger (de).
 3: **~ dog** *n* perro *m* guardián.
♦ **guard against** *vi + prep (take care to avoid: illness)* guardarse de; *(: suspicion, accidents)* evitar; **to ~ against doing sth** evitar hacer algo.
guard·ed ['gɑ:dɪd] *adj (reply, tone)* cauteloso/a.
guard·ian ['gɑ:dɪən] **1** *n (Jur: of child)* tutor(a) *m/f*. **2**: **~ angel** *n* angel *m* custodio.
Guatemalan [ˌgwætɪ'mɑ:lən] *adj, n* guatemalteco/a *m/f*.
guava ['gwɑ:və] *n* guayaba *f*.
guer·ril·la [gə'rɪlə] **1** *n* guerrillero/a *m/f*. **2**: **~ warfare** *n* guerra *f* de guerrillas.
guess [ges] **1** *n* conjetura *f*, suposición *f;* **to make/have a ~** adivinar; **at a (rough) ~** a ojo; **my ~ is that ...** yo creo que ...; **it's anybody's ~** ¿quién sabe?
 2 *vt* **(a)** *(answer, meaning)* acertar; *(height, weight etc)* adivinar; **~ what!** ¡a que no adivinas!; **I ~ed as much** me lo suponía. **(b)** *(esp US: suppose)* creer, suponer; **I ~ you're right** supongo que tienes razón.
 3 *vi* **(a)** *(make a guess)* adivinar; *(~ correctly)* acertar; **he's just ~ing** no hace más que especular; **to keep sb ~ing** mantener a uno a la expectativa; **to ~ at sth** intentar adivinar algo. **(b)** *(esp US: suppose)* suponer, creer; **he's happy, I ~** supongo que está contento.
guess·work ['geswɜ:k] *n* conjeturas *fpl*.
guest [gest] **1** *n (in house)* invitado/a *m/f; (: visitor)* visita *f; (at hotel etc)* huésped(a) *m/f;* **~ of honour** invitado de honor; **be my ~** *(fam)* yo invito. **2**: **~ room** *n* cuarto *m* de huéspedes.
guest-house ['gesthaʊs] *n* pensión *f*, casa *f* de

huéspedes.
guf·faw [gʌ'fɔː] **1** *n* carcajada *f.* **2** *vi* reírse a carcajadas.
guid·ance ['gaɪdəns] *n* **(a)** *(counselling)* consejo *m; (leadership)* dirección *f;* **marriage/vocational ~** orientación *f* matrimonial/profesional. **(b)** *(of missile)* dirección *f.*
guide [gaɪd] **1** *n (person: gen)* guía *mf; (~ book)* guía *f* turística; **let conscience be your ~** que la conciencia sea tu consejera; *see* **girl. 2** *vt (person: round town etc)* guiar; *(: in choice, decision)* orientar; **to be ~d by sb/sth** dejarse guiar por uno/algo. **3: ~ dog** *n* perro *m* guía.
guide·book ['gaɪdbʊk] *n* guía *f* turística.
guid·ed ['gaɪdɪd] *adj (missile)* teledirigido/a; *(tour)* con guía.
guide·line ['gaɪdlaɪn] *n* (línea *f*) directiva *f.*
guild [gɪld] *n (gen)* gremio *m.*
guild·hall ['gɪldhɔːl] *n (town hall)* ayuntamiento *m.*
guile [gaɪl] *n* astucia *f.*
guil·lo·tine ['gɪlə,tiːn] *n* guillotina *f.*
guilt [gɪlt] *n (being guilty)* culpa *f; (feeling guilty)* culpabilidad *f.*
guilty ['gɪltɪ] *adj* (**-ier, -iest**) *(Jur, gen)* culpable; *(look)* lleno/a de confusión; *(conscience)* lleno/a de remordimientos; **~ of sth** culpable de algo; **the ~ person** *or* **party** el/la culpable *m/f;* **to find sb ~** declarar culpable a uno; **to plead ~/not ~** confesarse culpable/negar la acusación.
guinea pig ['gɪnɪ,pɪg] *n (gen, also fig)* cobayo *m,* conejillo *m* de Indias.
gui·tar [gɪ'tɑːʳ] *n* guitarra *f.*
gui·tar·ist [gɪ'tɑːrɪst] *n* guitarrista *mf.*
gulch [gʌlʃ] *n (US)* barranco *m.*
gulf [gʌlf] *n (bay)* golfo *m; (chasm: also fig)* abismo *m;* **the G~ Stream** la Corriente *f* del Golfo; **the (Persian) G~** el Golfo *m* Pérsico; **the G~ States** los países del Golfo.
gull [gʌl] *n (bird)* gaviota *f.*
gul·let ['gʌlɪt] *n* esófago *m,* garganta *f.*
gul·lible ['gʌlɪbl] *adj* crédulo/a.
gul·ly ['gʌlɪ] *n (ravine)* barranco *m; (channel)* hondonada *f.*
gulp [gʌlp] **1** *n* trago *m;* **in** *or* **at one ~** de un trago. **2** *vt (also* **~ down**) tragarse, engullir. **3** *vi (while drinking)* tragar; *(through fear etc)* tener un nudo en la garganta.
gum[1] [gʌm] *n (Anat)* encía *f.*
gum[2] [gʌm] **1** *n (glue)* goma *f,* pegamento *m, (LAm)* cemento *m; (~ tree)* eucalipto *m; (chewing ~)* chicle *m; (sweet)* pastilla *f* de goma. **2** *vt (stick together)* pegar con goma; *(also* **~ down:** *label, envelope)* pegar.
♦ **gum up** *vt + adv:* **to ~ up the works** *(fam)* meter un palo en la rueda.
gum·boots ['gʌmbuːts] *npl* botas *fpl* altas de goma.
gump·tion ['gʌmpʃən] *n (fam: initiative)* iniciativa *f; (: strength)* fuerza *f,* vigor *m.*
gun [gʌn] **1** *n (pistol)* pistola *f,* revólver *m; (rifle)* fusil *m; (cannon)* cañón *m;* **to draw a ~ on sb** apuntar a uno con un arma; **to stick to one's ~s** mantenerse firme, aferrarse. **2** *vt (also* **~ down**) asesinar. **3: ~ barrel** *n* cañón *m;* **~ dog** *n* perro *m* de caza.
♦ **gun for** *vi + prep (fig)* perseguir.
gun·boat ['gʌnbəʊt] *n* cañonero *m.*
gun·fire ['gʌnfaɪəʳ] *n* disparos *mpl.*
gunge [gʌndʒ] *n (fam)* mugre *f.*
gun·man ['gʌnmən] *n, pl* **-men** pistolero *m.*
gun·point ['gʌnpɔɪnt] *n:* **at ~** a mano armada.
gun·powder ['gʌn,paʊdəʳ] *n* pólvora *f.*
gun·running ['gʌn,rʌnɪŋ] *n* contrabando *m* de armas.
gun·shot ['gʌnʃɒt] *n (noise)* disparo *m;* **a ~ wound** un escopetazo.
gun·smith ['gʌnsmɪθ] *n* escopetero/a *m/f.*
gur·gle ['gɜːgl] **1** *n (of liquid)* borboteo *m,* gluglú *m; (of baby)* gorjeo *m.* **2** *vi (see n)* borbotear; gorjear.
guru ['gʊruː] *n (Rel)* guru *m.*
gush [gʌʃ] **1** *n (of liquid)* chorro *m; (of feeling)* efusión *f.* **2** *vi* **(a)** *(also* **~ out:** *water, blood)* chorrear *(from* de). **(b)** *(fam: enthuse)* hablar con entusiasmo *(about, over* de).
gus·set ['gʌsɪt] *n* escudete *m.*
gust [gʌst] *n (of wind)* ráfaga *f; (of rain)* aguacero *m,* chaparrón *m.*
gus·to ['gʌstəʊ] *n:* **with ~** con entusiasmo.
gut [gʌt] **1** *n* **(a)** *(alimentary canal)* intestino *m; (for violin, racket)* cuerda *f* de tripa. **(b) ~s** *(fam: innards)* tripas *fpl; (fig: courage)* valor *m,* cojones *mpl (fam!), (LAm)* huevos *mpl (fam!).* **2** *vt* **(a)** *(poultry, fish)* destripar. **(b)** *(building)* no dejar más que las paredes de. **3: ~ reaction** *n* reacción *f* instintiva.
gut·ter ['gʌtəʳ] **1** *n (in street)* arroyo *m,* cuneta *f; (on roof)* canal *m,* canalón *m;* **to be born in the ~** *(fig)* nacer en los barrios bajos. **2: ~ press** *n* prensa *f* amarilla.
gut·tur·al ['gʌtərəl] *adj (accent, sound)* gutural.
guy[1] [gaɪ] *n (fam: man)* tío *m,* individuo *m, (LAm)* tipo *m,* chico *m, (Mex)* cuate *m; (effigy)* efigie *f;* **wise ~** sabelotodo *mf inv.*
guy[2] [gaɪ] *n (also* **~-rope**) *(for tent etc)* viento *m,* tirante *m.*
guz·zle ['gʌzl] **1** *vt (food)* engullirse, *(LAm)* tragarse; *(drink)* soplarse, *(LAm)* tragarse; *(hum: petrol)* tragar mucho. **2** *vi* engullir, soplar.
gym [dʒɪm] *n (fam: gymnasium)* gimnasio *m; (: gymnastics)* gimnasia *f.*
gym·kha·na [dʒɪm'kɑːnə] *n* gymkhana *f.*
gym·na·sium [dʒɪm'neɪzɪəm] *n* gimnasio *m.*
gym·nast ['dʒɪmnæst] *n* gimnasta *mf.*
gym·nas·tics [dʒɪm'næstɪks] *n (gen)* gimnasia *f.*
gy·nae·colo·gist, *(US)* **gy·ne·colo·gist** [,gaɪnɪ'kɒlədʒɪst] *n* ginecólogo/a *m/f.*
gy·nae·col·ogy, *(US)* **gy·ne·col·ogy** [,gaɪnɪ'kɒlədʒɪ] *n* ginecología *f.*
gyp·sy ['dʒɪpsɪ] **1** *n* gitano/a *m/f; (pej)* vagabundo/a *m/f.* **2** *cpd (life, caravan, music)* gitano/a.
gy·rate [,dʒaɪə'reɪt] *vi (spin)* girar; *(dance)* bailar enérgicamente.
gy·ro·scope ['dʒaɪərəskəʊp] *n* giroscopio *m.*

H

H, h [eɪtʃ] *n (letter)* H, h *f.*
hab·er·dash·er ['hæbədæʃəʳ] *n* mercero/a *m/f; (US)* camisero/a *m/f.*
hab·er·dash·ery [ˌhæbə'dæʃərɪ] *n (goods, shop)* mercería *f; (US: shop)* camisería *f; (: goods)* artículos *mpl* de moda para caballeros.
hab·it ['hæbɪt] *n* **(a)** *(customary behaviour)* costumbre *f;* **a bad ~** un vicio, una mala costumbre; **to be in the ~ of doing sth** tener la costumbre de *or* soler hacer algo; **to get out of/into the ~ of doing sth** perder la costumbre de/acostumbrarse a hacer algo; **out of sheer ~** por pura costumbre. **(b)** *(dress: of monk)* hábito *m; (riding ~)* traje *m* de montar.
hab·it·able ['hæbɪtəbl] *adj* habitable.
habi·tat ['hæbɪtæt] *n* habitat *m.*
habi·ta·tion [ˌhæbɪ'teɪʃən] *n (gen)* habitación *f; (house)* domicilio *m; (animal etc)* morada *f.*
ha·bitu·al [hə'bɪtjʊəl] *adj* habitual, acostumbrado/a; *(drunkard, liar etc)* inveterado/a, empedernido/a.
hack[1] [hæk] **1** *n (cut)* corte *m,* tajo *m; (blow: with axe)* hachazo *m; (: with machete)* machetazo *m.* **2** *vt (cut)* cortar, tajar; **to ~ one's way in/out/through** abrirse paso a machetazos *etc;* **to ~ sth to pieces** hacer algo pedazos a hachazos. **3** *vi* tirar tajos *(at* a).
♦ **hack down** *vt + adv (tree etc)* derribar a hachazos.
hack[2] [hæk] **1** *n* **(a)** *(old horse)* jamelgo *m; (hired horse)* caballo *m* de alquiler. **(b)** *(writer)* plumífero/a *m/f,* chupatintas *m inv.* **(c)** *(US: taxi)* taxi *m, (LAm)* libre *m.* **2** *vi:* **to go ~ing** montar a caballo.
hack·ing ['hækɪŋ] *adj* **(a) ~ jacket** chaqueta *f or (LAm)* saco *m* de montar. **(b) ~ cough** tos *f* seca.
hack·les ['hæklz] *npl:* **to make sb's ~ rise** *(fig)* enfurecer a uno; **with his ~ up** furioso, furibundo.
hack·ney carriage ['hæknɪˌkærɪdʒ] *n (frm)* coche *m* de alquiler; *(taxi)* taxi *m.*
hack·neyed ['hæknɪd] *adj (saying etc)* trillado/a, gastado/a.
hack·saw ['hæksɔː] *n* sierra *f* para metales.
had [hæd] *pt, pp of* **have.**
had·dock ['hædək] *n* eglefino *m.*
hadn't ['hædnt] = **had not.**
haemo·glo·bin [ˌhiːməʊ'gləʊbɪn] *n* hemoglobina *f.*
haemo·philia [ˌhiːməʊ'fɪlɪə] *n* hemofilia *f.*
haem·or·rhage ['hemərɪdʒ] **1** *n* hemorragia *f.* **2** *vi* sangrar profusamente.
haem·or·rhoids ['hemərɔɪdz] *npl* hemorroides *fpl.*
hag [hæg] *n (ugly old woman)* vieja *f* fea; *(witch)* bruja *f.*
hag·gard ['hægəd] *adj (from tiredness)* ojeroso/a, flaco/a; *(from starvation)* demacrado/a, macilento/a.
hag·gis ['hægɪs] *n (Scot Culin)* estómago *m* de cordero relleno.
hag·gle ['hægl] *vi (bargain)* regatear *(over* sobre); *(argue)* discutir, disputar.
Hague [heɪg] *n:* **The ~** La Haya.
hail[1] [heɪl] **1** *n (Met)* granizo *m; (fig: of bullets)* lluvia *f; (of abuse)* tormento *m.* **2** *vi* granizar.
hail[2] [heɪl] **1** *n (greeting, call)* grito *m* de saludo; **within ~** al alcance de la voz. **2** *interj (old, poet)* **~ Caesar!** César, ¡salve!; **the H~ Mary** el Ave María. **3** *vt (acclaim)* aclamar, celebrar *(as* como); *(greet)* saludar; *(signal: taxi)* llamar. **4** *vi:* **where does that ship ~ from?** ¿de dónde es ese barco?; **he ~s from Scotland** es natural de Escocia.
hail·stone ['heɪlstəʊn] *n* piedra *f* de granizo.
hail·storm ['heɪlstɔːm] *n* granizada *f.*
hair [hɛəʳ] **1** *n (head of ~)* pelo *m,* cabellera *f; (: hum)* melena *f; (single ~)* pelo; *(on legs etc)* vello *m; (of animal)* pelo, piel *f; (fluff)* pelusa *f;* **white ~** canas *fpl;* **to comb one's ~** peinarse; **to put one's ~ up** recogerse el pelo; **to have one's ~ done** arreglarse el pelo; **to get one's ~ cut** cortarse el pelo; *(: very short)* pelarse; **to remove unwanted ~** depilarse; **to split ~s** buscarle tres pies al gato; **he didn't turn a ~** ni se inmutó; **to make sb's ~ stand on end** ponerle los pelos de punta a uno; **the ~ of the dog (that bit you)** *(fam)* el remedio en la enfermedad; **by a ~'s breadth** por un pelo; **to let one's ~ down** *(fig)* soltarse, *(LAm)* relajarse. **2** *cpd (mattress etc)* de cerda; *(lacquer etc)* para el pelo; **~ grip** *n* horquilla *f,* pasador *m.*
hair·brush ['hɛəbrʌʃ] *n* cepillo *m* (para el pelo).
hair·cut ['hɛəkʌt] *n* corte *m* (de pelo); **to have** *or* **get a ~** cortarse el pelo; *(very short)* pelarse.
hair·do ['hɛəduː] *n (fam)* peinado *m.*
hair·dresser ['hɛəˌdresəʳ] *n* peluquero/a *m/f;* **~'s** *(salon)* peluquería *f.*
hair-drier ['hɛəˌdraɪəʳ] *n* secador *m* de pelo.
-haired [hɛəd] *adj suf:* **fair/long~** (de pelo) rubio *or (LAm)* güero/de pelo largo.
hair·less ['hɛəlɪs] *adj* sin pelo, pelón/ona.
hair·line ['hɛəlaɪn] **1** *n* nacimiento *m* del pelo. **2:** **~ crack** *n* grieta *f* fina; **~ fracture** *n* fractura *f* fina.
hair·pin ['hɛəpɪn] **1** *n* horquilla *f.* **2:** **~ bend** *n* curva *f* peligrosa.
hair-raising ['hɛəˌreɪzɪŋ] *adj (story, adventure)* espeluznante.
hair's-breadth ['hɛəzbretθ] *n:* **by a ~** por un pelo.
hair·style ['hɛəstaɪl] *n* peinado *m.*
hairy ['hɛərɪ] *adj* **(-ier, -iest) (a)** *(gen)* peludo/a; *(long-haired)* melenudo/a, *(LAm)* greñudo/a. **(b)** *(fam: frightening)* espeluznante.
hake [heɪk] *n* merluza *f.*
hale [heɪl] *adj:* **~ and hearty** robusto/a.
half [hɑːf] *n, pl* **halves 1** *n* **(a)** *(gen)* mitad *f;* **~ a day** medio día; **~ an orange** media naranja; **~ a dozen** media docena; **3 and a ~ hours** tres horas y media; **~ an hour/a cup** media hora/taza; **~ of my friends** la mitad de mis amigos; **to cut sth in ~** *or* **into halves** cortar algo por la mitad; **one's better ~** *(fam, hum)* su media naranja; **by ~** con mucho; **he doesn't do things by halves** no hace las cosas a medias; **to go halves (with sb on sth)** ir a medias (con uno en algo); **he's too clever by ~** *(fam)* se pasa de listo. **(b)** *(Sport: of match)* tiempo *m; (player)* medio *m;* **the first ~** el primer tiempo. **(c)** *(of beer)* media pinta *f.* **(d)** *(child's ticket)* billete *m* de niño.

2 *adj (bottle, quantity etc)* medio/a; ~ **man ~ beast** mitad hombre mitad animal; ~ **measures** medidas *fpl* ineficaces; ~ **term** *(Brit Scol)* vacaciones *fpl* de mediados del trimestre.

3 *adv* **(a)** medio, a medias; ~ **asleep** medio dormido, dormido a medias; ~ **as much** la mitad; ~ **as big** la mitad de grande; ~ **as big/much again** y otra mitad más; **I was ~ afraid that ...** medio temía que ...; **not ~!** *(fam)* ¡ya lo creo!, *(LAm)* ¡cómo no!; **it isn't ~ hot** *(fam)* hace un calor de miedo. **(b)** *(time)* ~ **past 3/12** las 3/12 y media.

half·back ['hɑːfbæk] *n (Ftbl)* medio *m.*

half-baked [ˌhɑːf'beɪkt] *n (fig fam: idea, scheme)* mal concebido/a, mal pensado/a.

half-brother ['hɑːfˌbrʌðəʳ] *n* medio hermano *m.*

half-caste ['hɑːfkɑːst] *n* mestizo/a *m/f.*

half-closed [ˌhɑːf'kləʊzd] *adj* entreabierto/a.

half-cooked [ˌhɑːf'kʊkt] *adj* a medio cocer, medio cocido/a.

half-hearted [ˌhɑːf'hɑːtɪd] *adj (effort)* sin entusiasmo; *(smile)* de conejo, *(LAm)* de dientes afuera.

half-hour [ˌhɑːf'aʊəʳ] *n* media hora *f.*

half-mast [ˌhɑːf'mɑːst] *n*: **at ~** a media asta.

half·moons [ˌhɑːf'muːnz] *npl (spectacles)* quevedos *mpl.*

half-note [ˌhɑːf'nəʊt] *n (US Mus)* mínima *f,* blanca *f.*

half-price [ˌhɑːf'praɪs] *adv, adj* a mitad de precio.

half-time [ˌhɑːf'taɪm] *n (Sport)* descanso *m.*

half-truth ['hɑːftruːθ] *n* verdad *f* a medias.

half·way [ˌhɑːf'weɪ] **1** *adv* a medio camino; ~ **up/down (the hill** *etc)* a media cuesta; ~ **there** a mitad de *or* a medio camino; **to meet sb ~** *(fig)* llegar a un acuerdo, hacer concesiones mutuas; ~ **through sth** a (la) mitad de algo. **2** *adj (mark etc)* a *or* de medio camino; *(fig: incomplete)* a medias.

half-witted [ˌhɑːf'wɪtɪd] *adj* imbécil, tonto/a, bobo/a.

half-yearly [ˌhɑːf'jɪəlɪ] **1** *adv* semestralmente. **2** *adj* semestral.

hali·but ['hælɪbət] *n* halibut *m.*

hali·to·sis [ˌhælɪ'təʊsɪs] *n* halitosis *f.*

hall [hɔːl] **1** *n* **(a)** *(entrance ~)* entrada *f; (US: passage)* pasillo *m; (foyer)* vestíbulo *m.* **(b)** *(large room, building: for concerts etc)* sala *f;* **dance/concert ~** salón *m* de baile/sala de conciertos; **church ~** presbiteria *f.* **(c)** *(mansion)* casa *f* solariega; *(Brit Univ: also ~* **of residence***)* residencia *f.* **2:** ~ **stand** *n* perchero *m.*

hal·le·lu·jah [ˌhælɪ'luːjə] *n, interj* aleluya *f.*

hall·mark ['hɔːlmɑːk] *n* contraste *m; (fig)* sello *m.*

hal·lo [hə'ləʊ] = **hullo.**

Hal·low·e'en [ˌhæləʊ'iːn] *n* víspera *f* de Todos los Santos.

hal·lu·ci·na·tion [həˌluːsɪ'neɪʃən] *n* alucinación *f,* ilusión *f.*

hall·way ['hɔːlweɪ] *n* vestíbulo *m,* entrada *f.*

halo ['heɪləʊ] *n* nimbo *m,* aureola *f.*

halt [hɔːlt] **1** *n* alto *m,* parada *f; (train stop)* apeadero *m;* **to come to a ~** *(vehicle)* pararse; *(negotiations)* interrumpirse; **to call a ~ (to sth)** *(fig)* poner fin (a algo). **2** *vt (vehicle, production etc)* parar, detener. **3** *vi (gen)* pararse, detenerse; *(train etc)* hacer alto; *(process)* interrumpirse; **~!** *(Mil)* ¡alto! **4:** ~ **sign** *n* alto *m.*

hal·ter ['hɔːltəʳ] *n (for horse)* cabestro *m.*

halter·neck ['hɔːltənek] *adj* de espalda escotada.

halt·ing ['hɔːltɪŋ] *adj (hesitant: speech, movement)* titubeante, vacilante.

halve [hɑːv] *vt (divide)* partir por la mitad *or* en dos partes; *(reduce by half)* dejar en la mitad.

halves [hɑːvz] *npl of* **half.**

ham [hæm] *n* **(a)** *(Culin)* jamón *m.* **(b)** *(radio ~)* radioaficionado/a *m/f.*

♦ **ham up** *vt + adv*: **to ~ it up** *(fam)* actuar de manera exagerada.

ham·burg·er ['hæmˌbɜːgəʳ] *n* hamburguesa *f.*

ham-fisted [ˌhæm'fɪstɪd] *adj* torpe, desmañado/a.

ham·let ['hæmlɪt] *n* aldea *f.*

ham·mer ['hæməʳ] **1** *n (tool)* martillo *m;* **the ~ and sickle** el martillo y la hoz; **to go at it ~ and tongs** *(fam: work)* machacar; *(: argue)* luchar a brazo partido. **2** *vt (nail)* clavar; *(fig fam: defeat, thrash)* machacar; **to ~ sth into shape** *(metal)* formar algo a martillo; *(fig: team etc)* forjar a golpes; **to ~ a point home** remachar un punto. **3** *vi*: **to ~ on** *or* **at a door** golpear una puerta.

♦ **ham·mer down** *vt + adv (lid etc)* asegurar con clavos; *(nail)* meter a martillazos.

♦ **ham·mer out** *vt + adv (metal)* forjar a martillo; *(fig: solution, agreement)* elaborar con trabajos.

ham·mock ['hæmək] *n* hamaca *f.*

ham·per[1] ['hæmpəʳ] *n* cesto *m,* canasta *f.*

ham·per[2] ['hæmpəʳ] *vt (hinder)* poner trabas a, obstaculizar.

ham·ster ['hæmstəʳ] *n* hámster *m.*

hand [hænd] **1** *n* **(a)** *(of person)* mano *f; (of instrument, clock)* aguja *f,* manecilla *f;* **to have sth in one's ~** *(knife etc)* tener algo en la mano; **to take sb by the ~** tomar a uno de la mano; **on (one's) ~s and knees** a gatas; **~s up!** *(to criminal)* ¡arriba las manos!; *(to pupils)* ¡que levanten la mano!; **~s off** *(fam)* ¡fuera las manos!; **to be clever** *or* **good with one's ~s** ser hábil con las manos; **made/delivered by ~** hecho a mano/enviado en mano; **to raise an animal by ~** criar un animal uno mismo; **to live from ~ to mouth** vivir al día; **they gave him a big ~** le aplaudieron calurosamente; *see* **hold 2 (a), shake 2 (a).**

(b) *(agency, influence)* mano *f,* influencia *f;* **to have a ~ in sth** tener que ver con algo.

(c) *(worker: in factory)* obrero/a *m/f; (: farm ~)* peón *m; (: deck ~)* marinero *m* de cubierta; **all ~s on deck!** *(Naut)* ¡todos a la cubierta!; **to be an old ~ (at sth)** ser perro viejo (en algo).

(d) *(~ writing)* escritura *f,* letra *f;* **in one's own ~** de puño y letra de uno.

(e) *(Cards: round)* partida *f; (: cards held)* mano *f;* **a ~ of bridge/poker** una mano de bridge/póker.

(f) *(measurement: of horse)* palmo *m.*

(g) *(phrases with verb)* **to be ~ in glove with sb** ser uña y carne con uno; **to change ~s** cambiar de dueño; **to force sb's ~** forzarle la mano a uno; **to give** *or* **lend sb a ~** echar una mano a uno; **to keep one's ~ in** mantenerse en forma; **to turn one's ~ to sth** dedicarse a algo; **he can turn his ~ to anything** vale tanto para un barrido como para un fregado; **to ask for sb's ~ (in marriage)** pedir la mano de una; **to wait on sb ~ and foot** mimar *or* consentir a uno; **to have one's ~s full (with sb/sth)** tener las manos llenas (con uno/algo); **to win ~s down** ganar en forma aplastante; **to be making/losing money ~ over fist** ganar dinero a espuertas/hacerle agua el dinero; **to have a free ~** tener carta blanca; **to give sb a free ~** dar carta blanca a uno; **to have the upper ~** tener *or* llevar la ventaja.

(h) *(phrases with prep before n)* **at ~** a la mano, al alcance de la mano; **to be near** *or* **close at ~** estar a la mano *or* a la vuelta; **at first ~** de primera mano; **~ in ~** cogidos *or (LAm)* tomados de la mano; **to be in sb's ~s** estar en manos de uno; **it's in his ~s now** él está a cargo ahora; **to have £50 in ~** tener £50 en el haber; **to have the**

matter in ~ tener el asunto entre manos; **to take sth in ~** tomar algo a cuestas; **to take sb in ~** hacerse cargo de uno; **to play into sb's ~s** hacerle el juego a uno; **to fall into the ~s of the enemy** caer en manos del enemigo; **on ~** a la mano, al alcance; **on the right/left ~** a la derecha/izquierda; **on the one ~ ... on the other ~** por una parte ... por otra parte; **on the other ~** en cambio; **to have sth left on one's ~s** quedarse con algo en las manos; **to take sth off sb's ~s** desembarazar a uno de algo; **to condemn sb out of ~** condenar a uno sin ambages; **to get out of ~** desmandarse.

2 *vt (pass)* **to ~ sb sth** *or* **sth to sb** pasar *or* entregar algo a uno; **you've got to ~ it to him** *(fam)* hay que reconocérselo.

3 *cpd (cream etc)* para las manos; **~ luggage** *n* equipaje *m* de mano.

♦ **hand back** *vt + adv* devolver, *(LAm)* regresar.

♦ **hand down** *vt + adv (suitcase etc)* bajar; *(heirloom)* heredar; *(tradition)* transmitir.

♦ **hand in** *vt + adv (form etc)* entregar; *(resignation)* presentar.

♦ **hand out** *vt + adv (leaflets, advice)* repartir.

♦ **hand over 1** *vt + adv (pass over)* entregar; *(property, business)* pasar, ceder. **2** *vi + adv (to successor)* ceder; **I'm now ~ing over to the studio** *(Rad, TV)* ahora vuelta al estudio.

♦ **hand round** *vt + adv (information, bottle)* pasar (de mano en mano); *(distribute: chocolates etc)* ofrecer.

hand·bag ['hænd*b*æg] *n* bolso *m or* bolsa *f* (de mano), *(LAm)* cartera *f.*

hand·ball ['hænd*b*ɔːl] *n* balonmano *m.*

hand·bill ['hænd*b*ɪl] *n* volante *m.*

hand·book ['hænd*b*ʊk] *n (manual)* manual *m; (for tourists)* guía *f.*

hand·brake ['hænd*b*reɪk] *n* freno *m* de mano, *(LAm)* emergencia *f.*

hand·cuffs ['hænd*k*ʌfs] *npl* esposas *fpl.*

hand·ful ['hænd*f*ʊl] *n (quantity, small number)* puñado *m;* **a ~ of people** un puñado de gente; **that child's a real ~** *(fam)* ese niño está dando mucha lata.

handi·cap ['hændɪkæp] **1** *n* desventaja *f; (Sport)* hándicap *m; (horse race)* obstáculo *m;* **the ~ped** los minusválidos *mpl.* **2** *vt (prejudice)* perjudicar; **to be mentally/physically ~ped** ser minusválido mentalmente/físicamente.

handi·craft ['hændɪkrɑːft] *n (art, product)* artesanía *f.*

handi·work ['hændɪwɜːk] *n (craft)* trabajo *m;* **this looks like his ~** *(pej)* es obra de él, parece.

hand·ker·chief ['hæŋkətʃɪf] *n* pañuelo *m.*

han·dle ['hændl] **1** *n (of knife, brush etc)* mango *m; (of basket, jug etc)* asa *f,* asidero *m; (of door, drawer etc)* manija *f,* manivela *f; (of pump)* palanca *f;* **to fly off the ~** *(fig)* salirse de sus casillas, perder los estribos.

2 *vt* **(a)** *(touch)* tocar; *(hold)* manejar; *(Ftbl: ball)* tocar con la mano; **'~ with care'** '(manéjese) con cuidado'; **the police ~d him roughly** la policía le maltrató. **(b)** *(deal with: situation, resources etc)* manejar; *(manipulate)* manipular; *(cope with: people)* poder con; *(Comm: goods)* tratar *or* comerciar en; *(car)* conducir, *(LAm)* manejar; *(ship)* gobernar; *(be able to use: gun, machine)* manejar; **I'll ~ this** yo me encargo (de esto); **we ~ 2000 travellers a day** por aquí pasan 2000 viajeros cada día.

3 *vi (ship, plane)* gobernarse; *(car)* conducirse, manejarse.

handle·bars ['hændlbɑːz] *npl (on bicycle)* manillar *msg,* guía *fsg.*

han·dling ['hændlɪŋ] *n* manejo *m; (cargo)* porte *m.*

hand·made [ˌhænd'meɪd] *adj* hecho/a mano.

hand-me-down ['hænd*m*ɪˌdaʊn] *n* ropa *f* de desecho.

hand·out ['hændaʊt] *n (leaflet)* octavilla *f,* (hoja *f*) volante *m; (pamphlet)* folleto *m; (press ~)* nota *f* de prensa; *(at lecture)* hoja *f; (fam: money)* limosna *f.*

hand-picked [ˌhænd'pɪkt] *adj* seleccionado/a.

hand·rail ['hændreɪl] *n (on staircase etc)* pasamanos *m inv,* barandilla *f.*

hand·shake ['hændʃeɪk] *n* apretón *m* de manos.

hand·some ['hænsəm] *adj* **(-r, -st) (a)** *(attractive)* guapo/a, bien parecido/a; *(building)* bello/a, elegante; **she's a ~ woman** es una bella *or* hermosa mujer. **(b)** *(generous: gesture, salary, treatment etc)* generoso/a; *(considerable: fortune, profit)* considerable.

hand·stand ['hænd*s*tænd] *n* voltereta *f,* salto *m* mortal.

hand-to-mouth [ˌhænd*t*ə'maʊθ] *adj (existence)* precario/a.

hand·writing ['hændˌraɪtɪŋ] *n* escritura *f,* letra *f.*

handy ['hændɪ] *adj* **(-ier, -iest) (a)** *(close at hand)* a la mano, cercano/a; **to keep sth ~** tener algo a la mano *or* al alcance de la mano. **(b)** *(convenient)* conveniente; *(useful: machine etc)* práctico/a; **our house is ~ for the shops** nuestra casa está cerca de las tiendas; **to come in ~** venir bien. **(c)** *(skilful)* hábil, diestro/a.

handy·man ['hændɪmæn] *n, pl* **-men** bricolador *m.*

hang [hæŋ] *pt, pp* **hung 1** *vt* **(a)** *(curtains, picture)* colgar; *(wallpaper)* pegar; *(coat etc)* colgar *(on* en); **the walls were hung with tapestries** en las paredes colgaban tapicerías; **the Christmas tree was hung with lights** el árbol de Navidad estaba adornado de farolillos. **(b)** *(pt, pp* **hanged:** *criminal)* ahorcar; **~ (it)!** *(fam)* ¡demonios!, ¡puñetas! *(fam), (LAm)* ¡carajo! *(fam).* **(c) to ~ one's head** bajar *or* inclinar la cabeza.

2 *vi (rope, garment etc)* caer *(from* de); *(criminal)* colgar; **the hawk hung motionless in the sky** el halcón se mantenía inmóvil en el cielo; **black smoke hung over the town** humos negros se cernían sobre el pueblo.

3 *n (of garment)* caída *f;* **to get the ~ of sth** *(fam)* lograr dominar algo.

♦ **hang about 1** *vi + adv (also* **~ around:** *loiter)* holgazanear, haraganear; *(: wait)* quedar en espera; **to keep sb ~ing about** hacer esperar a uno. **2** *vi + prep (the streets etc)* rondar, ir rondando.

♦ **hang back** *vi + adv (hesitate)* vacilar; *(stay behind)* quedarse atrás.

♦ **hang on 1** *vi + prep* **(a)** *(depend on: decision etc)* depender de. **(b)** *(listen eagerly)* quedar pendiente; **she hung on his every word** estuvo pendiente de cada palabra suya. **2** *vi + adv* **(a)** *(keep hold)* agarrarse *(to* a, de), aferrarse *(to* a); *(keep)* **to ~ on to** guardar, quedarse con. **(b)** *(fam: wait)* esperar; **~ on a minute!** ¡espera un momento!

♦ **hang out 1** *vt + adv (washing)* tender, colgar; *(flags)* izar, enarbolar. **2** *vi + adv* **(a)** *(tongue etc)* colgar fuera *(of* de). **(b)** *(fam: live)* vivir, radicarse; *(: often be found)* frecuentar. **(c) to ~ out for more money** *(fam)* insistir en pedir más dinero.

♦ **hang together** *vi + adv (fam: people)* mantenerse unidos; *(cohere: argument etc)* sostenerse.

♦ **hang up 1** *vt + adv (coat, picture)* colgar; **he's hung-up** está acomplejado. **2** *vi + adv (Telec)*

colgar; **to ~ up on sb** colgarle a uno.
hang·ar ['hæŋəʳ] *n* hangar *m*, cobertizo *m*.
hang·dog ['hæŋdɒg] *adj (guilty: look, expression)* avergonzado/a, *(LAm)* apenado/a.
hang·er ['hæŋəʳ] *n (for clothes)* percha *f*, gancho *m*.
hanger-on ['hæŋərɒn] *n, pl* **hangers-on** *(fam)* parásito/a *m/f*, pegote *mf*.
hang·ing ['hæŋıŋ] **1** *n* **(a)** *(Jur)* ejecución *f* (en la horca). **(b)** *(curtains etc)* **~s** colgaduras *fpl*. **2** *adj (pending)* pendiente.
hang·man [hæŋmən] *n, pl* **-men** verdugo *m*.
hang-out ['hæŋaʊt] *n (fam)* guarida *f*, nidal *m*.
hang·over ['hæŋ,əʊvəʳ] *n* **(a)** *(after drinking)* resaca *f*, *(LAm)* cruda *f*. **(b)** *(sth left over)* resto *m* (del pasado).
hang-up ['hæŋʌp] *n (fam)* complejo *m*.
hank [hæŋk] *n (of wool)* madeja *f*; *(of hair)* mechón *m*.
hank·er ['hæŋkəʳ] *vi*: **to ~ after** *or* **for sth** añorar *or* anhelar algo.
hank·er·ing ['hæŋkərıŋ] *n* añoranza *f (for* por), anhelo *m (for* de).
hanky, hankie ['hæŋkı] *n (fam)* pañuelo *m*.
hanky-panky [,hæŋkı'pæŋkı] *n*: **there's some ~ going on here** aquí hay trampa.
hap·haz·ard [,hæp'hæzəd] *adj (chance)* fortuito/a, al azar; *(careless)* descuidado/a.
hap·pen ['hæpən] *vi* **(a)** *(occur)* pasar, suceder, acontecer; **what's ~ing?** ¿qué pasa?; **how did it ~?** ¿cómo fue?, ¿cómo ocurrió esto?; **accidents will ~** son cosas que pasan; **don't let it ~ again** que no vuelva a ocurrir; **as if nothing had ~ed** como si nada; **what has ~ed to him?** *(befall)* ¿qué le ha pasado?; *(become of)* ¿qué fue de él?; **if anything should ~ to him ...** si le pasara algo .... **(b)** *(chance)* resultar; **it ~ed that I was out that day** resulta que aquel día estuve fuera; **if anyone should ~ to see John** si acaso alguien le vea a Juan; **I ~ to know that ...** me consta que ...; **as it ~s** da la casualidad (que); **he just ~s to be here now** precisamente está aquí ahora; **it so ~ed that ...** resultó *or* dio la casualidad que ....
♦ **hap·pen upon** *or* **on** *vi + prep* tropezar *or* dar con.
hap·pen·ing ['hæpnıŋ] *n (event)* suceso *m*, acontecimiento *m*.
hap·pi·ly ['hæpılı] *adv (contentedly, cheerfully)* alegremente; *(fortunately)* afortunadamente, felizmente; **they lived ~ ever after** vivieron felices.
hap·pi·ness ['hæpınıs] *n (contentment)* felicidad *f*; *(merriment)* alegría *f*.
hap·py ['hæpı] *adj* **(-ier, -iest) (a)** *(pleased, content)* feliz, contento/a; *(cheerful)* alegre; *(at ease, unworried)* tranquilo/a; **we are not entirely ~ about the plan** no estamos del todo contentos con el proyecto; **we're very ~ for you** nos alegramos mucho por ti; **yes, I'd be ~ to** sí, con mucho gusto; **I am ~ to tell you that ...** tengo mucho gusto en comunicarle que ...; **a ~ event** un acontecimiento feliz; **to be as ~ as a lark** estar como unas pascuas; **~ birthday!** ¡felicidades!, ¡feliz cumpleaños!; **~ Christmas/New Year!** ¡Felices Pascuas!/¡Feliz Año Nuevo! **(b)** *(well-chosen: phrase, idea)* oportuno/a, feliz; *(lucky: position, chance)* afortunado/a, feliz; **a ~ medium** un término medio.
happy-go-lucky [,hæpıgəʊ'lʌkı] *adj* despreocupado/a.
ha·rangue [hə'ræŋ] **1** *n* arenga *f*. **2** *vt* arengar.
har·ass ['hærəs] *vt* acosar, hostigar; *(Mil)* hostilizar, picar.
har·assed ['hærəst] *adj (exhausted)* agobiado/a; *(under pressure)* presionado/a; **to look ~** verse atareado.
har·ass·ment ['hærəsmənt] *n* persecución *f*.
har·bour, *(US)* **har·bor** ['hɑːbəʳ] **1** *n (gen)* puerto *m*. **2** *vt (retain: fear etc)* abrigar; *(: grudge)* guardar; *(shelter: criminal, spy)* dar abrigo *or* refugio a. **3: ~ master** *n* capitán *m* de puerto.
hard [hɑːd] **1** *adj* **(-er, -est) (a)** *(substance)* duro/a; *(ground, snow)* endurecido/a; *(muscle)* firme; *(consonant)* oclusivo/a; **~ cash** *(fam)* (dinero *m*) contante *m*; **~ court** *(Tennis)* cancha *f* (de tenis) de cemento; **~ shoulder** *(Aut)* andén *m*, arcén *m*.
(b) *(harsh, severe)* duro/a; *(: weather, winter)* severo/a; *(: frost)* fuerte; *(: climate)* áspero/a; *(: drink, liquor)* alcohólico/a; *(: drug)* heroico/a; *(: fact)* innegable; *(: person)* cruel, severo/a; *(: words, tone)* severo/a, áspero/a; **to take a long ~ look at sth** examinar algo detenidamente; **a ~ blow** *(fig)* un golpe duro; **~ luck!, ~ lines!** *(Brit fam)* ¡mala suerte!, *(LAm)* ¡mala pata!; **a ~ luck story** un dramón; **he's as ~ as nails** *(physically)* es duro como la piedra; *(in temperament)* a ése no le mueve nadie; **to take a ~ line over sth** ser intransigente en algo; **to be ~ to deal with** ser intratable *or* de trato difícil; **to be ~ on sb** ser muy duro con uno *or (LAm)* darle duro a uno.
(c) *(strenuous, tough: fight, match)* muy reñido/a; *(: work)* arduo/a, duro/a; **to be a ~ worker** ser muy trabajador; **10 years ~ labour** 10 años con trabajos forzados.
(d) *(difficult: problem, decision, choice)* duro/a, difícil; **I find it ~ to believe that ...** me cuesta trabajo creer que ...; **to be ~ to please** ser exigente *o* quisquilloso; **~ of hearing** duro de oído.
2 *adv* **(-er, -est)** *(push, work, hit)* fuerte, duro; *(think)* profundamente; **to freeze ~** quedar congelado; **it's snowing/raining ~** está nevando/lloviendo fuerte; **he was breathing ~** respiraba con dificultad; **to hit sb ~** *(fig)* ser un golpe cruel para uno; **to be ~ at it** *(fam)* trabajar *etc* con ahinco; **to be ~ put to it (to)** tener problemas (para); **to try one's ~est to do sth** esforzarse al máximo por hacer algo; **he took it pretty ~** fue un golpe duro para él, *(LAm)* le golpeó mucho; **to be ~ up** *(fam)* estar en un aprieto; **to be ~ up for sth** estar falto de algo.
hard-and-fast [,hɑːdən'fɑːst] *adj (rule)* rígido/a; *(decision)* definitivo/a, irrevocable.
hard·back ['hɑːdbæk] **1** *n (book)* libro *m* en pasta *or* encuadernado. **2** *adj (edition)* en pasta.
hard·board ['hɑːdbɔːd] *n* chapa *f* de madera.
hard-boiled [,hɑːd'bɔıld] *adj (egg)* duro/a; *(fig: tough, cynical)* de carácter duro, severo/a.
hard-core [,hɑːd'kɔːʳ] *adj* **(a)** *(pornography)* duro/a. **(b)** *(supporters)* intransigente.
hard·en ['hɑːdn] **1** *vt (gen)* endurecer; *(steel etc)* templar; *(fig)* fortalecer; **to ~ one's heart** ponerse intransigente. **2** *vi (substance)* endurecerse.
hard·ened ['hɑːdnd] *adj (criminal)* empedernido/a; *(soldier etc)* aguerrido/a; **to be ~ to sth** estar acostumbrado a algo.
hard-headed [,hɑːd'hedıd] *adj (shrewd)* realista, astuto/a; *(stubborn)* terco/a.
hard-hearted [,hɑːd'hɑːtıd] *adj* duro/a de corazón.
hard·ly ['hɑːdlı] *adv (scarcely)* apenas; *(not reasonably)* difícilmente; **that can ~ be true** eso difícilmente puede ser verdad; **I ~ know him** apenas le conozco; **~ anyone** casi nadie; **~ ever** casi nunca; **~ likely** poco probable; **~!** ¡ni hablar!, ¡a poco!

hard·ness ['hɑːdnɪs] *n (see adj* **a, b, d)** dureza *f;* severidad *f;* dificultad *f.*
hard·ship ['hɑːdʃɪp] *n (deprivation)* privación *f; (financial)* apuro *m; (condition of life)* miseria *f.*
hard·ware ['hɑːdwɛəʳ] **1** *n (for domestic use)* ferretería *f,* quincallería *f, (RPl)* cacharrería *f; (Mil)* materiales *mpl; (Comput)* hardware *m.* **2:** ~ **shop** *or* **store** *n* ferretería *f, (Mex)* tlapalería *f.*
hard-wearing [ˌhɑːd'wɛərɪŋ] *adj* resistente, duradero/a.
hard-working [ˌhɑːd'wɜːkɪŋ] *adj* trabajador(a).
har·dy ['hɑːdɪ] *adj* (**-ier, -iest**) fuerte, robusto/a; *(Bot)* resistente.
hare [hɛəʳ] *n* liebre *f.*
hare·brained ['hɛəˌbreɪnd] *adj (gen)* disparatado/a, descabellado/a.
hare·lip [ˌhɛə'lɪp] *n* labio *m* leporino.
har·em [hɑː'riːm] *n* harén *m.*
hari·cot ['hærɪkəʊ] *n (also* ~ **bean)** alubia *f,* judía *f* blanca.
hark [hɑːk] *vi:* ~**!** *(poet)* ¡escucha!; ~ **at him!** *(fam)* ¡qué cosas dice!
♦ **hark back** *vi + adv (return to)* volver *(to* a); *(recall)* recordar.
harm [hɑːm] **1** *n* daño *m,* perjuicio *m;* **out of** ~**'s way** a salvo, fuera de peligro; **there's no** ~ **in trying** nada se pierde con intentar; **it does more** ~ **than good** es peor el remedio que la enfermedad; **he means no** ~ no tiene malas intenciones. **2** *vt (person)* hacer daño *or* mal a; *(health, reputation, interests)* perjudicar; *(crops etc)* dañar, estropear.
harm·ful ['hɑːmfʊl] *adj (gen)* dañino/a; *(tobacco etc)* nocivo/a; *(reputation)* perjudicial.
harm·less ['hɑːmlɪs] *adj (person, animal)* inofensivo/a; *(drugs etc)* inocuo/a; *(innocent)* inocente.
har·moni·ca [hɑː'mɒnɪkə] *n* armónica *f.*
har·mo·ni·ous [hɑː'məʊnɪəs] *adj* armonioso/a.
har·mo·nium [hɑː'məʊnɪəm] *n* armonio *m.*
har·mo·nize ['hɑːmənaɪz] *vt, vi* armonizar.
har·mo·ny ['hɑːmənɪ] *n (gen)* armonía *f; (agreement)* acuerdo *m;* **to sing/live in** ~ **with sb** cantar/vivir en armonía con uno.
har·ness ['hɑːnɪs] **1** *n (for horse)* arreos *mpl,* guarniciones *fpl; (safety* ~*: for child)* andadores *mpl; (: for mountaineer etc)* arneses *mpl;* **to die in** ~ *(fig)* morir con las botas puestas. **2** *vt (horse)* enjaezar, poner los arreos a; *(: to carriage)* enganchar; *(resources etc)* aprovechar.
harp [hɑːp] *n* arpa *f;* **to play the** ~ tocar el arpa.
♦ **harp on** *vi + adv (fam)* **to** ~ **on (about)** estar siempre con la misma historia (de), machacar (sobre); **stop** ~**ing on!** ¡no machaques!
har·poon [hɑː'puːn] **1** *n* arpón *m.* **2** *vt* arponear.
harp·si·chord ['hɑːpsɪkɔːd] *n* clavecín *m,* clavicémbalo *m.*
har·row ['hærəʊ] *(Agr)* **1** *n* grada *f.* **2** *vt* gradar.
har·row·ing ['hærəʊɪŋ] *adj (distressing)* angustioso/a, angustiante; *(awful)* espeluznante, terrible; *(moving)* conmovedor(a).
har·ry ['hærɪ] *vt (Mil)* hostilizar; *(person)* hostigar *or* acosar a.
harsh [hɑːʃ] *adj* (**-er, -est**) *(severe)* severo/a, duro/a; *(cruel)* duro/a, cruel; *(rough)* áspero/a; *(words)* hosco/a; *(colour)* chillón/ona; *(contrast)* violento/a.
har·vest ['hɑːvɪst] **1** *n (gen)* cosecha *f; (of grapes)* vendimia *f.* **2** *vt* cosechar. **3:** ~ **festival** *n* fiesta *f* de la cosecha; ~ **moon** *n* luna *f* llena.
har·vest·er ['hɑːvɪstəʳ] *n (person)* segador(a) *m/f; (machine)* cosechadora *f; (combine* ~*)* segadora-trilladora *f.*
has [hæz] *3rd pers sg present of* **have.**
has-been ['hæzbiːn] *n (fam)* persona *f* acabada.
hash [hæʃ] *n* **(a)** *(Culin)* picadillo *m.* **(b)** *(fam)* **to make a** ~ **of sth** echar a perder (algo). **(c)** *(fam: hashish)* chocolate *m (fam), (LAm)* mota *f.*
hash·ish ['hæʃɪʃ] *n* hachich *m.*
hasn't ['hæznt] = **has not.**
has·sle ['hæsl] **1** *n (fam: problem, difficulty)* lío *m,* problema *m; (: argument)* riña *f,* follón *m, (LAm)* bronca *f.* **2** *vt* estorbar, molestar.
has·sock ['hæsək] *n (Rel)* cojín *m.*
haste [heɪst] *n* prisa *f, (LAm)* apuro *m;* **in** ~ a la carrera, precipitadamente; **to make** ~ darse prisa, *(LAm)* apurarse; **more** ~ **less speed** *(Prov)* vísteme despacio que voy de prisa.
has·ten ['heɪsn] **1** *vt (gen)* acelerar; *(rush)* acelerar el paso; **to** ~ **sb's departure** apresurar la ida de uno. **2** *vi* apresurarse; **I** ~ **to add that ...** me apresuro a añadir que ... .
hasti·ly ['heɪstɪlɪ] *adv (hurriedly)* de prisa, precipitadamente; *(rashly: speak)* intempestivamente, precipitadamente; *(: judge)* a la ligera.
has·ty ['heɪstɪ] *adj* (**-ier, -iest**) *(hurried)* apresurado/a, precipitado/a; *(rash)* intempestivo/a.
hat [hæt] **1** *n* sombrero *m;* **to pass the** ~ **round** *(fig)* pasar el platillo; **I take my** ~ **off to him** *(fig)* me descubro ante él; **to keep sth under one's** ~ no decir una palabra sobre algo; **to talk through one's** ~ *(fam)* decir disparates. **2:** ~ **stand** *n* perchero *m;* ~ **trick** *n* tres triunfos *mpl* seguidos.
hatch[1] [hætʃ] *n (Naut)* escotilla *f; (serving* ~*)* ventanilla *f.*
hatch[2] [hætʃ] **1** *vt (chick)* empollar, incubar; *(fig: scheme, plot)* idear, tramar. **2** *vi (chick)* salir del huevo; **the egg** ~**ed** el pollo rompió el cascarón y salió.
hatch·back ['hætʃbæk] *n (car)* un tres *or* cinco puertas.
hatch·et ['hætʃɪt] *n* hacha *f* (pequeña); *see* **bury.**
hatch·way ['hætʃweɪ] *n see* **hatch**[1].
hate [heɪt] **1** *n* odio *m;* **pet** ~ manía *f.* **2** *vt (gen)* odiar, aborrecer; **I** ~ **having to do it** no soporto hacerlo; **I** ~ **to trouble you, but ...** siento *or (LAm)* lamento mucho molestarle, pero ...; **he** ~**s to be** *or* **he** ~**s being corrected** no tolera *or* soporta que se le corrija.
hate·ful ['heɪtfʊl] *adj* odioso/a.
hat·pin ['hætpɪn] *n* agujón *m.*
ha·tred ['heɪtrɪd] *n (gen)* odio *m (for* a), aborrecimiento *m (for* de).
hat·ter ['hætəʳ] *n* sombrerero *m;* **as mad as a** ~ loco de remate.
haugh·ty ['hɔːtɪ] *adj* (**-ier, -iest**) altanero/a, altivo/a.
haul [hɔːl] **1** *n* **(a)** *(distance)* trayecto *m,* tramo *m;* **it's a long** ~ hay mucho trecho. **(b)** *(amount taken: of fish)* redada *f; (fig: from robbery etc)* botín *m.* **2** *vt* **(a)** *(drag: heavy object)* arrastrar, *(LAm)* jalar. **(b)** *(transport)* acarrear.
♦ **haul down** *vt + adv (flag, sail)* arriar.
haul·age ['hɔːlɪdʒ] **1** *n (road transport)* acarreo *m,* transporte *m; (cost)* gastos *mpl* de transporte. **2:** ~ **contractor** *n* transportista *mf.*
haul·ier ['hɔːlɪəʳ] *n (Brit)* transportista *mf.*
haunch [hɔːntʃ] *n (of animal)* anca *f; (of person)* cadera *f; (of meat)* pierna *f,* pata *f;* **to sit on one's** ~**es** sentarse en cuclillas.
haunt [hɔːnt] **1** *n (of animal)* guarida *f; (of person)* lugar *m* predilecto. **2** *vt (ghost: castle etc)* aparecer en; *(person: frequent)* frecuentar, rodar por; *(fig: idea, fear)* obsesionar.
haunt·ed ['hɔːntɪd] *adj (look)* de angustia; **the castle is** ~ en el castillo andan fantasmas.

haunt·ing ['hɔːntɪŋ] *adj (sight, music)* evocativo/a.

have [hæv] *3rd pers sg present* **has,** *pt, pp* **had 1** *aux vb* **(a)** haber; **he has been kind/ill** ha sido amable/ ha estado enfermo; **to ~ arrived/eaten** haber llegado/comido; **I ~** *or* **I've just asked him** acabo de preguntarle; **has(n't) he told you?** ¿(no) te lo ha dicho?; **had(n't) he told you?** ¿(no) te lo había dicho?; **having finished** *or* **when he had finished, he left** cuando terminó *or* había terminado, se fue.

(b) *(in tag)* **you've done it, ~n't you?** lo has hecho, ¿verdad?; **he hasn't done it, has he?** no lo ha hecho, ¿verdad?; **you've made a mistake — no I ~n't/so I ~!** has cometido un error — no es verdad *or (LAm)* cierto/es verdad *or* cierto; **we ~n't paid — yes we ~!** no hemos pagado — ¡qué sí!; **I've been there before — ~ you indeed?** yo ya estuve allí — ¡no me digas!

2 *modal aux vb (be obliged)* **to ~ (got) to do sth** tener que hacer algo; **I ~ (got) to finish this work** tengo que terminar este trabajo; **you ~n't to tell her** no debes decírselo; **do we ~ to leave early?** ¿hay que marcharnos temprano?; **I ~n't got to** *or* **I don't ~ to wear glasses** no necesito (usar) gafas; **I shall ~ to go and see her** la debo ir a ver; **it will just ~ to wait till tomorrow** se tendrá que esperar hasta mañana; **this has to be a mistake** aquí hay un error.

3 *vt* **(a)** *(possess)* tener; **he has (got) blue eyes** tiene los ojos azules; **~ you (got)** *or* **do you ~ a pen?** ¿tienes pluma?; **I've (got) a friend staying next week** un amigo me viene a visitar la semana que viene; **all I ~ is yours** todo lo que tengo es tuyo; **I ~ (got) no Spanish** no sé español; **I ~ (got) an idea** tengo una idea.

(b) *(meals etc)* **to ~ breakfast/lunch/dinner** desayunar/comer *or* almorzar/cenar; **to ~ a shower/shave** ducharse *or (LAm)* bañarse/ afeitarse; **what will you ~? — I'll ~ a coffee** ¿qué quiere tomar? *or* ¿qué va a tomar? — un café por favor; **he had a cigarette** (se) fumó un cigarro; **will you ~ some more?** ¿le sirvo más?; **to ~ a drink** tomar; **to ~ sth to eat** comer algo; **I must ~ a drink** necesito tomar algo.

(c) *(receive)* recibir; *(obtain)* conseguir; *(take)* llevar; **I had a letter from John** tuve carta de Juan; **let me ~ your address** dame tus señas; **you can ~ it for £5** te lo doy por £5, *(LAm)* lléveselo en £5; **there was no bread to be had** no quedaba pan en ningún sitio; **I ~ it on good authority that ...** me consta que ..., sé a ciencia cierta *or* de buena tinta que ...; **to ~ a child** parir, dar a luz.

(d) *(hold)* tener; **he had him by the throat** lo agarró por la garganta; **I ~ him in my power** lo tengo en mi poder; **you ~ me there** me doy por vencido.

(e) *(maintain, allow)* **he will ~ it that he is right** insiste en que tiene razón; **rumour has it that ...** corre la voz de que ...; **she won't ~ it said that ...** no tolera *or* soporta que digan ...; **I won't ~ this nonsense** no tolero estas tonterías.

(f) *(causative)* **to ~ sth done** hacer hacer algo; **to ~ a suit made** mandar hacer un traje; **to ~ one's hair cut** cortarse el pelo; **to ~ one's luggage brought up** hacer subir el equipaje; **to ~ sb do sth** mandar a uno hacer algo; **he had them all dancing** les puso a bailar a todos; **I'd ~ you know that ...** quiero que sepas que ...; **what would you ~ me do?** ¿qué quieres que haga?

(g) *(experience, suffer)* **she had her bag stolen** le robaron el bolso; **he had his arm broken** quedó con el brazo roto; **to ~ an operation** operarse; **she has (got) toothache/a cold/(the) flu** tiene dolor de muelas/está constipada *or* resfriada/ está con gripe.

(h) *(+ n = vb identical with n)* **to ~ a swim/walk** nadar, *(LAm)* bañarse/pasear, ir de paseo; **let's ~ a look** déjame ver; **let's ~ a try** vamos a hacer el intento.

(i) *(phrases)* **to ~ a good time** pasarlo bien, divertirse; **to ~ a pleasant evening** pasar una tarde agradable; **to ~ a party** dar una fiesta; **to ~ sth against sb/sth** tener algo en contra de uno/ algo; **thank you for having me** gracias por su invitación; **to ~ to do with** tener que ver con; **let him ~ it!** *(fam)* ¡dale!; **you've had it!** *(fam)* ¡mala suerte!, *(LAm)* ¡te amolaste!; **you've been had!** *(fam)* ¡te han engañado!

♦ **have in** *vt + adv* **(a)** *(doctor)* llamar; **to ~ visitors in** tener invitados; **let's ~ the next one in** que pase el siguiente. **(b) to ~ it in for sb** *(fam)* tenerla tomada con uno.

♦ **have on** *vt + adv* **(a)** *(garment)* llevar; **she had nothing on** estaba desnuda. **(b)** *(be busy with)* **I've got so much on this week** tengo tanto que hacer esta semana; **~ you anything on tomorrow?** ¿tienes compromiso para mañana? **(c)** *(fam)* **to ~ sb on** tomar el pelo a uno.

♦ **have out** *vt + adv* **(a) to ~ a tooth out** sacarse una muela; **to ~ one's tonsils out** operarse de las amígdalas. **(b) to ~ it out with sb** echar *or* sacar cuentas con uno.

♦ **have up** *vt:* **to be had up** *(fam: be prosecuted)* citarse *or* llevarse al juicio; **he was had up for assault** le acusaron de asalto.

ha·ven ['heɪvn] *n* refugio *m.*

have-nots ['hævnɒts] *npl see* **haves.**

haven't ['hævnt] = **have not.**

hav·er·sack ['hævəsæk] *n* mochila *f.*

haves [hævz] *npl (fam)* **the ~ and the have-nots** los ricos y los pobres.

hav·oc ['hævək] *n* estragos *mpl,* destrucción *f;* **to play ~ with** hacer estragos en; **to wreak ~** hacer estragos.

Ha·wai·ian [hə'waɪjən] *adj, n* hawaiano/a *m/f.*

hawk[1] [hɔːk] *n* halcón *m.*

hawk[2] [hɔːk] *vt (goods for sale)* pregonar.

hawk·er ['hɔːkər] *n* (vendedor(a) *m/f*) ambulante *mf.*

hawk-eyed ['hɔːkaɪd] *adj* con ojos de lince.

haw·thorn ['hɔːθɔːn] *n* espino *m.*

hay [heɪ] **1** *n* heno *m;* **to make ~ while the sun shines** *(Prov)* hacer su agosto. **2: ~ fever** *n* fiebre *f* del heno.

hay·stack ['heɪstæk] *n* almiar *m;* **it's like looking for a needle in a ~** es como buscar una aguja en un pajar.

hay·wire ['heɪwaɪər] *adj (fam)* **to go ~** *(person)* volverse loco, enloquecer; *(machine)* averiarse, *(LAm)* malograrse; *(scheme etc)* embrollarse.

haz·ard ['hæzəd] **1** *n (danger, risk)* peligro *m,* riesgo *m; (: of less serious things)* riesgo; *(obstacle, problem)* obstáculo *m.* **2** *vt (one's life, an attempt)* arriesgar; *(guess, remark)* aventurar.

haz·ard·ous ['hæzədəs] *adj* arriesgado/a, peligroso/a.

haze [heɪz] *n (mist)* neblina *f,* vaho *m; (of smoke etc)* bruma *f;* **to be in a ~** *(fig)* andar despistado.

ha·zel ['heɪzl] **1** *n (tree)* avellano *m.* **2** *adj (eyes)* avellano/a.

ha·zel·nut ['heɪzlnʌt] *n* avellana *f.*

hazy ['heɪzɪ] *adj* **(-ier, -iest)** *(day, weather, photograph)* nublado/a; *(fig: uncertain: memory, ideas)* poco claro/a, confuso/a; **I'm a bit ~ about it** lo tengo poco claro.

H-bomb ['eɪtʃbɒm] *n* bomba *f* H.

he [hiː] **1** *pers pron* él; **there ~ is** allí está (él); **~ who** *or* **that** el que, quien. **2** *n*: **it's a ~** *(animal)* es macho; *(fam: baby etc)* es hombre.

head [hed] **1** *n* **(a)** *(Anat)* cabeza *f;* **~ of hair** cabellera *f;* **~ first** de cabeza; **my ~ aches** me duele la cabeza; **to fall ~ over heels in love with sb** enamorarse perdidamente de uno; **from ~ to foot** de pies a cabeza; **to bite sb's ~ off** echar un rapapolvo a uno; **his ~'s in the clouds** está soñando; **to keep one's ~ above water** *(fig)* ir tirando; **the horse won by a ~** el caballo ganó por una cabeza; **on your own ~ be it!** ¡allá tú!; **to stand on one's ~** hacer el pino; **I could do it standing on my ~** *(fam)* lo hago yo con los ojos cerrados; **they went over my ~ to the manager** fueron directamente al gerente sin hacerme caso; **wine goes to my ~** el vino se me sube a la cabeza; **to give sb his ~** darle rienda suelta a uno; **to laugh one's ~ off** *(fam)* reírse a carcajadas.

(b) *(intellect, mind)* cabeza *f,* mente *f;* **two ~s are better than one** *(Prov)* cuatro ojos ven más que dos; **it never entered my ~** ni se me pasó por la cabeza siquiera; **to have a ~ for business** ser bueno para los negocios; **to have no ~ for heights** no resistir las alturas; **he has a good ~ on his shoulders** tiene buena cabeza; **to keep one's ~** mantener la calma; **to lose one's ~** perder la cabeza *or* los estribos; **let's put our ~s together** cambiemos impresiones; **it was above** *or* **over their ~s** estaba fuera de su alcance, no alcanzaron a entenderlo; **to do a sum in one's ~** hacer un cálculo mental; **to get sth into one's ~** meterse algo en la cabeza; **to be off one's ~** *(fam)* estar loco, estar fuera de sí.

(c) *(leader: of family, business)* jefe/a *m/f,* cabeza *f;* *(: of school)* director(a) *m/f;* **~ of department** *(Scol)* jefe/a *m/f* de departamento; **~ of state** *(Pol)* jefe de estado.

(d) *(on coin)* cara *f;* **~s or tails** cara o cruz, *(Mex)* águila o sol; **I couldn't make ~ nor tail of it** no le encuentro pies ni cabeza.

(e) *(no pl: unit)* **20 ~ of cattle** 20 cabezas de res; **£10 a** *or* **per ~** £10 por cabeza.

(f) *(of hammer, nail, tape recorder etc)* cabeza *f;* *(of arrow)* punta *f;* *(of lettuce, flower)* flor *f,* cabezuela *f;* *(of bed, page)* cabecera *f;* *(of river)* fuente *f,* nacimiento *m;* *(of valley)* final *m;* *(of stairs)* lo alto; *(on beer)* espuma *f;* **at the ~ of** *(organization, queue etc)* a la cabeza de; *(train)* en la parte delantera; *(class)* el primero; **to sit at the ~ of the table** sentarse a la cabecera; **to come to a ~** *(abscess etc)* supurar; *(fig: situation etc)* llegar a un punto crítico.

2 *vt* **(a)** *(be at front of)* encabezar; *(lead)* salir en primer lugar; *(be in charge of: company)* dirigir.

(b) *(Ftbl)* **to ~ a ball** cabecear (el balón).

(c) *(steer: plane etc)* dirigir.

(d) *(chapter etc)* titular.

3 *vi* dirigirse (a *or* hacia), ir rumbo (a); **where are you ~ing** *or* **~ed?** ¿hacia dónde vas?, *(LAm)* ¿para dónde vas?

4: ~ office *n* sede *f;* **~ start** *n*: **to have a ~ start** *(Sport, fig)* empezar con ventaja; **~ waiter** *n* maître *m.*

♦ **head for** *vi + prep (place)* dirigirse a *or* hacia; **to ~ for home** ir rumbo a casa; **he is ~ing for trouble** *(fig)* va por mal camino.

head·ache ['hedeɪk] *n (pain)* dolor *m* de cabeza, jaqueca *f;* *(problem)* quebradero *m* de cabeza.

head·band ['hedbænd] *n* cinta *f* (para la cabeza).

head·board ['hedˌbɔːd] *n* cabecera *f.*

head·dress ['heddres] *n* tocado *m.*

head·er ['hedəʳ] *n (fam: Ftbl)* cabezazo *m;* *(fall)* caída *f* de cabeza.

head·gear ['hedgɪəʳ] *n (gen)* tocado *m;* *(hat)* sombrero *m;* *(cap)* gorro *m.*

head·ing ['hedɪŋ] *n (title: of book)* título *m;* *(: of chapter)* cabecera *f;* *(of letter)* membrete *m,* sello *m;* *(in catalogue etc)* entrada *f;* **under various ~s** en varios apartados; **to come under the ~ of** clasificarse bajo.

head·lamp ['hedlæmp] *n (Aut)* faro *m,* *(LAm)* foco *m.*

head·land ['hedlənd] *n* punta *f,* cabo *m.*

head·light ['hedlaɪt] *n* = **headlamp.**

head·line ['hedlaɪn] *n (in newspaper)* titular *m,* *(LAm)* cabecera *f;* **~s** *(TV, Rad)* resumen *msg* de las noticias; **to hit** *or* **make the ~s** salir en primera plana.

head·long ['hedlɒŋ] **1** *adj (fall, dive)* de cabeza; *(rush etc)* precipitado/a. **2** *adv (see adj)* de cabeza; precipitadamente.

head·master [ˌhed'mɑːstəʳ] *n* director *m* (de colegio).

head·mistress [ˌhed'mɪstrɪs] *n* directora *f* (de colegio).

head-on [ˌhed'ɒn] **1** *adj (collision)* de frente; **a ~ confrontation** un enfrentamiento *m.* **2** *adv (collide)* de frente; *(clash)* de lleno; *(meet)* cara a cara; **to tackle sth ~** *(fig)* enfrentarse con algo.

head·phones ['hedfəʊnz] *npl* auriculares *mpl,* *(LAm)* audífono *msg.*

head·quarters [ˌhed'kwɔːtəz] *npl (Mil)* cuartel *msg* general; *(police etc)* jefatura *fsg;* *(of party, organization)* sede *fsg.*

head·rest ['hedrest] *n (on chair)* cabezal *m;* *(Aut: also* **head restraint***)* apoyacabezas *m inv,* reposacabezas *m inv.*

head·room ['hedrʊm] *n* altura *f* libre.

head·scarf ['hedskɑːf] *n* pañuelo *m.*

head·set ['hedset] *n* = **headphones.**

head·stone ['hedstəʊn] *n (on grave)* lápida *f* mortuoria; *(Archit)* piedra *f* angular.

head·strong ['hedstrɒŋ] *adj (stubborn)* terco/a, testarudo/a; *(rash: action)* precipitado/a.

head·way ['hedweɪ] *n*: **to make ~** *(Naut)* avanzar; *(fig)* hacer progresos.

head·wind ['hedwɪnd] *n* viento *m* contrario.

heady ['hedɪ] *adj* (**-ier, -iest**) *(wine)* fuerte, que sube a la cabeza; *(scent)* oloroso/a; *(fig: atmosphere)* excitado/a, agitado/a.

heal [hiːl] **1** *vt (wound)* curar; *(subj: person)* sanar; *(fig: differences)* reconciliar. **2** *vi (also* **~ up***)* cicatrizarse.

health [helθ] **1** *n (gen)* salud *f;* **Ministry of H~** Ministerio *m or* Secretaría *f* de Salud *or* Salubridad; **H~ Service** *(Brit)* Servicio *m* Nacional de Salud; **to be in good/bad ~** estar bien/mal de salud; **to drink sb's ~** brindar por uno; **your ~!** ¡salud! **2: ~ centre** *n* ambulatorio *m,* *(LAm)* centro *m* médico, dispensario *m;* **~ food(s)** *n(pl)* alimentos *mpl* orgánicos.

healthy ['helθɪ] *adj* (**-ier, -iest**) *(gen, also fig)* sano/a; *(air, place etc)* salubre, saludable.

heap [hiːp] **1** *n (pile)* montón *m;* *(fam: old car)* tartana *f,* *(LAm)* cacharra *f;* *(: lots)* **~s (of)** montones (de); **we have ~s of time** tenemos tiempo de sobra; **I was struck** *or* **knocked all of a ~** *(fam)* me dejó patidifuso. **2** *vt*: **to ~ sth onto sth** *(bricks etc)* amontonar algo sobre algo; **to ~ a plate with food** colmar un plato de comida; **to ~ favours/praise/gifts** *etc* **on sb** colmar a uno de favores/elogios/regalos *etc;* **~ed spoonful** *(Culin)* cucharada *f* colmada.

♦ **heap up** *vt + adv (wealth, stones)* amontonar, hacer montón de.

hear [hɪəʳ] *pt, pp* **heard** [hɜːd] **1** *vt (perceive: voice)* oír, *(LAm)* escuchar, sentir; *(listen to: radio programme, story)* escuchar, *(LAm)* oír; *(Jur: case)* ver; **I heard you're going away** me contaron que te vas; **can you ~ me?** ¿me oyes?; **I could hardly make myself heard** apenas pude hacerme entender; **to ~ that ...** oír decir que ...; **to ~ him speak** *or* **talk you'd think he was ...** de oírle hablar, se podría creer que era .... **2** *vi* oír; *(get news)* tener noticias de; **have you heard from him lately?** ¿has sabido algo de él últimamente?; **to ~ about** *or* **of** oír hablar de, saber, *(LAm)* oír mentar; **I heard about it from Maria** me enteré por María; **I've never heard of him** no me suena su nombre; **I've never heard of such a thing** en mi vida he oído tal cosa; **I won't ~ of it!** *(allow)* ¡ni pensarlo!; **~! ~!** *(bravo)* ¡así es!

♦ **hear out** *vt + adv (person)* dejar que uno termine de hablar.

hear·ing ['hɪərɪŋ] **1** *n* **(a)** *(sense of ~)* oído *m;* **within/out of ~ (distance)** al alcance/fuera del alcance del oído; **in/out of my ~** estando yo delante/ausente. **(b)** *(chance to speak)* oportunidad *f* de hablar; *(Jur)* vista *f.* **2: ~ aid** *n* audífono *m,* aparato *m* de oído.

hear·say ['hɪəseɪ] *n* rumores *mpl;* **it's just ~** son rumores nada más.

hearse [hɜːs] *n* coche *m or (LAm)* carro *m* fúnebre.

heart [hɑːt] **1** *n* **(a)** *(Anat)* corazón *m;* **to have a weak ~** ser cardío.

(b) *(seat of feeling, sympathy etc)* corazón *m;* **he's a man after my own ~** es un hombre de los que me gustan; **at ~** en el fondo; **to have sb's interests at ~** tener presente el interés de uno; **from the (bottom of one's) ~** con toda sinceridad; **in his ~ of ~s** en lo más íntimo de su corazón; **~ and soul** en cuerpo y alma; **to wear one's ~ on one's sleeve** llevar el corazón en la mano; **my ~ sank** me descorazoné; **to learn/know/recite by ~** aprender/saber/recitar de memoria; **to one's ~'s content** a gusto; **his ~ is in the right place** tiene buen corazón; **to cry one's ~ out** llorar a mares; **have a ~!** *(fam)* ¡en piedad!; **he has a ~ of gold** es buenísima persona; **to take sth to ~** tomar algo a pecho; **his ~ was not in it** lo hacía sin ganas; **to set one's ~ on sth** poner todas sus esperanzas en algo.

(c) *(symbol of love)* corazón *m;* **with all one's ~** de todo corazón, con toda su alma; **to break sb's ~** *(in love)* partir el corazón a uno; *(by behaviour etc)* matar a uno a disgustos; **to give** *or* **lose one's ~ to** enamorarse de.

(d) *(symbol of courage)* **to be in good ~** *(person)* estar de buen ánimo; **I did not have the ~ to tell her** no tuve valor para decírselo; **to have one's ~ in one's mouth** tener el alma en un hilo; **to lose ~** descorazonarse; **to take ~** cobrar ánimos.

(e) *(of lettuce, celery)* cogollo *m; (of place, earth etc)* corazón *m,* seno *m;* **in the ~ of the country** campo *m* adentro; **in the ~ of winter** en pleno invierno; **the ~ of the matter** lo esencial *or* el meollo del asunto.

(f) *(Cards)* **~s** corazones *mpl.*

2: ~ attack *n (Med)* infarto *m* (cardío).

heart·ache ['hɑːteɪk] *n* angustia *f,* pena *f.*

heart·beat ['hɑːtbiːt] *n (gen)* latido *m* del corazón.

heart·break ['hɑːtbreɪk] *n* angustia *f,* congoja *f.*

heart·broken ['hɑːtˌbrəʊkən] *adj* angustiado/a, acongojado/a; **she was ~ about it** le partió el corazón.

heart·burn ['hɑːtbɜːn] *n (Med)* acedía *f,* acidez *f.*

-hearted ['hɑːtɪd] *adj suf* de corazón.

heart·en ['hɑːtn] *vt* alentar, dar ánimos a.

heart·en·ing ['hɑːtnɪŋ] *adj* alentador(a).

heart·felt ['hɑːtfelt] *adj (sympathy)* sentido/a; *(thanks, apology)* sincero/a; **my ~ apologies** mi más sentido pesar.

hearth [hɑːθ] **1** *n (gen, also fig)* hogar *m; (fireplace)* chimenea *f.* **2: ~ rug** *n* alfombrilla *f, (LAm)* tapete *m.*

hearti·ly ['hɑːtɪlɪ] *adv (agree)* completamente; *(laugh, eat)* de buena gana; *(thank, welcome)* cordialmente; **to be ~ sick of** estar completamente harto de.

heart·less ['hɑːtlɪs] *adj* despiadado/a, cruel.

heart-to-heart [ˌhɑːttə'hɑːt] *adj* franco/a, íntimo/a; **to have a ~ talk with sb** tener una conversación íntima con uno.

heart-warming ['hɑːtˌwɔːmɪŋ] *adj (pleasing)* grato/a; *(moving)* conmovedor(a), emocionante.

hearty ['hɑːtɪ] *adj* **(-ier, -iest)** *(person: jovial)* campechano/a; *(feelings)* activo/a; *(laugh)* abierto/a; *(appetite, meal)* fuerte; *(welcome, thanks)* cordial, sincero/a.

heat [hiːt] **1** *n* **(a)** *(warmth, weather etc)* calor *m; (temperature)* lo caliente; *(also* **~ing)** calefacción *f; (of oven)* temperatura *f;* **at low ~** *(Culin)* a fuego lento; **in the ~ of the moment/battle** en el calor del momento/de la batalla; **he replied with some ~** contestó bastante indignado. **(b)** *(Sport)* (prueba *f)* eliminatoria *f;* **dead ~** empate *m.* **(c)** *(Zool: of dogs, cats)* **in** *or* **on ~** en celo. **2** *vt (warm)* calentar; **they ~ their house with coal** su casa tiene calefacción de carbón. **3** *vi* calentarse; *(fig)* **the conversation became ~ed** se acaloró la conversación.

♦ **heat up 1** *vi + adv* calentarse; *(fig)* acalorarse. **2** *vt + adv (gen)* calentar; *(food)* calentar, recalentar.

heat·ed ['hiːtɪd] *adj (gen)* calentado/a; *(hot)* caliente; *(fig: discussion etc)* acalorado/a; **to get ~** acalorarse.

heat·er ['hiːtəʳ] *n* calentador *m, (LAm)* estufa *f.*

heath [hiːθ] *n (moor etc)* brezal *m, (LAm)* páramo *m; (also* **heather)** brezo *m.*

hea·then ['hiːðən] **1** *adj (pagan)* pagano/a; *(fig: uncivilised)* bárbaro/a, salvaje. **2** *n* pagano/a *m/f; (fig)* bárbaro/a *m/f,* salvaje *mf.*

heath·er ['heðəʳ] *n (plant)* brezo *m.*

heat·ing ['hiːtɪŋ] *n* calefacción *f;* **central ~** calefacción central.

heat·proof ['hiːtpruːf] *adj* refractario/a.

heat-resistant ['hiːtrɪˌzɪstənt] *adj* refractario/a.

heat·stroke ['hiːtstrəʊk] *n (Med)* insolación *f.*

heat·wave ['hiːtweɪv] *n* ola *f* de calor.

heave [hiːv] **1** *n (throw, lift)* gran esfuerzo *m* (para levantar *etc); (pull)* tirón *m, (LAm)* jalón *m; (of waves, sea)* oleada *f; (: movement)* sube y baja *m.* **2** *vt (pull)* tirar, *(LAm)* jalar; *(drag)* arrastrar; *(lift)* levantar (con dificultad); *(throw)* lanzar, tirar, *(LAm)* echar; **to ~ a sigh** dar *or (LAm)* echar un suspiro, suspirar; **to ~ a sigh of relief** suspirar aliviado; **to ~ anchor** *(Naut)* levar anclas. **3** *vi* **(a)** *(water etc)* subir y bajar; *(surface)* temblar; *(chest, bosom)* palpitar; *(pull)* tirar *or (LAm)* jalar *(at, on* de); *(feel sick)* basquear, revolverse. **(b)** *(Naut: pt, pp* **hove) to ~ in(to) sight** aparecer.

♦ **heave to** *pt, pp* **hove to** *vi + adv (Naut)* ponerse al pairo.

heav·en ['hevn] *n (Rel, gen)* cielo *m;* **(good) ~s!** ¡cielos!; **thank ~!** ¡gracias a Dios!, ¡menos mal!; **for ~'s sake!** ¡por Dios!; **to move ~ and earth to do sth** mover cielo y tierra para hacer algo; **in seventh ~** por las nubes; **the ~s opened** se

abrieron los cielos.
heav·en·ly ['hevnlɪ] *adj (Rel)* celestial; *(fam)* divino/a; ~ **body** *(Astron)* cuerpo *m* celeste.
heavi·ly ['hevɪlɪ] *adv (move, tread)* con paso pesado; *(lean)* con mucho peso; *(rain, snow)* fuerte(mente); *(breathe, sigh, sleep)* profundamente; *(drink, smoke, gamble)* con exceso; *(rely)* mucho; *(biased, committed)* muy; **it weighs ~ on him** le pesa mucho.
heavily-built [ˌhevɪlɪ'bɪlt] *adj* corpulento/a, *(LAm)* fornido/a.
heavily-laden [ˌhevɪlɪ'leɪdn] *adj* cargado/a.
heavy ['hevɪ] *adj* (**-ier, -iest**) **(a)** pesado/a; **how ~ are you?** ¿cuánto pesas? **(b)** *(fig)* pesado/a; *(cloth, coat)* grueso/a; *(sea)* agitado/a, movido/a; *(expense, meal, rain)* fuerte; *(traffic etc)* denso/a; *(boring)* pesado/a; *(atmosphere)* pesado/a, opresivo/a; *(sky)* encapotado/a; *(rain)* fuerte, *(LAm)* recio/a; *(silence, irony)* profundo/a; *(blow)* fuerte, duro/a; *(build: of person)* corpulento/a, *(LAm)* fornido/a; *(fig: burden)* grave, oneroso/a; *(crop)* abundante, copioso/a; *(fighting, fire: Mil)* intenso/a; *(food)* pesado/a, indigesto/a; *(work)* duro/a, penoso/a; *(casualties)* cuantioso/a; *(breathing, sigh, sleep)* profundo/a; *(soil)* arcilloso/a; *(taxation)* abusivo/a; *(eyes)* ojeroso/a; *(day)* ocupado/a; **to have a ~ cold** tener un catarro muy fuerte; **with a ~ heart** con pesar, abatido; **the air was ~ with scent** el aire estaba cargado de perfumes; **to be a ~ drinker** beber mucho *or* con exceso; **~ vehicle** vehículo *m* pesado.
heavy-duty [ˌhevɪ'djuːtɪ] *adj* fuerte, resistente.
heavy-handed [ˌhevɪ'hændɪd] *adj (clumsy, tactless)* torpe, *(LAm)* patoso/a; *(harsh)* severo/a.
heavy·weight ['hevɪweɪt] *n* peso *m* pesado; *(important or influential person)* pez *m* gordo.
He·brew ['hiːbruː] **1** *adj* hebreo/a. **2** *n (person)* hebreo/a *m/f; (language)* hebreo *m.*
heck·le ['hekl] *vt, vi* interrumpir.
heck·ler ['heklə^r] *n* el/la que interrumpe a un orador.
heck·ling ['heklɪŋ] *n* interrupciones *fpl.*
hec·tare ['hektɑː^r] *n* hectárea *f.*
hec·tic ['hektɪk] *adj (fig)* agitado/a.
hecto·litre, *(US)* **hecto·liter** ['hektəʊˌliːtə^r] *n* hectolitro *m.*
hec·tor ['hektə^r] *vt* intimidar con bravatas.
he'd [hiːd] = **he would; he had.**
hedge [hedʒ] **1** *n* seto *m* (vivo); *(fig)* protección *f.* **2** *vt (Agr)* cercar con un seto; **to ~ off** separar con un seto; **to be ~d (about) with** *(fig)* estar erizado de; **to ~ one's bets** *(fig)* hacer apuestas compensatorias. **3** *vi* contestar con evasivas.
hedge·hog ['hedʒhɒg] *n* erizo *m.*
hedge·hop ['hedʒhɒp] *vi* volar a ras de tierra.
hedge·row ['hedʒrəʊ] *n* seto *m* vivo.
he·don·ism ['hiːdənɪzəm] *n* hedonismo *m.*
heed [hiːd] **1** *n*: **to pay (no) ~ to sb** (no) hacer caso a uno; **to take (no) ~ of sth** (no) tener en cuenta algo. **2** *vt (person)* hacer caso a; *(warning etc)* tomar en cuenta.
heed·less ['hiːdlɪs] *adj (careless)* descuidado/a, despreocupado/a; **to be ~ of** no hacer caso a.
heel [hiːl] **1** *n (Anat, of sock)* talón *m; (of shoe)* tacón *m; (fam)* sinvergüenza *mf, (LAm)* descarado/a *mf;* **to be at sb's ~s** pisar los talones a uno; **to kick** *or* **cool one's ~s** *(fam)* quedar plantado *or* de plantón; **to take to one's ~s** *(fam)* echar a correr; **to turn on one's ~** dar media vuelta; **to dig in one's ~s** *(fam)* empecinarse. **2** *vt (shoe)* poner tacón a; *(ball)* talonear; **to be well ~ed** *(fam)* tener plata de sobra.
hefty ['heftɪ] *adj* (**-ier, -iest**) *(object, blow etc)* pesado/a; *(person)* fuerte, fornido/a; *(price)* fuerte.
heif·er ['hefə^r] *n (Zool)* novilla *f,* vaquilla *f.*
height [haɪt] *n* **(a)** *(measurement)* altura *f; (of person)* estatura *f,* talle *m; (altitude)* altitud *f;* **he's 2 metres in ~** tiene 2 metros de altura *or (LAm)* de alto; **at a ~ of 2000 m** a una altura de 2000 m; **to be 20 m in ~** medir *or (LAm)* tener 20 m de alto; **to fall from a great ~** caer desde una gran altura. **(b)** *(fig: of stupidity etc)* colmo *m; (high place)* **the ~s** las alturas; **at the ~ of his career** en la cumbre *or* en el punto alto de su carrera; **it is the ~ of arrogance** es el colmo de la arrogancia; **to be afraid of ~s** tener miedo a las alturas; **it's the ~ of fashion** es la última moda; **at the ~ of summer** en pleno verano.
height·en ['haɪtn] **1** *vt (raise)* hacer más alto; *(increase)* aumentar, acrecentar; *(enhance)* realzar, hacer destacar. **2** *vi (fig)* aumentarse.
hei·nous ['heɪnəs] *adj* atroz, nefasto/a.
heir [ɛə^r] *n* heredero *m;* **~ to the throne** heredero al trono; **to be ~ to** *(fig)* ser heredero a.
heir·ess ['ɛəres] *n* heredera *f;* **he wanted to marry an ~** quiso casarse con una mujer rica.
heir·loom ['ɛəluːm] *n* reliquia *f* de familia.
heist [haɪst] *n (fam: hold-up)* atraco *m* armado.
held [held] *pt, pp of* **hold.**
heli·cop·ter ['helɪkɒptə^r] *n (Aer)* helicóptero *m.*
heli·port ['helɪpɔːt] *n (Aer)* helipuerto *m.*
he·lium ['hiːlɪəm] *n (Chem)* helio *m.*
hell [hel] *n* **(a)** *(Rel, fig)* infierno *m;* **to go ~ for leather** correr a pierna suelta; **all ~ was let loose** se armó el gran follón *or (LAm)* la grande. **(b)** *(fam phrases)* **a ~ of a noise** un ruido de todos los demonios; **a ~ of a lot** muchísimo, a mares; **we had a ~ of a time** *(good)* lo pasamos en grande *or (LAm)* regio; *(bad)* lo pasamos fatal; **to make sb's life ~** deshacerle la vida a uno; **to give sb ~** poner a uno como un trapo; **to run like ~** correr a toda velocidad; **what the ~ do you want?** ¿qué demonios quieres?, *(LAm)* ¿qué carajos quieres?; **just for the ~ of it** por puro gusto; **go to ~!** ¡vete al diablo!, *(LAm)* ¡vete al carajo!; **to ~ with it!** ¡puñetas!, *(LAm)* al carajo!; **oh ~!** ¡demonios!, ¡caramba!
he'll [hiːl] = **he will; he shall.**
hell·ish ['helɪʃ] *adj (fam)* infernal, de muerte.
hel·lo [hə'ləʊ] = **hullo.**
helm [helm] *n (Naut)* timón *m; (lit, fig)* **to be at the ~** estar al timón.
hel·met ['helmɪt] *n (gen)* casco *m; (historical)* yelmo *m.*
help [help] **1** *n* **(a)** *(gen: assistance)* ayuda *f; (: from danger)* socorro *m,* auxilio *m; (remedy)* remedio *m;* **~!** ¡socorro!, ¡auxilio!; **to call for ~** pedir auxilio; **without (anyone's) ~** sin ayuda (de nadie); **with Juan's ~ we were able to get permission** por intermedio de Juan, conseguimos el permiso; **to go to sb's ~** acudir en auxilio de uno; **to be of ~ to sb** servir a uno; **he gave me no ~** no aportó nada, no echó mano *(fam);* **he is beyond ~** (ya) no tiene remedio; **there's no ~ for it** no hay más remedio; **it's no ~ (to say that)** no viene al caso (decir eso). **(b)** *(employee)* empleado/a *m/f;* **daily ~** asistenta *f, (LAm)* señora *f* de la limpieza.

2 *vt* **(a)** *(aid, assist)* ayudar; *(: when in danger)* auxiliar, dar socorro; *(scheme etc)* fomentar; *(progress)* facilitar; *(pain)* aliviar; **to ~ sb (to) do sth** ayudar *or* echarle una mano a uno a hacer algo; **~ him with the cooking/lifting** ayúdale a cocinar/levantar; **can I ~ you?** *(in shop)* ¿qué desea?, *(LAm)* ¿qué se le ofrece?, ¿en qué le puedo servir?; **to ~ sb on/off with his coat**

ayudar a uno a ponerse/quitarse el abrigo; **to ~ sb across/up/down** ayudar a uno a cruzar/subir/bajar. **(b)** *(at table)* **to ~ sb to soup** servir la sopa a uno; **to ~ o.s.** *(to food)* servirse; *(to other things: steal)* llevarse. **(c)** *(avoid, remedy)* **he can't ~ coughing** no puede dejar de toser; **I can't ~ it** no lo puedo evitar; **I can't ~ it, I just don't like him** ¿qué quieres que haga?, me cae mal; **I couldn't ~ thinking ...** no pude menos de pensar ...; **it can't be ~ed** no hay más remedio, *(LAm)* no queda otra; **he won't if I can ~ it** si de mí depende, no lo hará; **he can't ~ himself** no tiene remedio.

3 *vi (contribute)* **every little ~s** todo ayuda.

♦ **help out 1** *vi + adv* echar una mano. **2** *vt + adv* echar una mano a.

help·er ['helpə^r] *n (gen)* ayudante *mf; (co-worker)* colaborador(a) *m/f.*

help·ful ['helpfʊl] *adj (person)* atento/a; *(suggestion, advice, book)* útil, práctico/a.

help·ful·ly ['helpfəlɪ] *adv (kindly)* amablemente.

help·ing ['helpɪŋ] *n* porción *f*, ración *f.*

help·less ['helplɪs] *adj (powerless)* impotente, inerme; *(without ability)* incapaz; *(unprotected)* desamparado/a; *(defenceless)* indefenso/a; **we were ~ to prevent it** no pudimos hacer nada para impedirlo; **to be ~ with laughter** estar muerto de (la) risa.

helter-skelter [,heltə'skeltə^r] **1** *adv (in a rush)* atropelladamente; *(in confusion)* a la desbandada. **2** *n* tobogán *m.*

hem [hem] **1** *n* dobladillo *m*, bastilla *f; (hemline)* bajos *mpl.* **2** *vt (Sew)* poner *or* coser el dobladillo.

♦ **hem in** *vt + adv (lit, fig)* encerrar, apretar.

he-man ['hi:mæn] *n, pl* **-men** macho *m.*

hemi·sphere ['hemɪsfɪə^r] *n (Geog)* hemisferio *m.*

hem·line ['hemlaɪn] *n (Sew)* bajo *m* (del vestido).

hem·lock ['hemlɒk] *n (plant, poison)* cicuta *f.*

hemo·glo·bin [,hi:məʊ'gləʊbɪn] *etc (US) see* **haemoglobin** *etc.*

hemp [hemp] *n (plant, fibre)* cáñamo *m; (drug)* hachich *m.*

hen [hen] **1** *n (fowl)* gallina *f; (female bird)* hembra *f.* **2: ~ party** *n (fam)* reunión *f* de mujeres.

hence [hens] *adv* **(a)** *(therefore)* por lo tanto, de ahí. **(b)** *(old: place)* de *or* desde aquí; *(time: frm)* **5 years ~** de aquí a 5 años.

hence·forth [,hens'fɔ:θ] *adv (frm)* de hoy en adelante, a partir de hoy.

hench·man ['hentʃmən] *n, pl* **-men** *(esp Pol: follower)* secuaz *m.*

hen·na ['henə] *n (dye)* alheña *f.*

hen·pecked ['henpekt] *adj (fam)* dominado por una mujer.

hepa·ti·tis [,hepə'taɪtɪs] *n* hepatitis *f.*

her [hɜ:^r] **1** *pron* **(a)** *(direct)* la; **I see ~** la veo; **I have never seen HER** a ella no la he visto nunca. **(b)** *(indirect)* le, *(esp LAm)* la; **I gave ~ the book** le *or* la di el libro; **I'm speaking to ~** le estoy hablando. **(c)** *(after prep)* ella; **he thought of ~** pensó en ella; **without ~** sin ella; **if I were ~** yo que ella; **it's ~** es ella; **younger than ~** más joven *or* menor que ella. **2** *poss adj* su, sus; **~ book/table** su libro/mesa; **~ friends** sus amigos.

her·ald ['herəld] **1** *n (messenger)* heraldo *m; (fig)* precursor(a) *m/f.* **2** *vt (fig)* anunciar.

he·ral·dic [he'rældɪk] *adj* heráldico/a.

her·ald·ry ['herəldrɪ] *n* heráldica *f.*

herb [hɜ:b] *n (Bot, Culin, Med)* hierba *f.*

her·ba·ceous [hɜ:'beɪʃəs] *adj* herbáceo/a.

herb·al ['hɜ:bəl] *adj* herbario/a.

herb·al·ist ['hɜ:bəlɪst] *n* herbolario/a *m/f.*

her·bivo·rous [hɜ:'bɪvərəs] *adj* herbívoro/a.

herd [hɜ:d] **1** *n (of cattle etc)* rebaño *m*, manada *f; (of people)* **the (common) ~** el vulgo, las masas, *(LAm)* la turba. **2** *vt (drive, gather: animals)* llevar en manada; *(: people)* reunir. **3: ~ instinct** *n* instinto *m* gregario.

♦ **herd to·geth·er 1** *vi + adv* apiñarse, agruparse. **2** *vt + adv* agrupar, reunir.

herds·man ['hɜ:dzmən] *n, pl* **-men** *(of cattle)* vaquero *m; (of sheep)* pastor *m.*

here [hɪə^r] *adv (place where)* aquí; *(motion to)* acá; *(at this time)* en este momento; *(on this point)* en este punto; **come ~!** ¡ven aquí *or (LAm)* acá!; **~!** ¡presente!; **~ he comes** ya viene; **~ I am** aquí estoy, *(LAm)* ya voy; **~ are the books** he aquí los libros; **~ you are!** ¡toma!, *(LAm)* ¡ahí va!; **~ and there** aquí y allá; **winter is ~** ha llegado el invierno; **~, there and everywhere** en todas partes, *(LAm)* en todos lados; **my friend ~ will do it** este amigo mío lo hará; **that's neither ~ nor there** eso no viene al caso; **~'s to X!** ¡a la salud de X!

here·abouts ['hɪərə,baʊts] *adv* por aquí (cerca).

here·after [,hɪər'ɑ:ftə^r] **1** *adv (frm)* a continuación; *(from now on)* de aquí en adelante, a partir de ahora. **2** *n*: **the ~** el más allá.

here·by [,hɪə'baɪ] *adv (frm)* por este medio.

he·redi·tary [hɪ'redɪtərɪ] *adj* hereditario/a.

he·red·ity [hɪ'redətɪ] *n* herencia *f.*

her·esy ['herəsɪ] *n* herejía *f.*

her·etic ['herətɪk] *n* hereje *mf.*

he·reti·cal [hɪ'retɪkəl] *adj* herético/a.

here·upon [,hɪərə'pɒn] *adv* en *or* con esto.

here·with [,hɪə'wɪθ] *adv (frm, Comm)* **I enclose ~ a letter** le adjunto (con la presente) una carta.

her·it·age ['herɪtɪdʒ] *n* herencia *f; (fig)* **(national) ~** patrimonio *m* (nacional).

her·maph·ro·dite [hɜ:'mæfrədaɪt] *n* hermafrodita *mf.*

her·met·ic [hɜ:'metɪk] *adj* hermético/a.

her·meti·cal·ly [hɜ:'metɪkəlɪ] *adv* herméticamente.

her·mit ['hɜ:mɪt] *n* ermitaño/a *m/f.*

her·nia ['hɜ:nɪə] *n (Med)* hernia *f.*

hero ['hɪərəʊ] **1** *n, pl* **-es** héroe *m; (of film, book etc)* protagonista *mf*, personaje *m* principal. **2: ~ worship** *n* adulación *f.*

hero·ic [hɪ'rəʊɪk] *adj (deed)* heroico/a.

hero·in ['herəʊɪn] *n* heroína *f.*

hero·ine ['herəʊɪn] *n* heroína *f; (Lit)* protagonista *f*, personaje *m* principal.

hero·ism ['herəʊɪzəm] *n* heroísmo *m.*

her·on ['herən] *n* garza *f* real.

her·ring ['herɪŋ] *n* arenque *m;* **red ~** *(fig)* pista *f* falsa, despiste *m.*

hers [hɜ:z] *poss pron* (el/la) suyo/a, (los/las) suyos/as, de ella; **this car is ~** este coche es suyo *or* de ella; **a friend of ~** un amigo suyo; **is this poem ~?** ¿es de ella este poema?; **the one I like best is ~** el que más me gusta es el suyo.

her·self [hɜ:'self] *pron (reflexive)* se; *(emphatic)* ella misma; *(after prep)* sí *or* ella (misma); **she washed ~** se lavó; **she said to ~** dijo entre *or* para sí; **she did it ~** lo hizo ella misma; **she went ~** fue ella misma *or* en persona; **she did it by ~** lo hizo ella sola.

he's [hi:z] = **he is; he has.**

hesi·tant ['hezɪtənt] *adj (gen)* vacilante; *(character)* indeciso/a; **to be ~ about doing sth** no decidirse a hacer algo.

hesi·tate ['hezɪteɪt] *vi* vacilar; *(in speech)* vacilar, titubear; **to ~ to do sth** no decidirse a hacer algo; **to ~ before doing sth** pensarlo bien antes de hacer algo; **to ~ about** *or* **over doing sth** vacilar en hacer algo; **he ~s at nothing** no repara en

nada; **don't ~ to ask (me)** no vaciles en pedírmelo, no dejes de pedírmelo.
hesi·ta·tion [ˌhezɪ'teɪʃən] *n* vacilación *f*, indecisión *f*; **I have no ~ in saying ...** no vacilo en decir ...; **without the slightest ~** sin vacilar siquiera, sin pensarlo dos veces.
hes·sian ['hesɪən] *n* arpillera *f*.
hetero·geneous [ˌhetərəʊ'dʒiːnɪəs] *adj* heterogéneo/a.
hetero·sex·ual [ˌhetərəʊ'seksjʊəl] *adj, n* heterosexual *mf*.
hew [hjuː] *pt* **hewed,** *pp* **hewed** *or* **hewn** [hjuːn] *vt* *(cut)* cortar; *(: trees)* talar; *(shape, work)* labrar, tallar.
hex [heks] *(US)* **1** *n* maleficio *m*, mal *m* de ojo. **2** *vt* embrujar.
hexa·gon ['heksəgən] *n* hexágono *m*.
hex·ago·nal [hek'sægənəl] *adj* hexagonal.
hey [heɪ] *interj* ¡oye!
hey·day ['heɪdeɪ] *n* auge *m*; **in the ~ of the theatre** cuando el teatro estaba en su apogeo; **in his ~** en su época.
hi [haɪ] *interj* ¡oye!; *(greeting)* ¡hola!, *(LAm)* ¡qué hubo!
hia·tus [haɪ'eɪtəs] *n* hiato *m*.
hi·ber·nate ['haɪbəneɪt] *vi* hibernar, invernar.
hi·ber·na·tion [ˌhaɪbə'neɪʃən] *n* hibernación *f*, invernación *f*.
hic·cough, hic·cup ['hɪkʌp] **1** *n* hipo *m*; **to have ~s** tener hipo. **2** *vi* hipar, tener hipo.
hick [hɪk] *n (US fam, pej)* palurdo/a *m/f*, paleto/a *m/f*.
hid [hɪd] *pt of* **hide.**
hid·den ['hɪdn] **1** *pp of* **hide. 2** *adj* escondido/a; *(fig: meaning, truth etc)* oculto/a.
hide[1] [haɪd] *(vb: pt* **hid,** *pp* **hidden) 1** *vt (gen)* esconder; *(grief etc)* ocultar, disimular; **to ~ sth from sb** esconder algo de uno; **to ~ one's face in one's hands** taparse la cara con las manos; **to ~ the truth** encubrir la verdad. **2** *vi* esconderse, ocultarse; **he's hiding behind his illness** se ampara en su enfermedad.
♦ **hide away 1** *vi + adv* esconderse. **2** *vt + adv* esconder.
♦ **hide out** *vi + adv* esconderse.
hide[2] [haɪd] *n (skin)* piel *f*; *(tanned)* cuero *m*; **to save one's ~** *(fig)* salvarse el pellejo; **to tan sb's ~** *(fig)* darle una paliza a uno.
hide[3] [haɪd] *n (Hunting)* paranza *f*, trepa *f*.
hide-and-seek [ˌhaɪdən'siːk] *n*: **to play ~** jugar al escondite.
hide·away ['haɪdəˌweɪ] *n* escondite *m*, escondrijo *m*.
hid·eous ['hɪdɪəs] *adj (gen)* espantoso/a, horroroso/a; *(repugnant)* repugnante, asqueroso/a; **a ~ mistake** un error garrafal.
hide-out ['haɪdaʊt] *n* = **hideaway.**
hid·ing ['haɪdɪŋ] **1** *n* **(a) to be in ~** estar escondido; **to go into ~** esconderse. **(b) to give sb a ~** dar una paliza a uno. **2: ~ place** *n* escondite *m*, escondrijo *m*.
hi·er·ar·chy ['haɪərɑːkɪ] *n* jerarquía *f*.
hi·ero·glyph·ic [ˌhaɪərə'glɪfɪk] **1** *adj* jeroglífico/a. **2** *n*: **~s** jeroglíficos *mpl*; *(fig fam)* garabatos *mpl*.
hi-fi [ˌhaɪ'faɪ] *(abbr of* **high fidelity) 1** *n* estéreo *m*, hifi *m*. **2** *adj* de alta fidelidad.
higgledy-piggle·dy [ˌhɪgldɪ'pɪgldɪ] *adv* en desorden.
high [haɪ] **1** *adj* **(-er, -est) (a)** *(gen)* alto/a; **a building 60 metres ~** un edificio de 60 metros de alto; **it's 20 metres ~** tiene 20 metros de alto; **how ~ is Ben Nevis?** ¿qué altura tiene Ben Nevis?; **I've known her since she was so ~** *(fam)* la conocí tamañita; **~ cheekbones** pómulos *mpl* altos; **at ~ tide** *or* **water** a marea alta; **the river is ~** el río está crecido; **to leave sb ~ and dry** *(fig)* dejar plantado a uno, *(LAm)* dar plantón a uno. **(b)** *(important, superior)* mayor, superior; **to be on one's ~ horse** *(fig)* engreírse; **~ and mighty** engreído. **(c)** *(considerable, great)* alto/a; *(: number, speed)* grande; *(: price, stake)* elevado/a; *(altar, mass, street)* mayor; *(complexion, colour)* subido/a; **the ~est common factor** *(Math)* el máximo común divisor; **to pay a ~ price for sth** *(lit, fig)* pagar algo muy caro; **to have ~ hopes of sth** tener muchas esperanzas de algo; **to have a ~ opinion of sb** tener a uno en alta estima; **to have a ~ old time** *(fam)* pasarlo muy bien; **it's ~ time you were in bed** *(fam)* ya es hora de que te acostaras. **(d)** *(ideals, character etc)* alto/a. **(e)** *(sound, note)* alto/a; *(: shrill)* agudo/a. **(f)** *(fam: on drugs)* drogado/a; *(: on drink)* borracho/a. **(g)** *(Culin: meat, game)* manido/a.

2 *adv (position)* a gran altura; *(motion)* hacia una gran altura; **~ up** muy alto, *(LAm)* muy arriba; **~er up** más alto, *(LAm)* más arriba; **~ above** muy por encima de; **the bidding went as ~ as £50** las ofertas llegaron hasta 50 libras; **to hunt ~ and low** buscar por todas partes; **feelings were running ~** la gente estaba muy acalorada.

3 *n* **(a) on ~** *(in heaven)* en el cielo, en las alturas. **(b) exports have reached a new ~** las exportaciones han alcanzado niveles inusitados. **(c)** *(Met)* zona *f* de alta presión. **(d)** *(US Aut: also* **~ gear)** cuarta (velocidad) *f*.

4: ~ altar *n* altar *m* mayor; **~ command** *n (Mil)* alto mando *m*; **~ commissioner** *n* alto comisario *m*; **~ court** *n (Jur)* Tribunal *m* Supremo; **~ diving** *n* salto *m* de palanca; **~ explosive** *n* explosivo *m* de gran potencia; **~ fidelity** *adj* de alta fidelidad; **~ finance** *n* altas finanzas *fpl*; **~ frequency** *adj* de alta frecuencia; **~ jinks** *npl (fam)* jolgorio *m*, jarana *f*; **~ jump** *n (Sport)* salto *m* de altura; **now he's for the ~ jump** *(fig, fam)* ¡ahora se las va a pagar!; **~ life** *n* vida *f* regalada; **H~ Mass** *n* misa *f* mayor; **~ noon** *n* mediodía *m*; **~ priest** *n* sumo sacerdote *m*; **~ school** *n (Brit)* instituto *m* de segunda enseñanza; *(US)* instituto *m* de enseñanza superior; **on the ~ seas** *npl* en alta mar *f*, mar adentro; **~ society** *n* la alta sociedad; **~ spirits** *npl* ánimos *mpl*, buen humor *m*; **~ spot** *n* punto *m* culminante; **~ street** *n* calle *f* mayor; **~ summer** *n* estío *m*; **~ tea** *n* merienda-cena *f*; **~ treason** *n* alta traición *f*.
high·ball ['haɪbɔːl] *n (US: drink)* whisky soda *m*.
high·boy ['haɪbɔɪ] *n (US)* cómoda *f* alta.
high·brow ['haɪbraʊ] **1** *n* persona *f* culta; *(pej)* intelectualoide *mf*. **2** *adj (book etc)* culto/a.
high·chair ['haɪtʃɛə^r] *n* silla *f* alta para niño.
high-class ['haɪklɑːs] *adj (of good quality)* de (alta) categoría.
high·er ['haɪə^r] **1** *adj comp of* **high** más alto/a; *(form of life, study, court, etc)* superior. **2** *adv comp of* **high** más alto.
high·est ['haɪɪst] *adj superl of* **high** el/la más alto/a.
high-flier [ˌhaɪ'flaɪə^r] *n* ambicioso/a *m/f*.
high-handed [ˌhaɪ'hændɪd] *adj* arbitrario/a.
high-heeled [ˌhaɪ'hiːld] *adj (shoes)* de tacón *m* alto.
high·lands ['haɪləndz] *npl* tierras *f* altas, *(LAm)* sierra *fsg*; **the H~** las tierras altas de Escocia.
high·light ['haɪlaɪt] **1** *n (Art)* toque *m* de luz; *(in hair)* reflejo *m*; *(fig)* punto *m* culminante. **2** *vt* destacar, poner de relieve.
high·ly ['haɪlɪ] *adv* muy, sumamente; **~ paid** muy bien pagado; **~ spiced dishes** platos muy picantes; **to praise sb ~** alabar *or* elogiar mucho a uno; **to think ~ of sb** tener en mucho a uno; **to**

speak ~ of hablar muy bien de; ~ **strung** muy nervioso.
highly-coloured [ˌhaɪlɪ'kʌləd] *adj* subido/a de color.
high·ness ['haɪnɪs] *n* altura *f*; **H~** *(as title)* Alteza *f*.
high-pitched [ˌhaɪ'pɪtʃt] *adj (sound, voice)* agudo/a.
high-powered [ˌhaɪ'paʊəd] *adj (engine)* de gran potencia; *(fig: person: dynamic)* enérgico/a; *(: important)* importante.
high-pressure [ˌhaɪ'preʃəʳ] *adj* de alta presión; *(fig)* enérgico/a.
high-rise ['haɪraɪz] *adj*: ~ **flats** torre *fsg or* bloque *msg* de pisos.
high·road ['haɪrəʊd] *n* carretera *f*.
high·way ['haɪweɪ] **1** *n (gen)* carretera *f*; *(motorway)* autopista *f*. **2**: **H~ Code** *n* Código *m* de la Circulación.
highway·man ['haɪweɪmən] *n, pl* **-men** salteador *m* de caminos.
hi·jack ['haɪdʒæk] **1** *vt* secuestrar. **2** *n (also* **hijacking**) secuestro *m*.
hi·jack·er ['haɪdʒækəʳ] *n* secuestrador(a) *m/f*.
hike [haɪk] **1** *vi* ir de excursión a pie; **to go hiking** hacer excursión (a pie). **2** *n* excursión *f* a pie.
hik·er ['haɪkəʳ] *n* excursionista *mf*.
hi·lari·ous [hɪ'lɛərɪəs] *adj (very funny)* divertidísimo/a; *(merry)* alegre.
hi·lar·ity [hɪ'lærɪtɪ] *n (cheer)* alegría *f*; *(joy)* regocijo *m*.
hill [hɪl] *n (gen)* colina *f*, cerro *m*, *(LAm)* loma *f*; *(slope)* cuesta *f*; **the ~s** la montaña *fsg*, *(LAm)* la sierra *fsg*; **up-/down~** cuesta arriba/abajo; **to be over the ~** *(fig, fam)* haber pasado sus mejores tiempos; **as old as the ~s** más viejo que un palmar.
hill·ock ['hɪlək] *n* montecillo *m*, altozano *m*.
hill·side ['hɪlsaɪd] *n* ladera *f*, falda *f*.
hilly ['hɪlɪ] *adj* (**-ier, -iest**) montañoso/a, accidentado/a; *(road)* de fuertes pendientes.
hilt [hɪlt] *n* puño *m*, empuñadura *f*; **(up) to the ~** *(fig)* hasta el *or* al tope.
him [hɪm] *pron* **(a)** *(direct)* le, *(esp LAm)* lo; **I see ~** le *or* lo veo; **I have never seen HIM** a él no le *or* lo he visto nunca. **(b)** *(indirect)* le; **I gave ~ the book** le di el libro; **I'm speaking to ~** le estoy hablando. **(c)** *(after prep)* él; **she thought of ~** pensó en él; **without ~** sin él; **if I were ~** yo que él; **it's ~** es él; **younger than ~** más joven *or* menor que él.
him·self [hɪm'self] *pron (reflexive)* se; *(emphatic)* él mismo; *(after prep)* sí *or* él mismo; **he washed ~** se lavó; **he said to ~** dijo entre *or* para sí; **he did it ~** lo hizo él mismo; **he went ~** fue él mismo *or* en persona; **he did it by ~** lo hizo él solo.
hind[1] [haɪnd] *adj (leg etc)* trasero/a.
hind[2] [haɪnd] *n* cierva *f*.
hin·der ['hɪndəʳ] *vt (disturb, make difficult)* estorbar, dificultar; *(prevent)* impedir; *(obstruct)* obstaculizar, poner dificultades a; *(slow down)* entorpecer.
Hin·di ['hɪndiː] *n (language)* hindi *m*.
hin·drance ['hɪndrəns] *n (obstacle)* obstáculo *m*; *(disturbance)* estorbo *m*; *(problem)* impedimento *m*; **to be a ~ to sb/sth** ser un estorbo para uno/algo.
hind·sight ['haɪndsaɪt] *n*: **with the benefit of ~** con la perspectiva del tiempo transcurrido.
Hin·du [ˌhɪn'duː] *n, adj* hindú *mf*.
Hin·du·ism ['hɪnduːɪzəm] *n (Rel)* hinduismo *m*.
hinge [hɪndʒ] **1** *n* bisagra *f*, gozne *m*. **2** *vi*: **to ~ on** *(fig)* depender de.
hinged [hɪndʒd] *adj* de bisagra.
hint [hɪnt] **1** *n (suggestion)* indirecta *f*; *(advice)* consejo *m*; *(trace)* indicio *m*; *(in cooking etc)* pizca *f*; **~s on maintenance** instrucciones *fpl* para la manutención; **to drop a ~** soltar *or* tirar una indirecta; **to take the ~** *(: unspoken)* tomar algo a corazón; *(: spoken)* darse por aludido; **with a ~ of irony** con un dejo de ironía; **give me a ~** dame una idea. **2** *vt* dar a entender. **3** *vi* soltar indirectas.
♦ **hint at** *vi + prep* referirse indirectamente a.
hip[1] [hɪp] **1** *n (Anat)* cadera *f*. **2**: **~ bath** *n* baño *m* de asiento; **~ flask** *n* frasco *m*; **~ joint** *n* articulación *f* de la cadera; **~ pocket** *n* bolsillo *m* de atrás.
hip[2] [hɪp] *n (Bot)* escaramujo *m*.
hip·pie, hip·py ['hɪpɪ] *n* hippie *mf*, jipi *mf*.
hippo·pota·mus [ˌhɪpə'pɒtəməs] *n, pl* **-es** *or* **hippo·pota·mi** [ˌhɪpə'pɒtəmaɪ], *(fam)* **hip·po** ['hɪpəʊ] *n* hipopótamo/a *m/f*.
hire ['haɪəʳ] **1** *vt (car, house etc)* alquilar, *(LAm)* arrendar; *(employee)* contratar; **~d hand** jornalero/a *m/f*, enganchado/a *m/f*; **~d car** coche *m* de alquiler; **~d assassin** asesino *m* a sueldo. **2** *n (gen)* alquiler *m*, *(LAm)* arriendo *m*; **for ~** se alquila *or* arrienda; *(on taxi)* libre; **we've got it on ~ for a week** lo tenemos alquilado para una semana.
♦ **hire out** *vt + adv* alquilar, *(LAm)* arrendar.
hire-purchase [ˌhaɪə'pɜːtʃəs] *n (Brit)* **to buy sth on ~** comprar algo a plazos *or* en abonos.
his [hɪz] **1** *poss adj* su, sus; **~ book/table** su libro/mesa; **~ friends** sus amigos. **2** *poss pron* (el/la) suyo/a, (los/las) suyos/as, de él; **this book is ~** este libro es suyo *or* de él; **a friend of ~** un amigo suyo; **is this painting ~?** ¿es de él este cuadro?; **the one I like best is ~** el que más me gusta es el suyo.
hiss [hɪs] **1** *n* siseo *m*; *(of protest etc)* silbido *m*, *(LAm)* chiflido *m*; *(Elec)* silbido. **2** *vi* sisear; *(in protest etc)* silbar, *(LAm)* chiflar. **3** *vt* silbar, abuchear, *(LAm)* chiflar.
his·to·rian [hɪs'tɔːrɪən] *n* historiador(a) *m/f*.
his·tor·ic [hɪs'tɒrɪk] *adj (important)* histórico/a; *(memorable)* digno/a del recuerdo.
his·tori·cal [hɪs'tɒrɪkəl] *adj (gen)* histórico/a.
his·to·ry ['hɪstərɪ] *n* historia *f*; *(record, file, also Med)* historial *m*; **to make/to go down in ~** hacer/pasar a la historia.
hit [hɪt] *(vb: pt, pp* **hit**) **1** *n* **(a)** *(blow)* golpe *m*; *(shot: Sport)* tiro *m*; *(: on target)* tiro certero, acierto *m*; *(of bomb)* impacto *m* directo; **that was a ~ at me** *(fig)* lo dijo por mí. **(b)** *(Mus, Theat etc)* éxito *m*; **to be a ~** tener éxito, ser un hit; **she's a ~ with everyone** *(fam)* a todos les cae bien; **to make a ~ with sb** caerle bien a uno.

2 *vt* **(a)** *(strike: person)* pegar, *(LAm)* golpear; **to ~ sb when he's down** *(fig)* rematar a uno; *(come into contact with)* dar con *or* contra; *(: violently)* chocar con *or* contra; *(ball)* pegar; *(target)* dar en; **to ~ the mark** *(fig)* dar en el blanco, acertar; **to ~ one's head against a wall** *(fig)* dar golpes al viento; **the house was ~ by a bomb** la casa sufrió un directo; **he was ~ by a stone** le alcanzó una piedra; **then it ~ me** *(fam: realization)* entonces caí en la cuenta. **(b)** *(affect adversely)* dañar; *(person)* afectar, golpear; **the news ~ him hard** la noticia le golpeó mucho. **(c)** *(find, reach: road)* dar con, topar; *(speed)* alcanzar; *(difficulty)* tropezar con; *(achieve, reach: note)* alcanzar; *(fig: guess)* atinar, acertar; **to ~ London** *(fam)* llegar a Londres; **to ~ the jackpot** sacar el premio gordo. **(d)** *(news, story: fam)* **to ~ the front page/headlines** salir en primera plana; **to ~ the papers** salir en el periódico; **to ~ the ceiling** *(fig, fam)* perder los estribos, enloquecer; **to ~ the road** *or* **the trail** *(fam)* emprender viaje, *(LAm)* partir; **to ~ the hay** *or* **the sack** *(fam)* tumbarse.

3 *vi* golpear.

4: ~ parade *n* lista *f* de éxitos.

♦ **hit back 1** *vi + adv (lit, fig)* responder. **2** *vt + adv* devolver los golpes a.

♦ **hit off** *vt + adv (imitate)* imitar; **to ~ it off with sb** llevarse bien con uno; **to ~ it off** congeniarse.

♦ **hit out** *vi + adv* asestar un golpe; *(fig)* atacar.

♦ **hit (up)on** *vi + prep* dar con.

hit-and-run [ˌhɪtənd'rʌn] **1** *adj (driver)* que atropella y huye. **2** *n* accidente *m* en el que el culpable se da a la fuga.

hitch [hɪtʃ] **1** *n (impediment, obstacle)* obstáculo *m*, impedimento *m; (knot)* vuelta *f* de cabo; *(tug)* tirón *m, (LAm)* jalón *m;* **without a ~** sin problemas. **2** *vt (fasten)* atar, amarrar; **to get ~ed** *(fam)* casarse; **to ~ a lift** ir de autostop *or (LAm)* a dedo, *(LAm)* pedir aventón *or* raid. **3** *vi (fam: also* **~hike)** hacer autostop, *(LAm)* pedir aventón *etc;* **we ~ed to Paris** fuimos a París en autostop *or (LAm)* a dedo.

♦ **hitch up** *vt + adv (trousers)* engancharse; *(sleeves)* (ar)remangarse.

hitch·hike ['hɪtʃhaɪk] *vi* hacer autostop *or (LAm)* dedo, *(LAm)* pedir aventón *or* raid.

hith·er ['hɪðə^r] *adv (old)* acá; **~ and thither** acá y acullá.

hit-or-miss [ˌhɪtə'mɪs] *adj* al azar; **to have a ~ way of doing things** hacer las cosas a la ligera *or* sin ton ni son.

hive [haɪv] *n* colmena *f;* **a ~ of activity** *(fig)* una colmena humana.

♦ **hive off** *(fam)* **1** *vi + adv* desligarse. **2** *vt + adv* delegar.

H.M.S. *abbr of* **His/Her Majesty's Ship.**

hoard [hɔːd] **1** *n (treasure)* tesoro *m; (stockpile)* provisión *f;* **~s of money** *(fam)* montones *mpl* de dinero. **2** *vt (also* **~ up)** *(accumulate)* amontonar; *(keep)* guardar.

hoard·ing ['hɔːdɪŋ] *n (fence)* valla *f; (for advertisements)* cartelera *f.*

hoar·frost [ˌhɔː'frɒst] *n* escarcha *f.*

hoarse [hɔːs] *adj* **(-r, -st)** ronco/a.

hoary ['hɔːrɪ] *adj* **(-ier, -iest)** cano/a; *(fig: old)* gastado/a.

hoax [həʊks] **1** *n* engaño *m*, timo *m*. **2** *vt* engañar.

hob·ble ['hɒbl] *vi* cojear.

hob·by ['hɒbɪ] *n (leisure activity)* afición *f.*

hobby·horse ['hɒbɪhɔːs] *n (fig)* caballo *m* de batalla, tema *m* preferido.

hob·nob ['hɒbnɒb] *vi* codearse.

hobo ['həʊbəʊ] *n (US)* vagabundo/a *m/f.*

hock[1] [hɒk] *n (of animal)* corvejón *m.*

hock[2] [hɒk] *n (wine)* vino *m* blanco del Rin.

hock[3] [hɒk] *vt (fam: pawn)* empeñar.

hock·ey ['hɒkɪ] *n* hockey *m;* **roller/ice ~** hockey sobre patines/hielo.

hocus-pocus [ˌhəʊkəs'pəʊkəs] *n (trickery)* juego *m* de manos; *(words)* jerigonza *f.*

hodge-podge ['hɒdʒpɒdʒ] *n* mezcolanza *f*, birria *f.*

hoe [həʊ] **1** *n* azada *f*, azadón *m*. **2** *vt* azadonar.

hog [hɒg] **1** *n* cerdo *m*, puerco *m, (LAm)* chancho *m;* **he's a greedy ~** *(fam)* es un marrano; **to go the whole ~** *(fig)* echar el todo por el todo. **2** *vt (fam)* acaparar.

hoist [hɔɪst] **1** *vt* levantar, alzar; *(flag, sail)* izar; **to ~ onto** subir a. **2** *n* grúa *f.*

hold [həʊld] *(vb: pt, pp* **held) 1** *n* **(a) to get** *or* **catch ~ of** *(Sp)* coger, *(LAm)* agarrar; *(seize)* apoderarse de; **to keep ~** afianzarse; **to get ~ of sb** *(fig: contact)* localizar a uno; **where can I get ~ of some red paint?** *(fig)* ¿dónde puedo conseguir pintura roja?; **to get (a) ~ of o.s.** *(fig)* dominarse; **to have a ~ over sb** *(fig)* tener ascendiente sobre uno.

(b) *(Mountaineering)* asidero *m.*

(c) *(Wrestling)* presa *f*, llave *f;* **no ~s barred** *(fig)* todo se permite.

(d) *(Aer, Naut)* bodega *f.*

2 *vt* **(a)** *(general sense)* tener; *(take ~ of) (Sp)* coger, *(LAm)* agarrar; *(contain)* tener capacidad para; *(audience: fig)* mantener el interés de; *(attention, interest: fig)* captar; *(belief, opinion)* tener, sostener; **to ~ hands** tomarse de la mano; **to ~ o.s. upright/ready** mantenerse recto/preparado; **to ~ one's head high** mantenerse firme; **to ~ sb to his promise** hacer que uno cumpla (su promesa); **to ~ one's own** defenderse; **to ~ the line** *(Telec)* aguantar; **this car ~s the road well** este coche se afianza muy bien; **what does the future ~?** *(fig)* ¿qué nos atiende en el futuro?

(b) *(restrain: person)* detener; **to ~ sb prisoner** tener preso a uno; **the police held him for 3 days** lo detuvo la policía durante 3 días; **there's no ~ing him** no hay quien le pare.

(c) *(breath)* contener; **to ~ one's tongue** *(fig)* morderse la lengua, *(LAm)* callarse la boca; **~ it!** *(fam)* ¡párale!, *(LAm)* ¡ya está bueno!

(d) *(post, position, title)* ocupar; *(passport, ticket)* tener; *(shares: Fin)* tener en reserva; *(record: Sport)* ser poseedor(a) *m/f* de; *(position: Mil)* mantenerse en; **to ~ office** *(Pol)* ocupar un cargo; **to ~ the fort** *(fig)* quedarse a cargo; **to ~ the stage** *(fig)* dominar la escena.

(e) *(carry on: conversation etc)* mantener; *(meeting, election, interview)* celebrar; *(event)* realizar; **the maths exam is being held today** hoy tiene lugar el examen de matemáticas; **to ~ a mass** *(Rel)* celebrar una misa.

(f) *(consider)* sostener; **to ~ that** creer que; **to ~ sb in high esteem** tener a uno en alta estima; **to ~ sth/sb dear** apreciar algo/querer a uno; **to ~ sb responsible for sth** culpar *or* echarle la culpa a uno de algo.

(g) *(believe, maintain)* mantener, sostener.

3 *vi (rope, nail etc)* resistir; *(continue)* seguir; *(be valid)* valer; **to ~ firm** *or* **fast** mantenerse firme.

♦ **hold against** *vt + prep* tener contra.

♦ **hold back 1** *vi + adv* guardarse algo; **to ~ back from** guardarse de. **2** *vt + adv* **(a)** *(restrain: crowd)* contener; *(: river, flood)* retener; *(: emotions)* reprimir, contener; **to ~ o.s. back from doing sth** guardarse de hacer algo. **(b)** *(keep secret, withhold)* ocultar; **he's ~ing something back from me** me está ocultando algo.

♦ **hold down** *vt + adv (gen)* sujetar; *(prices)* mantener bajo; **he can't ~ down a job** pierde todos los trabajos.

♦ **hold forth** *vi + adv* perorar.

♦ **hold in** *vt + adv (stomach etc)* contener; **to ~ o.s. in** *(fig)* controlarse, *(LAm)* aguantarse.

♦ **hold off 1** *vt + adv (enemy, attack)* rechazar; *(postpone)* aplazar; *(visitor etc: fig)* hacer esperar. **2** *vi + adv (person: wait)* esperar; **if the rain ~s off** si no llueve.

♦ **hold on 1** *vi + adv (cling etc)* agarrarse; *(fig: persevere)* resistir, aguantar; *(fam: wait)* esperar; *(Telec)* aguantar. **2** *vt + adv* sujetar.

♦ **hold on to** *vi + prep (grasp)* agarrarse a *or* de; *(keep)* guardar; *(fig: retain)* aferrarse a.

♦ **hold out 1** *vi + adv* **(a)** *(supplies)* durar. **(b)** *(stand firm)* resistir *(against* a); **to ~ out for £10** insistir en 10 libras. **2** *vt + adv (arms)* extender;

(hand) tender; *(fig: offer)* ofrecer; **to ~ out sth to sb** ofrecerle algo a uno.

♦ **hold out on** *vi + prep*: **you've been ~ing out on me!** *(fam)* ¡no me habías dicho nada!

♦ **hold over** *vt + adv (meeting etc)* aplazar.

♦ **hold up 1** *vi + adv (survive, last)* resistir. **2** *vt + adv* **(a)** *(raise)* levantar; **~ up your hand** levanta la mano; **to ~ up sth to the light** poner algo a contraluz; **to ~ sb up to ridicule** poner en ridículo a uno. **(b)** *(support)* sostener, sujetar. **(c)** *(delay: person, traffic)* retrasar, demorar; *(stop)* parar, detener. **(d)** *(rob)* asaltar, atracar.

hold·all ['həʊldɔːl] *n* bolsa *f* de viaje.

hold·er ['həʊldəʳ] *n (person)* poseedor(a) *m/f; (tenant)* inquilino/a *m/f; (bearer: of letter etc)* portador(a) *m/f; (of bonds)* tenedor(a) *m/f; (of title, office)* titular *mf;* **pen ~** portaplumas *m inv;* **cigarette ~** boquilla *f.*

hold·ing ['həʊldɪŋ] **1** *n (land)* pequeña propiedad *f, (LAm)* parcela *f, (RPl)* chacra *f;* **~s** terrenos *mpl; (Comm)* valores *mpl* en cartera. **2: ~ company** *n (Comm)* holding *m.*

hold-up ['həʊldʌp] *n (robbery)* atraco *m or* asalto *m* a mano armada; *(stoppage, delay)* demora *f,* retraso *m; (of traffic)* embotellamiento *m,* atasco *m.*

hole [həʊl] **1** *n* **(a)** *(gen)* agujero *m, (LAm)* hoyo *m; (in road)* bache *m; (gap, opening)* boquete *m, (LAm)* hueco *m; (: in wall etc)* brecha *f; (burrow)* madriguera *f; (Golf)* hoyo *m;* **to wear a ~ in sth** agujerear algo; **buying the car made a ~ in his savings** la compra del coche le costó una buena parte de sus ahorros; **his argument is full of ~s** sus argumentos están llenos de fallas; **to pick ~s in** *(fig)* encontrar defectos en. **(b)** *(fig: difficulty)* aprieto *m,* apuro *m;* **to be in a ~** *(fam)* estar en un aprieto; **he got me out of a ~** *(fam)* me sacó de un aprieto. **(c)** *(fam: dwelling, room)* cuchitril *m, (LAm)* tugurio *m; (town)* poblacho *m.* **2** *vt* agujerear; *(Golf: ball)* meter en el hoyo.

♦ **hole up** *vi + adv* esconderse.

hole-and-corner [ˌhəʊlənd'kɔːnəʳ] *adj* furtivo/a.

holi·day ['hɒlədɪ] **1** *n (period)* vacaciones *fpl; (public)* fiesta *f; (day)* día *m* de fiesta, *(LAm)* día feriado; **to be/go on ~** estar/ir de vacaciones. **2** *cpd (camp etc: at beach)* de veraneo; *(: for rest)* vacacional; *(mood etc)* de fiesta; **~ season** *n* época *f* de las vacaciones.

holiday-maker ['hɒlədɪˌmeɪkəʳ] *n (gen)* turista *mf; (in summer)* veraneante *mf.*

ho·li·ness ['həʊlɪnɪs] *n* santidad *f;* **His H~** Su Santidad.

Hol·land ['hɒlənd] *n* Holanda *f.*

hol·ler ['hɒləʳ] *vt, vi (fam)* gritar.

hol·low ['hɒləʊ] **1** *adj* **(-er, -est)** hueco/a; *(eyes, cheeks)* hundido/a; *(sound, voice)* cavernoso/a; *(fig: sympathy, promises)* vacío/a; *(fig: victory)* vano/a; **to give a ~ laugh** dar una risa hueca *or* irónica. **2** *adv*: **to beat sb ~** *(fam)* aplastar a uno. **3** *n (of back, hand)* hueco *m; (in ground)* hoyo *m; (small valley)* hondonada *f;* **the ~ of one's back** los riñones.

♦ **hol·low out** *vt + adv* ahuecar.

hol·ly ['hɒlɪ] *n (also* **~ tree***)* acebo *m.*

hol·ly·hock ['hɒlɪhɒk] *n* malva *f* loca.

holo·caust ['hɒləkɔːst] *n (fig)* holocausto *m.*

hols [hɒlz] *npl (fam) abbr of* **holidays.**

hol·ster ['həʊlstəʳ] *n* funda *f* de pistola.

holy ['həʊlɪ] *adj* **(-ier, -iest)** santo/a; **H~ Communion** Sagrada Comunión *f;* **~ water** agua *f* bendita; **the H~ Father** el Santo Padre; **the H~ Ghost** el Espíritu *m* Santo; **the H~ Land** la Tierra *f* Sagrada; **~ orders** órdenes *fpl* sagradas; **a ~ terror** *(fam)* un demonio *m.*

hom·age ['hɒmɪdʒ] *n* homenaje *m;* **to pay ~ to** rendir homenaje a.

home [həʊm] **1** *n (gen)* casa *f; (residence)* domicilio *m; (fig: refuge etc)* hogar *m; (country)* patria *f; (~ town)* ciudad *f* natal; *(Bio)* habitat *m; (origin)* cuna *f; (hospital, hostel etc)* asilo *m; (Sport: target area)* meta *f;* **children's/old people's ~** asilo de niños/ancianos; **~ from ~** segunda casa; **to give sb/sth a ~** dar casa a uno/algo; *(position, niche)* encontrar sitio para uno/algo; **he made his ~ in Italy** se estableció en Italia; **Scotland is the ~ of the haggis** Escocia es la patria del haggis; **at ~** en casa; **make yourself at ~** está en su casa; **to play at ~** *(Sport)* jugar en casa; **is Mr X at ~?** ¿se encuentra el señor X?; **he is at ~ with the topic** domina bien la materia; **to make sb feel at ~** hacer que uno se sienta en casa; **~ sweet ~** hogar, dulce hogar; **there's no place like ~** como su casa no hay dos.

2 *adj (domestic: cooking etc)* casero/a; *(: life etc)* de familia, doméstico/a; *(native: town)* natal; *(Comm: local: trade, market)* interno/a; *(: product, industries)* nacional; *(rule)* autónomo/a; *(news)* nacional; *(Sport: team)* de casa; *(: match, win)* en casa; *(Baseball)* **~ plate** base *f* del bateador; **~ run** jonrón *m.*

3 *adv (at ~)* en casa; *(to ~)* a casa; **to go/come ~** volver a casa; *(from abroad)* volver a la patria; **to stay ~** quedarse en casa; **to send sb ~** mandar a uno a casa; **to bring sth ~ to sb** *(fig)* hacerle llegar algo a uno; **it came ~ to me** *(fig)* me llegó, me hizo impacto; **to strike ~** *(shell etc)* dar en el blanco; *(right in etc: hammer, nail)* remachar.

4 *vi (pigeons)* volver a casa.

5: ~ address *n* domicilio *m;* **H~ Counties** *npl* los alrededores de Londres; **~ front** *n* frente *m* interno; **H~ Office** *n (Brit)* Ministerio *m* del Interior, *(Mex)* Gobernación *f;* **~ rule** *n* autonomía *f;* **H~ Secretary** *n (Brit)* Ministro *m* del Interior; **~ straight** *n (Sport)* la recta final; **to be in the ~ straight** *(fig)* estar en la última recta; **~ truths** *npl*: **to tell sb a few ~ truths** decir cuatro verdades a uno.

♦ **home in on** *vi + prep (missiles)* dirigirse hacia; *(fig)* concentrarse en.

home-brew [ˌhəʊm'bruː] *n* cerveza *f etc* casera.

home-brewed [ˌhəʊm'bruːd] *adj* hecho/a en casa.

home·coming ['həʊmˌkʌmɪŋ] *n* regreso *m* (al hogar).

home-grown [ˌhəʊm'grəʊn] *adj* de cosecha propia; *(not imported)* del país.

home·land ['həʊmlænd] *n* patria *f.*

home·less ['həʊmlɪs] **1** *adj* sin hogar *or* vivienda. **2** *npl*: **the ~** personas *fpl* sin hogar.

home·ly ['həʊmlɪ] *adj* **(-ier, -iest)** *(like home)* casero/a, doméstico/a; *(food, person)* sencillo/a; *(atmosphere)* familiar; *(advice)* prosaico/a; *(plain)* soso/a.

home-made [ˌhəʊm'meɪd] *adj* hecho/a en casa.

homeo·path ['həʊmɪəʊpæθ] *etc (US)* = **homoeopath** *etc.*

home·sick ['həʊmsɪk] *adj* nostálgico/a; **to be ~** sentir saudade, echar la casa a faltar.

home·stead ['həʊmsted] *n* granja *f.*

home·ward ['həʊmwəd] **1** *adj* de regreso. **2** *adv (also* **~s***)* hacia casa; **~ bound** camino a la casa.

home·work ['həʊmwɜːk] *n* deberes *mpl, (LAm)* tarea *f.*

homi·ci·dal [ˌhɒmɪ'saɪdl] *adj* homicida.

homi·cide ['hɒmɪsaɪd] *n* homicidio *m.*

hom·ing ['həʊmɪŋ] *adj (missile etc)* buscador(a), cazador(a); **~ pigeon** paloma *f* mensajera.

homoeo·path ['həʊmɪəʊpæθ] *n* homeópata *mf.*

homoeo·pathic [ˌhəʊmɪəʊ'pæθɪk] *adj* homeopático/a.
homoeo·pathy [ˌhəʊmɪ'ɒpəθɪ] *n* homeopatía *f.*
homo·genei·ty [ˌhɒməʊdʒə'niːɪtɪ] *n* homogeneidad *f.*
homo·geneous [ˌhɒmə'dʒiːnɪəs] *adj* homogéneo/a.
ho·mog·enize [hə'mɒdʒənaɪz] *vt* homogeneizar.
homo·nym ['hɒmənɪm] *n* homónimo *m.*
homo·sex·ual [ˌhɒməʊ'seksjʊəl] *adj, n* homosexual *mf.*
hon·est ['ɒnɪst] *adj (person: trustworthy etc)* honrado/a, recto/a; *(face, means)* honesto/a; *(answer, opinion)* sincero/a, franco/a; *(wages, profit)* justo/a; **to be ~, I don't like you** para decirle verdad, no me gusta; **be ~ with me** sé franco conmigo; **he made an ~ woman of her** le salvó el honor.
hon·est·ly ['ɒnɪstlɪ] *adv (uprightly)* con honradez *or* rectitud; *(truly)* sinceramente.
hon·es·ty ['ɒnɪstɪ] *n (uprightness)* honradez *f,* rectitud *f; (truthfulness)* sinceridad *f.*
hon·ey ['hʌnɪ] *n* miel *f; (US)* guapa *f, (LAm)* linda *f.*
honey·comb ['hʌnɪkəʊm] **1** *n* panal *m; (fig)* laberinto *m.* **2** *vt (fig)* **the hill is ~ed with tunnels** el cerro está lleno de cuevas.
honey·moon ['hʌnɪmuːn] **1** *n (lit, fig)* luna *f* de miel. **2** *vi* pasar la luna de miel.
honey·suckle ['hʌnɪsʌkl] *n* madreselva *f.*
honk [hɒŋk] *vi (car)* tocar la bocina *or (LAm)* el claxon; *(goose)* graznar.
hon·or·ary ['ɒnərərɪ] *adj (member etc)* de honor, honorario/a; *(title)* honorífico/a; *(unpaid: secretary)* no remunerado/a; **an ~ degree** un doctorado 'honoris causa'.
hon·our, *(US)* **hon·or** ['ɒnə'] **1** *n* **(a)** *(gen)* honor *m; (good name)* honra *f; (uprightness)* honradez *f; (respect, esteem)* respeto *m;* **in ~ of** en honor de; **for the ~ of one's country** por el honor de la patria; **to be on one's ~ to do sth** estar comprometido con hacer algo; **to do ~ to sb, to do sb ~** rendir honores a uno; **to be an ~ to one's profession** ser un orgullo para su profesión; **it's a great ~ to be invited** *(frm)* es un gran honor ser invitado; **I had the ~ of meeting him** *(frm)* tuve el honor de conocerle; **(in) ~ bound** moralmente obligado. **(b) ~s** *(distinction, award)* condecoración *fsg; (Univ)* licenciatura *fsg;* **to bury sb with full ~s** sepultar a uno con todos los honores militares; **last ~s** honras fúnebres; **to take ~s in chemistry** licenciarse en química; **to do the ~s** *(fam)* hacer los honores de la casa. **(c)** *(title)* **Your H~** *(judge)* señor Juez; *(US: mayor)* su Señoría.
2 *vt (gen)* honrar; *(fulfil: obligation)* cumplir con; *(do credit to)* hacer honor a; *(pay homage to)* rendir homenaje a; *(decorate)* condecorar; **to ~ sb with one's confidence** honrar a uno con su confianza.
hon·our·able, *(US)* **hon·or·able** ['ɒnərəbl] *adj (upright)* honrado/a; *(title, etc)* honorable; **~ mention** mención *f* honorífica.
hood [hʊd] *n (of cloak, raincoat)* capucha *f; (Univ)* muceta *f; (Aut)* capota *f; (US Aut)* capó *m; (on pram, cooker, chimney-pot)* capota; *(US fam)* gamberro/a *m/f, (LAm)* matón/ona *m/f.*
hood·ed ['hʊdɪd] *adj* encapuchado/a.
hood·lum ['huːdləm] *n (fam)* gamberro/a *m/f, (LAm)* pandillero/a *m/f.*
hood·wink ['hʊdwɪŋk] *vt* timar.
hoof [huːf] *n, pl* **-s** *or* **hooves** *(gen)* casco *m,* pezuña *f; (of animal, devil)* **cloven ~** pata *f* hendida.
hook [hʊk] **1** *n (gen, also Boxing)* gancho *m; (meat ~)* garfio *m; (Fishing)* anzuelo *m; (hanger)* colgadero *m, (LAm)* percha *f; (on dress)* corchete *m;* **~s and eyes** corchetes *mpl,* macho y hembra *m;* **to leave the phone off the ~** dejar el teléfono descolgado; **he fell for it ~, line and sinker** *(fig)* se tragó el anzuelo; **by ~ or by crook** por las buenas o por las malas, *(LAm)* a como dé lugar; **to get sb off the ~** sacar a uno de un apuro. **2** *vt (fasten)* enganchar; *(Fishing)* pescar; **to ~ one's arms/feet around sth** envolver algo con los brazos/los pies; *(fam: catch)* **she finally ~ed him** lo enganchó ella por fin; **to get ~ed on** *(fam)* volverse adicto a. **3** *vi (fasten: dress)* abrocharse; *(connect)* engancharse.
♦ **hook on 1** *vi + prep* engancharse *(to* a). **2** *vt + prep* enganchar *(to* a).
♦ **hook up 1** *vi + adv* abrocharse; *(Rad, TV etc)* transmitir en cadena. **2** *vt + adv (dress)* abrochar; *(Rad, TV etc)* conectar.
hook(e)y ['hʊkɪ] *n (esp US fam)* **to play ~** hacer novillos, *(Mex)* pintar venado, *(RPl)* hacerse la rabona.
hook-up ['hʊkʌp] *n (Rad, TV)* transmisión *f* en cadena.
hoo·li·gan ['huːlɪgən] *n* gamberro/a *m/f,* hampón/ona *m/f.*
hoo·li·gan·ism ['huːlɪgənɪzəm] *n* gamberrismo *m.*
hoop [huːp] *n (gen)* aro *m,* argolla *f; (of barrel)* fleje *m; (croquet ~)* argolla; **to put sb through the ~** *(fig)* hacer pasar penas a uno.
hoot [huːt] **1** *n (of owl)* ululato *m; (of car)* bocinazo *m; (of train etc)* silbato *m; (of siren)* toque *m* de sirena; *(of scorn etc)* risotada *f;* **I don't care a ~** *(fam)* (no) me importa un comino; **it was a ~** *(fam)* ¡era para morirse de (la) risa! **2** *vt person* abuchear; *(horn)* tocar la bocina *or (LAm)* el claxon; **to ~ sb off the stage** sacar a uno de la escena a chiflidos. **3** *vi (owl)* ulular; *(person: in scorn)* abuchear; *(Aut)* dar un bocinazo; *(ship, train, factory hooter)* silbar; **to ~ with laughter** carcajear.
hoot·er ['huːtə'] *n (Brit: of ship, factory)* sirena *f; (Aut)* bocina *f, (LAm)* claxon *m; (Brit fam: nose)* napia *f.*
hoo·ver ® ['huːvə'] **1** *n* aspiradora *f.* **2** *vt* pasar la aspiradora por. **3** *vi* pasar la aspiradora.
hooves [huːvz] *npl of* **hoof.**
hop[1] [hɒp] **1** *n (jump)* salto *m, (LAm)* brinco *m; (fam: dance)* baile *m; (Aer)* vuelo *m* corto; **to catch sb on the ~** *(fam) (Sp)* coger *or (LAm)* agarrar a uno desprevenido. **2** *vi (person, bird, animal)* dar saltos, *(LAm)* brincar; *(make short journey)* **to ~ over to** darse una vuelta por; **to ~ out of bed** saltar de la cama; **~ in!** ¡sube!, *(LAm)* ¡monta!; **~ it!** *(fam)* ¡lárgate!
hop[2] [hɒp] *n (Bot)* lúpulo *m.*
hope [həʊp] **1** *n (gen)* esperanza *f; (remote)* ilusión *f; (chance)* posibilidad *f;* **to be past** *or* **beyond all ~** ser un caso desesperado; **to live in ~** vivir de esperanzas; **in the ~ of (doing) sth** en la esperanza de (hacer) algo; **there is no ~ of that** no hay posibilidad de eso; **he hasn't much ~ of winning** no tiene muchas esperanzas de ganar; **you are my last ~** tú eres mi única salvación; **with high ~s** con muchas esperanzas; **to raise sb's ~s** dar de esperar a uno; **to lose ~** perder las esperanzas; **what a ~!** *(fam),* **some ~(s)!** *(fam)* ¡ojalá!, ¡ni hablar! **2** *vt* esperar. **3** *vi (gen)* esperar; **to ~ for the best** esperar lo mejor; **I ~ so/not** espero que sí/que no; **to ~ to do sth** pretender hacer algo; **to ~ for sth** esperar algo; **to ~ against ~** esperar desesperando.
hope·ful ['həʊpfʊl] **1** *adj (person)* optimista; *(situation, response, future)* esperanzador(a), promete-

dor(a). **2** *n* promesa *f*.

hope·ful·ly ['həʊpfəlɪ] *adv* con optimismo; *(fam)* ~ **he will recover** esperamos que se recupere.

hope·less ['həʊplɪs] *adj (situation, outlook)* desesperado/a; *(drunkard etc)* perdido/a; *(impossible)* imposible; *(useless)* inútil; *(fam: bad: work)* malísimo/a; **I'm ~ at it** *(fam)* no sirvo para eso; **it's ~** no tiene remedio; **he's a ~ teacher** de profesor no sirve; **it's ~ trying to convince her** no se dejará convencer.

hope·less·ly ['həʊplɪslɪ] *adv (live etc)* sin esperanzas; *(involved, complicated)* imposiblemente; *(in love)* perdidamente; **to be ~ late** llegar con un retraso inaceptable; **I'm ~ confused** estoy totalmente despistado.

hope·less·ness ['həʊplɪsnəs] *n* desesperanza *f*.

hop·per ['hɒpə^r] *n (chute)* tolva *f*.

hop·scotch ['hɒpskɒtʃ] *n* infernáculo *m*, *(LAm)* rayuela *f*.

horde [hɔːd] *n (large number, crowd)* multitud *f; (Hist)* horda *f*.

ho·ri·zon [hə'raɪzn] *n* horizonte *m; (fig)* horizonte, perspectiva *f*.

hori·zon·tal [ˌhɒrɪ'zɒntl] **1** *adj* horizontal. **2** *n* horizontal *m*.

hor·mone ['hɔːməʊn] *n (Med)* hormona *f*.

horn [hɔːn] *n* **(a)** *(of animal, insect)* cuerno *m*, asta *f; (material)* cuerno *m*, *(LAm)* carey *m*. **(b)** *(Mus)* trompa *f*, cuerno *m; (Aut)* bocina *f*, *(LAm)* claxon *m; (shoe ~)* calzador *m;* **to draw in one's ~s** *(fig)* volverse atrás; *(with money)* hacer economías.

hor·net ['hɔːnɪt] *n* avispón *m;* **to stir up a ~'s nest** meterse en un avispero.

horn-rimmed [ˌhɔːn'rɪmd] *adj (spectacles)* de concha, *(LAm)* de carey.

horny ['hɔːnɪ] *adj* (**-ier, -iest**) *(hands)* calloso/a; *(fam: randy)* cachondo/a.

horo·scope ['hɒrəskəʊp] *n* horóscopo *m*.

hor·ri·ble ['hɒrɪbl] *adj (awful)* horroroso/a; *(unpleasant)* horrible, feo/a.

hor·rid ['hɒrɪd] *adj (disagreeable, unpleasant)* horrible; *(horrifying)* horroroso/a; *(unkind)* antipático/a.

hor·rif·ic [hɒ'rɪfɪk] *adj* horrendo/a.

hor·ri·fy ['hɒrɪfaɪ] *vt* horrorizar; **I was horrified to discover that ...** me horrorizó descubrir que ... .

hor·ri·fy·ing ['hɒrɪfaɪɪŋ] *adj* horroroso/a.

hor·ror ['hɒrə^r] **1** *n (terror, dread)* horror *m*, pavor *m; (loathing, hatred)* horror; *(fam)* diablo *m;* **to have a ~ of** tener horror a; **the ~s of war** los horrores de la guerra; **that gives me the ~s** *(fam)* me da horror. **2:** ~ **film** *n* película *f* de horror.

horror-struck ['hɒrəstrʌk] *adj*, **horror-stricken** ['hɒrəˌstrɪkn] *adj* horrorizado/a.

hors d'oeu·vre [ɔː'dɜːvrə] *n* entremeses *mpl*.

horse [hɔːs] **1** *n (Zool)* caballo *m; (in gymnastics)* potro *m; (carpenter's)* caballete *m;* **dark ~** incógnita *f;* **a ~ of a different colour** harina *f* de otro costal; **it's straight from the ~'s mouth** *(fam)* es de buena tinta; **to flog a dead ~** machacar en hierro frío; **to get on one's high ~** darse humos; **don't look a gift ~ in the mouth** a caballo regalado, no le mires el diente. **2** *cpd (race, meat)* de caballo(s); ~ **chestnut** *n (Bot)* castaño *m* de Indias; ~ **show** *n*, ~ **trials** *npl* concurso *m* hípico.

♦ **horse about, horse around** *vi + adv (fam)* hacer el tonto.

horse·back ['hɔːsbæk] **: on ~** *adv* a caballo.

horse·box ['hɔːsbɒks] *n* camión *m* para caballerías.

horse·flesh ['hɔːsfleʃ] *n (horses)* caballos *mpl; (Culin)* carne *f* de caballo.

horse·fly ['hɔːsflaɪ] *n* tábano *m*.

horse·hair ['hɔːshεə^r] *n* crin *m*.

horse·man ['hɔːsmən] *n, pl* **-men** jinete *m; (skilful)* caballista *m*, *(Mex)* charro *m*.

horse·man·ship ['hɔːsmənʃɪp] *n (activity)* equitación *f; (skill)* manejo *m* del caballo.

horse·play ['hɔːspleɪ] *n* payasadas *fpl*.

horse·power ['hɔːsˌpaʊə^r] *n* caballo *m* de vapor; **a 20 ~ engine** un motor de 20 caballos.

horse·racing ['hɔːsreɪsɪŋ] *n (gen)* carreras *fpl* de caballos; *(as sport)* hipismo *m*.

horse·radish ['hɔːsˌrædɪʃ] *n (plant)* rábano *m* picante; *(sauce)* salsa *f* de rábano.

horse·shoe ['hɔːʃʃuː] *n* herradura *f*.

horse-trader ['hɔːsˌtreɪdə^r] *n (gen)* chalán/ana *m/f*.

horse-trading ['hɔːsˌtreɪdɪŋ] *n (fig)* chalaneo *m*.

horse·whip ['hɔːswɪp] **1** *vt* azotar. **2** *n* látigo *m*.

horse·woman ['hɔːsˌwʊmən] *n, pl* **-women** jineta *f*, caballista *f*, *(Mex)* charra *f*.

horsey ['hɔːsɪ] *adj* (**-ier, -iest**) *(fam: person)* aficionado/a a los caballos; *(appearance)* caballuno/a.

hor·ti·cul·tur·al [ˌhɔːtɪ'kʌltʃərəl] *adj* hortícola.

hor·ti·cul·ture ['hɔːtɪkʌltʃə^r] *n* horticultura *f*.

hor·ti·cul·tur·ist [ˌhɔːtɪ'kʌltʃərɪst] *n* horticultor(a) *m/f*.

hose [həʊz] *n* **(a)** *(hosepipe)* manga *f*, manguera *f*. **(b)** *(stockings)* medias *fpl; (socks)* calcetines *mpl; (Hist)* calzas *fpl*.

♦ **hose down** *vt + adv* regar con manguera.

ho·siery ['həʊzɪərɪ] *n* calcetería *f*.

hos·pice ['hɒspɪs] *n (for the dying)* hospicio *m*.

hos·pi·table [hɒs'pɪtəbl] *adj* acogedor(a), hospitalario/a.

hos·pi·tably [hɒs'pɪtəblɪ] *adv* con hospitalidad.

hos·pi·tal ['hɒspɪtl] **1** *n* hospital *m;* **maternity ~** casa *f* de maternidad; **mental ~** manicomio *m*. **2** *cpd* de hospital.

hos·pi·tal·ity [ˌhɒspɪ'tælɪtɪ] *n* hospitalidad *f*.

hos·pi·tal·ize ['hɒspɪtəlaɪz] *vt* hospitalizar.

host[1] [həʊst] **1** *n (to guest)* huésped *m*, anfitrión *m; (TV, Rad)* presentador(a) *m/f; (Bio)* huésped *m; (of inn)* hostelero *m*, mesonero *m*. **2** *vt (TV programme, games)* presentar.

host[2] [həʊst] *n (crowd)* multitud *f;* **for a whole ~ of reasons** por muchísimas razones.

host[3] [həʊst] *n (Rel)* hostia *f*.

hos·tage ['hɒstɪdʒ] *n* rehén *m;* **to take sb ~** tener a uno como rehén.

hos·tel ['hɒstəl] *n* residencia *f; (youth ~)* albergue *m* juvenil.

hos·tel·ling ['hɒstəlɪŋ] *n*: **to go (youth) ~** viajar de alberguista.

host·ess ['həʊstes] *n* huéspeda *f*, anfitriona *f; (in night club)* azafata *f; see* **air 3.**

hos·tile ['hɒstaɪl] *adj (enemy)* enemigo/a; *(unfriendly, showing dislike)* hostil; **to be ~ to sth** oponerse a algo.

hos·til·ity [hɒs'tɪlɪtɪ] *n* hostilidad *f;* **to resume** *or* **renew hostilities** reanudar las hostilidades.

hot [hɒt] **1** *adj* (**-ter, -test**) **(a)** *(gen)* caliente; *(climate)* cálido/a; *(day)* caluroso/a, de calor; *(sun)* abrasador(a); **to be ~** *(weather)* hacer calor; *(person)* tener calor; *(inanimate object)* estar caliente; **~ springs** aguas *fpl* termales; **this room is ~** hace calor en esta habitación; **I'm too ~** tengo demasiado calor; **you're getting ~** *(fig: when guessing)* caliente, caliente. **(b)** *(fig: taste)* picante; **this food is very ~** *(spicy)* esta comida pica mucho; **~ tempered** de mal genio *or* carácter; **~ favourite** gran favorito *m;* **a ~ tip** información *f* de buenas tintas *or* de fuente fidedigna; **~ news** noticias *fpl* de última hora; ~

goods artículos *mpl* robados; **to make it ~ for sb** hacerle la vida imposible a uno; **to be/get ~ under the collar** *(fam)* acalorarse; **to be in/get into ~ water** estar/meterse en problemas; **to get (all) ~ and bothered** sofocarse.

2 *adv*: **to be ~ on sb's trail** *or* **~ on the heels of sb** pisar los talones a uno.

3: **~ air** *n* palabras *fpl* al aire; **~ dog** *n (Culin)* perro *m* caliente, hot dog *m;* **~ line** *n* teléfono *m* rojo; **~ potato** *n (fam)* cuestión *f* muy discutida; **~ rod** *n (US Aut fam)* coche-jet *m;* **~ spot** *n (fam, Pol)* lugar *m* de peligro; **~ stuff** *n (expert)* un hacha *f; (sexy)* cachondo/a; **he's pretty ~ stuff at maths** *(fam)* es un hacha *or* un as para las matemáticas; **~ seat** *n*: **to be in the ~ seat** estar expuesto.

♦ **hot up 1** *vi + adv (fam)* ponerse caliente; *(party)* animarse. **2** *vt + adv (party, music)* animar; *(engine, car)* aumentar la potencia de.

hot-air bal·loon [ˌhɒtˌɛəbəˈluːn] *n (Aer)* globo *m* de aire caliente.

hot·bed [ˈhɒtbed] *n (fig)* semillero *m*.

hot-blooded [ˌhɒtˈblʌdɪd] *adj* apasionado/a.

hotch·potch [ˈhɒtʃpɒtʃ] *n (Brit)* mezcolanza *f*.

ho·tel [həʊˈtel] **1** *n* hotel *m*. **2** *cpd* de hotel, hotelero/a.

ho·tel·ier [həʊˈtelɪəʳ] *n* hotelero/a *m/f*.

hot·foot [ˈhɒtˌfʊt] *adv* a toda prisa.

hot·head [ˈhɒthed] *n* exaltado/a *m/f*.

hot-headed [ˌhɒtˈhedɪd] *adj* impulsivo/a, impetuoso/a.

hot·house [ˈhɒthaʊs] *n* invernadero *m*.

hot·ly [ˈhɒtlɪ] *adv* con pasión *or* vehemencia; **he was ~ pursued by the policeman** el policía le siguió muy de cerca.

hot·plate [ˈhɒtpleɪt] *n (on stove)* hornillo *m; (for keeping food warm)* calentador *m*.

hot·pot [ˈhɒtpɒt] *n (Brit: Culin)* estofado *m*.

hot-tempered [ˌhɒtˈtempəd] *adj* de mal genio *or* carácter.

hot-water bottle [ˌhɒtˈwɔːtəˌbɒtl] *n* bolsa *f* de agua caliente.

hound [haʊnd] **1** *n* perro *m* (de caza); **the ~s** la jauría *fsg*. **2** *vt (fig)* perseguir, acosar.

♦ **hound out** *vt + adv* sacar a la fuerza.

♦ **hound down** *vt + adv* perseguir sin descanso.

hour [ˈaʊəʳ] **1** *n* hora *f;* **at 30 miles an ~** a 30 millas por hora; **~ by ~** hora tras hora; **on the ~** a la hora en punto; **in the early** *or* **small ~s** en la *or* de madrugada; **at all ~s (of the day and night)** a cualquier hora; **lunch ~** la hora del almuerzo *or* de comer; **visiting ~s** horas de visita; **at the eleventh ~** a última hora; **he thought his (last) ~ had come** *(fig)* pensó que su hora había llegado; **in the ~ of danger** en la hora de peligro; **to pay sb by the ~** pagar a uno por hora; **I've been waiting (for) ~s** llevo horas esperando; **~s and ~s** horas enteras; **he took ~s to do it** tardó horas en hacerlo; **to keep regular ~s** llevar una vida ordenada; **to work long ~s** trabajar muchas horas; **out of** *or* **after ~s** fuera de horario. **2**: **~ hand** *n* horario *m*.

hour·glass [ˈaʊəglɑːs] *n* reloj *m* de arena.

hour·ly [ˈaʊəlɪ] **1** *adj* (de) cada hora; **they come at ~ intervals** llegan cada hora; **~ rate** *or* **wage** sueldo *m* por hora. **2** *adv* cada hora; **we expected him ~** le esperábamos de un momento a otro.

house [haʊs] *n, pl* **houses** [ˈhaʊzɪz] **1** *n* **(a)** *(gen)* casa *f; (fig: home)* hogar *m; (residence)* domicilio *m;* **to keep ~** llevar la casa; **to set up ~** poner casa; **to put** *or* **set one's ~ in order** *(fig)* poner las cosas en orden; **to get on like a ~ on fire** *(fam: progress)* hacer grandes avances; *(: people)* llevarse de maravilla; **to keep open ~** tener casa abierta. **(b)** *(Pol)* cámara *f;* **H~ of Commons/Lords** *(Brit)* Cámara de los Comunes/de los Lores; **H~ of Representatives** *(US)* Cámara de Representantes; **H~s of Parliament** *(Brit)* Parlamento *m*. **(c) full ~** *(Theat etc)* (teatro *m*) lleno *m;* **to bring the ~ down** ser todo un éxito; '**~ full**' 'no hay localidades'; **the second ~** la segunda sesión. **(d)** *(Comm)* casa *f;* **publishing ~** casa editorial; **it's on the ~** la casa invita. **(e)** *(family, line)* casa *f*, línea *f*. **(f)** *(Cards)* **full ~** full *m*.

2 [haʊz] *vt (person)* alojar; *(store)* guardar, almacenar.

3 *cpd (physician, doctor)* de casa; **~ arrest** *n* arresto *m* domiciliario.

house·boat [ˈhaʊsbəʊt] *n* casa *f* flotante.

house·bound [ˈhaʊsbaʊnd] *adj* confinado/a en casa.

house·break·er [ˈhaʊsˌbreɪkəʳ] *n* ladrón/ona *m/f*.

house·break·ing [ˈhaʊsˌbreɪkɪŋ] *n* allanamiento *m* de morada, *(LAm)* invasión *f* de morada *or* propiedad.

house·coat [ˈhaʊskəʊt] *n* bata *f*.

house·fly [ˈhaʊsflaɪ] *n* mosca *f*.

house·hold [ˈhaʊshəʊld] **1** *n (home)* casa *f; (family)* familia *f*. **2** *cpd (accounts, expenses, equipment)* doméstico/a, de la casa; **H~ Cavalry** *n (Mil)* Guardia *f* Real; **it's a ~ word** *(fig)* es pan de cada día.

house·holder [ˈhaʊsˌhəʊldəʳ] *n (owner)* propietario/a *m/f; (tenant)* inquilino/a *m/f; (head of house)* cabeza *f* de familia.

house·hunting [ˈhaʊsˌhʌntɪŋ] *n*: **to go ~** ir buscando casa.

house·keeper [ˈhaʊsˌkiːpəʳ] *n* ama *f* de llaves.

house·keeping [ˈhaʊsˌkiːpɪŋ] *n (administration)* gobierno *m* de la casa; *(housework)* quehaceres *mpl* domésticos, faena *f;* **~ (money)** dinero *m* para gastos domésticos.

house·maid [ˈhaʊsmeɪd] *n* criada *f*.

house-proud [ˈhaʊspraʊd] *adj*: **she's very ~** es muy hogareña.

house·room [ˈhaʊsrʊm] *n*: **I wouldn't give it ~** *(fam)* no lo tendría en casa.

house-to-house [ˌhaʊstəˈhaʊs] *adj* de casa en casa; **to conduct ~ enquiries** hacer investigaciones de casa en casa.

house-trained [ˈhaʊstreɪnd] *adj (Brit)* domesticado/a.

house-warming [ˈhaʊsˌwɔːmɪŋ] *n* fiesta *f* de estreno de una casa.

house·wife [ˈhaʊswaɪf] *n, pl* **-wives** *(person)* ama *f* de casa.

house·work [ˈhaʊswɜːk] *n* quehaceres *mpl* domésticos, faena *f*.

hous·ing [ˈhaʊzɪŋ] **1** *n (houses)* casas *fpl*, viviendas *fpl; (gen)* la vivienda. **2**: **~ association** *n* asociación *f* de la vivienda; **~ estate** *n* urbanización *f, (LAm)* fraccionamiento *m*, reparto *m;* **the ~ problem** *n* el problema de la vivienda.

hove [həʊv] *pt, pp of* **heave 3 (b)**.

hov·el [ˈhɒvəl] *n* casucha *f*, cuchitril *m, (LAm)* tugurio *m*.

hov·er [ˈhɒvəʳ] *vi* **(a)** *(bird etc)* cernerse. **(b)** *(fig)* quedarse colgado.

♦ **hov·er about, hov·er around** *vi + adv* rondar.

hover·craft [ˈhɒvəˌkrɑːft] *n* aerodeslizador *m*.

hover·port [ˈhɒvəpɔːt] *n* puerto *m* de aerodeslizadores.

how [haʊ] *adv* **(a)** *(in what way)* cómo; **~ did you do it?** ¿cómo lo hiciste?; **~ do you like your steak?** ¿cómo le gusta el filete?; **I know ~ you did it** ya sé cómo lo hiciste; **to know ~ to do sth** saber hacer algo; ~ **was the film?** ¿qué tal la película?; ~ **is it that ...?** ¿cómo es que ...? **(b)** ~ **are you?** ¿cómo estás?, *(LAm)* ¿cómo te va?; ~ **do you do?** mucho gusto, encantado. **(c)** *(to what degree)* cómo; *(in exclamations)* qué; **and** ~! ¡y cómo *or* tanto!; ~ **old are you?** ¿cuántos años tienes?; ~ **big is it?** ¿cómo es de grande?; ~ **many are there?** ¿cuántos son?; ~ **long will you be?** ¿cuánto tardarás?; ~ **far away is it?** ¿a qué distancia queda?, *(LAm)* ¿qué tan lejos queda?; ~ **much is it?** ¿cuánto vale?; ~ **soon will it be?** ¿cuánto tardará?; **you don't know** ~ **difficult it is** no sabe lo difícil que es; ~ **beautiful/kind!** ¡qué bonito/amable! **(d)** *(that)* que; **she told me** ~ **she'd seen him last night** me dijo que lo había visto anoche. **(e)** ~ **about ?...** ¿qué te parece ...?; *see* **about 2 (b), else, much 1 (a)** *etc.*

how·ever [haʊ'evəʳ] **1** *conj (still, nevertheless)* sin embargo, no obstante. **2** *adv*: ~ **I do it** comoquiera que lo haga; ~ **cold it is** por mucho frío que haga; ~ **fast he runs** por muy rápido que corra; ~ **did you do it?** *(fam)* ¿cómo lo hiciste?

how·itz·er ['haʊɪtsəʳ] *n (Mil)* obús *m.*

howl [haʊl] **1** *n* aullido *m; (wind etc)* rugido *m; (fig: of protest)* abucheo *m;* **a** ~ **of pain** un alarido de dolor; ~**s of laughter** *(fig)* carcajadas *fpl.* **2** *vi (person)* dar alaridos; *(animal)* aullar; *(wind)* rugir, bramar; *(weep)* berrear; **to** ~ **with laughter** *(fig)* reír a carcajadas. **3** *vt (shout)* gritar.

♦ **howl down** *vt + adv* callar a gritos.

howl·er ['haʊləʳ] *n* disparate *m.*

H.P., h.p. *abbr of* **hire-purchase; horsepower.**

HQ *abbr of* **headquarters.**

hr(s) *abbr of* **hour(s)** h.

hub [hʌb] *n* cubo *m; (fig)* eje *m.*

hub·bub ['hʌbʌb] *n* algarabía *f,* barahúnda *f.*

hub·cap ['hʌbkæp] *n (Aut)* tapacubos *m inv.*

hud·dle ['hʌdl] **1** *n (of people)* tropel *m; (of things)* montón *m;* **to go into a** ~ *(fam)* discutir en secreto. **2** *vi* acurrucarse; **we** ~**d round the fire** nos arrimamos al fuego.

♦ **hud·dle down** *vi + adv* acurrucarse.

♦ **hud·dle to·geth·er** *vi + adv* amontonarse, apiñarse.

♦ **hud·dle up** *vi + adv* apretarse *(against* contra).

hue[1] [hjuː] *n (colour)* color *m; (shade)* matiz *m.*

hue[2] [hjuː] *n*: ~ **and cry** *(of protest)* griterío *m,* clamor *m;* **to raise a** ~ **and cry** levantar protestas.

huff [hʌf] *n (fam)* **in a** ~ enojado/a; **to go off in a** ~ irse ofendido, picarse.

hug [hʌg] **1** *n* abrazo *m;* **to give sb a** ~ dar un abrazo a uno. **2** *vt* abrazar; *(subj: bear etc)* ahogar, apretar; *(keep close to)* arrimarse a; **to** ~ **o.s. to keep warm** acurrucarse para mantenerse caliente; **to** ~ **o.s.** *(with pleasure, delight over sth)* felicitarse.

huge [hjuːdʒ] adj enorme, gigantesco/a, *(LAm)* tamaño/a; *(success etc)* rotundo/a.

hulk [hʌlk] *n (Naut: abandoned ship)* casco *m; (pej: clumsy ship)* carraca *f; (large, ungainly: building etc)* armatoste *m;* **a great** ~ **of a man** *(fam)* un hombre fornido.

hulk·ing ['hʌlkɪŋ] *adj (fam)* pesado/a.

hull [hʌl] *n (Naut)* casco *m.*

hul·la·ba·loo [ˌhʌləbə'luː] *n (fam: noise)* algarabía *f; (fuss)* jaleo *m, (LAm)* bronca *f.*

hul·lo [hʌ'ləʊ] *interj (greeting)* ¡hola!, ¿qué tal?, *(LAm)* ¿qué hubo?; *(Telec)* ¡diga!, *(Mex)* ¡bueno!, *(RPl)* ¡hola!, ¡haló!; *(attention)* ¡oiga!, *(LAm)* ¡escuche!; *(surprise)* ¡vaya!, *(LAm)* ¡ándale!

hum [hʌm] **1** *n (gen, also Elec)* zumbido *m; (of voices etc)* murmullo *m.* **2** *vt (tune)* tararear, canturrear. **3** *vi (gen)* zumbar; *(fig fam: be busy)* hervir, moverse; **to make things** ~ hacer que la cosa marche; **to** ~ **with activity** bullir de actividad; **to** ~ **and haw** vacilar.

hu·man ['hjuːmən] **1** *adj* humano/a; ~ **being** ser *m* humano. **2** *n* humano/a *m/f.*

hu·mane [hjuː'meɪn] *adj* humano/a, humanitario/a.

hu·man·ism ['hjuːmənɪzəm] *n (modern)* humanismo *m.*

hu·man·ist ['hjuːmənɪst] *n* humanista *mf.*

hu·mani·tar·ian [hjuːˌmænɪ'tɛərɪən] *adj* humanitario/a.

hu·man·ity [hjuː'mænɪtɪ] *n (gen)* humanidad *f;* **the humanities** las humanidades.

hu·man·ly ['hjuːmənlɪ] *adv*: **all that is** ~ **possible** todo lo humanamente posible.

hu·man·oid ['hjuːmənɔɪd] *adj, n* humanoide *mf.*

hum·ble ['hʌmbl] **1** *adj* **(-r, -st)** *(gen)* humilde; **to eat** ~ **pie** desdecirse. **2** *vt* humillar.

hum·bly ['hʌmblɪ] *adv* humildemente.

hum·bug ['hʌmbʌg] *n (fam: person)* charlatán/ana *m/f; (fam: nonsense)* tonterías *fpl; (Brit: sweet)* caramelo *m* de menta.

hum·drum ['hʌmdrʌm] *adj* monótono/a, rutinario/a.

hu·mid ['hjuːmɪd] *adj* húmedo/a.

hu·midi·fier [hjuː'mɪdɪfaɪəʳ] *n* humedecedor *m.*

hu·mid·ity [hjuː'mɪdɪtɪ] *n* humedad *f.*

hu·mili·ate [hjuː'mɪlɪeɪt] *vt* humillar.

hu·mili·at·ing [hjuː'mɪlɪeɪtɪŋ] *adj* humillante, vergonzoso/a.

hu·milia·tion [hjuːˌmɪlɪ'eɪʃən] *n* humillación *f.*

hu·mil·ity [hjuː'mɪlɪtɪ] *n* humildad *f.*

hum·ming-bird ['hʌmɪŋˌbɜːd] *n* colibrí *m,* picaflor *m.*

hu·mor·ist ['hjuːmərɪst] *n* humorista *mf.*

hu·mor·ous ['hjuːmərəs] *adj (person)* gracioso/a, divertido/a; *(book, story etc)* divertido/a; chistoso/a; *(situation, idea, tone)* cómico/a, gracioso/a.

hu·mor·ous·ly ['hjuːmərəslɪ] *adv* con gracia.

hu·mour, *(US)* **hu·mor** ['hjuːməʳ] **1** *n* **(a)** *(amusingness)* humor *m; (of book, situation)* gracia *f;* **sense of** ~ sentido *m* del humor. **(b)** *(mood)* humor *m;* **to be in a good/bad** ~ estar de buen/mal humor. **2** *vt* complacer, consentir.

-humoured, *(US)* **-humored** ['hjuːməd] *adj suf* de humor ... .

hu·mour·less, *(US)* **hu·mor·less** ['hjuːməlɪs] *adj (person)* arisco/a.

hump [hʌmp] **1** *n (Anat)* joroba *f; (camel's)* giba *f;* **it gives me the** ~ *(Brit fam)* me fastidia, *(LAm)* me molesta; **we're over the** ~ *(fig)* ya pasamos lo peor. **2** *vt* **(a)** *(arch)* encorvar. **(b)** *(fam: carry)* llevar.

hump·backed ['hʌmpbækt] *adj (person)* jorobado/a; ~ **bridge** puente *m* encorvado.

hu·mus ['hjuːməs] *n (Bio)* humus *m.*

hunch [hʌntʃ] **1** *n (fam: idea)* idea *f,* sospecha *f;* **I had a** ~ tuve una corazonada. **2** *vt (also* ~ **up)** encorvar. **3** *vi* encorvarse; **to be** ~**ed up** jorobarse.

hunch·back ['hʌntʃbæk] *n* jorobado/a *m/f.*

hun·dred ['hʌndrɪd] **1** *adj* ciento; *(before noun)* cien; **a** ~ **and ten** ciento diez; **the** ~ **and first** el centésimo primo; **at a** ~ **miles per hour** a cien por hora; **a** ~ **per cent** *(fig)* cien por ciento. **2** *n* ciento *m; (less exactly)* centenar *m;* **to live to be a** ~ llegar a los cien años; ~**s of people** centenares de personas.

hun·dredth ['hʌndrɪdθ] **1** *adj* centésimo/a. **2** *n* centésima parte *f.*

hundred·weight ['hʌndrədweɪt] *n (Brit)* = *50.8 ki-*

logramos; (US) = 45.4 kilogramos.

hung [hʌŋ] **1** *pt, pp of* **hang. 2** *adj (Jur: jury)* dividido/a; *(verdict)* indeciso/a.

Hun·gar·ian [hʌŋ'gɛərɪən] **1** *adj* húngaro/a. **2** *n (person)* húngaro/a *m/f; (language)* húngaro *m.*

Hun·ga·ry ['hʌŋgərɪ] *n* Hungría *f.*

hun·ger ['hʌŋgəʳ] **1** *n* hambre *f; (also fig)* sed *f (for* de). **2:** ~ **strike** *n* huelga *f* de hambre.

♦ **hun·ger after, hun·ger for** *vi + prep (fig)* ansiar, anhelar.

hun·gri·ly ['hʌŋgrɪlɪ] *adv (eat etc)* ávidamente; *(look)* con ganas.

hun·gry ['hʌŋgrɪ] *adj* hambriento/a; **to be** ~ tener hambre; **to go** ~ pasar hambre; ~ **for** *(fig)* sediento de.

hunk [hʌŋk] *n (of bread etc)* trozo *m*, pedazo *m*; **a** ~ **of a man** un pedazo de hombre.

hunt [hʌnt] **1** *n* caza *f*, cacería *f; (search)* busca *f*, búsqueda *f; (huntsmen)* cazadores *mpl.* **2** *vt (animal)* cazar; *(search)* buscar; *(pursue)* perseguir. **3** *vi* cazar, ir de cacería; *(search)* buscar en todas partes.

♦ **hunt about, hunt around** *vi + adv* buscar en todas partes.

♦ **hunt down** *vt + adv (corner)* acorralar; *(track)* seguir la pista a.

♦ **hunt out** *vt + adv* buscar hasta encontrar.

♦ **hunt up** *vt + adv* buscar.

hunt·er ['hʌntəʳ] *n* cazador(a) *m/f; (horse)* caballo *m* de caza.

hunt·ing ['hʌntɪŋ] *n (Sport)* caza *f*, cacería *f*; **a happy** ~ **ground** *(fig)* terreno *m* fértil.

hunts·man ['hʌntsmən] *n, pl* **-men** *(hunter)* cazador *m.*

hur·dle ['hɜːdl] *n (Sport, fence)* valla *f; (fig)* obstáculo *m*, barrera *f*; **the 100 m** ~**s** *(race)* los 100 metros vallas.

hurdy-gurdy ['hɜːdɪ,gɜːdɪ] *n (Mus)* organillo *m.*

hurl [hɜːl] *vt (throw)* arrojar; **to** ~ **abuse** *or* **insults at sb** soltar improperios a uno.

hur·rah [hʊ'rɑː] *interj*, **hur·ray** [hʊ'reɪ] *interj* ¡hurra!

hur·ri·cane ['hʌrɪkən] *n (Met)* huracán *m.*

hur·ried ['hʌrɪd] *adj* apresurado/a; *(reading etc)* rápido/a; **to eat a** ~ **meal** comer a la carrera.

hur·ried·ly ['hʌrɪdlɪ] *adv* a la carrera.

hur·ry ['hʌrɪ] **1** *n* prisa *f*, *(LAm)* apuro *m*; **he's in a** ~ **(to do sth)** tiene prisa *or (LAm)* apuro (por hacer algo), le urge (hacer algo); **done in a** ~ hecho de prisa; **are you in a** ~ **for this?** ¿le corre prisa?, *(LAm)* ¿le urge?; **what's the** ~? ¿qué prisa tienes?, *(LAm)* ¿por qué te apuras tanto?; **there's no** ~ no hay prisa; **he won't do that again in a** ~ *(fam)* eso no lo vuelve a hacer. **2** *vt (person)* dar prisa, *(LAm)* apurar; *(work etc)* hacer de prisa; **troops were hurried to the spot** se mandaron tropas con urgencia al lugar. **3** *vi* darse prisa *or (LAm)* apurarse *(to do sth* por hacer algo); **to** ~ **after sb** correr detrás de uno.

♦ **hur·ry along 1** *vi + adv* pasar de prisa. **2** *vt + adv* dar prisa a, apurar a.

♦ **hur·ry away, hur·ry off 1** *vi + adv* irse corriendo. **2** *vt + adv* llevar a la carrera.

♦ **hur·ry on 1** *vi + adv* pasar rápidamente. **2** *vt + adv* dar prisa a, apurar a.

♦ **hur·ry up 1** *vi + adv* darse prisa, *(LAm)* apurarse; ~ **up!** ¡date prisa!, *(LAm)* ¡apúrate!, ¡córrete! **2** *vt + adv* dar prisa a, apurar a.

hurt [hɜːt] *(pt, pp* **hurt) 1** *vt* **(a)** *(injure)* lastimar, hacer daño a; *(cause pain to)* doler; *(fam: harm)* hacer daño; **did you** ~ **yourself?** ¿te lastimaste? **(b)** *(mentally etc)* ofender, dañar. **(c)** *(business, interests etc)* perjudicar. **2** *vi (feel pain)* doler; *(cause harm)* hacer daño; **does it** ~? ¿te duele? **3** *n (wound etc)* herida *f*, lesión *f; (pain)* dolor *m; (blow: to feelings)* golpe *m.* **4** *adj (foot etc)* herido/a, lastimado/a; *(feelings)* ofendido/a, dañado/a; *(look, tone)* de ofendido/a.

hurt·ful ['hɜːtfʊl] *adj (painful)* dañoso/a, nocivo/a; *(remark etc)* dañino/a.

hurt·le ['hɜːtl] *vi* precipitarse.

hus·band ['hʌzbənd] **1** *n* marido *m*, esposo *m.* **2** *vt* ahorrar, economizar.

hus·band·ry ['hʌzbəndrɪ] *n (Agr)* agricultura *f*; **animal** ~ cría *f* de ganado.

hush [hʌʃ] **1** *n* silencio *m.* **2** *interj* ¡cállate! **3** *vt* apaciguar. **4:** ~ **money** *n (fam)* cohecho *m*, *(Mex)* mordida *f*, *(LAm)* coima *f.*

♦ **hush up** *vt + adv* encubrir, callar.

hushed [hʌʃt] *adj (gen)* en tono bajo; *(silence)* profundo/a.

hush-hush [,hʌʃ'hʌʃ] *adj (fam)* muy secreto/a.

husk [hʌsk] *n* cáscara *f.*

husky[1] ['hʌskɪ] *adj* (**-ier, -iest**) *(voice, person)* ronco/a; *(tough: person)* fornido/a, fuerte.

husky[2] ['hʌskɪ] *n, pl* **-ies** perro *m* esquimal.

hus·tings ['hʌstɪŋz] *npl (Pol)* mítin *m* preelectoral.

hus·tle ['hʌsl] **1** *n* bullicio *m*; ~ **and bustle** ajetreo *m*, vaivén *m.* **2** *vt* **(a)** *(hurry up: person)* dar prisa a; **they** ~**d him in** le hicieron entrar a empujones. **(b)** *(fig)* **to** ~ **things along** llevar las cosas a buen paso; **to** ~ **sb into making a decision** obligar a uno a decidirse sin reflexionar. **3** *vi (hurry)* darse prisa, apresurarse.

hut [hʌt] *n (shed)* cobertizo *m; (small house)* choza *f*, cabaña *f; (Mil)* barraca *f.*

hutch [hʌtʃ] *n* conejera *f.*

hya·cinth ['haɪəsɪnθ] *n (Bot)* jacinto *m.*

hy·brid ['haɪbrɪd] **1** *n (Bio)* híbrido *m; (word)* palabra *f* híbrida. **2** *adj* híbrido/a.

hy·dran·gea [haɪ'dreɪndʒə] *n (Bot)* hortensia *f.*

hy·drant ['haɪdrənt] *n* boca *f* de riego; **fire** ~ boca de incendios.

hy·drau·lic [haɪ'drɒlɪk] *adj* hidráulico/a.

hy·drau·lics [haɪ'drɒlɪks] *nsg* hidráulica *f.*

hy·dro... ['haɪdrəʊ] *pref* hidro... .

hydro·dy·namics [,haɪdrəʊdaɪ'næmɪks] *n* hidrodinámica *f.*

hydro·elec·tric [,haɪdrəʊɪ'lektrɪk] *adj* hidroeléctrico/a; ~ **power station** central *f* hidroeléctrica.

hydro·foil ['haɪdrəfɔɪl] *n (boat)* aerodeslizador *m.*

hydro·gen ['haɪdrɪdʒən] **1** *n* hidrógeno *m.* **2:** ~ **bomb** *n* bomba *f* de hidrógeno; ~ **peroxide** *n* agua *f* oxigenada.

hydro·pho·bia [,haɪdrə'fəʊbɪə] *n (rabies)* rabia *f; (fear of water)* hidrofobia *f.*

hydro·plane ['haɪdrəʊpleɪn] *n* hidroavión *m.*

hy·ena [haɪ'iːnə] *n* hiena *f.*

hy·giene ['haɪdʒiːn] *n* higiene *f.*

hy·gien·ic [haɪ'dʒiːnɪk] *adj* higiénico/a.

hymn [hɪm] **1** *n* himno *m.* **2:** ~ **book** *n* himnario *m.*

hym·nal ['hɪmnəl] *n* himnario *m.*

hyper... ['haɪpəʳ] *pref n* hiper... .

hyper·active [,haɪpər'æktɪv] *adj* hiperactivo/a.

hyper·bo·le [haɪ'pɜːbəlɪ] *n* hipérbole *f.*

hyper·criti·cal [,haɪpə'krɪtɪkəl] *adj* hipercrítico/a.

hyper·mar·ket ['haɪpəmɑːkɪt] *n* hipermercado *m.*

hyper·sen·si·tive [,haɪpə'sensɪtɪv] *adj* hipersensible.

hyper·ten·sion [,haɪpə'tenʃən] *n (Med)* hipertensión *f.*

hy·phen ['haɪfən] *n* guión *m*, *(LAm)* raya *f.*

hy·phen·ate ['haɪfəneɪt] *vt* escribir con guión.

hyp·no·sis [hɪp'nəʊsɪs] *n* hipnosis *f.*

hyp·not·ic [hɪp'nɒtɪk] *adj* hipnótico/a.

hyp·no·tism ['hɪpnətɪzəm] *n* hipnotismo *m.*

hyp·no·tist ['hɪpnətɪst] *n* hipnotista *mf.*
hyp·no·tize ['hɪpnətaɪz] *vt* hipnotizar.
hypo·chon·dria [ˌhaɪpəʊ'kɒndrɪə] *n* hipocondría *f.*
hypo·chon·dri·ac [ˌhaɪpəʊ'kɒndrɪæk] *n* hipocondrío/a *m/f.*
hy·poc·ri·sy [hɪ'pɒkrɪsɪ] *n* hipocresía *f.*
hypo·crite ['hɪpəkrɪt] *n* hipócrita *mf.*
hypo·criti·cal [ˌhɪpə'krɪtɪkəl] *adj* hipócrita.
hypo·der·mic [ˌhaɪpə'dɜːmɪk] **1** *adj* hipodérmico/a. **2** *n (syringe)* jeringa *f* hipodérmica.
hy·pot·enuse [haɪ'pɒtɪnjuːz] *n (Math)* hipotenusa *f.*
hypo·ther·mia [ˌhaɪpəʊ'θɜːmɪə] *n* hipotermia *f.*
hy·poth·esis [haɪ'pɒθɪsɪs] *n, pl* **hypotheses** hipótesis *f inv.*
hypo·theti·cal [ˌhaɪpəʊ'θetɪkəl] *adj* hipotético/a.
hypo·theti·cal·ly [ˌhaɪpəʊ'θetɪkəlɪ] *adv* hipotéticamente.
hys·ter·ec·to·my [ˌhɪstə'rektəmɪ] *n* histerectomía *f.*
hys·te·ria [hɪs'tɪərɪə] *n* histeria *f,* histerismo *m.*
hys·teri·cal [hɪs'terɪkəl] *adj* histérico/a.
hys·ter·ics [hɪ'sterɪks] *npl* histeria *fsg;* **to have ~** ponerse histérico; *(fam: laugh)* morirse de (la) risa.

I

I[1], i [aɪ] *n (letter)* I, i *f.*
I[2] [aɪ] *pers pron* yo.
Iberian [aɪ'bɪərɪən] *adj* ibérico/a; **the ~ Peninsula** la Península Ibérica.
ice [aɪs] **1** *n* **(a)** *(frozen water)* hielo *m;* **as cold as ~** (tan) frío como el hielo; **to break the ~** *(fig)* romper el hielo; **it cuts no ~ with me** ni pincha ni corta conmigo; **to keep sth on ~** *(fig: keep in reserve)* tener algo en reserva; *(: postpone)* posponer algo, dejar algo de lado; **to skate on thin ~** *(fig)* pisar terreno peligroso. **(b)** *(~ cream)* helado *m,* mantecado *m, (LAm)* sorbete *m,* nieve *f.* **2** *vt (cake)* alcorzar, escarchar. **3: I~ Age** *n* período *m* glaciar; **~ axe** *n* piqueta *f* (de alpinista); **~ bucket** *n* cubo *m* para el hielo; **~ cream** *n* helado *m,* mantecado *m, (LAm)* sorbete *m,* nieve *f;* **~-cream parlour** nevería *f,* heladería *f;* **~-cream soda** soda *f* mezclada con helado; **~ cube** *n* cubito *m* de hielo; **~ floe** *n* témpano *m* de hielo; **~ hockey** *n* hockey *m* sobre hielo; **~ lolly** *n* polo *m, (LAm)* paleta *f;* **~ rink** *n* pista *f* de patinaje; **~ skate** *n* patín *m* de hielo.
♦**ice over, ice up** *vi + adv* helarse, congelarse.
ice·berg ['aɪsbɜːg] *n* iceberg *m,* témpano *m;* **that's just the tip of the ~!** *(fig)* ¡eso es lo de menos!
ice·bound ['aɪsbaʊnd] *adj (road)* bloqueado/a por el hielo; *(ship)* preso/a entre hielos.
ice·box ['aɪsbɒks] *n (Brit: part of refrigerator)* congelador *m; (US: refrigerator)* nevera *f, (LAm)* refrigeradora *f,* frigorífico *m.*
ice·breaker ['aɪs,breɪkəʳ] *n* rompehielos *m inv.*
ice·cap ['aɪskæp] *n* casquete *m* glaciar.
ice-cold [,aɪs'kəʊld] *adj (hands, drink)* helado/a.
iced [aɪst] *adj (drink)* con hielo; *(cake)* escarchado/a.
Ice·land ['aɪslənd] *n* Islandia *f.*
Ice·land·ic [aɪs'lændɪk] **1** *adj* islandés/esa. **2** *n (language)* islandés *m.*
ice-skate ['aɪs,skeɪt] *vi* patinar sobre hielo.
ice-skating ['aɪs,skeɪtɪŋ] *n* patinaje *m* sobre hielo.
ici·cle ['aɪsɪkl] *n* carámbano *m.*
ici·ly ['aɪsɪlɪ] *adv (lit)* glacialmente; *(fig)* fríamente.
ic·ing ['aɪsɪŋ] **1** *n (on plane, car, road, railway)* formación *f* de hielo; *(on cake)* alcorza *f,* escarchado *m.* **2: ~ sugar** *n* azúcar *m* de alcorza.
icon ['aɪkɒn] *n* icono *m.*
icono·clast [aɪ'kɒnəʊklæst] *n* iconoclasta *mf.*
icono·clas·tic [aɪ,kɒnəʊ'klæstɪk] *adj* iconoclasta.
icy ['aɪsɪ] *adj* **(-ier, -iest)** *(road)* cubierto/a de hielo; *(hand)* helado/a; *(weather, also fig)* glacial; **it's ~ cold** hace un frío glacial.
id [ɪd] *n (Psych)* id *m.*
I'd [aɪd] = **I would; I had.**
idea [aɪ'dɪə] *n (thought)* idea *f; (conception)* concepto *m; (purpose)* intención *f; (opinion)* idea, opinión *f; (plan, project)* plan *m,* proyecto *m; (vague ~)* impresión *f; (estimate)* cálculo *m* aproximado; **that was a brilliant ~** fue una idea genial; **he had no ~ (of the answer)** no tenía la más mínima idea (de la solución); **to have an ~ that ...** tener la impresión de que ...; **I haven't the least** *or* **slightest** *or* **foggiest ~** no tengo ni la más remota idea; **it would not be a bad ~ to paint it** no le vendría mal una mano de pintura; **to get an ~ of sth** hacerse una idea de algo; **to put ~s into sb's head** meter ideas en la cabeza a uno; **the very ~!** ¡qué ocurrencias!; **it wasn't my ~** no fue idea mía; **to get used to the ~ of sth** hacerse a la idea de algo; **that's the ~** así es; **what's the big ~?** *(fam)* ¿a qué viene eso?, ¿qué ocurrencias son ésas?; **the ~ is to sell it** el plan es venderlo.
ideal [aɪ'dɪəl] **1** *adj* ideal. **2** *n* ideal *m.*
ideal·ism [aɪ'dɪəlɪzəm] *n* idealismo *m.*
ideal·ist [aɪ'dɪəlɪst] *n* idealista *mf.*
ideal·ly [aɪ'dɪəlɪ] *adv (perfectly)* perfectamente; **~, I'd like a garden** de ser posible, me gustaría tener jardín; **~, it will last forever** en el mejor de los casos, durará siempre.
iden·ti·cal [aɪ'dentɪkəl] *adj* idéntico/a; **~ twins** gemelos *mpl* idénticos.
iden·ti·fi·ca·tion [aɪ,dentɪfɪ'keɪʃən] *n* identificación *f;* **~ documents** documentos *mpl* de identidad.
iden·ti·fy [aɪ'dentɪfaɪ] **1** *vt (gen)* identificar; **to ~ o.s.** establecer su identidad; **to ~ o.s. with** identificarse con. **2** *vi:* **to ~ with** identificarse con.
iden·ti·kit [aɪ'dentɪkɪt] *n:* **~ picture** retrato-robot *m.*
iden·tity [aɪ'dentɪtɪ] **1** *n* identidad *f;* **a case of mistaken ~** un caso de identificación errónea. **2: ~ card** *n* carnet *m* de identidad; **~ disc** *n* chapa *f* de identidad; **~ parade** *n* identificación *f* de acusados.
ideo·logi·cal [,aɪdɪə'lɒdʒɪkəl] *adj* ideológico/a.
ideol·ogy [,aɪdɪ'ɒlədʒɪ] *n* ideología *f.*
idiocy ['ɪdɪəsɪ] *n* idiotez *f.*
idi·om ['ɪdɪəm] *n (phrase)* modismo *m,* locución *f, (LAm)* giro *m; (style of expression)* lenguaje *m.*
idio·mat·ic [,ɪdɪə'mætɪk] *adj* idiomático/a.
idio·syn·cra·sy [,ɪdɪə'sɪŋkrəsɪ] *n* idiosincrasia *f.*
idio·syn·crat·ic [,ɪdɪəsɪŋ'krætɪk] *adj* idiosincrásico/a.
idi·ot ['ɪdɪət] *n (fool)* tonto/a *m/f; (imbecile)* idiota *mf,* imbécil *mf;* **you stupid ~** ¡imbécil!
idi·ot·ic [,ɪdɪ'ɒtɪk] *adj (person)* idiota, imbécil; *(behaviour)* tonto/a; *(idea)* estúpido/a; *(price)* desorbitado/a.
idle ['aɪdl] **1** *adj* **(a)** *(lazy)* perezoso/a, holgazán/ana, *(LAm)* flojo/a; *(inactive: machine, factory)* parado/a; *(: moment)* de ocio, libre; **the strike made 100 workers ~** la huelga dejó a 100 obreros sin trabajo; **to stand ~** *(factory, machine)* estar parado. **(b)** *(fear, speculation)* infundado/a; *(gossip, talk)* frívolo/a; *(threat)* vano/a. **2** *vi (Tech: engine)* funcionar en vacío.
♦**idle away** *vt + adv (time)* desperdiciar, echar a perder.
idle·ness ['aɪdlnɪs] *n (leisure)* ociosidad *f; (laziness)* pereza *f, (LAm)* flojera *f; (unemployment)* paro *m,* desempleo *m; (uselessness)* inutilidad *f.*
idly ['aɪdlɪ] *adv (in a leisurely way)* sin prisa; *(uselessly)* inútilmente; *(absentmindedly)* distraídamente.
idol ['aɪdl] *n (gen)* ídolo *m.*
idola·try [aɪ'dɒlətrɪ] *n* idolatría *f.*
idol·ize ['aɪdəlaɪz] *vt (fig: worship blindly)* idolatrar.

idyll ['ɪdɪl] *n (Lit, fig)* idilio *m.*
idyl·lic [ɪ'dɪlɪk] *adj* idílico/a.
i.e. *abbr for* **that is** es decir.
if [ɪf] **1** *conj* **(a)** si; ~ **you had come earlier, you would have seen him** si hubieras venido antes, le habrías visto; ~ **you were to say that ...** si dijeras eso ...; **I'll go ~ you come with me** yo iré si tú me acompañas; ~ **necessary** si es necesario; ~ **I were you** yo que tú, yo en tu lugar; ~ **you ask me** en lo que a mí se refiere. **(b)** *(whenever)* cuandoquiera que. **(c)** *(although)* **(even)** ~ aunque, si bien; **I will do it, even ~ it is difficult** lo haré, aunque me resulte difícil. **(d)** *(whether)* si. **(e)** *(in phrases)* ~ **so** de ser así; ~ **not** si no; ~ **only I had known!** ¡de haberlo sabido!; **I'll come, ~ only to see him** voy, aunque sólo sea para verlo; ~ **only I could** ¡ojalá pudiera!; **as ~** como si; **as ~ by chance** como por casualidad; *see* **as (g), even 2** *etc.*
2 *n*: **there are a lot of ~s and buts** hay muchas dudas sin resolver; **that's** *or* **it's a big ~** es un gran pero.
ig·loo ['ɪglu:] *n* iglú *m.*
ig·nite [ɪg'naɪt] **1** *vt* encender, *(LAm)* prender fuego a. **2** *vi* encenderse, *(LAm)* prender.
ig·ni·tion [ɪg'nɪʃən] **1** *n (Aut)* encendido *m*, arranque *m;* **to switch on the ~** arrancar el motor. **2**: ~ **key** *n* llave *f* de contacto; ~ **switch** *n* arranque *m*, *(LAm)* suiche *m.*
ig·no·ble [ɪg'nəʊbl] *adj* innoble, vil.
ig·no·mini·ous [ˌɪgnə'mɪnɪəs] *adj (act, behaviour)* ignominioso/a; *(defeat)* vergonzoso/a.
ig·no·ra·mus [ˌɪgnə'reɪməs] *n* ignorante *mf*, inculto/a *m/f.*
ig·no·rance ['ɪgnərəns] *n* ignorancia *(of* de); **to be in ~ of** ignorar, desconocer; **to keep sb in ~ of sth** ocultarle algo a uno; **to show one's ~** manifestar su falta de educación.
ig·no·rant ['ɪgnərənt] *adj* ignorante; **to be ~ of** ignorar, desconocer.
ig·nore [ɪg'nɔ:ʳ] *vt (person)* no hacer caso a; *(remark, danger)* hacer caso omiso *or* no hacer caso de; *(behaviour, rudeness)* pasar por alto; **she completely ~d me** no me hizo el más mínimo caso.
ilk [ɪlk] *n* índole *f*, clase *f.*
ill [ɪl] **1** *adj* **(a)** *(Med)* enfermo/a; **to fall** *or* **be taken ~** caer *or* ponerse enfermo, *(LAm)* enfermar; **to feel ~ (with)** encontrarse mal (de); **to be in ~ health** estar enfermo. **(b)** (*comp* **worse**, *superl* **worst**) *(bad: fortune, luck, temper)* malo/a; ~ **at ease** a disgusto; ~ **will** rencor *m*, mala saña *f;* ~ **repute** mala fama *f;* **there are no ~ feelings** no quedan rencores; **no ~ effects** sin mayores daños. **2** *adv* mal; **we can ~ afford to lose him/to buy it** mal podemos permitir que se vaya/permitirnos el lujo de comprarlo; **to speak/think ~ of sb** hablar/pensar mal de uno. **3** *npl*: **~s** *(fig)* desgracias *fpl.*
I'll [aɪl] = **I will, I shall.**
ill-advised [ˌɪləd'vaɪzd] *adj*: **it was an ~ remark** fue un comentario inoportuno; **you would be ~ to go** harías mejor en no ir.
ill-bred [ˌɪl'bred] *adj* mal educado/a, malcriado/a.
ill-considered [ˌɪlkən'sɪdəd] *adj (plan)* poco pensado/a; *(act, remark, decision)* apresurado/a.
ill-disposed [ˌɪldɪs'pəʊzd] *adj*: **to be ~ towards sb/sth** estar maldispuesto/a hacia uno/algo.
il·legal [ɪ'li:gəl] *adj* ilegal.
il·legal·ity [ˌɪli:'gælɪtɪ] *n* ilegalidad *f.*
il·leg·ible [ɪ'ledʒəbl] *adj* ilegible.
il·legiti·mate [ˌɪlɪ'dʒɪtɪmɪt] *adj* ilegítimo/a.
ill-fated [ˌɪl'feɪtɪd] *adj (person)* desgraciado/a, desdichado/a; *(event, occurrence)* fatal.
ill-favoured [ˌɪl'feɪvəd] *adj (ugly)* feo/a.
il·lic·it [ɪ'lɪsɪt] *adj* ilícito/a.
ill-informed [ˌɪlɪn'fɔ:md] *adj (judgment)* inexacto/a; *(person)* mal informado/a.
il·lit·er·ate [ɪ'lɪtərɪt] **1** *adj (person)* analfabeto/a; *(letter, handwriting)* inculto/a. **2** *n* analfabeto/a *m/f.*
ill-mannered [ˌɪl'mænəd] *adj* mal educado/a.
ill·ness ['ɪlnɪs] *n* enfermedad *f.*
il·logi·cal [ɪ'lɒdʒɪkəl] *adj* ilógico/a.
ill-suited [ˌɪl'su:tɪd] *adj*: **as a couple they are ~** como pareja no se congenian; **he is ~ to the job** no es la persona indicada para el trabajo.
ill-timed [ˌɪl'taɪmd] *adj* inoportuno/a.
ill-treat [ˌɪl'tri:t] *vt (person, animal)* maltratar.
ill-treatment [ˌɪl'tri:tmənt] *n* malos tratos *mpl.*
il·lu·mi·nate [ɪ'lu:mɪneɪt] *vt (light up: room, street, building)* alumbrar, iluminar; *(clarify: problem, question)* aclarar, echar luz sobre; **~d sign** letrero *m* luminoso; **~d manuscript** manuscrito *m* iluminado.
il·lu·mi·nat·ing [ɪ'lu:mɪneɪtɪŋ] *adj (remark, observation)* revelador(a); *(lecture)* instructivo/a.
il·lu·mi·na·tion [ɪˌlu:mɪ'neɪʃən] *n (gen)* alumbrado *m*, iluminación *f; (fig)* aclaración *f;* **~s** *(decorative lights)* luces *fpl*, iluminaciones *fpl.*
il·lu·sion [ɪ'lu:ʒən] *n (gen)* ilusión *f;* **optical ~** ilusión óptica; **to be** *or* **suffer under an ~** hacerse ilusiones; **to be under the ~ that ...** equivocarse pensando que ... .
il·lu·sive [ɪ'lu:sɪv] *adj*, **il·lu·sory** [ɪ'lu:sərɪ] *adj* ilusorio/a.
il·lus·trate ['ɪləstreɪt] *vt (with drawing etc)* ilustrar; *(with examples)* ilustrar, aclarar.
il·lus·tra·tion [ˌɪləs'treɪʃən] *n (in book, paper etc)* lámina *f*, grabado *m; (example)* ilustración *f*, ejemplo *m;* **by way of ~** a modo de ilustración.
il·lus·tra·tive ['ɪləstrətɪv] *adj (drawing)* ilustrativo/a; *(example)* aclaratorio/a.
il·lus·tra·tor ['ɪləstreɪtəʳ] *n* ilustrador(a) *m/f.*
il·lus·tri·ous [ɪ'lʌstrɪəs] *adj* ilustre.
I'm [aɪm] = **I am.**
im·age ['ɪmɪdʒ] *n (representation, symbol)* imagen *f; (reflection)* reflejo *m; (public ~)* reputación *f*, fama *f;* **to be the very** *or* **the spitting ~ of sb** ser el retrato vivo de uno, *(LAm)* ser pegado a uno; **to have a good/bad ~** *(company, person)* tener buena/mala imagen; **mirror ~** reflejo exacto.
im·age·ry ['ɪmɪdʒərɪ] *n* imágenes *fpl.*
im·agi·nable [ɪ'mædʒɪnəbl] *adj* imaginable; **the biggest party ~** la fiesta más grande que se puede imaginar.
im·agi·nary [ɪ'mædʒɪnərɪ] *adj* imaginario/a.
im·agi·na·tion [ɪˌmædʒɪ'neɪʃən] *n (mental ability)* imaginación *f; (inventiveness)* imaginación, inventiva *f;* **it's all ~!** ¡es pura fantasía!; **it's all in your ~** te lo estás imaginando; **to have a vivid ~** tener una imaginación viva; **she let her ~ run away with her** se dejó llevar por la imaginación; **use your ~** usa la imaginación.
im·agi·na·tive [ɪ'mædʒɪnətɪv] *adj (person)* lleno/a de imaginación; *(drawing, story)* imaginativo/a.
im·agi·na·tive·ly [ɪ'mædʒɪnətɪvlɪ] *adv* con imaginación.
im·ag·ine [ɪ'mædʒɪn] *vt* **(a)** *(visualize)* imaginar; **just ~ (my surprise)** imagínate *or* figúrate (mi sorpresa); **you can ~ how I felt** lo que sentía te podrás imaginar *or* figurar; **you are just imagining things** son ilusiones tuyas. **(b)** *(suppose, think)* suponer, creer.
im·bal·ance [ɪm'bæləns] *n* desequilibrio *m.*
im·becile ['ɪmbəsi:l] *n* imbécil *mf.*
im·bibe [ɪm'baɪb] *vt (old: drink)* embeber; *(fig: absorb)* empaparse de.

imbue [ɪm'bjuː] *vt:* **to ~ with** imbuir de *or* en.

I.M.F. *abbr of* **International Monetary Fund** FMI.

imi·tate ['ɪmɪteɪt] *vt (person, action, accent)* imitar; *(pej)* remedar; *(signature, writing)* reproducir, copiar.

imi·ta·tion [,ɪmɪ'teɪʃən] **1** *n (imitating)* imitación *f; (pej)* remedo *m; (copy)* reproducción *f,* copia *f.* **2** *cpd* de imitación; **~ jewels** *npl* joyas *fpl* de fantasía.

imi·ta·tive ['ɪmɪtətɪv] *adj* imitativo/a.

imi·ta·tor ['ɪmɪteɪtə[r]] *n* imitador(a) *m/f.*

im·macu·late [ɪ'mækjʊlɪt] *adj (spotless: clothes, person)* impecable; *(style etc)* perfecto/a; **the I~ Conception** *(Rel)* la Inmaculada Concepción.

im·ma·terial [,ɪmə'tɪərɪəl] *adj:* **the difference between them is ~ to me** la diferencia entre ellos me es indiferente; **it is ~ whether ...** no importa si ... .

im·ma·ture [,ɪmə'tjʊə[r]] *adj (person)* inmaduro/a, verde; *(attitude)* inmaduro/a; *(of youth)* joven.

im·ma·tu·rity [,ɪmə'tjʊərɪtɪ] *n (of person)* inmadurez *f; (of work, attitude etc)* juventud *f.*

im·meas·ur·able [ɪ'meʒərəbl] *adj* inconmensurable.

im·media·cy [ɪ'miːdɪəsɪ] *n (urgency)* urgencia *f; (closeness)* proximidad *f.*

im·medi·ate [ɪ'miːdɪət] *adj (decision, answer, reaction)* inmediato/a; *(close at hand)* cercano/a, próximo/a; **my ~ neighbours** mis vecinos de al lado; **the ~ need is for water** el agua es la necesidad más premiante; **in the ~ future** en el futuro próximo; **to take ~ action** actuar de inmediato.

im·medi·ate·ly [ɪ'miːdɪətlɪ] **1** *adv* **(a)** *(at once: reply, come, agree)* inmediatamente, en seguida; *(directly: affect, concern)* directamente; **~ after/before** inmediatamente después/antes. **(b)** *(of place)* directamente; **~ in front of sb/sth** directamente delante de uno/algo. **2** *conj:* **~ he put the phone down, he remembered** colgar el teléfono y acordarse fue todo uno, *(LAm)* no más colgó el teléfono, se acordó.

im·mense [ɪ'mens] *adj (lit, fig)* inmenso/a, enorme.

im·mense·ly [ɪ'menslɪ] *adv (differ)* enormemente. *(difficult)* sumamente; *(like, enjoy)* muchísimo.

im·men·sit·y [ɪ'mensɪtɪ] *n (of size)* inmensidad *f; (of difference, problem etc)* enormidad *f,* inmensidad *f.*

im·merse [ɪ'mɜːs] *vt (lit)* **to ~ sth in water** sumergir algo en el agua; **to be ~d in sth** *(fig)* estar absorto en algo; **to ~ o.s. in sth** *(fig)* sumirse *or* sumergirse en algo.

im·mer·sion [ɪ'mɜːʃən] **1** *n (lit: in water etc)* inmersión *f,* sumersión *f; (fig: in work, thoughts etc)* absorción *f.* **2: ~ heater** *n* calentador *m* de inmersión.

im·mi·grant ['ɪmɪgrənt] *adj, n* inmigrante *mf.*

im·mi·gra·tion [,ɪmɪ'greɪʃən] **1** *n* inmigración *f.* **2: ~ authorities** *npl* servicio *m* de inmigración; **~ laws** *npl* leyes *fpl* inmigratorias.

im·mi·nent ['ɪmɪnənt] *adj (impending)* inminente.

im·mo·bile [ɪ'məʊbaɪl] *adj* inmóvil.

im·mo·bi·lize [ɪ'məʊbɪlaɪz] *vt (person, troops, engine)* inmovilizar.

im·mo·der·ate [ɪ'mɒdərɪt] *adj (person, opinion, reaction)* desmesurado/a; *(demand)* excesivo/a.

im·mod·est [ɪ'mɒdɪst] *adj (indecent: behaviour, dress)* desvergonzado/a, descarado/a; *(boasting)* poco modesto/a.

im·mod·est·ly [ɪ'mɒdɪstlɪ] *adv (see adj)* con descaro; sin modestia.

im·mod·es·ty [ɪ'mɒdɪstɪ] *n (see adj)* desvergüenza *f,* descaro *m;* falta *f* de modestia.

im·mor·al [ɪ'mɒrəl] *adj (person, behaviour)* inmoral; **~ earnings** ingresos *mpl* ilícitos.

im·mo·ral·ity [,ɪmə'rælɪtɪ] *n (of person, behaviour)* inmoralidad *f.*

im·mor·tal [ɪ'mɔːtl] *adj (person, god)* inmortal; *(memory, fame)* imperecedero/a.

im·mor·tal·ity [,ɪmɔː'tælɪtɪ] *n* inmortalidad *f.*

im·mov·able [ɪ'muːvəbl] *adj (object)* imposible de mover; *(person)* inconmovible; *(feast, post etc)* inamovible.

im·mune [ɪ'mjuːn] *adj (to disease)* inmune; *(from tax etc)* exento/a; *(fig)* **to be ~ to sth** quedar impasible ante algo.

im·mu·nity [ɪ'mjuːnɪtɪ] *n (see adj)* inmunidad *f;* exención *f;* **diplomatic ~** inmunidad diplomática; **parliamentary ~** fuero *m* parlamentario.

im·mu·ni·za·tion [,ɪmjʊnaɪ'zeɪʃən] *n (Med)* inmunización *f.*

im·mu·nize ['ɪmjʊnaɪz] *vt (Med)* inmunizar.

im·mut·able [ɪm'juːtəbl] *adj* inmutable.

imp [ɪmp] *n (small devil, also fig: child)* diablillo *m.*

im·pact ['ɪmpækt] *n (force, effect)* impacto *m; (crash)* choque *m;* **on ~** al chocar; **the book made a great ~ on me** el libro me conmovió profundamente *or (LAm)* me hizo gran impacto.

im·pact·ed [ɪm'pæktɪd] *adj (tooth)* incrustado/a.

im·pair [ɪm'pɛə[r]] *vt (health, relations)* perjudicar; *(sight, hearing)* dañar; *(visibility)* alterar.

im·part [ɪm'pɑːt] *vt* **(a)** *(make known: information, knowledge, secret)* participar. **(b)** *(bestow: wisdom)* otorgar.

im·par·tial [ɪm'pɑːʃəl] *adj* imparcial, objetivo/a.

im·par·ti·al·ity [ɪm,pɑːʃɪ'ælɪtɪ] *n* imparcialidad *f.*

im·pass·able [ɪm'pɑːsəbl] *adj (road, river)* intransitable; *(barrier)* infranqueable.

im·passe [æm'pɑːs] *n* callejón *m* sin salida; *(fig)* punto *m* muerto.

im·pas·sioned [ɪm'pæʃnd] *adj (speech, plea)* apasionado/a; *(person)* exaltado/a.

im·pas·sive [ɪm'pæsɪv] *adj* impasible.

im·pas·sive·ly [ɪm'pæsɪvlɪ] *adv* impasiblemente, sin emoción.

im·pat·ience [ɪm'peɪʃəns] *n* impaciencia *f.*

im·pa·tient [ɪm'peɪʃənt] *adj (eager)* impaciente; *(irascible)* sin paciencia; **to get ~ with sb/sth** perder la paciencia con uno/algo; **to be ~ to do sth** tener muchos deseos de hacer algo.

im·pa·tient·ly [ɪm'peɪʃəntlɪ] *adv* con impaciencia.

im·peach [ɪm'piːtʃ] *vt* **(a)** *(doubt: character, motive)* poner en tela de juicio. **(b)** *(try: public official etc)* procesar.

im·pec·cable [ɪm'pekəbl] *adj (references, behaviour)* impecable.

im·pede [ɪm'piːd] *vt (hinder)* estorbar, dificultar; *(prevent)* impedir.

im·pedi·ment [ɪm'pedɪmənt] *n* **(a)** *(Jur)* impedimento *m.* **(b)** *(Med: also* **speech ~***)* defecto *m* del habla.

im·pel [ɪm'pel] *vt (force, compel)* obligar; *(drive)* inducir, impulsar; **I feel ~led to say...** me veo obligado a decir... .

im·pend·ing [ɪm'pendɪŋ] *adj (gen)* inminente.

im·pen·etrable [ɪm'penɪtrəbl] *adj (jungle, fortress)* impenetrable; *(fig: incomprehensible)* insondable.

im·pera·tive [ɪm'perətɪv] **1** *adj (essential)* imprescindible; *(authoritative: manner, command)* perentorio/a, imperioso/a; **it is ~ that he comes** es imprescindible que venga. **2** *n (Ling)* imperativo *m.*

im·per·cep·tible [,ɪmpə'septəbl] *adj (gen)* imperceptible, insensible.

im·per·fect [ɪm'pɜːfɪkt] **1** *adj* **(a)** *(faulty: car, ma-*

chine, product) defectuoso/a; *(: vision, hearing)* imperfecto/a. **(b)** *(Ling: tense)* imperfecto/a. **2** *n (Ling)* imperfecto *m.*

im·per·fec·tion [ˌɪmpəˈfekʃən] *n* defecto *m.*

im·perial [ɪmˈpɪərɪəl] *adj* **(a)** *(of empire, emperor etc)* imperial. **(b)** *(imperious)* señorial. **(c)** *(Brit: weights, measures)* británico/a.

im·peri·al·ism [ɪmˈpɪərɪəlɪzəm] *n* imperialismo *m.*

im·peri·al·ist [ɪmˈpɪərɪəlɪst] *adj, n* imperialista *mf.*

im·per·il [ɪmˈperəl] *vt* arriesgar, poner en peligro.

im·peri·ous [ɪmˈpɪərɪəs] *adj (tone, manner)* señorial; *(urgent)* apremiante.

im·peri·ous·ly [ɪmˈpɪərɪəslɪ] *adv* con arrogancia.

im·per·son·al [ɪmˈpɜːsnl] *adj (gen)* impersonal.

im·per·son·ate [ɪmˈpɜːsəneɪt] *vt (mimic)* hacerse pasar por.

im·per·sona·tion [ɪmˌpɜːsəˈneɪʃən] *n (gen)* imitación *f;* **to do ~s** representar a otros.

im·per·sona·tor [ɪmˈpɜːsəneɪtə[r]] *n (gen)* imitador(a) *m/f.*

im·per·ti·nence [ɪmˈpɜːtɪnəns] *n (cheek)* descaro *m;* **an ~** una impertinencia.

im·per·ti·nent [ɪmˈpɜːtɪnənt] *adj (person, child)* fresco/a, descarado/a; *(behaviour, manner)* impertinente, insolente.

im·per·turb·able [ˌɪmpəˈtɜːbəbl] *adj (person)* imperturbable; *(manner)* impasible.

im·per·vi·ous [ɪmˈpɜːvɪəs] *adj (lit: to water)* impermeable *(to* a); *(fig: to criticism, remark)* insensible *(to* a).

im·petu·ous [ɪmˈpetjʊəs] *adj (person)* impetuoso/a; *(behaviour)* precipitado/a.

im·petu·os·ity [ɪmˌpetjʊˈɒsətɪ] *n (of person, behaviour)* impetuosidad *f.*

im·petu·ous·ly [ɪmˈpetjʊəslɪ] *adv* precipitadamente, con impetuosidad.

im·petus [ˈɪmpɪtəs] *n (lit: force)* ímpetu *m; (fig)* impulso *m.*

im·pinge [ɪmˈpɪndʒ] *vi:* **to ~ on sb/sth** afectar a uno/algo.

imp·ish [ˈɪmpɪʃ] *adj (expression, smile)* travieso/a.

im·plac·able [ɪmˈplækəbl] *adj (enemy, hatred)* implacable.

im·plant [ɪmˈplɑːnt] *vt (Med: organ, tissue)* injertar, implantar; *(fig: idea, principle)* inculcar.

im·plau·sible [ɪmˈplɔːzəbl] *adj* inverosímil.

im·ple·ment [ˈɪmplɪmənt] **1** *n* herramienta *f,* instrumento *m.* **2** [ˈɪmplɪment] *vt (decision, plan, idea)* llevar a cabo; *(law)* aplicar.

im·pli·cate [ˈɪmplɪkeɪt] *vt:* **to ~ sb in sth** comprometer a uno en algo.

im·pli·ca·tion [ˌɪmplɪˈkeɪʃən] *n (consequence)* consecuencia *f;* **the ~ of what you say is ...** por lo que dices, se deduce que ...; **his policy had major ~s** su política tuvo gran trascendencia.

im·plic·it [ɪmˈplɪsɪt] *adj* **(a)** *(implied: threat, agreement)* implícito/a; **it is ~ in what you say** se sobreentiende por lo que dices. **(b)** *(unquestioning: faith, belief)* absoluto/a.

im·plore [ɪmˈplɔː[r]] *vt (person)* suplicar, rogar; *(forgiveness)* implorar; **to ~ sb to do sth** suplicar a uno que haga algo.

im·plor·ing [ɪmˈplɔːrɪŋ] *adj (glance, gesture)* de súplica.

im·plor·ing·ly [ɪmˈplɔːrɪŋlɪ] *adv* de modo suplicante.

im·ply [ɪmˈplaɪ] *vt (hint, suggest)* insinuar; *(indicate)* dar a entender; *(involve)* suponer; **are you ~ing that ...?** ¿quieres decir que ...?; **it implies a lot of work** supone mucho trabajo.

im·po·lite [ˌɪmpəˈlaɪt] *adj (gen)* mal educado/a.

im·po·lite·ly [ˌɪmpəˈlaɪtlɪ] *adv* sin educación.

im·po·lite·ness [ˌɪmpəˈlaɪtnɪs] *n (of person)* falta *f* de educación; *(of remark)* descortesía *f.*

im·pon·der·able [ɪmˈpɒndərəbl] *adj* imponderable.

im·port [ɪmˈpɔːt] **1** *vt (Comm: goods, products)* importar. **2** [ˈɪmpɔːt] *n (Comm: article)* artículo *m* importado; *(: importing)* importación *f.* **3** [ˈɪmpɔːt]: **~ duty** *n* derechos *mpl* de importación; **~ licence** *n* permiso *m* de importación; **~ surcharge** *n* sobrecarga *f* de importación; **~ tax** *n* derecho *m* de importación.

im·por·tance [ɪmˈpɔːtəns] *n* importancia *f;* **to attach great ~ to sth** conceder mucha importancia a algo; **to be of great/little ~** tener mucha/poca importancia.

im·por·tant [ɪmˈpɔːtənt] *adj* importante; **it is ~ that ...** es importante que ...; **to try to look ~** *(pej)* darse tono.

im·por·tant·ly [ɪmˈpɔːtəntlɪ] *adv (arrogantly)* dándose importancia; **but, more ~ ...** pero, lo más importante es ... .

im·port·er [ɪmˈpɔːtə[r]] *n (Comm)* importador(a) *m/f.*

im·pose [ɪmˈpəʊz] *vt (conditions, fine, tax)* **to ~ (on sb/sth)** imponer (a uno/algo).

♦ **im·pose (up)on** *vi + prep* abusar de.

im·pos·ing [ɪmˈpəʊzɪŋ] *adj* imponente, impresionante.

im·po·si·tion [ˌɪmpəˈzɪʃən] *n (of fine etc)* imposición *f; (of tax)* impuesto *m;* **it's a bit of an ~** es un abuso.

im·pos·sibil·ity [ɪmˌpɒsəˈbɪlɪtɪ] *n* imposibilidad *f;* **the ~ of doing sth** la imposibilidad de hacer algo.

im·pos·sible [ɪmˈpɒsəbl] *adj (person, task, situation)* imposible; **~!** ¡imposible!; **it is ~ for me to leave now** me es imposible salir ahora; **it is ~ for her to do that** le es imposible hacer eso; **you're ~!** *(fam)* ¡eres insufrible *or* insoportable!; **it's not ~ that ...** existe la posibilidad de que ...; **to do the ~** hacer lo imposible.

im·pos·sibly [ɪmˈpɒsəblɪ] *adv (badly: behave, act)* en forma insoportable; *(extremely: late, early)* demasiado; *(: difficult)* imposiblemente.

im·pos·tor [ɪmˈpɒstə[r]] *n* impostor(a) *m/f.*

im·po·tence [ˈɪmpətəns] *n (gen)* impotencia *f.*

im·po·tent [ˈɪmpətənt] *adj (gen)* impotente.

im·pound [ɪmˈpaʊnd] *vt (goods)* embargar.

im·pov·er·ished [ɪmˈpɒvərɪʃt] *adj (person)* empobrecido/a, necesitado/a; *(land)* agotado/a.

im·prac·ti·cable [ɪmˈpræktɪkəbl] *adj (unrealizable)* irrealizable; *(unrealistic)* poco realista.

im·prac·ti·cal [ɪmˈpræktɪkəl] *adj (person)* poco práctico/a; *(plan)* poco factible.

im·pre·cise [ˌɪmprɪˈsaɪs] *adj (information, definition)* impreciso/a.

im·pre·ci·sion [ˌɪmprɪˈsɪʒən] *n (of information, definition)* imprecisión *f.*

im·preg·nable [ɪmˈpregnəbl] *adj (castle)* inexpugnable; *(lit, fig: position)* invulnerable.

im·preg·nate [ˈɪmpregneɪt] *vt (fertilise: person, animal, egg)* fecundar.

im·pre·sa·rio [ˌɪmpreˈsɑːrɪəʊ] *n* empresario/a *m/f.*

im·press [ɪmˈpres] *vt* **(a)** *(make good impression on)* impresionar; **how did she ~ you?** ¿qué impresión te dio?; **he ~ed me quite favourably** me hizo muy buena impresión. **(b)** *(mark)* imprimir; *(stamp)* estampar; **to ~ sth on sb's mind** grabar algo en la memoria de uno; **to ~ sth on sb** *(fig)* convencer a uno de la importancia de algo.

im·pres·sion [ɪmˈpreʃən] *n* **(a)** *(fig)* impresión *f;* **to be under** *or* **have the ~ that** tener la impresión de que; **he gives an ~ of knowing a lot** da la impresión de saber mucho; **to make a good/bad ~ on sb** causar buena/mala impresión a uno; **to make no ~ on sth** no tener el menor efecto sobre algo. **(b)**

(mark) marca *f*, huella *f*. **(c)** *(imitation)* imitación *f*; **to do ~s** imitar, ser imitador.

im·pres·sion·able [ɪm'preʃnəbl] *adj (person)* impresionable; **to be at an ~ age** estar en una edad impresionable.

im·pres·sion·ism [ɪm'preʃənɪzəm] *n (Art)* impresionismo *m*.

im·pres·sion·ist [ɪm'preʃənɪst] *adj, n (Art: painter)* impresionista *mf*.

im·pres·sive [ɪm'presɪv] *adj* impresionante.

im·pres·sive·ly [ɪm'presɪvlɪ] *adv* de modo impresionante.

im·print [ɪm'prɪnt] *vt (mark: paper)* imprimir; *(fig)* grabar; **to ~ sth on sth** imprimir algo en algo.

im·pris·on [ɪm'prɪzn] *vt (criminal: put in gaol)* encarcelar; **to be ~ed** estar encarcelado *or* en la cárcel.

im·pris·on·ment [ɪm'prɪznmənt] *n* encarcelamiento *m; (term of ~)* cárcel *f*, prisión *f*; **one year's ~** un año de cárcel; **life ~** cadena *f* perpetua.

im·prob·abil·ity [ɪm,prɒbə'bɪlɪtɪ] *n* improbabilidad *f*.

im·prob·able [ɪm'prɒbəbl] *adj (event)* improbable; *(excuse, story)* inverosímil.

im·promp·tu [ɪm'prɒmptjuː] **1** *adj (performance, speech)* improvisado/a. **2** *adv (ad lib)* sin preparación; *(unexpectedly)* de improviso.

im·prop·er [ɪm'prɒpəʳ] *adj (unseemly: laughter)* indecoroso/a, incorrecto/a; *(indecent: behaviour, story)* indecente, impropio/a.

im·pro·pri·ety [,ɪmprə'praɪətɪ] *n (of person, behaviour: unseemliness)* falta *f* de decoro; *(: indecency)* indencencia *f*.

im·prove [ɪm'pruːv] **1** *vt (make better)* mejorar; *(progress)* adelantar; *(favour: appearance)* favorecer; *(perfect: skill)* perfeccionar; *(mind)* cultivar; *(property)* hacer mejoras en; *(add value to)* aumentar el valor de; *(production, yield, salary)* aumentar; **to ~ one's Spanish** perfeccionar sus conocimientos del español; **to ~ one's chances of success** aumentar las posibilidades de éxito; **to ~ one's mind** edificarse, instruirse. **2** *vi (person: in skill etc)* hacer progresos; *(: after illness)* mejorarse; *(health, appearance)* mejorar; *(quality, work, weather)* mejorarse; *(production, yield)* aumentarse; *(business)* mejorarse, prosperar; **to ~ in sth** hacer progresos en algo; **to ~ with age/use** mejorarse con el tiempo/el uso.

♦ **im·prove (up)on** *vi + prep (gen)* mejorar; **to ~ (up)on an offer** sobrepujar una oferta.

im·prove·ment [ɪm'pruːvmənt] *n*: **~ (in)** *(in quality etc)* mejora *f or* mejoramiento *m* (de); *(increase)* aumento *m* (de); *(in mind)* cultivo *m* (de); *(progress)* progresos *mpl* (en); **it's an ~ on the old one** es mejor que el antiguo; **there is room for ~** podría mejorarse; **to make ~s to sth** perfeccionar algo; *(to property)* hacer reformas en algo.

im·prov·ing [ɪm'pruːvɪŋ] *adj (book, programme)* edificante, instructivo/a.

im·provi·sa·tion [,ɪmprəvaɪ'zeɪʃən] *n (action)* improvisación *f*; *(improvised speech, music etc)* impromptu *m*.

im·pro·vise ['ɪmprəvaɪz] *vi, vt* improvisar.

im·pru·dent [ɪm'pruːdənt] *adj (gen)* imprudente.

im·pu·dence ['ɪmpjʊdəns] *n (of person)* descaro *m*, desvergüenza *f*; *(of behaviour)* insolencia *f*; **he had the ~ to say that ...** tuvo la cara dura de decir que ... .

im·pu·dent ['ɪmpjʊdənt] *adj (person)* desvergonzado/a, descarado/a; *(behaviour)* insolente.

impugn [ɪm'pjuːn] *vt (criticize)* criticar.

im·pulse ['ɪmpʌls] **1** *n (Tech, also fig)* impulso *m*; **on ~** impulsivamente; **to act on ~** obrar sin reflexionar. **2: ~ buying** *n* compra *f* impulsiva.

im·pul·sive [ɪm'pʌlsɪv] *adj (person, temperament)* irreflexivo/a, impulsivo/a; *(act, remark)* irreflexivo/a.

im·pu·nity [ɪm'pjuːnɪtɪ] *n*: **with ~** con impunidad, impunemente.

im·pure [ɪm'pjʊəʳ] *adj (Chem etc)* impuro/a, adulterado/a; *(morally: person, thought)* impuro/a.

im·pu·rity [ɪm'pjʊərɪtɪ] *n (Chem etc)* impureza *f*.

im·pute [ɪm'pjuːt] *vt*: **to ~ sth to sb** achacar *or* atribuir algo a uno.

in [ɪn] **1** *prep* **(a)** *(place, position)* en; *(inside)* dentro de; **~ the house/garden** en casa/el jardín; **~ my hand** en la mano; **~ the town/country** en la ciudad/el campo; **the chairs ~ the room** las sillas en el *or* del cuarto; **to be ~ school** estar en la escuela; **~ the distance** a lo lejos; **~ here/there** aquí/allí dentro.

(b) *(with place names)* en; **~ London/Scotland/Galicia** en Londres/Escocia/Galicia.

(c) *(time: during)* en, durante; **~ 1986** en 1986; **~ May/Spring** en mayo/primavera; **~ the eighties/the 20th century** en los años ochenta/el siglo 20; **~ the morning(s)/evening(s)** por la mañana/la tarde; **~ the daytime** durante el día; **at 4 o'clock ~ the morning/afternoon** a las 4 de la mañana/la tarde; **~ those days** en aquel entonces; **~ the past/future** en el pasado/el futuro; **he'll be here ~ time** llegará a tiempo; **she has not been here ~ years** hace años que no viene.

(d) *(time: in the space of)* en; *(: within)* dentro de; **I did it ~ 3 hours/days** lo hice en 3 horas/días; **she will return the money ~ a month** devolverá el dinero dentro de un mes; **he'll be back ~ a moment/a month** volverá dentro de un momento/un mes.

(e) *(manner etc)* en; **~ a loud/soft voice** en voz alta/baja; **~ Spanish/English** en español/inglés; **~ ink/pencil** con pluma/lapiz; **~ writing** por escrito; **~ oils/water colour** al óleo/a la acuarela; **~ person** en persona; **~ large/small quantities** en grandes/pequeñas cantidades; **to pay ~ dollars** pagar en dolares; **~ alphabetical order** por orden alfabético; **~ some measure** hasta cierto punto; **~ part** en parte; **painted ~ red** pintado de rojo; **dressed ~ green** vestido de verde; **to be dressed ~ a skirt/trousers** llevar falda/pantalones; **the man ~ the hat** el hombre del sombrero; **you look nice ~ that hat** ese sombrero te sienta bien; **dressed ~ silk** vestido de seda.

(f) *(circumstance)* a, en, de; **~ the sun** al sol; **~ the rain** bajo la lluvia; **~ the shade** a la sombra; **~ (the) daylight** a la luz del día; **~ (the) dark(ness)** en la oscuridad; **~ the moonlight** a la luz de la luna; **~ all weathers** no importa el tiempo; **10 metres ~ height/length/depth/width** 10 metros de alto/largo/profundo/ancho; **a change ~ policy** un cambio de política; **a rise ~ prices** un aumento de precios.

(g) *(mood, state)* **~ tears** llorando; **~ anger** con enojo; **to be ~ a rage** estar furioso; **lame ~ the left leg** cojo de la pierna izquierda; **~ despair** desesperado; **~ good condition** *or* **repair** en buen estado; **they were 6 ~ number** eran seis; **to live ~ luxury** llevar una vida de lujo; **~ private/secret** en privado/secreto.

(h) *(ratio, number)* en; **one person ~ ten** una persona de cada diez; **20 pence ~ the pound**

veinte peniques en cada libra; **once ~ a hundred years** una vez al siglo; **~ twos** de dos en dos.

(i) *(people, works)* en, entre; **~ (the works of) Shakespeare** en las obras de Shakespeare; **this is common ~ children/cats** es cosa común entre los niños/los gatos; **she has it ~ her to succeed** tiene la capacidad de triunfar; **they have a good leader ~ him** él es buen líder para ellos.

(j) *(in profession etc)* **to be ~ teaching/publishing** dedicarse a la enseñanza/la publicación de libros; **to be ~ the motor trade** ser vendedor de coches; **to be ~ the army** ser militar.

(k) *(after superlative)* de; **the biggest/smallest ~ Europe** el más grande/pequeño de Europa.

(l) *(with prp)* **~ saying this** al decir esto.

(m) ~ that ya que; **~ fact** de hecho, en realidad; **~ all** en total.

2 *adv*: **to be ~** *(person)* estar *or (LAm)* encontrarse (en casa); *(train, ship, plane)* haber llegado; *(crops, harvest)* estar recogido; *(in season)* estar en sazón; *(in fashion)* estar de moda; *(in power)* estar en el poder; *(burning: fire)* arder; **he's ~ for a surprise** le espera una sorpresa; **he's ~ for it** *(fam)* la va a pagar; **to have it ~ for sb** tenerla tomada con uno; **to be ~ on the plan/secret** estar al tanto del plan/del secreto; **to ask sb ~** invitar a uno a entrar; **day ~, day out** día tras día; **all ~** *(bill etc)* todo incluido; **to be ~ and out of work** no tener trabajo fijo; **my luck is ~** estoy de suerte.

3 *n*: **the ~s and outs of the problem** los pormenores del problema.

in., ins *abbr of* **inch, inches.**

in·abil·ity [ˌɪnəˈbɪlɪtɪ] *n* incapacidad *f*; **~ to do sth/to pay** incapacidad de hacer algo/de pagar.

in·ac·ces·sible [ˌɪnækˈsesəbl] *adj (place)* inaccesible.

in·ac·ces·sibil·ity [ˈɪnækˌsesəˈbɪlətɪ] *n* inaccesibilidad *f*.

in·ac·cu·ra·cy [ɪnˈækjʊrəsɪ] *n (gen)* inexactitud *f*; *(usu pl: mistake)* error *m*.

in·ac·cu·rate [ɪnˈækjʊrɪt] *adj (gen)* inexacto/a.

in·ac·tion [ɪnˈækʃən] *n (lack of activity)* inacción *f*; *(laziness)* pereza *f*, *(LAm)* flojera.

in·ac·tive [ɪnˈæktɪv] *adj (person, volcano)* inactivo/a; *(life)* perezoso/a, *(LAm)* flojo/a; **to be ~** holgar.

in·ac·tiv·ity [ˌɪnækˈtɪvɪtɪ] *n (see adj)* inactividad *f*; pereza *f*, *(LAm)* flojera *f*.

in·ad·equate [ɪnˈædɪkwɪt] *adj (insufficient)* insuficiente; *(unsuitable)* inadecuado/a; *(weak: person)* incapaz.

in·ad·mis·si·ble [ˌɪnədˈmɪsəbl] *adj (evidence)* improcedente, inadmisible.

in·ad·vert·ent [ˌɪnədˈvɜːtənt] *adj (inattentive)* descuidado/a; *(unintentional)* involuntario/a.

in·ad·vert·ent·ly [ˌɪnədˈvɜːtəntlɪ] *adv (see adj)* por descuido; involuntariamente.

in·ad·vis·able [ˌɪnədˈvaɪzəbl] *adj* poco aconsejable, inconveniente.

in·ane [ɪˈneɪn] *adj (remark)* necio/a, *(LAm)* sonso/a.

in·ani·mate [ɪnˈænɪmɪt] *adj (object)* inanimado/a.

in·an·ity [ɪˈnænɪtɪ] *n* necedad *f*.

in·ap·pli·cable [ɪnˈæplɪkəbl] *adj* inaplicable.

in·ap·pro·pri·ate [ˌɪnəˈprəʊprɪət] *adj*, **in·apt** [ɪnˈæpt] *adj (action, punishment, treatment)* inadecuado/a; *(word, phrase)* inoportuno/a; *(behaviour)* impropio/a.

in·ar·ticu·late [ˌɪnɑːˈtɪkjʊlɪt] *adj (person)* incapaz de expresarse; *(speech)* mal pronunciado/a.

in·as·much [ˌɪnəzˈmʌtʃ] *adv*: **~ as** puesto que, en vista de que.

in·at·ten·tion [ˌɪnəˈtenʃən] *n* inatención *f*, distracción *f*.

in·at·ten·tive [ˌɪnəˈtentɪv] *adj (person)* desatento/a, distraído/a.

in·audible [ɪnˈɔːdəbl] *adj* inaudible.

in·augu·ral [ɪˈnɔːgjʊrəl] *adj (lecture, debate)* inaugural; *(speech)* de apertura.

in·augu·rate [ɪˈnɔːgjʊreɪt] *vt (president, official)* dar posesión de un cargo a; *(start: new age etc)* inaugurar.

in·aus·pi·cious [ˌɪnɔːˈspɪʃəs] *adj (occasion)* poco propicio/a; *(moment)* inoportuno/a.

in·between [ɪnbɪˈtwiːn] *adj (gen)* intermedio/a.

in·born [ˈɪnbɔːn] *adj (ability, talent)* innato/a.

in·bred [ˈɪnbred] *adj (innate)* innato/a, instintivo/a; *(result of in-breeding)* engendrado por endogamia.

Inc. *(US) abbr of* **incorporated** S.A.

Inca [ˈɪŋkə] *adj* incaico/a, incásico/a.

in·cal·cu·lable [ɪnˈkælkjʊləbl] *adj* incalculable.

in·can·ta·tion [ˌɪnkænˈteɪʃən] *n* conjuro *m*.

in·ca·pable [ɪnˈkeɪpəbl] *adj (incompetent: workers)* incompetente; **to be ~ of doing sth** ser incapaz de hacer algo; **to be ~ of speech** quedarse sin habla; **a question ~ of solution** un problema insoluble.

in·ca·paci·tate [ˌɪnkəˈpæsɪteɪt] *vt (person)* incapacitar; **physically ~d** físicamente incapacitado.

in·ca·pac·ity [ˌɪnkəˈpæsɪtɪ] *n* incapacidad *f*.

in·car·cer·ate [ɪnˈkɑːsəreɪt] *vt* encarcelar.

in·car·nate [ɪnˈkɑːnɪt] *adj (Rel)* encarnado/a; **the word ~** la palabra encarnada; **the devil ~** el mismo diablo.

in·car·na·tion [ˌɪnkɑːˈneɪʃən] *n (Rel)* encarnación *f*.

in·cen·di·ary [ɪnˈsendɪərɪ] **1** *adj (bomb, device)* incendiario/a. **2** *n (bomb)* bomba *f* incendiaria.

in·cense[1] [ˈɪnsens] *n* incienso *m*.

in·cense[2] [ɪnˈsens] *vt* encolerizar.

in·censed [ɪnˈsenst] *adj (person)* furioso/a, furibundo/a.

in·cen·tive [ɪnˈsentɪv] *n* incentivo *m*, estímulo *m*; **production ~** incentivo *m* a la producción.

in·cep·tion [ɪnˈsepʃən] *n* comienzo *m*, principio *m*.

in·ces·sant [ɪnˈsesnt] *adj* incesante, constante.

in·cest [ˈɪnsest] *n* incesto *m*.

in·ces·tu·ous [ɪnˈsestjʊəs] *adj* incestuoso/a.

inch [ɪntʃ] *n* pulgada *f*; **the car missed me by ~es** por poco el coche me atropelló; **to lose a few ~es** *(fam)* adelgazar un poco; **~ by ~** palmo a palmo; **every ~ of it was used** se aprovechó hasta el último centímetro; **he's every ~ a soldier** es todo un soldado; **to be within an ~ of death/disaster** estar a dos dedos de la muerte/del desastre; **he didn't give an ~** no ofreció la menor concesión.

♦ **inch for·ward** *vi + adv* avanzar palmo a palmo.

♦ **inch up** *vi + adv* subir poco a poco.

in·ci·dence [ˈɪnsɪdəns] *n (extent: of crime)* incidencia *f*; *(: of disease)* extensión *f*; **the angle of ~** *(Phys)* el ángulo de incidencia.

in·ci·dent [ˈɪnsɪdənt] *n (gen)* incidente *m*; *(in book, play etc)* episodio *m*; **to provoke a diplomatic ~** provocar un incidente diplomático; **without ~** sin incidentes.

in·ci·den·tal [ˌɪnsɪˈdentl] **1** *adj (unimportant)* irrelevante; **~ expenses** gastos *mpl* imprevistos; **~ music** música *f* de fondo. **2** *npl*: **~s** *(expenses)* gastos *mpl* imprevistos.

in·ci·den·tal·ly [ˌɪnsɪˈdentəlɪ] *adv* a propósito, *(LAm)* por cierto.

in·cin·er·ate [ɪnˈsɪnəreɪt] *vt (body etc)* incinerar; *(rubbish etc)* quemar.

in·cin·era·tor [ɪnˈsɪnəreɪtəʳ] *n* incinerador *m*.

in·cipi·ent [ɪn'sɪpɪənt] *adj* incipiente.
in·ci·sion [ɪn'sɪʒən] *n* incisión *f*.
in·ci·sive [ɪn'saɪsɪv] *adj (mind)* penetrante; *(remark)* incisivo/a; *(criticism)* tajante.
in·ci·sor [ɪn'saɪzəʳ] *n* incisivo *m*.
in·cite [ɪn'saɪt] *vt* provocar, incitar; **to ~ sb to do sth** incitar a uno a hacer algo.
in·cite·ment [ɪn'saɪtmənt] *n* incitación *f*, provocación *f*.
in·ci·vil·ity [,ɪnsɪ'vɪlɪtɪ] *n* descortesía *f*.
in·clem·ent [ɪn'klemənt] *adj (weather)* inclemente.
in·cli·na·tion [,ɪnklɪ'neɪʃən] *n* **(a)** *(leaning)* inclinación *f*, tendencia *f*; **I have no ~ to go** no tengo ganas de ir, *(Chi)* no me tinka ir *(fam)*; **her ~ was to ignore him** prefería no hacerle caso; **against my ~** contra mi inclinación; **to follow one's ~** seguir su capricho. **(b)** *(slope, bow)* inclinación *f*.
in·cline ['ɪnklaɪn] **1** *n* pendiente *m*, cuesta *f*. **2** [ɪn'klaɪn] *vt* **(a)** *(bend: head)* bajar; *(body)* doblar. **(b)** *(tend to)* **to be ~d to do sth** tener tendencia a hacer algo; *(out of habit)* soler hacer algo; *(from preference)* preferir hacer algo; **it is ~d to break** tiene tendencia a romperse; **if you feel so ~d** si te llama la atención. **3** [ɪn'klaɪn] *vi* **(a)** *(slope)* inclinarse. **(b)** *(tend to)* tirar *(to(wards)* a); **I ~ to the belief/opinion that ...** tiro a la idea/la opinión de que ... .
in·clude [ɪn'klu:d] *vt* incluir; **your name is not ~d in the list** tu nombre no figura en la lista; **he sold everything, books ~d** vendió todo, incluso los libros; **the tip is/is not ~d** la propina está/no está *or (LAm)* va/no va incluida.
in·clud·ing [ɪn'klu:dɪŋ] *prep* incluso, inclusive; **~ service charge/postage** servicio/porte incluido; **seven ~ this one** siete con éste; **everyone, ~ the President** todos, inclusive el Presidente; **up to and ~** hasta e incluso.
in·clu·sive [ɪn'klu:sɪv] **1** *adj (sum, price)* inclusivo/a, completo/a; **~ of tax** incluidos los impuestos. **2** *adv*: **from the 10th to the 15th ~** del 10 al 15 inclusive.
in·cog·ni·to [ɪn'kɒgnɪtəʊ] *adv (travel)* de incógnito; **to remain ~** guardar el incógnito.
in·co·her·ent [,ɪnkəʊ'hɪərənt] *adj (gen)* incoherente; *(argument)* desarticulado/a; *(conversation)* ininteligible; **to be ~ with rage** balbucear de rabia.
in·come ['ɪnkʌm] **1** *n (gen)* ingresos *mpl*; *(from land etc)* renta *f*; *(salary)* salario *m*, sueldo *m*; *(takings)* entradas *fpl*; *(interest)* réditos *mpl*; *(profit)* ganancias *fpl*; **gross/net ~** ingreso bruto/neto; **private ~** rentas particulares; **national ~** renta nacional; **~s policy** política *f* salarial *or* de salarios; **not to live within one's ~** no vivir con lo que se gana. **2**: **~ tax** *n* impuesto *m* sobre la renta; **~ tax return** *n* declaración *f* de impuestos.
in·com·ing ['ɪnkʌmɪŋ] *adj (passenger)* que llega; *(President etc)* entrante; *(tide)* ascendente.
in·com·mun·ica·do [,ɪnkəmjʊnɪ'kɑ:dəʊ] *adj*: **to hold sb ~** mantener incomunicado a uno.
in·com·pa·rable [ɪn'kɒmpərəbl] *adj (beauty, skill)* incomparable; *(achievement)* inigualable.
in·com·pat·ible [,ɪnkəm'pætəbl] *adj (couple, temperaments)* incompatible.
in·com·pe·tence [ɪn'kɒmpɪtəns] *n (gen)* incompetencia *f*; *(clumsiness)* torpeza *f*.
in·com·pe·tent [ɪn'kɒmpɪtənt] *adj (person)* incompetente *(at* para); *(clumsy)* torpe.
in·com·plete [,ɪnkəm'pli:t] *adj (partial)* incompleto/a; *(unfinished)* inacabado/a.
in·com·pre·hen·sible [ɪn,kɒmprɪ'hensəbl] *adj (gen)* incomprensible.
in·con·ceiv·able [,ɪnkən'si:vəbl] *adj* inconcebible.
in·con·clu·sive [,ɪnkən'klu:sɪv] *adj (not decisive: result)* inconcluso/a; *(not convincing: argument, evidence)* poco convincente.
in·con·gru·ous [ɪn'kɒŋgrʊəs] *adj (inapt)* incongruo/a; *(incompatible)* incompatible.
in·con·sequen·tial [ɪn,kɒnsɪ'kwenʃəl] *adj (conversation)* sin trascendencia.
in·con·sid·er·able [,ɪnkən'sɪdərəbl] *adj*: **a not ~ amount** una suma considerable.
in·con·sid·er·ate [,ɪnkən'sɪdərɪt] *adj* desconsiderado/a; **how ~ of him!** ¡qué falta de consideración de su parte!
in·con·sist·en·cy [,ɪnkən'sɪstənsɪ] *n (see adj)* inconsecuencia *f*; carácter *m* desigual.
in·con·sist·ent [,ɪnkən'sɪstənt] *adj (contradictory: action)* inconsecuente; *(uneven: work)* desigual; **that is ~ with what you told me** eso no encaja con lo que me dijiste.
in·con·sol·able [,ɪnkən'səʊləbl] *adj* inconsolable.
in·con·spicu·ous [,ɪnkən'spɪkjʊəs] *adj (place)* que no atrae la atención; *(colour)* apagado/a; *(person)* discreto/a; **to make o.s. ~** no llamar la atención sobre sí.
in·con·stant [ɪn'kɒnstənt] *adj* inconstante.
in·con·ti·nence [ɪn'kɒntɪnəns] *n (Med)* incontinencia *f*.
in·con·ti·nent [ɪn'kɒntɪnənt] *adj* incontinente.
in·con·tro·vert·ible [ɪn,kɒntrə'vɜ:təbl] *adj (fact, evidence)* incontrovertible.
in·con·ven·ience [,ɪnkən'vi:nɪəns] **1** *n* inconvenientes *mpl*, lo inconveniente; **to put sb to great ~** causar mucha molestia a uno. **2** *vt (put out)* incomodar; *(disturb)* causar molestia; **don't ~ yourself** no te molestes.
in·con·ven·ient [,ɪnkən'vi:nɪənt] *adj (time, appointment etc)* inoportuno/a; *(location)* mal situado/a; *(house, design)* poco práctico/a; **to be ~** no convenir; **that time is very ~ for me** esa hora no me conviene; **it is ~ for you to arrive early** no es conveniente que llegues temprano.
in·con·vert·ible [,ɪnkən'vɜ:təbl] *adj* inconvertible.
in·cor·po·rate [ɪn'kɔ:pəreɪt] *vt (include)* incluir; *(integrate)* incorporar.
in·cor·po·rat·ed [ɪn'kɔ:pəreɪtɪd] *adj (US Comm)* **Jones & Lloyd I~** Jones y Lloyd Sociedad Anónima.
in·cor·rect [,ɪnkə'rekt] *adj (wrong: statement, fact, conclusion)* incorrecto/a, inexacto/a; *(improper: behaviour, dress)* impropio/a; **that is ~, you are wrong** no es cierto, Ud. se equivoca.
in·cor·ri·gible [ɪn'kɒrɪdʒəbl] *adj* incorregible.
in·crease [ɪn'kri:s] **1** *vi (gen)* aumentarse; *(prices)* subir, aumentar; **to ~ in number** aumentar; **to ~ in weight/volume/size/value** subir de peso/volumen/tamaño/valor; **to ~ by 100** aumentar en 100. **2** *vt (gen)* aumentar; *(prices)* subir, aumentar; **to ~ one's efforts** redoblar sus esfuerzos. **3** ['ɪnkri:s] *n (gen)* aumento *m*; *(prices)* subida *f*, aumento; **an ~ in size/number/volume** un aumento de tamaño/número/volumen; **an ~ of £5/10%** un aumento de 5 libras/del 10 por ciento; **to be on the ~** estar *or* ir en aumento.
in·creas·ing [ɪn'kri:sɪŋ] *adj* creciente, que va en aumento.
in·creas·ing·ly [ɪn'kri:sɪŋlɪ] *adv* cada vez más.
in·cred·ible [ɪn'kredəbl] *adj* increíble.
in·cred·ibly [ɪn'kredəblɪ] *adv* increíblemente; **~, they did not come** es increíble, pero no llegaron.
in·credu·lous [ɪn'kredjʊləs] *adj (expression)* incrédulo/a.
in·crimi·nate [ɪn'krɪmɪneɪt] *vt* incriminar.
in·crimi·na·ting [ɪn'krɪmɪneɪtɪŋ] *adj (evidence)* incriminador(a).

in·cu·bate ['ɪnkjʊbeɪt] **1** *vt (gen)* incubar; *(hen)* empollar. **2** *vi* incubar.
in·cu·ba·tion [,ɪnkjʊ'beɪʃən] **1** *n (gen)* incubación *f*. **2:** ~ **period** *n* período *m* de incubación.
in·cu·ba·tor ['ɪnkjʊbeɪtəʳ] *n (for eggs, bacteria, baby)* incubadora *f*.
in·cul·cate ['ɪnkʌlkeɪt] *vt:* **to** ~ **sth in sb** inculcar algo en uno.
in·cur [ɪn'kɜːʳ] *vt (anger)* provocar; *(debt, obligation)* incurrir en, contraer.
in·cur·able [ɪn'kjʊərəbl] *adj (disease)* irreversible; *(fig: optimist)* irremediable.
in·cur·sion [ɪn'kɜːʃən] *n* incursión *f*.
in·debt·ed [ɪn'detɪd] *adj (fig)* **to be** ~ **to sb (for sth)** estar agradecido a uno (por algo).
in·de·cen·cy [ɪn'diːsnsɪ] *n (of dress, behaviour)* indecencia *f*.
in·de·cent [ɪn'diːsnt] *adj (dress, behaviour)* indecente, indecoroso/a; **with** ~ **haste** con una prisa indecorosa; ~ **assault** *(Jur)* atentado *m* contra el pudor; ~ **exposure** *(Jur)* exhibicionismo *m*.
in·de·ci·pher·able [,ɪndɪ'saɪfərəbl] *adj* indescifrable.
in·de·ci·sion [,ɪndɪ'sɪʒən] *n* indecisión *f*.
in·de·ci·sive [,ɪndɪ'saɪsɪv] *adj (person)* indeciso/a; *(result)* inconcluyente.
in·deed [ɪn'diːd] *adv* **(a)** *(in fact)* efectivamente, en realidad, *(LAm)* realmente; **I feel,** ~ **I know he is wrong** creo, en realidad sé, que está equivocado; **there are** ~ **mistakes, but ...** claro que hay errores, pero ...; **if** ~ **he is wrong ...** si es que realmente se equivocó ... . **(b)** *(as intensifier)* **very ...** ~ sumamente ...; **thank you very much** ~ muchísimas gracias; **that is praise** ~ eso sí es una alabanza; **it is** ~ **difficult** es dificilísimo. **(c)** *(in answers to question)* claro, por supuesto; **'isn't that right?'** — **'~ it is'** 'es verdad, ¿no?' — 'claro que sí'; **'are you coming?'** — **'~ I am'** '¿tú vienes?' — 'claro que voy'; **'may I come in?'** — **'~ you may not'** '¿se puede entrar?' — 'claro que no'.
in·de·fati·gable [,ɪndɪ'fætɪgəbl] *adj* incansable, infatigable.
in·de·fen·sible [,ɪndɪ'fensəbl] *adj (town)* indefensible; *(conduct)* injustificable.
in·de·fin·able [,ɪndɪ'faɪnəbl] *adj* indefinible.
in·defi·nite [ɪn'defɪnɪt] *adj* **(a)** *(vague: answer, plans)* indefinido/a, impreciso/a. **(b)** *(not fixed: time)* indeterminado/a. **(c)** *(Ling)* indefinido/a; ~ **pronoun** pronombre *m* indefinido; ~ **article** artículo *m* indefinido.
in·defi·nite·ly [ɪn'defɪnɪtlɪ] *adv (gen)* por tiempo indefinido.
in·del·ible [ɪn'deləbl] *adj (gen)* imborrable.
in·deli·cate [ɪn'delɪkɪt] *adj (tactless)* indiscreto/a, inoportuno/a; *(crude)* indelicado/a.
in·dem·ni·fy [ɪn'demnɪfaɪ] *vt (compensate)* **to** ~ **sb for sth** indemnizar a uno de algo; *(safeguard)* **to** ~ **sb against sth** asegurar a uno contra algo.
in·dem·nity [ɪn'demnɪtɪ] *n (compensation)* indemnización *f*, reparación *f*; *(insurance)* indemnidad *f*.
in·dent [ɪn'dent] **1** *vt (Typ: word, line)* sangrar. **2** *vi (Comm)* **to** ~ **for sth** hacer un pedido de algo.
in·dent·ed [ɪn'dentɪd] *adj (type)* sangrado/a; *(surface)* abollado/a.
in·den·ta·tion [,ɪnden'teɪʃən] *n (dent)* abolladura *f*; *(Typ)* sangría *f*; *(notch: in cloth etc)* muesca *f*.
in·de·pend·ence [,ɪndɪ'pendəns] **1** *n (gen)* independencia *f*; **war of** ~ guerra *f* de independencia. **2: I~ Day** *n* Día *m* de la Independencia.
in·de·pend·ent [,ɪndɪ'pendənt] *adj* **(a)** independiente; **to be** ~ **of** no depender de; **to become** ~ *(country)* independizarse; **a person of** ~ **means** una persona con rentas particulares. **(b)** *(unconnected: events)* no relacionado/a; ~ **suspension** *(Aut)* suspensión *f* independiente.
in·de·pend·ent·ly [,ɪndɪ'pendəntlɪ] *adv (gen)* independientemente; *(separately)* por separado; *(without interference)* por su cuenta.
in·de·scrib·able [,ɪndɪs'kraɪbəbl] *adj (terror, horror)* indecible; *(beauty, joy)* indescriptible.
in·de·struct·ible [,ɪndɪs'trʌktəbl] *adj* indestructible.
in·dex ['ɪndeks] **1** *n* **(a)** *(pl* **-es:** *in book)* índice *m*. **(b)** *(pl* **indices:** *pointer)* índice *m*; **cost of living** ~ índice del costo de la vida; **the I~** *(Rel)* el índice expurgatorio. **2:** ~ **card** *n* ficha *f*; ~ **finger** *n* dedo *m* índice.
index-link [,ɪndeks'lɪŋk] *vt* vincular al aumento del coste de la vida.
In·dia ['ɪndɪə] *n* la India *f*.
In·dian ['ɪndɪən] **1** *adj* **(a)** *(from India: culture, languages, customs)* indio/a, hindú. **(b)** *(American ~)* indio/a, *(LAm)* indígena. **2** *n* **(a)** *(from India)* indio/a *m/f*, hindú *mf*. **(b)** *(American ~)* indio/a *m/f*, *(LAm)* indígena *mf*. **3:** ~ **corn** *n* = **maize;** ~ **elephant** *n* elefante *m* asiático; ~ **file** *n* fila *f* india; ~ **ink** *n* tinta *f* china; ~ **Ocean** *n* Océano *m* Índico; ~ **Summer** *n* Veranillo *m* de San Martín.
india·rubber [,ɪndɪə'rʌbəʳ] *n (rubber)* caucho *m*; *(eraser)* goma *f* de borrar.
in·di·cate ['ɪndɪkeɪt] **1** *vt* **(a)** *(point out: place)* indicar, señalar; *(register: temperature, speed)* marcar. **(b)** *(show: feelings)* reflejar; *(suggest)* insinuar. **2** *vi* indicar; **to** ~ **left/right** indicar a la izquierda/derecha.
in·di·ca·tion [,ɪndɪ'keɪʃən] *n* **(a)** *(sign)* indicio *m*, señal *f*; **there is every** ~ **that ...** todo hace suponer que ...; **there is no** ~ **that ...** no hay señal de que ...; **this is some** ~ **of** esto da una idea de. **(b)** *(mark)* señal; *(on gauge)* marca *f*.
in·dica·tive [ɪn'dɪkətɪv] **1** *adj* **(a) to be** ~ **of sth** indicar algo. **(b)** *(Ling: mood)* indicativo/a. **2** *n (Ling)* indicativo *m*.
in·di·ca·tor ['ɪndɪkeɪtəʳ] *n (gen)* indicador *m*; *(Aut)* indicador, intermitente *m*; *(Chem)* indicador.
in·di·ces ['ɪndɪsiːz] *npl of* **index.**
in·dict [ɪn'daɪt] *vt (charge)* acusar; **to** ~ **sb for murder** acusar a uno de homicidio.
in·dict·able [ɪn'daɪtəbl] *adj:* ~ **offence** delito *m* procesable.
in·dict·ment [ɪn'daɪtmənt] *n (charge)* acusación *f*; **to bring an** ~ **against sb** procesar a uno; **it's an** ~ **of our system** *(fig)* es una denuncia de nuestro sistema.
in·dif·fer·ence [ɪn'dɪfrəns] *n* indiferencia *f*.
in·dif·fer·ent [ɪn'dɪfrənt] *adj (unsympathetic)* indiferente; *(mediocre)* regular.
in·dig·enous [ɪn'dɪdʒɪnəs] *adj* indígena, nativo/a.
indigestible [,ɪndɪ'dʒestəbl] *adj* indigesto/a.
in·di·ges·tion [,ɪndɪ'dʒestʃən] *n* indigestión *f*.
in·dig·nant [ɪn'dɪgnənt] *adj (person, mood, letter)* indignado/a; **to be** ~ **at** *or* **about sth** indignarse por algo.
in·dig·na·tion [,ɪndɪg'neɪʃən] *n* indignación *f*.
in·dig·nity [ɪn'dɪgnɪtɪ] *n* indignidad *f*.
in·di·go ['ɪndɪgəʊ] **1** *n (colour)* añil *m*. **2** *adj* de color añil.
in·di·rect [,ɪndɪ'rekt] *adj (gen)* indirecto/a; ~ **speech** *(Ling)* estilo *m* indirecto.
in·dis·creet [,ɪndɪ'skriːt] *adj (person, remark)* indiscreto/a, imprudente.
in·dis·cre·tion [,ɪndɪ'skreʃən] *n (gen)* indiscreción *f*.
in·dis·crimi·nate [,ɪndɪ'skrɪmɪnɪt] *adj (random)* sin

distinción; *(thoughtless)* impensado/a; *(tasteless)* falto/a de discernimiento.
in·dis·pen·sable [ˌɪndɪ'spensəbl] *adj* imprescindible, indispensable.
in·dis·posed [ˌɪndɪ'spəʊzd] *adj (ill)* indispuesto/a; *(disinclined)* poco dispuesto/a *(to do sth* a hacer algo).
in·dis·put·able [ˌɪndɪ'spjuːtəbl] *adj (evidence)* incontrovertible; *(winner)* indiscutible.
in·dis·tinct [ˌɪndɪ'stɪŋkt] *adj (voice, words, noise)* indistinto/a.
in·dis·tin·guish·able [ˌɪndɪ'stɪŋgwɪʃəbl] *adj* indistinguible.
in·di·vid·ual [ˌɪndɪ'vɪdjʊəl] **1** *adj* **(a)** *(separate)* individual. **(b)** *(personal)* personal; *(for one)* particular, propio/a; **each room has its ~ telephone** cada cuarto tiene su teléfono propio. **2** *n* individuo *m*.
in·di·vidu·al·ist [ˌɪndɪ'vɪdjʊəlɪst] *n* individualista *mf*.
in·di·vidu·al·ity ['ɪndɪˌvɪdjʊ'ælɪtɪ] *n (personality)* personalidad *f; (separateness)* particularidad *f*.
in·di·vid·ual·ly [ˌɪndɪ'vɪdjʊəlɪ] *adv* individualmente; **~ they're nice, but together they're not** por separado son simpáticos, pero no cuando están juntos.
in·di·vis·ible [ˌɪndɪ'vɪzəbl] *adj (number)* indivisible.
Indo- ['ɪndəʊ] *pref* indo-.
in·doc·tri·nate [ɪn'dɒktrɪneɪt] *vt* adoctrinar.
in·doc·tri·na·tion [ɪnˌdɒktrɪ'neɪʃən] *n* adoctrinamiento *m*.
in·do·lent ['ɪndələnt] *adj* indolente.
In·do·nesia [ˌɪndəʊ'niːzɪə] *n* Indonesia *f*.
In·do·nesian [ˌɪndəʊ'niːzɪən] *adj, n* indonesio/a *m/f*.
in·door ['ɪndɔːʳ] *adj (shoes)* de casa; *(plant etc)* casero/a; *(inside)* interior; *(game, sport)* de sala *or* salón; *(stadium, pool etc)* bajo cubierta; *(photography)* interior.
in·doors [ɪn'dɔːz] *adv* dentro (de casa); *(at home)* en casa; **to go ~** entrar en la casa.
in·duce [ɪn'djuːs] *vt (persuade)* persuadir, inducir; *(cause: sleep etc)* producir; *(: birth)* inducir.
in·duce·ment [ɪn'djuːsmənt] *n (incentive)* incentivo *m*, estímulo *m; (bribe)* coacción *f, (Mex)* mordida *f, (LAm)* coima *f*.
in·duc·tion [ɪn'dʌkʃən] *n (Med, Phil)* inducción *f*.
in·duc·tive [ɪn'dʌktɪv] *adj (reasoning)* inductivo/a.
in·dulge [ɪn'dʌldʒ] *vt (give into: desire, appetite)* consentir; *(: person)* complacer; *(spoil: child)* mimar, consentir; **to ~ o.s.** darse gusto.
♦ **in·dulge in** *vi + prep (engage in)* entregarse a; *(: a bad habit)* permitirse el lujo *or* darse el gusto de.
in·dul·gence [ɪn'dʌldʒəns] *n (spoiling)* complacencia *f; (tolerance)* tolerancia *f; (bad habit)* vicio *m*.
in·dul·gent [ɪn'dʌldʒənt] *adj* complaciente; **to be ~ to** *or* **towards sb** consentir a uno.
in·dus·trial [ɪn'dʌstrɪəl] *adj (gen)* industrial; *(accident)* de trabajo; *(disease)* profesional; **~ action** huelga *f*; **~ estate,** *(US)* **~ park** polígono *m or (LAm)* zona *f* industrial; **~ unrest** agitación *f* obrera.
in·dus·tri·al·ist [ɪn'dʌstrɪəlɪst] *n* industrial *mf*.
in·dus·tri·al·ize [ɪn'dʌstrɪəlaɪz] *vt (area, region)* industrializar.
in·dus·tri·ous [ɪn'dʌstrɪəs] *adj (hardworking)* trabajador(a); *(studious)* aplicado/a.
in·dus·try ['ɪndəstrɪ] *n* **(a)** industria *f*; **the steel/coal/textile ~** la industria siderúrgica/minera/textil; **the tourist ~** el turismo. **(b)** *(industriousness)* aplicación *f*.
in·ebri·at·ed [ɪ'niːbrɪeɪtɪd] *adj* ebrio/a.
in·ef·fec·tive [ˌɪnɪ'fektɪv] *adj,* **in·ef·fec·tual** [ˌɪnɪ'fektʃʊəl] *adj (remedy)* ineficaz; *(person)* incapaz.
in·ef·fi·cien·cy [ˌɪnɪ'fɪʃənsɪ] *n (of method etc)* ineficacia *f; (of person)* incompetencia *f*.
in·ef·fi·cient [ˌɪnɪ'fɪʃənt] *adj (method)* ineficaz; *(person)* incapaz.
in·el·egant [ɪn'elɪgənt] *adj* poco elegante.
in·eli·gible [ɪn'elɪdʒɪbl] *adj (for military service)* no apto/a; **to be ~ for sth** ser ineligible para algo.
in·ept [ɪ'nept] *adj (person: unskilful)* incapaz; *(unsuitable)* inadecuado/a; *(foolish)* inepto/a.
in·epti·tude [ɪ'neptɪtjuːd] *n (see adj)* incapacidad *f*; ineptitud *f*.
in·equal·ity [ˌɪnɪ'kwɒlɪtɪ] *n* desigualdad *f*.
in·equi·table [ɪn'ekwɪtəbl] *adj* injusto/a.
in·ert [ɪ'nɜːt] *adj (inanimate: substance, gas)* inerte; *(motionless)* inmóvil.
in·er·tia [ɪ'nɜːʃə] *n (gen)* inercia *f*.
inertia-reel seat-belt [ɪˌnɜːʃəˌriːl'siːtˌbelt] *n* cinturón *m* de seguridad de inercia.
in·evi·tabil·ity [ɪnˌevɪtə'bɪlɪtɪ] *n* inevitabilidad *f*.
in·evi·table [ɪn'evɪtəbl] *adj (gen)* inevitable.
in·evi·tably [ɪn'evɪtəblɪ] *adv* inevitablemente; **as ~ happens ...** como siempre pasa ... .
in·ex·act [ˌɪnɪg'zækt] *adj (gen)* inexacto/a.
in·ex·cus·able [ˌɪnɪks'kjuːzəbl] *adj (behaviour, conduct)* imperdonable.
in·ex·haust·ible [ˌɪnɪg'zɔːstəbl] *adj (supply)* inagotable; **she has ~ energy** la energía no se le acaba nunca.
in·ex·pen·sive [ˌɪnɪk'spensɪv] *adj* económico/a.
in·ex·pe·ri·ence [ˌɪnɪk'spɪərɪəns] *n* falta *f* de experiencia.
in·ex·pe·ri·enced [ˌɪnɪk'spɪərɪənst] *adj (person, player, team)* inexperto/a; **to be ~ in doing sth** no tener experiencia en hacer algo.
in·ex·pli·cable [ˌɪnɪk'splɪkəbl] *adj (behaviour, event)* inexplicable.
in·ex·press·ible [ˌɪnɪk'spresəbl] *adj (feelings, thoughts)* inexpresable; *(joy, sorrow)* indecible.
in·ex·pres·sive [ˌɪnɪk'spresɪv] *adj (style)* inexpresivo/a; *(look, face)* reservado/a.
in·fal·libil·ity [ɪnˌfælə'bɪlɪtɪ] *n* infalibilidad *f*; **Papal ~** la infalibilidad del Papa.
in·fal·lible [ɪn'fæləbl] *adj* infalible.
in·fa·mous ['ɪnfəməs] *adj (person)* infame, de mala fama.
in·fa·my ['ɪnfəmɪ] *n* infamia *f*.
in·fan·cy ['ɪnfənsɪ] *n (childhood)* infancia *f*, niñez *f; (Jur)* minoría *f* de edad; *(fig: early stage)* infancia.
in·fant ['ɪnfənt] **1** *n* niño/a *m/f; (Jur)* menor *mf* de edad. **2: ~ class** *n* clase *f* de párvulos; **~ school** *n* escuela *f* de párvulos; **~ mortality** *n* mortandad *f* infantil.
in·fan·tile ['ɪnfəntaɪl] *adj* infantil.
in·fan·try ['ɪnfəntrɪ] *n* infantería *f*.
in·fantry·man ['ɪnfəntrɪmən] *n, pl* **-men** soldado *m* de infantería.
in·fatu·at·ed [ɪn'fætjʊeɪtɪd] *adj*: **to be ~ with sb** estar chiflado/a con uno.
in·fat·ua·tion [ɪnˌfætjʊ'eɪʃən] *n* chifladura *f*, enamoramiento *m*.
in·fect [ɪn'fekt] *vt* infectar; *(person, also fig)* contagiar; *(food)* contaminar; **to be/become ~ed with sth** contagiarse de algo; **he's ~ed everybody with his enthusiasm** su entusiasmo contagió a todos.
in·fect·ed [ɪn'fektɪd] *adj (wound)* infectado/a; *(person)* contagiado/a.
in·fec·tion [ɪn'fekʃən] *n (Med)* contagio *m; (illness)* infección *f*, contagio.

in·fec·tious [ɪn'fekʃəs] *adj (disease, also fig)* contagioso/a; *(person)* infeccioso/a.
in·fer [ɪn'fɜːʳ] *vt* inferir, deducir *(from* de).
in·fer·ence ['ɪnfərəns] *n* inferencia *f.*
in·fe·ri·or [ɪn'fɪərɪəʳ] *adj (in quality, rank)* inferior *(to* a); **to feel ~** sentirse inferior.
in·fe·ri·or·ity [ɪnˌfɪərɪ'ɒrɪtɪ] **1** *n* inferioridad *f.* **2: ~ complex** *n (Psych)* complejo *m* de inferioridad.
in·fer·nal [ɪn'fɜːnl] *adj (fig)* endemoniado/a, del demonio.
in·fer·no [ɪn'fɜːnəʊ] *n (fire)* hoguera *f.*
in·fer·tile [ɪn'fɜːtaɪl] *adj (land)* estéril; *(person)* infecundo/a.
in·fer·til·ity [ˌɪnfɜː'tɪlɪtɪ] *n (see adj)* esterilidad *f;* infecundidad *f.*
in·fest [ɪn'fest] *vt* infestar; **to be ~ed with sth** estar plagado de algo.
in·fi·del·ity [ˌɪnfɪ'delɪtɪ] *n* infidelidad *f.*
in·field ['ɪnfiːld] *n (Baseball)* infield *m; (Sport)* terreno *m* interior.
in·fighting ['ɪnfaɪtɪŋ] *n (fam)* lucha *f* interna.
in·fil·trate ['ɪnfɪltreɪt] **1** *vt* infiltrar. **2** *vi* infiltrarse.
in·fil·tra·tion [ˌɪnfɪl'treɪʃən] *n (gen)* infiltración *f.*
in·fi·nite ['ɪnfɪnɪt] *adj (gen)* infinito/a; **an ~ amount of time/money** un sinfín de dinero/tiempo.
in·fi·nite·ly ['ɪnfɪnɪtlɪ] *adv* infinitamente; **this is ~ harder** esto es muchísimo más difícil.
in·fini·tesi·mal [ˌɪnfɪnɪ'tesɪməl] *adj* infinitésimo/a.
in·fin·i·tive [ɪn'fɪnɪtɪv] **1** *adj (Ling)* infinitivo/a. **2** *n* infinitivo *m.*
in·fin·ity [ɪn'fɪnɪtɪ] *n (gen)* infinidad *f; (Math)* infinito *m.*
in·firm [ɪn'fɜːm] *adj (person: weak)* débil; *(: sickly)* enfermizo/a.
in·fir·ma·ry [ɪn'fɜːmərɪ] *n (hospital)* hospital *m,* clínica *f; (in school, prison, barracks)* enfermería *f.*
in·flame [ɪn'fleɪm] *vt* **(a)** *(Med: wound etc)* inflamar; **to become ~d** inflamarse. **(b)** *(fig: person, feelings)* avivar.
in·flam·mable [ɪn'flæməbl] *adj (substance, fabric)* inflamable; *(fig: situation etc)* explosivo/a; **'highly ~'** *(on notice)* 'peligro de incendio'.
in·flam·ma·tion [ˌɪnflə'meɪʃən] *n (Med: of wound etc)* inflamación *f.*
in·flam·ma·tory [ɪn'flæmətərɪ] *adj (speech)* incendiario/a.
in·flat·able [ɪn'fleɪtɪbl] *adj (boat)* inflable.
in·flate [ɪn'fleɪt] *vt (tyre, boat)* hinchar, inflar; *(fig: prices)* inflar.
in·flat·ed [ɪn'fleɪtɪd] *adj (tyre, price)* hinchado/a, inflado/a; **~ with pride** *(fig)* presumido, engreído.
in·fla·tion [ɪn'fleɪʃən] *n (Econ)* inflación *f.*
in·fla·tion·ary [ɪn'fleɪʃnərɪ] *adj* inflacionario/a.
in·flect [ɪn'flekt] *vt (voice)* modular.
in·flect·ed [ɪn'flektɪd] *adj (language)* flexional.
in·flex·ibility [ɪnˌfleksɪ'bɪlɪtɪ] *n (see adj)* rigidez *f;* inflexibilidad *f.*
inf·lex·ible [ɪn'fleksəbl] *adj (substance, object)* rígido/a; *(fig: person, opinions, rules)* inflexible.
in·flict [ɪn'flɪkt] *vt*: **to ~ (on)** *(wound)* infligir (a); *(blow)* asestar *or* dar (a); *(penalty, tax)* imponer (a); *(suffering, damage)* causar (a); **to ~ o.s. on sb** imponerse *or* imponer su presencia a uno.
in-flight ['ɪnflaɪt] *adj* durante el vuelo.
in·flu·ence ['ɪnflʊəns] **1** *n* influencia *f;* **to have an ~ on sth** *(subj: person)* influir en *or* sobre algo; **to be a good/bad ~ on sb** ejercer buena/mala influencia sobre uno; **to have ~ with sb** tener ascendiente sobre uno; **under the ~ of drink/drugs** ebrio *or* borracho/drogado; **under the ~** *(fam)* en estado de embriaguez. **2** *vt (person)* influenciar; *(action, decision)* influir en *or* sobre; **to be easily ~d** ser influenciable.
in·flu·en·tial [ˌɪnflʊ'enʃəl] *adj (person, ideas)* influyente; *(organization)* prestigioso/a.
in·flu·en·za [ˌɪnflʊ'enzə] *n* gripe *f.*
in·flux ['ɪnflʌks] *n (of people)* afluencia *f; (of objects, ideas)* flujo *m.*
in·form [ɪn'fɔːm] **1** *vt (give information)* informar, avisar; *(bring up to date)* poner al corriente; **to ~ sb about sth** informar a uno sobre *or* de algo; **I am happy to ~ you that ...** me da mucho gusto comunicarle que ...; **keep me ~ed** téngame al corriente; **a well ~ed person** una persona bien informada. **2** *vi*: **to ~ on** delatar, denunciar a.
in·for·mal [ɪn'fɔːməl] *adj (person: at ease)* desenvuelto/a; *(: unceremonious)* de confianza, sin ceremonia; *(manner, tone, style)* llano/a, sencillo/a; *(without ceremony: occasion)* sin etiqueta; *(: visit)* sin ceremonia, de confianza; *(unofficial: meeting, negotiations)* extraoficial.
in·for·mal·ity [ˌɪnfɔː'mælɪtɪ] *n (openness, ease etc)* sencillez *f,* soltura *f; (agreeable manner)* afabilidad *f; (absence of ceremony)* falta *f* de ceremonia; *(unofficial character)* carácter *m* extraoficial;
in·for·mal·ly [ɪn'fɔːməlɪ] *adv (without ceremony)* sin ceremonia; **I have been ~ told that ...** se me ha dicho en confianza que ... .
in·form·ant [ɪn'fɔːmənt] *n* informante *mf.*
in·for·ma·tion [ˌɪnfə'meɪʃən] **1** *n* información *f; (knowledge)* concimientos *mpl;* **a piece of ~** un dato *m;* **to give sb ~ about** *or* **on sb/sth** proporcionar información a uno sobre uno/algo; **for your ~** para su información. **2: ~ bureau** *n* Oficina *f* de Información turística; **~ processing** *n* procesamiento *m* de datos; **~ science/technology** *n* informática *f.*
in·forma·tive [ɪn'fɔːmətɪv] *adj (gen)* informativo/a.
in·formed [ɪn'fɔːmd] *adj (knowledgeable)* al corriente, informado/a; **an ~ guess** una opinión bien fundamentada.
in·form·er [ɪn'fɔːməʳ] *n (police ~)* delator(a) *m/f.*
infra·red [ˌɪnfrə'red] *adj (rays, light)* infrarrojo/a.
infra·struc·ture ['ɪnfrəˌstrʌktʃəʳ] *n* infraestructura *f.*
in·fre·quent [ɪn'friːkwənt] *adj (visit, occurrence)* poco frecuente, infrecuente.
in·fringe [ɪn'frɪndʒ] *vt (law, rights, copyright)* infringir, violar.
♦ **in·fringe (up)on** *vi + prep* usurpar, abusar de.
in·fringe·ment [ɪn'frɪndʒmənt] *n (of law, rule)* infracción *f,* violación *f; (rights)* usurpación *f.*
in·furi·ate [ɪn'fjʊərɪeɪt] *vt* enfurecer; **to be/get ~d** estar/ponerse furioso.
in·furi·at·ing [ɪn'fjʊərɪeɪtɪŋ] *adj (gen)* exasperante; **I find his habit ~** esa costumbre suya me saca de quicio.
in·fuse [ɪn'fjuːz] *vt* **(a)** *(with courage, enthusiasm)* infundir; **to ~ courage into sb** infundir ánimo a uno. **(b)** *(Culin: herbs, tea)* hacer una infusión de.
in·fu·sion [ɪn'fjuːʒən] *n (Culin: tea etc)* infusión *f.*
in·gen·ious [ɪn'dʒiːnɪəs] *adj (gen)* ingenioso/a; *(fam: ideas, scheme)* genial.
in·genu·ity [ˌɪndʒɪ'njuːɪtɪ] *n (of person)* ingenio *m; (of ideas, scheme)* ingeniosidad *f.*
in·genu·ous [ɪn'dʒenjʊəs] *adj* ingenuo/a.
in·got ['ɪŋgət] *n* lingote *m.*
in·grained [ˌɪn'greɪnd] *adj (dirt)* acumulado/a; *(fig: ideas, tradition)* arraigado/a.
in·gra·ti·ate [ɪn'greɪʃɪeɪt] *vt*: **to ~ o.s. with sb** congraciarse con uno, dar coba a uno *(fam).*
in·gra·ti·at·ing [ɪn'greɪʃɪeɪtɪŋ] *adj (smile, speech)*

insinuante; *(person)* zalamero/a, congraciador(a).

in·grati·tude [ɪn'grætɪtju:d] *n* ingratitud *f.*

in·gre·di·ent [ɪn'gri:dɪənt] *n (Culin)* ingrediente *m; (fig)* componente *m.*

in·grow·ing ['ɪngrəʊɪŋ] *adj:* ~ **(toe)nail** uña *f* encarnada.

in·hab·it [ɪn'hæbɪt] *vt (house)* ocupar; *(town, country)* vivir en; *(animal)* habitar.

in·hab·it·able [ɪn'hæbɪtəbl] *adj (gen)* habitable.

in·hab·it·ant [ɪn'hæbɪtənt] *n* habitante *mf.*

in·hale [ɪn'heɪl] **1** *vt (gas, Med)* inhalar, aspirar; *(smoke etc)* tragar. **2** *vi (smoker)* tragar el humo; *(Med)* aspirar.

in·her·ent [ɪn'hɪərənt] *adj* inherente, intrínseco/a; **to be** ~ **in sth** ser inherente a algo.

in·her·it [ɪn'herɪt] *vt (gen)* heredar.

in·her·it·ance [ɪn'herɪtəns] *n* herencia *f; (fig)* patrimonio *m.*

in·heri·tor [ɪn'herɪtə^r] *n* heredero/a *m/f.*

in·hib·it [ɪn'hɪbɪt] *vt (check)* inhibir, reprimir; *(prevent)* impedir; **to** ~ **sb from doing sth** impedir a uno hacer algo.

in·hib·it·ed [ɪn'hɪbɪtɪd] *adj (person)* cohibido/a.

in·hi·bi·tion [ˌɪnhɪ'bɪʃən] *n* cohibición *f;* **to have/have no** ~**s** sentirse/no sentirse cohibido.

in·hos·pi·table [ˌɪnhɒs'pɪtəbl] *adj (person)* inhospitalario/a; *(country)* inhóspito/a.

in·hu·man [ɪn'hju:mən] *adj (merciless)* inhumano/a; *(insensitive)* insensible.

in·hu·mane [ˌɪnhju:'meɪn] *adj (behaviour, treatment)* inhumano/a.

in·hu·man·ity [ˌɪnhju:'mænɪtɪ] *n* inhumanidad *f.*

in·imi·cal [ɪ'nɪmɪkə] *adj* contrario/a.

in·imi·table [ɪ'nɪmɪtəbl] *adj* inimitable.

in·iqui·tous [ɪ'nɪkwɪtəs] *adj* inicuo/a.

ini·tial [ɪ'nɪʃəl] **1** *adj (gen)* primero/a, inicial. **2** *n (letter)* inicial *f;* ~**s** *(abbreviation)* siglas *fpl;* **to sign sth with one's** ~**s** firmar algo con las iniciales. **3** *vt (Comm: letter etc)* firmar con las iniciales.

ini·tial·ly [ɪ'nɪʃəlɪ] *adv* al principio, *(LAm)* en un principio.

ini·ti·ate [ɪ'nɪʃɪeɪt] *vt* **(a)** *(begin)* iniciar; *(: talks)* entablar; *(: reform)* promover; **to** ~ **proceedings against sb** *(Jur)* entablar una demanda contra uno. **(b)** *(admit)* admitir; **to** ~ **sb into sth** iniciar a uno en algo.

ini·tia·tion [ɪˌnɪʃɪ'eɪʃən] **1** *n (gen)* iniciación *f; (beginning)* inicio *m,* comienzo *m.* **2:** ~ **ceremony** *n* ceremonia *f* de iniciación.

ini·tia·tive [ɪ'nɪʃətɪv] *n* iniciativa *f;* **to use one's** ~ obrar por propia iniciativa; **on one's own** ~ por iniciativa propia; **to take the** ~ tomar la iniciativa.

in·ject [ɪn'dʒekt] *vt (Med: medicine)* inyectar; *(: person)* poner una inyección a; *(fig: enthusiasm, money)* **to** ~ **into** infundir *or* introducir en.

in·jec·tion [ɪn'dʒekʃən] *n (gen)* inyección *f;* **to give sb an** ~ dar una inyección a uno; **to have an** ~ hacerse inyectar.

in·ju·di·cious [ˌɪndʒʊ'dɪʃəs] *adj* imprudente, indiscreto/a.

in·junc·tion [ɪn'dʒʌŋkʃən] *n (Jur)* entredicho *m,* interdicto *m.*

in·jure ['ɪndʒə^r] *vt* **(a)** *(physically: wound)* herir, lesionar; *(: hurt)* lastimar, dañar; **he** ~**d his arm** se lastimó el brazo; **he was** ~**d in the accident** fue lastimado en el accidente. **(b)** *(fig: reputation, trade etc)* perjudicar; *(: feelings)* herir; **to** ~ **o.s.** hacerse daño, lastimarse.

in·jured ['ɪndʒəd] *adj (person, limb etc)* herido/a, lesionado/a; *(tone, feelings)* herido/a; **the** ~ **party** *(Jur)* la parte perjudicada.

in·ju·ri·ous [ɪn'dʒʊərɪəs] *adj* perjudicial.

in·ju·ry ['ɪndʒərɪ] **1** *n* **(a)** *(physical)* herida *f,* lesión *f.* **(b)** *(fig: to reputation, feelings)* perjuicio *m.* **2:** ~ **time** *n (Sport)* descuento *m; see* **insult.**

in·jus·tice [ɪn'dʒʌstɪs] *n* injusticia *f;* **you do me an** ~ Ud es injusto conmigo.

ink [ɪŋk] *n* tinta *f; (printing* ~*)* tinta de imprenta.

ink·ling ['ɪŋklɪŋ] *n (hint)* indicio *m,* idea *f; (suspicion)* sospecha *f; (vague idea)* atisbo *m;* **to give sb an** ~ **that ...** darle a uno motivo para pensar que ...; **I had no** ~ **that ...** no tenía ni la menor idea de que ... .

ink·pad ['ɪŋkpæd] *n* almohadilla *f.*

ink·well ['ɪŋkwel] *n* tintero *m.*

inky ['ɪŋkɪ] *adj* **(-ier, -iest)** manchado/a de tinta; *(fig: darkness)* tenebroso/a.

in·laid [ˌɪn'leɪd] *adj (with wood)* taraceado/a *(with* de); *(with tiles)* entarimado/a *(with* de); *(with jewels)* incrustado/a *(with* de).

in·land ['ɪnlænd] **1** *adj (town)* del interior; *(waterway, trade etc)* interior; **I**~ **Revenue** *(Brit)* Departamento de Impuestos. **2** *adv (in)* tierra adentro; *(towards)* hacia el interior.

in-laws ['ɪnlɔ:z] *npl (fam)* parientes *mpl* políticos.

in·let ['ɪnlet] **1** *n* **(a)** *(Geog)* ensenada *f,* cala *f.* **(b)** *(Tech)* admisión *f,* entrada *f.* **2:** ~ **valve** *n* válvula *f* de entrada.

in·mate ['ɪnmeɪt] *n (of prison)* preso/a *m/f,* presidiario/a *m/f; (of asylum)* internado/a *m/f.*

inn [ɪn] *n* posada *f,* fonda *f.*

in·nards ['ɪnədz] *npl (fam)* tripas *fpl.*

in·nate [ɪ'neɪt] *adj* innato/a.

in·ner ['ɪnə^r] *adj (space within)* interior; *(part)* interno/a; *(thoughts, emotions)* íntimo/a; **the** ~ **city** las zonas céntricas de la ciudad; ~ **city schools** escuelas *fpl* de las zonas céntricas; ~ **ear** oído *m* interno; ~ **sole** *(in shoe)* suela *f;* ~ **tube** *(in tyre)* cámara *f, (LAm)* llanta *f.*

inner·most ['ɪnəməʊst] *adj (thoughts, feelings)* más íntimo/a, más secreto/a.

in·nings ['ɪnɪŋz] *n sg and pl (in cricket)* entrada *f,* turno *m.*

inn·keeper ['ɪnˌki:pə^r] *n* posadero/a *m/f.*

in·no·cence ['ɪnəsns] *n* inocencia *f.*

in·no·cent ['ɪnəsnt] *adj, n (gen)* inocente *mf.*

in·nocu·ous [ɪ'nɒkjʊəs] *adj* inocuo/a, inofensivo/a.

in·no·vate ['ɪnəʊveɪt] *vi* innovar.

in·no·va·tion [ˌɪnəʊ'veɪʃən] *n* innovación *f,* novedad *f.*

in·nu·en·do [ˌɪnjʊ'endəʊ] *n* indirecta *f.*

in·nu·mer·able [ɪ'nju:mərəbl] *adj:* **there were** ~ **accidents that night** aquella noche hubo incontables accidentes.

in·ocu·late [ɪ'nɒkjʊleɪt] *vt (person, animal)* inocular, vacunar *(against* contra).

in·ocu·la·tion [ɪˌnɒkjʊ'leɪʃən] *n* inoculación *f,* vacuna *f.*

in·of·fen·sive [ˌɪnə'fensɪv] *adj* inofensivo/a.

in·op·por·tune [ɪn'ɒpətju:n] *adj* inoportuno/a.

in·or·di·nate [ɪ'nɔ:dɪnɪt] *adj (excessive)* excesivo/a; *(unrestrained)* desmesurado/a.

in·or·gan·ic [ˌɪnɔ:'gænɪk] *adj (Chem)* inorgánico/a.

in·pa·tient ['ɪnˌpeɪʃnt] *n* internado/a *m/f.*

in·put ['ɪnpʊt] *n (Elec)* entrada *f; (in computers)* input *m,* entrada; *(Fin, fig)* inversión *f.*

in·quest ['ɪnkwest] *n (by coroner)* encuesta *f* judicial *or* post-mortem; *(fig)* investigación *f.*

in·quire [ɪn'kwaɪə^r] **1** *vt:* **to** ~ **sth of sb** preguntar algo a uno; **to** ~ **when/whether ...** preguntar cuándo/si ... . **2** *vi* preguntar; **to** ~ **into sth** investigar *or* indagar algo; **to** ~ **about sth** informarse de algo, pedir informes sobre algo.

in·quir·ing [ɪn'kwaɪərɪŋ] *adj (mind)* curioso/a; *(look)* de interrogación.
in·quiry [ɪn'kwaɪərɪ] **1** *n* **(a)** *(question)* interrogante *m,* pregunta *f;* **'Inquiries'** *(on sign etc)* 'Informes' *mpl;* **on ~** al preguntar; **inquiries to X** dirigirse a X; **to make inquiries (about sth)** indagar (sobre algo). **(b)** *(investigation)* investigación *f,* pesquisa *f; (commission)* comisión *f* investigadora *or* de investigación; **to hold an ~ into sth** montar una investigación sobre algo; **the police are making inquiries** la policía está investigando el asunto; **the ~ found that ...** la investigación concluyó que ... . **2: ~ desk** *n* mesa *f* de informes; **~ office** *n* (oficina *f* de) informaciones *fpl.*
in·qui·si·tion [ˌɪnkwɪ'zɪʃən] *n* inquisición *f,* investigación *f;* **the Spanish I~** la Inquisición.
in·quisi·tive [ɪn'kwɪzɪtɪv] *adj (interested)* curioso/a; *(prying)* preguntón/ona; *(mind)* activo/a, inquiridor(a).
in·road ['ɪnrəʊd] *n:* **to make ~s into one's savings** agotar parte de sus ahorros; **to make ~s into sb's time** hacerle perder el tiempo a uno.
in·sane [ɪn'seɪn] **1** *adj (person)* loco/a, demente; *(act etc)* insensato/a; **to drive sb ~** *(fig)* volver loco *or* enloquecer a uno. **2** *npl:* **the ~** los enfermos mentales.
in·sani·tary [ɪn'sænɪtərɪ] *adj* insalubre, malsano/a, antihigiénico/a.
in·san·ity [ɪn'sænɪtɪ] *n (Med)* demencia *f; (of act etc)* insensatez *f,* locura *f.*
in·sa·tiable [ɪn'seɪʃəbl] *adj* insaciable.
in·scribe [ɪn'skraɪb] *vt (engrave)* grabar; *(write)* inscribir; *(dedicate: book)* dedicar.
in·scrip·tion [ɪn'skrɪpʃən] *n (on stone)* inscripción *f; (in book)* dedicatoria *f.*
in·scru·table [ɪn'skruːtəbl] *adj* inescrutable.
in·sect ['ɪnsekt] **1** *n* insecto *m; (fig)* bicho *m.* **2: ~ bite** *n* picadura *f;* **~ powder** *n* polvos *mpl* antiinsectos; **~ repellant** *n* loción *f* contra los insectos.
in·sec·ti·cide [ɪn'sektɪsaɪd] *n* insecticida *m.*
in·secure [ˌɪnsɪ'kjʊəʳ] *adj* inseguro/a.
in·secu·rity [ˌɪnsɪ'kjʊərɪtɪ] *n* inseguridad *f.*
in·sen·sible [ɪn'sensəbl] *adj (unconscious)* sin conocimiento; *(unaware)* inconsciente.
in·sen·si·tive [ɪn'sensɪtɪv] *adj* insensible.
in·sen·si·tiv·ity [ɪnˌsensɪ'tɪvɪtɪ] *n* insensibilidad *f.*
in·sepa·rable [ɪn'sepərəbl] *adj* inseparable.
in·sert ['ɪnsɜːt] **1** *n (in book etc)* encarte *m; (Sew)* entredós *m.* **2** [ɪn'sɜːt] *vt* **(a)** *(coin, finger, needle etc)* introducir. **(b)** *(add: word, paragraph)* incluir; *(advertisement)* poner.
in·ser·tion [ɪn'sɜːʃən] *n (gen)* inserción *f; (advertisement)* anuncio *m.*
in·shore [ˌɪn'ʃɔːʳ] **1** *adv (fish)* a lo largo de la costa; *(sail, blow)* hacia la orilla. **2** *adj:* **~ fishing** pesca *f* costera.
in·side [ˌɪn'saɪd] **1** *n* **(a)** interior *m,* parte *f* interior; *(of road: Brit)* lado *m* izquierdo, *(: US, Europe etc)* lado *m* derecho; **on the ~** por dentro; **from the ~** desde dentro; **to overtake on the ~** adelantarse *or (LAm)* rebasar por la derecha, *(Brit)* por la izquierda; **to know sth from the ~** saber algo por experiencia propia. **(b) to be ~ out** estar al revés; **to turn sth ~ out** volver algo al revés; **the wind blew the umbrella ~ out** el viento volvió el paraguas al revés. **(c)** *(fam)* **~s** tripas *fpl.* **2** *adv (in)* dentro; *(towards)* adentro; *(indoors)* adentro, dentro; **to be ~** *(fam: in prison)* estar en la cárcel. **3** *prep* **(a)** *(of place)* dentro de. **(b)** *(of time)* en menos de; **~ the record** *(fam)* en tiempo récord. **4: ~ forward** interior *mf;* **~ information** *n* información *f* confidencial; **~ job** *n (fam: crime)* crimen *m* organizado desde dentro; **the ~ lane** *(Brit)* el carril izquierdo, *(US, Europe etc)* el carril derecho; **~ left** *n* interior izquierda; **~ leg measurement** *n* medida *f* de pernera interior; **~ right** *n* interior derecha; **~ story** *n* historia *f* íntima.
in·sid·er [ɪn'saɪdəʳ] *n* enterado/a *m/f.*
in·sidi·ous [ɪn'sɪdɪəs] *adj* insidioso/a.
in·sight ['ɪnsaɪt] *n* **(a)** *(understanding)* perspicacia *f,* ojo *m;* **a person of ~** una persona de perspicacia. **(b)** *(perception)* intuición *f;* **to gain** *or* **get an ~ into sth** formarse una idea de algo.
in·sig·nia [ɪn'sɪgnɪə] *npl* insignias *fpl.*
in·sig·nifi·cance [ˌɪnsɪg'nɪfɪkəns] *n* insignificancia *f.*
in·sig·nifi·cant [ˌɪnsɪg'nɪfɪkənt] *adj* insignificante.
in·sin·cere [ˌɪnsɪn'sɪəʳ] *adj* insincero/a.
in·sin·cer·ity [ˌɪnsɪn'serɪtɪ] *n* insinceridad *f.*
in·sinu·ate [ɪn'sɪnjʊeɪt] *vt* insinuar, dar a entender *(that* que); **to ~ o.s. into sb's favour** insinuarse en el favor de uno.
in·sin·ua·tion [ɪnˌsɪnjʊ'eɪʃən] *n (act)* insinuación *f; (hint)* indirecta *f.*
in·sip·id [ɪn'sɪpɪd] *adj (gen)* soso/a, insípido/a.
in·sist [ɪn'sɪst] **1** *vi (gen)* insistir; **to ~ on sth** *(repeat etc)* insistir en algo; *(demand)* exigir algo; *(emphasize)* hacer hincapié en algo; **to ~ on doing sth** *(carry on)* insistir *or* empeñarse en hacer algo. **2** *vt:* **to ~ that ...** insistir en que ... .
in·sist·ence [ɪn'sɪstəns] *n* insistencia *f;* **at his/her ~** ante su insistencia.
in·sis·tent [ɪn'sɪstənt] *adj (person)* insistente; *(demand)* persistente; *(tone)* porfiado/a.
in·sole ['ɪnˌsəʊl] *n* plantilla *f.*
in·so·lence ['ɪnsələns] *n* insolencia *f,* descaro *m.*
in·so·lent ['ɪnsələnt] *adj* insolente, descarado/a.
in·sol·uble [ɪn'sɒljʊbl] *adj (substance)* insoluble; *(problem)* sin solución.
in·sol·ven·cy [ɪn'sɒlvənsɪ] *n (of company)* insolvencia *f.*
in·sol·vent [ɪn'sɒlvənt] *adj* insolvente.
in·som·nia [ɪn'sɒmnɪə] *n* insomnio *m.*
in·som·ni·ac [ɪn'sɒmnɪæk] *n* insomne *mf.*
in·spect [ɪn'spekt] *vt* **(a)** *(examine: goods, luggage)* revisar, examinar; *(: ticket, document)* registrar, reconocer. **(b)** *(Mil: troops)* pasar revista a.
in·spec·tion [ɪn'spekʃən] *n* **(a)** *(of goods)* inspección *f; (of ticket, document)* examen *m,* registro *m;* **on ~, the goods ...** al ser registradas las mercancías ... . **(b)** *(Mil: of troops)* revista *f.*
in·spec·tor [ɪn'spektəʳ] *n (official)* inspector(a) *m/f; (on bus, train)* revisor(a) *m/f, (LAm)* controlador(a) *m/f; (in police, schools etc)* inspector(a); **~ of taxes** Inspector(a) de Hacienda.
in·spi·ra·tion [ˌɪnspə'reɪʃən] *n* inspiración *f;* **to find ~ in** inspirarse en.
in·spire [ɪn'spaɪəʳ] *vt* inspirar; **to ~ confidence in sb, to ~ sb with confidence** infundir confianza a uno; **to ~ sb to do sth** inspirar a uno a hacer algo.
in·spired [ɪn'spaɪəd] *adj* inspirado/a; **in an ~ moment ...** en un momento de inspiración ... .
in·spir·ing [ɪn'spaɪərɪŋ] *adj* inspirador(a).
inst. *abbr of* **of the present month** corrte, cte.
in·stabil·ity [ˌɪnstə'bɪlɪtɪ] *n* inestabilidad *f.*
in·stall [ɪn'stɔːl] *vt* instalar.
in·stal·la·tion [ˌɪnstə'leɪʃən] *n (Tech, gen)* instalación *f; (of mayor, official etc)* inauguración *f.*
in·stal·ment, *(US)* **in·stall·ment** [ɪn'stɔːlmənt] *n* **(a)** *(Comm: part payment)* plazo *m,* abono *m;* **monthly ~** mensualidad *f;* **to pay in ~s** pagar a plazos *or* por abonos. **(b)** *(of serial: in magazine)* fascículo *m; (: on radio, TV)* entrega *f.*

in·stance ['ɪnstəns] *n (example)* ejemplo *m;* **for ~** por ejemplo; **in that ~** en ese caso; **in the first ~** en primer lugar.

in·stant ['ɪnstənt] **1** *adj* **(a)** *(reply, reaction, success)* inmediato/a; **~ coffee** café instantáneo (en polvo). **(b)** *(Comm)* **on the 1st ~** el primero del corriente. **2** *n* instante *m,* momento *m;* **in an ~** en un instante.

in·stan·ta·neous [,ɪnstən'teɪnɪəs] *adj* instantáneo/a.

in·stant·ly ['ɪnstəntlɪ] *adv* al instante.

in·stead [ɪn'sted] **1** *adv* en su lugar. **2** *prep:* **~ of** en vez de, en lugar de.

in·step ['ɪnstep] *n* empeine *m.*

in·sti·gate ['ɪnstɪgeɪt] *vt (rebellion, strike, crime)* instigar; *(new ideas etc)* fomentar.

in·sti·ga·tion [,ɪnstɪ'geɪʃən] *n:* **at sb's ~** a instigación de uno.

in·sti·ga·tor ['ɪnstɪgeɪtəʳ] *n* instigador(a) *m/f.*

in·stil [ɪn'stɪl] *vt:* **to ~ sth into sb** infundir algo a uno.

in·stinct ['ɪnstɪŋkt] *n* instinto *m;* **by ~** por instinto.

in·stinc·tive [ɪn'stɪŋktɪv] *adj* instintivo/a.

in·sti·tute ['ɪnstɪtjuːt] **1** *n (research centre)* instituto *m; (professional body)* colegio *m,* asociación *f.* **2** *vt (begin)* iniciar, empezar; *(found)* fundar, establecer; *(Jur: proceedings)* entablar.

in·sti·tu·tion [,ɪnstɪ'tjuːʃən] *n* **(a)** *(act)* establecimiento *m.* **(b)** *(organization)* institución *f.* **(c)** *(custom etc)* costumbre *f* arraigada.

in·sti·tu·tion·al·ize [,ɪnstɪ'tjuːʃənəlaɪz] *vt (patient)* meter en una institución; *(make into institution)* institucionalizar.

in·struct [ɪn'strʌkt] *vt* **(a)** *(teach)* **to ~ sb in sth** enseñar algo a uno. **(b)** *(order)* **to ~ sb to do sth** mandar a uno hacer algo.

in·struc·tion [ɪn'strʌkʃən] **1** *n* **(a)** *(teaching)* instrucción *f,* enseñanza *f;* **~ in mathematics** clases *fpl* de matemáticas. **(b)** *(usu pl: order)* órdenes *fpl;* **to give sb ~s to do sth** dar órdenes a uno de hacer algo; **~ for use** modo *m* de empleo. **2: ~ book** *n* manual *m.*

in·struc·tive [ɪn'strʌktɪv] *adj (experience)* instructivo/a.

in·struc·tor [ɪn'strʌktəʳ] *n* instructor(a) *m/f.*

in·stru·ment ['ɪnstrʊmənt] **1** *n (gen)* instrumento *m; (surgical)* instrumental *m;* **to fly on ~s** volar con los instrumentos. **2: ~ panel** *n (Aer)* tablero *m or* cuadro *m* de instrumentos.

in·stru·men·tal [,ɪnstrʊ'mentl] *adj* **(a) to be ~ in sth** ser responsable de algo. **(b)** *(music etc)* instrumental.

in·stru·men·tal·ist [,ɪnstrʊ'mentəlɪst] *n* instrumentista *mf.*

in·sub·or·di·nate [,ɪnsə'bɔːdənɪt] *adj (person, behaviour)* insubordinado/a.

in·sub·or·di·na·tion ['ɪnsə,bɔːdɪ'neɪʃən] *n* insubordinación *f.*

in·suf·fer·able [ɪn'sʌfərəbl] *adj* insoportable, inaguantable.

in·suf·fi·cient [,ɪnsə'fɪʃənt] *adj* insuficiente.

in·su·lar ['ɪnsjələʳ] *adj* **(a)** *(Geog: climate, location)* insular. **(b)** *(fig: person, attitude)* estrecho/a de miras.

in·su·late ['ɪnsjʊleɪt] *vt (gen)* aislar.

in·su·lat·ing tape ['ɪnsjʊleɪtɪŋ,teɪp] *n* cinta *f* aislante.

in·su·la·tion [,ɪnsjʊ'leɪʃən] *n (gen)* aislamiento *m; (of walls etc)* aislamiento térmico.

in·su·lin ['ɪnsjʊlɪn] *n* insulina *f.*

in·sult ['ɪnsʌlt] **1** *n* insulto *m,* ofensa *f;* **to add ~ to injury** para colmo de males. **2** [ɪn'sʌlt] *vt (person)* insultar, ofender.

in·sult·ing [ɪn'sʌltɪŋ] *adj* ofensivo/a, insultante.

in·su·per·able [ɪn'suːpərəbl] *adj (difficulty etc)* insuperable.

in·sur·ance [ɪn'ʃʊərəns] **1** *n (Comm)* seguro *m;* **~ against theft/fire/damage** seguro contra robo/incendio/daños; **comprehensive/third party ~** seguro a todo riesgo/contra terceros; **to take out ~** hacerse un seguro. **2: ~ agent** *n* agente *m* de seguros; **~ broker** *n* corredor(a) *m/f* de seguros; **~ certificate** *n* certificado *m* de seguros; **~ company** *n* compañía *f* de seguros; **~ policy** *n* póliza *f* (de seguros); **~ premium** *n* prima *f* de seguro.

in·sure [ɪn'ʃʊəʳ] *vt* asegurar; **to ~ o.s.** *or* **one's life** asegurarse (la vida); **to ~ sb** *or* **sb's life** asegurar la vida a uno; **to be ~d for £5000** tener un seguro de 5000 libras; **to ~ sth against fire/theft** asegurar algo contra incendios/robo.

in·sured [ɪn'ʃuːəd] *n:* **the ~** el/la asegurado/a *m/f.*

in·sur·er [ɪn'ʃʊərəʳ] *n* asegurador(a) *m/f.*

in·sur·gent [ɪn'sɜːdʒənt] *n, adj* insurgente *mf,* insurrecto/a *m/f.*

in·sur·mount·able [,ɪnsə'maʊntəbl] *adj* insuperable.

in·sur·rec·tion [,ɪnsə'rekʃən] *n* insurrección *f.*

in·tact [ɪn'tækt] *adj (undamaged)* íntegro/a; *(untouched)* intacto/a.

in·take ['ɪnteɪk] **1** *n* **(a)** *(Tech: of air, gas etc)* entrada *f; (: of water)* toma *f.* **(b)** *(quantity: of people)* ingreso *m; (of food)* ración *f.* **2: ~ valve** *n* válvula *f* de admisión.

in·tan·gible [ɪn'tændʒəbl] *adj (gen)* intangible.

in·te·ger ['ɪntɪdʒəʳ] *n* entero *m,* número *m* entero.

in·te·gral ['ɪntɪgrəl] *adj* **(a)** *(essential: part)* integrante. **(b)** *(Math)* **~ calculus** cálculo *m* integral.

in·te·grate ['ɪntɪgreɪt] *vt (gen)* integrar.

in·te·grat·ed ['ɪntɪgreɪtɪd] *adj* integrado/a; **to become ~ (in)** integrarse (en).

in·te·gra·tion [,ɪntɪ'greɪʃən] *n (gen)* integración *f.*

in·teg·rity [ɪn'tegrɪtɪ] *n (of person)* integridad *f,* honradez *f.*

in·tel·lect ['ɪntəlekt] *n (mental powers)* intelecto *m,* inteligencia *f.*

in·tel·lec·tual [ɪntə'lektjʊəl] *adj, n* intelectual *mf.*

in·tel·li·gence [ɪn'telɪdʒəns] **1** *n (cleverness, information)* inteligencia *f;* **I~ (service)** *(Mil)* servicio *m* de inteligencia. **2: ~ quotient** *n (abbr IQ)* cociente *m* de inteligencia; **~ test** *n* prueba *f* de inteligencia.

in·tel·li·gent [ɪn'telɪdʒənt] *adj* inteligente, *(LAm)* listo/a.

in·tel·li·gi·ble [ɪn'telɪdʒəbl] *adj* inteligible.

in·tem·per·ate [ɪn'tempərɪt] *adj (person: immoderate)* desmedido/a, destemplado/a; *(: drunken)* dado/a a la bebida; *(climate)* inclemente.

in·tend [ɪn'tend] *vt:* **to ~ to** *(mean to)* tener intención de, proponerse; **I ~ him to come too** quiero que venga él también; **to ~ sth for sb** destinar algo a uno; **it was ~ed as a compliment** se supone que era piropo; **to ~ to do sth** querer *or* pensar hacer algo; **I ~ed no harm** lo hice sin malas intenciones; **did you ~ that?** ¿fue eso lo que se proponía?

in·tense [ɪn'tens] *adj (heat, cold)* intenso/a; *(interest, enthusiasm)* apasionado/a, ardiente; *(person, face etc)* nervioso/a.

in·tense·ly [ɪn'tenslɪ] *adv (extremely)* sumamente; *(with passion)* apasionadamente.

in·ten·si·fy [ɪn'tensɪfaɪ] **1** *vi* intensificarse, aumentar. **2** *vt* aumentar.

in·ten·sity [ɪn'tensɪtɪ] *n (gen)* intensidad *f.*

in·ten·sive [ɪn'tensɪv] *adj (study, course)* intensivo/a; *(bombardment)* concentrado/a; **~ care unit**

centro *m* de cuidados intensivos; **to be in ~ care** estar bajo cuidados intensivos.

in·tent [ɪn'tent] **1** *adj (absorbed)* absorto/a, reconcentrado/a; **to be ~ on doing sth** *(intend)* estar resuelto *or* decidido a hacer algo; *(concentrate)* estar absorto en hacer algo. **2** *n* propósito *m,* intención *f;* **with ~ to kill** con intentos homicidas; **to all ~s and purposes** prácticamente, en realidad.

in·ten·tion [ɪn'tenʃən] *n* intención *f,* propósito *m;* **I have no ~ of going** no tengo la menor intención de ir; **I have every ~ of going** tengo plena intención de ir; **with the best of ~s** con la mejor voluntad.

in·ten·tion·al [ɪn'tenʃənl] *adj (lie, insult)* deliberado/a.

in·ten·tion·al·ly [ɪn'tenʃnəlɪ] *adv* a propósito, adrede.

in·ter [ɪn'tɜːʳ] *vt* enterrar.

inter... ['ɪntəʳ] *pref* inter..., entre... .

inter·act [ˌɪntər'ækt] *vi* influirse mutuamente.

inter·ac·tion [ˌɪntər'ækʃən] *n* interacción *f,* acción *f* recíproca.

inter·cede [ˌɪntə'siːd] *vt* interceder.

inter·cept [ˌɪntə'sept] *vt (interfere with: message)* interceptar; *(stop)* detener; *(cut off)* cortar.

inter·cep·tion [ˌɪntə'sepʃən] *n* intercepción *f.*

interchange [ˌɪntə'tʃeɪndʒ] **1** *vt (views, ideas)* intercambiar. **2** ['ɪntətʃeɪndʒ] *n* **(a)** *(of views, ideas)* intercambio *m,* cambio *m.* **(b)** *(on motorway etc)* paso *m* elevado, *(LAm)* paso a desnivel.

inter·change·able [ˌɪntə'tʃeɪndʒəbl] *adj* intercambiable.

inter·city [ˌɪntə'sɪtɪ] *adj (train)* interurbano/a.

inter·com ['ɪntəkɒm] *n (fam)* interfono *m.*

inter·con·nect [ˌɪntəkə'nekt] *vi* conectarse.

inter·con·ti·nen·tal ['ɪntəˌkɒntɪ'nentl] *adj (trade, railways, flight)* intercontinental; **~ ballistic missile** misil *m* balístico intercontinental.

inter·course ['ɪntəkɔːs] *n (frm)* relaciones *fpl,* trato *m; (sexual ~)* contacto *m* sexual, relaciones *fpl* sexuales.

inter·de·pend·ence [ˌɪntədɪ'pendəns] *n* interdependencia *f.*

inter·de·pend·ent [ˌɪntədɪ'pendənt] *adj* interdependiente.

in·ter·est ['ɪntrɪst] **1** *n* **(a)** *(curiosity)* interés *m; (hobby)* pasatiempo *m;* **to have** *or* **take an ~ in sth** interesarse por *or* en algo; **to have** *or* **take no ~ in sth** no interesarse por *or* en algo; **is this of any ~ to you?** ¿le interesa esto?; **to lose ~ in sth** perder el interés por algo. **(b)** *(profit, advantage)* beneficio *m,* ventaja *f;* **to one's own ~(s)** en beneficio propio; **to act in sb's ~(s)** obrar en interés de uno; **to have a vested ~ in sth** tener intereses creados en algo; **in the public ~** en el interés público. **(c)** *(Comm: share, stake)* participación *f,* interés *m;* **~s** intereses; **business ~s** negocios *mpl;* **a controlling ~** una participación mayoritaria; **British ~s in the Middle East** los intereses británicos en el Medio Oriente. **(d)** *(Comm: on loan, shares etc)* interés *m,* rédito *m;* **compound/simple** interés compuesto/simple; **at an ~ of 5%** a un interés del 5 por ciento; **to bear ~ at 5%** rendir un interés del 5 por ciento; **to lend at ~** prestar con interés; **to return with ~** *(also fig)* devolver con creces.

2 *vt* interesar; **to be ~ed in sth** *(gen)* interesarse en *or* por algo; *(Fin)* tener interés en algo; **he's ~ed in buying a car** le interesa comprar un coche; **to ~ o.s. in sth** interesarse en *or* por algo.

3: ~ rate *n* tipo *m or* tasa *f* de interés.

in·ter·est·ed ['ɪntrɪstɪd] *adj* interesado/a; **~ party** la parte interesada.

interest-free ['ɪntrɪstˌfriː] *adj* libre *or* franco/a de interés.

in·ter·est·ing ['ɪntrɪstɪŋ] *adj* interesante.

inter·fere [ˌɪntə'fɪəʳ] *vi* (entro)meterse *(in sth* en algo); **to ~ with sth** *(hinder)* dificultar *or* estorbar algo; *(spoil)* frustrar *or* estropear algo; *(Rad, TV)* interferir con algo; **he is always interfering** se mete en todos lados; **stop interfering!** ¡deja de entrometerte!

inter·fer·ence [ˌɪntə'fɪərəns] *n* intromisión *f; (Rad, TV)* interferencia *f,* parásitos *mpl.*

inter·fer·ing [ˌɪntə'fɪərɪŋ] *adj (neighbour)* entrometido/a.

in·ter·im ['ɪntərɪm] **1** *n:* **in the ~** en el ínterin *or* interino. **2** *adj* provisional.

in·te·ri·or [ɪn'tɪərɪəʳ] **1** *adj (inside)* interior; *(domestic)* interno/a; **~ sprung mattress** colchón *m* de muelles. **2** *n* interior *m,* parte *f* interior; **Department of the I~** Ministerio *or (LAm)* Secretaría de Gobernación. **3: ~ decoration** *n* interiorismo *m;* **~ decorator** *n* interiorista *mf.*

inter·ject [ˌɪntə'dʒekt] *vt (question, remark)* interponer.

inter·jec·tion [ˌɪntə'dʒekʃən] *n* interposición *f.*

inter·link [ˌɪntə'lɪŋk] *vt* eslabonar, encadenar.

inter·lop·er ['ɪntələʊpəʳ] *n* intruso/a *m/f.*

inter·lude ['ɪntəluːd] *n* intervalo *m,* período *m; (in theatre)* descanso *m,* intermedio *m; (musical ~)* interludio *m.*

inter·mar·riage [ˌɪntə'mærɪdʒ] *n (between races)* matrimonio *m* mixto; *(between relatives)* matrimonio *m* entre parientes.

inter·mar·ry [ˌɪntə'mærɪ] *vi (gen)* casarse entre sí; *(within family)* casarse entre parientes.

inter·medi·ary [ˌɪntə'miːdɪərɪ] *n* intermediario/a *m/f.*

inter·medi·ate [ˌɪntə'miːdɪət] *adj (gen)* intermedio/a.

in·ter·mi·nable [ɪn'tɜːmɪnəbl] *adj (speech, rain, journey etc)* inacabable, interminable.

inter·mingle [ˌɪntə'mɪŋgl] *vi* entremezclarse.

inter·mis·sion [ˌɪntə'mɪʃən] *n (pause)* descanso *m; (Theat)* intermedio *m.*

inter·mit·tent [ˌɪntə'mɪtənt] *adj* intermitente.

in·tern [ɪn'tɜːn] **1** *vt* internar. **2** ['ɪntɜːn] *n (US: doctor)* interno/a *m/f* de hospital.

in·ter·nal [ɪn'tɜːnl] *adj (gen)* interior; *(Med: bleeding, examination etc)* interno/a; **I~ Revenue Service** *(US)* Rentas *fpl* Públicas; **~ combustion engine** motor *m* de combustión interna *or* de explosión.

in·ter·nal·ly [ɪn'tɜːnəlɪ] *adv* interiormente; **'not to be taken ~'** 'uso externo'.

inter·na·tion·al [ˌɪntə'næʃnəl] **1** *adj (gen)* internacional; **~ date line** línea *f* de cambio de fecha; **I~ Monetary Fund** Fondo *m* Monetario Internacional; **~ money order** giro *m* monetario internacional; **~ reply coupon** cupón *m* de respuesta internacional. **2** *n (Sport: game)* partido *m* internacional; *(: player)* internacional *mf.*

in·ternee [ˌɪntɜː'niː] *n* internado/a *m/f.*

in·tern·ment [ɪn'tɜːnmənt] *n* internamiento *m.*

inter·play ['ɪntəpleɪ] *n* interacción *f.*

inter·pose [ˌɪntə'pəʊz] *vt (gen)* interponer.

in·ter·pret [ɪn'tɜːprɪt] **1** *vt* **(a)** *(translate orally)* traducir. **(b)** *(explain, understand)* interpretar; **how are we to ~ that remark?** ¿cómo hemos de interpretar ese comentario?; **that is not how I ~ it** no lo entiendo yo así. **2** *vi* hacer de intérprete.

in·ter·pre·ta·tion [ɪnˌtɜːprɪ'teɪʃən] *n (gen)* interpretación *f;* **what ~ am I to place on your conduct?** ¿cómo he de entender tu conducta?

in·ter·pret·er [ɪn'tɜːprɪtəʳ] *n* intérprete *mf.*

inter·re·lat·ed *adj* interrelacionado/a, relacionado/a.

in·ter·ro·gate [ɪn'terəgeɪt] *vt (person)* someter a un interrogatorio.

in·ter·ro·ga·tion [ɪnˌterə'geɪʃən] *n* interrogatorio *m.*

in·ter·roga·tive [ˌɪntə'rɒgətɪv] *adj (look, tone)* interrogador(a); *(Ling: pronoun)* interrogativo/a.

in·ter·ro·ga·tor [ɪn'terəgeɪtəʳ] *n* interrogador(a) *m/f.*

in·ter·rupt [ˌɪntə'rʌpt] **1** *vt* interrumpir. **2** *vi* interrumpirse.

in·ter·rup·tion [ˌɪntə'rʌpʃən] *n* interrupción *f.*

inter·sect [ˌɪntə'sekt] **1** *vt (Math)* cortar. **2** *vi (Math)* intersecarse; *(roads)* cruzarse.

inter·sec·tion [ˌɪntə'sekʃən] *n (crossing)* intersección *f,* cruce *m; (turning)* bocacalle *f,* esquina *f, (LAm)* cuadra *f.*

inter·sperse [ˌɪntə'spɜːs] *vt:* **to ~ sth with sth** salpicar algo de algo.

inter·state [ˌɪntə'steɪt] *adj (US: highway)* interestatal.

inter·twine [ˌɪntə'twaɪn] *vi (gen)* entrelazarse.

in·ter·val ['ɪntəvəl] *n* **(a)** *(in time, space)* intervalo *m; (Theat)* intermedio *m,* descanso *m; (Sport: half time)* descanso *m;* **at ~s** de vez en cuando, *(LAm)* cada cuando; **at regular ~s** *(in time, space)* a intervalos regulares; **sunny ~s** claros *mpl.* **(b)** *(in music)* intervalo *m.*

inter·vene [ˌɪntə'viːn] *vi (crop up)* surgir; *(interfere)* intervenir.

inter·ven·ing [ˌɪntə'viːnɪŋ] *adj* intermedio/a; **in the ~ period** en el interino.

inter·ven·tion [ˌɪntə'venʃən] *n* intervención *f.*

inter·view ['ɪntəvjuː] **1** *n* entrevista *f, (LAm)* conferencia *f;* **to have an ~ with the director** entrevistarse *or (LAm)* tener conferencia con el director. **2** *vt (person)* entrevistar.

inter·view·er ['ɪntəvjuːəʳ] *n (on radio etc)* entrevistador(a) *m/f.*

in·tes·tate [ɪn'testɪt] *adj:* **to die ~** morir intestado/a.

in·tes·ti·nal [ɪn'testɪnl] *adj (tract, complaint)* intestinal.

in·tes·tine [ɪn'testɪn] *n* intestino *m;* **small/large ~** intestino delgado/grueso.

in·ti·ma·cy ['ɪntɪməsɪ] *n (friendship)* intimidad *f; (sexual)* relaciones *fpl* sexuales.

in·ti·mate ['ɪntɪmɪt] **1** *adj (friends)* íntimo/a, de confianza; *(details)* íntimo/a, personal; *(knowledge)* profundo/a; **to be/become ~ with sb** *(friendly)* intimar con uno; *(sexually)* tener relaciones (íntimas) con uno. **2** ['ɪntɪmeɪt] *vt* insinuar, dar a entender.

in·ti·mate·ly ['ɪntɪmɪtlɪ] *adv* íntimamente.

in·ti·ma·tion [ˌɪntɪ'meɪʃən] *n (hint)* insinuación *f.*

in·timi·date [ɪn'tɪmɪdeɪt] *vt (person)* intimidar, acobardar.

in·timi·da·tion [ɪnˌtɪmɪ'deɪʃən] *n* intimidación *f.*

into ['ɪntʊ] *prep* **(a)** *(of place)* en, a, dentro de; **put it ~ the box** mételo en *or* dentro de la caja; **to go ~ the wood** penetrar en el bosque; **to go ~ town/the country** ir a la ciudad/al campo; **to get ~ the plane/car** subir al avión/coche; **it fell ~ the lake** se cayó al lago. **(b)** *(change in condition etc)* **to translate sth ~ Spanish** traducir algo al español; **to burst ~ tears** echar a llorar; **to change ~ a monster** volverse *or* convertirse en monstruo; **to change pounds ~ dollars** cambiar libras por dólares; **the rain changed ~ snow** la lluvia se convirtió en nieve; **he is really ~ jazz** *(fam)* es un gran aficionado del jazz; **it turned ~ a pleasant day** se hizo un día muy agradable. **(c)** *(Math)* **2 ~ 6 goes 3** seis entre dos son tres; **to divide 3 ~ 12** dividir doce entre tres.

in·tol·er·able [ɪn'tɒlərəbl] *adj* insoportable, irresistible; **it is ~ that ...** es intolerable que ... .

in·tol·er·ance [ɪn'tɒlərəns] *n (gen)* intolerancia *f; (bigotry)* intransigencia *f; (Med)* intolerancia *(to* a).

in·tol·er·ant [ɪn'tɒlərənt] *adj (gen)* intolerante *(of* con *or* para con); *(bigoted)* intransigente *(of* con).

in·to·na·tion [ˌɪntəʊ'neɪʃən] *n* entonación *f.*

in·toxi·cate [ɪn'tɒksɪkeɪt] *vt (lit, fig)* emborrachar, embriagar.

in·toxi·cat·ed [ɪn'tɒksɪkeɪtɪd] *adj (lit)* borracho/a; *(fig)* embriagado/a.

in·toxi·ca·tion [ɪnˌtɒksɪ'keɪʃən] *n (see adj)* borrachera *f;* embriaguez *f.*

in·trac·table [ɪn'træktəbl] *adj (person)* intratable; *(: unruly)* indisciplinado/a; *(problem)* insoluble; *(illness)* incurable.

in·tran·si·gence [ɪn'trænsɪdʒəns] *n* intransigencia *f.*

in·tran·si·gent [ɪn'trænsɪdʒənt] *adj* intransigente.

in·tran·si·tive [ɪn'trænsɪtɪv] *adj (Ling)* intransitivo/a.

intra·uter·ine [ˌɪntrə'juːtəraɪn] *adj:* **~ device** dispositivo *m* intrauterino.

intra·venous [ˌɪntrə'viːnəs] *adj* intravenoso/a.

in·trep·id [ɪn'trepɪd] *adj* intrépido/a.

in·tri·cate ['ɪntrɪkɪt] *adj (pattern, design, machinery)* intrincado/a, minucioso/a; *(plot, problem)* complejo/a.

in·trigue [ɪn'triːg] **1** *n (plot)* intriga *f; (amorous)* aventura *f* sentimental, amorío *m.* **2** *vt* fascinar. **3** *vi* intrigar.

in·tri·guing [ɪn'triːgɪŋ] **1** *adj (fascinating)* fascinante. **2** *n* intriga *f.*

in·trin·sic [ɪn'trɪnsɪk] *adj* intrínseco/a.

intro·duce [ˌɪntrə'djuːs] *vt* **(a)** *(present, make acquainted)* presentar; **to ~ sb to sb** presentar a uno a otro; **to ~ sb to sth** hacer conocer algo a uno; **may I ~ ...?** permítame presentarle a ..., le presento a ... . **(b)** *(bring in: reform, new fashion)* introducir; *(: Pol: bill)* presentar; *(TV, Rad: programme)* presentar; *(product)* lanzar; *(subject, idea)* iniciar; *(person: into room)* hacer pasar.

intro·duc·tion [ˌɪntrə'dʌkʃən] *n (of person)* presentación *f; (in book)* prólogo *m;* **my ~ to maths** mi iniciación *f* en las matemáticas; **a letter of ~** una carta de recomendación.

intro·duc·tory [ˌɪntrə'dʌktərɪ] *adj* introductorio/a.

intro·spec·tion [ˌɪntrəʊ'spekʃən] *n* introspección *f.*

intro·spec·tive [ˌɪntrəʊ'spektɪv] *adj* introspectivo/a.

intro·vert ['ɪntrəʊvɜːt] *n* introvertido/a *m/f.*

in·trude [ɪn'truːd] *vi (intervene)* entrometerse, inmiscuirse; *(interrupt)* interrumpir; **am I intruding?** ¿les molesto *or (LAm)* estorbo?; **to ~ (up)on sb's privacy** meterse en vida ajena.

in·trud·er [ɪn'truːdəʳ] *n* intruso/a *m/f.*

in·tru·sion [ɪn'truːʒən] *n* invasión *f.*

in·tru·sive [ɪn'truːsɪv] *adj* intruso/a.

in·tui·tion [ˌɪntjuː'ɪʃən] *n* intuición *f.*

in·tui·tive [ɪn'tjuːɪtɪv] *adj* intuitivo/a.

in·un·date ['ɪnʌndeɪt] *vt* inundar.

in·ure [ɪ'njʊəʳ] *vt (accustom)* acostumbrar, habituar *(to* a); **to become ~d** endurecerse *(to* ante).

in·vade [ɪn'veɪd] *vt (Mil)* invadir; *(privacy)* meterse en; *(sb's rights)* usurpar.

in·vad·er [ɪn'veɪdəʳ] *n* invasor(a) *m/f.*

in·va·lid[1] ['ɪnvəlɪd] *n, adj* minusválido/a *m/f.*

in·val·id[2] [ɪn'vælɪd] *adj* nulo/a; **to become ~** caducar.

in·vali·date [ɪn'vælɪdeɪt] *vt (document, argument)* invalidar; *(contract)* anular.

in·valu·able [ɪn'væljʊəbl] *adj* inapreciable, inestimable.

in·vari·able [ɪn'vɛərɪəbl] *adj* invariable.

in·vari·ably [ɪn'vɛərɪəblɪ] *adv* sin excepción, siempre.

in·va·sion [ɪn'veɪʒən] *n* invasión *f.*

in·vec·tive [ɪn'vektɪv] *n* invectiva *f.*

in·veigh [ɪn'veɪ] *vi:* **to ~ against** lanzar invectivas contra.

in·vei·gle [ɪn'vi:gl] *vt:* **to ~ sb into sth** embaucar *or* engatusar a uno para que haga algo.

in·vent [ɪn'vent] *vt* inventar.

in·ven·tion [ɪn'venʃən] *n (gen)* invención *f; (machine)* invento *m; (lie)* mentira *f.*

in·ven·tive [ɪn'ventɪv] *adj* inventivo/a.

in·ven·tive·ness [ɪn'ventɪvnɪs] *n* inventiva *f.*

in·ven·tor [ɪn'ventəʳ] *n* inventor(a) *m/f.*

in·ven·tory ['ɪnvəntrɪ] *n* inventario *m.*

in·verse [,ɪn'vɜ:s] *adj* inverso/a.

in·vert [ɪn'vɜ:t] **1** *vt* invertir; **in ~ed commas** entre comillas. **2** ['ɪnvɜ:t] *n* invertido/a *m/f.*

in·ver·tebrate [ɪn'vɜ:tɪbrɪt] *n* invertebrado/a *m/f.*

in·vest [ɪn'vest] **1** *vt* **(a)** *(money, capital, funds)* invertir; *(person: in office)* investir; *(fig: time, effort)* dedicar. **(b) to ~ sb with sth** investir a uno de *or* con algo. **2** *vi* **to ~ in** *(company etc)* hacer una inversión en; *(hum: buy)* comprarse.

in·ves·ti·gate [ɪn'vestɪgeɪt] *vt (explore)* investigar, indagar; *(study)* estudiar.

in·ves·ti·ga·tion [ɪn,vestɪ'geɪʃən] *n (see vt)* investigación *f,* indagación *f;* estudio *m.*

in·ves·ti·gative [ɪn'vestɪgətɪv] *adj:* **~ journalism** periodismo *m* investigador.

in·ves·ti·ga·tor [ɪn'vestɪgeɪtəʳ] *n* investigador(a) *m/f.*

in·vest·ment [ɪn'vestmənt] *n (Comm)* inversión *f.*

in·ves·tor [ɪn'vestəʳ] *n* inversionista *mf.*

in·vidi·ous [ɪn'vɪdɪəs] *adj* odioso/a.

in·vigi·late [ɪn'vɪdʒɪleɪt] *vt, vi (in exam)* vigilar.

in·vig·or·at·ing [ɪn'vɪgəreɪtɪŋ] *adj* tónico/a, estimulante, vigorizante.

in·vin·cible [ɪn'vɪnsəbl] *adj* invencible.

in·vis·ible [ɪn'vɪzəbl] *adj* invisible.

in·vi·ta·tion [,ɪnvɪ'teɪʃən] *n* invitación *f.*

in·vite [ɪn'vaɪt] *vt (person)* invitar, *(LAm)* convidar; *(opinions, subscriptions, applications)* solicitar; *(discussion)* abrir; *(ridicule)* provocar; **to ~ trouble** buscárselas, buscarse problemas; **to ~ sb to dinner/lunch** invitar a uno a cenar/almorzar; **to ~ sb in/up** *etc* invitar a uno a pasar/subir *etc.*

♦ **in·vite out** *vt + adv* invitar a salir.

♦ **in·vite over** *vt + adv* invitar a casa.

in·vit·ing [ɪn'vaɪtɪŋ] *adj (prospect, appearance, smile, gesture)* atractivo/a, acogedor(a); *(food, smell)* apetitoso/a; *(seductive)* seductor(a), provocativo/a.

in·voice ['ɪnvɔɪs] **1** *n* factura *f.* **2** *vt (goods)* facturar; **to ~ sb for sth** facturar a uno por algo.

in·voke [ɪn'vəʊk] *vt (frm: aid)* pedir; *(: law)* recurrir *or* acogerse a.

in·vol·un·tary [ɪn'vɒləntərɪ] *adj* involuntario/a.

in·volve [ɪn'vɒlv] *vt* **(a)** *(implicate, associate)* comprometer, involucrar; **to be/become ~d in sth** estar comprometido *or* involucrado en algo; **I'm not ~d in this business** este asunto no tiene nada que ver conmigo *or* no me atañe; **I should prefer not to be** *or* **become ~d** preferiría no involucrarme; **to ~ o.s./sb in sth** comprometerse/comprometer a uno en algo; **how did he come to be ~d?** ¿cómo llegó a enmarañarse?; **I was so ~d in reading that ...** estaba tan absorto en mi lectura que ...; **the factors/person ~d** los factores/la persona en juego; **I feel personally ~d** me siento implicado; **to be/become** *or* **get ~d with sb** *(socially)* estar enredado/enredarse con uno; *(emotionally)* estar liado/liarse con uno. **(b)** *(entail)* suponer, implicar; **it ~s a lot of expense/trouble** supone muchos gastos/problemas; **the job ~s moving to London** el empleo requiere que se traslade a Londres.

in·volved [ɪn'vɒlvd] *adj (complicated)* complicado/a, enrevesado/a.

in·volve·ment [ɪn'vɒlvmənt] *n* **(a)** *(being involved)* **~ (in sth/with sb)** complicidad *f or* compromiso *m* (en algo/con uno); **we don't know the extent of his ~** no sabemos hasta qué punto está implicado. **(b)** *(complexity, difficulty)* lo complicado *or* complejo; **financial ~s** compromisos financieros.

in·vul·ner·able [ɪn'vʌlnərəbl] *adj* invulnerable.

in·ward ['ɪnwəd] *adj (peace, happiness)* interior.

in·ward·ly ['ɪnwədlɪ] *adv (gen)* por dentro; *(to oneself)* para dentro, para sí.

in·ward(s) ['ɪnwəd(z)] *adv (gen)* hacia dentro.

iodine ['aɪədi:n] *n* yodo *m.*

ion ['aɪən] *n* ion *m.*

iota [aɪ'əʊtə] *n* iota *f; (fig)* pizca *f,* ápice *m;* **not one ~ of truth** ni pizca de verdad.

IOU [,aɪəʊ'ju:] *n abbr of* **I owe you** pagaré *m, (LAm)* vale *m.*

I.Q. *n abbr of* **intelligence quotient.**

I.R.A. *n abbr of* **Irish Republican Army.**

Iran [ɪ'rɑ:n] *n* Irán *m.*

Ira·nian [ɪ'reɪnɪən] *adj, n* iraní *m/f.*

Iraq [ɪ'rɑ:k] *n* El Irak *m.*

Ira·qi [ɪ'rɑ:kɪ] *adj, n* iraquí *mf.*

iras·cible [ɪ'ræsɪbl] *adj* irascible, colérico/a.

irate [aɪ'reɪt] *adj* airado/a, furioso/a.

ire ['aɪəʳ] *n* ira *f,* cólera *f.*

Ire·land ['aɪələnd] *n* Irlanda *f;* **Northern ~** Irlanda del Norte; **Republic of I~** República *f* de Irlanda.

iris ['aɪərɪs] *n* **(a)** *(Anat)* iris *m.* **(b)** *(Bot)* lirio *m.*

Irish ['aɪərɪʃ] **1** *adj* irlandés/esa; **the ~ Sea** el Mar irlandés. **2** *n* **(a) the ~** los irlandeses. **(b)** *(language)* irlandés *m.*

Irish·man ['aɪərɪʃmən] *n, pl* **-men** irlandés *m.*

Irish·woman ['aɪərɪʃ,wʊmən] *n, pl* **-women** irlandesa *f.*

irk [ɜ:k] *vt* fastidiar, *(LAm)* molestar.

irk·some ['ɜ:ksəm] *adj (child, chore)* fastidioso/a, *(LAm)* molesto/a.

iron ['aɪən] **1** *n (metal)* hierro *m, (LAm)* fierro *m; (Golf)* palo *m* de golf; *(for ironing clothes)* plancha *f; (for branding)* hierro candente; *(fam: gun)* pistola *f;* **~s** grilletes *mpl;* **cast/corrugated ~** hierro colado/chapa *f* ondulada; **a will of ~** *(fam)* una voluntad férrea *or* de hierro; **to strike while the ~ is hot** *(fig)* a hierro candente batir de repente; **to have a lot of/too many ~s in the fire** *(fig)* tener muchos/demasiados asuntos entre manos. **2** *vt (clothes)* planchar. **3** *vi* plancharse. **4** *cpd (bridge, bar, tool etc)* de hierro, *(LAm)* de fierro; *(fig: will, determination)* férreo/a; **the I~ Age** *n* la Edad de hierro; **~ and steel industry** *n* industria *f* siderúrgica; **the I~ Curtain** *n (fig, Pol)* el Telón de Acero, la Cortina de Hierro; **~ foundry** *n* fundición *f, (LAm)* fundidora *f;* **~ lung** *n (Med)* pulmón *m* de acero; **~ ore** *n* mineral *m* de hierro; **~ rations** *npl* ración *fsg* mínima.

♦ **iron out** *vt + adv (creases)* planchar; *(fig:*

problems, difficulties) allanar; *(: disagreements)* resolver.
iron·ic(al) [aɪ'rɒnɪk(əl)] *adj* irónico/a.
iron·ing ['aɪənɪŋ] **1** *n (act)* planchado *m; (clothes)* ropa *f* por planchar. **2: ~ board** *n* tabla *f or* mesa *f* de planchar.
iron·monger's ['aɪənˌmʌŋgəz] *n (Brit)* quincallería *f,* ferretería *f, (Mex)* tlapalería *f.*
iro·ny ['aɪərənɪ] *n* ironía *f;* **the ~ of it is that ...** lo irónico es que ... .
ir·ra·tion·al [ɪ'ræʃənl] *adj (behaviour, person, belief)* irracional.
ir·rec·on·cil·able [ɪˌrekən'saɪləbl] *adj (enemies)* irreconciliable; *(ideas)* incompatible.
ir·re·deem·able [ˌɪrɪ'di:məbl] *adj* irredimible.
ir·refu·table [ˌɪrɪ'fju:təbl] *adj (evidence, argument)* irrefutable.
ir·regu·lar [ɪ'regjʊlə[r]] *adj (uneven: shape, surface, lines)* desigual; *(not following rules, Ling, attendance)* irregular.
ir·regu·lar·ity [ɪˌregjʊ'lærɪtɪ] *n (see adj)* desigualdad *f;* irregularidad *f.*
ir·rel·evant [ɪ'reləvənt] *adj (not pertinent)* fuera del caso, fuera de lugar; *(unsuitable)* inoportuno/a; **what you are saying is ~** lo que dices no viene al caso.
ir·re·li·gious [ˌɪrɪ'lɪdʒəs] *adj (people, behaviour, play)* irreligioso/a.
ir·repa·rable [ɪ'repərəbl] *adj (damage)* irreparable; *(harm)* irremediable.
ir·re·place·able [ˌɪrɪ'pleɪsəbl] *adj* irre(e)mplazable.
ir·re·press·ible [ˌɪrɪ'presəbl] *adj (person, high spirits, laughter)* incontenible.
ir·re·proach·able [ˌɪrɪ'prəʊtʃəbl] *adj (conduct)* irreprochable, intachable.
ir·re·sist·ible [ˌɪrɪ'zɪstəbl] *adj (gen)* irresistible.
ir·reso·lute [ɪ'rezəlu:t] *adj (person, character)* indeciso/a,
ir·re·spec·tive [ˌɪrɪ'spektɪv] *adj:* **~ of** sin tomar en consideración *or* en cuenta.
ir·re·spon·sible [ˌɪrɪs'pɒnsəbl] *adj (person, behaviour)* irresponsable.
ir·re·triev·able [ˌɪrɪ'tri:vəbl] *adj (object)* irrecuperable; *(loss, damage)* irremediable, irreparable.
ir·rev·er·ent [ɪ'revərənt] *adj (person, action)* irreverente.
ir·revo·cable [ɪ'revəkəbl] *adj (decision)* irrevocable.
ir·ri·gate ['ɪrɪgeɪt] *vt (Agr: land, crops)* regar; **~d lands** tierras *fpl* de regadío.
ir·ri·ga·tion [ˌɪrɪ'geɪʃən] **1** *n (Agr)* irrigación *f,* riego *m.* **2: ~ channels** *or* **ditches** *npl* acequias *fpl.*
ir·ri·table ['ɪrɪtəbl] *adj (temperament)* de (mal) carácter; *(mood)* de mal humor.
ir·ri·tant ['ɪrɪtənt] *n (Med)* agente *m* irritante; *(fig)* molestia *f.*
ir·ri·tate ['ɪrɪteɪt] *vt (annoy)* fastidiar, *(LAm)* molestar; *(Med)* irritar.
ir·ri·tat·ing ['ɪrɪteɪtɪŋ] *adj (gen)* fastidioso/a, *(LAm)* molesto/a; *(tedious)* pesado/a.
ir·ri·ta·tion [ˌɪrɪ'teɪʃən] *n (act)* fastidio *m, (LAm)* molestia *f; (state)* mal humor *m; (irritant)* estorbo *m,* molestia; *(Med)* picazón *f,* picor *m.*
is [ɪz] *3rd pers sg of* **be.**
Is·lam·ic [ɪz'læmɪk] *adj* islámico/a.
is·land ['aɪlənd] **1** *n* isla *f;* **desert ~** isla desierta. **2** *cpd* isleño/a.
is·land·er ['aɪləndə[r]] *n* isleño/a *m/f.*
isle [aɪl] *n (poet)* isla *f.*
isn't ['ɪznt] = **is not.**
iso·late ['aɪsəʊleɪt] *vt (separate)* apartar *(from* de); *(cut off)* aislar *(from* de); *(Med)* aislar; *(pinpoint: cause etc)* señalar, destacar.
iso·lat·ed ['aɪsəʊleɪtɪd] *adj (place etc)* apartado/a; aislado/a; **an ~ case** un caso único.
iso·la·tion [ˌaɪsəʊ'leɪʃən] **1** *n* aislamiento *m.* **2: ~ hospital/ward** *n* hospital *m*/pabellón *m* de aislamiento.
iso·tope ['aɪsəʊtəʊp] *n* isótopo *m.*
Is·ra·el ['ɪzreɪl] *n* Israel *m.*
Is·rae·li [ɪz'reɪlɪ] *adj, n* israelí *mf.*
is·sue ['ɪʃu:] **1** *n* **(a)** *(matter, question)* asunto *m,* cuestión *f;* **a political ~** una cuestión política; **she raised several new ~s** planteó varios problemas nuevos; **the real** *or* **main ~ is whether ...** lo fundamental es si ...; **to confuse** *or* **obscure the ~** confundir las cosas; **to avoid the ~** andar con rodeos; **to face the ~** hacer frente a la cuestión; **to make an ~ of sth** hacer hincapié en algo; **the point/matter at ~** el punto/la cuestión principal; **to take ~ with sb (over sth)** estar en desacuerdo con uno (sobre algo). **(b)** *(of stamps, banknotes etc)* emisión *f; (copy: of magazine, etc)* número *m,* ejemplar *m;* **back ~** número atrasado. **(c)** *(frm: outcome)* resultado *m;* **to await the ~** esperar el resultado. **(d)** *(Jur: offspring)* descendencia *f;* **to die without ~** morir sin descendencia.
2 *vt (book)* editar; *(tickets etc)* emitir; *(stamps)* poner en circulación; *(order, statement, warning)* dar; *(decree)* promulgar; *(passport etc)* expedir; *(warrant, writ, summons)* extender; **to ~ sth to sb** *or* **sb with sth** entregar algo a uno.
3 *vi:* **to ~ (from)** *(blood)* brotar (de); *(come out)* salir (de); *(derive)* derivar (de); **to ~ (in)** resultar (en).
isth·mus ['ɪsməs] *n* istmo *m.*
it [ɪt] *pron* **(a)** *(specific: subj)* él *m,* ella *f; (: direct obj)* lo *m,* la *f; (: indirect obj)* le *mf, (LAm)* lo *m,* la *f; (with prep)* él *m,* ella *f; (abstract)* ello *m; (reflexive)* se; **here's the book — give ~ to me** aquí está el libro — dámelo; **if you have the list, give ~ to him** si tienes la lista, dásela; **I'm against/I'm (all) for ~** *(fam)* estoy en contra/(muy) en pro; **in front of/behind ~** delante de/detrás de él; **above/over/on top of ~** por encima de/sobre/encima de él; **below** *or* **beneath** *or* **under ~** debajo de él. **(b)** *(indefinite)* **~'s raining** está lloviendo; **~'s Friday tomorrow** mañana es viernes; **~'s the 10th of October** es el diez de octubre; **~'s 6 o'clock** son las seis; **how far is ~?** ¿a qué distancia *or* *(LAm)* qué tan lejos está?; **~'s 10 miles to London** son diez kilómetros de aquí a Londres; **I like ~ here, ~'s quiet** me gusta aquí, es tranquilo; **~ was kind of you** fue muy amable de su parte; **~'s no use worrying** no vale la pena inquietarse; **~'s easy to talk** hablar no cuesta nada; **who is ~?** ¿quién es?; **~'s me** soy yo; **~ was Peter who phoned** fue Pedro quien llamó; **what is ~?** ¿qué pasa?; **that's ~!** *(approval, agreement)* ¡eso es!, ¡de acuerdo!, ¡correcto!; *(disapproval)* ¡basta!, *(LAm)* ¡allí nomás!; *(finishing)* ¡se acabó! **(c)** *(in games)* **you're ~!** a tí te toca.
Ital·ian [ɪ'tæljən] **1** *adj* italiano/a. **2** *n* **(a)** *(person)* italiano/a *m/f.* **(b)** *(language)* italiano *m.*
ital·ic [ɪ'tælɪk] **1** *adj (Typ)* en cursiva. **2** *n:* **~s** cursiva *f;* **in ~s** en cursiva.
Ita·ly ['ɪtəlɪ] *n* Italia *f.*
itch [ɪtʃ] **1** *n (sensation)* picazón *f,* picor *m, (LAm)* comezón *m;* **to have an ~ to do sth** *(fig)* rabiar por hacer algo. **2** *vi* picar; **my leg ~es** me pica la pierna; **to be ~ing to do sth** *(fig fam)* rabiar por hacer algo; **to be ~ing for sth** *(fig fam)* estar deseando algo.
itchy ['ɪtʃɪ] *adj (-ier, -iest)* **my head is ~** tengo picazón en la cabeza; **to have ~ feet** *(fig)* querer

listo de manos.

it'd ['ɪtd] = **it would; it had.**

item ['aɪtəm] *n (in list, bill, catalogue)* artículo *m; (on agenda)* asunto *m,* punto *m; (in programme)* número *m;* **~s of clothing** prendas *fpl* de vestir; *(in newspaper, TV, Rad)* noticia *f.*

item·ize ['aɪtəmaɪz] *vt* detallar.

itin·er·ant [ɪ'tɪnərənt] *adj (gen)* ambulante.

itin·er·ary [aɪ'tɪnərərɪ] *n (route)* itinerario *m; (map)* ruta *f.*

it'll ['ɪtl] = **it will, it shall.**

its [ɪts] *poss adj* su, sus.

it's [ɪts] = **it is, it has.**

it·self [ɪt'self] *pron (reflexive)* se, sí; *(emphatic)* mismo/a; **the door closed by ~** la puerta se cerró sola.

ITV *n abbr of* **Independent Television.**

I.U.D. *n abbr of* **intra-uterine device** DIU.

I've [aɪv] = **I have.**

ivo·ry ['aɪvərɪ] **1** *n* marfil *m.* **2** *adj* de marfil; **~ tower** *(fig)* torre *f* de marfil.

ivy ['aɪvɪ] *n (Bot)* hiedra *f,* yedra *f.*

J

J, j [dʒeɪ] *n (letter)* J, j *f.*

jab [dʒæb] **1** *n (poke)* pinchazo *m; (blow)* golpe *m; (Boxing)* golpe rápido; *(Med fam)* inyección *f.* **2** *vt:* **to ~ sth into sth** clavar *or* hundir algo en algo; **to ~ a finger at sth** señalar algo con el dedo; **he ~bed me with his stick** me golpeó con la punta de su bastón. **3** *vi:* **to ~ at** *(person)* intentar golpear a; *(fire)* atizar.

jab·ber ['dʒæbəʳ] **1** *n (of person: fast talk)* chapurreo *m,* farfulla *f; (: chatter)* cotorreo *m; (noise)* algarabía *f; (of monkeys)* chillidos *mpl.* **2** *vt* farfullar, barbullar. **3** *vi (person: talk fast)* farfullar; *(: chatter)* cotorrear; *(monkey)* chillar; **they were ~ing away in Russian** charloteaban en ruso.

jack [dʒæk] *n (Aut, Tech)* gato *m, (LAm)* cric *m; (Elec)* enchufe *m* hembra; *(Bowls)* boliche *m; (Cards)* sota *f.*

♦ **jack in** *vt + adv (fam)* dejar.

♦ **jack up** *vt + adv (Tech)* levantar con el gato.

jack·al ['dʒækɔːl] *n* chacal *m.*

jack·ass ['dʒækæs] *n (lit)* asno *m; (fig)* burro *m.*

jack·daw ['dʒækdɔː] *n* grajo/a *m/f,* chova *f.*

jack·et ['dʒækɪt] **1** *n (garment)* chaqueta *f,* americana *f, (LAm)* saco *m; (of boiler etc)* camisa *f,* envoltura *f; (loose cover of book)* sobrecubierta *f, (LAm)* forro *m.* **2:** ~ **potatoes** *npl* patatas *fpl* asadas con su piel.

jack-in-the-box ['dʒækɪnðəbɒks] *n* caja *f* sorpresa, caja *f* de resorte.

jack-knife ['dʒæknaɪf] **1** *n (knife)* navaja *f, (LAm)* chaveta *f.* **2** *vi (lorry)* colear.

jack-of-all-trades [ˌdʒækəv'ɔːltreɪdz] *n* factótum *m.*

jack·pot ['dʒækpɒt] *n* premio *m* gordo; **to hit the ~** sacar *or* tocarle a uno el premio gordo *or (LAm)* la gorda; *(fig)* ser todo un éxito *or* un exitazo.

jade [dʒeɪd] **1** *n (stone)* jade *m.* **2** *adj (statue, carving, necklace)* de jade; *(also* **~-green**) (color) verde jade.

jad·ed ['dʒeɪdɪd] *adj (appetite)* hastiado/a, harto/a; **to feel ~** estar harto *or* hastiado.

jag·ged ['dʒægɪd] *adj* dentado/a, mellado/a.

jagu·ar ['dʒægjʊəʳ] *n* jaguar *m.*

jail [dʒeɪl] **1** *n* cárcel *f;* **sentenced to 10 years in ~** condenado a 10 años de cárcel *or* prisión *or (LAm)* presidio. **2** *vt (for length of time)* **to ~ sb for 2 months** condenar a uno a dos meses de cárcel; *(for crime)* encarcelar *(for* por).

jail·bird ['dʒeɪlbɜːd] *n* presidiario *m or* preso *m* reincidente.

jail·break ['dʒeɪlbreɪk] *n* fuga *f,* evasión *f.*

jail·er ['dʒeɪləʳ] *n* carcelero *m.*

ja·lopy [dʒə'lɒpɪ] *n (fam)* cacharro *m,* armatoste *m.*

jam[1] [dʒæm] **1** *n (food)* mermelada *f, (LAm)* confitura *f;* **you want ~ on it!** *(fig fam)* ¡y un jamón! **2** *cpd (tart)* de mermelada.

jam[2] [dʒæm] **1** *n (of people)* aglomeración *f,* agolpamiento *m; (traffic ~)* embotellamiento *m; (obstruction)* atasco *m; (fig fam)* **to be in/get into a ~** estar/meterse en un aprieto *or* en apuros; **to get sb out of a ~** sacar a uno del paso.

2: ~ session *n* concierto *m* improvisado de jazz/rock *etc.*

3 *vt* **(a)** *(block: mechanism, drawer etc)* atorar, atascar; *(Telec)* interferir. **(b)** *(cram: passage, exit)* atestar, apiñar; *(: container)* llenar; **people ~med the exits** la gente se agolpaba en las salidas; **streets ~med with cars** calles atascadas; **we were all ~med together** estábamos apiñados *or* unos encima de otros; **to ~ sth into a box** meter algo a la fuerza en una caja; **to ~ one's brakes on** frenar en seco, dar un frenazo; **he ~med his hat on his head** se encasquetó el sombrero; **I ~med my finger in the door** me atrapé el dedo en la puerta.

4 *vi (mechanism, drawer etc)* atascarse, *(LAm)* atorarse; **the drawer had ~med (shut/open)** el cajón no se podía abrir/cerrar.

Ja·mai·can [dʒə'meɪkən] *adj, n* jamaicano/a *m/f,* jamaiquino/a *m/f.*

jamb [dʒæm] *n* jamba *f.*

jam-packed [ˌdʒæm'pækt] *adj (full: of people)* apretujado/a, apiñado/a; *(: of things)* atestado/a.

jan·gle ['dʒæŋgl] **1** *n (pej)* ruido *m* de chatarra; *(of bells etc)* cascabeleo *m.* **2** *vt (coins)* hacer sonar, entrechocar. **3** *vi* sonar de manera discordante.

jani·tor ['dʒænɪtəʳ] *n (doorkeeper)* portero/a *m/f; (caretaker)* conserje *mf.*

Janu·ary ['dʒænjʊərɪ] *n* enero *m; for usage see* **July.**

Ja·pan [dʒə'pæn] *n* el Japón.

Japa·nese [ˌdʒæpə'niːz] **1** *adj* japonés/esa. **2** *n* **(a)** *(person)* japonés/esa *m/f;* **the ~** los japoneses. **(b)** *(language)* japonés *m.*

jar[1] [dʒɑːʳ] *n (container)* tarro *m,* bote *m; (jug)* jarra *f; (large)* tinaja *f.*

jar[2] [dʒɑːʳ] **1** *n (jolt)* sacudida *f,* choque *m; (fig: shock)* conmoción *f,* sorpresa *f* desagradable; **it gave me a ~** me dejó de piedra. **2** *vt (shake)* sacudir, hacer vibrar; *(fig)* afectar, impresionar; **I've ~red my back** me he lastimado la espalda. **3** *vi (clash: sounds)* desentonar; *(: colours, opinions)* chocar *(with* con); **to ~ on sb's nerves/ears** ponerle a uno los nervios de punta/lastimarle a uno el oído.

jar·gon ['dʒɑːgən] *n* jerga *f.*

jar·ring ['dʒɑːrɪŋ] *adj (sound)* discordante, desafinado/a; *(opinions)* discorde; *(colour)* chocante; **to strike a ~ note** *(fig)* desentonar.

jas·mine ['dʒæzmɪn] *n* jazmín *m.*

jaun·dice ['dʒɔːndɪs] *n (Med)* ictericia *f.*

jaun·diced ['dʒɔːndɪst] *adj (Med)* con ictericia, que tiene ictericia; *(fig: embittered)* amargado/a; *(attitude)* resentido/a, rencoroso/a; **with a ~ eye** con amargura *or* rencor.

jaunt [dʒɔːnt] *n* excursión *f.*

jaun·ty ['dʒɔːntɪ] *adj (relaxed)* desenvuelto/a; *(cheerful)* alegre.

jave·lin ['dʒævlɪn] *n* jabalina *f;* **to throw the ~** lanzar la jabalina.

jaw [dʒɔː] *n (Anat: of person)* mandíbula *f; (: of animal)* quijada *f;* **~s** *(of animal)* fauces *fpl; (Tech: of vice)* mordaza *fsg; (of channel)* boca *fsg,* embocadura *fsg;* **the ~s of death** *(fig)* las garras de la muerte, la boca del lobo *(fig).*

jaw·bone ['dʒɔːbəʊn] *n (of person)* mandíbula *f; (of animal)* quijada *f.*

jay [dʒeɪ] *n* arrendajo *m.*

jay·walk·er ['dʒeɪ,wɔ:kəʳ] *n* peatón/ona *m/f* imprudente.

jazz [dʒæz] **1** *n (Mus)* jazz *m;* **and all that ~** *(fam)* y otras cosas por el estilo. **2: ~ band** *n* orquesta *f* de jazz.

♦ **jazz up** *vt + adv* **(a)** *(Mus)* sincopar. **(b)** *(party etc)* animar, avivar.

jeal·ous ['dʒeləs] *adj (gen)* celoso/a; *(envious)* envidioso/a; **to be ~ of sb/sth** tener celos de uno/algo; **to make sb ~** dar celos a uno.

jeal·ousy ['dʒeləsɪ] *n* celos *mpl.*

jeans [dʒi:nz] *npl* pantalones *mpl* vaqueros.

jeep [dʒi:p] *n* jeep *m,* yip *m.*

jeer [dʒɪəʳ] **1** *n (from crowd)* abucheo *m; (from individual)* grito *m* de sarcasmo *or* de protesta; *(insult)* insulto *m.* **2** *vi* burlarse *(at* de); *(boo)* abuchear *(at* a). **3** *vt* burlarse de; *(boo)* abuchear.

jeer·ing ['dʒɪərɪŋ] **1** *adj (crowd)* insolente, ofensivo/a; *(remark, laughter)* burlón/ona, sarcástico/a. **2** *n (protests)* protestas *fpl; (mockery)* burlas *fpl; (insults)* insultos *mpl; (booing)* abucheo *m.*

jell [dʒel] *vi (jelly)* cuajar; *(plan)* tomar forma.

jello ['dʒeləʊ] *n (US)* = **jelly (a).**

jel·ly ['dʒelɪ] *n* **(a)** *(Culin: as dessert)* jalea *f,* gelatina *f; (esp US: jam)* mermelada *f.* **(b)** *(substance)* gelatina *f.*

jelly·fish ['dʒelɪfɪʃ] *n* medusa *f, (Mex)* aguamala *f, (RPl)* aguaviva *f.*

jeop·ard·ize ['dʒepədaɪz] *vt* arriesgar, poner en peligro; *(compromise)* comprometer.

jeop·ardy ['dʒepədɪ] *n* riesgo *m,* peligro *m;* **to be/put in ~** estar/poner en peligro.

jerk [dʒɜ:k] **1** *n* **(a)** *(shake etc)* sacudida *f; (pull)* tirón *m, (LAm)* jalón *m;* **he sat up with a ~** se incorporó con un salto. **(b)** *(US fam)* pesado/a *m/f.* **2** *vt (pull)* tirar *or (LAm)* jalar bruscamente de; **he ~ed it away from me** me lo quitó de un tirón *or (LAm)* jalón; **to ~ o.s. free** soltarse de un tirón *or (LAm)* jalón. **3** *vi* sacudirse, dar una sacudida; **the bus ~ed to a halt** el bus paró a sacudidas.

jer·kin ['dʒɜ:kɪn] *n* chaleco *m.*

jerky ['dʒɜ:kɪ] *adj* **(-ier, -iest)** *(in movement)* que avanza a trompicones; *(speech)* vacilante.

jerry-built ['dʒerɪbɪlt] *adj* mal construido/a, hecho/a con malos materiales.

jer·ry can ['dʒerɪ,kæn] *n* bidón *m.*

jer·sey ['dʒɜ:zɪ] *n (garment)* jersey *m, (LAm)* suéter *m; (fabric)* tejido *m* de punto.

Je·ru·sa·lem [dʒə'ru:sələm] *n* Jerusalén.

jest [dʒest] **1** *n* chanza *f,* broma *f;* **in ~** en broma, *(LAm)* de guasa. **2** *vi* bromear, tomar a la ligera.

Jesu·it ['dʒezjʊɪt] **1** *adj* jesuita. **2** *n* jesuita *m.*

Jesus ['dʒi:zəs] *n* Jesús *m;* **~ Christ** Jesucristo *m.*

jet[1] [dʒet] **1** *n (stone)* azabache *m.* **2** *adj:* **~ black** negro como el azabache.

jet[2] [dʒet] **1** *n* **(a)** *(of liquid, steam)* chorro *m; (of flame)* llamarada *f; (nozzle: of gas burner)* mechero *m.* **(b)** *(Aer: plane)* avión *m* a reacción, reactor *m.* **2** *cpd (aircraft, fighter, plane)* a reacción, a chorro; **~ engine** *n (of plane)* motor *m* a reacción, reactor *m;* **~ lag** *n* desorientación *f* después de un largo vuelo; **~ propulsion** *n* propulsión *f* por reacción *or* a chorro; **the ~ set** *n* la jet set, la alta sociedad.

jet-propelled [,dʒetprə'peld] *adj* a reacción, a chorro.

jet·ti·son ['dʒetɪsn] *vt (Naut etc)* echar al mar, echar por la borda; *(fig)* deshacerse de.

jet·ty ['dʒetɪ] *n (breakwater)* malecón *m; (pier)* muelle *m,* embarcadero *m.*

Jew [dʒu:] *n* judío/a *m/f.*

jew·el ['dʒu:əl] *n (stone)* piedra *f* preciosa; *(ornament)* joya *f,* alhaja *f; (of watch)* rubí *m; (fig: person, thing)* joya *f.*

jew·elled, *(US)* **jew·eled** ['dʒu:əld] *adj* adornado/a con piedras preciosas.

jew·el·ler, *(US)* **jew·el·er** ['dʒu:ələʳ] *n* joyero/a *m/f;* **~'s (shop)** joyería *f.*

jew·el·lery, *(US)* **jew·el·ry** ['dʒu:əlrɪ] *n* joyas *fpl,* alhajas *fpl;* **a piece of ~** una joya.

Jew·ish ['dʒu:ɪʃ] *adj* judío/a.

jib[1] [dʒɪb] *n (Naut)* foque *m; (of crane)* aguilón *m,* brazo *m.*

jib[2] [dʒɪb] *vi (horse)* plantarse; *(person)* rehusar, negarse; **to ~ at (doing) sth** resistirse a (hacer) algo.

jibe [dʒaɪb] *n* = **gibe.**

jif·fy ['dʒɪfɪ] *n (fam)* momento *m,* segundo *m;* **in a ~** en un santiamén, *(LAm)* en un segundito; **wait a ~** espera un momentito, *(LAm)* momentito, *(Mex)* ahorita voy.

jig [dʒɪg] *n (dance, tune)* giga *f; (Mech)* plantilla *f; (Min)* criba *f.*

jig·saw ['dʒɪgsɔ:] *n* **(a)** *(also* **~ puzzle***)* rompecabezas *m inv.* **(b)** *(tool)* sierra *f* de vaivén.

jilt [dʒɪlt] *vt (one's fiancé(e))* dejar plantado/a a.

jin·gle ['dʒɪŋgl] **1** *n (gen)* tintineo *m,* retintín *m; (advertising ~)* cancioncilla *f,* musiquilla *f* (de anuncio). **2** *vt (coins etc)* hacer sonar. **3** *vi (bells etc)* tintinear.

jin·go·ism ['dʒɪŋgəʊɪzəm] *n (pej)* patriotería *f,* jingoísmo *m.*

jin·go·is·tic [,dʒɪŋgəʊ'ɪstɪk] *adj* patriotero/a, jingoista.

jinx [dʒɪŋks] *n (person)* cenizo/a *m/f,* gafe *m/f; (spell)* maleficio *m;* **there's a ~ on it** está gafado, tiene la negra; **to put a ~ on sth** echar mal de ojo a algo.

jit·ters ['dʒɪtəz] *npl (fam)* **the ~** el canguelo; **to get the ~** ponerse nervioso; **to give sb the ~** poner nervioso *or* causarle miedo a uno.

jit·tery ['dʒɪtərɪ] *adj (fam)* muy inquieto/a, nervioso/a.

jiu·jit·su [dʒu:'dʒɪtsu:] *n* = **jujitsu.**

job [dʒɒb] **1** *n* **(a)** *(employment)* trabajo *m, (LAm)* puesto *m; (: white collar)* empleo *m, (LAm)* plaza *f;* **to get a ~ as a clerk** conseguir un empleo de oficinista; **to lose one's ~** perder el empleo; **to look for a ~** buscar trabajo; **he's out of a ~** está en el paro, está sin trabajo; **~s for the boys** *(pej fam)* enchufes *mpl, (LAm)* palancas *fpl;* **a part-time/full-time ~** un trabajo de medio tiempo/tiempo completo. **(b)** *(piece of work)* trabajo *m; (task)* tarea *f;* **it was a big ~** dio mucho trabajo; **it's a hard ~** es muy difícil, es muy duro; **on the ~** en horas de trabajo; **I have a ~ for you** tengo un trabajo para tí; **that's not my ~** eso no me incumbe a mí, eso no me toca a mí; **to know one's ~** ser perito en el oficio; **he's only doing his ~** está cumpliendo nada más; **to make a good/bad ~ of sth** hacer algo bien/mal; **he's done a good ~ of work** ha hecho un buen trabajo; **I had the ~ of telling him** a mí me tocó decírselo; *see* **odd. (c) that car is a nice little ~** ese coche es una maravilla de la técnica; **that's just the ~!** ¡me *etc* viene al pelo!; **to make the best of a bad ~** poner a mal tiempo buena cara; **to give sth up as a bad ~** darse por vencido; **it's a good ~ that ...** menos mal que ...; **a good ~ too!** ¡menos mal!; **we had quite a ~ getting here** *or* **to get here** ¡vaya que nos costó trabajo llegar!; **he was caught doing a bank ~** *(fam)* lo *(Sp)* cogieron *or (LAm)* agarraron asaltando un banco.

2: ~ creation scheme *n* plan *m* de creación de

puestos de trabajo; ~ **hunting** *n* búsqueda *f* de trabajo; ~ **lot** *n* lote *m*, saldo *m;* ~ **satisfaction** *n* satisfacción *f* en el trabajo; ~ **security** *n* seguridad *f* en el trabajo.

job·ber ['dʒɒbəʳ] *n (Stock Exchange)* corredor(a) *m/f* de Bolsa.

job·bing ['dʒɒbɪŋ] *adj (gardener, carpenter etc)* que trabaja a destajo, destajero/a.

Job·centre ['dʒɒb,sentəʳ] *n (Brit)* oficina *f* estatal de colocaciones.

job·less ['dʒɒblɪs] **1** *adj* sin trabajo, parado/a. **2** *npl*: **the** ~ los parados *mpl.*

jock·ey ['dʒɒkɪ] **1** *n* jockey *m.* **2** *vt*: **to** ~ **sb into doing sth** convencer a uno a hacer algo; **to** ~ **sb out of sth** quitar algo a uno con artimañas. **3** *vi*: **to** ~ **for position** *(fig)* maniobrar para conseguir una posición.

jock·strap ['dʒɒkstræp] *n* suspensorio *m.*

jocu·lar ['dʒɒkjʊləʳ] *adj (person)* gracioso/a; *(merry)* alegre; *(manner)* bromista, chistoso/a; *(remark, reply)* jocoso/a, divertido/a.

jog [dʒɒg] **1** *n* **(a)** *(push etc)* empujoncito *m; (with elbow)* codazo *m; (fig)* **to give sb's memory a** ~ refrescar la memoria de uno. **(b)** *(pace: also* ~ **trot**) trote *m* corto; *(run)* carrera *f* a trote corto; **to go for a** ~ ir a hacer footing *or* jogging. **2** *vt (push etc)* empujar (ligeramente); *(memory)* refrescar; **to** ~ **sb into action** *(fig)* motivar a uno. **3** *vi (person, animal)* andar a trote corto, avanzar despacio; *(Sport)* hacer footing *or* jogging.

♦ **jog along** *vi + adv (vehicle)* avanzar despacio, ir sin prisa; *(fig)* **we're** ~**ging along** vamos tirando; **the work is** ~**ging along nicely** el trabajo va progresando lentamente.

jog·ger ['dʒɒgəʳ] *n* corredor(a) *m/f.*

jog·ging ['dʒɒgɪŋ] *n (Sport)* footing *m*, jogging *m.*

jog·gle ['dʒɒgl] *vt (fam)* menear, agitar.

john [dʒɒn] *n (US fam)* retrete *m, (LAm)* baño *m.*

join [dʒɔɪn] **1** *n (Tech etc: in wood, crockery etc)* juntura *f; (Sew)* costura *f.*

2 *vt* **(a)** *(fasten: also* ~ **together**) (re)unir, juntar; **to** ~ **A and B, to** ~ **A to B** unir A y B, juntar A con B; **to** ~ **hands** *(Sp)* cogerse *or (LAm)* tomarse de la mano; **to** ~ **battle** trabar batalla; **to** ~ **forces** *(lit)* aliarse; *(fig)* juntarse; *(associate)* asociarse. **(b)** *(queue)* meterse en; *(procession)* unirse a; *(religious order)* entrar en; *(club)* hacerse socio de; *(firm, university)* ingresar *or* entrar en; *(Pol: party)* afiliarse a, hacerse miembro de; *(army, navy)* alistarse en; *(one's ship)* volver a; *(regiment)* incorporarse a. **(c)** *(person)* reunirse con; *(leader etc)* unirse a; **may I** ~ **you?** ¿puedo acompañarles?, ¿se permite?; **will you** ~ **us?** ¿nos acompañas?; **will you** ~ **us for dinner?** ¿nos acompañas a cenar?; **will you** ~ **me in a drink?** ¿me acompaña en una copa?; **they** ~**ed us in protesting** (se) hicieron eco de nuestras protestas. **(d)** *(river)* desembocar en; *(road)* empalmar *or* hacer empalme con; **we** ~**ed the motorway at the Swindon junction** entramos en la autopista por el cruce de Swindon.

3 *vi* **(a)** *(also* ~ **together**) *(parts)* unirse, juntarse; *(lines, roads)* empalmar; *(rivers)* confluir. **(b)** *(members of club)* hacerse socio; **we** ~ **with you in hoping that ...** compartimos su esperanza de que ... .

♦ **join in 1** *vi + prep (game, protest)* tomar parte *or* participar en; *(discussion)* intervenir en; **they all** ~**ed in the game** se unieron todos al juego. **2** *vi + adv* tomar parte, participar; **he doesn't** ~ **in much** apenas participa.

♦ **join on 1** *vt + adv* unir. **2** *vi + adv (queue)* ponerse al final de; *(part)* unirse, juntarse.

♦ **join up 1** *vi + adv (Mil)* alistarse. **2** *vt + adv (wires etc)* unir, juntar.

join·er ['dʒɔɪnəʳ] *n (carpenter)* carpintero/a *m/f*, ensamblador(a) *m/f.*

join·ery ['dʒɔɪnərɪ] *n* carpintería *f.*

joint [dʒɔɪnt] **1** *adj (action, effort, work etc)* conjunto/a; *(combined)* combinado/a; *(agreement)* mutuo/a; *(decision)* de común acuerdo; *(declaration, consultation)* conjunto/a; *(responsibility)* compartido/a; *(committee)* mixto/a; *(Comm)* ~ **account** cuenta *f* común; ~ **owners** copropietarios *mpl;* ~ **ownership** copropiedad *f*, propiedad *f* común.

2 *n* **(a)** *(Tech: place)* juntura *f*, unión *f.* **(b)** *(of meat)* cuarto *m.* **(c)** *(Anat)* articulación *f*, coyuntura *f;* **out of** ~ descoyuntado/a, dislocado/a; **to put sb's nose out of** ~ *(fig fam)* bajarle los humos a uno. **(d)** *(fam: place)* garito *m*, tasca *f.* **(e)** *(fam: cigarette containing cannabis)* porro *m*, canuto *m.*

3 *vt (Culin)* despiezar, cortar en trozos.

joint·ly ['dʒɔɪntlɪ] *adv* en común, conjuntamente.

joint-stock com·pa·ny [dʒɔɪnt,stɒk'kʌmpənɪ] *n* sociedad *f* anónima.

joist [dʒɔɪst] *n* viga *f*, vigueta *f.*

joke [dʒəʊk] **1** *n (verbal)* chiste *m, (LAm)* cuento *m; (practical)* broma *f* pesada; *(hoax)* broma *f;* **to tell/make a** ~ contar/hacer un chiste *(about sth* sobre algo); **for a** ~ en broma; **what a** ~! ¡qué gracia!; **it's no** ~ no tiene ninguna gracia; **the** ~ **is that ...** lo gracioso *or* chistoso es que ...; **the** ~ **is on you** la broma la pagas tú; **it's (gone) beyond a** ~ esto no tiene nada de chistoso, *(Mex)* ¡te pasaste! *(fam);* **to play a** ~ **on sb** gastar una broma a uno; **I don't see the** ~ *(verbal or practical)* no le veo la gracia; **he can't take a** ~ no le gusta que le tomen el pelo; **one can have a** ~ **with her** tiene mucho sentido del humor; **to treat** *or* **take sth as a** ~ tomar algo a broma.

2 *vi (make* ~*s)* contar *or* hacer chistes, *(LAm)* contar cuentos; *(be frivolous)* bromear; **to** ~ **about sth/sb** contar chistes sobre algo/uno; **I was only joking** lo dije en broma, no iba en serio; **I'm not joking** hablo en serio; **you're joking!, you must be joking!** ¡no lo dices en serio!, ¡no faltaba más!; **joking apart ...** fuera bromas ..., hablando en serio ... .

jok·er ['dʒəʊkəʳ] *n* **(a)** *(wit)* chistoso/a *m/f, (LAm)* guasón/ona *m/f; (practical* ~*)* bromista *mf; (fam)* payaso/a *m/f.* **(b)** *(Cards)* comodín *m.*

jok·ing ['dʒəʊkɪŋ] **1** *adj (tone etc)* burlón/ona. **2** *n (jokes)* bromas *fpl; (verbal)* chistes *mpl, (LAm)* cuentos *mpl.*

jok·ing·ly ['dʒəʊkɪŋlɪ] *adv (laughingly)* en broma; *(mockingly)* en son de burla.

jol·ly ['dʒɒlɪ] **1** *adj* (**-ier, -iest**) *(person)* alegre; *(amusing)* divertido/a; *(laugh)* gracioso/a. **2** *adv (Brit fam)* muy, la mar de *(fam), (LAm)* bastante; **we were** ~ **glad** nos alegramos muchísimo; **you've** ~ **well got to** no tienes otro remedio, *(LAm)* no te queda otra; ~ **good!** ¡estupendo!, *(Per, RPl)* ¡macanudo! **3** *vt*: **to** ~ **sb along** animar *or* darle ánimos a uno.

jolt [dʒəʊlt] **1** *n (jerk)* sacudida *f; (sudden bump)* choque *m; (fig)* susto *m;* **it gave me a bit of a** ~ me dio un buen susto. **2** *vt (subj: vehicle)* sacudir; *(person)* empujar (ligeramente), sacudir; *(fig)* afectar, *(LAm)* golpear; **to** ~ **sb into (doing) sth** mover a uno a hacer algo. **3** *vi (vehicle)* traquetear, dar tumbos.

Jor·dan ['dʒɔːdn] *n (country)* Jordania *f; (river)* Jordán *m.*

Jor·da·nian [dʒɔː'deɪnɪən] *adj* jordano/a.

joss stick ['dʒɒsstɪk] *n* pebete *m*.
jos·tle ['dʒɒsl] **1** *vt* empujar. **2** *vi* empujar, dar empujones; **to ~ against sb** dar empellones a uno; **to ~ for a place** abrirse paso a empujones.
jot [dʒɒt] **1** *n* jota *f*, pizca *f*; **there's not a ~ of truth in it** no tiene ni pizca de verdad. **2** *vi*: **to ~ down** apuntar, anotar.
jot·ter ['dʒɒtə^r] *n (notebook, pad)* bloc *m* de notas, libreta *f*.
jot·tings ['dʒɒtɪŋz] *npl* apuntes *mpl*, anotaciones *fpl*.
jour·nal ['dʒɜːnl] *n (diary)* diario *m*; *(periodical)* periódico *m*; *(magazine)* revista *f*.
jour·nal·ese [ˌdʒɜːnə'liːz] *n (pej)* lenguaje *m* periodístico.
jour·nal·ism ['dʒɜːnəlɪzəm] *n* periodismo *m*.
jour·nal·ist ['dʒɜːnəlɪst] *n* periodista *mf*, *(LAm)* reportero/a *m/f*.
jour·ney ['dʒɜːnɪ] **1** *n (trip)* viaje *m*; *(distance)* trayecto *m*, *(LAm)* tramo *m*; **to go/send sb on a ~** ir/enviar a uno de viaje; **to break one's ~** hacer una parada; **to reach one's ~'s end** llegar al final de su viaje, llegar a su destino; **the outward/return ~** el viaje de ida/de vuelta. **2** *vi* viajar.
jo·vial ['dʒəʊvɪəl] *adj (person)* risueño/a; *(laugh)* gracioso/a; *(mood)* alegre, festivo/a.
jowl [dʒaʊl] *n (usu pl: lower face: of person)* mandíbula *f* inferior; *(chin)* barbilla *f*, *(LAm)* mentón *m*; *(: of dog, bull etc)* papada *f*; **a man with a heavy ~** un hombre de papada.
joy [dʒɔɪ] **1** *n (happiness)* alegría *f*; *(delight)* júbilo *m*, regocijo *m*; *(source of delight)* deleite *m*, *(LAm)* alegría; **did you have any ~ in finding it?** ¿tuviste éxito en encontrarlo?; **to our great ~ ...** para nuestra gran alegría ...; **to jump for ~** saltar de alegría; **I wish you ~ of it!** *(iro)* ¡que lo disfrutes!, ¡enhorabuena!; **the ~s of camping** *(lit, hum)* los placeres del camping; **it's a ~ to hear him** es un *or (LAm)* da gusto oírlo; **no ~!** *(fam)* ¡sin resultado!, ¡sin éxito! **2**: **~ ride** *n (fam: irresponsible action)* escapada *f*; *(: in car: esp stolen)* paseo *m* en coche (robado); **to go for a ~ ride** ir en coche (robado) a lo loco.
joy·ful ['dʒɔɪfʊl] *adj (gen)* feliz; *(event, occasion)* festivo/a.
joy·ous ['dʒɔɪəs] *adj (poet)* = **joyful.**
joy·stick ['dʒɔɪstɪk] *n (Aer)* palanca *f* de mando.
J.P. *abbr of* **Justice of the Peace.**
Jr. *abbr of* **junior.**
ju·bi·lant ['dʒuːbɪlənt] *adj (crowd)* jubiloso/a, exultante; *(cry, shout)* de júbilo, alborozado/a.
ju·bi·lee ['dʒuːbɪliː] *n (celebration)* jubileo *m*; *(anniversary)* aniversario *m*; **silver ~** vigésimo quinto aniversario.
judge [dʒʌdʒ] **1** *n (Jur)* juez *mf*; *(of contest)* juez, árbitro/a *m/f*; *(knowledgeable person)* conocedor(a) *m/f*, entendido/a *m/f*; **a good/bad ~ of sth** conocedor/poco conocedor de algo; **I'm no ~ of wines/character** no entiendo de vinos/de sicología.
2 *vt (Jur, also contest)* juzgar; *(Sport)* arbitrar, hacer de árbitro; *(matter, question)* decidir, resolver; *(estimate: weight, size etc)* calcular; *(consider)* juzgar, considerar; **to ~ sth right/wrong** calcular algo bien/mal; *(situation)* acertar/errar en el juicio de algo; **he ~d the moment well** escogió el momento oportuno, *(LAm)* atinó; **I ~d it to be right** lo consideré acertado, me pareció correcto.
3 *vi (act as judge)* juzgar, ser juez; **judging** *or* **to ~ by** *or* **from his expression** a juzgar por su expresión; **to ~ for o.s.** juzgar por sí mismo; **as far as I can ~** por lo que puedo entender, a mi entender.
judg(e)·ment ['dʒʌdʒmənt] **1** *n* **(a)** *(Jur: decision)* sentencia *f*, fallo *m*; *(act)* juicio *m*; **it's a ~ on you** es un castigo; **to pass ~ (on sb/sth)** *(Jur)* pronunciar *or* dictar sentencia (sobre uno/en algo); *(fig)* emitir un juicio crítico *or* dictaminar (sobre uno/algo). **(b)** *(opinion)* opinión *f*, parecer *m*; *(understanding)* juicio *m*, criterio *m*; **in my ~** a mi criterio; **against my better ~** a pesar mío; **his ~ is sound** tiene buen criterio; **she showed excellent ~ in choosing the colour scheme** demostró tener buen gusto al escoger la combinación de colores. **2**: **J~ Day** *n* Día *m* del Juicio (final).
ju·di·cial [dʒuː'dɪʃəl] *adj* **(a)** *(enquiry, decision, proceedings)* judicial; *(separation)* legal. **(b)** *(mind, faculty)* crítico/a.
ju·di·ci·ary [dʒuː'dɪʃɪərɪ] *n (judges)* magistratura *f*; *(court system)* poder *m* judicial.
ju·di·cious [dʒuː'dɪʃəs] *adj (wise, sensible)* prudente, sensato/a; *(: also person)* juicioso/a.
judo ['dʒuːdəʊ] *n* judo *m*.
jug [dʒʌg] *n* **(a)** *(container)* jarro *m*, jarra *f*. **(b)** *(fam: prison)* chirona *f*, *(LAm)* chirola *f*.
jugged hare [ˌdʒʌgd'hɛə^r] *n* liebre *f* borracha.
jug·ger·naut ['dʒʌgənɔːt] *n (lorry)* camión *m* grande de carga pesada.
jug·gle ['dʒʌgl] **1** *vi* hacer juegos *mpl* malabares; *(fig)* darle vueltas *(with* a). **2** *vt (fig, pej)* falsear, falsificar.
jug·gler ['dʒʌglə^r] *n* malabarista *mf*.
Ju·go·sla·via [ˌjuːgəʊ'slɑːvɪə] *etc* = **Yugoslavia** *etc*.
jugu·lar ['dʒʌgjʊlə^r] *adj*: **~ vein** vena *f* yugular.
juice [dʒuːs] *n (fruit ~)* zumo *m or (LAm)* jugo *m*; *(of meat)* jugo; *(fam: petrol)* gasolina *f*; *(: electricity)* corriente *f*; *(Anat)* **digestive ~s** jugos *mpl* digestivos.
juicy ['dʒuːsɪ] *adj* **(-ier, -iest)** *(fruit, meat)* jugoso/a; *(fig: story)* verde, picante.
ju·jit·su [dʒuː'dʒɪtsuː] *n* jiu-jitsu *m*.
juke·box ['dʒuːkbɒks] *n* máquina *f* tocadiscos, *(LAm)* rocanola *f*.
July [dʒuː'laɪ] *n* julio *m*; **in ~** en julio; **in ~ of next year** en julio del año que viene; **at the beginning/end of ~** a principios/finales de julio; **in the middle of ~** a mediados de julio; **during ~** durante el mes de julio; **there are 31 days in ~** julio tiene treinta y un días; **(on) the first/eleventh of ~** el primero/once de julio; **during** *or* **in the month of ~** en el mes de julio; **each** *or* **every ~** todos los meses de julio; **~ was wet this year** este año llovió mucho en julio.
jum·ble ['dʒʌmbl] **1** *n* revoltijo *m*, revoltillo *m*; *(fig)* confusión *f*, embrollo *m*. **2** *vt (also* **~ together, ~ up**) mezclar, amontonar. **3**: **~ sale** *n (Brit)* venta *f* de objetos usados (con fines benéficos).
jum·bo ['dʒʌmbəʊ] **1** *n* elefante/a *m/f*. **2** *adj (fam)* **~ jet** jumbojet *m*.
jump [dʒʌmp] **1** *n (leap, also fig)* salto *m*, *(LAm)* brinco *m*; *(fence)* obstáculo *m*; *(from parachute)* salto; **high/long ~** *(Sport)* salto de altura/longitud; **a 3m ~** un salto de tres metros; **in** *or* **at one ~** de un salto; **my heart gave a ~** me dio un vuelco el corazón; **to be one ~ ahead** *(fig)* llevar la ventaja; **a big ~ in prices** un alza inesperada de precios.
2 *vt (subj: person, horse)* saltar, *(LAm)* brincar; (*also* **~ over**) salvar; *(horse)* hacer saltar; **to ~ the rails/the points** *(train)* descarrilar, salirse de las vías/las agujas; **to ~ a groove** *(stylus)* saltarse un surco; **to ~ bail** *(Jur)* fugarse estando bajo fianza; **to ~ the gun** *(fig fam)* precipitarse, *(LAm)* aventarse; **to ~ the lights** *(Aut)* saltarse un se-

máforo; **to ~ the queue** colarse; **to ~ ship** desertar (de un buque); **to ~ sb** *(fam)* asaltar *or* atacar a uno; **to ~ a train** subirse sin billete al tren.

3 *vi (leap: also Sport)* saltar, *(LAm)* brincar, dar brincos; *(Aer)* lanzarse, tirarse; *(nervously)* sobresaltarse, asustarse; *(fig: rise: prices)* aumentar, subir; **to ~ over sth** saltar (por encima de) *or* salvar algo; **to ~ from** *(high place)* lanzarse desde; **to ~ in/out** entrar/salir de un salto; **he ~ed into a taxi** subió de prisa a un taxi; **to ~ up and down** dar saltos, brincar; **to ~ off/on(to) sth** bajar de/subir a algo con un salto; **he ~ed to his feet** se puso de pie de un salto; **you made me ~!** ¡qué susto me diste!; **I almost ~ed out of my skin!** *(fig fam)* ¡qué susto me llevé!; **~ to it!** *(fig fam)* ¡venga, muévete!, ¡rápido!; **to ~ to conclusions** *(fig fam)* sacar conclusiones precipitadas, juzgar a la ligera.

♦ **jump about** *vi + adv* dar saltos, brincar; **the story ~s about a bit** *(fig)* la historia da muchos saltos.

♦ **jump at** *vi + prep (fig)* apresurarse a aprovechar.

♦ **jump down** *vi + adv* bajar de un salto, saltar a tierra; **to ~ down sb's throat** *(fig fam)* ponerle verde a uno.

♦ **jump up** *vi + adv* levantarse de un salto; **~ up!** ¡levántate!, ¡de pie!

jumped-up ['dʒʌmpt,ʌp] *adj (pej)* presumido/a.

jump·er ['dʒʌmpə^{r}] *n (Sport)* saltador(a) *m/f; (Brit: sweater)* jersey *m, (LAm)* suéter *m; (US: pinafore dress)* falda *f* tipo mono.

jumpy ['dʒʌmpɪ] *adj* (**-ier, -iest**) nervioso/a; *(scary)* asustadizo/a.

Jun. *abbr of* **junior.**

junc·tion ['dʒʌŋ*k*ʃən] **1** *n (of roads)* cruce *m, (LAm)* crucero *m; (also Rail)* empalme *m.* **2: ~ box** *n (Elec)* caja *f* de empalmes.

junc·ture ['dʒʌŋ*k*tʃə^{r}] *n (fig: point)* coyuntura *f;* **at this ~** en este momento, *(LAm)* a estas alturas *(fam).*

June [dʒuːn] *n* junio *m; for usage see* **July.**

jun·gle ['dʒʌŋgl] **1** *n* selva *f,* jungla *f;* **the law of the ~** *(fig)* la ley de la selva. **2** *cpd* de la selva, salvaje.

jun·ior ['dʒuːnɪə^{r}] **1** *adj (in age)* menor; *(on staff)* de menor antigüedad; *(position, rank)* subalterno/a; *(section: in competition etc)* juvenil; *(employee, executive)* más joven; *(partner)* segundo; **10 years his ~** diez años menor que él; **Roy Smith, J~** Roy Smith, hijo. **2** *n* menor *mf,* joven *mf; (Brit Scol)* alumno/a *m/f* (de 7 a 11 años). **3: ~ high school** *n (US)* Instituto *m* de Enseñanza Media; **~ minister** *n (Pol)* ministro *m* subalterno; **~ (miss) size** *n* talla *f* juvenil (para niñas); **~ school** *n (Brit)* ≃ colegio *m* de E.G.B. (Educación General Básica), *(LAm)* escuela *f* primaria.

ju·ni·per ['dʒuːnɪpə^{r}] **1** *n* enebro *m.* **2: ~ berries** *npl* bayas *fpl* de enebro.

junk[1] [dʒʌŋk] **1** *n (worthless things)* basura *f, (LAm)* cacharros *mpl; (things thrown away)* desperdicios *mpl,* desechos *mpl; (fam: item of poor quality)* porquería *f.* **2: ~ dealer** *n* vendedor(a) *m/f* de objetos usados; **~ food** *n alimentos mpl preparados y envasados sin gran valor nutritivo;* **~ shop** *n* tienda *f* de objetos usados, rastrillo *m.*

junk[2] [dʒʌnk] *n (Chinese boat)* junco *m.*

jun·ket ['dʒʌŋkɪt] *n* **(a)** *(Culin)* dulce *m* de leche cuajada, *(LAm)* cajeta *f.* **(b)** *(fam: also* **~ing***)* *(party)* fiestas *fpl; (US: excursion)* viaje *m* pagado.

junkie ['dʒʌŋkɪ] *n (fam: drug addict, esp of heroin)* yonqui *mf,* heroinómano/a *m/f.*

Junr. *abbr of* **junior.**

jun·ta ['dʒʌntə] *n* junta *f.*

Ju·pi·ter ['dʒuːpɪtə^{r}] *n (gen)* Júpiter *m.*

ju·ris·dic·tion [,dʒʊərɪs'dɪkʃən] *n* jurisdicción *f;* **it falls** *or* **comes within/outside our ~** es/no es de nuestra competencia.

ju·ror ['dʒʊərə^{r}] *n (Jur)* jurado *m; (for contest)* juez *m;* **a woman ~** una miembro del jurado.

jury ['dʒʊərɪ] **1** *n (Jur, gen)* jurado *m;* **trial by ~** proceso con jurado; **to serve** *or* **be on a ~** ser miembro de un jurado. **2: ~ box** *n* tribuna *f* del jurado.

just[1] [dʒʌst] *adj (fair)* justo/a; *(person)* recto/a; *(deserved: praise)* merecido/a; *(punishment)* apropiado/a; *(well grounded: complaint)* justificado/a; *(opinion)* lógico/a.

just[2] [dʒʌst] *adv* **(a)** *(exactly)* exactamente, precisamente; **~ here/there** aquí/ahí mismo; **he was standing ~ at the corner** estaba justo en la esquina; **~ behind/in front of/near/next to** *etc* justo detrás/delante de/cerca de/al lado de *etc;* **~ when it was going well ...** precisamente cuando iba bien ...; **~ then** *or* **at that moment** en ese mismo momento *or* instante; **it's ~ (on) 10 (o'clock)** son las diez en punto; **it cost ~ (on) £20** me costó veinte libras justas; **it's ~ my size** es exactamente mi talla; **it's ~ what I wanted** es precisamente lo que yo quería; **~ what did he say?** ¿qué dijo exactamente?; **come ~ as you are** ven tal y como estás; **leave it ~ as it is** déjalo tal como está; **they are ~ like brothers** son como hermanos; **that's ~ it!, that's ~ the point!** ¡ése es el problema!, ¡allí está el problema!, *(LAm)* ¡por eso!; **that's ~ (like) him, always late** es típico (de él), siempre llega tarde; **~ as I thought!** ¡ya me lo figuraba *or* imaginaba!; **~ as I arrived** justo cuando iba llegando; **~ as you wish** como Ud quiera; **he likes everything ~ so** *(fam)* quiere tener cada cosa en su sitio.

(b) *(soon)* ahora mismo; *(recently)* hace poco; **I've ~ seen him** acabo de verle; **~ this minute/now** hace un momento/ahora mismo; **the book is ~ out** el libro acaba de salir; **we were ~ going** ya nos íbamos; **we're ~ off** nos vamos ahora mismo; **I was ~ about to phone** estaba a punto de llamar.

(c) *(only)* solamente, sólo, *(LAm)* nomás; **~ a little/a few** un poco/unos pocos nada más *or (LAm)* nomás; **~ the two of us** los dos solos, sólo nosotros dos; **it's ~ 3 o'clock** son las tres nada más, *(LAm)* son las tres apenas; **~ yesterday/this morning** ayer mismo/esta misma mañana; **~ once** una vez nada más, solamente una vez; **~ for a laugh** en broma, nada más; **he's ~ teasing** está bromeando, nada más; **it's ~ a mouse** es un ratón, nada más; **it's ~ around the corner/~ over there** está a la vuelta de la esquina/ahí mismo; **we went ~ to see the museum** fuimos sólo para ver el museo; **I ~ asked!** *(hum)* ¡preguntaba nada más *or (LAm)* nomás!; **~ a minute!, ~ one moment!** ¡un momento, por favor!, *(LAm)* ¡voy!

(d) *(simply)* sencillamente; **I ~ told him to go away** le dije sencillamente que se fuera; **~ ask the way** simplemente pregunta por dónde se va; **I ~ wanted to say that ...** sólo quería decir que ...; **I ~ can't imagine** no me lo puedo imaginar; **it's ~ that I don't like it** lo que pasa es que no me gusta; **he ~ couldn't wait to see them** tenía unas ganas enormes de verlos; **it's ~ one of those things** *(fam)* son cosas que pasan; **let's ~ wait and see** es mejor esperar a ver (qué pasa).

(e) *(slightly)* **~ over/under 2 kilos** un poco más de/menos de dos kilos, pasa de/no llega a los dos kilos; ~ **before/after I arrived** poco antes/ después de mi llegada; **it's ~ gone** *or* **past 10 (o'clock)** acaban de dar las diez; ~ **to the left/ right** un poco más a la izquierda/derecha; ~ **to one side** a un lado.

(f) *(barely)* por poco; **we arrived ~ in time** por poco no llegamos, llegamos justo a tiempo; ~ **enough money** el dinero justo; **I (only) ~ caught it** lo alcancé por un pelo, *(LAm)* por poco lo pierdo; **we (only) ~ missed it** lo perdimos por muy poco; **he caught/missed the train, but only ~** *(Sp)* cogió *or (LAm)* tomó/perdió el tren, pero por poco.

(g) *(in comparison)* tan; **it's ~ as good (as)** es igual (que), es tan bueno (como); ~ **as well (as)** tan bien (como).

(h) *(with imperatives)* ~ **look at this mess!** ¡fíjate qué desorden!; ~ **wait a minute!** ¡espera un momento!; ~ **shut up!** *(fam)* ¡cierra el pico! *(fam)*, ¡cállate ya! *(fam)*; ~ **let me get my hands on him!** *(fam)* ¡cómo lo *(Sp)* coja!, *(LAm)* ¡con que lo agarre! *(fam)*; ~ **you wait, he'll come sure enough** *(reassuringly)* espera hombre, ya verás cómo viene; ~ **(you) wait until I tell your father** *(threateningly)* espera (nomás) a que se lo cuente a tu padre.

(i) *(emphatic)* francamente; **that's ~ fine!** ¡es francamente maravilloso!; **did he like it? — I should ~ say he did!** ¿le gustó? — ¡y tanto!, ¡ya lo creo! *or (LAm)* ¡cómo no!; **that dress is awful — isn't it ~?** ese vestido es francamente horrible — ¡y tanto!

(j) *(phrases)* **I've ~ about finished this work** estoy a punto de terminar este trabajo; **I've ~ about had enough of this noise!** *(fam)* ¡estoy harto de tanto ruido!; **it's ~ as well** menos mal; **it ~ so happens ...** resulta que ...; **it would be ~ as well if ...** más valdría que ...; ~ **too bad!** ¡mala pata!; **not ~ yet/now** todavía *or* aún/hasta ahora no; ~ **in case, ...** por si acaso ...; ~ **the same, I'd rather ...** de todas formas, prefiero ...; **I'd ~ as soon not go** prefiero no ir; **I'd ~ as soon you didn't do it** preferiría que no lo hicieras.

jus·tice [ˈdʒʌstɪs] *n* **(a)** *(Jur)* justicia *f;* **to bring sb to ~** llevar a uno ante los tribunales. **(b)** *(fairness)* justicia *f;* **to do o.s./sb ~** quedar bien/ hacer justicia a uno; **this doesn't do him ~** *(photo etc)* no le favorece; **it doesn't do ~ to his skills** no está a la altura de sus capacidades; **to do ~ to a meal** hacer los honores a una comida. **(c)** *(person)* juez *mf;* **J~ of the Peace** (*Brit: abbr* **J.P.**) juez *m* de paz.

jus·ti·fi·able [ˌdʒʌstɪˈfaɪəbl] *adj (anger etc)* justificado/a; ~ **homicide** *(Jur)* homicidio *m* justificable.

jus·ti·fi·ably [ˌdʒʌstɪˈfaɪəblɪ] *adv* justificadamente, con razón.

jus·ti·fi·ca·tion [ˌdʒʌstɪfɪˈkeɪʃən] *n* justificación *f;* **there's no ~ for it** esto no tiene justificación posible; **in ~ of** *or* **for sth** como justificación de algo.

jus·ti·fy [ˈdʒʌstɪfaɪ] *vt (gen)* justificar; **to be justified in doing sth** tener motivo para hacer algo, tener razón al hacer algo.

jut [dʒʌt] *vi* (*also* ~ **out**) sobresalir.

jute [dʒuːt] *n* yute *m.*

ju·venile [ˈdʒuːvənaɪl] **1** *adj (books, sports etc)* juvenil; *(pej)* infantil; *(Jur: court)* de menores. **2** *n* joven *mf,* menor *mf.* **3: ~ delinquent** *n* delincuente *mf* juvenil.

jux·ta·pose [ˌdʒʌkstəˈpəuz] *vt* yuxtaponer.

jux·ta·po·si·tion [ˌdʒʌkstəpəˈzɪʃən] *n* yuxtaposición *f.*

K

K, k [keɪ] *n (letter)* K, k *f.*
kale [keɪl] *n (Bot)* col *f* rizada.
ka·lei·do·scope [kəˈlaɪdəskəʊp] *n (instrument)* calidoscopio *m*, caleidoscopio *m.*
kan·ga·roo [ˌkæŋgəˈruː] *n* canguro/a *m/f;* **~ court** tribunal *m* informal.
kao·lin [ˈkeɪəlɪn] *n* caolín *m.*
ka·pok [ˈkeɪpɒk] *n* miraguano *m.*
ka·put [kəˈpʊt] *adj (fam)* roto/a, estropeado/a.
kar·at [ˈkærət] *n (US)* = **carat.**
ka·ra·te [kəˈrɑːtɪ] *n (martial art)* karate *m.*
kart·ing [ˈkɑːtɪŋ] *n (Sport)* kárting *m.*
ke·bab [kəˈbæb] *n* pincho *m* moruno, *(LAm)* broqueta *f*, brocheta *f*, *(Per)* anticucho *m.*
keel [kiːl] *n (Naut)* quilla *f;* **on an even ~** *(Naut)* en iguales calados; *(fig)* en equilibrio, equilibrado.
♦ **keel over** *vi + adv (Naut)* zozobrar, volcarse; *(person)* desplomarse.
keen [kiːn] *adj* **(-er, -est) (a)** *(sharp: edge, blade)* afilado/a; *(: wind, air)* penetrante; *(: eyesight, wit etc)* agudo/a; *(: hearing)* fino/a; *(desire)* fuerte, vivo/a; *(delight)* intenso/a; *(sense)* profundo/a, desarrollado/a; *(interest)* grande, vivo/a; *(price, rate)* competitivo/a; *(competition, match, struggle)* reñido/a, intenso/a; *(dedicated)* concienzudo/a; *(enthusiastic)* entusiasta; **he's got a ~ appetite** tiene buen apetito.

(b) *(Brit: person)* entusiasta; **to be ~ on sth** ser aficionado a algo, gustarle algo a uno; **to be ~ to do sth** tener ganas de *or* interés por hacer algo; **are you ~ on opera?** ¿te gusta la ópera?; **I'm not ~ on the idea** no me entusiasma *or* no me llama mucho la atención la idea, *(Mex)* no me pasa la idea *(fam)*; **he's ~ on her** ella le gusta mucho; **I'm not ~ on going/on his going** no tengo ganas de ir/no me hace gracia que (él) vaya.
keen·ly [ˈkiːnlɪ] *adv* **(a)** *(acutely)* vivamente, intensamente; **to feel sth ~** sentir algo profundamente. **(b)** *(enthusiastically)* con entusiasmo.
keen·ness [ˈkiːnnɪs] *n (enthusiasm)* entusiasmo *m; (sharpness)* agudeza *f; (intensity)* intensidad *f; (desire)* deseo *m.*
keep [kiːp] *(vb: pt, pp* **kept) 1** *n* **(a)** comida *f*, sustento *m;* **to earn one's ~** ganarse el sustento; *(fig)* justificar el gasto; **for ~s** *(fam: permanently)* para siempre. **(b)** *(Archit)* torreón *m*, torre *f* del homenaje.

2 *vt* **(a)** *(retain)* guardar, quedarse (con); **you can ~ the change** *(money)* quédese con la vuelta *or (LAm)* el vuelto; **he ~s himself to himself** guarda las distancias; **I'll ~ you to your promise** haré que cumplas tu promesa; **you can ~ it!** *(fam: often fig)* ¡alla tú!, ¡puedes guardártela! **(b)** *(preserve: secret)* guardar; *(temper)* dominar, contener; *(order)* mantener; **to ~ sth from sb** *(fig)* ocultar algo a uno; **~ it to yourself, ~ it under your hat** *(fam)*, **~ it quiet** no se lo digas a nadie, (con las) bocas cosidas *(fam)*, *(LAm)* ¡chitón! *(fam).* **(c)** *(maintain a certain state)* conservar, mantener; **to ~ sth clean/safe** conservar algo limpio/guardar algo bien; **to ~ (sth) still** no mover (algo), *(LAm)* mantener (algo) quieto; **to ~ sb happy** tener a uno contento; **the garden is well kept** el jardín está muy bien cuidado; **exercise ~s you fit** haciendo ejercicio te mantienes en forma; **he has kept his looks** ha conservado el aspecto; **to ~ the engine running** dejar el motor en marcha; *see* **observation, straight 3. (d)** *(put aside)* guardar, poner aparte, *(LAm)* apartar; *(store)* guardar; **where do you ~ the sugar?** ¿dónde guardas el azúcar? **(e)** *(detain)* tener, entretener; *(restrain)* tener, retener; **to ~ sb in prison** tener a uno en la cárcel; **to ~ sb doing sth** tener a uno haciendo algo; **to ~ sb waiting** hacer esperar a uno; **to ~ sb posted** tener a uno al corriente *or* sobre aviso; **I mustn't ~ you, don't let me ~ you** no le entretengo más; **what kept you?** ¿a qué se debe este retraso?, ¿por qué tan tarde?; **to ~ sb from sth** *or* **from doing sth** *(stop)* impedir que uno haga algo; *(forbid)* prohibir que uno haga algo; **to ~ o.s. from doing sth** contener las ganas de hacer algo, *(Mex)* aguantarse (de hacer algo). **(f)** *(fulfil, observe: promise, agreement)* cumplir; *(: law, rule, obligation etc)* observar; *(: appointment)* acudir *or* ir a. **(g)** *(own, manage: shop, hotel)* ser propietario de, tener; *(servants, also Comm: stock)* tener; *(Agr: animals)* criar, dedicarse a criar. **(h)** *(support: family)* mantener; **to ~ o.s.** mantenerse; **to ~ sb in food and clothing** pagar a uno la comida y el vestido. **(i)** *(accounts, record)* llevar.

3 *vi* **(a)** *(continue)* seguir, continuar; *(remain)* quedar(se), permanecer; **to ~ (to the) left/right** circular por la izquierda/derecha, mantener la izquierda/derecha; **to ~ straight on** seguir todo recto *or (LAm)* derecho; **to ~ to sth** *(promise)* cumplir con algo; *(subject)* limitarse a algo; *(text)* seguir algo, ceñirse a algo; **to ~ doing sth** no dejar *or* parar de hacer algo; **to ~ fit/in good health** mantenerse en forma/muy sano; **~ smiling!** ¡no dejes de sonreír!; **~ going!** ¡no pares!; **to ~ at sb until ...** *(fam: pester)* insistirle a uno hasta (que)...; **to ~ at sth** *(fam: continue)* empeñarse en algo; **~ at it!** *(fam)* ¡ánimo!, *(LAm)* ¡no te aflojes!; **to ~ still/quiet** estarse quieto/callado *or (LAm)* quieto; **to ~ together** ir juntos; **to ~ from doing sth** *(avoid)* evitar hacer algo; *(abstain)* abstenerse de hacer algo; **to ~ to one's room/bed** no salir de su habitación/guardar cama; **they ~ to themselves** guardan las distancias. **(b)** *(in health)* **how are you ~ing?** ¿cómo estás?, *(LAm)* ¿cómo sigues?; **he's not ~ing very well** no está muy bien de salud; **she's ~ing better** está *or* va mejor. **(c)** *(food)* conservarse fresco *or* en buen estado; **it can ~** puede esperar.
♦ **keep away 1** *vt + adv* alejar, mantener a distancia; **to ~ sth away from sb** mantener algo aparte de uno; **they kept him away from school** no le dejaron ir a la escuela. **2** *vi + adv* mantenerse alejado, no acercarse.
♦ **keep back 1** *vt + adv (crowds)* contener; *(withhold: part of sth given)* guardar, quedarse con; *(: tears)* contener, reprimir; *(conceal: information)* **to ~ sth back from sb** ocultar algo a uno; *(make late)* **I don't want to ~ you back** no

quiero retrasarte. **2** *vi* hacerse a un lado.
♦ **keep down 1** *vt + adv (control: prices, spending, temperature)* controlar, mantener bajo; *(: anger, rebellion)* contener, reprimir; *(: weeds)* no dejar crecer; *(: dog)* sujetar; *(oppress: spirits)* oprimir; *(retain: food)* retener; **he was kept down another year** *(Scol)* tuvo que repetir (año); **you can't ~ a good man down** los buenos siempre vuelven. **2** *vi + adv* seguir agachado, no levantar la cabeza.
♦ **keep in 1** *vt + adv (invalid, child)* impedir que salga *etc*, no dejar salir; *(Scol)* castigar; *(stomach)* meter dentro; *(elbows)* pegar al cuerpo; *(fire)* mantener encendido. **2** *vi + adv (fam)* **to ~ in with sb** congraciarse con uno.
♦ **keep off 1** *vt + adv (ward off)* alejar; *(keep distant)* mantener a distancia; *(not touch)* no tocar. **2** *vt + prep* mantener a distancia; **~ your dog off my lawn** no quiero que su perro pise mi césped. **3** *vi + prep (food, subject)* evitar; **~ off politics!** ¡no hables de política!; **'~ off the grass'** 'prohibido pisar el césped'. **4** *vi + adv*: **if the rain ~s off ...** si no llueve ... .
♦ **keep on 1** *vt + adv (hat)* no quitarse; *(continue)* seguir con; *(light)* dejar encendido *or (LAm)* prendido; *(house)* conservar; *(employee)* guardar el empleo a. **2** *vi + adv (continue)* seguir, continuar; **~ on along this road until ...** siga por esta carretera hasta ...; **to ~ on doing sth** seguir haciendo algo; **to ~ on (at sb) about sth** *(pester)* insistir (a uno) sobre algo, *(LAm)* dar la lata (a uno) por algo; **don't ~ on so!, don't ~ on about it!** ¡no machaques!, ¡no insistas!
♦ **keep out 1** *vt + adv (exclude: person, dog)* no dejar entrar, no admitir; *(: cold etc)* proteger de; **to ~ sb out of trouble/out of the way** evitar que uno se meta en líos/sacar a uno de en medio. **2** *vi + adv (not enter)* no entrar, quedarse fuera; **'~ out'** *(sign)* 'prohibida la entrada'; **to ~ out of trouble/out of sb's way** no meterse en líos/procurar no molestar a uno; **to ~ out of sth** *(fig)* no meterse en algo; **you ~ out of this!** ¡no te metas en esto!
♦ **keep up 1** *vt + adv* **(a)** *(hold up: shelf etc)* sostener, sujetar; *(fig: spirits)* mantener vivo. **(b)** *(continue: tradition, study)* seguir (con), mantener; *(correspondence, subscription, tradition)* mantener; **~ up the good work!** ¡sigue así!, *(LAm)* ¡síguele dando!; **~ it up!** ¡ánimo!, ¡dale!; **he'll never ~ it up!** ¡no va a poder seguir así!, *(LAm)* ¡no aguanta! **(c)** *(maintain: property)* cuidar, mantener (en buenas condiciones); *(payments)* no retrasarse en. **(d)** *(keep out of bed)* tener despierto hasta muy tarde *or* en vela *or (LAm)* desvelado.

2 *vi + adv (weather)* seguir, mantenerse; *(prices)* mantenerse alto, no bajar; *(in race etc)* mantener el ritmo, no quedarse atrás; *(fig: gen)* ponerse a la altura *(with sb* de uno); *(in comprehension)* seguir (la corriente) *(with sb* a uno); **to ~ up with the Joneses** no quedar atrás en el consumo.
keep·er ['kiːpəʳ] *n (in park, zoo etc)* guarda *mf*, guardián/ana *m/f; (game~)* guardabosques *m inv; (in museum)* conservador(a) *m/f; (goal~)* portero/a *m/f, (RPl)* arquero/a *m/f.*
keep-fit [ˌkiːp'fɪt] **1** *n* gimnasia *f* (para mantenerse en forma). **2: ~ classes** *npl* clases *fpl* de gimnasia; **~ exercises** *npl* ejercicios *mpl* para mantenerse en forma.
keep·ing ['kiːpɪŋ] *n* **(a) in ~** de acuerdo *(with* con); **out of ~** en desacuerdo *(with* con). **(b) in the ~ of** al cuidado de; **in safe ~** en lugar seguro, en buenas manos.
keep·sake ['kiːpseɪk] *n* recuerdo *m.*
keg [keg] *n* barrilete *m.*
kelp [kelp] *n (Bot)* alga *f* marina.
ken·nel ['kenl] *n (individual, also* **~s**: *for breeding etc)* perrera *fsg;* **to put a dog in ~s** poner un perro en la perrera.
Ken·ya ['kenjə] *n* Kenia *f.*
kept [kept] *pt, pp of* **keep.**
kerb [kɜːb] *n (Brit)* bordillo *m.*
ker·nel ['kɜːnl] *n (of nut)* fruta *f; (seed: of fruit)* pepita *f; (of grain)* grano *m; (fig)* meollo *m*, núcleo *m.*
kero·sene ['kerəsiːn] *n* keroseno *m*, queroseno *m*, *(LAm)* querosén *m.*
kes·trel ['kestrəl] *n* cernícalo *m* (vulgar).
ketch·up ['ketʃəp] *n* salsa *f* de tomate, *(LAm)* catsup *m.*
ket·tle ['ketl] *n* caldera *f*, *(Mex)* marmita *f;* **that's a different ~ of fish** *(Prov)* eso es harina de otro costal.
key [kiː] **1** *n* **(a)** *(gen)* llave *f; (can-opener)* abridor *m*, abrelatas *m inv.* **(b)** *(of typewriter, piano)* tecla *f; (of wind instrument)* llave *f*, pistón *m.* **(c)** *(to map, code etc, also fig)* clave *f;* **the ~ to success** la clave del éxito. **(d)** *(Mus)* tonalidad *f*, tono *m;* **in the ~ of C/F** en clave de do/fa; **major/minor ~** tono mayor/menor; **to change ~** cambiar de tonalidad; **to sing in/off ~** cantar a tono/desafinado.

2: ~ industry *n* industria *f* clave; **~ job** *n* trabajo *m* clave; **~ man** *n* hombre *m* clave; **~ position** *n* posición *f* clave; **~ ring** *n* llavero *m.*
key·board ['kiːbɔːd] *n* teclado *m.*
keyed up [ˌkiːd'ʌp] *adj:* **to be all ~** *(tense)* estar nervioso/a; *(excited)* estar emocionado/a.
key·hole ['kiːhəʊl] *n* ojo *m* (de la cerradura).
key·note ['kiːnəʊt] *n (Mus)* tónica *f; (fig: main emphasis)* idea *f* fundamental.
kg *abbr of* **kilogramme.**
kha·ki ['kɑːkɪ] *n (cloth, colour)* caqui *m.*
kib·butz [kɪ'bʊts] *n, pl* **-im** kibutz *m.*
kick [kɪk] **1** *n (gen)* patada *f*, puntapié *m; (by animal)* coz *f; (of firearm)* culatazo *m; (fig: of drink)* fuerza *f*, graduación *f;* **to give sth/sb a ~** dar una patada a algo/a uno; **it was a ~ in the teeth for him** *(fig fam)* le sentó como una *or* de la patada; **he gets a ~ out of it** *(fam)* lo disfruta; **to do something for ~s** *(fam)* hacer algo para divertirse *or* por pura diversión.

2 *vt (ball etc)* dar un puntapié a; *(person)* dar una patada a; *(subj: animal)* dar coces a; **to ~ sb downstairs** echar a uno escaleras abajo; **to ~ sth out of the way** sacar *or (LAm)* quitar algo a patadas; **to ~ the bucket** *(fig fam)* estirar la pata; **I could have ~ed myself** *(fig fam)* ¡por bruto me lo merecía!; **to ~ one's heels** *(fig)* estar de plantón; **to ~ a habit** *(fig fam)* dejar un hábito.

3 *vi (person)* dar patadas *or* puntapiés; *(baby)* patalear; *(animal)* dar coces, cocear; **to ~ at** *(lit)* dar patadas a; *(fig fam: resist)* resistirse a.
♦ **kick about, kick around 1** *vt + adv (gen)* dar patadas a; *(an idea)* darle vueltas a. **2** *vi +adv (fam: object, person)* andar rodando.
♦ **kick back 1** *vi + adv (gun)* dar culatazo. **2** *vt + adv (ball)* devolver.
♦ **kick down** *vt + adv* derribar *or* echar abajo a patadas.
♦ **kick in** *vt + adv* derribar a patadas; *(break)* romper a patadas; **to ~ sb's teeth in** *(fam)* romperle la cara a uno.
♦ **kick off** *vi + adv (Ftbl)* hacer el saque inicial; *(fig fam: meeting etc)* empezar.
♦ **kick out 1** *vi + adv*: **to ~ out (at sth/sb)** *(person)* dar patadas (a algo/uno); *(animal)* dar coces (a

algo/uno). **2** *vt + adv (fig fam)* echar a patadas, poner de patitas en la calle.

♦ **kick up** *vt + adv (fig fam)* **to ~ up a row** *or* **a din** armar follón *or (LAm)* bronca; **to ~ up a fuss about** *or* **over sth** hacer escándalo por *or* sobre algo.

kick-off ['kɪkɒf] *n (Ftbl, fig)* saque *m* (inicial).

kick-start ['kɪkstɑːt] **1** *n (also* **~er)** arranque *m*, pedal *m* de arranque. **2** *vt* hacer arrancar.

kid [kɪd] **1** *n (Zool: goat)* cabrito *m*, chivo *m; (skin)* cabritilla *f; (fam: child)* chiquillo/a *m/f*, crío/a *m/f*, *(CAm)* chaval(a) *m/f*, *(RPl)* pibe/a *m/f*, *(Mex)* chamaco/a *m/f*. **2** *cpd (gloves, leather)* de cabritilla; *(fam: brother, sister)* menor, pequeño/a, *(LAm)* chico/a; **to handle sth/sb with ~ gloves** tratar algo/a uno con guante blanco. **3** *vt (fam: pretend)* **to ~ sb that ...** hacer creer a uno que ...; *(: tease)* **to ~ sb about sth** tomar el pelo a uno *or (Mex)* hacerle guasa a uno por (cuenta de) algo; *(: deceive)* **don't ~ yourself** no te hagas ilusiones. **4** *vi (fam: also* **~ on)** bromear; **I'm only ~ding** lo digo en broma; **no ~ding!** ¡en serio!, ¡de verdad!, *(LAm)* ¡no puede ser!

kid·nap ['kɪdnæp] *vt* secuestrar, raptar.

kid·nap·per ['kɪdnæpəʳ] *n* secuestrador(a) *m/f*, raptor(a) *m/f*.

kid·nap·ping ['kɪdnæpɪŋ] *n* secuestro *m*, rapto *m*.

kid·ney ['kɪdnɪ] **1** *n (Anat, Culin)* riñón *m*. **2** *cpd (disease, failure, transplant)* de riñón; **~ bean** *n (Culin, Sp)* judía *f*, alubia *f*, *(: LAm)* frijol *m*, *(: Chi, RPl)* poroto *m*.

kill [kɪl] **1** *vt* **(a)** *(gen)* matar; *(murder)* asesinar, matar, *(LAm)* eliminar; *(animal)* matar, sacrificar; **to be ~ed in action** *or* **battle** morir en batalla, morir luchando; **to ~ two birds with one stone** *(fig)* matar dos pájaros de un tiro; **he certainly doesn't ~ himself!** *(fig, hum)* ¡ése a trabajar no se mata que digamos!; **this heat is ~ing me** *(fig fam)* este calor acabará conmigo; **my feet are ~ing me** *(fig fam)* los pies me duelen horrores; **he was ~ing himself laughing** *(fig fam)* se moría de (la) risa. **(b)** *(fig: story)* suprimir; *(: rumour)* acabar con; *(: proposal, parliamentary bill)* echar abajo; *(: feeling, hope)* destruir; *(: flavour, smell)* matar; *(: sound)* amortiguar; *(: engine, motor)* parar, apagar; **to ~ time** matar el tiempo.

2 *n (Hunting, Taur)* muerte *f; (animal killed)* pieza *f*, animal *m* matado; *(number of animals killed)* caza *f; (act)* **to be in at the ~** asistir a la matanza.

♦ **kill off** *vt + adv* **(a)** *(lit)* exterminar, terminar con. **(b)** *(fig: rumour, proposal)* echar por tierra; *(feeling)* hacer desaparecer.

kill·er ['kɪləʳ] **1** *n (murderer, animal)* asesino/a *m/f*. **2:** **~ disease** *n* enfermedad *f* mortal; **~ instinct** *n (fig)* instinto *m* mortal; **~ shark** *n* tiburón *m* asesino; **~ whale** *n* orca *f*.

kill·ing ['kɪlɪŋ] **1** *adj (fig: blow)* mortal; *(: work)* agotador(a), cansadísimo/a; *(fam: funny)* divertidísimo/a. **2** *n (murder)* asesinato *m; (Fin)* éxito *m* financiero; **to make a ~** tener un gran éxito financiero.

kill-joy ['kɪldʒɔɪ] *n* aguafiestas *mf inv*.

kiln [kɪln] *n* horno *m*.

kilo ['kiːləʊ] *n abbr of* **kilogram(me)**.

kilo·gram(me), *(US)* **kilo·gram** ['kɪləʊgræm] *n* kilo(gramo) *m*.

kilo·metre, *(US)* **kilo·meter** ['kɪləʊˌmiːtəʳ] *n* kilómetro *m*.

kilo·watt ['kɪləʊwɒt] *n* kilovatio *m*.

kilt [kɪlt] *n* falda *f* escocesa.

ki·mo·no [kɪ'məʊnəʊ] *n* kimono *m*, quimono *m*.

kin [kɪn] *n* familia *f*, parientes *mpl;* **next of ~** parientes más cercanos.

kind [kaɪnd] **1** *adj* **(-er, -est)** *(person, act, word)* amable, atento/a; *(friendly)* amistoso/a, amigable; *(treatment)* bueno/a, cariñoso/a; **to be ~ to sb** portarse bien con uno, tratar bien a uno; **he was ~ enough to help** tuvo la amabilidad de ayudar; **would you be ~ enough to ...?, would you be so ~ as to ...?** ¿me hace el favor de ...?, ¿tiene la bondad de ...?, *(LAm)* ¿si fuera tan amable ...?; **it's very ~ of you (to do sth)** es Ud muy amable (al hacer algo); **that wasn't very ~** eso no se hace.

2 *n* clase *f*, género *m*, *(LAm)* tipo *m;* **all ~s of things** toda clase de cosas; **many ~s of books/cars** muchos tipos de libros/coches; **some ~ of animal** un animal de algún tipo; **people of all ~s** gente de todas clases; **he's not the ~ of person to ...** él no es de los que ...; **she's the ~ that will ...** ella es de las que ...; **what ~ of an answer is that?, what ~ of an answer do you call that?** ¿qué clase de respuesta es esa?; **what ~ of person do you take me for?** ¿por quién me tomas?; **I had a ~ of feeling that would happen** tuve presentimiento de que ocurriría así; **you know the ~ of thing I mean** ya sabes a lo que me refiero; **something of the ~** algo por el estilo; **nothing of the ~!** ¡nada de eso!, ¡ni hablar!; **it's not his ~ of film/thing** no es el tipo de película/cosa que a él le gusta; **he's not her ~ (of man)** no le interesa (como hombre); **they're two of a ~** son tal para cual; **it's the only one of its ~** es único (en su género); **it was tea of a ~** *(pej)* se supone que era té; **payment in ~** pago en especie; **to repay generosity** *etc* **in ~** pagar la generosidad *etc* en la misma moneda.

3 *adv (fam)* **~ of** *(rather)* algo; **I ~ of felt it might happen** me temía que pasara así; **we're ~ of busy right now** ahora mismo estamos algo *or (LAm euph)* tantito ocupados.

kin·der·gar·ten ['kɪndəˌgɑːtn] *n* jardín *m* de niños, kinder *m*.

kind-hearted [ˌkaɪnd'hɑːtɪd] *adj (person, action)* bondadoso/a, de buen corazón.

kin·dle ['kɪndl] **1** *vt (wood etc)* prender fuego a; *(fire)* encender; *(fig: emotion, interest)* despertar. **2** *vi (wood, fire)* encenderse; *(fig: with emotion)* despertarse.

kind·li·ness ['kaɪndlɪnɪs] *n (goodness)* bondad *f; (generosity)* benevolencia *f; (thoughtfulness)* amabilidad *f*.

kin·dling ['kɪndlɪŋ] *n* leña *f* (menuda).

kind·ly ['kaɪndlɪ] **1** *adj* **(-ier, -iest)** *(warm-hearted)* bondadoso/a; *(thoughtful)* amable; *(pleasant)* agradable, simpático/a; *(affectionate)* tierno/a, cariñoso/a. **2** *adv (with kindness: see adj)* bondadosamente; amablemente; con simpatía; con ternura; *(please)* por favor, *(LAm)* si hace favor *or* si es tan amable; **he very ~ helped** tuvo la amabilidad de ayudar; **~ wait a moment** haga *or (LAm)* me hace el favor de esperar un momento; **he doesn't take ~ to being kept waiting** no le hace ninguna gracia que le hagan esperar.

kind·ness ['kaɪndnɪs] *n (towards sb)* bondad *f*, amabilidad *f; (act)* favor *m;* **he was ~ itself** era la bondad en persona; **out of the ~ of her heart** por pura amabilidad; **to do sb a ~** hacer un favor a uno.

kin·dred ['kɪndrɪd] **1** *adj (related by blood or group)* emparentado/a; *(language)* de un tronco común; **~ spirits** almas *fpl* gemelas; **to have a ~ feeling for sb** sentirse hermano de uno. **2** *n (relations)* familia *f*, parientes *mpl*.

ki·net·ic [kɪ'netɪk] **1** *adj* cinético/a. **2** *n:* **~s** *(with sg* *vb)* cinética *f.*

king [kɪŋ] *n (gen)* rey *m; (draughts)* dama *f;* **the Three K~s** los Reyes Magos.

king·dom ['kɪŋdəm] *n* reino *m;* **animal ~** reino animal; **the K~ of Heaven** el otro mundo, el más allá; **till ~ come** *(fam)* hasta el Día del Juicio.

king·fisher ['kɪŋ,fɪʃəʳ] *n* martín *m* pescador.

king·pin ['kɪŋpɪn] *n (Tech)* perno *m* real *or* pinzote; *(fig: person, object)* piedra *f* angular.

king-size(d) ['kɪŋ,saɪz(d)] *adj (gen)* tamaño gigante *or* familiar; *(cigarettes)* extra largos.

kink [kɪŋk] **1** *n (in rope etc)* enroscadura *f; (in hair)* rizo *m; (fig: emotional, psychological)* trauma *m,* manía *f; (: sexual)* perversión *f.* **2** *vi* enroscarse; *(hair)* rizarse.

kinky ['kɪŋkɪ] *adj* **(-ier, -iest)** *(fig fam: hair)* rizado/a; *(pej: person)* extraño/a; *(: odd)* raro/a; *(: sexually)* perverso/a; *(: dress, fashion)* incitante, provocativo/a.

kin·ship ['kɪnʃɪp] *n (gen)* parentesco *m; (fig)* afinidad *f.*

kins·man ['kɪnzmən] *n, pl* **-men** pariente *m.*

kins·woman ['kɪnz,wʊmən] *n, pl* **-women** parienta *f.*

ki·osk ['kiːɒsk] *n* quiosco *m;* **telephone ~** *(Brit)* cabina *f* (telefónica).

kip·per ['kɪpəʳ] *n* arenque *m* ahumado.

kiss [kɪs] **1** *n (gen)* beso *m; (light touch)* roce *m;* **to give sb a ~** dar un beso a uno; **~ of life** *(artificial respiration)* respiración *f* artificial; *(fig)* nueva vida *f,* nuevas fuerzas *fpl;* **~ of death** *(fig)* golpe de gracia. **2** *vt* besar; **to ~ sb's cheek/hand** besar a uno en la mejilla/besar la mano a uno; **to ~ sb goodbye/goodnight** dar un beso de despedida/de buenas noches a uno. **3** *vi* besarse; **they ~ed** se besaron, se dieron un beso.

kit [kɪt] *n (gen)* avíos *mpl; (instruments, tools)* útiles *mpl,* herramientas *fpl; (toy)* maqueta *f; (first-aid ~)* botiquín *m; (equipment)* equipo *m; (assembly ~)* juego *m* de armar; **kitchen units in ~ form** conjunto *or* juego de muebles de cocina para montar uno mismo.

♦ **kit out** *vt + adv (often pass)* equipar.

kit·bag ['kɪtbæg] *n* macuto *m.*

kitch·en ['kɪtʃɪn] **1** *n* cocina *f.* **2** *cpd (cupboard, equipment, sink etc)* de cocina; *(window)* de la cocina; **~ garden** *n* huerto *m;* **~ units** *npl* muebles *mpl* de cocina; **~ sink** *n* fregadero *m,* pila *f;* **everything but the ~ sink** *(fam, hum)* miles de cosas, absolutamente todo.

kitch·en·ette [,kɪtʃɪ'net] *n* cocina *f* pequeña.

kite [kaɪt] *n (bird)* milano *m* real; *(toy)* cometa *f;* **to fly a ~** *(fig)* lanzar una idea.

kith [kɪθ] *n:* **~ and kin** parientes *mpl* y amigos.

kit·ten ['kɪtn] *n (young cat)* gatito/a *m/f;* **to have ~s** *(fig fam)* darle a uno un ataque de nervios.

kit·ty ['kɪtɪ] *n (funds)* fondo *m* común; *(Cards)* puesta *f; (fam: name for cat)* minino/a *m/f.*

klep·to·ma·nia [,kleptəʊ'meɪnɪə] *n* cleptomanía *f.*

klep·to·ma·niac [,kleptəʊ'meɪnɪæk] *n* cleptómano/a *m/f.*

knack [næk] *n* truco *m;* **it's a ~** es un truco; **to have/learn the ~ of doing sth** conocer/aprender el truco para hacer algo.

knap·sack ['næpsæk] *n (small rucksack)* mochila *f.*

knave [neɪv] *n (Cards)* sota *f.*

knead [niːd] *vt (dough, clay)* amasar; *(muscle)* dar masaje a.

knee [niː] *n (Anat)* rodilla *f; (of garment)* rodillera *f;* **on one's ~s** de rodillas; **to go down on one's ~s (to sb)** arrodillarse (ante uno); **to go to sb on (one's) bended ~s** *(fig)* suplicar a uno de rodillas.

knee·cap ['niːkæp] *n (Anat)* rótula *f.*

knee-deep [,niː'diːp] *adv:* **to be ~ in** estar metido hasta las rodillas en; *(fig)* estar metido hasta el cuello en.

knee-high [,niː'haɪ] *adj (grass, boots)* hasta las rodillas.

kneel [niːl] *pt, pp* **knelt** [nelt] *vi (also* **~ down***)* arrodillarse, ponerse de rodillas.

knee·pad ['niːpæd] *n (for sport, work)* rodillera *f.*

knell [nel] *n* toque *m* de difuntos.

knew [njuː] *pt of* **know.**

knick·ers ['nɪkəz] *npl* bragas *fpl.*

knick-knack ['nɪknæk] *n* chuchería *f,* baratija *f.*

knife [naɪf] **1** *n, pl* **knives** *(table ~)* cuchillo *m; (pocket ~)* cortaplumas *m inv; (weapon: dagger)* puñal *m; (: flick ~)* navaja *f, (LAm)* chaveta *f; (blade)* cuchilla *f;* **~ and fork** cubiertos *mpl;* **to get one's ~ into sb** *(fig)* tener inquina a uno; **on a ~ edge** *(fig: person)* pendiente de un hilo; *(: result)* en el filo de una navaja. **2** *vt (stab)* acuchillar, apuñalar; *(kill)* matar a navajazos *or* a puñaladas.

knife-sharpener ['naɪf,ʃɑːpnəʳ] *n (tool)* afilador *m* de cuchillos.

knight [naɪt] **1** *n (Hist)* caballero *m; (Chess)* caballo *m; (modern: Brit) Sir m.* **2** *vt* dar el título de *Sir* a.

knight·hood ['naɪthʊd] *n* título *m* de *Sir.*

knit [nɪt] **1** *vt (garment)* calcetar, tejer; *(wool)* calcetar, *(LAm)* tricotar; **to ~ one's brows** fruncir el ceño. **2** *vi* hacer calceta *or* punto, *(LAm)* tricotar; **to ~ together** soldarse.

knit·ted ['nɪtɪd] *adj* tejido/a.

knit·ting ['nɪtɪŋ] **1** *n (activity)* labor *f* de punto, *(LAm)* tricotaje *m; (product)* prenda *f* de punto. **2** *adj (machine, needle, wool)* de *or* para calcetar *or* tricotar.

knit·wear ['nɪtweəʳ] *n* géneros *mpl* de punto, *(LAm)* tejidos *mpl.*

knives [naɪvz] *npl of* **knife.**

knob [nɒb] *n (of radio etc)* botón *m,* mando *m; (of door)* tirador *m, (LAm)* manivela *f,* manija *f; (of stick)* puño *m;* **a ~ of butter** un pedazo de mantequilla.

knob·b(l)y ['nɒb(l)ɪ] *adj* **(-ier, -iest)** nudoso/a.

knock [nɒk] **1** *n* **(a)** *(gen)* golpe *m; (in collision)* choque *m;* **there was a ~ at the door** llamaron a la puerta; **a ~ on the head** un golpe en la cabeza; **his pride took a ~** *(fig)* su orgullo sufrió un golpe. **(b)** *(in engine)* golpeteo *m.*

2 *vt* **(a)** *(strike)* golpear; **to ~ a hole in sth** hacer *or* abrir un agujero en algo; **to ~ a nail into sth** clavar una punta en algo; **to ~ sb on the head** golpear a uno en la cabeza; **to ~ one's head on/against sth** *(by accident)* dar con la cabeza contra algo; *(deliberately)* dar cabezazos contra algo; **to ~ sb to the ground** tirar *or (LAm)* echar a uno al suelo; **to ~ sb unconscious** *or* **out** *or* **cold** dejar a uno sin sentido; **to ~ the bottom out of sth** *(box)* desfondar algo; *(fig: argument)* dejar algo sin fundamentos; **I ~ed my elbow on** *or* **against the table** me di (un golpe) en el codo contra la mesa; **he ~ed the knife out of her hand** le quitó el cuchillo de la mano de un golpe; **I ~ed the ball into the water** tiré la pelota al agua; **to ~ spots off sb/sth** *(fig fam)* dejar atrás a uno/algo; **to ~ sb sideways** *(fig fam)* dejar de piedra *or* patidifuso a uno; **to ~ some sense into sb** *(fam)* hacer entrar en razón a uno. **(b)** *(fam: criticize)* criticar, hablar mal de.

3 *vi* **(a)** *(strike)* golpear; **he ~ed at the door/on the table** llamó a la puerta/dio un golpe en la mesa; **his knees were ~ing** le temblaban las rodillas. **(b)** *(bump)* **to ~ into sb/sth** chocar *or* tropezar con uno/algo; **to ~ against sth** chocar *or* dar contra algo. **(c)** *(engine)* golpetear, hacer ruido.

♦ **knock about, knock around 1** *vt + adv (person)* pegar, maltratar, *(LAm)* golpear; *(object)* golpear. **2** *vi + adv (fam)* **he's ~ed about (the world) a bit** ¡vaya! que conoce mundo; **she ~s around with a bad crowd** anda en malas compañías; **it's ~ing around here somewhere** está *or (LAm)* anda por aquí.

♦ **knock back** *vt + adv (fam)* **(a)** *(drink)* beberse (de un trago). **(b)** *(cost)* **it ~ed me back £10** me costó diez libras.

♦ **knock down** *vt + adv (building)* derribar, demoler; *(person)* tirar al suelo; *(pedestrian)* atropellar; *(tree, door etc)* derribar, echar abajo; *(price)* rebajar, reducir; **it was ~ed down to him for £20** *(at auction)* le fue adjudicado en veinte libras.

♦ **knock in** *vt + adv* clavar.

♦ **knock off 1** *vt + adv* **(a)** *(strike off)* tirar (de), echar abajo (de); *(fig: from price)* rebajar; *(from record)* mejorar (en); **to ~ £5 off the price** rebajar el precio en *or* hacer un descuento de cinco libras. **(b)** *(fam: steal)* birlar. **(c)** *(fam: do quickly)* despachar. **(d)** *(fam: stop)* **~ it off!** ¡déjalo ya!, *(LAm)* ¡ya estuvo bien! **2** *vi + adv (fam: finish)* salir del trabajo.

♦ **knock out** *vt + adv* **(a)** *(stun)* dejar sin sentido; *(Boxing)* poner fuera de combate, dejar K.O. **(b)** *(strike out: nails)* extraer, sacar; *(in fight etc: teeth)* romper. **(c)** *(in competition)* eliminar.

♦ **knock over** *vt + adv (object)* tirar, derribar, *(LAm)* echar; *(pedestrian)* atropellar.

♦ **knock together** *vt + adv* **(a)** *(two objects)* golpear (uno contra otro). **(b)** *(make hastily)* bricolar.

♦ **knock up** *vt + adv* **(a)** *(object)* lanzar (hacia arriba). **(b)** *(Brit: waken)* llamar, despertar. **(c)** *(make hastily)* bricolar. **(d)** *(fam: make pregnant)* dejar embarazada.

knock·down ['nɒkdaʊn] *adj (reduced: price)* rebajado/a, de saldo.

knock·er ['nɒkə^r] *n (on door)* aldaba *f.*

knock·ing ['nɒkɪŋ] *n (sound)* golpes *mpl*, golpeteo *m.*

knock-kneed [ˌnɒk'niːd] *adj* patizambo/a.

knock·out ['nɒkaʊt] **1** *n* **(a)** *(Boxing etc)* knock-out *m*, K.O. *m*, *(LAm)* nocaut *m.* **(b)** *(fam: stunner)* maravilla *f.* **2** *cpd (competition etc)* eliminatorio/a; **~ drops** *npl (fam)* somnífero *msg*, calmante *msg.*

knock-up ['nɒkʌp] *n (Tennis: practice)* peloteo *m;* **to have a ~** pelotear.

knot [nɒt] **1** *n (gen, also Naut)* nudo *m; (group: of people)* grupo *m*, corrillo *m;* **to tie sb/o.s. up in ~s** *(fig)* hacer a uno/hacerse líos. **2** *vt* anudar, atar; **to ~ together** anudar, atar con un nudo.

knot·ty ['nɒtɪ] *adj* **(-ier, -iest)** *(wood)* nudoso/a; *(fig: problem)* espinoso/a.

know [nəʊ] *pt* **knew,** *pp* **known 1** *vt* **(a)** *(facts, dates etc)* saber; **to ~ that ...** saber que ...; **to ~ if/why/what/how/when/where** *etc* saber si/por qué/qué *or* lo que/cómo/cuándo/dónde *etc;* **she ~s a lot** *or* **all about chemistry** sabe mucho de química; **I don't ~ much about history** no sé mucho de historia; **he ~s all the answers** *(lit)* lo sabe todo; *(pej)* cree que lo sabe todo; **to ~ sth backwards** saber algo de arriba abajo; **to get to ~ sth** *(be informed)* enterarse de algo; *(familiarize o.s. with)* informarse sobre algo; **let me ~ how you get on** ya nos contarás cómo te fue; **let us ~ if you need help** avísanos si necesitas ayuda; **she ~s her own mind** sabe lo que quiere; **you ~ how it is** ya sabes cómo son las cosas; **you ~ what I mean** ya me entiendes *or* me sigues; **I ~ nothing about it** no sé nada de eso; **there's no ~ing what may happen** es imposible saber qué va a pasar; **not if I ~ it!** *(fam)* ¡bueno fuera!; **I knew it!** ¡lo sabía!; **it soon became ~n that ...** tardó poco en hacerse saber que ...; **it is well ~n that ...** es sabido que ...; **to make sth ~n to sb** hacer saber algo a uno; **he is ~n to have been there** se sabe que él estuvo allí; **I've ~n such things to happen** sabía que pasaban esas cosas; **it's worth ~ing what/how** *etc* ... vale la pena saber lo que/cómo *etc* .... **(b)** *(be acquainted with: person, place, subject)* conocer; **to ~ sb by sight** conocer a uno de vista; **to get to ~ sb** conocer a uno; **I don't ~ him to speak to** *(fig)* no lo conozco personalmente; **to make o.s./one's presence ~n to sb** presentarse ante uno; **he is ~n as X** es conocido por el nombre de X; **she ~s her English** sabe mucho inglés. **(c)** *(recognize)* reconocer; **he knew me at once** me reconoció en seguida; **I knew him by his voice** le reconocí por la voz; **she ~s a good painting when she sees one** ella sabe reconocer un cuadro bueno; **he doesn't ~ what to do** no sabe qué hacer; **to ~ the difference between ...** conocer la diferencia entre ...; **to ~ right from wrong** saber distinguir el bien del mal; **that's all you ~!** *(fam)* ¡tú qué sabes!

2 *vi* saber; **as far as I** *or* **for all I ~, he is ...** que yo sepa, él es ...; **we'll let you ~** te avisaremos; **who ~s?** ¿quién sabe?; **how should I ~?** ¿yo qué sé?, ¿qué sé yo?; **not that I ~ of** que yo sepa, no; **there's no (way of) ~ing** no hay manera de saberlo; **it's not easy, you ~** no es fácil, sabes; **yes, I ~** sí, ya lo sé; **I don't ~** no lo sé; **I ~, let's ...** ya lo sé, vamos a ...; **Mummy ~s best** mamá sabe lo que te conviene; **you ought to ~ better (than to ...)** sabes de sobras (que no se debe ...); **he doesn't ~ any better** no sabe lo que hace; **... but I ~ better** ... pero yo sé a qué atenerme; **(well,) what do you ~!** *(fam)* ¿qué te parece?, *(LAm)* ¡mira nomás!; **to ~ about** *or* **of sth/sb** saber de algo/uno; **did you ~ about Paul?** ¿supiste lo de Pablo?; **to get to ~ about sth** enterarse de algo; **how many 'don't ~s' are there?** ¿cuántas abstenciones hay?

3 *n:* **to be in the ~** *(fam: well-informed)* estar enterado/a; *(privy to sth)* estar al tanto *or* al corriente.

know-all ['nəʊɔːl] *n (pej)* sabelotodo *mf*, sabihondo/a *m/f.*

know-how ['nəʊhaʊ] *n* conocimientos *mpl.*

know·ing ['nəʊɪŋ] *adj (sharp)* astuto/a, sagaz; *(look, smile)* de complicidad.

know·ing·ly ['nəʊɪŋlɪ] *adv (intentionally)* a sabiendas, adrede; *(smile, look etc)* con complicidad.

know-it-all ['nəʊɪtɔːl] *n (US)* = **know-all.**

knowl·edge ['nɒlɪdʒ] *n* **(a)** *(information, awareness, understanding)* conocimiento *m;* **to have no ~ of sth/sb** no tener conocimiento de algo/no conocer a uno; **to deny all ~ of sth** negar tener conocimiento de algo; **not to my ~** que yo sepa, no; **without my ~** sin saberlo yo; **to (the best of) my ~** a mi entender, que yo sepa; **it is common ~ that ...** es del dominio público que ...; **to bring sth to sb's ~** ponerle a uno al tanto de algo; **it has come to my ~ that ...** me he enterado de que ... . **(b)** *(learning)* conocimiento *m*, saber *m;* **to have a (working) ~ of Welsh** dominar el galés; **my ~ of Spanish** mis conocimientos del español; **to have a thorough ~ of history** conocer a fondo la historia.

knowl·edge·able ['nɒlɪdʒəbl] *adj (person)* enterado/a *(about* de); *(remark, report, thesis etc)* erudito/a.

known [nəʊn] **1** *pp of* **know. 2** *adj (person, fact)* conocido/a; *(acknowledged)* reconocido/a; **it's well ~ that ...** es de todos conocido que ... .

knuck·le ['nʌkl] *n (Anat)* nudillo *m; (of meat)* jarrete *m.*

♦ **knuck·le down** *vi + adv (fam)* **to ~ down to work** ponerse a trabajar con ahínco.

♦ **knuck·le under** *vi + adv* someterse.

knuckle·duster ['nʌkl,dʌstə^r] *n* puño *m* de hierro.

K.O. [,keɪ'əʊ] *abbr of* **knockout.**

koa·la [kəʊ'ɑːlə] *n* (also ~ **bear**) koala *m.*

Ko·ran [kɒ'rɑːn] *n* Corán *m,* Alcorán *m.*

Ko·rea [kə'rɪə] *n* Corea *f.*

ko·sher ['kəʊʃə^r] *adj* autorizado/a por la ley judía.

kow·tow [,kaʊ'taʊ] *vi:* **to ~ to sb** humillarse ante uno.

ku·dos ['kjuːdɒs] *n* gloria *f,* méritos *mpl.*

kw *abbr of* **kilowatt(s).**

L

L, l [el] *n (letter)* L, l *f*.
l. *abbr of* **left**[2]; **litre.**
L-plates ['el,pleɪts] *npl placas fpl obligatorias que lleva en el coche el aprendiz de conductor.*
lab [læb] *n (fam) abbr of* **laboratory.**
la·bel ['leɪbl] **1** *n (gen)* etiqueta *f; (on merchandise)* etiqueta, rótulo *m; (fig)* calificación *f.* **2** *vt* **(a)** poner etiqueta a; **the parcel was not ~led** el paquete no llevaba etiqueta. **(b)** *(fig)* clasificar.
la·bora·tory [lə'bɒrətərɪ] **1** *n* laboratorio *m.* **2** *cpd* de laboratorio.
la·bo·ri·ous [lə'bɔːrɪəs] *adj* laborioso/a, penoso/a.
la·bour, *(US)* **la·bor** ['leɪbəʳ] **1** *n* **(a)** *(toil)* trabajo *m;* **hard ~** *(Jur)* trabajos *mpl* forzados; **a ~ of love** un trabajo desinteresado. **(b)** *(workforce)* obreros *mpl,* mano *f* de obra; *(: collective)* el trabajo; *(class)* clase *f* obrera *or* trabajadora. **(c)** *(Pol: party)* Partido *m* Laborista. **(d)** *(task)* labor *f,* tarea *f.* **(e)** *(effort)* esfuerzo *m,* trabajo *m.* **(f)** *(birth)* parto *m,* dolores *mpl* de parto; **to be in ~** estar de parto.
2 *cpd* **(a)** *(relations, dispute)* laboral; **L~ Day** *n (US)* Día *m* del Trabajador; **L~ Exchange** *n (Brit)* Bolsa *f* de Trabajo; **~ force** *n (numbers, people)* mano *f* de obra; **~ movement** *n* movimiento *m* obrero; **l~ union** *n (US)* sindicato *m.* **(b)** *(Pol)* laborista; **L~ party** *n* Partido *m* Laborista. **(c)** *(birth)* **~ pains** *npl* dolores *mpl* de parto.
3 *vt (point)* insistir en.
4 *vi* **(a)** *(work)* **to ~ at sth/to do sth** afanarse por algo/por hacer algo; **to ~ under a delusion/misunderstanding** hacerse ilusiones/estar equivocado. **(b)** *(move etc)* funcionar trabajosamente; **the engine is ~ing** el motor funciona con dificultad; **to ~ up a hill** subir una pendiente con dificultad.
la·boured, *(US)* **la·bored** ['leɪbəd] *adj (breathing)* fatigoso/a; *(style)* pesado/a.
la·bour·er, *(US)* **la·bor·er** ['leɪbərəʳ] *n (on roads etc)* peón *m,* obrero *m; (farm ~)* obrero/a *m/f* agrícola.
labour-intensive, *(US)* **labor-intensive** ['leɪbərɪn,tensɪv] *adj* intensivo/a en mano de obra.
labour-saving, *(US)* **labor-saving** ['leɪbə,seɪvɪŋ] *adj* que ahorra trabajo.
laby·rinth ['læbɪrɪnθ] *n* laberinto *m.*
lace [leɪs] **1** *n* **(a)** *(fabric)* encaje *m.* **(b)** *(of shoe, corset)* cordón *m, (Mex)* agujeta *f.* **2** *adj* de encaje. **3** *vt* **(a)** *(also* **~ up:** *shoes etc)* atar los cordones de. **(b)** *(drink: fortify with spirits)* echar licor a; **a drink ~d with brandy** una bebida reforzada con coñac.
lace·making ['leɪs,meɪkɪŋ] *n:* **~ industry** industria *f* de encaje.
lac·er·ate ['læsəreɪt] *vt (Med)* lacerar.
lac·era·tion [,læsə'reɪʃən] *n* laceración *f.*
lace-up ['leɪsʌp] *adj (shoes etc)* con cordones.
lack [læk] **1** *n* falta *f,* carencia *f;* **for** *or* **through ~ of** por falta de; **there is no ~ of money** el dinero no falta. **2** *vt* faltarle a uno, carecer de; **we ~ (the) time to do it** nos falta el tiempo de hacerlo; **he ~s confidence** le falta confianza (en sí mismo). **3** *vi* **(a) to be ~ing** faltar. **(b) he is ~ing in confidence** le falta confianza en sí mismo; **they ~ for nothing** no les hace falta nada.
lacka·dai·si·cal [,lækə'deɪzɪkəl] *adj (distracted)* distraído/a; *(lazy)* perezoso/a, *(LAm)* flojo/a.
lack·ey ['lækɪ] *n (gen)* lacayo *m.*
lack·lustre, *(US)* **lack·luster** ['læk,lʌstəʳ] *adj (dull)* deslustrado/a; *(: fig)* falto/a de vitalidad, aburrido/a; *(: eyes)* apagado/a.
la·con·ic [lə'kɒnɪk] *adj (gen)* lacónico/a.
lac·quer ['lækəʳ] **1** *n* laca *f;* **hair ~** laca para el pelo. **2** *vt (wood)* pintar con laca; *(hair)* laquear.
la·crosse [lə'krɒs] *n (Sport)* lacrosse *f.*
lac·tic ['læktɪk]: **~ acid** *n* ácido *m* láctico.
lacy ['leɪsɪ] *adj* **(-ier, -iest)** *(like lace)* de telaraña.
lad [læd] *n* muchacho *m,* chico *m, (Mex)* chavo *m (fam), (CAm)* chaval *m, (RPl)* pibe *m; (in stable etc)* mozo *m;* **come on, ~s!** ¡vamos, muchachos!; **he's a bit of a ~** *(fig)* es medio volado.
lad·der ['lædəʳ] **1** *n* **(a)** escalera *f* (de mano); **rope ~** escala *f* de cuerda. **(b)** *(fig)* escala *f,* jerarquía *f;* **social ~** escala social; **it's a first step up the ~ of success** es el primer paso hacia el éxito. **(c)** *(in stockings)* carrera *f.* **2** *vt (stocking)* hacer una carrera en. **3** *vi (stocking)* correrse.
lad·en ['leɪdn] *adj:* **~ with** cargado/a de.
la-di-da [,lɑːdɪ'dɑː] *adj (fam: person, voice)* afectado/a, presumido/a.
lad·ing ['leɪdɪŋ] *n:* **bill of ~** conocimiento *m* de embarque.
la·dle ['leɪdl] **1** *n (Culin)* cucharón *m.* **2** *vt (also* **~ out)** servir con cucharón; *(: fig: money, advice)* repartir generosamente.
lady ['leɪdɪ] **1** *n* señora *f, (LAm)* dama *f;* **the ~ of the house** la señora de la casa; **'Ladies'** *(lavatory)* 'Señoras', *(LAm)* 'Damas'; **Ladies and Gentlemen!** ¡señoras y señores!; **leading ~** *(Theat etc)* primera dama, estrella *f;* **Our L~** *(Rel)* Nuestra Señora; **young ~** *(married or unmarried)* señorita *f,* joven *f; (title)* **L~ Jane Grey** Lady Jane Grey; **ladies' room** servicios *mpl* de señoras, *(LAm)* baño *m* de señoras; **ladies' hairdresser** peluquero/a *m/f* de señoras; **he's a ladies' man** es mujeriego. **2** *cpd* mujer; **~ doctor/lawyer** *n etc* médica *f*/abogada *f etc;* **~ friend** *n* amiga *f.*
lady·bird ['leɪdɪbɜːd], *(US)* **lady·bug** ['leɪdɪbʌg] *n (beetle)* mariquita *f.*
lady-in-waiting [,leɪdɪɪn'weɪtɪŋ] *n* dama *f* de honor.
lady·killer ['leɪdɪ,kɪləʳ] *n* ladrón *m* de corazones.
lady·like ['leɪdɪlaɪk] *adj* elegante, fino/a.
la·dy·ship ['leɪdɪʃɪp] *n:* **Her L~/Your L~** su señoría *f.*
lag[1] [læg] **1** *n (also* **time ~:** *delay)* retraso *m.* **2** *vi (also* **~ behind:** *not progress)* retrasarse, quedarse atrás.
lag[2] [læg] *vt (boiler, pipes)* revestir.
lag[3] [læg] *n (fam)* **old ~** presidiario *m.*
la·ger ['lɑːgəʳ] *n* cerveza *f* dorada *or (LAm)* clara.
lag·ging ['lægɪŋ] *n (Tech)* revestimiento *m* calorífugo.
la·goon [lə'guːn] *n* laguna *f.*
laid [leɪd] *pt, pp of* **lay**[3].
lain [leɪn] *pp of* **lie**[2].

lair [lɛəʳ] *n* guarida *f*.
lais·sez-faire [ˌleɪseɪ'fɛəʳ] *n* laissez-faire *m*, liberalismo *m* económico.
la·ity ['leɪɪtɪ] *n*: **the ~** el laicado, los legos.
lake [leɪk] *n (Geog)* lago *m*.
lamb [læm] **1** *n* cordero *m; (meat)* carne *f* de cordero; **~ chop** chuleta *f* de cordero; **my poor ~!** ¡pobrecito! **2** *vi* parir.
lamb·aste [læm'beɪst] *vt* azotar.
lambs·wool ['læmzwʊl] *n* lambswool *m*, lana *f* de cordero.
lame [leɪm] **1** *adj* (**-r, -st**) **(a)** cojo/a; **to be ~** *(temporarily)* estar cojo; *(permanently)* ser cojo; *(injured)* estar lisiado; **~ in one foot** *or* **leg** cojo de un pie/una pierna. **(b)** *(fig: argument, excuse)* poco convincente, débil; **a ~ duck** *(fig: enterprise)* una empresa fallada. **2** *vt* lisiar, hacer cojo.
lamé ['lɑːmeɪ] *n* lamé *m*.
lame·ly ['leɪmlɪ] *adv (fig)* sin convicción.
lame·ness ['leɪmnɪs] *n* cojera *f*.
la·ment [lə'ment] **1** *n (poet)* endecha *f; (grief)* lamento *m*. **2** *vt* llorar, *(LAm)* lamentar; **to ~ sb** llorar la muerte de uno. **3** *vi*: **to ~ over sth/for sb** lamentarse de algo/llorar a uno.
lam·en·table ['læməntəbl] *adj* lamentable.
lami·na·ted ['læmɪneɪtɪd] *adj (metal)* laminado/a; *(glass)* inastillable; *(wood)* contrachapado/a.
lamp [læmp] *n (for table etc)* lámpara *f; (in street)* farol *m; (Aut, Rail etc)* faro *m, (LAm)* foco *m; (bulb)* bombilla *f, (LAm)* foco.
lam·poon [læm'puːn] *n* pasquín *m*.
lamp·post ['læmppəʊst] *n* (poste *m* de) farol *m*.
lamp·shade ['læmpʃeɪd] *n* pantalla *f*.
lance [lɑːns] **1** *n (weapon)* lanza *f; (Med)* lanceta *f*. **2** *vt (Med)* abrir con lanceta.
land [lænd] **1** *n* **(a)** tierra *f*; **to go/travel by ~** ir/viajar por tierra; **dry ~** tierra firma; **to work on the ~** cultivar la tierra; **to own ~** ser dueño de tierras; **to see how the ~ lies** *(fig)* investigar el terreno. **(b)** *(nation, country)* país *m*; **native ~** patria *f*; **to be in the ~ of the living** seguir entre los vivos.
2 *vt* **(a)** *(from ship: passengers)* desembarcar; *(: cargo)* descargar. **(b)** *(plane)* hacer aterrizar. **(c)** *(catch: fish)* sacar del agua; *(fig: job, contract)* conseguir, ganar. **(d)** *(fam: place)* poner, dejar; **to ~ a blow on sb** dar un golpe a uno; **it ~ed him in jail** lo llevó a la cárcel; **to ~ sb in debt** endeudar a uno; **I got ~ed with the job** tuve que cargar con el paquete; **to ~ sb in trouble** causarle problemas a uno.
3 *vi* **(a)** *(plane)* aterrizar; *(bird)* posarse; *(passenger: from boat)* desembarcar. **(b)** *(after fall, jump)* caer; **the hat ~ed in my lap** el sombrero cayó sobre mis rodillas; **the bomb ~ed on the building** la bomba hizo blanco en el edificio; **to ~ on one's feet** *(lit)* caer de pie; *(fig)* salir adelante.
4 *cpd* terrestre; *(agricultural)* agrícola; **~ defences** *npl*, **~ forces** *npl* defensas *fpl*/fuerzas *fpl* terrestres; **~ reform** *n* reforma *f* agraria.
♦ **land up** *vi + adv (fig fam)* ir a parar.
land·ed ['lændɪd] *adj*: **~ property** bienes *mpl* raíces; **~ gentry** los terratenientes.
land·ing ['lændɪŋ] **1** *n* **(a)** *(of aircraft)* aterrizaje *m; (of troops)* desembarco *m*. **(b)** *(in house)* descansillo *m*, rellano *m*. **2**: **~ card** *n* tarjeta *f* de desembarque; **~ craft** *n* lancha *f* de desembarco; **~ gear** *n (Aer)* tren *m* de aterrizaje; **~ party** *n (Naut)* destacamento *m* de desembarco; **~ stage** *n (Naut)* desembarcadero *m*; **~ strip** *n (Aer)* pista *f* de aterrizaje.
land·lady ['læn,leɪdɪ] *n (of flat etc)* dueña *f*, propietaria *f; (of boarding house)* patrona *f*, anfitriona *f; (of pub)* dueña (de un bar).
land·locked ['lændlɒkt] *adj* cercado/a de tierra.
land·lord ['lænlɔːd] *n (gen)* dueño *m; (landowner etc)* propietario *m; (of pub)* patrón *m*.
land·lub·ber ['lænd,lʌbəʳ] *n* marinero/a *m/f* de agua dulce.
land·mark ['lændmɑːk] *n (Naut, Geog)* marca *f*, señal *f; (well-known thing)* lugar *m* muy conocido; **to be a ~ in history** *(fig)* ser un acontecimiento decisivo en la historia.
land·owner ['lænd,əʊnəʳ] *n* terrateniente *mf*, propietario/a *m/f*.
land·scape ['lænskeɪp] **1** *n* paisaje *m*. **2** *vt* ajardinar. **3**: **~ gardening** *n*, **~ architecture** *n* jardinería *f*/arquitectura *f* paisajista; **~ painting** *n* paisaje *m*.
land·slide ['lændslaɪd] *n* corrimiento *m* *or* desprendimiento *m* de tierras; *(Pol)* **~ victory** triunfo *m* aplastante *or* arrollador.
lane [leɪn] *n (in country)* camino *m, (LAm)* caminito *m*, vereda *f; (in town)* callejuela *f*, callejón *m; (Sport)* calle *f; (Aut)* carril *m, (LAm)* vía *f*; **shipping ~** ruta *f* marina.
lan·guage ['læŋgwɪdʒ] **1** *n (faculty, style of speech)* lenguaje *m; (national tongue)* lengua *f*, idioma *m*; **a computer ~** un lenguaje de ordenador *or* computadora. **2**: **~ degree** *n* título *m* en idiomas; **~ laboratory** *n* laboratorio *m* de idiomas; **~ studies** *npl* estudios *mpl* de idiomas.
lan·guid ['læŋgwɪd] *adj* lánguido/a.
lan·guish ['læŋgwɪʃ] *vi* **(a)** *(for love)* languidecer. **(b)** *(in prison etc)* consumirse.
lan·guor ['læŋgəʳ] *n* languidez *f*.
lan·guor·ous ['læŋgərəs] *adj* lánguido/a.
lank [læŋk] *adj (hair)* lacio/a.
lanky ['læŋkɪ] *adj* (**-ier, -iest**) *(person)* larguirucho/a.
lano·lin(e) ['lænəʊlɪn] *n* lanolina *f*.
lan·tern ['læntən] *n* farol *m*, linterna *f*.
lap[1] [læp] *n (Anat)* regazo *m*, rodillas *fpl*; **to sit on sb's ~** sentarse en el regazo de uno; **to live in the ~ of luxury** *(fig)* vivir en la abundancia; **in the ~ of the gods** *(fig)* en manos de los dioses.
lap[2] [læp] *n (Sport)* vuelta *f*; **we're on the last ~ now** *(fig)* hemos vencido la cuesta ya.
lap[3] [læp] **1** *vt (milk etc)* beber a lengüetadas. **2** *vi (waves)* chapalear; **to ~ against** lamer.
♦ **lap up** *vt + adv* beber a lengüetadas; *(fig: compliments, attention)* disfrutar.
la·pel [lə'pel] *n* solapa *f*.
Lap·land ['læplænd] *n* Laponia *f*.
Lapp ['læp] *adj, n* lapón/ona *m/f*.
lapse [læps] **1** *n* **(a)** *(failure)* fallo *m; (error)* error *m*, desliz *m*, falta *f*. **(b)** *(of time)* lapso *m*, período *m*. **2** *vi* **(a)** *(err)* cometer un error *or* una falta; *(morally)* caer, cometer un desliz; **to ~ into one's old ways** volver a las andadas; **he ~d into silence/unconsciousness** quedó callado/perdió el conocimiento. **(b)** *(expire)* caducar, vencerse. **(c)** *(time)* pasar, transcurrir.
lar·ceny ['lɑːsənɪ] *n (Jur)* latrocinio *m*, robo *m*.
larch [lɑːtʃ] *n* alerce *m*.
lard [lɑːd] *n* manteca *f* de cerdo.
lar·der ['lɑːdəʳ] *n* despensa *f*.
large [lɑːdʒ] **1** *adj* (**-r, -st**) *(gen)* grande; *(sum, amount)* importante; *(family, population)* grande, numeroso/a; **a ~ number of people** una gran cantidad de gente; **as ~ as life** en vivo. **2** *n*: **at ~** en libertad; **the world at ~** el mundo en general; *see* **by 1 (a)**.
large·ly ['lɑːdʒlɪ] *adv* en gran parte *or* medida.
large·ness ['lɑːdʒnɪs] *n (size)* gran tamaño *m; (number)* lo numeroso.

large-scale [ˌlɑːdʒ'skeɪl] **1** *adj* en gran escala. **2** *n*: **on a ~** en gran escala.
lark[1] [lɑːk] *n (bird)* alondra *f*; *see* **happy**.
lark[2] [lɑːk] *n (joke etc)* broma *f*; **for a ~** en broma.
♦ **lark about, lark around** *vi + adv (act foolishly)* hacer el tonto, hacer tonterías; **to ~ about with sth** juguetear con algo.
lar·va ['lɑːvə] *n, pl* **larvae** ['lɑːviː] larva *f*.
lar·yn·gi·tis [ˌlærɪn'dʒaɪtɪs] *n* laringitis *f*.
lar·ynx ['lærɪŋks] *n* laringe *f*.
las·civi·ous [lə'sɪvɪəs] *adj* lascivo/a.
la·ser ['leɪzə^r] *n* laser *m*.
lash [læʃ] **1** *n* **(a)** *(eye~)* pestaña *f*. **(b)** *(thong)* tralla *f*; *(whip)* látigo *m*; *(stroke)* latigazo *m*, azote *m*; *(of tail)* coletazo *m*. **2** *vt* **(a)** *(beat etc)* azotar, dar latigazos a; *(subj: rain, waves: also* **~ against**) azotar; **the wind ~ed the sea into a fury** el viento levantaba enormes olas; **it ~ed its tail** dio coletazos. **(b)** *(esp Naut: tie)* atar, amarrar.
♦ **lash down 1** *vt + adv* sujetar con cuerdas. **2** *vi + adv (rain etc)* caer en chubascos.
♦ **lash out** *vi + adv* **(a) to ~ out** repartir golpes a diestro y siniestro; **to ~ out (at** *or* **against sb/sth)** lanzar invectivas *or* fulminar (contra uno/algo). **(b)** *(fam: spend)* gastar a la loca.
lash·ing ['læʃɪŋ] *n* **(a)** *(beating)* azotaina *f*, flagelación *f*. **(b)** *(tying)* ligadura *f*, atadura *f*. **(c) ~s of** *(fam)* montones de.
lass [læs] *n (esp Scot)* muchacha *f*, chica *f*, *(CAm)* chavala *f*, *(Mex)* chava *f*, *(RPl)* piba *f*.
las·so [læ'suː] **1** *n* lazo *m*. **2** *vt* coger con un lazo.
last[1] [lɑːst] **1** *adj* **(a)** *(most recent)* último/a; *(previous)* anterior; *(past)* pasado/a; **~ Thursday/month** el jueves/el mes pasado; **~ week** la semana pasada; **~ night** anoche; **the night before ~** anteanoche; **during the ~ week/2 years** durante la última semana/los últimos dos años; **~ time** *(gen)* la última vez; *(previous)* la vez pasada; **~ thing** antes de acostarse; **it's the ~ straw!** *(fig)* ¡es el colmo! **(b)** *(final: in series)* último/a; **the ~ page** la última página; **the ~ cake** el último pastel; **that was the ~ thing I expected** es lo que menos me esperaba; **you're the ~ person I'd trust with it** lo confiaría a cualquiera menos a ti; **~ but one, second ~** penúltimo.
2 *n*: **the ~ of the wine/bread** todo lo que queda del vino/del pan; **the ~ to arrive** el último en llegar; **the ~ in the series** el último de la serie; **each one is better than the ~** son cada vez mejores; **I shall be glad to see the ~ of this** estoy deseando que termine esto; **we shall never hear the ~ of it** no nos dejarán olvidar nunca; **at (long) ~** por fin, *(LAm)* al fin; **to the ~** hasta el final.
3 *adv* por último, en último lugar; **to do/come/arrive ~ (of all)** hacer/venir/llegar el *or (LAm)* al último; **~ but not least ...** el último, pero no por orden de importancia ...; **when I ~ saw them** la última vez que las vi.
last[2] [lɑːst] **1** *vi* **(a) it ~s (for) 2 hours** dura dos horas; **this material will ~ (for) years** esta tela durará años; **he didn't ~ long in the job** no resistió *or (LAm)* aguantó mucho tiempo en el puesto. **(b)** *(also* **~ out**: *person)* resistir, *(LAm)* aguantar; *(: money, resources)* alcanzar; **it's too good to ~, it can't ~** esto no puede durar; **he won't ~ the night (out)** no resistirá hasta la mañana. **2** *vt* durar; **the car has ~ed me 8 years** el coche me ha durado ocho años.
last-ditch ['lɑːstˌdɪtʃ] *adj (defence, attempt)* último/a, desesperado/a.
last·ing ['lɑːstɪŋ] *adj* duradero/a.
last·ly ['lɑːstlɪ] *adv* por último, finalmente.
last-minute ['lɑːstˌmɪnɪt] *adj* de última hora.
latch [lætʃ] *n* picaporte *m*, pestillo *m*; **the door is on the ~** la puerta está cerrada con picaporte.
♦ **latch on** *vi + adv* **(a)** *(cling: to person)* pegarse (*to* a). **(b)** *(to idea)* agarrarse (*to* de).
latch·key ['lætʃkiː] *n* llave *f*.
late [leɪt] **(-r, -st) 1** *adj* **(a)** *(not on time)* tardío/a; **to be** *or* **arrive ~** llegar tarde; **to be (10 minutes) ~** llegar con (10 minutos de) retraso; **to be ~ in doing sth** tardar en hacer algo; **to make sb ~** entretener a uno; **to be ~ with one's work** entregar el trabajo con retraso, *(LAm)* atrasarse en el trabajo; **the ~ arrival of the flight** la llegada tardía del vuelo. **(b)** *(towards end of period)* tardío/a; **a ~ edition** una edición extra; **it's ~** es tarde; **it's getting ~** se está haciendo tarde; **to keep ~ hours** acostarse tarde; **at this ~ hour** a esta hora avanzada; **at a ~ stage** a última hora; **in (the) ~ spring** hacia fines de la primavera; **in her ~ teens** en los últimos años de su adolescencia. **(c)** *(dead)* fallecido/a, difunto/a; **the ~ Mr Smith** el difunto Sr. Smith; **our ~ prime minister** nuestro difunto primer ministro; **my ~-lamented husband** mi difunto marido.
2 *adv* **(a)** *(not on time)* tarde; **to arrive/leave (10 minutes) ~** llegar/salir con (diez minutos de) retraso; **to arrive/leave too ~** llegar/salir demasiado tarde; **better ~ than never** más vale tarde que nunca. **(b)** *(towards end of period)* tarde; **to work ~** trabajar hasta tarde; **~ at night** entrada la noche; **~ into the night** hasta muy entrada la noche; **~ in life** a una edad avanzada. **(c)** *(recently: also* **of ~**) recién, recientemente, últimamente; **as ~ as 1981** todavía en 1981; *see also* **later, latest**.
late·comer ['leɪtkʌmə^r] *n* persona *f* que llega tarde.
late·ly ['leɪtlɪ] *adv* recién, últimamente, recientemente; **till ~** hasta hace poco.
late·ness ['leɪtnɪs] *n (of person, vehicle)* retraso *m*, *(LAm)* atraso *m*; *(of hour)* lo avanzado.
la·tent ['leɪtənt] *adj (heat etc)* latente; *(tendency)* implícito/a.
lat·er ['leɪtə^r] *(comp of* **late**) **1** *adj*: **he was ~ than expected** llegó más tarde de lo esperado; **at a ~ stage** más adelante; **a ~ train** un tren que sale más tarde; **his ~ symphonies** sus sinfonías posteriores; **this version is ~ than that one** esta versión es posterior a ésa. **2** *adv comp of* **late (a)** *(not on time)* más tarde. **(b)** *(after)* más tarde, después; **a few years ~** unos años después. **(c)** *(towards end of period)* después, luego; **~ on** más tarde, más adelante, *(LAm)* después.
lat·er·al ['lætərəl] *adj* lateral.
lat·est ['leɪtɪst] *(superl of* **late**) **1** *adj (last)* último/a; *(most recent)* último/a, más reciente; **the ~ news/fashion** las últimas noticias/la última moda. **2** *n* **(a)** *(fam: most recent)* lo último; **the ~ in cars** el último grito en coches; **have you heard the ~?** *(news)* ¿te enteraste de *or (LAm)* supiste lo último? **(b)** *(final date etc)* lo último; **(it will arrive on Tuesday) at the ~** (llegará el martes) a más tardar.
la·tex ['leɪteks] *n* látex *m*.
lath [lɑːθ] *n, pl* **~s** [lɑːðz] listón *m*.
lathe [leɪð] *n* torno *m*.
lath·er ['lɑːðə^r] **1** *n* espuma *f*; *(of sweat)* sudor *m*; **the horse was in a ~** el caballo estaba cubierto de espuma; **to be in a ~** *(fig)* estar agitado. **2** *vt (one's face)* enjabonar.
Lat·in ['lætɪn] **1** *adj* latino/a. **2** *n (language)* latín *m*.
Lat·in Ameri·ca [ˌlætɪnə'merɪkə] *n* América *f* Latina, Latinoamérica *f*.

Lat·in Ameri·can [ˌlætɪnəˈmerɪkən] *adj* latinoamericano/a.
lati·tude [ˈlætɪtjuːd] *n* **(a)** *(Geog)* latitud *f.* **(b)** *(fig: freedom)* latitud *f*, libertad *f.*
la·trine [ləˈtriːn] *n* letrina *f.*
lat·ter [ˈlætəʳ] **1** *adj* **(a)** *(last)* último/a; **the ~ part of the story** la última parte del relato. **(b)** *(of two)* segundo/a. **2** *n* éste, ésta; **the former ... the ~ ...** aquél(la) ... éste/a ... .
lat·ter·ly [ˈlætəlɪ] *adv* últimamente.
lat·tice [ˈlætɪs] *n* enrejado *m*, celosía *f.*
lat·tice·work [ˈlætɪsˌwɜːk] *n* enrejado *m.*
laud·able [ˈlɔːdəbl] *adj* loable.
laugh [lɑːf] **1** *n* risa *f; (loud ~)* carcajada *f;* **to have a (good) ~ over** *or* **about** *or* **at sth** reírse (mucho) de algo; **to do sth for a ~** *(fam)* hacer algo en broma; **good for a ~** divertido/a; **to have the last ~** *(fig fam)* ser el que ríe el último. **2** *vi* reír, reírse; **to ~ at** *or* **over** *or* **about sth** reírse de algo; **to ~ at sb** reírse de uno; **to burst out ~ing** echar a reír; **it's nothing to ~ about** no es cosa de risa *or (LAm)* reírse; **I ~ed to myself** me dio mucha gracia; **I ~ed till I cried** reí a mandíbula batiente; **to ~ in sb's face** reírse de uno en la cara. **3** *vt:* **to ~ sb to scorn** mofarse de uno.
♦ **laugh off** *vt + adv (pain, accusation)* tomar a risa; **to ~ one's head off** *(fam)* llorar de risa.
laugh·able [ˈlɑːfəbl] *adj (small etc)* irrisorio/a; *(ridiculous)* absurdo/a.
laugh·ing [ˈlɑːfɪŋ] **1** *adj* risueño/a. **2: ~ gas** *n* gas *m* hilarante; **~ stock** *n* hazmerreír *m.*
laugh·ter [ˈlɑːftəʳ] *n (gen)* risa *f*, risas *fpl; (guffaws)* carcajadas *fpl.*
launch [lɔːntʃ] **1** *n* **(a)** *(gen: rocket, Comm)* lanzamiento *m; (: of ship)* botadura *f.* **(b)** *(vessel)* lancha *f.* **2** *vt (gen, also fig)* lanzar; *(new vessel)* botar; *(lifeboat)* echar al mar; **to ~ sb on his way** lanzar a uno en (el) camino. **3** *vi:* **to ~ into sth** lanzarse a algo.
♦ **launch forth, launch out** *vi + adv (fig)* lanzarse a *or* en.
launch·ing [ˈlɔːntʃɪŋ] **1** *n (gen, also fig)* lanzamiento *m; (of ship)* botadura *f.* **2: ~ pad** *n* plataforma *f* de lanzamiento.
laun·der [ˈlɔːndəʳ] *vt* lavar.
laun·der·ette [ˌlɔːndəˈret] *n* lavandería *f* automática.
laun·dry [ˈlɔːndrɪ] *n (establishment)* lavandería *f; (clothes: dirty)* ropa *f* sucia; *(: clean)* ropa *f* lavada; **to do the ~** lavar la ropa.
lau·rel [ˈlɒrəl] *n* laurel *m;* **to rest on one's ~s** dormirse sobre sus laureles.
lava [ˈlɑːvə] *n* lava *f.*
lava·tory [ˈlævətrɪ] **1** *n (room: in house)* váter *m, (LAm)* baño *m; (: in public place)* servicios *mpl*, aseos *mpl, (LAm)* sanitarios *mpl; (appliance)* váter, excusado *m.* **2: ~ paper** *n* papel *m* higiénico.
lav·en·der [ˈlævɪndəʳ] *n* espliego *m*, lavanda *f.*
lav·ish [ˈlævɪʃ] **1** *adj (helping, meal)* abundante, prolijo/a; *(surroundings, apartment)* lujoso/a; *(expenditure)* pródigo/a, liberal; **to be ~ with one's gifts** ser generoso con sus regalos. **2** *vt:* **to ~ sth on sb** colmar a uno de algo.
law [lɔː] **1** *n (governing actions)* ley *f; (study)* derecho *m; (sport: rule)* regla *f;* **against the ~** contra la ley; **civil/criminal ~** derecho civil/penal; **to study ~** estudiar derecho; **~ and order** orden *m* público; **court of ~** tribunal *m* de justicia; **to go to ~** recurrir a la justicia; **to have the ~ on one's side** tener fuerza de ley; **in ~** según la ley; **to be above the ~** estar por encima de la ley; **to be a ~ unto o.s.** dictar sus propias leyes; **there's no ~ against it** no hay ley que lo prohíba; **to take the ~ into one's own hands** tomarse la justicia por la mano; **his word is ~** su palabra es ley; **to lay down the ~** *(fig fam)* hablar autoritariamente.
2: ~ court *n* tribunal *m* de justicia; **~ school** *n (US)* facultad *f* de derecho; **~ student** *n* estudiante *mf* de derecho.
law-abiding [ˈlɔːəˌbaɪdɪŋ] *adj* observante de la ley.
law·breaker [ˈlɔːˌbreɪkəʳ] *n* infractor(a) *m/f* de la ley.
law·ful [ˈlɔːfʊl] *adj (gen)* legal, lícito/a; *(legitimate)* legítimo/a.
law·less [ˈlɔːlɪs] *adj (ungovernable)* ingobernable; *(rejecting law)* que rechaza la ley.
law·less·ness [ˈlɔːlɪsnɪs] *n (of place)* desorden *m; (of action)* criminalidad *f.*
lawn [lɔːn] **1** *n* césped *m, (LAm)* pasto *m.* **2: ~ mower** *n* cortacéspedes *m inv, (LAm)* segadora *f;* **~ tennis** *n* tenis *m* sobre hierba.
law·suit [ˈlɔːsuːt] *n* pleito *m*, proceso *m.*
law·yer [ˈlɔːjəʳ] *n* abogado/a *m/f.*
lax [læks] *adj (not demanding)* poco exigente; *(not taut)* flojo/a; *(careless)* descuidado/a; *(loose)* relajado/a, *(LAm)* suelto/a; *(morally)* laxo/a; **to be ~ about** *or* **on punctuality** ser negligente en la puntualidad.
laxa·tive [ˈlæksətɪv] **1** *adj* laxante. **2** *n* laxante *m.*
lax·ity [ˈlæksɪtɪ] *n*, **lax·ness** [ˈlæksnɪs] *n (see adj)* falta *f* de exigencia; flojedad *f;* descuido *m;* relajo *m*, soltura *f;* laxitud *f.*
lay[1] [leɪ] *adj (Rel)* láico/a; *(non-specialist)* lego/a.
lay[2] [leɪ] *pt of* **lie**[2].
lay[3] [leɪ] *pt, pp* **laid 1** *vt* **(a)** *(put, set)* colocar, poner; *(carpet)* extender, poner; *(bricks)* poner; *(foundations)* echar; *(cable, pipe)* tender; *(egg: subj: bird)* poner; *(cover)* **to ~ sth over/on sth** extender algo encima de algo; **to ~ the facts/one's proposals before sb** *(fig)* presentar los hechos/sus propuestas a uno; **he has been laid low with flu** la gripe lo ha tenido en cama; **to be laid to rest** ser enterrado; **I don't know where to ~ my hands on ...** no sé dónde echar mano a ...; **I didn't ~ a finger on it!** ¡yo no lo toqué!; **to ~ o.s. open to attack/criticism** exponerse al ataque/a la crítica; **to ~ the blame (for sth) on sb** echar la culpa (de algo) a uno; **to ~ claim to sth** hacer valer su derecho a algo; **to ~ a bet on sth** apostar a algo; **I haven't laid eyes on him for years** hace años que no lo veo *or (LAm)* miro. **(b)** *(prepare: table)* poner; *(: trap, snare)* tender; *(: mine)* sembrar; *(: fire)* preparar. **(c)** *(suppress: ghost)* conjurar; *(: doubts, fears)* calmar, aquietar.
2 *vi (bird)* poner (huevos).
♦ **lay aside, lay by** *vt + adv (gen)* dejar a un lado; *(save)* guardar; *(: money)* ahorrar; *(prejudices etc)* dejar de lado.
♦ **lay down** *vt + adv* **(a)** *(put down: luggage)* dejar; *(: arms)* deponer, rendir; *(: wine)* conservar; *(release)* soltar; **to ~ down one's life for sb/sth** dar su vida por uno/algo. **(b)** *(dictate: condition)* imponer, fijar; *(: principle, rule, policy)* formular, sentar.
♦ **lay in** *vt + adv* abastecerse de.
♦ **lay into** *vi + prep (fam: attack: verbally)* arremeterse contra; *(: physically)* dar una paliza a.
♦ **lay off 1** *vt + adv (workers)* despedir, *(LAm)* cesar. **2** *vi + adv or prep* dejar de; **~ off it/him!** *(fam)* ¡ya está bien!, *(LAm)* ¡estuvo bueno!/¡déjalo en paz!
♦ **lay on** *vt + adv (provide: water, electricity)* instalar, poner; *(: meal, facilities)* proveer de; **to ~ it on thick** *(fam: flatter)* adular; *(: exaggerate)* recargar las tintas, exagerar.
♦ **lay out** *vt + adv* **(a)** *(plan: garden, house, town)*

trazar, levantar; *(: page, letter)* presentar. **(b)** *(prepare: clothes)* preparar; *(: goods for sale)* exponer; *(: body for burial)* amortajar. **(c)** *(spend)* desembolsar. **(d)** *(knock out)* derribar.

♦ **lay up** *vt + adv* **(a)** *(store: provisions)* guardar; **to ~ up trouble for o.s.** crearse problemas. **(b)** *(put out of service: vessel)* atracar; *(: car)* encerrar en el garaje; **to be laid up with flu** estar en cama con gripe.

lay·about [ˈleɪəˌbaʊt] *n (fam)* holgazán/ana *m/f*, *(LAm)* vago/a.

lay-by [ˈleɪbaɪ] *n (Aut)* área *f* de aparcamiento *or (LAm)* estacionamiento.

lay·er [ˈleɪəʳ] *n (gen)* capa *f; (Geol)* estrato *m.*

lay·ette [leɪˈet] *n* ajuar *m* de niño.

lay·man [ˈleɪmən] *n, pl* **-men** seglar *m*, lego *m.*

lay-off [ˈleɪɒf] *n* despido *m.*

lay·out [ˈleɪaʊt] *n (of town etc)* plan *m*, distribución *f; (Typ)* composición *f.*

laze [leɪz] *vi (also* **~ around, ~ about***)* no hacer nada, descansar; **we ~d in the sun for a week** pasamos una semana tomando sol.

la·zi·ness [ˈleɪzɪnɪs] *n* pereza *f*, *(LAm)* flojera *f.*

lazy [ˈleɪzɪ] *adj* **(-ier, -iest)** perezoso/a, *(LAm)* flojo/a; **we had a ~ holiday** pasamos las vacaciones sin hacer nada.

lazy·bones [ˈleɪzɪˌbəʊnz] *nsg* gandul(a) *m/f*, *(LAm)* flojo/a *m/f.*

lb. *abbr of* **pound**[1].

lead[1] [led] **1** *n (metal)* plomo *m; (in pencil)* mina *f.* **2** *cpd* de plomo.

lead[2] [liːd] *(vb: pt, pp* **led***)* **1** *n* **(a)** *(leading position, Sport)* delantera *f; (distance, time, points ahead)* ventaja *f;* **to be in the ~** *(gen)* ir a la cabeza; *(Sport)* llevar la delantera; **to take the ~** *(Sport)* tomar la delantera; *(initiative)* tomar la iniciativa; **to follow sb's ~** seguirle la pista a uno; **it's your ~** *(Cards)* es tu mano, tú eres mano. **(b)** *(clue)* pista *f*, indicación *f;* **the police have a ~** la policia tiene una pista. **(c)** *(Theat)* papel *m* principal; **with Garbo in the ~** con la Garbo en el primer papel. **(d)** *(leash)* cuerda *f*, *(LAm)* correa *f.* **(e)** *(Elec)* cable *m.*

2 *vt* **(a)** *(conduct)* llevar, conducir; **to ~ the way** llevar la delantera. **(b)** *(be the leader of)* dirigir, encabezar; *(: party)* encabezar, ser jefe de; *(: expedition)* mandar; *(: team)* capitanear; *(: league, procession)* ir en *or* a la cabeza de; *(: orchestra: Brit)* ser el primer violín en; *(: US)* dirigir; **to ~ the field** ir en primer lugar. **(c)** *(life, existence)* llevar; **to ~ a full** *or* **busy life** llevar una vida muy llena. **(d)** *(influence)* inducir, convencer; **to ~ sb to do sth** llevar a uno a hacer algo; **to ~ sb to believe that ...** hacer creer a uno que ...; **he is easily led** es muy influenciable.

3 *vi* **(a)** *(go in front)* ir primero, llevar la delantera; *(Cards)* ser mano, salir; **he ~s (me) by an hour** (me) lleva una ventaja de una hora *or (LAm)* una hora de ventaja; **~ on!** ¡adelante! **(b)** *(in match, race)* llevar la delantera. **(c)** *(street, corridor)* llegar a; *(door)* dar a. **(d)** *(result in)* **to ~ to** producir, provocar; **one thing led to another ...** entre una cosa y otra ... .

♦ **lead away** *vt + adv (gen)* llevar; *(separate)* apartar.

♦ **lead back** *vt + adv* volver a llevar, *(LAm)* llevar de regreso *or* de vuelta.

♦ **lead off 1** *vt + adv* **(a)** *(gen)* llevar; *(separate)* apartar. **(b)** *(fig: begin)* empezar. **2** *vi + prep (street)* salir de; *(room)* comunicar con; *(conduct)* llevar.

♦ **lead on** *vt + adv* **(a)** *(tease)* engañar; **to ~ sb on to do sth** engañar a uno para que haga algo. **(b)** *(incite)* **to ~ sb on (to do sth)** incitar a uno (a hacer algo).

♦ **lead up** *vi + prep* llevar a, conducir a; **what's all this ~ing up to?** ¿a dónde lleva todo esto?, ¿a qué vas con todo esto?

lead·ed [ˈledɪd] *adj* emplomado/a.

lead·en [ˈledn] *adj (colour)* plomizo/a; *(fig)* pesado/a.

lead·er [ˈliːdəʳ] *n* **(a)** *(of group, party etc)* jefe/a *m/f*, dirigente *mf*, líder *m; (guide etc)* guía *mf*, director(a) *m/f; (Mus: of orchestra: Brit)* primer violín *m; (: US)* director(a) *m/f;* **L~ of the House** *(Parl)* presidente *mf* de la Cámara de los Comunes; **he's a born ~** nació para mandar. **(b)** *(in race, fields etc)* líder *m.* **(c)** *(in newspaper)* editorial *m.*

lead·er·ship [ˈliːdəʃɪp] *n* **(a)** *(position)* dirección *f*, mando *m;* **under the ~ of ...** bajo la dirección *or* al mando de ...; **qualities of ~** iniciativa *f.* **(b)** *(leaders)* dirección *f.*

lead-free [ˈledˌfriː] *adj* sin plomo.

lead·ing [ˈliːdɪŋ] *adj (horse, car: in race)* delantero/a; *(: in procession)* primero/a; *(chief: member, character)* principal; **one of the ~ figures of this century** uno de los personajes más importantes de este siglo; **~ question** pregunta *f* tendenciosa; *see* **article, lady.**

leaf [liːf] *n, pl* **leaves (a)** *(of plant)* hoja *f.* **(b)** *(of book)* página *f;* **to turn over a new ~** *(fig)* volver la hoja, hacer borrón y cuenta nueva; **to take a ~ out of sb's book** *(fig)* seguir el ejemplo de uno. **(c)** *(of table)* hoja *f* abatible.

♦ **leaf through** *vi + prep (book)* hojear.

leaf·let [ˈliːflɪt] *n* (hoja *f*) volante *m*, octavilla *f.*

leafy [ˈliːfɪ] *adj* **(-ier, -iest)** frondoso/a.

league [liːg] *n* **(a)** *(alliance)* sociedad *f*, asociación *f;* **in ~ with** de manga con, conchabado con. **(b)** *(Ftbl, Rugby)* liga *f;* **they're not in the same ~** *(fig fam)* no hay comparación.

leak [liːk] **1** *n (gen: of gas, liquid etc)* fuga *f*, escape *m; (in roof)* gotera *f; (in boat)* vía *f* de agua; *(in pipe)* agujero *m*, *(LAm)* hoyo *m; (fig: in security)* filtración *f.* **2** *vi* **(a)** *(roof, bucket)* estar agujereado; *(ship, shoes)* hacer agua. **(b)** *(also* **~ out:** *liquid, gas)* escaparse, fugarse; *(fig: news)* trascender, divulgarse. **3** *vt* **(a)** *(liquid)* dejar escapar. **(b)** *(fig: information)* filtrarse.

leak·proof [ˈliːkˌpruːf] *adj* hermético/a.

leaky [ˈliːkɪ] *adj* **(-ier, -iest)** *(receptacle)* agujereado/a; *(boat)* que hace agua; *(roof)* que tiene goteras.

lean[1] [liːn] *adj* **(-er, -est)** *(meat)* magro/a, sin grasa; *(harvest)* malo/a, escaso/a; *(person)* delgado/a, *(LAm)* flaco/a; *(year, time)* difícil.

lean[2] [liːn] *pt, pp* **leaned** *or* **leant 1** *vi* **(a)** *(slope)* inclinarse, ladearse; **to ~ to(wards) the Left/Right** *(fig, Pol)* inclinarse hacia la izquierda/la derecha. **(b)** *(for support)* apoyarse, *(LAm)* recostarse; **to ~ on/against sth** apoyarse *or (LAm)* recostarse en/contra algo; **to ~ on sb** *(lit)* apoyarse en uno; *(fig: put pressure on)* presionar a uno. **2** *vt (ladder, bicycle)* apoyar, *(LAm)* recostar; **to ~ one's head on** apoyar *or (LAm)* recostar la cabeza en.

♦ **lean back** *vi + adv* reclinarse, recostarse.

♦ **lean forward** *vi + adv* inclinarse hacia delante.

♦ **lean out** *vi + adv* asomarse; **to ~ out of the window** asomarse a la ventana.

♦ **lean over 1** *vi + adv* inclinarse; **to ~ over backwards to help sb** *(fig fam)* no escatimar esfuerzos para ayudar a uno. **2** *vi + prep* inclinarse sobre.

lean·ing [ˈliːnɪŋ] **1** *n* inclinación *f (towards* hacia). **2** *adj* inclinado/a.

leant [lent] *pt, pp of* **lean**[2].
lean-to ['li:ntu:] *n* cobertizo *m.*
leap [li:p] (*vb: pp, pt* **leaped** *or* **leapt**) **1** *n* salto *m,* brinco *m; (fig)* paso *m,* salto; **a ~ in the dark** un salto en el vacío; **by ~s and bounds** a pasos agigantados. **2** *vi* saltar, dar un salto, *(Mex)* brincar; **to ~ to one's feet** levantarse de un salto; **to ~ about** dar saltos, *(Mex)* brincar; **to ~ out (at sb)** *(to frighten)* echarse encima de uno; *(to call attention)* llamar la atención a uno; **to ~ over sth** saltar por encima de algo; **to ~ up** *(person)* saltar; *(flame)* brotar; **to ~ for joy/with excitement** dar saltos *or (Mex)* brincar de alegría/de entusiasmo; **to ~ at an offer** *(fig)* apresurarse a aceptar una oferta. **3** *vt (fence, ditch)* saltar por encima de. **4: ~ year** *n* año *m* bisiesto.
leap·frog ['li:pfrɒg] **1** *n* pídola *f.* **2** *vi:* **to ~ over sb/sth** saltar por encima de uno/algo.
leapt [lept] *pt, pp of* **leap.**
learn [lɜ:n] *pt, pp* **learned** *or* **learnt 1** *vt* aprender; *(by heart etc)* aprenderse; **to ~ (how) to do sth** aprender a hacer algo; **to ~ that ...** enterarse *or (LAm)* informarse de que ...; **to ~ one's lesson** *(fig)* aprenderse la lección. **2** *vi:* **to ~ about sth** *(Scol)* hacer clase de algo; *(hear)* enterarse *or (LAm)* informarse de algo; **to ~ from experience/one's mistakes** aprender por experiencia.
learn·ed ['lɜ:nɪd] *adj (person)* culto/a; *(book, profession)* erudito/a.
learn·er ['lɜ:nə[r]] *n (novice)* principiante *mf; (student)* estudiante *mf; (also* **~ driver**) aprendiz(a) *m/f.*
learn·ing ['lɜ:nɪŋ] *n (knowledge)* conocimientos *mpl,* saber *m.*
learnt [lɜ:nt] *pt, pp of* **learn.**
lease [li:s] **1** *n* alquiler *m,* contrato *m* de arrendamiento; **to give sb a new ~ of life** dar nuevas fuerzas a uno. **2** *vt (take)* arrendar; *(rent)* alquilar; *(give: also* **~ out**) arrendar, alquilar.
lease·hold ['li:shəʊld] **1** *n (contract)* derechos *mpl* de arrendamiento. **2** *adj* arrendado/a.
leash [li:ʃ] *n* traílla *f,* correa *f.*
least [li:st] *superl of* **little**[2] **1** *adj* menor, mínimo/a, más pequeño/a; **she wasn't the ~ bit interested** no tenía el más mínimo interés; **that's the ~ of my worries** eso es lo que menos me preocupa.
2 *adv* menos; **the ~ expensive car** el coche menos costoso; **when ~ expected** cuando menos se espera; **she is ~ able to afford it** ella es quien menos puede permitírselo; **~ of all me** yo menos que nadie.
3 *n* lo menos; **it's the ~ you can do** es lo menos que puedes hacer; **to say the ~** para no decir otra cosa peor; **the ~ said the better** más vale no decir nada; **at ~ it's fine** por lo menos hace buen tiempo; **not in the ~!** ¡de ninguna manera!, *(LAm)* ¡no faltaba más!, *(Mex)* ¡cómo no!
leath·er ['leðə[r]] **1** *n (hide)* cuero *m,* piel *f; (wash~)* gamuza *f.* **2** *adj* de cuero, de piel. **3** *vt (thrash)* zurrar.
leave [li:v] (*vb: pt, pp* **left**) **1** *n* **(a)** *(permission)* permiso *m;* **without so much as a 'by your ~'** sin pedir permiso siquiera a nadie. **(b)** *(permission to be absent)* permiso *m, (RPl)* licencia *f;* **on ~ of absence** con permiso de ausentarse; **to be on ~** estar de permiso *or (RPl)* licenciado. **(c) to take (one's) ~ of sb** despedirse de uno; **have you taken ~ of your senses?** ¿te has vuelto loco?
2 *vt* **(a)** *(go away from)* dejar, *(LAm)* marcharse de; *(: room)* salir de, *(LAm)* abandonar; *(: hospital)* salir de; *(: person)* abandonar, dejar; **to ~ school** salir del colegio, *(LAm)* abandonar *or (RPl)* quitar la escuela; **to ~ home** *(go out of)* salir de su casa; *(permanently)* abandonar su casa; **to ~ the table** levantarse de la mesa; **the car left the road** el coche se salió de la carretera; **the train is leaving in 10 minutes** el tren sale en 10 minutos. **(b)** *(forget)* dejar, *(LAm)* olvidar. **(c)** *(give)* dejar. **(d)** *(allow to remain)* dejar; **let's ~ it at that** dejémoslo así, *(LAm)* está bueno; **~ it to me!** ¡yo me encargo!; **~ it with me** me encargaré del asunto; **~ me alone!** ¡déjame (en paz)!; **it's best to ~ him alone** es mejor dejarlo solo; **he ~s a wife and a child** le sobreviven su viuda y un hijo; **to ~ sb alone** *or* **in peace** dejar a uno en paz; **it ~s much to be desired** deja mucho que desear; **take it or ~ it** lo toma o lo deja; **3 from 10 ~s 7** 10 menos 3 son 7. **(e)** *(remaining)* **to be left (over)** quedar, *(LAm)* sobrar; **all the money I have left (over)** todo el dinero que me queda *or (LAm)* sobra; **how many are (there) left?** ¿cuántos quedan *or (LAm)* sobran?; **nothing was left for me (to do) but to sell it** no tuve más remedio *or (LAm)* no me quedaba otra que venderlo.
3 *vi (go out)* salir; *(go away)* irse, marcharse, *(LAm)* partir.
♦ **leave about, leave around** *vt + adv* dejar tirado.
♦ **leave behind** *vt + adv (on purpose)* dejar (atrás); *(accidentally)* olvidarse.
♦ **leave off 1** *vt + adv* **(a)** omitir, no incluir. **(b)** *(fam: stop)* dejar de. **2** *vi + adv (fam: stop)* suspender.
♦ **leave on** *vt + adv (clothes)* dejar puesto; *(light, TV)* dejar encendido *or (LAm)* prendido.
♦ **leave out** *vt + adv* **(a)** *(omit)* omitir, saltarse; **he feels left out** se siente excluido. **(b)** *(not put back)* dejar tirado; *(food, meal etc)* dejar preparado.
♦ **leave over** *vt + adv (postpone)* dejar, aplazar.
leaves [li:vz] *npl of* **leaf.**
leave·taking ['li:v,teɪkɪŋ] *n* despedida *f.*
leav·ings ['li:vɪŋz] *npl* restos *mpl,* sobras *fpl.*
Leba·non ['lebənən] *n:* **the ~** el Líbano.
lech·er·ous ['letʃərəs] *adj* lascivo/a, lujurioso/a.
lec·ture ['lektʃə[r]] **1** *n* **(a)** *(Univ)* clase *f; (by visitor)* conferencia *f, (LAm)* charla *f; (speech etc: content)* discurso *m;* **to give a ~** dictar una conferencia, dar una charla. **(b)** *(reproof)* reprimenda *f.* **2** *vi:* **to ~ (in sth)** dar clases (de algo); **to ~ (to sb on sth)** dar clases (de algo a uno). **3** *vt (reprove)* echar una reprimenda a. **4: ~ hall** *n,* **~ theatre** *n (Univ)* aula *f; (gen)* sala *f* de conferencias; **~ notes** *npl* apuntes *mpl.*
lec·tur·er ['lektʃərə[r]] *n (visitor)* conferenciante *mf; (Univ)* profesor(a) *m/f.*
led [led] *pt, pp of* **lead**[2].
ledge [ledʒ] *n (on wall)* retallo *m,* repisa *f; (of window)* antepecho *m; (on mountain)* saliente *m.*
ledg·er ['ledʒə[r]] *n* libro *m* mayor.
lee [li:] **1** *n (fig)* socaire *m,* abrigo *m;* **in the ~ of** al abrigo de. **2** *adj* de sotavento.
leech [li:tʃ] *n* sanguijuela *f; (also fig)* sanguijuela, parásito/a *m/f.*
leek [li:k] *n* puerro *m.*
leer [lɪə[r]] **1** *n* mirada *f* lasciva. **2** *vi* mirar de manera lasciva.
leery ['lɪərɪ] *adj (cautious)* cauteloso/a.
lee·ward ['li:wəd] *(Naut)* **1** *adj* de sotavento. **2** *n* sotavento *m.*
lee·way ['li:weɪ] *n (Naut)* deriva *f; (fig: lost time)* atraso *m; (: freedom)* libertad *f.*
left[1] [left] *pt, pp of* **leave.**
left[2] [left] **1** *adj* izquierdo/a. **2** *adv* hacia la izquierda. **3** *n* **(a)** izquierda *f;* **on** *or* **to my ~** a mi izquierda; **on** *or* **to the ~** a la izquierda. **(b)** *(Pol)* izquierda *f;* **he has always been on the L~** siem-

pre ha sido *or (LAm)* fue izquierdista.

left-hand ['lefthænd] *adj*: ~ **drive** conducción *f* a la izquierda; ~ **page** página *f* izquierda; ~ **side** lado *m* izquierdo.

left-handed [ˌleft'hændɪd] *adj* zurdo/a; *(fig: compliment)* de doble sentido.

leftie ['leftɪ] *n (fam)* izquierdista *mf*.

left·ist ['leftɪst] **1** *adj* izquierdista. **2** *n* izquierdista *mf*.

left-luggage [ˌleft'lʌgɪdʒ] *n*: ~ **office** consigna *f*.

left-overs ['leftəʊvəz] *npl* restos *mpl*, sobras *fpl*.

left-wing [ˌleft'wɪŋ] *adj* de izquierda.

leg [leg] *n (of person)* pierna *f*; *(of animal, bird)* pata *f*; *(of meat)* pierna; *(of furniture)* pata, pie *m*; *(of trousers)* pernera *f*; *(of stocking)* caña *f*; *(stage)* etapa *f*, fase *f*; **to be on one's last ~s** andar de capa caída; **he hasn't got a ~ to stand on** *(fig)* se le acabaron las disculpas; **to pull sb's ~** *(fig)* tomar el pelo a uno; **to stretch one's ~s** *(walk)* estirar las piernas.

lega·cy ['legəsɪ] *n* herencia *f*; *(fig)* herencia, patrimonio *m*.

le·gal ['li:gəl] *adj (gen)* legítimo/a, legal; *(permitted by law)* lícito/a; *(relating to the law)* legal, jurídico/a; **a ~ matter** *or* **question** cuestión *f* jurídica; **to take ~ action** *or* **proceedings against sb** entablar *or* levantar pleito contra uno; **~ adviser** asesor(a) *m/f* jurídico/a; **of ~ age** mayor de edad; **~ profession** abogacía *f*; **~ aid** abogacía de pobres.

le·gal·ity [lɪ'gælɪtɪ] *n* legalidad *f*.

le·gal·ize ['li:gəlaɪz] *vt* legalizar.

le·gal·ly ['li:gəlɪ] *adv (legitimately)* legalmente, legítimamente; *(in legal terms)* en términos legales.

le·ga·tion [lɪ'geɪʃən] *n* legación *f*.

leg·end ['ledʒənd] *n* leyenda *f*.

leg·end·ary ['ledʒəndərɪ] *adj (gen)* legendario/a.

-leg·ged ['legɪd] *adj ending in cpds (person)* de piernas; *(animal)* de patas.

leg·gy ['legɪ] *adj* zanquilargo/a, patilargo/a.

leg·ibil·ity [ˌledʒɪ'bɪlɪtɪ] *n* legibilidad *f*.

leg·ible ['ledʒəbl] *adj* legible.

le·gion ['li:dʒən] *n (gen)* legión *f*.

le·gion·naire [ˌli:dʒə'nɛə^r] *n* legionario *m*.

leg·is·late ['ledʒɪsleɪt] *vi* legislar.

leg·is·la·tion [ˌledʒɪs'leɪʃən] *n (law)* ley *f*; *(body of laws)* legislación *f*.

leg·is·la·tive ['ledʒɪslətɪv] *adj* legislativo/a.

leg·is·la·ture ['ledʒɪslətʃə^r] *n* legislatura *f*.

le·giti·mate [lɪ'dʒɪtɪmɪt] **1** *adj* legítimo/a; *(valid)* válido/a, justo/a. **2** [lɪ'dʒɪtɪmeɪt] *vt* dar legitimidad a.

le·giti·mize [lɪ'dʒɪtɪmaɪz] *vt* legitimar; *(child, birth)* legalizar.

leg-room ['leg,rʊm] *n* lugar *m* para las piernas.

lei·sure ['leʒə^r] **1** *n* ocio *m*; **a life of ~** una vida de ocio; **do it at your ~** hazlo cuando tengas tiempo *or* te convenga. **2** *adj*: **~ activities** pasatiempos *m inv*; **in one's ~ time** en sus ratos libres.

lei·sure·ly ['leʒəlɪ] *adj (unhurried)* sin prisa; *(slow)* lento/a.

lem·on ['lemən] **1** *n (fruit)* limón *m*. **2** *adj (colour)* limonado/a, de color limón. **3**: **~ cheese** *n*, **~ curd** *n* queso *m* de limón; **~ juice** *n* zumo *m or (LAm)* jugo *m* de limón; **~ squash** *n*, **~ drink** *n* limonada *f*; **~ tree** *n* limonero *m*.

lem·on·ade [ˌlemə'neɪd] *n* gaseosa *f*, *(LAm)* refresco *m*.

lend [lend] *pt, pp* **lent** *vt (for a time)* prestar, *(LAm)* dejar; *(fig: impart: importance, mystery, authority)* dar, prestar; **to ~ out** prestar; **to ~ a hand** *(fig)* echar una mano; **to ~ an ear to sb/sth** escuchar a uno/algo; **to ~ itself to sth/doing sth** prestarse a algo/hacer algo.

length [leŋθ] *n* **(a)** *(size)* longitud *f*, largo *m*; **it is 2 metres in ~** tiene 2 metros de largo; **what is its ~?, what ~ is it?** ¿cuánto tiene de largo?, *(LAm)* ¿qué largo tiene? **(b)** *(duration)* duración *f*; **for what ~ of time?** ¿durante *or* por cuánto tiempo?; **a concert 2 hours in ~** un concierto que dura 2 horas. **(c)** *(extent)* extensión *f*; **he walked the ~ of the beach** anduvo todo lo largo de la playa; **the horse won by a ~** el caballo ganó por un cuerpo; **at ~ ...** *(finally)* por finalmente ...; **to explain at ~** explicar con mucho detalle; **to speak at ~** hablar largamente, discurrir; **across the ~ and breadth of the country** en lo ancho y largo del país; **to go to any ~(s) to do sth** ser capaz de hacer cualquier cosa para hacer algo. **(d)** *(piece)* pedazo *m*, trozo *m*. **(e)** *(distance)* distancia *f*; *(piece of road etc)* tramo *m*; **to keep sb at arm's ~** mantener las distancias con uno.

length·en ['leŋθən] **1** *vt* alargar. **2** *vi* alargarse; *(days)* crecer.

length·ways ['leŋθweɪz], **length·wise** ['leŋθwaɪz] *adv* longitudinalmente, a lo largo.

lengthy ['leŋθɪ] *adj* **(-ier, -iest)** largo/a, extenso/a; *(illness)* de larga duración; *(meeting)* prolongado/a.

le·ni·ence ['li:nɪəns], **le·ni·en·cy** ['li:nɪənsɪ] *n* clemencia *f*, indulgencia *f*.

le·ni·ent ['li:nɪənt] *adj* clemente, indulgente.

lens [lenz] *n (Anat)* cristalino *m*; *(of spectacles)* lente *m or f*; *(of camera etc)* objetivo *m*; **contact ~** lente de contacto, lentilla *f*.

lent [lent] *pt, pp of* **lend.**

Lent [lent] *n* Cuaresma *f*.

len·til ['lentl] *n* lenteja *f*.

Leo ['li:əʊ] *n* Leo *m*.

leop·ard ['lepəd] *n* leopardo *m*.

leo·tard ['lɪəʊtɑ:d] *n* malla *f*.

lep·er ['lepə^r] *n (lit, fig)* leproso/a *m/f*.

lep·ro·sy ['leprəsɪ] *n* lepra *f*.

les·bian ['lezbɪən] **1** *adj* lesbiano/a, lesbio/a. **2** *n* lesbiana *f*.

le·sion ['li:ʒən] *n (Med)* lesión *f*.

less [les] *comp of* **little**[2] **1** *adj* menos; **now we eat ~ bread** ahora comemos menos pan; **she has ~ time to spare** ahora tiene menos tiempo libre; **of ~ importance** de menos importancia.

2 *pron* menos; **the ~ ... the ~ ...** mientras *or* cuanto menos ... menos ...; **can't you let me have it for ~?** ¿no me lo puedes dar en menos?, *(Mex)* ¿cuánto sería lo menos?; **the ~ said about it the better** cuanto menos hablan de eso mejor; **~ than £1/a kilo/3 metres** menos de una libra/un kilo/3 metros; **at a price of ~ than £1** a un precio inferior *or* menor a una libra; **~ than a week ago** hace menos de una semana; **nothing ~ than** nada menos que; **it's nothing ~ than a disaster** es un verdadero *or* auténtico desastre; **a tip of £10, no ~!** *(fam)* ¡una propina de 10 libras, nada menos!

3 *adv* menos; **it's ~ expensive than the other one** cuesta menos que el otro; **you work ~ than I do** trabajas menos que yo; **to go out ~ (often)** salir menos; **~ and ~** cada vez menos; **still ~** todavía menos, menos aún.

4 *prep* menos.

-less *suffix* sin; **coat~ /hat~** sin abrigo/sombrero.

les·see [le'si:] *n (of house)* inquilino/a *m/f*; *(of land)* arrendatario/a *m/f*.

less·en ['lesn] **1** *vt (gen)* reducir, disminuir; *(light, effort etc)* atenuar. **2** *vi* reducirse, disminuir.

less·en·ing ['lesnɪŋ] *n* reducción *f*, disminución *f*.

less·er ['lesə^r] *adj* menor; **to a ~ extent** *or* **degree**

en menor grado; **the ~ of 2 evils** el mal menor.
les·son ['lesn] *n (class)* clase *f; (Rel etc)* lección *f;* **to take/give ~s in ...** tomar/dar clases de ...; **a French ~** una clase de francés; **to teach sb a ~** *(fig)* dar una lección a uno.
lest [lest] *conj (frm)* **~ we forget** para que no olvidemos; **~ he catch me unprepared** para que no me *(Sp)* coja *or (LAm)* agarre desprevenido.
let [let] *pt, pp* **let** *vt* **(a)** *(permit)* dejar, permitir; **to ~ sb do sth** dejar que uno haga algo; **to ~ sb have sth** dejar algo a uno. **(b)** *(in verb forms)* **~'s** *or* **~ us go!** ¡vamos!; **~'s see, what was I saying?** a ver *or (LAm)* déjame ver ¿qué decía yo?; **~ them wait** que esperen; **~ that be a warning to you!** ¡que eso te sirva de lección! **(c)** *(rent out)* alquilar, arrendar. **(d)** *(in phrases)* **to ~ sb get away with sth** *(fam)* perdonarle algo a uno; **I'll ~ you have it back tomorrow** te lo devuelvo mañana; **don't ~ me catch** *or* **see you cheating again!** ¡si te vuelvo a pillar haciendo trampa!; **~ him alone** *or* **be** déjalo en paz *or (LAm)* tranquilo; **to ~ sb/sth go, to ~ go of sb/sth** soltar a uno/algo.
♦ **let by** *vt + adv* dejar pasar.
♦ **let down** *vt + adv* **(a)** *(dress)* alargar; *(hem)* bajar; *(tyre)* desinflar; *(on rope)* bajar. **(b)** *(disappoint)* decepcionar, defraudar; *(fail)* fallar.
♦ **let in** *vt + adv*: **to ~ sb in** dejar entrar *or (LAm)* hacer pasar a uno; **~ him in!** ¡que pase!; **your mother ~ me in** tu madre me abrió; **shoes which ~ the water in** zapatos que hacen agua; **to ~ sb in for a lot of trouble** causarle mucha pena *or* muchas molestias a uno; **what have you ~ yourself in for?** ¿en qué te has metido?; **to ~ sb in on a secret** hacerle a uno partícipe de un secreto.
♦ **let off** *vt + adv* **(a)** *(explode)* hacer explotar; **to ~ off steam** *(fig fam)* desfogarse, desahogarse. **(b)** *(allow to go)* dejar ir; *(not punish)* dejar escapar; **to ~ sb off with a warning** dejar que uno escape sin mayores sanciones.
♦ **let on** *vi + adv (fam)* **he didn't ~ on that he was angry** disimuló su enfado; **to ~ on to sb about sth** participar algo a uno; **don't ~ on!** ¡ no digas nada!; **to ~ on (that ...)** *(acknowledge)* reconocer (que ...); *(pretend)* fingir (que ...).
♦ **let out** *vt + adv* **(a)** *(visitor)* acompañar a la puerta; *(prisoner)* poner en libertad; *(penned animal)* dejar salir; *(secret, news)* divulgar; **to ~ out a cry/sigh** soltar un grito/un suspiro; **to ~ the air out of a tyre** desinflar un neumático *or (LAm)* una llanta. **(b)** *(dress, seam)* ensanchar. **(c)** *(rent out)* alquilar.
♦ **let up 1** *vi + adv (bad weather)* moderarse; **he never ~s up** *(talking)* habla sin parar; *(working)* trabaja sin descanso; **when the rain ~s up** cuando deje de llover tanto. **2** *vt + adv* dejar levantarse.
let-down ['letdaʊn] *n (disappointment)* decepción *f.*
le·thal ['li:θəl] *adj (wound, poison, dose)* mortal; *(weapon)* mortífero/a; **this coffee's ~!** *(fig fam)* ¡este café está fatal!
le·thar·gic [le'θɑ:dʒɪk] *adj* letárgico/a.
let·ter ['letəʳ] *n* **(a)** *(of alphabet)* letra *f;* **the ~ G** la letra G; **small/capital ~** minúscula *f*/mayúscula *f;* **the ~ of the law** la ley escrita; **to follow instructions to the ~** *(fig)* cumplir las instrucciones al pie de la letra. **(b)** *(missive)* carta *f;* **covering ~** carta adjunta; **~ of introduction/application/protest/attorney** *or* **proxy** carta de presentación/solicitud/protesta/poder; **by ~** por carta *or* escrito. **(c)** *(learning)* letras *fpl;* **man of ~s** hombre *m* de letras.
letter-bomb ['letə,bɒm] *n* carta-bomba *f.*
letter·box ['letəbɒks] *n* buzón *m.*
letter carrier ['letəkærɪəʳ] *n (US)* cartero/a *m/f.*
letter·head ['letəhed] *n* membrete *m.*
let·ter·ing ['letərɪŋ] *n* letras *fpl,* inscripción *f.*
letter-opener ['letər,əʊpnəʳ] *n* abrecartas *m inv.*
letter·press ['letəpres] *n (method)* prensa *f* de copiar; *(printed page)* impresión *f* tipográfica.
letter-writer ['letə,raɪtəʳ] *n* corresponsal *mf.*
let·tuce ['letɪs] *n* lechuga *f.*
let-up ['letʌp] *n (fam)* descanso *m; (fig)* tregua *f;* **we worked 5 hours without (a) ~** trabajamos 5 horas sin descanso.
leu·kae·mia, (*US*) **leu·ke·mia** [lu:'ki:mɪə] *n* leucemia *f.*
lev·el ['levl] **1** *adj* **(a)** *(flat: ground, surface)* llano/a, plano/a; *(even)* a nivel, nivelado/a, *(LAm)* parejo/a; **I'll do my ~ best** *(fam)* haré lo más que pueda; **a ~ spoonful** *(Culin)* una cucharada rasa; **~ crossing** *(Rail)* paso *m* a nivel. **(b)** *(steady: voice, tone)* uniforme, ecuánime; *(: gaze)* penetrante; **to keep a ~ head** no perder la cabeza. **(c)** *(equal)* igual, *(LAm)* parejo/a; **to be ~ with sb/sth** estar parejo con uno/a la altura de algo; **to draw ~ with sb/sth** alcanzar a uno/algo.
2 *n* **(a)** nivel *m;* **to find its** *or* **one's own ~** encontrar su nivel; **above/at/below sea ~** sobre el/al/por debajo del nivel del mar; **talks at ministerial ~** conversaciones al nivel ministerial; **to be on a ~ with** *(lit)* estar al nivel de; *(fig)* equipararse con; **to come down to sb's ~** *(fig)* rebajarse al nivel de uno; **to be on the ~** *(fig fam: be honourable)* ser honrado; *(: be honest)* hablar en serio, decir la verdad. **(b)** *(spirit ~)* nivel *m* de burbuja.
3 *vt* **(a)** *(make ~: ground, site)* nivelar, aplanar; *(raze: building)* arrasar; *(fig)* igualar. **(b)** *(aim)* **to ~ (at)** *(blow)* dirigir (a); *(gun)* apuntar (a); *(accusation)* **to ~ (against sb)** levantar (contra uno).
♦ **level off, level out** *vi + adv (ground)* nivelarse; *(prices, curve on graph)* estabilizarse; *(aircraft)* ponerse en una trayectoria horizontal.
♦ **level with** *vi + prep (fam)* ser franco/a con.
level-headed [,levl'hedɪd] *adj* sensato/a, equilibrado/a.
lev·er ['li:vəʳ] **1** *n (gen, also fig)* palanca *f.* **2** *vt*: **to ~ sth up/out/off** alzar/sacar/quitar algo con palanca.
lev·er·age ['li:vərɪdʒ] *n* apalancamiento *m; (fig)* influencia *f.*
levi·tate ['levɪteɪt] *vt* elevar *or* mantener en el aire por levitación.
lev·ity ['levɪtɪ] *n (frm: frivolity)* ligereza *f,* frivolidad *f.*
levy ['levɪ] **1** *n* impuesto *m.* **2** *vt (tax, fine, contributions)* exigir, imponer.
lewd [lu:d] *adj* **(-er, -est)** *(person)* lascivo/a; *(song, story etc)* verde, *(LAm)* colorado/a.
lexi·cog·ra·phy [,leksɪ'kɒgrəfɪ] *n* lexicografía *f.*
lia·bil·ity [,laɪə'bɪlɪtɪ] *n (responsibility)* responsabilidad *f; (burden)* inconveniente *m;* **liabilities** *(Comm)* pasivo *msg;* **he's a real ~** es absolutamente inútil; *see* **limited.**
lia·ble ['laɪəbl] *adj*: **to be ~ for** ser responsable de; **to be ~ to do sth** tener tendencia *or* ser propenso a hacer algo; **to be ~ to a fine** ser expuesto a una multa; **we are ~ to get shot at here** aquí estamos expuestos a los tiros.
liai·son [li:'eɪzɒn] **1** *n (coordination)* enlace *m,* coordinación *f; (fig: relationship)* relación *f.* **2**: **~ committee** *n* comisión *f* de enlace; **~ officer** *n* oficial *m* de enlace.
liar ['laɪəʳ] *n* mentiroso/a *m/f,* embustero/a *m/f.*
li·bel ['laɪbəl] **1** *n (Jur)* calumnia *f; (: written)* escri-

to *m* difamatorio. **2** *vt* difamar, calumniar.

li·bel·lous, (*US*) **li·bel·ous** ['laɪbələs] *adj* difamatorio/a, calumnioso/a.

lib·er·al ['lɪbərəl] **1** *adj (gen)* liberal; *(generous)* generoso/a; *(views)* libre, liberal. **2** *n:* ~ *(Pol)* liberal *mf;* **the L~ Party** el Partido Liberal.

lib·er·al·ism ['lɪbərəlɪzəm] *n (of views)* liberalismo *m.*

lib·er·al·ity [,lɪbə'rælɪtɪ] *n (generosity: of person etc)* liberalidad *f,* generosidad *f.*

lib·er·al·ize ['lɪbərəlaɪz] *vt* liberalizar.

liberal-minded [,lɪbərəl'maɪndɪd] *adj* de miras anchas.

lib·er·ate ['lɪbəreɪt] *vt (free)* liberar; *(prisoner, slave)* poner en libertad; **a ~d woman** una mujer liberada.

lib·era·tion [,lɪbə'reɪʃən] *n* liberación *f;* **Women's L~ Movement** el movimiento de liberación de la mujer.

lib·era·tor ['lɪbəreɪtə'] *n* libertador(a) *m/f.*

lib·er·ty ['lɪbətɪ] *n* libertad *f;* **~ of conscience** libertad de conciencia; **to be at ~** *(free)* estar en libertad; **to be at ~ to do sth** estar libre para hacer algo; **I have taken the ~ of giving your name** me he tomado la libertad de darles tu nombre; **what a ~!** *(fam)* ¡qué cara!

li·bi·do [lɪ'bi:dəʊ] *n* libido *m.*

Libra ['li:brə] *n* Libra *f.*

li·brar·ian [laɪ'brɛərɪən] *n* bibliotecario/a *m/f.*

li·brary ['laɪbrərɪ] **1** *n* biblioteca *f;* **newspaper ~** hemeroteca *f;* **public ~** biblioteca pública. **2:** **~ book** *n* libro *m* de la biblioteca; **~ ticket** *n* pase *m* para la biblioteca.

li·bret·to [lɪ'bretəʊ] *n* libreto *m.*

Libya ['lɪbɪə] *n* Libia *f.*

lice [laɪs] *npl of* **louse.**

li·cence, (*US*) **li·cense**[1] ['laɪsəns] **1** *n* **(a)** *(permit)* licencia *f,* permiso *m;* **driving ~** carnet *m or (LAm)* licencia *f or (Mex)* permiso de conducir. **(b)** *(excessive freedom)* libertad *f;* **poetic ~** licencia poética. **2:** **~ number** *n (Aut)* matrícula *f;* **~ plate** *n (Aut)* placa *f or (LAm)* matrícula *f or (RPl)* chapa *f.*

li·cense[2] ['laɪsəns] *vt (person: to do sth)* autorizar, dar permiso a; *(car)* sacar la patente *or (LAm)* la matrícula de; **on ~d premises** en un local autorizado para vender bebidas alcohólicas.

li·cen·see [,laɪsən'si:] *n (in pub)* concesionario/a *m/f,* dueño/a *m/f* de un bar.

li·cen·tious [laɪ'senʃəs] *adj* licencioso/a.

lick [lɪk] **1** *n* **(a)** lamedura *f,* lengüetada *f;* **a ~ of paint** una mano de pintura; **a ~ and a promise** *(fig fam)* una lavada a la carrera. **(b)** *(fam: speed)* **at full ~** a todo gas *or* correr. **2** *vt* **(a)** *(gen, also fig)* lamer; **to ~ one's wounds** *(lit, fig)* lamerse las heridas; **to ~ sb's boots** *(fig fam)* hacer la pelotilla *or* dar coba a uno; **to ~ sth into shape** *(fig fam)* formar algo (a la fuerza). **(b)** *(fam: defeat)* dar una paliza a.

lico·rice ['lɪkərɪs] *n* = **liquorice.**

lid [lɪd] *n* tapa *f,* tapadera *f;* **to take the ~ off sth** *(fig)* exponer algo a la luz pública; **that puts the ~ on it!** *(fig)* ¡esto es el colmo *or* el acabóse!

lido ['li:dəʊ] *n* piscina *f, (LAm)* alberca *f.*

lie[1] [laɪ] **1** *n* mentira *f;* **to tell ~s** mentir; **white ~** mentira piadosa; **to give the ~ to** *(person)* dar el mentís a; *(report)* desmentir. **2** *vi* mentir. **3:** **~ detector** *n* detector *m* de mentiras.

lie[2] [laɪ] *pt* **lay,** *pp* **lain 1** *vi* **(a)** *(act)* echarse, acostarse, tumbarse; *(state)* estar echado/a *or* acostado/a *or* tumbado/a; *(dead body)* yacer, reposar; **he lay where he had fallen** se quedó donde cayó; **to ~ still** quedarse inmóvil; **to ~ low** *(fig)* mantenerse a escondidas. **(b)** *(be situated)* estar, encontrarse, *(LAm)* ubicarse; *(remain)* quedarse; **the book lay on the table** el libro estaba sobre la mesa; **the snow lay half a metre deep** había medio metro de nieve; **the town ~s in a valley** el pueblo está situado *or (LAm)* ubicado en un valle; **the plain lay before us** la llanura se extendía delante de nosotros; **obstacles ~ in the way** hay obstáculos por delante; **where does the difficulty/difference ~?** ¿en qué consiste *or* radica la dificultad/la diferencia?; **the problem ~s in his refusal** el problema estriba en su negativa; **the fault ~s with you** la culpa es tuya.

2 *n:* **the ~ of the land** *(Geog)* la configuración del terreno; *(fig)* el estado de las cosas.

♦ **lie about, lie around** *vi + adv (objects)* estar tirado/a; *(person)* estar acostado/a *or* tumbado/a; **it must be lying about somewhere** debe de andar por aquí.

♦ **lie back** *vi + adv* recostarse.

♦ **lie down** *vi + adv* echarse, acostarse; **to take sth lying down** *(fig)* aguantar *or* soportar algo sin protestar.

♦ **lie in** *vi + adv (stay in bed)* quedarse en la cama.

♦ **lie up** *vi + adv (be out of use)* quedar fuera de uso.

lie-down ['laɪdaʊn] *n* descanso *m,* siesta *f.*

lie-in ['laɪɪn] *n:* **to have a ~** quedarse en la cama.

lieu [lu:] *n:* **in ~ of** en lugar de.

lieu·ten·ant [lef'tenənt, (*US*) lu:'tenənt] *n (Mil)* teniente *m; (Naut)* alférez *m* de navío.

life [laɪf] **1** *n, pl* **lives (a)** *(animate state)* vida *f;* **~ on earth** la vida en la tierra; **bird ~** los pájaros *mpl;* **a matter of ~ and death** cosa de vida o muerte; **a danger to ~ and limb** un peligro mortal; **to risk ~ and limb** jugarse la vida; **to bring sb back to ~** resucitar *or* reanimar a uno.

(b) *(existence)* vida *f,* existencia *f;* **to spend one's ~ as sth/doing sth** pasar la vida de algo/haciendo algo; **during the ~ of this government** durante el mandato de este gobierno; **to begin ~ as ...** empezar la vida como ...; **the ~ of an ant** la vida de una hormiga; **to be sent to prison for ~** ser condenado a reclusión *or* cadena perpetua; **in early/later ~** en los años juveniles/maduras; **a quiet/hard ~** una vida tranquila/dura; **country/city ~** la vida de la ciudad/del campo; **how's ~?** *(fam)* ¿qué tal?, ¿cómo estás?, *(LAm)* ¿cómo le va?; **to lose one's ~** perder la vida; **3 lives were lost** murieron 3; **to take one's own ~** *(euph: commit suicide)* suicidarse; **you'll be taking your ~ in your hands if you climb up there** *(fam)* subir allí es jugarse la vida; **his ~ won't be worth living** más le valdría morirse; **not on your ~!** *(fam)* ¡ni hablar!, *(LAm)* ¡nomás eso faltaba!; **to see ~** ver mundo; **run for your ~!** ¡sálvese quien pueda!; **I can't for the ~ of me remember ...** *(fam)* por mucho que intente no puedo recordar ...; **true to ~** fiel a la realidad; **~ is not a bed of roses** la vida no es senda de rosas.

(c) *(liveliness)* vida *f,* animación *f;* **the ~ and soul of the party** el alma de la fiesta; **to put** *or* **breathe new ~ into sb/sth** infundir nueva vida a uno/algo; **to come to ~** animarse.

2: **~ assurance** *or* **insurance** *n* seguro *m* de vida; **~ belt** *n*/**~ buoy** *n* cinturón *m*/boya *f* salvavidas; **~ cycle** *n* ciclo *m* vital; **~ expectancy** *n* esperanza *f* de vida; **~ force** *n* fuerza *f* vital; **~ imprisonment** *n* cadena *f* perpetua; **~ jacket** *n* chaleco *m* salvavidas.

life-and-death ['laɪfən,deθ] *adj:* **~ struggle** lucha *f* encarnizada *or* a vida o muerte.

life·blood ['laɪfblʌd] *n (fig)* alma *f,* nervio *m.*

life·boat ['laɪfbəʊt] *n (from shore)* lancha *f* de

socorro; *(from ship)* bote *m* salvavidas.

life·guard ['laɪfgɑːd] *n (on beach)* vigilante *mf,* salvavidas *m inv.*

life·less ['laɪflɪs] *adj* sin vida, exánime; *(fig: person etc)* sin ánimos, abatido/a; *(: hair)* sin cuerpo, lacio/a.

life·like ['laɪflaɪk] *adj* natural; *(seemingly real)* que parece vivo; **her photo is so ~** la foto es el vivo retrato de ella.

life·line ['laɪflaɪn] *n* cuerda *f* de salvamento; *(fig)* cordón *m* umbilical, sustento *m.*

life·long ['laɪflɒŋ] *adj* de toda la vida.

life-size(d) ['laɪfsaɪz(d)] *adj* de tamaño natural.

life·time ['laɪftaɪm] *n* vida *f; (fig)* eternidad *f;* **in my ~** durante *or* en el curso de mi vida; **within my ~** mientras viva; **the chance of a ~** una oportunidad única; **it seemed a ~** pareció una eternidad.

lift [lɪft] **1** *n* **(a)** *(Brit: elevator)* ascensor *m, (LAm)* elevador *m.* **(b)** *(esp Brit: in car)* viaje *m* gratuito, *(LAm)* aventón *m,* raid *m; (Aer)* empuje *m; (fig: moral boost)* ánimos *mpl;* **to hitch a ~** *(fam)* hacer autostop, *(LAm)* pedir aventón *or* raid; **to give sb a ~** llevar a uno en coche, *(LAm)* dar aventón *or* raid a uno.

2 *vt* **(a)** *(thing, person)* levantar, *(LAm)* subir; *(pick up: child) (Sp)* coger, *(LAm)* agarrar; **to ~ sb over sth** levantar *or (LAm)* subir a uno por encima de algo; **to ~ one's head/voice** levantar *or* alzar la cabeza/la voz; **she never ~s a finger to help** no da golpe para ayudar. **(b)** *(fig: restrictions, ban)* levantar. **(c)** *(fam: steal: idea, quotation)* plagiar.

3 *vi* levantarse, *(LAm)* subirse; *(mist etc)* disiparse.

4: ~ attendant *n* ascensorista *mf;* **~ shaft** *n* caja *f or* hueco *m* del ascensor.

♦ **lift down** *vt + adv* bajar.

♦ **lift off 1** *vt + adv* levantar, quitar. **2** *vi + adv* despegar.

♦ **lift out** *vt + adv* sacar.

♦ **lift up** *vt + adv* levantar.

lift-off ['lɪftɒf] *n* despegue *m.*

liga·ment ['lɪgəmənt] *n* ligamento *m.*

light[1] [laɪt] *(vb: pt, pp* **lit** *or* **lighted) 1** *n* **(a)** *(in general)* luz *f;* **electric ~** luz eléctrica; **at first ~** al rayar el día; **by the ~ of the moon** a la luz de la luna; **in the cold ~ of day** *(lit, fig)* a la luz del día; **you're (standing) in my ~** me quitas la luz; **to hold sth up to** *or* **against the ~** acercar algo a la luz, mirar algo a trasluz. **(b)** *(fig)* **in the ~ of** a la luz de; **to bring/come to ~** sacar/salir a luz; **to cast** *or* **shed** *or* **throw ~ on** arrojar luz sobre; **to see the ~** *(Rel)* convertirse; *(fig)* caer en la *or* darse cuenta; **to look at/reveal sth/sb in a new ~** ver/dejar ver a algo/uno bajo otro aspecto; **according to one's ~s** según sus propias ideas. **(c)** *(lamp)* luz *f,* lámpara *f; (Aut)* faro *m,* foco *m;* **to turn the ~ on/off** encender/apagar la luz; **rear** *or* **tail ~s** pilotos *mpl, (Mex)* calaveras *fpl, (LAm)* luz trasera; **the (traffic) ~s were at** *or* **on red** el semáforo estába en rojo; **leading ~** *(fig)* figura *f* principal. **(d)** *(flame)* fuego *m,* lumbre *f;* **pilot ~** *(on stove)* piloto *m;* **have you a ~?** *(for cigarette)* ¿tienes fuego *or (LAm)* lumbre?; **to put a ~ to** *or* **set ~ to sth** prender fuego a algo.

2 *adj* **(-er, -est) (a)** *(bright)* claro/a, bien iluminado/a; *(illuminated)* bañado/a de luz. **(b)** *(colour)* claro/a; *(hair)* rubio/a, *(LAm)* güero/a; *(skin)* blanco/a.

3 *vt* **(a)** *(illuminate)* iluminar, alumbrar; **a torch to ~ your way** una linterna para iluminar su camino. **(b)** *(cigarette)* encender; *(fire etc)* prender fuego a.

4 *vi (ignite)* encenderse, *(LAm)* prenderse.

5: ~ bulb *n* bombilla *f, (LAm)* foco *m;* **~ meter** *n (Phot)* fotómetro *m.*

♦ **light up 1** *vi + adv* **(a)** *(gen)* iluminarse, alumbrarse. **(b)** *(fam: smoke)* encender un cigarrillo. **2** *vt + adv* iluminar, alumbrar.

light[2] [laɪt] **1** *adj* **(-er, -est)** *(gen)* ligero/a, liviano/a; *(rain, breeze)* leve; **~ ale** cerveza *f* clara; **~ opera** opereta *f;* **~ reading** lectura *f* amena; **a ~ sleeper** una persona de sueño ligero; **as ~ as a feather** tan ligero como una pluma; **to be ~ on one's feet** ser ligero de pies; **with a ~ heart** con alegría; **to make ~ work of sth** hacer algo con facilidad; **to make ~ of sth** *(fig)* hacer poco caso de algo. **2** *adv:* **to travel ~** viajar con poco equipaje.

light·en[1] ['laɪtn] **1** *vt* iluminar, alumbrar. **2** *vi* clarear.

light·en[2] ['laɪtn] *vt (load)* aligerar; *(fig: make cheerful: heart, atmosphere)* aliviar.

light·er ['laɪtə^r] *n (for cigarettes)* encendedor *m,* mechero *m.*

light-fingered ['laɪtˌfɪŋgəd] *adj* largo/a de manos.

light-haired [ˌlaɪt'hɛəd] *adj* rubio/a, *(LAm)* güero/a.

light-headed [ˌlaɪt'hedɪd] *adj (by temperament)* despistado/a, ligero/a de cascos; *(dizzy)* mareado/a; *(with fever)* delirante; *(with excitement)* exaltado/a.

light-hearted [ˌlaɪt'hɑːtɪd] *adj* alegre.

light·house ['laɪthaʊs] *n* faro *m.*

light·ing ['laɪtɪŋ] *n (system)* alumbrado *m.*

lighting-up [ˌlaɪtɪŋ'ʌp] *adj:* **~ time** hora *f* de encender los faros.

light·ness ['laɪtnɪs] *n* **(a)** *(brightness: of room)* luminosidad *f,* claridad *f; (: of colour)* claridad. **(b)** *(in weight etc)* ligereza *f,* liviandad *f.*

light·ning ['laɪtnɪŋ] **1** *n (flash)* relámpago *m; (stroke)* rayo *m;* **as quick as** *or* **like (greased) ~** *(fam)* como un rayo. **2: ~ attack** *n* ataque *m* relámpago; **~ conductor** *n,* **~ rod** *n* pararrayos *m inv;* **~ strike** *n* huelga *f* relámpago.

light·weight ['laɪtweɪt] *adj (gen)* ligero/a, liviano/a; *(Boxing)* de peso ligero.

light-year ['laɪtjɜː^r] *n* año *m* luz.

like[1] [laɪk] **1** *adj (resembling)* parecido/a, semejante; **in ~ cases** en casos parecidos; **rabbits, mice and ~ creatures** conejos, ratones y otras criaturas parecidas; **they are as ~ as two peas (in a pod)** se parecen como dos gotas de agua.

2 *prep* **(a)** *(similar to)* como, igual que; *(in comparisons)* como; **to be ~ sb/sth** ser parecido a uno/algo; **they are very ~ each other** son muy parecidos; **a house ~ mine** una casa como la mía; **people ~ that** esa clase *or* ese tipo de gente; **what's he ~?** ¿cómo es él?; **what's the weather ~?** ¿qué tiempo hace?; **this portrait is not ~ him** este retrato no le parece; **he thinks ~ us** piensa como nosotros; **she behaved ~ an idiot** se comportó como una idiota; **it's not ~ him to do that** no es propio de él hacer eso; **I never saw anything ~ it** no he visto nunca nada igual, nunca he visto cosa igual; **that's more ~ it** *(fam)* así se hace; **that's nothing ~ it** no se parece en nada; **something ~ that** algo así *or* por el estilo; **there's nothing ~ a good holiday** no hay nada como unas buenas vacaciones; **it happened ~ this ...** pasó así ...; **~ father ~ son** de tal palo tal astilla; **we ran ~ mad** *(fam)* corrimos como locos; **I don't feel ~ doing it** no tengo ganas de hacerlo; **I feel ~ a drink** me apetece *or (LAm)* se me antoja una copa; **it looks ~ a diamond** parece un diamante; *see* **feel 3 (b), look 2 (c)** *etc.* **(b)**

(such as) como.

3 *adv*: **it's nothing ~ as hot as it was yesterday** no hay comparación con el calor que hizo ayer; **as ~ as not** probablemente.

4 *conj*: **~ we used to (do)** como (antes) hacíamos.

5 *n*: **did you ever see the ~ (of it)?** ¿has visto cosa igual?; **the ~ of which I never saw** nunca he visto una igual; **sparrows, blackbirds and the ~** gorriones, mirlos y otros por el estilo; **the ~s of him** *(fam pej)* esa clase de personas.

like[2] [laɪk] **1** *vt* **(a)** *(person, thing)* gustarle, *(LAm)* apreciar; *(close friends)* querer, tener cariño a; **they ~ each other** se quieren, se simpatizan, *(LAm)* se congenian; **I ~/he ~s sth/doing sth** me/le gusta algo/hacer algo; **we ~ walking** nos gusta andar *or* *(LAm)* caminar; **well, I ~ that!** *(hum, fam)* ¡qué frescura *or* cara! **(b)** *(want)* querer, gustarle; **I should ~ more time** me gustaría tener más tiempo; **I should ~ to know why** quisiera saber por qué; **would you ~ me to wait?** ¿quiere que espere?; **I didn't ~ to (do sth)** no quise (hacer algo); *(fig: was embarrassed)* me daba vergüenza (hacer algo); **as you ~** como quieras; **if you ~** si quieres; **whenever you ~** cuando quieras.

2 *n*: **~s and dislikes** preferencias *fpl*.

like·able ['laɪkəbl] *adj* simpático/a, agradable.

like·li·hood ['laɪklɪhʊd] *n* probabilidad *f*; **in all ~** según toda probabilidad; **there is no ~ of that** es poco probable; **there is little ~ that he'll come** es poco probable que venga.

like·ly ['laɪklɪ] **1** *adj* **(-ier, -iest)** **(a)** *(probable)* probable; *(believable)* verosímil; **a ~ explanation** *(lit, hum)* una explicación posible; **the ~ outcome** el resultado más probable; **a ~ story!** *(hum)* ¡puro cuento!; **it's ~ that I'll be late** es probable que llegue tarde. **(b)** *(liable)* **to be ~ to** ser propenso a; **an incident ~ to cause trouble** un incidente que pudiera dar lugar a disturbios; **he is not ~ to come** es poco probable que venga. **2** *adv* probablemente; **most** *or* **very ~ they've lost it** probablemente lo han perdido; **not ~!** *(fam)* ¡ni hablar!

like-minded [,laɪk'maɪndɪd] *adj* de la misma opinión.

lik·en ['laɪkən] *vt* comparar *(to* con).

like·ness ['laɪknɪs] *n* *(similarity)* semejanza *f*, parecido *m*; *(portrait)* retrato *m*; **family ~** aire *m* de familia; **in the ~ of** bajo la forma de.

like·wise ['laɪkwaɪz] *adv* *(also)* también, asimismo; *(the same)* lo mismo, igualmente; **to do ~** hacer lo mismo.

lik·ing ['laɪkɪŋ] *n* *(gen)* gusto *m*; *(for person)* simpatía *f*, *(LAm)* aprecio *m*; *(for friends etc)* cariño *m*; *(for activity etc)* afición *f*; **to have a ~ for sth** tener afición a algo; **to have a ~ for sb** tener cariño a uno; **to be to sb's ~** ser del gusto de uno; **to take a ~ to sth/to doing sth** tomar gusto a algo/hacer algo; **to take a ~ to sb** tomar cariño a uno.

li·lac ['laɪlək] **1** *n* *(Bot)* lila *f*; *(colour)* color *m* de lila. **2** *adj* de color de lila.

lilt [lɪlt] *n* *(in voice)* deje *m*; *(in song)* ritmo *m* alegre.

lily ['lɪlɪ] *n* lirio *m*, azucena *f*; **~ of the valley** muguete *m*, lirio de los valles.

limb [lɪm] *n* *(Anat)* miembro *m*; *(of tree)* rama *f*; **to be/go out on a ~** *(fig)* estar aislado/aislarse.

♦**lim·ber up** [,lɪmbər'ʌp] *vi* + *adv* desentumecerse.

lim·bo ['lɪmbəʊ] *n* *(Rel: also* **L~***)* limbo *m*; **to be in ~** *(fig)* quedar a la expectativa.

lime[1] [laɪm] *n* *(Geol)* cal *f*.

lime[2] [laɪm] *n* *(Bot: linden)* tilo *m*.

lime[3] [laɪm] *n* *(Bot: citrus fruit)* lima *f*; *(tree)* limero *m*.

lime·light ['laɪmlaɪt] *n*: **to be in the ~** *(fig)* estar a la vista del público.

lime·stone ['laɪmstəʊn] *n* (piedra *f*) caliza *f*.

lim·it ['lɪmɪt] **1** *n* *(gen)* límite *m*; *(restriction)* máximo *m*; **there is a ~ to what one can do** cada uno tiene sus límites; **he's the ~!** *(fam)* ¡es el colmo! **2** *vt* *(gen)* limitar, poner límite a; *(restrict)* restringir; **to ~ o.s. to a few remarks** limitarse a hacer algunas observaciones; **I ~ myself to 10 cigarettes a day** me permito tan sólo 10 cigarrillos al día.

limi·ta·tion [,lɪmɪ'teɪʃən] *n* limitación *f*, restricción *f*; **he has his ~s** tiene sus puntos flacos.

lim·it·ed ['lɪmɪtɪd] *adj* *(gen)* limitado/a, restringido/a; **~ edition** tirada *f* limitada; **~ liability company** sociedad *f* de responsabilidad limitada.

lim·it·less ['lɪmɪtlɪs] *adj* sin límite.

lim·ou·sine ['lɪməzi:n] *n* limusina *f*.

limp[1] [lɪmp] **1** *n* cojera *f*. **2** *vi* cojear; **he ~ed to the door** fue cojeando a la puerta.

limp[2] [lɪmp] *adj* fláccido/a, flojo/a.

lim·pet ['lɪmpɪt] *n* lapa *f*; **like a ~** como una lapa.

lim·pid ['lɪmpɪd] *adj* *(poet)* límpido/a, cristalino/a.

linch·pin ['lɪntʃpɪn] *n* *(lit)* pezonera *f*; *(fig)* eje *m*.

lin·den ['lɪndən] *n* = **lime**[2].

line[1] [laɪn] **1** *n* **(a)** *(gen)* línea *f*; *(drawn etc)* raya *f*; *(on face etc)* arruga *f*; *(fig: of descent)* linaje *m*; **to draw a ~ under/through sth** subrayar/tachar *or* *(LAm)* rayar algo; **to draw the ~ at sth** *(fig)* no ir más allá de algo; **to know where to draw the ~** *(fig)* saber dónde pararse.

(b) *(rope)* cuerda *f*; *(fishing ~)* sedal *m*; *(Elec: wire)* cable *m*; *(Telec: of communication)* línea *f*; **the hot ~** el hilo rojo; **'hold the ~ please'** 'no cuelgue Ud, por favor'; **clothes ~** cuerda para tender la ropa.

(c) *(row)* línea *f*, hilera *f*, fila *f*; *(queue)* cola *f*, *(LAm)* fila; **to stand in ~** hacer cola; **to be in ~ for promotion** estar bajo consideración para un ascenso; **to bring sth into ~ with sth** poner algo de acuerdo con algo; **to fall into ~ with sb/sth** conformarse con uno/algo; **to step out of ~** *(fig)* salir de las reglas.

(d) *(direction, course)* línea *f*; *(fam: clue)* pista *f*, indicación *f*; **in the ~ of fire** *(Mil)* en la línea de fuego; **~ of attack** *(Mil)* modo *m* de ataque; *(fig)* planteamiento *m*; **to follow** *or* **take the ~ of least resistance** conformarse con la ley del mínimo esfuerzo; **in the ~ of duty** en cumplimiento de sus deberes; **~ of argument** argumento *m*; **~ of interest** interés *m*; **~ of research** campo *m* de investigación; **~ of vision** visual *f*; **what's his ~ of business?** ¿a qué se dedica?; **it's not my ~** *(fam: speciality)* no es de mi especialidad; **to take a strong** *or* **firm ~ on sth** adoptar una actitud firme sobre algo; **to take the ~ that ...** ser de la opinión que ...; **to toe** *or* **follow the party ~** conformarse a la línea del partido; **something along the same ~s** algo por el estilo; **on the right ~s** por buen camino; **a new/popular ~** *(Comm: product)* una línea nueva/popular.

(e) *(of print, verse)* renglón *m*, línea *f*; **to learn one's ~s** *(Theat)* aprenderse el papel; **to read between the ~s** *(fig)* leer entre líneas; **drop me a ~** *(fig fam)* escríbeme.

(f) *(Rail: route, track)* línea *f*, vía *f*; *(shipping company)* línea; **all along the ~** *(fig)* desde principio a fin; **to reach** *or* **come to the end of the ~** *(fig)* llegar al final.

2: ~ **drawing** *n* dibujo *m* lineal.

♦ **line up 1** *vt + adv* **(a)** *(stand in line)* poner en fila. **(b)** *(arrange)* arreglar. **2** *vi + adv (in queue)* hacer cola; *(in row)* alinearse, ponerse en fila.

line[2] [laɪn] *vt (clothes etc)* forrar; **streets ~d with trees** calles bordeadas de árboles; *see* **pocket.**

lin·ear ['lɪnɪəʳ] *adj (design)* lineal; *(measure)* de longitud.

lined[1] [laɪnd] *adj (paper)* rayado/a; *(face)* arrugado/a.

lined[2] [laɪnd] *adj* forrado/a.

lin·en ['lɪnɪn] **1** *n (cloth)* hilo *m*, lino *m*, lienzo *m*; *(sheets, tablecloth etc)* ropa *f* blanca; **don't wash your dirty ~ in public** *(fig)* los trapos sucios se lavan en casa. **2** *adj* de hilo, de lino. **3** *cpd* de la ropa.

lin·er ['laɪnəʳ] *n* **(a)** *(ship)* transatlántico *m*, vapor *m*. **(b) dustbin ~** bolsa *f* de la basura; **nappy ~** gasa *f*, metedor *m*.

lines·man ['laɪnzmən] *n, pl* **-men** *(Sport)* juez(a) *m/f* de línea; *(Rail, Telec)* guardavía *mf*.

line-up ['laɪnʌp] *n (Sport)* formación *f*, alineación *f*.

lin·ger ['lɪŋgəʳ] *vi* rezagarse; *(smell, memory, tradition)* tardar en desaparecerse; **to ~ over doing sth** tardar *or* demorar en hacer algo; **to ~ on sth** dilatarse en algo.

lin·gerie ['lænʒəriː] *n* ropa *f* interior *or* íntima de mujer.

lin·ger·ing ['lɪŋgərɪŋ] *adj (smell, doubt)* persistente; *(look)* fijo/a; *(death)* lento/a.

lin·go ['lɪŋgəʊ] *n (fam)* jerga *f*.

lin·guist ['lɪŋgwɪst] *n* **(a)** *(speaker of languages)* políglota *mf*; **I'm no ~** no puedo con los idiomas. **(b)** *(specialist in linguistics)* lingüista *mf*.

lin·guis·tic [lɪŋ'gwɪstɪk] *adj* lingüístico/a.

lin·guis·tics [lɪŋ'gwɪstɪks] *nsg* lingüística *f*.

lin·ing ['laɪnɪŋ] *n (of clothes etc)* forro *m*; *(Tech)* revestimiento *m*; *(of brake)* guarnición *f*.

link [lɪŋk] **1** *n (of chain)* eslabón *m*; *(fig: connection)* vínculo *m*, vinculación *f*; **~s of friendship** lazos *mpl* de amistad; **cultural ~s** relaciones *fpl* culturales; **missing ~** eslabón perdido. **2** *vt* unir, conectar; *(fig)* unir, vincular; **to ~ arms** tomarse del brazo.

♦ **link up** *vi + adv (person)* unirse; *(spaceships etc)* acoplarse; *(railway lines, roads)* empalmar; *(fig)* vincularse.

links [lɪŋks] *npl* **(a)** *(golf ~)* campo *msg or (LAm)* cancha *fsg* de golf. **(b)** *(cuff ~)* gemelos *mpl*, *(LAm)* mellizos *mpl*.

link-up ['lɪŋkʌp] *n (meeting)* encuentro *m*, reunión *f*; *(roads etc)* empalme *m*; *(of spaceships)* acoplamiento *m*; *(Rad, TV)* enlace *m*.

lino ['laɪnəʊ] *n*, **li·no·leum** [lɪ'nəʊlɪəm] *n* linóleo *m*.

lin·seed ['lɪnsiːd] *n* linaza *f*.

lint [lɪnt] *n* hilas *fpl*.

lin·tel ['lɪntl] *n* dintel *m*.

lion ['laɪən] *n* león *m*; **~'s share** *(fig)* parte *f* del león.

li·on·ess ['laɪənɪs] *n* leona *f*.

lip [lɪp] **1** *n (Anat)* labio *m*; *(of jug etc)* pico *m*; *(fam: insolence)* impertinencia *f*. **2: ~ service** *n*: **he's just paying ~ service** es puro jarabe de pico *or (Mex)* pura guasa.

lip-read ['lɪpˌriːd] *vt, vi* leer en los labios.

lip-reading ['lɪpˌriːdɪŋ] *n* lectura *f* de labios.

lip·stick ['lɪpstɪk] *n* creyón *m*, lápiz *m* de labios.

liq·ue·fy ['lɪkwɪfaɪ] **1** *vt* licuar. **2** *vi* licuarse.

li·queur [lɪ'kjʊəʳ] *n* licor *m*.

liq·uid ['lɪkwɪd] **1** *adj (gen)* líquido/a; **~ assets** *(Fin)* activo *m* líquido. **2** *n* líquido *m*.

liq·ui·date ['lɪkwɪdeɪt] *vt (Fin)* liquidar.

liq·ui·da·tion [ˌlɪkwɪ'deɪʃən] *n* liquidación *f*; **to go into ~** entrar en liquidación.

li·quid·ity [lɪ'kwɪdɪtɪ] *n (Fin)* liquidez *f*.

liq·uid·ize ['lɪkwɪdaɪz] *vt (Culin)* licuar.

liq·uid·iz·er ['lɪkwɪdaɪzəʳ] *n (Culin)* licuadora *f*.

liq·uor ['lɪkəʳ] *n (frm: Brit)* licores *mpl*; *(US)* alcohol *m*, *(LAm)* trago *m (fam)*.

liquo·rice ['lɪkərɪs] *n* regaliz *m*.

lisp [lɪsp] **1** *n* ceceo *m*. **2** *vi* cecear.

lis·som ['lɪsəm] *adj* ágil.

list[1] [lɪst] **1** *n (gen)* lista *f*; *(catalogue)* catálogo *m*; **price/waiting ~** lista de precios/espera. **2** *vt (include in ~)* poner en una lista; *(enumerate)* hacer una lista de; **it is not ~ed** no aparece en la lista; **~ed building** *(Archit)* edificio *m* protegido. **3: ~ price** *n* precio *m* de catálogo.

list[2] [lɪst] **1** *n (Naut)* escora *f*. **2** *vi (Naut)* escorar.

lis·ten ['lɪsn] *vi (gen)* escuchar, *(LAm)* oír; *(heed)* atender, prestar atención a; **~!** ¡escucha!, *(LAm)* ¡oiga!; **he wouldn't ~** no quiso escuchar; **to ~ (out) for sth** quedar a la expectativa de algo; **to ~ in on a conversation** escuchar una conversación a hurtadillas; **to ~ to reason** atender razones.

lis·ten·er ['lɪsnəʳ] *n (gen)* oyente *mf*; *(Rad)* radioescucha *mf*; **to be a good ~** saber escuchar.

list·less ['lɪstlɪs] *adj* apático/a.

lists [lɪsts] *npl*: **to enter the ~ (against sb/sth)** *(fig)* salir a la palestra (contra algo/uno).

lit [lɪt] *pt, pp of* **light**[2].

lita·ny ['lɪtənɪ] *n* letanía *f*.

lit·era·cy ['lɪtərəsɪ] *n* capacidad *f* de leer y escribir; **~ campaign** *n* campaña *f* de alfabetización.

lit·er·al ['lɪtərəl] *adj* literal.

lit·er·al·ly ['lɪtərəlɪ] *adv (in a literal way)* literalmente; **it was ~ impossible to work there** fue auténticamente imposible trabajar allí.

lit·er·ary ['lɪtərərɪ] *adj* literario/a.

lit·er·ate ['lɪtərɪt] *adj* que sabe leer y escribir; **highly ~** culto.

lit·era·ture ['lɪtərɪtʃəʳ] *n (writings)* literatura *f*; *(fam: brochures etc)* información *f*, publicidad *f*.

lithe [laɪð] *adj* ágil.

li·thog·ra·phy [lɪ'θɒgrəfɪ] *n* litografía *f*.

liti·ga·tion [ˌlɪtɪ'geɪʃən] *n* litigio *m*, pleito *m*.

lit·mus ['lɪtməs] *n*: **~ paper** papel *m* de tornasol.

li·tre, *(US)* **li·ter** ['liːtəʳ] *n* litro *m*.

lit·ter ['lɪtəʳ] **1** *n* **(a)** *(rubbish)* basura *f*; *(papers etc)* papeles *mpl* (tirados); *(untidiness)* desorden *m*. **(b)** *(Zool)* camada *f*, cría *f*. **2** *vt (subj: person)* tirar *or (LAm)* botar papeles; *(subj: books, rubbish)* desparramarse por, quedar tirado/a por; **a room ~ed with books** cuarto lleno de libros; **a pavement ~ed with papers** una acera llena de desperdicios. **3: ~ basket** *n*, **~ bin** *n* papelera *f*; **~ lout** *n* persona *f* que tira papeles usados en la vía pública.

litter·bug ['lɪtəˌbʌg] *n (US)* = **litter lout.**

lit·tle[1] ['lɪtl] *adj* **(a)** *(small)* pequeño/a, *(LAm)* chico/a; **a ~ house** una casa pequeña *or* chica; **a ~ girl** una chiquita; **~ finger** (dedo *m*) meñique *m*. **(b)** *(short)* corto/a; **a ~ walk** un paseo corto. **(c)** *(diminutive) in cpds* -ito/a; **a ~ book/boat/piece** *etc* un librito/barquito/trocito *etc.*

lit·tle[2] ['lɪtl] *(comp* **less,** *superl* **least) 1** *adj, pron (not much)* poco/a; **he only speaks a ~ Spanish** habla poco español; **there's very ~ left** queda muy poco; **a ~ more/less than ...** un poco más/menos que ...; **a ~ wine** un poco de vino; **with ~ difficulty** sin problema *or* dificultad; **to see/do ~** ver/hacer poco; **~ or nothing** poco o nada; **that has ~ to do with it!** ¡eso tiene poco que ver!; **as ~ as £5** 5 libras, nada más; **to make ~ of sth** *(fail to understand)* sacar poco provecho de algo; *(belittle)* hacer poco caso de algo.

2 *adv (not very)* poco; *(somewhat)* algo; **we**

were a ~ **surprised/happier** nos quedamos algo sorprendidos/más contentos; **a ~ known fact** un hecho poco conocido; **as ~ as possible** lo menos posible; **give me a ~** dame un poco; **~ more than** poco más que; **~ does he know** *or* **he ~ knows that ...** no tiene la menor idea de que ... .

lit·ur·gy ['lɪtədʒɪ] *n* liturgia *f.*

liv·able ['lɪvəbl] *adj (house)* habitable; *(life)* llevadero/a, agradable.

live[1] [lɪv] **1** *vi* **(a)** *(exist)* vivir; *(survive)* sobrevivir; **he hasn't long to ~** le queda poco para vivir; **as long as I ~** mientras viva; **to ~ through an experience** sobrevivir una experiencia; **to ~ from day to day** vivir al día; **to ~ like a lord** vivir a cuerpo de rey; **I'm living for the day when ...** vivo en espera del día en que ...; **to ~ with a memory** vivir con un recuerdo; **you ~ and learn** se vive para ver; **to ~ and let ~** vivir y dejar vivir; **long ~ the King!** ¡viva el rey! **(b)** *(reside)* vivir; *(: in house etc)* ocupar; **to ~ in London** vivir en Londres; **to ~ with sb** vivir con uno; **to ~ together** vivir juntos.

2 *vt*: **to ~ a happy life/a life of hardship** llevar *or* tener una vida feliz/llena de apuros; **to ~ the part** *(Theat, fig)* identificarse con un personaje.

♦ **live down** *vt + adv (disgrace)* conseguir que se olvide, borrar de su pasado.

♦ **live in** *vi + adv* ser interno/a.

♦ **live off** *vt + adv* vivir de.

♦ **live on 1** *vt + adv (eat)* vivir de; **he ~s on £50 a week** vive con 50 libras por semana. **2** *vi + adv* seguir viviendo.

♦ **live out 1** *vi + adv* ser externo/a. **2** *vt + adv (one's days/life)* acabar.

♦ **live up** *vt + adv*: **to ~ it up** *(fam)* vivir la gran vida.

♦ **live up to** *vi + prep (promises)* cumplir con; *(expectations, reputation)* estar a la altura de; *(principles)* vivir de acuerdo con.

live[2] [laɪv] *adj* **(a)** *(animal)* vivo/a; *(issue)* de actualidad; *(Rad, TV: broadcast)* en vivo *or* directo; **a real ~ crocodile** *(fam)* un cocodrilo de verdad *(fam)*. **(b)** *(shell, ammunition: not blank)* cargado/a; *(: unexploded)* sin explotar; *(Elec: wire)* con corriente; *(still burning: coal, cigarette)* encendido/a, *(LAm)* prendido/a; *(not spent: matches)* no usado/a; **he's a real ~ wire!** *(fig fam)* ¡qué enérgico es!

live·li·hood ['laɪvlɪhʊd] *n* sustento *m*; **to earn a** *or* **one's ~** ganarse la vida.

live·li·ness ['laɪvlɪnɪs] *n (see adj)* viveza *f*; energía *f*; animación *f.*

live·ly ['laɪvlɪ] *adj* (**-ier, -iest**) *(person, imagination, account etc)* vivo/a; *(campaign, effort, expression)* enérgico/a; *(conversation, argument, party)* animado/a; *(interest)* grande; *(pace)* rápido/a; *(tune)* alegre; **things are getting ~** las cosas se están poniendo animadas.

♦ **liv·en up** [ˌlaɪvn'ʌp] **1** *vt + adv* animar. **2** *vi + adv* animarse.

liv·er ['lɪvə^r] **1** *n (Anat)* hígado *m.* **2** *cpd (pâté, sausage, etc)* de hígado; *(disease)* del hígado.

liv·er·ish ['lɪvərɪʃ] *adj*: **to be** *or* **feel ~** sentirse mal del hígado.

liv·ery ['lɪvərɪ] **1** *n* librea *f.* **2**: **~ stable** *n* cuadra *f* de caballos de alquiler.

lives [laɪvz] *npl of* **life.**

live·stock ['laɪvstɒk] *n* ganado *m*; *(also* **~ farming**) ganadería *f.*

liv·id ['lɪvɪd] *adj* **(a)** *(angry)* furioso/a. **(b)** *(in colour)* lívido/a.

liv·ing ['lɪvɪŋ] **1** *adj (gen)* vivo/a; **~ being** ser *m* viviente; **the ~ image** el retrato vivo; **the greatest ~ pianist** el mejor pianista contemporáneo. **2** *n* vida *f*; **standard of ~** nivel *m* de vida; **to earn** *or* **make a ~** ganarse la vida; **the ~** *(people)* los vivos. **3**: **~ conditions** *npl* condiciones *fpl* de vida; **~ expenses** *npl* gastos *mpl* de mantenimiento; **~ room** *n* sala *f* de estar, living *m*, *(LAm)* estancia *f*; **~ standards** *npl* nivel *m* de vida; **a ~ wage** *n* un salario suficiente para vivir.

liz·ard ['lɪzəd] *n (large)* lagarto *m*; *(small)* lagartija *f.*

load [ləʊd] **1** *n* **(a)** *(of lorry etc: cargo)* carga *f*; *(: weight)* peso *m*; *(Elec, Tech)* carga *f*; *(quantity)* cantidad *f.* **(b)** *(fig)* **that's (taken) a ~ off my mind!** ¡eso me quita un peso de encima!; **~s of, a ~ of** *(fam)* un montón de; **it's a ~ of old rubbish** *(fam)* ¡son tonterías! *fpl*, *(LAm)* ¡son puras babosadas! *fpl.* **2** *vt (gen)* cargar (*with* de); **he's ~ed (down) with debts/worries** *(fig)* está agobiado de deudas/preocupaciones.

load·ed ['ləʊdɪd] *adj* **(a) a ~ question** *(fig)* una pregunta tendenciosa. **(b)** *(dice)* cargado/a; **the dice are ~ against him** *(fig)* todo está en su contra. **(c) to be ~** *(fam: rich)* estar cargado de dinero; *(: drunk)* estar borracho *or (Mex)* tomado.

load·ing bay ['ləʊdɪŋˌbeɪ] *n* espacio *m* reservado para la carga y descarga de vehículos.

loaf[1] [ləʊf] *n, pl* **loaves** *(unsliced)* pan *m*, barra *f*; *(sliced)* pan de molde.

loaf[2] [ləʊf] *vi (also* **~ about, ~ around**) holgazanear, *(LAm)* flojear.

loaf·er ['ləʊfə^r] *n* holgazán/ana *m/f*, *(LAm)* vago/a *m/f.*

loam [ləʊm] *n* marga *f.*

loan [ləʊn] **1** *n (thing lent between persons)* préstamo *m*; *(from bank etc)* empréstito *m*; **it's on ~** está prestado; **to raise a ~** *(money)* procurar un empréstito. **2** *vt* prestar.

loath [ləʊθ] *adj*: **to be ~ to do sth** estar poco dispuesto *or* ser reacio a hacer algo.

loathe [ləʊð] *vt (thing, person)* aborrecer, odiar; **I ~ doing it** me repugna hacerlo.

loath·ing ['ləʊðɪŋ] *n* aborrecimiento *m*, odio *m*; **it fills me with ~** me repugna.

loath·some ['ləʊðsəm] *adj (thing)* asqueroso/a; *(person)* odioso/a; *(smell, disease)* repugnante.

loaves [ləʊvz] *npl of* **loaf.**

lob [lɒb] *vt (ball)* volear por alto; **to ~ sth over to sb** tirar *or (LAm)* echar algo a uno.

lob·by ['lɒbɪ] **1** *n* **(a)** *(entrance hall)* vestíbulo *m.* **(b)** *(Parliament: for public)* vestíbulo *m* público, antecámara *f*; *(: division ~: for voting)* sala *f* de votantes; *(: pressure group)* grupo *m* de presión. **2** *vt*: **to ~ one's member of parliament** ejercer presiones sobre su representante. **3** *vi* ejercer presiones, cabildear; **to ~ for a reform** presionar para conseguir unareforma.

lobe [ləʊb] *n* lóbulo *m.*

lo·boto·my [ˌləʊ'bɒtəmɪ] *n* lobotomía *f.*

lob·ster ['lɒbstə^r] **1** *n* langosta *f.* **2**: **~ pot** *n* nasa *f*, langostera *f.*

lo·cal ['ləʊkəl] **1** *adj (resident, shop)* local, del pueblo; *(wine, speciality)* regional; *(Telec: call)* local; *(radio station)* comarcal, regional; *(road)* vecinal; **~ authority** municipio *m*, ayuntamiento *m*; **~ education/health** *etc* **authority** departamento *m* *or* secretaría *f* municipal de educación/sanidad *etc*; **~ government** *(council etc)* gobierno *m* municipal; *(principle)* autonomía *f*; **~ anaesthetic** *(Med)* anestésico *m* local. **2** *n (fam)* **(a)** *(person)* **the ~s** los vecinos *mpl.* **(b)** *(Brit: pub)* el bar del pueblo.

lo·cale [ləʊ'kɑːl] *n (place)* lugar *m*; *(scene)* escenario *m.*

lo·cal·ity [ləʊ'kælɪtɪ] *n* localidad *f.*
lo·cal·ize ['ləʊkəlaɪz] *vt* localizar.
lo·cal·ly ['ləʊkəlɪ] *adv (nearby)* en las cercanías; *(in the locality)* en la localidad; *(here and there)* en ciertas localidades.
lo·cate [ləʊ'keɪt] *vt (place)* ubicar, *(LAm)* situar; *(find)* localizar.
lo·ca·tion [ləʊ'keɪʃən] *n* **(a)** *(place)* lugar *m*, situación *f; (placing)* ubicación *f; (of person)* paradero *m.* **(b)** *(Cine)* exteriores *mpl;* **to be on ~ in Mexico** estar rodando en México.
loch [lɒx] *n (Scot)* lago *m.*
lock[1] [lɒk] *n (of hair)* mecha *f*, mechón *m;* **~s** *(poet)* cabellos *mpl.*
lock[2] [lɒk] **1** *n* **(a)** *(on door, box etc)* cerradura *f*, *(LAm)* chapa *f; (Aut: on steering wheel)* tope *m*, retén *m; (bolt)* cerrojo *m;* (*also* **padlock**) candado *m;* **under ~ and key** bajo siete llaves; **~, stock, and barrel** *(fig)* con todo. **(b)** *(on canal)* esclusa *f.* **(c)** *(Aut: steering ~)* ángulo *m* de giro. **2** *vt (door etc)* cerrar con llave *o* cerrojo *o* candado; *(Tech)* trabar; **to ~ sth/sb in a place** encerrar algo/a uno en un lugar; **they were ~ed in each other's arms** estaban unidos en un abrazo; **~ed in combat** luchando encarnizadamente. **3** *vi (door etc)* cerrarse (con llave *etc*); *(wheel etc)* trabarse.
♦ **lock away** *vt + adv (gen)* guardar bajo llave; *(criminal, mental patient)* encerrar.
♦ **lock in** *vt + adv* encerrar.
♦ **lock out** *vt + adv* cerrar la puerta a.
♦ **lock up 1** *vt + adv (object)* dejar bajo llave; *(house)* cerrar; *(criminal)* encarcelar; *(funds)* inmovilizar. **2** *vi + adv* echar la llave.
lock·er ['lɒkə[r]] *n* cajón *m* con llave.
lock·et ['lɒkɪt] *n* relicario *m*, guardapelo *m.*
lock·jaw ['lɒkdʒɔː] *n* trismo *m.*
lock·out ['lɒkaʊt] *n* cierre *m* patronal, lock-out *m.*
lock·smith ['lɒksmɪθ] *n* cerrajero/a *m/f.*
lock-up ['lɒkʌp] *n (prison)* cárcel *m*, jaula *f; (~ garage)* jaula, cochera *f.*
lo·co·mo·tion [,ləʊkə'məʊʃən] *n (Tech)* locomoción *f.*
lo·co·mo·tive [,ləʊkə'məʊtɪv] *n (Rail)* locomotora *f*, máquina *f.*
lo·cust ['ləʊkəst] *n* langosta *f.*
lodge [lɒdʒ] **1** *n (at gate of park)* casa *f* del guarda; *(of porter)* portería *f; (Freemasonry)* logia *f; (hunting)* pabellón *m* (de caza). **2** *vt (person)* alojar, hospedar; *(object)* colocar, meter; *(complaint)* presentar; *(statement)* prestar; *(law: appeal)* interponer. **3** *vi (reside)* **to ~ (with)** alojarse *or* hospedarse (con, en casa de); *(object: get stuck)* alojarse, meterse; **the bullet ~d in the lung** la bala se alojó en el pulmón.
lodg·er ['lɒdʒə[r]] *n* huésped(a) *m/f.*
lodg·ing ['lɒdʒɪŋ] **1** *n* hospedaje *m*, alojamiento *m;* **~s** alojamiento *msg;* **to look for ~s** buscar alojamiento. **2: ~ house** *n* pensión *f*, casa *f* de huéspedes.
loft [lɒft] *n (attic)* desván *m; (hay-~)* pajar *m.*
lofty ['lɒftɪ] *adj* (**-ier, -iest**) *(fig: high-flown)* elevado/a, noble; *(poet: high)* alto/a.
log [lɒg] **1** *n* **(a)** tronco *m*, leño *m; see* **sleep 3. (b)** = **logbook. 2: ~ cabin** *n* cabaña *f* de troncos; **~ fire** *n* fuego *m* de leña. **3** *vt* **(a)** *(Naut, Aer)* anotar, apuntar. **(b)** *(Aut: also* **~ up:** *distance)* recorrer.
loga·rithm ['lɒgərɪθəm] *n* logaritmo *m.*
log·book ['lɒgbʊk] *n (Naut)* cuaderno *m* de bitácora, libro *m* de navegación; *(Aer)* diario *m* de vuelo; *(Aut)* diario.
log·ger·heads ['lɒgəhedz] *npl*: **to be at ~ with sb** estar de pique con uno.
log·ic ['lɒdʒɪk] *n* lógica *f.*
logi·cal ['lɒdʒɪkəl] *adj* lógico/a.
lo·gis·tics [lə'dʒɪstɪks] *nsg* logística *f.*
loin [lɔɪn] **1** *n (of meat)* lomo *m;* **~s** *(Anat, frm)* lomos. **2: ~ chop** *n (Culin)* chuleta *f* de lomo; **~ cloth** *n* taparrabo *m.*
loi·ter ['lɔɪtə[r]] *vi (idle)* callejear, vagar; *(lag behind)* rezagarse, *(LAm)* atrasarse; **to ~ (with intent)** *(Jur)* merodear con fines criminales.
loll [lɒl] *vi*: **to ~ about** *or* **around** repantigarse; **to ~ against, ~ back on** recostarse en; **his tongue was ~ing out** se le colgaba la lengua.
lol·li·pop ['lɒlɪpɒp] *n* pirulí *m*, *(LAm)* chupete *m*, paleta *f; (iced)* polo *m.*
lol·ly ['lɒlɪ] *n* **(a)** = **lollipop. (b)** *(fam: money)* pasta *f*, *(LAm)* plata *f.*
Lon·don ['lʌndən] *n* Londres *m.*
Lon·don·er ['lʌndənə[r]] *n* londinense *mf.*
lone [ləʊn] *adj (solitary)* solitario/a; **~ wolf** *(fig)* persona *f* solitaria.
lone·li·ness ['ləʊnlɪnɪs] *n* soledad *f.*
lone·ly ['ləʊnlɪ] *adj* (**-ier, -iest**) *(solitary)* solo/a; *(place etc: isolated)* aislado/a, solitario/a; *(: deserted)* desierto/a; **to feel ~** sentirse muy solo; **~ hearts' club** club *m* de solteros.
lon·er ['ləʊnə[r]] *n* solitario/a *m/f.*
lone·some ['ləʊnsəm] *adj* solo/a.
long[1] [lɒŋ] (**-er, -est**) **1** *adj* **(a)** *(size)* largo/a; **how ~ is it?** ¿cuánto tiene de largo?; **it is 6 metres ~** tiene 6 metros de largo; **to pull a ~ face** poner cara larga; **it's a ~ shot** *(fam)* dudo que resulte. **(b)** *(time)* largo/a, mucho/a; **(for) a ~ time** (por) mucho tiempo; **how ~ is the film?** ¿cuánto (tiempo) dura la película?; **2 hours ~** de dos horas; **a ~ walk** un paseo largo; **a ~ holiday** unas vacaciones largas; **it's been a ~ day** *(fig)* ha sido un día muy atareado; **to take a ~ look at sth** mirar algo detenidamente; **at ~ last** por fin.

2 *adv*: **I shan't be ~** *(in finishing)* termino pronto, *(LAm)* no (me) tardo; *(in returning)* vuelvo pronto, *(LAm)* no tardo; **we didn't stay ~** nos quedamos poco tiempo; **to live ~** tener una vida larga; **as ~ as I live** mientras viva; **I have ~ believed that ...** creo desde hace tiempo que ..., hace tiempo que creo que ...; **~ before** mucho antes; **~ before now** hace mucho tiempo; **in the ~ run** *(fig)* a la larga; **~ before you came** mucho antes de que llegaras; **~ since dead** muerto hace mucho; **~ ago** hace mucho (tiempo); **~er** más tiempo; **no ~er** ya no; **he no ~er comes** ya no viene; **2 hours ~er** 2 horas más; **all day ~** todo el (santo) día; **so ~ as, as ~ as** *(while)* mientras; *(provided that)* con tal (de) que + *subjunctive;* **so ~!** *(fam, esp US)* ¡hasta luego!; **we won't stay for ~** nos quedamos un rato nada más; **they left before ~** se marcharon muy pronto; **it won't take ~** no tardará mucho.

3 *n*: **the ~ and the short of it is that ...** *(fig)* en resumidas cuentas *or (LAm)* concretamente, es que ... .
long[2] [lɒŋ] *vi*: **to ~ for sth** anhelar algo; **to ~ for sb** suspirar por *or* añorar a uno; **to ~ to do sth** tener muchas ganas de hacer algo; **to ~ for sb to do sth** desear que uno haga algo.
long-awaited ['lɒŋə,weɪtɪd] *adj* largamente esperado/a, añorado/a.
long-distance ['lɒŋ,dɪstəns] *adj (flight)* a distancia; *(Telec: call)* interurbano/a, de larga distancia; *(race, runner)* de fondo; **~ runner** fondista *mf.*
long-drawn-out [,lɒŋdrɔːn'aʊt] *adj* interminable.
long-haired [,lɒŋ'hɛəd] *adj (person, animal)* de pelo largo; *(pej)* melenudo/a, *(LAm)* greñudo/a.
long·hand ['lɒŋhænd] *n*: **in ~** escrito a mano *or* en cursiva.

long·ing ['lɒŋɪŋ] *n (nostalgia)* nostalgia *f*, añoranza *f*; *(desire)* deseo *m*, anhelo *m*; *(anxiety)* ansias *fpl*.

lon·gi·tude ['lɒŋgɪtjuːd] *n* longitud *f*.

long-legged ['lɒŋlegd] *adj (person, animal)* de piernas largas.

long-lost ['lɒŋ,lɒst] *adj* perdido/a hace mucho tiempo.

long-playing ['lɒŋ,pleɪɪŋ] *adj*: ~ **record** *(abbr* **L.P.**) disco *m* de larga duración, elepé *m*.

long-range [,lɒŋ'reɪndʒ] *adj (gun, missile)* de largo alcance; *(aircraft)* de larga distancia; *(weather forecast)* de larga proyección.

long-sighted [,lɒŋ'saɪtɪd] *adj (lit)* présbita; *(fig)* previsor(a).

long-sleeved ['lɒŋsliːvd] *adj* de mangas largas.

long-standing ['lɒŋ,stændɪŋ] *adj (agreement, dispute)* de hace tiempo; *(friendship)* antiguo/a.

long-suffer·ing [,lɒŋ'sʌfərɪŋ] *adj* sufrido/a.

long-term ['lɒŋtɜːm] *adj* a largo plazo.

long·ways ['lɒŋweɪz] *adv* a lo largo, longitudinalmente.

long-winded [,lɒŋ'wɪndɪd] *adj (person)* prolijo/a; *(speech, explanation)* interminable.

loo [luː] *n (fam: toilet)* retrete *m*, *(LAm)* baño *m*.

look [lʊk] **1** *n* **(a)** *(gen)* mirada *f*; *(glance)* mirada, ojeada *f*, vistazo *m*; **she gave me a dirty** ~ me miró recelosa; **a** ~ **of despair** una cara de desesperación; **to have a** ~ **at sth** echar un vistazo a algo; **let me have a** ~ déjame ver; **to take a good** ~ **at sth** mirar algo detenidamente; **to have a** ~ **for sth** buscar algo; **shall we have a** ~ **round the town?** ¿damos una vuelta por la ciudad? **(b)** *(air, appearance)* aspecto *m*, apariencia *f*, *(LAm)* pinta *f (fam)*; **good** ~**s** belleza *f*; **there's a mischievous** ~ **about that child** ese niño tiene aire de revoltoso; **by the** ~ **of things** según parece; **by the** ~ **of him** *etc* a juzgar por las apariencias; **I don't like the** ~ **of him** me cae mal, *(LAm)* no me pasa.

2 *vi* **(a)** *(see, glance)* **to** ~ **(at)** mirar, *(LAm)* ver; ~ **at how she does it** fíjate cómo lo hace; **to** ~ **at sth** *(gen)* echar un vistazo a algo; *(attend to)* ocuparse de algo; **to** ~ **for sb/sth** buscar a uno/algo; **to** ~ **into** *(matter, possibility)* examinar, estudiar; **I'll** ~ **and see** voy a ver; ~ **who's here!** ¡mira quién está!; **to** ~ **the other way** *(lit)* mirar para el otro lado; *(fig)* hacerse el ignorante; **to** ~ **ahead** *(lit)* mirar hacia adelante; *(fig)* hacer proyectos para el porvenir; **to** ~ **onto sth** dar a algo; ~ **before you leap** *(Prov)* antes de que te cases, mira lo que haces. **(b)** *(seem, appear)* parecer, *(LAm)* lucir; **he** ~**s tired/happy** parece *or* luce cansado/contento; **she** ~**ed prettier than ever** estaba más guapa que nunca; **he** ~**s about 60 (years old)** aparenta tener alrededor de los 60 años; **it** ~**s good on you** te sienta bien. **(c) he** ~**s like his brother** se parece a su hermano; **this photo doesn't** ~ **like him** la foto no se le parece; **it** ~**s like cheese to me** a mí me parece queso; **the festival** ~**s like being lively** la fiesta se anuncia animada; **it** ~**s as if** *or* **as though the train will be late** parece que el tren va a llegar tarde.

3 *vt* mirar; **to** ~ **sb (straight) in the eye** *or* **(full) in the face** mirar directamente a los ojos de uno; **to** ~ **sb up and down** mirar a uno de arriba abajo; ~ **where you're going!** ¡fíjate por donde vas!; **to** ~ **one's age** representar su edad; **to** ~ **one's best** mostrarse en todo su esplendor.

♦ **look after** *vi + prep* cuidar a *or* de.

♦ **look around 1** *vi + adv* echar una mirada alrededor. **2** *vi + prep* echar una mirada alrededor de.

♦ **look away** *vi + adv* apartar la mirada.

♦ **look back** *vi + adv* mirar hacia atrás; *(remember)* volverse atrás; **to** ~ **back on** *(event, period)* recordar.

♦ **look down** *vi + adv* bajar la mirada; **to** ~ **down at sb/sth** mirar abajo hacia uno/algo; **to** ~ **down on sb/sth** *(fig)* despreciar a uno/algo.

♦ **look forward to** *vi + prep (event)* esperar con ansia *or* impaciencia; **to** ~ **forward to doing sth** tener muchas ganas de hacer algo; **we're** ~**ing forward to the journey** el viaje nos hace mucha ilusión.

♦ **look in** *vi + adv* mirar por; *(visit)* pasar por casa, *(LAm)* caer.

♦ **look on 1** *vi + adv* hacer de espectador. **2** *vi + prep* considerar.

♦ **look out 1** *vi + adv* **(a)** *(watch)* mirar fuera; **to** ~ **out for sb/sth** esperar a uno/algo. **(b)** *(take care)* tener cuidado; ~ **out!** ¡cuidado!, *(Mex)* ¡abusado!, ¡aguas! **2** *vt + adv (find)* buscar.

♦ **look over 1** *vi + prep (object)* echar un vistazo a. **2** *vt + adv (person)* examinar.

♦ **look round 1** *vi + adv (turn)* volver la cabeza; *(in shop)* repasar; *(look for)* buscar. **2** *vi + prep* visitar, recorrer.

♦ **look through** *vi + prep (to search)* registrar; *(leaf through)* hojear; *(to examine closely)* examinar cuidadosamente; *(window)* mirar por.

♦ **look to** *vi + prep (turn to)* contar con; *(look after)* cuidar a *or* de.

♦ **look up 1** *vi + adv* **(a)** *(glance)* levantar *or* alzar la vista; **to** ~ **up to sb** *(fig: respect)* respetar *or* apreciar a uno. **(b)** *(improve)* mejorar. **2** *vt + adv* **(a)** *(information)* buscar. **(b)** *(visit: person)* ir a visitar.

looker-on [,lʊkər'ɒn] *n* espectador(a) *m/f*.

look-in ['lʊkɪn] *n (fam)* **to get a** ~ tener una oportunidad, *(LAm)* tener chance.

look·ing-glass ['lʊkɪŋglɑːs] *n (frm, old)* espejo *m*.

look-out ['lʊkaʊt] **1** *n* **(a) to keep a** *or* **be on the** ~ **for sth** estar *or* andar al acecho de algo. **(b)** *(viewpoint)* mirador *m*; *(person)* centinela *mf*. **(c)** *(prospect)* perspectiva *f*; **it's a grim** *or* **poor** ~ **for us/for education** hay poca perspectiva para nosotros/para la educación; **that's his** ~! ¡eso es asunto suyo!, ¡allá él! **2:** ~ **post** *n* atalaya *f*, puesto *m* de observación.

loom[1] [luːm] *n (weaving* ~*)* telar *m*.

loom[2] [luːm] *vi (also* ~ **up**) surgir, aparecer; **the ship** ~**ed (up) out of the mist** el barco surgió de la neblina; **to** ~ **large** cobrar mucha importancia.

loony ['luːnɪ] *adj (fam)* loco/a, chiflado/a.

loop [luːp] **1** *n (in string etc)* lazo *m*, lazado *m*; *(fastening)* presilla *f*; *(bend)* curva *f*, recodo *m*. **2** *vt*: **to** ~ **round** dar vuelta a; **to** ~ **a rope round a post** pasar una cuerda alrededor de un poste; **to** ~ **the loop** *(Aer)* rizar el rizo.

loop·hole ['luːphəʊl] *n (fig)* escapatoria *f*, evasiva *f*.

loose [luːs] **1** *adj* **(a)** *(gen)* suelto/a; *(not firm)* flojo/a; *(not attached)* libre, desatado/a; *(disconnected)* desconectado/a; *(undone: clothes etc)* desabrochado/a; *(Tech)* loco/a; **to come** *or* **work** ~ soltarse, desprenderse; **to turn** *or* **let** ~ *(free)* poner en libertad, soltar; *(remove control from)* dar rienda suelta a; **to be on the** ~ *(fig)* andar libre *or* en libertad; **to tie up** ~ **ends** *(fig)* no dejar cabo suelto; **to be at a** ~ **end** *(fig)* estar sin nada que hacer; ~ **chippings** *(Aut)* gravilla *f* suelta. **(b)** *(not tight: clothing)* holgado/a, *(LAm)* flojo/a; *(*~ *fitting)* suelto/a; ~ **weave** tejido *m* abierto. **(c)** *(not packed: fruit, cheese)* suelto/a, a granel; ~ **change** cambio *m*, *(LAm)* suelto *m*, sencillo *m*, *(Mex)* feria *f*. **(d)** *(fig: translation)* libre; *(style)* suelto/a; *(: associations, links)* poco concreto/a.

(e) *(pej: morals)* relajado/a; **a ~ woman** una mujer fácil. **2** *n (fam)* **to be on the ~** *(criminal etc)* estar en libertad *or* suelto. **3** *vt (gen)* soltar; *(untie)* desatar; *(slacken)* aflojar; *(also* **~ off)** disparar, soltar.

loose-fitting ['luːs,fɪtɪŋ] *adj* suelto/a.

loose-leaf ['luːsliːf] *adj (book, folder)* de hojas sueltas.

loose-limbed ['luːslɪmd] *adj* suelto/a.

loos·en ['luːsn] **1** *vt (slacken)* aflojar; *(untie)* desatar. **2** *vi* soltarse, desatarse.

♦ **loosen up** *vi + adv (gen)* desentumecerse; *(fam: relax)* soltarse, relajarse.

loot [luːt] **1** *n* botín *m*, presa *f; (fam: money)* pasta *f, (LAm)* plata *f.* **2** *vt* saquear. **3** *vi* entregarse al saqueo.

loot·er ['luːtəʳ] *n* saqueador(a) *m/f.*

lop [lɒp] *vt (also* **~ off:** *branches)* podar; *(fig)* cortar.

lope [ləʊp] *vi:* **to ~ along** andar *or* correr a paso largo; **to ~ off** alejarse a paso largo.

lop-sided [,lɒp'saɪdɪd] *adj (gen)* torcido/a, *(LAm)* chueco/a; *(table etc)* cojo/a; *(fig: view)* desequilibrado/a.

lo·qua·cious [lə'kweɪʃəs] *adj (frm)* locuaz.

lord [lɔːd] **1** *n* gran señor *m; (British title)* lord *m;* **the House of L~s** la Cámara de los Lores; **Our L~** *(Rel)* Nuestro Señor; **my L~** *(to bishop)* Ilustrísima; *(to noble)* señor; *(to judge)* señor juez; **good L~!** ¡Dios mío!; *see* **live**[1]. **2** *vt:* **to ~ it over sb** *(fam)* dominar a uno.

lord·ship ['lɔːdʃɪp] *n* señoría *f.*

lore [lɔːʳ] *n* saber *m* tradicional.

lor·ry ['lɒrɪ] **1** *n* camión *m.* **2: ~ driver** *n* camionero/a *m/f;* **~ load** *n* carga *f.*

lose [luːz] *pt, pp* **lost 1** *vt* **(a)** *(gen)* perder; **to get lost** *(person)* perderse; *(thing)* extraviarse; **get lost!** *(fam)* ¡vete al diablo *or (LAm)* al carajo!; **to ~ one's life** perder la vida; **you've got nothing to ~** ¿qué te pierdes?; **to ~ one's voice** quedar afónico; **to ~ one's way** *(lit)* perderse; *(fig)* despistarse; **to ~ interest/(one's) patience** *etc* perder el interés/la paciencia *etc;* **to ~ one's temper** perder los estribos, enfadarse, *(LAm)* enojarse; **to ~ sight of** perder de vista; **to ~ weight** perder peso, adelgazar; **to ~ no time (in doing sth)** no tardar (en hacer algo). **(b) that mistake lost us the game** aquel error nos costó el partido. **(c) this watch ~s 5 minutes every day** este reloj se atrasa cinco minutos al día.

2 *vi* perder; **they lost (by) 3 goals to 2** perdieron por 3 goles a 2; **to ~ to sb** perder con uno; **to ~ (out)** salir perdiendo.

los·er ['luːzəʳ] *n* perdedor(a) *m/f;* **he's a born ~** siempre sale perdiendo; **to be a bad ~** no saber perder.

los·ing ['luːzɪŋ] *adj* vencido/a, derrotado/a; **to fight a ~ battle** *(fig)* luchar por una causa perdida.

loss [lɒs] *n* **(a)** pérdida *f;* **there was a heavy ~ of life** hubieron muchas víctimas; **to cut one's ~es** cortar por lo sano; **it's your ~** eres tú quien pierde; **he's a dead ~** es una calamidad *or* un desastre; **he's no great ~** no perdemos nada con que se vaya; **the ship is a total ~** el buque se fue al pique; **to sell at a ~** vender con pérdida. **(b) to be at a ~ to explain sth** no encontrar cómo explicar algo; **to be at a ~ for words** no encontrar palabras con qué expresarse.

lost [lɒst] **1** *pt, pp of* **lose. 2** *adj (gen)* perdido/a; *(object)* extraviado/a; *(fig)* despistado/a; **to be ~ in thought** estar absorto *or* ensimismado; **the remark/joke was ~ on him** la observación/el chiste le pasó por encima; **I feel ~ without it/him** no sé qué hacer sin él; **to make up for ~ time** recuperar el tiempo perdido; **to give sth up for ~** dar algo por perdido; **~ cause** causa perdida; **~ property, (US) ~ and found property** objetos perdidos; **~ property office** *or* **department, (US) ~ and found department** departamento *m* de objetos perdidos.

lot [lɒt] *n* **(a)** *(destiny)* suerte *f,* destino *m;* **the common ~** la suerte común; **it fell to my ~ (to do sth)** me cayó en suerte (hacer algo); **to throw in one's ~ with sb** unirse a la suerte de uno. **(b)** *(random selection)* **to decide sth by ~** determinar algo por sorteo; **to draw ~s (for sth)** echar suertes (para algo). **(c)** *(at auction)* lote *m.* **(d)** *(plot: esp US)* terreno *m, (LAm)* solar *m.* **(e)** *(quantity)* cantidad *f;* **a ~ of money** una cantidad de dinero; **a ~ of** *or* **~s of books/people** muchos libros/mucha gente, *(LAm)* cantidad de gente; **quite/such a ~ of noise** bastante/tanto ruido. **(f)** *(fam)* **the ~** *(all, everything)* todo; **he took the ~** se lo llevó todo; **that's the ~** ya es todo; **the (whole) ~ of them** todos. **(g)** *(as adv)* **I read a ~** leo mucho; **he feels a ~** *or* **~s better** se encuentra mucho mejor; **thanks a ~!** ¡muchísimas gracias!, *(LAm)* ¡muy agradecido!; *see* **fat.**

lo·tion ['ləʊʃən] *n* loción *f.*

lot·tery ['lɒtərɪ] *n* lotería *f.*

loud [laʊd] **1** *adj* **(-er, -est)** *(gen)* alto/a; *(voice, sound)* fuerte; *(laugh, shout)* estrepitoso/a; *(applause, thunder)* clamoroso/a; *(noisy: behaviour, party, protests)* ruidoso/a; *(pej: striking: colour, clothes)* chillón/ona, llamativo/a. **2** *adv (also* **~ly)** fuerte, en voz alta; **to say sth out ~** decir algo en voz alta; **~ and clear** claramente.

loud·hailer [,laʊd'heɪləʳ] *n* megáfono *m,* bocina *f.*

loud-mouthed ['laʊdmaʊθd] *adj* gritón/ona.

loud·speaker [,laʊd'spiːkəʳ] *n (gen)* altavoz *m.*

lounge [laʊndʒ] **1** *n* salón *m,* sala *f* de estar, *(LAm)* estancia *f,* living *m.* **2** *vi (also* **~ about)** gandulear, *(LAm)* holgazanear. **3: ~ suit** *n* traje *m or (LAm)* terno *m* de calle.

louse [laʊs] *n, pl* **lice** piojo *m; (pej: person)* canalla *mf,* sinvergüenza *mf.*

♦ **louse up** *vt +adv (fam)* echar algo a perder.

lousy ['laʊzɪ] *adj (Med)* piojoso/a; *(fam: very bad)* fatal, malísimo/a; **what a ~ trick** ¡qué cochinada!

lout [laʊt] *n* gamberro *m,* bruto *m, (LAm)* hampón *m.*

lov·able ['lʌvəbl] *adj* amable, simpático/a.

love [lʌv] **1** *n* **(a)** amor *m,* cariño *m (for, towards* por); *(of hobby, object)* afición *f,* pasión *f;* **it was ~ at first sight** fue flechazo; **he studies history for the ~ of it** estudia la historia por pura afición; **to be in ~ (with sb)** estar enamorado (de uno); **to fall in ~ (with sb)** enamorarse (de uno); **to make ~ (with sb)** *(euph: have sex)* hacer el amor (con uno); **to make ~ to sb** *(woo)* hacer la corte *or* el amor a uno; **there is no ~ lost between them** no se llevan; **to send one's ~ to sb** dar sus recuerdos a uno. **(b)** *(person)* amor *m,* cariño *m;* **(my) ~** mi amor, amor mío; **the child's a little ~** el niño es un encanto. **(c)** *(Tennis: nil)* **~ all** cero a cero. **2** *vt (person etc)* querer, amar; *(hobby, food, place)* ser (muy) aficionado/a a *or* de; **I ~ strawberries** me encantan las fresas; **he ~s swimming, he ~s to swim** le encanta nadar; **I'd ~ to come** me gustaría muchísimo venir. **3: ~ affair** *n* amores *mpl,* amorío *m;* **~ letter** *n* carta *f* de amor; **~ life** *n (emotional)* vida *f* sentimental; *(sexual)* vida sexual; **~ song** *n* canción *f* de amor; **~ story** *n* cuento *m* de amor.

love·ly ['lʌvlɪ] *adj* **(-ier, -iest)** *(beautiful)* hermoso/

a, bello/a, precioso/a, *(LAm)* lindo/a; **he's a ~ person** es una bella persona *or (LAm)* un encanto; **it was a ~ dinner** fue una cena deliciosa; **we had a ~ time** lo pasamos estupendo.

love-making ['lʌv,meɪkɪŋ] *n (courting)* galanteo *m; (sexual intercourse)* relaciones *fpl* sexuales.

lov·er ['lʌvəʳ] *n* **(a)** *(sexually)* amante *mf; (romantically)* enamorado/a *m/f;* **he became her ~** se hizo su amante; **the ~s** los novios, los amantes. **(b) ~ of** *(hobby, wine etc)* aficionado/a *m/f* a *or* de; **he is a great ~ of the violin** es un gran aficionado del violín.

lov·ing ['lʌvɪŋ] *adj* cariñoso/a, tierno/a.

low[1] [ləʊ] **1** *adj* (**-er, -est**) *(gen)* bajo/a; *(price, income)* reducido/a, bajo/a; *(supplies etc)* escaso/a; *(rank)* humilde; *(standard, quality)* inferior; *(bow)* profundo/a; *(dress)* escotado/a; *(character, behaviour)* malo/a; *(comedian)* grosero/a; **to feel ~** *or* **to be ~ in spirits/health** sentirse deprimido; **fuel is getting ~** está empezando a escasear la gasolina; **in ~ gear** *(Aut)* en primera; **the L~ Countries** los Países *mpl* Bajos; **on ~ ground** a nivel del mar, en tierras bajas; **~ tide** la baja marea; **~er case** *(Typ)* caja *f* baja; **the ~er classes** las clases humildes *(euph)*, la clase baja; **~er deck** *(boat)* cubierta *f* de abajo; **~er floor** *or* **deck** *(bus)* piso *m* de abajo. **2** *adv (aim, fly, sing)* bajo; **to bow ~** hacer una reverencia profunda; **to lie ~** *(hide)* mantenerse a escondidas; *(be silent)* mantenerse quieto; **to fall** *or* **sink ~** *(fig)* caer bajo; **to turn the lights/the volume down ~** bajar las luces/el volumen; **supplies** *or* **stocks are running ~** los abastecimientos/las provisiones empiezan a escasear. **3** *n* **(a)** *(Met)* área *f* de baja presión. **(b)** *(fig: low point)* punto *m* más bajo; **to reach a new** *or* **all-time ~** estar más bajo que nunca.

low[2] [ləʊ] *vi* mugir.

low·brow ['ləʊbraʊ] **1** *adj* poco culto/a. **2** *n* persona *f* de poca cultura.

low-calorie ['ləʊ,kælərɪ] *adj* de bajo contenido calorífico.

low-down ['ləʊdaʊn] **1** *n (fam)* informes *mpl* confidenciales; **he gave me the ~ on it** me dijo la verdad. **2** *adj* vil, bajo/a.

low·er[1] ['ləʊəʳ] **1** *adj comp of* **low**[1]. **2** *adv comp of* **low**[1]. **3** *vt (gen)* bajar; *(boat)* lanzar; *(flag, sail)* arriar; *(reduce: price)* bajar, rebajar; **to ~ one's guard** descuidarse; **to ~ one's voice** bajar la voz; **to ~ o.s. to do sth** *(fig)* rebajarse a hacer algo.

low·er[2] ['laʊəʳ] *vi (person)* fruncir el entrecejo *or* el ceño; *(sky)* encapotarse.

low-flying ['ləʊ,flaɪɪŋ] *adj* que vuela bajo.

low-key [,ləʊ'kiː] *adj (fam)* de mínima intensidad.

low·lands ['ləʊləndz] *npl* tierras *fpl* bajas.

low-level ['ləʊ,levl] *adj* de bajo nivel.

low·ly ['ləʊlɪ] *adj* humilde.

low-lying [,ləʊ'laɪɪŋ] *adj* bajo/a.

low-paid [,ləʊ'peɪd] *adj* mal pagado/a, de baja remuneración.

low-spirited [,ləʊ'spɪrɪtɪd] *adj* desanimado/a.

loy·al ['lɔɪəl] *adj* (**-er, -est**) leal, fiel.

loy·al·ist ['lɔɪəlɪst] *n (Spain 1936)* republicano/a *m/f; (Ireland)* protestante *mf* que defiende la unión de Irlanda del Norte con el Reino Unido.

loy·al·ty ['lɔɪəltɪ] *n* lealtad *f.*

loz·enge ['lɒzɪndʒ] *n (Med)* pastilla *f.*

L.P. *abbr of* **long-playing record.**

Ltd *abbr of* **limited** S.A.

lub·ri·cant ['luːbrɪkənt] *n* lubricante *m.*

lu·bri·cate ['luːbrɪkeɪt] *vt* lubricar, engrasar.

lu·bri·ca·tion [,luːbrɪ'keɪʃən] *n (Aut)* engrase *m.*

lu·cid ['luːsɪd] *adj* (**-er, -est**) claro/a, lúcido/a.

luck [lʌk] *n* suerte *f;* **good/bad ~** buena/mala suerte; **good ~!** ¡(buena) suerte!; **bad ~!** ¡mala suerte!, ¡qué desgracia!, *(LAm)* ¡qué pena!; **no such ~!** ¡ojalá!; **with any ~** si nos toca la suerte; **to be in ~** estar de *or* con suerte; **to be out of ~** tener mala suerte; **to be down on one's ~** estar de malas; **I had the ~ to spot a policeman** tuve la suerte de ver a un policía; **it's the ~ of the draw** *(fig)* es cuestión de suerte; **to have the ~ of the devil** ser suertudo.

lucki·ly ['lʌkɪlɪ] *adv* afortunadamente, por suerte.

lucky ['lʌkɪ] *adj* (**-ier, -iest**) *(person)* afortunado/a, que tiene suerte; *(day)* de buen agüero, favorable; *(move, shot)* oportuno/a, afortunado/a; *(guess, coincidence)* oportuno/a; *(charm, horseshoe)* que trae suerte; **~ you!, you ~ thing!** ¡qué suerte tienes!; **it was very ~ for you (that ...)** menos mal que ...; **~ dip** *(at fair etc)* caja *f* de las sorpresas.

luc·ra·tive ['luːkrətɪv] *adj* lucrativo/a.

lu·di·crous ['luːdɪkrəs] *adj* absurdo/a, ridículo/a.

lug [lʌg] *vt (fam)* arrastrar, *(LAm)* jalar.

lug·gage ['lʌgɪdʒ] **1** *n* equipaje *m.* **2: ~ rack** *n (on train etc)* red *f,* redecilla *f; (Aut)* baca *f,* portaequipajes *m inv.*

lu·gu·bri·ous [luː'guːbrɪəs] *adj* lúgubre.

luke·warm ['luːkwɔːm] *adj (lit)* tibio/a; *(fig)* poco entusiasta.

lull [lʌl] **1** *n (in storm, wind)* recalmón *m; (in activity)* pausa *f,* descanso *m.* **2** *vt* calmar, sosegar; **to ~ to sleep** arrullar, adormecer; **to be ~ed into a false sense of security** *(fig)* dejarse convencer.

lulla·by ['lʌləbaɪ] *n* arrullo *m.*

lum·ba·go [lʌm'beɪgəʊ] *n* lumbago *m.*

lum·ber[1] ['lʌmbəʳ] **1** *n (wood: esp US)* maderos *mpl,* maderas *fpl; (junk: esp Brit)* trastos *mpl* viejos. **2** *vt (fam)* cargar; **to ~ sb with sth/sb** hacer que uno cargue con algo/otro; **he got ~ed with the job** tuvo que cargar con el trabajo. **3: ~ room** *n* trastera *f;* **~ yard** *n* madería *f.*

lum·ber[2] ['lʌmbəʳ] *vi (also* **~ about, ~ along***)* moverse pesadamente.

lumber·jack ['lʌmbədʒæk] *n* leñador *m.*

lu·mi·nous ['luːmɪnəs] *adj* luminoso/a.

lump [lʌmp] **1** *n (of earth, sugar etc)* terrón *m; (swelling)* bulto *m,* hinchazón *f; (person: fam pej)* zoquete *mf, (LAm)* paquete *mf;* **with a ~ in one's throat** *(fig)* con un nudo en la garganta. **2** *vt (fam: endure)* aguantar; **if he doesn't like it he can ~ it** si no le gusta que aguante. **3: ~ sugar** *n* azúcar *m* en terrón; **~ sum** *n* suma *f* global.

♦ **lump together** *vt + adv (things)* juntar, amontonar; *(persons)* poner juntos, agrupar.

lumpy ['lʌmpɪ] *adj* (**-ier, -iest**) *(flour)* aterronado/a; *(sauce)* lleno/a de grumos; *(bed)* desigual.

lu·na·cy ['luːnəsɪ] *n (fig)* locura *f;* **it's sheer ~!** ¡es una locura!

lu·nar ['luːnəʳ] *adj* lunar.

lu·na·tic ['luːnətɪk] **1** *n (gen)* loco/a *m/f.* **2** *adj* loco/a; **the ~ fringe** los extremistas. **3: ~ asylum** *n (old)* manicomio *m.*

lunch [lʌntʃ] **1** *n* almuerzo *m,* comida *f, (LAm)* lonche *m;* **to have ~** comer, almorzar. **2: ~ break** *n,* **~ hour** *n* hora *f* del almuerzo *or (LAm)* del lonche.

lunch·eon ['lʌntʃən] **1** *n (frm)* almuerzo *m.* **2: ~ meat** *n* fiambre *m;* **~ voucher** *n* vale *m or (LAm)* tiquet *m* de comida.

lunch·time ['lʌntʃtaɪm] *n* hora *f* del almuerzo *or (LAm)* del lonche.

lung [lʌŋ] **1** *n* pulmón *m.* **2: ~ cancer** *n* cáncer *m* del pulmón; **~ disease** *n* enfermedad *f* del pulmón.

lunge [lʌndʒ] **1** *n* arremetida *f*, embestida *f*. **2** *vi* *(also* ~ **forward)** to ~ **(at sb)** lanzarse *or* abalanzarse (sobre uno).

lurch[1] [lɜːtʃ] **1** *n* sacudida *f*. **2** *vi (person)* tambalearse; *(vehicle)* dar sacudidas.

lurch[2] [lɜːtʃ] *n*: **to leave sb in the ~** dejar a uno plantado.

lure [ljʊəʳ] **1** *n (decoy)* señuelo *m*; *(bait)* cebo *m*; *(fig: charm)* encanto *m*, aliciente *m*. **2** *vt* convencer con engaños.

lu·rid ['ljʊərɪd] *adj* **(-er, -est) (a)** *(details, description: gruesome)* espeluznante, horripilante; *(: sensational)* sensacional. **(b)** *(colour)* chillón/ona, llamativo/a.

lurk [lɜːk] *vi (hide)* esconderse; *(lie in wait)* quedar al acecho; **a doubt ~s in my mind** me queda una duda.

lus·cious ['lʌʃəs] *adj* delicioso/a, exquisito/a.

lush [lʌʃ] *adj* exuberante.

lust [lʌst] **1** *n (greed)* codicia *f*; *(sexual)* lujuria *f*. **2** *vi*: **to ~ (for** *or* **after sb/sth)** codiciar (a uno/algo).

lust·ful ['lʌstfʊl] *adj* lujurioso/a, lleno/a de deseo; *(look etc)* lascivo/a.

lus·tre, *(US)* **lus·ter** ['lʌstəʳ] *n* brillo *m*.

lus·trous ['lʌstrəs] *adj* brillante.

lusty ['lʌstɪ] *adj* **(-ier, -iest)** *(person)* vigoroso/a, fuerte; *(cry etc)* fuerte.

lute [luːt] *n* laúd *m*.

Lux·em·bourg ['lʌksəmbɜːg] *n* Luxemburgo *m*.

luxu·ri·ant [lʌg'zjʊərɪənt] *adj* exuberante, lujuriante.

luxu·ri·ous [lʌg'zjʊərɪəs] *adj* lujoso/a, de lujo.

luxu·ry ['lʌkʃərɪ] **1** *n (gen)* lujo *m*; *(article)* artículo *m* de lujo. **2** *cpd (goods, apartment)* de lujo.

lye [laɪ] *n* lejía *f*.

ly·ing ['laɪɪŋ] **1** *adj (statement, story)* mentiroso/a, falso/a. **2** *n* mentiras *fpl*.

lynch [lɪntʃ] *vt (lit)* linchar.

lynch·ing ['lɪntʃɪŋ] *n* linchamiento *m*.

lynx [lɪŋks] *n* lince *m*.

lyre ['laɪəʳ] *n* lira *f*.

lyr·ic ['lɪrɪk] **1** *adj* lírico/a. **2** *n (poem)* poema *m* lírico; **~s** *(words of song)* letra *fsg*.

lyri·cal ['lɪrɪkəl] *adj (lit)* lírico/a; *(fig)* elocuente, entusiasta; **to wax** *or* **become ~ about** *or* **over sth** entusiasmarse por algo.

M

M, m [em] *n (letter)* M, m *f.*
m. *abbr of* **metre; mile; million.**
M.A. *abbr of* **Master of Arts.**
ma [mɑː] *n (fam)* mamá *f.*
mac [mæk] *n (Brit fam)* impermeable *m.*
ma·ca·bre [məˈkɑːbrə] *adj* macabro/a.
maca·ro·ni [ˌmækəˈrəʊnɪ] **1** *n* macarrones *mpl.* **2:** ~ **cheese** *n* macarrones *mpl* al queso.
maca·roon [ˌmækəˈruːn] *n* macarrón *m,* mostachón *m.*
mace[1] [meɪs] *n (of office)* maza *f.*
mace[2] [meɪs] *n (spice)* macis *f.*
ma·chete [məˈtʃeɪtɪ] *n* machete *m.*
Machia·vel·lian [ˌmækɪəˈvelɪən] *adj* maquiavélico/a.
machi·na·tions [ˌmækɪˈneɪʃənz] *npl* intrigas *fpl,* manipulaciones *fpl.*
ma·chine [məˈʃiːn] **1** *n (gen)* máquina *f,* aparato *m; (machinery)* maquinaria *f.* **2** *vt (Tech)* trabajar a máquina; *(Sew)* coser a máquina. **3:** ~ **gun** *n* ametralladora *f;* ~ **pistol** *n* metralleta *f;* ~ **shop** *n* taller *m* de máquinas; ~ **tool** *n* máquina *f* herramienta.
ma·chin·ery [məˈʃiːnərɪ] *n (machines)* maquinaria *f; (mechanism)* mecanismo *m; (fig)* maquinaria, aparato *m.*
ma·chin·ist [məˈʃiːnɪst] *n (Tech)* mecánico/a *m/f,* operario/a *m/f; (Sew)* maquinista *mf.*
ma·cho [ˈmætʃəʊ] *adj* macho.
macke·rel [ˈmækrəl] *n* caballa *f.*
mack·in·tosh [ˈmækɪntɒʃ] *n* impermeable *m.*
macro... [ˈmækrəʊ] *pref* macro... .
macro·cosm [ˈmækrəʊkɒzəm] *n* macrocosmo *m.*
mad [mæd] **1** *adj* **(-der, -dest) (a)** *(crazy)* loco/a, *(LAm)* tarado/a; *(: idea)* disparatado/a; **to go** ~ volverse loco, enloquecer; **to drive sb** ~ volverle loco a uno; **she's as** ~ **as a hatter** *or* **a March hare** está loca de remate *or* rematada; **are you** ~**?** ¿estás loco?, ¿te has vuelto loco? **(b)** *(fam: angry)* furioso/a; **to be** ~ **at** *or* **with sb** estar furioso con uno; **he's hopping** ~ está furibundo, está que arde. **(c)** *(stupid, rash: idea, person)* loco/a, disparatado/a. **(d)** *(fam: keen)* loco/a; **to be** ~ **about** *or* **on sb/sth** estar loco/a por algo/uno. **(e)** *(wild: gallop, rush)* precipitado/a.
  2 *adv:* **to be** ~ **keen on sb/sth** estar *or (LAm)* andar loco por uno/algo; **he ran like** ~ corrió como (un) loco.
mad·am [ˈmædəm] *n* **(a)** señora *f.* **(b)** *(fam: girl)* niña *f* precoz. **(c)** *(of brothel)* ama *f,* dueña *f.*
mad·cap [ˈmædkæp] *adj* alocado/a, disparatado/a.
mad·den [ˈmædn] *vt (infuriate)* enloquecer, enfurecer.
mad·den·ing [ˈmædnɪŋ] *adj* enloquecedor(a); **it's** ~**!** es para volverse loco *or* enloquecerse.
made [meɪd] *pt, pp of* **make.**
ma·dei·ra [məˈdɪərə] *n (wine)* vino *m* de Madera.
made-to-measure [ˈmeɪdtəˌmeʒəʳ] *adj* hecho/a a la medida.
mad·ly [ˈmædlɪ] *adv* **(a)** *(crazily)* como un loco, locamente. **(b)** *(at a rush)* precipitadamente. **(c)** *(fam: extremely)* perdidamente; **to be** ~ **in love with sb** estar locamente enamorado de uno.
mad·man [ˈmædmən] *n, pl* **-men** loco *m.*
mad·ness [ˈmædnɪs] *n (lunacy)* locura *f; (foolishness)* insensatez *f; (anger)* furia *f,* rabia *f;* **it's sheer** ~**!** ¡es una locura!
mad·woman [ˈmædwʊmən] *n, pl* **-women** loca *f.*
mael·strom [ˈmeɪlstrɒm] *n* torbellino *m,* remolino *m.*
maes·tro [ˈmaɪstrəʊ] *n* maestro *m.*
maga·zine [ˌmægəˈziːn] *n* **(a)** *(journal)* revista *f.* **(b)** *(in rifle)* recámara *f.*
ma·gen·ta [məˈdʒentə] *adj* color magenta.
mag·got [ˈmægət] *n* cresa *f,* gusano *m.*
Magi [ˈmeɪdʒaɪ] *npl:* **the** ~ los Reyes Magos.
mag·ic [ˈmædʒɪk] **1** *adj* mágico/a. **2** *n* magia *f;* **as if by** ~**/like** ~ por arte de magia/como por encanto. **3:** ~ **carpet** *n* alfombra *f* voladora; ~ **lantern** *n* linterna *f* mágica; ~ **wand** *n* varita *f* mágica *or* de las virtudes.
magi·cal [ˈmædʒɪkəl] *adj* mágico/a.
ma·gi·cian [məˈdʒɪʃən] *n* mago/a *m/f,* mágico *m; (witch)* hechicero *m,* brujo *m; (conjuror)* prestidigitador(a) *m/f.*
mag·is·trate [ˈmædʒɪstreɪt] *n* magistrado *m,* juez *m;* ~**s' court** *(in England)* juzgado *m* de primera instancia.
mag·nani·mous [mægˈnænɪməs] *adj* magnánimo/a.
mag·nate [ˈmægneɪt] *n* magnate *mf.*
mag·ne·sium [mægˈniːzɪəm] *n* magnesio *m.*
mag·net [ˈmægnɪt] *n* imán *m.*
mag·net·ic [mægˈnetɪk] *adj* magnético/a; *(fig)* carismático/a.
mag·net·ism [ˈmægnɪtɪzəm] *n* magnetismo *m; (fig)* magnetismo, atractivo *m.*
mag·net·ize [ˈmægnɪtaɪz] *vt (gen)* magnetizar, imantar.
mag·ni·fi·ca·tion [ˌmægnɪfɪˈkeɪʃən] *n* ampliación *f,* aumento *m.*
mag·nifi·cence [mægˈnɪfɪsəns] *n* magnificencia *f.*
mag·nifi·cent [mægˈnɪfɪsənt] *adj* magnífico/a.
mag·ni·fy [ˈmægnɪfaɪ] *vt* **(a)** aumentar, ampliar; ~**ing glass** lupa *f.* **(b)** *(exaggerate)* exagerar.
mag·ni·tude [ˈmægnɪtjuːd] *n* **(a)** *(gen)* magnitud *f; (importance)* envergadura *f.* **(b)** *(Astron)* magnitud *f.*
mag·pie [ˈmægpaɪ] *n* urraca *f.*
ma·hoga·ny [məˈhɒgənɪ] *n* caoba *f.*
maid [meɪd] *n* **(a)** *(servant)* criada *f, (LAm)* sirvienta *f,* muchacha *f; (in hotel)* camarera *f;* ~ **of honour** dama *f* de honor. **(b)** *(old, poet: young girl)* doncella *f; see* **old 3.**
maid·en [ˈmeɪdn] **1** *n (old, poet)* doncella *f.* **2** *adj (flight, speech)* inaugural, de inauguración. **3:** ~ **aunt** *n* tía *f* solterona; ~ **name** *n* apellido *m* de soltera.
mail [meɪl] **1** *n* correo *m;* **air** ~ correo aéreo; **by** *or* **through the** ~ por correo. **2** *vt* mandar *or* enviar por correo; ~**ing list** lista *f* de direcciones. **3:** ~ **train** *n* tren *m* correo; ~ **van** *n (Aut)* camioneta *f* de correos *or* reparto.
mail·box [ˈmeɪlbɒks] *n (US)* buzón *m.*
mail·man [ˈmeɪlmæn] *n, pl* **-men** *(US)* cartero *m.*
mail-order [ˈmeɪlˌɔːdəʳ] *n* venta *f* por correo.

maim [meɪm] *vt* mutilar, lisiar.

main [meɪn] **1** *adj attr (gen)* principal; *(offices)* central; ~ **street** calle *f* mayor; **the ~ body of troops** el grueso de las tropas. **2** *n* **(a)** *(pipe)* conducto *m* principal; *(for gas, electricity)* canalización *f*, conducto. **(b) ~s** cañería *f* maestra; *(Elec)* red *f* eléctrica; **it works on battery or ~s** funciona con pila o electricidad. **(c) in the ~** *(on the whole)* en general; *(generally)* por lo general. **3: ~ course** *n (Culin)* plato *m* principal, *(LAm)* plato fuerte; ~ **line** *n* línea *f* principal; *(Ferro)* interurbano *m*; ~ **road** *n* carretera *f*.

main·land ['meɪnlənd] *n* tierra *f* firme, continente *m*.

main·ly ['meɪnlɪ] *adv (in the majority)* en su mayoría; *(principally)* principalmente, en primer lugar.

main·spring ['meɪnsprɪŋ] *n* muelle *m* real; *(fig)* motivo *m* principal.

main·stay ['meɪnsteɪ] *n (fig)* sostén *m* principal.

main·stream ['meɪnstriːm] *n (fig)* corriente *f* principal.

main·tain [meɪn'teɪn] *vt* **(a)** *(keep up)* mantener, conservar. **(b)** *(support)* sostener; *(with goods)* sustentar. **(c)** *(claim)* **to ~ that ...** mantener que ..., sostener que ... .

main·te·nance ['meɪntənəns] **1** *n* **(a)** *(of machine etc)* mantenimento *m*. **(b)** *(money paid to divorced wife and family)* pensión *f* alimenticia. **(c)** *(of house etc)* manutención *f*, cuidado *m*. **2: ~ costs** *npl* gastos *mpl* de mantenimiento; ~ **order** *n* obligación *f* de pasar una pensión alimenticia al cónyuge.

mai·son·ette [ˌmeɪzə'net] *n* dúplex *m*.

maize [meɪz] *n* maíz *m*; **ear of ~** *(Mex)* elote *m*, *(LAm)* choclo *m*.

ma·jes·tic [mə'dʒestɪk] *adj* majestuoso/a.

maj·es·ty ['mædʒɪstɪ] *n* majestad *f*; **His/Her M~** Su Majestad.

ma·jor ['meɪdʒə^r] **1** *adj* **(a)** *(gen)* mayor; *(significant)* importante. **(b)** *(Mus)* mayor. **2** *n* **(a)** *(Mil)* comandante *m*, mayor *m*. **(b)** *(Jur)* mayor *mf* (de edad). **(c)** *(US Univ)* asignatura *f* principal. **3** *vi (US Univ)* especializarse.

ma·jor·ity [mə'dʒɒrɪtɪ] *n* mayoría *f*; **they won by a ~** ganaron por mayoría (de votos); **in the ~ of cases** en la mayoría *or* la mayor parte de los casos.

make [meɪk] *pt, pp* **made 1** *vt* **(a)** *(gen)* hacer; *(manufacture)* fabricar; *(meal)* preparar; **made of silver** (hecho/a) de plata; **made in Italy** hecho/a en Italia; **to show what one is made of** demostrar quién es uno; **they were made for each other** eran uña y carne.

(b) *(execute, carry out: journey)* emprender; *(: plan, suggestion)* hacer, preparar; *(: speech)* pronunciar; *(: application, excuse)* presentar; *(: payment)* efectuar; *(: agreement)* celebrar.

(c) *(commit: error)* cometer.

(d) *(cause to be or become)* hacer, volver, poner; **to ~ sb happy/angry** hacer feliz/poner furioso a uno; **to ~ sth difficult** volver algo difícil; **he made it difficult for us to go out** nos puso dificultades para salir; **he made her a star** le hizo estrella; **to ~ sb nervous** poner nervioso a uno; **to ~ o.s. comfortable** ponerse cómodo; **it ~s me sick/ashamed** me da asco/vergüenza; **to ~ o.s. heard** hacerse oír.

(e) *(cause to do or happen)* hacer que; *(force)* obligar; **to ~ sb do sth** obligar a uno a hacer algo; **the film made her cry** la película le hizo llorar; **to ~ good** *(promise)* cumplir; *(loss)* compensar; **to ~ o.s. do sth** esforzarse por hacer algo; **what made you say that?** ¿por qué se te ocurrió decir eso?; **to ~ sth do, to ~ do with sth** arreglárselas *or* defenderse con algo.

(f) *(earn)* ganar; **he ~s £30 a week** se gana £30 a la semana; **the business ~s a profit** el negocio es rentable.

(g) *(reach, achieve)* llegar a, *(LAm)* alcanzar; **to ~ land/port** *(Naut)* llegar a la orilla/al puerto.

(h) *(cause to succeed)* asegurar el éxito de; **that's made my day!** ¡esto me ha vuelto a dar ánimos!; **his enterprise will ~ or break him** la empresa será su felicidad o su ruina.

(i) *(form, constitute)* formar, constituir; *(equal)* ser igual a, hacer; **2 and 2 ~ 4** dos más dos son cuatro; **this one ~s 20** con éste hacen veinte; **he made a good husband** resultó ser buen marido.

(j) *(estimate)* **what do you ~ the total?** ¿cuánto sacas en total?; **I ~ it 6 o'clock** tengo las seis; **what do you ~ of this?** ¿qué te parece *or* *(LAm)* cómo te explicas esto?

2 *vi* **(a) to ~ after sb** perseguir a *or* correr tras uno.

(b) he made as if to ... hizo como si quisiese ... .

3 *n* **(a)** *(brand)* marca *f*.

(b) to be on the ~ *(fam: for money)* buscar la riqueza; *(: for sex)* andar tras uno.

♦ **make away** *vi + adv* = **make off.**

♦ **make away with** *vi + prep (kill)* eliminar.

♦ **make for** *vi + prep* **(a)** *(place)* dirigirse a. **(b)** *(fig: result in)* crear.

♦ **make off** *vi + adv* largarse, *(LAm)* rajarse; **to ~ off with sth** llevarse *or (LAm)* levantarse algo.

♦ **make out 1** *vt + adv* **(a)** *(write out: cheque)* extender, *(LAm)* expedir; *(: document)* redactar; *(fill in)* llenar, rellenar; **to ~ out a case for sth** presentar una defensa de algo. **(b)** *(see, discern)* distinguir, divisar; *(decipher)* descifrar; *(understand)* entender; **I can't ~ it out** no me lo explico. **(c)** *(claim)* dar a entender, pretender. **(d)** *(imply)* **to ~ out that** implicar que; **to ~ sb out to be stupid** poner en ridículo a uno. **2** *vi + adv (fam: get on)* entenderse; *(: well: with person)* congeniarse; **how are you making out on your pension?** ¿cómo se las arregla con la pensión?

♦ **make over** *vt + adv (assign)* ceder, traspasar.

♦ **make up 1** *vt + adv* **(a)** *(invent)* inventar. **(b)** *(dress etc)* confeccionar. **(c)** *(put together, prepare)* hacer, preparar; *(bed)* hacer. **(d)** *(settle dispute)* resolver; **to ~ it up with sb** reconciliarse *or* hacer las paces con uno. **(e)** *(complete)* completar. **(f)** *(decide)* **to ~ up one's mind** decidirse. **(g)** *(compensate for)* compensar; **to ~ it up to sb (for sth)** pagarle *or* devolverle el favor a uno. **(h)** *(constitute)* integrar; **it is made up of 6 parts** lo integran 6 partes. **(i)** *(apply cosmetics to)* pintar, maquillar.

2 *vi + adv* **(a)** *(after quarrelling)* reconciliarse, hacer las paces. **(b)** *(apply cosmetics)* maquillarse, pintarse. **(c)** *(catch up)* **to ~ up on sb** alcanzar a uno.

♦ **make up for** *vi + prep*: **to ~ up for sth** compensar algo; **to ~ up for lost time** recuperar el tiempo perdido.

♦ **make up to** *vi + prep (fam: curry favour with)* congraciarse con.

make-believe ['meɪkbɪˌliːv] *n*: **the land of ~** el mundo del ensueño; **don't worry, it's just ~** no te preocupes, es pura comedia.

mak·er ['meɪkə^r] *n (manufacturer)* fabricante *mf*; *(Rel)* **M~** Creador *m*.

make·shift ['meɪkʃɪft] *adj (improvised)* improvisa-

do/a; *(provisional)* provisional.
make-up ['meɪkʌp] *n* **(a)** *(composition)* composición *f; (character)* carácter *m*, temperamento *m.* **(b)** *(cosmetics)* maquillaje *m, (LAm)* pintura *f.*
mak·ing ['meɪkɪŋ] *n* **(a)** *(production)* fabricación *f; (preparation)* preparación *f; (cutting: of clothes)* confección *f;* **it was 2 hours in the ~** tardó 2 horas en hacerse; **it's history in the ~** esto pasará a la historia; **it was the ~ of him** fue un gran paso para él. **(b) he has the ~s of an actor** tiene madera de actor.
mal·ad·just·ed [ˌmælə'dʒʌstɪd] *adj (Psych)* inadaptado/a.
mala·droit [ˌmælə'drɔɪt] *adj* torpe.
mala·dy ['mælədɪ] *n* mal *m*, enfermedad *f.*
ma·laria [mə'lɛərɪə] *n* malaria *f*, paludismo *m.*
Ma·lay·sia [mə'leɪzɪə] *n* Malasia *f.*
male [meɪl] **1** *adj (child)* hombre, varón; *(Bot, Tech, Zool)* macho; *(sex)* masculino/a; *(attire etc)* de hombre; **~ chauvinism** machismo *m.* **2** *n (person)* varón *m; (Bot, Zool)* macho *m.*
ma·levo·lent [mə'levələnt] *adj* malévolo/a.
mal·func·tion [ˌmæl'fʌŋkʃən] *n (of machine)* fallo *m*, mal funcionamento *m.*
mal·ice ['mælɪs] *n (grudge)* rencor *m; (badness)* malicia *f;* **I bear him no ~** no le guardo rencor; **~ aforethought** *(Jur)* premeditación *f.*
ma·li·cious [mə'lɪʃəs] *adj* malicioso/a; *(Jur)* delictuoso/a.
ma·lign [mə'laɪn] **1** *adj* maligno/a, malévolo/a. **2** *vt (person, reputation)* calumniar, difamar, *(LAm)* perjudicar.
ma·lig·nant [mə'lɪgnənt] *adj* malvado/a; *(Med)* maligno/a.
ma·lin·ger·er [mə'lɪŋgərəʳ] *n* enfermo/a fingido/a *m/f.*
mal·le·able ['mælɪəbl] *adj* maleable, dúctil.
mal·let ['mælɪt] *n (tool, also Sport)* mazo *m.*
mal·nu·tri·tion [ˌmælnjʊ'trɪʃən] *n* desnutrición *f.*
mal·prac·tice [ˌmæl'præktɪs] *n* negligencia *f.*
malt [mɔːlt] **1** *n* malta *f.* **2: ~ whisky** *n* whisky *m* de malta.
Mal·ta ['mɔːltə] *n* Malta *f.*
malt·ed ['mɔːltɪd] *adj:* **~ milk** leche *f* malteada.
mam(m)a [mə'mɑː] *n (fam)* mamá *f.*
mam·mal ['mæməl] *n* mamífero *m.*
mam·moth ['mæməθ] **1** *n* mamut *m.* **2** *adj* descomunal, gigante.
mam·my ['mæmɪ] *n (fam)* mamaíta *f*, mamacita *f.*
man [mæn] **1** *n, pl* **men (a)** *(adult male)* hombre *m;* **~ and wife** esposos *mpl*, casados *mpl;* **to live as ~ and wife** vivir como casados *or* en matrimonio; **her ~ is in the army** su hombre está en el ejército; the **~ in the street** el hombre de la calle; **I've lived here ~ and boy** vivo aquí desde pequeño; **he's a ~ about town** es un gran vividor; **a ~ of the world** un hombre que conoce mundo; **the army will make a ~ out of him** el ejército le enseñará a ser hombre.
(b) *(humanity in general: also* **M~**) el hombre.
(c) *(person)* persona *f;* **no ~** ninguno, nadie; **any ~** cualquier hombre, cualquiera; **that ~ Jones** aquel Jones; **the strong ~ of the government** el hombre fuerte del gobierno; **as one ~** como un solo hombre; **they agreed to a ~** no hubo voz en contra.
(d) *(type)* **then I'm your ~** entonces soy el hombre que Ud necesita; **he's not the ~ for the job** no es el más indicado para el puesto; **I'm not a drinking ~** yo no bebo; **he's a family ~** *(with family)* es padre de familia; *(home-loving)* es muy casero.
(e) *(fam: interj)* ¡hombre!; **~, was I startled!** ¡vaya susto que me dio!, *(LAm)* ¡qué susto me pegué!
(f) the ~ who does the garden el señor que hace el jardín; **officers and men** oficiales y soldados.
(g) *(in chess)* pieza *f; (in draughts)* ficha *f.*
2 *vt* tripular; **the gun is ~ned by 4 soldiers** el cañón es manejado por 4 soldados; **the telephone is ~ned all day** el teléfono está atendido todo el día; *see also* **manned.**
mana·cles ['mænəklz] *npl* esposos *mpl.*
man·age ['mænɪdʒ] **1** *vt* **(a)** *(direct: gen, Comm)* dirigir; *(organization, institution)* administrar; *(household)* llevar; *(money)* manejar; **the election was ~d** *(pej)* las elecciones se manejaron. **(b)** *(handle, control)* dominar, gobernar; **I can ~ that child** sé llevar a aquel niño; **I can ~ any dog** sé domar cualquier perro. **(c) to ~ to do sth** conseguir *or (LAm)* alcanzar a hacer algo; **he ~d not to get his feet wet** logró no mojarse los pies; **£5 is the most I can ~** no puedo dar más de cinco libras; **can you ~ on £5?** ¿te alcanzan 5 libras?; **I shall ~ it** lo podré hacer, llegaré a hacerlo; **can you ~ the cases?** ¿puedes con las maletas?; **can you ~ 8 o'clock?** ¿puedes venir a las ocho?
2 *vi* ir tirando, arreglárselas; **can you ~?** ¿te las arreglas?; **how do you ~?** ¿cómo te las arreglas?; **to ~ without sth/sb** prescindir de algo/uno.
man·age·able ['mænɪdʒəbl] *adj (person)* dócil, manejable; *(animal)* domable; *(tool)* manejable.
man·age·ment ['mænɪdʒmənt] *n* **(a)** *(of firm etc)* dirección *f*, administración *f*, gestión *f.* **(b)** *(people)* dirección *f*, gerencia *f; (board of ~)* cuerpo *m* de dirección, junta *f* directiva; **'under new ~'** 'bajo nueva dirección'; **~ and workers** la empresa. **(c)** *(Univ: also ~ studies)* administración *f* de empresas.
man·ag·er ['mænɪdʒəʳ] *n (gen)* director *m; (of firm, bank, hotel)* gerente *m; (of football team)* director técnico; *(of restaurant, shop)* encargado *m;* **sales ~** jefe *m* de ventas.
man·ag·er·ess [ˌmænɪdʒə'res] *n* administradora *f*, directora *f; (of firm)* gerente *f; (of restaurant, shop)* encargada *f.*
mana·gerial [ˌmænə'dʒɪərɪəl] *adj* administrativo/a.
man·ag·ing di·rec·tor ['mænɪdʒɪŋdɪ'rektəʳ] *n* director(a) *m/f* gerente.
man·da·rin ['mændərɪn] *n* **(a)** *(person)* mandarín *m.* **(b)** *(fruit)* mandarina *f.*
man·date ['mændeɪt] *n* mandato *m.*
man·da·tory ['mændətərɪ] *adj* obligatorio/a.
man·do·lin(e) ['mændəlɪn] *n* mandolina *f.*
mane [meɪn] *n (of animal)* melena *f.*
ma·neu·ver [mə'nuːvəʳ] *n etc (US)* = **manoeuvre.**
man·ga·nese [ˌmæŋgə'niːz] *n (Chem)* manganeso *m.*
man·gle[1] ['mæŋgl] *n* escurridor *m.*
man·gle[2] ['mæŋgl] *vt (crush)* aplastar, *(LAm)* apachurrar.
man·go ['mæŋgəʊ] *n* mango *m.*
man·handle ['mænˌhændl] *vt (Tech)* manipular; *(fig)* maltratar.
man·hole ['mænhəʊl] *n* boca *f* de acceso.
man·hood ['mænhʊd] *n* **(a)** *(age of majority)* mayoría *f* de edad, madurez *f.* **(b)** *(manliness)* hombradía *f*, virilidad *f.* **(c)** *(men)* hombres *mpl.*
man-hour ['mænˌaʊəʳ] *n* hora-hombre *f.*
man·hunt ['mænhʌnt] *n* caza *f* de hombre.
ma·nia ['meɪnɪə] *n (all senses)* manía *f;* **to have a ~ for (doing) sth** tener la manía de hacer algo.
ma·ni·ac ['meɪnɪæk] *n* **(a)** manío/a *m/f.* **(b) these**

sports ~s *(fig)* estos fanáticos del deporte.
manic-depres·sive [ˌmænɪkdɪˈpresɪv] *adj, n (Psych)* maníodepresivo/a *m/f*.
mani·cure [ˈmænɪˌkjʊəʳ] **1** *n* manicura *f*. **2** *vt* hacerle a uno la manicura.
mani·fest [ˈmænɪfest] **1** *adj* manifiesto/a, patente, *(LAm)* notorio/a. **2** *vt* manifestar.
mani·fes·ta·tion [ˌmænɪfesˈteɪʃən] *n* manifestación *f*.
mani·fes·to [ˌmænɪˈfestəʊ] *n, pl* **-es** manifiesto *m*.
mani·fold [ˈmænɪfəʊld] **1** *adj (numerous)* múltiples; *(varied)* diversos/as. **2** *n (Aut etc)* colector *m* de escape.
mani·oc [ˈmænɪɒk] *n* mandioca *f*.
ma·nipu·late [məˈnɪpjʊleɪt] *vt (tool, machine, vehicle)* manipular, manejar; *(facts, figures etc)* falsear, falsificar; *(public opinion, person etc)* manipular.
ma·nipu·la·tion [məˌnɪpjʊˈleɪʃən] *n (see vt)* manipulación *f*, manejo *m*; falseamiento *m*.
man·kind [mænˈkaɪnd] *n* humanidad *f*, género *m* humano.
man·li·ness [ˈmænlɪnɪs] *n* virilidad *f*, hombradía *f*.
man·ly [ˈmænlɪ] *adj* (**-ier, -iest**) viril, macho.
man-made [ˈmænˌmeɪd] *adj (fibres)* sintético/a; *(lake etc)* artificial.
manned [mænd] *adj* tripulado/a.
man·ne·quin [ˈmænɪkɪn] *n (dummy)* maniquí *m*; *(fashion)* modelo *f*.
man·ner [ˈmænəʳ] *n* **(a)** *(mode)* manera *f*, modo *m*; **after** *or* **in the ~ of X** a la manera de X; **in a ~ of speaking** en cierto sentido, hasta cierto punto; **a princess (as) to the ~ born** una princesa nata. **(b)** *(behaviour etc)* forma *f* de ser, comportamiento *m*; **I don't like his ~** no me gusta su modo de ser. **(c) ~s** *(good, bad etc)* modales *mpl*, educación *fsg*; **good ~s** educación; **bad ~s** falta *f* de educación; **he's got no ~s** es un mal educado; **road ~s** comportamiento *msg* en la carretera. **(d) ~s** *(of society)* costumbres *fpl*; **a novel of ~s** una novela costumbrista *or* de costumbres. **(e)** *(class, type)* **all ~ of** toda clase *or* suerte de.
man·nered [ˈmænəd] *adj (style)* amanerado/a; *(camp)* cursi.
man·ner·ism [ˈmænərɪzəm] *n* **(a)** *(gesture etc)* gesto *m*. **(b)** *(Art etc)* característica *f*.
man·ner·ly [ˈmænəlɪ] *adj* bien educado/a, formal.
ma·noeu·vrable [məˈnuːvrəbl] *adj* manejable.
ma·noeu·vre [məˈnuːvəʳ] **1** *n* **(a)** *(Mil)* maniobra *f*; **to be on ~s** estar de maniobras. **(b)** *(clever plan)* maniobra *f*, estratagema *f*. **2** *vt (gen)* maniobrar; **to ~ a gun into position** mover un cañón a su posición; **to ~ sb into doing sth** manipular a uno para que haga algo. **3** *vi* maniobrar.
man·or [ˈmænəʳ] *n* señorío *m*; **~ house** *n* casa *f* solariega, casona *f*, *(LAm)* casa-hacienda *f*.
man·power [ˈmænˌpaʊəʳ] *n* mano *f* de obra; *(Mil)* soldados *mpl*.
man·sion [ˈmænʃən] *n* mansión *f*.
man·slaughter [ˈmænˌslɔːtəʳ] *n* homicidio *m* involuntario.
mantel·piece [ˈmæntlpiːs] *n* repisa *f* (de chimenea).
man·tle [ˈmæntl] *n* **(a)** *(layer)* capa *f*; *(blanket)* manto *m*; **a ~ of snow** una capa de nieve. **(b)** *(gas ~)* manguito *m* incandescente.
man-to-man [ˌmæntəˈmæn] *adj, adv* entre hombres.
manu·al [ˈmænjʊəl] **1** *adj* manual. **2** *n (book)* manual *m*.
manu·fac·ture [ˌmænjʊˈfæktʃəʳ] **1** *n (act)* fabricación *f*; *(manufactured item)* manufactura *f*. **2** *vt* **(a)** fabricar. **(b)** *(fig)* fabricar, inventar.
manu·fac·tur·er [ˌmænjʊˈfæktʃərəʳ] *n* fabricante *mf*.
ma·nure [məˈnjʊəʳ] **1** *n* abono *m*, estiércol *m*. **2** *vt* abonar, estercolar.
manu·script [ˈmænjʊskrɪpt] **1** *n* manuscrito *m*. **2** *adj* en manuscrito.
many [ˈmenɪ] **1** *adj* muchos/as; **not ~** pocos/as; **~ people** mucha gente; **not ~ people** poca gente; **in ~ cases** en muchos casos; **there were as ~ as 100 at the meeting** asistieron a la reunión hasta cien personas; **he has as ~ as I have** tiene tantos como yo; **there's one too ~** sobra uno; **he's had one too ~** ha tomado uno de más; **as ~ again** otros tantos; **a good** *or* **a great ~ houses** muchas *or (LAm)* bastantes casas.

2 *pron* muchos/as; **~ of them came** muchos (de ellos) vinieron; **not ~ came** vinieron pocos; **how ~ are there?** ¿cuántos/as hay?; **how ~ there are!** ¡cuántos/as hay!; **there are too ~** hay demasiados/as.
many-coloured [ˌmenɪˈkʌləd] *adj* multicolor.
map [mæp] **1** *n (of town)* plano *m*; *(of world, country)* mapa *m*; **this will put us on the ~** *(fig)* esto nos pondrá en el mapa; **it's right off the ~** *(fig)* está en el quinto infierno. **2** *vt*: **to ~ an area** levantar mapa de una zona.
♦ **map out** *vt + adv* **(a)** indicar en un mapa. **(b)** *(fig: plan)* proyectar, planear.
ma·ple [ˈmeɪpl] *n* arce *m*, *(LAm)* maple *m*.
mar [mɑːʳ] *vt* estropear, echar a perder; **to ~ sb's enjoyment** aguarle la fiesta a uno.
mara·thon [ˈmærəθən] **1** *n* maratón *m*. **2** *adj* larguísimo/a, interminable.
ma·raud·er [məˈrɔːdəʳ] *n* merodeador(a) *m/f*, intruso/a *m/f*.
marauding [məˈrɔːdɪŋ] *adj* merodeador(a), intruso/a.
mar·ble [ˈmɑːbl] **1** *n* **(a)** *(material)* mármol *m*. **(b)** *(work in ~)* obra *f* en mármol. **(c)** *(glass ball)* canica *f*; **to play ~s** jugar a las canicas. **2** *adj* marmóreo/a, de mármol.
March [mɑːtʃ] *n* marzo *m*; *for usage see* **July**.
march [mɑːtʃ] **1** *n (Mil, Mus)* marcha *f*; *(fig: long walk)* caminata *f*; **on the ~** en marcha; **forced ~** marcha forzada; **day's ~** etapa *f*. **2** *vt (Mil)* hacer una marcha; **to ~ sb off** llevarse a uno. **3** *vi (Mil)* marchar; *(also* **~ past***)* desfilar; *(Pol)* manifestarse, hacer una manifestación; **forward/quick ~!** de frente/al trote ¡ar!; **to ~ into a room** entrar resueltamente en un cuarto; **to ~ out** salir airado; **to ~ past** desfilar; **to ~ up to sb** enfrentarse con uno.
march·ing [ˈmɑːtʃɪŋ] *n*: **~ orders** *(Mil)* orden *fsg* de ponerse en marcha; **to give sb his ~ orders** *(fig)* despedir a uno.
march-past [ˈmɑːtʃpɑːst] *n (Mil)* desfile *m*.
mare [mɛəʳ] *n* yegua *f*.
mar·ga·rine [ˌmɑːdʒəˈriːn] *n*, *(fam)* **marge** [mɑːdʒ] *n* margarina *f*.
mar·gin [ˈmɑːdʒɪn] *n* **(a)** *(on page)* margen *m*. **(b)** *(fig)* límite *m*, margen *m*; **~ of error** margen de error. **(c)** *(Comm: also* **profit ~***)* margen *m* de beneficio.
mar·gin·al [ˈmɑːdʒɪnl] *adj (gen)* marginal.
mari·gold [ˈmærɪgəʊld] *n (Bot)* maravilla *f*.
ma·ri·jua·na, ma·ri·hua·na [ˌmærɪˈhwɑːnə] *n* marihuana *f*, marijuana *f*.
ma·ri·na [məˈriːnə] *n* puerto *m* deportivo.
mari·nade [ˌmærɪˈneɪd] *n* adobo *m*.
mari·nate [ˈmærɪneɪt] *vt* adobar.
ma·rine [məˈriːn] **1** *adj* marino/a, marítimo/a; **~ insurance** seguro *m* marítimo. **2** *n* **(a)** *(fleet)* marina *f*. **(b)** *(person)* soldado *m* de infantería de

marina; ~s infantería *fsg* de marina; **tell that to the ~s!** *(fam)* ¡cuéntaselo a tu abuela!

mari·ner ['mærɪnəʳ] *n* marinero *m,* marino *m.*

mari·on·ette [ˌmærɪə'net] *n* títere *m,* marioneta *f.*

mari·tal ['mærɪtl] *adj* matrimonial; **~ status** estado *m* civil.

mark [mɑːk] **1** *n* **(a)** *(stain, spot etc)* mancha *f; (imprint, trace)* huella *f;* **the ~s of violence** las señales de la violencia. **(b)** *(in exam)* nota *f,* calificación *f;* **to get high ~s in French** sacar buena nota en francés; **to get no ~s at all as a cook** *(fig)* ser un desastre como cocinero. **(c)** *(sign, indication)* señal *f; (proof)* prueba *f;* **it's the ~ of a gentleman** es señal de caballero; **it bears the ~ of genius** es prueba de genio. **(d)** *(instead of signature)* signo *m,* cruz *f;* **to make one's ~** firmar con una cruz. **(e)** *(in trade names)* marca *f,* etiqueta *f.* **(f)** *(in phrases)* **to be quick/slow off the ~** *(Sport)* arrancar rápidamente/lentamente; *(fig)* ser listo/lento; **to be up to the ~** *(in efficiency etc: person)* estar a la altura de las circunstancias; *(: work)* alcanzar el nivel necesario; **to make one's ~** *(fig)* hacerse valer, distinguirse; **to be wide of the ~** *(lit)* errar el tiro; *(fig)* estar lejos de la verdad; **to hit the ~** *(lit)* alcanzar el objetivo, acertar; *(fig)* dar en el clavo; **on your ~s, get set, go!** *(Sport)* ¡preparaos, listos, ya!

2 *vt* **(a)** *(make a ~ on)* marcar; *(stain)* manchar. **(b)** *(label)* rotular; *(price)* indicar el precio de; **the chair is ~ed at £2** le ponen dos libras a la silla. **(c)** *(indicate)* señalar, indicar; **this ~s the frontier** esto marca la frontera; **it ~s a change of policy** indica un cambio de política. **(d)** *(heed)* **~ my words!** ¡fíjese bien!, ¡te advierto!; **~ you** ahora (bien). **(e)** *(exam)* calificar; *(candidate)* dar nota a; **to ~ sth right/wrong** aprobar/rechazar *or* *(LAm)* reprobar algo. **(f)** *(Sport)* marcar. **(g) to ~ time** *(Mil)* marcar el paso; *(fig)* estancarse.

3 *vi* mancharse.

♦ **mark down** *vt + adv* **(a)** *(note down)* apuntar, anotar. **(b)** *(prices, goods)* rebajar el precio de.

♦ **mark off** *vt + adv* **(a)** *(separate)* separar, dividir. **(b)** *(tick off)* indicar, señalar.

♦ **mark out** *vt + adv* **(a)** trazar, jalonar. **(b)** *(single out)* señalar.

♦ **mark up** *vt + adv* **(a)** *(write up)* apuntar. **(b)** *(price, goods)* sobrecargar.

marked [mɑːkt] *adj (gen)* marcado/a, acusado/a; *(improvement)* sensible; **a ~ man** un hombre condenado.

mark·ed·ly ['mɑːkɪdlɪ] *adv (gen)* marcadamente; *(differ)* apreciablemente; *(improve)* sensiblemente.

mark·er ['mɑːkəʳ] *n (gen)* marcador *m; (pen)* plumón *m; (in book)* registro *m; (in field)* jalón *m.*

mar·ket ['mɑːkɪt] **1** *n* **(a)** mercado *m;* **to go to ~** ir al mercado. **(b)** *(trade)* mercado *m;* **overseas/domestic ~** mercado exterior/nacional; **open ~** mercado libre; **to be in the ~ for sth** estar dispuesto a comprar algo; **to be on the ~** estar de venta; **to come on(to) the ~** salir a la *or* ponerse en venta. **(c)** *(area)* mercado *m; (demand)* demanda *f;* **there is a ready ~ for video games** hay una gran demanda de videojuegos. **(d)** *(stock ~)* bolsa *f* (de valores); **to play the ~** jugar a la bolsa.

2 *vt (sell)* comercializar, poner en venta; *(promote)* publicitar.

3: ~ garden *n (small)* huerto *m; (large)* huerta *f;* **~ place** *n* plaza *f* (del mercado); *(world of trade)* mercado *m;* **~ price** *n* precio *m* de mercado; **~ research** *n* investigación *f* de mercados.

mar·ket·ing ['mɑːkɪtɪŋ] **1** *n* márketing *m,* mercadotecnia *f.* **2: ~ director** *n* jefe *m or* director *m* de márketing.

mark·ing ['mɑːkɪŋ] **1** *n* **(a)** *(on animal)* pinta *f.* **(b)** *(Scol)* calificación *f,* nota *f.* **2: ~ ink** *n* tinta *f* de marcar *or* indeleble.

marks·man ['mɑːksmən] *n, pl* **-men** tirador *m.*

mar·ma·lade ['mɑːməleɪd] *n* mermelada *f* (de naranja amarga).

ma·roon[1] [mə'ruːn] **1** *adj* castaño/a, marrón. **2** *n (colour)* castaño *m,* marrón *m.*

ma·roon[2] [mə'ruːn] *vt* abandonar (en una isla desierta); **we were ~ed by floods** quedamos aislados por las inundaciones.

mar·quee [mɑː'kiː] *n* entoldado *m.*

mar·quess, mar·quis ['mɑːkwɪs] *n* marqués *m.*

mar·riage ['mærɪdʒ] **1** *n (state)* matrimonio *m; (wedding)* boda *f,* casamiento *m.* **2: ~ bonds** *npl* lazos *mpl* matrimoniales; **~ guidance counsellor** *n* consejero/a *m/f* matrimonial; **~ licence** *n* partida *f* de casamiento.

mar·riage·able ['mærɪdʒəbl] *adj:* **of ~ age** en edad de casarse.

mar·ried ['mærɪd] *adj* casado/a; **~ couple** matrimonio *m;* **~ life** vida *f* matrimonial; **~ quarters** *(Mil)* residencia *f* para matrimonios.

mar·row ['mærəʊ] *n* **(a)** *(Anat)* médula *f,* tuétano *m;* **to be frozen to the ~** estar helado hasta los tuétanos. **(b)** *(Bot: also* **vegetable ~***)* calabacín *m.*

marrow·bone ['mærəʊbəʊn] *n* hueso *m* con tuétano.

mar·ry ['mærɪ] **1** *vt (give or join in marriage)* casar; *(take in marriage)* casarse con, *(LAm)* desposar. **2** *vi (also* **to get married***)* casarse; **to ~ into a rich family** emparentar con una familia rica.

Mars [mɑːz] *n (Astron)* Marte *m.*

marsh [mɑːʃ] *n* pantano *m,* ciénaga *f.*

mar·shal ['mɑːʃəl] **1** *n (Mil)* mariscal *m; (for demonstration, meeting)* oficial *m.* **2** *vt (soldiers, procession)* formar; *(facts etc)* ordenar, arreglar.

mar·shal·ling ['mɑːʃəlɪŋ] *n:* **~ yard** playa *f* de clasificación.

marsh·mal·low ['mɑːʃˌmæləʊ] *n (Bot)* malvavisco *m; (sweet)* bombón *m* de merengue blando.

marshy ['mɑːʃɪ] *adj* **(-ier, -iest)** pantanoso/a.

mar·su·pial [mɑː'suːpɪəl] *n* marsupial *m.*

mar·tial ['mɑːʃəl] *adj* marcial; **~ arts** artes *fpl* marciales; **~ law** ley *f* marcial.

mar·tin ['mɑːtɪn] *n* avión *m,* vencejo *m.*

mar·tyr ['mɑːtəʳ] *n* mártir *m/f.*

mar·tyr·dom ['mɑːtədəm] *n* martirio *m.*

mar·vel ['mɑːvəl] **1** *n* maravilla *f; (fam)* **if he gets there it will be a ~** llegará por milagro; **it's a ~ to me how she does it** no llego a entender cómo lo hace; **you're a ~** eres una maravilla. **2** *vi* maravillarse, asombrarse.

mar·vel·lous, *(US)* **mar·vel·ous** ['mɑːvələs] *adj* maravilloso/a; *(fam)* estupendo/a, *(LAm)* macanudo/a.

Marx·ism ['mɑːksɪzəm] *n* marxismo *m.*

Marx·ist ['mɑːksɪst] *adj, n* marxista *mf.*

mar·zi·pan [ˌmɑːzɪ'pæn] *n* mazapán *m.*

mas·cara [mæs'kɑːrə] *n* rímel *m.*

mas·cot ['mæskət] *n* mascota *f.*

mas·cu·line ['mæskjʊlɪn] **1** *adj* masculino/a. **2** *n (Ling)* masculino *m.*

mash [mæʃ] **1** *n (for animals)* afrecho *m; (also* **~ed potatoes***)* puré *m* de patatas *or (LAm)* papas. **2** *vt* amasar, machacar; *(potatoes)* hacer un puré de.

mask [mɑːsk] **1** *n (gen, fig)* máscara *f;* **face ~** *(Med, also cosmetic)* mascarilla *f.* **2** *vt* enmascarar; *(fig)* encubrir, ocultar.

maso·chism ['mæsəʊkɪzəm] *n* masoquismo *m.*

maso·chist ['mæsəʊkɪst] *n* masoquista *mf.*
maso·chis·tic [ˌmæsəʊ'kɪstɪk] *adj* masoquista.
ma·son ['meɪsn] *n* **(a)** *(builder)* albañil *m.* **(b)** *(freemason)* (franc)masón *m.*
ma·son·ry ['meɪsnrɪ] *n (stonework)* mampostería *f; (craft)* albañilería *f; (rubble)* escombros *mpl.*
mas·quer·ade [ˌmæskə'reɪd] **1** *n (pretence)* mascarada *f.* **2** *vi*: **to ~ as** hacerse pasar por.
mass[1] [mæs] *n (Rel)* misa *f;* **to say ~** decir misa; **to go to ~** oír misa.
mass[2] [mæs] **1** *n* **(a)** *(Phys etc)* masa *f; (of people)* multitud *f,* muchedumbre *f;* **he's a ~ of bruises** está todo amoratado; **in the ~** en conjunto; **the ~es** las masas. **(b) ~es** *(fam)* montones *mpl,* cantidad *fsg.* **2** *vt* reunir en masa. **3** *vi (people: gather)* concentrarse; *(: crowd)* amontonarse. **4** *cpd* en *or* de masa; **~ media** *n* medios *mpl* de comunicación (de masas); **~ meeting** *n* reunión *f* de masas; **~ production** *n* producción *f* en serie *or* cadena.
mas·sa·cre ['mæsəkə^r] **1** *n* carnicería *f,* masacre *f.* **2** *vt* masacrar.
mas·sage ['mæsɑːʒ] **1** *n* masaje *m.* **2** *vt* dar masaje a.
mas·seur [mæ'sɜː^r] *n* masajista *m.*
mas·seuse [mæ'sɜːz] *n* masajista *f.*
mas·sive ['mæsɪv] *adj (solid)* macizo/a; *(contribution, support, intervention)* masivo/a, imponente.
mass-produce ['mæsprəˌdjuːs] *vt* producir *or* fabricar en serie *or* cadena.
mass-produced [ˌmæsprə'djuːst] *adj* fabricado/a en serie.
mast [mɑːst] *n (Naut)* mástil *m,* palo *m; (Rad etc)* antena *f,* torre *f.*
mas·tec·to·my [mæ'stektəmɪ] *n (Med)* mastectomía *f.*
mas·ter ['mɑːstə^r] **1** *n* **(a)** *(of servant, house, dog)* amo *m,* dueño *m; (in address)* señor *m;* **the ~ of the house** el jefe de familia; **to be one's own ~** ser dueño de sí mismo; **I am (the) ~ now** ahora mando yo; **to be ~ of the situation** dominar la situación. **(b)** *(Naut: of ship)* capitán *m.* **(c)** *(musician, painter etc)* maestro *m;* **to be a past ~ at politics** ser maestro en política. **(d)** *(teacher: primary)* maestro *m; (: secondary)* profesor *m.*
 2 *vt* dominar; **to ~ the violin** llegar a dominar el violín.
 3: ~ builder *n* maestro *m* de obras; **~ key** *n* llave *f* maestra; **M~ of Arts/Science** *n* ≈ licenciatura *f* superior en Artes/Ciencias; **~ of ceremonies** *n* maestro *m* de ceremonias; **~ switch** *n* interruptor *m* general.
mas·ter·ful ['mɑːstəfʊl] *adj* magistral; *(personality etc)* dominante.
mas·ter·ly ['mɑːstəlɪ] *adj* magistral, genial.
master·mind ['mɑːstəmaɪnd] **1** *n (genius)* genio *m; (in crime etc)* cerebro *mf.* **2** *vt* dirigir.
master·piece ['mɑːstəpiːs] *n* obra *f* maestra.
masterstroke ['mɑːstəstrəʊk] *n* golpe *m* maestro.
mas·tery ['mɑːstərɪ] *n* dominio *m; (skill)* maestría *f; (over competitors etc)* dominio *m,* superioridad *f.*
mas·ti·cate ['mæstɪkeɪt] *vt* masticar.
mas·tiff ['mæstɪf] *n* mastín *m.*
mas·ti·tis [mæ'staɪtɪs] *n* mastitis *f.*
mas·tur·bate ['mæstəbeɪt] *vi* masturbarse.
mas·tur·ba·tion [ˌmæstə'beɪʃən] *n* masturbación *f.*
mat[1] [mæt] *n (on floor)* estera *f, (LAm)* tapete *m; (Mex)* petate *m; (at door)* felpudo *m; (on table)* salvamanteles *m inv.*
mat[2] [mæt] *adj* = **matt.**
match[1] [mætʃ] *n* fósforo *m,* cerilla *f, (LAm)* cerillo *m.*
match[2] [mætʃ] **1** *n* **(a)** *(sb/sth similar, suitable etc)* pareja *f,* juego *m;* **the two of them make a good ~** los dos hacen una buena pareja; **the skirt is a good ~ for the jumper** la falda hace juego con el jersey. **(b)** *(equal)* igual *mf;* **to be a ~/no ~ for sb** poder competir con uno/no estar a la altura de uno; **to meet one's ~** encontrar la horma de su zapato. **(c)** *(marriage)* casamiento *m,* matrimonio *m.* **(d)** *(Sport)* partido *m,* encuentro *m;* **athletics ~** encuentro de atletismo.
 2 *vt* **(a)** *(pair off)* emparejar; **the teams were well ~ed** los equipos eran muy iguales *or (LAm)* iban parejos; **to ~ A against B** enfrentar A con B. **(b)** *(equal)* igualar; **the results did not ~ our hopes** los resultados defraudaron nuestras esperanzas. **(c)** *(clothes, colours)* combinar *or* hacer juego con; **his tie ~es his socks** la corbata hace juego con los calcetines; **can you ~ this silk?** *(in shop etc)* ¿tiene una seda igual a ésta?
 3 *vi* hacer juego; **with a skirt to ~** con una falda que hace juego.
♦**match up 1** *vi + adv (be equal)* **to ~ up to** corresponder a. **2** *vt + adv* hacer juego; **to ~ sth up with sth** hacer juego de algo con algo.
match·box ['mætʃbɒks] *n* caja *f* de cerillas.
match·ing ['mætʃɪŋ] *adj* que hace juego.
match·less ['mætʃlɪs] *adj* sin par *or* igual.
match·maker ['mætʃˌmeɪkə^r] *n* casamentero/a *m/f.*
mate[1] [meɪt] *n (Chess)* mate *m.*
mate[2] [meɪt] **1** *n* **(a)** *(at work)* compañero/a *m/f,* colega *mf.* **(b)** *(assistant)* ayudante *mf,* peón *m.* **(c)** *(hum fam: husband, wife)* compañero/a *m/f.* **(d)** *(Zool)* macho *m*/hembra *f.* **(e)** *(Naut)* piloto *m.* **(f)** *(fam: friend)* amigo/a *m/f, (LAm)* compinche *mf,* compañero/a *mf.* **2** *vt (Zool)* parear, acoplar; *(fig, hum)* unir. **3** *vi (Zool)* parearse, acoplarse.
ma·terial [mə'tɪərɪəl] **1** *adj* **(a)** *(of matter, things)* físico/a, material. **(b)** *(financial)* material. **(c)** *(of physical needs)* físico/a. **(d)** *(important)* esencial, fundamental. **(e)** *(Jur)* pertinente. **2** *n* **(a)** *(substance)* materia *f; (cloth)* tela *f,* tejido *m;* **he is university ~** tiene madera de universitario. **(b)** *(equipment etc)* **~s** artículos *mpl;* **building ~s** materiales *mpl* de construcción; **raw ~s** materias *fpl* primas. **(c)** *(for novel, report etc)* datos *mpl,* informes *mpl.*
ma·teri·al·ism [mə'tɪərɪəlɪzəm] *n* materialismo *m.*
ma·teri·al·ist [mə'tɪərɪəlɪst] *n* materialista *mf.*
ma·teri·al·is·tic [məˌtɪərɪə'lɪstɪk] *adj* materialista.
ma·teri·al·ize [mə'tɪərɪəlaɪz] *vi* **(a)** *(idea, hope etc)* realizarse. **(b)** *(spirit)* materializarse; **the funds haven't ~d so far** hasta ahora no han aparecido los fondos.
ma·teri·al·ly [mə'tɪərɪəlɪ] *adv* materialmente; **they are not ~ different** no hay grandes diferencias entre ellos.
ma·ter·nal [mə'tɜːnl] *adj* materno/a, maternal; **~ grandfather** abuelo *m* materno.
ma·ter·nity [mə'tɜːnɪtɪ] **1** *n* maternidad *f.* **2: ~ benefit** *n* subsidio *m* de maternidad; **~ dress** *n* vestido *m* premamá; **~ home** *n,* **~ hospital** *n* casa *f* de maternidad; **~ ward** *n* sala *f* de maternidad.
math [mæθ] *n (US fam)* = **mathematics.**
math·emati·cal [ˌmæθə'mætɪkəl] *adj* matemático/a.
math·ema·ti·cian [ˌmæθəmə'tɪʃən] *n* matemático/a *m/f.*
math·emat·ics [ˌmæθə'mætɪks] *n* matemáticas *fpl.*
maths [mæθs] *n (fam)* = **mathematics.**
mati·née ['mætɪneɪ] *n* función *f* de la tarde.
ma·tri·ces ['meɪtrɪsiːz] *npl of* **matrix.**
mat·ri·mo·nial [ˌmætrɪ'məʊnɪəl] *adj* matrimonial.

mat·ri·mo·ny ['mætrɪmənɪ] *n* matrimonio *m.*
ma·trix ['meɪtrɪks] *n, pl* **matrices** *or* **-es** *(all senses)* matriz *f.*
ma·tron ['meɪtrən] *n* **(a)** *(in hospital)* enfermera *f* jefe *or* jefa. **(b)** *(in school)* ama *f* de llaves.
matt [mæt] *adj* mate.
mat·ted ['mætɪd] *adj* enmarañado/a; ~ **hair** greña *f.*
mat·ter ['mætəʳ] **1** *n* **(a)** *(substance)* materia *f,* sustancia *f;* **advertising** ~ material *m* publicitario; **printed** ~ impresos *mpl.*
(b) *(Med: pus)* pus *m,* materia *f.*
(c) *(content)* contenido *m,* tema *m.*
(d) *(question, affair)* asunto *m,* cuestión *f;* **for that** ~ en realidad; **in the** ~ **of** en cuanto a, en lo que se refiere; **there's the** ~ **of my wages** queda el asunto de mi sueldo; **it will be a** ~ **of a few weeks** será cuestión de semanas; **a** ~ **of minutes** cosa de minutos; **it's a** ~ **of great concern to us** es motivo de gran preocupación para nosotros; **it's an easy** ~ **to phone him** es cosa fácil llamarle; **it's no laughing** ~ no es cosa de risa; **money** ~**s** asuntos *mpl* financieros; **the** ~ **in hand** la cuestión del momento; **to make** ~**s worse** para colmo de males; **as a** ~ **of course** automáticamente; **as a** ~ **of fact ...** en realidad ..., de hecho ... .
(e) *(importance)* **no** ~! ¡no importa!, *(LAm)* ¡no le hace!; **no** ~ **how you do it** no importa cómo lo hagas; **no** ~ **what he says** diga lo que diga; **no** ~ **how big it is** por grande que sea; **no** ~ **when** no importa cuándo.
(f) *(difficulty, problem etc)* **what's the** ~? ¿qué pasa?; **what's the** ~ **with you?** ¿qué te pasa?, ¿qué tienes?; **something's the** ~ **with the lights** algo pasa con las luces; **nothing's the** ~ no pasa nada.
2 *vi:* **it doesn't** ~ *(unimportant)* no importa; *(no preference)* (me) da igual *or* lo mismo; **what does it** ~? ¿qué más da?, *(LAm)* ¿y qué?; **why should it** ~ **to me?** ¿a mí qué me importa?
matter-of-fact [ˌmætərəv'fækt] *adj* *(style)* prosaico/a; *(person: practical)* práctico/a.
mat·tress ['mætrɪs] *n* colchón *m.*
ma·ture [mə'tjʊəʳ] **1** *adj* **(-r, -st)** *(gen)* maduro/a. **2** *vi* madurar.
ma·tur·ity [mə'tjʊərɪtɪ] *n* madurez *f.*
maud·lin ['mɔːdlɪn] *adj* *(weepy)* llorón/ona; *(sentimental)* sentimental.
maul [mɔːl] *vt* herir, maltratar; *(fig)* vapulear.
mau·so·leum [ˌmɔːsə'lɪəm] *n* mausoleo *m.*
mauve [məʊv] **1** *adj* malva, *(LAm)* guinda. **2** *n* malva *m,* guinda *m.*
max. *abbr of* **maximum.**
max·im ['mæksɪm] *n* máxima *f.*
max·im·ize ['mæksɪmaɪz] *vt* llevar al máximo, maximizar.
maxi·mum ['mæksɪməm] **1** *n* máximo *m.* **2** *adj* máximo/a.
May [meɪ] *n* mayo *m;* ~ **Day** el primero de mayo; *for usage see* **July.**
may [meɪ] *pt* **might** *vi* **(a)** *(of possibility: also* **might***)* **it** ~ **rain** puede *or* es posible que llueva; **it** ~ **be that** puede (ser) que + *subjun;* **he** ~ **not be hungry** a lo mejor no tiene hambre; **they** ~ **well be related** puede que sean parientes; **that's as** ~ **be/be that as it** ~ *(not* **might***)* sea como sea. **(b)** *(of permission)* poder; ~ **I come in?** ¿se puede?, *(LAm)* ¿me permite?, con permiso; **yes, you** ~ sí, puedes, *(LAm)* ¡cómo no!; ~ **I see it?** ¿se puede *or* *(LAm)* me permite verlo? **(c) I hope he** ~ **succeed** espero que tenga éxito; **I hoped he might succeed this time** esperaba que lo lograra esta vez; **we** ~ *or* **might as well go** vámonos ya *or* *(LAm)* de una vez; **he might have offered to help** podría haber ofrecido su ayuda; **as you might expect** como era de esperar. **(d)** *(in wishes)* ~ **you have a happy life together** ¡ojalá seáis felices!, *(LAm)* ¡que tengan una vida feliz!; ~ **God bless you** ¡Dios te bendiga!
may·be ['meɪbiː] *adv* quizá(s), tal vez; ~ **he'll come tomorrow** puede que *or* quizá(s) *or* tal vez venga mañana, a lo mejor viene mañana.
May·day ['meɪdeɪ] *n* *(distress call)* socorro *m,* SOS *m.*
may·on·naise [ˌmeɪə'neɪz] *n* mayonesa *f.*
mayor [mɛəʳ] *n* alcalde *m.*
maze [meɪz] *n* laberinto *m.*
M.C. *abbr of* **Master of Ceremonies.**
M.D. *abbr of* **Doctor of Medicine.**
me [miː] *pron* **(a)** me; *(after prep)* mí; **come with** ~ ven conmigo. **(b)** *(emphatic)* yo; **who,** ~? ¿quién, yo?; **it's** ~ soy yo.
mead·ow ['medəʊ] *n* prado *m,* pradera *f.*
mea·gre, *(US)* **mea·ger** ['miːgəʳ] *adj* escaso/a, exiguo/a.
meal[1] [miːl] *n* *(flour)* harina *f.*
meal[2] [miːl] **1** *n* comida *f;* **to go for a** ~ ir a comer; **to have a (good)** ~ comer bien; **to make a** ~ **of sth** *(fam)* demorar en hacer algo. **2:** ~ **ticket** *n* *(US)* vale *m;* *(fig)* gallo *m* de oro.
meal·time ['miːltaɪm] *n* hora *f* de comer.
mealy-mouthed ['miːlɪmaʊðd] *adj* meloso/a, hipócrita.
mean[1] [miːn] *adj* **(-er, -est) (a)** *(with money)* tacaño/a, mezquino/a; **you** ~ **thing!** ¡qué tacaño eres! **(b)** *(unkind, spiteful)* vil, malo/a; **don't be** ~! ¡no seas malo!; **a** ~ **trick** un vil engaño. **(c)** *(vicious)* malo/a. **(d)** *(of poor quality)* inferior; **she's no** ~ **cook** es una cocinera nada despreciable.
mean[2] [miːn] **1** *n* **(a)** *(middle term)* término *m* medio; *(average)* promedio *m;* *(Math)* media *f;* **the golden** *or* **happy** ~ el justo medio. **(b)** ~**s** *(method or way of doing)* medio *msg,* manera *fsg,* método *msg;* **a** ~**s to an end** un medio de conseguir un fin; **there is no** ~**s of doing it** no hay manera de hacerlo; **by** ~**s of** por medio de; **by this** ~**s** de este modo, de esta manera; **by some** ~**s or other** de una manera u otra; **by all** ~**s!** ¡claro que sí!, ¡por supuesto!; **by no** ~**s, not by any** ~**s** de ninguna manera; **by no manner of** ~**s** en absoluto. **(c)** ~**s** *(Fin)* recursos *mpl,* medios *mpl;* **private** ~**s** rentas *fpl* (particulares); **to live within/beyond one's** ~**s** gastar menos/más de lo que se gana.
2 *adj* medio/a.
3: ~**s test** *n* control *m* de los recursos económicos.
mean[3] [miːn] *pt, pp* **meant** *vt* **(a)** *(signify)* querer decir, significar; *(imply)* querer decir; **what does this word** ~? ¿qué quiere decir esta palabra?; **what do you** ~ **by that?** ¿qué quieres decir *or* *(LAm)* pretender con eso?; **it** ~**s a lot of expense for us** nos supone un gasto fuerte; **the play didn't** ~ **a thing to me** poco saqué de la obra; **your friendship** ~**s much to me** tu amistad es muy importante para mí. **(b)** *(intend)* pensar, tener la intención de; **to** ~ **to do sth** pensar *or* proponerse hacer algo; **what do you** ~ **to do?** ¿qué piensas hacer?; **he didn't** ~ **to do it** lo hizo sin querer; **do you** ~ **me?** ¿te refieres a mí?; **was the remark meant for me?** ¿la observación iba dirigida contra mí?; **the teacher is meant to do it** se supone que el profesor lo debe hacer; **I** ~ **to be obeyed** insisto en que se me obedezca; **he** ~**s well** tiene buenas intenciones. **(c)** *(be determined about)* te-

ner la plena intención de; **I ~ it** voy en serio; **I ~ what I say** lo digo en serio.

me·ander [mɪ'ændəʳ] *vi (river)* serpentear; *(person etc)* ir sin propósito fijo.

mean·ing ['mi:nɪŋ] *n (sense of word etc)* significado *m,* sentido *m;* **double ~** doble sentido; **this word has many ~s** esta palabra tiene muchas acepciones; **do you get my ~?** ¿me entiendes ?, ¿me sigues?; **what's the ~ of this?** *(as reprimand)* ¿puede saberse qué significa esto?

mean·ing·ful ['mi:nɪŋfʊl] *adj* significativo/a.

mean·ing·less ['mi:nɪŋlɪs] *adj* sin sentido.

mean·ness ['mi:nnɪs] *n (with money)* tacañería *f,* mezquindad *f; (nastiness)* maldad *f,* vileza *f; (low level)* bajeza *f.*

meant [ment] *pt, pp of* **mean.**

mean·time ['mi:ntaɪm] **1** *adv* entretanto. **2** *n:* **in the ~** mientras tanto, en el entretanto.

mean·while ['mi:nwaɪl] *adv* mientras tanto.

mea·sles ['mi:zlz] *n* sarampión *m.*

mea·sly ['mi:zlɪ] *adj* (**-ier, -iest**) *(fam)* miserable, mezquino/a.

meas·ure ['meʒəʳ] **1** *n* **(a)** *(system of ~)* medida *f;* **a ~ of length** una medida de longitud; **her happiness was beyond ~** su alegría no tenía límite. **(b)** *(rule etc)* metro *m; (glass)* probeta *f* graduada. **(c)** *(amount ~d)* **to give sb full/short ~** dar medida exacta/corta; **for good ~** por añadidura. **(d)** *(step)* medida *f;* **to take ~s to do sth** tomar medidas para hacer algo. **(e)** *(extent)* **in some ~** hasta cierto punto; **in large ~** en gran parte; **some ~ of success** cierto éxito; **to get the ~ of sb** medirle a uno. **(f)** *(Mus)* compás *m,* ritmo *m.*

2 *vt* medir; *(take sb's measurements)* tomar las medidas a; **to ~ one's length** *(fig)* caerse cuán largo es.

3 *vi* medir.

♦ **measure off** *vt + adv* medir.

♦ **measure out** *vt + adv* medir.

♦ **measure up** *vi + adv* mostrarse capaz; **to ~ up to sth** estar a la altura de algo.

meas·ured ['meʒəd] *adj (tread, pace)* deliberado/a; *(tone, way of talking)* mesurado/a.

meas·ure·ment ['meʒəmənt] *n (gen)* medida *f; (act)* medición *f;* **to take sb's ~s** tomar las medidas a uno.

meat [mi:t] *n (gen)* carne *f;* **cold ~** fiambre *m;* **~ and drink** comida y bebida; **this is ~ and drink to them** *(fig)* de eso viven; **a book with some ~ in it** un libro jugoso.

meat·ball ['mi:tbɔ:l] *n* albóndiga *f.*

meaty ['mi:tɪ] *adj* (**-ier, -iest**) jugoso/a; *(fig)* sustancioso/a.

me·chan·ic [mɪ'kænɪk] *n* mecánico/a *m/f.*

me·chani·cal [mɪ'kænɪkəl] *adj* mécanico/a; *(fig)* mecánico/a, maquinal; **~ engineer** ingeniero *m* mecánico; **~ engineering** ingeniería *f* mecánica.

me·chan·ics [mɪ'kænɪks] *n* **(a)** *(sg: Tech, Phys)* mecánica *f.* **(b)** *(pl: machinery, also fig)* mecanismo *m.*

mecha·nism ['mekənɪzəm] *n* mecanismo *m.*

mecha·nize ['mekənaɪz] *vt (gen)* mecanizar; *(factory etc)* reconvertir, automatizar.

med·al ['medl] *n* medalla *f.*

me·dal·lion [mɪ'dæljən] *n* medallón *m.*

med·al·list, *(US)* **med·al·ist** ['medəlɪst] *n* campeón/ona *m/f.*

med·dle ['medl] *vi (interfere)* (entro)meterse *(in* en); *(tamper)* **to ~ (with)** toquetear.

med·dler ['medləʳ] *n* entrometido/a *m/f.*

med·dle·some ['medlsəm] *adj,* **med·dling** ['medlɪŋ] *adj* entrometido/a.

me·dia ['mi:dɪə] *npl of* **medium: the ~** los medios de comunicación (de masas).

me·di·aeval [ˌmedɪ'i:vəl] *adj* = **medieval.**

me·di·ate ['mi:dɪeɪt] **1** *vi* mediar. **2** *vt* servir de intermediario para llegar a.

me·dia·tion [ˌmi:dɪ'eɪʃən] *n* mediación *f.*

me·dia·tor ['mi:dɪeɪtəʳ] *n* intermediario/a *m/f.*

medi·cal ['medɪkəl] **1** *adj (treatment etc)* médico/a; *(school, student, authority etc)* de medicina; **~ certificate** certificado *m* médico; **~ examination** reconocimiento *m* médico. **2** *n* reconocimiento *m* médico.

Medi·care ['medɪkεəʳ] *n (US)* seguro *m* médico del Estado.

medi·ca·ted ['medɪkeɪtɪd] *adj* medicinal.

medi·ca·tion [ˌmedɪ'keɪʃən] *n (drugs etc)* medicación *f.*

me·dici·nal [me'dɪsɪnl] *adj* medicinal.

medi·cine ['medsɪn, 'medɪsɪn] **1** *n* **(a)** *(drug)* medicina *f,* medicamento *m;* **to give sb a taste of his own ~** *(fig)* pagar a uno con la misma moneda; **to take one's ~** *(fig)* aguantar las consecuencias. **(b)** *(science)* medicina *f.* **2: ~ chest** *n* botiquín *m;* **~ man** *n* hechicero *m, (LAm)* shamán *m.*

me·di·eval [ˌmedɪ'i:vəl] *adj* medieval.

me·dio·cre [ˌmi:dɪ'əʊkəʳ] *adj* mediocre.

me·di·oc·rity [ˌmi:dɪ'ɒkrɪtɪ] *n* mediocridad *f.*

medi·tate ['medɪteɪt] *vi* reflexionar *or* meditar *(on* sobre); *(Rel etc)* meditar.

medi·ta·tion [ˌmedɪ'teɪʃən] *n* meditación *f,* reflexión *f; (Rel etc)* meditación *f.*

Medi·ter·ra·nean [ˌmedɪtə'reɪnɪən] *adj* mediterráneo/a; **the ~ (Sea)** el (Mar) Mediterráneo.

me·dium ['mi:dɪəm] **1** *adj* mediano/a; **of ~ height** de estatura regular; **~ wave** onda *f* media. **2** *n, pl* **media** *or* **-s (a)** *(means of communication)* medios *mpl.* **(b)** *(intervening substance)* medio *m; (environment)* medio ambiente. **(c)** *(midpoint)* **happy ~** justo medio *m.* **(d)** *(spiritualist)* médium *mf.*

medium-sized [ˌmi:djəm'saɪzd] *adj* de tamaño mediano *or* regular.

med·ley ['medlɪ] *n (mixture)* mezcla *f; (miscellany)* miscelánea *f; (Mus)* popurrí *m.*

meek [mi:k] *adj (submissive)* manso/a, sumiso/a; *(long-suffering)* sufrido/a; **~ and mild** como una malva.

meek·ness ['mi:knɪs] *n* mansedumbre *f.*

meet [mi:t] *pt, pp* **met 1** *vt* **(a)** *(encounter accidentally)* encontrarse *or* tropezarse con; *(by arrangement)* reunirse con, *(LAm)* encontrar; **to arrange to ~ sb** citarse, *(LAm)* quedar en verse con uno; **she ran out to ~ us** salió corriendo a encontrarnos; **to ~ sb off the train** esperar *or (LAm)* buscar a uno en la estación; **the car will ~ the train** el coche esperará la llegada del tren; **to ~ sb's eye** *or* **gaze** tropezar con la mirada de uno; **a terrible sight met his gaze** un panorama terrible se le presentó; **there's more to this than ~s the eye** aquí hay olor a gato encerrado. **(b)** *(get to know, be introduced to)* conocer; **~ my brother** quiero presentarte a mi hermano; **pleased to ~ you!** encantado de conocerle, mucho gusto. **(c)** *(come together with)* cruzar *or* topar con. **(d)** *(encounter: difficulty)* encontrar, tropezar con; *(: opponent)* enfrentarse con; **to ~ death calmly** esperar la muerte con tranquilidad. **(e)** *(satisfy: demand, need)* satisfacer; *(: requirement)* cumplir con; *(deficit)* cubrir; *(pay fully)* pagar, costear.

2 *vi* **(a)** *(encounter each other: by accident)* encontrarse; *(: by arrangement)* verse, reunirse; *(meeting, society)* reunirse; *(Sport: teams etc)* enfrentarse; **until we ~ again!** ¡hasta la vista!, *(LAm)* ¡hasta luego! **(b)** *(be introduced etc)* conocerse. **(c)** *(join: two ends)* unirse; *(: rivers)*

confluir; *(: roads, Rail)* empalmar; **our eyes met** *(fig)* cruzamos una mirada.
3 *n (Hunting)* cacería *f; (US Sport)* encuentro *m.*

♦ **meet up** *vi + adv* encontrarse; **to ~ up with sb** conocer a uno.

♦ **meet with** *vi + prep* **(a)** *(experience)* sufrir, experimentar; *(: difficulties etc)* encontrar, enfrentar. **(b)** *(formal)* entrevistarse con.

meet·ing ['mi:tɪŋ] **1** *n* **(a)** *(accidental)* encuentro *m; (arranged)* cita *f, (LAm)* compromiso *m; (business ~)* reunión *f;* **to call/hold a ~** convocar *or* llamar/celebrar una reunión; **the minister had a ~ with the ambassador** el ministro se entrevistó con el embajador. **(b)** *(of club, committee, council)* reunión *f; (Pol)* mitin *m;* **mass ~** concentración *f.* **(c)** *(Sport: rally)* encuentro *m.* **2: ~ place** *n* lugar *m* de reunión *or* encuentro.

mega·lo·ma·ni·ac [ˌmegələʊ'meɪnɪæk] *n* megalómano/a *m/f.*

mega·phone ['megəfəʊn] *n* megáfono *m.*

mel·an·choly ['melənkəlɪ] **1** *adj* melancólico/a; *(duty etc)* deprimente. **2** *n* melancolía *f.*

mel·low ['meləʊ] **1** *adj* **(-er, -est)** *(wine)* añejo/a; *(fruit)* maduro/a; *(colour, sound, light)* suave; *(person, character)* maduro/a; **to be ~** *(fam: person)* estar achispado. **2** *vi (gen)* madurar; *(colour, sound, wine)* suavizar. **3** *vt*: **old age has ~ed him** con la vejez se ha tranquilizado.

me·lo·dious [mɪ'ləʊdɪəs] *adj* melodioso/a.

melo·dra·ma ['meləʊˌdrɑ:mə] *n* melodrama *m.*

melo·dra·mat·ic [ˌmeləʊdrə'mætɪk] *adj* melodramático/a.

melo·dy ['melədɪ] *n* melodía *f.*

mel·on ['melən] *n* melón *m.*

melt [melt] **1** *vt* **(a)** derretir. **(b)** *(fig)* ablandar. **2** *vi* **(a)** derretirse; **it ~s in the mouth** se hace agua en la boca. **(b)** *(fig)* ablandarse; **to ~ into tears** deshacerse en lágrimas.

♦ **melt away** *vi + adv* **(a)** *(lit)* derretirse. **(b)** *(fig)* desaparecer, desvanecerse.

♦ **melt down** *vt + adv* fundir.

melt·ing ['meltɪŋ] **: ~ point** *n* punto *m* de fusión; **~ pot** *n (fig)* crisol *m;* **to be in the ~ pot** estar sobre el tapete.

mem·ber ['membə^r] *n (of family)* miembro/a *m/f; (of society)* socio/a *m/f;* **'~s only'** 'sólo para socios'; **~ of parliament** diputado/a *m/f;* **~ of the public** ciudadano/a *m/f;* **the ~ states** los estados *mpl* miembros.

mem·ber·ship ['membəʃɪp] *n (members)* socios *mpl;* **a ~ of more than 800** más de 800 socios; **to apply for ~** solicitar ser socio.

mem·brane ['membreɪn] *n* membrana *f.*

me·men·to [mə'mentəʊ] *n* recuerdo *m.*

memo ['meməʊ] **1** *n abbr of* **memorandum** *(reminder)* apunte *m,* nota *f.* **2: ~ pad** *n* agenda *f.*

mem·oir ['memwɑ:^r] *n* **(a)** memoria *f.* **(b) ~s** memorias *fpl,* autobiografía *fsg.*

memo·rable ['memərəbl] *adj* memorable.

memo·ran·dum [ˌmemə'rændəm] *n, pl* **memoranda** memorándum *m; (personal reminder)* apunte *m.*

me·mo·rial [mɪ'mɔ:rɪəl] **1** *adj* conmemorativo/a. **2** *n (monument)* monumento *m* conmemorativo.

memo·rize ['meməraɪz] *vt* aprender de memoria.

memo·ry ['memərɪ] *n* **(a)** *(faculty)* memoria *f;* **I have a bad ~ for faces** se me olvida la cara de la gente; **he recited the poem from ~** recitó el poema de memoria. **(b)** *(recollection)* recuerdo *m.* **(c) in ~ of, to the ~ of** en memoria de. **(d)** *(Comput)* memoria *f.*

men [men] *npl of* **man.**

men·ace ['menɪs] **1** *n* **(a)** *(no pl)* amenaza *f; (: a danger)* peligro *m.* **(b)** *(fam: nuisance)* lata *f.* **2** *vt* amenazar.

men·ac·ing ['menɪsɪŋ] *adj* amenazador(a).

mend [mend] **1** *n*: **to be on the ~** estar mejorando. **2** *vt* **(a)** *(repair)* reparar, poner en condiciones; *(darn)* remendar, zurcir. **(b)** *(improve)* **to ~ one's ways** enmendarse; **to ~ matters** mejorar las cosas. **3** *vi (improve)* mejorarse, reponerse.

mend·ing ['mendɪŋ] *n (act)* reparación *f,* compostura *f; (clothes etc to be mended)* ropa *f* para remendar; **invisible ~** zurcido *m* invisible.

men·folk ['menfəʊk] *npl* hombres *mpl.*

me·nial ['mi:nɪəl] **1** *adj (lowly)* servil; *(domestic)* doméstico/a, de la casa. **2** *n (servant)* criado/a *m/f,* sirviente/a *m/f.*

men·in·gi·tis [ˌmenɪn'dʒaɪtɪs] *n* meningitis *f.*

meno·pause ['menəʊpɔ:z] *n* menopausia *f.*

men·stru·ate ['menstrʊeɪt] *vi* menstruar.

men·strua·tion [ˌmenstrʊ'eɪʃən] *n* menstruación *f.*

men·tal ['mentl] *adj* **(a)** mental; **he has a ~ age of 6** tiene una edad mental de 6 años; **to make a ~ note of sth** tomar nota mental de algo; **~ arithmetic** cálculo *m* mental; **~ home** *or* **hospital** hospital *m* para enfermos mentales, manicomio *m;* **~ illness** enfermedad *f* mental. **(b)** *(fam: mad)* chalado/a, chiflado/a.

men·tal·ity [men'tælɪtɪ] *n* mentalidad *f.*

men·tal·ly ['mentəlɪ] *adv* **(a)** mentalmente; **~ handicapped** *or* **deficient** minusválido mental; **she is ~ ill** tiene una enfermedad mental. **(b)** *(in one's head)* mentalmente.

men·thol ['menθɒl] **1** *n* mentol *m.* **2** *adj* mentolado/a.

men·tion ['menʃən] **1** *n* mención *f.* **2** *vt (gen)* mencionar, mentar; *(speak of)* hablar de; *(in dispatches)* citar; **not to ~ ...** sin contar ...; **don't ~ it!** de nada, no faltaba más, no hay de qué.

menu ['menju:] *n (list)* carta *f; (set meal)* menú *m, (LAm)* comida *f* corrida, cubierto *m.*

mer·ce·nary ['mɜ:sɪnərɪ] *adj, n* mercenario/a *m/f.*

mer·chan·dise ['mɜ:tʃəndaɪz] *n (no pl)* mercancías *fpl.*

mer·chant ['mɜ:tʃənt] **1** *n (gen)* comerciante *mf; (retailer)* detallista *mf,* minorista *mf.* **2: ~ bank** *n* banco *m* comercial; **~ navy** *n* marina *f* mercante; **~ seaman** *n* marinero *m* de la marina mercante.

mer·ci·ful ['mɜ:sɪfʊl] *adj* misericordioso/a, compasivo/a; **a ~ death** una muerte afortunada.

mer·ci·ful·ly ['mɜ:sɪfəlɪ] *adv* con compasión; *(fortunately)* afortunadamente.

mer·ci·less ['mɜ:sɪlɪs] *adj* despiadado/a.

Mer·cu·ry ['mɜ:kjʊrɪ] *n (Astron)* Mercurio *m.*

mer·cu·ry ['mɜ:kjʊrɪ] *n* mercurio *m,* azogue *m.*

mer·cy ['mɜ:sɪ] **1** *n* misericordia *f,* compasión *f;* **to beg for ~** pedir clemencia; **to be at the ~ of sb/sth** estar a merced de uno/algo; **to have ~ on sb** compadecerse de uno; **to be left to the tender mercies of sb** quedar abandonado a la voluntad de uno; **it's a ~ that no-one was hurt** *(fam)* menos mal que nadie quedó herido. **2: ~ killing** *n* eutanasia *f.*

mere [mɪə^r] *adj* mero/a, puro/a; **a ~ man** un hombre nada más *or (LAm)* nomás.

mere·ly ['mɪəlɪ] *adv* solamente, simplemente; **she ~ smiled** sonrió nada más.

merge [mɜ:dʒ] **1** *vt (Comm)* combinar, unir. **2** *vi* **(a)** *(colours, sounds, shapes etc)* fundirse; *(roads)* empalmar; *(parties etc)* fusionarse; **to ~ into the background** absorberse en el trasfondo. **(b)** *(Comm)* fusionarse.

mer·ger ['mɜ:dʒə^r] *n (Comm)* fusión *f.*

me·ringue [mə'ræŋ] *n* merengue *m.*

mer·it ['merɪt] **1** *n* mérito *m;* **to look** *or* **inquire into**

the ~s of sth investigar algo desde todos los puntos de vista; **to treat a case on its ~s** juzgar un caso según sus propios méritos. **2** *vt* merecer.
meri·toc·ra·cy [ˌmerɪˈtɒkrəsɪ] *n* meritocracia *f.*
mer·maid [ˈmɜːmeɪd] *n* sirena *f.*
mer·ri·ment [ˈmerɪmənt] *n* alegría *f,* regocijo *m.*
mer·ry [ˈmerɪ] *adj* (**-ier, -iest**) *(cheerful)* alegre; *(enjoyable)* divertido/a; **to get ~** *(fam)* achisparse; *see* **Christmas.**
merry-go-round [ˈmerɪgəʊˌraʊnd] *n* tiovivo *m, (Mex)* caballitos *mpl, (RPl)* calesita *f.*
merry·making [ˈmerɪˌmeɪkɪŋ] *n (party)* fiesta *f; (enjoyment)* diversión *f; (happiness)* alegría *f,* regocijo *m.*
mesh [meʃ] *n* **(a)** *(hole)* malla *f.* **(b)** *(network, net, also fig)* red *f.* **(c)** *(gears etc)* **in ~** engranado/a. **(d)** *(Tech)* **wire ~** tela *f* metálica.
mes·mer·ize [ˈmezməraɪz] *vt* hipnotizar; *(fig)* fascinar.
mess [mes] *n* **(a)** *(confusion of objects)* revoltijo *m,* desorden *m; (dirt)* porquería *f;* **you look a ~** estás hecho un desastre; **to be (in) a ~** estar revuelto; *(fig)* ser un lío *or (Sp)* follón *or (LAm)* desmadre; **to make a ~** *(object)* hacer un revoltijo; *(dirt)* ensuciarse; **to make a ~ of** *(disorder)* dejar en desorden; *(dirty)* ensuciar; *(fig)* echar a perder. **(b)** *(euph: excreta)* porquería *f.* **(c)** *(awkward predicament)* lío *m, (LAm)* desmadre *m;* **to be/get (o.s.) in a ~** estar/meterse en un lío. **(d)** *(Mil etc)* comedor *m.*
♦ **mess about, mess around** *(fam)* **1** *vt + adv* fastidiar, *(LAm)* molestar *or* joder *(fam).* **2** *vi + adv* **(a)** *(play the fool)* hacer tonterías. **(b)** *(to do nothing in particular) (Sp)* gandulear, *(LAm)* flojear. **(c)** *(tinker, fiddle)* **to ~ about** *or* **around with sth** entretenerse con algo; **to ~ about** *or* **around with sb** *(associate with)* tener un lío con uno, *(LAm)* andar con uno.
♦ **mess up** *vt + adv* desordenar, *(LAm)* dejar revuelto; *(fig)* echar a perder.
mes·sage [ˈmesɪdʒ] *n* recado *m; (frm, fig)* mensaje *m;* **to leave a ~** dejar un recado; **the ~ of the film** el mensaje de la película; **to get the ~** *(fig fam)* caer en la cuenta.
mes·sen·ger [ˈmesɪndʒəʳ] **1** *n* mensajero/a *m/f.* **2: ~ boy** *n* recadero *m.*
Mes·si·ah [mɪˈsaɪə] *n* Mesías *m.*
Messrs [ˈmesəz] *abbr of* **Messieurs** Sres.
messy [ˈmesɪ] *adj* (**-ier, -iest**) *(dirty)* sucio/a; *(untidy)* desordenado/a, desarreglado/a; *(confused)* confuso/a.
met [met] *pt, pp of* **meet.**
me·tabo·lism [meˈtæbəlɪzəm] *n* metabolismo *m.*
met·al [ˈmetl] **1** *n* metal *m; (Brit: on road)* grava *f.* **2: ~ polish** *n* abrillantador *m* de metales.
me·tal·lic [mɪˈtælɪk] *adj* metálico/a.
met·al·lur·gy [meˈtælədʒɪ] *n* metalurgia *f.*
metal·work [ˈmetlwɜːk] *n (craft)* metalistería *f.*
meta·mor·pho·sis [ˌmetəˈmɔːfəsɪs] *n, pl* **metamorphoses** [ˌmetəˈmɔːfəsiːz] metamorfosis *f.*
meta·phor [ˈmetəfəʳ] *n* metáfora *f.*
meta·phoric(al) [ˌmetəˈfɒrɪk(əl)] *adj* metafórico/a.
meta·physi·cal [ˌmetəˈfɪzɪkəl] *adj* metafísico/a.
meta·phys·ics [ˌmetəˈfɪzɪks] *nsg* metafísica *f.*
mete [miːt] *vt:* **to ~ out** repartir.
me·teor [ˈmiːtɪəʳ] *n* meteoro *m.*
me·teor·ic [ˌmiːtɪˈɒrɪk] *adj* meteórico/a; *(fig)* rápido/a, meteórico/a.
me·teor·ite [ˈmiːtɪəraɪt] *n* meteorito *m.*
me·teoro·logi·cal [ˌmiːtɪərəˈlɒdʒɪkəl] *adj* meteorológico/a; **the M~ Office** *(Brit)* la Oficina Meteorológica.
me·teor·ol·ogy [ˌmiːtɪəˈrɒlədʒɪ] *n* meteorología *f.*
me·ter¹ [ˈmiːtəʳ] *n* contador *m, (LAm)* medidor *m;* **gas/electricity ~** contador de gas/de electricidad; **parking ~** parquímetro *m.*
me·ter² [ˈmiːtəʳ] *n (US)* = **metre.**
me·thane [ˈmiːθeɪn] *n* metano *m.*
meth·od [ˈmeθəd] *n* **(a)** *(manner, way)* método *m; (of payment)* manera *f, (LAm)* forma *f; (procedure)* procedimiento *m.* **(b)** *(technique)* técnica *f;* **there's ~ in his madness** no es tan loco como lo pintan.
me·thodi·cal [mɪˈθɒdɪkəl] *adj* metódico/a.
Meth·od·ism [ˈmeθədɪzəm] *n* metodismo *m.*
Meth·od·ist [ˈmeθədɪst] *adj, n* metodista *mf.*
meth·od·ol·ogy [ˌmeθəˈdɒlədʒɪ] *n* metodología *f.*
meths [meθs] *n abbr of* **methylated spirit(s).**
meth·yl·at·ed spir·it(s) [ˈmeθɪleɪtɪd ˈspɪrɪt(s)] *n(pl)* alcohol *m* desnaturalizado.
me·ticu·lous [mɪˈtɪkjʊləs] *adj* meticuloso/a.
mé·ti·er [meɪtjeɪ] *n* oficio *m.*
me·tre [ˈmiːtəʳ] *n (gen)* metro *m.*
met·ric [ˈmetrɪk] *adj* métrico/a; **to go ~** pasar al sistema métrico.
met·ri·ca·tion [ˌmetrɪˈkeɪʃən] *n* conversión *f* al sistema métrico.
me·tropo·lis [mɪˈtrɒpəlɪs] *n* metrópoli *f.*
met·ro·poli·tan [ˌmetrəˈpɒlɪtən] *adj* metropolitano/a.
met·tle [ˈmetl] *n* ánimo *m,* valor *m;* **to be on one's ~** estar dispuesto a mostrar su valor.
mew [mjuː] **1** *n* maullido *m,* miau *m.* **2** *vi* maullar, hacer miau.
mews [mjuːz] *n* callejuela *f.*
Mexi·can [ˈmeksɪkən] *adj, n* mejicano/a *m/f, (LAm)* mexicano/a *m/f.*
Mexi·co [ˈmeksɪkəʊ] *n* Méjico *m, (LAm)* México *m.*
mez·za·nine [ˈmezəniːn] *n* entresuelo *m.*
mezzo-soprano [ˌmetsəʊsəˈprɑːnəʊ] *n (voice)* mezzo-soprano *m; (singer)* mezzo-soprano *f.*
mi·aow [miːˈaʊ] **1** *n* maullido *m,* miau *m.* **2** *vi* maullar, hacer miau.
mica [ˈmaɪkə] *n* mica *f.*
mice [maɪs] *npl of* **mouse.**
mick·ey [ˈmɪkɪ] *n (fam)* **to take the ~ (out of sb)** tomar el pelo (a uno).
micro... [ˈmaɪkrəʊ] *(pref)* micro... .
mi·crobe [ˈmaɪkrəʊb] *n (Bio, Med)* microbio *m.*
micro·bi·ol·ogy [ˌmaɪkrəʊbaɪˈɒlədʒɪ] *n* microbiología *f.*
micro·chip [ˈmaɪkrəʊtʃɪp] *n (Elec)* microplaqueta *f.*
micro·computer [ˈmaɪkrəʊkəmˌpjuːtəʳ] *n* microcomputadora *f,* microordenador *m.*
micro·cosm [ˈmaɪkrəʊkɒzəm] *n* microcosmo *m.*
micro·film [ˈmaɪkrəʊfɪlm] *n* microfilm *m.*
mi·crom·eter [maɪˈkrɒmɪtəʳ] *n* micrómetro *m.*
micro·phone [ˈmaɪkrəfəʊn] *n* micrófono *m.*
micro·pro·ces·sor [ˌmaɪkrəʊˈprəʊsesəʳ] *n* microprocesador *m.*
micro·scope [ˈmaɪkrəskəʊp] *n* microscopio *m.*
micro·scop·ic(al) [ˌmaɪkrəˈskɒpɪk(əl)] *adj* microscópico/a.
micro·sur·gery [ˌmaɪkrəʊˈsɜːdʒərɪ] *n* microcirugía *f.*
micro·wave (oven) [ˈmaɪkrəʊweɪv (ˈʌvn)] *n* horno *m* microondas.
mid [mɪd] *adj:* **in ~ morning** a media mañana; **in ~ journey** a medio camino; **in ~ June** a mediados de junio; **in ~ air** *(catch sth)* al vuelo; *(fig: leave sth)* a medio hacer; **in ~ ocean** en alta mar.
mid·day [ˌmɪdˈdeɪ] **1** *n* mediodía *f;* **at ~** a mediodía. **2** *adj* de mediodía.
mid·dle [ˈmɪdl] **1** *adj (central)* central, de en medio;

(average) mediano/a. **2** *n (centre)* centro *m*, medio *m; (waist)* cintura *f;* **to cut through the ~** cortar por la mitad; **in the ~ of the field** en medio del campo; **in the ~ of nowhere** en el quinto pino; **in the ~ of summer** en pleno verano; **I'm in the ~ of reading it** lo tengo leído hasta la mitad. **3: ~ age** *n* mediana edad *f;* **the M~ Ages** *npl* la Edad Media; **~ C** *n (Mus)* do *m* mayor; **the ~ class(es)** *n (gen)* la clase media; *(bourgeoisie)* la burguesía; **M~ East** *n* Medio Oriente *m;* **~ name** *n* nombre *m* segundo.

middle-aged [ˌmɪdl'eɪdʒd] *adj* de mediana edad.

middle-class [ˌmɪdl'klɑːs] *adj (gen)* de (la) clase media; *(bourgeois)* burgués/esa.

middle·man ['mɪdlmæn] *n, pl* **-men** *(Comm)* intermediario *m*.

middle-of-the-road [ˌmɪdləvðə'rəʊd] *adj (gen)* moderado/a, nada extremo/a.

middle-sized [ˌmɪdl'saɪzd] *adj* mediano/a.

mid·dling ['mɪdlɪŋ] *adj (gen)* mediano/a; *(pej)* regular.

midge [mɪdʒ] *n* mosca *f* enana.

midg·et ['mɪdʒɪt] *n* enano/a *m/f.*

mid·night ['mɪdnaɪt] **1** *n* medianoche *f;* **at ~** a medianoche *f*. **2** *cpd* de medianoche; **to burn the ~ oil** quemarse las pestañas.

mid·riff ['mɪdrɪf] *n* diafragma *m*.

midst [mɪdst] *n:* **in the ~ of** *(place)* en medio de, *(LAm)* a mitad de; **in the ~ of the battle** *(fig)* en plena batalla.

mid·stream [ˌmɪd'striːm] *n:* **in ~** *(fig)* antes de terminar, *(LAm)* a mitad de camino; **he stopped talking in ~** dejó de hablar a mitad de la frase.

mid·sum·mer ['mɪdˌsʌmər] *n* estío *m*, pleno verano *m;* **M~('s) Day** Día de San Juan *(24 junio).*

mid·way [ˌmɪd'weɪ] **1** *adv* a medio camino. **2** *adj:* **the ~ point between X and Y** el punto medio entre X y Y.

mid·week [ˌmɪd'wiːk] **1** *adv* entre semana. **2** *adj* de entre semana.

mid·wife ['mɪdwaɪf] *n, pl* **-wives** comadrona *f*, partera *f*.

mid·win·ter [ˌmɪd'wɪntər] *n* pleno invierno *m*.

might[1] [maɪt] *pt of* **may.**

might[2] [maɪt] *n* poder *m*, fuerza *f;* **with all one's ~** con todas sus fuerzas.

mighty ['maɪtɪ] **1** *adj* **(-ier, -iest)** *(gen)* poderoso/a; *(vast)* vasto/a. **2** *adv (fam)* muy.

mi·graine ['miːgreɪn] *n* jaqueca *f*.

mi·grant ['maɪgrənt] **1** *adj* migratorio/a. **2** *n* emigrante *mf; (worker)* migratorio/a *m/f.*

mi·grate [maɪ'greɪt] *vi (animals, people)* emigrar; *(move)* trasladarse.

mi·gra·tion [maɪ'greɪʃən] *n* migración *f*.

mike [maɪk] *n (fam) abbr of* **microphone** micro *m*.

mild [maɪld] *adj* **(-er, -est) (a)** *(gen)* suave; *(punishment, rebuke)* poco severo/a; *(climate, weather)* templado/a. **(b)** *(person)* apacible, dulce. **(c)** *(in flavour: cheese, cigarette)* suave; *(: not strong enough)* flojo/a. **(d)** *(slight)* ligero/a.

mil·dew ['mɪldjuː] *n (on plants)* añublo *m; (on food, leather etc)* moho *m*.

mild·ly ['maɪldlɪ] *adv (gently)* suavemente; *(slightly)* ligeramente; **to put it ~, and that's putting it ~** para no decir más.

mild·ness ['maɪldnɪs] *n (see adj)* suavidad *f;* dulzura *f;* flojedad *f;* lo ligero.

mile [maɪl] *n* milla *f;* **~s per gallon** millas por galón; **they live ~s away** viven a varias millas de distancia; **it stands** *or* **sticks out a ~** se ve a la legua.

mile·age ['maɪlɪdʒ] *n* distancia *f* en millas; *(on milеometer)* kilometraje *m;* **what ~ does your car do?** ¿cuántos kilómetros hace tu coche por galón?

mile·om·eter [maɪ'lɒmɪtər] *n (Aut)* cuentakilómetros *m inv.*

mile·stone ['maɪlstəʊn] *n (on road)* mojón *m; (fig)* hito *m*.

mi·lieu ['miːljɜː] *n* medio *m*.

mili·tant ['mɪlɪtənt] **1** *adj (combative)* combativo/a; *(strike etc)* militante; **to be a party ~** militar en un partido. **2** *n* militante *mf.*

mili·ta·rism ['mɪlɪtərɪzəm] *n* militarismo *m*.

mili·ta·ris·tic [ˌmɪlɪtə'rɪstɪk] *adj* militarista.

mili·tary ['mɪlɪtərɪ] **1** *adj* militar; **to do ~ service** hacer el servicio (militar). **2** *n:* **the ~** los militares *mpl.*

mili·tate ['mɪlɪteɪt] *vi:* **to ~ against** militar en contra de.

mi·li·tia [mɪ'lɪʃə] *n* milicias *fpl.*

mi·li·tia·man [mɪ'lɪʃəmən] *n* miliciano *m*.

milk [mɪlk] **1** *n* leche *f;* **skim(med) ~** leche desnatada; **~ of magnesia** *(Med)* leche de magnesia; **it's no good crying over spilt ~** *(Prov)* a lo hecho, pecho. **2** *vt* ordeñar; *(fig)* exprimir. **3** *cpd* lechero/a, de leche; **~ chocolate** *n* chocolate *m* con leche; **~ cow** *n* vaca *f* lechera; **~ diet** *n* dieta *f* láctea; **~ float** *n* carro *m* de la leche; **~ shake** *n* batido *m*, *(LAm)* malteada *f;* **~ tooth** *n* diente *m* de leche.

milk·ing ma·chine ['mɪlkɪŋməˌʃiːn] *n* ordeñadora *f* mecánica.

milk·man ['mɪlkmən] *n, pl* **-men** lechero *m*, repartidor *m* de leche.

milky ['mɪlkɪ] *adj* **(-ier, -iest)** lechoso/a; **~ tea** té *m* con mucha leche; **M~ Way** *(Astron)* Vía *f* Láctea.

mill [mɪl] **1** *n* **(a)** *(textile factory)* fábrica *f* (de tejidos); *(sugar ~)* ingenio *m* de azúcar; *(spinning ~)* hilandería *f; (steel ~)* acería *f*. **(b)** *(machine)* molino *m; (: for coffee etc)* molinillo *m; (Tech)* fresadora *f;* **to put sb through the ~** *(fig)* someter a uno a duras pruebas. **2** *vt* moler; *(metal)* pulir; *(coin)* acordonar.

♦ **mill about, mill around** *vi + adv* arremolinarse.

milled [mɪld] *adj (grain)* molido/a; *(coin, edge)* acordonado/a.

mil·len·nium [mɪ'lenɪəm] *n* milenio *m*.

mil·ler ['mɪlər] *n* molinero/a *m/f.*

mil·let ['mɪlɪt] *n* mijo *m*.

mil·li·gram(me) ['mɪlɪgræm] *n* miligramo *m*.

mil·li·li·tre, (US) mil·li·li·ter ['mɪlɪˌliːtər] *n* mililitro *m*.

mil·li·metre, (US) mil·li·meter ['mɪlɪˌmiːtər] *n* milímetro *m*.

mil·li·ner ['mɪlɪnər] *n* sombrerero/a *m/f.*

mil·lion ['mɪljən] *n* millón *m;* **4 ~ dogs** 4 millones de perros; **she's one in a ~** *(fam)* es un mirlo blanco; **I've got ~s of letters to write** tengo miles de cartas que escribir.

mil·lion·aire [ˌmɪljə'nɛər] *n* millonario/a *m/f.*

mil·li·pede ['mɪlɪpiːd] *n* milpiés *m inv.*

mill·stone ['mɪlstəʊn] *n* piedra *f* de molino, muela *f;* **it's a ~ round his neck** es una cruz que lleva a cuestas.

mime [maɪm] **1** *n (acting)* mimo *m; (play)* teatro *m* de mimo; *(actor)* mimo/a *m/f.* **2** *vt* imitar, remedar.

mim·ic ['mɪmɪk] **1** *n* mímico/a *m/f.* **2** *vt* imitar, remedar.

mim·ic·ry ['mɪmɪkrɪ] *n* mímica *f*.

min. *abbr of* **minimum; minute(s)**[1].

mina·ret ['mɪnəret] *n* alminar *m*, minarete *m*.

mince [mɪns] **1** *n (Culin)* carne *f* picada, *(LAm)* picadillo *m*. **2** *vt* picar; **not to ~ one's words** no tener pelos en la lengua. **3** *vi (in walking)* andar con pasos medidos; *(in talking)* hablar remilgadamente.

mince·meat ['mɪnsmi:t] *n* conserva *f* de picadillo de fruta; **to make ~ of sb** *(fig)* hacer pedazos a uno.

minc·er ['mɪnsə^r] *n (machine)* máquina *f* de picar carne.

mind [maɪnd] **1** *n* **(a)** *(intellect)* mente *f*, mentalidad *f; (intelligence)* inteligencia *f*, cerebro *m;* **the idea was fixed in his ~** la idea le quedó fija en la cabeza; **one of the finest ~s of the period** uno de los cerebros de la época.

(b) *(cast of ~)* mentalidad *f;* **state of ~** estado *m* de ánimo.

(c) *(thoughts)* cabeza *f*, pensamiento *m;* **I am not clear in my ~ about it** todavía no lo llego a entender; **to be uneasy in one's ~** quedar con dudas; **what's on your ~?** ¿qué es lo que te preocupa?; **I can't get it out of my ~** no lo puedo quitar de la cabeza; **to put** *or* **set** *or* **give one's ~ to sth** dedicarse a algo; **that will take your ~ off it** te distraerá.

(d) *(memory)* recuerdo *m*, memoria *f;* **to bear** *or* **keep sth/sb in ~** tener presente *or* en cuenta algo/a uno; **it went right out of my ~** se me fue por completo (de la cabeza); **to bring** *or* **call sth to ~** recordar algo, traer algo a la memoria.

(e) *(intention)* propósito *m;* **to have sth in ~** tener pensado algo; **to have sb in ~** tener a uno en mente; **to have in ~ to do sth** tener intención de hacer algo; **I have a good ~ to do it** ganas no me faltan de hacerlo; **I have half a ~ to do it** sería capaz de hacerlo; **nothing was further from my ~** nada más lejos de mi intención; **to change one's ~** cambiar de idea *or* de parecer.

(f) *(opinion)* opinión *f*, parecer *m;* **to make up one's ~** decidirse; **to be in two ~s** dudar, estar indeciso; **to be of one** *or* **the same ~** estar de acuerdo; **to have a ~ of one's own** *(person: think for o.s.)* pensar por sí mismo; *(hum: machine etc)* tener voluntad propia; **to my ~** a mi parecer *or* juicio.

(g) *(sanity)* juicio *m;* **to go out of** *or* **lose one's ~** perder el juicio; **to be out of one's ~** estar fuera de juicio.

2 *vt* **(a)** *(pay attention to)* hacer caso de; *(obey: rules)* obedecer; *(be careful of)* tener cuidado con; **~ you, it was raining at the time** claro *or* hay que reconocer que en ese momento llovía; **~ your own business!** ¡no te metas donde no te llaman!

(b) *(oversee)* cuidar, *(LAm)* atender.

(c) *(be put out by)* tener inconveniente en, sentirse molesto por; **please, if you don't ~** si no le importa, *(LAm)* si es tan amable; **I don't ~ the cold** a mí no me molesta el frío; **would you ~ opening the door?** ¿me hace el favor de abrir la puerta?, *(LAm)* ¿le importa abrir la puerta?; **never ~ that now** olvidémoslo de momento; **never ~ him** no le hagas caso; **don't ~ me** *(iro)* por mí no se preocupe; **I wouldn't ~ a cup of tea** no vendría mal un té.

3 *vi* **(a)** *(be careful)* tener cuidado; *(pay attention)* **~ you get there first** procura llegar primero.

(b) *(be put out)* tener inconveniente; **do you ~?** ¿te importa?; **close the door, if you don't ~** hazme el favor de cerrar la puerta; **do you ~ if I open the window?** ¿te molesta que abra la ventana?; **never ~** *(don't worry)* no te preocupes; *(it makes no odds)* es igual, da lo mismo.

(c) *(worry, be concerned)* preocuparse.

♦ **mind out** *vi + adv* tener cuidado; **~ out!** ¡cuidado! ¡ojo!, *(LAm)* ¡abusado!

-mind·ed ['maɪndɪd] *adj suf:* **fair~** imparcial; **scientifically~** con afición por la ciencia.

mind·ful ['maɪndfʊl] *adj:* **to be ~ of** tener presente *or* en cuenta.

mind·less ['maɪndlɪs] *adj (violence, crime)* sin motivo; *(task)* automático/a.

mine[1] [maɪn] *poss pron* mío/a, el mío, la mía; **is this glass ~?** ¿este vaso es mío?; **which is ~?** ¿cuál es el mío?; **a friend of ~** un amigo mío.

mine[2] [maɪn] **1** *n* **(a)** mina *f;* **to work down the ~** trabajar en una mina. **(b)** *(Mil, Naut etc)* mina *f;* **to lay ~s** poner minas. **(c)** *(fig)* **the book is a ~ of information** este libro es una mina de información. **2** *vt* **(a)** *(minerals etc)* extraer; *(a mine)* explotar. **(b)** *(Mil, Naut)* minar, poner minas en. **3** *vi* extraer, explotar; **to ~ for sth** buscar algo abriendo una mina. **4: ~ detector** *n* detector *m* de minas.

mine·field ['maɪnfi:ld] *n* campo *m* de minas; *(fig)* asunto *m* delicado.

min·er ['maɪnə^r] *n* minero/a *m/f.*

min·er·al ['mɪnərəl] **1** *adj* mineral; **~ deposit** yacimiento *m* minero; **~ water** agua *f* mineral. **2** *n* mineral *m.*

mine·sweeper ['maɪn,swi:pə^r] *n* dragaminas *m inv.*

min·gle ['mɪŋgl] **1** *vt* mezclar. **2** *vi (gen)* mezclarse; *(sound etc)* confundirse.

mini ['mɪnɪ] *n (miniskirt)* minifalda *f.*

minia·ture ['mɪnɪtʃə^r] **1** *n* miniatura *f;* **in ~** en miniatura. **2** *adj (gen)* (en) miniatura; *(tiny)* diminuto/a.

minia·tur·ize ['mɪnɪtʃəraɪz] *vt* miniaturizar.

mini·bus ['mɪnɪbʌs] *n* micro(bús) *m.*

mini-cab ['mɪnɪkæb] *n* microtaxi *m.*

mini·mal ['mɪnɪml] *adj* mínimo/a.

mini·mize ['mɪnɪmaɪz] *vt* **(a)** *(reduce)* reducir al mínimo. **(b)** *(belittle)* menospreciar.

mini·mum ['mɪnɪməm] **1** *n* mínimo *m*, mínimum *m;* **down to a ~ of 5 degrees** hasta un mínimo de 5 grados; **to reduce sth to a ~** reducir algo al mínimo. **2** *adj* mínimo/a; **~ wage** salario *m* mínimo.

min·ing ['maɪnɪŋ] **1** *n* **(a)** minería *f*, explotación *f* de minas. **(b)** *(Mil, Naut)* minado *m.* **2** *cpd* minero/a; **~ engineer** *n* ingeniero/a *m/f* de minas; **~ industry** *n* industria *f* minera.

mini·skirt ['mɪnɪskɜ:t] *n* minifalda *f.*

min·is·ter ['mɪnɪstə^r] **1** *n (Pol)* ministro *m*, *(LAm)* secretario *m; (Rel)* pastor *m*, clérigo *m;* **Prime M~** primer(a) ministro/a *m/f.* **2** *vi:* **to ~ to** atender a.

min·is·te·rial [,mɪnɪs'tɪərɪəl] *adj (Pol)* ministerial.

min·is·try ['mɪnɪstrɪ] *n (Pol)* ministerio *m*, *(LAm)* secretaría *f; (Rel)* sacerdocio *m;* **M~ of Transport** Ministerio de Transporte.

mink [mɪŋk] **1** *n* visón *m.* **2: ~ coat** *n* abrigo *m* de visón.

mi·nor ['maɪnə^r] **1** *adj* **(a)** *(unimportant)* sin importancia, secundario/a; **of ~ importance** de poca importancia. **(b)** *(young)* menor de edad. **(c)** *(Mus)* menor; **~ key** tono *m* menor. **2** *n* **(a)** *(Mus)* **the ~** el tono menor. **(b)** *(Jur)* menor *mf* de edad. **(c)** *(US Univ)* asignatura *f* secundaria.

mi·nor·ity [maɪ'nɒrɪtɪ] *n (gen)* minoría *f; (age)* minoría de edad; **a ~ view** un punto de vista minoritario; **to be in a ~** estar en la minoría, *(LAm)* ser minoría.

min·strel ['mɪnstrəl] *n* trovador *m*, juglar *m.*

mint[1] [mɪnt] **1** *n* casa *f* de moneda; **to be worth a ~ (of money)** valer un dineral. **2** *adj:* **in ~ condition** como nuevo, sin usar. **3** *vt* acuñar.

mint[2] [mɪnt] *n (Bot)* hierbabuena *f*, menta *f; (sweet)* pastilla *f* de menta.

minu·et [ˌmɪnjʊ'et] *n* minué *m*.

mi·nus ['maɪnəs] **1** *prep* **(a)** menos; **9 ~ 6** 9 menos 6. **(b)** *(without, deprived of)* sin. **2** *adj* negativo/a, menos; **it's ~ 20 outside** está a 20 bajo cero afuera.

min·ute[1] ['mɪnɪt] **1** *n* **(a)** *(of degree, time)* minuto *m;* **I'll come in a ~** voy en un minuto, *(LAm)* ahorita voy; **wait a ~!** ¡espera un momento!, *(LAm)* ¡momentito!; **at that ~ the phone rang** en ese momento sonó el teléfono; **tell me the ~ he arrives** avísame en cuanto *or (LAm)* no más llegue. **(b)** *(official note)* nota *f*, apuntación *f;* **~s** *(of meeting)* actas *fpl.* **2: ~ hand** *n* minutero *m*.

min·ute[2] [maɪ'nju:t] *adj (small)* diminuto/a; *(detailed, exact)* minucioso/a.

mi·nute·ly [maɪ'nju:tlɪ] *adv (by a small amount)* por muy poco; *(in detail)* detalladamente, minuciosamente.

mira·cle ['mɪrəkl] *n* milagro *m;* **it's a ~ that you weren't hurt** *(fig)* ¡qué milagro que salieras ileso!; **by some ~ he passed his exam** *(fig)* por milagro aprobó el examen.

mi·racu·lous [mɪ'rækjʊləs] *adj* milagroso/a.

mi·rage ['mɪrɑ:ʒ] *n* espejismo *m*.

mir·ror ['mɪrə^r] **1** *n* espejo *m;* **driving ~** espejo retrovisor. **2** *vt* reflejar.

mirth [mɜ:θ] *n (good humour)* alegría *f*, júbilo *m; (laughter)* risas *fpl.*

mis·ad·ven·ture [ˌmɪsəd'ventʃə^r] *n* desgracia *f*, contratiempo *m;* **death by ~** *(Jur)* muerte *f* accidental.

mis·an·thro·pist [mɪ'zænθrəpɪst] *n* misántropo/a *m/f*.

mis·ap·ply [ˌmɪsə'plaɪ] *vt (gen)* malgastar; *(funds)* malversar.

mis·ap·pre·hen·sion ['mɪsˌæprɪ'henʃən] *n* malentendido *m*, equivocación *f;* **to be under a ~** estar equivocado.

mis·ap·pro·pri·ate [ˌmɪsə'prəʊprɪeɪt] *vt* malversar, desfalcar.

mis·ap·pro·pria·tion ['mɪsəˌprəʊprɪ'eɪʃən] *n* malversación *f*, desfalco *m*.

mis·be·have [ˌmɪsbɪ'heɪv] *vi* portarse *or* comportarse mal.

misc. *abbr of* **miscellaneous.**

mis·cal·cu·late [ˌmɪs'kælkjʊleɪt] *vt, vi* calcular mal.

mis·cal·cu·la·tion ['mɪsˌkælkjʊ'leɪʃən] *n* error *m* de cálculo.

mis·car·riage [ˌmɪs'kærɪdʒ] *n* **(a)** *(Med)* aborto *m*. **(b) ~ of justice** error *m* judicial.

mis·car·ry [ˌmɪs'kærɪ] *vi* **(a)** *(Med)* abortar. **(b)** *(fail: plans)* fracasar, *(LAm)* malograrse.

mis·cast [ˌmɪs'kɑ:st] *vt:* **to ~ sb** *(Theat)* dar a uno un papel que no le va.

mis·cel·la·neous [ˌmɪsɪ'leɪnɪəs] *adj* diversos/as.

mis·cel·la·ny [mɪ'selənɪ] *n (collection)* miscelánea *f; (of writings)* antología *f*.

mis·chance [ˌmɪs'tʃɑ:ns] *n* desgracia *f*, mala suerte *f;* **by some ~** por desgracia.

mis·chief ['mɪstʃɪf] *n (roguishness)* malicia *f; (naughtiness)* travesura *f*, diablura *f; (harm)* daño *m;* **he's always getting into ~** siempre anda haciendo travesuras; **to keep sb out of ~** distraer a uno; **to do o.s. a ~** hacerse daño.

mis·chie·vous ['mɪstʃɪvəs] *adj (gen)* travieso/a; *(troublemaking)* malicioso/a.

mis·con·cep·tion [ˌmɪskən'sepʃən] *n (gen)* malentendido *m*, concepto *m* erróneo.

mis·con·duct [ˌmɪs'kɒndʌkt] *n (gen)* mala conducta *f; (professional)* abuso *m* de confianza; *(sexual)* adulterio *m*.

mis·con·strue [ˌmɪskən'stru:] *vt* interpretar mal.

mis·deed [ˌmɪs'di:d] *n* fechoría *f*.

mis·de·mean·our, *(US)* **mis·de·mean·or** [ˌmɪsdɪ'mi:nə^r] *n* fechoría *f; (Jur)* delito *m* menor.

mi·ser ['maɪzə^r] *n* avaro/a *m/f*.

mis·er·able ['mɪzərəbl] *adj* **(a)** *(unfortunate)* desgraciado/a; *(unhappy)* triste. **(b)** *(wretched, causing distress)* miserable, lamentable. **(c)** *(contemptible)* despreciable, vil; **a ~ £2** 2 miserables libras.

mis·er·ably ['mɪzərəblɪ] *adv (see adj)* **(a)** desgraciadamente; tristemente; miserablemente, lamentablemente. **(b) it failed ~** fracasó rotundamente.

mi·ser·ly ['maɪzəlɪ] *adj* tacaño/a, mezquino/a.

mis·ery ['mɪzərɪ] *n* **(a)** *(sadness)* tristeza *f*, pena *f*. **(b)** *(poverty)* miseria *f*, pobreza *f*. **(c)** *(misfortune)* desgracia *f*. **(d)** *(suffering)* sufrimiento *m*, dolor *m;* **to put an animal out of its ~** rematar un animal; **to put sb out of his ~** *(fig)* sacar a uno de la incertidumbre; **to make sb's life a ~** amargar la vida a uno. **(e)** *(fam: person)* aguafiestas *mf inv*, pesimista *mf*.

mis·fire [ˌmɪs'faɪə^r] *vi (gen)* fallar.

mis·fit ['mɪsfɪt] *n (person)* inadaptado/a *m/f*.

mis·for·tune [mɪs'fɔ:tʃən] *n (gen)* desgracia *f*.

mis·giv·ing [mɪs'gɪvɪŋ] *n* recelo *m;* **I had ~s about the scheme** tuve mis dudas sobre el proyecto.

mis·guid·ed [ˌmɪs'gaɪdɪd] *adj* equivocado/a.

mis·han·dle [ˌmɪs'hændl] *vt* llevar mal.

mis·hap ['mɪshæp] *n* desgracia *f*.

mis·hear [ˌmɪs'hɪə^r] *pt, pp* **misheard** [ˌmɪs'hɜ:d] *vt, vi* oír mal.

mish·mash ['mɪʃmæʃ] *n* revoltijo *m*.

mis·in·ter·pret [ˌmɪsɪn'tɜ:prɪt] *vt* interpretar mal.

mis·judge [ˌmɪs'dʒʌdʒ] *vt (miscalculate)* calcular mal; *(person)* juzgar mal.

mis·lay [ˌmɪs'leɪ] *pt, pp* **mislaid** [ˌmɪs'leɪd] *vt* extraviar.

mis·lead [ˌmɪs'li:d] *pt, pp* **misled** *vt* **(a)** *(give wrong idea)* engañar. **(b)** *(misdirect)* despistar. **(c)** *(lead into bad ways)* corromper.

mis·lead·ing [ˌmɪs'li:dɪŋ] *adj* engañoso/a.

mis·led [ˌmɪs'led] *pt, pp of* **mislead.**

mis·man·age [ˌmɪs'mænɪdʒ] *vt* administrar mal.

mi·sogy·nist [mɪ'sɒdʒɪnɪst] *n* misógino *m*.

mis·place [ˌmɪs'pleɪs] *vt* **(a)** *(gen)* meter en lugar equivocado; *(mislay)* extraviar. **(b) ~d trust** confianza *f* equivocada.

mis·print ['mɪsprɪnt] *n* error *m* de imprenta.

mis·pro·nounce [ˌmɪsprə'naʊns] *vt* pronunciar mal.

mis·pro·nun·cia·tion ['mɪsprəˌnʌnsɪ'eɪʃən] *n* mala pronunciación *f*.

mis·quote [ˌmɪs'kwəʊt] *vt* citar incorrectamente.

mis·read [ˌmɪs'ri:d] *pt, pp* **misread** [ˌmɪs'red] *vt* leer mal; *(misinterpret)* interpretar mal.

mis·rep·re·sent ['mɪsˌreprɪ'zent] *vt* falsificar.

miss[1] [mɪs] **1** *n* **(a)** *(shot)* fallo *m*, tiro *m* errado; *(failure)* fracaso *m;* **it was a near ~** *(fig)* por un pelo se evitó. **(b) to give sth a ~** *(fam)* prescindir de algo.

2 *vt* **(a)** *(fail to hit)* no dar en; *(fail to catch: train etc)* perder; *(opportunity)* dejar pasar; *(meeting etc)* faltar a; **you haven't ~ed much!** ¡no te has perdido nada!; **I ~ed you at the station** no llegué a tiempo para encontrarte en la estación; **to ~ the boat** *or* **bus** *(fig)* dejar pasar *or* perder una oportunidad; **don't ~ this film** no te pierdas esta película. **(b)** *(fail to understand)* no entender; **you're ~ing the point** no caes, no te entra; *(fail to see, hear)* **I ~ed what you said** se me escapó lo que dijiste. **(c)** *(omit)* saltarse; *(overlook)* pasar *por alto.* **(d)** *(escape or avoid)* evitar; *(not hit)* evitar chocar con; **he narrowly ~ed being run over** por poco le atropellaron. **(e)** *(notice absence of)* notar la falta de, *(LAm)* extrañar; *(regret absence of)* echar de menos *or* en falta, *(LAm)* extrañar.

3 *vi (not catch etc)* fallar; *(target)* errar el blanco.

♦ **miss out 1** *vt + adv (accidentally)* saltarse; *(on purpose)* pasar por alto. **2** *vi + adv (fam)* prescindir; **to ~ out on sth** dejar pasar algo.

miss[2] [mɪs] *n* señorita *f;* **M~ Spain** Miss España.

mis·sal ['mɪsəl] *n* misal *m.*

mis·shapen [,mɪs'ʃeɪpən] *adj* deforme.

mis·sile ['mɪsaɪl] *n (Mil)* proyectil *m,* misil *m;* **guided ~** misil teledirigido.

mis·sing ['mɪsɪŋ] *adj (not able to be found)* perdido/a; *(Mil)* desaparecido/a; **your shirt has a button ~** te falta un botón en la camisa; **how many are ~? — two!** ¿cuántos faltan? — ¡faltan dos!; **~ person** desaparecido/a *m/f.*

mis·sion ['mɪʃən] *n* **(a)** *(duty, purpose etc)* misión *f;* **it's her ~ in life** es su misión en la vida. **(b)** *(people on ~)* misión *f.* **(c)** *(Rel: building)* centro *m* misional.

mis·sion·ary ['mɪʃənrɪ] *n (Rel)* misionero/a *m/f.*

mis·spell [,mɪs'spel] *pt, pp* **misspelled** *or* **misspelt** [,mɪs'spelt] *vt* escribir mal.

mis·spent ['mɪsspent] *adj:* **a ~ youth** una juventud malgastada.

mist [mɪst] **1** *n (gen)* neblina *f; (rain)* llovizna *f, (LAm)* garúa *f; (in liquid)* nube *f; (on glass etc)* vaho *m;* **through a ~ of tears** *(fig)* por un velo de lágrimas; **lost in the ~s of time** *(fig)* perdido en la noche de los tiempos. **2** *vi (also* **~ over, ~ up**: *scene, landscape)* nublarse; *(: mirror, window)* empañarse, nublarse; *(eyes)* llenarse de lágrimas.

mis·take [mɪs'teɪk] *(vb: pt* **mistook,** *pp* **mistaken) 1** *n (gen)* error *m,* equivocación *f; (oversight)* descuido *m;* **to make a ~** *(in writing, calculating etc)* cometer un error; *(be mistaken)* equivocarse; **you're making a big ~** te equivocas gravemente; **by ~** por error *or* equivocación; **there must be some ~** ha de haber algún error; **make no ~ (about it)** no le quepa la menor duda; **she's pretty and no ~** *(fam)* es guapa sin duda alguna. **2** *vt* **(a)** *(meaning, remark etc)* entender mal; *(road etc)* equivocarse de. **(b) to ~ A for B** tomar a A por B. **(c) to be ~n** equivocarse, estar equivocado.

mis·tak·en [mɪs'teɪkən] **1** *pp of* **mistake. 2** *adj (wrong)* equivocado/a; *(misplaced)* inmerecido/a.

mis·time [,mɪs'taɪm] *vt:* **to ~ sth** hacer algo a destiempo.

mis·tle·toe ['mɪsltəʊ] *n* muérdago *m.*

mis·took [mɪs'tʊk] *pt of* **mistake.**

mis·treat [,mɪs'triːt] *vt* maltratar.

mis·tress ['mɪstrɪs] *n* **(a)** *(of servant etc)* señora *f,* ama *f.* **(b)** *(lover)* amante *f,* querida *f.* **(c)** *(teacher: in primary school)* maestra *f; (: in secondary school)* profesora *f.*

mis·trust [,mɪs'trʌst] **1** *n* desconfianza *f.* **2** *vt* desconfiar de.

mis·trust·ful [mɪs'trʌstfʊl] *adj* desconfiado/a, receloso/a; **to be ~ of sb/sth** desconfiar de uno/algo.

misty ['mɪstɪ] *adj* **(-ier, -iest)** *(day, morning)* nublado/a; *(mirror, window)* empañado/a.

mis·under·stand [,mɪsʌndə'stænd] *pt, pp* **misunderstood** *vt* entender *or* interpretar mal.

mis·under·stand·ing [,mɪsʌndə'stændɪŋ] *n (confusion)* malentendido *m; (mistake)* equivocación *f; (disagreement)* desacuerdo *m.*

mis·under·stood [,mɪsʌndə'stʊd] **1** *pp of* **misunderstand. 2** *adj* incomprendido/a.

mis·use [,mɪs'juːs] **1** *n (gen)* abuso *m; (of machine)* mal manejo *m; (of word)* empleo *m* erróneo; *(of funds)* malversación *f,* desfalco *m.* **2** [,mɪs'juːz] *vt (see n)* abusar de; manejar mal; emplear mal; malversar.

mite [maɪt] *n* **(a)** *(insect)* acárido *m.* **(b)** *(small quantity)* pizca *f.* **(c)** *(child)* chiquillo/a *m/f,* criatura *f.*

miti·gate ['mɪtɪgeɪt] *vt* aliviar, mitigar; **mitigating circumstances** circunstancias *fpl* mitigantes.

miti·ga·tion [,mɪtɪ'geɪʃən] *n* mitigación *f,* alivio *m;* **to say a word in ~** decir algo para mitigar la ofensa.

mi·tre, *(US)* **mi·ter** ['maɪtəʳ] *n* **(a)** *(Rel)* mitra *f.* **(b)** *(Tech: also* **~ joint)** inglete *m.*

mitt [mɪt] *n* **(a)** *(glove)* manopla *f.* **(b)** *(baseball glove)* guante *m* de béisbol.

mit·ten ['mɪtn] *n* **(a)** manopla *f.* **(b) ~s** *(Boxing)* guantes *mpl* de boxeo.

mix [mɪks] **1** *n* mezcla *f.* **2** *vt* **(a)** mezclar; *(concrete, plaster etc)* amasar; *(cocktail, sauce)* preparar; *(salad)* aderezar; **to ~ business with pleasure** combinar los negocios con el placer. **(b)** *(confuse)* confundir. **3** *vi* mezclarse; *(persons: go together socially)* llevarse bien; *(LAm)* congeniar.

♦ **mix in** *vt + adv* añadir.

♦ **mix up** *vt + adv* **(a)** *(prepare)* preparar. **(b)** *(get in a muddle)* mezclar, confundir; *(confuse with sb/sth else)* confundir. **(c)** *(involve)* **to ~ sb up in sth** meter a uno en algo; **to be ~ed up in sth** estar metido en algo; **she got herself ~ed up with the police** se metió en un lío con la policía.

mixed [mɪkst] *adj (varied)* variado/a; *(assorted: biscuits, sweets)* surtido/a; *(choir, bathing etc)* mixto/a; **we had ~ weather** el tiempo fue variable; **a ~ blessing** algo que tiene sus ventajas y desventajas; **~ doubles** *(Sport)* mixtos *mpl.*

mixed-up [,mɪkst'ʌp] *adj (muddled: person, idea)* confuso/a; *(things)* revuelto/a.

mix·er ['mɪksəʳ] *n* **(a)** *(Culin)* mezcladora *f,* batidora *f; (cement ~)* hormigonera *f.* **(b)** *(Rad)* mezclador(a) *m/f.* **(c) he's a good ~** tiene don de gentes.

mix·ture ['mɪkstʃəʳ] *n* mezcla *f; (Med)* mixtura *f;* **he's an odd ~** es una mezcla rara.

mix-up ['mɪksʌp] *n (mess)* lío *m,* embrollo *m; (confusion)* confusión *f.*

moan [məʊn] **1** *n* **(a)** *(groan)* gemido *m; (of wind, trees)* quejido *m.* **(b)** *(complaint)* queja *f.* **2** *vi* **(a)** *(groan)* gemir. **(b)** *(complain)* quejarse.

moat [məʊt] *n* foso *m.*

mob [mɒb] **1** *n* **(a)** *(gen)* multitud *f,* muchedumbre *f, (LAm)* bola *f; (rabble)* gentuza *f, (LAm)* turba *f.* **(b)** *(fam: criminal gang)* pandilla *f.* **(c) the ~** *(pej: the masses)* el populacho. **2** *vt (molest)* asaltar, atropellar; *(mill around)* agolparse alrededor de.

mo·bile ['məʊbaɪl] *adj* **(a)** *(gen)* móvil, movible; *(portable)* portátil. **(b) ~ home** tráiler *m,* remolque *m;* **~ library** biblioteca *f* circulante.

mo·bil·ity [məʊ'bɪlɪtɪ] *n* movilidad *f.*

moc·ca·sin ['mɒkəsɪn] *n* mocasín *m.*

mock [mɒk] **1** *adj* fingido/a, simulado/a; **~ battle** simulacro *m* (de batalla); **~ exam** prueba *f* preliminar. **2** *vt (ridicule)* mofarse *or* burlarse de; *(mimic)* imitar, remedar. **3** *vi* mofarse.

mock·ery ['mɒkərɪ] *n (derision)* burla *f,* mofa *f;* **it was a ~ of a trial** fue un simulacro de juicio; **to make a ~ of** poner en ridículo.

mock·ing ['mɒkɪŋ] *adj* burlón/ona.

mocking·bird ['mɒkɪŋbɜːd] *n* sinsonte *m, (LAm)*

zenzontle *m.*
mock-up ['mɒkʌp] *n* maqueta *f,* modelo *m* a escala.
mode [məʊd] *n* **(a)** manera *f,* modo *m.* **(b)** *(fashion)* moda *f.*
mod·el ['mɒdl] **1** *n* **(a)** *(figure etc)* figurín *m,* maniquí *m; (architect's, town planner's etc)* maqueta *f.* **(b)** *(perfect example)* modelo *m.* **(c)** *(person: Fashion, Art)* modelo *mf.* **(d)** *(of car, dress, machine etc)* modelo *m.* **2** *adj* **(a)** *(railway, village)* en miniatura. **(b)** *(perfect)* modelo; **a ~ wife** una esposa modelo. **3** *vt* **(a) X is ~led on Y** X está inspirado en Y; **to ~ o.s. on sb** seguir el ejemplo de uno. **(b)** *(Art, Phot)* modelar. **(c)** *(clothes)* presentar. **4** *vi* **(a)** *(make ~s)* modelar. **(b)** *(pose)* posar; *(fashion)* ser modelo.
mod·er·ate ['mɒdərɪt] **1** *adj (gen)* moderado/a; *(Pol)* centrista; *(price)* módico/a; *(quality, ability)* regular, mediano/a. **2** *n (Pol)* centrista *mf.* **3** ['mɒdəreɪt] *vt (gen)* moderar, templar; *(anger)* aplacar. **4** ['mɒdəreɪt] *vi* **(a)** *(gen)* moderarse, templarse; *(anger)* aplacarse; *(wind)* amainarse. **(b)** *(arbitrate)* servir de árbitro *or* intermediario.
mod·er·ate·ly ['mɒdərɪtlɪ] *adv* medianamente.
mod·era·tion [ˌmɒdə'reɪʃən] *n* moderación *f;* **in ~** con moderación.
mod·ern ['mɒdən] *adj (gen)* moderno/a; **~ literature** la literatura contemporánea; **~ languages** lenguas *fpl* modernas; **'all ~ conveniences'** 'todo confort'.
mod·ern·ism ['mɒdənɪzəm] *n* modernismo *m.*
mo·der·nity [mɒ'dɜːnɪtɪ] *n* modernidad *f.*
mod·erni·za·tion [ˌmɒdənaɪ'zeɪʃən] *n* modernización *f.*
mod·ern·ize ['mɒdənaɪz] **1** *vt* modernizar, actualizar. **2** *vi* modernizarse, actualizarse.
mod·est ['mɒdɪst] *adj* **(a)** *(humble)* modesto/a, recatado/a; *(discreet)* discreto/a. **(b)** *(small)* modesto/a, pequeño/a; **the ~ sum of** la módica suma de. **(c)** *(chaste, proper)* púdico/a, recatado/a.
mod·es·ty ['mɒdɪstɪ] *n (see adj)* modestia *f;* pudor *m,* recato *m.*
modi·cum ['mɒdɪkəm] *n:* **a ~ of** un toque *or* una pizca de.
modi·fi·ca·tion [ˌmɒdɪfɪ'keɪʃən] *n* modificación *f;* **~ to sth** modificación de algo.
modi·fy ['mɒdɪfaɪ] *vt* **(a)** *(change)* modificar. **(b)** *(moderate)* moderar. **(c)** *(Ling)* modificar.
modu·late ['mɒdjʊleɪt] *vt (Mus, Phys)* modular.
modu·la·tion [ˌmɒdjʊ'leɪʃən] *n (Mus, Phys)* modulación *f.*
mod·ule ['mɒdjuːl] *n (Space)* módulo *m.*
mo·dus op·eran·di ['mɒdəsˌɒpə'rændiː] *n* procedimiento *m.*
mo·hair ['məʊhɛəʳ] *n* mohair *m.*
Mo·ham·med·an [məʊ'hæmɪdən] *adj, n* mahometano/a *m/f.*
moist [mɔɪst] *adj* **(-er, -est)** húmedo/a, mojado/a.
mois·ten ['mɔɪsn] *vt* mojar, humedecer.
mois·ture ['mɔɪstʃəʳ] *n (dampness)* humedad *f; (on glass, mirror)* vaho *m.*
mois·tur·ize ['mɔɪstʃəraɪz] *vt* humedecer; **moisturizing cream** crema *f* hidratante.
mo·lar ['məʊləʳ] *n* muela *f.*
mo·las·ses [məʊ'læsɪz] *n* melaza *f.*
mold [məʊld] *etc (US)* = **mould.**
mole[1] [məʊl] *n (Anat)* lunar *m.*
mole[2] [məʊl] *n (Zool)* topo *m.*
mole[3] [məʊl] *n (Naut)* muelle *m,* rompeolas *m inv.*
mo·lecu·lar [məʊ'lekjʊləʳ] *adj (Chem)* molecular.
mol·ecule ['mɒlɪkjuːl] *n (Chem)* molécula *f.*
mo·lest [məʊ'lest] *vt (bother)* importunar, molestar; *(sexually)* atentar contra el pudor de.
mol·li·fy ['mɒlɪfaɪ] *vt* aplacar, apaciguar.
mol·lusc, *(US)* **mollusk** ['mɒləsk] *n* molusco *m.*
molly·coddle ['mɒlɪkɒdl] *vt* mimar.
molt [məʊlt] *vi (US)* = **moult.**
mol·ten ['məʊltən] *adj* fundido/a, derretido/a.
mo·ment ['məʊmənt] *n* **(a)** *(gen: time)* momento *m,* instante *m;* **(at) any ~, any ~ now** de un momento a otro, *(LAm)* ahorita; **at the ~, at this ~ in time** de momento, actualmente; **at the last ~** a última hora; **he didn't hesitate for a ~** no vaciló ni un momento; **for the ~** por el momento, *(LAm)* por lo pronto; **not for a** *or* **one ~ did I believe it** ni se me ocurrió creerlo; **a ~ later** un momento después, *(LAm)* al rato; **in a ~** dentro de un momento, *(LAm)* luego; **one ~!, wait a ~!** ¡un momento!, *(LAm)* ¡ahorita voy!; **I shan't be a ~** voy en seguida, *(LAm)* no me tardo; **it won't take a ~** no tardará ni un momento; **I've just this ~ heard of it** acabo de enterarme; **tell me the ~ he arrives** avísame en cuanto llegue; **from the ~ I saw him** desde el momento en que lo vi; **man of the ~** hombre *m* del momento; **the ~ of truth** la hora de la verdad. **(b)** *(Phys)* momento *m;* **~ of inertia** momento de inercia. **(c)** *(importance)* importancia *f.*
mo·men·tari·ly ['məʊməntərɪlɪ] *adv* momentáneamente; *(US)* de un momento a otro, *(LAm)* ahorita; **he'll be here ~** no tarda.
mo·men·tary ['məʊməntərɪ] *adj (gen)* momentáneo/a.
mo·men·tous [məʊ'mentəs] *adj* trascendente, de trascendencia.
mo·men·tum [məʊ'mentəm] *n (Phys etc)* momento *m; (fig)* ímpetu *m;* **to gather** *or* **gain ~** *(lit)* cobrar velocidad; *(fig)* ganar fuerza.
mon·arch ['mɒnək] *n* monarca *mf.*
mon·ar·chism ['mɒnəkɪzəm] *n (system)* monarquía *f; (advocacy of monarchy)* monarquismo *m.*
mon·ar·chist ['mɒnəkɪst] *adj, n* monárquico/a *m/f.*
mon·ar·chy ['mɒnəkɪ] *n* monarquía *f.*
mon·as·tery ['mɒnəstərɪ] *n* monasterio *m.*
mo·nas·tic [mə'næstɪk] *adj* monástico/a.
Mon·day ['mʌndɪ] *n* lunes *m; for usage see* **Tuesday.**
mon·etar·ism ['mʌnɪtərɪzəm] *n* monetarismo *m.*
mon·ey ['mʌnɪ] **1** *n* dinero *m, (LAm)* plata *f,* pesos *mpl (fam); (wealth)* riqueza *f;* **there's ~ in it** es un buen negocio; **to make ~** *(person)* ganar dinero; *(business)* rendir; **it's a bargain for the ~** es una ganga, *(LAm)* está regalado *or* tirado; **that's the one for my ~!** ¡ése prefiero yo!; **it's ~ for jam** *or* **old rope** *(fam)* es dinero regalado; **to be in the ~** estar bien de dinero; **to get one's ~'s worth** sacar el máximo provecho; **to put one's ~ on** *(lit)* apostar a; *(fig)* apostar por; **to earn good ~** ganar sus buenos dineros *or* dineritos; **I'm not made of ~** no soy millonario. **2: ~ market** *n* bolsa *f or* mercado *m* de valores; **~ order** *n* giro *m* postal.
mon·eyed, mon·ied ['mʌnɪd] *adj* adinerado/a.
money-grubbing ['mʌnɪˌgrʌbɪŋ] *adj* avaro/a.
money·lender ['mʌnɪˌlendəʳ] *n* prestamista *mf.*
money·maker ['mʌnɪˌmeɪkəʳ] *n* fuente *f* de ganancias.
money·making ['mʌnɪˌmeɪkɪŋ] *adj (business etc)* rentable.
mon·gol [mɒŋgəl] *n* mongólico/a.
mon·go·lism ['mɒŋgəlɪzəm] *n (Med)* mongolismo *m.*
mon·goose ['mɒŋguːs] *n, pl* **mongooses** ['mɒŋguːsɪz] mangosta *f.*
mon·grel ['mʌŋgrəl] *n (also* **~ dog)** perro *m* mestizo.
moni·tor ['mɒnɪtəʳ] **1** *n* **(a)** *(TV, Tech: screen)* monitor *m.* **(b)** *(Rad: person)* radioescucha *mf.* **2** *vt*

(foreign station) escuchar, oír; *(control, check)* controlar.
monk [mʌŋk] *n* monje *m*.
mon·key ['mʌŋkɪ] **1** *n* mono *m; (fig: child)* diablillo *m*. **2:** ~ **tricks** *npl* travesuras *fpl;* ~ **wrench** *n* llave *f* inglesa.
♦ **monkey about, monkey around** *vi + adv* hacer tonterías; **to** ~ **about** *or* ~ **around with sth** juguetear con algo.
mono ['mɒnəʊ] **1** *adj* mono. **2** *n:* **in** ~ en mono.
mono... ['mɒnəʊ] *pref* mono... .
mono·chrome ['mɒnəkrəʊm] *adj* monocromo/a.
mono·cle ['mɒnəkl] *n* monóculo *m*.
mono·gram ['mɒnəgræm] *n* monograma *m*.
mono·lith ['mɒnəʊlɪθ] *n* monolito *m*.
mono·logue ['mɒnəlɒg] *n* monólogo *m*.
mono·plane ['mɒnəʊpleɪn] *n* monoplano *m*.
mo·nopo·lize [mə'nɒpəlaɪz] *vt (lit, fig)* monopolizar.
mo·nopo·ly [mə'nɒpəlɪ] **1** *n (lit, fig)* monopolio *m*. **2** *cpd* monopolístico/a.
mono·rail ['mɒnəʊreɪl] *n* monocarril *m*, monorriel *m*.
mono·syl·lab·ic [ˌmɒnəʊsɪ'læbɪk] *adj (word)* monosílabo/a; *(fig: reticent)* huraño/a.
mono·syl·la·ble ['mɒnəˌsɪləbl] *n* monosílabo *m*.
mo·noto·nous [mə'nɒtənəs] *adj* monótono/a.
mo·noto·ny [mə'nɒtənɪ] *n* monotonía *f*.
mon·ox·ide [mɒ'nɒksaɪd] *n (Chem)* monóxido *m*.
mon·soon [mɒn'suːn] *n* monzón *m*.
mon·ster ['mɒnstəʳ] **1** *adj (enormous)* enorme, gigantesco/a. **2** *n* **(a)** monstruo *m*. **(b)** *(big animal, plant, thing)* monstruo *m*, gigante *m*.
mon·stros·ity [mɒn'strɒsɪtɪ] *n* monstruosidad *f*.
mon·strous ['mɒnstrəs] *adj* **(a)** *(huge)* enorme, gigantesco/a. **(b)** *(dreadful)* monstruoso/a; **it is** ~ **that ...** es una verdadera vergüenza que ... .
month [mʌnθ] *n* mes *m;* **in the** ~ **of May** en el mes de mayo; **3 times a** ~ tres veces mensuales *or* por mes; **a** ~ **later** al mes; **what day of the** ~ **is it?** ¿a cuántos estamos?
month·ly ['mʌnθlɪ] **1** *adj* mensual; ~ **instalment** *or* **payment** mensualidad *f*. **2** *adv* mensualmente. **3** *n (journal)* revista *f* mensual.
monu·ment ['mɒnjʊmənt] *n* monumento *m*.
monu·men·tal [ˌmɒnjʊ'mentl] *adj* **(a)** ~ **mason** marmolista *mf*. **(b)** *(very great)* monumental.
moo [muː] **1** *n* mugido *m*. **2** *vi* mugir.
mooch [muːtʃ] *vi (fam)* **to** ~ **about** *or* **around** gandulear, *(LAm)* flojear.
mood[1] [muːd] *n (Ling)* modo *m*.
mood[2] [muːd] *n* humor *m;* **to be in a good/bad** ~ estar de buen/mal humor; **to be in a generous** ~ sentirse generoso; **she's in one of her** ~**s** está de malas; **to be in the** ~ **for sth/to do sth** estar de humor para algo/para hacer algo; **I'm not in the** ~ no tengo ganas; **I'm in no** ~ **to argue** no tengo ganas de discutir, *(LAm)* no estoy por discutir.
moodi·ness ['muːdɪnɪs] *n (instability)* humor *m* cambiante; *(bad mood)* mal humor *m*.
moody ['muːdɪ] *adj* **(-ier, -iest)** *(variable)* de humor cambiadizo; *(bad-tempered)* malhumorado/a.
moon [muːn] *n* luna *f;* **full** ~ luna llena; **once in a blue** ~ de Pascuas a Ramos; **to be over the** ~ *(fam)* estar en el séptimo cielo.
♦ **moon about, moon around** *vi + adv* mirar a las musarañas.
moon·beam ['muːnbiːm] *n* rayo *m* de luna.
moon·light ['muːnlaɪt] **1** *n* claro *m* de luna, luz *f* de la luna. **2** *vi (fam)* practicar el pluriempleo.
moon·lit ['muːnlɪt] *adj* iluminado/a por la luna.
moon·shine ['muːnʃaɪn] *n (moonlight)* claro *m* de luna, luz *f* de la luna; *(fam: nonsense)* pamplinas *fpl*.
moon·struck ['muːnstrʌk] *adj (mad)* chiflado/a.
moor[1] [mʊəʳ] *n* páramo *m*, brezal *m*.
moor[2] [mʊəʳ] **1** *vt* amarrar. **2** *vi* echar las amarras.
moor·ing ['mʊərɪŋ] *n (place)* amarradero *m;* ~**s** *(ropes, fixtures)* amarras *fpl*.
Moor·ish ['mʊərɪʃ] *adj* moro/a.
moose [muːs] *n* alce *m*.
moot [muːt] **1** *adj:* **it's a** ~ **point** *or* **question** es una cuestión discutible. **2** *vt:* **it has been** ~**ed that** se ha sugerido que.
mop [mɒp] **1** *n (for floor)* fregasuelos *m inv, (LAm)* trapeador *m; (for dishes)* estropajo *m; (fam: hair)* greñas *fpl*, melena *f*. **2** *vt* fregar, limpiar, *(LAm)* trapear; **to** ~ **one's face** enjugarse la cara.
♦ **mop up** *vt + adv* **(a)** secar, limpiar. **(b)** *(Mil)* acabar con.
mope [məʊp] *vi* quedar abatido.
♦ **mope about, mope around** *vi + adv* andar abatido.
mo·ped ['məʊped] *n* moto *f*, ciclomotor *m*.
mor·al ['mɒrəl] **1** *adj (gen)* moral. **2** *n* **(a)** *(lesson)* moraleja *f*. **(b)** ~**s** moral *fsg*.
mo·rale [mɒ'rɑːl] *n* moral *f*, estado *m* de ánimo; **to raise/lower sb's** ~ animar/desanimar a uno.
mo·ral·ity [mə'rælɪtɪ] *n* moralidad *f*.
mor·al·ize ['mɒrəlaɪz] *vi* moralizar.
mor·bid ['mɔːbɪd] *adj* **(a)** *(perverse)* morboso/a, enfermizo/a. **(b)** *(Med)* mórbido/a.
more [mɔːʳ] **1** *adj (gen)* más; **I have no** ~ **money** no me queda más dinero; **a few** ~ **weeks** unas semanas más; **do you want some** ~ **tea?** ¿quieres más té?; **is there any** ~ **wine in the bottle?** ¿queda vino en la botella?; **it's 2** ~ **miles to the house** faltan 2 millas para la casa.

2 *n, pron* **(a)** *(gen)* más; **4/a few** ~ 4/algunos más; **a little** ~ un poco más; **many/much** ~ muchos/mucho más; **some** ~ más; **any** ~ más; **there's no** ~ **left** no queda (nada); **it cost** ~ **than we had expected** costó más de lo que esperábamos; **let's say no** ~ **about it!** ¡se acabó el asunto!; **and what's** ~ **...** y además ... . **(b)** **(all) the** ~ tanto más; **the** ~ **you give him the** ~ **he wants** cuanto más se le da, tanto más quiere; **the** ~ **the merrier** cuantos más mejor.

3 *adv* **(a)** más; ~ **difficult** más difícil; ~ **easily** con mayor facilidad; ~ **and** ~ cada vez más; ~ **or less** más o menos; **it will** ~ **than meet the demand** satisfará ampliamente la demanda; **he was** ~ **surprised than angry** más que enfadarse se sorprendió. **(b)** *(again)* **once** ~ otra vez, una vez más. **(c)** *(longer)* **no** ~, **not any** ~ ya no.
more·over [mɔː'rəʊvəʳ] *adv* además.
morgue [mɔːg] *n* depósito *m* de cadáveres.
mori·bund ['mɒrɪbʌnd] *adj* moribundo/a.
morn·ing ['mɔːnɪŋ] **1** *n* mañana *f; (before dawn)* madrugada *f;* **early in the** ~ a primera hora, de madrugada; **in the** ~ por la mañana; *(tomorrow)* mañana por la mañana; **at 7 o'clock in the** ~ a las 7 de la mañana; **tomorrow** ~ mañana por la mañana. **2** *cpd* de la mañana; ~ **dress** *n* chaqué *m*, traje *m* formal; ~ **sickness** *n (Med)* náuseas *fpl* del embarazo.
Mo·roc·can [mə'rɒkən] *adj, n* marroquí *mf*.
Mo·roc·co [mə'rɒkəʊ] *n* Marruecos *m*.
mor·on ['mɔːrɒn] *n (Med)* retrasado/a *m/f* mental; *(fam)* imbécil *m/f*.
mo·rose [mə'rəʊs] *adj* malhumorado/a, morboso/a.
mor·phia ['mɔːfɪə] *n*, **mor·phine** ['mɔːfiːn] *n* morfina *f*.
Morse [mɔːs] *n (also* ~ **code)** alfabeto *m* Morse.
mor·sel ['mɔːsl] *n (of food)* bocado *m; (fig)* pedazo *m*.

mor·tal ['mɔːtl] **1** *adj (gen)* mortal. **2** *n* mortal *mf.*
mor·tal·ity [mɔː'tælɪtɪ] *n* **(a)** *(condition)* mortalidad *f.* **(b)** *(fatalities)* mortandad *f,* número *m* de víctimas.
mor·tal·ly ['mɔːtəlɪ] *adv (gen)* mortalmente.
mor·tar ['mɔːtə[r]] *n* **(a)** *(cannon)* mortero *m.* **(b)** *(cement)* mortero *m,* argamasa *f.* **(c)** **~ and pestle** mortero *m.*
mort·gage ['mɔːgɪdʒ] **1** *n* hipoteca *f.* **2** *vt* hipotecar. **3** *cpd* hipotecario/a; **~ bank** *n* banco *m* hipotecario.
mor·ti·cian [mɔː'tɪʃən] *n (US)* director *m* de pompas fúnebres.
mor·ti·fi·ca·tion [ˌmɔːtɪfɪ'keɪʃən] *n* mortificación *f.*
mor·ti·fy ['mɔːtɪfaɪ] *vt* mortificar.
mor·tise, mor·tice ['mɔːtɪs] **1** *n* mortaja *f.* **2: ~ lock** *n* cerradura *f* de muesca.
mor·tu·ary ['mɔːtjʊərɪ] *n* depósito *m* de cadáveres.
mo·sa·ic [məʊ'zeɪɪk] *n* mosaico *m.*
Mos·cow ['mɒskəʊ] *n* Moscú *m.*
Mos·lem ['mɒzlem] *adj, n* musulmán/ana *m/f.*
mosque [mɒsk] *n* mezquita *f.*
mos·qui·to [mɒs'kiːtəʊ] *n, pl* **-es** mosquito *m, (LAm)* zancudo *m.*
moss [mɒs] *n (Bot)* musgo *m.*
most [məʊst] **1** *adj superl* **(a)** más; **who has (the) ~ money?** ¿quién tiene más dinero?; **for the ~ part** por lo general. **(b)** *(the majority of)* **~ men** la mayoría de los hombres.

2 *n, pron*: **~ of it/them** la mayor parte/la mayoría; **~ of the money/her friends** la mayor parte del dinero/de sus amigos; **~ of the time** la mayor parte *or (LAm)* gran parte del tiempo; **do the ~ you can** haz lo que puedas; **at (the) ~, at the very ~** a lo más *or* sumo; **to make the ~ of sth** *(make good use of)* aprovecharse al máximo algo; *(enjoy)* divertirse al máximo; **to make the ~ of one's advantages** sacar el máximo provecho de sus ventajas.

3 *adv* **(a)** *(superl)* más; **the ~ attractive girl there** la chica más guapa; **which one did it ~ easily?** ¿quién lo hizo con la mayor facilidad? **(b)** *(intensive)* sumamente, muy; **~ likely** muy probable; **a ~ interesting book** un libro sumamente interesante *or* interesantísimo.
most·ly ['məʊstlɪ] *adv (chiefly)* en su mayoría; *(usually)* en general.
MOT *n* **(a)** *abbr of* **Ministry of Transport. (b) to pass the ~ (test)** *(Aut)* aprobar el chequeo oficial de coches.
mo·tel [məʊ'tel] *n (gen)* motel *m, (LAm)* hotel-garaje *m.*
moth [mɒθ] *n* mariposa *f* nocturna; *(clothes ~)* polilla *f.*
moth·ball ['mɒθbɔːl] *n* bola *f* de naftalina.
moth-eaten ['mɒθˌiːtn] *adj* apolillado/a.
moth·er ['mʌðə[r]] **1** *n* madre *f;* **M~'s Day** Día *m* de la Madre; **~'s help** niñera *f.* **2** *vt (care for)* cuidar (como una madre); *(spoil)* mimar, consentir. **3: ~ country** *n* patria *f;* **~ tongue** *n* lengua *f* materna.
moth·er·hood ['mʌðəhʊd] *n* maternidad *f.*
mother-in-law ['mʌðərɪnlɔː] *n, pl* **mothers-in-law** suegra *f.*
mother·land ['mʌðəlænd] *n* patria *f.*
moth·er·ly ['mʌðəlɪ] *adj* maternal.
mother-of-pearl [ˌmʌðərəv'pɜːl] *n* madreperla *f,* nácar *m.*
mothers-in-law ['mʌðəzɪnlɔː] *npl of* **mother-in-law.**
mother-to-be [ˌmʌðətə'biː] *n, pl* **mothers-to-be** futura madre *f.*
moth·proof ['mɒθpruːf] *adj* a prueba de polillas.
mo·tion ['məʊʃən] **1** *n* **(a)** *(movement)* movimiento *m;* **to be in ~** estar en movimiento; **to set sth in ~** poner algo en marcha; **to go through the ~s (of doing sth)** *(fig: mechanically)* hacer algo mecánicamente; *(: insincerely)* hacer algo sin convicción. **(b)** *(gesture)* gesto *m; (proposal)* moción *f,* resolución *f.* **(c)** *(bowel ~)* evacuación *f.* **2** *vt, vi*: **to ~ (to) sb to do sth** mandar a uno con un gesto que haga algo. **3: ~ picture** *n* película *f,* filme *m.*
mo·tion·less ['məʊʃənlɪs] *adj* inmóvil.
mo·ti·vate ['məʊtɪveɪt] *vt* motivar.
mo·ti·va·tion [ˌməʊtɪ'veɪʃən] *n* motivación *f.*
mo·tive ['məʊtɪv] *n (incentive, reason)* motivo *m; (for crime)* móvil *m.*
mot·ley ['mɒtlɪ] *adj (many-coloured)* multicolor, abigarrado/a; *(diversified)* diverso/a.
mo·tor ['məʊtə[r]] **1** *n* **(a)** *(engine)* motor *m.* **(b)** *(fam: car)* coche *m,* automóvil *m, (LAm)* carro *m.* **2** *vi* ir en coche *etc.* **3: ~ racing** *n (Sport)* carreras *fpl* de coches; **~ show** *n* exposición *f* de automóviles.
motor·bike ['məʊtəbaɪk] *n (fam)* motocicleta *f,* moto *f.*
motor·boat ['məʊtəbəʊt] *n* (lancha *f*) motora *f.*
motor·car ['məʊtəkɑː[r]] *n* coche *m,* automóvil *m, (LAm)* carro *m.*
motor·coach ['məʊtəkəʊtʃ] *n* autocar *m, (LAm)* autobús *m,* camión *m.*
motor·cycle ['məʊtəˌsaɪkl] *n* motocicleta *f,* moto *f.*
motor·cyclist ['məʊtəˌsaɪklɪst] *n* motociclista *mf.*
mo·tor·ing ['məʊtərɪŋ] **1** *adj (accident)* de tráfico *or (LAm)* tránsito. **2** *n* automovilismo *m;* **school of ~** autoescuela *f, (LAm)* escuela de manejo.
mo·tor·ist ['məʊtərɪst] *n* conductor(a) *m/f.*
mo·tor·ize ['məʊtəraɪz] *vt* motorizar; **to be ~d** tener coche.
motor·way ['məʊtəweɪ] *n (Brit)* autopista *f.*
mott·led ['mɒtld] *adj (animal, bird)* moteado/a; *(marble etc)* jaspeado/a; *(complexion)* con manchas.
mot·to ['mɒtəʊ] *n, pl* **-es** lema *m.*
mould[1] [məʊld] *n (fungus)* moho *m.*
mould[2] [məʊld] **1** *n (Art, Culin, Tech etc)* molde *m.* **2** *vt* **(a)** *(fashion)* moldear; *(cast)* vaciar. **(b)** *(fig)* formar.
mould·er ['məʊldə[r]] *vi* desmoronarse.
mould·ing ['məʊldɪŋ] *n (Archit)* moldura *f.*
mouldy ['məʊldɪ] *adj* **(-ier, -iest)** *(covered with mould)* mohoso/a, enmohecido/a; *(musty)* que huele a humedad.
moult [məʊlt] *vi (bird)* mudar las plumas; *(mammal)* mudar el pelo.
mound [maʊnd] *n* **(a)** *(pile)* montón *m.* **(b)** *(hillock)* montículo *m; (burial ~)* túmulo *m; (earthwork)* terraplén *m.*
mount[1] [maʊnt] *n (poet: hill, mountain)* monte *m;* **M~ Everest** Monte Everest.
mount[2] [maʊnt] **1** *n* **(a)** *(horse etc)* montura *f,* caballería *f.* **(b)** *(support, base)* soporte *m,* base *f; (for stamps)* fijasellos *m inv; (of jewel)* engaste *m,* montura *f; (of photo etc)* borde *m.* **2** *vt* **(a)** *(horse)* montar a; *(bicycle)* montar en; *(platform etc)* subir a. **(b)** *(exhibition, play etc)* montar, *(LAm)* armar; *(attack)* lanzar. **(c)** *(picture, stamp)* pegar, fijar; *(jewel)* engastar. **(d) to ~ guard** montar la guardia. **3** *vi (climb)* subir; *(get on horse)* montar; *(of quantity, price etc: also* **~ up)** subir, aumentar.
moun·tain ['maʊntɪn] **1** *n (lit)* montaña *f; (fig: of work etc)* montón *m;* **to make a ~ out of a molehill** hacerse de todo una montaña. **2** *cpd* de montaña; **~ lion** *n* puma *m;* **~ sickness** *n* mal *m* de montaña, *(LAm)* soroche *m,* puna *f.*

moun·tain·eer [ˌmaʊntɪ'nɪəʳ] *n* alpinista *mf, (LAm)* andinista *mf.*
moun·tain·eer·ing [ˌmaʊntɪ'nɪərɪŋ] *n* alpinismo *m, (LAm)* andinismo *m.*
moun·tain·ous ['maʊntɪnəs] *adj* montañoso/a; *(fig)* gigantesco/a.
mount·ed ['maʊntɪd] *adj (on horseback)* montado/a; **the ~ police** la (policía) montada.
mourn [mɔːn] **1** *vt (lament)* lamentar *or* llorar la muerte de; *(be in mourning for)* estar de luto *or* duelo por. **2** *vi* lamentarse; estar de luto *or* duelo; **to ~ for sb** llorar la muerte de uno.
mourn·er ['mɔːnəʳ] *n* doliente *mf.*
mourn·ful ['mɔːnfʊl] *adj (sad)* afligido/a, lúgubre; *(tone, sound)* triste, lúgubre.
mourn·ing ['mɔːnɪŋ] *n* luto *m*, duelo *m; (dress)* luto; **to be in ~** estar de luto; *(wear ~)* llevar luto.
mouse [maʊs] *n, pl* **mice** ratón *m.*
mouse·trap ['maʊstræp] *n* ratonera *f.*
mousse [muːs] *n* crema *f* batida.
mous·tache [məs'tɑːʃ] *n* bigote(s) *m(pl).*
mous(e)y ['maʊsɪ] *adj* (**-ier, -iest**) *(person)* tímido/a; *(colour, hair)* pardusco/a.
mouth [maʊθ] **1** *n, pl* **mouths** [maʊðz] boca *f; (of bottle)* abertura *f; (of cave)* entrada *f; (of river)* desembocadura *f;* **to keep one's ~ shut** *(fig)* callarse, no decir ni esta boca es mía. **2** [maʊð] *vt (insincerely)* soltar; *(soundlessly)* decir con señas. **3: ~ organ** *n* armónica *f.*
mouth·ful ['maʊθfʊl] *n* bocado *m.*
mouth·piece ['maʊθpiːs] *n (Mus)* boquilla *f; (of telephone)* micrófono *m; (fig: person, publication)* portavoz *mf.*
mouth·wash ['maʊθwɒʃ] *n* enjuague *m* bucal.
mouth·water·ing ['maʊθˌwɔːtərɪŋ] *adj* muy apetitoso/a.
mov·able ['muːvəbl] *adj* movible, móvil.
move [muːv] **1** *n* **(a)** *(movement)* movimiento *m;* **to be on the ~** *(travelling)* estar de viaje; *(active, busy)* estar ocupado; *(fig: developments etc)* progresar, hacer adelantos; **to get a ~ on (with sth)** *(fam: hurry up)* darse prisa *or (LAm)* apurarse (con algo); *(: make quick progress)* avanzar a grandes pasos (con algo); **get a ~ on!** *(fam)* ¡date prisa!, *(LAm)* ¡apúrate!; **to make a ~** *(start to leave, go etc)* ponerse en marcha; *(begin to take action)* tomar medidas. **(b)** *(in game: turn)* jugada *f; (fig: step, action)* paso *m;* **it's my ~** *(lit)* es mi turno, me toca a mí; **bad/good ~** *(lit)* buena/mala jugada; *(fig)* medida buena/mala; **to have first ~/to make a ~** *(in game)* salir; **to make a ~/the first ~** *(fig)* dar un/el primer paso. **(c)** *(of house)* mudanza *f, (LAm)* muda *f; (to different job)* traslado *m.*

2 *vt* **(a)** *(change place of)* cambiar de lugar, trasladar; *(parts of body)* mover; *(chesspiece etc)* jugar, mover; *(transport)* transportar, trasladar; *(make sth ~)* mover; **~ those children off the grass!** ¡quite esos niños del césped! **(b)** *(transfer, change location of)* trasladar; **to ~ house** mudarse, *(LAm)* cambiarse. **(c)** *(fig: sway)* **to ~ sb from an opinion** hacer que uno cambie de opinión; **to ~ sb to do sth** hacer que uno haga algo; **he will not be easily ~d** no se dejará convencer, *(LAm)* no se dejará. **(d)** *(cause emotion in)* conmover, emocionar; **to be ~d** estar conmovido; **to ~ sb to tears/anger** hacer llorar/enojarse a uno; **to ~ to pity** provocar la compasión de. **(e)** *(frm: propose)* **to ~ a resolution** proponer una resolución; **to ~ that ...** proponer que ... .

3 *vi* **(a)** *(gen)* moverse; *(to a place)* trasladarse, *(LAm)* cambiarse; *(leave)* marcharse; **~!** ¡muévete!, *(LAm)* ¡menéate!; **let's ~ into the garden** vamos al jardín; **she ~s beautifully** se mueve con elegancia; **I'll not ~ from here** no me muevo de aquí; **to ~ freely** *(piece of machinery)* tener juego; *(person, traffic)* circular libremente; **the policeman kept the traffic moving** el policía mantuvo la circulación; **things are moving at last** por fin se empiezan a mover las cosas; **to ~ in high society** frecuentar la buena sociedad. **(b)** *(~ house)* mudarse, *(LAm)* cambiarse. **(c)** *(in games)* jugar, hacer una jugada. **(d)** *(take steps)* dar un paso, tomar medidas.

♦ **move about, move around 1** *vt + adv (place in different position)* cambiar de sitio; *(make travel)* trasladar. **2** *vi + adv (fidget)* moverse; *(walk about)* pasearse; *(travel)* viajar de un sitio a otro.
♦ **move along 1** *vt + adv (stop loitering)* hacer circular; *(move forward)* adelantar. **2** *vi + adv (stop loitering)* circular; *(move forward)* avanzar, adelantarse; *(along seat etc)* correrse.
♦ **move away 1** *vt + adv (gen)* apartar; *(move to another place)* mover. **2** *vi + adv (move aside)* apartarse; *(leave)* irse, marcharse; *(move house)* mudarse, *(LAm)* cambiarse; **to ~ away (from)** marcharse (de).
♦ **move back 1** *vt + adv* **(a)** *(to former place)* volver, *(LAm)* regresar. **(b)** *(to the rear)* hacer retroceder. **2** *vi + adv* **(a)** *(to former place)* volver, *(LAm)* regresar. **(b)** *(to the rear)* retroceder.
♦ **move down 1** *vt + adv* bajar; *(along)* hacer correrse; *(demote)* degradar. **2** *vi + adv* bajarse; *(along)* correrse; *(be demoted)* degradarse.
♦ **move forward 1** *vt + adv* **(a)** avanzar. **(b)** *(fig: advance)* adelantar; **to ~ the clocks forward** adelantar los relojes. **2** *vi + adv* adelantarse.
♦ **move in 1** *vt + adv (police etc)* introducir; *(take inside)* llevar hacia dentro. **2** *vi + adv* **(a)** *(into accommodation)* instalarse. **(b)** *(start operations)* intervenir. **(c)** *(come closer)* acercarse *(on* a).
♦ **move off 1** *vt + adv* sacar. **2** *vi + adv* **(a)** *(go away)* irse, marcharse. **(b)** *(start moving)* ponerse en marcha.
♦ **move on 1** *vt + adv* hacer circular; *(hands of clock)* adelantar. **2** *vi + adv* circular; **let's ~ on to the next point** pasamos al siguiente punto.
♦ **move out 1** *vt + adv* sacar; *(troops)* retirar; **~ the chair out of the corner** saca la silla del rincón. **2** *vi + adv (leave accommodation)* mudarse, *(LAm)* cambiarse; *(withdraw: troops)* retirarse; **to ~ out of an area** marcharse de un barrio.
♦ **move over 1** *vt + adv* hacer a un lado, correr. **2** *vi + adv* correrse.
♦ **move up 1** *vt + adv (object, person)* subir; *(promote)* ascender. **2** *vi + adv* **(a)** *(move along)* correrse. **(b)** *(fig: shares, rates etc)* subir; *(be promoted)* ascender, ser ascendido.
move·ment ['muːvmənt] *n* **(a)** *(motion)* movimiento *m; (gesture)* gesto *m*, ademán *m;* **upward/downward ~** movimiento hacia arriba/hacia abajo; **~ (of the bowels)** *(Med)* evacuación *f;* **the police questioned him about his ~s** la policía le pidió informes sobre sus actividades. **(b)** *(political, artistic etc ~)* movimiento *m.* **(c)** *(Mech)* movimiento *m*, mecanismo *m.*
movie ['muːvɪ] **1** *n (esp US)* película *f*, film(e) *m;* **to go to the ~s** ir al cine. **2: ~ camera** *n* cámara *f* cinematográfica, tomavistas *m inv;* **~ theatre** *n* cine *m.*
movie·goer ['muːvɪˌgəʊəʳ] *n (US)* aficionado/a *m/f* al cine.
mov·ing ['muːvɪŋ] *adj* **(a)** *(which moves)* móvil; *(in movement)* en movimiento. **(b)** *(fig: instigating)*

motor(a). **(c)** *(causing emotion)* conmovedor(a).

mow [məʊ] *pt* **mowed,** *pp* **mown** [məʊn] *or* **mowed** *vt* segar, cortar; **to ~ sb down** barrer a uno.

M.P. *abbr of* **Member of Parliament.**

m.p.g. *abbr of* **miles per gallon** ≈ k.p.l. *(kilómetros por litro).*

m.p.h. *abbr of* **miles per hour** ≈ k.p.h. *(kilómetros por hora).*

Mr ['mɪstəʳ] *n* señor (Sr) *m;* **~ Brown** el señor Brown; **yes, ~ Brown** sí, señor Brown.

Mrs ['mɪsɪz] *n* señora (Sra) *f;* **~ Brown** la señora de Brown; **yes, ~ Brown** sí, señora.

Ms [mɪz] *abbr of* **Miss** *or* **Mrs** Sa.

much [mʌtʃ] **1** *adj, n* **(a)** mucho/a; **not ~** poco/a; **how ~ money?** ¿cuánto dinero?; **how ~ is it?** ¿cuánto es?, ¿cuánto vale?, ¿qué precio tiene?; **~ of this is true** tiene mucho de verdad; **there's not ~ to do** hay poco que hacer; **he/it isn't up to ~** *(fam)* no vale gran cosa, *(LAm)* no es muy católico *(fam);* **that wasn't ~ of a party** eso apenas se podía llamar fiesta; **we don't see ~ of each other** nos vemos poco. **(b) (just) as ~** la misma cantidad; **three times as ~ tea** 3 veces la cantidad de té; **as ~ again** otro tanto; **as ~ as you want** cuanto quieras; **he spends as ~ as he earns** gasta tanto como gana; **he has as ~ money as you** tiene tanto dinero como tú; **I thought as ~** me lo imaginaba; **it's as ~ as he can do to stand up** le cuesta hasta ponerse de pie *or (LAm)* pararse. **(c) so ~** tanto/a; **the problem is not so ~ one of money as time** más que de dinero, es una cuestión de tiempo; **at so ~ a kilo** a tanto el kilo; **so ~ for that!** ¡se acabó! **(d) too ~** demasiado/a; **that's too ~, that's a bit (too) ~** *(fam)* eso es demasiado; **the job is too ~ for her** el trabajo es demasiado para ella *or (LAm)* le viene en grande. **(e) to make ~ of** *(treat as important)* dar mucha importancia a; **I couldn't make ~ of the film** *(fam)* no pude seguir la película.

2 *adv* **(a)** mucho; **he was ~ embarrassed** pasó mucha vergüenza, *(LAm)* se apenó mucho; **so ~/too ~** tanto/demasiado; **I like it very/so ~** me gusta mucho/tanto; **thank you very ~** muchas gracias, *(LAm)* muy agradecido; **it doesn't ~ matter** importa poco, *(LAm)* da igual *or* lo mismo; **however ~ he tries** por mucho que se esfuerce; **~ to my surprise** con gran sorpresa mía, para mi gran sorpresa; **~ as I would like to go I can't** por mucho que quisiera, no puedo ir; **I hardly know her ~ less her mother** apenas la conozco, y mucho menos a su madre. **(b)** *(by far)* con mucho; **~ the biggest** el más grande con mucho; **I would ~ rather stay** prefiero con mucho quedarme. **(c)** *(almost)* más o menos; **they're ~ the same size** tienen más o menos el mismo tamaño.

muck [mʌk] *n* **(a)** *(dirt)* suciedad *f, (LAm)* mugre *f; (manure)* estiércol *m.* **(b)** *(fig)* porquería *f.*

♦ **muck about, muck around** *(fam)* **1** *vt + adv:* **to ~ sb about** *or* **around** fastidiar *or (LAm)* fregar *(fam)* a uno. **2** *vi + adv* **(a)** *(lark about)* hacer tonterías; *(do nothing in particular)* gandulear, *(LAm)* flojear. **(b)** *(tinker)* manosear.

♦ **muck in** *vi + adv (fam)* compartir el trabajo.

♦ **muck out** *vt + adv* limpiar.

♦ **muck up** *vt + adv (fam)* **(a)** *(dirty)* ensuciar. **(b)** *(spoil)* echar a perder.

muck·rak·ing ['mʌk,reɪkɪŋ] *n (fam: in journalism)* amarillismo *m,* periodismo *m* amarillo.

mucky ['mʌkɪ] *adj* **(-ier, -iest)** *(muddy)* fangoso/a, lodoso/a; *(filthy)* sucio/a, *(LAm)* mugriento/a.

mu·cus ['mjuːkəs] *n* moco *m.*

mud [mʌd] **1** *n* **(a)** lodo *m,* barro *m.* **(b)** *(fig)* **his name is ~** tiene muy mala fama; **to sling** *or* **throw ~ at sb** calumniar a uno. **2: ~ bank** *n* banco *m* de arena; **~ bath** *n* baño *m* de lodo.

mud·dle ['mʌdl] **1** *n (of mind)* confusión *f; (of things)* desorden *m;* **to get into a ~** *(person)* hacerse líos; *(things)* quedar en desorden; **to be in a ~** *(room, books)* estar en desorden; *(person)* estar hecho un lío; *(plan, arrangements)* estar confuso; **there's been a ~ over the seats** hay un lío con las localidades. **2** *vt (also* **~ up) (a)** *(mess up)* revolver; *(confuse)* confundir; **you've ~d up A and B** has confundido A con B. **(b)** *(person, story, details)* confundir.

♦ **muddle along, muddle through** *vi + adv* arreglárselas de alguna manera.

muddle·headed ['mʌdl,hedɪd] *adj (person)* despistado/a; *(ideas)* confuso/a.

mud·dy ['mʌdɪ] *adj* **(-ier, -iest)** *(covered in mud)* fangoso/a, lleno/a de barro; *(liquid)* turbio/a; *(complexion)* terroso/a.

mud·guard ['mʌdgɑːd] *n* guardabarros *m inv,* guardafangos *m inv.*

mud·pack ['mʌdpæk] *n* mascarilla *f.*

muff[1] [mʌf] *n* manguito *m.*

muff[2] [mʌf] *vt (shot, catch etc)* fallar; **to ~ a chance** desperdiciar una oportunidad.

muf·fle ['mʌfl] *vt* **(a)** *(wrap warmly: also* **~ up)** abrigar. **(b)** *(deaden)* amortiguar.

muf·fled ['mʌfld] *adj (sound etc)* sordo/a, apagado/a.

muf·fler ['mʌfləʳ] *n (scarf)* bufanda *f; (US Aut)* silenciador *m, (LAm)* mofle *m.*

muf·ti ['mʌftɪ] *n:* **in ~** de paisano.

mug [mʌg] **1** *n* **(a)** *(cup)* tazón *m; (glass)* jarro *m.* **(b)** *(fam: dupe)* bobo/a *m/f,* primo/a *m/f;* **smoking is a ~'s game** fumar es cosa de bobos. **(c)** *(fam: face)* jeta *f,* hocico *m.* **2** *vt (attack and rob)* asaltar, atacar.

♦ **mug up** *vt + adv (fam also* **~ up on)** empollar.

mug·ger ['mʌgəʳ] *n* asaltador(a) *m/f.*

mug·ging ['mʌgɪŋ] *n* ataque *m or* asalto *m* callejero.

mug·gy ['mʌgɪ] *adj* **(-ier, -iest)** *(weather)* bochornoso/a.

mu·lat·to [mjuː'lætəʊ] *n, pl* **-es** mulato/a *m/f.*

mul·berry ['mʌlbərɪ] *n (fruit)* mora *f; (tree)* morera *f,* moral *m.*

mule [mjuːl] *n (animal)* mulo/a *m/f;* **(as) stubborn as a ~** testarudo *or* terco como una mula.

mull [mʌl] *vt* calentar con especias; **~ed wine** ponche *m.*

♦ **mull over** *vt + adv* reflexionar sobre, meditar.

multi... ['mʌltɪ] *pref* multi... .

multi·col·oured, *(US)* **multi·col·ored** ['mʌltɪ,kʌləd] *adj* multicolor.

multi·fari·ous [,mʌltɪ'fɛərɪəs] *adj* múltiple, vario/a.

multi·lat·er·al [,mʌltɪ'lætərəl] *adj (Pol)* multilateral.

multi·na·tion·al [,mʌltɪ'næʃənl] *(Comm)* **1** *n* (compañía *f*) multinacional *f or (LAm)* transnacional *f.* **2** *adj* multinacional.

multi·ple ['mʌltɪpl] **1** *adj* **(a)** *(with sg n: of several parts)* múltiple. **(b)** *(with pl n: many)* múltiples. **2** *n (Math)* múltiplo *m.* **3: ~ choice question** *n* pregunta *f* en examen de tipo test; **~ sclerosis** *n* esclerosis *f* en placas; **~ store** *n* sucursal *m* de una cadena de grandes almacenes.

multi·pli·ca·tion [,mʌltɪplɪ'keɪʃən] **1** *n (gen)* multiplicación *f.* **2: ~ table** *n* tabla *f* de multiplicar.

multi·plic·ity [,mʌltɪ'plɪsətɪ] *n* multiplicidad *f;* **for a ~ of reasons** por múltiples razones.

multi·ply ['mʌltɪplaɪ] **1** *vt (Math)* multiplicar. **2** *vi*

(Math) multiplicar; *(to reproduce o.s.)* multiplicarse.

multi·racial ['mʌltɪ,reɪʃəl] *adj* multirracial.

multi·tude ['mʌltɪtju:d] *n (crowd)* multitud *f*, muchedumbre *f; (fig)* **a ~ of problems** una infinidad de problemas.

mum[1] [mʌm] *adj*: **to keep ~ (about sth)** guardar silencio (sobre algo); **~'s the word!** ¡punto en boca!

mum[2] [mʌm] *n (Brit fam: mother)* mamá *f*; mamaíta *f*.

mumble ['mʌmbl] *vt, vi* refunfuñar.

mum·bo jum·bo [,mʌmbəʊ'dʒʌmbəʊ] *n (nonsense)* galimatías *m inv*.

mum·mi·fy ['mʌmɪfaɪ] *vt* momificar.

mum·my[1] ['mʌmɪ] *n (corpse)* momia *f*.

mum·my[2] ['mʌmɪ] *n (Brit fam: mother)* mamá *f*, mamaíta *f*.

mumps [mʌmps] *nsg* paperas *fpl*.

munch [mʌntʃ] *vt, vi* mascar, ronzar.

mun·dane [,mʌn'deɪn] *adj (worldly)* mundano/a; *(pej: humdrum)* rutinario/a.

mu·nici·pal [mju:'nɪsɪpəl] *adj* municipal.

mu·nici·pal·ity [mju:,nɪsɪ'pælɪtɪ] *n (place)* municipio *m*.

mu·ni·tions [mju:'nɪʃənz] *npl* municiones *fpl*.

mu·ral ['mjʊərəl] **1** *adj* mural. **2** *n* mural *m*, pintura *f* mural.

mur·der ['mɜ:dəʳ] **1** *n* **(a)** asesinato *m*, homicidio *m*. **(b)** *(fam)* **it was ~!** ¡fue espantoso!; **she gets away with ~** hace lo que le da *or (LAm)* pega la gana. **2** *vt (person)* asesinar, matar; *(fig: song etc)* hacer pedazos.

mur·der·er ['mɜ:dərəʳ] *n* asesino *m*.

mur·der·ess ['mɜ:dərɪs] *n* asesina *f*.

murky ['mɜ:kɪ] *adj* **(-ier, -iest)** tenebroso/a; *(thick)* espeso/a; *(fig)* vergonzoso/a.

mur·mur ['mɜ:məʳ] **1** *n (soft speech)* murmullo *m; (of water, leaves etc)* susurro *m*; **there were ~s of disagreement** hubo protestas; **without a ~** sin queja. **2** *vt, vi* murmurar.

mus·cle ['mʌsl] **1** *n* músculo *m; (fig)* fuerza *f*; **he never moved a ~** ni se inmutó. **2** *vi*: **to ~ in (on sth)** *(fam)* meterse por *or (LAm)* a la fuerza (en algo).

mus·cu·lar ['mʌskjʊləʳ] *adj (tissue etc)* muscular; *(brawny)* musculoso/a.

Muse [mju:z] *n* musa *f*.

muse [mju:z] *vi*: **to ~ on** *or* **about sth** reflexionar sobre algo, meditar algo.

mu·seum [mju:'zɪəm] *n* museo *m*.

mush [mʌʃ] *n* gachas *fpl*.

mush·room ['mʌʃrʊm] **1** *n (Bot)* seta *f*, *(LAm)* hongo *m; (Culin)* champiñón *m*. **2** *adj (salad, omelette etc)* de champiñones. **3** *vi (town etc)* crecer vertiginosamente; **the cloud of smoke went ~ing up** el humo subió en forma de hongo. **4: ~ cloud** *n* hongo *m* atómico.

mushy ['mʌʃɪ] *adj* **(-ier, -iest)** *(lit)* pulposo/a, mollar; *(fig)* sentimentaloide; **~ peas** guisantes *mpl or (LAm)* chícharos aguados.

mu·sic ['mju:zɪk] **1** *n* música *f*; **to set a work to ~** poner música a una obra. **2: ~ box** *n* caja *f* de música; **~ hall** *n* teatro *m* de variedades; **~ lover** *n* amante *mf* de la música.

mu·si·cal ['mju:zɪkəl] **1** *adj* musical; *(person)* que tiene talento para la música; *(instrument, composition etc)* de música, músico/a; **~ box** caja *f* de música; **~ comedy** *(gen)* (comedia *f*) musical *m*, *(Sp)* zarzuela *f*. **2** *n (Cine, Theat)* comedia *f* musical.

mu·si·cian [mju:'zɪʃən] *n* músico/a *m/f*.

mu·si·colo·gist [,mju:zɪ'kɒlədʒɪst] *n* musicólogo/a *m/f*.

musk [mʌsk] **1** *n (substance)* almizcle *m; (scent)* perfume *m* de almizcle; *(Bot)* almizcleña *f*. **2: ~ rose** *n (Bot)* rosa *f* almizcleña.

mus·ket ['mʌskɪt] *n* mosquete *m*.

musk·rat ['mʌskræt] *n* ratón *m* almizclero.

Mus·lim ['mʊslɪm] = **Moslem.**

mus·lin ['mʌzlɪn] **1** *n* muselina *f*. **2** *cpd* de muselina.

mus·quash ['mʌskwɒʃ] *n (fur)* piel *f* del ratón almizclero.

muss [mʌs] *vt (fam: also* **~ up**: *hair)* despeinar; *(: dress)* arrugar.

mus·sel ['mʌsl] *n* mejillón *m*.

must[1] [mʌst] *n* = **mustiness.**

must[2] [mʌst] **1** *aux vb* **(a)** *(obligation)* deber, tener que; **I ~ do it** debo hacerlo; **one ~ not be too hopeful** no hay que ser demasiado optimista; **there ~ be a reason** debe haber una razón. **(b)** *(probability)* **he ~ be there by now** ya debe de estar allí; **it ~ be 8 o'clock by now** ya deben de ser las ocho; **it ~ be cold up there** debe de hacer frío allá arriba. **2** *n (fam)* **this programme is a ~** no hay que perderse este programa.

mus·tache ['mʌstæʃ] *n (US)* = **moustache.**

mus·tard ['mʌstəd] **1** *n (Bot, Culin)* mostaza *f*. **2: ~ gas** *n (Chem)* gas *m* mostaza.

mus·ter ['mʌstəʳ] **1** *n (esp Mil)* revista *f*; **to pass ~** *(fig)* ser aceptable. **2** *vt (call together)* reunir; *(collect)* armarse de; *(also* **~ up**) cobrar.

musti·ness ['mʌstɪnɪs] *n (of room)* olor *m* a cerrado.

mustn't ['mʌsnt] = **must not;** *see* **must**[2].

mus·ty ['mʌstɪ] *adj* **(-ier, -iest)** que huele a cerrado; *(fig)* anticuado/a.

mu·tate [mju:'teɪt] **1** *vt* mudar, transformar. **2** *vi* sufrir mutación, transformarse.

mu·ta·tion [mju:'teɪʃən] *n* mutación *f*.

mute [mju:t] **1** *adj* **(-r, -st)** *(gen)* mudo/a. **2** *n (person)* mudo/a *m/f; (Mus)* sordina *f*.

muted ['mju:tɪd] *adj (noise)* sordo/a; *(criticism)* callado/a.

mu·ti·late ['mju:tɪleɪt] *vt* mutilar.

mu·ti·la·tion [,mju:tɪ'leɪʃən] *n* mutilación *f*.

mu·ti·nous ['mju:tɪnəs] *adj (lit)* amotinado/a; *(fig)* rebelde.

mu·ti·ny ['mju:tɪnɪ] **1** *n* motín *m*. **2** *vi* amotinarse.

mut·ter ['mʌtəʳ] **1** *n* murmullo *m*. **2** *vt* murmurar, decir entre dientes; **'yes,' he ~ed** 'sí,' refunfuñó. **3** *vi (gen)* murmurar; *(complain)* quejarse.

mut·ton ['mʌtn] *n* cordero *m*, *(RPl)* capón *m*; **a leg of ~** una pierna *f* de cordero; **~ dressed as lamb** *(fig)* vejestorio *m* emperifollado.

mu·tu·al ['mju:tjʊəl] *adj (affection, suspicion etc)* mutuo/a; *(friend, cousin)* común; **the feeling is ~** igualmente.

mu·tu·al·ly ['mju:tjʊəlɪ] *adv* mutuamente.

muz·zle ['mʌzl] **1** *n (snout)* hocico *m; (gun)* boca *f; (for dog)* bozal *m*. **2** *vt (dog)* poner bozal a; *(fig: person)* amordazar, callar.

muz·zy ['mʌzɪ] *adj* **(-ier, -iest)** *(outline, ideas)* borroso/a; *(person)* atontado/a.

my [maɪ] *poss adj* mi/mis; **~ friend/~ books** mi amigo/mis libros; **~ own car** mi propio coche.

my·op·ic [maɪ'ɒpɪk] *adj* miope.

my·self [maɪ'self] *pron (reflexive, direct and indirect)* me; *(emphatic)* yo mismo/a; *(after prep)* mí; **(all) by ~** (completamente) solo; **I was talking to ~** hablaba solo; **I'm not ~** estoy en mal estado.

mys·teri·ous [mɪs'tɪərɪəs] *adj* misterioso/a.

mys·teri·ous·ly [mɪs'tɪərɪəslɪ] *adv* misteriosamente.

mys·tery ['mɪstərɪ] *n* misterio *m*; **it's a ~ to me where it can have gone** no entiendo qué le habrá pasado.

mys·tic ['mɪstɪk] *adj, n* místico/a *m/f*.
mys·ti·cal ['mɪstɪkəl] *adj* místico/a.
mys·ti·fy ['mɪstɪfaɪ] *vt (bewilder)* dejar perplejo, desconcertar; *(make mysterious)* mistificar.
mys·tique [mɪs'tiːk] *n* mística *f*.
myth [mɪθ] *n* mito *m; (imaginary person, thing)* ilusión *f*.
mythi·cal ['mɪθɪkəl] *adj* mítico/a; *(imaginary)* imaginario/a.
mytho·logi·cal [,mɪθə'lɒdʒɪkəl] *adj* mitológico/a.
my·thol·ogy [mɪ'θɒlədʒɪ] *n* mitología *f*.
myxo·ma·to·sis [,mɪksəʊmə'təʊsɪs] *n* mixomatosis *f*.

N

N, n [en] *n (letter)* N, n *f*.
N *abbr of* **north** N.
nab [næb] *vt (fam: grab: thing) (Sp)* coger, *(LAm)* agarrar; *(: person)* pillar; *(: arrest)* prender; *(: steal)* mangar.
na·dir ['neɪdɪəʳ] *n (Astron)* nadir *m; (fig)* punto *m* más bajo.
nag[1] [næg] *n (horse)* rocín *m*, jaco/a *m/f*.
nag[2] [næg] **1** *vt (also* ~ **at)** regañar; *(bother)* fastidiar, *(LAm)* molestar; **to ~ sb to do** *or* **into doing sth** machacar a uno para que haga algo; **~ged by doubts** asaltado *or* aquejado por las dudas. **2** *vi* quejarse. **3** *n* quejica *mf*, regañón/ona *m/f*.
nag·ging ['nægɪŋ] **1** *adj (person)* quejica, regañón/ona; *(pain)* punzante; *(doubt, fear etc)* insistente, persistente. **2** *n* quejas *fpl*.
nail [neɪl] **1** *n* **(a)** *(Anat)* uña *f;* **to bite one's ~s** morderse las uñas. **(b)** *(metal)* clavo *m;* **to hit the ~ on the head** *(fig)* dar en el clavo; **on the ~** a tocateja; *see* **hard 1 (b). 2** *vt (carpentry)* clavar, sujetar con clavos; *(fam: catch, get hold of)* coger, *(LAm)* pillar. **3: ~ polish** *n*, **~ varnish** *n* esmalte *m* para las uñas; **~ polish** *or* **varnish remover** *n* quitaesmalte *m*.
♦ **nail down** *vt + adv* sujetar con clavos; *(person)* obligar a concretar.
nail·brush ['neɪlbrʌʃ] *n* cepillo *m* para las uñas.
nail·file ['neɪlfaɪl] *n* lima *f* (de uñas).
na·ïve [nɑː'iːv] *adj* ingenuo/a, cándido/a.
na·ïve·té [nɑː'iːvteɪ] *n*, **na·ive·ty** [nɑː'iːvtɪ] *n* ingenuidad *f*, candidez *f*.
na·ked ['neɪkɪd] *adj* **(a)** *(lit)* desnudo/a, *(LAm)* en cueros; **with the ~ eye** a simple vista; *see* **stark. (b)** *(fig: flame)* expuesto/a al aire; *(: landscape)* pelado/a; *(: sword)* desenvainado/a; **the ~ truth** la verdad desnuda.
name [neɪm] **1** *n* **(a)** *(of person, firm etc)* nombre *m; (surname)* apellido *m; (of book etc)* título *m;* **to go by** *or* **under the ~ of** ser conocido por el nombre de; **in ~ only** solamente de nombre; **by ~** de nombre; **I thank you in the ~ of all those present** le doy las gracias en *or (LAm)* a nombre de todos los presentes; **what's your ~?** ¿cómo se llama Ud?; **my ~ is Peter** me llamo Pedro; **in the ~ of** en *or (LAm)* a nombre de; **to call sb ~s** ponerle verde a uno, *(LAm)* decirle groserías a uno; **to put one's ~ down for** *(car etc)* hacer una solicitud de; *(school, course)* inscribirse en; **what ~ shall I say?** *(Telec etc)* ¿de parte de quién?; **to take sb's ~ and address** apuntar las señas de uno; **that's the ~ of the game** *(fam: the norm)* es así la cosa; *(: what's important)* eso es lo importante; *see* **Christian, first 4, maiden, pet. (b)** *(reputation)* renombre *m*, reputación *f*, fama *f;* **to make a ~ for o.s.** hacerse famoso; **the firm has a good ~** la casa tiene buena reputación; **to get (o.s.) a bad ~** hacerse una mala reputación. **(c)** *(person)* **big ~** *(fam)* figura *f*, personaje *m*.
2 *vt (gen)* llamar; *(person)* bautizar, poner nombre a; *(mention)* mencionar, mentar; *(nominate)* nombrar; *(date, price etc)* fijar, señalar; **they ~d the child Mary** a la niña le pusieron María; **have you ~d the day yet?** ¿ya fijaron la fecha de la boda?; **~ 20 British birds** nómbrame 20 pájaros británicos; **you ~ it, we've got it** cualquier cosa que pidas, la tenemos.
name-dropping ['neɪm,drɒpɪŋ] *n* faroleo *m*.
name·less ['neɪmlɪs] *adj (anonymous)* anónimo/a; *(indefinable)* indecible; **... who shall be ~** ... que quedará en el anonimato.
name·ly ['neɪmlɪ] *adv* a saber.
name·plate ['neɪmpleɪt] *n (on door etc)* letrero *m* con nombre; *(on goods)* placa *f* del fabricante.
name·sake [neɪmseɪk] *n* tocayo/a *m/f*.
nan·ny ['nænɪ] *n* niñera *f*.
nap[1] [næp] *n* siesta *f;* **to have/take a ~** echar una siesta.
nap[2] [næp] *n (on cloth)* lanilla *f*, pelusa *f*.
na·palm ['neɪpɑːm] *n* jalea *f* de gasolina, nápalm *m*.
nape [neɪp] *n (also* **~ of the neck)** nuca *f*, cogote *m*.
nap·kin ['næpkɪn] *n (table ~)* servilleta *f; (Brit: baby's)* pañal *m; (US: sanitary towel)* compresa *f* higiénica, paño *m* higiénico.
Na·ples ['neɪplz] *n* Nápoles.
nap·py ['næpɪ] *n (Brit)* pañal *m;* **~ liner** gasa *f*, metedor *m*.
nar·cis·sus [nɑː'sɪsəs] *n, pl* **narcissi** [nɑː'sɪsaɪ] *(Bot)* narciso *m*.
nar·cot·ic [nɑː'kɒtɪk] *n* narcótico *m*, estupefaciente *m*.
nark [nɑːk] *vt (Brit fam)* fastidiar, *(LAm)* molestar, fregar *(fam)*.
nar·rate [nə'reɪt] *vt (in play etc)* narrar; *(to tell story)* contar.
nar·ra·tion [nə'reɪʃən] *n (act of narrating)* narración *f; (of story)* relato *m*.
nar·ra·tive ['nærətɪv] **1** *adj* narrativo/a. **2** *n (gen)* narrativa *f; (of story)* narración *f*, relato *m*.
nar·ra·tor [nə'reɪtəʳ] *n* narrador(a) *m/f*.
nar·row ['nærəʊ] **1** *adj* **(-er, -est)** *(gen)* estrecho/a, *(LAm)* angosto/a; *(place)* angosto/a; *(advantage, majority)* pequeño/a; **to have a ~ escape** escaparse por los pelos. **2** *vt* **(a)** *(also* **~ down:** *road)* hacer más estrecho; *(: choice)* reducir, limitar. **(b)** *(eyes)* entrecerrar. **3** *vi (road)* hacerse más estrecho; *(eyes)* entrecerrarse; **so the question ~s down to this ...** así que la cuestión se reduce a esto ... .
nar·row·ly ['nærəʊlɪ] *adv* **(a)** *(by a small margin)* por poco. **(b)** *(closely)* de cerca.
narrow-minded [,nærəʊ'maɪndɪd] *adj (pej: person)* de miras estrechas; *(: ideas, outlook etc)* intolerante.
na·sal ['neɪzəl] *adj* nasal.
nas·ti·ly ['nɑːstɪlɪ] *adv (unpleasantly)* de mala manera, *(LAm)* feo, feamente; *(spitefully)* con rencor.
nas·ti·ness ['nɑːstɪnɪs] *n (see adv)* maldad *f;* rencor *m*.
na·stur·tium [nəs'tɜːʃəm] *n (Bot)* capuchina *f*.
nas·ty ['nɑːstɪ] *adj* **(-ier, -iest) (a)** *(dirty)* sucio/a, asqueroso/a; *(disagreeable)* desagradable; *(smell, taste)* repugnante, *(LAm)* chocante; *(remark)* desagradable, dañino/a; *(accident, cut, wound)* feo/a, grave; *(corner, turn etc)* peligroso/a; *(book, film etc)* obsceno/a; **a ~ trick** una mala jugada;

what a ~ mind you have! ¡qué mal pensado eres!; to smell ~ oler mal; to turn ~ (*situation*) ponerse feo; (*weather*) volverse malo; **cheap and** ~ de mal gusto. **(b)** (*person, character*) antipático/a; **to be** ~ **to** tratar muy mal a; **to turn** ~ ponerse negro; **a** ~ **piece of work** (*fam*) un tipo muy desagradable.

na·tion ['neɪʃən] *n* (*Pol*) nación *f*; (*people*) pueblo *m*.

na·tion·al ['næʃənl] **1** *adj* nacional; **the** ~ **anthem** el himno nacional; ~ **debt** deuda *f* pública; **N~ Health Service** (*Brit*) Servicio *m* Nacional de Sanidad, (*Sp*) Seguridad Social; **N~ Insurance** (*Brit*) seguro *m* social nacional; ~ **liberation movement** movimiento *m* de liberación nacional; **N~ Trust** (*Brit*) organización *f* para conservar el patrimonio nacional. **2** *n* **(a)** (*person*) nacional *mf*, natural *mf*. **(b)** (*newspaper*) periódico *m* nacional.

na·tion·al·ism ['næʃnəlɪzəm] *n* (*gen*) nacionalismo *m*.

na·tion·al·ist ['næʃnəlɪst] *adj, n* nacionalista *mf*.

na·tion·al·ity [ˌnæʃə'nælɪtɪ] *n* nacionalidad *f*.

na·tion·ali·za·tion [ˌnæʃnəlaɪ'zeɪʃən] *n* nacionalización *f*.

na·tion·al·ize ['næʃnəlaɪz] *vt* nacionalizar.

na·tion·al·ly ['næʃnəlɪ] *adv* en *or* a escala nacional.

nation-state ['neɪʃənˌsteɪt] *n* estado-nación *m*.

nation-wide ['neɪʃənˌwaɪd] **1** *adj* a escala nacional. **2** *adv* por todo el país.

na·tive ['neɪtɪv] **1** *adj* **(a)** (*innate*) natural, innato/a; ~ **wit** ingenio *m*. **(b)** (*of one's birth*) natal; ~ **country** *or* **land** patria *f*; ~ **language** lengua *f* materna. **(c)** (*indigenous: animal etc*) indígena; (*resources etc*) natural; (*product*) nacional. **(d)** (*of natives*) indígena, nativo/a. **2** *n* **(a)** (*with reference to birth or nationality*) natural *mf*, nacional *mf*; **he speaks German like a** ~ habla alemán como un nativo. **(b)** (*primitive*) indígena *mf*.

Na·tiv·ity [nə'tɪvɪtɪ] *n* Natividad *f*.

NATO ['neɪtəʊ] *abbr of* **North Atlantic Treaty Organization** la OTAN.

nat·ter ['nætə^r] (*Brit: fam*) **1** *n* charla *f*, (*LAm*) plática *f*. **2** *vi* (*chat*) charlar, (*LAm*) platicar.

natu·ral ['nætʃrəl] **1** *adj* **(a)** (*of nature, normal*) natural; (*inborn*) de nacimiento; **it's quite** ~ **to do/that ...** es lo más natural hacer/que ...; **he's a** ~ **painter** es un pintor nato. **(b)** (*logical*) lógico/a; **it's** ~ **that he should think so** es lógico que lo piense. **2** *n* **(a)** (*Mus*) nota *f* natural. **(b)** (*person*) **he's a** ~ **for the job** es la persona más indicada para el trabajo. **3:** ~ **childbirth** *n* parto *m* natural; ~ **gas** *n* gas *m* natural.

natu·ral·ist ['nætʃrəlɪst] *n* (*gen*) naturalista *mf*.

natu·rali·za·tion [ˌnætʃrəlaɪ'zeɪʃən] *n* (*of person*) naturalización *f*.

natu·ral·ize ['nætʃrəlaɪz] *vt* (*person*) naturalizar; **to become** ~**d** (*plant, animal*) aclimatarse.

natu·ral·ly ['nætʃrəlɪ] *adv* **(a)** (*by nature*) por naturaleza; **it comes** ~ **to him to ...** le es completamente natural ... . **(b)** (*unaffectedly: behave, speak*) naturalmente, con naturalidad. **(c)** (*of course*) claro (que sí), por supuesto, (*LAm*) cómo no.

na·ture ['neɪtʃə^r] **1** *n* **(a)** (*essential quality, character*) naturaleza *f*; (*of person*) carácter *m*, temperamento *m*; **it is not in his** ~ **to say that** no cabe en él decir tal cosa; **it's second** ~ **to him to ...** tiene facilidad para ...; **to be cautious by** ~ ser cauteloso por naturaleza. **(b)** (*kind*) género *m*, tipo *m*; **and things of that** ~ y cosas por el estilo; **in the** ~ **of** algo así como. **(c)** (*Bio, Phys etc*) naturaleza *f*; **N~** la Naturaleza; **the laws of N~** las leyes de la Naturaleza; **to draw/paint from** ~ dibujar/pintar del natural. **2** *cpd*: ~ **lover** *n* amante *mf* de la naturaleza; ~ **reserve** *n* reserva *f* natural; ~ **trail** *n* camino *m* forestal educativo.

-natured ['neɪtʃəd] *suf* de carácter ...; **good~** simpático/a; **ill~** malhumorado/a.

na·tur·ism ['neɪtʃərɪzəm] *n* naturismo *m*.

na·tur·ist ['neɪtʃərɪst] *n* naturista *mf*.

naught [nɔːt] *n* **(a)** (*Math*) *see* **nought. (b)** (*old, poet: nothing*) nada *f*; **to come to** ~ frustrarse.

naugh·ti·ly ['nɔːtɪlɪ] *adv* (*behave*) mal; (*say*) con malicia.

naugh·ti·ness ['nɔːtɪnɪs] *n* (*mischief*) travesuras *fpl*; (*risqué character*) atrevimiento *m*.

naugh·ty ['nɔːtɪ] *adj* (**-ier, -iest**) **(a)** (*child etc*) travieso/a; **you've been very** ~**/that was a** ~ **thing to do** hiciste muy mal. **(b)** (*joke, song etc*) verde, (*LAm*) colorado/a.

nau·sea ['nɔːsɪə] *n* (*Med*) náusea *f*; (*fig*) asco *m*.

nau·seate ['nɔːsɪeɪt] *vt* (*Med*) dar náuseas a; (*fig*) dar asco a, (*LAm*) asquear.

nau·seating ['nɔːsɪeɪtɪŋ] *adj* repugnante, asqueroso/a.

nau·seous ['nɔːsɪəs] *adj* nauseabundo/a.

nau·ti·cal ['nɔːtɪkəl] *adj* (*terms, matters, charts etc*) náutico/a; ~ **mile** milla *f* marina.

na·val ['neɪvəl] *adj* (*battle, strength, base, college*) naval; (*officer, affairs*) de la marina; (*hospital, barracks, stores*) de marina.

nave [neɪv] *n* (*Archit*) nave *f*.

na·vel ['neɪvəl] *n* ombligo *m*.

navi·gable ['nævɪgəbl] *adj* (*river etc*) navegable; (*ship, balloon*) dirigible.

navi·gate ['nævɪgeɪt] **1** *vt* **(a)** (*ship, plane*) gobernar; (*fig*) conducir, guiar. **(b)** (*seas, river etc*) navegar por. **2** *vi* navegar.

navi·ga·tion [ˌnævɪ'geɪʃən] *n* (*act*) navegación *f*; (*science*) náutica *f*.

navi·ga·tor ['nævɪgeɪtə^r] *n* (*Naut, Aer, in car*) navegante *mf*.

nav·vy ['nævɪ] *n* (*Brit*) peón *m* caminero.

navy ['neɪvɪ] *n* (*ships*) armada *f*, flota *f*; (*organization*) marina *f* de guerra.

navy(-blue) ['neɪvɪ('bluː)] **1** *adj* azul marino. **2** *n* azul *m* marino.

nay [neɪ] *adv* (*old: no*) no.

Nazi ['nɑːtsɪ] *adj, n* nazi *mf*.

N.B. *abbr of* **nota bene** nótese.

N.C.O. *n abbr of* **non-commissioned officer.**

near [nɪə^r] **1** *adv* (*gen*) cerca; (*event*) pronto; **that's** ~ **enough** (*fig: numbers etc*) con eso basta; **to come** *or* **draw** ~ **(to)** acercarse (a); **winter is drawing** ~ el invierno se acerca; **nowhere** ~ (*fam*) ni mucho menos.

2 *prep* (*also* ~ **to**) (*of place*) cerca de; (*of time*) próximo a; (*of numbers*) aproximadamente; ~ **here** cerca de aquí, (*LAm*) por aquí cerca; **the passage is** ~ **the end of the book** el trozo viene hacia el final del libro; **we were** ~ **to being drowned** por poco nos morimos ahogados; ~ **to tears** a punto de llorar.

3 *adj* (*in place etc*) cercano/a; (*of time*) próximo/a; (*relation*) próximo/a, cercano/a; (*race, contest, result*) muy reñido/a; **the N~ East** el Cercano Oriente; **the** ~**est way** el camino más corto; **he had a** ~ **miss** (*target*) por poco lo alcanzó; (*accident*) por poco tuvo un accidente; **he calculated the price to the** ~**est pound** lo calculó hasta la libra más próxima; **£2500 or** ~**est offer** (*for house etc*) 2500 libras o precio a discutir.

4 *vt* (*approach*) acercarse a; **the building is** ~**ing completion** el edificio está por terminarse.

5 *vi* acercarse.

near·by [ˌnɪəˈbaɪ] **1** *adv* cerca. **2** *adj* cercano/a.

near·ly [ˈnɪəlɪ] *adv* **(a)** *(almost)* casi; **it's ~ 3 o'clock** son casi las 3; **she's ~ 40** tiene casi 40 años; **I ~ lost it** por poco lo perdí; **~ finished** casi terminado; **very ~!** ¡casi, casi! **(b)** *(with negative)* **not ~** ni mucho menos, ni con mucho; **it's not ~ ready** falta mucho para que esté listo.

near·ness [ˈnɪənɪs] *n (in place)* cercanía *f; (in time)* proximidad *f.*

near·side [ˈnɪəsaɪd] *(Aut)* **1** *n (gen)* lado *m* derecho; *(Brit)* lado izquierdo. **2** *adj (door, verge, lane: gen)* de la derecha; *(: Brit)* de la izquierda.

near-sighted [ˌnɪəˈsaɪtɪd] *adj* miope, corto/a de vista.

neat [niːt] *adj* **(-er, -est) (a)** *(tidy: person)* pulcro/a, esmerado/a, *(LAm)* ordenado/a; *(: room)* ordenado/a; *(: handwriting)* elegante, claro/a; *(skilful: work)* bien hecho/a; *(: solution, plan)* ingenioso/a; *(US fam: very nice)* bonito/a, *(LAm)* lindo/a. **(b)** *(undiluted)* solo/a.

neat·ly [ˈniːtlɪ] *adv* **(a)** *(tidily: fold, wrap)* con esmero *or* cuidado; *(: dress)* con elegancia; *(: write)* claramente. **(b)** *(skilfully: avoid, manage)* ingeniosamente, hábilmente; **~ put** bien dicho.

neat·ness [ˈniːtnɪs] *n (tidiness)* orden *m; (skilfulness)* destreza *f,* habilidad *f.*

nebu·lous [ˈnebjʊləs] *adj (fig)* vago/a, nebuloso/a.

nec·es·sari·ly [ˈnesɪsərɪlɪ] *adv* necesariamente; **not ~** no necesariamente, puede que no.

nec·es·sary [ˈnesɪsərɪ] **1** *adj (gen)* necesario/a; *(unavoidable)* imprescindible; **to be ~** ser necesario, *(LAm)* precisar; **it is ~ for us to go** *or* **that we go** es preciso *or* necesario que vayamos; **don't do more than is ~** no hagas más de lo necesario; **if ~** si es necesario; **is that really ~?** realmente ¿es necesario eso?; **the ~ qualifications** las aptitudes requeridas. **2** *n* cosa *f* necesaria; **to do the ~** hacer lo necesario; **the ~, the necessaries** lo necesario; *(fam: money)* el cónquibus.

ne·ces·si·tate [nɪˈsesɪteɪt] *vt* necesitar, exigir.

ne·ces·sity [nɪˈsesɪtɪ] *n* **(a)** *(circumstances, need)* necesidad *f;* **~ is the mother of invention** la necesidad hace maestro; **the ~ for care** la necesidad de cuidado; **of ~** necesariamente, a la fuerza; **out of sheer ~** por fuerza, *(LAm)* a la fuerza; **in case of ~** en caso de urgencia. **(b)** *(necessary thing)* necesidad *f;* **necessities** artículos *mpl* de necesidad.

neck [nek] **1** *n (gen)* cuello *m; (of animal)* pescuezo *m; (of bottle)* cuello, gollete *m;* **to breathe down sb's ~** *(fam)* no dejarle a uno ni a sol ni a sombra, *(LAm)* seguirlo hasta que se eche; **~ and ~** parejos; **to be up to one's ~ in work** *(fam)* tener trabajo hasta los ojos; **to be in sth up to one's ~** *(fam)* estar muy metido *or (LAm)* imbricado en algo; **in your ~ of the woods** *(fam)* por tus rumbos; **to risk one's/save one's ~** jugarse/salvarse el pellejo; **to stick one's ~ out** arriesgarse, *(LAm)* aventarse. **2** *vi (fam)* besuquearse.

neck·lace [ˈneklɪs] *n* collar *m.*

neck·line [ˈneklaɪn] *n* escote *m;* **with a low ~** escotado/a.

neck·tie [ˈnektaɪ] *n* corbata *f.*

nec·tar [ˈnektəʳ] *n* néctar *m.*

nec·tar·ine [ˈnektərɪn] *n* nectarina *f.*

née [neɪ] *adj*: **Mary Green, ~ Smith** Mary Green, de soltera Smith.

need [niːd] **1** *n* **(a)** *(no pl: necessity)* necesidad *f;* **if ~(s) be, in case of ~** en caso de necesidad; **there's no ~ to worry** no tiene por qué preocuparse; **I have no ~ of advice** no me hacen falta consejos; **in ~ of** que necesita; **in times of ~** en momentos de apuro. **(b)** *(want)* carencia *f,* escasez *f; (lack)* falta *f.* **(c)** *(poverty)* necesidad *f,* indigencia *f;* **to be in ~** estar necesitado. **(d) ~s** *(things needed)* requisitos *mpl,* necesidades *fpl.*

2 *vt* **(a)** *(subj: person)* necesitar; **I ~ a bigger car** necesito *or* me hace falta un coche más grande; **that's just what I ~!** ¡sólo eso me hacía falta *or (LAm)* faltaba!; **it's just what I ~ed** es precisamente lo que necesitaba; **he ~s watching** hay que vigilarle; **a much ~ed holiday** unas vacaciones bien merecidas. **(b)** *(subj: thing)* exigir, requerir; **it ~s care** exige cuidado. **(c) I ~ to do it** tengo que *or* necesito hacerlo; **they don't ~ to be told all the details** no hay que contárselo con todo detalle. **(d)** *(aux vb)* **~ I go?** ¿es necesario que vaya?, ¿tengo que ir?; **it ~ not be done now** se puede hacer en cualquier momento; **it ~ not follow that ...** lo que no significa necesariamente que .... **(e)** *(impersonal)* **it ~ed a war to alter that** fue necesaria una guerra para cambiar eso.

nee·dle [ˈniːdl] **1** *n (gen)* aguja *f;* **pine ~** aguja de pino; **it's like looking for a ~ in a haystack** es buscar una aguja en un pajar; **to give sb the ~** *(fam)* pinchar a uno, *(LAm)* meterse con uno; *see* **pin 1**. **2** *vt (fam)* pinchar, meterse con.

need·less [ˈniːdlɪs] *adj* innecesario/a; **~ to say ...** huelga decir que ... .

need·less·ly [ˈniːdlɪslɪ] *adv* innecesariamente.

needle·work [ˈniːdlwɜːk] *n (sewing)* labor *f* de aguja; *(embroidery)* bordado *m.*

needy [ˈniːdɪ] *adj* **(-ier, -iest)** necesitado/a.

ne·ga·tion [nɪˈgeɪʃən] *n* **(a)** *(gen, Ling etc)* negación *f.* **(b)** *(denial, refusal)* negativa *f.*

nega·tive [ˈnegətɪv] **1** *adj (gen)* negativo/a. **2** *n (Ling)* negación *f; (answer)* negativa *f; (Phot)* negativo *m; (Elec)* polo *m* negativo; **to answer in the ~** contestar con una negativa.

ne·glect [nɪˈglekt] **1** *n (carelessness)* descuido *m; (: in appearance)* dejadez *f; (of rule etc)* incumplimiento *m; (neglected state)* abandono *m.* **2** *vt* **(a)** *(obligations etc)* descuidar, desatender; *(duty)* no cumplir con, faltar a; *(friends)* abandonar; *(wife)* dejar sola; *(opportunity)* desperdiciar; *(work, garden etc)* descuidar. **(b) to ~ to do sth** dejar de hacer algo.

ne·glected [nɪˈglektɪd] *adj (person)* abandonado/a; *(house, garden)* descuidado/a.

ne·glect·ful [nɪˈglektfʊl] *adj* negligente; **to be ~ of** descuidar.

neg·li·gee [ˈneglɪʒeɪ] *n* salto *m* de cama.

neg·li·gence [ˈneglɪdʒəns] *n* **(a)** *(carelessness)* descuido *m,* negligencia *f;* **through ~** por descuido. **(b)** *(Jur)* negligencia *f.*

neg·li·gent [ˈneglɪdʒənt] *adj (careless, inattentive)* negligente; *(casual)* suelto/a, con soltura.

neg·li·gible [ˈneglɪdʒəbl] *adj (amount)* despreciable; *(damage, difference)* sin importancia.

ne·go·tiable [nɪˈgəʊʃɪəbl] *adj* **(a)** *(Comm etc)* negociable. **(b)** *(road etc)* transitable; *(river)* salvable.

ne·go·ti·ate [nɪˈgəʊʃɪeɪt] **1** *vt* **(a)** *(treaty, loan)* negociar, gestionar. **(b)** *(bend)* tomar; *(hill)* subir; *(obstacle, etc)* salvar, franquear; *(river etc)* pasar, cruzar. **2** *vi (also* **to ~ for**) negociar.

ne·go·tia·tion [nɪˌgəʊʃɪˈeɪʃən] *n* **(a)** *(act of negotiating)* negociación *f,* gestión *f.* **(b) ~s** *(talks)* negociaciones *fpl.*

ne·go·tia·tor [nɪˈgəʊʃɪeɪtəʳ] *n* negociador(a) *m/f.*

Ne·gress [ˈniːgres] *n* negra *f.*

Ne·gro [ˈniːgrəʊ] **1** *adj* negro/a. **2** *n, pl* **-es** negro *m.*

neigh [neɪ] **1** *n* relincho *m.* **2** *vi* relinchar.

neigh·bour, *(US)* **neigh·bor** [ˈneɪbəʳ] *n (gen)* vecino/a *m/f; (fellow being)* prójimo/a *m/f; see* **next.**
neigh·bour·hood, *(US)* **neigh·bor·hood** [ˈneɪbəhʊd] *n (area: gen)* barrio *m, (Sp)* vecindad *f; (people)* vecindario *m,* vecinos *mpl; (fig)* **in the ~ of £80** alrededor de (las) 80 libras.
neigh·bouring, *(US)* **neigh·boring** [ˈneɪbərɪŋ] *adj* vecino/a.
neigh·bour·ly, *(US)* **neigh·bor·ly** [ˈneɪbəlɪ] *adj* amigable, sociable.
nei·ther [ˈnaɪðəʳ] **1** *adv:* **~... nor** ni ... ni; **~ he nor I can go** ni él ni yo podemos ir; **he ~ smokes nor drinks** ni fuma ni bebe; **that's ~ here nor there** *(fig)* eso no viene al caso. **2** *conj* tampoco; **if you aren't going, ~ am I** si no vas tú, yo tampoco voy; **'I don't like it' — '~ do I'** 'a mí no me gusta' — 'a mí tampoco'. **3** *pron:* **~ (of them)** ninguno/a de los/las dos, ni el/la uno/a ni el/la otro/a. **4** *adj* ninguno/a de los/las dos.
nemesis [ˈnemɪsɪs] *n* justo castigo *m,* justicia *f.*
neo·lith·ic [ˌniːəʊˈlɪθɪk] *adj* neolítico/a.
ne·olo·gism [nɪˈɒlədʒɪzəm] *n* neologismo *m.*
neon [ˈniːɒn] **1** *n* neón *m.* **2: ~ light** *n* luz *f* de neón; **~ sign** *n* anuncio *m* de neón.
neph·ew [ˈnevjuː] *n* sobrino *m.*
nepo·tism [ˈnepətɪzəm] *n* nepotismo *m.*
nerve [nɜːv] **1** *n* **(a)** *(Anat, Bot)* nervio *m;* **she suffers from ~s** sufre de los nervios; **my ~s are on edge** tengo los nervios de punta; **it/he gets on my ~s** me fastidia *or (LAm)* friega mucho *(fam);* **to have ~s of steel** tener los nervios de hierro. **(b)** *(courage)* valor *m;* **I hadn't the ~ to do it** no tuve el valor de hacerlo; **to lose one's ~** perder el valor. **(c)** *(cheek)* caradura *f,* cara *f,* descaro *m;* **you've got a ~!** ¡qué cara tienes!; **to have the ~ to do sth** tener la cara de hacer algo.
2 *vr:* **to ~ o.s. to do sth** animarse a hacer algo.
3 *cpd:* **~ cell** *n* neurona *f,* célula *f* nerviosa; **~ centre** *n, (US)* **~ center** *n* centro *m* nervioso; *(fig)* punto *m* neurálgico; **~ gas** *n* gas *m* nervino.
nerve-racking [ˈnɜːvˌrækɪŋ] *adj (exhausting)* agotador(a); *(distressing)* horroroso/a.
nerv·ous [ˈnɜːvəs] *adj (gen)* nervioso/a; *(frightened)* nervioso/a, miedoso/a; *(restless)* inquieto/a; **to get ~** ponerse nervioso, *(LAm)* excitarse; **I was ~ about speaking to her** me daba miedo hablarle; **to have a ~ breakdown** sufrir una crisis nerviosa.
nerv·ous·ly [ˈnɜːvəslɪ] *adv (tensely)* nerviosamente; *(apprehensively)* con inquietud.
nervy [ˈnɜːvɪ] *adj* **(-ier, -iest)** *(Brit: tense)* nervioso/a; *(US: cheeky)* descarado/a.
nest [nest] **1** *n (of bird)* nido *m; (of animal)* madriguera *f; (of wasps)* avispero *m; (of ants)* hormiguero *m; (of boxes, tables)* juego *m; see* **feather. 2** *vi (bird)* anidar, hacer su nido. **3** *cpd:* **~ egg** *n (fig)* ahorros *mpl.*
nes·tle [ˈnesl] *vi:* **to ~ up to sb** arrimarse a uno; **to ~ down (in bed)** acurrucarse (en la cama); **a village nestling among hills** un pueblo abrigado por las colinas.
nest·ling [ˈneslɪŋ] *n* pajarito *m.*
net[1] [net] **1** *n (gen)* red *f, (LAm)* malla *f; (for hair etc)* redecilla *f; (fabric)* tul *m;* **to fall into the ~** *(fig)* caer en la redada. **2** *vt* coger (con red). **3: ~ curtain** *n* visillo *m.*
net[2] [net] *(Comm)* **1** *adj (price, weight)* neto/a, líquido/a; **at a ~ profit of 5%** con un beneficio neto del 5 por ciento; **~ of VAT/tax** IVA/impuesto incluido. **2** *vt (earn)* ganar neto; *(produce)* producir neto.
net·ball [ˈnetbɔːl] *n* baloncesto *m or (LAm)* básquet *m* para mujeres.
Neth·er·lands [ˈneðələndz] *npl* Países *mpl* Bajos.
net·ting [ˈnetɪŋ] *n (wire)* malla *f; (nets)* redes *fpl; (Sew)* tul *m.*
net·tle [ˈnetl] **1** *n (Bot)* ortiga *f.* **2** *vt (fam)* picar, *(LAm)* fregar *(fam).*
net·work [ˈnetwɜːk] *n (gen, also fig)* red *f.*
neu·ral·gia [njʊəˈrældʒə] *n* neuralgia *f.*
neuro... [ˈnjʊərəʊ] *pref* neuro... .
neu·ro·sis [njʊəˈrəʊsɪs] *n, pl* **neuroses** [njʊəˈrəʊsiːz] neurosis *f.*
neu·rot·ic [njʊəˈrɒtɪk] *adj (gen, also fig)* neurótico/a.
neu·ter [ˈnjuːtəʳ] **1** *adj (Ling)* neutro/a. **2** *n (Ling)* neutro *m.* **3** *vt (cat etc)* castrar.
neu·tral [ˈnjuːtrəl] **1** *adj (person, country, opinion)* neutral; *(Zool, Bot, Elec, Chem etc)* neutro/a. **2** *n* neutral *m;* **in ~** *(Mech)* en punto muerto.
neu·tral·ity [njuːˈtrælɪtɪ] *n* neutralidad *f.*
neu·tral·ize [ˈnjuːtrəlaɪz] *vt* neutralizar.
neu·tron [ˈnjuːtrɒn] **1** *n* neutrón *m.* **2: ~ bomb** *n* bomba *f* de neutrones.
nev·er [ˈnevəʳ] *adv* **(a)** nunca; **~ again!** ¡nunca más!; **~ before** jamás, nunca antes. **(b)** *(emphatic negative)* ni; **~ in my life** en mi vida; **~!, you ~ did!** *(fam)* ¿de veras?, *(LAm)* ¡no puede ser!; **well I ~!** *(fam)* ¡no me digas!, *(LAm)* ¡ándale!; **~ mind** no te preocupes, *(LAm)* ningún problema *(fam),* no hay cuidado.
never-ending [ˌnevərˈendɪŋ] *adj* sin fin, interminable.
never-never [ˌnevəˈnevəʳ] *n (Brit: fam)* **to buy sth on the ~** comprar algo a plazos.
never·the·less [ˌnevəðəˈles] *adv* sin embargo, no obstante, aun así.
new [njuː] **1** *adj* **(-er, -est)** *(gen)* nuevo/a; *(latest)* último/a; *(fresh)* fresco/a, nuevo/a; *(different)* nuevo/a, distinto/a; *(recently arrived)* recién llegado/a; **a ~ car** *(different)* un nuevo coche; un coche distinto, otro coche; *(brand new)* un coche nuevo; **~ moon** luna *f* nueva; **are you ~ here?** ¿eres nuevo aquí?; **to be ~ to** ser nuevo en; **it's as good as ~** está como nuevo; **what's ~ about that?, that's nothing ~** ¿qué tiene de nuevo?; **he's a ~ man** quedó como nuevo.
2: ~ boy/girl *n (Scol)* alumno/a *m/f* nuevo/a; **N~ Testament** *n* Nuevo Testamento *m;* **the N~ World** *n* el Nuevo Mundo; **N~ Year 1** *n* Año *m* Nuevo, **to bring in** *or* **see in the N~ Year** celebrar el Año Nuevo; **Happy N~ Year!** ¡feliz Año Nuevo!; **N~ Year's Day** el día de Año Nuevo; **N~ Year's Eve** Nochevieja *f;* **2** *cpd (resolution, party)* de Año Nuevo; **N~ Zealand 1** *n* Nueva Zelanda *f,* Nueva Zelandia *f;* **2** *cpd* neozelandés/esa; **N~ Zealander** *n* neozelandés/esa *m/f.*
new·born [ˈnjuːbɔːn] *adj (baby)* recién nacido/a.
new·comer [ˈnjuˌkʌməʳ] *n* recién llegado/a *m/f.*
new-fan·gled [ˈnjuːˌfæŋgld] *adj (pej)* modernísimo/a.
new-found [ˈnjuːˌfaʊnd] *adj* recién descubierto/a.
new-laid [ˈnjuːleɪd] *adj (egg)* fresco/a.
new·ly [ˈnjuːlɪ] *adv (recently)* nuevamente, recién; **~ made** recién hecho.
newly-weds [ˈnjuːlɪwedz] *npl* recién casados *mpl.*
new·ness [ˈnjuːnɪs] *n (of fashion, ideas etc)* novedad *f; (of clothes etc)* estado *m* de nuevo.
news [njuːz] **1** *n sg* **(a)** noticias *fpl;* **a piece of ~** una noticia *f;* **that's good ~** es una buena noticia; **I've got ~ for you!** ¡menuda noticia tengo que darte!; **they're in the ~** son de actualidad. **(b)** *(Press, Rad, TV)* noticias *fpl, (LAm)* noticiero *msg.* **2: ~ agency** *n* agencia *f* de prensa; **~ bulletin** *n (Rad)* noticiario *m, (TV)* telediario *m.*
news·agent [ˈnjuːzˌeɪdʒənt] *n (Brit)* vendedor(a)

m/f de periódicos, *(Mex)* voceador(a) *m/f*.
news·cast ['nju:z,kɑ:st] *n* noticiario *m*, *(LAm)* noticiero *m*.
news·caster ['nju:z,kɑ:stəʳ] *n* locutor(a) *m/f*.
news·dealer ['nju:z,di:ləʳ] *n (US)* vendedor(a) *m/f* de periódicos, *(Mex)* voceador(a) *m/f*.
news·flash ['nju:z,flæʃ] *n* flash *m*, noticia *f* de última hora.
news·letter ['nju:z,letəʳ] *n* hoja *f* informativa.
news·paper ['nju:s,peɪpəʳ] *n (gen)* periódico *m*; *(daily)* diario *m*.
news·print ['nju:zprɪnt] *n* papel *m* de periódico.
news·room ['nju:z,rʊm] *n (Press, Rad, TV)* sala *f* de redacción.
news·worthy ['nju:z,wɜ:ðɪ] *adj* de interés periodístico.
newt [nju:t] *n* tritón *m*.
next [nekst] **1** *adj* **(a)** *(house, street, room)* vecino/a, de al lado; *(bus stop, turning: in future)* próximo/a; *(: in past)* siguiente; *(page, case etc)* siguiente; *(size: up)* más grande; *(: down)* más pequeño/a; **she was ~ to arrive** ella fue la próxima en llegar; **the ~ door but one** no la puerta de al lado sino la siguiente; **who's ~?** ¿quién sigue?, ¿a quién le toca ahora?; **I'm/you're ~** me/le toca (el siguiente). **(b)** *(in time: day, week etc)* que viene, próximo/a; **~ month** *(month after this)* el mes que viene *or (LAm)* entrante; *(the month after)* el mes siguiente; **~ time you come** la próxima vez que vengas; **the week after ~** no la semana que viene sino la otra; **this time ~ year** de estas fechas en un año.

2 *adv* **(a)** *(of place, order)* después, *(LAm)* luego; **to come ~** seguir; **the ~ best thing** la segunda posibilidad; **what ~?, what will you do ~?** *(question)* ¿y después *or (LAm)* ¿y luego qué harás?; *(exclamation)* ¡parece mentira! **(b)** *(of time)* luego, entonces, *(LAm)* después; **what did he do ~?** ¿qué hizo después?; **when you ~ see him** cuando le vuelvas a ver.

3 *prep* **(a) ~ to** al lado de, junto a; **his room is ~ to mine** su habitación está al lado de la mía. **(b)** *(fig)* casi; **~ to nothing** casi nada; **there is ~ to no news** apenas hay noticias.

4 *n (person)* próximo/a *m/f*, siguiente *mf*.

5: ~ door 1 *adv* al lado; **2: ~-door** *adj*: **~-door neighbour/flat** vecino *m*/piso *m* de al lado.
N.H.S. *abbr of* **National Health Service.**
nib [nɪb] *n (gen)* punta *f*; *(of fountain pen)* plumilla *f*.
nib·ble ['nɪbl] **1** *n* mordisco *m*. **2** *vt* mordisquear, mordiscar, *(LAm)* picar; *(fish)* picar. **3** *vi*: **to ~ (at)** *(food)* mordiscar, mordisquear, *(LAm)* picar; **to ~ at an offer** *(fig)* mostrar interés por una oferta.
Nica·ra·guan [,nɪkə'rægjʊən] *adj, n* nicaragüense *mf*.
nice [naɪs] *adj* **(-r, -st) (a)** *(person: likeable)* amable, simpático/a; **he was very ~ about it** se mostró *or (LAm)* se portó muy amable; **try to be ~ to him** procura ser amable con él. **(b)** *(person: attractive)* guapo/a, mono/a, *(LAm)* lindo/a; **how ~ you look!** ¡qué guapa estás!, *(LAm)* ¡qué bien te ves! **(c)** *(thing: pleasant)* agradable; *(LAm)* lindo/a; *(: attractive)* bonito/a, *(LAm)* lindo/a, primoroso/a; *(: weather etc)* bueno/a; de buen tiempo; *(food, perfume)* rico/a; **it's ~ to stay at home** da gusto quedarse en casa; **to have a ~ time** pasarlo bien; **it smells ~** huele bien; **it doesn't taste at all ~** tiene un sabor desagradable. **(d)** *(things, person: refined)* fino/a, educado/a; **he has ~ manners** es muy educado; **that's not ~** eso está mal visto *or (LAm)* no se hace. **(e)** *(intensive)* bien, bastante; **~ and early** bien temprano; **it's ~ and warm here** aquí hace un calor agradable. **(f)** *(subtle: distinction)* fino/a, sutil. **(g)** *(iro)* bonito/a, menudo/a; **that's a ~ thing to say!** ¡qué cosas más bonitas me dices!; **a ~ mess!** ¡menudo lío!
nice-looking ['naɪs,lʊkɪŋ] *adj* guapo/a, mono/a, *(LAm)* lindo/a.
nice·ly ['naɪslɪ] *adv (kindly)* amablemente; *(of health etc)* bien; **she dresses ~** se viste de muy buen gusto; **that will do ~** perfecto; **he's getting on ~** está progresando.
ni·cety ['naɪsɪtɪ] *n* sutileza *f*; **to judge sth to a ~** juzgar algo con precisión; **niceties** detalles *mpl*.
niche [nɪtʃ, ni:ʃ] *n (Archit)* nicho *m*, hornacina *f*; *(fig)* hueco *m*.
nick[1] [nɪk] **1** *n* **(a)** *(cut)* muesca *f*; *(crack)* hendedura *f*; *(scratch)* rasguño *m*. **(b) in the ~ of time** justo a tiempo. **(c) in good ~** *(fam)* en buenas condiciones. **2** *vt* **(a)** *(cut)* cortar, hacer muescas en; *(scratch)* rasguñar. **(b)** *(fam: steal)* birlar, *(LAm)* pillar.
nick[2] [nɪk] *n (Brit fam: prison)* jaula *f*.
nick·el ['nɪkl] *n (metal)* níquel *m*; *(US)* moneda *f* de 5 centavos.
nick·name ['nɪkneɪm] **1** *n* apodo *m*, mote *m*. **2** *vt* apodar, dar el apodo de.
nico·tine ['nɪkəti:n] *n* nicotina *f*.
niece [ni:s] *n* sobrina *f*.
nif·ty ['nɪftɪ] *adj* **(-ier, -iest)** *(fam: car, jacket)* elegante; *(action, gadget)* diestro/a.
Ni·geria [naɪ'dʒɪərɪə] *n* Nigeria *f*.
nig·gard·ly ['nɪgədlɪ] *adj (person)* tacaño/a, avariento/a; *(allowance etc)* miserable.
nig·ger ['nɪgəʳ] *n (pej fam!)* negro/a *m/f*.
nig·gle ['nɪgl] **1** *vi (complain, find fault)* quejarse. **2** *vt (worry)* preocupar.
nig·gling ['nɪglɪŋ] *adj (detail)* insignificante; *(doubt)* constante; *(person)* quisquilloso/a, meticuloso/a.
night [naɪt] **1** *n* noche *f*; **good ~!** ¡buenas noches!; **last ~** anoche; **first/last ~** *(Theat)* estreno *m*/última representación *f*; **tomorrow ~** mañana por la noche; **at ~** por la noche, de noche; **Monday ~** el lunes por la noche; **11 o'clock at ~** las 11 de la noche; **in the ~** durante la noche; **to have a ~ out** salir de juerga *or (LAm)* parranda; **to stay up late at ~** trasnochar, *(LAm)* madrugar; **to work ~s** trabajar de noche; **to have a late ~** acostarse muy tarde; **to spend the ~** pasar la noche.

2 *cpd (flight, porter, work etc)* de noche, nocturno/a; **~ club** *n* club *m* nocturno, boîte *f*; **~ life** *n* vida *f* nocturna; **~ shift** *n* turno *m* nocturno *or* de noche; **~ watchman** *n* sereno *m*, vigilante *m*.
night-bird ['naɪtbɜ:d] *n (fig)* trasnochador(a) *m/f*, *(LAm)* madrugador(a) *m/f*.
night·cap ['naɪtkæp] *n* gorro *m* de dormir; *(drink)* bebida *f* tomada antes de acostarse.
night·dress ['naɪtdres] *n* camisón *m* de noche.
night·fall ['naɪtfɔ:l] *n* anochecer *m*.
night·gown ['naɪtgaʊn] *n*, *(fam)* **nightie** ['naɪtɪ] *n* camisón *m* de noche.
night·in·gale ['naɪtɪŋgeɪl] *n* ruiseñor *m*.
night·ly ['naɪtlɪ] **1** *adv* todas las noches. **2** *adj* de todas las noches.
night·mare ['naɪtmɛəʳ] *n* pesadilla *f*.
night·school ['naɪtsku:l] *n* escuela *f* nocturna.
night-time ['naɪttaɪm] *n* noche *f*; **at ~** por la noche, de noche.
ni·hil·ism ['naɪɪlɪzəm] *n* nihilismo *m*.
nil [nɪl] *n (nothing)* nada *f*; *(Sport)* cero *m*.
nim·ble ['nɪmbl] **1** *adj* **(-r, -st)** *(in moving)* ágil, ligero/a; *(in wit)* ingenioso/a. **2: ~-fingered/-footed** *adj* diestro/a/ágil; **~-witted** *adj* vivo/a de

ingenio.

nine [naɪn] **1** *adj* nueve; ~ **times out of ten** en el noventa por ciento de los casos. **2** *n* nueve *m;* **dressed up to the ~s** *(Brit fam)* de punta en blanco; *for usage see* **five.**

nine·teen [ˌnaɪnˈtiːn] **1** *adj* diecinueve, diez y nueve. **2** *n* diecinueve *m,* diez y nueve *m;* **to talk ~ to the dozen** *(fam)* hablar por los codos; *for usage see* **five.**

nine·teenth [ˌnaɪnˈtiːnθ] *adj* decimonoveno/a, decimonono/a; **the ~ century** el siglo diecinueve; *for usage see* **fifth.**

nine·ti·eth [ˈnaɪntɪɪθ] *adj* nonagésimo/a; *for usage see* **fifth.**

nine·ty [ˈnaɪntɪ] **1** *adj* noventa. **2** *n* noventa *m; for usage see* **five.**

ninth [naɪnθ] *adj* noveno/a, nono/a; *for usage see* **fifth.**

nip[1] [nɪp] **1** *n (pinch)* pellizco *m; (bite)* mordisco *m;* **there's a ~ in the air** hace fresco. **2** *vt (pinch)* pellizcar, pinchar; *(bite)* mordiscar, mordisquear; *(also* **~ off:** *flowers, buds)* cortar; **to ~ sth in the bud** *(fig)* cortar algo de raíz. **3** *vi (Brit fam)* **to ~ inside** entrar un momento; **to ~ off/out/down** irse/salir/bajar un momento.

nip[2] [nɪp] *n (of drink)* trago *m.*

nip·ple [ˈnɪpl] *n (Anat)* pezón *m.*

nip·py [ˈnɪpɪ] *adj* **(-ier, -iest)** *(fam)* **(a)** *(person)* ágil; *(car)* rápido/a; **to be ~ about it** menearse, *(LAm)* moverse. **(b)** *(weather)* fresquito/a.

nit [nɪt] *n (Zool)* liendre *f; (fam)* imbécil *mf, (LAm)* baboso/a *m/f.*

nit·pick [ˈnɪtpɪk] *vi (fam pej)* buscar pelos en la sopa *(fam).*

ni·trate [ˈnaɪtreɪt] *n* nitrato *m.*

ni·tro·gen [ˈnaɪtrədʒən] *n* nitrógeno *m.*

ni·tro·glyc·er·in(e) [ˌnaɪtrəʊˈglɪsəriːn] *n* nitroglicerina *f.*

nitty-gritty [ˌnɪtɪˈgrɪtɪ] *n:* **to get down to the ~** ir al grano.

nit·wit [ˈnɪtwɪt] *n (fam: idiot)* imbécil *mf, (LAm)* bruto/a *m/f.*

no [nəʊ] **1** *adv* **(a)** *(answer)* no. **(b)** *(emphatic)* no. **(c)** *(in comparisons)* **I am ~ taller than you** yo no soy más alto que tú.

2 *adj* **(a)** *(not any)* ningún/una; **there is ~ coffee left** no queda café; **there are ~ trains after midnight** no hay trenes después de medianoche; **they've got ~ friends in London** no tienen ningún conocido en Londres; **I have ~ money/furniture** *etc* no tengo dinero/muebles *etc;* **~ two of them are alike** no hay dos iguales; **it's ~ trouble** no es molestia; **it's ~ use** *or* **good** es inútil; **'~ smoking'** 'prohibido fumar'; **'~ parking'** 'no aparcar *or (LAm)* estacionarse'; **we'll be there in ~ time** llegamos en un dos por tres, *(LAm)* no tardamos nada; **details of little or ~ interest** detalles *mpl* sin interés. **(b)** *(quite other than)* **he's ~ friend of mine** no es amigo mío; **he's ~ fool** no es tonto, ni mucho menos. **(c)** **there's ~ denying it** es imposible negarlo; **there's ~ pleasing him** es imposible contentarle; *see* **doubt, end 1 (b, d), joke** *etc.*

3 *n, pl* **-es (a)** *(refusal)* no *m;* **I won't take ~ for an answer** no hay pero que valga. **(b)** *(Pol)* voto *m* en contra; **the ~es have it** se ha rechazado la moción.

No(s). *abbr of* **number(s).**

nob·ble [ˈnɒbl] *vt (Brit fam: person: waylay)* pescar; *(: corrupt)* comprar; *(: horse)* narcotizar, drogar.

Nobel prize [nəʊˌbelˈpraɪz] *n* Premio *m* Nobel.

no·bil·ity [nəʊˈbɪlɪtɪ] *n (gen)* nobleza *f.*

no·ble [ˈnəʊbl] **1** *adj* **(-r, -st)** *(by birth)* noble; *(generous, praiseworthy)* magnánimo/a, generoso/a. **2** *n* noble *mf.*

noble·man [ˈnəʊbəlmən] *n, pl* **-men** noble *m.*

noble·woman [ˈnəʊbəlwʊmən] *n, pl* **-women** noble *f.*

no·bly [ˈnəʊblɪ] *adv (fig)* con generosidad.

no·body [ˈnəʊbədɪ] **1** *pron* nadie; **~ spoke** nadie habló, no habló nadie; **~ has more right to it than she has** nadie tiene más derecho que ella. **2** *n:* **a mere ~** un don nadie.

noc·tur·nal [nɒkˈtɜːnl] *adj* nocturno/a.

noc·turne [ˈnɒktɜːn] *n (Mus)* nocturno *m.*

nod [nɒd] **1** *n* inclinación *f* de la cabeza; *(answering yes)* **he gave a ~** asintió con la cabeza. **2** *vt (head)* inclinar; **he ~ded a greeting** saludó con una inclinación de la cabeza. **3** *vi* inclinar la cabeza; *(say yes)* asentir con la cabeza.

♦ **nod off** *vi + adv* dormirse, dar cabezadas.

noise [nɔɪz] *n (sound: loud)* ruido *m; (: soft)* sonido *m; (din)* escándalo *m;* **to make a ~** *(lit)* hacer ruido; *(fig: fam)* protestar, levantar protesta; **to make ~s about** lanzar indirectas sobre; **big ~** *(fam: person)* pez *m* gordo.

noise·less [ˈnɔɪzlɪs] *adj* silencioso/a, sin ruido.

noise·maker [ˈnɔɪzˌmeɪkə^r] *n (US)* matraca *f.*

noisi·ly [ˈnɔɪzɪlɪ] *adv* ruidosamente.

noisy [ˈnɔɪzɪ] *adj* **(-ier, iest)** *(meeting etc)* ruidoso/a; *(child etc)* escandaloso/a.

no·mad [ˈnəʊmæd] *n* nómada *mf.*

no·mad·ic [nəʊˈmædɪk] *adj* nómada.

no-man's land [ˈnəʊmænzlænd] *n* tierra *f* de nadie.

nom de plume [ˌnɒmdəˈpluːm] *n (Lit)* seudónimo *m.*

no·men·cla·ture [nəʊˈmenklətʃə^r] *n* nomenclatura *f.*

nomi·nal [ˈnɒmɪnl] *adj (gen)* nominal; *(rule)* solamente de nombre.

nomi·nal·ly [ˈnɒmɪnəlɪ] *adv* sólo de nombre.

nomi·nate [ˈnɒmɪneɪt] *vt (propose)* proponer; *(appoint)* nombrar; **to ~ sb as chairman** presentar a uno como candidato a la presidencia.

nomi·na·tion [ˌnɒmɪˈneɪʃən] *n (proposal)* propuesta *f; (appointment)* nombramiento *m.*

nomi·na·tive [ˈnɒmɪnətɪv] **1** *adj (Ling)* nominativo/a. **2** *n* nominativo *m.*

nomi·nee [ˌnɒmɪˈniː] *n* candidato *m.*

non... [nɒn] *pref* no … .

non-ac·cept·ance [ˌnɒnəkˈseptəns] *n* rechazo *m.*

non-aligned [ˌnɒnəˈlaɪnd] *adj (country)* no alineado/a.

non-attendance [ˌnɒnəˈtendəns] *n* ausencia *f,* no asistencia *f.*

non·cha·lance [ˈnɒnʃələns] *n* indiferencia *f.*

non·cha·lant [ˈnɒnʃələnt] *adj (indifferent)* indiferente.

non-com·ba·tant [ˌnɒnˈkɒmbətənt] *n* no combatiente *mf.*

non-com·mis·sioned [ˌnɒnkəˈmɪʃnd] *adj:* **~ officer** suboficial *mf.*

non-com·mit·tal [ˌnɒnkəˈmɪtl] *adj (statement, person)* evasivo/a, que no se compromete.

non-com·pli·ance [ˌnɒnkəmˈplaɪəns] *n* incumplimiento *m.*

non·con·form·ist [ˌnɒnkənˈfɔːmɪst] **1** *adj* inconforme. **2** *n* inconforme *mf;* **N~** *(Brit Rel)* no conformista *mf.*

non·con·form·ity [ˌnɒnkənˈfɔːmɪtɪ] *n* no conformidad *f.*

non-co·op·era·tion [ˈnɒnkəʊˌɒpəˈreɪʃən] *n (Pol)* no cooperación *f.*

non·de·script [ˈnɒndɪskrɪpt] *adj (person, clothes etc)* soso/a, mediocre; *(colour)* apagado/a.

none [nʌn] **1** *pron (person)* nadie, ninguno/a; *(thing)* nada, ninguno/a; ~ **of them** ninguno de ellos; **we have ~ of your books** no tenemos ningún libro tuyo; ~ **of this is true** nada de eso es verdad; **any news? — ~!** ¿alguna noticia? — ¡nada!; **there are ~ left** no queda ninguno; ~ **of that!** ¡déjate de eso!; **he would have ~ of it** no quería saber nada (de eso). **2** *adv* de ningún modo, de ninguna manera, nada; **I was ~ too comfortable** no me sentía nada cómodo; **it was ~ too soon** ya era hora; **it's ~ the worse for that** no está peor por ello, *(LAm)* no le hace.

non·en·tity [nɒ'nentɪtɪ] *n (person)* nulidad *f*, cero *m* a la izquierda.

non-es·sen·tial [ˌnɒnɪ'senʃl] **1** *adj* no esencial. **2** *n* cosa *f* secundaria *or* sin importancia.

none·the·less [ˌnʌnðə'les] *adv* sin embargo, aún así.

non-ex·ist·ence [ˌnɒnɪg'zɪstəns] *n* inexistencia *f*.

non-ex·ist·ent [ˌnɒnɪg'zɪstənt] *adj* inexistente.

non-fic·tion [nɒn'fɪkʃən] *n* literatura *f* no novelesca.

non-inter·ven·tion ['nɒnˌɪntə'venʃn] *n (esp Pol)* no intervención *f*.

non-iron [ˌnɒn'aɪən] *adj* inarrugable.

non-mem·ber ['nɒnˌmembə^r] *n* no miembro *m*.

non·par·ti·san [ˌnɒnpɑːtɪ'zæn] *adj* independiente.

non-pay·ment [ˌnɒn'peɪmənt] *n* falta *f* de pago.

non·plus [ˌnɒn'plʌs] *pt, pp* **non·plussed** *vt* dejar perplejo.

non-profit-making [ˌnɒn'prɒfɪtˌmeɪkɪŋ], *(US)* **non·profit** [ˌnɒn'prɒfɪt] *adj* no lucrativo/a.

non-resi·dent [ˌnɒn'rezɪdənt] *n (of hotel etc)* no residente *mf; (of country etc)* transeúnte *mf*.

non·sense ['nɒnsəns] *n* tonterías *fpl*, disparates *mpl*, *(LAm)* babosadas *fpl*; **(what) ~!** ¡qué tonterías!; **it is ~ to say that ...** es absurdo decir que ...; **to talk ~** decir tonterías; **to make (a) ~ of sth** dejar algo en ridículo; **to stand no ~** no soportar tonterías.

non·sen·si·cal [nɒn'sensɪkəl] *adj* absurdo/a.

non-shrink [nɒn'ʃrɪŋk] *adj* inencogible, que no se encoge.

non-smok·er [nɒn'sməʊkə^r] *n (person)* no fumador(a) *m/f*.

non-smok·ing [nɒn'sməʊkɪŋ] *adj* no fumador(a).

non-stick ['nɒnˌstɪk] *adj (pan)* antiadherente, que no se pega.

non-stop [ˌnɒn'stɒp] **1** *adv (without a pause)* sin cesar *or* parar; *(plane, train etc)* directo. **2** *adj (without a pause)* continuo/a; *(flight etc)* directo/a.

non-vio·lent [ˌnɒn'vaɪələnt] *adj* no violento/a.

noo·dles ['nuːdlz] *npl* fideos *mpl*, tallarines *mpl*.

nook [nʊk] *n* rincón *m*, nicho *m*.

noon [nuːn] *n* mediodía *m*.

no-one ['nəʊwʌn] *pron* = **nobody**.

noose [nuːs] *n (loop)* nudo *m* corredizo; *(for animal: as trap)* lazo *m*; *(of hangman)* soga *f*; **to put one's head in the ~** *(fig)* estar con la soga al cuello.

nope [nəʊp] *interj (esp US fam)* no.

nor [nɔː^r] *conj* ni; **neither A ~ B** ni A ni B; **~ do I** ni yo tampoco; **I don't know, ~ can I guess** no lo sé, ni tampoco puedo adivinar; **~ was this all** y esto no fue todo.

norm [nɔːm] *n* norma *f*, modelo *m*; **larger than the ~** más grande que lo normal.

nor·mal ['nɔːməl] **1** *adj* normal; **the child is not ~** el niño es anormal; **it is perfectly ~ to be left-handed** es de lo más natural ser zurdo. **2** *n*: **to return to ~** volver a la normalidad; **above/below ~** por encima de/por debajo de lo normal.

nor·mal·ity [nɔː'mælətɪ] *n* normalidad *f*.

nor·mal·ize ['nɔːməlaɪz] *vt (relations)* normalizar.

nor·mal·ly ['nɔːməlɪ] *adv* normalmente; **he ~ arrives at 7 o'clock** suele llegar a las 7.

north [nɔːθ] **1** *n* norte *m*; **to live in the ~** vivir en el norte. **2** *adj* del norte, norteño/a. **3** *adv* hacia el norte, al norte.

North Ameri·ca [ˌnɔːθə'merɪkə] *n* Norteamérica *f*, América *f* del Norte.

North Ameri·can [ˌnɔːθə'merɪkən] *adj, n* norteamericano/a.

north·bound ['nɔːθˌbaʊnd] *adj (traffic)* que se dirige al norte; *(carriageway)* de dirección norte.

north-east [ˌnɔːθ'iːst] **1** *n* nor(d)este *m*. **2** *adj* del nor(d)este.

north-easter·ly [ˌnɔːθ'iːstəlɪ] *adj* del nor(d)este.

north-eastern [ˌnɔːθ'iːstən] *adj* nor(d)este.

nor·ther·ly ['nɔːðəlɪ] *adj (gen)* norte; *(from the north)* del norte; **the most ~ point in Europe** el punto más norteño de Europa.

north·ern ['nɔːðən] *adj* del norte, norteño/a.

north·ern·er ['nɔːðənə^r] *n* norteño/a *m/f*; **the ~s are kindly people** los norteños son gente amable.

north·ern·most ['nɔðənˌməʊst] *adj* más septentrional *or* norteño/a; **the ~ town in Europe** la ciudad más al norte de Europa.

North Sea [ˌnɔːθ'siː] **1** *n* Mar *m* del Norte. **2**: **~ oil** *n* petróleo *m* del Mar del Norte.

north·ward(s) ['nɔːθwəd(z)] *adv* hacia el norte.

north-west [ˌnɔːθ'west] **1** *n* noroeste *m*. **2** *adj* del noroeste.

north-wester·ly [ˌnɔːθ'westəlɪ] *adj* del noroeste.

north-western [ˌnɔːθ'westən] *adj* noroeste.

Nor·way ['nɔːweɪ] *n* Noruega *f*.

Nor·we·gian [nɔː'wiːdʒən] **1** *adj* noruego/a. **2** *n (person)* noruego/a *m/f*; *(language)* noruego *m*.

nose [nəʊz] **1** *n (Anat)* nariz *f*; *(of animal)* hocico *m*; *(sense of smell)* olfato *m*; *(Aer)* morro *m*, nariz *f*; *(Naut)* proa *f*; **it's right under your ~** lo estás mirando *or (LAm)* viendo; **to blow one's ~** sonarse (la nariz); **to have a (good) ~ for** *(fig: flair)* tener buen olfato para; **to follow one's ~** seguir recto *or (LAm)* derecho; **to pay through the ~ (for sth)** *(fam)* pagar un dineral (por algo); **to poke** *or* **stick one's ~ into sth** *(fam)* meter la nariz *(fam) or (LAm)* meterse en algo; **to turn up one's ~ at sth** *(fam)* despreciar algo; **to look down one's ~ at sth/sb** *(fam)* mirar algo/a uno con desprecio; *see* **grindstone, joint.**

2 *vi (also* **~ one's way***)* avanzar con cuidado.

3: **~ drops** *npl* gotas *fpl* para la nariz.

♦ **nose about, nose around 1** *vi + adv* curiosear. **2** *vi + prep* curiosear por.

nose·bag ['nəʊzbæg] *n* morral *m*.

nose·bleed ['nəʊzbliːd] *n* hemorragia *f* nasal.

-nosed [nəʊzd] *adj ending in cpds* de nariz ...; **Roman/snub~** *etc* de nariz aguileña/chata *etc*.

nose-dive ['nəʊzdaɪv] **1** *n (Aer)* picado *m* vertical; *(fig)* caída *f* súbita. **2** *vi* descender en picado; *(fig)* precipitarse (hacia abajo).

nos(e)y ['nəʊzɪ] *adj* (**-ier, -iest**) *(fam)* entrometido/a.

nos(e)y-par·ker [ˌnəʊzɪ'pɑːkə^r] *n (Brit fam)* fisgón/ona *m/f*.

nosh [nɒʃ] *n (Brit fam)* comida *f*; **a ~-up** una comilona, *(LAm)* una tragadera.

nos·tal·gia [nɒs'tældʒɪə] *n* nostalgia *f*, añoranza *f*.

nos·tal·gic [nɒs'tældʒɪk] *adj* nostálgico/a.

nos·tril ['nɒstrəl] *n (Anat)* ventana *f* de la nariz; *(of horse)* ollar *m*.

not [nɒt] *adv* **(a)** *(with vb)* no; **he is ~ here** no está aquí; **it's too late, is it ~** *or* **isn't it?** es demasiado tarde, ¿no?; **you owe me money, do you ~** *or* **don't you?** me debes dinero, ¿verdad? *or (LAm)* ¿no es cierto?; **she will ~** *or* **won't go** *(future)* ella no irá; **he asked me ~ to do it** me pidió que no lo hiciera. **(b) whether you go or ~** si vas o no vas, no importa si vas o no; **~ that I don't like him** no es que no me guste; **big, ~ to say enormous** grande, por no decir enorme; **why ~?** ¿por qué no?; **I hope/think ~** espero/creo que no. **(c) certainly ~!** ¡en absoluto!; **~ for anything (in the world)** para nada (del mundo); **~ likely!** ¡ni hablar!; **~ at all** no ... nada; *(after thanks)* de nada, *(LAm)* por nada, no tiene cuidado. **(d)** *(with pronoun etc)* **~ one** ni uno; **~ me/you** *etc* yo/tú *etc* no; **~ everybody can do it** no lo sabe hacer cualquiera; **~ yet** todavía no; **~ guilty** no culpable; *see* **even 1, much 1 (a), only 2.**

no·table ['nəʊtəbl] *adj (person)* destacado/a; **to be ~ for** distinguirse por.

no·tably ['nəʊtəblɪ] *adv (noticeably)* sensiblemente; *(especially)* sobre todo.

no·ta·ry ['nəʊtərɪ] *n (also* **~ public**) notario *m.*

no·ta·tion [nəʊ'teɪʃən] *n (Math, Mus)* notación *f.*

notch [nɒtʃ] **1** *n* **(a)** *(cut)* corte *m*, muesca *f.* **(b)** *(US: mountain pass)* desfiladero *m.* **2** *vt* cortar, hacer una muesca en.

♦ **notch up** *vt + adv* apuntarse.

note [nəʊt] **1** *n* **(a)** *(Mus)* nota *f;* **to play/sing a false ~** tocar/cantar una nota falsa; **to strike the right/wrong ~** *(fig)* acertar/no acertar. **(b)** *(tone, quality)* tono *m;* **with a ~ of anxiety in his voice** con un tono de inquietud en la voz. **(c)** *(annotation)* apunte *m*, nota *f; (foot~)* nota (al pie de la página); **to take ~s** tomar apuntes; **to compare ~s** cambiar impresiones; **to make a ~ of sth** tomar nota de *or (LAm)* anotar algo. **(d)** *(letter etc)* nota *f*, carta *f.* **(e)** *(Comm)* vale *m; (bank ~)* billete *m;* **a five-pound ~** un billete de cinco libras. **(f)** *(eminence)* **of ~** conocido/a, destacado/a. **(g)** *(notice)* **worthy of ~** digno/a de atención; **to take ~ of** prestar atención a.

2 *vt* **(a)** *(observe)* notar, observar. **(b)** *(write down: also* **~ down**) apuntar, *(LAm)* anotar.

note·book ['nəʊtbʊk] *n* cuaderno *m*, libreta *f.*

not·ed ['nəʊtɪd] *adj* famoso/a, célebre.

note·paper ['nəʊt,peɪpə[r]] *n* papel *m* para cartas *or* de carta.

note·worthy ['nəʊt,wɜːðɪ] *adj* notable, digno/a de atención.

noth·ing ['nʌθɪŋ] **1** *n* **(a)** nada *f; (nought)* cero *m;* **to have ~ to do with ...** no tener nada que ver con ...; **I have ~ to give you** no tengo nada que darte; **~ else** nada más; **~ much** poco; **~ but** solamente; **there's ~ special about it** no tiene nada de particular; **there is ~ in the rumours** los rumores no tienen nada de verdad; **there's ~ in it for us** para nosotros no tiene interés; **there's ~ for it** no hay (otro) remedio, *(LAm)* no nos queda otra; **there's ~ to it!** ¡es muy fácil!; **to have ~ on** *(naked)* estar desnudo *or (LAm)* en cueros; *(not busy)* estar libre; **he is ~ if not careful** es de lo más cauteloso. **(b) for ~** *(free)* gratis; *(unpaid)* sin sueldo; *(in vain)* en vano, en balde. **(c) to come to ~** fracasar, venir abajo; **to say ~ of...** sin hablar de ...; **to think ~ of** tener en poco; **think ~ of it!** ¡no hay de qué!, *(LAm)* ¡no tiene cuidado!; **to make ~ of sth** no entender nada de algo. **(d) a mere ~** una nimiedad; **to whisper sweet ~s to sb** decir ternezas a los oídos de uno; *see* **do 2(a), kind 2, like 2(a), next 3(b)** *etc.*

2 *adv*: **it was ~ like as expensive as we thought** era mucho menos caro de lo que nos imaginábamos; *see* **less 2.**

noth·ing·ness ['nʌθɪŋnɪs] *n (non-existence)* nada *f; (emptiness)* vacío *m.*

no·tice ['nəʊtɪs] **1** *n* **(a)** *(intimation, warning)* aviso *m;* **at short ~** a última hora, a corto plazo; **at a moment's ~** en seguida, *(LAm)* luego, *(RPl)* al tiro; **until further ~** hasta nuevo aviso; **to give sb a week's ~** avisar a uno con una semana de anticipación; **~ to quit** aviso de desalojo. **(b)** *(order to leave job etc: by employer)* despido *m; (: by employee)* dimisión *f*, *(LAm)* renuncia *f; (period)* plazo *m;* **to give sb ~** despedir a uno; **to hand in one's ~** dimitir, *(LAm)* renunciar. **(c)** *(announcement)* anuncio *m; (sign)* letrero *m; (poster)* cartel *m;* **the ~ says 'Keep out'** el letrero dice 'Prohibida la entrada'. **(d)** *(review: of play, opera etc)* reseña *f.* **(e)** *(attention)* atención *f*, interés *m;* **it has come to my ~ that ...** ha llegado a mi conocimiento que ...; **to escape ~** pasar inadvertido; **to take ~ of sb** hacerle caso a uno; **to take no ~ of sb** no hacerle caso *or (LAm)* ignorar a uno; **to take no ~ of sth** no hacer caso de *or (LAm)* ignorar algo; **I was not taking much ~ at the time** en ese momento estaba distraído.

2 *vt (perceive)* observar, notar, *(LAm)* fijarse en; *(realize)* darse cuenta de; *(recognize)* reconocer; *(be aware of)* fijarse en, *(LAm)* darse cuenta de.

3: **~ board** *n* tablón *m* de anuncios.

no·tice·able ['nəʊtɪsəbl] *adj (perceptible)* evidente, obvio/a; *(considerable)* sensible, notable; **there has been a ~ increase in ...** ha habido un aumento sensible en ... .

no·ti·fi·ca·tion [,nəʊtɪfɪ'keɪʃən] *n* aviso *m; (announcement)* anuncio *m.*

no·ti·fy ['nəʊtɪfaɪ] *vt* avisar.

no·tion ['nəʊʃən] *n (idea)* idea *f; (view)* opinión *f*, noción *f; (whim)* capricho *m;* **to have no ~ of** no tener ni idea de; **I haven't the slightest ~** no tengo ni idea.

no·to·ri·ety [,nəʊtə'raɪətɪ] *n* notoriedad *f*, mala fama *f.*

no·to·ri·ous [nəʊ'tɔːrɪəs] *adj (thief, liar, prison etc)* notorio/a; **~ for** conocido por; **a ~ crime** un crimen muy sonado.

no·to·ri·ous·ly [nəʊ'tɔːrɪəslɪ] *adj* notoriamente; **it is ~ difficult to find one** se sabe que es muy difícil encontrarlo.

not·with·stand·ing [,nɒtwɪθ'stændɪŋ] **1** *prep* a pesar de, no obstante; **the weather ~** el tiempo no obstante. **2** *adv* sin embargo, no obstante.

nou·gat ['nuːgɑː] *n* turrón *m.*

nought [nɔːt] *n (Math)* cero *m;* **~s and crosses** *(Brit)* tres en raya.

noun [naʊn] *n (Ling)* nombre *m*, sustantivo *m.*

nour·ish ['nʌrɪʃ] *vt (lit)* alimentar, nutrir; *(fig)* fomentar, nutrir.

nour·ish·ing ['nʌrɪʃɪŋ] *adj* nutritivo/a, alimenticio/a.

nour·ish·ment ['nʌrɪʃmənt] *n* alimento *m.*

nou·veau riche [,nuːvəʊ'riːʃ] *n, pl* **nouveaux riches** [,nuːvəʊ'riːʃ] nuevo/a rico/a *m/f.*

nov·el ['nɒvəl] **1** *adj (idea, suggestion, method)* novedoso/a, original. **2** *n (Lit)* novela *f.*

nov·el·ist ['nɒvəlɪst] *n* novelista *mf.*

nov·el·ty ['nɒvəltɪ] *n (gen)* novedad *f;* **once the ~ has worn off** cuando pase la novedad.

No·vem·ber [nəʊ'vembə[r]] *n* noviembre *m; for usage see* **July.**

nov·ice ['nɒvɪs] *n (gen)* principiante *mf*, novato/a *m/f; (Rel)* novicio/a *m/f.*

now [naʊ] **1** *adv* **(a)** *(at this moment)* ahora, *(LAm)* ya; *(these days)* hoy en día, actualmente, *(LAm)* en la actualidad; *(in the past tense)* luego, entonces; **right ~** *(emphatic)* ahora mismo, *(RPl)* al tiro; **they won't be long ~** no tardarán en venir, *(Mex)* al rato vienen; **(every) ~ and again, (every) ~ and then** de vez en cuando, *(LAm)* cada cuando. **(b)** *(with prep)* **before ~** *(already)* antes, ya; **between ~ and next Tuesday** entre hoy y el martes que viene; **by ~** ya; **in 3 weeks from ~** de hoy en 3 semanas; **from ~ on** a partir de ahora; **from ~ until then** de ahora hasta entonces; **until ~, up to ~** hasta ahora. **(c)** *(without temporal force)* **well ~** ahora bien, vamos a ver; **~ then!** ¡a ver!; *(remonstrating)* ¡vamos ya!, ¡ya está bien!; *see* **just (b, j).**

2 *conj*: **~ (that)** ya que, ahora que.

nowa·days ['naʊədeɪz] *adv* hoy (en) día, actualmente, *(LAm)* en la actualidad.

no·where ['nəʊwɛəʳ] *adv (in no place)* en ninguna parte; *(to no place)* a ninguna parte; **~ else** en/a ninguna otra parte; **you're going ~** no vas a ninguna parte; **~ in Europe** en ninguna parte de Europa; **we're getting ~** no vamos a ninguna parte; **it's ~ near as good/big** no es tan bueno/grande ni con mucho; **from ~** de la nada.

nox·ious ['nɒkʃəs] *adj* nocivo/a.

noz·zle ['nɒzl] *n* boquilla *f.*

nth [enθ] *adj*: **to the ~ power** *or* **degree** a la enésima potencia; **for the ~ time** *(fam)* por enésima vez.

nu·ance ['njuːɑ̃ːns] *n* matiz *m.*

nu·bile ['njuːbaɪl] *adj (girl, woman)* núbil; *(hum)* joven y guapa.

nu·clear ['njuːklɪəʳ] *adj (gen)* nuclear; **~ energy** la energía nuclear; **~ disarmament** el desarme nuclear.

nu·cleus ['njuːklɪəs] *n, pl* **nuclei** ['njuːklɪaɪ] *(gen)* núcleo *m.*

nude [njuːd] **1** *adj* desnudo/a. **2** *n (Art)* desnudo/a *m/f;* **in the ~** desnudo/a, *(LAm)* en cueros.

nudge [nʌdʒ] **1** *n* codazo *m.* **2** *vt* dar un codazo a.

nud·ist ['njuːdɪst] *n* (des)nudista *mf;* **~ colony** *or* **camp** colonia *f* de desnudistas.

nu·dity ['njuːdɪtɪ] *n* desnudez *f.*

nug·get ['nʌgɪt] *n (Min)* pepita *f.*

nui·sance ['njuːsns] **1** *n* **(a)** *(state of affairs, thing)* molestia *f,* fastidio *m,* lata *f;* **what a ~!** ¡qué lata!; **it's a ~ having to shave** ¡qué lata tener que afeitarse! **(b)** *(person)* pesado/a *m/f, (LAm)* latoso/a *m/f;* **to make a ~ of o.s.** dar la lata, ponerse pesado. **2: ~ value** *n* valor *m* como irritante.

null [nʌl] *adj*: **~ and void** *(Jur)* nulo y sin efecto.

nul·li·fy ['nʌlɪfaɪ] *vt* anular, invalidar.

numb [nʌm] **1** *adj* entumecido/a; *(fig)* insensible, paralizado/a; **to go ~** entumecerse; **my leg has gone ~** se me ha dormido la pierna; **to be ~ with cold** estar entumecido de frío; **to be ~ with fright** estar paralizado de temor. **2** *vt (Med etc)* quitar la sensación a; *(fig: grief, pain)* acallar; **~ed with fear** paralizado de miedo.

num·ber ['nʌmbəʳ] **1** *n* **(a)** *(Math)* número *m; (figure)* número *m,* cifra *f;* **in round ~s** en números redondos; **a ~ of people** varias personas, cantidad *f* de gente; **on a ~ of occasions** varias veces; **any ~ of** montones de. **(b)** *(of house etc)* número *m;* **we live at No. 5** vivimos en el (número) 5; **reference ~** número de referencia; **telephone ~** (número de) teléfono *m;* **you've got the wrong ~** *(Telec)* se ha equivocado de número; **N~ Ten** *(Brit Pol)* la casa del Primer Ministro; *see* **registration. (c)** *(person)* **opposite ~** colega *mf.* **(d)** *(issue)* número *m.* **(e)** *(song, act etc)* número *m.*

2 *vt* **(a)** *(count, include)* contar; **to ~ sb among one's friends** contar a uno entre sus amigos; **his days are ~ed** tiene los días contados. **(b)** *(amount to)* ascender a, sumar; **the library ~s 30,000 books** la biblioteca tiene 30,000 libros; **they ~ several hundreds** ascienden a *or* suman varios centenares. **(c)** *(assign ~ to)* numerar, poner número a.

3: ~ plate *n (Brit Aut)* matrícula *f, (LAm)* placa *f, (RPl)* chapa *f.*

num·ber·less ['nʌmbəlɪs] *adj* innumerable, sin número; **~ friends** un sinfín de amigos.

numb·ness ['nʌmnɪs] *n (lit)* entumecimiento *m; (fig)* insensibilidad *f,* parálisis *f.*

nu·mera·cy ['njuːmərəsɪ] *n* conocimiento *m* básico de la aritmética.

nu·mer·al ['njuːmərəl] *n* número *m.*

nu·mer·ate ['njuːmərɪt] *adj*: **to be ~** tener conocimientos básicos de la aritmética.

nu·meri·cal [njuː'merɪkəl] *adj* numérico/a; **in ~ order** por orden numérico.

nu·mer·ous ['njuːmərəs] *adj* numeroso/a.

nun [nʌn] *n* monja *f,* religiosa *f.*

nup·tial ['nʌpʃəl] *adj (ceremony, mass, vows)* nupcial.

nurse [nɜːs] **1** *n (in hospital etc)* enfermero/a *m/f; (children's)* niñera *f;* **wet ~** nodriza *f.* **2** *vt (patient)* cuidar, atender; *(baby: suckle)* criar, amamantar; *(: cradle)* mecer; *(fig: anger, grudge)* guardar; *(: hope)* abrigar; **she ~d him back to health** le cuidó hasta que se repuso; **to ~ a cold** tratar de curarse de un resfriado.

nurse·maid ['nɜːsmeɪd] *n* niñera *f,* aya *f.*

nurse·ry ['nɜːsərɪ] **1** *n* **(a)** *(place)* guardería *f.* **(b)** *(Agr etc)* vivero *m; (Zool)* criadero *m.* **2** *cpd*: **~ rhyme** *n* canción *f* infantil; **~ school** *n* escuela *f* de párvulos, parvulario *m, (LAm)* kínder *m;* **~ teacher** *n* parvulario/a *m/f.*

nurs·ing ['nɜːsɪŋ] **1** *adj* **(a)** *(mother)* lactante. **(b)** *(hospital)* del hospital; **the ~ staff** las enfermeras; **~ home** clínica *f* de reposo. **2** *n (care of invalids)* cuidado *m,* asistencia *f; (profession)* enfermería *f.*

nur·ture ['nɜːtʃəʳ] *vt (nourish)* nutrir, alimentar; *(bring up)* criar.

nut [nʌt] *n* **(a)** *(Bot)* nuez *f.* **(b)** *(Tech)* tuerca *f.* **(c)** *(fam: head)* cabeza *f;* **to be off one's ~** *(fam)* estar chiflado *or (LAm)* tarado. **(d)** *(fam: person)* loco/a *m/f,* chiflado/a *m/f, (LAm)* tarado/a. **(e) ~s!** *(fam)* ¡narices!, *(LAm)* ¡carajo!

nut·case ['nʌtkeɪs] *n (fam)* = **nut (d).**

nut·crackers ['nʌt,krækəz] *npl* cascanueces *m inv.*

nut·house ['nʌt,haʊs] *n (fam)* manicomio *m.*

nut·meg ['nʌtmeg] *n* nuez *f* moscada.

nu·tri·ent ['njuːtrɪənt] *n* nutrimento *m.*

nu·tri·tion [njuː'trɪʃən] *n* nutrición *f,* alimentación *f.*

nu·tri·tious [njuː'trɪʃəs] *adj,* **nu·tri·tive** ['njuːtrətɪv] *adj* nutritivo/a, alimenticio/a.

nuts [nʌts] *adj (fam)* chiflado/a, *(LAm)* tarado/a; **to be ~ about sb/sth** estar chiflado por uno/algo; **to go ~** volverse loco, enloquecer.

nut·shell ['nʌtʃel] *n* cáscara *f* de nuez; **in a ~** en pocas palabras; **to put it in a ~** para decirlo en pocas palabras.

nut·ty ['nʌtɪ] *adj* (**-ier, -iest**) **(a)** *(cake etc)* con nueces; *(taste)* que sabe a nuez. **(b)** *(fam)* chiflado/a.

nuz·zle ['nʌzl] *vi* arrimarse.

ny·lon ['naɪlɒn] **1** *n* nilón *m,* nailon *m;* **~s** medias *fpl* de nilón *or* nailon. **2** *adj (stockings, shirt, sheets, thread)* de nilón *or* nailon.

nymph [nɪmf] *n* ninfa *f.*

nym·pho·ma·nia [,nɪmfəʊ'meɪnɪə] *n* ninfomanía *f.*

nym·pho·ma·ni·ac [,nɪmfəʊ'meɪnɪæk] *n* ninfómana *f.*

O

O, o [əʊ] **1** *n (letter)* O, o *f; (number: Telec etc)* cero *m.* **2** *interj (poet)* ¡oh!

oaf [əʊf] *n* zoquete *m, (LAm)* bruto *m.*

oaf·ish ['əʊfɪʃ] *adj* zafio/a, *(LAm)* bruto/a.

oak [əʊk] **1** *n* roble *m; (evergreen)* encina *f.* **2** *cpd* de roble; **~ apple** *n* agalla *f* (de roble).

O.A.P. *abbr of* **old age pensioner.**

oar [ɔːʳ] *n* remo *m;* **to put** *or* **shove one's ~ in** *(fig fam)* entrometerse.

oars·man ['ɔːzmən] *n, pl* **-men** remero *m.*

oasis [əʊ'eɪsɪs] *n, pl* **oases** [əʊ'eɪsiːz] oasis *m.*

oat·cake ['əʊtkeɪk] *n* torta *f* de avena.

oath [əʊθ] *n, pl* **oaths** [əʊðz] **(a)** *(solemn promise etc)* juramento *m;* **under ~, on ~** bajo juramento; **to break one's ~** romper su juramento; **to take the ~** prestar juramento; **to swear on (one's) ~** jurar. **(b)** *(swear word)* palabrota *f, (LAm)* grosería *f; (curse)* blasfemia *f,* maldición *f.*

oat·meal ['əʊtmiːl] **1** *n* harina *f* de avena. **2** *adj (colour)* (color) avena.

oats [əʊts] *npl* avena *fsg; see* **wild.**

ob·du·rate ['ɒbdjʊrɪt] *adj (stubborn)* terco/a, porfiado/a; *(unyielding)* inflexible, firme.

obedi·ence [ə'biːdɪəns] *n* obediencia *f;* **in ~ to your orders** *(frm)* conforme a *or* en cumplimiento de sus órdenes.

obedi·ent [ə'biːdɪənt] *adj (gen)* obediente; *(meek)* dócil; **to be ~ to sb/sth** obedecer a uno/algo.

obedi·ent·ly [ə'biːdɪəntlɪ] *adv (see adj)* obedientemente; dócilmente.

ob·elisk ['ɒbɪlɪsk] *n* obelisco *m.*

obese [əʊ'biːs] *adj* obeso/a.

obesity [ə'biːsɪtɪ] *n* obesidad *f.*

obey [ə'beɪ] **1** *vt (person etc)* obedecer; *(law)* observar, acatar; *(order)* cumplir; *(instruction)* seguir; **I like to be ~ed** exijo obediencia. **2** *vi* obedecer.

obi·tu·ary [ə'bɪtjʊərɪ] **1** *n* necrología *f,* obituario *m.* **2: ~ column** *n* sección *f* necrológica; **~ notice** *n* necrología *f,* esquela *f* de defunción.

ob·ject ['ɒbdʒɪkt] **1** *n* **(a)** *(thing, article)* objeto *m; (subject-matter)* motivo *m,* tema *m;* **she was an ~ of ridicule** quedó en ridículo. **(b)** *(aim)* propósito *m,* fin *m;* **with this ~ in view** *or* **in mind** con este propósito; **with the ~ of doing** con el propósito *or* la intención de hacer; **what's the ~ of doing that?** ¿de qué sirve hacer eso? **(c)** *(obstacle)* **money is no ~** no importa cuánto cuesta. **(d)** *(Ling)* complemento *m;* **direct/indirect ~** complemento directo/indirecto.

2: ~ lesson *n (fig)* ejemplo *m.*

3 [əb'dʒekt] *vt:* **to ~ that ...** objetar que ... .

4 [əb'dʒekt] *vi (disapprove)* oponerse; *(: verbally)* poner reparos; **if you don't ~** si no tiene inconveniente; **to ~ to sb doing sth** oponerse a que uno haga algo; **she ~s to my behaviour** (a ella) le molesta mi conducta; **do you ~ to my smoking?** ¿le molesta que fume?; **I ~!** *(frm)* ¡protesto!

ob·jec·tion [əb'dʒekʃən] *n* **(a)** *(reason against)* objeción *f,* reparo *m;* **to make** *or* **raise an ~** poner reparos, hacer objeciones; **there is no ~ to your going** no hay inconveniente en que se vaya; **are there any ~s?** ¿alguna objeción?, ¿alguien en contra? **(b)** *(dislike, disapproval)* protesta *f,* oposición *f;* **that will meet with her ~s** ella se opondrá (a eso); **have you any ~ to my smoking?** ¿le molesta que fume?

ob·jec·tion·able [əb'dʒekʃnəbl] *adj (unpleasant)* desagradable, *(LAm)* molesto/a; *(: person)* antipático/a; *(behaviour)* inaceptable, insoportable; *(language)* grosero/a.

ob·jec·tive [əb'dʒektɪv] **1** *adj* **(a)** *(impartial)* objetivo/a. **(b)** *(real)* objetivo/a. **2** *n (aim)* objetivo *m,* propósito *m;* **military ~** objetivo *m* militar.

ob·jec·tive·ly [əb'dʒektɪvlɪ] *adv* objetivamente, de manera objetiva.

ob·jec·tiv·ity [ˌɒbdʒek'tɪvɪtɪ] *n* objetividad *f.*

ob·jec·tor [əb'dʒektəʳ] *n* opositor(a) *m/f;* **conscientious ~** objetor *m* de conciencia.

ob·li·ga·tion [ˌɒblɪ'geɪʃən] *n* obligación *f;* **without ~** *(in advert)* sin compromiso; **to be under an ~ to sb/to do sth** estar comprometido con uno/a hacer algo; **to meet/fail to meet one's ~s** cumplir/no cumplir sus compromisos.

ob·liga·tory [ɒ'blɪgətərɪ] *adj* obligatorio/a; **to make it ~ for sb to do sth** hacer obligatorio que uno haga algo.

oblige [ə'blaɪdʒ] *vt* **(a)** *(compel)* obligar; **to ~ sb to do sth** obligar a uno a hacer algo; **to be ~d to do sth** verse obligado a hacer algo. **(b)** *(gratify)* complacer, hacer un favor a; **anything to ~!** *(fam)* ¡todo sea por complacerte!; **to be ~d to sb for sth** *(thankful)* estarle agradecido a uno por algo; *(under obligation)* deberle un favor a uno por algo; **much ~d!** ¡muchísimas gracias!, *(LAm)* ¡muy agradecido!; **I am ~d to you for your help** le agradezco su ayuda.

oblig·ing [ə'blaɪdʒɪŋ] *adj* servicial, complaciente, *(LAm)* condescendiente; **it was very ~ of them** fue muy amable *or* atento de su parte.

oblique [ə'bliːk] **1** *adj (angle etc)* oblicuo/a; *(fig)* indirecto/a; *(reply)* evasivo/a. **2** *n* oblicua *f.*

oblique·ly [ə'bliːklɪ] *adv* oblicuamente; *(fig)* indirectamente.

oblit·erate [ə'blɪtəreɪt] *vt (blot out)* borrar; *(hide)* ocultar; *(destroy)* arrasar con, destruir.

oblivi·on [ə'blɪvɪən] *n* olvido *m;* **to fall** *or* **sink into ~** caer en el olvido.

oblivi·ous [ə'blɪvɪəs] *adj:* **~ of, ~ to** inconsciente de; **he was ~ to the pain he caused** no se daba cuenta del dolor que causaba.

ob·long ['ɒblɒŋ] **1** *adj* rectangular, oblongo/a. **2** *n* rectángulo *m,* cuadrilongo *m.*

ob·nox·ious [əb'nɒkʃəs] *adj (person, behaviour)* odioso/a, asqueroso/a; *(smell)* repugnante, asqueroso/a.

oboe ['əʊbəʊ] *n* oboe *m.*

ob·scene [əb'siːn] *adj* obsceno/a, indecente.

ob·scen·ity [əb'senɪtɪ] *n (obsceneness)* obscenidad *f,* indecencia *f; (word)* palabrota *f, (LAm)* grosería *f.*

ob·scure [əb'skjʊəʳ] **1** *adj* **(-r, -st)** *(gen)* oscuro/a; *(hidden)* oculto/a. **2** *vt (hide)* ocultar; *(complicate)* complicar.

ob·scu·rity [əb'skjʊərɪtɪ] *n* oscuridad *f;* **obscurities**

(in a book) puntos *mpl* oscuros.

ob·se·qui·ous [əb'siːkwɪəs] *adj* servil, sumiso/a.

ob·ser·vance [əb'zɜːvəns] *n (of rule etc)* observancia *f*, cumplimiento *m*; *(of customs, rites etc)* práctica *f*; **religious ~s** prácticas religiosas.

ob·ser·vant [əb'zɜːvənt] *adj (watchful)* observador(a); *(strict in obeying rules)* observante, cumplidor(a).

ob·ser·va·tion [ˌɒbzə'veɪʃən] **1** *n* **(a)** observación *f*; **the police are keeping him under ~** la policía le tiene vigilado; **he is under ~ in hospital** le tienen en observación en el hospital; **powers of ~** capacidad *f* de observación; **to escape ~** pasar inadvertido. **(b)** *(remark)* observación *f*, comentario *m*. **2: ~ post** *n (Mil)* puesto *m* de observación; **~ tower** *n* torre *f* de vigilancia.

ob·ser·va·tory [əb'zɜːvətrɪ] *n* observatorio *m*.

ob·serve [əb'zɜːv] *vt* **(a)** *(see, notice)* observar, ver. **(b)** *(watch carefully, study)* observar, mirar. **(c)** *(remark)* observar, comentar. **(d)** *(obey)* observar; *(Sabbath, silence)* guardar.

ob·serv·er [əb'zɜːvə^r] *n* observador(a) *m/f*.

ob·sess [əb'ses] *vt* obsesionar; **to be ~ed by** *or* **with sb/sth** estar obsesionado por uno/algo; **he is ~ed with cleanliness** tiene manía de la limpieza.

ob·ses·sion [əb'seʃən] *n* obsesión *f*; **football is an ~ with him** le obsesiona el fútbol; **his ~ with her** su obsesión por ella.

ob·ses·sive [əb'sesɪv] *adj (thing)* obsesionante; *(person)* obsesivo/a.

ob·soles·cence [ˌɒbsəʊ'lesns] *n*: **planned ~** la obsolescencia planificada.

ob·soles·cent [ˌɒbsəʊ'lesnt] *adj* que está cayendo en desuso; **to be ~** estar cayendo en desuso.

ob·so·lete ['ɒbsəliːt] *adj* obsoleto/a; *(ticket, law etc)* caduco/a; **to become ~** caer en desuso, caducar.

ob·sta·cle ['ɒbstəkl] **1** *n* obstáculo *m*; *(hindrance)* estorbo *m*, impedimento *m*; **to be an ~ to sb/sth** ser un estorbo para uno/algo; **to put an ~ in the way of sb/sth** crear dificultades a uno/algo; **that is no ~ to our doing it** eso no impide que lo hagamos. **2: ~ race** *n (Sport)* carrera *f* de obstáculos.

ob·ste·tri·cian [ˌɒbstə'trɪʃən] *n* tocólogo/a *m/f*.

ob·stet·rics [ɒb'stetrɪks] *nsg* obstetricia *f*, tocología *f*.

ob·sti·na·cy ['ɒbstɪnəsɪ] *n* terquedad *f*.

ob·sti·nate ['ɒbstɪnɪt] *adj* terco/a, porfiado/a; *(tenacious)* tenaz; *(resistance, illness)* rebelde.

ob·sti·nate·ly ['ɒbstɪnɪtlɪ] *adv* obstinadamente, tercamente.

ob·strep·er·ous [əb'strepərəs] *adj* ruidoso/a; *(unruly)* revoltoso/a.

ob·struct [əb'strʌkt] *vt (block)* obstruir; *(pipe)* atascar; *(road)* cerrar, bloquear; *(view)* tapar; *(hinder)* estorbar, impedir; *(Sport)* obstruir.

ob·struc·tion [əb'strʌkʃən] *n* obstrucción *f*; *(in pipe, road)* atasco *m*; *(to progress)* dificultad *f*, obstáculo *m*; **to cause an ~** estorbar; *(Aut)* interrumpir el tráfico *or (LAm)* tránsito.

ob·struc·tive [əb'strʌktɪv] *adj* obstruccionista; **he's just being ~** está poniendo dificultades nada más.

ob·tain [əb'teɪn] *vt* obtener, conseguir; *(acquire)* adquirir; **oil can be ~ed from coal** se puede extraer aceite del carbón.

ob·tain·able [əb'teɪnəbl] *adj (on sale)* a la venta; *(accessible)* asequible.

ob·trude [əb'truːd] **1** *vi* entrometerse. **2** *vt* imponer.

ob·tru·sive [əb'truːsɪv] *adj (person: annoying)* importuno/a, molesto/a; *(: interfering)* entrometido/a; *(smell)* penetrante; *(clothes)* llamativo/a; *(building)* saliente.

ob·tuse [əb'tjuːs] *adj (Math)* obtuso/a; *(stupid, insensitive)* torpe, lento/a.

ob·vi·ate ['ɒbvɪeɪt] *vt* obviar, evitar.

ob·vi·ous ['ɒbvɪəs] *adj (clear, perceptible)* evidente, obvio/a; *(unsubtle)* poco sutil, directo/a; *(suitable)* indicado/a; **it's ~ that ...** está claro que ..., es evidente que ...; **he's the ~ man for the job** es el más indicado para el puesto; **the ~ thing to do is to leave** lo lógico es que nos marchemos.

ob·vi·ous·ly ['ɒbvɪəslɪ] *adv* evidentemente; **he was ~ not drunk** era evidente que no estaba borracho; **he was not ~ drunk** no se le notaba lo borracho; **~!** ¡por supuesto!, *(LAm)* ¡lógico!, ¡obvio!; **~ not!** ¡por supuesto que no!, ¡claro que no!

oc·ca·sion [ə'keɪʒən] **1** *n* **(a)** *(point in time)* ocasión *f*, oportunidad *f*; **on ~** de vez en cuando; **on several ~s** en varias ocasiones, varias veces; **on that ~** esa vez, en aquella ocasión. **(b)** *(special ~)* acontecimiento *m*, ocasión *f*; **this is an important ~** esto es un acontecimiento importante; **it was quite an ~** fue todo un acontecimiento; **music written for the ~** música compuesta para la ocasión; **on the ~ of his retirement** con motivo de su jubilación; **to rise to the ~** ponerse a la altura de las circunstancias. **(c)** *(reason)* razón *f*, motivo *m*; **there was no ~ for it** no había necesidad de ello; **to have ~ to do sth** tener ocasión de hacer algo.

2 *vt (frm)* ocasionar, causar.

oc·ca·sion·al [ə'keɪʒənl] **1** *adj* **(a)** poco frecuente, ocasional; **I like an ~ cigarette** me gusta fumar un cigarrillo de vez en cuando. **(b)** *(designed for special event)* de ocasión. **2: ~ table** *n* mesa *f* de ocasión.

oc·ca·sion·al·ly [ə'keɪʒnəlɪ] *adv* de vez en cuando, a veces, *(LAm)* cada cuando; **very ~** muy de tarde en tarde, *(LAm)* en muy contadas ocasiones.

oc·cult [ɒ'kʌlt] **1** *adj* oculto/a, misterioso/a. **2** *n*: **the ~** lo oculto, lo sobrenatural.

oc·cu·pant ['ɒkjʊpənt] *n (of house)* inquilino/a *m/f*; *(of boat, car etc)* ocupante *mf*; *(of job, post)* titular *mf*.

oc·cu·pa·tion [ˌɒkjʊ'peɪʃən] *n* **(a)** *(employment)* empleo *m*, profesión *f*; **he's a joiner by ~** es carpintero de profesión. **(b)** *(pastime)* pasatiempo *m*. **(c)** *(Mil)* ocupación *f*; **army of ~** ejército *m* de ocupación; **the ~ of Paris** la ocupación de París. **(d)** *(of house etc)* tenencia *f*, inquilinato *m*; **to be in ~** ocupar; **the house is ready for ~** la casa está lista para su ocupación.

oc·cu·pa·tion·al [ˌɒkjʊ'peɪʃənl] *adj (gen)* profesional; **~ therapy** reeducación *f* en base a la actividad física y mental.

oc·cu·pi·er ['ɒkjʊpaɪə^r] *n (of house, land)* inquilino/a *m/f*; *(of post)* titular *mf*.

oc·cu·py ['ɒkjʊpaɪ] *vt* **(a)** *(house)* habitar, vivir en; *(office, seat)* ocupar. **(b)** *(Mil etc)* ocupar. **(c)** *(post, position)* ocupar. **(d)** *(take up, fill: space, time)* ocupar, llenar; **this job occupies all my time** este trabajo me ocupa todo el tiempo. **(e)** *(keep busy)* ocupar; **to be occupied with sth/in doing sth** estar ocupado con algo/haciendo algo; **she occupies herself by knitting** se dedica a hacer punto.

oc·cur [ə'kɜː^r] *vi* **(a)** *(happen)* ocurrir, suceder; **to ~ again** volver a suceder, *(LAm)* repetirse; **if the opportunity ~s** si se presenta la oportunidad. **(b)** *(be found)* encontrarse. **(c)** *(come to mind)* **to ~ to sb** ocurrírsele a uno; **it ~s to me that ...** se me ocurre que ...; **such an idea would never have**

~red to her semejante idea jamás se le hubiera pasado por la mente.
oc·cur·rence [ə'kʌrəns] *n* suceso *m,* caso *m;* **an everyday ~** *(fig)* cosa de cada día.
ocean ['əʊʃən] **1** *n* océano *m;* **~s of** *(fam)* la mar de. **2** *cpd* oceánico/a; **~ bed** *n* fondo *m* del océano.
ocean-going ['əʊʃən,gəʊɪŋ] *adj (ship)* transatlántico/a.
ocean·ic [,əʊʃɪ'ænɪk] *adj* oceánico/a.
ocean·og·ra·phy [,əʊʃə'nɒgrəfɪ] *n* oceanografía *f.*
ochre, (*US*) **ocher** ['əʊkə^r] *n* ocre *m.*
o'clock [ə'klɒk] *adv:* **it is 7 ~** son las siete; **at 9 ~** a las nueve.
oc·ta·gon ['ɒktəgən] *n* octágono *m.*
oc·tago·nal [ɒk'tægənl] *adj* octagonal.
oc·tane ['ɒkteɪn] *n* octano *m;* **high-~ petrol** gasolina *f* de alto octanaje.
oc·tave ['ɒktɪv] *n (gen)* octava *f.*
oc·tet [ɒk'tet] *n* octeto *m.*
Oc·to·ber [ɒk'təʊbə^r] *n* octubre *m; for usage see* **July.**
oc·to·genar·ian [,ɒktəʊdʒɪ'neərɪən] *n* octogenario/a *m/f.*
oc·to·pus ['ɒktəpəs] *n* pulpo *m.*
ocu·list ['ɒkjʊlɪst] *n* oculista *mf.*
odd [ɒd] *adj* (**-er, -est**) **(a)** *(strange)* raro/a, extraño/a; **how ~ that ...** qué raro que ...; **how ~!** ¡qué raro!; **he says some ~ things** dice cosas muy raras. **(b)** *(Math)* impar. **(c)** *(extra, left over)* sobrante, de más; *(unpaired)* sin pareja; **the ~ penny** algunos pocos peniques; **to be the ~ man out** *or* **the ~ one out** *(be left out)* estar de más; *(be different)* ser distinto. **(d)** *(occasional)* alguno/a que otro/a; **at ~ moments** en los ratos *or* momentos libres; **he has written the ~ article** ha escrito algún que otro artículo; **~ jobs** *(repairs)* trabajitos, pequeños arreglos. **(e)** *(and a few more)* **30 ~** treinta y pico, treinta y tantos.
odd·ball ['ɒdbɔːl] *n (fam)* persona *f* rara, excéntrico/a *m/f.*
odd·ity ['ɒdɪtɪ] *n* **(a)** *(odd person)* excéntrico/a *m/f; (thing)* cosa *f* rara. **(b)** *(also* **oddness:** *strangeness)* rareza *f,* singularidad *f.*
odd-jobman [ɒd'dʒɒb,mæn] *n* manitas *m inv.*
odd·ly ['ɒdlɪ] *adv* de manera *or (LAm)* en forma extraña; **they are ~ similar** tienen un extraño parecido; **~ enough you are right** por muy extraño que parezca, tienes razón.
odd·ment ['ɒdmənt] *n (Comm)* retal *m,* resto *m.*
odd·ness ['ɒdnɪs] *n* = **oddity (b).**
odds [ɒdz] *npl* **(a)** *(in betting)* puntos *mpl* de ventaja; *(chances for or against)* probabilidades *fpl;* **the ~ on the horse are 5 to 1** las apuestas al caballo están a cinco contra uno; **short/long ~** pocas/muchas probabilidades; **the ~ are in his favour** lo tiene todo a su favor; **to fight against overwhelming ~** *(lit)* luchar contra fuerzas abrumadoras; *(fig)* luchar contra la corriente; **to succeed against all the ~** tener éxito a pesar de todas las desventajas; **the ~ are that ...** lo más probable *or* factible es que ...; **~ on favourite** *(in betting)* caballo *m* favorito; *(fig)* favorito/a *m/f;* **it's ~ on that ...** lo más probable es que .... **(b)** *(difference)* **what's the ~?** *(fam)* ¿qué importa?, ¿qué más da?; **it makes no ~** no importa, da lo mismo *or (LAm)* igual. **(c)** *(variance, strife)* **to be at ~ with sb over sth** estar reñido *or (LAm)* peleado con uno por algo. **(d) ~ and ends** *(bits)* trozos *mpl,* pedacitos *mpl; (of cloth etc)* retazos *mpl; (of food)* restos *mpl,* sobras *fpl.*
ode [əʊd] *n* oda *f.*
o·di·ous ['əʊdɪəs] *adj* odioso/a.
odour, (*US*) **odor** ['əʊdə^r] *n* olor *m;* **to be in bad ~ with sb** *(fig)* haber quedado mal con uno.
odour·less, (*US*) **odorless** ['əʊdəlɪs] *adj* sin olor.
od·ys·sey ['ɒdɪsɪ] *n* odisea *f.*
Oedipus ['iːdɪpəs] *n:* **~ complex** *(Psych)* complejo *m* de Edipo.
oesopha·gus [iː'sɒfəgəs] *n* esófago *m.*
oes·tro·gen ['iːstrəʊdʒən] *n* estrógeno *m.*
of [ɒv,əv] *prep* **(a)** *(indicating possession, relation)* de; **the house ~ my uncle** la casa de mi tío; **the love ~ God** el amor de Dios; **a friend ~ mine** un amigo mío; **it was rude ~ him to say that** fue maleducado de su parte decir eso; **that was very kind ~ you** fue muy amable de su parte.

(b) *(objective genitive)* a, hacia; **hatred ~ injustice** odio a la injusticia.

(c) *(indicating cause)* por, de; **out ~ fear** por temor; **out ~ anger** de rabia *or (LAm)* coraje; **to die ~ pneumonia** morir de pulmonía.

(d) *(indicating deprivation, riddance)* **loss ~ faith** pérdida de fe; **lack ~ water** falta de agua.

(e) *(indicating material)* de; **made ~ steel/paper** hecho de acero/papel.

(f) *(descriptive)* de; **the City ~ New York** la ciudad de Nueva York; **a boy ~ 8** un niño de ocho años; **a man ~ great ability** un hombre de gran talento; **that idiot ~ a minister** ese idiota de ministro.

(g) *(concerning)* de; **what do you think ~ him?** ¿qué piensas de él?; **what ~ it?** ¿qué (te) importa?, *(LAm)* ¿y qué?

(h) *(partitive etc)* de; **how much ~ this do you need?** ¿cuánto necesitas de eso?; **there were 4 ~ them** eran cuatro; **most ~ all** sobre todo, *(LAm)* más que nada; **a pound ~ flour** una libra de harina.

(i) *(indicating separation in space or time)* de; **south ~ Glasgow** al sur de Glasgow; **it's a quarter ~ 4** *(US)* son las cuatro menos cuarto, *(LAm)* falta un cuarto para las cuatro.
off [ɒf] **1** *adv* **(a)** *(distance, time)* a; **a place 2 miles ~** un lugar a dos millas (de distancia); **it's a long way ~** está muy lejos; **the game was 3 days ~** faltaban tres días para el partido. **(b)** *(departure)* **he's ~ to Paris tonight** se va a París esta noche; **I must be ~** me voy; **he's gone ~ to see the boss** se ha ido a ver al jefe; **~ we go** ¡vámonos! **(c)** *(removal)* **with his hat ~** sin sombrero; **the lid was ~ the saucepan** estaba destapada la cacerola; **a button came ~** se le cayó un botón; **5% ~** *(Comm)* un descuento del cinco por ciento; **~ with those wet clothes!** ¡quítate esa ropa mojada! **(d)** *(not at work)* **he's ~ work** no ha ido al trabajo; **he's ~ sick** está de baja, está enfermo; **I'm ~ on Fridays** los viernes no trabajo *or* tengo libre; **to take a day ~** tomarse un día de descanso. **(e)** *(in phrases)* **~ and on, on and ~** de vez en cuando, *(LAm)* a ratos; **right** *or* **straight ~** en seguida, *(RPl)* al tiro.

2 *adj* **(a)** *(inoperative: switch etc)* desconectado/a; *(machine etc)* desenchufado/a; *(light, TV)* apagado/a; *(tap)* cerrado/a; *(electricity)* cortado/a; *(brake)* quitado/a. **(b)** *(cancelled)* cancelado/a; *(not available: in restaurant)* agotado/a, acabado/a; **I'm afraid the chicken is ~** desgraciadamente ya no queda pollo; **the wedding is ~** se ha cancelado la boda; **the play is ~** *(postponed)* se suspendió la obra; *(taken off)* ya se quitó la obra. **(c)** *(substandard)* malo/a; **to have an ~ day** estar de malas. **(d)** *(not fresh)* malo/a; *(meat)* pasado/a; *(milk)* cortado/a; *(butter)* rancio/a; **the cheese has gone ~** el queso está pasado; **that's a bit ~, isn't it?** *(fig fam)* ¡mal hecho!, ¡eso no se hace! **(e) to be well/badly ~** andar bien/

mal de dinero; **better/worse ~** mejor/peor, en mejores/peores condiciones; **how are you ~ for time?** ¿cómo andas de tiempo?, ¿tienes tiempo?

3 *prep* **(a)** *(indicating motion, removal etc)* de; **to fall ~ a cliff** caer por un precipicio; **she took the picture ~ the wall** descolgó el cuadro (de la pared); **to eat ~ a dish** comer en un plato; **there are two buttons ~ my coat** le faltan dos botones a mi abrigo; **he was ~ work for three weeks** estuvo tres semanas sin trabajar; **he knocked £2 ~ the price** *(fam)* dio una rebaja de dos libras. **(b)** *(distant from)* de; **a street ~ the square** una calle que sale de la plaza; **height ~ the ground** altura del suelo *or* sobre el suelo; **it's just ~ the M1** está justo a la salida de la M1. **(c) I'm ~** *or* **I've gone ~ fried food** se me quitó el gusto a lo frito.

of·fal ['ɒfəl] *n* asadura *f*, menudos *mpl*.

off·beat [ˌɒf'biːt] *adj* excéntrico/a, original.

off-centre, (*US*) **off-center** [ˌɒf'sentəʳ] *adj* descentrado/a, ladeado/a.

off·chance ['ɒftʃɑːns] *n*: **(let's go) on the ~** (vamos) por si acaso.

off-colour, (*US*) **off-color** [ˌɒf'kʌləʳ] *adj (ill)* indispuesto/a; **to feel/be ~** sentirse/estar mal.

of·fence, (*US*) **of·fense** [ə'fens] *n* **(a)** *(crime)* delito *m*, crimen *m*; *(moral)* pecado *m*, falta *f*; *(Sport)* falta; **first ~** primer delito; **to commit an ~** cometer un delito; **it is an ~ to ...** está prohibido ..., se prohíbe .... **(b)** *(insult)* ofensa *f*, agravio *m*; **it is an ~ to the eye** da asco verlo; **to give** *or* **cause ~ (to sb)** ofender (a uno); **to take ~ (at sth)** ofenderse *or* sentirse ofendido (por algo).

of·fend [ə'fend] **1** *vt* ofender; *(bother)* molestar; **it ~s my sense of justice** esto atenta contra mi sentido de la justicia; **to be ~ed (at)** ofenderse (por), tomar a mal. **2** *vi*: **to ~ against** *(God)* pecar contra; *(law)* infringir; *(good taste)* atentar contra.

of·fend·er [ə'fendəʳ] *n (criminal)* delincuente *mf*; *(against traffic regulations etc)* infractor(a) *m/f*; **first ~** delincuente sin antecedentes penales.

of·fen·sive [ə'fensɪv] **1** *adj* **(a)** *(causing offence, unpleasant)* ofensivo/a; *(remark)* insultante; *(smell)* repugnante; *(shocking)* chocante; **to be ~ to sb** ser grosero con uno, ofender a uno. **(b)** *(attacking)* ofensivo/a. **2** *n (Mil, Sport)* ofensiva *f*; **to go over to the ~, to take the ~** tomar la ofensiva.

of·fer ['ɒfəʳ] **1** *n (gen)* oferta *f*; **~ of marriage** oferta *or* propuesta *f* de matrimonio; **to make an ~ for sth** hacer una oferta por algo; **~s over £25** ofertas a partir de veinticinco libras; **to be on ~** *(Comm)* estar de oferta, estar rebajado. **2** *vt (help, services)* ofrecer; *(opportunity, prospect)* brindar, facilitar; *(comment, remark)* hacer; *(opinion)* expresar; **to ~ an apology** pedir disculpas; **to ~ sth to sb** ofrecer algo a uno; **to ~ to do sth** ofrecerse *or (LAm)* brindarse a hacer algo; **to ~ resistance** oponer resistencia, resistirse; **to ~ one's hand** dar la mano (a estrechar).

of·fer·ing ['ɒfərɪŋ] *n (gen)* ofrenda *f*; *(Rel)* exvoto *m*.

of·fer·tory ['ɒfətərɪ] *n (Rel: part of service)* ofertorio *m*; *(: collection)* colecta *f*.

off·hand [ˌɒf'hænd] **1** *adj* informal; *(brusque)* brusco/a, *(LAm)* corto/a; **to treat sb in an ~ manner** tratar a uno con indiferencia. **2** *adv (spontaneously)* de improviso, sin pensarlo; *(casually)* informalmente, con indiferencia; **I can't tell you ~** no te lo puedo decir así de improviso *or (LAm)* así nomás.

of·fice ['ɒfɪs] **1** *n* **(a)** *(place)* oficina *f*, despacho *m*; *(of lawyer)* bufete *m*; *(of doctor)* consultorio *m*; *(part of organization)* sección *f*, departamento *m*; **head ~** central *f*, sede *f*; **Foreign O~** Ministerio *m or* Secretaría *f* de Asuntos Exteriores. **(b)** *(public position)* cargo *m*; *(duty, function)* función *f*, oficio *m*; **to be in ~, to hold ~** *(person)* desempeñar *or* ocupar un cargo; *(political party)* ocupar el poder; **to come into** *or* **to take ~** *(person)* tomar posesión del cargo (*as* de); *(political party)* acceder al poder, formar gobierno. **(c) through his good ~s** gracias a sus buenos oficios; **through the ~s of** por mediación *or* medio de. **(d)** *(Rel)* oficio *m*.

2 *cpd* de oficina; **~ bearer** *n* titular *mf* (de una cartera); **~ block** *n* bloque *m* de oficinas; **~ boy** *n* recadero *m*, *(LAm)* recadista *m*; **~ hours** *npl* horas *fpl* de oficina; **~ worker** *n (gen)* oficinista *mf*; *(civil servant etc)* funcionario/a *m/f*.

of·fic·er ['ɒfɪsəʳ] *n* **(a)** *(Mil, Naut, Aer)* oficial *mf*; **~s' mess** comedor *m* de oficiales. **(b)** *(official)* funcionario/a *m/f*; **police ~** policía *mf*, agente *mf* de policía; **excuse me, ~** perdone que le moleste, señor agente.

of·fi·cial [ə'fɪʃəl] **1** *adj* oficial; *(authorized)* autorizado/a; *(in title)* titular; *(formal)* ceremonioso/a, solemne; **is that ~?** ¿ es oficial? **2** *n* funcionario/a *m/f*, empleado/a *m/f* público/a.

of·fi·cial·dom [ə'fɪʃəldəm] *n (pej)* burocracia *f*.

of·fi·cial·ese [əˌfɪʃə'liːz] *n (pej)* lenguaje *m* burocrático.

of·fi·cial·ly [ə'fɪʃəlɪ] *adv* oficialmente.

of·fi·ci·ate [ə'fɪʃɪeɪt] *vi* oficiar; **to ~ as Mayor** ejercer las funciones de alcalde; **to ~ at a marriage** celebrar una boda.

of·fi·cious [ə'fɪʃəs] *adj* oficioso/a.

of·fing ['ɒfɪŋ] *n*: **in the ~** en perspectiva.

off-key [ˌɒf'kiː] **1** *adj* desafinado/a. **2** *adv* desentonadamente, fuera de tono.

off-licence ['ɒfˌlaɪsns] *n (Brit: shop)* bodega *f*, *(LAm)* tienda *f* de licores.

off-limits [ˌɒf'lɪmɪts] *adj (US Mil)* prohibido/a al personal militar.

off-load ['ɒfˌləʊd] *vt (goods)* descargar; *(passengers)* desembarcar, hacer bajar; *(get rid of)* librarse de.

off-peak [ˌɒf'piːk] *adj* fuera de las horas punta; *(Elec)* de menor consumo; *(tickets)* de menor demanda.

off-putting ['ɒfˌpʊtɪŋ] *adj (dispiriting)* desalentador(a); *(taste, smell etc)* asqueroso/a; *(behaviour)* chocante; **it's very ~ to see him do that** da asco verlo hacer eso.

off-season ['ɒfˌsiːzn] *n* temporada *f* baja; **I take my holidays (in the) ~** tomo mis vacaciones fuera de temporada.

off·set ['ɒfset] (*vb: pt, pp* **offset**) **1** *n (Typ)* offset *m*. **2** *vt* compensar; *(counteract)* contrarrestar, contrapesar. **3**: **~ printing** *n* impresión *f* con offset.

off·shoot ['ɒfʃuːt] *n (Bot)* vástago *m*; *(fig)* ramificación *f*; *(Comm)* rama *f*.

off·shore [ˌɒf'ʃɔːʳ] *adj (breeze)* de la costa *or* la tierra; *(island etc)* cercano/a a la costa; **~ oil** el petróleo de alta mar.

off·side [ˌɒf'saɪd] **1** *adj* **(a)** *(Sport)* fuera de juego; **to be ~** estar fuera de juego. **(b)** *(Aut: door, verge, lane: gen)* del lado izquierdo; *(: Brit)* del lado derecho. **2** *n (Aut: gen)* lado *m* izquierdo; *(: Brit)* lado *m* derecho.

off·spring ['ɒfsprɪŋ] *n, pl inv* descendencia *f*, prole *f*.

off·stage [ˌɒf'steɪdʒ] **1** *adj* de entre bastidores. **2** *adv* entre bastidores, fuera del escenario.

off-white [ˌɒf'waɪt] *adj* de color hueso, blanquecino/a.

of·ten ['ɒfən] *adv* muchas veces, a menudo, con frecuencia; **how ~?** *(how many times)* ¿cuántas veces?;*(at what intervals)* ¿cada cuánto *or (LAm)* cuándo?; **as ~ as not** la mitad de las veces; **more ~ than not** las más de las veces; **every so ~** *(of time)* alguna que otra vez, de vez en cuando; *(of distance, spacing)* de trecho en trecho, cada cierta distancia; **how ~ do you see him?** ¿cada cuánto le ves?; **his behaviour is ~ disappointing** su conducta es a menudo decepcionante; **it's not ~ that I ask you to help me** no es frecuente *or (LAm)* es raro que te pida ayuda.

ogle ['əʊgl] *vt* comerse con los ojos a, quedarse mirando a.

ogre ['əʊgə^r] *n* ogro *m*.

oh [əʊ] *interj* ¡ah!; *(cry of pain)* ¡ay!; **~ good!** ¡qué bien!; **~ dear, I've spilt the milk** ¡ay, se me cayó la leche!; **~ really?** ¿no me digas?, ¿de veras?; **~ really!** ¡no puede ser!; **~ no you don't!** ¡eso sí que no!

oil [ɔɪl] **1** *n (gen, also Aut)* aceite *m; (Geol, as mineral)* petróleo *m; (Art)* óleo *m;* **to pour ~ on troubled waters** calmar los ánimos; *see* **midnight. 2** *vt* lubricar, engrasar; **to ~ the wheels** *(fig)* allanar las dificultades. **3** *cpd* de aceite; *(Geol)* de petróleo; **~ colours** *npl* óleos *mpl;* **~ gauge** *n* manómetro *m or* indicador *m* de(l) aceite; **~ painting** *n* pintura *f* al óleo; **she's no ~ painting** *(fam)* no es ninguna belleza; **~ slick** *n* marea *f* negra; **~ tanker** *n* petrolero *m;* **~ well** *n* pozo *m* de petróleo.

oil·can ['ɔɪlkæn] *n* aceitera *f*, alcuza *f*.

oil·field ['ɔɪlfiːld] *n* yacimiento *m* petrolífero.

oil-fired ['ɔɪlfaɪəd] *adj* de mazut *or* fuel-oil.

oil·skin ['ɔɪlskɪn] *n* hule *m;* **~s** chubasquero *m*, impermeable *m*.

oily ['ɔɪlɪ] *adj* **(-ier, -iest)** aceitoso/a; *(food, hands)* grasiento/a, *(LAm)* grasoso/a; *(skin, hair)* graso/a; *(fig pej)* zalamero/a, empalagoso/a.

oint·ment ['ɔɪntmənt] *n* ungüento *m, (LAm)* pomada *f*.

O.K., okay [,əʊ'keɪ] *(fam)* **1** *interj* ¡está bien!, *(LAm)* ¡okey!; *(enough)* ¡basta ya!, *(LAm)* ¡ya estuvo bueno!; **~, ~!** ¡ya está bien, eh!, ¡vale, vale!, *(LAm)* ¡ya, ya!; **I'm coming too, ~?** vengo yo también, ¿vale *or (LAm)* okey? **2** *adj* bien; **are you ~ for money/time?** ¿andas *or (LAm)* vas bien de dinero/tiempo?; **it's ~ with *or* by me** estoy de acuerdo, me parece bien; **is it ~ with you if ...?** ¿le importa si ...?, ¿le molesta que ...?; **I'm ~** estoy bien; **is the car ~?** ¿está *or* anda bien el coche? **3** *n:* **to give sth one's ~** dar el visto bueno a *or (LAm)* aprobar algo. **4** *vt* dar el visto bueno a, *(LAm)* aprobar.

old [əʊld] **1** *adj* **(-er, -est) (a)** *(aged)* viejo/a; *(: person)* anciano/a, mayor; **~ people *or* folk(s)** los viejos, los ancianos, *(LAm)* los mayores; **he's ~ for his years** es un niño muy maduro para su edad; **to grow ~** *or* **get ~(er)** envejecer; **he is 8 years ~** tiene ocho años; **how ~ are you?** ¿cuántos años tienes?, *(LAm)* ¿qué edad tienes?; **she is the ~est teacher in the school** es la profesora de más edad del colegio; **she is 2 years ~er than you** tiene dos años más que tú; **as ~ as the hills** más viejo que Matusalén. **(b)** *(thing: ancient)* antiguo/a; *(: used)* usado/a, gastado/a; **the ~ part of Glasgow** la parte vieja *or* antigua de Glasgow; **it's too ~ to be any use** es demasiado viejo para servir; **the house is 300 years ~** la casa tiene trescientos años (de construida). **(c)** *(long-standing etc)* viejo/a; **an ~ friend of mine** un viejo amigo mío. **(d)** *(former)* antiguo/a; **my ~ school** mi antiguo colegio; **in the ~ days** antaño, en los viejos tiempos; **it's not as good as our ~ one** no es tan bueno como el anterior. **(e)** *(fam: affectionate)* **here's ~ Peter coming** ahí viene el tío *or (LAm)* el viejo Pedro; **she's a funny ~ thing** es graciosa. **(f)** *(fam: as intensifier)* **we had a high ~ time** hacía tiempo que no nos divertíamos tanto; **any ~ thing will do** sirve cualquier cosa.

2 *n* **(a) the ~** *pl* los viejos *mpl*, los ancianos *mpl*. **(b) of ~** desde hace tiempo; **in days of ~** antaño, en los tiempos antiguos.

3: ~ age *n* vejez *f;* **in one's ~ age** de viejo, en la vejez; **~ age pension** *n* subsidio *m* de vejez, pensión *f;* **~ age pensioner** *n* pensionista *mf*, jubilado/a *m/f;* **~ boy** *n* antiguo *or* ex alumno *m;* **the ~ country** *n* la madre patria; **O~ English** *n* inglés *m* antiguo; **~ maid** *n* solterona *f;* **my *or* the ~ man** *n (fam: father)* mi *or* el viejo, mi *or* el jefe; **~ master** *n* obra *f* maestra; **~ people's home** *n* residencia *f or* asilo *m* de ancianos; **~ soldier** *n* veterano *m*, excombatiente *m;* **O~ Testament** *n* Antiguo Testamento *m;* **~ wives' tale** *n* cuento *m* de viejas, patraña *f;* **my *or* the ~ woman** *n (fam: mother)* mi *or* la vieja; **O~ World** *n* Viejo Mundo *m*.

old·en ['əʊldən] *adj (old, poet)* antiguo/a; **in ~ times** *or* **days** antaño, en los tiempos antiguos.

old-established [,əʊldɪ'stæblɪʃt] *adj* antiguo/a.

old-fashioned [,əʊld'fæʃnd] *adj (thing)* anticuado/a, pasado/a de moda; *(person, attitude)* anticuado/a, chapado/a a la antigua.

old-time ['əʊldtaɪm] *adj:* **~ dancing** baile *m* antiguo *or* de antaño.

old-timer ['əʊld,taɪmə^r] *n* veterano/a *m/f; (old person)* viejo/a *m/f*, anciano/a *m/f*.

old-world [,əʊld'wɜːld] *adj* antiguo/a; *(style)* clásico/a; *(manners)* anticuado/a.

olean·der [,əʊlɪ'ændə^r] *n* adelfa *f*.

O-lev·el ['əʊlevl] *(Brit Scol)* **1** *n* nivel *m* O *(nivel básico del Certificado General de Educación)*. **2** *cpd* del nivel O.

oli·gar·chy ['ɒlɪgɑːkɪ] *n* oligarquía *f*.

ol·ive ['ɒlɪv] **1** *n* aceituna *f*, oliva *f; (also* **~ tree)** olivo *m*. **2** *adj* aceitunado/a; *(also* **~ green)** verde-oliva. **3: ~ branch** *n:* **to hold out an ~ branch** *(fig)* hacer un gesto de paz; **~ oil** *n* aceite *m* de oliva.

Olym·pic [əʊ'lɪmpɪk] **1** *adj* olímpico/a; **the ~ Games** las Olimpiadas. **2** *n:* **the ~s** *pl* las Olimpiadas.

om·buds·man ['ɒmbudzmən] *n, pl* **-men** ≃ defensor *m* del pueblo.

ome·let(te) ['ɒmlɪt] *n* tortilla *f, (LAm)* tortilla de huevo.

omen ['əʊmen] *n* augurio *m*, presagio *m*.

omi·nous ['ɒmɪnəs] *adj* siniestro/a, de mal agüero; *(tone)* amenazador(a); **that sounds ~** eso no augura nada bueno.

omi·nous·ly ['ɒmɪnəslɪ] *adv* siniestramente; *(menacingly)* de manera amenazadora.

omis·sion [əʊ'mɪʃən] *n (act of omitting)* omisión *f; (mistake)* descuido *m*.

omit [əʊ'mɪt] *vt* **(a)** *(on purpose)* suprimir. **(b)** *(by accident)* olvidarse de; **to ~ to do sth** olvidarse *or* dejar de hacer algo.

om·ni·bus ['ɒmnɪbəs] *n (frm: bus)* ómnibus *m*, autobús *m, (LAm)* camión *m; (book)* antología *f*.

om·nipo·tent [ɒm'nɪpətənt] *adj* omnipotente.

om·nis·ci·ent [ɒm'nɪsɪənt] *adj* omnisciente.

om·niv·or·ous [ɒm'nɪvərəs] *adj* omnívoro/a.

on [ɒn] **1** *prep* **(a)** *(of place, position)* en, sobre; **~ the Continent** en Europa; **~ the table** en *or* sobre la mesa; **~ all sides** por todas partes, por todos lados; **I haven't any money ~ me** no llevo dinero encima; **hanging ~ the wall** colgado de la pared; **~ page 2** en la página dos; **~ the right** a la derecha; **~ the radio** por la radio; **~ foot** a pie; **~ horseback** a caballo; **an attack ~ the government** un ataque contra el gobierno; **he played it ~ the violin** lo tocó al violín; **~ the telephone** por teléfono; **he's ~ the committee** es miembro del comité; **~ his authority** con su autorización; **she lives ~ cheese** sobrevive a base de queso; **he's ~ £6000 a year** gana seis mil libras al año; **he's ~ heroin** *(fam)* es adicto a la heroína; **prices are up ~ last year('s)** los precios han subido frente a los del año pasado. **(b)** *(of time)* **~ Friday** el viernes; **~ Fridays** los viernes; **~ May 14th** el catorce de mayo; **~ a day like this** (en) un día como éste; **~ time** a la hora, a tiempo; **~ my arrival** al llegar, a mi llegada; **~ seeing him** al verle. **(c)** *(about, concerning)* sobre, acerca de; **a book ~ physics** un libro de *or* sobre física; **he lectured ~ Keats** dio una conferencia sobre Keats; **have you read Purnell ~ Churchill?** ¿has leído los comentarios de Purnell sobre Churchill? **(d)** *(phrases)* **a story based ~ fact** una historia basada en la realidad; **the march ~ Rome** la marcha sobre Roma. **(e)** *(after, according to)* **~ this model** según este modelo. **(f)** *(engaged in)* **he's away ~ business** está fuera en viaje de negocios; **to be ~ holiday** estar de vacaciones; **we're ~ irregular verbs** estamos con los verbos irregulares. **(g)** *(at the expense of)* **this round's ~ me** esta ronda la pago yo, invito yo.

2 *adv* **(a)** *(indicating idea of covering)* **she put her boots ~** se puso las botas; **to have one's coat ~** tener el abrigo puesto; **what's she got ~?** ¿qué lleva puesto?, ¿cómo va vestida?; **screw the lid ~ tightly** enrosca *or (LAm)* mete bien la tapa; *see* **put on, come on** *etc*. **(b)** *(indicating time)* **from that day ~** a partir de aquel día, de aquel día en adelante; **it's getting ~ for ten o'clock** falta poco para las diez, *(LAm)* ya van a ser las diez; **it was well ~ in the evening** estaba muy entrada la tarde; **they talked well ~ into the night** hablaron hasta bien entrada la noche; *see* **further, later** *etc*. **(c)** *(indicating continuation)* **to go ~, walk ~** *etc* seguir adelante; **to read ~** seguir leyendo; **he rambled ~ and ~** hablaba sin parar, *(LAm)* estuvo dale que dale *(fam)*; **and so ~** *(and the rest)* y demás; *(etc)* etcétera. **(d)** *(in phrases)* **to go ~ at sb (about sth)** andar detrás de uno *or (LAm)* dar la lata a uno (sobre algo); **what are you ~ about?** ¿de qué (me) hablas?

3 *adj* **(a)** *(functioning, in operation: engine, switch)* conectado/a; *(: machine)* enchufado/a; *(: light)* encendido/a, *(LAm)* prendido/a; *(: TV set etc)* encendido/a, puesto/a, *(LAm)* prendido/a; *(: tap)* abierto/a; *(: brake etc)* puesto/a, echado/a; *(in place: lid etc)* puesto/a; *(closed)* cerrado/a; **is the meeting still ~ tonight?** ¿sigue en pie la reunión de esta noche?, *(LAm)* ¿se lleva a cabo siempre la reunión de esta noche?; **the programme is ~ in a minute** el espectáculo empieza dentro de un minuto; **there's a good film ~ tonight** están poniendo *or (LAm)* pasando una buena película esta noche; **sorry, I've got something ~ tonight** lo siento, esta noche ya tengo compromiso. **(b)** *(valid)* **you're ~!** ¡estás comprometido!, ¡te tomo la palabra!; **that's not ~** *(fam)* eso no se hace, no hay derecho.

once [wʌns] **1** *adv* **(a)** *(on one occasion)* una vez; **~ before** una vez antes, ya ... una vez; **~ only** sólo una vez, una sola vez; **~ or twice** algunas veces, una o dos veces; **~ again** *or* **more** otra vez, una vez más; **(every) ~ in a while** de vez en cuando, *(LAm)* cada cuando; **~ a week** una vez a la *or* por semana; **~ and for all** de una vez (por todas); **just this ~** esta vez, nada más; **for ~** por una vez; **it never ~ occurred to me** ni se me ocurrió. **(b)** *(formerly)* antes; **I knew him ~** le conocía hace tiempo; **~ upon a time** érase una vez, hubo una vez. **(c) at ~** *(immediately)* en seguida, inmediatamente; *(simultaneously)* a la vez, al mismo tiempo; **all at ~** *(suddenly)* de repente, de golpe; *(in one go)* de una vez.

2 *conj* una vez que ..., si ...; **~ you give him the chance** una vez que *or* basta que le des la oportunidad.

once-over ['wʌns,əʊvəʳ] *n (fam)* **to give sb/sth the ~** echar un vistazo a uno/algo.

on·coming ['ɒnkʌmɪŋ] *adj (car, traffic)* que viaja en el sentido opuesto.

one [wʌn] **1** *adj* **(a)** *(number)* un(o)/una; **~ or two people** algunas personas; **the baby is ~ (year old)** el bebé tiene un año; **it's ~ (o'clock)** es la una; **the last but ~** el penúltimo; **for ~ reason or another** por varias razones; **that's ~ way of doing it** esa es una de las maneras de hacerlo. **(b)** *(indefinite)* un(o)/una, cierto/a; **~ day** un día, cierto día; **~ cold winter's day** un día frío de invierno. **(c)** *(sole)* solo/a, único/a; **the ~ and only Charlie Chaplin** el único e incomparable Charlot; **his ~ worry** su única preocupación; **no ~ man could do it** ningún hombre podría hacerlo por sí solo. **(d)** *(same)* mismo/a; **in the ~ car** en el mismo coche; **they are ~ and the same person** son la misma persona; **it is ~ and the same thing** es la misma cosa.

2 *n* uno/a; **in ~s and twos** en pequeños grupos; **to be ~ up on sb** llevar ventaja a uno; **to go ~ better than sb** tomar la ventaja *or* la delantera a uno; **to be at ~ (with sb)** estar completamente de acuerdo (con uno); **she's cook and housekeeper in ~** es a la vez cocinera y ama de llaves; **I belted him ~** *(fam)* le di un porrazo *(fam)*; **to have ~ for the road** tomar la última copa *or* la del estribo.

3 *pron* **(a) this ~** éste/a; **that ~** ése/a, aquél/aquella; **~ or two** pocos; **which ~ do you want?** ¿cuál quieres?; **the ~ on the floor** el que está en el suelo; **the ~ who/that** el/la que; **the ~s who/that** los/las que; **the white dress and the grey ~** el vestido blanco y el gris; **what about this little ~?** ¿y el pequeño *or (LAm)* chiquito?; **our dear ~s** nuestros seres queridos; **that's a difficult ~** eso sí que es difícil; **the little ~s** los pequeños, los chiquillos; **you're a fine ~!** *(fam)* ¡estás tú bueno!, ¡eres una buena pieza!; **he's a great ~ for chess** es un entusiasta del ajedrez; **he is not ~ to protest** no es de los que protestan; **have you got ~?** ¿tienes uno?; **~ of them** uno de ellos; **any ~ of us** cualquiera de nosotros; **I for ~ am not going** en cuanto a mí, no voy; **~ and all** todos sin excepción, todo el mundo; **the ~ ..., the other ...** uno ..., el otro ...; **~ after the other** uno tras otro; **~ by ~** uno tras otro; **not ~** ni uno. **(b) ~ another** el uno al otro; **they all kissed ~ another** se besaron unos a otros; **do you see ~ another much?** ¿se ven mucho? **(c)** *(impersonal)* uno, una; **~ never knows** nunca se sabe; **~ must eat** hay que comer; **to cut ~'s finger** cortarse el dedo.

one-armed [,wʌn'ɑːmd] *adj* manco/a; **~ bandit** *(fam)* máquina *f* tragaperras.

one-eyed [,wʌn'aɪd] *adj* tuerto/a.

one-legged [,wʌn'legd] *adj* con una sola pierna.

one-man ['wʌn,mæn] *adj* individual; *(job)* para una sola persona; *(business)* llevado/a por una sola persona; **~ band** *(Mus)* hombre *m* orquesta; *(fig*

fam) **it's a ~ band** un solo hombre hace todo; **a ~ woman** una mujer que vive para un hombre.
one-night ['wʌn,naɪt] *adj*: **~ stand** *(Theat)* función *f* de una sola noche, representación *f* única; *(fig)* breve encuentro *m* sexual.
one-off [,wʌn'ɒf] *n (Brit fam)* intento *m* único; **a ~ job** un único trabajo.
one-piece ['wʌn,pi:s] *adj* de una pieza.
on·er·ous ['ɒnərəs] *adj* oneroso/a; *(task, duty)* pesado/a.
one·self [wʌn'self] *pron (reflexive)* se, sí mismo/a; *(emphatic)* uno/a mismo/a; **to be by ~** estar solo *or* a solas; **to do sth by ~** hacer algo solo *or* por sí solo; **to see for ~** ver por sí mismo; **to say to ~** decir para sí *or* entre sí; **to talk to ~** hablar solo.
one-shot [,wʌn'ʃɒt] *n (US)* intento *m* único.
one-sided [,wʌn'saɪdɪd] *adj (view etc)* parcial; *(decision)* unilateral; *(contest)* desigual.
one-time ['wʌn,taɪm] *adj* antiguo/a, ex.
one-to-one [,wʌntə'wʌn] *adj (relationship)* de dos; *(teaching)* individual.
one-track ['wʌn,træk] *adj*: **to have a ~ mind** estar obsesionado/a con algo.
one-upmanship [,wʌn'ʌpmənʃɪp] *n* arte *m* de aventajar a los demás, arte de llevar siempre la delantera.
one-way ['wʌn,weɪ] *adj (street)* de dirección única, *(LAm)* sentido único; *(ticket)* sencillo/a.
on·going ['ɒngəʊɪŋ] *adj (in progress)* en curso; *(continuing)* en desarrollo; *(current)* corriente.
on·ion ['ʌnjən] **1** *n* cebolla *f*. **2** *cpd* de cebolla; **~ rings** *npl* aros *mpl* de cebolla rebozados; **~ soup** *n* sopa *f* de cebolla.
on·looker ['ɒn,lʊkəʳ] *n* espectador(a) *m/f; (esp pej)* mirón/ona *m/f*.
only ['əʊnlɪ] **1** *adj* único/a, solo/a; **it's the ~ one left** es el único que queda; **your ~ hope is to hide** la única posibilidad es que te escondas; **you are not the ~ one** tú no eres el único; **an ~ child** un(a) hijo/a único/a; **the ~ thing I don't like about it is ...** lo único que no me gusta de este asunto es ... .
2 *adv* sólo, solamente; **we have ~ 5** sólo tenemos cinco, tenemos cinco nada más; **one choice ~** una sola alternativa; **~ time will show** el tiempo lo dirá; **I'm ~ the porter** yo soy el portero nada más; **I'm ~ a porter** soy un simple portero; **I ~ touched it** no hice más que tocarlo; **~ when I ...** sólo cuando (yo) ...; **not ~ A but also B** no sólo A sino también B; **I saw her ~ yesterday** ayer mismo la vi, *(LAm)* la vi ayer nomás; **we can ~ hope** sólo nos queda esperar; **I'd be ~ too pleased to help** encantado de servir(les); **~ too true** por desgracia es verdad *or (LAm)* cierto; *see* **if 1 (e), just**[2] **(f)** *etc*.
3 *conj* sólo que, salvo que; **I would gladly do it, ~ I shall be away** lo haría de buena gana, sólo *or* salvo que voy a estar fuera.
ono·mato·poeia [,ɒnəʊmætəʊ'pi:ə] *n* onomatopeya *f*.
on·rush ['ɒnrʌʃ] *n (of water)* oleada *f; (fig)* oleada, avalancha *f*.
on·set ['ɒnset] *n* principio *m*, comienzo *m; (of disease)* ataque *m*.
on·side [ɒn'saɪd] *adv (Sport)* en posición correcta.
on·slaught ['ɒnslɔ:t] *n (gen)* ataque *m* violento, arremetida *f*.
onto ['ɒntʊ] *prep* a, sobre, en, *(LAm)* arriba de; **he got ~ the table** se subió a la mesa; **to be ~ sb** *(suspect)* estar enterado (de la culpabilidad *etc*) de uno; **to be ~ a good thing** haber tenido suerte; **I'll get ~ him about it** insistiré con él, se lo recordaré.
onus ['əʊnəs] *n (no pl)* responsabilidad *f*; **the ~ is upon him to prove it** es suya la responsabilidad de *or* le incumbe a él demostrarlo; **the ~ of proof is on the prosecution** le incumbe al fiscal probar la acusación.
on·ward ['ɒnwəd] **1** *adj* progresivo/a. **2** *adv* (*also* **~s**) adelante, hacia adelante; **from the 12th century ~(s)** desde el siglo doce en adelante, a partir del siglo doce.
onyx ['ɒnɪks] *n* ónice *m*, *(LAm)* ónix *m*.
ooze [u:z] **1** *n* cieno *m*, limo *m; (of blood)* pérdida *f*, salida *f*. **2** *vi (liquid)* rezumar(se); *(blood)* manar suavemente; *(leak)* gotear. **3** *vt* rezumar; *(fig)* rebosar; **he simply ~s confidence** rebosa confianza.
opal ['əʊpəl] *n* ópalo *m*.
opaque [əʊ'peɪk] *adj* opaco/a.
open ['əʊpən] **1** *adj* **(a)** *(gen)* abierto/a; *(bottle, tin etc)* destapado/a; *(unfolded)* desplegado/a; *(unbuttoned etc)* desabrochado/a; *(shop, bank etc)* abierto/a (al público); **wide ~** *(door etc)* abierto de par en par; **a shirt ~ at the neck** una camisa abierta al cuello; **the book was ~ at page 7** el libro quedó abierto en la página siete; **to cut a bag ~** abrir una bolsa con cuchillo *etc*; **the shop is still not ~** la tienda sigue cerrada. **(b)** *(not enclosed) (gen)* descubierto/a, abierto/a; *(car)* descapotable; **~ sandwich** medio bocadillo *m*, *(LAm)* sandwich *m* abierto; **~ country** campo *m* raso; **on ~ ground** en un claro; *(waste ground)* en un descampado; **in the ~ air** al aire libre. **(c)** *(not blocked)* abierto/a, sin obstáculos; **road ~ to traffic** carretera abierta, vía libre. **(d)** *(public, unrestricted)* público/a; *(race etc)* abierto/a; **~ day** día *m* abierto a todos; **in ~ court** en juicio público; **~ to the public on Mondays** abierto al público los lunes; **what choices are ~ to me?** ¿qué posibilidades *or* opciones me quedan?; **to keep ~ house** tener mesa franca *or* casa abierta. **(e)** *(not biased or prejudiced)* abierto/a; **I am ~ to persuasion** estoy dispuesto a que me convenzan. **(f)** *(declared, frank)* abierto/a; *(person, admiration)* franco/a; *(hatred)* declarado/a; **it's an ~ secret that ...** es un secreto a voces que ...; **to be in ~ revolt** estar en abierta rebeldía; **to be ~ with sb** ser franco con uno. **(g)** *(undecided)* por resolver, por decidir; **it's an ~ question whether ...** está por ver si ...; **to have an ~ mind (on sth)** estar sin decidirse aún (sobre algo); **to leave the matter ~** dejar el asunto pendiente. **(h)** *(exposed, not protected)* abierto/a, descubierto/a; *(: Mil)* expuesto/a, vulnerable; **~ to the elements** desprotegido/a, desabrigado/a; **it is ~ to doubt whether ...** queda la duda sobre si ...; **to lay oneself ~ to criticism/attack** exponerse a ser criticado/atacado.
2 *n*: **out in the ~** *(out of doors)* al aire libre; *(in the country)* en campo *m* raso *or* abierto; **their true feelings came into the ~** se dejaron ver sus verdaderos sentimientos.
3 *vt* **(a)** *(gen)* abrir; *(pores)* dilatar; *(newspaper)* desplegar; *(legs)* abrir, separar; *(shop)* abrir; **to ~ a road to traffic** abrir una carretera al público; **I didn't ~ my mouth** ni abrí la boca, no dije ni pío. **(b)** *(begin: conversation, debate, negotiations etc)* entablar, iniciar; **to ~ a bank account** abrir una cuenta en el banco; **to ~ fire** *(Mil)* romper *or* abrir el fuego. **(c)** *(declare ~, inaugurate)* inaugurar; **to ~ Parliament** abrir la sesión parlamentaria; **to ~ a road through a forest** abrir una carretera a través de un bosque. **(d)** *(reveal, disclose: mind, heart)* abrir; *(: feelings, intentions)* revelar.
4 *vi* **(a)** *(gen)* abrirse; *(pores)* dilatarse; **a door**

that **~s onto the garden** una puerta que da al jardín; **the shops ~ at 9** las tiendas abren a las nueve. **(b)** *(begin)* dar comienzo, iniciarse; *(speaker)* comenzar; *(play)* estrenarse; *(Cards, Chess)* abrir; **the book ~s with a long description** el libro empieza con una larga descripción.

♦ **open out 1** *vi + adv (flower)* abrirse; *(passage, tunnel, street)* ensancharse; *(view)* extenderse; *(fig: develop, unfold)* desarrollarse; *(: person)* desenvolverse, abrirse; *(: new horizons)* abrirse. **2** *vt + adv (unfold)* desplegar.

♦ **open up 1** *vi + adv* abrirse; *(fig: prospects etc)* abrirse, desplegarse; *(emotionally)* abrirse, confiarse; **~ up!** ¡abran! **2** *vt + adv (jungle, new horizons)* explorar, abrir; *(tunnel, road)* abrir, franquear; *(house, shop)* abrir; *(business)* inaugurar, iniciar; **to ~ up a country for trade** iniciar relaciones comerciales con un país.

open-air [ˌəʊpn'ɛəʳ] *adj* al aire libre.

open-and-shut [ˌəʊpənən'ʃʌt] *adj*: **~ case** caso *m* claro *or* evidente.

open-cast ['əʊpənkɑːst] *adj*: **~ mining** minería *f* a cielo abierto.

open-ended [ˌəʊpn'endɪd] *adj (fig: contract, offer etc)* indefinido/a, sin definir; *(: discussion)* sin desarrollo preestablecido.

open·er ['əʊpnəʳ] *n* abridor *m; (bottle ~)* sacacorchos *m inv; (can ~)* abrelatas *m inv*.

open-handed [ˌəʊpn'hændɪd] *adj* liberal, generoso/a.

open-heart ['əʊpənˌhɑːt] *adj*: **~ surgery** cirugía *f* a corazón abierto.

open·ing ['əʊpnɪŋ] **1** *adj (remark)* primer(o)/a; *(ceremony, speech)* de apertura, inaugural; *(price)* inicial. **2** *n* **(a)** *(gap)* abertura *f, (LAm)* hoyo *m; (in wall)* brecha *f*, agujero *m; (in clouds, trees)* claro *m*. **(b)** *(beginning)* comienzo *m*, principio *m; (Cards etc)* apertura *f; (first showing: Theat)* estreno *m; (: of exhibition)* inauguración *f; (of parliament)* apertura. **(c)** *(chance)* oportunidad *f*, posibilidad *f; (post)* (puesto *m*) vacante *f;* **to give one's opponent an ~** dar una oportunidad *or (LAm)* darle chance al adversario. **3: ~ night** *n* estreno *m;* **~ time** *n* hora *f* de abrir *or* de apertura.

open·ly ['əʊpənlɪ] *adv (frankly)* abiertamente, francamente; *(publicly)* públicamente.

open-minded [ˌəʊpn'maɪndɪd] *adj* libre de prejuicios, de miras amplias.

open-mouthed [ˌəʊpn'maʊðd] *adj* boquiabierto/a.

open-necked ['əʊpnˌnekt] *adj* sin corbata.

open·ness ['əʊpnnɪs] *n (frankness)* franqueza *f*.

open-plan ['əʊpənˌplæn] *adj (house, office etc)* sin tabiques.

op·era ['ɒpərə] **1** *n* ópera *f*. **2: ~ glasses** *npl* gemelos *mpl* de teatro; **~ house** *n* teatro *m* de la ópera; **~ singer** *n* cantante *mf* de ópera.

op·er·able ['ɒpərəbl] *adj (Med)* operable.

op·er·ate ['ɒpəreɪt] **1** *vt* **(a)** *(machine: set in motion)* hacer funcionar; *(: keep going)* manejar; *(brakes)* poner, echar; *(switch, lever etc)* accionar; **a machine ~d by electricity** una máquina con mando eléctrico; **can you ~ this tool?** ¿sabes manejar esta herramienta? **(b)** *(company etc)* dirigir; *(system, law etc)* aplicar, poner en práctica.

2 *vi* **(a)** *(function: machine etc)* funcionar; *(: person)* obrar, actuar; *(: mind)* funcionar. **(b)** *(drug, propaganda)* surtir efecto; *(theory, law, system)* funcionar. **(c)** *(carry on one's business)* trabajar; *(airport)* estar en funcionamiento; *(person)* obrar, actuar. **(d)** *(Med)* operar; **she was ~d on for appendicitis** la operaron de apendicitis.

op·er·at·ic [ˌɒpə'rætɪk] *adj* de ópera.

op·er·at·ing ['ɒpəreɪtɪŋ] *adj* **(a)** *(Comm)* de explotación, operacional. **(b)** *(Med)* de operaciones, de quirófano; **~ theatre,** *(US)* **~ theater** quirófano *m*, sala *f* de operaciones.

op·era·tion [ˌɒpə'reɪʃən] *n* **(a)** *(functioning)* operación *f;* **~s** obras *fpl;* **the company's ~s during the year** las actividades de la compañía durante el año. **(b)** *(way of operating)* funcionamiento *m; (act)* manejo *m*, mando *m;* **to be in ~** *(machine, system, business)* estar funcionando *or* en marcha; *(law)* ser vigente; **to come into ~** *(machine)* ponerse a trabajar *or* funcionar; *(law)* entrar en vigor; **to bring** *or* **put into ~** *(law)* aplicar. **(c)** *(Mil etc)* operación *f; (manoeuvre)* maniobra *f;* **O~ Torch** Operación *f* Antorcha. **(d)** *(Med)* operación *f*, intervención *f* quirúrgica; **to have an ~ for appendicitis** operarse de apendicitis; **to undergo an ~** ser operado.

op·era·tion·al [ˌɒpə'reɪʃənl] *adj (relating to operations)* operacional, de operaciones; *(ready for use or action)* en condiciones (de funcionar); **when the service is fully ~** cuando el servicio esté en pleno funcionamiento.

op·era·tive ['ɒpərətɪv] **1** *adj* **(a)** operativo/a; **the ~ word** la palabra clave; **to be ~** *(Jur)* estar en vigor. **(b)** *(Med)* operatorio/a. **2** *n* operario/a *m/f; (worker)* obrero/a *m/f*.

op·era·tor ['ɒpəreɪtəʳ] *n (of machine etc)* operario/a *m/f; (machinist)* maquinista *mf; (Cine)* operador(a) *m/f; (Telec)* telefonista *mf;* **a smooth ~** *(fam: in business)* un tipo hábil; *(: in love)* un ligón *(fam)*.

op·er·et·ta [ɒpə'retə] *n* zarzuela *f*, opereta *f*.

oph·thal·mic [ɒf'θælmɪk] *adj* oftálmico/a.

opi·ate ['əʊpɪɪt] *n* opiata *f*, narcótico *m*.

opin·ion [ə'pɪnjən] **1** *n (belief, view)* opinión *f*, parecer *m;* **public ~** la opinión *f* pública; **in my ~** en mi opinión, a mi juicio; **in the ~ of those who know** según los que saben; **it's a matter of ~** es según el parecer de cada uno; **what is your ~ of him?** ¿qué concepto tienes de él?, ¿qué piensas de él?; **to be of the ~ that ...** opinar que ...; **to ask someone's ~** pedir su opinión *or* parecer a uno; **to give one's ~** dar su parecer; **to form an ~ of sb/sth** formarse una opinión de uno/algo; **to have a high/poor ~ of sb** tener buen/mal concepto de uno; **to have a high ~ of o.s.** ser creído; **to seek a second ~** pedir una segunda opinión. **2: ~ poll** *n* sondeo *m* de la opinión pública.

opin·ion·at·ed [ə'pɪnjəneɪtɪd] *adj* testarudo/a, dogmático/a.

opium ['əʊpɪəm] *n* opio *m*.

op·po·nent [ə'pəʊnənt] *n* adversario/a *m/f*, contrincante *mf; (in debate, discussion)* contrario/a *m/f*.

op·por·tune ['ɒpətjuːn] *adj* oportuno/a; **to be ~** venir bien; *(time etc)* ser propicio.

op·por·tune·ly ['ɒpətjuːnlɪ] *adv* oportunamente, en momento propicio.

op·por·tun·ism [ˌɒpə'tjuːnɪzəm] *n* oportunismo *m*.

op·por·tun·ist [ˌɒpə'tjuːnɪst] *n* oportunista *mf*.

op·por·tu·nity [ˌɒpə'tjuːnɪtɪ] *n* oportunidad *f*, ocasión *f, (LAm)* chance *m;* **to have the ~ to do sth** *or* **of doing sth** tener la oportunidad *or (LAm)* el chance de hacer algo; **to take the ~ to do sth** *or* **of doing sth** aprovechar la ocasión para hacer algo; **at the earliest ~** en la primera oportunidad; **when I get the ~** cuando se presenta la ocasión; **to miss one's ~** perder la oportunidad; **opportunities for promotion** oportunidades de promoción.

op·pose [ə'pəʊz] *vt* oponerse a; *(disagree with)*

estar *or* ir en contra de; *(Pol)* oponer; **she ~s my coming** se opone a que venga.
op·posed [ə'pəʊzd] *adj*: **to be ~ to sth** oponerse a algo, estar en contra de algo; **savings as ~ to investments** *(distinguished from)* los ahorros en comparación con las inversiones; *(unlike)* los ahorros, a diferencia de las inversiones.
op·pos·ing [ə'pəʊzɪŋ] *adj (team etc)* contrario/a; *(army)* adversario/a.
op·po·site ['ɒpəzɪt] **1** *adv* enfrente; **they live directly ~** viven justo enfrente. **2** *prep* enfrente de, frente a; **~ one another** uno frente a(l) otro; **a house ~ the school** una casa enfrente de la escuela; **to play ~ sb** *(Theat)* aparecer junto con uno. **3** *adj* **(a)** *(in position)* de enfrente; **the house ~** la casa de enfrente; **on the ~ page** en la página opuesta. **(b)** *(contrary)* contrario/a, opuesto/a; **in the ~ direction** en dirección contraria *or* sentido contrario; **the ~ sex** el otro sexo, el sexo opuesto; *see* **number 1 (c)**. **4** *n* lo contrario, lo opuesto; **quite the ~!** ¡todo lo contrario!; **she said just the ~** dijo exactamente lo contrario.
op·po·si·tion [,ɒpə'zɪʃən] *n* **(a)** *(resistance)* resistencia *f*, oposición *f*; *(people opposing)* oposición *f*; **in ~ to** *(against)* en contra de; *(unlike)* a diferencia de. **(b)** *(Brit Pol)* **the O~** los partidos de oposición, la oposición; **leader of the O~** líder *m* de la oposición; **to be in ~** estar en la oposición.
op·press [ə'pres] *vt (Mil, Pol etc)* oprimir; *(subj: heat, anxiety etc)* agobiar, sofocar; **~ed with worry** angustiado/a.
op·pres·sion [ə'preʃən] *n* opresión *f*.
op·pres·sive [ə'presɪv] *adj (regime etc)* opresivo/a, opresor(a); *(cruel)* tiránico/a; *(heat etc, also fig)* sofocante.
op·pres·sor [ə'presəʳ] *n* opresor(a) *m/f*.
opt [ɒpt] *vi*: **to ~ for sth/to do sth** optar por algo/por hacer algo.
♦ **opt out** *vi + adv* optar por no hacer; *(withdraw)* retractarse; **I think I'll ~ out of going** creo que optaré por no ir.
op·tic ['ɒptɪk] *adj* óptico/a.
op·ti·cal ['ɒptɪkəl] *adj* óptico/a; **~ illusion** ilusión *f* óptica.
op·ti·cian [ɒp'tɪʃən] *n* óptico/a *m/f*.
op·tics ['ɒptɪks] *nsg* óptica *f*.
op·ti·mism ['ɒptɪmɪzəm] *n* optimismo *m*.
op·ti·mist ['ɒptɪmɪst] *n* optimista *mf*.
op·ti·mis·tic [,ɒptɪ'mɪstɪk] *adj* optimista.
op·ti·mis·ti·cal·ly [,ɒptɪ'mɪstɪklɪ] *adv* con optimismo.
op·ti·mize ['ɒptɪmaɪz] *vt* optimizar.
op·ti·mum ['ɒptɪməm] *adj* óptimo/a.
op·tion ['ɒpʃən] *n* **(a)** *(choice)* opción *f*; **I have no ~** no tengo más *or* otro remedio; **she had no ~ but to leave** no tuvo más remedio que irse; **to keep one's ~s open** mantenerse a la expectativa; **imprisonment without the ~ of bail** *(Jur)* prisión *f* preventiva. **(b)** *(Comm)* opción *f*; **with the ~ to buy** con opción de compra; *(Fin)* **stock ~** compra *f* opcional de acciones. **(c)** *(Scol, Univ)* opción *f*.
op·tion·al ['ɒpʃənl] *adj (course etc)* optativo/a, facultativo/a; *(part, fitting etc)* opcional.
opu·lence ['ɒpjʊləns] *n* opulencia *f*.
opu·lent ['ɒpjʊlənt] *adj* opulento/a.
opus ['əʊpəs] *n, pl* **opera** ['ɒpərə] *(Mus)* opus *m*, obra *f*.
or [ɔːʳ] *conj* **(a)** *(giving alternative)* o; *(before* o-, ho-*)* u; **not ... ~ ...** no ... ni ...; **~ else** o bien, si no; **20 ~ so** unos veinte, veinte más o menos; **let me go ~ I'll scream!** ¡suélteme, o me pongo a gritar!; **without relatives ~ friends** sin parientes ni amigos. **(b)** *(that is)* esto es, es decir; **~ rather ...** o mejor dicho ..., o más bien ...; **Mary Anne Evans, ~ George Eliot** Mary Anne Evans, es decir George Eliot.
ora·cle ['ɒrəkl] *n* oráculo *m*.
oral ['ɔːrəl] **1** *adj* oral; *(hygiene)* bucal; *(verbal: agreement)* de palabra, verbal. **2** *n* examen *m* oral.
oral·ly ['ɔːrəlɪ] *adv (gen)* oralmente; *(Med)* por vía bucal; *(verbally)* verbalmente.
or·ange ['ɒrɪndʒ] **1** *n (fruit)* naranja *f*; *(tree)* naranjo *m*; *(colour)* naranja *m*. **2** *adj (in colour)* anaranjado/a, (de) color naranja. **3** *cpd* de naranja; **~ blossom** *n* azahar *m*; **~ squash** *n* zumo *m or (LAm)* jugo *m* de naranja; **~ stick** *n* palito *m* de naranjo.
or·ange·ade [,ɒrɪndʒ'eɪd] *n (natural)* naranjada *f*; *(gassy)* refresco *m* de naranja.
Orange·man ['ɒrɪndʒmən] *n, pl* **-men** *miembro de las logias protestantes de la Orden Orange.*
orang-utan [ɔː,ræŋuː'tæn] *n* orangután *m*.
ora·tion [ɔː'reɪʃən] *n (speech)* discurso *m*; *(peroration)* arenga *f*; **funeral ~** oración *f* fúnebre.
ora·tor ['ɒrətəʳ] *n* orador(a) *m/f*.
ora·to·rio [,ɒrə'tɔːrɪəʊ] *n (Mus)* oratorio *m*.
ora·tory¹ ['ɒrətərɪ] *n (art)* oratoria *f*.
ora·tory² ['ɒrətərɪ] *n (Rel)* oratorio *m*.
or·bit ['ɔːbɪt] **1** *n* órbita *f*; **to be in/go into ~ (round the earth/moon)** estar en/entrar en órbita (alrededor de la tierra/luna); **it's outside my ~** *(fig)* está fuera de mi competencia, no es de mi ámbito. **2** *vi (satellite)* orbitar, girar; *(astronaut)* estar en órbita. **3** *vt (earth, moon)* estar en órbita *or* girar alrededor de.
or·chard ['ɔːtʃəd] *n* huerto *m*; **apple ~** manzanar *m*, manzanal *m*.
or·ches·tra ['ɔːkɪstrə] *n* orquesta *f*; **~ stalls** *(Theat)* luneta *fsg*, *(LAm)* platea *fsg*; **symphony/string/chamber ~** orquesta sinfónica/de cuerdas/de cámara.
or·ches·tral [ɔː'kestrəl] *adj* de orquesta.
or·ches·trate ['ɔːkɪstreɪt] *vt (Mus)* orquestar; *(fig)* tramar, planificar.
or·ches·tra·tion [,ɔːkɪs'treɪʃən] *n (lit, fig)* orquestación *f*.
or·chid ['ɔːkɪd] *n* orquídea *f*.
or·dain [ɔː'deɪn] *vt* **(a)** *(order)* ordenar, decretar; *(subj: God)* mandar, disponer; **it was ~ed that ...** se dispuso que ... . **(b)** *(Rel)* ordenar.
or·deal [ɔː'diːl] *n (Hist)* ordalías *fpl*; *(fig)* prueba *f* rigurosa; **it was a terrible ~** fue una experiencia terrible.
or·der ['ɔːdəʳ] **1** *n* **(a)** *(sequence)* orden *m*; **in alphabetical ~** por *or* en orden alfabético; **in ~ of merit** por orden de mérito; **put these in the right ~** ponga estos por orden; **they are in the wrong ~** *or* **out of ~** están mal ordenados. **(b)** *(system)* orden *m*; **she has no ~ in her life** le falta orden en su vida; **it is in the ~ of things** es ley de vida. **(c)** *(good ~)* buen estado *m*, orden *m*; **in ~** *(legally)* en regla; *(room)* en orden, ordenado; **his papers are in ~** tiene los papeles en regla; **a machine in working ~** una máquina en funcionamiento; **to be out of ~** estar estropeado *or (LAm)* descompuesto. **(d)** *(peace, control)* orden *m*; **to keep ~** mantener el orden; **to keep children in ~** mantener a los niños en orden. **(e)** *(command)* orden *f*; *(of court etc)* sentencia *f*, fallo *m*; **~ of the court** sentencia del tribunal; **by ~ of** por orden de; **on the ~s of** a las órdenes de; **under ~s** bajo órdenes; **to give sb ~s to do sth** ordenar *or* mandar a uno hacer algo; **till further ~s** hasta nueva orden; **to take ~s from sb** recibir órdenes

de uno; **to give/obey ~s** dar/cumplir órdenes. **(f)** *(correct procedure: at meeting, Parliament etc)* orden *m;* **~ (~)!** ¡orden!; **to call sb to ~** llamar a uno al orden; **a point of ~** una cuestión de procedimiento; **~ of the day** *(Mil)* orden *f* del día; *(fig)* moda *f*, estilo *m* del momento; **is it in ~ for me to go to Rome?** ¿me da permiso para ir a Roma? **(g)** *(Comm)* pedido *m*, encargo *m;* **repeat ~** pedido de repetición; **rush ~** pedido urgente; **made to ~** hecho a la medida; **to place an ~ for sth with sb** encargar *or* hacer un pedido de algo a uno. **(h) in ~ to do sth** para *or* a fin de hacer algo; **in ~ that he may stay** para que pueda quedarse. **(i)** *(of society etc)* clase *f*, categoría *f; (Bio)* orden *m;* **the lower ~s** las clases bajas *or (LAm)* populares; **of the ~ of 500** del orden de los quinientos; **Benedictine O~** Orden *f* de San Benito; **holy ~s** órdenes *fpl* sagradas; **to be in/take ~s** ser/ordenarse sacerdote. **(j)** *(Fin)* libranza *f; (postal)* giro *m;* **pay to the ~ of** páguese a la orden de.

2 *vt* **(a)** *(command)* mandar, ordenar; **to ~ sb to do sth** mandar *or* ordenar a uno hacer algo; **the referee ~ed the player off the field** el árbitro expulsó al jugador del campo. **(b)** *(put in ~)* ordenar, poner en orden; *(organize)* organizar, arreglar. **(c)** *(goods, meal, taxi)* pedir, encargar; **to ~ a suit** mandar hacer un traje.

3 *vi* pedir.

4: ~ form *n* hoja *f* de pedido.

♦**order about, order around** *vt + adv* ser mandón/ona con.

or·der·ly ['ɔːdəlɪ] **1** *adj (methodical, tidy)* ordenado/a; *(well-behaved)* formal; *(crowd etc)* pacífico/a; *(class)* obediente, disciplinado/a. **2** *n (Mil)* ordenanza *m; (Med)* asistente/a *m/f* (de hospital).

or·di·nal ['ɔːdɪnl] **1** *adj* ordinal. **2** *n* ordinal *m.*

or·di·nance ['ɔːdɪnəns] *n* decreto-ley *m*, reglamento *m.*

or·di·nari·ly ['ɔːdnrɪlɪ] *adv* por lo común.

or·di·nary ['ɔːdnrɪ] **1** *adj* **(a)** *(usual)* corriente, normal; **my ~ doctor** mi médico de siempre; **in the ~ way** normalmente, por lo común; **in ~ use** usado normalmente. **(b)** *(average)* común y corriente; **the ~ Frenchman** el francés medio; **the meal was very ~** *(pej)* la comida no fue nada del otro mundo. **2** *n:* **out of the ~** fuera de lo común, extraordinario/a.

or·di·na·tion [ˌɔːdɪ'neɪʃən] *n (Rel)* ordenación *f.*

ord·nance ['ɔːdnəns] *(Mil)* **1** *n (guns)* artillería *f*, cañones *mpl; (supplies)* pertrechos *mpl or* material *m* de guerra. **2: O~ Survey map** *n (Brit)* mapa *m* del servicio estatal de cartografía.

ore [ɔːʳ] *n* mineral *m*, mena *f;* **copper ~** mineral de cobre.

orega·no [ˌɒrɪ'gɑːnəʊ] *n* orégano *m.*

or·gan ['ɔːgən] *n (Mus)* órgano *m; (barrel ~)* organillo *m; (Anat)* órgano; *(mouthpiece: of opinion)* órgano, portavoz *mf.*

organ-grinder ['ɔːgənˌgraɪndəʳ] *n* organillero/a *m/f.*

or·gan·ic [ɔː'gænɪk] *adj (gen)* orgánico/a; *(farming)* biológico/a; *(vegetables, food)* de cultivo biológico.

or·gani·cal·ly [ɔː'gænɪkəlɪ] *adv (farm)* biológicamente; *(fig)* orgánicamente.

or·gan·ism ['ɔːgənɪzəm] *n (Bio)* organismo *m.*

or·gan·ist ['ɔːgənɪst] *n* organista *mf.*

or·gani·za·tion [ˌɔːgənaɪ'zeɪʃən] *n* **(a)** *(act)* organización *f.* **(b)** *(body)* organización *f*, organismo *m.*

or·gan·ize ['ɔːgənaɪz] **1** *vt (gen)* organizar; *(order)* poner en orden; **to get ~d** organizarse. **2** *vi* organizarse.

or·gan·ized ['ɔːgənaɪzd] *adj* organizado/a.

or·gan·iz·er ['ɔːgənaɪzəʳ] *n* organizador(a) *m/f.*

or·gasm ['ɔːgæzəm] *n* orgasmo *m.*

orgy ['ɔːdʒɪ] *n (lit, fig)* orgía *f.*

Ori·ent ['ɔːrɪənt] *n* Oriente *m.*

ori·en·tal [ˌɔːrɪ'entəl] **1** *adj* oriental, de Oriente. **2** *n:* **O~** oriental *mf.*

ori·en·tate ['ɔːrɪənteɪt] *vt* orientar; *(fig)* encaminar; **to ~ o.s.** orientarse.

ori·en·ta·tion [ˌɔːrɪən'teɪʃən] *n* orientación *f.*

ori·en·teer·ing [ˌɔːrɪən'tɪərɪŋ] *n (sport)* carrera *f* con mapa y brújula.

ori·fice ['ɒrɪfɪs] *n* orificio *m.*

ori·gin ['ɒrɪdʒɪn] *n (of belief, rumour, language)* origen *m; (of river)* nacimiento *m; (of family, person)* procedencia *f;* **to be of humble ~, to have humble ~s** ser de origen humilde.

origi·nal [ə'rɪdʒɪnl] **1** *adj* **(a)** *(first, earliest)* original; *(: inhabitants)* primero/a, primitivo/a. **(b)** *(not copied)* original. **(c)** *(unconventional)* original; *(: person)* excéntrico/a. **2** *n (manuscript, painting etc)* original *m; (person)* excéntrico/a *m/f;* **he reads Homer in the ~** lee a Homero en su idioma original.

origi·nal·ity [əˌrɪdʒɪ'nælɪtɪ] *n* originalidad *f.*

origi·nal·ly [ə'rɪdʒənəlɪ] *adv (at first)* al principio, en un principio; *(in an original way)* con originalidad *or* inventiva.

origi·nate [ə'rɪdʒɪneɪt] **1** *vt* producir, originar; *(of person)* idear, crear. **2** *vi:* **to ~ (from** *or* **in)** originarse (en), tener su origen (en); *(begin)* empezar (en *or* con); **these oranges ~ from Israel** estas naranjas vienen de Israel; **where do you ~ from?** ¿de dónde eres?

origi·na·tor [ə'rɪdʒɪneɪtəʳ] *n* inventor(a) *m/f*, creador(a) *m/f.*

Ork·neys ['ɔːknɪz] *npl* Orcadas *fpl.*

Or·lon ['ɔːlɒn] *n* ® orlón *m.*

or·na·ment ['ɔːnəmənt] **1** *n (gen)* adorno *m*, ornamento *m; (vase etc)* objeto *m* de adorno, adorno. **2** ['ɔːnəment] *vt* adornar.

or·na·men·tal [ˌɔːnə'mentl] *adj* decorativo/a, de adorno; *(Bot)* ornamental.

or·na·men·ta·tion [ˌɔːnəmen'teɪʃən] *n (act)* ornamentación *f*, decoración *f; (ornaments)* adornos *mpl.*

or·nate [ɔː'neɪt] *adj (decor)* recargado/a; *(style in writing etc)* florido/a.

or·ni·tholo·gist [ˌɔːnɪ'θɒlədʒɪst] *n* ornitólogo/a *m/f.*

or·ni·thol·ogy [ˌɔːnɪ'θɒlədʒɪ] *n* ornitología *f.*

or·phan ['ɔːfən] **1** *n* huérfano/a *m/f.* **2** *vt:* **to be ~ed** quedarse huérfano.

or·phan·age ['ɔːfənɪdʒ] *n (institution)* orfanato *m; (state)* orfandad *f.*

ortho·dox ['ɔːθədɒks] *adj* ortodoxo/a.

ortho·doxy ['ɔːθədɒksɪ] *n* ortodoxia *f.*

or·thog·ra·phy [ɔː'θɒgrəfɪ] *n* ortografía *f.*

ortho·paedic, *(US)* **ortho·pedic** [ˌɔːθəʊ'piːdɪk] *adj* ortopédico/a.

ortho·paedics, *(US)* **ortho·pedics** [ˌɔːθəʊ'piːdɪks] *nsg* ortopedia *f.*

ortho·paedist, *(US)* **ortho·pedist** [ˌɔːθəʊ'piːdɪst] *n* ortopedista *mf*, ortopédico/a *m/f.*

os·cil·late ['ɒsɪleɪt] *vi (Phys)* oscilar, vibrar; *(compass, needle etc)* oscilar, fluctuar; *(fig)* vacilar.

os·cil·la·tion [ˌɒsɪ'leɪʃən] *n* oscilación *f; (of prices)* fluctuación *f; (fig)* vacilación *f.*

os·prey ['ɒspreɪ] *n* pigargo *m*, quebrantahuesos *m inv.*

os·si·fy ['ɒsɪfaɪ] *vi (lit)* osificarse; *(fig)* anquilosarse.

os·ten·sible [ɒs'tensəbl] *adj* aparente.
os·ten·sibly [ɒs'tensəblɪ] *adv* aparentemente, en apariencia.
os·ten·ta·tion [ˌɒsten'teɪʃən] *n* ostentación *f*, boato *m*.
os·ten·ta·tious [ˌɒsten'teɪʃəs] *adj* ostentoso/a; *(surroundings, style of living)* suntuoso/a, fastuoso/a.
os·ten·ta·tious·ly [ˌɒsten'teɪʃəslɪ] *adv* ostentosamente, con ostentación.
os·teo·ar·thri·tis [ˌɒstɪəʊɑː'θraɪtɪs] *n* osteoartritis *f*.
os·teo·path ['ɒstɪəpæθ] *n* osteópata *mf*.
os·teopa·thy [ˌɒstɪ'ɒpəθɪ] *n* osteopatía *f*.
os·tra·cism ['ɒstrəsɪzəm] *n* ostracismo *m*.
os·tra·cize ['ɒstrəsaɪz] *vt* condenar al ostracismo.
os·trich ['ɒstrɪtʃ] *n* avestruz *m*.
oth·er ['ʌðəʳ] **1** *adj* otro/a; **the ~ one** el/la otro/a; **~ people** los otros, los demás; **some ~ people have still to arrive** todavía no llegan todos; **the ~ day** el otro día; **every ~ day** cada dos días, cada segundo día; **some ~ time** en otro momento, en otra ocasión; **if there are no ~ questions ...** si no hay más preguntas ...; **some actor or ~** un actor cualquiera; **~ people's property** la propiedad ajena.
2 *pron*: **the ~** el/la otro/a; **the ~s** los otros, los demás; **one after the ~** uno tras otro; **are there any ~s?** *(gen)* ¿hay otros?; *(any left)* ¿falta alguno?; **one or ~ of them will come** uno de ellos vendrá; **somebody or ~** alguien, *(LAm)* alguno/a; **no ~** ningún otro, nadie más; **none ~ than** el/la mismísimo/a.
3 *adv*: **~ than him** aparte de él; **he could not act ~ than as he did** no le quedaba otra manera de actuar; **somewhere or ~** en alguna parte, *(LAm)* en algún lado.
oth·er·wise ['ʌðəwaɪz] **1** *adv* **(a)** *(in another way)* de otra manera, de otro modo; **it cannot be ~** no puede ser de otra manera; **she was ~ engaged** *(frm)* tenía otro compromiso; **except where ~ stated** *(frm)* a no ser que se indique lo contrario. **(b)** *(in other respects)* eso aparte; **it's an ~ good piece of work** por lo demás es un buen trabajo. **2** *conj (if not)* si no, de lo contrario; **~ we shall have to walk** si no, tendremos que ir a pie.
other-worldly [ˌʌðə'wɜːldlɪ] *adj (person)* espiritual, poco realista.
ot·ter ['ɒtəʳ] *n* nutria *f*.
ouch [aʊtʃ] *interj* ¡ay!
ought [ɔːt] *aux vb* **(a)** *(moral obligation)* deber; **I ~ to do it** debo hacerlo, debiera hacerlo; **one ~ not to do it** no se debiera de hacer. **(b)** *(vague desirability)* **you ~ to go and see it** vale la pena ir a verlo. **(c)** *(probability)* deber; **that ~ to be enough** con eso debiera de tener bastante; **he ~ to have arrived by now** debe haber llegado ya.
ounce [aʊns] *n* onza *f*; **there's not an ~ of truth in it** eso no tiene ni pizca de verdad.
our ['aʊəʳ] *poss adj* nuestro(s), nuestra(s).
ours ['aʊəz] *poss pron* (el) nuestro, (la) nuestra, (los) nuestros, (las) nuestras; **this house is ~** esta casa es nuestra *or* nos pertenece; **a friend of ~** un amigo nuestro.
our·selves [ˌaʊə'selvz] *pers pron (reflexive)* nos, nosotros/as; *(emphatic)* nosotros/as mismos/as; *(after prep)* nosotros/as (mismos/as); **we couldn't see ~ in the photo** no podíamos vernos en la foto; **we were talking among ~** hablábamos entre nosotros; **we said to ~** nos dijimos; **we went ~** fuimos en persona; **(all) by ~** nosotros mismos, nosotros solos.
oust [aʊst] *vt (gen)* expulsar, echar; *(from house)* desahuciar, desalojar.
oust·er ['aʊstəʳ] *n (gen)* expulsión *f*; *(eviction)* desalojo *m*.
out [aʊt] **1** *adv* **(a)** *(gen)* fuera, afuera; **they're ~ in the garden** están afuera en el jardín; **Mr Green is ~** el señor Green no está *or* *(LAm)* no se encuentra; **to be ~ and about again** estar repuesto y levantado; **to have a night ~** salir por la noche (a divertirse); *(drinking)* salir de juerga *or* *(LAm)* de parranda; **it's cold ~ here** hace frío aquí fuera; **the journey ~** el viaje de ida; **the railwaymen are ~** los ferroviarios están en huelga; **the tide is ~** la marea está baja. **(b)** *(indicating distance)* **she's ~ in Kuwait** se fue a Kuwait, está en Kuwait; **the boat was 10 km ~** el barco estaba a diez kilómetros de la costa; **three days ~ from Plymouth** *(Naut)* a tres días de Plymouth; **it carried us ~ to sea** nos llevó mar adentro. **(c) to be ~** *(sun, moon)* salir; *(flower)* abrirse, florecer; **when the sun is ~** cuando brilla el sol; **the dahlias are ~** las dalias están en flor. **(d)** *(in existence)* que hay, que ha habido; **it's the biggest swindle ~** es la mayor estafa que se ha conocido jamás; **when will the magazine be ~?** ¿cuándo sale la revista? **(e)** *(in the open, known)* conocido/a, fuera; **your secret's ~** el secreto salió *or* se llegó a conocer; **~ with it!** ¡desembucha!, *(LAm)* ¡suelta la lengua! **(f)** *(to or at an end)* terminado/a; **before the week was ~** antes del fin de la semana. **(g)** *(light, fire, gas)* apagado/a; **turn ~ the light** apaga la luz. **(h)** *(not in fashion)* pasado/a de moda; *(Sport: player)* fuera de juego; *(: boxer)* fuera de combate; *(: loser)* eliminado/a; **long dresses are ~** ya no se llevan *or* *(LAm)* se usan los vestidos largos. **(i)** *(indicating error)* equivocado/a; **he was ~ in his reckoning** calculó mal; **I was not far ~** por poco acierto. **(j)** *(indicating loudness, clearness)* en voz alta, en alto; **speak ~ (loud)!** ¡habla en voz alta *or* *(LAm)* fuerte! **(k)** *(indicating purpose)* **~ for** en busca de; **to be ~ for sth** buscar algo; **he's ~ for all he can get** busca sus propios fines, anda detrás de lo suyo *(fam)*; **he's ~ to make money** lo que busca es hacerse rico. **(l) to be ~** *(unconscious)* estar inconsciente; *(drunk)* estar completamente borracho; *(asleep)* estar durmiendo como un tronco. **(m) ~ and away** con mucho.
2: **~ of** *prep* **(a)** *(outside, beyond)* fuera de; **to go ~ of the house** salir de la casa; **to look ~ of the window** mirar por la ventana; **to be ~ of danger/sight** estar fuera de peligro/desaparecer de la vista; **we're well ~ of it** *(fam)* de buena nos hemos librado; **to feel ~ of it** *(fam)* sentirse aislado. **(b)** *(cause, motive)* por; **~ of curiosity** por curiosidad. **(c)** *(origin)* de; **to drink sth ~ of a cup** beber algo de una taza; **to take sth ~ of a drawer** sacar algo de un cajón; **to copy sth ~ of a book** copiar algo de un libro; **a box made ~ of wood** una caja (hecha) de madera; **it was like something ~ of a nightmare** parecía pesadilla; **Blue Ribbon, by Black Rum ~ of Grenada** el caballo Cinta Azul, hijo de Ron Negro y de la yegua Granada. **(d)** *(from among)* de cada; **1 ~ of every 3 smokers** uno de cada tres fumadores. **(e)** *(without)* sin; **to be ~ of breath** estar sin aliento; **it's ~ of stock** *(Comm)* está agotado.
3 *n see* **in 3.**
out-and-out [ˌaʊtnd'aʊt] *adj (liar etc)* redomado/a, empedernido/a; *(defeat, lie etc)* cien por cien; *(dedicated)* acérrimo/a.
out·back ['aʊtbæk] *n (in Australia)* despoblado *m*, campo *m*.
out·bid [ˌaʊt'bɪd] *pt, pp* **outbid** *vt* pujar más alto

que, sobrepujar.

out·board ['aʊtbɔːd] *adj, n:* ~ **(motor)** motor *m* fuera borda *or* bordo.

out·break ['aʊtbreɪk] *n (of war)* declaración *f; (of disease)* epidemia *f,* brote *m; (of crimes)* ola *f; (of spots)* erupción *f;* **at the ~ of war** al estallar la guerra.

out·building ['aʊtbɪldɪŋ] *n* dependencia *f; (shed)* cobertizo *m.*

out·burst ['aʊtbɜːst] *n (gen)* estallido *m,* explosión *f; (of anger)* arrebato *m,* arranque *m; (of applause)* salva *f.*

out·cast ['aʊtkɑːst] *n (rejected person)* paria *m; (in exile)* desterrado/a.

out·class [ˌaʊt'klɑːs] *vt* aventajar a, superar.

out·come ['aʊtkʌm] *n* resultado *m; (consequences)* consecuencias *fpl,* desenlace *m.*

out·crop ['aʊtkrɒp] *n* afloramiento *m.*

out·cry ['aʊtkraɪ] *n (protest)* protesta *f,* clamor *m; (noise)* alboroto *m;* **to raise an ~ about sth** poner el grito en el cielo a causa de algo.

out·dated [ˌaʊt'deɪtɪd] *adj* anticuado/a, pasado/a de moda.

out·did ['aʊtdɪd] *pt of* **outdo.**

out·distance [ˌaʊt'dɪstəns] *vt* dejar atrás.

out·do [aʊt'duː] *pt* **outdid,** *pp* **outdone** [aʊt'dʌn] *vt:* **to ~ sb (in sth)** superar a uno (en algo); **he was not to be outdone** no quiso quedarse atrás.

out·door ['aʊtdɔːʳ] *adj* al aire libre; *(clothes, shoes)* de la calle.

out·doors [ˌaʊt'dɔːz] **1** *adv* al aire libre; *(outside)* fuera. **2** *n* campo *m* abierto; **the great ~** *(hum)* la naturaleza.

out·er ['aʊtəʳ] *adj* exterior; *(garment)* externo/a; **~ space** espacio *m* exterior *or* sidéreo.

out·fit ['aʊtfɪt] *n* **(a)** *(clothes)* traje *m; (uniform)* uniforme *m; (costume)* conjunto *m.* **(b)** *(equipment)* equipo *m; (tools)* juego *m* de herramientas. **(c)** *(fam: organization)* grupo *m,* organización *f.*

out·fit·ter ['aʊtfɪtəʳ] *n:* **gentlemen's ~'s** *(shop)* tienda *f* de ropa para caballero; **sports ~'s** *(shop)* tienda de artículos deportivos.

out·going [ˌaʊt'gəʊɪŋ] *adj* **(a)** *(president)* saliente; *(boat, train etc)* que sale; *(tide)* que baja. **(b)** *(character)* extrovertido/a, sociable.

out·goings ['aʊtˌgəʊɪŋz] *npl* gastos *mpl.*

out·grow [ˌaʊt'grəʊ] *pt* **outgrew** [ˌaʊt'gruː], *pp* **outgrown** [ˌaʊt'grəʊn] *vt (lit)* crecer más que; *(habit etc)* perder con la edad; **to ~ one's clothes** quedarle pequeña la ropa a uno.

out·house ['aʊthaʊs] *n* dependencia *f.*

out·ing ['aʊtɪŋ] *n* excursión *f, (LAm)* paseo *m.*

out·land·ish [aʊt'lændɪʃ] *adj (appearance, clothes)* estrafalario/a, extravagante; *(behaviour, ideas)* extraño/a; *(prices)* exagerado/a.

out·last [ˌaʊt'lɑːst] *vt* durar más tiempo que; *(person)* sobrevivir a.

out·law ['aʊtlɔː] **1** *n (fugitive)* prófugo/a *m/f,* fugitivo/a *m/f; (bandit)* bandido/a *m/f; (in Westerns)* forajido/a *m/f.* **2** *vt* proscribir; *(conduct)* declarar ilegal *or* fuera de la ley.

out·lay ['aʊtleɪ] *n* desembolso *m,* gastos *mpl.*

out·let ['aʊtlet] **1** *n (for water etc)* salida *f; (drain)* de desagüe *m,* desaguadero *m; (of river)* desembocadura *f; (Comm: shop)* tienda *f; (: agency)* sucursal *f; (: market)* mercado *m,* salida *f; (US Elec)* toma *f; (fig: for emotion, talents etc)* desahogo *m.* **2** *cpd (Tech)* de salida; *(drain)* de desagüe *m; (valve)* de escape.

out·line ['aʊtlaɪn] **1** *n (shape of sth)* perfil *m,* silueta *f; (line showing shape of sth)* contorno *m; (: map)* trazado *m; (sketch)* bosquejo *m,* boceto *m; (summary)* resumen *m; (general idea: also* **~s)** esbozos *mpl; (overview)* reseña *f;* **give me the broad ~(s)** explícamelo a grandes rasgos. **2** *vt (draw)* perfilar; *(sketch)* trazar, bosquejar; *(summarize)* resumir; **to be ~d against sth** perfilarse en algo, destacarse *or (LAm)* resaltar contra algo.

out·live [aʊt'lɪv] *vt* sobrevivir a; *(thing)* durar más tiempo que.

out·look ['aʊtlʊk] *n (view)* vista *f,* perspectiva *f; (prospects)* perspectivas *fpl,* panorama *f; (opinion)* punto *m* de vista; *(on life)* actitud *f,* concepto *m;* **the ~ for next Saturday is sunny** la predicción para el próximo sábado es de que hará buen tiempo.

out·lying ['aʊtˌlaɪɪŋ] *adj (distant)* remoto/a, lejano/a; *(outside town boundary)* exterior, circundante.

out·ma·noeu·vre, *(US)* **out·ma·neu·ver** [ˌaʊtmə'nuːvəʳ] *vt (Mil)* superar en la táctica; *(fig)* superar a.

out·moded [ˌaʊt'məʊdɪd] *adj* = **outdated.**

out·num·ber [ˌaʊt'nʌmbəʳ] *vt* exceder en número, ser más numeroso que.

out-of-date [ˌaʊtəv'deɪt] *adj* anticuado/a; *(clothes)* pasado/a de moda; *(passport, ticket)* caducado/a, vencido/a.

out-of-doors [ˌaʊtəv'dɔːz] *adv* = **outdoors 1.**

out-of-pocket ['aʊtəvˌpɒkɪt] *adj:* **~ expenses** desembolsos *mpl,* gastos *mpl.*

out-of-the-way [ˌaʊtəvðə'weɪ] *adj (remote)* apartado/a; *(unusual)* poco común *or* corriente.

out·pa·tient ['aʊtˌpeɪʃnt] *n* paciente/a *m/f* externo/a; **~s' department** sección *f* de pacientes externos.

out·post ['aʊtpəʊst] *n (Mil, fig)* avanzada *f,* puesto *m* avanzado.

out·put ['aʊtpʊt] *n (of factory)* producción *f; (of person)* productividad *f; (of machine)* rendimiento *m; (of computer)* salida *f; (Elec)* potencia *f* de salida.

out·rage ['aʊtreɪdʒ] **1** *n* **(a)** *(wicked, violent act)* atrocidad *f;* **bomb ~** atentado *m* (con bomba). **(b)** *(indecency)* ultraje *m,* escándalo *m; (injustice)* atropello *m,* agravio *m;* **a public ~** un escándalo público; **an ~ against good taste** un atentado al buen gusto; **it's an ~!** ¡es un escándalo!, ¡no hay derecho! **2** *vt* ultrajar, ofender; **to be ~d by sth** escandalizarse de algo, ofenderse por algo.

out·ra·geous [aʊt'reɪdʒəs] *adj (offensive)* escandaloso/a, ofensivo/a; *(exorbitant)* exorbitante; *(extravagant)* extravagante; *(flagrant)* flagrante; **it's ~!** ¡qué barbaridad *or* vergüenza!

out·ra·geous·ly [aʊt'reɪdʒəslɪ] *adv (see adj)* de manera escandalosa *or* ofensiva *etc.*

out·ran [ˌaʊt'ræn] *pt of* **outrun.**

out·right [aʊt'raɪt] **1** *adv (utterly)* en su totalidad; *(buy)* al contado; *(win)* de manera absoluta; *(at once)* en el acto; *(forthrightly)* francamente; *(reject)* rotundamente, *(LAm)* de plano. **2** ['aʊtraɪt] *adj (complete)* completo/a, entero/a; *(winner, lie)* absoluto/a; *(forthright)* franco/a; *(refusal)* rotundo/a.

out·run [ˌaʊt'rʌn] *pt* **outran,** *pp* **outrun** *vt* correr más que, dejar atrás; *(fig)* exceder, sobrepasar.

out·set ['aʊtset] *n* principio *m,* comienzo *m;* **from/at the ~** desde/al principio.

out·shine [ˌaʊt'ʃaɪn] *pt, pp* **outshone** [ˌaʊt'ʃɒn] *vt (fig)* eclipsar, brillar más que.

out·side [ˌaʊt'saɪd] **1** *adv* fuera, afuera; **to be/go ~** estar/salir fuera; **seen from ~** visto desde fuera.

2 *prep (also* **~ of) (a)** fuera de; *(beyond)* más allá de; **the car ~ the house** el coche que está frente a la casa; **he waited ~ the door** esperó a *or* en la puerta; ~ **the city** fuera *or* en las afueras de la ciudad. **(b)** *(not included in)* fuera de; **that's ~ our terms of reference** no es de nuestra competencia; **it's ~ my experience** no tengo experiencia (de eso).

3 *adj* **(a)** *(exterior)* exterior, externo/a; *(door)* de la calle; *(outdoors)* al aire libre; *(alien)* ajeno/a; **an ~ broadcast** *(Rad, TV)* una emisión exterior; **the ~ lane** *(Aut)* el carril exterior; **an ~ seat** un asiento de pasillo. **(b)** *(maximum)* máximo/a, más elevado/a. **(c)** *(unlikely)* **an ~ chance** una posibilidad remota. **(d)** ~ **contractor** contratista *mf* independiente; **to get an ~ opinion** buscar una segunda opinión.

4 *n* exterior *m*, parte *f* exterior; **to overtake on the ~** *(Aut)* adelantar *or (LAm)* rebasar por fuera; **judging from the ~** a juzgar por las apariencias; **at the (very) ~** a lo sumo, como máximo.

5: ~ **left/right** *n* extremo *m* izquierda/derecha.

out·sid·er [ˌaʊtˈsaɪdəʳ] *n (stranger)* intruso/a *m/f*, forastero/a *m/f; (in horse race)* segundón *m*.

out·size [ˈaʊtsaɪz] *adj* de talla muy grande.

out·skirts [ˈaʊtskɜːts] *npl (of town)* afueras *fpl*, alrededores *mpl; (of wood)* cercanías *fpl*.

out·spo·ken [ˌaʊtˈspəʊkən] *adj* franco/a, atrevido/a.

out·spread [ˈaʊtspred] *adj* desplegado/a.

out·stand·ing [ˌaʊtˈstændɪŋ] *adj* **(a)** *(gen)* destacado/a; *(exceptional)* excepcional. **(b)** *(not settled)* pendiente, sin resolver; *(bill)* por cobrar; *(debt)* por pagar; **amount ~** saldo *m*; **the work is still ~** el trabajo está todavía pendiente.

out·stand·ing·ly [ˌaʊtˈstændɪŋlɪ] *adv (extremely)* excepcionalmente, extraordinariamente.

out·stay [ˌaʊtˈsteɪ] *vt* quedarse más tiempo que; **to ~ one's welcome** quedarse más de la cuenta, abusar.

out·stretched [ˌaʊtˈstretʃt] *adj* extendido/a; *(arms)* abierto/a.

out·strip [ˌaʊtˈstrɪp] *vt* dejar atrás, aventajar; *(fig)* aventajar, *(LAm)* adelantarse a.

out·vote [ˌaʊtˈvəʊt] *vt (proposal)* rechazar (por mayoría de votos); *(party, person)* vencer en una votación.

out·ward [ˈaʊtwəd] **1** *adj* **(a)** *(going out)* que sale, de salida; *(movement)* hacia fuera; **on the ~ journey** en el viaje de ida. **(b)** *(appearance etc)* exterior, externo/a; **with an ~ show of concern** haciendo gala de *or (LAm)* luciendo preocupación. **2** *adv* hacia fuera; ~ **bound (from/for)** saliendo (de/con rumbo a).

out·ward·ly [ˈaʊtwədlɪ] *adv* por fuera, aparentemente.

out·wards [ˈaʊtwədz] *adv* = **outward 2.**

out·weigh [ˌaʊtˈweɪ] *vt* pesar más que.

out·wit [ˌaʊtˈwɪt] *vt* burlarse de.

out·worn [ˈaʊtwɔːn] *adj* gastado/a; *(expression)* trillado/a; *(idea, custom)* anticuado/a, caduco/a.

oval [ˈəʊvəl] **1** *adj* oval, ovalado/a. **2** *n* óvalo *m*.

ova·ry [ˈəʊvərɪ] *n* ovario *m*.

ova·tion [əʊˈveɪʃən] *n* ovación *f*.

oven [ˈʌvn] **1** *n (gen, Tech)* horno *m; (in kitchen)* horno, *(LAm)* cocina *f*; **it's like an ~ in there** aquello es un horno. **2:** ~ **glove** *n* manopla *f* de horno.

oven·proof [ˈʌvnˌpruːf] *adj* refractario/a; *(dish)* de horno.

oven-ready [ˌʌvnˈredɪ] *adj* listo/a para el horno.

oven·ware [ˈʌvnˌwɛəʳ] *n* artículos *mpl* para el horno.

over [ˈəʊvəʳ] **1** *adv* **(a)** encima, por encima, *(LAm)* arriba, por arriba; ~ **there** allí, allá; ~ **in France** allá en Francia; ~ **against the wall** contra la pared; **the baby went ~ to its mother** el bebé fue hacia su madre; **to drive ~ to the other side of town** ir en coche al otro lado de la ciudad; **it's ~ on the other side of town** está del otro lado de la ciudad; **can you come ~ tonight?** ¿puedes venir *or (LAm)* pasar esta noche?; ~ **to you!** ¡te paso la palabra!, ¡te toca hablar!; **now ~ to our Paris correspondent** damos la palabra a nuestro corresponsal de París; **to go ~ to the enemy** pasarse al enemigo. **(b) the world ~** en todo el mundo, en el mundo entero; **I ache all ~** me duele todo el cuerpo; **I looked all ~ for you** te busqué por *or* en todas partes; **that's him all ~** así es él. **(c)** *(indicating movement)* **to bend ~** inclinarse, *(LAm)* doblarse; **to fall ~** caerse; **to turn ~ the page** doblar *or* dar vuelta a la página; **she hit me and ~ I went** me dio un golpe y me caí; **to turn sth ~ (and ~)** dar vueltas (y más vueltas) a algo. **(d)** *(finished)* acabado/a, terminado/a; **the rain is ~** ha parado *or (LAm)* dejado de llover; **it's all ~** se acabó; **the danger was soon ~** el peligro pasó pronto; **it's all ~ between us** hemos terminado. **(e)** *(indicating repetition)* repetidamente; ~ **and ~ (again)** repetidas veces, una y otra vez; **to start (all) ~ again** volver a empezar; **several times ~** varias veces seguidas. **(f)** *(excessively)* mucho; **she's not ~ intelligent, that girl** esa chica no es muy lista que digamos. **(g)** *(remaining)* de sobra; **there are 3 ~** sobran *or* quedan tres; **is there any cake left ~?** ¿queda *or* sobra (algo de) pastel? **(h)** *(more than)* para arriba; **persons of 21 and ~** las personas de veintiún años para arriba, los mayores de veintiún años. **(i)** *(esp in signalling and radio)* ~ **and out** cambio y corto.

2 *prep* **(a)** *(on top of, above)* encima de, por encima de, *(LAm)* arriba de; ~ **our heads** por encima de nosotros; **to spread a sheet ~ something** extender una sábana sobre algo; **to trip ~ something** tropezar con algo. **(b)** *(across)* **the pub ~ the road** la taberna de enfrente *or* del otro lado de la calle; **it's ~ the river** está en la otra orilla del río; **the bridge ~ the river** el puente que cruza el río; **the ball went ~ the wall** la pelota vino a parar al otro lado del muro; ~ **the page** en la página siguiente. **(c)** *(everywhere in)* **all ~ the world** en todo el mundo; **he's travelled all ~ the world** ha viajado por todo el mundo; **you've got mud all ~ your shoes** tienes los zapatos cubiertos de barro. **(d)** *(superior to)* superior a; **he's ~ me** tiene una categoría superior a la mía; **to have an advantage ~ sb** llevar ventaja a uno. **(e)** *(in excess of)* más de; ~ **200** más de doscientos; **he must be ~ 60** debe tener más de sesenta años; ~ **and above normal requirements** además de los requisitos normales; **an increase of 5% ~ last year** un aumento del cinco por ciento respecto al año pasado. **(f)** *(during)* durante; ~ **the last few years** durante los últimos años; ~ **the winter** durante *or* en el invierno; **let's discuss it ~ dinner** vamos a hablar de eso durante la cena; **how long will you be ~ it?** ¿cuánto tiempo vas a estar en eso? **(g)** *(means)* **I heard it ~ the radio** lo escuché *or (LAm)* oí por *or* en la radio. **(h)** *(about, concerning)* por; **they fell out ~ money** riñeron por una cuestión de dinero.

over... [ˈəʊvəʳ] *pref* sobre..., super...; *(too)* demasiado ... .

over·abun·dance [ˌəʊvərəˈbʌndəns] *n* sobreabundancia *f*, superabundancia *f*.

over·abun·dant [ˌəʊvərəˈbʌndənt] *adj* sobreabundante, superabundante.

over·act [ˌəʊvər'ækt] *vi* exagerar el papel.

over·ac·tive [ˌəʊvər'æktɪv] *adj* demasiado activo/a.

over·all [ˌəʊvər'ɔːl] **1** *adj* de conjunto, global; *(width, length, cost)* total; ~ **dimensions** *(Aut)* dimensiones *fpl* exteriores. **2** *adv* en conjunto, en su totalidad.

over·alls ['əʊvərɔːlz] *npl* guardapolvo *msg; (worker's)* mono *msg, (LAm)* overol *msg; (woman's)* bata *fsg.*

over·anx·ious [ˌəʊvər'æŋkʃəs] *adj* demasiado preocupado/a *or* ansioso/a.

over·ate [ˌəʊvər'eɪt] *pt of* **overeat.**

over·awe [ˌəʊvər'ɔː] *vt* impresionar, *(LAm)* apantallar.

over·bal·ance [ˌəʊvə'bæləns] **1** *vi* perder el equilibrio; *(thing)* volcar. **2** *vt* hacer perder el equilibrio; *(thing)* hacer volcar.

over·bear·ing [ˌəʊvə'bɛərɪŋ] *adj* imperioso/a, autoritario/a; *(despotic)* despótico/a.

over·board ['əʊvəbɔːd] *adv (Naut)* por la borda; **to fall** ~ caer al agua; **man** ~**!** ¡hombre al agua!; **to go** ~ **for sth** *(fig)* pasarse de la raya con algo, enloquecerse por algo.

over·bur·den [ˌəʊvə'bɜːdn] *vt* sobrecargar; *(fig)* agobiar, abrumar.

over·came [ˌəʊvə'keɪm] *pt of* **overcome.**

over·cast ['əʊvəkɑːst] *adj (sky)* encapotado/a, cubierto/a; *(day)* nublado/a.

over·cau·tious [ˌəʊvə'kɔːʃəs] *adj* demasiado cauteloso/a.

over·charge [ˌəʊvə'tʃɑːdʒ] *vt* **(a)** cobrar más de la cuenta, sobrecargar la cuenta; **to** ~ **sb for sth** cobrar a uno un precio excesivo por algo. **(b)** *(Elec)* sobrecargar; poner una carga excesiva a.

over·coat ['əʊvəkəʊt] *n* abrigo *m,* sobretodo *m.*

over·come [ˌəʊvə'kʌm] *pt* **overcame,** *pp* **overcome 1** *vt (enemy, temptation)* vencer; *(obstacle, difficulty)* salvar, superar; *(rage, fear, habit)* dominar; **to be** ~ **by the heat** ser afectado por el calor; **to be** ~ **by remorse** remorder a uno la conciencia; **she was quite** ~ **by the occasion** la ocasión le conmovió mucho *or (LAm)* le vino en grande. **2** *vi* vencer, triunfar; **we shall** ~**!** ¡venceremos!

over·con·fi·dent [ˌəʊvə'kɒnfɪdənt] *adj* demasiado confiado/a; *(conceited)* presumido/a.

over·crowd·ed [ˌəʊvə'kraʊdɪd] *adj (room, bus, train)* atestado/a de gente; *(road, suburb)* congestionado/a; *(city, country)* superpoblado/a.

over·crowd·ing [ˌəʊvə'kraʊdɪŋ] *n (of room, bus, classroom etc)* apiñamiento *m,* hacinamiento *m; (of town)* super- *or* sobrepoblación *f.*

over·do [ˌəʊvə'duː] *pt* **overdid** [ˌəʊvə'dɪd], *pp* **overdone** *vt* **(a)** *(exaggerate)* exagerar; **don't** ~ **the smoking** no fumes demasiado, no fumes tanto; **to** ~ **it, to** ~ **things** *(work too hard)* trabajar demasiado, *(LAm)* abusar. **(b)** *(cook too long)* cocer demasiado, requemar.

over·done [ˌəʊvə'dʌn] **1** *pp of* **overdo. 2** *adj (exaggerated)* exagerado/a; *(overcooked)* muy hecho/a, pasado/a.

over·dose ['əʊvədəʊs] *n* sobredosis *f,* dosis *f* excesiva.

over·draft ['əʊvədrɑːft] *n (Fin)* sobregiro *m,* giro *m* en descubierto; **to have an** ~ **at the bank** tener un saldo deudor con el banco.

over·draw [ˌəʊvə'drɔː] *pt* **overdrew** [ˌəʊvə'druː], *pp* **overdrawn** [ˌəʊvə'drɔːn] *vt* girar en descubierto, tener un saldo deudor (de).

over·drive ['əʊvədraɪv] *n (Aut)* sobremarcha *f,* superdirecta *f.*

over·due [ˌəʊvə'djuː] *adj (gen)* atrasado/a; *(bill)* vencido/a y no pagado/a; *(train etc)* retrasado/a; **that change was long** ~ ese cambio tenía que hacerse hace tiempo.

over·eat [ˌəʊvər'iːt] *pt* **overate,** *pp* **overeaten** [ˌəʊvər'iːtn] *vi* comer en exceso, *(LAm)* hartarse de comida.

over·es·ti·mate [ˌəʊvər'estɪmeɪt] *vt* sobreestimar; *(person)* tener un concepto exagerado de.

over·ex·cit·ed [ˌəʊvərɪk'saɪtɪd] *adj* sobreexcitado/a.

over·ex·er·tion [ˌəʊvərɪg'zɜːʃn] *n (effort)* esfuerzo *m* excesivo; *(weariness)* fatiga *f,* agotamiento *m.*

over·ex·pose [ˌəʊvərɪk'spəʊz] *vt (Phot)* sobreexponer.

over·fa·mil·iar [ˌəʊvəfə'mɪljə[r]] *adj (well acquainted)* demasiado familiarizado/a; *(shameless)* confiado/a.

over·feed [ˌəʊvə'fiːd] *pt, pp* **overfed** [ˌəʊvə'fed] *vt* sobrealimentar, dar demasiado de comer a.

over·flow ['əʊvəfləʊ] **1** *n (pipe etc)* desagüe *m.* **2** [ˌəʊvə'fləʊ] *vi (liquid)* rebosar, derramarse; *(container)* rebosar; *(river)* desbordarse, salirse de madre; *(people)* desparramarse, esparcirse; *(room, hall)* rebosar; **to** ~ **with sth** *(fig)* estar rebosante *or* rebosar de algo.

over·fly [ˌəʊvə'flaɪ] *pt* **overflew** [ˌəʊvə'fluː], *pp* **overflown** [ˌəʊvə'fləʊn] *vt* sobrevolar.

over·full [ˌəʊvə'fʊl] *adj* demasiado lleno/a *(of* de), repleto/a.

over·gen·er·ous [ˌəʊvə'dʒenərəs] *adj* demasiado generoso/a.

over·grown [ˌəʊvə'grəʊn] *adj (garden)* poblado/a *(with* de); **he's just an** ~ **schoolboy** es un niño en grande.

over·hang [ˌəʊvə'hæŋ] *pt, pp* **overhung 1** *vt* sobresalir por encima de. **2** *vi* sobresalir.

over·hang·ing [ˌəʊvə'hæŋɪŋ] *adj* saliente, voladizo/a.

over·haul ['əʊvəhɔːl] **1** *n* revisión *f,* repaso *m* general, *(Mex)* ajuste *m.* **2** [ˌəʊvə'hɔːl] *vt (service: machine)* revisar; *(revise: plans etc)* volver a hacer, replantear.

over·head [ˌəʊvə'hed] **1** *adv* (por) arriba, (por) encima. **2** ['əʊvəhed] *adj (cable)* aéreo/a; *(railway)* elevado/a, suspendido/a; *(camshaft)* en cabeza. **3** ['əʊvəhed] *n (Brit)* ~**s,** *(US)* ~ gastos *mpl* generales.

over·hear [ˌəʊvə'hɪə[r]] *pt, pp* **overheard** [ˌəʊvə'hɜːd] *vt* oír, oír por casualidad; **she was** ~**d complaining** se le oyó por casualidad quejarse.

over·heat [ˌəʊvə'hiːt] *vi (Aut: engine)* recalentarse.

over·hung [ˌəʊvə'hʌŋ] *pt, pp of* **overhang.**

over·in·dulge [ˌəʊvərɪn'dʌldʒ] **1** *vt (child)* mimar, consentir; *(taste etc)* saciar, colmar. **2** *vi* darse la gran vida, excederse.

over·joyed [ˌəʊvə'dʒɔɪd] *adj* lleno/a de alegría *(at* por), contentísimo/a *(at* de).

over·kill ['əʊvəkɪl] *n (Mil) ventaja f en cuanto a la capacidad destructiva de las armas.*

over·land ['əʊvəlænd] **1** *adv* por tierra, por vía terrestre. **2** *adj* terrestre.

over·lap ['əʊvəlæp] **1** *n* traslapo *m,* solapo *m; (fig)* coincidencia *f* parcial. **2** [ˌəʊvə'læp] *vi* traslaparse; *(fig)* coincidir en parte.

over·lay [ˌəʊvə'leɪ] *pt, pp* **overlaid** [əʊvə'leɪd] **1** *vt* cubrir *(with* con), revestir *(with* de). **2** ['əʊvəleɪ] *n* capa *f* sobrepuesta, revestimiento *m; (applied decoration)* incrustación *m; (on map etc)* transparencia *f* superpuesta.

over·leaf [ˌəʊvə'liːf] *adv* a la vuelta; *(see)* al dorso.

over·load [ˌəʊvə'ləʊd] *vt* sobrecargar.

over·look [ˌəʊvə'lʊk] *vt* **(a)** *(building)* dar *or* tener vista a. **(b)** *(not notice)* pasar por alto, no darse cuenta de; *(tolerate)* pasar por alto; *(forgive)* perdonar; *(wink at)* hacer la vista gorda a.

over·man·ning [ˌəʊvəˈmænɪŋ] *n* empleo *m* de más personal del necesario.

over·much [ˌəʊvəˈmʌtʃ] *adv* demasiado.

over·night [ˌəʊvəˈnaɪt] *adv* durante la noche, por la noche; *(fig: quickly)* de la noche a la mañana; **to stay ~** pasar la noche; **we can't solve this one ~** no podemos resolver este problema de la noche a la mañana.

over·par·ticu·lar [ˌəʊvəpəˈtɪkjʊlə[r]] *adj* delicado/a, remilgado/a; **he's not ~ about hygiene** no es muy escrupuloso en cuanto a la higiene.

over·pass [ˈəʊvəpɑːs] *n (US)* paso *m* superior *or (LAm)* a desnivel.

over·pay [ˌəʊvəˈpeɪ] *pt, pp* **overpaid** [ˌəʊvəˈpeɪd] *vt (person)* pagar un sueldo excesivo a.

over·popu·lated [ˌəʊvəˈpɒpjʊleɪtɪd] *adj* superpoblado/a.

over·pow·er [ˌəʊvəˈpaʊə[r]] *vt (subdue physically)* dominar, vencer; *(fig: subj: heat)* agobiar; *(: emotion)* embargar.

over·pow·er·ing [ˌəʊvəˈpaʊərɪŋ] *adj (smell)* intensísimo/a; *(heat)* asfixiante; *(desire)* irresistible.

over·priced [ˌəʊvəˈpraɪst] *adj* demasiado caro/a (para lo que es).

over·rate [ˌəʊvəˈreɪt] *vt* exagerar el valor de.

over·reach [ˌəʊvəˈriːtʃ] *vt*: **to ~ o.s.** ir demasiado lejos, *(LAm)* pasarse.

over·react [ˌəʊvəriːˈækt] *vi* reaccionar de manera exagerada.

over·ride [ˌəʊvəˈraɪd] *pt* **overrode** [ˌəʊvəˈrəʊd], *pp* **overridden** [ˌəʊvəˈrɪdn] *vt (ignore)* hacer caso omiso a; *(trample down)* pisotear; *(Tech: cancel)* anular, invalidar.

over·rid·ing [ˌəʊvəˈraɪdɪŋ] *adj (gen)* imperioso/a; *(principal)* principal, primordial.

over·ripe [ˌəʊvəˈraɪp] *adj* demasiado maduro/a, pasado/a.

over·rule [ˌəʊvəˈruːl] *vt (judgment, decision)* anular; *(request etc)* denegar, rechazar; **his suggestion was ~d** rechazaron su propuesta.

over·run [ˌəʊvəˈrʌn] *pt* **overran** [ˌəʊvəˈræn], *pp* **overrun 1** *vt (Mil: country etc)* invadir; *(time limit etc)* rebasar, exceder; **the town is ~ with tourists** el pueblo está inundado de turistas. **2** *vi* rebasar el límite.

over·seas [ˌəʊvəˈsiːz] **1** *adv (abroad: to)* al extranjero; *(: in)* en el extranjero; *(: through)* por el extranjero; *(over the sea)* en ultramar; **visitors from ~** visitas *fpl* del extranjero. **2** *adj (students)* extranjero/a; *(duty, trade)* exterior; *(Mil: service)* en ultramar.

over·see [ˌəʊvəˈsiː] *pt* **oversaw** [ˌəʊvəˈsɔː], *pp* **overseen** [ˌəʊvəˈsiːn] *vt* supervisar; *(watch)* vigilar.

over·seer [ˈəʊvəˌsɪə[r]] *n (foreman)* capataz *mf*, contramaestre *mf; (supervisor)* supervisor(a) *m/f*.

over·shad·ow [ˌəʊvəˈʃædəʊ] *vt (fig)* eclipsar.

over·shoot [ˌəʊvəˈʃuːt] *pt, pp* **overshot** [ˌəʊvəˈʃɒt] *vt (Aer)* ir a aterrizar más allá de; *(destination)* ir más allá de, dejar atrás.

over·sight [ˈəʊvəsaɪt] *n (omission)* descuido *m*, equivocación *f*.

over·sim·pli·fy [ˌəʊvəˈsɪmplɪfaɪ] *vt* simplificar demasiado.

over·sleep [ˌəʊvəˈsliːp] *pt, pp* **overslept** [ˌəʊvəˈslept] *vi* quedarse dormido.

over·spend [ˌəʊvəˈspend] *pt, pp* **overspent** [ˌəʊvəˈspent] *vi* gastar más de la cuenta; **we have overspent by 5 dollars** hemos gastado cinco dólares de más.

over·spill [ˈəʊvəspɪl] *n (population)* exceso *m* de población; **an ~ town** una ciudad satélite.

over·staffed [ˌəʊvəˈstɑːft] *adj* con más personal del necesario.

over·staffing [ˌəʊvəˈstɑːfɪŋ] *n* empleo *m* de más personal del necesario.

over·state [ˌəʊvəˈsteɪt] *vt*: **to ~ one's case** exagerar sus argumentos.

over·state·ment [ˌəʊvəˈsteɪtmənt] *n* exageración *f*.

over·step [ˌəʊvəˈstep] *vt*: **to ~ the mark** pasarse de la raya.

overt [əʊˈvɜːt] *adj* abierto/a, público/a; *(obvious)* patente, manifiesto/a.

over·take [ˌəʊvəˈteɪk] *pt* **overtook** [ˌəʊvəˈtʊk], *pp* **overtaken** [ˌəʊvəˈteɪkən] **1** *vt (car)* adelantar, *(LAm)* rebasar; *(catch up with)* alcanzar; *(runner)* adelantar, dejar atrás; *(competition, rival)* tomar la delantera a; **events have ~n us** los sucesos nos *(Sp)* cogieron *or (LAm)* agarraron de improviso *or* de sorpresa. **2** *vi* adelantar, *(LAm)* rebasar; **'no overtaking'** 'prohibido adelantar'.

over·tax [ˌəʊvəˈtæks] *vt (Fin)* exigir contribuciones *or* impuestos excesivos a; *(fig: strength, patience)* agotar, abusar de; **to ~ o.s.** quedar agotado.

over·throw [ˈəʊvəθrəʊ] *(vb: pt* **overthrew** [ˌəʊvəˈθruː], *pp* **overthrown** [ˌəʊvəˈθrəʊn]) **1** *n (of king etc)* derrocamiento *m; (of government)* caída *f*. **2** [ˌəʊvəˈθrəʊ] *vt (system etc)* echar abajo, derribar; *(king etc)* derrocar; *(government)* echar abajo.

over·time [ˈəʊvətaɪm] *n* horas *fpl* extraordinarias *or* extras; **to do** *or* **work ~** hacer *or* trabajar horas extraordinarias *or* extras; **your imagination has been working ~!** ¡tienes la imaginación demasiado activa!

over·tired [ˌəʊvəˈtaɪəd] *adj* agotado/a, rendido/a.

overt·ly [əʊˈvɜːtlɪ] *adv* abiertamente, públicamente.

over·tone [ˈəʊvətəʊn] *n (fig)* sugerencia *f*, insinuación *f; (of word, phrase)* connotación *f*.

over·ture [ˈəʊvətjʊə[r]] *n (Mus)* obertura *f; (fig)* **to make ~s to sb** *(Comm etc)* proponerle algo a uno; *(sexual)* hacerle proposiciones a uno.

over·turn [ˌəʊvəˈtɜːn] **1** *vt (car, boat, saucepan etc)* volcar; *(government etc)* hacer caer, derribar. **2** *vi (car etc)* volcar; *(boat)* zozobrar.

over·use [ˌəʊvəˈjuːz] *vt* usar demasiado.

over·value [ˌəʊvəˈvæljuː] *vt* sobrevalorar.

over·weight [ˌəʊvəˈweɪt] *adj (person)* gordo/a, entrado/a en carnes; **the parcel is a kilo ~** el paquete tiene un exceso de peso de un kilo.

over·whelm [ˌəʊvəˈwelm] *vt (opponent, team etc)* arrollar, aplastar; *(in argument)* aplastar; *(with questions, requests)* atosigar, *(LAm)* apantallar; *(with work etc)* abrumar, agobiar; **sorrow ~ed him** estaba abatido con la pena; **he was ~ed with their kindness** su amabilidad le dejó impresionado; **to be ~ed** *(touched, impressed)* conmoverse, impresionarse; **we have been ~ed with offers of help** nos han inundado las ofertas de ayuda.

over·whelm·ing [ˌəʊvəˈwelmɪŋ] *adj (defeat, victory)* arrollador(a), aplastante; *(majority)* abrumador; *(pressure, heat)* agobiante, abrumador(a); *(desire)* irresistible, imperioso/a; *(emotion)* incontenible; **one's ~ impression is of heat** lo que más impresiona es el calor.

over·whelm·ing·ly [ˌəʊvəˈwelmɪŋlɪ] *adv* de modo arrollador; **they voted ~ for X** la inmensa mayoría votó por X.

over·work [ˌəʊvəˈwɜːk] **1** *n* exceso *m* de trabajo. **2** *vi* trabajar demasiado, estar atareado.

over·wrought [ˌəʊvəˈrɔːt] *adj*: **to be ~** estar sobreexcitado/a.

over·zeal·ous [ˌəʊvəˈzeləs] *adj* demasiado entusiasta.

ovu·late [ˈɒvjʊleɪt] *vi* ovular.

ovu·la·tion [ˌɒvjʊˈleɪʃən] *n* ovulación *f.*

owe [əʊ] *vt (gen)* deber; **he ~s his life to a lucky chance** debe su vida a una casualidad; **to what do I ~ the honour of your visit?** ¿a qué debo el honor de su visita?; **you ~ it to yourself to come** venir es un deber que Ud tiene consigo mismo; **I think I ~ you an explanation** creo que te debo una explicación.

ow·ing [ˈəʊɪŋ] **1** *adj* que se debe; **how much is ~ to you now?** ¿cuánto se le debe ahora? **2:** ~ **to** *prep (due to)* debido a, a causa de; **~ to the bad weather** con motivo del *or* debido al mal tiempo.

owl [aʊl] *n (barn ~)* lechuza *f; (little ~)* mochuelo *m; (long-eared ~)* búho *m; (tawny ~)* cárabo *m.*

own [əʊn] **1** *adj* propio/a; **it's all my ~ money** todo el dinero es mío; **the house has its ~ garage** la casa tiene garaje propio.

2 *pron:* **my ~** el/la mío/a (propio/a); **his/her ~** el/la suyo/a (propio/a); **the house is her (very) ~** la casa es de su propiedad; **can I have it for my (very) ~?** ¿puedo quedarme con él?; **he has a style all his ~** tiene un estilo muy suyo; **she has money of her ~** tiene su propio dinero; **I'll give you a copy of your ~** te daré una copia para tí; **a place of one's ~** (una) casa propia; **to come into one's ~** probarse, justificarse; **to be on one's ~** estar a solas, estar solo; **if I can get him on his ~** si puedo hablar con él a solas; **to do sth on one's ~** *(unaided)* hacer algo sin ayuda (de nadie); **I am so busy I can scarcely call my time my ~** estoy tan ocupado que apenas dispongo de mi tiempo; **without a chair to call my ~** sin una silla propia siquiera; **to get one's ~ back** tomar la revancha.

3 *vt* **(a)** *(possess)* poseer, ser dueño/a de; **as if he ~s the place** como si estuviera en su propia casa; **you don't ~ me!** ¡no te pertenezco! **(b)** *(admit)* reconocer, admitir.

4 *vi:* **to ~ to sth** confesar *or* reconocer algo.

♦ **own up** *vi + adv* confesar *(to sth* algo).

own-brand [ˈəʊnˌbrænd] *n* marca *f* propia *(de un supermercado etc).*

own·er [ˈəʊnəʳ] *n* dueño/a *m/f,* propietario/a *m/f.*

owner-occupier [ˌəʊnərˈɒkjʊpaɪəʳ] *n* propietario/a *m/f.*

owner·ship [ˈəʊnəʃɪp] *n* propiedad *f; (possession)* posesión *f;* **'under new ~'** 'nuevo propietario', 'nuevo dueño'; **under his ~ the business flourished** el negocio prosperó bajo su dirección.

ox [ɒks] *n, pl* **-en** [ˈɒksn] buey *m.*

oxi·da·tion [ˌɒksɪˈdeɪʃn] *n* oxidación *f.*

ox·ide [ˈɒksaɪd] *n* óxido *m.*

oxi·dize [ˈɒksɪdaɪz] *vi* oxidarse.

ox·tail [ˈɒksteɪl] *n:* **~ soup** sopa *f* de cola de buey *or (LAm)* de res.

oxy·acety·lene [ˌɒksɪəˈsetɪliːn] *adj* oxiacetilénico/a; **~ burner, ~ torch** soplete *m* oxiacetilénico.

oxy·gen [ˈɒksɪdʒən] **1** *n* oxígeno *m.* **2: ~ mask** *n* máscara *f* de oxígeno; **~ tent** *n* cámara *f* de oxígeno.

oys·ter [ˈɔɪstəʳ] *n* ostra *f.*

oz. *abbr of* **ounce(s).**

ozone [ˈəʊzəʊn] *n* ozono *m.*

P

P, p [piː] *n (letter)* P, p *f;* **to mind one's Ps and Qs** cuidarse de no meter la pata.
p *abbr of* **penny, pence.**
P.A. *abbr of* **personal assistant; public address system.**
p.a. *abbr of* **per annum** por año, al año.
pace [peɪs] **1** *n* **(a)** *(step)* paso *m;* **to put sb through his ~s** *(fig)* poner a uno a prueba. **(b)** *(speed)* paso *m,* velocidad *f;* **at a good ~** a buen paso; **at a slow ~** a paso lento; **the ~ of life** el ritmo de la vida; **to keep ~ (with)** llevar el mismo paso (que); *(fig)* avanzar parejo (con); **to set the ~** *(running)* marcar el paso; *(fig)* dar la pauta. **2** *vt (floor, room)* ir y venir por; **to ~ off** *or* **out 10 yards** medir 10 yardas a pasos. **3** *vi:* **to ~ up and down** pasearse de un lado para otro.
pace·maker ['peɪs,meɪkəʳ] *n (Med)* marcapasos *m inv.*
Pa·cif·ic [pə'sɪfɪk] *adj* pacífico/a; **the ~ (Ocean)** el (Océano) Pacífico.
paci·fi·er ['pæsɪfaɪəʳ] *n (US: dummy)* chupete *m.*
paci·fism ['pæsɪfɪzəm] *n* pacifismo *m.*
paci·fist ['pæsɪfɪst] *n* pacifista *mf.*
paci·fy ['pæsɪfaɪ] *vt (gen)* pacificar, apaciguar; *(calm: person)* calmar, tranquilizar.
pack [pæk] **1** *n (packet)* paquete *m; (bundle)* fajo *m,* bulto *m; (US: of cigarettes)* cajetilla *f; (rucksack, Mil)* mochila *f; (of cards)* baraja *f; (Rugby)* pack *m; (of hounds)* jauría *f;* **a ~ of lies** una sarta *or (LAm)* bola de mentiras; **~ ice** banco *m* de hielo.
2 *vt* **(a)** *(case, trunk)* hacer; *(things in case, clothes)* poner, *(LAm)* meter; *(Comm: goods)* envasar, *(LAm)* empacar; *(: in box)* embalar; **to ~ one's bags** hacer las maletas; **a ~ed lunch** un almuerzo frío. **(b)** *(cram full: container)* atestar; *(articles)* meter apretadamente; *(fig: information etc)* incluir; **the place was ~ed** el local estaba repleto *or* hasta el tope; **can you ~ two more into your car?** ¿caben dos más en tu coche? **(c)** *(soil etc: make firm)* apretar; *(: tread down)* pisotear. **(d)** *(Pol fig)* llenar de partidarios.
3 *vi* **(a)** *(~ one's luggage)* hacer la maleta; **to send sb ~ing** *(fam)* mandar largarse a uno. **(b)** *(people)* apiñarse, apretarse (*into* en).
♦ **pack in** *vt + adv (fam)* dejar; **~ it in!** ¡deja (estar)!
♦ **pack off** *vt + adv:* **to ~ sb off to school/bed** mandar a uno al colegio/a la cama.
♦ **pack up 1** *vi + adv (fam: mechanical object)* estropearse, *(LAm)* descomponerse; *(person: stop work)* irse. **2** *vt + adv (belongings)* recoger.
pack·age ['pækɪdʒ] **1** *n (parcel)* paquete *m; (bundle)* bulto *m; (fig: terms of agreement)* convenio *m.* **2** *vt (Comm: goods)* envasar, *(LAm)* empacar. **3: ~ deal** *n* convenio *m* general; **~ holiday** *n,* **~ tour** *n* viaje *m* todo comprendido, *(LAm)* paquete *m.*
pack·ag·ing ['pækɪdʒɪŋ] *n* envase *m, (LAm)* empaque *m.*
pack·er ['pækəʳ] *n* empacador(a) *m/f.*
pack·et ['pækɪt] *n (carton)* cajita *f; (: of cigarettes)* cajetilla *f; (small parcel)* paquete *m;* **to make a ~** *(fam)* ganarse una fortuna; **that must have cost a ~** *(fam)* eso habrá costado un dineral.
pack·horse ['pækhɔːs] *n* caballo *m* de carga.
pack·ing ['pækɪŋ] **1** *n* **(a)** *(Comm: of goods)* envase *m, (LAm)* empaque *m,* empacadura *f; (: box etc)* embalaje *m.* **(b) to do one's ~** hacer las maletas. **2: ~ case** *n* cajón *m* de embalaje.
pact [pækt] *n* pacto *m;* **to make a ~ with sb** pactar con uno.
pad [pæd] **1** *n* **(a)** *(to prevent friction etc)* almohadilla *f,* cojinete *m; (for ink)* tampón *m; (brake ~)* zapata *f;* **knee/elbow/shin ~** rodillera *f*/codera *f*/espinillera *f.* **(b)** *(note ~, writing ~)* bloc(k) *m,* cuaderno *m.* **(c)** *(launch ~)* plataforma *f* de lanzamiento. **(d)** *(of animal's foot)* almohadilla *f.* **2** *vt (shoulders etc)* acolchonar, poner hombreras a; *(stuff)* rellenar; *(fig: book, speech etc)* meter paja en. **3** *vi:* **to ~ about/in** andar *or (LAm)* caminar/entrar sin ruido.
♦ **pad out** *vt + adv (speech, essay)* meter paja en, rellenar.
pad·ded ['pædɪd] *adj (bra)* reforzado; *(cell)* acolchonado/a; **~ shoulders** hombreras *fpl.*
pad·ding ['pædɪŋ] *n (material)* relleno *m,* almohadilla *f; (fig: in speech etc)* paja *f,* borra *f.*
pad·dle ['pædl] **1** *n* **(a)** *(oar)* zagual *m,* canalete *m, (LAm)* pala *f,* remo *m; (blade of wheel)* paleta *f.* **(b) to go for a ~, to have a ~** chapotear. **2** *vt (boat)* remar con canalete *or* pala. **3** *vi* **(a)** *(in boat)* remar con canalete. **(b)** *(walk in water)* mojarse los pies, chapotear. **4: ~ boat** *n,* **~ steamer** *n* vapor *m* de ruedas.
pad·dling ['pædlɪŋ] *adj:* **~ pool** *n* piscina *f* para niños.
pad·dock ['pædək] *n (field)* potrero *m; (of racecourse)* paddock *m.*
pad·lock ['pædlɒk] *n* candado *m.*
pae·di·at·ric [,piːdɪ'ætrɪk] *etc* = **pediatric** *etc.*
pa·gan ['peɪgən] *adj, n* pagano/a *m/f.*
page[1] [peɪdʒ] **1** *n (servant)* paje *m.* **2** *vt:* **to ~ sb** llamar a uno por altavoz.
page[2] [peɪdʒ] *n (of book etc)* página *f;* **front ~** *(of newspaper)* primera plana *f.*
pag·eant ['pædʒənt] *n (show)* espectáculo *m; (procession)* desfile *m.*
pag·eant·ry ['pædʒəntrɪ] *n* pompa *f,* boato *m.*
page·boy ['peɪdʒbɔɪ] *n (servant)* paje *m; (in hotel)* botones *m inv; (hairstyle)* estilo *m* paje.
pago·da [pə'gəʊdə] *n* pagoda *f.*
paid [peɪd] **1** *pt, pp of* **pay. 2** *adj:* **to put ~ to sth** acabar con *or* poner fin a algo.
paid-up [,peɪd'ʌp], *(US)* **paid-in** [,peɪd'ɪn] *adj (member)* con sus cuotas pagadas *or* al día; *(share)* liberado/a.
pail [peɪl] *n* cubo *m, (LAm)* balde *m; (child's)* cubito *m.*
pain [peɪn] **1** *n* **(a)** dolor *m;* **to be in ~** estar con dolor; **I have a ~ in my leg** me duele la pierna; **he's a real ~ (in the neck)** *(fam)* da mucha lata, es un pesado. **(b) ~s** *(efforts)* esfuerzos *mpl,* esmero *msg;* **to take ~s over sth** esmerarse en algo. **(c)** *(penalty)* **on ~ of death** so pena de muerte. **2** *vt (mentally)* angustiar; **it ~s me to tell you** me da lástima *or* me apena decirte.
pained [peɪnd] *adj (expression)* de disgusto, afli-

gido/a; *(voice)* adolorido/a.

pain·ful ['peɪnfʊl] *adj (gen)* doloroso/a; *(physically)* adolorido/a; *(mentally)* angustioso/a, penoso/a; *(hard, demanding)* arduo/a; *(fam: embarrassingly bad)* fatal, que da lástima *or* vergüenza; **it is my ~ duty to tell you that ...** es mi doloroso deber decirle que ...; **it was ~ to watch** *(fam)* daba lástima verlo.

pain·ful·ly ['peɪnfəlɪ] *adv* dolorosamente, con dolor; *(fam)* terriblemente.

pain·killer ['peɪn,kɪlə^r] *n* analgésico *m.*

pain·less ['peɪnlɪs] *adj (childbirth etc)* sin dolor; *(fig)* sin mayores dificultades.

pain·less·ly ['peɪnlɪslɪ] *adv* sin causar dolor.

pains·taking ['peɪnz,teɪkɪŋ] *adj (task, research etc)* esmerado/a, concienzudo/a.

paint [peɪnt] **1** *n* pintura *f, (LAm)* color *m;* **a coat of ~** una mano (de pintura); **a box of ~s** una caja de pinturas. **2** *vt* pintar; **to ~ the town red** *(fig)* irse de juerga *or (LAm)* parranda; **he's not as black as he's ~ed** no es tan fiero el león como lo pintan. **3** *vi* pintar, ser pintor(a).

paint·box ['peɪntbɒks] *n* caja *f* de pinturas.

paint·brush ['peɪntbrʌʃ] *n (Art)* pincel *m; (for decorating)* brocha *f.*

paint·er ['peɪntə^r] *n (Art)* pintor(a) *m/f; (decorator)* pintor(a) de brocha gorda.

paint·ing ['peɪntɪŋ] *n (Art: picture)* cuadro *m,* pintura *f; (: activity)* pintura *f; (decorating)* decoración *f* del hogar.

paint·stripper ['peɪnt,strɪpə^r] *n (chemical)* quitapintura *m; (tool)* raspador *m* de paredes.

paint·work ['peɪntwɜːk] *n (gen)* pintura *f; (in house)* madera *f* pintada.

pair [pɛə^r] **1** *n* **(a)** *(of gloves, shoes, etc)* par *m; (of people, cards, stamps)* pareja *f;* **to be a ~** hacer juego *or* pareja; **a ~ of trousers** un pantalón, unos pantalones; **a ~ of scissors** unas tijeras; **arranged in ~s** emparejados. **(b) the ~s** *(Sport)* las parejas *fpl.* **2** *vt (Zool)* aparear; *(people)* emparejar.

♦ **pair off 1** *vt + adv* emparejar. **2** *vi + adv* hacer pareja.

pa·jam·as [pə'dʒɑːməz] *npl (US)* = **pyjamas.**

Pa·ki·stan [,pɑːkɪs'tɑːn] *n* Pakistán *m.*

Pa·ki·stani [,pɑːkɪs'tɑːnɪ] *adj, n* paquistaní *mf.*

pal [pæl] *n (fam)* amigo/a *m/f,* compadre *m, (LAm)* compañero/a *m/f, (RPl)* compinche *mf, (Mex)* cuate *mf, (Per)* pata *mf.*

pal·ace ['pælɪs] *n* palacio *m.*

pal·at·able ['pælətəbl] *adj (frm: tasty)* sabroso/a; *(fig)* aceptable.

pala·tal ['pælətl] *adj* palatal.

pal·ate ['pælɪt] *n* paladar *m.*

pa·la·tial [pə'leɪʃəl] *adj* suntuoso/a, espléndido/a.

pa·la·ver [pə'lɑːvə^r] *n (fam: fuss)* lío *m, (LAm)* desmadre *m;* **why all the ~!** ¡no es para tanto!

pale[1] [peɪl] **1** *adj* **(-r, -st)** *(complexion, face)* pálido/a; *(colour)* claro/a; *(light)* tenue; **~ ale** cerveza rubia; **a ~ blue dress** un vestido azul claro; **to go** *or* **grow** *or* **turn ~** palidecer. **2** *vi (fig)* perder importancia.

pale[2] [peɪl] *n:* **to be beyond the ~** quedarse marginado.

pale·ness ['peɪlnɪs] *n* palidez *f.*

Pal·es·tine ['pælɪstaɪn] *n* Palestina *f.*

Pal·es·tin·ian [,pæləs'tɪnɪən] *adj, n* palestino/a *m/f.*

pal·ette ['pælɪt] *n* paleta *f.*

pal·ing ['peɪlɪŋ] *n* estacada *f.*

pali·sade [,pælɪ'seɪd] *n* palizada *f,* estacada *f;* **~s** *(US: cliffs)* acantilado *msg.*

pall[1] [pɔːl] *n (on coffin)* paño *m* mortuorio; **a ~ of smoke** una cortina de humo.

pall[2] [pɔːl] *vi:* **to ~ (on sb)** perder su sabor (para uno).

pall·bearer ['pɔːl,bɛərə^r] *n* portador(a) *m/f* del féretro.

pal·let ['pælɪt] *n* **(a)** *(for goods)* paleta *f.* **(b)** *(bed)* jergón *m,* catre *m.*

pal·lia·tive ['pælɪətɪv] *n* paliativo *m.*

pal·lid ['pælɪd] *adj* pálido/a.

pal·lor ['pælə^r] *n* palidez *f.*

pal·ly ['pælɪ] *adj* **(-ier, -iest)** *(fam)* **to be ~ with sb** ser muy amigo de uno; **they're very ~** son íntimos (amigos).

palm[1] [pɑːm] **1** *n (Bot: also* **~ tree)** palma *f,* palmera *f;* **coconut ~** cocotero *m.* **2: P~ Sunday** *n* Domingo *m* de Ramos.

palm[2] [pɑːm] *n (Anat)* palma *f;* **to grease sb's ~** *(fig)* untar la mano a uno; **to have sb in the ~ of one's hand** tener a uno en la palma de la mano.

♦ **palm off** *vt + adv:* **to ~ sth off on sb** encajar algo a uno.

palm·ist ['pɑːmɪst] *n* quiromántico/a *m/f,* palmista *mf.*

palm·is·try ['pɑːmɪstrɪ] *n* quiromancia *f.*

pal·pa·ble ['pælpəbl] *adj (lie, mistake)* obvio/a, patente; *(tangible)* palpable.

pal·pa·bly ['pælpəblɪ] *adv (see adj)* obviamente, patentemente; palpablemente.

pal·pi·tate ['pælpɪteɪt] *vi (heart)* palpitar.

pal·pi·ta·tion [,pælpɪ'teɪʃən] *n:* **to have ~s** tener palpitaciones.

pal·try ['pɔːltrɪ] *adj* ínfimo/a, miserable, vil; **for some ~ reason** por alguna nimiedad.

pam·pas ['pæmpəs] *npl* pampa *fsg.*

pam·per ['pæmpə^r] *vt* mimar, consentir.

pam·phlet ['pæmflɪt] *n (informative, brochure)* folleto *m; (political, handed out in street)* volante *m,* panfleto *m.*

pan [pæn] **1** *n (for cooking)* cazuela *f,* cacerola *f, (LAm)* olla *f; (of scales)* platillo *m; (of lavatory)* taza *f;* **pots and ~s** batería *fsg.* **2** *vt* **(a)** *(gold)* lavar con batea. **(b)** *(US fam: play)* dejar por los suelos. **3** *vi* **(a) to ~ for gold** cribar oro. **(b)** *(Cine)* tomar panorámicas *or* vistas pan.

♦ **pan out** *vi + adv* salir; *(turn out well)* salir bien.

pan- [pæn] *pref* pan-; **~African** panafricano/a.

pa·nache [pə'næʃ] *n* bríos *mpl,* orgullo *m.*

Pana·ma ['pænə,mɑː] **1** *n* Panamá *m.* **2: ~ Canal** *n* Canal *m* de Panamá.

pana·ma ['pænə,mɑː] *n (also* **~ hat)** jipijapa *m,* panamá *m.*

pan·cake ['pænkeɪk] **1** *n* crepa *f,* crepé *m, (LAm)* panqueque *m.* **2: P~ Day** *n* martes *m* de carnaval.

pan·chro·mat·ic [,pænkrəʊ'mætɪk] *adj* pancromático/a.

pan·cre·as ['pæŋkrɪəs] *n* páncreas *m.*

pan·da ['pændə] **1** *n* panda *m.* **2: ~ car** *n (Brit)* coche *m* de la policía.

pan·de·mo·nium [,pændɪ'məʊnɪəm] *n (chaos)* jaleo *m, (LAm)* desmadre *m.*

pan·der ['pændə^r] *vi:* **to ~ to sb** consentir a uno; **to ~ to sb's desire for sth** complacer el deseo de uno por algo.

pane [peɪn] *n* cristal *m,* vidrio *m.*

pan·el ['pænl] **1** *n* **(a)** *(gen)* panel *m; (of door etc)* entrepaño *m; (of instruments, switches)* tablero *m.* **(b)** *(of judges, in a competition)* jurado *m.* **2** *vt (wall, door)* revestir con entrepaños de madera. **3: ~ beater** *n* carrocero *m;* **~ game** *n* programa *m* concurso para equipos; **~ pin** *n* clavo *m* de espiga.

pan·elled, *(US)* **pan·eled** ['pænəld] *adj* con paneles.

pan·el·ling, *(US)* **pan·el·ing** ['pænəlɪŋ] *n* paneles *mpl.*

pan·el·list, *(US)* **pan·el·ist** ['pænəlɪst] *n* miembro *m* del jurado.

pang [pæŋ] *n (pain)* punzada *f; (fig: of remorse)* remordimiento *m;* **~s of hunger** dolores *mpl* del hambre.

pan·ic ['pænɪk] **1** *n* pánico *m,* terror *m;* **the country was thrown into a ~** cundió el pánico en el país. **2** *vi* dejarse llevar por el pánico.

pan·icky ['pænɪkɪ] *adj (person)* asustadizo/a; **to get ~** dejarse llevar por el temor.

panic-stricken ['pænɪk,strɪkən] *adj* preso/a de pánico, muerto/a de miedo.

pan·ni·er ['pænɪə^r] *n (for horse etc)* cuévano *m; (for cycle etc)* cartera *f.*

pano·ra·ma [,pænə'rɑːmə] *n* panorama *m,* vista *f* general.

pano·ram·ic [,pænə'ræmɪk] *adj* panorámico/a.

pan·pipes ['pænpaɪps] *npl* zampoña *fsg.*

pan·sy ['pænzɪ] *n (Bot)* pensamiento *m; (fam pej)* marica *m.*

pant [pænt] **1** *n* jadeo *m,* resuello *m.* **2** *vi* jadear, resollar; **he was ~ing for a drink** jadeaba de sed.

pan·tech·ni·con [pæn'teknɪkən] *n* camión *m* de mudanzas.

pan·ther ['pænθə^r] *n* pantera *f, (LAm)* jaguar *m.*

panties ['pæntɪz] *npl* bragas *fpl,* braguitas *fpl,* pantis *mpl;* **a pair of ~** unas bragas *etc.*

pan·to·mime ['pæntəmaɪm] *n (Brit: at Christmas)* revista *f* musical navideña; *(mime)* pantomima *f.*

pan·try ['pæntrɪ] *n* despensa *f.*

pants [pænts] *npl (Brit)* calzoncillos *mpl,* calzón *msg; (US)* pantalones *mpl;* **a pair of ~** *(Brit)* unos calzoncillos, un calzón; *(US)* un pantalón.

papa [pə'pɑː] *n* papá *m.*

papa·cy ['peɪpəsɪ] *n* papado *m,* pontificado *m.*

pa·pal ['peɪpəl] *adj* papal, pontificio/a.

pa·per ['peɪpə^r] **1** *n* **(a)** *(material)* papel *m;* **a piece of ~** una hoja (de papel); **on ~** *(fig)* en teoría, sin concretar; **to put sth down on ~** poner algo por escrito. **(b) ~s** *(writings, documents)* papeles *mpl; (identity ~s)* documentación *f,* papeles; **Churchill's private ~s** los papeles personales de Churchill. **(c)** *(Univ etc: also* **question ~***)* cuestionario *m; (: lecture)* ponencia *f.* **(d)** *(newspaper)* periódico *m,* diario *m;* **the ~s** los periódicos, la prensa; **it came out in the ~s** salió en los periódicos.

2 *vt (wall, room)* empapelar, *(LAm)* tapizar.

3 *cpd (towel, handkerchief, cup)* de papel; **~ bag** *n* bolsa *m* de papel; **~ clip** *n* clip *m,* sujetapapeles *m inv;* **~ knife** *n* cortapapeles *m inv;* **~ mill** *n* fábrica *f* de papel, papelera *f;* **~ money** *n (gen)* papel *m* moneda; *(banknote)* billete *m* de banco; **~ shop** *n* tienda *f* de periódicos, *(LAm)* quiosco *m,* puesto *m* de periódicos.

paper·back ['peɪpəbæk] *n* libro *m* de bolsillo.

paper·boy ['peɪpəbɔɪ] *n* repartidor *m* de periódicos.

paper·weight ['peɪpəweɪt] *n* pisapapeles *m inv.*

paper·work ['peɪpəwɜːk] *n (bureaucracy)* trámites *mpl,* papeleo *m.*

pa·pery ['peɪpərɪ] *adj* parecido/a al papel.

papier-mâché [,pæpɪeɪ'mæʃeɪ] *n* cartón *m* piedra.

pa·pist ['peɪpɪst] *n* papista *mf.*

pap·ri·ka ['pæprɪkə] *n* pimentón *m,* paprika *f.*

par [pɑː^r] *n (Comm)* par *f; (Golf)* par *m;* **to be under** *or* **below ~** *(person: ill)* sentirse mal, estar indispuesto; **to be on a ~ with sb/sth** estar en pie de igualdad con uno/algo; **that's ~ for the course** *(fig)* eso es lo más normal.

para·ble ['pærəbl] *n* parábola *f.*

para·bol·ic [,pærə'bɒlɪk] *adj* parabólico/a.

para·chute ['pærəʃuːt] **1** *n* paracaídas *m inv.* **2** *vt* lanzar en paracaídas. **3** *vi (also* **~ down***)* lanzarse *or* saltar en paracaídas.

para·chut·ist ['pærəʃuːtɪst] *n* paracaidista *mf.*

pa·rade [pə'reɪd] **1** *n (gen)* desfile *m;* **to be on ~** *(Mil)* pasar revista; **a fashion ~** un desfile de modelos; **a ~ of shops** una zona comercial. **2** *vt (troops)* hacer desfilar; *(placard etc)* pasear; *(show off: learning, wealth, new clothes)* hacer alarde de, lucir. **3** *vi (Mil)* pasar revista; *(boy scouts, demonstrators)* desfilar; **to ~ about** *or* **around** *(fam)* pavonearse, lucir; **the strikers ~d through the town** los huelguistas desfilaron por la ciudad. **4: ~ ground** *n* campo *m* de marte.

para·digm ['pærədaɪm] *n* paradigma *m.*

para·dise ['pærədaɪs] *n* paraíso *m.*

para·dox ['pærədɒks] *n* paradoja *f.*

para·doxi·cal [,pærə'dɒksɪkəl] *adj* paradójico/a.

par·af·fin ['pærəfɪn] **1** *n (oil)* parafina *f.* **2: ~ heater** *n* estufa *f* de parafina; **~ lamp** *n* quinqué *m;* **~ wax** *n* parafina *f.*

para·gon ['pærəgən] *n* modelo *m.*

para·graph ['pærəgrɑːf] *n* párrafo *m; (in law etc)* aparte *m;* **new ~** punto y aparte.

Para·guay ['pærəgwaɪ] *n* Paraguay *m.*

Para·guay·an [,pærə'gwaɪən] *adj, n* paraguayo/a.

para·keet ['pærəkiːt] *n* perico *m,* periquito *m.*

par·al·lel ['pærəlel] **1** *adj* paralelo/a *(to* a); *(fig)* análogo/a *(to* a). **2** *n (Geom)* paralela *f; (Geog)* paralelo *m;* **a case without ~** un caso inaudito *or* único; **to draw a ~ between X and Y** *(fig)* establecer una correspondencia entre X y Y. **3** *vt (fig: compare)* comparar con; *(equal)* igualar a; **his talent ~s his brother's** su talento es comparable al *or* corre parejas con el de su hermano.

par·al·lelo·gram [,pærə'leləʊgræm] *n* paralelogramo *m.*

pa·raly·sis [pə'ræləsɪs] *n* parálisis *f.*

para·lyt·ic [,pærə'lɪtɪk] *adj (Med)* paralítico/a; *(fam: drunk)* borracho/a, perdido/a.

para·lyze ['pærəlaɪz] *vt (lit, fig)* paralizar; **the factory was ~d by the strike** la fábrica quedó paralizada por la huelga.

para·mili·tary [,pærə'mɪlɪtərɪ] *adj* paramilitar.

para·mount ['pærəmaʊnt] *adj* supremo/a; **of ~ importance** de suma importancia.

para·noia [,pærə'nɔɪə] *n* paranoia *f.*

para·noid ['pærənɔɪd], **para·noi·ac** [,pærə'nɔɪæk] *adj, n* paranoico/a *m/f.*

para·pet ['pærəpɪt] *n (of balcony, roof)* pretil *m,* antepecho *m; (of fortification)* parapeto *m.*

para·pher·na·lia [,pærəfə'neɪljə] *n* chismes *mpl,* trastos *mpl.*

para·phrase ['pærəfreɪz] *vt* parafrasear.

para·plegia [,pærə'pliːdʒə] *n* paraplejía *f.*

para·plegic [,pærə'pliːdʒɪk] *adj, n* parapléjico/a *m/f.*

para·site ['pærəsaɪt] *n (gen)* parásito/a *m/f.*

para·sit·ic(al) [,pærə'sɪtɪk(əl)] *adj* parásito/a, parasitario/a.

para·sol [,pærə'sɒl] *n* sombrilla *f.*

para·trooper ['pærətruːpə^r] *n* paracaidista *mf.*

para·troops ['pærətruːps] *npl* tropas *fpl* paracaidistas.

par·boil ['pɑːbɔɪl] *vt* sancochar.

par·cel ['pɑːsl] **1** *n* **(a)** *(package)* paquete *m.* **(b)** *(of land)* parcela *f,* lote *m.* **2: ~ post** *n* servicio *m* de paquetes postales.

♦ **parcel out** *vt + adv* repartir.

♦ **parcel up** *vt + adv* empaquetar; *(large size)* embalar.

parched [pɑːtʃt] *adj (land etc)* abrasado/a; *(with*

thirst) sediento/a, muerto/a de sed.
parch·ment ['pɑːtʃmənt] *n* pergamino *m.*
par·don ['pɑːdn] **1** *n (Jur)* indulto *m;* **I do beg your ~!** ¡perdone Ud!, *(LAm)* ¡disculpe!; **I beg your ~, but could you ...?** perdone *or* disculpe la molestia, pero ¿podría Ud ...?; **(I beg your) ~?** ¿perdón?, ¿cómo?, *(LAm)* ¿mande? **2** *vt (forgive)* perdonar, *(LAm)* disculpar; *(Jur)* indultar; **to ~ sb sth** perdonarle algo a uno; **~ me, but could you ...?** perdone *or (LAm)* disculpe la molestia, pero ¿podría Ud ...?; **~ me!** ¡con perdón!, *(LAm)* ¡con permiso!; **~ me?** *(US)* ¿cómo?, *(LAm)* ¿mande?
par·don·able ['pɑːdnəbl] *adj* perdonable, disculpable.
pare [pɛəʳ] *vt (nails)* cortar; *(fruit etc)* pelar.
♦ **pare down** *vt + adv* reducir.
par·ent ['pɛərənt] **1** *n* padre *m*/madre *f;* **~s** padres *mpl.* **2: ~ company** *n* casa *f* matriz; **~ teacher association** *n* organización *f* de padres y profesores en una escuela.
par·ent·age ['pɛərəntɪdʒ] *n* familia *f.*
pa·ren·tal [pə'rentl] *adj (care etc)* paterno/a, materno/a; **~ guidance** los consejos de los padres.
pa·ren·thesis [pə'renθɪsɪs] *n, pl* **parentheses** paréntesis *m inv.*
par·en·theti·cal [ˌpærən'θetɪkəl] *adj* entre paréntesis.
par·ent·hood ['pɛərənthʊd] *n* el ser padre *o* madre; **planned ~** planificación *f* familiar.
par ex·cel·lence [ˌpɑːr'eksəlɑ̃ːns] *adv* por excelencia.
par·ings ['pɛərɪŋz] *npl* peladuras *fpl.*
Par·is ['pærɪs] *n* París *m.*
par·ish ['pærɪʃ] **1** *n* parroquia *f.* **2: ~ council** *n* concejo *m* parroquial; **~ priest** *n* párroco *m.*
pa·rish·ion·er [pə'rɪʃənəʳ] *n* feligrés/esa *m/f.*
Pa·ris·ian [pə'rɪzɪən] *adj, n* parisiense *mf,* parisino/a *m/f.*
par·ity ['pærɪtɪ] *n (Fin etc)* paridad *f; (of wages, conditions)* igualdad *f.*
park [pɑːk] **1** *n* parque *m.* **2** *vt (Aut)* aparcar *(Sp),* estacionar *(LAm).* **3** *vi (Aut)* aparcar *(Sp),* estacionarse *(LAm).*
par·ka ['pɑːkə] *n* chaquetón *m* acolchado con capucha.
park·ing ['pɑːkɪŋ] **1** *n (Sp)* aparcamiento *m,* parking *m, (LAm)* estacionamiento *m;* **'no ~'** 'prohibido aparcar *or* estacionarse'. **2** *cpd (offence, fine)* de tráfico; **~ lights** *npl* luces *fpl* de estacionamiento; **~ lot** *n (US) (Sp)* aparcamiento *m, (LAm)* (playa *f* de) estacionamiento *m;* **~ meter** *n* parquímetro *m, (LAm)* parcómetro *m;* **~ place** *n,* **~ space** *n (Sp)* aparcamento *m,* parking *m, (LAm)* estacionamiento *m;* **~ ticket** *n* multa *f* por aparcamiento indebido.
park·land ['pɑːklænd] *n* prado *m.*
park·way ['pɑːkweɪ] *n (US)* alameda *f.*
parky ['pɑːkɪ] *adj* **(-ier, -iest)** *(fam)* **it's a bit ~** está haciendo fresco.
par·lance ['pɑːləns] *n* lenguaje *m.*
par·ley ['pɑːlɪ] *vi* parlamentar *(with* con).
par·lia·ment ['pɑːləmənt] *n* parlamento *m; (Sp)* Cortes *fpl; (LAm)* ≃ Congreso *m;* **to get into ~** elegirse diputado *or* senador.
par·lia·men·tar·ian [ˌpɑːləmen'tɛərɪən] *n* parlamentario/a *m/f.*
par·lia·men·ta·ry [ˌpɑːlə'mentərɪ] *adj* parlamentario/a.
par·lour, *(US)* **par·lor** ['pɑːləʳ] *n (in house)* sala *f,* salón *m, (LAm)* living *m,* estancia *f;* **beauty ~** salón *m* de belleza; **ice-cream ~** heladería *f, (LAm)* nevería *f, (CAm)* sorbetería *f.*
pa·ro·chial [pə'rəʊkɪəl] *adj* parroquial; *(fig: local)* localista, de parroquia; *(: narrow-minded)* de miras estrechas.
paro·dy ['pærədɪ] **1** *n* parodia *f.* **2** *vt* parodiar.
pa·role [pə'rəʊl] *n (word)* palabra *f* (de honor); *(Jur)* libertad *f* bajo palabra; **to put sb on ~** dejar a uno libre bajo palabra.
par·ox·ysm ['pærəksɪzəm] *n (fit)* paroxismo *m; (of laughter etc)* ataque *m.*
par·quet ['pɑːkeɪ] *n* parquet *m,* parqué *m.*
par·rot ['pærət] *n* papagayo *m, (LAm)* perico *m,* loro *m.*
parrot-fashion ['pærət,fæʃn] *adv (learn etc)* mecánicamente, como cotorra.
par·ry ['pærɪ] *vt (blow)* parar, desviar; *(fig)* esquivar.
par·si·mo·ni·ous [ˌpɑːsɪ'məʊnɪəs] *adj (mean)* avaro/a, tacaño/a; *(sparing)* parco/a.
pars·ley ['pɑːslɪ] *n* perejil *m.*
pars·nip ['pɑːsnɪp] *n* chirivía *f.*
par·son ['pɑːsn] *n* clérigo *m,* párroco *m.*
par·son·age ['pɑːsənɪdʒ] *n* casa *f* parroquial, parroquia *f.*
part [pɑːt] **1** *n* **(a)** *(portion, proportion)* parte *f; (piece)* trozo *m,* pedazo *m; (of serial)* entrega *f;* **the best/difficult/funny ~ of it** lo mejor/lo difícil/lo gracioso del caso; **it is ~ and parcel of the scheme** es íntegro al proyecto; **for the most ~** *(proportion)* en su mayor parte; *(number)* en su mayoría; **the greater ~ of it is done** la mayor parte está hecha; **for the better ~ of the day** durante la mayor parte del día; **2 ~s of sand to one of cement** 2 partes de arena y uno de cemento. **(b)** *(Tech: component)* pieza *f; (: also* **spare ~**) refacción *f, (LAm)* repuesto *m; (Ling, Mus)* parte *f;* **moving ~** pieza móvil; **~ of speech** parte de la oración. **(c)** *(share, role)* parte *f,* papel *m; (Theat)* papel; **to play the ~ of Hamlet** tomar *or* hacer el papel de Hamlet; **to take ~ in sth** participar *or* intervenir en algo; **to have no ~ in sth/doing sth** no tener nada que ver con *or* no intervenir en algo/en hacer algo; **to want no ~ of sth** desentenderse de *or* renunciar a algo; **to play a ~ in sth/doing sth** contribuir a algo/hacer algo; **to look the ~** vestir el cargo. **(d)** *(region)* región *f,* zona *f;* **in these ~s** por aquí, por estos rumbos; **a lovely ~ of the country** una región hermosa del país. **(e)** *(behalf)* parte *f; (side)* partido *m;* **to take sb's ~** tomar partido por uno; **for my ~** por mi parte; **a mistake on the ~ of my brother** un error por parte de mi hermano; **to take sth in good ~** tomar algo en buena parte.

2 *adv (partly)* en parte.

3 *vt (gen)* separar; *(curtains)* abrir, correr; *(push aside)* apartar, hacer de lado; **to ~ one's hair** hacerse la raya.

4 *vi* **(a)** *(curtains etc)* abrirse, correrse; *(break)* romper, *(LAm)* partirse. **(b)** *(gen: separate)* separarse; *(one person)* **to ~ (from sb)** separarse *or* despedirse (de uno); **the best of friends must ~** hasta los mejores amigos deben separarse en algún momento; **to ~ with sth** entregar *or (LAm)* soltar algo; **I hate ~ing with it** siento perderlo.

5: ~ exchange *n:* **they take your old car in ~ exchange** aceptan tu coche viejo como parte del pago; **~ payment** *n* pago *m* parcial, abono *m.*
par·take [pɑː'teɪk] *pt* **partook,** *pp* **partaken** *vi (frm)* **(a) to ~ of sth** *(food)* comer algo; *(drink)* beber *or* tomar algo. **(b) to ~ in an activity** participar *or* intervenir en una actividad.
par·tial ['pɑːʃəl] *adj* **(a)** *(not complete)* parcial. **(b)** *(biased)* partidario/a *(towards* de); **to be ~ to sth**

(like) tener gusto por algo.

par·tial·ity [ˌpɑːʃɪ'ælɪtɪ] *n (bias)* parcialidad *f (towards* hacia); *(liking)* afición *f (for, to* a), gusto *m (for, to* por).

par·tial·ly ['pɑːʃəlɪ] *adv (partly)* parcialmente, en parte; *(with bias)* con parcialidad.

par·tici·pant [pɑː'tɪsɪpənt] *n (gen)* participante *mf; (in competition)* concursante *mf.*

par·tici·pate [pɑː'tɪsɪpeɪt] *vi* participar *or* intervenir *(in* en).

par·tici·pa·tion [pɑːˌtɪsɪ'peɪʃən] *n* participación *f (in* en).

par·tici·ple ['pɑːtɪsɪpl] *n* participio *m.*

par·ti·cle ['pɑːtɪkl] *n (gen)* partícula *f; (of dust etc)* átomo *m,* grano *m; (fig)* pizca *f.*

par·ticu·lar [pə'tɪkjʊlə[r]] **1** *adj* **(a)** *(special)* particular, especial; *(specific)* concreto/a, en particular; *(given)* determinado/a, cierto/a; **a ~ man told me** un hombre determinado me lo dijo; **in this ~ case** en este caso concreto; **for no ~ reason** por ninguna razón en particular; **she's a ~ friend of mine** es muy amiga mía. **(b)** *(fastidious, fussy)* exigente, delicado/a; **I'm not ~** me es igual; **he's ~ about his food** es delicado *or* especial para la comida.

2 *n* **(a)** *(detail)* detalle *m,* pormenor *m;* **~s** *(information)* detalles; *(personal details)* señas *fpl,* datos *mpl* personales. **(b) in ~** en particular, en especial.

par·ticu·lar·ize [pə'tɪkjʊləraɪz] **1** *vt* especificar. **2** *vi* entrar en detalles, concretar.

par·ticu·lar·ly [pə'tɪkjʊləlɪ] *adv (especially)* especialmente; **not ~** *(not very)* no mucho *or* especialmente.

part·ing ['pɑːtɪŋ] **1** *adj* de despedida; **his ~ words** sus palabras de despedida; **~ shot** *(fig)* golpe *m* de gracia. **2** *n* **(a)** separación *f,* despedida *f;* **the ~ of the ways** *(fig)* la encrucijada, el momento de la separación. **(b)** *(in hair)* raya *f.*

par·ti·san [ˌpɑːtɪ'zæn] **1** *adj (gen)* partidario/a; *(of party)* partidista; *(Mil)* guerrillero/a. **2** *n (Mil)* guerrillero/a *m/f.*

par·ti·tion [pɑː'tɪʃən] **1** *n* **(a)** *(wall)* tabique *m, (LAm)* medianía *f.* **(b)** *(Pol)* partición *f,* división *f.* **2** *vt (country etc)* partir, dividir.

♦ **partition off** *vt + adv* separar con tabique *or* medianía.

part·ly ['pɑːtlɪ] *adv (gen)* en parte; *(in a sense)* en cierto sentido; **~ ..., ~ ...** por una parte ..., por otra ... .

part·ner ['pɑːtnə[r]] **1** *n (Comm)* socio/a *m/f; (in dance, at tennis etc)* pareja *mf; (companion, lover etc)* compañero/a *m/f.* **2** *vt* acompañar.

part·ner·ship ['pɑːtnəʃɪp] *n (shared life etc)* vida *f etc* compartida; *(relationship)* compañerismo *m; (couple)* pareja *f; (Comm)* sociedad *f,* asociación *f; (Jur, Med)* calidad *f* de socio; **to go into ~, to form a ~** asociarse *(with* con).

par·took [pɑː'tʊk] *pt of* **partake.**

par·tridge ['pɑːtrɪdʒ] *n* perdiz *f.*

part-time [ˌpɑːt'taɪm] **1** *adv* media jornada, *(LAm)* medio tiempo. **2** *adj (worker, job)* de media jornada *or* medio tiempo; *(work)* por horas.

par·ty ['pɑːtɪ] **1** *n* **(a)** *(Pol)* partido *m.* **(b)** *(group)* grupo *m; (team: also* **rescue ~**) equipo *m; (Mil)* pelotón *m,* destacamento *m;* **a ~ of travellers** un grupo de viajeros; **I was one of the ~** yo formaba parte del grupo. **(c)** *(celebration)* fiesta *f, (LAm)* reunión *f;* **to have** *or* **give** *or* **throw a ~** organizar una fiesta. **(d)** *(Jur etc)* interesado/a *m/f;* **third ~** tercero/a *m/f;* **the parties to a dispute** los interesados en una querella; **to be a ~ to a crime** ser cómplice *mf* en un crimen.

2 *cpd (politics, leader)* de partido; *(dress, finery)* de gala, de fiesta; **~ line** *n (Pol)* línea *f* (de partido); *(Telec)* línea compartida; **~ political broadcast** *n* emisión *f* de propaganda política; **~ wall** *n* pared *f* medianera.

pass[1] [pɑːs] *n (Geog)* puerto *m, (LAm)* paso *m; (small)* desfiladero *m.*

pass[2] [pɑːs] **1** *n* **(a)** *(permit)* permiso *m,* pase *m; (safe conduct)* salvoconducto *m.* **(b)** *(Sport)* pase *m.* **(c)** *(in exams)* (nota *f* de) aprobado *m;* **to get a ~ in German** aprobar en alemán. **(d) things have come to a pretty ~** ¡hasta dónde habremos llegado! **(e) to make a ~ at sb** *(fam)* hacer proposiciones a uno.

2 *vt* **(a)** *(move past)* pasar; *(: in front of)* pasar por delante de; *(on street etc)* cruzarse con; *(Aut: overtake)* adelantar a, *(LAm)* rebasar; *(frontier)* cruzar; **they ~ed each other on the way** se cruzaron en el camino. **(b)** *(hand, move, also Sport: ball)* pasar; **to ~ sb sth** *or* **sth to sb** pasar algo a uno; **he ~ed the rope round the axle** pasó la cuerda por el eje. **(c)** *(Univ etc: exam)* aprobar. **(d)** *(approve: motion, plan etc)* aprobar. **(e)** *(spend: time)* pasar; **we ~ed the weekend pleasantly** pasamos un fin de semana muy agradable; **it ~es the time** ayuda a pasar el rato. **(f)** *(express: remark)* hacer; *(opinion)* expresar; **to ~ the time of day with sb** acompañar a *or* pasar el rato con uno.

3 *vi* **(a)** *(move past)* pasar; *(Aut: overtake)* pasar, adelantar; **we ~ed in the corridor** nos cruzamos en el pasillo. **(b)** *(move, go)* pasar; *(be inherited)* pasar; **the train ~ed into a tunnel** el tren entró en un túnel; **to ~ out of sight** perderse de vista; *(fig)* **to ~ into oblivion** pasar al olvido; **to let sth ~** dejar pasar algo; **to ~ into history** pasar a la historia. **(c)** *(happen)* pasar, ocurrir, suceder; **all that ~ed between them** todo lo que hubo entre ellos. **(d)** *(time)* pasar; **how time ~es!** ¡como pasa el tiempo! **(e)** *(disappear: storm, anger)* pasar, desaparecer; *(pain, memory, awkward period)* pasar, olvidarse. **(f)** *(Univ etc: in exam)* aprobar, ser aprobado. **(g)** *(Jur)* **to ~ sentence** fallar. **(h)** *(be accepted)* pasar *(for, as* por); **in her day she ~ed for a great beauty** en sus tiempos se le consideraba una gran belleza; **what ~es for intelligence elsewhere** lo que se considera inteligencia en otras partes.

♦ **pass away** *vi + adv (die)* fallecer.

♦ **pass by 1** *vi + adv* pasar. **2** *vt + adv (ignore)* pasar de largo *or (LAm)* por alto; **life has ~ed her by** la vida se le ha pasado de lado.

♦ **pass down** *vt + adv (customs, inheritance)* pasar, transmitir.

♦ **pass off 1** *vi + adv (happen)* llevarse a cabo; *(wear off: faintness etc)* pasar. **2** *vt + adv:* **to ~ sb/sth off as sth** hacer pasar algo/a uno por algo; **to ~ o.s. off as sth** hacerse pasar por algo.

♦ **pass on 1** *vi + adv (die)* fallecer; *(proceed)* pasar (adelante) *(to* a). **2** *vt + adv (hand on)* pasar *or* transmitir *(to* a).

♦ **pass out** *vi + adv (become unconscious)* perder el conocimiento, desmayarse; *(Mil)* recibirse, graduarse.

♦ **pass over 1** *vi + adv (die)* fallecer. **2** *vt + adv* omitir, pasar por alto.

♦ **pass through 1** *vi + adv* estar de paso. **2** *vt + adv (go via)* pasar por, atravesar.

♦ **pass up** *vt + adv (opportunity)* renunciar a, no aprovechar.

pass·able ['pɑːsəbl] *adj (tolerable)* pasable; *(usable, crossable)* transitable.

pas·sage ['pæsɪdʒ] *n* **(a)** *(corridor)* pasillo *m;*

(underground) pasaje *m; (alley)* callejón *m; (between buildings)* pasaje *m.* **(b)** *(voyage)* travesía *f; (travel through)* paso *m,* tránsito *m;* **the ~ of time** el transcurso del tiempo; **to grant sb safe ~** darle a uno un salvoconducto. **(c)** *(passing: of bill through parliament)* paso *m; (: approval)* aprobación *f.* **(d)** *(section: of book, music)* pasaje *m,* trozo *m.*

passage·way ['pæsɪdʒweɪ] *n (in house)* pasillo *m,* pasadizo *m; (between buildings etc)* corredor *m,* pasaje *m.*

pass·book ['pɑːsbʊk] *n* libreta *f* de banco.

pas·sen·ger ['pæsɪndʒə[r]] **1** *n* pasajero/a *m/f,* viajero/a *m/f.* **2** *cpd (aircraft, liner, train)* de pasajeros.

passer-by [ˌpɑːsə'baɪ] *n, pl* **passers-by** transeúnte *mf.*

pass·ing ['pɑːsɪŋ] **1** *adj (fleeting: fancy, thought)* pasajero/a, fugaz; *(glance etc)* rápido; *(: cursory)* superficial; **a ~ car** un coche que pasaba *or* de paso. **2** *n (of customs etc)* desaparición *f;* **with the ~ of the years** conforme van pasando los años; **to mention sth in ~** mencionar algo de paso *or* pasada.

pas·sion ['pæʃən] *n (gen)* pasión *f;* **the P~** *(Rel)* la Pasión; **political ~s are strong here** aquí la política apasiona; **his ~ for accuracy/seafood** su pasión por la exactitud/los mariscos; **to get into a ~ (about sth)** encolerizarse (por algo).

pas·sion·ate ['pæʃənɪt] *adj (gen)* apasionado/a; *(believer, desire)* vehemente, ardiente.

pas·sion·ate·ly ['pæʃənɪtlɪ] *adv (see adj)* apasionadamente, con pasión; con vehemencia *or* ardor.

passion·fruit ['pæʃnfruːt] *n* granadilla *f.*

pas·sive ['pæsɪv] **1** *adj (gen)* pasivo/a; *(inactive)* inactivo/a. **2** *n (Ling)* voz *f* pasiva.

pass·key ['pɑːskiː] *n* llave *f* maestra.

Pass·over ['pɑːsəʊvə[r]] *n* Pascua *f* (de los judíos).

pass·port ['pɑːspɔːt] *n* pasaporte *m.*

pass·word ['pɑːswɜːd] *n* contraseña *f.*

past [pɑːst] **1** *adv* **(a)** *(in place)* **to walk/run ~** pasar andando/corriendo. **(b)** *(in time)* **the days flew ~** los días pasaron volando.

2 *prep* **(a)** *(in place: passing by)* por delante de, *(LAm)* enfrente de; *(: beyond)* más allá de, allende. **(b)** *(in time)* después de; **quarter/half ~ four** las cuatro y cuarto/media; **at twenty ~ four** a las cuatro y veinte. **(c)** *(beyond the limits of)* más allá de, allende; **it's ~ belief** es increíble; **I'm ~ caring** me tiene sin cuidado ya; **it's ~ mending** ya no tiene remedio; **she's ~ forty** tiene más de cuarenta años; **to be ~ it** *(fam)* pasar la raya; **I wouldn't put it ~ her** *(fam)* es capaz de todo *or* cualquier cosa.

3 *adj (earlier)* pasado/a; *(previous)* anterior; *(ex)* antiguo/a; **~ tense** *(Ling)* tiempo *m* pasado; **for some time ~** de algún tiempo a esta parte, *(LAm)* hace tiempo; **in ~ years** en otros años *or* años anteriores; **those days are ~ now** aquellos tiempos pasaron ya.

4 *n (time)* el pasado; *(what is past)* lo pasado; *(Ling)* pasado *m;* **in the ~** en el pasado, antes, *(LAm)* antiguamente; **it's a thing of the ~** es cosa del pasado; **a woman with a ~** una mujer con pasado *or* antecedentes.

5: ~ master *n* maestro/a *m/f* consumado/a; **~ participle** *n* participio *m* de pasado; **~ perfect** *n* pretérito *m.*

pas·ta ['pæstə] *n* pasta *f.*

paste [peɪst] **1** *n* **(a)** *(substance, consistency)* pasta *f; (Culin)* puré *m; (glue)* engrudo *m,* cola *f,* cemento *m.* **(b)** *(gems)* bisutería *f.* **2** *vt (put ~ on)* engomar; *(fasten with ~)* pegar; **to ~ sth to a wall** pegar algo a una pared. **3** *adj (diamonds etc)* de fantasía.

paste·board ['peɪstbɔːd] *n* cartón *m,* cartulina *f.*

pas·tel ['pæstəl] **1** *n (crayon)* pastel *m; (drawing)* pintura *f* al pastel; *(colour)* pastel. **2** *adj (colour, blue)* pastel.

pas·teur·ized ['pæstəraɪzd] *adj* pasteurizado/a.

pas·tiche [pæs'tiːʃ] *n* pastiche *m.*

pas·tille ['pæstɪl] *n* pastilla *f.*

pas·time ['pɑːstaɪm] *n* pasatiempo *m.*

pas·tor ['pɑːstə[r]] *n* pastor *m.*

pas·to·ral ['pɑːstərəl] *adj (gen)* pastoral.

pas·try ['peɪstrɪ] *n (dough)* pasta *f; (cake)* pastel *m; (cakes)* pastelería *f,* pasteles *mpl;* **~ shop** pastelería *f.*

pas·ture ['pɑːstʃə[r]] **1** *n* pasto *m;* **to put animals out to ~** apacentar *or* pastorear el ganado; **to move on to ~s new** *(fig)* buscar algo nuevo *or* nuevos terrenos. **2: ~ land** *n* pasto *m,* pradera *f.*

pasty[1] ['pæstɪ] *n (pie)* pastel *m* de carne, *(LAm)* empanada *f.*

pasty[2] ['peɪstɪ] *adj (complexion)* pálido/a.

pat [pæt] **1** *n* **(a)** *(light blow)* palmadita *f,* golpecito *m; (caress)* caricia *f;* **to give sb/o.s. a ~ on the back** *(fig)* felicitar a uno/felicitarse. **(b)** *(of butter)* porción *f.* **2** *vt (touch: hair, face etc)* tocar, pasar la mano por; *(tap)* dar una palmadita (en), *(LAm)* palmear; *(caress)* acariciar; **to ~ sb on the back** *(fig)* felicitar *or* elogiar a uno. **3** *adj, adv:* **he knows it (off) ~** se lo sabe al dedillo *or* de memoria; **the answer came** *or* **was too ~** la respuesta llegó con exceso de prontitud.

patch [pætʃ] **1** *n (piece of cloth, covering etc)* parche *m; (mended part)* remiendo *m, (LAm)* zurcido *m; (area of colour)* mancha *f; (piece of land)* terreno *m,* parcela *f;* **a ~ of blue sky** un pedazo de cielo azul; **the team is going through a bad ~** el equipo está pasando por una mala etapa; **this book's not a ~ on the other one** *(fam)* este libro no se puede comparar con el otro. **2** *vt (garment, hole)* remendar, poner remiendo a.

♦**patch up** *vt + adv (clothes)* remendar provisionalmente; *(car, machine)* componer provisionalmente; *(marriage, quarrel)* hacer las paces en.

patch·work ['pætʃwɜːk] *n* labor *f* de retazos, *(LAm)* arpillería *f.*

patchy ['pætʃɪ] *adj* (**-ier, -iest**) *(performance etc)* desigual; *(knowledge)* incompleto/a.

pâté ['pæteɪ] *n* paté *m,* foie gras *m.*

pa·tent ['peɪtənt] **1** *adj* **(a)** *(obvious)* patente, evidente. **(b)** *(~ed)* patentado/a. **(c) ~ leather** charol *m;* **~ medicine** medicina *f* de patente. **2** *n* patente *f.* **3** *vt* patentar.

pa·tent·ly ['peɪtəntlɪ] *adv* evidentemente.

pa·ter·nal [pə'tɜːnl] *adj (relation)* paterno/a; *(quality)* paterno/a, paternal.

pa·ter·nal·ism [pə'tɜːnəlɪzəm] *n* paternalismo *m.*

pa·ter·nal·ist(ic) [pə'tɜːnəlɪst, pəˌtɜːnə'lɪstɪk] *adj* paternalista.

pa·ter·nal·ly [pə'tɜːnəlɪ] *adv* paternalmente.

pa·ter·nity [pə'tɜːnɪtɪ] **1** *n* paternidad *f.* **2: ~ suit** *n (Jur)* pleito *m* para establecer quien es el padre de un niño.

path [pɑːθ] *n, pl* **paths** [pɑːðz] **(a)** *(gen)* camino *m; (way, road)* sendero *m,* vereda *f; (surfaced)* camino, caminito *m; (course)* trayectoria *f; (direction)* rumbo *m,* ruta *f;* **to lead sb up the garden ~** embancar *or* engañar a uno. **(b)** *(fig)* camino *m;* **the ~ of goodness** el camino del bien.

pa·thet·ic [pə'θetɪk] *adj* **(a)** *(piteous)* patético/a, lastimoso/a; **it was ~ to see him like that** daba verdadera lástima *or* pena verlo así; **a ~ creature** un(a) miserable. **(b)** *(useless)* inútil; **it was a**

~ **performance** como espectáculo, daba lástima.

pa·theti·cal·ly [pəˈθetɪklɪ] *adv* que da lástima; ~ **thin/weak** tan delgado/débil que da pena; **a ~ inadequate answer** una respuesta patética.

patho·logi·cal [ˌpæθəˈlɒdʒɪkəl] *adj (lit, fig)* patológico/a.

pa·tholo·gist [pəˈθɒlədʒɪst] *n* patólogo/a *m/f.*

pa·thol·ogy [pəˈθɒlədʒɪ] *n* patología *f.*

pa·thos [ˈpeɪθɒs] *n* patetismo *m.*

path·way [ˈpɑːθweɪ] *n* = **path.**

pa·tience [ˈpeɪʃəns] *n* **(a)** paciencia *f;* **to lose one's ~ (with sb/sth)** perder la paciencia (con uno/algo); **he has no ~ with fools** no soporta los tontos. **(b)** *(Brit Cards)* solitario *m;* **to play ~** hacer un solitario.

pa·tient [ˈpeɪʃənt] **1** *adj* paciente, sufrido/a; **to be ~ with sb** tener paciencia con uno. **2** *n* paciente *mf,* enfermo/a *m/f.*

pa·tient·ly [ˈpeɪʃəntlɪ] *adv* con paciencia.

pa·tio [ˈpætɪəʊ] *n* patio *m.*

pa·tri·arch [ˈpeɪtrɪɑːk] *n (Rel)* patriarca *m.*

pa·tri·ot [ˈpeɪtrɪət] *n* patriota *mf.*

pat·ri·ot·ic [ˌpætrɪˈɒtɪk] *adj* patriótico/a.

pat·ri·oti·cal·ly [ˌpætrɪˈɒtɪkəlɪ] *adv* patrióticamente.

pat·ri·ot·ism [ˈpætrɪətɪzəm] *n* patriotismo *m.*

pa·trol [pəˈtrəʊl] **1** *n (gen)* patrulla *f; (night ~)* ronda *f;* **to be on ~** patrullar. **2** *vt* estar de patrulla *or* hacer patrulla en; **they ~led the streets at night** patrullaban por las calles de noche. **3** *vi* patrullar; **to ~ up and down** pasearse de un lado para otro. **4: ~ car** *n,* **~ wagon** *n (US)* radio-patrulla *m;* coche *m* celular.

patrol·man [pəˈtrəʊlmən] *n, pl* **-men (a)** *(US)* guardia *m,* policía *m.* **(b)** *(Aut)* patrullero *m.*

pa·tron [ˈpeɪtrən] *n (of charity, society etc)* patrocinador(a) *m/f; (of shop, hotel etc)* cliente/a *m/f; (Lit, Art)* mecenas *m inv; (~ saint)* santo/a *m/f* patrón/ona.

pat·ron·age [ˈpætrənɪdʒ] *n (support)* patrocinio *m,* amparo *m; (clients)* clientela *f; (Lit, Art)* mecenazgo *m; (political)* enchufe *m, (LAm)* palanca *f; (Rel)* patronato *m;* **under the ~ of** patrocinado/a por.

pat·ron·ize [ˈpætrənaɪz] *vt* **(a)** *(treat condescendingly)* condescender con. **(b)** *(shop, cinema etc)* ser cliente de.

pat·ron·iz·ing [ˈpætrənaɪzɪŋ] *adj* condescendiente.

pat·ter¹ [ˈpætəʳ] *n (fam: of salesman, comedian, disc jockey etc)* labia *f.*

pat·ter² [ˈpætəʳ] **1** *n (of feet)* golpeteo *m,* taloneo *m; (of rain)* tamborileo *m.* **2** *vi (person, feet)* golpetear, talonear; *(rain)* tamborilear.

pat·tern [ˈpætən] **1** *n* **(a)** *(design)* diseño *m,* dibujo *m.* **(b)** *(Sew etc)* patrón *m, (RPl)* molde *m.* **(c)** *(sample)* muestra *f,* ejemplo *m.* **(d)** *(fig: norm)* panta *f,* norma *f; (repeated actions)* panta fija; **the ~ of events** el curso de los hechos; **behaviour ~s** modelos *mpl* de comportamiento. **2** *vt (model)* basar *(on* en), tomar como modelo; **to ~ o.s. (on)** tomar como modelo (a), seguir el ejemplo (de). **3: ~ book** *n* libro *m* de muestras.

pat·terned [ˈpætənd] *adj* con diseño *or* dibujo.

paunch [pɔːntʃ] *n* panza *f,* barriga *f;* **to have a ~** tener panza, ser panzón.

pau·per [ˈpɔːpəʳ] *n* pobre *mf;* **~'s grave** fosa *f* común.

pause [pɔːz] **1** *n (gen, also Mus)* pausa *f; (silence)* silencio *m; (rest)* descanso *m;* **there was a ~ while the rest came in** hubo espera para que entraran los demás. **2** *vi (see n)* hacer (una) pausa; callarse; descansar; **he ~d for breath** se detuvo para tomar aliento; **it made him ~** le hizo vacilar.

pave [peɪv] *vt (gen)* pavimentar; *(with flagstones)* enlosar; *(with stones)* adoquinar, empedrar; **to ~ the way for sb/sth** *(fig)* preparar el terreno para uno/algo.

pave·ment [ˈpeɪvmənt] *n (Brit)* acera *f, (LAm)* vereda *f,* banqueta *f; (US)* calzada *f,* pavimento *m.*

pa·vil·ion [pəˈvɪlɪən] *n (Sport)* vestuarios *mpl.*

pav·ing [ˈpeɪvɪŋ] **1** *n (see* **pave***)* pavimento *m;* enlosado *m;* adoquinado *m,* empedrado *m.* **2: ~ stone** *n* losa *f, (LAm)* baldosa *f.*

paw [pɔː] **1** *n (of animal: foot)* pata *f; (: claw)* garra *f; (fam: hand)* manota *f, (LAm)* garra *f.* **2** *vt* **(a)** *(animal)* tocar con la pata; **to ~ the ground** piafar. **(b)** *(pej: person: touch)* manosear, tocar; **stop ~ing me!** ¡deja de tocarme!, ¡manos fuera!

pawn¹ [pɔːn] *n (Chess)* peón *m; (fig)* instrumento *m,* juguete *m.*

pawn² [pɔːn] **1** *n:* **in ~** en prenda, empeñado/a; **to leave** *or* **put sth in ~** dejar algo en prenda, empeñar algo. **2** *vt* empeñar.

pawn·broker [ˈpɔːnˌbrəʊkəʳ] *n* prestamista *mf;* **~'s = pawnshop.**

pawn·shop [ˈpɔːnʃɒp] *n* monte *m* de piedad, montepío *m,* casa *f* de empeños.

pay [peɪ] *(vb: pt, pp* **paid***)* **1** *n (wages etc)* sueldo *m,* salario *m; (payment)* paga *f,* pago *m;* **to be in sb's ~** ser empleado de uno; **the ~'s not very good** no pagan muy bien.

2 *vt* **(a)** pagar; **to ~ sb £10** pagar 10 libras a uno; **will this ~ the price of the breakages?** ¿cubre esto el precio de las roturas?; **I paid £5 for that record** pagué 5 libras por ese disco; **how much did you ~ for it?** ¿cuánto pagaste por él?; **to be** *or* **get paid on Fridays** cobrar los viernes; **a badly paid worker** un obrero mal pagado; **that's what you're paid for** para eso te pagan; **to ~ one's way** pagarse los gastos; **to put paid to sb/sth** acabar con uno/algo; **the shares ~ 12%** las acciones producen un 12 por ciento de interés. **(b)** *(lit, fig: be profitable)* compensar; **it wouldn't ~ him to do it** no le compensaría hacerlo. **(c) to ~ sb/a place a visit** *or* **call, to ~ a visit to** *or* **a call on sb/a place** hacer visita a uno/visitar un lugar; *see* **attention, homage, respect.**

3 *vi* **(a)** pagar; **to ~ in advance** pagar por adelantado; **don't worry, I'll ~** no te preocupes, lo pagaré yo; **they paid for her to go** pagaron para que fuera ella. **(b)** *(be profitable)* rendir, ser provechoso *or* rentable; **the business doesn't ~** el negocio no es rentable; **it ~s to be courteous/to tell the truth** vale la pena ser cortés/decir la verdad; **crime doesn't ~** el crimen no compensa. **(c)** *(fig: to suffer)* pagar; **she paid for it with her life** lo pagó con la vida; **I'll make you ~ for this!** ¡me las pagarás!

4: ~ packet *n* sobre *m;* **~ slip** *n* recibo *m* del sueldo.

♦ **pay back** *vt + adv* **(a)** *(money etc)* reembolsar. **(b)** *(in revenge)* devolver; **to ~ sb back for doing sth** hacer a uno pagar algo, pagar a uno en la misma moneda.

♦ **pay in** *vt + adv:* **to ~ in a cheque** ingresar *or* abonar un cheque (a cuenta).

♦ **pay off 1** *vt + adv* **(a)** liquidar, saldar; *(mortgage)* cancelar, redimir; **to ~ sth off in instalments** pagar algo a plazos; **to ~ off a grudge** ajustar cuentas. **(b)** *(discharge)* despedir. **2** *vi + adv* merecer *or* valer la pena, dar resultado; **the ruse paid off** la estratagema dio resultado.

♦ **pay out** *vt + adv* **(a)** *(money: to spend)* gastar, desembolsar; **to ~ out on a policy** pagar una

póliza. **(b)** *(rope)* ir dando.
♦ **pay up 1** *vt + adv (bill etc)* saldar, liquidar. **2** *vi + adv* pagar, soltar la mano *(fam)*.
pay·able ['peɪəbl] *adj* pagadero/a; **to make a cheque ~ to sb** extender un cheque a favor de uno.
pay·day ['peɪdeɪ] *n* día *m* de paga *or (LAm)* raya.
P.A.Y.E. *(Brit) abbr of* **pay as you earn** impuestos *mpl* sobre el sueldo.
payee [peɪ'iː] *n* portador(a) *m/f*.
pay·ing ['peɪɪŋ] *adj* provechoso/a, rentable; **~ guest** huésped(a) *m/f*.
pay·master ['peɪˌmɑːstəʳ] *n* oficial *m* pagador *or (LAm)* rayador.
pay·ment ['peɪmənt] *n (act of paying)* pago *m; (money paid)* pago *m*, remuneración *f; (fig: reward)* recompensa *f*; **advance ~** anticipo *m*; **deferred ~, ~ by instalments** pago *m* a plazos *or* por abonos; **down ~** depósito *m, (LAm)* enganche *m*; **yearly ~** anualidad *f*; **as ~ for, in ~ for** en pago de; **without ~** sin remuneración, gratis; **on ~ of £5** mediante pago de *or* pagando 5 libras.
pay·off ['peɪɒf] *n (fam: bribe)* soborno *m, (LAm)* coima *f, (Mex)* mordida *f; (final outcome, climax)* momento *m* decisivo, desenlace *m; (of joke)* remate *m*.
pay·roll ['peɪrəʊl] *n* nómina *f*.
p.c. *abbr of* **postcard; per cent.**
pea [piː] **1** *n* guisante *m, (LAm)* chícharo *m*, arveja *f*, alverja *f*; **sweet ~** guisante de olor; *see* **like**[1] **1. 2: ~ soup** *n* sopa *f* de guisantes *etc*.
peace [piːs] **1** *n (not war)* paz *f; (calm)* tranquilidad *f*, paz *f*; **to be at ~ with sb/sth** estar en paz con uno/algo; **he is at ~** *(euph: dead)* falleció; **to make ~** hacer las paces; **to make one's ~ with sb** hacer las paces con uno; **~ of mind** tranquilidad de ánimo *or* del espíritu; **~ and quiet** tranquilidad; **to keep the ~** *(lit, fig)* mantener la paz; *(Jur)* guardar el orden. **2: ~ conference** *n* conferencia *f* de paz; **~ offering** *n (fig)* prenda *f* de paz; **~ treaty** *n* tratado *m* de paz.
peace·able ['piːsəbl] *adj* pacífico/a.
peace·ful ['piːsfʊl] *adj (not warlike)* pacífico/a; *(quiet, untroubled)* tranquilo/a, sosegado/a.
peace·ful·ly ['piːsfəlɪ] *adv (see adj)* pacíficamente; tranquilamente.
peace-keeping ['piːsˌkiːpɪŋ] *adj* pacificador(a), de pacificación.
peace-loving ['piːsˌlʌvɪŋ] *adj* amante de la paz.
peace·maker ['piːsˌmeɪkəʳ] *n (pacifier)* pacificador(a) *m/f; (umpire)* árbitro/a *m/f*, conciliador(a) *m/f*.
peace·time ['piːstaɪm] *n* tiempos *mpl* de paz.
peach [piːtʃ] **1** *n* **(a)** *(fruit)* melocotón *m, (LAm)* durazno *m; (tree)* melocotonero *m, (LAm)* durazno. **(b)** *(fam)* **she's a ~** es una monada, *(LAm)* es una lindura *or* belleza. **(c)** *(colour)* color *m* de melocotón *etc*. **2** *adj* color melocotón *etc*.
pea·cock ['piːkɒk] **1** *n* pavo *m* real, pavón *m*. **2: ~ blue** *adj, n* azul *m* de pavo real.
peak [piːk] **1** *n* **(a)** *(of mountain)* cumbre *f*, cima *f; (mountain itself)* pico *m; (of roof etc)* caballete *m*. **(b)** *(of cap)* visera *f*. **(c)** *(fig: top)* cúspide *f*, cumbre *f; (: high point)* apogeo *m*, auge *m; (: on graph)* máximo *m*; **he was at the ~ of his fame** estaba en la cumbre de su fama. **2** *cpd* de pico, de punta; **~ hour** *adj (Elec)* hora pico; **~ hour(s)** *n(pl) (of traffic, Telec etc)* hora(s) *f(pl)* punta.
peaky ['piːkɪ] *adj* (**-ier, -iest**) *(fam)* pálido/a, enfermizo/a.
peal [piːl] **1** *n (sound of bells)* repique *m*, repiqueteo *m*; **~ of thunder** trueno *m*; **~s of laughter** carcajadas *fpl*. **2** *vt (also* **~ out**) repicar, tocar a vuelo. **3** *vi (bell)* repicar, tocar a vuelo; *(thunder)* tronar.
pea·nut ['piːnʌt] **1** *n* cacahuete *m, (LAm)* cacahuate *m*, maní *m*; **it's just ~s** *(fam)* son migajas. **2: ~ butter** *n* mantequilla *f* de cacahuete *etc*.
pear [pɛəʳ] *n (fruit)* pera *f; (tree)* peral *m*.
pearl [pɜːl] **1** *n* perla *f; (mother-of-pearl)* nácar *m*, madreperla *f*; **~ of wisdom** *(fig)* joya *f* de sabiduría; **to cast ~s before swine** *(fig)* echar margaritas a los cerdos. **2: ~ barley** *n* cebada *f* perlada; **~ oyster** *n* ostra *f* perlífera.
pearly ['pɜːlɪ] *adj* (**-ier, -iest**) *(gen)* de perla; *(colour)* nacarado/a; **P~ Gates** *(hum)* Las Puertas del Cielo.
pear-shaped ['pɛəʃeɪpt] *adj* en forma de pera.
peas·ant ['pezənt] *n, adj* campesino/a *m/f*.
peat [piːt] *n* turba *f*.
peaty ['piːtɪ] *adj* (**-ier, -iest**) turboso/a.
peb·ble ['pebl] **1** *n* guijarro *m*, china *f*; **you're not the only ~ on the beach** *(fam)* no faltan peces en el mar. **2: ~ dash** *n* empedrado *m*.
peb·bly ['peblɪ] *adj* guijarroso/a.
pec·ca·ry ['pekərɪ] *n (Zool)* pecarí *m, (LAm)* saíno *m*.
peck [pek] **1** *n (of bird etc)* picotazo *m; (fam: kiss)* roce *m*, besito *m*. **2** *vt* picotear; besuquear. **3** *vi* picotear; **to ~ at** *(of bird)* picar; **he ~ed at his food** picaba la comida (con desgano).
peck·ing ['pekɪŋ] *n*: **~ order** *(fig)* jerarquía *f*.
peck·ish ['pekɪʃ] *adj (fam)* hambriento/a, con hambre.
pe·cu·li·ar [pɪ'kjuːlɪəʳ] *adj* **(a)** *(strange)* extraño/a, raro/a. **(b)** *(exclusive, special)* propio/a; **it is a phrase ~ to him** es una frase propia de él.
pe·cu·li·ar·ity [pɪˌkjuːlɪ'ærɪtɪ] *n (specific quality)* peculiaridad *f*, característica *f*.
pe·cu·li·ar·ly [pɪ'kjuːlɪəlɪ] *adv* **(a)** *(exceptionally)* particularmente, especialmente. **(b)** *(strangely)* extrañamente, de modo raro.
pe·cu·ni·ary [pɪ'kjuːnɪərɪ] *adj* pecuniario/a.
peda·gog·ic(al) [ˌpedə'gɒdʒɪk(əl)] *adj* pedagógico/a.
peda·gogue ['pedəgɒg] *n* pedagogo/a *m/f*.
ped·al ['pedl] **1** *n* pedal *m*. **2** *vi* pedalear. **3** *vt* impulsar pedaleando. **4: ~ bin** *n* cubo *m* de la basura con pedal; **~ car** *n* cochecito *m* con pedales.
ped·ant ['pedənt] *n* pedante *mf*.
pe·dan·tic [pɪ'dæntɪk] *adj* pedante.
ped·ant·ry ['pedəntrɪ] *n* pedantería *f*.
ped·dle ['pedl] *vt (sell)* ir vendiendo (de puerta en puerta); *(fig: ideas etc)* diseminar.
ped·dler ['pedləʳ] *n (US)* = **pedlar.**
ped·er·ast ['pedəræst] *n* pederasta *m*.
ped·es·tal ['pedɪstl] *n* pedestal *m*, basa *f*; **to put sb on a ~** *(fig)* poner a uno sobre un pedestal.
pe·des·trian [pɪ'destrɪən] **1** *n* peatón/ona *m/f*. **2** *adj (dull, commonplace)* pedestre. **3: ~ crossing** *n* paso *m* de peatones; **~ precinct** *n* zona *f* exclusiva para peatones.
pe·di·at·ric [ˌpiːdɪ'ætrɪk] *adj* de pediatría, pediátrico/a.
pe·dia·tri·cian [ˌpiːdɪə'trɪʃən] *n* pediatra *mf*, pediatra *mf*.
pe·di·at·rics [ˌpiːdɪ'ætrɪks] *nsg* pediatría *f*.
pedi·cure ['pedɪkjʊəʳ] *n* pedicura *f*, quiropedia *f*.
pedi·gree ['pedɪgriː] **1** *n (lineage)* genealogía *f*, linaje *m; (document)* pedigree *m*, pedigrí *m*. **2** *cpd* de raza, de casta, de pura sangre; *(fig)* certificado/a, garantizado/a.
ped·lar ['pedləʳ] *n* (vendedor(a) *m/f*) ambulante *mf*.
pee [piː] *(fam)* = **piss.**
peek [piːk] **1** *n* mirada *f* furtiva, ojeada *f*, atisbo *m*; **to take** *or* **have a ~ at** echar una ojeada a, atisbar.

2 *vi (glance)* echar una ojeada; *(: furtively)* mirar a hurtadillas.

peel [piːl] **1** *n (skin)* piel *f; (of fruit etc)* cáscara *f; (: removed)* peladuras *fpl.* **2** *vt (fruit etc)* pelar, quitar la piel a; *(bark)* descortezar. **3** *vi (wallpaper)* desprenderse, despegarse; *(paint etc)* desconcharse; *(skin, person)* pelarse.

♦ **peel away 1** *vi + adv (paint)* desconcharse; *(paper)* despegarse, desprenderse; *(skin)* pelarse. **2** *vt + adv* quitar, despegar.

♦ **peel back** *vt + adv* quitar (de encima) de.

♦ **peel off 1** *vt + adv* **(a)** *see* **peel away 2. (b)** *(clothes)* quitarse. **2** *vi + adv* **(a)** *see* **peel away 1. (b)** *(leave formation)* despegarse. **(c)** *(clothes)* desnudarse.

peel·er ['piːləʳ] *n* mondador *m.*

peel·ings ['piːlɪŋz] *npl* monda *f,* peladuras *fpl.*

peep[1] [piːp] **1** *n (of bird etc)* pío *m; (of whistle)* silbido *m;* **we can't get a ~ out of them** *(fam)* no nos dicen ni pío. **2** *vi* piar.

peep[2] [piːp] **1** *n* ojeada *f,* atisbo *m;* **to take** *or* **have a ~ (at sth)** atisbar (algo), echar una ojeada (a algo). **2** *vi* asomar(se); **to ~ at** echar una ojeada a; **to ~ through the window** asomarse a la ventana; **the sun ~ed out from behind the clouds** el sol se vislumbró tras las nubes.

peep·hole ['piːphəʊl] *n* mirilla *f.*

peep·ing ['piːpɪŋ]: **P~ Tom** *n* mirón/ona *m/f.*

peep·show ['piːpʃəʊ] *n* mundonuevo *m.*

peer[1] [pɪəʳ] *n (noble)* noble *m; (equal)* igual *mf,* par *mf;* **~ group** grupo *m* de pares.

peer[2] [pɪəʳ] *vi* mirar (con insistencia); **the old woman ~ed at the book** la vieja miraba el libro con ojos de miope; **to ~ into a room** asomar la cabeza por un cuarto.

peer·age ['pɪərɪdʒ] *n* dignidad *f,* nobleza *f;* **he was given a ~** le otorgaron un título de nobleza.

peer·ess ['pɪərɪs] *n* noble *f.*

peer·less ['pɪəlɪs] *adj* sin par, incomparable.

peeved [piːvd] *adj (fam)* fastidiado/a, *(LAm)* molesto/a.

peev·ish ['piːvɪʃ] *adj* malhumorado/a, displicente, *(LAm)* díscolo/a.

peev·ish·ly ['piːvɪʃlɪ] *adv* malhumoradamente, con mal humor.

pee·wit ['piːwɪt] *n* avefría *f.*

peg [peg] **1** *n (tent ~)* estaca *f; (Tech)* clavija *f; (clothes ~)* pinza *f; (for coat, hat)* gancho *m,* colgadero *m, (LAm)* percha *f;* **off the ~** de confección; **to take sb down a ~ (or two)** bajarle los humos a uno; **a ~ on which to hang a theory** un pretexto para justificar una teoría. **2** *vt (clothes on line)* tender; *(tent etc)* enclavijar, fijar con estacas; *(fig: prices, wages)* fijar.

♦ **peg away** *vi + adv (fam)* machacar, batir el yunque.

♦ **peg out** *vi + adv (fam: die)* estirar la pata.

pe·jo·ra·tive [pɪ'dʒɒrɪtɪv] *adj* peyorativo/a, despectivo/a.

pe·kin·ese [ˌpiːkɪ'niːz] *n* pequinés/esa *m/f.*

peli·can ['pelɪkən] *n* pelícano *m.*

pel·let ['pelɪt] *n (little ball)* bolita *f; (for gun)* perdigón *m; (Med)* píldora *f.*

pell-mell [ˌpel'mel] *adv* en tropel, *(LAm)* a empellones.

pel·met ['pelmɪt] *n* galería *f.*

pelt [pelt] **1** *n (skin)* piel *f,* pellejo *m.* **2** *vt (with stones)* apedrear; **to ~ sb with eggs** arrojarle huevos a uno; **they ~ed him with questions** *(fig)* le acribillaron de preguntas. **3** *vi* **(a) the rain is ~ing (down)** *(fam)* llueve a cántaros *or* mares. **(b)** *(fam: go fast)* correr a toda prisa.

pel·vis ['pelvɪs] *n* pelvis *f.*

pen[1] [pen] **1** *n (for animals)* corral *m; (for sheep)* redil *m; (for bulls)* toril *m; (play ~)* jaula *f* de niño; *(US fam: prison)* cárcel *f,* chirona *f (fam),* jaula *(fam).* **2** *vt (also* **~ in, ~ up)** encerrar, acorralar.

pen[2] [pen] **1** *n (gen)* pluma *f; (ballpoint ~)* bolígrafo *m; (felt tip ~)* rotulador *m, (LAm)* plumón *m; (fountain ~)* estilográfica *f, (LAm)* pluma *f* fuente; **to put ~ to paper** tomar la pluma. **2** *vt* redactar. **3: ~ name** *n* seudónimo *m.*

pe·nal ['piːnl] *adj* penal; **~ servitude** trabajos *mpl* forzados.

pe·nal·ize ['piːnəlaɪz] *vt* **(a)** *(punish)* castigar. **(b)** *(Sport)* castigar, penalizar. **(c)** *(handicap)* perjudicar; **the decision ~s those who ...** la decisión perjudica a los que ... .

pen·al·ty ['penəltɪ] **1** *n* **(a)** *(punishment)* pena *f,* castigo *m; (fine)* multa *f; (fig: disadvantage)* desventaja *f;* **to pay the ~** pagar *or* cargar con las consecuencias; **on ~ of dismissal** so pena de ser despedido; **the ~ for not doing this is ...** el castigo por no hacer esto es ... . **(b)** *(Sport)* castigo *m; (Ftbl)* penalty *m.* **2: ~ area** *n (Ftbl)* área *f* de castigo; **~ goal** *n* gol *m* de castigo; **~ kick** *n* penalty *m.*

pen·ance ['penəns] *n:* **to do ~ for** hacer penitencia por.

pence [pens] *npl of* **penny.**

pen·chant ['pɑ̃ːŋʃɑ̃ːŋ] *n* predilección *f (for* por).

pen·cil ['pensl] **1** *n* lápiz *m, (LAm)* lapicero *m.* **2** *vt (also* **~ in)** escribir con lapiz. **3: ~ case** *n* estuche *m,* plumero *m;* **~ sharpener** *n* sacapuntas *m inv.*

pen·dant ['pendənt] *n* pendiente *m.*

pend·ing ['pendɪŋ] **1** *adj* pendiente; **to be ~** estar pendiente *or* en trámites. **2** *prep:* **~ the arrival of ...** hasta que llegue ..., hasta llegar ... .

pen·du·lum ['pendjʊləm] *n (gen)* péndulo *m.*

pen·etrate ['penɪtreɪt] **1** *vt (go right through)* penetrar (por), *(LAm)* traspasar; *(Mil)* infiltrar, penetrar; *(infiltrate)* infiltrar, *(LAm)* colarse en; *(understand)* penetrar, llegar hasta. **2** *vi (go right through)* atravesar, *(LAm)* traspasar; *(spread, permeate)* trascender; *(get inside)* penetrar; *(be understood etc)* entrar, penetrar.

pen·etrat·ing ['penɪtreɪtɪŋ] *adj (eyesight, quotation etc)* penetrante; *(smell etc)* trascendiente; *(person, mind etc)* perspicaz; *(sound)* agudo/a.

pen·etra·tion [ˌpenɪ'treɪʃən] *n (see adj)* penetración *f;* trascendencia *f;* perspicacia *f;* agudeza *f.*

pen·friend ['penfrend] *n* amigo/a *m/f* corresponsal.

pen·guin ['peŋgwɪn] *n* pingüino *m.*

peni·cil·lin [ˌpenɪ'sɪlɪn] *n* penicilina *f.*

pen·in·su·la [pɪ'nɪnsjʊlə] *n* península *f.*

pe·nis ['piːnɪs] *n* pene *m.*

peni·tence ['penɪtəns] *n* penitencia *f.*

peni·tent ['penɪtənt] **1** *adj* arrepentido/a; *(Rel)* penitente. **2** *n* penitente *mf.*

peni·ten·tia·ry [ˌpenɪ'tenʃərɪ] *n (esp US: prison)* cárcel *f,* presidio *m,* penal *m.*

pen·knife [ˌpennaɪf] *n, pl* **-knives** ['pennaɪvz] navaja *f,* cortaplumas *m inv.*

pen·nies ['penɪz] *npl of* **penny.**

pen·ni·less ['penɪlɪs] *adj* sin dinero, *(LAm)* pelado/a.

pen·ny ['penɪ] *n, pl* **pennies** *or* **pence** *(Brit)* penique *m; (US)* centavo *m;* **in for a ~, in for a pound** preso por mil, preso por mil quinientos; **I'm not a ~ the wiser** sigo sin entender ni pizca; **he hasn't a ~ to his name** no tiene dónde caerse muerto; **he turns up like a bad ~** bicho malo nunca muere; **a ~ for your thoughts** ¿en qué estás pensando?; **the ~ dropped** cayó en la cuenta.

pen·pusher ['penˌpʊʃəʳ] *n (pej)* chupatintas *m inv.*

pen·sion ['penʃən] **1** *n (allowance)* pensión *f; (subsidy)* subvención *f; (state payment)* pensión; *(old age ~)* pensión, jubilación *f*, subsidio *m* de vejez; *(retirement ~)* retiro *m*, jubilación. **2:** ~ **fund** *n* caja *f* de jubilación; ~ **scheme** *n* plan *m* de jubilación.

♦ **pension off** *vt + adv* jubilar.

pen·sion·er ['penʃənə^r] *n* jubilado/a *m/f*.

pen·sive ['pensɪv] *adj (gen)* pensativo/a; *(sad)* preocupado/a, triste.

pen·sive·ly ['pensɪvlɪ] *adv (see adj)* pensativamente; tristemente, con tristeza.

pen·ta·gon ['pentəgən] *n* pentágono *m*.

pen·tath·lon [pen'tæθlən] *n* pentathlón *m*.

Pen·tecost ['pentɪkɒst] *n (Rel)* Pentecostés *m*.

pent·house ['penthaʊs] *n* ático *m*, penthouse *m*.

pent-up ['pentʌp] *adj* reprimido/a.

pe·nul·ti·mate [pɪ'nʌltɪmɪt] *adj* penúltimo/a.

penu·ry ['penjʊrɪ] *n* miseria *f*, pobreza *f*.

peo·ny ['pɪənɪ] *n* peonía *f*.

peo·ple ['pi:pl] **1** *n* **(a)** *(pl: persons)* gente *f;* **old** ~ los viejos *or* mayores; **young** ~ los jóvenes *or* la juventud; **some** ~ algunas personas, algunos, *(LAm)* alguna gente; **what do you** ~ **think?** y ustedes ¿qué piensan?; **some** ~ **are born lucky** algunos nacen de pie, *(LAm)* hay quien nace de pie; **you of all** ~ **should ...** tú entre todos debieras .... **(b)** *(pl: in general)* gente *f*, personas *fpl;* **many** ~ **think that ...** muchas personas creen que ...; **other** ~ los demás, el resto de la gente; ~ **say that ...** se dice que .... **(c)** *(pl: inhabitants)* habitantes *mpl;* **the** ~ **of London** los habitantes de Londres; **country** ~ la gente del campo; **town** ~ la gente de la ciudad. **(d)** *(pl: Pol etc: citizens)* pueblo *m*, ciudadanos *mpl; (: general public)* el pueblo; **the** ~ el pueblo; **the** ~ **at large** el pueblo en general; **a man of the** ~ un hombre del pueblo; ~**'s republics** repúblicas *fpl* populares; ~**'s tribunal** tribunal *m* del pueblo. **(e)** *(pl: family)* gente; **my** ~ mi gente; *(nation)* mi pueblo; *(friends etc)* los míos. **(f)** *(sg: nation)* pueblo *m*, nación *f*.

2 *vt* poblar.

pep [pep] *(fam)* **1** *n* energías *fpl*, ánimo *m*. **2:** ~ **pill** *n* píldora *f* antifatiga; ~ **talk** *n* discurso *m* animador.

♦ **pep up** *vt + adv* dar ánimos a.

pep·per ['pepə^r] **1** *n (spice)* pimienta *f;* **black/white** ~ pimienta negra/blanca; *(vegetable)* pimiento *m;* ~ **mill** molinillo *m* de pimienta. **2** *vt* echar *or* poner pimienta a; ~**ed with** salpicado de; **to** ~ **a work with quotations** *(fig)* salpicar una obra de citas; **to** ~ **sb with bullets** acribillar a uno a balazos.

pepper·corn ['pepəkɔ:n] *n* grano *m* de pimienta.

pepper·mint ['pepəmɪnt] *n (Bot)* menta *f; (sweet)* pastilla *f* de menta.

pepper·pot ['pepəpɒt] *n* pimentero *m*.

pep·per·y ['pepərɪ] *adj (hot, sharp)* picante; *(tasting of pepper)* que sabe a pimienta; *(fig)* enojadizo/a.

pep·tic ['peptɪk] *adj:* ~ **ulcer** úlcera *f* gastroduodenal.

per [pɜ:^r] *prep* por; **£7** ~ **week** 7 libras por *or* a la semana; **£10** ~ **dozen** 10 libras la docena; ~ **capita** per capita; ~ **person** por cabeza; *see* **usual.**

per·ceive [pə'si:v] *vt (realize)* darse cuenta de, notar; *(see)* percibir.

per cent [pə'sent] *n* por ciento; **20/50** ~ el 20/el 50 por ciento; **100** ~ cien por ciento.

per·cent·age [pə'sentɪdʒ] *n* porcentaje *m;* **to get a** ~ **on all sales** recibir un tanto por ciento sobre todas las ventas; **on a** ~ **basis** sobre una base de porcentaje.

per·cep·tible [pə'septəbl] *adj (notable)* sensible; *(to the ear)* audible; *(to the eye)* visible.

per·cep·tibly [pə'septɪblɪ] *adv (see adj)* sensiblemente; audiblemente; visiblemente.

per·cep·tion [pə'sepʃən] *n* percepción *f*.

per·cep·tive [pə'septɪv] *adj (gen)* perspicaz.

perch[1] [pɜ:tʃ] *n (fish)* perca *f*.

perch[2] [pɜ:tʃ] **1** *n (of bird)* percha *f; (fig: for person etc)* posición *f* elevada. **2** *vt* poner arriba. **3** *vi (bird)* posarse en; *(person etc)* ponerse *or* ubicarse arriba.

per·co·late ['pɜ:kəleɪt] **1** *vt (gen)* filtrar; ~**d coffee** café *m* filtro *or (LAm)* pasado. **2** *vi (lit, fig)* filtrarse, colarse.

per·co·la·tor ['pɜ:kəleɪtə^r] *n* cafetera *f* de filtro.

per·cus·sion [pə'kʌʃən] **1** *n* **(a)** *(gen)* percusión *f*. **(b)** *(Mus)* percusión; *(drums)* batería *f*. **2:** ~ **instrument** *n* instrumento *m* de percusión.

per·egrine ['perɪgrɪn]**:** ~ **falcon** *n* halcón *m* peregrino, neblí *m*.

per·emp·tory [pə'remptərɪ] *adj* perentorio/a.

per·en·nial [pə'renɪəl] **1** *adj (gen, Bot)* perenne; ~ **youth** la juventud eterna. **2** *n (Bot)* perenne *m*, planta *f* perenne.

per·fect ['pɜ:fɪkt] **1** *adj* **(a)** perfecto/a; **with** ~ **assurance** con absoluta seguridad. **(b)** *(absolute, utter)* completo/a, total; **a** ~ **gentleman** un caballero consumado; **he's a** ~ **stranger to me** me es completamente desconocido. **(c)** *(Ling)* ~ **tense** tiempo *m* perfecto. **(d)** *(Mus)* ~ **pitch** tono *m* perfecto. **2** *n (Ling)* perfecto *m*. **3** [pə'fekt] *vt* perfeccionar.

per·fec·tion [pə'fekʃən] *n* perfección *f;* **cooked to** ~ cocinado/a a la perfección.

per·fec·tion·ist [pə'fekʃənɪst] *n* perfeccionista *mf*.

per·fect·ly ['pɜ:fɪktlɪ] *adv (very well)* perfectamente; *(absolutely)* completamente.

per·fidi·ous [pɜ:'fɪdɪəs] *adj* pérfido/a.

per·fo·rate ['pɜ:fəreɪt] *vt* perforar, penetrar; ~**d line** línea *f* perforada; ~**d ulcer** *(Med)* úlcera *f* perforada.

per·fo·ra·tion [,pɜ:fə'reɪʃən] *n* perforación *f*.

per·form [pə'fɔ:m] **1** *vt* **(a)** *(task)* realizar, llevar a cabo; *(test)* verificar; *(duty)* cumplir. **(b)** *(Theat)* representar, dar; *(music)* tocar; *(song)* cantar; **they** ~**ed Hamlet last week** la semana pasada dieron Hamlet. **2** *vi* **(a)** *(play)* tocar; *(sing)* cantar; *(act)* actuar, trabajar; *(be an actor)* hacer teatro. **(b)** *(machine, vehicle)* funcionar, marchar; *(fig: person etc)* trabajar, desempeñar su papel.

per·for·mance [pə'fɔ:məns] *n* **(a)** *(see vt* **(a)***)* realización *f;* verificación *f;* cumplimiento *m*. **(b)** *(see vt* **(b)***)* representación *f;* interpretacion *f;* **he gave a splendid** ~ su actuación fue estupenda; **a fine** ~ **of the Ninth Symphony** una magnífica interpretación de la Novena Sinfonía. **(c)** *(of machine etc: effectiveness)* funcionamiento *m*, funcionar *m; (: productivity)* rendimiento *m; (of team in match etc)* actuación *f;* **they put up a good** ~ se defendieron bien; **what a** ~**!** *(fam)* ¡qué lío!, *(LAm)* ¡qué desmadre!

per·form·er [pə'fɔ:mə^r] *n (Theat)* actor/actriz *m/f*, artista *mf; (Mus)* intérprete *mf*.

per·fume ['pɜ:fju:m] **1** *n* perfume *m*. **2** *vt* perfumar.

per·fum·ery [pə'fju:mərɪ] *n* perfumería *f*.

per·func·tory [pə'fʌŋktərɪ] *adj* superficial, somero/a.

per·haps [pə'hæps, præps] *adv* tal vez, quizá(s); ~ **so/not** puede que sí/no; ~ **he'll come** puede que venga.

per·il ['perɪl] *n* riesgo *m*, peligro *m;* **do it at your** ~

corre a riesgo propio.

peri·lous ['perɪləs] *adj* peligroso/a, arriesgado/a.

peri·lous·ly ['perɪləslɪ] *adv* peligrosamente; **he came ~ close to being caught** por poco le agarran.

pe·rim·eter [pə'rɪmɪtə^r] *n* perímetro *m*.

pe·ri·od ['pɪərɪəd] **1** *n* **(a)** *(length of time)* período *m*, época *f*; *(stage: in career, development etc)* etapa *f*; **for a ~ of three weeks** durante (un período de) tres semanas; **at that ~ (of my life)** en aquella época (de mi vida); **the holiday ~** el período de vacaciones; **the Victorian ~** la época victoriana; **a painting of his early ~** un cuadro de su primera época *or* de la juventud. **(b)** *(Scol)* (hora *f* de) clase *f*. **(c)** *(full stop)* punto *m*. **(d)** *(menstruation)* regla *f*. **2: ~ dress** *n* trajes *mpl* de época; **~ furniture** *n* muebles *mpl* de época; **~ piece** *n* mueble *m etc* clásico.

pe·ri·od·ic [ˌpɪərɪ'ɒdɪk] *adj* periódico/a; **~ table** *(Chem)* cuadro *m* de elementos.

pe·ri·odi·cal [ˌpɪərɪ'ɒdɪkəl] **1** *adj* periódico/a. **2** *n* revista *f*, publicación *f* periódica.

pe·ri·odi·cal·ly [ˌpɪərɪ'ɒdɪkəlɪ] *adv* cada cierto tiempo, a intervalos.

peri·pa·tet·ic [ˌperɪpə'tetɪk] *adj (salesman)* ambulante; *(teacher)* peripatético/a.

pe·riph·er·al [pə'rɪfərəl] *adj* periférico/a.

pe·riph·ery [pə'rɪfərɪ] *n* periferia *f*.

peri·scope ['perɪskəʊp] *n* periscopio *m*.

per·ish ['perɪʃ] *vi (person etc)* perecer, fallecer; *(material)* estropearse, echarse a perder.

per·ish·able ['perɪʃəbl] **1** *adj* perecedero/a. **2** *n*: **~s** productos *mpl* perecederos.

per·ish·ing ['perɪʃɪŋ] *adj (fam)* **it's ~ (cold)** hace un frío que te pela.

peri·to·ni·tis [ˌperɪtə'naɪtɪs] *n* peritonitis *f*.

peri·win·kle ['perɪˌwɪŋkl] *n (Bot)* vincapervinca *f*; *(Zool)* caracol *m* de mar.

per·jure ['pɜːdʒə^r] *vt*: **to ~ o.s.** jurar en falso, perjurar.

per·jury ['pɜːdʒərɪ] *n* juramento *m* en falso, perjurio *m*; **to commit ~** jurar en falso, perjurar.

perk [pɜːk] *n (fam)* extra *m*, beneficio *m*, *(LAm)* gaje *m*.

♦ **perk up 1** *vt + adv (encourage)* animar *(sb* a uno); **the dog ~ed up his ears** el perro aguzó las orejas. **2** *vi + adv (cheer up)* (re)animarse.

perky ['pɜːkɪ] *adj* **(-ier, -iest)** *(cheerful, bright)* alegre, animado/a; *(cheeky)* fresco/a.

perm [pɜːm] **1** *n (abbr of* **permanent wave**) permanente *f*. **2** *vt*: **to ~ sb's hair** hacer una permanente a uno; **to have one's hair ~ed** hacerse una permanente.

per·ma·nence ['pɜːmənəns] *n* permanencia *f*.

per·ma·nen·cy ['pɜːmənənsɪ] *n* permanencia *f*, arreglo *m* permanente, cosa *f* fija.

per·ma·nent ['pɜːmənənt] *adj (gen)* permanente; *(enduring)* duradero/a; **I'm not ~ here** *(in job)* no soy de planta; **~ address** domicilio *m* permanente; **~ wave** permanente *f*.

per·ma·nent·ly ['pɜːmənəntlɪ] *adv (gen)* permanentemente, con permanencia; *(lastingly)* en forma duradera; **he is ~ drunk** está siempre borracho.

per·man·ga·nate [pɜː'mæŋgənɪt] *n* permanganato *m*.

per·me·ate ['pɜːmɪeɪt] **1** *vt (penetrate)* penetrar; *(soak)* empapar; *(spread to)* trascender a. **2** *vi* penetrar, trascender; **the odour ~d through the house** el olor trascendió por la casa.

per·mis·sible [pə'mɪsɪbl] *adj* lícito/a; **it is not ~ to do that** no se permite que se haga eso.

per·mis·sion [pə'mɪʃən] *n* permiso *m*; **with your ~** con su permiso; **to give sb ~ to do sth** autorizar a uno para que haga algo.

per·mis·sive [pə'mɪsɪv] *adj (gen)* permisivo/a.

per·mit ['pɜːmɪt] **1** *n (permission)* permiso *m*; *(licence etc)* permiso *m*, licencia *f*; *(pass)* pase *m*. **2** [pə'mɪt] *vt* permitir; **to ~ sb to do sth** permitir a uno hacer algo. **3** [pə'mɪt] *vi* permitir; **to ~ of** *(frm)* dar lugar a; **weather ~ting** si el tiempo permite.

per·mu·ta·tion [ˌpɜːmjʊ'teɪʃən] *n* permutación *f*.

per·ni·cious [pɜː'nɪʃəs] *adj* perjudicial, nocivo/a; *(Med)* pernicioso/a.

per·nick·ety [pə'nɪkətɪ] *adj (fam)* quisquilloso/a, remilgado/a.

per·pen·dicu·lar [ˌpɜːpən'dɪkjʊlə^r] **1** *adj* perpendicular. **2** *n* perpendicular *f*.

per·pe·trate ['pɜːpɪtreɪt] *vt* perpetrar.

per·pe·tra·tor ['pɜːpɪtreɪtə^r] *n* autor(a) *m/f*; *(Jur)* perpetrador(a) *m/f*.

per·pet·ual [pə'petjʊəl] *adj (eternal)* perpetuo/a, eterno/a; *(endless)* interminable; *(continuous)* continuo/a, constante.

per·pet·ual·ly [pə'petjʊəlɪ] *adv (see adj)* perpetuamente; constantemente.

per·petu·ate [pə'petjʊeɪt] *vt* perpetuar.

per·pe·tu·ity [ˌpɜːpɪ'tjuːɪtɪ] *n* perpetuidad *f*; **in ~** a perpetuidad.

per·plex [pə'pleks] *vt (puzzle etc)* dejar perplejo; *(confuse)* aturdir, confundir; *(: situation)* complicar.

per·plexed [pə'plekst] *adj* perplejo/a, confuso/a.

per·plex·ing [pə'pleksɪŋ] *adj (see vt)* que causa perplejidad; confuso/a; complicado/a.

per·plex·ity [pə'pleksɪtɪ] *n* perplejidad *f*, confusión *f*.

per·se·cute ['pɜːsɪkjuːt] *vt* perseguir; **to ~ sb with questions** acosar a uno de preguntas.

per·secu·tion [ˌpɜːsɪ'kjuːʃən] **1** *n* persecución *f*. **2: ~ complex** *n (Psych)* complejo *m* persecutorio.

per·sever·ance [ˌpɜːsɪ'vɪərəns] *n* perseverancia *f*.

per·severe [ˌpɜːsɪ'vɪə^r] *vi* persistir (en).

per·sever·ing [ˌpɜːsɪ'vɪərɪŋ] *adj* perseverante.

Per·sian ['pɜːʃən] **1** *adj* persa. **2: ~ carpet** *n* alfombra *f* persa; **~ cat** *n* gato *m* de Angora; **~ Gulf** *n* Golfo *m* Pérsico; **~ lamb** *n (animal)* oveja *f* caracul; *(skin)* caracul *m*.

per·sist [pə'sɪst] *vi (persevere, insist)* empeñarse; *(continue to exist)* persistir; **we shall ~ in our efforts to do it** no escatimaremos esfuerzos para hacerlo; **to ~ in doing sth** empeñarse *or* insistir en hacer algo.

per·sis·tence [pə'sɪstəns] *n*, **per·sis·ten·cy** [pə'sɪstənsɪ] *n (tenacity)* persistencia *f*, empeño *m*; *(continuing to exist)* persistencia.

per·sis·tent [pə'sɪstənt] *adj (tenacious)* porfiado/a; *(repeated, constant)* persistente; *(continuing)* contínuo/a, constante.

per·sis·tent·ly [pə'sɪstəntlɪ] *adv (see adj)* porfiadamente; persistentemente; constantemente.

per·son ['pɜːsn] *n* **(a)** *(pl* **people** *or (frm)* **~s**) persona *f*; **a ~ to ~ call** *(Telec)* una llamada (de) persona a persona. **(b)** *(pl* **~s**: *Jur, Ling)* persona *f*. **(c)** *(pl* **~s**: *body, physical presence)* persona *f*, figura *f*; *(: appearance)* persona; **in ~** en persona; **in the ~ of** en la persona de; **on** *or* **about one's ~** encima.

per·son·able ['pɜːsnəbl] *adj* bien parecido/a.

per·son·age ['pɜːsnɪdʒ] *n* personaje *m*.

per·son·al ['pɜːsnl] *adj (private: matter, opinion)* personal, particular; *(individual: liberty, style)* individual; *(for one's own use)* de *or* para uso personal; *(of the body)* personal; *(in person: visit, application)* en persona; *(rather indiscreet: re-

mark, question) indiscreto/a; *(Ling)* personal; **for ~ reasons** por razones personales; **to make a ~ appearance** hacer acto de presencia (en persona); **to have ~ knowledge of sth** tener un conocimiento directo de algo; **don't get ~!** ¡no seas maleducado!; '~' *(on letter)* 'confidencial'; **~ assistant** ayudante *mf* personal; **~ call** *(Brit Telec)* llamada *f* de persona a persona; **~ column** anuncios *mpl* personales.

per·son·al·ity [ˌpɜːsəˈnælɪtɪ] *n (nature)* personalidad *f; (famous person)* personaje *m;* **to indulge in personalities** hacer alusiones personales.

per·son·al·ly [ˈpɜːsnəlɪ] *adv* **(a)** personalmente; **~ I think that ...** personalmente creo que ...; **~ I am willing, but others ...** en cuanto a mí *or* en lo personal, estoy dispuesto, pero los otros ...; **don't take it too ~** no lo tomes a mal. **(b)** *(in person)* en persona; **to hand sth over ~** entregar algo en persona.

per·soni·fi·ca·tion [pɜːˌsɒnɪfɪˈkeɪʃən] *n* personificación *f;* **he's the ~ of common sense** es el sentido común encarnado.

per·soni·fy [pɜːˈsɒnɪfaɪ] *vt* personificar, encarnar.

per·son·nel [ˌpɜːsəˈnel] **1** *n* personal *m.* **2: ~ department** *n* departamento *m* de personal; **~ manager** *n,* **~ officer** *n* jefe *m* de personal.

per·spec·tive [pəˈspektɪv] *n* perspectiva *f; (fig)* **to see/look at sth in ~** ver un asunto en perspectiva *or* en su justa medida.

per·spex ® [ˈpɜːspeks] *n* plexiglás *m.*

per·spi·ca·cious [ˌpɜːspɪˈkeɪʃəs] *adj* perspicaz.

per·spi·ra·tion [ˌpɜːspəˈreɪʃən] *n* transpiración *f.*

per·spire [pəˈspaɪəʳ] *vi* transpirar.

per·suade [pəˈsweɪd] *vt* persuadir, convencer; **to ~ sb to do sth** persuadir *or* convencer a uno a hacer algo; **but they ~d me not to** pero me disuadieron; **she is easily ~d** se deja convencer fácilmente; **I am ~d that ...** estoy convencido que ... .

per·sua·sion [pəˈsweɪʒən] *n* **(a)** *(act)* persuasión *f.* **(b)** *(persuasiveness)* persuasiva *f.* **(c)** *(creed)* creencia *f,* opinión *f.*

per·sua·sive [pəˈsweɪsɪv] *adj* persuasivo/a, convincente.

per·sua·sive·ly [pəˈsweɪsɪvlɪ] *adv* de modo persuasivo.

pert [pɜːt] *adj* impertinente.

per·tain [pɜːˈteɪn] *vi (frm)* **to ~ to** *(concern)* relacionarse con; *(belong to)* pertenecer a.

per·ti·nence [ˈpɜːtɪnəns] *n* pertinencia *f.*

per·ti·nent [ˈpɜːtɪnənt] *adj*: **~ to** *(concerning)* relacionado con; *(appropriate to)* pertinente a; **that's not a ~ matter** ese asunto no viene al caso.

per·turb [pəˈtɜːb] *vt (distress)* inquietar, preocupar; *(disorder)* perturbar.

per·turb·ing [pəˈtɜːbɪŋ] *adj* inquietante.

Peru [pəˈruː] *n* el Perú.

pe·rus·al [pəˈruːzəl] *n* lectura *f* somera, recorrido *m* con los ojos.

pe·ruse [pəˈruːz] *vt (examine)* leer detenidamente; *(glance at)* recorrer.

per·vade [pɜːˈveɪd] *vt (subj: smell)* extenderse por, *(LAm)* trascender; *(: light)* difundirse por; *(: feeling, atmosphere)* impregnar, infundirse en; *(: influence, ideas)* penetrar.

per·va·sive [pɜːˈveɪsɪv] *adj* penetrante.

per·verse [pəˈvɜːs] *adj (contrary)* contrario/a; *(obstinate)* terco/a, contumaz; *(wicked)* perverso/a.

per·verse·ly [pəˈvɜːslɪ] *adv (see adj)* por contrariedad; tercamente; por perversidad.

per·ver·sion [pəˈvɜːʃən] *n (Med, Psych)* perversión *f; (of justice, truth)* corrupción *f.*

per·ver·sity [pəˈvɜːsɪtɪ] *n (see adj)* contrariedad *f;* terquedad *f;* perversidad *f.*

per·vert [pəˈvɜːt] **1** *vt (gen)* pervertir; *(corrupt)* corromper. **2** [ˈpɜːvɜːt] *n* pervertido/a *m/f.*

pes·sa·ry [ˈpesərɪ] *n* pesario *m.*

pes·si·mism [ˈpesɪmɪzəm] *n* pesimismo *m.*

pes·si·mist [ˈpesɪmɪst] *n* pesimista *mf.*

pes·si·mis·tic [ˌpesɪˈmɪstɪk] *adj* pesimista.

pest [pest] **1** *n* **(a)** *(Zool)* insecto *m or* animal *m* nocivo, *(LAm)* bicho *m;* **~s** plaga *f,* peste *f.* **(b)** *(fig: person)* tostón/ona *m/f, (LAm)* fregón/ona *m/f; (: thing)* lata *f,* fastidio *m,* molestia *f.* **2: ~ control** *n* control *m* de plagas.

pes·ter [ˈpestəʳ] *vt* molestar, *(LAm)* fregar.

pes·ti·cide [ˈpestɪsaɪd] *n* insecticida *f.*

pes·ti·lence [ˈpestɪləns] *n* pestilencia *f,* plaga *f.*

pes·ti·lent [ˈpestɪlənt] *adj,* **pes·ti·len·tial** [ˌpestɪˈlenʃəl] *adj (fam: exasperating)* condenado/a.

pes·tle [ˈpesl] *n* maja *f.*

pet [pet] **1** *adj* **(a)** de animales domesticados; **a ~ dog** un perro de casa. **(b)** *(favourite: pupil, subject etc)* favorito/a, predilecto/a; **~ name** nombre *m* cariñoso. **2** *n* **(a)** *(animal)* animal *m* doméstico *or* casero. **(b)** *(favourite)* **teacher's ~** el consentido de la maestra. **(c)** *(fam: dear)* cielo *m,* amor *m.* **3** *vt (indulge)* mimar, *(LAm)* consentir; *(fondle)* acariciar. **4** *vi (sexually)* besuquearse.

pet·al [ˈpetl] *n* pétalo *m.*

pe·ter [ˈpiːtəʳ] *vi*: **to ~ out** *(supply)* irse agotando; *(stream, conversation)* irse acabando; *(interest, excitement)* desvanecer; *(plan)* quedar en nada; *(song, noise)* menguar.

pet·it bour·geois [ˌpetɪˈbʊəʒwɑː] *adj* pequeñoburgués/esa.

pet·ite bour·geoisie [ˌpetɪˌbʊəʒwɑːˈziː] *n* pequeña burguesía *f.*

pe·tite [pəˈtiːt] *adj* chiquita.

pe·ti·tion [pəˈtɪʃən] **1** *n (list of names)* petición *f,* súplica *f; (form, papers etc)* solicitud *f; (frm: request)* demanda *f,* instancia *f.* **2** *vt* presentar una demanda a. **3** *vi*: **to ~ (for)** solicitar; hacer una petición (de); **to ~ for divorce** pedir el divorcio.

pet·ri·fy [ˈpetrɪfaɪ] *vt* **(a)** *(lit)* petrificar. **(b)** *(fig)* paralizar, horrorizar; **we were petrified** nos quedamos de piedra.

pet·ro·chemi·cal [ˌpetrəʊˈkemɪkl] **1** *adj* petroquímico/a. **2** *n*: **~s** productos *mpl* petroquímicos.

pet·rol [ˈpetrəl] *(Brit)* **1** *n* gasolina *f, (Chi)* bencina *f, (RPl)* nafta *f.* **2** *cpd (can, gauge, tank etc)* de gasolina *etc;* **~ pump** *n (at garage)* surtidor *m* de gasolina; **~ station** *n* gasolinera *f, (Per)* grifo *m, (RPl)* estación *f* de servicio.

pe·tro·leum [pɪˈtrəʊlɪəm] **1** *n* petróleo *m.* **2: ~ jelly** *n* parafina *f.*

pet·ti·coat [ˈpetɪkəʊt] *n* enaguas *fpl.*

pet·ti·fog·ging [ˈpetɪfɒgɪŋ] *adj (trivial)* sin importancia, insignificante.

pet·ti·ness [ˈpetɪnɪs] *n* mezquindad *f.*

pet·ty [ˈpetɪ] **1** *adj* **(-ier, -iest)** **(a)** *(trivial)* sin importancia, insignificante. **(b)** *(minor)* inferior, subordinado/a. **(c)** *(small-minded, spiteful)* mezquino/a. **2: ~ cash** *n* dinero *m* para gastos menores; **~ officer** *n* contramaestre *m.*

petu·lance [ˈpetjʊləns] *n* mal humor *m.*

petu·lant [ˈpetjʊlənt] *adj* enojadizo/a, malhumorado/a.

pew [pjuː] *n (in church)* banco *m* de iglesia; **take a ~!** *(fig fam)* ¡tome asiento!

pew·ter [ˈpjuːtəʳ] *n* peltre *m.*

phal·lic [ˈfælɪk] *adj* fálico/a.

phal·lus [ˈfæləs] *n* falo *m.*

phan·tom [ˈfæntəm] *n, adj* fantasma *m.*

Phar·aoh [ˈfɛərəʊ] *n* Faraón *m.*

phar·ma·ceu·ti·cal [ˌfɑːməˈsjuːtɪkl] *adj* farmacéutico/a.
phar·ma·cist [ˈfɑːməsɪst] *n (chemist)* farmacéutico/a *m/f.*
phar·ma·col·ogy [ˌfɑːməˈkɒlədʒɪ] *n* farmacología *f.*
phar·ma·cy [ˈfɑːməsɪ] *n (science)* farmacia *f; (shop)* farmacia *f,* botica *f.*
phase [feɪz] **1** *n* etapa *f,* fase *f;* **to be out of ~** *(Tech, Elec)* estar fuera de fase *or* desfasado; **she's just going through a ~** está pasando por una etapa. **2** *vt (introduce gradually)* escalonar; *(co-ordinate)* poner en fase; **~d withdrawal** retirada progresiva.
♦ **phase in** *vt + adv* introducir.
♦ **phase out** *vt + adv (old machines etc)* retirar poco a poco de la producción.
Ph.D. *abbr of* **Doctor of Philosophy** Doctorado *m* (en Filosofía y Letras).
pheas·ant [ˈfeznt] *n* faisán *m.*
phe·no·bar·bi·tone [ˌfiːnəʊˈbɑːbɪtəʊn] *n* fenobarbitona *f.*
phe·nom·enal [fɪˈnɒmɪnl] *adj* fenomenal.
phe·nom·enal·ly [fɪˈnɒmɪnəlɪ] *adv* fenomenalmente.
phe·nom·enon [fɪˈnɒmɪnən] *n, pl* **phenomena** [fɪˈnɒmɪnə] fenómeno *m.*
phew [fjuː] *interj* ¡vaya!, ¡caramba!, *(LAm)* ¡anda!
phi·lan·der·er [fɪˈlændərəʳ] *n* mariposón *m,* galán *m.*
phil·an·throp·ic [ˌfɪlənˈθrɒpɪk] *adj* filantrópico/a.
phi·lan·thro·pist [fɪˈlænθrəpɪst] *n* filántropo/a *m/f.*
phi·lan·thro·py [fɪˈlænθrəpɪ] *n* filantropía *f.*
phi·lat·ely [fɪˈlætəlɪ] *n* filatelía *f.*
phil·har·mon·ic [ˌfɪlɑːˈmɒnɪk] *adj* filarmónico/a.
phi·lol·ogy [fɪˈlɒlədʒɪ] *n* filología *f.*
phi·loso·pher [fɪˈlɒsəfəʳ] *n* filósofo/a *m/f.*
philo·sophi·cal [ˌfɪləˈsɒfɪkəl] *adj (gen)* filosófico/a.
phi·loso·phize [fɪˈlɒsəfaɪz] *vi* filosofar.
phi·loso·phy [fɪˈlɒsəfɪ] *n* filosofía *f;* **her ~ of life** su filosofía de la vida.
phlegm [flem] *n (Med, calm)* flema *f.*
phleg·mat·ic [flegˈmætɪk] *adj* flemático/a.
pho·bia [ˈfəʊbɪə] *n* fobia *f.*
phoe·nix [ˈfiːnɪks] *n* fénix *m.*
phone [fəʊn] = **telephone.**
phone-in [ˈfəʊnɪn] *n* programa *m* de radio *or* televisión abierto al público.
pho·neme [ˈfəʊniːm] *n* fonema *m.*
pho·net·ic [fəʊˈnetɪk] *adj* fonético/a.
pho·net·ics [fəʊˈnetɪks] *nsg* fonética *f.*
pho·ney [ˈfəʊnɪ] *(fam)* **1** *adj (gen)* falso/a; *(pretended)* fingido/a; **the ~ war** la guerra ilusoria. **2** *n (person)* farsante *mf.*
pho·no·graph [ˈfəʊnəgrɑːf] *n (old, US)* fonógrafo *m,* tocadiscos *m inv.*
pho·nol·ogy [fəʊˈnɒlədʒɪ] *n* fonología *f.*
pho·ny [ˈfəʊnɪ] *adj, n (US)* = **phoney.**
phos·phate [ˈfɒsfeɪt] *n* fosfato *m.*
phos·pho·res·cent [ˌfɒsfəˈresnt] *adj* fosforescente.
phos·pho·rus [ˈfɒsfərəs] *n* fósforo *m.*
pho·to [ˈfəʊtəʊ] **1** *n abbr of* **photograph. 2: ~ finish** *n* resultado *m* comprobado por fotocontrol, fotofinish *f.*
photo·copier [ˈfəʊtəʊˌkɒpɪəʳ] *n* fotocopiadora *f.*
photo·copy [ˈfəʊtəʊˌkɒpɪ] **1** *n* fotocopia *f.* **2** *vt* fotocopiar.
photo·elec·tric [ˌfəʊtəʊɪˈlektrɪk] *adj:* **~ cell** célula *f* fotoeléctrica.
photo·gen·ic [ˌfəʊtəʊˈdʒenɪk] *adj* fotogénico/a.
photo·graph [ˈfəʊtəgræf] **1** *n (gen)* foto *f,* fotografía *f; (portrait)* retrato *m;* **to take a ~ (of sb/sth)** sacar una foto (de uno/algo). **2** *vt* sacar foto(grafía)s de. **3: ~ album** *n* álbum *m.*
pho·tog·ra·pher [fəˈtɒgrəfəʳ] *n* fotógrafo/a *m/f.*
photo·graph·ic [ˌfəʊtəˈgræfɪk] *adj* fotográfico/a.
pho·tog·ra·phy [fəˈtɒgrəfɪ] *n* fotografía *f.*
photo·stat ® [ˈfəʊtəʊstæt] *n* fotostato *m.*
photo·syn·the·sis [ˌfəʊteʊˈsɪnθɪsɪs] *n* fotosíntesis *f.*
phrase [freɪz] **1** *n (Ling)* frase *f; (idiom)* locución *f, (LAm)* giro *m.* **2** *vt* **(a)** expresar. **(b)** *(Mus)* frasear.
phrase·book [ˈfreɪzbʊk] *n* libro *m* de frases.
phra·seol·ogy [ˌfreɪzɪˈɒlədʒɪ] *n* fraseología *f.*
phras·ing [ˈfreɪzɪŋ] *n (Mus)* fraseo *m.*
physi·cal [ˈfɪzɪkəl] *adj* **(a)** *(of the body)* físico/a; **~ education** educación *f* física; **~ (examination)** reconocimiento *m* médico. **(b)** *(material)* material; *(of physics)* físico/a.
physi·cal·ly [ˈfɪzɪkəlɪ] *adv* físicamente; **it's ~ impossible** es materialmente imposible.
phy·si·cian [fɪˈzɪʃən] *n* médico/a *m/f.*
physi·cist [ˈfɪzɪsɪst] *n* físico/a *m/f.*
phys·ics [ˈfɪzɪks] *nsg* física *f.*
physio·logi·cal [ˌfɪzɪəˈlɒdʒɪkəl] *adj* fisiológico/a.
physi·olo·gy [ˌfɪzɪˈɒlədʒɪ] *n* fisiología *f.*
physio·thera·pist [ˌfɪzɪəʊˈθerəpɪst] *n* fisioterapeuta *mf.*
physio·thera·py [ˌfɪzɪəʊˈθerəpɪ] *n* fisioterapia *f.*
phy·sique [fɪˈziːk] *n* físico *m.*
pia·nist [ˈpɪənɪst] *n* pianista *mf.*
pi·ano [ˈpjɑːnəʊ] **1** *n* piano *m.* **2: ~ accordion** *n* acordeón-piano *m;* **~ stool** *n* taburete *m* de piano.
pic·co·lo [ˈpɪkələʊ] *n (Mus)* flautín *m.*
pick [pɪk] **1** *n* **(a)** *(tool)* pico *m; (also* **tooth ~***)* palillo *m.* **(b)** *(right to choose)* derecho *m* de elección; *(choice)* selección *f;* **take your ~!** es a elección, escoja el que quiere; **it's the ~ of the bunch** es lo mejor de la cosecha.

2 *vt* **(a)** *(choose)* escoger, elegir; *(team)* seleccionar; **to ~ a winner** *(lit)* escoger un ganador; *(fig)* escoger bien; **to ~ one's way through sth** andar a tientas por algo; **to ~ a quarrel with sb** buscar camorra con uno, *(LAm)* armar bronca con uno. **(b)** *(flowers) (Sp)* coger, *(LAm)* recoger. **(c)** *(pull bits off, makes holes in)* escarbar; **to ~ one's nose** hurgarse la nariz; **to ~ one's teeth** mondarse *or* escarbarse los dientes; **to ~ a lock** forzar *or* abrir con ganzúa un cerrojo; **to have a bone to ~ with sb** *(fig)* tener que ajustar cuentas con uno; **to ~ holes in sth** *(fig)* encontrar defectos en algo; **to ~ sb's pocket** robar algo del bolsillo de uno; **to ~ sb's brains** explotar los conocimientos de uno.

3 *vi:* **to ~ and choose** ser muy exigente; *(pej)* ser quisquilloso/a; **to ~ at one's food** comer con poca gana, *(LAm)* picar la comida; **to ~ at a scab** rascarse una herida.
♦ **pick off** *vt + adv* **(a)** *(remove)* quitar. **(b)** *(shoot)* matar de un tiro.
♦ **pick on** *vi + prep* **(a)** *(fam: harass)* meterse con, tomar con, perseguir. **(b)** *(single out)* escoger, elegir.
♦ **pick out** *vt + adv* **(a)** *(choose)* elegir, escoger; *(draw out)* sacar. **(b)** *(see, distinguish)* identificar, distinguir. **(c)** *(Mus)* tocar de oído.
♦ **pick up 1** *vt + adv* **(a)** *(from floor etc)* levantar, recoger, *(LAm)* alzar; **to ~ up a bill** *(fig)* pagar una cuenta; **the car ~ed up speed** el coche aceleró (la marcha); **to ~ sb up for having made a mistake** corregirle *or* señalarle el error a uno. **(b)** *(collect)* recoger, *(LAm)* buscar; *(rescue)* rescatar; *(arrest)* detener. **(c)** *(acquire)* conseguir, encontrar; *(learn)* aprender; **he ~ed up a**

girl at the disco *(fam)* ligó a una muchacha en la discoteca. **(d)** *(Rad, TV, Telec)* captar.

2 *vi + adv* **(a)** *(improve)* mejorarse, ir mejorando. **(b)** *(continue)* seguir (de nuevo); **to ~ up where one left off** empezar donde se había parado.

pick·a·back ['pɪkəbæk] *adv*: **to carry sb ~** llevar a uno a cuestas.

pick·axe, *(US)* **pick·ax** ['pɪkæks] *n* pico *m*, zapapico *m*.

pick·et ['pɪkɪt] **1** *n* **(a)** *(stake)* estaca *f*. **(b)** *(strikers etc)* piquete *m*; *(Mil: sentry)* piquete; *(: group)* pelotón *m*. **2** *vt* piquetear. **3** *vi* hacer piquete. **4:** **~ duty** *n*: **to be on ~ duty** estar de guardia; **~ fence** *n* vallado *m*; **~ line** *n* piquete *m*.

pick·ings ['pɪkɪŋz] *npl (leftovers)* restos *mpl*, sobras *fpl*; *(pilferings)* ganancias *fpl*.

pick·le ['pɪkl] **1** *n* **(a)** *(food)* encurtido *m*, escabeche *m*. **(b)** *(fam: plight)* lío *m*, *(LAm)* apuro *m*, aprieto *m*; **to be in a ~** estar en un apuro. **2** *vt* conservar en adobo *or* escabeche; **~d onions** cebollas *fpl* adobadas.

pick-me-up ['pɪkmi:ʌp] *n (drink)* vuelve a la vida *m*; *(Med)* tónico *m*, reconstituyente *m*.

pick·pocket ['pɪk,pɒkɪt] *n* carterista *mf*.

pick-up ['pɪkʌp] *n* **(a)** *(also* **~ arm**) toma *f* de sonido, pickup *m*. **(b)** *(also* **~ truck**) furgoneta *f*, *(LAm)* camioneta *f*. **(c)** *(fam: casual lover)* ligue *m*.

pic·nic ['pɪknɪk] *(vb: pt, pp* **picnicked**) **1** *n* comida *f* campestre *or* de campo, *(LAm)* picnic *m*; **to go on a ~** hacer comida de campo *etc*; **it was no ~** *(fig fam)* no fue nada fácil. **2** *vi* hacer comida campestre *or* de campo. **3:** **~ basket** *n* cesta *f*, *(LAm)* canasta *f*.

pic·nick·er ['pɪknɪkə^r] *n* excursionista *mf*.

pic·to·rial [pɪk'tɔ:rɪəl] *adj (gen)* gráfico/a; *(Art)* pictórico/a; **a ~ magazine** una revista ilustrada.

pic·ture ['pɪktʃə^r] **1** *n* **(a)** *(Art)* cuadro *m*; *(: painting)* pintura *f*; *(: portrait)* retrato *m*; *(photo)* foto *f*; *(in book)* lámina *f*; **he looked the ~ of health** rebosaba de salud; **you're the ~ of your mother** eres el vivo retrato de tu mamá; **the garden is a ~ in June** el jardín es una preciosidad en junio; **his face was a ~** merecía ver su cara, *(LAm)* vieras *or* hubieras visto *etc* su cara. **(b)** *(TV)* imagen *f*; **we get a good ~ here** recibimos buena imagen aquí. **(c)** *(Cine)* película *f*, film *m*; **to go to the ~s** ir al cine. **(d)** *(mental image)* imagen *f*; **the other side of the ~** el reverso de la medalla; **he painted a black ~ of the future** nos pintó un cuadro muy negro del porvenir; **to put sb in the ~** poner a uno al corriente *or* al tanto.

2 *vt (imagine)* imaginarse, figurarse; *(by painting, drawing)* representar.

3: **~ book** *n* libro *m* de dibujos; **~ frame** *n* marco *m*; **~ gallery** *n* galería *f* de arte; **~ postcard** *n* (tarjeta *f*) postal *f*; **~ window** *n* ventanal *m*.

pic·tur·esque [,pɪktʃə'resk] *adj* pintoresco/a.

pie [paɪ] *n (of fruit)* torta *f*, *(LAm)* pay *m*; *(of meat, fish etc: large)* pastel *m*; *(: small)* empanada *f*; **it's all ~ in the sky** es pura ilusión.

piece [pi:s] **1** *n* **(a)** *(general)* pedazo *m*, trozo *m*; *(part, member of a set)* pieza *f*; *(fragment)* pedazo; *(counter: in chess, draughts etc)* pieza, ficha *f*; *(composition)* pieza, obra *f*; **a 10p ~** una moneda de diez peniques; **a six-~ band/tea set** un conjunto de seis (músicos)/una vajilla de seis piezas; **a ~ of news** una noticia; **a ~ of luck** una suerte, un golpe de suerte; **a ~ of advice** un consejo; **it is made all in one ~** está hecho de una sola pieza; **to get back all in one ~** volver sano y salvo; **~ by ~** pieza por *or* a pieza; **to be in ~s** *(taken apart)* estar desmontado *or* desarmado; *(broken)* quedar en pedazos *or* despedazado; **to take sth to ~s** desmontar *or* desarmar algo; **to come** *or* **fall to ~s** hacerse pedazos; **to smash sth to ~s** hacer pedazos *or* trizas algo; **to tear** *or* **pull sth/sb to ~s** *(lit)* hacer pedazos *or* trizas algo/a uno; *(prey)* desgarrar algo/a uno; *(fig)* dejar por los suelos *or* hecho un trapo algo/a uno; **to go to ~s** *(fig: collapse)* quedar hecho pedazos; *(: lose one's grip)* deshacerse; **to say one's ~** decir su parecer *or* lo suyo. **(b)** *(fam: woman)* chica *f or* niña *f* bonita.

2 *cpd (rate, worker)* a destajo, por pieza; **~ work** *n* trabajo *m* a destajo.

♦ **piece together** *vt + adv* armar; *(fig: events, evidence)* atar cabos.

piece·meal ['pi:smi:l] **1** *adv* poco a poco, por partes. **2** *adj* poco sistemático/a.

pier [pɪə^r] *n (amusement centre etc)* malecón *m*; *(landing-stage)* embarcadero *m*, muelle *m*; *(of bridge)* estribo *m*, pila *f*.

pierce [pɪəs] *vt (with sharp tool etc)* perforar; *(with drill)* taladrar; *(penetrate)* penetrar en; *(fig: sound, coldness etc)* penetrar, trascender; *(: painfully)* herir; **to have one's ears ~d** hacerse los agujeros de las orejas.

pierc·ing ['pɪəsɪŋ] *adj* penetrante, agudo/a.

pi·ety ['paɪətɪ] *n* piedad *f*.

pig [pɪg] **1** *n* **(a)** cerdo *m*, marrano *m*, *(LAm)* chancho *m*; **to buy a ~ in a poke** *(fig)* comprarse gato por liebre. **(b)** *(fam: person: dirty, nasty)* puerco *m*, cochino *m*, *(LAm)* chancho *m*; *(: greedy)* comilón/ona *m/f*, *(LAm)* tragón/ona *m/f*; **the boss is a ~** el jefe es un bruto; **to make a ~ of o.s.** ponerse morado, quitarse de mal año. **2:** **~ iron** *n* hierro *m* en lingotes.

pi·geon ['pɪdʒən] *n (gen)* paloma *f*; *(as food)* pichón *m*; **clay ~ shooting** tiro *m* al pichón.

pigeon·hole ['pɪdʒənhəʊl] *n* casilla *f*.

pigeon-toed [,pɪdʒən'təʊd] *adj* patituerto/a.

pig·gery ['pɪgərɪ] *n* pocilga *f*.

piggy·back ['pɪgɪbæk] *adv* = **pickaback.**

pig·headed [,pɪg'hedɪd] *adj* terco/a, testarudo/a.

pig·let ['pɪglɪt] *n* cerdito *m*.

pig·ment ['pɪgmənt] *n* pigmento *m*.

pig·men·ta·tion [,pɪgmən'teɪʃən] *n* pigmentación *f*.

pig·my ['pɪgmɪ] *n* = **pygmy.**

pig·skin ['pɪgskɪn] *n* piel *f* de cerdo.

pig·sty ['pɪgstaɪ] *n* pocilga *f*.

pig·tail ['pɪgteɪl] *n* trenza *f*; *(Chinese, Taur)* coleta *f*.

pike [paɪk] *n (fish)* lucio *m*.

pil·chard ['pɪltʃəd] *n* sardina *f*.

pile[1] [paɪl] **1** *n* **(a)** *(heap)* montón *m*; **to put things in a ~** amontonar cosas. **(b)** *(fam: large amount)* **~s of** montones de; **a ~ of** un montón de. **(c)** *(column etc)* pilote *m*; *(stake)* estaca *f*. **(d)** *(fam: fortune)* dineral *m*, fortuna *f*. **(e)** *(hum: building)* caserón *m*, mole *f*. **2** *vt* amontonar; **a table ~d high with books** una mesa amontonada *or* apilada con *or* de libros. **3** *vi (fam)* **~ in!** ¡súbanse como puedan!; **to ~ into a car** meterse en un coche; **to ~ on to a bus** meterse a empellones en un bús.

♦ **pile on(to)** *vt + adv*: **to ~ on the pressure** *(fam)* aumentar la presión; **to ~ it on** *(fam)* exagerar.

♦ **pile up 1** *vi + adv (lit, fig)* amontonarse. **2** *vt + adv* **(a)** amontonar, acumular. **(b)** *(fam: crash)* estrellar.

pile[2] [paɪl] *n (of carpet, cloth)* pelo *m*.

pile-driver ['paɪl,draɪvə^r] *n* martinete *m*.

piles [paɪlz] *npl (Med)* almorranas *fpl*, hemorroides *mpl*.

pile-up ['paɪlʌp] *n (Aut fam)* accidente *m* múltiple.

pil·fer ['pɪlfəʳ] *(fam) vt, vi* ratear.
pil·grim ['pɪlgrɪm] *n* peregrino/a *m/f.*
pil·grim·age ['pɪlgrɪmɪdʒ] *n* peregrinación *f,* romería *f;* **to go on a ~, to make a ~** ir en peregrinación *or* romería.
pill [pɪl] *n* píldora *f,* pastilla *f;* **to be on the ~** tomar la píldora (anticonceptiva).
pil·lage ['pɪlɪdʒ] *vt, vi* pillar, saquear.
pil·lar ['pɪləʳ] **1** *n* columna *f;* **a ~ of smoke** una columna de humo; **a ~ of the church** un pilar de la iglesia; **to go from ~ to post** ir de Ceca en Meca. **2: ~ box** *n (Brit)* buzón *m;* **~ box red** *n* carmesí *m.*
pil·lion ['pɪljən] **1** *n (also* **~ seat**) asiento *m* trasero. **2** *adv*: **to ride ~** ir en el asiento trasero.
pil·lo·ry ['pɪlərɪ] **1** *n* picota *f.* **2** *vt* dejar en ridículo.
pil·low ['pɪləʊ] *n (for sleeping etc)* almohada *f; (cushion)* almohadilla *f; (Tech)* cojinete *m.*
pillow·case ['pɪləʊkeɪs] *n,* **pillow·slip** ['pɪləʊslɪp] *n* funda *f.*
pi·lot ['paɪlət] **1** *n (Aer, Naut)* piloto *m.* **2** *vt (Aer, Naut)* pilotar, *(LAm)* pilotear; *(fig: guide)* guiar, dirigir. **3** *cpd* modelo, piloto/a; **~ boat** *n* barco *m* del práctico; **~ light** *n (Aut, gas)* piloto *m;* **~ plant** *n* planta *f* de ensayo *or* de prueba; **~ scheme** *n* esquema *m* piloto.
pi·men·to [pɪ'mentəʊ] *n* pimentón *m.*
pimp [pɪmp] *n* chulo *m, (LAm)* cafiche *m.*
pim·ple ['pɪmpl] *n* grano *m; (on face)* espinilla *f.*
pim·ply ['pɪmplɪ] *adj* **(-ier, -iest)** cubierto/a de granos.
pin [pɪn] **1** *n* **(a)** *(Sew etc)* alfiler *m; (safety ~)* imperdible *m, (LAm)* seguro *m; (for hair etc)* horquilla *f, (LAm)* pasador *m.* **(b)** *(drawing ~)* chincheta *f, (LAm)* chinche *m; (Tech)* clavija *f,* botón *m; (: of wood)* espiga *f; (: bolt)* perno *m; (in grenade)* percutor *m; (Elec: of plug)* polo *m; (Bowling)* bolo *m;* **~s and needles** hormigueo *m,* comezón *m;* **as neat as a (new) ~** limpio como un espejo; **you could have heard a ~ drop** se podía oír una mosca volar; **for two ~s I'd hit him!** *(fam)* ¡por poco le pego!
2 *vt* **(a)** clavar; *(clothes etc)* sujetar con alfileres. **(b)** *(fig)* **to ~ sb against a wall** atrapar a uno contra una pared; **to ~ sb's arms to his sides** sujetar los brazos de uno; **to ~ one's hopes on sth** poner sus esperanzas en algo. **(c)** *(fam: accuse of)* **to ~ a crime on sb** acusar a uno de un crimen.
3: ~ money *n* alfileres *mpl.*
♦ **pin down** *vt + adv* **(a)** *(fasten or hold down)* sujetar. **(b)** *(fig)* **to ~ sb down** hacer que uno concrete.
♦ **pin up** *vt + adv (on wall etc)* clavar; *(dress etc)* prender con alfileres; *(hair)* recoger.
pina·fore ['pɪnəfɔːʳ] **1** *n (overall, apron)* delantal *m.* **2: ~ dress** *n* mandil *m.*
pin·ball ['pɪnbɔːl] *n* millón *m.*
pin·cers ['pɪnsəz] *npl (Tech)* tenazas *fpl; (Zool)* pinzas *fpl.*
pinch [pɪntʃ] **1** *n* **(a)** *(with fingers)* pellizco *m.* **(b)** *(small quantity)* pizca *f;* **to take sth with a ~ of salt** *(fig)* tomar algo con una pizca de sal. **(c)** *(pressure)* apuro *m,* aprieto *m;* **to feel the ~** *(Sp)* pasar estrecheces, *(LAm)* pasar hambres; **at a ~** en caso de apuro; **if it comes to the ~** en un caso extremo. **2** *vt* **(a)** *(with fingers)* pellizcar; *(subj: shoe)* apretar. **(b)** *(fam: steal)* birlar, robar, *(LAm)* sustraer. **(c)** *(fam: arrest)* pescar, *(LAm)* pillar. **3** *vi (shoe)* apretar; **to ~ and scrape** escatimar gastos.
pinched ['pɪntʃt] *adj* **(a) to look ~** tener cara de cansado; **~ with cold/hunger** transido de frío/muerto de hambre. **(b)** *(short)* **~ for money/space** escaso *or (LAm)* falto de dinero/lugar.
pin·cushion ['pɪnˌkʊʃn] *n* acerico *m.*
pine[1] [paɪn] **1** *n* pino *m.* **2: ~ cone** *n* piña *f;* **~ needle** *n* aguja *f* de pino; **~ tree** *n* pino *m.*
pine[2] [paɪn] *vi* consumirse; **to ~ for sb/sth** suspirar por uno/algo; **to ~ away** morirse de pena.
pine·apple ['paɪnˌæpl] *n* piña *f,* ananás *m.*
ping [pɪŋ] **1** *n (on striking)* sonido *m* metálico; *(of bullet)* silbido *m.* **2** *vi (on striking)* hacer un sonido metálico; *(bullet)* silbar.
ping-pong ['pɪŋpɒŋ] *n* ping-pong *m,* tenis *m* de mesa.
pin·ion ['pɪnjən] *n (Tech)* piñón *m.*
pink[1] [pɪŋk] **1** *n* **(a)** *(colour)* rosa *m.* **(b)** *(Bot)* clavel *m.* **(c) to be in the ~ (of health)** rebosar de salud. **2** *adj* **(a)** *(colour)* (color de) rosa; **to turn ~** *(flush)* ponerse colorado, sonrojarse. **(b)** *(Pol fam)* rojillo/a.
pink[2] [pɪŋk] *vt (Sew)* ondear, picar.
pinkie ['pɪŋkɪ] *n (Scot fam, US fam)* dedo *m* meñique.
pink·ing shears ['pɪŋkɪŋˌʃɪəz] *npl* tijeras *fpl* dentadas.
pin·na·cle ['pɪnəkl] *n (Archit)* pináculo *m; (of rock etc)* cima *f; (fig)* cumbre *f.*
pin·point ['pɪnpɔɪnt] *vt* señalar, precisar.
pin·prick ['pɪnprɪk] *n (lit)* alfilerazo *m; (fig)* pinchazo *m.*
pin·stripe ['pɪnstraɪp] *adj*: **~ suit** traje *m* a rayas.
pint [paɪnt] *n* **(a)** *(measure)* pinta *f.* **(b)** *(Brit fam: of beer)* pinta *f* de cerveza, una cerveza; **to go for a ~** salir a tomar una copa.
pin·ta ['paɪntə] *n (Brit fam)* pinta *f* de leche.
pin-up (girl) ['pɪnʌp(ˌgɜːl)] *n* pinup *f.*
pio·neer [ˌpaɪə'nɪəʳ] **1** *n (founder)* pionero/a *m/f,* fundador(a) *m/f; (forerunner)* precursor(a) *m/f.* **2** *vt* promover.
pi·ous ['paɪəs] *adj* pío/a, piadoso/a; *(pej)* beato/a; **a ~ hope** una esperanza piadosa.
pip[1] [pɪp] *n*: **to give sb the ~** *(Brit fam)* sacar de quicio a uno; **to have the ~** *(Brit fam)* estar disgustado.
pip[2] [pɪp] *n (Bot)* pepita *f, (LAm)* pepa *f; (on card, dice)* punto *m; (Brit Mil fam: on uniform)* estrella *f; (on radar screen)* señal *f;* **the ~s** *(Telec)* la señal.
pip[3] [pɪp] *vt (Brit fam)* **to be ~ped at the post** perder por un pelo.
pipe [paɪp] **1** *n* **(a)** *(tube for water, gas etc)* conducto *m,* tubería *f, (LAm)* cañería *f.* **(b)** *(Mus: of organ)* cañón *m; (: wind instrument)* caramillo *m, (LAm)* flauta *f;* **the ~s** *(Scot)* la gaita *fsg.* **(c)** *(smoker's)* pipa *f;* **to smoke a ~** fumar en pipa; **put that in your ~ and smoke it!** *(fam)* ¡chúpate ésa! **2** *vt* **(a)** *(water)* transportar por tubería; *(oil)* transportar por oleoducto; **~d music** música *f* grabada. **(b)** *(Mus)* tocar en flauta *or* gaita *etc; (speak or sing in high voice)* chillar; **to ~ sb aboard** *(Naut)* pitar cuando uno sube a bordo. **(c)** *(Culin)* poner con jeringa. **3: ~ cleaner** *n* limpiapipas *m inv;* **~ dream** *n* sueño *m* imposible.
♦ **pipe down** *vi + adv (fam)* callarse.
♦ **pipe up** *vi + adv (fam)* hacerse oír, intervenir.
pipe·line ['paɪplaɪn] *n (for water)* tubería *f, (LAm)* cañería *f; (for oil)* oleoconducto *m; (for gas)* gasoconducto *m;* **it is in the ~** *(fig)* está en trámites.
pip·er ['paɪpəʳ] *n (on bagpipes)* gaitero/a *m/f.*
pip·ing ['paɪpɪŋ] **1** *n (tubing)* tubería *f, (LAm)* cañería *f; (Sew)* ribete *m; (Mus)* música *f* de gaita. **2** *adv*: **~ hot** bien caliente.
pi·quan·cy ['piːkənsɪ] *n* lo picante.
pi·quant ['piːkənt] *adj* picante.
pique [piːk] **1** *n* resentimiento *m;* **to do sth in a fit of ~** hacer algo por resentimiento. **2** *vt* picar, herir.

pi·ra·cy ['paɪərəsɪ] *n* piratería *f.*
pi·ra·nha [pɪ'rɑːnjə] *n* piraña *f.*
pi·rate ['paɪərɪt] **1** *n* pirata *mf; (in publishing etc)* pirata. **2** *vt* piratear. **3** *cpd* pirata; ~ **radio** *n* emisora *f* pirata.
pi·rated ['paɪərɪtɪd] *adj (book, record etc)* pirata.
pirou·ette [ˌpɪrʊ'et] **1** *n* pirueta *f.* **2** *vi* piruetear.
Pi·sces ['paɪsiːz] *n* Piscis *m.*
piss [pɪs] *(fam!)* **1** *n* meados *mpl.* **2** *vi* mear, orinar.
pissed [pɪst] *adj (fam!: drunk)* borracho/a, *(LAm)* tomado/a.
pis·ta·chio [pɪs'tɑːʃɪəʊ] *n* pistacho *m; (tree)* pistachero *m; (colour)* color *m* de pistacho.
pis·tol ['pɪstl] **1** *n* pistola *f.* **2:** ~ **shot** *n* pistoletazo *m.*
pis·ton ['pɪstən] **1** *n* pistón *m,* émbolo *m.* **2:** ~ **engine** *n* motor *m* a pistón; ~ **rod** *n* vástago *m* de émbolo, barra *f* de pistón.
pit[1] [pɪt] **1** *n* **(a)** *(hole in ground)* hoyo *m,* hoya *f; (coal mine)* mina *f* de carbón; *(quarry)* cantera *f; (to trap animals)* trampa *f; (of stomach)* boca *f;* **he works down the ~(s)** trabaja en las minas. **(b)** *(Aut: in garage)* foso *m or* pozo *m* de inspección; *(: Motor-racing)* box *m.* **(c)** *(Brit Theat)* platea *f.* **(d)** *(small depression on surface)* hoyo *m,* picadura *f.* **2** *vt* **(a)** *(mark)* llenar de hoyos; **~ted with ...** marcado/a de ... . **(b) to ~ A against B** oponer A a B; **we ~ted all our strength against him** nos opusimos a él con todas nuestras fuerzas. **3:** ~ **worker** *n* minero *m.*
pit[2] [pɪt] *(US) n (in fruit)* pepita *f, (LAm)* pepa *f.*
pita·pat [ˌpɪtə'pæt] *adv:* **to go ~** *(feet, heart, rain)* golpetear.
pitch[1] [pɪtʃ] **1** *n (tar)* pez *f,* brea *f.* **2:** ~ **black** *or* **dark** *adj* negro/a como la boca de lobo; ~ **pine** *n* pino *m* de tea.
pitch[2] [pɪtʃ] **1** *n* **(a)** *(throw)* lanzamiento *m, (LAm)* echada *f.* **(b)** *(Naut)* cabezada *f.* **(c)** *(esp Brit Sport)* campo *m,* terreno *m, (LAm)* cancha *f.* **(d)** *(esp Brit: place in market etc)* puesto *m; (fig: usual place on beach etc)* terreno *m.* **(e)** *(angle, slope: of roof)* pendiente *f.* **(f)** *(of note, voice, instrument)* tono *m.* **(g)** *(fig: degree)* nivel *m,* grado *m;* **at its (highest) ~** en su punto máximo; **his anger reached such a ~ that ...** su ira llegó a tal extremo *or* a tales alturas que ... .

2 *vt* **(a)** *(throw)* lanzar, arrojar, *(LAm)* echar. **(b)** *(Mus)* entonar. **(c)** *(fig)* **to ~ one's aspirations too high** tener ambiciones desmesuradas; **to ~ it too strong** *(fam)* exagerar. **(d)** *(set up: tent)* armar.

3 *vi* **(a)** *(fall)* caer, caerse; **the passengers ~ed forward as the coach stopped** los pasajeros fueron impulsados hacia adelante cuando se paró el autocar. **(b)** *(Naut, Aer)* cabecear; **the ship ~ed and tossed** el barco cabeceaba.
♦ **pitch in** *vi + adv (fam)* echar una mano.
♦ **pitch into 1** *vi + prep (attack)* atacar, arremeterse contra; *(verbally etc)* criticar, *(LAm)* meterse con; *(start: work, food)* lanzarse *or* echarse a. **2** *vt + prep:* **to ~ sb into sth** *(Sp)* tirar *or (LAm)* echar a uno a algo.
pitched [pɪtʃt] *adj:* ~ **battle** *(Mil, fig)* batalla *f* campal.
pitch·er[1] ['pɪtʃər] *n (jar)* cántaro *m, (LAm)* jarro *m.*
pitch·er[2] ['pɪtʃər] *n (Baseball)* pítcher *m.*
pitch·fork ['pɪtʃfɔːk] **1** *n* horca *f.* **2** *vt:* **to ~ sb into a job** *(fig)* meter a uno a hacer un trabajo sin preparación.
pit·eous ['pɪtɪəs] *adj* lastimoso/a.
pit·eous·ly ['pɪtɪəslɪ] *adv* lastimosamente.
pit·fall ['pɪtfɔːl] *n (fig) (danger)* peligro *m; (problem)* dificultad *f.*
pith [pɪθ] *n (Bot)* médula *f; (fig: core)* meollo *m.*
pit·head ['pɪthed] *n* bocamina *f.*
pithy ['pɪθɪ] *adj* **(-ier, -iest)** *(Bot)* meduloso/a; *(fig)* jugoso/a.
piti·able ['pɪtɪəbl] *adj* = **pitiful.**
piti·ful ['pɪtɪfʊl] *adj* **(a)** *(moving to pity)* lastimoso/a, que da lástima. **(b)** *(contemptible)* despreciable. **(c)** *(dreadful)* funesto/a, pésimo/a.
piti·less ['pɪtɪlɪs] *adj* despiadado/a.
pit·tance ['pɪtəns] *n* miseria *f.*
pitter-patter [ˌpɪtə'pætər] = **patter**[2].
pi·tui·tary (gland) [pɪ'tjʊətrɪ(ˌglænd)] *n* glándula *f* pituitaria.
pity ['pɪtɪ] **1** *n* **(a)** piedad *f,* compasión *f;* **for ~'s sake!** ¡por (amor de) Dios!; **to have/take ~ on sb** compadecerse de uno. **(b)** *(cause of regret)* lástima *f, (LAm)* pena *f;* **what a ~!** ¡qué pena!, ¡qué lástima!; **more's the ~** desgraciadamente, *(LAm)* pero ¿qué le vamos a hacer? *(fam);* **it is a ~ that you can't come** qué pena que no puedas venir. **2** *vt* compadecer(se de).
pity·ing ['pɪtɪɪŋ] *adj* compasivo/a.
pity·ing·ly ['pɪtɪɪŋlɪ] *adv* compasivamente.
piv·ot ['pɪvət] **1** *n (Mil, Tech)* pivote *m; (fig)* eje *m.* **2** *vt* montar sobre un pivote. **3** *vi* girar sobre su eje; **to ~ on sth** *(fig)* girar sobre algo.
pixie ['pɪksɪ] *n* duendecillo *m.*
plac·ard ['plækɑːd] *n (carried in procession etc)* pancarta *f.*
pla·cate [plə'keɪt] *vt* aplacar, apaciguar.
place [pleɪs] **1** *n* **(a)** *(gen)* lugar *m,* sitio *m;* **we came to a ~ where ...** llegamos a un lugar donde ...; **from ~ to ~** de un sitio a otro; **this is no ~ for you** éste no es sitio para Ud; **the furniture was all over the ~** los muebles estaban totalmente desordenadas; **to go ~s** *(travel)* viajar, conocer mundo; **he's going ~s** *(fig fam)* va para arriba. **(b)** *(specific)* **~ of business** lugar *m* de trabajo; *(office)* oficina *f,* despacho *m;* **~ of worship** templo *m.* **(c)** *(town etc)* sitio *m,* lugar *m.* **(d)** *(house, home)* casa *f,* domicilio *m;* **his ~ in the country** su casa de campo; **come to our ~** ven a casa, *(LAm)* pasa por casa. **(e)** *(in street names)* plaza *f.* **(f)** *(proper or natural ~)* sitio *m,* lugar *m;* **everything in its ~** cada cosa en su lugar; **to put sth back in its ~** devolver algo a su sitio; **that remark was quite out of ~** aquella observación estaba fuera de propósito; **I feel rather out of ~ here** me encuentro algo desplazado/a; **this isn't the ~ to discuss politics!** no es el lugar más indicado para hablar de política; **to change ~s with sb** cambiar de sitio con otro; **to take the ~ of sb/sth** sustituir *or* suplir a uno/algo. **(g)** *(in book etc)* página *f;* **to find/lose one's ~** encontrar/perder la página. **(h)** *(seat)* asiento *m; (: in cinema, theatre etc)* localidad *f; (: at table)* sitio *m;* **to lay an extra ~ for sb** poner otro cubierto para uno. **(i)** *(job, vacancy)* puesto *m,* vacante *m; (in queue)* turno *m; (in team, school, hospital etc)* lugar *m;* **he found a ~ for his nephew in the firm** encontró un puesto en la compañía para su sobrino; **to give up/lose one's ~ (in a queue)** ceder/perder su turno. **(j)** *(social position etc)* rango *m,* lugar *m;* **friends in high ~s** amigos *mpl* bien ubicados; **to know one's ~** conocer su lugar; **it is not my ~ to do it** no me cumple *or* incumbe a mí hacerlo; **to put sb in his ~** poner a uno en su lugar. **(k)** *(in series, as rank etc)* posición *f,* lugar *m;* **in the first/second ~** en primer/segundo lugar; **she took second ~ in the race/Latin exam** ganó el segundo lugar en la carrera/el examen de Latín; **A won with B in second ~** ganó A, con B en segunda posición. **(l) in ~ of** en lugar de, en vez de; **to take ~** tener

lugar, realizarse.

2 *vt* **(a)** *(put: gen)* poner, colocar; **we should ~ no trust in that** no hay que fiarse de eso. **(b)** *(situate)* situar, ubicar; **we are better ~d than a month ago** estamos en mejor situación que hace un mes. **(c)** *(orders etc)* **to ~ an order with sb** hacer un pedido a uno; **to ~ products** *(sell)* vender productos; **to ~ a matter in sb's hands** dejar un asunto en manos de uno; **we could ~ 200 men** podríamos ofrecer empleo a 200 hombres. **(d)** *(in exam, race etc)* colocarse, salir; **to be ~d second** salir segundo. **(e)** *(recall, identify)* recordar, *(LAm)* ubicar; **I can't ~ him** no le recuerdo, *(LAm)* no le ubico.

3: ~ **card** *n* tarjeta *f* para indicar la posición de uno en la mesa; ~ **mat** *n* mantel *m* individual; ~ **name** *n* topónimo *m*.

pla·ce·bo [plə'siːbəʊ] *n* placebo *m*.

pla·cen·ta [plə'sentə] *n* placenta *f*.

plac·id ['plæsɪd] *adj* apacible, plácido/a.

pla·gia·rize ['pleɪdʒjəraɪz] *vt* plagiar.

plague [pleɪg] **1** *n (disease)* peste *f*, plaga *f*; *(fig)* molestia *f*, fastidio *m*; **to avoid sb/sth like the ~** evitar a uno/algo por todos los medios; **a ~ of rats** una plaga de ratas. **2** *vt (fig)* atormentar; **to ~ sb with questions** acribillar a uno con preguntas.

plaice [pleɪs] *n* platija *f*.

plaid [plæd] *n (cloth)* tartán *m*.

plain [pleɪn] **1** *adj* **(-er, -est)** **(a)** *(clear, obvious)* claro/a, evidente; **it's as ~ as a pikestaff** *or* **as the nose on your face** *(fam)* más obvio no podía ser; **you have made your feelings ~** dejaste claros tus sentimientos; **to make sth ~ to sb** dejar algo en claro *or* poner algo de manifiesto para uno. **(b)** *(outspoken, honest)* franco/a, directo/a; ~ **dealing** trato *m* directo; **in ~ language** *or* **English** en palabras claras; **I shall be ~ with you** le hablaré con toda franqueza. **(c)** *(simple, with nothing added)* sencillo/a; *(paper: unlined)* sin raya; *(fabric: in one colour)* de un solo color; **the ~ truth** la verdad lisa y llana; **he's a ~ man** es un hombre llano; **she was ~ Miss Jones until she married a Lord** se llamaba simplemente la Srta Jones hasta casarse con un lord; ~ **stitch** *(Knitting)* punto *m* sencillo; **it's just ~ common sense** *(fam)* es de lo más lógico. **(d)** *(not pretty)* sin atractivo.

2 *adv* **(a)** *(fam: simply, completely)* claramente. **(b) I can't put it ~er than that** más claramente no lo puedo decir.

3 *n* **(a)** *(Geog)* llanura *f*, llano *m*. **(b)** *(Knitting)* punto *m* sencillo.

4: ~ **chocolate** *n* chocolate *m* oscuro *or* amargo; ~ **clothes** *npl:* **in ~ clothes** vestido de civil *or* paisano; ~ **flour** *n* harina *f* sin levadura; ~ **sailing** *n (fam)* de lo más sencillo.

plain·ly ['pleɪnlɪ] *adv (clearly)* claramente; *(frankly)* francamente; *(simply)* simplemente, sencillamente.

plain·ness ['pleɪnnɪs] *n (see adv)* claridad *f*; franqueza *f*; sencillez *f*.

plain-spoken [,pleɪn'spəʊkən] *adj* franco/a, directo/a.

plain·tiff ['pleɪntɪf] *n* demandante *mf*, querellante *mf*.

plain·tive ['pleɪntɪv] *adj* lastimero/a, quejumbroso/a.

plait [plæt] **1** *n* trenza *f*. **2** *vt* trenzar.

plan [plæn] **1** *n* **(a)** *(scheme)* proyecto *m*, plan *m*; *(Pol, Econ)* plan; ~ **of campaign** *(Mil)* plan de campaña; **development ~** plan de desarrollo; **to draw up a ~** elaborar un proyecto; **if everything goes according to ~** si todo sale como está previsto; **to make ~s** hacer proyectos. **(b)** *(diagram, map)* plano *m*.

2 *vt* **(a)** *(arrange)* planear, proyectar. **(b)** *(intend)* pensar, tener la intención de; **how long do you ~ to stay?** ¿cuánto tiempo piensas quedarte?; **~ned obsolescence** obsolescencia *f* planificada. **(c)** *(design)* planificar.

3 *vi:* **we are ~ning for next April** hacemos proyectos para el abril que viene; **one has to ~ months ahead** hay que planear con varios meses de anticipación; **to ~ on sth** contar con algo.

plane[1] [pleɪn] *n (Bot)* plátano *m*.

plane[2] [pleɪn] **1** *adj (Geom)* plano/a. **2** *n* **(a)** *(Art, Math etc)* plano *m*. **(b)** *(fig)* nivel *m*. **(c)** *(tool)* cepillo *m*. **(d)** *(aeroplane)* avión *m*. **3** *vt* cepillar. **4** *vi (bird, glider, boat)* planear.

plan·et ['plænɪt] *n* planeta *m*.

plan·etar·ium [,plænɪ'tɛərɪəm] *n* planetario *m*.

plan·etary ['plænɪtərɪ] *adj* planetario/a.

plank [plæŋk] *n (of wood)* tabla *f*; *(fig: of policy)* punto *m*.

plank·ton ['plæŋktən] *n* plankton *m*.

plan·ner ['plænəʳ] *n* planificador(a) *m/f*.

plan·ning ['plænɪŋ] **1** *n* planificación *f*. **2** *cpd* de planificación; ~ **permission** *n* permiso *m* para realizar obras.

plant [plɑːnt] **1** *n* **(a)** *(Bot)* planta *f*. **(b)** *(no pl: machinery etc)* equipo *m*, maquinaria *f*; *(factory)* fábrica *f*. **2** *vt* **(a)** plantar. **(b)** *(place in position)* colocar; **to ~ an idea in sb's mind** inculcar una idea en la cabeza de uno; **he ~ed himself right in her path** *(fam)* se le plantó en el camino. **(c) to ~ sth on sb** meterle algo a uno para comprometerle. **3:** ~ **life** *n* vida *f* vegetal; ~ **pot** *n* maceta *f*, tiesto *m*.

plan·tain ['plæntɪn] *n* llantén *m*, *(LAm)* macho *m*, plátano *m*.

plan·ta·tion [plæn'teɪʃən] *n* plantación *f*, *(LAm)* hacienda *f*.

plant·er ['plɑːntəʳ] *n (person)* plantador(a) *m/f*, hacendado/a *m/f*; *(machine)* plantadora *f*.

plaque [plæk] *n* placa *f*.

plas·ma ['plæzmə] *n* plasma *m*.

plas·ter ['plɑːstəʳ] **1** *n* **(a)** *(Constr)* yeso *m*, argamasa *f*. **(b)** *(Med: for broken leg etc)* escayola *f*; **with his leg in ~** con la pierna escayolada. **(c)** *(Brit: sticking ~)* **esparadrapo** *m*, *(LAm)* tirita *f*. **2** *vt* **(a)** *(Constr)* enyesar; **to ~ over a hole** llenar *or* *(LAm)* tapar un hoyo con argamasa. **(b)** *(fam: cover)* cubrir, llenar; **to ~ a wall with posters** cubrir una pared de carteles. **3** *cpd (model, statue)* de yeso; ~ **cast** *n (Med)* enyesado *m*; *(model, statue)* vaciado *m* de yeso; ~ **of Paris** *n* yeso *m* mate.

plaster·board ['plɑːstə,bɔːd] *n* cartón *m* yeso.

plas·tered ['plɑːstəd] *adj (fam: drunk)* trompa, *(LAm)* tomado/a.

plas·ter·er ['plɑːstərəʳ] *n* yesero/a *m/f*.

plas·tic ['plæstɪk] **1** *n* plástico *m*; **~s** (materiales *mpl*) plásticos. **2** *adj* **(a)** *(made of ~)* de plástico. **(b)** *(flexible)* plástico/a; **the ~ arts** las artes plásticas. **3:** ~ **bag** *n* bolsa *f* de plástico; ~ **explosive** *n* plástico *m*; **~s industry** *n* industria *f* del plástico; ~ **surgery** *n* cirugía *f* estética.

plas·ti·cine ® ['plæstɪsiːn] *n* arcilla *f* de moldear, *(LAm)* plastilina *f*.

plate [pleɪt] **1** *n* **(a)** *(flat dish)* plato *m*; *(~ful)* plato; *(for church collection)* platillo *m*; *(warming ~)* plancha *f* (eléctrica); **to hand sb sth on a ~** *(fig fam)* darle algo a uno en bandeja de plata; **to have a lot on one's ~** *(fig fam)* estar muy atareado. **(b)** *(silverware etc)* vajilla *f*; **gold/silver ~** vajilla de oro/plata. **(c)** *(Phot, Tech, on door)* placa *f; (Aut: number ~)* matrícula *f*, placa. **(d)** *(dental ~)* dentadura *f* (postiza). **(e)** *(book illustration)* lámina *f*, grabado *m*.

2 *vt (with gold)* dorar; *(with silver)* platear; *(with nickel)* niquelar; **chromium ~d** chapado de cromo.

3: ~ **glass** *n* vidrio *m or* cristal *m* cilindrado, luna *f;* ~ **rack** *n* escurreplatos *m inv*.

plat·eau ['plætəʊ] *n, pl* **-s** *or* **-x** *(Geog)* meseta *f, (LAm)* altiplano *m*.

plat·form ['plætfɔːm] **1** *n (gen)* plataforma *f; (at meeting)* plataforma, tribuna *f; (Pol)* programa *m; (Rail)* andén *m, (LAm)* vía *f*. **2:** ~ **ticket** *n* billete *m or (LAm)* boleto *m* de andén.

plat·ing ['pleɪtɪŋ] *n (layer of metal)* capa *f* metálica; **silver/gold/nickel** ~ plateado *m*/dorado *m*/niquelado *m;* **armour** ~ blindaje *m*.

plati·num ['plætɪnəm] *n* platino *m;* ~ **blond(e) hair** pelo rubio platino.

plati·tude ['plætɪtjuːd] *n* tópico *m*, lugar *m* común.

pla·ton·ic [plə'tɒnɪk] *adj* platónico/a.

pla·toon [plə'tuːn] *n (Mil)* pelotón *m*.

plat·ter ['plætəʳ] *n* fuente *f*.

plau·sible ['plɔːzəbl] *adj* admisible, plausible.

plau·sibly ['plɔːzəblɪ] *adv* plausiblemente.

play [pleɪ] **1** *n* **(a)** *(recreation)* juego *m;* **to be at** ~ estar jugando; **to do/say sth in** ~ hacer/decir algo en broma; **a** ~ **on words** un juego de palabras. **(b)** *(Sport)* juego *m; (move, manoeuvre)* jugada *f*, movida *f;* ~ **began at 3 o'clock** el partido empezó a las tres; **to be in/out of** ~ *(ball)* estar en/fuera de juego; *see* **fair**[1], **foul 1. (c)** *(Theat)* obra *f* (de teatro), pieza *f;* ~**s** teatro *msg;* **radio/television** ~ obra para radio/televisión. **(d)** *(Tech etc)* juego *m;* **there's not enough** ~ **in the rope** la cuerda no da lo suficiente. **(e)** *(fig phrases)* **to bring** *or* **call into** ~ poner en juego; **to give full** ~ **to one's imagination** dar rienda suelta a la imaginación; **to make great** ~ **of sth** insistir en algo, hacer hincapié en algo; **to make a** ~ **for sth/sb** intentar conseguir algo/conquistar a uno; **the** ~ **of light on the water** el rielar de la luz sobre el agua.

2 *vt* **(a)** jugar; **to** ~ **a game of tennis** jugar un partido de tenis; **to** ~ **sb at chess** jugar contra uno al ajedrez; **they** ~**ed him in goal** le pusieron en el gol; **to** ~ **a trick on sb** gastar una broma a uno. **(b)** *(perform: rôle)* hacer el papel de, interpretar; *(: play)* representar; *(: in town)* actuar; *(fig)* **to** ~ **a part (in)** intervenir (en); *see* **fool 1. (c)** *(Mus etc)* tocar; **to** ~ **the piano/violin** tocar el piano/el violín. **(d)** *(direct: light, hose)* dirigir.

3 *vi* **(a)** *(amuse o.s.)* jugar; **to go out to** ~ salir a jugar; **to** ~ **with a stick** juguetear con un palo; **to** ~ **with an idea** dar vueltas a una idea; **to** ~ **with fire** *(fig)* jugar con fuego. **(b)** *(Sport, at game, gamble)* jugar; **they're** ~**ing at soldiers** están jugando a (los) soldados; **to** ~ **for money** jugar por dinero; **to** ~ **for time** *(fig)* tratar de ganar tiempo; **to** ~ **into sb's hands** *(fig)* hacerle el juego a uno; **what are you** ~**ing at?** *(fam)* ¿qué te crees?, *(LAm)* ¿qué te pasa?; **he's just** ~**ing at it** lo hace para pasar el tiempo nada más. **(c)** *(move about, form patterns)* correr; **the sun was** ~**ing on the water** rielaba el sol sobre el agua; **a smile** ~**ed on his lips** una sonrisa le bailaba en los labios. **(d)** *(Mus)* tocar; *(: sound)* sonar; **when the organ** ~**s** cuando suena el organo; **to** ~ **on the piano** tocar el piano. **(e)** *(Theat, Cine: act)* actuar; **to** ~ **in a film** trabajar en una película.

♦ **play about, play around** *vi + adv*: **to** ~ **about** *or* **around with sth** *(fiddle with)* juguetear con algo.

♦ **play along 1** *vi + adv*: **to** ~ **along (with sb)** *(fig)* seguirle el juego *or* la pista (a uno). **2** *vt + adv*: **to** ~ **sb along** *(fig)* hacerle el juego a uno.

♦ **play back** *vt + adv* poner.

♦ **play down** *vt + adv* minimizar, quitar importancia a.

♦ **play off 1** *vt + adv*: **to** ~ **off X against Y** oponer X a Y. **2** *vi + adv (Sport)* jugar un partido de desempate.

♦ **play on** *vi + prep* aprovecharse de, explotar; **to** ~ **on sb's nerves** atacarle *or* asaltarle los nervios a uno.

♦ **play out** *vt + adv* llevar a su fin; **to be** ~**ed out** estar agotado/a.

♦ **play through** *vt + prep*: **to** ~ **a piece of music through** tocar una pieza entera.

♦ **play up 1** *vi + adv* **(a)** *(Brit fam: cause trouble)* dar guerra. **(b)** *(fam: flatter)* **to** ~ **up to sb** hacerle el juego a uno. **2** *vt + adv (fam)* **(a)** *(cause trouble to)* **to** ~ **sb up** darle la lata *or* fregar a uno. **(b)** *(exaggerate)* exagerar.

play-act ['pleɪækt] *vi (fig)* hacer la comedia.

play·bill ['pleɪbɪl] *n* cartel *m*.

play·boy ['pleɪbɔɪ] *n* playboy *m*.

play·er ['pleɪəʳ] *n (Sport)* jugador(a) *m/f; (Theat)* actor/actriz *m/f; (Mus)* **violin/piano** ~ *etc* violinista *mf*/pianista *mf etc*.

play·ful ['pleɪfʊl] *adj (person)* juguetón/ona; *(mood)* alegre.

play·ground ['pleɪgraʊnd] *n* patio *m* de recreo.

play·group ['pleɪgruːp] *n* jardín *m* de niños, kinder *m*.

play·house ['pleɪhaʊs] *n (theatre)* teatro *m; (for children)* casita *f* de muñecas.

play·ing ['pleɪɪŋ] *adj*: ~ **card** naipe *m;* ~ **field** campo *m or (LAm)* cancha *f* de deportes.

play·mate ['pleɪmeɪt] *n* compañero/a *m/f* de juego.

play-off ['pleɪɒf] *n (Sport)* (partido *m* de) desempate *m*.

play·pen ['pleɪpen] *n* parque *m*, corral *m*.

play·room ['pleɪrʊm] *n* cuarto *m* de juego.

play·thing ['pleɪθɪŋ] *n (lit, fig)* juguete *m*.

play·time ['pleɪtaɪm] *n (Scol)* (hora *f* de) recreo *m*.

play·wright ['pleɪraɪt] *n* dramaturgo/a *m/f*.

plea [pliː] *n (entreaty)* súplica *f*, petición *f; (excuse)* pretexto *m*, disculpa *f; (Jur)* alegato *m;* **to enter a** ~ **of innocence** declararse inocente.

plead [pliːd] *pt, pp* **pleaded** *or (esp US)* **pled 1** *vt* **(a)** *(argue)* **to** ~ **sb's case** *(Jur)* defender a uno en juicio; **to** ~ **sb's cause** *(fig)* hablar por uno. **(b)** *(as excuse)* pretender. **2** *vi* **(a)** *(beg)* **to** ~ **with sb (to do sth)** suplicar a uno (hacer algo); **to** ~ **with sb for sth** *(beg for)* rogar a uno que conceda algo. **(b)** *(Jur: as defendant)* presentar declaración; **to** ~ **guilty/not guilty** declararse culpable/inocente.

plead·ing ['pliːdɪŋ] **1** *n (entreaties)* súplicas *fpl*. **2** *adj* suplicante.

pleas·ant ['pleznt] *adj (gen)* agradable, *(LAm)* grato/a; *(people)* simpático/a, amable.

pleas·ant·ly ['plezntlɪ] *adv* en forma *or* de manera agradable; **I am** ~ **surprised** ¡qué grata sorpresa!

pleas·ant·ry ['plezntrɪ] *n (joke)* chiste *m*, broma *f;* **to exchange pleasantries** conversar *or* platicar en forma amena.

please [pliːz] **1** *interj* **(yes,)** ~ sí, por favor *or (LAm)* si es tan amable; ~ **pass the salt, pass the salt** ~ pasa la sal, por favor, *(LAm)* me hace el favor de pasar la sal; **the bill,** ~ la cuenta, por favor; ~ **don't cry!** ¡no llores!, te lo ruego.

2 *vi* **(a) if you** ~ *(frm: in request)* si hace favor,

(LAm) si es tan amable; **to do as one ~s** hacer lo que le dé la gana. **(b)** *(cause satisfaction)* gustar, agradar; **anxious** *or* **eager to ~** deseoso de quedar bien; **a gift that is sure to ~** un regalo que sin duda dará gusto.

3 *vt* **(a)** *(give pleasure to)* gustar, agradar, dar gusto a; *(satisfy)* satisfacer; **I did it, just to ~ you** lo hice únicamente para agradarte; **there's no pleasing him** no hay manera de que quede a gusto; **to ~ o.s.** hacer lo que le parezca; **~ yourself!** ¡haz lo que quieras!, ¡como quieras! **(b)** *(frm: be the will of)* **he will recover, ~ God!** se repondrá, si Dios quiere *or* Dios mediante.

pleas·ed [pli:zd] *adj (happy)* contento/a; *(satisfied)* satisfecho/a; **to be ~ (about sth)** alegrarse (de algo); **~ to meet you!** *(fam)* ¡encantado/a!, ¡tanto gusto!; **to be ~ at sth** alegrarse de algo; **to be ~ with sb/sth** estar contento con uno/algo; **to be ~ with o.s.** ser presumido; **I am ~ to hear it** me alegra saberlo; **we are ~ to inform you that ...** tenemos el gusto de comunicarle que ... .

pleas·ing ['pli:zɪŋ] *adj* agradable.

pleas·ur·able ['pleʒərəbl] *adj* agradable, grato/a.

pleas·ure ['pleʒəʳ] **1** *n* **(a)** *(satisfaction)* placer *m*, gusto *m*; *(happiness)* alegría *f*; **with ~** con mucho *or* todo gusto; **my ~!, the ~ is mine!** *(frm: returning thanks)* ¡de nada!, *(LAm)* ¡no hay de qué!; **I have much ~ in informing you that ...** tengo el gran placer de comunicarles que ...; **may I have the ~?** *(frm: at dance)* ¿quiere Ud bailar?; **Mr and Mrs X request the ~ of Y's company** *(frm)* los Sres X tienen el gusto de solicitar la compañía de Y. **(b)** *(source of ~)* gusto *m*; **it's a ~ to see him** da gusto verle; **all the ~s of London** todos los placeres de Londres; **is this trip for business or ~?** ¿este viaje es de negocios o de placer? **(c)** *(frm: will)* voluntad *f*; **at sb's ~** según la voluntad de uno; **to be detained during her Majesty's ~** *(Jur)* quedar encarcelado a disposición del Estado.

2: ~ boat *n* barco *m* de recreo; **~ ground** *n* parque *m* de atracciones.

pleasure-loving ['pleʒəˌlʌvɪŋ] *adj* hedonista.

pleat [pli:t] **1** *n* pliegue *m*. **2** *vt* plisar.

ple·beian [plɪ'bi:ən] *adj* plebeyo/a; *(pej)* ordinario/a.

plec·trum ['plektrəm] *n* púa *f*, plectro *m*.

pled [pled] *(US) pt, pp of* **plead.**

pledge [pledʒ] **1** *n (given as security, token)* prenda *f*; *(promise)* promesa *f*; **as a ~ of** en señal de; **to sign** *or* **take the ~** *(hum fam)* jurar renunciar el alcohol. **2** *vt* **(a)** *(promise)* prometer; **I'm ~d to silence** prometí mantenerme callado; **to ~ support for sb** prometer su apoyo a uno. **(b)** *(pawn)* empeñar.

ple·na·ry ['pli:nərɪ] *adj* plenario/a; **in ~ session** en sesión plenaria.

pleni·po·ten·ti·ary [ˌplenɪpə'tenʃərɪ] *adj, n* plenipotenciario/a *m/f*.

plen·ti·ful ['plentɪfʊl] *adj* abundante.

plen·ty ['plentɪ] **1** *n* **(a)** abundancia *f*; **in ~** *(in large supply)* en abundancia; **land of ~** Jauja *f*; **I've got ~** tengo bastante; **there's ~ to go on** hay más que suficientes datos. **(b) ~ of** mucho/a, *(LAm)* harto/a; **we've got ~ of time to get there** tenemos tiempo de sobre para llegar. **2** *adv (esp US fam)* **it's ~ big enough** es bastante *or (LAm)* harto grande; **it rained ~** llovió a mares.

pleu·ri·sy ['plʊərɪsɪ] *n* pleuresía *f*.

pli·able ['plaɪəbl] *adj* flexible.

pli·ant ['plaɪənt] *adj (fig)* dócil, flexible.

pli·ers ['plaɪəz] *npl (also* **pair of ~**) alicates *mpl*, tenazas *fpl*.

plight [plaɪt] *n* apuro *m*, aprieto *m*; **the country's economic ~** la grave situación económica del país.

plim·soll ['plɪmsəl] *n (Brit)* zapatilla *f* de tenis.

plinth [plɪnθ] *n* plinto *m*.

P.L.O. *n (abbr of* **Palestine Liberation Organization**) OLP *f*.

plod [plɒd] *vi* **(a)** andar con paso pesado; **to ~ along/on** ir andando con paso lento. **(b)** *(fig: at work etc)* trabajar laboriosamente; **to ~ away at a task** seguir dándole a un trabajo; **we must ~ on** tenemos que seguir a como dé lugar.

plod·der ['plɒdəʳ] *n* trabajador diligente pero lento.

plonk[1] [plɒŋk] *n (Brit fam: wine)* porriaque *m*.

plonk[2] [plɒŋk] **1** *n (sound)* golpe *m* seco. **2** *adv* con un golpe; **~ in the middle** en el justo medio. **3** *vt (fam: also* **~ down**) dejar caer; **to ~ o.s. down** dejarse caer.

plop [plɒp] **1** *n* plaf *m*. **2** *vi* hacer plaf.

plot[1] [plɒt] *n (Agr)* parcela *f*, terreno *m*; **a ~ of land** *(gen)* un terreno; *(for building)* un solar, *(LAm)* un lote.

plot[2] [plɒt] **1** *n* **(a)** *(conspiracy)* complot *m*, conjura *f*. **(b)** *(Lit, Theat)* trama *f*, argumento *m*. **2** *vt* **(a)** *(course, position)* trazar. **(b)** *(plan, scheme etc)* urdir, fraguar. **3** *vi* maquinar, conspirar.

plough [plaʊ] **1** *n (Agr)* arado *m*; **the P~** *(Astron)* el Carro, la Osa Mayor. **2** *vt (Agr)* arar; **to ~ one's way through a book** *(fig)* leer un libro con dificultad. **3** *vi (Agr)* arar; **the car ~ed into the wall** el coche dio fuerte(mente) contra la pared; **to ~ through the mud** abrirse camino por el lodo.

♦ **plough back** *vt + adv (profits)* reinvertir.

♦ **plough up** *vt + adv (field)* arar, surcar.

plough·man, *(US)* **plow·man** ['plaʊmən] *n, pl* **-men** arador *m*, labrador *m*; **~'s lunch** *(Brit)* pan con queso.

plow [plaʊ] *(US)* = **plough.**

ploy [plɔɪ] *n* truco *m*, estratagema *f*.

pluck [plʌk] **1** *n (courage)* valor *m*, ánimo *m*. **2** *vt* **(a)** arrancar; *(Mus)* pulsar; *(Culin)* desplumar; **to ~ one's eyebrows** depilarse las cejas; **to ~ up (one's) courage** cobrar ánimos. **(b)** *(also* **~ out**) arrancar. **3** *vi*: **to ~ at sb's sleeve** tirar a uno ligeramente de la manga.

plucky ['plʌkɪ] *adj* **(-ier, -iest)** valiente.

plug [plʌg] **1** *n* **(a)** *(in bath, basin, barrel, for leak)* tapón *m*; **a ~ of cotton wool** un tampón *m* (de algodón). **(b)** *(Elec: on flex, apparatus)* enchufe *m*, clavija *f*, *(Mex)* chavija *f*; *(socket)* toma *f* de corriente; *(Aut: spark ~)* bujía *f*; **2-/3-pin ~** clavija de dos/tres espigas *or* bipolar/tripolar. **(c)** *(fam: piece of publicity)* publicidad *f*; **to give sb/sth a ~** dar publicidad a uno/algo.

2 *vt* **(a)** *(also* **~ up**) llenar, *(LAm)* tapar; **to ~ a tooth** empastar una muela; **to ~ a loophole** cerrar una escapatoria. **(b)** *(insert)* introducir; **to ~ a lead into a socket** enchufar un hilo en una toma. **(c)** *(fam: publicize)* dar publicidad a; *(: push, put forward)* insistir *or* hacer hincapié en.

♦ **plug away** *vi + adv (fam)* **to ~ away (at sth)** perseverar (en algo), *(LAm)* darle (a algo) *(fam)*.

♦ **plug in** *(Elec) vi + adv, vt + adv* enchufar.

♦ **plug up** *vt + adv (fill)* tapar, taponar.

plug·hole ['plʌghəʊl] *n* desagüe *m*, desaguadero *m*.

plum [plʌm] **1** *n (fruit)* ciruela *f*, *(LAm)* guinda *f*; *(also* **~ tree**) ciruelo *m*; *(colour)* color ciruela *or (LAm)* guinda; **a real ~ (of a job)** *(fig fam)* un chollo de trabajo, *(LAm)* un premio. **2: ~ pudding** *n* pudín *m or* budín *m* de pasas.

plum·age ['plu:mɪdʒ] *n* plumaje *m*.

plumb [plʌm] **1** *n* plomo *m*. **2** *adv (fam)* **~ in the**

middle en el mismo *or (LAm)* mero centro; **he's ~ stupid** *(US)* es un tonto perdido. **3** *vt* **(a)** *(lit)* sondar. **(b)** *(fig)* sondear; **to ~ the depths of man's mind** penetrar hasta las profundidades de la mente humana. **4: ~ bob** *n* plomo *m;* **~ line** *n* plomada *f.*

plumb·er [ˈplʌməʳ] *n* fontanero/a *m/f, (LAm)* plomero/a *m/f, (RPl)* gasfitero/a *m/f.*

plumb·ing [ˈplʌmɪŋ] *n (craft)* fontanería *f, (LAm)* plomería *f, (RPl)* gasfitería *f; (piping)* tubería *f, (LAm)* cañería *f.*

plume [pluːm] *n* penacho *m.*

plum·met [ˈplʌmɪt] *vi (bird, plane etc)* caer en picado; *(temperature, price, sales)* bajar de golpe *or* de un tiro; *(spirits, morale)* caer a plomo.

plump [plʌmp] **1** *adj* (**-er, -est**) *(person)* relleno/a, regordete, *(LAm)* gordito/a; *(baby)* rechoncho/a; *(animal)* gordo/a. **2** *adv:* **to run ~ into sb** dar de cara con uno.

♦ **plump down 1** *vt + adv* dejar caer. **2** *vi + adv* desplomarse.

♦ **plump for** *vi + prep* optar por.

♦ **plump up** *vt + adv* hinchar.

plun·der [ˈplʌndəʳ] **1** *n (act)* pillaje *m,* saqueo *m; (loot)* botín *m.* **2** *vt* pillar, saquear.

plunge [plʌndʒ] **1** *n (dive)* zambullida *f; (fig: into debt, of currency etc)* caída *f* repentina, desplome *m; (rash investment)* inversión *f* arriesgada; **to take the ~** *(fig fam)* aventurarse, dar el paso decisivo.

2 *vt* **(a)** *(immerse)* sumergir, hundir; *(thrust)* arrojar, *(LAm)* aventar; **to ~ a dagger into sb's chest** clavar un puñal en el pecho de uno. **(b)** *(fig)* **to ~ a room into darkness** sumir un cuarto en la oscuridad; **we were ~d into gloom by the news** la noticia nos hundió en la tristeza; **to ~ sb into debt** arruinar a uno.

3 *vi* **(a)** *(dive)* arrojarse, tirarse, *(LAm)* aventarse; *(: into water)* saltar, zambullirse. **(b)** *(fall)* caer, hundirse; **he ~d to his death** tuvo una caída mortal. **(c)** *(share prices, currency etc)* desplomarse; **to ~ into debt** endeudarse, *(LAm)* endrogarse. **(d)** *(fig: rush)* **to ~ into one's work** sumirse en su trabajo; **to ~ heedlessly into danger** no preocuparse por los riesgos. **(e)** *(neckline)* ser muy escotado.

plung·er [ˈplʌndʒəʳ] *n (Tech)* émbolo *m; (for clearing drain)* desatascador *m.*

plung·ing [ˈplʌndʒɪŋ] *adj* escotado/a.

plu·per·fect [ˌpluːˈpɜːfɪkt] *n (Ling)* pluscuamperfecto *m.*

plu·ral [ˈplʊərəl] **1** *adj (Ling)* plural. **2** *n (Ling)* plural *m.*

plu·ral·ism [ˈplʊərəlɪzəm] *n* pluralismo *m.*

plu·ral·ity [ˌplʊəˈrælətɪ] *n:* **by a ~ of votes** por mayoría de votos.

plus [plʌs] **1** *prep* más; **~ what I have to do already** además de lo que ya tengo que hacer. **2** *adj (Math, Elec)* positivo/a; **twenty ~** veinte y pico; **a ~ factor** *(fig)* un plus. **3** *n (Math: ~ sign)* signo *m* más; *(fig: advantage)* ventaja *f,* plus *m.*

plush [plʌʃ] **1** *n* felpa *f.* **2** *adj (also* **plushy:** *fam)* afelpado/a; *(fig)* de mucho lujo.

Plu·to [ˈpluːtəʊ] *n (Astron, Mythology)* Plutón *m.*

plu·to·nium [pluːˈtəʊnɪəm] *n* plutonio *m.*

ply[1] [plaɪ] *n:* **three-~ wood** madera *f* de tres capas; **three-~ wool** lana *f* de tres cabos.

ply[2] [plaɪ] **1** *vt (needle, tool etc)* manejar, emplear; *(sea, river, route)* navegar por; **to ~ one's trade** ejercer su profesión; **to ~ sb with questions** acribillar *or* acosar de preguntas a uno; **to ~ sb with drink** insistir en ofrecerle a uno muchas copas. **2** *vi:* **to ~ between** ir y venir entre; **to ~ for hire** ir en busca de clientes.

ply·wood [ˈplaɪwʊd] *n* madera *f* contrachapada.

P.M. *abbr of* **prime minister;** *see* **prime 4.**

p.m. *abbr of* **post meridiem** *(afternoon)* de la tarde; *(night)* de la noche.

pneu·mat·ic [njuːˈmætɪk] *adj* neumático/a.

pneu·mo·nia [njuːˈməʊnɪə] *n* pulmonía *f.*

P.O. *abbr of* **post office;** *see* **post**[2] **3.**

poach[1] [pəʊtʃ] *vt (Culin: eggs)* escalfar; *(: fish etc)* hervir; **~ed egg** huevo *m* escalfado.

poach[2] [pəʊtʃ] **1** *vt (hunt/fish)* cazar/pescar en vedado; *(fig fam: steal)* birlar, quitar. **2** *vi* cazar/pescar en vedado; **to ~ on sb's preserves** *(fig)* pisarle los papeles a uno.

poach·er[1] [ˈpəʊtʃəʳ] *n (of game etc)* cazador *m etc* furtivo.

poach·er[2] [ˈpəʊtʃəʳ] *n (for eggs)* escalfador *m.*

pock·et [ˈpɒkɪt] **1** *n* **(a)** *(gen)* bolsillo *m, (LAm)* bolsa *f;* **with his hands in his ~s** las manos metidas en los bolsillos; **to have sb/sth in one's ~** *(fig)* tener a uno/algo en el bolsillo; **to be in/out of ~** salir ganando/perdiendo; **to line one's ~s** forrarse; **to put one's hand in one's ~** echar mano al bolsillo; *see* **pick 2 (c). (b)** *(restricted area, space)* **~ of resistance/warm air** rincón *m* de resistencia/bolsa *f* de aire caliente.

2 *adj* de bolsillo.

3 *vt (fig: gain, steal)* embolsar; **to ~ one's pride** *(fig)* aguantarse, tragarse el orgullo.

4: ~ handkerchief *n* pañuelo *m;* **~ money** *n* dinero *m* de bolsillo.

pocket·book [ˈpɒkɪtbʊk] *n (wallet)* cartera *f, (LAm)* billetero *m; (notebook)* cuaderno *m,* bloc *m; (US: handbag)* bolso *m, (LAm)* cartera; *(: purse)* monedero *m,* portamonedas *f inv.*

pocket·knife [ˈpɒkɪtnaɪf] *n, pl* **-knives** navaja *f.*

pocket-size(d) [ˈpɒkɪtsaɪz(d)] *adj* de bolsillo.

pock·marked [ˈpɒkmɑːkt] *adj (face)* picado/a de viruelas; *(surface)* marcado/a de hoyos.

pod [pɒd] *n* vaina *f.*

podgy [ˈpɒdʒɪ] *adj* (**-ier, -iest**) gordinflón/ona.

po·dium [ˈpəʊdɪəm] *n* podio *m.*

poem [ˈpəʊɪm] *n* poema *m,* poesía *f.*

poet [ˈpəʊɪt] *n* poeta *mf.*

po·et·ic [pəʊˈetɪk] *adj* poético/a; **~ justice** justicia *f* divina; **~ license** licencia *f* poética.

po·et·ry [ˈpəʊɪtrɪ] **1** *n* poesía *f.* **2: ~ reading** *n* recital *m or* lectura *f* de poesías.

pog·rom [ˈpɒgrəm] *n* pogrom *m.*

poign·an·cy [ˈpɔɪnjənsɪ] *n* patetismo *m.*

poign·ant [ˈpɔɪnjənt] *adj* conmovedor(a), patético/a.

point [pɔɪnt] **1** *n* **(a)** *(dot, punctuation mark, Typing, Geom)* punto *m; (decimal ~)* punto decimal; **2 ~ 6 (2.6)** dos coma seis (2,6).

(b) *(on scale, thermometer)* punto *m; (on compass)* cuarta *f,* grado *m;* **boiling/freezing ~** punto de ebullición/congelación; **from all ~s of the compass** desde los cuatro rincones del mundo; **up to a ~** hasta cierto punto, en cierta medida.

(c) *(of needle, pencil, knife etc)* punta *f;* **at the ~ of a sword** a punta de espada; **with a sharp ~** puntiagudo; **not to put too fine a ~ on it** *(fig)* hablando sin rodeos.

(d) *(place)* punto *m,* lugar *m;* **the train stops at Carlisle and all ~s south** el tren para en Carlisle y todas las estaciones al sur; **~ of departure** *(lit, fig)* punto de partida; **to reach the ~ of no return** *(lit, fig)* llegar al punto de no volver atrás; **~ of view** punto de vista; **at this ~** *(spatially)* aquí, allí; *(in time)* en este *or* aquel momento; **from that ~ on ...** de allí en adelante ...; **to be on the ~ of**

doing sth estar a punto de hacer algo; **when it comes to the ~** en el momento de la verdad; **abrupt to the ~ of rudeness** brusco para no decir grosero.

(e) *(counting unit: Sport, in test)* punto *m;* **to win on ~s** ganar por puntos; **the index is down 3 ~s** el índice bajó de tres enteros.

(f) *(purpose)* fin *m,* propósito *m;* **there's no ~ in staying** no tiene sentido quedarse; **I don't see the ~ of** *or* **in doing that** no le veo el sentido *or (LAm)* chiste en hacer eso; **the ~ is that ...** el caso es que ...; **that's the whole ~!** ¡eso es!, ¡ahí está!; **the ~ of the joke/story** la gracia del chiste/ cuento.

(g) *(detail, argument)* punto *m;* **the ~ at issue** el asunto, el tema a discutir; **a 5-~ plan** un proyecto de cinco puntos; **in ~ of fact** en realidad, *(LAm)* el caso es que; **to be beside the ~** no venir al caso; **to get off the ~** salirse del tema; **to come** *or* **get to the ~** llegar al meollo; **to keep** *or* **stick to the ~** no salirse del tema; **to make a ~ of doing sth** poner empeño en hacer algo; **to make one's ~** insistir en el argumento; **to stretch a ~** hacer una excepción; **his remarks were to the ~** sus observaciones venían al caso; **that's not the ~** esto no viene al caso; **you've got a ~ there!** ¡tienes razón!, *(LAm)* ¡es cierto!; **to miss the ~** no seguir la corriente.

(h) *(matter)* cuestión *f;* **a ~ of principle** una cuestión de principios.

(i) *(characteristic)* cualidad *f;* **good/bad ~s** cualidades buenas/malas; **tact isn't one of his strong ~s** la discreción no es uno de sus (puntos) fuertes.

(j) *(Brit Rail)* **~s** agujas *fpl.*

(k) *(Ballet: usu pl)* punta *f.*

(l) *(Aut)* **~s** contactos *mpl.*

(m) *(Brit Elec: also* **power ~***)* toma *f* de corriente.

2 *vt* **(a)** *(aim, direct)* apuntar; **to ~ one's finger at** señalar con el dedo; **to ~ one's toes** hacer puntas.

(b) *(indicate, show)* señalar, indicar; **to ~ the way** *(lit, fig)* señalar el camino; **to ~ the moral that ...** subrayar la moraleja de que ... .

(c) *(Constr)* rejuntar.

3 *vi* **(a)** señalar, apuntar hacia; **to ~ at sth/sb** señalar algo/a uno con el dedo; **it ~s (to the) north** apunta hacia el norte.

(b) *(indicate)* indicar.

4: ~ duty *n* control *m* de la circulación.

♦ **point out** *vt + adv* **(a)** *(show)* señalar. **(b)** *(mention)* hacer notar.

♦ **point up** *vt + adv* subrayar, destacar.

point-blank [ˌpɔɪnt'blæŋk] **1** *adj (question)* directo/ a; *(refusal)* tajante, categórico/a; **at ~ range** a boca de jarro, a quemarropa. **2** *adv* a boca de jarro, a quemarropa; **to refuse ~** negarse rotundamente.

point·ed ['pɔɪntɪd] *adj* **(a)** *(sharp)* puntiagudo/a. **(b)** *(obvious in intention)* intencionado/a.

point·ed·ly ['pɔɪntɪdlɪ] *adv* intencionadamente.

point·er ['pɔɪntəʳ] *n* **(a)** *(indicator)* indicador *m,* aguja *f; (stick)* puntero *m.* **(b)** *(dog)* perro *m* de muestra. **(c)** *(clue, indication)* indicación *f,* pista *f; (advice)* consejo *m.*

point·less ['pɔɪntlɪs] *adj* sin sentido.

poise [pɔɪz] **1** *n (carriage of head, body)* porte *m; (composure or dignity of manner)* elegancia *f,* aplomo *m.* **2** *vt (hold ready or balanced)* equilibrar, balancear; **to be ~d** *(balanced, positioned)* cernerse; *(fig: ready, all set)* estar listo *or* dispuesto; **they are ~d to attack, they are ~d for the attack** *(fig)* están listos para atacar.

poised [pɔɪzd] *adj (self-possessed)* sereno/a, ecuánime.

poi·son ['pɔɪzn] **1** *n (lit, fig)* veneno *m;* **what's your ~?** *(fam)* ¿qué toma? **2** *vt* **(a)** envenenar. **(b)** *(fig)* **to ~ sb's mind (against sb/sth)** envenenar la mente de uno (contra uno/algo). **3: ~ gas** *n* gas *m* tóxico; **~ ivy** *n* hiedra *f.*

poi·son·ing ['pɔɪznɪŋ] *n (lit, fig)* envenenamiento *m,* intoxicación *f;* **to die of ~** morir envenenado *or* intoxicado.

poi·son·ous ['pɔɪznəs] *adj* **(a)** venenoso/a, tóxico/ a. **(b)** *(fig)* pernicioso/a.

poke [pəʊk] **1** *n (jab)* empujón *m,* empellón *m; (with elbow)* codazo *m;* **he gave me a ~ in the ribs** me dio un codazo en las costillas. **2** *vt* **(a)** *(jab with stick, finger etc)* dar con la punta, picar; **to ~ sb in the ribs** picar a uno en las costillas. **(b)** *(US fam: punch)* golpear, dar con los puños a. **(c)** *(thrust)* introducir; **to ~ one's head out of a window** asomar la cabeza por una ventana; **to ~ fun at sb** reírse de uno; *see* **nose. (d)** *(hole)* hacer. **3** *vi:* **to ~ at sth with a stick** hurgar algo con un bastón; **don't ~ into matters that don't concern you** no te metas donde no te llaman.

♦ **poke about, poke around** *vi + adv (fam: in drawers, attic etc)* fisgonear, hurgar; *(: round shops)* curiosear.

♦ **poke out 1** *vi + adv (stick out)* salir. **2** *vt + adv (head)* asomar, sacar; **you almost ~d my eye out** casi me sacaste el ojo.

pok·er[1] ['pəʊkəʳ] *n (for fire)* atizador *m.*

pok·er[2] ['pəʊkəʳ] *n (Cards)* póker *m,* póquer *m.*

poker-faced [ˌpəʊkə'feɪst] *adj* de cara inmutable.

poky ['pəʊkɪ] *adj* **(-ier, -iest)** *(pej)* **a ~ room/town** un cuartucho/pueblucho.

Po·land ['pəʊlənd] *n* Polonia *f.*

po·lar ['pəʊləʳ] *adj (Elec, Geog)* polar; **~ bear** oso *m* polar.

po·lar·ity [pəʊ'lærɪtɪ] *n (Elec, fig)* polaridad *f.*

po·lari·za·tion [ˌpəʊləraɪ'zeɪʃən] *n (Elec, fig)* polarización *f.*

po·lar·ize ['pəʊləraɪz] **1** *vt* polarizar. **2** *vi* polarizarse.

po·lar·oid ['pəʊlərɔɪd] *adj* polaroid.

Pole [pəʊl] *n* polaco/a *m/f.*

pole[1] [pəʊl] *n* palo *m; (flag ~)* asta *f; (telegraph ~)* poste *m; (for vaulting, punting)* pértiga *f, (LAm)* garrocha *f; (curtain ~)* barra *f;* **~ vault** salto *m* de pértiga.

pole[2] [pəʊl] **1** *n (Elec, Geog, Astron)* polo *m;* **North/ South P~** Polo Norte/Sur; **to be ~s apart** ser polos opuestos. **2: P~ Star** *n* Estrella *f* Polar.

pole·cat ['pəʊlkæt] *n (Brit)* turón *m; (US)* mofeta *f.*

po·lem·ic [pɒ'lemɪk] *n* polémica *f.*

po·lem·ics [pɒ'lemɪks] *nsg* polémica *f.*

po·lice [pə'liːs] **1** *npl* policía *fsg;* **to join the ~** meterse de policía. **2** *vt (lit, fig)* vigilar. **3** *cpd* de policía, policío/a; **~ constable** *n (Brit)* guardia *m,* policía *m;* **~ force** *n* cuerpo *m* de policía *or* policío; **~ officer** *n* guardia, policía; **~ record** *n* antecedentes *mpl* penales; **~ station** *n* comisaría *f.*

police·man [pə'liːsmən] *n, pl* **-men** guardia *m,* policía *m.*

police·woman [pə'liːswʊmən] *n, pl* **-women** mujer *f* policía.

poli·cy[1] ['pɒlɪsɪ] *n* **(a)** *(gen, also principles)* política *f;* **foreign ~** política exterior; **it's a matter of ~** es cuestión de política. **(b)** *(prudence, a prudent procedure)* discreción *f;* **it is a good/bad ~** es buena/mala táctica.

poli·cy[2] ['pɒlɪsɪ] **1** *n (also* **insurance ~***)* póliza *f;* to

take out a ~ sacar una póliza. 2: ~ **holder** *n* asegurado/a *m/f*.
po·lio ['pəʊlɪəʊ] *n* poliomielitis *f*.
Po·lish ['pəʊlɪʃ] **1** *adj* polaco/a. **2** *n (language)* polaco *m*; **the** ~ *(pl: people)* los polacos.
pol·ish ['pɒlɪʃ] **1** *n* **(a)** *(material: shoe* ~*)* betún *m*, *(LAm)* bola *f*; *(: furniture* ~, *floor* ~*)* cera *f*. **(b)** *(act)* pulimento *m*; **my shoes need a** ~ mis zapatos necesitan una limpieza; **to give sth a** ~ dar brillo a algo. **(c)** *(shine)* lustre *m*, brillo *m*; **to put a** ~ **on sth** lustrar algo. **(d)** *(fig: refinement)* brillo *m*. **2** *vt (also* ~ **up)** **(a)** *(gen)* pulir; *(shoes)* limpiar, *(LAm)* bolear; *(floor, furniture)* encerar; *(silver)* pulir. **(b)** *(fig: improve)* perfeccionar.
♦ **polish off** *vt* + *adv (fam) (work)* terminar con; *(food)* tragarse.
pol·ished ['pɒlɪʃt] *adj* pulido/a, lustroso/a; *(fig)* elegante.
po·lite [pə'laɪt] *adj* cortés, educado/a; **in** ~ **society** en la buena sociedad.
po·lite·ly [pə'laɪtlɪ] *adv* cortésmente.
po·lite·ness [pə'laɪtnɪs] *n* cortesía *f*, educación *f*.
poli·tic ['pɒlɪtɪk] *adj* prudente.
po·liti·cal [pə'lɪtɪkəl] *adj* político/a; ~ **asylum** asilo *m* político.
poli·ti·cian [ˌpɒlɪ'tɪʃən] *n* político/a *m/f*.
poli·tics ['pɒlɪtɪks] *n (sg: subject, career)* política *f*; *(pl: views, policies)* posición *f* política; **to go into** ~ dedicarse a la *or* meterse en política.
pol·ka ['pɒlkə] **1** *n (dance)* polca *f*. **2:** ~ **dot** *n* dibujo *m* de puntos.
poll [pəʊl] **1** *n* **(a)** *(voting)* votación *f*; *(election)* elecciones *fpl*; **to take a** ~ **on sth** someter un asunto a votación. **(b)** *(total votes)* votos *mpl*, votación *f*; **there was a** ~ **of 84%** el 84% del electorado acudió a las urnas. **(c)** ~**s** *(voting place)* centro *msg* electoral; **to go to the** ~**s** acudir a las urnas. **(d)** *(opinion* ~*)* encuesta *f*, sondeo *m*. **2** *vt* **(a)** obtener (votos). **(b)** *(in opinion* ~*)* sondear.
pol·len ['pɒlən] **1** *n* polen *m*. **2:** ~ **count** *n* índice *m* de polen contenido en el aire.
pol·li·nate ['pɒlɪneɪt] *vt* polinizar.
pol·ling ['pəʊlɪŋ] **1** *n* votación *f*. **2:** ~ **booth** *n* cabina *f* electoral; ~ **station** *n* centro *m* electoral.
pol·lute [pə'luːt] *vt* contaminar, polucionar; *(fig)* corromper.
pol·lu·tion [pə'luːʃən] *n* polución *f*, contaminación *f* del ambiente; *(fig)* corrupción *f*.
polo ['pəʊləʊ] **1** *n (Sport)* polo *m*. **2:** ~ **neck (sweater)** *n* (jersey *m* de) cuello *m* vuelto.
pol·ter·geist ['pɒltəgaɪst] *n* duende *m*, fantasma *f*.
poly... ['pɒlɪ] *pref* poli..., multi... .
poly ['pɒlɪ] *n (Brit) abbr of* **polytechnic**.
poly·es·ter [ˌpɒlɪ'estəʳ] *n* poliéster *m*.
po·lyga·my [pɒ'lɪgəmɪ] *n* poligamia *f*.
poly·glot ['pɒlɪglɒt] *adj*, *n (person)* poligloto/a *m/f*.
poly·gon ['pɒlɪgən] *n* polígono *m*.
poly·mer ['pɒlɪməʳ] *n (Chem)* polímero *m*.
Poly·nesia [ˌpɒlɪ'niːzɪə] *n* Polinesia *f*.
pol·yp ['pɒlɪp] *n (Med)* pólipo *m*.
poly·phon·ic [ˌpɒlɪ'fɒnɪk] *adj (Mus)* polifónico/a.
poly·sty·rene [ˌpɒlɪ'staɪriːn] *n* poliestireno *m*.
poly·tech·nic [ˌpɒlɪ'teknɪk] *n (Brit)* politécnico *m*.
poly·thene ['pɒlɪθiːn] *n (Brit)* polietileno *m*.
poly·urethane [ˌpɒlɪ'jʊərɪθeɪn] *n* poliuretano *m*.
pom·egran·ate ['pɒməˌgrænɪt] *n (fruit)* granada *f*; *(tree)* granado *m*.
pom·my ['pɒmɪ] *n (Australian fam, pej)* inglés/esa *m/f*.
pomp [pɒmp] *n* pompa *f*.
pom·pon ['pɒmpɒn] *n*, **pom·pom** ['pɒmpɒm] *n (on hat etc)* borla *f*.
pom·pos·ity [pɒm'pɒsɪtɪ] *n* pomposidad *f*.
pomp·ous ['pɒmpəs] *adj (pretentious: person)* presumido/a; *(: occasion)* ostentoso/a.
ponce [pɒns] *n (Brit fam: pimp)* chulo *m*; *(: pej: homosexual)* marica *m*.
pon·cho ['pɒntʃəʊ] *n (gen)* poncho *m*, *(LAm)* manta *f*, *(Mex)* serape *m*.
pond [pɒnd] *n (natural)* charca *f*; *(artificial)* estanque *m*.
pon·der ['pɒndəʳ] **1** *vt* considerar, sopesar. **2** *vi* reflexionar *or* meditar *(on, over* sobre).
pon·der·ous ['pɒndərəs] *adj (movement)* laborioso/a; *(speech, character)* pesado/a.
pong [pɒŋ] *(Brit fam)* **1** *n* hedor *m*. **2** *vi* heder.
pon·tiff ['pɒntɪf] *n* pontífice *m*.
pon·tifi·cate [pɒn'tɪfɪkeɪt] *vi* pontificar.
pon·toon[1] [pɒn'tuːn] **1** *n* pontón *m*. **2:** ~ **bridge** *n* puente *m* de pontones.
pon·toon[2] [pɒn'tuːn] *n (Cards)* veintiuna *f*.
pony ['pəʊnɪ] **1** *n* poney *m*, jaca *f*, *(LAm)* potro *m*. **2:** ~ **trekking** *n* excursión *f* en poney *etc*.
pony·tail ['pəʊnɪteɪl] *n* cola *f* de caballo.
poo·dle ['puːdl] *n* perro *m* de lanas.
poof [pʊf] *n (fam)* marica *m*.
pooh [puː] *interj* ¡bah!
pooh-pooh [ˌpuː'puː] *vt* despreciar.
pool[1] [puːl] *n (natural)* charca *f*; *(artificial)* estanque *m*; *(swimming* ~*)* piscina *f*, *(LAm)* alberca *f*; *(of spilt liquid)* charco *m*; *(in river)* pozo *m*.
pool[2] [puːl] **1** *n* **(a)** *(common fund)* fondo *m* (común). **(b)** *(supply, source)* reserva *f*; *(typing* ~*)* servicio *m* de mecanografía; *(car* ~*)* reserva *f* de coches. **(c) to do the (football)** ~**s** hacer las quinielas. **(d)** *(form of snooker)* billar *m* americano. **(e)** *(Comm)* fondos *mpl* comunes; *(US: monopoly, trust)* consorcio *m*, cartel *m*. **2** *vt* juntar, unir.
poor [pʊəʳ] **1** *adj* **(-er, -est)** *(gen)* pobre; *(inferior, feeble)* malo/a; *(wretched)* miserable; **a** ~ **family** una familia necesitada; **a** ~ **harvest** una cosecha pobre *or* escasa; **to be** ~ **at maths** ser flojo en matemáticas; **I'm a** ~ **traveller** no resisto viajar; **you** ~ **thing!** ¡pobrecito!; **he's very ill,** ~ **chap** está grave el pobre. **2** *npl*: **the** ~ los pobres. **3:** ~ **box** *n* cepillo *m* de los pobres.
poor·ly ['pʊəlɪ] **1** *adv* **(a)** *(badly)* mal, pobremente. **(b)** *(financially)* pobremente. **2** *adj (ill)* mal, enfermo/a.
pop[1] [pɒp] **1** *n* **(a)** *(sound)* pequeño estallido *m*. **(b)** *(fam: drink) (Sp)* gaseosa *f*, *(LAm)* refresco *m*.
2 *adv*: **to go** ~ reventar.
3 *vt* **(a)** *(burst)* hacer reventar; *(cork)* hacer saltar. **(b)** *(fam: put)* **I'll just** ~ **my hat on** voy a ponerme el sombrero; **she** ~**ped her head out** asomó de repente la cabeza; **to** ~ **the question** declararse.
4 *vi* **(a)** *(burst)* reventar; *(cork)* saltar; **his eyes nearly** ~**ped out of his head** *(in amazement)* se le saltaban los ojos. **(b)** *(fam: go quickly or suddenly)* **to** ~ **across/over** acercarse, *(LAm)* caer de pronto; **to** ~ **out** salir un momento; **let's** ~ **round to Joe's** vamos a casa de Pepe.
♦ **pop in** *vi* + *adv (fam)* entrar un momento, *(LAm)* caer; **to** ~ **in to see sb** pasar por casa de *or* caerle a uno.
♦ **pop off** *vi* + *adv (fam)* **(a)** *(die)* palmar. **(b)** *(leave)* irse, marcharse.
pop[2] [pɒp] *n (*~ *music)* música *f* 'pop'.
pop[3] [pɒp] *n (fam: dad)* papá *m*.
pop·corn ['pɒpkɔːn] *n* palomitas *fpl* de maíz, *(RPl, Per)* alborotos *mpl*, cabritas *fpl*.
pope [pəʊp] *n* papa *m*.
pop·eyed [ˌpɒp'aɪd] *adj* de ojos saltones *or (LAm)*

desorbitados.
pop·gun ['pɒpgʌn] *n* fusil *m* de juguete.
pop·lar ['pɒpləʳ] *n* álamo *m.*
pop·lin ['pɒplɪn] *n* popelina *f.*
pop·per ['pɒpəʳ] *n* corchete *m,* botón *m* automático.
pop·pet ['pɒpɪt] *n (fam)* preciosa *f,* querida *f;* **she is a ~** es un amor.
pop·py ['pɒpɪ] **1** *n* amapola *f.* **2: P~ Day** *n (Brit) día m de la conmemoración del armisticio de 1918;* **~ seed** *n* semilla *f* de amapola.
poppy·cock ['pɒpɪkɒk] *n (fam)* tonterías *fpl.*
popu·lace ['pɒpjʊlɪs] *n (gen)* pueblo *m; (mob)* populacho *m,* turba *f.*
popu·lar ['pɒpjʊləʳ] *adj* **(a)** *(well-liked)* popular; *(fashionable)* de moda; *(acceptable)* bien visto/a; **I'm not very ~ with her today** hoy no le caigo bien *or* en gracia. **(b)** *(for the layman)* popular; **in ~ language** en el lenguaje del pueblo; **~ opinion** la opinión general. **(c)** *(widespread)* corriente, generalizado/a; **by ~ request** a petición del público.
popu·lar·ity [,pɒpjʊ'lærɪtɪ] *n* popularidad *f.*
popu·lar·ize ['pɒpjʊləraɪz] *vt* **(a)** *(make well-liked, acceptable)* popularizar. **(b)** *(make available to layman)* vulgarizar.
popu·lar·ly ['pɒpjʊləlɪ] *adv* popularmente, entre la mayoría de la gente.
popu·late ['pɒpjʊleɪt] *vt* poblar.
popu·la·tion [,pɒpjʊ'leɪʃən] *n* población *f;* **the ~ explosion** la explosión *f* demográfica.
popu·lous ['pɒpjʊləs] *adj* populoso/a.
por·age ['pɒrɪdʒ] *n* = **porridge.**
porce·lain ['pɔːsəlɪn] *n* porcelana *f.*
porch [pɔːtʃ] *n* pórtico *m,* entrada *f; (US: veranda)* portal *m.*
por·cu·pine ['pɔːkjʊpaɪn] *n* puerco *m* espín.
pore[1] [pɔːʳ] *n (Anat, Zool)* poro *m.*
pore[2] [pɔːʳ] *vi:* **to ~ over sth** engolfarse en algo.
pork [pɔːk] **1** *n* carne *f* de cerdo *or (LAm)* chancho *or* puerco. **2: ~ butcher** *n* salchichero/a *m/f, (LAm)* chanchero/a *m/f;* **~ chop** *n* chuleta *f* de cerdo *or* puerco; **~ pie** *n* empanada *f* de carne de cerdo.
porn [pɔːn] *n, (esp US)* **por·no** ['pɔːnəʊ] *n* pornografía *f;* **hard/soft ~** pornografía con el acto sexual explícito/no explícito.
por·no·graph·ic [,pɔːnə'græfɪk] *adj* pornográfico/a.
por·nog·ra·phy [pɔː'nɒgrəfɪ] *n* pornografía *f.*
po·rous ['pɔːrəs] *adj* poroso/a.
por·poise ['pɔːpəs] *n* marsopa *f,* marsopla *f.*
por·ridge ['pɒrɪdʒ] **1** *n* gachas *fpl* de avena, *(Mex)* ≃ atole *m.* **2: ~ oats** *npl* avena *f* para hacer gachas.
port[1] [pɔːt] **1** *n* **(a)** *(harbour)* puerto *m;* **~ of call** puerto de escala; **to come** *or* **put into ~** tomar puerto; **any ~ in a storm** *(fig)* la necesidad carece de ley. **(b)** *(city or town with a ~)* puerto *m.* **2** *cpd* portuario/a.
port[2] [pɔːt] *(Naut, Aer: left side)* **1** *n* babor *m.* **2** *adj* de babor.
port[3] [pɔːt] *n (wine)* vino *m* de Oporto.
port·able ['pɔːtəbl] *adj* portátil.
por·tend [,pɔː'tend] *vt* augurar.
por·tent ['pɔːtent] *n* augurio *m,* presagio *m.*
por·ter ['pɔːtəʳ] *n (of hotel, office etc)* portero/a *m/f; (Rail, Aer)* maletero *m, (LAm)* cargador *m, (RPl)* changador *m; (US Rail)* mozo *m* de los coches-cama, *(LAm)* camarero *m.*
port·fo·lio [,pɔːt'fəʊlɪəʊ] *n (gen)* cartera *f; (of artist, designer etc)* cartera *f,* carpeta *f.*
port·hole ['pɔːthəʊl] *n* portilla *f.*
por·tion ['pɔːʃən] *n (part, piece)* porción *f,* parte *f; (of food)* ración *f; (of cake)* porción *f,* trozo *m.*
port·ly ['pɔːtlɪ] *adj* gordo/a, corpulento/a.
port·man·teau [,pɔːt'mæntəʊ] **1** *n* baúl *m* de viaje. **2: ~ word** *n* palabra *f* combinada.
por·trait ['pɔːtrɪt] **1** *n* retrato *m;* **to have one's ~ painted** retratarse. **2: ~ painter** *n* retratista *mf.*
por·tray [pɔː'treɪ] *vt (paint etc portrait of)* retratar; *(describe, paint etc)* representar, pintar.
Por·tu·gal ['pɔːtjʊgəl] *n* Portugal *m.*
Por·tu·guese [,pɔːtjʊ'giːz] **1** *adj* portugués/esa; **~ man-of-war** especie *f* de medusa. **2** *n (person: pl inv)* portugués/esa *m/f; (language)* portugués *m.*
pose [pəʊz] **1** *n* postura *f,* actitud *f;* **it's only a ~** *(fig)* es pura pose. **2** *vt* **(a)** *(position)* colocar, arreglar. **(b)** *(problem, question, difficulty)* plantear. **3** *vi* **(a)** *(for artist etc)* posar. **(b)** *(affectedly)* presumir, hacer pose. **(c) to ~ as** *(pretend to be)* fingir ser; *(disguise o.s. as)* disfrazarse; *(act as)* hacerse pasar *or* tomar por.
pos·er ['pəʊzəʳ] *n (fam)* problema *m or* pregunta *f* difícil.
posh [pɒʃ] *(fam)* **1** *adj* **(-er, -est)** *(high-class)* elegante; *(affected)* afectado/a. **2** *adv:* **to talk ~** hablar con acento afectado.
po·si·tion [pə'zɪʃən] **1** *n* **(a)** *(location, place where sb/sth is)* posición *f; (of house, farm etc)* situación *f; (Mil: strategic site)* posición; **to be in/out of ~** estar en su sitio/fuera de lugar; **what ~ do you play?** *(Sport)* ¿qué posición juegas? **(b)** *(posture, way of standing, sitting etc)* posición *f,* postura *f;* **in a reclining ~** echado hacia atrás. **(c)** *(in class, league etc)* lugar *m.* **(d)** *(social, professional standing)* posición *f,* rango *m;* **a man of ~** un hombre de categoría. **(e)** *(post)* puesto *m,* empleo *m;* **to have a good ~ in a bank** tener un buen puesto en un banco; **a ~ of trust** un puesto de confianza. **(f)** *(window: in post office etc)* ventanilla *f.* **(g)** *(fig: situation, circumstance)* situación *f;* **to be in a ~ to do sth** estar en condiciones de hacer algo; **he's in no ~ to criticize** él no está en condiciones de criticar; **put yourself in my ~** ponte en mi lugar. **(h)** *(fig: point of view, attitude)* opinión *f,* actitud *f.*
2 *vt (place in ~)* colocar; *(locate)* situar; **to be ~ed** ubicarse; **to ~ o.s.** colocarse, ubicarse.
posi·tive ['pɒzɪtɪv] *adj* **(a)** *(true, real)* auténtico/a, real; *(sharp: refusal)* tajante, categórico/a; *(sure, certain)* seguro/a; **it's ~ proof** es una prueba incontrovertible; **are you sure? — yes, ~** ¿estás seguro? — sin lugar a dudas. **(b)** *(affirmative, constructive)* positivo/a; *(person)* dinámico/a; **~ criticism** crítica *f* constructiva. **(c)** *(real, downright)* verdadero/a, auténtico/a; **he's a ~ nuisance** es un auténtico pelmazo. **(d)** *(Elec, Math, Phot, Ling)* positivo/a.
posi·tive·ly ['pɒzɪtɪvlɪ] *adv (really, truly)* auténticamente; *(categorically)* tajantemente; *(with certainty)* con seguridad; *(affirmatively)* en forma positiva; *(fam: really, absolutely)* realmente; **the film was ~ disgusting!** ¡la película daba auténtico asco!
pos·se ['pɒsɪ] *n (US: legal)* pelotón *m.*
pos·sess [pə'zes] *vt (gen)* poseer; *(hold)* tener; *(own: estate etc)* ser dueño de; **to ~ a large collection** ser poseedor de una gran colección; **like one ~ed** como un poseído; **to be ~ed by an idea** dejarse apoderar por una idea; **whatever can have ~ed you?** ¿cómo se te ocurrió?
pos·ses·sion [pə'zeʃən] *n* **(a)** posesión *f;* **to have sth in one's ~** tener algo (en su poder *or* sus manos); **to get ~ of** ganar derecho de entrada a; **to take ~ of sth** *(Jur)* tomar posesión de algo; *(by*

force) apoderarse de algo; **to take ~ of a house** adueñarse de una casa; **to get/have ~ of the ball** *(Sport)* posesionarse del/tener el balón; **to be in ~ of sth** tener algo en las manos. **(b)** *(thing possessed)* posesión *f;* **~s** posesiones, bienes *mpl.*

pos·ses·sive [pəˈzesɪv] **1** *adj* **(a)** posesivo/a; **to be ~ about sth/towards sb** ser posesivo con algo/uno. **(b)** *(Ling)* posesivo/a. **2** *n (Ling)* posesivo *m.*

pos·ses·sor [pəˈzesəʳ] *n* poseedor(a) *m/f;* **to be the proud ~ of sth** enorgullecerse de poseer algo.

pos·sibil·ity [ˌpɒsəˈbɪlɪtɪ] *n* **(a)** *(chance)* posibilidad *f;* **there is no ~ of his agreeing to it** no existe posibilidad alguna de que esté de acuerdo; **it is within the bounds of ~** cabe dentro de lo posible. **(b)** *(event etc)* posibilidad *f;* **to foresee all the possibilities** prever todas las eventualidades. **(c)** *(promise)* **to have possibilities** ser prometedor.

pos·sible [ˈpɒsəbl] **1** *adj* posible; **it is ~ that he'll come** es posible que venga; **it is ~ to do it** es posible hacerlo; **it will be ~ for you to leave early** no habrá inconveniente en que se vaya temprano; **as soon as ~** cuanto antes, *(LAm)* lo antes posible; **if (at all) ~** de ser posible; **as often as ~** cuánto más mejor; **the best/worst ~** lo mejor/peor posible; **to make sth ~** posibilitar algo; **what ~ excuse can you give for your behaviour?** no hay disculpa que valga por tu comportamiento; **a ~ defeat** una posible derrota.

2 *n:* **a list of ~s for the job** una lista de candidatos para el puesto; **he's a ~ for Saturday's match** es posible que juegue en el partido del sábado.

pos·sibly [ˈpɒsəblɪ] *adv* **(a)** posiblemente; **as often as I ~ can** lo más frecuentemente que pueda; **how can I ~ come tomorrow?** ¿cómo crees que pueda venir mañana?; **I cannot ~ do it** no hay manera de que lo haga. **(b)** *(perhaps)* tal vez, quizás, puede que sí.

post[1] [pəʊst] **1** *n* poste *m;* **starting/finishing ~** línea *f* de salida/llegada; **to be left at the ~** quedar muy atrasado. **2** *vt* **(a)** *(also* **~ up)** pegar, fijar; **'~ no bills'** 'prohibido fijar carteles'. **(b)** *(announce)* anunciar; **to ~ sb/sth (as) missing** anunciar la desaparición de uno/algo.

post[2] [pəʊst] **1** *n (mail)* correo *m;* **registered ~** correo certificado; **by ~** por correo; **by return of ~** a vuelta de correo; **to catch/miss the ~** alcanzar/no alcanzar el correo; **it's in the ~** está en el correo; **first/last ~** primer/último reparto.

2 *vt* **(a)** *(put in mailbox)* echar (al correo); **to ~ sth to sb** *(send)* mandar algo a uno por correo. **(b)** *(inform)* **to keep sb ~ed** tener a uno al corriente.

3: ~ office *n (place)* oficina *f* de correos, correos *m;* **the P~ Office** *(institution)* la Administración *f* General de Correos; **P~ Office box** *n* apartado *m or* casilla *f* postal; **P~ Office Savings Bank** *n* Caja *f* de Ahorros Nacional; **~ office worker** *n* empleado/a *m/f* de correos; **~ paid** *adj* porte *m* pagado.

post[3] [pəʊst] **1** *n* **(a)** *(job)* puesto *m,* empleo *m;* **to take up one's ~** ocupar el puesto. **(b)** *(Mil)* puesto *m;* **at one's ~** en su puesto; **frontier ~** puesto fronterizo; **last ~** toque *m* de retreta. **(c)** *(trading ~)* factoría *f.* **2** *vt* **(a)** *(Mil etc)* apostar; *(position)* ubicar. **(b)** *(send, assign)* enviar; *(Mil)* nombrar.

post... [pəʊst] *pref* post..., pos... .

post·age [ˈpəʊstɪdʒ] **1** *n* franqueo *m,* porte *m.* **2: ~ stamp** *n* sello *m* (de correo), *(LAm)* estampilla *f,* *(Mex)* timbre *m.*

post·al [ˈpəʊstəl] *adj* postal; **~ district** distrito *m* postal; **~ order** giro *m* postal; **~ survey** encuesta *f* por correo.

post·bag [ˈpəʊstbæg] *n (Brit: letters)* correspondencia *f,* cartas *fpl.*

post·box [ˈpəʊstbɒks] *n (Brit)* buzón *m.*

post·card [ˈpeustkɑːd] *n* (tarjeta *f)* postal *f.*

post·code [ˈpəʊstkəʊd] *n (Brit)* código *m or* clave *f* postal.

post·date [ˌpəʊstˈdeɪt] *vt* poner fecha adelantada a.

post·er [ˈpəʊstəʳ] **1** *n* cartel *m.* **2: ~ paint** *n* pintura *f* al agua.

poste res·tante [ˌpəʊstˈrestɑ̃ːnt] *n* lista *f* de correos.

pos·teri·or [pɒsˈtɪərɪəʳ] *n (hum)* trasero *m.*

pos·ter·ity [pɒsˈterɪtɪ] *n* posteridad *f.*

post-free [ˌpəʊstˈfriː] *adj, adv* (con) porte pagado.

post·gradu·ate [ˌpəʊstˈgrædjʊɪt] **1** *adj* de posgrado. **2** *n* posgraduado/a *m/f.*

post·haste [ˌpəʊstˈheɪst] *adv* a toda prisa *or* carrera.

post·hu·mous [ˈpɒstjʊməs] *adj* póstumo/a.

post·hu·mous·ly [ˈpɒstjʊməslɪ] *adv* después de la muerte.

post·man [ˈpəʊstmən] *n, pl* **-men** cartero *m.*

post·mark [ˈpəʊstmɑːk] **1** *n* matasellos *m inv.* **2** *vt* matar (el sello de).

post·master [ˈpəʊstˌmɑːstəʳ] **1** *n* administrador *m* de correos. **2: ~ general** *n* director *m* general de correos.

post·mistress [ˈpəʊstˌmɪstrɪs] *n* administradora *f* de correos.

post-mortem [ˌpəʊstˈmɔːtəm] *n (gen)* autopsia *f.*

post-natal [ˌpəʊstˈneɪtl] *adj* postnatal, postparto.

post·pone [ˌpəʊstˈpəʊn] *vt* aplazar, *(LAm)* postergar.

post·pone·ment [ˌpəʊstˈpəʊnmənt] *n* aplazamiento *m.*

post·script [ˈpəʊsskrɪpt] *n* posdata *f.*

pos·tu·late [ˈpɒstjʊleɪt] *vt* postular.

pos·ture [ˈpɒstʃəʳ] **1** *n* postura *f,* actitud *f.* **2** *vi (pej)* adoptar una postura afectada.

post·war [ˌpəʊstˈwɔːʳ] *adj* de la posguerra.

posy [ˈpəʊzɪ] *n* ramillete *m* de flores.

pot [pɒt] **1** *n* **(a)** *(for cooking)* olla *f,* puchero *m; (tea ~)* tetera *f; (coffee ~)* cafetera *f; (for jam)* tarro *m,* *(LAm)* pote *m; (for flowers)* tiesto *m,* maceta *f; (piece of pottery)* cacharro *m;* **chamber ~** bacinica *f;* **~s and pans** batería *f* de cocina; **to go to ~** *(fam)* ir al traste. **(b)** *(potful)* olla *f etc.* **(c) to have ~s of money** *(fam)* tener montones de dinero. **(d)** *(fam: marijuana)* marijuana *f,* *(LAm)* mota *f.*

2 *vt* **(a)** *(jam, meat, etc)* conservar en tarros; *(plant)* poner en tiesto. **(b)** *(shoot)* matar. **(c)** *(Brit: Billiards)* meter en la tronera.

3: ~ plant *n* planta *f* en tiesto; **~ roast** *n* carne *f* asada; **~ shot** *n* tiro *m* al azar; **to take a ~ shot at sth** disparar al azar contra algo.

pot·ash [ˈpɒtæʃ] *n* potasa *f.*

po·tas·sium [pəˈtæsɪəm] *n* potasio *m.*

po·ta·to [pəˈteɪtəʊ] **1** *n, pl* **-es** patata *f,* *(LAm)* papa *f;* **sweet ~** batata *f,* *(LAm)* camote *m.* **2: ~ chip** *n (US),* **~ crisp** *n (Brit)* patata *f or (LAm)* papa *f* frita.

pot·bel·lied [ˈpɒtˌbelɪd] *adj (from overeating)* barrigón/ona, *(LAm)* guatón/ona *(fam); (from malnutrition)* de vientre hinchado.

po·ten·cy [ˈpəʊtənsɪ] *n* potencia *f.*

po·tent [ˈpəʊtənt] *adj* potente, poderoso/a.

po·ten·tate [ˈpəʊtənteɪt] *n* potentado *m.*

po·ten·tial [pəʊˈtenʃəl] **1** *adj* en potencia. **2** *n* **(a)** *(possibilities)* potencial *m; (ability)* capacidad *f;* **to have ~** mostrar gran potencial. **(b)** *(Elec, Math, Phys)* potencial *m.*

po·ten·tial·ly [pəʊ'tenʃəlɪ] *adv* en potencia.

pot·hole ['pɒthəʊl] *n (in road)* bache *m; (Geol)* marmita *f* de gigante.

pot·holer ['pɒthəʊləʳ] *n* espeleólogo/a *m/f.*

pot·hol·ing ['pɒthəʊlɪŋ] *n* espeleología *f.*

po·tion ['pəʊʃən] *n* poción *f*, pócima *f.*

pot·luck [ˌpɒt'lʌk] *n*: **to take ~** tomar lo que haya.

pot·pour·ri [ˌpəʊ'pʊri:] *n* **(a)** *(flowers)* pebete *m.* **(b)** *(of music, writing)* popurrí *m.*

pot·ted ['pɒtɪd] *adj* **(a)** *(food)* conservado/a en tarros; *(plant)* en tiesto. **(b)** *(shortened)* resumido/a.

pot·ter[1] ['pɒtəʳ] *n* alfarero/a *m/f;* **~'s wheel** torno *m* de alfarero.

pot·ter[2] ['pɒtəʳ] *vi* entretenerse, *(LAm)* pasársela.

pot·tery ['pɒtərɪ] *n (gen)* alfarería *f*, cerámica *f; (pots)* ollas *fpl* de barro.

pot·ty[1] ['pɒtɪ] *n (fam)* bacinica *f.*

pot·ty[2] ['pɒtɪ] *adj* **(-ier, -iest)** *(Brit fam: mad)* chiflado/a, *(LAm)* tarado/a.

potty-trained ['pɒtɪˌtreɪnd] *adj* que ya no necesita pañales.

pouch [paʊtʃ] *n (for tobacco)* petaca *f; (for ammunition)* cartuchera *f; (hunter's)* morral *m; (Zool, Anat)* bolsa *f.*

pouf(fe) [pu:f] *n* **(a)** *(seat)* taburete *m.* **(b)** *(Brit fam)* = **poof.**

poul·ter·er ['pəʊltərəʳ] *n (Brit)* pollero/a *m/f.*

poul·tice ['pəʊltɪs] *n* cataplasma *f*, emplasto *m.*

poul·try ['pəʊltrɪ] **1** *n (alive)* aves *fpl* de corral; *(as food)* pollo *m.* **2: ~ farm** *n* granja *f* avícola; **~ farmer** *n* avicultor(a) *m/f;* **~ farming** *n* avicultura *f.*

pounce [paʊns] **1** *n* salto *m*, ataque *m.* **2** *vi* abalanzarse *(on* sobre); **to ~ on sb/sth** *(lit)* echarse encima de uno/algo; *(fig)* agarrar a uno/algo.

pound[1] [paʊnd] *n* **(a)** *(weight)* libra *f* (53,6 gramos de kilo); **half a ~** media libra. **(b)** *(money)* libra *f;* **one ~ sterling** una libra esterlina; **a one-~ note** un billete de una libra.

pound[2] [paʊnd] **1** *vt* **(a)** *(hammer, strike)* golpear; *(with stick etc)* aporrear; *(subj: sea, waves)* azotar, batir; *(Mil)* bombardear. **(b)** *(pulverise)* machacar; **to ~ sth to pieces** romper algo a golpes. **2** *vi* **(a)** *(drums, etc)* resonar, redoblar; *(heart)* palpitar; *(waves)* romperse; **to ~ at, to ~ on** golpear, dar golpes en. **(b)** *(run, walk heavily)* correr/andar con paso pesado.

pound[3] [paʊnd] *n (enclosure: for dogs)* perrera *f; (: for cars)* depósito *m* de coches.

pound·ing ['paʊndɪŋ] *n*: **to take a ~** *(ship)* ser azotado por el mar; *(Sport)* sufrir una derrota; *(Mil)* sufrir un bombardeo.

pour [pɔ:ʳ] **1** *vt (gen)* echar; *(spill)* derramar, verter; **to ~ a drink for sb** servir una copa a uno; **to ~ sth away** *or* **off** vaciar *or* verter algo; **to ~ money into a project** echar dinero en cantidades en un proyecto. **2** *vi* **(a)** correr, fluir; **the sweat is ~ing off you!** ¡estás sudando la gota gorda!; **tourists are ~ing in** los turistas están llegando a raudales *or* en tropel. **(b) it's ~ing (with rain)** está lloviendo a cántaros *or (LAm)* a mares.

♦ **pour out** *vt + adv (gen)* echar; *(spill)* derramar; *(a drink)* servir, echar; **to ~ out one's troubles** desatarse; **to ~ out one's feelings** *or* **heart** desahogarse.

pour·ing ['pɔ:rɪŋ] *adj (custard etc)* para echar; *(rain)* torrencial.

pout [paʊt] **1** *n* berrinche *m*, puchero *m.* **2** *vi* hacer berrinches *or* pucheros.

pov·er·ty ['pɒvətɪ] *n (gen)* pobreza *f; (state of ~)* miseria *f;* **~ of imagination** falta *f* de imaginación; **to live in ~** vivir en la miseria.

poverty-stricken ['pɒvətɪˌstrɪkən] *adj* necesitado/a; **to be ~** *(hum)* estar en la miseria.

pow·der ['paʊdəʳ] **1** *n* polvo *m; (face ~, talcum ~)* polvos; **to grind sth to (a) ~** reducir algo a polvo. **2** *vt* **(a)** *(reduce to ~)* pulverizar, reducir a polvo. **(b)** *(apply ~ to)* polvorear; **to ~ one's nose** *(lit)* ponerse polvos; *(euph)* ir al tocador. **3: ~ compact** *n* polvera *f;* **~ puff** *n* borla *f;* **~ room** *n* tocador *m.*

pow·dered ['paʊdəd] *adj* en polvo; **~ sugar** *(US)* (azúcar *m* de) alcorza *f.*

pow·dery ['paʊdərɪ] *adj* polvoriento/a, en polvo.

pow·er ['paʊəʳ] **1** *n* **(a)** *(gen: strength, force etc)* fuerza *f; (fig: of argument etc)* fuerza, impacto *m;* **more ~ to your elbow!** *(fam)* ¡qué tengas éxito!; **the ~ of life and death** poder *m* de vida o muerte. **(b)** *(ability, capacity)* capacidad *f; (faculty)* facultad *f;* **it is beyond his ~ to save her** no está dentro de sus posibilidades salvarla; **to do all in one's ~ to help sb** hacer todo lo posible por ayudar a uno; **the ~ of speech** el poder del habla; **~s of persuasion/imagination** poder de persuasión/imaginación. **(c)** *(Pol etc: authority)* poder *m*, autoridad *f;* **that is beyond my ~(s)** eso no me compite; **to have ~ over sb** tener influencia sobre uno; **to have sb in one's ~** tener a uno en su poder; **to be in sb's ~** estar en poder de uno; **to be in ~** estar en el poder; **to come to ~** subir al poder; **~ of attorney** *(Jur)* poder; **the ~ behind the throne** la eminencia gris; **the ~s that be** las autoridades; **the ~s of darkness** *or* **evil** las fuerzas del mal. **(d)** *(nation)* potencia *f;* **the Great P~s** las grandes potencias. **(e)** *(source of energy: nuclear ~, electric ~ etc)* fuerza *f*, energía *f.* **(f)** *(of engine, machine, etc)* potencia *f*, fuerza *f; (of telescope)* aumento *m;* **engines at half ~** motores a medio rendimiento. **(g)** *(Math)* potencia *f;* **7 to the ~ (of) 3** 7 elevado a la 3ª potencia. **(h)** *(fam: a lot of)* **that did me a ~ of good** me hizo mucho *or (LAm)* harto bien.

2 *vt* impulsar; **a plane ~ed by 4 jets** un avión impulsado por 4 motores a reacción.

3 *cpd (saw, drill)* mecánico/a, eléctrico/a; *(Elec: cable, supply)* de energía eléctrica; *(: line)* de fuerza; **~ point** *n (Elec)* enchufe *m*, toma *f;* **~ politics** *npl* política *f* de fuerza; **~ station** *n* central *f* eléctrica; **~ steering** *n (Aut)* dirección *f* asistida.

power·boat ['paʊəbəʊt] *n* lancha *f* a motor.

power-driven ['paʊəˌdrɪvn] *adj* mecánico/a, eléctrico/a.

pow·er·ful ['paʊəfʊl] *adj (person: physically)* fuerte, fornido/a; *(: influential)* poderoso/a; *(engine, magnet etc)* potente; *(actor)* convincente; *(speech, film etc)* conmovedor(a).

pow·er·house ['paʊəhaʊs] *n (fig)* fuerza *f* motriz *or* dinámica.

pow·er·less ['paʊəlɪs] *adj* impotente, ineficaz.

p.p. *abbr of* **by proxy** p.p.

P.R. *abbr of* **public relations; proportional representation.**

prac·ti·cabil·ity [ˌpræktɪkə'bɪlɪtɪ] *n* factibilidad *f.*

prac·ti·cable ['præktɪkəbl] *adj* factible, practicable.

prac·ti·cal ['præktɪkəl] *adj* práctico/a; **for all ~ purposes** en la práctica; **~ joke** broma *f* pesada.

prac·ti·cal·ity [ˌpræktɪ'kælɪtɪ] *n (of person)* sentido *m* práctico; *(of scheme etc)* factibilidad *f;* **practicalities** detalles *mpl* prácticos.

prac·ti·cal·ly ['præktɪklɪ] *adv (almost)* casi; **it ~ killed me** por poco me mata.

prac·tice ['præktɪs] **1** *n* **(a)** *(habit, custom)* costumbre *f;* **sharp ~** engaños *mpl,* trampas *fpl;* **it is not our ~ to do that** no acostumbramos hacer eso. **(b)** *(exercise)* práctica *f; (training)* entrenamiento *m; (rehearsal)* ensayo *m,* práctica *f;* **to be out of ~** no estar en forma; **~ makes perfect** la práctica hace maestro. **(c)** *(reality)* práctica *f;* **in ~** en la práctica; **to put sth into ~** poner algo en práctica. **(d)** *(of doctor: place)* consultorio *m; (: people)* clientela *f,* pacientes *mpl; (of lawyer: office)* bufete *m; (exercise of profession)* ejercicio *m;* **he is no longer in ~** ya no ejerce *or* practica; **to set up in ~ as** establecerse como. **2** *vt, vi (US)* = **practise.**

prac·tise, (*US*) **prac·tice** ['præktɪs] **1** *vt* **(a)** practicar; **to ~ what one preaches** predicar con el ejemplo. **(b)** *(train o.s. at)* hacer prácticas de, hacer ejercicios en; **to ~ doing sth** ensayar hacer algo; **I ~d my Spanish on her** practiqué el español con ella. **(c)** *(follow, exercise)* practicar, ejercer. **2** *vi* **(a)** *(to improve skill: Sport)* entrenar; *(: Theat, Mus)* ensayar. **(b)** *(lawyer)* ejercer; *(doctor)* practicar.

prac·tised, (*US*) **prac·ticed** ['præktɪst] *adj (gen)* experto/a; **with a ~ eye** con ojo perito.

prac·tis·ing, (*US*) **prac·tic·ing** ['præktɪsɪŋ] *adj (professional)* que ejerce; *(Rel)* practicante.

practi·tion·er [præk'tɪʃənə^r] *n (of an art)* practicante *mf; (Med)* médico/a *m/f; see* **general 3.**

prag·mat·ic [præg'mætɪk] *adj* pragmático/a.

prag·ma·tism ['prægmətɪzəm] *n* pragmatismo *m.*

prai·rie ['prɛərɪ] *n* pradera *f; (in North America)* llanura *f,* pampa *f.*

praise [preɪz] **1** *n* alabanza *f,* elogio *m;* **he spoke in ~ of their achievements** habló en alabanza de sus éxitos; **I have nothing but ~ for her** merece todos mis elogios; **~ be to God!** *(in church)* ¡alabado sea Dios!; **~ be!** ¡gracias a Dios! **2** *vt* alabar, elogiar.

praise·worthy ['preɪz,wɜːðɪ] *adj* loable.

pram [præm] *n (Brit)* cochecito *m* de niño.

prance [prɑːns] *vi (horse)* hacer cabriolas, encabritarse; *(person: proudly)* pavonearse; *(: gaily)* saltar, *(LAm)* brincar; **to ~ in/out** entrar/salir a brincos.

prank [præŋk] *n* travesura *f.*

prat·tle ['prætl] *vi* charlar, parlotear, *(LAm)* cotorrear, echar cotorreo.

prawn [prɔːn] **1** *n* gamba *f, (LAm)* camarón *m,* langostino *m.* **2: ~ cocktail** *n* cóctel *m* de gambas.

pray [preɪ] *vi (say prayers)* rezar, orar; **to ~ to God** rogar a Dios; **to ~ for sb/sth** orar por uno/algo; **to ~ for sth** *(want it badly)* desear algo; **she's past ~ing for!** *(fam)* ¡ya no se puede salvar!

prayer [prɛə^r] **1** *n (Rel)* oración *f,* rezo *m; (entreaty)* súplica *f,* ruego *m;* **to say one's ~s** rezar, orar. **2: ~ book** *n* devocionario *m;* **~ mat** *n* alfombra *f* de rezo; **~ meeting** *n* reunión *f* de fieles.

pre... [priː] *pref* pre..., ante... .

preach [priːtʃ] **1** *vt (Rel etc)* predicar; *(fig)* aconsejar. **2** *vi* predicar; **to ~ at sb** sermonear a uno; **to ~ to the converted** *(fig)* aconsejar a los que no lo necesitan.

preach·er ['priːtʃə^r] *n (of sermon)* predicador(a) *m/f; (US: minister)* pastor *m.*

pre·amble [priː'æmbl] *n* preámbulo *m.*

pre·arrange [,priːə'reɪndʒ] *vt* arreglar de antemano.

pre·cari·ous [prɪ'kɛərɪəs] *adj* precario/a.

pre·cau·tion [prɪ'kɔːʃən] *n* precaución *f;* **as a ~** por precaución; **to take ~s** *(gen)* tomar precauciones; *(use contraceptive)* usar contraceptivo; **to take the ~ of doing sth** tomar la precaución de hacer algo, precaverse haciendo algo.

pre·cau·tion·ary [prɪ'kɔːʃənərɪ] *adj* preventivo/a, de precaución.

pre·cede [prɪ'siːd] *vt (in space, time, rank)* preceder, anteceder; **for a month preceding this** durante un mes antes de esto.

prec·edence ['presɪdəns] *n (in rank)* precedencia *f; (in importance)* preferencia *f;* **to take ~ over sb/sth** preceder a uno/algo.

prec·edent ['presɪdənt] *n (also Jur)* precedente *m;* **without ~** sin precedente; **to establish** *or* **set a ~** sentar un precedente.

pre·ced·ing [prɪ'siːdɪŋ] *adj* precedente, anterior; **throughout the ~ month** durante todo el mes anterior.

pre·cept ['priːsept] *n* precepto *m.*

pre·cinct ['priːsɪŋkt] *n (area)* recinto *m; (shopping ~)* centro *m* comercial; *(pedestrian ~)* zona *f* de peatones; *(US: district)* distrito *m, (LAm)* colonia *f;* **~s** *(grounds, premises)* límites *mpl; (environs)* alrededores *mpl; (of cathedral etc)* recinto *msg.*

pre·cious ['preʃəs] **1** *adj* **(a)** *(costly)* precioso/a; **~ stone/metal** piedra *f* preciosa/metal *m* precioso. **(b)** *(treasured)* querido/a, precioso/a; **your ~ dog** *(iro)* tu maldito *or* condenado perro; **your help is very ~ to me** aprecio mucho tu ayuda. **2** *adv (fam)* **~ little/few** bien poco/pocos.

preci·pice ['presɪpɪs] *n* precipicio *m.*

pre·cipi·tate [prɪ'sɪpɪtət] **1** *adj* precipitado/a. **2** [prɪ'sɪpɪteɪt] *vt* **(a)** *(bring on)* precipitar, provocar. **(b)** *(fig)* arrojar. **(c)** *(Chem, Met)* precipitar.

pre·cipi·tous [prɪ'sɪpɪtəs] *adj (steep)* escarpado/a; *(hasty)* precipitado/a.

pré·cis ['preɪsiː] *n, pl inv* resumen *m.*

pre·cise [prɪ'saɪs] *adj* **(a)** preciso/a, exacto/a; **there were 5, to be ~** en concreto, fueron 5; **at that ~ moment** en ese preciso momento. **(b)** *(meticulous)* meticuloso/a; *(pej: over-~)* afectado/a, pedante.

pre·cise·ly [prɪ'saɪslɪ] *adv (exactly)* precisamente, exactamente; *(with precision)* con precisión; **at 4 o'clock ~, at ~ 4 o'clock** a las 4 en punto; **~!** ¡exactamente!, *(LAm)* ¡exacto!

pre·ci·sion [prɪ'sɪʒən] **1** *n* precisión *f.* **2: ~ instrument** *n* instrumento *m* de precisión.

pre·clude [prɪ'kluːd] *vt (prevent)* impedir; *(avoid)* evitar; **we are ~d from doing that** nos está vedado hacer eso.

pre·co·cious [prɪ'kəʊʃəs] *adj* precoz.

pre·co·cious·ness [prɪ'kəʊʃəsnɪs] *n,* **pre·coc·ity** [prɪ'kɒsɪtɪ] *n* precocidad *f.*

pre·con·ceived [,priːkən'siːvd] *adj* preconcebido/a.

pre·con·cep·tion [,priːkən'sepʃən] *n (idea)* preconcepción *f,* idea *f* preconcebida; *(prejudice)* prejuicio *m.*

pre·con·di·tion [,priːkən'dɪʃən] *n* condición *f* previa.

pre·cur·sor [,priː'kɜːsə^r] *n* precursor(a) *m/f.*

pre·date [,priː'deɪt] *vt (put earlier date on)* poner fecha anterior a; *(precede)* preceder.

preda·tor ['predətə^r] *n* animal *m* de rapiña.

preda·tory ['predətərɪ] *adj (animal)* rapaz, de rapiña; *(person)* depredador(a).

pre·de·ces·sor ['priːdɪsesə^r] *n* predecesor(a) *m/f,* antecesor(a) *m/f.*

pre·des·ti·na·tion [priː,destɪ'neɪʃən] *n* predestinación *f.*

pre·des·tine [,priː'destɪn] *vt* predestinar.

pre·de·ter·mine [,priːdɪ'tɜːmɪn] *vt (Phil, Rel)* predeterminar; *(arrange beforehand)* determinado de antemano.

pre·dica·ment [prɪ'dɪkəmənt] *n* apuro *m,* aprieto *m;* **to be in a ~** *(puzzled)* quedar perplejo; *(in a fix)*

estar en un apuro.
predi·cate ['predɪkɪt] **1** *n (Ling)* predicado *m.* **2** ['predɪkeɪt] *vt*: **to be ~d (up)on** basarse en, partir de.
pre·dict [prɪ'dɪkt] *vt* predecir, pronosticar.
pre·dict·able [prɪ'dɪktəbl] *adj* previsible; **you're so ~!** ¡se te ve venir!
pre·dict·ably [prɪ'dɪktəblɪ] *adv* como era de esperar.
pre·dic·tion [prɪ'dɪkʃən] *n (gen)* pronóstico *m; (prophecy)* vaticinio *m.*
pre·dis·pose [ˌpriːdɪs'pəʊz] *vt* predisponer.
pre·domi·nance [prɪ'dɒmɪnəns] *n* predominio *m.*
pre·domi·nant [prɪ'dɒmɪnənt] *adj* predominante.
pre·domi·nant·ly [prɪ'dɒmɪnəntlɪ] *adv (in a majority)* en su mayoría.
pre·domi·nate [prɪ'dɒmɪneɪt] *vi* predominar.
pre·eminence [ˌpriː'emɪnəns] *n* preeminencia *f.*
pre·eminent [ˌpriː'emɪnənt] *adj* preeminente.
pre·empt [ˌpriː'empt] *vt* adelantarse a.
preen [priːn] *vt* arreglar con el pico; **to ~ o.s.** *(bird)* arreglarse las plumas; *(person)* pavonearse.
pre·fab ['priːfæb] *n (fam)* casa *f* prefabricada.
pre·fab·ri·ca·ted [ˌpriː'fæbrɪkeɪtɪd] *adj* prefabricado/a.
pref·ace ['prefɪs] *n* prólogo *m,* prefacio *m.*
pre·fect ['priːfekt] *n (Brit Scol)* monitor(a) *m/f; (French etc Admin)* prefecto *m.*
pre·fer [prɪ'fɜːʳ] *vt* **(a)** preferir; **to ~ coffee to tea** preferir el café al té; **to ~ walking to going by car** preferir ir a pie a ir en coche; **I ~ to stay home** prefiero quedarme en casa, de preferencia me quedo en casa. **(b)** *(Jur)* **to ~ charges against sb** acusar a uno.
pref·er·able ['prefərəbl] *adj* preferible.
pref·er·ably ['prefərəblɪ] *adv* de preferencia.
pref·er·ence ['prefərəns] *n* **(a)** *(greater liking or favour)* preferencia *f;* **in ~ to sth** antes que algo. **(b)** *(thing preferred)* **what is your ~?** ¿qué prefieres? **(c)** *(priority)* **to give ~ to sb/sth** dar prioridad a *or (LAm)* priorizar a uno/algo.
pref·er·en·tial [ˌprefə'renʃəl] *adj* preferente.
pre·fix ['priːfɪks] *n (Ling)* prefijo *m.*
preg·nan·cy ['pregnənsɪ] **1** *n* embarazo *m.* **2**: **~ test** *n* prueba *f* del embarazo.
preg·nant ['pregnənt] *adj* embarazada, encinta; *(fig)* muy significativo/a; **~ with** cargado/a *or* preñado/a de.
pre·his·tor·ic [ˌpriːhɪs'tɒrɪk] *adj* prehistórico/a.
pre·his·to·ry [ˌpriː'hɪstərɪ] *n* prehistoria *f.*
pre·judge [ˌpriː'dʒʌdʒ] *vt* prejuzgar.
preju·dice ['predʒʊdɪs] **1** *n* **(a)** *(biased opinion)* prejuicio *m;* **his ~ against ...** su mala voluntad hacia .... **(b)** *(Jur: injury, detriment)* perjuicio *m;* **without ~ to** sin perjuicio de. **2** *vt* **(a)** *(bias)* predisponer, prevenir. **(b)** *(injure)* perjudicar.
preju·diced ['predʒʊdɪst] *adj* parcial, interesado/a; **to be ~ against/in favour of sb/sth** estar predispuesto contra/a favor de uno/algo.
preju·di·cial [ˌpredʒʊ'dɪʃəl] *adj* perjudicial.
prel·ate ['prelɪt] *n* prelado *m.*
pre·limi·nary [prɪ'lɪmɪnərɪ] **1** *adj* preliminar. **2** *n*: **preliminaries** preliminares *mpl.*
prel·ude ['preljuːd] *n* preludio *m.*
pre·mari·tal [ˌpriː'mærɪtl] *adj* prematrimonial, anterior al matrimonio.
prema·ture ['preməˌtjʊəʳ] *adj* prematuro/a; **you are a little ~** te adelantaste un poco.
prema·ture·ly ['preməˌtjʊəlɪ] *adv* antes de tiempo.
pre·medi·tate [ˌpriː'medɪteɪt] *vt* premeditar.
pre·menstrual [ˌpriː'menstruəl] *adj*: **~ tension** *(Med)* tensión *f* premenstrual.
prem·ier ['premɪəʳ] *n (Pol)* primer(a) ministro/a *m/f.*
premi·ère ['premɪɛəʳ] *n* estreno *m.*
prem·ise ['premɪs] *n* **(a)** *(hypothesis)* premisa *f.* **(b)** **~s** *(property)* local *m;* **licensed ~s** local autorizado para la venta de bebidas alcohólicas; **on the ~s** en el lugar mismo; **to see sb off the ~s** mandar sacar a uno.
pre·mium ['priːmɪəm] **1** *n* prima *f,* abono *m; (Comm, insurance)* prima; **to sell sth at a ~** vender algo caro; **to be at a ~** *(fig)* estar sobre la par. **2**: **~ bond** *n (Brit) bono m del estado que participa en una lotería nacional.*
premo·ni·tion [ˌpriːmə'nɪʃən] *n* presentimiento *m.*
pre·oc·cu·pa·tion [priːˌɒkjʊ'peɪʃən] *n* preocupación *f.*
pre·oc·cu·pied [ˌpriː'ɒkjʊpaɪd] *adj (gen)* preocupado/a; *(absorbed, distracted)* ensimismado/a; **to be ~ with sth** estar preocupado *or* preocuparse por algo.
pre·oc·cu·py [ˌpriː'ɒkjʊpaɪ] *vt* preocupar.
prep [prep] *n (fam)* deberes *mpl, (LAm)* tarea *f.*
pre·paid [ˌpriː'peɪd] *adj* porte pagado.
prepa·ra·tion [ˌprepə'reɪʃən] *n* **(a)** *(preparing)* preparación *f;* **in ~ for sth** en preparación para algo; **to be in ~** estar en preparación. **(b)** *(preparatory measure)* preparativo *m;* **to make ~s** hacer preparativos. **(c)** *(Brit Scol)* deberes *mpl, (LAm)* tarea *f.*
pre·para·tory [prɪ'pærətərɪ] *adj* preparatorio/a, preliminar; **~ to sth/to doing sth** como preparación para algo/para hacer algo.
pre·pare [prɪ'pɛəʳ] **1** *vt (get ready)* preparar, disponer; **to ~ a meal** preparar una comida; **to ~ the way for an agreement** preparar el terreno para un acuerdo; **to ~ to do sth** prepararse para hacer algo. **2** *vi* prepararse *(for sth* para algo).
pre·par·ed [prɪ'pɛəd] *adj* **(a)** preparado/a, listo/a. **(b)** *(in state of readiness)* dispuesto/a; **to be ~ for anything** estar dispuesto a todo; **we were not ~ for this** esto no lo esperábamos. **(c)** *(willing)* **to be ~ to help sb** estar dispuesto a ayudar a uno.
pre·pon·der·ance [prɪ'pɒndərəns] *n* preponderancia *f,* predominio *m.*
pre·pon·der·ant [prɪ'pɒndərənt] *adj* preponderante, predominante.
prepo·si·tion [ˌprepə'zɪʃən] *n (Ling)* preposición *f.*
pre·pos·sess·ing [ˌpriːpə'zesɪŋ] *adj* agradable, atractivo/a.
pre·pos·ter·ous [prɪ'pɒstərəs] *adj* absurdo/a, ridículo/a.
pre·record [ˌpriːrɪ'kɔːd] *vt* grabar de antemano, pregrabar.
pre·requi·site [ˌpriː'rekwɪzɪt] *n* requisito *m.*
pre·roga·tive [prɪ'rɒgətɪv] *n* prerrogativa *f.*
Pres·by·ter·ian [ˌprezbɪ'tɪərɪən] *adj, n* presbiteriano/a *m/f.*
pre·school ['priːˌskuːl] *adj* preescolar.
pre·scribe [prɪ'skraɪb] *vt* **(a)** *(lay down, order)* prescribir, ordenar. **(b)** *(Med, fig)* recetar.
pre·scrip·tion [prɪs'krɪpʃən] **1** *n (Med)* receta *f;* **to make up** *or (US)* **fill a ~** preparar una receta; **only available on ~** se vende solamente con receta. **2**: **~ charges** *npl (Brit)* precio *m* de las recetas.
pres·ence ['prezns] *n (gen)* presencia *f; (attendance)* asistencia *f;* **~ of mind** aplomo *m,* serenidad *f;* **in the ~ of** en presencia de; **to make one's ~ felt** imponerse, hacerse sentir.
pres·ent ['preznt] **1** *adj* **(a)** *(in attendance)* presente; **those ~** los presentes; **to be ~ (at)** asistir (a), estar presente (en). **(b)** *(of the moment)* actual; **at the ~ moment** en el momento actual *or* el presente; **its ~ value** su valor actual. **(c)** *(Ling)* presente *m.*

2 *n* **(a)** *(~ time)* actualidad *f*, presente *m*; *(Ling)* presente; **at ~** actualmente, ahora; **for the ~** de momento, *(LAm)* por lo pronto; **up to the ~** hasta ahora. **(b)** *(gift)* regalo *m*; *(: formal)* obsequio *m*; **to make sb a ~ of sth** regalar algo a uno.

3 [prɪ'zent] *vt* **(a)** *(hand over formally)* presentar; *(give as gift)* regalar; **to ~ sb with sth, to ~ sth to sb** obsequiar *or* regalar algo a uno. **(b)** *(put forward)* presentar; **to ~ a report** presentar un informe. **(c)** *(offer, provide)* ofrecer; **it ~s a magnificent sight** ofrece un espectáculo maravilloso; **it ~s some difficulties** nos plantea algunas dificultades. **(d)** *(Rad, TV)* presentar. **(e)** *(introduce)* presentar; **to ~ X to Y** presentar a X a Y; **may I ~ Miss Clark?** *(frm)* permítame presentarle *or* le presento a la Srta Clark; **to ~ o.s.** presentarse.

pre·sent·able [prɪ'zentəbl] *adj*: **to make sth ~** arreglar algo; **to make o.s. ~** arreglarse.

pres·en·ta·tion [ˌprezən'teɪʃən] *n* **(a)** *(act of presenting)* presentación *f*; *(Jur: of case etc)* exposición *f*; **on ~ of the voucher** al presentar el vale. **(b)** *(Rad, TV, Theat)* representación *f*. **(c)** *(ceremony)* ceremonia *f* de entrega; *(gift)* obsequio *m*; **to make the ~** hacer la presentación.

present-day ['prezntˌdeɪ] *adj* actual; **~ Spain** la España de hoy.

pre·sent·er [prɪ'zentəʳ] *n (Rad, TV)* locutor(a) *m/f*.

pre·sen·ti·ment [prɪ'zentɪmənt] *n* presentimiento *m*.

pres·ent·ly ['prezntlɪ] *adv (shortly)* dentro de poco, *(LAm)* al rato; *(US: now)* ahora, *(LAm)* ahorita.

pres·er·va·tion [ˌprezə'veɪʃən] **1** *n* conservación *f*, preservación *f*. **2**: **~ order** *n* orden *f* de preservación.

pre·serva·tive [prɪ'zɜːvətɪv] *n (Culin)* conservante *m*.

pre·serve [prɪ'zɜːv] **1** *vt* **(a)** *(keep intact)* conservar, proteger; *(maintain: silence, customs etc)* mantener. **(b)** *(keep from decay)* conservar, mantener en buen estado; **well ~d** bien conservado. **(c)** *(Culin)* guardar en conserva. **(d)** *(keep from harm, save)* proteger, preservar; **~ me from that!** ¡sálvame de eso! **2** *n* **(a)** *(Culin)* conserva *f*; **~s** conservas. **(b)** *(Hunting)* coto *m*, vedado *m*.

pre·shrunk [ˌpriː'ʃrʌŋk] *adj* ya lavado/a.

pre·side [prɪ'zaɪd] *vi*: **to ~ (at** *or* **over)** presidir.

presi·den·cy ['prezɪdənsɪ] *n (gen)* presidencia *f*.

presi·dent ['prezɪdənt] *n* presidente/a *m/f*; *(US: of company)* director(a) *m/f* gerente.

presi·dent·ial [ˌprezɪ'denʃəl] *adj (Pol)* presidencial.

press [pres] **1** *n* **(a)** *(apparatus, machine)* prensa *f*. **(b)** *(printing press)* imprenta *f*; **to go to ~** entrar en prensa; **to be in the ~** estar en prensa. **(c)** *(newspapers)* **the ~** la prensa; **to get a good/bad ~** tener buena/mala prensa.

2 *vt* **(a)** *(push, squeeze: button, switch)* apretar, pulsar; *(: hand, trigger)* apretar, presionar; *(: grapes etc)* pisar; *(: fruit)* exprimir, estrujar; **to ~ sb to one's heart** abrazar estrechamente a uno. **(b)** *(iron)* planchar. **(c)** *(urge, entreat)* instar; *(pressure)* presionar; *(force)* forzar, obligar; *(force on)* imponer; *(insist on)* insistir en; **to be hard ~ed for money/time** andar muy escaso de dinero/tiempo; **to ~ home an advantage** aprovecharse de una ventaja; **to ~ sb/sth into service** recurrir a uno/algo.

3 *vi* **(a)** *(in physical sense)* apretar; **the people ~ed round him** la gente se apiñó en torno a él. **(b)** *(urge, agitate)* **to ~ for sth** pedir algo con insistencia, insistir en algo; **time ~es** el tiempo apremia. **(c)** *(move, push)* apiñarse; **to ~ through** abrirse paso por; **the crowd ~ed towards the exit** la muchedumbre se apresuró hacia la salida; **to ~ ahead** *or* **forward (with sth)** *(fig)* seguir adelante (con algo).

4 *cpd (agency, campaign, cutting)* de prensa; **~ conference** *n* conferencia *f or* rueda *f* de prensa; **~ gallery** *n* tribuna *f* de la prensa; **~ stud** *n* botón *m* de presión.

♦ **press on** *vi + adv* seguir adelante *(with* con).

press-gang ['presgæŋ] *vt*: **to ~ sb into doing sth** enganchar *or* obligar a uno a hacer algo.

press·ing ['presɪŋ] *adj (matter, problem)* urgente; *(request, invitation)* insistente.

press·man ['presmæn] *n, pl* **-men** periodista *mf*.

pres·sure ['preʃəʳ] **1** *n* **(a)** *(Phys, Tech, Met)* presión *f*; *(weight)* peso *m*; **high/low ~** alta/baja presión; **at full ~** *(Tech)* a toda presión. **(b)** *(compulsion, influence)* influencia *f*, presión *f*; **to be under ~ from sb (to do sth)** estar presionado por uno (para que haga algo); **to put ~ on sb** hacer presión sobre uno, presionar a uno; **to put the ~ on** *(fam)* ejercer presión. **(c)** *(urgent demands)* presión *f*, apremio *m*; **to work under ~** trabajar bajo presión; **he's under a lot of ~** está muy presionado.

2 *vt* = **pressurize (b).**

3: **~ cooker** *n* olla *f* a presión *or* exprés; **~ gauge** *n* manómetro *m*; **~ group** *n* grupo *m* de presión.

pres·sur·ize ['preʃəraɪz] *vt* **(a)** presurizar; **~d** a presión. **(b)** *(fig)* **to ~ sb (into doing sth)** presionar a uno (para que haga algo).

pres·tige [pres'tiːʒ] *n* prestigio *m*.

pres·tig·ious [pres'tɪdʒəs] *adj* prestigioso/a.

pre·sum·ably [prɪ'zjuːməblɪ] *adv*: **~ he will come eventually** es de suponer que llegará tarde o temprano; **~ he did it** lo más probable es que lo hizo.

pre·sume [prɪ'zjuːm] **1** *vt* **(a)** *(suppose)* suponer, presumir; **to ~ that ...** suponer que .... **(b)** *(venture)* presumir; **to ~ to do sth** atreverse a hacer algo. **2** *vi* **(a)** *(suppose)* suponer. **(b)** *(take liberties)* presumir; **to ~ on sb's friendship** abusar de la amistad de uno.

pre·sump·tion [prɪ'zʌmpʃən] *n* **(a)** *(arrogance)* presunción *f*. **(b)** *(thing presumed)* presunción *f*, suposición *f*.

pre·sump·tu·ous [prɪ'zʌmptjʊəs] *adj* presumido/a.

pre·sup·pose [ˌpriːsə'pəʊz] *vt* presuponer.

pre·sup·po·si·tion [ˌpriːsʌpə'zɪʃən] *n* presuposición *f*.

pre·tence [prɪ'tens] *n* **(a)** fingimiento *m*, simulación *f*; **to make a ~ of doing sth** fingir hacer algo; **it's all a ~** *(fam)* todo es fingido. **(b)** *(claim)* pretensión *f*. **(c)** *(pretext)* pretexto *m*; **on** *or* **under the ~ of doing sth** so pretexto de hacer algo; *see* **false.**

pre·tend [prɪ'tend] **1** *vt* **(a)** *(feign)* fingir, simular; **to ~ to do sth** fingir hacer algo; **he's ~ing he can't hear** finge no oír. **(b)** *(claim)* pretender. **2** *vi (feign)* fingir; **she is only ~ing** es de mentira. **3** *adj (fam)* fingido/a.

pre·tense [prɪ'tens] *n (US)* = **pretence.**

pre·ten·sion [prɪ'tenʃən] *n (claim)* pretensión *f*.

pre·ten·tious [prɪ'tenʃəs] *adj (affected)* presumido/a, afectado/a; *(ostentatious)* ostentoso/a.

pret·er·ite ['pretərɪt] *n (Ling)* pretérito *m*.

pre·text ['priːtekst] *n* pretexto *m*; **on** *or* **under the ~ of doing sth** so pretexto de hacer algo.

pret·ty ['prɪtɪ] **1** *adj* **(-ier, -iest)** bonito/a, mono/a, *(LAm)* lindo/a, chulo/a; **not a ~ sight** vaya espectáculo; **it'll cost you a ~ penny** *(fam)* te va a costar un ojo de la cara *or* un dineral. **2** *adv* bastante, *(LAm)* harto; **~ well** *(fam)* casi; **I'm ~ well finished** me falta poco para terminar; **~ nearly** *(fam)* casi; **it's ~ much the same** *(fam)* es mas o menos igual.

pret·zel ['pretsl] *n* galleta *f* tostada cubierta con sal.

pre·vail [prɪ'veɪl] *vi* **(a)** *(gain mastery)* prevalecer. **(b)** *(be current)* predominar. **(c)** *(persuade)* **to ~ (up)on sb to do sth** convencer a uno para que haga algo.

pre·vail·ing [prɪ'veɪlɪŋ] *adj* predominante; **~ wind** viento predominante.

preva·lence ['prevələns] *n (dominance)* predominio *m; (frequency)* frecuencia *f; (of fashion etc)* uso *m* corriente.

preva·lent ['prevələnt] *adj (dominant)* dominante; *(fashionable)* de moda; *(widespread)* extendido/a.

pre·vari·cate [prɪ'værɪkeɪt] *vi* andar con rodeos.

pre·vari·ca·tion [prɪ,værɪ'keɪʃən] *n* evasivas *fpl*, tergiversación *f*.

pre·vent [prɪ'vent] *vt* impedir; **to ~ sb from doing sth** impedir a uno hacer algo.

pre·ven·tion [prɪ'venʃən] *n* prevención *f; **Society for the P~ of Cruelty to Children/Animals*** Sociedad *f* Protectora de Niños/Animales.

pre·ven·tive [prɪ'ventɪv] *adj*, **pre·ven·ta·tive** [prɪ'ventətɪv] *adj* preventivo/a; **~ medicine** medicina *f* preventiva.

pre·view ['priːvjuː] *n (of film etc)* preestreno *m;* **to give sb a ~ of sth** *(fig)* permitir a uno ver algo de antemano.

pre·vi·ous ['priːvɪəs] *adj* anterior, previo/a; **the ~ day** el día anterior; **~ experience** conocimientos *mpl* previos; **I have a ~ engagement** tengo un compromiso anterior; **on a ~ occasion** en otra ocasión; **~ conviction** *(Jur)* antecedente *m* penal.

pre·vi·ous·ly ['priːvɪəslɪ] *adv* antes.

pre·war [,priː'wɔːʳ] *adj* de antes de *or* anterior a la guerra.

prey [preɪ] **1** *n (lit, fig)* presa *f*, víctima *f;* **beast/bird of ~** animal/ave de rapiña; **she is ~ to irrational fears** *(fig)* le azotan temores irracionales. **2** *vi* **to ~ on** *(animals: attack)* cazar; *(: feed on)* alimentarse de; *(person)* vivir a costa de; **to ~ on sb's mind** tener en zozobra a uno.

price [praɪs] **1** *n* **(a)** precio *m;* **cash/fixed/sale ~** precio al contado/fijo/de rebaja; **to go up** *or* **rise in ~** subir de precio; **to go down** *or* **fall in ~** bajar de precio; **at a reduced ~** a (un) precio reducido, con rebaja; **you can buy it at a ~** todo tiene su precio. **(b)** *(fig)* precio *m*, valor *m;* **every man has his ~** todos tienen su precio; **the ~ of fame** el precio de la fama; **to pay a high ~ for sth** pagar algo muy caro; **what ~ liberty?** la libertad ¿a cambio de qué?; **peace at any ~** la paz a cualquier costo; **not at any ~** por nada del mundo. **(c)** *(value, valuation)* valor *m;* **to put a ~ on sth** poner precio a algo. **(d)** *(Betting: odds)* puntos *mpl* de ventaja.

2 *vt (fix ~ of)* poner precio a, valorar; *(put ~ label on)* poner precio a; **it was ~d at £20** *(valued)* estaba valorado en 20 libras; *(marked)* llevaba precio de 20 libras; **it was ~d too high/low** tenía una valoración demasiado alta/baja; **to be ~d out of the market** *(article)* no encontrar comprador por el precio; *(producer, nation)* no ser competitivo.

3 *cpd* de precios; **~ control** *n* control *m* de precios; **~ fixing** *n* fijación *f* de precios; **~ freeze** *n* congelación *f* de precios; **~ limit** *n* tope *m*, precio *m* tope; **~ list** *n* tarifa *f;* **~ range** *n* gama *f* de precios; **~ tag** *n* etiqueta *f*.

price·less ['praɪslɪs] *adj* que no tiene precio, inestimable; *(fam: amusing)* divertidísimo/a.

pricey ['praɪsɪ] *adj (Brit fam)* caro/a.

prick [prɪk] **1** *n (act, sensation: with pin etc)* pinchazo *m; (of insect)* picadura *f; (fam!: penis)* polla *f (fam), (LAm)* chorizo *m (fam!); (: person)* imbécil *mf;* **~s of conscience** remordimientos *mpl.* **2** *vt (puncture)* pinchar; *(insect)* picar; **to ~ one's finger (with** *or* **on sth)** pincharse el dedo (con algo).

♦ **prick up** *vt + adv:* **to ~ up its/one's ears** *(lit, fig)* aguzar el oído, *(LAm)* parar la oreja.

prick·le ['prɪkl] **1** *n* **(a)** *(on plant, animal etc)* espina *f*. **(b)** *(sensation)* picor *m*, comezón *m*. **2** *vi* hormiguear, dar comezón.

prick·ly ['prɪklɪ] **1** *adj* **(-ier, -iest) (a)** espinoso/a. **(b)** *(fig)* enojadizo/a. **2: ~ heat** *n (Med)* sarpullido *m* causado por exceso de calor; **~ pear** *n (plant)* chumbera *f, (LAm)* nopal *m; (fruit)* higo *m* chumbo, *(LAm)* tuna *f*.

pride [praɪd] **1** *n* **(a)** *(gen)* orgullo *m; (conceit)* arrogancia *f*, soberbia *f; (self-respect)* autoestima *f*, orgullo propio; *(satisfaction)* satisfacción *f;* **he's the ~ of the family** es el orgullo de la familia; **to take (a) ~ in sth** enorgullecerse de algo; **to be a (great) source of ~ to sb** ser motivo de gran orgullo para uno; **her ~ and joy** su orgullo; **to have** *or* **take ~ of place** tener *or* tomar prioridad. **(b)** *(of lions)* grupo *m*. **2** *vt:* **to ~ o.s. on sth** enorgullecerse de algo.

priest [priːst] *n* sacerdote *m*, cura *m*.

priest·ess ['priːstɪs] *n* sacerdotisa *f*.

priest·hood ['priːsthʊd] *n (priests collectively)* clero *m;* **to enter the ~** ordenarse de sacerdote.

priest·ly ['priːstlɪ] *adj* sacerdotal.

prig [prɪg] *n* gazmoño/a *m/f*.

prim [prɪm] *adj* **(-mer, -mest)** *(also* **~ and proper:** *demure)* remilgado/a, recatado/a; *(: prudish)* gazmoño/a.

pri·ma don·na [,priːmə'dɒnə] *n* primadonna *f*.

pri·ma fa·cie [,praɪmə'feɪʃɪ] **1** *adv* a primera vista. **2** *adj* suficiente a primera vista; **to have a ~ case** *(Jur)* tener razón a primera vista.

pri·mari·ly ['praɪmərɪlɪ] *adv (chiefly)* ante todo, primordialmente.

pri·ma·ry ['praɪmərɪ] **1** *adj (chief, main)* principal; *(fundamental)* primordial; **of ~ importance** de primera importancia. **2** *n* **(a)** *(colour)* color *m* primario. **(b)** *(US: election)* elección *f* primaria. **3: ~ colour** *n* color *m* primario; **~ education** *n* enseñanza *f* primaria; **~ school** *n* escuela *f* primaria; **~ teacher** *n* profesor(a) *m/f* de enseñanza primaria.

pri·mate ['praɪmɪt] *n* **(a)** *(Zool)* primate *m*. **(b)** *(Rel)* primado *m*.

prime [praɪm] **1** *adj* **(a)** *(chief, major)* principal, primero/a; *(fundamental)* fundamental, primordial; **of ~ importance** de primera importancia. **(b)** *(excellent)* de primera categoría *or* clase; **in ~ condition** en perfecto estado. **2** *n (also* **~ of life)** flor *f* de la vida; **to be past one's ~** dejar atrás lo mejor de la vida. **3** *vt (gun, pump)* cebar; *(surface etc)* imprimar; *(fig: instruct)* preparar; **he arrived well ~d** *(fam)* llegó ya medio borracho. **4: ~ minister** *n* primer(a) ministro/a *m/f;* **~ number** *n (Math)* número *m* primo.

primer ['praɪməʳ] *n (textbook)* texto *m* elemental; *(basic reader)* abecedario *m; (paint)* imprimación *f*.

pri·me·val [praɪ'miːvəl] *adj* primitivo/a.

primi·tive ['prɪmɪtɪv] **1** *adj (gen)* primitivo/a; *(ba-*

sic) rudimentario/a, básico/a. **2** *n (Art: artist)* primitivista *mf; (: work)* obra *f* primitivista.

prim·ly ['prɪmlɪ] *adv (demurely)* con remilgo *or* recato; *(prudishly)* con gazmoñería.

prim·rose ['prɪmrəʊz] **1** *n (Bot)* primavera *f*, prímula *f*. **2** *adj (also* ~ **yellow)** amarillo claro.

primu·la ['prɪmjʊlə] *n (Bot)* prímula *f*.

Pri·mus (stove) ® ['praɪməs,stəʊv] *n* cocina *f* de camping.

prince [prɪns] **1** *n* príncipe *m*. **2:** ~ **consort/regent** *n* príncipe *m* consorte/regente.

prince·ly ['prɪnslɪ] *adj (lit)* principesco/a; *(fig)* magnífico/a, espléndido/a.

prin·cess [prɪn'ses] *n* princesa *f*.

prin·ci·pal ['prɪnsəpl] **1** *adj* principal. **2** *n (of school, college etc)* director(a) *m/f; (in play)* protagonista principal *mf; (in orchestra)* primer violín *m; (Fin)* capital *m*, principal *m*.

prin·ci·pal·ity [ˌprɪnsɪ'pælɪtɪ] *n* principado *m*.

prin·ci·pal·ly ['prɪnsɪpəlɪ] *adv* principalmente.

prin·ci·ple ['prɪnsəpl] *n (gen)* principio *m; (law)* ley *f*, regla *f*; **in** ~ en principio; **on** ~ por principio; **it's a matter of** ~**, it's the** ~ **of the thing** es cuestión de principios; **a man of** ~**(s)** un hombre de principio; **it's against my** ~**s** va en contra de mis principios.

print [prɪnt] **1** *n* **(a)** *(mark, imprint: of foot, finger)* huella *f; (: of tyre etc)* marca *f*, impresión *f*. **(b)** *(typeface, characters)* letra *f; (printed matter)* (texto *m*) impreso *m*; **that book is in/out of** ~ ese libro está en venta/agotado; **in small/large** ~ con letra pequeña/grande. **(c)** *(edition: also* ~ **run)** tirada *f*. **(d)** *(fabric)* estampado *m*. **(e)** *(Art: engraving etc)* grabado *m; (: copy)* copia *f*. **(f)** *(Phot)* impresión *f*, copia *f*. **2** *vt* **(a)** *(book etc)* imprimir; *(on the mind)* grabar. **(b)** *(publish: in paper)* publicar; *(: book)* editar. **(c)** *(write in block letters)* escribir con letras de molde. **(d)** *(Phot)* imprimir.

♦ **print out** *vt + adv (Comput)* imprimir.

print·ed ['prɪntɪd] *adj* impreso/a; ~ **matter** *or* **papers** impresos *mpl*; **the** ~ **word** la palabra impresa.

print·er ['prɪntə^r] *n (person)* impresor(a) *m/f; (Comput: machine)* máquina *f* impresora.

print·ing ['prɪntɪŋ] **1** *n* **(a)** *(process)* impresión *f*. **(b)** *(craft, industry)* imprenta *f*. **(c)** *(block writing)* letras *fpl* de molde; *(characters, print)* letra *f*. **(d)** *(quantity printed)* tirada *f*. **2:** ~ **press** *n* prensa *f*; ~ **works** *n* imprenta *f*.

print·out ['prɪntaʊt] *n (Comput)* printout *m*.

pri·or[1] ['praɪə^r] **1** *adj (previous)* previo/a; *(earlier)* anterior; **to have a** ~ **claim** tener prioridad. **2** *adv:* ~ **to sth/to doing sth** antes de algo/de hacer algo.

pri·or[2] ['praɪə^r] *n (Rel)* prior *m*.

pri·or·ity [praɪ'ɒrɪtɪ] *n (gen)* prioridad *f; (socially etc)* precedencia *f*; **to have** *or* **take** ~ **over sth** tener prioridad sobre algo; **we must get our priorities right** hay que establecer un justo orden de prioridades.

pri·ory ['praɪərɪ] *n* priorato *m*.

prise [praɪz] *vt:* **to** ~ **sth open/off** abrir/levantar con palanca.

prism ['prɪzəm] *n (Geom, Tech etc)* prisma *f*.

pris·on ['prɪzn] **1** *n* cárcel *f*, prisión *f*, *(LAm)* presidio *m*; **to be in** ~ estar en la cárcel; **to go to** ~ **for 5 years** ser condenado a 5 años de prisión; **to send sb to** ~ **for 2 years** condenar a uno a 2 años de prisión. **2** *cpd* carcelario/a, de prisión; ~ **camp** *n* campamento *m* para prisioneros; ~ **life** *n* la vida de la cárcel; ~ **officer** *n* carcelero/a *m/f*.

pris·on·er ['prɪznə^r] **1** *n (under arrest)* detenido/a *m/f; (in court)* acusado/a *m/f; (convicted)* preso/a *m/f*, reo/a *m/f; (fig)* preso/a, prisionero/a *m/f; (Mil)* prisionero/a; **to take sb** ~ tomar preso a uno. **2:** ~ **of war** *n* prisionero/a *m/f or* preso/a *m/f* de guerra; ~ **of war camp** *n* campamento *m* para prisioneros de guerra.

pris·tine ['prɪstaɪn] *adj* prístino/a.

pri·va·cy ['prɪvəsɪ] *n (private life)* intimidad *f; (right to* ~*)* derecho *f* a la privacía; **there is no** ~ **in these flats** en estos pisos no se puede estar en privado; **in the** ~ **of one's own home** en la intimidad del hogar; **in the strictest** ~ de máxima confianza.

pri·vate ['praɪvɪt] **1** *adj* **(a)** *(not public: conversation, meeting, land etc)* particular, privado/a; *(confidential: letter, agreement)* secreto/a, confidencial; '~' *(on door etc)* 'propiedad privada'; *(on envelope)* 'confidencial'; **to keep sth** ~ no divulgar algo; **in (his)** ~ **life** en su vida privada; ~ **hearing** *(Jur)* vista *f* a puertas cerradas. **(b)** *(for one person: car, house, secretary etc)* particular; *(personal: bank account, reasons etc)* personal; **a man of** ~ **means** un hombre que vive de las inversiones. **(c)** *(not state-owned etc: company)* particular; *(: school)* de pago; *(: medicine)* privado/a; **the** ~ **sector** la empresa privada.

2 *n* **(a)** *(Mil)* soldado *m* raso. **(b) in** ~ = **privately.**

3: ~ **citizen** *n* particular *mf*; ~ **detective** *n*, ~ **investigator** *n*, ~ **eye** *n (fam)* detective *mf* privado; ~ **enterprise** *n* la empresa privada; ~ **member** *n (Parliament)* diputado *m* sin responsabilidades de gobierno; ~ **member's bill** *n (Parliament)* proyecto *m* de ley presentado por un particular; ~ **(medical) practice** *n* consultorio *m* particular; ~ **school** *n* colegio *m* particular; ~ **secretary** *n* secretario/a *m/f* particular.

pri·vate·ly ['praɪvɪtlɪ] *adv* **(a)** *(not publicly)* en privado. **(b)** *(secretly)* en secreto; *(personally)* en lo personal *or* particular.

pri·va·tion [praɪ'veɪʃən] *n* **(a)** *(poverty)* miseria *f*, estrechez *f*. **(b)** *(hardship, deprivation)* privación *f*.

priv·et ['prɪvɪt] **1** *n* alheña *f*. **2:** ~ **hedge** *n* seto *m* vivo.

privi·lege ['prɪvɪlɪdʒ] **1** *n* privilegio *m; (Parliament)* inmunidad *f*; **I had the** ~ **of meeting her** tuve el honor de conocerla. **2** *vt:* **to be** ~**d to do sth** gozar del privilegio de hacer algo.

privi·leged ['prɪvɪlɪdʒd] *adj* privilegiado/a.

privy ['prɪvɪ] **1** *adj* **(a) to be** ~ **to sth** estar al tanto *or* enterado de algo. **(b) P**~ **Council/Councillor** Concejo *m*/Concejal *m* del Estado. **2** *n* retrete *m*, *(LAm)* baño *m*.

prize[1] [praɪz] **1** *n (gen)* premio *m; (fig: reward)* recompensa *f*; **to win first** ~ *(in lottery)* sacar la gorda; *(in race etc)* llevarse el primer premio. **2** *adj* **(a)** *(awarded or worthy of a* ~*)* de primera categoría; **a** ~ **idiot** *(fam)* un tonto de remate. **(b)** *(awarded as a* ~*)* de premio. **(c)** *(offering a* ~*)* con premio. **3** *vt* apreciar, valorar en mucho; ~**d possession** posesión *f* más estimada. **4:** ~ **draw** *n* lotería *f* con premio; ~ **fight** *n (Boxing)* partido *m* (de boxeo) profesional.

prize[2] [praɪz] *vt (US)* = **prise.**

prize-giving ['praɪzˌgɪvɪŋ] *n* reparto *m or* distribución *f* de premios.

prize·winner ['praɪzˌwɪnə^r] *n* premiado/a *m/f*.

prize·winning ['praɪzˌwɪnɪŋ] *adj* premiado/a.

pro[1] [prəʊ] **1** *pref (in favour of)* pro, en pro de; ~**-Soviet** pro-soviético. **2** *n:* **the** ~**s and cons** el pro y el contra.

pro[2] [prəʊ] *n (fam)* profesional *mf*.

prob·abil·ity [ˌprɒbəˈbɪlɪtɪ] *n* probabilidad *f;* **in all ~ she'll come** lo más probable es que venga.

prob·able [ˈprɒbəbl] *adj* probable.

prob·ably [ˈprɒbəblɪ] *adv* probablemente.

pro·bate [ˈprəʊbɪt] *n (Jur)* legalización *f* de un testamento.

pro·ba·tion [prəˈbeɪʃən] **1** *n:* **to be on ~** *(Jur)* estar en libertad condicional; *(gen: in employment etc)* estar a prueba; **to put sb on ~** *(Jur)* poner a uno en libertad provisional. **2: ~ officer** *n (Jur)* oficial *m* que vigila las personas que están en libertad condicional.

probe [prəʊb] **1** *n* **(a)** *(Med)* sonda *f.* **(b)** *(also* **space ~**) sonda *f* espacial. **(c)** *(inquiry)* investigación *f.* **2** *vt (hole, crack)* sondear; *(: feel)* tantear; *(Med)* sondar; *(Space)* sondar, explorar; *(also* **~ into**) investigar; **the policeman kept probing me** el policía seguía picándome.

prob·ing [ˈprəʊbɪŋ] *adj* penetrante.

pro·bity [ˈprəʊbɪtɪ] *n* probidad *f.*

prob·lem [ˈprɒbləm] **1** *n (gen)* problema *m;* **my teenage son is a ~** mi hijo adolescente es un problema; **to have a drink ~** tener tendencia al alcoholismo; **I had no ~ in finding her** la encontré sin problema; **no ~!** ¡por supuesto!, *(LAm)* ¡cómo no! **2: ~ child** *n* niño/a *m/f* difícil; **~ family** *n* familia *f* difícil; **~ page** *n* consultorio *m* sentimental.

prob·lem·at·ic(al) [ˌprɒblɪˈmætɪk(l)] *adj* problemático/a.

pro·cedure [prəˈsiːdʒəʳ] *n (gen)* procedimiento *m; (Admin)* gestión *f;* **the usual ~ is as follows ...** se suele proceder de la siguiente manera ... .

pro·ceed [prəˈsiːd] **1** *vi* **(a)** *(go)* proceder, avanzar; **let us ~ with caution** avancemos con cuidado. **(b)** *(go on, continue)* seguir, continuar; **before we ~ any further** antes de seguir; **let us ~ to the next item** pasemos al asunto siguiente; **things are ~ing according to plan** las cosas se están desarrollando tal como se había previsto. **(c)** *(set about sth)* proceder; **I am not sure how to ~** no sé cómo proceder. **(d)** *(act, operate)* obrar, actuar. **(e)** *(originate)* **to ~ from** *(lit)* salir de; *(fig)* provenir de. **(f) to ~ against sb** *(Jur)* proceder contra uno. **2** *vt:* **to ~ to do sth** empezar a hacer algo.

pro·ceed·ing [prəˈsiːdɪŋ] *n* **(a)** *(action, course of action)* proceder *m.* **(b) ~s** *(function)* acto *msg,* función *fsg.* **(c) ~s** *(measures)* medidas *fpl; (Jur)* proceso *m;* **to take ~s (in order to do sth)** tomar medidas (para hacer algo); **to take ~s (against sb)** *(Jur)* proceder (contra uno). **(d) ~s** *(record: of learned society)* actas *fpl.*

pro·ceeds [ˈprəʊsiːdz] *npl (of sale etc)* ingresos *mpl; (profits)* ganancias *fpl.*

pro·cess[1] [ˈprəʊses] **1** *n* **(a)** proceso *m;* **in the ~ of time** con el tiempo; **in the ~** al hacerlo; **in ~ of construction** bajo construcción; **we are in the ~ of removal to ...** estamos en vías de mudarnos a ... . **(b)** *(specific method)* método *m,* sistema *m;* **the Bessemer ~** el proceso de Bessemer. **(c)** *(Jur: action)* proceso *m; (: summons)* citación *f.* **2** *vt (Tech)* tratar, transformar; *(Phot)* revelar; *(Admin)* tramitar; *(Comput)* procesar; **~ed cheese,** *(US)* **~ cheese** queso *m* procesado.

pro·cess[2] [prəˈses] *vi (go in procession)* desfilar.

pro·cess·ing [ˈprəʊsesɪŋ] *n (see vt)* tratamiento *m,* transformación *f;* revelado *m;* trámites *mpl.*

pro·ces·sion [prəˈseʃən] *n (of people, cars etc)* desfile *m; (ceremonial)* cortejo *m; (Rel)* procesión *f.*

pro·claim [prəˈkleɪm] *vt* **(a)** *(announce)* proclamar, declarar. **(b)** *(reveal)* revelar.

proc·la·ma·tion [ˌprɒkləˈmeɪʃən] *n* proclama *f,* bando *m.*

pro·cliv·ity [prəˈklɪvɪtɪ] *n* propensión *f,* inclinación *f.*

pro·cras·ti·nate [prəʊˈkræstɪneɪt] *vi:* **to ~ over a decision/task** aplazar una decisión/tarea.

pro·cras·ti·na·tion [prəʊˌkræstɪˈneɪʃən] *n* dilación *f.*

pro·cre·ate [ˈprəʊkrɪeɪt] *vt, vi* procrear.

pro·crea·tion [ˌprəʊkrɪˈeɪʃən] *n* procreación *f.*

pro·cure [prəˈkjʊəʳ] *vt* **(a)** conseguir; **to ~ sb sth, to ~ sth for sb** conseguir *or* procurar algo para uno. **(b)** *(for prostitution)* llevar a la prostitución.

prod [prɒd] **1** *n (push, jab)* golpe *m,* empuje *m;* **to give sb a ~** dar un pinchazo a uno; **he needs an occasional ~** *(fig)* hay que empujarle de vez en cuando. **2** *vt (push, jab)* empujar, pinchar; **he has to be ~ded along** *(fig)* hay que empujarle constantemente; **to ~ sb into doing sth** *(fig)* instar a uno a hacer algo. **3** *vi:* **he ~ded at the picture with a finger** señaló el cuadro con el dedo.

prodi·gal [ˈprɒdɪgəl] *adj* pródigo/a.

pro·di·gious [prəˈdɪdʒəs] *adj (vast)* enorme, vasto/a; *(marvellous)* prodigioso/a.

prodi·gy [ˈprɒdɪdʒɪ] *n* prodigio *m;* **child ~, infant ~** niño/a *m/f* prodigio.

pro·duce [ˈprɒdjuːs] **1** *n (Agr)* producto *m,* productos agrícolas. **2** [prəˈdjuːs] *vt* **(a)** *(gen)* producir; *(manufacture)* fabricar; *(create)* producir, crear; *(give birth to)* dar a luz a. **(b)** *(bring out)* sacar; *(show)* presentar, mostrar; **I can't suddenly ~ £50!** ¡no puedo sacar 50 libras así nomás! **(c)** *(yield)* dar, rendir. **(d)** *(play, film etc)* dirigir. **(e)** *(cause)* causar, ocasionar.

pro·duc·er [prəˈdjuːsəʳ] *n (Cine, Agr)* productor(a) *m/f; (Theat)* director(a) *m/f* de escena; *(TV)* realizador(a) *m/f.*

prod·uct [ˈprɒdʌkt] *n* producto *m; (fig)* producto, fruto *m; (Math)* producto.

pro·duc·tion [prəˈdʌkʃən] **1** *n* **(a)** producción *f;* **to put sth into ~** lanzar algo a la producción; **to take sth out of ~** retirar algo de la producción; **the country's steel ~** la producción nacional de acero. **(b)** *(act of showing)* presentación *f;* **on ~ of this ticket** al presentar este billete. **(c)** *(of play, film etc)* representación *f.* **2: ~ line** *n* línea *f* de producción, cadena *f* de montaje.

pro·duc·tive [prəˈdʌktɪv] *adj* productivo/a, fértil; **to be ~ of sth** producir algo.

prod·uc·tiv·ity [ˌprɒdʌkˈtɪvɪtɪ] **1** *n* productividad *f.* **2: ~ agreement** *n* acuerdo *m* de productividad; **~ bonus** *n* bono *m* de productividad.

pro·fane [prəˈfeɪn] **1** *adj* **(a)** *(secular)* profano/a. **(b)** *(irreverent)* profano/a, sacrílego/a. **2** *vt* profanar.

pro·fan·ity [prəˈfænɪtɪ] *n (blasphemy)* blasfemia *f; (oath)* palabrota *f, (LAm)* grosería *f.*

pro·fess [prəˈfes] *vt* **(a)** *(faith, belief etc)* profesar. **(b)** *(claim)* pretender; *(state)* declarar; **I do not ~ to be an expert** no pretendo ser experto.

pro·fessed [prəˈfest] *adj (Rel)* profeso/a; *(self-declared)* declarado/a.

pro·fes·sion [prəˈfeʃən] *n* **(a)** *(occupation)* profesión *f;* **the ~s** las profesiones; **by ~** de profesión. **(b)** *(members of the ~)* profesión *f;* **the medical/legal ~** la medicina/la ley. **(c)** *(declaration)* declaración *f,* manifestación *f;* **~ of faith** profesión *f* de fe.

pro·fes·sion·al [prəˈfeʃənl] **1** *adj* **(a)** *(gen)* profesional; *(soldier etc)* de profesión; **to take ~ advice** buscar un consejo profesional; **to be a ~ singer** ser cantante profesional; **to turn** *or* **go ~**

profesionalizarse, volverse profesional. **(b)** *(competent, skilled)* experto/a. **2** *n* profesional *mf.*

pro·fes·sion·al·ism [prəˈfeʃnəlɪzəm] *n (of writer, actor etc)* profesionalismo *m; (of play, piece of work)* pericia *f.*

pro·fes·sion·al·ly [prəˈfeʃnəlɪ] *adv* profesionalmente; **to be ~ qualified** tener el título profesional.

pro·fes·sor [prəˈfesəʳ] *n (Univ: Brit, US)* catedrático/a *m/f; (US: teacher)* profesor(a) *m/f.*

prof·fer [ˈprɒfəʳ] *vt* ofrecer.

pro·fi·cien·cy [prəˈfɪʃənsɪ] *n* capacidad *f,* habilidad *f.*

pro·fi·cient [prəˈfɪʃənt] *adj* experto/a, hábil.

pro·file [ˈprəʊfaɪl] *n* perfil *m;* **in ~** de perfil; **to keep a low ~** no llamar la atención.

prof·it [ˈprɒfɪt] **1** *n (Comm)* ganancia *f,* beneficios *mpl; (fig)* provecho *m,* beneficio *m;* **~s** utilidades *fpl;* **~ and loss account** cuenta *f* de ganancias y pérdidas; **to make a ~ out of** *or* **on sth** sacar provecho *or* beneficio de algo; **to sell sth at a ~** vender algo con ganancia. **2** *vi:* **to ~ by** *or* **from sth** aprovecharse de algo. **3: ~ margin** *n* margen *m* de ganancia.

prof·it·abil·ity [ˌprɒfɪtəˈbɪlɪtɪ] *n* rentabilidad *f.*

prof·it·able [ˈprɒfɪtəbl] *adj (Comm)* rentable; *(fig: beneficial)* provechoso/a, útil.

prof·it·ably [ˈprɒfɪtəblɪ] *adv* con provecho.

profi·teer [ˌprɒfɪˈtɪəʳ] *vi* explotar, aprovechar.

profit-making [ˈprɒfɪtˌmeɪkɪŋ] *adj* rentable.

profit-sharing [ˈprɒfɪtˌʃɛərɪŋ] *n* reparto *m* de los beneficios.

prof·li·gate [ˈprɒflɪgɪt] *adj (dissolute)* libertino/a, disoluto/a; *(extravagant)* despilfarrador(a), derrochador(a).

pro·found [prəˈfaʊnd] *adj* profundo/a.

pro·found·ly [prəˈfaʊndlɪ] *adv* profundamente.

pro·fun·dity [prəˈfʌndɪtɪ] *n* profundidad *f.*

pro·fuse [prəˈfjuːs] *adj (abundant)* profuso/a, abundante; *(lavish)* pródigo/a.

pro·fuse·ly [prəˈfjuːslɪ] *adv* en abundancia; **he apologized ~** se disculpó con efusión.

pro·fu·sion [prəˈfjuːʒən] *n* profusión *f,* abundancia *f.*

prog·eny [ˈprɒdʒɪnɪ] *n* progenie *f.*

prog·no·sis [prɒgˈnəʊsɪs] *n, pl* **prognoses** *(Med)* pronóstico *m.*

pro·gramme, (*US*) **pro·gram** [ˈprəʊgræm] **1** *n (gen)* programa *m; (plan, course of action)* plan *m;* **what's the ~ for today?** ¿qué plan tenemos para hoy? **2** *vt (arrange)* planear, planificar; *(computer, machine:* **program***)* programar.

pro·gram·mer, (*US*) **pro·gram·er** [ˈprəʊgræməʳ] *n* programador(a) *m/f.*

pro·gress [ˈprəʊgres] **1** *n* **(a)** *(movement, forwards)* progreso *m,* adelanto *m.* **(b)** *(advance)* progreso *m,* desarrollo *m;* **the ~ of events** el curso de los acontecimientos; **to make (good/slow) ~** avanzar (rápidamente/despacio). **(c) in ~** en curso. **2** [prəʊˈgres] *vi* **(a)** *(go forward)* avanzar, *(LAm)* adelantar. **(b)** *(in time)* desarrollarse; **as the game ~ed** en el curso del partido. **(c)** *(improve, make ~)* hacer progresos, progresar, *(LAm)* adelantarse. **3: ~ report** *n* informe *m* sobre el progreso.

pro·gres·sion [prəˈgreʃən] *n (gen)* progresión *f.*

pro·gres·sive [prəˈgresɪv] **1** *adj* **(a)** *(increasing)* progresivo/a. **(b)** *(Pol)* progresista. **2** *n (person)* progresista *mf.*

pro·gres·sive·ly [prəˈgresɪvlɪ] *adv* progresivamente, poco a poco.

pro·hib·it [prəˈhɪbɪt] *vt* **(a)** *(forbid)* prohibir; **to ~ sb from doing sth** prohibir a uno hacer algo; **'smoking ~ed'** 'se prohíbe *or* prohibido fumar'. **(b)** *(prevent)* **to ~ sb from doing sth** impedir a uno hacer algo.

pro·hi·bi·tion [ˌprəʊɪˈbɪʃən] *n* prohibición *f;* **(the) P~** *(US)* el prohibicionismo.

pro·hibi·tive [prəˈhɪbɪtɪv] *adj* prohibitivo/a.

proj·ect [ˈprɒdʒekt] **1** *n (gen)* proyecto *m.* **2** [prəˈdʒekt] *vt* proyectar. **3** [prəˈdʒekt] *vi (jut out)* resaltar, sobresalir.

pro·jec·tile [prəʊˈdʒektaɪl] *n* proyectil *m.*

pro·jec·tion [prəˈdʒekʃən] **1** *n* **(a)** proyección *f.* **(b)** *(overhang, protrusion etc)* saliente *m,* resalto *m.* **(c)** *(forecast)* proyección *f.* **2: ~ room** *n (Cine)* cabina *f* de proyección.

pro·jec·tion·ist [prəˈdʒekʃnɪst] *n (Cine)* operador(a) *m/f* de cine.

pro·jec·tor [prəˈdʒektəʳ] *n (Cine)* proyector *m.*

pro·lapse [ˈprəʊlæps] *n (Med)* prolapso *m.*

pro·letar·ian [ˌprəʊləˈtɛərɪən] *adj* proletario/a.

pro·letari·at [ˌprəʊləˈtɛərɪət] *n* proletariado *m.*

pro·li·fer·ate [prəˈlɪfəreɪt] *vi* proliferar, multiplicarse.

pro·lif·era·tion [prəˌlɪfəˈreɪʃən] *n* proliferación *f,* multiplicación *f.*

pro·lif·ic [prəˈlɪfɪk] *adj* prolífico/a.

pro·lix [ˈprəʊlɪks] *adj* prolijo/a.

pro·logue, (*US*) **pro·log** [ˈprəʊlɒg] *n (lit, fig)* prólogo *m.*

pro·long [prəˈlɒŋ] *vt* extender, alargar.

pro·lon·ga·tion [ˌprəʊlɒŋˈgeɪʃən] *n* extensión *f,* alargamiento *m.*

prom [prɒm] *n (Brit fam: promenade)* paseo *m* marítimo; *(Brit fam: concert)* concierto *m* sinfónico.

prom·enade [ˌprɒmɪˈnɑːd] **1** *n (at seaside)* paseo *m* marítimo. **2** *vi (stroll)* pasearse. **3: ~ concert** *n* concierto *m* sinfónico; **~ deck** *n* cubierta *f* de paseo.

promi·nence [ˈprɒmɪnəns] *n (hill etc)* prominencia *f; (importance)* importancia *f;* **to bring into ~** hacer resaltar.

promi·nent [ˈprɒmɪnənt] *adj* **(a)** *(projecting)* saliente, prominente. **(b)** *(conspicuous)* destacado/a, resaltado/a; **put it in a ~ position** ponlo donde resalta a la vista. **(c)** *(leading)* importante. **(d)** *(well-known)* eminente, destacado/a; **he is ~ in the field of sociolinguistics** tiene fama en el campo de la sociolingüística.

promi·nent·ly [ˈprɒmɪnəntlɪ] *adv* muy a la vista; **he figured ~ in the case** desempeñó un papel importante en el juicio.

promis·cu·ity [ˌprɒmɪsˈkjuːɪtɪ] *n (sexual)* promiscuidad *f.*

pro·mis·cu·ous [prəˈmɪskjʊəs] *adj (sexually)* promiscuo/a.

prom·ise [ˈprɒmɪs] **1** *n* **(a)** *(pledge)* promesa *f;* **to make sb a ~** prometer algo a uno; **to keep one's ~** cumplir su promesa. **(b)** *(hope, prospect)* promesa *f,* esperanza *f;* **to show ~** ser prometedor. **2** *vt (pledge)* prometer; *(forecast, augur)* prometer, augurar; **to ~ (sb) to do sth** prometer (a uno) hacer algo; **to ~ sb sth, to ~ sth to sb** prometer dar algo a uno; **to ~ o.s. sth** prometerse algo. **3** *vi* prometer; **I can't ~ but I'll try** no te prometo nada, pero haré lo que puedo; **to ~ well** ser muy prometedor.

prom·is·ing [ˈprɒmɪsɪŋ] *adj* prometedor(a); **it doesn't look very ~** da poco que esperar.

prom·on·tory [ˈprɒməntrɪ] *n* promontorio *m.*

pro·mote [prəˈməʊt] *vt* **(a)** *(in rank)* **to ~ sb (from sth) to sth** ascender a uno (de algo) a algo. **(b)** *(encourage)* promover, fomentar, *(LAm)* adelantar. **(c)** *(advertise)* dar publicidad a. **(d)**

(organize, put on) organizar.

pro·mot·er [prəˈməʊtəʳ] *n (gen)* promotor(a) *m/f; (backer)* patrocinador(a) *m/f.*

pro·mo·tion [prəˈməʊʃən] *n* **(a)** *(in rank)* ascenso *m;* **to get ~** ser ascendido. **(b)** *(encouragement)* fomento *m.* **(c)** *(organization: of boxing match etc)* organización *f.* **(d)** *(advertising, advertising campaign)* promoción *f.*

prompt [prɒmpt] **1** *adj* **(-er, -est)** *(punctual)* puntual; *(fast)* rápido/a; *(immediate)* inmediato/a. **2** *adv*: **at 6 o'clock ~** a las 6 en punto. **3** *vt* **(a) to ~ sb to do sth** instar a uno a hacer algo; **it ~s the thought that ...** lo cual hace pensar que ... . **(b)** *(help with speech)* ayudar a recordar; *(Theat)* apuntar.

prompt·er [ˈprɒmptəʳ] *n (Theat)* apuntador(a) *m/f.*

prompt·ly [ˈprɒmptlɪ] *adv (immediately)* inmediatamente; *(fast)* rápidamente; *(punctually)* en punto, puntualmente.

prone [prəʊn] *adj* **(a)** *(face down)* boco abajo. **(b)** *(liable)* **~ to sth/to do sth** propenso/a a algo/a hacer algo.

prong [prɒŋ] *n (of fork)* punta *f,* diente *m;* **three-~ed** de tres puntas.

pro·noun [ˈprəʊnaʊn] *n (Ling)* pronombre *m.*

pro·nounce [prəˈnaʊns] **1** *vt* **(a)** pronunciar. **(b)** *(declare)* declarar; **they ~d him unfit to plead** le declararon incapaz de defenderse; **to ~ o.s. for/against sth** declararse a favor de/en contra de algo; **to ~ sentence** *(Jur)* pronunciar un fallo. **2** *vi*: **to ~ in favour of/against sth** pronunciarse a favor de/en contra de algo; **to ~ on sth** dar su opinión sobre algo.

pro·nounced [prəˈnaʊnst] *adj (marked)* marcado/a.

pro·nounce·ment [prəˈnaʊnsmənt] *n* declaración *f.*

pron·to [ˈprɒntəʊ] *adv (fam)* en seguida.

pro·nun·cia·tion [prəˌnʌnsɪˈeɪʃən] *n* pronunciación *f.*

proof [pruːf] **1** *n* **(a)** *(evidence)* prueba *f,* pruebas *fpl;* **as** *or* **in ~ of** en *or* como prueba de; **to give** *or* **show ~ of** dar prueba de. **(b)** *(test, trial)* prueba *f;* **to put sth to the ~** someter algo a prueba. **(c)** *(Typ, Phot)* prueba *f.* **(d)** *(of alcohol)* **70° ~** graduación *f* del 70 por 100. **2** *adj*: **bomb-~** a prueba de bombas. **3** *vt* impermeabilizar.

proof·reader [ˈpruːfˌriːdəʳ] *n* corrector(a) *m/f* de pruebas.

prop[1] [prɒp] **1** *n (lit)* puntal *m; (fig)* sostén *m,* apoyo *m.* **2** *vt (also* **~ up)** **(a)** *(rest, lean)* apoyar. **(b)** *(support)* apuntalar; *(fig)* sostener, apoyar.

prop[2] [prɒp] *n (Theat fam)* = **property 1 (d).**

propa·gan·da [ˌprɒpəˈgændə] *n* propaganda *f.*

propa·gate [ˈprɒpəgeɪt] **1** *vt* propagar. **2** *vi* propagarse.

propa·ga·tion [ˌprɒpəˈgeɪʃən] *n* propagación *f.*

pro·pel [prəˈpel] *vt* impulsar, propulsar; **to ~ sb/sth along** impulsar a uno/algo.

pro·pel·ler [prəˈpeləʳ] *n* hélice *f.*

pro·pel·ling pen·cil [prəˌpelɪŋˈpensl] *n* lapicero *m,* portaminas *m inv.*

pro·pen·sity [prəˈpensɪtɪ] *n* propensión *f.*

prop·er [ˈprɒpəʳ] **1** *adj* **(a)** *(actual)* propiamente dicho/a; **physics ~** la física propiamente dicha; **in the ~ sense of the word** en el sentido estricto de la palabra; **in the city ~** en la ciudad misma. **(b)** *(fam)* verdadero/a; **it's a ~ nuisance** es una verdadera molestia. **(c)** *(right, suitable)* propio/a, conveniente, oportuno/a; **the ~ time** el momento oportuno; **in the ~ way** como debe de ser, según las reglas; **do as you think ~** haz lo que te parezca. **(d)** *(seemly)* correcto/a, propio/a. **(e)** *(peculiar, characteristic)* propio/a *(to* a), peculiar *(to* de). **2** *adv (Brit fam)* realmente.

prop·er·ly [ˈprɒpəlɪ] *adv* **(a)** *(correctly etc)* correctamente, bien; **~ speaking** propiamente dicho. **(b)** *(in seemly fashion)* en forma correcta; **not ~ dressed** vestido en forma inadecuada. **(c)** *(fam: really, thoroughly)* realmente.

prop·er·ty [ˈprɒpətɪ] **1** *n* **(a)** *(quality)* propiedad *f.* **(b)** *(thing owned)* propiedad *f,* posesión *f;* **personal ~** bienes *mpl* muebles; **a man of ~** un hombre acomodado. **(c)** *(building, land)* propiedad *f; (estate)* finca *f, (LAm)* hacienda *f.* **(d)** *(Theat)* accesorio *m.* **2**: **~ developer** *n* promotor *m* de construcciones; **~ man** *n,* **~ manager** *n (Theat)* accesorista *mf;* **~ owner** *n (rural)* terrateniente *mf; (urban)* dueño/a *m/f* de propiedades.

proph·ecy [ˈprɒfɪsɪ] *n* profecía *f.*

proph·esy [ˈprɒfɪsaɪ] *vt (foretell)* profetizar; *(predict)* predecir, vaticinar.

proph·et [ˈprɒfɪt] *n* profeta *mf.*

pro·phet·ic [prəˈfetɪk] *adj* profético/a.

prophy·lac·tic [ˌprɒfɪˈlæktɪk] **1** *adj* profiláctico/a. **2** *n* profiláctico *m.*

pro·pi·ti·ate [prəˈpɪʃɪeɪt] *vt* propiciar.

pro·pi·tious [prəˈpɪʃəs] *adj* propicio/a, favorable.

pro·por·tion [prəˈpɔːʃən] **1** *n* **(a)** *(ratio)* proporción *f;* **in/out of ~** proporcionado/desproporcionado; **the ~ of blacks to whites** los negros en proporción a los blancos; **to be in/out of ~ (to one another)** estar en/no guardar proporción (el uno con el otro); **to be in/out of ~ to** *or* **with sth** estar en/no guardar proporción con algo; **to see sth in ~** *(fig)* ver algo en su justamedida; **sense of ~** *(fig)* sentido *m* de la proporción. **(b)** *(part, amount)* parte *f.* **(c) ~s** *(size)* dimensiones *fpl.* **2** *vt* proporcionar, adecuar; **well-~ed** bien proporcionado.

pro·por·tion·al [prəˈpɔːʃənl] *adj* proporcional *(to* a), en proporción *(to* con); **~ representation** *(Pol)* representación *f* proporcional.

pro·por·tion·al·ly [prəˈpɔːʃnəlɪ] *adv* proporcionalmente.

pro·por·tion·ate [prəˈpɔːʃnɪt] *adj* proporcionado/a *(to* a).

pro·po·sal [prəˈpəʊzl] *n (offer)* propuesta *f; (: of marriage)* oferta *f or* propuesta de matrimonio; *(suggestion)* sugerencia *f; (plan)* proyecto *m.*

pro·pose [prəˈpəʊz] **1** *vt* **(a)** proponer; **to ~ marriage to sb** hacer una oferta de matrimonio a uno; **to ~ a toast to sb** proponer un brindis por uno. **(b)** *(have in mind)* **to ~ sth** proponer algo; **to ~ to do sth** proponerse hacer algo. **2** *vi (marriage)* declararse.

pro·pos·er [prəˈpəʊzəʳ] *n (of motion)* proponente *mf.*

propo·si·tion [ˌprɒpəˈzɪʃən] *n* **(a)** *(statement, Math, Logic etc)* proposición *f.* **(b)** *(proposal)* proposición *f,* propuesta *f;* **to make sb a ~** proponer algo a uno. **(c)** *(person to be dealt with)* **he's a tough ~** es un adversario fuerte; *(matter to be dealt with)* **it's not a paying ~** no es negocio.

pro·pound [prəˈpaʊnd] *vt (ideas etc)* exponer, plantear.

pro·pri·etary [prəˈpraɪətərɪ] *adj (Comm)* patentado/a.

pro·pri·etor [prəˈpraɪətəʳ] *n (of shop, hotel etc)* dueño/a *m/f; (of land)* propietario/a *m/f; (boss)* amo/a *m/f.*

pro·pri·ety [prəˈpraɪətɪ] *n (seemliness)* decoro *m,* decencia *f; (fitness)* conveniencia *f;* **the proprieties** los cánones sociales.

props [prɒps] *npl (Theat)* accesorios *mpl.*

pro·pul·sion [prəˈpʌlʃn] *n*: **jet ~** propulsión *f* por reacción.

pro·sa·ic [prəʊ'zeɪɪk] *adj (dull)* prosaico/a.
pro·scribe [prəʊ'skraɪb] *vt* proscribir.
prose [prəʊz] *n* prosa *f; (Scol: translation text)* texto *m* para traducir.
pros·ecute ['prɒsɪkjuːt] *vt* **(a)** *(Jur: try)* procesar, enjuiciar; *(: punish)* sancionar. **(b)** *(frm: carry on)* proseguir, llevar adelante.
pros·ecu·tion [ˌprɒsɪ'kjuːʃən] *n (Jur: act, proceedings)* proceso *m,* juicio *m; (in court: case, side)* acusación *f,* parte *f* que acusa; **counsel for the ~** fiscal *mf.*
pros·ecu·tor ['prɒsɪkjuːtə^r] *n (Jur)* acusador(a) *m/f.*
pros·pect ['prɒspekt] **1** *n* **(a)** *(outlook, future)* perspectiva *f; (view)* panorama *m,* vista *f; (hope, chance)* esperanza *f;* **future ~s** perspectivas (para el futuro); **it's a grim ~** es una perspectiva desesperante; **we are faced with the ~ of leaving** se nos plantea la posibilidad de marcharnos; **a job with no ~s** un trabajo sin porvenir. **(b)** *(person, thing)* partido/a *m/f.* **2** [prə'spekt] *vt* explorar. **3** [prə'spekt] *vi:* **to ~ for gold** buscar el oro.
pro·spect·ive [prəs'pektɪv] *adj (likely to happen)* eventual, probable; *(future)* futuro/a, presunto/a.
pro·spec·tor [prəs'pektə^r] *n* explorador(a) *m/f,* buscador(a) *m/f.*
pro·spec·tus [prəs'pektəs] *n* prospecto *m.*
pros·per ['prɒspə^r] *vi* prosperar, medrar.
pros·per·ity [prɒs'perɪtɪ] *n* prosperidad *f.*
pros·per·ous ['prɒspərəs] *adj* próspero/a.
pros·tate ['prɒsteɪt] *n (also* **~ gland)** próstata *f.*
pros·ti·tute ['prɒstɪtjuːt] **1** *n* prostituta *f,* puto/a *m/f (fam);* **to become a ~** prostituirse. **2** *vt (fig)* prostituir.
pros·ti·tu·tion [ˌprɒstɪ'tjuːʃən] *n (lit, fig)* prostitución *f.*
pros·trate ['prɒstreɪt] **1** *adj* boca abajo, postrado/a; *(nation, country etc)* abatido/a; *(exhausted)* postrado/a *or* abatido/a *(with* por). **2** [prɒ'streɪt] *vt (lit, fig)* **to ~ o.s.** postrarse.
pro·tago·nist [prəʊ'tægənɪst] *n* protagonista *mf.*
pro·tect [prə'tekt] *vt* proteger.
pro·tec·tion [prə'tekʃən] **1** *n* **(a)** protección *f,* amparo *m;* **to be under sb's ~** estar amparado por uno. **(b)** *(also* **~ money**) impuesto *m* de protección pagado a la Mafia. **2: ~ racket** *n* chantaje *m.*
pro·tec·tion·ism [prə'tekʃənɪzəm] *n* proteccionismo *m.*
pro·tec·tive [prə'tektɪv] *adj* protector(a); **~ custody** detención *f* preventiva.
pro·tec·tor [prə'tektə^r] *n* **(a)** *(defender)* protector(a) *m/f.* **(b)** *(protective wear)* protector *m.*
pro·té·gé, pro·té·gée ['prəʊteʒeɪ] *n* protegido/a *m/f.*
pro·tein ['prəʊtiːn] *n* proteína *f.*
pro·test ['prəʊtest] **1** *n (gen)* protesta *f; (complaint)* queja *f;* **under ~** bajo protesta. **2** [prə'test] *vt* **(a)** protestar de; **to ~ that** protestar que. **(b)** *(dispute)* poner reparos a. **3** [prə'test] *vi* protestar. **4: ~ march** *n* manifestación *f or* marcha *f* (de protesta).
Prot·es·tant ['prɒtɪstənt] *adj, n* protestante *mf.*
Prot·es·tant·ism ['prɒtɪstəntɪzəm] *n* protestantismo *m.*
pro·tes·ta·tion [ˌprɒtes'teɪʃən] *n* **(a)** *(of love, loyalty etc)* afirmación *f,* declaración *f.* **(b)** *(protest)* protesta *f.*
pro·test·er [prə'testə^r] *n* manifestante *mf.*
proto·col ['prəʊtəkɒl] *n* protocolo *m.*
pro·ton ['prəʊtɒn] *n* protón *m.*
proto·type ['prəʊtəʊtaɪp] *n* prototipo *m.*
pro·tract·ed [prə'træktɪd] *adj* prolongado/a, alargado/a.
pro·trude [prə'truːd] *vi* salir, sobresalir.
pro·trud·ing [prə'truːdɪŋ] *adj* saliente, sobresaliente.
proud [praʊd] **1** *adj* **(a)** *(person etc)* orgulloso/a; *(: arrogant)* soberbio/a, altanero/a; **to be ~ to do sth** enorgullecerse de hacer algo; **that's nothing to be ~ of!** ¡esto no es motivo de orgullo! **(b)** *(splendid)* espléndido/a. **2** *adv:* **to do sb ~** tratar a uno a cuerpo de rey.
proud·ly ['praʊdlɪ] *adv (see adj)* orgullosamente; soberbiamente.
prove [pruːv] *pt* **proved,** *pp* **proved** *or* **proven** ['pruːvən] **1** *vt* **(a)** probar, demostrar; *(verify)* comprobar; **to ~ sb innocent** *or* **sb's innocence** demostrar la inocencia de uno; **to ~ o.s.** dar prueba de sí *or* de sus capacidades; **he was ~d right in the end** al fin se le dio la razón. **(b)** *(test out, put to the proof)* poner *or* someter a prueba. **(c)** *(turn out)* resultar; **it ~d to be useful** resultó ser útil; **if it ~s (to be) otherwise** si resulta (ser) lo contrario. **2** *vi* = **1 (c).**
prov·erb ['prɒvɜːb] *n* refrán *m,* proverbio *m.*
pro·ver·bial [prə'vɜːbɪəl] *adj* proverbial.
pro·vide [prə'vaɪd] **1** *vt (gen)* proporcionar; *(supply, furnish)* abastecer, proveer (*with* de); **to ~ sb with sth** *or* **sth for sb** dar *or* proporcionar algo a uno. **2** *vi* **(a) the Lord will ~** el Señor proveerá. **(b) the rules ~ against that** las reglas prohiben eso.
♦ **provide for** *vi + prep* **(a)** mantener. **(b) the treaty ~s for ...** el tratado estipula ...; **we have ~d for that** ya lo tomamos en cuenta.
pro·vid·ed [prə'vaɪdɪd] *conj:* **~ (that)** con tal (de) que, a condición de que.
provi·dence ['prɒvɪdəns] *n* providencia *f.*
provi·den·tial [ˌprɒvɪ'denʃəl] *adj* providencial.
pro·vid·ing [prə'vaɪdɪŋ] *conj* = **provided.**
prov·ince ['prɒvɪns] *n* **(a)** provincia *f;* **they live in the ~s** viven en provincia. **(b)** *(fig: area of knowledge, activity etc)* esfera *f,* campo *m;* **it's not within my ~** no es de mi competencia.
pro·vin·cial [prə'vɪnʃəl] **1** *adj* provincial; *(pej)* pueblerino/a, provinciano/a. **2** *n (usu pej)* provinciano/a *m/f.*
pro·vi·sion [prə'vɪʒən] *n* **(a)** *(act of supplying)* provisión *f.* **(b)** *(supply)* suministro *m,* abastecimiento *m.* **(c) ~s** *(food)* víveres *mpl,* provisiones *fpl.* **(d)** *(preparation)* preparativo *m;* **to make ~ for sb** atender las necesidades de uno. **(e)** *(stipulation etc)* estipulación *f,* disposición *f;* **is there ~ for this in the rules?** las reglas ¿permiten esto? *or* ¿está previsto esto en las reglas?; **with the ~ that** con tal de que.
pro·vi·sion·al [prə'vɪʒənl] *adj* provisional, provisorio/a.
pro·vi·sion·al·ly [prə'vɪʒnəlɪ] *adv* provisionalmente.
pro·vi·so [prə'vaɪzəʊ] *n (gen)* salvedad *f;* **with the ~ that ...** a condición de que ... .
provo·ca·tion [ˌprɒvə'keɪʃən] *n* provocación *f;* **she acted under ~** reaccionó ante una provocación.
pro·voca·tive [prə'vɒkətɪv] *adj* provocador(a), provocativo/a.
pro·voke [prə'vəʊk] *vt (gen)* provocar; *(anger)* enfadar, *(LAm)* enojar.
pro·vok·ing [prə'vəʊkɪŋ] *adj* provocador(a).
prov·ost ['prɒvəst] *n (Univ)* rector *m; (Scot)* alcalde *m.*
prow [praʊ] *n* proa *f.*
prow·ess ['praʊɪs] *n (skill)* habilidad *f,* capacidad *f; (courage)* valor *m.*
prowl [praʊl] *vi (also* **~ about** *or* **around)** rondar *or*

merodear.
prowl·er ['praʊlə^r] *n* merodeador(a) *m/f.*
prox·im·ity [prɒk'sɪmɪtɪ] *n (gen)* proximidad *f;* **in ~ to** cerca *or* en las cercanías de.
proxy ['prɒksɪ] *n (power)* poder *m; (person)* apoderado/a *m/f;* **by ~** por poderes.
prude [pruːd] *n* gazmoño/a *m/f,* mojigato/a *m/f.*
pru·dence ['pruːdəns] *n* prudencia *f.*
pru·dent ['pruːdənt] *adj* cauteloso/a, prudente.
prud·ish ['pruːdɪʃ] *adj* gazmoño/a, remilgado/a.
prune[1] [pruːn] *n (fruit)* ciruela *f* pasa.
prune[2] [pruːn] *vt* podar.
pru·ri·ent ['prʊərɪənt] *adj* lascivo/a.
pry[1] [praɪ] *vi (snoop)* fisgonear, curiosear; *(spy)* atisbar; **to ~ into sb's affairs** (entro)meterse en lo ajeno.
pry[2] [praɪ] *vt (US)* = **prise.**
P.S. *abbr of* **postscript** P.D.
psalm [sɑːm] *n* salmo *m.*
pseud [sjuːd] *n (fam)* farsante *mf.*
pseu·do ['sjuːdəʊ] *adj (fam)* farsante.
pseudo... ['sjuːdəʊ] *pref* seudo... .
pseudo·nym ['sjuːdənɪm] *n* seudónimo *m.*
psyche ['saɪkɪ] *n (Psych)* psique *f,* psiquis *f.*
psy·chedel·ic [,saɪkɪ'delɪk] *adj* sicodélico/a.
psy·chi·at·ric [,saɪkɪ'ætrɪk] *adj* siquiátrico/a.
psy·chia·trist [saɪ'kaɪətrɪst] *n* siquiatra *mf.*
psy·chia·try [saɪ'kaɪətrɪ] *n* siquiatría *f.*
psy·chic ['saɪkɪk] *adj* **(a)** *(supernatural)* síquico/a; *(telepathic)* telepático/a; **you must be ~!** *(fam)* ¿cómo te lo adivinaste?! **(b)** *(Psych)* síquico/a.
psycho ['saɪkəʊ] *n (US fam)* sicópata *mf.*
psycho·ana·lyse, *(US)* **psycho·ana·lyze** [,saɪkəʊ'ænəlaɪz] *vt* sicoanalizar.
psy·cho·analy·sis [,saɪkəʊə'nælɪsɪs] *n* sicoanálisis *m.*
psycho·ana·lyst [,saɪkəʊ'ænəlɪst] *n* sicoanalista *mf.*
psycho·logi·cal [,saɪkə'lɒdʒɪkəl] *adj* sicológico/a.
psy·cholo·gist [saɪ'kɒlədʒɪst] *n* sicólogo/a *m/f.*
psy·chol·ogy [saɪ'kɒlədʒɪ] *n* sicología *f.*
psycho·path ['saɪkəʊpæθ] *n* sicópata *mf.*
psy·cho·sis [saɪ'kəʊsɪs] *n, pl* **psychoses** sicosis *f.*
psycho·so·mat·ic [,saɪkəʊsəʊ'mætɪk] *adj* sicosomático/a.
psycho·thera·py [,saɪkəʊ'θerəpɪ] *n* sicoterapia *f.*
psy·chot·ic [saɪ'kɒtɪk] *adj, n* sicótico/a *m/f.*
P.T.O. *abbr of* **please turn over** sigue.
pub [pʌb] *n (Brit)* pub *m,* taberna *f.*
pub-crawl ['pʌbkrɔːl] *n (fam)* **to go on a ~** ir de chateo *or (LAm)* de parranda (de bar en bar).
pu·ber·ty ['pjuːbətɪ] *n* pubertad *f.*
pu·bes·cent [pjuː'besnt] *adj, n* pubescente *mf.*
pu·bic ['pjuːbɪk] *adj* púbico/a.
pu·bis ['pjuːbɪs] *n* pubis *m.*
pub·lic ['pʌblɪk] **1** *adj* público/a; **of ~ interest** de interés general; **in the ~ interest** en los intereses del estado; **it is ~ knowledge** ya es del dominio público; **this place is too ~ to discuss it** aquí no hay suficiente intimidad para discutirlo; **to make sth ~** divulgar *or* diseminar algo; **to be in the ~ eye** ser objeto del interés público; **to go ~** *(Comm)* constituirse en sociedad anónima.

2 *n:* **the ~** el público *m;* **in ~** en público; **the reading/sporting ~** los aficionados a la lectura/al deporte.

3: ~ convenience *n* servicios *mpl,* aseos *mpl, (LAm)* sanitarios *mpl;* **~ house** *n (Brit)* taberna *f,* pub *m;* **~ opinion** *n* la opinión pública; **~ opinion poll** *n* sondeo *m* (de la opinión pública); **~ ownership** *n:* **in ~ ownership** nacionalizado/a, propiedad del Estado; **~ relations** *npl* las relaciones públicas; **~ relations officer** *n* encargado/a *m/f* de relaciones públicas; **~ school** *n (Brit)* colegio *m* privado; *(US)* instituto *m;* **~ sector** *n* sector *m* estatal; **~ service** *n (Civil Service)* administración *f* pública; **~ speaking** *n* declamación *f;* **~ transport** *n* transporte *m* público.
public-address [,pʌblɪkə'dres]: **~ system** *n* megafonía *f,* sistema *m* de altavoces.
pub·li·can ['pʌblɪkən] *n (Brit)* tabernero/a *m/f.*
pub·li·ca·tion [,pʌblɪ'keɪʃən] *n* publicación *f,* edición *f; (published work)* publicación.
pub·lic·ity [pʌb'lɪsɪtɪ] *n* **(a)** publicidad *f.* **(b)** *(Comm: advertising, advertisements)* publicidad *f,* propaganda *f.*
pub·li·cize ['pʌblɪsaɪz] *vt* **(a)** *(make public)* publicitar, divulgar. **(b)** *(advertise)* anunciar, hacer propaganda para.
public-spirited [,pʌblɪk'spɪrɪtɪd] *adj* de espíritu cívico.
pub·lish ['pʌblɪʃ] *vt* publicar, editar; **'~ed weekly'** 'semanario'.
pub·lish·er ['pʌblɪʃə^r] *n (person)* editor(a) *m/f; (firm)* editorial *f.*
pub·lish·ing ['pʌblɪʃɪŋ] **1** *n (trade)* industria *f* del libro. **2: ~ company** *n* (casa *f*) editorial *f.*
puce [pjuːs] *adj* de color pardo rojizo.
puck·er ['pʌkə^r] *vt (also* **~ up)** fruncir, arrugar; *(Sew)* plegar.
pud·ding ['pʊdɪŋ] **1** *n (dessert)* postre *m; (steamed* **~)** ≃ pudín *m or* budín *m;* **black/white ~** *(Sp)* butifarra *f or (LAm)* morcilla *f* negra/blanca. **2: ~ basin** *n* cuenco *m.*
pud·dle ['pʌdl] *n* charco *m.*
pu·er·ile ['pjʊəraɪl] *adj* pueril.
puff [pʌf] **1** *n* **(a)** *(of breathing, engine)* resoplido *m; (of air)* soplo *m; (of wind)* racha *f,* ráfaga *f; (of smoke)* bocanada *f; (on cigarette etc)* calada *f, (LAm)* chupada *f;* **I'm out of ~** *(fam)* me quedé sin aliento. **(b)** *(powder* **~)** borla *f,* polvera *f.* **(c)** *(Culin)* **cream ~** petisú *m,* cuerno *m* de crema.

2 *vt* **(a) to ~ (out) smoke** echar bocanadas de humo. **(b)** *(also* **~ out)** hinchar, *(LAm)* inflar; **his face was all ~ed up** tenía la cara hinchada *or (LAm)* inflada; **to be ~ed up with pride** hincharse *or* inflarse de orgullo. **(c) I'm ~ed (out)** *(fam)* me quedé sin aliento.

3 *vi (breathe heavily)* jadear, resoplar; **the train ~ed into the station** el tren entró en la estación echando humo; **to ~ (away) at** *or* **on one's pipe** chupar la pipa.

4: ~ pastry *n, (US)* **~ paste** *n* hojaldre *m.*
puf·fin ['pʌfɪn] *n* frailecillo *m.*
puffy ['pʌfɪ] *adj* **(-ier, -iest)** hinchado/a, inflado/a.
pug [pʌg] *n (also* **~ dog)** doguillo *m.*
pug·na·cious [pʌg'neɪʃəs] *adj* pugnaz, agresivo/a.
pug-nosed ['pʌgnəʊzd] *adj* de nariz chata.
puke [pjuːk] *vi (fam)* devolver *(fam).*
pull [pʊl] **1** *n* **(a)** *(tug)* tirón *m, (LAm)* jalón *m; (of moon, magnet, the sea etc)* (fuerza *f* de) atracción *f; (fig: attraction)* atracción; **it was a long ~** fue largo el camino *or* el trecho. **(b)** *(fam: influence)* enchufe *m, (LAm)* palanca *f.* **(c)** *(at pipe, cigarette)* calada *f, (LAm)* chupada *f; (at drink)* trago *m.* **(d)** *(handle of drawer etc)* tirador *m, (LAm)* manivela *f; (of bell)* cuerda *f.*

2 *vt* **(a)** *(draw, drag)* tirar de, *(LAm)* jalar; **to ~ a door shut/open** cerrar/abrir una puerta de un tirón *or* jalón. **(b)** *(tug)* tirar de, *(LAm)* jalar; *(trigger)* apretar; **to ~ sb's hair** tirarle *or (LAm)* jalarle los pelos a uno; **she didn't ~ any punches** no anduvo con rodeos. **(c)** *(extract, draw out)* sacar, *(LAm)* arrancar; **to ~ a gun on sb** amenazar a uno con pistola. **(d) to ~ a muscle** sufrir un tirón en un músculo. **(e)** *(fam: carry out, do)* echarse, *(LAm)* tirarse; **what are you trying to ~?** ¿con qué estás saliendo ahora?

3 *vi* **(a)** tirar, *(LAm)* jalar; **the car is ~ing to the right** el coche tira *or* jala hacia la derecha; **the car isn't ~ing very well** el coche no tira *or* jala; **to ~ at** *or* **on one's pipe** dar chupadas a la pipa. **(b)** *(move)* **the train ~ed into the station** el tren entró en la estación; **he ~ed alongside the kerb** se acercó al bordillo.

♦ **pull about** *vt + adv (handle roughly)* maltratar, manosear.

♦ **pull apart** *vt + adv* **(a)** *(separate)* separar; *(take apart)* desmontar. **(b)** *(fig fam: search thoroughly)* allanar; *(: criticize)* deshacer, hacer pedazos.

♦ **pull away 1** *vt + adv* arrancar, *(LAm)* jalar. **2** *vi + adv (move off)* salir, *(LAm)* arrancar.

♦ **pull back 1** *vt + adv* tirar *or (LAm)* jalar para *or* hacia atrás. **2** *vi + adv (lit)* contenerse; *(Mil)* retirarse.

♦ **pull down** *vt + adv* **(a)** tirar, *(LAm)* echar abajo. **(b)** *(demolish)* derribar.

♦ **pull in 1** *vt + adv* **(a)** tirar de, *(LAm)* jalarse. **(b)** *(rein in)* sujetar. **(c)** *(attract: crowds)* atraer. **(d)** *(fam: take into custody)* detener. **2** *vi + adv (into station, harbour)* llegar; *(into driveway)* entrar; *(stop, park)* parar.

♦ **pull off** *vt + adv* **(a)** *(remove)* quitar, arrancar. **(b)** *(fam: succeed in)* llevar a cabo, conseguir.

♦ **pull on** *vt + adv* ponerse a la carrera.

♦ **pull out 1** *vt + adv* **(a)** *(take out)* sacar, *(LAm)* arrancar. **(b)** *(withdraw)* retirar. **2** *vi + adv* **(a)** *(come out)* sacarse. **(b)** *(withdraw)* retirarse. **(c)** *(leave)* salir, *(LAm)* partir.

♦ **pull over 1** *vt + adv* **(a)** acercar. **(b)** *(topple)* volcar. **2** *vi + adv* hacerse a un lado.

♦ **pull through** *vi + adv (fig)* salvarse, reponerse.

♦ **pull together 1** *vt + adv (fig)* **to ~ o.s. together** tranquilizarse. **2** *vi + adv* tirar *or* jalar en conjunto.

♦ **pull up 1** *vt + adv* **(a)** *(raise by pulling)* levantar, subir. **(b)** *(uproot)* sacar, *(LAm)* arrancar; **to ~ up one's roots** *(fig)* desarraigarse. **(c)** *(stop)* parar. **(d)** *(scold)* regañar. **2** *vi + adv (stop)* detenerse, *(LAm)* parar.

pul·ley ['pʊlɪ] *n* polea *f.*

Pull·man ® ['pʊlmən] *n (also ~* **car***)* pullman *m.*

pull-out ['pʊlaʊt] **1** *n* suplemento *m* separable. **2** *cpd (magazine section)* separable; *(table leaf etc)* extensible.

pull·over ['pʊləʊvə^r] *n* jersey *m, (LAm)* suéter *m, (Per)* chompa *f.*

pulp [pʌlp] **1** *n* **(a)** *(paper ~, wood ~)* pasta *f,* pulpa *f; (for paper)* pulpa de madera; **to reduce sth to ~** hacer algo papilla. **(b)** *(of fruit, vegetable)* pulpa *f.* **(c) ~ magazine** revista *f* amarilla. **2** *vt* reducir a pulpa.

pul·pit ['pʊlpɪt] *n* púlpito *m.*

pul·sate [pʌl'seɪt] *vi* vibrar, palpitar.

pulse[1] [pʌls] *n (Anat)* pulso *m; (Phys)* pulsación *f; (fig: of drums, music)* ritmo *m,* compás *m;* **to feel** *or* **take sb's ~** tomar el pulso a uno.

pulse[2] [pʌls] *n (Bot, Culin)* legumbre *f.*

pul·ver·ize ['pʌlvəraɪz] *vt* pulverizar.

puma ['pjuːmə] *n* puma *f.*

pum·ice (stone) ['pʌmɪs(stəʊn)] *n* piedra *f* poméz.

pum·mel ['pʌml] *vt* aporrear, apalear.

pump [pʌmp] **1** *n* bomba *f;* **petrol ~** bomba, *(Per)* grifo *m.* **2** *vt:* **to ~ sth in/out** meter/sacar algo con bomba; **to ~ sth dry** vaciar algo con una bomba; **to ~ money into a project** invertir dinero en cantidades en un proyecto; **to ~ sb for information** (son)sacarle informes a uno.

♦ **pump in** *vt + adv (lit)* inyectar; *(fig: money)* invertir.

♦ **pump out** *vt + adv (boat)* achicar; *(water)* bombear.

♦ **pump up** *vt + adv (tyre)* inflar, *(LAm)* bombear.

pump·kin ['pʌmpkɪn] *n* calabaza *f.*

pun [pʌn] *n* juego *m* de palabras, retruécano *m.*

Punch [pʌntʃ] *n:* **~ and Judy show** teatro *m* de títeres.

punch[1] [pʌntʃ] **1** *n* **(a)** *(for making holes: in leather, etc)* punzón *m; (: in paper)* perforadora *f; (: in ticket)* taladro *m.* **(b)** *(blow)* puñetazo *m.* **(c)** *(fig: vigour)* fuerza *f,* empuje *m.* **2** *vt* **(a)** *(with tool: see n)* punzar; perforar; picar. **(b)** *(with fist)* dar un puñetazo a. **3: ~(ed) card** *n* tarjeta *f* perforada; **~ line** *n* remate *m.*

punch[2] [pʌntʃ] *n (drink)* ponche *m.*

punch·ball ['pʌntʃbɔːl] *n* punching-ball *m.*

punch·bowl ['pʌntʃbəʊl] *n* ponchera *f.*

punch-drunk [ˌpʌntʃ'drʌŋk] *adj (fig)* aturdido/a.

punch·ing bag ['pʌntʃɪŋˌbæg] *n (US)* punching-ball *m.*

punch-up ['pʌntʃʌp] *n (Brit fam)* riña *f,* refriega *f.*

punc·tili·ous [pʌŋk'tɪlɪəs] *adj* puntilloso/a, quisquilloso/a.

punc·tu·al ['pʌŋktjʊəl] *adj* puntual; **you're very ~** llegaste en punto.

punc·tu·al·ity [ˌpʌŋktjʊ'ælɪtɪ] *n* puntualidad *f.*

punc·tu·al·ly ['pʌŋktjʊəlɪ] *adv* puntualmente, en punto.

punc·tu·ate ['pʌŋktjʊeɪt] *vt (Ling)* puntuar; **his speech was ~d by applause** los aplausos interrumpieron repetidamente su discurso.

punc·tua·tion [ˌpʌŋktjʊ'eɪʃən] **1** *n (Ling)* puntuación *f.* **2: ~ mark** *n* signo *m* de puntuación.

punc·ture ['pʌŋktʃə^r] **1** *n (in tyre, balloon, skin etc)* perforación *f,* pinchazo *m; (Aut)* pinchazo, *(Mex)* ponchadura *f;* **I have a ~** se me pinchó *or* ponchó un neumático *or (LAm)* una llanta. **2** *vt* perforar, pinchar. **3** *vi* pincharse, *(Mex)* poncharse.

pun·dit ['pʌndɪt] *n* experto/a *m/f.*

pun·gen·cy ['pʌndʒənsɪ] *n (of smell)* acritud *f; (of taste)* lo picante; *(of remark)* mordacidad *f.*

pun·gent ['pʌndʒənt] *adj (see n)* acre; muy picante; mordaz.

pun·ish ['pʌnɪʃ] *vt* **(a)** castigar; **to ~ sb for sth/for doing sth** castigar a uno por algo/por haber hecho algo. **(b)** *(fig fam)* maltratar.

pun·ish·able ['pʌnɪʃəbl] *adj (gen)* punible; *(Jur)* delictivo/a.

pun·ish·ment ['pʌnɪʃmənt] *n* **(a)** *(punishing, penalty)* castigo *m;* **to take one's ~** aceptar el castigo. **(b)** *(fig fam)* malos tratos *mpl;* **to take a lot of ~** *(Sport)* sufrir una paliza; *(car, furniture etc)* ser maltratado/a.

punk [pʌŋk] **1** *n* **(a)** *(person: also ~* **rocker***)* punk *mf; (music: also ~* **rock***)* música *f* punk. **(b)** *(US fam: hoodlum)* rufián *m, (LAm)* matón *m.* **2: ~ rock** *n* música *f* punk.

punt[1] [pʌnt] **1** *n (boat)* batea *f, (LAm)* panga *f.* **2** *vt* impulsar con percha; *(ball)* dar un puntapié a. **3** *vi:* **to go ~ing** ir en batea.

punt[2] [pʌnt] *vi (bet)* apostar.

punt·er ['pʌntə^r] *n (gambler)* jugador(a) *m/f.*

puny ['pjuːnɪ] *adj* **(-ier, -iest)** enclenque, endeble.

pup [pʌp] *n* cachorro/a *m/f.*

pu·pil[1] ['pjuːpl] *n (Scol etc)* alumno/a *m/f.*

pu·pil[2] ['pjuːpl] *n (Anat)* pupila *f.*

pup·pet ['pʌpɪt] **1** *n (lit)* títere *m,* marioneta *f; (fig)* títere. **2: ~ government** *n* gobierno *m* títere; **~ show** *n* teatro *m* de marionetas *or* de títeres.

pup·py ['pʌpɪ] **1** *n* cachorro/a *m/f.* **2: ~ fat** *n* gordura *f* infantil; **~ love** *n* amor *m* juvenil.

pur·chase ['pɜːtʃɪs] **1** *n* **(a)** *(act, object)* compra *f.* **(b)** *(grip)* agarre *f,* asidero *m; (leverage)* palanca *f;* **to get a ~ on** agarrar bien. **2** *vt (frm)* comprar; **purchasing power** poder *m* adquisitivo *or* de compra. **3: ~ price** *n* precio *m* de compra; **~ tax** *n (Brit)* impuesto *m* sobre la venta.

pur·chas·er ['pɜːtʃɪsəʳ] *n* comprador(a) *m/f.*

pure [pjʊəʳ] *adj* (**-r, -st**) puro/a, *(LAm)* mero/a; **by ~ chance** de pura *or (LAm)* mera casualidad; **it was an accident ~ and simple** fue un accidente, es todo; **a ~ wool jumper** un jersey de pura lana; **~ mathematics** matemáticas *fpl* puras.

pure·bred ['pjʊəbred] **1** *adj* de pura sangre. **2** *n* animal *m* (de) pura sangre.

pu·rée ['pjʊəreɪ] *n (Culin)* puré *m.*

pure·ly [ˌpjʊəlɪ] *adv (simply, solely)* simplemente, sencillamente; *(wholly)* puramente, nada más, *(LAm)* tan sólo.

pur·ga·tive ['pɜːgətɪv] *(Med)* **1** *adj* purgante, purgativo/a. **2** *n* purgante *m,* purga *f.*

pur·ga·tory ['pɜːgətərɪ] *n (Rel, fig)* purgatorio *m.*

purge [pɜːdʒ] **1** *n (gen, Med, Pol etc)* purga *f,* limpia *f.* **2** *vt (gen, Med, Pol etc)* purgar, limpiar.

pu·ri·fi·ca·tion [ˌpjʊərɪfɪ'keɪʃən] *n* purificación *f,* depuración *f.*

pu·ri·fy ['pjʊərɪfaɪ] *vt* purificar, depurar.

pur·ist ['pjʊərɪst] *n* purista *mf.*

pu·ri·tan ['pjʊərɪtən] *adj, n* puritano/a *m/f.*

pu·ri·tani·cal [ˌpjʊərɪ'tænɪkəl] *adj* puritano/a.

pu·rity ['pjʊərɪtɪ] *n* pureza *f.*

purl [pɜːl] **1** *n* punto *m* del *or* al revés. **2** *vt* hacer punto del *or* al revés.

pur·ple ['pɜːpl] **1** *adj* morado/a; **to go ~ (in the face)** ponerse morado (de la cara); **~ passage** pasaje *m* destacado. **2** *n (colour)* púrpura *f.*

pur·port ['pɜːpət] **1** *n* significado *m,* sentido *m.* **2** *vt*: **to ~ to be** pretender ser.

pur·pose ['pɜːpəs] *n* **(a)** *(intention)* motivo *m,* propósito *m; (use)* uso *m,* utilidad *f;* **for our ~s** para nuestros propósitos; **for training ~s** con fines de entrenamiento; **she has a ~ in life** tiene un objetivo en la vida; **on ~** a propósito, adrede; **this will serve my ~** esto me servirá; **it serves no useful ~** no sirve para nada; **for the ~s of this meeting** para los fines de esta reunión; **for all practical ~s** en la práctica; **to be to the ~** venir al caso; **to be to some/no ~** servir para algo/no servir para nada; **to good/no good ~** con buenos resultados/sin resultado. **(b)** *(resolution, determination)* **to have a sense of ~** ser firme *or* determinado en los propósitos.

pur·pose-built ['pɜːpəsˌbɪlt] *adj* construido/a especialmente.

pur·pose·ful ['pɜːpəsfʊl] *adj* decidido/a, determinado/a.

pur·pose·ly ['pɜːpəslɪ] *adv* a propósito, adrede.

purr [pɜːʳ] **1** *n* ronroneo *m.* **2** *vi (cat)* ronronear.

purse [pɜːs] **1** *n* **(a)** *(for money)* monedero *m;* **to hold the ~ strings** *(fig)* administrar el dinero. **(b)** *(US: handbag)* bolso *m, (LAm)* cartera *f.* **(c)** *(sum of money as prize)* bolsa *f.* **2** *vt*: **to ~ one's lips** apretar los labios.

purs·er ['pɜːsəʳ] *n (Naut)* comisario/a *m/f.*

pur·sue [pə'sjuː] *vt* **(a)** *(follow)* seguir; *(harass)* perseguir. **(b)** *(studies etc)* dedicarse a; *(profession)* ejercer; *(inquiry)* seguir.

pur·su·er [pə'sjuːəʳ] *n* perseguidor(a) *m/f.*

pur·suit [pə'sjuːt] *n* **(a)** *(chase)* caza *f,* persecución *f; (fig: of pleasure, happiness, knowledge)* busca *f,* búsqueda *f;* **in (the) ~ of sb/sth** en busca de uno/algo; **with two policemen in hot ~** con dos policías pisándole los talones. **(b)** *(occupation)* carrera *f,* profesión *f; (pastime)* pasatiempo *m.*

pur·vey·or [pɜː'veɪəʳ] *n (frm)* proveedor(a) *m/f.*

pus [pʌs] *n* pus *m.*

push [pʊʃ] **1** *n* **(a)** *(shove)* empuje *m,* empujón *m;* **to give sb/sth a ~** dar a uno/algo un empujón; **to give sb the ~** *(Brit fam)* echar a uno. **(b)** *(drive, aggression)* empuje *m,* energía *f.* **(c)** *(effort)* esfuerzo *m; (Mil: offensive)* ataque *m,* ofensiva *f.* **(d)** *(fam)* **at a ~** apenas, a duras penas; **if** *or* **when it comes to the ~** en último caso, en el peor de los casos.

2 *vt* **(a)** *(shove, move by ~ing)* empujar; *(press)* apretar, pulsar; **to ~ a door open/shut** abrir/cerrar una puerta empujándola. **(b)** *(fig: press, advance: trade)* fomentar; *(: product)* promover; **to ~ home one's advantage** aprovechar la ventaja; **to ~ drugs** revender drogas; **don't ~ your luck!** ¡no fuerces la suerte!; **she is ~ing 50** *(fam)* raya en los 50. **(c)** *(fig: put pressure on)* **to ~ sb into doing sth, to ~ sb to do sth** instar *or* convencer a uno a hacer algo; **don't ~ her too far** no te pases con ella, *(LAm)* no lo amueles con ella *(fam)*; **that's ~ing it a bit** *(fam)* eso es demasiado; **to be ~ed for time/money** andar justo de tiempo/escaso de dinero.

3 *vi* empujar; **to ~ through the crowd** abrirse paso a través de la multitud; **'~'** *(on door)* 'empuje'; *(on bell)* 'apriete'; **he ~es too much** *(fig)* insiste demasiado.

♦ **push about, push around** *vt + adv (fig fam: bully)* intimidar.

♦ **push ahead** *vi + adv* adelantarse.

♦ **push aside** *vt + adv* apartar, hacer a un lado; *(fig)* hacer caso omiso de.

♦ **push away** *vt + adv* rechazar.

♦ **push back** *vt + adv (hair etc)* echar hacia atrás; *(enemy)* hacer retroceder.

♦ **push down 1** *vi + adv (press down)* apretar. **2** *vt + adv (press down)* apretar.

♦ **push forward 1** *vi + adv* **(a)** *(Mil)* avanzar. **(b)** **to ~ forward with a plan** llevar adelante un proyecto. **2** *vt + adv* empujar hacia adelante; **he tends to ~ himself forward** *(fig)* suele hacerse notar.

♦ **push in 1** *vt + adv* **(a)** empujar. **(b)** *(break)* romper. **2** *vi + adv* colarse.

♦ **push off 1** *vt + adv (top etc)* quitar a la fuerza; *(off wall etc)* tirar, *(LAm)* echar. **2** *vi + adv* **(a)** *(in boat)* desatracarse. **(b)** *(fam: leave)* marcharse; **~ off!** ¡lárgate!

♦ **push on 1** *vi + adv* seguir adelante. **2** *vt + adv* **(a)** poner a la fuerza. **(b)** *(fig: incite, urge on)* animar, alentar.

♦ **push out** *vt + adv (of way)* quitar a empujones; *(of car)* sacar a empujones.

♦ **push over** *vt + adv* **(a)** tirar, *(LAm)* echar (abajo). **(b)** *(knock over)* volcar, *(LAm)* tirar.

♦ **push through 1** *vt + adv* **(a)** *(through crowd, hedge etc)* abrirse paso por; **he ~ed his hand through the bars** sacó la mano por entre los barrotes. **(b)** *(get done quickly)* expeditar, apresurar. **2** *vi + adv* abrirse paso.

♦ **push up** *vt + adv* **(a)** levantar, subir. **(b)** *(fig: raise, increase)* hacer subir *or* aumentar.

push-bike ['pʊʃbaɪk] *n (Brit)* bicicleta *f.*

push-button ['pʊʃˌbʌtn] *adj* de mando de botón; **~ warfare** guerra *f* a control remoto.

push·chair ['pʊʃtʃɛəʳ] *n (Brit)* sillita *f* de ruedas.

push·er ['pʊʃəʳ] *n (fam)* **(a)** *(of drugs)* revendedor(a) *m/f.* **(b)** *(ambitious person)* ambicioso/a *m/f.*

push·over ['pʊʃəʊvəʳ] *n (fam)* **it's a ~** está tirado; **she's a ~** ella es un ligue fácil.

pushy ['pʊʃɪ] *adj (fam)* latoso/a.

puss [pʊs] *n (fam),* **pussy** ['pʊsɪ] *n (fam)* minino *m.*

put [pʊt] *pt, pp* **put 1** *vt* **(a)** *(gen)* poner; *(place)* colocar; *(insert)* meter; *(~ down)* dejar; **we ~ the children to bed** acostamos a los niños; **my brother ~ me on the train** mi hermano me dejó en el tren; **to ~ the ball in the net** meter el balón en la red; **to ~ sth to one's ear** acercar algo al oído; **she ~ her head on my shoulder** recostó la cabeza en mi hombro; **to ~ a lot of time into sth** dedicar mucho tiempo a algo; **she has ~ a lot into her marriage** se ha esforzado mucho con su marido; **to ~ money into a company** invertir dinero en una compañía; **to ~ money on a horse** jugarse dinero en un caballo; **to stay ~** no moverse, *(LAm)* plantarse. **(b)** *(thrust: direct)* meter; **I ~ my fist through the window** rompí la ventana con el puño; **he ~ his head round the door** se asomó de detrás de la puerta; **to ~ the shot** *(Sport)* lanzar el peso. **(c)** *(cause to be)* **to ~ sb in a good/bad mood** poner a uno de buen/mal humor; **to ~ sb in charge of sth** encargarle algo a uno; **to ~ sb to a lot of trouble** causar mucha molestia a uno; **I ~ her to answering the phone** le puse a contestar el teléfono; **he ~ her to work immediately** la puso a trabajar en seguida. **(d)** *(express)* expresar; **let me ~ it this way** para decirlo de alguna manera; **to ~ it bluntly** hablar sin rodeos; **~ it to him gently** díselo suavemente; **to ~ sth into French** traducir algo al Francés; **to ~ the words to music** poner música a la letra. **(e)** *(expound: case)* presentar; *(: proposal, question)* plantear; **I ~ it to you that ...** le sugiero que ... . **(f)** *(rate)* valorar, valorizar.

2 *vi (Naut)* **to ~ to sea/into port** hacerse a la mar/entrar a puerto.

♦ **put about 1** *vt + adv (circulate)* hacer correr. **2** *vi + adv (Naut)* cambiar de rumbo.

♦ **put across** *vt + adv* **(a)** *(communicate)* comunicar. **(b)** *(fam: play trick)* **to ~ it** *or* **one across on sb** engañar a uno.

♦ **put aside** *vt + adv* **(a)** *(lay down)* dejar a un lado. **(b)** *(save)* ahorrar; *(in shop)* guardar. **(c)** *(fig: forget, abandon)* dejar de lado.

♦ **put away** *vt + adv* **(a)** *(store)* poner en su sitio; *(keep)* guardar. **(b)** = **put aside (b)**. **(c)** *(fam: consume)* zamparse, *(LAm)* tragar. **(d)** *(fam: lock up: in prison)* echar al calabozo; *(: in asylum)* encerrar en un manicomio. **(e)** = **put down 1 (e)**.

♦ **put back 1** *vt + adv* **(a)** *(replace)* volver a poner, *(LAm)* devolver. **(b)** *(postpone, set back)* retrasar; **to be ~ back a class** *(Scol)* no pasar año. **2** *vi + adv (Naut)* cambiar de rumbo.

♦ **put by** *vt + adv* = **put aside (a, b)**.

♦ **put down 1** *vt + adv* **(a)** *(set down)* dejar; *(let go)* soltar; *(passenger)* dejar (bajar); **I couldn't ~ that book down** el libro resultó obsesivo. **(b)** *(lower)* bajar. **(c)** *(crush)* reprimir, sofocar; *(humiliate)* humillar. **(d)** *(pay)* **to ~ down a deposit** pagar un adelanto. **(e)** *(destroy)* sacrificar, matar. **(f)** *(write down)* escribir, apuntar; **to ~ sth down in writing** poner algo por escrito; **~ it down on my account** *(Comm)* póngalo en mi cuenta; **~ me down for £15** apúntame por 15 libras; **he's ~ his son down for Harrow** ha inscrito a su hijo para Harrow. **(g)** *(classify)* clasificar; **I ~ him down as a troublemaker** le tengo por revoltoso. **(h)** *(attribute)* **to ~ sth down to sth** atribuir algo a algo.

2 *vi + adv (Aer)* aterrizar.

♦ **put forward** *vt + adv* **(a)** *(idea, theory)* exponer; *(proposal)* hacer; **to ~ o.s. forward for a job** presentarse como candidato para un puesto. **(b)** *(meeting, starting time)* adelantar.

♦ **put in 1** *vt + adv* **(a)** *(place in)* meter. **(b)** *(insert: in book, speech etc)* incluir. **(c)** *(interpose)* introducir, meter. **(d)** *(enter)* presentar; **to ~ in a plea of not guilty** *(Jur)* declararse inocente; **to ~ one's name in for sth** inscribirse para algo; **to ~ sb in for an award** proponer a uno para un premio. **(e)** *(install)* instalar. **(f)** *(Pol: elect)* elegir. **(g)** *(devote, expend)* dedicar. **2** *vi + adv (Naut)* hacer escala.

♦ **put in for** *vi + prep* solicitar.

♦ **put off** *vt + adv* **(a)** *(set down)* dejar. **(b)** *(postpone, delay)* aplazar; **to ~ sb off with an excuse** diferir una cita con uno dando disculpas. **(c)** *(discourage)* desanimar, desalentar. **(d)** *(repel)* repugnar, dar asco a. **(e)** *(switch off)* apagar.

♦ **put on** *vt + adv* **(a)** *(clothes)* ponerse. **(b)** *(assume)* afectar, fingir; *(fam: kid, have on: esp US)* engañar; **to ~ on an innocent expression** poner cara de inocente; **she's just ~ting it on** está disimulando, *(LAm)* es pura guasa. **(c)** *(add, increase)* añadir; **to ~ on weight** engordar. **(d)** *(concert)* presentar; *(exhibition etc)* montar; *(extra bus, train etc)* poner. **(e)** *(on telephone)* **~ me on to Mr Strong please** póngame con *or (LAm)* me comunica con el Sr Strong, por favor. **(f)** *(switch on etc)* encender, *(LAm)* prender; **to ~ the brakes on** frenar. **(g)** *(inform, indicate)* **to ~ sb on to sb/sth** informar a uno sobre uno/algo; **who ~ the police on to him?** ¿quién le denunció ante la policía?

♦ **put out 1** *vt + adv* **(a)** *(place outside)* sacar; **to ~ clothes out to dry** poner la ropa a secar; **to be ~ out** *(asked to leave)* ser echado/a; **she couldn't ~ him out of her head** no pudo quitarle de la cabeza. **(b)** *(stretch out, push out: arm)* alargar, extender; *(: hand)* alargar, tender; *(: tongue)* sacar; *(: leaves)* echar; **to ~ one's head out of a window** asomarse por una ventana. **(c)** *(lay out in order)* disponer. **(d)** *(bring out: publish)* publicar, editar; *(: circulate)* hacer circular. **(e)** *(extinguish)* apagar. **(f)** *(discontent, vex)* enfadar, *(LAm)* enojar; **to be ~ out by sth/sb** enfadarse por algo/uno. **(g)** *(inconvenience)* **to ~ o.s. out (for sb)** molestarse (por uno); **are you sure I'm not ~ting you out?** no quiero causarle molestia. **(h)** *(dislocate)* dislocar. **(i)** *(subcontract)* ceder.

2 *vi + adv (Naut)* **to ~ out to sea/from Plymouth** hacerse a la mar/salir de Plymouth.

♦ **put over** *vt + adv* = **put across (b)**.

♦ **put through** *vt + adv* **(a)** *(make, complete)* llevar a cabo; *(proposal)* hacer aceptar. **(b)** *(Telec: connect)* poner; **~ me through to Miss Blair** póngame *or (LAm)* me comuníca con la Srta Blair.

♦ **put together** *vt + adv* **(a)** *(lit)* unir, reunir; **she's worth more than all the others ~ together** vale más que todos los demás en conjunto. **(b)** *(assemble)* armar, montar.

♦ **put up 1** *vt + adv* **(a)** *(raise, lift up)* levantar, alzar; *(hoist: flag)* izar; **~ 'em up!** *(fam: hands: in surrender)* ¡manos arriba!; *(: fists: to fight)* ¡pelea! **(b)** *(hang up)* colgar. **(c)** *(erect: building)* construir; *(: tent)* armar. **(d)** *(send up)* lanzar al aire. **(e)** *(increase)* aumentar, subir. **(f)** = **put forward (a)**. **(g)** *(offer)* ofrecer; **to ~ sth up for sale** poner algo a la venta; **they ~ up a struggle** no se dejaron vencer fácilmente. **(h)** *(give accommodation to)* alojar, hospedar. **(i)** *(provide)* proporcionar, suministrar. **(j)** *(incite)* **to ~ sb up to doing sth** instar a uno a hacer algo.

2 *vi + adv* **(a)** *(stay)* hospedarse, alojarse. **(b)** *(offer o.s.)* presentarse.

♦ **put upon** *vi + prep*: **to be ~ upon** *(imposed on)* ser explotado/a por los demás.

♦ **put up with** *vi + prep* aguantar, soportar.
pu·tre·fy ['pjuːtrɪfaɪ] *vi* pudrir, podrir.
pu·trid ['pjuːtrɪd] *adj* podrido/a.
putsch [pʊtʃ] *n* golpe *m* de estado.
putt [pʌt] **1** *n* tiro *m* al hoyo. **2** *vt, vi* tirar al hoyo.
putt·er[1] ['pʌtəʳ] *n* putter *m*.
put·ter[2] ['pʌtəʳ] *vi (US)* = **potter**[2].
putt·ing ['pʌtɪŋ] **1** *n* minigolf *m*. **2:** ~ **green** *n* campo *m* de minigolf; *(on golf course)* zona *f* del campo de golf que rodea al hoyo.
put·ty ['pʌtɪ] *n* masilla *f; **to be** ~ **in sb's hands** (fig)* ser muñeco de uno.
put-up ['pʊtʌp] *adj*: ~ **job** *(fam)* estafa *f*.
puz·zle ['pʌzl] **1** *n* **(a)** rompecabezas *m inv*. **(b)** *(mystery)* misterio *m; (riddle)* acertijo *m*. **2** *vt* dejar perplejo; **to be ~d about sth** quedar sin entender algo; **to ~ sth out** descifrar algo. **3** *vi*: **to ~ about** *or* **over** quebrar la cabeza por.
puz·zled ['pʌzld] *adj* perplejo/a.
puz·zle·ment ['pʌzlmənt] *n* perplejidad *f*.
puz·zling ['pʌzlɪŋ] *adj* extraño/a, misterioso/a.
PVC *abbr of* **polyvinyl chloride** cloruro *m* de polivinilo.
pyg·my ['pɪgmɪ] *n* pigmeo/a *m/f; (fig)* enano/a *m/f*.
py·ja·mas [pə'dʒɑːməz] *npl* pijama *f*, pujama *f*.
py·lon ['paɪlən] *n (Elec)* torre *f* de conducción eléctrica.
pyra·mid ['pɪrəmɪd] *n* pirámide *f*.
pyre ['paɪəʳ] *n* hoguera *f*, pira *f*.
Py·rex ® ['paɪreks] *n* pirex *m*.
pyro·ma·ni·ac [ˌpaɪrəʊ'meɪnɪæk] *n* pirómano/a *m/f*.
pyro·tech·nics [ˌpaɪrəʊ'teknɪks] *n* **(a)** *(sg: Phys)* pirotecnia *f*. **(b)** *(pl: fireworks display)* fuegos *mpl* artificiales.
py·thon ['paɪθən] *n* pitón *m*.

Q

Q, q [kjuː] *n (letter)* Q, q *f.*
quack[1] [kwæk] **1** *n (of duck)* graznido *m.* **2** *vi (duck)* graznar.
quack[2] [kwæk] *n (fam: doctor)* curandero/a *m/f; (pej)* matasanos *m inv.*
quad [kwɒd] *n abbr of* **quadrangle; quadruplet.**
quad·ran·gle ['kwɒdræŋgl] *n* **(a)** *(Geom: 4 angles)* cuadrángulo *m.* **(b)** *(courtyard)* patio *m.*
quad·rat·ic [kwɒ'drætɪk] *adj (equation)* cuadrático/a.
quad·ri·lat·er·al [ˌkwɒdrɪ'lætərəl] *adj* cuadrilátero/a.
quad·ru·ped ['kwɒdrʊped] *n* cuadrúpedo *m.*
quad·ru·ple ['kwɒdrʊpl] **1** *adj* cuádruple. **2** *vt* cuadruplicar. **3** *vi* cuadruplicarse.
quad·ru·plet [kwɒ'druːplɪt] *n* cuadrillizo/a *m/f.*
quag·mire ['kwægmaɪə^r] *n* tremedal *m,* ciénaga *f.*
quail[1] [kweɪl] *n (bird)* codorniz *f.*
quail[2] [kweɪl] *vi (flinch)* acobardarse *or* amedrentarse *(at* ante).
quaint [kweɪnt] *adj* **(-er, -est)** *(odd)* extraño/a, raro/a; *(picturesque)* típico/a, pintoresco/a.
quaint·ly ['kweɪntlɪ] *adv (see adj)* en forma rara; típicamente.
quake [kweɪk] **1** *vi (person: shake)* temblar; *(: inwardly)* estremecerse. **2** *n (earth~)* terremoto *m, (LAm)* temblor *m.*
Quak·er ['kweɪkə^r] *n* cuáquero/a *m/f.*
quali·fi·ca·tion [ˌkwɒlɪfɪ'keɪʃən] *n* **(a)** *(diploma etc)* título *m, (LAm)* calificación *f; (attribute)* cualidad *f;* **~s** *(requirements)* requisitos *mpl; (paper ~s)* títulos; **what are his ~s?** ¿qué títulos tiene?; **teaching ~s** título de profesor. **(b)** *(reservation)* reserva *f;* **without ~** sin reserva.
quali·fied ['kwɒlɪfaɪd] *adj* **(a)** *(professionally trained)* titulado/a, *(LAm)* colegiado/a; *(fit, suitable)* **~ for/to do sth** capacitado para/para hacer algo. **(b)** *(limited)* limitado/a; **it was a ~ success** fue un éxito relativo.
quali·fy ['kwɒlɪfaɪ] **1** *vt* **(a)** *(make suitable)* capacitar. **(b)** *(modify)* modificar, poner peros a. **(c)** *(Ling)* calificar a. **2** *vi (fulfil the requirements)* llenar los requisitos; *(graduate)* sacar título, graduarse; *(Sport)* clasificarse; **to ~ as an engineer** sacar título de *or (LAm)* calificarse de ingeniero; **to ~ for a job** llenar los requisitos para un puesto.
quali·fy·ing ['kwɒlɪfaɪɪŋ] *adj (Ling)* calificativo/a; *(exam, round)* eliminatorio/a.
quali·ta·tive ['kwɒlɪtətɪv] *adj* cualilativo/a.
qual·ity ['kwɒlɪtɪ] **1** *n* **(a)** *(nature, kind)* calidad *f;* **of good ~, of high ~** de buena *or* alta calidad. **(b)** *(characteristic)* cualidad *f; (gift)* don *m.* **2** *adj (carpet, product etc)* de calidad.
qualm [kwɑːm] *n (often pl: scruple)* escrúpulo *m; (: remorse)* remordimiento *m;* **to have ~s about doing sth** sentir escrúpulo para hacer algo.
quan·da·ry ['kwɒndərɪ] *n (dilemma)* dilema *m; (difficult situation)* apuro *m;* **to be in a ~ about sth** sentir dudas *or (LAm)* vacilar ante algo.
quan·ti·ta·tive ['kwɒntɪtətɪv] *adj* cuantitativo/a.
quan·tity ['kwɒntɪtɪ] **1** *n* cantidad *f;* **in ~** en grandes cantidades. **2:** **~ surveyor** *n* aparejador(a) *m/f,* arquitecto *mf* técnico/a.
quan·tum ['kwɒntəm] *n:* **~ physics** física *f* cuántica; **~ theory** teoría *f* cuántica.
quar·an·tine ['kwɒrəntiːn] *n* cuarentena *f.*
quar·rel ['kwɒrəl] **1** *n (argument)* riña *f, (LAm)* pelea *f,* pleito *m;* **to have a ~ with sb** reñir *or (LAm)* pelearse con uno; **to pick a ~ (with sb)** armar pleito *or (LAm)* bronca (con uno). **2** *vi* reñir, *(LAm)* pelearse; **they ~led about** *or* **over money** riñeron por dinero; **to ~ with sb** reñir con uno; **I can't ~ with that** estoy de acuerdo con eso, no le veo inconveniente.
quar·rel·ling, *(US)* **quar·rel·ing** ['kwɒrəlɪŋ] *n* disputas *fpl,* pelear *m.*
quar·rel·some ['kwɒrəlsəm] *adj* pendenciero/a, peleón/ona.
quar·ry[1] ['kwɒrɪ] *n (Hunting)* presa *f; (fig)* presa, víctima *f.*
quar·ry[2] ['kwɒrɪ] **1** *n (mine)* cantera *f.* **2** *vt* sacar, extraer.
quart [kwɔːt] *n (gen)* ≃ litro *m (Brit = 1,136 litros; US = 0,946 litros).*
quar·ter ['kwɔːtə^r] **1** *n* **(a)** *(fourth part)* cuarto *m,* cuarta parte *f;* **a ~ of a mile** un cuarto de milla; **a mile and a ~** una milla y cuarto; **a ~ of a century** un cuarto de siglo; **to divide sth into ~s** dividir algo en cuartos *or* en cuatro. **(b)** *(US: 25 cents)* cuarto *m* de dólar. **(c)** *(of year)* trimestre *m;* **to pay by the ~** pagar cada tres meses *or* trimestralmente. **(d)** *(time)* **a ~ of an hour** un cuarto de hora; **an hour and a ~** una hora y cuarto; **it's a ~ to 3,** *(US)* **it's a ~ of 3** son las tres menos cuarto *or (LAm)* es un cuarto para las tres; **it's a ~ past 3,** *(US)* **it's a ~ after 3** son las tres y cuarto. **(e)** *(district)* barrio *m;* **from all ~s** de todas partes; **at close ~s** (de) cerca; **you won't get any help from that ~** por ese lado no nos llega ninguna ayuda. **(f) ~s** *(accommodation)* alojamiento *msg; (Mil)* cuartel *msg;* **to live in cramped ~s** vivir en cuarto estrecho *or (LAm)* apretado. **(g) to give sb no ~** no dar cuartel a uno.
2 *vt (divide into 4)* cuartear, dividir en cuatro.
quarter-deck ['kwɔːtədek] *n* castillo *m* de popa.
quarter·final ['kwɔːtəˌfaɪnl] *n* cuarto *m* de final.
quar·ter·ly ['kwɔːtəlɪ] **1** *adv* cada tres meses, trimestralmente. **2** *adj* trimestral.
quar·tet [kwɔː'tet] *n (gen)* cuarteto *m.*
quar·to ['kwɔːtəʊ] *n (paper)* tamaño *m* holandés.
quartz ['kwɔːts] **1** *n* cuarzo *m.* **2** *cpd* de cuarzo.
quash ['kwɒʃ] *vt* **(a)** *(rebellion)* sofocar. **(b)** *(suggestion)* rechazar; *(verdict)* anular, invalidar.
quasi- ['kwɑːzɪ] *pref* cuasi; **~religious** *adj* cuasireligioso/a; **~revolutionary** *adj* cuasi-revolucionario/a.
qua·ver ['kweɪvə^r] **1** *n (when speaking)* temblor *m; (Mus)* trémolo *m; (note)* corchea *f;* **to speak with a ~** hablar con una voz trémula. **2** *vi (voice)* temblar.
quay [kiː] *n* muelle *m, (LAm)* embarcadero *m.*
quay·side ['kiːsaɪd] *n* muelle *m.*
quea·sy ['kwiːzɪ] *adj* **(-ier, -iest)** *(stomach)* delicado/a; **to feel ~** tener náuseas.
queen [kwiːn] **1** *n (monarch)* reina *f; (Chess)* reina;

(*Cards*) dama *f;* (*Spanish cards*) caballo *m.* **2: ~ ant** *n* hormiga *f* reina; **~ bee** *n* abeja *f* reina; **~ mother** *n* reina *f* madre.

queer [kwɪəʳ] **1** *adj* (**-er, -est**) **(a)** (*odd: person, thing*) raro/a, extraño/a. **(b)** (*ill*) enfermo/a; **to feel ~** sentirse mal, tener náuseas. **(c)** (*fam: homosexual*) maricón, marica. **2** *n* (*fam: homosexual*) maricón *m*, marica *m.* **3** *vt*: **to ~ sb's pitch** fastidiar algo para uno, (*LAm*) patearle el nido a uno.

quell [kwel] *vt* (*passion, pain etc*) calmar; (*rebellion etc*) sofocar, reprimir.

quench [kwentʃ] *vt* (*thirst*) apagar, acallar.

queru·lous [ˈkwerʊləs] *adj* quejumbroso/a.

que·ry [ˈkwɪərɪ] **1** *n* (*question*) pregunta *f;* (*question mark*) punto *m* interrogatorio *or* de interrogación; (*fig: doubt*) duda *f.* **2** *vt* (*doubt*) dudar de, expresar dudas acerca de; (*disagree with, dispute*) no estar conforme con, mostrarse inconforme con; (*ask*) **to ~ sb about sth** cuestionar a uno sobre algo; **to ~ whether ...** dudar si ... .

quest [kwest] *n* (*lit, fig*) busca *f*, búsqueda *f;* **in ~ of** en busca de.

ques·tion [ˈkwestʃən] **1** *n* **(a)** (*interrogative*) pregunta *f;* **to ask sb a ~, to put a ~ to sb** hacer una pregunta a uno. **(b)** (*matter, issue*) asunto *m*, cuestión *f;* **burning ~** asunto candente; **it is an open ~ whether ...** está por verse *or* el tiempo dirá si ...; **the ~ is ...** el asunto es ...; **it is a ~ of whether ...** se trata de si ...; **that is not the ~** no se trata *or* no es cuestión de eso. **(c)** (*possibility*) **there is no ~ of outside help** no hay posibilidad de ayuda externa; **there can be no ~ of your resigning** su dimisión no se puede admitir; **it's out of the ~!** ¡ni hablar!, ¡ni pensarlo!, (*LAm*) ¡eso faltaba!; *see* **beg. (d)** (*doubt etc*) **beyond ~, past ~** fuera de toda duda; **in ~** en cuestión; **there is no ~ about it** no cabe duda sobre ello; **to bring** *or* **call sth/sb into ~** poner algo/a uno en (tela de) duda.

2 *vt* **(a)** (*interrogate: person*) hacer preguntas a, interrogar. **(b)** (*doubt*) poner en duda, dudar de; (*distrust*) desconfiar(se) de; **I ~ whether it is worthwhile** dudo que valga la pena.

3: ~ mark *n* punto *m* interrogatorio *or* de interrogación.

ques·tion·able [ˈkwestʃənəbl] *adj* **(a)** (*uncertain, dubious: fact, decision*) discutible, cuestionable; **it is ~ whether ...** es discutible si ... . **(b)** (*pej: person, behaviour*) de desconfiar, que merece desconfianza.

ques·tion·er [ˈkwestʃənəʳ] *n* interrogador(a) *m/f.*

ques·tion·ing [ˈkwestʃənɪŋ] **1** *adj* (*mind*) interrogativo/a. **2** *n* preguntas *fpl*, interrogatorio *m.*

ques·tion·naire [ˌkwestʃəˈnɛəʳ] *n* cuestionario *m.*

queue [kjuː] **1** *n* cola *f;* **to form a ~, to stand in a ~** hacer cola; **to jump the ~** salirse de su turno, saltar la cola. **2** *vi* (*also* **~ up**) hacer cola.

quib·ble [ˈkwɪbl] **1** *n* (*trivial objection*) argucia *f*, queja *f* menor. **2** *vi* hacer objeciones de poca monta.

quick [kwɪk] **1** *adj* (**-er, -est**) (*gen*) rápido/a, veloz; (*soon*) pronto/a, (*RPl*) presto/a; (*agile: reflexes*) ágil; (*: in mind*) listo/a; (*: sharp, witty etc*) agudo/a; **a ~ temper** un genio vivo; **the ~est method** el método más rápido; **a ~ reply** una respuesta rápida; **be ~ about it!** ¡date prisa!, (*LAm*) ¡apúrate!; **to be ~ to act** obrar con prontitud; **to be ~ to take offence** ser rápido para ofenderse; **to have a ~ one** (*fam*) tomarse un trago. **2** *n*: **to cut sb to the ~** herir a uno en lo vivo. **3** *adv* rápido, de prisa; **as ~ as a flash** *or* **as lightning** como un relámpago *or* (*LAm*) rayo.

quick·en [ˈkwɪkən] **1** *vt* (*speed up*) acelerar, apresurar; (*excite*) avivar; **to ~ one's pace** apretar *or* (*LAm*) acelerar el paso. **2** *vi*: **the pace ~ed** se aceleró el paso.

quick-fire [ˈkwɪkˌfaɪəʳ] *adj* (*Mil*) de tiro rápido.

quickie [ˈkwɪkɪ] *n* (*fam*) **a ~ ...** un ... relámpago.

quick·lime [ˈkwɪklaɪm] *n* cal *f* viva.

quick·ly [ˈkwɪklɪ] *adv* de prisa, rápido, rápidamente, (*LAm*) aprisa; **he talks too ~ for me to understand** habla demasiado rápido para que yo le entienda.

quick·ness [ˈkwɪknɪs] *n* (*see adj*) rapidez *f*, velocidad *f;* prontitud *f;* agilidad *f;* agudeza *f.*

quick·sand [ˈkwɪksænd] *n* arena *f* movediza.

quick·silver [ˈkwɪkˌsɪlvəʳ] *n* azogue *m*, mercurio *m.*

quick·step [ˈkwɪkstep] *n* (*dance*) paso *m* ligero.

quick-tempered [ˌkwɪkˈtempəd] *adj* de genio vivo.

quick-witted [ˌkwɪkˈwɪtɪd] *adj* agudo/a, perspicaz.

quid [kwɪd] *n* (*Brit fam: pl inv*) libra *f* esterlina.

qui·et [ˈkwaɪət] **1** *adj* (**-er, -est**) **(a)** (*not noisy: music, engine, sound*) silencioso/a, (*LAm*) quieto/a; (*calm*) tranquilo/a, quieto/a; (*person: silent*) callado/a, (*LAm*) tranquilo/a; (*restful*) reposado/a; **to be/keep ~** callarse/quedarse callado; **be ~!** ¡cállate!, ¡silencio!; **to keep sb ~** tener a uno callado; **they paid him £100 to keep him ~** le pagaron £100 para que se callara; **business is ~ at this time of year** hay poco movimiento en esta época. **(b)** (*discreet: manner, clothes, humour*) discreto/a; (*private, intimate*) íntimo/a; **I'll have a ~ word with him** hablaré discretamente con él; **to lead a ~ life** llevar una vida tranquila; **he managed to keep the whole thing ~** consiguió que nadie se enterara del asunto; **we had a ~ wedding** nos casamos con poca ceremonia.

2 *n* tranquilidad *f;* **on the ~** a la sordina, a hurtadillas.

3 *vt* = **quieten 1.**

qui·et·en [ˈkwaɪətn] **1** *vt* (*also* **~ down:** *calm down*) calmar, tranquilizar; (*: silence*) callar. **2** *vi* (*also* **~ down:** *calm*) calmarse, tranquilizarse; (*: fall silent*) callarse; (*fig: after unruly youth etc*) calmarse, apaciguarse; (*: after rage*) tranquilizarse.

qui·et·ly [ˈkwaɪətlɪ] *adv* (*silently*) silenciosamente; (*calmly*) tranquilamente, sosegadamente; (*iro: nonchalantly*) despreocupadamente; **to be ~ dressed** vestirse con discreción *or* en forma discreta; **our house is ~ situated in the hills** nuestra casa se encuentra en una parte tranquila de la montaña; **let's get married ~** casémonos sin ceremonias; **he slipped off ~** se marchó sin que nadie lo notara.

qui·et·ness [ˈkwaɪətnɪs] *n* **(a)** (*silence*) silencio *m.* **(b)** (*softness: of voice*) lo callado; (*: calm*) tranquilidad *f.*

quill [kwɪl] *n* (*feather*) pluma *f* de ave; (*of porcupine*) púa *f;* (*pen*) pluma.

quilt [kwɪlt] **1** *n* (*bedcover*) colcha *f;* (*also* **continental ~**) edredón *m.* **2** *vt* acolchar.

quilt·ed [ˈkwɪltɪd] *adj* acolchado/a.

quin [kwɪn] *n abbr of* **quintuplet.**

quince [kwɪns] **1** *n* membrillo *m.* **2: ~ jelly** *n* jalea *f* de membrillo.

qui·nine [kwɪˈniːn] *n* quinina *f.*

quin·tes·sence [kwɪnˈtesns] *n* quintaesencia *f.*

quin·tet [kwɪnˈtet] *n* (*gen*) quinteto *m.*

quin·tu·plet [kwɪnˈtjuːplɪt] *n* quintillizo/a *m/f.*

quip [kwɪp] *n* chiste *m*, pulla *f.*

quirk [kwɜːk] *n* (*oddity*) rareza *f*, extravagancia *f;* (*: of person*) capricho *m*, ocurrencia *f;* **by some ~**

of fate por algún capricho del destino.

quirky ['kwɜːkɪ] *adj* (**-ier, -iest**) *(see n)* raro/a; caprichoso/a.

quit [kwɪt] *pt, pp* **quit** *or* **quit·ted 1** *vt* **(a)** *(cease: work)* dejar, abandonar; ~ **stalling!** *(US fam)* ¡déjate de evasivas! **(b)** *(leave: place)* abandonar, salir de. **2** *vi (resign)* dimitir; *(give up: in game etc)* renunciar. **3** *adj*: **to be ~ of sth/sb** haberse deshecho de algo/uno.

quite [kwaɪt] *adv* **(a)** *(completely)* totalmente, completamente, *(LAm)* bastante; ~ **new** completamente nuevo; ~ **(so)!** ¡así es!, ¡exacto!; **that's ~ enough** eso basta y sobra, *(LAm)* ya está bien; **I can ~ believe that ...** no me cuesta creer que ...; **not ~ as many as last time** no tantos como la última vez; **I ~ understand** comprendo perfectamente; **that's not ~ right** eso no está del todo bien. **(b)** *(rather)* bastante; **she's ~ pretty** es bastante guapa; **it's ~ good/important** es bastante bueno/importante; **that's ~ a car!** ¡vaya coche!

quits [kwɪts] *adv*: **to be ~ with sb** estar en paz con uno; **now we're ~!** ¡ahora no nos debemos nada *or* estamos empatados!

quiv·er[1] ['kwɪvəʳ] *n (of arrows)* carcaj *m*, aljaba *f*.

quiv·er[2] ['kwɪvəʳ] **1** *n (trembling)* estremecimiento *m*. **2** *vi (person, voice, eyelids)* estremecerse.

quix·ot·ic [kwɪk'sɒtɪk] *adj (person, plan, temperament)* quijotesco/a.

quiz [kwɪz] **1** *n (test of knowledge)* concurso *m; (in magazine etc)* encuesta *f*. **2** *vt (interrogate)* interrogar, someter a interrogatorios.

quiz·zi·cal ['kwɪzɪkəl] *adj (glance)* burlón/ona.

quoit [kwɔɪt] *n* aro *m*, tejo *m*.

quor·um ['kwɔːrəm] *n* quórum *m*.

quo·ta ['kwəʊtə] *n (gen)* cuota *f; (Comm etc)* cupo *m*, contingente *m;* **a fixed ~** un cupo fijo.

quo·ta·tion [kwəʊ'teɪʃən] **1** *n* **(a)** *(words)* cita *f*. **(b)** *(Comm: estimate)* cotización *f*. **2**: ~ **marks** *npl* comillas *fpl*.

quote [kwəʊt] **1** *vt* **(a)** *(words, author etc)* citar; *(example)* dar, aducir; **to ~ sth/sb by heart** citar algo/a uno de memoria; **can you ~ me an example?** ¿puede citarme un ejemplo? **(b)** *(Comm: sum, figure)* cotizar. **2** *vi* citar; **and I ~** y aquí cito sus propias palabras. **3** *n* **(a) = quotation 1**. **(b)** **~s** *(inverted commas)* comillas *fpl;* **in ~s** entre comillas.

quo·tient ['kwəʊʃənt] *n* cociente *m*.

R

R, r [ɑːʳ] *n (letter)* R, r *f*; **the three R's** lectura *f*, escritura *f*, aritmética *f*.
rab·bi [ˈræbaɪ] *n* rabino *m*.
rab·bit [ˈræbɪt] **1** *n* conejo *m*. **2:** ~ **hole** *n* madriguera *f*; ~ **hutch** *n* conejera *f*.
♦ **rab·bit on** *vi + adv (fam)* hablar sin parar.
rab·ble [ˈræbl] *n (disorderly crowd)* plebe *f*, gentuza *f*; **the** ~ *(uncultured people)* la chusma.
rabble-rouser [ˈræbl,raʊzəʳ] *n* demagogo/a *m/f*.
rabble-rousing [ˈræbl,raʊzɪŋ] *n* demagogia *f*.
rab·id [ˈræbɪd] *adj (dog)* rabioso/a; *(fig: person)* fanático/a.
ra·bies [ˈreɪbiːz] *n* rabia *f*.
RAC *n abbr of* **Royal Automobile Club** ≃ R.A.C.E. (Real Automóvil Club de España).
rac·coon [rəˈkuːn] *n* mapache *m*.
race[1] [reɪs] **1** *n* **(a)** *(contest)* carrera *f*; **the** ~**s** *(horse-~s)* las carreras; **a** ~ **against time** una carrera contra el reloj; **the arms** ~ la carrera armamentista; **the** ~ **for power** la búsqueda del poder. **(b)** *(rush)* carrera *f*; **it was a** ~ **to finish it in time** fue una carrera para terminarlo a tiempo.
2 *vt* **(a)** *(horse etc)* hacer correr. **(b) to** ~ **sb** competir con(tra) uno en una carrera. **(c)** *(hurry: thing)* apresurar, *(LAm)* apurar.
3 *vi* **(a)** *(go fast, run)* correr, ir a la carrera; **to** ~ **along/in/across** pasar/entrar/cruzar corriendo. **(b)** *(pulse, heart)* latir a un ritmo acelerado; *(engine)* embalarse. **(c)** *(in contest: person, horse, car)* competir, presentarse.
race[2] [reɪs] *n (people)* raza *f*; **the human** ~ el género humano.
race·course [ˈreɪskɔːs] *n* hipódromo *m*.
race·go·er [ˈreɪs,gəʊəʳ] *n* aficionado/a *m/f* a las carreras.
race·horse [ˈreɪshɔːs] *n* caballo *m* de carreras.
rac·er [ˈreɪsəʳ] *n (runner)* corredor(a) *m/f*; *(horse)* caballo de carreras; *(Aut)* coche *m* de carreras.
race·track [ˈreɪstræk] *n (gen)* pista *f*; *(for horses)* hipódromo *m*; *(Aut etc)* autódromo *m*; *(for cycles)* velódromo *m*.
ra·cial [ˈreɪʃəl] *adj* racial.
ra·cial·ism [ˈreɪʃəlɪzəm] *n* racismo *m*.
ra·cial·ist [ˈreɪʃəlɪst] *adj, n* racista *mf*.
rac·ing [ˈreɪsɪŋ] **1** *n* carreras *fpl*. **2** *cpd (cycle, stables, yacht etc)* de carreras; ~ **car** *n* coche *m* de carreras; ~ **driver** *n* corredor(a) *m/f* automovilista, piloto *m*.
rac·ism [ˈreɪsɪzəm] *n* racismo *m*.
rack[1] [ræk] **1** *n (dish ~)* escurreplatos *m inv*; *(clothes ~)* percha *f*, *(LAm)* colgadero *m*; *(rail)* rejilla *f*, red *f*; *(mechanical ~)* cremallera *f*; *(for torture)* potro *m*. **2** *vt (subj: pain)* atormentar; *(cough)* sacudir; **to** ~ **one's brains** devanarse los sesos.
rack[2] [ræk] *n*: **to go to** ~ **and ruin** *(building)* echarse a perder, venirse abajo; *(business)* arruinarse, *(LAm)* tronar; *(country)* arruinarse; *(person)* dejarse ir.
rack-and-pinion [,rækəndˈpɪnjən] **1** *n (Tech)* cremallera *f* y piñón. **2:** ~ **steering** *n* cremallera *f*.
rack·et[1] [ˈrækɪt] *n (Sport)* raqueta *f*.
rack·et[2] [ˈrækɪt] *n* **(a)** *(din)* barahunda *f*. **(b)** *(organized fraud)* trampa *f*, estafa *f*.
rack·et·eer [,rækɪˈtɪəʳ] *n (esp US)* estafador(a) *m/f*, tramposo/a *m/f*.
rac·on·teur [,rækɒnˈtɜːʳ] *n* cuentista *mf*.
ra·coon [rəˈkuːn] *n* = **raccoon.**
rac·quet [ˈrækɪt] *n* = **racket**[1].
racy [ˈreɪsɪ] *adj* (**-ier, -iest**) *(style, speech, humour)* picante.
ra·dar [ˈreɪdɑːʳ] *n* radar *m*.
ra·dial [ˈreɪdɪəl] *adj (engine, tyre)* radial.
ra·di·ance [ˈreɪdɪəns] *n (brilliance)* resplandor *m*; *(fig)* brillantez *f*.
ra·di·ant [ˈreɪdɪənt] *adj (heat, light)* radiante, resplandeciente; *(fig: smile)* brillante.
ra·di·ate [ˈreɪdɪeɪt] **1** *vt (lit, fig)* radiar, irradiar. **2** *vi*: **to** ~ **from** salir de.
ra·dia·tion [,reɪdɪˈeɪʃən] **1** *n (gen)* radiación *f*. **2:** ~ **sickness** *n* enfermedad *f* de radiación.
ra·dia·tor [ˈreɪdɪeɪtəʳ] *n (gen)* radiador *m*.
radi·cal [ˈrædɪkəl] *adj, n (Pol)* radical *mf*.
radi·cal·ism [ˈrædɪkəlɪzəm] *n (Pol)* radicalismo *m*.
radi·cal·ly [ˈrædɪkəlɪ] *adv (fundamentally)* radicalmente; **to disagree with sb** ~ estar en desacuerdo radical con uno.
ra·dii [ˈreɪdɪaɪ] *npl of* **radius.**
ra·dio [ˈreɪdɪəʊ] **1** *n (gen)* radio *f*; *(set)* radio, receptor *m* de radio; **by** *or* **over the** ~ por radio; **on the** ~ en la radio. **2** *vi*: **to** ~ **to sb** enviar un mensaje a uno por radio. **3** *vt (information, news)* radiar, transmitir por radio. **4** *cpd (broadcast, beam, wave)* de radio; ~ **announcer** *n* locutor(a) *m/f* de radio; ~ **beacon** *n* radiofaro *m*; ~ **frequency** *n* frecuencia *f* de radio; ~ **programme** *n* programa *m* de radio; ~ **station** *n* emisora *f*.
radio·ac·tive [,reɪdɪəʊˈæktɪv] *adj* radioactivo/a.
radio·ac·tiv·ity [,reɪdɪəʊækˈtɪvɪtɪ] *n* radioactividad *f*.
radio-controlled [,reɪdɪəʊkənˈtrəʊld] *adj (car)* teledirigido/a.
radio·gram [ˈreɪdɪəʊgræm] *n* **(a)** *(combined radio and gramophone)* radiogramola *f*. **(b)** *(X-ray picture)* radiografía *f*.
ra·di·og·ra·pher [,reɪdɪˈɒgrəfəʳ] *n* radiólogo/a *m/f*.
ra·di·og·ra·phy [,reɪdɪˈɒgrəfɪ] *n* radiografía *f*.
ra·di·ol·ogy [,reɪdɪˈɒlədʒɪ] *n* radiología *f*.
radio·tele·phone [,reɪdɪəʊˈtelɪfəʊn] *n* radioteléfono *m*.
rad·ish [ˈrædɪʃ] *n* rábano *m*.
ra·dium [ˈreɪdɪəm] *n* radio *m*.
ra·dius [ˈreɪdɪəs] *n, pl* **radii** radio *m*; **within a** ~ **of 50 miles** en un radio de 50 millas.
RAF *n abbr of* **Royal Air Force.**
raf·fia [ˈræfɪə] *n* rafia *f*.
raf·fle [ˈræfl] **1** *n* rifa *f*, sorteo *m*. **2** *vt (object)* rifar.
raft [rɑːft] *n* balsa *f*.
raft·er [ˈrɑːftəʳ] *n* viga *f*, cabrio *m*.
rag[1] [ræg] **1** *n* **(a)** *(piece of cloth)* trapo *m*; ~**s** *(old clothes)* trapos viejos; **to be in** ~**s** andar en harapos *or (LAm)* hilachas; **to feel like a wet** ~ *(fam)* estar hecho un trapo. **(b)** *(fam: newspaper)* periódico *m* amarillista. **2:** ~ **doll** *n* muñeca *f* de trapo; **the** ~ **trade** *n (fam)* la industria de la

confección.

rag[2] [ræg] **1** *n (practical joke)* broma *f* pesada; *(Univ: parade)* festival *m* estudiantil. **2** *vt (tease)* tomar el pelo a.

rag-and-bone-man [ˌrægənd'bəʊnˌmæn] *n* trapero *m.*

rag·bag ['rægbæg] *n (mixture)* talego *m* de recortes, mezcolanza *f.*

rage [reɪdʒ] **1** *n* **(a)** *(anger)* furia *f,* rabia *f;* **to get into a ~ about sth** enfurecerse por algo; **to be in a ~** estar furioso/a. **(b)** *(fashion, trend)* moda *f,* manía *f;* **it's all the ~** es lo último. **2** *vi* **(a)** *(be angry)* estar furioso/a, rabiar. **(b)** *(sea)* enfurecerse; *(fire, plague)* hacer estragos; *(wind)* bramar.

rag·ged ['rægɪd] *adj (dress)* deshilachado/a, *(LAm)* hecho/a tiras; *(person)* endrajoso/a, harapiento/a; *(edge)* mellado/a.

rag·ing ['reɪdʒɪŋ] *adj* **(a)** *(temper)* furioso/a, rabioso/a. **(b)** *(storm, wind, thunder)* violento/a. **(c)** *(illness, headache)* atroz.

rag·time ['rægtaɪm] *n (Mus)* ragtime *m.*

raid [reɪd] **1** *n (into territory, across border etc)* incursión *f,* correría *f; (Aer)* ataque *m* aéreo, bombardeo *m; (sweep by police)* allanamiento *m; (by criminals)* asalto *m.* **2** *vt (by land)* invadir, incursionar en; *(Aer)* atacar, bombardear; *(subj: police)* allanar; *(subj: criminals)* asaltar; **the boys ~ed the orchard** los muchachos invadieron el huerto; **the police ~ed the club** la policía allanó el club.

raid·er ['reɪdə^r] *n (across frontier)* invasor(a) *m/f; (criminal)* asaltante *mf.*

rail [reɪl] *n* **(a)** *(horizontal bar)* barandilla *f; (banister)* pasamanos *m inv; (Naut)* batayola *f; (fence)* valla *f,* cerco *m.* **(b)** *(for train)* carril *m,* riel *m;* **~s** vía *fsg;* **to go off the ~s** *(train)* descarrilar; *(fig: person)* descarrilarse, perder los estribos; **by ~** por ferrocarril, en tren.

rail·ings ['reɪlɪŋz] *npl* verja *fsg,* enrejado *msg.*

rail·road ['reɪlrəʊd] **1** *n (US)* = **railway. 2** *vt (fig)* **to ~ sb into doing sth** esforzar apresuradamente a uno a hacer algo; **to ~ a bill through Parliament** hacer que se apruebe un decreto de ley sin discutirse.

rail·way ['reɪlweɪ] **1** *n (system)* ferrocarril(es) *m(pl); (track)* vía *f.* **2** *cpd (bridge, timetable, network)* de ferrocarril; **~ engine** *n* máquina *f,* locomotora *f;* **~ line** *n* línea *f* (de ferrocarril); *(track)* vía *f* (férrea); **~ station** *n* estación *f* (de ferrocarril).

rail·way·man ['reɪlweɪmən] *n, pl* **-men** ferroviario *m, (LAm)* ferrocarrilero *m.*

rain [reɪn] **1** *n* lluvia *f;* **come ~ or shine** haga el tiempo que haga; *(fig)* contra viento y marea. **2** *vi* llover; **it's ~ing cats and dogs** está lloviendo a cántaros *or (LAm)* a mares; **it never ~s but it pours** *(fig)* las desgracias nunca vienen solas; **blows ~ed down on him** llovieron sobre él los golpes.

rain·bow ['reɪnbəʊ] *n* arco *m* iris.

rain·check ['reɪntʃek] *n:* **I'll take a ~** *(fam)* yo paso.

rain·coat ['reɪnkəʊt] *n* impermeable *m.*

rain·drop ['reɪndrɒp] *n* gota *f* de lluvia.

rain·fall ['reɪnfɔːl] *n* precipitación *f; (quantity)* lluvia *f,* cantidad *f* de lluvia.

rain·proof ['reɪnpruːf] *adj* impermeable.

rain·storm ['reɪnstɔːm] *n* aguacero *m,* chubasco *m.*

rain·water ['reɪnˌwɔːtə^r] *n* agua *f* llovediza *or* de lluvia.

rainy ['reɪnɪ] *adj* (**-ier, -iest**) *(climate)* lluvioso/a; **~ day** día *m* de lluvia.

raise [reɪz] *vt* **(a)** *(lift: fallen object, weight, arm, eyes etc)* levantar, alzar, *(LAm)* subir; *(: wreck)* sacar a flote; *(: hat)* quitarse; *(: flag)* izar, enarbolar; *(: dust)* levantar; *(total)* elevar; *(Math)* **to ~ to the power of n** elevar a la enésima potencia; **to ~ sb's spirits/hopes** levantar el ánimo a uno/dar esperanzas a uno; **her behaviour ~d a lot of eyebrows** su comportamiento causó un gran escándalo; **to ~ sb's hopes** *(unjustifiably)* dar esperanzas falsas a uno; **to ~ o.s.** levantarse, alzarse; **to ~ o.s. up on one's elbows/into a sitting position** apoyarse en los codos/incorporarse; **to ~ one's glass to sb/sth** brindar por uno/algo.

(b) *(erect: building, statue)* erigir, levantar.

(c) *(increase: price, salary, tax)* aumentar, subir; *(: production)* aumentar; *(Cards: stake, bid)* hacer envite; **to ~ one's voice** *(lit)* hablar más fuerte; *(in anger)* alzar la voz, gritar.

(d) *(bring up etc: family, livestock)* criar.

(e) *(produce: laughter)* provocar; *(: rumpus)* armar; *(: problem, question, point)* plantear; *(: complaint)* presentar; *(: doubts)* suscitar; *(: cry)* dar; **to ~ objections to** hacer objeciones a, poner peros a.

(f) *(get together: funds)* reunir; *(: loan)* conseguir; *(: taxes)* imponer; *(: army)* recultar; **to ~ money on an estate** conseguir dinero hipotecando una propiedad.

rai·sin ['reɪzən] *n* pasa *f.*

rai·son d'être [ˌreɪzɔ̃ːn'deɪtrə] *n* razón *f* de ser.

rake[1] [reɪk] **1** *n (garden ~)* rastrillo *m.* **2** *vt (Agr etc: sand, leaves, soil)* rastrillar; *(fire)* hurgar; *(strafe: ship, file of men)* barrer; **they ~d in a profit of £100** sacaron 100 libras de ganancia.

♦**rake off** *vt + adv (fam pej: share of profits, commission)* sacar.

♦**rake up** *vt + adv (subject)* sacar a relucir; *(memories)* remover.

rake[2] [reɪk] *n (old: dissolute man)* libertino *m;* **old ~** viejo *m* verde.

rak·ish ['reɪkɪʃ] *adj* **(a)** *(dissolute: person)* libertino/a, disoluto/a. **(b) at a ~ angle** echado/a de lado.

ral·ly ['rælɪ] **1** *n* **(a)** *(meeting)* mítin *m,* concentración *f; (gathering)* reunión *f.* **(b)** *(Sport: competition)* rallye *m; (: Tennis)* peloteo *m.* **(c)** *(revival: Fin)* recuperación *f; (: Med)* reposición *f,* mejoramiento *m.* **2** *vt* **(a)** *(gather: Pol)* concentrar; *(: Mil)* reunir. **(b)** *(exhort, unite in spirit)* levantar el ánimo de, fortalecer el espíritu de; *(fig: strength, spirits)* recobrar. **3** *vi* **(a)** *(gather in support: Pol)* reunirse, concentrarse; *(: Mil)* reunirse. **(b)** *(Fin)* recuperarse; *(Med)* mejorar. **(c)** *(Aut: compete)* competir en los rallyes.

♦**ral·ly round** *vi + adv* ofrecer ayuda y apoyo.

ral·ly·ing point ['rælɪɪŋˌpɔɪnt] *n (Pol, Mil)* punto *m* de reunión.

ram [ræm] **1** *n (Zool)* carnero *m; (Mil)* ariete *m.* **2** *vt* **(a)** *(pack tightly: soil etc)* apisonar. **(b)** *(force, apply violently)* dar *or* chocar con *or* contra; **to ~ a hat down on one's head** ponerse el sombrero a la fuerza; **to ~ clothes into a case** meter la ropa a la fuerza en una maleta; **to ~ a nail into a wall** meter un clavo a la fuerza en una pared; **they ~med their ideas down my throat** *(fig)* me hicieron tragar sus ideas a la fuerza. **(c)** *(collide with: Naut)* embestir con el espolón; **the car ~med the lamppost as it slid off the road** el coche chocó con el farol al deslizarse por la carretera; **to be ~med up against sth** estar apretado contra algo.

ram·ble ['ræmbl] **1** *n* paseo *m,* excursión *f;* **to go for a ~** dar un paseo, *(LAm)* echarse una vuelta. **2** *vi* **(a)** *(walk)* pasear, deambular; **we spent a week**

rambling in the hills pasamos una semana de excursión en la montaña *or (LAm)* la sierra. **(b)** *(in speech)* divagar, perder el hilo.

ram·bler ['ræmbləʳ] *n (hiker)* excursionista *mf* (a pie).

ram·bling ['ræmblɪŋ] *adj (straggling: plant)* trepador(a); *(wandering, incoherent: speech, book)* prolijo/a, inconexo/a; *(sprawling: house)* laberíntico/a.

rami·fi·ca·tion [ˌræmɪfɪ'keɪʃən] *n (gen)* ramificación *f.*

rami·fy ['ræmɪfaɪ] *vi (gen)* ramificarse.

ramp [ræmp] *n (gen)* rampa *f.*

ram·page [ræm'peɪdʒ] **1** *n:* **to go on the ~** alborotarse, desmandarse. **2** *vi* alborotarse.

ram·pant ['ræmpənt] *adj* **(a)** *(uncontrolled: lust)* desenfrenado/a; *(prevailing)* difundido/a, de lo más común; *(Bot: overgrowing: flower, plant)* exuberante. **(b)** *(Heraldry)* **the lion ~** el rampante.

ram·part ['ræmpɑːt] *n* terraplén *m; (city wall)* muralla *f; (fig: bulwark)* baluarte *m,* defensa *f.*

ram·shack·le ['ræmˌʃækl] *adj (tumbledown: house, car)* desvencijado/a, destartalado/a; *(inefficient, careless)* descuidado/a.

ran [ræn] *pt of* **run.**

ranch [rɑːntʃ] *n* rancho *m, (LAm)* hacienda *f* (de ganado), *(RPl)* estancia *f.*

ranch·er ['rɑːntʃəʳ] *n* ganadero/a *m/f.*

ran·cid ['rænsɪd] *adj* rancio/a.

ran·cour, *(US)* **ran·cor** ['ræŋkəʳ] *n* rencor *m.*

ran·dom ['rændəm] **1** *adj (haphazard: arrangement)* (hecho/a) al azar; *(capricious, indiscriminate)* caprichoso/a; *(Statistics: impartial: sample)* aleatorio/a; **a wall built of ~ stones** un muro hecho con piedras elegidas al azar. **2** *n:* **at ~** al azar.

randy ['rændɪ] *adj* **(-ier, -iest)** *(Brit fam)* caliente *(fam), (LAm)* con ganas *(fam).*

rang [ræŋ] *pt of* **ring**².

range [reɪndʒ] **1** *n* **(a)** *(row)* fila *f,* hilera *f; (of mountains)* sierra *f, (LAm)* cordillera *f.* **(b)** *(esp US Agr)* llanura *f, (LAm)* llano *m, (RPl)* pampa *f.* **(c)** *(for shooting: in open)* campo *m* de tiro; *(: at fair)* tiro *m* al blanco. **(d)** *(extent)* extensión *f; (: Mus: of instruments, voice)* registro *m; (series)* serie *f; (spectrum)* gama *f; (selection)* selección *f,* variedad *f; (Comm)* surtido *m; (domain)* campo *m,* ámbito *m;* **~ of vision/hearing** campo visual/alcance *m* del oído; **the ~ of sb's mind** la gama de conocimientos de uno; **the ~ of a book** el campo de un libro; **she has a wide ~ of interests** tiene una gama extensa de intereses; **price ~** escala *f* de precios. **(e)** *(distance attainable)* alcance *m;* **a gun with a ~ of 3 miles** un cañón con un alcance de 3 millas; **at point-blank ~** a quemarropa, a boca de jarro; **to be within ~ (of sb/sth)** estar al alcance *or* a tiro (de algo/uno); **to be out of ~ (of sb/sth)** estar fuera del alcance (de uno/algo). **(f)** *(kitchen ~)* cocina *f.*

2 *vt* **(a)** *(arrange)* arreglar, ordenar; **he ~d them along the wall** los colocó a lo largo de la pared. **(b)** *(traverse in all directions)* recorrer; **they ~d the countryside/the woods** recorrieron el campo/el bosque.

3 *vi* **(a)** *(extend)* extenderse; **research ranging over a wide field** *(fig)* investigaciones que abarcan un campo amplio; **his mind ~s widely** es de amplias miras. **(b)** *(vary within limits)* variar; **temperatures ~ from 5 to 30 degrees** las temperaturas oscilan entre 5 y 30 grados.

range·finder ['reɪndʒˌfaɪndəʳ] *n (Mil, Phot)* telémetro *m.*

rang·er ['reɪndʒəʳ] *n* **(a)** *(Girl Guide)* exploradora *f.* **(b)** *(forest ~)* guardabosques *mf inv.*

rank¹ [ræŋk] **1** *n* **(a)** *(taxi ~)* parada *f or (LAm)* puesto *m* (de taxis). **(b)** *(status)* rango *m,* categoría; *(: Mil)* grado *m,* rango. **(c)** *(Mil)* **the ~s** la tropa; **the ~ and file** *(of political party etc)* la base; **to close ~s** *(Mil, fig)* apretar las filas; **to break ~(s)** romper filas; **I've joined the ~s of the unemployed** figuro ahora entre los desempleados.

2 *vt* clasificar, poner en orden; **I ~ him 6th** yo le pongo en 6º lugar; **I ~ her among ...** yo la pongo entre ...; **he was ~ed as (being) ...** se le consideraba ... .

3 *vi* figurar, encontrarse; **to ~ 4th** ocupar el 4º lugar; **to ~ above sb** ser superior a, sobrepasar a; **to ~ high** ser tenido en alta estima; **to ~ among ...** figurar entre ... .

rank² [ræŋk] *adj* **(a)** *(Bot: plants)* lozano/a, exuberante; *(: garden)* fértil. **(b)** *(smelly)* maloliente, *(LAm)* apestoso/a. **(c)** *(hypocrisy, injustice etc)* manifiesto/a, vil.

ran·kle ['ræŋkl] *vi:* **to ~ with sb** sacar de quicio a uno; **it still ~s** todavía molesta.

ran·sack ['rænsæk] *vt (search)* registrar; *(: house)* allanar; *(pillage)* saquear.

ran·som ['rænsəm] **1** *n* rescate *m;* **to hold sb to ~** pedir un rescate por uno; *(fig)* poner a uno entre la espada y la pared. **2** *vt* rescatar. **3: ~ demand** *n* demanda *f* de rescate.

rant [rænt] *vi (declaim)* declamar; **to ~ at sb** *(be angry)* despotricar contra uno; **to ~ on about sb** *(angrily)* echar pestes de uno.

rap [ræp] **1** *n* golpecito *m,* golpe *m* seco; **there was a ~ at the door** hubo un golpe en la puerta; **to take the ~** *(fam)* pagar los platos rotos *(fam).* **2** *vt* golpear, dar un golpecito en; **to ~ sb's knuckles** *(lit)* darle a uno en los nudillos; *(fig)* echarle un rapapolvo a uno. **3** *vi:* **to ~ at the door** llamar a la puerta.

♦ **rap out** *vt + adv (order)* espetar una orden.

ra·pa·cious [rə'peɪʃəs] *adj* rapaz.

rape¹ [reɪp] **1** *n* violación *f,* estupro *m.* **2** *vt (person)* violar, estuprar.

rape² [reɪp] *n (Bot)* colza *f,* orujo *m.*

rap·id ['ræpɪd] *adj* rápido/a.

ra·pid·ity [rə'pɪdɪtɪ] *n* rapidez *f.*

rap·id·ly ['ræpɪdlɪ] *adv* rápidamente, rápido.

rap·ids ['ræpɪdz] *npl (in river)* rápidos *mpl,* rabiones *mpl.*

ra·pi·er ['reɪpɪəʳ] *n* estoque *m.*

rap·ist ['reɪpɪst] *n* violador *m.*

rap·port [ræ'pɔːʳ] *n (liking)* simpatía *f; (confidence)* confianza *f.*

rap·proche·ment [ræ'prɒʃmɑ̃ːŋ] *n* acercamiento *m.*

rapt [ræpt] *adj (attention)* profundo/a; **to be ~ in contemplation** estar ensimismado.

rap·ture ['ræptʃəʳ] *n* éxtasis *m;* **to go into ~s over sth** extasiarse por algo.

rap·tur·ous ['ræptʃərəs] *adj (applause etc)* entusiasta; *(look)* extasiado/a.

rare [rɛəʳ] *adj* **(-r, -st) (a)** *(uncommon)* raro/a, poco común; *(unexpected)* inusitado/a; **in a moment of ~ generosity** en un momento de generosidad inusitada; **it is ~ to find that ...** es raro descubrir que ... . **(b)** *(air)* enrarecido/a. **(c)** *(meat)* poco hecho/a, crudo/a.

rar·efied ['rɛərɪfaɪd] *adj (gen)* enrarecido/a.

rare·ly ['rɛəlɪ] *adv* rara vez, pocas veces.

rar·ity ['rɛərɪtɪ] *n* **(a)** *(no pl: also* **rareness***)* rareza *f.* **(b)** *(rare thing)* cosa *f* rara.

ras·cal ['rɑːskəl] *n (scoundrel)* pillo/a *m/f,* pícaro/a *m/f; (child)* travieso/a *m/f.*

rash[1] [ræʃ] *n (Med)* sarpullido *m,* erupción *f* (cutánea); *(fig: spate)* explosión *f;* **to come out in a ~** salirle sarpullido a uno.
rash[2] [ræʃ] *adj (act, statement)* temerario/a, precipitado/a; *(person)* imprudente.
rash·er ['ræʃəʳ] *n:* **a ~ of bacon** una lonja, una loncha.
rasp [rɑːsp] **1** *n* **(a)** *(tool)* escofina *f.* **(b)** *(sound)* chirrido *m.* **2** *vt* **(a)** *(file)* escofinar. **(b)** *(speak: also* **~ out***)* decir con voz áspera.
rasp·berry ['rɑːzbərɪ] *n (fruit)* frambuesa *f;* **to blow a ~** *(fam)* hacer un gesto grosero.
rasp·ing ['rɑːspɪŋ] *adj (voice)* áspero/a; *(noise)* chirriante.
rat [ræt] **1** *n (Zool)* rata *f;* **you dirty ~!** *(fam)* ¡canalla!; **I smell a ~** *(fig)* aquí huele a gato encerrado, *(LAm)* aquí se está tramando algo. **2** *vi:* **to ~ on sb** *(fam)* soplarle a uno; **to ~ on a deal** *(fam)* rajarse de un negocio. **3: the ~ race** *n* la lucha por la vida, la competencia.
ratch·et ['rætʃɪt] **1** *n (Tech)* trinquete *m.* **2: ~ wheel** *n* rueda *f* de trinquete.
rate [reɪt] **1** *n* **(a)** *(ratio)* razón *f; (speed)* velocidad *f,* ritmo *m;* **at a ~ of 60 kph** a una velocidad de 60 kph; **~ of growth** ritmo de crecimiento; **at a steady ~** a un paso constante; **birth/death ~** (índice *m or* tasa *f* de) natalidad *f*/mortalidad *f;* **at the ~ of 3 a minute** a razón de 3 por minuto; **at this ~** a este paso; **at any ~** de todas formas, de todos modos. **(b)** *(price)* precio *m; (charges)* tarifa *f;* **the ~ for the job** el sueldo correspondiente; **the ~ for sending letters** tarifa *f* postal; **at a ~ of 5% per annum** a razón del 5 por ciento anual; **at a ~ of £2 per hour** a razón de dos libras por hora. **(c)** *(Fin: of stocks etc)* cotización *f;* **~ of exchange** (tipo *m* de) cambio *m;* **the bank ~** tipo *or* tasa *f* de interés bancario; **interest ~** tipo *or* tasa de interés. **(d)** *(Brit: local tax)* impuesto *m* municipal.
2 *vt* **(a)** *(evaluate, appraise)* tasar, valorar; **to ~ sb/sth highly** tener a uno/algo en alta estima; **to ~ sb/sth as ...** considerar a uno/algo como ... . **(b)** *(Brit)* **the house is ~d at £84 per annum** esta casa está tasada en 84 libras anuales para impuestos locales.
3 *vi:* **to ~ as ...** considerarse como ..., tenerse por ... .
rate·able ['reɪtəbl] *adj (Brit: property)* susceptible al impuesto local; **~ value** cotización *f* para cálculo de impuestos.
rate·payer ['reɪt,peɪəʳ] *n (Brit)* contribuyente *mf.*
ra·ther ['rɑːðəʳ] **1** *adv* **(a)** *(preference)* antes, más bien; **I'll stay ~ than go alone** prefiero quedarme que ir solo; **I'd ~ have this one than that** prefiero éste a aquél; **would you ~ stay here?** ¿prefieres quedarte?; **anything ~ than that!** *(hum)* ¡todo menos eso! **(b)** *(somewhat)* algo, un poco; *(quite)* bastante; **a ~ difficult task** una tarea bastante difícil; **I feel ~ more happy today** hoy me siento algo mejor; **that is ~ too dear** es algo caro (para mí *etc*); **I ~ think he won't come** tiendo a creer que no vendrá; **we were ~ tired** estábamos bastante cansados; **he did ~ well in the exam** le fue bastante bien en el examen; **she's ~ a dear** es bastante simpática; **it's ~ a pity** es una pena *or* lástima. **(c) or ~** *(more accurately)* o mejor dicho, es decir.
2 *interj* ¡ya lo creo!, *(LAm)* ¡cómo no!; **would you like some? — ~!** ¿quieres algo de esto? — ¡claro!
rati·fy ['rætɪfaɪ] *vt (treaty, agreement)* ratificar.
rat·ing ['reɪtɪŋ] *n* **(a)** *(assessment)* tasación *f,* valuación *f.* **(b)** *(Naut)* marinero *m.*
ra·tio ['reɪʃɪəʊ] *n* razón *f,* relación *f;* **in the ~ of 2 to 1** a razón de 2 a 1; **in inverse ~** en razón inversa.
ra·tion ['ræʃən] **1** *n (portion)* ración *f,* porción *f; (Mil etc)* víveres *mpl,* suministro *m;* **to be on ~** estar racionado; **to be on short ~s** andar escaso de víveres. **2** *vt (also* **~ out***)* racionar; **to ~ sb to sth** poner algo a ración para uno; **to ~ sth to** *(amount)* limitar algo a.
ra·tion·al ['ræʃənl] *adj (argument, explanation)* racional; *(sane: person)* sensato/a, *(LAm)* cuerdo/a; **the ~ thing to do would be to ...** lo lógico sería ... .
ra·tion·ale [ræʃə'nɑːl] *n* base *f,* fundamento *m;* **the ~ of** *or* **behind sth** la razón fundamental de algo.
ra·tion·al·ity [,ræʃə'nælɪtɪ] *n* racionalidad *f.*
ra·tion·ali·za·tion [,ræʃnəlaɪ'zeɪʃən] *n (of ideas etc)* racionalización *f; (reorganization: of industry, etc)* reconversión *f.*
ra·tion·al·ize ['ræʃnəlaɪz] *vt (ideas etc)* justificar; *(reorganize: industry etc)* reconvertir, reorganizar.
ra·tion·al·ly ['ræʃnəlɪ] *adv* racionalmente.
ra·tion·ing ['ræʃnɪŋ] *n* racionamiento *m.*
rat-tat-tat ['rætə'tæt] *interj* ¡pum! ¡pum!
rat·tle ['rætl] **1** *n* **(a)** *(sound: of cart, train etc)* traqueteo *m; (of stone in tin, windows etc)* ruido *m* metálico; *(of teeth)* castañeteo *m; (of hail, rain)* tamborileo *m;* **death ~** estertor *m* (de la muerte). **(b)** *(instrument: used by football spectators)* carraca *f,* matraca *f; (child's)* sonajero *m,* sonaja *f.* **2** *vt* **(a)** *(shake)* sonar agitando, hacer sonar; **the wind ~d the window** el viento sacudió la ventana. **(b)** *(person)* desconcertar, confundir; **to get ~d** ponerse nervioso/a. **3** *vi* **(a)** *(see* **1 (a)***)* traquetear; sonar, hacer ruido; castañetear; tamborilear. **(b) we were rattling along at 50 (m.p.h.)** corríamos a 50 por hora.
♦ **rat·tle off** *vt + adv (write hurriedly)* despachar; *(speak)* citar sin vacilar.
♦ **rat·tle on** *vi + adv* soltar la lengua.
rattle·snake ['rætlsneɪk] *n* serpiente *f* de cascabel.
rat·ty ['rætɪ] *adj* **(-ier, iest)** *(fam)* **to be/get ~** estar/ponerse de malas.
rau·cous ['rɔːkəs] *adj (harsh)* ronco/a; *(loud)* chillón/ona.
rav·age ['rævɪdʒ] **1** *n* estrago *m,* destrozo *m;* **the ~s of time** los estragos del tiempo. **2** *vt* hacer estragos.
rave [reɪv] **1** *vi (be delirious)* delirar, desvariar; *(talk wildly)* desvariar; *(talk furiously)* echarse encima *(at* de); *(talk enthusiastically)* hablar con entusiasmo. **2: ~ review** *n* reseña *f* entusiasta.
ra·ven ['reɪvn] *n* cuervo *m.*
rav·en·ous ['rævənəs] *adj (starving)* hambriento/a, muerto/a de hambre; *(voracious)* voraz.
ra·vine [rə'viːn] *n* barranco *m, (LAm)* quebrada *f.*
rav·ing ['reɪvɪŋ] *adj:* **~ lunatic** loco/a *m/f* de remate; **you must be ~ mad!** ¡estás rabiando!
rav·ings ['reɪvɪŋz] *npl* delirio *msg,* desvarío *msg.*
ra·vio·li [,rævɪ'əʊlɪ] *n* ravioles *mpl,* ravioli *mpl.*
rav·ish·ing ['rævɪʃɪŋ] *adj* encantador(a).
raw [rɔː] **1** *adj* **(a)** *(food)* crudo/a; *(spirit)* puro/a; *(silk, leather, cotton etc)* bruto/a; *(ore, sugar)* crudo/a, bruto/a; **~ materials** materias *fpl* primas; **a ~ deal** *(fam)* una injusticia, *(LAm)* una mala pasada *or* jugada; **~ flesh** carne *f* viva. **(b)** *(wind)* áspero/a; *(weather)* de viento frío. **(c)** *(wound: open)* abierto/a. **(d)** *(person: inexperienced)* novato/a, inexperto/a. **2** *n:* **it got him on the ~** *(fig)* le hirió en lo más vivo; **in the ~** *(naked)* en cueros, desnudo/a.
ray[1] [reɪ] *n (of light etc)* rayo *m;* **~ of light** rayo de luz; **a ~ of hope** *(fig)* un rayo de esperanza.
ray[2] [reɪ] *n (fish)* raya *f.*

ray·on ['reɪɒn] *n* rayón *m.*
raze [reɪz] *vt (also* ~ **to the ground)** arrasar, asolar.
ra·zor ['reɪzəʳ] **1** *n (open)* navaja *f, (LAm)* chaveta *f; (safety)* maquinilla *f* de afeitar. **2:** ~ **blade** *n* hoja *f* de afeitar.
razor-sharp [ˌreɪzə'ʃɑːp] *adj (edge)* afilado/a; *(mind)* agudo/a, perspicaz.
R.C. *abbr of* **Roman Catholic.**
Rd *abbr of* **road.**
re [riː] *prep (Comm: concerning)* relativo a, respecto a; ~ **my previous account** con referencia a mi cuenta anterior.
re... [riː] *pref* re ... .
reach [riːtʃ] **1** *n* **(a)** *(gen)* alcance *m; (of boxer etc)* extensión *f;* **to be within (easy)/out of** ~ *(of hand)* estar al alcance/fuera del alcance (de la mano); **it's within (easy)** ~ **by bus** es fácil llegar en autobús. **(b)** *(of river: continuous stretch)* tramo *m* recto *or* abierto; **the upper** ~**es of the Amazon** la cuenca alta del Amazonas.
2 *vt* **(a)** *(arrive at, attain)* llegar a *or* hasta, alcanzar; *(achieve)* lograr; *(come into sb's possession)* llegar a las manos de; **to** ~ **home** llegar a casa; **when this news** ~**ed my ears** cuando me enteré de la noticia; **to** ~ **40 (years old)** cumplir los 40; **to** ~ **a compromise** llegar a un arreglo *or* compromiso; **production now** ~**es 3,400 megawatts** la producción actual alcanza los 3.400 megavatios. **(b)** *(stretch out)* alargar, extender; **to** ~ **(out) a hand** tender la mano. **(c)** *(pass)* pasar, *(LAm)* alcanzar; **please** ~ **me (down) that case** por favor bájeme *or (LAm)* alcánzame esa maleta. **(d)** *(person)* ponerse en contacto con, *(LAm)* contactar; **to** ~ **sb by telephone** comunicarse con uno (por teléfono).
3 *vi* **(a)** *(stretch out hand:* ~ **across,** ~ **out,** ~ **over)** tender la mano *(for sth* para tomar algo). **(b)** *(stretch: land etc)* extenderse; **as far as the eye can** ~ hasta donde alcanza la vista; **it won't** ~ no llega; **it** ~**es to the sea** se extiende hasta el mar.
re·act [riː'ækt] *vi (person, thing)* reaccionar *(against* contra, *on* sobre, *to* a, ante); **to** ~ **with sth** *(Chem)* reaccionar con algo.
re·ac·tion [riː'ækʃən] *n (gen)* reacción *f.*
re·ac·tion·ary [riː'ækʃənrɪ] *adj, n* reaccionario/a *m/f.*
re·ac·tor [riː'æktəʳ] *n (nuclear* ~*)* reactor *m* nuclear.
read [riːd] *pt, pp* **read** [red] **1** *vt* **(a)** *(book etc)* leer; **to** ~ **a report to a meeting** leer un informe en una reunión; **to** ~ **sth to o.s.** leer algo para sí; **to** ~ **sth out** *or* **aloud** leer algo en voz alta; **to** ~ **o.s. to sleep** dormirse leyendo; **to take sth as read** *(fig)* dar algo por sentado; **to take the minutes as read** *(Admin)* dar las actas por leídas. **(b)** *(writing, music, etc)* leer; **can you** ~ **that traffic sign from here?** ¿puedes leer esa señal de tráfico desde aquí?; **she can** ~ **music** sabe leer música; **I cannot** ~ **your writing** no puedo entender tu letra; **to** ~ **a meter** leer un contador. **(c)** *(Univ: study)* estudiar; **to** ~ **Chemistry** estudiar Química. **(d)** *(dream)* interpretar; *(hand)* leer; **she can** ~ **me like a book** me conoce a fondo; **to** ~ **sb's thoughts** adivinar el pensamiento de uno; **to** ~ **between the lines** leer entre líneas; **to** ~ **too much into sth** darle demasiada importancia a algo; **I** ~ **'good' as 'mood'** al leer confundí 'paso' con 'vaso'.
2 *vi* **(a)** leer; **I have read about it in the newspapers** me he enterado de ello por los periódicos; **to** ~ **aloud/silently** leer en voz alta/para sí; **to** ~ **to sb** leer a uno. **(b)** *(give impression)* **the book** ~**s well** el libro es de fácil lectura. **(c)** *(indicate: meter, inscription etc)* indicar, marcar; **the thermometer** ~**s 100°** el termómetro marca 100 grados.
3 *n* lectura *f;* **I like a (good)** ~ me gusta leer (un buen libro).
♦ **read back** *vt + adv* repasar, repetir.
♦ **read on** *vi + adv* seguir leyendo.
♦ **read out** *vt + adv (gen)* leer (en voz alta); **to** ~ **out a speech** dictar *or* pronunciar un discurso.
♦ **read over** *vt + adv* repasar.
♦ **read through** *vt + adv (quickly)* repasar, dar una lectura rápida a; *(thoroughly)* leer con cuidado *or* detenidamente.
♦ **read up** *vt + adv,* **read up on** *vi + prep* estudiar, ponerse al tanto de.
read·able ['riːdəbl] *adj (writing)* legible; *(book etc)* entretenido/a.
read·er ['riːdəʳ] *n* **(a)** lector(a) *m/f;* **he's a great** ~ lee mucho. **(b)** *(Brit Univ)* catedrático/a *m/f* investigador(a). **(c)** *(book)* libro *m* de lectura.
read·er·ship ['riːdəʃɪp] *n* número *m* de lectores.
read·ily ['redɪlɪ] *adv (quickly)* en seguida; *(willingly)* de buena gana.
readi·ness ['redɪnɪs] *n* prontitud *f; (willingness)* ganas *fpl;* **in** ~ listo/a, dispuesto/a.
read·ing ['riːdɪŋ] **1** *n* **(a)** *(activity)* lectura *f.* **(b)** *(understanding)* interpretación *f.* **(c)** *(of thermometer etc)* indicación *f,* lectura *f;* **to take a** ~ consultar; **to give a true/false** ~ marcar bien/mal. **(d)** *(Parl: of bill)* lectura *f.* **(e)** *(in text)* lección *f.* **(f)** *(recital: of play, poem)* recital *m.* **2:** ~ **matter** *n* material *m* de lectura; ~ **room** *n* sala *f* de lectura.
re·adjust [ˌriːə'dʒʌst] **1** *vt* reajustar. **2** *vi* reajustarse.
ready ['redɪ] **1** *adj* **(-ier, -iest) (a)** *(prepared)* listo/a, dispuesto/a; *(available)* disponible; ~**?, are you** ~**?** ¿estás listo?; ~ **for use** listo para usar; ~ **money** moneda *f, (LAm)* suelto *m;* **to be** ~ **to do sth** estar listo para hacer algo; ~ **to serve** *(food)* preparado/a; **to get/make sth** ~ preparar algo. **(b)** *(willing)* ~ **to do sth** dispuesto/a a hacer algo. **(c)** *(quick)* agudo/a, vivo/a. **(d)** *(on the point of)* **we were** ~ **to give up there and then** estábamos a punto de abandonarlo sin más. **2** *n* **(a) at the** ~ listo/a, en ristre. **(b) the** ~ *(fam: cash)* la pasta, *(LAm)* la plata. **3:** ~ **reckoner** *n* tabla *f* de equivalencias.
ready-made [ˌredɪ'meɪd] *adj (clothes)* confeccionado/a; *(excuses, ideas)* preparado/a.
ready-to-wear [ˌredɪtə'wɛəʳ] *adj (clothes)* confeccionado/a, hecho/a.
re·affirm [ˌriːə'fɜːm] *vt (loyalty, affection, etc)* reafirmar, reiterar.
re·agent [riː'eɪdʒənt] *n (Chem)* reactivo *m.*
real [rɪəl] **1** *adj (reason, surprise)* verdadero/a; *(gold)* legítimo/a; *(power)* efectivo/a; **in** ~ **life** en la vida real, en la realidad; **you're a** ~ **friend** eres un verdadero amigo; *(iro)* ¡vaya amigo que eres!; **this is the** ~ **thing at last** esta vez es de verdad; *see* **estate. 2** *adv (US fam: really)* **we had a** ~ **good time** lo pasamos realmente bien. **3** *n:* **for** ~ *(fam)* de veras, de verdad.
re·al·ism ['rɪəlɪzəm] *n* realismo *m.*
re·al·ist ['rɪəlɪst] *n* realista *mf.*
re·al·is·tic [rɪə'lɪstɪk] *adj* realista.
re·al·ity [riː'ælɪtɪ] *n* realidad *f;* **in** ~ la verdad es (que), en realidad; **the realities of the situation** la realidad de la situación.
re·al·iza·tion [ˌrɪəlaɪ'zeɪʃən] *n (completion)* realización *f; (comprehension)* comprensión *f,* entendimiento *m;* **she awoke to the** ~ **that** cayó en la

cuenta de que.

re·al·ize [ˈrɪəlaɪz] *vt* **(a)** *(comprehend)* darse cuenta de; **to ~ why/how/what** comprender *or (LAm)* entender porqué/cómo/lo que; **I ~ that** comprendo *or* entiendo que. **(b)** *(become aware of)* darse cuenta de, caer en la cuenta de que; **without realizing it** sin darse cuenta. **(c)** *(carry out)* realizar, llevar a cabo; **to ~ one's hopes/ambitions** realizar sus esperanzas/ambiciones. **(d)** *(Comm: assets etc)* realizar.

re·al·ly [ˈrɪəlɪ] *adv* **(a)** *(used alone)* ~? ¿de veras?, ¡no me digas!; **~, whatever next!** ¡qué cosas pasan!, ¡parece mentira! **(b)** *(with adj: very)* realmente, auténticamente; **a ~ good film** una película realmente buena. **(c)** *(with verb)* en realidad, realmente; **I don't ~ know** en realidad no lo sé; **you ~ must see it** hay que verlo; **has he ~ gone?** ¿es cierto que se ha ido?; **he doesn't ~ speak Chinese, does he?** ¿no habla chino de veras?

realm [relm] *n (lit, Jur)* reino *m; (fig: field)* esfera *f*, campo *m;* **in the ~s of fantasy** en el reino de la fantasía; **in the ~ of the possible** dentro de lo posible.

re·al·tor [ˈrɪəltɔːʳ] *n (US)* corredor(a) *m/f* de bienes raíces.

ream [riːm] *n* resma *f;* **~s** *(fig fam)* montones *mpl.*

reap [riːp] *vt (Agr: cut)* segar; *(harvest: also fig)* cosechar, recoger; **to ~ what one has sown** cosechar lo que ha sembrado uno.

re·appear [ˌriːəˈpɪəʳ] *vi* reaparecer.

re·appear·ance [ˌriːəˈpɪərəns] *n* reaparición *f.*

re·apply [ˌriːəˈplaɪ] *vi* hacer *or* presentar nueva solicitud.

re·apprais·al [ˌriːəˈpreɪzəl] *n* revaluación *f.*

rear[1] [rɪəʳ] **1** *adj (gen: door, part etc)* de atrás, trasero/a; *(Aut: door, window etc)* trasero/a; **~ light** piloto *m, (Mex)* calavera *f.* **2** *n* parte *f* trasera *or* posterior; *(Anat: fam: buttocks)* culo *m (fam)*, trasero *m; (Mil)* última fila *f*, retaguardia *f;* **in** *or* **at the ~** en la parte de atrás; **to bring up the ~** cerrar la marcha.

rear[2] [rɪəʳ] **1** *vt (raise, bring up)* criar; *(head: of animal)* levantar, alzar; **the problem ~ed its ugly head** *(fig fam)* el problema se presentó de nuevo. **2** *vi (esp horse)* encabritarse.

re·arm [ˌriːˈɑːm] **1** *vt* rearmar. **2** *vi* rearmarse.

re·arma·ment [ˌriːˈɑːməmənt] *n* rearme *m.*

re·arrange [ˌriːəˈreɪndʒ] *vt* reorganizar.

rear-view mirror [ˌrɪəvjuːˈmɪrəʳ] *n (Aut)* (espejo *m)* retrovisor *m.*

rea·son [ˈriːzn] **1** *n* **(a)** *(motive)* razón *f*, motivo *m;* **the ~ for my departure** el motivo de mi ida; **the ~ why** la razón por la cual, el porqué; **for this ~** por esta razón, por lo cual; **for no good ~, for no ~ at all** sin motivo alguno; **with good ~** con razón; **is there any ~ why ...?** ¿hay alguna razón por la que ...?; **all the more ~ why you should not sell it** razón de más para que no lo vendas; **we have ~ to believe that ...** tenemos motivo para creer que ..., nos consta que ...; **by ~ of** a causa de, en virtud de. **(b)** *(faculty)* razón *f;* **only mankind has ~** sólo el hombre razona; **to lose one's ~** perder la razón. **(c)** *(good sense)* sentido *m* común; **to listen to ~** conceder la razón; **it stands to ~** es evidente *or* lógico; **within ~** dentro de lo razonable.

2 *vt* **(a) to ~ that** razonar *or* calcular que. **(b) to ~ sb out of/into sth** disuadir/convencer a uno de hacer algo.

3 *vi* pensar lógicamente; **to ~ with sb** alegar razones para convencer a uno.

rea·son·able [ˈriːznəbl] *adj (acceptable)* razonable; *(sensible)* sensato/a, juicioso/a; **be ~!** ¡sé razonable!

rea·son·ably [ˈriːznəblɪ] *adv (justly)* con justicia; *(properly)* en forma aceptable; **a ~ accurate report** un informe bastante exacto.

rea·soned [ˈriːznd] *adj (argument)* razonado/a; **well ~** bien argumentado/a.

rea·son·ing [ˈriːznɪŋ] *n* razonamiento *m*, argumentos *mpl;* **the ~ behind sth** los argumentos en que se basa algo; **there's no ~ with him** no hay quién le convenza; **powers of ~** la razón.

re·as·sem·ble [ˌriːəˈsembl] **1** *vt (Tech)* montar de nuevo; *(people)* volver a reunir. **2** *vi* volver a reunirse, juntarse de nuevo.

re·as·sert [ˌriːəˈsɜːt] *vt (authority, influence)* reafirmar, reimponer.

re·as·sess [ˌriːəˈses] *vt (situation)* revaluar, considerar de nuevo; *(tax)* calcular de nuevo.

re·assur·ance [ˌriːəˈʃʊərəns] *n* consuelo *m*, confianza *f;* **sometimes we all need ~** hay veces cuando todos necesitamos que se nos tranquilice.

re·assure [ˌriːəˈʃʊəʳ] *vt* tranquilizar; **we ~d her that everything was O.K.** le aseguramos que todo estaba tranquilo; **she felt ~d in the morning** por la mañana ya se sentía más tranquila.

re·assur·ing [ˌriːəˈʃʊərɪŋ] *adj (pacifying)* tranquilizador(a); *(encouraging)* alentador(a).

re·bate [ˈriːbeɪt] *n (discount)* rebaja *f*, descuento *m; (repayment)* reembolso *m*, devolución *f.*

re·bel [ˈrebl] **1** *adj* rebelde; **the ~ government** el gobierno rebelde. **2** *n* rebelde *mf.* **3** [rɪˈbel] *vi* rebelarse, sublevarse; **to ~ against sb/sth** rebelarse contra uno/algo.

re·bel·lion [rɪˈbeljən] *n* rebelión f, sublevación *f.*

re·bel·lious [rɪˈbeljəs] *adj (citizens)* rebelde; *(child)* revoltoso/a; *(character, nature, etc)* revoltoso/a, díscolo/a.

re·birth [ˌriːˈbɜːθ] *n (gen)* renacimiento *m; (re-emergence)* resurgimiento *m.*

re·bound [ˈriːbaʊnd] **1** *n:* **on the ~** *(gen)* de rebote. **2** [rɪˈbaʊnd] *vi* rebotar.

♦ **re·bound on** *vi + prep* estallar en la cara de.

re·buff [rɪˈbʌf] **1** *n* desaire *m*, rechazo *m;* **to meet with a ~** sufrir un desaire *or* rechazo. **2** *vt* rechazar, desairar.

re·build [ˌriːˈbɪld] *vt* reconstruir.

re·build·ing [ˌriːˈbɪldɪŋ] *n* reconstrucción *f.*

re·buke [rɪˈbjuːk] **1** *n* reprimenda *f*, reproche *m.* **2** *vt* reprender, reprochar.

re·but [rɪˈbʌt] *vt* rebatir, impugnar.

re·but·tal [rɪˈbʌtl] *n* refutación *f*, impugnación *f.*

re·cal·ci·trant [rɪˈkælsɪtrənt] *adj* reacio/a.

re·call [rɪˈkɔːl] **1** *n* recuerdo *m;* **those days are gone beyond ~** aquellos días pasaron al olvido. **2** *vt* **(a)** *(call back: person)* llamar a volver; *(: attention, past)* recordar. **(b)** *(remember)* recordar, traer a la memoria.

re·cant [rɪˈkænt] **1** *vt (belief, promise, statement)* retractar, desdecir. **2** *vi (see vt)* retractarse, desdecirse.

re·cap [ˈriːkæp] *(fam)* **1** *n* recapitulación *f*, resumen *m.* **2** *vi (sum up)* recapitular, resumir.

re·ca·pitu·late [ˌriːkəˈpɪtjuleɪt] *vt, vi* recapitular, resumir.

re·cap·ture [ˌriːˈkæptʃəʳ] *vt (prisoner etc)* recobrar, volver a detener; *(town)* reconquistar; *(memory, scene)* hacer revivir, recordar.

re·cast [ˌriːˈkɑːst] *pt, pp* **recast** *vt (play: change actors)* hacer un nuevo reparto para.

re·cede [rɪˈsiːd] *vi (tide, flood)* descender; *(person etc)* volverse atrás; *(view)* alejarse; *(danger etc)* disminuir; *(chin)* retroceder; **receding hairline**

entradas *fpl.*

re·ceipt [rɪ'siːt] *n* **(a)** *(lit, Comm: act of receiving)* recepción *f;* **on ~ of** al recibo de, al recibir. **(b)** *(document)* recibo *m.* **(c)** *(money taken)* **~s** ingresos *mpl,* entradas *fpl.*

re·ceive [rɪ'siːv] *vt (gen)* recibir; *(guests: welcome)* acoger; *(: accommodate)* hospedar, alojar; *(stolen goods)* encubrir; **'~d with thanks'** *(Comm)* 'recibí'; **to ~ sb into one's home** alojar a uno en su casa; **the book was not well ~d** el libro no tuvo buena acogida; **he ~d a wound in the leg** quedó herido en una pierna.

re·ceiv·er [rɪ'siːvə^r] *n (of gift, letter etc)* destinatario/a *m/f; (of stolen goods)* encubridor(a) *m/f; (Rad)* receptor *m,* radiorreceptor *m; (Telec)* auricular *m; (liquidator)* **(official) ~** síndico/a *m/f.*

re·cent ['riːsnt] *adj* reciente; **a ~ arrival** un(a) recién llegado/a; **a ~ event** un suceso reciente; **in ~ years** en los últimos años; **a ~ acquaintance** un(a) recién conocido/a.

re·cent·ly ['riːsntlɪ] *adv* recientemente, *(LAm)* recién, hace poco; *(before pp)* **~ arrived** recién llegado/a; **as ~ as 1970** todavía en 1970; **until ~** hasta hace poco.

re·cep·ta·cle [rɪ'septəkl] *n (frm)* receptáculo *m,* recipiente *m.*

re·cep·tion [rɪ'sepʃən] **1** *n (gen)* recepción *f; (welcome)* acogida *f;* (*also* **~ desk**) (mesa *f* de) recepción *f;* **to get a warm ~** tener buena acogida, ser bien recibido; **2: ~ centre** *n* centro *m* de recepción; **~ desk** *n (in hotel, at doctor's etc)* recepción *f.*

re·cep·tion·ist [rɪ'sepʃənɪst] *n* recepcionista *mf.*

re·cep·tive [rɪ'septɪv] *adj* receptivo/a.

re·cess [rɪ'ses] *n* **(a)** *(Jur, Pol: cessation of business)* clausura *f; (US Jur: short break)* descanso *m; (Scol: esp US)* recreo *m.* **(b)** *(Archit)* hueco *m,* nicho *m.* **(c)** *(secret place)* escondrijo *m; (: fig)* la parte más oculta.

re·ces·sion [rɪ'seʃən] *n (Fin, Comm)* recesión *f.*

re·charge [ˌriː'tʃɑːdʒ] *vt (battery)* recargar, volver a cargar.

re·cher·ché [rə'ʃɛəʃeɪ] *adj* rebuscado/a.

re·cidi·vist [rɪ'sɪdɪvɪst] *n* reincidente *mf.*

reci·pe ['resɪpɪ] *n* receta *f* (de cocina); **a ~ for** *(also fig)* una receta para.

re·cipi·ent [rɪ'sɪpɪənt] *n (of letter etc)* destinatario/a *m/f.*

re·cip·ro·cal [rɪ'sɪprəkəl] *adj* recíproco/a.

re·cip·ro·cate [rɪ'sɪprəkeɪt] **1** *vt (good wishes etc)* cambiar, devolver; **and this feeling is ~d** y compartimos tal sentimiento. **2** *vi* corresponder.

re·cit·al [rɪ'saɪtl] *n (Mus)* recital *m; (story)* relato *m.*

reci·ta·tion [ˌresɪ'teɪʃən] *n (of poetry)* recitación *f; (of facts)* relación *f.*

re·cite [rɪ'saɪt] **1** *vt (poetry etc)* recitar; *(story)* relatar; *(list)* enumerar. **2** *vi* recitar.

reck·less ['reklɪs] *adj (person)* temerario/a; *(: wild)* descabellado/a; *(: thoughtless)* imprudente; *(speed etc)* peligroso/a; *(statement)* inconsiderado/a.

reck·on ['rekən] **1** *vt (calculate)* calcular; *(count)* contar, computar; *(believe)* considerar; **to ~ sb as (being) ...** considerar a uno (como) ...; **to ~ sb to be ...** considerar a uno ...; **to ~ sb among ...** contar a uno entre .... **2** *vi (do sum)* calcular, hacer cálculos; *(think)* considerar, creer; **~ing from today** contando a partir de hoy; **she'll come, I ~** creo que vendrá, *(Mex)* se me hace que vendrá; **to ~ on sb/sth** contar con uno/algo; **to ~ on doing sth** contar con hacer algo; **he is somebody to be ~ed with** no se le puede descartar; **to ~ without sb** dejar de contar con uno; **to ~ without doing sth** no tener en cuenta la posibilidad de hacer algo.

reck·on·ing ['reknɪŋ] *n (calculation)* cálculo *m,* recuento *m;* **day of ~** *(fig)* ajuste *m* de cuentas; **to pay the ~** pagar la cuenta; **to come into the ~** entrar en los cálculos; **to be out in one's ~** errar en el cálculo; **dead ~** *(Naut)* estima *f.*

re·claim [rɪ'kleɪm] *vt (thing lent)* recuperar, *(LAm)* recobrar; *(land)* aprovechar, recobrar; *(material: salvage)* utilizar.

rec·la·ma·tion [ˌreklə'meɪʃən] *n (see vt)* recuperación *f;* aprovechamiento *m;* utilización *f.*

re·cline [rɪ'klaɪn] *vi* recostarse, reclinarse.

re·clin·ing [rɪ'klaɪnɪŋ] *adj (seat)* reclinable.

re·cluse [rɪ'kluːs] *n* solitario/a *m/f.*

rec·og·ni·tion [ˌrekəg'nɪʃən] *n* reconocimiento *m;* **in ~ of** en reconocimiento de; **to change (sth) beyond ~** cambiar (algo) hasta quedar irreconocible.

rec·og·niz·able ['rekəgnaɪzəbl] *adj* reconocible; **it is ~ as ...** se le reconoce *or* identifica como ... .

rec·og·nize ['rekəgnaɪz] *vt* **(a)** *(know again)* reconocer, *(LAm)* conocer; **I ~d him by his walk** le reconocía *or (LAm)* conocía por su modo de andar; **he was ~d by 2 policemen** le reconocieron 2 policías. **(b)** *(acknowledge)* reconocer; **we ~ that ...** reconocemos *or* admitimos que ...; **we do not ~ the new left-wing government** no reconocemos el nuevo gobierno de izquierda.

rec·og·nized ['rekəgnaɪzd] *adj (gen)* reconocido/a, *(LAm)* conocido/a; *(agent etc)* acreditado/a.

re·coil [rɪ'kɔɪl] *vi (person)* echarse atrás, echar marcha atrás; *(gun)* dar culatazo; **to ~ from sth** retroceder *or* echar marcha atrás ante algo; **to ~ from doing sth** negarse a hacer algo.

rec·ol·lect [ˌrekə'lekt] *vt* recordar, acordarse de.

rec·ol·lec·tion [ˌrekə'lekʃən] *n* recuerdo *m;* **to the best of my ~** que yo recuerde.

rec·om·mend [ˌrekə'mend] *vt* recomendar; **I ~ him to your keeping** se lo encomiendo; **to ~ sb to do sth** recomendar *or* aconsejar a uno que haga algo; **to be ~ed** *(person)* venir recomendado/a; *(activity)* recomendarse.

rec·om·men·da·tion [ˌrekəmen'deɪʃən] *n* recomendación *f;* **to do sth on sb's ~** hacer algo recomendado por uno.

rec·om·pense ['rekəmpens] **1** *n (gen)* recompensa *f; (financial)* indemnización *f.* **2** *vt (gen)* recompensar; *(financial)* indemnizar.

rec·on·cile ['rekənsaɪl] *vt (persons)* reconciliar(se); *(theories etc)* compaginar; **to become ~d to sth** resignarse a algo; **to ~ o.s. to sth** resignarse a algo, conformarse con algo.

rec·on·cilia·tion [ˌrekənsɪlɪ'eɪʃən] *n (see vt)* reconciliación *f;* compaginación *f;* resignación *f;* **to bring about a ~** lograr una reconciliación.

re·con·di·tion [ˌriːkən'dɪʃən] *vt (overhaul)* reparar, reponer.

re·con·nais·sance [rɪ'kɒnɪsəns] **1** *n* reconocimiento *m.* **2: ~ flight** *n* vuelo *m* de reconocimiento.

rec·on·noi·tre, *(US)* **re·con·noi·ter** [ˌrekə'nɔɪtə^r] *(Mil)* **1** *vt* reconocer. **2** *vi* hacer un reconocimiento.

re·con·sid·er [ˌriːkən'sɪdə^r] *vt, vi* reconsiderar, repensar.

re·con·sid·era·tion ['riːkənˌsɪdə'reɪʃən] *n* reconsideración *f.*

re·con·sti·tute [ˌriː'kɒnstɪtjuːt] *vt (events: piece together)* reconstituir; **~d food** alimentos *mpl* reconstituidos.

re·con·struct [ˌriːkən'strʌkt] *vt (building)* reconstruir; *(crime etc: re-enact)* reconstituir.

re·con·struc·tion [ˌriːkənˈstrʌkʃən] *n (gen)* reconstrucción *f; (of crime)* reconstitución *f.*

rec·ord [ˈrekɔːd] **1** *n* **(a)** *(document)* registro *m,* relación *f; (report etc)* informe *m; (Jur)* **~ of a case** acta *f;* **he told me off the ~** *(fam)* me dijo en forma confidencial; **he is on ~ as being/saying ...** hay pruebas de que él es/ha dicho públicamente ...; **it is on ~ that ...** consta que ...; **there is no ~ of it** no hay constancia de ello; **to keep a ~ of sth** apuntar *or* tomar nota de algo; **a good/poor ~** buenos antecedentes/falta de antecedentes; **to place** *or* **put sth on ~** hacer constar algo, dejar constancia de algo. **(b) ~s** archivos *mpl, (LAm)* fichas *fpl;* **police ~s** fichas. **(c)** *(person's past: gen)* antecedentes *mpl; (: Med)* historial *m* médico; *(: as dossier)* expediente *m; (: Mil)* hoja *f* de servicios; *(: also* **criminal ~***)* antecedentes *mpl* penales, *(LAm)* ficha *f;* **he left behind a splendid ~ of achievements** dejó una magnífica historia de éxitos. **(d)** *(Sport etc)* récord *m;* **to beat** *or* **break a ~** batir un récord; **to hold the ~ (for sth)** tener el récord (de algo); **to set a ~ (for sth)** establecer un récord (de algo). **(e)** *(Mus)* disco *m,* grabación *f;* **long-playing ~** elepé *m.*

2 *adj* récord; **in ~ time** en un tiempo récord; **a ~ number of** un número sin precedentes.

3 [rɪˈkɔːd] *vt* **(a)** *(set down)* registrar; hacer constancia de. **(b)** *(Mus etc)* grabar, registrar.

4: ~ holder *n* actual poseedor(a) *m/f* del récord; **~ library** *n* discoteca *f;* **~ player** *n* tocadiscos *m inv;* **~ token** *n* vale *m* para discos.

record-breaking [ˈrekɔːdˌbreɪkɪŋ] *adj (person, team)* batidor(a) del récord; *(effort, run)* récord.

re·cord·er [rɪˈkɔːdəʳ] *n* **(a)** *(tape ~)* magnetófono *m, (LAm)* grabadora *f.* **(b)** *(Jur)* juez *mf* municipal. **(c)** *(Mus: instrument)* flauta *f* dulce.

re·cord·ing [rɪˈkɔːdɪŋ] **1** *n (gen)* grabación *f.* **2: ~ studio** *n* estudio *m* de grabación.

re·count [rɪˈkaʊnt] *vt* contar, relatar.

re-count [ˈriːkaʊnt] **1** *n (of votes etc)* recuento *m.* **2** [ˌriːˈkaʊnt] *vt* volver a contar.

re·coup [rɪˈkuːp] *vt* recobrar, recuperar.

re·course [rɪˈkɔːs] *n:* **to have ~ to** recurrir a.

re·cov·er [rɪˈkʌvəʳ] **1** *vt (retrieve, regain: gen)* recuperar, recobrar; *(Jur: damages, compensation)* ser indemnizado/a; *(rescue: person, thing)* rescatar; *(make up for lost time)* recuperar el tiempo perdido; **to ~ one's senses** recobrar el conocimiento, volver en sí; *(fig)* volver en sí. **2** *vi (after accident, illness)* reponerse, recobrar la salud; *(regain consciousness)* recobrar el conocimiento *or* sentido, volver en sí; *(fig: from shock, blow)* reponerse; *(Fin: economy, currency)* recuperarse; *(: shares, stock market)* volver a subir; **I am** *or* **have ~ed now** me he repuesto, estoy recuperado.

re-cover [ˌriːˈkʌvəʳ] *vt* recubrir, forrar de nuevo.

re·cov·ery [rɪˈkʌvərɪ] *n* recuperación *f;* **to make a ~** *(Med)* restablecerse; *(Sport)* recobrar el aliento; *(Fin)* recuperarse.

rec·rea·tion [ˌrekrɪˈeɪʃən] *n* **(a)** *(amusement, also Scol)* recreo *m.* **(b)** *(reconstruction)* reconstitución *f; (Theat)* recreación *f; (representation)* representación *f.*

rec·rea·tion·al [ˌrekrɪˈeɪʃənəl] *adj (activity, pastime)* de ocio, del tiempo libre.

re·crimi·na·tion [rɪˌkrɪmɪˈneɪʃən] *n* recriminación *f.*

re·cruit [rɪˈkruːt] **1** *n (Mil)* recluta *mf; (gen)* neófito/a *m/f;* **raw ~** *(Mil)* quinto *m, (LAm)* soldado *m* raso; *(fig)* novato/a *m/f.* **2** *vt (Mil)* reclutar; *(staff, new members)* buscar socios nuevos.

re·cruit·ment [rɪˈkruːtmənt] *n (Mil)* reclutamiento *m; (of staff)* contratación *f.*

rec·tan·gle [ˈrekˌtæŋgl] *n* rectángulo *m.*

rec·ti·fy [ˈrektɪfaɪ] *vt (correct: error, statement, behaviour)* rectificar.

rec·ti·tude [ˈrektɪtjuːd] *n* rectitud *f,* honradez *f.*

rec·tor [ˈrektəʳ] *n (Rel)* párroco *m; (Univ etc)* rector(a) *m/f.*

rec·tum [ˈrektəm] *n (Anat)* recto *m.*

re·cu·per·ate [rɪˈkuːpəreɪt] **1** *vi* restablecerse, reponerse. **2** *vt (losses)* recuperar.

re·cu·pera·tion [rɪˌkuːpəˈreɪʃən] *n* restablecimiento *m; (of losses)* recuperación *f.*

re·cu·pera·tive [rɪˈkuːpərətɪv] *adj (powers, medicine)* recuperativo/a.

re·cur [rɪˈkɜːʳ] *vi (happen again: pain, illness)* producirse de nuevo; *(: event, mistake, idea, theme)* repetirse; *(: difficulty, opportunity)* volver a presentarse.

re·cur·rence [rɪˈkʌrəns] *n (gen)* repetición *f.*

re·cur·rent [rɪˈkʌrənt] *adj (pain, event, theme etc)* repetido/a, constante.

re·cur·ring [rɪˈkɜːrɪŋ] *adj (Math: decimal)* periódico/a.

red [red] **1** *adj* **(-der, -dest)** *(in colour)* rojo/a, colorado/a; *(face: high-coloured)* encarnado/a; *(with shame: cheeks, face)* ruboroso/a, sonrojado/a; *(hair)* rojo/a; *(Pol)* rojo/a; **to be ~ in the face** *(from physical effort)* ponerse encarnado; *(embarrassed)* ruborizarse; **it's like a ~ rag to a bull** le pone furioso.

2 *n (colour)* (color *m)* rojo *m; (Pol: person)* rojo/a *m/f;* **~s under the bed** *(fam)* la amenaza comunista; **to be in the ~** *(Fin: account, firm)* tener deudas; **to see ~** *(fig: person)* sulfurarse, salirse de sus casillas.

3: R~ Cross *n* Cruz *f* Roja; **~ deer** *n* ciervo *m* común; **~ herring** *n* pista *f* falsa; **R~ Indian** *n* piel roja *m;* **~ light** *n (Aut)* luz *f* roja; **to go through the ~ light** pasar la luz roja; **to see the ~ light** *(fig)* ver el peligro que hay por delante; **~ light district** *n* barrio *m* chino; **~ meat** *n* carne *f* vacuna/de cordero; **~ pepper** *n* pimiento *m or (LAm)* chile *m* rojo; **R~ Sea** *n* Mar *m* Rojo; **~ tape** *n* trámites *mpl.*

red-blooded [ˈredˌblʌdɪd] *adj* viril.

red·breast [ˈredbrest] *n (bird)* petirrojo *m.*

red·brick [ˈredˌbrɪk] *adj (university)* cívico/a.

red·den [ˈredn] **1** *vt* enrojecer, teñir de rojo. **2** *vi* **(a)** *(sky, leaves)* enrojecerse, ponerse rojo/a. **(b)** *(person: blush)* ponerse colorado/a, ruborizarse.

red·dish [ˈredɪʃ] *adj (colour, hair)* rojizo/a.

re·deco·rate [ˌriːˈdekəreɪt] *vt (room, house)* renovar, pintar de nuevo.

re·deco·ra·tion [riːˌdekəˈreɪʃən] *n* renovación *f.*

re·deem [rɪˈdiːm] *vt (Rel: sinner)* redimir; *(buy back: pawned goods)* desempeñar; *(Fin: debt, mortgage)* amortizar; *(fulfil: promise, obligation)* cumplir; *(compensate for: fault)* expiar; **to ~ o.s.** desquitarse, ganarse el desquite.

Re·deem·er [rɪˈdiːməʳ] *n (Rel)* Redentor *m.*

re·deem·ing [rɪˈdiːmɪŋ] *adj:* **~ feature** rasgo *m* bueno, punto *m* favorable.

re·dem·ption [rɪˈdempʃən] *n (Rel)* redención *f.*

redeploy [ˌriːdɪˈplɔɪ] *vt (gen)* redistribuir; *(forces)* cambiar de frente.

redeployment [ˌriːdɪˈplɔɪmənt] *n (rearrangement)* disposición *f* nueva; *(redistribution)* redistribución *f; (Mil)* cambio *m* de frente.

red-faced [ˌredˈfeɪst] *adj (lit)* rojo/a de la cara, sofocado/a; *(fig: ashamed)* ruborizado/a, avergonzado/a.

red-haired [ˌredˈhɛəd] *adj* pelirrojo/a.

red-handed [ˌredˈhændɪd] *adj:* **to catch sb ~** *(Sp)* coger *or (LAm)* pillar a uno con las manos en la masa.

red·head ['red,hed] *n* pelirrojo/a *m/f*.

red-hot [,red'hɒt] *adj (iron, poker)* candente; *(fig: news)* de última hora; *(fam: very sharp: card-player, tennis player etc)* de primera categoría.

re·di·rect [,ri:daɪ'rekt] *vt (letter)* remitir.

re·dis·cov·er [,ri:dɪs'kʌvəʳ] *vt* redescubrir.

re·dis·cov·ery [,ri:dɪs'kʌvərɪ] *n* redescubrimiento *m*.

red-letter [,red'letəʳ] *adj*: ~ **day** *(fig: memorable day)* día *m* señalado.

red·ness ['rednɪs] *n (of skin, hair, colour)* lo rojo, lo colorado.

redo·lent ['redəʊlənt] *adj*: ~ **of** oliente *or* con fragancia a; *(fig)* **to be** ~ **of** recordar, hacer pensar en.

re·dou·ble [,ri:'dʌbl] *vt (intensify: activity, effort)* redoblar, intensificar.

re·doubt·able [rɪ'daʊtəbl] *adj* temible.

re·dound [rɪ'daʊnd] *vi*: **to** ~ **upon sb** recaer sobre uno; **to** ~ **to sb's credit** redundar en beneficio de uno.

re·draft [,ri:'drɑ:ft] *vt* redactar de nuevo.

re·dress [rɪ'dres] **1** *n (compensation)* recompensa *f*, indemnización *f*; *(satisfaction)* desagravio *m*. **2** *vt (compensate for)* reparar, indemnizar; *(: offence)* corregir; **to** ~ **the balance** restablecer el equilibrio.

red·skin ['redskɪn] *n* piel roja *m*.

re·duce [rɪ'dju:s] **1** *vt* **(a)** *(gen: decrease, cut)* rebajar, reducir; *(drawing)* reducir, disminuir; *(Med: swelling)* bajar; **to** ~ **sth by half** reducir algo en *or* hasta la mitad; **to** ~ **sth to ashes** reducir algo a cenizas; **to** ~ **sb to despair/tears** reducir a uno a la desesperación/a las lágrimas; **to** ~ **sb to silence** hacer callar a uno; **we were** ~**d to begging on the streets** no nos quedaba otro remedio que mendigar por las calles; ~**d to nothing** reducido a cero. **(b)** *(Mil)* **to** ~ **sb to the ranks** degradar a uno. **2** *vi (slim)* adelgazar(se).

re·duced [rɪ'dju:st] *adj* **(a)** *(decreased)* reducido/a, rebajado/a; ~ **by a half/a quarter** reducido en la mitad/la cuarta parte; **at a** ~ **price** con rebaja *or* descuento; **'greatly** ~ **prices'** *(Comm)* 'grandes rebajas'. **(b)** *(straitened)* **in** ~ **circumstances** necesitado/a, en la necesidad.

re·duc·tion [rɪ'dʌkʃən] *n (gen)* reducción *f*, rebaja *f*.

re·dun·dan·cy [rɪ'dʌndənsɪ] **1** *n (unemployment)* desempleo *m*, paro *m*; *(person)* desempleado/a *m/f*, parado/a *m/f*. **2**: ~ **payment** *n* indemnización *f* por desempleo.

re·dun·dant [rɪ'dʌndənt] *adj (superfluous)* superfluo/a; *(worker)* sin trabajo, parado/a; **to be made** ~ *(worker)* quedar sin trabajo.

red·wood ['redwʊd] *n (tree)* secoya *f*.

reed [ri:d] *n (Bot)* junco *m*, caña *f*; *(Mus: in mouthpiece)* lengüeta *f*.

reedy ['ri:dɪ] *adj* (**-ier, -iest**) *(voice, tone, instrument)* aflautado/a.

reef[1] [ri:f] *n (Geog)* arrecife *m*.

reef[2] [ri:f] **1** *n (sail)* rizo *m*. **2**: ~ **knot** *n* nudo *m* de rizo.

reek [ri:k] **1** *n* tufo *m*, hedor *m*. **2** *vi (smell)* **to** ~ **of sth** apestar a algo; **this** ~**s of treachery** *(fig)* esto huele a traición.

reel [ri:l] **1** *n* **(a)** *(gen)* carrete *m*, bobina *f*; *(of tape, film etc)* cinta *f*; *(Phot: for small camera)* carrete *m*, rollo *m*. **(b)** *(Mus: dance)* baile *m* escocés. **2** *vt (wind: thread, fishing-line, tape, camera film)* devanar; **to** ~ **in a fish** sacar un pez del agua. **3** *vi (sway, stagger)* tambalearse.

♦ **reel off** *vt + adv (story, poem, list of names)* recitar de memoria.

re-elect [,ri:ɪ'lekt] *vt* reelegir.

re-election [,ri:ɪ'lekʃən] *n* reelección *f*.

re-enact [,ri:ɪ'nækt] *vt (Parliament: legislation)* volver a promulgar; *(crime)* reconstituir.

re-entry [,ri:'entrɪ] *n* reingreso *m*, reentrada *f*; *(Space)* reentrada.

re-examine [,ri:ɪg'zæmɪn] *vt (facts, evidence)* reexaminar, repasar; *(Jur: witness)* volver a interrogar.

ref [ref] *n (Sport fam: abbr of* **referee***)* árbitro *m*.

re·fec·tory [rɪ'fektərɪ] *n* comedor *m*.

re·fer [rɪ'fɜ:ʳ] **1** *vt (send, direct)* remitir; **to** ~ **sth to sb** *(matter, decision)* remitir algo a uno; **to** ~ **a dispute to arbitration** referir una disputa al arbitraje; **the decision has been** ~**red to us** la decisión se ha dejado a nuestro juicio; **to** ~ **sb to sth/sb** remitir a uno a algo/uno. **2** *vi* **(a) to** ~ **to** *(relate to)* referirse a, relacionarse con. **(b) to** ~ **to** *(allude to: speaker)* aludir a, tocar el tema de. **(c) to** ~ **to** *(turn attention to, consult)* consultar; **please** ~ **to section 3** véase la sección 3. **(d) to** ~ **to** *(describe)* calificar.

ref·eree [,refə'ri:] *n (in dispute, Sport etc)* árbitro *m*; *(for application, post)* garante *mf*.

ref·er·ence ['refrəns] **1** *n* **(a)** *(act of referring)* referencia *f*, remisión *f*. **(b)** *(relation)* relación *f*; **with special** ~ **to** con referencia especial a; **with** ~ **to** en cuanto a, respecto de; **without** ~ **to any particular case** sin mencionar ningún caso en concreto. **(c)** *(allusion)* alusión *f*, mención *f*; **to make** ~ **to sth/sb** hacer alusión a algo/uno. **(d)** *(in book, on letter)* número *m* de referencia; **to look up a** ~ buscar una referencia; *(on map)* seguir las coordenadas. **(e)** *(testimonial)* referencia *f*; *(person)* garante *mf*, fiador(a) *m/f*; **to take up sb's** ~**s** consultar al garante. **2** *cpd (book, library, number, point)* de consulta, de referencia.

ref·er·en·dum [,refə'rendəm] *n, pl* **-s** *or* **referenda** [,refə'rendə] referéndum *m*.

re·fill ['ri:fɪl] **1** *n* recambio *m*. **2** [,ri:'fɪl] *vt* cargar, recargar.

re·fine [rɪ'faɪn] *vt (sugar, oil)* refinar; *(metal)* afinar; *(design, technique, machine)* perfeccionar; *(fig: make less coarse: behaviour, style of writing)* pulir.

♦ **re·fine (up)on** *vi + prep* perfeccionar.

re·fined [rɪ'faɪnd] *adj (purified: sugar, flour etc)* refinado/a; *(fig: sophisticated: clothes, manners, sense of humour)* fino/a, educado/a; *(subtle, polished: style of writing)* elegante, pulido/a.

re·fine·ment [rɪ'faɪnmənt] *n (of person, language)* refinamiento *m*; *(manners etc)* educación *f*, formalidad *f*; *(in machine etc)* perfeccionamiento *m*.

re·fin·er [rɪ'faɪnəʳ] *n* refinador *m*.

re·fin·ery [rɪ'faɪnərɪ] *n* refinería *f*.

re·fit [,ri:'fɪt] **1** *n (Naut: resupplying)* equipamiento *m*; *(: repair)* reparación *f*. **2** *vt (see n)* equipar; reparar.

re·flate [,ri:'fleɪt] *vt (economy)* reflacionar.

re·fla·tion [ri:'fleɪʃn] *n* reflación *f*.

re·fla·tion·ary [ri:'fleɪʃnərɪ] *adj* reflacionario/a.

re·flect [rɪ'flekt] **1** *vt* **(a)** *(light, image)* reflejar; *(fig)* reflejar, hacer eco; **to** ~ **credit on sb** hacer honor a uno. **(b)** *(think)* **to** ~ **that** pensar que. **2** *vi* **(a)** *(think, meditate)* reflexionar; **to** ~ **on sth** meditar sobre algo. **(b)** *(discredit person, reputation)* **to** ~ **badly (up)on sb** dejar mal a uno, hacer que uno quede mal.

re·flec·tion [rɪ'flekʃən] *n* **(a)** *(of light, image etc)* reflejo *m*. **(b)** *(thought)* meditación *f*, reflexión *f*;

on ~ pensándolo bien. **(c)** *(aspersion, doubt)* tacha *f,* descrédito *m;* **this is no ~ on your work** esto no significa crítica alguna a su trabajo.

re·flec·tive [rɪ'flektɪv] *adj (meditative)* pensativo/a, reflexivo/a.

re·flec·tor [rɪ'flektəʳ] *n* **(a)** *(Aut: also* **rear ~***)* captafaros *m inv.* **(b)** *(telescope)* reflector *m.*

re·flex ['ri:fleks] **1** *adj* reflejo/a; *(Math: angle)* de reflexión; **~ camera** *(Phot)* cámara *f* reflex. **2** *n* reflejo *m.*

re·flex·ive [rɪ'fleksɪv] *adj (Ling: verb, pronoun)* reflexivo/a.

re·float [ˌri:'fləʊt] *vt (ship)* poner a flote.

re·form [rɪ'fɔ:m] **1** *n* reformas *fpl.* **2** *vt (gen)* reformar. **3** *vi (change for the better)* reformarse.

Ref·or·ma·tion [ˌrefə'meɪʃən] *n (Rel)* Reforma *f.*

re·form·er [rɪ'fɔ:məʳ] *n* reformista *mf,* reformador(a) *m/f.*

re·frac·tion [rɪ'frækʃən] *n* refracción *f.*

re·frac·tory [rɪ'fræktərɪ] *adj (Tech)* refractario/a; *(fig: obstinate)* terco/a, porfiado/a.

re·frain[1] [rɪ'freɪn] *n (Mus)* estribillo *m.*

re·frain[2] [rɪ'freɪn] *vi:* **to ~ from sth/from doing sth** abstenerse de algo/de hacer algo.

re·fresh [rɪ'freʃ] *vt (subj: drink, sleep, bath)* refrescar; *(fig: memory)* refrescar.

re·fresh·ing [rɪ'freʃɪŋ] *adj (drink etc)* refrescante; *(change etc)* estimulante.

re·fresh·ing·ly [rɪ'freʃɪŋlɪ] *adv (fig)* que da gusto.

re·fresh·ment [rɪ'freʃmənt] **1** *n (food, drink)* refresco *m;* **~s** refrigerio *m,* comida *f* liviana. **2: ~ room** *n (Rail etc)* fonda *f, (LAm)* comedor *m.*

re·frig·er·ate [rɪ'frɪdʒəreɪt] *vt* refrigerar.

re·frig·era·tion [rɪˌfrɪdʒə'reɪʃən] *n* refrigeración *f.*

re·frig·era·tor [rɪ'frɪdʒəreɪtəʳ] *n* frigorífico *m,* nevera *f, (LAm)* refrigeradora *f.*

re·fu·el [ˌri:'fjʊəl] **1** *vi (tank, plane)* repostar. **2** *vt* llenar de combustible.

ref·uge ['refju:dʒ] *n (shelter)* refugio *m; (for climbers)* albergue *m; (fig)* amparo *m,* abrigo *m;* **to take ~ in sth** refugiarse en algo; *(fig)* recurrir a algo.

refu·gee [ˌrefjʊ'dʒi:] **1** *n* refugiado/a *m/f.* **2: ~ camp** *n* campamento *m* para refugiados.

re·fund ['ri:fʌnd] **1** *n* reembolso *m.* **2** [ri:'fʌnd] *vt* devolver, reembolsar.

re·fur·bish [ˌri:'fɜ:bɪʃ] *vt (building, paintwork)* restaurar.

re·fus·al [rɪ'fju:zəl] *n* negativa *f; (by horse)* **the horse had 2 ~s** el caballo rehusó 2 veces; **a flat ~** una negativa rotunda; **to have first ~ on sth** tener la primera opción a algo.

ref·use[1] ['refju:s] **1** *n (rubbish)* basura *f; (debris etc)* desperdicios *mpl.* **2: ~ bin** *n* cubo *m or (LAm)* bote *m* de la basura; **~ dump** *n* vertedero *m.*

re·fuse[2] [rɪ'fju:z] **1** *vt (reject: offer, chance, applicant)* rechazar; *(not grant: request, obedience)* negar; **to ~ sb sth** negar algo a uno; **to ~ to do sth** negarse a *or* rehusar hacer algo. **2** *vi* negarse; *(horse)* plantarse.

refu·ta·tion [ˌrefjʊ'teɪʃən] *n* refutación *f.*

re·fute [rɪ'fju:t] *vt (argument)* refutar, rebatir.

re·gain [rɪ'geɪn] *vt* recobrar, recuperar.

re·gal ['ri:gəl] *adj (bearing, manners, person)* real.

re·gale [rɪ'geɪl] *vt (entertain)* entretener; *(delight)* divertir.

re·ga·lia [rɪ'geɪlɪə] *npl (royal trappings)* atributos *mpl; (gen: insignia)* insignias *fpl.*

re·gard [rɪ'gɑ:d] **1** *n* **(a)** *(relation)* **in** *or* **with ~ to** en cuanto a, en lo que se refiere a; **in this ~** a este respecto, al respecto. **(b)** *(esteem)* estima *f,* respeto *m;* **out of ~ for** por respeto a; **to have a high ~ for sb, to hold sb in high ~** tener mucho respeto a uno, tener a uno en alta estima; **to have no ~ for sb** tener a uno en poco; **he shows little ~ for their feelings** se muestra indiferente a sus sentimientos. **(c)** *(in messages)* **~s** recuerdos *mpl,* saludos *mpl;* **kind ~s** muy atentamente; **~s to X, please give my ~s to X** salude a X de mi parte, por favor.

2 *vt* **(a)** *(consider)* considerar, juzgar; **we don't ~ it as necessary** no nos parece necesario. **(b)** *(concern)* atañer, tocar; **as ~s ...** en cuanto a ..., en lo que se refiere a ... .

re·gard·ing [rɪ'gɑ:dɪŋ] *prep* con respecto a, en cuanto a.

re·gard·less [rɪ'gɑ:dlɪs] **1** *adj:* **~ of** sin reparar en; **buy it ~ of the cost** cómpralo, no importa cuánto cueste *or* cueste lo que cueste. **2** *adv (fam)* a pesar de todo, pasa lo que pasa; **press on ~!** ¡a seguir, sin reparar en las consecuencias!

re·gat·ta [rɪ'gætə] *n* regata *f.*

re·gen·er·ate [rɪ'dʒenəreɪt] *vt (recreate)* regenerar.

re·gen·era·tion [rɪˌdʒenə'reɪʃən] *n* regeneración *f.*

re·gent ['ri:dʒənt] *n* regente *mf.*

reg·gae ['regeɪ] *n (Mus)* reggae *m.*

ré·gime [reɪ'ʒi:m] *n* régimen *m.*

regi·ment ['redʒɪmənt] **1** *n (Mil)* regimiento *m.* **2** ['redʒɪment] *vt (fig)* regimentar, reglamantar.

regi·men·tal [ˌredʒɪ'mentl] *adj (Mil)* de regimiento.

regi·men·ta·tion [ˌredʒɪmen'teɪʃən] *n (pej: see vb)* regimentación *f,* reglamentación *f* estricta.

re·gion ['ri:dʒən] *n (of country: also Admin)* región *f,* zona *f; (of body)* región *f;* **in the ~ of 40** alrededor de los 40.

re·gion·al ['ri:dʒənl] *adj* regional; **~ development** *(Brit Admin)* desarrollo *m* regional.

reg·is·ter ['redʒɪstəʳ] **1** *n* **(a)** *(gen: list)* registro *m; (electoral)* registro electoral, padrón *m;* **the ~ of births, marriages and deaths** el registro civil. **(b)** *(Mus)* **high/low ~** registro *m* alto/bajo. **2** *vt* **(a)** *(birth, marriage, death)* declarar; *(car)* matricular; *(letter)* certificar; *(luggage)* facturar; *(Jur: report officially: deed, complaint)* presentar; *(Comm: trademark)* registrar. **(b)** *(show: reading)* marcar; *(: emotion)* manifestar, mostrar. **3** *vi* **(a)** *(sign on etc: at hotel, school, doctor's)* registrarse; *(Pol: on electoral roll)* registrarse, empadronarse; *(: for a course etc)* matricularse, inscribirse. **(b)** *(have impact, become clear)* hacer impacto, *(LAm)* impactar.

reg·is·tered ['redʒɪstəd] *adj (letter)* certificado/a; *(luggage)* facturado/a; *(student, car)* matriculado/a; *(Comm: design, trademark)* registrado/a; **~ nurse** *(US)* enfermero/a *m/f* calificado/a.

reg·is·trar [ˌredʒɪs'trɑ:ʳ] *n (of births etc)* secretario *m* del registro civil; *(Univ)* secretario general; *(Med)* interno/a *m/f.*

reg·is·tra·tion [ˌredʒɪs'treɪʃən] **1** *n* **(a)** *(see vt)* declaración *f,* matriculación *f;* facturación *f;* presentación *f;* registro *m;* manifestación *f.* **(b)** *(number: Aut, Naut, Univ etc)* matrícula *f.* **2: ~ number** *n (Aut)* matrícula *f.*

reg·is·try ['redʒɪstrɪ] *n (also* **~ office***)* registro *m* civil *or* público.

re·gress [rɪ'gres] *vi (gen)* retroceder.

re·gres·sion [rɪ'greʃən] *n (see vb)* regresión *f.*

re·gres·sive [rɪ'gresɪv] *adj (see vb)* regresivo/a.

re·gret [rɪ'gret] **1** *n* **(a)** *(grief)* pena *f,* pesar *m, (LAm)* dolor *m; (remorse)* remordimientos *mpl;* **much to my ~, to my great ~** con gran pesar mío; **I have no ~s** no me arrepiento de nada; **I say it with ~** lo digo con pesar. **(b) ~s** *(excuses)* excusas *fpl*, disculpas *fpl*; **to send one's ~s for not being able to come** mandar sus excusas por no poder venir. **2** *vt (news, death)* sentir, lamentar; **I ~ the error** lamento el error; **I ~ that I cannot come to your party** *(frm)* lamento no poder asistir a su fiesta; **we ~ to inform you that ...** con profundo sentir *or* pesar le informamos que ... .

re·gret·ful·ly [rɪ'gretfəlɪ] *adv (sadly)* con pesar; *(unwillingly)* desgraciadamente.

re·gret·table [rɪ'gretəbl] *adj (deplorable)* lamentable.

re·gret·tably [rɪ'gretəblɪ] *adv (unfortunately)* desgraciadamente, lamentablemente.

re·group [ˌriː'gruːp] **1** *vt* reagrupar. **2** *vi* reagruparse.

regu·lar ['regjʊləʳ] **1** *adj* **(a)** *(shape: symmetrical)* regular; *(surface: even)* llano/a, *(LAm)* parejo/a; *(features)* regular. **(b)** *(recurring at even intervals)* regular, uniforme; **as ~ as clockwork** como un cronómetro; **at ~ intervals** a intérvalos regulares. **(c)** *(habitual: visitor, client)* habitual, de costumbre; *(Comm: price, size)* normal. **(d)** *(usual: action, procedure)* acostumbrado/a. **(e)** *(Mil: soldier, army)* regular. **(f)** *(Ling: verb etc)* regular. **(g)** *(fam: intensive)* **a ~ nuisance/a ~ bore** un auténtico pesado. **2** *n (customer etc)* cliente *mf* habitual; *(Mil)* regular *m*; **one of the ~s at the club** un asiduo del club.

regu·lar·ity [ˌregjʊ'lærɪtɪ] *n (gen)* regularidad *f*.

regu·lar·ize ['regjʊləraɪz] *vt (standardize: activities, procedure)* regularizar, estandarizar.

regu·lar·ly ['regjʊləlɪ] *adv (frequently)* con regularidad; **he's ~ late** suele llegar tarde.

regu·late ['regjʊleɪt] *vt (control: traffic, expenditure, habits)* reglamentar; *(Tech: machine, mechanism)* regular.

regu·la·tion [ˌregjʊ'leɪʃən] **1** *n* **(a)** *(no pl: see vb)* reglamentación *f*; regulación *f*. **(b)** *(rule)* regla *f*. **2** *cpd* reglamentario/a, normal.

regu·la·tor ['regjʊleɪtəʳ] *n (Tech)* regulador *m*.

re·gur·gi·tate [rɪ'gɜːdʒɪteɪt] *vt (lit)* regurgitar; *(fig)* repetir maquinalmente.

re·ha·bili·tate [ˌriːə'bɪlɪteɪt] *vt (offenders, drug addicts etc)* rehabilitar.

re·ha·bili·ta·tion ['riːəˌbɪlɪ'teɪʃən] **1** *n* rehabilitación *f*. **2: ~ centre** *n* centro *m* de rehabilitación.

re·hash ['riːhæʃ] **1** *n (gen)* refrito *m*. **2** [ˌriː'hæʃ] *vt (book, speech)* volver a sacar; *(food)* recalentar.

re·hears·al [rɪ'hɜːsəl] *n (Mus, Theat)* ensayo *m*.

re·hearse [rɪ'hɜːs] *vt, vi (Mus, Theat)* ensayar.

re·house [ˌriː'haʊz] *vt (family)* dar acomodo a.

reign [reɪn] **1** *n (of king etc)* reinado *m*; *(gen)* dominio *m*; **in** *or* **under the ~ of Queen Elizabeth II** bajo el reinado de la Reina Isabel II; **~ of terror** régimen *m* de terror. **2** *vi (king)* reinar; *(fig: prevail: terror, silence)* predominar; **~ing champion** campeón *m* actual.

re·im·burse [ˌriːɪm'bɜːs] *vt*: **to ~ sb for sth** reembolsar a uno por algo.

rein [reɪn] *n (usu pl)* rienda *f*; **the ~s of government** *(fig)* las riendas del gobierno; **to keep a tight ~ on sb** *(fig)* refrenar a uno; **to give sb free ~** *(fig)* dar rienda suelta a uno.

♦ **rein in** *vt + adv (horse)* refrenar.

re·incar·na·tion [ˌriːɪnkɑː'neɪʃən] *n (gen)* reencarnación *f*.

rein·deer ['reɪndɪəʳ] *n* reno *m*.

re·inforce [ˌriːɪn'fɔːs] **1** *vt (gen)* reforzar; *(lend weight or conviction to: theory, belief)* fortalecer, fundamentar. **2: ~d concrete** *n* hormigón *m* armado.

re·inforce·ment [ˌriːɪn'fɔːsmənt] *n* **(a)** *(act)* refuerzo *m*. **(b)** *(Mil)* **~s** refuerzos *mpl*.

re·instate [ˌriːɪn'steɪt] *vt (restore)* reintegrar.

re·instate·ment [ˌriːɪn'steɪtmənt] *n (see vb)* reintegración *f*.

re·issue [ˌriː'ɪʃjuː] **1** *vt (stamp)* volver a emitir; *(book)* reimprimir; *(film)* reestrenar. **2** *n* **(a)** *(act: see vb)* reemisión *f*; reimpresión *f*; reestreno *m*. **(b)** *(object: see vb)* nueva emisión *f*; reimpresión *f*; reestreno *m*.

re·it·er·ate [riː'ɪtəreɪt] *vt (statement)* reiterar, repetir; **I must ~ that ...** quiero recalcar que ... .

re·it·era·tion [riːˌɪtə'reɪʃən] *n* reiteración *f*, repetición *f*.

re·ject ['riːdʒekt] **1** *n (person)* persona *f* rechazada; *(thing)* desecho *m*. **2** [rɪ'dʒekt] *vt (offer etc)* rechazar; *(dismiss: suggestion etc)* descartar; *(vomit: food)* arrojar; *(subj: body: new organ)* rechazar; **to feel ~ed** sentirse rechazado/a.

re·jec·tion [rɪ'dʒekʃən] *n (gen)* rechazo *m*; *(of help etc)* denegación *f*.

re·joice [rɪ'dʒɔɪs] *vi* alegrarse; *(iro)* **he ~s in the name of Marmaduke** luce el nombre Marmaduke.

re·joic·ings [rɪ'dʒɔɪsɪŋz] *npl (festivities)* alegría *fsg*, regocijo *msg*.

re·join[1] [ˌriː'dʒɔɪn] *vt, vi (join again)* reincorporarse a.

re·join[2] [rɪ'dʒɔɪn] *vi (retort)* replicar.

re·join·der [rɪ'dʒɔɪndəʳ] *n (retort)* réplica *f*.

re·ju·venate [rɪ'dʒuːvɪneɪt] *vt* rejuvenecer.

re·kindle [ˌriː'kɪndl] *vt (fire)* volver a encender; *(fig: enthusiasm, hatred)* reanimar, reavivar.

re·lapse [rɪ'læps] **1** *n (Med)* recaída *f*; *(into crime, error)* reincidencia *f*. **2** *vi (see n)* recaer; reincidir.

re·late [rɪ'leɪt] **1** *vt* **(a)** *(tell: story)* contar, relatar. **(b)** *(establish relation between)* relacionar, vincular. **2** *vi* **(a) to ~ to** *(connect)* relacionarse *or* tener que ver con. **(b) to ~ to** *(get on with)* llevarse con; *(understand, identify with)* simpatizar con.

re·lat·ed [rɪ'leɪtɪd] *adj* **(a)** *(connected: subject)* afín, relacionado/a; **this murder is not ~ to the other** no hay vínculo alguno entre este asesinato y el otro. **(b)** *(attached by family: person)* emparentado/a; **we are distantly ~** somos parientes lejanos.

re·lat·ing [rɪ'leɪtɪŋ] *adj*: **~ to** concerniente *or* referente a.

re·la·tion [rɪ'leɪʃən] *n* **(a)** *(narration)* relato *m*, narración *f*. **(b)** *(relationship)* relación *f*; *(: between persons: kinship)* parentesco *m*; **the ~ between A and B** la relación entre A y B; **in ~ to** en relación con, en lo que se refiere a; **to bear ~ to** guardar relación con; **to bear little/no ~ to** tener poco/no tener nada que ver con. **(c) ~s** relaciones *fpl*; **good ~s** buenas relaciones; **diplomatic/international ~s** relaciones diplomáticas/internacionales; *see* **public 3.** **(d)** *(relative)* pariente/a *m/f*; **what ~ is she to you?** ¿qué parentesco tiene contigo?

re·la·tion·ship [rɪ'leɪʃənʃɪp] *n* **(a)** *(kinship)* parentesco *m*. **(b)** *(connection)* relación *f*, vínculo *m*; *(rapport)* relaciones *fpl*.

rela·tive ['relətɪv] **1** *adj (gen)* relativo/a; **~ to** en relación a. **2** *n* pariente/a *m/f*.

rela·tive·ly ['relətɪvlɪ] *adv* relativamente; **~ speaking** relativamente hablando.

rela·tiv·ity [ˌrelə'tɪvɪtɪ] *n* relatividad *f*.

re·lax [rɪ'læks] **1** *vt (gen)* relajar; *(loosen)* aflojar; *(muscles, discipline etc)* relajar, aflojar; **to ~ one's hold on sth** soltar algo. **2** *vi* **(a)** *(loosen: grip etc)* aflojarse, relajarse; **his face ~ed into a smile** su cara se relajó con una sonrisa. **(b)** *(rest)* descansar; *(quieten down)* relajarse, tranquilizarse; *(lose inhibitions)* relajarse; *(amuse oneself)* divertirse, distraerse; **don't worry, ~!** ¡no te preocupes, tranquilízate!

re·lax·ant [rɪ'læksənt] *n (drug)* relajante *m.*

re·laxa·tion [ˌriːlæk'seɪʃən] *n* **(a)** *(loosening: of discipline)* relajación *f*, relajamiento *m; (: of hold, grip)* aflojamiento *m.* **(b)** *(rest)* descanso *m; (amusement)* recreo *m*, diversión *f.*

re·lax·ed [rɪ'lækst] *adj (not tense: muscles)* relajado/a, aflojado/a; *(: person, mood)* tranquilo/a, sosegado/a; *(casual, loose: attitude)* relajado/a.

re·lay ['riːleɪ] **1** *n* **(a)** *(of workmen)* relevo *m*, tanda *f; (of horses)* posta *f;* **to work in ~s** trabajar por tandas. **(b)** *(Sport: also* **~ race***)* carrera *f* de relevos; *(Tech)* relé *m; (Rad, TV)* **in ~** en cadena. **2** *vt (Rad, TV: transmit: concert, football match etc)* retransmitir; *(pass on)* transmitir, pasar; *(make known)* difundir.

re·lease [rɪ'liːs] **1** *n* **(a)** *(loosening)* aflojamiento *m; (fig)* relajación *f.* **(b)** *(liberation)* liberación *f; (discharge)* puesta *f* en libertad; *(fig)* alivio *m.* **(c)** *(emission: of record, film etc)* estreno *m*, salida *f; (: of gas, smoke)* escape *m*, fuga *f; (record)* disco *m.* **(d)** *(Tech, Phot: catch)* disparador *m.* **(e)** *(Jur: relinquishing)* cesión *f.*

2 *vt* **(a)** *(loosen: grip)* solgar, aflojar; *(: fig: tension)* relajar. **(b)** *(liberate: prisoner)* liberar; *(discharge)* poner en libertad. **(c)** *(issue: record, film)* estrenar; *(: book)* publicar; *(: piece of news)* difundir. **(d)** *(Jur: relinquish: right, property)* ceder. **(e)** *(let slip: Tech: catch)* soltar; *(: Phot: shutter)* disparar. **(f)** *(let up: brakes, pedal etc)* soltar.

rel·egate ['relɪgeɪt] *vt (demote: person, old furniture)* relegar; *(Sport: team)* bajar (a una división inferior).

rel·ega·tion [ˌrelɪ'geɪʃən] *n (see vb)* relegación *f;* descenso *m.*

re·lent [rɪ'lent] *vi* **(a)** *(show compassion)* ablandarse, aplacarse. **(b)** *(let up)* descansar.

re·lent·less [rɪ'lentlɪs] *adj* **(a)** *(heartless: cruelty)* cruel, despiadado/a. **(b)** *(persistent: hard work)* incesante.

re·lent·less·ly [rɪ'lentlɪslɪ] *adv* **(a)** *(heartlessly)* cruelmente, despiadadamente. **(b)** *(persistently)* sin descanso.

re·let [ˌriː'let] *vt (flat, house)* realquilar.

rel·evancc ['reləvəns] *n* significado *m*, relevancia *f.*

rel·evant ['reləvənt] *adj (information etc)* pertinente, a propósito; **~ to** relacionado con; **that's not ~ to the case** eso no viene al caso.

re·li·abil·ity [rɪˌlaɪə'bɪlɪtɪ] *n (gen)* fiabilidad *f; (soundness)* seguridad *f; (of person)* seriedad *f*, formalidad *f; (of facts)* veracidad *f.*

re·li·able [rɪ'laɪəbl] *adj (gen)* de fiar, de confiar; *(secure, sound)* seguro/a; *(person: trustworthy)* fiable, digno/a de confianza; *(: serious)* serio/a, formal; **~ sources** fuentes *fpl* fidedignas.

re·li·ably [rɪ'laɪəblɪ] *adv*: **I am ~ informed that ...** lo tengo de fuentes fidedignas que ... .

re·li·ance [rɪ'laɪəns] *n*: **~ on sth** dependencia *f* de algo.

re·li·ant [rɪ'laɪənt] *adj*: **to be ~ on sth/sb** confiar en algo/uno.

rel·ic ['relɪk] *n (lit)* reliquia *f; (fig)* vestigio *m.*

re·lief [rɪ'liːf] **1** *n* **(a)** *(of pain etc)* alivio *m; (from tension etc)* descanso *m; (aid)* socorro *m*, ayuda *f; (from taxation)* desgravación *f;* **by way of light ~** a modo de diversión; **that's a ~!** ¡qué alivio! **(b)** *(Mil: of town)* auxilio *m.* **(c)** *(Art, Geog)* relieve *m*, realce *m;* **high/low ~** alto/bajo relieve; **to throw sth into ~** *(fig)* hacer que resalte algo. **(d)** *(replacement, supplement)* relevo *m.* **2** *cpd (bus, secretary)* suplente; *(work, organization)* de auxilio; **~ map** *n (Geog)* mapa *m* en relieve; **~ road** *n* calle *f* de descongestionamiento; **~ troops** *npl* tropas *fpl* de relevo.

re·lieve [rɪ'liːv] *vt* **(a)** *(comfort: sufferings etc)* aliviar; *(alleviate: pain, headache etc)* aliviar; *(fig: tension, boredom)* disipar, aliviar; **it ~s me to hear it** me tranquiliza saberlo. **(b)** *(rid)* **to ~ sb of sth** librar a uno de algo; **this ~s us of financial worries** esto nos quita de encima la preocupación económica; **let me ~ you of your coat** ¿me permite su abrigo?; **to ~ sb of his wallet** *(iro)* quitarle a uno la cartera. **(c)** *(Mil: rescue: city)* auxiliar. **(d)** *(replace: sb on guard or shift)* relevar. **(e)** *(give vent to: feelings, anger)* desahogar. **(f)** *(go to lavatory)* **to ~ o.s.** hacer de cuerpo.

re·li·gion [rɪ'lɪdʒən] *n (gen)* religión *f;* **football is like a ~ with him** *(fig)* el fútbol es su religión.

re·li·gious [rɪ'lɪdʒəs] *adj (gen)* religioso/a; **a ~ person** un(a) creyente.

re·li·gious·ly [rɪ'lɪdʒəslɪ] *adv* **(a)** *(in a religious way)* en forma religiosa. **(b)** *(attend)* sin faltar nunca.

re·lin·quish [rɪ'lɪŋkwɪʃ] *vt (gen)* renunciar a; *(let go of)* soltar.

rel·ish ['relɪʃ] **1** *n* **(a)** *(distinctive flavour)* sabor *m.* **(b)** *(gusto, enthusiasm)* entusiasmo *m.* **(c)** *(sauce)* salsa *f.* **2** *vt (taste, savour: a good meal)* saborear; *(fig: like: idea, prospect)* disfrutar.

re·live [ˌriː'lɪv] *vt* revivir; **to ~ old memories** rememorar *or* repasar los recuerdos.

re·lo·cate [ˌriːləʊ'keɪt] **1** *vt (factory, employees)* cambiar de lugar, mudar, *(LAm)* reubicar. **2** *vi* mudarse.

re·luc·tance [rɪ'lʌktəns] *n* desgana *f*, desgano *m*, renuencia *f;* **to show ~** mostrarse reacio/a *or* renuente; **with ~** con *or* a desgano.

re·luc·tant [rɪ'lʌktənt] *adj (person)* reacio/a, renuente; **to be ~ to do sth** resistirse a hacer algo.

re·luc·tant·ly [rɪ'lʌktəntlɪ] *adv* de mala gana, a disgusto.

rely [rɪ'laɪ] *vi*: **to ~ on sb/sth** depender de uno/algo; **you can't ~ on the trains** no se puede fiar de los trenes.

re·main [rɪ'meɪn] *vi* **(a)** *(be left over)* sobrar, *(LAm)* restar; *(survive)* quedar; **it ~s to be seen whether ...** queda *or (LAm)* está por verse si ...; **it only ~s to thank you** sólo falta agradecerle. **(b)** *(stay, persist)* quedarse; **we ~ed there 3 weeks** nos quedamos allí 3 semanas; **it will ~ in my memory** se me quedará grabado en la memoria; **the fact ~s that ...** no es menos cierto que ... . **(c)** *(with adj complement)* **to ~ faithful to sb** seguirle fiel a uno; **the problem ~s unsolved** el problema sigue sin resolverse; **it ~s true that ...** sigue siendo *or (LAm)* no deja de ser cierto que ...; **I ~, yours faithfully** le saluda atentamente.

re·main·der [rɪ'meɪndə^r^] **1** *n* resto *m*, saldo *m; (Math)* residuo *m*, resto; **the ~** *(gen)* lo demás *or* el resto, los demás. **2** *vt (copies of book)* saldar.

re·main·ing [rɪ'meɪnɪŋ] *adj (left over)* sobrante, *(LAm)* restante; *(left behind)* que queda; **the 3 ~ possibilities** las 3 posibilidades restantes.

re·mains [rɪ'meɪnz] *npl (gen)* restos *mpl*, vestigios *mpl; (food)* sobras *fpl*, restos; *(bodily)* restos.

re·make ['riːmeɪk] *n (Cine)* nueva versión *f.*

re·mand [rɪ'mɑːnd] *(Jur)* **1** *n*: **to be on ~** estar detenido bajo custodia. **2** *vt (case)* remitir; **to ~ sb in custody** mantener a uno bajo custodia. **3**: **~ home** *n* reformatorio *m.*

re·mark [rɪ'mɑːk] **1** *n* **(a)** *(comment)* comentario *m,* observación *f;* **to let sth pass without ~** dejar pasar algo sin (hacer) comentario; **after some introductory ~s** al cabo de unos comentarios introductorios; **to make** *or* **pass ~s about sb** *(usu pej)* hacer comentarios sobre uno. **(b)** *(notice)* **worthy of ~** notable. **2** *vt (say)* observar, comentar. **3** *vi (comment)* **to ~ on sth** hacer observaciones sobre algo.

re·mark·able [rɪ'mɑːkəbl] *adj (noteworthy, unusual)* notable; *(outstanding)* destacado/a, extraordinario/a; **what's ~ about that?** no tiene nada de extraordinario.

re·mark·ably [rɪ'mɑːkəblɪ] *adv (surprisingly)* extraordinariamente.

re·mar·riage [ˌriː'mærɪdʒ] *n* segundo casamiento *m.*

re·marry [ˌriː'mærɪ] *vi* volver a casarse.

re·medial [rɪ'miːdɪəl] *adj (Med)* reparador(a); *(fig)* correctivo/a; **~ education** educación *f* especial.

rem·edy ['remədɪ] **1** *n (gen)* remedio *m;* **to be past ~** *(Med, fig)* no tener remedio. **2** *vt (Med: illness)* curar; *(fig: situation)* remediar.

re·mem·ber [rɪ'membəʳ] **1** *vt (recall, not forget: person, fact, promise)* acordarse de, recordar; **I ~ seeing it, I ~ having seen it** recuerdo haberlo visto; **she ~ed to do it** se acordó de hacerlo; **give me sth to ~ you by** dame algún recuerdo tuyo; **~ the waiter!** ¡acuérdate de la propina!; **~ that he carries a gun** no se te olvide que lleva pistola; **to ~ sb in one's prayers** rezar por uno; **to ~ sb in one's will** mencionar a uno en el testamento; **~ me to your wife and children!** deles recuerdos a su familia, *(LAm)* saluda a tu familia de mi parte. **2** *vi:* **do you ~?** ¿te acuerdas?, ¿recuerdas?; **yes, I ~** sí, me acuerdo; **as far as I can ~** si mal no recuerdo.

re·mem·brance [rɪ'membrəns] *n (remembering)* recuerdo *m;* **in ~ of** en conmemoración de; **R~ Day** día *m* de los caídos.

re·mind [rɪ'maɪnd] *vt* recordar; **that ~s me of last time** eso me recuerda la última vez; **she ~s me of Anne** me recuerda a Ana; **that ~s me!** ¡y a propósito!; **thank you for ~ing me** gracias por recordarme; **to ~ sb to do sth** recordar a uno que haga algo.

re·mind·er [rɪ'maɪndəʳ] *n* **(a)** *(letter etc)* notificación *f.* **(b)** *(memento)* recuerdo *m.*

remi·nisce [ˌremɪ'nɪs] *vi* recordar (el pasado).

remi·nis·cence [ˌremɪ'nɪsns] *n (act)* reminiscencia *f; (individual recollection)* recuerdo *m.*

remi·nis·cent [ˌremɪ'nɪsnt] *adj* **(a)** *(nostalgic)* nostálgico/a. **(b) to be ~ of** recordar.

re·miss [rɪ'mɪs] *adj* descuidado/a; **it was ~ of me** fue un descuido de mi parte.

re·mis·sion [rɪ'mɪʃən] *n (Rel: forgiveness)* remisión *f,* perdón *m; (gen: annulment)* exoneración *f; (shortening of prison sentence)* disminuición *f* de pena.

re·mit [rɪ'mɪt] *vt* **(a)** *(pay by sending: amount due)* remitir. **(b)** *(refer: decision)* remitir. **(c)** *(Rel: forgive: sins)* perdonar, remitir; *(gen: let off: debt, part of prison sentence)* remitir.

re·mit·tance [rɪ'mɪtəns] *n (payment)* remesa *f.*

rem·nant ['remnənt] *n (remainder)* resto *m,* remanente *m; (scrap of cloth)* retal *m.*

re·mod·el [ˌriː'mɒdl] *vt* remodelar.

re·mon·strance [rɪ'mɒnstrəns] *n (complaint, protest)* protesta *f,* reprimenda *f.*

re·mon·strate ['remənstreɪt] *vi (protest)* protestar; *(argue)* discutir.

re·morse [rɪ'mɔːs] *n (regret)* remordimiento *m;* **without ~** sin piedad.

re·morse·ful [rɪ'mɔːsfʊl] *adj (regretful)* arrepentido/a.

re·morse·less [rɪ'mɔːslɪs] *adj* **(a)** *(see n)* sin remordimiento. **(b)** *(fig: advance, progress)* implacable, inexorable.

re·morse·less·ly [rɪ'mɔːslɪslɪ] *adv (see adj)* sin remordimientos; inexorablemente.

re·mote [rɪ'məʊt] **1** *adj* **(-r, -st)** *(gen)* remoto/a; *(distant)* lejano/a; *(distant, detached: in place: village, spot)* retirado/a, *(LAm)* apartado/a; *(aloof: person)* distante; **a ~ possibility** una posibilidad remota; **I haven't the ~st idea** no tengo la más remota idea. **2: ~ control** *n* telemando *m,* mando *m* a distancia.

remote-controlled [rɪˌməʊtkən'trəʊld] *adj (toy aircraft etc)* teledirigido/a.

re·mote·ly [rɪ'məʊtlɪ] *adv* **(a)** *(distantly)* remotamente; **they are ~ related** son parientes *mpl* lejanos. **(b)** *(slightly)* **it's not even ~ likely** de eso no hay la más remota posibilidad.

re·mould [ˌriː'məʊld] **1** *vt* recauchutar. **2** ['riːməʊld] *n* neumático *m or (LAm)* llanta *f* recauchutado/a.

re·mount [ˌriː'maʊnt] *vt (gen)* montar de nuevo, volver a montar.

re·mov·able [rɪ'muːvəbl] *adj (detachable)* movible; *(from job)* amovible.

re·mov·al [rɪ'muːvəl] **1** *n (transfer)* traslado *m; (of word etc)* supresión *f; (of house etc)* mudanza *f; (fig: murder)* eliminación *f.* **2: ~ van** *n* camión *m* de mudanzas.

re·move [rɪ'muːv] **1** *vt* **(a)** *(take away)* quitar, *(LAm)* llevarse; *(set apart)* apartar, alejar; **to ~ a child from school** sacar a un niño de la escuela. **(b)** *(take off: clothing, make-up)* quitarse. **(c)** *(Med: appendix etc)* quitar. **(d)** *(get rid of: doubt, obstacle, fear)* eliminar; *(: stain)* borrar, quitar. **2** *vi (move house)* mudarse, *(LAm)* cambiarse; *(transfer)* trasladarse.

re·moved [rɪ'muːvd] *adj:* **first cousin once ~** *(parent's cousin)* tío *m* segundo; *(cousin's child)* sobrino *m* segundo; **far ~ from** muy lejos de.

re·mov·er [rɪ'muːvəʳ] *n* **(a)** *(removal man)* agente *m* de mudanzas. **(b)** *(of stains etc)* **stain ~** quitamanchas *m inv;* **make-up ~** desmaquilladora *f;* **nail polish ~** quitaesmaltes *m inv.*

re·mu·ner·ate [rɪ'mjuːnəreɪt] *vt* remunerar.

re·mu·nera·tion [rɪˌmjuːnə'reɪʃn] *n* remuneración *f.*

re·mu·nera·tive [rɪ'mjuːnərətɪv] *adj* remunerativo/a.

Re·nais·sance [rɪ'neɪsɑ̃ːns] **1** *n* renacimiento *m.* **2** *cpd* renacentista.

re·nal ['riːnl] *adj (Anat)* renal.

re·name [ˌriː'neɪm] *vt* poner nuevo nombre a.

rend [rend] *pt, pp* **rent** *vt (poet: tear)* rasgar, desgarrar; *(: split)* hender; *(fig)* **a cry rent the air** un grito hendió los aires.

ren·der ['rendəʳ] *vt* **(a)** *(give: thanks, honour)* dar, rendir; *(: service)* dar, prestar; *(: account)* dar; **'to account ~ed'** *(Comm)* 'según factura anterior'. **(b)** *(make)* dejar, volver; **the accident ~ed him blind** el accidente le dejó ciego; **to ~ sth useless** inutilizar algo; **this ~s it impossible for me to leave** esto me impide marcharme. **(c)** *(interpret: sonata etc)* interpretar; *(role, play)* representar, interpretar; *(translate: text)* traducir. **(d)** *(Culin: also* **~ down***)* derretir. **(e)** *(Constr)* enlucir.

ren·der·ing ['rendərɪŋ] *n (translation)* traducción *f; (of song, role)* interpretación *f.*

ren·dez·vous ['rɒndɪvuː] **1** *n* **(a)** *(date)* cita *f; (meeting)* reunión *f;* **to have a ~ with sb** tener cita *or* compromiso con uno. **(b)** *(meeting-place)* lu-

gar *m* de reunión. **2** *vi* reunirse, encontrarse.
ren·di·tion [ren'dɪʃən] *n (Mus)* interpretación *f*.
ren·egade ['renɪgeɪd] *n* renegado/a *m/f*.
re·new [rɪ'njuː] *vt (gen)* renovar; *(resume)* reanudar; *(extend date)* prorrogar; **to ~ the attack** volver al ataque.
re·new·able [rɪ'njuːəbl] *adj* renovable.
re·new·al [rɪ'njuːəl] *n (see vb)* renovación *f;* reanudación *f;* prórroga *f;* **urban ~** renovación urbana; **a spiritual ~** una renovación espiritual.
ren·net ['renɪt] *n* cuajo *m*.
re·nounce [rɪ'naʊns] *vt (right, inheritance)* renunciar; *(the world, one's faith)* renunciar a.
reno·vate ['renəʊveɪt] *vt (renew)* renovar; *(restore)* restaurar.
re·nown [rɪ'naʊn] *n* renombre *m,* fama *f*.
re·nowned [rɪ'naʊnd] *adj* renombrado/a, famoso/a.
rent[1] [rent] **1** *n (hire charge)* alquiler *m; (for house)* arriendo *m,* renta *f*. **2** *vt (house, TV, car)* alquilar, *(LAm)* arrendar; **to ~ a flat from sb** alquilar un departamento a uno; **to ~ a house (out) to sb** alquilar una casa a uno.
rent[2] [rent] *pt, pp of* **rend.**
rent·al ['rentl] *n (cost)* alquiler *m, (LAm)* arriendo *m*.
re·nun·cia·tion [rɪ,nʌnsɪ'eɪʃən] *n* renuncia *f*.
re·open [,riː'əʊpən] **1** *vt (shop, theatre)* volver a abrir, reabrir; *(discussion, hostilities)* reanudar; **to ~ a case** *(Jur)* rever un proceso; **to ~ old wounds** reabrir una vieja herida. **2** *vi* volverse a abrir, reanudarse.
re·opening [,riː'əʊpnɪŋ] *n (see vt)* reapertura *f;* reanudación *f*.
re·or·der [,riː'ɔːdə[r]] *vt, vi (Comm)* volver a pedir.
re·or·gani·za·tion ['riː,ɔːgənaɪ'zeɪʃən] *n* reorganización *f*.
re·or·gan·ize [,riː'ɔːgənaɪz] *vt* reorganizar.
rep[1] [rep] *n (Comm: abbr of* **representative***)* viajante *mf,* representante *mf*.
rep[2] [rep] *n (Theat: abbr of* **repertory***)* teatro *m* de repertorio.
re·paid [riː'peɪd] *pt, pp of* **repay.**
re·pair [rɪ'pɛə[r]] **1** *n (act)* reparación *f, (LAm)* compostura *f; (patch etc)* remiendo *m;* **to be in good ~** *or* **in a good state of ~** estar en buen estado; **it is damaged beyond ~** es irreparable; **under ~** en obras. **2** *vt* **(a)** *(car etc)* reparar, *(LAm)* componer; *(shoes etc)* remendar. **(b)** *(fig: wrong)* remediar; *(frm: go)* dirigirse a.
re·pair·able [rɪ'pɛərəbl] *adj* reparable.
re·pair·man [rɪ'pɛə,mæn] *n, pl* **-men** *(US)* reparador *m*.
repa·rable ['repərəbl] *adj* reparable; *(loss, mistake)* recuperable.
repa·ra·tion [,repə'reɪʃən] *n* reparación *f;* **to make ~ to sb for sth** indemnizar a uno por algo.
rep·ar·tee [,repɑː'tiː] *n* réplicas *fpl* agudas.
re·pat·ri·ate [riː'pætrɪeɪt] *vt* repatriar.
re·pat·ria·tion [riː,pætrɪ'eɪʃən] *n* repatriación *f*.
re·pay [riː'peɪ] *pt, pp* **repaid** *vt (money)* reembolsar, devolver; *(debt)* liquidar, pagar; *(person)* reembolsar, pagar; *(kindness etc)* devolver, corresponder a; **how can I ever ~ you?** no hay forma de compensarle; **it ~s study** vale la pena estudiarlo.
re·pay·able [riː'peɪəbl] *adj* reembolsable.
re·pay·ment [riː'peɪmənt] *n (act: of money)* devolución *f,* reembolso *m; (sum of money)* recompensa *f*.
re·peal [rɪ'piːl] **1** *vt* revocar, abrogar. **2** *n* revocación *f,* abrogación *f*.
re·peat [rɪ'piːt] **1** *vt (say or do again)* repetir; **don't ~ it to anybody** no se lo cuentes a nadie; **this offer cannot be ~ed** la oferta no se puede repetir; **to ~ o.s.** repetirse; **~ed failure** fracasos repetidos; **in spite of ~ed reminders** a pesar de repetidas notificaciones. **2** *n* repetición *f; (TV)* reposición *f;* **a ~ order** *(Comm)* un pedido renovado.
re·peat·ed·ly [rɪ'piːtɪdlɪ] *adv* repetidas veces.
re·pel [rɪ'pel] *vt (force back)* repeler, rechazar; *(disgust)* repugnar, dar asco.
re·pel·lent [rɪ'pelənt] **1** *adj (disgusting)* repugnante, asqueroso/a. **2** *n:* **insect ~** crema *f or* loción *f* antiinsectos.
re·pent [rɪ'pent] *vi* arrepentirse (*of* de).
re·pent·ance [rɪ'pentəns] *n* arrepentimiento *m*.
re·pent·ant [rɪ'pentənt] *adj* arrepentido/a.
re·per·cus·sions [,riːpə'kʌʃnz] *npl* repercusiones *fpl*.
rep·er·toire ['repətwɑː[r]] *n (of songs, jokes)* repertorio *m*.
rep·er·tory ['repətərɪ]: **~ company** *n*/**~ theatre** *n* teatro *m* de repertorio.
rep·eti·tion [,repɪ'tɪʃən] *n* repetición *f*.
rep·eti·tious [,repɪ'tɪʃəs] *adj,* **re·peti·tive** [rɪ'petətɪv] *adj* repetidor(a).
re·place [rɪ'pleɪs] *vt* **(a)** *(put back: book etc)* reponer, devolver a su lugar; *(Telec: receiver)* colgar. **(b)** *(get a replacement for)* reemplazar; *(take the place of)* reemplazar, suplir; **to ~ sth by** *or* **with sth else** sustituir algo por otra cosa; **nobody could ever ~ him in my heart** nadie le sustituirá en mis sentimientos; **he asked to be ~d** pidió que se le sustituyera.
re·place·able [rɪ'pleɪsəbl] *adj* reemplazable.
re·place·ment [rɪ'pleɪsmənt] *n (act)* reposición *f; (substitute: thing)* repuesto *m,* recambio *m; (: person)* sustituto/a *m/f,* suplente *mf*.
re·play [,riː'pleɪ] **1** *vt, vi (match etc)* volver a jugar. **2** ['riːpleɪ] *n (of match)* repetición *f* de un partido; **action ~** *(TV)* repetición.
re·plen·ish [rɪ'plenɪʃ] *vt (tank etc)* rellenar, llenar de nuevo; *(stocks)* reponer.
re·plete [rɪ'pliːt] *adj (usu pred)* repleto/a, lleno/a.
rep·li·ca ['replɪkə] *n* copia *f,* reproducción *f*.
re·ply [rɪ'plaɪ] **1** *n* respuesta *f,* contestación *f;* **in ~** en respuesta; **there's no ~** *(Telec)* no contestan. **2** *vi (to sb)* responder, contestar; **to ~ to a letter** contestar una carta.
re·popu·late [,riː'pɒpjʊleɪt] *vt* repoblar.
re·port [rɪ'pɔːt] **1** *n* **(a)** *(account: written, spoken)* informe *m; (official)* parte *m; (Press, Rad, TV)* reportaje *m; (: piece of news)* noticia *f,* informe; **annual ~** memoria *f* anual; **to give a ~ on sth** presentar un informe sobre algo. **(b)** *(bang)* estallido *m; (shot)* disparo *m*. **(c)** *(Scol)* boletín *m* escolar.

2 *vt (state, make known)* informar, dar informe de; *(Press, TV)* informar acerca de; *(notify: accident, culprit)* denunciar; **it is ~ed from Berlin that ...** se informa desde Berlín que ...; **what have you to ~?** ¿qué noticias nos trae?; **to ~ progress** informar sobre los progresos habidos; **I shall have to ~ this** tengo la obligación de presentar una denuncia *or* denunciar esto.

3 *vi* **(a)** *(make ~)* presentar un informe; **to ~ on** investigar. **(b)** *(as reporter)* ser reportero. **(c)** *(present oneself)* presentarse (*to* a); **to ~ for duty** presentarse para el servicio; **to ~ sick** darse de baja por enfermo.
♦ **re·port back** *vi + prep* informar.
re·port·age [,repɔː'tɑːʒ] *n (news report)* reportaje *m; (technique)* periodismo *m*.
re·port·er [rɪ'pɔːtə[r]] *n (Press)* periodista *mf,* re-

portero/a *m/f; (TV, Rad)* locutor(a) *m/f.*

re·pose [rɪ'pəuz] *(frm)* **1** *n (rest, sleep)* reposo *m,* descanso *m; (calm)* calma *f,* tranquilidad *f.* **2** *vi (rest, be buried)* reposar, descansar.

rep·re·hen·sible [ˌreprɪ'hensɪbl] *adj* reprensible, censurable.

re·pre·sent [ˌreprɪ'zent] *vt* **(a)** *(stand for, symbolize)* representar, significar. **(b)** *(act or speak for)* representar. **(c)** *(frm: convey, explain)* explicar, hacer ver.

rep·re·sen·ta·tion [ˌreprɪzen'teɪʃən] *n* representación *f;* **to make ~s to sb** levantar una protesta a uno; *see* **proportional.**

rep·re·senta·tive [ˌreprɪ'zentətɪv] **1** *adj* representativo/a *(of* de). **2** *n (gen)* representante *mf;* **the House of R~** *(US Pol)* la cámara de Representantes, ≃ el Senado.

re·press [rɪ'pres] *vt (control: emotion)* dominar; *(: tears)* suprimir; *(suppress)* reprimir.

re·pressed [rɪ'prest] *adj* reprimido/a.

re·pres·sion [rɪ'preʃən] *n (gen, also Psych)* represión *f.*

re·pres·sive [rɪ'presɪv] *adj* represivo/a.

re·prieve [rɪ'priːv] **1** *n (Jur)* indulto *m; (: of sentence)* conmutación *f; (fig: delay)* aplazamiento *m, (LAm)* plazo *m.* **2** *vt (Jur)* indultar; *(fig)* salvar.

rep·ri·mand ['reprɪmɑːnd] **1** *n* reprimenda *f.* **2** *vt* reprender, *(LAm)* regañar.

re·print ['riːprɪnt] **1** *n* reimpresión *f,* reedición *f.* **2** [ˌriː'prɪnt] *vt* reimprimir.

re·pris·al [rɪ'praɪzəl] *n* represalia *f;* **to take ~s** tomar represalias.

re·proach [rɪ'prəutʃ] **1** *n* reproche *m;* **above** *or* **beyond ~** intachable, irreprochable; **that is a ~ to us all** es un reproche a todos nosotros. **2** *vt:* **to ~ sb for sth** reprochar algo a uno; **to ~ o.s. for sth** reprocharse algo, culparse de algo.

re·proach·ful [rɪ'prəutʃful] *adj (look etc)* de reproche, de acusación.

rep·ro·bate ['reprəubeɪt] *n* réprobo/a *m/f.*

re·pro·duce [ˌriːprə'djuːs] **1** *vt* reproducir. **2** *vi (Bio)* reproducirse.

re·pro·duc·tion [ˌriːprə'dʌkʃən] **1** *n* **(a)** *(act of reproducing)* reproducción *f; (copy)* copia *f,* reproducción *f.* **(b)** *(Bio)* reproducción *f.* **2: ~ furniture** *n* reproducciones *fpl* de muebles antiguos.

re·proof [rɪ'pruːf] *n* reproche *m, (LAm)* regaño *m,* regañada *f.*

re·proof [ˌriː'pruːf] *vt (garment)* impermeabilizar de nuevo.

re·prove [rɪ'pruːv] *vt:* **to ~ sb for sth** reprochar algo a uno.

rep·tile ['reptaɪl] *n* reptil *m.*

re·pub·lic [rɪ'pʌblɪk] *n* república *f.*

re·pub·li·can [rɪ'pʌblɪkən] *adj, n* republicano/a *m/f.*

re·pub·lish [ˌriː'pʌblɪʃ] *vt* reeditar.

re·pu·di·ate [rɪ'pjuːdɪeɪt] *vt (charge)* repudiar; *(treaty)* cancelar; *(debt)* desconocer.

re·pu·dia·tion [rɪˌpjuːdɪ'eɪʃən] *n (see vt)* repudio *m;* cancelación *f;* desconocimiento *m.*

re·pug·nance [rɪ'pʌgnəns] *n* repugnancia *f,* asco *m.*

re·pug·nant [rɪ'pʌgnənt] *adj* repugnante, asqueroso/a.

re·pulse [rɪ'pʌls] *vt (gen)* rechazar.

re·pul·sion [rɪ'pʌlʃən] *n (disgust)* repulsión *f,* repugnancia *f; (rejection)* repulsa *f,* rechazo *m.*

re·pul·sive [rɪ'pʌlsɪv] *adj* repulsivo/a, repugnante.

repu·table ['repjutəbl] *adj (of good name)* de buena fama, de confianza.

repu·ta·tion [ˌrepju'teɪʃən] *n* reputación *f,* fama *f;* **to have a bad ~** tener mala fama; **he has a ~ for being awkward** tiene fama de difícil; **to live up to one's ~** merecer la reputación.

re·pute [rɪ'pjuːt] **1** *n* reputación *f,* renombre *m.* **2** *vt:* **he is ~d to be very fast** se dice que es muy rápido; **she is ~d to be the world's best** tiene fama de ser la mejor del mundo.

re·put·ed [rɪ'pjuːtɪd] *adj (supposed)* supuesto/a, presunto/a; *(well known)* renombrado/a.

re·put·ed·ly [rɪ'pjuːtɪdlɪ] *adv* según dicen.

re·quest [rɪ'kwest] **1** *n (gen)* solicitud *f; (plea)* petición *f;* **a ~ for help** una petición de socorro; **at the ~ of** a petición de; **by popular ~** a petición del público. **2** *vt* solicitar; **to ~ sb to do sth** pedir a uno hacer algo. **3: ~ (bus) stop** *n* parada *f* a petición; **~ programme** *n (Rad) programa m de radio basado en discos solicitados por los radioescuchas.*

requi·em ['rekwɪem] *n* réquiem *m.*

re·quire [rɪ'kwaɪəʳ] *vt* **(a)** *(need)* requerir, necesitar; *(call for, take: care, effort)* exigir, requerir; **if ~d** si se requiere. **(b)** *(demand, order)* exigir; *(ask)* pedir, rogar; **to ~ sth of sb** pedir algo a uno; **to ~ that sth be done** exigir que algo se haga; **~d (by law)** obligatorio (por ley).

re·quired [rɪ'kwaɪəd] *adj* necesario/a, requerido/a; **in the ~ time** dentro del plazo prescrito.

re·quire·ment [rɪ'kwaɪəmənt] *n (need)* necesidad *f; (condition)* requisito *m;* **to meet all the ~s for sth** llenar todos los requisitos para algo.

requi·site ['rekwɪzɪt] **1** *adj* = **required. 2** *n* requisito *m;* **toilet ~s** artículos *mpl* de baño.

requi·si·tion [ˌrekwɪ'zɪʃən] **1** *n (Mil)* requisa *f,* requisición *f; (formal request)* solicitud *f.* **2** *vt (see n)* requisar; solicitar.

re·route [ˌriː'ruːt] *vt* desviar.

re·scind [rɪ'sɪnd] *vt (Jur)* abrogar; *(contract, order, etc)* anular.

res·cue ['reskjuː] **1** *n* rescate *m,* salvamento *m;* **to come/go to sb's ~** acudir en auxilio de uno, socorrer a uno. **2** *vt* salvar, rescatar; **three men were ~d** se salvaron tres hombres; **to ~ sb from death** salvar a uno de la muerte.

res·cu·er ['reskjuəʳ] *n* salvador(a) *m/f.*

re·search [rɪ'sɜːtʃ] **1** *n* investigaciones *fpl; see* **market 3. 2** *vi* hacer investigaciones; **to ~ into sth** investigar algo. **3** *vt* investigar; **a well ~ed book** un libro bien fundamentado. **4: ~ establishment** *n* instituto *m* de investigación; **~ work** *n* investigaciones *fpl;* **~ worker** *n* investigador(a) *m/f.*

re·search·er [rɪ'sɜːtʃəʳ] *n* investigador(a) *m/f.*

re·sell [ˌriː'sel] *pt, pp* **resold** *vt* revender.

re·sem·blance [rɪ'zembləns] *n* semejanza *f,* parecido *m;* **to bear a strong ~ to sb** parecerse mucho a uno, *(LAm)* ser igualito *or* pegado a uno.

re·sem·ble [rɪ'zembl] *vt* parecerse a.

re·sent [rɪ'zent] *vt* resentir, sentirse ofendido/a por; **he ~s my being here** está resentido porque estoy aquí yo.

re·sent·ful [rɪ'zentful] *adj (person, tone)* resentido/a; **to be** *or* **feel ~ of sb** tener resentimiento a uno.

re·sent·ment [rɪ'zentmənt] *n* resentimiento *m (about* por).

res·er·va·tion [ˌrezə'veɪʃən] *n* **(a)** *(booking)* reservación *f.* **(b)** *(doubt)* reserva *f,* duda *f.* **(c)** *(area of land)* reserva *f; see* **central.**

re·serve [rɪ'zɜːv] **1** *n* **(a)** *(of money etc)* reserva *f;* **to have sth in ~** tener algo de reserva; **to keep sth in ~** guardar algo en reserva; **there are untapped ~s of energy** hay fuentes de energía sin explotar todavía. **(b)** *(Sport etc)* reserva *mf,* suplente *mf.* **(c)** *(land)* reserva *f.* **(d) without ~**

sin reserva. **(e)** *(hiding one's feelings)* reserva *f.*
2 *vt* **(a)** *(table, seat etc)* reservar; *(set aside)* reservar, guardar; **to ~ one's strength** conservar las fuerzas. **(b)** *(Jur)* aplazar; **I ~ judgment on this** me reservo el juicio en este asunto.
3: ~ team *n (Sport)* equipo *m* de reserva.
re·served [rɪ'zɜːvd] *adj (gen)* reservado/a.
re·serv·ist [rɪ'zɜːvɪst] *n (Mil)* reservista *mf.*
res·er·voir ['rezəvwɑːʳ] *n (lake)* embalse *m, (LAm)* represa *f; (tank etc)* depósito *m.*
re·set [ˌriː'set] *pt, pp* **reset** *vt (machine etc)* reajustar; *(Typ)* recomponer; *(bone)* volver a encajar; *(jewel)* reengastar.
re·set·tle [ˌriː'setl] **1** *vt (persons)* establecer de nuevo. **2** *vi (land)* poblar.
re·side [rɪ'zaɪd] *vi (frm)* residir, tener domicilio en; **to ~ in** *or* **with** *(fig)* residir en; **the problem ~s there** el problema se radica allí.
resi·dence ['rezɪdəns] **1** *n (stay)* permanencia *f, (LAm)* estancia *f; (home)* residencia *f,* domicilio *m;* **to take up ~** *(in house)* instalarse; *(in country)* establecerse; **in ~** en residencia. **2: ~ permit** *n* permiso *m* de residencia.
resi·dent ['rezɪdənt] **1** *adj (person)* residente; *(population etc)* permanente; **to be ~ in a town** tener domicilio fijo en una ciudad. **2** *n (of hotel etc)* huésped(a) *m/f; (of area)* vecino/a *m/f.*
resi·den·tial [ˌrezɪ'denʃəl] *adj (area)* residencial; *(work)* que implica vivir en el lugar de trabajo.
re·sid·ual [rɪ'zɪdjʊəl] *adj* residual.
resi·due ['rezɪdjuː] *n* **(a)** *(remainder)* resto *m,* residuo *m.* **(b)** *(Jur)* bienes *mpl* residuales. **(c)** *(Chem)* residuo *m.*
re·sign [rɪ'zaɪn] **1** *vt (gen)* renunciar a; **to ~ o.s. to (doing) sth** resignarse a (hacer) algo. **2** *vi* dimitir, renunciar.
res·ig·na·tion [ˌrezɪg'neɪʃən] *n* **(a)** *(act)* dimisión *f,* renuncia *f;* **to offer** *or* **send in** *or* **hand in** *or* **submit one's ~** presentar la renuncia. **(b)** *(state)* resignación *f.*
re·signed [rɪ'zaɪnd] *adj* resignado/a.
re·sili·ence [rɪ'zɪlɪəns] *n (Tech)* elasticidad *f; (fig)* resistencia *f.*
re·sili·ent [rɪ'zɪlɪənt] *adj (Tech)* elástico/a; *(fig)* resistente.
res·in ['rezɪn] *n* resina *f.*
re·sist [rɪ'zɪst] **1** *vt (oppose)* resistir a; *(be unaffected by)* resistir; **she can't ~ sweets** no resiste los dulces. **2** *vi* resistir.
re·sist·ance [rɪ'zɪstəns] *n (gen)* resistencia *f;* **to offer ~** oponer resistencia; **to take the line of least ~** seguir la ley del mínimo esfuerzo.
re·sist·ant [rɪ'zɪstənt] *adj* resistente.
re·sold [ˌriː'səʊld] *pt, pp of* **resell.**
reso·lute ['rezəluːt] *adj* resuelto/a, decidido/a.
reso·lute·ly ['rezəluːtlɪ] *adv* resueltamente.
reso·lu·tion [ˌrezə'luːʃən] *n* **(a)** *(determination)* resolución *f.* **(b)** *(solving)* resolución *f.* **(c)** *(motion)* resolución *f,* proposición *f;* **to put a ~ to a meeting** someter una moción a votación. **(d)** *(resolve)* própositо *m,* resolución *f;* **New Year ~** buenos propósitos para el Año Nuevo. **(e)** *(Chem)* resolución *f.*
re·solve [rɪ'zɒlv] **1** *n (resoluteness)* resolución *f;* **to make a ~ to do sth** resolverse a hacer algo. **2** *vt (find solution to)* resolver, solucionar; *(decide)* resolver, decidir; **to ~ to do sth** resolverse a hacer algo; **to ~ that ...** acordar que ...; **it was ~d that ...** se acordó que ... .
reso·nance ['rezənəns] *n* resonancia *f.*
reso·nant ['rezənənt] *adj (sound)* resonante; **the village was ~ with the sound of the bells** las campanas resonaban por el pueblo.
re·sort [rɪ'zɔːt] **1** *n* **(a)** *(recourse)* recurso *m;* **as a last ~, in the last ~** como último recurso, *(LAm)* por último. **(b)** *(place)* lugar *m* de reunión; **holiday ~** centro *m* turístico *or* vacacional. **2** *vi* **(a)** *(to violence etc)* recurrir *(to* a). **(b)** *(frequent, visit)* frecuentar.
re·sound [rɪ'zaʊnd] *vi (sound)* resonar; *(place)* **the house ~ ed with laughter** resonaron las risas por toda la casa.
re·sound·ing [rɪ'zaʊndɪŋ] *adj (noise)* sonoro/a; *(victory etc)* resonante.
re·source [rɪ'sɔːs] *n (expedient)* recurso *m,* expediente *m; (wealth, goods)* recurso; **as a last ~** como último recurso; **to leave sb to his own ~s** *(fig)* dejar a uno a sus propios recursos; **natural ~s** recursos naturales.
re·source·ful [rɪ'sɔːsfʊl] *adj (Sp)* despabilado/a, ingenioso/a, *(LAm)* listo/a.
re·spect [rɪ'spekt] **1** *n* **(a)** *(consideration)* respeto *m,* consideración *f;* **to have** *or* **show ~ for** tener *or* mostrar respeto por; **to pay ~ to** tomar en consideración. **(b)** *(admiration, esteem)* respeto *m,* estima *f;* **to have** *or* **show ~ for** respetar; **to hold sb in great ~** tener a uno en gran estima; **out of ~** por respeto; **with (due) ~** con el respeto debido. **(c) ~s** respetos *mpl,* saludos *mpl;* **to pay one's ~s to sb** *(frm)* saludar a uno. **(d)** *(point, detail)* respecto *m;* **in some/all/many ~s** en algunos/todos/muchos aspectos; **in this/one/no/any ~** en este/un/ningún/cualquier sentido. **(e)** *(reference, regard)* respecto *m;* **in ~ of** *(frm)* respecto a *or* de; **with ~ to** *(frm)* en cuanto a; **without ~ to** sin distinción de.
2 *vt* respetar; **to ~ sb's wishes** atenerse a los deseos de uno.
re·spect·abil·ity [rɪˌspektə'bɪlɪtɪ] *n* respetabilidad *f.*
re·spect·able [rɪ'spektəbl] *adj* **(a)** *(deserving respect)* respetable; **for perfectly ~ reasons** por motivos perfectamente legítimos. **(b)** *(of fair social standing, decent)* respetable, decente; **in ~ society** en la buena sociedad. **(c)** *(amount etc)* apreciable; **at a ~ distance** a una distancia prudente. **(d)** *(passable)* pasable, tolerable; **we made a ~ showing** lo hicimos más o menos bien.
re·spect·ably [rɪ'spektəblɪ] *adv (dress, behaviour)* respetablemente, decentemente; *(quite well)* pasablemente.
re·spect·ed [rɪ'spektɪd] *adj* estimado/a, respetado/a.
re·spect·er [rɪ'spektəʳ] *n:* **to be no ~ of persons** no hacer distinción de personas.
re·spect·ful [rɪ'spektfʊl] *adj* respetuoso/a.
re·spect·ful·ly [rɪ'spektfəlɪ] *adv* respetuosamente.
re·spect·ing [rɪ'spektɪŋ] *prep* con respecto a *or* de, en cuanto a.
re·spec·tive [rɪ'spektɪv] *adj* respectivo/a.
re·spec·tive·ly [rɪ'spektɪvlɪ] *adv* respectivamente.
res·pi·ra·tion [ˌrespɪ'reɪʃən] *n* respiración *f.*
re·spira·tory [rɪ'spaɪərətərɪ] *adj* respiratorio/a.
res·pite ['respaɪt] *n (gen)* respiro *m,* tregua *f; (Jur)* prórroga *f,* plazo *m;* **without ~** sin descanso; **they gave us no ~** no nos dejaron respirar.
re·splend·ent [rɪ'splendənt] *adj* resplandeciente.
re·spond [rɪ'spɒnd] *vi (answer)* contestar, responder; *(be responsive)* responder, reaccionar; **to ~ to treatment** responder al tratamiento.
re·spond·ent [rɪ'spɒndənt] *n (Jur)* demandado/a *m/f.*

re·sponse [rɪ'spɒns] *n (answer)* contestación *f,* respuesta *f; (reaction)* reacción *f;* **in ~ to** como respuesta a.

re·spon·sibil·ity [rɪ,spɒnsə'bɪlɪtɪ] *n* **(a)** *(accountability)* responsabilidad *f;* **on one's own ~** bajo su propia responsabilidad; **that's his ~** eso le incumbe a él; **to take ~ for sth/sb** admitir responsabilidad por algo/uno. **(b)** *(duty)* responsabilidad *f,* deber *m;* **that's his ~** eso le toca (a él).

re·spon·sible [rɪs'pɒnsəbl] *adj* **(a)** *(accountable)* responsable; **to be ~ to sb (for sth)** ser responsable ante uno (de algo); **to hold sb ~ for sth** responsabilizar a uno de algo. **(b)** *(of character)* serio/a, formal; **to act in a ~ fashion** obrar con seriedad. **(c)** *(post etc)* de confianza, de responsabilidad.

re·spon·sibly [rɪ'spɒnsəblɪ] *adv* en forma responsable.

re·spon·sive [rɪ'spɒnsɪv] *adj (sensitive)* sensible; *(interested)* interesado/a.

rest[1] [rest] **1** *n* **(a)** *(repose)* descanso *m; (pause)* respiro *m,* descanso *m;* **to come to ~** *(vehicle)* (llegar a) pararse; **to have a good night's ~** dormir la noche entera; **at ~** *(not moving)* parado/a, *(LAm)* quieto/a; *(euph: dead)* en paz; **to set sb's mind at ~** tranquilizar a uno. **(b)** *(Mus)* silencio *m,* pausa *f.* **(c)** *(support)* apoyo *m,* soporte *m; (base)* base *f.*

2 *vt* **(a)** *(give ~ to)* descansar, dejar descansar; **to ~ one's men** dejar descansar a sus hombres; **to ~ one's eyes** *or* **gaze on sth** fijar la mirada en algo. **(b)** *(support: ladder, bicycle)* apoyar; *(: head, hand)* descansar, apoyar. **(c) to ~ one's case** *(Jur)* dar fin a su alegato.

3 *vi* **(a)** *(repose: person)* descansar, *(LAm)* reposar; *(: field, land)* descansar; *(stop)* detenerse, *(LAm)* pararse; **may he ~ in peace** *(euph)* que descanse en paz; **to ~ with sb** depender de uno; **we shall never ~ until it is settled** no habrá descanso hasta que se arregle el asunto; **and there the matter ~s** y ahí queda el asunto, *(LAm)* y de ahí no pasa; **~ assured that ...** téngalo por seguro que ... . **(b) to ~ on** *(perch)* posar en; *(be supported)* descansar sobre, apoyarse en; *(fig)* pesar sobre; **the case ~s on the following facts** el proceso depende de los siguientes hechos.

4 *cpd (cure, day)* de descanso; **~ room** *n (US)* servicios *mpl, (LAm)* sanitarios *mpl.*

rest[2] [rest] *n (remainder: of money, food etc)* resto *m,* restos *mpl,* lo sobrante; *(: of people, things)* los/las demás, resto; **the ~** los demás; **the ~ of the soldiers** los otros *or* demás soldados; **as for the ~** en cuanto a lo demás.

re·state [,riː'steɪt] *vt (argument: repeat)* repetir; *(: change terms of)* modificar.

res·tau·rant ['restərɔ̃ːŋ] *n* restauran(te) *m.*

res·tau·ra·teur [,restərə'tɜːʳ] *n* dueño *m* de un restaurante.

rest·ful ['restfʊl] *adj* descansado/a, tranquilo/a.

res·ti·tu·tion [,restɪ'tjuːʃən] *n* restitución *f;* **to make ~ (of sth to sb)** indemnizar (a uno por algo).

res·tive ['restɪv] *adj (person)* inquieto/a; *(horse)* repropio/a.

rest·less ['restlɪs] *adj (gen)* agitado/a, inquieto/a; *(sleepless)* insomne, desvelado/a; *(crowd, natives etc)* alborotado/a; **he's the ~ sort** no sabe quedarse quieto; **to get ~** impacientarse; **I had a ~ night** pasé una noche en desvelo.

rest·less·ness ['restlɪsnɪs] *n (see adj)* agitación *f,* inquietud *f;* insomnio *m;* alboroto *m.*

re·stock [,riː'stɒk] *vt (larder etc)* reabastecer; *(with livestock)* repoblar; **we ~ed with Brand X** renovamos las existencias con la Marca X.

res·to·ra·tion [,restə'reɪʃən] *n (see vb)* restauración *f;* devolución *f,* restitución *f;* restablecimiento *m.*

re·store [rɪ'stɔːʳ] *vt (building etc)* restaurar; *(give back)* devolver, restituir; *(strength etc)* devolver; *(introduce again)* restablecer; **to ~ sth to sb** devolver algo a uno; **to ~ the strength of the pound** restablecer el valor de la libra.

re·stor·er [rɪ'stɔːrəʳ] *n (person)* restaurador(a) *m/f.*

re·strain [rɪ'streɪn] *vt (hold back)* refrenar; *(repress)* reprimir; *(by persuasion)* disuadir; *(prevent)* impedir; *(inhibit)* cohibir; *(contain)* contener; *(confine)* encerrar; **to ~ sb from doing sth** disuadir a uno de hacer algo; **I managed to ~ my anger** logré contener mi enojo; **to ~ o.s.** contenerse.

re·strained [rɪ'streɪnd] *adj (person)* cohibido/a; *(style etc)* reservado/a.

re·straint [rɪs'treɪnt] *n* **(a)** *(check)* restricción *f; (control)* control *m;* **a ~ on trade** una restricción sobre el comercio; **without ~** sin restricción. **(b)** *(constraint: of manner)* reserva *f; (self-control)* autodominio *m,* control *m* de sí mismo.

re·strict [rɪ'strɪkt] *vt (visits, price rise etc)* limitar; *(authority, freedom etc)* restringir; *(limit)* poner trabas a; **to ~ o.s. to sth** limitarse a algo; **his output is ~ed to novels** su producción se limita a las novelas.

re·strict·ed [rɪ'strɪktɪd] **1** *adj (prohibited)* vedado/a, prohibido/a; *(limited)* limitado/a; *(held down etc)* restringido/a; **he has rather a ~ outlook** *(fig)* es de miras estrechas. **2: ~ area** *n (Brit Aut)* zona *f* de velocidad limitada.

re·stric·tion [rɪ'strɪkʃən] *n* restricción *f,* limitación *f;* **to place ~s on the sale of a drug** poner limitaciones a la venta de una droga.

re·stric·tive [rɪ'strɪktɪv] *adj* restringido/a, limitado/a; **~ practices** prácticas *fpl* restrictivas.

re·sult [rɪ'zʌlt] **1** *n* resultado *m;* **~s** *(of election, exam etc)* resultados; **as a ~ (of)** como consecuencia (de); **the ~ is that ...** el resultado es que ... . **2** *vi* resultar *(from* de); **to ~ in** resultar en, tener por resultado.

re·sult·ant [rɪ'zʌltənt] *adj* resultante.

re·sume [rɪ'zjuːm] **1** *vt* **(a)** *(start again)* reanudar; **to ~ one's work** reanudar el trabajo; **to ~ one's seat** volver al asiento. **(b)** *(sum up)* resumir. **2** *vi (class, meeting)* continuar, comenzar de nuevo.

ré·su·mé ['reɪzjuːmeɪ] *n* resumen *m.*

re·sump·tion [rɪ'zʌmpʃən] *n (gen)* reanudación *f; (continuation)* continuación *f.*

re·sur·face [,riː'sɜːfɪs] **1** *vt (road)* rehacer el firme de; *(gen)* revestir. **2** *vi (submarine)* volver a la superficie.

re·sur·gence [rɪ'sɜːdʒəns] *n* resurgimiento *m.*

res·ur·rec·tion [,rezə'rekʃən] *n (Rel)* Resurrección *f; (fig)* resurrección.

re·sus·ci·tate [rɪ'sʌsɪteɪt] *vt* resucitar.

re·tail ['riːteɪl] **1** *adj* al por menor; **~ price** precio *m* al público; **~ trade** comercio *m* detallista *or (LAm)* a menoría, *(Mex)* menudeo *m.* **2** *adv*: **to buy/sell sth ~** comprar/vender algo al por menor. **3** *vt (Comm)* vender al por menor; *(gossip)* repetir. **4** *vi (Comm)* **to ~ at** tener precio al público de.

re·tail·er ['riːteɪləʳ] *n* comerciante *mf* al por menor, detallista *f.*

re·tain [rɪ'teɪn] *vt (hold back)* retener; *(keep in one's possession)* guardar, quedarse con; *(in memory)* recordar, retener en la memoria; *(sign up: lawyer)* contratar; **~ing wall** muro *m* de contención.

re·tain·er [rɪ'teɪnəʳ] *n* **(a)** *(servant)* criado/a *m/f.* **(b)** *(fee)* anticipo *m.*

re·tali·ate [rɪ'tælɪeɪt] *vi (respond)* responder; *(take revenge)* tomar represalias; *(hit back)* desquitarse; **to ~ by doing sth** vengarse haciendo algo.

re·talia·tion [rɪˌtælɪ'eɪʃən] *n (see vb)* respuesta *f,* represalias *fpl;* desquite *m;* **by way of ~, in ~** como represalia.

re·talia·tory [rɪ'tælɪətərɪ] *adj (measure)* de represalia *or* venganza.

re·tard·ed [rɪ'tɑːdɪd] *adj (Med)* atrasado/a.

retch [retʃ] *vi* dársele a uno arcadas.

re·ten·tive [rɪ'tentɪv] *adj*: **a ~ memory** una buena memoria.

reti·cence ['retɪsəns] *n* reserva *f.*

reti·cent ['retɪsənt] *adj* reservado/a.

reti·na ['retɪnə] *n (Anat)* retina *f.*

reti·nue ['retɪnjuː] *n* séquito *m,* comitiva *f.*

re·tire [rɪ'taɪəʳ] **1** *vt* jubilar. **2** *vi* **(a)** *(withdraw)* retirarse; **to ~ into o.s.** recogerse en sí mismo. **(b)** *(at age limit)* jubilarse; **to ~ on a pension** jubilarse. **(c)** *(Sport)* abandonar el campo. **(d)** *(go to bed)* acostarse.

re·tired [rɪ'taɪəd] *adj* **(a)** jubilado/a. **(b)** *(quiet, secluded)* retirado/a.

re·tire·ment [rɪ'taɪəmənt] *n* **(a)** *(state of being retired)* retiro *m.* **(b)** *(act of retiring)* jubilación *f;* **~ pay** jubilación.

re·tir·ing [rɪ'taɪərɪŋ] *adj (shy)* reservado/a, retraído/a.

re·tort [rɪ'tɔːt] **1** *n (answer)* réplica *f; (Chem)* retorta *f.* **2** *vt (insult etc)* replicar; **he ~ed that ...** replicó que ... .

re·trace [rɪ'treɪs] *vt (path)* desandar, repasar; **to ~ one's steps** desandar lo andado.

re·tract [rɪ'trækt] **1** *vt (statement)* retractar, retirar; *(draw in: claws)* retraer; *(: head)* meter; *(Tech: undercarriage etc)* replegar. **2** *vi (apologize)* retractarse, desdecirse; *(be drawn in)* retraerse, meterse; *(Tech)* replegarse.

re·tract·able [rɪ'træktəbl] *adj (Tech)* replegable, retráctil.

re·train [ˌriː'treɪn] *vt (workers)* reconvertir.

re·tread ['riːtred] *n (tyre)* neumático *m or (LAm)* llanta *f* recauchutado/a.

re·treat [rɪ'triːt] **1** *n* **(a)** *(place)* retiro *m,* refugio *m.* **(b)** *(Mil, gen: withdrawal)* retirada *f;* **to beat a hasty ~** *(fig)* retirarse en desorden. **2** *vi (Mil)* retirarse; *(move back)* retirarse, echar marcha atrás; *(draw back)* retroceder; *(Rel: withdraw)* retirarse.

re·trench [rɪ'trentʃ] **1** *vt* reducir los gastos, economizar. **2** *vi* ahorrar.

re·trial [ˌriː'traɪəl] *n (of person)* nuevo juicio *m; (of case)* revisión *f.*

ret·ri·bu·tion [ˌretrɪ'bjuːʃən] *n* justo castigo *m,* pena *f* merecida.

re·triev·al [rɪ'triːvəl] *n (recovery)* recuperación *f;* **beyond ~** irrecuperable.

re·trieve [rɪ'triːv] *vt* **(a)** *(get back: object)* recuperar, recobrar; *(put right: error etc)* reparar, *(LAm)* componer. **(b)** *(Comput: information)* recuperar.

re·triev·er [rɪ'triːvəʳ] *n* perro *m* cobrador.

ret·ro... ['retrəʊ] *pref* retro... .

retro·ac·tive [ˌretrəʊ'æktɪv] *adj* retroactivo/a.

retro·grade ['retrəʊgreɪd] *adj,* **retro·gres·sive** [ˌretrəʊ'gresɪv] *adj (fig: step, measure)* retrógrado/a.

retro·rock·et ['retrəʊˌrɒkɪt] *n* retrocohete *m.*

retro·spect ['retrəʊspekt] *n*: **in ~** retrospectivamente.

retro·spec·tive [ˌretrəʊ'spektɪv] *adj* retrospectivo/a.

re·turn [rɪ'tɜːn] **1** *n* **(a)** *(going/coming back)* vuelta *f, (LAm)* regreso *m; (reappearance)* reaparición *f;* **on my ~** al volver (yo), al regreso; **by ~ of post** a vuelta de correo; **many happy ~s (of the day)!** ¡feliz cumpleaños!, *(LAm)* ¡felicidades! **(b)** *(of thing borrowed)* devolución *f,* restitución *f; (Comm: merchandise)* devolución *f; (: of money)* reembolso *m;* **on sale or ~** *(Comm)* en depósito. **(c)** *(Comm: profit)* ganancias *fpl,* beneficios *mpl; (: on capital)* réditos *mpl;* **to bring in a good ~** *or* **good ~s** dar buen rendimiento. **(d)** *(reward)* **in ~ (for)** a cambio (de). **(e) tax ~** declaración *f* fiscal; **census ~s** estadísticas *fpl* producto del censo. **(f)** *(~ ticket)* billete *m* redondo *or* de ida y vuelta; *see* **day 2.**

2 *vt* **(a)** *(gen: give back)* devolver; *(Sport: ball)* restar; *(answer, compliment)* responder con; *(favour, kindness, love)* corresponder a; *(sb's visit)* pagar; **to ~ sth in its place** devolver algo en su lugar; **'~ to sender'** 'devuélvase al remitente'. **(b)** *(Jur)* **to ~ a verdict of guilty/not guilty on sb** declarar culpable/inocente a uno. **(c)** *(Pol: elect)* elegir; **~ing officer** escudriñador(a) *m/f.*

3 *vi (go/come back)* volver, *(LAm)* regresar; **to ~ home** volver a casa; **to ~ to a job** volver a un trabajo; **to ~ to a theme** volver sobre un tema.

4: **~ fare** *n* billete *m* de ida y vuelta; **~ journey** *n* viaje *m* de regreso; **~ match** *n (Sport)* (partido *m* de) desquite *m.*

re·turn·able [rɪ'tɜːnəbl] *adj (bottle)* restituible.

re·union [riː'juːnjən] *n* reunión *f.*

re·unite [ˌriːjuː'naɪt] **1** *vt (often passive)* reunir. **2** *vi* reunirse.

rev [rev] **1** *n (Aut: abbr of* **revolution***)* revolución *f.* **2** *vt (engine)* girar. **3** *vi (also* **~ up:** *car)* girarse, embalarse; *(: driver)* girar el motor.

Rev *abbr of* **Reverend.**

re·value [ˌriː'væljuː] *vt (property, currency)* revaluar, revalorizar.

re·vamp [ˌriː'væmp] *vt* rehacer, renovar.

re·veal [rɪ'viːl] *vt (uncover)* revelar, dejar al descubierto; *(show)* manifestar, mostrar.

re·veal·ing [rɪ'viːlɪŋ] *adj (gen)* revelador(a).

re·veil·le [rɪ'vælɪ] *n (Mil)* (toque *m* de) diana *f.*

rev·el ['revl] *vi* **(a)** *(make merry)* ir de juerga *or (LAm)* de parranda. **(b)** *(delight)* **to ~ in sth/doing sth** gozar de algo/con hacer algo.

rev·ela·tion [ˌrevə'leɪʃən] *n* revelación *f.*

rev·el·ler ['revləʳ] *n* juerguista *mf, (LAm)* parrandero/a *m/f.*

rev·el·ry ['revlrɪ] *n* juerga *f, (LAm)* parranda *f,* jarana *f.*

re·venge [rɪ'vendʒ] **1** *n* venganza *f;* **to get one's ~ (for sth)** vengarse (de algo); **to take ~ on sb for sth** vengarse de uno por algo. **2** *vt* vengar, vengarse de; **to ~ o.s. on sb, to be ~d on sb** vengarse de *or* en uno.

rev·enue ['revənjuː] *n (profit, income)* ingresos *mpl,* rentas *fpl; (of country)* rentas públicas; *see* **inland, internal.**

re·ver·ber·ate [rɪ'vɜːbəreɪt] *vi (sound)* resonar, retumbar.

re·ver·bera·tion [rɪˌvɜːbə'reɪʃən] *n* **(a)** retumbo *m,* eco *m.* **(b)** *(fig)* **~s** consecuencias *fpl.*

re·vere [rɪ'vɪəʳ] *vt (gen)* venerar.

rev·er·ence ['revərəns] **1** *n* reverencia *f.* **2** *vt (revere)* venerar.

Rev·er·end ['revərənd] *adj (in titles)* reverendo/a; **~ Mother** reverenda madre *f.*

rev·er·ent ['revərənt] *adj* reverente.

rev·erie ['revərɪ] *n* ensueño *m.*

re·ver·sal [rɪ'vɜːsəl] *n (of order)* inversión *f; (of policy)* cambio *m* de rumbo; *(of decision etc)* revocación *f*.

re·verse [rɪ'vɜːs] **1** *adj* **(a)** *(order)* inverso/a; *(direction)* contrario/a, opuesto/a; **the ~ side** *(of coin, medal)* el reverso; *(of sheet of paper)* el dorso; **in ~ order** en orden inverso. **(b)** *(Aut: gear)* de marcha atrás. **2** *n* **(a)** *(opposite)* **the ~** lo contrario; **no, quite the ~!** no, ¡todo lo contrario! **(b)** *(face: of coin)* reverso *m; (of paper etc)* dorso *m*. **(c)** *(Aut)* marcha *f* atrás; **to go/change into ~** dar/poner en marcha atrás. **3** *vt* **(a)** *(change to opposite)* cambiar completamente; *(annul)* revocar. **(b)** *(Telec)* **to ~ the charges** cobrar al número llamado, *(LAm)* llamar por cobrar. **(c)** *(car, train etc)* dar marcha atrás a. **4** *vi (Aut)* dar marcha atrás.

re·vers·ible [rɪ'vɜːsəbl] *adj* reversible.

re·ver·sion [rɪ'vɜːʃən] *n* reversión *f*.

re·vert [rɪ'vɜːt] *vi (gen: return)* volver; *(Jur)* revertir.

re·view [rɪ'vjuː] **1** *n* **(a)** *(survey, taking stock)* examen *m*, análisis *m; (Mil: of troops)* revista *f*. **(b)** *(Jur: revision)* revisión *f*. **(c)** *(critique)* crítica *f*, reseña *f*; **the play** *etc* **got good ~s** la obra *etc* fue bien recibida por los críticos. **(d)** *(journal)* revista *f*. **2** *vt* **(a)** *(take stock of)* examinar, analizar; *(Mil: troops)* pasar revista a. **(b)** *(Jur: reconsider: case)* revisar. **(c)** *(write up)* reseñar, hacer una crítica de.

re·view·er [rɪ'vjuːəʳ] *n (of book, concert)* crítico *m*.

re·vile [rɪ'vaɪl] *vt* insultar, injuriar.

re·vise [rɪ'vaɪz] **1** *vt* **(a)** *(look over: subject, notes)* repasar. **(b)** *(amend: text)* revisar. **(c)** *(alter)* **to ~ one's opinion of sb** cambiar de opinión sobre uno. **2** *vi (for exams)* repasar los apuntes.

re·vi·sion [rɪ'vɪʒən] *n* **(a)** *(act: see vb)* repaso *m*; revisión *f*; cambio *m* de opinión. **(b)** *(revised version)* texto *m* corregido.

re·vis·it [ˌriː'vɪzɪt] *vt* volver a visitar.

re·vi·tal·ize [ˌriː'vaɪtəlaɪz] *vt* revitalizar, revivificar.

re·viv·al [rɪ'vaɪvəl] *n* **(a)** *(bringing back: of custom, usage)* recuperación *f; (: of old ideas)* resucitación *f; (: from illness, faint)* reanimación *f; (Theat: of play)* reestreno *m*. **(b)** *(coming back: of custom, usage)* renovación *f; (: of old ideas)* renacimiento *m; (: from illness, faint)* reanimación *f*.

re·vive [rɪ'vaɪv] **1** *vt (restore: to life, spirits)* reanimar; *(old customs)* restablecer; *(hopes, suspicions)* despertar; *(Theat: play)* reestrenar. **2** *vi (recover: from faint)* reanimarse, volver en sí; *(: from tiredness, shock etc)* reponerse, recuperarse; *(hope, emotions)* renacer; *(business, trade)* reactivarse.

re·voke [rɪ'vəʊk] *vt (gen)* revocar; *(licence)* suspender.

re·volt [rɪ'vəʊlt] **1** *n* rebelión *f*, revuelta *f*; **to be in open ~** estar en plena rebeldía, amotinarse. **2** *vt (disgust)* repugnar, asquear. **3** *vi* **(a)** *(rebel)* rebelarse, sublevarse. **(b)** *(feel disgust)* **to ~ at** *or* **against** sentir repugnancia por.

re·volt·ing [rɪ'vəʊltɪŋ] *adj (disgusting)* repugnante, asqueroso/a.

revo·lu·tion [ˌrevə'luːʃən] *n* **(a)** *(Pol, also fig)* revolución *f*. **(b)** *(turn)* revolución *f*, vuelta *f; (Tech)* rotación *f*, giro *m; (Astron: round orbit)* revolución; *(: on axis)* rotación; **~s per minute** revoluciones por minuto.

revo·lu·tion·ary [ˌrevə'luːʃnərɪ] **1** *adj (gen)* revolucionario/a. **2** *n (Pol)* revolucionario/a *m/f*.

revo·lu·tion·ize [ˌrevə'luːʃənaɪz] *vt (alter completely)* revolucionar.

re·volve [rɪ'vɒlv] **1** *vt* girar, hacer girar. **2** *vi* girar, dar vueltas; **to ~ around** girar alrededor de; *(fig)* girar en torno a.

re·volv·er [rɪ'vɒlvəʳ] *n* revólver *m*.

re·volv·ing [rɪ'vɒlvɪŋ] *adj* giratorio/a.

re·vue [rɪ'vjuː] *n (Theat)* (teatro *m* de) revista *f or (LAm)* variedades *fpl*.

re·vul·sion [rɪ'vʌlʃən] *n (disgust)* repugnancia *f*, asco *m*.

re·ward [rɪ'wɔːd] **1** *n* recompensa *f*; **as a ~ for** en recompensa de. **2** *vt* recompensar; *(fig)* premiar.

re·ward·ing [rɪ'wɔːdɪŋ] *adj (mentally, morally)* valioso/a, benéfico/a.

re·wind [ˌriː'waɪnd] *vt (tape)* rebobinar.

re·wire [ˌriː'waɪəʳ] *vt (house)* rehacer la instalación eléctrica de.

re·write [ˌriː'raɪt] *vt* reescribir.

rhap·so·dy ['ræpsədɪ] *n (Mus)* rapsodia *f; (fig)* **to go into rhapsodies over** extasiarse por.

rhe·sus ['riːsəs] **1** *n (also* **~ monkey***)* macaco *m* de la India. **2: ~ factor** *n (Med)* factor *m* Rhesus.

rheto·ric ['retərɪk] *n* retórica *f*.

rhe·tori·cal [rɪ'tɒrɪkəl] *adj* retórico/a; **~ question** pregunta *f* que no tiene respuesta.

rheu·mat·ic [ruː'mætɪk] *adj* reumático/a; **~ fever** fiebre *f* reumática.

rheu·mat·ics [ruː'mætɪks] *n*, **rheu·ma·tism** ['ruːmətɪzəm] *n* reumatismo *m*, reúma *m*.

rheumatoid arthritis ['ruːmətɔɪdɑː'θraɪtɪs] *n* reúma *m* articular.

Rhine [raɪn] *n*: **the ~** el Rin.

rhino ['raɪnəʊ] *n abbr of* **rhinoceros**.

rhi·noc·er·os [raɪ'nɒsərəs] *n* rinoceronte *mf*.

Rhodes [rəʊdz] *n* Rodas *f*.

rho·do·den·dron [ˌrəʊdə'dendrən] *n* rododendro *m*.

rhomb [rɒm] *n*, **rhom·bus** ['rɒmbəs] *n* rombo *m*.

Rhone [rəʊn] *n*: **the R~** el Ródano.

rhu·barb ['ruːbɑːb] **1** *n* ruibarbo *m*. **2** *cpd (jam, pie, tart)* de ruibarbo.

rhyme [raɪm] **1** *n* rima *f*; **without ~ or reason** sin ton ni son. **2** *vi* rimar; **to ~ with sth** hacer rima con algo.

rhym·ing ['raɪmɪŋ] *adj (couplet, verse)* rimado/a.

rhythm ['rɪðəm] *n* ritmo *m*.

rhyth·mic(al) ['rɪðmɪk(əl)] *adj* rítmico/a, acompasado/a.

rhyth·mi·cal·ly ['rɪðmɪkəlɪ] *adv* con ritmo, en forma rítmica.

rib [rɪb] **1** *n (Anat, Culin)* costilla *f; (of umbrella)* varilla *f; (of leaf)* nervio *m; (Knitting)* cordoncillo *m*; **~ cage** caja *f* torácica. **2** *vt* tomar el pelo a, mofarse de.

rib·ald ['rɪbəld] *adj (jokes, laughter)* verde, *(LAm)* colorado/a; *(person)* verde, chusco/a.

rib·ald·ry ['rɪbəldrɪ] *n (see adj)* chusquería *f*, comentarios *mpl* colorados.

rib·bon ['rɪbən] **1** *n (gen)* cinta *f; (for hair)* moña *f*, *(LAm)* cordón *m*; **to tear sth to ~s** *(lit)* hacer algo trizas; *(fig)* hacer algo pedazos. **2: ~ development** *n* urbanización *f* a lo largo de una carretera.

rice [raɪs] **1** *n* arroz *m*. **2: ~ pudding** *n* arroz con leche.

rich [rɪtʃ] *adj* **(-er, -est)** *(person)* rico/a; *(soil)* fértil, rico/a; *(food)* pesado/a, fuerte; *(colour)* vivo/a, subido/a; *(fam: funny)* **that's ~!** ¡qué gracioso!; **the ~** los ricos; **to be ~ in** abundar en; **to become** *or* **get** *or* **grow ~(er)** hacerse (más) rico, enriquecerse.

riches ['rɪtʃɪz] *npl* riqueza *fsg*.

rich·ly ['rɪtʃlɪ] *adv* **(a)** *(see adj)* ricamente; fértilmente; fuerte; vivamente. **(b) she ~ deserves it** se lo tiene bien merecido.

rich·ness [rɪtʃnɪs] *n (see adj)* riqueza *f*; fertilidad *f*;

lo pesado; viveza *f*.

Richter scale ['rɪçtəˌskeɪl] *n (Geol)* escala *m* Richter.

rick [rɪk] **1** *n* **(a)** *(sprain)* esguince *m*, torcedura *f*. **(b)** *(of hay)* almiar *m*. **2** *vt (sprain)* torcer.

rick·ety ['rɪkɪtɪ] *adj (wobbly)* tambaleante, inseguro/a; *(old car)* desvencijado/a.

rick·shaw ['rɪkʃɔː] *n* cochecillo *m* tirado por un hombre.

rico·chet ['rɪkəʃeɪ] **1** *n (of stone, bullet)* rebote *m*. **2** *vi* rebotar (*off* de).

rid [rɪd] *pt, pp* **rid** *or* **ridded** *vt* **(a) to ~ sb/sth of** librar a uno/algo de; **to ~ o.s. of sb/sth** desembarazarse de uno/algo. **(b) to be ~ of sb/sth** estar desembarazado de uno/algo. **(c) to get ~ of sth/sb** deshacerse de algo/uno.

rid·dance ['rɪdəns] *n*: **good ~!** *(fam pej)* ¡vete con viento fresco!

rid·den ['rɪdn] *pt of* **ride.**

rid·dle[1] ['rɪdl] *n (word puzzle)* acertijo *m*, adivinanza *f*; **to speak in ~s** hablar en clave.

rid·dle[2] ['rɪdl] **1** *n (sieve)* criba *f*. **2** *vt* **(a)** *(sift: soil, coal)* cribar. **(b) to ~ with** *(bullets etc)* acribillar a; **the house is ~d with damp** la casa tiene humedad por todas partes.

ride [raɪd] *(vb: pt* **rode,** *pp* **ridden) 1** *n (gen)* paseo *m*; **horse-~** paseo a caballo; **bike ~** paseo en bicicleta; **car ~** paseo en coche; **to go for a ~** *(in car, on bike, on horse)* dar un paseo, *(LAm)* pasear; **it was a rough ~** fue un viaje bastante incómodo; **it's a 10 minute ~ on the bus** es un viaje de 10 minutos en autobús, *(LAm)* son 10 minutos en camión; **he gave me a ~ into town** *(in car)* me llevó en coche a *or (LAm)* me dio aventón hasta la ciudad; **to take sb for a ~** *(in car)* dar una vuelta en coche a uno; *(fig: make fool of)* tomarle el pelo a uno; *(fam: swindle)* dar gato por liebre a uno.

2 *vt (horse)* montar; *(bicycle)* montar *or* ir en, *(LAm)* andar en; **he rode his horse into town** fue a caballo hasta la ciudad; **can you ~ a bike?** ¿sabes montar en bicicleta?; **we rode 10 km yesterday** recorrimos 10 kilómetros ayer; **to ~ sb hard** exigir mucho a uno, *(LAm)* darle duro a uno *(fam)*; **to ~ a good race** correr bien.

3 *vi (on horse)* montar; *(in car)* ir, viajar; **to ~ over/through** andar a caballo *etc* por/a través de; **they rode off in pursuit** se marcharon a caballo en persecución; **can you ~?** *(~ a horse)* ¿sabes montar a caballo?; **she ~s every day** monta todos los días; **to ~ on a bus/in a car/in a train** viajar en autobús/en coche/en tren; **he rode up to me** se me acercó a caballo; **he's riding high at the moment** de momento anda por las nubes; **to ~ at anchor** *(ship)* estar fondeado; **to let things ~** dejar que las cosas sigan su curso.

♦ **ride out** *vt + adv (subj: ship)* capear; *(fig: difficult period)* sobrevivir, sobreponerse a.

♦ **ride up** *vi + adv (skirt, dress)* subirse.

rid·er ['raɪdə^r] *n* **(a)** *(horse~)* jinete *mf*, caballista *mf*; *(cyclist)* ciclista *mf*; *(motorcyclist)* motociclista *mf*. **(b)** *(additional clause)* aditamento *m*; **with the ~ that ...** a condición de que ...; **I must add the ~ that ...** debo añadir que ... .

ridge [rɪdʒ] *n (of hills, mountains)* cadena *f*, cordillera *f*; *(of nose, roof)* caballete *m*; *(Agr)* caballón *m*; *(crest of hill)* cumbre *f*, cresta *f*; *(Met)* **~ of high/low pressure** línea *f* de presión alta/baja.

ridge·pole ['rɪdʒpəʊl] *n (on tent)* caballete *m*, cumbrera *f*.

ridi·cule ['rɪdɪkjuːl] **1** *n* irrisión *f*, burla *f*; **to hold sb/sth up to ~** poner a uno/algo en ridículo. **2** *vt* dejar *or* poner en ridículo.

ri·dicu·lous [rɪ'dɪkjʊləs] *adj (idea etc)* ridículo/a, absurdo/a; **to look ~** *(person)* quedar en ridículo; *(thing)* verse ridículo; **to make o.s. (look) ~** ponerse en ridículo; **don't be ~!** ¡no seas ridículo!

ri·dicu·lous·ly [rɪ'dɪkjʊləslɪ] *adv* **(a)** *(stupidly)* en forma ridícula. **(b)** *(fig: disproportionately etc)* absurdamente.

rid·ing ['raɪdɪŋ] **1** *n* equitación *f*; **I like ~** me gusta montar a caballo. **2: ~ breeches** *npl* pantalones *mpl* de montar; **~ crop** *or* **whip** *n* fusta *f*; **~ school** *n* escuela *f* de equitación.

rife [raɪf] *adj*: **to be ~** ser de lo más común; **to be ~ with** *(sth bad)* estar plagado de.

riff·raff ['rɪfræf] *n* gentuza *f*, *(LAm)* chusma *f*.

ri·fle[1] ['raɪfl] *vt* saquear.

♦ **ri·fle through** *vi + prep* saquear.

ri·fle[2] ['raɪfl] **1** *n* rifle *m*, fusil *m*. **2: ~ range** *n (Mil)* campo *m* de tiro; *(at fair)* barraca *f* de tiro al blanco.

rift [rɪft] *n (fissure)* grieta *f*, fisura *f*; *(: in clouds)* claro *m*; *(fig)* ruptura *f*.

rig [rɪg] **1** *n* **(a)** *(Naut)* aparejo *m*. **(b)** *(oil ~: on land)* torre *f* de perforación; *(: at sea)* plataforma *f* petrolera. **(c)** *(fam: clothing)* vestimenta *f*, atuendo *m*. **2** *vt* **(a)** *(Naut: ship)* aparejar, equipar. **(b)** *(election, competition)* amañar; *(prices)* fijar injustificadamente; **to ~ the market** *(Comm)* manipular la lonja *or* la bolsa; **it was ~ged** hubo tongo *or (LAm)* trampa.

♦ **rig out** *vt + adv (dress)* ataviar, vestir.

♦ **rig up** *vt + adv (build)* improvisar; *(fig: arrange)* organizar, trabar.

rig·ging ['rɪgɪŋ] *n (Naut)* jarcia *f*, aparejo *m*.

right [raɪt] **1** *adj* **(a)** *(morally good)* bueno/a; *(just)* justo/a; **it is/is not ~ that ...** es/no es justo que ...; **it's not ~!** ¡no hay derecho!; **it is/seems only ~ that ...** es/me parece justo que ...; **it doesn't seem ~ that ...** parece injusto que ...; **would it be ~ for me to ask him?** ¿convendría *or (LAm)* sería correcto preguntárselo?; **I thought it ~ to ...** me pareció oportuno ... . **(b)** *(suitable)* debido/a, indicado/a; *(: time)* oportuno/a; **to choose the ~ moment for sth/to do sth** elegir el momento oportuno para algo/para hacer algo; **that's the ~ attitude!** ¡haces bien!; **to say the ~ thing** dar en el clavo; **to do the ~ thing, to do what is ~** quedarse en lo correcto; **to know the ~ people** tener enchufes *or (LAm)* palanca. **(c)** *(correct)* correcto/a, exacto/a; **~ first time!** ¡exactamente!, ¡exacto!; **to get sth ~** acertar en algo; **let's get it ~ this time!** ¡a ver si esta vez nos sale bien!; **(yes,) that's ~** ¡eso es!, ¡exacto!; **and quite ~ too!** ¡y con razón!; **the ~ road/word/answer** la carretera/la palabra/la respuesta correcta; **the ~ time** la hora exacta; **to get on the ~ side of sb** *(fig)* congraciarse con uno; **to put a clock ~** poner un reloj en (la) hora; **to put a situation ~** arreglar una situación; **to put a mistake ~** corregir un error; **~ you are!, ~-oh!** *(fam)* ¡bueno!, *(LAm)* ¡vamos! **(d) to be ~** *(person)* tener razón, *(LAm)* estar en lo cierto; **you're quite ~,** *(fam)* **you're dead ~** tienes toda la razón; **you were ~ to come to me** has hecho bien en venir a verme. **(e)** *(in order)* **to be/feel as ~ as rain** estar/sentirse perfectamente bien; **to be not quite ~ in the head** faltarle un tornillo (a uno); **to be in one's ~ mind** estar en su juicio; **I don't feel quite ~** no me siento del todo bien; **all's ~ with the world** todo anda bien; **it will all come ~ in the end** todo se arreglará al final; **my stereo still isn't ~** todavía le pasa algo a mi estereo. **(f) all ~!**

(agreed) ¡conforme!, ¡de acuerdo!, ¡okey!; *(that's enough)* ¡basta ya!, *(LAm)* ¡ya estuvo bueno!; **it's all ~** *(don't worry)* no te preocupes *or (LAm)* aflijas; **it's all ~ for you!** a ti ¿qué te puede importar?; **is it all ~ for me to go at 4?** ¿me da permiso para marcharme a las 4?; **I'm/I feel all ~ now** ya estoy bien. **(g)** *(not left)* derecho/a; **I'd give my ~ arm to know ...** daría un ojo por saber ... . **(h)** *(Math: angle)* recto/a; **at ~ angles** en ángulo recto. **(i)** *(fam: intensive)* **a ~ idiot** un puro idiota; **you're a ~ one to talk** *(iro)* mira quién habla.

2 *adv* **(a)** *(directly, exactly)* directamente, exactamente; **~ now** *or* **away** inmediatamente, en seguida; *(Mex)* ahorita (mismo); **~ off** de un tirón; **~ here** aquí mismo *or (LAm)* mero; **he (just) went ~ on talking** siguió hablando como si nada; **~ behind/in front of sb/sth** directamente detrás de/delante de uno/algo; **~ at the top/bottom of sth** en la cumbre misma/el fondo mismo, *(LAm)* en la mera cumbre/el mero fondo; **~ before/after sth/sb** inmediatamente antes/después de algo/uno; **~ in the middle (of)** exactamente en el centro *or (LAm)* en el mero centro (de); **~ round sth** alrededor de algo; **it hit him ~ on the chest** le dio en pleno pecho; **~ at the end of sth** justo al final de algo. **(b)** *(completely)* completamente; **to go ~ back to the beginning of sth** volver hasta el principio mismo de algo; **to go ~ to the end of sth** ir hasta el final de algo; **to push sth ~ in** meter algo hasta el fondo; **to read a book ~ through** leer un libro hasta el final. **(c)** *(correctly, truly)* bien, correctamente; **if I remember ~** si bien me acuerdo; **it's him all ~!** ¡es él, sin sombra de duda!; **to understand sb ~** entender bien a uno. **(d)** *(properly, fairly)* con justicia; **to treat sb ~** tratar a uno con justicia; **you did ~ to/not to do sth** hiciste bien en hacer/en no hacer algo. **(e)** *(satisfactorily)* bien. **(f)** *(not left)* a (la) derecha; **~ left and centre** *(fig)* a diestro y siniestro; **eyes ~!** *(Mil)* ¡vista a la derecha! **(g) ~, who's next?** bueno, ¿quién sigue?; **~ then, let's begin!** ¡empecemos, pues!

3 *n* **(a) ~ and wrong** el bien y el mal; **to be in the ~** tener razón, estar en lo cierto *or* justo; **to know ~ from wrong** saber distinguir el bien del mal; **two wrongs don't make a ~** no se subsana un error cometiendo dos. **(b)** *(claim, authority)* derecho *m;* **to have a ~ to sth** tener derecho a algo; **the ~ to be/say/do sth** el derecho de ser/decir/hacer algo; **who gave you the ~ to ...?** ¿quién te dio permiso de ...?; **what ~ have you got to ...?** ¿qué derecho tienes de ...?; **you have no ~ to ...** no tienes derecho de ...; **to own sth in one's own ~** poseer algo por derecho propio; **to be sth in one's own ~** ser algo por derecho propio; **~ of way** derecho de paso; *(Aut etc: precedence)* prioridad *f.* **(c) ~s** derechos *mpl;* **civil/human/women's ~s** derechos civiles/humanos/de la mujer; **by ~s ...** de derecho ...; **to be (well) within one's ~s** estar en su derecho. **(d)** *(not left)* **to the ~ (of)** a la derecha (de); **on the ~ (of)** a la derecha (de); **on/to my ~** a mi derecha; *(Pol)* **the R~** la derecha. **(e)** *(Boxing: punch)* derechazo *m.* **(f) to set** *or* **put sb/sth to ~s** reponer a uno/componer algo.

4 *vt (put straight: crooked picture)* enderezar; *(correct: wrong, mistake)* corregir; *(vehicle, person)* enderezar; **to ~ itself** *(vehicle)* enderezarse; *(situation)* rectificarse.

5: ~ wing 1 *adj (Pol)* derechista, de derechas; **2** *n (Pol)* derecha *f; (Sport: position, person)* ala *mf* derecha; **~ winger** *n (Pol)* derechista *mf; (Sport)* extremo *m* derecha.

right-angled ['raɪt,æŋgld] *adj (bend, turning)* en ángulo recto; *(Math: triangle)* rectángular.

right·eous ['raɪtʃəs] *adj (person)* honrado/a, recto/a; *(indignation etc)* justo/a.

right·ful ['raɪtfʊl] *adj (owner, heir to throne)* legítimo/a.

right-hand ['raɪthænd] *adj* derecho/a; **~ drive** *(Aut)* conducción *f* por la derecha; **~ man** *(fig: personal aide)* brazo *m* derecho.

right-handed [,raɪt'hændɪd] *adj (person)* que usa la mano derecha; *(tool)* para la mano derecha.

right·ly ['raɪtlɪ] *adv* **(a)** *(correctly)* debidamente, como es debido; **I don't ~ know** no sé exactamente; **if I remember ~** si mal no recuerdo. **(b)** *(justifiably)* con razón; **~ or wrongly** con razón o sin ella.

right-minded [,raɪt'maɪndɪd] *adj (decent)* honrado/a.

rig·id ['rɪdʒɪd] *adj (stiff: material)* rígido/a, *(LAm)* tieso/a; *(strict)* riguroso/a, estricto/a; *(inflexible: person, ideas)* inflexible, intransigente; **to be ~ with fear** estar tieso de miedo.

ri·gid·ity [rɪ'dʒɪdɪtɪ] *n (see adj)* rigidez *f;* rigor *m;* inflexibilidad *f.*

rig·id·ly ['rɪdʒɪdlɪ] *adv (strictly)* estrictamente; *(inflexibly)* con inflexibilidad; *(stiffly)* rígidamente.

rig·ma·role ['rɪgmərəʊl] *n (nonsense)* galimatías *m inv, (LAm)* cuentos *mpl; (paperwork etc)* trámites *mpl,* papeleo *m.*

rig·or·ous ['rɪgərəs] *adj (strict: discipline)* riguroso/a, estricto/a; *(severe: hardships)* severo/a, duro/a; *(intense: study)* intenso/a.

rig·or·ous·ly ['rɪgərəslɪ] *adv (see adj)* rigurosamente; severamente; intensamente.

rig·our, *(US)* **rig·or** ['rɪgə^r] *n (severity)* rigor *m,* rigores.

rig-out ['rɪgaʊt] *n (fam: clothes)* atuendo *m.*

rim [rɪm] *n (of cup etc)* borde *m; (of wheel)* llanta *f.*

rim·less ['rɪmlɪs] *adj (spectacles)* sin aros.

rind [raɪnd] *n (of fruit)* cáscara *f; (of cheese)* costra *f,* corteza *f; (of bacon)* corteza.

ring[1] [rɪŋ] **1** *n* **(a)** *(circle: of metal etc)* aro *m,* argolla *f; (on finger: plain)* anillo *m,* alianza *f; (: jewelled)* anillo, sortija *f; (around planet)* anillo; *(on tree)* anillo; *(for swimmer)* flotador *m;* **to run ~s round sb** *(fig)* dar mil vueltas a uno, burlar a uno. **(b)** *(of people: group)* círculo *m,* grupo *m; (: gang)* banda *f;* **they were sitting in a ~** estaban sentados en círculo. **(c)** *(arena etc: Boxing)* cuadrilátero *m,* ring *m; (: at circus)* pista *f.* **2** *vt (surround)* cercar, rodear; *(mark with ~)* poner círculo a. **3: ~ binder** *n* carpeta *f* de anillos; **~ finger** *n* anular *m;* **~ road** *n* carretera *f* de circunvalación, *(LAm)* periférico *m.*

ring[2] [rɪŋ] (*vb: pt* **rang,** *pp* **rung**) **1** *n* **(a)** *(sound of bell)* sonido *m; (nuance)* matiz *m;* **that has the ~ of truth about it** eso suena a verdad. **(b)** *(Brit Telec)* **to give sb a ~** dar un telefonazo *or (LAm)* echar una llamada a uno. **2** *vt* **(a)** *(strike, make sound: bell)* hacer sonar; **to ~ the front door bell** tocar el timbre de la entrada; **to ~ the bells in church** tocar las campanas de la iglesia; **to ~ the changes** *(fig)* cambiar de rumbo; **that ~s a bell (with me)** *(fig)* eso (me) suena. **(b)** *(Brit Telec)* **to ~ sb (up)** llamar a uno. **3** *vi* **(a)** *(bell)* sonar; *(person)* llamar, tocar; *(echo)* resonar; **to ~ for sb/sth** llamar a uno/por algo; **to ~ true/false** *(fig)* sonar cierto/falso. **(b)** *(Brit Telec)* llamar (por teléfono), telefonear; **to ~ long distance** *(Telec)* hacer una conferencia *or (LAm)* una llamada a larga distancia.

♦ **ring back** *vt + adv (Brit Telec)* devolver una llamada.
♦ **ring off** *vi + adv (Brit Telec)* colgar, cortar.
♦ **ring out** *vi + adv* resonar.
♦ **ring up** *vt + adv* = **ring**[2] **2 (b).**
ring·ing [ˈrɪŋɪŋ] **1** *adj (voice, tone)* sonoro/a; ~ **tone** *(Telec)* tono *m* para marcar; **in ~ tones** en tono enérgico. **2** *n (of bell)* toque *m; (of telephone)* sonar *m; (in ears)* zumbido *m.*
ring·leader [ˈrɪŋˌliːdəʳ] *n* cabecilla *mf.*
ring·let [ˈrɪŋlɪt] *n* rizo *m*, bucle *m.*
ring·master [ˈrɪŋˌmɑːstəʳ] *n* maestro *m* de ceremonias.
rink [rɪŋk] *n (for ice-skating)* pista *f* de hielo; *(for roller-skating)* pista de patinaje.
rinse [rɪns] **1** *n (gen)* enjuague *m; (hair-colouring)* tinte *m;* **to give one's hair a blue ~** dar reflejos azules al pelo. **2** *vt (dishes)* enjuagar; *(clothes)* aclarar.
♦ **rinse out** *vt + adv (dirt)* lavar; *(cup)* enjuagar; *(one's mouth)* enjuagarse.
riot [ˈraɪət] **1** *n* disturbio *m*, motín *m; (fig: wild success)* exitazo *m;* **a ~ of colour** un derroche de colores; **to read sb the ~ act** *(fam)* leerle la cartilla a uno; **to run ~** *(out of control)* desmandarse; **to put down a ~** reprimir un disturbio. **2** *vi* amotinarse. **3: ~ police** *n* policía *f* antidisturbios.
ri·ot·er [ˈraɪətəʳ] *n* amotinado/a *m/f.*
ri·ot·ous [ˈraɪətəs] *adj (person, mob)* amotinado/a; *(wild, exciting: party, living)* desenfrenado/a, alborotado/a; *(very funny: comedy)* divertidísimo/a.
ri·ot·ous·ly [ˈraɪətəslɪ] *adv* bulliciosamente, ruidosamente; **~ funny** divertidísimo/a.
rip [rɪp] **1** *n* rasgón *m*, desgarrón *m.* **2** *vt* rasgar, desgarrar; **to ~ sth to pieces** hacer algo trizas; **to ~ open** *(envelope, parcel, wound)* abrir desgarrando. **3** *vi* rasgarse, desgarrarse; **to ~ along** *(fig)* volar, ir a todo gas; **to let ~** desenfrenarse; **to let ~ at sb** arremeterse contra uno.
♦ **rip off** *vt + adv* **(a)** arrancar. **(b)** *(fam: overcharge, cheat)* estafar.
♦ **rip up** *vt + adv* hacer pedazos.
rip·cord [ˈrɪpkɔːd] *n (Aviat)* cuerda *f* de abertura.
ripe [raɪp] *adj (gen)* maduro/a; **to be ~ for sth** *(fig: person)* estar dispuesto a algo; *(: situation etc)* estar listo para algo; **to live to a ~ old age** llegar a muy viejo; **until/when the time is ~** hasta/en un momento oportuno.
rip·en [ˈraɪpən] *vt, vi (fruit, cheese, corn)* madurar.
ripe·ness [ˈraɪpnɪs] *n* madurez *f.*
rip-off [ˈrɪpɒf] *n (fam)* **it's a ~!** ¡es una estafa!
ri·poste [rɪˈpɒst] **1** *n (retort)* réplica *f.* **2** *vi* replicar (con agudeza).
rip·ple [ˈrɪpl] **1** *n (small wave)* onda *f*, rizo *m; (sound)* murmullo *m*, chapoteo *m.* **2** *vt* ondular, rizar. **3** *vi* rizarse.
rip-roaring [ˈrɪpˌrɔːrɪŋ] *adj (party)* alborotado/a; *(success)* clamoroso/a.
rise [raɪz] *(vb: pt* **rose,** *pp* **ris·en** [ˈrɪzn]) **1** *n* **(a)** *(upward movement)* subida *f*, ascenso *m; (fig: growth)* crecimiento *m*, desarrollo *m; (: ascendancy)* auge *m;* **the ~ and fall (of sth)** la sube y baja (de algo); **~ to power** ascenso al poder; **the ~ and fall of sb/sth** *(fig)* el auge y decadencia de uno/algo; **to get a ~ out of sb** *(fam)* tomar el pelo a *or* burlarse de uno. **(b)** *(increase)* aumento *m*, subida *f; (in prices)* alza *f; (in salary)* aumento. **(c)** *(upward slope)* cuesta *f* (arriba). **(d)** *(origin: of river)* nacimiento *m*, fuente *f;* **to give ~ to sth** *(fig)* dar origen a algo.
2 *vi* **(a)** *(get up)* levantarse; *(stand up)* ponerse de pie, levantarse; *(building)* elevarse, alzarse; **to ~ to one's feet** ponerse de pie; **to ~ early** madrugar; **the House rose** *(Parliament)* se suspendió la sesión; **to ~ to the occasion** ponerse a la altura de las circunstancias. **(b)** *(get higher: sun, moon)* salir; *(smoke)* subir, ascender; *(dough, cake etc)* leudarse; *(ground)* subir; *(in rank)* ascender; **his spirits rose** se animó; **the plane rose to 4,000 metres** el avión alcanzó 4.000 metros; **to ~ from the ranks** *(Mil)* ascender desde soldado raso; **to ~ from nothing** salir de la nada; **to ~ to the surface** *(lit, fig)* salir a la superficie; **to ~ to the bait** picar, morder; *(fig)* picar; **tears rose to his eyes** se le subieron las lágrimas; **to ~ above sth** *(fig)* sobreponerse a algo; **to ~ to a higher sum** aumentar la oferta. **(c)** *(increase)* aumentar, subir; *(tide)* subir; *(river)* crecer; *(wind)* arreciar; *(voice)* alzarse. **(d)** *(originate: river etc)* nacer. **(e)** *(rebel)* rebelarse; *(: armed)* realzarse en armas.
ris·er [ˈraɪzəʳ] *n:* **to be an early/late ~** ser madrugador(a)/dormilón/ona.
ris·ing [ˈraɪzɪŋ] **1** *adj* **(a)** *(increasing: gen)* creciente; *(: prices etc)* en aumento, en alza. **(b)** *(getting higher: sun, moon)* naciente; *(: ground)* en pendiente; *(: tide)* creciente; *(fig: promising)* prometedor(a). **2** *prep (almost: with age)* casi. **3** *n (up~)* rebelión *f*, sublevación *f.* **4: ~ damp** *n* humedad *f* de paredes.
risk [rɪsk] **1** *n (gen)* riesgo *m*, peligro *m;* **a health/security ~** un peligro para la salud/la seguridad; **to take a (great) ~** correr un (gran) riesgo; **to run the ~ of sth** arriesgar algo; **it's not worth the ~** no merece el riesgo; **at ~** en peligro; **to put sth at ~** poner algo en peligro; **at one's own ~** por cuenta propia; **at the ~ of seeming stupid** a riesgo de parecer estúpido. **2** *vt (put at ~)* arriesgar; *(run the ~ of)* exponerse a; **I'll ~ it** me arriesgo, me lanzo; **to ~ losing/being caught** correr el riesgo de perder/ser cogido; **to ~ one's neck** arriesgarse la vida; *(fig)* jugarse el todo por el todo.
risky [ˈrɪskɪ] *adj* **(-ier, -iest)** arriesgado/a, peligroso/a; **a ~ business** *(fam)* un asunto precario.
ri·sot·to [rɪˈzɒtəʊ] *n (Culin)* risotto *m.*
ris·qué [ˈriːskeɪ] *adj (humour, joke)* subido/a de color.
ris·sole [ˈrɪsəʊl] *n (Culin)* croqueta *f*, albóndiga *f.*
rite [raɪt] *n* rito *m; (Rel)* **last ~s** exequias *fpl.*
ritu·al [ˈrɪtjʊəl] **1** *adj (gen)* ritual; *(fig: conventional)* consabido/a. **2** *n (Rel: Christian)* ritual *m*, ceremonia *f; (: pagan)* rito *m.*
ritzy [ˈrɪtsɪ] *adj* **(-ier, -iest)** *(US fam: car, house)* de lujo.
ri·val [ˈraɪvəl] **1** *adj (team, firm)* rival, contrario/a; *(claim, attraction)* competidor(a). **2** *n* rival *m*, contrario/a *m/f;* **to be sb's closest ~** ser el rival más cercano de uno. **3** *vt* competir con.
ri·val·ry [ˈraɪvəlrɪ] *n* rivalidad *f*, competencia *f.*
riv·er [ˈrɪvəʳ] *n* río *m;* **up/down ~** río arriba/abajo.
river·bank [ˈrɪvəbæŋk] *n* orilla *f*, ribera *f.*
river·bed [ˈrɪvəbed] *n* lecho *m* (del río).
river·side [ˈrɪvəsaɪd] **1** *n* orilla *f*, ribera *f.* **2** *cpd* ribereño/a.
riv·et [ˈrɪvɪt] **1** *n* remache *m.* **2** *vt (lit)* remachar; *(fig: grasp: attention)* captar; *(fasten: eyes, attention, gaze: on sth/sb)* fijar; **to be ~ed to sth** *(fig)* tener los ojos fijados en algo.
riv·et·ing [ˈrɪvɪtɪŋ] *adj* fascinante.
RN *abbr of* **Royal Navy.**
roach [rəʊtʃ] *n (fish)* gobio *m.*
road [rəʊd] **1** *n (residential: R~)* calle *f; (route)* camino *m;* **main ~** carretera *f;* **'A'-~/'B'-~** carretera principal/secundaria; **country ~** camino vecinal; **by ~** por carretera; **across the ~** al otro

lado de la calle; **somewhere along the ~** *(fig)* tarde o temprano; **to be off the ~** *(of car)* estar fuera de circulación; **he shouldn't be allowed on the ~** no deberían permitirle conducir; **to be on the ~** andar de gira; **to take to the ~** *(tramp)* ponerse en camino; **to have one for the ~** *(fam)* tomarse la última copa; **to hold the ~** *(Aut)* agarrarse; **'~ up'** 'cerrado por obras'.

2: ~ accident *n* accidente *m* de tráfico; **~ haulage** *or* **transport** *n* transporte *m* por carretera; **~ safety** *n* seguridad *f* vial; **~ show** *n* compañía *f* teatral en gira; **~ sign** *n* señal *f* de tráfico; **~ works** *npl* obras *fpl*.

road·block ['rəudblɒk] *n* barricada *f*.

road·hog ['rəudhɒg] *n* conductor(a) *m/f* imprudente.

road·man ['rəudmæn] *n, pl* **-men, road·mender** ['rəud,mendəʳ] *n* peón *m* caminero.

road·map ['rəudmæp] *n* mapa *m* de carreteras.

road·roller ['rəud,rəuləʳ] *n* apisonadora *f*.

road·side ['rəudsaɪd] **1** *n* borde *m* *or* *(LAm)* orilla *f* del camino. **2** *cpd* de carretera.

road·sign ['rəudsaɪn] *n* señal *f* de tráfico *or* *(LAm)* de tránsito.

road·sweeper ['rəud,swiːpəʳ] *n* *(person)* barrendero/a; *(vehicle)* máquina *f* barrendera.

road·way ['rəudweɪ] *n* calzada *f*.

road·works ['rəudwɜːks] *npl* obras *fpl*.

road·worthy ['rəud,wɜːðɪ] *adj* *(car etc)* en buen estado para circular.

roam [rəum] **1** *vt* *(streets etc)* rondar, vagar por. **2** *vi* *(person etc)* vagar, errar; *(thoughts)* divagar; **to ~ about** andar sin rumbo fijo.

roar [rɔːʳ] **1** *n* *(of animal)* rugido *m*, bramido *m*; *(of crowd)* clamor *m*; *(of fire)* crepitación *f*; **with great ~s of laughter** con grandes carcajadas. **2** *vi* *(animal)* rugir, bramar; *(crowd, audience)* clamar; *(guns, thunder)* retumbar; *(with laughter)* reírse a carcajadas; **the lorry ~ed past** el camión pasó ruidosamente.

roar·ing ['rɔːrɪŋ] *adj*: **in front of a ~ fire** ante una fogata bien caliente; **it was a ~ success** fue un tremendo éxito; **to do a ~ trade** hacer muy buen negocio.

roast [rəust] **1** *n* asado *m*. **2** *adj* asado/a. **3** *vt* *(meat)* asar; *(coffee)* tostar; **to ~ o.s. in the sun** *(fig)* tostarse al sol. **4** *vi* asarse.

rob [rɒb] *vt* robar; **to ~ sb of sth** *(money etc)* robar algo a uno; *(fig: happiness etc)* quitar algo a uno.

rob·ber ['rɒbəʳ] *n* ladrón/ona *m/f*.

rob·bery ['rɒbərɪ] *n* robo *m*, hurto *m*; **it's daylight ~!** *(fam)* ¡es una estafa!

robe [rəub] *n* *(garment)* traje *m* de noche; *(bath~)* bata *f*; *(lawyer's, Univ etc)* toga *f*.

rob·in ['rɒbɪn] *n* *(bird)* petirrojo *m*.

ro·bot ['rəubɒt] *n* robot *m*, autómata *m*.

ro·bust [rəu'bʌst] *adj* *(person)* robusto/a, fuerte; *(material)* resistente.

rock [rɒk] **1** *n* **(a)** *(substance)* roca *f*; *(large stone, boulder)* roca, peña *f*; *(Naut)* escollo *m*; **whisky on the ~s** whisky *m* con hielo; **their marriage is on the ~s** el matrimonio está a borde del fracaso. **(b)** *(movement)* balanceo *m*, columpiar *m*. **(c)** *(Mus)* música *f* rock. **2** *vt* *(gently)* mecer, *(LAm)* columpiar; *(violently)* sacudir; *(fig)* trastornar. **3** *vi* *(gently)* mecerse, balancearse; *(violently)* sacudirse; **the train ~ed violently** el tren se sacudió violentamente. **4: ~ climbing** *n* *(Sport)* escalada *f*; **~ face** *n* vertiente *f* rocosa; **~ painting** *n* pintura *f* rupestre; **~ plant** *n* planta *f* alpestre; **~ salt** *n* sal *f* gema *or* mineral.

rock-bottom [,rɒk'bɒtəm] **1** *n* *(fig)* **to reach** *or* **touch ~** tocar fondo. **2** *cpd* *(price)* mínimo/a, *(LAm)* tirado/a.

rock·er ['rɒkəʳ] *n* arco *m*; *(US: chair)* mecedora *f*; **to be off one's ~** *(fam)* estar loco perdido.

rock·ery ['rɒkərɪ] *n* jardincito *m* de rocas.

rock·et ['rɒkɪt] **1** *n* **(a)** cohete *m*; *(space ~)* cohete espacial. **(b) to give sb a ~** *(fig)* echar un rapapolvo a uno. **2** *vi*: **to ~ to fame** ascender vertiginosamente a la fama; **prices have ~ed** los precios han subido vertiginosamente. **3: ~ launcher** *n* lanzacohetes *m inv*.

rock·et·ry ['rɒkɪtrɪ] *n* cohetería *f*.

rock·ing chair ['rɒkɪŋ,tʃɛəʳ] *n* mecedora *f*.

rock·ing horse ['rɒkɪŋ,hɔːs] *n* caballito *m* de balancín.

rocky[1] ['rɒkɪ] *adj* **(-ier, -iest)** *(substance)* (duro/a) como la piedra; *(slope etc)* rocoso/a.

rocky[2] ['rɒkɪ] *adj* **(-ier, -iest)** *(shaky, unsteady)* inestable, bamboleante; *(fig: situation)* inseguro/a, inestable; *(: government etc)* débil.

ro·co·co [rəu'kəukəu] **1** *adj* rococó. **2** *n* rococó *m*.

rod [rɒd] *n* *(Tech: of wood)* vara *f*; *(: of metal)* barra *f*; *(fishing ~)* caña *f*; *(curtain ~)* barra.

rode [rəud] *pt of* **ride**.

ro·dent ['rəudənt] *n* roedor *m*.

ro·deo ['rəudɪəu] *n* rodeo *m*, *(Mex)* charreada *f*.

roe [rəu] *n* *(of fish)* **hard ~** hueva *f*; **soft ~** lecha *f*.

roe·buck ['rəubʌk] *n* *(male roe deer)* corzo *m*.

roe deer ['rəu,dɪəʳ] *n* *(species)* corzo *m*; *(female deer)* corza *f*.

rogue [rəug] *n* *(thief etc)* pícaro/a *m/f*, *(LAm)* pillo/a *m/f*; *(hum)* travieso/a *m/f*; **~'s gallery** fichero *m* de delincuentes.

ro·guish ['rəugɪʃ] *adj* *(child)* travieso/a; *(look, smile etc)* pícaro/a.

role [rəul] *n* *(Theat)* papel *m*, rol *m*; **supporting ~** papel secundario; **to play a ~ (in)** *(fig)* desempeñar un papel (en).

roll [rəul] **1** *n* **(a)** *(of paper, tobacco, cloth etc)* rollo *m*; *(of film)* bobina *f*; *(of fat)* rodete *m*; *(of money)* fajo *m*. **(b)** *(of bread)* panecillo *m*, *(LAm)* bolillo *m*. **(c)** *(list)* lista *f*; **to call the ~** pasar lista; **electoral ~** registro *m* electoral; **to have 500 pupils on the ~** tener inscritos 500 alumnos. **(d)** *(sound: of thunder, cannon)* retumbo *m*; *(: of drum)* redoble *m*. **(e)** *(of gait)* contoneo *m*; *(of ship, plane)* balanceo *m*.

2 *vt* *(ball, vehicle etc)* hacer rodar; *(road)* apisonar; *(lawn, pitch)* pasar el rodillo por; *(pastry)* aplanar; *(metal)* laminar; *(cigarette)* liar; **~ed gold** oro *m* laminado; **to ~ a stone downhill** hacer rodar una piedra cuesta abajo; **to ~ one's eyes** poner los ojos en blanco; **to ~ one's r's** pronunciar fuertemente las erres.

3 *vi* **(a)** *(go ~ing)* rodar, dar vueltas; *(on ground, in pain etc)* revolcarse; **it ~ed under the chair** desapareció debajo de la silla; **tears ~ed down her cheeks** las lágrimas le corrían por la cara; **they're ~ing in money, they're ~ing in it** *(fam)* nadan en oro. **(b)** *(sound: thunder)* retumbar; *(: drum)* redoblar. **(c)** *(in walking)* andar contoneándose; *(Naut)* balancearse.

4: ~ call *n* lista *f*; **to take a ~ call** pasar lista.

♦ **roll about** *vi + adv* *(ball, coin etc)* rodar (por); *(person, dog)* revolcarse; *(fam: with laughter)* morirse de (la) risa.

♦ **roll away** *vi + adv* *(ball)* alejarse; *(clouds, vehicle)* apartarse.

♦ **roll back** *vt + adv* *(carpet etc)* enrollar.

♦ **roll by** *vi + adv* *(vehicle, year)* pasar.

♦ **roll in** *vi + adv* *(money, letters)* llegar en abundancia; *(waves)* subir y bajar; *(fam: person)* aparecer.

♦ **roll on** *vi + adv* *(time)* pasar.

♦ **roll out** *vt + adv (pastry)* extender con el rodillo; *(carpet, map)* desenrollar.
♦ **roll over** *vi + adv (object)* volcar, *(LAm)* voltearse; *(person, animal)* dar una vuelta.
♦ **roll up 1** *vi + adv* **(a)** *(animal)* enroscarse, arrollarse. **(b)** *(car)* acercarse, llegar; *(fam: arrive)* aparecer (por fin); ~ **up!** ¡acérquense! **2** *vt + adv (cloth, map)* enrollar; *(sleeves)* arremangar; **to ~ o.s. up into a ball** arrollarse.
roll·er ['rəʊlə^r] **1** *n (Agr, Tech)* rodillo *m; (road-~)* apisonadora *f; (caster)* ruedecilla *f.* **2:** ~ **blind** *n (Brit)* persiana *f* enrollable; ~ **coaster** *n* montaña *f* rusa; ~ **skate** *n* patín *m* (de ruedas); ~ **skating** *n* patinaje *m* sobre ruedas.
roll·ing ['rəʊlɪŋ] **1** *adj (waves, sea)* agitado/a; *(countryside)* ondulado/a. **2:** ~ **mill** *n* laminador *m;* ~ **pin** *n* rodillo *m;* ~ **stock** *n* material *m* rodante.
Ro·man ['rəʊmən] **1** *adj* romano/a. **2** *n (person)* romano/a *m/f; (Typ)* **r**~ tipo *m* romano. **3:** ~ **Catholic** *adj, n* católico/a *m/f* romano/a.
ro·mance [rəʊ'mæns] **1** *n* **(a)** *(love affair)* amor(es) *m(pl);* **a young girl waiting for** ~ una joven que espera su primer amor. **(b)** *(romantic character)* lo romántico; *(picturesqueness)* lo pintoresco; **the ~ of the sea** el encanto del mar. **(c)** *(tale)* novela *f,* cuento *m; (medieval)* libro *m* de caballerías; *(Mus)* romanza *f.* **2** *adj (language)* **R**~ romance.
Ro·man·esque [,rəʊmə'nesk] *adj (Archit)* románico/a.
ro·man·tic [rəʊ'mæntɪk] **1** *adj (gen)* romántico/a. **2** *n* romántico/a *m/f.*
ro·man·ti·cism [rəʊ'mæntɪsɪzəm] *n* romanticismo *m.*
ro·man·ti·cize [rəʊ'mæntɪsaɪz] *vt* sentimentalizar.
Roma·ny ['rɒmənɪ] **1** *adj* gitano/a. **2** *n (person)* gitano/a *m/f; (language)* lengua *f* gitana.
Rome [rəʊm] *n* Roma *f;* **when in ~ (do as the Romans do)** allí donde fueres, haz lo que vieres.
romp [rɒmp] **1** *n* retozo *m;* **to have a** ~ retozar. **2** *vi* retozar; **she ~ed through the examination** no tuvo problema alguno para aprobar el examen; **to ~ home** ganar fácilmente.
romp·ers ['rɒmpəz] *npl* mono *m,* pelele *m.*
roof [ru:f] **1** *n (of building)* techo *m,* tejado *m; (of car etc)* baca *f;* **flat** ~ azotea *f;* ~ **of the mouth** paladar *m;* **to have a ~ over one's head** tener casa y abrigo; **to live under the same** ~ vivir bajo el mismo techo; **to raise the** ~ *(protest)* poner el grito en el cielo; *(sing etc)* armar jaleo *m or (LAm)* bronca *f.* **2** *vt (also* ~ **in,** ~ **over)** techar. **3:** ~ **rack** *n (Aut)* baca *f, (LAm)* portamaletas *m inv,* portaequipajes *m inv.*
roof·ing ['ru:fɪŋ] **1** *n* techumbre *f.* **2:** ~ **felt** *n* fieltro *m* para techar.
rook[1] [rʊk] **1** *n (bird)* grajo *m.* **2** *vt (swindle)* estafar, timar.
rook[2] [rʊk] *n (Chess)* torre *f.*
rookie ['rʊkɪ] *n (Mil fam)* novato/a *m/f, (LAm)* cachorro/a *m/f.*
room [rʊm] **1** *n* **(a)** *(in house, hotel)* cuarto *m,* habitación *f, (LAm)* pieza *f; (large, public)* sala *f;* **double** ~ habitación *etc* para 2 personas; **furnished** ~ cuarto amueblado; **ladies'** ~ servicios *mpl* de damas; **they've always lived in ~s** siempre han arrendado casa. **(b)** *(space)* lugar *m,* espacio *m;* **is there ~?** ¿hay sitio?; **is there ~ for this?** ¿cabe esto?, ¿hay cabida para esto?; **is there ~ for me?** ¿quepo yo?; **to make ~ for sb** hacer lugar para uno; **standing ~ only!** no queda asiento. **(c)** *(fig)* **there is no ~ for doubt** no hay lugar a dudas; **there is ~ for improvement** podría mejorarse aún. **2:** ~ **service** *n (in hotel)* servicio *m* de habitaciones; ~ **temperature** *n* temperatura *f* ambiente.
rooming-house ['ru:mɪŋ,haʊs] *n (US)* pensión *f.*
room·mate ['ru:m,meɪt] *n* compañero/a *m/f* de cuarto.
roomy ['rʊmɪ] *adj* **(-ier, -iest)** *(flat, cupboard etc)* amplio/a; *(garment)* holgado/a.
roost [ru:st] **1** *n (gen)* percha *f; (hen ~)* gallinero *m;* **to rule the** ~ mandar. **2** *vi (lit)* dormir en una percha; *(fig)* **to come home to** ~ volverse en contra (de uno).
roost·er ['ru:stə^r] *n* gallo *m.*
root [ru:t] **1** *n* raíz *f; (of word)* radical *m; (Math)* **square** ~ raíz cuadrada; **the ~ of the problem is that ...** *(fig)* lo fundamental del problema es que ...; **her ~s are in Manchester** tiene sus raíces en Manchester; **to put down one's ~s in a country** establecerse en un país; **to pull up by the ~s** arrancar de raíz; **to take** ~ *(plant)* echar raíces; *(idea)* arraigarse. **2** *vt* **(a)** *(plant)* hacer arraigar. **(b) to be ~ed to the spot** quedar inmovilizado; **a deeply ~ed prejudice** un prejuicio muy arraigado. **3** *vi (Bot)* echar raíces, arraigarse.
♦ **root about** *vi + adv* andar buscando por todas partes.
♦ **root for** *vi + prep (US fam)* animar.
♦ **root out** *vt + adv (find)* desenterrar; *(remove)* extirpar, desarraigar.
root·less ['ru:tlɪs] *adj (person etc)* desarraigado/a.
rope [rəʊp] **1** *n* cuerda *f, (LAm)* cordón *m, (Mex)* mecate *m; (hangman's)* soga *f;* **to give sb more ~** *(fig)* dar rienda suelta a uno; **to know/learn the ~s** estar/ponerse al tanto; **a ~ of pearls** un collar de perlas. **2** *vt* atar *or (LAm)* amarrar con (una) cuerda; **to ~ two things together** atar dos cosas con una cuerda. **3:** ~ **ladder** *n* escala *f* de cuerda.
♦ **rope in** *vt + adv (fam)* **to ~ sb in** embaucar a uno.
♦ **rope off** *vt + adv* acordonar.
ropy ['rəʊpɪ] *adj* **(-ier, -iest)** *(fam)* deteriorado/a.
ro·sary ['rəʊzərɪ] *n (Rel)* rosario *m;* **to say the** ~ rezar el rosario.
rose[1] [rəʊz] **1** *n (Bot: flower)* rosa *f; (: bush)* rosal *m; (colour)* color *m* de rosa; *(on shower, watering can)* roseta *f; (Archit: on ceiling)* roseta; **my life isn't all ~s** *(fam)* mi vida no es un camino de rosas. **2** *adj (~-coloured)* de color de rosa. **3:** ~ **bush** *n* rosal *m;* ~ **garden** *n* rosaleda *f;* ~ **tree** *n* rosal; ~ **window** *n (Archit)* rosetón *m.*
rose[2] [rəʊz] *pt of* **rise.**
rose·bed ['rəʊzbed] *n* rosaleda *f.*
rose·bud ['rəʊzbʌd] *n* capullo *m.*
rose·mary ['rəʊzmərɪ] *n (herb)* romero *m.*
rose-pink [,rəʊz'pɪŋk] *adj* rosado/a.
rose-red [,rəʊz'red] *adj* rojo/a como la rosa.
ro·sette [rəʊ'zet] *n (emblem, Archit)* rosetón *m; (prize)* premio *m.*
rose·wood ['rəʊzwʊd] *n* palo *m* de rosa.
ros·in ['rɒzɪn] *n* colofonia *f.*
ros·ter ['rɒstə^r] *n* lista *f.*
ros·trum ['rɒstrəm] *n* tribuna *f.*
rosy ['rəʊzɪ] *adj* **(-ier, -iest)** *(cheeks etc)* sonrosado/a; *(colour)* de color de rosa; *(fig: future, prospect)* prometedor(a).
rot [rɒt] **1** *n* **(a)** *(process)* putrefacción *f; (substance)* podredumbre *f.* **(b)** *(fig)* **the ~ set in** la decadencia se arraigó; **to stop the** ~ acabar con la decadencia. **(c)** *(fam)* tonterías *fpl, (LAm)* babosadas *fpl;* **oh ~!, what ~!** ¡qué tonterías! **2** *vt* pudrir, descomponer. **3** *vi:* **to ~ (away)** pudrirse, descomponerse; **to ~ in jail** pudrirse en la cárcel.
rota ['rəʊtə] *n (roster)* lista *f.*

ro·ta·ry ['rəʊtərɪ] *adj (movement)* giratorio/a; *(blades, press etc)* rotativo/a.

ro·tate [rəʊ'teɪt] **1** *vt* hacer girar, dar vueltas a; *(crops)* cultivar en rotación; *(staff)* alternar. **2** *vi* girar, dar vueltas.

ro·ta·tion [rəʊ'teɪʃən] *n* rotación *f;* ~ **of crops** rotación de cultivos; **in** ~ por turnos; **orders are dealt with in strict** ~ los pedidos se sirven por riguroso orden.

rote [rəʊt] *n:* **to learn sth by** ~ aprender algo de memoria.

ro·tor ['rəʊtə[r]] *n* rotor *m.*

rot·ten ['rɒtn] *adj* **(a)** *(gen)* podrido/a, putrefacto/a; *(food)* pasado/a; *(tooth)* cariado/a; *(wood)* carcomido/a, podrido/a. **(b)** *(fig)* infame, malísimo/a; *(fam: morally)* vil, despreciable; *(of bad quality)* pésimo/a, lamentable; **what a** ~ **thing to do!** ¡qué maldad!; **it's a** ~ **novel** es una novela pésima; **I feel** ~ *(ill)* me encuentro fatal; *(mean)* me siento culpable.

ro·tund [rəʊ'tʌnd] *adj (person)* corpulento/a.

rou·ble, *(US)* **ru·ble** ['ru:bl] *n* rublo *m.*

rouge [ru:ʒ] *n* colorete *m,* carmín *m.*

rough [rʌf] **1** *adj* **(-er, -est) (a)** *(surface, skin etc)* áspero/a; *(ground)* accidentado/a, fragoso/a; *(road)* desigual, lleno/a de baches; *(hand)* calloso/a; *(edge)* desigual. **(b)** *(treatment, behaviour etc)* brutal; *(person)* inculto/a; *(crude)* tosco/a, basto/a; *(voice)* ronco/a; *(wine)* ordinario/a; *(life, manner)* difícil, duro/a; *(sea)* agitado/a, encrespado/a; *(play, sport)* violento/a; *(fam: unfortunate)* desgraciado/a, desafortunado/a; **to get** ~ *(sea)* embravecerse; **he's a** ~ **diamond** *(fig)* es rudo pero amable; **to feel** ~ *(fam)* encontrarse mal; **to be** ~ **on sb** *(treatment)* tratar mal a uno; *(situation)* ser violento para uno. **(c)** *(calculation, estimate)* aproximado/a; ~ **draft** borrador *m;* ~ **sketch/plan** bosquejo *m,* boceto *m.*

2 *adv:* **to cut up** ~ *(fam)* ponerse hecho una fiera; **to sleep** ~ dormir al raso.

3 *n* **(a)** *(person)* matón *m,* duro *m.* **(b) to take the** ~ **with the smooth** tomar las duras con las maduras.

4 *vt:* **to** ~ **it** vivir sin comodidades.

♦ **rough out** *vt* + *adv (plan etc)* esbozar, bosquejar.

♦ **rough up** *vt* + *adv* erizar, poner de punta; **to** ~ **sb up** *(fam)* dar una paliza a uno.

rough·age ['rʌfɪdʒ] *n (for animals)* forraje *m; (for people)* alimentos *mpl* que regularizan el funcionamiento intestinal.

rough-and-ready [ˌrʌfənd'redɪ] *adj (method, equipment)* tosco/a, burdo/a.

rough-and-tumble [ˌrʌfən'tʌmbl] *n* pelea *f,* escaramuza *f;* **the** ~ **of life** los vaivenes de la vida.

rough·en ['rʌfn] *vt (skin etc)* poner *or* dejar áspero; *(scratch)* rascar; *(: surface)* rajar, agrietar.

rough·ly ['rʌflɪ] *adv* **(a)** *(not gently: push, play)* violentamente, bruscamente; *(: speak, order)* toscamente, hoscamente. **(b)** *(approximately)* más o menos, aproximadamente; ~ **speaking** hablando en general, *(LAm)* grosso modo; **I put it at** ~ **250** yo lo calculo en más o menos 250.

rough·neck ['rʌfnek] *n (US fam)* duro *m,* matón *m.*

rough·ness ['rʌfnɪs] *n (of hands, surface)* aspereza *f; (of person)* brusquedad *f; (of sea)* agitación *f,* encrespamiento *m; (of road)* desigualdad *f.*

rough·shod ['rʌfʃɒd] *adv:* **to ride** ~ **over sb/sth** pisotear a uno/algo.

rou·lette [ru:'let] *n* ruleta *f.*

round [raʊnd] **1** *adj (gen)* redondo/a; *(body)* redondo/a, rotundo/a; **in** ~ **figures** en números redondos; **the** ~ **trip** el viaje de ida y vuelta, *(LAm)* el viaje redondo.

2 *adv (with circular motion)* **the wheels go** ~ giran *or* dan vuelta las ruedas; **there is a fence all** ~ está rodeado por un cercado; **the other/wrong way** ~ al revés; **all year** ~ (durante) todo el año; **to ask sb** ~ invitar a uno a la casa *or (LAm)* a pasar (por la casa); **we were** ~ **at my sister's** estábamos en casa de mi hermana; **the long way** ~ el camino más largo.

3 *prep* **(a)** *(of place etc)* alrededor de; **the wall** ~ **the garden** el muro que rodea el jardín; ~ **the corner** a la vuelta de la esquina; ~ **the table** alrededor de la mesa; **all** ~ **the house** *(inside)* por toda la casa; *(outside)* alrededor de la casa; **to look** ~ **the shop** echar una mirada por la tienda; ~ **the clock** *(at any time)* a todas horas, a cualquier hora; *(non-stop)* sin parar *o* cesar; **wear it** ~ **your neck** llévalo en el cuello. **(b)** *(approximately: also* ~ **about)** más o menos, aproximadamente; ~ **4 o'clock** a eso de las 4; **somewhere** ~ cerca de.

4 *n* **(a)** *(circle)* círculo *m;* **a** ~ **(of sandwiches)** un sandwich. **(b) the daily** ~ *(fig)* la rutina cotidiana. **(c)** *(of postman, milkman etc)* recorrido *m; (of watchman)* ronda *f;* **the doctor's on his** ~**s** el médico está haciendo sus visitas; **the story went the** ~**s** corrió la voz. **(d)** *(Boxing)* asalto *m,* round *m; (Golf)* partido *m,* recorrido *m; (Showjumping)* recorrido; *(game: cards etc)* partida *f; (in tournament, talks etc)* vuelta *f;* **a** ~ **of talks** una serie de negociaciones; **the first** ~ **of the elections** la primera vuelta de las elecciones. **(e)** *(of drinks)* ronda *f;* **it's my** ~ yo invito, me toca a mí; ~ **of ammunition** tiro *m,* cartucho *m;* ~ **of shots** descarga *f;* ~ **of applause** salva *f* de aplausos.

5 *vt* **(a)** *(make* ~*: lips, edges etc)* redondear. **(b)** *(go* ~*: corner etc)* doblar, dar la vuelta a; *(: Naut)* doblar.

♦ **round off** *vt* + *adv* acabar, rematar; **to** ~ **off the evening** dar el remate a la fiesta.

♦ **round on** *vi* + *prep* volverse en contra de.

♦ **round up** *vt* + *adv (cattle)* acorralar, rodear; *(friends etc)* reunir; *(criminals) (Sp)* coger, *(LAm)* agarrar; *(figures)* subir a un número redondo.

round·about ['raʊndəbaʊt] **1** *adj* indirecto/a; **to speak in a** ~ **way** hablar con rodeos. **2** *n (at fair)* tiovivo *m; (Brit Aut) (Sp)* cruce *m* giratorio, *(LAm)* glorieta *f.*

round·ly ['raʊndlɪ] *adv (fig: forcefully)* rotundamente; *(: honestly)* francamente.

round·ness ['raʊndnɪs] *n (see adj)* redondez *f.*

round-shouldered [ˌraʊnd'ʃəʊldəd] *adj* arqueado/a de espaldas.

round-up ['raʊndʌp] *n (Agr)* rodeo *m; (of suspects etc)* redada *f;* **a** ~ **of the latest news** un resumen de las últimas noticias.

rouse [raʊz] *vt (person)* despertar; *(emotion)* despertar, excitar; **to** ~ **sb to action** mover a uno a actuar; **to** ~ **sb to fury** provocar la furia de uno; **to** ~ **o.s.** animarse.

rous·ing ['raʊzɪŋ] *adj (applause)* caluroso/a; *(song, speech)* conmovedor(a).

rout[1] [raʊt] **1** *n* derrota *f* completa. **2** *vt* derrotar.

rout[2] [raʊt] *vi:* **to** ~ **about** hurgar.

♦ **rout out** *vt* + *adv (discover)* desenterrar; *(force out)* sacar a la fuerza.

route [ru:t, *(US)* raʊt] *n (gen)* ruta *f; (of bus etc)* recorrido *m; (of ship)* derrota *f; (itinerary)* itinerario *m; (direction)* rumbo *m;* **shipping** ~ vía *f* marítima; **air** ~ ruta aérea; **to go by a new** ~ seguir una ruta nueva.

rou·tine [ru:'ti:n] **1** *n* rutina *f;* **the daily** ~ la rutina cotidiana. **2** *adj* rutinario/a; **a** ~ **inspection** una inspección rutinaria.

rove [rəʊv] **1** *vt* vagar *or* errar por. **2** *vi* vagar, errar; **his eye ~d over the room** repasó el cuarto con la vista.
rov·er ['rəʊvəʳ] *n* vagabundo/a *m/f.*
rov·ing ['rəʊvɪŋ] *adj (wandering)* errante; **to have a ~ commission** *(fig)* tener una responsabilidad flexible; **he has a ~ eye** tiene ojo para las faldas.
row[1] [rəʊ] *n (gen)* fila *f,* hilera *f, (LAm)* línea *f;* **in a ~** en fila; **in the front ~** en primera fila; **for 5 days in a ~** durante 5 días seguidos.
row[2] [rəʊ] **1** *n (trip)* paseo *m* en bote; **to go for a ~** pasearse en bote; **it was a hard ~ to the shore** nos costó llegar a la playa remando. **2** *vt (boat)* remar; *(person)* llevar a remo. **3** *vi* remar; **we ~ed for the shore** nos dirigimos remando hacia la playa; **to ~ across a river** cruzar un río a remo.
row[3] [raʊ] **1** *n* **(a)** *(noise)* escándalo *m,* ruido *m.* **(b)** *(dispute)* bronca *f,* pelea *f, (LAm)* pleito *m;* **to have a ~** reñirse, *(LAm)* pelearse; **the ~ about wages** la disputa acerca de los salarios. **(c)** *(fuss, disturbance, incident)* jaleo *m, (LAm)* bronca *f;* **to kick up a ~, to make a ~** *(fam)* armar un lío, *(LAm)* armar bronca. **(d)** *(scolding)* regaño *m,* regañada *f;* **to get into a ~** ganarse una regañada. **2** *vi* reñirse, *(LAm)* pelear; **they're always ~ing** siempre están riñiendo.
ro·wan ['raʊən] *n (also* **~ tree***)* serbal *m.*
row·boat ['rəʊbəʊt] *n (US)* = **rowing boat.**
row·dy ['raʊdɪ] **1** *adj* **(-ier, -iest)** *(person)* escandaloso/a; *(meeting etc)* alborotado/a, agitado/a. **2** *n (person: loud)* escandaloso/a *m/f; (: quarrelsome)* pendenciero/a *m/f.*
row·dy·ism ['raʊdɪɪzəm] *n* disturbios *mpl.*
row·er ['rəʊəʳ] *n* remero/a *m/f.*
row·ing ['rəʊɪŋ] **1** *n* el remo *m.* **2: ~ boat** *n* bote *m* de remo, *(LAm)* lancha *f.*
roy·al ['rɔɪəl] *adj* **(a)** real; **the R~ Navy/Air Force** la Marina/Fuerza Aérea Británica; **~ blue** azul *m* marino; **His/Her R~ Highness** Su Alteza Real. **(b)** *(splendid)* magnífico/a, espléndido/a; **to have a right ~ time** pasarlo en grande.
roy·al·ist ['rɔɪəlɪst] *adj, n* monárquico/a *m/f.*
roy·al·ly ['rɔɪəlɪ] *adv (fig)* magníficamente.
roy·al·ty ['rɔɪəltɪ] *n* **(a)** realeza *f,* familia *f* real. **(b)** *(payment: also* **royalties:** *on books)* derechos *mpl* de autor; *(: gen)* regalías *fpl.*
rpm *abbr of* **revolutions per minute.**
RSVP *abbr of* **répondez s'il vous plaît** S.R.C.
Rt Hon *abbr of* **Right Honourable.**
rub [rʌb] **1** *n (gen)* **to give sth a ~** frotar *or (LAm)* sobar algo; **to give sb's back a ~** frotar las espaldas de uno. **2** *vt (apply friction)* frotar, restregar; *(polish)* sacar brillo a; **to ~ one's hands together** frotarse las manos; **to ~ sb up the wrong way** *(fig) (Sp)* atravesar a uno, *(LAm)* caerle gordo a uno. **3** *vi:* **to ~ against sth, to ~ on sth** rozar algo.
♦ **rub along** *vi + adv (fam)* mantenerse a flote, *(LAm)* defenderse; **to ~ along with sb** llevarse *or* entenderse bien con uno.
♦ **rub down** *vt + adv* **(a)** *(body)* secar frotando; *(horse)* almohazar. **(b)** *(door, wall etc)* lijar.
♦ **rub in** *vt + adv (ointment, cream etc)* **to ~ a cream in to the skin** frotar la piel con una crema; **don't ~ it in!** *(fam)* ¡no insistas!
♦ **rub off 1** *vi + adv* quitarse (frotando); *(fig)* **to ~ off on sb** pegarse a uno. **2** *vt + prep (writing)* borrar; *(dirt etc)* quitar (frotando).
♦ **rub out** *vt + adv* borrar.
♦ **rub up** *vt + adv* pulir.
rub·ber[1] ['rʌbəʳ] **1** *n (material)* goma *f,* caucho *m, (LAm)* hule *m,* jebe *m; (eraser)* goma de borrar. **2** *cpd (ball, dinghy, gloves, boots)* de goma *or* hule *etc;* **~ band** *n* goma *f,* gomita *f;* **~ industry** *n* industria *f* del caucho *or* cauchera; **~ stamp** *n* estampilla *f* de goma.
rub·ber[2] ['rʌbəʳ] *n (Bridge etc)* partida *f.*
rub·bery ['rʌbərɪ] *adj* elástico/a; *(fig)* de goma.
rub·bish ['rʌbɪʃ] **1** *n* **(a)** basura *f,* desperdicios *mpl.* **(b)** *(fig: goods, film etc)* birria *f,* porquería *f; (spoken, written)* tonterías *fpl,* disparates *mpl;* **he talks a lot of ~** dice puros disparates. **2: ~ dump** *n* basurero *m,* basural *m.*
rub·bishy ['rʌbɪʃɪ] *adj (fam: goods)* de pacotilla; *(: film)* de bajísima categoría.
rub·ble ['rʌbl] *n* escombros *mpl.*
ruby ['ru:bɪ] **1** *n* rubí *m.* **2** *adj (colour)* color rubí; *(necklace, ring)* de rubí(es).
ruck [rʌk] *(also* **~ up***)* **1** *vt* arrugar. **2** *vi* arrugarse.
ruck·sack ['rʌksæk] *n* mochila *f.*
ruc·tion ['rʌkʃən] *n (Sp)* follón *m, (LAm)* bronca *f;* **there will be ~s** se va a armar la gorda.
rud·der ['rʌdəʳ] *n (Naut, Aer)* timón *m.*
rud·dy ['rʌdɪ] *adj* **(-ier, -iest) (a)** *(complexion)* rubicundo/a, rechoncho/a; *(sky etc)* rojizo/a. **(b)** *(Brit euph)* maldito/a, condenado/a.
rude [ru:d] *adj* **(a)** *(offensive)* grosero/a; *(short)* brusco/a, *(LAm)* corto/a; **to be ~ to sb** ser grosero con uno; **it's ~ to eat noisily** es muy ordinario hacer ruido al comer; **how ~!** ¡no seas mal educado! **(b)** *(indecent)* grosero/a; *(joke etc)* verde, *(LAm)* colorado/a. **(c) a ~ awakening** una sorpresa desagradable; **to be in ~ health** estar robusto. **(d)** *(primitive)* tosco/a, burdo/a.
rude·ly ['ru:dlɪ] *adv* en forma grosera; **she was ~ awakened** le despertaron bruscamente; *(fig)* quedó desagradablemente sorprendida.
rude·ness ['ru:dnɪs] *n (see adj* **a, b***)* grosería *f;* brusquedad *f;* falta *f* de educación; lo grosero.
ru·di·men·ta·ry [ˌru:dɪ'mentərɪ] *adj (gen)* rudimentario/a.
ru·di·ments ['ru:dɪmənts] *npl* rudimentos *mpl.*
rue·ful ['ru:fʊl] *adj (look, smile etc)* triste, arrepentido/a.
ruff [rʌf] *n (Sew)* gorguera *f; (Zool)* collarín *m.*
ruf·fian ['rʌfɪən] *n* hampón *m.*
ruf·fle ['rʌfl] *vt (surface)* agitar, rizar; *(hair)* desarreglar; *(feathers)* erizar; *(fabric)* fruncir; *(sb's composure)* perturbar; **nothing ~s him** no se altera por nada.
rug [rʌg] *n (floor-mat)* alfombrilla *f, (LAm)* tapete *m; (wrap)* manta *f.*
rug·by ['rʌgbɪ] **1** *n* rugby *m.* **2: ~ league** *n* rugby *m* a trece.
rug·ged ['rʌgɪd] *adj (terrain)* accidentado/a; *(character: unrefined)* tosco/a; *(: surly)* severo/a; *(features)* robusto/a, *(LAm)* recio/a.
rug·ger ['rʌgəʳ] *n (fam)* = **rugby.**
ruin ['ru:ɪn] **1** *n* **(a)** ruina *f;* **~s** ruinas; **in ~s** en ruinas; **to fall into ~** caer en ruinas. **(b)** *(fig)* ruina *f,* perdición *f;* **it will be the ~ of him** será su ruina; **~ stared us in the face** nos enfrentamos con el fracaso. **2** *vt (damage)* arruinar, destruir; *(undermine)* echar abajo; *(spoil)* estropear; *(bankrupt)* arruinar; **what ~ed him was gambling** el juego fue su ruina; **he ~ed my new car** hizo polvo mi coche nuevo.
ru·ina·tion [ˌru:ɪ'neɪʃən] *n* ruina *f,* perdición *f.*
ru·in·ous ['ru:ɪnəs] *adj* ruinoso/a.
rule [ru:l] **1** *n* **(a)** *(ruling)* regla *f,* norma *f;* **~s of the road** reglamento *msg* del tráfico; **~s and regulations** reglamentos; **it's against the ~s** está prohibido; **as a ~** por regla general; **we make it a ~ to do sth** es nuestra costumbre hacer algo; *see* **work. (b)** *(dominion etc)* dominio *m,* imperio *m;* **under British ~** bajo el dominio británico. **(c)**

(ruler) regla *f*, metro *m*. **2** *vt* **(a)** *(govern: also* ~ **over)** gobernar. **(b)** *(Jur)* decidir, fallar; **to ~ that ...** fallar que ... . **(c)** *(draw)* trazar; **~d paper** papel rayado. **3** *vi* **(a)** *(govern)* gobernar, mandar. **(b) to ~ against sth** decidir *or* fallar en contra de algo.

♦ **rule out** *vt + adv* excluir; **to ~ out the possibility** excluir la posibilidad.

rul·er ['ruːləʳ] *n (person)* gobernante *mf; (for measuring)* regla *f*, metro *m*.

rul·ing ['ruːlɪŋ] **1** *adj (passion, factor)* dominante; **the ~ classes** las clases dirigentes. **2** *n* decisión *f*, fallo *m;* **to give a ~ on a dispute** fallar en una disputa.

rum[1] [rʌm] *n (drink)* ron *m*.

rum[2] [rʌm] *adj (fam)* raro/a.

Ru·ma·nia [ruː'meɪnɪə] *n* Rumania *f*.

rum·ble[1] ['rʌmbl] **1** *n (of traffic etc)* ruido *m* sordo, retumbo *m; (of thunder etc)* redoble *m*, estruendo *m*. **2** *vi* redoblar, retumbar; *(stomach)* hacer ruidos; **the train ~d past** el tren pasó con estruendo.

rum·ble[2] ['rʌmbl] *vt (Brit fam)* calar; **he's ~d us** nos ha calado *or (LAm)* pillado.

rum·bus·tious [rʌm'bʌstʃəs] *adj* bullicioso/a.

ru·mi·nant ['ruːmɪnənt] *n* rumiante *mf*.

ru·mi·nate ['ruːmɪneɪt] *vi (think)* rumiar.

ru·mi·na·tion [ˌruːmɪ'neɪʃən] *n (act)* rumia *f; (thought)* meditación *f*.

rum·mage ['rʌmɪdʒ] *vi:* **to ~ (about** *or* **around)** revolver *(among, in* en); **to ~ about in a case** revolver en una maleta.

rum·my ['rʌmɪ] *n (Cards)* rummy *m*.

ru·mour, *(US)* **ru·mor** ['ruːməʳ] **1** *n* rumor *m;* **~ has it that ...** se rumorea que ..., corre la voz de que ... . **2** *vt:* **it is ~ed that ...** se rumorea que ..., corre la voz de que ... .

rump [rʌmp] *n (Anat: of horse etc)* ancas *fpl*, grupa *f; (Culin)* cuarto *m* trasero.

rum·ple ['rʌmpl] *vt* arrugar; *(hair)* despeinar.

rump·steak [ˌrʌmp'steɪk] *n* filete *m* de lomo de vaca *or (LAm)* de res.

rum·pus ['rʌmpəs] *n (fam)* jaleo *m, (LAm)* pleito *m;* **to kick up a ~** armar follón *or (LAm)* bronca.

run [rʌn] *(vb: pt* **ran,** *pp* **run) 1** *n* **(a)** *(act of ~ning, Sport etc)* carrera *f; (Mus)* carrerilla *f; (in tights)* carrera; **at a ~** corriendo, a la carrera; **to have a ~ before breakfast** (salir a) correr antes del desayuno; **a prisoner on the ~** un preso fugado; **to keep sb on the ~** mantener a uno en constante actividad; **we've got them on the ~** están echando marcha atrás; *(fig)* los estamos persiguiendo; **to make a ~ for it** echarse a correr, huir; **to give sb a ~ for their money** hacer que uno se esfuerce; **to have the ~ of sb's house** tener el libre uso de la casa de uno. **(b)** *(outing in car etc)* paseo *m*, excursión *f; (Rail etc: distance travelled)* recorrido *m;* **let's go for a ~ down to the coast** vamos a dar una vuelta por la costa; **the Calais ~** la ruta de Calais. **(c)** *(sequence)* serie *f; (Cards)* escalera *f;* **a ~ of luck** una racha de suerte; **the common ~** lo común y corriente; **it stands out from the general ~ of books** se destaca de la generalidad de los libros; **the play had a long ~** la obra se mantuvo mucho tiempo en la cartelera; **in the long ~** a la larga. **(d)** *(Comm etc)* **a ~ on the banks** una gran demanda de fondos en los bancos; **a ~ on sterling** una demanda de libras esterlinas; **there was a ~ on sugar** el azúcar tenía mucha demanda. **(e)** *(for animals)* corral *m*. **(f)** *(ski ~)* pista *f*.

2 *vt* **(a)** *(gen)* recorrer; **to ~ a race** participar en una carrera; **the race is ~ over 4 km** la carrera se hace sobre una distancia de 4 km; **let things ~ their course** *(fig)* deja que las cosas sigan su curso; **to ~ a horse** correr un caballo. **(b)** *(move)* **to ~ sb into town** llevar a uno en coche hasta la ciudad; **to ~ a car into a lamppost** estrellar un coche contra un farol; **to ~ errands** hacer *or* llevar recados. **(c)** *(organize etc: business, hotel etc)* dirigir, llevar; *(: country)* gobernar; *(: campaign)* organizar; **she ~s everything** ella se encarga de todo; **to ~ a candidate** presentar (un) candidato. **(d)** *(operate, use: car)* tener; *(: machine)* hacer funcionar *or* andar; *(: train)* poner; **they ran an extra train** pusieron (un) tren suplementario. **(e) to be ~ off one's feet** estar ocupadísimo; **to ~ it close** *or* **fine** dejarse muy poco tiempo; **to ~ a (high) temperature** tener (alta) fiebre; **to ~ a risk** correr un riesgo. **(f)** *(with adv or prep)* **to ~ one's eye over a letter** echar un vistazo a una carta; **to ~ a fence round a field** encerrar un campo con una valla; **to ~ a pipe through a wall** pasar un tubo por una pared; **to ~ one's fingers through sb's hair** pasar los dedos por el pelo de uno; **to ~ a comb through one's hair** peinarse rápidamente.

3 *vi* **(a)** *(gen)* correr; *(in race)* competir, correr; *(flee)* huir; **to ~ downstairs** bajar la escalera corriendo; **to ~ for a bus** correr tras el autobús; **to ~ to help sb** correr al auxilio de uno; **we shall have to ~ for it** habrá que darse a la fuga; **to ~ for office** *(fig)* presentarse como candidato a un cargo; **a rumour ran through the town** corrió la voz por la ciudad; **that tune keeps ~ning through my head** esa melodía la tengo metida en la cabeza; **it ~s in the family** viene de familia. **(b)** *(of bus service etc)* circular, correr; **the train ~s between Glasgow and Edinburgh** el tren circula entre Glasgow y Edimburgo; **the bus ~s every 20 minutes** hay salidas de bus cada 20 minutos. **(c)** *(function)* funcionar; **the car is not ~ning well** el coche no funciona bien; **things did not ~ smoothly for them** *(fig)* les fue mal. **(d)** *(extend: contract etc)* prorrogarse; **the play ran for 2 years** la obra estuvo 2 años en cartelera; **the sentences will ~ concurrently** las condenas se cumplirán al mismo tiempo; **the cost ran to hundreds of pounds** llegó a costar cientos de libras; **my salary won't ~ to a car** mi sueldo no alcanza para un coche. **(e)** *(flow)* correr, fluir; **the tears ran down her cheeks** las lágrimas le corrieron por las mejillas; **you left the tap ~ning** dejaste abierto el grifo *or (LAm)* abierta la llave; **the river ~s into the sea** el río desemboca en el mar; **the milk ran all over the floor** la leche se derramó por todo el suelo; **his nose was ~ning** su nariz estaba moqueando; **the colours have ~** los colores se han corrido. **(f)** *(with adv or prep)* **to ~ across the road** cruzar la calle corriendo; **the road ~s along the river** la carretera bordea el río; **to ~ after sb/sth** *(fam)* perseguir a uno/algo; **to ~ back** volver corriendo; **the road ~s by our house** la carretera pasa delante de nuestra casa; **the path ~s from our house to the station** el sendero va de nuestra casa a la estación; **the car ran into the lamppost** el coche chocó contra el farol; **this street ~s into the square** esta calle desemboca en la plaza; **he ran up to me** se me acercó corriendo; **he ran up the stairs** subió la escalera corriendo; **the ivy ~s up the wall** la hiedra sube creciendo por la pared; *see* **high 2, low**[1] **2, seed 1 (a).**

♦ **run about** *vi + adv* correr por todas partes.

♦ **run across** *vi + prep* tropezar *or* encontrarse con.

♦ **run along** *vi + adv*: ~ **along now!** ¡váyanse!, *(LAm)* ¡vayan andando!
♦ **run away** *vi + adv* **(a)** escaparse, fugarse; **to ~ away from home** huir de casa. **(b)** *(water)* salirse.
♦ **run away with** *vi + prep (money, jewels etc)* llevarse, hurtarse; *(person)* fugarse con; *(fig)* **he let his imagination ~ away with him** se dejó llevar por su imaginación; **don't ~ away with the idea that ...** no te vayas a imaginar que ... .
♦ **run back** *vt + adv* rebobinar.
♦ **run down 1** *vt + adv* **(a)** *(knock down)* atropellar. **(b)** *(reduce: production)* ir reduciendo. **(c)** *(disparage)* menospreciar, *(LAm)* perjudicar. **2** *vi + adv*: **to be ~ down** *(battery: flat)* estar descargado; *(person: unwell)* encontrarse agotado.
♦ **run in** *vt + adv* **(a)** *(new machine)* rodar, hacer funcionar. **(b)** *(fam: arrest)* llevar preso a.
♦ **run into** *vi + prep (encounter: person, difficulties etc)* tropezar con; **to ~ into debt** contraer deudas, *(LAm)* endeudarse, endrogarse.
♦ **run off 1** *vi + adv* = **run away 1 (a)**. **2** *vt + adv* tirar.
♦ **run off with** *vi + prep* = **run away with.**
♦ **run on** *vi + adv* **(a)** *(fam: talk)* seguir hablando. **(b)** *(Typ)* continuar.
♦ **run out** *vi + adv (come to an end: contract)* acabarse, *(LAm)* claudicar; *(: time)* acabarse, *(LAm)* vencerse; *(: food, money etc)* agotarse.
♦ **run out of** *vi + prep* quedarse sin; **I've ~ out of petrol** se me acabó la gasolina.
♦ **run out on** *vi + prep (abandon)* abandonar.
♦ **run over 1** *vi + adv* rebosar, desbordarse. **2** *vi + prep (reread etc)* repasar. **3** *vt + adv (Aut)* atropellar.
♦ **run through** *vi + prep* **(a)** *(use up)* despilfarrar. **(b)** *(read quickly: notes etc)* echar un vistazo a. **(c)** *(rehearse: play)* ensayar; *(recapitulate)* repasar.
♦ **run up** *vt + adv* **(a)** *(debt etc)* contraer. **(b)** *(dress etc)* hacer rápidamente.
♦ **run up against** *vi + prep (problem etc)* tropezar con.
run·away ['rʌnəweɪ] *adj (prisoner, slave)* fugitivo/a; *(soldier)* desertor(a); *(horse)* desbocado/a; *(success, victory etc)* aplastante; ~ **inflation** inflación *f* galopante.
run-down [ˌrʌn'daʊn] *adj (place)* desvencijado/a, ruinoso/a; *(person)* agotado/a.
run·down ['rʌndaʊn] *n (of industry etc)* cierre *m* gradual; *(résumé)* resumen *m.*
rung[1] [rʌŋ] *n* escalón *m,* peldaño *m.*
rung[2] [rʌŋ] *pt of* **ring**[2].
run·ner ['rʌnə^r] *n (athlete)* corredor(a) *m/f; (horse: in race)* caballo *m; (wheel)* ruedecilla *f; (of sledge, aircraft)* patín *m; (of skate)* cuchilla *f.*
runner-up [ˌrʌnər'ʌp] *n* subcampeón/ona *m/f.*
run·ning ['rʌnɪŋ] **1** *adj (water)* corriente; *(commentary)* continuo/a; ~ **costs** gastos *mpl* corrientes; ~ **battle** *(fig)* lucha *f* continua; **for the sixth time ~** por sexta vez consecutiva. **2** *n (of business etc)* dirección *f,* manejo *m; (of machine)* funcionamiento *m,* andar *m;* **to be in the ~ for sth** tener posibilidades de ganar algo. **3:** ~ **in** *n (Aut)* rodaje *m;* ~ **mate** *n (US Pol)* candidato/a *m/f* a la vicepresidencia.
run·ny ['rʌnɪ] *adj* **(-ier, -iest)** líquido/a, derretido/a.
run-of-the-mill [ˌrʌnəvðə'mɪl] *adj* común y corriente.
run-through ['rʌnˌθru:] *n* ensayo *m.*
run·way ['rʌnweɪ] *n (Aviat)* pista *f* (de aterrizaje).
rup·ture ['rʌptʃə^r] **1** *n (Med)* hernia *f; (fig)* ruptura *f.* **2** *vt* causar una hernia en.
ru·ral ['rʊərəl] *adj* rural.
ruse [ru:z] *n* estratagema *f,* trampa *f.*
rush[1] [rʌʃ] **1** *n* junco *m.* **2:** ~ **matting** *n* estera *f* de juncos.
rush[2] [rʌʃ] **1** *n* **(a)** *(act of ~ing)* ímpetu *m;* **gold ~** fiebre *f* del oro; **there was a ~ to** *or* **for the door** se precipitaron todos hacia la puerta; **it got lost in the ~** se perdió en la confusión; **we've had a ~ of orders** ha habido una gran demanda. **(b)** *(hurry)* prisa *f, (LAm)* apuro *m;* **I'm in a ~** tengo prisa *or (LAm)* apuro; **what's all the ~ about?** ¿por qué tanta prisa?; **is there any ~ for this?** ¿te corre prisa esto?; **we had a ~ to get it ready** tuvimos problemas para tenerlo listo a tiempo. **(c)** *(current)* **a ~ of air/wind** una ráfaga de aire/viento; **a ~ of water/steam** un chorro de agua/vapor.

2 *adj*: ~ **hour** hora *f* punta; **Madrid in the ~ hour** Madrid en las horas punta; ~ **hour traffic** la circulación de las horas punta; ~ **order/job** pedido *m*/trabajo *m* urgente.

3 *vt* **(a)** *(person)* dar prisa a, apresurar, *(LAm)* apurar; *(work, order)* hacer de prisa *or* a la carrera; **to ~ sth off** hacer algo de prisa; **I hate being ~ed** no aguanto que me metan prisa; **we were ~ed off our feet** íbamos muy ocupados *or (LAm)* apurados; **he was ~ed (off) to hospital** le llevaron al hospital con la mayor urgencia. **(b)** *(attack: town)* asaltar sorpresivamente; *(: person)* atacar inesperadamente; **the crowd ~ed the barriers** el público asaltó las barreras.

4 *vi (person: run)* precipitarse; *(: hurry)* apresurarse, *(LAm)* apurarse; *(car)* ir de prisa, *(LAm)* correr; **everyone ~ed to the windows** se precipitaron todos hacia las ventanas; **don't ~!** ¡con calma!; **don't ~ at it, take it slowly** no te apures, hazlo con calma; **to ~ upstairs/downstairs** subir/bajar la escalera a la carrera; **I ~ed to her side** corrí a su lado; **I was ~ing to finish it** me daba prisa por terminarlo.
♦ **rush about, rush around** *vi + adv* correr de un lado a otro.
♦ **rush at** *vi + prep* abalanzarse sobre, *(LAm)* aventarse contra.
♦ **rush off** *vi + adv* irse corriendo.
♦ **rush over** *vi + adv* acercarse corriendo.
♦ **rush through 1** *vi + prep (meal)* comer de prisa, *(LAm)* tragar; *(book)* leer de prisa; *(work)* hacer de prisa; *(town)* atravesar a toda velocidad. **2** *vt + adv (Comm: order, supplies)* despachar rápidamente.
♦ **rush up** *vi + adv* = **rush over.**
rusk [rʌsk] *n (esp for babies)* bizcocho *m.*
rus·set ['rʌsɪt] **1** *n (colour)* color *m* rojizo. **2** *adj (colour)* rojizo/a.
Rus·sia ['rʌʃə] *n* Rusia *f.*
Rus·sian ['rʌʃən] **1** *adj* ruso/a; ~ **roulette** ruleta *f* rusa. **2** *n* **(a)** *(person)* ruso/a *m/f.* **(b)** *(language)* ruso *m.*
rust [rʌst] **1** *n (action)* oxidación *f; (on metal)* orín *m,* herrumbre *f.* **2** *vi* oxidarse. **3** *vt* oxidar.
rust-coloured ['rʌstˌkʌləd] *adj* de color herrumbre.
rus·tic ['rʌstɪk] *adj, n* rústico/a *m/f,* campesino/a *m/f.*
rus·tle[1] ['rʌsl] **1** *n (of leaves, wind)* susurro *m; (of paper)* crujido *m; (of silk, dress)* frufrú *m,* crujido. **2** *vt* hacer crujir. **3** *vi (leaves)* susurrar; *(paper, material)* crujir.
rus·tle[2] ['rʌsl] *vt (steal)* robar, *(LAm)* abigear.
♦ **rus·tle up** *vt + adv (fam: find)* descubrir, desenterrar; *(: make)* improvisar.

rus·tler ['rʌsləʳ] *n* ladrón/ona *m/f* de ganado, *(LAm)* abigeador(a) *m/f.*

rus·tling ['rʌslɪŋ] *n* robo *m* de ganado, *(LAm)* abigeato *m.*

rust·proof ['rʌst,pruːf] *adj,* **rust-resistant** ['rʌstrɪ,zɪstənt] *adj* inoxidable.

rusty ['rʌstɪ] *adj* **(-ier, -iest)** oxidado/a; **my Greek is pretty ~** *(fig)* me falta práctica en griego.

rut[1] [rʌt] *n* surco *m; **to be in/get into a ~** (fig)* ser/hacerse esclavo de la rutina; **to get out of the ~** *(fig)* salir del bache.

rut[2] [rʌt] *n (Bio)* celo *m.*

ruth·less ['ruːθlɪs] *adj (person, act)* despiadado/a, cruel.

rye [raɪ] **1** *n (grain, grass)* centeno *m.* **2: ~ bread** *n* pan *m* de centeno; **~ whisky** *n* whisky *m* de centeno.

S

S, s [es] *n (letter)* S, s *f.*
S *abbr of* **south** S.
Sab·bath ['sæbəθ] *n (Jewish)* sábado *m; (Christian)* domingo *m.*
sab·bati·cal [sə'bætɪkəl] *adj* **(a)** *(Rel)* sabático/a. **(b)** ~ **(year)** *(Univ)* año *m* sabático.
sa·ble ['seɪbl] *n (fur)* cebellina *f.*
sabo·tage ['sæbətɑːʒ] **1** *n* sabotaje *m;* **an act of** ~ un acto de sabotaje. **2** *vt (also fig)* sabotear.
sabo·teur [,sæbə'tɜːʳ] *n* saboteador(a) *m/f.*
sa·bre, (US) sa·ber ['seɪbəʳ] *n* sable *m.*
sabre-rattling ['seɪbə,rætlɪŋ] *n* patriotería *f.*
sac·cha·rin(e) ['sækərɪn] *n* sacarina *f.*
sa·chet ['sæʃeɪ] *n (of shampoo etc)* sobrecito *m.*
sack[1] [sæk] **1** *n* **(a)** *(bag)* saco *m,* costal *m.* **(b)** *(fam)* **to get the** ~ ser despedido/a; **to give sb the** ~ despedir *or* echar a uno. **(c)** *(fam)* **to hit the** ~ echarse a dormir. **2** *vt (fam)* despedir. **3:** ~ **dress** *n* vestido *m* saco; ~ **race** *n* carrera *f* de sacos.
sack[2] [sæk] **1** *n (plundering)* saqueo *m.* **2** *vt* saquear.
sack·ing ['sækɪŋ] *n* **(a)** *(cloth)* arpillera *f.* **(b)** *(fam: dismissal)* despido *m.*
sac·ra·ment ['sækrəmənt] *n (Rel)* sacramento *m;* **to receive the Holy S**~ comulgar.
sac·ra·men·tal [,sækrə'mentl] *adj* sacramental.
sa·cred ['seɪkrɪd] *adj (holy)* sagrado/a, sacro/a; **a** ~ **promise** *(fig)* una promesa solemne; **is nothing** ~? ¿ya no se respeta nada?; ~ **cow** *(fam)* vaca *f* sagrada.
sac·ri·fice ['sækrɪfaɪs] **1** *n (also fig)* sacrificio *m;* **to make** ~**s (for sb)** sacrificarse (a favor de uno), privarse (para uno). **2** *vt (gen)* sacrificar.
sac·ri·fi·cial [,sækrɪ'fɪʃəl] *adj* sacrificatorio/a; ~ **lamb** chivo *m* expiatorio.
sac·ri·lege ['sækrɪlɪdʒ] *n (also fig)* sacrilegio *m.*
sac·ri·legious [,sækrɪ'lɪdʒəs] *adj* sacrílego/a.
sac·ris·ty ['sækrɪstɪ] *n* sacristía *f.*
sac·ro·sanct ['sækrəʊsæŋkt] *adj (also fig)* sacrosanto/a.
sad [sæd] *adj* **(-der, -dest) (a)** *(sorrowful)* triste, *(Sp)* apenado/a; *(depressing)* deprimente; **how** ~! ¡qué triste *or* tristeza!, ¡qué pena!; **he left a** ~**der and a wiser man** se marchó un hombre escarmentado. **(b)** *(deplorable)* lamentable, triste; **a** ~ **mistake** un error deplorable.
sad·den ['sædn] *vt* entristecer, dar pena a; **it** ~**s me** me da (mucha) pena.
sad·dle ['sædl] **1** *n (of horse)* silla *f* de montar; *(of bicycle)* silla; ~ **of lamb** *(Culin)* cuarto *m* (trasero) de cordero. **2** *vt (horse: also* ~ **up**) ensillar; **to** ~ **sb with sth** *(fam)* cargar a uno con algo.
saddle·bag ['sædlbæg] *n* alforja *f.*
sad·ism ['seɪdɪzəm] *n* sadismo *m.*
sad·ist ['seɪdɪst] *n* sadista *mf.*
sa·dis·tic [sə'dɪstɪk] *adj* sádico/a.
sad·ly ['sædlɪ] *adv (unhappily)* tristemente, con tristeza; *(regrettably)* desgraciadamente; ~ **lacking in ...** muy deficiente en ... .
sad·ness ['sædnɪs] *n (gen)* tristeza *f, (Sp)* pena *f; (depression)* depresión *f.*
sa·fa·ri [sə'fɑːrɪ] **1** *n* safari *m;* **to be on** ~ estar de safari. **2:** ~ **park** *n* parque *m* aventura.
safe [seɪf] **1** *adj* **(-r, -st) (a)** *(gen)* seguro/a; *(not in danger: person)* fuera de peligro; *(unharmed)* ileso/a, a salvo; ~ **and sound** sano y salvo; **you'll be** ~ **here** aquí no correrás peligro; ~ **from** a salvo de. **(b)** *(not dangerous)* inofensivo/a; *(dog)* manso/a; *(secure)* seguro/a; *(trustworthy)* digno/a de confianza, de fiar; ~ **journey!** ¡buen viaje!; **in** ~ **hands** a salvo; **the** ~ **period** *(Med)* el período de infertilidad; **it's a** ~ **bet!** ¡es cosa segura!; **just to be on the** ~ **side** para mayor seguridad *or* estar seguro; **better** ~ **than sorry** hombre precavido vale por dos; **it is** ~ **to say that ...** valga decir que ... . **2** *n (for money etc)* caja *f* fuerte.
safe-breaker ['seɪf,breɪkəʳ] *n* ladrón/ona *m/f* de cajas fuertes.
safe-conduct [,seɪf'kɒndʌkt] *n* salvoconducto *m.*
safe-deposit ['seɪfdɪ,pɒzɪt] *n (vault)* cámara *f* acorazada; *(box)* caja *f* de seguridad *or* de caudales.
safe·guard ['seɪfgɑːd] **1** *n* resguardo *m;* **as a** ~ **against ...** como defensa contra ... . **2** *vt* proteger, resguardar.
safe-keeping [,seɪf'kiːpɪŋ] *n* custodia *f;* **to put into** ~ poner a buen recaudo *or* bajo custodia.
safe·ly ['seɪflɪ] *adv (without danger)* con toda seguridad; *(without accident)* sano y salvo; **to arrive** ~ llegar bien; **I can** ~ **say ...** puedo afirmar con toda seguridad ... .
safe·ty ['seɪftɪ] **1** *n (gen)* seguridad *f;* **road** ~ seguridad vial; ~ **first!** ¡con cautela!; **for** ~**'s sake** para mayor seguridad. **2** *cpd* de seguridad; ~ **belt** *n* cinturón *m* de seguridad; ~ **catch** *n (on gun)* seguro *m; (on bracelet)* cadena *f* de seguridad; ~ **curtain** *n (in theatre)* telón *m* metálico; ~ **margin** *n* margen *m* de seguridad; ~ **match** *n* fósforo *m* de seguridad; ~ **measure** *n* medida *f* preventiva *or* de prevención; ~ **net** *n (in circus)* red *f;* ~ **pin** *n (Sp)* imperdible *m, (LAm)* seguro *m;* ~ **valve** *n* válvula *f* de seguridad *or* de escape; *(fig)* desahogo *m.*
saf·fron ['sæfrən] *n (powder)* azafrán *m; (colour)* color *m* azafrán.
sag [sæg] *vi (gen: roof, awning etc)* combarse; *(bed)* hundirse; *(slacken)* aflojarse; *(: shoulders)* encorvarse; *(fig: spirit)* flaquear; **his spirits** ~**ged** se le flaqueó el ánimo, se desanimó.
saga ['sɑːgə] *n (Hist)* saga *f; (novel)* serie *f* (de novelas); *(fig)* epopeya *f.*
sa·ga·cious [sə'geɪʃəs] *adj (person, remark)* sagaz.
sage [seɪdʒ] **1** *adj (wise)* sabio/a; *(sensible)* cuerdo/a. **2** *n* **(a)** *(herb)* salvia *f;* ~ **and onion stuffing** relleno *m* de cebolla con salvia. **(b)** *(wise person)* sabio/a *m/f.* **3:** ~ **green** *adj, n* verde *m* salvia.
Sag·it·ta·rius [,sædʒɪ'teərɪəs] *n* Sagitario *m.*
sago ['seɪgəʊ] *n* sagú *m.*
said [sed] **1** *pt, pp of* **say. 2** *adj* dicho/a.
sail [seɪl] **1** *n* **(a)** *(cloth)* vela *f;* **to set** ~ zarpar; **to take the wind out of sb's** ~**s** *(fig)* bajarle los humos a uno. **(b)** *(trip)* paseo *m* en barco. **2** *vt (ship)* gobernar; **they** ~**ed the ship to Cadiz** fueron hasta Cádiz en barco; **to** ~ **the seas** navegar (en alta mar). **3** *vi* **(a)** *(boat, person)* navegar; **we** ~**ed into harbour** entramos a puerto; **to** ~ **round the world** dar la vuelta al mundo en

barco; to ~ **close to the wind** *(fig)* pisar terreno peligroso. **(b)** *(Naut: leave)* zarpar, salir; **we ~ for Australia soon** pronto zarpamos para Australia. **(c)** *(fig)* **she ~ed into the room** entró majestuosamente en la sala; **the plate ~ed over my head** el plato voló por encima de mi cabeza.
♦ **sail through** *vi + prep (fig)* pasar sin esfuerzo por; *(: pass: exam, driving test)* no tener problemas para aprobar.
sail·boat ['seɪlbeʊt] *n (US)* = **sailing boat.**
sail·ing ['seɪlɪŋ] **1** *n (Sport)* vela *f,* navegación *f* a vela; *(Naut: departure)* salida *f;* **now it's all plain ~** ahora es coser y cantar. **2:** ~ **boat** *n* velero *m,* barco *m* de vela.
sail·or ['seɪləʳ] *n* marinero *m;* **to be a bad ~** marearse fácilmente.
saint [seɪnt] *n* santo/a *m/f;* **~'s day** santo *m;* **All S~s' Day** fiesta *f* de Todos los Santos; **S~ John** San Juan; **S~ Theresa** Santa Teresa; **they were married at S~ Mark's** se casaron en la parroquia de San Marcos; **my mother was a ~** *(fig)* mi madre era una santa.
saint·ly ['seɪntlɪ] *adj* **(-ier, -iest)** *(gen)* santo/a; *(pious)* pio/a; *(pej)* santurrón/ona.
sake [seɪk] *n:* **for the ~ of sb/sth** por uno/algo; **for my ~** por mí; **for God's ~!, for heaven's ~!** ¡por (el) amor de Dios!; **to talk for the ~ of talking** hablar por hablar; **for your own ~** por tu propio bien; **for old times' ~** en honor al pasado; **for the ~ of argument** digamos, es un decir; **for the ~ of peace** para garantizar la paz.
sal·able ['seɪləbl] *adj (US)* = **saleable.**
sa·la·cious [sə'leɪʃəs] *adj* salaz.
sal·ad ['sæləd] **1** *n* ensalada *f;* **fruit ~** macedonia *f or (LAm)* ensalada de frutas; **Russian ~** *(Sp)* ensaladilla *f* (rusa), *(LAm)* ensalada rusa. **2:** ~ **dressing** *n* aliño *m.*
sa·la·mi [sə'lɑːmɪ] *n* salami *m,* salchichón *m.*
sala·ried ['sælərɪd] *adj (person)* asalariado/a; *(position)* retribuido/a, a sueldo.
sala·ry ['sælərɪ] **1** *n (professional etc)* mensualidad *f; (pay in general)* salario *m,* sueldo *m.* **2:** ~ **earner** *n* asalariado/a *m/f;* ~ **range** *n* gama *f* de salarios; ~ **scale** *n* escala *f* salarial.
sale [seɪl] **1** *n* **(a)** *(gen)* venta *f;* **'for ~'** 'se vende'; **to put a house up for ~** ofrecer una casa a la venta; **to be on ~** estar en venta. **(b)** *(place, event)* saldo *m,* liquidación *f, (LAm)* rebaja *f, (RPl)* realización *f;* **auction ~** subasta *f; see* **jumble. 2: ~s clerk** *n (US)* dependiente/a *m/f;* **~s force** *n* personal *m* de ventas; **~s manager** *n* jefe/a *m/f* de ventas; ~ **price** *n* precio *m* rebajado *or* de rebaja, precio con descuento.
sale·able ['seɪləbl] *adj* vendible.
sale·room ['seɪlrʊm] *n* sala *f* de subastas.
sales·man ['seɪlzmən] *n, pl* **-men** *(in shop)* dependiente *m,* vendedor *m; (traveller)* viajante *m,* representante *m.*
sales·man·ship ['seɪlzmənʃɪp] *n* arte *m* de vender.
sales·woman ['seɪlzwʊmən] *n, pl* **-women** *(in shop)* dependienta *f,* vendedora *f; (traveller)* viajante *f,* representante *f.*
sa·li·ent ['seɪlɪənt] *adj (angle)* saliente; *(fig)* sobresaliente; **the most ~ feature** el aspecto más notable.
sa·line ['seɪlaɪn] *adj* salino/a.
sa·li·va [sə'laɪvə] *n* saliva *f.*
sali·vate ['sælɪveɪt] *vi* salivar.
sal·low ['sæləʊ] *adj* amarillento/a.
sal·ly ['sælɪ] *vi:* **to ~ forth** *or* **out** salir airado/a.
salm·on ['sæmən] **1** *n* salmón *m.* **2:** ~ **pink** *adj, n* color *m* de salmón, salmonado/a; ~ **steak** *n* filete *m* de salmón.
sa·lon ['sælɔ̃ːŋ] *n* salón *m.*
sa·loon [sə'luːn] *n* **(a)** *(Naut)* salón *m.* **(b)** *(Brit: car)* (coche *m*) turismo *m.* **(c)** *(room)* **billiard/dancing ~** sala *f or* salón *m* de billar/de baile. **(d)** *(US: bar)* taberna *f,* pub *m, (LAm)* bar *m, (Mex)* cantina *f.*
sal·si·fy ['sælsɪfɪ] *n (Bot)* salsifí *m.*
salt [sɔːlt] **1** *n* sal *f;* **~s** sales; **to take sth with a pinch of ~** *(fig)* tomar algo con un grano de sal; **to rub ~ into the wound** herir en carne viva; **he's worth his ~** es una persona que vale; **the ~ of the earth** la sal de la tierra. **2** *vt (flavour)* salar; *(preserve)* conservar en sal. **3** *cpd (meat, water etc)* salado/a.
salt·cellar ['sɔːlt,seləʳ] *n* salero *m.*
salt·water ['sɔːlt,wɔːtəʳ] *adj attr (fish etc)* de agua salada.
salty ['sɔːltɪ] *adj (taste)* salado/a.
sa·lu·bri·ous [sə'luːbrɪəs] *adj (fig: district etc)* salubre.
salu·tary ['sæljʊtərɪ] *adj (healthy)* saludable; *(beneficial)* conveniente.
sa·lute [sə'luːt] **1** *n (Mil: with hand)* saludo *m; (: with guns)* salva *f;* **to take the ~** tomar el saludo. **2** *vt (Mil etc)* hacer *or* dar un saludo; *(fig: acclaim)* aclamar.
Sal·va·do·rian [,sælvə'dɔːrɪən] *adj* salvadoreño/a.
sal·vage ['sælvɪdʒ] **1** *n* **(a)** *(rescue: of ship etc)* salvamento *m.* **(b)** *(things rescued)* objetos *mpl* salvados; *(for re-use)* material *m* utilizable. **2** *cpd (operation, vessel)* de salvamento. **3** *vt* salvar; *(fig: sth from theory, policy etc)* rescatar.
sal·va·tion [sæl'veɪʃən] *n* salvación *f;* **S~ Army** Ejército *m* de Salvación.
salve [sælv] *vt:* **to ~ one's conscience** aliviarse la conciencia.
Sa·mari·tan [sə'mærɪtən] *n:* **the Good ~** el buen samaritano; **to call the ~s** *(organization)* llamar al teléfono de la esperanza.
same [seɪm] **1** *adj (gen)* mismo/a; *(equal)* igual, idéntico/a; **the ~ day** el mismo día; **the ~ one** el/la mismo/a; **the ~ ones** los/las mismos/as; **the 2 houses are the ~** las dos casas son iguales; **in the ~ way** de la misma manera; **the ~ place as** el mismo lugar que; **at the ~ time** *(at once)* al mismo tiempo; *(on the other hand)* en cambio; *(and yet)* sin embargo, aun así; **to go the ~ way as sb** *(fig pej)* seguir el mismo camino que uno.
2 *pron:* **the ~** lo mismo; **it's always the ~** siempre pasa lo mismo; **it's all the ~ to me** me da igual *or* lo mismo; **the ~ again** *(in bar etc)* otro igual; **all** *or* **just the ~** de todas formas *or* maneras; **Mr. Smith? — the very ~!** ¿el Sr. Smith? — ¡el mismísimo!; **and the ~ to you!** ¡igualmente!; **~ here!** ¡yo también!
same·ness ['seɪmnɪs] *n (monotony)* monotonía *f.*
sam·ple ['sɑːmpl] **1** *n (all senses)* muestra *f;* **to take a ~** tomar una muestra; **free ~** muestra gratuita. **2** *vt (food, wine)* probar.
sam·pling ['sɑːmplɪŋ] *n* muestreo *m.*
sana·to·rium [,sænə'tɔːrɪəm] *n, pl* **sanatoria** [,sænə'tɔːrɪə] sanatorio *m.*
sanc·ti·fy ['sæŋktɪfaɪ] *vt* santificar.
sanc·ti·mo·ni·ous [,sæŋktɪ'məʊnɪəs] *adj* beato/a, santurrón/ona.
sanc·tion ['sæŋkʃən] **1** *n* **(a)** *(permission)* permiso *m,* autorización *f.* **(b)** *(esp Pol)* **~s** sanción *fsg;* **to impose economic ~s on** *or* **against** imponer sanciones económicas a *or* contra. **2** *vt* sancionar, autorizar.
sanc·tity ['sæŋktɪtɪ] *n (sacredness)* lo sagrado.
sanc·tu·ary ['sæŋktjʊərɪ] *n (Rel)* santuario *m; (fig: refuge)* asilo *m.*
sand [sænd] **1** *n* arena *f; (beach)* **~s** playa *f.* **2** *vt* **(a)**

(road) echar arena a. **(b)** *(also* ~ **down:** *wood etc)* lijar. **3:** ~ **dune** *n* duna *f.*
san·dal ['sændl] *n* abarca *f,* alpargata *f, (Mex)* guarache *or* huarache *m.*
sandal·wood ['sændlwʊd] *n* sándalo *m.*
sand·bag ['sæn*d*bæg] *n* saco *m* de arena.
sand·bank ['sæn*d*bæŋk] *n* banco *m* de arena.
sand·blast ['sæn*d*blɑːst] *vt (building)* limpiar con chorro de arena.
sand·castle ['sæn*d*ˌkɑːsl] *n* castillo *m* de arena.
sand·paper ['sæn*d*ˌpeɪpəʳ] **1** *n* papel *m* de lija. **2** *vt* lijar.
sand·pit ['sæn*d*pɪt] *n* recinto *m* de arena para juegos infantiles.
sand·shoes ['sæn*d*ʃuːz] *npl* (zapatos *mpl)* tenis *mpl.*
sand·stone ['sæn*d*stəʊn] *n* arenisca *f.*
sand·storm ['sæn*d*stɔːm] *n* tempestad *f* de arena.
sand·wich ['sænwɪdʒ] **1** *n (Sp)* bocadillo *m, (LAm)* sandwich *m,* emparedado *m.* **2** *vt (also* ~ **in:** *person, appointment etc)* intercalar; **to** ~ **sth between two things** hacer un hueco para algo entre dos cosas. **3:** ~ **man** *n* hombre-anuncio *m.*
sandy ['sændɪ] *adj* **(-ier, -iest)** *(beach)* arenoso/a; *(hair)* rubio/a.
sane [seɪn] *adj* **(-r, -st)** *(person)* cuerdo/a; *(judgment etc)* sabio/a, sensato/a.
sang [sæŋ] *pt of* **sing.**
sang·froid [ˌsɑ̃ːŋ'frwɑː] *n* sangre *f* fría.
san·guine ['sæŋgwɪn] *adj (fig)* optimista.
sani·ta·rium [ˌsænɪ'tɛərɪəm] *n (US)* = **sanatorium.**
sani·tary ['sænɪtərɪ] **1** *adj (clean)* higiénico/a; *(for health protection)* de sanidad. **2:** ~ **towel** *n, (US)* ~ **napkin** *n* compresa *f,* paño *m* higiénico.
sani·ta·tion [ˌsænɪ'teɪʃən] *n (science)* higiene *f; (plumbing)* instalación *f* sanitaria, cañería *f.*
san·ity ['sænɪtɪ] *n (of person)* cordura *f; (of judgment)* sensatez *f;* **to lose one's** ~ perder el juicio.
sank [sæŋk] *pt of* **sink**[1].
Santa Claus [ˌsæntə'klɔːz] *n* San Nicolás, Papá Noel *m.*
sap[1] [sæp] *n (Bot)* savia *f.*
sap[2] [sæp] *vt (undermine)* minar; *(weaken)* debilitar; *(exhaust)* agotar (las fuerzas de).
sap·ling ['sæplɪŋ] *n* árbol *m* joven.
sap·phire ['sæfaɪəʳ] **1** *n* zafiro *m.* **2** *cpd (ring, necklace)* de zafiro; ~ **blue** *adj, n* azul *m* de zafiro.
sar·casm ['sɑːkæzəm] *n* sarcasmo *m.*
sar·cas·tic [sɑː'kæstɪk] *adj (person, remark)* sarcástico/a.
sar·dine [sɑː'diːn] *n* sardina *f;* **packed in like** ~**s** como sardinas en lata.
Sar·dinia [sɑː'dɪnɪə] *n* Cerdeña *f.*
sar·don·ic [sɑː'dɒnɪk] *adj* sardónico/a.
sari ['sɑːrɪ] *n* sari *m.*
sash[1] [sæʃ] *n (of dress etc)* faja *f.*
sash[2] [sæʃ] **1** *n (window* ~*)* bastidor *m or* marco *m* de ventana. **2:** ~ **window** *n* ventana *f* de guillotina.
sat [sæt] *pt, pp of* **sit.**
Satan ['seɪtn] *n* Satanás *m.*
sa·tan·ic [sə'tænɪk] *adj* satánico/a.
satch·el ['sætʃəl] *n* cartera *f, (LAm)* mochila *f.*
sat·el·lite ['sætəlaɪt] **1** *n (all senses)* satélite *m.* **2:** ~ **town** *n* ciudad *f* satélite.
sa·ti·ate ['seɪʃɪeɪt] *vt* saciar, hartar.
sa·tia·tion [ˌseɪʃɪ'eɪʃən] *n* saciedad *f,* hartura *f.*
sat·in ['sætɪn] **1** *n* satén *m,* raso *m.* **2** *adj (dress, blouse etc)* de satén; *(paper, finish)* satinado/a.
sat·ire ['sætaɪəʳ] *n* sátira *f (on* contra).
sa·tiri·cal [sə'tɪrɪkəl] *adj* satírico/a.
sati·rist ['sætərɪst] *n (writer etc)* escritor(a) *m/f* satírico/a; *(cartoonist)* caricaturista *mf.*
sat·is·fac·tion [ˌsætɪs'fækʃən] *n* satisfacción *f;* **has it been done to your** ~? ¿se ha hecho a su satisfacción?; **it gives me every** ~ ... es para mí una gran satisfacción ... .
sat·is·fac·tory [ˌsætɪs'fæktərɪ] *adj (pleasing)* satisfactorio/a; *(sufficient)* adecuado/a.
sat·is·fac·to·ri·ly [ˌsætɪs'fæktərəlɪ] *adv* de modo satisfactorio.
sat·is·fy ['sætɪsfaɪ] *vt* **(a)** *(make content)* satisfacer, dejar satisfecho/a a; **to** ~ **o.s. with** contentarse con. **(b)** *(convince)* convencer; **to** ~ **sb that ...** convencer a uno de que ... . **(c)** *(fulfil)* satisfacer, cumplir; **to** ~ **the requirements** llenar los requisitos.
satis·fy·ing ['sætɪsfaɪɪŋ] *adj (result etc)* satisfactorio/a; *(food, meal)* que satisface *or* llena.
satu·rate ['sætʃəreɪt] *vt* empapar, saturar (*with* de); **to be** ~**d with** *(fig)* estar empapado/a de.
satu·ra·tion [ˌsætʃə'reɪʃən] *n* saturación *f;* **to reach** ~ **point** *(Chem, fig)* llegar al punto de saturación.
Sat·ur·day ['sætədɪ] *n* sábado *m; for usage see* **Tuesday.**
sauce [sɔːs] *n* **(a)** *(savoury)* salsa *f; (sweet)* crema *f;* **cheese/curry/tomato** ~ salsa de queso/curry/de tomate. **(b)** *(fam: impudence)* frescura *f,* descaro *m.*
sauce·pan ['sɔːspən] *n* cacerola *f, (LAm)* olla *f.*
sau·cer ['sɔːsəʳ] *n* platillo *m.*
saucy ['sɔːsɪ] *adj* **(-ier, -iest)** *(fam: impertinent)* fresco/a, descarado/a.
Sau·di Ara·bia [ˌsaʊdɪə'reɪbɪə] *n* Arabia *f* Saudita.
sau·na ['sɔːnə] *n* sauna *f.*
saun·ter ['sɔːntəʳ] **1** *n* paseo *m* tranquilo; **to go for a** ~ **around the park** pasearse *or (LAm)* deambular por el parque. **2** *vi* pasearse, *(LAm)* deambular; **to** ~ **in/out** entrar/salir sin prisa; **to** ~ **up and down** pasearse para arriba y para abajo.
sau·sage ['sɒsɪdʒ] **1** *n (to be cooked)* salchicha *f; (salami etc)* salchichón *m,* salami *m,* chorizo *m,* embutido *m, (LAm)* fiambre *m.* **2:** ~ **meat** *n* carne *f* de salchicha; ~ **roll** *n* empanada *f* de carne.
sau·té ['səʊteɪ] **1** *adj* salteado/a. **2** *vt* saltear.
sav·age ['sævɪdʒ] **1** *adj* **(a)** *(animal etc)* feroz, *(LAm)* fiero/a; *(attack)* violento/a; *(fig)* cruel, bárbaro/a. **(b)** *(primitive: custom, tribe)* salvaje, primitivo/a. **2** *n* salvaje *mf.* **3** *vt* embestir.
sav·age·ly ['sævɪdʒlɪ] *adv (see adj)* ferozmente; con violencia; cruelmente.
sa·van·nah [sə'vænə] *n* sabana *f, (LAm)* llano *m, (RPl)* pampa *f.*
save[1] [seɪv] **1** *vt* **(a)** *(rescue)* salvar *or* rescatar (*from* de); *(: Rel)* salvar; **to** ~ **sb from falling** impedir que caiga uno; **to** ~ **sb's life** salvarle la vida a uno; **I couldn't do it to** ~ **my life** *(fig fam)* no hay manera de que *or (LAm)* no hay ni modo de que lo haga yo; **to** ~ **the situation** *or* **the day** estar a la altura de la situación; **to** ~ **one's (own) skin** *(fam)* salvarse el pellejo; **to** ~ **face** salvar las apariencias; **to** ~ **a building for posterity** conservar un edificio para la posteridad; **to** ~ **a goal** *(Ftbl)* hacer una parada; **God** ~ **the Queen!** ¡Dios guarde *or* ¡viva a la Reina! **(b)** *(put aside: money: also* ~ **up)** ahorrar, *(LAm)* guardar; *(: food, newspapers)* guardar, *(LAm)* ahorrar; *(collect: stamps)* coleccionar; **we've** ~**d you a piece of cake** te hemos guardado un pedazo de torta; ~ **me a seat** guárdame un asiento; **to** ~ **sth till last** guardar algo para lo último. **(c)** *(not spend: time, money, effort etc)* ahorrar; **it** ~**d us a lot of trouble** nos evitó muchas molestias; **it will** ~ **me 1 hour** ganaré una hora; **to** ~ **one's strength for sth** conservar sus fuerzas para

algo; **to ~ time, ...** para ahorrar tiempo, ...; **that way you ~ £10** así te ahorras 10 libras; **~ your breath** no gastes saliva.

2 *vi* **(a)** *(also* **~ up)** **to ~ for** ahorrar (dinero) para. **(b) to ~ on time/energy** economizar tiempo/energías.

3 *n (Sport)* parada *f.*

save[2] [seɪv] *prep (poet, old)* salvo.

sav·eloy ['sævəlɔɪ] *n* frankfurt *m.*

sav·ing ['seɪvɪŋ] **1** *n (of time, money)* economía *f,* ahorro *m;* **a ~ of £100** un ahorro de £100; **~s** ahorros; **life ~s** los ahorros de toda la vida; **to make ~s** economizar; **to live on** *or* **off one's ~s** vivir de sus ahorros. **2: ~ grace** *n* mérito *m;* **~s account** *n* cuenta *f* de ahorros; **~s bank** *n* caja *f* de ahorros.

sav·iour, *(US)* **sav·ior** ['seɪvjə[r]] *n* salvador(a) *m/f.*

sa·vour, *(US)* **sa·vor** ['seɪvə[r]] **1** *n* sabor *m,* gusto *m;* **to add ~ to sth** dar sabor a algo. **2** *vt* saborear.

sa·voury, *(US)* **sa·vory** ['seɪvərɪ] **1** *adj (appetizing)* sabroso/a; *(not sweet)* salado/a; **it's not a very ~ district/subject** *(fig)* no es un barrio muy salubre/no es un tema muy apto. **2** *n* entremés *m* salado.

saw[1] [sɔː] *(vb: pt* **sawed,** *pp* **sawed** *or* **sawn) 1** *n (tool)* sierra *f,* serrucho *m.* **2** *vt* serrar; **to ~ sth off** quitar algo aserrando. **3** *vi*: **to ~ through** cortar con (una) sierra.

saw[2] [sɔː] *pt of* **see**[1].

saw·dust ['sɔːdʌst] *n* serrín *m,* aserrín *m.*

saw·horse ['sɔːhɔːs] *n* caballete *m.*

saw·mill ['sɔːmɪl] *n* aserradero *m.*

sawn [sɔːn] *pp of* **saw**[1].

sawn-off ['sɔːn,ɒf] *adj*: **~ shotgun** escopeta *f* de cañones recortados.

saxo·phone ['sæksəfəʊn] *n* saxofón *m,* saxófono *m.*

sax·opho·nist [,sæk'sɒfənɪst] *n* saxofón *m,* saxófono *m.*

say [seɪ] *(vb: pt, pp* **said) 1** *vt, vi* **(a)** *(person: speak, tell)* decir; *(show on dial, in print etc)* poner; **'Hello,' he said** 'Hola,' dijo; **he said (that) he'd do it** dijo que él lo haría; **he said to me that ...** me dijo que ...; **what did you ~?** ¿qué dijiste?; **my watch ~s 3 o'clock** mi reloj marca las tres; **the rules ~ that ...** según las reglas ..., en las reglas pone ...; **to ~ mass** decir misa; **to ~ a prayer** rezar; **to ~ yes/no** decir que sí/que no; **to ~ yes/no to a proposal** aceptar/rechazar una propuesta; **I wouldn't ~ no** *(Brit fam)* me encantaría; **to ~ goodbye/goodnight to sb** despedirse de uno/dar las buenas noches a uno; **to ~ sth again** repetir algo; **~ after me** repite lo que digo yo; **to ~ to o.s.** decir para sí; **I must ~ (that) ...** debo reconocer (que) ...; **I've nothing more to ~** se acabó; **let's ~ no more about it** se acabó el asunto; **she said (that) I was to give you this** me pidió que te diera esto; **I ~ (that) we should go** yo digo que nos vayamos; **I should ~ it's worth about £100** yo diría que vale unas cien libras; **I'd rather not ~** prefiero no decir (nada).

(b) *(in phrases)* **that is to ~** o sea, es decir; **to ~ nothing of the rest** sin hablar de lo demás; **to ~ the least** para no decir más; **that's ~ing a lot** y eso es algo; **she hasn't much/has nothing to ~ for herself** es muy reservada; **what have you got to ~ for yourself?** ¿y tú, qué dices?; **he never has much to ~ for himself** habla poco; **that doesn't ~ much for him** eso no es una gran recomendación para él; **it goes without ~ing that ...** ni que decir tiene que ..., huelga decir que ...; **there's no ~ing what he'll do** quién sabe lo que hará; **it's not for me to ~** no me toca a mí decir; **what do** *or* **would you ~ to a walk?** ¿le apetece *or (LAm)* se le antoja un paseo?; **when all is said and done** al fin y al cabo, a fin de cuentas.

(c) *(impers use)* **it is said that ..., they ~ that ...** se dice que ..., dicen que ...; **there is something/a lot to be said for it/for doing it** hay algo/mucho que decir a su favor/a favor de hacerlo; **it must be said that ...** hay que decir *or* reconocer que ...; **he is said to have been the first** dicen que fue el primero; **no sooner said than done** dicho y hecho.

(d) *(in exclamations)* **~!** *(US),* **I ~!** *(Brit) (calling attention)* ¡oiga!; *(in surprise, appreciation)* ¡vaya!, *(LAm)* ¡anda!; **I'll ~!** *(fam),* **I should ~ it is** *or* **so!, you can ~ that again!** *(fam)* ¡ya lo creo!, *(LAm)* ¡exacto!, ¡ni hablar!; **you don't ~!** *(fam: often hum)* ¡no me digas!; **you've said it!** *(fam)* ¡exacto!, ¡tú lo dijiste!; **~ no more!** ¡basta!, *(LAm)* ¡ya está bueno!

(e) *(suppose)* suponer, poner; **(let's) ~ it's worth £20** digamos *or (LAm)* pon tú que vale 20 libras; **shall we ~ Tuesday?** ¿quedamos en el martes?

2 *n*: **to have one's ~** dar su opinión; **to have a ~/no ~ in the matter** tener voz y voto/no tener voz en capítulo.

say·ing ['seɪɪŋ] *n* dicho *m,* refrán *m;* **as the ~ goes** según el refrán.

say-so ['seɪsəʊ] *n (fam: authority)* **on whose ~?** ¿autorizado por quién?, ¿con permiso de quién?

scab [skæb] *n* **(a)** *(Med)* costra *f.* **(b)** *(fam pej: blackleg)* esquirol(a) *m/f,* rompehuelgas *mf inv.*

scab·bard ['skæbəd] *n* vaina *f,* funda *f.*

scaf·fold ['skæfəld] *n (Constr: also* **~ing)** andamio *m,* andamiaje *m; (for execution)* cadalso *m.*

scald [skɔːld] **1** *n* escaldadura *f.* **2** *vt (gen)* escaldar.

scald·ing ['skɔːldɪŋ] *adj*: **it's ~ (hot)** está hirviendo *or (LAm)* que arde.

scale[1] [skeɪl] **1** *n (of fish, reptile etc)* escama *f; (flake: of rust, chalk)* hojuela *f; (: of skin)* costra *f.* **2** *vt (fish)* escamar.

scale[2] [skeɪl] **1** *n* **(a)** *(gen)* escala *f; (for salaries, charges etc)* escalafón *f;* **pay ~** escala salarial; **on a ~ of 1 cm to 5 km** a escala de 1 cm a 5 km; **on a large/small ~** en gran/pequeña escala; **to draw sth to ~** dibujar algo a escala; **on an international ~** *(fig)* a escala *or* nivel internacional. **(b)** *(Mus)* gama *f,* escala *f.* **2** *vt (wall, mountain)* escalar, trepar. **3: ~ drawing** *n* dibujo *m* a escala; **~ model** *n* modelo *m* a escala.

♦ **scale down** *vt + adv* reducir a escala.

scales [skeɪlz] *npl*: **(pair** *or* **set of) ~** balanza *f,* báscula *f;* **he tips the ~ at 70 kilos** pesa 70 kilos; **to turn** *or* **tip the ~ in sb's favour/against sb** inclinar la balanza a favor de/en contra de uno.

scal·lop ['skɒləp] **1** *n* **(a)** *(Zool)* venera *f.* **(b)** *(Sew)* festón *m,* onda *f.* **2** *vt (Sew)* festonear.

scalp [skælp] **1** *n* cuero *m* cabelludo; *(as trophy)* escalpe *m,* escalpo *m;* **to demand sb's ~** *(fig)* exigir la cabeza de uno. **2** *vt* escalpar.

scal·pel ['skælpəl] *n* escalpelo *m.*

scaly ['skeɪlɪ] *adj* **(-ier, -iest)** escamoso/a.

scamp [skæmp] *n (child)* diablillo *m, (LAm)* travieso/a *m/f; (rogue)* pícaro/a *m/f.*

scamp·er ['skæmpə[r]] *vi* escabullirse; **to ~ in/out** entrar/salir corriendo.

scan [skæn] **1** *vt* **(a)** *(inspect closely)* escudriñar, otear. **(b)** *(glance at)* echar un vistazo a. **(c)** *(radar)* explorar, registrar. **2** *vi (poetry)* estar bien medido. **3** *n (Med)* examen *m* ultrasónico.

scan·dal ['skændl] *n (public furore)* escándalo *m; (disgraceful state of affairs)* vergüenza *f; (gossip)* chismes *mpl,* habladurías *fpl;* **nurses' wages are a ~** es una miseria lo que pagan a las enfermeras; **there's a lot of ~ going round about her** es

objeto de muchos chismes; **the latest ~** lo último.
scan·dal·ize ['skændəlaɪz] *vt* escandalizar.
scandal·monger ['skændl,mʌŋgəʳ] *n* chismoso/a *m/f*.
scan·dal·ous ['skændələs] *adj*: **it's simply ~!** ¡es un escándalo!
Scan·di·na·via [,skændɪ'neɪvɪə] *n* Escandinavia *f*.
Scan·di·na·vian [,skændɪ'neɪvɪən] *adj, n* escandinavo/a *m/f*.
scan·ner ['skænəʳ] *n (radar)* antena *f* direccional; *(Med)* escáner *m*.
scant [skænt] *adj* (**-er, -est**) escaso/a.
scanti·ly ['skæntɪlɪ] *adv*: **~ clad** *or* **dressed** ligeramente vestido/a.
scanty ['skæntɪ] *adj* (**-ier, -iest**) *(meal etc)* insuficiente; *(clothing)* ligero/a.
scape·goat ['skeɪpgəʊt] *n* cabeza *f* de turco, chivo *m* expiatorio.
scar [skɑːʳ] **1** *n (Med)* cicatriz *f; (fig: on building, landscape etc)* llaga *f*; **it left a deep ~ on his mind** dejó una huella profunda en su ánimo. **2** *vt* marcar con una cicatriz; *(fig)* marcar, rayar. **3** *vi (leave a scar)* cicatrizar; *(also* **~ over:** *heal)* cicatrizarse.
scarce [skɛəs] *adj* (**-r, -st**) *(money, food, resources)* escaso/a; **money is ~** escasea *or* falta dinero; **to grow** *or* **become ~** volverse escaso, escasear; **to make o.s. ~** *(fig fam)* largarse, *(LAm)* rajarse.
scarce·ly ['skɛəslɪ] *adv (barely)* apenas; **you can ~ see it** se ve apenas; **~ anybody/ever** casi nadie/nunca; **I ~ know what to say** no hallo qué decir; **you can ~ say no** no hay forma de decir que no; **you can ~ expect to ...** no se puede esperar que ... .
scar·city ['skɛəsɪtɪ], **scarce·ness** ['skɛəsnɪs] **1** *n (shortage)* escasez *f*, carestía *f; (rarity)* rareza *f*. **2: scarcity value** *n* valor *m* por escasez.
scare ['skɛəʳ] **1** *n* susto *m*, sobresalto *m*; **to cause a ~** sembrar el pánico; **to give sb a ~** dar un susto *or* asustar a uno; **bomb ~** amenaza *f* de bomba. **2** *vt* asustar, espantar; **to ~ sb to death, to ~ sb stiff** *(fam)* darle un gran susto a uno; **to be ~d to death, to be ~d stiff** *(fam)* estar muerto/a de miedo; **to be ~d out of one's wits** *(fam)* sufrir un susto mortal.
♦ **scare away, scare off** *vt + adv* espantar, ahuyentar.
scare·crow ['skɛəkrəʊ] *n* espantapájaros *m inv*, espantajo *m*.
scared [skɛəd] *adj see* **scare 2**.
scare·monger ['skɛə,mʌŋgəʳ] *n (pej)* alarmista *mf*.
scarf [skɑːf] *n, pl* **scarves** *(for neck)* bufanda *f*; *(head ~)* pañuelo *m*.
scar·let ['skɑːlɪt] **1** *n* escarlata *f*. **2** *adj* color escarlata, *(LAm)* colorado/a; **~ fever** escarlatina *f*.
scarves [skɑːvz] *npl of* **scarf**.
scary ['skɛərɪ] *adj* (**-ier, -iest**) *(fam)* espantoso/a, pavoroso/a.
scath·ing ['skeɪðɪŋ] *adj* mordaz, cáustico/a; **he was ~ about our trains** criticó duramente nuestros trenes.
scat·ter ['skætəʳ] **1** *vt* **(a)** *(strew around: crumbs, papers etc)* esparcir, desparramar; *(seeds)* sembrar al voleo, esparcir. **(b)** *(disperse: clouds etc)* dispersar; *(crowd etc)* desbaratar; **her relatives are ~ed about the world** sus familiares se encuentran desparramados por el mundo. **2** *vi (crowd)* dispersarse, desbaratarse.
scatter·brained ['skætəbreɪnd] *adj (fam: also* **scatty**) atolondrado/a, ligero/a de cascos.
scav·enge ['skævɪndʒ] *vi* remover basuras, *(Mex)* pepenar.
scav·en·ger ['skævɪndʒəʳ] *n (person)* basurero/a *m/f*, *(Mex)* pepenador(a) *m/f; (Zool)* animal *m*/ave *f*/insecto *m* de carroña.
sce·nario [sɪ'nɑːrɪəʊ] *n (Theat)* argumento *m; (Cine)* guión *m; (fig)* escenario *m*.
scene [siːn] *n* **(a)** *(Theat, Cine, TV)* escena *f*; **indoor/outdoor ~** interior *m*/exterior *m*; **a bedroom ~** una escena de dormitorio; **the ~ is set in a castle** la escena se realiza en un castillo; **to set the ~** *(fig)* crear el ambiente; **behind the ~s** *(also fig)* entre bastidores; **the political ~ in Spain** el panorama político español; **~s of violence** escenas de violencia. **(b)** *(fam: fuss)* escándalo *m*, *(LAm)* bronca *f; (: conflict)* enfrentamiento *m*, conflicto *m*; **to make a ~** armar un escándalo. **(c)** *(place)* escenario *m*, lugar *m; (landscape)* paisaje *m*; **at the ~ of the crime** en el escenario del crimen; **she needs a change of ~** necesita un cambio de escenario; **to appear** *or* **come on the ~** aparecer, presentarse; *(fig)* surgir, aparecer; **it's not my ~** *(fam)* no me llama la atención *or* interesa. **(d)** *(sight, view)* panorama *m*, vista *f*; **it was a ~ of utter destruction** se nos enfrentó un panorama de destrucción absoluta.
scen·ery ['siːnərɪ] *n (landscape)* paisaje *m; (Theat)* decorado *m*.
sce·nic ['siːnɪk] *adj (gen)* pintoresco/a; **~ railway** *(big dipper)* montaña *f* rusa; *(train)* ferrocarril *m* escénico; **~ road** carretera *f* panorámica.
scent [sent] **1** *n* **(a)** *(smell)* olor *m; (of food)* aroma *m; (perfume, toilet water)* perfume *m*, fragancia *f*. **(b)** *(Hunting etc)* rastro *m*, pista *f*; **to pick up/lose the ~** *(also fig)* seguir/perder la pista; **to put** *or* **throw sb off the ~** *(fig)* despistar a uno. **2** *vt* **(a)** *(make sth smell nice)* perfumar (*with* de). **(b)** *(smell)* olfatear; *(fig)* presentir, *(LAm)* sentir. **3: ~ bottle** *n* frasco *m* de perfume.
scep·tic ['skeptɪk] *n* escéptico/a *m/f*.
scep·ti·cal ['skeptɪkəl] *adj* escéptico/a (*of, about* acerca de).
scep·ti·cism ['skeptɪsɪzəm] *n* escepticismo *m*.
scep·tre, *(US)* **scep·ter** ['septəʳ] *n* cetro *m*.
sched·ule ['ʃedjuːl, *(US)* 'skedjuːl] *n* **(a)** *(timetable: of work, visits, events)* programa *m; (: of trains)* horario *m*; **a busy ~** un programa ocupado; **the work is behind/ahead of ~** el trabajo se retrasa/se adelanta; **the train arrived on ~** el tren llegó a la hora; **we are working to a very tight ~** tenemos un programa de trabajo muy exigente; **everything went according to ~** todo sucedió según se había previsto. **(b)** *(list: of contents, goods)* inventario *m*, lista *f; (Customs, Tax etc)* tarifa *f*.
sched·uled ['ʃedjuːld] *adj (date, time)* fijado/a; *(event, train, bus)* programado/a; *(stop)* previsto/a; **the meeting is ~ for 7.00** *or* **to begin at 7.00** la reunión está fijada para las 7; **this building is ~ for demolition** este edificio está registrado para demolerse.
sche·mat·ic [skɪ'mætɪk] *adj* esquemático/a.
scheme [skiːm] **1** *n* **(a)** *(plan)* plan *m*, proyecto *m; (programme)* programa *m; (structure)* esquema *f*; **a ~ of work** un programa de trabajo; **colour ~** combinación *f* de colores; **pension ~** sistema *m* de pensión; **it's not a bad ~** *(fam)* no es mala idea; **it's some crazy ~ of his** es otro de sus proyectos alocados. **(b)** *(plot)* intriga *f; (trick)* ardid *m*. **2** *vi* intrigar *or* conspirar (*to do* para hacer); **they ~d to overthrow the government** tramaron *or* maquinaron para derrocar el gobierno.
schem·ing ['skiːmɪŋ] **1** *adj* maquinador(a), intrigante. **2** *n* conspiración *f*, maquinación *f*.

schism ['sɪzəm] *n* cisma *m.*

schizo·phre·nia [,skɪtsəʊ'friːnjə] *n* esquizofrenia *f.*

schizo·phren·ic [,skɪtsəʊ'frenɪk] *adj, n* esquizofrénico/a *m/f.*

schol·ar ['skɒləʳ] *n* **(a)** *(learned person)* sabio/a *m/f; (expert)* estudioso/a *m/f,* experto/a *m/f;* **a famous Dickens ~** un conocido especialista en Dickens. **(b)** *(old: pupil)* alumno/a *m/f; (scholarship holder)* becario/a *m/f;* **he's never been much of a ~** nunca fue un gran aficionado de los libros.

schol·ar·ly ['skɒləlɪ] *adj (studious)* erudito/a, estudioso/a; *(pedantic)* pedante.

schol·ar·ship ['skɒləʃɪp] *n (learning)* erudición *f; (money award)* beca *f.*

scho·las·tic [skə'læstɪk] *adj* escolar.

school[1] [skuːl] **1** *n (primary ~, secondary ~)* escuela *f,* colegio *m; (Univ: faculty)* facultad *f; (group of artists etc)* escuela; **to be at/go to ~** asistir/ir a la escuela; **to leave ~** salir del *or* dejar el colegio; **~ of motoring** autoescuela *f, (LAm)* escuela de manejo; **S~ of Languages** *(Univ)* Escuela de Lenguas Modernas; **medical/law ~** Facultad de Medicina/Derecho; **the Dutch ~** la escuela holandesa; **~ of thought** corriente *f* de opinión; **of the old ~** *(fig)* de la vieja escuela; *see* **primary, secondary, high 4.**

2 *vt (animal)* amaestrar; *(reaction, voice etc)* disciplinar, dominar; **to ~ sb to do sth** preparar a uno para hacer algo; **to ~ o.s. in sth** disciplinarse en algo; **to ~ sb in a technique** enseñar a uno una técnica.

3 *cpd (bus, fees, report etc)* escolar; **~ age** *n* edad *f* escolar; **~ holidays** *npl* vacaciones *fpl* escolares; **~ hours** *npl*: **during ~ hours** durante las horas de clase; **~ time** *n* = **~ hours; ~ year** *n* año *m* escolar.

school[2] [skuːl] *n (of fish)* banco *m.*

school·book ['skuːlbʊk] *n* libro *m* de texto.

school·boy ['skuːlbɔɪ] **1** *n* alumno *m* (de escuela). **2**: **~ slang** *n* jerga *f* de colegial.

school·child ['skuːltʃaɪld] *n, pl* **-children** alumno/a *m/f.*

school·days ['skuːldeɪz] *npl* años *mpl* del colegio.

school·girl ['skuːlgɜːl] *n* colegiala *f.*

school·ing ['skuːlɪŋ] *n (education)* instrucción *f,* enseñanza *f; (studies)* estudios *mpl;* **compulsory ~** escolaridad *f* obligatoria.

school-leaver ['skuːl,liːvəʳ] *n* persona *f* que termina la escuela.

school-leaving age [,skuːl'liːvɪŋ,eɪdʒ] *n* edad *f* en que se termina la escuela.

school·master ['skuːl,mɑːstəʳ] *n* maestro *m or* profesor *m* (de escuela).

school·mistress ['skuːl,mɪstrɪs] *n* maestra *f or* profesora *f* (de escuela).

school·room ['skuːlrʊm] *n* aula *f,* sala *f* de clase.

school·teacher ['skuːl,tiːtʃəʳ] *n (gen)* maestro/a *m/f or* profesor(a) *m/f* (de escuela).

schoon·er ['skuːnəʳ] *n (Naut)* goleta *f; (for sherry)* copa *f* grande.

sci·ati·ca [saɪ'ætɪkə] *n (Med)* ciática *f.*

sci·ence ['saɪəns] **1** *n* ciencia *f;* **the natural/social ~s** las ciencias naturales/sociales; **the ~s** las ciencias; **it's a real ~** *(fam)* es un arte. **2** *cpd* de ciencias; **S~ Faculty** *n (Univ)* Facultad *f* de Ciencias; **~ fiction** *n* ciencia-ficción *f.*

sci·en·tif·ic [,saɪən'tɪfɪk] *adj* científico/a.

sci·en·tist ['saɪəntɪst] *n* científico/a *m/f.*

Scil·ly Isles ['sɪlɪ,aɪlz] *npl* Islas *fpl* Sorlingas.

scin·til·lat·ing ['sɪntɪleɪtɪŋ] *adj (wit, conversation, company)* chispeante, brillante; *(jewels, chandelier)* relumbrante.

scis·sors ['sɪzəz] *npl* tijeras *fpl;* **a pair of ~** unas tijeras.

scle·ro·sis [sklɪ'rəʊsɪs] *n (Med)* esclerosis *f; see* **multiple.**

scoff [skɒf] **1** *vi* mofarse *or* burlarse (*at sb/sth* de uno/algo). **2** *vt (fam: eat)* comérselo todo, zampar.

scold [skəʊld] *vt* reñir, *(LAm)* regañar.

scold·ing ['skəʊldɪŋ] *n* reprimenda *f,* regañada *f.*

scol·lop ['skɒləp] = **scallop.**

scone [skɒn] *n* bollo *m, (LAm)* pan *m* dulce.

scoop [skuːp] **1** *n* **(a)** *(for flour)* pala *f; (for ice cream, water)* cucharón *m; (quantity scooped)* palada *f;* cucharada *f.* **(b)** *(by newspaper)* exclusiva *f; (Comm)* golpe *m* financiero. **2** *vt* **(a)** recoger. **(b)** *(Comm: profit)* sacar; *(Comm, Press: competitors)* adelantarse a; *(Press: exclusive story)* publicar en exclusiva.

♦ **scoop out** *vt + adv (gen)* sacar con pala; *(water)* achicar.

♦ **scoop up** *vt + adv* recoger.

scoot·er ['skuːtəʳ] *n (child's)* patinete *m; (adult's)* moto *f.*

scope [skəʊp] *n (opportunity: for action etc)* libertad *f,* oportunidades *fpl; (range: of law, activity)* ámbito *m; (: of responsibilities)* incumbencia *f; (capacity: of person, mind)* alcance *m; (room: for manoeuvre etc)* esfera *f or* campo *m* de acción; **there is plenty of ~ for** hay bastante campo para; **to extend the ~ of one's activities** ampliar sus horizontes; **it is within/beyond her ~** está a/fuera de su alcance; **it is within/beyond the ~ of this book** está dentro/fuera del ámbito del presente libro.

scorch [skɔːtʃ] **1** *n (also* **~ mark**) quemadura *f.* **2** *vt (burn)* quemar; *(: sun)* abrasar; *(singe)* chamuscar.

scorch·er ['skɔːtʃəʳ] *n (fam: hot day)* día *m* abrasador.

scorch·ing ['skɔːtʃɪŋ] *adj (also* **~ hot**: *heat, day, sun)* abrasador(a); *(: sand)* que quema; **it's a ~ day** está que arde hoy.

score [skɔːʳ] **1** *n* **(a)** *(Sport)* tanteo *m; (Cards)* puntuación *f, (LAm)* puntaje *m;* **to keep (the) ~** *(Sport: Sp)* tantear, *(: LAm)* llevar la cuenta *or* el marcador; *(Cards)* sumar puntos; **there's no ~ yet** *(Sport) (Sp)* aún no ha habido tanteo, *(LAm)* no se ha abierto el marcador todavía; **there was no ~ in the match** *(Sport)* hubo empate a cero; **what's the ~?** *(fig fam)* ¿qué pasa?, *(LAm)* ¿qué hubo?; **to know the ~** *(fig fam)* estar al tanto *or* al corriente; **to have an old ~ to settle with sb** *(fig)* tener cuentas pendientes con uno; **to settle old ~s** *(fig)* desquitarse. **(b)** *(account)* motivo *m,* causa *f;* **on that ~** en ese sentido. **(c)** *(cut, mark: on wood, card etc)* raya *f,* línea *f.* **(d)** *(Mus: of opera)* partitura *f; (: of film)* música *f.* **(e)** *(twenty)* **a ~** una veintena; **~s of people** *(fig)* muchísima *or* montones de gente.

2 *vt* **(a)** *(points)* ganar; *(runs)* hacer; *(goal)* marcar; **to ~ 75% in an exam** sacar el 75 por ciento en un examen; **to ~ a hit** *(Fencing)* dar en el blanco; *(Shooting)* acertar en el tiro; **to ~ a hit with sb** *(fig)* impresionar a uno; **to ~ a hit with sth** *(fig)* tener mucho éxito con algo. **(b)** *(cut)* rayar. **(c)** *(music)* instrumentar, orquestar.

3 *vi* **(a)** *(Sport: ~ a goal etc)* marcar un tanto *or* punto *etc; (: open scoring)* abrir el marcador; *(: keep ~)* llevar el tanteo *or* el marcador; **to ~ over sb** *(fig)* llevar la ventaja a uno. **(b)** *(fam: have sex)* ligarse (*with sb* a uno/a); *(: buy drugs)* conseguirse drogas.

♦ **score off** *vt + adv (name, item on list)* tachar.

score·board ['skɔːbɔːd] *n* tanteador *m,* marcador

m.
score·card ['skɔːkɑːd] *n (Golf)* tanteador *m.*
scor·er ['skɔːrəʳ] *n (keeping score)* tanteador *m; (player)* él/la que marca un gol *etc.*
scor·ing ['skɔːrɪŋ] *n* tanteo *m,* puntaje *m,* marcador *m.*
scorn [skɔːn] **1** *n* desprecio *m,* menosprecio *m.* **2** *vt* despreciar, menospreciar.
scorn·ful ['skɔːnfʊl] *adj* desdeñoso/a, despreciativo/a; **to be ~ about sth** desdeñar algo.
Scor·pio ['skɔːpɪəʊ] *n* Escorpión *m.*
scor·pi·on ['skɔːpɪən] *n* alacrán *m.*
Scot [skɒt] *n* escocés/esa *m/f.*
Scotch [skɒtʃ] **1** *adj*: **~ broth** sopa *f* de verduras; **~ egg** huevo *m* con carne rebozado; **~ tape** ® cinta *f* adhesiva, *(LAm)* scotch *m, (Mex)* durex *m.* **2** *n (whisky)* whisky *m* escocés, scotch *m.*
scotch [skɒtʃ] *vt (attempt, plan)* frustrar; *(rumour, claim)* calzar.
scot-free [ˌskɒt'friː] *adj*: **to get off ~** *(unpunished)* salir impune; *(unhurt)* salir ileso/a.
Scot·land ['skɒtlənd] *n* Escocia *f.*
Scots [skɒts] *adj* escocés/esa.
Scots·man ['skɒtsmən] *n, pl* **-men** escocés *m.*
Scots·woman ['skɒtswʊmən] *n, pl* **-women** escocesa *f.*
Scot·tie ['skɒtɪ] *n (dog)* terrier *m* escocés.
Scot·tish ['skɒtɪʃ] *adj* escocés/esa.
scoun·drel ['skaʊndrəl] *n* sinvergüenza *mf.*
scour ['skaʊəʳ] *vt* **(a)** *(pan, floor etc)* fregar, *(LAm)* restregar. **(b)** *(search)* registrar; **we ~ed the countryside for him** recorrimos el campo buscándole.
scour·er ['skaʊərəʳ] *n (pad)* estropajo *m.*
scourge [skɜːdʒ] **1** *n (fig)* azote *m;* **the ~ of war** el castigo de la guerra. **2** *vt (fig)* hostigar.
scout [skaʊt] **1** *n (person: Mil)* explorador(a) *m/f; (: boy ~)* muchacho *m* explorador; **(talent) ~** *(Sport, Showbusiness)* cazatalentos *mf inv.* **2** *vi*: **to ~ around (for sth)** hacer un reconocimiento *or* explorar (buscando algo).
scout·ing ['skaʊtɪŋ] *n* actividades *fpl* de los exploradores.
scout·master ['skaʊtˌmɑːstəʳ] *n* jefe *m* de exploradores.
scowl [skaʊl] **1** *n* ceño *m.* **2** *vi* fruncir el ceño *or* el entrecejo (*at sb* a uno).
scrab·ble ['skræbl] **1** *vi*: **to ~ about** *or* **around for sth** revolver todo buscando algo. **2** *n (game)* **S~** ® Scrabble *m* ®.
scrag·gy ['skrægɪ] *adj* (**-ier, -iest**) flacuzco/a.
scram [skræm] *vi (fam)* largarse, *LAm)* rajarse; **~!** ¡lárgate!
scram·ble ['skræmbl] **1** *vi* **(a) to ~ up/down** subir gateando/bajar con dificultad; **we ~d through the hedge** pasamos a gatas por el ceto; **to ~ for** *(coins, seats)* luchar entre sí por, *(LAm)* pelearse por; *(fig: jobs)* pelearse por. **(b)** *(Sport)* **to go scrambling** hacer motocrós. **2** *vt* **(a)** *(Culin)* revolver; **~d eggs** huevos *mpl* revueltos. **(b)** *(Telec: message)* poner en cifra. **3** *n* **(a)** *(rush)* lucha *f,* pelea *f.* **(b)** *(Sport: motorcycle meeting)* carrera *f* de motocrós.
scram·bler ['skræmbləʳ] *n (Telec)* emisor *m* de interferencias.
scrap[1] [skræp] **1** *n* **(a)** *(small piece)* pedacito *m; (: of newspaper)* recorte *m; (: of material)* retazo *m; (fig)* pizca *f;* **a ~ of conversation** un fragmento de conversación; **a few ~s of news** unos fragmentos de noticias; **there is not a ~ of truth in it** no tiene ni un ápice de verdad, *(LAm)* no tiene nada de cierto; **not a ~ of proof/use** ni la más mínima prueba/sin utilidad alguna. **(b) ~s** *(leftovers)* restos *mpl,* sobras *fpl.* **(c)** *(~ metal)* chatarra *f,* desecho *m* de hierro; **to sell a ship for ~** vender un barco de chatarra.
2 *vt (car, ship etc)* chatarrear, convertir en chatarra; *(plan etc)* desechar, descartar.
3 *cpd (metal, car)* de chatarra; **~ dealer** *n* chatarrero/a *m/f;* **~ heap** *n* montón *m* de desechos; **to throw sb/sth on the ~ heap** *(fig)* desechar *or* descartar a uno/algo; **~ merchant** *n* chatarrero/a *m/f;* **~ paper** *n* pedazos *mpl* de papel suelto; **~ value** *n* valor *m* de chatarra; **~ yard** *n* parque *m* de chatarra.
scrap[2] [skræp] *(fam)* **1** *n (fight)* riña *f,* pelea *f;* **to get into** *or* **have a ~ with sb** reñir *or (LAm)* pelearse con uno. **2** *vi* reñir, pelearse (*with sb* con uno).
scrap·book ['skræpbʊk] *n* álbum *m* de recortes.
scrape [skreɪp] **1** *n* **(a)** *(act)* raspado *m, (LAm)* raspadura *f; (sound)* chirrido *m; (mark)* arañazo *m, (LAm)* rasguño *m.* **(b)** *(fig)* lío *m, (LAm)* apuro *m;* **to get into/out of a ~** meterse en/sacarse de un lío *or* apuro.
2 *vt (knee etc)* arañarse, rasguñarse; *(clean: vegetables)* rallar, limpiar; *(: walls, woodwork)* raspar; **to ~ on/along/against sth** arrastrar en/a lo largo de/contra algo; **the lorry ~d the wall** el camión rozó el muro; **to ~ one's boots** limpiarse las botas; **to ~ one's plate clean** dejar limpio el plato; **to ~ a living** ir tirando; **we managed to ~ enough money together** logramos reunir suficiente dinero; **to ~ (up) an acquaintance with sb** trabar amistad con uno; **to ~ the bottom of the barrel** *(fig)* tocar fondo.
3 *vi (make sound)* chirriar; *(rub)* **to ~ (against)** pasar rozando.
♦ **scrape along** *vi + adv (fam: money)* arreglárselas; *(: live)* ir tirando.
♦ **scrape off 1** *vt + adv* (*also* **~ away**) raspar. **2** *vt + prep* raspar.
♦ **scrape through 1** *vi + adv (succeed)* apenas lograr hacer algo. **2** *vi + prep (narrow gap)* pasar muy justo por; *(fig: exam)* aprobar por los pelos.
scrap·er ['skreɪpəʳ] *n (tool)* raspador *m,* rascador *m; (on doorstep)* limpiabarros *m inv.*
scrap·py ['skræpɪ] *adj* (**-ier, -iest**) *(essay etc)* deshilvanado/a; *(knowledge, education)* incompleto/a; *(meal)* hecho/a con sobras.
scratch [skrætʃ] **1** *n* **(a)** *(mark: on skin)* arañazo *m,* rasguño *m; (: on surface, record)* raya *f;* **it's just a ~** es un rasguño, nada más. **(b)** *(noise)* chirrido *m.* **(c) to start from ~** *(fig)* empezar de la nada; **to be** *or* **come up to ~** cumplir con los requisitos; **to bring/keep sth up to ~** poner/mantener en buenas condiciones.
2 *vt* **(a)** *(with claw, nail etc)* rasguñar, arañar; *(: making sound)* rascar, raspar; *(: surface, record)* rayar; *(scramble, dig)* escarbar; **the lovers ~ed their names on the tree** los amantes grabaron sus nombres en el árbol; **he ~ed his hand on a rose bush** se arañó la mano en un rosal; **we've barely ~ed the surface** *(fig)* estamos empezando apenas. **(b)** *(to relieve itch)* rascarse; **he ~ed his head** se rascó la cabeza; **you ~ my back and I'll ~ yours** *(fig)* un favor con favor se paga. **(c)** *(cancel: meeting, game)* cancelar; *(cross off list: horse, competitor)* tachar, borrar.
3 *vi (person, dog etc)* rascarse; *(hens)* escarbar; *(pen)* raspear; *(clothing)* picar; **the dog ~ed at the door** el perro arañó la puerta.
4: **~ meal** *n* comida *f* improvisada; **~ team** *n* equipo *m* improvisado.
♦ **scratch out** *vt + adv (from list)* borrar, tachar; **to ~ sb's eyes out** sacarle los ojos a uno.
scratch·pad ['skrætʃpæd] *n (US)* bloc *m* (para

apuntes).

scratchy ['skrætʃɪ] *adj* (**-ier, -iest**) *(fabric)* que pica; *(pen)* que raspea.

scrawl [skrɔːl] **1** *n* garabatos *mpl;* **I can't read her ~** no puedo leer sus garabatos. **2** *vt* garabatear.

scrawny ['skrɔːnɪ] *adj* (**-ier, -iest**) *(neck, limb)* flaco/a; *(animal)* escuálido/a.

scream [skriːm] **1** *n (of pain, fear: high-pitched)* chillido *m; (: yell)* grito *m; (of animal)* alarido *m;* **there were ~s of laughter** hubo carcajadas; **he let out a ~** soltó un grito; **it was a ~** *(fig fam)* fue la monda, *(LAm)* fue para morirse de la risa; **he's a ~** *(fig fam)* es de lo más chistoso. **2** *vt (subj: person: abuse etc)* gritar; *(screech)* chillar; *(: poster, headlines)* vocear. **3** *vi (see n)* chillar; gritar; dar un alarido; **to ~ at sb** gritarle a uno; **to ~ (out) with pain** dar un grito de dolor; **to ~ for help** pedir ayuda a gritos; **to ~ with laughter** partirse *or* mondarse de (la) risa.

scree [skriː] *n* cono *m* de desmoronamiento.

screech [skriːtʃ] **1** *n (of brakes, tyres)* chirrido *m; (of person)* grito *m; (of animal)* chillido *m.* **2** *vi (squeak etc)* chirriar; *(person)* gritar, chillar; *(animal etc)* chillar.

screeds [skriːdz] *npl (fam)* rollo *msg.*

screen [skriːn] **1** *n* **(a)** *(in room)* biombo *m; (for fire)* pantalla *f; (fig: of trees)* pantalla de árboles; *(: of smoke)* cortina *f* de humo. **(b)** *(Cine, TV, Radar etc)* pantalla *f;* **stars of the big/small ~** estrellas de la pantalla grande/pequeña. **2** *vt* **(a) to ~ (from)** *(hide: from view, sight)* ocultar *or* tapar (de); *(protect)* proteger (de); **the house is ~ed (from view) by trees** la casa se oculta detrás de los árboles; **he ~ed his eyes with his hand** se tapó los ojos con la mano. **(b)** *(show: film)* estrenar. **(c)** *(sieve: coal)* tamizar; *(fig: person: for security)* investigar; *(: for illness)* hacer una radiografía a. **3: ~ actor** *n* actor *m* de cine; **~ test** *n* prueba *f* de pantalla; **~ writer** *n* guionista *mf.*

♦ **screen out** *vt + adv (light, noise)* eliminar, filtrar.

screen·ing ['skriːnɪŋ] *n* **(a)** *(of film)* estreno *m.* **(b)** *(medical ~, also for security)* investigación *f.*

screen·play ['skriːnpleɪ] *n* guión *m.*

screw [skruː] **1** *n* **(a)** tornillo *m; (of helicopter etc)* hélice *f;* **he's got a ~ loose** *(fig fam)* le falta un tornillo; **to put the ~s on sb** *(fig fam)* apretar las clavijas *or* presionar a uno. **(b)** *(fam: prison officer)* carcelero/a *m/f.* **(c)** *(Brit fam: income)* sueldo *m, (Mex)* pega *f (fam), (LAm)* chamba *f.* **2** *vt (gen)* atornillar; *(turn)* dar vueltas a, torcer; **to ~ sth down/to the wall** fijar algo/a la pared con tornillos; **to ~ sth (up) tight** atornillar algo bien fuerte; **to ~ money out of sb** *(fam)* sacarle dinero a uno; **to ~ one's head round** volver *or (LAm)* voltear la cabeza. **3** *vi (fam!)* joder *(fam!)*, echar un polvo *(fam!)*.

♦ **screw together 1** *vi + adv* juntarse con tornillos. **2** *vt + adv* armar (con tornillos).

♦ **screw up 1** *vt + adv* **(a)** *(paper, material)* arrugar; **to ~ up one's eyes** arrugar el entrecejo; **to ~ up one's face** torcerse la cara; **to ~ up one's courage** *(fig)* armarse de valor. **(b)** *(ruin) (Sp)* fastidiar, *(LAm)* fregar, joder *(fam), (Mex)* chingar *(fam).* **2** *vi + adv (US)* **he really ~ed up this time** esta vez sí lo fastidió *or (LAm)* fregó.

screw·ball ['skruːbɔːl] *n (fam: esp US)* chiflado/a *m/f,* chalado/a *m/f, (LAm)* tarado/a *m/f.*

screw·driver ['skruːˌdraɪvəʳ] *n* destornillador *m,* desatornillador *m.*

screw-top(ped) ['skruːtɒp(t)] *adj (bottle, jar)* de rosca.

screwy ['skruːɪ] *adj* (**-ier, -iest**) *(fam: mad)* chiflado/a, *(LAm)* tarado/a.

scrib·ble ['skrɪbl] **1** *n* garabatos *mpl;* **I can't read his ~** no consigo leer sus garabatos. **2** *vt* garabatear; **to ~ sth down** garabatear algo. **3** *vi* garabatear.

scribe [skraɪb] *n (of manuscript)* escribiente/a *m/f; (Bible)* escriba *m.*

scrim·mage ['skrɪmɪdʒ] *n (fight)* escaramuza *f.*

scrimp [skrɪmp] *vi:* **to ~ and save** hacer economías, apretarse el cinturón.

script [skrɪpt] *n* **(a)** *(Cine)* guión *m; (Theat, TV, Rad)* argumento *m; (in exam)* escrito *m.* **(b)** *(handwriting)* letra *f.*

script·ed ['skrɪptɪd] *adj (Rad, TV)* escrito/a.

Scrip·ture ['skrɪptʃəʳ] *n (also* **Holy ~***)* Sagrada Escritura *f.*

script·writer ['skrɪptˌraɪtəʳ] *n* guionista *mf.*

scroll [skrəʊl] *n (roll of parchment)* rollo *m; (ancient manuscript)* manuscrito *m; (Archit)* voluta *f.*

scro·tum ['skrəʊtəm] *n* escroto *m.*

scrounge [skraʊndʒ] *(fam)* **1** *n:* **to be on the ~ (for sth)** ir sacando (algo) de gorra. **2** *vt* gorrear, sablear. **3** *vi:* **to ~ on** *or* **off sb** vivir a costa de uno.

scroung·er ['skraʊndʒəʳ] *n (fam)* gorrón/ona *m/f,* sablista *mf.*

scrub[1] [skrʌb] *n (Bot: undergrowth)* matarral *m,* monte *m; (: bushes)* matas *fpl.*

scrub[2] [skrʌb] **1** *n* fregado *m, (LAm)* restregado *m;* **to give sth a (good) ~** fregar *or (LAm)* restregar algo (bien). **2** *vt* **(a)** *(clean: floor, hands etc)* fregar; **to ~ sth clean** restregar algo. **(b)** *(fam: cancel)* cancelar, anular.

♦ **scrub down** *vt + adv (room, wall)* fregar; **to ~ o.s. down** fregarse.

♦ **scrub off 1** *vt + adv (mark, stain)* quitar cepillando. **2** *vt + prep* quitar.

♦ **scrub up** *vi + adv (doctor etc)* lavarse.

scrubbing-brush ['skrʌbɪŋˌbrʌʃ] *n* cepillo *m* de fregar.

scruff [skrʌf] *n* **(a) by the ~ of the neck** del cogote. **(b)** *(fam: untidy person)* dejado/a *m/f,* desaliñado/a *m/f.*

scruffy ['skrʌfɪ] *adj* (**-ier, -iest**) *(person)* desaliñado/a, sucio/a, *(LAm)* dejado/a; *(clothes, building)* sucio/a; *(appearance)* desaseado/a, sucio/a; **he looks ~** tiene el aspecto sucio.

scrum [skrʌm] **1** *n (Rugby)* melée *f.* **2: ~ half** *n* medio *m* de melée.

scrump·tious ['skrʌmpʃəs] *adj (fam)* delicioso/a, sabrosísimo/a.

scru·ple ['skruːpl] **1** *n* escrúpulo *m.* **2** *vt:* **not to ~ to do sth** no tener escrúpulos para hacer algo.

scru·pu·lous ['skruːpjʊləs] *adj* escrupuloso/a.

scru·pu·lous·ly ['skruːpjʊləslɪ] *adv* escrupulosamente; **~ honest/clean** sumamente honrado/limpio.

scru·ti·neer [ˌskruːtɪ'nɪəʳ] *n* escrutador(a) *m/f.*

scru·ti·nize ['skruːtɪnaɪz] *vt (work etc)* escudriñar; *(votes)* efectuar el escrutinio de.

scru·ti·ny ['skruːtɪnɪ] *n (examination)* examen *m* detallado; *(Pol: of votes)* escrutinio *m,* recuento *m;* **under the ~ of sb** bajo la mirada de uno; **it does not stand up to ~** no resiste al examen.

scu·ba ['skuːbə] *n:* **~ diving** buceo *m* con escafandra autónoma.

scuff [skʌf] *vt (shoes, floor)* rayar, marcar; *(feet)* arrastrar.

scuf·fle ['skʌfl] **1** *n* refriega *f, (LAm)* pleito *m.* **2** *vi* reñirse *or (LAm)* pelearse (*with sb* con uno).

scul·lery ['skʌlərɪ] *n* trascocina *f.*

sculpt [skʌlpt] *vt, vi* esculpir.

sculp·tor ['skʌlptəʳ] *n* escultor(a) *m/f.*

sculp·tress ['skʌlptrɪs] *n* escultora *f.*
sculp·ture ['skʌlptʃə^r] **1** *n* escultura *f.* **2** *vt, vi* = **sculpt.**
scum [skʌm] *n (on liquid)* espuma *f; (on pond)* verdín *m; (fig)* escoria *f;* **the ~ of the earth** la escoria de la tierra.
scup·per ['skʌpə^r] *vt (Naut)* barrenar; *(fig: plan)* barrer con.
scur·ril·ous ['skʌrɪləs] *adj* difamatorio/a, calumnioso/a; **to make a ~ attack on sb** calumniar a uno.
scur·ry ['skʌrɪ] *vi (run)* ir corriendo; *(hurry)* apresurarse, *(LAm)* apurarse; **to ~ away** *or* **off** escabullirse.
scut·tle[1] ['skʌtl] *vt (ship)* barrenar.
scut·tle[2] ['skʌtl] *vi (run)* echar a correr; **to ~ away** *or* **off/in** escabullirse.
scythe [saɪð] **1** *n* guadaña *f.* **2** *vt* guadañar, segar.
sea [si:] **1** *n* mar *m;* **by** *or* **beside the ~** a orillas del mar; **a holiday by the ~** unas vacaciones en la playa; **on the ~** *(boat)* en alta mar *f;* **to go by ~** ir en barco; **to go to ~** *(subj: person)* hacerse marinero; **to put to ~** *(sailor, boat)* hacerse a la mar, zarpar; **to spend 3 years at ~** pasar tres años navegando; **(out) at ~** en alta mar *f;* **heavy** *or* **rough ~(s)** mar agitado *or* picado; **to be all at ~ (about/with sth)** *(fig)* estar en un lío *or (LAm)* un apuro (por algo); **a ~ of faces** *(fig)* un mar de caras.
2 *cpd (air, breeze)* marino/a, del mar; *(bird, fish, water)* de mar; *(route, transport)* marítimo/a; *(battle, power)* naval; **~ anemone** *n* anémona *f* de mar; **~ bathing** *n* nadar en el mar; **~ bed** *n* fondo *m* del mar; **~ front** *n* paseo *m* marítimo; **~ horse** *n* hipocampo *m;* **~ legs** *npl:* **to find one's ~ legs** encontrar el equilibrio (en barco); **~ level** *n* nivel *m* del mar; **~ urchin** *n* erizo *m* de mar; **~ wall** *n* malecón *m,* rompeolas *m inv.*
sea·board ['si:bɔ:d] *n (US)* litoral *m.*
sea·faring ['si:ˌfɛərɪŋ] *adj* marinero/a.
sea·food ['si:fu:d] *n* mariscos *mpl.*
sea·going ['si:ˌgəʊɪŋ] *adj* marítimo/a.
sea·gull ['si:gʌl] *n* gaviota *f.*
seal[1] [si:l] *n (Zool)* foca *f.*
seal[2] [si:l] **1** *n (official stamp)* sello *m, (LAm)* membrete *m; (: wax)* sello de lacre; *(of envelope, parcel)* pegamento *m; (of door, lid)* junta *f;* **to set one's ~ to sth, to give the** *or* **one's ~ of approval to sth** aprobar algo; **to set the ~ on sth** *(fig)* dar el remate a algo. **2** *vt* **(a)** *(close: envelope)* cerrar, pegar; *(put ~ on: document)* sellar; *(jar, tin)* tapar herméticamente; *(Culin: meat)* encerrar los jugos de; **my lips are ~ed** no me iré de la lengua. **(b)** *(decide: fate)* decidir, determinar; *(: bargain)* cerrar.
♦ **seal in** *vt + adv* encerrar.
♦ **seal off** *vt + adv (close up: building, room)* cerrar; *(forbid entry to: area)* acordonar.
♦ **seal· up** *vt + adv (parcel)* precintar; *(jar, door)* tapar herméticamente.
seal·ing wax ['si:lɪŋˌwæks] *n* lacre *m.*
seal·skin ['si:lskɪn] *n* piel *f* de foca.
seam [si:m] *n* **(a)** *(Sew)* costura *f; (welding)* juntura *f;* **to come apart at the ~s** descoserse; **to be bursting at the ~s** *(dress etc)* estar por reventar; *(fig fam: room etc)* rebosar de gente. **(b)** *(Geol)* filón *m,* veta *f.*
sea·man ['si:mən] *n, pl* **-men** marinero *m,* marino *m.*
sea·man·ship ['si:mənʃɪp] *n* náutica *f.*
seam·less ['si:mlɪs] *adj (Sew)* sin costura; *(Tech)* sin soldadura.
seam·stress ['semstrɪs] *n* costurera *f.*
seamy ['si:mɪ] *adj* **(-ier, -iest)** *(fam)* sórdido/a, insalubre.
se·ance ['seɪɑ̃:ns] *n* sesión *f* de espiritismo.
sea·plane ['si:pleɪn] *n* hidroavión *m.*
sea·port ['si:pɔ:t] *n* puerto *m* de mar.
search [sɜ:tʃ] **1** *n* **(a)** *(for sth lost)* busca *f,* búsqueda *f;* **in ~ of** en busca de; **to make** *or* **conduct a ~ for sth/sb** buscar algo/a uno. **(b)** *(of person, building etc)* registro *m, (LAm)* cateo *m;* **to make** *or* **conduct a ~ of sth/sb** registrar algo/a uno.
2 *vt* **(a)** *(area, house)* registrar *(for sb/sth* en busca de uno/algo); *(luggage, drawer, person)* registrar, *(LAm)* hacer un cateo *(for sth* en busca de algo); **to ~ the whole house for sth/sb** buscar algo/a uno por toda la casa; **~ me!** *(fig fam)* ¡yo qué sé!, ¡ni idea! **(b)** *(scan: documents, records)* escudriñar; *(: one's conscience)* examinar; *(: one's memory)* indagar en; **I ~ed his face for some sign of emotion** le busqué en la cara algún indicio de emoción.
3 *vi* buscar; **to ~ after** *or* **for sb/sth** ir en busca de uno/algo; **to ~ through** *or* **in sth for sth** registrar algo en busca de algo.
4: ~ party *n* pelotón *m* de salvamento; **~ warrant** *n* mandamiento *m or* mandato *m* de registro.
search·er ['sɜ:tʃə^r] *n* buscador(a) *m/f.*
search·ing ['sɜ:tʃɪŋ] *adj* penetrante.
search·light ['sɜ:tʃlaɪt] *n* reflector *m,* proyector *m.*
sear·ing ['sɪərɪŋ] *adj (heat)* ardiente; *(pain)* agudo/a.
sea·scape ['si:skeɪp] *n (Art)* paisaje *m* marino.
sea·shell ['si:ʃel] *n* concha *f* marina, caracol *m* de mar.
sea·shore ['si:ʃɔ:^r] *n (beach)* playa *f; (gen)* orilla *f* del mar; **by** *or* **on the ~** en la playa.
sea·sick ['si:sɪk] *adj* mareado/a; **to get** *or* **be ~** marearse.
sea·sick·ness ['si:sɪknɪs] *n* mareo *m.*
sea·side ['si:saɪd] **1** *n (beach)* playa *f; (shore)* orilla *f* del mar; **we want to go to the ~** queremos ir a la playa; **at the ~** en la playa. **2** *cpd (holiday, hotel)* de playa, en la playa; *(town)* costero/a, costeño/a; **~ resort** *n* playa *f,* centro *m* de veraneo.
sea·son ['si:zn] **1** *n (of the year)* estación *f; (social, sporting, Theat etc)* temporada *f; (occasion)* tiempo *m,* ocasión *f;* **to be in/out of ~** estar en sazón/fuera de temporada; **the rainy/dry ~** la temporada de lluvias/de secas; **the Christmas ~** las navidades; **'S~'s Greetings'** 'Felices Pascuas'; **the busy ~** la temporada alta; **at the height of the ~** en plena temporada; **the fishing/football ~** la temporada de pesca/de fútbol; **the open/closed ~** *(Hunting)* la temporada de caza *or* de pesca/la veda; **in ~** *(Zool)* en celo. **2** *vt* **(a)** *(wood)* secar. **(b)** *(Culin)* sazonar, aliñar. **3: ~ ticket** *n (Theat, Rail etc)* abono *m;* **~ ticket holder** *n* abonado/a *m/f.*
sea·son·able ['si:znəbl] *adj (weather)* propio/a de la estación.
sea·son·al ['si:zənl] *adj (employment)* de temporada.
sea·soned ['si:znd] *adj (wood)* curado/a; *(wine etc)* maduro/a; *(fig: worker, actor)* experimentado/a; *(: soldier etc)* aguerrido/a.
sea·son·ing ['si:znɪŋ] *n* aliño *m,* condimentos *mpl.*
seat [si:t] **1** *n* **(a)** *(chair)* silla *f; (in theatre etc: ticket)* localidad *f,* entrada *f; (: chair)* butaca *f; (in bus, train, car etc)* asiento *m,* plaza *f; (on cycle)* silla; **are there any ~s left?** ¿quedan plazas?; **to take one's ~** sentarse, *(LAm)* tomar asiento; **keep a ~ for me** guárdame lugar *or* un asiento. **(b)** *(Pol)*

escaño *m*, curul *m*; **to keep/lose one's ~** retener/perder su escaño; **a majority of 50 ~s** una mayoría de 50 escaños; **to win 4 ~s from the nationalists** ganar 4 escaños a los nacionalistas; **to take one's ~ in the (House of) Commons** ocupar su escaño en los Comunes. **(c)** *(of chair)* fondo *m*; *(of trousers)* fondillos *mpl*. **(d)** *(buttocks)* culo *m*, trasero *m*. **(e)** *(centre: of government etc)* sede *f*; *(: of infection, fire, trouble)* foco *m*.

2 *vt* **(a)** *(person etc)* sentar; **to be ~ed** estar sentado/a, sentarse. **(b)** *(of capacity)* tener cabida para.

3: ~ belt *n* cinturón *m* de seguridad.

-seat·er ['siːtəʳ] *n ending in cpds*: **a two~** de dos asientos.

seat·ing ['siːtɪŋ] **1** *n* asientos *mpl*. **2: ~ arrangements** *npl* arreglo *m* de los asientos; **~ capacity** *n* número *m*/cabida *f* de asientos.

sea·way ['siːweɪ] *n* vía *f* marítima.

sea·weed ['siːwiːd] *n* alga *f*.

sea·worthy ['siːˌwɜːðɪ] *adj* en condiciones de navegar.

sec. [sek] *abbr of* **second(s)**[2].

seca·teurs [ˌsekə'tɜːz] *npl* podadera *fsg*.

se·cede [sɪ'siːd] *vi* separarse (*from* de).

se·ces·sion [sɪ'seʃən] *n* secesión *f*, separación *f* (*from* de).

se·clud·ed [sɪ'kluːdɪd] *adj* retirado/a.

se·clu·sion [sɪ'kluːʒən] *n* aislamiento *m*.

sec·ond[1] ['sekənd] **1** *adj* segundo/a; **for the ~ time** por segunda vez; **he's a ~ Beethoven** es otro Beethoven; **give him a ~ chance** dale una segunda oportunidad; **the ~ floor** *(Brit)* el segundo piso *(Sp)*, el tercer piso *(LAm)*; *(US)* el primer piso *(Sp)*, el segundo piso *(LAm)*; **in ~ gear** *(Aut)* en segunda (velocidad); **to ask for a ~ opinion** *(Med)* pedir una segunda opinión; **~ cousin** primo/a *m/f* segundo/a; **~ person** *(Ling)* segunda persona *f*; **Charles the S~** Carlos Segundo; **it's ~ nature to her** lo hace sin pensar; **~ child** segundón/ona *m/f*; **~ to none** inigualable; **to have ~ sight** tener clarividencia; **to have ~ thoughts (about sth/about doing sth)** cambiar de opinión (sobre algo/si hacer algo); **on ~ thoughts ...** pensándolo bien ... .

2 *adv* **(a)** *(in race, competition etc)* en segundo lugar; **to come ~** terminar en segundo lugar; **the ~ largest fish** el segundo pez en tamaño. **(b)** *(~ly)* segundo, en segundo lugar.

3 *n* **(a)** *(Boxing, in duel)* segundo *m*, cuidador *m*. **(b)** *(Aut)* **in ~** en segunda (velocidad). **(c) he came a good ~** *(in race, fight, exam etc)* por poco ganó. **(d) ~s** *(Comm)* artículos *mpl* con algún desperfecto.

4 *vt* **(a)** *(motion, speaker)* apoyar, secundar; **I'll ~ that** *(fig)* yo concuerdo *or* secundo. **(b)** [sɪ'kɒnd] *(employee)* trasladar temporalmente.

sec·ond[2] ['sekənd] **1** *n (in time, Geog, Math)* segundo *m*; **at that very ~** en ese mismo instante; **just a ~!** ¡un momento!, *(LAm)* ¡momentito!; **it won't take a ~** es cosa de un segundo. **2: ~ hand** *n* segundero *m*.

sec·ond·ary ['sekəndərɪ] *adj* secundario/a; **~ school** escuela *f* secundaria.

sec·ond-best [ˌsekənd'best] **1** *n* segundo *m*. **2** *adv*: **to come off ~** quedar en segundo lugar.

second-class [ˌsekənd'klɑːs] **1** *adj (gen)* de segunda clase; **~ hotel** hotel *m* de segunda; **~ citizen** ciudadano/a *m/f* de segunda clase. **2** *adv*: **to send sth ~** enviar algo por segunda clase; **to travel ~** viajar en segunda.

second-hand [ˌsekənd'hænd] **1** *adj (gen)* de segunda mano; *(car etc)* usado/a, viejo/a; **~ clothes** ropa *f* vieja *or* de ocasión; **~ shop** rastro *m*, *(LAm)* bazar *m*. **2** *adv*: **to buy sth ~** comprar algo de segunda mano.

second-in-command [ˌsekəndɪnkə'mɑːnd] *n* segundo jefe *m*.

sec·ond·ly ['sekəndlɪ] *adv* en segundo lugar.

se·cond·ment [sɪ'kɒndmənt] *n* traslado *m*; **on ~** en destacamento.

second-rate [ˌsekənd'reɪt] *adj* de baja categoría.

se·cre·cy ['siːkrəsɪ] *n (gen)* secreto *m*; *(reserve)* reserva *f*; **in ~** en secreto, a escondidas.

se·cret ['siːkrɪt] **1** *adj (place)* secreto/a; *(information)* secreto/a, confidencial; **to keep sth ~ from sb** ocultarle algo a uno; **~ agent** agente *mf* secreto/a, espía *mf*; **~ police** policía *f* secreta. **2** *n* secreto *m*; **to keep a ~** guardar un secreto; **to let sb into a/the ~** revelar a uno un/el secreto; **to make no ~ of sth** no ocultar algo; **to do sth in ~** hacer algo en secreto *or* a escondidas.

sec·re·tar·ial [ˌsekrə'tɛərɪəl] *adj*: **~ work** trabajo *m* de secretario; **~ course** curso *m* para secretarios.

sec·re·tari·at [ˌsekrə'tɛərɪət] *n* secretaría *f*.

sec·re·tary ['sekrətrɪ] *n* secretario/a *m/f*; **S~ of State** *(Brit)* Secretario/a *m/f*, Ministro *mf*; *(US)* Ministro *m* de Asuntos Exteriores.

sec·retary-general [ˌsekrətrɪ'dʒenərəl] *n*, *pl* **secretaries-general** secretario-general *m*.

se·crete [sɪ'kriːt] *vt* **(a)** *(Med)* secretar, segregar. **(b)** *(hide)* ocultar, esconder.

se·cre·tion [sɪ'kriːʃən] *n* secreción *f*.

se·cre·tive ['siːkrətɪv] *adj (cautious)* cauteloso/a; *(quiet)* reservado/a, callado/a; **to be ~ about sth** callarse sobre algo.

se·cret·ly ['siːkrətlɪ] *adv* en secreto, a escondidas.

sect [sekt] *n* secta *f*.

sec·tar·ian [sek'tɛərɪən] *adj* sectario/a.

sec·tion ['sekʃən] *n* **(a)** *(part: of community, population)* sector *m*; *(: of town)* barrio *m*; *(: of newspaper)* página *f*, sección *f*; *(: of orchestra)* sección; *(: of document, law etc)* artículo *m*; *(: of pipeline, road etc)* tramo *m*; *(: of machine, furniture)* parte *f*, sección; *(department)* departamento *m*, sección. **(b)** *(cut)* corte *m*; **cross ~** sección *f* transversal.

sec·tion·al ['sekʃənl] *adj* **(a)** *(bookcase etc)* desmontable. **(b)** *(interests)* particular. **(c)** *(diagram)* en corte.

sec·tor ['sektəʳ] *n* sector *m*; **the public ~** el sector estatal *or* público.

secu·lar ['sekjʊləʳ] *adj (authority, school)* laico/a; *(writings, music)* profano/a; *(priest)* secular, seglar.

se·cure [sɪ'kjʊəʳ] **1** *adj* **(-r, -st) (a)** *(firm: knot, rope, hold)* seguro/a; *(: steady)* firme; **to make sth ~** afianzar algo. **(b)** *(safe, certain)* seguro/a; **~ from** *or* **against sth** protegido/a contra algo. **(c)** *(unworried)* seguro/a. **2** *vt* **(a)** *(fix: rope)* sujetar; *(: to floor etc)* afianzar; *(: door, window)* cerrar firmemente; *(tie up: person, animal)* atar, *(LAm)* amarrar. **(b)** *(make safe)* proteger (*from, against* contra); *(: career, future)* asegurar. **(c)** *(frm: obtain: job, staff)* conseguir, obtener; **to ~ sth for sb** conseguir algo para uno. **(d)** *(Fin: loan)* garantizar.

se·cu·rity [sɪ'kjʊərɪtɪ] **1** *n* **(a)** *(safety, stability)* seguridad *f*; **job ~** trabajo *m* asegurado; *see* **social 3. (b)** *(against theft etc)* seguridad *f*. **(c)** *(Fin: on loan)* fianza *f*, garantía *f*; **to lend money on ~** prestar dinero bajo fianza. **(d)** *(Fin)* **securities** valores *mpl*, títulos *mpl*. **2** *cpd (forces, guard, police)* de seguridad; **S~ Council** *n* Consejo *m* de Seguridad; **~ leak** *n* fuga *f* de información; **~ risk** *n* riesgo *m* para la seguridad.

se·date [sɪ'deɪt] **1** *adj* (**-r, -st**) serio/a, formal. **2** *vt* *(Med)* proveer de sedantes.
se·da·tion [sɪ'deɪʃən] *n* sedación *f*.
seda·tive ['sedətɪv] **1** *adj* sedativo/a, sedante. **2** *n* sedativo *m*, sedante *m*.
sed·en·tary ['sedntrɪ] *adj* sedentario/a.
sedi·ment ['sedɪmənt] *n (in liquids, boiler)* sedimento *m*, poso *m*; *(Geol)* sedimento.
se·di·tious [sə'dɪʃəs] *adj* sedicioso/a.
se·duce [sɪ'djuːs] *vt (sexually)* seducir; **to ~ sb into doing sth** *(fig)* engatusar *or* convencer a uno para que haga algo.
se·duc·tion [sɪ'dʌkʃən] *n (act)* seducción *f*; *(attraction)* tentación *f*.
se·duc·tive [sɪ'dʌktɪv] *adj (person, mood)* seductor(a); *(charms, smile, clothes)* provocativo/a; *(offer)* tentador(a).
see[1] [siː] *pt* **saw**, *pp* **seen** *vt, vi* **(a)** *(gen)* ver; *(have an interview with)* tener entrevista *or* entrevistarse con; **let me ~, let's ~** *(show me/us)* a ver; *(let me/us think)* vamos a ver; **we'll ~** ya veremos, a ver; **to ~ sb do** *or* **doing sth** ver a uno hacer algo; **there was nobody to be ~n** no se veía ni nadie; **I can't ~ to read** no veo lo suficiente para leer; **can you ~ your way to helping us?** *(fig)* ¿nos hace el favor de ayudarnos?, *(LAm)* ¿no le porta ayudarnos?; **to go and ~ sb** ir a ver a uno; *(a friend)* visitar *or (LAm)* caerle a uno; **~ you soon!** ¡hasta pronto!, *(LAm)* ¡hasta luego!; **now ~ here!** *(in anger)* ¡mira!, ¡oiga!, ¡escuche!; **so I ~** ya lo veo; **~ for yourself** velo tú; **as you can ~** como ves; **I must be ~ing things** *(fam)* estoy viendo visiones; **I ~ in the paper that ...** sale en el periódico que ...; **I ~ nothing wrong in it** no le encuentro nada malo; **I don't know what she ~s in him** no sé lo que encuentra en él; **(go and) ~ who's at the door** ve a ver quién llama (a la puerta); **this car has ~n better days** este coche ha conocido mejores tiempos; **I never thought I'd ~ the day when ...** nunca pensé ver el día en que .... **(b)** *(understand, perceive)* comprender, *(LAm)* entender, caer en la cuenta; **I ~!** ya entiendo; **I don't** *or* **can't ~ why/how** *etc* ... no entiendo porqué/cómo *etc* ...; **as far as I can ~** por lo visto *or* lo que yo veo; **the way I ~ it** a mi parecer. **(c)** *(accompany)* acompañar; **to ~ sb to the door** acompañar a uno a la puerta; **to ~ sb home** acompañar a uno a casa. **(d)** *(try)* procurar; **~ if ...** ve a ver si ..., *(LAm)* mira a ver si ...; **~ that he has all he needs** procura que tenga todo lo que necesita. **(e)** *(imagine)* imaginarse, figurarse; **I can just ~ him as a teacher** me le imagino como profesor; **I can't ~ him winning** me parece imposible que gane.
♦ **see about** *vi + prep* **(a)** *(deal with)* ocuparse de. **(b)** *(consider)* pensar.
♦ **see in** *vt + adv*: **to ~ the New Year in** celebrar *or (LAm)* festejar el Año Nuevo.
♦ **see off** *vt + adv (at station)* acompañar a la estación; *(say goodbye to)* despedir, despedirse de.
♦ **see out** *vt + adv (survive)* sobrevivir; *(take to the door)* acompañar hasta la puerta; **I'll ~ myself out** *(fam)* no hace falta que me acompañe hasta la puerta.
♦ **see over** *vi + prep* recorrer.
♦ **see through 1** *vi + prep (person, behaviour)* calar, *(LAm)* pillar. **2** *vt + adv (project, deal)* llevar a cabo; **we'll ~ him through** nosotros le ayudaremos. **3** *vt + prep* ser bastante.
♦ **see to** *vi + prep (deal with)* atender a; *(mend)* ocuparse de; **please ~ to it that ...** por favor procura que ... .
see[2] [siː] *n (Rel)* sede *f*; **the Holy S~** la Santa Sede.
seed [siːd] **1** *n* **(a)** *(Bot: for sowing)* semilla *f*, simiente *f*; *(within fruit)* pepita *f*; *(grain)* grano *m*; **to go to ~, to run to ~** *(subj: plant)* granar; *(fig: person)* descuidarse; **to sow (the) ~s of doubt in sb's mind** *(fig)* sembrar dudas en uno. **(b)** *(Tennis: player)* jugador(a) *m/f* seleccionado/a. **2** *vt* **(a)** *(lawn etc)* sembrar. **(b)** *(remove the ~: raisins, grapes)* despepitar. **(c)** *(Tennis)* preseleccionar. **3** *vi* granar, dar grana. **4**: **~ corn** *n* trigo *m* de siembra; **~ merchant** *n* vendedor *m* de semillas; **~ pearl** *n* aljófar *m*; **~ potato** *n* patata *f or (LAm)* papa *f* de siembra.
seed·less ['siːdlɪs] *adj* sin semilla.
seed·ling ['siːdlɪŋ] *n* plantón *m*.
seedy ['siːdɪ] *adj* (**-ier, -iest**) *(fam: ill)* enfermizo/a; *(: sordid)* sórdido/a; *(: shabby)* raído/a.
see·ing ['siːɪŋ] *conj*: **~ (that)** visto que, en vista de que.
seek [siːk] *pt, pp* **sought 1** *vt (gen)* buscar; *(ask for)* pedir, solicitar; *(post)* solicitar; *(fame, honours)* ambicionar; **to ~ shelter (from)** buscar abrigo (de); **to ~ advice/help from sb** pedir consejos/solicitar ayuda a uno. **2** *vi (gen)* buscar; **to ~ after, to ~ for** buscar; **to ~ to do sth** procurar hacer algo.
♦ **seek out** *vt + adv (person)* buscar.
seem [siːm] *vi (gen)* parecer; **he ~s capable** parece capaz; **he ~ed to be in difficulty** parecía tener dificultades; **I can't ~ to do it** me parece imposible hacerlo; **how did he ~ to you?** ¿qué te pareció?, *(LAm)* ¿cómo lo encontraste?; **it ~s to me/him** me/le parece; **it ~s (that) ...** parece que ...; **it ~s so/not** parece que sí/no; **what ~s to be the trouble?** ¿qué pasa?; **there ~s to be a mistake** aquí pasa algo; **it only ~s colder, but it's not really** sólo parece haberse puesto más frío.
seem·ing ['siːmɪŋ] *adj* aparente.
seem·ing·ly ['siːmɪŋlɪ] *adv* según parece, aparentemente.
seem·ly ['siːmlɪ] *adj* (**-ier, -iest**) *(frm: behaviour, language, dress)* decoroso/a, decente.
seen [siːn] *pp of* **see**[1].
seep [siːp] *vi*: **to ~ (through/into/from)** filtrarse *or (LAm)* colarse (por/en/de).
see·saw ['siːsɔː] **1** *n (apparatus, game)* subibaja *m*, *(LAm)* columpio *m*. **2** *vi* columpiarse; *(fig)* vacilar.
seethe [siːð] *vi* borbotar, hervir; **to ~/be seething (with anger)** estar furibundo/a, *(LAm)* rabiar.
see-through ['siːˌθruː] *adj* transparente.
seg·ment ['segmənt] *n (section)* segmento *m*; *(of orange)* gajo *m*.
seg·re·gate ['segrɪgeɪt] *vt*: **to ~ (from)** segregar (de), apartar (de).
seg·re·ga·tion [ˌsegrɪ'geɪʃən] *n* segregación *f*; **racial ~** la segregación racial.
seis·mic ['saɪzmɪk] *adj* sísmico/a.
seize [siːz] *vt (clutch)* coger, *(LAm)* agarrar; *(Mil, Jur: person)* detener; *(: kidnap)* secuestrar; *(: property)* incautar, embargar; *(: territory)* apoderarse de; *(opportunity)* aprovechar(se de); **to ~ hold of sth/sb** agarrar algo/a uno; **to be ~d with fear/rage** estar sobrecogido por el miedo/la cólera.
♦ **seize (up)on** *vi + prep (chance)* valerse de, aprovechar; *(idea)* fijarse en.
♦ **seize up** *vi + adv (subj: machine)* agarrotarse.
sei·zure ['siːʒə^r] *n* **(a)** *(of goods)* embargo *m*, incautación *f*; *(of person)* secuestro *m*; *(of land, city, ship)* toma *f*. **(b)** *(Med)* ataque *m*.
sel·dom ['seldəm] *adv* rara vez.
se·lect [sɪ'lekt] **1** *vt (team, candidate)* seleccionar;

(book, gift etc) escoger, elegir; **~ed works** obras *fpl* escogidas. **2** *adj (gen)* selecto/a, exclusivo/a; **a ~ few** una minoría privilegiada.
se·lec·tion [sɪ'lekʃən] **1** *n (act of choosing)* elección *f; (person/thing chosen)* selección *f; (range, assortment)* surtido *m*, selección; **~s from** *(Mus, Lit)* selecciones de. **2: ~ committee** *n (esp Pol)* comisión *f* de nombramiento.
se·lec·tive [sɪ'lektɪv] *adj* selectivo/a; **to be ~** elegir entre varios.
se·lec·tor [sɪ'lektəʳ] *n (person)* seleccionador(a) *m/f; (Tech)* selector *m*.
self [self] *n, pl* **selves** uno mismo/una misma; **the ~** el yo; **my better ~** mi lado bueno; **my true ~** mi ser verdadero; **he's quite his old ~ again** se ha repuesto del todo.
self- [self] *pref* auto... .
self-addressed [,selfə'drest] *adj*: **~ envelope** sobre *m* con dirección propia.
self-adhesive [,selfəd'hi:sɪv] *adj (envelope, label, tape)* autoadhesivo/a, autoadherente.
self-assured [,selfə'ʃʊəd] *adj* seguro/a de sí mismo/a.
self-centred, *(US)* **self-centered** [,self'sentəd] *adj* egocéntrico/a.
self-confessed [,selfkən'fest] *adj* confeso/a.
self-confidence [,self'kɒnfɪdəns] *n* confianza *f* en sí mismo.
self-conscious [,self'kɒnʃəs] *adj* cohibido/a, tímido/a.
self-contained [,selfkən'teɪnd] *adj (flat)* con entrada propia, independiente; *(person)* autónomo/a, autosuficiente.
self-control [,selfkən'trəʊl] *n* dominio *m* de sí mismo.
self-defeating [,selfdɪ'fi:tɪŋ] *adj* contraproducente.
self-defence [,selfdɪ'fens] *n* defensa *f* propia.
self-denial [,selfdɪ'naɪəl] *n* abnegación *f*.
self-determi·na·tion ['selfdɪ,tɜ:mɪ'neɪʃn] *n* autodeterminación *f*, autonomía *f*.
self-discipline [,self'dɪsɪplɪn] *n* autodisciplina *f*.
self-employed [,selfɪm'plɔɪd] *adj* que trabaja por cuenta propia.
self-esteem [,selfɪ'sti:m] *n* amor *m* propio.
self-evident [,self'evɪdənt] *adj* manifiesto/a, patente.
self-explana·tory [,selfɪk'splænətərɪ] *adj* que se explica por sí mismo *or* solo.
self-govern·ing [,self'gʌvənɪŋ] *adj* autónomo/a.
self-help [,self'help] **1** *n* autosuficiencia *f*. **2** *cpd* de ayuda propia.
self-import·ance [,selfɪm'pɔ:təns] *n* prepotencia *f*.
self-import·ant [,selfɪm'pɔ:tənt] *adj* prepotente.
self-indulgent [,selfɪn'dʌldʒənt] *adj* que se permite excesos.
self·ish ['selfɪʃ] *adj* egoísta.
self·less ['selflɪs] *adj* desinteresado/a.
self-pity [,self'pɪtɪ] *n* lástima *f* de sí mismo.
self-portrait [,self'pɔ:trɪt] *n* autorretrato *m*.
self-possessed [,selfpə'zest] *adj* sereno/a, dueño/a de sí mismo/a.
self-raising [,self'reɪzɪŋ] *adj*, *(US)* **self-rising** [,self'raɪzɪŋ] *adj*: **~ flour** harina *f* con levadura.
self-reliant [,selfrɪ'laɪənt] *adj* independiente, autosuficiente.
self-respect [,selfrɪ'spekt] *n* amor *m* propio.
self-restraint [,selfrɪ'streɪnt] *n* = **self-control**.
self-righteous [,self'raɪtʃəs] *adj* santurrón/ona, *(LAm)* creído/a.
self-sacrifice [,self'sækrɪfaɪs] *n* abnegación *f*.
self-same ['selfseɪm] *adj* mismo/a, mismísimo/a.
self-satisfied [,self'sætɪsfaɪd] *adj* satisfecho/a de sí mismo.
self-service [,self'sɜ:vɪs] *adj* de autoservicio.
self-sufficien·cy [,selfsə'fɪʃənsɪ] *n* autosuficiencia *f*.
self-support·ing [,selfsə'pɔ:tɪŋ] *adj* económicamente independiente.
self-taught [,self'tɔ:t] *adj*: **she/he is ~** ella/él es autodidacta.
sell [sel] *pt, pp* **sold 1** *vt* vender; **to ~ sth for £1** vender algo por una libra; **to ~ sth to sb** vender algo a uno; **I was sold this in London** me vendieron esto en Londres; **to ~ sb down the river** traicionar a uno; **to ~ sb an idea** *(fig)* convencer a uno de una idea; **to be sold on sb/sth** *(fam)* estar cautivado por uno/algo; **he doesn't ~ himself very well** no se presenta con ventaja. **2** *vi* venderse; **these ~ at 15p** éstos se venden a 15 peniques; **this line just isn't ~ing** este género no tiene demanda.
♦ **sell off** *vt + adv (stocks and shares)* vender; *(goods)* liquidar.
♦ **sell out 1** *vi + adv (Comm)* vender (su negocio) *(to sb* a uno); *(fig)* claudicar, *(LAm)* transar. **2** *vt + adv* agotar las existencias, venderlo todo; **the tickets are all sold out** los billetes están agotados; **we're sold out of bread** se terminó el pan.
♦ **sell up 1** *vi + adv* liquidarse. **2** *vt + adv* vender.
sell·er ['seləʳ] *n* vendedor(a) *m/f*; **~'s market** mercado *m* favorable al vendedor.
sell·ing ['selɪŋ] *adj*: **~ price** precio *m* de venta *or (LAm)* de menudeo.
sel·lo·tape ['seləʊteɪp] ® **1** *n* cinta *f* adhesiva, *(LAm)* scotch *m*, *(Mex)* durex *m*. **2** *vt* pegar con cinta adhesiva *etc*.
sell·out ['selaʊt] *n* **(a)** *(Theat)* lleno *m*, éxito *m* de taquilla *or* taquillero. **(b)** *(betrayal: to enemy)* claudicación *f*, *(LAm)* transacción *f*, transa *f*.
sel·vage, sel·vedge ['selvɪdʒ] *n (Sew)* orillo *m*, bordo *m*.
selves [selvz] *npl of* **self**.
se·man·tics [sɪ'mæntɪks] *nsg* semántica *f*.
sema·phore ['seməfɔ:ʳ] *n (gen)* semáforo *m*.
sem·blance ['sembləns] *n* apariencia *f*.
se·men ['si:mən] *n* semen *m*.
se·mes·ter [sɪ'mestəʳ] *n (US)* semestre *m*.
semi... ['semɪ] *pref* semi..., medio... .
semi·breve ['semɪbri:v] *n (Brit)* semibreve *f*.
semi·cir·cle ['semɪ,sɜ:kl] *n* semicírculo *m*.
semi·cir·cu·lar [,semɪ'sɜ:kjʊləʳ] *adj* semicircular.
semi·colon [,semɪ'kəʊlən] *n* punto *m* y coma.
semi·con·duc·tor [,semɪkən'dʌktəʳ] *n* semiconductor *m*.
semi·conscious [,semɪ'kɒnʃəs] *adj* semiconsciente.
semi·de·tached [,semɪdɪ'tætʃt] *adj, n*: **a ~ (house)** un chalé dividido en dos casas.
semi·fi·nal [,semɪ'faɪnl] *n* semifinal *m*.
semi·fi·nal·ist [,semɪ'faɪnəlɪst] *n* semifinalista *mf*.
semi·nar ['semɪnɑ:ʳ] *n (Univ: class)* clase *f*, seminario *m; (conference)* congreso *m*.
semi·nary ['semɪnərɪ] *n* seminario *m*.
semi·of·fi·cial [,semɪə'fɪʃəl] *adj* semioficial.
semi·precious [,semɪ'preʃəs] *adj* semiprecioso/a.
semi·quaver ['semɪ,kweɪvəʳ] *n (Brit)* semicorchea *f*.
semi·skilled [,semɪ'skɪld] *adj* semicalificado/a.
semo·li·na [,semə'li:nə] *n* sémola *f*.
sen·ate ['senɪt] *n (Pol)* senado *m; (Univ)* consejo *m* universitario.
sena·tor ['senɪtəʳ] *n (Pol)* senador(a) *m/f*.
send [send] *pp, pt* **sent** *vt* **(a)** *(gen)* mandar, enviar; *(letter, telegram)* mandar, *(LAm)* despachar; *(ball, arrow)* lanzar; **to ~ word that ...** avisar *or* mandar

decir que ...; **she ~s (you) her love** te envía cariñosos saludos; **to ~ sb for sth** mandar a uno a buscar algo; **to ~ sb to do sth** enviar a uno a hacer algo; **to ~ sb home** mandar a uno a casa; *(from abroad)* repatriar a uno; **to ~ sb to prison** condenar a uno a una pena de cárcel; **to ~ sb to bed/school** mandar a uno a acostarse/a la escuela; **to ~ sb to sleep** dormir a uno; **the explosion sent a cloud of dust into the air** la explosión lanzó una nube de polvo al aire; **to ~ a shiver down sb's spine** dar escalofríos a uno; **to ~ sb/sth flying** tirar *or (LAm)* echar a uno/algo; *see* **pack 3 (a). (b)** *(cause to become)* volver; **to ~ sb mad** volver loco a uno.

♦ **send away 1** *vi + adv*: **to ~ away for sth** escribir pidiendo algo. **2** *vt + adv (person)* despedir, despachar.

♦ **send back** *vt + adv (return goods, ball etc)* devolver; *(make sb return)* hacer volver *or* regresar.

♦ **send down** *vt + adv* mandar bajar; *(expel)* expulsar; *(imprison)* encarcelar.

♦ **send for** *vi + prep* **(a)** *(doctor, police etc)* mandar llamar. **(b)** *(by post)* **to ~ for sth** escribir pidiendo algo.

♦ **send in** *vt + adv (person)* hacer pasar; *(troops)* enviar; *(report, application)* devolver; *(names, resignation, competition entry)* presentar, mandar.

♦ **send off 1** *vi + adv*: **to ~ off for sth** escribir pidiendo algo. **2** *vt + adv (person, letter etc)* enviar, *(LAm)* despachar; *(Ftbl: player)* expulsar de la cancha.

♦ **send on** *vt + adv (letter)* expedir; *(luggage etc: in advance)* facturar; *(: afterwards)* enviar.

♦ **send out 1** *vi + adv*: **to ~ out for sth** mandar traer algo. **2** *vt + adv* **(a)** *(of room)* mandar salir, *(LAm)* echar; *(abroad)* enviar. **(b)** *(post: invitations, leaflets)* distribuir, diseminar. **(c)** *(emit: light, heat)* echar, difundir; *(: signals)* dar, emitir.

♦ **send round** *vt + adv*: **to ~ sth/sb round (to sb)** mandar algo/a uno a domicilio.

♦ **send up** *vt + adv* **(a)** *(person, luggage)* hacer subir *or (LAm)* montar; *(balloon, rocket, flare)* lanzar al aire; *(smoke, dust)* arrojar, echar; *(prices)* hacer subir. **(b)** *(fam: make fun of: person)* burlarse de; *(: book etc)* satirizar.

send·er ['sendəʳ] *n* remitente *mf.*

send-off ['sendɒf] *n* despedida *f.*

send-up ['sendʌp] *n (fam)* sátira *f.*

se·nile ['siːnaɪl] *adj* senil.

sen·ior ['siːnɪəʳ] **1** *adj* **(a)** *(in age)* mayor; *(on a staff)* de más antigüedad; **Douglas Fairbanks S~** Douglas Fairbanks padre; **~ high school** *(US) (Sp)* instituto *m* de enseñanza superior, *(LAm)* preparatoria *f*, vocacional *f.* **(b)** *(position, rank)* superior; *(partner, executive, officer)* mayoritario/a; **he is ~ to me in the firm** es de más jerarquía *or* rango que yo en la compañía; **~ citizen** jubilado/a *m/f*, mayor *mf.* **2** *n* **(a)** *(in age)* mayor *mf;* **he is my ~ by 2 years** me lleva 2 años. **(b)** *(Scol)* alumno/a *m/f* de los cursos más avenzados.

sen·ior·ity [ˌsiːnɪ'ɒrɪtɪ] *n* antigüedad *f.*

sen·sa·tion [sen'seɪʃən] *n (gen)* sensación *f;* **to be a ~** ser sensación *or* sensacional; **to cause a ~** causar sensación.

sen·sa·tion·al [sen'seɪʃənl] *adj* sensacional.

sense [sens] **1** *n* **(a)** *(faculty)* sentido *m;* **to have a keen ~ of smell/hearing** tener buen olfato/oído; **sixth ~** sexto sentido. **(b)** *(feeling)* sensación *f; (emotion)* sentimiento *m.* **(c)** *(common ~)* sentido *m* común; **he should have had more ~ than to ...** debía saber que no se debe ...; **there is no ~ in (doing) that** de qué sirve *or* a qué viene (hacer) eso; **he had the ~ to call the doctor** tuvo bastante sentido común como para llamar al médico; **to make sb see ~** hacer que uno entre en razón. **(d)** *(sanity)* **~s** juicio *m;* **no-one in his right ~s would do that** estando en su juicio, nadie haría eso; **to come to one's ~s** volver en sí, recobrar el sentido; **to bring sb to his ~s** hacer que uno vuelva en sí; **to take leave of one's ~s** perder el juicio. **(e)** *(meaning)* sentido *m*, significado *m;* **it doesn't make ~** no tiene sentido; **in one** *or* **a ~** por un lado, en un sentido; **in every ~ (of the word)** en todos los sentidos (de la palabra).

2 *vt* sentir, percibir; **to ~ that all is not well** constar que las cosas no marchan.

sense·less ['senslɪs] *adj* **(a)** *(stupid)* estúpido/a, insensato/a. **(b)** *(Med: unconscious)* sin conocimiento, inconsciente.

sen·sib·ilities [ˌsensɪ'bɪlətɪz] *npl* susceptibilidad *fsg.*

sen·sible ['sensəbl] *adj* **(a)** *(having good sense)* sensato/a, *(LAm)* listo/a, cuerdo/a. **(b)** *(reasonable: act)* prudente; *(: decision, choice)* lógico/a; *(clothing etc)* práctico/a.

sen·sibly ['sensəblɪ] *adv (carefully etc)* con cordura; *(wisely)* prudentemente.

sen·si·tive ['sensɪtɪv] *adj (gen)* sensible; *(skin, question, topic)* delicado/a; *(document)* confidencial, de difusión prohibida; **to be ~ about sth** tener vergüenza de *or (LAm)* tener pena por algo; **to be ~ to sth** ser sensible a algo.

sen·si·tiv·ity [ˌsensɪ'tɪvɪtɪ] *n (see adj)* sensibilidad *f*, delicadeza *f.*

sen·si·tized ['sensɪtaɪzd] *adj* sensibilizado/a.

sen·sual ['sensjʊəl] *adj* sensual.

sen·su·al·ity [ˌsensjʊ'ælɪtɪ] *n* sensualidad *f.*

sen·su·ous ['sensjʊəs] *adj* sensual.

sent [sent] *pt, pp of* **send.**

sen·tence ['sentəns] **1** *n* **(a)** *(Ling)* frase *f*, oración *f.* **(b)** *(Jur)* sentencia *f*, fallo *m;* **to pass ~ on sb** *(lit, fig)* condenar a uno (a una pena); **under ~ of death** condenado/a a la pena de muerte; **the judge gave him a 6-month ~** el juez le condenó a 6 meses de prisión. **2** *vt*: **to ~ sb to death/to 5 years (in prison)** condenar a uno a la pena de muerte/a 5 años de prisión.

sen·ti·ment ['sentɪmənt] *n* **(a)** *(feeling)* sentimiento *m; (opinion)* opinión *f*, juicio *m.* **(b)** *(sentimentality)* sentimentalismo *m.*

sen·ti·ment·al [ˌsentɪ'mentl] *adj* sentimental.

sen·ti·men·tal·ity [ˌsentɪmen'tælɪtɪ] *n* sentimentalismo *m.*

sen·try ['sentrɪ] **1** *n* centinela *m*, guardia *m.* **2: ~ box** *n* garita *f* de centinela; **~ duty** *n*: **to be on ~ duty** estar de guardia, hacer guardia.

sepa·rable ['sepərəbl] *adj* separable.

sepa·rate ['seprɪt] **1** *adj (apart)* separado/a; *(different)* distinto/a, diferente; *(distant)* apartado/a, retirado/a; **that's a ~ issue** esa es una cuestión aparte; **we sat at ~ tables** nos sentamos en distintas mesas; **it was discussed at a ~ meeting** se trató en otra reunión *or* reunión aparte; **~ from** separado de, distinto de. **2** *n (clothes)* **~s** coordinados *mpl.* **3** ['sepəreɪt] *vt (keep apart)* separar; *(set aside)* apartar; *(divide)* dividir, partir; *(distinguish)* distinguir; **he is ~d from his wife** se separó de su mujer. **4** ['sepəreɪt] *vi* separarse.

sepa·rate·ly ['seprɪtlɪ] *adv* por separado.

sepa·ra·tion [ˌsepə'reɪʃən] *n* separación *f.*

sepa·ra·tist ['sepərətɪst] *adj, n* separatista *mf.*

se·pia ['siːpjə] *n (colour, ink)* sepia *f.*

Sep·tem·ber [sep'tembəʳ] *n* se(p)tiembre *m; for*

usage see **July.**

sep·tic ['septɪk] *adj* séptico/a; ~ **tank** fosa *f* séptica.

sep·ti·cae·mia, (*US*) **sep·ti·cemia** [ˌseptɪ'siːmɪə] *n* septicemia *f.*

sep·ul·chre, (*US*) **sep·ul·cher** ['sepəlkəʳ] *n (poet)* sepulcro *m.*

se·quel ['siːkwəl] *n (film, book)* continuación *f; (event)* consecuencia *f,* resultado *m;* **it had a tragic** ~ tuvo un resultado trágico.

se·quence ['siːkwəns] *n* **(a)** *(order)* orden *m.* **(b)** *(series)* serie *f; (in cards)* escalera *f; (Cine)* secuencia *f.*

se·quin ['siːkwɪn] *n* lentejuela *f.*

ser·enade [ˌserə'neɪd] **1** *n* serenata *f, (Mex)* mañanitas *fpl.* **2** *vt* dar una serenata a, *(Mex)* cantar las mañanitas a.

se·rene [sə'riːn] *adj* sereno/a.

se·rene·ly [sə'riːnlɪ] *adv* con serenidad *or* calma.

se·ren·ity [sɪ'renɪtɪ] *n* serenidad *f.*

serge [sɜːdʒ] *n* sarga *f.*

ser·geant ['sɑːdʒənt] **1** *n* sargento *m.* **2:** ~ **major** *n* sargento *m* mayor.

se·rial ['sɪərɪəl] **1** *n* serial *m,* serie *f; (soap opera)* tele-/radio-novela *f.* **2:** ~ **number** *n (of goods, machinery, banknotes etc)* número *m* de serie.

se·rial·ize ['sɪərɪəlaɪz] *vt* publicar/televisar por entregas.

se·ries ['sɪərɪz] *n, pl inv (gen)* serie *f; (of lectures etc)* ciclo *m.*

se·ri·ous ['sɪərɪəs] *adj* **(a)** *(gen)* serio/a; *(person)* serio, formal; **it's a** ~ **matter** esto va en serio; **to get** ~ **about sb** *(love)* enamorarse de uno; **are you** ~ **(about it)?** ¿lo dices en serio?; **you can't be** ~! ¡no lo dices en serio, verdad! **(b)** *(causing concern)* grave, serio/a; **a** ~ **danger/illness** un peligro/una enfermedad grave; **things are getting** ~ la situación se está poniendo grave.

se·ri·ous·ly ['sɪərɪəslɪ] *adv* **(a)** *(in earnest)* **to take sth/sb** ~ tomar algo/a uno en serio. **(b)** *(dangerously)* gravemente, seriamente.

se·ri·ous·ness ['sɪərɪəsnɪs] *n (see adj)* seriedad *f;* gravedad *f,* seriedad; **in all** ~ hablando en serio.

ser·mon ['sɜːmən] *n* sermón *m.*

ser·pent ['sɜːpənt] *n (poet)* serpiente *m, (LAm)* culebra *f.*

ser·rat·ed [sɪ'reɪtɪd] *adj* serrado/a, dentellado/a.

se·rum ['sɪərəm] *n* suero *m.*

serv·ant ['sɜːvənt] *n (domestic)* criado/a *m/f,* sirviente/a *m/f, (LAm)* muchacho/a *m/f; (fig)* servidor(a) *m/f; see* **civil.**

serve [sɜːv] **1** *vt* **(a)** *(work for: employer, God, country)* servir; **that** ~**s to explain ...** eso sirve para explicar ... . **(b)** *(be used for or useful as)* servir; **it** ~**s its/my purpose** viene al caso; **it** ~**s you right** te lo mereces *or* tienes merecido; **if my memory** ~**s me right** si me sirve la memoria. **(c)** *(in shop, restaurant: customer)* servir, atender; *(: food, meal)* servir; **to** ~ **sb (with sth)** servir (algo) a uno. **(d)** *(complete)* cumplir, hacer; **to** ~ **an apprenticeship** hacer el aprendizaje; **to** ~ **a prison sentence** *or* **time (in prison)** cumplir una condena *or* una pena de cárcel. **(e)** *(Jur)* entregar; **to** ~ **a summons on sb** entregar una citación a uno.

2 *vi* **(a)** *(subj: servant, soldier, priest etc)* servir; *(Tennis)* sacar; **to** ~ **on a committee/jury** ser miembro de una comisión/un jurado. **(b)** *(be useful)* **to** ~ **for/as** servir de.

3 *n (Tennis etc)* saque *m.*

♦ **serve out** *vt + adv (meal)* servir.

♦ **serve up** *vt + adv* servir.

serv·er ['sɜːvəʳ] *n* **(a)** *(Rel)* monaguillo *m; (Tennis)* saque *mf; (of food)* camarero/a *m/f, (LAm)* mesero/a *m/f.* **(b)** *(cutlery)* cubierto *m* de servir; *(tray)* bandeja *f, (Mex)* charola *f.*

ser·vice ['sɜːvɪs] **1** *n* **(a)** *(help, in hotel, also Mil)* servicio *m;* **at your** ~! ¡a su disposición!, *(LAm)* ¡a sus órdenes!; **can I be of** ~? ¿en qué puede ayudarle *or (LAm)* servirle?; **in the** ~ **of one's country** en el servicio de la patria. **(b)** *(department, system)* servicio *m;* **medical/social** ~**s** servicios médicos/sociales; **postal** ~**s** servicios postales; **National Health S**~ *(Sp)* Seguridad *f* Social, *(LAm)* Seguro *m* Social, Servicio *m* Nacional de Salud; **the essential** ~**s** *(water, electricity etc)* los servicios esenciales; **motorway** ~**s** área *f* de servicio; **the S**~**s** *(Mil)* las fuerzas *fpl* armadas; **the train** ~ **to London** el servicio de tren para Londres; **the number 13 bus** ~ la línea 13 de autobuses; *see* **civil. (c)** *(Rel)* oficio *m,* misa *f;* **to hold a** ~ celebrar un oficio divino. **(d)** *(maintenance work)* revisión *f,* mantenimiento *m.* **(e)** *(set of crockery)* servicio *m, (LAm)* vajilla *f.* **(f)** *(Tennis etc)* saque *m.*

2 *vt (car, washing machine etc)* revisar, mantener.

3: ~ **area** *n (on motorway)* zona *f* de servicio; ~ **charge** *n* servicio *m;* ~ **industry** *n* industria *f* del servicio; ~ **station** *n* estación *f* de servicio, *(LAm)* gasolinera *f.*

ser·vice·able ['sɜːvɪsəbl] *adj (practical: clothes etc)* práctico/a; *(usable, working)* utilizable.

ser·vice·man ['sɜːvɪsmən] *n, pl* **-men** militar *m.*

ser·vi·ette [ˌsɜːvɪ'et] *n* servilleta *f.*

ser·vile ['sɜːvaɪl] *adj* servil.

ses·sion ['seʃən] *n* **(a)** *(meeting, sitting)* sesión *f;* **to be in** ~ *(Parliament, court)* estar en sesión; **I had a long** ~ **with her** tuve una larga entrevista con ella. **(b)** *(year: Scol, Univ)* año *m* académico, curso *m; (: Parliament)* sesión *f.*

set [set] *(vb: pt, pp* **set) 1** *n* **(a)** *(matching series: of golf clubs)* juego *m; (: of kitchen utensils)* batería *f; (: of cutlery)* cubierto *m; (: of books etc)* colección *f; (: of plates etc)* servicio *m,* juego, *(LAm)* vajilla *f; (of tools)* equipo *m,* estuche *m; (of teeth)* dentadura *f; (Math)* conjunto *m;* **I need one more to make up the complete** ~ me falta uno para completar la serie; **they are sold in** ~**s** se venden en juegos completos. **(b)** *(Tennis)* set *m.* **(c)** *(Elec)* aparato *m.* **(d)** *(Theat)* decorado *m; (Cine)* plató *m.* **(e)** *(Hairdressing)* **to have a shampoo and** ~ hacerse lavar y marcar el pelo. **(f)** *(group: often pej)* grupo *m,* pandilla *f; (: clique)* camarilla *f.*

2 *adj* **(a)** *(gen)* fijo/a; *(smile)* forzado/a; *(opinions)* inflexible, rígido/a; *(speech, talk)* preparado/a; *(expression)* hecho/a; *(date, time)* señalado/a; *(Scol: books, subjects)* prescrito/a; ~ **menu** menú *m, (LAm)* comida *f* corrida; **to be** ~ **in one's ways/opinions** tener costumbres/opiniones profundamente arraigadas; **a** ~ **phrase** una frase hecha; **at a** ~ **time** a una hora señalada. **(b)** *(determined)* resuelto/a, decidido/a; *(ready)* listo/a; **to be (dead)** ~ **on (doing) sth** estar (completamente) empeñado en (hacer) algo; **to be (dead)** ~ **against (doing) sth** estar (completamente) opuesto a (hacer) algo; **to be all** ~ **to do sth** estar listo para hacer algo; **the scene was** ~ **for ...** *(fig)* todo estaba listo para ... .

3 *vt* **(a)** *(gen: place, put)* poner; *(gem)* engastar, montar; **to** ~ **fire to sth** prender fuego a algo; **a novel** ~ **in Madrid** una novela ambientada en Madrid; **to** ~ **a poem to music** poner música a un poema; **to** ~ **a dog on sb** azuzar un perro contra uno. **(b)** *(arrange)* poner, colocar; *(adjust: clock)* poner en la hora; *(: mechanism)* ajustar; *(: hair)* marcar, fijar; *(: broken bone)* encajar, reducir;

(: *type)* componer; **to ~ the table** poner la mesa; *see* **sail. (c)** *(fix, establish: date, limit)* señalar, fijar; *(record)* establecer; *(fashion)* imponer; *(dye, colour)* fijar; **to ~ a bone** componer un hueso; **to ~ a course for** salir rumbo a; **to ~ one's heart on sth** tener algo como máximo deseo. **(d)** *(assign)* asignar, poner; **to ~ sb a task/problem** dar a uno una tarea que hacer/un problema que resolver; **to ~ an exam in French** preparar un examen de francés. **(e)** *(cause to start)* **to ~ sth going** poner algo en marcha; **it ~ me thinking** me puso a pensar; **to ~ sb to work** poner a uno a trabajar.

4 *vi* **(a)** *(subj: sun, moon)* ponerse. **(b)** *(subj: broken bone, limb)* componerse; *(: jelly, jam)* cuajarse; *(: concrete, glue)* endurecerse; *(: face)* congelarse. **(c)** *(begin)* **to ~ to work** ponerse a trabajar.

♦ **set about** *vi + prep* **(a)** *(task)* ponerse a; **to ~ about doing sth** ponerse a hacer algo. **(b)** *(attack)* atacar, agredir.

♦ **set against** *vt + prep* **(a) to ~ sb against sb** enemistar a uno contra uno; **to ~ sb against sth** hacer que uno coja aversión por algo. **(b)** *(balance against)* comparar con.

♦ **set apart** *vt + adv (lit, fig)* separar (*from* de).

♦ **set aside** *vt + adv* **(a)** *(book, work)* poner aparte, apartar; *(money, time)* reservar, guardar; *(differences, quarrels)* dejar de lado. **(b)** *(reject)* rechazar.

♦ **set back** *vt + adv* **(a)** *(retard)* retrasar; *(clocks)* atrasar. **(b)** *(place apart)* apartar. **(c)** *(fam: cost)* costar.

♦ **set down** *vt + adv* **(a)** *(put down: object)* colocar, poner; *(passenger etc)* bajar, *(LAm)* dejar. **(b)** *(record)* poner por escrito; **to ~ sth down in writing** *or* **on paper** poner algo por escrito.

♦ **set in** *vi + adv (weather etc)* establecerse; *(rain)* empezar.

♦ **set off 1** *vi + adv (leave)* marcharse, salir, *(LAm)* partir; **to ~ off on a journey** ponerse en camino. **2** *vt + adv* **(a)** *(burglar alarm)* hacer sonar; *(bomb)* hacer estallar; *(mechanism)* hacer funcionar; **that ~ him off again** *(angrily)* eso le provocó de nuevo. **(b)** *(enhance)* hacer resaltar.

♦ **set out 1** *vi + adv* salir *or (LAm)* partir (*for* para, *from* de); **to ~ out in search of sb/sth** salir en busca de uno/algo; **to ~ out to do sth** proponerse hacer algo. **2** *vt + adv (goods etc)* disponer; *(reasons, ideas)* presentar, plantear.

♦ **set to** *vi + adv*: **to ~ to and do sth** ponerse a trabajar para hacer algo.

♦ **set up 1** *vi + adv*: **to ~ up (in business) as a baker** establecerse de panadero. **2** *vt + adv* **(a)** *(place in position)* colocar, arreglar; *(: statue, camp etc)* levantar; *(: chairs, tables etc)* disponer. **(b)** *(start: school, business etc)* establecer, fundar; *(: committee, inquiry)* constituir; *(: record)* establecer; *(: infection)* causar, producir; **to ~ up house** establecerse, poner casa; **to ~ up shop** *(Comm)* poner (un) negocio; **to ~ sb up in business** establecer a uno; **to ~ o.s. up as sth** presumir de algo, hacérselas de algo.

♦ **set upon** *vi + prep* abalanzarse sobre, asaltar a.

set·back ['setbæk] *n* revés *m*, atraso *m*.

set·square ['setskweə^r] *n* cartabón *m*.

set·tee [se'ti:] *n* sofá m.

set·ter ['setə^r] *n (dog)* setter *m*, perro *m* de muestra.

set·ting ['setɪŋ] **1** *n* **(a)** *(of novel etc)* escenario *m; (scenery)* marco *m; (of jewels)* engaste *m*, montura *f*. **(b)** *(Mus)* arreglo *m*. **(c)** *(of controls)* ajuste *m*. **2: ~ lotion** *n* fijador *m* (para el pelo).

set·tle ['setl] **1** *vt* **(a)** *(place carefully: object)* colocar, asentar; *(: person)* hacer cómodo, *(LAm)* acomodar; **to ~ o.s., to get ~d** acomodarse. **(b)** *(finalize)* fijar, precisar; *(decide)* acordar, decidir; *(pay)* pagar, liquidar; *(solve: difficulty, problem, dispute)* resolver; **to ~ a case** *or* **claim out of court** llegar a un acuerdo sin recurrir al juicio; **that ~s it!** *(fam)* ¡allí se acaba!, *(LAm)* ¡de allí no pasa! **(c)** *(calm down)* calmar. **(d)** *(colonize: land)* colonizar. **(e)** *(Jur)* asignar; **to ~ sth on sb** asignar algo a uno.

2 *vi* **(a)** *(subj: bird, insect)* posarse; *(: person: in armchair)* arrellanarse; *(: in new job, routine)* establecerse; *(: sediment)* depositarse; *(: building)* asentarse; *(: dust, snow)* depositarse, caer; *(: conditions, situation)* volver a la normalidad; *(: anger, nerves)* calmarse; **I couldn't ~ to anything** no pude concentrarme en nada; **to ~ on sth** *(fig: choose)* decidirse por algo. **(b)** *(put down roots)* establecerse, domiciliarse; **to feel ~d** *(in a place)* sentirse establecido; *(in a job)* sentirse instalado. **(c) to ~ with sb for the cost of sth** ajustar cuentas con uno por algo; **to ~ out of court** *(Jur)* llegar a un acuerdo sin recurrir al juicio.

♦ **settle down** *vi + adv (get comfortable)* hacerse cómodo, *(LAm)* acomodarse; *(calm down)* calmarse, tranquilizarse; *(get married)* casarse; *(become normal)* normalizarse.

♦ **settle for** *vi + prep (accept)* conformarse con; *(agree to)* quedar en.

♦ **settle in** *vi + adv* establecerse.

♦ **settle up** *vi + adv* ajustar cuentas (*with sb* con uno).

set·tle·ment ['setlmənt] *n* **(a)** *(of claim, bill, debt)* liquidación *f; (dowry)* dote *m*. **(b)** *(agreement)* acuerdo *m*. **(c)** *(colony, village)* colonia *f*, poblado *m*.

set·tler ['setlə^r] *n* colonizador(a) *m/f*.

set-to [ˌset'tu:] *n (fam: fight)* pelea *f; (: quarrel)* agarrada *f*, *(LAm)* pleito *m*.

set·up ['setʌp] *n (fam)* sistema *m*; **it's an odd ~ here** aquí todo es en un plan raro.

sev·en ['sevn] **1** *adj* siete. **2** *n* siete *m; for usage see* **five.**

sev·en·teen [ˌsevn'ti:n] **1** *adj* diecisiete, diez y siete. **2** *n* diecisiete *m; for usage see* **five.**

sev·en·teenth [ˌsevn'ti:nθ] **1** *adj* decimoséptimo/a; **the ~ century** el siglo diecisiete. **2** *n (in series)* decimoséptimo/a *m/f; (fraction)* decimoséptima parte *f; for usage see* **fifth.**

sev·enth ['sevnθ] **1** *adj* séptimo/a. **2** *n (in series)* séptimo/a *m/f; (fraction)* séptima parte *f*, séptimo *m; for usage see* **fifth.**

sev·en·ti·eth ['sevntɪɪθ] **1** *adj* septuagésimo/a. **2** *n (in series)* septuagésimo/a *m/f; (fraction)* septuagésima parte *f; for usage see* **fifth.**

sev·en·ty ['sevntɪ] **1** *adj* setenta. **2** *n* setenta *m; for usage see* **fifty.**

sev·er ['sevə^r] *vt* cortar; *(fig: relations, communications)* romper.

sev·er·al ['sevrəl] **1** *adj* varios/as, diversos/as; **~ times** varias veces. **2** *pron* varios/as; **~ of them wore hats** varios llevaban sombrero.

sev·er·ance ['sevərəns] **1** *n* ruptura *f; (Industry)* despido *m*. **2: ~ pay** *n* indemnización *f* por despido.

se·vere [sɪ'vɪə^r] *adj* **(-r, -st)** *(critical)* severo/a; *(hard)* severo/a, duro/a; *(rigorous)* riguroso/a; *(serious: flooding etc)* serio/a, grave; *(: defeat)* rotundo/a; *(: pain)* agudo/a; **~ injuries** daños *mpl* graves; **don't be too ~ with him** no seas demasiado duro con él.

se·vere·ly [sɪˈvɪəlɪ] *adv (see adj)* severamente; rigurosamente; seriamente, gravemente; ~ **wounded** herido de gravedad.
se·ver·ity [sɪˈverɪtɪ] *n (of character, criticism)* severidad *f; (of climate)* rigor *m; (of illness)* seriedad *f*, gravedad *f; (of pain)* agudeza *f*.
sew [səʊ] *pt* **sewed,** *pp* **sewn** *or* **sewed** *vt, vi* coser; **to ~ a button on sth** coser un botón en algo.
♦ **sew up** *vt + adv (gen)* coser; *(mend)* remendar; **it's all ~n up** *(fig fam)* está todo arreglado.
sew·age [ˈsjuːɪdʒ] **1** *n* aguas *fpl* cloacales. **2: ~ disposal** *n* depuración *f* de aguas residuales *or* cloacales; **~ farm** *n* estación *f* depuradora; **~ system** *n* alcantarillado *m*.
sew·er [ˈsjʊəʳ] *n* alcantarilla *f*, albañal *m*, cloaca *f*.
sew·ing [ˈsəʊɪŋ] **1** *n (activity, object)* costura *f*. **2: ~ machine** *n* máquina *f* de coser.
sewn [səʊn] *pp of* **sew.**
sex [seks] **1** *n (gender)* sexo *m; (sexual intercourse)* relaciones *fpl* sexuales; **the opposite ~** el sexo opuesto. **2: ~ appeal** *n* atractivo *m* sexual; **~ discrimination** *n* discriminación *f* a base de sexo; **~ education** *n* educación *f* sexual; **~ life** *n* vida *f* sexual; **~ maniac** *n* manío *m* sexual; **~ shop** *n* sex-shop *m*.
sex·ism [ˈseksɪzəm] *n* sexismo *m*.
sex·ist [ˈseksɪst] *adj (person, remark)* sexista.
sex·tet [seksˈtet] *n (Mus)* sexteto *m*.
sex·ton [ˈsekstən] *n* sacristán *m*.
sex·ual [ˈseksjʊəl] *adj* sexual; **~ intercourse** relaciones *fpl* sexuales; **~ organs** órganos *mpl* genitales *or* sexuales.
sexu·al·ity [ˌseksjʊˈælɪtɪ] *n* sexualidad *f*.
sex·ual·ly [ˈseksjʊəlɪ] *adv* sexualmente.
sexy [ˈseksɪ] *adj* **(-ier, -iest)** *(person, dress)* sexy *(fam)*.
shab·bi·ly [ˈʃæbɪlɪ] *adv (dress)* en harapos; *(treat)* vilmente.
shab·bi·ness [ˈʃæbɪnɪs] *n (of dress, person)* pobreza *f*, lo desharrapado; *(of treatment)* injusticia *f*, lo injusto *m*.
shab·by [ˈʃæbɪ] *adj* **(-ier, -iest)** *(building)* desvencijado/a; *(clothes)* desharrapado/a, raído/a; *(person: also* **~-looking***)* de aspecto pobre; *(mean)* injusto/a, vil; **a ~ trick** una mala jugada.
shack [ʃæk] **1** *n* choza *f, (LAm)* jacal *m, (CAm, Cu)* bohío *m*. **2** *vi:* **to ~ up with sb** *(fam)* juntarse con uno.
shack·le [ˈʃækl] **1** *vt (prisoner)* poner grillos a; *(obstruct)* echar trabas a. **2** *n:* **~s** *(chains)* cadenas *fpl; (fig: obstruction)* trabas *fpl*.
shade [ʃeɪd] **1** *n* **(a)** *(shadow)* sombra *f*; **light and ~** luz y sombra; **in the ~** a la sombra; **to put sth in the ~** *(fig)* dejar algo en la sombra. **(b)** *(lamp~)* pantalla *f; (eye-~)* visera *f; (US: window ~)* persiana *f*; **~s** *(US: sunglasses)* gafas *fpl* de sol. **(c)** *(of colour)* tono *m*, matiz *m; (fig: of meaning, opinion)* matiz; **all ~s of opinion are represented** está representada la gama entera de opiniones. **(d)** *(small quantity)* poquito *m, (LAm)* tantito *m*; **just a ~ more** un poquito más. **2** *vt (from sun)* dar sombra a; *(from light)* resguardar de la luz.
♦ **shade in** *vt + adv* sombrear.
shad·ing [ˈʃeɪdɪŋ] *n (of colour)* degradación *f; (fig: of meaning)* matizar *m*.
shad·ow [ˈʃædəʊ] **1** *n (shade, of person etc)* sombra *f; (darkness)* oscuridad *f*, tinieblas *fpl*; **under the ~ of** al abrigo *or* a la sombra de; **in the ~** a la sombra; **without** *or* **beyond a ~ of doubt** sin lugar a dudas; **to cast a ~ over sth** hacer sombra a algo; *(fig)* aguar la fiesta; **a ~ of his former self** la sombra de lo que fue; **five o'clock ~** *(fam)* barba *f* de ocho horas. **2** *vt (follow)* seguir y vigilar; **I was ~ed all the way home** me siguieron todo el camino hasta mi casa. **3: ~ boxing** *n* boxeo *m* con un adversario imaginario; **~ cabinet** *n (Brit Pol)* consejo *m* de ministros de la oposición; **the ~ Foreign Secretary** *n* el portavoz parlamentario de la oposición en materia de asuntos extranjeros.
shad·owy [ˈʃædəʊɪ] *adj* oscuro/a, tenebroso/a.
shady [ˈʃeɪdɪ] *adj* **(-ier, -iest)** *(place)* sombreado/a; *(tree)* que da sombra; *(fig: person)* dudoso/a; *(: deal)* turbio/a, *(LAm)* chueco/a.
shaft [ʃɑːft] *n (of arrow, spear)* astil *m; (of tool, golf club etc)* mango *m; (of cart etc)* vara *f; (of mine, lift etc)* pozo *m*; **~ of light** rayo *m* de luz; **drive ~** *(Tech)* árbol *m* motor.
shag·gy [ˈʃægɪ] *adj* **(-ier, -iest)** *(gen)* peludo/a; *(person)* melenudo/a, greñudo/a; **~ dog story** *(fig)* chiste *m* largo y pesado.
shake [ʃeɪk] *(vb: pt* **shook,** *pp* **shaken)** **1** *n* sacudida *f*; **with a ~ of her head** negando con la cabeza; **to give a rug a good ~** sacudir bien una alfombrilla; **he's no great ~s at swimming** *(fam)* no vale gran cosa como nadador; **in two ~s** *(fam)* en un dos por tres.

2 *vt* **(a)** *(gen)* agitar, mover; *(building, windows)* estremecer, hacer temblar; *(bottle, dice)* mover; **to ~ one's fist at sb** mostrar el puño a uno; **to ~ hands (with sb)** estrechar la mano (a uno); **to ~ one's head** *(in refusal)* negar con la cabeza; *(in dismay)* mover *or* menear la cabeza, incrédulo. **(b)** *(fig: weaken, impair)* debilitar, minar; **nothing will ~ our resolve** nada afectará nuestra determinación; **the firm's credit has been badly ~n** la reputación de la empresa ha sufrido bastante. **(c)** *(fig: alarm)* trastornar; *(: amaze)* pasmar, asombrar; **the news shook me** la noticia me dejó pasmado; **he needs to be ~n out of his smugness** hay que darle un susto para que salga de su complacencia.

3 *vi (subj: person, building etc)* temblar, estremecerse; *(: voice)* temblar; **to ~ with fear/cold** temblar de miedo/frío; **the walls shook at the sound** se estremecían las paredes con el ruido; **his voice shook** le tembló la voz.
♦ **shake off** *vt + adv* sacudirse; *(fig: cold, cough)* deshacerse de, quitarse; *(: habit)* librarse de; *(: pursuer)* dar esquinazo a, *(LAm)* esquivar.
♦ **shake out** *vt + adv (blanket, bag)* sacudir; **she shook some money out of her bag** al sacudir el bolso le apareció dinero.
♦ **shake up** *vt + adv* **(a)** *(bottle)* agitar, remover; *(pillow)* sacudir. **(b)** *(disturb)* agitar, *(LAm)* trastornar. **(c)** *(rouse, stir)* estimular.
shak·en [ˈʃeɪkən] *pp of* **shake.**
shake-up [ˈʃeɪkʌp] *n (fig)* reorganización *f*.
shaki·ly [ˈʃeɪkɪlɪ] *adv (speak)* con voz trémula; *(walk)* con paso vacilante; *(write)* con mano temblorosa.
shaky [ˈʃeɪkɪ] *adj* **(-ier, -iest)** *(unstable)* inestable, poco firme; *(trembling)* tembloroso/a; *(fig: health, memory)* defectuoso/a, poco fiable; **my Spanish is rather ~** mi español es algo defectuoso.
shale [ʃeɪl] *n* esquisto *m*.
shall [ʃæl] *aux vb* **(a)** *(used to form 1st person in future tense and questions)* **I ~ go** yo me iré, me voy; **no I ~ not (come), no I shan't (come)** no, yo no (vendré *or* voy a venir); **~ we hear from you soon?** ¿te pondrás en contacto pronto? **(b)** *(in commands, emphatic)* **you ~ pay for this!** ¡me las vas a pagar!; **but I wanted to see him — and so you ~** pero quería verle — y le vas a ver.
shal·lot [ʃəˈlɒt] *n* chalote *m, (LAm)* cebollita *f*.
shal·low [ˈʃæləʊ] **1** *adj (gen)* poco profundo/a; *(dish*

etc) llano/a; *(breathing)* superficial; **he's a ~ person** es un tipo completamente superficial; **the ~ end** *(of swimming pool)* la parte poco profunda. **2** *n*: **~s** bajío *m*, bajos *mpl*.

shal·low·ness [ˈʃæləʊnɪs] *n (see adj)* poca profundidad *f*; superficialidad *f*.

sham [ʃæm] **1** *adj* falso/a, fingido/a. **2** *n* **(a)** *(imposture)* simulacro *m*, fraude *m*; **it was all a ~** fue una farsa, *(Mex)* fue pura pantalla. **(b)** *(person)* impostor(a) *m/f*. **3** *vt* fingir, simular; **to ~ illness** fingirse enfermo. **4** *vi* fingir, fingirse; **he's just ~ming** lo está fingiendo.

sham·bles [ˈʃæmblz] *nsg (scene of confusion)* desorden *m*, confusión *f*; **the place was a ~** el lugar quedó hecho pedazos; **the game was a ~** el partido fue desastroso.

shame [ʃeɪm] **1** *n* **(a)** *(feeling, humiliation)* vergüenza *f*, *(LAm)* pena *f*; **~ on you!** ¡qué vergüenza!, ¡avergüénzate!; **to put sb/sth to ~** *(fig)* poner a uno por los suelos/dejar algo en la sombra. **(b)** *(pity)* lástima *f*, desgracia *f*; **what a ~!** ¡qué lástima! **2** *vt* avergonzar, deshonrar; **to ~ sb into doing sth** avergonzar a uno para que haga algo.

shame·faced [ˌʃeɪmˈfeɪst] *adj* avergonzado/a, *(LAm)* apenado/a.

shame·ful [ˈʃeɪmfʊl] *adj* vergonzoso/a.

shame·ful·ly [ˈʃeɪmfəlɪ] *adv* vergonzosamente.

shame·less [ˈʃeɪmlɪs] *adj (pej)* descarado/a, desvergonzado/a.

sham·my [ˈʃæmɪ] *n* gamuza *f*.

sham·poo [ʃæmˈpuː] **1** *n* champú *m*. **2** *vt (carpet)* lavar con champú; **I ~ my hair twice a week** me lavo el pelo dos veces por semana.

sham·rock [ˈʃæmrɒk] *n* trébol *m*.

shan·dy [ˈʃændɪ] *n (Brit)* cerveza *f* con gaseosa.

shang·hai [ʃæŋˈhaɪ] *vt (fam)* **to ~ sb into doing sth** engañar a uno para que haga algo.

shan't [ʃɑːnt] = **shall not.**

shan·ty[1] [ˈʃæntɪ] *n (also* **sea ~***)* saloma *f*.

shan·ty[2] [ˈʃæntɪ] *n* chabola *f*, *(LAm)* jacal *m*, bohío *m*, callampa *f*.

shanty·town [ˈʃæntɪtaʊn] *n (Sp)* chabolas *fpl*, *(Mex)* villa *f* miseria, *(LAm)* callampa *f*, rancho *m*, *(Per)* pueblo *m* joven.

shape [ʃeɪp] **1** *n* forma *f*, figura *f*; **it is rectangular in ~** es de forma rectangular; **all ~s and sizes** todas las formas; **I can't bear gardening in any ~ or form** no aguanto la jardinería bajo ningún concepto; **to take the ~ of sth** cobrar la forma de algo; **in the ~ of ...** *(fig)* en forma de ...; **the ~ of things to come** la configuración del porvenir; **to take ~** *(lit, fig)* cobrar forma; **to lose its ~** *(sweater etc)* perder la forma; **to be in good/poor ~** *(subj: person)* estar en buenas/malas condiciones *or* buena/mala forma; *(: object)* estar en buen/mal estado; **to knock** *or* **hammer sth into ~** dar forma a algo a martillazos; **to knock** *or* **lick sth into ~** *(fig)* poner algo a punto *or* a nivel; **to get o.s. into ~** ponerse en forma; **a ~ loomed up out of the fog/darkness** surgió una figura de la niebla/la oscuridad.

2 *vt (material)* dar forma a, formar; *(fig: ideas, character)* formar; *(: course of events)* determinar; **heart-~d** en forma de corazón.

3 *vi (fig)* **things are shaping (up) well** las cosas van tomando buen cariz; **he's shaping (up) nicely** está progresando *or* haciendo progresos.

shape·less [ˈʃeɪplɪs] *adj* informe, sin forma definida.

shape·ly [ˈʃeɪplɪ] *adj (object)* bien formado/a; *(woman)* de buen talle *or* cuerpo.

share [ʃɛəʳ] **1** *n* **(a)** parte *f*, porción *f*; **a ~ in the profits** una proporción de las ganancias; **to have a ~ in sth** participar en algo; **to take a ~ in doing sth** hacer su parte en algo; **the minister came in for his ~ of the blame** el ministro tuvo que aceptar su parte de la culpa; **to do one's (fair) ~** hacer su (debida) parte. **(b)** *(Fin)* acción *f*.

2 *vt* **(a) to ~ (among/between)** *(distribute)* repartir (entre); *(divide up)* dividir *or* partir (entre). **(b)** *(have a share in)* compartir (*with* con); **would you like to ~ the bottle with me?** ¿quieres compartir la botella conmigo? **(c)** *(have in common)* compartir (*with* con).

3 *vi* compartir; **~ and ~ alike** por partes iguales; **to ~ in sth** participar en algo; **I ~ the blame** yo comparto la culpa.

4: ~ index *n* índice *m* de la Bolsa; **~ prices** *npl* precio *msg* de las acciones.

share·holder [ˈʃɛəˌhəʊldəʳ] *n* accionista *mf*.

share-out [ˈʃɛəraʊt] *n* reparto *m*.

shark [ʃɑːk] *n (fish)* tiburón *m*; *(fam: swindler)* estafador(a) *m/f*; **loan ~** usurero/a *m/f*.

sharp [ʃɑːp] **1** *adj* **(-er, -est) (a)** *(edge, razor, knife)* afilado/a; *(point, needle)* puntiagudo/a; *(curve, bend, angle)* cerrado/a, abrupto/a; *(features)* anguloso/a. **(b)** *(abrupt: change)* brusco/a, repentino/a; *(: halt)* repentino/a; *(: descent)* empinado/a; *(: rise, fall)* marcado/a, brusco/a. **(c)** *(well-defined: outline, contrast)* definido/a, marcado/a. **(d)** *(harsh: smell, taste)* acre; *(: pain)* agudo/a; *(: blow)* fuerte; *(: tone, voice, cry)* áspero/a, acerbo/a; *(: frost)* cortante; *(: wind)* penetrante; *(: temper)* violento/a, arisco/a; *(: rebuke, retort, words)* mordaz; **to be ~ with sb** hablar a uno con voz tajante. **(e)** *(acute: eyesight, hearing, sense of smell)* agudo/a; *(: mind, intelligence)* perspicaz, astuto/a; **he's as ~ as they come** es de lo más avispado *or* despabilado; **~ practice** *(pej)* mañas *fpl*. **(f)** *(Mus: raised a semitone)* sostenido/a; *(: too high)* demasiado alto/a; **C ~** do diesi.

2 *adv* **(a)** *(Mus)* demasiado alto, desafinadamente. **(b) at 5 o'clock ~** a las 5 en punto; **to turn ~ left** doblar fuertemente a la izquierda; **to stop ~** pararse en seco; **look ~!** ¡rápido!, *(LAm)* ¡apúrate!

3 *n (Mus)* sostenido *m*.

sharp·en [ˈʃɑːpən] *vt* **(a)** *(make sharp: tool, blade etc)* afilar, aguzar; *(: pencil)* sacar punta a. **(b)** *(make clearer)* hacer más definido/a; *(make more acute, increase)* agudizar; **to ~ one's wits** despabilarse.

sharp·en·er [ˈʃɑːpnəʳ] *n (for pencil)* sacapuntas *m inv*; *(for knife)* afilador *m*.

sharp-eyed [ˌʃɑːpˈaɪd] *adj*, **sharp-sighted** [ˌʃɑːpˈsaɪtɪd] *adj* de vista aguda.

sharp-faced [ˌʃɑːpˈfeɪst] *adj*, **sharp-featured** [ˌʃɑːpˈfiːtʃəd] *adj* de facciones angulosas.

sharp·ly [ˈʃɑːplɪ] *adv* **(a)** *(abruptly)* bruscamente, repentinamente. **(b)** *(clearly)* marcadamente, claramente. **(c)** *(harshly)* con aspereza.

sharp·shooter [ˈʃɑːpˌʃuːtəʳ] *n* tirador(a) *m/f* de primera, *(LAm)* tirofijo *m*.

sharp-tempered [ˌʃɑːpˈtempəd] *adj* de genio *m* arisco.

sharp-witted [ˌʃɑːpˈwɪtɪd] *adj* perspicaz, despabilado/a.

shat·ter [ˈʃætəʳ] **1** *vt (gen)* romper en pedazos *or* añicos, hacer pedazos *or* añicos; *(fig)* hacer polvo; **to ~ sb's health/hopes** quebrantar la salud/frustrar las esperanzas de uno. **2** *vi (break)* hacerse pedazos *or* añicos; *(: into pieces)* estrellarse, astillarse; *(fig: health)* quebrantarse; *(: hopes)* frustrarse.

shat·tered [ˈʃætəd] *adj* *(grief-stricken)* trastornado/a; *(fam: amazed)* pasmado/a; *(fam: exhausted)* hecho/a polvo.
shat·ter·ing [ˈʃætərɪŋ] *adj* *(attack, defeat)* aplastante; *(experience, news)* pasmoso/a; **it was a ~ blow to his hopes** deshizo sus esperanzas.
shatter·proof [ˈʃætəpruːf] *adj* inastillable.
shave [ʃeɪv] **1** *n*: **to have a ~** afeitarse, *(LAm)* rasurarse; **to have a close ~** *(fig)* salvarse por milagro. **2** *vt (person, face)* afeitar, *(LAm)* rasurar; *(wood)* cepillar; *(fig: graze)* pasar rozando; **to ~ off one's beard** afeitarse la barba. **3** *vi (person)* afeitarse, *(LAm)* rasurarse.
shav·en [ˈʃeɪvn] *adj* afeitado/a.
shav·er [ˈʃeɪvə^r] *n (electric ~)* máquina *f* de afeitar, *(LAm)* rasuradora *f* eléctrica.
shav·ing [ˈʃeɪvɪŋ] **1** *n (of wood etc)* viruta *f*. **2: ~ brush** *n*/**~ cream** *n*/**~ foam** *n*/**~ soap** *n* brocha *f*/crema *f*/espuma *f*/jabón *m* de afeitar.
shawl [ʃɔːl] *n* chal *m*, *(LAm)* rebozo *m*.
she [ʃiː] **1** *pers pron* ella; **~ who** la que *or* quien. **2** *n*: **it's a ~** *(animal)* es hembra; *(baby)* es una niña.
she-bear [ˈʃiːbɛə^r] *n* osa *f*.
sheaf [ʃiːf] *n, pl* **sheaves** *(Agr)* gavilla *f*; *(of arrows)* haz *m*; *(of papers)* fajo *m*, manojo *m*.
shear [ʃɪə^r] *pt* **sheared,** *pp* **sheared** *or* **shorn** *vt (sheep)* esquilar; **to be shorn of sth** *(fig)* quedar pelado de *or* sin algo.
♦ **shear off** *vi + adv (break off)* romperse.
♦ **shear through** *vi + prep* cortar.
shears [ʃɪəz] *npl (for sheep)* tijeras de esquilar *fpl*; *(for hedges)* tijeras grandes; *(for metals)* cizalla *f*.
sheath [ʃiːθ] **1** *n (for sword)* vaina *f*, funda *f*; *(around electrical cable)* cubierta *f*; *(Bio)* vaina; *(contraceptive)* preservativo *m*. **2: ~ knife** *n* cuchillo *m* de monte.
sheathe [ʃiːð] *vt* envainar, enfundar.
sheaves [ʃiːvz] *npl of* **sheaf.**
shed[1] [ʃed] *pt, pp* **shed** *vt* **(a)** *(get rid of: clothes, leaves etc)* despojarse de; *(: truck's load)* tirar, *(LAm)* echar; *(: unwanted thing)* deshacerse de. **(b)** *(tears, blood)* derramar. **(c)** *(send out: warmth)* dar; *(: light)* echar; **to ~ light on a mystery** aclarar un misterio.
shed[2] [ʃed] *n (in garden)* cobertizo *m*, *(RPl)* galpón *m*; *(Industry, Rail)* nave *f*; *(for cattle)* establo *m*.
sheen [ʃiːn] *n* brillo *m*, lustre *m*.
sheep [ʃiːp] **1** *n inv (gen)* oveja *f*; **to be the black ~ of the family** *(fig)* ser la oveja negra de la familia; **to make ~'s eyes at sb** *(fig)* mirar a uno con ojos de cordero. **2: ~ farm** *n* finca *f or* estancia *f* de ovejas; **~ farmer** *n* dueño *m* de ganado lanar.
sheep·dog [ˈʃiːpdɒg] *n* perro *m* pastor.
sheep·ish [ˈʃiːpɪʃ] *n* tímido/a.
sheep·skin [ˈʃiːpskɪn] *n* piel *f* de carnero.
sheer [ʃɪə^r] *adj* **(-er, -est) (a)** *(absolute)* puro/a, absoluto/a; **the ~ impossibility of ...** la total imposibilidad de ...; **by ~ chance, by a ~ accident** de pura casualidad. **(b)** *(transparent)* diáfano/a, fino/a. **(c)** *(precipitous)* escarpado/a.
sheet [ʃiːt] **1** *n (on bed)* sábana *f*; *(of paper)* hoja *f*; *(of metal, glass, plastic)* lámina *f*; *(of ice, water)* capa *f*; *(of flame)* cortina *f*. **2: ~ lightning** *n* fucilazo *m*; **~ metal** *n* metal *m* en lámina; **~ music** *n* hojas *fpl* de partitura.
sheik(h) [ʃeɪk] *n* jeque *m*.
shelf [ʃelf] *n, pl* **shelves (a)** *(in cupboard)* tabla *f*, anaquel *m*; *(fixed to wall, in shop)* estante *m*; *(in oven)* parrilla *f*; **to be on the ~** *(fig fam: woman)* quedarse para vestir santos. **(b)** *(edge: in rock face)* repisa *f*; *(underwater)* plataforma *f*.
shell [ʃel] **1** *n* **(a)** *(of egg, nut)* cáscara *f*; *(of tortoise, turtle)* caparazón *m*, carapacho *m*; *(of snail, shellfish)* concha *f*; *(of pea)* vaina *f*; **to come out of one's ~** *(fig)* salir del carapacho. **(b)** *(of building, ship)* armazón *m*, casco *m*. **(c)** *(Mil: bullet)* cartucho *m*; *(: mortar etc)* obús *m*, proyectil *m*. **2** *vt* **(a)** *(peas)* desvainar; *(nuts)* descascarar; *(shellfish)* quitar la concha a. **(b)** *(Mil)* bombardear.
♦ **shell out** *(fam)* **1** *vi + adv (pay)* soltar el dinero. **2** *vt + adv (money)* desembolsar (*for* para pagar).
shell·fish [ˈʃelfɪʃ] *n, pl inv* marisco(s) *m(pl)*.
shell·ing [ˈʃelɪŋ] *n*, **shell·fire** [ˈʃelfaɪə^r] *n* bombardeo *m*.
shell·proof [ˈʃelpruːf] *adj* a prueba de bombas.
shell-shocked [ˈʃelʃɒkt] *adj* que padece neurosis de guerra.
shel·ter [ˈʃeltə^r] **1** *n* **(a)** *(protection)* abrigo *m*, protección *f*; **to seek ~ (from)** buscar abrigo (de); **to take ~ (from)** refugiarse *or* asilarse (de). **(b)** *(construction: on mountain)* albergue *m*; **bus ~** refugio *m* de espera; **air-raid/anti-nuclear ~** refugio *m* antiaéreo/antinuclear; **night ~** *(for tramps etc)* asilo *m*. **2** *vt* **(a)** *(protect)* abrigar *or* proteger (*from* de); *(give refuge)* amparar (*from* de). **(b)** *(give lodging to)* dar asilo a. **3** *vi* abrigarse; ampararse; **to ~ from the rain** abrigarse de la lluvia.
shel·tered [ˈʃeltəd] *adj (place)* abrigado/a, protegido/a; **~ environment** *(fig)* ambiente *m* protegido; **she has led a very ~ life** ha vivido apartada del mundo.
shelve [ʃelv] *vt (fig: postpone)* dar carpetazo a.
shelves [ʃelvz] *npl of* **shelf.**
shelv·ing [ˈʃelvɪŋ] *n* estantería *f*.
shep·herd [ˈʃepəd] **1** *n* pastor *m*; **~'s pie** *(Culin)* pastel *m* de carne con patatas. **2** *vt*: **to ~ children across a road** llevar niños a través de una calle; **to ~ sb in/out** acompañar a uno al entrar/salir; **to ~ sb around** hacer de guía para uno.
sher·bet [ˈʃɜːbət] *n (Brit: powder)* polvos *mpl* azucarados; *(US: water ice)* sorbete *m*.
sher·iff [ˈʃerɪf] *n (in England)* gobernador *m* civil; *(Scot)* juez *mf*; *(US)* alguacil *m*, sheriff *m*.
sher·ry [ˈʃerɪ] *n* jerez *m*, manzanilla *f*.
she's [ʃiːz] = **she is; she has.**
Shet·land [ˈʃetlənd] **1** *n (also* **the ~ Isles, the ~s**) Islas *f* de Zetlandia. **2** *cpd (pony, wool)* de Zetlandia.
shield [ʃiːld] **1** *n (armour)* escudo *m*; *(Tech: on machine etc)* blindaje *m*, capa *f* protectora; *(US: of policeman)* placa *f*. **2** *vt*: **to ~ sb from sth** proteger a uno de algo; **to ~ one's eyes** taparse los ojos.
shift [ʃɪft] **1** *n* **(a)** *(change)* cambio *m*; *(: of direction)* cambio de dirección *or* sentido; *(diversion)* desviación *f*. **(b)** *(period of work)* turno *m*; *(group of workers)* tanda *f*; **to work in ~s** trabajar por turnos. **(c)** *(expedient)* recurso *m*, expediente *m*; **to make ~ with/without sth** arreglárselas con/pasarse sin. **(d)** *(US Aut: gear ~)* palanca *f* de velocidades, *(LAm)* cambio de marcha.

2 *vt (change)* cambiar (de dirección *or* sentido); *(deviate)* desviar; *(move)* mover; **to ~ scenery** *(Theat)* cambiar el decorado; **to ~ the blame on to sb** echar la culpa a uno; **come on, ~ yourself** *(fam)* vamos *or (LAm)* anda, muévete.

3 *vi* **(a)** *(move)* moverse; *(change)* cambiar; *(: direction)* mudarse; **to ~ over/along/up** correrse; **that car's certainly ~ing** *(fam)* ¡cómo corre aquel coche!; **to ~ into second gear** *(Aut)* cambiar a segunda (velocidad). **(b) to ~ for o.s.** arreglárselas solo.

4: ~ key *n* tecla *f* de mayúsculas; **~ work** *n* trabajo *m* por turno.
shifti·ly [ˈʃɪftɪlɪ] *adv* furtivamente, sospecho-

samente.
shift·less ['ʃɪftlɪs] *adj* perezoso/a, *(LAm)* flojo/a.
shifty ['ʃɪftɪ] *adj* (**-ier, -iest**) furtivo/a, sospechoso/a.
Shi·ite ['ʃiːaɪt] *n* chiíta *mf.*
shil·ling ['ʃɪlɪŋ] *n* chelín *m.*
shilly-shally ['ʃɪlɪˌʃælɪ] *vi* titubear, vacilar.
shim·mer ['ʃɪməʳ] **1** *n* luz *f* trémula, brillo *m.* **2** *vi* rielar, relucir.
shim·mer·ing ['ʃɪmərɪŋ] *adj* reluciente.
shin [ʃɪn] **1** *n* espinilla *f; (of meat)* jarrete *m.* **2** *vi*: **to ~ up/down a tree** trepar a/bajar de un árbol.
shin·bone ['ʃɪnbəʊn] *n* tibia *f.*
shindy ['ʃɪndɪ] *n (fam: noise)* conmoción *f*, escándalo *m; (: brawl)* jaleo *m, (LAm)* bronca *f;* **to kick up a ~** armar un jaleo *or* una bronca.
shine [ʃaɪn] *(vb: pt, pp* **shone**) **1** *n (brilliance)* brillo *m*, lustre *m;* **to give sth a ~** sacar brillo a algo; **to take the ~ off sth** *(lit)* deslustrar algo; *(fig)* quitar a algo su encanto; **come rain or ~, ...** no importa el tiempo .... **2** *vt* **(a)** *(polish: pt, pp* **shone** *or* **shined**) sacar brillo a, pulir. **(b) to ~ a light on sth** echar una luz sobre algo. **3** *vi* **(a)** *(sun, light etc)* brillar; *(metal)* relucir; **the sun is shining** brilla el sol; **the metal shone in the sun** el metal relucía al sol; **her face shone with happiness** su cara irradiaba felicidad. **(b)** *(fig: of student etc)* lucir; **to ~ at English** sobresalir en inglés.
shin·gle ['ʃɪŋgl] *n* **(a)** *(on beach)* guijarros *mpl.* **(b)** *(on roof)* tablilla *f.* **(c)** *(US: signboard)* placa *f.*
shin·gles ['ʃɪŋglz] *npl (Med)* zona *fsg.*
shin·ing ['ʃaɪnɪŋ] *adj (surface, light)* brillante; *(face)* radiante; *(hair)* lustroso/a; *(eyes)* chispeante; **a ~ example** un ejemplo destacado.
shiny ['ʃaɪnɪ] *adj* (**-ier, -iest**) brillante.
ship [ʃɪp] **1** *n* barco *m*, buque *m;* **Her (***or* **His) Majesty's S~** *(abbr* **HMS**) buque de la marina británica; **on board ~** a bordo; **to abandon ~** abandonar el barco; **to jump ~** desertar del buque; **when my ~ comes home** *or* **comes in** *(fig)* cuando lleguen las vacas gordas; **~'s company** tripulación *f.* **2** *vt* **(a)** *(take on board: goods, water)* embarcar; *(: oars)* desarmar. **(b)** *(transport: usu by ship)* transportar en barco, consignar; **a new engine had to be ~ped out to them** hubo que enviarles un nuevo motor.
ship·builder ['ʃɪpˌbɪldəʳ] *n* constructor(a) *m/f* de buques.
ship·building ['ʃɪpˌbɪldɪŋ] *n* construcción *f* marina.
ship·load ['ʃɪpləʊd] *n* cargamento *m.*
ship·mate ['ʃɪpmeɪt] *n* compañero/a *m/f* de tripulación.
ship·ment ['ʃɪpmənt] *n (act)* transporte *m*, embarque *m; (load)* consignación *f; (quantity)* cargamento *m*, remesa *f.*
ship·owner ['ʃɪpˌəʊnəʳ] *n* naviero *m*, armador *m.*
ship·per ['ʃɪpəʳ] *n (company)* empresa *f* naviera.
ship·ping ['ʃɪpɪŋ] **1** *n* **(a)** *(ships)* barcos *mpl*, buques *mpl; (fleet)* flota *f;* **a danger to ~** un peligro para la navegación. **(b)** *(transporting)* transporte *m* (en barco), embarque *m; (sending)* envío *m.* **2: ~ agent** *n* agente *mf* marítimo; **~ company** *n*, **~ line** *n* compañía *f* naviera; **~ lane** *n* ruta *f* de navegación.
ship·shape ['ʃɪpʃeɪp] *adj* en buen orden.
ship·wreck ['ʃɪprek] **1** *n* naufragio *m.* **2** *vt*: **to be ~ed** naufragar.
ship·yard ['ʃɪpjɑːd] *n* astillero *m.*
shire ['ʃaɪəʳ] **1** *n (old)* condado *m.* **2: ~ horse** *n* ≃ percherón/ona *m/f.*
shirk [ʃɜːk] **1** *vt (duty)* esquivar, zafarse de; *(issue)* eludir, rehuir; **to ~ doing sth** evadir hacer algo. **2** *vi* gandulear, *(LAm)* flojear.
shirk·er ['ʃɜːkəʳ] *n* gandul(a) *m/f, (LAm)* flojo/a *m/f.*
shirt [ʃɜːt] *n* camisa *f;* **in one's ~ sleeves** en mangas de camisa; **to put one's ~ on a horse** *(fig: Betting)* apostar todo lo que tiene a un caballo; **keep your ~ on!** *(fig fam)* ¡no te sulfures!, *(LAm)* ¡no te apures!, *(Mex)* ¡mídete!
shirty ['ʃɜːtɪ] *adj* (**-ier, -iest**) *(fam)* **he was pretty ~ about it** no le gustó nada, no le cayó en gracia.
shiv·er ['ʃɪvəʳ] **1** *n (with cold)* tiritón *m; (of horror etc)* escalofrío *m;* **it sent ~s down my spine** me dio escalofríos; **it gives me the ~s** *(of fear)* me da horror. **2** *vi (with cold)* tiritar; *(with emotion)* temblar, estremecerse.
shiv·ery ['ʃɪvərɪ] *adj (feverish)* destemplado/a; *(shaking)* estremecido/a; *(sensitive to cold)* friolero/a, *(LAm)* friolento/a.
shoal [ʃəʊl] *n (of fish)* banco *m.*
shock [ʃɒk] **1** *n* **(a)** *(Elec)* descarga *f; (jolt)* choque *m*, sacudida *f.* **(b)** *(emotional)* conmoción *f*, golpe *m*, impresión *f; (start)* susto *m;* **the ~ was too much for him** le causó mucha impresión; **it comes as a ~ to hear that ...** me asombra descubrir que ...; **to give sb a ~** dar un susto a uno; **what a ~ you gave me!** ¡qué susto me diste *or* llevé! **(c)** *(Med)* shock *m*, postración *f* nerviosa; **to be suffering from ~** padecer una postración nerviosa.

2 *vt (startle)* sobresaltar, asustar; *(affect emotionally)* conmover, chocar; *(scandalize)* escandalizar; **easily ~ed** que se escandaliza por poca cosa.

3 *vi* causar escándalo, chocar.

4: ~ absorber *n (Aut)* amortiguador *m;* **~ reaction** *n (fam)* reacción *f* escandalizada; **~ tactics** *npl (Mil etc)* táctica *f* de choque; **~ treatment** *n*, **~ therapy** *n (Med etc)* tratamiento *m* por electrochoque; **~ troops** *npl* guardias *mpl* de asalto; **~ wave** *n* onda *f* de choque.
shock·ing ['ʃɒkɪŋ] *adj (appalling)* espantoso/a, horrible; *(disgusting)* ofensivo/a, *(LAm)* chocante; *(morally improper)* escandaloso/a, vergonzoso/a.
shock·proof ['ʃɒkpruːf] *adj (watch)* a prueba de choques; *(fam: person)* ecuánime.
shod [ʃɒd] *pt, pp of* **shoe.**
shod·dy ['ʃɒdɪ] *adj* (**-ier, -iest**) de pacotilla.
shoe [ʃuː] *(vb: pt, pp* **shod**) **1** *n (gen)* zapato *m; (horse ~)* herradura *f; (Aut: brake ~)* zapata *f;* **~s** zapatos *mpl, (LAm)* calzado *msg;* **I wouldn't like to be in his ~s** no quisiera estar en su lugar. **2** *vt (horse)* herrar. **3: ~ leather** *n* cuero *m* para zapatos; **to wear out one's ~ leather** gastarse el calzado; **~ polish** *n* betún *m, (LAm)* lustre *m, (Mex)* bolo *m;* **~ repair** *n* remiendo *m or* reparación *f* de zapatos.
shoe·brush ['ʃuːbrʌʃ] *n* cepillo *m* para zapatos.
shoe·horn ['ʃuːhɔːn] *n* calzador *m.*
shoe·lace ['ʃuːleɪs] *n* cordón *m, (Mex)* agujeta *f.*
shoe·maker ['ʃuːˌmeɪkəʳ] *n* zapatero/a *m/f.*
shoe·shine ['ʃuːʃaɪn] *n* limpia *f* de zapatos, *(LAm)* lustrada *f*, bolo *m;* **~ boy/man** limpiabotas *m inv, (LAm)* lustrabotas *m inv, (Mex)* boleador *m.*
shoe·shop ['ʃuːʃɒp] *n* zapatería *f.*
shoe·string ['ʃuːstrɪŋ] *n* cordón *m*, lazo *m;* **to do sth on a ~** *(fig)* hacer algo con muy poco dinero.
shoe·tree ['ʃuːtriː] *n* horma *f.*
shone [ʃɒn] *pt, pp of* **shine.**
shoo [ʃuː] **1** *interj* ¡fuera!, ¡zape!, *(LAm)* ¡ándale! **2** *vt (also* **~ away, ~ off**) ahuyentar.
shook [ʃʊk] *pt of* **shake.**
shoot [ʃuːt] *(vb: pt, pp* **shot**) **1** *n* **(a)** *(Bot)* brote *m*, retoño *m*, vástago *m.* **(b)** *(shooting party)* cacería *f; (competition)* concurso *m* de tiro al blanco;

(preserve) coto *m* de caza.

2 *vt* **(a)** *(hit)* dar un balazo a, pegar un tiro a; *(hunt)* cazar; *(kill)* matar a tiros; *(execute)* fusilar; **you'll get shot for that!** *(fig fam)* ¡te van a ahorcar! **(b)** *(fire: bullet)* tirar, *(LAm)* disparar; *(: missile)* lanzar, *(LAm)* echar; *(: arrow)* disparar; **to ~ sth at sb/sth** lanzar algo hacia uno/algo; **to ~ a goal** marcar un gol; **to ~ dice** jugar a los dados. **(c)** *(direct: look, smile)* lanzar, *(LAm)* echar; **to ~ a question at sb** dispararle una pregunta a uno. **(d)** *(Cine: film, scene)* rodar, filmar; *(Phot: person, object)* sacar (una foto de). **(e)** *(pass quickly: rapids)* salvar; *(: traffic lights)* saltarse.

3 *vi* **(a)** *(with gun, bow)* tirar *or (LAm)* disparar (*at sb/sth* a uno/algo); **to go ~ing** ir de caza; **to ~ at the goal** *(Ftbl etc)* tirar a gol, chutar. **(b)** *(rush)* lanzarse, precipitarse; *(subj: flames)* saltar; *(: water)* brotar; *(: pain)* punzar.

♦ **shoot down** *vt + adv (aeroplane)* derribar; *(person)* matar a tiros; *(fig: person, argument)* echar abajo.

♦ **shoot out 1** *vt + adv (sparks, flames)* arrojar; *(hand)* sacar; **to ~ it out** resolverlo a tiros. **2** *vi + adv (flames)* salir; *(water)* brotar.

♦ **shoot up 1** *vi + adv* **(a)** *(flames)* salir; *(water)* brotar; *(price, rocket)* subir rápidamente; *(hands)* alzarse de repente. **(b)** *(grow quickly)* crecer rápidamente. **2** *vt + adv (place: with rifles etc)* balacear.

shoot·ing ['ʃuːtɪŋ] **1** *n* **(a)** *(shots)* tiros *mpl,* disparos *mpl; (continuous ~)* tiroteo *m,* balacera *f.* **(b)** *(act: murder)* asesinato *m; (: execution)* fusilamiento *m.* **(c)** *(of film)* rodaje *m,* filmación *f.* **(d)** *(Hunting)* caza *f.* **(e)** *(Sport)* tiro *m* al blanco. **2** *adj (pain)* punzante. **3: ~ brake** *n (old: Aut: estate car)* furgoneta *f,* rubia *f, (LAm)* camioneta *f;* **~ gallery** *n* barraca *f* de tiro al blanco; **~ incident** *n* tiroteo *m,* balacera *f;* **~ match** *n:* **the whole ~ match** *(fig fam)* todo el negocio; **~ star** *n* estrella *f* fugaz; **~ stick** *n* bastón *m* taburete.

shop [ʃɒp] **1** *n* **(a)** *(Comm: building)* tienda *f; (: business)* comercio *m,* negocio *m; (: large store)* almacén *m;* **book/butcher's/sweet ~** librería *f*/carnicería *f*/dulcería *f;* **to shut up ~** *(lit)* cerrar (la tienda); *(fig)* dejar los negocios; **to talk ~** *(fig)* hablar de negocios; **all over the ~** *(fig fam)* en *or* por todas partes. **(b)** *(Industry: work~)* taller *m;* **repair ~** taller de reparaciones; *see* **closed. 2** *vi* comprar, hacer las compras; **to go ~ping** ir de compras *or* de tiendas. **3** *vt (fam: betray)* denunciar. **4: ~ assistant** *n* dependiente/a *m/f, (LAm)* empleado/a *m/f* de una tienda; **~ floor** *n (Industry)* **to work on the ~ floor** trabajar en la producción, ser obrero/a de la producción; **~ steward** *n (Industry)* enlace *mf* sindical; **~ window** *n* escaparate *m, (LAm)* vitrina *f, (RPl)* vidriera *f.*

♦ **shop around** *vi + adv* comparar precios.

shop·girl ['ʃɒpgɜːl] *n* dependienta *f, (LAm)* empleada *f* de una tienda.

shop·keeper ['ʃɒpˌkiːpə^r] *n* tendero/a *m/f.*

shop·lifter ['ʃɒpˌlɪftə^r] *n* ratero/a *m/f.*

shop·lifting ['ʃɒpˌlɪftɪŋ] *n* ratería *f.*

shop·per ['ʃɒpə^r] *n* **(a)** *(person)* comprador(a) *m/f.* **(b)** *(bag)* bolsa *f or* canasta *f* de compras.

shop·ping ['ʃɒpɪŋ] **1** *n* la compra; *(goods bought)* las compras; **to go ~** ir de tiendas *or* de compras. **2: ~ bag** *n* bolsa *f or* canasta *f* de compras; **~ basket** *n* cesta *f, (LAm)* canasta *f;* **~ centre** *n* centro *m* comercial.

shop-soiled ['ʃɒpsɔɪld] *adj* deteriorado/a.

shore[1] [ʃɔː^r] **1** *n (of sea, lake)* orilla *f; (beach)* playa *f; (coast)* costa *f;* **on ~** en tierra. **2: ~ leave** *n (Naut)* permiso *m* para bajar a tierra.

shore[2] [ʃɔː^r] *vt:* **to ~ up** *(way, tunnel)* apuntalar.

shorn [ʃɔːn] *pp of* **shear.**

short [ʃɔːt] **1** *adj* **(-er, -est) (a)** *(in length, distance, time: message, journey, hair)* corto/a; *(brief)* breve; *(person)* bajo/a, *(Mex)* chaparro/a; **the days are getting ~er** los días se vuelven más cortos; **to be ~ in the leg** tener las piernas cortas; **to win by a ~ head** *(Racing)* ganar por una cabeza escasa; **a ~ time ago** hace poco; **that was ~ and sweet** eso fue corto y bueno; **in ~ order** en breve, en seguida; **to make ~ work of sth** *(fig)* despachar algo. **(b)** *(insufficient)* escaso/a; **I'm £3 ~** me faltan 3 libras; **to give ~ weight** *or* **~ measure to sb** dar de menos a uno; **gold is in ~ supply** escasea el oro, hay escasez de oro; **to be ~ of sth** andar falto *or* escaso de algo; **~ of breath** corto/a de resuello; **it's little ~ of madness** lo que se podría llamar una locura. **(c)** *(concise)* corto/a, breve; **~ and to the point** corto y bueno; **'Pat' is ~ for 'Patricia'** 'Patricia' se abrevia en 'Pat'; **Rosemary is called 'Rose' for ~** a Rosemary le dicen Rosa para abreviar; **in ~** en pocas palabras, *(LAm)* concretamente; *see* **long**[1] **3. (d)** *(reply, manner)* brusco/a, *(LAm)* corto/a; **to have a ~ temper** ser de mal genio, tener mal genio, tener mal carácter *or (LAm)* corto de genio; *see* **shrift.**

2 *adv* **(a)** *(suddenly, abruptly)* en seco; **to stop ~, to pull up ~** pararse en seco. **(b)** *(insufficiency)* **we're running ~ of bread** tenemos poco pan, *(LAm)* se nos acaba el pan; **we never went ~ (of anything) as children** no nos faltó nada de niños; **to cut sth ~** suspender algo; **to come/fall ~ of** no alcanzar; **to sell sb ~** *(fig)* menospreciar a uno. **(c)** *(except)* **~ of apologizing ...** fuera de pedirle perdón ...; **nothing ~ of a miracle can save him** sólo un milagro le puede salvar, se necesitaría un milagro para salvarle.

3 *n* **(a)** *(Elec)* = **short-circuit. (b)** *(fam: drink)* bebida *f* corta.

4 *vt, vi (Elec)* = **short-circuit.**

5: ~(crust) pastry *n* pasta *f* quebradiza; **~ cut** *n* atajo *m;* **~ list** *n* lista *f* de candidatos seleccionados; **~ story** *n* cuento *m;* **~ time** *n:* **to work ~ time, be on ~ time** *(Industry)* trabajar una jornada reducida.

short·age ['ʃɔːtɪdʒ] *n (lack)* falta *f,* escasez *f; (gen)* carestía *f;* **the housing ~** la crisis de la vivienda.

short·bread ['ʃɔːtbred] *n* especie *f* de mantecada.

short·cake ['ʃɔːtkeɪk] *n (US)* torta *f* de frutas; *(Brit)* especie *f* de mantecada.

short-change [ˌʃɔːt'tʃeɪndʒ] *vt:* **to ~ sb** no darle el cambio completo a uno.

short-circuit [ˌʃɔːt'sɜːkɪt] *(Elec)* **1** *n* cortocircuito *m.* **2** *vt* poner en cortocircuito. **3** *vi* ponerse en cortocircuito.

short·comings [ˌʃɔːt'kʌmɪŋz] *npl* defectos *mpl.*

short·en ['ʃɔːtn] **1** *vt (gen)* acortar; *(journey etc)* acortar, abreviar; *(rations etc)* reducir. **2** *vi* acortarse, reducirse; *(days)* menguar.

short·en·ing ['ʃɔːtnɪŋ] *n (Culin)* manteca *f,* grasa *f.*

short·hand ['ʃɔːthænd] **1** *n* taquigrafía *f;* **to take sth down in ~** escribir algo taquigráficamente. **2: ~ typist** *n* taquimecanógrafo/a *m/f.*

short-handed [ˌʃɔːt'hændɪd] *adj* falto/a de mano de obra.

short-list ['ʃɔːtˌlɪst] *n* lista *f* de candidatos seleccionados.

short-lived [ˌʃɔːt'lɪvd] *adj (fig)* efímero/a.

short·ly ['ʃɔːtlɪ] *adv* **(a)** *(soon)* dentro de poco, en breve, *(RPl)* al tiro, *(Mex)* ahorita. **(b)** *(curtly)*

bruscamente, secamente.
shorts [ʃɔːts] *npl* pantalones *mpl* cortos; **a pair of ~** un pantalón corto.
short-sighted [ˌʃɔːt'saɪtɪd] *adj (lit, fig)* miope, corto/a de vista.
short-staffed [ˌʃɔːt'stɑːft] *adj* falto/a de personal.
short-tempered [ˌʃɔːt'tempəd] *adj* de genio vivo.
short-term ['ʃɔːttɜːm] **1** *adj* a corto plazo; **a ~ loan** un préstamo a plazo corto. **2** *n*: **in the ~** a corto plazo, a la corta.
short·wave ['ʃɔːtweɪv] **1** *adj (Rad)* de onda corta. **2** *n* onda *f* corta.
shot [ʃɒt] **1** *n* **(a)** *(act of shooting)* tiro *m*, balazo *m; (sound)* tiro, *(LAm)* disparo *m; (shotgun pellets)* perdigones *mpl;* **to fire a ~ at sb/sth** tirar *or* disparar contra uno/algo; **he was off like a ~** *(fig)* salió disparado *or* como un rayo; *see* **long**[1] **1 (a)**. **(b)** *(person)* tirador(a) *m/f;* **he's a good/bad ~** es un buen/mal tirador; **a big ~** *(fam)* un pez gordo. **(c)** *(Ftbl)* tiro *m; (Golf, Tennis etc)* golpe *m; (Athletics)* peso *m*, *(LAm)* pesa *f; (throw)* tirada *f*, echada *f;* **good ~!** ¡buen tiro! **(d)** *(attempt)* tentativa *f*, intento *m; (turn to play)* **it's your ~** te toca (a ti); **to have a ~ at sth** probar suerte con algo; **to have a ~ at doing sth** hacer un intento de *or* intentar hacer algo; **a ~ in the dark** una tentativa a ciegas. **(e)** *(injection)* inyección *f; (of alcohol)* trago *m;* **a ~ of rum** un trago de ron; **the economy needs a ~ in the arm** *(fig)* la economía necesita estímulo. **(f)** *(Phot)* foto *f*.
  2 *pt, pp of* **shoot; to get ~ of sb/sth** *(fam)* deshacerse de uno/algo, quitarse uno/algo de encima.
shot·gun ['ʃɒtgʌn] **1** *n* escopeta *f*. **2: ~ wedding** *n* casamiento *m* a la fuerza.
should [ʃʊd] *aux vb* **(a)** *(used to form conditional tense)* **I ~ go, I'd go** yo iría; **I ~ have liked to** me hubiera gustado, quisiera haber; **I ~ think so** supongo que sí. **(b)** *(duty/advisability/desirability)* deber; **all cars ~ carry lights** todos los coches deben llevar luces; **I ~ have been a doctor** yo debía haber estudiado para médico; **you ~n't do that** más vale no hacer eso, no debieras hacerlo; **I ~n't if I were you** yo que tú no lo haría *or (LAm)* hacía. **(c)** *(statements of probability)* deber de; **he ~ pass his exams** debe de aprobar los exámenes; **they ~ have arrived by now** han de haber llegado ya; **this ~ be good** esto promete ser bueno. **(d)** *(subjun uses)* **who ~ I meet?** ¿a quién crees que me encontré?
shoul·der ['ʃəʊldə[r]] **1** *n* **(a)** *(Anat)* hombro *m; (of meat, animal)* lomo *m;* **to carry sth over one's ~** llevar algo en hombros; **to cry on sb's ~** desahogarse con uno; **to give sb the cold ~** dar de lado a uno; **to look over one's ~** mirar hacia atrás; **to look over sb's ~** *(fig)* vigilar a uno; *see* **round-shouldered. (b)** *(of road, hill)* lomo *m; see* **hard 1 (a)**. **2** *vt (fig: responsibilities etc)* cargar con; **to ~ one's way through** abrirse paso a codazos. **3: ~ bag** *n* bolso *m* de bandolera; **~ blade** *n* omóplato *m;* **~ strap** *n* tirante *m*.
shoulder-length ['ʃəʊldəˌleŋθ] *adj* que llega hasta los hombros.
shouldn't ['ʃʊdnt] = **should not.**
shout [ʃaʊt] **1** *n* grito *m;* **a ~ of protest/laughter** un grito de protesta/una carcajada; **to give sb a ~** gritarle a uno. **2** *vt* gritar. **3** *vi (cry out)* gritar; **to ~ for help** pedir socorro a gritos.
♦ **shout at** *vi + prep* gritar a.
♦ **shout down** *vt + adv* abuchear, callar.
shout·ing ['ʃaʊtɪŋ] *n* gritos *mpl*, vocerío *m*.
shove [ʃʌv] **1** *n* empujón *m;* **to give sb/sth a ~** dar a uno de empujones/empujar algo. **2** *vt* empujar; **to ~ sb/sth in/out** *etc* meter/sacar *etc* a uno/algo a empellones. **3** *vi* empujar; **stop shoving!** *(fam)* ¡deja de empujar!
♦ **shove off** *vi + adv (fam)* largarse, marcharse.
♦ **shove over, shove up** *vi + adv* correrse.
shov·el ['ʃʌvl] **1** *n* pala *f;* **mechanical ~** pala mecánica, excavadora *f*. **2** *vt* mover con pala; **he was ~ling food into his mouth** *(fam)* se zampaba la comida.
show [ʃəʊ] *(vb: pt* **showed,** *pp* **shown) 1** *n* **(a)** *(showing)* demostración *f*, manifestación *f;* **~ of hands** votacion *f* a mano alzada. **(b)** *(exhibition)* exposición *f;* **agricultural ~** feria *f* de campo; **to be on ~** estar expuesto; **the garden is a splendid ~** el jardín es un espectáculo; *see* **horse, motor** *etc.* **(c)** *(Theat, performance)* espectáculo *m*, función *f;* **to go to a ~** ir al teatro; **on with the ~!** *(fig)* ¡que siga el espectáculo!; **good ~!** *(fam)* ¡muy bien hecho!; **to put up a good/poor ~** *(fam)* dar/no dar buena cuenta de sí; **it's a poor ~** *(fam)* es una vergüenza; *see* **steal. (d)** *(outward appearance)* apariencia *f;* **it's just for ~** es para lucir nada más; **to make a ~ of** hacer alarde de, hacer gala de; **to make a ~ of resistance** fingir resistencia. **(e)** *(organization)* negocio *m*, empresa *f;* **this is my ~** aquí mando yo.
  2 *vt* **(a)** *(gen)* mostrar, enseñar; *(exhibit)* exponer; *(film)* proyectar, pasar; *(Theat)* representar, dar; **he ~ed me his new car** me enseñó su nuevo coche; **to ~ a film at Cannes** proyectar una película en Cannes; **white shoes soon ~ the dirt** los zapatos blancos pronto dejan ver la suciedad; **don't ~ your face here again** no te vuelvas a dejar ver por aquí; **to ~ one's hand** *or* **one's cards** *(lit)* poner las cartas boca arriba; *(fig)* descubrir el juego; **I'll ~ him!** *(fam)* ¡ya va a ver! **(b)** *(indicate)* marcar; **the speedometer ~s a speed of ...** el velocímetro marca ...; **the clock ~s 2 o'clock** el reloj marca las 2; **as ~n in the illustration** como se ve en el grabado; **the motorways are ~n in black** las autopistas están marcadas en negro; **to ~ a profit/loss** *(Comm)* arrojar un saldo positivo/negativo. **(c)** *(demonstrate)* enseñar. **(d)** *(reveal)* manifestar, señalar; **to ~ intelligence/fear** manifestar inteligencia/temor; **her face ~ed her happiness** se le veía la felicidad en la cara; **the choice of dishes ~s excellent taste** la selección de platos demuestra un gusto muy fino; **this ~s him to be a coward** esto deja manifiesto lo cobarde que es. **(e)** *(direct, conduct)* llevar, señalar; **to ~ sb the way** señalar el camino a uno; **to ~ sb to his seat/to the door** *or* **out** acompañar a uno a su asiento/a la puerta; **to ~ sb the door** *(fig)* echar a uno con cajas destempladas; **to ~ sb round** *or* **over a house** dar a uno el recorrido de una casa; **to ~ sb in** hacer pasar a uno.
  3 *vi* **(a)** *(stain, emotion, underskirt etc)* notarse, verse; **it doesn't ~** no se ve *or* nota; **fear ~ed on her face** se le notaba *or* manifestaba el miedo en la cara; **don't worry, it won't ~** no te preocupes, no se notará. **(b)** *(film)* proyectarse; **there's a horror film ~ing at the Odeon** están pasando una película de horror en el Odeón. **(c)** *(demonstrate)* demostrar, manifestar; **he had nothing to ~ for his trouble** se quedó sin nada después de tanto trabajo; **time will ~** el tiempo lo dirá; **it just goes to ~ (that) ...** queda demostrado (que) ... .
  4: ~ business *n*, **~ biz** *n (fam)* el mundo del espectáculo; **~ jumping** *n* hípica *f*, hipismo *m*.
♦ **show off 1** *vi + adv* presumir, darse tono. **2** *vt + adv* hacer alarde de, ostentar.

♦ **show up 1** *vi + adv* **(a)** *(be visible)* verse, notarse. **(b)** *(fam: arrive)* presentarse, acudir. **2** *vt + adv* **(a)** *(conduct)* hacer subir; **~ him up!** ¡hazle subir! **(b)** *(reveal)* revelar; **he was ~n up as an imposter** quedó expuesto como impostor; **the bright lighting ~ed up her scars** el alumbrado hizo resaltar sus cicatrices. **(c)** *(embarrass)* avergonzar, *(LAm)* apenar; **please don't ~ me up!** por favor, no me hagas quedar en ridículo.

show·case ['ʃəʊkeɪs] *n (in shop, museum)* vitrina *f.*

show·down ['ʃəʊdaʊn] *n* enfrentamiento *m* (final); **to have a ~ with sb** enfrentarse con uno.

show·er ['ʃaʊəʳ] **1** *n* **(a)** *(of rain)* chubasco *m*, chaparrón *m*, aguacero *m*. **(b)** *(fig: of arrows, stones, blows etc)* lluvia *f*. **(c)** *(US: party)* fiesta *f* de obsequio. **(d)** *(~ bath)* ducha *f*, *(Mex)* regadera *f*; **to have** *or* **take a ~** ducharse, *(LAm)* bañarse. **2** *vt (fig)* inundar; **they ~ed gifts (up)on the queen** los regalos llegaron a la reina en montones; **he was ~ed with invitations** llovieron invitaciones. **3** *vi (take a ~)* ducharse, *(LAm)* bañarse; **4: ~ cap** *n* gorro *m* de baño.

shower·proof ['ʃaʊəpru:f] *adj* impermeable.

show·ery ['ʃaʊərɪ] *adj* lluvioso/a.

show·girl ['ʃəʊgɜ:l] *n* corista *f*.

show·ground ['ʃəʊgraʊnd] *n* real *m*.

show·ing ['ʃəʊɪŋ] *n (of film)* proyección *f*.

show·man ['ʃəʊmən] *n, pl* **-men** *(at fair, circus)* empresario *m*; *(fig)* **he's a great ~!** ¡es un extrovertido!

show·man·ship ['ʃəʊmənʃɪp] *n (fig)* teatralidad *f*.

shown [ʃəʊn] *pp of* **show.**

show-off ['ʃəʊɒf] *n (fam)* presumido/a *m/f*.

show·piece ['ʃəʊpi:s] *n (centrepiece)* objeto *m* cumbre; **the ~ of the exhibition is ...** el éxito de la exposición es ... .

show·place ['ʃəʊpleɪs] *n* lugar *m* turístico.

show·room ['ʃəʊrʊm] *n (Comm)* sala *f* de muestras; *(Art)* sala de exposición, galería *f* de arte.

show·stopper ['ʃəʊ,stɒpəʳ] *n* exitazo *m*.

showy ['ʃəʊɪ] *adj* **(-ier, -iest)** ostentoso/a.

shrank [ʃræŋk] *pt of* **shrink.**

shrap·nel ['ʃræpnl] *n* metralla *f*.

shred [ʃred] **1** *n (of cloth)* jirón *m*; *(of paper)* tira *f*; *(fig: of truth, evidence)* chispa *f*; **you haven't got a ~ of evidence** no tienes la más mínima prueba; **in ~s** *(lit, fig)* hecho/a jirones *or* trizas; **to tear sth to ~s** *(lit, fig)* hacer algo trizas. **2** *vt (paper)* hacer trizas, triturar; *(food)* despedazar.

shred·der ['ʃredəʳ] *n (for documents, papers)* trituradora *f*.

shrew [ʃru:] *n (Zool)* musaraña *f*; *(fig pej: woman)* arpía *f*.

shrewd [ʃru:d] *adj* **(-er, -est)** *(person)* perspicaz, astuto/a; *(wise)* sabio/a, juicioso/a; *(plan etc)* atinado/a, sagaz; **I have a ~ idea that ...** tengo la sospecha de que ... .

shrewd·ly ['ʃru:dlɪ] *adv (see adj)* con perspicacia *or* astucia; sabiamente; con tino.

shrewd·ness ['ʃru:dnɪs] *n (see adj)* perspicacia *f*, astucia *f*; juicio *m*; tino *m*; sagacidad *f*.

shriek [ʃri:k] **1** *n* chillido *m*, grito *m* agudo; **a ~ of pain** un grito de dolor. **2** *vi* chillar; **to ~ with laughter** chillar de risa.

shrift [ʃrɪft] *n*: **to give sb short ~** *(fig)* despachar a uno sin rodeos.

shrill [ʃrɪl] *adj (voice)* chillón/ona, agudo/a; *(sound)* estridente, agudo/a.

shrimp [ʃrɪmp] *n (Zool)* camarón *m*; *(fig)* enano/a *m/f*.

shrine [ʃraɪn] *n (Rel: tomb)* sepulcro *m*; *(: place)* lugar *m* sagrado.

shrink [ʃrɪŋk] (*pt* **shrank,** *pp* **shrunk**) **1** *vt* encoger. **2** *vi* **(a)** *(gen)* encogerse; **to ~ in the wash** encogerse al lavar. **(b)** *(also* **~ away, ~ back***)* retroceder, echar marcha atrás.

shrink·age ['ʃrɪŋkɪdʒ] *n (gen)* encogimiento *m*; *(Tech: contraction)* contracción *f*; *(Comm: in shops)* pérdidas *fpl*.

shriv·el ['ʃrɪvl] *(also* **~ up***)* **1** *vt (plant etc)* marchitar, secar; *(skin)* arrugar. **2** *vi (plant etc)* marchitarse, secarse; *(skin etc)* arrugarse; **to have a ~led skin** tener la piel arrugada.

shroud [ʃraʊd] **1** *n (round corpse)* sudario *m*, mortaja *f*. **2** *vt (fig)* **~ed in** envuelto en.

Shrove Tues·day [,ʃrəʊv'tju:zdɪ] *n* martes *m* de carnaval.

shrub [ʃrʌb] *n* arbusto *m*.

shrub·bery ['ʃrʌbərɪ] *n* arbustos *mpl*.

shrug [ʃrʌg] **1** *n* encogimiento *m* de hombros. **2** *vt*: **to ~ (one's shoulders)** encogerse de hombros.

♦ **shrug off** *vt + adv* no hacer caso de; **he just ~ged it off** se encogió de hombros y no hizo caso.

shrunk [ʃrʌŋk] *pp of* **shrink.**

shrunk·en ['ʃrʌŋkən] *adj (body)* encogido/a.

shud·der ['ʃʌdəʳ] **1** *vi (person)* estremecerse (*with* de); *(machinery)* vibrar; **the car ~ed to a halt** el coche paró a sacudidas; **I ~ to think** *(fig)* sólo pensarlo me da horror. **2** *n (of person)* estremecimiento *m*, escalofrío *m*; *(of machinery)* vibración *f*, sacudida *f*; **to give a ~** sacudirse.

shuf·fle ['ʃʌfl] **1** *n* **(a) to walk with a ~** caminar arrastrando los pies. **(b)** *(Cards)* **to give the cards a ~** barajar (las cartas). **2** *vt* **(a)** *(feet)* arrastrar. **(b)** *(mix up: papers)* revolver, *(LAm)* traspapelar; *(: cards)* barajar. **3** *vi (walk)* arrastrar los pies; **to ~ about** moverse de un lado para otro; **to ~ in/out** entrar/salir arrastrando los pies.

shun [ʃʌn] *vt* **(a)** *(person)* rechazar. **(b)** *(work)* evitar. **(c)** *(publicity)* rehuir.

shunt [ʃʌnt] *vt (Rail)* cambiar de vía, shuntar; *(fig)* desviar.

shunt·ing yard ['ʃʌntɪŋ,jɑ:d] *n* estación *f* de maniobras.

shush [ʃʊʃ] **1** *interj* ¡chis!, ¡chitón! **2** *vt (fam)* (hacer) callar.

shut [ʃʌt] *pt, pp* **shut 1** *vt* cerrar. **2** *vi* cerrarse.

♦ **shut away** *vt + adv* encerrar.

♦ **shut down 1** *vi + adv* cerrarse. **2** *vt + adv (gen)* cerrar; *(machine)* apagar; *(by law)* clausurar.

♦ **shut in** *vt + adv* encerrar.

♦ **shut off** *vt + adv* **(a)** *(stop: water, power, machine)* cortar, cerrar. **(b)** *(isolate)* aislar (*from* de).

♦ **shut out** *vt + adv (leave outside)* dejar fuera; *(put outside)* sacar; *(close door on)* cerrar la puerta a; *(keep out)* excluir; *(block)* tapar.

♦ **shut up 1** *vi + adv (fam: be quiet)* callarse; **~ up!** ¡cállate! **2** *vt + adv* **(a)** *(close)* cerrar. **(b)** *(enclose)* encerrar. **(c)** *(fam: silence)* callar, hacer callar.

shut·down ['ʃʌtdaʊn] *n* cierre *m*.

shut-in [,ʃʌt'ɪn] *adj* encerrado/a.

shut·out ['ʃʌtaʊt] *n (US: lockout)* cierre *m* patronal.

shut·ter ['ʃʌtəʳ] *n (on window)* contraventana *f*, postigo *m*; *(Phot)* obturador *m*.

shut·tered ['ʃʌtəd] *adj* con las contraventas cerradas.

shut·tle ['ʃʌtl] **1** *n (weaving, sewing)* lanzadera *f*; *(space ~)* transportador *m* espacial; *(fig: transport)* servicio *m* regular; *(Aer)* puente *m* aéreo. **2** *vi (subj: transport, person)* ir y venir. **3** *vt* transportar, *(LAm)* trasladar. **4: ~ service** *n* servicio *m* regular entre dos puntos.

shuttle·cock ['ʃʌtlkɒk] *n (Badminton)* volante *m*.

shy [ʃaɪ] **1** *adj* (**-er, -est**) tímido/a; **to be ~** avergonzarse, *(LAm)* apenarse; **to fight ~ of sth/of doing sth** esquivar algo/no atreverse a hacer algo. **2** *vi (horse)* espantarse (*at* a); **to ~ away from sth** *(fig)* huir *or* rehuir de algo; **to ~ away from doing sth** rehusar hacer algo.

shy·ly [ˈʃaɪlɪ] *adv* tímidamente, con timidez.

shy·ness [ˈʃaɪnɪs] *n* timidez *f*.

shy·ster [ˈʃaɪstəʳ] *n (US fam)* tramposo/a *m/f*, estafador(a) *m/f*.

Sia·mese [ˌsaɪəˈmiːz] *adj*: **~ cat** gato *m* siamés; **~ twins** hermanos *mpl* siameses.

sibi·lant [ˈsɪbɪlənt] **1** *adj* sibilante. **2** *n* sibilante *f*.

sib·ling [ˈsɪblɪŋ] *n* hermano/a *m/f*.

Si·cil·ian [sɪˈsɪlɪən] *adj, n* siciliano/a *m/f*.

Sici·ly [ˈsɪsɪlɪ] *n* Sicilia *f*.

sick [sɪk] **1** *adj* (**-er, -est**) **(a)** *(ill)* enfermo/a, *(LAm)* malo/a; **to be (off) ~** estar ausente por enfermedad. **(b)** *(dizzy, about to vomit)* mareado/a; **~ headache** jaqueca *f*; **to be ~** vomitar, devolver (el estómago); **to feel ~** sentir náuseas; **it will make you ~** te hará mal. **(c)** *(fig: mind, joke)* morboso/a; **to be ~ (and tired** *or* **to death) of sth/sb** estar harto (a reventar) de algo/uno; **you make me ~!** *(lit)* ¡me das asco!; **it makes me ~!** *(fig)* ¡me revienta!

2 *npl*: **the ~** los enfermos *mpl*.

3: **~ benefit** *n* subsidio *m* de enfermedad; **~ leave** *n*: **to be on ~ leave** tener licencia por enfermedad; **~ list** *n*: **to be on the ~ list** estar de baja; **~ pay** *n* pago *m* durante la enfermedad.

♦ **sick up** *vt + adv (fam)* vomitar, devolver.

sick·bay [ˈsɪkbeɪ] *n* enfermería *f*.

sick·bed [ˈsɪkbed] *n* lecho *m* de enfermo.

sick·en [ˈsɪkn] **1** *vt (make ill)* poner enfermo; *(revolt)* dar asco; *(fig)* **it ~s me to think I missed the party** me enferma pensar que me perdí la fiesta. **2** *vi* caer enfermo, enfermarse; **to be ~ing for sth** *(show signs of)* mostrar síntomas de; *(miss)* echar de menos, echar a faltar.

sick·en·ing [ˈsɪknɪŋ] *adj (lit)* nauseabundo/a; *(fig)* asqueroso/a, repugnante; *(fam: annoying)* exasperante.

sick·le [ˈsɪkl] *n* hoz *f*.

sick·ly [ˈsɪklɪ] *adj* (**-ier, -iest**) *(person)* enfermizo/a, enclenque; *(smile)* forzado/a; *(pale)* pálido/a; *(taste, smell)* empalagoso/a.

sick·ness [ˈsɪknɪs] **1** *n* enfermedad *f*; *(sea ~, air ~)* mareo *m*. **2**: **~ benefit** *n* = **sick benefit**.

sick·room [ˈsɪkrʊm] *n* cuarto *m* del enfermo.

side [saɪd] **1** *n* **(a)** *(of person)* lado *m*, *(LAm)* costado *m*; *(of animal)* ijar *m*, ijada *f*; **~ of bacon/beef** lonja *f* de tocino/vaca *or (LAm)* res; **at** *or* **by sb's ~** al lado de uno; *(fig)* en apoyo a uno; **by the ~ of me** a mi lado; **~ by ~** uno al lado del otro. **(b)** *(edge: of box, square, building etc)* lado *m*; *(of boat, vehicle)* costado *m*; *(of hill)* ladera *f*, falda *f*; *(of lake)* orilla *f*; *(of road)* borde *m*; **on the other ~ (of the road** *etc*) del otro lado (de la calle *etc*). **(c)** *(face, surface: of box, solid figure, paper, record etc)* cara *f*; *(fig: aspect)* lado *m*, aspecto *m*; **right ~ up** boca arriba; **to hear both ~s of the question** escuchar los argumentos en pro y en contra. **(d)** *(part)* lado *m*; **the left-hand ~** el lado izquierdo; **from all ~s** *or* **from every ~** de todas partes, de todos lados; **from ~ to ~** de un lado a otro; **to move to one ~** apartarse, ponerse de lado; **to take sb on one ~** apartar a uno, *(LAm)* tomar aparte a uno; **to put sth to** *or* **on one ~ (for sb)** guardar algo (para uno); **on the mother's ~** por parte de la madre; **to be on the wrong/right ~ of 30** haber/no haber cumplido los 30 años; **to get on the wrong/right ~ of sb** caerle mal/bien a uno; **to keep on the right ~ of sb** congraciarse *or* quedar bien con uno; **to be on the safe ~ ...** para estar seguro ..., por si acaso ...; **to look on the bright ~** ser optimista; **it's a bit on the large ~** es algo *or (LAm)* tantito grande; **to make a bit (of money) on the ~** *(fam)* ganar algún dinero extra, *(Sp)* hacer chapuzas. **(e)** *(party, team: Sport)* equipo *m*; *(: Pol)* partido *m*; **to have age/justice** *etc* **on one's ~** tener la juventud/la justicia *etc* de su lado; **to pick** *or* **choose ~s** seleccionar el equipo; **to be on the ~ of sth/sb** ser partidario/a de algo/uno; **to take ~s (with sb)** tomar partido (con uno); **to let the ~ down** *(Sport)* dejar caer a los suyos; *(fig)* decepcionar.

2 *vi*: **to ~ with sb** *(in argument)* ponerse de parte de uno.

3: **~ dish** *n* entremés *m*; **~ door** *n*, **~ entrance** *n* puerta *f* de al lado; **~ effect** *n* efecto *m* secundario; **~ issue** *n* cuestión *f* secundaria; **~ plate** *n* platito *m*; **~ road** *n* carretera *f* secundaria; **~ street** *n* calle *f* lateral; **~ view** *n* perfil *m*.

side·board [ˈsaɪdbɔːd] *n* aparador *m*, *(LAm)* seibó *m*.

side·boards [ˈsaɪdbɔːdz] *npl*, (*US*) **side·burns** [saɪdbɜːnz] *npl* patillas *fpl*.

side·car [ˈsaɪdkɑːʳ] *n* sidecar *m*.

-sided [ˈsaɪdɪd] *adj ending in cpds* de ... aspectos *or* caras.

side·kick [ˈsaɪdkɪk] *n (fam: esp US)* compañero/a *m/f*, *(Mex)* cuate *mf*, *(Per)* pata *mf*.

side·light [ˈsaɪdlaɪt] *n (Aut)* luz *f* lateral.

side·line [ˈsaɪdlaɪn] *n* **(a)** *(Ftbl etc)* línea *f* de banda. **(b)** *(fig: Comm)* actividad *f* suplementaria; **it's just a ~** es un pasatiempo, nada más. **(c)** *(fig)* **to be on the ~s** estar al margen.

side·long [ˈsaɪdlɒŋ] **1** *adv* de costado. **2** *adj*: **~ glance** mirada *f* de reojo *or* soslayo.

side-saddle [ˈsaɪdˌsædl] **1** *n* silla *f* de amazona. **2** *adv* montar a la amazona.

side·show [ˈsaɪdʃəʊ] *n (at fair)* atracción *f* secundaria.

side-splitting [ˈsaɪdˌsplɪtɪŋ] *adj (fam)* para reírse a carcajadas.

side-step [ˈsaɪdstep] **1** *vt (problem, question)* eludir, esquivar. **2** *vi (Boxing etc)* dar un quiebro, *(LAm)* fintar *or* dar una finta.

side·track [ˈsaɪdtræk] *vt (person)* despistar; **I got ~ed** me despisté.

side·walk [ˈsaɪdwɔːk] *n (US: pavement)* acera *f*, *(Mex)* banqueta *f*, *(CAm)* andén *m*, *(LAm)* vereda *f*.

side·ways [ˈsaɪdweɪz] **1** *adj (gen)* de lado, lateral; *(look)* de reojo *or* soslayo. **2** *adv*: **to step ~** hacerse de lado; **to walk/move ~** andar/moverse hacia el lado *or* lateralmente; **it goes** *or* **fits in ~** se mete de lado *or* de costado.

sid·ing [ˈsaɪdɪŋ] *n (Rail)* apartadero *m*, vía *f* muerta.

si·dle [ˈsaɪdl] *vi*: **to ~ up (to sb)** acercarse furtivamente (a uno); **to ~ in/out** entrar/salir furtivamente.

siege [siːdʒ] *n* cerco *m*, sitio *m*; **to lay ~ to** cercar, sitiar.

si·en·na [sɪˈenə] *n* siena *f*.

si·es·ta [sɪˈestə] *n* siesta *f*; **to have a ~** dormir la siesta.

sieve [sɪv] **1** *n (gen)* colador *m*; *(Min)* criba *f*, tamiz *m*. **2** *vt (liquid etc)* colar; *(flour, soil etc)* cribar, tamizar.

sift [sɪft] *vt (flour, soil etc)* cerner, tamizar; *(fig)* **to ~ through** examinar cuidadosamente.

sigh [saɪ] **1** *n (of person)* suspiro *m*; *(of wind)* susurro *m*, gemido *m*; **to heave a ~** dar un suspiro. **2** *vi (person)* suspirar; *(wind)* susurrar.

sigh·ing [ˈsaɪɪŋ] *n (of person)* suspiros *mpl*; *(of wind)* susurro *m.*

sight ['saɪt] **1** *n* **(a)** *(faculty, act of seeing)* vista *f;* **to have good/poor (eye)~** tener buena/mala vista; **at first ~** a primera vista; **to shoot on ~** disparar sin previo aviso; **I know her by ~** la conozco de vista; **to have sth within ~** tener algo a la vista; **to keep sth in ~** no perder de vista algo; **we were within ~ of the coast** teníamos la costa a la vista; **it came into ~** apareció; **to catch ~ of sth/sb** divisar algo/a uno; **keep out of ~!** ¡no te dejes ver!, ¡escóndete!; **to lose ~ of sb/sth** perder a uno/algo de vista; **to lose ~ of sb** *(fig)* perder contacto con uno; **to hate the ~ of sb/sth** no poder ver a uno/algo. **(b)** *(spectacle)* espectáculo *m;* **to see** *or* **visit the ~s of Madrid** visitar los lugares turísticos *or* de mayor interés de Madrid; **it's not a pretty ~** no es precisamente bonito; **it's a ~ for sore eyes** da gusto verlo. **(c)** *(on gun: often pl)* mira *f,* alza *f;* **in one's ~s** en la línea de tiro; **to set one's ~s on sth/doing sth** aspirar a *or* ambicionar algo/hacer algo; **to set one's ~s too high** *(fig)* ser demasiado ambicioso. **(d)** *(fam: a great deal)* **this is a ~ better than the other one** éste no tiene comparación con el otro.

2 *vt (Naut: land)* ver, divisar; *(bird, rare animal)* observar, ver; *(person)* ver.

sight·ed ['saɪtɪd] *adj* vidente.

sight·ing ['saɪtɪŋ] *n* observación *f.*

sight-read ['saɪtri:d] *vt, vi (Mus)* repentizar.

sight-reading ['saɪt,ri:dɪŋ] *n (Mus)* acción *f* de repentizar.

sight·seeing ['saɪt,si:ɪŋ] *n* turismo *m;* **to go ~, to do some ~** hacer turismo.

sight·seer ['saɪt,si:əʳ] *n* turista *mf.*

sign [saɪn] **1** *n* **(a)** *(gesture)* gesto *m,* seña *f; (: symbolic etc)* señal *f;* **to make a ~ to sb** hacer seña a uno; **to make the ~ of the Cross** hacer la señal de la cruz. **(b)** *(indication)* señal *f,* muestra *f; (proof)* prueba *f; (track, trail)* huella *f,* rastro *m;* **as a ~ of sth** en señal de algo; **it's a (sure) ~** es una prueba (inconfundible); **it's a ~ of the times** es señal de la época; **it's a good/bad ~** es buena/mala señal; **at the first** *or* **slightest ~ of sth** al primer indicio de algo; **there was no ~ that he had been there** no dejó rastro de su presencia; **to show ~s/no ~ of doing sth** dar/no dar muestras de hacer algo; **there was no ~ of him anywhere** no se le veía en ninguna parte; **there was no ~ of life in the village** no había señal de vida en el pueblo. **(c)** *(road ~: with instructions)* señal *f* de tráfico; *(: direction indicator)* indicador *m; (shop ~)* letrero *m,* rótulo *m; (notice)* anuncio *m;* **there was a big ~ which said 'Danger'** había un gran letrero que decía 'Peligro'. **(d)** *(written symbol)* signo *m,* símbolo *m;* **plus/minus ~** signo de más/de menos.

2 *vt* **(a)** *(letter, contract)* firmar; **to ~ one's name** firmar; **she ~s herself B. Smith** firma con el nombre B. Smith. **(b)** *(Ftbl: player)* fichar.

3 *vi* **(a)** *(with signature)* firmar. **(b)** *(signal)* hacer señas; **to ~ to sb to do sth** hacer señas a uno para que haga algo.

4: ~ language *n* lenguaje *m* por señas.

♦ **sign away** *vt + adv (rights etc)* ceder.

♦ **sign in 1** *vi + adv* firmar el registro. **2** *vt + adv* inscribir en la lista de invitados.

♦ **sign off** *vi + adv (Rad, TV)* cerrar el programa.

♦ **sign on 1** *vi + adv (Mil etc: enlist)* alistarse; *(as unemployed)* registrarse como desempleado; *(as worker)* contratarse; *(enrol)* **to ~ on for a course** matricularse en una clase. **2** *vt + adv (employees)* contratar; *(Mil: enlisted man)* alistar; *(Ftbl)* fichar.

♦ **sign out** *vi + adv* marcharse.

♦ **sign over** *vt + adv (rights etc)* ceder.

♦ **sign up** = **sign on.**

sig·nal ['sɪgnl] **1** *n* señal *f; (Telec)* señal, *(LAm)* tono *m; (TV, Rad)* sintonía *f;* **traffic ~s** semáforo *m;* **railway ~s** semáforos de ferrocarril. **2** *vt* **(a)** *(message)* comunicar por señales; **to ~ a left/right hand turn** *(Aut)* indicar que va a doblar a la izquierda/derecha; **to ~ sb on/through** dar la señal de pasar. **(b)** *(signify)* señalar. **3** *vi (gen)* dar una señal; *(with hands)* hacer señas; **to ~ to sb to do sth** hacer señas a uno para que haga algo; **to ~ (to sb) that ...** comunicar por señas que ... . **4: ~ box** *n (Rail)* garita *f* de señales.

signal·man ['sɪgnlmən] *n, pl* **-men** *(Rail)* guardavía *mf.*

sig·na·tory ['sɪgnətərɪ] *n* firmante *mf,* signatario/a *m/f.*

sig·na·ture ['sɪgnətʃəʳ] **1** *n* **(a)** *(of person)* firma *f;* **to put one's ~ to sth** firmar algo. **(b)** *(Mus)* armadura *f.* **2: ~ tune** *n* sintonía *f* de apertura de un programa.

sign·board ['saɪnbɔ:d] *n (small)* letrero *m; (large)* cartelera *f.*

sig·net ['sɪgnɪt] *adj*: **~ ring** sello *n.*

sig·nifi·cance [sɪg'nɪfɪkəns] *n (meaning)* significado *m; (importance)* importancia *f.*

sig·nifi·cant [sɪg'nɪfɪkənt] *adj (meaningful)* significativo/a; *(important)* importante; **it is ~ that ..., it's a ~ fact that ...** es significativo que ... .

sig·nifi·cant·ly [sɪg'nɪfɪkəntlɪ] *adv (markedly)* sensiblemente; **~, most of them are Scottish** es de notar que la mayoría son escoceses; **she looked at me ~** me lanzó una mirada expresiva.

sig·ni·fy ['sɪgnɪfaɪ] *vt* **(a)** *(mean)* querer decir, significar; *(indicate)* indicar, señalar. **(b)** *(make known)* indicar.

sign·post ['saɪnpəʊst] **1** *n* poste *m* indicador. **2** *vt* indicar.

si·lage ['saɪlɪdʒ] *n* ensilaje *m.*

si·lence ['saɪləns] **1** *n* silencio *m;* **~!** ¡silencio!; **in (dead** *or* **complete) ~** en silencio (absoluto); **there was ~ on the matter** no se hizo comentario alguno sobre la cuestión; **to pass over sth in ~** pasar algo por alto; **~ is golden** en boca cerrada no entran moscas. **2** *vt (person, critics)* hacer callar, acallar; *(noise)* apagar; *(conscience)* calmar, aplacar.

si·lenc·er ['saɪlənsəʳ] *n (Aut, on gun)* silenciador *m.*

si·lent ['saɪlənt] *adj (person)* silencioso/a, callado/a; *(film, letter etc)* mudo/a; **to fall ~** callarse, quedarse callado; **to keep** *or* **remain ~** guardar silencio.

si·lent·ly ['saɪləntlɪ] *adv (gen)* en silencio; *(not speaking)* sin hablar.

sil·hou·ette [,sɪlu:'et] **1** *n* silueta *f.* **2** *vt*: **to be ~d against sth** destacarse *or* perfilarse en *or* contra algo.

sili·ca ['sɪlɪkə] *n* sílice *f.*

sili·con ['sɪlɪkən] **1** *n* silicio *m.* **2: ~ chip** *n* plaqueta *f* de silicio.

sili·cone ['sɪlɪkəʊn] *n* silicona *f.*

sili·co·sis [,sɪlɪ'kəʊsɪs] *n* silicosis *f.*

silk [sɪlk] **1** *n* seda *f.* **2** *cpd* de seda.

silk·screen ['sɪlkskri:n] *n*: **~ printing** serigrafía *f.*

silk·worm ['sɪlkwɜ:m] *n* gusano *m* de seda.

silky ['sɪlkɪ] *adj* **(-ier, -iest)** *(material)* sedoso/a; *(sound)* suave.

sill [sɪl] *n (window~)* alféizar *m; (Aut)* umbral *m.*

sil·li·ness ['sɪlɪnɪs] *n (quality)* estupidez *f; (act)* tontería *f.*

sil·ly ['sɪlɪ] *adj* **(-ier, -iest)** *(stupid: person)* tonto/a, bobo/a; *(: act, idea)* absurdo/a; *(ridiculous)*

ridículo/a.
silo ['saɪləʊ] *n (gen)* silo *m.*
silt [sɪlt] *n* sedimento *m,* aluvión *m.*
♦ **silt up 1** *vi + adv* obstruirse con sedimentos. **2** *vt + adv* obstruir (con sedimentos).
sil·ver ['sɪlvəʳ] **1** *n (metal)* plata *f; (~ware, ~ cutlery)* plata, vajilla *f* de plata; *(money)* monedas *fpl* de plata. **2** *adj* de plata. **3: ~ birch** *n* abedul *m* plateado; **~ coin** *n* moneda *f* de plata; **~ jubilee** *n* vigésimo quinto aniversario *m;* **~ paper** *n,* **~ foil** *n* hoja *f or* lámina *f* de plata; **~ wedding** *n* bodas *fpl* de plata.
silver-plate [ˌsɪlvə'pleɪt] *n (material)* plateado *m; (objects)* vajilla *f* plateada.
silver-plated [ˌsɪlvə'pleɪtɪd] *adj* plateado/a.
silver·smith ['sɪlvəsmɪθ] *n* platero/a *m/f.*
silver·ware ['sɪlvəwɛəʳ] *n* plata *f,* vajilla *f* de plata.
sil·very ['sɪlvərɪ] *adj (colour)* plateado/a; *(sound)* argentino/a.
simi·lar ['sɪmɪləʳ] *adj* semejante *or* parecido/a (*to* a); **~ in size** de tamaño parecido; **the cars are so ~ that ...** los coches se parecen tanto que ... .
simi·lar·ity [ˌsɪmɪ'lærɪtɪ] *n* semejanza *f,* parecido *m.*
simi·lar·ly ['sɪmɪləlɪ] *adv (equally)* igualmente; *(in a like manner)* de manera parecida; **and ~, ...** y del mismo modo *or* por la misma razón ... .
simi·le ['sɪmɪlɪ] *n* símil *m.*
sim·mer ['sɪməʳ] **1** *vt* cocer a fuego lento. **2** *vi* hervir a fuego lento; *(fig)* estar a punto de estallar.
♦ **simmer down** *vi + adv (fig fam)* calmarse, tranquilizarse.
sim·per ['sɪmpəʳ] **1** *n* sonrisa *f* afectada. **2** *vi* sonreír con afectación.
sim·per·ing ['sɪmpərɪŋ] *adj (affected)* afectado/a; *(foolish)* atontado/a.
sim·ple ['sɪmpl] *adj* **(-r, -st)** *(gen)* sencillo/a; *(easy)* fácil, sencillo/a; *(natural)* natural; *(innocent)* ingenuo/a, cándido/a; *(foolish)* simple, tonto/a; **~ interest** *(Fin)* interés *m* simple; **it's as ~ as ABC** es de lo más sencillo.
simple-minded [ˌsɪmpl'maɪndɪd] *adj* simple.
sim·ple·ton ['sɪmpltən] *n* inocentón/ona *m/f,* simplón/ona *m/f.*
sim·plic·ity [sɪm'plɪsɪtɪ] *n (see adj)* sencillez *f;* naturalidad *f;* ingenuidad *f;* simpleza *f.*
sim·plifi·ca·tion [ˌsɪmplɪfɪ'keɪʃən] *n* simplificación *f.*
sim·pli·fy ['sɪmplɪfaɪ] *vt* simplificar.
simp·ly ['sɪmplɪ] *adv* sencillamente; *(only)* **I ~ said that ...** sólo dije que ..., *(LAm)* no más dije que ...; *(fam: absolutely)* **you ~ must come!** ¡no dejes de venir!; **a ~ furnished room** un cuarto sencillamente amueblado.
simu·late ['sɪmjʊleɪt] *vt* simular.
simu·la·tion [ˌsɪmjʊ'leɪʃən] *n* simulación *f.*
simu·lat·or ['sɪmjʊleɪtəʳ] *n* simulador *m.*
sim·ul·ta·neous [ˌsɪməl'teɪnɪəs] *adj* simultáneo/a.
sim·ul·ta·neous·ly [ˌsɪməl'teɪnɪəslɪ] *adv* simultáneamente, a la vez.
sin [sɪn] **1** *n* pecado *m;* **mortal ~** pecado mortal; **it would be a ~ to do that** *(Rel)* sería un pecado hacer eso; *(fig)* sería un crimen hacer eso. **2** *vi* pecar.
since [sɪns] **1** *adv* desde entonces; **ever ~** desde entonces; **not long ~** hace poco. **2** *prep (gen)* desde; *(starting from)* a partir de; **~ Monday** desde el lunes; **(ever) ~ then** *or* **that, ...** desde entonces ... . **3** *conj* **(a)** *(time)* desde que; **(ever) ~ I arrived** desde que llegué. **(b)** *(because)* ya que; **~ you can't come** ya que no puedes venir.
sin·cere [sɪn'sɪəʳ] *adj* sincero/a.
sin·cere·ly [sɪn'sɪəlɪ] *adv* sinceramente; **Yours ~** (le saluda) atentamente.
sin·cer·ity [sɪn'serɪtɪ] *n* sinceridad *f;* **in all ~** con toda sinceridad.
sine [saɪn] *n (Math)* seno *m.*
si·necure ['saɪnɪkjʊəʳ] *n* sinecura *f, (Mex)* hueso *m, (LAm)* enchufe *m.*
sin·ew ['sɪnjuː] *n (tendon)* tendón *m;* **~s** *(muscles)* músculos *mpl; (fig: strength)* nervio *m,* vigor *m.*
sin·ewy ['sɪnjʊɪ] *adj* nervudo/a.
sin·ful ['sɪnfʊl] *adj (act, thought)* pecaminoso/a; *(person)* pecador(a); *(fig)* escandaloso/a.
sing [sɪŋ] *pt* **sang,** *pp* **sung 1** *vt* cantar; **to ~ a child to sleep** arrullar a un niño. **2** *vi (person, bird)* cantar; *(kettle, bullet)* silbar; *(ears)* zumbar.
♦ **sing out** *vi + adv* gritar.
singe [sɪndʒ] *vt* chamuscar.
sing·er ['sɪŋəʳ] *n* cantante *mf.*
sing·ing ['sɪŋɪŋ] **1** *n (act of ~)* cantar *m; (songs)* canciones *fpl; (of kettle etc)* silbido *m; (in ears)* zumbido *m.* **2** *adj* de cantar; **~ teacher** profesor(a) *m/f* de canto.
sin·gle ['sɪŋgl] **1** *adj* **(a)** *(only one)* único/a, solo/a; **a ~ tree in a garden** un árbol único en el jardín; **only on one ~ occasion** una sola vez; **not a ~ one was left** no quedaba ni uno; **every ~ day** todos los días (sin faltar uno); **~ track** *(Rail)* de vía única. **(b)** *(not double etc)* simple, sencillo/a; **~ bed/room** cama *f*/habitación *f* individual *or (LAm)* sencilla; **in ~ file** en fila india; **~ spacing** interlineado *m* simple. **(c)** *(not married)* soltero/a. **2** *n* **(a) ~s** *(Tennis)* individual *m.* **(b)** *(Rail)* billete *m* sencillo *or* de ida. **(c)** *(record)* disco *m* de 45, single *m.*
♦ **single out** *vt + adv (choose)* elegir, seleccionar; *(distinguish)* hacer resaltar.
single-breasted ['sɪŋglˌbrestɪd] *adj* recto/a.
single-decker [ˌsɪŋgl'dekəʳ] *n* autobús *m* de un solo piso.
single-handed [ˌsɪŋgl'hændɪd] *adj, adv* sin ayuda.
single-minded [ˌsɪŋgl'maɪndɪd] *adj* resuelto/a.
sin·gle·ness ['sɪŋglnɪs] *n:* **~ of purpose** resolución *f.*
single-seater [ˌsɪŋgl'siːtəʳ] *adj:* **~ aeroplane** monoplaza *m.*
sin·glet ['sɪŋglɪt] *n* camiseta *f, (LAm)* playera *f.*
sin·gly ['sɪŋglɪ] *adv (separately)* por separado; *(one at a time)* uno por uno.
sing·song ['sɪŋsɒŋ] **1** *adj (tone)* monótono/a. **2** *n (songs)* concierto *m* improvisado; *(sound)* sonsonete *m.*
sin·gu·lar ['sɪŋgjʊləʳ] **1** *adj* **(a)** *(Ling)* singular. **(b)** *(extraordinary)* excepcional, extraordinario/a. **2** *n* singular *m;* **in the ~** en singular.
sin·gu·lar·ly ['sɪŋgjʊləlɪ] *adv (see adj)* singularmente; extraordinariamente.
sin·is·ter ['sɪnɪstəʳ] *adj* siniestro/a.
sink[1] [sɪŋk] *pt* **sank,** *pp* **sunk 1** *vt* **(a)** *(ship)* hundir, echar a pique; *(fig: person, project)* dar al traste con; **to be sunk** *(fam)* estar perdido; **to be sunk in thought** estar absorto en la meditación; **to be sunk in depression** estar sumido en el abatimiento; **let's ~ our differences** hagamos las paces. **(b)** *(mineshaft, well)* cavar, excavar; *(foundations)* echar, sentar; *(stake, pipe etc)* hincar; **he sank his teeth into my arm** me hincó los dientes en el brazo; **to ~ money into an enterprise** invertir dinero en una empresa.

2 *vi (gen)* hundirse; *(in water)* hundirse, irse a pique; *(sun)* ponerse; *(person)* dejarse caer; *(fig: plans etc)* echarse abajo; *(fig: into sleep, despair)* sumirse; **he's ~ing fast** *(dying)* está desvaneciendo; **his heart sank** se le cayó el alma a los pies; **he was left to ~ or swim** *(fig)* le abandonaron a su suerte; **the shares** *or* **share prices have sunk to 3 dollars** las acciones han bajado a 3 dólares.

♦ **sink in** *vi + adv (be submerged)* hundirse; *(penetrate)* penetrar; **it hasn't sunk in yet** *(fig)* aún no ha caído en la cuenta.

sink[2] [sɪŋk] **1** *n (in kitchen)* fregadero *m*, pila *f*; *(in bathroom)* lavabo *m*. **2:** ~ **unit** *n* fregadero *m*.

sink·ing ['sɪŋkɪŋ] **1** *n (shipwreck)* hundimiento *m*. **2** *adj*: **to have a ~ feeling that ...** tener la sensación deprimente de que ...; **with ~ heart** con la muerte en el alma.

sin·ner ['sɪnəʳ] *n* pecador(a) *m/f*.

sinu·ous ['sɪnjʊəs] *adj (gen)* sinuoso/a; *(road)* con muchos rodeos.

si·nus ['saɪnəs] *n (Anat)* seno *m*.

sip [sɪp] **1** *n* sorbo *m*. **2** *vt* sorber, beber a sorbos.

si·phon ['saɪfən] **1** *n* sifón *m*. **2** *vt (also* **~ off, ~ out***)* sacar con sifón; *(fig: traffic, funds)* desviar.

sir [sɜːʳ] *n* señor *m*; **yes, ~** sí, señor; **Dear S~** *(in letter)* muy señor mío, estimado Sr; **S~ Winston Churchill** Sir Winston Churchill.

si·ren ['saɪərən] *n (all senses)* sirena *f*.

sir·loin ['sɜːlɔɪn] *n* solomillo *m*.

si·sal ['saɪsəl] *n* pita *f*, *(LAm)* henequén *m*.

sis·sy ['sɪsɪ] *n (fam)* marica *m*.

sis·ter ['sɪstəʳ] **1** *n* **(a)** *(relation)* hermana *f*. **(b)** *(Med)* enfermera *f* jefe. **(c)** *(Rel)* hermana *f*, monja *f*; *(: before name)* sor. **2:** ~ **nation** *n* nación *f* hermana; ~ **organization** *n* organización *f* hermana; ~ **ship** *n* barco *m* gemelo.

sister-in-law ['sɪstərɪnlɔː] *n*, *pl* **sisters-in-law** cuñada *f*.

sis·ter·ly ['sɪstəlɪ] *adj* de hermana.

sit [sɪt] *pt, pp* **sat 1** *vi* **(a)** *(also* **~ down***)* sentarse, tomar asiento; *(be ~ting down)* estar sentado/a; **to ~ still/straight** estarse quieto/ponerse derecho en la silla; **to be ~ting pretty** *(fig fam)* estar bien colocado/a; **to ~ on a committee** ser miembro de una comisión; **to ~ for a painter/a portrait** posar para un retrato; **to ~ for an examination** presentarse a *or (LAm)* pasar un examen; **to ~ for Bury** *(Pol)* representar a Bury; **to ~ over one's work** trabajar sin descanso. **(b)** *(assembly)* reunirse, celebrar sesión. **(c)** *(bird, insect)* posarse; *(on eggs)* empollar. **(d)** *(dress etc)* caer, sentar.

2 *vt* **(a)** *(guest, child etc)* sentar *or* distribuir en la mesa. **(b)** *(exam)* presentarse a.

♦ **sit about, sit around** *vi + adv* holgazanear, *(LAm)* flojear.

♦ **sit back** *vi + adv (in seat)* recostarse; *(doing nothing)* cruzarse de brazos.

♦ **sit down 1** *vi + adv* sentarse; **to be ~ting down** estar sentado/a. **2** *vt + adv* sentar.

♦ **sit in** *vi + adv* **(a)** *(on a discussion)* asistir. **(b)** *(demonstrate: in a building)* ocupar como protesta.

♦ **sit on** *vi + prep (fig fam)* **(a)** *(keep secret: news, information)* ocultar, callar; *(delay taking action on: document, application)* aplazar. **(b)** *(person: silence)* hacer callar; *(: oppress)* reprimir.

♦ **sit out** *vt + adv* no participar en, mantenerse al margen de.

♦ **sit up 1** *vi + adv* **(a)** *(upright)* ponerse derecho, *(LAm)* enderezarse; *(in bed)* incorporarse; **to ~ up and take notice** despabilarse; **to make sb ~ up (and take notice)** *(fig)* hacer que uno preste atención, llamarle la atención a uno. **(b)** *(stay up late)* mantenerse en vela, *(LAm)* madrugar; **to ~ up with sb** hacerle compañía a uno. **2** *vt + adv (baby, doll)* sentar.

sit·com ['sɪtkɒm] *n (fam: Rad, TV)* comedia *f* de situación.

sit-down ['sɪtdaʊn] *adj (function)* sentado/a; *(strike)* de brazos caídos.

site [saɪt] **1** *n (place)* sitio *m*, lugar *m*; *(location)* situación *f*; *(scene)* escenario *m*; *(for building)* solar *m*, *(Per)* descampado *m*; **camp ~** camping *m*; **the ~ of the battle** el escenario de la batalla. **2** *vt* situar, ubicar; **a badly ~d building** un edificio mal ubicado.

sit-in ['sɪtɪn] *n (fam: demonstration)* ocupación *f*; *(: strike)* huelga *f* de brazos caídos.

sit·ter ['sɪtəʳ] *n (Art)* modelo *mf*; *(baby~) (Sp)* canguro *mf*, *(LAm)* quien cuida al niño.

sit·ting ['sɪtɪŋ] **1** *n (Pol, Art etc)* sesión *f*; *(in canteen)* servicio *m*; **to eat it all at one ~** comérselo todo de una sentada; **to read a book in one ~** leer un libro de un tirón. **2:** ~ **duck** *n (fig)* blanco *m* facilísimo; ~ **room** *n* sala *f*, cuarto *m* de estar, *(LAm)* salón *m*, living *m*, *(RPl)* estancia *f*.

situ·ate ['sɪtjʊeɪt] *vt* situar, ubicar.

situ·ated ['sɪtjʊeɪtɪd] *adj (gen)* situado/a, ubicado/a; **the bank is ~ in the high street** el banco se encuentra en la calle principal; **how are you ~ for money?** *(fig)* ¿cómo vas *or (LAm)* andas de dinero?

situa·tion [ˌsɪtjʊ'eɪʃən] **1** *n (position)* situación *f*, ubicación *f*; *(fig)* situación; *(job)* empleo *m*, *(LAm)* vacante *m*. **2:** ~ **comedy** *n (TV, Rad)* comedia *f* doméstica.

six [sɪks] **1** *adj* seis. **2** *n* seis *m*; **to be (all) at ~es and sevens** *(fig: person)* estar confuso/a; *(: things)* estar en desorden; **it's ~ of one and half a dozen of the other** *(fig)* da lo mismo, *(LAm)* da igual; *for usage see* **five.**

six-shooter ['sɪksˌʃuːtəʳ] *n* revólver *m* de seis tiros.

six·teen [ˌsɪks'tiːn] **1** *adj* dieciséis *or* diez y seis. **2** *n* dieciséis *m*, diez y seis *m*; *for usage see* **five.**

six·teenth [ˌsɪks'tiːnθ] **1** *adj* decimosexto/a. **2** *n (in series)* decimosexto/a *m/f*; *(fraction)* dieciseisavo *m*, decimosexta parte *f*; *for usage see* **fifth.**

sixth [sɪksθ] **1** *adj* sexto/a. **2** *n (in series)* sexto/a *m/f*; *(fraction)* sexto *m*, sexta parte *f*; *for usage see* **fifth.**

six·ti·eth ['sɪkstɪɪθ] **1** *adj* sexagésimo/a. **2** *n (in series)* sexagésimo/a *m/f*; *(fraction)* sexagésima parte *f*, sesentavo *m*; *for usage see* **fifth.**

six·ty ['sɪkstɪ] **1** *adj* sesenta. **2** *n* sesenta *m*; *for usage see* **fifty.**

size[1] [saɪz] *n (gen)* tamaño *m*; *(of person)* talla *f*, estatura *f*; *(of garments)* talla, medida *f*; *(shoes)* número *m*; *(scope)* alcance *m*; **what ~ shoes do you take?** ¿qué numero (de zapato) calzas *or* gastas?; **what ~ are you?** ¿qué talla usas?, ¿de qué talla eres?; **what ~ is the room?** ¿de qué tamaño *or (LAm)* qué tan grande es el cuarto?; **the ~ of the problem** la magnitud del problema; **to cut sth to ~** cortar algo al tamaño que se necesita; **to cut sb down to ~** *(fig fam)* bajarle los humos a uno; **that's about the ~ of it** *(fig)* y ¡eso es todo, más o menos!

♦ **size up** *vt + adv (person)* tomar la medida a; *(problem, situation)* evaluar, apreciar.

size[2] [saɪz] **1** *n* cola *f*, apresto *m*. **2** *vt* encolar, aprestar.

size·able ['saɪzəbl] *adj (sum of money etc)* considerable, importante; *(object)* bastante grande.

-sized [saɪzd] *adj ending in cpds* de tamaño.

siz·zle ['sɪzl] *vi* chisporrotear.

skate[1] [skeɪt] *n (fish)* raya *f*.

skate[2] [skeɪt] **1** *n* patín *m*. **2** *vi* patinar.

♦ **skate over, skate around** *vi + prep (problem,*

issue) pasar por alto *or* por encima de.
skate·board ['skeɪtbɔːd] *n* patín *m.*
skat·ing ['skeɪtɪŋ] **1** *n* patinaje *m;* **do you like ~?** ¿te gusta patinar? **2** *adj* de patinaje.
skel·eton ['skelɪtn] **1** *n (of person)* esqueleto *m; (building etc)* armazón *m,* armadura *f; (structure)* estructura *f; (of novel, report)* esquema *m,* bosquejo *m;* ~ **in the cupboard** *(fig)* secreto *m* de familia. **2** *cpd (staff, service)* mínimo/a; ~ **key** *n* llave *f* maestra; ~ **staff** *n:* **with a ~ staff** con un personal mínimo.
skep·tic ['skeptɪk] *etc (US)* = **sceptic** *etc.*
sketch [sketʃ] **1** *n* **(a)** *(preliminary drawing)* esbozo *m,* bosquejo *m; (plan)* borrador *m,* esquema *m; (quick drawing)* croquis *m; (drawing)* dibujo *m.* **(b)** *(Theat)* sketch *m.* **2** *vt (gen: draw)* dibujar; *(: preliminary drawing, plan etc)* bosquejar, esbozar. **3** *vi* hacer bosquejos.
♦ **sketch in** *vt + adv (details)* explicar con más detalle.
sketch·book ['sketʃbʊk] *n,* **sketch·pad** ['sketʃpæd] *n* bloc *m* de dibujos.
sketchy ['sketʃɪ] *adj* **(-ier, -iest)** incompleto/a, sin detalles.
skew·er ['skjʊəʳ] **1** *n* pincho *m,* broqueta *f, (LAm)* brocheta *f.* **2** *vt* ensartar, espetar.
skew-whiff [ˌskjuː'wɪf] *adj (Brit fam: twisted)* torcido/a, *(LAm)* chueco/a.
ski [skiː] **1** *n* esquí *m.* **2:** ~ **boot** *n* bota *f* de esquí; ~ **instructor** *n* instructor *m* de esquí; ~ **jump** *n (action)* salto *m* con esquís; *(course)* pista *f* de salto; ~ **lift** *n* telesquí *m;* ~ **pants** *npl,* ~ **trousers** *npl* pantalones *mpl* de esquí; ~ **resort** *n* estación *f* de esquí; ~ **run** *n* pista *f* de esquí; ~ **stick** *n* bastón *m.* **3** *vi* esquiar; **to go ~ing** practicar el esquí, (ir a) esquiar; **to ~ down** bajar esquiando.
skid [skɪd] **1** *n* patinazo *m,* resbaló *m.* **2** *vi (Aut)* patinar; *(person, object)* deslizarse, *(LAm)* resbalarse; **to ~ into** dar con *or* contra.
ski·er ['skiːəʳ] *n* esquiador(a) *m/f.*
skiff [skɪf] *n* esquife *m.*
ski·ing ['skiːɪŋ] *n* esquí *m;* **do you like ~?** ¿te gusta esquiar?
skil·ful, *(US)* **skill·ful** ['skɪlfʊl] *adj* hábil, diestro/a.
skil·ful·ly, *(US)* **skill·ful·ly** ['skɪlfəlɪ] *adv* hábilmente, con destreza.
skill [skɪl] *n* **(a)** *(ability)* destreza *f,* habilidad *f; (talent)* talento *m,* don *m.* **(b)** *(technique)* arte *m,* técnica *f.*
skilled [skɪld] *adj* **(a)** *(person: specialized)* experto/a, especializado/a; *(worker)* calificado/a. **(b)** *(job, work)* especializado/a; *(movement)* diestro/a, hábil.
skil·let ['skɪlɪt] *n* sartén *m* pequeño.
skim [skɪm] **1** *vt* **(a)** *(milk)* desnatar, descremar; *(soup)* espumar; **to ~ the cream off (the milk)** desnatar *or* quitar la nata a la leche; **~med milk** leche *f* descremada *or* desnatada. **(b)** *(stone)* hacer cabrillas con; *(ground)* rozar; *(plane, bird etc)* volar a ras de (*the ground* la tierra); *(subject)* tratar superficialmente. **2** *vi:* **to ~ across/along the ground** pasar rozando la tierrra; **to ~ through a book** *(fig)* hojear *or* echar una ojeada a un libro.
skimp [skɪmp] **1** *vt (material etc)* escatimar; *(work)* chapucear; *(praise)* ser tacaño/a en *or* con. **2** *vi* economizar; **to ~ on fabric/work/food** escatimar tela/trabajo/alimento.
skimpy ['skɪmpɪ] *adj* **(-ier, -iest)** *(skirt etc)* ligero/a; *(allowance, meal)* escaso/a, mezquino/a.
skin [skɪn] **1** *n (of person)* piel *f; (of face)* cutis *m; (complexion)* tez *f; (of animal)* piel, pellejo *m; (as hide)* piel, cuero *m; (of fruit, vegetable)* piel, cáscara *f; (: discarded)* mondaduras *fpl; (crust: on paint, milk pudding)* nata *f;* **to have a thick/thin ~** *(fig)* ser poco sensible/muy susceptible; **by the ~ of one's teeth** *(fig)* por los pelos; **to be ~ and bone** *(fig)* estar en los huesos; **to get under sb's ~** *(fig)* irritarle *or* molestarle a uno; **it's no ~ off my nose** *(fig fam)* a mí ni me va ni me viene, *(LAm)* me da igual *or* lo mismo.
2 *vt (animal)* despellejar; **to ~ one's knee/elbow** desollarse la rodilla/el codo; **I'll ~ him alive!** *(fig)* ¡le voy a sacar la mugre *or (Chi)* la cresta!; **to keep one's eyes ~ned for sth** *(fig fam)* andar ojo alerta por algo.
3: ~ **colour** *n* color *m* natural; ~ **disease** *n* enfermedad *f* de la piel; ~ **diving** *n* buceo *m,* escafandrismo *m.*
skin-deep [ˌskɪn'diːp] *adj* superficial.
skin·flint ['skɪnflɪnt] *n* tacaño/a *m/f,* roñoso/a *m/f.*
skin·ful ['skɪnfʊl] *n (fam)* **to have a ~** estar borracho/a *or (LAm)* tomado/a.
skin·head ['skɪnhed] *n* joven *mf* rapado/a.
skin·ny ['skɪnɪ] *adj* **(-ier, -iest)** flaco/a, enjuto/a.
skint [skɪnt] *adj (fam)* **to be ~** estar sin cuartos *or (LAm)* pelado/a.
skin-tight ['skɪn,taɪt] *adj* muy ajustado/a.
skip[1] [skɪp] **1** *n* salto *m,* brinco *m.* **2** *vi (gen)* saltar, *(LAm)* brincar; *(with a rope)* saltar a la comba; **to ~ in/out** *etc* entrar/salir *etc* dando brincos; **to ~ off** *(fig)* largarse, *(LAm)* rajarse; **to ~ over sth** *(fig)* pasar algo por alto, *(LAm)* saltarse algo; **to ~ from one thing to another** saltar de un tema a otro. **3** *vt (fig: meal, lesson, page)* fumarse, *(LAm)* saltarse; **let's ~ it!** *(fam)* ¡basta de eso!
skip[2] [skɪp] *n (container)* container *m.*
skip·per ['skɪpəʳ] *n (Sport, Naut)* capitán/ana *m/f.*
skip·ping ['skɪpɪŋ] **1** *n* comba *f.* **2:** ~ **rope** *n* cuerda *f,* comba *f.*
skir·mish ['skɜːmɪʃ] **1** *n* escaramuza *f,* refriega *f.* **2** *vi* pelear.
skirt [skɜːt] **1** *n* falda *f, (LAm)* pollera *f;* **flared/split/straight ~** falda acampanada/pantalón/estrecha *or* recta. **2** *vt (also* **~ around**) rodear, dar la vuelta a; *(fig: avoid)* esquivar.
skirt·ing (board) ['skɜːtɪŋ(ˌbɔːd)] *n* zócalo *m,* cenefa *f.*
skit [skɪt] *n (Theat)* sátira *f.*
skit·tish ['skɪtɪʃ] *adj (capricious)* caprichoso/a, delicado/a.
skit·tle ['skɪtl] *n* el juego de bolos; **to play ~s** jugar a los bolos.
skive [skaɪv] *vi (fam)* fumarse, *(LAm)* rajarse.
skiv·vy ['skɪvɪ] *n (fam pej)* esclava *f* del hogar.
skulk [skʌlk] *vi* esconderse.
skull [skʌl] *n* calavera *f; (Med)* cráneo *m;* ~ **and crossbones** calavera.
skull·cap ['skʌlkæp] *n (gen)* gorro *m; (priest)* solideo *m.*
skunk [skʌŋk] *n (Zool)* mofeta *f, (LAm)* zorrillo *m; (fam)* **you ~!** ¡canalla!
sky [skaɪ] *n* cielo *m;* **to praise sb to the skies** poner a uno por las nubes; **the ~'s the limit** *(fig fam)* no hay límite.
sky-blue [ˌskaɪ'bluː] **1** *adj* (azul) celeste. **2** *n* azul *m* celeste.
sky-high [ˌskaɪ'haɪ] *adv* por las nubes; **to blow sth ~** hacer algo pedazos; **to blow a theory ~** echar por tierra una teoría; **prices have gone ~** los precios están por las nubes.
sky·lab ['skaɪlæb] *n* skylab *m,* laboratorio *m* espacial.
sky·lark ['skaɪlɑːk] **1** *n (bird)* alondra *f.* **2** *vi (fig fam)* hacer travesuras.

sky·light ['skaılaıt] *n* tragaluz *m*, claraboya *f*.
sky·line ['skaılaın] *n (horizon)* horizonte *m*; *(of city)* contorno *m*, perfil *m*.
sky·scraper ['skaı,skreıpəʳ] *n* rascacielos *m inv*.
sky·writing ['skaı,raıtıŋ] *n* publicidad *f* aérea.
slab [slæb] *n (of stone)* losa *f*; *(in mortuary)* plancha *f* or tabla *f* de mármol; *(of chocolate)* tableta *f*; *(of cake etc)* trozo *m*, tajada *f*.
slack [slæk] **1** *adj* **(-er, -est) (a)** *(not tight or firm)* flojo/a. **(b)** *(lax)* descuidado/a; *(lazy)* perezoso/a, *(LAm)* flojo/a. **(c)** *(Comm)* **business is ~** hay poco movimiento *or* poca actividad en el negocio; **demand was ~** hubo poca demanda. **2** *n* **(a)** *(part of rope etc)* parte *f* floja; **to take up the ~** tensar una cuerda. **(b)** *(Min)* cisco *m*. **3** *vi (fam: Sp)* gandulear, holgazanear, *(: LAm)* flojear.
slack·en ['slækn] *(also* **~ off**) **1** *vt (gen)* aflojar; *(reins)* soltar; **to ~ speed** *or* **one's pace** aflojar el paso, disminuir la velocidad. **2** *vi (see vt)* aflojar(se); *(gale)* amainar(se); *(trade, activity)* bajar, disminuirse.
slac·ker ['slækəʳ] *n (fam)* gandul *mf*, holgazán/ana *m/f*, *(LAm)* flojo/a *m/f*, vago/a *m/f*.
slack·ness ['slæknıs] *n* flojedad *f*.
slacks [slæks] *npl* pantalones *mpl*.
slag [slæg] **1** *n* **(a)** *(Min)* escoria *f*. **(b)** *(fam pej: woman)* puta *f*, ramera *f*. **2: ~ heap** *n* escorial *m*.
slain [sleın] **1** *pp of* **slay. 2** *npl*: **the ~** los caídos *mpl*.
slake [sleık] *vt (one's thirst)* apagar, aplacar.
slam [slæm] **1** *n* **(a)** *(of door)* portazo *m*. **(b)** *(Bridge)* slam *m*. **2** *vt (door)* dar un portazo; *(lid)* cerrar de golpe; **to ~ sth shut** cerrar algo de golpe; **to ~ sth (down) on the table** poner algo en la mesa con fuerza; **to ~ on the brakes** dar un frenazo. **3** *vi (of door)* cerrarse con un golpe.
slan·der ['slɑːndəʳ] **1** *n (gen)* calumnia *f*; *(Jur)* difamación *f*. **2** *vt* calumniar; *(Jur)* difamar.
slan·der·ous ['slɑːndərəs] *adj (gen)* calumnioso/a; *(Jur)* difamatorio/a.
slang [slæŋ] **1** *n (gen)* argot *m*, jerga *f*. **2** *vt (fam: insult, criticize)* poner verde a, injuriar; **a ~ing match** un pleito a voces.
slangy ['slæŋı] *adj* **(-ier, -iest)** *(fam)* vulgar, *(LAm)* grosero/a.
slant [slɑːnt] **1** *n (gen)* inclinación *f*, sesgo *m*; *(slope)* pendiente *f*, cuesta *f*; *(fig: point of view)* punto *m* de vista, interpretación *f*. **2** *vt* inclinar, sesgar; **to ~ a report** *(fig)* enfocar una cuestión de manera parcial. **3** *vi* inclinarse, sesgarse.
slant·ing ['slɑːntıŋ] *adj* inclinado/a, sesgado/a.
slant·wise ['slɑːntwaız] *adj* oblicuamente, al sesgo.
slap [slæp] **1** *n (gen)* palmada *f*, manotada *f*; **~ in the face** bofetada *f*, bofetón *m*; *(fig)* desaire *m*; **a ~ on the back** un espaldarazo; *(fig)* **to give sb a ~ on the back** felicitar a uno. **2** *adv (fam)* de lleno; **it fell ~ in the middle** cayó justo en el medio. **3** *vt* **(a)** *(gen)* dar palmadas *or* manotadas; *(in the face)* abofetear; **to ~ sb on the back** dar a uno una palmada en la espalda; **to ~ sb down** *(fig)* aplastar a uno, bajarle los humos a uno. **(b) he ~ped the book on the table** tiró *or (LAm)* echó el libro sobre la mesa; **to ~ paint on sth** pintar algo a grandes brochazos.
slap-bang [,slæp'bæŋ] *adv* justo, exactamente.
slap·dash ['slæpdæʃ] *adj*, **slap-happy** ['slæp,hæpı] *adj* descuidado/a.
slap·stick ['slæpstık] *n (also* **~ comedy**) bufonada *f*.
slap-up ['slæpʌp] *adj (fam)* **~ meal** banquete *m*, *(LAm)* comilona *f*.
slash [slæʃ] **1** *n (gen)* tajo *m*; *(with knife)* cuchillada *f*; *(with machete)* machetazo *m*; *(with razor)* navajazo *m*. **2** *vt (with knife etc)* acuchillar; *(with razor)* dar tajos a; *(trees)* talar; *(fig: price)* reducir, rebajar; *(: text)* cortar; **'prices ~ed'** 'precios *mpl* sacrificados *or (LAm)* quemados'.
slat [slæt] *n* tablilla *f*, listón *m*.
slate [sleıt] **1** *n* pizarra *f*; **to wipe the ~ clean** *(fig)* hacer borrón y cuenta nueva. **2** *adj* de pizarra; *(colour)* color pizarra. **3** *vt* **(a)** *(roof)* empizarrar. **(b)** *(fam: criticize)* vapulear, criticar duro.
slate-blue [,sleıt'bluː] *adj* de color (azul) pizarra.
slate-grey [,sleı'greı] *adj* de color gris pizarra.
slaugh·ter ['slɔːtəʳ] **1** *n (of animals)* matanza *f*, sacrificio *m*; *(of persons)* matanza, carnicería *f*; **the ~ on the roads** la carnicería en las carreteras. **2** *vt (animals)* matar, sacrificar; *(person, people)* matar brutalmente; *(fig: beat)* dar una paliza a.
slaughter·house ['slɔːtəhaus] *n* matadero *m*.
Slav [slɑːv] *adj*, *n (Slavonic)* eslavo/a *m/f*.
slave [sleıv] **1** *n* esclavo/a *m/f*; **to be a ~ to sth** *(fig)* ser esclavo de algo. **2** *vi*: **to ~ (away) at sth/at doing sth** trabajar como un negro en algo/en hacer algo. **3: ~ driver** *n* negrero/a *m/f*; *(fig)* tirano/a *m/f*; **~ labour** *n (work)* trabajo *m* de esclavos; *(persons)* esclavos *mpl*; **~ trade** *n* trata *f* de esclavos.
slav·er ['slævəʳ] *vi* babear.
slav·ery ['sleıvərı] *n* esclavitud *f*.
slav·ish ['sleıvıʃ] *adj* servil, de esclavo.
slav·ish·ly ['sleıvıʃlı] *adv* servilmente.
slay [sleı] *pt* **slew**, *pp* **slain** *vt (poet: kill)* matar.
slea·zy ['sliːzı] *adj* sórdido/a.
sledge [sledʒ] **1** *n (also* **sled**) trineo *m*. **2** *vi* ir en trineo.
sledge·hammer ['sledʒ,hæməʳ] *n* almádana *f*, almádena *f*.
sleek [sliːk] **1** *adj* **(-er, -est)** *(shiny)* liso/a, lustroso/a; *(of general appearance)* impecable; *(in manner)* meloso/a. **2** *vt*: **to ~ one's hair down** alisarse el pelo.
sleep [sliːp] *(vb: pt, pp* **slept**) **1** *n* sueño *m*; **deep ~/sound ~** sueño *m* profundo/pesado; **to have a good night's ~** dormir toda la noche; **to drop off to ~/to go to ~** quedarse dormido/dormirse; **to go to ~** *(limb)* dormirse; **to put sb to ~** *(patient)* dormir a uno; **to put to ~** *(animal: euph: kill)* sacrificar un animal; **to send sb to ~** *(bore)* adormecer a uno; **I shan't lose any ~ over it** *(fig)* no perderé el sueño por ello.

2 *vt* **(a) to ~ it off** *(fam)* dormir la mona *or (LAm)* la cruda; **to ~ off a big dinner** dormir hasta que baje una cena grande. **(b) we can ~ 4** hay cama para 4.

3 *vi* dormir; **to ~ like a log** *or* **top** dormir como un tronco; **he was ~ing soundly** *or* **deeply** dormía profundamente *or* a pierna suelta; **to ~ on sth** *(fig)* consultar algo con la almohada; **to ~ with sb** *(euph: have sex)* acostarse con uno/a.
♦ **sleep around** *vi + adv (fam)* acostarse con todos.
♦ **sleep in** *vi + adv* quedarse dormido.
sleep·er ['sliːpəʳ] *n* **(a)** *(person)* durmiente *mf*; **to be a heavy/light ~** tener el sueño pesado/ligero. **(b)** *(Rail: on track)* traviesa *f*, durmiente *m*; *(berth)* litera *f*; *(compartment)* camarín *m*, alcoba *f*; *(coach)* coche-cama *m*. **(c)** *(earring)* arete *m*.
sleepi·ly ['sliːpılı] *adv* soñolientamente; **'yes,' she said ~** 'sí,' dijo entre sueños.
sleep·ing ['sliːpıŋ] **1** *adj* dormido/a; **S~ Beauty** la bella durmiente. **2: ~ bag** *n (camper's)* saco *m* de dormir; *(baby's)* pelele *m*; **~ car** *n (Rail)* coche-cama *m*; **~ partner** *n* socio/a *m/f* comanditario/a; **~ pill** *n* somnífero *m*; **~ quarters** *npl* dormitorio

m; ~ **sickness** *n* encefalitis *f* letárgica.
sleep·less ['sli:plɪs] *adj (person)* insomne; **many** ~ **nights** muchas noches en blanco.
sleep·walk·er ['sli:pˌwɔ:kəʳ] *n* sonámbulo/a *m/f.*
sleepy ['sli:pɪ] *adj* (**-ier, -iest**) *(gen)* soñoliento/a; **to be** *or* **feel** ~ *(person)* tener sueño.
sleet [sli:t] **1** *n* aguanieve *f,* cellisca *f.* **2** *vi*: **it was** ~**ing** caía aguanieve *or* cellisca.
sleeve [sli:v] *n (of garment)* manga *f; (of record)* funda *f;* **to have sth up one's** ~ *(fig)* tener algo en reserva.
sleeve·less ['sli:vlɪs] *adj* sin mangas.
sleigh [sleɪ] *n* trineo *m.*
sleight [slaɪt] *n*: ~ **of hand** prestidigitación *f.*
slen·der ['slendəʳ] *adj (person: thin)* delgado/a, fino/a; *(: slim and graceful)* esbelto/a; *(waist, neck, hand)* delgado/a; *(fig: resources)* escaso/a; *(: hope etc)* lejano/a; **by a** ~ **majority** por escasa mayoría.
slept [slept] *pt, pp of* **sleep.**
sleuth [slu:θ] *n (hum)* detective *m.*
slew [slu:] *pt of* **slay.**
slice [slaɪs] **1** *n* **(a)** *(gen: of food)* rebanada *f; (: of meat)* tajada *f; (: of ham)* lonja *f; (: of salami)* rodaja *f; (: of cake)* porción *f,* ración *f;* **a** ~ **of the profits** *(fig)* una participación (en los beneficios); **a** ~ **of life** *(fig)* un trozo de la vida. **(b)** *(tool)* pala *f.* **2** *vt (cut into* ~*s)* rebanar, cortar en tajos; *(divide)* partir; *(cut)* cortar; *(Sport: ball)* dar efecto a, cortar.
♦ **slice off** *vt + adv* cortar.
♦ **slice through** *vi + prep* cortar, partir.
♦ **slice up** *vt + adv* cortar (en rebanadas *etc*).
slic·er ['slaɪsəʳ] *n* máquina *f* de cortar.
slick [slɪk] **1** *adj (pej: skilful)* mañoso/a, hábil. **2** *n*: **oil** ~ capa *f* de aceite. **3** *vt* alisar; *(fig)* **to** ~ **o.s. up** acicalarse.
slide [slaɪd] *(vb: pt, pp* **slid** [slɪd]) **1** *n (act of sliding)* desliz *m,* deslizamiento *m; (by accident)* resbaladiza *f,* resbalón *m; (in playground, swimming pool)* tobogán *m; (land*~*)* desprendimiento *m; (for hair)* pasador *m; (Mus)* vara *f,* corredera *f; (microscope* ~*)* platina *f; (Phot)* diapositiva *f;* **the** ~ **in share prices** la baja de las cotizaciones.
2 *vi (gen)* deslizarse; *(accidentally)* resbalar; **to** ~ **into place** introducirse en su lugar; **to** ~ **down the banisters** deslizarse por la barandilla; **to let things** ~ *(fig)* dejar pasar *or* ir algo.
3 *vt (object)* correr; *(: slip)* deslizar.
4: ~ **projector** *n (Phot)* proyector *m* de diapositivas; ~ **rule** *n (Math)* regla *f* de cálculo; ~ **show** *n (Phot)* exposición *f* de diapositivas.
slid·ing ['slaɪdɪŋ] *adj (part)* corredizo/a; *(door, seat)* corredero/a; ~ **scale** escala *f* móvil.
slight [slaɪt] **1** *adj* (**-er, -est**) **(a)** *(figure)* delgado/a, fino/a; *(of weak appearance)* delicado/a. **(b)** *(trivial)* leve, insignificante; **a** ~ **pain in the arm** un leve dolor en el brazo. **(c)** *(small)* pequeño/a, ligero/a, cierto/a; **a** ~ **improvement** una ligera mejora; **there's not the** ~**est possibility of that** no hay la menor *or* más mínima posibilidad de ello; **not in the** ~**est** en absoluto. **2** *n* desaire *m.* **3** *vt* despreciar, desairar.
slight·ing ['slaɪtɪŋ] *adj* despreciativo/a, menospreciativo/a.
slight·ly ['slaɪtlɪ] *adv* **(a)** *(a little)* un poco, ligeramente; *(scarcely)* apenas, *(LAm)* casi; *(barely)* escasamente; ~ **better** algo mejor. **(b)** ~ **built** delgado/a, fino/a.
slim [slɪm] **1** *adj* (**-mer, -mest**) **(a)** *(figure, person)* delgado/a, fino/a; *(: elegant)* esbelto/a. **(b)** *(fig: resources)* escaso/a; *(: evidence)* insuficiente; **his chances are pretty** ~ sus posibilidades son bastante limitadas. **2** *vi* adelgazar; **I'm** ~**ming** estoy haciendo régimen.
slime [slaɪm] *n (in pond)* cieno *m,* fango *m; (of snail)* baba *f.*
slim·ming ['slɪmɪŋ] *adj (food etc)* que no engorda; *(dress etc)* que adelgaza; ~ **diet** régimen *m* (para adelgazar).
slimy ['slaɪmɪ] *adj* (**-ier, -iest**) limoso/a; *(snail)* baboso/a; *(fig: person)* adulón/ona, zalamero/a.
sling [slɪŋ] *(vb: pt, pp* **slung**) **1** *n (weapon)* honda *f; (Med)* cabestrillo *m;* **to have one's arm in a** ~ llevar el brazo en cabestrillo. **2** *vt (throw)* arrojar, lanzar, *(LAm)* echar; *(: away)* tirar, *(LAm)* botar; **to** ~ **sth over** *or* **across one's shoulder** lanzar algo al hombro.
♦ **sling out** *vt + adv (fam)* echar, tirar, *(LAm)* botar.
slink [slɪŋk] *pt, pp* **slunk** *vi*: **to** ~ **away, to** ~ **off** escabullirse, zafarse.
slinky ['slɪŋkɪ] *adj* (**-ier, -iest**) *(fam: clothes)* ajustado/a, pegado/a al cuerpo; *(: movement)* sensual.
slip [slɪp] **1** *n* **(a)** *(landslide)* desprendimiento *m; (trip)* traspiés *m inv, (LAm)* resbalón *m;* **to give sb the** ~ escabullirse *or* zafarse de uno. **(b)** *(mistake)* error *m,* equivocación *f; (faux pas)* falta *f;* **a** ~ **of the pen** una falta de ortografía; **a** ~ **of the tongue** un lapsus. **(c)** *(undergarment)* combinación *f;* enagua *f; (pillow*~*)* funda *f.* **(d)** *(paper)* papelito *m,* ficha *f;* **a** ~ **of a boy/girl** un(a) chiquillo/a.
2 *vi* **(a)** *(slide)* resbalar, deslizarse; **I/my foot** ~**ped** resbalé/se me fue *or* resbaló el pie; **it** ~**ped from her hand** se le cayó de la mano; **it** ~**ped out that ...** se le escapó que ...; **to let a chance** ~ **by** escapársele una oportunidad; **you're** ~**ping** *(fig fam)* se te fue la mano. **(b)** *(move quickly)* escabullirse, escurrirse; **to** ~ **into/out of sth** *(person: clothes)* ponerse en/quitarse algo; *(: into place)* introducirse en/salirse de algo; *(thing)* introducir en/sacar de algo; **to** ~ **away** *or* **off** marcharse desapercibido/a; **to** ~ **out to the shops** salir un momento a las tiendas; **the months/years have** ~**ped by** ya pasaron los años/meses.
3 *vt* **(a)** *(put in)* meter; **to** ~ **a coin into a slot** introducir una moneda en la ranura; **to** ~ **sb a fiver** pasar cinco libras a uno; **to** ~ **an arm round sb's waist** pasar el brazo por la cintura de uno/a; **to** ~ **on a jumper** ponerse jersey *or (LAm)* suéter; **to** ~ **sth in** introducir algo sin aviso; **a** ~**ped disc** una vértebra dislocada. **(b)** *(escape)* **the dog** ~**ped its collar** el perro se soltó de su correa; **it** ~**ped my memory/notice** se me olvidó/pasó.
4: ~ **road** *n (on motorway)* vía *f* de acceso.
♦ **slip up** *vi (fam: make a mistake)* equivocarse; *(: faux pas)* cometer un desliz.
slip·knot ['slɪpnɒt] *n* nudo *m* corredizo.
slip-on ['slɪpɒn] *adj*: ~ **shoes** zapatillas *fpl.*
slip·per ['slɪpəʳ] *n (gen)* zapatilla *f, (LAm)* pantufla *f; (Tech)* zapata *f,* patín *m.*
slip·pery ['slɪpərɪ] *adj (gen)* resbaladizo/a; *(surface)* escurridizo/a; *(fig pej: person)* mañoso/a, escurridizo/a.
slips [slɪps] *npl*: **in the** ~ *(Theat)* entre bastidores.
slip·shod ['slɪpʃɒd] *adj* descuidado/a.
slip·stream ['slɪpstri:m] *n* estela *f.*
slip-up ['slɪpʌp] *n (fam: mistake)* error *m,* desliz *m.*
slip·way ['slɪpweɪ] *n* gradas *fpl.*
slit [slɪt] *(vb: pt, pp* **slit**) **1** *n (cut, in dress etc)* raja *f; (opening)* abertura *f,* hendidura *f; (cut)* corte *m.* **2** *vt* cortar, abrir; **to** ~ **sb's throat** cortarle el pescuezo a uno.
slith·er ['slɪðəʳ] *vi* deslizarse; **to** ~ **down a slope** ir

rodando por una pendiente; **to ~ about on ice** ir resbalando sobre el hielo.

sliv·er ['slɪvəʳ] *n* lonja *f*, tajada *f*; *(of wood)* astilla *f*.

slob [slɒb] *n (fam)* palurdo/a *m/f*, dejado/a *m/f*.

slob·ber ['slɒbəʳ] *vi (pej)* babear.

slog [slɒg] **1** *n*: **it's a hard ~ to the top** cuesta trabajo llegar a la cumbre. **2** *vi* **(a)** *(work)* afanarse, sudar tinta; **to ~ away at sth** afanarse por hacer algo. **(b)** *(walk etc)* caminar *or* avanzar trabajosamente; **we ~ged on for 8 kilometres** seguimos la marcha otros 8 kilómetros más. **3** *vt (ball, opponent)* golpear.

slo·gan ['sləʊgən] *n* slogan *m*, lema *m*.

slog·ger ['slɒgəʳ] *n* trabajador(a) *m/f*.

slop [slɒp] **1** *vi (also ~* **over***)* derramarse, verterse; **the water was ~ping about in the bucket** el agua chapoteaba en el cubo. **2** *vt* derramar, verter.

slope [sləʊp] **1** *n (up)* cuesta *f*, pendiente *f*; *(down)* declive *m*, bajada *f*; *(of hill)* falda *f*, ladera *f*; **on the eastern ~** en la vertiente este; **the car got stuck on a ~** el coche se atascó en una cuesta. **2** *vi* inclinarse; **to ~ up/down** subir/bajar en pendiente; **the garden ~s down to the stream** el jardín baja hacia el arroyo.

♦ **slope off** *vi + adv (fam)* escabullirse, largarse, *(LAm)* rajarse.

slop·ing ['sləʊpɪŋ] *adj* inclinado/a, al sesgo.

slop·pi·ly ['slɒpɪlɪ] *adv* **(a)** *(carelessly)* en forma descuidada; **to dress ~** vestirse sin atención. **(b)** *(sentimentally)* en forma sentimentaloide.

slop·py ['slɒpɪ] *adj* (**-ier, -iest**) *(food)* aguado/a; *(work etc)* descuidado/a; *(appearance, dress)* desaliñado/a, desordenado/a; *(sentimental)* sentimentaloide.

slops [slɒps] *npl (food)* gachas *fpl*; *(liquid waste)* agua *f* sucia, lavazas *fpl*; *(of tea)* posos *mpl* de té.

slosh [slɒʃ] *(fam)* **1** *vt* **(a)** *(liquid)* **to ~ some water over sth** regar agua sobre algo. **(b)** *(hit: person)* pegar. **2** *vi*: **to ~ about in the puddles** chapotear en los charcos.

sloshed [slɒʃt] *adj (fam)* **to be/get ~** andar/ponerse borracho *or (LAm)* tomado/a *or (RPl)* cuete.

slot [slɒt] **1** *n (in machine etc)* ranura *f*; *(groove)* muesca *f*; *(fig: in timetable, programme etc)* hueco *m*. **2** *vt*: **to ~ in(to)** *(object)* introducir *or* meter en; *(fig: activity, speech)* incluir (en). **3** *vi* introducirse; **it doesn't ~ in with the rest** no encaja con los demás. **4**: **~ machine** *n (at funfair)* tragaperras *f inv*; *(vending machine)* aparato *m* vendedor, distribuidor *m* automático; **~ meter** *n* contador *m*.

sloth [sləʊθ] *n* **(a)** *(vice)* pereza *f*, indolencia *f*. **(b)** *(Zool)* oso *m* perezoso.

sloth·ful ['sləʊθfʊl] *adj* perezoso/a, *(LAm)* flojo/a, vago/a.

slouch [slaʊtʃ] *vi (walking)* andar desgarbado/a; *(sitting)* repantigarse en un sillón.

slov·en·ly ['slʌvnlɪ] *adj (person)* descuidado/a; *(appearance)* desaliñado/a, desaseado/a; *(work)* chapucero/a.

slow [sləʊ] (**-er, -est**) **1** *adj* **(a)** lento/a; **he's a ~ worker** trabaja lentamente; **this car is ~er than my old one** este coche corre más lento que el anterior; **to be ~ to do sth** tardar *or (LAm)* demorar en hacer algo; **to be ~ to anger** tener mucho aguante. **(b)** *(of clock)* atrasado/a; **my watch is 20 minutes ~** mi reloj lleva 20 minutos de atraso. **(c)** *(of person: stupid)* torpe, lento; **~ to understand/notice** lento/a para entender/darse cuenta; **he's a bit ~ at maths** es algo flojo en matemáticas. **(d)** *(boring, dull)* aburrido/a; **life here is ~** aquí se vive a un ritmo lento; **the game is very ~** el juego es muy aburrido; **business is ~** *(Comm)* hay poco movimiento (en el negocio). **(e) the ~ lane of a motorway** *(gen)* el carril derecho; *(Brit)* el carril izquierdo; **bake for two hours in a ~ oven** cocer dos horas en el horno a fuego lento; **in ~ motion** *(Cine)* a cámara lenta.

2 *adv* despacio, *(LAm)* lento, lentamente; **to go ~** *(driver)* conducir despacio; *(in industrial dispute)* trabajar a ritmo lento; **'(go) ~'** '¡despacio!'

3 *vt (also ~* **down, ~ up**: *person, progress)* retrasar; *(: engine, machine)* reducir la marcha de; **that car ~s up the traffic** aquel coche entorpece la circulación.

4 *vi (also ~* **down, ~ up***)* reducir la velocidad *or* la marcha; **production has ~ed to almost nothing** la producción ha bajado casi a cero.

slow-acting ['sləʊˌæktɪŋ] *adj* de efecto retardado.

slow·coach ['sləʊkəʊtʃ] *n (fam)* tortuga *f*.

slow·ly ['sləʊlɪ] *adv* despacio, lentamente; **~ but surely** paso a paso.

slow·ness ['sləʊnɪs] *n (see adj* **a, c, d***)* lentitud *f*; torpeza *f*; aburrimiento *m*.

slow-witted [ˌsləʊ'wɪtɪd] *adj* torpe, lento/a.

slow·worm ['sləʊwɜːm] *n* lución *m*.

sludge [slʌdʒ] *n (mud)* fango *m*, lodo *m*; *(sediment)* residuos *mpl*; *(sewage)* aguas *fpl* residuales.

slug [slʌg] **1** *n (Zool)* babosa *f*; *(bullet)* posta *f*; *(fam: blow)* porrazo *m*; *(: with fist)* puñetazo *m*; **a ~ of whisky** *(fam)* un trago de whisk(e)y. **2** *vt (fam)* pegar, aporrear.

slug·gish ['slʌgɪʃ] *adj (indolent)* perezoso/a, *(LAm)* flojo/a; *(slow moving: river, engine, car)* lento/a; *(: business, market, sales)* inactivo/a, moroso/a; *(liver)* perezoso/a.

sluice [sluːs] **1** *n (gate)* esclusa *f*, compuerta *f*; *(waterway)* canal *m*, conducto *m*. **2** *vt*: **to ~ sth down** *or* **out** regar algo.

slum [slʌm] **1** *n (usu pl: area)* barrio *m* bajo, tugurios *mpl*, *(LAm)* barriada *f*; *(house)* casucha *f*, tugurio *m*. **2**: **~ clearance (programme)** *n* (programa *m* de) deschabolización *f*.

slum·ber ['slʌmbəʳ] **1** *n (sleep)* sueño *m*; *(: deep)* sopor *m*; **~s** sueño. **2** *vi* dormir.

slump [slʌmp] **1** *n (gen)* baja *f* (repentina), bajón *m*; *(in production, sales)* caída *f*, baja; *(economic)* depresión *f*; **the S~** el crac; **the ~ in the price of copper** la baja repentina del precio del cobre. **2** *vi* **(a)** *(price etc)* hundirse; *(production, sales)* bajar, caer; *(fall, also fig: morale etc)* desplomarse. **(b) to ~ into a chair** hundirse en una silla; **he ~ed to the floor** se desplomó al suelo; **he was ~ed over the wheel** se había caído encima del volante.

slung [slʌŋ] *pt, pp of* **sling**.

slunk [slʌŋk] *pt, pp of* **slink**.

slur [slɜːʳ] **1** *n* **(a)** *(stigma)* mancha *f*, calumnia *f*; **to cast a ~ on sb** manchar la reputación de uno. **(b)** *(Mus)* ligado *m*. **2** *vt (word etc)* pronunciar mal, tragar; *(Mus)* ligar.

slurp [slɜːp] *vt, vi (fam)* sorber ruidosamente.

slurred [slɜːd] *adj (pronunciation)* mal articulado/a, borroso/a.

slush [slʌʃ] **1** *n (melting snow)* aguanieve *f*; *(mud)* fango *m*, lodo *m*; *(fam: bad poetry etc)* sentimentalismo *m*. **2**: **~ fund** *n* fondos *mpl* para sobornar.

slushy ['slʌʃɪ] *adj* (**-ier, -iest**) *(snow)* medio derretido; *(fam: poetry etc)* sentimentaloide.

slut [slʌt] *n (immoral)* puta *f (fam)*; *(dirty, untidy)* marrana *f*.

sly [slaɪ] **1** *adj* (**-ier, -iest**) *(wily)* astuto/a, taimado/a; *(secretive)* furtivo/a; *(mischievous)* travieso/a; *(pej)* malicioso/a; **he's a ~ one!** ¡es un zorro! **2** *n*: **on the ~** a hurtadillas, a escondidas; **they used to meet on the ~** se encontraban a escondidas.

sly·ly ['slaılı] *adv (see adj)* con astucia; furtivamente; con malicia.

smack[1] [smæk] *vi*: **to ~ of** *(fig: intrigue etc)* oler a; **it ~s of treachery to me** me suena a traición.

smack[2] [smæk] **1** *n (slap)* bofetada *f,* tortazo *m; (sound)* (ruido *m* de una) bofetada *or* palmada *f;* **to give a child a ~** dar una bofetada a *or* abofetear a un niño. **2** *vt (slap)* dar una bofetada a, abofetear; **she ~ed the child's bottom** pegar al niño en el trasero *or* culo; **to ~ one's lips** relamerse, *(LAm)* chuparse los labios. **3** *adv*: **it fell ~ in the middle** *(fam)* cayó justo en medio; **she ran ~ into the door** chocó contra la puerta, dio de lleno con la puerta.

smack[3] [smæk] *n (Naut)* barca *f* de pesca.

smack·er ['smækəʳ] *n (fam: kiss)* besuqueo *m; (: pound, dollar)* libra *f,* dólar *m.*

small [smɔ:l] **1** *adj* (**-er, -est**) *(gen: in size)* pequeño/a, *(LAm)* chico/a; *(: in height)* bajo/a, pequeño/a, *(LAm)* chaparro/a; *(stock, supply, number)* escaso/a, corto/a; *(clothes etc)* de talla pequeña; *(meal)* ligero/a; *(humble: voice)* débil; *(coal etc)* menudo/a; *(minor, unimportant)* menor, sin importancia; *(: increase, improvement)* mínimo/a; **in ~ letters** en minúscula; **when we were ~** cuando éramos pequeños; **the dress is too ~ for her** el vestido le viene pequeño *or* chico; **the ~est possible number of books** los menos libros posible; **to have a ~ appetite** tener poco apetito; **to feel ~** *(fig)* sentirse poca cosa *or* humillado; **a ~ problem** un pequeño problema; **to have ~ hope of success** tener pocas esperanzas de éxito; **to have ~ cause** *or* **reason to do sth** tener poco motivo para hacer algo; **to start in a ~ way** empezar en pequeña escala; **a ~ businessman** pequeño/a comerciante *mf.*

2 *n*: **~ of the back** región *f* lumbar; **~s** *(Brit fam: underwear)* ropa *fsg* interior *or (LAm)* íntima.

3 *adv* en pedazos pequeños; **to cut sth up ~** cortar algo en trocitos.

4: **~ ad** *n* anuncio *m* por palabras; **~ arms** *npl* armas *fpl* cortas; **~ change** *n* suelto *m,* cambio *m, (LAm)* sencillo *m, (Mex)* feria *f;* **~ hours** *npl* altas horas *fpl* (de la noche); **~ screen** *n* pequeña pantalla *f, (LAm)* pantalla chica; **~ talk** *n* charla *f, (Mex)* pláticas *fpl.*

small·holding ['smɔ:l,həʊldıŋ] *n* parcela *f,* minifundio *m, (RPl)* chacra *f.*

small·ish ['smɔ:lıʃ] *adj* más bien pequeño/a *or* chico/a.

small-minded [,smɔ:l'maındıd] *adj* mezquino/a, de miras estrechas.

small·ness ['smɔ:lnıs] *n (gen)* pequeñez *f, (LAm)* lo chico; *(in size)* lo bajo, *(LAm)* lo chaparro.

small·pox ['smɔ:lpɒks] *n (Med)* viruela *f.*

small-scale ['smɔ:lskeıl] *adj (gen)* en pequeña escala.

small-time ['smɔ:ltaım] *adj (fam)* de poca categoría *or* monta; **a ~ criminal** un delincuente menor.

small-town ['smɔ:ltaʊn] *adj* provinciano/a, pueblerino/a.

smarmy ['smɑ:mı] *adj* (**-ier, -iest**) *(fam)* zalamero/a.

smart [smɑ:t] **1** *adj* (**-er, -est**) **(a)** *(elegant)* elegante; *(society)* de buen tono, fino/a; **that's a ~ car** ¡qué coche más elegante! **(b)** *(bright)* listo/a; *(sharp)* hábil; **he was too ~ for me** me engañó; **that was pretty ~ of you** ¡qué listo *or* astuto!; **~ work by the police led to ...** la pronta reacción de la policía permitió que .... **(c)** *(quick: pace, action)* rápido/a; **look ~ about it!** ¡date prisa!, *(LAm)* ¡apúrate! **2** *vi* **(a)** *(Med)* escocer, picar, *(LAm)* arder; **my eyes are ~ing** me pican los ojos. **(b)** *(fig)* dolerse; **she's still ~ing from his remarks** sus comentarios le hirieron en lo más vivo; **to ~ under an insult** dolerse *or* resentirse ante una injuria.

smart aleck ['smɑ:t,ælık] *n (fam: smart guy)* listo/a *m/f,* vivo/a *m/f; (: knowall)* sabelotodo *mf.*

smart·en ['smɑ:tn] **1** *vt (also* **~ up**) arreglar; **to ~ up one's ideas** espabilarse, ponerse sobre aviso. **2** *vi (also* **~ up**) arreglarse.

smart·ly ['smɑ:tlı] *adv* **(a)** *(elegantly)* elegantemente. **(b)** *(cleverly)* inteligentemente. **(c)** *(quickly)* rápidamente.

smart·ness ['smɑ:tnıs] *n* **(a)** *(in appearance: elegance)* elegancia *f; (: neatness)* arreglo *m.* **(b)** *(cleverness)* inteligencia *f; (brightness)* viveza *f.*

smash [smæʃ] **1** *n (breakage)* rotura *f, (LAm)* quiebra *f; (collision)* choque *m; (Tennis etc)* smash *m,* mate *m;* **he died in a car ~** murió en un accidente de tránsito. **2** *vt (break)* romper, *(LAm)* quebrar; *(shatter)* hacer pedazos *or* trizas; *(wreck)* dar al traste con; *(ruin)* arruinar, minar; *(defeat)* vencer a, derrotar; *(overcome: record etc)* batir, pasar; *(Tennis etc)* dar mate a; **he ~ed it against the wall** lo estrelló contra la pared; **we will ~ this crime ring** romperemos este complot; **he ~ed his way out of the building** se escapó del edificio a base de golpes. **3** *vi (break)* romperse, hacerse pedazos, *(LAm)* quebrarse; **the car ~ed into the wall** el coche se estrelló contra la pared.

♦ **smash down** *vt + adv (door)* echar abajo.

♦ **smash in** *vt + adv (door, window)* forzar; **to ~ sb's face in** *(fam)* romperle la cara a uno.

♦ **smash up** *vt + adv (car)* hacer pedazos; *(fam: person, place)* pulverizar.

smash-hit [,smæʃ'hıt] *n* exitazo *m.*

smash·ing ['smæʃıŋ] *adj (fam)* estupendo/a, bárbaro/a, *(LAm)* macanudo/a; **we had a ~ time** lo pasamos estupendamente *or (RPl)* regio *or (LAm)* de maravilla.

smat·ter·ing ['smætərıŋ] *n*: **to have a ~ of** tener idea de.

smear [smıəʳ] **1** *n (lit)* mancha *f; (fig)* calumnia *f; (Med)* frotis *m.* **2** *vt* **(a)** untar, *(LAm)* embarrar; **to ~ one's face with blood** untarse la cara de sangre. **(b)** *(print, lettering etc)* borrar. **(c)** *(fig: libel)* calumniar, difamar. **3** *vi (paint, ink etc)* correrse. **4**: **~ campaign** *n* campaña *f* de calumnias; **~ test** *n (Med)* frotis *m.*

smell [smel] *(vb: pt, pp* **smelled** *or* **smelt**) **1** *n* **(a)** *(sense of ~)* olfato *m;* **to have a keen sense of ~** tener buen olfato. **(b)** *(odour)* olor *m;* **it has a nice ~** huele bien; **there's a strong ~ of gas here** huele mucho a gas por aquí. **2** *vt* oler; *(fig)* olfatear; **to ~ danger** *(fig)* olfatear el peligro; **I can ~ a rat** *(fig)* aquí hay gato encerrado. **3** *vi (gen)* oler; *(stink)* apestar; **my fingers ~ of garlic** mis dedos huelen a ajo; **it ~s like chicken** huele a pollo; **it ~s good** huele bien; **it ~s damp in here** huele a húmedo aquí dentro.

♦ **smell out** *vt + adv* **(a)** *(animal)* husmear. **(b) your feet ~ the room out!** ¡tus pies están envenando el ambiente!

smell·ing ['smelıŋ] *adj*: **~ salts** sales *fpl* aromáticas.

smelly ['smelı] *adj* (**-ier, -iest**) *(fam)* maloliente, pestífero/a *(fam).*

smelt[1] [smelt] *pt, pp of* **smell.**

smelt[2] [smelt] *vt* fundir.

smile [smaıl] **1** *n* sonrisa *f;* **she said with a ~** dijo sonriente; **with a ~ on one's lips** con una sonrisa en los labios; **to be all ~s** ser pura sonrisa; **to give sb a ~** sonreír a uno; **to wipe the ~ off sb's**

face quitarle a uno las ganas de sonreír. **2** *vi* sonreír; **to ~ at sb/sth** *(in greeting)* sonreír a uno/algo; *(with contempt)* reírse de uno/algo; **keep smiling!** ¡ánimo!; **fortune ~d on him** le sonrió la fortuna. **3** *vt*: **he ~d his appreciation** dio las gracias con una sonrisa, sonrió de agradecimiento.

smil·ing ['smaɪlɪŋ] *adj* sonriente, risueño/a.

smirk [smɜːk] **1** *n* sonrisa *f* de satisfacción. **2** *vi* sonreír de satisfacción.

smite [smaɪt] *pt* **smote,** *pp* **smitten** *vt (old: strike)* golpear; *(: punish)* castigar; *see also* **smitten.**

smith [smɪθ] *n* herrero *m*.

smith·er·eens [ˌsmɪðə'riːnz] *npl*: **to smash sth to ~** hacer añicos *or* trizas algo.

smithy ['smɪðɪ] *n* herrería *m*, fragua *f*.

smit·ten ['smɪtn] **1** *pp of* **smite. 2** *adj pred*: **to be ~ (with sb)** estar locamente enamorado/a (de uno); **to be ~ with flu** estar aquejado/a de gripe; **to be ~ with remorse** remorderle a uno la conciencia.

smock [smɒk] *n (blouse)* bata *f*; *(to protect clothing)* guardapolvo *m*.

smock·ing ['smɒkɪŋ] *n* adorno *m* de frunces.

smog [smɒg] *n* smog *m*, niebla *f* mezclada con humo.

smoke [sməʊk] **1** *n* **(a)** humo *m*; **there's no ~ without fire** cuando el río suena, agua lleva; **to go up in ~** *(lit)* hacerse humo; *(fig: fail)* fracasar, venir abajo, *(LAm)* malograrse; *(: disappear)* esfumarse. **(b)** *(cigarette etc)* cigarrillo *m*, *(LAm)* tabaco *m*, cigarro *m*; **to have a ~** fumar(se) un cigarrillo *etc*. **2** *vt* **(a)** *(tobacco)* fumar. **(b)** *(bacon, fish, cheese)* ahumar. **3** *vi* **(a)** *(chimney etc)* echar humo. **(b)** *(smoker)* fumar; **do you ~?** ¿fumas? **4**: **~ bomb** *n* bomba *f* fumígena *or* de humo; **~ screen** *n (Mil)* cortina *f* de humo; **~ signal** *n* señal *f* de humo.

♦ **smoke out** *vt + adv (insects)* ahuyentar con humo.

smoked [sməʊkt] *adj (bacon, fish, etc)* ahumado/a; **~ glass** cristal *m or (LAm)* vidrio *m* ahumado.

smoke·less ['sməʊklɪs] *adj*: **~ fuel** combustible *m* sin humo; **~ zone** zona *f* libre de humos.

smoker ['sməʊkə^r] *n (person)* fumador(a) *m/f*; *(railway carriage)* coche *m or* vagón *m* de fumar; **~'s cough** tos *f* de fumador.

smok·ing ['sməʊkɪŋ] **1** *adj* humeante, que humea. **2** *n* fumar *m*; **'no ~'** 'prohibido fumar', 'no fumar', 'se prohibe fumar'. **3**: **~ compartment** *n*, *(US)* **~ car** *n* departamento *m* de fumadores; **~ jacket** *n* medio batín *m*.

smoky ['sməʊkɪ] *adj* **(-ier, -iest)** *(chimney, fire)* humeante, que humea; *(room, atmosphere)* lleno/a de humo; *(flavour, surface etc)* ahumado/a.

smol·der ['sməʊldə^r] *vi (US)* = **smoulder.**

smooch [smuːtʃ] *vi* besuquearse.

smooth [smuːð] **1** *adj* **(-er, -est) (a)** *(skin)* liso/a; *(road etc)* llano/a, *(LAm)* parejo/a; *(sea)* tranquilo/a, en calma. **(b)** *(in consistency: paste etc)* sin grumos. **(c)** *(running of engine, take-off etc)* suave, *(LAm)* parejo/a. **(d)** *(trouble-free)* sin inconvenientes. **(e)** *(not harsh in taste or sound)* suave. **(f)** *(pej: person)* zalamero/a, meloso/a. **2** *vt* **(a)** *(also* **~ down:** *hair etc)* alisar; **to ~ the way for sb** *(fig)* allanar el camino para uno. **(b)** *(remove roughness from)* limar; *(polish)* pulir; *(flatten)* alisar, *(LAm)* emparejar; **to ~ away wrinkles** quitar las arrugas.

♦ **smooth out** *vt + adv (fabric, creases)* alisar; *(road etc)* aplanar, allanar; *(fig: problem)* solucionar.

♦ **smooth over** *vt + adv*: **to ~ things over** *(fig)* limar las asperezas.

smooth·ly ['smuːðlɪ] *adv (see adj)* lisamente, parejo; suavemente; **everything went ~** todo pasó sin novedad.

smooth·ness ['smuːðnɪs] *n (see adj)* llaneza *f*; suavidad *f*.

smooth-running [ˌsmuːð'rʌnɪŋ] *adj (engine etc)* suave, *(LAm)* parejo/a.

smote [sməʊt] *pt of* **smite.**

smoth·er ['smʌðə^r] **1** *vt* **(a)** *(stifle)* sofocar; *(: yawn, sob, laughter)* contener. **(b)** *(cover)* cubrir; **they ~ed him with kisses** le colmaron *or* abrumaron de besos. **2** *vi (asphyxiate)* asfixiarse, ahogarse.

smoul·der, *(US)* **smol·der** ['sməʊldə^r] *vi (fire)* arder sin llama; *(fig: passion etc)* arder.

smudge [smʌdʒ] **1** *n* mancha *f*. **2** *vt* manchar. **3** *vi* correrse.

smug [smʌg] *adj* **(-ger, -gest)** creído/a, engreído/a.

smug·gle ['smʌgl] *vt (bring or take secretly)* pasar de contrabando; **to ~ goods in/out** meter/sacar mercancías de contrabando; **to ~ sth past** *or* **through Customs** pasar algo de contrabando por la aduana.

smug·gler ['smʌglə^r] *n* contrabandista *mf*.

smug·gling ['smʌglɪŋ] *n* contrabando *m*.

smug·ly ['smʌglɪ] *adv* con engreimiento.

smut [smʌt] *n (grain of soot)* carbonilla *f*, hollín *m*; *(crudity)* obscenidades *fpl*.

smut·ty ['smʌtɪ] *adj* **(-ier, -iest)** *(dirty)* manchado/a; *(crude)* obsceno/a, verde, *(LAm)* colorado/a.

snack [snæk] **1** *n* tentempié *m*, bocadillo *m*; **to have a ~** probarse un bocado. **2**: **~ bar** *n* cafetería *f*, *(LAm)* lonchería *f*.

sna·fu [snæ'fuː] *adj (US fam)* liado/a, embrollado/a.

snag [snæg] *n (tooth)* raigón *m*; *(tree)* tocón *m*; *(pulled thread)* enganchón *m*; *(difficulty)* inconveniente *m*, problema *m*; **what's the ~?** ¿en qué consiste la pega?, *(LAm)* ¿cuál es el problema?; **to run into** *or* **hit a ~** encontrar inconvenientes, dar con un obstáculo.

snail [sneɪl] *n* caracol *m*; **at a ~'s pace** a paso de tortuga.

snake [sneɪk] **1** *n* serpiente *f*, *(LAm)* víbora *f*; *(harmless)* culebra *f*; **a ~ in the grass** *(fig)* un traidor. **2**: **~ charmer** *n* encantador(a) *m/f* de serpientes; **~s and ladders** *n* juego *m* de la oca.

snake·bite ['sneɪkbaɪt] *n* mordedura *f or* picadura *f* de serpiente.

snake·skin ['sneɪkskɪn] *n* piel *f* de serpiente.

snap [snæp] **1** *n (sound)* golpe *m*, ruido *m* seco; *(of sth breaking)* chasquido *m*; (*also* **~ fastener**) cierre *m* (automático); *(Phot)* foto *f*; **a cold ~** *(fam)* una ola de frío, *(LAm)* un norte; **the dog made a ~ at the biscuit** el perro se lanzó sobre la galleta. **2** *adj (sudden)* repentino/a, sin aviso; **~ decision** decisión *f* instantánea. **3** *vt* **(a)** *(break)* partir, *(LAm)* quebrar. **(b)** *(fingers)* castañetear; **to ~ one's fingers at sb/sth** *(fig)* burlarse de uno/algo; **to ~ a box shut** cerrar una caja de golpe. **(c) 'be quiet!' she ~ped** 'cállate,' dijo bruscamente *or (LAm)* con enojo. **(d)** *(Phot)* sacar una foto. **4** *vi* **(a)** *(break: elastic)* romperse. **(b)** *(whip)* chasquear; **it ~ped shut** se cerró de golpe; **to ~ into place** meterse de golpe. **(c) to ~ at sb** *(person)* regañarle a uno; *(dog)* intentar morder a uno.

♦ **snap off** *vt + adv* separar, quebrar; **to ~ sb's head off** *(fig)* regañarle a uno, echarle un rapapolvo a uno.

♦ **snap out 1** *vi + adv*: **~ out of it!** *(fam)* ¡anímate! **2** *vt + adv (order etc)* gritar, decir con brusquedad *or (LAm)* enojo.

♦ **snap up** *vt + adv*: **to ~ up a bargain** *(fig)* agarrar una ganga.

snap·dragon ['snæpˌdrægən] *n (Bot)* dragón *m*.

snap·pish ['snæpɪʃ] *adj* irritable, gruñón/ona.
snap·py ['snæpɪ] *adj* (**-ier, -iest**) *(fam)* rápido/a; *(smart)* elegante; **make it ~!** ¡date prisa!, *(LAm)* ¡apúrate!
snap·shot ['snæpʃɒt] *n (Phot)* foto *f.*
snare [snεəʳ] **1** *n* lazo *m; (fig)* trampa *f.* **2** *vt (Sp)* coger *or (LAm)* agarrar con lazo; *(fig)* atrapar.
snarl[1] [snɑːl] **1** *n (noise)* gruñido *m.* **2** *vi*: **to ~ at sb** decirle a uno gruñendo.
snarl[2] [snɑːl] **1** *n (in wool etc)* maraña *f,* enredo *m; (in traffic)* atasco *m,* embotellamiento *m.* **2** *vt (also* **~ up:** *wool)* enmarañar; *(: plans)* confundir, enredar; *(: traffic)* atascar.
snarl-up ['snɑːlʌp] *n* enredo *m,* maraña *f.*
snatch [snætʃ] **1** *n* **(a)** *(act of ~ing)* arrebatamiento *m;* **to make a ~ at sth** intentar arrebatar *or* agarrar algo. **(b)** *(fam: theft)* robo *m,* hurto *m.* **(c)** *(snippet)* trocito *m;* **~es of conversation** fragmentos *mpl* de conversación; **to sleep in ~es** dormir a ratos. **2** *vt (grab)* arrebatar; **to ~ a meal** comer a la carrera; **to ~ some sleep** buscar tiempo para dormir; **to ~ a knife out of sb's hand** arrebatarle un cuchillo a uno. **3** *vi*: **don't ~** ¡no me lo quites!; **to ~ at sth** *(lit, fig)* intentar agarrar algo.
♦ **snatch away** *vt + adv*: **to ~ sth away from sb** arrebatar algo a uno.
♦ **snatch up** *vt + adv* agarrar (rápidamente).
sneak [sniːk] **1** *vt*: **to ~ sth out of a place** sacar algo furtivamente de un lugar; **to ~ a look at sth** mirar algo de reojo *or* soslayo. **2** *vi* **(a) to ~ in/out** entrar/salir a hurtadillas; **to ~ away** *or* **off** escabullirse; **to ~ in** colarse; **to ~ off with sth** llevarse algo furtivamente. **(b) to ~ on sb** *(fam)* denunciar a uno, *(LAm)* soplar sobre uno. **3** *n (fam: tale-teller)* chivato/a *m/f, (LAm)* soplón/ona *m/f.* **4: ~ thief** *n* ratero/a *m/f.*
sneak·ers ['sniːkəz] *npl* zapatos *mpl* de lona, zapatillas *fpl.*
sneak·ing ['sniːkɪŋ] *adj* ligero/a; **to have a ~ dislike of sb** sentir antipatía hacia uno; **I have a ~ feeling that ...** tengo la sensación de que ... .
sneaky ['sniːkɪ] *adj* (**-ier, -iest**) *(fam)* soplón/ona.
sneer [snɪəʳ] **1** *n (expression)* cara *f* de desprecio; *(remark)* comentario *m* desdeñoso. **2** *vi* hablar con desprecio *or* desdén; **to ~ at sb/sth** *(laugh)* mofarse de uno/algo; *(scorn)* despreciar a uno/algo.
sneeze [sniːz] **1** *n* estornudo *m.* **2** *vi* estornudar; **an offer not to be ~d at** *(fig)* una oferta que no es de despreciar.
snide [snaɪd] *adj (fam)* bajo/a, sarcástico/a.
sniff [snɪf] **1** *n (gen: act)* sorbo *m; (: dog)* husmeo *m; (faint smell)* olorcito *m.* **2** *vt (snuff etc)* sorber (por la nariz), aspirar; *(smell)* oler; *(: dog etc)* olfatear, husmear. **3** *vi* aspirar por la nariz, sorber; **to ~ at sth** *(lit)* oler algo; *(fig)* despreciar *or* desdeñar algo.
♦ **sniff out** *vt + adv (discover)* encontrar husmeando; *(pry)* fisgar, fisgonear; *(fig: dig out)* desenterrar.
snif·fle ['snɪfl] = **snuffle.**
snif·ter ['snɪftəʳ] *n (fam)* copa *f,* trago *m.*
snig·ger ['snɪgəʳ] **1** *n* risilla *f.* **2** *vi* reír disimuladamente; **to ~ at** reírse tontamente de algo.
snip [snɪp] **1** *n (cut)* tijeretada *f; (action, noise)* tijereteo *m; (small piece)* recorte *m; (fam: bargain)* ganga *f.* **2** *vt* tijeretear; **to ~ sth off** cortar algo con tijeras.
snipe [snaɪp] **1** *n (bird)* agachadiza *f.* **2** *vi*: **to ~ at sb** *(lit)* disparar a uno desde un escondite; **to ~ at one's critics** responder ante las críticas.
snip·er ['snaɪpəʳ] *n* francotirador(a) *m/f.*
snip·pet ['snɪpɪt] *n (of cloth, paper)* pedacito *m,* recorte *m; (of information, conversation etc)* retazo *m,* fragmento *m.*
snitch [snɪtʃ] **1** *vi*: **to ~ on sb** *(fam)* chivarse *or (LAm)* soplar a uno. **2** *vt (fam: steal)* chorizar, *(LAm)* ratear.
sniv·el ['snɪvl] *vi* lloriquear.
sniv·el·ling ['snɪvlɪŋ] *adj* llorón/ona.
snob [snɒb] *n* (e)snob *mf,* presumido/a *m/f;* **he's an intellectual ~** presume de intelectual.
snob·bery ['snɒbərɪ] *n* (e)snobismo *m,* presunción *f.*
snob·bish ['snɒbɪʃ] *adj* snob, presumido/a.
snook [snuːk] *n (fam)* **to cock a ~ at sb** *(fig)* hacer un palmo de narices a uno.
snook·er ['snuːkəʳ] **1** *n* snooker *m,* billar *m* inglés. **2** *vt*: **to be properly ~ed** *(fig fam)* estar en un aprieto serio.
snoop [snuːp] **1** *n (act)* **to have a ~ round** fisgar, fisgonear. **2** *vi (also* **~ about, ~ around:** *pry)* fisgar, fisgonear; *(: interfere)* entrometerse.
snoop·er ['snuːpəʳ] *n* fisgón/ona *m/f.*
snooty ['snuːtɪ] *adj* (**-ier, -iest**) *(fam)* presumido/a, (e)snob.
snooze [snuːz] **1** *n* cabezada *f,* siestecita *f;* **to have a ~** dar una cabezada, echar una siestecita. **2** *vi* dormitar.
snore [snɔːʳ] **1** *n* ronquido *m.* **2** *vi* roncar.
snor·kel ['snɔːkl] *n (of swimmer)* tubo *m* de respiración; *(of submarine)* (e)snorquel *m.*
snort [snɔːt] **1** *n* resoplido *m.* **2** *vi (horse)* resoplar, bufar; *(person: with anger, impatience etc)* resoplar, bufar.
snort·er ['snɔːtəʳ] *n (fam)* **(a) a real ~ of a problem** un problemón. **(b)** *(drink)* trago *m,* copa *f.*
snot [snɒt] *n (fam)* mocos *mpl.*
snot·ty ['snɒtɪ] *adj* (**-ier, -iest**) *(fam)* mocoso/a; *(Brit fam: snooty)* (e)snob, presumido/a.
snout [snaʊt] *n (gen)* hocico *m,* jeta *f.*
snow [snəʊ] **1** *n* **(a)** nieve *f.* **(b)** *(on TV screen)* lluvia *f.* **2** *vt*: **to be ~ed in** *or* **up** quedar aislado por la nieve; **to be ~ed under with work** *(fig)* estar agobiado de trabajo. **3** *vi* nevar. **4: ~ blindness** *n (Med)* ceguera *f* de nieve; **~ line** *n* límite *m* de las nieves perpetuas; **~ report** *n (Met)* informe *m* sobre el estado de la nieve.
snow·ball ['snəʊbɔːl] **1** *n* bola *f* de nieve. **2** *vi (fig)* aumentar progresivamente, ir aumentándose.
snow-bound ['snəʊbaʊnd] *adj* aislado/a *or* bloqueado/a por la nieve.
snow-capped ['snəʊkæpt] *adj* cubierto/a de nieve, nevado/a.
snow-covered ['snəʊˌkʌvəd] *adj* cubierto/a de nieve, nevado/a.
snow·drift ['snəʊdrɪft] *n* ventisca *f,* ventisquero *m.*
snow·drop ['snəʊdrɒp] *n* campanilla *f* de invierno.
snow·fall ['snəʊfɔːl] *n (gen)* nevada *f.*
snow·flake ['snəʊfleɪk] *n* copo *m* de nieve.
snow·man ['snəʊmæn] *n, pl* **-men** figura *f* de nieve; **the abominable ~** el abominable hombre de las nieves.
snow·plough, *(US)* **snow·plow** ['snəʊplaʊ] *n* quitanieves *m inv.*
snow·shoe ['snəʊʃuː] *n* raqueta *f* (de nieve).
snow·storm ['snəʊstɔːm] *n* nevada *f,* nevasca *f.*
snow-white [ˌsnəʊ'waɪt] *adj* blanco/a como la nieve.
snowy ['snəʊɪ] *adj* (**-ier, -iest**) *(climate, region)* de mucha nieve; *(day etc)* de nieve; *(white as snow)* blanco/a como la nieve.
snub [snʌb] **1** *n* desaire *m.* **2** *vt (person)* desairar, volver la espalda a; *(offer)* rechazar.
snub-nosed ['snʌbnəʊzd] *adj* chato/a, *(LAm)*

ñato/a.

snuff [snʌf] **1** *n* rapé *m;* **to take ~** tomar rapé. **2** *vt* apagar; **to ~ out** *(candle)* apagar; **to ~ it** *(fam)* estirar la pata *(fam), (LAm)* liar el petate *(fam).*

snuff·box ['snʌfbɒks] *n* caja *f* de rapé, tabaquera *f.*

snuf·fle ['snʌfl] **1** *n:* **to have the ~s** estar resfriado/a *or* constipado/a. **2** *vi* sorber con ruido.

snug [snʌg] *adj* **(-ger, -gest)** *(cosy)* cómodo/a; *(: fam)* calientito/a; *(fitting closely)* ajustado/a, *(LAm)* justo/a; *(too tight)* apretado/a.

snug·gle ['snʌgl] *vi:* **to ~ down in bed** acurrucarse en la cama; **to ~ up to sb** arrimarse a uno.

snug·ly ['snʌglɪ] *adv* cómodamente; **it fits ~** *(clothes: well)* queda ajustado *or (LAm)* justo; *(one object in another)* encaja perfectamente.

so [səʊ] **1** *adv* **(a)** *(to such an extent)* tan(to); **~ quickly** tan rápidamente; **it is ~ big that ...** es tan grande que ...; **she's not ~ clever as him** no es tan lista como él; **I wish you weren't ~ clumsy** ¡ojalá no fueras tan patoso!; **I love you ~** te quiero tanto. **(b)** *(very)* **I'm ~ worried** estoy tan preocupado; **I've got ~ much to do** tengo tantísimo que hacer; **thank you ~ much** muchísimas gracias, *(LAm)* muy agradecido; *see* **kind 1, much 1 (c). (c)** *(thus, in this way, likewise)* así, de esta manera, de este modo; **if ~** en este caso, en cuyo caso; **~ far** hasta aquí *or* ahora; **he likes things just ~** le gusta que todo esté en su lugar; **~ do I** yo también; **he's wrong and ~ are you** se equivocan tanto Ud como él; **and ~ forth, and ~ on** y así sucesivamente, etcétera; **~ it is!, ~ it does!** ¡es verdad!, *(LAm)* ¡es cierto!, ¡correcto!; **it ~ happens that ...** resulta que ..., el caso es que ...; **I hope ~** eso espero yo, espero que sí; **I thought ~** me lo figuraba *or (LAm)* suponía; **~ he says** eso dice él; **~ to speak** digamos, es un decir; **~ much ~ that ...** hasta tal punto *or* grado que ..., tanto es así que ...; **I told you ~** ya te lo dije; **~ saying he walked away** dicho eso, se marchó; **do ~ then!** ¡hazlo, pues! **(d)** *(phrases)* **she didn't ~ much as send me a birthday card** no me mandó ni una tarjeta siquiera para mi cumpleaños; **~ much the better/worse** tanto mejor/peor; **I haven't ~ much as a penny** no tengo ni un peso; **~ much for her promises!** ¡eso valen sus promesas!; **ten or ~** unos diez, diez más o menos, *(LAm)* diez o por ahí; **~ long!** *(fam)* ¡adiós!, *(LAm)* ¡hasta luego!

2 *conj* **(a)** *(expressing purpose)* para; **we hurried ~ as not to be late** corríamos para no llegar *or* para que no lleguemos tarde; **I bought it ~ that you should see it** lo compré para que lo vieras. **(b)** *(expressing result)* de manera que, de modo que; **he stood ~ that he faced west** quedó de cara o mirando al hacia el oeste; **it rained and ~ we could not go out** llovió de modo que no pudimos salir; **~ you see ...** por lo cual, entenderás ... . **(c)** *(in questions, exclamations)* entonces, así que; **~ you're Spanish?** así que ¿eres español?, *(LAm)* ¿eres español pues?; **~ that's the reason!** ¡por eso es!; **~ that's why he stayed home** de allí que se quedó en casa; **~ (what)?** *(fam)* ¿y?, ¿y qué?; *see* **there 2.**

soak [səʊk] **1** *vt* **(a) to ~ sth in a liquid** remojar algo en un líquido; **to get ~ed (to the skin)** empaparse *or* quedar empapado; **to be ~ed through** estar calado hasta el tuétano. **(b) to ~ the rich** *(fam)* clavarles a los ricos. **2** *vi* **(a)** remojarse; **to leave sth to ~** dejar algo en *or* al remojo. **(b) to ~ through** calar, empapar. **3** *n* *(fam: drunkard)* borracho/a *m/f.*

♦ **soak in** *vi + adv* penetrar.

♦ **soak up** *vt + adv* absorber.

soak·ing (wet) ['səʊkɪŋ('wet)] *adj (person)* calado/a *or* empapado/a hasta el tuétano; *(object)* mojado/a.

so-and-so ['səʊənsəʊ] *n (somebody)* fulano/a *m/f; (pej)* **he's a ~** es un tío *or (LAm)* un cabrón *(fam!).*

soap [səʊp] **1** *n* jabón *m;* **soft ~** *(fam)* coba *f.* **2** *vt* jabonar. **3: ~ opera** *n (TV)* telenovela *f; (Rad)* radionovela *f;* **~ powder** *n* jabón *m* en polvo, polvos *mpl* de jabón.

soap·box ['səʊpbɒks] *n* tribuna *f* improvisada.

soap·flakes ['səʊpfleɪks] *npl* jabón *msg* en escamas.

soap·suds ['səʊpsʌdz] *npl* jabonaduras *fpl,* espuma *fsg.*

soapy ['səʊpɪ] *adj* **(-ier, -iest)** *(covered in soap)* cubierto/a de jabón; *(like soap)* parecido/a a jabón, jabonoso/a.

soar [sɔːʳ] *vi* **(a)** *(rise: birds etc)* remontar el vuelo. **(b)** *(fig: tower etc)* elevarse; *(price etc)* subir vertiginosamente; *(ambition, hopes)* aumentar; *(morale, spirits)* renacer, reanimarse.

soar·ing ['sɔːrɪŋ] *adj (flight)* planeador(a), que vuela; *(building)* altísimo/a; *(prices)* en alza *or* aumento; *(hopes, imagination)* expansivo/a.

sob [sɒb] **1** *n* sollozo *m.* **2** *vi* sollozar. **3** *vt:* **to ~ one's heart out** llorar a lágrima viva. **4: ~ story** *n (fam)* tragedia *f.*

so·ber ['səʊbəʳ] **1** *adj* **(a)** *(not drunk)* sobrio/a. **(b)** *(rational, sedate)* sensato/a; *(colours: dull, subdued)* discreto/a; **to be as ~ as a judge, to be stone-cold ~** *(fam)* estar completamente sobrio. **2** *vt (also* **~ up)** quitarle la sopa a. **3** *vi (also* **~ up)** pasársele la borrachera; **her mother's rebuke had a ~ing effect on her** el reproche de su madre la hizo entrar en razón.

so·ber·ly ['səʊbəlɪ] *adv (see adj)* sobriamente; sensatamente; discretamente.

so·bri·ety [səʊ'braɪətɪ] *n* **(a)** *(not being drunk)* sobriedad *f.* **(b)** *(seriousness, sedateness)* seriedad *f,* sensatez *f.*

Soc. *abbr of* **society.**

so-called [,səʊ'kɔːld] *adj* supuesto/a, presunto/a; **all these ~ journalists** todos estos periodistas, así llamados.

soc·cer ['sɒkəʳ] *n* fútbol *m.*

so·cia·ble ['səʊʃəbl] *adj (person)* sociable, tratable; *(occasion)* social; **I don't feel very ~** no estoy para hacer vida social; **I'll have one drink, just to be ~** para hacerles compañía, tomaré una copa.

so·cial ['səʊʃəl] **1** *adj* **(a)** *(gen)* social. **(b)** *(in society: engagements, life etc)* social. **(c)** *(gregarious)* sociable; **man is a ~ animal** el hombre es social por naturaleza.

2 *n* velada *f,* tertulia *f, (LAm)* peña *f.*

3: ~ class *n* clase *f* social; **~ climber** *n* arribista *mf;* **~ column** *n (Press)* ecos *mpl* de sociedad, *(LAm)* notas *fpl* sociales; **S~ Democrat** *n,* **S~ Democratic** *adj* socialdemócrata *mf;* **the S~ Democratic Party** el Partido Socialdemócrata; **~ disease** *n* enfermedad *f* venérea; **~ insurance** *n (US)* seguro *m* social; **~ life** *n:* **to have a good ~ life** hacer buena vida social; **~ outcast** *n* marginado/a *m/f,* rechazado/a *m/f* social; **~ science** *n* ciencias *fpl* sociales; **~ security** *n* seguro *m or* seguridad *f* social; **to be on ~ security** vivir del seguro *or* de la seguridad social; **the ~ services** *npl* los servicios sociales; **~ welfare** *n* asistencia *f* social; **~ work** *n* trabajo *m* social; **~ worker** *n* trabajador(a) *m/f* social.

so·cial·ism ['səʊʃəlɪzəm] *n* socialismo *m.*

so·cial·ist ['səʊʃəlɪst] *adj, n* socialista *mf.*

so·cial·ite ['səʊʃəlaɪt] *n* vividor(a) *m/f.*

so·cial·ize ['səʊʃəlaɪz] *vi* circular.

so·cial·ly ['səʊʃəlɪ] *adv* socialmente.
so·ci·ety [sə'saɪətɪ] **1** *n* **(a)** *(social community)* sociedad *f;* **he was a danger to** ~ era un peligro para la sociedad. **(b)** *(company)* compañía *f;* **I enjoyed his** ~ me encantó su compañía. **(c)** *(high ~)* alta sociedad *f;* **a** ~ **party** una fiesta de sociedad. **(d)** *(club, organization)* asociación *f,* sociedad *f;* **the Glasgow film** ~ la sociedad cinematográfica de Glasgow; **learned** ~ sociedad científica, academia *f.* **2:** ~ **column** *n* ecos *mpl* de sociedad, notas *fpl* sociales; ~ **wedding** *n* boda *f* de sociedad.
so·cio·eco·nom·ic [ˌsəʊsɪəʊˌiːkə'nɒmɪk] *adj* socioeconómico/a.
so·cio·logi·cal [ˌsəʊsɪə'lɒdʒɪkəl] *adj* sociológico/a.
so·ci·olo·gist [ˌsəʊsɪ'ɒlədʒɪst] *n* sociólogo/a *m/f.*
so·ci·ol·ogy [ˌsəʊsɪ'ɒlədʒɪ] *n* sociología *f.*
sock[1] [sɒk] *n* calcetín *m,* *(LAm)* media *f;* **to pull one's ~s up** *(fig)* hacer esfuerzos, despabilarse.
sock[2] [sɒk] *(fam)* **1** *n (blow)* puñetazo *m;* **to give sb a** ~ **on the jaw** pegarle a uno en la cara. **2** *vt* pegar, *(LAm)* darle.
sock·et ['sɒkɪt] *n (of eye)* cuenca *f; (of joint)* glena *f; (Elec)* enchufe *f, (LAm)* toma *f* de corriente.
sod[1] [sɒd] *n* tepe *m, (LAm)* terrón *m.*
sod[2] [sɒd] *n (Brit fam!)* cabrón/ona *m/f (fam!);* **you lazy** ~! ¡vago!
soda ['səʊdə] **1** *n* **(a)** *(Chem)* sosa *f.* **(b)** *(drink)* soda *f;* **whisky and** ~ whisky-soda *m.* **(c)** *(US: pop)* gaseosa *f, (LAm)* refresco *m.* **2:** ~ **fountain** *n* café-bar *m;* ~ **siphon** *n* sifón *m;* ~ **water** *n* soda *f.*
sod·den ['sɒdn] *adj* empapado/a.
so·dium ['səʊdɪəm] **1** *n* sodio *m.* **2:** ~ **chloride** *n* cloruro *m* sódico *or* de sodio; ~ **lamp** *n* lámpara *f* de vapor de sodio.
sodo·my ['sɒdəmɪ] *n* sodomía *f.*
sofa ['səʊfə] *n* sofá *m.*
soft [sɒft] **1** *adj* **(-er, -est) (a)** *(not hard etc)* blando/a; *(pej: flabby)* flojo/a. **(b)** *(smooth)* suave. **(c)** *(gentle, not harsh)* suave. **(d)** *(lenient, weak)* blando/a; **you're too** ~ **with him** eres demasiado blando con él. **(e)** *(easy)* fácil; **he has a** ~ **time of it** lo pasa fácil; **to be a** ~ **touch** *(fam)* ser fácil de engañar. **(f)** *(fam: foolish)* tonto/a, bobo/a; **he's** ~ **(in the head)** es un poco tocado *or* chiflado. **(g)** *(fam: feeling, affection)* tierno/a; **to be** ~ **on sb** sentir afecto por uno; **to have a** ~ **spot for sth** tener una debilidad por algo; **he's** ~ **on communism** es partidario del comunismo. **(h)** *(not of the worst, most harmful kind: drugs)* blando/a; *(: drink)* no alcohólico/a; ~ **pornography** pornografía blanda. **(i)** *(Ling)* débil.
2: ~ **currency** *n* moneda *f* blanda *or* débil; ~ **fruit** *n* frutas *fpl* blandas; ~ **furnishings** *npl* textiles *mpl;* ~ **goods** *n (Comm)* géneros *mpl;* ~ **job** *n (Sp)* chollo *m, (Mex)* hueso *m;* ~ **sell** *n* venta *f* por persuasión; ~ **toy** *n* peluche *m.*
soft-boiled ['sɒftˌbɔɪld] *adj (egg)* pasado/a (por agua).
sof·ten ['sɒfn] **1** *vt (gen)* ablandar; *(make gentle)* suavizar; *(move to pity etc)* enternecer; *(weaken)* debilitar; *(metal etc)* templar; **to** ~ **the blow** *(fig)* amortiguar el golpe. **2** *vi (see vt)* ablandarse; suavizarse; enternecerse; debilitarse; templarse; **her heart** ~**ed** se le ablandó el corazón.
sof·ten·er ['sɒfnəʳ] *n* suavizador *m.*
soft-hearted [ˌsɒft'hɑːtɪd] *adj* compasivo/a, bondadoso/a.
soft·ly ['sɒftlɪ] *adv (quietly)* silenciosamente, *(LAm)* suavemente; *(gently)* suavemente; *(tenderly)* con ternura; **she said** ~ dijo quedamente *or* en voz baja.
soft·ness ['sɒftnɪs] *n (gen)* blandura *f; (smoothness)* suavidad *f; (flabbiness)* flojedad *f; (stupidity)* estupidez *f; (indulgence)* ternura *f.*
soft-pedal [ˌsɒft'pedl] *vt (fig)* minimizar la importancia de.
soft-spoken ['sɒftˌspəʊkən] *adj* de voz suave.
soft·ware ['sɒftwɛəʳ] *n* software *m.*
softy, softie ['sɒftɪ] *n (fam)* mollejón/ona *m/f.*
sog·gy ['sɒgɪ] *adj* **(-ier, -iest)** empapado/a, saturado/a.
soil [sɔɪl] **1** *n* tierra *f;* **his native** ~ su tierra natal; **on British** ~ en suelo británico; **the** ~ *(fig: farmland)* la tierra. **2** *vt (dirty)* ensuciar; *(stain)* manchar; *(fig: reputation, honour etc)* manchar.
soiled [sɔɪld] *adj (dirty)* sucio/a; *(stained)* manchado/a.
so·lar ['səʊləʳ] *adj* solar; ~ **energy** energía *f* solar; ~ **plexus** *(Anat)* plexo *m* solar.
so·lar·ium [səʊ'lɛərɪəm] *n, pl* **solaria** [səʊ'lɛərɪə] solario *m.*
sold [səʊld] *pt, pp of* **sell.**
sol·der ['səʊldəʳ] **1** *n* soldadura *f.* **2** *vt* soldar; ~**ing iron** soldador *m.*
sol·dier ['səʊldʒəʳ] **1** *n* soldado *m, (LAm)* militar *m;* **an old** ~ un veterano *or* excombatiente; **to play at ~s** jugar a los soldados. **2** *vi* ser soldado, hacer el servicio militar; **to** ~ **on** seguir adelante.
sole[1] [səʊl] **1** *n (Anat)* planta *f; (of shoe)* suela *f;* **half/inner** ~ media suela/plantilla *f.* **2** *vt* poner suela a.
sole[2] [səʊl] *n (fish)* lenguado *m.*
sole[3] [səʊl] *adj (only)* único/a, solo/a; *(exclusive)* exclusivo/a, en exclusividad; *see* **agent.**
sol·ecism ['sɒləsɪzəm] *n* solecismo *m.*
sole·ly ['səʊllɪ] *adv (only)* únicamente, solamente, sólo; *(exclusively)* exclusivamente.
sol·emn ['sɒləm] *adj (ceremonious)* solemne; *(serious)* serio/a.
sol·em·nize ['sɒləmnaɪz] *vt* solemnizar.
sol·emn·ly ['sɒləmlɪ] *adv (see adj)* solemnemente; seriamente.
sol-fa [ˌsɒl'fɑː] *n (Mus)* solfeo *m.*
so·lic·it [sə'lɪsɪt] **1** *vt (request)* solicitar; *(demand)* exigir; *(beg for)* pedir. **2** *vi (prostitute)* abordar, importunar.
so·lici·tor [sə'lɪsɪtəʳ] *n (Jur: court officer)* procurador(a) *m/f,* abogado/a *m/f; (: for wills etc)* notario/a *m/f;* **S~ General** *(Brit)* subfiscal *mf* de la corona; *(US)* Procurador(a) general del Estado.
so·lici·tous [sə'lɪsɪtəs] *adj (anxious)* ~ **(about** *or* **for)** atento/a (a); ~ **to please** deseoso/a de agradar *or* quedar bien.
so·lici·tude [sə'lɪsɪtjuːd] *n (consideration)* solicitud *f; (concern)* preocupación *f; (anxiety)* ansiedad *f; (attention)* atención *f.*
sol·id ['sɒlɪd] **1** *adj* **(a)** *(firm, not liquid)* sólido/a; **to be frozen** ~ estar congelado/a. **(b)** *(not hollow)* macizo/a; *(pure)* puro/a; *(unbroken)* de una sola pieza; ~ **gold** oro *m* puro; **we waited 2** ~ **hours** esperamos 2 horas enteras; **a man of** ~ **build** un hombre fornido; **the street was packed** ~ **with people** la calle estaba atascada de gente; **a** ~ **mass of colour** una masa sólida de color. **(c)** *(stable, secure)* estable, seguro/a; **he's a good** ~ **worker** es un trabajador fiable. **(d)** *(in discussion)* **a** ~ **argument** un argumento bien fundamentado; ~ **common sense** sentido *m* común. **(e)** *(unanimous)* ~ **support** un apoyo unánime. **2** *n* **(a)** *(food)* (alimento *m*) sólido *m.* **(b)** *(Geom)* sólido *m.* **3:** ~ **fuel** *n* combustible *m* sólido; ~ **geometry** *n* geometría *f* del espacio.
soli·dar·ity [ˌsɒlɪ'dærɪtɪ] *n* solidaridad *f.*
so·lidi·fy [sə'lɪdɪfaɪ] *vi* solidificarse; *(fig: become strong, united etc)* unirse.

sol·id·ly ['sɒlɪdlɪ] *adv* sólidamente, densamente; **to vote ~ for sb** votar unánimemente por uno; **a ~-built house** una casa de sólida construcción; **to work ~** trabajar sin descanso.

solid-state ['sɒlɪd,steɪt] *adj (Elec)* estado sólido; **~ physics** física *f* del estado sólido.

so·lilo·quy [sə'lɪləkwɪ] *n* soliloquio *m*.

soli·taire [ˌsɒlɪ'tɛəʳ] *n* solitario *m*.

soli·tary ['sɒlɪtərɪ] *adj (alone)* solitario/a, solo/a; *(secluded)* retirado/a; *(sole)* solo/a, único/a; **not a ~ one** ni uno solo; *see* **confinement.**

soli·tude ['sɒlɪtjuːd] *n* soledad *f*.

solo ['səʊləʊ] **1** *n, pl* **-s** *(Mus)* solo *m;* **a tenor ~** un solo para tenor. **2** *adj*: **~ flight** vuelo *m* a solas; **passage for ~ violin** pasaje *m* para violín solo. **3** *adv* solo, a solas; **to fly ~** volar a solas.

so·lo·ist ['səʊləʊɪst] *n* solista *mf*.

sol·stice ['sɒlstɪs] *n* solsticio *m*.

sol·uble ['sɒljʊbl] *adj* soluble.

so·lu·tion [sə'luːʃən] *n* solución *f*.

solve [sɒlv] *vt* resolver, solucionar.

sol·ven·cy ['sɒlvənsɪ] *n (Fin)* solvencia *f*.

sol·vent ['sɒlvənt] **1** *adj (Chem, Fin)* solvente. **2** *n (Chem)* solvente *m*. **3: ~ abuse** *n* abuso *m* de los solventes.

som·bre, (*US*) **som·ber** ['sɒmbəʳ] *adj (gen)* sombrío/a; *(pessimistic)* pesimista; *(melancholy)* melancólico/a; **a ~ prospect** una perspectiva sombría.

some [sʌm] **1** *adj* **(a)** *(with plural nouns)* unos/as, algunos/as; *(several)* varios/as; *(a few: emphatic)* unos pocos/as, unos cuantos/as; *(any: in 'if' clauses, questions)* **if you have ~ queries** si tienes alguna pregunta que hacer; **do you have ~ biscuits?** ¿tienes galletas?, ¿hay galletas?; **have ~ more bread** toma más pan. **(b)** *(with singular nouns)* algún/alguna; *(a little: emphatic)* un poco de, algo de; **will you have ~ tea?** ¿quieres té?; **all I have left is ~ chocolate** solamente me queda un poco de chocolate; **~ people** algunos, algunas personas, alguna gente; **~ people say** hay quien dice. **(c)** *(certain: in contrast)* cierto/a; **~ people hate fish** algunas personas odian el pescado; **~ people say that ...** algunos dicen que ...; **in ~ ways** en cierto modo *or* sentido. **(d)** *(vague, indeterminate)* alguno/a; **at ~ place in Sweden** en algún lugar de Suecia; **in ~ form or other** de una u otra forma; **~ politician or other** algún que otro político; **~ other time** otro día; **~ day** algún día; **~ day next week** algún día de la semana que viene. **(e)** *(considerable amount of)* bastante; **~ distance away** bastante lejos; **~ days ago** hace unos días; **after ~ time** pasado algún tiempo. **(f)** *(fam: intensive)* **that's ~ fish!** ¡eso es lo que se llama un pez!, ¡vaya pez!; **it was ~ party** ¡vaya fiesta!, *(LAm)* ¡menuda fiesta!; **you're ~ help!** ¡cuánto ayudas!

2 *pron* **(a)** *(~ people)* algunos/as; *(certain people)* algunos, algunas personas; **~ went this way and ~ that** algunos fueron por aquí y otros por allá; **~ of them are crazy** entre ellos hay algunos locos. **(b)** *(referring to plural nouns)* algunos/as; *(a few)* unos pocos *or* cuantos; *(certain ones)* algunos, ciertos/as; **~ (of them) have been sold** algunos (de ellos) se han vendido; **do take ~** toma algunos; **would you like ~?** ¿quieres algunos? **(c)** *(referring to singular nouns)* alguno/a; *(a little, a certain amount)* algo, un poco; **could I have ~ of that cheese?** ¿me sirve un poco del queso aquel?; **have ~ more cake** coma más torta *or* pastel; **have ~!** ¡toma!, *(LAm)* ¡ten!; **I've got ~** ya tengo; **I've read ~ of the book** he leído (una) parte del libro; **~ of what he said was true** parte de lo que dijo era cierto.

3 *adv*: **~ 20 people** unas veinte personas, una veintena de personas; **~ 30-odd** unos 30 y pico *or* tantos.

...some *n ending in cpds*: **three~** grupo *m* de tres personas.

some·body ['sʌmbədɪ] **1** *pron* alguien; **there's ~ coming** viene alguien; **~ knocked at the door** alguien llamó a *or (LAm)* tocó la puerta; **~ else** otro/a, otra persona; **~ Italian** algún italiano; **~ told me so** alguien me lo dijo; **~ or other** alguien. **2** *n*: **to be ~** ser un personaje.

some·how ['sʌmhaʊ] *adv* **(a)** *(in some way)* de algún modo, de alguna manera, de una u otra manera; **it must be done ~ or other** a como dé lugar, tendrá que hacerse. **(b)** *(for some reason)* por alguna razón; **~ (or other) I didn't get on with her** no sé porqué, no me llevaba con ella.

some·one ['sʌmwʌn] *pron* = **somebody.**

some·place ['sʌmpleɪs] *adv (US)* = **somewhere.**

som·er·sault ['sʌməsɔːlt] **1** *n (by person)* salto *m* mortal; *(by car etc)* vuelco *m*, vuelta *f* de campana; **to turn a ~** dar un salto mortal. **2** *vi* dar un salto mortal *or* una vuelta de campana.

some·thing ['sʌmθɪŋ] **1** *pron* **(a)** algo; **~ nice** algo bonito; **~ else** otra cosa; **~ or other** algo; **there's ~ the matter** pasa algo; **did you say ~?** ¿dijiste algo?; **there's ~ odd here** aquí hay *or* pasa algo (raro); **there's ~ in what you say** algo tiene de verdad lo que dices; **will you have ~ to drink?** ¿quieres tomar algo?, *(LAm)* ¿qué se te ofrece?; **he's called John ~** se llama Juan y no sé qué más; **I hope to see ~ of you** espero que nos sigueremos viendo, *(LAm)* nos estamos viendo, espero. **(b)** *(fam: ~ special or unusual)* algo especial; **I think you may have ~ there** puede que tengas razón *or (LAm)* que estés en lo cierto; **that's really ~!** ¡eso sí que es fenomenal *or* estupendo!

2 *adv* **(a) ~ over 200** 200 y pico *or* tantos; **now that's ~ like a rose!** ¡eso es lo que se llama una rosa! **(b) it's ~ of a problem** es bastante problemático; **he's ~ of a musician** tira hacia la música. **(c)** *(fam)* **the weather was ~ shocking** el tiempo fue algo atroz.

3 *n*: **give her ~ for herself** dale una propina; **she has a certain ~** algo tiene, tiene un no sé qué.

some·time ['sʌmtaɪm] **1** *adv* algún día, *(LAm)* en alguna ocasión; **~ before tomorrow** antes de mañana; **~ next year** el año que viene (no se sabe exactamente cuándo); **~ soon** algún día de estos, antes de que pase mucho tiempo; **I'll finish it ~** lo voy a terminar un día de estos; **~ or (an)other it will have to be done** tarde o temprano tendrá que hacerse. **2** *adj (former)* ex..., antiguo/a.

some·times ['sʌmtaɪmz] *adv* a veces; **~ I lose interest** hay veces cuando pierdo el interés.

some·what ['sʌmwɒt] *adv* algo, un tanto; **we are ~ worried** estamos algo inquietos.

some·where ['sʌmwɛəʳ] *adv* **(a)** *(in space: be)* en alguna parte; *(: go)* a alguna parte; **~ else** *(be)* en otra parte; *(go)* a otra parte; **I lost it ~** lo perdí en alguna parte; **~ in Wales** en algún lugar de Gales; **~ or other in Scotland** en alguna parte de Escocia; **to get ~** *(fam)* hacer progresos, lograr algo. **(b)** *(approximately)* más o menos; **he paid ~ about £12** pagó alrededor de 12 libras; **he's ~ in his fifties** tendrá sus cincuenta años, anda por los cincuenta.

som·nam·bu·list [sɒm'næmbjʊlɪst] *n* sonámbulo/a *m/f*.

som·no·lent ['sɒmnələnt] *adj (sleepy)* soñoliento/a.

son [sʌn] *n* hijo *m;* **the youngest/eldest ~** el hijo menor/mayor; **come here, ~** *(fam)* ven, hijo.

so·na·ta [sə'nɑːtə] *n* sonata *f.*

son et lu·mi·ère [ˌsɒneɪ'luːmɪˌɛə^r] *n* luz y sonido *f.*

song [sɒŋ] **1** *n (ballad etc)* canción *f; (of birds)* canto *m;* **to burst into ~** romper a cantar; **give us a ~!** ¡cántanos algo!; **to make a great ~ and dance about sth** *(fig)* hacer comedia *or (LAm)* tango sobre algo; **I got it for a ~** *(fig)* lo compré regalado. **2: ~ book** *n* cancionero *m;* **~ cycle** *n* ciclo *m* de canciones.

song·bird ['sɒŋbɜːd] *n* pájaro *m* cantor.

song·writer ['sɒŋˌraɪtə^r] *n* compositor(a) *m/f* (de canciones).

son·ic ['sɒnɪk] *adj* sónico/a.

son-in-law ['sʌnɪnlɔː] *n* yerno *m*, hijo *m* político.

son·net ['sɒnɪt] *n* soneto *m.*

son·ny ['sʌnɪ] *n (fam)* hijo *m.*

so·nor·ity [sə'nɒrɪtɪ] *n* sonoridad *f.*

so·no·rous ['sɒnərəs] *adj (gen)* sonoro/a.

soon [suːn] *adv* **(a)** *(before long)* pronto, dentro de poco; **come back ~** vuelve pronto; **~ afterwards** poco después; **it will ~ be summer** pronto llegará el verano, *(LAm)* falta poco para que llegue el verano. **(b)** *(early, quickly)* temprano, *(LAm)* pronto; **how ~ can you be ready?** ¿cuándo tardas en prepararte?; **Friday is too ~** el viernes es muy pronto; **it's too ~ to tell** es demasiado pronto para saber; **we were none too ~** no llegamos antes de tiempo, *(LAm)* llegamos justo. **(c)** (*with* **as**) **as ~ as possible** cuanto antes, lo antes posible, lo más pronto posible; **I'll do it as ~ as I can** lo haré en cuanto *or (LAm)* nomás pueda; **as ~ as it was finished** en cuanto se terminó. **(d)** *(expressing preference)* **I would as ~ not go** preferiría no ir; **I would as ~ he didn't know** preferiría que él no lo supiera; *see also* **sooner.**

soon·er ['suːnə^r] *adv* **(a)** *(of time)* más temprano, *(LAm)* antes; **~ or later** tarde o temprano; **the ~ the better** cuanto antes mejor; **no ~ had we left than they arrived** apenas nos habíamos marchado cuando llegaron; **no ~ said than done** dicho y hecho. **(b)** *(of preference)* **I had ~ not do it, I would ~ not do it** preferiría no hacerlo; **I'd ~ die!** *(fam)* ¡antes morir!; **~ you than me!** *(fam)* ¡allá tú, yo no!

soot [sʊt] *n* hollín *m.*

soothe [suːð] *vt (calm)* tranquilizar, calmar; *(quieten, lessen)* acallar; *(pain)* aliviar.

sooth·ing ['suːðɪŋ] *adj (ointment etc)* sedante; *(tone, words etc)* calmante, tranquilizante.

sooty ['sʊtɪ] *adj* **(-ier, -iest)** hollinoso/a; *(fig)* negro/a como el hollín.

sop [sɒp] *n (fig: pacifier)* soborno *m*, cohecho *m; (food)* **~s** sopa *fsg;* **as a ~ to his pride** para que su orgullo no quedara herido.

♦ **sop up** *vt + adv* absorber.

so·phis·ti·cat·ed [sə'fɪstɪkeɪtɪd] *adj (gen)* sofisticado/a.

so·phis·ti·ca·tion [səˌfɪstɪ'keɪʃən] *n* sofisticación *f.*

sopho·more ['sɒfəmɔː^r] *n* estudiante *mf* de segundo año.

sopo·rif·ic [ˌsɒpə'rɪfɪk] *adj* soporífero/a.

sop·ping ['sɒpɪŋ] *adj*: **it's ~ (wet)** está empapado/a.

sop·py ['sɒpɪ] *adj (fam)* sentimental.

so·pra·no [sə'prɑːnəʊ] **1** *n, pl* **-s** *(Mus)* soprano *f; (: male)* tiple *m.* **2** *adj (part)* de *or* para soprano; *(voice)* de soprano. **3** *adv* cantar soprano.

sor·bet ['sɔːbɪt] *n* sorbete *m.*

sor·cer·er ['sɔːsərə^r] *n* hechicero *m*, brujo *m.*

sor·cery ['sɔːsərɪ] *n* hechicería *f*, brujería *f.*

sor·did ['sɔːdɪd] *adj (place, room etc)* miserable, sórdido/a; *(deal, motive etc)* mezquino/a.

sore [sɔː^r] **1** *adj* **(-r, -st) (a)** *(Med: aching)* adolorido/a; *(: painful)* doloroso/a; **~ throat** dolor *m* de garganta; **my eyes are ~, I have ~ eyes** me duelen los ojos. **(b)** *(fig)* **it's a ~ point** es un asunto delicado *or* espinoso; **don't get ~!** *(fam)* ¡no te vayas a ofender!, *(LAm)* ¡no te enojes! **2** *n (Med)* llaga *f*, úlcera *f;* **to open old ~s** *(fig)* renovar la herida.

sore·ly ['sɔːlɪ] *adv (very)* muy; *(much)* mucho; *(deeply)* profundamente; *(seriously)* seriamente; **I am ~ tempted** me siento con tentación; **he has been ~ tried** ha tenido que aguantar muchísimo.

sor·rel ['sɒrəl] *n (Bot)* acedera *f; (horse)* alazán *m.*

sor·row ['sɒrəʊ] *n (grieving)* pena *f*, pesar *m*, dolor *m;* **to my ~** con *or* para gran pesar mío; **her ~ at the death of her son** su pena por la muerte de su hijo; **more in ~ than in anger** con más pesar que enojo.

sor·row·ful ['sɒrəʊfʊl] *adj* afligido/a, triste, apenado/a.

sor·ry ['sɒrɪ] *adj* **(-ier, -iest) (a)** *(regretful)* arrepentido/a; *(sad)* triste, *(LAm)* apenado/a; **I'm ~ to hear that ...** me da tristeza *or (LAm)* pena saber que ...; **I'm ~ to tell you that ...** lamento tener que decirte que ...; **it was a failure, I'm ~ to say** me duele reconocerlo, pero fue un fracaso; **I can't say I'm ~** no puedo decir que lo sienta. **(b)** *(in apologizing, repentant)* avergonzado/a, *(LAm)* apenado/a; **~!** ¡perdón!, ¡perdone!, *(LAm)* ¡disculpe!; **awfully ~!, so ~!, very ~!** lo siento mucho, ¡cuánto lo siento!, *(LAm)* me da mucha pena; **to be ~** sentirlo, lamentarlo; **to say ~ (to sb for sth)** pedir perdón *or (LAm)* disculpas (a uno por algo); **to be ~ about sth** lamentar algo; **to be ~ to have to do sth** sentir tener que hacer algo. **(c)** *(pitying)* lleno/a de lástima, compasivo/a; **to be or feel ~ for sb** compadecer *or* tener lástima a uno; **I feel ~ for the child** el niño me da lástima *or (LAm)* pena; **to be** *or* **feel ~ for o.s.** compadecerse. **(d)** *(pitiful)* lastimoso/a, triste; **a ~ excuse** una miserable *or* vil excusa; **it was a ~ tale of defeat** fue una historia lastimosa de derrotas.

sort [sɔːt] **1** *n* **(a)** *(gen)* clase *f*, género *m;* **what ~ do you want?** *(make)* ¿qué marca quieres?; *(type)* ¿de qué tipo quieres?; **a new ~ of car** una nueva clase de coche; **I know his ~** conozco el paño *or* la madera, conozco esa clase de gente; **books of all ~s** libros de todo tipo; **he's a painter of a ~, he's a painter of ~s** en cierto sentido es pintor; **something of the ~** algo por el estilo; **it's tea of a ~** es té, pero bastante inferior; **I shall do nothing of the ~** no haré eso bajo ningún concepto, ni se me ocurriría hacerlo; **it takes all ~s (to make a world)** de todo hay en la viña del Señor. **(b) ~ of: what ~ of car?** ¿qué tipo de coche?; **what ~ of man is he?** ¿qué clase de hombre es?; **he's not the ~ of man to say that** no es de los que dicen eso; **all ~s of dogs** perros de toda clase; **he's some ~ of painter** es pintor de algún tipo; **it's a ~ of dance** es una especie de baile; **and all that ~ of thing** y otras cosas por el estilo; **that's the ~ of person I am** así soy yo, *(LAm)* por allí ando yo; **it's ~ of awkward** *(fam)* es bastante *or (LAm)* medio difícil; **aren't you pleased? — ~ of** *(fam)* ¿no te alegras? — en cierto sentido *or (LAm)* hasta allí nomás; **I ~ of thought that ...** *(fam)* quedé con la idea de que .... **(c)** *(person)* **he's a good ~** es buena persona *or (LAm)* buena gente; **he's an odd ~** es un tipo raro. **(d) to be out of ~s** estar de malas *or* de mal humor.

2 *vt (classify, arrange)* clasificar; **to ~ the good apples from the bad ones** separar las malas manzanas de las buenas.

♦ **sort out** *vt + adv* **(a)** = **sort 2. (b)** *(straighten out: problem, situation etc)* arreglar, solucionar; **we've got it ~ed out now** ya se arregló. **(c) to ~ sb out** *(fam)* ajustar cuentas con uno.

sor·tie ['sɔːtɪ] *n (Aer, Mil)* salida *f;* **a ~ into town** una escapada a la ciudad.

sort·ing of·fice ['sɒtɪŋˌɒfɪs] *n (Post)* sala *f* de batalla.

SOS [ˌesəʊ'es] *n* SOS *m.*

so-so ['səʊsəʊ] *adv* regular, así así.

souf·flé ['suːfleɪ] *n* soufflé *m.*

sought [sɔːt] *pt, pp of* **seek.**

sought-after ['sɔːtˌɑːftəʳ] *adj (person)* solicitado/a; *(object)* codiciado/a.

soul [səʊl] **1** *n* **(a)** *(Rel)* alma *f;* **All S~s' Day** (el día de) Todos los Santos; **God rest his ~** Dios le reciba en su seno. **(b)** *(inner being, finer feelings)* alma *f;* **he's got no ~** es un desalmado; **she loved him with all her ~** *or* **body and ~** le quería con toda el alma; **the music lacks ~** a la música le falta ánimo. **(c)** *(fig: person)* alma *f;* **3,000 ~s** 3.000 almas; **the poor ~ had nowhere to sleep** el pobre no tenía dónde dormir; **without seeing a ~** sin ver bicho viviente. **(d) he's the ~ of discretion/honour** es la discreción misma *or* en persona. **2: ~ mate** *n* compañero/a *m/f* del alma; **~ (music)** *n* música *f* 'soul'.

soul-destroy·ing ['səʊldɪˌstrɔɪɪŋ] *adj (fig)* aburrido/a, deshumanizante.

soul·ful ['səʊlfʊl] *adj* lleno/a de emoción, sentimental.

soul-searching ['səʊlˌsɜːtʃɪŋ] *n:* **after a lot of ~** después de revolverlo muchas veces.

sound[1] [saʊnd] **1** *adj* **(-er, -est) (a)** *(in good condition)* estable, sano/a; **to be of ~ mind** estar en su cabal juicio; **as ~ as a bell** *(person)* en perfecta salud; *(thing)* en perfecta condición. **(b)** *(valid)* válido/a; *(logical)* razonable, lógico/a; *(correct)* acertado/a; **~ advice** buen consejo; **he's ~ on government policy** es experto en la política del gobierno; **he's a very ~ man** es un hombre fiable. **(c)** *(thorough)* completo/a, rotundo/a. **(d)** *(sleep: deep, untroubled)* profundo/a. **2** *adv:* **to be ~ asleep** estar profundamente dormido.

sound[2] [saʊnd] **1** *n (gen)* sonido *m; (noise)* ruido *m;* **the speed of ~** la velocidad del sonido; **within ~ of** al alcance de; **to the ~ of the national anthem** al son del himno nacional; **the ~ of breaking glass** el ruido de cristales que se rompen; **not a ~ was to be heard** no se oía *or (LAm)* sentía ruido alguno; **consonant ~s** consonantes *fpl;* **I don't like the ~ of it** *(fig: film etc)* no me gusta nada; *(: threat)* me preocupa mucho, me da mala espina.

2 *vt* **(a)** *(alarm, bell, horn, trumpet)* tocar, *(LAm)* sonar; **~ your horn!** *(Aut)* ¡toca *or (LAm)* suena la bocina!; **to ~ the retreat** *(Mil)* tocar la retirada; **to ~ a note of warning** *(fig)* dar la señal de alarma. **(b) ~ your 'r's more** pronuncia más claro la 'r'. **(c)** *(Med)* **to ~ sb's chest** auscultar el pecho a uno.

3 *vi* **(a)** *(emit ~)* sonar, resonar; **a cannon ~ed a long way off** se oyó un cañón a lo lejos. **(b)** *(give aural impression)* sonar; **it ~s hollow** suena a hueco; **he ~s Italian to me** por la voz, se le diría italiano; **it ~s like French** suena a francés; **that ~s like them arriving now** parece que llegan ahora; **he ~ed angry** parecía enfadado. **(c)** *(seem)* sonar, parecer; **that ~s very odd** suena muy raro; **how does it ~ to you?** ¿qué te parece?; **that ~s like a good idea** eso parece buena idea; **she ~s like a nice girl** parece una chica simpática; **it ~s as if she won't be coming** parece que no va a venir.

4: ~ barrier *n* barrera *f* del sonido; **~ effect** *n* efecto *m* sonoro; **~ engineer** *n* ingeniero *m* de sonido; **~track** *n* banda *f* sonora; **~ wave** *n (Phys)* onda *f* sonora.

♦ **sound off** *vi + adv (fam)* despotricarse.

sound[3] [saʊnd] *vt (Med, Naut)* sondar; **to ~ sb out about sth** sondear a uno sobre algo; **to ~ sth out** tantear algo.

sound[4] [saʊnd] *n (Geog)* estrecho *m,* brazo *m* de mar.

sound·ing ['saʊndɪŋ] **1** *n (Naut)* sondeo *m.* **2: ~ board** *n (Mus, fig)* caja *f* de resonancia.

sound·less ['saʊndlɪs] *adj* silencioso/a, mudo/a.

sound·ly ['saʊndlɪ] *adv (built)* sólidamente; *(argued)* lógicamente; *(invested)* con cordura *or* prudencia; **to beat sb ~** dar a uno una buena paliza; **to sleep ~** dormir profundamente.

sound·ness ['saʊndnɪs] *n (good condition)* firmeza *f,* solidez *f; (validity)* validez *f; (of business, argument, judgment)* lógica *f,* fundamento *m; (solvency)* solvencia *f.*

sound·proof ['saʊndpruːf] **1** *adj* insonorizado/a, a prueba de ruidos. **2** *vt* insonorizar.

sound·track ['səʊndtræk] *n* banda *f* sonora.

soup [suːp] **1** *n (thin)* caldo *m,* consomé *m; (thick)* sopa *f;* **vegetable ~** sopa de hortelano *or* de verduras; **to be in the ~** *(fam)* estar en apuros. **2: ~ kitchen** *n* comedor *m or* cocina *f* popular, olla *f* común; **~ plate** *n* plato *m* sopero; **~ spoon** *n* cuchara *f* sopera.

soup·çon ['suːpsɔ̃ːŋ] *n (Culin)* pizca *f.*

souped-up ['suːptʌp] *adj (fam)* sobrealimentado/a.

sour ['saʊəʳ] *adj* **(-er, -est) (a)** *(fruit etc)* agrio/a, ácido/a; *(bitter)* amargo/a; **whisky ~** whisky *m* sour. **(b)** *(bad: milk, butter etc)* rancio/a; *(: food)* pasado/a; **to go** *or* **turn ~** *(milk)* cortarse; *(food)* pasarse; *(wine)* agriarse; **to go** *or* **turn ~ (on sb)** *(fig)* amargarse, agriarse; **~ cream** nata *f or* leche *f* cortada. **(c)** *(fig: person)* amargado/a, áspero/a.

source [sɔːs] *n (of river)* fuente *f,* nacimiento *m; (fig: origin)* fuente *f,* origen *m; (: of gossip etc)* procedencia *f;* **what is the ~ of this information?** ¿de dónde proceden estos informes?; **I have it from a reliable ~ that ...** sé de fuente fidedigna que ...; **at ~** en su origen.

sour·ly ['saʊəlɪ] *adv (fig)* agriamente, con amargura.

sour·ness ['saʊənɪs] *n (of fruit etc)* acidez *f,* agrura *f; (of milk)* agrura *f; (fig: of person, expression)* amargura *f,* aspereza *f.*

sour·puss ['saʊəˌpʊs] *n (fam)* amargado/a *m/f.*

souse [saʊs] *vt (Culin: pickle)* escabechar, *(LAm)* adobar; *(plunge)* zambullir; *(soak)* mojar; **he ~d himself with water** se empapó de agua.

south [saʊθ] **1** *n* sud *m,* sur *m; (region)* mediodía *m,* sur; **in the ~ of England** en el sur de Inglaterra; **to the ~ of** al sur de; **the wind is in the ~/from the ~** el viento viene del sur; **the S~ of France** el sur de Francia.

2 *adj* del sur, *(LAm)* austral.

3 *adv (place)* al sur; *(direction)* hacia el sur; **~ of the border** al sur de la frontera; **to travel ~** viajar hacia el sur; **this house faces ~** esta casa tiene vista hacia el sur; **my window faces ~** mi ventana da al sur; **to sail due ~** *(Naut)* ir proa al sur.

4: S~ Africa *n* África *f* del Sur. **S~ African** *adj, n* sudafricano/a *m/f;* **S~ America** *n* América *f* del Sur, Sudamérica *f;* **S~ American** *adj, n* sudamericano/a *m/f;* **S~ Atlantic** *n* Atlántico *m* del

Sur; **S~ Pole** *n* Polo *m* sud *or* sur; **S~ Sea Islands** *npl* Islas *fpl* de los mares del Sur; **the S~ Seas** *npl* los mares *mpl* del Sur, el mar austral.

south·bound [ˈsaʊθbaʊnd] *adj* (con) rumbo al sur.

south-east [ˌsaʊθˈiːst] **1** *n* sudeste *m*. **2** *adj* (del) sudeste; **S~ Asia** el sudeste de Asia *or* asiático. **3** *adv (direction)* hacia el sudeste; *(location)* al sudeste.

south-eastern [ˌsaʊθˈiːstən] *adj* sudeste.

south·er·ly [ˈsʌðəlɪ] *adj (direction)* hacia el sur; *(point)* al sur; *(wind)* del sur.

south·ern [ˈsʌðən] *adj* del sur, *(LAm)* austral; **S~ Africa** África *f* del Sur, Sudáfrica *f;* **S~ Europe** Europa *f* del Sur; **in ~ Spain** en el sur de España.

south·ern·er [ˈsʌðənəʳ] *n* habitante *mf* del sur, *(LAm)* sureño/a *m/f*.

south·ward [ˈsaʊθwəd] *adj, adv* hacia el sur.

south·west [ˌsaʊθˈwest] **1** *n* suroeste *m*. **2** *adj* suroeste. **3** *adv (direction)* hacia el suroeste; *(location)* al suroeste.

south·western [ˌsaʊθˈwestən] *adj* del suroeste.

sou·venir [ˌsuːvəˈnɪəʳ] *n* recuerdo *m*.

sou'·wester [saʊˈwestəʳ] *n* sueste *m*.

sov·er·eign [ˈsɒvrɪn] **1** *adj* **(a)** *(supreme)* soberano/a; **with ~ contempt** *(fig)* con soberano desprecio. **(b)** *(self-governing)* soberano/a. **2** *n (monarch)* soberano/a *m/f; (coin)* soberano.

sov·er·eign·ty [ˈsɒvrəntɪ] *n* soberanía *f*.

so·vi·et [ˈsəʊvɪət] **1** *n* soviet *m*. **2** *adj* soviético/a; **S~ Russia** Rusia *f* Soviética; **the S~ Union** la Unión Soviética.

sow[1] [səʊ] *pt* **sowed**, *pp* **sown** *vt (seed)* sembrar; **to ~ doubt in sb's mind** *(fig)* sembrar dudas en uno.

sow[2] [saʊ] *n* puerca *f*, marrana *f*.

sow·er [ˈsəʊəʳ] *n* sembrador(a) *m/f*.

sow·ing [ˈsəʊɪŋ] *n* siembra *f*.

sown [səʊn] *pp of* **sow**[1].

soya [ˈsɔɪə], *(US)* **soy** [sɔɪ] **1** *n* soja *f*. **2: ~ bean** *n* semilla *f* de soja; **~ flour** *n* harina *f* de soja; **~ sauce** *n* salsa *f* de soja.

soz·zled [ˈsɒzld] *adj (fam)* **to be ~** estar trompa *or (LAm)* tomado/a; **to get ~** *(Sp)* coger trompa, *(LAm)* agarrarse una borrachera.

spa [spɑː] *n* balneario *m*.

space [speɪs] **1** *n* **(a)** *(gen, Phys etc)* espacio *m;* **outer ~** el espacio exterior; **the rocket vanished into ~** el cohete desapareció en el espacio; **to stare into ~** mirar al vacío. **(b)** *(room)* espacio *m*, *(LAm)* lugar *m;* **to clear a ~ for sth** hacer lugar para algo; **to take up a lot of ~** ocupar mucho sitio *or* espacio; **to buy ~ in a newspaper** comprar espacio en un periódico; **parking ~** *(Sp)* aparcamento *m*, parking *m*, *(LAm)* estacionamiento *m*. **(c)** *(gap, empty area)* espacio *m*, *(LAm)* hueco *m;* **blank ~** espacio en blanco; **to leave a ~ for sth** dejar sitio *or* lugar para algo; **answer in the ~ provided** conteste en el espacio provisto; **in a confined ~** en un espacio restringido; **I couldn't see a ~ for my car** no veía un lugar *or (LAm)* un hueco donde meter el coche; **wide open ~s** campo *m* abierto. **(d)** *(of time)* espacio *m*, lapso *m;* **in a short ~ of time** en un corto espacio *or* lapso; **(with)in the ~ of an hour/three generations** en el espacio de una hora/tres generaciones; **for the ~ of a fortnight** durante un período de quince días; **after a ~ of two hours** después de un lapso de dos horas.

2 *vt* (*also* **~ out**) espaciar, separar.

3 *cpd (research; capsule, probe etc)* espacial, del espacio; **~ age** *n* era *f* espacial; **~ bar** *n (on typewriter)* barra *f* espaciadora; **~ flight** *n* vuelo *m* espacial; **~ programme** *n* programa *m* de investigaciones espaciales; **~ station** *n* estación *f* espacial.

space·craft [ˈspeɪskrɑːft] *n, pl inv* nave *f* espacial, astronave *f*.

spaced out [ˌspeɪstˈaʊt] *adj (fam: drugged)* flotando, colocado/a, *(LAm)* volando.

space·man [ˈspeɪsmən] *n, pl* **-men** astronauta *m*, cosmonauta *m*.

space·ship [ˈspeɪʃʃɪp] *n* nave *f* espacial, astronave *f*.

space·suit [ˈspeɪssuːt] *n* traje *m* espacial.

space·walk [ˈspeɪswɔːk] *n* paseo *m* en el espacio.

spa·cious [ˈspeɪʃəs] *adj* espacioso/a, amplio/a.

spade [speɪd] *n* **(a)** *(tool)* pala *f*, laya *f;* **to call a ~ a ~** *(fig)* llamar al pan pan y al vino vino. **(b)** *(Cards)* picos *mpl; (Sp Cards)* espadas *fpl;* **the three of ~s** el tres de espadas; **to play ~s** jugar espadas; **to play a ~** jugar una espada.

spade·work [ˈspeɪdwɜːk] *n (fig)* trabajo *m* preliminar.

spa·ghet·ti [spəˈgetɪ] *n (gen)* espaguettis *mpl; (: thin)* fideos *mpl;* **~ western** película *f* de vaqueros hecha por un director italiano.

Spain [speɪn] *n* España *f*.

span[1] [spæn] **1** *n (of hand)* palmo *m; (of road etc)* tramo *m; (of bridge, arch)* luz *f; (roof)* vano *m; (of time)* lapso *m*, espacio *m;* **the average ~ of life** la duración promedia de la vida; **for a brief ~** durante un breve lapso. **2** *vt (subj: bridge etc)* extenderse sobre, cruzar; *(in time etc)* abarcar.

span[2] [spæn] *pt of* **spin.**

span·gle [ˈspæŋgl] *n* lentejuela *f;* **star ~d** centelleado/a de estrellas.

Span·iard [ˈspænjəd] *n* español(a) *m/f*.

span·iel [ˈspænjəl] *n* perro *m* de aguas.

Span·ish [ˈspænɪʃ] **1** *adj* español(a). **2** *n* **(a)** *(language)* español *m*, castellano *m*. **(b) the ~** *(people)* los españoles.

spank [spæŋk] *vt* zurrar, dar nalgadas a.

spank·ing [ˈspæŋkɪŋ] *n* zurra *f*, nalgada *f*.

span·ner [ˈspænəʳ] *n (gen)* llave *f* de tuercas *or* de tubo; *(adjustable)* llave (inglesa); **to throw a ~ in the works** meter un palo en la rueda.

spar[1] [spɑːʳ] *n (Naut)* palo *m*, verga *f*.

spar[2] [spɑːʳ] *vi (Boxing)* entrenarse en el boxeo; *(argue)* discutir; **~ring partner** sparring *m*.

spar[3] [spɑːʳ] *n (Min)* espato *m*.

spare [speəʳ] **1** *adj* **(a)** *(left over)* sobrante, de sobra; *(excess)* de más, de sobra; *(available)* disponible, de reserva; **is there any string ~?** ¿queda cuerda?; **there are 2 going ~** sobran *or* quedan 2; **to go ~** *(fam)* enloquecer(se). **(b)** *(of build etc)* enjuto/a, *(LAm)* flaco/a.

2 *n* (pieza *f* de) recambio *m or* repuesto *m*, *(Mex)* refacción *f*.

3 *vt* **(a)** *(be grudging with)* escatimar; **she ~d no effort in helping me** no ahorró esfuerzos por ayudarme; **to ~ no expense** no escatimar gastos. **(b)** *(do without)* pasarse sin; **can you ~ this for a moment?** ¿me puedo llevar esto un momento?; **if you can ~ it** si Ud no lo va a necesitar; **can you ~ the time?** ¿dispones del tiempo?; ¿tienes tiempo?; **to ~ a thought for** pensar un momento en. **(c) to ~** de sobra; **there is none to ~** no sobra nada *or* ninguno; **with three minutes to ~** faltando tres minutos. **(d)** *(show mercy to)* perdonar; **the fire ~d nothing** el incendio no perdonó nada; **to ~ sb's feelings** procurar no herir los sentimientos de uno. **(e)** *(save from need or trouble)* ahorrar, evitar; **to ~ sb the trouble of doing sth** evitar a uno la molestia de hacer algo; **~ me the details** ahórrate los detalles.

4: ~ part *n* (pieza *f* de) repuesto *m or* recambio *m*, *(Mex)* refacción *f;* **~ room** *n* cuarto *m* para visitas; ~ **time** *n* tiempo *m* libre, momentos *mpl* de ocio; ~ **tyre** *n (Aut)* neumático *m or (LAm)* llanta *f* de recambio; ~ **wheel** *n (Aut)* rueda *f* de recambio.

spare·rib [ˌspɛəˈrɪb] *n (Culin)* costilla *f* de cerdo.

spar·ing [ˈspɛərɪŋ] *adj (frugal)* frugal, económico/a; *(meagre)* escaso/a; *(merciful)* piadoso/a, compasivo/a; **to be ~ with** *or* **of** ser parco/a en; **his ~ use of colour** su parquedad en el uso del color; **to be ~ of praise** escatimar los elogios.

spar·ing·ly [ˈspɛərɪŋlɪ] *adv (see adj)* frugalmente, económicamente; escasamente; con compasión; **we used water ~** tuvimos cuidado con el agua.

spark [spɑːk] **1** *n (from fire, Elec)* chispa *f; (trace, hint)* pizca *f;* **bright ~** *(fam)* listillo/a *m/f.* **2** *vt (also* **~ off**: *fig)* provocar. **3: ~(ing) plug** *n (Aut)* bujía *f.*

spar·kle [ˈspɑːkl] **1** *n* centelleo *m,* destello *m; (fig)* brillo *m,* viveza *f.* **2** *vi (flash)* centellear, echar chispas; *(shine)* brillar; *(stand out)* relucir; **the conversation ~d** la conversación fue animadísima.

spar·kling [ˈspɑːklɪŋ] *adj (glass etc)* centelleante; *(wine)* espumoso/a; *(person, wit, conversation)* chispeante.

spar·row [ˈspærəʊ] *n* gorrión *m.*

sparrow·hawk [ˈspærəʊˌhɔːk] *n* gavilán *m.*

sparse [spɑːs] *adj* (**-r, -st**) *(thin)* escaso/a; *(dispersed)* disperso/a, esparcido/a; *(hair)* ralo/a.

sparse·ly [ˈspɑːslɪ] *adv (thinly)* escasamente; *(in scattered way)* en forma dispersa; ~ **populated** escasamente poblado/a.

spar·tan [ˈspɑːtən] *adj (fig)* espartano/a.

spasm [ˈspæzəm] *n (Med)* espasmo *m; (fig)* arranque *m,* ataque *m;* **a ~ of coughing** un acceso de tos.

spas·mod·ic [spæzˈmɒdɪk] *adj (Med)* espasmódico/a; *(fig)* irregular, intermitente.

spas·modi·cal·ly [spæzˈmɒdɪkəlɪ] *adv (see adj)* en forma espasmódica; de cuando en cuando, en forma irregular.

spas·tic [ˈspæstɪk] *adj, n* espástico/a *m/f.*

spat[1] [spæt] *pt, pp of* **spit**[2].

spat[2] [spæt] *n* polaina *f.*

spate [speɪt] *n (fig)* torrente *m;* **to be in ~** *(river)* estar crecido.

spa·tial [ˈspeɪʃəl] *adj* espacial.

spat·ter [ˈspætəʳ] *vt:* **to ~ (with)** salpicar *or* rociar (de); **a dress ~ed with mud** un vestido salpicado de lodo.

spatu·la [ˈspætjʊlə] *n* espátula *f.*

spawn [spɔːn] **1** *n (of fish, frogs)* freza *f,* huevas *fpl; (of mushrooms)* semillas *fpl.* **2** *vi* frezar. **3** *vt (pej)* engendrar, producir.

speak [spiːk] *pt* **spoke,** *pp* **spoken 1** *vt (utter)* hablar, decir; **he ~s Italian** habla italiano; **to ~ the truth** decir la verdad; **to ~ one's mind** hablar claro *or* con franqueza.

2 *vi* **(a)** *(gen)* hablar; **to ~ to sb** hablar con uno; **to ~ in a whisper** hablar bajo; **since they quarrelled they don't ~ to each other** desde que riñeron no se hablan; **I'll ~ to him about it** *(problem, idea)* lo hablaré con él; *(his lateness etc)* se lo diré; **he's very well spoken of** tiene buen nombre *or* buena fama; **~ing of holidays ...** a propósito de las vacaciones ...; **it's nothing to ~ of** no tiene importancia; **he has no money to ~ of** no tiene dinero que digamos; **so to ~** por decirlo así, *(LAm)* por así decir; **roughly ~ing** en términos generales; **~ing as a student myself** hablando desde mi experiencia como estudiante. **(b)** *(make a speech, give one's opinion)* pronunciar un discurso, discurrir; **he spoke on Greek myths** habló sobre los mitos griegos; **when the minister had spoken ...** cuando terminó el ministro su discurso .... **(c)** *(Telec)* **~ing!** ¡al habla!; **may I ~ to Mr X?** me pone con el Sr. X, por favor; **this is Peter ~ing** ¡soy Pedro!, ¡habla Pedro!; **who is that ~ing?** ¿quién habla?, *(LAm)* ¿de parte (de quién)?

♦ **speak for** *vi + prep* **(a) to ~ for sb** *(as representative)* hablar por *or* en nombre de uno; *(as defender)* interceder por uno; **~ for yourself!** ¡habla por ti mismo!; **let her ~ for herself** déjala que hable. **(b) to ~ for itself** ser evidente, hablar por sí solo. **(c) that's already been spoken for** eso ya está reservado *or* apartado.

♦ **speak out, speak up** *vi + adv* **(a)** *(raise voice)* hablar alto *or* en voz alta, *(LAm)* hablar fuerte. **(b)** *(fig)* hablar sin rodeos *or* ambages; **to ~ out against sth** denunciar algo; **don't be afraid to ~ up** no tengas miedo de hablar claro; **to ~ up for sb** interceder por *or* a favor de uno.

speak·er [ˈspiːkəʳ] *n* **(a)** *(gen)* el/la *m/f* que habla; *(in discussion, lecture etc)* orador(a) *m/f,* conferenciante *mf;* **he's a good/poor ~** es buen/mal orador, habla bien/mal. **(b)** *(of language)* hablante *mf;* **are you a Welsh ~?** ¿habla Ud galés?; **he's a French ~** es francohablante. **(c)** *(loud-~)* altavoz *m, (LAm)* altoparlante *m.* **(d)** *(Brit Parliament)* **the S~** el Presidente de la Cámara de los Comunes.

speak·ing [ˈspiːkɪŋ] **1** *adj* hablante; **Italian-~ people** los italohablantes; **to be on ~ terms with sb** hablarse con uno; **a ~ part** un papel hablado. **2** *n (skill)* oratoria *f.*

spear [spɪəʳ] *n (gen)* lanza *f,* jabalina *f; (harpoon)* arpón *m.*

spear·head [ˈspɪəhed] **1** *n (Mil, fig)* punta *f* de lanza. **2** *vt* encabezar.

spear·mint [ˈspɪəmɪnt] **1** *n (Bot etc)* menta *f* verde, hierbabuena *f.* **2: ~ chewing gum** *n* chicle *m* de menta.

spec [spek] *n (Comm fam)* **to buy sth on ~** comprar algo como especulación; **to turn up on ~** presentarse por si acaso.

spe·cial [ˈspeʃəl] **1** *adj* **(a)** *(specific)* especial, específico/a; **have you any ~ date in mind?** ¿tienes en mente una fecha particular?; **I've no-one ~ in mind** no pienso en nadie en concreto. **(b)** *(exceptional)* extraordinario/a; **~ offer** *(Comm)* oferta *f* especial, ganga *f;* **my ~ friend** mi amigo del alma; **this is a ~ day for me** hoy es un día especial para mí; **you're extra ~** *(fam)* tú eres lo mejor de lo mejor; **to expect ~ treatment** esperar trato especial; **~ feature** *(Press)* crónica *f* especial; **my ~ chair** mi silla preferida; **nothing ~** nada en particular; **what's so ~ about that?** y eso ¿qué tiene (de especial)?

2 *n (train)* tren *m* especial; *(TV, Rad)* programa *m* especial; *(newspaper)* número *m* extraordinario; **the chef's ~** el plato del día.

3: ~ agent *n* agente *m* especial; **S~ Branch** *n (Brit)* Servicio *m* de Seguridad del Estado; **~ constable** *n* guardia *mf* auxiliar; **~ correspondent** *n* corresponsal *mf* especial; **~ delivery letter** *n* carta *f* express; **~ investigator** *n* investigador *m* especial.

spe·cial·ist [ˈspeʃəlɪst] **1** *n* especialista *mf;* **heart ~** *(Med)* especialista del corazón. **2** *adj* especialista.

spe·ci·al·ity [ˌspeʃɪˈælɪtɪ], *(US)* **spe·cial·ty** [ˈspeʃltɪ] *n* especialidad *f;* **to make a ~ of sth** especializarse en algo.

spe·ciali·za·tion [ˌspeʃəlaɪˈzeɪʃən] *n* especialidad *f.*

spe·cial·ize [ˈspeʃəlaɪz] *vi* especializarse (*in* en).

spe·cial·ly ['speʃəlɪ] *adv (specifically)* especialmente; *(particularly)* en especial; **we asked for it ~** lo pedimos a propósito.

spe·cies ['spiːʃiːz] *n, pl inv* especie *f.*

spe·cif·ic [spə'sɪfɪk] *adj* **(a)** *(definite)* específico/a; *(precise)* exacto/a, preciso/a; **can you be more ~?** ¿puedes ser más concreto? **(b)** *(Bio, Phys, Chem, Med)* específico/a; **~ gravity** peso *m* específico.

spe·cifi·cal·ly [spə'sɪfɪkəlɪ] *adv (explicitly)* específicamente, expresamente; *(especially)* especialmente, en particular.

speci·fi·ca·tion [ˌspesɪfɪ'keɪʃən] *n* especificación *f;* **~s** *(plan)* presupuesto *m,* plan *m* detallado.

speci·fy ['spesɪfaɪ] **1** *vt* especificar; **in the order specified** en el orden especificado. **2** *vi* especificar, concretar; **unless otherwise specified** salvo indicaciones contrarias.

speci·men ['spesɪmɪn] **1** *n (example)* ejemplo *m; (sample)* muestra *f; (: of urine)* espécimen *m; (: of blood)* muestra; **he's an odd ~** *(fam)* es un bicho raro. **2: ~ copy** *n* ejemplar *m* de muestra; **~ signature** *n* muestra *f* de firma.

spe·cious ['spiːʃəs] *adj* especioso/a.

speck [spek] *n (stain)* pequeña mancha *f; (of dust)* mota *f; (small portion)* partícula *f,* pizca *f;* **it's just a ~ on the horizon** es un punto en el horizonte nada más.

speck·led ['spekld] *adj* moteado/a, con puntos.

specs [speks] *npl (fam)* gafas *fpl, (LAm)* anteojos *mpl.*

spec·ta·cle ['spektəkl] **1** *n* **(a)** espectáculo *m;* **to make a ~ of o.s.** hacer el ridículo, ponerse en ridículo. **(b) ~s** gafas *fpl, (LAm)* anteojos *mpl;* **to see everything through rose-coloured ~s** verlo todo color de rosa. **2: ~ case** *n* estuche *m* (de gafas).

spec·tacu·lar [spek'tækjʊlə^r] **1** *adj (gen)* espectacular; *(impressive)* impresionante. **2** *n (TV, Cine)* espectáculo *m.*

spec·ta·tor [spek'teɪtə^r] **1** *n* espectador(a) *m/f;* **~s** público *msg.* **2: ~ sport** *n* deporte *m* espectáculo.

spec·tre, *(US)* **spec·ter** ['spektə^r] *n* espectro *m,* fantasma *m.*

spec·trum ['spektrəm] *n, pl* **spectra** ['spektrə] *(Phys)* espectro *m; (gen)* espectro, gama *f.*

specu·late ['spekjʊleɪt] *vi* especular (*on* sobre); *(Fin)* especular (*on* en).

specu·la·tion [ˌspekjʊ'leɪʃən] *n* especulación *f;* **it is the subject of much ~** es tema de amplias discusiones.

specu·la·tive ['spekjʊlətɪv] *adj* especulativo/a.

specu·la·tor ['spekjʊleɪtə^r] *n* especulador(a) *m/f.*

sped [sped] *pt, pp of* **speed.**

speech [spiːtʃ] **1** *n* **(a)** *(faculty)* habla *f; (act of speaking)* palabra *f; (words)* palabras; *(manner of speaking)* lenguaje *m,* forma *f* de hablar; **to lose the power of ~** perder el habla; **better in ~ than in writing** de palabra mejor que por escrito; **freedom of ~** libertad *f* de expresión. **(b)** *(language)* idioma *m,* lenguaje *m;* **children's ~** el lenguaje de los niños. **(c)** *(address)* conference *f; (oratory)* arenga *f; (in play etc)* discurso *m;* **to make a ~** pronunciar un discurso. **(d)** *(Brit Ling)* **direct/indirect ~** oración *f* directa/indirecta. **2: ~ day** *n (Brit)* reparto *m* de premios; **~ impediment** *n* defecto *m* del habla; **~ therapy** *n* terapia *f* de la palabra.

speech·less ['spiːtʃlɪs] *adj* mudo/a, enmudecido/a; **everybody was ~ at this** con esto todos quedaron estupefactos.

speed [spiːd] *(vb: pt, pp* **sped** *or* **speeded) 1** *n* **(a)** *(rate of movement)* velocidad *f,* rapidez *f; (rapidity, haste)* rapidez, prisa *f;* **at ~** a gran velocidad; **at full ~, at top ~** a máxima velocidad, a todo correr; **at a ~ of 70 km/h** a una velocidad de 70 km por hora; **the ~ of light/sound** la velocidad de la luz/del sonido; **what ~ were you doing?** *(Aut)* ¿a qué velocidad ibas?; **to pick up** *or* **gather ~** acelerar, cobrar velocidad; **shorthand/typing ~** rapidez en taquigrafía/mecanografía. **(b)** *(Aut, Tech: gear)* velocidad *f;* **a five-~ gearbox** una caja de cambios de cinco velocidades. **(c)** *(Phot)* velocidad *f.*

2 *vi* **(a)** *(pt, pp* **sped)** *(go fast)* correr a toda prisa; *(hurry)* darse prisa, apresurarse; **to ~ along/off** ir a gran velocidad/marcharse a toda prisa; **the years sped by** pasaron los años volando. **(b)** *(pt, pp* **speeded)** *(Aut: exceed ~ limit)* conducir *or (LAm)* manejar con exceso de velocidad.

3: ~ cop *n (fam)* policía *m* de tráfico *or (LAm)* tránsito; **~ limit** *n:* **a 50 km/h ~ limit** velocidad máxima (permitida) de 50 km por hora; **~ merchant** *n (fam)* corredor(a) *m/f;* **~ trap** *n (Aut)* sistema *m* policial para detectar infracciones de velocidad.

♦ **speed up** *pt, pp* **speeded up 1** *vi + adv* apresurarse, *(LAm)* apurarse. **2** *vt + adv (gen)* acelerar; *(person)* apresurar, *(LAm)* apurar.

speed·boat ['spiːdbəʊt] *n* lancha *f* motora.

speedi·ly ['spiːdɪlɪ] *adv (quickly)* rápidamente, con la mayor prontitud; *(promptly)* prontamente, en seguida.

speed·ing ['spiːdɪŋ] *n (Aut)* exceso *m* de velocidad.

speed·om·eter [spɪ'dɒmɪtə^r] *n* velocímetro *m,* cuentakilómetros *m inv.*

speed·way ['spiːdweɪ] *n (Sport)* carreras *fpl* de moto; *(track)* pista *f* de carrera.

speed·well ['spiːdwel] *n (Bot)* verónica *f.*

speedy ['spiːdɪ] *adj* (**-ier, -iest**) veloz, rápido/a; *(answer etc)* pronto/a.

spell[1] [spel] *n* encanto *m,* hechizo *m;* **to cast a ~ over sb, to put sb under a ~** hechizar a uno; **to break the ~** romper el hechizo *or* encanto.

spell[2] [spel] *pt, pp* **spelled** *or* **spelt** *vt* **(a)** *(write)* escribir correctamente; *(letter by letter)* deletrear; **how do you ~ your name?** ¿cómo se escribe tu nombre?; **c-a-t ~s 'cat'** 'cat' se deletrea c - a - t. **(b)** *(denote)* significar, presagiar; **it ~s disaster for us** representa un desastre para nosotros.

♦ **spell out** *vt + adv (fig)* **to ~ sth out for sb** explicar algo a uno en detalle.

spell[3] [spel] *n (period)* temporada *f,* período *m; (shift etc)* turno *m; (short time)* rato *m; (of weather)* racha *f,* ola *f; (rest)* descanso *m;* **cold ~** racha de frío; **a ~ of duty** una temporada; **they're going through a bad ~** están pasando por un mal rato.

spell·binder ['spelˌbaɪndə^r] *n (speaker/book)* orador *m*/obra *f* que fascina.

spell·bound ['spelbaʊnd] *adj* embelesado/a, hechizado/a; **to hold sb ~** tener a uno embelesado.

spell·ing ['spelɪŋ] **1** *n* ortografía *f.* **2: ~ mistake** *n* falta *f* de ortografía.

spelt [spelt] *pt, pp of* **spell**[2].

spend [spend] *pt, pp* **spent** *vt* **(a)** *(gen)* gastar; *(time)* pasar, dedicar; **I ~ a lot of time reading** paso mucho tiempo leyendo, dedico mucho tiempo a la lectura. **(b)** *(pass: time etc)* pasar; **he ~s his time sleeping** se pasa la vida durmiendo. **(c)** *(devote)* dedicar; **to ~ time/money/effort on sth** gastar tiempo/dinero/energías en algo.

spend·ing ['spendɪŋ] **1** *n* gastos *mpl,* presupuesto *m;* **government ~** gastos del gobierno. **2: ~ cuts** *npl* cortes del presupuesto público; **~ money** *n* dinero *m* para gastos personales; **~ power** *n* poder *m* de compra *or* adquisitivo.

spend·thrift ['spendθrɪft] *adj, n* derrochador(a) *m/f*, pródigo/a *m/f*.

spent [spent] **1** *pt, pp of* **spend. 2** *adj* gastado/a; **he's a ~ force** es una vieja gloria.

sperm [spɜːm] **1** *n (Bio)* esperma *f*. **2: ~ bank** *n* banco *m* de esperma; **~ whale** *n* cachalote *m*.

sphere [sfɪəʳ] *n (gen)* esfera *f*; **in the ~ of politics** en el mundo de la política; **his ~ of interest** la esfera de sus intereses; **~ of activity** campo *m* de actividad; **in the social ~** en la esfera social; **that's outside my ~** eso no es de mi competencia.

spheri·cal ['sferɪkəl] *adj* esférico/a.

sphinx [sfɪŋks] *n* esfinge *f*.

spice [spaɪs] **1** *n (Culin)* especia *f*; *(fig)* lo picante; **mixed ~(s)** especias mixtas; **the details add ~ to the story** los detalles dan sabor al cuento; **variety is the ~ of life** en la variedad está el gusto. **2** *vt (Culin)* especiar, sazonar; *(fig)* salpicar; **a highly ~d account** un relato de mucho picante.

spick-and-span [ˌspɪkən'spæn] *adj (cleaned up)* aseado/a, (bien) arreglado/a; *(neat)* pulcro/a, acicalado/a.

spicy ['spaɪsɪ] *adj* (**-ier, -iest**) *(Culin: gen)* condimentado/a, sazonado/a; *(: hot)* picante, *(LAm)* picoso/a; *(fig)* picante, *(LAm)* colorado/a.

spi·der ['spaɪdəʳ] *n* araña *f*; **~'s web** telaraña *f*.

spiel [spiːl] *n (fam)* **it's just his usual ~** es el mismo cuento de siempre.

spigot ['spɪgət] *n* espita *f*, bitoque *m*.

spike [spaɪk] **1** *n* **(a)** *(point)* punta *f*; *(metal rod)* pincho *m*; *(stake)* estaca *f*; *(on railing)* barrote *m*; *(on shoes)* clavo *m*. **(b)** *(Bot)* espiga *f*. **2** *vt (fix)* clavar; *(impale)* atravesar; *(stop: rumour)* acabar con; *(thwart: plan etc)* frustrar; **to ~ sb's guns** *(fig)* poner trabas a los planes de uno; **a ~d drink** *(fam)* una bebida fortalecida.

spiky ['spaɪkɪ] *adj* (**-ier, -iest**) *(sharp)* puntiagudo/a; *(thorny)* cubierto/a de púas; *(hedgehog etc)* erizado/a.

spill [spɪl] *pt, pp* **spilled** *or* **spilt** [spɪlt] **1** *vt* derramar, verter, *(LAm)* echar; **to ~ the beans** *(fam)* descubrir el pastel, *(LAm)* hacer aparecer el peine. **2** *vi* derramarse, verterse.

♦ **spill out 1** *vi + prep:* **the audience spilt out of the cinema** el público se desbordó del cine. **2** *vt + adv* volcar; *(fig)* soltar.

♦ **spill over** *vi + prep* desbordarse.

spin [spɪn] (*vb: pt* **spun** *or* **span,** *pp* **spun**) **1** *n* **(a)** *(revolution)* vuelta *f*, revolución *f*; **long/short ~** *(on washing machine)* centrifugado *m* largo/corto; **to be in a flat ~** *(fam)* andar atolondrado. **(b)** *(on ball)* efecto *m*; **to put a ~ on the ball** dar efecto a una pelota. **(c)** *(Aer, Aut)* barrena *f*, espín *m*; **to go into a ~** entrar en barrena. **(d)** *(ride)* **to go for a ~** dar un paseo en coche.

2 *vt* **(a)** *(cotton, wool etc)* hilar. **(b)** *(turn: wheel etc)* dar una vuelta a, *(LAm)* girar, hacer girar; **to ~ a coin** echar a cara o cruz; *see* **yarn.**

3 *vi* **(a)** hilar. **(b)** *(revolve)* girar, dar vueltas; **to ~ round and round** dar vueltas y más vueltas; **the car spun out of control** el coche se descontroló dando vueltas; **to send sb/sth ~ning** echar uno/algo a rodar; **it makes my head ~** me marea.

♦ **spin out** *vt + adv (fam: speech etc)* alargar, prolongar; *(stretch)* estirar.

spin·ach ['spɪnɪdʒ] *n* espinacas *fpl*.

spi·nal ['spaɪnl] *adj* espinal, vertebral; **~ column** columna *f* vertebral; **~ cord** médula *f* espinal.

spin·dle ['spɪndl] *n (for spinning)* huso *m*; *(Tech)* eje *m*.

spin·dly ['spɪndlɪ] *adj* (**-ier, -iest**) largo/a y delgado/a; *(leg)* zanquivano/a.

spin-dry [ˌspɪn'draɪ] *vt* centrifugar.

spin-dryer [ˌspɪn'draɪəʳ] *n* secador *m* centrífugo.

spine [spaɪn] *n (Anat)* columna *f* (vertebral), espina *f* dorsal; *(Zool)* púa *f*; *(Bot)* espina *f*; *(of book)* lomo *m*; *(of mountain range)* espinazo *m*.

spine-chiller ['spaɪnˌtʃɪləʳ] *n (film)* película *f* de terror; *(book)* libro *m* de horror.

spine·less ['spaɪnlɪs] *adj (fig)* débil.

spin·ner ['spɪnəʳ] *n* **(a)** *(of cloth etc)* hilandero/a *m/f*. **(b)** *(Cricket, Baseball)* el/la que da efecto a la pelota. **(c)** *(Fishing)* cebo *m* artificial de cuchara. **(d)** *(fam: spin-dryer)* secador *m* centrífugo.

spin·ney ['spɪnɪ] *n* bosquecillo *m*.

spin·ning ['spɪnɪŋ] **1** *n (act)* hilado *m*; *(art)* hilandería *f*, arte *m* de hilar. **2: ~ top** *n* peonza *f*, *(LAm)* trompo *m*; **~ wheel** *n* rueca *f or* torno *m* de hilar.

spin-off ['spɪnɒf] *n* derivado *m*, producto *m* secundario.

spin·ster ['spɪnstəʳ] *n* soltera *f*; *(pej)* solterona *f*.

spiny ['spaɪnɪ] *adj* (**-ier, -iest**) *(rose etc)* con púas; *(problem)* espinoso/a.

spi·ral ['spaɪərəl] **1** *adj* espiral, en espiral; **a ~ staircase** una escalera de caracol. **2** *n* espiral *f*, hélice *f*; **the inflationary ~** la espiral inflacionista. **3** *vi:* **to ~ up/down** subir/bajar en espiral.

spire ['spaɪəʳ] *n* aguja *f*.

spir·it ['spɪrɪt] **1** *n* **(a)** *(soul)* espíritu *m*, alma *f*; **I'll be with you in ~** te acompañaré en el alma. **(b)** *(ghost, supernatural being)* fantasma *m*, aparecido *m*; **Holy S~** Espíritu Santo. **(c)** *(leading person: of age, movement, party etc)* alma *f*, espíritu *m*. **(d)** *(courage)* valor *m*, ánimo *m*; *(energy, vitality)* energía *f*, fuerza *f*; **they lack ~** les falta carácter. **(e)** *(attitude etc)* espíritu *m*; humor *m*; **community ~, public ~** civismo *m*; **a ~ of optimism** un espíritu optimista; **to enter into the ~ of sth** ambientarse con algo; **it depends on the ~ in which it is done** depende del humor con que se hace; **that's the ~!** *(fam)* ¡ánimo! **(f)** *(intention)* espíritu *m*; **the ~ of the law** el espíritu de la ley; **to take sth in the right/wrong ~** interpretar bien/mal algo. **(g) ~s** *(state of mind)* ánimo *m*, humor *m*; **high ~s** entusiasmo *m*; **to be in low ~s** estar abatido, *(LAm)* andar apenado; **we kept our ~s up by singing** mantuvimos el ánimo cantando; **my ~s rose somewhat** me animé de nuevo. **(h) ~s** *(alcohol)* alcohol *m*, *(LAm)* licor *m*; **I keep off ~s** yo no bebo licores. **(i)** *(Chem)* alcohol *m*.

2: ~ lamp *n* lamparilla *f* de alcohol; **~ level** *n* nivel *m* de burbuja.

♦ **spirit away, spirit off** *vt + adv* llevarse de forma clandestina.

spir·it·ed ['spɪrɪtɪd] *adj (person: lively)* animado/a; *(: cheerful)* alegre; *(attack etc)* enérgico/a, vigoroso/a; *(horse)* fogoso/a; **he gave a ~ performance** *(Mus)* tocó con brío.

spir·itu·al ['spɪrɪtjʊəl] **1** *adj* espiritual. **2** *n (Mus)* canción *f* religiosa.

spir·itu·al·ism ['spɪrɪtjʊəlɪzəm] *n* espiritismo *m*.

spir·itu·al·ist ['spɪrɪtjʊəlɪst] *n* espiritista *mf*.

spir·itu·al·ity [ˌspɪrɪtjʊ'ælɪtɪ] *n* espiritualidad *f*.

spir·itu·al·ly ['spɪrɪtjʊəlɪ] *adv* espiritualmente.

spit[1] [spɪt] *n (Culin)* asador *m*, espetón *m*; *(of land)* lengua *f*.

spit[2] [spɪt] (*vb: pt, pp* **spat**) **1** *n* saliva *f*, esputo *m*; **~ and polish** *(fam)* limpieza *f*, *(LAm)* pulcritud *f*; **to be the dead ~ of sb** *(fam)* ser viva imagen de uno, *(LAm)* ser pegado a uno. **2** *vt* escupir. **3** *vi* escupir (*at* a, *on* en); **it is ~ting with rain** está goteando.

♦ **spit out** *vt + adv* escupir; **~ it out!** *(fam)* ¡dilo!, ¡habla!

spite [spaɪt] **1** *n* **(a)** *(ill will)* rencor *m*, ojeriza *f;* **to do sth out of** *or* **from** ~ hacer algo por inquina. **(b) to have a** ~ **against sb** *(fam)* tener rencor a *or* hacia uno; **in** ~ **of** *(despite)* a pesar de, pese a; **in** ~ **of the fact that** a pesar de que, pese a que; **in** ~ **of herself** a pesar de sí misma. **2** *vt* herir, dañar.
spite·ful ['spaɪtfʊl] *adj* rencoroso/a.
spite·ful·ly ['spaɪtfəlɪ] *adv* con rencor.
spit·fire ['spɪt,faɪəʳ] *n* fierabrás *mf.*
spit·ting ['spɪtɪŋ] *n*: **'~ prohibited'** 'se prohíbe escupir'; **to be the** ~ **image of sb** ser la viva imagen de uno, *(LAm)* ser pegado a uno.
spit·tle ['spɪtl] *n* saliva *f*, baba *f.*
splash [splæʃ] **1** *n (spray)* salpicadura *f*, rociada *f; (~ing noise)* chapoteo *m; (mark: of colour, light)* mancha *f;* **to make a** ~ *(fig)* causar sensación, hacer impresión. **2** *vt (gen)* salpicar; *(spray)* rociar; *(stain)* manchar; **to** ~ **sb with water** salpicar a uno de agua; **to** ~ **paint on the floor** manchar el suelo de pintura; **the story was ~ed across the front page** *(fam)* el reportaje mereció grandes titulares en primera plana. **3** *vi (of liquid, mud etc)* esparcirse, rociarse; *(of person, animal in water: also* ~ **about**) chapotear; **to** ~ **across a stream** cruzar un arroyo chapoteando; **to** ~ **about in the water** chapotear (en el agua).
♦ **splash down** *vi* + *adv* amarar, amerizar.
♦ **splash out** *vi* + *adv (fam)* derrochar dinero.
splash·down ['splæʃdaʊn] *n* amaraje *m*, amerizaje *m.*
spleen [spli:n] *n (Anat)* bazo *m;* **to vent one's** ~ *(fig)* descargar la bilis.
splen·did ['splendɪd] *adj (magnificent)* espléndido/a, magnífico/a; *(excellent)* estupendo/a, *(RPl)* macanudo/a, *(LAm)* bárbaro/a.
splen·did·ly ['splendɪdlɪ] *adv (see adj)* espléndidamente, magníficamente; estupendamente; **everything went** ~ todo fue de maravilla.
splen·dour, (*US*) **splen·dor** ['splendəʳ] *n* esplendor *m.*
splice [splaɪs] *vt (rope, tape etc)* empalmar, juntar; **to get ~d** *(fam)* casarse.
splint [splɪnt] *n (Med)* tablilla *f;* **to put sb's arm in ~s** entablillar el brazo a uno; **to be in ~s** estar entablillado.
splin·ter ['splɪntəʳ] **1** *n (gen)* astilla *f; (small piece)* fragmento *m; (of bone)* esquirla *f.* **2** *vi* astillarse, hacerse astillas; *(fig: party)* separarse. **3** *vt* astillar, hacer astillas; *(fig: party)* dividir. **4:** ~ **group** *n* grupo *m* disidente, facción *f.*
split [splɪt] (*vb: pt, pp* **split**) **1** *n* **(a)** *(crack, break)* hendedura *f*, grieta *f.* **(b)** *(fig: division, quarrel)* ruptura *f*, escisión *f;* **there are threats of a** ~ **in the progressive party** hay amenazas de escisión en el partido progresista. **(c) to do the ~s** esparrancarse. **(d)** *(cake etc)* **jam** ~ pastel *m* de mermelada; **banana** ~ (banana) split *m.*
2 *vt* **(a)** *(cleave)* partir, hender; **to** ~ **sth open** abrir algo; **he** ~ **his head open** se golpeó y se abrió la cabeza; **to** ~ **hairs** *(fig)* buscarle tres pies al gato, *(LAm)* buscarle mangas al chaleco; **to** ~ **one's sides laughing** *(fig)* partirse de risa, morirse de (la) risa. **(b)** *(divide, share)* repartir, compartir; *(fig: party)* escindir; **to** ~ **sth into three parts** dividir algo en tres partes; **to** ~ **the vote** *(Pol)* repartirse los votos; **to** ~ **the profit five ways** repartir las ganancias entre cinco; **to** ~ **the difference** partir la diferencia.
3 *vi* **(a)** *(stone etc)* henderse, rajarse; *(divide)* partir; *(fig: party)* escindirse; **to** ~ **open** abrirse; **my head is ~ting** tengo jaqueca. **(b)** *(divide)* dividirse. **(c)** *(fam: tell tales)* chivatear, *(LAm)* soplar; **to** ~ **on sb** chivatear *or (LAm)* soplar contra uno.
♦ **split off 1** *vi* + *adv* separarse. **2** *vt* + *adv* separar.
♦ **split up 1** *vi* + *adv* estrellarse; *(meeting, crowd)* dispersarse; *(partners)* separarse. **2** *vt* + *adv (break up)* partir; *(divide up)* repartir; *(separate)* dividir.
split-level ['splɪt,levl] *adj (room)* a desnivel; *(house)* dúplex; *(cooker)* en dos niveles.
split·ting ['splɪtɪŋ] *adj*: **a** ~ **headache** un terrible dolor de cabeza.
splodge [splɒdʒ], **splotch** [splɒtʃ] *n* mancha *f*, borrón *m.*
splut·ter ['splʌtəʳ] **1** *vi (of person: to spit)* escupir; *(of person: to stutter)* balbucear; *(fire, fat)* chisporrotear; *(engine)* renquear; **to** ~ **with indignation** farfullar indignado. **2** *vt* salpicar.
spoil [spɔɪl] (*vb: pt, pp* **spoiled** *or* **spoilt**) **1** *n (also* **~s**) botín *m;* **the ~s of war** el botín de la guerra. **2** *vt* **(a)** *(ruin)* estropear, echar a perder; *(harm)* dañar; *(detract from)* arruinar; **to** ~ **sb's fun** aguar la fiesta a uno; **to** ~ **one's appetite** quitar el apetito a uno. **(b)** *(pamper)* mimar, *(LAm)* consentir. **3** *vi* **(a)** *(food)* estropearse, echarse a perder. **(b) to be ~ing for a fight** estar con ganas de luchar, *(LAm)* andar con ganas de pelear.
spoil·sport ['spɔɪlspɔ:t] *n (fam)* aguafiestas *mf inv.*
spoilt [spɔɪlt] **1** *pt, pp of* **spoil. 2** *adj* **(a)** *(meal etc)* estropeado/a, echado/a a perder. **(b)** *(child)* mimado/a, consentido/a.
spoke[1] [spəʊk] *n* rayo *m*, radio *m;* **to put a** ~ **in sb's wheel** ponerle trabas a uno.
spoke[2] [spəʊk] *pt of* **speak.**
spo·ken ['spəʊkən] *pp of* **speak.**
spokes·man ['spəʊksmən] *n, pl* **-men** portavoz *mf*, *(LAm)* vocero *mf.*
sponge [spʌndʒ] **1** *n (gen)* esponja *f; (Culin: also* ~ **cake**) bizcocho *m*, *(LAm)* queque *m*, pastelito *m;* **to throw in the** ~ darse por vencido. **2** *vt (wash)* lavar *or* limpiar con esponja; **to** ~ **a stain off** quitar una mancha con esponja. **3** *vi (fam: scrounge)* dar sablazos, vivir de gorra; **to** ~ **off** *or* **on sb** vivir a costa ajena. **4:** ~ **bag** *n* esponjera *f;* ~ **cake** *n* bizcocho *m*, *(LAm)* queque *m*, pastelito *m.*
♦ **sponge down** *vt* + *adv* limpiar *or* lavar con esponja.
spong·er ['spʌndʒəʳ] *n (fam)* gorrón/ona *m/f*, sablista *mf*, *(LAm)* pavo/a *m/f.*
spon·gy ['spʌndʒɪ] *adj* (**-ier, -iest**) esponjoso/a.
spon·sor ['spɒnsəʳ] **1** *n (gen)* patrocinador(a) *m/f; (for loan)* fiador(a) *m/f*, garante *mf; (of member, also godparent)* padrino *m*/madrina *f.* **2** *vt (gen)* patrocinar; *(support)* respaldar, apoyar; *(for loan etc)* fiar, garantizar; *(member)* apadrinar, apoyar; **I ~ed his attempt at the record** le costeé el intento de batir el récord.
spon·sor·ship ['spɒnsəʃɪp] *n (see vt)* patrocinio *m;* respaldo *m*, apoyo *m;* fianza *f*, garantía *f.*
spon·ta·neity [,spɒntə'neɪətɪ] *n* espontaneidad *f.*
spon·ta·neous [spɒn'teɪnɪəs] *adj* espontáneo/a; ~ **combustion** combustión *f* espontánea.
spon·ta·neous·ly [spɒn'teɪnɪəslɪ] *adv* espontáneamente.
spoof [spu:f] *n (fam)* burla *f*, parodia *f.*
spook [spu:k] *n (fam)* espectro *m*, aparición *f.*
spooky ['spu:kɪ] *adj* (**-ier, -iest**) *(fam)* espeluznante, horripilante.
spool [spu:l] *n (Phot, for thread)* carrete *m; (for film etc)* bobina *f; (on fishing line)* cucharilla *f; (on sewing machine)* canilla *f.*
spoon [spu:n] **1** *n (gen)* cuchara *f; (tea ~)* cucharita *f;* **to be born with a silver** ~ **in one's mouth** nacer de pie, criarse en buenos pañales. **2** *vt (serve)*

sacar *or* servir con cuchara; *(measure)* medir por cucharadas; **to ~ sth into a plate** echar cucharadas de algo en un plato.

spoon·er·ism ['spuːnərɪzəm] *n* trastrueque *m* verbal *or* de palabras.

spoon-feed ['spuːnfiːd] *pt, pp* **spoon-fed** ['spuːnfed] *vt (lit)* dar de comer con cuchara a; *(fig)* mimar *or* proteger a.

spoon·ful ['spuːnfʊl] *n* cucharada *f*.

spoor [spʊəʳ] *n* pista *f*, rastro *m*.

spo·rad·ic [spə'rædɪk] *adj* esporádico/a; **~ gunfire** tiroteo *m* intermitente *or* esporádico.

spo·radi·cal·ly [spə'rædɪkəlɪ] *adv* esporádicamente.

spore [spɔːʳ] *n* espora *f*.

spor·ran ['spɒrən] *n* escarcela *f*.

sport [spɔːt] **1** *n* **(a)** *(games in general)* deporte *m*; **to be good at ~** ser buen deportista *mf*; **~s** *(meeting)* juegos *mpl* deportivos. **(b)** *(amusement)* juego *m*, diversión *f*; **to say sth in ~** decir algo en broma. **(c)** *(fam: person)* persona *f* amable; **she's a good ~** es buena persona, *(LAm)* es buena gente; **be a ~!** ¡no seas malo! **2** *vt* lucir, ostentar. **3: ~s car** *n* coche *m* sport; **~s ground** *n* campo *m* de recreo, *(LAm)* centro *m* deportivo; **~s jacket** *n* chaqueta *f* sport, *(LAm)* saco *m* sport.

sport·ing ['spɔːtɪŋ] *adj (gen)* deportivo/a; **there's a ~ chance that** existe la posibilidad de que.

sports·man ['spɔːtsmən] *n, pl* **-men** deportista *m*.

sports·man·like ['spɔːtsmənlaɪk] *adj* caballeroso/a.

sports·man·ship ['spɔːtsmənʃɪp] *n* honradez *f* en el deporte.

sports·wear ['spɔːtswɛəʳ] *n* trajes *mpl* sport.

sports·woman ['spɔːts,wʊmən] *n, pl* **-women** deportista *f*.

sporty ['spɔːtɪ] *adj* **(-ier, -iest)** *(fam)* deportivo/a, aficionado/a a los deportes.

spot [spɒt] **1** *n* **(a)** *(dot)* punto *m*; *(stain, mark)* mancha *f*; **a cloth with blue ~s** un paño de puntos azules; **~s of blood/grease** manchas de sangre/grasa; **to knock ~s off sb** *(fig fam)* vencer fácilmente a uno, *(LAm)* dejar parado a uno; **to have ~s before one's eyes** tener la vista nublada. **(b)** *(Med etc)* grano *m*, granito *m*; **to break** *or* **come out in ~s** salir a uno granos en la piel. **(c)** *(place)* sitio *m*, lugar *m*, *(LAm)* parte *f*; *(scene)* escena *f*, escenario *m*; **a pleasant ~** un lugar agradable; **a tender ~ on the arm** un punto *or* lugar sensible en el brazo; **the reporter was on the ~** el reportero estaba presente; **the firemen were on the ~ in 3 minutes** los bomberos se presentaron *or (LAm)* personaron en 3 minutos; **an on-the-~ broadcast** una emisión directa; **to do sth on the ~** hacer algo en el acto; **night ~** centro *m* nocturno; **to touch a sore ~** *(fig)* poner el dedo en la llaga; **an accident black ~** escena de frecuentes accidentes. **(d)** *(Brit fam: small quantity)* poquito *m*, pizca *f*; **just a ~, thanks** un poquitín, gracias; **we had a ~ of rain yesterday** ayer se sintieron gotas de lluvia; **a ~ of bother** un pequeño disgusto; **we're in a ~ of trouble** estamos en un pequeño apuro. **(e)** *(fig: characteristic)* característica *f*; **weak** *or* **soft ~** debilidad *f*, punto *m* flaco, *(LAm)* lado *m* flaco. **(f)** *(difficulty)* lío *m*, dificultad *f*, *(LAm)* apuro *m*, aprieto *m*; **to be in a (tight) ~** estar en un apuro *or* aprieto; **to put sb in a ~** *or* **on the ~** *(in difficulty)* poner a uno en un aprieto; *(compromise)* comprometer a uno. **(g)** *(Rad, Theat, TV: in show)* espacio *m*; *(Rad, TV: advertisement)* espacio publicitario. **(h)** *(fam: spotlight)* foco *m*.

2 *vt* **(a)** *(with mud etc)* salpicar *or* manchar (*with* de). **(b)** *(notice)* darse cuenta de, notar; *(see)* observar, *(LAm)* darse cuenta de; *(recognize)* reconocer; *(catch out)* coger, *(LAm)* pillar; **to ~ the winner** elegir el ganador.

3: ~ check *n* comprobación *f* en el acto, reconocimiento *m* rápido; **~ remover** *n* quitamanchas *m inv*.

spot·less ['spɒtlɪs] *adj (clean)* sin mancha, limpio/a; *(appearance)* impecable, *(LAm)* pulcro/a; *(fig: house)* bien arreglado/a; *(: reputation)* impecable, intachable.

spot·less·ly ['spɒtlɪslɪ] *adv*: **~ clean** perfectamente limpio/a.

spot·light ['spɒtlaɪt] *n (beam, lamp)* foco *m*, reflector *m*; *(Theat)* proyector *m*; *(Aut)* faro *m* auxiliar orientable; **in the ~** *(lit)* bajo reflector; *(fig)* a la luz de las miradas; **to turn the ~ on sb/sth** *(fig)* exponer a uno/algo a la luz pública.

spot·ted ['spɒtɪd] *adj (gen)* moteado/a, con puntos; *(with mud etc)* manchado/a.

spot·ty ['spɒtɪ] *adj* **(-ier, -iest)** *(fam)* con granos.

spouse [spaʊz] *n* cónyuge *mf*.

spout [spaʊt] **1** *n* pico *m*; *(of teapot etc)* pitón *m*, pitorro *m*; *(of guttering)* canalón *m*; *(column of water)* surtidor *m*; **my holiday's up the ~** *(fam)* mis vacaciones se hicieron pedazos. **2** *vt* brotar, salir en chorros; *(fam: poetry etc)* declamar. **3** *vi (fam: declaim)* hablar incansablemente.

sprain [spreɪn] **1** *n* torcedura *f*. **2** *vt* torcer; **to ~ one's wrist** torcerse la muñeca.

sprang [spræŋ] *pt of* **spring**.

sprawl [sprɔːl] **1** *vi (person: sit, lie)* tumbarse, *(LAm)* echarse; *(: untidily)* despatarrarse; *(: fall)* derrumbarse; *(plant, town)* extenderse. **2** *n* extensión *f*; **urban ~** crecimiento *m* urbano descontrolado.

sprawl·ing ['sprɔːlɪŋ] *adj (person)* tumbado/a; *(city etc)* en crecimiento rápido.

spray¹ [spreɪ] **1** *n* **(a)** *(liquid)* rociada *f*, chorro *m*; *(of sea)* espuma *f*; *(from atomizer, aerosol)* pulverización *f*. **(b)** *(aerosol, atomizer)* atomizador *m*, spray *m*; *(Med)* rociador *m*; **paint ~** pistola *f* rociadora de pintura. **2** *vt (water etc)* rociar, regar; **to ~ the roses with insecticide** rociar las rosas de insecticida; **to ~ sth/sb with water/bullets** rociar algo/a uno de agua/balas. **3: ~ gun** *n* pistola *f* rociadora, pulverizador *m*; **~ paint** *n* pintura *f* spray.

spray² [spreɪ] *n (of flowers)* ramita *f*.

spray·er ['spreɪəʳ] *n* = **spray**¹ **1 (b)**.

spread [spred] (*vb: pt, pp* **spread**) **1** *n* **(a)** *(extension: gen)* extensión *f*; *(: of infection)* propagación *f*; *(: of idea)* difusión *f*, diseminación *f*; *(: of crime)* aumento *m*; **the ~ of nuclear weapons** la proliferación de armas nucleares. **(b)** *(extent)* extensión *f*, *(LAm)* trascendencia *f*; *(of wings)* envergadura *f*; *(range)* gama *f*; *(scale)* escala *f*; **middle-age ~** gordura *f* de la mediana edad. **(c)** *(fam: of food etc)* comilona *f*, banquetazo *m*, *(LAm)* tragadera *f*. **(d)** *(cover: for bed)* cubrecama *m*, sobrecama *f*. **(e)** *(for bread)* producto *m* para untar; **cheese ~** queso *m* de untar. **(f)** *(Press, Typ: two pages)* plana *f*; **a full-page ~** una plana entera.

2 *vt* **(a)** *(open or lay out: also* **~ out***)* desplegar, tender; **to ~ a map out on the table** extender un mapa sobre la mesa; **to ~ one's wings** *(fig)* desplegar las alas; **she lay ~ out on the floor** se tendió en el suelo. **(b)** *(butter etc)* untar; **to ~ cream on one's face** ponerse crema en la cara. **(c)** *(distribute: also* **~ out***)* repartir, distribuir; *(scatter)* esparcir, desparramar; **repayments will be ~ over 18 months** los pagos se harán a lo largo de 18 meses. **(d)** *(disseminate: news etc)* divulgar, difundir; *(: panic)* difundir, diseminar;

to ~ news about diseminar *or* difundir una noticia.

3 *vi* difundirse, *(LAm)* cundir, trascender; **to ~ to sth** extenderse a algo; **to ~ into sth** prolongarse hasta algo; **margarine ~s better than butter** la margarina se unta mejor que la mantequilla; **the project will ~ over three years** el proyecto durará tres años.

♦ **spread out 1** *vi + adv (extend)* extenderse; *(widen)* ensancharse; **the police were ~ out along the route** la policía iba repartida por toda la ruta. **2** *vt + adv (unfold)* desplegar, tender; *(scatter)* esparcir, desparramar.

spread-eagled [ˌspredˈiːgld] *adj* a pata tendida.

spree [spriː] *n (fam)* juerga *f*, *(LAm)* parranda *f*; **spending ~** derroche *m* de dinero; **to go on a ~** ir de juerga *or (LAm)* parranda.

sprig [sprɪg] *n* espiga *f*.

spright·ly [ˈspraɪtlɪ] *adj* (**-ier, -iest**) enérgico/a, animado/a.

spring [sprɪŋ] (*vb: pt* **sprang**, *pp* **sprung**) **1** *n* **(a)** *(of water)* fuente *f*, manantial *m*; **a hot ~** fuente termal. **(b)** *(season)* primavera *f*; **in ~, in the ~** en la primavera; **~ is in the air** se siente la llegada de la primavera. **(c)** *(leap)* salto *m*, *(LAm)* brinco *m*; **in one ~** de un salto *or* brinco. **(d)** *(bounciness)* elasticidad *f*; **to walk with a ~ in one's step** andar dando saltos *or* brincos. **(e)** *(Tech)* resorte *m*; *(of mattress, seat etc)* muelle *m*; **~s** *(Aut)* ballestas *fpl*.

2 *vt* **(a)** *(leap over)* saltar *or (LAm)* brincar. **(b)** *(trap, lock etc)* soltar; **to ~ a leak** hacer agua; **to ~ a surprise on sb** *(fig) (Sp)* coger *or (LAm)* agarrar a uno de imprevisto.

3 *vi* **(a)** *(leap)* saltar, *(LAm)* brincar (*over* por encima de); **to ~ aside/back/into** *etc* echarse de lado/echarse atrás/meterse de un salto *etc*; **the door sprang open** la puerta se abrió de golpe; **where on earth did you ~ from?** *(fam)* ¿de dónde diablos ha salido Ud?; **to ~ into the air** dar un salto en el aire; **to ~ into action** lanzarse a la acción *or* a actuar; **to ~ to sb's help** correr a ayudar a uno; **to ~ to one's feet** levantarse de un salto; **to ~ to mind** ocurrírsele a uno. **(b)** *(originate)* brotar, nacer; **a man sprung from the people** un hombre surgido del pueblo.

4 *cpd* **(a)** *(of season)* de primavera; **~ onion** *n* cebolleta *f*, *(LAm)* cebollita *f*; **~ tide** *n* marea *f* viva. **(b)** *(with ~s)* con muelles; **~ binder** *n* encuadernación *f* de muelle.

♦ **spring up** *vi + adv (person: from chair)* levantarse de un salto; *(plant, weeds)* brotar, crecer rápidamente; *(building, settlement)* surgir, levantarse; *(wind, storm)* levantarse; *(doubt, friendship, rumour)* nacer.

spring·board [ˈsprɪŋbɔːd] *n* trampolín *m*.

spring-cleaning [ˌsprɪŋˈkliːnɪŋ] *n* limpieza *f* general.

spring-like [ˈsprɪŋlaɪk] *adj* primaveral.

spring·time [ˈsprɪŋtaɪm] *n* primavera *f*.

springy [ˈsprɪŋɪ] *adj* (**-ier, -iest**) elástico/a; *(step)* ligero/a.

sprin·kle [ˈsprɪŋkl] *vt* salpicar, rociar (*with* de); **they are ~d about here and there** están esparcidos aquí y allá.

sprin·kler [ˈsprɪŋkləʳ] *n* **(a)** *(for lawn etc)* rociadera *f*, regadera *f*. **(b)** *(for sugar)* espolvoreador *m* de azúcar. **(c)** *(for fire-fighting)* aparato *m* de rociadura automática.

sprin·kling [ˈsprɪŋklɪŋ] *n* rociada *f*, salpicadura *f*; **there was a ~ of young people** había unos cuantos jóvenes.

sprint [sprɪnt] **1** *n (in race)* (e)sprint *m*; *(dash)* carrera *f* sprint. **2** *vi (in race)* (e)sprintar; *(dash)* correr a toda velocidad; *(rush)* precipitarse; **he ~ed for the bus** corrió tras el autobús.

sprint·er [ˈsprɪntəʳ] *n (Sport)* (e)sprínter *mf*.

sprout [spraʊt] **1** *n (from bulb, seeds)* brote *m*, retoño *m*; **~s** (*also* **Brussels ~s**) coles *fpl* de Bruselas. **2** *vt* echar, hacerse; **to ~ new leaves** echar nuevas hojas. **3** *vi (bud)* brotar, retoñar, echar retoños; *(grow quickly)* crecer rápidamente; **skyscrapers are ~ing up** se están levantando rascacielos por todos lados.

spruce[1] [spruːs] *n (Bot)* pícea *f*.

spruce[2] [spruːs] *adj* pulcro/a, apuesto/a.

♦ **spruce up** *vt + adv* arreglar; **all ~d up** muy acicalado/a.

sprung [sprʌŋ] **1** *pp of* **spring. 2** *adj*: **interior ~ mattress** somier *m*, colchón *m* de muelle.

spry [spraɪ] *adj* ágil, activo/a.

spud [spʌd] *n (fam: potato)* patata *f*, *(LAm)* papa *f*.

spun [spʌn] **1** *pt, pp of* **spin. 2** *adj*: **~ silk** seda *f* hilada.

spunk [spʌŋk] *n (fam: spirit)* ánimo *m*, valor *m*; *(fam!: sperm)* leche *f*.

spur [spɜːʳ] **1** *n (gen)* espuela *f*; *(of cock)* espolón *m*; *(fig)* estímulo *m*, aguijón *m*; *(Geog)* espolón *m*; **to win one's ~s** *(fig)* pasar pruebas; **on the ~ of the moment** sin pensar, impensadamente. **2** *vt*: **to ~ on** *(lit)* espolear, picar con las espuelas; *(fig)* estimular, incitar; **to ~ sb on to do sth** incitar a uno a hacer algo.

spu·ri·ous [ˈspjʊərɪəs] *adj* falso/a.

spurn [spɜːn] *vt* desdeñar, rechazar.

spurt [spɜːt] **1** *n* chorro *m*, borbotón *m*; **to put in** *or* **on a ~** hacer un gran esfuerzo. **2** *vi (gush: also* **~ out**) chorrear, borbotar.

sput·nik [ˈspʊtnɪk] *n* satélite *m* artificial.

spy [spaɪ] **1** *n* espía *mf*. **2** *vt (catch sight of)* divisar. **3** *vi* espiar, ser espía; **to ~ on sb** espiar a uno, observar a uno clandestinamente.

♦ **spy out** *vt + adv* hacer un reconocimiento de; **to ~ out the land** reconocer el terreno.

spy·glass [ˈspaɪglɑːs] *n* catalejo *m*.

spy·ing [ˈspaɪɪŋ] *n* espionaje *m*.

Sq *(in address) abbr of* **square.**

sq *(Math) abbr of* **square.**

squab·ble [ˈskwɒbl] **1** *n* riña *f*, disputa *f*, *(LAm)* pleito *m*. **2** *vi*: **to ~ (over** *or* **about)** reñir *or* disputar *or (LAm)* pelearse (por *or* sobre).

squab·bling [ˈskwɒblɪŋ] *n* riñas *fpl*, disputas *fpl*, *(LAm)* pleitos *mpl*.

squad [skwɒd] **1** *n (Mil)* pelotón *m*; *(of police)* brigada *f*; *(of workmen etc)* cuadrilla *f*; *(Sport)* equipo *m*; **flying ~** brigada *f* móvil. **2: ~ car** *n (Police)* coche-patrulla *m*.

squad·ron [ˈskwɒdrən] *n (Mil)* escuadrón *m*; *(Aer)* escuadrilla *f*, escuadrón *m*; *(Naut)* escuadra *f*.

squal·id [ˈskwɒlɪd] *adj* miserable, vil; *(affair etc)* asqueroso/a.

squall [skwɔːl] **1** *n (wind)* ráfaga *f*; *(rain)* chubasco *m*. **2** *vi* chillar, berrear.

squal·or [ˈskwɒləʳ] *n* miseria *f*, vileza *f*.

squan·der [ˈskwɒndəʳ] *vt* derrochar, despilfarrar.

square [skwɛəʳ] **1** *n* **(a)** *(shape)* cuadrado *m*, cuadro *m*; *(on graph paper, chessboard, crossword)* casilla *f*; *(piece of material, paper etc)* cuadrado *m*; *(scarf)* pañuelo *m*; **to cut into ~s** cortar en cuadros *or* cuadrados; **back to ~ one!** *(fig)* ¡hay que volver al principio! **(b)** *(in town)* plaza *f*; *(US: block of houses)* manzana *f*, *(LAm)* cuadra *f*; **the town ~** la plaza del pueblo. **(c)** *(Math)* cuadrado *m*; **16 is the ~ of 4** 16 es el cuadrado de 4. **(d)** *(fam: old-fashioned person)* persona de ideas anticuadas; **he's a real ~** es un carca *(fam) or (LAm)* pasota.

2 *adj* **(a)** *(in shape)* cuadrado/a; **to be a ~ peg in a round hole** estar como un pulpo en un garaje. **(b)** *(forming right angle)* en ángulo recto; *(jaw, shoulder)* cuadrado/a; **~ brackets** corchetes *mpl.* **(c)** *(Math)* cuadrado/a; **a ~ kilometre** un kilómetro cuadrado; **a kilometre ~** un kilómetro en cuadro. **(d) a ~ meal** una comida completa. **(e)** *(fair, honest)* justo/a, equitativo/a; **to give sb a ~ deal** ser justo con uno; **I'll be ~ with you** seré justo contigo. **(f)** *(fig: even)* igual, *(LAm)* parejo/a; **to get one's accounts ~** dejar las cuentas claras; **to get ~ with sb** ajustar cuentas con uno, desquitarse con uno; **now we're all ~** *(fig, Sport)* ahora vamos iguales *or* parejos; **if you pay me a pound we'll call it ~** con una libra me quedo conforme. **(g)** *(fam: old-fashioned)* anticuado/a, pasado/a de moda; **he's ~** es un carca *or (LAm)* pasota.

3 *adv*: **~ in the middle** exactamente en el centro; **to look sb ~ in the eye** mirarle a uno directamente a los ojos.

4 *vt* **(a)** *(make ~)* cuadrar; **to ~ one's shoulders** ponerse derecho. **(b)** *(settle, reconcile)* ajustar; **can you ~ it with your conscience?** ¿lo puede acomodar con su conciencia?; **I'll ~ it with him** *(fam)* yo lo arreglo con él. **(c)** *(Math)* cuadrar; **2 ~d is 4** 2 al cuadrado es 4.

5 *vi* cuadrar *or* conformarse (*with* con).

6: **~ dance** *n* danza *f* de figuras; **~ root** *n* raíz *f* cuadrada.

♦ **square off** *vt + adv* cuadrar.

♦ **square up** *vi + adv* **(a)** ponerse en guardia; **to ~ up to sb** enfrentarse con uno. **(b)** *(settle)* **to ~ up with sb** ajustar cuentas con uno, *(LAm)* quedar (a) mano con uno.

square·ly ['skwɛəlɪ] *adv* **(a)** *(directly)* de lleno, directamente; **to face sth ~** hacer frente a algo sin pestañear. **(b)** *(honestly, fairly)* honradamente, justamente; **to deal ~ with sb** tratar honradamente a uno.

squash[1] [skwɒʃ] **1** *n* **(a)** *(drink)* zumo *m*, *(LAm)* jugo *m*; **orange ~** zumo *or* jugo de naranja. **(b)** *(crowd)* apiñamiento *m*, agolpamiento *m*. **2** *vt* **(a)** *(flatten)* aplastar, *(LAm)* apachurrar; **to ~ sth in** meter algo a la fuerza; **can you ~ 2 more in (the car)?** ¿caben 2 más en el coche?; **to be ~ed together** ir amontonados. **(b)** *(fig: argument)* dar al traste con; *(: person)* apabullar. **3** *vi*: **to ~ in/up** entrar con dificultad/arrimarse.

squash[2] [skwɒʃ] *n* *(vegetable)* calabaza *f*.

squash[3] [skwɒʃ] *n* *(Sport)* squash *m*.

squat [skwɒt] **1** *adj* **(-ter, -test)** *(person)* rechoncho/a, achaparrado/a; *(building, shape etc)* desproporcionadamente bajo/a. **2** *vi* **(a)** *(also ~ down)* agacharse, sentarse en cuclillas. **(b)** *(on property)* ocupar ilegalmente. **3** *n* ocupación *f or (LAm)* invasión *f* ilegal.

squat·ter ['skwɒtə^r] *n* ocupante *mf* ilegal.

squaw [skwɔː] *n* india *f*, piel roja *f*.

squawk [skwɔːk] **1** *n* graznido *m*, chillido *m*. **2** *vi* graznar, chillar.

squeak [skwiːk] **1** *n* *(of hinge, wheel etc)* chirrido *m*, rechinamiento *m*; *(of mouse etc)* chillido *m*; *(of shoe)* crujir *m*. **2** *vi* *(see n)* chirriar, rechinar; chillar; crujir.

squeaky ['skwiːkɪ] *adj* **(-ier, -iest)** *(gen)* chirriante; *(voice)* chillón/ona.

squeal [skwiːl] **1** *n* chillido *m*; **a ~ of tyres** un chillido de ruedas. **2** *vi* chillar; *(fam: inform)* cantar, *(LAm)* soplar.

squeam·ish ['skwiːmɪʃ] *adj* que se marea fácilmente; **to be ~** tener *or* sentir horror (*about* a, ante); **don't be so ~** no seas tan delicado, no pongas reparos.

squee·gee [ˌskwiː'dʒiː] *n* enjugador *m*.

squeeze [skwiːz] **1** *n* *(pressure)* presión *f*, estrujón *m*; *(of hand)* apretón *m*; *(crush, crowd)* apiñamiento *m*, apretura *f*; *(credit ~)* restricción *f*; **to give sb's hand a little ~** dar un apretón de manos a uno; **it was a tight ~ to get through** se pudo pasar apenas; **we're in a tight ~** *(fig fam)* estamos en un aprieto.

2 *vt* *(press)* apretar; *(squash)* apachurrar; *(lemon etc)* exprimir; *(hand, arm)* apretar; *(: painfully)* estrujar; **to ~ the juice out of a lemon** exprimir el zumo de un limón; **to ~ clothes into a case** meter ropa en una maleta a la fuerza; **can you ~ 2 more in?** ¿cabrían 2 más?

3 *vi*: **to ~ in/past** *etc* meterse/pasar *etc* apenas; **to ~ through a hole** pasar por un agujero con dificultad.

squelch [skweltʃ] *vi* chapotear; **to ~ through the mud** ir chapoteando por el lodo.

squib [skwɪb] *n* *(firework)* buscapiés *m inv*.

squid [skwɪd] *n* calamar *m*, sepia *f*.

squint [skwɪnt] **1** *n* *(Med)* estrabismo *m*; *(sidelong look)* mirada *f* de soslayo *or* reojo; **let's have a ~** *(fam)* déjame ver. **2** *vi* *(Med)* bizquear, ser bizco; **to ~ at sth** *(quickly)* echar un vistazo a algo; *(with half-closed eyes)* mirar algo con los ojos entrecerrados; **he ~ed in the sunlight** entrecerró los ojos en el sol.

squire ['skwaɪə^r] *n* *(old: landowner)* terrateniente *m*, *(LAm)* hacendado *m*, estanciero *m*.

squirm [skwɜːm] *vi* retorcerse.

squir·rel ['skwɪrəl] *n* ardilla *f*.

squirt [skwɜːt] **1** *n* *(jet)* chorro *m*; *(fam: child)* mequetrefe *mf*, *(Mex)* escuincle *mf*; *(: person)* farolero/ a *m/f*, presumido/a *m/f*. **2** *vt* *(liquid)* lanzar; *(person, car)* mojar. **3** *vi*: **to ~ out/in** salir/entrar a chorros.

Sr *abbr of* **senior.**

St *abbr of* **saint; street.**

stab [stæb] **1** *n* **(a)** *(with knife etc)* puñalada *f*, navajazo *m*; *(of pain)* punzada *f*. **(b) to have a ~ at sth** intentar hacer algo. **2** *vt* apuñalar, *(LAm)* acuchillar; **to ~ sb in the back** *(fig)* clavarle a uno un puñal por la espalda.

stab·bing ['stæbɪŋ] **1** *n* puñaladas *fpl*. **2** *adj* *(pain, ache)* punzante.

sta·bil·ity [stə'bɪlɪtɪ] *n* estabilidad *f*.

sta·bi·lize ['steɪbəlaɪz] **1** *vt* *(boat)* estabilizar. **2** *vi* *(currency, economy)* estabilizarse.

sta·bi·li·zer ['steɪbəlaɪzə^r] *n* *(Naut)* estabilizador *m*.

sta·ble[1] ['steɪbl] *adj* **(-r, -st)** *(gen)* estable.

sta·ble[2] ['steɪbl] **1** *n* *(building)* cuadra *f*, caballeriza *f*; *(establishment)* cuadra. **2** *vt* *(keep in ~)* guardar en una cuadra; *(put in ~)* poner en una cuadra.

stack [stæk] **1** *n* *(pile, also fam)* montón *m*; *(section in library)* estantería *f*; **I have ~s of work to do** tengo un montón *or* una cantidad de trabajo. **2** *vt* amontonar, apilar; **the cards are ~ed against us** todo va en contra nuestra.

sta·dium ['steɪdɪəm] *n* estadio *m*.

staff [stɑːf] **1** *n* **(a)** *(personnel)* personal *m*, empleados *mpl*; *(Mil)* estado *m* mayor; **the administrative/teaching ~** (el personal de) la administración/el cuerpo docente; **to be on the ~** ser de plantilla *or (LAm)* de planta; **~ nurse** enfermero/a *m/f* titulado/a. **(b)** *(old: stick)* bastón *m*, vara *f*; *(Rel)* báculo *m*; *(of flag, lance etc)* asta *f*. **(c)** *(Mus: pl* **staves)** pentagrama *m*. **2** *vt* proveer de personal; **to be well ~ed** *(good workers)* tener un buen personal; *(fully ~ed)* tener la plantilla completa.

stag [stæg] **1** *n (Zool)* ciervo *m*, venado *m*. **2: ~ night** *n* despedida *f* de soltero.

stage [steɪdʒ] **1** *n* **(a)** *(platform)* plataforma *f*, tablado *m; (in theatre)* escenario *m*, escena *f*; **the ~** *(profession)* el teatro *m*; **to go on ~** entrar en el escenario; **to go on the ~** hacerse actor/actriz. **(b)** *(period, section: of process, development)* etapa *f*, fase *f; (: of journey)* etapa, jornada *f; (: of pipeline)* tramo *m; (: of rocket)* piso *m*; **in ~s** por etapas; **in** *or* **by easy ~s** paso a paso; **at this ~ in the negotiations** a estas alturas de las negociaciones.

2 *vt (play)* representar, poner; *(carry out: scene, recovery)* efectuar; *(arrange: accident, welcome)* organizar; **to ~ a comeback** restablecerse.

3: ~ door *n* entrada *f* de artistas; **~ fright** *n* miedo *m* a las tablas; **to get ~ fright** ponerse nerviosísimo; **~ manager** *n* director *m* de escena; **~ whisper** *n (fig)* aparte *m*.

stage·coach ['steɪdʒkəʊtʃ] *n* diligencia *f*.

stage·hand ['steɪdʒhænd] *n* tramoyista *mf*.

stage·struck ['steɪdʒstrʌk] *adj* aficionado/a al teatro.

stag·ger ['stægəʳ] **1** *vt* **(a)** *(amaze)* asombrar. **(b)** *(hours, spokes etc)* escalonar. **2** *vi* tambalear; **he ~ed to the door** fue tambaleando a la puerta.

stag·gered ['stægəd] *adj* **(a)** *(amazed)* asombrado/a. **(b)** *(hours, junction)* escalonado/a.

stag·nant ['stægnənt] *adj (lit)* estancado/a; *(fig)* inactivo/a, paralizado/a.

stag·nate [stæg'neɪt] *vi (lit)* estancarse; *(fig)* quedar estancado.

stag·na·tion [stæg'neɪʃən] *n (lit)* estancamiento *m; (fig)* paralización *f*.

stagy ['steɪdʒɪ] *adj* (**-ier, -iest**) teatral, histriónico/a.

staid [steɪd] *adj* (**-er, -est**) *(person)* ortodoxo/a, tradicionalista; *(clothes)* serio/a, formal.

stain [steɪn] **1** *n (gen)* mancha *f; (dye)* tinte *m*, tintura *f*. **2** *vt* manchar; *(dye)* teñir. **3** *vi* manchar.

stained [steɪnd]: **~ glass** *n* vidrio *m* de color; **~ glass window** *n* vidriera *f* de colores.

stain·less ['steɪnlɪs] *adj (steel)* inoxidable.

stair [steəʳ] *n (single step)* escalón *m*, peldaño *m; (whole flight: usu* **~s**) escalera *f*.

stair·case ['steəkeɪs] *n* escalera *f*; **spiral ~** escalera de caracol.

stair·well ['steəwel] *n* hueco *m or* caja *f* de la escalera.

stake [steɪk] **1** *n* **(a)** *(post: gen)* poste *m; (: for plant)* rodrigón *m*. **(b)** *(for execution)* hoguera *f*; **to be burnt at the ~** morir en la hoguera. **(c)** *(bet)* puesta *f*, apuesta *f*; **the issue at ~** el asunto de que se trata; **to be at ~** estar en juego; **there's a lot at ~ in this** va mucho en esto; **to have a ~ in sth** tener interés en algo. **2** *vt (bet)* apostar (*on* a); *(esp US: Fin)* financiar, patrocinar; **to ~ one's reputation on sth** jugarse la reputación en algo; **to ~ a claim to sth** presentar reclamación por *or* reclamar algo.

stake-out ['steɪk,aʊt] *n* allanamiento *m*.

stal·ac·tite ['stæləktaɪt] *n* estalactita *f*.

stal·ag·mite ['stæləgmaɪt] *n* estalagmita *f*.

stale [steɪl] *adj* (**-r, -st**) *(food)* pasado/a; *(bread)* duro/a; *(air)* viciado/a; *(news)* viejo/a; **I'm getting ~** me estoy estancando.

stale·mate ['steɪlmeɪt] *n (Chess)* ahogado *m; (fig)* punto *m* muerto; **to reach ~** *(fig)* estancarse.

stale·ness ['steɪlnɪs] *n (of food)* lo pasado; *(of bread)* dureza *f; (of air)* lo viciado; *(of news)* lo viejo; *(of person)* estancamiento *m*.

stalk[1] [stɔːk] **1** *vt (animal: subj: hunter)* cazar al acecho; *(: subj: animal)* acechar; *(person)* seguir los pasos de. **2** *vi (walk)* andar con paso pausado; **she ~ed out of the room** salió airada del cuarto.

stalk[2] [stɔːk] *n (Bot)* tallo *m; (Aut: control ~)* palanca *f*.

stall [stɔːl] **1** *n* **(a)** *(Agr: stable)* establo *m; (: manger)* pesebre *m; (for single horse etc)* casilla *f; (paper ~)* quiosco *m, (LAm)* puesto *m; (in market etc)* puesto; *(in fair)* caseta *f*, casilla. **(b)** *(Theat)* **the ~s** las butacas. **2** *vt (car, plane)* parar, calar. **3** *vi* **(a)** *(car)* pararse; *(plane)* perder velocidad. **(b)** *(fig: delay)* andar con rodeos, esquivar, *(LAm)* hacer la pala; **stop ~ing!** ¡déjate de evasivas!

stall·holder ['stɔːl,həʊldəʳ] *n* dueño/a *m/f* de un puesto, *(LAm)* puestero/a *m/f*.

stal·lion ['stæljən] *n* semental *m*, garañón *m*, *(LAm)* padrillo *m*.

stal·wart ['stɔːlwət] **1** *adj (person: in spirit)* fuerte, robusto/a; *(supporter, opponent)* leal, fiel; *(belief)* empedernido/a. **2** *n* partidario/a *m/f* incondicional.

sta·men ['steɪmen] *n* estambre *m*.

stami·na ['stæmɪnə] *n* resistencia *f*.

stam·mer ['stæməʳ] **1** *n* tartamudeo *m*; **he has a bad ~** tartamudea terriblemente. **2** *vi* tartamudear. **3** *vt* decir tartamudeando.

stamp [stæmp] **1** *n* **(a)** *(postage ~)* sello *m, (LAm)* estampilla *f; (trading ~)* cupón *m*. **(b)** *(rubber ~)* estampilla *f; (for metal)* cuño *m; (mark)* tampón *m, (LAm)* sello *m*; **it bears the ~ of genius** tiene el sello del genio. **(c)** *(with foot)* taconazo *m*.

2 *vt* **(a) to ~ one's foot** patear, patalear; **to ~ the ground** *(person)* dar patadas en el suelo; *(horse)* piafar. **(b)** *(letter)* sellar, poner el sello a; **~ed addressed envelope** *(abbr* **s.a.e.**) sobre *m* sellado con las señas propias; **the letter is insufficiently ~ed** la carta no tiene suficientes sellos. **(c)** *(mark with rubber ~)* marcar con sello; *(emboss)* grabar; **they ~ed my passport at the frontier** sellaron mi pasaporte en la frontera.

3 *vi (single movement)* patear, patalear; *(walk)* ir pateando; **he ~s about the house** anda por la casa pisando muy fuerte; **ouch, you ~ed on my foot!** ¡ay, me has pisoteado el pie!

♦ **stamp out** *vt + adv (fire)* apagar con el pie; *(fig)* acabar con, sofocar.

stam·pede [stæm'piːd] **1** *n (lit)* estampida *f*, desbandada *f; (fig)* desbandada; **there was a sudden ~ for the door** todo el mundo corrió hacia la puerta. **2** *vt (cattle)* provocar la desbandada de; **to ~ sb into doing sth** presionar fuerte a uno para que haga algo. **3** *vi (lit)* ir en desbandada; *(fig)* precipitarse.

stance [stæns] *n (lit)* postura *f; (fig)* actitud *f*; **to take up a ~** *(fig)* adoptar una actitud.

stand [stænd] *(vb: pt, pp* **stood**) **1** *n* **(a)** *(position)* posición *f*, puesto *m; (fig: stance)* actitud *f*, postura *f*; **to take up a ~ near the door** colocarse cerca de la puerta; **to take a ~ on an issue** adoptar una actitud hacia una cuestión. **(b)** *(Mil)* parada *f*, alto *m*; **to make a ~** *(fig)* hacer parada, plantarse; **to make a ~ against sth** oponer resistencia a algo. **(c)** *(for taxis)* parada *f* (de taxis). **(d)** *(Theat)* función *f*, representación *f; (of pop group etc)* actuación *f*; *see* **one-night. (e)** *(lamp ~)* pie *m; (music ~ etc)* atril *m; (in shop)* estante *m*, puesto *m*. **(f)** *(newspaper ~)* quiosco *m, (LAm)* puesto *m; (market stall etc)* puesto; (at exhibition) caseta *f*, stand *m; (raised area: band~)* quiosco; *(: Sport)* tribuna *f; (: US Jur)* estrado *m*.

2 *vt* **(a)** *(place)* poner, colocar; **to ~ sth against the wall** apoyar algo en la pared. **(b) to ~ one's ground** mantenerse firme, *(LAm)* plantarse. **(c)** *(withstand, tolerate)* aguantar, *(LAm)* resistir; **it won't ~ serious examination** no resistirá un examen detallado; **the company will have to ~ the loss** la compañía tendrá que encargarse de las pérdidas; **I can't ~ him** *(fam)* no le puedo ver, *(LAm)* me cae de la patada, no lo puedo tragar; **I can't ~ waiting for people** *(fam)* no aguanto *or* soporto que me hagan esperar; *see* **chance 1 (c), stead. (d)** *(fam)* **to ~ sb a drink/meal** invitar a uno a una copa/a comer.

3 *vi* **(a)** *(be upright)* estar de pie *or (LAm)* derecho *or* parado; *(get up)* levantarse, *(LAm)* pararse; **he could hardly ~** hasta tenía problemas para ponerse de pie; **he left the others ~ing** *(fig)* dejó a todos atrás *or (LAm)* parados; **to ~ on one's own two feet** *(fig)* valerse por sí mismo, *(LAm)* defenderse solo; **they kept us ~ing about** *or* **around for ages** nos hicieron esperar mucho tiempo; **he stood over me while I did it** me vigiló mientras lo hacía. **(b)** *(be left: car, tea)* quedar; *(be situated: building, tree)* encontrarse, *(LAm)* ubicarse; **the tower ~s 50m high** la torre tiene 50 metros de alta. **(c)** *(remain valid: offer, argument, decision)* seguir en pie *or* vigente; **my objection still ~s** mis reservas siguen en pie; **the theory ~s or falls on this** de allí depende la teoría entera. **(d)** *(fig: be placed)* estar, encontrarse; *(: be in a position: + infin)* tener que; *(: risk)* arriesgar; **I'd like to know where I ~** quisiera saber a qué atenerme; **as things ~** tal como están las cosas; **he ~s to gain a great deal** tiene la posibilidad de ganar mucho; **she ~s in need of a friend** lo que necesita es un amigo; **we must ~ together** debemos unirnos *or* ser solidarios; **nothing ~s between us** nada nos separa; **sales are currently ~ing at 2 million** las ventas ya han alcanzado los 2 millones. **(e)** *(Pol)* **to ~ as a candidate** presentarse como candidato; **to ~ for parliament** presentarse a las elecciones.

♦ **stand aside** *vi + prep* apartarse, mantenerse aparte.

♦ **stand back** *vi + prep* retirarse; *(fig)* tomar una posición más objetiva; *(building: be placed further back)* estar apartado.

♦ **stand by 1** *vi + adv (do nothing)* mantenerse aparte; *(be ready)* estar preparado *or (LAm)* listo; **~ by for further news** seguirán más noticias. **2** *vi + prep (person)* apoyar *or* respaldar a; *(promise)* cumplir con; **we ~ by what we said** nos atenemos a lo dicho.

♦ **stand down** *vi + adv (withdraw)* ceder el puesto; *(Jur)* retirarse.

♦ **stand for** *vi + prep* **(a)** *(represent: principle, honesty)* representar; *(: abbreviation)* significar. **(b)** *(permit)* permitir; *(tolerate)* admitir; **I won't ~ for that** eso no lo admito. **(c)** *see* **stand 3 (e).**

♦ **stand in** *vi + adv* sustituir; **to ~ in for sb** sustituir a uno.

♦ **stand out** *vi + adv* **(a)** *(be noticeable)* destacarse (*against* contra); **to ~ out in relief** resaltar. **(b)** *(be firm, hold out)* mantenerse firme, *(LAm)* aferrarse; **to ~ out against sth** oponerse a algo; **to ~ out for sth** insistir en algo.

♦ **stand up 1** *vi + adv (rise)* levantarse, ponerse de pie; *(be standing)* estar de pie; *(fig)* **to ~ up for sb** respaldar a uno; **to ~ up for o.s.** defenderse solo; **to ~ up to sb** hacer frente a uno; **it ~s up to hard wear** es muy resistente. **2** *vt + adv (fam: girlfriend, boyfriend)* dejar plantado, *(LAm)* dar plantón a.

stand·ard ['stændəd] **1** *n* **(a)** *(flag)* estandarte *m*, bandera *f*. **(b)** *(measure)* patrón *m*, *(LAm)* estándar *m; (fig: established norm)* norma *f*, regla *f;* **the gold ~** *(Fin)* el patrón oro; **to be up to ~** satisfacer los requisitos; **to be below ~** ser de baja calidad; **to set a good ~** establecer un alto nivel. **(c)** *(moral ~: usu pl)* criterio *m*, valor *m;* **to apply a double ~** aplicar un doble criterio. **(d)** *(degree, level)* nivel *m*, grado *m;* **~ of living** nivel de vida; **at first-year university ~** al nivel del primer año universitario; **of (a) high/low ~** de alto/bajo nivel.

2 *adj* normal, común; **~ size** tamaño *m* normal; **it's quite ~!** ¡es de lo más común!; **to become ~** imponerse como norma.

3: ~ English *n* el inglés *m* de la Academia; **~ lamp** *n* lámpara *f* de pie; **~ model** *n* modelo *m* standard.

stand·ardi·za·tion [ˌstændədaɪ'zeɪʃən] *n* normalización *f*, *(LAm)* estandar(d)ización *f*.

stand·ard·ize ['stændədaɪz] *vt* normalizar, *(LAm)* estandar(d)izar.

stand-by ['stændbaɪ] **1** *n (person)* suplente *mf; (thing)* repuesto *m;* **to be on ~** estar preparado para salir. **2: ~ passenger** *n (Aer)* pasajero/a *m/f* que está en la lista de espera.

stand-in ['stændɪn] *n* sustituto/a *m/f (for* por); *(Cine)* doble *mf*.

stand·ing ['stændɪŋ] **1** *adj* **(a)** *(not sitting)* de pie, *(LAm)* parado/a; *(upright: stone, corn)* derecho/a, *(LAm)* recto/a; **~ room only** ya no quedan asientos; **~ start** salida *f* parada; **~ ovation** ovación *f* ferviente. **(b)** *(permanent)* permanente; **~ order** *(Fin)* giro *m or* pedido *m* regular. **2** *n* **(a)** *(social position)* rango *m*, estatus *m; (repute)* reputación *f*, fama *f;* **the relative ~ of these problems** la importancia relativa de estos problemas; **what is his ~ locally?** ¿cómo se le considera en círculos locales? **(b)** *(duration)* **of 6 months' ~** que lleva 6 meses; **of long ~** de mucho tiempo (acá), *(LAm)* desde largo (atrás).

stand-offish [ˌstænd'ɒfɪʃ] *adj* reservado/a, distante.

stand·pipe ['stændpaɪp] *n* tubo *m* vertical.

stand·point ['stændpɔɪnt] *n* punto *m* de vista; **from the ~ of ...** desde el punto de vista de ... .

stand·still ['stændstɪl] *n:* **to bring a car to a ~** parar un coche; **to be at a ~** *(vehicle)* estar parado; *(industry etc)* estar paralizado; **to come to a ~** *(vehicle)* pararse; *(industry etc)* estancarse.

stand-up ['stændʌp] *adj:* **~ fight** *(lit)* pelea *f* violenta; *(fig)* altercado *m* violento; **~ comedian** cómico/a *m/f*.

stank [stæŋk] *pt of* **stink.**

stan·za ['stænzə] *n* estrofa *f*.

sta·ple[1] ['steɪpl] **1** *n (fastener)* grapa *f*. **2** *vt* sujetar con grapa.

sta·ple[2] ['steɪpl] **1** *adj (diet, product)* de primera necesidad; *(topic of conversation)* clásico/a. **2** *n (product)* artículo *m* de primera necesidad.

sta·pler ['steɪpləʳ] *n*, **sta·pling ma·chine** ['steɪplɪŋməˌʃiːn] *n* grapadora *f*.

star [stɑːʳ] **1** *n* **(a)** *(Astron)* estrella *f;* **the S~s and Stripes** las barras y estrellas; **you can thank your lucky ~s that ...** tuviste suerte de que ...; **to see ~s** *(fig)* ver estrellas. **(b)** *(person)* estrella *f*, astro *m*. **2** *vt (Cine etc)* presentar como estrella; **a film ~ring Greta Garbo** una película con Greta Garbo en el papel principal. **3** *vi (Cine etc)* tener el papel principal. **4** *cpd* estrella, estelar; **~ attraction** *n*, **~ turn** *n* atracción *f* principal; **~ player** *n* estrella *f*.

star·board ['stɑːbəd] *n* estribor *m;* **on the ~ side** a estribor.

starch [stɑːtʃ] **1** *n (for clothes etc)* almidón *m; (in food)* fécula *f*. **2** *vt* almidonar.

starched [stɑːtʃt] *adj* almidonado/a.
starchy ['stɑːtʃɪ] *adj* (**-ier, -iest**) *(food)* feculento/a; *(fig: person)* rígido/a, estirado/a.
star·dom ['stɑːdəm] *n* estrellato *m*.
stare [stɛəʳ] **1** *n* mirada *f* fija; **to give sb a ~** mirar fijamente a uno. **2** *vt*: **it's staring you in the face** salta a la vista. **3** *vi*: **to ~ (at)** mirar fijamente *or* de hito en hito; **it's rude to ~ at people** está mal visto fijar la mirada en la gente.
star·fish ['stɑːfɪʃ] *n* estrella *f* de mar.
star·gazing ['stɑːˌgeɪzɪŋ] *n (fam: astronomy)* astronomía *f*; *(: astrology)* astrología *f*; *(fig)* distracción *f*.
stark [stɑːk] **1** *adj* (**-er, -est**) *(outline, landscape)* severo/a, adusto/a; *(simplicity, colour, contrast)* austero/a; *(reality, poverty)* sin adornos, escueto/a. **2** *adv*: **~ (staring) mad** loco de remate; **~ naked** *(also* **starkers**) en cueros, *(LAm)* encuerado/a, *(Chi)* pilucho/a.
star·let ['stɑːlɪt] *n* actriz *f* principiante.
star·light ['stɑːlaɪt] *n* luz *f* de las estrellas; **by ~** a la luz de las estrellas.
star·ling ['stɑːlɪŋ] *n* estornino *m*.
star·lit ['stɑːlɪt] *adj* iluminado/a por las estrellas.
star·ry ['stɑːrɪ] *adj* (**-ier, -iest**) sembrado/a de estrellas.
starry-eyed [ˌstɑːrɪ'aɪd] *adj (idealistic)* idealista, ingenuo/a; *(in love)* sentimentaloide.
star-studded ['stɑːˌstʌdɪd] *adj*: **a ~ cast** un elenco *m* estelar.
start [stɑːt] **1** *n* **(a)** *(fright etc)* susto *m*, sobresalto *m*; **to give sb a ~** asustar *or* dar un susto a uno. **(b)** *(beginning)* principio *m*, comienzo *m*; *(departure, also Sport)* salida *f*; *(~ing line)* línea *f* de salida; **at the ~** al principio, *(LAm)* en un principio; **from the ~** desde el principio; **for a ~** en primer lugar, *(LAm)* para empezar; **to get off to a good ~** empezar muy bien; **to make an early ~** *(on journey)* ponerse en camino temprano; *(with job)* empezar temprano; **to make a fresh** *or* **new ~ in life** hacer vida nueva. **(c)** *(advantage)* ventaja *f*; **to give sb a 5 minute ~** dar a uno 5 minutos de ventaja.

2 *vt* **(a)** *(begin)* empezar, comenzar; **to ~ doing sth** *or* **to do sth** empezar a hacer algo; **to ~ negotiations** iniciar *or* entablar las pláticas; **he ~ed work yesterday** entró a trabajar ayer; **he ~ed life as a labourer** empezó de *or* como peón. **(b)** *(cause to begin or happen)* iniciar, poner en marcha; *(: collapse, recovery)* provocar, causar; **to ~ a fire** provocar un incendio; **you ~ed it!** ¡tú diste el primer golpe!; **don't ~ him on that!** ¡no le des cuerda! **(c)** *(found: business, newspaper)* fundar, establecer. **(d)** *(car, engine)* arrancar, poner en marcha.

3 *vi* **(a)** *(in fright)* asustarse, sobresaltarse *(at* a); **his eyes were ~ing out of his head** se le saltaban los ojos de la cara. **(b)** *(begin)* empezar, comenzar; *(on journey)* partir, ponerse en camino; *(car, engine)* arrancar, ponerse en marcha; **~ing from Tuesday** a partir del lunes; **to ~ on a task** emprender una tarea; **to ~ at the beginning** empezar desde el principio; **what shall we ~ (off) with?** ¿con qué empezamos?; **to ~ (off) with ...** *(firstly)* en primer lugar ..., *(LAm)* para empezar ...; *(at the beginning)* al principio ..., *(LAm)* en un principio ...; **he ~ed (off) by saying ...** empezó por decir *or* diciendo ... .
♦ **start back** *vi + adv* emprender el viaje de regreso *(for* a).
♦ **start off** **1** *vi + adv (leave)* salir, ponerse en camino, *(LAm)* partir; *see also* **start 3 (b)**. **2** *vt + adv* provocar, causar; **to ~ sb off** *(on complaints, story etc)* dar cuerda a uno; *(give initial help)* dar un primer empujón a uno.
♦ **start out** *vi + adv (begin journey)* ponerse en camino, *(LAm)* partir; *(originally begin)* comenzar.
♦ **start over** *vi + adv (US)* volver a empezar.
♦ **start up** **1** *vi + adv (driver, engine)* arrancar; *(music)* empezar. **2** *vt + adv (car, engine)* arrancar.
start·er ['stɑːtəʳ] *n* **(a)** *(person: judge)* juez *m* de salida; *(: competitor)* corredor(a) *m/f*. **(b)** *(Aut etc: motor)* motor *m* de arranque; *(button)* botón *m* de arranque. **(c)** *(fam: first course)* entrada *f*; **for ~s** *(fig)* en primer lugar.
start·ing ['stɑːtɪŋ]: **~ block** *n* taco *m* de salida; **~ point** *n (fig)* punto *m* de partida; **~ post** *n* línea *f* de salida.
star·tle ['stɑːtl] *vt* asustar, sobresaltar.
star·tling ['stɑːtlɪŋ] *adj (news)* alarmante; *(discovery)* inesperado/a; *(appearance)* llamativo/a.
star·va·tion [stɑː'veɪʃən] **1** *n* hambre *f*, inanición *f*; **fuel ~** *(Tech)* agotamiento *m* del combustible. **2**: **~ diet** *n* régimen *m* de hambre.
starve [stɑːv] **1** *vt* privar de comida; **to ~ sb to death** hacer que uno muera de hambre; **to be ~d of affection** *(fig)* estar privado de afecto. **2** *vi (die)* morir(se) de hambre; *(lack food)* pasar hambre; **I'm starving!** *(fam)* estoy muerto de hambre.
starv·ing ['stɑːvɪŋ] *adj* hambriento/a.
stash [stæʃ] *vt (fam)* **to ~ sth away** esconder algo.
state [steɪt] **1** *n* **(a)** *(gen)* estado *m*; *(condition)* estado, condición *f*; **~ of emergency** estado de emergencia; **~ of mind** estado de ánimo; **~ of war** estado de guerra; **to be in a bad ~** estar en malas condiciones; **he's not in a (fit) ~ to do it** no está en condiciones para hacerlo; **he arrived home in a shocking ~** llegó a casa en un estado espantoso; **the ~ of the art** el estado de la cuestión. **(b)** *(anxiety)* **to be in a ~** andar afligido *or* nervioso; **now don't get into a ~ about it** no te agites *or* aflijas. **(c)** *(rank)* rango *m*; *(office)* cargo *m*; **the ~ of bishop** la dignidad de obispo. **(d)** *(pomp)* **in ~** con mucha ceremonia; **to lie in ~** estar de cuerpo presente. **(e)** *(Pol: gen)* estado *m*; *(: country)* nación *f*; **the S~s** *(USA)* los Estados Unidos; **Secretary of S~** *(US)* Secretario/a *m/f* de Asuntos Exteriores; **Secretary of S~ for Education** *(Brit)* Secretario/a *m/f* de Educación.

2 *vt* afirmar, declarar; *(case, problem)* exponer; **as ~d above** como se indica arriba; **cheques must ~ the amount clearly** los cheques deben llevar la cantidad claramente indicada.

3 *cpd (apartment, coach, visit)* de gala; *(Pol: run by the ~)* estatal, del Estado; **~ capitalism** *n* capitalismo *m* de Estado; **~ control/ownership** *n* control *m* público/propiedad *f* del Estado; **~ education** *n* enseñanza *f* pública; **~ secret** *n (lit, fig)* secreto *m* de Estado; **~ sector** *n* sector *m* estatal.
stat·ed ['steɪtɪd] *adj* indicado/a, señalado/a; **within ~ limits** dentro de límites fijos.
state·hood ['steɪthʊd] *n (independence)* independencia *f*; *(as federal state)* categoría *f* de estado.
state·less ['steɪtlɪs] *adj* desnacionalizado/a.
state·ly ['steɪtlɪ] *adj* (**-ier, -iest**) *(person, manner)* imponente; *(pace, music)* majestuoso/a; **~ home** casa *f* solariega.
state·ment ['steɪtmənt] *n* declaración *f*, afirmación *f*; *(Fin)* estado *m*; **~ of account** estado de cuenta; **to make a ~** *(Jur)* prestar declaración.
state·room ['steɪtrʊm] *n* camarote *m*.

states·man ['steɪtsmən] *n, pl* **-men** estadista *m.*
states·man·ship ['steɪtsmənʃɪp] *n* habilidad *f* política, capacidad *f* de gobernar; **that showed true ~** eso demostró su verdadera capacidad de estadista.
stat·ic ['stætɪk] **1** *adj* estático/a, inmóvil; **~ electricity** estática *f.* **2** *n (noise)* parásitos *mpl.*
sta·tion ['steɪʃən] **1** *n* **(a)** *(Rail)* estación *f* (de ferrocarril); *(bus ~)* terminal *f* de autobuses; *(police ~)* comisaría *f; (US: gas ~)* gasolinera *f, (LAm)* fuente *f, (Per)* grifo *m; (esp Mil: post)* puesto *m;* **action ~s!** ¡a los puestos de combate! **(b)** *(Rad)* emisora *f.* **(c)** *(social position)* rango *m;* **to have ideas above one's ~** darse aires de superioridad. **2** *vt (Mil)* estacionar, apostar; *(fig)* colocar. **3: ~ master** *n* jefe *m* de estación; **~ wagon** *n (Aut)* furgoneta *f, (LAm)* camioneta *f, (RPl)* rural *m.*
sta·tion·ary ['steɪʃənərɪ] *adj* inmóvil; *(not movable)* estacionario/a, fijo/a; **to remain ~** quedarse inmóvil.
sta·tion·er ['steɪʃənəʳ] *n:* **~'s (shop)** papelería *m.*
sta·tion·ery ['steɪʃənərɪ] *n* artículos *mpl* de escritorio.
sta·tis·tic [stə'tɪstɪk] *n* estadística *f.*
sta·tis·ti·cal [stə'tɪstɪkəl] *adj* estadístico/a.
statistically [stə'tɪstɪkəlɪ] *adv* según las estadísticas.
stat·is·ti·cian [ˌstætɪs'tɪʃən] *n* estadístico/a *m/f.*
sta·tis·tics [stə'tɪstɪks] *n (sg: subject)* estadística *f; (pl: numbers)* estadísticas *fpl; see* **vital.**
statue ['stætju:] *n* estatua *f.*
statu·esque [ˌstætjʊ'esk] *adj* escultural.
statu·ette [ˌstætjʊ'et] *n* figurilla *f.*
stat·ure ['stætʃəʳ] *n* **(a)** *(size)* estatura *f,* talla *f;* **to be of short ~** ser de baja estatura. **(b)** *(fig)* rango *m,* estatus *m.*
sta·tus ['steɪtəs] **1** *n (of person: legal, marital, social)* estado *m; (of agreement etc)* validez *f;* **marital ~** estado civil; **social ~** posición *f* social, estatus *m.* **2: ~ quo** *n* (e)statu quo *m;* **~ symbol** *n* símbolo *m* de rango.
stat·ute ['stætju:t] *n* ley *f,* estatuto *m;* **in the ~ book** en el código de leyes.
statu·tory ['stætjʊtərɪ] *adj* reglamentario/a.
staunch[1] [stɔ:ntʃ] *adj* **(-er, -est)** leal, firme.
staunch[2] [stɔ:ntʃ] *vt (bleeding)* restañar.
stave [steɪv] *n (Mus)* pentagrama *m.*
♦ **stave in** *vt + adv (pt, pp* **stove in)** desfondar.
♦ **stave off** *vt + adv (pt, pp* **staved off)** *(attack, crisis, illness)* rechazar; *(temporarily)* aplazar, posponer.
staves [steɪvz] *npl of* **staff 1 (c).**
stay [steɪ] **1** *n* **(a)** estancia *f,* permanencia *f;* **a ~ of 10 days** una estancia de 10 días. **(b)** *(Jur)* **~ of execution** aplazamiento *m* de una sentencia. **(c)** *(guy-rope)* viento *m;* **~s** *(corset)* corsé *m.*
2 *vi* **(a)** *(remain in a place or situation)* quedarse, permanecer; *(as guest)* hospedarse, *(LAm)* alojarse; *(reside)* vivir, habitar; **you ~ right there** quédate allí; **how long can you ~?** ¿cuánto tiempo te puedes quedar?; **to ~ with friends** hospedarse en casa de unos amigos; **video recorders are here to ~** los vídeos no son una simple moda pasajera. **(b)** *(continue, remain: with adj)* seguir, continuar; **if it ~s fine** si el tiempo sigue bueno; *see* **put 1 (a).**
3 *vt (last out)* **to ~ the course** terminar la carrera; *(fig)* aguantar hasta el final.
♦ **stay away** *vi + adv* no acercarse *(from* a), mantener las distancias *(from* con).
♦ **stay behind** *vi + adv* quedarse, esperar.
♦ **stay in** *vi + adv* quedarse en casa, no salir.
♦ **stay on** *vi + adv* quedarse, permanecer; **he ~ed on as manager** siguió en la firma con el puesto de gerente.
♦ **stay out** *vi + adv* quedarse fuera, no volver a casa; *(strikers)* no volver al trabajo; **you ~ out of this!** tú ¡no te metas en esto!, *(LAm)* ¡no te metas donde no te quepa!
♦ **stay over** *vi + adv* pasar la noche, quedar a dormir.
♦ **stay up** *vi + adv (trousers, tent)* no caerse; *(person: wait up)* no acostarse, *(LAm)* trasnochar.
stay-at-home ['steɪəthəʊm] *n* persona *f* hogareña.
stay·er ['steɪəʳ] *n (in race)* corredor(a) *m/f* de fondo; *(fig)* persona *f* de mucha resistencia.
stay·ing pow·er ['steɪɪŋpaʊəʳ] *n* resistencia *f,* aguante *m.*
stead [sted] *n:* **to stand sb in good ~** ser muy útil a uno; **in sb's ~** en lugar de uno.
stead·fast ['stedfəst] *adj (person)* firme, resuelto/a; **~ in adversity** firme en el infortunio.
stead·fast·ly ['stedfəstlɪ] *adv* firmemente, resueltamente.
steadi·ly ['stedɪlɪ] *adv (improve, grow)* constantemente, a un ritmo constante; *(speak)* con firmeza; *(gaze)* fijamente; **it gets ~ worse** se vuelve cada vez peor; **to work ~** trabajar sin parar.
steadi·ness ['stedɪnɪs] *n (of voice)* firmeza *f; (lack of fluctuation)* constancia *f; (reliability)* formalidad *f.*
steady ['stedɪ] **1** *adj* **(-ier, -iest)** *(not wobbling)* firme, fijo/a; *(voice)* firme; *(gaze)* fijo/a; *(not fluctuating)* constante; *(reliable, regular)* formal; *(boyfriend etc)* establecido/a; **~ demand** demanda *f* constante; **a ~ job** un empleo fijo; **a ~ hand** una mano firme; **we were going at a ~ 70 kph** íbamos a una velocidad constante de 70 kph.
2 *adv:* **~!** ¡despacio!, *(LAm)* ¡lento!, ¡con calma!; **they are going ~** *(fam)* son novios.
3 *n (fam)* novio/a *m/f.*
4 *vt (wobbling object, oneself)* estabilizar, equilibrar; *(nervous person)* calmar, tranquilizar; *(wild person)* apaciguar; **she smokes to ~ her nerves** fuma para calmar los nervios; **to have a ~ing influence on sb** ejercer una buena influencia sobre uno.
steak [steɪk] *n (one piece)* filete *m or* bistec *m* de vaca *or (LAm)* de res; *(for stewing etc)* carne *f* de vaca *or* res.
steal [sti:l] *pt* **stole,** *pp* **stolen 1** *vt (gen)* robar, hurtar; **to ~ the show** acaparar la atención de todos; **to ~ a glance at sb** echar una mirada de soslayo a uno. **2** *vi* **(a)** *(thieve)* robar. **(b)** *(move quietly)* moverse a hurtadillas; **to ~ away** *or* **off** marcharse furtivamente; **to ~ up on sb** acercarse a uno sigilosamente.
stealth [stelθ] *n* cautela *f,* sigilo *m.*
stealthy ['stelθɪ] *adj* **(-ier, -iest)** cauteloso/a, sigiloso/a.
steam [sti:m] **1** *n* vapor *m;* **to get up ~** dar presión; **to let off ~** *(fig)* desahogarse; **under one's own ~** *(fig)* por sus propios medios *or* propias fuerzas; **to run out of ~** *(fig)* quedar agotado. **2** *vt (Culin)* cocer al vapor. **3** *vi (give off ~)* echar vapor; **the bowl was ~ing on the table** la cacerola humeaba en la mesa; **the ship ~ed into harbour** el buque entró al puerto echando vapor. **4: ~ engine** *n* máquina *f* de vapor; **~ hammer** *n* martillo *m* pilón; **~ iron** *n* plancha *f* de vapor.
♦ **steam up** *vi + adv (window)* empañarse.
steam·boat ['sti:mbəʊt] *n* vapor *m,* buque *m* de vapor.
steam·er ['sti:məʳ] *n (Culin)* olla *f* de estofar; *(Naut)* vapor *m,* buque *m* de vapor.
steam·roller ['sti:mˌrəʊləʳ] **1** *n* apisonadora *f.* **2** *vt*

(*fig*) **to ~ a bill through Parliament** hacer aprobar legislación aplastando *or* arrollando a la oposición.

steam·ship ['sti:mʃɪp] *n* vapor *m*, buque *m* de vapor.

steamy ['sti:mɪ] *adj* (**-ier, -iest**) (*room etc*) lleno/a de vapor.

steed [sti:d] *n* corcel *m*.

steel [sti:l] **1** *n* acero *m;* **nerves of ~** nervios *mpl* de acero. **2** *vt*: **to ~ one's heart** endurecer el corazón. **3** *vr*: **to ~ o.s. for sth/to do sth** cobrar ánimo para algo/para hacer algo. **4** *cpd* de acero; **~ band** *n (Mus)* banda *f* de percusión del Caribe; **~ industry** *n* industria *f* siderúrgica; **~ mill** *n* fundición *f, (LAm)* fundidora *f;* **~ wool** *n* estropajo *m* de aluminio.

steel·works ['sti:lwɜ:ks] *n* fundición *f, (LAm)* fundidora *f*.

steely ['sti:lɪ] *adj* (**-ier, -iest**) (*determination*) inflexible; (*gaze*) duro/a.

steel·yard ['sti:ljɑ:d] *n* romana *f*.

steep[1] [sti:p] *adj* (**-er, -est**) **(a)** (*hill, cliff, climb*) escarpado/a, abrupto/a; (*increase, drop*) abrupto/a, brusco/a; **a ~ slope** una inclinación abrupta. **(b)** (*fig fam: price, demands*) excesivo/a; **it's a bit ~ that you've got to do it yourself** no es justo que lo tengas que hacer tú solo.

steep[2] [sti:p] *vt* (*washing*) remojar *or* poner al remojo (*in* en); **a town ~ed in history** una ciudad saturada de historia.

stee·ple ['sti:pl] *n* aguja *f*, chapitel *m*.

steeple·chase ['sti:pltʃeɪs] *n* carrera *f* de obstáculos.

steeple·jack ['sti:pldʒæk] *n reparador(a) m/f de chimeneas, torres etc*.

steer[1] [stɪəʳ] **1** *vt* (*gen*) guiar, dirigir; (*car etc*) conducir, *(LAm)* manejar; (*ship*) gobernar; (*lead: person*) dirigir, *(LAm)* llevar; (*: conversation etc*) llevar; **I ~ed her across to the bar** la dirigí hacia el bar. **2** *vi* (*car*) conducir, *(LAm)* manejar; (*ship*) gobernar; **to ~ for sth** dirigirse hacia algo; **to ~ clear of sb/sth** (*fig*) esquivar a uno/evadir algo.

steer[2] [stɪəʳ] *n* novillo *m*.

steer·ing ['stɪərɪŋ]: **~ column** *n* columna *f* de dirección; **~ committee** *n* comisión *f* directiva; **~ wheel** *n* volante *m*.

stel·lar ['steləʳ] *adj* estelar.

stem [stem] **1** *n* (*of plant*) tallo *m;* (*of glass*) pie *m;* (*of pipe*) tubo *m*, cañón *m;* (*of word*) tema *m*. **2** *vt* (*check: blood*) restañar; (*: attack, flood*) detener; **to ~ the tide of events** detener el curso de los acontecimientos. **3** *vi*: **to ~ from sth** ser el resultado de algo.

stench [stentʃ] *n* hedor *m*.

sten·cil ['stensl] *n* (*for lettering etc*) plantilla *f;* (*for typing*) cliché *m*.

ste·nog·ra·pher [ste'nɒgrəfəʳ] *n* taquígrafo/a *m/f*.

ste·nog·ra·phy [ste'nɒgrəfɪ] *n* taquigrafía *f*.

sten·to·rian [sten'tɔ:rɪən] *adj* estentóreo/a.

step [step] **1** *n* **(a)** (*gen*) paso *m;* (*sound*) paso, pisado *f;* **~ by ~** (*fig*) paso a paso, poco a poco; **it's quite a ~ to the village** el pueblo queda bastante lejos; **to be in ~ (with)** llevar el paso (con), *(LAm)* ir parejo (con); (*fig*) estar de acuerdo (con); **to watch one's ~** (*lit, fig*) ir con cuidado. **(b)** (*fig: move, measure*) medida *f;* (*: formal*) gestión *f*, trámite *m;* **it's a great ~ forward** significa un gran avance *or* salto adelante; **a ~ in the right direction** un paso adelante; **to take ~s to solve a problem** tomar medidas para resolver un problema. **(c)** (*stair*) peldaño *m*, escalón *m;* (*of vehicle*) estribo *m;* (*fig: in scale*) grado *m;* **~s** (*stairs*) escalera *fsg;* (*outside building*) escalinata *fsg*, gradas *fpl;* **folding ~s, pair of ~s** escalera *f* de tijera. **2** *vi* (*one ~*) dar un paso; (*walk*) andar, *(LAm)* caminar; (*heavily*) pisar; **~ this way** haga el favor de pasar por aquí; **to ~ over sth** pasar por encima de algo; **to ~ on sth** pisar *or* pisotear algo; **~ on it!** (*fam*) ¡date prisa!, *(LAm)* ¡apúrate!

♦ **step back** *vi + adv* (*lit*) retroceder, echar marcha atrás; (*fig*) mirar con objetividad.

♦ **step down** *vi + adv* (*fig: resign*) renunciar; **to ~ down in favour of sb** renunciar a favor de uno.

♦ **step forward** *vi + adv* (*lit*) dar un paso hacia adelante; (*fig: volunteer*) ofrecerse.

♦ **step in** *vi + adv* (*lit*) entrar; (*fig*) intervenir.

♦ **step out** *vi + adv* (*walk briskly*) apretar el paso.

♦ **step up** *vt + adv* (*increase*) aumentar (el ritmo de).

step·brother ['step,brʌðəʳ] *n* hermanastro *m*.

step·child ['steptʃaɪld] *n, pl* **-children** hijastro/a *m/f*.

step·daughter ['step,dɔ:təʳ] *n* hijastra *f*.

step·father ['step,fɑ:ðəʳ] *n* padrastro *m*.

step·ladder ['step,lædəʳ] *n* escalera *f* de tijera.

step·mother ['step,mʌðəʳ] *n* madrastra *f*.

steppe [step] *n* (*also* **~s**) estepa *f*.

step·ping stone ['stepɪŋstəʊn] *n* (*lit*) pasadera *f;* (*fig*) trampolín *m* (*to* para llegar a).

step·sister ['step,sɪstəʳ] *n* hermanastra *f*.

step·son ['stepsʌn] *n* hijastro *m*.

ste·reo ['stɪərɪəʊ] **1** *n* (*hi-fi equipment*) equipo *m* estereofónico; (*sound*) estéreo *m;* **in ~** en estéreo. **2** *cpd* estereofónico/a.

ste·reo·phon·ic [,stɪərɪə'fɒnɪk] *adj* esterofónico/a.

ste·reo·type ['stɪərɪətaɪp] *n* estereotipo *m*.

ster·ile ['steraɪl] *adj* (*person, animal*) estéril; (*germ-free*) esterilizado/a.

ste·ril·ity [ste'rɪlɪtɪ] *n* (*gen*) esterilidad *f*.

steri·li·za·tion [,sterɪlaɪ'zeɪʃən] *n* (*gen*) esterilización *f*.

steri·lize ['sterɪlaɪz] *vt* (*gen*) esterilizar.

ster·ling ['stɜ:lɪŋ] **1** *n* (libras *fpl*) esterlinas *fpl*. **2** *adj* **(a) pound ~** libra *f* esterlina; **~ traveller's cheques** cheques *mpl* de viajero en libras esterlinas; **~ area** zona *f* de la libra esterlina. **(b)** (*quality etc*) destacado/a.

stern[1] [stɜ:n] *adj* (**-er, -est**) severo/a, austero/a; **a ~ warning** un serio aviso.

stern[2] [stɜ:n] *n* (*Naut*) popa *f*.

stern·ly ['stɜ:nlɪ] *adv* (*look*) severamente, austeramente; (*warn*) con seriedad.

ster·num ['stɜ:nəm] *n* esternón *m*.

ster·oid ['stɪərɔɪd] *n* esteroide *m*.

stetho·scope ['steθəskəʊp] *n* estetoscopio *m*.

stet·son ['stetsən] *n* sombrero *m* tejano.

ste·vedore ['sti:vɪdɔ:ʳ] *n* estibador *m*.

stew [stju:] **1** *n* **(a)** (*Culin*) estofado *m, (LAm)* guisado *m*. **(b)** (*fig*) **to be in a ~** sudar la gota gorda. **2** *vt* (*meat*) estofar, *(LAm)* guisar; (*fruit*) cocer, hacer una compota de. **3** *vi* (*tea*) dejar que se repose; **to let sb ~ in his/her own juice** dejar a uno que cueza en su propia salsa.

stew·ard ['stju:əd] *n* (*on estate etc*) administrador *m*, mayordomo *m;* (*butler*) mayordomo; (*Aer, Naut*) camarero *m;* (*shop ~*) enlace *mf* sindical.

stew·ard·ess ['stjʊədes] *n* (*Aer*) azafata *f;* (*Naut*) camarera *f*.

stew·ing ['stju:ɪŋ] *adj*: **~ steak** carne *f* de vaca *or (LAm)* res para guisar.

stick [stɪk] (*vb: pt, pp* **stuck**) **1** *n* (*piece of wood*) (trozo *m* de) madera *f;* (*: shaped*) palo *m*, vara *f;* (*walking ~*) bastón *m;* (*gear ~*) palanca *f;* (*of celery*) rama *f;* (*of shaving soap*) barra *f;* (*of dynamite*) cartucho *m;* **to wield the big ~** (*fig*) amenazar con el garrote; **to be in a cleft ~** estar entre la espada y la pared; **to live in the ~s** *(fam)* vivir en el quinto infierno.

2 *vt* **(a)** *(with glue etc)* pegar; **to ~ two things together** pegar dos cosas; **he was ~ing stamps into his album** pegaba sellos en su álbum; **she stuck the envelope down** pegó el sobre. **(b)** *(thrust, poke)* meter; *(sth pointed)* clavar, hincar; **to ~ a knife into the table** clavar un cuchillo en la mesa. **(c)** *(fam: place, put)* poner, meter, *(LAm)* guardar; **~ it in your case** mételo en la maleta. **(d)** *(fam: tolerate)* aguantar, soportar. **(e) to be stuck** *(jammed)* estar atorado; *(in mud etc)* estar atascado; *(sth pointed)* quedar clavado; *(fam: have a problem)* estar en un apuro *or* aprieto; **to be/get stuck fast** *(jammed)* estar atorado/atorarse; *(in mud etc)* estar atascado/atascarse; *(sth pointed)* estar clavado/clavarse; **to be stuck with sb/sth** *(fam)* tener que aguantar a uno/algo; **to get stuck into sth** *(fam)* meterse de lleno en algo; **I'm stuck at home all day** *(fam)* estoy metida en casa todo el día; **he's never stuck for an answer** *(fam)* no le falta nunca una respuesta.

3 *vi* *(glue, sticky object etc)* pegarse; *(get jammed)* atorarse; *(in mud etc)* atascarse; *(sth pointed)* quedar clavado, clavarse; **it stuck to the wall** quedó pegado a la pared; **the name seems to have stuck** *(fam)* el apodo se le pegó; **he stuck to his story** se atuvo a su explicación; **decide what you're going to do, then ~ to it** ¡decídete y no te dejes desviar!; **it stuck in my mind** se me quedó grabado; **we'll all ~ by you** *(support you)* te apoyaremos todos; *(stay with you)* no te abandonaremos; **I'll ~ with the job for another few months** seguiré con el trabajo unos meses más; **she will ~ at nothing to get what she wants** no se para en barras para conseguir lo que quiere; **just ~ at it and I'm sure you'll manage it** no te amedrentes y al fin llegarás.

♦ **stick around** *vi + adv (fam)* quedarse.

♦ **stick on** *vt + adv (stamp, label)* pegar.

♦ **stick out 1** *vi + adv* **(a)** *(protrude)* sobresalir; *(be noticeable)* destacarse, resaltar; **to ~ out like a sore thumb** llamar la atención. **(b) to ~ out for sth** empeñarse en conseguir algo. **2** *vt + adv (foot, tongue)* sacar; **to ~ it out** *(fam)* aguantar.

♦ **stick together** *vi + adv (fig)* mantenerse unidos.

♦ **stick up 1** *vi + adv (protrude)* sobresalir; *(hair)* ponerse de punta, *(LAm)* pararse; **to ~ up for sb** *(fam)* defender a uno. **2** *vt + adv (fam: raise: hand)* levantar; **~ 'em up!** ¡arriba las manos!

stick·er ['stɪkəʳ] *n (label)* etiqueta *f; (with slogan)* pegatina *f.*

sticki·ness ['stɪkɪnɪs] *n (gen)* pegajosidad *f,* lo pegajoso; *(of situation)* dificultad *f.*

stick·ing plas·ter ['stɪkɪŋ,plɑːstəʳ] *n* esparadrapo *m, (LAm)* curita *f.*

stick-in-the-mud ['stɪkɪnðəmʌd] *n (fam)* persona *f* poco aventurera.

stickle·back ['stɪklbæk] *n* espinoso *m.*

stick·ler ['stɪkləʳ] *n*: **to be a ~ for** insistir mucho en.

stick-on ['stɪkɒn] *adj*: **~ label** etiqueta *f.*

sticky ['stɪkɪ] *adj* **(-ier, -iest)** pegajoso/a; *(label)* engomado/a; *(weather)* bochornoso/a; *(fam: situation)* difícil, violento/a; *(: person)* renuente, resentido/a; **to be ~ about doing sth** ser reticente a hacer algo; **to come to a ~ end** *(fam)* acabar mal.

stiff [stɪf] *adj* **(-er, -est) (a)** *(unbending)* rígido/a, *(LAm)* tieso/a; *(door)* duro/a, atorado/a; *(joints)* entumecido/a; *(paste)* espeso/a. **(b)** *(fig: climb, examination, test)* difícil, arduo/a; *(: breeze)* fuerte; *(: resistance)* tenaz; *(: price, punishment)* excesivo/a; *(: drink)* cargado/a; *(person: in manner)* estirado/a; **~ neck** tortícolis *f inv;* **that's a bit ~!** *(fam)* ¡eso es mucho *or* demasiado!, *(LAm)* ¡se pasaron!

stiff·en ['stɪfn] **1** *vt (card, fabric etc)* reforzar; *(with starch)* almidonar; *(resistance etc)* fortalecer. **2** *vi (person, manner)* ponerse rígido *or* tieso, endurecerse.

stiff·ly ['stɪflɪ] *adv (walk, move)* con los miembros entumecidos; *(smile)* a la fuerza; *(bow)* rígidamente.

stiff-necked ['stɪfnekt] *adj (fig)* porfiado/a, terco/a.

stiff·ness ['stɪfnɪs] *n (see adj)* rigidez *f;* dureza *f;* entumecimiento *m;* espesura *f;* dificultad *f;* fuerza *f;* tenacidad *f;* lo excesivo; carácter *m* estirado.

sti·fle ['staɪfl] **1** *vt* ahogar, sofocar; **to ~ a yawn** sofocar un bostezo; **to ~ opposition** reprimir a la oposición. **2** *vi* ahogarse, sofocarse.

sti·fling ['staɪflɪŋ] *adj* sofocante; **it's ~ in here** ¡hace un calor agobiante aquí dentro!

stig·ma ['stɪgmə] *n* estigma *m.*

stile [staɪl] *n* escalones *mpl* para saltar una cerca.

sti·let·to [stɪ'letəʊ] **1** *n (knife)* estilete *m; (shoe)* zapato *m* con tacón de aguja. **2: ~ heel** *n* tacón *m* de aguja.

still[1] [stɪl] **1** *adj* **(-er, -est)** *(motionless)* inmóvil, *(LAm)* quieto/a; *(: quiet)* tranquilo/a; *(orange juice etc)* sin gas; **to stand ~** estarse quieto; **keep ~!** ¡no te muevas!, *(LAm)* ¡quieto!; **~ waters run deep** *(Prov)* del agua mansa me libre Dios. **2** *n* **(a) in the ~ of the night** en el silencio de la noche. **(b)** *(Cine)* vista *f* fija. **3: ~ life** *n (Art)* naturaleza *f* muerta. **4** *vt* calmar, acallar.

still[2] [stɪl] *adv (up to this/that time)* todavía, aún; *(nevertheless, all the same)* no obstante, sin embargo; *(besides, in addition)* también; *(with comp)* **~ more expensive** aún más caro; **~, it was worth it** en fin, sí valió la pena.

still[3] [stɪl] *n (for alcohol)* alambique *m.*

still·birth ['stɪlbɜːθ] *n* mortinato *m.*

still·born ['stɪlbɔːn] *adj* nacido/a muerto.

still·ness ['stɪlnɪs] *n (not moving)* inmovilidad *f; (tranquility)* tranquilidad *f.*

stilt [stɪlt] *n* zanco *m.*

stilt·ed ['stɪltɪd] *adj* afectado/a.

stimu·lant ['stɪmjʊlənt] *n* estimulante *m.*

stimu·late ['stɪmjʊleɪt] *vt* estimular; **to ~ sb to do sth** animar a uno para que haga algo.

stimu·lat·ing ['stɪmjʊleɪtɪŋ] *adj (gen)* estimulante.

stimu·la·tion [,stɪmjʊ'leɪʃən] *n (stimulus)* estímulo *m; (act)* estimulación *f; (state)* excitación *f.*

stimu·lus ['stɪmjʊləs] *n, pl* **stimuli** ['stɪmjʊlaɪ] *(gen)* estímulo *m.*

sting [stɪŋ] *(vb: pt, pp* **stung**) **1** *n (Zool, Bot: organ)* aguijón *m; (: act, wound)* picadura *f, (LAm)* piquete *m; (sharp pain)* punzada *f;* **to take the ~ out of sth** *(fig)* restarle fuerza a algo. **2** *vt* **(a)** *(subj: insect etc)* picar, morder; *(make smart)* escocer, picar, *(LAm)* arder; *(fig: conscience)* remorder; *(: remark, criticism)* herir; **he was stung into action** le provocaron a actuar. **(b)** *(fam)* **they stung me for £4** me clavaron 4 libras. **3** *vi* picar; **my eyes ~** me pican los ojos.

stin·gi·ness ['stɪndʒɪnɪs] *n* tacañería *f.*

stin·gy ['stɪndʒɪ] *adj* **(-ier, -iest)** *(person)* tacaño/a; *(meal etc)* parco/a, escaso/a.

stink [stɪŋk] *(vb: pt* **stank**, *pp* **stunk**) **1** *n* peste *f,* hedor *m;* **to raise a ~** *(fig fam)* armar un escándalo. **2** *vi*: **to ~ (of)** apestar (a), heder (a); **it ~s in**

here aquí apesta; **the idea ~s** *(fig fam)* es una pésima idea. **3** *vt*: **to ~ the place out** *(fam)* infestar el lugar de olor. **4**: **~ bomb** *n* bomba *f* fétida.

stink·er ['stɪŋkəʳ] *n*: **this problem is a ~** *(fam)* esto es un problema peliagudo.

stint [stɪnt] **1** *n*: **to do a** *or* **one's ~ (at)** tomar su turno (a). **2** *vt, vi*: **he did not ~ his praises** *or* **on praise** no escatimó sus elogios; **don't ~ yourself!** ¡no te prives de nada!

sti·pend ['staɪpend] *n* salario *m*, remuneración *f*.

stip·ple ['stɪpl] *vt* puntear.

stipu·late ['stɪpjʊleɪt] *vt* estipular.

stipu·la·tion [ˌstɪpjʊ'leɪʃən] *n* estipulación *f*, condición *f*.

stir [stɜːʳ] **1** *n* **(a) to give sth a ~** remover algo. **(b)** *(fig: disturbance)* escándalo *m*, conmoción *f*; **to cause a ~** causar conmoción. **2** *vt* **(a)** *(liquid etc)* remover, revolver. **(b)** *(move)* mover; **a breeze ~red the leaves** una brisa agitó las hojas. **(c)** *(fig: interest)* excitar, despertar; *(: emotions)* provocar, excitar; *(: imagination)* estimular, avivar; **to ~ sb to do sth** incitar a uno a hacer algo; **come on, ~ yourself** *or* **your stumps** *(fam)* ¡venga, muévete!, *(LAm)* ¡anda, muévete! **3** *vi* *(move)* moverse; **he never ~red from the spot** no se apartó del lugar ni un momento.

♦ **stir up** *vt + adv (memories)* despertar; *(passions)* provocar, excitar; *(revolt)* fomentar; *(trouble)* provocar; **he's always trying to ~ things up** siempre anda provocando.

stir·ring ['stɜːrɪŋ] *adj (speech, music)* emocionante, conmovedor(a).

stir·rup ['stɪrəp] *n* estribo *m*.

stitch [stɪtʃ] **1** *n (Sew)* puntada *f*; *(Med)* punto *m* de sutura; **a ~ in time saves nine** *(Prov)* más vale prevenir que lamentar; **she hadn't a ~ on** andaba en cueros *or (LAm)* encuerada; **we were in ~es** *(fam)* nos moríamos *or (LAm)* partíamos de (la) risa. **2** *vt (Sew)* coser; *(Med)* suturar; **to ~ up a hem/wound** coser un dobladillo/suturar una herida.

stoat [stəʊt] *n* armiño *m*.

stock [stɒk] **1** *n* **(a)** *(supply, store)* reserva *f*; *(Comm: goods)* existencias *fpl*; *(: variety)* surtido *m*; **to be out of ~** *(goods)* estar agotado; **we are out of ~ of umbrellas** se agotaron *or* acabaron los paraguas; **to have sth in ~** tener algo en almacén *or* existencia; **to take ~ of the situation** evaluar la situación. **(b)** *(Agr: live~)* ganado *m*. **(c)** *(Culin)* caldo *m*. **(d)** *(Rail: rolling ~)* material *m* rodante. **(e)** *(Fin: company's capital)* capital *m*; *(also* **~s and shares***)* acciones *fpl*, valores *mpl*; **government ~** papel *m* del Estado. **(f)** *(descent, origin)* linaje *m*, estirpe *f*; **to be of good ~** ser de buena cepa. **(g) the ~s** *pl (Hist: for punishment)* el cepo *msg*; **to be on the ~s** *(ship)* estar en vía de construcción; *(fig: piece of work)* estar en preparación.

2 *vt (Comm: goods)* tener existencias de; *(: shop)* surtir, abastecer; *(freezer, cupboard)* llenar; **a well-~ed shop/library** una tienda/biblioteca con buen surtido.

3 *cpd (Comm)* normal, de serie; *(fig: phrase, response)* trillado/a, hecho/a; **~ car** *n (US Rail)* vagón *m* para el ganado; *(racing etc)* stock-car *m*; **~ car racing** *n* carreras *fpl* de choque; **~ cube** *n (Culin)* pastilla *f or (LAm)* cubito *m* de caldo; **S~ Exchange** *n (Fin)* Bolsa *f*; **~ market** *n (Fin)* bolsa *f*.

♦ **stock up** *vi + adv*: **to ~ up (on)** abastecerse *or* surtirse (de).

stock·ade [stɒ'keɪd] *n* estacada *f*.

stock·broker ['stɒkˌbrəʊkəʳ] *n* corredor(a) *m/f* de Bolsa, bolsista *mf*.

stock·holder ['stɒkˌhəʊldəʳ] *n* accionista *mf*.

stock·ing ['stɒkɪŋ] *n* media *f*; **a pair of ~s** unas medias, un par de medias.

stock-in-trade [ˌstɒkɪn'treɪd] *n (tools etc)* existencias *fpl*; *(fig)* repertorio *m*.

stock·ist ['stɒkɪst] *n* distribuidor(a) *m/f*, proveedor(a) *m/f*.

stock·man ['stɒkmən] *n, pl* **-men** *(Agr)* ganadero *m*.

stock·pile ['stɒkpaɪl] **1** *n* reservas *fpl*. **2** *vt (accumulate)* acumular; *(store)* almacenar.

stock·room ['stɒkrʊm] *n* almacén *m*, depósito *m*.

stock-still [ˌstɒk'stɪl] *adv*: **to be** *or* **stand ~** mantenerse *or* quedarse inmóvil.

stock·taking ['stɒkˌteɪkɪŋ] *n* inventario *m*, balance *m*.

stocky ['stɒkɪ] *adj* **(-ier, -iest)** fornido/a.

stock·yard ['stɒkjɑːd] *n (pens etc)* corral *m* de ganado; *(US: abattoir)* matadero *m*.

stodge [stɒdʒ] *n (fam)* comida *f* indigesta.

stodgy ['stɒdʒɪ] *adj* **(-ier, -iest)** *(food)* indigesto/a; *(fig: book, style, person)* pesado/a.

stoi·cal ['stəʊɪkəl] *adj* estoico/a.

stoi·cism ['stəʊɪsɪzəm] *n* estoicismo *m*.

stoke [stəʊk] *vt (also* **~ up**: *fire, furnace)* atizar.

stok·er ['stəʊkəʳ] *n* fogonero *m*.

stole[1] [stəʊl] *n* estola *f*.

stole[2] [stəʊl] *pt of* **steal**.

stol·en ['stəʊlən] *pp of* **steal**.

stol·id ['stɒlɪd] *adj* imperturbable, impasible.

stom·ach ['stʌmək] **1** *n* estómago *m*; **they have no ~ for the fight** *(fig)* no están dispuestos para la lucha; **on an empty ~** en ayunas. **2** *vt (fig fam)* soportar, tragar *(fam)*. **3**: **~ ache** *n* dolor *m* de estómago; **~ pump** *n* bomba *f* gástrica.

stomp [stɒmp] *vi* dar patadas.

stone [stəʊn] **1** *n (gen)* piedra *f*; *(grave~)* lápida *f*; *(gem~)* piedra, gema *f*; *(of fruit)* hueso *m*; *(Med)* cálculo *m*, piedra; *(weight)* 6.350 kg; **he weighs 12 ~(s)** pesa 76 kilos; **the S~ Age** la Edad de Piedra; **within a ~'s throw** a tiro de piedra; **to leave no ~ unturned** no dejar piedra por mover. **2** *adj* de piedra. **3** *vt (person)* apedrear; *(fruit)* deshuesar.

stoned [stəʊnd] *adj pred (fam: drunk)* borracho/a; *(: drugged)* fumado/a, colocado/a.

stone-dead [ˌstəʊn'ded] *adj* tieso/a.

stone-deaf [ˌstəʊn'def] *adj* sordo/a como una tapia, profundamente sordo.

stone·mason ['stəʊnˌmeɪsn] *n* albañil *m*.

stone·wall [ˌstəʊn'wɔːl] *vi (Sport)* jugar a la defensiva; *(in answering questions)* negarse a contestar.

stone·ware ['stəʊnwɛəʳ] *n* gres *m*.

stone·work ['stəʊnwɜːk] *n* cantería *f*.

stony ['stəʊnɪ] *adj* **(-ier, -iest)** *(ground, beach)* pedregoso/a; *(fig: glance, silence)* glacial, frío/a.

stony-broke [ˌstəʊnɪ'brəʊk] *adj (fam)* **to be ~** estar quebrado *or (LAm)* arrancado.

stood [stʊd] *pt, pp of* **stand**.

stooge [stuːdʒ] *n (Theat)* comparsa *mf*; *(fam)* secuaz *mf*, siervo/a *m/f*.

stool [stuːl] *n* taburete *m*, *(LAm)* banquillo *m*; **to fall between two ~s** estar entre dos aguas.

stool pi·geon ['stuːlˌpɪdʒən] *n (fam: informer)* chivato/a *m/f*, soplón/ona *m/f*; *(: decoy)* señuelo *m*.

stoop [stuːp] **1** *n* espaldas *fpl* encorvadas; **to walk with a ~** andar encorvado. **2** *vi* **(a)** *(bend: also* **~ down***)* inclinarse, *(LAm)* agacharse; *(permanently, as defect)* andar encorvado. **(b)** *(fig)* **to ~ to sth/doing sth** rebajarse a algo/a hacer algo; **I wouldn't ~ so low!** ¡a eso no llegaría!, ¡no me rebajaría tanto!

stop [stɒp] **1** *n* **(a)** *(halt)* parada *f*, *(LAm)* alto *m*; to come to a ~ parar(se), hacer alto; **to put a ~ to sth** poner fin *or* término a algo. **(b)** *(break, pause)* descanso *m*, pausa *f; (overnight)* estadía *f*, estada *f; (for refuelling etc)* escala *f*; **a ~ for coffee** un descanso para tomar café; **without a ~** sin parar. **(c)** *(~ping place: for bus etc)* parada *f*. **(d)** *(Typ: also* **full ~***)* punto *m*. **(e)** *(Mus: on organ)* registro *m*; **to pull out all the ~s** *(fig)* tocar todos los registros.

2 *vt* **(a)** *(block: hole: also* **~ up***)* tapar; *(: leak, flow of blood)* restañar; *(tooth)* empastar. **(b)** *(arrest movement of: runaway, engine, car)* detener, parar; *(: blow, punch)* parar; **to ~ a bullet** *(be shot)* ser disparado *or (LAm)* baleado; **~ thief!** ¡al ladrón! **(c)** *(put an end to: rumour, abuse)* dar fin *or* término a; *(: activity, process)* acabar; *(: conversation)* interrumpir, suspender; *(: production: permanently)* terminar; *(: temporarily)* suspender. **(d)** *(prevent: future trouble)* evitar; **to ~ sb (from) doing sth** impedir a uno hacer algo; **to ~ sth (from) happening** evitar que algo ocurra; **can't you ~ him?** ¿no le puedes impedir?; **to ~ o.s. (from doing sth)** abstenerse (de hacer algo). **(e)** *(cease: noise, nonsense)* terminar; **to ~ doing sth** dejar de hacer algo; **I'm trying to ~ smoking** trato de dejar de fumar; **~ it!** ¡basta ya!, *(LAm)* ¡párale!; **I just can't ~ it** *(help it)* ¡qué remedio!, *(LAm)* ¡qué le vamos a hacer! **(f)** *(suspend: payments, wages, subscription)* suspender; *(cheque)* invalidar; **to ~ 10 pounds from sb's wages** retener 10 libras del sueldo de uno.

3 *vi* **(a)** *(~ moving)* pararse, detenerse; *(clock, watch)* pararse; *(pause, take a break)* parar, *(LAm)* hacer alto; *(cease, come to an end)* terminar, acabar(se); **~!** ¡pare!; **without ~ping** sin parar; **to ~ at nothing (to do sth)** no detenerse ante nada (para hacer algo). **(b)** *(fam: stay)* **to ~ (at/with)** hospedarse *or* alojarse (con); **I'm not ~ping** no me quedo.

♦ **stop away** *vi + adv (fam)* ausentarse.

♦ **stop behind** *vi + adv (fam)* quedarse.

♦ **stop by** *vi + adv*: **I'll ~ by your place later** pasaré por tu casa más tarde.

♦ **stop in** *vi + adv* quedarse en casa, no salir.

♦ **stop off** *vi + adv*: **to ~ off at** pasar por.

♦ **stop over** *vi + adv (stay the night)* pasar la noche; *(Aer: for refuelling etc)* hacer escala.

♦ **stop up** *vt + adv see* **stop 2 (a)**.

stop·cock ['stɒpkɒk] *n* llave *f* de paso.

stop·gap ['stɒpgæp] *n (thing)* recurso *m* provisional; *(person)* sustituto/a *m/f*.

stop·over ['stɒpəʊvəʳ] *n (Aer)* escala *f*.

stop·page ['stɒpɪdʒ] *n (in pipe etc)* obstrucción *f*; *(of work)* paro *m*, suspensión *f*; *(from wages)* deducción *f*.

stop·per ['stɒpəʳ] *n* tapón *m*.

stop-press ['stɒppres] *n* noticias *fpl* de última hora.

stop·watch ['stɒpwɒtʃ] *n* cronómetro *m*.

stor·age ['stɔːrɪdʒ] **1** *n* almacenaje *m*, almacenamiento *m*; **to put sth into ~** poner algo en almacén *or* depósito. **2**: **~ space** *n* lugar *m* para los trastos.

store [stɔːʳ] **1** *n* **(a)** *(stock)* provisión *f*, abastecimiento *m*; *(fig: of knowledge etc)* reserva *f*; *(~house, ~room)* almacén *m*, *(LAm)* depósito *m*; *(esp Mil: for equipment)* pertrechos *mpl*; **~s** *(food)* provisiones *fpl*, existencias *fpl*; *(furniture ~)* guardamuebles *nm inv*; **what is in ~ for sb** lo que le espera a uno; **to set great/little ~ by sth** tener algo en mucho/en poco, dar mucha/poca importancia a algo. **(b)** *(shop)* tienda *f*; *(grocery ~) (Sp)* tienda *f* de comestibles, ultramarinos *m*, *(LAm)* tienda de abarrotes; *(department ~)* gran almacén *m*.

2 *vt (gen)* almacenar, poner en depósito; *(keep, also fig)* guardar; *(also* **~ up**: *keep in reserve)* acumular.

store·house ['stɔːhaʊs] *n*, *pl* **-houses** almacén *m*, *(LAm)* depósito *m*; *(fig)* mina *f*, tesoro *m*.

store·keeper ['stɔːˌkiːpəʳ] *n (shopkeeper)* tendero/a *m/f*.

store·room ['stɔːrʊm] *n* despensa *f*.

sto·rey ['stɔːrɪ] *n* piso *m*; **a 9-~ building** un edificio de 9 pisos.

stork [stɔːk] *n* cigüeña *f*.

storm [stɔːm] **1** *n* **(a)** *(gen)* tormenta *f*, tempestad *f*; *(Met)* borrasca *f*, tormenta; *(: uproar)* escándalo *m*, bronca *f*; **a ~ of applause** una salva de aplausos; **a ~ in a teacup** *(fig)* una tempestad en un vaso de agua. **(b)** *(Mil)* **to take a town by ~** tomar una ciudad por asalto; **the play took Paris by ~** *(fig)* la obra cautivó a todo París. **2** *vt (Mil)* asaltar, tomar por asalto. **3** *vi (move angrily)* echar pestes, vociferar; **he came ~ing into my office** entró en mi despacho echando pestes. **4**: **~ cloud** *n* nubarrón *m*; **~ troops** *npl (Mil)* tropas *fpl or* guardia *fsg* de asalto.

stormy ['stɔːmɪ] *adj* **(-ier, -iest)** *(weather)* tormentoso/a; *(fig: meeting etc)* acalorado/a.

story[1] ['stɔːrɪ] *n (gen)* historia *f*; *(tale, Lit)* cuento *m*, relato *m*; *(Press)* artículo *m*, reportaje *m*; *(joke)* chiste *m*; *(plot)* argumento *m*; *(lie)* mentira *f*, *(LAm)* cuento; **that's not the whole ~** eso no es todo; **it's the same old ~** es la historia de siempre; **but that's another ~** pero eso es otro cantar; **it's a long ~** es *or* sería largo de contar; **that's the ~ of my life!** *(fam)* ¡siempre me pasa lo mismo!; **to cut a long ~ short** en resumidas cuentas, en pocas palabras.

story[2] ['stɔːrɪ] *n (US)* = **storey**.

story·book ['stɔːrɪbʊk] *n* libro *m* de cuentos.

story·teller ['stɔːrɪˌteləʳ] *n* cuentista *mf*.

stout [staʊt] **1** *adj* **(-er, -est)** *(sturdy: stick, shoes etc)* fuerte, sólido/a; *(fat: person)* gordo/a, robusto/a; *(determined: supporter, resistance)* resuelto/a, empedernido/a; **with ~ hearts** resueltamente. **2** *n (beer)* cerveza *f* negra.

stout-hearted [ˌstaʊt'hɑːtɪd] *adj* valiente, resuelto/a.

stove[1] [stəʊv] *n (for heating)* estufa *f*; *(for cooking)* cocina *f*, *(LAm)* horno *m*.

stove[2] [stəʊv] *pt, pp of* **stave**.

stow [stəʊ] **1** *vt (Naut: cargo)* estibar, arrumar; *(also* **~ away**: *put away)* guardar. **2** *vi*: **to ~ away** *(on ship, plane)* viajar de polizón.

stow·away ['stəʊəweɪ] *n* polizón *mf*.

strad·dle ['strædl] *vt* ponerse a horcajadas; *(town: river etc)* hacer puente sobre.

strafe [strɑːf] *vt* ametrallar, *(LAm)* abalear.

strag·gle ['strægl] *vi (lag behind)* rezagarse; *(spread, untidily)* desparramarse, estar disperso; *(hair)* caer lacio.

strag·gler ['strægləʳ] *n* rezagado/a *m/f*.

strag·gling ['stræglɪŋ] *adj (town)* disperso/a; *(plants)* extendido/a.

straight [streɪt] **1** *adj* **(-er, -est)** **(a)** *(not bent or curved)* recto/a, derecho/a; **the picture isn't ~** el cuadro está chueco; **as ~ as a die** derecho como una vela; **I couldn't keep a ~ face** *or* **keep my face ~** no podía mantener la cara seria. **(b)** *(continuous, direct)* directo/a, *(LAm)* derecho/a; **we had ten ~ wins** ganamos diez veces seguidas. **(c)** *(honest: person)* honrado/a, de confianza; *(answer, denial)* franco/a, directo/a; **I'll be ~ with you** te hablaré con toda franqueza. **(d)** *(plain, uncomplicated)* sencillo/a; *(drink)* sin mezcla;

(Theat: part, play) serio/a; *(person: conventional)* cuadrado/a; *(: heterosexual)* heterosexual. **(e)** *(pred)* **to be (all) ~** *(tidy)* estar en orden; *(clarified)* quedar claro; **it's all ~ now** *(tidy)* ya está en orden; *(clarified)* ya está claro; **let's get this ~** hablemos claro; **to put things** *or* **matters ~** poner las cosas en orden; **he soon put me ~** me desengañó muy pronto.

2 *adv* **(a)** *(in a ~ line)* en línea recta; *(above, below etc)* directamente; *(sit, stand up)* recto, derecho; **it's ~ across the road from us** está exactamente enfrente de nosotros; **~ on** *or* **ahead** todo seguido, *(LAm)* derecho; **to go ~** *(fig)* enmendarse. **(b)** *(directly, without diversion)* directamente; **I went ~ home** fui directamente a casa; **to come ~ to the point** ir al grano. **(c)** *(immediately)* inmediatamente, *(RPl)* al tiro; **~ away** en seguida; **~ off** sin vacilar, en el acto; **she just went ~ off** se marchó sin detenerse. **(d)** *(frankly)* francamente, con franqueza; **~ out** sin rodeos, francamente. **(e)** *(pure: drink)* sin mezcla. **(f)** *(cards)* runfla *f*, straight *m*.

3 *n (on racecourse)* recta *f;* **to cut sth on the ~** cortar algo derecho; **to keep to the ~ and narrow** *(fig)* ir por buen camino.

straight·away [ˌstreɪtə'weɪ] *adv* inmediatamente, en seguida, *(RPl)* al tiro.

straight·en ['streɪtn] **1** *vt (sth bent: also* **~ out***)* enderezar, poner derecho; *(picture, tablecloth, tie)* poner bien; *(tidy: also* **~ up***)* arreglar, ordenar; *(fig: problem: also* **~ out***)* resolver. **2** *vi (road etc: also* **~ out***)* enderezarse; *(person: also* **~ (o.s.) up***)* arreglarse.

straight-faced [ˌstreɪt'feɪst] **1** *adj* serio/a. **2** *adv* sin mostrar emoción, impávido.

straight·forward [ˌstreɪt'fɔːwəd] *adj (honest)* honrado/a; *(sincere)* sincero/a; *(simple)* sencillo/a.

strain[1] [streɪn] **1** *n* **(a)** *(Tech)* tensión *f.* **(b)** *(fig: gen)* tensión *f; (: atmosphere)* tensión, tirantez *f; (: effort)* esfuerzo *m;* **mental ~** tensión nerviosa; **the ~s of modern life** las tensiones de la vida moderna; **to put a great ~ on sb/sth** exigir un gran esfuerzo a uno/de algo. **(c)** *(Med: muscle ~)* torcedura *f; (: on eyes, heart)* agotamiento *m.* **(d)** **~s** *(Mus)* son *msg*, compases *mpl*.

2 *vt* **(a)** *(stretch)* estirar, tensar. **(b)** *(put ~ on: lit)* poner presión sobre; *(: fig: generosity, friendship)* abusar de; *(: resources)* sobrepasar; *(Med: back, muscle etc)* torcer(se); *(: eyes)* cansar; **to ~ every nerve to do sth** hacer grandes esfuerzos por hacer algo; **to ~ one's ears to hear sth** aguzar el oído para oír algo. **(c)** *(filter)* filtrar; *(Culin)* colar.

3 *vi*: **to ~ at sth** *(push/pull)* tirar *or (LAm)* jalar algo; **he ~ed against the bonds that held him** se esforzó por romper los lazos que le retenían.

strain[2] [streɪn] *n (breed)* raza *f*, linaje *m; (hereditary streak)* vena *f*, tendencia *f.*

strained [streɪnd] *adj (muscle etc)* torcido/a; *(laugh, smile etc)* forzado/a; *(relations)* tenso/a, tirante.

strain·er ['streɪnəʳ] *n (Culin)* colador *m.*

strait [streɪt] *n (Geog)* estrecho *m;* **the S~s of Dover** el estrecho de Dóver; **to be in dire ~s** *(fig)* estar en un gran aprieto.

strait·ened ['streɪtnd] *adj*: **in ~ circumstances** *(frm)* en condiciones de apuro.

strait·jacket ['streɪtˌdʒækɪt] *n* camisa *f* de fuerza.

strait-laced [ˌstreɪt'leɪst] *adj* puritano/a.

strand[1] [strænd] *n (of thread)* hebra *f*, hilo *m; (of hair)* pelo *m.*

strand[2] [strænd] *n (beach, shore)* playa *f.*

stranded ['strændɪd] *adj*: **to be (left) ~** *(ship, fish)* quedar varado/a; *(person: without money)* quedar desamparado/a; *(: without transport)* quedar colgado/a; **to leave sb ~** dejar a uno plantado.

strange [streɪndʒ] *adj* **(-r, -st)** *(unknown, unfamiliar)* desconocido/a; *(odd)* extraño/a, raro/a; **it is ~ that ...** es raro que ...; **I felt rather ~ at first** al principio me sentía bastante raro; **the work is ~ to him** el trabajo es nuevo para él.

strange·ly ['streɪndʒlɪ] *adv (gen)* en forma rara *or* extraña; **~ (enough), I've never met him before** aunque te extrañe *or* por extraño que te parezca, no lo había conocido hasta ahora.

strange·ness ['streɪndʒnɪs] *n (unfamiliarity)* novedad *f; (oddness)* extrañeza *f.*

stran·ger ['streɪndʒəʳ] *n (unknown person)* desconocido/a *m/f*, extraño/a *m/f; (in a place)* forastero/a *m/f*, forajido/a *m/f;* **I'm a ~ here** yo soy nuevo aquí.

stran·gle ['strængl] *vt* estrangular.

strangle·hold ['strænglhəʊld] *n (Sport)* collar *m* de fuerza; **to have a ~ on sb/sth** *(fig)* tener dominio completo sobre uno/monopolizar algo.

stran·gler ['strænglәʳ] *n* estrangulador(a) *m/f.*

stran·gling ['strænglɪŋ] *n*, **stran·gu·la·tion** [ˌstræŋgjʊ'leɪʃən] *n (gen)* estrangulación *f*, estrangulamiento *m.*

strap [stræp] **1** *n* correa *f*, tira *f; (shoulder ~)* tirante *m; (safety ~)* cinturón *m;* **to give sb the ~** *(punishment)* azotar a uno con correa. **2** *vt* **(a)** *(fasten)* **to ~ sth on/down** sujetar algo con correa; **to ~ sb/o.s. in** poner a uno/ponerse el cinturón de seguridad. **(b)** *(Med: also* **~ up***)* vendar.

strap-hanging ['stræpˌhæŋɪŋ] *n* viajar *m* de pie *or (LAm)* parado.

strap·less ['stræplɪs] *adj* sin tirantes.

strap·ping ['stræpɪŋ] *adj (person)* fornido/a, robusto/a.

stra·ta ['strɑːtə] *npl of* **stratum.**

strata·gem ['strætɪdʒəm] *n* estratagema *f.*

stra·tegic [strə'tiːdʒɪk] *adj (gen)* estratégico/a.

strat·egy ['strætɪdʒɪ] *n (gen)* estrategia *f.*

strati·fied ['strætɪfaɪd] *adj (gen)* estratificado/a.

strato·sphere ['strætəʊsfɪəʳ] *n* estratosfera *f.*

stra·tum ['strɑːtəm] *n, pl* **strata** *(lit)* estrato *m; (fig)* estrato, capa *f.*

straw [strɔː] **1** *n* paja *f; (drinking ~)* pajita *f*, caña *f*, *(Mex)* popote *m;* **it's the last ~!** ¡es el colmo!, ¡sólo eso faltaba! **2**: **~ hat** *n* sombrero *m* de paja.

straw·berry ['strɔːbərɪ] *n* fresa *f*, fresón *m*, *(CAm)* frutilla *f.*

straw-coloured ['strɔːˌkʌləd] *adj* pajizo/a, (de) color de paja.

stray [streɪ] **1** *adj (lost)* perdido/a, *(LAm)* extraviado/a; *(bullet)* perdido/a; *(isolated, occasional)* aislado/a; *(animal etc)* callejero/a; **a few ~ cars** alguno que otro coche. **2** *n (animal)* animal *m* extraviado. **3** *vi (animal: roam)* extraviarse; *(: get lost)* perderse, *(LAm)* extraviarse; *(wander: person)* vagar, ir sin rumbo fijo; *(: speaker, thoughts)* desvariar.

streak [striːk] **1** *n (line)* raya *f; (of mineral)* veta *f; (fig: of madness etc)* vena *f; (: of luck)* racha *f;* **to have ~s in one's hair** tener vetas en el pelo; **like a ~ of lightning** como un rayo; **he had a cruel ~ (in him)** tenía un rasgo cruel. **2** *vt* rayar *(with* de). **3** *vi*: **to ~ in/out** entrar/salir corriendo *or (LAm)* volado.

streaky ['striːkɪ] *adj*: **~ bacon** tocino *m* con grasa, bacon *m*, béicon *m.*

stream [striːm] **1** *n (brook)* arroyo *m*, riachuelo *m; (river)* río *m; (flow: of liquid, air)* corriente *f; (: of people)* oleada *f; (: of words, insults)* chorro *m;* **with/against the ~** con la corriente/a contracorriente; **an unbroken ~ of cars** una riada de coches; **the B ~** *(Scol)* la clase B; **to come on ~** *(oilwell, production line)* entrar en funcionamiento; *(fig)* empezar a trabajar. **2** *vt* **(a)** *(water etc)* derramar, dejar correr; **his face ~ed blood** la sangre le corría *or (LAm)* chorreaba por la cara. **(b)** *(Scol)* clasificar. **3** *vi (liquid)* correr, manar; *(people)* ir en tropel; *(cars)* fluir; **her eyes were ~ing** lloraba a mares; **her cheeks were ~ing with tears** tenía la cara bañada en lágrimas; **the cars kept ~ing past** los coches pasaban ininterrumpidamente.

stream·er ['stri:mə^r] *n (of paper, at parties etc)* serpentina *f.*

stream·line ['stri:mlaɪn] *vt (lit)* aerodinamizar; *(fig)* racionalizar.

stream·lined ['stri:mlaɪnd] *adj (air)* aerodinámico/a; *(fig)* racionalizado/a.

street [stri:t] **1** *n* calle *f;* **the back ~s** *(lit)* las callejuelas; *(fig)* las barrios bajos; **he lives in** *or* **on the High S~** vive en la Calle Mayor; **to be on the ~s** *(homeless)* estar sin vivienda; *(as prostitute)* ser de la vida; **it's right up my ~** *(fig)* me viene perfecto; **to be ~s ahead of sb** *(fam)* adelantarle por mucho a uno. **2** *cpd (cleaner, sweeper)* de las calles; *(lamp, lighting)* de la calle; *(musician etc)* ambulante, callejero/a; **~ corner** *n* esquina *f* (de la calle), bocacalle *f;* **~ market** *n* mercado *m* callejero, *(Mex)* tianguis *m, (LAm)* feria *f;* **~ plan** *n* plano *m,* callejero *m;* **~ sweeper** *n* barrendero/a *m/f.*

street·car ['stri:tkɑ:^r] *n (US)* tranvía *m,* tren *m.*

street·walker ['stri:t,wɔ:kə^r] *n* carrerista *f,* mujer *f* de la vida.

strength [streŋθ] *n* **(a)** *(gen)* fuerza *f; (physical ~)* fuerza(s) *f(pl),* poder *m; (of wall, nail, wood etc)* resistencia *f; (fig: of emotion, conviction)* intensidad *f,* fuerza; *(: of argument, evidence)* fuerza, poder; **you'll soon get your ~ back** pronto recobrarás las fuerzas *or* te repondrás; **~ of character/mind** carácter *m*/resolución *f;* **on the ~ of ...** a base de ..., en base a ...; **to go from ~ to ~** ir ganando fuerzas. **(b)** *(Mil etc)* complemento *m,* número *m;* **to be at full ~/below ~** tener/no tener todo su complemento; **to come in ~** venir en gran número.

strength·en ['streŋθən] **1** *vt (gen)* reforzar; *(person, muscles)* fortalecer, dar fuerza nueva a; *(desire, determination)* intensificar. **2** *vi (economy, currency)* reforzarse, fortalecerse; *(wind)* hacerse más fuerte; *(desire, determination)* intensificarse.

strenu·ous ['strenjuəs] *adj (energetic)* intenso/a, enérgico/a; *(opposition etc)* tenaz, firme.

stress [stres] **1** *n* **(a)** *(Tech)* tensión *f; (compulsion)* presión *f,* coacción *f; (psychological etc: strain)* tensión (nerviosa), stress *m;* **to be under ~** sufrir una tensión nerviosa; **in times of ~** en épocas de tensión; **the ~es and strains of modern life** las presiones de la vida moderna. **(b)** *(emphasis)* hincapié *m,* énfasis *m; (Ling, Poetry)* acento *m;* **to lay great ~ on sth** recalcar algo. **2** *vt (emphasize)* subrayar, insistir en; *(Ling, Poetry)* acentuar.

stressed [strest] *adj (syllable)* acentuado/a.

stress·ful ['stresfʊl] *adj (job)* que produce tensión nerviosa.

stretch [stretʃ] **1** *n* **(a)** *(elasticity)* elasticidad *f;* **to have a ~** *(person)* estirarse; **to be at full ~** *(person: physically)* estirarse al máximo; *(: at work)* estar trabajando a toda mecha; **by no ~ of the imagination** bajo ningún concepto. **(b)** *(distance)* trecho *m; (expanse)* extensión *f; (of road etc)* tramo *m; (of rope)* trozo *m; (of time)* período *m,* tiempo *m;* **for a long ~ it runs between mountains** corre entre montañas durante un buen trecho; **for 3 days at a ~** 3 días de un tirón *or (LAm)* jalón.

2 *vt* **(a)** *(pull out: elastic)* estirar; *(: rope etc)* tender *(between* entre); *(make larger: pullover, shoes)* ensanchar; *(: make longer)* alargar; *(spread on ground etc)* extender; *(person: from blow)* estirar *(fam);* **to ~ one's legs** estirar las piernas; **to ~ o.s.** *(after sleep etc)* desentumecerse. **(b)** *(money, resources, meal)* hacer que llegue *or* alcance. **(c)** *(meaning, law, truth)* forzar, violentar; **to ~ a point** hacer una excepción. **(d)** *(athlete, student etc)* exigir el máximo esfuerzo a; **to be fully ~ed** llegar a sus límites; **to ~ o.s.** esforzarse.

3 *vi (~ one's limbs, reach out)* estirarse; *(be elastic)* estirar(se), dar (de sí); *(become larger: clothes, shoes)* ensancharse; *(reach, extend: rope, area of land)* llegar *(to* a); *(: power, influence)* permitir *(to* que); *(be enough: money, food)* alcanzar *(to* para).

4: ~ marks *npl* estrillas *fpl.*

♦ **stretch out 1** *vt + adv (gen)* extender; *(lengthen: essay, discussion)* alargar. **2** *vi + adv (person)* estirarse; *(: lie down)* tumbarse; *(space, time)* extenderse.

stretch·er ['stretʃə^r] *n (Med)* camilla *f.*

strew [stru:] (*pt* **strewed,** *pp* **strewed** *or* **strewn** [stru:n]) *vt (scatter)* regar, esparcir; *(cover)* cubrir *or* tapizar *(with* de); **to ~ one's belongings about the room** desparramar las cosas por el cuarto.

strick·en ['strɪkən] **1** *(old) pp of* **strike. 2** *adj (distressed, upset)* afligido/a, acongojado/a; *(damaged: ship etc)* destrozado/a, dañado/a; **she was ~ with remorse** le remordía la conciencia.

strict [strɪkt] *adj* **(-er, -est) (a)** *(stern: severe: person)* severo/a, estricto/a. **(b)** *(inflexible)* estricto/a; *(definitive)* terminante. **(c)** *(precise: meaning, accuracy)* estricto/a; *(absolute: secrecy)* absoluto/a; **in the ~ sense of the word** en el sentido estricto de la palabra; **in ~ confidence** en la más absoluta confianza.

strict·ly ['strɪktlɪ] *adv (see adj)* **(a)** *(sternly, severely)* severamente; **she was ~ brought up** tuvo una educación muy severa. **(b)** *(inflexibly)* estrictamente; **it is ~ forbidden to do that** está terminantemente prohibido hacer eso. **(c) ~ speaking** en (el) sentido estricto (de la palabra); **~ between ourselves ...** entre nosotros ... .

strict·ness ['strɪktnɪs] *n (severity: of person)* severidad *f; (inflexibility)* lo terminante; *(precision)* exactitud *f.*

stric·ture ['strɪktʃə^r] *n (usu pl: criticism)* censura *f,* crítica *f.*

stride [straɪd] *(vb: pt* **strode,** *pp* **stridden** ['strɪdn]) **1** *n* zancada *f,* tranco *m;* **to get into one's ~** *(fig)* coger *or (LAm)* agarrar el ritmo; **to take sth in one's ~** *(fig)* tomar las cosas con calma. **2** *vi (also* **~ along)** andar a zancadas.

stri·dent ['straɪdənt] *adj (voice, sound)* estridente; *(protest)* fuerte.

strife [straɪf] *n* conflictos *mpl.*

strike [straɪk] *(vb: pt, pp* **struck) 1** *n* **(a)** *(by workers)* huelga *f, (LAm)* paro *m;* **to go on ~** declarar la huelga; *see* **hunger. (b)** *(discovery: of oil, gold)* descubrimiento *m.* **(c)** *(Baseball)* golpe *m; (Bowling)* strike *m.* **(d)** *(Mil: air ~)* ataque *m* aéreo.

2 *vt* **(a)** *(hit)* pegar, golpear; *(: blow)* pegar *or* dar un golpe *(at* a); *(: chord)* tocar; **the president was struck by two**

bullets dos balas alcanzaron al presidente; **the clock struck the hour** el reloj dio la hora; **to be struck by lightning** ser alcanzado por un rayo. **(b)** *(collide with)* chocar con *or* contra; *(: difficulty, obstacle)* encontrar, dar *or* tropezar con; **a ghastly sight struck our gaze** se nos presentó un panorama horroroso; **disaster struck us** el desastre nos vino encima. **(c)** *(produce, make: coin, medal)* acuñar; *(: agreement, deal)* concertar, *(LAm)* concretar; *(: a light, match)* encender, *(LAm)* prender; **to ~ sparks from sth** hacer que algo eche chispas; **to ~ an attitude** adoptar una actitud; **to ~ a balance** *(fig)* encontrar el equilibrio; **to ~ a bargain** cerrar un trato; **that ~s a chord!** *(fig)* ¡eso me suena!; **to be struck dumb** quedarse sin habla; **to ~ terror into sb's heart** infundir terror a uno. **(d)** *(occur to)* **it ~s me as being most unlikely** me parece poco factible, *(LAm)* se me hace poco probable; **the thought** *or* **it ~s me that ...** se me ocurre que ...; **how did it ~ you?** ¿qué te pareció?, ¿qué impresión te causó?; **I'm not much struck (with him)** no me llama la atención, *(LAm)* no me pasa, *(Chi)* no me tinca. **(e)** *(find: gold, oil)* descubrir; **he struck it rich** le salió el gordo. **(f)** (*pp also* **stricken**) (*remove, cross out*) suprimir (*from* de).

3 *vi* **(a)** *(attack: Mil etc)* atacar; *(: disaster)* sobrevenir; *(: disease)* golpear; **now is the time to ~** éste es el momento en que conviene atacar; **this ~s at our very existence** esto amenaza nuestra existencia misma; *see* **home 3, iron 1. (b)** *(clock)* dar la hora. **(c)** *(workers)* declarar la huelga, declararse en huelga; **to ~ for higher wages** hacer una huelga para conseguir un aumento de los sueldos. **(d) to ~ on an idea** ocurrírsele a alguien una idea.

4 *cpd (pay, committee)* de huelga.

♦ **strike back** *vi + adv (gen)* devolver el golpe; *(Mil)* contraatacar.

♦ **strike down** *vt + adv (illness etc: incapacitate)* fulminar; *(: kill)* matar; **he was struck down in his prime** se le llevó la muerte en la flor de la vida.

♦ **strike off 1** *vt + adv (from list)* tachar; *(: doctor)* suspender. **2** *vt + prep (name off list)* tachar.

♦ **strike out 1** *vt + adv (cross out)* tachar. **2** *vi + adv* **(a)** *(hit out)* arremeter (*at* contra). **(b)** *(set out)* dirigirse; **to ~ out on one's own** *(fig: in business)* volar con sus propias alas.

♦ **strike up 1** *vt + adv* **(a)** *(friendship, conversation)* empezar. **(b)** *(tune)* atacar. **2** *vi + adv (band)* empezar a tocar.

strike·breaker ['straɪk,breɪkəʳ] *n* esquirol *m*, rompehuelgas *mf inv*.

strik·er ['straɪkəʳ] *n (in industry)* huelguista *mf*.

strik·ing ['straɪkɪŋ] *adj (arresting: picture, clothes, colour)* llamativo/a; *(obvious: contrast, resemblance)* notorio/a; **it is ~ that ...** es impresionante que ... .

string [strɪŋ] (*vb: pt, pp* **strung**) **1** *n* **(a)** *(cord)* cuerda *f*, cordel *m*, *(Mex)* mecate *m*, *(CAm)* cabuya *f*; *(lace etc)* cordón *m*; *(row: of onions)* ristra *f*; *(: of beads)* hilo *m*, sarta *f*; *(: of vehicles)* caravana *f*, fila *f*; *(: of people)* hilera *f*; *(: of excuses)* sarta *f*, serie *f*; *(: of curses)* retahila *f*; **to pull ~s** mover palancas; **with no ~s attached** *(fig)* sin compromiso. **(b)** *(on musical instrument, racket)* cuerda *f*; **the ~s** *(instruments)* los instrumentos de cuerda.

2 *vt (pearls etc)* ensartar; *(violin, tennis racket)* encordar; **he can't even ~ two sentences together** ni sabe enhilar dos frases seguidas.

3: ~ bean *n (US)* judía *f* verde, *(Mex)* ejote *m*, *(RPl)* poroto *m* verde; **~ quartet** *n* cuarteto *m* de cuerdas.

♦ **string along** *vt + adv (fam)* dar falsas esperanzas a.

♦ **string out** *vt + adv*: **to be strung out behind sb/along sth** seguir a uno en fila/hacer fila a lo largo de algo.

stringed [strɪŋd] *adj (instrument)* de cuerdas.

strin·gent ['strɪndʒənt] *adj* severo/a, estricto/a; **~ rules** reglas *fpl* rigurosas.

strip [strɪp] **1** *n (of paper etc)* tira *f*, *(LAm)* lista *f*; *(of land)* franja *f*, faja *f*; *(of metal)* fleje *m*. **2** *vt* **(a)** *(person)* desnudar; *(bed)* quitar la ropa de; *(wall)* desempapelar; *(wallpaper)* quitar; *(plants, bushes)* descortezar; **to ~ sb/sth of sth** despojar a uno/algo de algo. **(b)** *(Tech: engine)* desmontar. **3** *vi (undress)* desnudarse; *(do striptease)* hacer striptease; **to ~ to the waist** desnudarse hasta la cintura. **4: ~ cartoon** *n* tira *f* cómica, historieta *f*, *(LAm)* caricatura *f*; **~ light** *n* lámpara *f* fluorescente.

stripe [straɪp] *n (on flag etc)* franja *f*; *(line)* raya *f*, *(LAm)* lista *f*; *(Mil)* galón *m*; **of the same ~** *(kind)* de la misma índole, del mismo tipo.

striped [straɪpt] *adj* rayado/a, de rayas.

strip·per ['strɪpəʳ] *n* persona *f* que hace striptease.

strip·tease ['strɪptiːz] *n* striptease *m*, estriptise *f*.

strive [straɪv] *pt* **strove**, *pp* **striven** ['strɪvn] *vi* esforzarse, procurar; **to ~ after** *or* **for sth** esforzarse por conseguir algo; **to ~ to do sth** esforzarse por hacer algo.

strode [strəʊd] *pt of* **stride.**

stroke [strəʊk] **1** *n* **(a)** *(blow)* golpe *m*; **at a ~** *or* **at one ~** de un solo golpe. **(b)** *(caress)* caricia *f*. **(c)** *(Cricket, Golf)* golpe *m*, jugada *f*; *(Rowing)* remada *f*; *(Swimming: single movement)* brazada *f*; *(: type of ~)* estilo *m*; **he hasn't done a ~ of work** no ha dado golpe; **a ~ of genius** una ocurrencia genial; **a ~ of luck** un golpe de suerte. **(d)** *(of bell, clock)* campanada *f*; **on the ~ of 12** al dar las 12. **(e)** *(of piston)* carrera *f*; **two-~ engine** motor *m* de dos tiempos. **(f)** *(Med)* apoplejía *f*; **to have a ~** tener un ataque. **(g)** *(of pen)* trazo *m*, plumada *f*; *(of brush)* pincelada *f*. **2** *vt (cat, sb's hair)* acariciar.

stroll [strəʊl] **1** *n* paseo *m*; **to go for a ~, to have** *or* **take a ~** dar un paseo, *(LAm)* dar una vuelta. **2** *vi* dar un paseo, pasear, *(LAm)* dar una vuelta.

stroll·er ['strəʊləʳ] *n (US: pushchair)* cochecito *m*.

strong [strɒŋ] **1** *adj* (**-er, -est**) *(gen)* fuerte; *(physically)* fuerte, fornido/a; *(powerful)* poderoso/a; *(healthy: person, teeth, heart)* robusto/a, saludable; *(sturdy: table, shoes, fabric)* sólido/a, fuerte; *(candidate)* con posibilidades; *(evidence, argument, reason)* convincente; *(protest, support, supporter)* acérrimo/a; *(light)* brillante; *(smell)* punzante; *(colour)* intenso/a; *(marked, pronounced: resemblance, accent)* marcado/a; *(: possibility)* bueno/a; **to have a ~ stomach** tener un buen estómago; **~ language** *(swearing)* lenguaje *m* fuerte; *(frank)* palabras *fpl* directas; **he's not very ~ on grammar** no está muy fuerte en gramática; **geography was never my ~ point** la geografía nunca fue mi fuerte; **they are 20 ~** son 20 en total.

2 *adv*: **he was still going ~ at 80** se conservaba bien con sus 80 años.

strong-arm ['strɒŋɑːm] *adj (tactics, methods)* represivo/a.

strong·box ['strɒŋbɒks] *n* caja *f* fuerte.

strong·hold ['strɒŋhəʊld] *n* fortaleza *f*; *(fig)* **the last ~ of ...** el último baluarte de ... .

strong·ly ['strɒŋlɪ] *adv (gen)* fuertemente; *(gripped etc)* con fuerza; *(tempted, influenced)* muchísimo; *(protest, support, argue)* vigorosamente; *(be-*

lieve, suspect, feel) firmemente; **a ~ worded letter** una carta con tono subido.
strong·room ['strɒŋrʊm] *n* cámara *f* acorazada.
strong-willed [ˌstrɒŋ'wɪld] *adj* resuelto/a, decidido/a.
stron·tium ['strɒntɪəm] *n* estroncio *m.*
strove [strəʊv] *pt of* **strive.**
struck [strʌk] *pt, pp of* **strike.**
struc·tur·al ['strʌktʃərəl] *adj* estructural.
struc·ture ['strʌktʃəʳ] **1** *n (organization, make-up)* estructura *f; (thing constructed)* construcción *f.* **2** *vt (essay, argument)* estructurar.
strug·gle ['strʌgl] **1** *n (gen)* lucha *f; (fist fight etc)* pelea *f;* **it was a ~ to convince him** nos costó grandes esfuerzos convencerle; **the class ~** la lucha de clases; **the ~ for survival** la lucha por la vida. **2** *vi (physically)* luchar; **to ~ to do sth** esforzarse por hacer algo; **to ~ with sth** luchar con algo; **to ~ to one's feet** levantarse con esfuerzo.
strum [strʌm] *vt (guitar etc)* rasguear.
strung [strʌŋ] *pt, pp of* **string;** *see* **highly.**
strut[1] [strʌt] *vi* pavonearse; **to ~ into a room** entrar pavoneándose en un cuarto.
strut[2] [strʌt] *n (beam)* puntal *m,* riostra *f.*
strych·nine ['strɪkniːn] *n* estricnina *f.*
stub [stʌb] **1** *n (of cigarette)* colilla *f,* pitillo *m; (of candle, pencil etc)* cabo *m; (of cheque, receipt)* talón *m.* **2** *vt:* **to ~ one's toe (on sth)** dar con el dedo del pie contra algo; **to ~ out a cigarette** apagar un cigarillo.
stub·ble ['stʌbl] *n* rastrojo *m; (on chin)* barba *f* (incipiente).
stub·born ['stʌbən] *adj (gen)* terco/a; *(person)* testarudo/a, porfiado/a; *(stain, lock)* difícil.
stub·born·ness ['stʌbənnɪs] *n (gen)* terquedad *f.*
stuc·co ['stʌkəʊ] *n* estuco *m.*
stuck [stʌk] *pt, pp of* **stick.**
stuck-up [ˌstʌk'ʌp] *adj (fam)* presumido/a, engreído/a.
stud[1] [stʌd] **1** *n (in road)* clavo *m, (Mex)* tope *m; (decorative)* tachón *m; (on boots)* taco *m; (collar ~, shirt ~)* corchete *m.* **2** *vt:* **~ded with** *(fig)* salpicado de.
stud[2] [stʌd] *n (~ farm)* caballeriza *f,* cuadra *f; (~ horse)* caballo *m* semental.
stu·dent ['stjuːdənt] **1** *n (pupil)* alumno/a *m/f; (Univ)* estudiante *mf,* universitario/a *m/f; (researcher)* investigador(a) *m/f;* **a law/medical ~** un estudiante de derecho/medicina. **2** *cpd (life, unrest, attitude)* estudiantil; **~ teacher** *n* normalista *mf;* **~s' union** *n (association)* federación *f* de estudiantes; *(building)* centro *m* estudiantil.
stud·ied ['stʌdɪd] *adj (gen)* estudiado/a, pensado/a; *(calm, insult)* calculado/a, premeditado/a; *(pose, style)* afectado/a.
stu·dio ['stjuːdɪəʊ] **1** *n (TV etc)* estudio *m; (of artist)* estudio, taller *m.* **2: ~ flat** *n,* **~ apartment** *n* estudio *m.*
stu·di·ous ['stjuːdɪəs] *adj (devoted to study)* estudioso/a; *(thoughtful)* atento/a.
study ['stʌdɪ] **1** *n (gen)* estudio *m; (of text, evidence etc)* investigación *f,* estudio; *(room)* biblioteca *f,* despacho *m;* **to make a ~ of sth** realizar una investigación de algo; **his face was a ~** *(fig)* ¡le hubieras visto la cara! **2** *vt* estudiar; *(as student)* estudiar, cursar; *(examine: evidence, painting)* examinar, investigar. **3** *vi* estudiar; **to ~ for an exam** preparar un examen.
stuff [stʌf] **1** *n* **(a)** *(substance)* materia *f; (cloth)* género *m,* tela *f;* **there is some good ~ in that book** ese libro tiene cosas buenas; **do you call this ~ beer?** ¿llamas a esto cerveza?; **I can't read his ~** no puedo leer sus cosas. **(b)** *(possessions, equipment etc)* cosas *fpl, (Sp)* chismes *mpl;* **he leaves his ~ scattered about** deja sus cosas tiradas (por ahí). **(c)** *(nonsense)* tonterías *fpl.* **(d) to do one's ~** *(fam)* hacer lo necesario; **to be hot ~** ser fenomenal; **he certainly knows his ~** *(fam)* sabe cantidad.
2 *vt (fill: container)* llenar, hinchar (*de* with); *(: cushion, toy)* rellenar (*de* with); *(Culin)* rellenar (*de* with); *(animal: for exhibition)* disecar; *(stow: contents)* **to ~ (into)** meter (en); **he ~ed it into his pocket** lo metió de prisa en el bolsillo; **my nose is ~ed up** estoy constipado; **get ~ed!** *(fam)* ¡vete a la porra!, *(LAm)* ¡vete al carajo!
3 *vr:* **to ~ o.s. (with food)** atracarse *or* atiborrarse (de comida).
stuff·ing ['stʌfɪŋ] *n (gen)* relleno *m.*
stuffy ['stʌfɪ] *adj* **(-ier, -iest) (a)** *(room)* mal ventilado/a; *(weather)* bochornoso/a; **it's ~ in here** aquí huele a encerrado. **(b)** *(narrow-minded)* remilgado/a, de miras estrechas.
stul·ti·fy ['stʌltɪfaɪ] *vt* anular, aniquilar.
stum·ble ['stʌmbl] *vi* tropezar, dar un traspié; **to ~ against sth** tropezar contra algo; **to ~ on** *or* **across sth** *(fig)* tropezar con algo.
stum·bling ['stʌmblɪŋ] *adj:* **~ block** *(fig)* tropiezo *m,* escollo *m.*
stump [stʌmp] **1** *n (gen)* cabo *m; (of limb)* muñón *m; (of tree etc)* tocón *m; (Cricket)* palo *m;* **to go on the ~** *(US)* hacer campaña electoral. **2** *vt (perplex)* dejar perplejo *or* confuso; **to be ~ed for an answer** no tener respuesta. **3** *vi* renquear, cojear.
♦ **stump up** *vt, vi + adv (fam)* pagar.
stun [stʌn] *vt (subj: blow)* atontar, aturdir; *(fig)* dejar pasmado, aturdir; **the news ~ned everybody** la noticia dejó estupefactos a todos.
stung [stʌŋ] *pt, pp of* **sting.**
stunk [stʌŋk] *pp of* **stink.**
stun·ning ['stʌnɪŋ] *adj (news etc)* pasmoso/a; *(dress, girl etc)* imponente.
stunt[1] [stʌnt] *vt (tree, growth)* impedir (el crecimiento de), atrofiar.
stunt[2] [stʌnt] *n (for film etc)* papel *m* peligroso en el cine; *(Comm)* truco *m* publicitario; **it's just a ~ to get your money** es sólo un truco para sacarte dinero.
stunt·ed ['stʌntɪd] *adj* enano/a, mal desarrollado/a.
stunt·man ['stʌntmæn] *n, pl* **-men** doble *mf* especializado en escenas peligrosas.
stu·pefac·tion [ˌstjuːpɪ'fækʃən] *n* estupefacción *f.*
stu·pefy ['stjuːpɪfaɪ] *vt (tiredness, alcohol)* atontar; *(fig: astound)* dejar estupefacto *or* pasmado.
stu·pen·dous [stjuː'pendəs] *adj (fam: wonderful)* estupendo/a; *(extraordinary)* extraordinario/a.
stu·pid ['stjuːpɪd] *adj (gen)* estúpido/a, tonto/a; *(dizzy etc)* atontado/a; **that was ~ of you, that was a ~ thing to do** ¡qué imbécil fuiste!
stu·pid·ity [stjuː'pɪdɪtɪ] *n* estupidez *f.*
stu·por ['stjuːpəʳ] *n* estupor *m.*
stur·di·ness ['stɜːdɪnɪs] *n (of person, tree)* robustez *f,* fuerza *f; (of boats, material)* fuerza; *(fig: of supporter, refusal)* energía *f,* firmeza *f.*
stur·dy ['stɜːdɪ] *adj* **(-ier, -iest)** *(person, tree)* robusto/a, fuerte; *(boat, material)* fuerte; *(fig: supporter, refusal)* enérgico/a, firme.
stur·geon ['stɜːdʒən] *n* esturión *m.*
stut·ter ['stʌtəʳ] **1** *n* tartamudeo *m;* **he has a bad ~** tartamudea terriblemente. **2** *vi* tartamudear. **3** *vt* decir tartamudeando.
stut·ter·er ['stʌtərəʳ] *n* tartamudo/a *m/f.*
sty [staɪ] *n* pocilga *f.*
sty(e) [staɪ] *n (Med)* orzuelo *m, (Mex)* perilla *f, (RPl)*

chiquero *m*.
style [staɪl] *n (of writing, painting, building etc)* estilo *m; (fashion)* moda *f; (elegance)* estilo, elegancia *f;* **she has ~** ella tiene estilo; **to live in ~** vivir con lujo.
sty·li ['staɪlaɪ] *npl of* **stylus.**
styl·ish ['staɪlɪʃ] *adj (elegant)* elegante; *(fashionable)* a la moda.
styl·ist ['staɪlɪst] *n:* **hair ~** peluquero/a *m/f*.
sty·lis·tic [staɪ'lɪstɪk] *adj (device)* estilístico/a; *(improvement)* del estilo.
sty·lis·tics [staɪ'lɪstɪks] *nsg* estilística *f*.
styl·ized ['staɪlaɪzd] *adj* estilizado/a.
sty·lus ['staɪləs] *n, pl* **styli** *(pen)* estilo *m; (of gramophone)* aguja *f*.
styp·tic ['stɪptɪk] *adj* astringente.
suave [swɑːv] *adj* suave; *(pej)* zalamero/a.
sub [sʌb] *n abbr of* **submarine; subscription.**
sub... [sʌb] *pref* sub... .
sub·al·tern ['sʌbltən] *n (Mil)* alférez *m*.
sub·committee ['sʌbkəˌmɪtɪ] *n* subcomisión *f*, subcomité *m*.
sub·con·scious [ˌsʌb'kɒnʃəs] **1** *adj* subconsciente. **2** *n:* **the ~** el subconsciente.
sub·con·scious·ly [ˌsʌb'kɒnʃəslɪ] *adv* subconscientemente.
sub·con·ti·nent [ˌsʌb'kɒntɪnənt] *n:* **the (Indian) ~** el subcontinente (de la India).
sub·con·tract [ˌsʌbkən'trækt] *vt* subcontratar.
sub·con·trac·tor [ˌsʌbkən'træktəʳ] *n* subcontratista *mf*.
sub·di·vide [ˌsʌbdɪ'vaɪd] *vt* subdividir.
sub·due [səb'djuː] *vt (enemy)* someter, sojuzgar; *(children, revellers)* calmar, tranquilizar; *(animal)* amansar, domar; *(noise)* bajar; *(passions etc)* dominar.
sub·dued [səb'djuːd] *adj (person, mood)* callado/a; *(: passive)* sumiso/a, manso/a; *(voice)* suave; *(colours, light)* tenue; **he's very ~ these days** está sin ánimo en estos días.
sub-edi·tor [ˌsʌb'edɪtəʳ] *n* redactor(a) *m/f*.
sub·hu·man [ˌsʌb'hjuːmən] *adj* infrahumano/a.
sub·ject ['sʌbdʒɪkt] **1** *n* **(a)** *(Pol)* súbdito *m*. **(b)** *(Ling)* sujeto *m*. **(c)** *(topic, theme)* tema *m; (plot etc)* argumento *m*, asunto *m; (Scol)* asignatura *f;* **~ matter** tema, asunto; **(while we're) on the ~ of money ...** ya que de dinero se trata ... . **2** *adj* **(a)** *(people, nation)* dominado/a, subyugado/a. **(b) ~ to** *(liable to: law, tax)* sujeto/a a; *(: disease)* expuesto/a a; *(: delays, flooding)* propenso/a a; *(conditional on: approval etc)* sujeto/a a; **these prices are ~ to change without notice** estos precios están sujetos a cambio sin previo aviso; **~ to confirmation in writing** sujeto a confirmación por escrito. **3** [səb'dʒekt] *vt:* **to ~ sb to sth** someter a uno a algo.
sub·jec·tion [səb'dʒekʃən] *n (state)* **~ (to)** sojuzgamiento *m* (a); **to hold a people in ~** tener subyugado a un pueblo.
sub·jec·tive [səb'dʒektɪv] *adj* subjetivo/a.
sub·jec·tive·ly [səb'dʒektɪvlɪ] *adv* subjetivamente.
sub ju·di·ce [ˌsʌb'juːdɪsɪ] *adj pred* pendiente de resolución.
sub·ju·gate ['sʌbdʒʊgeɪt] *vt* subyugar, sojuzgar.
sub·junc·tive [səb'dʒʌŋktɪv] **1** *adj* subjuntivo/a. **2** *n* subjuntivo *m*.
sub·let [ˌsʌb'let] *pt, pp* **sublet** *vt, vi* realquilar.
sub-lieutenant [ˌsʌblef'tenənt] *n (Naut)* alférez *m* de fragata; *(Mil)* subteniente *mf*.
sub·li·mate ['sʌblɪmeɪt] *vt (Psych)* sublimar.
sub·lime [sə'blaɪm] *adj (beauty, emotion, achievement)* sublime; *(iro: indifference, contempt)* supremo/a, total.
sub·limi·nal [ˌsʌb'lɪmɪnl] *adj* subliminal.
sub-machine gun [ˌsʌbmə'ʃiːngʌn] *n* pistola *f* ametralladora, metralleta *f*.
sub·ma·rine ['sʌbməriːn] *n* submarino *m*.
sub·merge [səb'mɜːdʒ] **1** *vt (plunge)* hundir (*in* en); *(: person)* sumirse (*in* en); *(flood)* inundar. **2** *vi (submarine)* sumergirse.
sub·mer·sion [səb'mɜːʃən] *n* sumersión *f*.
sub·mis·sion [səb'mɪʃən] *n* sumisión *f; (to committee etc)* ponencia *f*.
sub·mis·sive [səb'mɪsɪv] *adj* sumiso/a, condescendiente.
sub·mit [səb'mɪt] **1** *vt* **(a)** *(proposal, claim)* presentar; **I ~ that ...** me permito sugerir que ... . **(b)** *(subject)* someter. **2** *vi (give in)* rendirse, someterse; **to ~ to sth** someterse a algo.
sub·nor·mal [ˌsʌb'nɔːməl] *adj* subnormal.
sub·or·di·nate [sə'bɔːdnɪt] **1** *adj* subordinado/a; **~ clause** oración *f* subordinada. **2** *n* subordinado/a *m/f*. **3** [sə'bɔːdɪneɪt] *vt* subordinar (*to* a); **subordinating conjunction** conjunción *f* de subordinación.
sub·orn [sʌ'bɔːn] *vt* sobornar.
sub·poe·na [səb'piːnə] **1** *n* citación *f*. **2** *vt* citar.
sub·scribe [səb'skraɪb] *vi:* **to ~ to sth** *(to magazine etc)* su(b)scribirse *or* abonarse a algo; *(to opinion)* compartir la opinión sobre algo.
sub·scrib·er [səb'skraɪbəʳ] *n* su(b)scriptor(a) *m/f*, abonado/a *m/f*.
sub·scrip·tion [səb'skrɪpʃən] *n (to magazine etc)* abono *m*, su(b)scripción *f; (to view)* adhesión *f; (to club)* cuota *f;* **~ rate** tarifa *f* de suscripción.
sub·se·quent ['sʌbsɪkwənt] *adj* subsiguiente; **~ to** posterior a.
sub·se·quent·ly ['sʌbsɪkwəntlɪ] *adv* posteriormente.
sub·ser·vi·ent [səb'sɜːvɪənt] *adj* servil (*to* a).
sub·side [səb'saɪd] *vi (floods)* bajar, descender; *(road, land)* hundirse; *(wind)* amainar; *(anger, laughter)* calmarse.
sub·sid·ence [səb'saɪdəns] *n (see vi)* bajada *f*, descenso *m;* hundimiento *m;* amaine *m;* apaciguamiento *m*.
sub·sidi·ary [səb'sɪdɪərɪ] **1** *adj (interest)* secundario/a; *(Univ: subject)* subsidiario/a; *(Comm: company)* sucursal. **2** *n (Univ)* asignatura *f* menor; *(Comm)* sucursal *f*, filial *f*.
sub·si·dize ['sʌbsɪdaɪz] *vt* subvencionar.
sub·si·dy ['sʌbsɪdɪ] *n* subvención *f*.
sub·sist [səb'sɪst] *vi* subsistir.
sub·sist·ence [səb'sɪstəns] **1** *n (nourishment)* sustento *m*, subsistencia *f; (existence)* existencia *f*. **2:** **~ allowance** *n* dietas *fpl;* **~ farming** *n* agricultura *f* de subsistencia.
sub·stance ['sʌbstəns] *n (material)* materia *f*, sustancia *f; (essence, gist)* esencia *f; (worthwhile content)* sustancia; **a person of ~** una persona acaudalada.
sub·stand·ard [ˌsʌb'stændəd] *adj* inferior.
sub·stan·tial [səb'stænʃəl] *adj (solid: building, table)* sólido/a; *(: meal)* abundante; *(considerable: increase, sum of money, majority)* importante; *(: difference)* apreciable; **there is ~ proof** existen pruebas *fpl* importantes.
sub·stan·tial·ly [səb'stænʃəlɪ] *adv (considerably)* sustancialmente; *(in essence)* en gran parte; **~ true** verdadero en lo esencial.
sub·stan·ti·ate [səb'stænʃɪeɪt] *vt* establecer, justificar.
sub·stan·tive ['sʌbstəntɪv] *n (Ling)* sustantivo *m*.
sub·sti·tute ['sʌbstɪtjuːt] **1** *n (person)* sustituto/a *m/f*, suplente *mf; (thing)* sucedáneo *m*. **2** *vt* susti-

tuir.

sub·sti·tu·tion [ˌsʌbstɪ'tjuːʃən] *n* sustitución *f.*

sub·ter·fuge ['sʌbtəfjuːdʒ] *n* subterfugio *m.*

sub·ter·ra·nean [ˌsʌbtə'reɪnɪən] *adj* subterráneo/a.

sub·ti·tle ['sʌbˌtaɪtl] **1** *n (Cine)* subtítulo *m.* **2** *vt* subtitular.

sub·tle ['sʌtl] *adj (flavour, perfume)* delicado/a; *(mind, humour, book)* ingenioso/a; *(difference)* sutil.

sub·tle·ty ['sʌtltɪ] *n (see adj)* delicadeza *f;* ingeniosidad *f;* sutileza *f.*

sub·tly ['sʌtlɪ] *adv (see adj)* con delicadeza; con ingeniosidad; sutilmente.

sub·to·tal [ˌsʌb'təʊtl] *n* subtotal *m.*

sub·tract [səb'trækt] *vt (gen)* restar; *(fig)* sustraer; **to ~ 5 from 9** restar 5 de 9.

sub·trac·tion [səb'trækʃən] *n* resta *f.*

sub·urb ['sʌbɜːb] *n* suburbio *m;* **the ~s** las afueras de la ciudad.

sub·ur·ban [sə'bɜːbən] *adj* suburbano/a; **~ train** tren *m* de cercanías.

sub·ur·bia [sə'bɜːbɪə] *n* barrios *mpl* satélites.

sub·ver·sion [səb'vɜːʃən] *n* subversión *f.*

sub·ver·sive [səb'vɜːsɪv] **1** *adj* subversivo/a. **2** *n* persona *f* subversiva.

sub·way ['sʌbweɪ] *n (underpass)* paso *m* subterráneo; *(US Rail)* metro *m.*

sub-zero [ˌsʌb'zɪərəʊ] *adj:* **~ temperatures** temperaturas *fpl* por debajo del cero.

suc·ceed [sək'siːd] **1** *vi* **(a)** *(be successful: person)* tener éxito, triunfar; *(: plan etc)* salir bien; **to ~ in life** triunfar en la vida; **to ~ in doing sth** conseguir hacer algo; **he only ~ed in making it worse** lo único que consiguió fue ponerlo peor. **(b)** *(follow)* suceder (*to* a). **2** *vt (monarch)* suceder.

suc·ceed·ing [sək'siːdɪŋ] *adj* sucesivo/a, subsiguiente; **~ generations** generaciones *fpl* futuras.

suc·cess [sək'ses] *n* éxito *m;* **he was a great ~** fue todo un éxito; **she had no ~** no le resultó; **to make a ~ of sth** tener éxito en algo; **to meet with ~** tener éxito.

suc·cess·ful [sək'sesfʊl] *adj (in life)* afortunado/a, feliz; *(attempt, plan)* logrado/a; *(business)* próspero/a; **to be ~ in doing sth** conseguir hacer algo; **he was not ~ last time** le salió mal la última vez.

suc·ces·sion [sək'seʃən] *n* **(a)** *(series)* sucesión *f,* serie *f;* **in ~** sucesivamente. **(b)** *(to post etc)* sucesión *f.*

suc·ces·sive [sək'sesɪv] *adj* sucesivo/a; **5 ~ days** 5 días seguidos.

suc·ces·sor [sək'sesə^r] *n (in office)* sucesor(a) *m/f.*

suc·cinct [sək'sɪŋkt] *adj* sucinto/a.

suc·cu·lent ['sʌkjʊlənt] **1** *adj (tasty)* suculento/a. **2** *n (Bot)* planta *f* carnosa.

suc·cumb [sə'kʌm] *vi* sucumbir (*to* a).

such [sʌtʃ] **1** *adj (of that kind)* tal, semejante, parecido/a; *(so much)* tanto/a; **~ a book** tal libro; **~ books** tales libros; **books ~ as these** semejantes libros; **there's no ~ thing** no existe tal cosa; **there's no ~ thing as a unicorn** el unicornio no existe; **~ a man as you** un hombre como tú; **~ writers as Updike, writers ~ as Updike** autores como Updike; **I was in ~ a hurry** tenía tanta prisa; **in ~ cases** en casos parecidos; **~ is not the case** *(frm)* la cosa no es así; **some ~ idea** algo por el estilo; **~ is life** así es la vida, *(LAm)* ¡qué le vamos a hacer!; **and as ~ he was promoted** y así fue ascendido; **this is my car ~ as it is** aunque valga poco, es mi coche.

2 *adv* tan; **~ good food** comida tan buena; **~ a clever girl** una muchacha tan inteligente; **it's ~ a long time now** hace tanto tiempo.

such-and-such ['sʌtʃənsʌtʃ] *adj* tal o cual.

such·like ['sʌtʃlaɪk] **1** *adj* tal, semejante; **sheep and ~ animals** ovejas y animales por el estilo. **2** *pron* cosas *fpl*/gente *f etc* por el estilo.

suck [sʌk] **1** *vt (person)* sorber; *(machine)* aspirar. **2** *vi:* **to ~ (on/at)** chupar, *(LAm)* mamar.

♦ **suck down** *vt + adv (current, mud)* tragar.

♦ **suck in** *vt + adv (machine: dust, air etc)* aspirar; **to ~ one's cheeks in** hundirse los carrillos.

♦ **suck up 1** *vt + adv (dust, liquid etc)* aspirar. **2** *vi + adv (fam)* **to ~ up to sb** dar coba a uno.

suck·er ['sʌkə^r] *n (gen)* ventosa *f; (US: lollipop)* chupón *m,* chupete *m; (fam: person)* primo/a *m/f,* bobo/a *m/f;* **he's a ~ for a pretty girl** *(fam)* no puede resistir una chica guapa.

suck·le ['sʌkl] *vt* amamantar.

su·crose ['suːkrəʊz] *n* sucrosa *f.*

suc·tion ['sʌkʃən] *n* succión *f.*

sud·den ['sʌdn] *adj (unexpected)* imprevisto/a, inesperado/a; *(hurried)* súbito/a, repentino/a; *(change)* brusco/a; **all of a ~** de repente, *(LAm)* de pronto, de golpe.

sud·den·ly ['sʌdnlɪ] *adv* de repente, *(LAm)* de pronto.

sud·den·ness ['sʌdnnɪs] *n (see adj)* lo imprevisto; lo súbito, lo repentino; brusquedad *f.*

suds [sʌdz] *npl* espuma *f* de jabón.

sue [suː] *vt, vi* demandar (*for* por); **to ~ sb for damages** demandar *or* poner pleito a uno por daños y perjuicios; **to ~ for divorce** solicitar el divorcio.

suede [sweɪd] **1** *n* ante *m, (LAm)* gamuza *f.* **2** *cpd* de ante *or* gamuza.

suet ['sʊɪt] *n* sebo *m.*

Suez ['suːɪz] *n:* **~ Canal** Canal *m* de Suez.

suf·fer ['sʌfə^r] **1** *vt* **(a)** *(pain, hardship)* sufrir, padecer; *(undergo: loss, decline, setback)* experimentar, sufrir. **(b)** *(tolerate: opposition, rudeness)* aguantar, soportar; **she doesn't ~ fools gladly** no soporta a los imbéciles.

2 *vi (physically)* sufrir; *(be adversely affected)* sufrir a consecuencia (*from* de); **to ~ from an illness** padecer una enfermedad; **to ~ from the effects of alcohol/a fall** resentirse del alcohol/de una caída; **the house is ~ing from neglect** la casa tiene aspecto de abandonada; **to ~ for one's sins** pagar las consecuencias del pecado; **Madrid ~s from overcrowding** Madrid adolece de la sobrepoblación.

suf·fer·ance ['sʌfərəns] *n:* **on ~** por tolerancia *f.*

suf·fer·er ['sʌfərə^r] *n (Med)* enfermo/a *m/f* (*from* de).

suf·fer·ing ['sʌfərɪŋ] *n (gen)* sufrimiento *m; (pain)* dolor *m.*

suf·fice [sə'faɪs] **1** *vi (frm)* ser suficiente, bastar. **2** *vt:* **~ it to say ...** basta con decir ... .

suf·fi·cient [sə'fɪʃənt] *adj* suficiente (*for* para).

suf·fi·cient·ly [sə'fɪʃəntlɪ] *adv* suficientemente, bastante; **it isn't ~ large** no es lo suficientemente grande.

suf·fix ['sʌfɪks] *n* sufijo *m.*

suf·fo·cate ['sʌfəkeɪt] **1** *vt* ahogar, asfixiar. **2** *vi* ahogarse, asfixiarse.

suf·fo·ca·ting ['sʌfəkeɪtɪŋ] *adj (heat)* sofocante; *(atmosphere)* bochornoso/a.

suf·fo·ca·tion [ˌsʌfə'keɪʃən] *n* asfixia *f,* ahogo *m.*

suf·frage ['sʌfrɪdʒ] *n* sufragio *m.*

suf·fra·gette [ˌsʌfrə'dʒet] *n* sufragista *f.*

suf·fuse [sə'fjuːz] *vt* bañar, cubrir; **~d with light** bañado de luz.

sug·ar [ˈʃʊgəʳ] **1** *n* azúcar *m*. **2** *vt (tea etc)* azucarar, echar azúcar a; **to ~ the pill** *(fig)* dorar la píldora. **3** *cpd (gen)* azucarero/a; **~ beet** *n* remolacha *f*; **~ bowl** *n* azucarera *f*; **~ candy** *n* azúcar *m* candi; **~ cane** *n* caña *f* (de azúcar); **~ plantation** *n* plantación *f* azucarera; **~ refinery** *n* ingenio *m* azucarero.

sugar-coated [ˈʃʊgəˌkəʊtɪd] *adj* azucarado/a.

sugared [ˈʃʊgəd] *adj*: **~ almonds** almendras *fpl* garapiñadas.

sug·ary [ˈʃʊgərɪ] *adj (like sugar)* azucarado/a; *(sweet)* dulce; *(fig: sentimental)* sentimentaloide.

sug·gest [səˈdʒest] *vt (propose: plan, candidate etc)* sugerir, proponer; *(recommend: remedy etc)* aconsejar; *(evoke)* evocar, hacer pensar en; *(indicate)* indicar, señalar; **this ~s that ...** esto hace pensar que ...; **what are you trying to ~?** ¿qué insinúas?; **nothing ~s itself** no se me ocurre nada.

sug·gest·ible [səˈdʒestɪbl] *adj* sugestionable.

sug·ges·tion [səˈdʒestʃən] *n* **(a)** *(proposal)* sugerencia *f*; *(indication)* indicación *f*; **if I may make** *or* **offer a ~** si se me permite proponer algo; **my ~ is that ...** yo propongo que ... . **(b)** *(trace)* sombra *f*, traza *f*; **with just a ~ of garlic** con una pizca de ajo.

sug·ges·tive [səˈdʒestɪv] *adj (indecent)* indecente, *(LAm)* colorado/a; **to be ~ of sth** evocar algo.

sui·cid·al [ˌsʊɪˈsaɪdl] *adj* suicida.

sui·cide [ˈsʊɪsaɪd] *n* suicidio *m*; **to commit ~** suicidarse; *(fig)* **it would be ~ to ...** sería una locura ... .

suit [suːt] **1** *n* **(a)** *(for man)* traje *m*, *(LAm)* terno *m*; *(for woman)* conjunto *m*; **bathing ~** bañador *m*, traje *m* de baño; **~ of armour** armadura *f*. **(b)** *(lawsuit)* pleito *m*. **(c)** *(Cards)* palo *m*; **to follow ~** *(fig)* seguir el ejemplo.

2 *vt* **(a)** *(adapt)* **to ~ (to)** adaptar (a), acomodar (a); **to ~ one's style to one's audience** adaptar su estilo al público; **to be ~ed to sth** *(suitable for)* ser apto para algo; **they are well ~ed (to each other)** están hechos el uno para el otro. **(b)** *(be convenient, acceptable)* convenir; **come whenever it ~s** ven cuando mejor te convenga. **(c)** *(please)* agradar, caer bien; **~ yourself whether you do it or not** hazlo o no como quieras; **~ yourself!** ¡como quieras!

suit·abil·ity [ˌsuːtəˈbɪlɪtɪ] *n (convenience)* conveniencia *f*; *(for task)* aptitud *f*.

suit·able [ˈsuːtəbl] *adj (convenient)* conveniente, apto/a; *(apt)* adecuado/a, indicado/a; **the most ~ man for the job** el hombre más indicado para el puesto; **the film is not ~ for children** la película no es apta para menores.

suit·ably [ˈsuːtəblɪ] *adv (aptly)* convenientemente; *(impressed etc)* apropiadamente.

suit·case [ˈsuːtˌkeɪs] *n* maleta *f*, *(LAm)* valija *f*, *(Mex)* petate *m*.

suite [swiːt] *n (of furniture)* juego *m*, mobiliario *m*; *(of rooms, Mus)* suite *f*; **bedroom ~** (juego de) dormitorio *m*; **a ~ of programs** *(Comput)* una serie *f* de programas.

suit·or [ˈsuːtəʳ] *n (gen)* pretendiente *m*.

sulk [sʌlk] **1** *vi* estar de mal humor. **2** *n*: **to have (a fit of) the ~s** tener murria, enfurruñarse.

sulky [ˈsʌlkɪ] *adj* (**-ier, -iest**) malhumorado/a, resentido/a.

sul·len [ˈsʌlən] *adj* hosco/a, tétrico/a; *(sky)* plomizo/a.

sul·ly [ˈsʌlɪ] *vt (poet)* manchar.

sul·phate [ˈsʌlfeɪt] *n* sulfato *m*; **copper ~** sulfato de cobre.

sul·phide [ˈsʌlfaɪd] *n* sulfuro *m*.

sul·phur [ˈsʌlfəʳ] *n* azufre *m*.

sul·phu·ric [sʌlˈfjʊərɪk] *adj*: **~ acid** ácido *m* sulfúrico.

sul·tan [ˈsʌltən] *n* sultán *m*.

sul·tana [sʌlˈtɑːnə] *n (fruit)* pasa *f* de Corinto.

sul·try [ˈsʌltrɪ] *adj (weather)* bochornoso/a, sofocante; *(woman, eyes)* sensual.

sum [sʌm] *n (piece of arithmetic)* suma *f*, adición *f*; *(total)* suma, total *m*; *(amount of money)* suma, importe *m*; **lump ~** suma *f* global; **that was the ~ (total) of his achievements** y de allí no pasó.

♦**sum up 1** *vt + adv* sumar; *(review)* resumir; *(evaluate rapidly)* evaluar; **to ~ up an argument** resumir un argumento; **he ~med up the situation quickly** se dio cuenta rápidamente de la situación. **2** *vi + adv* resumir; **to ~ up, I would say ...** en resumidas cuentas, yo diría ... .

sum·ma·rize [ˈsʌməraɪz] *vt* resumir.

sum·mary [ˈsʌmərɪ] **1** *n* resumen *m*. **2** *adj (gen)* sumario/a, perentorio/a.

sum·mer [ˈsʌməʳ] **1** *n* verano *m*; **to spend the ~ in Spain** veranear en España. **2** *cpd (clothing, residence, holiday)* de verano; *(weather, heat)* veraniego/a; **~ camp** *n* colonia *f* de vacaciones; **~ time** *n (Brit: daylight saving)* hora *f* de verano.

summer·house [ˈsʌməhaʊs] *n* cenador *m*, glorieta *f*.

summer·time [ˈsʌmətaɪm] *n (season)* verano *m*.

sum·mery [ˈsʌmərɪ] *adj* veraniego/a.

summing-up [ˌsʌmɪŋˈʌp] *n (Jur)* resumen *m*.

sum·mit [ˈsʌmɪt] *n (gen)* cima *f*, cumbre *f*; *(Pol: also* **~ conference**) conferencia *f* al más alto nivel, cumbre.

sum·mon [ˈsʌmən] *vt (servant etc)* llamar; *(meeting)* convocar; *(aid, doctor)* pedir; *(Jur)* citar, emplazar; **to ~ up all one's strength/courage** reunir todas sus fuerzas.

sum·mons [ˈsʌmənz] **1** *n (Jur)* citación *f* judicial, emplazamiento *m*; *(fig)* llamada *f*; **to serve a ~ on sb** citar a uno ante el juicio. **2** *vt* citar, emplazar.

sump [sʌmp] *n (Aut)* cárter *m*; *(Min)* sumidero *m*; *(cesspool)* letrina *f*.

sump·tu·ous [ˈsʌmptjʊəs] *adj* suntuoso/a.

sun [sʌn] **1** *n* sol *m*; **to be out in the ~** estar al sol; **the ~ is shining** brilla el sol; **they have everything under the ~** no les falta nada. **2** *vr*: **to ~ o.s.** tomar el sol, *(LAm)* asolearse.

sun·bathe [ˈsʌnbeɪð] *vi* tomar el sol, *(LAm)* asolearse.

sun·beam [ˈsʌnbiːm] *n* rayo *m* de sol.

sun·bed [ˈsʌnbed] *n* tumbona *f*.

sun·blind [ˈsʌnblaɪnd] *n* toldo *m*.

sun·burn [ˈsʌnbɜːn] *n (tan)* bronceado *m*; *(painful)* quemadura *f* del sol.

sun·burnt [ˈsʌnbɜːnt] *adj (tanned)* bronceado/a; *(painfully)* quemado/a por el sol.

sun·dae [ˈsʌndeɪ] *n* helado *m* con frutas y nueces.

Sun·day [ˈsʌndɪ] **1** *n* domingo *m*. **2**: **~ best** *n*: **in one's ~ best** en traje de domingo; **~ school** *n* catequesis *f*; *for usage see* **Tuesday.**

sun·deck [ˈsʌndek] *n* cubierta *f* superior.

sun·dial [ˈsʌndaɪəl] *n* reloj *m* de sol.

sun·down [ˈsʌndaʊn] *n* anochecer *m*.

sun-drenched [ˈsʌndrentʃt] *adj* bañado/a de sol.

sun·dry [ˈsʌndrɪ] **1** *adj* diversos/as, varios/as; **all and ~** todos sin excepción. **2** *npl*: **sundries** *(Comm)* artículos *mpl* diversos.

sun·flower [ˈsʌnˌflaʊəʳ] *n* girasol *m*.

sung [sʌŋ] *pp of* **sing.**

sun·glasses [ˈsʌnˌglɑːsɪz] *npl* gafas *fpl or* anteojos *mpl* de sol.

sunk [sʌŋk] *pp of* **sink.**

sunk·en [ˈsʌŋkən] *adj* hundido/a.

sun·lamp ['sʌnlæmp] *n* lámpara *f* solar ultravioleta.
sun·less ['sʌnlɪs] *adj* sin sol.
sun·light ['sʌnlaɪt] *n* sol *m*, luz *f* del sol; **in the ~** al sol.
sun·lit ['sʌnlɪt] *adj* iluminado/a por el sol.
sun·ny ['sʌnɪ] *adj* **(-ier, -iest) (a)** *(place, room etc)* soleado/a; *(day)* de sol; **it's a ~ day** hace sol; **I'd like my eggs ~ side up** quiero mis huevos fritos *or (LAm)* estrellados con la yema arriba. **(b)** *(fig: person, smile)* alegre.
sun·rise ['sʌnraɪz] *n* salida *f* del sol.
sun·roof ['sʌnru:f] *n (on building)* azotea *f*, terraza *f*; *(Aut)* techo *m* corredizo.
sun·set ['sʌnset] *n* puesta *f* del sol.
sun·shade ['sʌnʃeɪd] *n (portable)* sombrilla *f*; *(awning)* toldo *m*.
sun·shine ['sʌnʃaɪn] **1** *n* sol *m*, luz *f* del sol; **hours of ~** *(Met)* horas *fpl* de sol. **2: ~ roof** *n (Aut)* techo *m* corredizo.
sun·spot ['sʌnspɒt] *n (Astron)* mancha *f* solar.
sun·stroke ['sʌnstrəʊk] *n* insolación *f*.
sun·tan ['sʌntæn] *n* bronceado *m*.
sun·tanned ['sʌntænd] *adj* bronceado/a.
sun·trap ['sʌntræp] *n* lugar *m* muy soleado.
su·per ['su:pəʳ] *adj (fam)* estupendo/a, tremendo/a, *(LAm)* macanudo/a; **we had a ~ time** lo pasamos la mar de bien *or (RPl)* regio.
super... ['su:pəʳ] *pref (more than the norm)* super..., sobre....
supera·bun·dance [ˌsu:pərə'bʌndəns] *n* superabundancia *f*, sobreabundancia *f*.
super·an·nua·tion ['su:pəˌrænjʊ'eɪʃən] *n (pension)* jubilación *f*, pensión *f*.
su·perb [su:'pɜ:b] *adj* espléndido/a, estupendo/a.
super·charged ['su:pətʃɑ:dʒd] *adj (Aut)* sobrealimentado/a.
super·char·ger ['su:pəˌtʃɑ:dʒəʳ] *n* compresor *m* de sobrealimentación.
super·cili·ous [ˌsu:pə'sɪlɪəs] *adj* altanero/a.
super·fi·cial [ˌsu:pə'fɪʃəl] *adj (lit, fig)* superficial.
super·fi·ci·al·ity ['su:pəˌfɪʃɪ'ælɪtɪ] *n* superficialidad *f*.
super·fi·cial·ly [ˌsu:pə'fɪʃəlɪ] *adv* superficialmente, en la superficie.
super·flu·ous [sʊ'pɜ:flʊəs] *adj* superfluo/a, sobrante; **to be ~** sobrar.
super·hu·man [ˌsu:pə'hju:mən] *adj* sobrehumano/a.
super·im·pose [ˌsu:pərɪm'pəʊz] *vt* sobreponer (*on* en).
super·in·ten·dent [ˌsu:pərɪn'tendənt] *n* director *m*; *(US: porter)* conserje *mf*; **police ~** subjefe *m* de policía.
su·peri·or [sʊ'pɪərɪəʳ] **1** *adj (better, also in rank)* superior (*to* a); *(smug)* presumido/a; *(Comm: goods, quality)* superior; **to be ~ (to)** *(in quantity)* superar (a); **~ number** *(Typ)* cantidad *f* superior *or* mayor. **2** *n (in rank)* superior *m*; **Mother S~** *(Rel)* madre *f* superiora.
su·peri·or·ity [sʊˌpɪərɪ'ɒrɪtɪ] *n (gen)* superioridad *f*; *(smugness)* desdén *m*.
super·la·tive [sʊ'pɜ:lətɪv] **1** *adj (gen)* superlativo/a. **2** *n (Ling)* superlativo *m*; **to talk in ~s** deshacerse en elogios.
super·man ['su:pəmæn] *n, pl* **-men** superhombre *m*.
super·mar·ket ['su:pəˌmɑ:kɪt] *n* supermercado *m*.
super·natu·ral [ˌsu:pə'nætʃərəl] **1** *adj* sobrenatural. **2** *n*: **the ~** lo sobrenatural.
super·pow·er ['su:pəˌpaʊəʳ] *n (Pol)* superpotencia *f*.
super·sede [ˌsu:pə'si:d] *vt* desbancar, suplantar.
super·son·ic [ˌsu:pə'sɒnɪk] *adj* supersónico/a.
super·star ['su:pəstɑ:ʳ] *n* superestrella *f*.
super·sti·tion [ˌsu:pə'stɪʃən] *n* superstición *f*.
super·sti·tious [ˌsu:pə'stɪʃəs] *adj* supersticioso/a.
super·struc·ture ['su:pəˌstrʌktʃəʳ] *n* superestructura *f*.
super·tank·er ['su:pəˌtæŋkəʳ] *n* superpetrolero *m*.
super·tax ['su:pəˌtæks] *n* sobretasa *f*, sobreimpuesto *m*.
super·vise ['su:pəvaɪz] *vt* supervisar.
super·vi·sion [ˌsu:pə'vɪʒən] *n* supervisión *f*.
super·vi·sor ['su:pəvaɪzəʳ] *n* supervisor(a) *m/f*.
super·vi·sory ['su:pəvaɪzərɪ] *adj* de supervisión.
sup·per ['sʌpəʳ] *n (evening meal)* cena *f*; **to have ~** cenar.
sup·plant [sə'plɑ:nt] *vt* suplantar, reemplazar.
sup·ple ['sʌpl] *adj* **(-r, -st)** flexible.
sup·plement ['sʌplɪmənt] **1** *n (gen)* suplemento *m*. **2** ['sʌplɪment] *vt* completar.
sup·plemen·ta·ry [ˌsʌplɪ'mentərɪ] *adj* suplementario/a, supletorio/a.
sup·pli·ca·tion [ˌsʌplɪ'keɪʃən] *n* súplica *f*.
sup·pli·er [sə'plaɪəʳ] *n (Comm: distributor)* distribuidor(a) *m/f*; *(: provider)* abastecedor(a) *m/f*, proveedor(a) *m/f*.
sup·ply [sə'plaɪ] **1** *n (provision)* suministro *m*; *(delivery)* distribución *f*; *(stock)* surtido *m*, existencias *fpl*; **the electricity/water ~** el suministro de electricidad/agua; **~ and demand** la oferta y la demanda; **new cars are in short ~** hay escasez de coches nuevos; **supplies** *(food)* provisiones *fpl*, víveres *mpl*; *(Mil)* pertrechos *mpl*; **office supplies** materiales *mpl* para oficina.
2 *vt (provide: goods, materials)* suministrar; *(Comm: distribute)* distribuir, surtir; *(information, evidence)* facilitar, proporcionar; *(fill: need, want)* suplir; **to ~ sb (with sth)** *(with goods)* proveer a uno (de algo); *(: Comm)* surtir a uno (de algo); *(with provisions, Mil)* abastecer a uno (de algo); *(with information)* facilitar (algo) a uno.
sup·port [sə'pɔ:t] **1** *n* **(a)** *(lit, Tech)* soporte *m*, apoyo *m*. **(b)** *(fig: financial, emotional etc)* apoyo *m*; *(: for proposal, project)* aprobación *f*, apoyo; *(: person)* sostén *m*; **moral ~** apoyo moral; **to speak in ~ of a candidate** apoyar la candidatura de uno; **to lean on sb for ~** apoyarse en uno; **our ~ comes from the workers** nos apoyan los obreros. **2** *vt* **(a)** *(lit, Tech)* apoyar, sostener. **(b)** *(fig: person: emotionally, financially)* apoyar; *(: proposal, project)* aprobar, apoyar; *(: Sport: team)* seguir; *(: corroborate: evidence)* confirmar, respaldar; **to ~ o.s.** *(financially)* ganarse la vida.
sup·port·er [sə'pɔ:təʳ] *n (of proposal, Pol etc)* partidario/a *m/f*, adicto/a *m/f*; *(Sport)* hincha *mf*; **~s** la afición.
sup·port·ing [sə'pɔ:tɪŋ] *adj (Theat)* secundario/a.
sup·pose [sə'pəʊz] *vt* **(a)** *(assume as hypothesis)* suponer; **let us ~ that ...** supongamos que ..., pongamos por caso que ...; **but just ~ he's right ...** y ¿si tiene razón ...?; **supposing it rains, what shall we do?** pongamos que llueve, entonces ¿qué hacemos? **(b)** *(assume, believe)* suponer, creer; **I ~ she'll come** supongo que vendrá; **I don't ~ she'll come, I ~ she won't come** no creo que venga; **I ~ so/not** supongo que sí/no; **you'll accept, I ~?** por supuesto que aceptarás; **I don't ~ you could lend me a pound, I ~ you couldn't lend me a pound?** de casualidad ¿no me podrías prestar una libra? *or (LAm)* ¿no tendrías una libra que me prestas?; **he's ~d to be an expert** se le supone un experto. **(c)** *(in passive: ought)* **you're ~d to be in bed by 10** se supone que debes de estar acostado antes de las 10; **you're**

not ~d to do that no debieras de hacer eso. **(d)** *(in imperative: I suggest)* ~ **you do it now?** ¡te importa hacerlo ahora! **(e)** *(presuppose)* suponer, presuponer.
sup·posed [sə'pəʊzd] *adj* supuesto/a.
sup·pos·ed·ly [sə'pəʊzɪdlɪ] *adv* según cabe suponer, *(LAm)* supuestamente.
sup·po·si·tion [ˌsʌpə'zɪʃən] *n* suposición *f*, hipótesis *f*.
sup·posi·tory [sə'pɒzɪtərɪ] *n* supositorio *m*.
sup·press [sə'pres] *vt (gen)* suprimir; *(repress)* reprimir; *(emotion)* contener, dominar; *(yawn, smile)* ahogar; *(news, the truth)* callar, ocultar; **to ~ a rising** sofocar una revuelta.
sup·pres·sion [sə'preʃən] *n (see vt)* supresión *f;* represión *f;* ahogo *m;* ocultación *f*.
sup·pres·sor [sə'presəʳ] *n* supresor *m*.
sup·pu·rate ['sʌpjʊəreɪt] *vi* supurar.
supra·na·tion·al [ˌsuːprə'næʃənl] *adj* supranacional.
su·prema·cy [sʊ'preməsɪ] *n* supremacia *f*.
su·preme [sʊ'priːm] *adj (gen)* supremo/a; **with ~ indifference** con suma indiferencia; **the ~ sacrifice** el supremo sacrificio; ~ **court** corte *f* suprema; **to reign ~** *(fig)* gozar del dominio absoluto.
su·preme·ly [sʊ'priːmlɪ] *adv* totalmente.
sur·charge ['sɜːtʃɑːdʒ] *n* sobretasa *f*, sobreimpuesto *m*.
sure [ʃʊəʳ] **1** *adj* **(-r, -st) (a)** *(steady: hand, aim)* firme; *(reliable: proof, method)* seguro/a. **(b)** *(definite, convinced)* seguro/a; **it's ~ to rain** seguramente lloverá; **I'm ~ it's going to rain** estoy seguro de que va a llover; **to be ~ of sth** *(of seat, good meal etc)* tener algo asegurado; *(of facts etc)* estar seguro de algo, tener algo por seguro; **be** *or* **make ~ you do it right** no dejes de hacerlo bien; **I think I locked up, but I'll just make ~** creo que lo he cerrado con llave, pero voy a verificarlo; **do you know for ~?** ¿lo sabes a ciencia cierta?; **I'm ~ I don't know, I don't know, I'm ~** ¿qué sé yo!, ¡cómo lo voy a saber yo!; **he's a ~ thing for president** no cabe la menor duda de que llegará a presidente.
2 *adv*: **is that OK? — ~!** ¿está bien así? — ¡claro que sí! *or (LAm)* ¡cómo no!; **that ~ is pretty, that's ~ pretty** *(US)* ¡qué bonito es!; ~ **enough** efectivamente; **as ~ as fate!** ¡tenía que ser!; **that's the truth, as ~ as I'm standing here** es verdad *or (LAm)* es cierto, tenlo por seguro.
sure-fire ['ʃʊəˌfaɪəʳ] *adj (fam)* de éxito seguro, seguro/a.
sure-footed [ˌʃʊə'fʊtɪd] *adj* de pie firme.
sure·ly ['ʃʊəlɪ] *adv (seeking confirmation)* verdad; *(certainly)* sin duda; **slowly but ~** lenta pero seguramente; ~ **you don't mean that!** ¡no lo dices en serio!
sure·ness ['ʃʊənɪs] *n (of aim, footing)* firmeza *f;* *(positiveness)* certeza *f*, seguridad *f*.
sure·ty ['ʃʊərətɪ] *n (sum)* fianza *f*, caución *f;* *(person)* fiador(a) *m/f*, garante *mf;* **to go** *or* **stand ~ for sb** ser fiador de uno.
surf [sɜːf] *n (waves)* oleaje *m;* *(current)* resaca *f*.
sur·face ['sɜːfɪs] **1** *n (gen)* superficie *f;* *(of road)* firme *m;* **on the ~ it seems that ...** *(fig)* a primera vista parece que ...; **we've only scratched the ~** *(fig)* estamos lejos de tocar fondo. **2** *vt (road)* revestir. **3** *vi (submarine etc)* salir a la superficie; **he ~s in London occasionally** de vez en cuando se deja ver por Londres. **4** *cpd (Mil, Naut)* de la superficie; *(Aut)* superficial; ~ **area** *n* área *f* de la superficie; ~ **mail** *n*: **by ~ mail** por vía *f* terrestre.
surf·board ['sɜːfˌbɔːd] *n* plancha *f* de surf.
sur·feit ['sɜːfɪt] *n* exceso *m*.
surf·er ['sɜːfəʳ] *n* súrfer *mf*.
surf·ing ['sɜːfɪŋ] *n*, **surf·riding** ['sɜːfˌraɪdɪŋ] *n* surf *m*.
surge [sɜːdʒ] **1** *n (of sea)* oleaje *m*, oleada *f;* **a power ~** una sobretensión eléctrica; **a ~ of people** una oleada de gente; **a sudden ~ of sympathy** una oleada de apoyo. **2** *vi (water)* levantarse, hincharse; *(people)* **to ~ in/out** *etc* entrar/salir *etc* en tropel; **the blood ~d to her cheeks** se le subió la sangre a la cara.
sur·geon ['sɜːdʒən] *n* cirujano/a *m/f*.
sur·gery ['sɜːdʒərɪ] *n (art, operation)* cirugía *f;* *(room)* consultorio *m*.
sur·gi·cal ['sɜːdʒɪkəl] *adj* quirúrgico/a; ~ **spirit** alcohol *m*.
sur·ly ['sɜːlɪ] *adj* **(-ier, -iest)** hosco/a, huraño/a.
sur·mise [sɜː'maɪz] **1** *n* conjetura *f*, suposición *f*. **2** *vt* conjeturar, suponer; **I ~d as much** ya me lo suponía *or* imaginaba.
sur·mount [sɜː'maʊnt] *vt (difficulty)* superar, vencer.
sur·mount·able [sɜː'maʊntəbl] *adj* superable.
sur·name ['sɜːneɪm] *n* apellido *m*.
sur·pass [sɜː'pɑːs] **1** *vt (go above)* superar, exceder; *(go by)* rebasar. **2** *vr*: **to ~ o.s.** sobrepasar, *(LAm)* pasarse.
sur·plice ['sɜːpləs] *n* sobrepelliz *f*.
sur·plus ['sɜːpləs] **1** *n* excedente *m*, sobrante *m;* *(Fin, Comm)* superávit *m*, excedente *m*. **2** *adj* excedente, sobrante; ~ **stock** saldos *mpl;* ~ **to my requirements** que me sobran.
sur·prise [sə'praɪz] **1** *n* sorpresa *f;* **much to my ~, to my great ~** para gran sorpresa mía; **to take sb by ~** coger *or (LAm)* tomar a uno desprevenido. **2** *vt* sorprender, extrañar; *(catch unawares)* coger *or (LAm)* tomar de sorpresa; **to ~ sb in the act** sorprender a uno en el acto; **I should not be ~d if ...** no me extrañaría que ... . **3** *cpd (present, visit)* inesperado/a; *(attack)* sorpresa; ~ **party** *n* fiesta *f*, guateque *m*.
sur·pris·ing [sə'praɪzɪŋ] *adj* sorprendente.
sur·pris·ing·ly [sə'praɪzɪŋlɪ] *adv* de modo sorprendente; **(somewhat) ~, he agreed** para sorpresa de todos, aceptó.
sur·re·al·ism [sə'rɪəlɪzəm] *n (Art)* surrealismo *m*.
sur·re·al·is·tic [səˌrɪə'lɪstɪk] *adj* surrealista.
sur·ren·der [sə'rendəʳ] **1** *n* rendición *f*, capitulación *f*. **2** *vt (Mil: goods)* entregar (*to* a); *(: territory)* ceder (*to* a); *(claim, right)* renunciar (*to* a); *(insurance, policy)* cobrar (*to* de). **3** *vi* entregarse (*to* a), someterse (*to* a).
sur·rep·ti·tious [ˌsʌrəp'tɪʃəs] *adj* subrepticio/a.
sur·ro·gate ['sʌrəgɪt] *n* sucedáneo *m*.
sur·round [sə'raʊnd] **1** *n* marco *m*, borde *m*. **2** *vt* rodear, cercar; **a town ~ed by hills** una ciudad rodeada de colinas.
sur·round·ing [sə'raʊndɪŋ] *adj* circundante; **in the ~ hills** en las colinas cercanas.
sur·round·ings [sə'raʊndɪŋz] *npl (of place)* alrededores *mpl*, cercanías *fpl;* *(environment)* ambiente *m*.
sur·tax ['sɜːtæks] *n* sobretasa *f*, sobreimpuesto *m*.
sur·veil·lance [sɜː'veɪləns] *n*: **under ~** bajo vigilancia.
sur·vey ['sɜːveɪ] **1** *n (of land, building)* inspección *f*, reconocimiento *m;* *(in topography)* medición *f;* *(inquiry, study)* encuesta *f;* *(comprehensive look: of subject etc)* vista *f* de conjunto; **he gave a general ~ of the situation** dio una reseña general de la situación. **2** [sə'veɪ] *vt (scene, crowd, countryside)* contemplar, repasar; *(building)* inspeccionar; *(land)* hacer un reconocimiento de; *(in topo-*

graphy) medir; *(study, inquire into)* estudiar, hacer una encuesta de; *(take general view of)* repasar, reseñar; **the book ~s events up to 1972** el libro pasa revista de los sucesos hasta 1972.

sur·vey·ing [sə'veɪɪŋ] *n* agrimensura *f*, topografía *f*.

sur·vey·or [sə'veɪə^r] *n* agrimensor(a) *m/f*, topógrafo/a *m/f*.

sur·viv·al [sə'vaɪvəl] *n (act)* supervivencia *f*; *(relic)* vestigio *m*, resto *m*.

sur·vive [sə'vaɪv] **1** *vi (gen)* sobrevivir; **not one of them ~d** no quedó ni uno. **2** *vt (all senses)* sobrevivir a.

sur·vi·vor [sə'vaɪvə^r] *n* sobreviviente *mf*.

sus·cep·tibil·ity [sə,septə'bɪlɪtɪ] *n* susceptibilidad *f*.

sus·cep·tible [sə'septəbl] *adj (to attack, illness etc)* susceptible *or* propenso/a (*to* a); *(to persuasion, flattery etc)* sensible (*to* a); **to be ~ of proof** *(frm)* ser capaz de demostrarse.

sus·pect ['sʌspekt] **1** *adj* sospechoso/a. **2** *n* sospechoso/a *m/f*. **3** [sə'spekt] *vt (person)* sospechar (*of* de); *(plot etc)* recelar de; *(think likely)* imaginar, creer; *(illness)* sospechar; **to ~ sb of a crime** sospechar a uno de haber cometido un crimen; **I ~ him of being the author** sospecho que él es el autor; **he ~s nothing** no se recela de nada.

sus·pend [sə'spend] *vt (gen)* suspender; *(hang)* suspender, colgar.

sus·pend·er [sə'spendə^r] **1** *n (for stocking)* liga *f*; **~s** *(US: braces)* tirantes *mpl*. **2**: **~ belt** *n* liguero *m*.

sus·pense [sə'spens] *n* incertidumbre *f*; *(Theat etc)* suspense *m*; **to keep sb in ~** mantener a uno en la incertidumbre.

sus·pen·sion [sə'spenʃən] **1** *n (gen)* suspensión *f*. **2**: **~ bridge** *n* puente *m* colgante.

sus·pi·cion [sə'spɪʃən] *n* **(a)** *(suspicious belief)* sospecha *f*; *(lack of trust)* desconfianza *f*, recelo *m*; **my ~ is that ...** yo sospecho que ...; **to be under ~** estar bajo sospecha. **(b)** *(trace)* pizca *f*, poco *m*.

sus·pi·cious [sə'spɪʃəs] *adj (feeling suspicion)* receloso/a; *(causing suspicion)* sospechoso/a; **he is ~ of visitors** se muestra receloso ante las visitas; **that made him ~** eso le hizo sospechar.

sus·pi·cious·ly [sə'spɪʃəslɪ] *adv (look etc)* con recelo; *(behave etc)* de modo sospechoso; **it looks ~ like measles to me** me parece ser *or (LAm)* se me hace que es sarampión.

sus·tain [sə'steɪn] *vt* **(a)** *(weight)* sostener, apoyar; *(body, life)* sustentar; *(Mus: note)* sostener; *(effort, role, pretence)* sostener, mantener; **objection ~ed** *(US Jur)* la objeción está admitida. **(b)** *(receive)* sufrir.

sus·tained [sə'steɪnd] *adj (effort etc)* sostenido/a, prolongado/a.

sus·te·nance ['sʌstɪnəns] *n* sustento *m*.

su·ture ['suːtʃə^r] *n* sutura *f*.

swab [swɒb] **1** *n (Med: for cleaning wound)* algodón *m*, tampón *m*; *(: for specimen)* frotis *m*. **2** *vt (Naut: also* **~ down**) limpiar, fregar.

swag [swæg] *n (fam)* botín *m*.

swag·ger ['swægə^r] **1** *n* contoneo *m*, pavoneo *m*. **2** *vi* contonearse, pavonearse.

swal·low[1] ['swɒləʊ] **1** *n* trago *m*. **2** *vt (food, drink)* tragar; *(fig: suppress, believe)* tragarse; **to ~ one's pride** tragarse el orgullo; **to ~ one's words** desdecirse; **to ~ the bait** *(fig)* tragar el anzuelo. **3** *vi* tragar; **to ~ hard** *(fig)* tragar saliva.

♦ **swallow up** *vt + adv (savings)* consumir; **they were soon ~ed up in the darkness** la oscuridad los tragó pronto; **I wish the ground would open and ~ me up** ¡trágame tierra!

swal·low[2] ['swɒləʊ] *n (bird)* golondrina *f*.

swam [swæm] *pt of* **swim.**

swamp [swɒmp] **1** *n* pantano *m*, ciénaga *f*. **2** *vt* **(a)** *(land)* inundar; *(boat etc)* hundir. **(b)** *(fig: inundate)* abrumar *or* agobiar (*with* de); **they have been ~ed with applications** les inundaron de solicitudes.

swampy ['swɒmpɪ] *adj* pantanoso/a.

swan [swɒn] **1** *n* cisne *m*. **2** *vi (fam)* **to ~ around** pavonearse; **to ~ off to New York** escaparse a Nueva York.

swank [swæŋk] *(fam)* **1** *n* **(a)** *(vanity, boastfulness)* fanfarronada *f*; **he does it for ~** lo hace para darse tono *or (LAm)* lucir. **(b)** *(person)* fanfarrón/ona *m/f*. **2** *vi* darse tono, pavonearse; **to ~ about sth** presumir con algo.

swanky ['swæŋkɪ] *adj* (**-ier, -iest**) *(fam: person)* fanfarrón/ona, presumido/a; *(: car etc)* de ultralujo.

swan song ['swɒnsɒŋ] *n* canto *m* del cisne.

swap [swɒp] **1** *n (exchange)* trueque *m*, canje *m*. **2** *vt (cars, stamps etc)* trocar, canjear; **to ~ sth for sth else** intercambiar algo por algo; **to ~ places with sb** cambiar asiento con uno. **3** *vi* hacer un intercambio.

swarm[1] [swɔːm] **1** *n (of bees etc)* enjambre *m*; *(fig: of tourists etc)* multitud *f*. **2** *vi (bees)* enjambrar; **Stratford is ~ing with ...** Stratford hierve de ... .

swarm[2] [swɔːm] *vi*: **to ~ up a tree/rope** trepar rápidamente un árbol/una cuerda.

swarthy ['swɔːðɪ] *adj* (**-ier, -iest**) moreno/a, *(LAm)* prieto/a.

swash·buck·ling ['swɒʃ,bʌklɪŋ] *adj* bravucón/ona.

swas·ti·ka ['swɒstɪkə] *n* esvástica *f*, cruz *f* gamada.

swat [swɒt] *vt (fly)* aplastar.

swath [swɔːθ] *n, pl* **swaths** [swɔːðz] = **swathe**[1].

swathe[1] [sweɪð] *n* ringlera *f*, guadaña *f*; **to cut a ~ through sth** avanzar por algo a guadañadas.

swathe[2] [sweɪð] *vt* envolver, vendar.

sway [sweɪ] **1** *n* **(a)** *(movement)* balanceo *m*, vaivén *m*, *(LAm)* columpiar *m*; *(totter)* tambaleo *m*. **(b)** *(rule, power)* dominio *m* (*over* sobre); **to hold ~ over sb** mantener el dominio sobre uno. **2** *vi (swing)* balancearse, mecerse, *(LAm)* columpiar; *(totter)* tambalearse; **the train ~ed from side to side** el tren se mecía de un lado para otro. **3** *vt* **(a)** *(move)* balancear, mecer. **(b)** *(influence)* mover, influir en; **these factors finally ~ed me** estos factores terminaron convenciéndome.

swear [swɛə^r] *pt* **swore**, *pp* **sworn 1** *vt (gen)* jurar; *(oath)* prestar; **I ~ it!** ¡lo juro!; **I ~ (that) I did not steal it** juro que no lo robé; **to ~ to do sth** jurar hacer algo; **I could have sworn that it was Louise** juraría que fue Luisa; **to ~ sb to secrecy** hacer que uno jure (guardar un secreto); *see also* **sworn. 2** *vi* **(a)** *(solemnly)* jurar; **to ~ on the Bible** jurar sobre la Biblia; **I can't ~ to it** no lo juraría. **(b)** *(use swearwords)* soltar tacos *or (LAm)* groserías; *(blaspheme)* blasfemar; **to ~ at sb** echar pestes a uno, *(Mex)* mentar la madre a uno; **to ~ like a trooper** jurar como un carretero.

♦ **swear by** *vi + prep (fam)* tener plena confianza en.

♦ **swear in** *vt + adv (witness, president)* tomar juramento a.

swear·word ['swɛə,wɜːd] *n* palabrota *f*, taco *m*, *(LAm)* grosería *f*, garabato *m*.

sweat [swet] **1** *n* sudor *m*; *(fam: hard work)* trabajo *m* difícil; **by the ~ of one's brow** con el sudor de su frente; **to get in/get into a ~ about sth** *(fam)* apurarse por algo; **no ~!** *(fam)* ¡sin *or* ningún problema! **2** *vi* sudar, *(LAm)* transpirar; *(fam: hard work)* sudar la gota gorda (*over sth* por algo). **3** *vt*: **to ~ blood** *(fig)* sudar la gota gorda; **to ~ it**

out *(fig fam)* aguantar, *(LAm)* aguantarse.

sweat·band ['swetbænd] *n (round forehead)* venda *f*, banda *f*; *(round wrist)* muñequera *f*.

sweat·ed ['swetɪd] *adj*: **~ labour** trabajo *m* muy mal pagado.

sweat·er ['swetəʳ] *n* suéter *m*, jersey *m*, *(Per)* chompa *f*.

sweat·shirt ['swetʃɜːt] *n* sudadera *f*.

sweat·shop ['swetʃɒp] *n fábrica f donde se explota al obrero.*

sweaty ['swetɪ] *adj* **(-ier, -iest)** sudado/a, sudoroso/a.

Swede [swiːd] *n* sueco/a *m/f*.

swede [swiːd] *n (vegetable)* nabo *m* sueco.

Swe·den ['swiːdn] *n* Suecia *f*.

Swe·dish ['swiːdɪʃ] **1** *adj* sueco/a. **2** *n (language)* sueco *m*.

sweep [swiːp] *(vb: pt, pp* **swept)** **1** *n* **(a) the floor/chimney needs a ~** el suelo necesita barrerse/la chimenea necesita deshollinarse. **(b)** *(chimney ~)* deshollinador(a) *m/f*. **(c)** *(movement: of arm, pendulum)* movimiento *m*; *(curve: of road, hills etc)* curva *f*; **a wide ~ of country** un paisaje amplio y extenso.

2 *vt* **(a)** *(stairs, floor)* barrer; *(chimney)* deshollinar; *(dust, snow)* barrer, quitar barriendo; **to ~ (out) a room** limpiar un cuarto barriéndolo; **to ~ sth under the carpet** *(fig)* ocultar algo. **(b)** *(move over: subj: searchlight)* recorrer; *(: waves, wind)* azotar; *(: disease, fashion)* difundirse por, recorrer; **to ~ the sea for mines** dragar el mar en busca de minas; **to ~ the board** *(fig)* llevarse todos los premios. **(c)** *(remove with ~ing movement)* barrer con; **he swept her off her feet** *(fig)* le volvió loca, la dejó traspuesta.

3 *vi* **(a)** *(with broom)* barrer. **(b)** *(move)* recorrer; **to ~ past/in/out** pasar/entrar/salir con garbo; *(road, river etc)* extenderse.

♦ **sweep aside** *vt + adv (lit)* apartar bruscamente; *(fig: objections)* descartar.

♦ **sweep away** *vt + adv (refuse)* barrer; *(subj: river, storm)* arrastrar con.

♦ **sweep up** **1** *vi + adv* barrer, limpiar. **2** *vt + adv (pick up)* coger, *(LAm)* agarrar *or* levantar.

sweep·er ['swiːpəʳ] *n (cleaner)* barrendero/a *m/f*; *(machine)* barredora *f*; *(Ftbl)* líbero *m*.

sweep·ing ['swiːpɪŋ] *adj (gesture)* amplio/a; *(statement etc)* demasiado general; *(change)* radical.

sweep·stake ['swiːpsteɪk] *n* lotería *f*.

sweet [swiːt] **1** *adj* **(-er, -est)** **(a)** *(of taste)* dulce; **this coffee is too ~** este café está muy dulce *or* azucarado; **to have a ~ tooth** ser goloso. **(b)** *(fresh, pleasant: smell, perfume)* agradable; *(breath)* sano/a; *(sound)* melodioso/a, dulce; *(fig: revenge, success)* dulce. **(c)** *(charming: person, smile)* simpático/a, encantador(a); *(: appearance, village, kitten)* precioso/a, *(LAm)* lindo/a; **that's very ~ of you** eres muy amable, *(LAm)* ¡qué amable!; **what a ~ little dress!** ¡qué vestido más mono *or (LAm)* lindo!; **he carried on in his own ~ way** *(iro)* siguió su libre albedrío.

2 *n* **(a)** *(Brit: chocolate etc)* caramelo *m*, *(LAm)* dulce *m*, golosina *f*; **~s** caramelos, *(LAm)* dulces, golosinas. **(b)** *(Brit: course)* postre *m*.

3: ~ and sour *adj* agridulce; **~ chestnut** *n (Bot)* castaño *m* dulce; **~ corn** *n* maíz *m* tierno, *(Mex)* elote *m*, *(RPL)* choclo *m*; **~ pea** *n (Bot)* guisante *m* de olor; **~ potato** *n* batata *f*, *(Mex)* camote *m*, *(CAm)* boniato *m*.

sweet·breads ['swiːtbredz] *npl* mollejas *fpl*.

sweet·en ['swiːtn] *vt (tea etc)* azucarar; *(fig: temper)* aplacar, calmar; *(: person: also* **~ up)** endulzar.

sweet·en·er ['swiːtnəʳ] *n* dulcificante *m*.

sweet·heart ['swiːtˌhɑːt] *n* novio/a *m/f*, amor *mf*; **yes, ~** sí, cielo.

sweet·ly ['swiːtlɪ] *adv (sing)* dulcemente; *(smile, answer, act)* con dulzura.

sweet·ness ['swiːtnɪs] *n (gen)* dulzura *f*; *(of smell)* fragancia, buen olor *m*; *(of sound)* suavidad *f*; *(of character)* simpatía *f*; *(of appearance)* encanto *m*; **now all is ~ and light** reina ahora la más perfecta armonía.

sweet·shop ['swiːtʃɒp] *n (Brit)* confitería *f*, bombonería *f*, *(LAm)* dulcería *f*.

sweet-smelling [ˌswiːt'smelɪŋ] *adj* perfumado/a.

swell [swel] *(vb: pt* **swelled,** *pp* **swollen)** **1** *n (Naut)* oleaje *m*. **2** *adj (US: fine, good)* fenomenal, bárbaro/a. **3** *vi (ankle, eye etc: also* **~ up)** hincharse, inflamarse; *(sails: also* **~ out)** inflarse, hincharse; *(in size, number)* aumentar; *(: river etc)* crecer; **to ~ with pride** hincharse de orgullo; **the cheers ~ed to a roar** los vítores fueron creciendo hasta convertirse en un grito. **4** *vt (numbers, sales etc)* aumentar; *see also* **swollen.**

swell-headed [ˌswel'hedɪd] *adj (fam)* engreído/a, presumido/a.

swell·ing ['swelɪŋ] *n (Med)* tumefacción *f*, hinchazón *f*; *(gen)* bulto *m*.

swel·ter·ing ['sweltərɪŋ] *adj (gen)* sofocante; **I'm ~** me ahogo de calor.

swept [swept] *pt, pp of* **sweep.**

swept·back ['sweptˌbæk] *adj (wing)* en flecha.

swerve [swɜːv] **1** *n (on foot, in sport)* esguince *m*; *(in car)* desvío *m* brusco. **2** *vi (on foot, in sport)* hurtar el cuerpo; *(in car)* desviar bruscamente; **to ~ to the right** desviar bruscamente a la derecha.

swift [swɪft] **1** *adj* **(-er, -est)** *(runner)* rápido/a, veloz; *(reaction)* pronto/a, rápido/a. **2** *n (bird)* vencejo *m*.

swift-footed [ˌswɪft'fʊtɪd] *adj* veloz.

swift·ly ['swɪftlɪ] *adv (see adj)* rápidamente, velozmente; pronto, rápidamente.

swift·ness ['swɪftnɪs] *n (see adj)* rapidez *f*, velocidad *f*; prontitud *f*, rapidez.

swig [swɪg] *(fam)* **1** *n* trago *m*; **he took a ~ at his flask** se echó un trago de la botella. **2** *vt* beber a tragos.

swill [swɪl] **1** *n (gen)* bazofia *f*, basura *f*. **2** *vt* **(a)** *(clean: also* **~ out)** limpiar con agua. **(b)** *(drink: beer)* beber a tragos.

swim [swɪm] *(vb: pt* **swam,** *pp* **swum)** **1** *n* **(a)** baño *m*; **it's a long ~ back to the shore** nos *etc* costará llegar nadando a la playa; **to go for a ~, to have a ~** ir a nadar *or (LAm)* a bañarse. **(b)** *(fam)* **to be in the ~** estar al corriente *or* al tanto. **2** *vt (river etc)* pasar *or* cruzar a nado; **to ~ the crawl** nadar el crol; **she can't ~ a stroke** no sabe nadar en absoluto. **3** *vi* nadar; **my head is ~ming** *(fig)* me estoy marcando, me está dando vueltas la cabeza; **the meat was ~ming in gravy** la carne flotaba en salsa.

swim·mer ['swɪməʳ] *n* nadador(a) *m/f*.

swim·ming ['swɪmɪŋ] **1** *n* natación *f*. **2** *cpd (gear, trunks)* de baño; **~ baths** *npl*, **~ pool** *n* piscina *f*, *(LAm)* alberca *f*; **~ costume** *n* traje *m* de baño, bañador *m*.

swim·suit ['swɪmsuːt] *n* traje *m* de baño, bañador *m*.

swin·dle ['swɪndl] **1** *n* estafa *f*, timo *m*. **2** *vt* estafar, timar; **to ~ sb out of sth** estafar algo a uno.

swin·dler ['swɪndləʳ] *n* estafador(a) *m/f*, timador(a) *m/f*.

swine [swaɪn] *n* **(a)** *pl (pigs)* cerdos *mpl*, puercos *mpl*, *(LAm)* cochinos *mpl*. **(b)** *(fig fam: person)* canalla *mf*, cochino/a *m/f*, *(LAm)* marrano/a *m/f*; **you ~!** ¡canalla!

swing [swɪŋ] *(vb: pt, pp* **swung**) **1** *n* **(a)** *(movement)* vaivén *m*, movimiento *m*; *(: to and fro)* oscilación *f*, *(LAm)* columpiar *m*; **he took a ~ at me** me tiró un golpe. **(b)** *(Pol, in votes etc)* movimiento *m*, viraje *m*; **a sudden ~ in opinion** un viraje repentino de opinión; **a ~ to the left** un movimiento hacia la izquierda. **(c)** *(seat for ~ing)* columpio *m*; *(activity)* balance *m*, balanceo *m*; **it's ~s and roundabouts** *(fig)* lo que se pierde aquí, se gana allá. **(d)** *(rhythm)* ritmo *m*; **to get into the ~ of things** coger *or (LAm)* captar el ritmo de las cosas.

2 *vt* **(a)** abrir de un golpe; *(to and fro: on ~, hammock)* balancear; *(: arms, legs)* menear, *(LAm)* columpiar; **to ~ the lead** *(fig fam)* hacerse el remolón. **(b)** *(wield: axe, racket etc)* blandir; **he swung the case up onto his shoulder** se echó la maleta a los hombros; **he swung himself over the wall** saltó la tapia; **she swung the car round** dio un viraje brusco en el coche. **(c)** *(influence: opinion, decision)* decidir; **she managed to ~ it so that we could all go** *(fam)* consiguió arreglarlo para que todos pudiéramos ir; **what swung it for me was ...** lo que me decidió fue ... .

3 *vi* **(a)** girar; *(to and fro)* balancearse; *(: on swing, hammock)* columpiarse, balancearse; *(: arms, legs)* menearse; *(: hanging object)* oscilar; **the door swung open** de repente se abrió la puerta; **he'll ~ for it** *(fam)* le ahorcarán por eso. **(b)** *(move: with axe, racket etc)* tirar *or (LAm)* echar un golpe; *(change direction)* cambiar de dirección *or (LAm)* sentido; *(: fig: opinion)* virar; **he swung round** dio media vuelta, viró; **the car swung into the square** el coche viró y entró en la plaza; **to ~ into action** ponerse en marcha.

4: ~ bridge *n* puente *m* giratorio; **~ door** *n* puerta *f* de batiente.

swinge·ing ['swɪndʒɪŋ] *adj* abrumador(a).

swipe [swaɪp] **1** *n*: **to take a ~ at sb** asestar un golpe a uno. **2** *vt* **(a)** *(hit)* golpear, pegar. **(b)** *(fam: steal)* robar, hurtar. **3** *vi*: **to ~ at sb/sth** asestar un golpe a uno.

swirl [swɜːl] **1** *n (movement)* remolino *m*, torbellino *m*; **the ~ of the dancers' skirts** el girar de las faldas de las bailadoras. **2** *vi (water, dust, mist)* arremolinarse; *(person)* dar vueltas, girar.

swish [swɪʃ] **1** *n (sound)* susurro *m (: of whip)* chasquido *m*; *(of skirt)* frufrú *m*; *(of water)* chapoteo *m*. **2** *adj (fam: smart)* muy elegante. **3** *vt (whip)* hacer chasquear; *(skirt)* hacer girar; *(tail)* agitar, menear. **4** *vi (whip)* dar un chasquido; *(skirts)* girar, crujir; *(long grass)* dar un susurro; *(water)* chapotear.

Swiss [swɪs] **1** *adj* suizo/a; **~-French/-German** *(language)* el francés/alemán de Suiza. **2** *n* suizo/a *m/f*.

switch [swɪtʃ] **1** *n* **(a)** *(Elec etc)* interruptor *m*, *(LAm)* suiche *m*. **(b)** *(Rail: points)* agujas *fpl*. **(c)** *(stick)* vara *f*; *(: for riding)* fusta *f*. **(d)** *(change)* viraje *m*; *(exchange)* trueque *m*, canje *m*; **a rapid ~ of plan** un cambio repentino de planes. **2** *vt* **(a)** *(change: plans, jobs)* cambiar de; *(: allegiance)* cambiar de (*to* a); *(: conversation)* hacer virar (*to* hacia). **(b)** *(exchange)* cambiar de; *(transpose: also* **~ round, ~ over**) intercambiar. **(c)** *(Elec)* poner. **(d)** *(Rail)* desviar, cambiar de vía. **3** *vi (also* **~ over:** *change)* cambiar; *(: TV)* cambiar de canal; *(also* **~ round, ~ over:** *exchange)* cambiarse; **he ~ed to another topic** cambió de tema.

♦ **switch off 1** *vt + adv (Elec)* apagar, cortar; *(Aut: ignition)* parar. **2** *vi + adv (TV)* apagar, cortar; *(Aut)* pararse; *(fig fam: not listen)* hacerse el desentendido.

♦ **switch on** *vt + adv (Elec, Aut)* encender, *(LAm)* prender.

switch·back ['swɪtʃbæk] *n (roller-coaster)* montaña *f* rusa.

switch·board ['swɪtʃbɔːd] *n (Telec: at exchange)* central *f*; *(: in offices)* centralita *f*, *(LAm)* conmutador *m*.

Swit·zer·land ['swɪtsələnd] *n* Suiza *f*.

swiv·el ['swɪvl] **1** *n* eslabón *m* giratorio. **2** *vi (also* **~ round**) girar. **3: ~ chair** *n* silla *f* giratoria.

swol·len ['swəʊlən] **1** *pp of* **swell**. **2** *adj (ankle, finger)* hinchado/a; *(river)* crecido/a; **her eyes were ~ (with tears)** tenía los ojos hinchados de lágrimas; **you'll give him a ~ head** *(fig)* le vas a engreír.

swoon [swuːn] *(old)* **1** *n* desmayo *m*. **2** *vi* desmayarse.

swoop [swuːp] **1** *n (of bird etc)* calada *f*; *(by police)* redada *f (on* de). **2** *vi (bird: also* **~ down**) calarse; *(police)* hacer una redada (*on* de); **the plane ~ed low over the village** el avión picó y voló muy bajo sobre el pueblo.

swop [swɒp] = **swap**.

sword [sɔːd] *n* espada *f*.

sword·fish ['sɔːdfɪʃ] *n* pez *m* espada.

swore [swɔːʳ] *pt of* **swear**.

sworn [swɔːn] **1** *pp of* **swear**. **2** *adj (enemy)* implacable; *(testimony)* dado/a bajo juramento.

swot [swɒt] **1** *n (fam)* empollón/ona *m/f*. **2** *vt, vi (fam)* **to ~ up (on) one's maths** empollar matemáticas; **to ~ for an exam** preparar un examen.

swum [swʌm] *pp of* **swim**.

swung [swʌŋ] *pt, pp of* **swing**.

syca·more ['sɪkəmɔːʳ] *n* sicomoro *m*.

syco·phant ['sɪkəfənt] *n* adulador(a) *m/f*.

syl·lab·ic [sɪ'læbɪk] *adj* silábico/a.

syl·la·ble ['sɪləbl] *n* sílaba *f*.

syl·la·bus ['sɪləbəs] *n (Scol, Univ)* programa *m* de estudios.

syl·lo·gism ['sɪlədʒɪzəm] *n* silogismo *m*.

sylph [sɪlf] *n (Mythology: male)* silfo *m*; *(: female)* sílfide *f*.

sylph·like ['sɪlf,laɪk] *adj* de sílfide.

sym·bol ['sɪmbəl] *n* símbolo *m*.

sym·bol·ic [sɪm'bɒlɪk] *adj* simbólico/a (*of* de).

sym·bol·ism ['sɪmbəlɪzəm] *n* simbolismo *m*.

sym·bol·ize ['sɪmbəlaɪz] *vt* simbolizar.

sym·met·ri·cal [sɪ'metrɪkəl] *adj* simétrico/a.

sym·me·try ['sɪmɪtrɪ] *n* simetría *f*.

sym·pa·thet·ic [,sɪmpə'θetɪk] *adj (showing pity)* compasivo/a; *(kind, understanding)* comprensivo/a; **they were ~ but could not help** se compadecieron de nosotros pero no podían ayudarnos; **to be ~ to a cause** *(well-disposed)* apoyar una causa.

sym·pa·theti·cal·ly [,sɪmpə'θetɪkəlɪ] *adv (showing pity)* con compasión; *(with understanding)* con comprensión.

sym·pa·thize ['sɪmpəθaɪz] *vi*: **to ~ (with)** *(feel pity)* compadecerse (de); *(understand)* comprender; *(express sympathy)* dar el pésame (a); **I ~ with what you say, but ...** comprendo tu punto de vista, pero ... .

sym·pa·thiz·er ['sɪmpəθaɪzəʳ] *n* simpatizante *mf*.

sym·pa·thy ['sɪmpəθɪ] *n* **(a)** *(pity, compassion)* compasión *f*, condolencia *f*; **you have my deepest ~** *or* **sympathies** te compadezco; **you won't get any ~ from me!** ¡no tengo compasión por ti!; **a letter of ~** un pésame. **(b)** *(understanding)* com-

prensión *f; (fellow-feeling, agreement)* solidaridad *f;* **I am in ~ with your suggestions** comparto tus puntos de vista; **to strike in ~ with sb** declararse en huelga por solidaridad con uno.
sym·phon·ic [sɪm'fɒnɪk] *adj* sinfónico/a.
sym·pho·ny ['sɪmfənɪ] *n* sinfonía *f.*
sym·po·sium [sɪm'pəʊzɪəm] *n, pl* **symposia** [sɪm'pəʊzɪə] coloquio *m.*
symp·tom ['sɪmptəm] *n (lit)* síntoma *m; (fig)* señal *f,* indicio *m.*
symp·to·mat·ic [ˌsɪmptə'mætɪk] *adj* sintomático/a (*of* de).
syna·gogue ['sɪnəgɒg] *n* sinagoga *f.*
syn·chro·mesh [ˌsɪŋkrəʊ'meʃ] *n* cambio *m* sincronizado de velocidades.
syn·chro·nize ['sɪŋkrənaɪz] *vt* sincronizar.
syn·di·cate ['sɪndɪkɪt] **1** *n* corporación *f.* **2** ['sɪndɪkeɪt] *vt (Press)* sindicar.
syn·drome ['sɪndrəʊm] *n* síndrome *m.*
syn·od ['sɪnəd] *n* sínodo *m.*
syno·nym ['sɪnənɪm] *n* sinónimo *m.*
syn·ony·mous [sɪ'nɒnɪməs] *adj* sinónimo/a (*with* con).
syn·op·sis [sɪ'nɒpsɪs] *n, pl* **synopses** [sɪ'nɒpsiːz] sinopsis *f.*
syn·op·tic [sɪ'nɒptɪk] *adj* sinóptico/a.
syn·tax ['sɪntæks] *n* sintaxis *f.*
syn·the·sis ['sɪnθəsɪs] *n, pl* **syntheses** ['sɪnθəsiːz] síntesis *f.*
syn·the·size ['sɪnθəsaɪz] *vt (produce artificially)* sintetizar.
syn·the·siz·er ['sɪnθəsaɪzə'] *n (Mus)* sintetizador *m.*
syn·thet·ic [sɪn'θetɪk] **1** *adj (fabric etc)* sintético/a. **2** *n* sintético *m.*
syphi·lis ['sɪfɪlɪs] *n* sífilis *f.*
sy·phon ['saɪfən] = **siphon.**
Syria ['sɪrɪə] *n* Siria *f.*
Syr·ian ['sɪrɪən] *adj, n* sirio/a *m/f.*
sy·ringe [sɪ'rɪndʒ] **1** *n* jeringa *f,* jeringuilla *f.* **2** *vt (Med)* jeringar.
syr·up ['sɪrəp] *n* jarabe *m.*
sys·tem ['sɪstəm] *n (gen)* sistema *m;* **it was quite a shock to the ~** *(fig)* fue un golpe para el organismo; **to get sth out of one's ~** *(fig)* desahogarse de algo; **~s analyst** *(Comput)* analista *mf* de sistemas.
sys·tem·at·ic [ˌsɪstə'mætɪk] *adj* sistemático/a, metódico/a.
sys·tem·ati·cal·ly [ˌsɪstə'mætɪkəlɪ] *adv* sistemáticamente, metódicamente.

T

T, t [ti:] *n (letter)* T, t *f;* **it fits you to a T** le sienta perfectamente; *see* **T-bone, T-junction, T-shirt.**
ta [tɑ:] *interj (fam)* gracias.
tab [tæb] **1** *abbr of* **tabulator. 2** *n (label)* etiqueta *f; (loop)* presilla *f;* **to keep ~s on sth/sb** *(fam)* tener algo/a uno bajo vigilancia; **to pick up the ~** *(fam)* pagar la cuenta.
ta·bas·co [tə'bæskəu] *n* (salsa *f)* tabasco *m.*
tab·by ['tæbɪ] *n (also* **~ cat)** gato *m* atigrado.
tab·er·nac·le ['tæbənækl] *n (in Judaism)* tabernáculo *m; (church)* templo *m,* santuario *m; (in church)* sagrario *m.*
ta·ble ['teɪbl] **1** *n* **(a)** *(furniture)* mesa *f;* **to clear the ~** quitar *or* levantar la mesa; **to lay** *or* **set the ~** poner la mesa; **at ~** en la mesa; **they were at ~ when we arrived** estaban comiendo cuando llegamos; **to drink sb under the ~** dejar a uno en el suelo bebiendo; **to turn the ~s on sb** dar la vuelta a la tortilla; **the entire ~ was in fits of laughter** toda la mesa se moría de risa. **(b)** *(list)* lista *f; (graph, chart etc)* cuadro *m,* gráfica *f; (Math, in book)* tabla *f;* **multiplication ~s** tablas de multiplicar; **they're fourth in the league ~** *(Football, Rugby)* están en cuarto lugar en la liga. **(c)** *(Geog: also* **water ~)** capa *f* freática; *(: also* **~land)** meseta *f, (LAm)* altiplano *m.*

2 *vt (Brit)* **to ~ a motion** presentar una moción; *(US)* **to ~ a bill** dar carpetazo a una ley.

3: ~ lamp *n* lámpara *f* de mesa *or* de cola; **~ manners** *npl* comportamiento *m* en la mesa; **~ talk** *n* sobremesa *f;* **~ tennis** *n* ping-pong *m,* tenis *m* de mesa; **~ wine** *n* vino *m* de mesa.
tab·leau ['tæbləu] *n, pl* **-x** *(Art, Theat)* cuadro *m.*
table·cloth ['teɪblklɒθ] *n* mantel *m,* tapete *m.*
table d'hôte [ˌtɑ:bl'dəut] *n* menú *m, (LAm)* comida *f* (corrida).
table·land ['teɪbllænd] *n* meseta *f, (LAm)* altiplano *m.*
table·spoon ['teɪblspu:n] *n (spoon)* cucharón *m; (also* **~ful)** cucharada *f.*
tab·let ['tæblɪt] *n (Med: gen)* pastilla *f; (: round pill)* comprimido *m; (of soap, chocolate)* pastilla *f; (inscribed stone)* lápida *f.*
tab·loid ['tæblɔɪd] *n (newspaper)* periódico *m* popular.
ta·boo [tə'bu:] **1** *adj (socially)* tabú; *(religiously)* sagrado/a. **2** *n (social)* tabú *m.*
tabu·late ['tæbjʊleɪt] *vt* disponer en tablas.
tabu·la·tor ['tæbjʊleɪtəʳ] *n* tabulador *m.*
ta·chom·eter [tæ'kɒmɪtəʳ] *n* taquímetro *m.*
tac·it ['tæsɪt] *adj* tácito/a.
taci·turn ['tæsɪtɜ:n] *adj* taciturno/a.
tack [tæk] **1** *n* **(a)** *(nail)* tachuela *f;* **to get down to brass ~s** ir al grano. **(b)** *(Naut: course)* bordada *f; (: turn)* virada *f;* **to change ~** *(fig)* cambiar de rumbo *or* sentido; **to be on the wrong/right ~** tomar un rumbo equivocado/ir por buen camino; **to try a different ~** cambiar de proyecto. **(c)** *(Sew)* hilván *m.* **2** *vt* **(a)** *(nail)* clavar con tachuelas. **(b)** *(Sew)* hilvanar; **to ~ sth on to (the end of) a letter/book** añadir algo de paso a una carta/un libro. **3** *vi (Naut)* virar, cambiar de bordada.
tack·le ['tækl] **1** *n* **(a)** *(lifting gear)* aparejo *m,* jarcia *f.* **(b)** *(gear, equipment: esp for sport)* equipo *m; (: tools etc)* avíos *mpl; (fishing ~)* aparejo *m* de pescar; *(fig: bits and pieces etc)* cosas *fpl, (LAm)* trastos *mpl.* **(c)** *(Sport)* tackle *m,* agarrada *f.* **2** *vt (Sport)* tacklear; *(thief, intruder)* hacer frente a; *(fig: confront)* enfrentarse con; *(: undertake: problem)* enfrentar, hacer frente a; *(job)* emprender; **I'll ~ him about it at once** lo discutiré con el en seguida.
tacky ['tækɪ] *adj* **(-ier, -iest)** *(sticky)* pegajoso/a; *(US: shabby)* desvencijado/a, destartalado/a.
tact [tækt] *n (discretion)* tacto *m,* discreción *f; (perception)* tino *m.*
tact·ful ['tæktfʊl] *adj (discreet)* discreto/a; *(perceptive)* atinado/a.
tac·tic ['tæktɪk] *n (also* **~s)** táctica *f.*
tac·ti·cal ['tæktɪkəl] *adj* táctico/a.
tac·tile ['tæktaɪl] *adj* táctil.
tact·less ['tæktlɪs] *adj* indiscreto/a.
tact·less·ness ['tæktlɪsnɪs] *n* falta *f* de tacto *or* discreción.
tad·pole ['tædpəul] *n* renacuajo *m.*
taf·fe·ta ['tæfɪtə] *n* tafetán *m.*
taf·fy ['tæfɪ] *n (US: toffee)* melcocha *f.*
tag [tæg] **1** *n* **(a)** *(label)* etiqueta *f,* marbete *m;* **name ~** etiqueta con el nombre; **price ~** etiqueta con el precio. **(b)** *(game)* **to play ~** jugar al cojecoje *or (LAm)* a la pega. **(c)** *(proverb)* refrán *m; (cliché)* tópico *m.* **2** *vi:* **to ~ along** *(go as well)* ir de carabina; **to ~ after sb** seguirle la pista a uno.
tail [teɪl] **1** *n (gen)* cola *f; (of animals)* cola, rabo *m; (of comet, plane)* cabellera *f,* cola; *(of shirt)* faldón *m; (of coin)* cruz *f;* **heads or ~s** cara o cruz; **~s** *(jacket)* frac *m,* traje *m* de etiqueta; **to put a ~ on sb** poner a uno bajo vigilancia; **to turn ~** volver la espalda, *(LAm)* dar vuelta; **he went off with his ~ between his legs** *(fig)* se fue con el rabo entre las piernas. **2** *vt (follow)* **to ~ sb** vigilar a uno. **3: ~ end** *n (of procession, queue)* tramo *m* final; *(fig: of party, storm etc)* final *m.*
♦ **tail away, tail off** *vi + adv* ir apagándose; **his voice ~ed away** su voz se fue desvaneciendo.
tail·back ['teɪlbæk] *n* cola *f.*
tail·gate ['teɪlgeɪt] *n (Aut)* puerta *f* trasera.
tai·lor ['teɪləʳ] **1** *n* sastre *m;* **~'s (shop)** sastrería *f.* **2** *vt (suit)* confeccionar, cortar; *(fig)* adaptar.
tailor-made ['teɪləmeɪd] *adj* **(a)** hecho/a a la medida. **(b)** *(fig)* **it's ~ for you** te viene al pelo *or (LAm)* justo.
tail·plane ['teɪlpleɪn] *n (Aer)* plano *m* de cola.
tail·spin ['teɪlspɪn] *n (Aer)* barrena *f.*
tail·wind ['teɪlwɪnd] *n* viento *m* de cola.
taint [teɪnt] **1** *n* corrupción *f,* contaminación *f; (fig)* mancha *f, (LAm)* tacha *f;* **the ~ of sin** la mancha del pecado. **2** *vt (fig)* manchar, *(LAm)* tachar.
Tai·wan [ˌtaɪ'wɑ:n] *n* Taiwán *m.*
take [teɪk] *(vb: pt* **took,** *pp* **taken) 1** *vt* **(a)** *(remove)* llevar; *(steal)* robar, llevarse; *(subtract, deduct)* **to ~ (from** *or* **off)** restar (de); *(: from price)* quitar, rebajar.

(b) *(gen: lead, transport etc)* llevar; *(~ hold of, seize) (Sp)* coger, *(LAm)* agarrar; *(use: bus, taxi)*

(Sp) coger, *(LAm)* tomar; *(: travel by)* ir en; *(: motorway, short cut)* ir por; **let me ~ your case/coat** permíteme tu maleta/abrigo; **to ~ sb's arm** tomar del brazo a uno.

(c) *(accept, receive)* aceptar; *(: advice)* seguir; *(: news, blow)* tomar, recibir; *(purchase, rent)* alquilar, tomar; *(buy regularly: newspaper etc)* comprar con regularidad, ser lector de; *(obtain, win: prize, 1st place)* ganar, conseguir; *(Comm: £500)* cobrar; **he took it badly** le afectó mucho; **please ~ a seat** tome asiento, por favor; **is this seat ~n?** ¿está ocupado este asiento?; **it's £50 — ~ it or leave it!** son 50 libras — lo toma o lo deja; **you must ~ us as you find us** así somos, hay que aceptarlo.

(d) *(have room or capacity for)* tener cabida para; *(support weight of)* aguantar; *(call for, require)* necesitar, requerir; *(time: use up)* ocupar; *(Ling: case)* llevar; *(wear: clothes size)* gastar, *(LAm)* usar; *(: shoes)* calzar; **it ~s an hour to get there** se tarda una hora en llegar, hace falta una hora para llegar; **it won't ~ long** durará poco; **that will ~ some explaining** costará explicar eso; **she's got what it ~s** *(to do the job)* reúne todas las cualidades; *(fam: sexually)* tiene lo que hay que tener.

(e) *(capture: person) (Sp)* coger, *(LAm)* agarrar; *(: place)* tomar; **to ~ sb prisoner** tomar preso a uno.

(f) *(conduct: meeting, church service)* presidir; *(teach: course, class)* enseñar; *(study: course, subject)* dar, estudiar; *(undergo: exam, test)* presentarse a, pasar.

(g) *(record: sb's name, address)* anotar, apuntar; *(: measurements etc)* tomar; **to ~ notes** tomar apuntes.

(h) *(understand, assume)* tener entendido; *(consider: case, example)* poner como ejemplo; **how old do you ~ him to be?** ¿cuántos años le das?; **I took him for a doctor** lo tenía por médico; **may I ~ it that ...?** ¿debo suponer que ...?; **she knows how to ~ him** ella sabe por qué lado tomarle.

(i) *(put up with, endure: climate, alcohol)* aguantar, soportar; **I can't ~ any more!** ¡no aguanto más!; **I won't ~ no for an answer** no hay pero que valga.

(j) *(eat)* comer; *(drink)* tomar; **'to be ~n 3 times a day'** 'a tomar 3 veces al día'; **'not to be ~n (internally)'** 'para uso externo'.

(k) *(negotiate: bend)* tomar; *(: jump)* saltar.

(l) to be ~n with sb/sth *(attracted)* tomarle gusto *or* cariño a uno/algo; **to ~ a dislike to sb** tomarle antipatía a uno.

(m) *(as function verb: see other element)* **to ~ a photograph** sacar una fotografía; **to ~ a bath/shower** bañarse/ducharse; **~ your time!** ¡despacio!, *(LAm)* ¡no se apure!; **it took me by surprise** me cogió de imprevisto, *(LAm)* me pilló de sorpresa.

2 *vi (be effective: dye, injection, fire etc)* agarrar, *(LAm)* prender, tomar.

3 *n (Cine)* toma *f.*

♦ **take after** *vi + prep* parecerse a, salir a.

♦ **take along** *vt + adv (person, thing)* llevar (consigo).

♦ **take apart** *vt + adv (clock, machine etc)* desmontar, desarmar.

♦ **take aside** *vt + adv* llevar aparte *or* a un lado.

♦ **take away 1** *vi + adv*: **to ~ away from sth** quitar mérito a *or* restar valor a algo. **2** *vt + adv* **(a)** *(subtract)* restar; **~ 9 away from 12** reste 9 de 12. **(b)** *(remove: person, thing, privilege)* llevarse, quitar; *(carry away, transport)* llevar.

♦ **take back** *vt + adv* **(a)** *(get back, reclaim)* apoderarse de nuevo de; *(retract: statement, promise)* retractar, desdecir. **(b)** *(return)* devolver; **can you ~ him back home?** ¿le puedes acompañar a su casa? **(c)** *(remind)* **to ~ sb back to his childhood** recordar a uno su infancia.

♦ **take down** *vt + adv* **(a)** *(off shelf etc)* bajar; *(decorations, curtains, picture)* quitar. **(b)** *(dismantle: scaffolding)* desmantelar; *(: building)* derribar. **(c)** *(write down)* apuntar, tomar nota de.

♦ **take in** *vt + adv* **(a)** *(bring in: person)* hacer entrar; *(: thing)* traer para dentro; *(: harvest)* recoger. **(b)** *(lodgers, orphan, stray dog)* acoger, recoger. **(c)** *(receive: money)* cobrar; *(: laundry, sewing)* aceptar. **(d)** *(skirt, dress, waistband)* achicar. **(e)** *(include, cover)* abarcar; **we took in Florence on the way** pasamos por Florencia en el camino. **(f)** *(grasp, understand)* comprender, *(LAm)* captar; *(: impressions, sights etc)* asimilar; *(visually: surroundings, people, area)* abarcar con la vista; **he took the situation in at a glance** con una sola mirada se puso al tanto de la situación. **(g)** *(deceive, cheat)* engañar; **to be ~n in by appearances** dejarse engañar por las apariencias.

♦ **take off 1** *vi + adv (plane, passengers)* despegar; *(high jumper)* saltar.

2 *vt + adv* **(a)** *(remove)* quitar; *(: clothes)* sacarse, *(LAm)* quitarse; *(: leg, limb)* amputar; *(: train)* suprimir. **(b)** *(deduct: from bill, price)* descontar; **she took 50p off** descontó *or* hizo un descuento de 50 peniques. **(c)** *(lead away etc: person, object)* llevarse; **she was ~n off to hospital** la llevaron al hospital; **to ~ o.s. off** marcharse, *(LAm)* largarse. **(d)** *(imitate)* imitar. **(e)** *(not work)* **he took the day off** se tomó el día de descanso.

3 *vt + prep* **(a)** *(remove: clothes, price tag, lid)* sacar de, *(LAm)* quitar de; *(: train, item from menu)* quitar de; **to ~ sth off sb** quitarle algo a uno; **to ~ sb off sth** *(remove from duty, job)* dar de baja a uno de algo. **(b)** *(deduct: from bill, price)* descontar.

♦ **take on 1** *vi + adv* **(a)** *(fam: become upset)* perder la calma. **(b)** *(become popular: song, fashion etc)* hacerse muy popular. **2** *vt + adv* **(a)** *(work, responsibility)* aceptar, encargarse de; *(bet, challenger)* aceptar el reto de; **she's ~n on more than she bargained for** aceptó demasiadas responsabilidades, *(LAm)* se le fue la mano *(fam)*. **(b)** *(worker)* contratar; *(cargo, passengers)* coger, *(LAm)* tomar; *(form, qualities)* asumir; **her face took on a wistful expression** quedó cariacontecida.

♦ **take out** *vt + adv* **(a)** *(bring, carry out)* sacar; **he took the dog out for a walk** sacó el perro a pasear; **can I ~ you out to lunch/the cinema?** ¿le puedo invitar a almorzar/al cine? **(b)** *(pull out, extract: gen)* sacar; *(: tooth)* extraer, sacar; *(remove: stain etc)* quitar, limpiar. **(c)** *(procure)* **to ~ out insurance/a patent** hacerse un seguro/sacar patente. **(d) to ~ sb out of himself** sacarle a uno de sí; **it ~s it out of you** te deja hecho pedazos; **don't ~ it out on me!** ¡no te desquites conmigo!

♦ **take over 1** *vi + adv (dictator, political party)* tomar el poder; **to ~ over (from sb)** hacer de suplente (para uno), reemplazar (a uno). **2** *vt + adv* **(a)** *(assume responsibility for)* encargarse de; **to ~ over sb's job** sustituir a uno. **(b)** *(another company)* acaparar; **the tourists have ~n over Madrid** los turistas se apoderaron de Madrid.

♦ **take to** *vi + prep* **(a)** *(form liking for: person)* tomar cariño a uno, *(LAm)* encariñarse con uno; *(: Sport etc)* aficionarse a; *(surroundings, idea etc)* hacerse a; **she didn't ~ kindly to the idea** no le gustó la idea; **they took to one another on the spot** se congeniaron al instante; **I just can't ~ to him** no puedo simpatizar con él. **(b)** *(form habit of)* **to ~ to sth/to doing sth** entregarse a algo/a hacer algo; **she took to telling everyone that ...** le dio por contar a todos que .... **(c)** *(escape to)* fugarse en; **to ~ to one's bed** guardar cama.

♦ **take up 1** *vi + adv*: **to ~ up with sb** hacerse amigo de uno. **2** *vt + adv* **(a)** *(raise, lift)* levantar, recoger; *(: carpet, floorboards)* quitar; *(: road)* levantar; *(: dress, hem)* acortar. **(b)** *(lead, carry upstairs etc)* subir. **(c)** *(continue)* reanudar, continuar con. **(d)** *(occupy: time, attention)* ocupar; *(: space)* llenar, ocupar; **it ~s up a lot of his time** le dedica mucho tiempo; **he's very ~n up with his work/with her** está absorto en el trabajo/ocupado con ella. **(e)** *(absorb: liquids)* absorber. **(f)** *(raise question of: matter, point)* retomar, volver sobre; **I shall ~ the matter up with the manager** hablaré del asunto con el gerente. **(g)** *(start: hobby, sport)* dedicarse a. **(h)** *(accept: offer, challenge)* aceptar; **I'll ~ you up on your offer** te acepto la oferta. **(i)** *(adopt: cause, case)* apoyar; *(: person)* adoptar.

take·away ['teɪkəwəɪ] **1** *n (restaurant)* tienda *f* de comida para llevar. **2** *cpd (food)* para llevar.

take-home pay ['teɪkhəʊm,peɪ] *n* sueldo *m* neto.

tak·en ['teɪkən] *pp of* **take.**

take·off ['teɪkɒf] *n* **(a)** *(Aer, Econ)* despegue *m.* **(b)** *(imitation)* imitación *f*, mímica *f.*

take·over ['teɪk,əʊvəʳ] **1** *n* acaparamiento *m.* **2: ~ bid** *n* oferta *f* de compra de una empresa por otra.

tak·ing ['teɪkɪŋ] *adj (attractive)* atractivo/a.

tak·ings ['teɪkɪŋz] *npl (Fin)* recaudación *fsg; (at show etc)* taquilla *fsg.*

tal·cum pow·der ['tælkəm,paʊdəʳ] *n (also* **talc)** talco *m.*

tale [teɪl] *n (story)* cuento *m*, historia *f; (lie, fabrication)* mentira *f, (LAm)* cuento *m;* **to tell ~s** chivarse, *(LAm)* chismear; *see* **old 3.**

tal·ent ['tælənt] **1** *n (skill)* talento *m; (talented people)* gente *f* capaz *or* de talento; *(fam: opposite sex)* las niñas *fpl*/los niños *mpl.* **2: ~ scout** *n* cazatalentos *mf inv.*

tal·ent·ed ['tæləntɪd] *adj* talentoso/a, de talento.

tal·is·man ['tælɪzmən] *n* talismán *m.*

talk [tɔːk] **1** *n (conversation)* conversación *f, (LAm)* plática *f; (lecture)* **~ (on)** charla *f or* ponencia *f* (sobre); **~s** conversaciones *fpl, (LAm)* pláticas *fpl;* **it's just ~** es puro cotorreo; **she's the ~ of the town** es la comidilla de la ciudad; **there is (some) ~ of ...** corre la voz de que ...; **to give a ~** dar una charla, dictar una conferencia; **to have a ~ with sb** conversar con uno.

2 *vi (gen)* hablar; **to ~ about sth/sb** hablar de algo/de uno; **now you're ~ing!** ¡ahora sí te escucho!; **to ~ through one's hat** decir tonterías, *(LAm)* hablar idioteces; **he doesn't know what he's ~ing about** no sabe de qué habla; **to ~ to o.s.** hablar solo.

3 *vt (a language, slang)* hablar; **they were ~ing Arabic** hablaban árabe; **to ~ business** hablar de negocios; **to ~ nonsense** decir tonterías; **to ~ sb into** *or* **out of sth** convencer a uno/disuadir a uno; *see* **shop.**

♦ **talk down 1** *vi + adv*: **to ~ down to sb** condescender con uno. **2** *vt + adv (pilot, aircraft)* dirigir un aterrizaje por radio.

♦ **talk over** *vt + adv (discuss)* hablar, discutir; **to ~ sth over with sb** repasar algo con uno.

talka·tive ['tɔːkətɪv] *adj* hablador(a), *(LAm)* platicón/ona.

talked-of ['tɔːktɒv] *adj*: **a much ~ event** un suceso muy comentado.

talk·er ['tɔːkəʳ] *n* hablador(a) *m/f, (LAm)* platicón/ona *m/f;* **to be a good ~** hablar con soltura.

talk·ing ['tɔːkɪŋ] **1** *adj (bird)* que habla. **2** *n* hablar *m;* **she does all the ~** es ella quien habla siempre. **3: ~ point** *n* tema *m* de conversación.

talking-to ['tɔːkɪŋ,tuː] *n* bronca *f, (LAm)* regañada *f;* **I gave him a good ~** le eché una buena bronca *or* regañada.

tall [tɔːl] *adj* **(-er, -est)** alto/a; **a ~ tree** un árbol alto; **how ~ are you?** ¿cuánto mides?, *(LAm)* ¿qué alto *or* altura tienes?; **I'm 6 feet ~** mido 6 pies, tengo 6 pies de alto; **that's a ~ order!** ¡eso es mucho pedir!; **a ~ story** *(fig)* un cuento chino.

tall·boy ['tɔːlbɔɪ] *n* cómoda *f* alta.

tal·low ['tæləʊ] *n* sebo *m.*

tal·ly ['tælɪ] **1** *n (running total, score)* total *m*, cuenta *f;* **to keep a ~** llevar la cuenta. **2** *vi (stories, accounts)* corresponder, concordar; **to ~ with sth** concordar *or* corresponder con algo.

tal·on ['tælən] *n* garra *f.*

tam·bou·rine [,tæmbə'riːn] *n* pandereta *f.*

tame [teɪm] **1** *adj* **(-r, -st)** *(animal)* domesticado/a; *(fig: person)* soso/a, *(LAm)* manso/a; *(: book, performance)* mediocre. **2** *vt (animal)* domesticar, amansar; *(passion etc)* dominar.

tamp [tæmp] *vt (ground etc)* apisonar.

tam·per ['tæmpəʳ] *vi*: **to ~ with** *(lock etc)* tratar de forzar; *(papers)* falsificar; *(handle)* manosear.

tam·pon ['tæmpən] *n* tampón *m.*

tan [tæn] **1** *n (suntan)* bronceado *m; (colour)* color *m* marrón *or (LAm)* café claro; **to get a ~** broncearse, ponerse moreno/a. **2** *adj* marrón *or (LAm)* café claro. **3** *vi (person)* broncearse, ponerse moreno/a. **4** *vt (person, skin)* broncear, quemar; *(leather)* curtir; **to ~ sb's hide** *(fam)* zurrarle a uno la badana, *(LAm)* sacarle el pellejo a uno.

tan·dem ['tændəm] **1** *n (bicycle)* tándem *m.* **2: in ~** *adv* en tándem, en fila.

tang [tæŋ] *n (taste)* sabor *m* (picante).

tan·gent ['tændʒənt] *n (Geom)* tangente *f;* **to go off at a ~** *(fig)* salirse por la tangente.

tan·ge·rine [,tændʒə'riːn] *n* mandarina *f.*

tan·gible ['tændʒəbl] *adj (difference)* tangible; *(proof)* concreto/a; **~ assets** bienes *m* tangibles.

tan·gle ['tæŋgl] **1** *n (lit)* enredo *m*, maraña *f; (fig: muddle)* enredo, lío *m;* **a ~ of weeds** una maraña de malas hierbas; **a ~ of wool** una maraña de lana; **I'm in a ~ with the accounts** me hago un lío con las cuentas. **2** *vt (also* **~ up)** enredar, enmarañar. **3** *vi* enredarse, enmarañarse; **to ~ with sb/sth** *(fig fam)* meterse con uno/en algo.

tan·go ['tæŋgəʊ] *n, pl* **-s** tango *m.*

tank [tæŋk] *n (container)* tanque *m*, depósito *m; (Aut) (Sp)* depósito, *(LAm)* tanque; *(Mil)* tanque; **swimming ~** *(US)* piscina *f, (LAm)* alberca *f.*

tank·ard ['tæŋkəd] *n* bock *m.*

tanked-up [,tæŋkt'ʌp] *adj (fam)* **to be/get ~** estar borracho/emborracharse.

tank·er ['tæŋkəʳ] *n (ship)* buque-cisterna *m; (lorry)* camión-cisterna *m.*

tanned [tænd] *adj* moreno/a, bronceado/a.

tan·nin ['tænɪn] *n* tanino *m.*

tan·noy ['tænɔɪ] *n* ® altavoz *m.*

tan·ta·lize ['tæntəlaɪz] *vt*: **to ~ sb (with sth)** tentar a uno (con algo).

tan·ta·liz·ing ['tæntəlaɪzɪŋ] *adj* tentador(a).

tan·ta·mount ['tæntəmaʊnt] *adj*: **~ to** equivalente a; **this is ~ to a refusal** esto equivale a una

negativa.
tan·trum ['tæntrəm] *n* rabieta *f*, berrinche *m*.
tap[1] [tæp] **1** *n* **(a)** *(Brit: water ~)* grifo *m*, *(LAm)* llave *f*; *(: gas ~)* llave; *(of barrel)* canilla *f*, espita *f*; **to be on ~** *(fig)* estar a mano. **(b)** *(Telec)* intervención *f*. **2** *vt (barrel)* espitar; *(telephone)* intervenir; *(resources)* explotar; **my phone is ~ped** mi teléfono está intervenido.
tap[2] [tæp] **1** *n* golpecito *m*, toque *m*; **there was a ~ on the door** hubo un toque en la puerta. **2** *vt* dar un toque a, toquetear; **I ~ped him on the shoulder** le toqué el hombro; **to ~ one's foot** *(impatiently)* taconear (de impaciencia); *(in time to music)* seguir el compás con el pie. **3** *vi*: **to ~ at/on** toquetear, golpear; **he ~ped on the table several times** dio varios golpecitos en la mesa. **4**: **~ dancing** *n* zapateado *m*, *(LAm)* zapateo *m*.
tape [teɪp] **1** *n (Sew etc)* cinta *f*; *(Sport)* meta *f*; *(adhesive ~)* cinta de pegar *or* adhesiva, scotch *m*; *(recording ~)* cinta (magnetofónica); **on ~** grabado/a (en cinta). **2** *vt (record)* grabar (en cinta); (*also* **~ up**) cerrar con cinta; **I've got him/it ~d** *(fam)* ya le encontré la medida. **3**: **~ deck** *n* tocacassettes *m inv*; **~ measure** *n* cinta métrica *or* de medir, metro *m*; **~ recorder** *n* grabadora *f*, magnetofón *m*; **~ recording** *n* grabación *f*.
ta·per ['teɪpə^r] **1** *n* vela *f*, cerilla *f*. **2** *vi* (*also* **~ off**) afilarse, estrecharse.
tape-record ['teɪprɪˌkɔːd] *vt* grabar (en cinta).
ta·per·ing ['teɪpərɪŋ] *adj* que se va estrechando.
tap·es·try ['tæpɪstrɪ] *n (object)* tapiz *m*; *(art)* tapicería *f*.
tape·worm ['teɪpwɜːm] *n* tenia *f*, solitaria *f*.
tapio·ca [ˌtæpɪ'əʊkə] **1** *n* tapioca *f*. **2**: **~ pudding** *n* postre *m* de tapioca.
tap·pet ['tæpɪt] *n* varilla *f* de levantamiento.
tar [tɑː^r] **1** *n* alquitrán *m*, brea *f*, *(Mex)* chapopote *m*; **low/middle ~ cigarettes** cigarrillos con contenido bajo/medio de alquitrán. **2** *vt (road etc)* alquitranar; **he's ~red with the same brush** *(fig)* está cortado por el mismo patrón.
ta·ran·tu·la [tə'ræntjʊlə] *n* tarántula *f*.
tar·dy ['tɑːdɪ] *adj (late)* tardío/a; *(slow)* lento/a.
tare [tɛə^r] *n (Comm)* tara *f*.
tar·get ['tɑːgɪt] *n (gen)* blanco *m*; *(objective)* objetivo *m*, meta *f*; **~ practice** tiro *m* al blanco; **the ~s for production in 1980** las metas de la producción para 1980; **to be on ~** *(project)* seguir el curso previsto.
tar·iff ['tærɪf] *n* tarifa *f*.
tar·mac ['tɑːmæk] **1** *n (substance)* alquitranado *m*; *(runway)* pista *f* de despegue. **2** *vt (pt, pp* **tarmacked**) alquitranar.
tar·nish ['tɑːnɪʃ] **1** *vt (lit)* deslustrar; *(fig)* manchar, empañar. **2** *vi (metal)* deslustrarse.
ta·rot ['tærəʊ] *n*: **~ card** naipe *m* tarot.
tar·pau·lin [tɑː'pɔːlɪn] *n* lona *f* alquitranada, alquitranado *m*.
tar·ra·gon ['tærəgən] *n (Bot)* estragón *m*.
tar·ry ['tærɪ] *vi (delay)* demorarse.
tart[1] [tɑːt] *adj (sour: fruit, flavour)* ácido/a, agrio/a; *(fig: expression, remark)* cáustico/a.
tart[2] [tɑːt] *n* **(a)** *(Culin: large)* tarta *f or (LAm)* torta *f* rellena; *(: individual)* pastelillo *m*, *(LAm)* queque *m*. **(b)** *(pej: prostitute)* puta *f*.
♦ **tart up** *vt + adv (fam)* pintar; **to ~ o.s. up, get ~ed up** vestir(se) y pintar(se).
tar·tan ['tɑːtən] *n* tartán *m*.
tar·tar ['tɑːtə^r] **1** *n (on teeth)* tártaro *m*; *(Culin: also* **cream of ~**) crémor *m* tartárico. **2**: **~ sauce** *n* salsa *f* tártara.
Tar·tar ['tɑːtə^r] *n (fig)* fiera *f*.
task [tɑːsk] **1** *n* tarea *f*; **to take sb to ~ (for sth)** reprender *or (LAm)* regañar a uno (por algo). **2**: **~ force** *n* grupo *m* de asalto.
task·master ['tɑːskˌmɑːstə^r] *n*: **he's a hard ~** es muy exigente.
tas·sel ['tæsəl] *n* borla *f*.
taste [teɪst] **1** *n* **(a)** *(flavour)* sabor *m*, gusto *m*; *(sense of ~)* gusto; *(sample, sip)* prueba *f*, *(LAm)* probada *f*; **the soup had an odd ~** la sopa tenía un sabor raro; **may I have a ~?** ¿puedo probarlo? **(b)** *(liking)* gusto *m*; **to acquire a ~ for sth** tomar gusto a algo; **it's not to my ~** no es de mi gusto. **(c)** *(good ~ etc)* **good ~** buen gusto; **to be in bad** *or* **poor ~** ser de mal gusto.
2 *vt* **(a)** *(sample)* probar, saborear; **just ~ this** pruebe esto. **(b)** *(notice flavour of)* **he couldn't ~ the food** la comida no le sabía a nada; **I can hardly ~ the garlic in this** casi no noto *or (LAm)* siento el ajo en esto. **(c)** *(fig: experience)* conocer; **when he first ~ed power** cuando saboreó el poder por primera vez.
3 *vi*: **to ~ of sth** saber a algo; **what does it ~ of?** ¿a qué sabe?; **it ~s good** está rico.
4: **~ bud** *n* papila *f* gustativa.
taste·ful ['teɪstfʊl] *adj* de buen gusto.
taste·less ['teɪstlɪs] *adj (food)* insípido/a, soso/a; *(not tasteful: decor, joke)* de mal gusto.
tasty ['teɪstɪ] *adj* (**-ier, -iest**) sabroso/a.
tat·tered ['tætəd] *adj* en jirones.
tat·ters ['tætəz] *npl* andrajos *mpl*, harapos *mpl*; **in ~** deshilachado/a.
tat·too[1] [tə'tuː] *n (Mil)* retreta *f*; **the Edinburgh ~** la exposición militar de Edimburgo; **to beat a ~ with one's fingers** tamborilear con los dedos.
tat·too[2] [tə'tuː] **1** *n (on arm etc)* tatuaje *m*. **2** *vt* tatuar.
tat·ty ['tætɪ] *adj* (**-ier, -iest**) *(fam: shabby)* raído/a, deshilachado/a.
taught [tɔːt] *pt, pp of* **teach**.
taunt [tɔːnt] **1** *n* pulla *f*. **2** *vt*: **to ~ sb (with)** echar algo en cara a uno.
Tau·rus ['tɔːrəs] *n* Tauro *m*.
taut [tɔːt] *adj* (**-er, -est**) *(tight)* tenso/a; *(fig: tense)* tirante, tenso/a; *(: concise)* conciso/a.
tau·to·logi·cal [ˌtɔːtə'lɒdʒɪkəl] *adj* tautológico/a.
tau·tol·ogy [tɔː'tɒlədʒɪ] *n* tautología *f*.
tav·ern ['tævən] *n (old)* posada *f*, fonda *f*.
taw·dry ['tɔːdrɪ] *adj* (**-ier, -iest**) de oropel.
taw·ny ['tɔːnɪ] *adj* (**-ier, -iest**) leonado/a.
tax [tæks] **1** *n* impuesto *m*; **to put a ~ on sth** gravar algo con un impuesto; *see* **capital, income, value 3**.
2 *vt* **(a)** *(Fin: people, salary, wages)* imponer contribuciones *fpl* a; *(: goods)* gravar con un impuesto. **(b)** *(fig: resources etc)* agotar; *(: patience)* poner *or* someter a prueba. **(c)** *(fig: accuse)* **to ~ sb with sth** tachar a uno de algo.
3: **~ avoidance** *n* evasión *f* de impuestos; **~ collector** *n* recaudador(a) *m/f* de contribuciones; **~ evasion** *n* evasión *f* fiscal; **~ haven** *n* territorio *m* exento de impuestos; **~ inspector** *n* tasador(a) *m/f*; **~ rate** *n* tipo *m* del impuesto; **~ rebate** *n* devolución *f* de impuestos; **~ return** *n* declaración *f* fiscal; **~ system** *n* sistema *m* tributario.
taxa·tion [tæk'seɪʃən] *n* impuestos *mpl*; **system of ~** sistema *m* tributario.
taxi ['tæksɪ] **1** *n* taxi *m*. **2** *vi (Aer)* rodar por la pista. **3**: **~ driver** *n* taxista *mf*; **~ rank** *n* parada *f* de taxis.
taxi·der·mist ['tæksɪdɜːmɪst] *n* taxidermista *mf*.
taxi·meter ['tæksɪˌmiːtə^r] *n* taxímetro *m*.
tax·payer ['tæksˌpeɪə^r] *n* contribuyente *mf*.
TB *abbr of* **tuberculosis**.

T-bone (steak) ['ti:bəʊn('steɪk)] *n* filete *m* en forma de T.

tea [ti:] **1** *n* **(a)** *(beverage)* té *m;* **a pot of ~** una tetera llena; **~ with lemon** té con limón; **it's just my cup of ~!** *(fig)* es lo que más me gusta. **(b)** *(meal)* merienda *f;* **an invitation to ~** una invitación a merendar.

2: ~ bag *n* bolsita *f* de té; **~ break** *n* descanso *m* para el té; **~ caddy** *n* tarro *m* para el té; **~ cart** *n (US)* = **~ trolley; ~ chest** *n* caja *f* grande de madera; **~ cloth** *n (for dishes)* paño *m or (LAm)* trapo *m* de cocina; *(for trolley, tray)* mantelito *m,* pañito *m;* **~ cosy** *n* cubretetera *m;* **~ leaf** *n* hoja *f* de té; **~ party** *n* merienda *f;* **~ pot** *n* tetera *f;* **~ service** *n,* **~ set** *n* servicio *m or (LAm)* vajilla *f* de té; **~ strainer** *n* colador *m* de té; **~ towel** *n* paño *m or (LAm)* trapo *m* de cocina; **~ tray** *n* bandeja *f* del té; **~ trolley** *n* carrito *m* del té.

tea·cake ['ti:keɪk] *n* bollito *m, (LAm)* queque *m.*

teach [ti:tʃ] *pt, pp* **taught 1** *vt (person, subject, skill)* enseñar; *(Scol, Univ: subject)* dar clases de; *(: students)* dar clases a; **to ~ sb sth/(how) to do sth** enseñar a uno a hacer algo; **that'll ~ him (a lesson)!** ¡para que aprenda!; **I'll ~ you to leave the gas on!** ¡yo te enseñaré a no dejar encendido el gas! **2** *vi (gen)* dar clases; **his wife ~es in our school** su esposa es profesora en nuestro colegio; **she's been ~ing for 20 years** es profesora desde hace 20 años, tiene 20 años de profesora.

teach·er ['ti:tʃəʳ] **1** *n* profesor(a) *m/f;* **French ~** profesor(a) de francés. **2: ~ training college** *n* escuela *f* normal.

teach·ing ['ti:tʃɪŋ] **1** *n (act: no pl)* enseñanza *f,* docencia *f; (of moral, religious beliefs: often pl)* enseñanzas *fpl;* **her son's gone into ~** su hijo se metió de profesor. **2: ~ hospital** *n (Brit)* hospital *m* con facultad de medicina; **~ staff** *n* profesorado *m,* cuerpo *m* docente.

tea·cup ['ti:kʌp] *n* taza *f* para el té.

teak [ti:k] *n* teca *f.*

team [ti:m] **1** *n (gen)* equipo *m; (group)* grupo *m; (of horses)* tiro *m; (of oxen)* yunta *f;* **the national ~** la selección nacional; **home/away ~** equipo de casa/visitante. **2** *vi:* **to ~ up (with)** juntarse (con). **3: ~ game** *n* juego *m* de equipo; **~ spirit** *n* espíritu *m* de equipo.

team·work ['ti:mwɜ:k] *n* trabajo *m* en equipo.

tear[1] [tɛəʳ] *(vb: pt* **tore,** *pp* **torn) 1** *n (rip, hole)* rasgón *m,* desgarrón *m;* **your shirt has a ~ in it** su camisa está rota. **2** *vt (material, garment)* romper, desgarrar; *(make a hole)* rasgar; **torn by his emotions** *(fig)* atormentado por sus emociones; **to ~ to pieces** *or* **to bits** *(garment, paper)* hacer pedazos; *(prey)* descuartizar; *(argument, book)* poner por los suelos; **to ~ open** abrir desgarrando. **3** *vi* **(a)** *(be ripped)* rasgarse; **to ~ at sth** atacar con las uñas. **(b)** *(go quickly)* **to ~ along/out/down** *etc* ir/salir/bajar *etc* a la carrera *or* a toda velocidad.

♦ **tear away** *vt + adv (lit, fig)* arrancar; **I couldn't ~ myself away from the party** no podía arrancarme de la reunión.

♦ **tear down** *vt + adv (flag, hangings etc)* bajar arrancando; *(building)* derribar.

♦ **tear off 1** *vt + adv* arrancar de. **2** *vt + prep* arrancar.

♦ **tear out** *vt + adv* arrancar.

♦ **tear up** *vt + adv* **(a)** *(paper)* romper, hacer pedazos; *(fig: contract, offer)* anular. **(b)** *(pull from ground: plant, stake)* desarraigar.

tear[2] [tɪəʳ] **1** *n* lágrima *f;* **to burst into ~s** echarse a llorar, deshacerse en lágrimas; **to be in ~s** estar llorando, llorar. **2: ~ gas** *n* gas *m* lacrimógeno.

tear·away ['tɛərəweɪ] *n (fam)* joven *mf* irresponsable.

tear·drop ['tɪədrɒp] *n* lágrima *f.*

tear·ful ['tɪəfʊl] *adj (gen)* lloroso/a; *(habitually)* llorón/ona.

tear-jerker ['tɪə,dʒɜ:kəʳ] *n (fam: film etc)* obra *f* sentimentaloide.

tea·room ['ti:rʊm] *n* salón *m* de té.

tease [ti:z] **1** *n (person: leg-puller)* bromista *mf, (LAm)* guasón/ona *m/f; (: flirt)* provocador(a) *m/f.* **2** *vt (cat etc)* atormentar, provocar; *(person: make fun of)* tomar el pelo a *or* mofarse de uno.

♦ **tease out** *vt + adv (tangles)* desenredar; *(fig: information etc)* sonsacarle algo a uno.

teas·er ['ti:zəʳ] *n (person)* bromista *mf; (fam: problem)* rompecabezas *m inv.*

teaspoon ['ti:spu:n] *n* cucharita *f.*

teat [ti:t] *n (of bottle)* boquilla *f,* tetilla *f; (of animal)* teta *f.*

teatime ['ti:taɪm] *n* hora *f* del té.

tech·ni·cal ['teknɪkəl] *adj (process, word)* técnico/a; **this book is too ~ for me to understand** este libro es demasiado técnico para que yo lo entienda; **~ college** *or* **school** escuela *f* vocacional *or* técnica; **~ offence** *(Jur)* cuasidelito *m,* delito *m* menor.

tech·ni·cal·ity [,teknɪ'kælɪtɪ] *n (technical detail)* detalle *m* (técnico); **I don't understand all the technicalities** no entiendo todos los detalles.

tech·ni·cal·ly ['teknɪkəlɪ] *adv (gen)* técnicamente; *(in theory)* en teoría.

tech·ni·cian [tek'nɪʃən] *n* técnico/a *m/f.*

tech·nique [tek'ni:k] *n (gen)* técnica *f.*

tech·no·logi·cal [,teknə'lɒdʒɪkəl] *adj* tecnológico/a.

tech·nol·ogy [tek'nɒlədʒɪ] *n* tecnología *f.*

ted·dy (bear) ['tedɪ(,bɛəʳ)] *n* osito *m* (de felpa *or (LAm)* de pelusa).

te·di·ous ['ti:dɪəs] *adj* pesado/a.

te·di·ous·ness ['ti:dɪəsnɪs] *n,* **te·dium** ['ti:djəm] *n* pesadez *f.*

tee [ti:] *n* tee *m;* **to a ~** como anillo al dedo.

♦ **tee off** *vi + adv* dar el primer golpe.

teem [ti:m] *vi* **(a) to ~ (with)** *(insects, fish)* hervir (de), abundar (en). **(b) it's ~ing (with rain)** está lloviendo a mares.

teen·age ['ti:neɪdʒ] *adj (fashion etc)* adolescente; **a ~ boy/girl** un(a) adolescente.

teen·ager ['ti:n,eɪdʒəʳ] *n* adolescente *mf.*

teens [ti:nz] *npl* adolescencia *f;* **he is still in his ~** es adolescente todavía.

teeny·bopper ['ti:nɪ,bɒpəʳ] *n* rocanrolero/a *m/f.*

tee-shirt ['ti:ʃɜ:t] *n* = **T-shirt.**

tee·ter ['ti:təʳ] *vi* bambolearse, *(LAm)* tambalear; *(fig)* vacilar, titubear; **to ~ on the edge of a nervous breakdown** *(fig)* estar al borde de una crisis nerviosa.

teeth [ti:θ] *npl of* **tooth.**

teethe [ti:ð] *vi* echar los dientes.

teeth·ing ['ti:ðɪŋ] **1** *n* dentición *f.* **2: ~ troubles** *npl (fig)* problemas *mpl* de principiantes.

tee·to·tal [,ti:'təʊtl] *adj* abstemio/a.

tee·to·tal·ler, (*US*) **tee·to·tal·er** [,ti:'təʊtləʳ] *n (person)* abstemio/a *m/f.*

Tef·lon ['teflɒn] *n* ® teflón *m.*

tele·com·muni·ca·tions ['telɪkə,mju:nɪ'keɪʃnz] *npl* telecomunicación *fsg.*

tele·gram ['telɪgræm] *n* telegrama *m.*

tele·graph ['telɪgrɑ:f] **1** *n (message)* telégrafo *m; (apparatus)* aparato *m* telegráfico. **2** *vt* telegrafiar. **3: ~ pole** *n,* **~ post** *n* poste *m* telegráfico; **~ wire** *n* hilo *m* telegráfico.

tele·path·ic [,telɪ'pæθɪk] *adj* telepático/a.

te·lepa·thy [tɪ'lepəθɪ] *n* telepatía *f.*

tele·phone ['telɪfəʊn] **1** *n* teléfono *m;* **to be on the ~** *(subscriber)* tener teléfono; *(be speaking)* estar hablando por teléfono. **2** *vi* llamar por teléfono. **3** *vt* llamar por teléfono, telefonear a. **4: ~ box** *n*, **~ booth** *n* cabina *f* telefónica; **~ call** *n* llamada *f* (telefónica); **~ directory** *n* guía *f* telefónica; **~ exchange** *n* central *f* (telefónica); *(private: Sp)* centralita *f, (: LAm)* conmutador *m;* **~ kiosk** *n* = **~ box**; **~ number** *n* número *m* de teléfono, *(Chi)* fono *m.*

te·lepho·nist [tɪ'lefənɪst] *n* telefonista *mf.*

tele·photo ['telɪˌfəʊtəʊ] *adj*: **~ lens** teleobjetivo *m.*

tele·print·er ['telɪˌprɪntə^r] *n* teletipo *m.*

tele·prompt·er ['telɪˌprɒmptə^r] *n* ® teleapuntador *m.*

tele·scope ['telɪskəʊp] **1** *n (gen)* catalejo *m; (Astron)* telescopio *m.* **2** *vi* encajar.

tele·scop·ic [ˌtelɪs'kɒpɪk] *adj* telescópico/a; *(umbrella)* plegable.

tele·vise ['telɪvaɪz] *vt* transmitir por televisión, televisar.

tele·vi·sion ['telɪˌvɪʒən] **1** *n (broadcasts, broadcasting industry)* televisión *f;* (*also* **~ set**) televisor *m;* **to watch ~** ver la televisión; **to speak on ~** hablar por televisión. **2** *cpd (programme, camera)* de televisión; *(personality)* de la televisión; *(play, report, serial)* televisivo/a, televisual.

tel·ex ['teleks] **1** *n (gen)* télex *m.* **2** *vt, vi* enviar un télex (a).

tell [tel] *pt, pp* **told 1** *vt* **(a)** *(story, experiences)* contar; *(truth, lie)* decir; *(secret)* contar, divulgar; **to ~ sb sth** decirle algo a uno; **to ~ sb that ...** decirle a uno que ...; **to ~ sb whether/how/why** *etc* decir a uno si/cómo/por qué *etc;* **to ~ sb about sth** explicar algo a uno; **I have been told that ...** me han dicho que ...; **I am glad to ~ you that ...** *(frm)* tengo el gusto de comunicarle que ...; **I cannot ~ you how pleased I am** no encuentro palabras para expresarle lo feliz que estoy; **so much happened that I can't begin to ~ you** pasaron tantas cosas, no sé por dónde empezar a contarte; **(I) ~ you what, let's go now** sabes qué, nos vamos ahora; **I told you so!, didn't I ~ you so?** ¿no te lo dije?; **..., I can ~ you** ... te aseguro, ... tenlo por seguro; **let me ~ you, I didn't enjoy it** no me gustó nada, en realidad; **you're ~ing me** *(fam)* ya lo creo, *(LAm)* no faltaba más; **don't ~ me you can't do it!** ¡no me vayas a decir que no lo puedes hacer!; **~ me another!** *(fam)* ¡cuéntaselo a tu abuela!; **to ~ the future** *or* **sb's fortune** decirle a uno la buenaventura.

(b) *(order)* **to ~ sb to do sth** mandarle a uno a hacer algo; **do as you are told!** ¡haz lo que te digo!; **he won't be told** no acepta consejos.

(c) *(indicate: subj: sign, dial)* **to ~ sb sth** indicarle algo a uno; **there was a sign ~ing us which way to go** una señal nos indicaba el camino.

(d) *(distinguish)* distinguir; *(know, be sure of)* saber; **to ~ the difference (between A and B)** distinguir (entre A y B); **to ~ right from wrong** distinguir el bien del mal; **I couldn't ~ them apart** no sabía distinguirlos; **you can ~ a horse's age by its teeth** la edad de un caballo se sabe por los dientes; *see* **time 1 (d).**

(e) 400 all told 400 en total.

2 *vi* **(a)** *(talk)* **to ~ (of)** contar; *(fam: sneak, tell secrets)* **to ~ (on)** contar chismes (sobre); **more than words can ~** me fallan las palabras; **that would be ~ing!** ¡es un secreto!

(b) *(know, be certain)* saber; **I can't ~** no le puedo decir, *(LAm)* no sabría decirle; **who can ~?** ¿quién sabe?; **there is no ~ing** no se puede saber; **you never can ~** nunca se sabe; *see* **time 1 (a).**

(c) *(have an effect)* surtir efecto; *(: negatively)* hacerse sentir; **to ~ against sb** pesar en contra de uno; **the strain is beginning to ~ (on him)** se le empieza a notar la tensión.

♦ **tell off** *vt + adv*: **to ~ sb off (for sth/for doing sth)** regañar a uno (por algo/por haber hecho algo).

tell·er ['telə^r] *n* **(a)** *(of story)* narrador(a) *m/f.* **(b)** *(person: in bank)* cajero/a *m/f; (: at election)* escrutador(a) *m/f.*

tell·ing ['telɪŋ] *adj (effective: blow)* contundente, eficaz; *(significant: figures, remark)* revelador(a).

telling-off [ˌtelɪŋ'ɒf] *n*: **to give sb a ~** echarle una bronca *or (LAm)* regañarle a uno.

tell·tale ['telteɪl] **1** *adj (sign)* revelador(a). **2** *n (person)* soplón/ona *m/f.*

tel·ly ['telɪ] *n (Brit fam)* tele *f.*

te·mer·ity [tɪ'merɪtɪ] *n* temeridad *f.*

temp [temp] **1** *n* (*abbr of* **temporary**) temporero/a *m/f.* **2** *vi* trabajar de temporero.

tem·per ['tempə^r] **1** *n (nature)* carácter *m,* genio *m; (mood)* humor *m;* **to be in a ~** estar furioso; **to be in a good/bad ~** estar de buen/mal humor; **to keep/lose one's ~** contenerse/enfadarse *or (LAm)* enojarse; **in a fit of ~** en un acceso de furia *or* ira; **to fly into a ~** ponerse furioso, montarse en cólera; **mind your ~!, ~, ~!** ¡contrólate!, *(LAm)* ¡mídete! **2** *vt (moderate)* moderar; *(soften: metal)* templar.

tem·pera·ment ['tempərəmənt] *n* temperamento *m,* disposición *f.*

tem·pera·men·tal [ˌtempərə'mentl] *adj* **(a)** *(moody: person, machine)* caprichoso/a. **(b)** *(caused by one's nature)* temperamental, por temperamento.

tem·per·ance ['tempərəns] **1** *n (teetotalism)* abstinencia *f.* **2** *cpd (movement, hotel)* antialcohólico/a.

tem·per·ate ['tempərɪt] *adj (climate, zone)* templado/a.

tem·pera·ture ['temprɪtʃə^r] *n (Met)* temperatura *f; (Med: of person)* calentura *f,* fiebre *f;* **to have a high ~** tener fiebre.

-tem·pered ['tempəd] *adj suf* de genio ...; **bad~** de mal genio.

tem·pest ['tempɪst] *n (poet)* tempestad *f.*

tem·pes·tu·ous [tem'pestjʊəs] *adj (relationship, meeting)* tempestuoso/a.

tem·plate, *(US)* **tem·plet** ['templɪt] *n* plantilla *f.*

tem·ple ['templ] *n* **(a)** *(Rel)* templo *m.* **(b)** *(Anat)* sien *f.*

tem·po ['tempəʊ] *n, pl* **tem·pi** ['tempi:] *(Mus)* compás *m; (fig)* ritmo *m.*

tem·po·ral ['tempərəl] *adj (Ling: conjunction, clause)* temporal.

tem·po·rari·ly ['tempərərɪlɪ] *adv* temporalmente.

tem·po·rary ['tempərərɪ] *adj (measure)* transitorio/a; *(arrangement)* provisional, temporal; *(worker)* temporero/a; *(official, post office, secretary)* interino/a.

tempt [tempt] *vt (gen)* tentar, *(LAm)* provocar; **I'm ~ed to do it** me siento tentado de *or (LAm)* me provoca hacerlo; **can I ~ you to another cake?** ¿le apetece otro pastelito?

temp·ta·tion [temp'teɪʃən] *n* tentación *f;* **there is always a ~ to ...** siempre hay tendencia a ...; **I couldn't resist the ~** no pude resistir (a la tentación).

tempt·ing ['temptɪŋ] *adj (offer etc)* tentador(a); *(food)* apetitoso/a.

ten [ten] **1** *adj* diez. **2** *n* diez *m;* **~s of thousands** decenas de miles; **~ to one he'll be late** *(fam)* te

apuesto que llega tarde; **they're ~ a penny** *(fam)* se encuentran en todas partes; *for usage see* **five.**
ten·able ['tenəbl] *adj (argument)* sostenible; *(proposal)* válido/a.
te·na·cious [tɪ'neɪʃəs] *adj* tenaz.
te·nac·ity [tɪ'næsɪtɪ] *n* tenacidad *f.*
ten·an·cy ['tenənsɪ] *n (possession, period)* tenencia *f,* inquilinato *m; (renting)* arriendo *m,* alquiler *m.*
ten·ant ['tenənt] *n* inquilino/a *m/f,* arrendatario/a *m/f.*
tend[1] [tend] *vi* tener tendencia, tender; **to ~ to do sth** tener tendencia a hacer algo; **I ~ to agree** *(Brit frm)* comparto su opinión; **that ~s to be the case** suele ser así; **to ~ towards sth** tirar hacia algo.
tend[2] [tend] *vt (also ~ to: sick etc)* cuidar, atender; *(cattle)* vigilar; *(garden)* cultivar; *(machine)* vigilar, cuidar.
ten·den·cy ['tendənsɪ] *n* tendencia *f;* **to have a ~ to ...** tener tendencia a ... .
ten·den·tious [ten'denʃəs] *adj* tendencioso/a.
ten·der[1] ['tendə^r] *n (Rail)* ténder *m.*
ten·der[2] ['tendə^r] **1** *n* **(a)** *(Comm)* oferta *f;* **to make a ~ (for), to put in a ~ (for)** hacer una oferta (para); **to put work out to ~** ofrecer un trabajo a contrata. **(b) legal ~** moneda *f* corriente *or* de curso legal. **2** *vt (frm: proffer: money)* ofrecer; **to ~ one's resignation** presentar renuncia *or* su dimisión. **3** *vi (Comm)* **to ~ (for)** hacer una oferta (para).
ten·der[3] ['tendə^r] *adj* **(a)** *(gentle, affectionate)* cariñoso/a, tierno/a; **to bid sb a ~ farewell** despedirse de uno con ternura. **(b)** *(sore: part of body)* sensible; *(fragile)* frágil, delicado/a; *(fig: subject)* delicado; **~ to the touch** sensible al tacto. **(c)** *(not tough: meat)* tierno/a.
tender-hearted [,tendə'hɑːtɪd] *adj* compasivo/a.
ten·der·loin ['tendəlɔɪn] *n* lomo *m,* filete *m.*
ten·der·ly ['tendəlɪ] *adv (affectionately)* cariñosamente, con ternura.
ten·der·ness ['tendənɪs] *n (see adj)* cariño *m,* ternura *f;* delicadeza *f,* lo tierno *m.*
ten·don ['tendən] *n* tendón *m.*
ten·dril ['tendrɪl] *n* zarcillo *m.*
ten·ement ['tenɪmənt] **1** *n (Scot: flat)* piso *m, (LAm)* departamento *m.* **2: ~ block** *n* bloque *m* de pisos; **~ house** *n* casa *f* de vecindad.
ten·et ['tenət] *n* principio *m.*
ten·ner ['tenə^r] *n (Brit: £10)* diez libras; *(: £10 note)* billete *m* de diez (libras).
ten·nis ['tenɪs] **1** *n* tenis *m.* **2** *cpd* de tenis; **~ ball** *n* pelota *f* de tenis; **~ court** *n* cancha *f* de tenis; **~ elbow** *n (Med)* sinovitis *f* del codo; **~ match** *n* partido *m* de tenis; **~ player** *n* tenista *mf;* **~ racket** *n* raqueta *f* de tenis.
ten·or ['tenə^r] **1** *adj (instrument, part, voice)* de tenor. **2** *n* **(a)** *(Mus)* tenor *m.* **(b)** *(purport: of speech)* tono *m,* sentido *m.*
ten·pin bowl·ing [,tenpɪn'bəʊlɪŋ] *n* bolos *mpl,* bolera *f.*
tense[1] [tens] *n (Ling)* tiempo *m.*
tense[2] [tens] **1** *adj* **(-r, -st)** *(stretched tight)* estirado/a, *(LAm)* tieso/a; *(nervous: person)* nervioso/a, tirante; *(: moment, atmosphere)* tenso/a, de tensión. **2** *vt (tighten: muscles)* tensar.
tense·ly ['tenslɪ] *adv (nervously)* nerviosamente, con tirantez.
ten·sion ['tenʃən] *n (gen)* tensión *f; (in relations, atmosphere)* tirantez *f.*
tent [tent] **1** *n* tienda *f* de campaña, *(LAm)* carpa *f.* **2: ~ peg** *n* estaca *f* de tienda.
ten·ta·cle ['tentəkl] *n* tentáculo *m.*
ten·ta·tive ['tentətɪv] *adj (hesitant: person)* indeciso/a, *(LAm)* vacilante; *(provisional: arrangement)* provisional, *(LAm)* provisorio/a.
tenter·hooks ['tentəhʊks] *npl:* **to be on ~** estar sobre ascuas; **to keep sb on ~** tener a uno sobre ascuas.
tenth [tenθ] **1** *adj* décimo/a. **2** *n (in series)* décimo/a *m/f; (fraction)* décimo *m,* décima parte *f; for usage see* **fifth.**
tenu·ous ['tenjʊəs] *adj (gen)* tenue; *(connection)* ligero/a; *(argument)* poco convincente.
ten·ure ['tenjʊə^r] *n (of land)* tenencia *f; (of office)* ocupación *f,* ejercicio *m; (guaranteed employment)* puesto *m* asegurado, *(LAm)* planta *f.*
tep·id ['tepɪd] *adj (lit)* tibio/a; *(fig)* poco entusiasta *or* caluroso/a.
term [tɜːm] **1** *n* **(a)** *(period: of office etc)* período *m,* término *m; (Comm: limit of time)* plazo *m; (of president etc)* mandato *m; (in school)* trimestre *m;* **in the short/long ~** en un futuro próximo/lejano; **during his ~ of office** bajo su mandato; **in the spring/summer ~** en el segundo/tercer trimestre; *see* **half 2. (b)** *(expression)* término *m,* vocablo *m;* **to tell sb sth in no uncertain ~s** decirle algo a uno en forma tajante; **in ~s of ...** en términos de ..., en cuanto a ... . **(c) ~s** *(conditions)* condiciones *fpl;* **~s of employment** condiciones de empleo; **~s of reference** puntos *mpl* de referencia; **on one's own ~s** como uno quiere; **to come to ~s with a situation/person** ajustarse *or* adaptarse a una situación/una persona; **reduced ~s for pensioners** descuentos para jubilados; **not on any ~s** de ninguna manera, bajo ningún concepto. **(d) ~s** *(relations)* relaciones *fpl;* **to be on good ~s with sb** llevarse bien con uno, *(LAm)* congeniar con uno; **not to be on speaking ~s with sb** estar reñido con uno.
2 *vt (name)* calificar de, llamar.
ter·mi·nal ['tɜːmɪnl] **1** *adj (disease, patient)* mortal; *(stages)* final, terminal. **2** *n* **(a)** *(Elec)* borne *m,* terminal *m, (LAm)* toma *f* de corriente; *(Comput)* terminal. **(b)** *(of bus, train)* término *m,* terminal *f.*
ter·mi·nate ['tɜːmɪneɪt] **1** *vt (meeting)* concluir; *(contract)* finalizar. **2** *vi (contract)* finalizarse, concluirse; *(train, bus)* terminar.
ter·mi·na·tion [,tɜːmɪ'neɪʃən] *n (of contract etc)* terminación *f.*
ter·mi·nol·ogy [,tɜːmɪ'nɒlədʒɪ] *n* terminología *f.*
ter·mi·nus ['tɜːmɪnəs] *n, pl* **termini** ['tɜːmɪnaɪ] *(last station)* estación *f* terminal; *(Rail: building)* término *m.*
ter·mite ['tɜːmaɪt] *n* comején *m,* termita *f.*
term·time ['tɜːmtaɪm] *n:* **in ~** durante el trimestre.
ter·race ['terəs] *n* **(a)** *(patio, verandah)* terraza *f; (roof)* azotea *f.* **(b)** *(of earth)* terraplén *m.* **(c)** *(of houses)* hilera *f* de casas; *(name of street)* calle *f.* **(d) the ~s** *(Sport)* las gradas *fpl.*
ter·raced ['terɪst] *adj (layered: hillside, garden)* terraplenado/a, en terrazas; *(in a row: house, cottage etc)* alineado/a.
ter·racot·ta [,terə'kɒtə] *n* terracota *f.*
ter·rain [te'reɪn] *n* terreno *m.*
ter·res·trial [tɪ'restrɪəl] *adj* terrestre.
ter·ri·ble ['terəbl] *adj (very bad: gen)* malísimo/a, terrible; *(: pain etc)* atroz; *(: mistake etc)* horrible, bárbaro/a; **to be ~ at sth** ser fatal en algo.
ter·ri·bly ['terəblɪ] *adv (badly)* muy mal, fatal; *(+ adj)* terriblemente; *(: Brit fam)* realmente.
ter·ri·er ['terɪə^r] *n* terrier *m.*
ter·rif·ic [tə'rɪfɪk] *adj (very good: performance, book etc)* bárbaro/a, fenómeno/a, *(RPl)* macanudo/a, *(LAm)* chévere; *(: news)* maravilloso/a, estupendo/a; *(terrifying, extreme)* tremendo/a, te-

rrible.
ter·ri·fy ['terıfaı] *vt* aterrorizar.
ter·ri·fy·ing ['terıfaııŋ] *adj* espantoso/a, aterrador(a).
ter·ri·to·rial [,terı'tɔːrıəl] *adj* territorial; **T~ Army** segunda reserva *f;* **~ waters** aguas *fpl* jurisdiccionales.
ter·ri·to·ry ['terıtərı] *n* territorio *m,* región *f; (of salesman)* zona *f,* sector *m; (Sport etc)* campo *m,* terreno *m.*
ter·ror ['terəʳ] *n (gen)* terror *m; (fam: child)* monstruo/a *m/f;* **to live in ~ of sth** vivir atemorizado por algo; **she's a ~ on the roads** es un peligro en la carretera; **you little ~!** ¡eres un diablillo!
ter·ror·ism ['terərızəm] *n* terrorismo *m.*
ter·ror·ist ['terərıst] *adj, n* terrorista *mf.*
ter·ror·ize ['terəraız] *vt* aterrorizar.
terror-stricken ['terə,strıkən] *adj* aterrorizado/a.
terse [tɜːs] *adj* **(-r, -st)** lacónico/a, sucinto/a.
ter·tiary ['tɜːʃərı] *adj (gen)* terciario/a; **~ education** enseñanza *f* superior.
Tery·lene ['terəliːn] *n* ® terylene *m.*
test [test] **1** *n (gen)* prueba *f; (rehearsal)* ensayo *m; (Scol, Univ etc)* examen *m,* test *m, (LAm)* prueba; *(driving ~)* examen (de conducir); **a weekly French ~** una prueba semanal de francés; **to do ~s on sth** hacer análisis de algo; **to put sth to the ~** someter algo a prueba; **it has stood the ~ of time** ha resistido el paso del tiempo; *see* **blood 2.**

2 *vt (eyes, blood, ears etc)* examinar; *(object, product, machine)* probar, poner a prueba; **to have one's eyes ~ed** hacerse un examen de la vista; **to ~ sb's patience** poner a prueba la paciencia de uno; **to ~ sb in mathematics** ponerle examen de matemáticas a uno; **to ~ sth for sth** analizar algo en busca de algo.

3 *vi (for oil)* hacer perforaciones; *(for gas etc)* probar en busca de; **~ing , ~ing ...** *(Telec etc)* probando, probando ... .

4: (nuclear) ~ ban *n* suspensión *f* de pruebas nucleares; **~ card** *n (TV)* carta *f* de ajuste; **~ case** *n (Jur)* juicio *m* que sienta precedente; **~ flight** *n (Aer)* vuelo *m* de ensayo; **~ match** *n (Cricket)* partido *m* internacional; **~ paper** *n (Chem)* papel *m* reactivo; **~ pilot** *n* piloto/mujer piloto *m/f* de pruebas; **~ tube** *n (Chem)* probeta *f;* **~ tube baby** *n* bebé *m* de probeta.
tes·ta·ment ['testəmənt] *n* testamento *m;* **the Old/New T~** el Antiguo/Nuevo Testamento.
tes·ti·cle ['testıkl] *n* testículo *m.*
tes·ti·fy ['testıfaı] *vi (Jur)* declarar (bajo juramento), dar testimonio; **to ~ that ...** atestiguar *or* testimoniar que ...; **to ~ to sth** *(Jur)* dar fe de algo; *(fig: be sign of)* demostrar *or* revelar algo.
tes·ti·mo·nial [,testı'məunıəl] *n* **(a)** *(reference about person)* (carta *f* de) recomendación *f; (guarantee)* aval *m.* **(b)** *(gift)* obsequio *m.*
tes·ti·mo·ny ['testımənı] *n (Jur: statement in court)* testimonio *m,* declaración *f; (fig: indication of sth)* muestra *f,* señal *f.*
test·ing ['testıŋ] *adj (difficult: time)* duro/a, exigente.
test·ing ground ['testıŋ,graund] *n* zona *f* de pruebas.
tes·ty ['testı] *adj* **(-ier, -iest)** *(impatient: person)* colérico/a; *(: remark)* malhumorado/a.
teta·nus ['tetənəs] *n* tétanos *m.*
tetchy ['tetʃı] *adj* **(-ier, -iest)** malhumorado/a, irritable.
tête-à-tête [,teıtɑː'teıt] *n* conversación *f* íntima.
teth·er ['teðəʳ] **1** *n* ronzal *m;* **to be at the end of one's ~** *(fig)* no aguantar más. **2** *vt (animal)* atar (con una cuerda).
text [tekst] *n (written or printed matter)* texto *m; (book etc)* lectura *f; (Rel)* pasaje *m.*
text·book ['tekstbuk] *n* libro *m* de texto.
tex·tile ['tekstaıl] **1** *adj* textil. **2** *n:* **~s** textiles *mpl,* tejidos *mpl.*
tex·tu·al ['tekstjuəl] *adj (gen)* del texto; *(literal)* textual.
tex·ture ['tekstʃəʳ] *n* textura *f,* tejido *m.*
Thai [taı] *adj, n* tailandés/esa *m/f.*
Thai·land ['taılænd] *n* Tailandia *f.*
tha·lido·mide [θə'lıdəumaıd] *n* ® talidomida *f.*
Thames [temz] *n:* **the ~** el Támesis.
than [ðæn, ðən] *conj (in comparisons)* que; *(with numerals)* de; *(stating preference)* antes que; **I have more ~ you** tengo más que Ud.; **nobody is more sorry ~ I (am)** nadie lo siente más que yo; **they have more money ~ we have** tienen más dinero que nosotros; **the car went faster ~ we had expected** el coche alcanzó una velocidad mayor de lo que habíamos esperado; **no sooner ... ~** bastaba que ... para que; **it is better to phone ~ to write** más vale llamar por teléfono que escribir; **more/less ~ 90** más/menos de 90; **more ~ once** más de una vez; **rather you ~ me** tú antes que yo; **more often ~ not** en la mayoría de los casos.
thank [θæŋk] **1** *vt:* **to ~ sb** dar las gracias *or* agradecer a uno; **to ~ sb for sth** agradecerle algo a uno; **~ you (very much)** (muchas) gracias; **no ~ you** no gracias; *(iro)* ¡ni hablar!, ¡no faltaba más!; **to say a special '~ you' to sb** darle a uno su agradecimiento; **to have only o.s. to ~ for sth** tener la culpa de algo; **I have John to ~ for that** eso se lo tengo que agradecer a Juan; *(iro)* Juan tiene la culpa de eso; **~ heavens/goodness/God (for that)!** ¡gracias a Dios!, ¡menos mal!

2 *n:* **~s** gracias *fpl; (fam interj)* **~s!** ¡gracias!; **(very) many ~s** muchísimas *or* muchas gracias; **that's all the ~s I get!** ¡y así se me agradece!; **I got the job ~s to him** conseguí el trabajo por intermedio de él; **~s to you ...** gracias a Ud ...; *(iro)* por culpa suya ...; **small/no ~s to you** no fue gracias a Ud.; **it's all ~s to brand X** todo es gracias a la marca X; *(iro)* hay que echarle la culpa a la marca X; **~s be to God** *(Rel)* alabado sea Dios.
thank·ful ['θæŋkful] *adj* agradecido/a; **let us be ~ that it's over** agradezcamos que haya terminado.
thank·ful·ly ['θæŋkfəlı] *adv* por suerte, afortunadamente.
thank·less ['θæŋklıs] *adj (unrewarding: task)* ingrato/a.
thanks·giving ['θæŋks,gıvıŋ] **1** *n* acción *f or* voto *m* de gracias. **2: T~ Day** *n (US)* día *m* de Acción de Gracias.
that [ðæt] **1** *dem adj (pl* **those***) (gen)* ese/a, aquel/aquella; **~ man/woman/book** ese hombre/esa mujer/ese libro; **~ one over there** aquél/aquélla; **it's not this picture but ~ one I like** el cuadro que me gusta no es éste, es aquél; **I only met her ~ once** la conocí solamente aquella vez; **what about ~ cheque?** ¿y el cheque aquel?; **~ wretched dog!** ¡ese maldito perro!; **~ son of yours** ese hijo suyo.

2 *dem pron (pl* **those***) (gen)* ése/a, aquél/aquélla; **who/what is ~?** ¿quién/qué es eso?; **~'s Joe/my house** ése es Joe/ésa es mi casa; **I prefer this to ~** prefiero esto a eso; **£5? — it must have cost more than ~** ¿5 libras? — debe haber costado más (que eso); **~'s true** es verdad, *(LAm)* es cierto; **~ is (to say), ...** es decir ..., o sea ...; **~'s**

~! *(that's finished)* ¡es todo!, *(LAm)* ¡se acabó!; **you can't go and ~'s ~!** ¡no puedes ir y eso es todo!; **~'s odd!** ¡qué raro!; **after ~** después, *(LAm)* luego; **at ~** sin más, *(LAm)* así nomás; **with ~** con eso; **..., at ~ ...**, y además; **do it like ~** hágalo así; **if it comes to ~** si vamos a eso; **how do you like ~?** *(iro)* ¿qué te parece?

3 *dem adv (+ adj) (gen)* tan; **it's about ~ big** *(with gesture)* es más o menos así de grande; **cheer up! it isn't ~ bad** ¡ánimo! ¡no es para tanto!; **nobody can be ~ rich** nadie puede ser tan rico; **I didn't know he was ~ ill** no sabía que estaba tan enfermo; **~ much/many** tanto/tantos; **he was ~ angry** *(fam)* tenía tanta rabia, estaba tan furioso.

4 *relative pron* que; *(of time: when)* que, cuando; **the book ~ I read** el libro que leí; **the houses ~ I painted** las casas que pinté; **all ~ I have** todo lo que tengo; **the box ~ I put it in** la caja donde lo puse; **the film ~ I read about in the papers** la película que vi comentada en el periódico; **the house ~ we're speaking of** la casa de la que hablamos; **not ~ I know of** que yo sepa, no.

5 *conj* que; **he said ~ ...** dijo que ...; **I believe ~ he exists** creo que existe; **~ he should behave like this!** ¡quién hubiera dicho que se comportaría así!; **~ he should behave like this is incredible** que se comporte así es increíble; **oh ~ I could ...** ojalá que *or* y pudiera ...; **..., not ~ I want to, of course ...**, no es que quiera, por supuesto; *see* **in 1 (m), order 1 (h), so 2, would (f).**

thatch [θætʃ] **1** *n (on roof)* paja *f.* **2** *vt* cubrir con paja.

thatched [θætʃt] *adj* (con techo) de paja.

thaw [θɔː] **1** *n (gen)* deshielo *m; (of snow)* derretimiento *m; (fig: easing up)* descongelación *f.* **2** *vt (also ~* **out**) deshelar, descongelar. **3** *vi (Met)* deshelarse; derretirse; *(also ~* **out:** *frozen food, cold toes)* deshelarse; *(fig: relations, person)* descongelarse; **it is ~ing** deshiela.

the [ðiː, ðə] **1** *def art* **(a)** el/la; **I haven't ~ time/money** no tengo tiempo/dinero; **do you know ~ Smiths?** ¿conoce a los Smith?; **to play ~ piano/violin** tocar el piano/el violín; **all ~ ...** todo el .../toda la ..., todos los .../todas las ...; **it was ~ year of the student riots** fue el año de los disturbios estudiantiles. **(b)** *(+ adj: denoting pl)* los/las; *(: denoting sg)* el/la; *(+ n: denoting whole class)* lo, el/la; **~ rich and ~ poor** los ricos y los pobres; **she was ~ elder** era la mayor; **within the realms of ~ possible** dentro de los límites de lo posible; **in this age of ~ computer ...** en esta época del computador .... **(c)** *(distributive)* **25 miles to ~ gallon** 25 millas por galón; **700 lire to ~ dollar** 700 liras por dólar; **eggs are usually sold by ~ dozen** los huevos se venden normalmente por docena; **paid by ~ hour** pagado por hora. **(d)** *(emphatic)* el mismo/la misma; **he's ~ man for the job** es el más indicado para el puesto. **(e)** *(in titles)* **Richard ~ Second** Ricardo Segundo; **Ivan ~ Terrible** Iván el Terrible.

2 *adv*: **~ more he works ~ more he earns** cuanto más trabaja más gana; **she looks all ~ better for it** se ve mucho mejor por eso; **(all) ~ more so because ...** tanto más cuanto que ...; **~ more ... ~ less** mientras más ... menos ...; **~ sooner ~ better** cuanto antes mejor.

thea·tre, *(US)* **thea·ter** [ˈθɪətəʳ] *n* teatro *m;* **lecture ~** aula *f;* **operating ~** sala *f* de operaciones; *(fig)* teatro, escenario *m.*

theatre·goer, *(US)* **theater·goer** [ˈθɪətəˌgəʊəʳ] *n* aficionado/a *m/f* al teatro.

the·at·ri·cal [θɪˈætrɪkəl] *adj (gen)* de teatro; *(fig: person, gesture)* histriónico/a.

thee [ðiː] *pron (old, poet)* te; *(after prep)* ti.

theft [θeft] *n (gen)* hurto *m*, robo *m.*

their [ðɛəʳ] *poss adj* su, sus.

theirs [ðɛəz] *poss pron* (el) suyo/(la) suya, (los) suyos/(las) suyas.

them [ðem] *pers pron (dir obj)* los/las; *(: stressed)* ellos/ellas; *(indir obj)* les, *(LAm)* los/las; *(: stressed)* a ellos/a ellas; *(referring back to 'someone', 'anyone' etc)* le/la; **that's ~, they're coming now** ellos son, ahora vienen.

theme [θiːm] **1** *n (gen)* tema *m.* **2: ~ tune/song** *n* tema *m* principal/genérico *m.*

them·selves [ðəmˈselvz] *pron pl* ellos mismos/ellas mismas; *see also* **oneself.**

then [ðen] **1** *adv* **(a)** *(at that time)* entonces, en aquel entonces; *(on that occasion)* en aquel momento *or* aquella ocasión; **it was ~ that ...** fue entonces cuando ...; **before/since ~** hasta/desde entonces; **~...but now ...** entonces ... ahora, en cambio ...; **from ~ on** desde entonces, a partir de entonces; **by ~** para entonces; **~ and there** en ese mismo momento; **every now and ~** de vez en cuando. **(b)** *(afterwards, next)* después, *(LAm)* luego; **what happened ~?** ¿qué pasó luego?; **and ~ what?** y luego ¿qué?; *see* **now 1(a). (c)** *(in that case)* entonces, por lo tanto; *(further)* además; **what do you want me to do ~?** ¿qué quiere que haga, entonces?; **well ~** bueno pues, pues bien; **and** *or* **but ~ again** por otra parte; **I like it, but ~ I'm biased** a mí sí me gusta, pero no pretendo ser objetivo; **it would be awkward at work, and ~ there's the family** en el trabajo habría problemas, sin hablar de la familia.

2 *adj* entonces, de entonces; **the ~ king** el entonces rey.

3 *conj* entonces, en ese caso.

thence [ðens] *adv (time etc)* de allí en adelante; *(consequently)* por lo tanto, por eso; **~ the fact that** de allí que.

theo·lo·gian [θɪəˈləʊdʒɪən] *n* teólogo/a *m/f.*

theo·logi·cal [θɪəˈlɒdʒɪkəl] *adj* teológico/a.

the·ol·ogy [θɪˈɒlədʒɪ] *n* teología *f.*

theo·rem [ˈθɪərəm] *n (Math)* teorema *m.*

theo·reti·cal [θɪəˈretɪkəl] *adj (gen)* teórico/a.

theo·reti·cal·ly [θɪəˈretɪkəlɪ] *adv (gen)* teóricamente, en teoría.

theo·rize [ˈθɪəraɪz] *vi:* **to ~ (about)** teorizar (acerca de).

theo·ry [ˈθɪərɪ] *n (statement, hypothesis)* teoría *f;* **in ~ ... but in practice** en teoría ... pero en la práctica.

thera·peu·ti·c [ˌθerəˈpjuːtɪk] *adj* terapéutico/a.

thera·pist [ˈθerəpɪst] *n* terapeuta *mf.*

thera·py [ˈθerəpɪ] *n* terapia *f.*

there [ðɛəʳ] **1** *adv* **(a)** *(at that place)* ahí, allí, allá; *(with verbs of motion)* allí, allá; *(fig: on this point)* en *or* sobre ese punto; **to go ~ and back** ir y volver; **back/down/over/in/through ~** allá atrás/abajo/del otro lado/dentro/través; **to be all ~** *(fam)* ser despabilado; **mind out ~!** ¡cuidado!, *(LAm)* ¡abusado!, ¡aguas!; **you ~!** ¡oye, tú!; **~'s the bus** ya viene el autobús; **~ he is!** ¡allá está!; **~ we differ** en eso estamos en desacuerdo; **~ you are wrong** se equivoca; **~ you go again** siempre lo mismo; **~ you are!** ¿ves?, *(LAm)* ¡para que veas! **(b) ~ is, ~ are** hay; **~ were 10 of them** eran 10, *(LAm)* habían 10; **~ will be 8 people for dinner tonight** seremos 8 para cenar esta noche; **~ was laughter at this** esto provocó la risa; **~ is no wine left** no queda vino; **~ might be time/room** puede que haya tiempo/lugar.

2 *interj* ¡ves!; ~, ~ *(comforting)* no te preocupes, no pasa nada; **so ~!** ¡fastídiate!
there·abouts ['ðɛərəbaʊts] *adv*: **... or ~** ... más o menos.
there·after [ˌðɛər'ɑːftəʳ] *adv* después de eso, de allí en adelante.
there·by [ˌðɛə'baɪ] *adv* así, de ese modo.
there·fore ['ðɛəfɔːʳ] *adv* por lo tanto; **it isn't ~ any better** no por eso es mejor.
there's [ðɛəz] = **there is; there has.**
there·upon [ˌðɛərʌ'pɒn] *adv (at that point)* en seguida, en eso; *(frm: on that subject)* sobre eso.
ther·mal ['θɜːməl] *adj (currents, spring)* termal; *(underwear)* ropa *f* interior térmica.
ther·mo·dy·nam·ics [ˌθɜːməʊdaɪ'næmɪks] *nsg* termodinámica *f*.
ther·mom·eter [θə'mɒmɪtəʳ] *n* termómetro *m*.
ther·mo·nu·clear [ˌθɜːməʊ'njuːklɪəʳ] *adj (bomb)* termonuclear.
Ther·mos ['θɜːməs] *n* ® *(also* **~ flask** *or* **bottle)** termo *m*, termos *m*.
ther·mo·stat ['θɜːməstæt] *n* termostato *m*.
the·sau·rus [θɪ'sɔːrəs] *n* tesoro *m*, diccionario *m*.
these [ðiːz] *(pl of* **this)** 1 *dem adj* estos/estas; **~ ones over here** éstos/éstas que están aquí; **it's not ~ chocolates but those ones I like** no son estos bombones los que me gustan sino aquéllos; **how are you getting on ~ days?** ¿cómo le va en estos tiempos? 2 *dem pron* éstos/éstas; **what are ~?** ¿qué son éstos?; **~ are my friends/my books** éstos son mis amigos/mis libros; **I prefer ~ to those** prefiero éstos a aquéllos.
the·sis ['θiːsɪs] *n, pl* **theses** ['θiːsiːz] tesis *f*.
they [ðeɪ] *pers pron* ellos/ellas; *(stressed)* ellos/ellas; *(referring back to 'someone', 'anyone' etc)* él/ella; **~ are making it illegal** lo están poniendo fuera de la ley; **~ say that ...** se dice *or* dicen que ...; **as ~ say** según dicen, *(LAm)* como quien dice.
they'd [ðeɪd] = **they would; they had.**
they'll [ðeɪl] = **they will, they shall.**
they're [ðɛəʳ] = **they are.**
they've [ðeɪv] = **they have.**
thick [θɪk] 1 *adj* **(-er, -est) (a)** *(book, parcel, wall)* gordo/a, grueso/a; *(soup, paint, honey etc)* espeso/a; *(fog, smoke)* denso/a, espeso/a; *(broad: line, brush-stroke etc)* ancho/a, grueso/a; *(dense: vegetation, beard etc)* tupido/a; *(strong: accent)* fuerte, cerrado/a; **a wall 2 metres ~** una pared de 2 metros de espesor; **the air was ~ with petrol fumes** el aire estaba cargado de vapores de gasolina; **the leaves were ~ on the ground** las hojas formaban una capa espesa en el suelo; **they're ~ as thieves** son uña y carne. **(b)** *(fam: stupid)* tonto/a, *(LAm)* bruto/a; **he's as ~ as two short planks** *(fam)* es tonto de remate.
2 *adv*: **to spread butter** *etc* **~** untarle mucha mantequilla *etc* a; **to cut sth ~** cortar en trozos gruesos; **the blows came ~ and fast** llovían los golpes; **to lay it on (a bit) ~** *(fig)* exagerar.
3 *n*: **in the ~ of battle** en lo más reñido de la batalla; **he likes to be in the ~ of things** le gusta estar metido en todo; **through ~ and thin** contra viento y marea.
thick·en ['θɪkən] 1 *vt* espesar. 2 *vi (see vt)* espesarse; *(grow denser: wood, jungle)* volverse más denso *or* tupido; **the plot ~s** *(fig)* la cosa se complica.
thick·et ['θɪkɪt] *n* matorral *m*.
thick·headed [ˌθɪk'hedɪd] *adj (stupid)* estúpido/a, *(LAm)* bruto/a; *(obstinate)* terco/a, cabezudo/a.
thick·ly ['θɪklɪ] *adv* espesamente, gruesamente; *(densely: wooded, populated)* densamente.
thick·ness ['θɪknɪs] *n (see adj)* espesor *m*; densidad *f*.
thick·set [ˌθɪk'set] *adj (person)* achaparrado/a, rechoncho/a; *(features)* gordo/a, grueso/a.
thick-skinned [ˌθɪk'skɪnd] *adj (fig: insensitive)* duro/a de pellejo.
thief [θiːf] *n, pl* **thieves** ladrón/ona *m/f*.
thieve [θiːv] *vi* robar, hurtar.
thiev·ing ['θiːvɪŋ] 1 *adj* ladrón/ona. 2 *n* robo *m*, hurto *m*.
thigh [θaɪ] *n* muslo *m*.
thim·ble ['θɪmbl] *n* dedal *m*.
thin [θɪn] 1 *adj* **(-ner, -nest)** *(person, animal)* delgado/a, *(LAm)* flaco/a; *(book, parcel, wall)* delgado/a; *(soup, paint, honey etc)* aguado/a; *(cloth)* ligero/a; *(layer, line, brushstroke etc)* fino/a; *(sparse: crop)* escaso/a; *(: beard)* ralo/a; *(: crowd, population)* de baja densidad; *(fig: insubstantial)* poco convincente; **at 20,000 metres the air is ~** a 20,000 metros el aire está enrarecido; **he's as ~ as a rake** está en los huesos; **to vanish into ~ air** esfumarse; **doctors are ~ on the ground at the moment** escasean los médicos hoy en día.
2 *adv*: **to spread sth ~** untar finamente algo; **to cut sth ~** cortar algo en trozos finos.
3 *vt (also* **~ down**: *paint, sauce)* diluir, aclarar; *(also* **~ out**: *trees, plants)* entresacar.
4 *vi (hair etc)* reducirse, perderse; *(also* **~ out**: *crowd)* dispersarse.
thine [ðaɪn] *poss pron (old, poet)* (el) tuyo/(la) tuya, (los) tuyos/(las) tuyas.
thing [θɪŋ] *n* **(a)** *(concrete: object)* cosa *f*, objeto *m*; *(: undefined)* chisme *m*, aparato *m*; **~s** *(belongings)* cosas *fpl*, enseres *mpl*, *(LAm)* trastos *mpl*; *(equipment)* equipo *m*; *(clothes)* ropa *f*; **a ~ of beauty** una belleza; **~s of value** objetos de valor.
(b) *(fam: person)* **you poor ~!, poor (old) ~!** ¡pobre!, ¡pobrecito/a!
(c) *(non concrete: matter, circumstance, action etc)* cosa *f*, asunto *m*, *(LAm)* cuestión *f*; **the main/first/best/only ~ is to ...** lo principal/primero/mejor/único que hay que hacer es ...; **for one ~** en primer lugar; **what with one ~ and another** entre unas cosas y otras; **if it's not one ~ it's the other** si no es una cosa es otra; **neither one ~ nor the other** ni lo uno ni lo otro; **first ~ (in the morning)** a primera hora (de la mañana); **last ~ (at night)** a última hora (de la noche); **it's a good ~ that he left** menos mal que se fue; **it was a close ~, it was a near ~** escapó *etc* por un pelo; **it's the very ~!, it's just the ~** viene justo; **the ~ is ...** lo que pasa es que ...; **it's just one of those ~s** es una de esas cosas que pasan; **what a ~ to say!** ¡qué dices!, ¡cómo se te ocurre!; **how are ~s with you?** ¿qué tal van las cosas?, *(LAm)* ¿cómo andas?; **~s are going badly** las cosas van *or* marchan mal; **~s aren't what they used to be** las cosas ya no son como antes; **not a ~** nada; **I haven't done a ~ about it** todavía no he hecho nada; **I don't know a ~ about cars** no sé nada de coches; **he knows a ~ or two** sabe más que Lepe, sabe cuántos son cinco; **to make a mess of ~s** hacerse líos; **to do one's own ~** *(fam)* hacer lo suyo; **you did the right ~** hiciste bien; **to make a (big) ~ out of sth** *(fam)* dar mucha importancia a algo.
(d) *(fashion)* **the latest ~ in hats** lo último en sombreros.
(e) *(fam: obsession)* **to have a ~ about sth** tener manía de algo.
thingu·ma·bob ['θɪŋəmɪbɒb] *n (fam)*, **thinga·ma·jig** ['θɪŋəmədʒɪg] *n (fam)*, **thingum·my** ['θɪŋəmɪ] *n (fam: object)* chisme *m*; *(: person)* Fulano/a *m/f*.

think [θɪŋk] *(vb: pt, pp* **thought) 1** *vi (gen)* pensar; *(reflect)* reflexionar; *(be of the opinion)* creer; **to act without ~ing** actuar sin pensar; **~ before you reply** reflexione antes de contestar; **~ again!** ¡piénsalo bien!; **just ~!** ¡imagínate!, *(LAm)* ¡te das cuenta!; **I ~ so/not** creo que sí/no; **to ~ twice before doing sth** pensar algo dos veces antes de hacerlo; **to ~ straight** concentrarse; **to ~ for o.s.** pensar por sí mismo.

2 *vt* **(a)** *(use one's brain, have ideas)* pensar; **I can't ~ what he can want** no me puedo imaginar qué quiere; **did you ~ to bring a corkscrew?** ¿se acordó de traer sacacorchos?; **I thought/I'd thought I might go swimming** pensaba/había pensado en ir a nadar; **~ what you've done** piense en lo que hizo; **~ what we could do** imagínate lo que podríamos hacer; **to ~ evil thoughts** tener malos pensamientos. **(b)** *(believe, consider)* creer, parecer; **we all thought him a fool** le teníamos todos por idiota; **I don't ~ it likely** lo creo *or* me parece muy poco probable; **who'd have thought it possible?** ¿quién se lo hubiera imaginado?; **I don't ~ it can be done** no creo que se pueda hacer; **I ~ (that) you're wrong** me parece que estás equivocado; **I thought as much** ya me lo figuraba, ya lo sabía; **I ~ so** creo que sí, *(LAm)* me parece que sí; **I should ~ so too!** ¡ya era hora!; **what do you ~?** ¿qué te parece?, ¿qué opinas?; **what do you ~ I should do?** ¿qué cree que debo hacer?; **what do you ~ you're doing?** ¿se puede saber lo que estás haciendo?; **anyone would ~ she was dying** cualquiera diría que se estaba muriendo.

3 *n*: **to have a ~ about sth** meditar algo; **you've got another ~ coming** *(fam)* te equivocas.

♦ **think about** *vi + prep (remember)* recordar; *(consider)* pensar en.

♦ **think of** *vi + prep* **(a)** *(remember: names etc)* acordarse de, recordar; **you can't ~ of everything** no se puede pensar en todo; **I'll be ~ing of you** te tendré presente. **(b)** *(consider, esteem)* estimar, considerar; **I thought of going to Spain** se me ocurrió ir a España; **to ~ of other people's feelings** tener presentes los sentimientos ajenos; **~ of the expense** imagínate qué caro; **to ~ highly of sb** tener a uno en alta estima; **what do you ~ of him/it?** ¿qué te parece?; **I didn't ~ much of the play** la obra no me llamó mucho la atención; **I told him what I thought of him** le dije cuatro verdades.

♦ **think out** *vt + adv (plan)* urdir, tramar; *(solution)* encontrar; **this wants ~ing out** hay que estudiar esto.

♦ **think over** *vt + adv (offer, suggestion)* pensar, considerar.

♦ **think through** *vt + adv* pensar bien.

♦ **think up** *vt + adv (idea, solution)* idear, inventar.

think·able ['θɪŋkəbl] *adj*: **it isn't ~ that ...** es impensable que ... .

think·er ['θɪŋkə^r] *n* pensador(a) *m/f*.

think·ing ['θɪŋkɪŋ] **1** *adj*: **to any ~ person** para cualquier ser racional. **2** *n (thought)* pensamiento *m*; **to my (way of) ~** a mi parecer; *see* **wishful**.

thin·ly ['θɪnlɪ] *adv (scantily: dressed, disguised)* ligeramente; **~ veiled** apenas disimulado; **~ populated** poco poblado; **~ cut** cortado en trozos finos.

thin-skinned ['θɪnskɪnd] *adj (fig: person)* sensible, delicado/a.

third [θɜːd] **1** *adj* tercero/a; **~ time lucky!** ¡a la tercera va la vencida! **2** *n (in series)* tercero/a *m/f*; *(fraction)* tercio *m*; *for usage see* **five. 3: ~ party** *n* tercero *m*; **~-party insurance** seguro *m* contra terceros; **T~ World 1** *n* Tercer Mundo *m*; **2: ~-world** *adj* tercermundista.

third-class [ˌθɜːd'klɑːs] *adj* de tercera clase.

third-degree [ˌθɜːddɪ'griː] *adj (burns)* de tercer grado.

third·ly ['θɜːdlɪ] *adv* en tercer lugar.

third-rate [ˌθɜːd'reɪt] *adj* de tercera.

thirst [θɜːst] **1** *n* sed *f*; **the ~ for knowledge** la sed *or* el afán de saber. **2** *vi*: **to ~ for** *(fig)* tener sed de, añorar.

thirsty ['θɜːstɪ] *adj* **(-ier, -iest)** *(gen)* sediento/a; *(hum: work)* que da sed; **to be ~** tener sed.

thir·teen [ˌθɜː'tiːn] **1** *adj* trece. **2** *n* trece *m*; *for usage see* **five.**

thir·teenth [ˌθɜː'tiːnθ] **1** *adj* decimotercero/a. **2** *n (in series)* decimotercero/a *m/f*; *(fraction)* decimotercio *m*; *for usage see* **fifth.**

thir·ti·eth ['θɜːtɪɪθ] **1** *adj* trigésimo/a. **2** *n (in series)* trigésimo/a *m/f*; *(fraction)* treintavo *m*; *for usage see* **fifth.**

thir·ty ['θɜːtɪ] **1** *adj* treinta. **2** *n* treinta *m*; *for usage see* **fifty.**

this [ðɪs] **1** *dem adj (pl* **these)** este/esta; **~ man/woman/book** este hombre/esta mujer/este libro; **~ one here** éste/ésta que está aquí; **it's not that picture but ~ one I like** no es ese cuadro el que me gusta sino éste; **~ time** esta vez; **~ time next week/last year** de hoy en una semana/hoy hace un año; **~ way** por aquí.

2 *dem pron (pl* **these)** éste/ésta; *(as opposed to 'that')* esto; **who/what is ~?** ¿quién es éste/ésta/qué es esto?; **~ is Mr Brown** *(in introductions)* le presento al señor Brown; *(in photo)* éste es el señor Brown; *(on telephone)* soy *or* habla el Sr. Brown; **I prefer ~ to that** prefiero esto a aquello; **~ is April** estamos en abril; **~ is Friday** hoy es viernes; **where did you find ~?** ¿dónde encontró Ud esto?; **~ is where I live** aquí vivo; **do it like ~** hágalo así; **it was like ~ ...** fue así; **what's all ~ I hear about you leaving?** ¿qué hay de cierto en los rumores de que te vas?; **what with ~ and that I was busy all week** entre una cosa y otra estuve ocupado toda la semana; **they sat talking of ~ and that** sentados, hablaban de esto y aquello.

3 *dem adv*: **~ far** hasta aquí; **~ high** así de alto; **I can tell you ~ much ...** lo que sí te puedo decir es ... .

this·tle ['θɪsl] *n* cardo *m*.

thong [θɒŋ] *n* correa *f*.

thor·ax ['θɔːræks] *n* tórax *m*.

thorn [θɔːn] *n* espina *f*; **to be a ~ in sb's side** *or* **flesh** *(fig)* ser una espina clavada.

thorny ['θɔːnɪ] *adj* **(-ier, -iest)** *(gen, also fig)* espinoso/a.

thor·ough ['θʌrə] *adj (rigorous, not superficial)* minucioso/a, meticuloso/a; *(person)* concienzudo/a; *(complete: attr only)* completo/a, total; **to have a ~ knowledge of sth** tener un conocimiento a fondo de algo.

thorough·bred ['θʌrəbred] **1** *adj (horse)* de pura sangre. **2** *n* pura sangre *mf*.

thorough·fare ['θʌrəfɛə^r] *n* vía *f* pública; **'no ~'** 'callejón *m* sin salida'.

thorough·going ['θʌrəˌgəʊɪŋ] *adj* minucioso/a, concienzudo/a.

thor·ough·ly ['θʌrəlɪ] *adv (see adj)* a fondo, en forma meticulosa.

thor·ough·ness ['θʌrənɪs] *n (care)* minuciosidad *f*; *(wealth of detail)* detalle *m*.

those [ðəʊz] *(pl of* **that) 1** *dem adj* esos/as, aquellos/as; **~ ones over there** aquéllos/aquéllas que están allí; **it's not these chocolates but ~ ones I like** no son estos bombones los que me gustan sino aquéllos. **2** *dem pron* ésos/as, aquéllos/as; ~ **of you/us** *etc* **who ...** los/las que ...; **I prefer these to** ~ prefiero éstos a aquéllos.

thou [ðaʊ] *pron (old, poet)* tú, vos.

though [ðəʊ] **1** *conj* aunque; ~ **it was raining** aunque llovía; **even** ~ aunque; **strange** ~ **it may appear** aunque parezca extraño *or* por muy extraño que parezca; **young** ~ **she is** aunque parezca joven *or* por muy joven que parezca; *see* **as (g)**. **2** *adv* sin embargo, aun así; **it's not so easy,** ~ sin embargo no es tan fácil.

thought [ʊɔːt] **1** *pt, pp of* **think**. **2** *n (reflection, mental activity)* pensamiento *m; (idea)* idea *f; (consideration)* consideración *f,* opinión *f;* **to be lost/deep in** ~ estar ensimismado; **after much** ~ pensándolo bien; **to give sth no** ~ no hacer caso de algo; **I've just had a** ~ se me acaba de ocurrir una idea; **that's a** ~! ¡no vendría mal!; **the very** ~ **of sth** con sólo *or* basta con pensarlo; **to collect one's** ~**s** organizar las ideas, concentrarse; **my** ~**s were elsewhere** estaba pensando en otra cosa; **with no** ~ **for o.s.** sin pensar en sí mismo; **it's the** ~ **that counts** la intención es lo que cuenta.

thought·ful ['ʊɔːtfʊl] *adj (pensive)* pensativo/a; *(kind)* considerado/a.

thought·ful·ly ['ʊɔːtfəlɪ] *adv (gen)* pensativamente; *(caringly)* atentamente.

thought·less ['ʊɔːtlɪs] *adj (without reflection)* irreflexivo/a; *(inconsiderate)* desconsiderado/a; *(uncaring)* poco atento/a.

thought·less·ly ['ʊɔːtlɪslɪ] *adv (without reflection)* sin pensar; *(inconsiderately)* desconsideradamente.

thought-out [ˌʊɔːt'aʊt] *adj* (bien) pensado/a.

thou·sand ['ʊaʊzənd] **1** *adj* mil. **2** *n* mil *m;* **one/two/five** ~ mil/dos mil/cinco mil; **a** ~ **and one/two** mil uno/mil dos; **they sell them by the** ~ los venden a millares; **in their** ~**s** a millares; ~**s of ...** miles de ...; *see* **ten.**

thou·sandth ['ʊaʊzəntʊ] **1** *adj* milésimo/a. **2** *n (in classification)* número mil *m; (fraction)* milésimo *m.*

thrash [ʊræʃ] **1** *vt (whip)* azotar; *(Sport fam: defeat)* dar una paliza a. **2** *vi (also* ~ **about,** ~ **around)** revolverse.

♦ **thrash out** *vt + adv* discutir a fondo, dar vueltas a.

thrash·ing ['ʊræʃɪŋ] *n:* **to give sb a** ~ *(lit: beat)* dar un azote a uno; *(Sport: defeat)* dar una paliza a uno.

thread [ʊred] **1** *n* **(a)** *(Sew etc)* hilo *m; (of silkworm, spider)* hebra *f;* **a needle and** ~ una aguja e hilo; **cotton/nylon** ~ hilo de algodón/nylon; **to hang by a** ~ *(fig)* estar pendiente de un hilo; **to lose the** ~ **(of what one is saying)** perder el hilo (de lo que uno está diciendo); **to pick up the** ~ **again** *(fig)* volver a tomar las riendas. **(b)** *(of screw)* rosca *f,* filete *m.* **2** *vt (needle, beads etc)* ensartar, enhebrar; **to** ~ **one's way through a crowd** colarse entre una multitud.

thread·bare ['ʊredbɛə^r] *adj (coat, blanket etc)* raído/a; *(fig: argument)* trillado/a.

threat [ʊret] *n* amenaza *f;* **to be a** ~ **to sb/sth** constituir una amenaza para uno/algo; **under** ~ **of** amenazado de.

threat·en ['ʊretn] *vt* amenazar; **to** ~ **sb with sth** amenazar a uno con algo.

threat·en·ing ['ʊretnɪŋ] *adj (storm, cloud, look etc)* amenazador(a), amenazante.

three [ʊriː] **1** *adj* tres. **2** *n* tres *m;* **the best of** ~ *(Sport)* hasta tres sets *or* partidos; ~ **cheers** ¡tres hurras!; *for usage see* **five.**

three-D [ˌʊriː'diː] *(also* **3-D)** **1** *adj (also* **three-dimensional)** tridimensional. **2** *n:* **in** ~ en tres dimensiones *fpl.*

three-legged [ˌʊriː'legd] *adj (gen)* de tres patas *or* pies.

three-piece ['ʊriːpiːs] *adj (suit)* de tres piezas; ~ **suite** tresillo *m.*

three-ply [ˌʊriː'plaɪ] *adj (wood)* contrachapado/a (de tres); *(wool)* triple.

three-point turn [ˌʊriːpɔɪnt'tɜːn] *n (Aut)* giro *m* en tres maniobras.

three-quarters [ˌʊriː'kwɔːtəz] *adj:* ~ **of the people** las tres cuartas partes de la gente.

three·some ['ʊriːsəm] *n (group of 3 people)* grupo *m* de tres.

three-wheeler [ˌʊriː'wiːlə^r] *n (car)* coche-cabina *m; (tricycle)* triciclo *m.*

thresh [ʊreʃ] *vt (corn)* trillar.

thresh·ing ma·chine ['ʊreʃɪŋməˌʃiːn] *n* trilladora *f.*

thresh·old ['ʊreʃhəʊld] *n (doorway)* umbral *m; (fig)* puertas *fpl; (pain* ~, *sound* ~ *etc)* tolerancia *f;* **to be on the** ~ **of** *(fig)* estar al borde de.

threw [ʊruː] *pt of* **throw.**

thrift [ʊrɪft] *n,* **thrifti·ness** ['ʊrɪftɪnɪs] *n* economía *f,* frugalidad *f.*

thrifty ['ʊrɪftɪ] *adj* económico/a, frugal.

thrill [ʊrɪl] **1** *n* emoción *f;* **it gave me a great** ~ **to ...** me emocionó mucho .... **2** *vt* emocionar, excitar; **I was** ~**ed to get your letter** me ilusionó mucho recibir tu carta. **3** *vi:* **to** ~ **at/to sth** dejarse conmover *or* emocionar por algo.

thrill·er ['ʊrɪlə^r] *n* obra *f* de suspense.

thrill·ing ['ʊrɪlɪŋ] *adj (gen)* emocionante.

thrive [ʊraɪv] *vi (be healthy)* crecer, desarrollarse; *(fig)* prosperar, medrar; **to** ~ **on sth** sacar provecho de algo; *(fig)* encantarle a uno hacer algo; **business is thriving** el negocio prospera.

thriv·ing ['ʊraɪvɪŋ] *adj (industry, business)* próspero/a.

throat [ʊrəʊt] *n (gen)* garganta *f;* **to clear one's** ~ aclararse la voz; **to have a sore** ~ tener dolor de garganta; **to thrust sth down sb's** ~ meterle algo a uno a la fuerza.

throaty ['ʊrəʊtɪ] *adj* **(-ier, -iest)** *(person, voice)* ronco/a, afónico; *(roar of engine)* ronco/a.

throb [ʊrɒb] **1** *n (of heart etc)* latido *m,* pulso *m.* **2** *vi (machine, heart)* latir, palpitar; *(wound, sore head)* dar punzadas; ~**bing with life** *(fig: town etc)* agitado, rebosante de vida.

throes [ʊrəʊz] *npl (of death)* agonía *f;* **to be in the** ~ **of doing sth** *(fig)* estar haciendo *o* en proceso de hacer algo.

throm·bo·sis [ʊrɒm'bəʊsɪs] *n* trombosis *f;* **coronary** ~ trombosis coronaria.

throne [ʊrəʊn] *n (chair, sovereign)* trono *m;* **the heir to the** ~ el/la heredero/a *m/f* del trono.

throng [ʊrɒŋ] **1** *n* multitud *f,* muchedumbre *f.* **2** *vt* atestar. **3** *vi* apiñarse.

throt·tle ['ʊrɒtl] **1** *n (lever, knob)* acelerador *m; (valve)* válvula *f;* **to give an engine full** ~ acelerar un motor al máximo. **2** *vt (strangle)* estrangular. **3** *vi:* **to** ~ **back** *or* **down** moderar la marcha.

through [ʊruː] **1** *prep* **(a)** *(place)* por, a través de; **to post a letter** ~ **the letterbox** echar una carta al buzón; **to look** ~ **a telescope** mirar por un telescopio; **to walk** ~ **the woods** pasear por el bosque; **he shot her** ~ **the head** le pegó un tiro en la cabeza; **to go** ~ **pockets/belongings/papers** hurgar en los bolsillos/entre las cosas/entre los papeles. **(b)** *(time, process)* durante; **all** *or* **right** ~ **the night** durante toda la noche; **(from)**

Monday ~ Friday *(US)* de lunes a viernes; **to go ~ a bad/good period** pasar un mal/buen rato; **to be halfway ~ a book** ir por la mitad de un libro. **(c)** *(means)* por; **~ lack of resources** por falta de recursos; **he got the job ~ friends** consiguió el trabajo por intermedio de unos amigos; **it was ~ you that we were late** fue por tu culpa que llegamos tarde.

2 *adv* **(a)** *(place)* directamente; **does this train go ~ to London?** ¿este tren va directamente a Londres?; **the nail went right ~** el clavo penetró de parte a parte; **wet ~** *(person)* mojado hasta los huesos; *(person, object)* empapado/a; **he is ~ to the finals of the competition** pasó a finales del concurso; **the wood has rotted ~** la madera se ha podrido completamente; **to put sb ~** *(Telec)* comunicar *or* poner con uno; **you're ~!** *(Telec)* ¡hable! **(b)** *(time, process: also* **right ~***)* hasta el final; **I read the book right ~** leí el libro entero. **(c) ~ and ~** hasta la médula, de pi a pa; *see* **carry ~, fall ~, pull ~** *etc.*

3 *adj* **(a)** *(attr: road, traffic, train)* directo/a; **'no ~ road'** *(sign)* 'callejón *m* sin salida'. **(b)** *(pred: finished)* terminado/a; **we'll be ~ at 7** terminaremos a las siete; **I'm ~ with my girlfriend** rompí *or* terminé con mi novia; **I'm not ~ with you yet** todavía no he terminado contigo; **you're ~!** ¡se acabó para ti!

through·out [θrʊ'aʊt] **1** *prep* **(a)** *(place)* por *or* en todas partes de; **~ the country** en *or* a través de todo el país. **(b)** *(time, process)* durante todo; **~ last winter** durante todo el invierno pasado. **2** *adv* **(a)** *(fully)* completamente; *(everywhere)* en todas partes; **the house is carpeted ~** la casa está completamente alfombrada. **(b)** *(time, process)* de principio a fin; **the film was boring ~** la película fue aburrida de principio a fin.

through·put ['θru:pʊt] *n (materials)* materia *f* procesada *or* elaborada; *(total quantity)* cantidad *f* tratada.

throw [θrəʊ] *(vb: pt* **threw,** *pp* **thrown)** **1** *n* tiro *m*, *(LAm)* echada *f; (of dice)* lance *m; (in judo, wrestling)* tumbado *m*.

2 *vt (ball, stone etc)* tirar, lanzar, *(LAm)* echar; *(dice)* echar; *(horse rider)* desmontar, desarzonar; *(judo opponent)* proyectar; *(wrestling)* tumbar; *(move: switch)* conectar; *(fig: cast)* echar; *(: disconcert)* desconcertar; *(pottery)* amoldar; **to ~ a ball 200 metres** lanzar *or (LAm)* echar una pelota 200 metros; **to ~ a coat round one's shoulders** cubrirse con un abrigo; **he was thrown from his horse** le desmontó su caballo; **to ~ a party** dar *or* organizar una fiesta; **to ~ open** *(doors, windows)* abrir de par en par; *(house, gardens etc)* abrir al público; *(competition, race)* abrir a todos; **to ~ o.s. off a cliff/into a river** *etc* tirarse por un acantilado/a un río *etc;* **to ~ o.s. at sb** *(rush at)* abalanzarse sobre uno; *(fig)* acosarle a uno; **to ~ o.s. into one's work** meterse de lleno en el trabajo; **to ~ o.s. at sb's feet/on sb's mercy** echarse a los pies de uno/abandonarse a la merced de uno; *see* **light[1] 1 (b).**

♦ **throw about, throw around** *vt + adv (litter etc)* esparcir, desparramar; **to ~ money about** derrochar *or* despilfarrar dinero; **to ~ one's weight about** hacer uso de su autoridad.

♦ **throw away** *vt + adv (rubbish etc)* tirar, arrojar, *(LAm)* botar; *(chance)* desperdiciar; **you're just ~ing your money away** estás despilfarrando el dinero.

♦ **throw back** *vt + adv* **(a)** *(return: ball)* devolver. **(b)** *(head)* echar hacia atrás; **to be ~n back on sth** *(fig)* tener que recurrir a algo.

♦ **throw in** *vt + adv (Sport: ball)* sacar; *(sth extra)* añadir, *(LAm)* agregar; *(say casually: remark)* meter, entrometer.

♦ **throw off** *vt + adv (get rid of)* quitarse de encima; *(escape: pursuers, dogs)* despistar; **to ~ sb off the trail** despistar a uno.

♦ **throw out** *vt + adv* **(a)** *(rubbish etc)* tirar, *(LAm)* botar; *(person)* expulsar, *(LAm)* echar; *(fig: proposal)* rechazar. **(b)** *(offer: idea, suggestion)* soltar.

♦ **throw over** *vt + adv (person)* abandonar.

♦ **throw to·geth·er** *vt + adv (clothes)* amontonar; *(essay)* bricolar; *(meal)* preparar a la carrera; *(people)* reunir por casualidad.

♦ **throw up** **1** *vi + adv (fam: vomit)* vomitar, devolver. **2** *vt + adv (ball etc)* lanzar *or (LAm)* echar al aire; *(job)* renunciar a; **she threw up her hands in horror** alzó las manos en señal de susto.

throw·away ['θrəʊə,weɪ] *adj (casual: remark)* hecho/a de paso; *(disposable: bottle etc)* desechable, para tirar.

throw·back ['θrəʊbæk] *n (gen)* retroceso *m*.

throw-in ['θrəʊɪn] *n (Ftbl)* saque *m* (de banda).

thrown [θrəʊn] *pp of* **throw.**

thru [θru:] *(US)* = **through.**

thrush[1] [θrʌʃ] *n (bird)* zorzal *m*, tordo *m*.

thrush[2] [θrʌʃ] *n (Med)* afta *f*.

thrust [θrʌst] *(vb: pt, pp* **thrust)** **1** *n (push)* empujón *m*, empuje *m*, empellón *m; (with knife)* puñalada *f; (Aer, Space)* empuje *m; (Mil: offensive)* acometida *f*, arremetida *f; (in fencing)* estocada *f;* **forward/reverse ~** empuje de avance/de marcha atrás.

2 *vt (push)* empujar con fuerza; *(nail etc)* hincar; **he ~ a book into my hands** me metió un libro entre las manos; **she ~ her head out of the window** sacó la cabeza por la ventana; **to ~ o.s. upon sb** *(fig)* pegarse a uno; **they ~ the job on me** *(fig)* me obligaron a aceptar el trabajo; **I ~ my way through the crowd** me abrí paso entre la multitud; **to ~ sb/sth aside** apartar bruscamente a uno/algo; *(fig)* echar a uno/algo de lado.

thud [θʌd] **1** *n* ruido *m or* golpe *m* sordo. **2** *vi* hacer un ruido sordo; **to ~ to the ground** caer al suelo con un ruido sordo.

thug [θʌg] *n* gamberro/a *m/f*, *(LAm)* matón/ona *m/f*.

thumb [θʌm] **1** *n* pulgar *m;* **to be under sb's ~** *(fig)* estar bajo el poder *or* dominio de uno, **to give sb/sth the ~s up/down** aprobar/desaprobar a uno/algo. **2** *vt:* **to ~ a lift** *or* **a ride** hacer autostop, *(LAm)* pedir aventón *or (CAm)* raid; **to ~ one's nose at sb/sth** *(lit)* hacer un palmo de narices a uno/hacia algo; *(fig)* despreciar a uno/pasar algo por alto; **a well-~ed book** un libro muy manoseado. **3** *vi:* **to ~ through a book/magazine** *etc* hojear un libro/una revista *etc.*

thumb·nail ['θʌmneɪl] **1** *n* uña *f* del pulgar. **2: ~ sketch** *n* esbozo *m*.

thumb·tack ['θʌmtæk] *n (US)* chincheta *f, (LAm)* chinche *f*.

thump [θʌmp] **1** *n (blow)* porrazo *m; (noise of fall etc)* ruido *m* seco *or* sordo; **it came down with a ~** cayó con un ruido sordo. **2** *vt (hit hard)* golpear *or* pegar fuerte; *(accidentally: head etc)* dar *or* topar con; *(put down heavily)* poner *or* deponer violentamente. **3** *vi (person: on door, table)* dar golpes; *(: move heavily)* ir con pasos pesados; *(pound: heart)* palpitar.

thump·ing ['θʌmpɪŋ] *adj (fam)* **it's a ~ great book** es un ladrillo de libro; **a ~ headache** una jaqueca terrible.

thun·der ['θʌndə[r]] **1** *n (Met)* trueno *m; (of hooves, traffic etc)* estruendo *m;* **with a face like ~** con cara de furia; **to steal sb's ~** robarle el éxito a

uno. **2** *vi (Met)* tronar; **the guns ~ed in the distance** los cañones tronaban a lo lejos; **the train ~ed by** el tren pasó con gran estruendo; **to ~ at sb** *(shout)* arremeterse contra uno.
thunder·bolt ['θʌndəbəʊlt] *n* rayo *m.*
thun·der·ous ['θʌndərəs] *adj (applause)* ensordecedor(a), estruendoso/a.
thunder·storm ['θʌndəstɔːm] *n* tormenta *f.*
thunder·struck ['θʌndəstrʌk] *adj (fig)* pasmado/a, asombrado/a.
thun·dery ['θʌndərɪ] *adj (weather)* tormentoso/a.
Thurs·day ['θɜːzdɪ] *n* jueves *m; for usage see* **Tuesday.**
thus [ðʌs] *adv (in this way)* así, de esta manera; *(as a result)* por eso, así que, *(LAm)* de modo que; **~ far** hasta ahora *or (LAm)* aquí.
thwart [θwɔːt] *vt (person, plan, etc)* frustrar.
thyme [taɪm] *n* tomillo *m.*
thy·roid ['θaɪrɔɪd] **1** *n (also* **~ gland***)* tiroides *m inv.* **2** *adj* tiroideo/a; **~ gland** tiroides *m inv.*
ti·ara [tɪ'ɑːrə] *n* diadema *f.*
Ti·bet [tɪ'bet] *n* el Tibet.
Ti·bet·an [tɪ'betən] *adj, n* tibetano/a *m/f.*
tibia ['tɪbɪə] *n* tibia *f.*
tic [tɪk] *n (Med)* tic *m;* **a nervous ~** un tic nervioso.
tick[1] [tɪk] **1** *n* **(a)** *(of clock)* tictac *m.* **(b)** *(fam: moment)* momento *m;* **I shan't be a ~** en seguida voy, *(LAm)* no me tardo, *(Mex)* ahorita voy. **(c)** *(mark)* palomita *f;* **to put a ~ against sth** marcar algo (con palomita). **2** *vt (right answer)* aprobar; *(also* **~ off:** *name on list etc)* marcar, poner una señal contra. **3** *vi (clock)* hacer tictac; **I can't understand what makes him ~** *(fig)* no comprendo su forma de ser.
♦ **tick off** *vt + adv (fam: scold)* reñir, reprender, *(LAm)* regañar.
♦ **tick over** *vi + adv (engine)* girar en marcha lenta; *(fig: business etc)* ir tirando.
tick[2] [tɪk] *n (Zool)* garrapata *f.*
tick[3] [tɪk] *n (fam)* **to buy sth on ~** comprar algo a plazos.
tick·er ['tɪkə[r]] **1** *n (fam: watch)* reloj *m; (: heart)* corazón *m.* **2: ~ tape** *n* cinta *f* perforada.
tick·et ['tɪkɪt] **1** *n (gen)* billete *m, (LAm)* boleto *m; (for theatre etc)* entrada *f, (LAm)* boleto, boleta *f; (for library)* ficha *f, (LAm)* boleta, ticket *m; (Comm: label)* etiqueta *f; (US Pol)* lista *f* (de candidatos), *(LAm)* planilla *f;* **to get a (parking) ~** *(Aut)* ser multado por estacionamiento ilegal; **return ~,** *(US)* **round-trip ~** billete de ida y vuelta, *(LAm)* (boleto de) viaje *m* redondo; **by ~ only** entrada solamente con invitación; **that's the ~!** *(fig)* ¡eso es!, ¡así está bien!

2 *vt (label: goods)* poner etiqueta a.

3: ~ agency *n (Theat)* agencia *f* de billetes, *(LAm)* boletería *f;* **~ collector** *n* revisor(a) *m/f, (LAm)* controlador(a) *m/f* de boletos; **~ holder** *n* poseedor(a) *m/f* de billete; **~ inspector** *n* revisor(a) *m/f, (LAm)* inspector(a) *m/f* de boletos; **~ office** *n (Rail)* despacho *m* de billetes; *(Teat)* taquilla *f, (LAm)* boletería *f.*
tick·ing ['tɪkɪŋ] *n* **(a)** *(of clock etc)* tictac *m.* **(b)** *(material)* terliz *m.*
ticking-off [ˌtɪkɪŋ'ɒf] *n (fam)* **to give sb a ~** echarle una bronca, *(LAm)* regañarle a uno.
tick·le ['tɪkl] **1** *vt (person)* hacerle cosquillas a; *(fig: palate)* regalar; *(: of pride etc)* picar; *(: amuse)* divertir; **it ~d his fancy** le hizo gracia; **to be ~d pink** *(fam)* estar encantado/a. **2** *vi:* **it ~s** pica. **3** *n:* **to give sb a ~** hacerle cosquillas a uno.
tick·lish ['tɪklɪʃ] *adj,* **tick·ly** ['tɪklɪ] *adj (fam: easily tickled: person)* cosquilloso/a; *(: which tickles: blanket)* que pica; *(: cough)* irritante; *(fig: touchy: person)* picajoso/a, delicado/a; *(: delicate: situation, problem)* delicado/a.
tid·al ['taɪdl] *adj* de (la) marea; **~ wave** maremoto *m.*
tid·dler ['tɪdlə[r]] *n (small fish)* pececillo *m; (fam: child)* nene/a *m/f, (Mex fam)* escuincle *mf, (LAm)* guagua *mf.*
tid·dly ['tɪdlɪ] *adj* **(-ier, -iest)** *(fam: drunk)* alegre, *(LAm)* tomado/a.
tiddly·winks ['tɪdlɪwɪŋks] *nsg* pulga *f.*
tide [taɪd] **1** *n* marea *f; (fig: of emotion)* ola *f; (: of events etc)* corriente *f;* **high/low ~** marea alta/baja; **the ~ has turned** *(lit)* ha cambiado la marea; *(fig)* han cambiado las cosas; **to go with/swim against the ~** *(fig)* seguir/ir contra la corriente. **2** *vt:* **to ~ sb over** *or* **through** ayudarle a uno a salir de un apuro.
tide·mark ['taɪdmɑːk] *n* línea *f* de la marea alta.
ti·di·ly ['taɪdɪlɪ] *adv (well: dressed etc)* bien, perfectamente; *(organized)* ordenadamente.
ti·di·ness ['taɪdɪnɪs] *n (order)* orden *m; (cleanliness)* aseo *m,* limpieza *f.*
tid·ings ['taɪdɪŋz] *npl* noticias *fpl.*
tidy ['taɪdɪ] **1** *adj* **(-ier, -iest)** *(room etc)* ordenado/a; *(drawing, work etc)* limpio/a, claro/a; *(person)* arreglado/a, aseado/a; *(mind)* claro/a, metódico/a; **a ~ sum** *(fam)* una suma considerable. **2** *vt (also* **~ up:** *room, toys etc)* ordenar, poner en orden; *(: one's hair)* arreglarse. **3** *n* cajita *f.*
♦ **tidy away** *vt + adv* devolver a su lugar.
♦ **tidy out** *vt + adv* limpiar, ordenar.
♦ **tidy up 1** *vi + adv* limpiar, ordenar. **2** *vt + adv* = **tidy 2.**
tie [taɪ] **1** *n* **(a)** *(necktie etc)* corbata *f;* **black ~** lazo *m* negro; *(fig)* traje *m* de etiqueta; *see* **bow**[1]. **(b)** *(cord, ribbon)* cuerda *f,* atadura *f; (fig: bond)* lazo *m,* vínculo *m; (: hindrance)* atadura; **the ~s of friendship** los lazos de la amistad; **family ~s** las obligaciones *fpl* familiares. **(c)** *(Sport etc: draw)* empate *m;* **there was a ~ in the voting** la votación resultó en empate; **Cup ~** *(Sport: match)* partido *m* de copa.

2 *vt (necktie)* hacer nudo en, atar; *(also* **~ up:** *shoelaces, knot)* atar, *(LAm)* amarrar; *(parcel etc)* liar, envolver; *(tether, attach)* atar, *(LAm)* amarrar; *(fig: restrict)* atar, ligar; **to ~ tight(ly)** amarrar *or* apretar fuerte; **his hands are ~d** *(fig)* está atado de pies y manos.

3 *vi (Sport etc: draw)* empatar; **they ~d at 2 goals each** empataron a dos tantos.
♦ **tie back** *vt + adv (curtains, hair)* recoger.
♦ **tie down** *vt + adv (lit)* sujetar, *(LAm)* amarrar; *(fig)* **to ~ sb down to sth** obligar a uno a cumplir algo; **to be ~d down** estar atado/a.
♦ **tie in 1** *vi + adv (correspond, be connected)* **to ~ in (with)** concordar (con). **2** *vt + adv:* **to ~ in (with)** *(meeting, visit)* juntar con; *(findings)* relacionar con, compaginar con.
♦ **tie on** *vt + adv (label etc)* atar.
♦ **tie up 1** *vi + adv (Naut)* amarrar, atracar. **2** *vt + adv (parcel)* atar, envolver; *(person, boat, horse)* atar; *(fig: capital)* inmovilizar; *(: business deal)* concluir; *(: connect)* relacionar, vincular; **to be ~d up (with sb/sth)** *(busy)* estar ocupado (con algo/uno); **the traffic was ~d up by the accident** el tráfico quedó atascado a causa del accidente.
tie-break(er) ['taɪbreɪk(ə[r])] *n (Sport)* tie-break *m,* muerte *f* rápida.
tie-dye ['taɪdaɪ] *vt* teñir a parchazos.
tie-in ['taɪɪn] *n (link)* vinculación *f.*
tie-on [taɪ'ɒn] *adj (label)* para atar.
tie·pin ['taɪpɪn] *n* alfiler *m* de corbata.
tier [tɪə[r]] *n* grada *f;* **to arrange in ~s** disponer en

gradas.

tie-up ['taɪʌp] *n (connection)* enlace *m,* vínculo *m.*

tiff [tɪf] *n* pelea *f,* riña *f, (LAm)* pleito *m;* **a lover's ~** una pelea de amantes.

ti·ger ['taɪgəʳ] *n* tigre *m.*

tight [taɪt] **1** *adj* **(a)** *(stretched to limit: rope etc)* estirado/a; *(close-fitting: trousers)* (muy) ajustado/a; *(shoes)* apretado/a; *(usu pred: firmly fixed, hard to move)* firme; *(narrow: bend, space)* cerrado/a; *(strict: control, discipline)* severo/a, estricto/a; *(fam: mean)* tacaño/a; **it's a ~ fit** queda muy justo/a; **to keep ~ hold of sth** agarrar algo muy fuerte, no soltar algo; **to be in a ~ spot** *(fig)* estar en un apuro *m or* aprieto *m;* **space/money is a bit ~** falta espacio/escasea el dinero. **(b)** *(fam: drunk)* borracho/a, *(LAm)* tomado/a, *(RPl)* cuete; **to get ~** emborracharse.

2 *adv (grasp, hold)* bien; **to be packed ~** *(food, suitcase etc)* estar atestado; *(room)* estar lleno de gente; **screw the nut up ~!** ¡aprieta bien la tuerca!; **pull the door ~!** ¡cierra bien la puerta!; **to hold sb ~** abrazar a uno fuertemente; **hold ~!** ¡agárrense bien!; **to sit ~** *(patiently)* aguantar; *(still)* estarse quieto; **to sleep ~** *(soundly)* dormir profundamente.

tight·en ['taɪtn] **1** *vt (also* **~ up:** *rope etc)* estirar, tensar; *(nut etc)* apretar; *(belt, shoes etc)* apretarse; *(regulation)* reforzar, estrechar. **2** *vi (also* **~ up:** *rope, knot)* estirarse; *(: grasp)* apretarse.

♦ **tight·en up 1** *vi + adv* = **tighten 2. 2** *vt + adv* **(a)** = **tighten 1. (b) to ~ up on sth** hacer algo en forma más rigurosa.

tight-fisted [,taɪt'fɪstɪd] *adj (mean: person)* tacaño/a, agarrado/a.

tight-lipped [,taɪt'lɪpt] *adj (annoyed)* que está de morros; *(silent)* callado/a.

tight·ly ['taɪtlɪ] *adv* = **tight 2.**

tight·ness ['taɪtnɪs] *n (of shoes, trousers)* estrechez *f; (of lid, screw)* lo apretado; *(of discipline, regulations)* severidad *f;* **I can feel a ~ in my chest** siento opresión en el pecho.

tight·rope ['taɪtrəʊp] **1** *n* cuerda *f* floja. **2: ~ walker** *n* equilibrista *mf,* funambulista *mf.*

tights [taɪts] *npl (clothes)* pantimedias *fpl,* leotardos *mpl.*

ti·gress ['taɪgrɪs] *n* tigresa *f.*

til·de ['tɪldə] *n* tilde *f.*

tile [taɪl] **1** *n (roof ~)* teja *f; (floor ~)* baldosa *f, (LAm)* adoquín *m; (wall ~, decorative ~)* azulejo *m;* **a night on the ~s** *(fam)* una noche de juerga *or (LAm)* parranda. **2** *vt (floor, bathroom etc)* poner tejas *or* azulejos *etc* en.

tiled [taɪld] *adj (see* **tile***)* tejado/a; embaldosado/a, adoquinado/a; cubierto/a con azulejos.

till[1] [tɪl] *vt (Agr: land, soil)* cultivar, labrar.

till[2] [tɪl] = **until.**

till[3] [tɪl] *n (for money)* caja *f.*

till·er ['tɪləʳ] *n (Naut)* timón *m.*

tilt [tɪlt] **1** *n* **(a)** *(slant)* inclinación *f,* ladeo *m; (incline)* declive *m,* cuesta *f;* **on/at a ~** inclinado/a, ladeado/a. **(b) (at) full ~** a toda velocidad *or* carrera. **2** *vt* inclinar, ladear; **~ it this way/the other way** inclínalo hacia este/el otro lado; **he ~ed his chair back** inclinó la silla hacia atrás. **3** *vi* inclinarse, ladearse; **to ~ to one side** inclinarse hacia un lado; **he ~ed back in his chair** se recostó en la silla.

tim·ber ['tɪmbəʳ] *n (material)* madera *f; (beam)* viga *f;* **~!** ¡árbol, tronco va!

tim·bered ['tɪmbəd] *adj (house etc)* enmaderado/a.

tim·bre ['tæ̃mbrə, 'tɪmbəʳ] *n (Mus: of instrument, voice)* timbre *m.*

time [taɪm] **1** *n* **(a)** *(gen)* tiempo *m; (spare ~)* tiempo libre, ocio *m;* **~ and space** el tiempo y el espacio; **how ~ flies!** ¡cómo pasa el tiempo!; **only ~ will tell** el tiempo dirá; **~ is on our side** el tiempo obra a nuestro favor; **all in good ~** en su debido tiempo; **to have (the) ~ (to do sth)** tener tiempo (para hacer algo); **to find the ~ for reading** encontrar tiempo para leer; **I've no ~ for them** *(too busy)* no tengo tiempo para ellos; *(contemptuous)* no me interesan ellos; **he lost no ~ in doing it** no tardó en hacerlo; **it takes ~ to ...** se tarda en ...; **to take one's ~** avanzar a su propio ritmo; **~ is money** *(Prov)* el tiempo es oro; **he did it in his own ~** *(without being hurried)* lo hizo sin prisa; *(out of working hours)* lo hizo en su tiempo libre; **my ~ is my own** yo dispongo de mi tiempo; *see* **spare 4.**

(b) *(period of ~)* período *m,* rato *m;* **a long ~** mucho tiempo; **a long ~ ago** hace mucho (tiempo), *(LAm)* hace tiempo; **a short ~ after** poco (tiempo) después; **for a ~** durante un rato; **have you been here all this ~?** ¿has estado aquí todo este tiempo?; **for the ~ being** por ahora, *(LAm)* de momento; **in no ~** en un abrir y cerrar de ojos; **in a week's ~** dentro de una semana, *(LAm)* en una semana más.

(c) *(moment)* momento *m;* **any ~** cuando quieras; **any ~ now** de un momento a otro; **at that ~** entonces, en aquel entonces; **at the present ~** hoy en día, actualmente; **at this ~ of the year** en esta época del año; **(by) this ~ next year** el año que viene por estas fechas; **by the ~ he arrived** para su llegada; **at the same ~** *(simultaneously)* al mismo tiempo, a la vez; *(even so)* al mismo tiempo, por otro lado; **at ~s** a veces, *(LAm)* a ratos; **at all ~s** siempre, en todo momento; **from ~ to ~** de vez en cuando, *(LAm)* cada rato; **now is the ~ to go** ahora es el momento de irse; **the ~ has come to leave** ha llegado el momento de irse; **this is no ~ for jokes** éste no es un momento para bromas; **this is neither the ~ nor the place to discuss it** éste no es ni el momento ni el lugar oportuno para hablar de eso.

(d) *(by clock)* hora *f;* **to tell the ~** *(clock)* dar la hora; *(child)* leer el reloj; **what ~ do you make it?** ¿qué hora es *or (LAm)* tiene?; **have you got the (right) ~?** ¿tiene la hora exacta?; **what's the ~?** ¿qué hora es?, **Greenwich mean ~** hora media de Greenwich; **on ~** a la hora; **to arrive (just) in ~ for dinner** llegar justo a tiempo para cenar; **it's ~ to go** es hora de irse; **it's ~ for the news** es (la) hora de las noticias; **to be 30 minutes behind/ahead of ~** llevar 30 minutos de retraso/adelanto; **about ~ too!** ¡ya era hora!; **it's about ~ you had a haircut** ya es hora de que te cortes el pelo; *see* **closing, opening 3.**

(e) *(era, period: often* **~s***)* época *f;* **in modern ~s/Elizabethan ~s/our own ~(s)** en tiempos modernos/isabelinos/en nuestro tiempo; **before/during my** *etc* **~** antes de/en mis *etc* tiempos; **~s were hard** los tiempos eran duros; **in ~s to come** en tiempos venideros; **to be ahead of one's ~/behind the ~s** estar adelantado/atrasado.

(f) *(experience)* experiencia *f;* **to have a good/bad** *or* **rough ~ (of it)** pasarlo bien/mal.

(g) *(occasion)* vez *f,* ocasión *f;* **three ~s** tres veces; **this ~** esta vez; **next ~** la próxima vez, *(LAm)* a la próxima; **the last ~ I did it** la última vez que lo hice; **~ after ~, ~ and again** repetidas veces, vez tras vez; **many's the ~ ...** no una vez, sino muchas ...; **I remember the ~ he came here** recuerdo la ocasión en que pasó por acá; **for weeks at a ~** durante semanas enteras; **to carry**

3 boxes at a ~ llevar 3 cajas a la vez.
(h) *(Mil, Mus)* ritmo *m*, compás *m;* **to beat ~** marcar el compás; **to march in ~/out of ~** llevar/dejar de llevar el compás; *see* **beat 2 (a), mark 2 (g).**
(i) *(Math)* **4 ~s 3 is 12** 4 por 3 son 12; **3 ~s as fast (as sth)** *or* **faster (than sth)** 3 veces más rápido (que algo).
2 *vt* **(a)** *(schedule)* planear, calcular; *(choose ~ of: joke, request)* elegir el momento para; **to ~ sth perfectly** elegir el momento más oportuno para algo; **the bomb was ~d to explode 5 minutes later** la bomba estaba sincronizada para explotar 5 minutos más tarde.
(b) *(with stopwatch etc)* cronometrar; **to ~ o.s.** cronometrarse.
3: ~ bomb *n* bomba *f* de efecto retardado *or* de tiempo; **~ card** *n*, **~ sheet** *n* tarjeta *f* de registro horario; **~ exposure** *n (Phot)* pose *f*, exposición *f;* **~ limit** *n* límite *m* de tiempo, tiempo *m* tope; **to set a ~ limit** fijar un plazo; **~ switch** *n* interruptor *m* horario.
time-and-motion [ˌtaɪmən'məʊʃən] *adj:* **~ expert** experto/a *m/f* en tiempos y movimientos.
time-consuming ['taɪmkənˌsjuːmɪŋ] *adj* que requiere mucho tiempo.
time-honoured, *(US)* **time-honored** ['taɪmˌɒnəd] *adj* consagrado/a.
time-keeping ['taɪmˌkiːpɪŋ] *n (gen)* cronometraje *m; (in factory etc)* control *m.*
time-lag ['taɪmlæg] *n (delay)* retraso *m; (lack of synchronization)* desfase *m.*
time·less ['taɪmlɪs] *adj (book, experience etc)* eterno/a.
time·ly ['taɪmlɪ] *adj* oportuno/a.
time·piece ['taɪmpiːs] *n* reloj *m.*
tim·er ['taɪmə^r] *n (egg ~ etc)* reloj *m* de arena; *(Tech)* reloj automático; *(: regulator)* regulador *m; (Aut)* distribuidor *m.*
time-saving ['taɪmˌseɪvɪŋ] *adj* que ahorra tiempo.
time·table ['taɪmˌteɪbl] *n (for trains etc)* horario *m; (programme of events etc)* programa *m*, itinerario *m.*
tim·id ['tɪmɪd] *adj* tímido/a.
ti·mid·ity [tɪ'mɪdɪtɪ] *n* timidez *f.*
tim·id·ly ['tɪmɪdlɪ] *adv* tímidamente.
tim·ing ['taɪmɪŋ] *n* coordinación *f;* **good/bad ~** selección *f* del momento oportuno/inoportuno.
tim·or·ous ['tɪmərəs] *adj* tímido/a, asustadizo/a.
tim·pa·ni ['tɪmpənɪ] *npl (Mus)* tímpanos *mpl.*
tin [tɪn] **1** *n* **(a)** *(as ore)* estaño *m; (metal)* hojalata *f.* **(b)** *(Brit: container)* lata *f*, *(LAm)* bote *m.* **2** *vt* enlatar. **3: ~ can** *n* lata *f*, *(LAm)* bote *m;* **~ mine** *n* mina *f* de estaño; **~ soldier** *n* soldado *m* de plomo; **~ whistle** *n (Mus)* pito *m.*
tin·foil ['tɪnfɔɪl] *n* papel *m or* hoja *f* de estaño.
tinge [tɪndʒ] **1** *n (of colour)* tinte *m*, matiz *m; (fig)* **a ~ of nostalgia** cierta nostalgia. **2** *vt* teñir, matizar.
tin·gle ['tɪŋgl] **1** *n (of skin)* hormigueo *m*, comezón *m; (thrill)* estremecimiento *m.* **2** *vi (cheeks, skin)* sentir hormigueo *or* comezón; **a tingling sensation** una sensación de hormigueo, un comezón; **to ~ with excitement** estremecerse de emoción.
tink·er ['tɪŋkə^r] **1** *n* calderero *m.* **2** *vi (also ~* **about)** **to ~ (with)** jugar (con), tocar.
tin·kle ['tɪŋkl] **1** *n (of bell etc)* tintín *m*, tintineo *m;* **give me a ~ some time** *(fam)* llámame *or* échame una llamada algún día. **2** *vi* tintinear.
tin·kling ['tɪŋklɪŋ] **1** *adj* que hace tilín. **2** *n* tintineo *m*, tilín *m.*
tinned [tɪnd] *adj (Brit)* en *or* de lata *or* bote.
tin·ny ['tɪnɪ] *adj* **(-ier, -iest)** *(metallic: sound)* metálico/a; *(pej: car, machine)* poco sólido/a, de pacotilla.
tin-opener ['tɪnˌəʊpnə^r] *n (Brit)* abrelatas *m inv.*
tin·plate ['tɪnpleɪt] *n* hojalata *f.*
tin·sel ['tɪnsəl] *n* oropel *m.*
tint [tɪnt] **1** *n (gen)* tono *m*, matiz *m; (for hair)* tinte *m.* **2** *vt (hair)* teñir.
tin·tack ['tɪntæk] *n* tachuela *f.*
tiny ['taɪnɪ] *adj* **(-ier, -iest)** pequeñito/a, minúsculo/a.
tip[1] [tɪp] *n (gen: end)* punta *f; (of mountain)* pico *m; (of cigarette)* filtro *m*, boquilla *f;* **on the ~ of sb's tongue** *(fig)* en la punta de la lengua; **the ~ of the iceberg** *(fig)* la punta del iceberg; *see* **filter.**
tip[2] [tɪp] **1** *n* **(a)** *(gratuity)* propina *f.* **(b)** *(hint)* consejo *m; (: for race)* información *f*, confidencia *f;* **to give sb a ~** darle a uno un buen consejo. **2** *vt* **(a)** *(porter, waiter)* dar una propina a. **(b)** *(predict: winner)* pronosticar; *(: horse)* recomendar; **he is being ~ped for the job** le señalan como el más indicado para el puesto.
tip[3] [tɪp] **1** *n (rubbish dump)* vertedero *m*, *(LAm)* tiradero *m.* **2** *vt* volcar, verter, *(LAm)* tirar; **to ~ away the dishwater** tirar *or (LAm)* echar el agua sucia; **to ~ back a chair** inclinar una silla hacia atrás; **he ~ped out the contents of the box** vertió el contenido de la caja; **to ~ over a glass of wine** tirar *or (LAm)* volcar una copa de vino; **to ~ the balance** ser el factor decisivo. **3** *vi* **(a)** *(incline)* inclinarse, ladearse; *(also* **~ over)** volcarse, *(LAm)* voltearse. **(b)** *(dump rubbish)* tirar *or (LAm)* botar basura; **'no ~ping'** 'no tirar'.
♦ **tip off** *vt + adv (warn)* advertir, avisar; *(inform on)* soplar a.
♦ **tip up 1** *vi + adv* volcarse, voltearse. **2** *vt + adv* volcar, voltear.
tip-off ['tɪpɒf] *n (warning)* información *f*, advertencia *f; (informing)* soplo *m.*
tipped [tɪpt] *adj (cigarette)* con filtro *or* boquilla.
tip·ple ['tɪpl] *(fam)* **1** *n* trago *m (fam).* **2** *vi* empinar el codo.
tip·pler ['tɪplə^r] *n (fam)* amante *mf* del trago.
tip·ster ['tɪpstə^r] *n* pronosticador(a) *m/f.*
tip·sy ['tɪpsɪ] *adj* **(-ier, -iest)** alegre, *(LAm)* tomado/a.
tip·toe ['tɪptəʊ] **1** *n:* **to walk on ~** andar *or (LAm)* caminar de puntillas. **2** *vi* ir de puntillas.
tip·top ['tɪpˌtɒp] *adj:* **in ~ condition** *(car etc)* en excelentes condiciones; *(person)* en plena forma.
ti·rade [taɪ'reɪd] *n* diatriba *f.*
tire[1] ['taɪə^r] *n (US)* = **tyre.**
tire[2] ['taɪə^r] **1** *vt* cansar. **2** *vi* cansarse; **to ~ of sb/sth** hartarse de uno/algo.
♦ **tire out** *vt + adv* agotar, *(LAm)* rendir.
tired [taɪəd] *adj* **(a)** *(person, voice etc)* cansado/a, *(LAm)* fatigado/a; **to be/feel ~** estar/sentirse cansado; **to look ~** tener cara de cansancio; **to be ~ of sb/sth** estar harto de uno/algo; **to get** *or* **grow ~ of doing sth** cansarse de hacer algo. **(b)** *(fig: cliché etc)* trillado/a; *(: shabby)* raído/a, gastado/a.
tired·ness ['taɪədnɪs] *n (see adj* **a)** cansancio *m*, fatiga *f.*
tire·less ['taɪəlɪs] *adj* incansable.
tire·some ['taɪəsəm] *adj (job)* fastidioso/a, *(LAm)* pesado/a; *(person)* aburrido/a, *(LAm)* latoso/a; *(situation)* fastidioso/a, *(LAm)* pesado/a.
tir·ing ['taɪərɪŋ] *adj* cansado/a.
tis·sue ['tɪʃuː] **1** *n* **(a)** *(thin paper)* papel *m* de seda; *(paper handkerchief)* pañuelo *m* de papel, *(LAm)* klínex *m.* **(b)** *(Anat)* tejido *m.* **(c)** *(fig)* **a ~ of lies** una sarta de mentiras. **2: ~ paper** *n* papel *m* de seda.

tit[1] [tɪt] *n (bird)* paro *m;* **blue ~** alionín *m.*
tit[2] [tɪt] *n:* **~ for tat** ojo por ojo.
tit[3] [tɪt] *n (fam: breast)* teta *f,* pecho *m.*
ti·ta·nium [tɪ'teɪnɪəm] *n* titanio *m.*
tit·bit ['tɪtbɪt] *n, (US)* **tid·bit** ['tɪdbɪt] *n (of food)* golosina *f; (fig: of news, information etc)* pedazo *m,* retazo *m.*
tit·il·late ['tɪtɪleɪt] *vt (sexually)* excitar.
ti·tle ['taɪtl] **1** *n* **(a)** *(of book, chapter etc)* título *m; (headline etc)* titular *m,* cabecera *f.* **(b)** *(Sport)* título *m;* **to hold a ~** ser campeón/ona *m/f.* **(c)** *(of nobility etc)* título *m.* **(d)** *(Jur: right)* **~ (to)** derecho *m* (a). **2: ~ deed** *n (Jur)* título *m* de propiedad; **~ holder** *n (Sport)* campeón/ona *m/f;* **~ page** *n* portada *f;* **~ role** *n (Theat, Cine)* papel *m* principal.
ti·tled ['taɪtld] *adj (person)* con título de nobleza.
tit·ter ['tɪtə^r] **1** *n (snigger)* risa *f* tonta. **2** *vi (snigger)* reírse tontamente.
tittle-tattle ['tɪtl,tætl] *(fam)* **1** *n* chismes *mpl.* **2** *vi* chismear.
tiz·zy ['tɪzɪ] *n (fam)* **to be in/get into a ~ (about sth)** hacerse líos (por algo).
T-junction ['tiː,dʒʌŋkʃən] *n* cruce *m* en T.
to [tuː] *prep* **1 (a)** *(direction)* a; **to go ~ Paris** ir a París; **to go ~ school** ir al colegio; **to go ~ the doctor's** ir al médico; **the road ~ Edinburgh** la carretera de Edimburgo; **have you ever been ~ India?** ¿ha estado en la India?; **(move) ~ the left/the right** (muévete) a la izquierda/la derecha; **a letter ~ his wife** una carta a su mujer.
(b) *(next ~, with position)* a, contra; **he stood with his back ~ the wall** estaba con la espalda contra la pared; **at right angles ~ that** en ángulo recto con eso; **the door is ~ the left (of the window)** la puerta está a la izquierda (de la ventana).
(c) *(as far as)* hasta, a; **from here ~ London** de aquí a *or* hasta Londres; **to count ~ 10** contar hasta 10; **correct ~ 3 decimal places** correcto hasta 3 decimales; **from 40 ~ 50 people** *etc* entre 40 y 50 personas *etc;* **~ some extent** hasta cierto punto, en cierta medida; **to be wet ~ the skin** estar mojado hasta los huesos, estar empapado.
(d) *(with expressions of time)* menos, *(LAm)* para; **it's a quarter ~ three** *(Sp)* son las tres menos cuarto, *(LAm)* es *or* falta un cuarto para las tres.
(e) *(expressing indirect object)* a; **to give sth ~ sb** darle algo a uno; **it belongs ~ me** me pertenece a mí; **the man I sold it ~** *or* **~ whom I sold it** *(frm)* el hombre a quien lo vendí; **they were kind ~ me** fueron muy amables conmigo; **a solution ~ the problem** una solución del problema; **devoted ~ his wife** fiel a su mujer; **a monument ~ the fallen** un monumento en honor a los caídos; **to drink ~ sb** brindar por uno.
(f) *(in relation ~)* a, con; **superior ~ the others** superior a los demás; **that's nothing ~ what is to come** eso no es nada en comparación con lo que está por venir; **30 miles ~ the gallon** 30 millas por galón; **8 apples ~ the kilo** 8 manzanas por kilo.
(g) *(about)* de; **what do you say ~ this?** ¿qué le parece esto?; **that's all there is ~ it** eso es todo, no hay nada más que decir.
(h) *(according ~)* según; **~ my way of thinking** según mi modo de pensar, *(LAm)* a mi modo de ver; **~ the best of my recollection/ability** que yo recuerde/lo mejor que pueda; **we danced ~ to the music of the live band** bailamos con la música en vivo de la orquesta.
(i) *(purpose, result)* **to come ~ sb's aid** acudir en ayuda de uno; **to sentence sb ~ death** condenar a uno a la pena de muerte; **~ my great surprise** con gran sorpresa mía.
2 *with vb* **(a)** *(simple infin)* **~ come/sing/work** *etc* venir/cantar/trabajar *etc.*
(b) *(following another vb)* **to want ~ do** querer hacer; **to try ~ do sth** tratar de hacer algo; **to start ~ cry** empezar a llorar.
(c) *(purpose, result)* para; **he did it ~ help you** lo hizo para ayudarte; **he came ~ see you** vino a verte.
(d) *(without vb)* **I don't want ~** no quiero; **you ought ~** deberías.
(e) *(equivalent to relative clause)* **I have things ~ do** tengo cosas que hacer; **he's not the sort ~ do that** no es de los que hacen eso; **now is the time ~ do it** llegó la hora de hacerlo; **he has a lot ~ lose** tiene mucho que perder.
(f) *(after adj etc)* **ready ~ go** listo/a para salir; **hard ~ believe** difícil de creer; **the first ~ go** el primero/la primera en irse; **too old ~ play tennis** demasiado viejo/a para jugar al tenis; **he's young ~ be a grandfather** es muy joven para ser abuelo.
3 *adv* **(a) to push the door ~** *(closed)* cerrar la puerta.
(b) to come ~ *(recover consciousness)* volver en sí, recobrar el conocimiento.
(c) ~ and fro *(back and forth)* de un lado para otro, para arriba y para abajo.
toad [təʊd] *n* sapo *m.*
toad-in-the-hole [,təʊdɪnðə'həʊl] *n (Culin)* salchichas *fpl* en pasta.
toad·stool ['təʊdstuːl] *n* hongo *m* venenoso.
toady ['təʊdɪ] *(pej)* **1** *n* adulador (a) *mf,* lameculos *mf inv (fam).* **2** *vi:* **to ~ to sb** adular *or* hacer la pelotilla a uno, *(LAm)* dar coba *or* engreír a uno.
toast [təʊst] **1** *n* **(a)** *(bread)* pan *m* tostado, *(LAm)* tostada *f;* **a piece of ~** una tostada. **(b)** *(drink)* brindis *m;* **to propose/drink a ~ to sb** proponer un brindis/brindar por uno; **to be the ~ of the town/nation** *(fig)* ser el consentido de la ciudad/la nación. **2** *vt* **(a)** *(bread)* tostar. **(b)** *(drink to)* brindar por.
toast·er ['təʊstə^r] *n* tostadora *f.*
toast-rack ['təʊstræk] *n* rejilla *f* para tostadas.
to·bac·co [tə'bækəʊ] **1** *n* tabaco *m;* **pipe ~** tabaco de pipa. **2: ~ pouch** *n* petaca *f.*
to·bac·co·nist [tə'bækənɪst] *n* estanquero/a *m/f, (LAm)* tabaquero/a *m/f;* **~'s (shop)** estanco *m, (LAm)* tabaquería *f.*
to·bog·gan [tə'bɒgən] **1** *n* tobogán *m.* **2** *vi* ir *or* deslizarse en tobogán.
to·day [tə'deɪ] *adv* hoy; *(these days)* hoy (en) día; **a fortnight ~** de hoy en quince días; **what day is it ~?** ¿qué día es hoy?; **what date is it ~?** ¿cuál es la fecha de hoy?; **~ is the 4th of March** hoy es el 4 de marzo; **~'s paper** el periódico de hoy.
tod·dle ['tɒdl] *vi (fam: go)* marcharse; **he ~d off** se marchó.
tod·dler ['tɒdlə^r] *n (small child)* niño/a *m/f or* chiquillo/a *m/f* (que empieza a caminar).
tod·dy ['tɒdɪ] *n:* **hot ~** ponche *m.*
to-do [tə'duː] *n (fam: fuss)* follón *m, (LAm)* lío *m.*
toe [təʊ] **1** *n (Anat)* dedo *m* del pie; *(of shoe)* puntera *f;* **big/little ~** dedo gordo/pequeño del pie; **to keep sb on his ~s** *(fig)* mantener a uno sobre ascuas; **to tread on sb's ~s** *(lit)* pisar *or* pisotear a uno; *(fig)* meterse con uno. **2** *vt:* **to ~ the line** *(fig: conform)* conformarse.
toe·cap ['təʊkæp] *n* puntera *f.*
toe·nail ['təʊneɪl] *n* uña *f* del dedo del pie.
tof·fee ['tɒfɪ] **1** *n* caramelo *m,* dulce *m* de leche; **he**

can't do it for ~ *(fam)* no tiene ni idea de cómo hacerlo. **2:** ~ **apple** *n* pirulí *m*, manzana *f* escarchada.

to·geth·er [tə'geðə^r] *adv* **(a)** *(live, work, be)* juntos/as; **to bring/glue** ~ juntar/fijar; ~ **with** junto con; **all** ~ todos/as juntos/as *or* en conjunto; **they were in it** ~ *(pej)* todos estaban metidos en el asunto; **we're in this** ~ estamos metidos todos por igual; **to put a meal** ~ preparar una comida de prisa. **(b)** *(simultaneously)* a la vez, juntos/as; *(continuously)* seguidos/as.

to·geth·er·ness [tə'geðənɪs] *n* compañerismo *m*.

tog·gle ['tɒgl] *n (on coat)* botón *m* alargado de madera.

togs [tɒgz] *npl (fam: clothes)* atuendo *msg*, ropa *fsg*.

toil [tɔɪl] **1** *n* trabajo *m*, esfuerzo *m*. **2** *vi* trabajar duro; **to** ~ **away at sth** darle duro con algo; **to** ~ **up a hill** subir la cuesta con trabajo.

toi·let ['tɔɪlɪt] **1** *n* **(a)** *(lavatory)* excusado *m*, wáter *m*, *(LAm)* sanitario *m*; **to go to the** ~ ir al excusado *or (LAm)* al baño; **she's in the** ~ está en el excusado *or* el baño. **(b)** *(dressing, washing etc)* aseo *m*. **2:** ~ **bag** *n* estuche *m*, neceser *m*; ~ **paper/roll** *n* papel *m* higiénico; ~ **water** *n* (agua *f* de) colonia *f*.

toi·let·ries ['tɔɪlɪtrɪz] *npl* artículos *mpl* de tocador.

to·ing and fro·ing [,tu:ɪŋən'frəuɪŋ] *n* vaivén *m*.

to·ken ['təukən] **1** *n* **(a)** *(voucher)* vale *m*; *(metal disc)* ficha *f*. **(b)** *(sign, symbol)* muestra *f*, señal *f*; **as a** ~ **of friendship** como prueba de amistad; **by the same** ~ por la misma razón. **2** *cpd (payment, strike)* nominal, simbólico/a; *(resistance, gesture)* simbólico/a.

told [təuld] *pt, pp of* **tell**.

tol·er·able ['tɒlərəbl] *adj (pain, heat etc)* soportable; *(not too bad: film, food etc)* regular.

tol·er·ably ['tɒlərəblɪ] *adv (moderately: good, comfortable)* medianamente.

tol·er·ance ['tɒlərəns] *n (gen)* tolerancia *f*.

tol·er·ant ['tɒlərənt] *adj* indulgente, tolerante.

tol·er·ate ['tɒləreɪt] *vt (heat, pain)* resistir, aguantar; *(person)* tolerar, soportar.

tol·era·tion [,tɒlə'reɪʃən] *n* tolerancia *f*.

toll[1] [təul] **1** *n* **(a)** *(on road)* peaje *m*. **(b)** *(losses, casualties)* número *m* de víctimas, mortandad *f*; **the** ~ **on the roads** las víctimas de accidentes de tránsito; **the severe weather has taken its** ~ **on the crops** el tiempo severo ha ocasionado pérdidas en la cosecha. **2** *cpd (road, bridge)* de peaje.

toll[2] [təul] **1** *vt, vi (bell)* tañer, doblar. **2** *n (of bell)* tañido *m*, doblar *m*.

tom [tɒm] *n (also* ~ **cat)** gato *m* (macho).

Tom [tɒm] *n*: **any** ~, **Dick or Harry** un fulano cualquiera.

to·ma·to [tə'mɑ:təu] *n, pl* **-es** tomate *m*.

tomb [tu:m] *n* tumba *f*, sepulcro *m*.

tom·bo·la [tɒm'bəulə] *n* tómbola *f*.

tom·boy ['tɒmbɔɪ] *n* marimacho *m*.

tomb·stone ['tu:mstəun] *n* lápida *f* (sepulcral).

tome [təum] *n* libraco *m*.

tom·fool·ery [tɒm'fu:lərɪ] *n* payasadas *fpl*.

Tom·my gun ['tɒmɪ,gʌn] *n* (pistola *f*) ametralladora *f*, metralleta *f*.

to·mor·row [tə'mɒrəu] *adv* mañana; ~ **morning** mañana por la mañana; ~ **is Sunday** mañana es domingo; **the day after** ~ pasado mañana; ~ **is another day** *(fig)* mañana es otro día.

tom·tom ['tɒmtɒm] *n (drum)* tantán *m*, *(CAm)* tumbadera *f*, *(LAm)* bombo *m*.

ton [tʌn] *n (weight: gen)* tonelada *f*; **metric** ~ tonelada métrica; **this cargo weighs 1,000** ~**s** esta carga pesa 1.000 toneladas; **a 3-**~ **lorry** un camión de 3 toneladas; **this suitcase weighs a** ~ *(fam)* esta maleta pesa un montón; ~**s of sth** *(fam)* montones *mpl* de algo; **to come down (on sb) like a** ~ **of bricks** *(fig)* echarse encima de uno.

tone [təun] **1** *n* **(a)** *(Mus)* tono *m*; **dialling** ~ *(Telec)* señal *f* para marcar; **to praise sb in ringing** ~**s** *(fig)* poner a uno por las nubes; **they were whispering in low** ~**s** cuchicheaban. **(b)** *(shade of colour)* tono *m*, matiz *m*; **two-**~ **colour scheme** combinación *f* de dos tonalidades. **(c)** *(character, dignity)* buen tono *m*, elegancia *f*; **to raise/lower the** ~ **of sth** levantar/bajar el tono de algo. **2** *vi (also* ~ **in:** *colours)* armonizar, sincronizar.

♦ **tone down** *vt + adv (moderate: colour)* atenuar, suavizar; *(fig: language, criticism etc)* moderar.

♦ **tone up** *vt + adv* tonificar, entonar.

tone-deaf [,təun'def] *adj* que no tiene oído musical.

tongs [tɒŋz] *npl* tenazas *fpl*; *(curling* ~*)* tenacillas *fpl*; **a pair of** ~ unas tenazas, unas tenacillas.

tongue [tʌŋ] *n (gen)* lengua *f*; *(language)* lengua, idioma *m*; *(of shoe)* lengüeta *f*; *(of bell)* badajo *m*; **have you lost your** ~**?** ¿te tragaste la lengua?; **hold your** ~**!** ¡cállate la boca!; **to put out one's** ~ **(at sb)** sacarle la lengua (a uno); **to say sth** ~ **in cheek** *(fig)* decir algo irónicamente.

tongue-tied ['tʌŋtaɪd] *adj* con la lengua trabada.

tongue-twister ['tʌŋ,twɪstə^r] *n* trabalenguas *m inv*.

ton·ic ['tɒnɪk] *n (Med, gen)* tónico *m*; ~ **(water)** (agua *f*) tónica *f*.

to·night [tə'naɪt] *adv* esta noche; **I'll see you** ~ nos vemos esta noche; ~**'s TV programmes** los programas de TV de esta noche.

ton·nage ['tʌnɪdʒ] *n (weight of ship)* tonelaje *m*.

ton·sil ['tɒnsl] *n* amígdala *f*; **to have one's** ~**s out** sacarse las amígdalas.

ton·sil·li·tis [,tɒnsɪ'laɪtɪs] *n* amigdalitis *f*; **to have** ~ tener amigdalitis.

too [tu:] *adv* **(a)** *(excessively)* demasiado, muy; **it's** ~ **sweet** está demasiado *or* muy dulce; **it's** ~ **hot to drink** está demasiado caliente para beber; **it's** ~ **heavy for me to lift** es demasiado pesado para que yo lo levante; **it's** ~ **good to be true** no puede ser; ~ **bad!** ¡mala suerte!, *(Mex)* ¡ni modo!, *(LAm)* ¡qué le vamos a hacer!; *see* **many, much 1 (d). (b)** *(also)* también; *(moreover)* además; **I speak French and Japanese** ~ hablo francés y también japonés; **not only that, he's blind** ~**!** no sólo eso, ¡además es ciego!

took [tuk] *pt of* **take**.

tool [tu:l] *n* **(a)** *(carpenter's etc)* herramienta *f*; *(gardener's)* útil *m*, utensilio *m*; **(set of)** ~**s** útiles *mpl*, equipo *m*; **the** ~**s of one's trade** los instrumentos de su trabajo; *see* **down 4. (b)** *(fig: person)* instrumento *m*; **he was a mere** ~ **in their hands** fue instrumento en sus manos, nada más.

tool·bag ['tu:lbæg] *n* estuche *m* de herramientas.

tool·box ['tu:lbɒks] *n* caja *f* de herramientas.

tool·kit ['tu:lkɪt] *n* juego *m or* estuche *m* de herramientas.

tool·shed ['tu:lʃed] *n* cobertizo *m* para herramientas.

toot [tu:t] **1** *vt (horn)* tocar *or* sonar el klaxon *or* la bocina. **2** *n* toque *m*, bocinazo *m*.

tooth [tu:θ] *n, pl* **teeth** *(Anat)* diente *m*; *(of comb)* púa *f*; **to clean one's teeth** lavarse los dientes; **to have a** ~ **out** sacerse una muela; **to have a sweet** ~ ser goloso/a; **to cut a** ~ echar un diente; **long in the** ~ *(fam: old)* con muchos años a cuestas; **to be fed up to the (back) teeth with sb/sth** *(fam)* estar hasta la coronilla con uno/algo; **to get one's teeth into sth** *(fig)* meterse de lleno en algo; **armed to**

the teeth armado/a hasta los dientes; **to fight ~ and nail** luchar a brazo partido; **it sets my teeth on edge** me da dentera; **by the skin of one's teeth** por un pelo; **in the teeth of great opposition** haciendo frente a una gran resistencia; *see* **false, wisdom.**

tooth·ache ['tu:θeɪk] *n* dolor *m* de muelas; **to have ~** tener dolor de muelas.

tooth·brush ['tu:θbrʌʃ] *n* cepillo *m* de dientes.

tooth·comb ['tu:θkəʊm] *n*: **to go through sth with a fine ~** registrar algo minuciosamente.

tooth·less ['tu:θlɪs] *adj* desdentado/a.

tooth·paste ['tu:θpeɪst] *n* pasta *f* de dientes.

tooth·pick ['tu:θpɪk] *n* palillo *m* (de dientes).

toothy ['tu:θɪ] *adj* (**-ier, -iest**) *(fam)* dentudo/a; **to give sb a ~ smile** sonreír a uno mostrando mucho los dientes.

top[1] [tɒp] **1** *n* **(a)** *(highest point, peak)* cumbre *f*, cima *f; (of tree)* copa *f*; **at the ~ of the hill** en la cumbre de la colina; **at the ~ of the stairs** en lo alto de la escalera; **at the ~ of the page** a la cabeza de la página; **~ of the pops** el número uno; **Liverpool is at the ~ of the league** Liverpool encabeza la liga; **from ~ to bottom** *(fig)* de arriba abajo; **from ~ to toe** *(fig)* de pies a cabeza; **on ~** encima, *(LAm)* arriba; **thin on ~** *(fam)* con poco pelo, medio calvo/a; **to reach the ~** *(fig: of career etc)* alcanzar la cumbre (del éxito); **the men at the ~** *(fig)* los que mandan. **(b)** *(surface)* superficie *f*; **the ~ of the table needs wiping** hay que limpiar el tablero; **oil comes to the ~** el aceite sube a la superficie. **(c)** *(lid: of pen, bottle, jar)* tapa *f*, cubierta *f*. **(d)** *(upper part)* parte *f* superior, parte de arriba; *(of bus)* piso *m* superior; **seats on the ~!** ¡hay sitio arriba!; **the ~ of the milk** la nata; **at the ~ of the street** al final de la calle. **(e)** *(clothing: blouse, pyjamas, T-shirt)* blusa *f*, chaqueta *f*. **(f)** *(work surface)* plano *m* de trabajo, superficie *f*. **(g)** (*Aut: also* **~ gear**) directa *f*. **(h)** *(in addition to)* **on ~ of (all) that** y encima *or* además de (todo) eso; **on ~ of which** y para colmo, más encima; **it's just one thing on ~ of another** es una cosa tras otra. **(i)** *(in phrases)* **to be/feel on ~ of the world** *(fam)* estar/sentirse en el paraíso *or* en el séptimo cielo; **to be/get on ~ of things** *(fig)* ponerse a la altura de las cosas; **things are getting on ~ of me** *(fam)* ya no puedo más; **to come out on ~** *(fig)* salir ganando *or* con éxito; **he said it off the ~ of his head** *(fam)* lo dijo sin pensar; **at the ~ of one's voice** *(fig)* a voz en grito; *see* **blow**[2] **1 (c).**

2 *adj* **(a)** *(highest)* más alto/a, de arriba; *(: price)* máximo/a; **at ~ speed** a máxima velocidad, a toda carrera; **in ~ gear** en directa. **(b)** *(highest in rank)* más importante; **the ~ men in the party** la dirección del partido; **a ~ job** un puesto de importancia; **she's ~ dog at work** *(fig fam)* ella es la que manda en el trabajo. **(c)** *(best)* mejor; **to get ~ marks** sacar la mejor nota; **to come ~ of the class** salir el primero de la clase; **he came ~ in maths** salió en primer lugar en matemáticas; **the ~ twenty** *(Mus)* los éxitos, el hit parade; **to be on ~ form** *(fam)* estar en plena forma; **a ~ surgeon** uno de los mejores cirujanos. **(d)** *(last: coat of paint etc)* último/a; **~ coat (of paint)** última mano *f*; **the ~ class at school** el último año en la escuela.

3 *vt* **(a)** *(cover)* cubrir, recubrir; **a church ~ped by a steeple** una iglesia coronada por un campanario; **to ~ the bill** *(Theat)* encabezar el reparto. **(b)** *(crown)* rematar, coronar; **and to ~ it all ...** *(fig)* y para colmo, como remate. **(c)** *(exceed)* exceder, superar; **profits ~ped £5,000 last year** las ganancias excedieron (las) 5.000 libras el año pasado. **(d)** *(vegetables, fruit)* descabezar; **to ~ and tail fruit** truncar los extremos de la fruta.

4: ~ hat *n* sombrero *m* de copa, chistera *f*.

♦ **top up** *vt + adv* llenar; **to ~ sb's glass up** volver a llenar el vaso de uno; **to ~ up a battery** llenar a nivel una batería.

top[2] [tɒp] *n* **(a)** *(toy)* trompo *m*, peonza *f*. **(b)** *(Circus)* **the big ~** tienda *f or (LAm)* carpa *f* principal.

to·paz ['təʊpæz] *n* topacio *m*.

top·coat ['tɒpkəʊt] *n (overcoat)* abrigo *m*, sobretodo *m*.

top·flight ['tɒpflaɪt] *adj* de primera (categoría).

top-heavy [,tɒp'hevɪ] *adj* demasiado pesado/a en la parte superior.

top·ic ['tɒpɪk] *n* tema *m*.

topi·cal ['tɒpɪkəl] *adj* de interés actual, de actualidad; **a highly ~ question** una cuestión de gran actualidad.

top·less ['tɒplɪs] *adj* topless; **to go ~** ir en topless.

top-level ['tɒp,levl] *adj* del más alto nivel.

top·most ['tɒpməʊst] *adj* más alto/a.

topog·ra·phy [tə'pɒgrəfɪ] *n* topografía *f*.

top·per ['tɒpə[r]] *n (fam)* sombrero *m* de copa, chistera *f*.

top·ping ['tɒpɪŋ] *n (Culin)* cubierta *f*.

top·ple ['tɒpl] **1** *vt (fig: overthrow)* derribar. **2** *vi (government etc)* venirse abajo, caer.

♦ **top·ple over** *vi + adv* perder el equilibrio.

top-ranking ['tɒp,ræŋkɪŋ] *adj* de alto rango.

top-secret [,tɒp'si:krɪt] *adj* de alto secreto.

topsy-turvy ['tɒpsɪ'tɜ:vɪ] **1** *adj* en desorden, revuelto/a. **2** *adv* patas arriba, al revés.

top-up ['tɒpʌp] *n (Brit fam: refill)* **can I give you a ~?** ¿te sirvo un poco más?

torch [tɔ:tʃ] *n (electric)* linterna *f; (Tech: also* **blow ~**) soplete *m; (flaming)* antorcha *f*, tea *f*; **to carry a ~ for sb** *(fig)* estar enamorado de uno.

tore ['tɔ:[r]] *pt of* **tear.**

tor·ment ['tɔ:ment] **1** *n* tormento *m*; **to be in ~** estar atormentado/a. **2** [tɔ:'ment] *vt (hurt)* atormentar, torturar; *(annoy)* fastidiar, *(LAm)* molestar; **she was ~ed by doubts** la atormentaban las dudas.

tor·men·tor [tɔ:'mentə[r]] *n* atormentador(a) *m/f*.

torn [tɔ:n] *pp of* **tear.**

tor·na·do [tɔ:'neɪdəʊ] *n, pl* **-es** tornado *m*.

tor·pe·do [tɔ:'pi:dəʊ] **1** *n, pl* **-es** torpedo *m*. **2** *vt* torpedear. **3: ~ boat** *n* torpedero *m*, lancha *f* torpedera.

tor·pid ['tɔ:pɪd] *adj* aletargado/a; *(fig: person)* apático/a.

tor·por ['tɔ:pə[r]] *n (see adj)* letargo *m*; apatía *f*.

tor·rent ['tɒrənt] *n (lit)* torrente *m*; **it rained in ~s** llovía a cántaros *or (LAm)* a mares; **a ~ of abuse** una lluvia de abusos.

tor·ren·tial [tɒ'renʃəl] *adj* torrencial.

tor·rid ['tɒrɪd] *adj (lit)* tórrido/a; *(fig)* apasionado/a.

tor·so ['tɔ:səʊ] *n (Anat, sculpture)* torso *m*.

tor·toise ['tɔ:təs] *n* tortuga *f*.

tortoise·shell ['tɔ:təsʃel] *n (shell)* carey *m; (cat)* gato *m* pardo.

tor·tu·ous ['tɔ:tjʊəs] *adj (lit: path)* tortuoso/a; *(fig: explanation)* retorcido/a.

tor·ture ['tɔ:tʃə[r]] **1** *n (lit)* tortura *f; (fig)* tormento *m*; **it was sheer ~!** ¡era pura tortura! **2** *vt (lit)* torturar; *(fig)* atormentar.

tor·tur·er ['tɔ:tʃərə[r]] *n* torturador(a) *m/f*.

Tory ['tɔ:rɪ] *adj, n* conservador(a) *m/f*.

toss [tɒs] **1** *n* **(a)** *(movement: of head etc)* sacudida *f*; **a ~ of the head** una sacudida de cabeza; **to take a**

~ caerse del caballo. **(b)** *(of coin)* tirada *f, (LAm)* echada *f;* **to win/lose the** ~ ganar/perder (a cara o cruz); **to argue the** ~ *(fam)* machacar el asunto *(fam).*

2 *vt* **(a)** *(move: head etc)* sacudir; **the boat was ~ed by the waves** las olas sacudían el barco. **(b)** tirar, lanzar, *(LAm)* echar, aventar; **to ~ sth to sb** tirarle algo a uno; **to ~ a pancake** dar la vuelta a *or* voltear una crepa; **to ~ a coin** echar a cara o cruz; **I'll ~ you for it** lo echamos a cara o cruz.

3 *vi* **(a)** *(also* **~ about, ~ around**) sacudirse, agitarse; **to ~ (in one's sleep), ~ and turn** dar vueltas *or* revolverse (en la cama). **(b)** *(also* **~ up**) echarlo a cara o cruz; **we ~ed (up) for the last piece of cake** jugamos a cara o cruz para ver quién se comía el último trozo de pastel.

toss-up ['tɒsʌp] *n* echada *f,* tirada *f; (fig fam)* **it's a ~** no se sabe.

tot [tɒt] *n* **(a)** *(child)* nene/a *m/f,* chiquillo/a *m/f,* niñito/a *m/f.* **(b)** *(drink)* trago *m,* traguito *m;* **a ~ of rum** un dedo de ron.

♦ **tot up** *vt + adv* sumar, hacer la cuenta de.

to·tal ['təʊtl] **1** *adj (complete, utter)* total, completo/a; *(Math etc)* total; **the ~ losses amount to ...** las pérdidas ascienden a (un total de) ...; **a ~ failure** un fracaso total. **2** *n* total *m,* suma *f;* **grand ~** importe *m* total; **in ~** en total, en suma. **3** *vi (also* **~ up:** *amount to)* totalizar, sumar. **4** *vt (add)* sumar, sacar la cuenta de.

to·tali·tar·ian [ˌtəʊtælɪ'tɛərɪən] *adj* totalitario/a.

to·tali·tari·an·ism [ˌtəʊtælɪ'tɛərɪənɪzəm] *n* totalitarismo *m.*

to·tal·ity [təʊ'tælɪtɪ] *n* totalidad *f.*

to·tal·ly ['təʊtəlɪ] *adv* totalmente.

tote[1] [təʊt] *n (Racing)* totalizador *m.*

tote[2] [təʊt] **1** *vt (fam)* cargar con; **to ~ a gun** llevar pistola. **2: ~ bag** *n* bolsa *f,* bolso *m.*

to·tem pole ['təʊtəm,pəʊl] *n* tótem *m.*

tot·ter ['tɒtə^r] *vi* tambalearse.

tou·can ['tuːkən] *n* tucán *m.*

touch [tʌtʃ] **1** *n* **(a)** *(sense)* tacto *m;* **rough to the ~** áspero al tacto; **by ~** al tacto; **the ~ of her hand** el toque de su mano; **a soft ~** *(fig fam)* fácil de convencer. **(b)** *(style)* toque *m,* nota *f;* **a pianist with a delicate ~** un(a) pianista con tacto fino; **the personal ~** el toque personal; **it has a ~ of genius** tiene un toque de genio; **to lose one's ~** *(fig)* perder el encanto; **to put the finishing ~es to sth** dar el último toque a algo. **(c)** *(small quantity)* poquito *m,* pizca *f;* **a ~ of irony** una cierta ironía; **to have a ~ of flu** tener un poco de gripe. **(d)** *(contact)* contacto *m;* **to be in ~ with sb** estar en contacto con uno; **I'll be in ~** le llamaré/escribiré; **you can get in ~ with me here** te podrás poner en contacto conmigo aquí; **to keep in/lose ~ with sb** mantener/perder el contacto con uno; **to be out of ~ with events** no estar al corriente (de los acontecimientos). **(e)** *(Ftbl, Rugby)* **the ball is in/out of ~** el balón está fuera de/en juego.

2 *vt* **(a)** *(gen)* tocar; *(feel)* palpar, tentar; **she ~ed his arm** le tocó el brazo; **his hair ~es his shoulders** su pelo llega hasta los hombros; **~ wood!** ¡toca madera!; **to ~ sb for £5** *(fam)* sablear 5 libras a uno. **(b)** *(neg phrases)* **I never ~ gin** no pruebo la ginebra; **you haven't ~ed your cheese** no probaste el queso; **if you admit nothing, they can't ~ you** *(fig)* si no admites nada, no te pueden hacer nada. **(c)** *(move, affect)* afectar, conmover; **I am ~ed by your offer** su propuesta me conmueve; **she was ~ed by his gift** el regalo le afectó mucho; **it ~es all our lives** nos afecta a todos. **(d)** *(compare)* compararse con, igualar; **nobody can ~ them for quality** no hay quien les iguala en calidad; **no artist in the country can ~ him** no hay artista en todo el país que le iguala.

3 *vi (gen)* tocarse; **our hands ~ed** nuestras manos se encontraron; **'do not ~'** '(se ruega) no tocar'.

♦ **touch down 1** *vt + adv (Rugby)* poner en tierra; **he ~ed the ball down** marcó un ensayo. **2** *vi + adv (Aer)* aterrizar.

♦ **touch off** *vt + adv (argument etc)* provocar.

♦ **touch on** *vi + prep:* **to ~ on a subject** tocar un tema.

♦ **touch up** *vt + adv* **(a)** *(improve)* retocar. **(b)** *(fam: sexually)* meter mano a, sobar.

touch-and-go [ˌtʌtʃən'gəʊ] *n:* **it's ~ whether ...** está en el aire si ... .

touch·down ['tʌtʃdaʊn] *n* aterrizaje *m.*

touched [tʌtʃt] *adj (fam: crazy)* chiflado/a, tocado/a, *(LAm)* tarado/a.

touch·ing ['tʌtʃɪŋ] *adj* conmovedor(a).

touch·line ['tʌtʃlaɪn] *n (Sport)* línea *f* de banda.

touch-type ['tʌtʃˌtaɪp] *vi* mecanografiar al tacto.

touchy ['tʌtʃɪ] *adj* quisquilloso/a, delicado/a; **he's ~ about his weight** su peso es un tema delicado.

tough [tʌf] **1** *adj* **(-er, -est) (a)** *(material)* resistente, fuerte; *(pej: meat)* duro/a; **as ~ as old boots** duro como una suela. **(b)** *(person: hardy, resilient)* fuerte, fornido/a; *(mentally strong)* fuerte, duro/a. **(c)** *(stubborn, unyielding)* terco/a, inflexible; **~ opposition** una resistencia férrea; **to get ~ with sb** ponerse duro con uno. **(d)** *(difficult)* difícil, duro/a; **a ~ problem** un problema difícil; **conditions are ~** las condiciones son duras. **(e)** *(person: violent, rough)* bruto/a; **he's a ~ customer** *(fam)* es un rufián. **(f)** *(unfortunate)* desgraciado/a; **~ luck!** *(fam)* ¡mala suerte!; **but it was ~ on the others** pero para los demás fue una desgracia.

2 *n (fam: person)* rufián *m,* gamberro *m, (LAm)* matón *m.*

tough·en ['tʌfn] *vt (also* **~ up:** *substance)* endurecer; *(: person)* fortalecer.

tough·ness ['tʌfnɪs] *n (see adj)* resistencia *f,* fuerza *f;* terquedad *f;* dificultad *f;* lo bruto; desgracia *f.*

tou·pée ['tuːpeɪ] *n* peluca *f,* postizo *m.*

tour ['tʊə^r] **1** *n* **(a)** *(round trip)* gira *f,* vuelta *f; (journey)* paseo *m,* excursión *f;* **a world ~** una vuelta al mundo; *see* **package. (b)** *(of building, exhibition)* visita *f;* **conducted/guided ~** visita acompañada/con guía. **(c)** *(professional: of musicians, team etc)* gira *f;* **to take a company on ~** *(Theat)* llevar a una compañía de gira; **to go on ~** partir de gira; **~ of inspection** recorrido *m* de inspección. **2** *vt (holiday)* recorrer; *(musicians, team etc)* ir de gira por. **3** *vi:* **to go ~ing** ir de paseo *or* de excursión; **a ~ing company** *(Theat)* una compañía *f* ambulante. **4: ~ operator** *n* agente *mf or* agencia *f* de viajes.

tour·ism ['tʊərɪzəm] *n* turismo *m.*

tour·ist ['tʊərɪst] **1** *n* turista *mf.* **2** *cpd (attraction, season)* turístico/a; **~ agency** *n* agencia *f* de turismo; **~ class** *n* clase *f* turista; **~ office** *n* oficina *f* de turismo *or* de información turística; **the ~ trade** *n* el turismo.

tour·na·ment ['tʊənəmənt] *n* torneo *m;* **tennis ~** torneo de tenis.

tour·ni·quet ['tʊənɪkeɪ] *n (Med)* torniquete *m.*

tou·sled ['taʊzld] *adj* despeinado/a, desgreñado/a.

tout [taʊt] **1** *n (for hotels etc)* gancho/a *m/f; (ticket ~)* revendedor(a). *m/f; (Racing)* pronosticador(a) *m/f.* **2** *vi:* **to ~ for business** solicitar clientes.

tow [təʊ] **1** *n* remolque *m;* **to give sb a ~** *(Aut)* darle remolque *or* remolcar a uno; **on ~** a remolque; **he arrived with a friend in ~** *(fig fam)* llegó acompañado de un amigo; *(unwillingly)* llegó arrastrando a un amigo. **2** *vt (boat, car, caravan)* remolcar, sirgar; **to ~ a car away** llevar un coche a la comisaría.

to·ward(s) [tə'wɔːd(z)] *prep* **(a)** *(direction)* hacia; **we walked ~ the sea** caminamos rumbo al mar; **the government is moving ~ disaster** el gobierno se encamina hacia el desastre. **(b)** *(time)* alrededor de, a eso de; **~ noon** alrededor de mediodía. **(c)** *(attitude)* para con, con respecto a; **to feel friendly ~ sb** sentir amistad hacia uno. **(d)** *(purpose)* para; **half my salary goes ~ paying the rent** la mitad de mi sueldo se va en el alquiler.

tow·el ['taʊəl] **1** *n* toalla *f; (for hands)* paño *m;* **to throw in the ~** *(fig)* darse por vencido, renunciar. **2: ~ rail** *n* toallero *m.*

tow·el·ling ['taʊəlɪŋ] *n* felpa *f.*

tow·er ['taʊəʳ] **1** *n (of castle)* torre *f; (also* **bell ~***)* campanario *m;* **the ~ of London** la Torre de Londres; **a ~ of strength** *(fig)* una gran ayuda. **2** *vi* elevarse; **to ~ above** *or* **over sth** dominar algo; **to ~ over sb** destacarse sobre uno. **3: ~ block** *n* torre *f* de pisos.

tow·er·ing ['taʊərɪŋ] *adj* sobresaliente, destacado/a; **in a ~ rage** *(fig)* con una rabia terrible.

town [taʊn] **1** *n* ciudad *f;* **to live in a ~** vivir en la ciudad; **to be out of ~** estar fuera de la ciudad; **to go (into) ~** ir al centro; **to go out on the ~** *(fam)* salir de juerga *or (LAm)* de parranda; **to go to ~ (on sth)** *(fig fam)* echar los bofes (en algo), *(LAm)* darle duro (con algo); *see* **paint. 2** *cpd (centre, life, house)* de la ciudad, urbano/a; **~ clerk** *n* secretario/a *m/f* del ayuntamiento; **~ council** *n* ayuntamiento *m;* **~ hall** *n* ayuntamiento *m,* municipalidad *f;* **~ planner** *n* urbanista *mf;* **~ planning** *n* urbanismo *m.*

towns·people ['taʊnz,piːpl] *npl* ciudadanos *mpl.*

tow·path ['təʊpɑːθ] *n* camino *m* de sirga.

tow·rope ['təʊrəʊp] *n* remolque *m,* sirga *f.*

tox·ic ['tɒksɪk] *adj* tóxico/a.

tox·in ['tɒksɪn] *n* toxina *f.*

toy [tɔɪ] **1** *n* juguete *m.* **2** *cpd (railway, car etc)* de juguete; **~ poodle** *n (small dog)* caniche *m* enano; **~ soldier** *n* soldadito *m* de plomo.

♦**toy with** *vi + prep* **(a)** *(play with: object, sb's affections)* jugar *or* juguetear con. **(b)** *(consider: idea etc)* acariciar.

toy·box ['tɔɪbɒks] *n* caja *f* de juguetes.

toy·shop ['tɔɪʃɒp] *n* juguetería *f.*

trace [treɪs] **1** *n* **(a)** *(sign)* rastro *m,* huella *f; (remains)* vestigio *m;* **there was no ~ of him being there** no había ningún indicio de que hubiera estado allí; **to vanish without ~** desaparecer sin dejar vestigio *or* rastro; **I've lost all ~ of my relations** perdí todo contacto con mis familiares. **(b)** *(small amount)* pizca *f;* **the blood test revealed ~s of poison** el análisis de sangre reveló rastros de veneno. **2** *vt* **(a)** *(draw)* trazar; *(with tracing paper)* calcar. **(b)** *(find, locate)* localizar, *(LAm)* ubicar; **I cannot ~ any reference to it** no encuentro ninguna referencia a eso. **3: ~ element** *n* oligoelemento *m.*

♦**trace back** *vt + adv* hacer remontar, remontarse a; **to ~ a number back to its source** sacarle las raíces a un número.

tra·chea [trə'kɪə] *n (Anat)* tráquea *f.*

trac·ing pa·per ['treɪsɪŋ,peɪpəʳ] *n* papel *m* de calco.

track [træk] **1** *n* **(a)** *(mark: of animal)* huella *f,* rastro *m; (: of person)* pista *f,* rastro; *(: of vehicle)* huella, rodada *f;* **to be on sb's ~** seguir la pista de uno; **to follow in sb's ~s** *(fig)* seguir los pasos de uno; **to keep/lose ~ of** *(fig: person)* mantener/perder el contacto con; *(: event)* mantenerse al corriente de/no estar al corriente de; **to lose ~ of what sb is saying** perder el hilo de lo que está diciendo uno; **to make ~s (for)** *(fig fam)* irse (rumbo a). **(b)** *(path)* camino *m,* sendero *m; (of comet, rocket etc)* trayectoria *f,* curso *m;* **off the beaten ~** aislado/a; **to be on the right/wrong ~** *(fig)* ir por buen/mal camino; **to throw sb off the ~** *(fig)* despistar a uno; **he has a one-~ mind** *(fam)* tiene una idea fija. **(c)** *(Sport)* pista *f;* **race ~** *(horses)* hipódromo *m; (cycle)* velódromo *m; (cars)* autódromo *m.* **(d)** *(Rail)* vía *f;* **single ~** vía unica; **to go off the ~s** descarrilarse; **on the wrong side of the ~s** *(US fam)* en los barrios bajos. **(e)** *(on vehicle)* oruga *f.* **(f)** *(Mus)* pieza *f; (: on tape, record etc)* canal *m;* **the first ~ on the record** la primera pieza del disco; *see* **sound**² **4.**

2 *vt (animal)* rastrear, seguir las huellas de; *(person)* seguir la pista de.

3: ~ events *npl (Sport)* pruebas *fpl* en pista; **~ record** *n:* **to have a good ~ record** *(fig)* tener (buenos) antecedentes.

♦**track down** *vt + adv (locate)* localizar, *(LAm)* ubicar.

track·er dog ['trækə,dɒg] *n* perro *m* rastreador.

track·ing sta·tion ['trækɪŋ ,steɪʃn] *n (Space)* estación *f* de seguimiento.

track·suit ['træksuːt] *n* chandal *m.*

tract¹ [trækt] *n* **(a)** *(area)* zona *f,* extensión *f; (land)* terreno *m.* **(b)** *(Anat)* **respiratory ~** vías *fpl* respiratorias.

tract² [trækt] *n (pamphlet)* folleto *m,* panfleto *m.*

trac·table ['træktəbl] *adj (person)* tratable.

trac·tion ['trækʃən] **1** *n* tracción *f.* **2: ~ engine** *n* locomotora *f* de tracción.

trac·tor ['træktəʳ] *n* tractor *m.*

trade [treɪd] **1** *n* **(a)** *(commerce)* comercio *m; (manufacture)* industria *f;* **the cotton ~** la industria del algodón *or* algodonera; **to do ~ with sb** tener negocio con uno; **foreign/domestic ~** comercio exterior/interior; **to do a good** *or* **brisk** *or* **roaring ~** hacer un buen negocio; *(Brit)* **Board of T~,** *(US)* **Department of T~** Ministerio *m* de Comercio. **(b)** *(profession)* oficio *m;* **a butcher by ~** un carnicero de oficio; **tailoring is a useful ~** la sastrería es un oficio útil; **to sell to the ~** vender al por mayor *or (LAm)* al mayoreo.

2 *vt (fig: exchange sth for sth)* cambiar, trocar; **he ~d his tennis racket for a football** cambió su raqueta de tenis por un balón de fútbol.

3 *vi:* **to ~ in sth** comerciar (en algo); **to ~ with sb** negociar con uno.

4 *cpd (association, fair, route etc)* comercial, industrial; **~ agreement** *n* acuerdo *m* comercial; **~ deficit** *n* déficit *m* comercial; **T~ Descriptions Act** *n* ley *f* de protección al consumidor; **~ discount** *n* descuento *m* comercial; **~ mark** *n* marca *f* de fábrica; **~ name** *n* nombre *m* comercial; **~ price** *n* precio *m* al por mayor *or (LAm)* de mayoreo; **~ secret** *n (lit, fig)* secreto *m* profesional.

♦**trade in** *vt + adv (exchange)* trocar; *(give as deposit)* dar de depósito *or (LAm)* enganche.

trade-in ['treɪdɪn] **1** *n* trueque *m,* entrega *f* a cuenta. **2: ~ price** *n* precio *m* de entrega *or* a cuenta; **~ value** *n* valor *m* de entrega *or* a cuenta.

trade·mark ['treɪdmɑːk] *n (lit)* marca *f* de fábrica *or* comercial; *(fig)* marca personal.

trad·er ['treɪdəʳ] *n* comerciante *mf,* negociante *mf.*

trades·man ['treɪdzmən] *n, pl* **-men** proveedor *m,*

tendero *m;* ~'s **entrance** entrada *f* de servicio.
trade(s) union [ˌtreɪd(z)'juːnjən]**1** *n* sindicato *m.* **2: trade-union** *cpd (official)* sindical, gremial.
Trades Union Congress [ˌtreɪdzˌjuːnjən'kɒŋgres] *n (Brit: abbr* **TUC**) Central *f* Nacional Sindical.
trade(s) un·ion·ism [ˌtreɪd(z)'juːnjənɪzəm] *n* sindicalismo *m.*
trade(s) un·ion·ist [ˌtreɪd(z)'juːnjənɪst] *n* sindicalista *mf.*
trad·ing ['treɪdɪŋ] *adj (nation, centre)* comercial; ~ **estate** *(Brit)* zona *f* industrial; ~ **stamp** cupón *m.*
tra·di·tion [trə'dɪʃən] *n* tradición *f.*
tra·di·tion·al [trə'dɪʃənl] *adj* tradicional.
tra·di·tion·al·ly [trə'dɪʃnəlɪ] *adv* tradicionalmente.
traf·fic ['træfɪk] (*vb: pt, pp* **trafficked**) **1** *n* **(a)** *(Aut, Aer, Naut, Rail)* tráfico *m,* circulación *f, (LAm)* tránsito *m;* **air** ~ tránsito aéreo; **the** ~ **is heavy during the rush hour** hay mucho tráfico durante las horas punta; **closed to heavy** ~ *(Aut)* cerrado a los vehículos pesados. **(b)** *(trade)* tráfico *m,* comercio *m;* **drug** ~ tráfico de drogas.
2 *vi:* **to** ~ **(in)** traficar (en).
3 *cpd (Aut: regulations etc)* de circulación, *(LAm)* de tránsito; ~ **jam** *n* embotellamiento *m,* atasco *m;* **a 5-mile** ~ **jam** un atasco de 5 millas; ~ **lights** *npl* semáforo *msg;* ~ **offence** *n* infracción *f* de tránsito; ~ **warden** *n* policía *mf* de tránsito.
traf·fick·er ['træfɪkə^r] *n* traficante *mf.*
trag·edy ['trædʒɪdɪ] *n* tragedia *f.*
trag·ic ['trædʒɪk] *adj* trágico/a.
tragi·cal·ly ['trædʒɪkəlɪ] *adv* trágicamente.
tragi·com·edy [ˌtrædʒɪ'kɒmɪdɪ] *n* tragicomedia *f.*
trail [treɪl] **1** *n* **(a)** *(of dust, smoke etc)* estela *f; (of meteor)* cola *f; (of blood)* reguero *m;* **the hurricane left a** ~ **of destruction** el huracán dejó estragos. **(b)** *(track)* rastro *m,* pista *f;* **to be on sb's** ~ seguir la pista de uno. **(c)** *(path)* camino *m,* sendero *m.* **2** *vt* **(a)** *(drag)* arrastrar; *(take)* llevar consigo; **don't** ~ **mud into the house** no traigas barro en los zapatos. **(b)** *(track: animal, person)* rastrear, seguir la pista de. **3** *vi* **(a)** *(object)* arrastrarse. **(b)** *(wearily: also* ~ **along**) ir arrastrando los pies.
♦ **trail away, trail off** *vi* + *adv* desvanecerse.
trail·er ['treɪlə^r] *n* **(a)** *(Aut)* remolque *m; (US: caravan)* tráiler *m,* remolque. **(b)** *(Cine)* tráiler *m,* avance *m.*
train [treɪn] **1** *n* **(a)** *(Rail)* tren *m;* **to travel by** ~ viajar en tren; **to take the 3.00** ~ coger *or (LAm)* tomar el tren de las 3; **through** ~ (tren) directo *m;* **to change** ~**s** cambiar de tren, hacer correspondencia; *see* **goods. (b)** *(line: of people, vehicles etc)* fila *f,* línea *f; (: of animals)* recua *f; (entourage)* séquito *m,* comitiva *f.* **(c)** *(series)* ~ **of events** curso *m* de los acontecimientos; **to lose one's** ~ **of thought** perder el hilo; **the earthquake brought great suffering in its** ~ *(fig)* el terremoto trajo consigo gran sufrimiento. **(d)** *(of dress)* cola *f.*
2 *vt* **(a)** *(instruct)* formar, *(LAm)* entrenar; *(Mil)* instruir, adiestrar; *(Sport)* entrenar; *(animal)* amaestrar, domar; *(voice, mind, memory)* educar; **to** ~ **sb to do sth** capacitar *or (LAm)* entrenar a uno para hacer algo. **(b) to** ~ **(on)** *(direct, gun)* apuntar (a); *(: camera, telescope)* enfocar (a).
3 *vi* **(a)** *(learn a skill)* formarse, estudiar, *(LAm)* entrenarse; **to** ~ **as** *or* **to be a lawyer** estudiar derecho; **where did you** ~**?** ¿dónde hizo Ud. sus estudios? **(b)** *(Sport)* **to** ~ **(for)** entrenarse (para).
4: ~ **set** *n* tren *m* eléctrico.
trained [treɪnd] *adj (teacher, nurse, worker etc)* cualificado/a; *(animal)* amaestrado/a, domesticado/a; **to be** ~**ed for sth** estar capacitado para algo; **I've got him well-**~ *(hum)* le tengo bien entrenado; **a fully-**~ **nurse** una enfermera diplomada.
trainee [treɪ'niː] **1** *n* aprendiz(a) *m/f;* **management** ~ aspirante *mf* a la dirección. **2:** ~ **teacher** *n* estudiante *mf* de magisterio.
train·er ['treɪnə^r] *n (Sport: of athletes etc)* entrenador(a) *m/f; (of horses)* preparador(a) *m/f; (of circus animals)* domador(a) *m/f;* ~**s** *(shoes)* zapatillas *fpl* de tenis.
train·ing ['treɪnɪŋ] **1** *n (job)* formación *f,* capacitación *f; (Mil)* adiestramiento *m; (Sport)* entrenamiento *m; (teaching)* instrucción *f,* enseñanza *f; (of animals)* amaestramiento *m,* doma *f; (period of* ~*)* aprendizaje *m;* **to be out of** ~ estar desentrenado, no estar en forma. **2** *cpd (camp, centre etc)* de formación *or* capacitación; ~ **college** *n* escuela *f* normal; ~ **course** *n* curso *m* de formación; ~ **shoes** *npl* zapatillas *fpl* de tenis.
train-spotting ['treɪnˌspɒtɪŋ] *n:* **to go** ~ ir a observar los trenes que pasan.
traipse [treɪps] **1** *vi (fam)* andar penosamente; **to** ~ **in/out** *etc* entrar/salir *etc* penosamente. **2** *n* caminata *f.*
trait [treɪt] *n* rasgo *m.*
trai·tor ['treɪtə^r] *n* traidor(a) *m/f;* **to turn** ~ volverse traidor(a).
tra·jec·tory [trə'dʒektərɪ] *n* trayectoria *f,* curso *m.*
tram [træm] *n,* **tram·car** ['træmkɑː^r] *n (Brit)* tranvía *m; (in mine)* vagoneta *f.*
tram·lines ['træmlaɪnz] *npl* **(a)** rieles *mpl* de tranvía. **(b)** *(Tennis)* líneas *f* laterales.
tramp [træmp] **1** *n* **(a)** *(sound of feet)* ruido *m* de pasos. **(b)** *(long walk)* paseo *m* largo, caminata *f;* **to go for a** ~ **in the hills** ir de paseo por la montaña. **(c)** *(person)* vagabundo/a *m/f,* vago/a *m/f;* **she's a** ~ *(fam pej)* es una puta. **2** *vt:* **to** ~ **the streets** andar por las calles, *(LAm)* callejear, trajinar. **3** *vi* andar con pasos pesados; **the soldiers** ~**ed past** los soldados pasaron marchando; **he** ~**ed up to the door** se acercó con pasos pesados a la puerta.
tram·ple ['træmpl] *vt (crush)* pisar, *(LAm)* pisotear.
♦ **tram·ple on** *vi* + *prep* pisotear; **to** ~ **on sb's feelings** *(fig)* herir los sentimientos de uno.
tram·po·line ['træmpəlɪn] *n* trampolín *m.*
trance [trɑːns] *n* trance *m;* **to go into a** ~ *(lit, fig)* entrar en trance.
tran·quil ['træŋkwɪl] *adj* tranquilo/a, calmado/a.
tran·quil·lity, (*US*) **tran·quil·ity** [træŋ'kwɪlɪtɪ] *n* tranquilidad *f,* calma *f.*
tran·quil·lizer, (*US*) **tran·quil·izer** ['træŋkwɪlaɪzə^r] *n (Med)* tranquilizante *m.*
trans... [trænz] *pref* trans... .
trans·act [træn'zækt] *vt* negociar, tramitar.
trans·ac·tion [træn'zækʃən] *n (business)* operación *f,* transacción *f; (paperwork)* tramitación *f;* **cash** ~**s** comercio *m* al contado.
trans·at·lan·tic [ˌtrænzət'læntɪk] *adj* transatlántico/a.
trans·cend [træn'send] *vt* sobrepasar, rebasar.
trans·cend·ent [træn'sendənt] *adj (outstanding)* sobresaliente; *(Rel etc)* transcendente.
tran·scen·den·tal [ˌtrænsen'dentl] *adj (Phil)* trascendental; ~ **meditation** meditación *f* trascendental.
tran·scribe [træn'skraɪb] *vt* transcribir, copiar.
tran·scrip·tion [træn'skrɪpʃən] *n (gen)* transcripción *f.*

trans·fer ['trænsfɜːʳ] **1** *n* **(a)** *(change of place)* traslado *m,* traspaso *m; (change of vehicle)* trasbordo *m;* **by bank ~** por transferencia bancaria *or* giro bancario; **~ fee** precio *m* de traspaso. **(b)** *(picture)* calcomanía *f.*

2 [træns'fɜːʳ] *vt* **(a)** *(move)* trasladar *(from* de, *to* a); *(change vehicle)* hacer trasbordo de; *(Comm)* transferir; *(Sport)* traspasar; **to ~ money from one account to another** transferir dinero de una cuenta a otra. **(b)** *(possession)* traspasar. **(c)** *(Telec)* **to make a ~red charge call** poner una conferencia a cobro revertido *or (LAm)* por cobrar.

3 [træns'fɜːʳ] *vi (move: work etc)* trasladarse; traspasarse; hacer trasbordo; **she ~red from Italian to French** *(Univ)* se trasladó de italiano a francés.

trans·fer·able [træns'fɜːrəbl] *adj* transferible; **not ~** no transferible.

trans·fig·ure [træns'fɪgəʳ] *vt* transfigurar, transformar.

trans·fix [træns'fɪks] *vt* traspasar, paralizar; **he stood ~ed with fear** *(fig)* se quedó paralizado por el miedo.

trans·form [træns'fɔːm] *vt* transformar.

trans·for·ma·tion [ˌtrænsfə'meɪʃən] *n* transformación *f.*

trans·form·er [træns'fɔːməʳ] *n (Elec)* transformador *m.*

trans·fu·sion [træns'fjuːʒən] *n* transfusión *f;* **to give sb a blood ~** darle a uno una transfusión de sangre.

trans·gress [træns'gres] *vt (go beyond)* traspasar; *(violate)* violar, infringir.

tran·si·ent ['trænzɪənt] *adj* transitorio/a, pasajero/a.

tran·sis·tor [træn'zɪstəʳ] **1** *n (Elec)* transistor *m.* **2: ~ radio** *n* radio *f* de transistores.

tran·sis·tor·ized [træn'zɪstəraɪzd] *adj (circuit)* transistorizado/a.

trans·it ['trænzɪt] **1** *n* tránsito *m;* **in ~** en tránsito. **2: ~ camp** *n* campo *m* de tránsito; **~ visa** *n* visado *m or (LAm)* visa *f* de tránsito.

tran·si·tion [træn'zɪʃən] **1** *n* transición *f.* **2: ~ period** *n* período *m* de transición.

tran·si·tive ['trænzɪtɪv] *adj* transitivo/a.

tran·si·tory ['trænzɪtərɪ] *adj* transitorio/a.

trans·late [trænz'leɪt] **1** *vt:* **to ~ (from/into)** traducir (de/a). **2** *vi* traducirse; **poetry does not ~ easily** la poesía sólo se traduce con dificultad.

trans·la·tion [trænz'leɪʃən] *n* traducción *f.*

trans·la·tor [trænz'leɪtəʳ] *n* traductor(a) *m/f.*

trans·lu·cent [trænz'luːsnt] *adj* translúcido/a.

trans·mis·sion [trænz'mɪʃən] **1** *n* **(a)** *(Rad etc)* transmisión *f.* **(b)** *(Aut)* transmisión *f.* **2: ~ shaft** *n (Aut)* eje *m* de transmisión.

trans·mit [trænz'mɪt] *vt (illness, programme, message)* transmitir.

trans·mit·ter [trænz'mɪtəʳ] *n (Rad, TV, Telec)* emisora *f.*

trans·mute [trænz'mjuːt] *vt:* **to ~ (into)** transmutar (en).

tran·som ['trænsəm] *n* dintel *m,* travesaño *m.*

trans·par·en·cy [træns'pɛərənsɪ] *n (Phot)* diapositiva *f.*

trans·par·ent [træns'pɛərənt] *adj* transparente; **a ~ lie** *(fig)* una mentira obvia.

tran·spire [træns'paɪəʳ] *vi* **(a)** *(Bot, Anat)* transpirar. **(b)** *(become known)* hacerse saber; **it finally ~d that ...** por fin se supo que ... . **(c)** *(happen)* ocurrir, suceder.

trans·plant [træns'plɑːnt] **1** *vt (also Med)* trasplantar. **2** ['trænsplɑːnt] *n (Med)* **to have a heart ~** hacerse un trasplante de corazón.

trans·port ['trænspɔːt] **1** *n* **(a)** *(gen)* transporte *m; (service)* servicio *m* de transporte; *(carriage)* acarreo *m;* **public ~** el transporte público; **Ministry of T~** Ministerio *m* de Transporte; **I haven't got any ~** no tengo transporte. **(b)** *(fig: of delight)* transporte *m; (: of rage)* arrebato *m.*

2 [træns'pɔːt] *vt* **(a)** transportar; *(Hist: criminals)* deportar. **(b)** *(fig)* transportar.

3 *cpd (system, costs etc)* de transporte; **~ café** *n* bar-restaurant *m* de carretera.

trans·por·ta·tion [ˌtrænspɔː'teɪʃən] *n* **(a)** *(esp US)* transporte *m.* **(b)** *(Hist: of criminals)* deportación *f.*

trans·pose [træns'pəʊz] *vt* **(a)** *(words etc)* transponer. **(b)** *(Mus)* transportar.

trans·ship [træns'ʃɪp] *vt* trasbordar.

trans·verse ['trænzvɜːs] *adj* transverso/a, transversal.

trans·ves·tite [trænz'vestaɪt] *n* travesti *mf.*

trap [træp] **1** *n* **(a)** *(snare)* trampa *f; (fig)* trampa, engaño *m;* **it's a ~!** ¡es una trampa!; **to set a ~ (for sb)** ponerle enredo a uno; **he was caught in his own ~** cayó en su propia trampa. **(b)** *(fam: mouth)* boca *f;* **shut your ~!** ¡cállate la boca! **(c)** *(carriage)* carreta *f.* **2** *vt* **(a)** *(snare)* coger *or (LAm)* atrapar *or* agarrar en una trampa; *(fig)* hacer caer en la trampa, engañar; **to ~ sb into saying sth** engañar a uno para que diga algo. **(b)** *(block)* aprisionar, bloquear; **the miners are ~ped** los mineros están atrapados *or* encerrados bajo tierra; **to ~ one's finger** cogerse *or (LAm)* atraparse el dedo.

trap·door ['træpdɔːʳ] *n* trampa *f.*

tra·peze [trə'piːz] **1** *n* trapecio *m.* **2: ~ artist** *n* trapecista *mf.*

trap·per ['træpəʳ] *n* trampero *m,* cazador *m.*

trap·pings ['træpɪŋz] *npl* arreos *mpl,* adornos *mpl.*

Trap·pist ['træpɪst] **1** *adj* trapense. **2** *n* trapense *m.*

trash [træʃ] **1** *n* **(a)** *(US: rubbish)* basura *f,* desperdicios *mpl; (fig)* tonterías *fpl, (LAm)* babosadas *fpl;* **the book is ~** el libro es una basura *or* una mierda *(fam).* **(b)** *(US pej: people)* gentuza *f,* hampa *f.* **2: ~ can** *n* cubo *m or (LAm)* balde *m* de la basura.

trashy ['træʃɪ] *adj* malo/a, barato/a.

trau·ma ['trɔːmə] *n* trauma *m.*

trau·mat·ic [trɔː'mætɪk] *adj* traumático/a.

trav·el ['trævl] **1** *n* viajar *m; (Tech: of pedal etc)* recorrido *m;* **I like ~** me gusta viajar; **on one's ~s** de viaje; *(fig)* en el camino.

2 *vi* **(a)** *(make a journey)* viajar; **we shall be ~ling through/round France** viajaremos por/recorreremos Francia; **to ~ by car** viajar en coche; **they have ~led a lot** han viajado mucho; **to ~ light** viajar con poco equipaje; **this wine doesn't ~ well** este vino viaja mal. **(b)** *(go at a speed etc)* correr, hacer; **it ~s at 600 mph** hace 600 millas por hora; **I was ~ling too fast** iba demasiado rápido; **light ~s at a speed of ...** la luz viaja a una velocidad de ...; **news ~s fast** las noticias vuelan. **(c)** *(Tech: move)* correr; **it ~s along this wire** corre por este cable. **(d)** *(Comm)* ser viajante; **he ~s in soap** es representante y vende jabón.

3 *vt (road)* transitar; *(distance)* recorrer.

4: ~ agency *n* agencia *f* de viajes; **~ agent** *n* agente *mf* de viajes; **~ brochure** *n* folleto *m* turístico; **~ sickness** *n* mareo *m.*

trav·el·ler, *(US)* **trav·el·er** ['trævləʳ] *n (gen)* viajero/a *m/f; (Comm)* viajante *mf;* **~'s cheque,** *(US)* **~'s check** cheque *m* de viajero.

trav·el·ling, *(US)* **trav·el·ing** ['trævlɪŋ] *adj (sales-*

man) viajante; *(circus, exhibition)* ambulante; *(expenses, bag, rug, clock)* de viaje.

trav·elogue ['trævəlɒg] *n* recuento *m* de viajes.

trav·erse ['trævəs] *vt* atravesar.

trav·es·ty ['trævɪstɪ] *n* parodia *f*.

trawl [trɔːl] **1** *n (net)* red *f* barredera *or* de arrastre. **2** *vi*: **to ~ (for sth)** rastrear (algo).

trawl·er ['trɔːlə^r] *n* trainera *f*.

tray [treɪ] *n* bandeja *f*, *(Mex)* charola *f*; *(filing ~)* cesta *f*.

treach·er·ous ['tretʃərəs] *adj (disloyal: person, act)* traicionero/a, traidor(a); *(fig: dangerous)* engañoso/a, peligroso/a.

treach·ery ['tretʃərɪ] *n* traición *f*.

trea·cle ['triːkl] *n* melaza *f*.

tread [tred] *(vb: pt* **trod,** *pp* **trodden) 1** *n* **(a)** *(footsteps)* paso *m*; **with (a) heavy ~** con paso pesado. **(b)** *(of stair)* huella *f*; *(of tyre)* rodadura *f*, *(LAm)* banda *f* rodante. **2** *vt (ground)* pisar, pisotear; *(path: make)* marcar; *(: follow)* seguir; *(grapes)* pisar; **to ~ water** pedalear en el agua; **he trod his cigarette end into the mud** apagó la colilla pisándola en el barro. **3** *vi (walk)* andar, *(LAm)* caminar; *(put foot down)* **to ~ (on)** pisar; **to ~ on sb's toes** *(fig)* provocar a uno; **we must ~ very carefully in this matter** debemos progresar con mucho cuidado en este asunto.

trea·dle ['tredl] *n* pedal *m*.

tread·mill ['tredmɪl] *n (fig)* rutina *f*.

trea·son ['triːzn] *n* traición *f*.

treas·ure ['treʒə^r] **1** *n (no pl: gold, jewels)* tesoro *m*; *(valuable object, person etc)* joya *f*. **2** *vt (appreciate)* valorar, apreciar mucho; *(keep)* guardar, atesorar. **3: ~ house** *n (fig)* mina *f*; **~ trove** *n* tesoro *m* hallado.

treas·ur·er ['treʒərə^r] *n* tesorero/a *m/f*.

treas·ury ['treʒərɪ] *n* **(a)** *(Brit)* **the T~,** *(US)* **the T~ Department** la Secretaría de Hacienda. **(b)** *(fig)* mina *f*.

treat [triːt] **1** *n (something special)* placer *m*, gusto *m*; *(present)* regalo *m*; **a birthday/Christmas ~** un regalo de cumpleaños/Navidad; **to ~ sb to sth** invitar *or* convidar uno a algo; **to give sb a ~** festejar a uno; **they have a ~ in store** les espera una bonita sorpresa; **this is my ~** invito yo.

2 *vt* **(a)** *(behave towards)* tratar; *(handle: object)* manejar; **to ~ sb as if they were a child** tratar a uno como niño. **(b)** *(consider)* **to ~ sth as a joke** tomar algo en broma. **(c)** *(give, buy for sb)* **to ~ (to)** invitar *or* convidar (a); **I'm ~ing you** te invito; **he ~ed himself to another drink** se permitió otra copa. **(d)** *(patient, illness)* tratar, atender; **to ~ sb for a cold** tratarle el resfriado a uno. **(e)** *(Tech)* tratar.

3 *vi*: **to ~ of sth** tratar de algo.

trea·tise ['triːtɪz] *n* tratado *m*.

treat·ment ['triːtmənt] *n* **(a)** *(of people)* trato *m*; *(of objects)* manejo *m*; **to give sb preferential ~** dar a uno trato preferencial; **our ~ of foreigners** el trato que damos a los extranjeros. **(b)** *(medical)* tratamiento *m*; **to have ~ for sth** recibir tratamiento para algo.

trea·ty ['triːtɪ] *n* tratado *m*.

tre·ble ['trebl] **1** *adv (3 times)* tres veces. **2** *adj (Mus: voice, note, instrument)* de triple; **~ clef** clave *f* de sol. **3** *vt* triplicar. **4** *vi* triplicarse.

tree [triː] **1** *n* **(a)** *(Bot)* árbol *m*; *(fig)* **to be at the top of the ~** estar en la cumbre de su profesión. **(b)** *(for shoes)* horma *f*; *see* **family. 2: ~ house** *n* casita *f* en un árbol; **~ trunk** *n* tronco *m* (de árbol).

tree·less ['trɪlɪs] *adj* sin árboles, pelado/a.

tree-lined ['triːlaɪnd] *adj* bordeado/a de árboles.

tree·top ['triːtɒp] *n* copa *f* (de árbol).

trek [trek] **1** *n (hike, Mil)* expedición *f*; *(fam)* caminata *f*. **2** *vi (hike, Mil)* caminar; *(fam)* ir (penosamente).

trel·lis ['trelɪs] *n* espaldera *f*, enrejado *m*.

trem·ble ['trembl] **1** *n* temblor *m*; **to be all of a ~** estar tembloroso/a. **2** *vi*: **to ~ (with)** temblar (de); **to ~ at the thought of sth** temblar ante la idea de algo.

tre·men·dous [trə'mendəs] *adj (gen)* tremendo/a; *(huge)* enorme, tremendo, *(LAm)* tamaño/a; *(amazing)* asombroso/a; *(extraordinary)* extraordinario/a; *(marvellous)* estupendo/a, fabuloso/a.

tre·men·dous·ly [trə'mendəslɪ] *adv (very much)* enormemente, sobremanera.

trem·or ['tremə^r] *n (earthquake)* temblor *m*; *(tremble)* estremecimiento *m*.

tremu·lous ['tremjʊləs] *adj* trémulo/a, tembloroso/a.

trench [trentʃ] **1** *n (gen)* zanja *f*; *(Mil)* trinchera *f*. **2: ~ coat** *n* trinchera *f*.

trench·ant ['trentʃənt] *adj* mordaz.

trend [trend] *n (tendency)* tendencia *f*; *(fashion)* moda *f*; **to set the ~** marcar la pauta; **a ~ towards (doing) sth/away from (doing) sth** una tendencia hacia/en contra de (hacer) algo.

trendy ['trendɪ] *adj* **(-ier, -iest)** *(fam)* de moda.

trepi·da·tion [ˌtrepɪ'deɪʃən] *n (fear)* inquietud *f*, ansias *fpl*.

tres·pass ['trespəs] **1** *vi (on land)* entrar ilegalmente; *(Bible: do wrong)* pecar; **'no ~ing'** 'prohibida la entrada'. **2** *n (on land)* entrada *f* ilegal, invasión *f* (de propiedad ajena); **forgive us our ~es** *(Bible)* perdónanos nuestras deudas.

tres·pass·er ['trespəsə^r] *n* intruso/a *m/f*; **'T~s will be prosecuted'** 'se procesará a los intrusos'.

tres·tle ['tresl] **1** *n* caballete *m*. **2: ~ table** *n* mesa *f* de caballete.

tri... [traɪ] *pref* tri... .

tri·al ['traɪəl] **1** *n* **(a)** *(Jur)* proceso *m*, juicio *m*; **~ by jury** juicio por jurado; **to be on ~ for murder** ser procesado por asesino; **to bring sb to ~ (for a crime)** llevar a uno al juicio (por un delito); **to go on ~, stand ~** ser procesado. **(b)** *(test: of drug, machine)* prueba *f*, ensayo *m*; **~s** *(Sport, Tech)* pruebas *fpl*; **a ~ of strength** una prueba de fuerza; **by ~ and error** a fuerza de probar; **to be on ~** estar a prueba; **to give sb a ~** *(for job etc)* poner a uno a prueba. **(c)** *(hardship)* sufrimiento *m*, molestia *f*; **it was a great ~ for me** sufrí mucho; **the child is a great ~ to them** el niño es una angustia constante para ellos; **the ~s and tribulations of parenthood** las dificultades de ser padre.

2: ~ flight *n* vuelo *m* de prueba; **~ offer** *n* oferta *f* de prueba; **~ period** *n* período *m* de prueba; **~ run** *n* prueba *f*.

tri·an·gle ['traɪæŋgl] *n* triángulo *m*.

tri·an·gu·lar [traɪ'æŋgjʊlə^r] *adj* triangular.

trib·al ['traɪbəl] *adj* tribal, de tribu.

tribe [traɪb] *n (lit)* tribu *f*; *(fig pej)* familia *f*.

tribes·man ['traɪbzmən] *n, pl* **-men** miembro *m* de una tribu.

tribu·la·tion [ˌtrɪbjʊ'leɪʃən] *n (frm)* tribulación *f*.

tri·bu·nal [traɪ'bjuːnl] *n* tribunal *m*, jurado *m*.

trib·une ['trɪbjuːn] *n (stand)* tribuna *f*.

tribu·tary ['trɪbjʊtərɪ] *n (Geog)* afluente *m*.

trib·ute ['trɪbjuːt] *n (fig)* homenaje *m*, tributo *m*; **to pay ~ to sb/sth** rendir homenaje a uno/algo; **floral ~** ofrenda *f* floral.

trice [traɪs] *n*: **in a ~** en un santiamén.

trick [trɪk] **1** *n* **(a)** *(joke, hoax)* broma *f*; *(mischief)* travesura *f; (ruse)* truco *m,* ardid *m; (catch)* trampa *f; (special knack)* truco; **to play a ~ on sb** gastarle una broma a uno; **dirty** *or* **mean ~** mala pasada *f,* jugada *f* sucia; **there must be a ~ in it** aquí debe haber trampa; **he's up to his old ~s again** ha vuelto a las suyas; **there's a ~ to opening this door** hay una maña para abrir esta puerta; **unless my eyes are playing ~s on me** si los ojos no me engañan. **(b)** *(peculiarity, strange habit)* manía *f,* peculiaridad *f;* **to have a ~ of doing sth** tener la manía de hacer algo; **it's a ~ of the light** es una ilusión óptica. **(c)** *(card ~)* baza *f; (conjuring ~)* truco *m;* **that should do the ~** *(fam)* esto sí servirá; **he doesn't miss a ~** *(fig)* no se pierde nada.

2 *vt (deceive)* engañar; *(swindle)* estafar, timar; **I've been ~ed!** ¡me engañaron!; **to ~ sb into doing sth** hacer que uno haga algo por engaño; **to ~ sb out of sth** quitarle algo a uno con engaños.

3: ~ photography *n* trucaje *m;* **~ question** *n* pega *f.*

trick·ery ['trɪkərɪ] *n* engaño *m,* superchería *f.*

trick·le ['trɪkl] **1** *n (gen)* chorrito *m; (of blood etc)* hilo *m;* **a ~** *(fig)* pequeñas cantidades *fpl;* **a ~ of people** una cantidad reducida de personas. **2** *vi (lit)* escurrir, *(LAm)* chorrear; *(fig)* ir despacio *or* poco a poco; **people kept trickling in** la gente seguía entrando poco a poco. **3** *vt (lit)* gotear.

tricky ['trɪkɪ] *adj* (**-ier, -iest**) *(person: sly)* mañoso/a, tramposo/a; *(: difficult)* difícil; *(situation etc)* complicado/a, difícil; *(problem)* delicado/a.

tri·col·our, (*US*) **tri·col·or** ['trɪkələʳ] *n (flag)* bandera *f* tricolor.

tri·cy·cle ['traɪsɪkl] *n* triciclo *m.*

tried [traɪd] **1** *pt, pp of* **try. 2** *adj:* **~ and tested** probado/a.

tri·er ['traɪəʳ] *n* persona *f* aplicada.

tri·fle ['traɪfl] *n* **(a)** *(cheap object)* baratija *f,* fruslería *f; (unimportant issue)* pequeñez *f, (LAm)* nimiedad *f;* **he worries about ~s** se preocupa por tonterías. **(b) a ~** *(small amount)* un poquito, *(LAm)* tantito así; *(as adv: somewhat)* algo, un poco; **it's a ~ difficult** es un poco difícil. **(c)** *(Culin)* dulce *m* de bizcocho borracho.

♦ **trifle with** *vi + prep* jugar con; **he's not a person to be ~d with** con ése no hay que meterse; **to ~ with sb's affections** jugar con los sentimientos de uno.

tri·fling ['traɪflɪŋ] *adj (insignificant)* sin importancia, frívolo/a.

trig·ger ['trɪgəʳ] **1** *n (of gun, machine)* gatillo *m;* **to pull the ~** apretar el gatillo, disparar. **2** *vt:* **to ~ off** *(fight etc)* provocar; *(chain of events)* desencadenar.

trigger-happy ['trɪgə,hæpɪ] *adj* pronto/a a disparar.

trigo·nom·etry [,trɪgə'nɒmɪtrɪ] *n* trigonometría *f.*

tril·by ['trɪlbɪ] *n* sombrero *m* flexible.

trill [trɪl] **1** *n (of bird)* gorjeo *m; (Mus)* trino *m; (of 'R')* vibración *f.* **2** *vi (see n)* gorjear; trinar.

tril·ogy ['trɪlədʒɪ] *n* trilogía *f.*

trim [trɪm] **1** *adj* (**-mer, -mest**) *(cared for)* arreglado/a, cuidado/a; *(neat and clean)* aseado/a, *(LAm)* pulcro/a; **a ~ figure** un buen cuerpo *or* talle. **2** *n* **(a)** *(condition)* estado *m;* **in good ~** *(car etc)* en buen estado; *(person)* en buena forma *or* buenas condiciones; **to keep in (good) ~** *(car etc)* mantener(se) en buen estado; *(person)* mantener(se) en buena forma. **(b)** *(cut)* recorte *m;* **to give one's hair a ~** recortarse el pelo. **(c)** *(decoration)* **a coat with a fur ~** un abrigo con adorno de piel. **3** *vt* **(a)** *(cut: hair)* recortar; *(: hedge)* podar; *(: lamp, wick)* despabilar; *(make neat)* arreglar, cuidar. **(b)** *(decorate)* adornar.

trim·ming ['trɪmɪŋ] *n (edging)* adorno *m;* **~s** *(extras, embellishments)* accesorios *mpl; (cuttings)* recortes *mpl;* **turkey with all the ~s** pavo con su guarnición *or* aderezo.

Trini·ty ['trɪnɪtɪ] *n* Trinidad *f.*

trin·ket ['trɪŋkɪt] *n* chuchería *f,* baratija *f.*

trio ['trɪəʊ] *n* trío *m.*

trip [trɪp] **1** *n* **(a)** *(journey)* viaje *m,* recorrido *m; (: boat)* travesía *f; (tour)* gira *f; (outing)* paseo *m,* excursión *f;* **it's a 100-mile ~** es un viaje de 100 millas. **(b)** *(on drugs)* viaje *m.* **2** *vi* tropezar; **to ~ along, to go ~ping along** ir brincando. **3** *vt* = **~ up 2.**

♦ **trip over 1** *vi + adv* caerse. **2** *vi + prep* tropezar con.

♦ **trip up 1** *vi + adv* tropezar, caerse; *(fig: make a mistake)* equivocarse. **2** *vt + adv* hacer tropezar, hacer caer.

tri·par·tite [,traɪ'pɑːtaɪt] *adj* tripartito/a.

tripe [traɪp] *n* **(a)** *(Culin)* callos *mpl.* **(b)** *(fam)* tonterías *fpl, (LAm)* babosadas *fpl,* pendejadas *fpl (fam).*

tri·ple ['trɪpl] **1** *adj* triple. **2** *adv* el triple, 3 veces. **3** *vt* triplicar. **4** *vi* triplicarse.

tri·plet ['trɪplɪt] *n (person)* trillizo/a *m/f.*

trip·li·cate ['trɪplɪkɪt] *n:* **in ~** por triplicado.

tri·pod ['traɪpɒd] *n* trípode *m.*

trip·per ['trɪpəʳ] *n* turista *mf,* excursionista *mf.*

trip·tych ['trɪptɪk] *n* tríptico *m.*

trip·wire ['trɪpwaɪəʳ] *n* cuerda *f* de trampa.

trite [traɪt] *adj* trillado/a.

tri·umph ['traɪʌmf] **1** *n (emotion)* júbilo *m,* éxito *m; (victory)* **~ (over)** triunfo *m* (sobre); **a new ~ for industry** otro éxito para la industria; **it is a ~ of man over nature** es un triunfo del hombre sobre la naturaleza; **in ~** con júbilo, en triunfo. **2** *vi:* **to ~ (over)** triunfar (sobre), vencer (a).

tri·um·phal [traɪ'ʌmfəl] *adj* triunfal, de triunfo.

tri·um·phant [traɪ'ʌmfənt] *adj (jubilant)* jubiloso/a, triunfante; *(victorious)* victorioso/a, vencedor(a).

tri·um·phant·ly [traɪ'ʌmfəntlɪ] *adv* triunfalmente.

trivia ['trɪvɪə] *npl* banalidades *fpl, (LAm)* nimiedades *fpl.*

triv·ial ['trɪvɪəl] *adj* trivial, frívolo/a, insignificante.

trivi·al·ity [,trɪvɪ'ælɪtɪ] *n (gen)* trivialidad *f,* banalidad *f; (trivial detail)* trivialidad.

trivi·al·ize ['trɪvɪəlaɪz] *vt* minimizar, tratar con desprecio.

trod [trɒd] *pt of* **tread.**

trod·den ['trɒdn] *pp of* **tread.**

trol·ley ['trɒlɪ] *n (in station, supermarket)* carrito *m,* carretilla *f; (in hospital)* camilla *f; (tea ~)* carrito; *(drinks ~)* mesita *f* de ruedas; *(in mine)* vagoneta *f; (US: tram)* tranvía *m.*

trolley·bus ['trɒlɪbʌs] *n* trolebús *m.*

trom·bone [trɒm'bəʊn] *n* trombón *m.*

trom·bon·ist [trɒm'bəʊnɪst] *n* trombón *m.*

troop [truːp] **1** *n (gen)* banda *f,* grupo *m; (gang)* cuadrilla *f; (Mil)* tropa *f;* **~s** *(Mil)* tropas. **2** *vi (walk)* **to ~ in/past/off** *etc* entrar/pasar/marcharse *etc* en tropel. **3** *vt:* **to ~ the colour** presentar la bandera. **4: ~ carrier** *n (plane, ship)* transporte *m* (militar); **~ ship** *n* (buque *m* de) transporte.

troop·er ['truːpəʳ] *n (Mil)* soldado *m* (de caballería); *(US: policeman)* policía *mf* montado/a; **to swear like a ~** soltar injurias por todos lados.

tro·phy ['trəʊfɪ] *n (gen)* trofeo *m.*

trop·ic ['trɒpɪk] *n* trópico *m;* **the ~s** el trópico; **T~**

of Cancer/Capricorn** Trópico de Cáncer/Capricornio.

tropi·cal ['trɒpɪkəl] *adj* tropical.

trot [trɒt] **1** *n* **(a)** *(step)* trote *m;* **to break into a ~** *(horse, rider)* echar a trotar; *(person)* echar a correr; **to go for a ~** *(on horse)* ir a trotar a caballo; **on the ~** *(fam)* seguidos/as, uno/a tras otro/a; **to keep sb on the ~** *(fam)* no dejar a uno descansar. **(b) the ~s** *(fam: diarrhoea)* diarreas *fpl;* **to have the ~s** tener diarreas. **2** *vi (horse, rider)* trotar, ir al trote; *(person)* ir *etc* trotando; **I must be ~ting along now** *(fam)* es hora de que me marche.

♦**trot out** *vt + adv (excuse, reason)* ensartar; *(names, facts)* sacar a relucir.

trot·sky·ist ['trɒtskɪɪst] *n* trotskista *mf.*

trot·ter ['trɒtəʳ] *n:* **pig's ~s** manitas *fpl* (de puerco *or (LAm)* chancho).

trou·ble ['trʌbl] **1** *n* **(a)** *(problem, difficulty)* problema *m,* dificultad *f; (: as result of doing wrong)* lío *m,* problemas *mpl; (: with something mechanical)* fallo *m,* avería *f; (unrest, fighting)* conflicto *m,* disturbio *m;* **to have ~ doing sth** tener dificultad en *or* para hacer algo; **to be in ~** *(having problems)* estar en un apuro *or (LAm)* aprieto; *(for doing wrong)* tener problemas; **to get into ~ (with sb)** meter la pata (con uno); **to get sb into ~** meter a uno en un lío *or* problemas; *(euph: make pregnant)* dejar embarazada a una; **to help sb out of ~** sacar a uno de un apuro; **what's the ~?** ¿cuál es el problema?, *(LAm)* ¿qué pasa?; **the ~ is ...** el problema es ..., lo que pasa es ...; **engine ~** problemas con el motor; **heart/back ~** *(Med)* problemas de corazón/espalda; **don't go looking for ~** no busques camorra *or* problemas; **there'll be ~ if she finds out** se armará un lío si se entera; **to tell sb one's ~s** contarle a uno sus penas; **~ spot** *(esp Pol: area, country)* punto *m* de conflicto. **(b)** *(effort, bother)* molestia *f;* **it's no ~** no es molestia; **it's not worth the ~** no vale la pena; **to go to (all) the ~ of doing sth, take the ~ to do sth** darse la molestia de hacer algo.

2 *vt* **(a)** *(worry)* preocupar; *(cause pain)* doler, afectar. **(b)** *(bother, be nuisance to)* molestar; **I'm sorry to ~ you** disculpe la molestia; **I shan't ~ you with all the details** no le voy a molestar con exceso de detalles; **to ~ o.s. to do sth** molestarse en *or* darse el trabajo de hacer algo; **may I ~ you for a light?** ¿me podría dar fuego, por favor? **(c)** *(+ infin: make the effort)* **to ~ to do sth** tomarse la molestia *or* el trabajo de hacer algo.

trou·bled ['trʌbld] *adj (person, expression)* preocupado/a, *(LAm)* apenado/a; *(period)* agitado/a, turbulento/a.

trouble-free ['trʌbl,friː] *adj (life)* sin problemas, tranquilo/a; *(demonstration, factory)* sin disturbios, pacífico/a; *(car, motoring, washing machine etc)* sin avería.

trouble·maker ['trʌbl,meɪkəʳ] *n* agitador(a) *m/f.*

trouble·shooter ['trʌbl,ʃuːtəʳ] *n* mediador(a) *m/f.*

trou·ble·some ['trʌblsəm] *adj (person)* fastidioso/a, *(LAm)* molesto/a, latoso/a; *(headache etc)* molesto/a; *(dispute, problem)* difícil, penoso/a.

trough [trɒf] *n* **(a)** *(for animals: feeding)* comedero *m,* pesebre *m; (: drinking)* abrevadero *m,* bebedero *m; (Min)* batea *f.* **(b)** *(between waves, on graph)* seno *m; (Met)* zona *f* de bajas presiones.

troupe [truːp] *n (Theat etc)* compañía *f* de teatro.

trou·ser press ['traʊzə,pres] *(Brit) n* prensa *f* para pantalones.

trou·sers ['traʊzəz] *npl (Brit)* pantalón *m,* pantalones *mpl;* **short/long ~** pantalones cortos/largos; **a pair of ~** un pantalón, unos pantalones.

trous·seau ['truːsəʊ] *n* ajuar *m.*

trout [traʊt] **1** *n, pl inv* trucha *f.* **2: ~ fishing** *n* pesca *f* de trucha.

trow·el ['traʊəl] *n (Agr)* desplantador *m; (builder's)* paleta *f,* llana *f.*

tru·ant ['truənt] *n (Scol)* ausente *mf;* **to play ~** hacer novillos, *(Mex)* pintar venado, *(LAm)* capear (la escuela).

truce [truːs] *n* tregua *f;* **to call a ~** *(Mil, fig)* acordar una tregua.

truck[1] [trʌk] *n (exchange)* **~ system** el trueque; **to have no ~ with sb** no tener nada que ver con uno.

truck[2] [trʌk] *n* **(a)** *(Rail: wagon)* vagón *m.* **(b)** *(esp US: lorry)* camión *m.* **(c)** *(hand-trolley)* carretilla *f.*

truck·driver ['trʌk,draɪvəʳ] *n, (US)* **truck·er** ['trʌkəʳ] *n* camionero/a *m/f,* transportista *mf.*

truck·ing ['trʌkɪŋ] *n (US)* acarreo *m,* transporte *m* (en camión).

truck·load ['trʌkləʊd] *n* camión *m* (lleno).

trucu·lent ['trʌkjʊlənt] *adj* malhumorado/a, agresivo/a.

trudge [trʌdʒ] *vi:* **to ~ up/down/along** *etc* subir/bajar/caminar *etc* penosamente.

true [truː] **1** *adj* **(a)** *(not fiction: story etc)* verdadero/a, de verdad, *(LAm)* cierto/a; *(accurate, correct: statement, description)* exacto/a, correcto/a; *(: portrait, likeness)* fiel; **to come ~** realizarse, cumplirse; **the same holds ~ of** *or* **for ...** lo mismo se puede decir de ...; **it's not ~!** ¡no es verdad!, *(LAm)* ¡no es cierto!; **too ~!** ¡es verdad!, *(LAm)* ¡es cierto!; **~ but ...** sí, pero ...; *see* **ring**[2] **3 (a). (b)** *(real, genuine: emotion, interest etc)* auténtico/a, verdadero/a; **~ love** amor *m* verdadero; **to behave like a ~ Englishman** comportarse como un auténtico inglés; **in the truest sense of the word** en el justo sentido de la palabra. **(c)** *(level)* a plomo *or* nivel; *(wheel)* centrado/a; *(straight: aim of gun, person)* exacto/a. **(d)** *(faithful: friend etc)* fiel, leal; **to be ~ to sb/sth** ser fiel a uno/algo; **to be ~ to one's word** cumplir con su palabra; **~ to life** verídico/a; **to run ~ to type** hacer como siempre.

2 *n:* **to be out of ~** no estar bien alineado *or* nivelado.

truf·fle ['trʌfl] *n (gen)* trufa *f.*

tru·ism ['truːɪzəm] *n* perogrullada *f,* tópico *m.*

tru·ly ['truːlɪ] *adv* **(a)** *(genuinely)* realmente, sinceramente; **yours ~** *(in letter)* atentamente. **(b)** *(emphatic: very)* realmente, auténticamente. **(c)** *(faithfully)* fielmente.

trump [trʌmp] **1** *n (Cards)* triunfo *m;* **what's ~s?** ¿a qué pinta?; **to turn up ~s** *(fig)* salir *or* resultar bien. **2** *vt* **(a)** *(Cards)* fallar. **(b) to ~ up** *(fabricate: charge, excuse)* fabricar, inventar. **3: ~ card** *n* triunfo *m;* **to play one's ~ card** *(fig)* echar su triunfo.

trumped-up [,trʌmpt'ʌp] *adj (charge, excuse)* inventado/a, fabricado/a.

trum·pet ['trʌmpɪt] **1** *n* trompeta *f;* **to blow one's own ~** darse bombo. **2** *vi (elephant)* bramar.

trum·pet·er ['trʌmpɪtəʳ] *n* trompetista *mf.*

trun·cate [trʌŋ'keɪt] *vt (report, speech)* truncar.

trun·cat·ed [trʌŋ'keɪtɪd] *adj (shortened: report etc)* truncado/a.

trun·cheon ['trʌntʃən] *n* porra *f.*

trun·dle ['trʌndl] **1** *vt (push)* empujar; *(pull)* tirar, *(LAm)* jalar. **2** *vi (cart etc)* rodar.

trunk [trʌŋk] **1** *n* **(a)** *(of tree)* tronco *m.* **(b)** *(Anat: human torso)* tronco *m.* **(c)** *(of elephant)* trompa *f.* **(d)** *(big suitcase)* baúl *m.* **(e)** *(US: boot of car)* maletero *m,* *(Mex)* cajuela *f,* *(LAm)* baúl *m.* **2: ~ call** *n (Brit Telec)* conferencia *f* (interurbana); **to make a ~ call** llamar a larga distancia; **~ road** *n* carretera *f* principal.

trunks [trʌŋks] *npl*: **swimming** *or* **bathing** ~ bañador *m*, slip *m*.

truss [trʌs] **1** *vt (also* ~ **up)** atar. **2** *n (Med)* braguero *m*.

trust [trʌst] **1** *n* **(a)** *(faith, confidence)* ~ **(in)** confianza *f* (en); **to put one's ~ in sb/sth** confiar en uno/algo; **to be in a position of** ~ tener un puesto de confianza. **(b)** *(charge)* **to leave sth in sb's** ~ dejar algo a cargo de uno. **(c)** *(Jur, Fin)* fideicomiso *m*; **in** ~ en fideicomiso. **(d)** *(Comm: also* ~ **company)** trust *m*, monopolio *m*.

2 *vt* **(a)** *(have faith in, rely on)* confiar en, fiarse de; **to ~ sb with sth** *(entrust)* encomendarle algo a uno; **I wouldn't ~ him an inch** no es de fiar para nada; **~ you to make a mistake!** *(fam)* ¡ya era de esperarse que te equivocaras! **(b)** *(hope)* esperar; **I ~ that all will go well** espero que todo salga bien.

3 *vi (have faith)* **to ~ in** confiar en; *(rely)* **to ~ to luck/fate** confiar en el destino.

4: ~ **company** *n* compañía *f* de fideicomiso; ~ **fund** *n* fondo *m* fiduciario.

trust·ed ['trʌstɪd] *adj (friend etc)* de confianza.

trus·tee [trʌs'tiː] *n* fideicomisario/a *m/f*, síndico/a *m/f*.

trust·ful ['trʌstfʊl] *adj*, **trust·ing** ['trʌstɪŋ] *adj* confiado/a.

trust·worthy ['trʌst,wɜːðɪ] *adj (person)* de confianza; *(source of news etc)* fidedigno/a.

trusty ['trʌstɪ] *adj* **(-ier, -iest)** *(servant etc)* fiel, leal.

truth [truːθ] *n (gen)* verdad *f*; **to tell the ~** decir la verdad; **to tell (you) the ~, ~ to tell** para *or* a decir verdad; **the ~ of the matter is that ...** la verdad es que ...; **the ~ hurts** la verdad ofende.

truth·ful ['truːθfʊl] *adj (account)* verídico/a; *(person)* veraz.

truth·ful·ly ['truːθfəlɪ] *adv* verídicamente; **~, I don't know** de veras, no sé nada.

try [traɪ] **1** *n* **(a)** *(attempt)* tentativa *f*, intento *m*; **to give sth a ~** *(attempt)* intentar hacer algo; *(try out)* probar *or* ensayar algo; **to have a ~ (at sth)** hacer un intento (de hacer algo); **it's worth a ~** vale la pena intentarlo. **(b)** *(Rugby)* ensayo *m*.

2 *vt* **(a)** *(usu + infin: attempt)* **to ~ to do sth** intentar *or* tratar de hacer algo; **to ~ one's (very) best** *or* **one's (very) hardest** poner todo su empeño. **(b)** *(sample, give a trial to)* probar, ensayar; **why not ~ him for the job?** ¿por qué no probarle para el puesto?; **~ turning the key** da vuelta a la llave y a ver qué pasa. **(c)** *(test: strength)* poner a prueba; *(tax, strain: eyes)* cansar; **to ~ sb's patience** abusar la paciencia de uno; **to ~ one's hand at sth** *(fig)* intentar *or* probar algo; *see also* **tried, trying. (d)** *(Jur)* **to ~ sb (for sth)** procesar *or* enjuiciar a uno por algo.

3 *vi (attempt)* intentar, hacer el intento; **to ~ and do sth** tratar de hacer algo.

♦ **try for** *vi + prep* intentar conseguir.

♦ **try on** *vt + adv* **(a)** *(clothes, shoes)* probar(se). **(b)** *(fig)* **to ~ it on (with sb)** intentar engañar a uno.

♦ **try out** *vt + adv (sth new, different)* probar; *(employee)* poner a prueba.

try·ing ['traɪɪŋ] *adj (tiring: situation, time etc)* cansado/a, *(LAm)* latoso/a; *(tiresome: person)* pesado/a, aburrido/a.

try·out ['traɪaʊt] *n* prueba *f*, ensayo *m*.

tsar [zɑːʳ] *n* zar *m*.

tset·se fly ['tsetsɪflaɪ] *n* mosca *f* tsetsé.

T-shirt ['tiːʃɜːt] *n* camiseta *f*, *(LAm)* playera *f*, *(LAm)* remera *f*.

T-square ['tiːskwɛəʳ] *n* regla *f* en T.

tub [tʌb] *n (gen)* cubo *m*, tina *f*, *(LAm)* balde *m*; *(bath ~)* bañera *f*, *(LAm)* tina.

tuba ['tjuːbə] *n* tuba *f*.

tub·by ['tʌbɪ] *adj* **(-ier, -iest)** *(fam: fat)* gordito/a, rechoncho/a.

tube [tjuːb] **1** *n* **(a)** *(pipe, of toothpaste, paint etc)* tubo *m*; *(Anat)* trompa *f*. **(b)** *(US fam: television)* tele *f*. **(c)** *(London underground)* metro *m*. **2**: ~ **station** *n* estación *f* de metro.

tube·less ['tjuːblɪs] *adj (tyre)* sin cámara.

tu·ber ['tjuːbəʳ] *n (Bot)* tubérculo *m*.

tu·ber·cu·lo·sis [tjʊ,bɜːkjʊ'ləʊsɪs] *n* tuberculosis *f*, tisis *f*.

tub·ing ['tjuːbɪŋ] *n* tubería *f*, *(LAm)* cañería *f*.

tubu·lar ['tjuːbjʊləʳ] *adj (gen)* tubular; ~ **bells** *(Mus)* campanas *fpl* tubulares.

TUC *n abbr of* **Trades Union Congress.**

tuck [tʌk] **1** *n (Sew: fold)* alforza *f*, pliegue *m*; **to take a ~ in sth** hacer una alforza en algo. **2** *vt (put)* meter.

♦ **tuck away** *vt + adv (gen)* esconder; **she has her money safely ~ed away** tiene su dinero bien guardado.

♦ **tuck in 1** *vi + adv (fam)* comer con apetito. **2** *vt + adv (shirt etc)* meter dentro; *(child: in bed)* arropar.

♦ **tuck into** *vi + prep (fam: meal)* comer con buen apetito.

♦ **tuck up** *vt + adv (Sew: skirt, sleeves)* remangar; *(child: in bed)* arropar.

Tues·day ['tjuːzdɪ] *n* martes *m*; **the date today is ~ 23rd March** hoy es martes, 23 de marzo; **on ~** *(past or future)* el martes; **on ~s** los martes; **every ~** todos los martes; **every other ~** cada otro martes; **last/next ~** el martes pasado/martes próximo; **~ next** el martes que viene; **this ~/the following ~** este martes/el martes siguiente; **the ~ before last/after next** el martes antepasado/de martes en 8 días; **a week/fortnight on ~, ~ week/fortnight** de martes en una semana/en una quincena; **~ morning/lunchtime/afternoon** *or* **evening/night** el martes por la mañana/a mediodía/por la tarde/por la noche; **the ~ film** *(TV)* la película del martes; **~'s newspaper** el periódico del martes; *see* **Shrove ~.**

tuft [tʌft] *n (of hair)* copete *m*, mechón *m*; *(of grass etc)* mata *f*.

tug [tʌg] **1** *n* **(a)** *(pull)* tirón *m*, *(LAm)* jalón *m*; **to give sth a (good) ~** dar a algo un tirón (fuerte). **(b)** *(Naut: boat)* remolcador *m*. **2** *vt (pull)* tirar de, *(LAm)* jalar. **3** *vi* tirar, *(LAm)* jalar.

tug·boat ['tʌgbəʊt] *n* remolcador *m*.

tug-of-war [,tʌgəv'wɔːʳ] *n (Sport)* juego *m* de tiro de cuerda; *(fig)* lucha *f*, tira y afloja *m*.

tui·tion [tjʊ'ɪʃən] *n* enseñanza *f*, instrucción *f*.

tu·lip ['tjuːlɪp] *n* tulipán *m*.

tulle [tjuːl] *n* tul *m*.

tum·ble ['tʌmbl] **1** *n* caída *f*, voltereta *f*, *(LAm)* rodada *f*; **to have a ~, to take a ~** caerse; *see* **rough-and-~. 2** *vi* **(a)** *(fall)* caerse; **to ~ downstairs/down a mountain** rodar por la escalera/por la montaña. **(b)** *(rush)* **to ~ into/out of bed** tirarse en/de la cama; **the children ~d out of the room/the car** los niños salieron de la habitación/del coche en desorden. **(c)** *(suddenly understand)* **to ~ to sth** *(fam)* caer en la cuenta de algo. **3**: ~ **drier** *n* secadora *f*.

♦ **tumble down** *vi + adv* desplomarse, venirse abajo.

tumble-down ['tʌmbldaʊn] *adj (building, shack)* ruinoso/a, desvencijado/a.

tum·bler ['tʌmbləʳ] *n (glass)* vaso *m*.

tum·my ['tʌmɪ] *n (fam: stomach)* estómago *m*, barriga *f.*

tu·mour ['tju:mə^r] *n* tumor *m.*

tu·mult ['tju:mʌlt] *n (uproar)* tumulto *m; (confusion: of person, emotions)* **to be in a ~** estar agitado/a *or* alborotado/a.

tu·mul·tu·ous [tju:'mʌltjʊəs] *adj (applause)* tumultuoso/a.

tuna ['tju:nə] *n (also* **~ fish**) atún *m.*

tune [tju:n] **1** *n (Mus: melody)* tonada *f,* melodía *f;* **in/out of ~** afinado/desafinado; **in/out of ~ with sb** *(fig)* de acuerdo/en desacuerdo con uno; **to be in ~ with the times** estar a tono con la época; **to change one's ~** *(fig)* cambiar de tono; **to the ~ of** *(fig: amount)* por (la) cantidad de. **2** *vt (Mus)* afinar; *(Aut: engine)* poner a punto.

3 *vi (Mus: also* **~ up**) afinar los instrumentos.

♦ **tune in** *vi + adv (Rad, TV)* sintonizar; **to be ~d in** *(fig)* estar al corriente.

tune·ful ['tju:nfʊl] *adj (voice, song)* melodioso/a, armonioso/a.

tune·less ['tju:nlɪs] *adj (voice, song)* discordante.

tun·er ['tju:nə^r] *n* **(a)** *(Rad: knob)* sintonizador *m.* **(b) piano ~** afinador(a) *m/f* de pianos.

tung·sten ['tʌŋstən] *n* tungsteno *m.*

tu·nic ['tju:nɪk] *n* túnica *f.*

tun·ing fork ['tju:nɪŋ,fɔ:k] *n* diapasón *m.*

Tu·ni·sia [tju:'nɪzɪə] *n* Túnez *m.*

tun·nel ['tʌnl] **1** *n (gen)* túnel *m; (Min)* galería *f; (subway)* paso *m* subterráneo. **2** *vt (one's way, a passage)* cavar. **3** *vi* construir un túnel.

tun·ny ['tʌnɪ] *n* = **tuna.**

tup·pence ['tʌpəns] *n (Brit fam)* = **twopence.**

tur·ban ['tɜ:bən] *n* turbante *m.*

tur·bine ['tɜ:baɪn] *n* turbina *f.*

tur·bo·jet ['tɜ:bəʊ,dʒet] *n* turborreactor *m.*

tur·bo·prop ['tɜ:bəʊ,prɒp] *n* turbohélice *m.*

tur·bot ['tɜ:bət] *n (fish)* rodaballo *m.*

tur·bu·lence ['tɜ:bjʊləns] *n (gen)* turbulencia *f; (crowd)* revuelta *f.*

tur·bu·lent ['tɜ:bjʊlənt] *adj (gen)* turbulento/a; *(crowd)* revoltoso/a.

tu·reen [tə'ri:n] *n* sopera *f.*

turf [tɜ:f] **1** *n (grass)* césped *m; (clod)* tepe *m;* **the T~** *(Horseracing)* el turf, el hipódromo. **2** *vt (also* **~ over**) cubrir con césped, encespedar. **3: ~ accountant** *n* corredor *m* de apuestas.

♦ **turf out** *vt + adv (fam)* echar (de la casa).

tur·gid ['tɜ:dʒɪd] *adj (prose etc)* pesado/a, hinchado/a.

Turk [tɜ:k] *n* turco/a *m/f.*

tur·key ['tɜ:kɪ] *n (bird)* pavo *m, (Mex)* guajolote *m, (CAm)* jolote *m,* chompipe *m.*

Tur·key ['tɜ:kɪ] *n* Turquía *f.*

Turk·ish ['tɜ:kɪʃ] **1** *adj* turco/a; **~ bath** baño *m* turco; **~ delight** lokum *m,* capricho *m* de reina. **2** *n (language)* turco *m.*

tur·mer·ic ['tɜ:mərɪk] *n* cúrcuma *f.*

tur·moil ['tɜ:mɔɪl] *n* confusión *f,* desorden *m;* **to be in ~** estar confuso/a *or* en desorden.

turn [tɜ:n] **1** *n* **(a)** *(rotation)* vuelta *f,* revolución *f;* **he gave the handle a ~** dio vuelta a la palanca; **it's done to a ~** *(Culin)* está en su punto.

(b) *(change of direction: in road, etc)* vuelta *f,* curva *f;* **'no left ~'** 'prohibido girar a la izquierda'; **to do a left ~** *(Aut)* doblar *or* girar a la izquierda; **a road full of twists and ~s** una carretera llena de curvas; **to take a ~ in the park** dar una vuelta por el parque; **at the ~ of the year/century** a fin de año/a finales del siglo; **at every ~** *(fig)* a cada paso; **the milk is on the ~** la leche está a punto de cortarse; **things took a new ~** *(fig)* las cosas cambiaron de aspecto; **then things took a ~ for the better** *(fig)* entonces las cosas empezaron a mejorar; **an odd ~ of mind** una manera retorcida *or (LAm)* chueca de pensar; **~ of phrase** forma *f* de hablar, giro *m.*

(c) *(Med)* **he had a bad ~ last night** anoche tuvo un ataque; **the news gave me quite a ~** *(fam)* la noticia me asustó.

(d) *(in series, etc)* turno *m;* **by ~s** por turno; **to take ~s at doing sth** alternar *or* turnarse en hacer algo; **to take it in ~(s) to do sth** turnarse para hacer algo; **it's your ~** te toca a ti; **to take/wait one's ~** tomar/esperar su turno; **whose ~ is it?** ¿a quién le toca?; **to miss one's ~** perder la vez *or* el turno; **your ~ will come** ya te tocará; **they spoke in ~** hablaron por turnos; **to take ~ and ~ about** ir por turnos; **to take ~s at the wheel** conducir por turnos; **to take a ~ at the wheel** tomar su turno para conducir; **to speak out of ~** *(fig)* hablar fuera de serie.

(e) *(Theat)* número *m,* turno *m.*

(f) *(action)* **to do sb a good ~** hacerle un favor a uno; **his good ~ for the day** su buena acción del día; **one good ~ deserves another** amor con amor se paga.

2 *vt* **(a)** *(rotate: wheel, handle etc)* girar, dar vueltas a; **to ~ the key in the lock** dar vuelta a la llave en la cerradura; **the engine ~s the wheel** el motor hace girar la rueda.

(b) *(also* **~ over**: *record, mattress, steak)* dar la vuelta a, *(LAm)* voltear; *(: page)* pasar; *(: soil)* revolver; **to ~ one's ankle** torcerse el tobillo; **it ~s my stomach** me revuelve el estómago.

(c) *(direct)* dirigir, volver; **to ~ one's thoughts/attention to sth** concentrarse en/atender a algo; **the fireman ~ed the hose on the building** el bombero dirigió la manguera hacia el edificio; **to ~ a gun on sb** apuntar una pistola a uno; **to ~ one's back on sb/sth** *(also fig)* volverle *or* dar la espalda a uno/algo; **as soon as his back is ~ed** en cuanto mira para otro lado; **to ~ one's head** *(lit)* volver la cabeza; *(fig)* subírsele a uno a la cabeza; **without ~ing a hair** sin reaccionar; **to ~ the other cheek** *(fig)* dar la cara; **he ~ed his hand to cookery** se dedicó a la cocina; **to ~ the tables** *(fig)* dar la vuelta a la tortilla; **they ~ed him against us** le pusieron en contra nuestra.

(d) *(pass)* doblar, *(LAm)* dar la vuelta a; **the car ~ed the corner** el coche dobló la esquina; **to have ~ed the corner** *(fig)* haber salido del apuro; **he's ~ed 50** ha pasado los 50 años; **it's ~ed four o'clock** son las cuatro y pico *or (LAm)* las cuatro pasadas.

(e) *(change)* **to ~ sth into sth** cambiar *or* transformar algo en algo; **to ~ sb into sth** transformar a uno en algo; **he ~ed Catholic** se hizo católico; **to ~ iron into gold** convertir el hierro en oro; **to ~ a play into a film** pasar una obra al cine; **the frog ~ed into a prince** el sapo se volvió príncipe; **it ~ed him into a bitter man** le volvió un resentido; **the shock ~ed her hair white** del susto, el pelo se le puso blanco; **the heat has ~ed the milk** el calor ha cortado la leche.

(f) *(shape: wood, metal)* tornear; **to ~ wood on a lathe** labrar la madera en un torno; **a well-~ed phrase** una frase elegante; **a well-~ed ankle** un tobillo bien formado.

3 *vi* **(a)** *(wheel etc)* girar, dar vueltas; *(person: change direction)* dar la vuelta, *(LAm)* voltear; **the object ~ed on a stand** el objeto giraba en un pedestal; **my head is ~ing** *(fig)* la cabeza me está dando vueltas; **everything ~s on his decision** *(fig)* todo depende de su decisión; **to ~ and go back** volverse *or (LAm)* dar la vuelta y regresar;

to ~ left *(Aut)* torcer *or* girar *or* doblar a la izquierda; **the car ~ed into a lane** el coche se metió en una bocacalle; **the tide is ~ing** *(fig)* las cosas están cambiando; **to wait for the weather to ~** esperar a que cambie el tiempo; **to ~ to port** *(Naut)* virar a babor; **he ~ed to me and smiled** se volvió hacia mí y sonrió; **to ~ to sb for help** acudir a uno en busca de ayuda; **she has no-one to ~ to** no tiene a quién recurrir; **he ~ed to politics** se dedicó a la política; **he ~ed to drink** se abandonó al alcohol, *(LAm)* le dio por el alcohol; **I don't know which way to ~** *(fig)* no sé qué hacer; **the conversation ~ed to religion** la conversación viró hacia la religión; **to ~ against sb** volverse contra uno.

(b) *(change)* volverse, convertirse *or* transformarse en; **to ~ into sth** convertirse *or* transformarse en algo; **the milk has ~ed** la leche se ha cortado; **to ~ red** ponerse rojo/a; **to ~ nasty** ponerse *or* volverse antipático/a; **he ~ed into a cynic** se volvió cínico; **they ~ed communist** se hicieron comunistas; **a singer ~ed songwriter** un cantante transformado en compositor.

♦ **turn aside** *vi + adv*: **to ~ aside (from)** desviarse *or* apartarse (de).

♦ **turn away 1** *vi + adv*: **to ~ away (from)** apartar la vista (de). **2** *vt + adv* **(a)** *(move: eyes, head, gun)* desviar, apartar. **(b)** *(reject: person, offer, business, customer)* rechazar.

♦ **turn back 1** *vi + adv* **(a)** *(in journey etc)* volverse (atrás), *(LAm)* desandar el camino. **(b)** *(in book)* volver. **2** *vt + adv* **(a)** *(fold: bedclothes)* doblar. **(b)** *(send back: person)* devolver; *(: vehicle)* volver. **(c)** *(clock)* retrasar; **to ~ back the clock 20 years** *(fig)* volver 20 años atrás.

♦ **turn down** *vi + adv* **(a)** *(fold down: bedclothes, collar, page)* doblar. **(b)** *(reduce: gas, heat, volume)* bajar. **(c)** *(refuse: offer, suitor, candidate)* rechazar.

♦ **turn in 1** *vi + adv* **(a)** *(car, person)* entrar, dar la vuelta. **(b)** *(fam: go to bed)* acostarse. **2** *vt + adv* *(hand over)* entregar; **to ~ sb in** denunciar a uno ante la policía.

♦ **turn off 1** *vi + adv* **(a)** *(person, vehicle)* torcer, dar vuelta. **(b)** *(appliance etc)* apagarse. **2** *vt + adv* **(a)** *(light)* apagar; *(appliance)* cortar; *(tap)* cerrar. **(b)** *(fam: person)* desanimar, descorazonar; *(: also sexually)* matar *or* acallar las ganas a.

♦ **turn on 1** *vi + adv (appliance)* encenderse, *(LAm)* prender. **2** *vt + adv* **(a)** *(appliance, electricity)* encender, *(LAm)* prender; *(tap)* abrir; *(light)* poner. **(b)** *(fam: person)* interesar, despertar; *(: also sexually)* excitar.

♦ **turn out 1** *vi + adv* **(a)** *(appear)* aparecer; *(attend: troops)* presentarse; *(: doctor)* atender; **to ~ out for a meeting** asistir a una reunión. **(b)** *(prove to be)* resultar; **it ~ed out that ...** resultó (ser) que ...; **it ~ed out well/badly** salió bien/mal. **2** *vt + adv* **(a)** *(appliance, light)* apagar; *(gas)* cortar. **(b)** *(produce)* producir; **to be well ~ed out** *(fig)* presentar un buen aspecto. **(c)** *(empty: pockets)* vaciar; *(tip out: cake)* sacar. **(d)** *(clean out: room)* limpiar, remover. **(e)** *(expel: person)* expulsar, echar. **(f)** *(guard, police)* llamar.

♦ **turn over 1** *vi + adv* **(a)** *(person, car etc)* volverse, *(LAm)* voltearse; *(of engine)* girar; **my stomach ~ed over** se me revolvió el estómago. **(b)** *(in reading)* pasar a la siguiente página; *(in letter)* volver la página; **please ~ over** véase al dorso, sigue .... **2** *vt + adv* **(a)** *(page)* volver; *(patient, mattress, card)* dar la vuelta a; **to ~ over an idea in one's mind** *(fig)* darle vueltas a una idea en la cabeza. **(b)** *(hand over: object, business etc)* ceder, entregar; *(: person)* entregar.

♦ **turn round 1** *vi + adv* **(a)** *(back to front)* volverse, dar la espalda. **(b)** *(rotate)* girar, dar vueltas; **to ~ round and round** dar vueltas en redondo. **2** *vt + adv* dar la vuelta a, *(LAm)* voltear; *(vehicle, ship etc)* volver.

♦ **turn up 1** *vi + adv* **(a)** *(be found)* aparecer; *(arrive)* llegar, aparecer; **something will ~ up** algo se presentará; **we waited but she didn't ~ up** esperamos pero no apareció. **(b)** *(point upwards)* volverse hacia arriba; **his nose ~s up** tiene la nariz respingona. **2** *vt + adv* **(a)** *(collar, sleeve, hem)* subir; **a ~ed-up nose** una nariz respingona; **to ~ up one's nose at sth** ponerle mala cara a algo. **(b)** *(heat, gas)* subir; *(radio etc)* poner más fuerte. **(c)** *(find)* descubrir, desenterrar.

turn·about ['tɜːnəbaʊt] *n,* **turn·around** ['tɜːnəraʊnd] *n* cambio *m* de rumbo.

turn·coat ['tɜːnkəʊt] *n* renegado/a *m/f.*

turn·ing ['tɜːnɪŋ] **1** *n (side road)* bocacalle *f; (fork)* cruce *m,* esquina *f; (bend)* curva *f;* **the first ~ on the right** la primera bocacalle a la derecha. **2: ~ point** *n (fig)* encrucijada *f.*

tur·nip ['tɜːnɪp] *n* nabo *m.*

turn·off ['tɜːnɒf] *n (in road)* desvío *m,* empalme *m.*

turn·out ['tɜːnaʊt] *n* **(a)** *(attendance)* concurrencia *f,* asistencia *f;* **there was a poor ~** asistió poca gente. **(b)** *(clean)* limpieza *f;* **she gave the room a good ~** hizo la limpieza en el cuarto.

turn·over ['tɜːnˌəʊvə^r] *n* **(a)** *(Comm: of stock, goods)* renovación *f* de existencias; *(total business)* movimiento *m* de mercancías; **he sold the goods cheaply, hoping for a quick ~** vendió barato, en espera de una rápida renovación de existencias; **a ~ of £6,000 a week** una facturación de 6000 libras a la semana; **there is a rapid ~ in staff** hay una rápida rotación de personal. **(b)** *(Culin)* empanada *f.*

turn·pike ['tɜːnpaɪk] *n (US Aut)* autopista *f* de peaje.

turn-round ['tɜːnraʊnd] *n (Naut)* tiempo *m* de descarga y carga; *(of goods)* plazo *m.*

turn·stile ['tɜːnstaɪl] *n* torniquete *m.*

turn·table ['tɜːnˌteɪbl] *n (for record player)* plato *m* giratorio; *(for trains, car etc)* placa *f* giratoria; **~ ladder** escalera *f* sobre plataforma giratoria.

turn-up ['tɜːnʌp] *n (of trousers)* vuelta *f;* **that was a ~ for the book** *(fam)* eso sí que no se esperaba.

tur·pen·tine ['tɜːpəntaɪn] **1** *n* (*also (fam)* **turps**) trementina *f.* **2: ~ substitute** *n* aguarrás *m inv.*

tur·quoise ['tɜːkwɔɪz] **1** *n (stone)* turquesa *f; (colour)* azul turquesa *m.* **2** *adj* azul turquesa.

tur·ret ['tʌrɪt] *n (of castle)* torreón *m; (of tank, warship, aircraft)* torreta *f.*

tur·tle ['tɜːtl] **1** *n* tortuga *f* (marina); **to turn ~** *(boat)* zozobrar, capotar. **2: ~ soup** *n* sopa *f* de tortuga.

turtle·dove ['tɜːtldʌv] *n* tórtola *f.*

turtle·neck ['tɜːtlnek] *n* cuello *m* vuelto.

tusk [tʌsk] *n* colmillo *m.*

tus·sle ['tʌsl] **1** *n* lucha *f,* pelea *f;* **to have a ~ with** pelearse con. **2** *vi:* **to ~ (with sb for sth)** pelearse (algo con uno).

tus·sock ['tʌsək] *n* mata *f* (de hierba).

tut [tʌt] *(also* **~-~**) **1** *interj* ¡vaya! **2** *vi* hacer un sonido de desaprobación.

tu·tor ['tjuːtə^r] **1** *n (private teacher)* profesor(a) *m/f* particular; *(Univ)* tutor(a) *m/f.* **2** *vt:* **to ~ sb in Latin** dar clases particulares de latín a uno.

tu·to·rial [tjuː'tɔːrɪəl] *n (Univ)* seminario *m.*

tux·edo [tʌk'siːdəʊ] *n (US)* smoking *m,* esmoquin

m.

TV [ˌtiːˈviː] *n abbr of* **television.**

twad·dle [ˈtwɒdl] *n* tonterías *fpl,* *(LAm)* babosadas *fpl,* pendejadas *fpl (fam).*

twang [twæŋ] **1** *n (of wire, bow etc)* tañido *m; (of voice)* deje *m;* **to speak with a ~** ganguear. **2** *vt (Mus)* tañer.

tweak [twiːk] **1** *n:* **to give sb's nose/ear a ~** pellizcarle a uno la nariz/la oreja. **2** *vt* pellizcar.

twee [twiː] *adj (fam pej)* cursi, rebuscado/a.

tweed [twiːd] *n (cloth)* tweed *m;* **~s** *(suit)* traje *m* de tweed.

tweet [twiːt] *vi (bird)* piar.

tweet·er [ˈtwiːtəʳ] *n* altavoz *m* para frecuencias altas.

twee·zers [ˈtwiːzəz] *npl* pinzas *fpl;* **a pair of ~** unas pinzas.

twelfth [twelfθ] **1** *adj* duodécimo/a; **T~ Night** (Día *m* de) Reyes *mpl.* **2** *n (in series)* duodécimo/a *m/f; (fraction)* doceavo *m; for usage see* **fifth.**

twelve [twelv] **1** *adj* doce. **2** *n* doce *m; for usage see* **five.**

twen·ti·eth [ˈtwentɪɪθ] **1** *adj* vigésimo/a. **2** *n (in series)* vigésimo/a *m/f; (fraction)* veintésimo *m; for usage see* **fifth.**

twen·ty [ˈtwentɪ] **1** *adj* veinte. **2** *n* veinte *m; for usage see* **fifty.**

twerp [twɜːp] *n (fam)* idiota *mf,* bruto/a *m/f.*

twice [twaɪs] *adv* dos veces; **~ as much/many** dos veces más; **~ a week** dos veces a la *or* por semana; **she is ~ your age** ella tiene dos veces tu edad; **A is ~ as big as B** A es el doble de B, A es dos veces más grande que B; **to do sth ~** hacer algo dos veces.

twid·dle [ˈtwɪdl] **1** *vt* dar vueltas a; **to ~ one's thumbs** *(fig)* gandulear, *(LAm)* flojear. **2** *vi* dar vueltas.

twig[1] [twɪg] *n* ramita *f.*

twig[2] [twɪg] *(fam)* **1** *vt* caer en la cuenta de. **2** *vi* caer en la cuenta.

twi·light [ˈtwaɪlaɪt] *n (lit: evening)* anochecer *m,* crepúsculo *m; (: morning)* madrugada *f; (fig)* crepúsculo *m,* ocaso *m;* **at ~** al anochecer; **in the ~** en la media luz.

twill [twɪl] *n (fabric)* tela *f* cruzada.

twin [twɪn] **1** *adj (son, brother)* gemelo, mellizo, *(Mex)* cuate; *(daughter, sister)* gemela, melliza, *(Mex)* cuate; **~ beds** camas *fpl* gemelas; **~ town** ciudad *f* hermanada. **2** *n* gemelo/a *m/f,* mellizo/a *m/f;* **identical ~s** gemelos idénticos, *(Mex)* cuates. **3** *vt:* **the town with which Wigan is ~ned** la ciudad que está hermanada con Wigan.

twine [twaɪn] **1** *n* bramante *m, (Mex)* mecate *m, (LAm)* cuerda *f.* **2** *vt* enroscar, trenzar; **to ~ one's arms round sb** abrazar a uno. **3** *vi* enroscarse.

twin-engined [ˌtwɪnˈendʒɪnd] *adj* bimotor(a).

twinge [twɪndʒ] *n (of pain)* punzada *f;* **I've been having ~s of conscience** *(fig)* he tenido remordimientos de conciencia.

twin·kle [ˈtwɪŋkl] **1** *n* centelleo *m,* parpadeo *m;* **he had a ~ in his eye** tenía los ojos risueños. **2** *vi (gen)* centellear, parpadear.

twin·kling [ˈtwɪŋklɪŋ] *n:* **in the ~ of an eye** en un abrir y cerrar de ojos.

twin-set [ˈtwɪnset] *n* conjunto *m,* juego *m.*

twirl [twɜːl] **1** *n (of body)* vuelta *f,* pirueta *f; (in writing)* rasgo *m.* **2** *vt* dar vueltas rápidas a; *(baton, lasso)* dar vueltas a; *(knob)* girar; *(moustache)* atusarse. **3** *vi* dar vueltas, piruetear.

twist [twɪst] **1** *n* **(a)** *(in wire etc)* vuelta *f; (of hair)* trenza *f; (of tobacco)* rollo *m; (of paper)* barquilla *f; (of lemon)* pedacito *m.* **(b)** *(twisting action)* torsión *f,* torcimiento *m;* **to give sth a ~** girar algo; **to give one's ankle a ~** *(Med)* torcerse el tobillo; **with a quick ~ of the wrist** torciendo rápidamente la muñeca. **(c)** *(bend)* vuelta *f,* curva *f; (in road, etc)* recodo *m; (fig: in story, etc)* giro *m* inesperado; **a road full of ~s and turns** una carretera llena de curvas; **the plot has an unexpected ~** el argumento tiene un giro inesperado; **a strange ~ of fate** un capricho de la suerte; **to go round the ~** *(fam)* volverse loco/a, enloquecer. **(d) to do the ~** *(dance)* bailar el twist.

2 *vt (wrench out of shape)* torcer, retorcer; *(turn)* girar; *(also* **~ together**) trenzar, entrelazar; *(coil)* enrollar, enroscar; *(fig: sense, words, argument)* retorcer, tergiversar; **his face was ~ed with pain** tenía la cara retorcida de dolor; **to ~ one's ankle/neck/wrist** *(Med)* torcerse el tobillo/el cuello/la muñeca; **to ~ sb's arm** *(fig)* apretarle las tuercas a uno.

3 *vi* **(a)** *(coil up)* enroscarse; *(road etc)* serpentear, dar vueltas; **the rope got ~ed round the pole** la cuerda se enroscó alrededor del palo; **the road ~ed and turned** la carretera serpenteaba. **(b)** *(dance)* bailar el twist.

♦ **twist off** *vt + adv* desenroscar.

twist·ed [ˈtwɪstɪd] *adj (wire, rope)* trenzado/a, enroscado/a; *(ankle, wrist)* torcido/a; *(fig: logic, mind)* retorcido/a.

twist·er [ˈtwɪstəʳ] *n (fam)* estafador(a) *m/f.*

twit [twɪt] *n (fam)* imbécil *mf,* necio/a *m/f, (LAm)* pendejo/a *m/f.*

twitch [twɪtʃ] **1** *n (slight pull)* tirón *m; (nervous)* tic *m;* **to give sth a ~** darle un tirón a algo. **2** *vi (hands, face, muscles)* crisparse; *(nose, tail, ears)* moverse nerviosamente.

twitchy [ˈtwɪtʃɪ] *adj (nervous)* nervioso/a, inquieto/a.

twit·ter [ˈtwɪtəʳ] **1** *n (of bird)* pío *m;* **to be all of a ~, to be in a ~** *(fam)* estar *or (LAm)* andar alborotado. **2** *vi (of bird)* piar; *(of person)* hablar nerviosamente.

two [tuː] **1** *adj* dos. **2** *n* dos *m;* **to break sth in ~** romper algo en dos; **~ by ~, in ~s** de dos en dos; **to arrive in ~s and threes** llegar dos o tres a la vez; **to put ~ and ~ together** *(fig)* atar cabos; **that makes ~ of us** ya somos dos.

two-door [ˌtuːˈdɔːʳ] *adj (car)* de dos puertas.

two-edged [ˌtuːˈedʒd] *adj* de doble filo.

two-faced [ˌtuːˈfeɪst] *adj (fig)* de dos caras, con doblez.

two·fold [ˈtuːfəʊld] **1** *adv* dos veces. **2** *adj* doble.

two-legged [ˌtuːˈlegd] *adj* bípedo/a, de dos piernas.

two-party [ˈtuːˌpɑːtɪ] *adj (state etc)* bipartidista.

two·pence [ˈtʌpəns] *n (Brit)* dos peniques; *(: coin)* una moneda de dos peniques.

two-phase [ˈtuːfeɪz] *adj (Elec)* bifásico/a.

two-piece [ˈtuːpiːs] **1** *adj* de dos piezas. **2** *n (suit)* conjunto *m* de dos piezas.

two-ply [ˈtuːplaɪ] *adj (wool)* de dos cabos, doble.

two-seater [ˌtuːˈsiːtəʳ] *n (car, plane)* de dos plazas.

two·some [ˈtuːsəm] *n (people)* pareja *f;* **to go out in a ~** salir en pareja.

two-step [ˈtuːstep] *n (dance)* paso *m* doble.

two-storey [ˈtuːˌstɔːrɪ] *adj* de dos pisos.

two-stroke [ˈtuːstrəʊk] **1** *n (engine)* motor *m* de dos tiempos. **2** *adj* de dos tiempos.

two-time [ˌtuːˈtaɪm] *vt (fam)* engañar.

two-tone [ˈtuːtəʊn] *adj (colour)* de dos tonos, bicolor.

two-way [ˈtuːweɪ] *adj* emisor(a) y receptor(a); **~ traffic** circulación *f* de dos sentidos.

two-wheeler [ˌtuːˈwiːləʳ] *n* bicicleta *f.*

ty·coon [taɪˈkuːn] *n* magnate *m;* **an oil ~** un magnate del petróleo.
tym·pa·num [ˈtɪmpənəm] *n (Anat, Archit)* tímpano *m.*
type [taɪp] **1** *n* **(a)** *(characteristic specimen)* tipo *m,* clase *f.* **(b)** *(class, make)* tipo *m;* **what ~ of car is it?** ¿qué marca de coche es?; **what ~ did you want?** ¿qué tipo quería?; **what ~ of person is he?** ¿qué tipo de persona es?; **he's not my ~** no me gusta su forma de ser, *(LAm)* no me pasa; **it's my ~ of film** es una película de las que a mí me gustan; **I know the ~ of thing you mean** sé exactamente a qué te refieres. **(c)** *(fam: person)* tipo/a *m/f;* **a pleasant ~** un tipo amable; **she's not my ~** no es mi tipo. **(d)** *(Typ: one letter)* letra *f,* carácter *m; (: letters collectively)* tipos *mpl;* **in bold ~** en negrita.
2 *vt* **(a)** *(also* **~ out**) escribir a máquina; *(also* **~ out, ~ up**) pasar a máquina. **(b)** *(disease etc)* clasificar.
3 *vi* escribir a máquina, mecanografiar.
type-cast [ˈtaɪpkɑːst] *pt, pp* **type-cast** *vt:* **to ~ an actor** encasillar a un actor.
type·face [ˈtaɪpfeɪs] *n* tipo *m.*
type·script [ˈtaɪpskrɪpt] *n* texto *m* mecanografiado.
type·set [ˈtaɪpset] *vt* componer.
type·setter [ˈtaɪpˌsetəʳ] *n (person)* cajista *mf,* compositor(a) *m/f.*
type·writ·er [ˈtaɪpˌraɪtəʳ] *n* máquina *f* de escribir.
type·writ·ten [ˈtaɪpˌrɪtn] *adj* escrito/a a máquina.
ty·phoid [ˈtaɪfɔɪd] *n* tifoidea *f.*
ty·phoon [taɪˈfuːn] *n* tifón *m.*
ty·phus [ˈtaɪfəs] *n* tifus *m.*
typi·cal [ˈtɪpɪkəl] *adj* típico/a; **a ~ Canadian winter** un típico invierno canadiense; **the ~ Spaniard** el español típico; **(isn't that just) ~!** ¡eso es típico!; **that's ~ of her!** ¡eso es típico *or* muy de ella!
typi·cal·ly [ˈtɪpɪkəlɪ] *adv* típicamente; **~ Scottish** típicamente escocés; **~, he arrived home late** como siempre *or (LAm)* de costumbre, regresó tarde a casa.
typi·fy [ˈtɪpɪfaɪ] *vt (thing)* representar, tipificar; *(person)* ser ejemplo de.
typ·ing [ˈtaɪpɪŋ] *n* mecanografía *f.*
typ·ist [ˈtaɪpɪst] *n* mecanógrafo/a *m/f.*
ty·pog·ra·pher [taɪˈpɒgrəfəʳ] *n* tipógrafo/a *m/f.*
ty·po·graphi·cal [ˌtaɪpəˈgræfɪkəl] *adj* tipográfico/a.
ty·pog·ra·phy [taɪˈpɒgrəfɪ] *n* tipografía *f.*
ty·ran·ni·cal [tɪˈrænɪkəl] *adj* tiránico/a, tirano/a.
tyr·an·ny [ˈtɪrənɪ] *n (lit, fig)* tiranía *f.*
ty·rant [ˈtaɪərənt] *n* tirano/a *m/f.*
tyre [ˈtaɪəʳ] **1** *n (Aut etc) (Sp)* neumático *m,* cubierta *f, (LAm)* llanta *f, (RPl)* caucho *m;* **to have a burst/flat ~** tener una rueda pinchada *or (LAm)* ponchada. **2: ~ gauge** *n* medidor *m* de presión; **~ lever** *n* palanca *f* para desmontar neumáticos; **~ pressure** *n* presión *f* de los neumáticos *etc.*
tzar [zɑːʳ] *n* = **tsar.**

U

U, u [juː] *n (letter)* U, u *f.*
ubiqui·tous [juː'bɪkwɪtəs] *adj* ubicuo/a.
U-boat ['juːbəʊt] *n* submarino *m* alemán.
ud·der ['ʌdəʳ] *n* ubre *f.*
UFO *n abbr of* **unidentified flying object** OVNI *m.*
Ugan·da [juː'gændə] *n* Uganda *f.*
ugh [ɜːh] *interj* ¡uf!
ug·li·ness ['ʌglɪnɪs] *n* fealdad *f.*
ugly ['ʌglɪ] *adj* **(-ier, -iest) (a)** *(not pretty)* feo/a; **to be as ~ as sin** ser feísimo; **~ duckling** *(fig)* patito *m* feo. **(b)** *(unpleasant)* desagradable; *(dangerous)* peligroso/a; **an ~ customer** *(fam)* un tipo de cuidado.
UHF *abbr of* **ultra-high frequency** hiperfrecuencia *f.*
U.K. *abbr of* **United Kingdom.**
uku·lele [ˌjuːkə'leɪlɪ] *n* ukelele *m.*
ul·cer ['ʌlsəʳ] *n* úlcera *f.*
Ul·ster ['ʌlstəʳ] *n* Ulster *m.*
ul·te·ri·or [ʌl'tɪərɪəʳ] *adj*: **~ motive** segunda intención *f,* motivos *mpl* ulteriores.
ul·ti·mate ['ʌltɪmɪt] **1** *adj* **(a)** *(final)* último/a, final; **the ~ result** el resultado final. **(b)** *(greatest)* mayor; **the ~ deterrent** *(Mil)* el último disuasivo. **(c)** *(basic)* fundamental, esencial. **2** *n* último/a *m/f;* **the ~ in luxury** el colmo del lujo.
ul·ti·mate·ly ['ʌltɪmɪtlɪ] *adv (eventually)* por último, a fin de cuentas; *(in the end)* finalmente, al final.
ul·ti·ma·tum [ˌʌltɪ'meɪtəm] *n, pl* **-s** *or* **ultimata** [ˌʌltɪ'meɪtə] *(Mil, fig)* ultimátum *m.*
ultra... ['ʌltrə] *pref* ultra... .
ultra·ma·rine [ˌʌltrəmə'riːn] **1** *n* azul *m* ultramarino. **2** *adj* ultramarino/a.
ultra·son·ic [ˌʌltrə'sɒnɪk] *adj* ultrasónico/a.
ultra·sound [ˌʌltrə'saʊnd] *n* ultrasonido *m.*
ultra·vio·let [ˌʌltrə'vaɪəlɪt] *adj* ultravioleta; **~ rays** rayos *mpl* ultravioleta.
um·ber ['ʌmbəʳ] **1** *n* ocre *m or* pardo *m* oscuro. **2** *adj* color ocre *or* pardo oscuro.
um·bili·cal [ˌʌmbɪ'laɪkəl] *adj*: **~ cord** cordón *m* umbilical.
um·brage ['ʌmbrɪdʒ] *n*: **to take ~ (at sth)** ofenderse *or* quedarse resentido (por algo).
um·brel·la [ʌm'brelə] *n* paraguas *m inv;* **beach ~** sombrilla *f;* **under the ~ of** *(fig: protected)* al abrigo de; *(: incorporating)* comprendido en.
um·pire ['ʌmpaɪəʳ] **1** *n* árbitro *m.* **2** *vi* ser árbitro.
ump·teen [ˌʌmp'tiːn] *adj (fam)* enésimos/as.
ump·teenth [ˌʌmp'tiːnθ] *adj (fam)* enésimo/a.
U.N. *abbr of* **United Nations** ONU *f.*
un... [ʌn] *pref* in...; des...; no ... .
un·abashed [ˌʌnə'bæʃt] *adj (shameless)* descarado/a, desvergonzado/a.
un·abat·ed [ˌʌnə'beɪtɪd] *adj*: **the storm continued ~** la tormenta siguió sin amainar.
un·able [ˌʌn'eɪbl] *adj*: **to be ~ to do sth** no poder hacer algo, ser incapaz de hacer algo.
un·abridged [ˌʌnə'brɪdʒd] *adj* íntegro/a.
un·ac·cep·table [ˌʌnək'septəbl] *adj* inaceptable.
un·ac·com·pa·nied [ˌʌnə'kʌmpənɪd] *adj* solo/a, no acompañado/a; *(Mus)* sin acompañamiento, no acompañado/a.
un·ac·count·ed [ˌʌnə'kaʊntɪd] *adj*: **two passengers are still ~ for** aún (nos) faltan dos pasajeros.
un·ac·cus·tomed [ˌʌnə'kʌstəmd] *adj* **(a) to be ~ to sth** no estar acostumbrado a algo, *(LAm)* no tener costumbre de algo; **to be ~ to doing sth** no tener la costumbre de algo, *(LAm)* no acostumbrar hacer algo. **(b) with ~ zeal** con un entusiasmo insólito.
un·ac·quaint·ed [ˌʌnə'kweɪntɪd] *adj*: **to be ~ with** desconocer, ignorar.
un·af·fect·ed [ˌʌnə'fektɪd] *adj* **(a)** *(sincere)* sin afectación, sencillo/a. **(b)** *(emotionally)* no afectado/a.
un·afraid [ˌʌnə'freɪd] *adj* sin temor *or* miedo.
un·aid·ed [ˌʌn'eɪdɪd] **1** *adv* sin ayuda, solo/a. **2** *adj*: **by his own ~ efforts** sin ayuda de nadie.
un·al·ter·able [ʌn'ɒltərəbl] *adj* inalterable.
un·al·tered [ˌʌn'ɒltəd] *adj* inalterado/a.
un·am·bi·tious [ˌʌnæm'bɪʃəs] *adj* sin ambición.
unani·mous [juː'nænɪməs] *adj* unánime.
unani·mous·ly [juː'nænɪməslɪ] *adv* unánimemente, por unanimidad.
un·an·swer·able [ʌn'ɑːnsərəbl] *adj* incontestable.
un·an·swered [ˌʌn'ɑːnsəd] *adj* sin contestar.
un·ap·pe·tiz·ing [ˌʌn'æpɪtaɪzɪŋ] *adj* poco apetitoso/a.
un·ap·proach·able [ˌʌnə'prəʊtʃəbl] *adj (inaccessible)* inaccesible; *(person: aloof etc)* intratable, inasequible.
un·armed [ˌʌn'ɑːmd] *adj* desarmado/a.
un·ashamed [ˌʌnə'ʃeɪmd] *adj* desvergonzado/a, descarado/a; **she was quite ~ about it** no se avergonzó por lo que hizo.
un·asked [ˌʌn'ɑːskt] *adj (guest)* no invitado/a; *(advice)* no solicitado/a.
un·as·sail·able [ˌʌnə'seɪləbl] *adj (proof)* inobjetable; *(position, influence)* inatacable.
un·as·sist·ed [ˌʌnə'sɪstɪd] *adj, adv* sin ayuda.
un·as·sum·ing [ˌʌnə'sjuːmɪŋ] *adj* modesto/a, sin pretensiones.
un·at·tached [ˌʌnə'tætʃt] *adj (loose)* suelto/a; *(fig: gen)* libre; *(: employee)* en disponibilidad; *(: unmarried)* soltero/a.
un·at·tain·able [ˌʌnə'teɪnəbl] *adj* inalcanzable.
un·at·tend·ed [ˌʌnə'tendɪd] *adj (not looked after)* sin atender, desatendido/a.
un·at·trac·tive [ˌʌnə'træktɪv] *adj* poco atractivo/a.
un·author·ized [ˌʌn'ɔːθəraɪzd] *adj* sin autorización *or* permiso.
un·avail·able [ˌʌnə'veɪləbl] *adj (busy)* ocupado/a; *(gen)* indisponible.
un·avoid·able [ˌʌnə'vɔɪdəbl] *adj* inevitable, ineludible.
un·avoid·ably [ˌʌnə'vɔɪdəblɪ] *adv*: **~ detained** en retraso por causas ajenas a su voluntad.
un·aware [ˌʌnə'wɛəʳ] *adj*: **to be ~ of sth/that ...** ignorar algo/que ... .
un·awares [ˌʌnə'wɛəz] *adv*: **to catch** *or* **take sb ~** coger a uno desprevenido.
un·bal·anced [ˌʌn'bælənst] *adj* desequilibrado/a; *(mentally)* trastornado/a.
un·bear·able [ʌn'bɛərəbl] *adj* inaguantable, inso-

portable.

un·bear·ably [ʌn'bɛərəblɪ] *adv* insoportablemente.

un·beat·able [ˌʌn'biːtəbl] *adj (gen)* invencible; *(price, offer)* inmejorable.

un·beat·en [ˌʌn'biːtn] *adj (team)* invicto/a.

un·be·com·ing [ˌʌnbɪ'kʌmɪŋ] *adj (unseemly)* indecoroso/a, impropio/a; *(unflattering)* poco favorecedor(a).

un·be·known(st) [ˌʌnbɪ'nəʊn(st)] *adj*: **~ to me** sin saberlo yo.

un·be·liev·able [ˌʌnbɪ'liːvəbl] *adj* increíble, inconcebible.

un·be·liev·ably [ˌʌnbɪ'liːvəblɪ] *adv* increíblemente.

un·bend [ˌʌn'bend] *pt, pp* **unbent 1** *vt* enderezar. **2** *vi (fig: person)* relajarse, soltarse.

un·bend·ing [ˌʌn'bendɪŋ] *adj (fig: inflexible)* inflexible; *(: strict)* estricto/a, severo/a.

un·bent [ˌʌn'bent] *pt, pp of* **unbend**.

un·bias(s)ed [ˌʌn'baɪəst] *adj* imparcial.

un·blem·ished [ˌʌn'blemɪʃt] *adj* sin mancha *or* tacha.

un·block [ʌn'blɒk] *vt (pipe)* desatascar; *(road etc)* despejar.

un·bolt [ˌʌn'bəʊlt] *vt* desatrancar.

un·born [ˌʌn'bɔːn] *adj (child)* que va a nacer; *(generation)* venidero/a.

un·bos·om [ˌʌn'bʊzəm] *vt*: **to ~ o.s.** desahogarse.

un·bound·ed [ˌʌn'baʊndɪd] *adj* ilimitado/a, sin límites.

un·break·able [ˌʌn'breɪkəbl] *adj* irrompible.

un·bri·dled [ʌn'braɪdld] *adj (fig)* desenfrenado/a.

un·bro·ken [ˌʌn'brəʊkən] *adj* **(a)** *(intact)* entero/a, intacto/a. **(b)** *(continuous)* ininterrumpido/a, continuo/a. **(c)** *(unbeaten)* no batido/a. **(d)** *(animals)* indomado/a; **his spirit remained ~** se mantuvo indómito.

un·buck·le [ˌʌn'bʌkl] *vt* desabrochar.

un·bur·den [ʌn'bɜːdn] *vt*: **to ~ o.s./one's conscience to sb** desahogarse con uno.

un·business·like [ʌn'bɪznɪslaɪk] *adj (without method)* poco metódico/a; *(in appearance etc)* poco formal.

un·but·ton [ˌʌn'bʌtn] *vt* desabrochar, desabotonar.

uncalled-for [ˌʌn'kɔːldfɔːʳ] *adj* gratuito/a, impropio/a.

un·can·ny [ʌn'kænɪ] *adj (-ier, -iest) (peculiar)* raro/a, extraño/a; *(ghostly)* misterioso/a.

uncared-for [ˌʌn'kɛədfɔːʳ] *adj (gen)* descuidado/a; *(neglected)* abandonado/a.

un·ceas·ing [ʌn'siːsɪŋ] *adj (incessant)* incesante; *(continuous)* continuo/a.

un·ceas·ing·ly [ʌn'siːsɪŋlɪ] *adv (see adj)* incesantemente, sin cesar; continuamente.

un·cer·emo·ni·ous ['ʌnˌserɪ'məʊnɪəs] *adj (abrupt, rude)* brusco/a, hosco/a, *(LAm)* corto/a.

un·cer·emo·ni·ous·ly ['ʌnˌserɪ'məʊnɪəslɪ] *adv* bruscamente, sin cortesías.

un·cer·tain [ʌn'sɜːtn] *adj (unsure)* incierto/a, precario/a; *(unknown)* desconocido/a; *(doubtful)* dudoso/a; *(indecisive)* indeciso/a; *(unreliable)* poco fiable; **in no ~ terms** sin dejar lugar a dudas.

un·cer·tain·ty [ʌn'sɜːtntɪ] *n (gen)* incertidumbre *f; (doubt)* duda *f; (indecision)* indecisión *f*, irresolución *f*.

un·chal·lenged [ˌʌn'tʃælɪndʒd] *adj (unnoticed)* inadvertido/a; *(undeniable)* incontrovertible; *(Jur)* incontestado/a; **his ideas went ~** sus ideas no encontraron respuesta.

un·changed [ˌʌn'tʃeɪndʒd] *adj (gen)* igual, sin cambiar.

un·chang·ing [ʌn'tʃeɪndʒɪŋ] *adj* inalterable, inmutable.

un·chari·table [ʌn'tʃærɪtəbl] *adj* poco caritativo/a, duro/a.

un·chart·ed [ˌʌn'tʃɑːtɪd] *adj* inexplorado/a, desconocido/a.

un·checked [ˌʌn'tʃekt] *adj* **(a)** *(unrestrained)* desenfrenado/a. **(b)** *(not verified)* no comprobado/a.

un·chris·tian [ˌʌn'krɪstjən] *adj* indigno/a de un cristiano.

un·civi·lized [ˌʌn'sɪvɪlaɪzd] *adj* poco civilizado/a, inculto/a; *(fig)* bárbaro/a.

un·claimed [ˌʌn'kleɪmd] *adj* sin reclamar.

un·clas·si·fi·able [ˌʌn'klæsɪfaɪəbl] *adj* inclasificable.

un·clas·si·fied [ˌʌn'klæsɪfaɪd] *adj* **(a)** *(not arranged)* sin clasificar. **(b)** *(not secret)* libre, abierto/a.

un·cle ['ʌŋkl] *n* tío *m*.

un·clean [ˌʌn'kliːn] *adj (filthy)* inmundo/a, sucio/a; *(impure)* impuro/a.

un·clear [ˌʌn'klɪəʳ] *adj (report etc)* poco claro/a; **I'm still ~ about it** todavía no lo tengo muy claro.

un·cloud·ed [ˌʌn'klaʊdɪd] *adj (sky etc)* despejado/a; *(fig: calm)* tranquilo/a.

un·coil [ˌʌn'kɔɪl] **1** *vt* desenrollar. **2** *vi* desenrollarse; *(snake)* desanillarse.

un·combed [ˌʌn'kəʊmd] *adj (untidy)* despeinado/a; *(lit)* sin peinar.

un·com·fort·able [ʌn'kʌmfətəbl] *adj* **(a)** *(gen)* incómodo/a. **(b)** *(fig: uneasy)* inquieto/a; *(: ill at ease)* incómodo; *(: worrying)* inquietante; *(: scared)* inquieto/a, con miedo; **to make life ~ for sb** *(euph)* hacerle la vida difícil a uno.

un·com·mit·ted [ˌʌnkə'mɪtɪd] *adj (gen)* no comprometido/a.

un·com·mon [ʌn'kɒmən] *adj* **(a)** *(unusual)* poco común. **(b)** *(outstanding)* insólito/a.

un·com·mon·ly [ɒn'kɒmənlɪ] *adv* extraordinariamente.

un·com·mu·ni·ca·tive [ˌʌnkə'mjuːnɪkətɪv] *adj* poco comunicativo/a, cerrado/a.

un·com·plain·ing·ly [ˌʌnkəm'pleɪnɪŋlɪ] *adv* sin protesta, con resignación.

un·com·pli·cat·ed [ʌn'kɒmplɪkeɪtɪd] *adj* sin complicaciones.

un·com·pli·men·ta·ry ['ʌnˌkɒmplɪ'mentərɪ] *adj (comment etc)* poco halagüeño/a.

un·com·pro·mis·ing [ʌn'kɒmprəmaɪzɪŋ] *adj* intransigente, inflexible.

un·con·cealed [ˌʌnkən'siːld] *adj* evidente, no disimulado/a.

un·con·cerned [ˌʌnkən'sɜːnd] *adj (unworried)* despreocupado/a.

un·con·di·tion·al [ˌʌnkən'dɪʃənl] *adj* incondicional.

un·con·di·tion·al·ly [ˌʌnkən'dɪʃnəlɪ] *adv* incondicionalmente.

un·con·firmed [ˌʌnkən'fɜːmd] *adj* no confirmado/a.

un·con·gen·ial [ˌʌnkən'dʒiːnɪəl] *adj (disagreeable)* desagradable; *(unpleasant)* antipático/a.

un·con·nect·ed [ˌʌnkə'nektɪd] *adj* **(a)** *(unrelated)* no relacionado/a. **(b)** *(incoherent)* inconexo/a.

un·con·scious [ʌn'kɒnʃəs] **1** *adj* **(a)** *(Med)* sin conocimiento. **(b)** *(unaware)* inconsciente, insensible; **to be ~ of sth** estar inconsciente de algo. **(c)** *(unintentional)* inconsciente. **2** *n (Psych)* **the ~** el inconsciente.

un·con·scious·ly [ʌn'kɒnʃəslɪ] *adv* inconscientemente.

un·con·sti·tu·tion·al ['ʌnˌkɒnstɪ'tjuːʃənl] *adj* inconstitucional.

un·con·test·ed [ˌʌnkən'testɪd] *adj* ganado/a sin oposición.
un·con·trol·lable [ˌʌnkən'trəʊləbl] *adj (gen)* incontrolable; *(temper)* indomable.
un·con·trolled [ˌʌnkən'trəʊld] *adj (out of control)* descontrolado/a; *(passion)* desenfrenado/a; *(freedom etc)* irrestricto/a.
un·con·ven·tion·al [ˌʌnkən'venʃənl] *adj* poco convencional.
un·con·vinced [ˌʌnkən'vɪnst] *adj*: **to be** *or* **remain** ~ seguir sin convencerse.
un·con·vinc·ing [ˌʌnkən'vɪnsɪŋ] *adj* poco convincente.
un·cooked [ˌʌn'kʊkt] *adj (raw)* crudo/a; *(not properly cooked)* sin cocer.
un·cork [ˌʌn'kɔːk] *vt* descorchar, destapar.
un·cor·robo·rat·ed [ˌʌnkə'rɒbəreɪtɪd] *adj* no confirmado/a.
un·couple [ˌʌn'kʌpl] *vt* desenganchar, desacoplar.
un·couth [ʌn'kuːθ] *adj (unrefined)* grosero/a, inculto/a; *(clumsy)* torpe, desmañado/a.
un·cov·er [ʌn'kʌvəʳ] *vt* **(a)** *(find out)* descubrir. **(b)** *(remove coverings of)* destapar, dejar al descubierto.
un·criti·cal [ˌʌn'krɪtɪkəl] *adj* falto/a de sentido crítico.
unc·tion ['ʌŋkʃən] *n*: **extreme** ~ *(Rel)* extremaunción *f*.
un·cul·ti·vat·ed [ˌʌn'kʌltɪveɪtɪd] *adj* inculto/a.
un·cul·tured [ˌʌn'kʌltʃəd] *adj* inculto/a, ignorante.
un·curl [ˌʌn'kɜːl] **1** *vt* desenroscar. **2** *vi (snake etc)* desenroscarse; *(straighten out)* estirarse.
un·dam·aged [ˌʌn'dæmɪdʒd] *adj (gen)* en buen estado; *(intact)* intacto/a.
un·dat·ed [ˌʌn'deɪtɪd] *adj* sin fecha.
un·daunt·ed [ˌʌn'dɔːntɪd] *adj* impávido/a, impertérrito/a.
un·de·cid·ed [ˌʌndɪ'saɪdɪd] *adj (person)* indeciso/a; *(question)* pendiente; **we are still ~ whether to go** aún no sabemos si ir o no.
un·de·feat·ed [ˌʌndɪ'fiːtɪd] *adj* invicto/a.
un·de·fend·ed [ˌʌndɪ'fendɪd] *adj* indefenso/a; *(Jur)* ganado/a por incomparencia del demandado.
un·de·fin·able [ˌʌndɪ'faɪnəbl] *adj* indefinible.
un·de·fined [ˌʌndɪ'faɪnd] *adj* indefinido/a.
un·de·liv·ered [ˌʌndɪ'lɪvəd] *adj* no entregado/a al destinatario.
un·de·mon·stra·tive [ˌʌndɪ'mɒnstrətɪv] *adj* reservado/a, cohibido/a.
un·de·ni·able [ˌʌndɪ'naɪəbl] *adj* innegable.
un·de·ni·ably [ˌʌndɪ'naɪəblɪ] *adv* innegablemente, indudablemente.
un·der ['ʌndəʳ] **1** *adv* **(a)** *(beneath: position)* debajo; *(: direction)* abajo; **he's been ~ for 3 hours** *(unconscious)* hace 3 horas que le aplicaron la anestesia. **(b)** *(less)* menos. **2** *prep* **(a)** *(beneath)* debajo de; **~ the bed** debajo de la cama; **the train passed ~ the bridge** el tren pasó por debajo del puente. **(b)** *(underneath)* debajo. **(c)** *(less than)* menos de; **in ~ a minute** en menos de un minuto. **(d)** *(subject to)* bajo; **~ this government/the Romans** bajo este gobierno/los romanos; **to study ~ X** estudiar con X; **~ construction** bajo construcción, en obras; **~ a false name** con nombre falso; **~ pain/the pretext of** so pena/pretexto de; **he has 30 workers ~ him** tiene 30 obreros a su cargo. **(e)** *(according to, by)* de acuerdo con, según.
under- *pref* **(a)** *(in rank)* **~secretary** subsecretario/a *m/f*; **~cook** cocinero/a *m/f* ayudante *or* auxiliar; **~15** *(child)* menor *mf* de 15 años. **(b)** *(insufficiently)* poco.
under·arm ['ʌndərɑːm] *n* sobaco *m*, axila *f*.
under·carriage ['ʌndəˌkærɪdʒ] *n (Aviat)* tren *m* de aterrizaje.
under·charge [ˌʌndə'tʃɑːdʒ] *vt* cobrar menos de la cuenta.
under·clothes ['ʌndəkləʊðz] *npl* ropa *f* interior *or (LAm)* íntima.
under·coat ['ʌndəkəʊt] *n (of paint)* primera capa *f*, capa de apresto.
under·cover ['ʌndəˌkʌvəʳ] *adj* clandestino/a.
under·cur·rent ['ʌndəˌkʌrənt] *n (lit)* corriente *f* submarina, contracorriente *f*; *(fig)* corriente oculta.
under·cut [ˌʌndə'kʌt] *pt, pp* **undercut** *vt* rebajar los precios para competir con.
under·de·vel·oped [ˌʌndədɪ'veləpt] *adj* subdesarrollado/a; *(Phot)* insuficientemente revelado/a.
under·de·vel·op·ment [ˌʌndədɪ'veləpmənt] *n* subdesarrollo *m*.
under·dog ['ʌndədɒg] *n*: **the ~** *(in fight)* el/la más debil *m/f*; *(in society)* el/la desvalido/a; **the ~s** los de abajo.
under·done [ˌʌndə'dʌn] *adj* poco hecho/a; *(deliberately)* medio asado/a.
under·es·ti·mate [ˌʌndər'estɪmeɪt] *vt (gen)* subestimar; *(person)* menospreciar.
under·ex·po·sed [ˌʌndərɪk'spəʊzd] *adj (Phot)* subexpuesto/a.
under·fed [ˌʌndə'fed] *adj* subalimentado/a.
under·floor heat·ing [ˌʌndəflɔː'hiːtɪŋ] *n* calefacción *f* bajo el suelo de una casa.
under·foot [ˌʌndə'fʊt] *adv* debajo de los pies; **it's wet ~** el suelo está mojado.
under·go [ˌʌndə'gəʊ] *pt* **underwent,** *pp* **undergone** [ˌʌndə'gɒn] *vt* sufrir, experimentar; *(treatment)* recibir; *(operation)* someterse a.
under·gradu·ate [ˌʌndə'grædjʊət] **1** *n (also* **undergrad**) estudiante *mf*. **2** *cpd (student)* no graduado/a; *(course)* para estudiantes (no graduados).
under·ground ['ʌndəgraʊnd] **1** *adj* subterráneo/a; *(fig)* clandestino/a. **2** [ˌʌndə'graʊnd] *adv* bajo tierra; **to go ~** *(hide)* esconderse; *(Pol fig)* pasar a la clandestinidad. **3** *n (Brit Rail)* metro *m*; *(Mil)* resistencia *f* clandestina; *(Pol)* movimiento *m* clandestino; *(Art etc)* arte *m* marginal.
under·growth ['ʌndəgrəʊθ] *n* maleza *f*, matorrales *mpl*.
under·hand [ˌʌndə'hænd] *adj (sly)* socarrón/ona; *(hidden)* clandestino/a, disimulado/a.
under·in·sured [ˌʌndərɪn'ʃʊəd] *adj* insuficientemente asegurado/a.
under·lie [ˌʌndə'laɪ] *pt* **underlay** [ˌʌndə'leɪ], *pp* **underlaid** [ˌʌndə'leɪd] *vt (fig)* sostener, estar en la base de.
under·line [ˌʌndə'laɪn] *vt (lit, fig)* subrayar.
under·ling ['ʌndəlɪŋ] *n (pej)* subordinado/a *m/f*, subalterno/a *m/f*.
under·men·tioned [ˌʌndə'menʃnd] *adj* abajo citado/a.
under·mine [ˌʌndə'maɪn] *vt (fig)* minar, socavar.
under·neath [ˌʌndə'niːθ] **1** *prep (position)* bajo, debajo de; **the noise came from ~ the table** el ruido salió de debajo de la mesa. **2** *adv* debajo, por debajo. **3** *n* parte *f* de abajo, fondo *m*.
under·nour·ished [ˌʌndə'nʌrɪʃt] *adj* desnutrido/a.
under·paid [ˌʌndə'peɪd] *adj* mal pagado/a.
under·pants ['ʌndəpænts] *npl* calzoncillos *mpl*, *(LAm)* calzones *mpl*.
under·pass ['ʌndəpɑːs] *n (for cars)* paso *m* a desnivel; *(for pedestrians)* paso inferior.
under·pin [ˌʌndə'pɪn] *vt (Archit)* apuntalar; *(fig)* sostener.

under·popu·lat·ed [ˌʌndə'pɒpjʊleɪtɪd] *adj* despoblado/a.
under·priced [ˌʌndə'praɪst] *adj* con precio demasiado bajo.
under·privi·leged [ˌʌndə'prɪvɪlɪdʒd] *adj* desvalido/a.
under·rate [ˌʌndə'reɪt] *vt* subestimar, menospreciar.
under·sec·re·tary [ˌʌndə'sekrətərɪ] *n* subsecretario/a *m/f.*
under·sell [ˌʌndə'sel] *pt, pp* **undersold** *vt (deliberately)* malvender, malbaratar; *(competitors)* vender a precio más bajo que; *(fig)* menospreciar.
under·shirt ['ʌndəʃɜːt] *n (US)* camiseta *f.*
under·side ['ʌndəsaɪd] *n* parte *f* inferior.
under·signed ['ʌndəsaɪnd] *adj (frm)* **we the ~** nosotros, los abajo firmantes.
under·sized [ˌʌndə'saɪzd] *adj (small)* pequeño/a; *(too small)* demasiado pequeño.
under·skirt ['ʌndəskɜːt] *n* enaguas *fpl.*
under·sold [ˌʌndə'səʊld] *pt, pp of* **undersell.**
under·staffed [ˌʌndə'stɑːft] *adj*: **to be ~** no tener el suficiente personal.
under·stand [ˌʌndə'stænd] *pt, pp* **understood 1** *vt* **(a)** comprender, entender; **I don't ~ why ...** no entiendo por qué ...; **she ~s children** ella entiende a los niños; **we ~ one another** nos entendemos. **(b)** *(believe)* tener entendido; **I ~ you have been absent** tengo entendido que Ud ha estado ausente. **2** *vi* **(a)** comprender, entender; **I quite ~** se entiende perfectamente; *(don't worry)* no se preocupe; **it's understood that he'll pay** se sobreentiende que él pagará; **(b) she was, I ~, a Catholic** tengo entendido que era católica; *see also* **understood.**
under·stand·able [ˌʌndə'stændəbl] *adj* comprensible.
under·stand·ing [ˌʌndə'stændɪŋ] **1** *adj* comprensivo/a, compasivo/a; **an ~ smile** una sonrisa de comprensión. **2** *n* **(a)** *(intelligence)* comprensión *f,* entendimiento *m;* **his ~ of these problems** su comprensión de estos problemas; **it was my ~ that ...** a mi entender ... . **(b)** *(knowledge)* conocimientos *mpl.* **(c)** *(sympathy)* simpatía *f,* comprensión *f.* **(d)** *(agreement)* acuerdo *m,* arreglo *m,* **to come to an ~ with sb** ponerse de acuerdo con uno; **on the ~ that he pays** a condición de que pague.
under·state [ˌʌndə'steɪt] *vt (underestimate)* subestimar; *(underplay)* quitar importancia a; *(deprecate)* menospreciar.
under·state·ment ['ʌndəˌsteɪtmənt] *n (see vt)* subestimación *f;* menosprecio *m.*
under·stood [ˌʌndə'stʊd] **1** *pt, pp of* **understand.** **2** *adj* **(a)** *(clear)* entendido/a, claro/a; **to make o.s. ~** hacerse entender; **I want it clearly ~** quiero que quede bien claro. **(b)** *(agreed)* entendido/a; **it was ~ between them that ...** se entendía entre ellos que ... . **(c)** *(believed)* **it is ~ that** se sobreentiende que; **she is ~ to be ill** se cree que está enferma.
under·study ['ʌndəˌstʌdɪ] **1** *n* suplente *mf,* sobresaliente *mf.* **2** *vt* prepararse a suplir a.
under·take [ˌʌndə'teɪk] *pt* **undertook** *pp* **undertaken** [ˌʌndə'teɪkən] *vt (gen)* emprender; *(take charge of)* encargarse de; **to ~ to do sth** comprometerse a hacer algo.
under·tak·er ['ʌndəˌteɪkəʳ] *n* director(a) *m/f* de funeraria *or* pompas fúnebres.
under·tak·ing [ˌʌndə'teɪkɪŋ] *n* **(a)** *(enterprise)* empresa *f; (task)* tarea *f.* **(b)** *(pledge)* garantía *f,* compromiso *m;* **to give an ~ that ...** comprometerse con que ..., prometer que ... .
under·tone ['ʌndətəʊn] *n* **(a)** *(low voice)* voz *f* baja. **(b)** *(of criticism etc)* trasfondo *m.*
under·took [ˌʌndə'tʊk] *pt of* **undertake.**
under·tow ['ʌndətəʊ] *n* resaca *f.*
under·value [ˌʌndə'væljuː] *vt (Comm etc)* valorizar por debajo de su precio; *(fig)* subestimar, menospreciar.
under·wa·ter [ˌʌndə'wɔːtəʳ] **1** *adj* submarino/a. **2** *adv* debajo del agua.
under·wear ['ʌndəwɛəʳ] *n* ropa *f* interior *or (LAm)* íntima.
under·weight [ˌʌndə'weɪt] *adj* de peso insuficiente.
under·went [ˌʌndə'went] *pt of* **undergo.**
under·world ['ʌndəwɜːld] *n (hell)* infierno *m; (criminal)* hampa *f,* inframundo *m.*
under·write ['ʌndəraɪt] *pt* **underwrote,** *pp* **underwritten** *vt (Fin, Insurance)* asegurar (contra riesgos), suscribir; *(fig)* aprobar, respaldar.
under·writ·er ['ʌndəˌraɪtəʳ] *n (Insurance)* asegurador(a) *m/f.*
under·writ·ten ['ʌndəˌrɪtn] *pp of* **underwrite.**
under·wrote ['ʌndərəʊt] *pt of* **underwrite.**
un·de·served [ˌʌndɪ'zɜːvd] *adj* inmerecido/a.
un·de·serv·ing [ˌʌndɪ'zɜːvɪŋ] *adj* indigno/a; **to be ~ of sth** no ser digno de algo.
un·de·sir·able [ˌʌndɪ'zaɪərəbl] *adj, n* indeseable *mf.*
un·de·vel·oped [ˌʌndɪ'veləpt] *adj* subdesarrollado/a.
un·did [ˌʌn'dɪd] *pt of* **undo.**
un·dies ['ʌndɪz] *npl (fam)* ropa *f* interior *or* íntima.
un·dig·ni·fied [ʌn'dɪgnɪfaɪd] *adj* indecoroso/a.
un·di·lut·ed [ˌʌndaɪ'luːtɪd] *adj* sin diluir, concentrado/a.
un·dip·lo·matic [ˌʌndɪplə'mætɪk] *adj* poco diplomático/a.
un·dis·cern·ing [ˌʌndɪ'sɜːnɪŋ] *adj* sin discriminación.
un·dis·ci·plined [ʌn'dɪsɪplɪnd] *adj* indisciplinado/a.
un·dis·cov·ered [ˌʌndɪ'skʌvəd] *adj (gen)* no descubierto/a; *(unknown)* desconocido/a.
un·dis·mayed [ˌʌndɪs'meɪd] *adj* impávido/a.
un·dis·tin·guished [ˌʌndɪ'stɪŋgwɪʃt] *adj* mediocre.
un·dis·turbed [ˌʌndɪ'stɜːbd] *adj* **(a)** *(gen)* tranquilo/a; *(sleep)* ininterrumpido/a. **(b)** *(unworried)* **to be ~** no dejarse perturbar *or (LAm)* alterar.
un·di·vid·ed [ˌʌndɪ'vaɪdɪd] *adj*: **I want your ~ attention** quiero su completa atención.
undo [ˌʌn'duː] *pt* **undid,** *pp* **undone** *vt* **(a)** *(unfasten)* desabrochar; *(: parcel)* desatar; *(take to pieces)* desarmar. **(b)** *(reverse)* deshacer; *(: damage etc)* reparar.
un·do·ing [ˌʌn'duːɪŋ] *n* ruina *f,* perdición *f.*
un·done [ˌʌn'dʌn] **1** *pp of* **undo.** **2** *adj (unfastened)* desabrochado/a; *(neglected)* sin terminar; **to come ~** *(button)* desabrocharse; *(parcel)* desatarse; **to leave sth ~** dejar algo sin hacer.
un·doubt·ed [ʌn'daʊtɪd] *adj* indudable.
un·doubt·ed·ly [ʌn'daʊtɪdlɪ] *adv* indudablemente, sin duda.
un·dreamed [ʌn'driːmd], *adj,* **un·dreamt** [ʌn'dremt] *adj*: **~ of** inimaginable.
un·dress [ˌʌn'dres] **1** *vt* desnudar. **2** *vi (also* **get ~ed)** desnudarse.
un·drink·able [ˌʌn'drɪŋkəbl] *adj* no potable.
un·due [ˌʌn'djuː] *adj* indebido/a.
un·du·la·ting ['ʌndjʊleɪtɪŋ] *adj* ondulante, ondeante; *(land)* ondulado/a.
un·du·ly [ˌʌn'djuːlɪ] *adv (unfairly)* indebidamente; *(excessively)* excesivamente.

un·earned [ˌʌn'ɜ:nd] *adj* no ganado/a; ~ **income** ingresos *mpl* no ganados.
un·earth [ˌʌn'ɜ:θ] *vt (fig)* desenterrar, descubrir.
un·earth·ly [ʌn'ɜ:θlɪ] *adj (ghostly etc)* sobrenatural; *(eerie)* horripilante; ~ **hour** *(fam)* hora *f* inverosímil.
un·easi·ly [ʌn'i:zɪlɪ] *adv (with fear)* temerosamente; *(delicately)* inseguramente.
un·easy [ʌn'i:zɪ] *adj (calm, peace etc)* inseguro/a; *(sleep)* interrumpido/a, *(night)* intranquilo/a; *(person: worried)* inquieto/a; *(: ill at ease)* incómodo/a, *(LAm)* molesto/a.
un·eat·en [ˌʌn'i:tn] *adj* sin comer, *(LAm)* sin probar.
un·eco·nom·ic ['ʌnˌi:kə'nɒmɪk] *adj* no económico/a, no rentable.
un·eco·nomi·cal ['ʌnˌi:kə'nɒmɪkl] *adj* antieconómico/a.
un·edu·cat·ed [ˌʌn'edjʊkeɪtɪd] *adj* inculto/a, ignorante.
un·emo·tion·al [ˌʌnɪ'məʊʃənl] *adj (gen)* impasible.
un·em·ployed [ˌʌnɪm'plɔɪd] **1** *adj* desempleado/a, *(LAm)* parado/a, en paro. **2** *npl*: **the** ~ los desempleados, los parados.
un·em·ploy·ment [ˌʌnɪm'plɔɪmənt] **1** *n* paro *m*, desempleo *m*. **2**: ~ **benefit** *n (Brit)* subsidio *m* de paro.
un·end·ing [ʌn'endɪŋ] *adj* interminable.
un·en·dur·able [ˌʌnɪn'djʊərəbl] *adj* inaguantable, insoportable.
un·en·ter·pris·ing [ˌʌn'entəpraɪzɪŋ] *adj (gen)* poco emprendedor(a); *(character)* tímido/a.
un·en·thu·si·as·tic ['ʌnɪnˌθu:zɪ'æstɪk] *adj* poco entusiasta.
un·en·vi·able [ˌʌn'envɪəbl] *adj* poco envidiable.
un·equal [ˌʌn'i:kwəl] *adj* desigual; **to be ~ to a task** no estar a la altura de una tarea.
un·equalled, *(US)* **un·equaled** [ˌʌn'i:kwəld] *adj* inigualado/a, sin par.
un·equivo·cal [ˌʌnɪ'kwɪvəkəl] *adj* inequívoco/a.
un·equivo·cal·ly [ˌʌnɪ'kwɪvəkəlɪ] *adv* de modo inequívoco, sin dejar lugar a dudas.
un·err·ing [ˌʌn'ɜ:rɪŋ] *adj* infalible.
UNESCO [ju:'neskəʊ] *n abbr of* **United Nations Educational, Scientific and Cultural Organization** UNESCO *f*.
un·ethi·cal [ˌʌn'eθɪkəl] *adj* poco ético/a.
un·even [ˌʌn'i:vən] *adj* desigual; *(road etc)* quebrado/a.
un·even·ly [ˌʌn'i:vənlɪ] *adv* desigualmente.
un·event·ful [ˌʌnɪ'ventfʊl] *adj* sin novedad.
un·ex·cep·tion·able [ˌʌnɪk'sepʃnəbl] *adj* intachable, irreprochable.
un·ex·cep·tion·al [ˌʌnɪk'sepʃənl] *adj* sin nada de extraordinario, común y corriente.
un·ex·cit·ing [ˌʌnɪk'saɪtɪŋ] *adj* sin interés.
un·ex·pec·ted [ˌʌnɪk'spektɪd] *adj* inesperado/a, imprevisto/a.
un·ex·pect·ed·ly [ˌʌnɪk'spektɪdlɪ] *adv* inesperadamente, en forma imprevista.
un·ex·plained [ˌʌnɪk'spleɪnd] *adj* inexplicado/a.
un·ex·posed [ˌʌnɪk'spəʊzd] *adj (Phot)* inexpuesto/a.
un·ex·pressed [ˌʌnɪk'sprest] *adj* no expresado/a, tácito/a.
un·fail·ing [ʌn'feɪlɪŋ] *adj (gen)* indefectible, infalible; *(supply)* inagotable.
un·fail·ing·ly [ʌn'feɪlɪŋlɪ] *adv* sin faltar, con seguridad.
un·fair [ˌʌn'fɛəʳ] *adj* (**-er, -est**) *(gen)* injusto/a; *(competition)* desleal; *(price etc)* exagerado/a; **to be ~ to sb** ser injusto con uno.
un·fair·ly [ˌʌn'fɛəlɪ] *adv (see adj)* injustamente; deslealmente; exageradamente.
un·faith·ful [ˌʌn'feɪθfʊl] *adj* infiel.
un·fa·mil·iar [ˌʌnfə'mɪljəʳ] *adj* desconocido/a, extraño/a; **to be ~ with sth** desconocer *or* ignorar algo.
un·fash·ion·able [ˌʌn'fæʃnəbl] *adj* pasado/a *or* fuera de moda.
un·fas·ten [ˌʌn'fɑ:sn] *vt (button etc)* desabrochar; *(rope etc)* desatar, *(LAm)* aflojar; *(door)* abrir.
un·fa·vour·able, (*US*) **un·fa·vor·able** [ˌʌn'feɪvərəbl] *adj (contrary)* desfavorable, contrario/a; *(adverse)* adverso/a.
un·fa·vour·ably, (*US*) **un·fa·vor·ably** [ˌʌn'feɪvərəblɪ] *adv (see adj)* desfavorablemente; adversamente.
un·feel·ing [ʌn'fi:lɪŋ] *adj* insensible.
un·fin·ished [ˌʌn'fɪnɪʃt] *adj* inacabado/a, sin terminar.
un·fit [ˌʌn'fɪt] *adj* **(a)** *(unsuitable)* no apto/a; *(incompetent)* incapaz. **(b)** *(Sport: injured)* lesionado/a; *(: not physically fit)* fuera de condición; *(ill)* indispuesto/a; ~ **for military service** no apto para el servicio militar.
un·flag·ging [ˌʌn'flægɪŋ] *adj* incansable.
un·flat·ter·ing [ˌʌn'flætərɪŋ] *adj* poco lisonjero/a *or* halagüeño/a.
un·fold [ʌn'fəʊld] **1** *vt* desplegar, desdoblar; *(fig)* exponer. **2** *vi (fig)* revelarse, exponerse.
un·fore·seen [ˌʌnfɔ:'si:n] *adj* imprevisto/a.
un·for·get·table [ˌʌnfə'getəbl] *adj* inolvidable.
un·for·giv·able [ˌʌnfə'gɪvəbl] *adj* imperdonable.
un·formed [ˌʌn'fɔ:md] *adj (shapeless)* informe; *(immature)* inmaduro/a, sin formarse aún.
un·for·tu·nate [ʌn'fɔ:tʃnɪt] **1** *adj (deserving of pity, unlucky)* desgraciado/a, desdichado/a; *(unsuitable, regrettable)* inoportuno/a, poco afortunado/a; **he was ~ enough to fall over** tuvo la desgracia de caerse; **it is most ~ that he left** es una lástima *or* *(LAm)* de lamentar que se haya ido. **2** *n* desgraciado/a *m/f*.
un·for·tu·nate·ly [ʌn'fɔ:tʃnɪtlɪ] *adv* desgraciadamente, por desgracia.
un·found·ed [ˌʌn'faʊndɪd] *adj* infundado/a, sin fundamento.
un·friend·ly [ˌʌn'frendlɪ] *adj* (**-ier, -iest**) hostil, poco amigable.
un·ful·filled [ˌʌnfʊl'fɪld] *adj* incumplido/a.
un·furl [ˌʌn'fɜ:l] *vt* desplegar.
un·fur·nished [ˌʌn'fɜ:nɪʃt] *adj* desamueblado/a.
un·gain·ly [ʌn'geɪnlɪ] *adj (gen)* torpe, *(LAm)* patoso/a; *(in walk)* desgarbado/a.
un·god·ly [ʌn'gɒdlɪ] *adj* impío/a, irreligioso/a; *(fam)* **an ~ hour** una hora inverosímil.
un·gra·cious [ˌʌn'greɪʃəs] *adj* descortés/esa, grosero/a.
un·gram·mati·cal [ˌʌngrə'mætɪkəl] *adj* incorrecto/a.
un·grate·ful [ʌn'greɪtfʊl] *adj* ingrato/a.
un·guard·ed [ˌʌn'gɑ:dɪd] *adj* **(a)** *(Mil etc)* indefenso/a, sin protección. **(b)** *(fig: careless)* descuidado/a; *(: thoughtless)* imprudente; **I caught him in an ~ moment** le cogí *or (LAm)* agarré (en un momento) desprevenido.
un·hap·pi·ly [ʌn'hæpɪlɪ] *adv (miserably)* infelizmente; *(unfortunately)* desgraciadamente.
un·hap·pi·ness [ʌn'hæpɪnɪs] *n* desdicha *f*, desgracia *f*.
un·hap·py [ʌn'hæpɪ] *adj* (**-ier, -iest**) **(a)** *(sad)* infeliz; *(unlucky)* desdichado/a, desgraciado/a. **(b)** *(not pleased)* descontento/a; *(uneasy, worried)* inquieto/a. **(c)** *(unfortunate)* inoportuno/a, infeliz.
un·harmed [ˌʌn'hɑ:md] *adj (person)* ileso/a; *(thing)* intacto/a.

un·healthy [ʌn'helθɪ] *adj* **(-ier, -iest)** *(person)* enfermizo/a; *(climate, place etc)* malsano/a, insalubre; *(complexion)* de aspecto poco sano; *(curiosity etc)* morboso/a.

unheard-of [ˌʌn'hɜːdɒv] *adj (unprecedented)* inaudito/a; *(outrageous)* escandaloso/a.

un·heed·ed [ˌʌn'hiːdɪd] *adj*: **the warning went ~** se desatendió la advertencia, no se le hizo caso.

un·help·ful [ˌʌn'helpfʊl] *adj (person)* poco servicial; *(useless)* inútil, que no sirve.

un·hesi·tat·ing [ʌn'hezɪteɪtɪŋ] *adj (steadfast, unwavering)* resuelto/a, decidido/a; *(prompt, immediate)* inmediato/a, *(LAm)* pronto/a.

un·hesi·tat·ing·ly [ʌn'hezɪteɪtɪŋlɪ] *adv*: **he said ~** dijo sin vacilar *or (RPl)* al tiro.

un·hinge [ʌn'hɪndʒ] *vt* desquiciar; *(fig)* trastornar.

un·hook [ˌʌn'hʊk] *vt (remove)* desenganchar, descolgar; *(undo)* desabrochar, desatar.

unhoped-for [ʌn'həʊptfɔːʳ] *adj* inesperado/a.

un·hur·ried [ˌʌn'hʌrɪd] *adj (slow)* pausado/a, lento/a; *(cautious)* cuidadoso/a.

un·hurt [ˌʌn'hɜːt] *adj* ileso/a.

un·hy·gien·ic [ˌʌnhaɪ'dʒiːnɪk] *adj* antihigiénico/a.

uni·corn ['juːnɪkɔːn] *n* unicornio *m*.

un·iden·ti·fied [ˌʌnaɪ'dentɪfaɪd] *adj* sin identificar, no identificado/a; **~ flying object** objeto *m* volante no identificado.

uni·fi·ca·tion [ˌjuːnɪfɪ'keɪʃən] *n* unificación *f*.

uni·form ['juːnɪfɔːm] **1** *adj* uniforme. **2** *n* uniforme *m*; **in/out of ~** con/sin uniforme.

uni·form·ity [ˌjuːnɪ'fɔːmɪtɪ] *n* uniformidad *f*.

uni·form·ly ['juːnɪfɔːmlɪ] *adv* uniformemente, de modo uniforme.

uni·fy ['juːnɪfaɪ] *vt* unificar, unir.

uni·lat·er·al [ˌjuːnɪ'lætərəl] *adj* unilateral.

un·im·agi·nable [ˌʌnɪ'mædʒɪnəbl] *adj* inimaginable.

un·im·agi·na·tive [ˌʌnɪ'mædʒɪnətɪv] *adj* falto/a de imaginación.

un·im·paired [ˌʌnɪm'pɛəd] *adj (unharmed)* intacto/a, entero/a; *(not lessened)* no disminuido/a; *(unaltered)* inalterado/a.

un·im·peach·able [ˌʌnɪm'piːtʃəbl] *adj* irreprochable.

un·im·por·tant [ˌʌnɪm'pɔːtənt] *adj* sin importancia.

un·im·pressed [ˌʌnɪm'prest] *adj*: **he remained ~** siguió sin inmutarse.

un·in·hab·it·ed [ˌʌnɪn'hæbɪtɪd] *adj (deserted)* desierto/a, despoblado/a; *(house)* desocupado/a.

un·in·hib·it·ed [ˌʌnɪn'hɪbɪtɪd] *adj* nada cohibido/a, sin reservas.

un·ini·ti·at·ed [ˌʌnɪ'nɪʃɪeɪtɪd] *npl*: **the ~** los no iniciados.

un·in·jured [ˌʌn'ɪndʒəd] *adj* ileso/a.

un·in·spired [ˌʌnɪn'spaɪəd] *adj (gen)* sin inspiración; *(mediocre)* mediocre.

un·in·tel·li·gent [ˌʌnɪn'telɪdʒənt] *adj* poco inteligente, tonto/a.

un·in·tel·li·gible [ˌʌnɪn'telɪdʒɪbl] *adj* ininteligible, incomprensible.

un·in·tend·ed [ˌʌnɪn'tendɪd] *adj*, **un·in·ten·tion·al** [ˌʌnɪn'tenʃənl] *adj* involuntario/a, no intencionado/a.

un·in·ten·tion·al·ly [ˌʌnɪn'tenʃnəlɪ] *adv* sin querer.

un·in·ter·est·ed [ʌn'ɪntrɪstɪd] *adj (indifferent)* indiferente, desinteresado/a; **I am quite ~ in what he thinks** me es igual *or* indiferente lo que piensa él.

un·in·ter·est·ing [ˌʌn'ɪntrɪstɪŋ] *adj* sin interés.

un·in·ter·rupt·ed ['ʌnˌɪntə'rʌptɪd] *adj* ininterrumpido/a.

un·in·vit·ed [ˌʌnɪn'vaɪtɪd] *adj (guest etc)* sin invitación; *(criticism)* gratuito/a; **she helped herself ~ to cake** se sirvió pastel sin esperar invitación.

un·in·vit·ing [ˌʌnɪn'vaɪtɪŋ] *adj* poco atractivo/a.

un·ion ['juːnjən] **1** *n* **(a)** unión *f*; **U~ of Soviet Socialist Republics** Unión de Repúblicas Socialistas Soviéticas. **(b)** *(trade ~)* sindicato *m*, gremio *m*; **~ leader** líder *mf* sindical. **(c)** *(club, society)* club *m*, sociedad *f*. **2: ~ card** *n* carnet *m* de sindicato; **U~ Jack** *n* bandera *f* del Reino Unido.

un·ion·ist ['juːnjənɪst] *n* = **trade(s) unionist.**

un·ion·ize ['juːnjənaɪz] *vt* sindicalizar.

unique [juː'niːk] *adj (gen)* único/a; *(unequalled)* sin par *or* igual.

unique·ly [juː'niːklɪ] *adv* destacadamente.

unique·ness [juː'niːknɪs] *n* unicidad *f*.

uni·sex ['juːnɪseks] *adj* unisex.

uni·son ['juːnɪzn] *n*: **in ~** *(Mus)* al unísono; *(fig)* **to act in ~ with sb** obrar de acuerdo con uno.

unit ['juːnɪt] **1** *n (gen)* unidad *f*; *(Tech: mechanism)* conjunto *m*; *(: device)* aparato *m*. **2: ~ cost** *n (Brit Fin)* costo *m* por unidad; **~ trust** *n (Brit Fin)* bono *m* fiduciario.

unite [juː'naɪt] **1** *vt (join)* unir, juntar; *(parts of country etc)* unificar. **2** *vi* unirse, juntarse.

unit·ed [juː'naɪtɪd] **1** *adj* unido/a. **2: U~ Kingdom** *n* Reino *m* Unido; **U~ Nations (Organization)** *n* (Organización *f* de) las Naciones Unidas; **U~ States (of America)** *n* Estados *mpl* Unidos (de América).

unity ['juːnɪtɪ] *n (oneness)* unidad *f*, unión *f*; *(harmony)* armonía *f*, acuerdo *m*; **~ is strength** la unión hace la fuerza.

Univ. *abbr of* **university.**

uni·ver·sal [ˌjuːnɪ'vɜːsəl] **1** *adj (gen)* universal; *(worldwide)* mundial; *(general)* general, global; *(common)* común. **2: ~ joint** *n (Tech)* junta *f* cardán *or* universal.

uni·ver·sal·ly [ˌjuːnɪ'vɜːsəlɪ] *adv (see adj)* universalmente; mundialmente; generalmente; comúnmente.

uni·verse ['juːnɪvɜːs] *n* universo *m*.

uni·ver·sity [ˌjuːnɪ'vɜːsɪtɪ] **1** *n* universidad *f*; **to be at/go to ~** estar en/ir a la universidad. **2** *cpd* universitario/a.

un·just [ˌʌn'dʒʌst] *adj* injusto/a.

un·jus·ti·fi·able [ʌn'dʒʌstɪfaɪəbl] *adj* injustificable.

un·jus·ti·fi·ably [ʌn'dʒʌstɪfaɪəblɪ] *adv* injustificadamente.

un·jus·ti·fied [ˌʌn'dʒʌstɪfaɪd] *adj* injustificado/a.

un·just·ly [ˌʌn'dʒʌstlɪ] *adv* injustamente.

un·kempt [ˌʌn'kempt] *adj (clothes)* descuidado/a, *(LAm)* dejado/a; *(hair)* despeinado/a.

un·kind [ʌn'kaɪnd] *adj* **(-er, -est)** *(gen)* poco amable, nada amistoso/a; *(cruel)* cruel, despiadado/a; *(severe)* severo/a, duro/a.

un·kind·ly [ʌn'kaɪndlɪ] *adv* cruelmente; **don't take it ~ if ...** no lo tome a mal si ... .

un·kind·ness [ʌn'kaɪndnɪs] *n (see adj)* falta *f* de amabilidad; crueldad *f*; severidad *f*; **to do sb an ~** ser injusto con uno.

un·know·ing [ˌʌn'nəʊɪŋ] *adj* inconsciente; **she was the ~ cause** ella fue la causa, inconscientemente.

un·know·ing·ly [ˌʌn'nəʊɪŋlɪ] *adv (unwillingly)* sin querer; *(in ignorance)* sin darse cuenta.

un·known [ˌʌn'nəʊn] **1** *adj* desconocido/a; **~ quantity** incógnita *f*; **the U~ Soldier** *or* **Warrior** el soldado desconocido; **to be ~ to sb** ser desconocido para uno; **it's ~ to me** lo desconozco. **2** *adv*: **~ to me** sin saberlo yo. **3** *n (person)* desconocido/a *m/f*; *(Math)* incógnita *f*; **the ~** lo desconocido.

un·lady·like [ˌʌn'leɪdɪlaɪk] *adj* impropio/a de una señora.

un·law·ful [ˌʌn'lɔːfʊl] *adj* ilegal, ilícito/a.

un·less [ən'les] *conj* a menos que, a no ser que; ~ **he comes tomorrow** a menos que venga mañana.

un·like [ˌʌn'laɪk] **1** *adj* distinto/a. **2** *prep* a diferencia de; **it's quite ~ him** es impropio *or* poco típico de él; **I, ~ others ...** yo, a diferencia de los demás ... .

un·like·li·hood [ʌn'laɪklɪhʊd] *n*, **un·like·li·ness** [ʌn'laɪklɪnɪs] *n* improbabilidad *f*.

un·like·ly [ʌn'laɪklɪ] *adj* (**-ier, -iest**) improbable, poco probable; **it is ~ that he will come, he is ~ to come** es poco probable que venga.

un·lim·it·ed [ʌn'lɪmɪtɪd] *adj* ilimitado/a, sin límite.

un·lined [ˌʌn'laɪnd] *adj (without lines: paper)* sin rayas; *(: face)* sin arrugas; *(without lining)* sin forro.

un·lit [ˌʌn'lɪt] *adj (dark)* oscuro/a, sin luz; *(street)* sin alumbrado.

un·load [ˌʌn'ləʊd] **1** *vt* **(a)** descargar. **(b)** *(fam: get rid of)* deshacerse de. **2** *vi* descargar.

un·lock [ˌʌn'lɒk] *vt* abrir (con llave).

un·loose [ˌʌn'luːs] *vt*, **un·loos·en** [ˌʌn'luːsn] *vt* aflojar, soltar.

un·lov·able [ˌʌn'lʌvəbl] *adj* antipático/a.

un·lucki·ly [ʌn'lʌkɪlɪ] *adv* desgraciadamente, por desgracia.

un·lucky [ʌn'lʌkɪ] *adj* (**-ier, -iest**) desgraciado/a; **he was ~ enough to meet him** tuvo la desgracia *or* mala suerte de conocerlo; **to be ~** *(person)* tener mala suerte; **it's ~ to whistle** silbar trae mala suerte.

un·man·age·able [ʌn'mænɪdʒəbl] *adj (unwieldy)* poco manejable, difícil de manejar; *(uncontrollable)* ingobernable.

un·man·ner·ly [ʌn'mænəlɪ] *adj (frm)* mal educado/a.

un·marked [ˌʌn'mɑːkt] *adj (unstained)* sin mancha; *(without marking)* sin marca; *(uncorrected)* sin corregir.

un·mar·ried [ˌʌn'mærɪd] *adj* soltero/a.

un·mask [ˌʌn'mɑːsk] *vt (fig)* desenmascarar.

un·matched [ˌʌn'mætʃt] *adj* incomparable, sin par.

un·men·tion·able [ʌn'menʃnəbl] *adj* indecible.

un·mer·ci·ful [ʌn'mɜːsɪfʊl] *adj* despiadado/a.

un·mind·ful [ʌn'maɪndfʊl] *adj*: **to be ~ of sth** *(frm)* no hacer caso de algo.

un·mis·tak·(e)able [ˌʌnmɪ'steɪkəbl] *adj* inconfundible, inequívoco/a.

un·mis·tak·(e)ably [ˌʌnmɪ'steɪkəblɪ] *adv* de modo inconfundible.

un·miti·gat·ed [ʌn'mɪtɪgeɪtɪd] *adj* redomado/a, rematado/a.

un·mo·tiv·at·ed [ˌʌn'məʊtɪveɪtɪd] *adj* sin motivo.

un·mount·ed [ˌʌn'maʊntɪd] *adj (frameless)* sin marco.

un·moved [ˌʌn'muːvd] *adj* impasible.

un·named [ˌʌn'neɪmd] *adj (nameless)* sin nombre; *(anonymous)* anónimo/a.

un·natu·ral [ʌn'nætʃrəl] *adj (gen)* antinatural; *(abnormal)* anormal; *(perverted)* perverso/a.

un·nec·es·sari·ly [ʌn'nesɪsərɪlɪ] *adv* innecesariamente, sin necesidad.

un·nec·es·sary [ʌn'nesɪsərɪ] *adj* innecesario/a; *(superfluous)* superfluo/a.

un·nerve [ˌʌn'nɜːv] *vt* acobardar.

un·no·ticed [ˌʌn'nəʊtɪst] *adj*: **to go** *or* **pass ~** pasar inadvertido/a.

un·ob·jec·tion·able [ˌʌnəb'dʒekʃnəbl] *adj* inobjetable.

un·ob·serv·ant [ˌʌnəb'zɜːvənt] *adj* distraído/a.

un·ob·served [ˌʌnəb'zɜːvd] *adj (not seen)* inadvertido/a; *(not celebrated)* sin celebrar *or (LAm)* festejar.

un·ob·struct·ed [ˌʌnəb'strʌktɪd] *adj (pipe etc)* despejado/a; *(view etc)* sin obstáculos.

un·ob·tain·able [ˌʌnəb'teɪnəbl] *adj (gen)* inasequible, inalcanzable; *(Telec)* incomunicable.

un·ob·tru·sive [ˌʌnəb'truːsɪv] *adj* discreto/a.

un·oc·cu·pied [ˌʌn'ɒkjʊpaɪd] *adj* libre, desocupado/a; *(Mil)* despoblado/a.

un·of·fi·cial [ˌʌnə'fɪʃəl] *adj* extraoficial, no oficial; *(unconfirmed)* sin confirmar; **~ strike** huelga *f* no oficial.

un·of·fi·cial·ly [ˌʌnə'fɪʃəlɪ] *adv* de modo *or (LAm)* en forma extraoficial.

un·opened [ˌʌn'əʊpənd] *adj* sin abrir.

un·op·posed [ˌʌnə'pəʊzd] *adj* sin oposición.

un·or·gan·ized [ˌʌn'ɔːgənaɪzd] *adj (spontaneous)* no organizado/a; *(untidy)* desorganizado/a.

un·ortho·dox [ˌʌn'ɔːθədɒks] *adj* poco *or* no ortodoxo/a.

un·pack [ˌʌn'pæk] **1** *vt* deshacer, *(LAm)* desempacar. **2** *vi* deshacer las maletas, *(LAm)* desempacar.

un·paid [ˌʌn'peɪd] *adj (work: without pay)* sin pago *or* sueldo; *(: voluntary etc)* sin pagar, gratis; *(bill etc)* sin pagar.

un·par·al·leled [ʌn'pærəleld] *adj (unequalled)* sin par; *(unprecedented)* sin precedentes.

un·par·don·able [ʌn'pɑːdnəbl] *adj* imperdonable.

un·pat·ri·ot·ic ['ʌnˌpætrɪ'ɒtɪk] *adj* antipatriótico/a.

un·per·turbed [ˌʌnpə'tɜːbd] *adj* impertérrito/a, *(LAm)* sin alterarse.

un·pick [ˌʌn'pɪk] *vt* descoser.

un·pin [ˌʌn'pɪn] *vt* desprender, quitar los alfileres de.

un·pleas·ant [ʌn'pleznt] *adj (gen)* desagradable; *(person)* antipático/a; *(: rude)* grosero/a, mal educado/a.

un·pleas·ant·ness [ʌn'plezntnɪs] *n (gen)* lo desagradable; *(person)* antipatía *f*, lo antipático; *(rudeness)* grosería *f*, falta *f* de educación; *(bad feeling, quarrel)* riña *f*, *(LAm)* pleito *m*.

un·plug [ˌʌn'plʌg] *vt* desenchufar, desconectar.

un·pol·lut·ed [ˌʌnpə'luːtɪd] *adj* impoluto/a.

un·popu·lar [ˌʌn'pɒpjʊlə[r]] *adj (gen)* impopular, poco popular; *(unacceptable)* inaceptable, mal visto/a; **it is ~ with the miners** está mal visto entre los mineros; **to make o.s. ~** hacerse impopular.

un·prec·edent·ed [ʌn'presɪdəntɪd] *adj* sin precedentes, inaudito/a.

un·pre·dict·able [ˌʌnprɪ'dɪktəbl] *adj (situation)* precario/a, voluble; *(weather)* cambiadizo/a; *(person)* caprichoso/a, de reacción imprevisible; *(event)* imprevisible.

un·preju·diced [ʌn'predʒʊdɪst] *adj (not biased)* imparcial; *(having no prejudices)* sin prejuicios.

un·pre·pared [ˌʌnprɪ'peəd] *adj* desprevenido/a; *(improvised)* improvisado/a; **to be ~ for sth** no estar preparado para *or* no esperar algo.

un·pre·pos·sess·ing ['ʌnˌpriːpə'zesɪŋ] *adj* poco atractivo/a.

un·pre·ten·tious [ˌʌnprɪ'tenʃəs] *adj* modesto/a, sin pretensiones.

un·prin·ci·pled [ʌn'prɪnsɪpld] *adj* sin escrúpulos, cínico/a.

un·pro·duc·tive [ˌʌnprə'dʌktɪv] *adj* infructuoso/a, improductivo/a.

un·prof·it·able [ˌʌn'prɒfɪtəbl] *adj (gen)* improductivo/a; *(financially)* poco provechoso/a.

un·pro·nounce·able [ˌʌnprə'naʊnsəbl] *adj* impro-

nunciable.
un·pro·tect·ed [ˌʌnprəˈtektɪd] *adj (gen)* sin protección; *(uncovered)* destapado/a, descubierto/a; *(fig)* desamparado/a.
un·pro·voked [ˌʌnprəˈvəʊkt] *adj* no provocado/a, sin provocación.
un·pub·lished [ˌʌnˈpʌblɪʃt] *adj* inédito/a.
un·pun·ished [ˌʌnˈpʌnɪʃt] *adj*: **to go ~** quedar sin castigo *or* impune.
un·quali·fied [ˌʌnˈkwɒlɪfaɪd] *adj* **(a)** no calificado/a, sin título. **(b)** *(absolute)* incondicional.
un·ques·tion·able [ʌnˈkwestʃənəbl] *adj* indiscutible.
un·ques·tion·ably [ʌnˈkwestʃənəblɪ] *adv* indiscutiblemente.
un·rav·el [ʌnˈrævəl] **1** *vt* desenredar, desenmarañar. **2** *vi* desenredarse, desenmarañarse.
un·read·able [ˌʌnˈriːdəbl] *adj (writing etc)* ilegible; *(fig: turgid etc)* imposible de leer.
un·real [ˌʌnˈrɪəl] *adj (gen)* irreal; *(illusory)* imaginario/a, ilusorio/a.
un·re·al·is·tic [ˌʌnrɪəˈlɪstɪk] *adj* poco realista, iluso/a.
un·re·al·ity [ˌʌnrɪˈælɪtɪ] *n* irrealidad *f.*
un·rea·son·able [ʌnˈriːznəbl] *adj* irrazonable, exento/a de razón; *(too great)* excesivo/a; **he was most ~ about it** respondió en una forma irracional.
un·rec·og·niz·able [ˌʌnˈrekəgnaɪzəbl] *adj* irreconocible.
un·rec·og·nized [ˌʌnˈrekəgnaɪzd] *adj (talent, genius)* desapercibido/a; *(Pol: regime)* no reconocido/a; **he walked along the road ~ by passersby** fue por la calle sin que los transeúntes le reconocieran.
un·re·cord·ed [ˌʌnrɪˈkɔːdɪd] *adj* no registrado/a, ignorado/a.
un·re·fined [ˌʌnrɪˈfaɪnd] *adj (oil, sugar etc)* crudo/a, sin refinar; *(person, manners: coarse)* inculto/a.
un·re·hearsed [ˌʌnrɪˈhɜːst] *adj (Theat etc)* improvisado/a; *(spontaneous)* imprevisto/a.
un·re·lat·ed [ˌʌnrɪˈleɪtɪd] *adj (unconnected)* inconexo/a; *(by family)* no emparentado/a.
un·re·lent·ing [ˌʌnrɪˈlentɪŋ] *adj (rain, attack etc)* implacable; *(person, heat)* despiadado/a.
un·re·li·able [ˌʌnrɪˈlaɪəbl] *adj (person)* informal; *(machine)* poco fiable; *(information)* poco seguro/a, sin fundamento; **this map is ~** este mapa no es de fiar.
un·re·lieved [ˌʌnrɪˈliːvd] *adj (work etc)* sin alivio; **sadness ~ by hope** tristeza sin alivio de esperanza.
un·re·mit·ting [ˌʌnrɪˈmɪtɪŋ] *adj (gen)* incansable; *(continuous)* continuo/a.
un·re·peat·able [ˌʌnrɪˈpiːtəbl] *adj* irrepetible; **an ~ bargain** una ganga única.
un·re·pent·ant [ˌʌnrɪˈpentənt] *adj* impenitente.
un·rep·re·senta·tive [ˌʌnreprɪˈzentətɪv] *adj (untypical)* poco representativo/a; **he holds an ~ view** su punto de vista es atípico.
un·re·quit·ed [ˌʌnrɪˈkwaɪtɪd] *adj* no correspondido/a.
un·re·served [ˌʌnrɪˈzɜːvd] *adj* **(a)** *(not booked)* no reservado/a. **(b)** *(frank)* franco/a, directo/a. **(c)** *(complete)* total, completo/a.
un·rest [ʌnˈrest] *n (Pol)* desorden *m*, disturbio *m.*
un·re·strained [ˌʌnrɪˈstreɪnd] *adj* desenfrenado/a.
un·re·strict·ed [ˌʌnrɪˈstrɪktɪd] *adj* sin restricción; **~ access** libre acceso.
un·re·ward·ed [ˌʌnrɪˈwɔːdɪd] *adj* sin recompensa; **to go ~** quedar sin recompensa.
un·re·ward·ing [ˌʌnrɪˈwɔːdɪŋ] *adj* ingrato/a; *(financially)* improductivo/a.
un·ripe [ˌʌnˈraɪp] *adj* verde, inmaduro/a.
un·ri·valled [ʌnˈraɪvəld] *adj* sin par, incomparable.
un·roll [ˌʌnˈrəʊl] **1** *vt* desenrollar. **2** *vi* desenrollarse.
un·ruf·fled [ˌʌnˈrʌfld] *adj (person)* ecuánime, imperturbable; *(hair, surface)* liso/a.
un·ru·ly [ʌnˈruːlɪ] *adj* (**-ier, -iest**) *(child, behaviour, mob)* revoltoso/a, alterado/a; *(hair)* despeinado/a.
un·safe [ˌʌnˈseɪf] *adj (machine, car, wiring)* peligroso/a; *(method)* arriesgado/a; *(uncertain)* inseguro/a; **~ to drink/eat** inapto para consumo humano; **to feel ~** sentirse inseguro.
un·said [ˌʌnˈsed] *adj* sin decir, sin expresar; **much was left ~** muchas cosas se dieron por sentadas *or* se sobreentendieron.
un·sale·able, (*US*) **un·sal·able** [ˌʌnˈseɪləbl] *adj* invendible.
un·sat·is·fac·tory [ˈʌnˌsætɪsˈfæktərɪ] *adj* poco satisfactorio/a.
un·sat·is·fied [ˌʌnˈsætɪsfaɪd] *adj (gen)* insatisfecho/a.
un·sat·is·fy·ing [ˌʌnˈsætɪsfaɪɪŋ] *adj (gen)* poco satisfactorio/a; *(insufficient)* insuficiente.
un·sa·voury, (*US*) **un·sa·vory** [ˌʌnˈseɪvərɪ] *adj (person)* indeseable; *(remark etc)* desagradable.
un·scathed [ˌʌnˈskeɪðd] *adj* ileso/a.
un·sci·en·tif·ic [ˈʌnˌsaɪənˈtɪfɪk] *adj* poco científico/a.
un·screw [ˌʌnˈskruː] **1** *vt* des(a)tornillar. **2** *vi* des(a)tornillarse.
un·scru·pu·lous [ʌnˈskruːpjʊləs] *adj* sin escrúpulos.
un·seem·ly [ʌnˈsiːmlɪ] *adj* mal visto/a.
un·seen [ˌʌnˈsiːn] **1** *adj (hidden)* oculto/a; *(unknown)* desconocido/a. **2** *n (Scol)* traducción *f* (al idioma materno).
un·self·ish [ˌʌnˈselfɪʃ] *adj* desinteresado/a.
un·ser·vice·able [ˌʌnˈsɜːvɪsəbl] *adj* inservible.
un·set·tle [ˌʌnˈsetl] *vt (gen)* trastornar; *(distress)* agitar, alterar.
un·set·tled [ˌʌnˈsetld] *adj* **(a)** *(undecided: matter)* pendiente; *(: person)* indeciso/a, vacilante. **(b)** *(changeable: weather)* variable; *(: situation)* inestable; **to feel ~** estar incómodo/a.
un·set·tling [ˌʌnˈsetlɪŋ] *adj* perturbador(a).
un·shake·able [ʌnˈʃeɪkəbl] *adj* inquebrantable.
un·shak·en [ˌʌnˈʃeɪkən] *adj* impertérrito/a.
un·shrink·able [ˌʌnˈʃrɪŋkəbl] *adj* inencogible.
un·sight·ed [ˌʌnˈsaɪtɪd] *adj (blind)* no vidente; *(with no view)* con la vista cerrada.
un·sight·ly [ʌnˈsaɪtlɪ] *adj* feo/a, desagradable.
un·skilled [ˌʌnˈskɪld] *adj*: **~ workers** mano *fsg* de obra no cualificada.
un·so·cial [ˌʌnˈsəʊʃəl] *adj* antisocial.
un·so·ciable [ˌʌnˈsəʊʃəbl] *adj* insociable, huraño/a.
un·sold [ˌʌnˈsəʊld] *adj* sin *or* por vender.
un·so·lic·it·ed [ˌʌnsəˈlɪsɪtɪd] *adj* no solicitado/a.
un·solved [ˌʌnˈsɒlvd] *adj* no resuelto/a, sin resolver.
un·so·phis·ti·cat·ed [ˌʌnsəˈfɪstɪkeɪtɪd] *adj* sencillo/a, cándido/a; *(pej)* burdo/a.
un·sound [ˌʌnˈsaʊnd] *adj (in health)* malo/a; *(in construction)* defectuoso/a; *(argument, opinion etc)* falso/a, erróneo/a; **of ~ mind** *(Jur)* mentalmente incapacitado/a; **the book is ~ on some points** el libro yerra en algunos puntos.
un·spar·ing [ʌnˈspɛərɪŋ] *adj (generous)* pródigo/a, generoso/a; *(untiring)* incansable; *(unmerciful)* despiadado/a.
un·speak·able [ʌnˈspiːkəbl] *adj (terrible: pain etc)* horrible, indecible; *(dreadful)* incalificable.

un·speci·fied [ˌʌn'spesɪfaɪd] *adj* no especificado/a.
un·spoiled [ˌʌn'spɔɪld], **un·spoilt** [ˌʌn'spɔɪlt] *adj (place)* sin estropear, incólume; *(child)* natural, no mimado/a.
un·spo·ken [ˌʌn'spəʊkən] *adj* tácito/a, sobreentendido/a.
un·sta·ble [ˌʌn'steɪbl] *adj (gen)* inestable; *(weather)* variable.
un·steady [ˌʌn'stedɪ] *adj (gen)* inestable; *(voice)* tembloroso/a; **to be ~ on one's feet** tambalear.
un·stint·ing [ʌn'stɪntɪŋ] *adj* pródigo/a; **to be ~ in one's praise** no escatimar las alabanzas, *(LAm)* prodigar las alabanzas.
un·stressed [ˌʌn'strest] *adj* átono/a, inacentuado/a.
un·stuck [ˌʌn'stʌk] *adj*: **to come ~** *(label etc)* despegarse, desprenderse; *(fam)* fracasar, sufrir un revés.
un·sub·stan·ti·at·ed [ˌʌnsəb'stænʃɪeɪtɪd] *adj* no comprobado/a.
un·suc·cess·ful [ˌʌnsək'sesfʊl] *adj (gen)* sin éxito; *(person, business)* fracasado/a; *(attempt)* fallado/a, inútil; **their marriage was ~** el matrimonio fracasó; **an ~ writer** un escritor fracasado; **to be ~** fracasar, no tener éxito, *(LAm)* malograrse.
un·suc·cess·ful·ly [ˌʌnsək'sesfʊlɪ] *adv* en vano, sin éxito, inútilmente.
un·suit·able [ˌʌn'suːtəbl] *adj (clothes etc)* impropio/a, inapropiado/a; **an ~ moment** un momento inoportuno *or* inconveniente; **the film is ~ for children** la película no es apta para menores; **he's ~ for the post** no es el más indicado para el puesto.
un·suit·ed [ˌʌn'suːtɪd] *adj*: **to be ~ for** *or* **to** ser inapto/a para.
un·sup·port·ed [ˌʌnsə'pɔːtɪd] *adj (claim, statement)* no comprobado/a; *person)* sin apoyo.
un·sure [ˌʌn'ʃʊəʳ] *adj (person)* inseguro/a; *(unreliable)* de poca confianza; **to be ~ of o.s.** estar inseguro de sí mismo.
un·sur·passed [ˌʌnsə'pɑːst] *adj* no superado/a, sin par.
un·sus·pect·ed [ˌʌnsə'spektɪd] *adj* insospechado/a.
un·sus·pect·ing [ˌʌnsə'spektɪŋ] *adj* inocente, confiado/a.
un·sweet·ened [ˌʌn'swiːtnd] *adj* sin azúcar.
un·swerv·ing [ʌn'swɜːvɪŋ] *adj* inquebrantable.
un·sym·pa·thet·ic ['ʌnˌsɪmpə'θetɪk] *adj* poco comprensivo/a.
un·sys·tem·at·ic ['ʌnˌsɪstɪ'mætɪk] *adj* poco metódico/a.
un·tan·gle [ˌʌn'tæŋgl] *vt* desenredar, desenmarañar.
un·tapped [ˌʌn'tæpt] *adj* sin explotar.
un·teach·able [ˌʌn'tiːtʃəbl] *adj* imposible de enseñar.
un·ten·able [ˌʌn'tenəbl] *adj* insostenible.
un·test·ed [ˌʌn'testɪd] *adj* no probado/a.
un·think·able [ʌn'θɪŋkəbl] *adj* inconcebible, impensable.
un·ti·di·ly [ʌn'taɪdɪlɪ] *adv (see adj)* desordenadamente; desaliñadamente; en desarreglo.
un·ti·di·ness [ʌn'taɪdɪnɪs] *n (of person, dress)* desaliño *m*, falta *f* de método; *(of room)* desorden *m*.
un·ti·dy [ʌn'taɪdɪ] *adj* **(-ier, -iest)** *(room, person etc)* desordenado, desorganizado/a; *(appearance)* desaliñado/a; *(clothes)* desarreglado/a; *(hair)* despeinado/a.
un·tie [ˌʌn'taɪ] *vt* desatar.
un·til [ən'tɪl] **1** *prep* hasta; **he won't be back ~ tomorrow** no volverá hasta mañana; **from morning ~ night** desde la mañana hasta la noche; **~ his arrival** hasta su llegada. **2** *conj* hasta que; **~ they come/sleep** hasta que vengan/se duerman; **wait ~ I get back** espera hasta que yo vuelva; **he did nothing ~ I told him to** no hizo nada hasta que yo se lo dijera.
un·time·ly [ʌn'taɪmlɪ] *adj (premature)* prematuro/a; *(inopportune)* inoportuno/a, en mal momento.
un·tir·ing [ʌn'taɪərɪŋ] *adj* incansable.
un·told [ˌʌn'təʊld] *adj (story)* nunca contado/a; *(secret)* nunca revelado/a; *(loss, wealth etc)* incalculable.
un·touch·able [ʌn'tʌtʃəbl] *n* intocable *mf*.
un·touched [ˌʌn'tʌtʃt] *adj* **(a)** *(not used etc)* intacto/a, sin tocar; **she left her breakfast ~** dejó su desayuno sin tocar; **a product ~ by human hand** un producto no manipulado. **(b)** *(safe)* indemne, incólume; *(unaffected)* intocado/a.
un·to·ward [ˌʌntə'wɔːd] *adj (adverse)* adverso/a; *(inapt)* impropio/a; *(disastrous)* desastroso/a.
un·trained [ˌʌn'treɪnd] *adj* inexperto/a, sin preparación; *(unskilled)* no calificado/a; **to the ~ ear/eye** para el oído/ojo inexperto.
un·trans·lat·able [ˌʌntrænz'leɪtəbl] *adj* intraducible.
un·tried [ˌʌn'traɪd] *adj (person)* inexperto/a; *(method)* no probado/a; *(Jur)* no juzgado/a.
un·trou·bled [ˌʌn'trʌbld] *adj* tranquilo/a; **she was ~ by the news** la noticia no pareció preocuparle.
un·true [ˌʌn'truː] *adj* **(a)** *(false)* falso/a. **(b)** *(unfaithful)* infiel.
un·trust·wor·thy [ˌʌn'trʌstˌwɜːðɪ] *adj (person: unreliable)* informal; *(: suspicious)* sospechoso/a; *(information etc)* poco fiable.
un·truth [ˌʌn'truːθ] *n, pl* **un·truths** [ˌʌn'truːðz] mentira *f*.
un·truth·ful [ˌʌn'truːθfʊl] *adj* mentiroso/a, falso/a.
un·us·able [ˌʌn'juːzəbl] *adj* inservible, inútil.
un·used[1] [ˌʌn'juːzd] *adj (new)* nuevo/a, sin estrenar; *(not made use of)* sin usar *or* utilizar.
un·used[2] [ˌʌn'juːst] *adj*: **to be ~ to sth** no estar acostumbrado/a a algo.
un·usual [ʌn'juːʒʊəl] *adj (uncommon)* insólito/a, poco común; *(odd)* raro/a, extraño/a; *(exceptional)* extraordinario/a, descomunal.
un·usu·al·ly [ʌn'juːʒʊəlɪ] *adv (unaccustomedly)* fuera de lo común, *(LAm)* descomunalmente; *(exceedingly)* extraordinariamente; **an ~ gifted man** un hombre de gran talento.
un·var·ied [ʌn'vɛərɪd] *adj (gen)* invariable; *(unchanged)* sin cambiar, constante; *(monotonous)* monótono/a.
un·var·nished [ˌʌn'vɑːnɪʃt] *adj (gen)* sin barnizar; *(fig)* sencillo/a, puro/a.
un·veil [ʌn'veɪl] *vt (gen)* descubrir.
un·want·ed [ˌʌn'wɒntɪd] *adj (gen)* superfluo/a, de sobra; *(child)* no deseado/a.
un·war·rant·ed [ˌʌn'wɒrəntɪd] *adj* injustificado/a.
un·wary [ʌn'wɛərɪ] *adj* imprudente, incauto/a.
un·wa·ver·ing [ʌn'weɪvərɪŋ] *adj (faith etc)* inquebrantable, firme.
un·wed [ʌn'wed] *adj* soltero/a.
un·wel·come [ʌn'welkəm] *adj (gen)* importuno/a, molesto/a.
un·well [ˌʌn'wel] *adj* indispuesto/a.
un·whole·some [ˌʌn'həʊlsəm] *adj* malsano/a.
un·wieldy [ʌn'wiːldɪ] *adj* difícil de manejar.
un·will·ing [ˌʌn'wɪlɪŋ] *adj* mal *or* poco dispuesto/a; **to be ~ to do sth** no estar dispuesto a hacer algo.
un·will·ing·ly [ˌʌn'wɪlɪŋlɪ] *adv* de mala gana *or* mal grado.
un·wind [ˌʌn'waɪnd] *pt, pp* **unwound 1** *vt (gen)* desenvolver; *(wool)* desovillar. **2** *vi* desenvolverse; *(fam: relax)* relajarse, calmarse los nervios.

un·wise [ˌʌn'waɪz] *adj (careless)* imprudente, descuidado/a; *(inadvisable)* poco aconsejable.
un·wit·ting [ʌn'wɪtɪŋ] *adj* involuntario/a; **I was the ~ cause** sin querer, yo fui la causa.
un·wit·ting·ly [ʌn'wɪtɪŋlɪ] *adv* involuntariamente, sin querer.
un·work·able [ˌʌn'wɜːkəbl] *adj* impráctico/a.
un·world·ly [ˌʌn'wɜːldlɪ] *adj (gen)* alejado/a del mundo; *(naïve)* ingenuo/a.
un·wor·thy [ʌn'wɜːðɪ] *adj* indigno/a; **to be ~ to do sth** ser indigno de hacer algo.
un·wound [ˌʌn'waʊnd] *pt, pp of* **unwind.**
un·wrap [ˌʌn'ræp] *vt* desenvolver.
un·writ·ten [ˌʌn'rɪtn] *adj* no escrito/a; **~ law** *(fig)* ley *f* consuetudinaria.
un·zip [ˌʌn'zɪp] *vt* abrir la cremallera *or (LAm)* el cierre de.
up [ʌp] **1** *adv* **(a)** *(upwards)* hacia *or (LAm)* para arriba, arriba; *(above)* arriba, en lo alto; *(standing)* de pie; **from ~ (above)** desde arriba; **higher ~** más arriba; **to stop halfway ~** pararse a mitad de la subida; **to throw sth ~ in the air** lanzar algo al aire; **~ in the mountains** montaña arriba; **~ in the sky** en lo alto del cielo; **my office is 5 floors ~** mi oficina está en el quinto piso; **'this side ~'** 'este lado hacia arriba'; **the sun is ~** ha salido el sol; **the road is ~** la calle está en obras; **to be ~ among** *or* **with the leaders** estar a la altura de los líderes; **~ with Leeds United!** ¡arriba Leeds United!; **to walk ~ and down** pasearse de un lado para otro *or* de arriba abajo; **he's been ~ and down all evening** no ha estado quieto en toda la tarde; **she's still a bit ~ and down** todavía tiene sus altibajos.
(b) *(built etc)* construido/a; **the curtains are ~** las cortinas están colocadas.
(c) *(out of bed)* **to be ~** estar levantado/a; **to be ~ and about again** estar repuesto/a.
(d) *(in price, value)* **potatoes are ~** han subido las patatas.
(e) *(in score)* **we're a goal ~** tenemos un tanto de ventaja.
(f) *(finished)* terminado/a, acabado/a; *(contract etc)* vencido/a, caduco/a; **it's all ~ with her** *(fam)* para ella se acabó *or* ya no hay remedio.
(g) *(upwards)* **from £2 ~** de 2 libras para arriba.
(h) *(in or towards the north)* hacia el norte; **to go ~ to London/to university** ir hasta Londres/a la universidad.
(i) *(knowledgeable)* al tanto, enterado/a; **he's well ~ in** *or* **on British politics** está al día con la política británica.
(j) *(fam: wrong)* **what's ~?** ¿qué pasa?; **what's ~ with him?** ¿que le pasa (a él)?; **there's something ~ with him** le pasa algo; **there's something ~ with the TV** le pasa algo a la tele.
(k) ~ to *(as far as)* hasta; **~ to now** hasta ahora, *(LAm)* hasta la fecha; **~ to here** hasta aquí; **~ to £10** hasta 10 libras nada más.
(l) ~ to *(fam: doing)* **what are you ~ to?** ¿qué haces ahí?, *(LAm)* ¿qué andas haciendo?; **he's ~ to something** está tramando algo.
(m) ~ to *(equal to)* a la altura de; **I don't feel ~ to going out** no tengo ánimos para salir; **the book isn't ~ to much** *(fam)* el libro vale poco.
(n) ~ to *(depending on)* **it's ~ to you to decide** te toca (a ti) decidir; **I wouldn't do it but it's ~ to you** yo (que tú) no lo haría, pero allá tú; **I'd go, but it's ~ to you** por mí iría, pero depende de ti.
(o) to be ~ against opposition enfrentar resistencia; **he's really ~ against it** ahora sí está en un aprieto.
2 *prep (high)* en lo alto de; *(on top of)* encima de, *(LAm)* arriba de; **~ river** río arriba; **to be ~ a tree** estar en lo alto de *or (LAm)* arriba de un árbol; **further ~ the page** en la misma página, más arriba; **halfway ~ the stairs** a media escalera; **he went off ~ the road** se fue calle arriba; **to travel ~ and down the country** viajar por todo el país.
3 *n*: **~s and downs** altibajos *mpl*, vicisitudes *fpl*.
4 *adj (train, line)* ascendente.
5 *vi (fam)* **to ~ and do sth** lanzarse a hacer algo.
up-and-coming ['ʌpəndˌkʌmɪŋ] *adj* prometedor(a).
up-and-down [ˌʌpən'daʊn] *adj (movement)* vertical; *(business, progress etc)* con altibajos.
up·bring·ing ['ʌpˌbrɪŋɪŋ] *n* educación *f*, crianza *f*.
up·country [ˌʌp'kʌntrɪ] *adv* tierrra adentro, en el interior.
up·date [ʌp'deɪt] *vt* poner al día.
up·grade [ʌp'greɪd] *vt (promote)* ascender.
up·heav·al [ʌp'hiːvəl] *n (fig)* trastornos *mpl; (Pol)* agitación *f*.
up·held [ʌp'held] *pt, pp of* **uphold.**
up·hill [ˌʌp'hɪl] **1** *adv*: **to go ~** ir cuesta arriba. **2** *adj* en cuesta *or* pendiente; *(fig)* arduo/a, penoso/a; **it's ~ all the way** *(lit)* vamos cuesta arriba todo el camino; *(fig)* es una tarea pesada.
up·hold [ʌp'həʊld] *pt, pp* **upheld** *vt (sustain)* mantener, sostener; *(support)* apoyar, defender; *(Jur)* confirmar.
up·hol·stery [ʌp'həʊlstərɪ] *n* tapicería *f*.
up·keep ['ʌpkiːp] *n (care)* mantenimiento *m*, manutención *f; (cost)* gastos *mpl* de mantenimiento.
up·lift [ʌp'lɪft] *vt (fig: encourage)* animar; *(: edify)* inspirar.
upon [ə'pɒn] *prep* = **on.**
up·per ['ʌpə^r] **1** *adj* **(a)** superior, de arriba; **the ~ river** río arriba. **(b)** *(in importance, rank)* superior; **the ~ classes** la clase alta; **the ~ crust** *(fam)* la flor y nata. **2** *n*: **~s** *(of shoe)* pala *fsg*; **to be on one's ~s** estar en la calle.
upper-class [ˌʌpə'klɑːs] *adj* de la clase alta.
upper·most ['ʌpəməʊst] *adj* el/la más alto/a; **it was ~ in my mind** me preocupaba más que cualquier otra cosa.
up·pish ['ʌpɪʃ] *adj*, **up·pi·ty** ['ʌpɪtɪ] *adj (Brit fam)* presumido/a; **to get ~** presumir.
up·right ['ʌpraɪt] **1** *adj* **(a)** *(lit)* derecho/a, *(LAm)* recto/a; **~ piano** piano *m* vertical. **(b)** *(fig)* honrado/a. **2** *adv* erguido, derecho, *(LAm)* recto. **3** *n* **(a)** *(post)* montante *m*, poste *m*. **(b)** *(piano)* piano *m* vertical/recto.
up·ris·ing ['ʌpˌraɪzɪŋ] *n* alzamiento *m*, sublevación *f*.
up·roar ['ʌprɔː^r] *n* jaleo *m*, *(LAm)* escándalo *m;* **the whole place was in ~** el lugar estaba alborotada.
up·roari·ous [ʌp'rɔːrɪəs] *adj (noisy)* ruidoso/a, escandaloso/a; *(very funny)* divertidísimo/a.
up·root [ʌp'ruːt] *vt* desarraigar, arrancar (de raíz); **whole families have been ~ed** se han desplazado familias enteras.
up·set [ʌp'set] *(vb: pt, pp* **upset) 1** *vt* **(a)** *(object etc)* volcar, *(LAm)* tirar; *(water etc)* derramar, *(LAm)* tirar. **(b)** *(make sad)* alterar, trastornar; *(offend)* ofender, disgustar; *(annoy)* fastidiar, *(LAm)* molestar. **(c)** *(disorganize)* trastornar, dar al traste con. **(d)** *(make ill)* sentar mal, *(LAm)* enfermar.
2 *adj* **(a)** *(sad)* alterado/a, trastornado/a; *(offended)* ofendido/a, *(LAm)* disgustado/a; *(annoyed)* fastidiado/a, molesto/a; **to get ~** *(offended)* ofenderse, *(LAm)* llevarse un disgusto. **(b)** *(sick)*

I have an ~ stomach tengo el estómago revuelto.

3 ['ʌpˌset] *n* **(a)** *(disturbance)* revés *m*, contratiempo *m; (emotional)* trastorno *m; (fam: quarrel)* riña *f*, disgusto *m*, *(LAm)* pleito *m*. **(b)** *(illness)* malestar *m;* **stomach ~** trastorno *m* del estómago.

up·set·ting [ʌp'setɪŋ] *adj (saddening)* triste, conmovedor(a); *(offending)* ofensivo/a; *(annoying)* fastidioso/a, molesto/a.

up·shot ['ʌpʃɒt] *n (result)* resultado *m*.

upside down [ˌʌpsaɪd'daʊn] **1** *adv* al revés, *(LAm)* patas arriba; **to turn sth ~** volver algo al revés; *(fig)* revolverlo todo. **2** *adj* al revés; **the room was ~** reinaba el desorden en el cuarto.

up·stairs [ˌʌp'stɛəz] **1** *adv* arriba. **2** *n* el piso superior *or* de arriba.

up·stand·ing [ˌʌp'stændɪŋ] *adj (strong)* fuerte; *(honourable)* honrado/a.

up·start ['ʌpstɑːt] *n* arribista *mf*, advenedizo/a *m/f*.

up·stream ['ʌpstriːm] *adv* río *or* aguas arriba; **about 3 miles ~ from Windsor** unas 3 millas más arriba de Windsor.

up·surge ['ʌpsɜːdʒ] *n* acceso *m*, arrebato *m*.

up·take ['ʌpteɪk] *n (fam)* **to be quick/slow on the ~** ser muy listo/torpe.

up-to-date ['ʌptədeɪt] *adj (person, clothes etc)* al día, de moda; *(magazine etc)* corriente.

up·turn ['ʌptɜːn] *n (fig: improvement)* mejora *f*.

up·turned [ʌp'tɜːnd] *adj (box etc)* vuelto/a hacia arriba; *(nose)* respingón(ona).

up·ward ['ʌpwəd] **1** *adj* ascendente, hacia arriba. **2** *adv (also* **~s)** **(a)** *(gen)* hacia arriba; **face ~** boca arriba. **(b)** *(with numbers)* **from the age of 13 ~s** desde los 13 años; **~s of 500** más de 500.

ura·nium [jʊ'reɪnɪəm] *n* uranio *m*.

Uran·us ['jʊərənəs] *n (Astron)* Urano *m*.

ur·ban ['ɜːbən] *adj* urbano/a.

ur·bane [ɜː'beɪn] *adj* urbano/a, cortés.

ur·bani·zation [ˌɜːbənaɪ'zeɪʃən] *n* urbanización *f*.

ur·chin ['ɜːtʃɪn] *n* pilluelo/a *m/f*, golfillo/a *m/f;* **sea ~** erizo *m* de mar.

urge [ɜːdʒ] **1** *n* impulso *m; (sexual etc)* deseo *m;* **to feel an ~ to do sth** sentir apremio *or* urgencia para hacer algo. **2** *vt* **(a)** *(try to persuade)* animar, alentar; **to ~ sb to do sth** animar *or* instar a uno a hacer algo. **(b)** *(advocate)* recomendar, abogar por; **to ~ sth on** *or* **upon sb** insistir en algo con uno.

♦ **urge on** *vt + adv* animar, alentar; *(fig)* animar, instar.

ur·gen·cy ['ɜːdʒənsɪ] *n* urgencia *f; (of tone of voice, pleas)* perentoriedad *f;* **it is a matter of ~** es un asunto urgente *or* de urgencia.

ur·gent ['ɜːdʒənt] *adj* **(a)** urgente, apremiante. **(b)** *(earnest, persistent)* insistente.

ur·gent·ly ['ɜːdʒəntlɪ] *adv (see adj)* con urgencia, con apremio; insistentemente.

uri·nal ['jʊərɪnl] *n (building)* urinario *m; (vessel)* orinal *m*.

uri·nate ['jʊərɪneɪt] *vi* orinar.

urine ['jʊərɪn] *n* orina *f*, orines *mpl*.

urn [ɜːn] *n* **(a)** *(vase)* urna *f*. **(b)** *(tea ~)* tetera *f; (coffee ~)* cafetera *f*.

us [ʌs] *pron* **(a)** nos; *(after prep)* nosotros/nosotras. **(b)** *(fam: me)* me.

USA *n abbr of* **United States of America** EE.UU.

us·able ['juːzəbl] *adj* utilizable.

us·age ['juːzɪdʒ] *n* **(a)** *(custom)* uso *m*, costumbre *f*. **(b)** *(Ling: use, way of using)* uso *m*. **(c)** *(handling)* manejo *m; (treatment)* tratos *mpl;* **ill ~** malos tratos.

use [juːs] **1** *n* **(a)** *(gen)* uso *m*, empleo *m; (handling)* manejo *m;* **'directions for ~'** 'modo *m* de empleo'; **for the ~ of the blind** para uso de los no videntes; **for ~ in case of emergency** para uso en caso de urgencia; **ready for ~** listo/a (para ser usado); **in ~/out of ~** en uso/desuso; **to be in daily ~** ser de uso diario; **to be no longer in ~** estar fuera de uso; **to go** *or* **fall out of ~** caer en desuso. **(b)** *(exploitation, making* **~** *of)* aprovechamiento *m;* **to make ~ of sth** servirse de *or* aprovechar algo; **to put sth to good ~** sacar partido *or* provecho de algo. **(c)** *(way of using)* modo de empleo, uso; **to find a ~ for sth** encontrarle utilidad a algo; **to have no further ~ for sth** deshacerse de algo. **(d)** *(usefulness)* utilidad *f;* **to be of ~** servir; **it's (of) no ~** no sirve (para nada); **it's no ~ discussing it further** es inútil *or* no vale la pena seguir discutiéndolo; **what's the ~ of all this?** ¿de qué sirve *or* a qué viene todo esto?; **she's no ~ as a teacher** no vale para *or* *(LAm)* no sirve como profesora. **(e)** *(ability or right to use)* derecho *m* de uso; **to have the ~ of a garage** tener acceso a un garaje.

2 [juːz] *vt* **(a)** *(gen)* usar, emplear; **it isn't ~d any more** ya no se usa; **~ only in emergencies** usar sólo en caso de urgencia; **to ~ sth as a hammer** emplear algo como martillo; **what's this ~d for?** ¿para qué sirve *or* para qué se utiliza esto?; **this room could ~ some paint** *(fam)* no le vendría mal a este cuarto una mano de pintura. **(b)** *(make ~ of, exploit)* servirse de, aprovechar. **(c)** *(consume)* consumir; *(~ up)* agotar. **(d)** *(old, poet: treat)* tratar.

3 *aux vb (gen)* soler, acostumbrar; **I ~d to go/drink/run** solía *or* *(LAm)* acostumbraba ir/beber/correr, iba/bebía/corría.

♦ **use up** *vt + adv* agotar; **the ink is all ~d up** se acabó la tinta.

used[1] [juːzd] *adj (second-hand)* usado/a, viejo/a.

used[2] [juːzt] *adj*: **to be ~ to sth** estar acostumbrado/a a algo; **to be ~ to doing sth** estar acostumbrado/a a *or* *(LAm)* acostumbrar hacer algo; **to get ~ to** acostumbrarse a.

use·ful ['juːsfʊl] *adj* **(a)** útil; **it is very ~ to be able to drive** es muy útil saber conducir; **to make o.s. ~** ponerse a trabajar; **to come in ~** servir, ser útil. **(b)** *(fam: capable)* hábil, capaz.

use·less ['juːslɪs] *adj* **(a)** inútil; *(unusable)* inservible; **he's ~ as a forward** no vale para *or* *(LAm)* no sirve como delantero. **(b)** *(pointless)* inútil.

user ['juːzə^r] *n* usuario/a *m/f*.

ush·er ['ʌʃə^r] **1** *n (at wedding, in court etc)* ujier *m; (in theatre, cinema etc)* acomodador *m*. **2** *vt*: **to ~ sb in** *(Theat)* acomodar a uno; *(into room)* hacer pasar a uno a un cuarto; **it ~ed in a new reign** *(fig)* anunció un nuevo reinado.

ush·er·ette [ˌʌʃə'ret] *n* acomodadora *f*.

USSR *n abbr of* **Union of Soviet Socialist Republics** URSS *f*.

usu·al ['juːʒʊəl] **1** *adj (customary)* acostumbrado/a; *(normal)* normal; **it's ~ to sing on these occasions** es la costumbre *or* *(LAm)* se acostumbra cantar en estas ocasiones; **it's the ~ thing today** hoy es lo más normal; **as (per) ~** como de costumbre, como siempre; **more than ~** más que de costumbre; **it's not ~ for her to be late** no suele llegar tarde. **2** *n*: **the ~ please!** *(fam: drink)* la de costumbre, por favor.

usu·al·ly ['juːʒʊəlɪ] *adv* por lo general, por regla general.

usurp [juː'zɜːp] *vt* usurpar.

uten·sil [juː'tensl] *n* utensilio *m;* **kitchen ~s** batería *f* de cocina.

uter·us ['juːtərəs] *n* útero *m*.

utili·tar·ian [ˌjuːtɪlɪˈtɛərɪən] *adj* utilitario/a.
util·ity [juːˈtɪlɪtɪ] **1** *n (usefulness)* utilidad *f; (public service)* servicio *m* público. **2** *cpd* utilitario/a; ~ **room** *n* trascocina *f.*
uti·li·za·tion [ˌjuːtɪlaɪˈzeɪʃən] *n* utilización *f.*
uti·lize [ˈjuːtɪlaɪz] *vt* utilizar, aprovecharse de.
ut·most [ˈʌtməʊst] **1** *adj* **(a)** *(greatest)* supremo/a, sumo/a; **of the ~ importance** de la mayor importancia. **(b)** *(furthest)* más lejano/a. **2** *n:* **to do one's ~ (to do sth)** hacer todo lo posible (por hacer algo); **to the ~ of one's ability** lo mejor que pueda uno.
Uto·pia [juːˈtəʊpɪə] *n* Utopía *f.*
Uto·pian [juːˈtəʊpɪən] **1** *adj* utópico/a. **2** *n* utopista *mf.*
ut·ter[1] [ˈʌtəʳ] *adj* total, absoluto/a.
ut·ter[2] [ˈʌtəʳ] *vt (words)* pronunciar; *(cry)* dar, soltar; **she never ~ed a word** no dijo nada *or* palabra.
ut·ter·ly [ˈʌtəlɪ] *adv* totalmente, completamente.
utter·most [ˈʌtəməʊst] *adj* = **utmost 1.**
U-turn [ˈjuːtɜːn] *n (lit, fig)* viraje *m or* vuelta *f* en U.

V

V, v [viː] *n (letter)* V, v *f.*
va·can·cy ['veɪkənsɪ] *n* **(a)** *(emptiness)* vaciedad *f,* vacuidad *f.* **(b)** *(in boarding house etc)* habitación *f or (LAm)* cuarto *m* libre; **have you any vacancies?** ¿tiene *or* hay alguna habitación *or* algún cuarto libre? **(c)** *(job)* vacante *f;* **'vacancies'** 'se ofrece trabajo', 'hay vacante'.
va·cant ['veɪkənt] *adj* **(a)** *(seat, room, house etc)* libre, desocupado/a; *(space)* vacío/a; **is this seat ~?** ¿está libre (este asiento)? **(b)** *(look etc)* distraído/a, vago/a; *(stupid)* alelado/a.
va·cate [və'keɪt] *vt (frm: house, seat, room)* desocupar, dejar libre; *(: post)* dejar, dejar vacante.
va·ca·tion [və'keɪʃən] *n (esp US, Univ)* vacaciones *fpl;* **on ~** de vacaciones; **to take a ~** tomarse unas vacaciones; **long ~** *(Univ)* vacaciones de verano.
vac·ci·nate ['væksɪneɪt] *vt* vacunar.
vac·ci·na·tion [,væksɪ'neɪʃən] *n* vacunación *f.*
vac·cine ['væksiːn] *n* vacuna *f.*
vac·il·late ['væsɪleɪt] *vi (hesitate)* vacilar, dudar; *(waver)* oscilar (*between* entre).
vacu·ous ['vækjʊəs] *adj (empty)* vacío/a, vacuo/a; *(vague)* vago/a, distraído/a; *(stupid)* tonto/a, bobo/a.
vacuum ['vækjʊm] **1** *n (gen)* vacío *m.* **2: ~ cleaner** *n* aspirador *m,* aspiradora *f;* **~ flask** *n* termo *m;* **~ pump** *n* bomba *f* neumática.
vacuum-packed ['vækjʊm,pækt] *adj* envasado/a al vacío.
vaga·bond ['vægəbɒnd] *n* vagabundo/a *m/f.*
va·gary ['veɪgərɪ] *n (strange idea)* capricho *m,* manía *f; (sudden desire)* capricho, *(LAm)* antojo *m;* **the vagaries of love** las extravagancias del amor.
va·gina [və'dʒaɪnə] *n* vagina *f.*
va·grant ['veɪgrənt] *n* vagabundo/a *m/f,* vago/a *m/f.*
vague [veɪg] *adj* **(-r, -st) (a)** vago/a; *(outline)* borroso/a; *(concept, description)* impreciso/a; *(feeling)* indefinido/a, indeterminado/a; **I haven't the ~st idea** no tengo la más remota idea; **the ~ outline of a ship** el perfil indistinto de un buque; **he made some ~ promises** hacía promesas, pero sin concretar; **a ~ expression/look** una expresión/una mirada distraída. **(b)** *(subj: person: in giving details etc)* impreciso/a; **he's terribly ~** está *or* anda distraído *or* despistado.
vague·ly ['veɪglɪ] *adv* vagamente; **a picture ~ resembling another** un cuadro que se parece vagamente a otro.
vague·ness ['veɪgnɪs] *n (gen)* vaguedad *f,* imprecisión *f; (absent-mindedness)* despiste *m,* distracción *f.*
vain [veɪn] *adj* **(a)** *(useless)* vano/a, inútil; **in ~** en vano, en balde; **all our efforts were in ~** nuestros esfuerzos no dieron resultado. **(b) (-er, -est)** *(conceited)* vanidoso/a, presumido/a.
vain·ly ['veɪnlɪ] *adv* **(a)** *(to no effect)* en vano, en balde. **(b)** *(conceitedly)* vanidosamente.
val·ance ['væləns] *n (gen)* cenefa *f; (of a bed)* doselera *f.*
vale [veɪl] *n* valle *m.*
val·en·tine ['væləntaɪn] *n (card)* tarjeta *f* del Día de Los Enamorados; *(person)* querido/a *m/f.*
val·et ['væleɪ] *n* ayuda *m* de cámara.
val·iant ['væljənt] *adj (poet)* valiente, valeroso/a; *(effort etc)* valioso/a.
val·iant·ly ['væljəntlɪ] *adv* valientemente, con valor.
val·id ['vælɪd] *adj (argument, excuse)* válido/a; *(ticket etc)* valedero/a; *(law)* vigente.
vali·date ['vælɪdeɪt] *vt (gen)* validar, dar validez a; *(documents etc)* convalidar.
vali·da·tion [,vælɪ'deɪʃn] *n* convalidación *f.*
va·lid·ity [və'lɪdɪtɪ] *n* validez *f.*
val·ley ['vælɪ] *n* valle *m.*
val·our, *(US)* **val·or** ['vælə[r]] *n (frm)* valor *m,* valentía *f.*
valu·able ['væljʊəbl] **1** *adj (gen)* valioso/a, de valor; *(worthwhile)* apreciable, valioso/a; **a ~ contribution** una valiosa aportación. **2** *n:* **~s** objetos *mpl* de valor.
valu·ation [,væljʊ'eɪʃən] *n (evaluation)* valuación *f,* tasación *f; (fig: of person's character)* estimación *f,* consideración *f.*
value ['væljuː] **1** *n* **(a)** *(gen)* valor *m; (merit)* mérito(s) *m(pl); (usefulness)* utilidad *f;* **sentimental ~** valor sentimental; **surplus ~** plusvalía *f;* **of no ~** sin valor; **to be of ~ to sb** tener valor para uno; *(useful)* ser útil para uno; **to be of little/great ~ to sb** ser de poco/gran valor para uno; **this dress is good ~ (for money)** este vestido tiene buen precio; **to attach no ~ to sth** no darle *or* restarle importancia a algo. **(b)** *(moral)* **~s** valores *mpl* (morales).

2 *vt (financially)* valorar, valorizar; *(appraise)* tasar; *(~ highly)* estimar, apreciar; **it is ~d at £8** está valorado en 8 libras; **he doesn't ~ his life** desprecia su vida, no da valor a su vida.

3: ~ added tax *n (abbr* **VAT***)* impuesto *m* sobre valor añadido; **~ judgment** *n* juicio *m* de valor.
val·ued ['væljuːd] *adj* estimado/a, apreciado/a.
value·less ['væljʊlɪs] *adj* sin valor.
valve [vælv] *n (Anat, Tech)* válvula *f; (Rad, TV)* lámpara *f; (of musical instrument)* llave *f.*
vam·pire ['væmpaɪə[r]] **1** *n* vampiro *m.* **2: ~ bat** *n (Zool)* vampiro *m.*
van [væn] *n (Aut)* furgoneta *f, (LAm)* camioneta *f; (Rail)* furgón *m or* vagón *m* de equipajes.
van·dal ['vændəl] *n* vándalo/a *m/f,* gamberro/a *m/f.*
van·dal·ism ['vændəlɪzəm] *n* vandalismo *m.*
van·dal·ize ['vændəlaɪz] *vt* destruir, destrozar.
vane [veɪn] *n (weather ~)* veleta *f.*
van·guard ['vængɑːd] *n* vanguardia *f;* **to be in the ~ of progress** estar en la vanguardia del progreso.
va·nil·la [və'nɪlə] **1** *n* vainilla *f.* **2** *adj* de vainilla.
van·ish ['vænɪʃ] *vi* desaparecer, esfumarse.
van·ish·ing ['vænɪʃɪŋ] *adj:* **~ point** *(fig)* punto *m* de fuga; **~ trick** truco *m* de la desaparición.
van·ity ['vænɪtɪ] *n* vanidad *f,* orgullo *m;* **~ case** neceser *m.*
van·quish ['væŋkwɪʃ] *vt (poet)* vencer, conquistar.
van·tage ['vɑːntɪdʒ] *n:* **~ point** posición *f* ventajosa, lugar *m* estratégico; *(for views)* punto *m* panorámico.
vap·id ['væpɪd] *adj* insípido/a, soso/a.

va·pori·za·tion [ˌveɪpəraɪ'zeɪʃən] *n* vaporización *f.*
va·por·ize ['veɪpəraɪz] **1** *vt* vaporizar, volatilizar. **2** *vi* vaporizarse, volatilizarse.
va·pour, (*US*) **va·por** ['veɪpə^r] **1** *n (steam)* vapor *m; (on breath, window etc)* vaho *m.* **2:** ~ **trail** *n (Aer)* estela *f.*
vari·abil·ity [ˌveərɪə'bɪlɪtɪ] *n* variabilidad *f.*
vari·able ['veərɪəbl] **1** *adj (gen)* variable; *(person)* voluble. **2** *n* variable *f.*
vari·ance ['veərɪəns] *n:* **to be at ~ (with sb over sth)** estar en desacuerdo (con uno en algo), discrepar (con uno en algo).
vari·ant ['veərɪənt] *n* variante *f.*
vari·ation [ˌveərɪ'eɪʃən] *n* variación *f.*
vari·cose ['værɪkəʊs] *adj:* ~ **veins** varices *fpl.*
var·ied ['veərɪd] *adj* variado/a.
varie·gat·ed ['veərɪgeɪtɪd] *adj* abigarrado/a, jaspeado/a.
vari·ety [və'raɪətɪ] **1** *n (gen)* variedad *f; (range, diversity)* diversidad *f;* **a new ~** una nueva variedad; **he likes a ~ of food** le gustan diversas comidas; **in a (wide** *or* **large) ~ of colours** de diversos colores; **for a ~ of reasons** por varias *or* diversas razones; **for ~** por variar; **~ is the spice of life** en la variedad está el gusto. **2:** ~ **artist** *n* artista *mf* de variedades; ~ **show** *n* espectáculo *m* de variedades.
vari·ous ['veərɪəs] *adj (gen)* varios/as, diversos/as; *(different)* distintos/as; **at ~ times** a distintas horas; **for ~ reasons** por diversas razones.
vari·ous·ly ['veərɪəslɪ] *adv* indistintamente.
var·nish ['vɑːnɪʃ] **1** *n (for wood)* barniz *m; (for nails)* esmalte *m or* laca *f* (para las uñas). **2** *vt (wood)* barnizar; *(nails)* pintar.
vary ['veərɪ] **1** *vt (gen)* variar; *(change)* cambiar, modificar. **2** *vi (change)* **to ~ (with** *or* **according to)** variar (según *or* de acuerdo con); **to ~ from hot to cold** oscilar entre caliente y frío; **it varies** depende, *(LAm)* según; **it never varies** no varía, no cambia; **it varies from 2 to 10** varía de dos a diez; **they ~ in price** los hay de diversos precios.
vary·ing ['veərɪɪŋ] *adj* variable.
vase [vɑːz] *n* florero *m,* jarrón *m.*
vas·ec·to·my [væ'sektəmɪ] *n* vasectomía *f.*
vas·eline ['væsɪliːn] *n* ® vaselina *f.*
vast [vɑːst] *adj* (**-er, -est**) inmenso/a; *(expense)* enorme; *(stretch of land)* extenso/a, vasto/a; *(difference, success)* enorme, grande.
vast·ly ['vɑːstlɪ] *adv:* ~ **superior to** inmensamente superior a.
vast·ness ['vɑːstnɪs] *n* inmensidad *f.*
vat [væt] *n* tina *f,* tinaja *f; (of cider)* cuba *f.*
VAT [ˌviːeɪ'tiː, væt] *abbr of* **value added tax** IVA *m.*
Vati·can ['vætɪkən] *n:* **the ~** el Vaticano.
vau·de·ville ['vəʊdəvɪl] *n* vodevil *m.*
vault[1] [vɔːlt] *n (Archit)* bóveda *f; (: cellar)* sótano *m; (: for wine etc)* bodega *f; (of bank)* cámara *f* acorazada; *(tomb)* panteón *m; (of church)* cripta *f.*
vault[2] [vɔːlt] *vt, vi (leap)* saltar; **to ~ (over) a stream** cruzar un arroyo de un salto, *(LAm)* saltarse un arroyo.
vault·ed ['vɔːltɪd] *adj* abovedado/a.
vault·ing ['vɔːltɪŋ]: ~ **horse** *n* potro *m.*
vaunt·ed ['vɔntɪd] *adj (esp* **much ~**) cacareado/a, alardeado/a.
V.D. [ˌviː'diː] *abbr see* **venereal.**
veal [viːl] *n* ternera *f.*
veer [vɪə^r] *vi (ship)* virar; *(car)* girar, torcer; *(wind)* cambiar; *(fig)* cambiar (de rumbo); **the car ~ed off the road** el coche se salió de la carretera; **the country has ~ed to the left** el país ha dado un giro hacia la izquierda.
veg·eta·ble ['vedʒɪtəbl] **1** *n (Bot)* vegetal *m,* planta *f; (food)* legumbre *f,* hortaliza *f; (green ~)* verdura *f.* **2** *cpd* vegetal; *(soup)* de verduras; ~ **garden** *n* huerta *f,* huerto *m, (LAm)* hortaliza *f.*
veg·etar·ian [ˌvedʒɪ'teərɪən] *adj, n* vegetariano/a *m/f.*
veg·etari·an·ism [ˌvedʒɪ'teərɪənɪzəm] *n* vegetarianismo *m.*
veg·etate ['vedʒɪteɪt] *vi* vegetar.
veg·eta·tion [ˌvedʒɪ'teɪʃən] *n* vegetación *f.*
ve·he·mence ['viːɪməns] *n* vehemencia *f; (of attack)* violencia *f.*
ve·he·ment ['viːɪmənt] *adj* vehemente, apasionado/a; *(attack)* violento/a; **there was ~ opposition** hubo una resistencia determinada *or* férrea.
ve·he·ment·ly ['viːɪməntlɪ] *adv* con vehemencia, apasionadamente; *(attack)* violentamente; **to be ~ opposed to sth** estar totalmente opuesto *or* contrario a algo.
ve·hi·cle ['viːɪkl] *n* **(a)** vehículo *m.* **(b)** *(fig: means for sth)* vehículo *m,* medio *m.*
veil [veɪl] **1** *n* velo *m;* **to take the ~** *(Rel)* tomar el hábito, meterse monja; **under a ~ of secrecy** *(fig)* en el mayor secreto. **2** *vt (gen)* velar, cubrir con un velo; *(shut off)* tapar; *(disguise)* disimular, encubrir; **the town was ~ed in mist** la ciudad estaba cubierta por un velo de niebla.
veiled [veɪld] *adj* velado/a; *(disguised)* disimulado/a, encubierto/a; **thinly-~ dislike** antipatía *f* apenas disimulada; **with ~ irony** con velada ironía.
vein [veɪn] *n (Anat, Bot)* vena *f; (Min: of ore etc)* filón *m,* veta *f; (fig: streak)* vena; *(mood, tone)* **in a different ~** en tono distinto, en otro tono.
vel·lum ['veləm] *n (writing paper)* papel *m* vitela.
ve·loc·ity [vɪ'lɒsɪtɪ] *n* velocidad *f.*
vel·vet ['velvɪt] **1** *n* terciopelo *m.* **2** *adj (of velvet)* de terciopelo.
vel·vet·een ['velvɪtiːn] *n* pana *f.*
vel·vety ['velvɪtɪ] *adj* aterciopelado/a.
ve·nal ['viːnl] *adj (person)* venal, sobornable; *(action)* corrupto/a, corrompido/a.
ven·det·ta [ven'detə] *n* vendetta *f;* **to carry on a ~ against sb** hostigar *or* perseguir a uno.
vend·ing ma·chine ['vendɪŋməˌʃiːn] *n* distribuidor *m* automático.
ven·dor ['vendɔː^r] *n* vendedor(a) *m/f.*
ve·neer [və'nɪə^r] *n* chapa *f,* enchapado *m;* **with a ~ of culture** *(fig)* con un barniz de cultura.
ven·er·able ['venərəbl] *adj* venerable; *(title)* Venerable.
ven·er·ate ['venəreɪt] *vt* venerar, reverenciar.
ven·era·tion [ˌvenə'reɪʃən] *n* veneración *f.*
ve·nereal [vɪ'nɪərɪəl] *adj:* ~ **disease** enfermedad *f* venérea.
venge·ance ['vendʒəns] *n* venganza *f;* **to take ~ on sb** vengarse de uno; **with a ~** *(fam)* con creces.
venge·ful ['vendʒfʊl] *adj* vengativo/a.
ve·nial ['viːnɪəl] *adj* venial; *(error, fault)* leve, no muy grave.
Ven·ice ['venɪs] *n* Venecia *f.*
veni·son ['venɪsən] *n* carne *f* de venado.
ven·om ['venəm] *n (lit)* veneno *m; (fig)* violencia *f,* malicia *f.*
ven·om·ous ['venəməs] *adj (lit)* venenoso/a; *(fig)* violento/a; *(look)* maligno/a.
vent [vent] **1** *n (Tech)* agujero *m, (LAm)* hoyo *m; (: valve)* válvula *f; (airhole)* respiradero *m; (grille)* rejilla *f* de ventilación; *(pipe)* ventosa *f,* conducto *m* de ventilación; **to give ~ to one's feelings** *(fig)* desahogarse. **2** *vt (Tech)* purgar; *(discharge)* descargar; **to ~ one's anger (on sb/sth)** *(fig)* desahogar la cólera (con uno/algo).
ven·ti·late ['ventɪleɪt] *vt (room etc)* ventilar, airear;

(*fig: grievance, question*) ventilar.

ven·ti·la·tion [ˌventɪˈleɪʃn] **1** *n* ventilación *f*. **2:** ~ **shaft** *n* pozo *m* de ventilación.

ven·ti·la·tor [ˈventɪleɪtəʳ] *n* ventilador *m*.

ven·trilo·quism [venˈtrɪləkwɪzəm] *n* ventriloquia *f*.

ven·trilo·quist [venˈtrɪləkwɪst] *n* ventrílocuo/a *m/f*.

ven·ture [ˈventʃəʳ] **1** *n* aventura *f*, empresa *f* (arriesgada); **a business** ~ una empresa comercial; **a new** ~ **in publishing** una nueva empresa editorial. **2** *vt* (*money, reputation, life*) arriesgar, jugar(se); (*opinion, guess*) aventurar; **they** ~**d everything** lo jugaron todo; **if I may** ~ **an opinion** si se me permite expresar una opinión; **nothing** ~**d, nothing gained** quien no se arriesga no pasa la mar. **3** *vi* **(a) to** ~ **on sth** emprender algo; **to** ~ **out (of doors)** arriesgarse *or* atreverse a salir (fuera). **(b) to** ~ **to do sth** osar *or* aventurarse a hacer algo; **I** ~ **to write to you** me permito escribirle *or* dirigirme a Usted.

venue [ˈvenjuː] *n* lugar *m or* punto *m* de reunión; **the** ~ **for the next match** el escenario del próximo partido.

Ven·us [ˈviːnəs] *n* (*Astron*) Venus *m*.

ve·rac·ity [vəˈræsɪtɪ] *n* (*frm*) veracidad *f*.

ve·ran·da(h) [vəˈrændə] *n* terraza *f*, balcón *m*.

verb [vɜːb] *n* verbo *m*.

ver·bal [ˈvɜːbəl] *adj* verbal; **a** ~ **agreement** un acuerdo verbal.

ver·bal·ize [ˈvɜːbəlaɪz] *vt* expresar verbalmente.

ver·bal·ly [ˈvɜːbəlɪ] *adv* verbalmente, de palabra.

ver·ba·tim [vɜːˈbeɪtɪm] *adv, adj* al pie de la letra, palabra por palabra.

ver·bi·age [ˈvɜːbɪɪdʒ] *n* verborrea *f*, palabrería *f*.

ver·bose [vɜːˈbəʊs] *adj* prolijo/a, verboso/a.

ver·dict [ˈvɜːdɪkt] *n* (*Jur: judgment*) veredicto *m*, fallo *m*; (*: of judge*) sentencia *f*; ~ **of guilty/not guilty** declaración *f* de culpabilidad/inocencia; **his** ~ **on the wine was unfavourable** dio un juicio desfavorable sobre el vino.

verge [vɜːdʒ] **1** *n* (*of road*) borde *m*; (*of motorway*) arcén *m*; (*fig*) borde, margen *m*; **to be on the** ~ **of disaster/discovery** estar al borde de la catástrofe/en la antesala de un descubrimiento; **she was on the** ~ **of tears/laughter** estaba a punto de llorar/reír; **to be on the** ~ **of doing sth** estar a punto *or* al borde de hacer algo. **2** *vi*: **to** ~ **on** *or* **upon** rayar en; (*colour*) tirar a.

ver·ger [ˈvɜːdʒəʳ] *n* (*in church*) sacristán *m*.

veri·fi·able [ˈverɪfaɪəbl] *adj* verificable, comprobable.

veri·fi·ca·tion [ˌverɪfɪˈkeɪʃən] *n* (*gen*) comprobación *f*; (*of result*) verificación *f*; (*document*) comprobante *m*.

veri·fy [ˈverɪfaɪ] *vt* comprobar, confirmar.

veri·table [ˈverɪtəbl] *adj* verdadero/a, auténtico/a.

ver·mi·cel·li [ˌvɜːmɪˈselɪ] *n* fideos *mpl*.

ver·mil·ion [vəˈmɪljən] *adj* bermejo/a.

ver·min [ˈvɜːmɪn] *n* (*lit*) bichos *mpl*, sabandijas *fpl*; (*fig, pej*) sabandijas.

ver·mouth [ˈvɜːməθ] *n* vermut *m*.

ver·nacu·lar [vəˈnækjʊləʳ] **1** *adj* vernáculo/a, vulgar. **2** *n* (*Ling*) lengua *f* vernácula.

ver·sa·tile [ˈvɜːsətaɪl] *adj* (*person*) de talentos variados, polifacético/a; (*building*) que se presta a usos distintos; (*material*) flexible.

ver·sa·til·ity [ˌvɜːsəˈtɪlɪtɪ] *n* carácter *m* polifacético, talentos *mpl* variados; (*flexibility*) flexibilidad *f*.

verse [vɜːs] *n* **(a)** (*stanza*) estrofa *f*; (*of Bible*) versículo *m*. **(b)** (*no pl: poetry*) verso *m*, poesía *f*; **in** ~ en verso.

versed [vɜːst] *adj*: **to be well** ~ **in** estar versado/a en, ser experto/a en.

ver·sion [ˈvɜːʃən] *n* (*gen*) versión *f*; (*translation*) traducción *f*; (*of car etc*) modelo *m*; **according to his** ~ según su interpretación.

ver·sus [ˈvɜːsəs] *prep* (*Jur, Sport*) contra.

ver·te·bra [ˈvɜːtɪbrə] *n, pl* **vertebrae** [ˈvɜːtɪbriː] vértebra *f*.

ver·te·brate [ˈvɜːtɪbrət] **1** *adj* vertebrado/a. **2** *n* vertebrado *m*.

ver·tex [ˈvɜːteks] *n, pl* **ver·ti·ces** [ˈvɜːtɪsiːz] (*Math, Archit*) vértice *m*.

ver·ti·cal [ˈvɜːtɪkəl] *adj* vertical.

ver·ti·cal·ly [ˈvɜːtɪkəlɪ] *adv* verticalmente.

ver·ti·go [ˈvɜːtɪgəʊ] *n* vértigo *m*.

verve [vɜːv] *n* energía *f*, ánimo *m*; (*enthusiasm*) entusiasmo *m*.

very [ˈverɪ] **1** *adv* **(a)** (*extremely*) muy; **she feels** ~ **much better** se encuentra muchísimo mejor; ~ **good** muy bueno; **are you tired? — (yes,)** ~ ¿tienes sueño? — (sí) mucho; **he's so** ~ **poor** es tan pobre; **you're not being** ~ **helpful** nos *etc* ayudas poco; **I didn't like it** ~ **much** no me gusta mucho; **we don't see each other** ~ **often** nos vemos poco; **he** ~ **nearly missed the bus** por poco pierde el autobús; ~ **well, I'll do what I can** muy bien *or* (*LAm*) bueno, haré lo que pueda; **the water is** ~ **cold/hot** el agua está muy fría/caliente; **it's** ~ **cold/hot today** hoy hace mucho frío/calor; ~ **high frequency** (*Rad: abbr* **VHF**) frecuencia *f* muy alta. **(b)** (*absolutely*) **the** ~ **first/last** el primero/último (de todos); **the** ~ **best/worst** el mejor/peor (de todos); **at the** ~ **most/least** a lo sumo, en el peor de los casos/por lo menos, lo mínimo; **at the** ~ **latest/earliest** a más tardar/lo más pronto, (*LAm*) lo antes posible; **the** ~ **same hat** el mismísimo sombrero; **it's my** ~ **own** es mío.

2 *adj* **(a)** (*precise*) mismo/a; **that** ~ **day** ese mismo día; **his** ~ **words** sus mismas palabras; **he's the** ~ **man we want** es precisamente él a quien buscamos. **(b)** (*mere*) mero/a, simple; **the** ~ **thought (of it) alarms me** con sólo pensarlo me entra miedo; **the** ~ **idea!** ¡que cosas dices!, ¡eso nomás fallaba!, (*LAm*) ¡ándale! **(c)** (*extreme*) extremo/a, (*Mex*) mero/a; **at the** ~ **top** arriba de todo, (*LAm*) mero *or* hasta arriba; **at the** ~ **bottom** abajo de todo, (*LAm*) hasta (mero) abajo; **at the** ~ **end** (justo) al final, al final de todo.

ves·pers [ˈvespəz] *npl* vísperas *fpl*.

ves·sel [ˈvesl] *n* (*ship*) barco *m*, (*LAm*) embarcación *f*; (*receptacle*) vasija *f*, recipiente *m*; *see* **blood 2.**

vest[1] [vest] **1** *n* camiseta *f*; (*US: waistcoat*) chaleco *m*. **2:** ~ **pocket** *n* (*US*) bolsillo *m* del chaleco.

vest[2] [vest] *vt*: **to** ~ **sb with sth** investir a uno de algo; **to** ~ **rights/authority in sb** conferir *or* conceder derechos/autoridad a uno.

vest·ed [ˈvestɪd] *adj*: ~ **interests** intereses *mpl* creados.

ves·ti·bule [ˈvestɪbjuːl] *n* (*frm*) vestíbulo *m*, (*LAm*) entrada *f*.

ves·tige [ˈvestɪdʒ] *n* vestigio *m*, rastro *m*; **a** ~ **of truth** un elemento *or* un tanto de verdad.

vest·ment [ˈvestmənt] *n* vestidura *f*.

ves·try [ˈvestrɪ] *n* sacristía *f*.

vet [vet] **1** *n* (*abbr of* **veterinary surgeon**) veterinario/a *m/f*. **2** *vt* repasar, revisar; (*examine*) investigar; **he was** ~**ted by Security** le investigaron los servicios de seguridad.

vet·er·an [ˈvetərən] **1** *adj* (*gen*) veterano/a; (*battle-worn*) aguerrido/a. **2** *n* (*war* ~) veterano/a *m/f*, (*ex-serviceman*) excombatiente *mf*.

vet·eri·nary [ˈvetərɪnərɪ] *adj* veterinario/a; ~ **surgeon** veterinario/a *m/f*.

veto ['vi:təʊ] **1** *n, pl* **vetoes** veto *m;* **to use** *or* **exercise one's ~** *or* **to put a ~ on sth** vetar algo, aprovechar su derecho de veto para impedir algo. **2** *vt* vedar, prohibir; **the president ~ed it** el presidente le puso su veto.
vex [veks] *vt (anger)* enfadar, *(LAm)* enojar; *(annoy)* hostigar; *(make impatient)* molestar.
vexa·tion [vek'seɪʃən] *n (anger)* enfado *m, (LAm)* enojo *m; (annoyance)* hostigamiento *m, (LAm)* enojo; *(impatience)* molestia *f,* disgusto *m.*
vexa·tious [vek'seɪʃəs], **vex·ing** ['veksɪŋ] *adj* fastidioso/a, molesto/a, *(LAm)* enojoso/a.
vexed [vekst] *adj* **(a)** *(angry)* enfadado/a, *(LAm)* enojado/a; **to be/get ~ (with sb about sth)** estar enfadado/enfadarse *or (LAm)* estar enojado/enojarse (con uno por algo). **(b)** *(question)* reñido/a, controvertido/a. **(c)** *(puzzled)* perplejo/a, confuso/a.
VHF [ˌvi:eɪtʃ'ef] *abbr of* **very high frequency** muy alta frecuencia *f.*
via ['vaɪə] *prep* por, vía.
vi·abil·ity [ˌvaɪə'bɪlɪtɪ] *n* viabilidad *f.*
vi·able ['vaɪəbl] *adj* viable.
via·duct ['vaɪədʌkt] *n* viaducto *m.*
vi·brant ['vaɪbrənt] *adj (gen)* vibrante; *(person, place)* animado/a.
vi·brate [vaɪ'breɪt] *vi* vibrar.
vi·bra·tion [vaɪ'breɪʃən] *n* **(a)** *(movement)* vibración *f.* **(b)** *(fam: influence: gen pl)* vibraciones *fpl (fam).*
vi·bra·tor [vaɪ'breɪtə^r] *n* vibrador *m.*
vic·ar ['vɪkə^r] *n* cura *m,* párroco *m.*
vic·ar·age ['vɪkərɪdʒ] *n* parroquia *f.*
vi·cari·ous [vɪ'kɛərɪəs] *adj (indirect)* indirecto/a; *(substitute)* por referencias; **to get ~ pleasure out of sth** disfrutar indirectamente *or* a distancia de algo.
vice[1] [vaɪs] **1** *n* vicio *m; (of animal)* resabio *m.* **2: ~ squad** *n* brigada *f* antivicio.
vice[2] [vaɪs] *n (Tech)* torno *m or* tornillo *m* de banco.
vice-chairman [ˌvaɪs'tʃɛəmən] *n, pl* **-men** vicepresidente *m.*
vice-chancellor [ˌvaɪs'tʃɑ:nsələ^r] *n (Univ)* rector(a) *m/f.*
vice-president [ˌvaɪs'prezɪdənt] *n* vicepresidente/a *m/f.*
vice ver·sa [ˌvaɪsɪ'vɜ:sə] *adv* viceversa, al revés.
vi·cin·ity [vɪ'sɪnɪtɪ] *n (neighbourhood)* vecindad *f,* cercanías *fpl; (nearness)* proximidad *f;* **in the ~ of 20** alrededor de (los) 20; **and other towns in the ~** y otras ciudades de la región *or* la zona.
vi·cious ['vɪʃəs] *adj (remark, criticism)* malicioso/a; *(blow, kick)* fuerte; *(attack)* atroz; *(habit)* malo/a; *(animal)* resabiado/a; **a ~-looking knife** un cuchillo de aspecto peligroso; **a ~ circle** un círculo vicioso.
vi·cious·ly ['vɪʃəslɪ] *adv (see adj)* con malicia; atrozmente; con resabio.
vi·cis·si·tudes [vɪ'sɪsɪtju:dz] *npl* vicisitudes *fpl,* peripecias *fpl.*
vic·tim ['vɪktɪm] *n* víctima *f;* **to be the ~ of** *(attack, hoax)* ser víctima de; **to fall ~ to** *(fig: desire, sb's charms)* sucumbir a, dejarse llevar por.
vic·timi·za·tion [ˌvɪktɪmaɪ'zeɪʃən] *n* persecución *f.*
vic·tim·ize ['vɪktɪmaɪz] *vt (pursue)* perseguir; **to be ~d** ser víctima de represalias.
vic·tor ['vɪktə^r] *n (in sport, battle)* vencedor(a) *m/f.*
Vic·to·rian [vɪk'tɔ:rɪən] *adj, n* victoriano/a *m/f.*
vic·to·ri·ous [vɪk'tɔ:rɪəs] *adj* vencedor(a), triunfante.
vic·to·ry ['vɪktərɪ] *n* victoria *f,* triunfo *m.*
vict·uals ['vɪtlz] *npl (esp US)* víveres *mpl,* provisiones *fpl, (LAm)* viandas *fpl.*
vi·cu·na [vɪ'kju:nə] *n* vicuña *f.*
video ['vɪdɪəʊ] **1** *n (fam: ~ recorder)* vídeo *m.* **2: ~ cassette** *n* videocassette *f;* **~ recorder** *n* vídeo *m,* videograbadora *f;* **~ recording** *n* videograbación *f.*
video·tape ['vɪdɪəʊteɪp] **1** *n* cinta *f* de vídeo, videocinta *f.* **2** *vt* grabar en vídeo.
vie [vaɪ] *vi:* **to ~ (with sb) for sth** competir (con uno) por algo, disputarse algo (con uno).
Vi·en·na [vɪ'enə] *n* Viena *f.*
Vi·et·nam [ˌvjet'næm] *n* Vietnam *m.*
Vi·et·nam·ese [ˌvjetnə'mi:z] **1** *adj* vietnamita. **2** *n (person)* vietnamita *mf; (language)* vietnamita *m.*
view [vju:] **1** *n* **(a)** *(sight)* vista *f,* panorama *m; (landscape)* paisaje *m;* **a splendid ~ of the river** un magnífico panorama del río; **50 ~s of Venice** cincuenta vistas de Venecia; **in** *or* **within ~ (of sth)** a la vista (de algo); **in full ~ of the crowd** en plena vista *or* delante de la multitud; **to come into ~** aparecer; **to come within ~** poderse distinguir, estar al alcance de la vista; **hidden from ~** oculto/a, tapado/a; **to be on ~** estar a la vista *or* abierto al público. **(b)** *(opinion)* opinión *f,* idea *f;* **in my ~** a mi parecer; **to take** *or* **hold the ~ that ...** opinar *or* pensar que ...; **to take a dim** *or* **poor ~ of sth** ver algo con malos ojos, parecerle mal a uno algo; **an overall ~ of the situation** una visión de conjunto de la situación; **to take the long (term) ~** pensar a largo plazo *or* a la larga; **in ~ of this, ...** en vista de eso ..., visto eso ...; **to have in ~** tener en mente *or* pensado; **with this in ~** con este propósito *or* fin; **with a ~ to doing sth** con miras *or* vistas a hacer algo.
2 *vt (house)* repasar, examinar; *(TV)* ver, mirar; *(situation, prospect)* enfocar, considerar; **how does the government ~ it?** ¿cómo lo ve el gobierno?
view·er ['vju:ə^r] *n* **(a)** *(TV)* televidente *mf,* telespectador(a) *m/f.* **(b)** *(for slides)* visionadora *f* de diapositivas..
view·finder ['vju:faɪndə^r] *n (Phot)* visor *m* (de imagen), objetivo *m.*
view·point ['vju:pɔɪnt] *n (on hill etc)* mirador *m; (fig)* punto *m* de vista.
vig·il ['vɪdʒɪl] *n* vigilia *f,* vela *f;* **to keep ~** velar.
vigi·lance ['vɪdʒɪləns] *n* vigilancia *f.*
vigi·lant ['vɪdʒɪlənt] *adj* despabilado/a, despierto/a, sobre aviso.
vigi·lan·te [ˌvɪdʒɪ'læntɪ] *n* vigilante *mf.*
vig·or·ous ['vɪgərəs] *adj* vigoroso/a, enérgico/a.
vig·our, *(US)* **vig·or** ['vɪgə^r] *n* vigor *m,* energía *f.*
vile [vaɪl] *adj (horrible)* vil, miserable; *(very bad)* pésimo/a; *(revolting)* repugnante, asqueroso/a; **a ~ temper** un genio malísimo.
vili·fy ['vɪlɪfaɪ] *vt* vilipendiar, denigrar.
vil·la ['vɪlə] *n (in town)* torre *f,* casa *f* sola; *(in country)* casa de campo, *(LAm)* quinta *f; (esp by sea)* casa en la playa.
vil·lage ['vɪlɪdʒ] **1** *n* pueblo *m; (small)* aldea *f, (LAm)* pueblito *m.* **2** *cpd* pueblerino/a, de pueblo; **the ~ pub** el bar del pueblo.
vil·lag·er ['vɪlɪdʒə^r] *n (inhabitant)* vecino/a *m/f* del pueblo; *(: provincial etc)* lugareño/a *m/f,* pueblerino/a *m/f.*
vil·lain ['vɪlən] *n (fam: wrongdoer)* maleante *mf, (LAm)* delincuente *mf; (hum: rascal)* bribón/ona *m/f, (LAm)* cabrón/ona *m/f; (in novel, film)* malo/a *m/f;* **the ~ of the piece is X** el auténtico malo *or* malvado es X.
vil·lain·ous ['vɪlənəs] *adj* malvado/a.
vil·lainy ['vɪlənɪ] *n (esp poet)* maldad *f,* vileza *f.*
vim [vɪm] *n (fam)* energía *f,* ánimos *mpl.*
vin·di·cate ['vɪndɪkeɪt] *vt (decision, action)* justi-

ficar; *(claim, right)* reivindicar, hacer valer.
vin·di·ca·tion [ˌvɪndɪ'keɪʃən] *n* justificación *f;* *(right)* reivindicación *f,* defensa *f.*
vin·dic·tive [vɪn'dɪktɪv] *adj* vengativo/a; *(spiteful)* rencoroso/a.
vin·dic·tive·ly [vɪn'dɪktɪvlɪ] *adv (unforgivingly)* con rencor, rencorosamente; *(vengefully)* por venganza.
vine [vaɪn] *n* vid *f;* *(climbing, trained)* parra *f;* *(climber)* enredadera *f.*
vin·egar ['vɪnɪgəʳ] *n* vinagre *m.*
vine-growing ['vaɪnˌgrəʊɪŋ] *adj (region)* viticultor(a).
vine·yard ['vɪnjəd] *n* viña *f,* viñedo *m.*
vin·tage ['vɪntɪdʒ] **1** *n (season, harvest)* vendimia *f;* *(year)* cosecha *f,* añada *f;* **the 1970 ~** la cosecha de 1970. **2: ~ car** *n* coche *m* de época *or* antiguo; **~ wine** *n* vino *m* añejo; **~ year** *n:* **it has been a ~ year for plays** ha sido un año destacado en lo que a teatro se refiere.
vi·nyl ['vaɪnɪl] **1** *n* vinilo *m.* **2** *adj* de vinilo, vinílico/a.
vio·la [vɪ'əʊlə] *n (Mus)* viola *f.*
vio·late ['vaɪəleɪt] *vt (law)* violar, infringir; *(contract)* no cumplir.
vio·la·tion [ˌvaɪə'leɪʃən] *n (gen)* violación *f;* *(of law)* infracción *f;* **~ of privacy** entrometimiento *m.*
vio·lence ['vaɪələns] *n (gen)* violencia *f;* **to resort to ~** recurrir a la violencia *or* a la fuerza; **an act of ~** un acto de violencia; **crimes of ~** delitos *mpl* violentos; **robbery with ~** robo *m* a mano armada; **to do ~ to sb** agredir a uno; **to do ~ to sth** *(fig)* dañar *or* perjudicar algo.
vio·lent ['vaɪələnt] *adj (person, quarrel, storm)* violento/a; *(language)* fuerte; *(kick)* violento/a, fuerte; *(pain)* intenso/a, agudo/a; *(colour)* chillón/ona; **to come to a ~ halt** detenerse *or (LAm)* parar bruscamente; **to die a ~ death** morir de muerte violenta; **he has a ~ temper** sufre arrebatos de cólera; **to take a ~ dislike to sb/sth** coger *or (LAm)* agarrar una profunda antipatía a uno/tener aversión a algo; **by ~ means** por la fuerza *or* la violencia.
vio·lent·ly ['vaɪələntlɪ] *adv* con violencia, de manera violenta; **to be ~ sick** devolver el estómago, vomitar con fuerza; **to react ~ against sth** tener una fuerte reacción contra algo.
vio·let ['vaɪəlɪt] **1** *n (Bot)* violeta *f;* *(colour)* violado *m,* violeta. **2** *adj* violado/a, violeta.
vio·lin [ˌvaɪə'lɪn] **1** *n* violín *m.* **2: ~ case** *n* estuche *m* de violín; **~ concerto** *n* concierto *m* para violín; **~ player** *n* violinista *mf;* **~ section** *n* sección *f* de violines.
vio·lin·ist [ˌvaɪə'lɪnɪst] *n* violinista *mf.*
VIP [ˌviːaɪ'piː] *abbr of* **very important person** personaje *m,* persona *f* de categoría.
vi·per ['vaɪpəʳ] *n* víbora *f.*
vir·gin ['vɜːdʒɪn] **1** *n (lit)* virgen *mf;* **the Blessed V~** la Santísima Virgen. **2** *adj (fig: forest, soil etc)* virgen.
vir·gin·ity [vɜː'dʒɪnɪtɪ] *n* virginidad *f.*
Virgo ['vɜːgəʊ] Virgo *m.*
vir·ile ['vɪraɪl] *adj* viril; *(looks)* varonil.
vi·ril·ity [vɪ'rɪlɪtɪ] *n* virilidad *f.*
vi·rol·ogy [ˌvaɪə'rɒlədʒɪ] *n* virología *f.*
vir·tual ['vɜːtjʊəl] *adj (gen)* real; **he's the ~ star of the show** en realidad, la estrella del espectáculo es él; **it was a ~ defeat/failure** en realidad fue una derrota/un fracaso.
vir·tu·al·ly ['vɜːtjʊəlɪ] *adv* prácticamente, en (la) realidad; **I've ~ finished the work** casi he terminado el trabajo; **it is ~ impossible to do anything** es prácticamente imposible hacer nada.
vir·tue ['vɜːtjuː] *n* virtud *f;* *(female chastity)* castidad *f,* honra *f;* **it has the ~ of simplicity** *or* **of being simple** tiene la ventaja de la sencillez *or* de ser sencillo; **I see no ~ in (doing) that** no veo ninguna ventaja en (hacer) eso; **to make a ~ of necessity** poner al mal tiempo buena cara; **by ~ of** en virtud de, debido a.
vir·tu·os·ity [ˌvɜːtjʊ'ɒsɪtɪ] *n* virtuosismo *m.*
vir·tuo·so [ˌvɜːtjʊ'əʊzəʊ] **1** *n* virtuoso/a *m/f.* **2** *cpd* de virtuoso/a.
vir·tu·ous ['vɜːtjʊəs] *adj* virtuoso/a.
viru·lent ['vɪrʊlənt] *adj (gen)* virulento/a; *(attack, criticism)* violento/a.
vi·rus ['vaɪərəs] *n* virus *m.*
visa ['viːzə] *n* visado *m, (LAm)* visa *f.*
vis-à-vis ['viːzəviː] *prep (compared with)* comparado con, con respecto a.
vis·count ['vaɪkaʊnt] *n* vizconde *m.*
vis·cous ['vɪskəs] *adj* viscoso/a.
vise [vaɪs] *n (US)* = **vice**[2].
vis·ibili·ty [ˌvɪzɪ'bɪlɪtɪ] *n* visibilidad *f;* **in good ~** con buena visibilidad.
vis·ible ['vɪzəbl] *adj* **(a)** visible. **(b)** *(obvious)* patente, claro/a.
vis·ibly ['vɪzəblɪ] *adv (see adj)* visiblemente; patentemente; **he had got ~ thinner** había adelgazado visiblemente.
vi·sion ['vɪʒən] *n* **(a)** *(eyesight)* vista *f;* **to have normal ~** tener la vista normal; **field of ~** campo *m* visual. **(b)** *(imagination)* imaginación *f;* **a man of (broad) ~** un hombre de miras amplias; **a ~ of the future** una visión del futuro; **I had ~s of having to walk home** ya me veía volviendo a casa a pie.
vi·sion·ary ['vɪʒənərɪ] **1** *n* visionario/a *m/f;* *(dreamer)* soñador(a) *m/f.* **2** *adj* imaginario/a, quimérico/a; *(impractical)* utópico/a.
vis·it ['vɪzɪt] **1** *n (gen)* visita *f;* **to go on** *or* **make a ~ to** *(person, place)* ir de visita *or* visitar a; **to pay sb a ~** *or* **to pay a ~ to sb** hacer una visita *or* visitar a uno, *(LAm)* caerle *or* pasar a ver a uno; **on a private/official ~** de *or* en visita privada/oficial. **2** *vt* **(a)** *(go and see: person)* visitar, hacer una visita a; *(place)* ir a conocer. **(b)** *(stay with: person)* visitar, *(LAm)* estar de visita con; *(stay in: town, area)* visitar, pasar un tiempo en.
vis·it·ing ['vɪzɪtɪŋ] **1** *adj (speaker, professor)* invitado/a; *(team)* visitante, de fuera. **2: ~ card** *n* tarjeta *f* de visita; **~ hours** *npl* horas *fpl* de visita.
visi·tor ['vɪzɪtəʳ] *n (guest)* invitado/a *m/f,* visita *f;* *(in hotel)* huésped(a) *m/f;* *(tourist)* turista *mf,* visitante *mf;* *(in hospital)* visita *f;* *(at zoo, exhibition)* visitante; **~s' book** libro *m* de visitas.
vi·sor ['vaɪzəʳ] *n* visera *f.*
vis·ta ['vɪstə] *n (lit)* vista *f,* panorama *m;* *(fig)* perspectiva *f,* horizonte *m.*
vis·ual ['vɪzjʊəl] *adj (gen)* visual; **~ proof** pruebas *fpl* oculares; **the ~ arts** las artes plásticas; **~ aids** *(in teaching)* medios *mpl* visuales.
visual·ize ['vɪzjʊəlaɪz] *vt (imagine)* imaginarse, hacerse una idea de.
visu·al·ly ['vɪzjʊəlɪ] *adv* visualmente.
vi·tal ['vaɪtl] *adj* **(a)** *(essential)* imprescindible; *(critical)* decisivo/a, crítico/a; **of ~ importance (to sb/sth)** de suma *or* primera importancia (para uno/algo); **~ organ** *or* **part** órgano *m or* parte *f* vital; **at the ~ moment** en el momento crítico *or* clave; **~ statistics** *(of population)* estadísticas *fpl* demográficas; *(fam: woman's)* medidas *fpl* (vitales). **(b)** *(lively)* vivo/a, animado/a.
vi·tal·ity [vaɪ'tælɪtɪ] *n* vitalidad *f,* energía *f.*
vi·tal·ize ['vaɪtəlaɪz] *vt* vitalizar, vivificar; *(fig)* animar.

vi·tal·ly ['vaɪtəlɪ] *adv*: ~ **important** de suma importancia, de gran transcendencia; ~ **urgent** de la mayor urgencia.
vita·min ['vɪtəmɪn] **1** *n* vitamina *f*; **with added** ~**s** vitaminado, reforzado con vitaminas. **2:** ~ **tablet** *n* pastilla *f* de vitaminas.
vit·re·ous ['vɪtrɪəs] *adj* vítreo/a.
vit·ri·ol·ic [ˌvɪtrɪ'ɒlɪk] *adj (fig)* mordaz.
vi·tu·pera·tion [vɪˌtjuːpə'reɪʃən] *n* vituperio *m*, injurias *fpl*.
viva ['vaɪvə] *n (also* ~ **voce**) examen *n* oral.
vi·va·cious [vɪ'veɪʃəs] *adj* animado/a, vivaz.
vi·vac·ity [vɪ'væsɪtɪ] *n* vivacidad *f*, entusiasmo *m*.
viv·id ['vɪvɪd] *adj (colour)* vivo/a, intenso/a; *(impression, recollection)* vivo/a, fuerte; *(dream)* clarísimo/a; *(description)* gráfico/a; **a** ~ **imagination** una imaginación viva.
viv·id·ly ['vɪvɪdlɪ] *adv (gen)* vivamente; *(describe)* gráficamente.
viv·id·ness ['vɪvɪdnɪs] *n (gen)* intensidad *f*, viveza *f*; *(of description)* lo gráfico; *(of impression, recollection)* fuerza *f*.
vivi·sec·tion [ˌvɪvɪ'sekʃən] *n* vivisección *f*.
vix·en ['vɪksn] *n* zorra *f*, raposa *f*; *(pej: bad-tempered woman)* arpía *f*, bruja *f*.
V-neck ['viːnek] *n* cuello *m* en pico.
vo·cabu·lary [vəʊ'kæbjʊlərɪ] *n* vocabulario *m*; *(glossary)* glosario *m*.
vo·cal ['vəʊkəl] *adj* **(a)** ~ **cords** cuerdas *fpl* vocales; ~ **music** música *f* vocal; ~ **organs** órganos *mpl* vocales. **(b)** *(fig fam: vociferous)* ruidoso/a; **they are getting rather** ~ **about it** están empezando a protestar.
vo·cal·ist ['vəʊkəlɪst] *n* vocalista *mf*; *(in pop group)* cantante *mf*.
vo·ca·tion [vəʊ'keɪʃən] *n* vocación *f*; *(profession)* profesión *f*, carrera *f*.
vo·ca·tion·al [vəʊ'keɪʃənl] *adj*: ~ **guidance** orientación *f* profesional; ~ **training** formación *f* *or* capacitación *f* profesional.
voca·tive ['vɒkətɪv] *n* vocativo *m*.
vo·cif·er·ous [vəʊ'sɪfərəs] *adj* ruidoso/a, vociferante.
vod·ka ['vɒdkə] *n* vodka *m*.
vogue [vəʊg] *n* moda *f*, boga *f*; **to be in** ~, **to be the** ~ estar en boga *or* de moda.
voice [vɔɪs] **1** *n* voz *f*; **active/passive** ~ *(Ling)* voz *f* activa/pasiva; **in a loud/soft** ~ en voz alta/baja; **at the top of one's** ~ a voz en grito *or* en cuello; **with one** ~ por unanimidad; **to give** ~ **to** *(frm)* expresar, dar expresión a. **2** *vt (feelings, opinions)* expresar, hacerse eco de.
voiced [vɔɪst] *adj (Ling: consonant)* sonoro/a.
voice·less ['vɔɪslɪs] *adj (Ling: consonant)* sordo/a.
void [vɔɪd] **1** *adj (empty)* vacío/a; *(Jur)* nulo/a, inválido/a; ~ **of interest** carente *or* desprovisto/a de interés; **to make** *or* **render a contract** ~ anular *or* invalidar un contrato; *see* **null. 2** *n* vacío *m*; *(hole)* hueco *m*, *(LAm)* hoyo *m*; *(fig: sense of emptiness)* vacío, *(LAm)* hueco; **the** ~ la nada.
vola·tile ['vɒlətaɪl] *adj (Chem)* volátil; *(fig)* voluble; *(situation)* inestable.
vol·can·ic [vɒl'kænɪk] *adj* volcánico/a.
vol·ca·no [vɒl'keɪnəʊ] *n, pl* **volcanoes** volcán *m*.
vole [vəʊl] *n* campañol *m*, ratón *m* de campo.
vo·li·tion [və'lɪʃən] *n*: **of one's own** ~ *(frm)* de su propia voluntad *or* libre albedrío.
vol·ley ['vɒlɪ] *n (of shots)* descarga *f* (cerrada); *(of applause)* salva *f*; *(of stones etc)* lluvia *f*; *(of insults)* torrente *m*; *(Tennis)* volea *f*.
volley·ball ['vɒlɪbɔːl] *n* balón volea *m*, *(LAm)* vol(e)ibol *m*.
volt [vəʊlt] *n* voltio *m*.
volt·age ['vəʊltɪdʒ] *n* voltaje *m*, tensión *f*.
volte-face [ˌvɒlt'fɑːs] *n* viraje *m*.
vol·uble ['vɒljʊbl] *adj (person)* locuaz, hablador(a); *(speech)* ameno/a.
vol·ubly ['vɒljʊblɪ] *adv (see adj)* locuazmente; con amenidad.
vol·ume ['vɒljuːm] *n* **(a)** *(book)* volumen, *m*, tomo *m*. **(b)** *(space, sound)* volumen *m*; *(amount: of work, sales)* volumen cantidad *f*. **(c)** ~**s** *(great quantities)* gran cantidad (de); ~**s of smoke** grandes cantidades de humo; **to write** ~**s** escribir un tomo; **his expression spoke** ~**s** su expresión decía todo.
vo·lu·mi·nous [və'luːmɪnəs] *adj (large, capacious)* voluminoso/a; *(prolific)* prolífico/a; *(overlong)* prolijo/a.
vol·un·tari·ly ['vɒləntərɪlɪ] *adv* voluntariamente, libremente.
vol·un·tary ['vɒləntərɪ] *adj (gen)* voluntario/a; *(statement, confession)* voluntario/a, espontáneo/a; ~ **work** trabajo *m* voluntario.
vol·un·teer [ˌvɒlən'tɪəʳ] **1** *n (gen)* voluntario/a *m/f*. **2** *vt (one's help, services)* ofrecer; *(remark, suggestion)* hacer; *(information)* dar. **3** *vi (for a task)* ofrecerse; *(for the army)* alistarse como voluntario; **to** ~ **to do sth** ofrecerse a hacer algo. **4** *cpd (forces, helpers)* voluntario/a, de voluntarios.
vo·lup·tu·ous [və'lʌptjʊəs] *adj* voluptuoso/a.
vom·it ['vɒmɪt] **1** *n* vómito *m*. **2** *vi* devolver, vomitar, *(Mex)* deponer, *(RPl)* trasbocar. **3** *vt (also* ~ **up**) vomitar, arrojar; *(fig: pour out)* arrojar, echar.
vom·it·ing ['vɒmɪtɪŋ] *n* vómito *m*.
voo·doo ['vuːduː] *n* vudú *m*.
vo·ra·cious [və'reɪʃəs] *adj* voraz; *(fig: reader)* insaciable, ávido/a.
vor·tex ['vɔːteks] *n, pl* **vor·ti·ces** ['vɔːtsiːz] vórtice *m*, torbellino *m*; *(fig: of activity)* torbellino, remolino *m*.
vote [vəʊt] **1** *n (act of voting, number voting)* votación *f*; *(election)* elección *f*, comicios *mpl*; *(right to vote)* derecho *m* al voto *or* de votar, *(LAm)* sufragio *m*; *(single* ~*)* voto *m* (*for* a favor, *against* en contra); **to pass a** ~ **of confidence/no confidence** aprobar un voto de confianza/un voto de censura; **to propose/pass a** ~ **of thanks** proponer/aprobar un voto de gracias; **to put sth to the** ~, **to take a** ~ **on sth** someter algo a votación; **to win** ~**s** ganar votos; **to count the** ~**s** escrutar *or* computar los votos; **as the 1931** ~ **showed** según demostraron las elecciones de 1931; **the Labour** ~ los que votan por los laboristas; **when women got the** ~ cuando las mujeres ganaron el derecho de votar *or* el sufragio.

2 *vt* votar; **to** ~ **a bill/measure through parliament** aprobar una ley/una medida en el parlamento; **to** ~ **a sum for defence** votar un presupuesto para la defensa; **he was** ~**d secretary** fue elegido secretario por votación; **to** ~ **a proposal down** rechazar una propuesta por votación; **we** ~**d it a failure** *(fig)* opinamos que fue un fracaso.

3 *vi* votar; **to** ~ **on sth** someter algo a votación; **to** ~ **for sb** votar por uno; **to** ~ **Labour/Conservative** votar por el partido laborista/conservador; **to** ~ **to do sth** votar por hacer algo; **to** ~ **against/in favour of sth** votar en contra/a favor de algo; **I** ~ **we turn back** *(fig fam)* propongo que volvamos, abogo por regresar.
vot·er ['vəʊtəʳ] *n (gen)* votante *mf*; *(in election)* elector(a) *m/f*.
vot·ing ['vəʊtɪŋ] **1** *n* votación *f*. **2:** ~ **booth** *n* cabina

f electoral; ~ **paper,** ~ **slip** *n* papeleta *f* de votación.

vo·tive ['vəʊtɪv] *adj* votivo/a.

vouch [vaʊtʃ] *vi*: **to** ~ **for sth** garantizar algo, responder de algo; **to** ~ **for sb** responder por *or* salir como fiador de uno.

vouch·er ['vaʊtʃəʳ] *n* vale *m; (Comm)* bono *m;* **luncheon/travel** ~ vale de comida/viaje.

vow [vaʊ] **1** *n (Rel)* voto *m; (promise)* promesa *f,* compromiso *m;* **to take** *or* **make a** ~ jurar, comprometerse; **to break one's** ~ faltar a un compromiso; **to take one's** ~**s** *(Rel)* hacer sus votos (monásticos); **a** ~ **of poverty/chastity** un voto de pobreza/castidad. **2** *vt (obedience, allegiance)* jurar, prometer; **to** ~ **to do sth** jurar hacer algo; **to** ~ **that ...** jurar que ... .

vow·el ['vaʊəl] **1** *n* vocal *f.* **2:** ~ **sound** *n* sonido *m* vocálico.

voy·age ['vɔɪɪdʒ] *n* viaje *m.*

voy·ag·er ['vɔɪədʒəʳ] *n* viajero/a *m/f.*

vul·can·ize ['vʌlkənaɪz] *vt* vulcanizar.

vul·gar ['vʌlgəʳ] *adj* **(a)** *(common, unrefined)* ordinario/a, *(LAm)* grosero/a; *(crude, indecent)* grosero/a; *(joke)* verde, *(LAm)* colorado/a. **(b)** *(Latin)* vulgar, vernáculo/a. **(c)** ~ **fraction** fracción *f* común.

vul·gar·ity [vʌl'gærɪtɪ] *n* vulgaridad *f; (crude remark)* grosería *f.*

vul·ner·abili·ty [ˌvʌlnərə'bɪlɪtɪ] *n* vulnerabilidad *f.*

vul·ner·able ['vʌlnərəbl] *adj* vulnerable.

vul·ture ['vʌltʃəʳ] *n* buitre *m.*

vul·va ['vʌlvə] *n* vulva *f.*

W

W, w [ˈdʌbljʊ] *n (letter)* W, w *f.*
W *abbr of* **west** O.
wad [wɒd] *n (gen)* taco *m,* bolita *f; (of papers, banknotes)* fajo *m, (LAm)* rollo *m;* **~s of money** un dineral.
wad·ding [ˈwɒdɪŋ] *n (for packing)* relleno *m; (for quilting)* entretela *f,* forro *m.*
wad·dle [ˈwɒdl] *vi* anadear; **to ~ in/out** entrar/salir anadeando.
wade [weɪd] *vi (gen)* caminar por el agua; *(through mud etc)* ir chapoteando por; **to ~ ashore** llegar a tierra vadeando; **to ~ into sb** arremeterse *or* abalanzarse sobre uno; **he ~d in and helped us** *(fig)* se puso a trabajar para ayudarnos; **to ~ through a book** leer un libro con dificultad.
wad·er [ˈweɪdəʳ] *n* **(a)** *(bird)* ave *f* zancuda. **(b)** *(boot)* bota *f* alta impermeable.
wa·fer [ˈweɪfəʳ] *n (biscuit)* galleta *f* sandwich; *(Rel)* oblea *f,* hostia *f; (with ice cream)* corte *m, (LAm)* sandwich *m.*
wafer-thin [ˌweɪfəˈθɪn] *adj* finísimo/a.
waf·fle [ˈwɒfl] **1** *n (Culin)* buñuelo *m,* panqueque *m; (fam: talk)* tonterías *fpl.* **2** *vi (fam: also* **~ on***)* machacársela. **3: ~ iron** *n* molde *m* para hacer buñuelos.
waft [wɑːft] **1** *vt* llevar por el aire. **2** *vi* flotar.
wag[1] [wæg] **1** *n* meneo *m,* movimiento *m.* **2** *vt* agitar, menear. **3** *vi* agitarse, menearse.
wag[2] [wæg] *n (joker)* bromista *mf.*
wage [weɪdʒ] **1** *n (often* **~s***)* sueldo *m,* salario *m;* **minimum ~** salario *or* sueldo mínimo. **2** *vt (war)* hacer, librar; *(campaign)* emprender, trabar. **3** *cpd (freeze, demand, negotiations)* de salarios, salarial; **~ agreement** *n,* **~ contract** *n* convenio *m;* **~ demand** *n* reivindicación *f* salarial; **~ earner** *n* asalariado/a *m/f;* **~ freeze** *n* congelación *f* de salarios; **~ packet** *n* sobre *m* de paga.
wa·ger [ˈweɪdʒəʳ] **1** *n* apuesta *f (on* a). **2** *vt (sum of money)* apostar *(on* a); **to ~ that ...** apostar a que ... .
wag·gle [ˈwægl] **1** *n (of tail, finger)* movimiento *m; (of hips)* contoneo *m, (LAm)* meneo *m.* **2** *vt (tail)* agitar, mover; *(finger)* agitar; *(hips)* contonearse, *(LAm)* menear.
wag·gon, *(US)* **wag·on** [ˈwægən] *n (horse-drawn)* carro *m; (truck)* camión *m; (tea ~)* carrito *m; (Rail)* vagón *m;* **to be on the ~** *(fam)* no beber.
waif [weɪf] *n (child)* niño/a *m/f* abandonado/a *or* desamparado/a; *(animal)* animal *m* abandonado.
wail [weɪl] **1** *n* gemido *m.* **2** *vi* gemir.
wail·ing [ˈweɪlɪŋ] *n* gemidos *mpl.*
waist [weɪst] *n (Anat, of dress)* cintura *f,* talle *m; (fig: narrow part)* cuello *m.*
waist·band [ˈweɪstbænd] *n* pretina *f,* cinturilla *f.*
waist·coat [ˈweɪskəʊt] *n* chaleco *m.*
waist-deep [ˌweɪstˈdiːp] *adv* hasta la cintura.
waist·ed [ˈweɪstɪd] *adj:* **slim-~** de cintura delgada; **high-/low-~** de cintura alta/baja.
waist·line [ˈweɪstlaɪn] *n* talle *m,* cintura *f.*
wait [weɪt] **1** *n* espera *f;* **it was a long ~ for the train** tuvimos *etc* una larga espera antes de llegara el tren; **to lie in ~ (for sb)** andar *or* ir al acecho (de uno).

2 *vt* **(a)** *(turn, chance)* esperar. **(b)** *(US: delay: dinner etc)* aguardar.

3 *vi* **(a) to ~ (for)** esperar; **to ~ for sb to do sth** esperar hasta que *or* estar pendiente de que uno haga algo; **~ a moment!** *(lit)* ¡un momento!, *(LAm)* ¡momentito!, ¡aguarde!; *(fig: querying, threatening)* ¿cómo?, *(LAm)* ¿y eso?; **~ and see!** ¡espera y verás!; **~ till you're older** eso es para cuando seas mayor; **to keep sb ~ing** hacer esperar a uno; **'repairs while you ~'** 'reparaciones en el acto'; **I can't ~ to see his face** estoy deseando ver su cara; **I can hardly ~!** ¡muero de impaciencia! **(b)** *(as servant)* **to ~ on sb** servir *or* *(LAm)* atender a uno; **to ~ at table** servir a *or* atender la mesa; **to ~ on sb hand and foot** atender el menor deseo de uno.
♦ **wait behind** *vi + adv* quedarse, esperar.
♦ **wait in** *vi + adv* quedarse en casa.
♦ **wait up** *vi + adv* no acostarse, *(LAm)* desvelar.
wait·er [ˈweɪtəʳ] *n* mozo *m,* camarero *m, (LAm)* mesero *m.*
wait·ing [ˈweɪtɪŋ] **1** *n* espera *f; (Aut)* aparcamiento *m;* **'no ~'** 'prohibido aparcar *or (LAm)* estacionarse'. **2: ~ game** *n:* **to play a ~ game** quedar a la expectativa; **~ list** *n* lista *f* de espera; **~ room** *n* sala *f* de espera.
wait·ress [ˈweɪtrɪs] *n* camarera *f, (LAm)* mesera *f.*
waive [weɪv] *vt* suspender.
waiv·er [ˈweɪvəʳ] *n* renuncia *f.*
wake[1] [weɪk] *n (Naut)* estela *f;* **in the ~ of** *(fig)* detrás de; **he followed in her ~** le siguió detrás.
wake[2] [weɪk] *n (over corpse)* velatorio *m, (LAm)* velorio *m.*
wake[3] [weɪk] *pt* **woke** *or (old)* **waked,** *pp* **woken** *or (old)* **waked 1** *vi (also* **~ up***)* despertarse; **~ up!** ¡despiértate!; *(fig)* ¡despiértate!, despabílate!; **to ~ up to sth** *(fig)* darse cuenta de algo. **2** *vt (also* **~ up:** *lit, fig)* despertar; **to ~ sb (up) to sth** *(fig)* hacer ver algo a uno; **to ~ one's ideas up** *(fam)* despabilarse, ponerse sobre aviso.
wake·ful [ˈweɪkfʊl] *adj (unable to sleep)* desvelado/a; *(alert)* alerta, vigilante *(to* a).
wak·en [ˈweɪkən] *vt, vi* = **wake**[3].
waking [ˈweɪkɪŋ] *adj:* **one's ~ hours** las horas despiertas.
Wales [weɪlz] *n* País *m* de Gales.
walk [wɔːk] **1** *n* **(a)** *(stroll, ramble)* paseo *m, (LAm)* caminata *f; (race)* marcha *f* atlética; *(path, place to ~)* ruta *f;* **to go for a ~** ir de paseo; **it's only a 10-minute ~ from here** está a 10 minutos andando *or* caminando de aquí; **there's a nice ~ by the river** hay un paseo agradable por el río. **(b)** *(~ing pace)* paso *m* de andadura; *(gait)* paso, andar *m;* **he has an odd sort of ~** tiene un modo de andar algo raro. **(c) ~ of life** esfera *f.*

2 *vt* **(a)** *(distance)* recorrer a pie; **we ~ed 40 kilometres yesterday** ayer recorrimos 40 kilómetros; **to ~ the streets** vagar por las calles; *(prostitute)* hacer de calle, callejear. **(b)** *(lead: dog, horse)* pasear; *(ride: horse)* llevar al paso; **to ~ sb into the ground** *or* **off his feet** dejar rendido a uno de tanto càminar.

3 *vi* andar, *(LAm)* caminar; *(as opposed to rid-*

ing) andar, *(LAm)* caminar, ir caminando; *(Sport)* marchar; **can your little boy ~ yet?** ¿ya anda *or (LAm)* camina el niño?; **~ a little with me** acompáñame un rato; **we had to ~** tuvimos que ir andando; **to ~ home** ir andando a casa; **we were out ~ing in the hills** hacíamos excursionismo por la montaña; **to ~ into sth** *(bump into)* tropezar con algo; *(fig: fall into: trap etc)* caer en algo.

♦ **walk about, walk around** *vi + adv* pasearse, vagar.

♦ **walk away** *vi + adv* irse, marcharse; *(fig: unhurt)* salir; **to ~ away with sth** *(fig)* llevarse algo.

♦ **walk in** *vi + adv* entrar, *(LAm)* meterse.

♦ **walk off 1** *vi + adv* irse, marcharse; **to ~ off with sth** llevarse algo. **2** *vt + adv*: **we ~ed off our lunch** dimos un paseo para hacer bajar la comida.

♦ **walk on** *vi + adv (go on ~ing)* seguir andando *or (LAm)* caminando; *(Theat: come on stage)* salir a escena; *(: have a ~-on part)* hacer de comparsa.

♦ **walk out** *vi + adv (go out)* salir (*of* de); *(strike)* declararse en *or* declarar la huelga; **to ~ out with sb** *(old)* salir con uno; **he ~ed out on his wife** abandonó a su mujer.

♦ **walk over** *vi + prep (defeat)* derrotar; **to ~ all over sb** *(dominate)* tratar a uno a patadas *or (LAm)* de la patada.

♦ **walk up** *vi + adv (approach)* acercarse (*to* a); **~ up!** *(at fair)* ¡acérquense!

walk·about ['wɔːkəˌbaʊt] *n* paseo *m*.

walk·er ['wɔːkəʳ] *n (person: gen)* paseante *mf*, transeúnte *mf; (: hiker)* excursionista *mf; (baby-~)* pollera *f*, andador *m*.

walkie-talkie [ˌwɔːkɪ'tɔːkɪ] *n* walkie-talkie *m*, emisor-receptor *m* (portátil).

walk-in ['wɔːkɪn] *adj*: **~ cupboard** cuarto *m* trastero.

walk·ing ['wɔːkɪŋ] **1** *n (act)* andar *m*, *(LAm)* caminar *m; (as pastime)* excursionismo *m*. **2** *adj (holiday)* de excursión; *(shoes)* para andar; **it's within ~ distance** se puede ir andando; **he's a ~ encyclopaedia** es una enciclopedia ambulante; **the ~ wounded** los heridos *mpl* ambulantes; **~ stick** bastón *m*.

walk-on ['wɔːkɒn] *adj (Theat)* **~ part** papel *m* de comparsa.

walk·out ['wɔːkaʊt] *n (from conference)* retirada *f*, abandono *m* (de la sala *etc*); *(strike)* huelga *f*.

walk·over ['wɔːkˌəʊvəʳ] *n (Sport)* paseo *m; (fig)* triunfo *m* fácil, pan *m* comido *(fam)*.

walk·way ['wɔːkˌweɪ] *n* paseo *m*.

wall [wɔːl] **1** *n (inside, also gen)* pared *f; (outside)* muro *m*, tapia *f; (of city)* muralla *f;* **it drives me up the ~** *(fam)* me vuelve loco, me enloquece; **to go to the ~** *(fig: firm etc)* ir a la bancarrota. **2** *cpd (cupboard, light, clock, map)* de pared; **~ bars** *npl (Sport)* barras *fpl* fijas; **~ hanging** *n* tapiz *m*.

♦ **wall in** *vt + adv (garden etc)* cercar con una tapia.

♦ **wall off** *vt + adv (area of land)* separar con un muro.

♦ **wall up** *vt + adv (entrance etc)* tapiar.

wal·la·by ['wɒləbɪ] *n* ualabi *m*.

walled [wɔːld] *adj (city)* amurallado/a; *(garden)* con tapia.

wal·let ['wɒlɪt] *n* cartera *f*, *(LAm)* billetera *f*.

wall·flower ['wɔːlˌflaʊəʳ] *n* alhelí *m;* **to be a ~** *(fig)* comer pavo, *(LAm)* planchar el asiento.

wal·lop ['wɒləp] *(fam)* **1** *n (blow)* golpe *m* fuerte; *(sound)* zas *m*. **2** *vt* zurrar.

wal·lop·ing ['wɒləpɪŋ] *(fam)* **1** *n*: **to give sb a ~** dar una paliza a uno. **2** *adj (also ~ great)* grandote/a.

wal·low ['wɒləʊ] *vi (in water, mud)* revolcarse (*in* en); *(boat)* revolcarse; **to ~ in misery/luxury** estar sumido en la miseria/nadar en el lujo.

wall·paper ['wɔːlˌpeɪpəʳ] *n* papel *m* pintado *or* tapiz.

wall-to-wall [ˌwɔːltə'wɔːl] *adj*: **~ carpeting** moqueta *f*.

wal·nut ['wɔːlnʌt] **1** *n (nut)* nuez *f; (tree, wood)* nogal *m*. **2** *adj* de nogal.

wal·rus ['wɔːlrəs] *n* morsa *f*.

waltz [wɔːlts] **1** *n* vals *m*. **2** *vi* bailar el vals.

wan [wɒn] *adj (pale)* pálido/a; *(weak)* débil; *(sickly)* enfermizo/a, enclenque.

wand [wɒnd] *n (magic ~)* varita *f* mágica; *(of usher etc)* vara *f*.

wan·der ['wɒndəʳ] **1** *n* paseo *m*. **2** *vi (gen)* vagar, errar; *(walk slowly)* deambular, andar lentamente; *(aimlessly)* vagabundear; *(stray)* extraviarse; *(fig: eyes)* desviarse; *(attention)* divagar; **don't go ~ing off** no te pierdas, no te vayas a perder; **to ~ from** *or* **off the point** salirse del tema, desvariarse; **to let one's mind ~** distraerse, dejarse llevar por la imaginación. **3** *vt (streets, hills)* recorrer, vagar por; **to ~ the world** recorrer el mundo entero.

wan·der·er ['wɒndərəʳ] *n* vagabundo/a *m/f;* **the ~ returns!** ¡mira que vuelve el vagabundo!

wan·der·ing ['wɒndərɪŋ] **1** *adj (tribe, minstrel)* errante, nómada; *(path, river)* sinuoso/a; *(eyes, mind)* distraído/a. **2** *n*: **~s** vagabundeos *mpl*.

wander·lust ['wɒndəlʌst] *n* pasión *f* de viajar.

wane [weɪn] **1** *vi (moon)* menguar; *(fig)* decaer, disminuirse. **2** *n*: **to be on the ~** *(fig)* decaer.

wan·gle ['wæŋgl] *(fam)* **1** *n* chanchullo *m*, trampa *f*. **2** *vt (job, ticket)* agenciarse, mamarse; **he ~d his way in** se las arregló para entrar.

wan·gler ['wæŋgləʳ] *n (fam)* trapisondista *mf*, tramposo/a *m/f*.

wan·gling ['wæŋglɪŋ] *n (fam)* trampas *fpl*, trucos *mpl*.

wan·ly ['wɒnlɪ] *adv (see adj)* pálidamente; débilmente; en forma enfermiza.

want [wɒnt] **1** *n* **(a)** *(lack)* falta *f or* carencia *f* (*of* de); **for ~ of sth** por falta de algo; **for ~ of anything better to do** a falta de algo mejor que hacer; **it wasn't for ~ of trying** no fue por falta de esfuerzos. **(b)** *(poverty)* pobreza *f*, necesidad *f; (scarcity)* escasez *f;* **to be in ~** estar necesitado. **(c)** *(need)* necesidad *f;* **to be in ~ of sth** necesitar algo; **this car ~s cleaning** a este coche le hace falta una limpia; **my ~s are few** necesito poco; **it fills a long-felt ~** satisface una vieja necesidad, llena un hueco de hace tiempo.

2 *vt* **(a)** *(wish, desire)* querer, desear; **to ~ to do sth** querer hacer algo; **to ~ sb to do sth** querer que uno haga algo; **she ~s £500 for the car** pide 500 libras por el coche; **I don't ~ you interfering!** ¡no quiero que te entrometas!; **you're ~ed on the phone** le llaman al teléfono; **I don't ~ to** no quiero. **(b)** *(need, require)* necesitar; **he ~s a lot of attention** exige mucha atención; **that's the last thing I ~!** *(fam)* ¡sólo eso me faltaba!; **it only ~ed the parents to come in ...** sólo faltaba que llegaran los padres ...; **he is ~ed for robbery** se le busca por robo.

3 *vi* **(a)** *(wish, desire)* querer, desear. **(b)** *(lack)* **to ~ (for)** carecer (de), faltar; **they ~ for nothing** no les hace falta nada.

want·ing ['wɒntɪŋ] *adj*: **~ (in)** *(lacking)* falto/a (de); *(short of, inadequate)* deficiente (en); **he is ~ in confidence** le falta confianza; **he was tried and found ~** demostró no estar a la altura de las

circunstancias.
wan·ton ['wɒntən] *adj (shameless)* lascivo/a, libertino/a; *(wilful)* caprichoso/a.
war [wɔːʳ] **1** *n* guerra *f; (fig)* campaña *f (on, against* contra); **to be at/go to ~ (with)** estar en/entrar en guerra (con); **to make ~ (on)** hacer la guerra (a); **a ~ of words/nerves** una guerra de palabras/de nervios; **to have been in the ~s** *(fig, hum)* haber sufrido. **2** *vi (lit)* hacer la guerra (*with* a). **3** *cpd (wound, zone, crime)* de guerra; *(bride, widow, baby)* de la guerra; **~ cry** *n* grito *m* de guerra; **~ dance** *n* danza *f* guerrera; **~ game** *n (Mil)* estudios *mpl* tácticos sobre el mapa; *(board game)* juego *m* de estrategia; **~ memorial** *n* monumento *m* a los caídos; **~ paint** *n* pintura *f* de guerra.
war·ble ['wɔːbl] **1** *n (of bird)* trino *m*, gorjeo *m*. **2** *vt* cantar trinando *or* gorjeando. **3** *vi* gorjear, trinar.
war·bler ['wɔːbləʳ] *n (bird)* curruca *f*.
ward ['wɔːd] *n* **(a)** *(person)* pupilo *m*; **he is her ~** está bajo su tutela; **to make sb a ~ of court** poner a uno bajo la protección *or* el amparo de la tribunal. **(b)** *(Pol)* distrito *m* electoral. **(c)** *(in hospital)* sala *f*, pabellón *m*, *(LAm)* cuadra *f*.
♦ **ward off** *vt + adv (attack)* rechazar; *(blow)* parar, desviar; *(danger etc)* protegerse contra.
war·den ['wɔːdn] *n (in institution)* conserje *mf*, guardián/ana *nm/f*.
war·der ['wɔːdəʳ] *n* carcelero *m*.
war·dress ['wɔːdrɪs] *n* carcelera *f*.
ward·robe ['wɔːdrəʊb] *n (cupboard)* guardarropa *f*, *(esp LAm)* ropero *m*; *(clothes)* vestuario *m*.
ward·room ['wɔːdrʊm] *n (Naut)* cámara *f* de oficiales.
...ward(s) [wəd(z)] *adj, adv suf* hacia; **town~** hacia la ciudad.
ware·house ['wɛəhaʊs] *n* almacén *m*, *(LAm)* depósito *m*.
wares [wɛəz] *npl* mercancías *fpl*.
war·fare ['wɔːfɛəʳ] *n (fighting)* guerra *f*; *(techniques)* artes *mpl* militares; **chemical/germ ~** guerra química/bacteriológica; **trench ~** guerra de trincheras.
war·head ['wɔːhed] *n (of torpedo)* cabeza *f* explosiva.
war·horse ['wɔːhɔːs] *n (fig)* veterano *m*.
wari·ly ['wɛərɪlɪ] *adj* con cautela, cautelosamente.
wari·ness ['wɛərɪnɪs] *n* cautela *f*, precaución *f*.
war·like ['wɔːlaɪk] *adj* bélico/a.
warm [wɔːm] **1** *adj* **(-er, -est) (a)** *(water etc)* caliente; *(: not hot)* tibio/a; *(day, summer)* caluroso/a, de calor; *(blanket, clothing etc)* caliente, que abriga; **I'm ~, I feel ~** tengo calor; **it's ~ today** hace calor hoy; **it's ~ work** es un trabajo que hace sudar; **to get ~** entrar en calor; **come and get ~** ven y caliéntate; **to keep o.s./sth ~** abrigarse/mantener algo caliente; **am I getting ~?** *(fig: in game)* ¿caliente? **(b)** *(fig: colour)* cálido/a; *(: thanks)* efusivo/a; *(: desire, passion)* ardiente; *(: welcome)* entusiasta, acalorado/a; *(: greeting, smile)* afectuoso/a. **2** *vt (food etc)* (re)calentar; **to ~ o.s. by the fire** calentarse (junto) al fuego; **it ~ed my heart** me levantó el ánimo. **3** *vi (food etc)* calentarse; **he ~ed to his subject** se adentró en el tema; **I** *or* **my heart ~ed to him** le fui tomando afecto *or* cariño. **4: ~ front** *n (Met)* frente *m* cálido.
♦ **warm up 1** *vi + adv (person)* entrar en calor; *(Sport etc)* calentarse; *(fig: party, game)* animarse. **2** *vt + adv (food)* (re)calentar; *(engine)* recalentar; *(fig: party, audience)* animar.
warm-blooded ['wɔːm,blʌdɪd] *adj* de sangre caliente.
warm-hearted [,wɔːm'hɑːtɪd] *adj* cariñoso/a.
warm·ly ['wɔːmlɪ] *adv* calientemente; *(fig)* afectuosamente.
war·monger·ing ['wɔː,mʌŋgərɪŋ] *n* belicismo *m*.
warmth [wɔːmθ] *n* calor *m*; *(fig)* cordialidad *f*.
warm-up ['wɔːmʌp] *n (Sport)* ejercicios *mpl* de calentamiento.
warn [wɔːn] *vt* advertir, avisar (*of, about* sobre); **to ~ sb not to do sth** *or* **against doing sth** aconsejar a uno que no haga algo; **you have been ~ed!** ¡ponte sobre aviso!
♦ **warn off** *vt + adv or prep (suitor etc)* despedir; **to ~ sb off doing sth** avisar a uno que no haga algo.
warn·ing ['wɔːnɪŋ] **1** *n* advertencia *f*, aviso *m*; *(by police, judge)* advertencia; *(advance notice)* previo aviso (*of* de); **to give sb a ~** poner a uno sobre aviso, prevenir a uno; **to give sb due ~/a few days' ~** avisar a uno con tiempo *or* antelación/unos días de anticipación; **without (any) ~** sin aviso *or* avisar, *(LAm)* de pronto; **let this be a ~ to you!** ¡qué te sirva de escarmiento *or* aviso! **2: ~ light** *n* luz *f* de advertencia; **~ shot** *n* disparo *m* de advertencia.
warp [wɔːp] **1** *n (in weaving)* urdimbre *f*; *(of wood)* alabeo *m*; *(fig)* deformación *f*, perversión *f*. **2** *vt (wood)* alabear, combar; *(fig: mind)* deformar, pervertir. **3** *vi (wood)* alabearse, combarse.
war·path ['wɔːpɑːθ] *n*: **to be on the ~** *(fig)* estar en pie de *or* buscando guerra.
warped [wɔːpt] *adj (wood)* alabeado/a, combado/a; *(fig: character, sense of humour etc)* pervertido/a.
war·rant ['wɒrənt] **1** *n (for travel: permission)* autorización *f*; *(: permit)* permiso *m*; *(Jur: search ~)* mandamiento *m* de registro; *(: for arrest)* orden *f* de detención; **there is a ~ out for his arrest** se ha ordenado su detención. **2** *vt* **(a)** *(justify, merit)* merecer; **nothing ~s such an assumption** nada justifica tal suposición. **(b)** *(Comm: guarantee)* garantizar. **3: ~ officer** *n (Mil)* suboficial *m*; *(Naut)* contramaestre *m*.
war·rant·ed ['wɒrəntɪd] *adj (action, remark)* justificado/a; *(Comm: goods)* garantizado/a.
war·ran·ty ['wɒrəntɪ] *n (Comm)* garantía *f*.
war·ren ['wɒrən] *n (rabbit ~)* madriguera *f*; *(fig)* laberinto *m*.
war·ring ['wɔːrɪŋ] *adj (interests)* opuesto/a; *(nations)* en guerra.
war·ri·or ['wɒrɪəʳ] *n* guerrero/a *m/f*.
War·saw ['wɔːsɔː] *n* Varsovia *f*.
war·ship ['wɔːʃɪp] *n* buque *m* de guerra.
wart [wɔːt] *n (Med)* verruga *f*.
wart·hog ['wɔːthɒg] *n* jabalí *m* de verrugas.
war·time [wɔːtaɪm] **1** *n* tiempo *m* de guerra; **in ~** en tiempos de guerra. **2** *cpd (regulations, rationing etc)* de guerra.
wary ['wɛərɪ] *adj* **(-ier, -iest)** cauteloso/a (*of* con); **to be ~ of sb** desconfiar de uno; **to be ~ about** *or* **of doing sth** tener cuidado con hacer algo.
was [wɒz] *pt of* **be**.
wash [wɒʃ] **1** *n* **(a)** *(act of ~ing)* lavado *m*; **to give sth a ~** lavar algo; **your jeans are in the ~** tus vaqueros se están lavando; **it'll all come out in the ~** *(fig)* al final, todo se arreglará. **(b)** *(of ship)* estela *f*. **(c)** *(Art)* aguada *f*.
2 *vt* **(a)** *(clean: clothes, car)* lavar; *(: dishes, floor)* fregar; **to ~ one's hands/hair** lavarse las manos/el pelo; **to ~ one's hands of sth** *(fig)* lavarse las manos *or* desentenderse de algo. **(b)** *(lap: sea, waves)* bañar; **an island ~ed by a blue sea** una isla bañada por el mar azul. **(c)** *(sweep, carry: sea etc)* llevar, llevarse; **he was ~ed overboard** fue arrastrado por las olas.

3 *vi* **(a)** *(have a ~)* lavarse; **I'll ~ if you wipe** *or* **dry** yo friego y tú secas; **man-made fabrics usually ~ well** los tejidos sintéticos suelen lavarse bien; **that excuse won't ~!** *(fam)* ¡esa excusa no cuela! **(b)** *(sea etc)* chapotear.

4: ~ leather *n* gamuza *f.*

♦ **wash away** *vt + adv (gen)* llevarse; *(fig: sins etc)* limpiar.

♦ **wash down** *vt + adv (walls, car)* lavar; *(food)* rociar.

♦ **wash off** *vt + adv (stain, dirt)* quitar (lavando).

♦ **wash out 1** *vt + adv (stain etc)* quitar lavando; *(bottle, paintbrush)* lavar; *(fig: match)* cancelar. **2** *vi + adv*: **the paint will ~ out** la pintura se quitará lavando.

♦ **wash up 1** *vi + adv (Brit: dishes)* fregar; *(US: have a wash)* lavarse. **2** *vt + adv (Brit: dishes)* fregar; *(driftwood: on beach etc)* arrojar.

wash·able ['wɒʃəbl] *adj* lavable.

wash-and-wear [ˌwɒʃənd'wɛəʳ] *adj* de lava y pon, inarrugable.

wash·basin ['wɒʃˌbeɪsn] *n*, **wash·bowl** ['wɒʃbəʊl] *n* lavabo *m; (bowl)* palangana *f.*

wash·cloth ['wɒʃklɒθ] *n (US)* paño *m* para lavarse.

wash·day ['wɒʃdeɪ] *n* día *m* de colada.

washed-out [ˌwɒʃt'aʊt] *adj (fam)* rendido/a, agotado/a.

wash·er ['wɒʃəʳ] *n* **(a)** *(Tech)* arandela *f.* **(b)** *(washing machine)* lavadora *f; (dish~)* lavavajillas *m inv.*

wash-hand basin ['wɒʃˌhænd,beɪsn] *n* lavabo *m*, lavamanos *m inv.*

wash·ing ['wɒʃɪŋ] **1** *n (act)* lavado *m; (clothes: dirty)* ropa *f* sucia; *(: hung to dry)* colada *f.* **2: ~ line** *n* cuerda *f* de secar; **~ machine** *n* lavadora *f;* **~ powder** *n* jabón *m* en polvo.

washing-up [ˌwɒʃɪŋ'ʌp] **1** *n (act)* fregado *m; (dishes)* platos *mpl* (para fregar). **2: ~ bowl** *n* barreño *m*, palangana *f;* **~ liquid** *n* detergente *m* para la vajilla.

wash-out ['wɒʃaʊt] *n (fam)* **it was a ~** *(match)* se suspendió a causa de la lluvia; *(plan, party etc)* fue un fracaso; **he's a ~** es un desastre.

wash·room ['wɒʃrʊm] *n* servicios *mpl*, aseos *mpl*, *(LAm)* sanitarios *mpl*, baño *m.*

wasn't ['wɒznt] = **was not.**

wasp [wɒsp] *n* avispa *f.*

wasp·ish ['wɒspɪʃ] *adj (character)* enojadizo/a; *(comment)* mordaz, punzante.

wast·age ['weɪstɪdʒ] *n (loss)* desperdicio *m; (spending)* despilfarro *m; (wear and tear)* desgaste *m; (amount wasted)* pérdidas *fpl.*

waste [weɪst] **1** *adj (excess)* sobrante; *(unused: land etc)* baldío/a; *(: heat etc)* desperdiciado/a; **to lay ~** devastar, arrasar.

2 *n* **(a)** *(gen)* desperdicio *m; (loss)* pérdida *f; (misuse)* desgaste *m; (wastefulness)* despilfarro *m*, derroche *m;* **it's a ~ of time/money** es tiempo/dinero perdido; **to go to ~** desperdiciarse. **(b)** *(~ material)* desechos *mpl*, residuos *mpl; (rubbish)* basura *f*, desperdicios *mpl.* **(c)** *(land)* tierras *fpl* baldías.

3 *vt (squander)* malgastar, derrochar; *(not use: food, training, opportunity)* desperdiciar, echar a perder; **you're wasting your time talking to him** es tiempo perdido hablar con él; **you didn't ~ much time getting here** no tardaste en llegar; **he's ~d in that job** ese trabajo no aprovecha sus talentos; **sarcasm is ~d on him** el sarcasmo no le hace ningún efecto.

4 *vi (food)* perderse, echarse a perder; **~ not, want not** *(Prov)* la economía protege de la necesidad.

5: ~ disposal *n* destrucción *f* de la basuras; **~ disposal unit** *n* triturador *m* de basura; **~ matter** *n (Industry)* residuos *mpl; (from body)* excrementos *mpl;* **~ pipe** *n* tubo *m* de desagüe; **~ products** *npl (Industry)* residuo *m; (from body)* excrementos *mpl.*

♦ **waste away** *vi + adv* consumirse.

waste·ful ['weɪstfʊl] *adj (person)* **to be ~ with sth** despilfarrar algo; *(process, habit)* **to be ~ of** gastar demasiado.

waste·land ['weɪstˌlænd] *n* terreno *m* baldío.

waste·paper ['weɪstˌpeɪpəʳ] **1** *n* papeles *mpl* usados. **2: ~ basket** *n* papelera *f.*

wast·er ['weɪstəʳ] *n (person)* perdido/a *m/f*, *(Chi)* roto/a *m/f.*

watch[1] [wɒtʃ] *n (wrist~)* reloj(-pulsera) *m; (pocket ~)* reloj de bolsillo, *(LAm)* leontina *f.*

watch[2] [wɒtʃ] **1** *n* **(a)** *(vigilance)* vigilancia *f;* **to be on the ~ (for)** estar a la mira (de); **to keep ~ (over)** vigilar (a), montar guardia (sobre); **to keep a close ~ on sb/sth** mantener a uno/algo bajo vigilancia; **to keep ~ for sb/sth** estar a la mira *or* al acecho de uno/algo. **(b)** *(period of duty)* guardia *f; (vigil)* vigilia *f*, vela *f; (sentry)* centinela *m*, guardia *f;* **officer of the ~** oficial *m* de guardia.

2 *vt* **(a)** *(guard)* vigilar, *(LAm)* cuidar. **(b)** *(observe)* mirar; *(TV, programme)* mirar, *(LAm)* ver; *(monitor: case etc)* vigilar, seguir; **to ~ sb do(ing) sth** observar a uno haciendo algo; **you can't do that — just you ~ (me)!** ¡así no se puede! — ¡mírame cómo lo hago!; **a new actor to be ~ed** un nuevo actor muy prometedor. **(c)** *(be careful with)* tener cuidado de, *(LAm)* cuidar; **~ it!** ¡ojo!, *(LAm)* ¡abusado!; *(threatening)* ¡cuidado!; **~ your head** cuidado con *or (LAm)* cuida la cabeza; **we shall have to ~ our spending** habrá que vigilar los gastos; *see* **step 1 (a). (d)** *(chance, time)* mantenerse al tanto *or* sobre aviso; **he ~ed his chance and slipped out** esperó el momento propicio y se escabulló.

3 *vi (observe)* mirar, *(LAm)* ver; *(keep ~)* vigilar; **to ~ for sb/sth** estar *or* quedar a la espera de uno/algo.

♦ **watch out** *vi + adv (keep watch)* quedar a la espera *(for* de); *(be on the alert)* estar al acecho *(for* de); **~ out!** ¡ten ciudado!, *(LAm)* ¡abusado!; *(threatening)* ¡ten cuidado!

♦ **watch over** *vi + prep* velar; **to ~ over sb's interests** velar por los intereses de uno.

watch·dog ['wɒtʃdɒg] *n (lit)* perro *m* guardián; *(fig)* autoridad *f* protectora.

watch·er ['wɒtʃəʳ] *n* mirón/ona *m/f.*

watch·ful ['wɒtʃfʊl] *adj* vigilante, sobre aviso.

watch·ful·ness ['wɒtʃfʊlnɪs] *n* vigilancia *f.*

watch·maker ['wɒtʃˌmeɪkəʳ] *n* relojero/a *m/f.*

watch·man ['wɒtʃmən] *n, pl* **-men** *(night ~)* sereno *m*, *(LAm)* celador *m*, vigilante *m.*

watch·strap ['wɒtʃstræp] *n* pulsera *f* de reloj.

watch·tower ['wɒtʃˌtaʊəʳ] *n* atalaya *f.*

watch·word ['wɒtʃwɜːd] *n (Mil, Pol)* consigna *f*, contraseña *f; (motto)* lema *m.*

wa·ter ['wɔːtəʳ] **1** *n* **(a)** agua *f;* **fresh/salt ~** agua dulce/salada; **the High Street is under ~** la Calle Mayor está inundada; **to spend money like ~** despilfarrar el dinero; **a lot of ~ has flowed under the bridge since then** *(fig)* ha llovido mucho desde entonces; **that theory won't hold ~** esa teoría carece de fundamento. **(b)** *(of sea etc)* agua *f; (at spa)* **~s** aguas; **the ~s of the Amazon** las aguas del Amazonas; **British ~s** aguas británicas. **(c)** *(urine)* aguas menores; **to pass ~** hacer aguas. **(d)** *(Med)* **~ on the brain** hidrocefalía *f;* ~ **on the knee** derrame *m* sinovial; **her ~s broke** se le rompieron las aguas.

2 *vt (garden, plant)* regar; *(horses, cattle)* abrevar, dar de beber a; *(wine)* aguar, bautizar.

3 *vi (eyes, mouth)* hacerse agua; **her mouth ~ed** se le hizo agua la boca.

4 *cpd (level, pressure, vapour, supply, tank)* del agua; *(power)* hidráulico/a; *(softener, purifier)* de agua; ~ **bed** *n* cama *f* de agua; ~ **biscuit** *n* galleta *f* de harina y agua; ~ **bottle** *n (for drinking)* cantimplora *f; (for heat)* bolsa *f* de agua caliente, *(RPl)* guatona *f;* ~ **closet** *n (frm: abbr* **W.C.**) váter *m, (LAm)* baño *m;* ~ **polo** *n* polo *m* acuático.

♦ **water down** *vt + adv (fig: claim etc)* moderar.

water·borne ['wɔːtəbɔːn] *adj (disease)* de origen hídrico; *(trade etc)* por agua.

water·colour, *(US)* **water·color** ['wɔːtəˌkʌləʳ] *n* acuarela *f.*

water-cooled ['wɔːtəkuːld] *adj* refrigerado/a (por agua).

water·course ['wɔːtəkɔːs] *n (river bed)* lecho *m,* cauce *m; (canal)* canal *m,* conducto *m.*

water·cress ['wɔːtəkres] *n* berro *m.*

water·fall ['wɔːtəfɔːl] *n* cascada *f,* salto *m* de agua.

water·front ['wɔːtəfrʌnt] *n* puerto *m,* muelles *mpl.*

wa·ter·ing can ['wɔːtərɪŋˌkæn] *n* regadera *f.*

water·lily ['wɔːtəˌlɪlɪ] *n* nenúfar *m.*

water·line ['wɔːtəlaɪn] *n* línea *f* de flotación.

water·logged ['wɔːtəlɒgd] *n (ground)* saturado/a; *(wood, paper etc)* empapado/a.

water·mark ['wɔːtəmaːk] *n (in paper)* filigrana *f; (left by tide)* marca *f* del nivel del agua.

water·melon ['wɔːtəˌmelən] *n* sandía *f.*

water·proof ['wɔːtəpruːf] **1** *adj* impermeable. **2** *n* impermeable *m.* **3** *vt* impermeabilizar.

water·shed ['wɔːtəʃed] *n (Geog)* cuenca *f; (fig)* momento *m* clave.

water·side ['wɔːtəsaɪd] **1** *n (river etc)* orilla *f,* ribera *f; (harbour)* muelle *m.* **2** *adj* ribereño/a.

water-skiing ['wɔːtəˌskiːɪŋ] *n* esquí *m* acuático.

water·tight ['wɔːtətaɪt] *adj (compartment etc)* hermético/a; *(fig)* irrecusable, irrefutable.

water·way ['wɔːtəweɪ] *n* vía *f* fluvial *or* navegable; *(inland ~)* canal *m.*

water·wheel ['wɔːtəwiːl] *n* rueda *f* hidráulica.

water·wings ['wɔːtəwɪŋz] *npl* flotadores *mpl.*

water·works ['wɔːtəwɜːks] *npl* central *f* depuradora; **to turn on the** ~ *(fig fam)* echarse a llorar; **to have trouble with one's** ~ *(fig)* tener problemas con las vías urinarias.

wa·tery ['wɔːtərɪ] *adj (tea, soup)* aguado/a; *(pale: sun, colour)* desvaído/a; *(eyes)* lloroso/a; **to go to a ~ grave** morir ahogado.

watt [wɒt] *n* vatio *m.*

watt·age ['wɒtɪdʒ] *n* vatiaje *m.*

wave [weɪv] **1** *n* **(a)** *(of water)* ola *f; (fig: of enthusiasm, strikes etc)* oleada *f;* **the new** ~ *(Cine, Mus)* la nueva ola. **(b)** *(in hair)* onda *f; (of surface)* ondulación *f.* **(c)** *(Phys, Radio)* onda *f;* **short/long/medium** ~ onda corta/larga/media. **(d)** *(movement of hand)* señal *f* con la mano.

2 *vt* **(a)** *(move about: gen)* agitar; *(beckon, motion)* hacer señas; **he ~d the ticket under my nose** agitó el billete en mis narices; **to ~ sb goodbye, to ~ goodbye to sb** despedirse de uno con un ademán; **she ~d a greeting to the crowd** saludó a la multitud con un movimiento de la mano; **he ~d us over to his table** con señales nos invitó a su mesa. **(b)** *(hair)* ondular.

3 *vi* **(a)** *(person)* agitar la mano; **to ~ to** *or* **at sb** hacer señales a uno con la mano. **(b)** *(flag)* ondear; *(branches etc)* moverse. **(c)** *(hair)* ondular.

♦ **wave about** *or* **around** *vt + adv (object, arms)* agitar.

♦ **wave aside** *or* **away** *vt + adv (person)* apartar con la mano; *(fig: suggestion, objection)* rechazar, desechar.

♦ **wave on** *vt + adv (policeman etc)* **to ~ sb on** señalar a uno que avance.

wave·band ['weɪvbænd] *n* banda *f* de ondas.

wave·length ['weɪvleŋkθ] *n* longitud *f* de onda; **we're not on the same ~** *(fig)* no nos entendemos, *(Mex)* no estamos en onda.

wa·ver ['weɪvəʳ] *vi (flame, needle etc)* oscilar; *(fig: hesitate)* vacilar *(between* entre); *(: courage, support)* flaquear; **he's beginning to ~** está empezando a dudar.

wavy ['weɪvɪ] *adj* **(-ier, -iest)** *(hair, surface, line)* ondulado/a.

wax[1] [wæks] **1** *n* cera *f; (in ear)* cerilla *f.* **2** *adj* de cera. **3** *vt (furniture, car)* encerar.

wax[2] [wæks] *vi (moon)* crecer; **to ~ enthusiastic** entusiasmarse; **to ~ eloquent about sth** ponerse elocuente acerca de algo.

wax(ed) pa·per [ˌwæks(t)'peɪpəʳ] *n* papel *m* encerado.

wax·en ['wæksən] *adj (of wax)* de cera, céreo/a; *(fig: pale)* ceroso/a.

wax·work ['wækswɜːk] *n* figura *f* de cera.

wax·works ['wækswɜːks] *n sg or pl* museo *m* de cera.

waxy ['wæksɪ] *adj* **(-ier, -iest)** ceroso/a.

way [weɪ] **1** *n* **(a)** *(road, lane etc)* camino *m,* vía *f; (in names)* calle *f,* avenida *f;* **across** *or* **over the ~ (from)** enfrente (de), *(LAm)* al frente (de), frente (a).

(b) *(route)* camino *m,* ruta *f,* trayecto *m;* **to ask one's ~ to the station** preguntar el camino a la estación; **which is the ~ to the station?** ¿qué camino se toma *or (LAm)* cómo se llega a la estación?; **we came a back ~** vinimos por los caminos vecinales; **she went by ~ of Birmingham** fue por Birmingham; **to go the wrong ~** equivocarse de camino; **to lose one's ~** extraviarse; **the ~ in/out** *(entrance etc)* la entrada/salida; **to find one's ~** ubicarse; **to find one's ~ into a building** encontrar la entrada de un edificio; **I'll find my own ~ out** no hace falta acompañarme a la puerta; **to find a ~ out of a problem** encontrar una solución a un problema; **to take the easy ~ out** buscar la salida más fácil; **on the ~** en (el) camino; **on the ~ to** camino *or* rumbo a; **you pass it on your ~ home** está en el camino de *or* a la casa; **he's on the ~ to becoming an alcoholic** va camino al alcoholismo; **he walked all the ~ here** vino todo el camino andando; **he ran all the ~ home** hizo todo el camino a la casa corriendo; **I'm with you all the ~** te apoyo en todo; **to make one's ~ home** volver a casa; **I know my ~ about town** conozco la ciudad, *(LAm)* me sé movilizar por la ciudad; **to lead the ~** *(lit)* tomar la delantera; *(fig)* dar la pauta, abrir el camino; **I don't want to take you out of your ~** no quiero apartarle del camino; **the village I live in is rather out of the ~** mi pueblo está un poco retirado; **that's nothing out of the ~ these days** eso no es nada extraordinario hoy día; **to go out of one's ~ to help sb** desvivirse por ayudar a uno; **to see one's ~ (clear) to helping sb** no tener inconveniente en ayudar a uno; **to go one's own ~** *(fig)* seguir su camino; *(pej)* obrar a su antojo; **to make one's ~ in the world** abrirse camino en la vida; **he worked his ~ up in the company** ascendió en la compañía a fuerza de trabajar; **the company isn't paying its ~** la compañía no rinde *or* no da provecho; **he put me in the ~ of some good contracts** me conectó *or (LAm)* enchufó para que consiguiera buenos contratos.

(c) *(space sb wants to go through)* camino *m;* **to bar the ~** ponerse en el camino; **to be/get in the** *or* **sb's ~** estorbar a uno; *(fig)* molestar a uno; **to stand in sb's ~** *(lit)* cerrar el paso a uno; *(fig)* ser un obstáculo para uno; **to stand in the ~ of progress** impedir el progreso; **to be/get out of the ~** no estar en medio/quitarse de en medio; **to keep out of sb's ~** evitar el encuentro con *or* esquivar a uno; **to move sth out of the ~** quitar algo de en medio *or* del camino; **as soon as I've got this essay out of the ~** en cuanto *or (LAm)* nomás termine este ensayo *or* esta redacción; **keep those matches out of his ~** no pongas esas cerillas a su alcance; **to push/elbow one's ~ through the crowd** abrirse paso por la multitud a empujones/a codazos; **he crawled/limped his ~ to the gate** llegó arrastrándose/cojeando hasta la puerta; **to make ~ (for sb/sth)** *(lit)* dejar paso (a uno/algo); *(fig)* abrir camino (a uno/algo); **to leave the ~ open for further talks** dejar la puerta abierta para posteriores conversaciones.

(d) *(direction)* dirección *f,* sentido *m,* rumbo *m;* **come this ~** pase por aquí; **which ~ did it go?** ¿hacia dónde fue?, ¿qué rumbo tomó?; **which ~ do we go from here?** ¿en qué dirección vamos *or* qué rumbo tomamos desde aquí?; **everything is going my ~** *(fig)* todo me está saliendo a pedir de boca; **this ~ and that** por aquí y por allá; **down our ~** por nuestros rumbos; **put it the right ~ up** ponlo boca arriba *or* en pie; **to look the other ~** *(fig)* hacer la vista gorda; **to split sth three ~s** repartir algo entre tres.

(e) *(indicating distance, motion, progress)* **a long ~** mucho camino, *(LAm)* largo; **it's a long ~ away** está muy lejos; **a little ~ along the road** subiendo la calle, no muy lejos; **he'll go a long ~** *(fig)* irá lejos; **we've come a long ~ since those days** hemos hecho camino largo desde entonces; **it should go a long ~ towards convincing him** con esto debiera de dejarse convencer; **to be/get under ~** *(work, project)* ponerse en camino; **the job is now well under ~** el trabajo ya está haciendo progresos.

(f) *(means, manner)* manera *f,* modo *m,* forma *f;* **the British ~ of life** el estilo de vida británico; **~s and means** medios *mpl;* **we'll find a ~ of doing it** se hará de una u otra manera; **the only ~ of doing it** la única forma de hacerlo; **there are no two ~s about it** no cabe la menor duda, no hay que darle más vueltas; **he has his own ~ of doing it** tiene su sistema para hacerlo; **I'll do it (in) my own ~** lo haré a mi manera; **they've had it all their own ~ too long** hace tiempo que hacen lo que les da la gana; **to get one's own ~** salirse con la suya; **I will help you in every ~ possible** haré todo lo posible por ayudarte; **he helped in a small ~** ayudó un poco; **in no ~, not in any ~** de ninguna manera, de manera alguna; **no ~!** *(fam)* ¡ni pensarlo!, *(LAm)* ¡ni modo!; **do it this ~** hazlo así; **in the same ~** de la misma manera; **in this ~** así, de esta manera; **it was this ~ ...** pasó lo siguiente ...; **(in) one ~ or another** de una u otra manera; **in a ~** en cierto sentido; **in some/many ~s** en algunos/muchos sentidos; **to my ~ of thinking** a mi parecer, *(LAm)* a mi manera de ver; **either ~ I can't help you** de todas formas no puedo ayudarle; **to go on in the same old ~** seguir como siempre *or (LAm)* dándole; **the ~ things are** tal como están *or* van las cosas; **in the ordinary ~ (of things)** por lo común.

(g) *(custom)* costumbre *f;* **the ~s of the Spaniards** las costumbres de los españoles; **he has his little ~s** tiene sus manías; **he has a ~ with people** tiene don de gentes; **he has a ~ with him** tiene un atractivo personal.

(h) *(state)* estado *m;* **things are in a bad ~** las cosas van *or (LAm)* marchan mal; **he's in a bad ~** *(sick)* está grave; *(troubled)* está trastornado; **to be in the family ~** *(fam)* estar embarazada.

(i) *(with 'by')* **by the ~** a propósito; **oh, and by the ~** antes que se me olvide; **by ~ of a warning** a modo *or* guisa de advertencia; **she's by ~ of being an artist** es algo a modo de artista.

2 *adv (fam)* **it happened ~ back** pasó hace mucho tiempo *or (LAm)* tiempo atrás; **~ back in 1900** allá en 1900; **it's ~ out in Nevada** está allá en Nevada; **he was ~ out in his estimate** se equivocó por mucho en su valoración.

way·bill ['weɪbɪl] *n* hoja *f* de ruta, carta *f* de porte.

way·farer ['weɪ,fɛərəʳ] *n (old)* caminante *mf.*

way·lay [weɪ'leɪ] *pt, pp* **waylaid** [weɪ'leɪd] *vt* acechar.

way-out [,weɪ'aʊt] *adj (fam)* exagerado/a.

way·side ['weɪsaɪd] **1** *n* borde *m* del camino; **to fall by the ~** *(fig)* fracasar, fallar. **2** *cpd (flowers, café)* al borde del camino.

way·ward ['weɪwəd] *adj (self-willed)* díscolo/a.

W.C. [,dʌblju:'si:] *n abbr see* **water.**

we [wi:] *pron* nosotros/as.

weak [wi:k] *adj* **(-er, -est)** *(gen)* débil, *(LAm)* flojo/a; *(tea, coffee)* claro/a, aguado/a; *(argument, excuse)* flojo/a, poco convincente; *(voice, sound)* débil, tenue; **her French is ~, she is ~ at French** es floja en francés; **to go ~ at the knees** *(with excitement)* ponérsele a uno la piel de gallina; *(with hunger etc)* temblarle las rodillas a uno.

weak·en ['wi:kən] **1** *vt* debilitar; **this fact ~s your case** este dato quita fuerza a tu argumento. **2** *vi* debilitarse; *(give way)* ceder; **we must not ~ now** debemos mantenernos firmes, hoy más que nunca.

weak-kneed [,wi:k'ni:d] *adj (fig)* sin voluntad, sin carácter.

weak·ling ['wi:klɪŋ] *n* debilucho/a *m/f.*

weak·ly ['wi:klɪ] **1** *adj* enfermizo/a, enclenque. **2** *adv* débilmente; *(give in)* sin luchar.

weak·ness ['wi:knɪs] *n (gen)* debilidad *f, (LAm)* flojedad *f; (weak point)* punto *m or* lado *m* débil; **to have a ~ for sth** tener debilidad por algo.

weak-willed [,wi:k'wɪld] *adj* indeciso/a, sin voluntad.

weal [wi:l] *n (wound)* verdugón *m.*

wealth [welθ] *n* riqueza *f; (fig: abundance)* abundancia *f (of* de).

wealthy ['welθɪ] *adj* **(-ier, -iest)** rico/a.

wean [wi:n] *vt (child)* destetar; **to ~ sb (away) from sth** *(fig)* quitar a uno la costumbre de algo.

weap·on ['wepən] *n* arma *f.*

wear [wɛəʳ] *(vb: pt* **wore,** *pp* **worn) 1** *n* **(a)** *(use)* uso *m;* **for everyday ~** para uso normal *or* corriente; **for hard ~** resistente; **I've had a lot of ~ out of this jacket** esta chaqueta me ha durado mucho. **(b)** *(deterioration through use)* desgaste *m;* **~ and tear** desgaste; **she looks the worse for ~** *(old, exhausted)* está algo desmejorada; *(hung-over)* tiene cara de resaca *or (LAm)* cruda. **(c)** *(clothing)* ropa *f;* **children's ~** ropa de niños; **summer ~** ropa de verano.

2 *vt* **(a)** *(clothing, spectacles etc)* llevar, usar; *(shoes etc)* gastar; *(look, smile, beard etc)* llevar; **she wore her blue dress** llevaba su vestido azul; **I have nothing to ~ to the dinner** no tengo qué ponerme para ir a la cena; **to ~ one's hair long**

llevar el pelo largo; **he wore a big smile** sonreía alegremente. **(b)** *(get into a worn condition)* desgastar; **to ~ a path across the lawn** hacer un camino pisando la hierba; **to ~ a hole in sth** hacer un agujero en algo; **the rocks had been worn smooth** las rocas se han alisado. **(c)** *(fam: believe, tolerate)* aguantar, admitir; **he won't ~ that** eso no lo permitirá.

3 *vi* **(a)** *(last)* durar; **that theory has worn well** esa teoría ha sido muy duradera. **(b)** *(become worn)* desgastarse; **the edges have worn smooth** los bordes se han desgastado; **that excuse is ~ing a bit thin** esa excusa ya carece de fuerza.

♦ **wear away 1** *vt + adv (rock, pattern etc)* gastar. **2** *vi + adv* desgastarse.

♦ **wear down 1** *vt + adv (heel, tyre tread etc)* gastar; *(fig: opposition etc)* agotar. **2** *vi + adv (heels, tyre tread etc)* desgastarse.

♦ **wear off** *vi + adv (plating, paint etc)* quitarse; *(pain, excitement etc)* pasar.

♦ **wear on** *vi + adv (evening, year etc)* avanzar, seguir.

♦ **wear out 1** *vt + adv* gastar, desgastar; *(fig: exhaust)* agotar. **2** *vi + adv (see vt)* desgastarse; quedar agotado.

♦ **wear through 1** *vt + adv* agujerear. **2** *vi + adv* agujerearse.

wear·able [ˈwɛərəbl] *adj* que se puede llevar.

wea·ri·ly [ˈwɪərɪlɪ] *adv (tiredly)* con cansancio *or* fatiga; *(dispiritedly)* sin ánimo.

wea·ri·ness [ˈwɪərɪnɪs] *n (tiredness)* cansancio *m*, fatiga *f; (boredom)* aburrimiento *m*, hastío *m*.

wea·ri·some [ˈwɪərɪsəm] *adj (tiring)* fatigoso/a, pesado/a; *(boring)* aburrido/a.

wea·ry [ˈwɪərɪ] **1** *adj* **(-ier, -iest)** *(tired)* cansado/a; *(dispirited)* abatido/a; *(tiring: wait, day)* fatigoso/a, pesado/a; **to be ~ of sb/sth** estar harto de uno/algo; **five ~ hours** cinco horas pasadas. **2** *vt* fastidiar, *(LAm)* molestar. **3** *vi*: **to ~ of sb/sth** cansarse *or* hartarse de uno/algo.

wea·sel [ˈwi:zl] *n* comadreja *f*.

weath·er [ˈweðəʳ] **1** *n* tiempo *m*; **~ permitting** si el tiempo permite; **in this ~** con el tiempo que hace; **what's the ~ like?** ¿qué tiempo hace?; **it gets left outside in all ~s** se deja siempre a la intemperie; **to be under the ~** *(fig: ill)* estar indispuesto; **to make heavy ~ of sth** complicar algo. **2** *vt*: **to ~ the storm** *(lit)* aguantar la tempestad. **3** *vi (rocks)* desgastarse, erosionarse; *(skin)* curtirse; *(wood)* curarse. **4** *cpd (bureau, ship, chart, station)* meteorológico/a; **~ vane** *n* veleta *f*.

weather-beaten [ˈweðə,bi:tn] *adj* curtido/a.

weath·ered [ˈweðəd] *adj (rocks)* desgastado/a, erosionado/a; *(skin)* curtido/a; *(wood)* curado/a, maduro/a.

weather·man [ˈweðəmæn] *n, pl* **-men** hombre *m* del tiempo.

weather·proof [ˈweðəpru:f] *adj* a prueba de la intemperie.

weave [wi:v] *(vb: pt* **wove**, *pp* **woven)** **1** *n* tejido *m*. **2** *vt (lit)* tejer; **he wove these details into the story** entretejó los detalles en el cuento; **he wove a story round these experiences** urdió una historia con estas experiencias. **3** *vi (lit)* tejer; *(fig: pt, pp* **~d**: *move in and out)* zigzaguear; **to ~ in and out among traffic** ir entrando y saliendo entre los coches.

weav·er [ˈwi:vəʳ] *n* tejedor(a) *m/f*.

weav·ing [ˈwi:vɪŋ] *n* tejeduría *f*.

web [web] *n (of spider)* telaraña *f; (between toes etc)* membrana *f; (fig)* red *f*.

webbed [webd] *adj* palmípedo/a, palmeado/a.

web·bing [ˈwebɪŋ] *n* cinchas *fpl*.

web-toed [,webˈtəʊd] *adj* palmípedo/a.

we'd [wi:d] = **we would; we had.**

wed [wed] **1** *vt* casarse con; **to be ~ded to an idea** aferrarse a una idea. **2** *vi* casarse.

wed·ded [ˈwedɪd] *adj (wife, husband)* casado/a; *(bliss, life etc)* conyugal.

wed·ding [ˈwedɪŋ] **1** *n* boda *f*, casamiento *m*; **silver/ruby ~** bodas de plata/de rubí; **to have a church ~** casarse por la iglesia. **2** *cpd (dress)* de novia; *(invitation, reception)* de bodas; **~ anniversary** *n* aniversario *m* de boda; **~ breakfast** *n (frm)* banquete *m* de bodas; **~ day** *n* día *m* de la boda; **~ present** *n* regalo *m* de boda; **~ ring** *n* alianza *f*.

wedge [wedʒ] **1** *n (of wood etc)* cuña *f; (piece: of cheese, cake)* porción *f*; **it's the thin end of the ~** es un paso hacia el desastre; **to drive a ~ between two people** abrir una brecha entre dos personas. **2** *vt* acuñar; **to ~ a door open** dejar abierta una puerta poniéndole una cuña; **the car was ~d between 2 lorries** el coche quedó atorado entre dos camiones.

wedge-shaped [ˈwedʒʃeɪpt] *adj* en forma de cuña.

Wednes·day [ˈwenzdeɪ] *n* miércoles *m; for usage see* **Tuesday.**

wee [wi:] *adj* **(-r, -st)** *(Scot, fam)* pequeño/a, *(LAm)* chico/a; **a ~ bit** un poquito, *(LAm)* un tantito; **I'm a ~ bit worried** estoy un poco preocupado.

weed [wi:d] **1** *n* mala hierba *f*. **2** *vt (flowerbed)* escardar, desherbar. **3** *vi* escardar, desherbar.

♦ **weed out** *vt + adv (fig)* eliminar.

weed-killer [ˈwi:dkɪləʳ] *n* herbicida *f*.

weedy [ˈwi:dɪ] *adj* **(-ier, -iest)** *(fam: person)* flaco/a, *(LAm)* debilucho/a.

week [wi:k] *n* semana *f*; **Tuesday ~, a ~ on Tuesday** del martes en ocho (días); **~ in, ~ out** semana tras semana; **to knock sb into the middle of next ~** *(fam)* dar una tremenda paliza a uno.

week·day [ˈwi:kdeɪ] *n* día *m* laborable..

week·end [,wi:kˈend] **1** *n* fin *m* de semana; **a long ~** un puente. **2** *cpd (cottage, visit)* de fin de semana; **~ case** *n* neceser *m* de fin de semana; **~ return** *n* billete *m* redondo de fin de semana.

week·ly [ˈwi:klɪ] **1** *adj* semanal. **2** *adv* semanalmente, cada semana; **£15 ~** 15 libras por semana. **3** *n (magazine)* semanario *m*.

weep [wi:p] *(vb: pt, pp* **wept)** **1** *vt (tears)* llorar. **2** *vi* llorar; *(Med: wound etc)* supurar; **to ~ for sb** llorar a uno. **3** *n*: **to have a good ~** llorar a lágrima viva.

weep·ing [ˈwi:pɪŋ] **1** *n (crying)* lágrimas *fpl*, llanto *m*. **2**: **~ willow** *n* sauce *m* llorón.

wee·wee [ˈwi:wi:] *(fam)* **1** *n* pipí *m*. **2** *vi* hacer pipí.

weft [weft] *n* trama *f*.

weigh [weɪ] **1** *vt* **(a)** pesar. **(b)** *(fig: ponder)* sopesar, meditar; **to ~ sth in one's mind** repasar algo en la mente; **to ~ the pros and cons** pesar el pro y el contra. **2** *vi* **(a)** pesar; **it ~s 4 kilos** pesa 4 kilos. **(b)** *(fig: be a worry)* **to ~ on sb** agobiar a uno; *(: be important)* **to ~ with sb** tener importancia para uno; **it ~s on her mind** le preocupa constantemente; **that didn't ~ with him** no le dio importancia.

♦ **weigh down** *vt + adv* sobrecargar; **to be ~ed down with sorrows** estar abrumado por pesares.

♦ **weigh in** *vi + adv (Sport)* pesar; *(fig)* (entro-)meterse.

♦ **weigh out** *vt + adv (goods)* pesar.

♦ **weigh up** *vt + adv (alternatives)* (so)pesar; *(situation)* juzgar.

weigh·bridge [ˈweɪbrɪdʒ] *n* báscula-puente *f*.

weigh·ing [ˈweɪɪŋ] : **~ machine** *n* báscula *f*.

weight [weɪt] **1** *n* **(a)** *(heaviness)* peso *m; (unit of measure)* pesa *f;* **~s and measures** pesas y medidas; **it is worth its ~ in gold** vale su peso en oro; **to put on/lose ~** engordar/bajar de peso. **(b)** *(metal ~)* pesa *f; (heavy object)* peso *m.* **(c)** *(fig: worry)* peso *m,* carga *f; (: importance)* peso, autoridad *f;* **these are arguments of some ~** son argumentos de cierto peso; **that's a ~ off my mind** eso me quita un peso de encima; **they won by sheer ~ of numbers** ganaron porque eran más; **to chuck** *or* **throw one's ~ about** *(fam)* darse importancia; **he doesn't pull his ~** no pone su debida parte. **2** *vt* cargar; **it's ~ed against you** está cargado en tu contra. **3: ~ training** *n* entrenamiento *m* con pesos.

weight·less ['weɪtlɪs] *adj* ingrávido/a.

weight·less·ness ['weɪtlɪsnɪs] *n* ingravidez *f.*

weight·lifting ['weɪtlɪftɪŋ] *n* levantamiento *m* de pesos.

weighty ['weɪtɪ] *adj* **(-ier, -iest)** *(fig)* grave.

weir [wɪəʳ] *n* presa *f.*

weird [wɪəd] *adj* **(-er, -est)** raro/a, extraño/a.

weir·do ['wɪədəʊ] *n (fam)* persona *f* rara.

welch [welʃ] *vi* rajarse (*on* de).

wel·come ['welkəm] **1** *adj (visitor, present)* bienvenido/a; **to make sb ~** dar buena acogida a uno; **you're ~** *(after thanks)* no hay de qué; **you're ~ to try** puede intentar cuando quiera; **it's a ~ change** es un cambio oportuno. **2** *n* bienvenida *f;* **the crowd gave him an enthusiastic ~** el público le acogió calurosamente; **what sort of a ~ will this product get?** ¿cómo se recibirá este producto? **3** *interj* bienvenido (*to* a); **~ home!** ¡bienvenido a casa! **4** *vt (gen)* recibir; *(: with warmth)* dar la bienvenida a; *(fig: change, suggestion)* celebrar; **we ~ this step** celebramos esta medida.

wel·com·ing ['welkəmɪŋ] *adj* acogedor(a).

weld [weld] **1** *vt* soldar. **2** *n* soldadura *f.*

weld·er ['weldəʳ] *n* soldador *m.*

weld·ing ['weldɪŋ] **1** *n* soldadura *f.* **2: ~ torch** *n* soplete *m* soldador.

wel·fare ['welfɛəʳ] **1** *n* **(a)** *(well-being)* bienestar *m;* **child ~** bienestar de los niños. **(b)** *(fam: social aid etc)* asistencia *f* social. **2** *cpd (aid, organization, work, worker)* de asistencia social; **~ centre** *n* centro *m* de asistencia social; **~ state** *n* estado *m* de bienestar.

well[1] [wel] **1** *n (for water)* pozo *m,* fuente *f; (oil ~)* pozo; *(of stairs)* hueco *m,* caja *f; (in auditorium)* estrado *m.* **2** *vi (also* **~ out, ~ up**) brotar.

well[2] [wel] (*comp* **better,** *superl* **best**) **1** *adv* **(a)** *(in a good manner)* bien; **to do ~ in an exam** sacar buena nota en un examen; **as ~ as he could** lo mejor que pudo; **to eat/live ~** comer/vivir bien; **~ done!** ¡bien hecho! **(b)** *(favourably, advantageously)* bien; **to be ~ in with sb** llevarse bien con uno; **I** *etc* **might** *or* **may as ~** por qué no. **(c)** *(thoroughly, considerably)* bien; **it was ~ deserved** estuvo bien merecido; **she loved him too ~** lo quiso demasiado; **~ and truly** de verdad, *(LAm)* realmente; **~ over a thousand** los mil bien pasados; **all** *or* **only too ~** perfectamente; **he's ~ away** *(fam: drunk)* se pasó de borracho. **(d)** *(probably, reasonably)* **it may ~ be that ...** existe la posibilidad de que ...; **she cried, as ~ she might** lloró, y con razón; **you may ~ ask!** ¡buena pregunta!; **I couldn't very ~ leave** no había posibilidad de que me marchara. **(e) as ~** *(in addition)* también, además; **X as ~ as Y** X igual que Y.

2 *adj* **(a)** *(healthy)* bien, sano/a. **(b)** *(acceptable, satisfactory)* bien; **that's all very ~, but ...** todo eso está muy bien, pero ...; **it would be as ~ to ask** más vale *or* valdría preguntar; **it's just as ~ we asked** menos mal que preguntamos.

3 *interj* bueno.

well- [wel-] *pref* bien-.

we'll [wi:l] = **we will; we shall.**

well-balanced [ˌwel'bælənst] *adj* bien equilibrado/a.

well-behaved [ˌwelbɪ'heɪvd] *adj* bien educado/a, formal.

well-being [ˌwel'bi:ɪŋ] *n* bienestar *m.*

well-bred [ˌwel'bred] *adj* bien educado/a.

well-built [ˌwel'bɪlt] *adj (house)* de construcción sólida; *(person)* fornido/a.

well-chosen [ˌwel'tʃəʊzn] *adj (remarks, words)* acertado/a.

well-developed [ˌweldɪ'veləpt] *adj (arm, muscle etc)* bien desarrollado/a; *(sense)* agudo/a, fino/a.

well-disposed [ˌweldɪ'spəʊzd] *adj* bien dispuesto/a (*to(wards)* hacia).

well-dressed [ˌwel'drest] *adj* bien vestido/a.

well-founded [ˌwel'faʊndɪd] *adj* fundamentado/a.

well-informed [ˌwelɪn'fɔ:md] *adj* enterado/a, al corriente.

wel·ling·ton ['welɪŋtən] *n (also* **~ boot**) bota *f* de goma.

well-kept [ˌwel'kept] *adj (secret)* bien guardado/a.

well-known [ˌwel'nəʊn] *adj* conocido/a.

well-meaning [ˌwel'mi:nɪŋ] *adj* bienintencionado/a.

well-nigh ['welnaɪ] *adv:* **~ impossible** casi imposible.

well-off [ˌwel'ɒf] **1** *adj* acomodado/a. **2** *npl:* **the ~** las clases *fpl* acomodadas.

well-preserved [ˌwelprɪ'zɜ:vd] *adj (person)* bien conservado/a.

well-read [ˌwel'red] *adj* culto/a.

well-spoken [ˌwel'spəʊkən] *adj* bienhablado/a.

well-stocked [ˌwel'stɒkt] *adj* bien surtido/a.

well-timed [ˌwel'taɪmd] *adj* oportuno/a.

well-to-do [ˌweltə'du:] *adj* acomodado/a.

well-wisher ['welˌwɪʃəʳ] *n* admirador(a) *m/f.*

Welsh [welʃ] **1** *adj* galés/esa. **2** *n (language)* galés *m;* **the ~** *(pl: people)* los galeses.

welsh [welʃ] *vi* = **welch.**

Welsh·man ['welʃmən] *n, pl* **-men** galés *m.*

welt [welt] *n (of shoe)* vira *f.*

wel·ter·weight ['weltəweɪt] *n* wélter *m.*

wench [wentʃ] *n (old, hum)* moza *f.*

wend [wend] *vt:* **to ~ one's way home** *(hum)* encaminarse a casa.

went [went] *pt of* **go.**

wept [wept] *pt, pp of* **weep.**

were [wɜ:ʳ] *pt of* **be.**

we're [wɪəʳ] = **we are.**

weren't [wɜ:nt] = **were not.**

were·wolf ['wɪəwʊlf] *n, pl* **-wolves** hombre *m* lobo.

west [west] **1** *n* oeste *m, (LAm)* occidente *m;* **the W~** *(Pol)* el Oeste, el Occidente. **2** *adj (part, coast)* del oeste, occidental; *(wind)* del oeste. **3** *adv* hacia el oeste, al oeste. **4: W~ German** *(adj)* de Alemania Occidental; *(n)* alemán/ana *m/f* (de Alemania Occidental); **W~ Germany** *n* Alemania *f* Occidental; **W~ Indian** *adj, n* antillano/a *m/f;* **W~ Indies** *npl* Antillas *fpl.*

west-bound ['westˌbaʊnd] *adj (traffic, carriageway)* con rumbo al oeste.

west·er·ly ['westəlɪ] **1** *adj (point, direction)* hacia el oeste. **2** *n (wind)* del oeste.

west·ern ['westən] **1** *adj* occidental; **W~** *(Pol)* del Oeste. **2** *n (film)* película *f* del oeste.

west·ern·ized ['westənaɪzd] *adj* occidentalizado/a.

west·ward ['westwəd] **1** *adj:* **in a ~ direction** hacia el oeste. 2 *adv (also* ~s) hacia el oeste.

wet [wet] 1 *adj* (**-ter, -test**) **(a)** mojado/a, *(LAm)* húmedo/a; *(paint, varnish, ink)* fresco/a; **in** ~ **clothes** con la ropa mojada *or* húmeda; **to be** ~ **through** *or* ~ **to the skin** estar empapado. **(b)** *(rainy)* lluvioso/a, de lluvia; **a** ~ **day** un día de lluvia. **(c)** *(fam: person)* soso/a, bobo/a. 2 *n* **(a)** *(moisture, rain)* lluvia *f*. **(b)** *(Brit Pol fam)* moderado/a *m/f*. 3 *vt* mojar, humedecer; **to** ~ **the bed/one's pants** *or* **o.s.** mojar la cama/mojarse.

wet·ting ['wetɪŋ] *n*: **to get a** ~ quedar empapado/a.

we've [wiːv] = **we have.**

whack [wæk] *n* **(a)** *(blow)* golpe *m* fuerte. **(b)** *(fam: attempt)* **to have a** ~ **at sth** intentar algo. **(c)** *(fam: share)* parte *f*.

whale [weɪl] *n* ballena *f*; **to have a** ~ **of a time** *(fam)* pasarlo bomba *or (RPl)* regio *or (Mex)* madre.

whale·bone ['weɪlbəʊn] *n* barba *f* de ballena.

whal·er ['weɪlə^r] *n (person, ship)* ballenero *m*.

wharf [wɔːf] *n, pl* **wharfs** *or* **wharves** [wɔːvz] muelle *m*, embarcadero *m*.

what [wɒt] 1 *pron* **(a)** *(interrog)* ¿qué?; ¿~ **for?** *(why)* ¿por qué?; *(to what purpose)* ¿para qué?; ¿~**'s it like?** ¿cómo es?; ~ **do you want now?**, ~ **is it now?** ahora ¿qué?; ~ **are you doing that for?** ¿por qué haces eso?; ~ **about me?** y yo ¿qué?; ~ **about next week?** ¿qué te parece la semana que viene?; ~**'s that to you?** ¿qué tiene que ver contigo?, *(LAm)* ¿qué te importa?; **that pub,** ~**'s its name** el bar aquél ¿cómo se llama? **(b)** *(relative)* lo que; ~ **I want is a cup of tea** lo que quiero yo es una taza de té; ~ **with one thing and another** entre una cosa y otra; **and** ~**'s more ...** y además ...; **he knows** ~**'s** ~ *(fam)* sabe cuántas son cinco; **to give sb** ~ **for** *(fam)* regañar a uno.

2 *adj* **(a)** *(interrog)* ¿qué?; ~ **sort of ...?** ¿qué tipo *or* clase de ...?; ~ **good would that do?** ¿para *or* de qué serviría eso?, ¿a qué vendría eso?; ~ **a nuisance!** ¡qué lata!; ~ **a fool I was!** ¡qué tonto fui! **(b)** *(relative)* que; ~ **little I had** lo poco que tenía.

3 *interj (disbelieving)* ¡cómo!, *(LAm)* ¡no puede ser!; ~**! you sold it!** ¿cómo? ¡lo has vendido!

what-d'you-call- ['wɒtdjʊˌkɔːl-] *pref*: ~ **him/her/it** fulano *m*/fulana *f*/chisme *m*, coso *m*.

what·ev·er [wɒt'evə^r] 1 *pron (anything that)* lo que; *(in questions)* qué; *(no matter what)* ~ **it may be** sea lo que sea; **do** ~ **you want** haz lo que quieras; ~ **happens** pase lo que pase; ~ **do you mean?** ¿qué quieres decir?; **or** ~ **they're called** o como quiera que se llamen. 2 *adj* cualquier(a); *(with negative)* en absoluto; *(in questions)* qué; **nothing** ~ nada en absoluto; **it's no use** ~ no sirve para nada; ~ **book you choose** cualquier libro que elijas; ~ **help will that be?** ¿para qué servirá eso?

what·so·ev·er ['wɒtsəʊevə^r] *pron, adj* = **whatever.**

wheat [wiːt] *n* trigo *m*.

wheat·en ['wiːtn] *adj* de trigo.

wheat·germ ['wiːtdʒɜːm] *n* germen *m* de trigo.

wheat·meal ['wiːtmiːl] *n* harina *f* negra.

whee·dle ['wiːdl] *vt*: **to** ~ **sb into doing sth** engatusar a uno para que haga algo; **to** ~ **sth out of sb** sonsacar algo a uno.

wheel [wiːl] 1 *n (gen)* rueda *f*; *(steering* ~*)* volante *m*; *(Naut)* timón *m*; **the** ~ **of fortune** la rueda de fortuna. 2 *vt (push: bicycle, pram etc)* empujar; **we** ~**ed it over to the window** lo empujamos hasta la ventana. 3 *vi (turn)* revolotear, girar; **to** ~ **left** *(Mil)* dar una vuelta hacia la izquierda; **to** ~ **round** *(person)* girar sobre los talones.

wheel·barrow ['wiːlˌbærəʊ] *n* carretilla *f*.

wheel·base ['wiːlbeɪs] *n* batalla *f*.

wheel·chair ['wiːltʃɛə^r] *n* silla *f* de ruedas.

-wheeled [wiːld] *adj suf*: **3-**~ de 3 ruedas.

wheeler-dealer ['wiːləˌdiːlə^r] *n* chanchullero/a *m/f*.

wheel·house ['wiːlhaʊs] *n* timonera *f*.

wheel·ing ['wiːlɪŋ] *n*: ~ **and dealing** chanchullos *mpl*.

wheeze [wiːz] *vi* resollar.

whelk [welk] *n* buccino *m*.

whelp [welp] *n* cachorro *m*.

when [wen] 1 *adv* cuándo; ~ **did it happen?** ¿cuándo ocurrió?; **I know** ~ **it happened** yo sé cuándo ocurrió; **since** ~ **do you like Indian food?** ¿desde cuándo te gusta la comida hindú?; **say** ~**!** ¡díme cuándo!

2 *conj* **(a)** *(at, during or after the time that)* cuando; ~ **I came in** cuando entré; ~ **you've read it** en cuanto lo hayas leído; **be careful** ~ **you cross the road** *or* ~ **crossing the road** ten cuidado al cruzar la calle; **(even)** ~ (aun) cuando; **I wouldn't walk** ~ **I could get the bus** no iría a pie cuando podía coger el autobús. **(b)** *(the time that)* cuando; **that's** ~ **the train arrives** eso es cuando llega el tren; **she told me about** ~ **she was in London** me contó lo que le pasó cuando estuvo en Londres. **(c)** *(relative: on or at which)* (en) que; **during the time** ~ **she lived abroad** durante el tiempo que vivió en el extranjero; **the year** ~ **you were born** el año en que naciste.

whence [wens] *adv (poet: from where)* de donde; *(interrog)* ¿de dónde?

when·ever [wen'evə^r] *adv* **(a)** *(relative: at whatever time)* cuando (quiera); *(: each time)* toda *or* cada vez que, *(LAm)* cada que; **I go** ~ **I can** voy todas las veces que puedo; ~ **you see one of those, stop** cuando ves uno de esos, párate; **tomorrow or** ~ manaña o cuando sea. **(b)** *(in questions)* cuándo; ~ **did I say that?** ¿cuándo dije yo eso?

where [wɛə^r] 1 *adv* dónde; ~ **am I?** ¿dónde estoy?; ~ **are you going (to)?** ¿a dónde vas?; ~ **have you come from?** ¿de dónde has venido?; ~ **should we be if ...?** ¿hasta dónde habríamos llegado si ...? 2 *conj* **(a)** donde; ~ **possible** donde sea posible, en lo posible. **(b)** *(the place or point that)* donde; **this is** ~ **we found it** aquí lo encontramos; **that's** ~ **we got to in the last lesson** hasta allí llegamos en la última clase; **that's just** ~ **you're wrong!** ¡allí te equivocas! **(c)** *(relative: in, on, or at which)* donde.

where·abouts [ˌwɛərə'baʊts] 1 *adv* dónde. 2 ['wɛərəbaʊts] *n sg or pl* paradero *m*.

where·as [wɛər'æz] *conj (on the other hand)* mientras; *(Jur)* considerando que.

where·by [wɛə'baɪ] *adv* por lo cual.

where·upon [ˌwɛərə'pɒn] *adv* con *or* después de lo cual.

wher·ever [wɛər'evə^r] *adv* **(a)** *(relative: at or to whatever place)* dondequiera que; *(: at or to every place)* adondequiera que; ~ **you go I'll go too** dondequiera que vayas yo te acompañaré; ~ **they went they were cheered** dondequiera que fueran les recibieron con aplausos; **in Madrid, London, or** ~ en Madrid, Londres o dondequiera. **(b)** *(in questions)* ¿dónde demonios *or* diablos?; ~ **did he put it?** ¿dónde diablos lo habrá puesto?

where·with·al ['wɛəwɪðɔːl] *n*: **the** ~ **(to do sth)** lo necesario (para hacer algo).

whet [wet] *vt (tool)* afilar, amolar; *(appetite, curiosity)* estimular, despertar.

wheth·er ['weðə^r] *conj* si; ~ **it is ... or not** sea ... o no (sea); **I am not certain** ~ **he'll come (or not)** no estoy seguro de que venga; ~ **you like it or not** quiérase o no; ~ **they come or not** vengan o no (vengan).

whew [hwuː] *interj* ¡vaya!, *(LAm)* ¡caramba!

whey [weɪ] *n* suero *m.*

which [wɪtʃ] **1** *adj* **(a)** *(in questions etc)* qué; **I don't know ~ tie he wants** no sé qué corbata quiere; **~ way did she go?** ¿por dónde se fue? **(b)** *(relative)* **... she said, ~ remark annoyed me ...** dijo ella, una observación que me irritó; **by ~ time** a esas alturas. **2** *pron* **(a)** *(in questions etc)* cuál; **~ do you want?** ¿cuál quieres?; **I can't tell ~ is ~** no sé cuál es cuál. **(b)** *(relative: replacing noun)* que; *(: replacing clause)* lo que; *(: after preposition)* el cual, lo/la cual; **the meeting ~ we attended** la reunión a la que asistimos; **it rained hard ~ upset her** llovió mucho, lo que le desconcertó; **the hotel at ~ we stayed** el hotel en el que nos hospedamos.

which·ever [wɪtʃ'evəʳ] **1** *adj*: **~ one** *(the ... which)* el que/lo que/la que; *(no matter which)* cualquier(a); **you can choose ~ system you want** elija el sistema que prefiere; **~ system you have there are difficulties** no importa el sistema que tengas, habrán problemas. **2** *pron (the one which)* el/la que; *(no matter which one)* no importa cual; **~ of the methods you choose** cualquiera de los métodos que escojas.

whiff [wɪf] *n (sniff)* bocanada *f; (smell)* olorcito *m;* **to catch a ~ of sth** oler algo.

while [waɪl] **1** *n* **(a)** *(gen)* rato *m, (LAm)* ratito *m; (time)* tiempo *m;* **after a ~** al cabo de un rato, *(LAm)* al ratito; **for a ~** durante algún tiempo *or (LAm)* un rato; **in a ~** dentro de poco, *(LAm)* al rato, *(Mex)* ahórita; **it will be a good ~ before he gets here** tardará en venir aún, *(LAm)* todavía falta para que venga; **a little ~ ago** hace poco, *(LAm)* hace rato; **in between ~s** mientras, en el entretanto *or* interino; **once in a ~** de vez en cuando, cada cuando; **all the ~** todo el tiempo. **(b) we'll make it worth your ~** te compensaremos generosamente. **2** *conj* **(a)** *(during the time that)* mientras; *(as long as)* mientras (que), *(LAm)* siempre que; **~ this was happening** mientras pasaba esto; **she fell asleep ~ reading** se durmió mientras leía; **it won't happen ~ I'm here** no pasará mientras que yo esté aquí. **(b)** *(although)* aunque; **~ I admit it is awkward** aunque reconozco que es difícil. **(c)** *(whereas)* mientras; **I enjoy sport, ~ he prefers reading** a mí me gusta el deporte, mientras él prefiere la lectura.

♦ **while away** *vt + adv (time, hours)* pasar el tiempo *or (LAm)* el rato.

whilst [waɪlst] *conj* = **while 2.**

whim [wɪm] *n* capricho *m,* antojo *m;* **a passing ~** un antojo; **as the ~ takes me** según se me antoja.

whim·per ['wɪmpəʳ] **1** *n* quejido *m.* **2** *vi* quejarse.

whim·si·cal ['wɪmzɪkəl] *adj* caprichoso/a.

whine [waɪn] **1** *n (of dog, child)* gemido *m; (of engine, bullet)* zumbido *m.* **2** *vi (dog, child)* gemir; *(engine, bullet)* zumbar; *(fig fam: complain)* quejarse; **don't come whining to me about it** no vengas a quejarte conmigo.

whin·ny ['wɪnɪ] **1** *n* relincho *m.* **2** *vi* relinchar.

whip [wɪp] **1** *n* **(a)** látigo *m.* **(b)** *(Parliament: person)* encargado/a *m/f* de la disciplina partidaria en el parlamento; **a three-line ~** órdenes *fpl* máximas. **2** *vt* **(a)** *(horse, person: with stick)* azotar; *(Culin: cream etc)* batir. **(b)** *(fam: move quickly)* **he ~ped the book off the table/away from me** arrebató el libro de la mesa/a mí; **they ~ped her into hospital** le llevaron al hospital a toda prisa. **3** *vi*: **the car ~ped round the corner** el coche dobló la esquina a toda velocidad; **she ~ped round when she heard me** volteó de repente al oírme. **4: ~ hand** *n*: **to have the ~ hand (over sb)** llevar la ventaja (a uno).

♦ **whip up** *vt + adv (fam: meal)* preparar rápidamente; *(: stir up: support, feeling)* avivar.

whip·cord ['wɪpkɔːd] *n* tralla *f.*

whip·lash ['wɪplæʃ] *n* tralla *f; (Med: also ~ injury)* latigazo *m.*

whip·per·snap·per ['wɪpəsnæpəʳ] *n (also* **young ~***)* mequetrefe *m,* cachorro *m.*

whip·pet ['wɪpɪt] *n* perro *m* lebrel.

whip·ping ['wɪpɪŋ] **1** *n* tunda *f,* paliza *f,* zurra *f.* **2: ~ boy** *n* cabeza *f* de turco; **~ cream** *n* nata *f* para batir.

whip-round ['wɪpraʊnd] *n (fam)* recolecta *f.*

whirl [wɜːl] **1** *n (spin)* giro *m,* vuelta *f; (of dust, water etc)* remolino *m; (of cream)* rizo *m;* **my head is in a ~** la cabeza me está dando vueltas; **the social ~** la actividad social; **let's give it a ~** *(fam)* ¡nada se pierde con intentar! **2** *vt (also* **~ round***)* hacer girar, dar vueltas a; *(fig: transport)* transportar; **he ~ed us off to the theatre** nos llevó volando al teatro. **3** *vi (also* **~ round:** *wheel, merry-go-round)* girar; *(: leaves, dust, water)* arremolinarse; *(fig: move quickly)* moverse rápidamente; **the dancers ~ed past** los bailarines dieron rápidas vueltas al pasar; **my head was ~ing** me daba vueltas la cabeza.

whirl·pool ['wɜːlpuːl] *n* remolino *m.*

whirl·wind ['wɜːlwɪnd] **1** *n* torbellino *m.* **2** *cpd (romance etc)* de torbellino.

whirr [wɜːʳ] **1** *n (of insect wings)* zumbido *m; (of machine)* zumbido, runrún *m.* **2** *vi (insect wings)* zumbar; *(machine)* zumbar, runrunear.

whisk [wɪsk] **1** *n (fly ~)* mosqueador *m; (Culin: hand ~)* batidor *m; (: electric ~)* batidora *f.* **2** *vt (Culin)* batir; *(fam: move quickly)* **the horse ~ed the flies away with its tail** el caballo ahuyentó las moscas con la cola; **the waiter ~ed the dishes away** el camarero se llevó los platos en seguida; **they ~ed him off to a meeting** se lo llevaron volando a una reunión.

whisk·er ['wɪskəʳ] *n* bigote *m;* **~s** *(side ~s)* patillas *fpl; (beard)* barba *fsg; (moustache)* bigotes.

whis·ky, *(US, Irish)* **whis·key** ['wɪskɪ] *n* whisky *m.*

whis·per ['wɪspəʳ] **1** *n* cuchicheo *m; (of leaves)* susurro *m;* **to speak in a ~** hablar en voz baja. **2** *vt* decir en voz muy baja; **to ~ sth to sb** decir algo al oído de uno. **3** *vi* cuchichear, hablar muy bajo; *(leaves)* susurrar; **to ~ to sb** cuchichear a uno.

whis·per·ing ['wɪspərɪŋ] **1** *n* cuchicheo *m; (of leaves)* susurro *m.* **2: ~ gallery** *n* galería *f* de los murmullos.

whist [wɪst] *n* whist *m.*

whis·tle ['wɪsl] **1** *n (sound)* silbido *m, (LAm)* chiflido *m; (instrument)* silbato *m,* pito *m;* **the referee blew his ~** el árbitro silbó. **2** *vt*: **to ~ a tune** silbar una melodía. **3** *vi* silbar, *(LAm)* chiflar; *(Sport etc)* pitar, silbar; **he ~d for a taxi** llamó un taxi con un silbido; **the referee ~d for a foul** el árbitro pitó para señalar una falta; **the bullet ~d past my ear** la bala pasó silbando muy cerca de mi oreja.

whistle-stop ['wɪslstɒp] **1** *n (US: station)* apeadero *m.* **2: ~ tour** *n (US Pol)* gira *f* electoral rápida; *(fig)* recorrido *m* rápido.

whit [wɪt] *n*: **not a ~** ni un ápice.

Whit [wɪt] **1** *n* Pentecostés *m.* **2** *cpd (holiday, weekend)* de Pentecostés; **~ Sunday** *n*/**Monday** *n* día *m*/lunes *m* de Pentecostés.

white [waɪt] **1** *adj (gen)* blanco/a; *(with fear)* pálido/a; **a ~ man/woman** un(a) blanco/a; **to be as ~ as a sheet** estar blanco como el papel.

2 *n (colour, of eye)* blanco *m; (person)* blanco/a

m/f; (of egg) clara *f, (LAm)* blanquillo *m;* **tennis ~s** ropa *f* de tenis.
3: a ~ Christmas *n* una Navidad de nieve; **~ coffee** *n* café *m* con leche *or* cortado; **~ elephant** *n (fam: object)* maula *f;* **~ horse** *n (on wave)* cabrilla *f;* **the W~ House** *n* la Casa Blanca; **~ lie** *n* mentirilla *f;* **~ meat** *n* carne *f* de cerdo, pollo, ternera; **~ paper** *n (Pol)* libro *m* blanco; **~ pepper** *n* pimienta *f* blanca; **~ sauce** *n* salsa *f* blanca *or* bechamel; **~ spirit** *n* aguarrás *m;* **~ tie** *n (tie)* corbatín *m* blanco; *(evening dress)* frac *m;* **~ wedding** *n:* **to have a ~ wedding** casarse de blanco; **~ wine** *n* vino *m* blanco.
white·bait [ˈwaɪtbeɪt] *n* morralla *f.*
white-collar [ˈwaɪtˌkɒləʳ] *adj:* **~ worker** oficinista *mf.*
white-haired [ˌwaɪtˈhɛəd] *adj* canoso/a, con canas, de pelo cano.
white-hot [ˌwaɪtˈhɒt] *adj (metal)* calentado/a al blanco.
white·ness [ˈwaɪtnɪs] *n* blancura *f.*
whit·en·ing [ˈwaɪtnɪŋ] *n (substance)* tiza *f,* blanco *m* para zapatos.
white·wash [ˈwaɪtwɒʃ] **1** *n* cal *f,* jalbegue *m.* **2** *vt* enjalbegar; *(fig)* encubrir.
whith·er [ˈwɪðəʳ] *adv (poet)* ¿adónde?
whit·ing [ˈwaɪtɪŋ] *n (fish)* pescadilla *f.*
whit·ish [ˈwaɪtɪʃ] *adj* blanquecino/a, blancuzco/a.
whit·low [ˈwɪtləʊ] *n* panadizo *m.*
Whit·sun [ˈwɪtsən] *n* Pentecostés *m.*
whit·tle [ˈwɪtl] *vt (wood, shape)* tallar (con cuchillo).
♦ **whittle away** *vt + adv,* **whittle down** *vt + adv (fig)* ir reduciendo.
whiz(z) [wɪz] **1** *vi* ir como flecha; **cars were ~ing past** los coches pasaban a gran velocidad. **2: ~ kid** *n (fam)* prodigio *m.*
WHO *n abbr of* **World Health Organization** OMS.
who [huː] *pron* **(a)** *(in questions etc)* quién; **~ is it?** ¿quién es?; **I know ~ it was** yo sé quién fue; **~ are you looking for?** ¿a quién buscas?; **~ does she think she is?** *(fam)* ¿quién se cree?; **you'll soon find out ~'s ~** pronto sabrás quién es quién; **~ should it be but Neil!** ¿a que no sabes quién es? ¡Neil! **(b)** *(relative)* que; **my cousin ~ lives in New York** mi primo que vive en Nueva York; **those ~ can swim** los que saben nadar.
who'd [huːd] = **who would; who had.**
whodun(n)it [ˌhuːˈdʌnɪt] *n (fam)* novela *f* policía.
who·ever [huːˈevəʳ] *pron* **(a)** *(the person that, anyone that)* quienquiera que; **~ said that is an idiot** quien haya dicho eso es un imbécil; **it won't be easy, ~ does it** no será fácil, no importa quién lo haga. **(b)** *(in questions)* quién; **~ told you that?** ¿quién te dijo eso?
whole [həʊl] **1** *adj* **(a)** *(entire)* entero/a, todo/a; *(in one piece)* íntegro/a; **the ~ world** el mundo entero; **~ note** *(US Mus)* nota *f* completa; **is that the ~ truth?** ¿es toda la verdad?; **but the ~ purpose was to ...** pero si la idea era precisamente .... **(b)** *(intact, unbroken)* sano/a, intacto/a; *(unhurt)* ileso/a. **2** *n* todo *m,* conjunto *m;* **as a ~** en su conjunto; **on the ~** en general, total; **nearly the ~ of our production** casi toda nuestra producción.
whole·hearted [ˌhəʊlˈhɑːtɪd] *adj* sincero/a, de todo corazón.
whole·meal [ˈhəʊlmiːl] *adj:* **~ bread** pan *m* integral.
whole·sale [ˈhəʊlseɪl] **1** *adj (prices, trade)* al por mayor, *(LAm)* por mayor, *(Mex)* mayoreo, *(RPl)* a granel; *(fig: on a large scale)* en masa; *(: indiscriminate)* general, total. **2** *adv* al por mayor *etc.*
whole·sal·er [ˈhəʊlˌseɪləʳ] *n* mayorista *mf.*
whole·some [ˈhəʊlsəm] *adj* sano/a, saludable.
who'll [huːl] = **who will.**
whol·ly [ˈhəʊlɪ] *adv* totalmente; **not ~ successful** no todo un éxito.
whom [huːm] *pron* **(a)** *(in questions etc)* a quién; **~ did you see?** ¿a quién viste?; **from ~ did you receive it?** ¿de quién lo recibiste? **(b)** *(relative)* que, a quien; **the lady with ~ I was talking** la señora con quien hablaba; **three policemen, none of ~ wore a helmet** tres policías, ninguno de los cuales llevaba casco.
whoop [huːp] **1** *n* alarido *m,* grito *m.* **2** *vi* dar alaridos, gritar; *(when coughing)* toser.
whoop·ing cough [ˈhuːpɪŋkɒf] *n* tos *f* ferina.
whoosh [wʊʃ] *n* susurro *m;* **it came out with a ~** salió con mucho ruido.
whop·per [ˈwɒpəʳ] *n (fam: big thing)* monstruo *m; (: lie)* bola *f.*
whop·ping [ˈwɒpɪŋ] *adj (fam: also* **~ great)** enorme.
whore [hɔːʳ] *n (pej)* puta *f.*
whorl [wɜːl] *n (of shell)* espira *f; (of fingerprint)* espiral *m.*
who's [huːz] = **who is; who has.**
whose [huːz] *pron* **(a)** *(in questions etc)* de quién; **~ is this?** ¿de quién es esto?; **~ fault was it?** ¿quién tuvo la culpa? **(b)** *(relative)* cuyo/a; **those ~ passports I have** aquellas personas cuyos pasaportes tengo.
who've [huːv] = **who have.**
why [waɪ] **1** *adv* ¿por qué?; **~ not?** ¿por qué no? **2** *interj* ¡toma!, ¡mira!, *(LAm)* ¡anda!; **~, it's you!** ¡toma, eres tú! **3** *n:* **the ~s and (the) wherefores** el por qué.
wick [wɪk] *n* mecha *f.*
wick·ed [ˈwɪkɪd] *adj* malvado/a, cruel; *(fam: price etc)* insoportable, imperdonable; **that was a ~ thing to do** eso no se perdona; **a ~ sense of humour** un sentido del humor malicioso.
wick·ed·ness [ˈwɪkɪdnɪs] *n* maldad *f,* crueldad *f.*
wick·er [ˈwɪkəʳ] *adj* de mimbre.
wicker·work [ˈwɪkəwɜːk] *n* artículos *mpl* de mimbre.
wick·et [ˈwɪkɪt] **1** *n (Cricket: stumps)* palos *mpl; (: fallen ~)* entrada *f,* turno *m.* **2: ~ keeper** *n* guardameta *m.*
wide [waɪd] **1** *adj (gen)* ancho/a, *(LAm)* amplio/a; *(fig: considerable)* grande; **it is 3 metres ~** tiene 3 metros de ancho; **his ~ knowledge of the subject** sus amplios conocimientos del tema; **the whole ~ world** el mundo entero *or* en todo su ancho. **2** *adv* **(a) set ~ apart** muy lejos uno del otro; **to be ~ open** *(door etc)* estar abierto de par en par; **to be ~ open to criticism/attack** estar expuesto a la crítica/al ataque. **(b)** *(shoot, aim)* **~ (of)** fuera (de).
wide-angle [ˈwaɪdˌæŋgl] *adj (lens etc)* gran angular.
wide-awake [ˌwaɪdəˈweɪk] *adj (lit)* bien despiert… a; *(fig)* despabilado/a.
wide-eyed [ˌwaɪdˈaɪd] *adj* con los ojos deso… tados.
wide·ly [ˈwaɪdlɪ] *adv (travel, read etc)* … pliamente; *(differing)* muy, mucho; *(popul… many people)* generalmente, comúnmente… **believed that ...** se cree generalmente …
wid·en [ˈwaɪdn] **1** *vt* ensanchar; *(fig: … circle of friends)* extender, ampliar. **2** … **out)** ensancharse.
wide-ranging [ˌwaɪdˈreɪndʒɪn] *adj (…* de gran alcance; *(interests)* muy di…
wide·spread [ˈwaɪdspred] *adj* e…

neral; **there is ~ fear that ...** muchos temen que ... .

wid·ow ['wɪdəʊ] *n* viuda *f;* **to be left a ~** quedar viuda, enviudar.

wid·owed ['wɪdəʊd] *adj* viudo/a.

wid·ow·er ['wɪdəʊə[r]] *n* viudo *m.*

width [wɪdθ] *n* anchura *f,* amplitud *f.*

width·ways ['wɪdθweɪz] *adv* a lo ancho.

wield [wi:ld] *vt (sword, axe)* manejar; *(power, influence)* ejercer.

wife [waɪf] *n, pl* **wives** mujer *f,* esposa *f;* **the ~** *(fam)* la vieja.

wife·ly ['waɪflɪ] *adj* de esposa.

wig [wɪg] *n* peluca *f.*

wig·gle ['wɪgl] **1** *n* meneo *m.* **2** *vt* menear. **3** *vi* menearse.

wig·gly ['wɪglɪ] *adj (line)* ondulado/a.

wig·wam ['wɪgwæm] *n* tipi *m,* tienda *f* india.

wild [waɪld] **1** *adj* **(a)** *(not domesticated: animal)* salvaje; *(: fierce)* feroz; *(plant)* silvestre; *(countryside)* salvaje; *(: uncultivated)* no cultivado/a; **to grow ~** crecer libre. **(b)** *(rough: wind, weather)* furioso/a, violento/a; *(: sea)* bravo/a. **(c)** *(unrestrained, disordered: child)* alborotado/a, descontrolado/a; *(hair, appearance)* desordenado/a, revuelto/a; **to lead a ~ life** llevar una vida desenfrenada; **to run ~** *(children)* descontrolarse. **(d)** *(fam: angry)* furioso/a; *(: ecstatic)* loco/a, desatinado/a; **to be ~ with joy** estar loco de alegría; **it makes me ~** me saca de quicio, me da rabia; **to be ~ about sb/sth** andar loco por uno/algo. **(e)** *(rash, extravagant)* extravagante, fantástico/a; *(erratic: shot, guess)* al azar; **it's a ~ exaggeration** es una enorme exageración; **you've let your imagination run ~** te has dejado llevar por la imaginación.

2 *n:* **the ~** la naturaleza; **to live out in the ~s** *(hum)* vivir en las soledades.

3: ~ goose chase *n* búsqueda *f* inútil; **~ oats** *npl*: **to sow one's ~ oats** andar de picos pardos; **W~ West** *n* el oeste.

wild·cat ['waɪldkæt] **1** *n* gato *m* montés. **2: ~ strike** *n* huelga *f* relámpago.

wil·der·ness ['wɪldənɪs] *n* desierto *m,* monte *m.*

wild·fire ['waɪldfaɪə[r]] *n:* **to spread like ~** correr como la pólvora en reguero.

wild·life ['waɪldlaɪf] **1** *n* fauna *f.* **2** *cpd (sanctuary, reserve)* de fauna.

wild·ly ['waɪldlɪ] *adv (look)* con cara de loco *or* espanto; *(gesture, hit out, throw: violently)* furiosamente, violentamente; *(: aimlessly)* sin ton ni son; *(promise, exaggerate, guess, fluctuate)* de manera extravagante; *(applaud, cheer)* frenéticamente; **~ happy/enthusiastic** loco de felicidad/entusiasmo; **her heart was beating ~** su corazón latía furiosamente; **the children ran about ~** los niños andaban descontrolados.

wild·ness ['waɪldnɪs] *n (of animal, country)* estado *m* salvaje; *(of plant)* estado *m* silvestre; *(of weather)* furor *m,* furia *f; (of sea)* bravura *f; (of person)* desenfreno *m; (of appearance)* desorden *m; (ex-*

ravagance) extravagancia *f; (of shot)* lo errático.

es [waɪlz] *npl* artimañas *fpl,* ardides *mpl.*

ful ['wɪlfʊl] *adj (obstinate)* testarudo/a,

iado/a; *(deliberate)* deliberado/a, premedi-

a.

ly ['wɪlfəlɪ] *adv (obstinately)* voluntario-

e, tercamente; *(intentionally)* a propósito,

rede.

pt **would**) **1** *modal aux vb* **(a)** *(forming*

) **I ~ finish it tomorrow** lo terminaré

~ have finished it by tomorrow lo

ado para mañana; **you won't lose it, ~ you?** no lo vayas a perder, no lo perderás ¿verdad?; **no, I won't** no, no quiero *or* de ninguna manera. **(b)** *(in conjectures)* **he ~** *or* **he'll be there by now** ya debe de haber llegado *or* ya habrá llegado. **(c)** *(in commands, insistence)* **I won't go — oh yes you ~!** no voy — ¿cómo que no?; *(in requests, offers)* **~ you sit down?** *(politely)* ¿quiere Ud sentarse?, *(LAm)* tome Ud asiento; *(angrily)* ¡siéntate!; **won't you come with us?** ¿no quieres venir con nosotros?; **I ~ not** *or* **won't put up with it!** ¡no lo soporto! **(d)** *(expressing habits, persistence)* soler; *(expressing capability)* **the car won't start** el coche no arranca; **the car ~ cruise at 100 mph** el coche alcanzará 100 por hora; **accidents ~ happen** son cosas que pasan. **2** *vi (wish)* querer; **(just) as you ~!** ¡como quieras!; **say what you ~** di lo que quieras.

will[2] [wɪl] **1** *n* **(a)** voluntad *f;* **to have a ~ of one's own** tener voluntad propia; **to do sth of one's own free ~** hacer algo por voluntad propia *or* de su libre albedrío; **the ~ to win/live** el deseo de ganar/vivir; **against sb's ~** contra la voluntad de uno; **at ~** a voluntad; **to work with a ~** trabajar con ahinco; **with the best ~ in the world** por mucho que se quiera; **where there's a ~ there's a way** querer es poder; *see* **goodwill, ill 1 (b). (b)** *(testament)* testamento *m;* **to make a ~** hacer su testamento. **2** *vt* **(a)** *(urge on by willpower)* lograr por fuerza de voluntad; **he ~ed himself to stay awake** consiguió quedarse despierto por fuerza de voluntad; **I was ~ing you to win** estaba deseando que ganaras. **(b)** *(leave in one's ~)* **to ~ sth to sb** legar algo a uno.

will·ing ['wɪlɪŋ] *adj* **(a)** *(helpful)* complaciente; **a ~ boy** un chico bien dispuesto; **there were plenty of ~ hands** no faltaba quién nos ayudara. **(b) to be ~** querer, estar dispuesto; **to be ~ to do sth** estar dispuesto a hacer algo; **..., God ~ ...,** si Dios quiere; **to show ~** mostrarse dispuesto.

will·ing·ly ['wɪlɪŋlɪ] *adv (gen)* de buena gana; **will you help us? — ~!** ¿nos ayudas? — ¡con todo gusto! *or (LAm)* ¡cómo no!

will·ing·ness ['wɪlɪŋnɪs] *n* buena voluntad *f or* gana *f.*

will-o'-the-wisp [,wɪləðə'wɪsp] *n (lit)* fuego *m* fatuo; *(fig)* quimera *f.*

wil·low ['wɪləʊ] **1** *n (also* **~ tree)** sauce *m.* **2: ~ pattern** *n* dibujos *mpl* de aspecto chinesco para la cerámica.

wil·lowy ['wɪləʊɪ] *adj* esbelto/a.

will·power ['wɪl,paʊə[r]] *n* fuerza *f* de voluntad.

willy-nilly [,wɪlɪ'nɪlɪ] *adv* quiérase o no.

wilt [wɪlt] *vi (flower)* marchitarse; *(fig)* debilitarse.

wily ['waɪlɪ] *adj* **(-ier, -iest)** astuto/a, taimado/a.

win [wɪn] *(vb: pt, pp* **won) 1** *n* victoria *f,* triunfo *m;* **their fifth ~ in a row** su quinta victoria consecutiva. **2** *vt (race, cup, prize etc)* ganar; *(victory)* lograr; *(sympathy, support, friendship, admirers)* ganarse; *(contract)* lograr, conseguir; **to ~ sb's favour/heart** ganar el favor de/enamorar a uno; **it won him first prize** le valió el primer premio. **3** *vi* ganar, tener éxito; **OK, you ~** *(fam)* bueno, te doy la razón.

♦ **win back** *vt + adv (prize etc)* volver a ganar; *(girlfriend etc)* reconquistar.

♦ **win over, win round** *vt + adv* ganarse, convencer.

♦ **win out, win through** *vi + adv* triunfar.

wince [wɪns] **1** *n* mueca *f* de dolor. **2** *vi* encogerse.

winch [wɪntʃ] **1** *n* torno *m.* **2** *vt* levantar con un torno.

wind[1] [wɪnd] **1** *n* **(a)** viento *m;* **into** *or* **against the ~** contra el viento; **there's something in the ~** hay gato encerrado; **to get ~ of sth** enterarse de *or* *(LAm)* saber algo; **to get/have the ~ up** *(fam)* preocuparse/estar preocupado; **to take the ~ out of sb's sails** desanimar a uno. **(b)** *(Med)* gases *mpl; (: baby)* flato *m;* **to break ~** *(fart)* ventosear; *(belch)* eructar; **to bring up ~** *(baby)* eructar. **(c)** *(breath)* aliento *m;* **to be short of ~** estar corto de aliento. **(d)** *(Mus)* **the ~(s)** los instrumentos *mpl* de viento. **2: ~ instrument** *n* instrumento *m* de viento. **3** *vt:* **to ~ sb** *(with punch etc)* dejar a uno sin aliento; **to ~ a baby** hacer eructar a un niño.

wind[2] [waɪnd] *pt, pp* **wound 1** *vt* **(a)** *(roll, coil)* enrollar, envolver. **(b)** *(clock, watch, toy)* dar cuerda a; *(key, handle)* dar vueltas a. **2** *vi (also* **~ one's way***)* serpentear.

♦ **wind down** *vt + adv (car window)* bajar; *(fig: production, business)* disminuir, bajar.

♦ **wind in** *vt + adv (fishing line etc)* enrollar.

♦ **wind on 1** *vt + adv (film)* enrollar. **2** *vi + adv (film)* enrollarse.

♦ **wind up 1** *vt + adv (car window)* subir; *(clock, toy)* dar cuerda a; *(close: meeting, debate)* cerrar, dar por terminado; *(: company)* liquidar; **to ~ sb up** *(fig fam)* provocar a uno. **2** *vi + adv (meeting, debate)* concluir, cerrar; *(fam: end up)* acabar; **we wound up in Rome** fuimos a parar en Roma.

wind·bag ['wɪndbæg] *n (fam: person)* parlanchín/ina *m/f*, hablador(a) *m/f*.

wind·break ['wɪndbreɪk] *n* abrigada *f*.

wind·cheater ['wɪnd,tʃiːtəʳ] *n* cazadora *f*.

wind·er ['waɪndəʳ] *n (on watch etc)* cuerda *f*.

wind·fall ['wɪndfɔːl] *n (apple etc)* fruta *f* caída; *(fig)* golpe *m* de suerte.

wind·ing ['waɪndɪŋ] *adj (road, path)* tortuoso/a.

wind·lass ['wɪndləs] *n* torno *m*, maquinilla *f*.

wind·less ['wɪndlɪs] *adj* sin viento.

wind·mill ['wɪndmɪl] *n* molino *m* de viento.

win·dow ['wɪndəʊ] **1** *n (gen)* ventana *f; (shop ~)* escaparate *m*, vitrina *f*, *(LAm)* vidriera *f; (of booking office, car, envelope etc)* ventanilla *f;* **to look out of the ~** mirar por la ventana. **2: ~ box** *n* jardinera *f* de ventana; **~ cleaner** *n* limpiacristales *m inv;* **~ display** *n* escaparate *m;* **~ dressing** *n (fig)* **it's all just ~ dressing** es pura fachada *or* pantalla; **~ ledge** *n* antepecho *m*, *(LAm)* repisa *f;* **~ pane** *n* cristal *m*, *(LAm)* vidrio *m;* **~ seat** *n* asiento *m* junto a la ventana.

window-shopping ['wɪndəʊ,ʃɒpɪŋ] *n* mirar los escaparates.

window·sill ['wɪndəʊsɪl] *n* antepecho *m*, *(LAm)* repisa *f*.

wind·pipe ['wɪndpaɪp] *n* tráquea *f*.

wind·screen ['wɪndskriːn], *(US)* **wind·shield** ['wɪndʃiːld] **1** *n* parabrisas *m inv*. **2: ~ wiper** *n* limpiaparabrisas *m inv*.

wind·sock ['wɪndsɒk] *n* manga *f*.

wind·swept ['wɪndswept] *adj (place)* azotado/a por el viento; *(look)* con el pelo revuelto.

windy ['wɪndɪ] *adj* **(-ier, -iest) (a)** *(day)* de mucho viento, ventoso/a; *(place)* expuesto/a al viento. **(b)** *(fam: afraid, nervous)* miedoso/a *or* temeroso/a *(about* por*)*.

wine [waɪn] **1** *n* vino *m;* **red/white/rosé ~** vino tinto/blanco/rosado. **2** *vt:* **to ~ and dine sb** agasajar *or* festejar a uno. **3** *cpd* de vino; **~ cellar** *n* bodega *f;* **~ list** *n* lista *f* de vinos; **~ waiter** *n* escanciador *m*.

wine·glass ['waɪnglɑːs] *n* copa *f* (para vino).

wing [wɪŋ] **1** *n* **(a)** *(gen)* ala *f; (of chair)* orejera *f; (Sport, position)* extremo *m*, ala; *(: player)* extremo *mf*, ala *mf; (Brit Aut)* aleta *f;* **the left ~ of the party** el ala izquierda del partido; **to take sb under one's ~** dar abrigo *or* amparo a uno. **(b)** **~s** *(Theat)* bastidores *mpl*. **2: ~ mirror** *n* retrovisor *m;* **~ nut** *n* tuerca *f* mariposa.

wing·er ['wɪŋəʳ] *n (Sport)* extremo *mf*, ala *mf*.

wing·span ['wɪŋspæn], **wing·spread** ['wɪŋspred] *n* envergadura *f*.

wink [wɪŋk] **1** *n* **(a)** *(blink)* pestañeo *m; (meaningful)* guiño *m;* **to give sb a ~** guiñar el ojo a uno; **to have 40 ~s** echarse una siesta. **(b)** *(instant)* **I didn't sleep a ~** no pegué ojo. **2** *vi* **(a)** *(meaningfully)* guiñar el ojo *(at sb* a uno*)*; *(light, star etc)* centellear, parpadear. **(b) to ~ at sth** *(fig)* hacer la vista gorda a algo.

win·kle ['wɪŋkl] **1** *n* bigarro *m*. **2** *vt:* **to ~ a secret out of sb** sacar un secreto a uno.

win·ner ['wɪnəʳ] *n (person, horse etc)* ganador(a) *m/f*, vencedor(a) *m/f; (book, entry etc)* obra *f* premiada; *(fam: sth successful)* **this record is a ~!** ¡este disco es un monstruo *or (LAm)* no falla!

win·ning ['wɪnɪŋ] **1** *adj* **(a)** *(person, horse, team etc)* ganador(a), vencedor(a), triunfante; *(book, entry etc)* premiado/a; *(hit, shot)* decisivo/a; **~ post** meta *f*. **(b)** *(charming)* encantador(a). **2** *n:* **~s** ganancias *fpl*.

win·ter ['wɪntəʳ] **1** *n* invierno *m*. **2** *adj* de invierno, invernal; **~ sports** deportes *mpl* de invierno.

winter·time ['wɪntətaɪm] *n* invierno *m*.

win·try, win·tery ['wɪntrɪ] *adj* invernal; *(fig)* glacial.

wipe [waɪp] **1** *n* limpión *m*, limpiadura *f;* **to give sth a ~** pasar un trapo sobre algo. **2** *vt* limpiar; **to ~ one's eyes** enjugarse las lágrimas; **to ~ one's nose** limpiarse la nariz; **to ~ one's feet/shoes** limpiar los zapatos; **to ~ one's bottom** limpiarse; **to ~ sth dry** secar algo con un trapo; **to ~ the floor with sb** *(fig fam)* dejar *or* poner a uno por los suelos.

♦ **wipe away** *vt + adv*, **wipe off** *vt + adv (tears)* limpiar; *(marks)* quitar, borrar.

♦ **wipe out** *vt + adv* **(a)** *(erase)* borrar. **(b)** *(destroy)* destruir; *(: town etc)* aniquilar.

♦ **wipe up 1** *vi + adv (dry dishes)* secar los platos. **2** *vt + adv* limpiar.

wip·er ['waɪpəʳ] *n* limpiaparabrisas *m inv*.

wire ['waɪəʳ] **1** *n* alambre *m; (insulated flex)* cordón *m; (Elec)* cable *m; (Telec: old)* telegrama *m;* **to get one's ~s crossed** *(fam)* tener un malentendido. **2** *vt* **(a)** *(Elec)* instalar el alambrado en. **(b)** *(Telec)* **to ~ sb** comunicar con uno (por telegrama). **(c) to ~ sth to sth** atar una cosa a otra con alambre. **3: ~ cutters** *npl* cortaalambres *mpl*, cizalla *f;* **~ fence** *n* alambrado *m;* **~ netting** *n* tela *f* metálica.

wire·less ['waɪəlɪs] *n* radio *f;* **by ~** por radio.

wire-tapping ['waɪə,tæpɪŋ] *n* intervención *f* electrónica.

wir·ing ['waɪərɪŋ] *n (Elec)* alambrado *m*.

wiry ['waɪərɪ] *adj* **(-ier, -iest)** *(person, animal, build)* enjuto/a y fuerte; *(hair)* tieso/a.

wis·dom ['wɪzdəm] **1** *n (knowledge)* sabiduría *f; (prudence)* juicio *m*, cordura *f*. **2: ~ tooth** *n* muela *f* del juicio.

wise [waɪz] **1** *adj* **(-r, -st)** *(knowledgeable)* sabio[illegible] *(prudent)* juicioso/a, *(LAm)* cuerdo/a; **the Th[illegible] W~ Men** los Reyes Magos; **to be ~ afte[illegible]** event caer en la cuenta después del hech[illegible] **none the ~r** sigo sin entender; **to get ~[illegible]** caer en la cuenta de algo; **to get ~ to** [illegible] conocerle a uno el juego, *(LAm)* poner [illegible] *or* listo sobre uno; **to put sb ~ to s[illegible]** poner a uno sobre aviso acerca de u[illegible] **guy** *n (fam)* sabelotodo *mf*.

-wise [waɪz] *suf* en cuanto a, respe[illegible]

wise·crack ['waɪzkræk] *n (fam)* sa[illegible]

wish [wɪʃ] **1** *n* **(a)** deseo *m;* **to go**[illegible] desatender los deseos de uno; **you shall have your ~** tus deseos se cumplirán; **to make a ~** pensar un deseo. **(b) best ~es** *(in greetings)* felicidades *fpl;* **with best ~es** saludos, recuerdos. **2** *vt* **(a)** *(want)* querer, desear; **to ~ sb to do sth** querer que uno haga algo; **to ~ to do sth** querer hacer algo. **(b)** *(desire, hope)* desear, anhelar; **I ~ I could!** ¡ojalá (y) pudiera!; **I ~ I was rich** ojalá (y) fuese yo rico; **to ~ sth on sb** imponer algo a uno. **(c)** *(bid, express)* desear; **to ~ sb good luck/a happy Christmas** desear a uno buena suerte/felices pascuas. **3** *vi*: **to ~ for sth** desear *or* anhelar algo; **she has everything she could ~ for** tiene todo lo que pudiera desear.

wish·bone ['wɪʃbəʊn] *n* espoleta *f.*

wish·ful ['wɪʃfʊl] *adj*: **~ thinking** ilusiones *fpl.*

wishy-washy ['wɪʃɪˌwɒʃɪ] *adj (fam)* soso/a, insípido/a.

wisp [wɪsp] *n (of straw)* manojo *m; (of hair)* mechón *m; (of cloud, smoke)* voluta *f.*

wist·ful ['wɪstfʊl] *adj* pensativo/a, melancólico/a.

wit [wɪt] *n* **(a)** *(understanding)* juicio *m,* comprensión *f;* **to be at one's ~s' end** haber agotado todos sus recursos; **to be out of one's ~s** estar fuera de sí; **to have** *or* **keep one's ~s about one** no perder la cabeza; **to live by one's ~s** vivir del cuento; **to be frightened** *or* **scared out of one's ~s** estar profundamente asustado. **(b)** *(humour, wittiness)* gracia *f,* ingenio *m,* agudeza *f.* **(c)** *(person)* ingenioso/a *m/f.*

witch [wɪtʃ] **1** *n* bruja *f.* **2: ~ doctor** *n* hechicero *m.*

witch·craft ['wɪtʃkrɑːft] *n* brujería *f.*

witch-hunt ['wɪtʃˌhʌnt] *n (Pol)* caza *f* de brujas.

with [wɪð, wɪθ] *prep* **(a)** con; **I was ~ him** yo estaba con él; **she stayed ~ friends** se hospedó en casa de amigos; **he had no money ~ him** no llevaba dinero (encima); **she mixed the sugar ~ the eggs** mezcló el azúcar con los huevos. **(b)** *(descriptive)* con, de; **the fellow ~ the big beard** el de la barba grande. **(c)** *(manner, means, cause)* con, de; **to cut wood ~ a knife** cortar madera con un cuchillo; **to walk ~ a walking stick** andar con bastón; **to fill a glass ~ wine** llenar una copa de vino; **to shake ~ fear** temblar de miedo. **(d)** *(as regards)* con; **the trouble ~ Harry** la dificultad con Enrique; **you must be patient ~ her** hay que tener paciencia con ella; **she's good ~ children** tiene don de niños; **how are things ~ you?** *(fam)* ¿qué tal?, *(LAm)* ¿cómo te va?, *(Mex)* ¿qué hubo? **(e)** *(in proportion)* según, de acuerdo con; **it varies ~ the time of year** varía según la estación. **(f)** *(in spite of)* con, pese a. **(g)** *(expressing agreement, on side of)* de acuerdo con. **(h)** *(fam: expressing comprehension)* **I am not ~ you** no te entiendo *o* sigo. **(i) ~ it** *(fam: up-to-date)* al día, de moda; *(: mentally alert)* despierto/a, despabilado/a.

with·draw [wɪθ'drɔː] *pt* **withdrew,** *pp* **withdrawn 1** *vt (object, money)* retirar *or* sacar *(from* de); *(troops, ambassador, team etc)* retirar *(from* de); *(words, remark, charge)* retractar. **2** *vi*: **to ~ (from)** *(move away)* apartarse *or* separarse (de); *[illegible]move back)* retirarse (de); *(from contest etc)* [illegible]rse de baja (de), retirar (de); **to ~ into o.s.** [illegible]imismarse.

[illegible]raw·al [wɪθ'drɔːəl] **1** *n (see vt)* retirada *f;* [illegible]tación *f.* **2: ~ symptoms** *npl* síntomas *mpl* [illegible]s por el adicto al carecer de lo que solía [illegible]

[illegible]n [wɪθ'drɔːn] **1** *pp of* **withdraw. 2** *adj* [illegible]a, *(LAm)* apartado/a.

[illegible]ɪθ'druː] *pt of* **withdraw.**

[illegible] **1** *vt* marchitar, agostar. **2** *vi* mar[illegible]e; *(fig)* debilitarse.

with·ered ['wɪðəd] *adj* marchito/a.

with·er·ing ['wɪðərɪŋ] *adj* abrasador(a); *(tone, look, remark)* desdeñoso/a.

with·hold [wɪð'həʊld] *pt, pp* **withheld** [wɪð'held] *vt (information)* ocultar; *(money)* retener; *(decision)* aplazar; *(refuse)* negar, rehusar.

with·in [wɪð'ɪn] **1** *prep* dentro de, al interior de; **a voice ~ me said ...** una voz interior *or* para mis adentros me dijo ...; **we were ~ 100 metres of the summit** faltaban 100 metros para que llegaramos a la cumbre; **to be ~ the law** no rebasar los límites de la ley; **to live ~ one's income** vivir conforme a los ingresos; **~ a year of her death** a poco menos de un año de su muerte. **2** *adv*: **'car for sale — apply ~'** 'se vende coche — razón dentro *or (LAm)* infórmese adentro'.

with·out [wɪð'aʊt] *prep* sin; **he did it ~ telling me** lo hizo sin decírmelo; **times ~ number** un sinfín de veces.

with·stand [wɪθ'stænd] *pt, pp* **withstood** [wɪθ'stʊd] *vt* resistirse a, aguantar.

wit·ness ['wɪtnɪs] **1** *n* **(a)** *(person)* testigo *mf;* **eye ~** testigo ocular; **~ for the prosecution/defence** testigo de cargo/descargo; **to call sb as a ~** citar a uno como testigo. **(b)** *(evidence)* testimonio *m;* **to give ~ for/against sb** atestiguar a favor de/en contra de uno; **to bear ~ to sth** *(lit)* atestiguar algo; *(fig)* demostrar *or* probar algo. **2** *vt* **(a)** *(be present at)* presenciar, asistir a; *(see)* testimoniar, ver. **(b)** *(attest by signature)* atestiguar la veracidad de. **(c)** *(consider as evidence)* ver, mirar. **3** *vi (testify)* dar testimonio, testimoniar, atestiguar; **to ~ to sth** dar testimonio de *or* testimoniar algo. **4: ~ box,** *(US)* **~ stand** *n* barra *f* de los testigos.

wit·ti·cism ['wɪtɪsɪzəm] *n* dicho *m* ingenioso, agudeza *f,* ocurrencia *f.*

wit·ty ['wɪtɪ] *adj* **(-ier, -iest)** ingenioso/a.

wives [waɪvz] *npl of* **wife.**

wiz·ard ['wɪzəd] *n* **(a)** mago *m,* brujo *m,* hechicero *m.* **(b)** *(fam)* genio *m,* as *m.*

wiz·ened ['wɪznd] *adj* arrugado/a, marchito/a.

wk *abbr of* **week.**

wob·ble ['wɒbl] **1** *n (of chair, table etc)* tambaleo *m,* bamboleo *m; (of voice)* temblor *m.* **2** *vi (move unsteadily)* tambalearse, bambolearse; *(voice)* temblar; *(hesitate)* vacilar.

wob·bly ['wɒblɪ] *adj* **(-ier, -iest)** tembloroso/a, temblón/ona.

woe [wəʊ] *n (poet, hum)* desgracia *f,* aflicción *f;* **~ is me!** ¡ay de mí!; **~ betide him who ...** maldito sea el que ...; **a tale of ~** una historia triste.

woe·ful ['wəʊfʊl] *adj (sad)* afligido/a, apenado/a; *(unfortunate)* desgraciado/a; *(deplorable)* lamentable.

woke [wəʊk] *pt of* **wake**[3].

woken ['wəʊkən] *pp of* **wake**[3].

wolf [wʊlf] **1** *n, pl* **wolves** [wʊlvz] **(a)** lobo *m.* **(b)** *(fig fam: womanizer)* tenorio *m.* **(c)** *(phrases)* **a ~ in sheep's clothing** un lobo disfrazado de cordero; **to keep the ~ from the door** defenderse de *or* contra la miseria; **to cry ~** dar una falsa alarma. **2** *vt (also* **~ down)** zampar, *(LAm)* engollar. **3: ~ whistle** *n* silbido *m* de admiración.

wom·an ['wʊmən] **1** *n, pl* **women** mujer *f;* **~ is very different from man** la mujer es muy distinta del hombre; **I have a ~ who comes in to do the cleaning** tengo una señora que me hace la limpieza; **~ of the world** mujer de mundo; **the ~ in his life** su compañera; **women's page** sección *f* femenina; **women's lib** *(fam)* la liberación de la mujer; **women's libber** *(fam)* feminista *mf.* **2** *adj*: **~ doctor** doctora *f;* **~ engineer** ingeniera *f;* ~

writer escritora *f.*

wom·an·ly ['wʊmənlɪ] *adj* femenino/a.

womb [wu:m] *n* matriz *f*, útero *m; (fig)* cuna *f.*

wom·en ['wɪmɪn] *npl of* **woman.**

women·folk ['wɪmɪnfəʊk] *npl* mujeres *fpl.*

won [wʌn] *pt, pp of* **win.**

won·der ['wʌndə^r] **1** *n* **(a)** *(feeling)* asombro *m;* **in ~** asombrado/a, maravillado/a. **(b)** *(object or cause of ~)* maravilla *f*, milagro *m;* **~s of science** maravillas de la ciencia; **the Seven W~s of the World** las Siete Maravillas del Mundo; **it is no** *or* **little** *or* **small ~ that he left** no es de extrañarse que se haya marchado, era de esperarse que se marchara; **the ~ of it was that ...** lo (más) asombroso fue que ...; **to do** *or* **work ~s** hacer maravillas; **no ~!** ¡no es de extrañarse! **2** *vt* preguntarse; **I ~ why she said it** me pregunto por qué lo dijo; **I ~ where he's going?** ¿a dónde irá? **3** *vi* **(a)** *(ask o.s., speculate)* preguntarse, pensar; **I was ~ing if you could help** te agradecería me ayudaras; **does she know about it? — I ~** ¿se habrá enterado ella? — lo dudo. **(b)** *(be surprised)* asombrarse, maravillarse; **to ~ at sth** asombrarse de algo.

won·der·ful ['wʌndəfʊl] *adj* maravilloso/a, estupendo/a, *(RPl)* macanudo/a.

won·der·ing ['wʌndərɪŋ] *adj* perplejo/a, sorprendido/a.

wonder·land ['wʌndəˌlænd] *n* pais *m* de la maravilla *or* las aventuras.

won·ky ['wɒŋkɪ] *adj* **(-ier, -iest)** *(Brit fam: unstable)* cojo/a; *(: broken down)* estropeado/a, *(LAm)* descompuesto/a; *(: not straight)* torcido/a, *(LAm)* chueco/a.

won't [wəʊnt] = **will not.**

woo [wu:] *vt (lit)* cortejar; *(fig)* buscarse.

wood [wʊd] **1** *n* **(a)** *(material)* madera *f;* **touch ~!** ¡toca madera! **(b)** *(forest)* bosque *m;* **~s** bosque *msg;* **we're not out of the ~ yet** aún no quedamos fuera de peligro; **he can't see the ~ for the trees** aún no cae en la cuenta *or (LAm)* no le encuentra el chiste. **(c)** *(Golf)* palo *m* de madera; *(Bowls)* bola *f;* **drawn from the ~** *(wine, beer etc)* de barril. **2** *cpd (made of ~)* de madera; *(living etc in a ~)* del bosque, silvestre; **~ anemone** *n* anémona *f* silvestre; **~ carving** *n* escultura *f* de madera; **~ pigeon** *n* paloma *f* torcaz; **~ pulp** *n* pasta *f* de madera.

wood·bine ['wʊdbaɪn] *n (honeysuckle)* madreselva *f; (US: Virginia creeper)* viña *f* loca.

wood·carving ['wʊdˌkɑ:vɪŋ] *n* tallado *m* en madera.

wood·cock ['wʊdkɒk] *n* chocha *f* perdiz.

wood·cut ['wʊdkʌt] *n* grabado *m* en madera.

wood·cutter ['wʊdˌkʌtə^r] *n* leñador *m.*

wood·ed ['wʊdɪd] *adj* arbolado/a.

wood·en ['wʊdn] *adj* **(a)** de madera. **(b)** *(fig)* falto/a de expresión.

wood·land ['wʊdlənd] **1** *n* bosque *m.* **2** *cpd* de los bosques.

wood·pecker ['wʊdˌpekə^r] *n* pájaro *m* carpintero.

wood·shed ['wʊdʃed] *n* leñera *f.*

woods·man ['wʊdzmən] *n, pl* **-men** leñador *m.*

wood·wind ['wʊdwɪnd] *n* instrumentos *mpl* de viento de madera.

wood·work ['wʊdwɜ:k] *n* **(a)** *(craft)* carpintería *f.* **(b)** *(wooden parts)* enmaderado *m*, maderaje *m.*

wood·worm ['wʊdwɜ:m] *n* carcoma *f.*

woof [wʊf] **1** *n (of dog)* ladrido *m.* **2** *vi* ladrar.

wool [wʊl] **1** *n (of sheep)* lana *f; (gen)* pelo *m;* **all ~, pure ~** lana pura; **to pull the ~ over sb's eyes** *(fam)* dar a uno gato por liebre. **2** *adj* de lana.

wool·gather·ing ['wʊlˌgæðərɪŋ] *n (fig)* **to be ~** andar distraído/a.

wool·len, *(US)* **wool·en** ['wʊlən] **1** *adj* de lana. **2** *n:* **~s** géneros *mpl* de lana.

wool·ly, *(US)* **wooly** ['wʊlɪ] **1** *adj* **(-ier, -iest)** *(jumper etc)* lanudo/a, de lana; *(fig)* confuso/a. **2** *n* ropa *f* de lana.

woozy ['wu:zɪ] *adj* **(-ier, -iest)** *(fam)* mareado/a.

word [wɜ:d] **1** *n* **(a)** *(gen)* palabra *f; (Ling)* voz *f*, vocablo *m;* **~s** *(of song)* letra *fsg;* **~ for ~** palabra por palabra; **silly isn't the ~ for it** ¡estúpido es lo menos que se le puede llamar!; **~s fail me** me fallan las palabras; **in a ~** en pocas palabras *or* una palabra; **in so many ~s** textualmente; **not to mince ~s** hablar sin rodeos; **the last ~** el último grito. **(b)** *(remark)* palabra *f;* **by ~ of mouth** verbalmente, de palabra; **to eat one's ~s** tragarse las palabras; **to take sb at his ~** cogerle *or (LAm)* aceptarle a uno la palabra; **to have a ~ with sb** hablar (dos palabras) con uno; **to put in a (good) ~ for sb** avalar a uno, interceder por uno; **without a ~** sin decir palabra *or* ni pío; **don't say** *or* **breathe a ~ about it** no digas nada de eso; **to have ~s with sb** *(quarrel with)* reñirse *or (LAm)* pelear con uno. **(c)** *(message)* recado *m; (news)* noticia *f*, aviso *m; (report)* informe *m;* **to bring ~ of sth to sb** informar a uno de algo; **to leave ~ (with sb/for sb) that ...** dejar recado (con/para uno) de que ..., dejar dicho (con/para uno) que ... . **(d)** *(promise)* palabra *f* (de honor); **he is a man of his ~** es hombre de palabra; **to be as good as one's ~, to keep one's ~** cumplir (lo prometido); **to break one's ~** faltar a la palabra; **to give sb one's ~ (that ...)** dar la palabra a uno (de que ...); **I take your ~ for it** te creo, ¡basta con que me lo digas! *(fam).* **(e)** *(order)* orden *f*, mandato *m;* **to give the ~ to do sth** dar la orden de hacer algo. **(f)** *(Rel)* verbo *m*, palabra *f.*

2 *vt* redactar.

3: ~ game *n* juego *m* de formación de palabras; **~ processing** *n* procesamiento *m* de textos; **~ processor** *n (machine)* procesador *m* de palabras.

word-blind ['wɜ:dˌblaɪnd] *adj* disléxico/a.

word·ing ['wɜ:dɪŋ] *n:* **the ~ is unclear** está mal redactado.

word-perfect [ˌwɜ:d'pɜ:fɪkt] *adj* sin falta de expresión; **to be ~** saber perfectamente su papel.

wordy ['wɜ:dɪ] *adj* **(-ier, -iest)** verboso/a, prolijo/a.

wore [wɔ:^r] *pt of* **wear.**

work [wɜ:k] **1** *n* **(a)** *(gen: activity)* trabajo *m; (effort)* esfuerzo *m; (task)* tarea *f*, faena *f;* **she's put a lot of ~ into it** le ha puesto grandes esfuerzos; **it's hard ~** es mucho trabajo; **to be at ~ (on sth)** estar trabajando (sobre algo); **it's all in a day's ~** es pan de cada día; **to get on with one's ~** seguir trabajando; **to set to ~, to start ~** ponerse a trabajar; **to make short** *or* **quick ~ of sth/sb** despachar algo/a uno con rapidez. **(b)** *(employment, job)* empleo *m*, trabajo *m;* **to be a ~/looking for ~** estar trabajando/buscando tr bajo; **to be out of ~** estar desempleado *or* par *or* en paro; **to put** *or* **throw sb out of ~** desp echar a uno del trabajo; **I'm off ~ for a** tengo una semana de permiso. **(c)** *(produ Art, Lit etc)* obra *f;* **good ~s** obras de ca **of art/reference** obra de arte/libr consulta; **the ~s of Dickens** las Dickens. **(d) ~s** *(of machine, clo* canismo *msg.* **(e) ~s** *(Mil)* obras *fpl* nes *fpl;* **road ~s** obras. **(f)** *(factor* **~s outing** excursión *f* del person **the ~s** *(fam: treat harshly)* dar a *(: treat generously)* tratar a uno

2 *vt* **(a)** *(make ~)* hacer trabajar; **to ~ o.s. to death** matarse trabajando. **(b)** *(operate)* manejar, hacer funcionar *or (LAm)* marchar; **it is ~ed by electricity** funciona con electricidad. **(c)** *(achieve)* producir; **they ~ed it so that she could come** *(fam)* se las arreglaron para que viniera; **to ~ one's passage on a ship** costear su viaje trabajando. **(d)** *(Sew)* coser. **(e)** *(shape)* trabajar; *(stone etc)* tallar, grabar. **(f)** *(exploit: mine)* explotar; *(: land)* cultivar. **(g)** *(move gradually)* moverse poco a poco; **to ~ one's hands free** lograr soltar las manos; **to ~ one's way up to the top of a company** llegar a la dirección de una compañía por sus propios esfuerzos; **to ~ o.s. into a rage** ponerse furioso, enfurecerse.

3 *vi* **(a)** trabajar; **she ~s in a bakery** trabaja en una panadería; **to ~ to achieve sth** dedicarse a lograr algo; **to ~ towards/for sth** trabajar para conseguir algo; **to ~ hard** trabajar mucho *or (LAm)* duro, *(Mex)* jalar; **to ~ to rule** estar en huelga de manos caídas. **(b)** *(machine, car etc)* funcionar, marchar; *(plan)* salir, marchar; *(drug, medicine, spell)* ser eficaz; **to get sth ~ing** hacer funcionar algo; **it ~s off the mains** funciona con la electricidad de la red. **(c)** *(mouth, face, jaws)* moverse, torcerse. **(d)** *(move gradually)* moverse poco a poco; **to ~ loose** desprenderse; **to ~ one's way along** ir avanzando poco a poco; **to ~ round to a question** preparar el terreno para preguntar algo.

4: ~ force *n* mano *f* de obra; *(personnel)* plantilla *f*.

♦ **work in 1** *vi + adv* concordar *or* congeniar con. **2** *vt + adv* introducir.

♦ **work off** *vt + adv (weight)* quitar con trabajo *or* esfuerzos; **to ~ off one's feelings** desahogarse.

♦ **work on** *vi + prep* **(a)** trabajar en. **(b) we've no clues to ~ on** no tenemos pistas en qué basarnos; **we're ~ing on the principle that ...** nos atenemos al principio de que ... . **(c) he hasn't agreed yet but I'm ~ing on him** todavía no está de acuerdo pero le estoy tratando de convencer.

♦ **work out 1** *vi + adv* **(a)** *(allow solution)* resolverse. **(b)** *(amount to)* sumar, ascender a; **the cost ~ed out at £5** los costos ascendieron a 5 libras. **(c)** *(succeed)* salir bien, tener éxito. **(d)** *(exhaust)* agotarse. **(e)** *(Sport)* hacer ejercicios. **2** *vt + adv* **(a)** *(solve, calculate)* resolver; **things will ~ themselves out** al final, todo saldrá bien. **(b)** *(devise)* calcular; **to ~ out a plan** tramar *or* urdir un plan. **(c)** *(understand)* lograr entender. **(d)** *(exhaust)* agotar.

♦ **work up** *vt + adv* **(a)** *(develop)* desarrollar; **he ~ed his way up in the firm** ascendió en la compañía mediante sus propios esfuerzos; **to ~ up an appetite** hacer apetito. **(b) to be ~ed up** excitarse, *(LAm)* emocionarse; **don't get all ~ed up!** ¡cálmate!

♦ **work up to** *vi + prep* llegar a, resultar en.

work·able ['wɜːkəbl] *adj* práctico/a, factible.

orka·day ['wɜːkədeɪ] *adj* rutinario/a.

rk·bench ['wɜːkbentʃ] *n* banco *m or* mesa *f* de bajo.

·er ['wɜːkə[r]] *n* trabajador(a) *m/f*, obrero/a *m/f*; *Industry etc)* obrero/a.

g ['wɜːkɪŋ] **1** *adj* **(a)** *(engaged in work)* a, que trabaja; *(Comm)* activo/a; **the ~** lase obrera. **(b)** *(spent in or used for ~)* ; **~ day** día *m* laborable; **~ capital** ital *m* circulante; **~ party** comisión *f* ción. **(c)** *(provisional)* de guía, pro- rity mayoría absoluta; **in ~ order** ento, *(LAm)* en condiciones; **~ knowledge** conocimientos *mpl* básicos. **2** *n* **(a)** *(work)* trabajo *m*. **(b) ~s** *(way sth works)* funcionamiento *m*, **the ~s of his mind** sus formas de pensar. **(c) ~s** *(of quarry)* excavaciones *fpl*, obras *fpl*.

working-class [ˌwɜːkɪŋ'klɑːs] *adj* obrero/a, proletario/a.

work·load ['wɜːkləʊd] *n* carga *f* de trabajo.

work·man ['wɜːkmən] *n, pl* **-men** obrero/a.

work·man·like ['wɜːkmənlaɪk] *adj* competente, bien hecho/a.

work·man·ship ['wɜːkmənʃɪp] *n (work)* hechura *f*; *(skill)* habilidad *f*.

work-out ['wɜːkaʊt] *n (Sport)* entrenamiento *m*.

work·shop ['wɜːkʃɒp] *n* taller *m*; **a music ~** un seminario sobre la música.

work-shy ['wɜːkʃaɪ] *adj* perezoso/a, *(LAm)* flojo/a.

work-to-rule [ˌwɜːktə'ruːl] *n* huelga *f* de brazos caídos.

world [wɜːld] **1** *n* **(a)** mundo *m*; **in the ~** en el mundo; **all over the ~** por todo el mundo, *(LAm)* en el mundo entero; **to be on top of the ~** estar en la gloria; **it's a small ~!** ¡el mundo es un pañuelo!; **it's not the end of the ~!** *(fam)* ¡no es el fin del mundo!, *(LAm)* ¡no es cosa del otro mundo!; **to live in a ~ of one's own** andar por las nubes, *(LAm)* estar chiflado *or* ido. **(b)** *(particular part or group)* mundo *m*. **(c)** *(society)* mundo *m*; **to come** *or* **go down in the ~** venir a menos; **to go up** *or* **rise in the ~** medrar. **(d)** *(this life)* mundo *m*; **to come into the ~** venir al mundo; **to have the best of both ~s** unir lo divino a lo humano, *(LAm)* salir ganando por ambos lados; **it's out of this ~** *(fam)* es una maravilla; **he's not long for this ~** le queda poco de vida. **(e)** *(emphatic idioms etc)* **I wouldn't do it for the ~** no lo haría por nada del mundo; **what in the ~?** ¿qué diablos?; **to think the ~ of sb** tener a uno en alta estima; **there's a ~ of difference between ...** hay la mar de diferencia entre ...; **they're ~s apart** hay un mundo que los separa; **she looked for all the ~ as if she was dead** cualquiera hubiera dicho que ya estaba muerta; **the ~'s worst cook** el peor cocinero del mundo.

2 *cpd* del mundo; **~ champion** *n* campeón *m* del mundo; **W~ Cup** *n (Ftbl)* Copa *f* Mundial; **W~ War One/Two** *n* primera/segunda Guerra *f* Mundial.

world-famous [ˌwɜːld'feɪməs] *adj* de fama mundial, mundialmente conocido/a.

world·ly ['wɜːldlɪ] *adj* **(-ier, -iest)** mundano/a.

worldly-wise [ˌwɜːldlɪ'waɪz] *adj* de mundo, que conoce mundo.

world-wide ['wɜːldwaɪd] *adj* mundial, universal; **it's known ~** está mundialmente conocido.

worm [wɜːm] **1** *n* gusano *m*, lombriz *f*; *(person: pej)* miserable *mf*, *(RPl)* roto/a *m/f*; **to have ~s** *(Med)* tener lombrices; **the ~ will turn** *(Prov)* la paciencia tiene un límite. **2** *vt* **(a)** deslizarse; **to ~ one's way into a group/into sb's confidence** insinuarse en un grupo/en la confianza de uno. **(b) to ~ a secret out of sb** arrancarle un secreto a uno.

worn [wɔːn] **1** *pp of* **wear. 2** *adj (object)* gastado/a; *(person)* rendido/a, agotado/a.

worn-out ['wɔːnˌaʊt] *adj (object)* gastado/a; *(person)* rendido/a, agotado/a.

wor·ried ['wʌrɪd] *adj* preocupado/a; **to be ~ about sth** estar *or (LAm)* andar preocupado por algo; **to be ~ sick** *(fam)* estar *or (LAm)* andar preocupadísimo.

wor·rier ['wʌrɪə[r]] *n* inquieto/a *m/f*, preocupado/a *m/f*.

wor·ry ['wʌrɪ] **1** *n (gen)* preocupación *f*; *(cause for* *concern)* motivo *m* de preocupación; *(anxiety)* inquietud *f*, ansias *fpl*. **2** *vt* **(a)** *(cause concern)* preocupar; *(make anxious)* inquietar; **to ~ o.s. sick (about** *or* **over sth)** afligirse *or* agitarse (por algo). **(b)** *(bother)* molestar; *(disturb)* estorbar; **to ~ sb with sth** molestar a uno con algo. **(c)** *(dog etc)* atacar. **3** *vi*: **to ~ (about** *or* **over)** preocuparse (de), *(LAm)* apurarse (por).

wor·ry·ing ['wʌrɪɪŋ] *adj (disturbing)* inquietante; *(bothersome)* molesto/a.

worse [wɜːs] **1** *adj comp of* **bad** peor; **~ and ~** cada vez peor; **A is ~ than B** A es peor que B; **it's ~ than ever** es peor que nunca; **so much the ~** tanto peor; **it could have been ~!** ¡pudo haber sido peor!; **to be the ~ for drink** *(fam)* estar bebido *or (LAm)* ebrio *or (Mex)* tomado; **he is none the ~ for it** ha quedado tan fresco *or (LAm)* tranquilo; **to get ~, to grow ~** empeorar, volverse peor; **to go from bad to ~** ir de mal en peor; **I don't think any the ~ of you** no afecta la estima en que te tengo; **~ luck** desgraciadamente, por desgracia. **2** *adv comp of* **badly** peor; **she is behaving ~ than ever** su comportamiento está peor que nunca; **you might do ~ than (to) marry him** no estaría tan mal casarte con él; **he is now ~ off than before** ha quedado aun peor que antes. **3** *n* lo peor; **there is ~ to come** todavía queda lo peor, aún viene lo peor; *see* **bad.**

wors·en ['wɜːsn] *vt, vi* empeorar.

wor·ship ['wɜːʃɪp] **1** *n* **(a)** *(adoration)* adoración *f*; *(reverence)* veneración *f*; *(organized ~)* culto *m*; **place of ~** edificio de culto. **(b)** *(Brit: in titles)* **Your W~** *(to judge)* señor(a) juez; *(to mayor)* señor(a) alcalde(sa). **2** *vt* adorar, rendir culto a; **she ~s her children** *(fig)* adora a sus hijos. **3** *vi (Rel)* hacer sus devociones.

wor·ship·per ['wɜːʃɪpə^r] *n* devoto/a.

worst [wɜːst] **1** *adj superl of* **bad** peor; **the ~ film of the three** la peor película de las tres. **2** *adv superl of* **badly** peor; **the ten ~ dressed men** los diez hombres peor vestidos. **3** *n* lo peor; **at (the) ~** en el peor de los casos; **that's the ~ of it, the ~ of it is that ...** lo peor del caso es que ...; **if the ~ comes to the ~** en último caso; **we're over** *or* **past the ~ of it now** ya pasó lo peor; **do your ~!** haga lo que le de *or (LAm)* pegue la gana *or* se le antoje.

wor·sted ['wʊstɪd] *n (cloth)* estambre *m*.

worth [wɜːθ] **1** *adj* **(a) to be ~** valer, tener valor; **it's ~ £5** vale 5 libras; **it's ~ a great deal to me** *(sentimentally)* para mí tiene gran valor sentimental; **I tell you this for what it's ~** te digo esto por si te interesa; **to run for all one is ~** correr a todo correr. **(b) to be ~** *(merit)* merecer, ser digno de; **it's ~ supporting** es digno de apoyo; **it's not ~ it, it's not ~ the trouble** no vale *or* merece la pena; *see* **while. 2** *n* valor *m*, valía *f*; **£10's ~ of books** libros por valor de 10 libras, 10 libras de libros; **he had no chance to show his true ~** no tuvo oportunidad de mostrar sus méritos; *see* **money 1.**

worth·less ['wɜːθlɪs] *adj (financially)* sin valor; *(useless)* inútil; *(despicable)* despreciable; **a ~ individual** un tipo miserable.

worth·while [ˌwɜːθ'waɪl] *adj (activity)* que vale la pena; *(cause)* loable; **to be ~** *(worthy)* valer *or* merecer la pena; *(useful)* convenir; **it would be ~ to see him** convendría verlo; *see also* **while.**

wor·thy ['wɜːðɪ] **1** *adj* **(-ier, -iest) (a)** *(cause)* noble; *(opponent etc)* estimado/a. **(b) ~ of** que merece, digno/a de. **2** *n (fig)* personaje *m*.

would [wʊd] *pt of* **will**[1] *modal aux vb* **(a)** *(cond tense)* **if you asked him he ~ do it** si se lo pidieras lo haría *or (LAm)* hacía; **if you had asked him he ~ have done it** si se lo hubieras pedido lo habría hecho, *(LAm)* si se lo pides te lo hace. **(b)** *(in indirect speech)* **I said I ~ do it** te dije que lo haría *or (LAm)* hacía. **(c)** *(emphatic)* **you ~ be the one to forget** ¡quién más se olvidaría!, ¡tú tenías que ser (quien se olvidaba)! **(d)** *(insistence)* **I told her not to but she ~ do it** le dije que no, pero insistió. **(e)** *(conjecture)* **what ~ this be?** ¿qué será esto? **(f)** *(wish)* querer; **what ~ you have me do?** ¿qué quieres que haga?; **~ (that) it were not so!** *(old, poet)* ¡ojalá (y) no fuera así! **(g)** *(in questions)* **~ you come this way?** pase por favor *or (LAm)* si hace favor; **~ you care for some tea?** ¿quiere tomar un té?; **~ you mind?** si no le importa, si no tiene inconveniente. **(h)** *(habit)* **he ~ paint it each year** solía pintarlo *or* lo pintaba cada año.

would-be ['wʊdbiː] *adj*: **a ~ poet/politician** un poeta/político presunto.

wouldn't ['wʊdnt] = **would not.**

wound[1] [wuːnd] **1** *n (gen)* herida *f*; *(in skin)* llaga *f*. **2** *vt (lit, fig)* herir; **to ~ sb's feelings** dañar a uno.

wound[2] [waʊnd] *pt, pp of* **wind**[2].

wound·ed ['wuːndɪd] **1** *adj (lit, fig)* herido/a. **2** *npl*: **the ~** los heridos *mpl*.

wove [wəʊv] *pt of* **weave.**

wo·ven ['wəʊvən] *pp of* **weave.**

wow [waʊ] *interj (fam)* ¡vaya!, *(LAm)* ¡anda!, ¡mira nomás!

wran·gle ['ræŋgl] **1** *n* riña *f*, *(LAm)* pleito *m*, pelea *f*. **2** *vi*: **to ~ (about** *or* **over)** reñir *or (LAm)* pelear (por *or* sobre).

wrap [ræp] **1** *n* chal *m*, *(LAm)* rebozo *m*; **under ~s** *(fig)* escondido/a, *(LAm)* tapado/a. **2** *vt (also* **~ up)** envolver; *(also* **~ around)** enrollar; **the scheme is ~ped in secrecy** el proyecto está envuelto en el misterio.

♦ **wrap up 1** *vt + adv* **(a)** *(lit, fig)* envolver. **(b)** *(fam: finalize)* dar el toque final a. **(c) to be ~ped up in sb/sth** estar absorto en uno/algo. **2** *vi + adv* **(a)** *(dress warmly)* abrigarse; **~ up warm!** ¡abrígate bien! **(b)** *(fam: be quiet)* callarse.

wrap·per ['ræpə^r] *n (of goods)* envoltura *f*, envase *m*; *(of book)* sobrecubierta *f*; *(postal)* faja *f*.

wrap·ping ['ræpɪŋ] **1** *n* envoltura *f*, envase *m*. **2**: **~ paper** *n* papel *m* de envolver.

wrath [rɒθ] *n (poet)* cólera *f*.

wreak [riːk] *vt (destruction, vengeance)* hacer, causar; **to ~ havoc** hacer estragos.

wreath [riːθ] *n, pl* **wreaths** [riːðz] *(of flowers etc)* guirnalda *f*; *(for funeral)* corona *f*; *(of smoke, mist etc)* espiral *m*.

wreathed [riːðd] *adj*: **a face ~ in smiles** una cara sonriente.

wreck [rek] **1** *n* **(a)** *(destruction: of ship)* naufragio *m*; *(fig: of hopes, plans etc)* ruina *f*, derrota *f*. **(b)** *(Naut)* restos *mpl*, *(LAm)* casco *m*; *(fig: old car etc)* ruina *f*, *(LAm)* cacharro *m*; **I'm a ~, I feel a ~** estoy hecho polvo. **2** *vt* **(a)** destruir, hacer pedazos *(fam)*; *(ship etc)* hundir; **to be ~ed** *(Naut)* naufragarse. **(b)** *(plans, health, happiness etc)* arruinar, hundirse.

wreck·age ['rekɪdʒ] *n (of ship)* pecios *mpl or* rest [illegible] *mpl* de un naufragio; *(of car etc)* restos.

wreck·er ['rekə^r] *n (Naut: salvager)* raquer[illegible] *(US: breaker, salvager)* demoledor *m*; *(US:* [illegible] *down van)* camión-grúa *m*.

wren [ren] *n* reyezuelo *m*.

wrench [rentʃ] **1** *n* **(a)** *(tug)* tirón *m*, *(LAm* [illegible] *(Med)* torcedura *f*; **to give sth a ~** tira[illegible] jalar algo (con violencia *or* fuerza) [illegible] llave *f* inglesa, *(LAm)* tuerca *f*. **(c)** *(fi*[illegible] **to see her go** dolió mucho verla par[illegible]

~ **sth (away) from/off/out of** arrancar algo de; **to ~ a door open** abrir una puerta de un tirón *or* *(LAm)* jalón. **(b)** *(Med)* torcerse.

wres·tle ['resl] **1** *n*: **to have a ~ with sb** luchar con uno. **2** *vi* **(a)** luchar (a brazo partido); *(Sport)* luchar. **(b)** *(fig)* luchar (*with* con).

wres·tler ['reslə^r] *n (Sport)* luchador(a) *m/f*.

wres·tling ['reslɪŋ] **1** *n (Sport)* lucha *f* libre. **2: ~ match** *n* partido *m* de lucha libre.

wretch [retʃ] *n* desgraciado/a *m/f*, miserable *mf*; **little ~** *(often hum)* pícaro/a *m/f*, travieso/a *m/f*.

wretch·ed ['retʃɪd] *adj* **(a)** *(very poor)* miserable, desgraciado/a; *(unhappy, depressed)* desdichado/a, desgraciado/a; **I feel ~** *(fam: ill)* me siento muy mal. **(b)** *(very bad)* horrible, espantoso/a; **what ~ luck!** *(fam)* ¡qué mala suerte!; **where's that ~ dog!** *(fam)* ¡dónde está ese maldito perro!

wrig·gle ['rɪgl] **1** *vt* menear; **to ~ one's way through sth** lograr salirse de algo. **2** *vi (also* **~ about** *or* **around**) retorcerse; *(worm, snake, eel)* serpentear; *(fish)* colear; *(person)* moverse, retorcerse; **to ~ along/down** moverse/bajarse; **to ~ free** escaparse; **to ~ through a hole** deslizarse por un agujero; **to ~ out of a difficulty** escabullirse, escaparse de un apuro.

wrig·gly ['rɪglɪ] *adj* (**-ier, -iest**) sinuoso/a.

wring [rɪŋ] *pt, pp* **wrung 1** *vt* **(a)** (*also* **~ out**) escurrir. **(b)** *(twist)* torcer, retorcer; **I'll ~ your neck for that!** *(fam)* ¡te ganaste una buena paliza!; **she wrung my hand** me dio un apretón de manos; **to ~ one's hands** *(fig: in distress)* retorcerse las manos. **(c) eventually we wrung the truth out of them** al final les sacamos la verdad. **2** *n*: **to give clothes a ~** escurrir la ropa.

wring·er ['rɪŋə^r] *n* escurridor *m*.

wring·ing ['rɪŋɪŋ] *adj (also* **~ wet**) empapado/a.

wrin·kle ['rɪŋkl] **1** *n (gen)* arruga *f*. **2** *vt* arrugar. **3** *vi* arrugarse.

wrinkled ['rɪŋkld], **wrin·kly** ['rɪŋklɪ] *adj* arrugado/a.

wrist [rɪst] *n* muñeca *f*.

wrist·watch ['rɪstwɒtʃ] *n* reloj *m* de pulsera.

writ [rɪt] *n (Jur)* mandato *m* judicial; **to issue a ~ against sb** demandar a uno; **to serve a ~ on sb** notificar un mandato judicial a uno.

write [raɪt] *pt* **wrote,** *pp* **written 1** *vt (letter)* escribir; *(note)* apuntar; **she wrote to say that she'd be late** escribió para avisar que llegaría tarde; **to ~ sb a letter** escribirle (una carta) a uno; **he's just written another novel** acaba de escribir otra novela; **how is his name written?** ¿cómo se escribe su nombre?; **she wrote 3 pages** escribió 3 páginas; **his guilt was written all over him** la culpa se le veía *or* notaba en la cara. **2** *vi* escribir; **to ~ to sb** escribir a uno; **that's nothing to ~ home about** *(fam)* no es nada del otro mundo; **I'll ~ for the catalogue** pediré el catálogo por carta; **to ~ for a paper** colaborar en un periódico.

♦ **write away** *vi + adv*: **to ~ away for sth** pedir algo por escrito *or* carta.

♦ **write back** *vi + adv* contestar por escrito.

♦ **write down** *vt + adv (make a note of, put in writing)* apuntar, anotar.

♦ **[w]rite in 1** *vt + adv* insertar. **2** *vi + adv* mandar [ca]rta; **to ~ in for sth** pedir algo por escrito.

♦ **[wr]ite off 1** *vi + adv* = **write away. 2** *vt + adv* [(]*debts etc)* cancelar; *(fig)* desechar por inútil.

♦ **[writ]e out** *vt + adv* **(a)** *(gen)* escribir; *(neat* [illegible]*)* pasar en limpio. **(b)** extender.

♦ **[write u]p** *vt + adv (report)* redactar; *(diary)* poner [illegible] *[w]rite report on)* escribir un informe sobre; [illegible] **the play up in the Glasgow Herald** dio [illegible]abo a la obra en el Glasgow Herald.

write-off ['raɪtɒf] *n* **(a)** *(car etc)* pérdida *f* total. **(b)** *(Comm)* amortización *f*.

writ·er ['raɪtə^r] *n (of letter, report etc)* escritor(a) *m/f*; *(as profession)* autor(a) *m/f*; **to be a good/poor ~** *(handwriting)* tener buena/mala letra.

write-up ['raɪtʌp] *n* crítica *f*, reseña *f*.

writhe [raɪð] *vi* retorcerse; **to ~ with embarrassment** morirse de vergüenza *or (LAm)* pena.

writ·ing ['raɪtɪŋ] **1** *n* **(a)** *(art in general)* escribir *m*, escritura *f*; *(style)* redacción *f*; **to put sth in ~** poner algo por escrito. **(b)** *(handwriting)* letra *f*, escritura *f*; **in one's own ~** *(not typewritten)* a mano; *(not written by somebody else)* de su paño y letra. **(c)** *(sth written)* escrito *m*, obra *f* escrita; **Aubrey's biographical ~s** las obras biográficas de Aubrey; **the ~ on the wall** *(fig)* los avisos del cielo. **2: ~ case** *n* estuche *m* de papel de escribir; **~ desk** *n* escritorio *m*; **~ paper** *n* papel *m* de escribir.

writ·ten ['rɪtn] **1** *pp of* **write. 2** *adj* escrito/a.

wrong [rɒŋ] **1** *adj* **(a)** *(morally)* malo/a; *(unfair)* injusto/a; **it's ~ to steal, stealing is ~** es malo robar; **you were ~ to do that** hiciste mal en hacer eso; **what's ~ with a drink now and again?** ¿qué tiene de malo beberse una copa de vez en cuando? **(b)** *(incorrect)* incorrecto/a, equivocado/a; **the ~ way round** al revés; **to be ~** *(person)* equivocarse; *(clock etc)* marchar mal; **I was ~ in thinking that ...** me equivoqué cuando pensé que .... **(c)** *(improper, not sought, not wanted)* impropio/a, inoportuno/a; **to say/do the ~ thing** decir/hacer algo inoportuno; **you have the ~ number** *(Telec)* Ud se ha equivocado de número; *see* **way 1 (b). (d)** *(amiss)* **sth is ~** hay algo que no está bien; **is anything** *or* **something ~?** ¿pasa algo?; **what's ~ (with you)?** ¿qué (te) pasa?; **there's nothing ~** no pasa nada; **there is something ~ with my lights** mis faros no funcionan bien *or (Mex)* se cebaron *or (LAm)* se me descompusieron; **to be ~ in the head** *(fam)* estar chiflado.

2 *adv* mal; **you're doing it all ~** lo estás haciendo mal; **you did ~ to do it** hiciste mal en hacerlo; **to get sth ~** equivocarse en algo; **don't get me ~** *(fam)* no me malinterpretes; **to go ~** *(on route)* equivocarse de camino; *(in calculation)* equivocarse; *(morally)* desorientarse; *(plan etc)* salir mal, *(LAm)* malograrse, *(Mex)* cebarse; **something went ~ with the gears** las velocidades se descompusieron; **you can't go ~** no puede equivocarse.

3 *n* mal *m*; **to do sb a ~** hacerle un mal a uno; **to be in the ~** *(guilty)* ser culpable; *(mistaken)* estar equivocado; **to put sb in the ~** hacer que uno cargue con la culpa; **two ~s don't make a right** no se subsana un error cometiendo otro; **he can do no ~** es incapaz de cometer un error.

4 *vt* ser injusto con.

wrong·doer [ˌrɒŋ'duːə^r] *n* malhechor(a) *m/f*, *(LAm)* delincuente *mf*.

wrong·ful ['rɒŋfʊl] *adj* *(unjust)* injusto/a; *(unlawful)* ilegal.

wrong-headed [ˌrɒŋ'hedɪd] *adj* equivocado/a, erróneo/a.

wrong·ly ['rɒŋlɪ] *adv* *(unjustly)* injustamente; *(incorrectly)* incorrectamente.

wrote [rəʊt] *pt of* **write.**

wrought [rɔːt] **1** *(old, poet) pt, pp of* **work: great changes have been ~** se han efectuado grandes cambios. **2** *adj* forjado/a.

wrought-iron [ˌrɔːt'aɪən] *adj* hierro *m* forjado.

wrought-up [ˌrɔːt'ʌp] *adj*: **to be ~** estar nervioso.

wrung [rʌŋ] *pt, pp of* **wring.**

wry [raɪ] *adj (ironical)* irónico/a; **to make a ~ face** hacer una cara de ironía.
wry·ly ['raɪlɪ] *adv* irónicamente, con ironía.
wt. *abbr of* **weight.**

X

X, x [eks] *n (letter, Math)* X, x *f*; **if you have ~ dollars a year** si se tiene equis dólares al año; **~ marks the spot** el sitio está señalado con una equis.
X-certificate [ˌeksə'tɪfɪkət] *adj (film)* no apto/a para menores de 18 años.
Xer·ox ['zɪərɒks] *vt* ® fotocopiar.
Xmas ['eksməs, 'krɪsməs] *n abbr of* **Christmas.**
X-ray ['eksˌreɪ] **1** *n (ray)* rayo-X *m; (photo)* radiografía *f*. **2** *vt* hacer una radiografía a. **3: ~ photograph** *n* radiografía *f*.
xy·lo·phone ['zaɪləfəʊn] *n* xilófono *m*.

Y

Y, y [waɪ] *n (letter)* Y, y *f*.
yacht [jɒt] **1** *n* yate *m*. **2: ~ club** *n* club *m* náutico.
yacht·ing ['jɒtɪŋ] *n* balandrismo *m*.
yachts·man ['jɒtsmən] *n, pl* **-men** balandrista *m*.
yachts·woman ['jɒtswʊmən] *n, pl* **-women** balandrista *f*.
yak [jæk] *n (animal)* yac *m*, yak *m*.
yam [jæm] *n* ñame *m; (sweet potato)* batata *f*, *(LAm)* camote *m*.
yank [jæŋk] **1** *n* tirón *m*, *(LAm)* jalón *m*. **2** *vt* tirar de, *(LAm)* jalar; **to ~ a nail out** sacar un clavo de un tirón.
Yank [jæŋk], **Yan·kee** ['jæŋkɪ] *adj, n (fam)* yanqui *mf*, *(LAm)* gringo/a *m/f*.
yap [jæp] **1** *n (of dog)* ladrido *m* agudo. **2** *vi (dog)* ladrar.
yard[1] [jɑːd] *n (measure)* yarda *f*.
yard[2] [jɑːd] *n (court~, farm~)* patio *m; (US: garden)* jardín *m; (worksite)* taller *m; (for storage)* depósito *m*, almacén *m; (Rail)* estación *f*.
yard·arm ['jɑːdɑːm] *n* penol *m*.
yard·stick ['jɑːdstɪk] *n (fig)* medida *f*, patrón *m*.
yarn [jɑːn] *n* **(a)** *(wool etc)* hilo *m*, hilado *m*. **(b)** *(tale)* cuento *m*, historia *f*; **to spin a ~** discurrir (pretextos).
yash·mak ['jæʃmæk] *n* velo *m* (de musulmana).
yawn [jɔːn] **1** *n* bostezo *m*. **2** *vi* bostezar.
yawn·ing ['jɔːnɪŋ] *adj (fig: abyss)* muy abierto/a.
yd. *abbr of* **yard(s)**[1].
ye [jiː] *(old)* **1** *pron* = **you** *(pl)*. **2** *art* = **the.**
yea [jeɪ] *(old)* **1** *adv (yes)* sí. **2** *n*: **the ~s and the nays** los votos a favor y en contra.
yeah [jeə] *adv (fam)* = **yes.**
year [jɪəʳ] *n* **(a)** año *m*; **all (the) ~ round** durante todo el año; **~ in, ~ out** año tras año; **3 times a ~** 3 veces al año; **in the ~ 1869** en el año 1869; **last ~** el año pasado; **next ~** *(looking to future)* el año que viene; **the next ~** *(in past time)* el año siguiente; **he got 10 ~s** le condenaron a 10 años de prisión; **it takes ~s** tarda años *or* un siglo; **she's three ~s old** tiene tres años; **it's taken ~s off her** le ha rejuvenecido. **(b)** *(Scol, Univ)* curso *m*, clase *f*; **he's in the second ~** está en el segundo curso. **(c)** *(of wine)* vendimia *f*, cosecha *f*. **(d)** *(age)* **old/young for his ~s** más viejo de lo que es/joven para la edad que tiene; **from her earliest ~s** desde muy joven.
year·book ['jɪəbʊk] *n* anuario *m*.
year·ly ['jɪəlɪ] **1** *adj* anual. **2** *adv* anualmente, cada año.
yearn [jɜːn] *vi*: **to ~ for sb/sth** añorar a uno/anhelar algo; **to ~ to do sth** suspirar por hacer algo.
yearn·ing ['jɜːnɪŋ] **1** *adj (desire)* ansioso/a; *(look, tone etc)* de ansia. **2** *n (desire)* ansias *fpl; (longing)* añoranzas *fpl*.
yearn·ing·ly ['jɜːnɪŋlɪ] *adv* con ansia, ansiosamente.
yeast [jiːst] *n* levadura *f*.
yell [jel] **1** *n* grito *m*, alarido *m*; **to give a ~, to let out a ~** dar un alarido, pegar un grito; **a ~ of laughter** una carcajada. **2** *vi* gritar, dar voces. **3** *vt (order, name)* gritar.
yel·low ['jeləʊ] **1** *adj* (**-er, -est**) amarillo/a; *(fig: cowardly)* cobarde; **to go** *or* **turn ~** volverse amarillo. **2** *n* amarillo *m*. **3** *vi* volverse amarillo.
yel·low·ish ['jeləʊɪʃ] *adj* amarillento/a.
yelp [jelp] **1** *n (of animal)* gañido *m; (of person)* chillido *m*. **2** *vi (animal)* gañir; *(person)* chillar.
yen [jen] *n* **(a)** *(currency)* yen *m*. **(b)** *(fam)* **to have a ~ to do sth** tener ganas de hacer algo.
yeo·man ['jəʊmən] *n, pl* **-men** *(Brit Mil)* soldado *m* de caballería; **Y~ of the Guard** alabardero *m* de la Casa Real.
yes [jes] **1** *adv* sí; *(answering negative question)* **you're not going, are you? — ~, I am** tú no vas, ¿verdad? — sí, que voy; **~?** *(awaiting further reply)* ¿y qué más?, *(LAm)* y ¿luego?; **to say ~ (to)** conformarse (con); **~ ~, but what if it doesn't?** de acuerdo, pero ¿si no es así? **2** *n* sí *m*. **3: ~ man** *n* pelotillero *m*, cobista *m*.
yes·ter·day ['jestədeɪ] *adv* ayer; **~ morning/evening** ayer por la mañana/tarde; **the day before ~** anteayer.
yet [jet] **1** *adv* **(a)** *(now, up to now, by now)* todavía, aún; **not ~** todavía no; **he hasn't come ~** todavía no ha llegado; **don't go (just) ~** quédate un rato; **this is his best film ~** es su mejor película hasta ahora; **as ~** todavía, hasta ahora. **(b)** *(still)* todavía; **he may come ~** puede venir todavía; **that question is ~ to be decided** está por decidirse todavía. **(c)** *(in addition, even)* **~ again** otra vez más; **~ more** todavía más. **(d)** *(frm)* **nor ~** ni. **2** *conj*: **and ~** (pero) con todo, (y) sin embargo.
yeti ['jetɪ] *n* yeti *m*.
yew [juː] *n* (*also* **~ tree**) tejo *m*.
Yid·dish ['jɪdɪʃ] *n* yiddish *m*.
yield [jiːld] **1** *n (of crops etc)* cosecha *f; (of oi[l] etc)* producción *f; (Fin: profits, interest)* [...]miento *m*; **a ~ of 5%** un rédito del 5 por ci[...] *vt* **(a)** *(produce)* producir, dar; *(Fin: prof[...] est)* rendir. **(b)** (*surrender: also* **~ up**) ce[...] *(surrender)* rendirse (*to* a), entregars[...]

(break, collapse) ceder; *(US Aut)* ceder el paso; **to ~ to temptation** ceder a la tentación; **we shall never ~** nunca nos rendimos.

yip·pee [jɪˈpiː] *interj (fam)* yupi.

yo·del [ˈjəʊdl] **1** *vi* cantar a la tirolesa. **2** *n* canto *m* a la tirolesa.

yoga [ˈjəʊgə] *n* yoga *m*.

yo·ghurt [ˈjəʊgət] *n* yogur(t) *m*.

yoke [jəʊk] **1** *n* **(a)** *(of oxen)* yunta, *f*; *(carried on shoulder)* balancín *m*; *(fig)* yugo *m*. **(b)** *(on dress etc)* canesú *m*. **2** *vt* (*also* **~ together:** *oxen*) acoplar.

yo·kel [ˈjəʊkəl] *n* palurdo *m*.

yolk [jəʊk] *n* yema *f*.

yon·der [ˈjɒndə^r] *adv*: **(over) ~** allá.

you [juː] *pron* **(a)** *(singular: familiar: nominative)* tú; *(: accusative, dative)* te; *(: after prep)* ti; *(: polite: nominative)* usted, Ud.; *(: accusative/dative)* la/le; *(: after prep)* usted, Ud.; **if I was** *or* **were ~** yo que tú, yo en tu lugar; **that dress just isn't ~** ese vestido no te sienta bien; **~ fool!** ¡no seas tonto!; **~ there!** ¡oye, tú! **(b)** *(plural: familiar: nominative)* vosotros/as; *(: accusative, dative)* os; *(: after prep)* vosotros/as; *(: polite: nominative)* ustedes, Uds.; *(: accusative, dative)* les; *(: after prep)* ustedes, Uds; **all of ~, ~ all** todos vosotros/todos ustedes; **~ doctors!** vosotros, los médicos. **(c)** *(impersonal: one)* uno; **that's lawyers for ~!** ¡así son los abogados!; **~ never can tell!** ¡nunca se sabe!; **~ can't do that!** ¡no se puede hacer eso!

you'd [juːd] = **you would; you had.**

you'll [juːl] = **you will, you shall.**

young [jʌŋ] **1** *adj* **(-er, -est)** *(gen)* joven; *(moon)* nuevo/a; *(wine)* verde; **a ~ man/lady** un joven/una joven; **they have a ~ family** tienen niños jóvenes; **the ~er son** el hijo menor; **you're only ~ once** la juventud no se recupera; **the night is ~** la noche es joven. **2** *npl (of animals)* cría *f*; **the ~** *(young people)* los jóvenes.

young·ster [ˈjʌŋstə^r] *n* joven *mf*.

your [jʊə^r] *poss adj* **(a)** *(singular: familiar)* tu; *(: polite)* su, de usted. **(b)** *(plural: familiar)* vuestro/a; *(: polite)* su, de ustedes. **(c)** *(impersonal: one's)* **it's bad for ~ health** perjudica la salud.

you're [jʊə^r] = **you are.**

yours [jʊəz] *poss pron (singular: familiar)* (el/la) tuyo/a; *(: polite)* (el/la) suyo/a; *(plural: familiar)* (el/la) vuestro/a, *(LAm)* él/la de ustedes; *(: polite)* (el/la) suyo/a; **that dog of ~!** ¡ese perro tuyo!; **~ (faithfully/sincerely)** le saluda atentamente; **what's ~?** *(fam)* ¿qué vas a tomar?

your·self [jəˈself] *pron, pl* **your·selves** [jəˈselvz] **(a)** *(reflexive: singular: familiar)* te; *(: polite)* se; *(: plural: familiar)* os, *(LAm)* se; *(: polite)* se; *(: impersonal)* se; **have you hurt ~?** ¿te has hecho daño? **(b)** *(emphatic: singular: familiar)* tú mismo/a; *(: polite)* usted mismo/a; *(: plural: familiar)* vosotros/as mismos/as, *(LAm)* ustedes mismos/as; *(: polite)* ustedes mismos/as; *(: impersonal)* uno mismo; **you did it ~** tú mismo lo hiciste; **(all) by ~** sin ayuda de nadie.

youth [juːθ] **1** *n* **(a)** juventud *f*; **in my ~** en mi juventud. **(b)** (*pl* **~s** [juːðz]: *boy*) joven *m*. **(c)** *npl (young people)* jóvenes *mpl*; **the ~ of today** los jóvenes de hoy. **2: ~ hostel** *n* albergue *m* de juventud.

youth·ful [ˈjuːθfʊl] *adj* juvenil.

youth·ful·ness [ˈjuːθfʊlnɪs] *n* juventud *f*.

you've [juːv] = **you have.**

yowl [jaʊl] **1** *n* aullido *m*. **2** *vi* aullar.

yo-yo [ˈjəʊjəʊ] *n* yoyo *m*.

Yu·go·slav [ˌjuːgəʊˈslɑːv] *adj, n* yugoslavo/a *m/f*.

Yu·go·sla·via [ˌjuːgəʊˈslɑːvɪə] *n* Yugoslavia *f*.

Yule·tide [ˈjuːltaɪd] *n* Navidad *f*.

yum·my [ˈjʌmɪ] *adj* **(-ier, -iest)** *(fam)* de rechupete.

Z

Z, z [zed, *(US)* ziː] *n (letter)* Z, z *f*.

Zam·bia [ˈzæmbɪə] *n* Zambia *f*.

zany [ˈzeɪnɪ] *adj* **(-ier, -iest)** estrafalario/a.

zeal [ziːl] *n* celo *m*, entusiasmo *m* (*for* por).

zeal·ot [ˈzelət] *n* fanático/a *m/f*.

zeal·ous [ˈzeləs] *adj* entusiasta.

zeb·ra [ˈziːbrə] **1** *n* cebra *f*. **2: ~ crossing** *n (Brit)* paso *m* de peatones.

zen·ith [ˈzenɪθ] *n (Astron)* cenit *m*; *(fig)* cenit, apogeo *m*.

zeph·yr [ˈzefə^r] *n* céfiro *m*.

zep·pe·lin [ˈzeplɪn] *n* zepelín *m*.

zero [ˈzɪərəʊ] **1** *n* cero *m*; **5° below ~** 5 grados bajo cero. **2** *cpd (altitude, gravity)* cero; *(fam: interest, hope)* nulo/a; **~ hour** *n* hora *f* cero. **3** *vi*: **to ~ in on** apuntar sobre.

est [zest] *n (enthusiasm)* entusiasmo *m* (*for* por); *(excitement)* ánimo *m*.

·zag [ˈzɪgzæg] **1** *n* zigzag *m*. **2** *vi* zigzaguear, rpentear. **3** *cpd* en zigzag.

[zɪŋk] *n* cinc *m*, zinc *m*.

·ism [ˈzaɪənɪzəm] *n* sionismo *m*.

ist [ˈzaɪənɪst] *adj, n* sionista *mf*.

] **1** *n* **(a)** (*also* **~ fastener**) cremallera *f*, cierre *m*. **(b)** *(energy)* vigor *m*, energía *f*. **2** **sb/sth up** cerrar la cremallera de uno/algo; **~ped pockets** (*with* **~s**) bolsillos con cremallera. **3** *vi*: **to ~ in/past** entrar/pasar volando *or* zumbando. **4: ~ code** *n (US Post)* código *m* postal.

zip·per [ˈzɪpə^r] *n* = **zip 1 (a).**

zith·er [ˈzɪðə^r] *n* cítara *f*.

zo·di·ac [ˈzəʊdɪæk] *n* zodíaco *m*.

zom·bie [ˈzɒmbɪ] *n (fig)* autómata *m*.

zone [ˈzəʊn] **1** *n (gen)* zona *f*; **postal ~** *(US)* zona postal. **2** *vt* dividir en zonas.

zonked [zɒŋkt] *adj*: **~ out** *(fam: exhausted)* agotado/a, deshecho/a.

zoo [zuː] *n* zoo *m*, parque *m* zoológico.

zoo·logi·cal [ˌzəʊəˈlɒdʒɪkəl] *adj* zoológico/a.

zo·olo·gist [zəʊˈɒlədʒɪst] *n* zoólogo/a *m/f*.

zo·ol·ogy [zəʊˈɒlədʒɪ] *n* zoología *f*.

zoom [zuːm] **1** *n* **(a)** *(sound)* zumbido *m*. **(b)** *(Phot: also* **~ lens**) zoom *m*. **2** *vi* **(a)** *(go fast)* ir zumbando; **he ~ed past at 120 kph** pasó zumbando a 120 kph. **(b)** *(Phot, Cine)* **to ~ in (on sb/sth)** enfocar (a uno/algo) con el zoom.

zuc·chi·ni [zuːˈkiːnɪ] *n inv (US)* calabacín *m*, *(LAm)* calabacita *f*.

Zulu [ˈzuːluː] *adj, n* zulú *mf*.

Zürich *n* Zurich *f*.

EL VERBO ESPAÑOL

THE SPANISH VERB

INFINITIVE	PRESENT INDICATIVE	PRESENT SUBJUNCTIVE	PRETERITE
[1a] **cantar** (regular: see table at end of list)			
[1b] **cambiar**	cambio	cambie	cambié
i of the stem is not stressed and the verb is	cambias	cambies	cambiaste
regular	cambia	cambie	cambió
	cambiamos	cambiemos	cambiaron
	cambiáis	cambiéis	cambiasteis
	cambian	cambien	cambiaron
[1c] **enviar**	envío	envíe	envié
i of the stem stressed in parts of the present	envías	envíes	enviaste
tenses	envía	envíe	envió
	enviamos	enviemos	enviamos
	enviáis	enviéis	enviasteis
	envían	envíen	enviaron
[1d] **evacuar**	evacuo	evacue	evacué
u of the stem is not stressed and the verb is	evacuas	evacues	evacuaste
regular	evacua	evacue	evacuó
	evacuamos	evacuemos	evacuamos
	evacuáis	evacuéis	evacuasteis
	evacuan	evacuen	evacuaron
[1e] **situar**	sitúo	sitúe	situé
u of the stem stressed in parts of the present	sitúas	sitúes	situaste
tenses	sitúa	sitúe	situó
	situamos	situemos	situamos
	situáis	situéis	situasteis
	sitúan	sitúen	situaron
[1f] **cruzar**	cruzo	cruce	crucé
Stem consonant **z** written **c** before **e**	cruzas	cruces	cruzaste
	cruza	cruce	cruzó
	cruzamos	crucemos	cruzamos
	cruzáis	crucéis	cruzasteis
	cruzan	crucen	cruzaron
[1g] **picar**	pico	pique	piqué
Stem consonant **c** written **qu** before **e**	picas	piques	picaste
	pica	pique	picó
	picamos	piquemos	picamos
	picáis	piquéis	picasteis
	pican	piquen	picaron
[1h] **pagar**	pago	pague	pagué
Stem consonant **g** written **gu** (with **u** silent)	pagas	pagues	pagaste
before **e**	paga	pague	pagó
	pagamos	paguemos	pagamos
	pagáis	paguéis	pagasteis
	pagan	paguen	pagaron
[1i] **averiguar**	averiguo	averigüe	averigüé
u of the stem written **ü** (so that it is pronounced)	averiguas	averigües	averiguaste
before **e**	averigua	averigüe	averiguó
	averiguamos	averigüemos	averiguamos
	averiguáis	averigüéis	averiguasteis
	averiguan	averigüen	averiguaron
[1k] **cerrar**	cierro	cierre	cerré
Stem vowel **e** becomes **ie** when stressed	cierras	cierres	cerraste
Gerund: *cerrando*	cierra	cierre	cerró
	cerramos	cerremos	cerramo
	cerráis	cerréis	cerrast
	cierran	cierren	cerrar

INFINITIVE	PRESENT INDICATIVE	PRESENT SUBJUNCTIVE	PRETERITE
[1l] **errar**	yerro	yerre	erré
As [1k], but diphthong written **ye-** at the start of	yerras	yerres	erraste
the word	yerra	yerre	erró
Gerund: *errando*	erramos	erremos	erramos
	erráis	erréis	errasteis
	yerran	yerren	erraron
[1m] **contar**	cuento	cuente	conté
Stem vowel **o** becomes **ue** when stressed	cuentas	cuentes	contaste
Gerund: *contando*	cuenta	cuente	contó
	contamos	contemos	contamos
	contáis	contéis	contasteis
	cuentan	cuenten	contaron
[1n] **agorar**	agüero	agüere	agoré
As [1m], but diphthong written **üe** (so that the **u**	agüeras	agüeres	agoraste
is pronounced)	agüera	agüere	agoró
Gerund: *agorando*	agoramos	agoremos	agoramos
	agoráis	agoréis	agorasteis
	agüeran	agüeren	agoraron
[1o] **jugar**	juego	juegue	jugué
Stem vowel **u** becomes **ue** when stressed; stem	juegas	juegues	jugaste
consonant **g** written **gu** (with **u** silent) before **e**	juega	juegue	jugó
Gerund: *jugando*	jugamos	juguemos	jugamos
	jugáis	juguéis	jugasteis
	juegan	jueguen	jugaron
[1p] **estar**	estoy	esté	estuve
Irregular.	estás	estés	estuviste
Imperative: *está (tú)*	está	esté	estuvo
Gerund: *estando*	estamos	estemos	estuvimos
	estáis	estéis	estuvisteis
	están	estén	estuvieron
[1q] **andar**	ando	ande	anduve
Irregular.	andas	andes	anduviste
Gerund: *andando*	anda	ande	anduvo
	andamos	andemos	anduvimos
	andáis	andéis	anduvisteis
	andan	anden	anduvieron
[1r] **dar**	doy	dé	di
Irregular.	das	des	diste
Gerund: *dando*	da	dé	dio
	damos	demos	dimos
	dais	deis	disteis
	dan	den	dieron
[2a] **temer** (see table at end of list)			
[2b] **vencer**	venzo	venza	vencí
Stem consonant **c** written **z** before **a** and **o**	vences	venzas	venciste
Gerund: *venciendo*	vence	venza	venció
	vencemos	venzamos	vencimos
	vencéis	venzáis	vencisteis
	vencen	venzan	vencieron
[2c] **coger**	cojo	coja	cogí
Stem consonant **g** written **j** before **a** and **o**	coges	cojas	cogiste
Gerund: *cogiendo*	coge	coja	cogió
	cogemos	cojamos	cogimos
	cogéis	cojáis	cogisteis
	cogen	cojan	cogieron
conocer	conozco	conozca	conocí
consonant **c** becomes **zc** before **a** and **o**	conoces	conozcas	conociste
d: *conociendo*	conoce	conozca	conoció
	conocemos	conozcamos	conocimos
	conocéis	conozcáis	conocisteis
	conocen	conozcan	conocieron

INFINITIVE	PRESENT INDICATIVE	PRESENT SUBJUNCTIVE	PRETERITE
[2e] **leer**	leo	lea	leí
Unstressed i between vowels is written y.	lees	leas	leíste
Past Participle: *leído*	lee	lea	leyó
Gerund: *leyendo*	leemos	leamos	leímos
	leéis	leáis	leísteis
	leen	lean	leyeron
[2f] **tañer**	taño	taña	tañí
Unstressed i after ñ (and also after ll) is omitted	tañes	tañas	tañiste
Gerund: *tañendo*	tañe	taña	tañó
	tañemos	tañamos	tañimos
	tañéis	tañáis	tañisteis
	tañen	tañan	tañeron
[2g] **perder**	pierdo	pierda	perdí
Stem vowel **e** becomes **ie** when stressed	pierdes	pierdas	perdiste
Gerund: *perdiendo*	pierde	pierda	perdió
	perdemos	perdamos	perdimos
	perdéis	perdáis	perdisteis
	pierden	pierdan	perdieron
[2h] **mover**	muevo	mueva	moví
Stem vowel **o** becomes **ue** when stressed	mueves	muevas	moviste
Gerund: *moviendo*	mueve	mueva	movió
	movemos	movamos	movimos
	movéis	mováis	movisteis
	mueven	muevan	movieron
[2i] **oler**	huelo	huela	olí
As [2h], but diphthong is written **hue**- at the start of the word	hueles	huelas	oliste
Gerund: *oliendo*	huele	huela	olió
	olemos	olamos	olimos
	oléis	oláis	olisteis
	huelen	huelan	olieron
[2k] **haber** (see table at end of list)			
[2l] **tener**	tengo	tenga	tuve
Irregular.	tienes	tengas	tuviste
Future: *tendré*	tiene	tenga	tuvo
Imperative: *ten (tú)*	tenemos	tengamos	tuvimos
Gerund: *teniendo*	tenéis	tengáis	tuvisteis
	tienen	tengan	tuvieron
[2m] **caber**	quepo	quepa	cupe
Irregular.	cabes	quepas	cupiste
Future: *cabré*	cabe	quepa	cupo
Gerund: *cabiendo*	cabemos	quepamos	cupimos
	cabéis	quepáis	cupisteis
	caben	quepan	cupieron
[2n] **saber**	sé	sepa	supe
Irregular.	sabes	sepas	supiste
Future: *sabré*	sabe	sepa	supo
Gerund: *sabiendo*	sabemos	sepamos	supimos
	sabéis	sepáis	supisteis
	saben	sepan	supieron
[2o] **caer**	caigo	caiga	caí
Unstressed i between vowels written y, as [2e].	caes	caigas	caíste
Past Participle: *caído*	cae	caiga	cayó
Gerund: *cayendo*	caemos	caigamos	caímos
	caéis	caigáis	caísteis
	caen	caigan	cayeron
[2p] **traer**	traigo	traiga	traje
Irregular.	traes	traigas	trajiste
Past Participle: *traído*	trae	traiga	trajo
Gerund: *trayendo*	traemos	traigamos	trajimos
	traéis	traigáis	trajisteis
	traen	traigan	trajeron

INFINITIVE	PRESENT INDICATIVE	PRESENT SUBJUNCTIVE	PRETERITE
[2q] **valer**	valgo	valga	valí
Irregular.	vales	valgas	valiste
Future: *valdré*	vale	valga	valió
Gerund: *valiendo*	valemos	valgamos	valimos
	valéis	valgáis	valisteis
	valen	valgan	valieron
[2r] **poner**	pongo	ponga	puse
Irregular.	pones	pongas	pusiste
Future: *pondré*	pone	ponga	puso
Past Participle: *puesto*	ponemos	pongamos	pusimos
Imperative: *pon (tú)*	ponéis	pongáis	pusisteis
Gerund: *poniendo*	ponen	pongan	pusieron
[2s] **hacer**	hago	haga	hice
Irregular.	haces	hagas	hiciste
Future: *haré*	hace	haga	hizo
Past Participle: *hecho*	hacemos	hagamos	hicimos
Imperative: *haz (tú)*	hacéis	hagáis	hicisteis
Gerund: *haciendo*	hacen	hagan	hicieron
[2t] **poder**	puedo	pueda	pude
Irregular.	puedes	puedas	pudiste
In present tenses like [2h].	puede	pueda	pudo
Future: *podré*	podemos	podamos	pudimos
Gerund: *pudiendo*	podéis	podáis	pudisteis
	pueden	puedan	pudieron
[2u] **querer**	quiero	quiera	quise
Irregular.	quieres	quieras	quisiste
In present tenses like [2g].	quiere	quiera	quiso
Future: *querré*	queremos	queramos	quisimos
Gerund: *queriendo*	queréis	queráis	quisisteis
	quieren	quieran	quisieron
[2v] **ver**	veo	vea	vi
Irregular.	ves	veas	viste
Imperfect: *veía*	ve	vea	vio
Past Participle: *visto*	vemos	veamos	vimos
Gerund: *viendo*	veis	veáis	visteis
	ven	vean	vieron

[2w] **ser** (see table at end of list)

[2x] **placer.** Exclusively 3rd person singular. Irregular forms: Present subj. *plazca* (less commonly *plega* or *plegue*); Preterite *plació* (less commonly *plugo*); Imperfect subj. I *placiera*, II *placiese*, (less commonly *plugiera, plugiese*).

[2y] **yacer.** Archaic. Irregular forms: Present indic. *yazco* (less commonly *yazgo* or *yago*), *yaces* etc; Present subj. *yazca* (less commonly *yazga* or *yaga*), *yazcas* etc; Imperative *yace (tú)* (less commonly *yaz*).

raer. Present indic. usually *raigo, raes* etc (like *caer* [2o]), but *rayo* occasionally found; Present subj. usually *raiga, raigas* etc (also like *caer*), but *raya, rayas* etc occasionally found.

roer. Alternative forms in present tenses: Indicative, *roo, roigo* or *royo*; *roes, roe* etc. Subjunctive, *roa, roiga* or *roya*. First persons usually avoided because of the uncertainty. The gerund is *royendo*.

INFINITIVE	PRESENT INDICATIVE	PRESENT SUBJUNCTIVE	PRETERITE
[3a] **partir** (regular: see tables at end of list)			
[3b] **esparcir**	esparzo	esparza	esparcí
Stem consonant **c** written **z** before **a** and **o**	esparces	esparzas	esparciste
Gerund: *esparciendo*	esparce	esparza	esparció
	esparcimos	esparzamos	esparcimos
	esparcís	esparzáis	esparcisteis
	esparcen	esparzan	esparcieron
[3c] **dirigir**	dirijo	dirija	dirigí
Stem consonant **g** written **j** before **a** and **o**	diriges	dirijas	dirigiste
Gerund: *dirigiendo*	dirige	dirija	dirigió
	dirigimos	dirijamos	dirigimos
	dirigís	dirijáis	dirigisteis
	dirigen	dirijan	dirigieron
[3d] **distinguir**	distingo	distinga	distinguí
u after the stem consonant **g** omitted before **a** and **o**	distingues	distingas	distinguiste
Gerund: *distinguendo*	distingue	distinga	distinguió
	distinguimos	distingamos	distinguimos
	distinguís	distingáis	distinguisteis
	distinguen	distingan	distinguieron
[3e] **delinquir**	delinco	delinca	delinquí
Stem consonant **qu** written **c** before **a** and **o**	delinques	delincas	delinquiste
Gerund: *delinquiendo*	delinque	delinca	delinquió
	delinquimos	delincamos	delinquimos
	delinquís	delincáis	delinquisteis
	delinquen	delincan	delinquieron
[3f] **lucir**	luzco	luzca	lucí
Stem consonant **c** becomes **zc** before **a** and **o**	luces	luzcas	luciste
Gerund: *luciendo*	luce	luzca	lució
	lucimos	luzcamos	lucimos
	lucís	luzcáis	lucisteis
	lucen	luzcan	lucieron
[3g] **huir**	huyo	huya	huí
A **y** is inserted before endings not beginning with **i**.	huyes	huyas	huiste
Gerund: *huyendo*	huye	huya	huyó
	huimos	huyamos	huimos
	huís	huyáis	huisteis
	huyen	huyan	huyeron
[3h] **gruñir**	gruño	gruña	gruñí
Unstressed **i** after **ñ** (and also after **ch** and **ll**) omitted	gruñes	gruñas	gruñiste
Gerund: *gruñendo*	gruñe	gruña	gruñó
	gruñimos	gruñamos	gruñimos
	gruñís	gruñáis	gruñisteis
	gruñen	gruñan	gruñeron
[3i] **sentir**	siento	sienta	sentí
The stem vowel **e** becomes **ie** when stressed; **e** becomes **i** in 3rd persons of Preterite, 1st and 2nd persons pl. of Present Subjunctive.	sientes	sientas	sentiste
Gerund: *sintiendo*	siente	sienta	sintió
In *adquirir* the stem vowel **i** becomes **ie** when stressed	sentimos	sintamos	sentimos
	sentís	sintáis	sentisteis
	sienten	sientan	sintieron
[3k] **dormir**	duermo	duerma	dormí
The stem vowel **o** becomes **ue** when stressed; **o** becomes **u** in 3rd persons of Preterite, 1st and 2nd persons pl. of Present Subjunctive.	duermes	duermas	dormis[illegible]
Gerund: *durmiendo*	duerme	duerma	durm[illegible]
	dormimos	durmamos	dorm[illegible]
	dormís	durmáis	dor[illegible]
	duermen	duerman	du[illegible]

INFINITIVE	PRESENT INDICATIVE	PRESENT SUBJUNCTIVE	PRETERITE
[3l] **pedir** The stem vowel **e** becomes **i** when stressed, and in 3rd persons of Preterite, 1st and 2nd persons pl. of Present Subjunctive. Gerund: *pidiendo*	pido pides pide pedimos pedís piden	pida pidas pida pidamos pidáis pidan	pedí pediste pidió pedimos pedisteis pidieron
[3m] **reír** Irregular. Past Participle: *reído* Gerund: *riendo* Imperative: *ríe (tú)*	río ríes ríe reímos reís ríen	ría rías ría riamos riáis rían	reí reíste rio reímos reísteis rieron
[3n] **erguir** Irregular. Gerund: *irguiendo* Imperative: *yergue (tú)* and less commonly *irgue (tú)*	yergo yergues yergue erguimos erguís yerguen	yerga yergas yerga yergamos yergáis yergan	erguí erguiste irguió erguimos erguisteis irguieron
[3o] **reducir** The stem consonant **c** becomes **zc** before **a** and **o** as [3f]; irregular preterite in **-uj-** Gerund: *reduciendo*	reduzco reduces reduce reducimos reducís reducen	reduzca reduzcas reduzca reduzcamos reduzcáis reduzcan	reduje redujiste redujo redujimos redujisteis redujeron
[3p] **decir** Irregular. Future: *diré* Past Participle: *dicho* Gerund: *diciendo* Imperative: *di (tú)*	digo dices dice decimos decís dicen	diga digas diga digamos digáis digan	dije dijiste dijo dijimos dijisteis dijeron
[3q] **oír** Irregular. Unstressed **i** between vowels becomes **y** Past Participle: *oído* Gerund: *oyendo*	oigo oyes oye oímos oís oyen	oiga oigas oiga oigamos oigáis oigan	oí oíste oyó oímos oísteis oyeron
[3r] **salir** Irregular. Future: *saldré* Imperative: *sal (tú)* Gerund: *saliendo*	salgo sales sale salimos salís salen	salga salgas salga salgamos salgáis salgan	salí saliste salió salimos salisteis salieron
[3s] **venir** Irregular. uture: *vendré* erund: *viniendo* perative: *ven (tú)*	vengo vienes viene venimos venís vienen	venga vengas venga vengamos vengáis vengan	vine viniste vino vinimos vinisteis vinieron
r. t: *iba* *endo* *ve (tú), id (vosotros)*	voy vas va vamos vais van	vaya vayas vaya vayamos vayáis vayan	fui fuiste fue fuimos fuisteis fueron

[1a] *cantar* (regular verb)

INDICATIVE

Present
canto
cantas
canta
cantamos
cantáis
cantan

Imperfect
cantaba
cantabas
cantaba
cantábamos
cantabais
cantaban

Preterite
canté
cantaste
cantó
cantamos
cantasteis
cantaron

Future
cantaré
cantarás
cantará
cantaremos
cantaréis
cantarán

Gerund
cantando

CONDITIONAL
cantaría
cantarías
cantaría
cantaríamos
cantaríais
cantarían

Imperative
canta (tú)
cantad (vosotros)

Past Participle
cantado

SUBJUNCTIVE

Present
cante
cantes
cante
cantemos
cantéis
canten

Imperfect
cantara/-ase
cantaras/-ases
cantara/-ase
cantáramos/-ásemos
cantarais/-aseis
cantaran/-asen

[2a] *temer* (regular verb)

INDICATIVE

Present
temo
temes
teme
tememos
teméis
temen

Imperfect
temía
temías
temía
temíamos
temíais
temían

Future
temeré
temerás
temerá
temeremos
temeréis
temerán

Preterite
temí
temiste
temió
temimos
temisteis
temieron

Gerund
temiendo

CONDITIONAL
temería
temerías
temería
temeríamos
temeríais
temerían

Imperative
teme (tú)
temed (vosotros)

Past Participle
temido

SUBJUNCTIVE

Present
tema
temas
tema
temamos
temáis
teman

Imperfect
temiera/-iese
temieras/-ieses
temiera/-iese
temiéramos/-iésemos
temierais/-ieseis
temieran/-iesen

[3a] *partir* (regular verb)

INDICATIVE

Present
parto
partes
parte
partimos
partís
parten

Imperfect
partía
partías
partía
partíamos
partíais
partían

Preterite
partí
partiste
partió
partimos
partisteis
partieron

Future
partiré
partirás
partirá
partiremos
partiréis
partirán

Gerund
partiendo

CONDITIONAL
partiría
partirías
partiría
partiríamos
partiríais
partirían

Imperative
parte (tú)
partid (vosotros)

Past Participle
partido

SUBJUNCTIVE

Present
parta
partas
parta
partamos
partáis
partan

Imperfect
partiera/-iese
partieras/-ieses
partiera/-iese
partiéramos/-iésemos
partierais/-ieseis
partieran/-iesen

[2k] *haber*

INDICATIVE

Present
he
has
ha
hemos
habéis
han

Imperfect
había
habías
había
habíamos
habíais
habían

Preterite
hube
hubiste
hubo
hubimos
hubisteis
hubieron

Future
habré
habrás
habrá
habremos
habréis
habrán

Gerund
habiendo

Past Participle
habido

CONDITIONAL

habría
habrías
habría
habríamos
habríais
habrían

SUBJUNCTIVE

Present
haya
hayas
haya
hayamos
hayáis
hayan

Imperfect
hubiera/-iese
hubieras/-ieses
hubiera/-iese
hubiéramos/-iésemos
hubierais/-ieseis
hubieran/-iesen

[2w] *ser*

INDICATIVE

Present
soy
eres
es
somos
sois
son

Imperfect
era
eras
era
éramos
erais
eran

Preterite
fui
fuiste
fue
fuimos
fuisteis
fueron

Future
seré
serás
será
seremos
seréis
serán

Gerund
siendo

Past Participle
sido

CONDITIONAL

sería
serías
sería
seríamos
seríais
serían

Imperative
sé (tú)
sed (vosotros)

SUBJUNCTIVE

Present
sea
seas
sea
seamos
seáis
sean

Imperfect
fuera/-ese
fueras/-eses
fuera/-ese
fuéramos/-ésemos
fuerais/-eseis
fueran/-esen

VERBOS IRREGULARES INGLESES

present	pt	pp
arise	arose	arisen
awake	awoke	awaked
be (am, is, are; being)	was, were	been
bear	bore	born(e)
beat	beat	beaten
become	became	become
befall	befell	befallen
begin	began	begun
behold	beheld	beheld
bend	bent	bent
beset	beset	beset
bet	bet, betted	bet, betted
bid	bid, bade	bid, bidden
bind	bound	bound
bite	bit	bitten
bleed	bled	bled
blow	blew	blown
break	broke	broken
breed	bred	bred
bring	brought	brought
build	built	built
burn	burnt, burned	burnt, burned
burst	burst	burst
buy	bought	bought
can	could	(been able)
cast	cast	cast
catch	caught	caught
choose	chose	chosen
cling	clung	clung
come	came	come
cost	cost, costed	cost, costed
creep	crept	crept
cut	cut	cut
deal	dealt	dealt
dig	dug	dug
do (3rd person: he/she/ it does)	did	done
draw	drew	drawn
dream	dreamed, dreamt	dreamed, dreamt
drink	drank	drunk
drive	drove	driven

present	pt	pp
dwell	dwelt	dwelt
eat	ate	eaten
fall	fell	fallen
feed	fed	fed
feel	felt	felt
fight	fought	fought
find	found	found
flee	fled	fled
fling	flung	flung
fly	flew	flown
forbid	forbad(e)	forbidden
forecast	forecast	forecast
forget	forgot	forgotten
forgive	forgave	forgiven
forsake	forsook	forsaken
freeze	froze	frozen
get	got	got, *(US)* gotten
give	gave	given
go (goes)	went	gone
grind	ground	ground
grow	grew	grown
hang	hung, hanged	hung, hanged
have	had	had
hear	heard	heard
hide	hid	hidden
hit	hit	hit
hold	held	held
hurt	hurt	hurt
keep	kept	kept
kneel	knelt, kneeled	knelt, kneeled
know	knew	known
lay	laid	laid
lead	led	led
lean	leant, leaned	leant, leaned
leap	leapt, leaped	leapt, leaped
learn	learnt, learned	learnt, learned
leave	left	left
lend	lent	lent
let	let	let
lie (lying)	lay	lain
light	lit, lighted	lit, ligh

present	pt	pp
lose	lost	lost
make	made	made
may	might	—
mean	meant	meant
meet	met	met
mistake	mistook	mistaken
mow	mowed	mown, mowed
must	(had to)	(had to)
pay	paid	paid
put	put	put
quit	quit, quitted	quit, quitted
read	read	read
rend	rent	rent
rid	rid	rid
ride	rode	ridden
ring	rang	rung
rise	rose	risen
run	ran	run
saw	sawed	sawed, sawn
say	said	said
see	saw	seen
seek	sought	sought
sell	sold	sold
send	sent	sent
set	set	set
shake	shook	shaken
shear	sheared	shorn, sheared
shed	shed	shed
shine	shone	shone
shoot	shot	shot
show	showed	shown
shrink	shrank	shrunk
shut	shut	shut
sing	sang	sung
sink	sank	sunk
sit	sat	sat
slay	slew	slain
sleep	slept	slept
slide	slid	slid
sling	slung	slung
slit	slit	slit
smell	smelt, smelled	smelt, smelled
[illegible]w	sowed	sown, sowed
[illegible]k	spoke	spoken

present	pt	pp
speed	sped, speeded	sped, speeded
spell	spelt, spelled	spelt, spelled
spend	spent	spent
spill	spilt, spilled	spilt, spilled
spin	spun	spun
spit	spat	spat
split	split	split
spoil	spoiled, spoilt	spoiled, spoilt
spread	spread	spread
spring	sprang	sprung
stand	stood	stood
steal	stole	stolen
stick	stuck	stuck
sting	stung	stung
stink	stank	stunk
stride	strode	stridden
strike	struck	struck, stricken
string	strung	strung
strive	strove	striven
swear	swore	sworn
sweep	swept	swept
swell	swelled	swollen, swelled
swim	swam	swum
swing	swung	swung
take	took	taken
teach	taught	taught
tear	tore	torn
tell	told	told
think	thought	thought
throw	threw	thrown
thrust	thrust	thrust
tread	trod	trodden
wake	woke, waked	woken, waked
wear	wore	worn
weave	wove, weaved	woven, weaved
wed	wedded, wed	wedded, wed
weep	wept	wept
win	won	won
wind	wound	wound
wring	wrung	wrung
write	wrote	written

ABBREVIATIONS		ABREVIATURAS
abbreviation	**abbr, abr**	abreviatura
adjective	**adj**	adjetivo
administration	**Admin**	administración
adverb	**adv**	adverbio
aeronautics	**Aer**	aeronáutica
agriculture	**Agr**	agricultura
anatomy	**Anat**	anatomía
approximately	**approx, aprox**	aproximadamente
archeology	**Archeol**	
architecture	**Archit**	
Argentinean	**Arg**	argentino
	Arqueol	Arqueología
	Arquit	Arquitectura
article	**art**	artículo
astronomy	**Astron**	astronomía
attributive	**attr, atr**	atributivo
cars and motoring	**Aut**	automóviles, automovilismo
auxiliary	**aux**	auxiliar
biology	**Bio**	biología
botany	**Bot**	botánica
British, Great Britain	**Brit**	británico, Gran Bretaña
Central American	**CAm**	centroamericano
chemistry	**Chem**	
Chilean	**Chi**	chileno
cinema	**Cine**	cine
commerce	**Comm, Com**	comercio
comparative	**comp**	comparativo
computers	**Comput**	computadoras, computación
conditional	**cond**	condicional
conjunction	**conj**	conjunción
building trade	**Constr**	construcción
	Cos	costura
compound	**cpd**	
culinary, cooking	**Culin**	culinario, cocina
Cuban	**Cu**	cubano
definite	**def**	definido
demonstrative	**dem**	demostrativo
	Dep	deportes
direct	**dir**	directo
economy	**Econ**	economía
electricity	**Elec**	electricidad
	Escol	escuela
especially	**esp**	especialmente
etcetera	**etc**	etcétera
euphemistic	**euph, euf**	eufemismo
feminine	**f**	femenino
familiar	**fam**	familiar
vulgar	**fam!**	vulgar
	Farm	farmacia
	Ferro	ferrocarriles
figurative	**fig**	figurado
	Fil	filosofía
finance	**Fin**	finanzas
	Fís	física
	Fot	fotografía
frequently	**freq, frec**	frecuentemente
formal	**frm**	formal
football	**Ftbl**	fútbol
general	**gen**	general
geography	**Geog**	geografía
geology	**Geol**	geología
gerund	**ger**	gerundio
history	**Hist**	historia, histórico
humorous	**hum**	humorístico
impersonal	**impers**	impersonal
indefinite	**indef**	indefinido
indicative	**indic**	indicativo
indirect	**indir**	indirecto
infinitive	**infin**	infinitivo
interjection	**interj**	interjección
interrogative	**interrog**	interrogativo
invariable	**inv**	invariable
ironic	**iro**	irónico
law	**Jur**	jurídico
Latin American	**LAm**	latinoamericano